DROIT ET PRATIQUE DES VOIES D'EXÉCUTION

ISBN 978-2-247-13238-6

31-35, rue Froidevaux
75685 PARIS CEDEX 14

SERVICE CLIENTÈLE
tél. 0 820 800 017
fax 33(0)1 41 48 47 92

www.editions-DALLOZ.fr

DALLOZ ACTION

DROIT ET PRATIQUE DES VOIES D'EXÉCUTION

HUITIÈME ÉDITION

AVRIL 2015

sous la direction de
SERGE GUINCHARD ET TONY MOUSSA

DALLOZ

SERGE GUINCHARD

Professeur émérite de l'Université Panthéon-Assas (Paris II)
Recteur honoraire (académies de la Guadeloupe et de Rennes)
Directeur honoraire de l'institut d'études judiciaires « Pierre Raynaud »
Doyen honoraire de la faculté de droit de Lyon

TONY MOUSSA

Docteur en droit
Conseiller doyen honoraire à la Cour de cassation
Ancien professeur associé à la faculté de droit de Lyon

CET OUVRAGE A ÉTÉ RÉDIGÉ PAR

[les *numéros indiquent les chapitres*]

FRÉDÉRIC ARBELLOT — *Conseiller référendaire à la Cour de cassation | Docteur en droit | Chargé d'enseignement aux universités de Paris 1 (Panthéon-Sorbonne), Paris 2 (Panthéon-Assas) et Paris 11 (Jean-Monnet)*

Contributions rédigées par Jean-Pierre Faget jusqu'à l'édition 2000-2001, Jean-Jacques Bourdillat jusqu'à l'édition 2010-2011 — Ministère public 231/232 | 240

CYRIL BLOCH — *Professeur de droit privé à l'Université d'Aix-Marseille – CDE EA n° 4224 | Directeur du Centre de droit maritime et des transports*

Contributions rédigées par Renaud Beauchard jusqu'à l'édition 2013-2014 — Saisie conservatoire des navires 623/626 | des bateaux 627 | Saisie-exécution des navires 724 | Saisie-exécution des bateaux 725

Contributions rédigées par Frédéric-Jérôme Pansier jusqu'à l'édition 2010-2011, Renaud Salomon pour l'édition 2013-2014 — *et* | Saisie-vente des aéronefs 726

NICOLAS CAYROL — *Professeur à l'Université François-Rabelais de Tours | Directeur de l'Institut d'études judiciaires François-Grua*

Table des principaux arrêts cités 02

XAVIER DAVERAT — *Professeur à l'Université de Bordeaux*

Contributions rédigées par Jean-Pierre Faget jusqu'à l'édition 2000-2001, Jean-Jacques Bourdillat jusqu'à l'édition 2010-2011, Thomas Janville pour l'édition 2013-2014 — Saisie des droits incorporels : droits d'associé et valeurs mobilières 731 | licences d'exploitation 732 | droits de propriété intellectuelle 733 | fonds de commerce 734

ÉDOUARD DE LEIRIS — *Magistrat*

Contributions rédigées par Jean-Pierre Vignal jusqu'à l'édition 2010-2011 — Saisies attribution de droit commun : conditions 811/813 | procédure 821/822 | effets 831/832 | conséquences des contestations sur la saisie-attribution 841/842
Saisie-attribution : entre les mains d'une personne morale de droit public 911/913 | des comptes bancaires et assimilés 921/923 | Avis à tiers détenteur 931/934 | Saisie à tiers détenteur 981

ANNE-GAËLLE DUMAS — *Magistrat*

Contributions rédigées par Jean-Pierre Faget jusqu'à l'édition 2000-2001, Jean-Jacques Bourdillat jusqu'à l'édition 2010-2011 — Mesures d'expulsion : conditions 511/512 | opérations 521/523 | locaux abandonnés 531/532 | contestations et difficultés d'exécution 541/542 | conséquences 551/552

PHILIPPE FLORES — *Conseiller référendaire à la Cour de cassation*

Contributions rédigées par Thierry Fossier jusqu'à l'édition 2004-2005 — Saisie, cession, oppositions et avis à tiers détenteur des rémunérations du travail 941/946 | *et* | Saisie à tiers détenteur 981/982

THIERRY FOSSIER *Conseiller à la Cour de cassation* | *Docteur en droit*

Astreintes des juridictions civiles 411/412 | Astreintes civiles des juridictions pénales 421/422 | Recouvrements publics des pensions alimentaires 952

EMMANUEL GUINCHARD *Senior Lecturer in Law à l'Université de Northumbria à Newcastle (Royaume-Uni)* |

Procédures civiles d'exécution en droit international privé 1711/1712

PHILIPPE HOONAKKER *Professeur à l'Université de Strasbourg* | *Avocat*

Saisies immobilières spécifiques à l'Alsace-Moselle 1351/1355

RENÉ LAUBA *Magistrat honoraire*

Frais de l'exécution mobilière 311/314 | Saisies ventes de meubles corporels de droit commun 711/719 | des récoltes sur pied 721 | des biens placés dans un coffre-fort 722 | des véhicules terrestres à moteur 723 | Paiement direct des pensions alimentaires 951 | Oppositions à tiers détenteur 971/973 | Saisies à fin de remise d'un meuble corporel 1011/1012 | Saisie-appréhension 1021/1024 | Saisie-revendication 1031 | Vente des biens abandonnés 1121/1124

ANNE LEBORGNE *Professeur à l'Université d'Aix-Marseille*

Conditions de la saisie immobilière 1311/1319 | Procédure d'exécution issue du décret-loi de 1938 dégagée des incidents 1321/1325 | incidents 1331/1333 | effets 1341/1343 | Procédure issue de la réforme 1361/1368 | Effets de la vente sur saisie immobilière 1371/1373 | Vente d'immeubles d'un débiteur en liquidation judiciaire 1411/1415 | Exécution immobilière contre le titulaire de droits indivis 1421/1423

LISE LEROY-GISSINGER *Conseiller à la Cour d'appel d'Aix-en-Provence*

Contributions rédigées par Frédéric-Jérôme Pansier jusqu'à l'édition 2010-2011, Renaud Salomon pour l'édition 2013-2014

Procédures de distribution des deniers 1511/1513 | 1521/1523 | 1531/1532 | 1541/1543

VANESSA NORGUIN *Greffier en chef à la Cour de cassation*

Contributions rédigées par Frédéric-Jérôme Pansier jusqu'à l'édition 2010-2011, Renaud Salomon pour l'édition 2013-2014

Recouvrement des amendes et des condamnations pécuniaires par les comptables de la Direction générale des finances publiques 961/963

GILLES PELLISSIER *Maître des requêtes au Conseil d'État*

Contributions rédigées par Yves Claisse jusqu'à l'édition 2010-2011

Mesures d'exécution contre l'État et les autres personnes morales de droit public : Obligation d'exécuter la chose jugée 1611/1612 | Aide à l'exécution 1621/1622 | Moyens de contrainte à l'exécution : injonctions et astreintes 1631/1632 | Voies d'exécution forcée contre les personnes publiques 1641/1642 | Responsabilités pour inexécution 1651/1653 | Mesures d'exécution contre les personnes publiques étrangères 1661/1662

JEAN-YVES PINOY *Vice-président du tribunal d'instance de Saint-Ouen*

Contributions rédigées par Jean-Pierre Faget jusqu'à l'édition 2000-2001, Jean-Jacques Bourdillat jusqu'à l'édition 2010-2011

Huissier de justice 251/255 | Autres agents d'exécution 261/262 | Avocat 271/273 | État 281/284

OLIVIER SALATI *Maître de conférences (HDR) à l'Université d'Aix-Marseille* | *Directeur de l'Institut d'études judiciaires*

Contributions rédigées par François Ruellan jusqu'à l'édition 2004-2005, Christophe Lefort jusqu'à l'édition 2013-2014

Titre exécutoire 111/112 | Différents titres exécutoires 121/126 | Prescription des titres exécutoires 131 | Créancier saisissant et choix de procédure 141/143 | Moyens de défense du débiteur 151/154 | Obligations des tiers 161/163

JEAN-MICHEL SOMMER *Président de chambre à la Cour d'appel de Versailles*

Juge de l'exécution 211/214 | Autres juridictions intervenant en matière d'exécution 221/222 et | Règles communes aux mesures conservatoires 611/613 | des créances de sommes d'argent 621 | de meubles corporels 622 | des droits incorporels 628 | Règles spécifiques à chaque sûreté judiciaire provisoire 631/632

Contributions rédigées par Thierry Fossier jusqu'à l'édition 2004-2005, Vincent Vigneau jusqu'à l'édition 2010-2011

PIERRE VERON *Avocat*

Yves Bizollon | Isabelle Romet | Thomas Bouvet | Blandine Tronel | Nicolas Bouche

Saisie-contrefaçon en matière de propriété industrielle 1211/1215 | littéraire et artistique 1221/1222 | Retenue en douane de marchandises contrefaisantes 1231

Avant-propos de la première édition

Le droit des *voies d'exécution* constitue aujourd'hui un droit entièrement renouvelé (ou presque) et marqué du sceau des grandes évolutions de notre système juridique. L'effectivité de l'accès à la justice trouve son prolongement dans l'effectivité de l'exécution des décisions de justice, qu'il s'agisse de son affirmation par l'arrêt Hornsby contre la Grèce du 19 mars 1997 ou de sa consécration par l'article 1er de la loi n° 98-657 du 29 juillet 1998 relative à la lutte contre les exclusions, article qui souligne la nécessité d'assurer l'accès de tous aux droits fondamentaux dans le domaine de la justice.

C'est dans ce contexte que nous avons souhaité publier un ouvrage consacré aux voies d'exécution, qu'elles soient mobilières ou immobilières.

Résolument pratique, tourné vers les praticiens du droit de l'exécution forcée, l'ouvrage n'est pas exempt de discussions doctrinales lorsque celles-ci sont nécessaires à la compréhension des textes nouveaux, à l'explication d'une jurisprudence en formation, encore confuse et contestée.

Une analyse rigoureuse de la jurisprudence, souvent inédite, solidifie le commentaire de textes pour la plupart issus de la réforme opérée par la loi du 9 juillet 1991 et son décret d'application du 31 juillet 1992.

Confiés aux meilleurs spécialistes de la question, qu'il s'agisse de juges de l'exécution, d'avocats ou d'universitaires, ces commentaires couvrent l'ensemble de la discipline, bien au-delà des dispositions de la loi du 9 juillet 1991. C'est en effet tout le droit de l'exécution forcée qui est ici traité, dans ses interférences avec le droit des procédures collectives comme dans ses prolongements vers les régimes spéciaux de mutualité sociale agricole, pour ne prendre que ces deux exemples.

Nous sommes certains que ce Dalloz action *Droit et pratique des voies d'exécution* permettra à chacun de se retrouver aisément dans le maquis de ces procédures, de trouver la solution aux questions qu'il se pose dans l'exercice de sa profession ou dans la recherche d'une réalisation effective de ses droits de créancier ou de la protection de ses garanties liées à sa qualité de débiteur.

Œuvre collective, réunissant pour la première fois les meilleurs spécialistes du droit de l'exécution forcée, le Dalloz action *Droit et pratique des voies d'exécution* deviendra vite, nous en formulons le vœu, l'ouvrage de référence en la matière.

Serge GUINCHARD **Tony MOUSSA**

Sommaire

01. Introduction

01.01 **Contenu de l'ouvrage.** La réforme des procédures civiles d'exécution mobilière par la loi du 9 juillet 1991 et son décret d'application du 31 juillet 1992 avait profondément bouleversé la réglementation de ce qu'il est convenu d'appeler, en pratique mais aussi à l'université, les voies d'exécution. Des saisies ont disparu (la saisie-arrêt), d'autres sont apparues (la saisie-attribution), des concepts nouveaux ont tenu compte de l'évolution des esprits et des pratiques dans les relations entre les créanciers et les débiteurs. Le rôle respectif de chacun a été mieux mis en valeur, y compris celui des organes des procédures d'exécution que sont le juge, le ministère public, l'huissier (ou l'agent-huissier du Trésor), l'avocat et parfois, l'État. Ces textes (et d'autres, par exemple le paiement direct des pensions alimentaires) sont aujourd'hui réunis dans un code unique, le *Code des procédures civiles d'exécution*, entré en vigueur le 1er juin 2012. Le code ne maintient en dehors de son champ que les saisies limitativement énumérées aux articles L. 241-1 et R. 241-1 [1], ce qui ne signifie nullement qu'elles ne sont pas traitées ici. Ainsi, une approche de la saisie-contrefaçon et des mesures d'exécution des titres rendus en matière de propriété intellectuelle a été donnée, même si leur réglementation se trouve dans le Code de la propriété intellectuelle; même remarque pour la saisie des rémunérations et celle des navires et des aéronefs.

En ce qui concerne la saisie immobilière, aujourd'hui intégrée dans le *Code des procédures civiles d'exécution*, le lecteur trouvera dans cette nouvelle édition le commentaire exhaustif de la réforme applicable depuis le 1er janvier 2007 et qui constitue un bouleversement des pratiques antérieures. Le droit local d'Alsace-Moselle a également été traité.

Les procédures de distribution des deniers font l'objet d'une attention particulière : non seulement celles qui concernent les deniers provenant d'une saisie immobilière ou mobilière, mais aussi celles qui permettent de distribuer les deniers ne provenant pas d'une procédure d'exécution ou qui sont compris dans une procédure collective.

Enfin, il ne nous a pas paru inutile de terminer ce parcours des voies de droit offertes aux créanciers par une étude des aspects de droit international privé.

Cette introduction est suivie d'une table des principaux arrêts cités, élaborée par le professeur Nicolas Cayrol.

Le plan de l'ouvrage tient compte de ces considérations sur son contenu.

01.02 **Plan de l'ouvrage.** La ligne directrice a consisté à partir des dispositions communes à toutes les procédures d'exécution, pour aller progressivement vers la spécificité de chacune, sans opérer de regroupements aussi théoriques qu'artificiels. D'où un nombre important de Livres (dix-sept), expression de la volonté des auteurs de l'ouvrage de permettre à chacun d'entrer aisément dans ce traité pratique des voies d'exécution. Le lecteur trouvera donc :

Livre premier	**Les parties et les tiers à l'exécution (créancier, débiteur et tiers)**
Livre deuxième	**Les organes de l'exécution (juge, Ministère public, huissier de justice et agent-huissier du Trésor, avocat et État)**
Livre troisième	**Les frais de l'exécution mobilière**

1. Sur cet aspect, J.-B. Donnier, « Entre accomplissement et inachèvement – À propos de la publication de la partie réglementaire du code des procédures civiles d'exécution », *JCP* 2012, doctr. 754.

Livre quatrième	**Les astreintes**
Livre cinquième	**Les mesures d'expulsion**
Livre sixième	**Les mesures conservatoires**
Livre septième	**Les saisies mobilières à fin de vente du bien**
Livre huitième	**Les saisies mobilières à fin d'attribution : droit commun**
Livre neuvième	**Les saisies mobilières à fin d'attribution : régimes spécifiques**
Livre dixième	**Les saisies à fin de remise d'un meuble corporel**
Livre onzième	**La vente des biens abandonnés**
Livre douzième	**La saisie-contrefaçon et la retenue en douane de marchandises contrefaisantes**
Livre treizième	**Les saisies immobilières**
Livre quatorzième	**Les ventes immobilières dites volontaires (procédures collectives et licitation)**
Livre quinzième	**Les procédures de distribution des deniers**
Livre seizième	**Les mesures d'exécution contre l'État et les autres personnes morales de droit public**
Livre dix-septième	**Les procédures civiles d'exécution en droit international privé**

02. Table des principaux arrêts cités

Nicolas CAYROL
Professeur à l'Université François-Rabelais de Tours
Directeur de l'Institut d'études judiciaires François-Grua

02.01 **Présentation.** Grâce aux réformes de 1991-1992 et de 2006, la France s'est dotée d'un droit des voies d'exécution moderne et de qualité. Pour l'essentiel, ce droit est donc aujourd'hui un droit édicté, légal ou réglementaire. Vues depuis la jurisprudence qu'elles ont suscitée, les règles qui composent ce droit répondent à trois sortes de considérations.

Les plus nombreuses indiquent la marche à suivre. Ce sont des règles de procédure caractérisées par un formalisme très sophistiqué, prescrivant pour chaque acte, son contenu, ses modalités de notification et les délais pour l'accomplir. La jurisprudence à cet égard fait observer le caractère impératif de ce formalisme. Elle veille notamment à ce que chacun reçoive en temps utile toutes les informations nécessaires. Mais elle veille aussi à ce que les manquements à ce formalisme impératif ne soient sanctionnés par la nullité ou la caducité de l'acte que si la sanction ne peut pas être évitée, notamment parce que le manquement fait grief à une partie. On retrouve ainsi le système connu en procédure civile, qui tempère la rigueur du formalisme par l'intelligence des sanctions à mettre en œuvre en cas de manquement[1]. À moins que ce ne soit l'inverse... à moins que le droit du formalisme procédural et son esprit de mesure tel qu'il figure aujourd'hui dans le Code de procédure civile et auquel renvoie formellement le Code des procédures civiles d'exécution ne se soit constitué précisément dans le domaine particulier des voies d'exécution, et que ce qui nous apparaît aujourd'hui comme le droit commun du formalisme procédural ne soit le fils du formalisme des voies d'exécution. Le bel équilibre et la ferme assurance de la jurisprudence relative au formalisme en matière de voies d'exécution portent à cette supposition.

1. V. C. Chainais, « Les sanctions en procédure civile », *in* C. Chainais et D. Fenouillet, *Les sanctions en droit contemporain,* vol. 1, Dalloz, 2012, p. 357.

Deuxième catégorie de règles, moins nombreuses mais fondamentales, les règles qui définissent les droits de chacun : droits du créancier titulaire d'un titre exécutoire, droits du débiteur saisi, droits des tiers (tiers saisi, tiers détenteur, autres créanciers). À cet égard, l'impression qui domine est celle d'une jurisprudence scrupuleusement respectueuse des droits substantiels. Pour les juges, à l'évidence, le droit des voies d'exécution est droit servant, droit ancillaire et dépendant : les saisies sont bornées par leur cause et par leur objet; la saisine du juge de l'exécution lui interdit de remettre en cause le titre exécutoire; toutes les modalités des droits substantiels s'imposent aux tribunaux jusque dans leur moindre subtilité. Tout à fait exemplaire de ces scrupules jurisprudentiels : la question de la saisie des créances insaisissables inscrites en compte. Il a fallu deux lois et trois décrets pour paralyser les effets de l'entrée en compte et poser la règle du report de l'insaisissabilité, la jurisprudence n'ayant jamais osé contester les conséquences de la fusion des créances dans le solde prévue par la convention de compte. Autre exemple : la saisie de l'actif patrimonial que représente une assurance-vie. La jurisprudence la juge impossible pour des raisons de fond (au point que le législateur est intervenu pour passer outre en matière pénale). La saisie d'un bien acquis en tontine ? *Idem.* On pourrait multiplier les exemples (en insistant sur l'incidence des régimes matrimoniaux ou du droit des procédures collectives sur les voies d'exécution). Le respect des droits substantiels est-il absolu ? Si l'on met à part les manifestations d'équité judiciaire, il est arrivé quelquefois à la Cour de cassation de faire prévaloir la logique des voies d'exécution sur le respect des droits substantiels (v. la jurisprudence relative à la prestation compensatoire qui la déclare intégralement insaisissable alors qu'au fond il aurait sans doute été plus exact de distinguer une part alimentaire insaisissable et une part compensatoire saisissable, ou encore la jurisprudence relative à la saisie des comptes enregistrant des sommes détenues pour le compte d'autrui). Mais somme toute, cela reste rare. Il est exceptionnel que le droit de l'exécution impose sa marque aux droits substantiels. Il existe un droit à l'exécution effective consacré par l'arrêt *Hornsby* de la Cour européenne des droits de l'homme, mais ce droit fondamental se conjugue avec le strict respect des droits de chacun.

Troisième catégorie de règles, celles qui sanctionnent par la mise en jeu de la responsabilité ou par l'inefficacité de la procédure, une faute, une manœuvre ou une négligence d'un acteur ou d'un agent de l'exécution : créancier saisissant, débiteur saisi, tiers saisi, huissier de justice, État, etc. À cet égard, l'apport de la jurisprudence apparaît beaucoup plus important que pour les deux autres sortes de règles. Les arrêts cités dans le *Dalloz action* donnent une foule de précisions utiles à la compréhension des textes. Cette importance n'est-elle pas exagérée ? Dira-t-on, paraphrasant Henri Mazeaud[1], qu'il y a, au moins dans une certaine mesure, une sorte d'« absorption » des règles du droit des voies d'exécution par le principe de responsabilité, alors que ce droit est fondamentalement le droit du paiement forcé, donc une branche du droit du paiement ? La tentation affleure peut-être parfois, mais ce serait trop dire. Il n'y a pas de clause générale de responsabilité en droit des voies d'exécution. Du reste, la Cour de cassation vient encore de le rappeler[2].

Règles de conduite, règles attributives de droit, règles sanctionnatrices, on retrouve à travers cette typologie suggérée par la jurisprudence citée dans le *Dalloz action* les grandes idées d'Ulpien[3] : bien se conduire, rendre à chacun le sien, ne pas nuire, ou en latin : *Vivere honeste, Suum cuique tribuere, Neminem laedere*. Tout le droit est là. Voilà pourquoi, bien que la source essentielle du droit en la matière soit évidemment la loi, la jurisprudence n'en est pas moins, ici comme ailleurs, le complément nécessaire. Par-delà les réponses et les solutions particulières, c'est elle qui veille à ce que l'esprit ne quitte pas le corps des lois. Ainsi s'explique « *cet apparent paradoxe d'une intense initiative judiciaire dans une matière toute légale par vocation* »[4].

1. V. H. Mazeaud, « L'"absorption" des règles juridiques par le principe de responsabilité civile », *DH* 1935, chron., p. 5.
2. Com. 10 févr. 2015, n° 13-20.150, *Bull. civ.* IV [à paraître] : l'art. L. 111-10 C. pr. exéc. est « exclusif de la responsabilité fondée sur l'art. 1382 ».
3. Et celles de J.-L. Sourioux, V. « Les fonctions langagières du droit », *in Par le droit, au-delà du droit,* LexisNexis, 2011, p. 367.

02.02 Principaux arrêts classés suivant l'ordre chronologique.

> Responsabilité de l'État pour refus du concours de la force publique.

Le gouvernement français a toujours refusé [au sieur Couitéas] le concours de la force militaire d'occupation, reconnu indispensable pour réaliser cette opération de justice, en raison des troubles graves que susciterait l'expulsion de nombreux indigènes de terres dont ils s'estiment légitimes occupants depuis un temps immémorial. En prenant cette décision, pour les motifs et dans les circonstances ci-dessus rappelées, le gouvernement n'a fait qu'user des pouvoirs qui lui sont conférés en vue du maintien de l'ordre et de la sécurité publique dans un pays de protectorat.

Mais le justiciable nanti d'une sentence judiciaire dûment revêtue de la formule exécutoire est en droit de compter sur la force publique pour l'exécution du titre qui lui a été ainsi délivré; si, comme il a été dit ci-dessus, le gouvernement a le devoir d'apprécier les conditions de cette exécution et le droit de refuser le concours de la force armée, tant qu'il estime qu'il y a danger pour l'ordre et la sécurité, le préjudice qui résulte de ce refus ne saurait, s'il excède une certaine durée, être une charge incombant normalement à l'intéressé, et il appartient au juge de déterminer la limite à partir de laquelle il doit être supporté par la collectivité; la privation de jouissance totale et sans limitation de durée résultant, pour le requérant, de la mesure prise à son égard, lui a imposé, dans l'intérêt général, un préjudice pour lequel il est fondé à demander une réparation pécuniaire; dès lors, c'est à tort que le ministre des affaires étrangères lui a dénié tout droit à indemnité.

• CE 30 nov. 1923, req. n° 38284, *Couitéas, Lebon* 789; *GAJA* 19e éd., n° 39

* V. ss nos 212.144, 231.05, 281.11, 522.23, 1653.31

> Faculté de prononcer une astreinte, principe général du droit.

La faculté reconnue aux juges de prononcer une astreinte, en vue de l'exécution tant de leurs décisions que des mesures d'instruction qui en sont le préalable, a le caractère d'un principe général du droit.

• CE, ass., 10 mai 1974, req. nos 85132 et 85149, *Barre et Honnet, Lebon* n° 276

* V. ss nos 1631.82, 1631.114

> Pénétration de l'huissier dans les locaux.

Ne commet pas un abus d'autorité par violation de domicile l'huissier de justice, qui, agissant pour l'exécution d'une décision judiciaire d'expulsion revêtue de la formule exécutoire, a pénétré par une fenêtre ouverte au rez-de-chaussée, dans un domicile dont les occupants sont absents et dont les portes sont fermées et a accompli sa mission sans méconnaître les formalités prescrites par la loi en cette matière.

• Cass. ass. plén., 16 déc. 1974, n° 73-92.495, *Bull. ass. plén.*, n° 4

* V. ss nos 522.12, 714.24

4. Belle formule de Jean Carbonnier à propos d'un autre droit que celui des voies d'exécution (v. « Notes sur la prescription extinctive », *RTD civ.* 1952. 171).

> Saisie conservatoire des navires. Caractère de la créance alléguée comme cause de la saisie.

Viole les articles 1 et 2 de la Convention internationale de Bruxelles du 10 mai 1952 pour l'unification de certaines règles sur la saisie conservatoire des navires de mer, la cour d'appel qui subordonne l'autorisation d'une telle saisie au caractère certain et sérieux de la créance maritime dont se prévaut le demandeur.

• **Com. 26 mai 1987, n° 86-11.400,** *Bull. civ.* IV, n° 123

* V. s^s n°s 624.11, 624.21

> Immunité d'exécution des personnes publiques exerçant une activité industrielle et commerciale.

Les biens n'appartenant pas à des personnes privées sont administrés et aliénés dans les formes et suivant les règles qui leur sont particulières; s'agissant des biens appartenant à des personnes publiques, même exerçant une activité industrielle et commerciale, le principe général du droit suivant lequel leurs biens sont insaisissables ne permet pas de recourir aux voies d'exécution du droit privé; il appartient seulement au créancier bénéficiaire d'une décision juridictionnelle passée en force de chose jugée et condamnant une personne publique au paiement d'une somme d'argent de mettre en œuvre les règles particulières.

• **Civ. 1re, 21 déc. 1987, n° 86-14.167,** *Bull. civ.* I, n° 348

* V. s^s n°s 152.11, 1641.11, 1641.22

> Adjudication des objets abandonnés.

1° La loi du 31 décembre 1903 relative à la vente de certains objets abandonnés, modifiée par la loi n° 68-1248 du 31 décembre 1968, qui étend ses dispositions aux objets mobiliers déposés en garde-meuble, ne fait aucune distinction quant à la valeur des objets abandonnés.

2° L'article 503 du nouveau Code de procédure civile est inapplicable à la procédure instituée par l'article 2 de la loi du 31 décembre 1903, qui prévoit, lorsque l'ordonnance du juge d'instance fixant la date de la vente aux enchères publiques n'a pas été rendue en présence du propriétaire, que l'officier public le préviendra huit jours francs à l'avance, par lettre recommandée, des lieu, jour et heure de la vente dans le cas où son domicile sera connu.

3° L'article 622 du Code de procédure civile [ancien] est sans application dès lors que la vente n'est pas poursuivie pour cause de saisie mais sur le fondement de la loi du 31 décembre 1903; le commissaire-priseur n'est donc tenu que par les termes de l'ordonnance le commettant qui n'avait pas limité la vente à concurrence du montant de la créance.

4° Il n'existe aucun lien de causalité entre la faute du commissaire-priseur qui n'a pas mentionné le nom des acheteurs sur le procès-verbal de vente et le préjudice allégué par le propriétaire, dès lors que celui-ci savait son obligation constante et n'avait pas offert de régler sa dette avant la vente.

• **Civ. 1re, 21 févr. 1989, n° 86-16.240,** *Bull. civ.* I, n° 85

* V. s^s n°s 1121.37, 1122.12, 1122.26, 1122.35

> Saisie des rémunérations. Modalités de convocation du débiteur pour l'audience du bureau de jugement.

En cas de retour au secrétariat du conseil de prud'hommes de la lettre recommandée de convocation pour l'audience du bureau de jugement avec la mention « refusée » apposée par le service des postes, il incombe à la juridiction, conformément aux articles 472, alinéa 2, et 670-1 du nouveau Code de procédure civile, avant de statuer, de vérifier que le demandeur avait bien procédé par voie de signification.

• **Soc. 4 oct. 1989, n° 88-40.307,** *Bull. civ.* V, n° 566

* V. s^s n° 252.31

> Assiette de la saisie des comptes bancaires. Exclusion des comptes spéciaux exclusivement affecté à la réception des fonds de la clientèle du saisi. Faute du banquier.

Selon l'article L. 262 du Livre des procédures fiscales l'avis à tiers détenteur ne peut avoir effet que sur les fonds appartenant ou devant revenir au redevable d'impôts, pénalités, frais et accession. Justifie légalement sa décision la cour d'appel qui, retenant que les fonds figurant sur le compte unique spécial d'une société de transactions immobilières ouvert en vertu de la loi du 2 janvier 1970 n'appartiennent pas à cette société mais aux clients de celle-ci, relève la faute de la banque et accueille la demande du mandataire-liquidateur de la société en reversement de la somme payée au Trésor public.

• **Com. 25 févr. 1992, n° 90-16.881,** *Bull. civ.* IV, n° 92

* V. s^s n°s 150.15, 921.25

> Saisie immobilière. Portée de la clause d'inaliénabilité frappant l'immeuble saisi.

Est légalement justifié l'arrêt qui relevant qu'à la date de la publication du commandement de saisie immobilière l'immeuble était frappé d'une clause d'inaliénabilité insérée dans l'acte de donation antérieurement publié et établie dans l'intérêt du donateur, sa vie durant, retient que la validité de la saisie doit s'apprécier compte tenu de la donation au moment où elle est pratiquée, à savoir, la publication du commandement et qu'il convient de prononcer la nullité de celui-ci, comme portant sur un bien insaisissable.

• **Civ. 2e, 30 juin 1993, n° 91-14.775,** *Bull. civ.* II, n° 241

* V. s^s n°s 1319.24, 1321.202, 1361.254

> Compétence du juge de l'exécution. Frais et dépens antérieurs aux actes d'exécution (non). Contestation de la saisie-attribution hors délai.

De la combinaison des articles 52 du nouveau Code de procédure civile, L. 311-12-1 [devenu L. 213-6] du Code de l'organisation judiciaire et 32 de la loi du 9 juillet 1991 [devenu art. L. 111-8 C. pr. exéc.], il résulte que la compétence du juge de l'exécution se limite aux frais de l'exécution forcée proprement dite, dont ce juge peut, en cas de contestation, déterminer la charge et fixer le montant.

Le saisi peut, même s'il a signé un acte de non-contestation de la saisie, former une demande, conformément à l'article 45, alinéa 3, de la loi du 9 juillet 1991 [devenu art. L. 211-4 C. pr. exéc.]. Cette demande doit être formée devant le juge du fond, ce qui exclut toute compétence du juge de l'exécution.

• **Cass., avis, 11 mars 1994, n° 09-40.001,** *Bull. avis,* n° 8

* V. s^s n°s 212.182, 312.11, 314.11, 832.11, 842.12, 921.63, 971.233

> Saisie immobilière. Contenu du commandement.

Aucun texte n'exige que le nom de la personne physique qui agit pour une personne morale faisant signifier un commandement de saisie immobilière soit mentionné sur cet acte et l'absence d'une telle précision ne constitue pas une irrégularité.

• **Com. 29 mars 1994, n° 92-14.695,** *Bull. civ.* IV, n° 136

* V. s^s n°s 1321.21, 1321.41, 1361.21

> Portée de l'effet attributif de la saisie-attribution des créances à exécution successives.

Une saisie-attribution des créances à exécution successive pratiquée à l'encontre de deux époux, communs en biens et codébiteurs solidaires, antérieurement à la mise en liquidation judiciaire de l'un d'eux sur les loyers d'un immeuble dépendant de la communauté poursuit ses effets sur les loyers échus après le jugement de liquidation.

• **Cass., avis, 16 déc. 1994, n° 09-40.021,** *Bull. avis,* n° 24
* V. s^{s} n°s 154.97, 831.91, 971.183

> Compétence internationale des juridictions françaises pour statuer sur la validité d'une saisie pratiquée en France et compétence pour se prononcer sur le fond de la créance.

Si les juridictions françaises sont seules compétentes pour statuer sur la validité d'une saisie pratiquée en France et apprécier, à cette occasion, le principe de la créance, elles ne peuvent se prononcer sur le fond de cette créance que si leur compétence est fondée sur une autre règle. Dès lors une cour d'appel énonce à juste titre que le lieu de la saisie ne peut fonder la compétence internationale pour connaître du fond d'un litige qui ne présente aucun rattachement avec la France.

• **Civ. 1re, 17 janv. 1995, n° 92-10.165,** *Bull. civ.* I, n° 34
* V. s^{s} n°s 625.42, 1711.144, 1711.147

> Saisie-revendication. Personnes apparemment fondées à requérir la délivrance ou la restitution.

La saisie-revendication destinée à rendre un bien meuble indisponible en attendant sa remise est, selon l'article 155 du décret du 31 juillet 1992 [devenu art. R. 222-17 C. pr. exéc.], ouverte à toute personne apparemment fondée à requérir la délivrance ou la restitution d'un bien de cette nature; il en est ainsi pour les membres de la famille, apparemment titulaires d'un droit à la conservation des souvenirs de famille dans l'intérêt de celle-ci.

• **Civ. 2e, 29 mars 1995, n° 93-18.769,** *Bull. civ.* II, n° 115
* V. s^{s} n°s 151.12, 1011.16, 1031.13

> Incompétence du juge de l'exécution pour connaître de demandes tendant à remettre en cause le titre exécutoire en son principe.

Le juge de l'exécution ne peut être saisi de difficultés relatives à un titre exécutoire qu'à l'occasion des contestations portant sur les mesures d'exécution forcée engagées ou opérées sur le fondement de ce titre, et n'a pas compétence pour connaître de demandes tendant à remettre en cause le titre dans son principe, ou la validité des droits et obligations qu'il constate.

• **Cass. avis, 16 juin 1995, n° 09-50.008,** *Bull. avis,* n° 9
* V. s^{s} n°s 124.23, 126.106, 212.41, 212.85, 942.75, 1351.32, 1641.44

> Domaine de la procédure de saisie des rémunérations.

La saisie des pensions de vieillesse du régime général de la Sécurité sociale ne peut être effectuée que par la procédure de saisie des rémunérations prévue par les articles L. 145-1 [devenu L. 3252-1] et suivants du Code du travail.

• **Cass. avis, 21 juill. 1995, n° 09-50.010,** *Bull. avis,* n° 11
* V. s^{s} n°s 151.142, 812.111, 941.43, 951.60

> Compétence du juge de l'exécution pour déclarer un jugement non avenu.

L'appel tendant à faire réformer ou annuler par la cour d'appel un jugement rendu par une juridiction de première instance, cette voie de recours n'est pas ouverte à la partie défaillante en première instance qui demande, à titre principal, de déclarer non avenu un jugement en application de l'article 478 du nouveau Code de procédure civile. Une personne, non comparante en première instance ayant interjeté appel du jugement qui l'avait condamnée au paiement d'une somme et demandé à la cour d'appel de dire cette décision non avenue, encourt la cassation, l'arrêt qui examine cette demande alors que seul le juge de l'exécution était compétent pour se prononcer.

• **Civ. 2e, 11 oct. 1995, n° 93-14.326,** *Bull. civ.* II, n° 233
* V. s^{s} n°s 153.34, 212.52

> Subsidiarité de la saisie-vente. Incidence du silence du débiteur.

Il résulte des articles 51 et 39 de la loi du 9 juillet 1991 [devenus art. L. 221-2 et L. 152-1 et L. 152-2 C. pr. exéc.] portant réforme des procédures civiles d'exécution, et des articles 82 et 83 de son décret d'application du 31 juillet 1992 [devenus art. R. 221-2 et R. 221-3 C. pr. exéc.], que le recouvrement forcé d'une créance autre qu'alimentaire et d'un montant en principal inférieur à 3 500 francs [535 €] ne peut, sauf autorisation donnée par le juge de l'exécution, être effectuée par voie de saisie-vente dans le local d'habitation du débiteur que dans la seule mesure où il s'avère impossible de procéder par voie de saisie d'un compte de dépôt ou des rémunérations du travail. L'absence de réponse du débiteur à l'injonction qui lui est faite dans le commandement de communiquer les renseignements utiles à l'exercice de ces dernières voies d'exécution ne fait pas échec à ce principe de subsidiarité, et n'a pour effet, si le recours au procureur de la République s'avère nécessaire pour connaître l'employeur du débiteur ou les établissements où celui-ci a un compte, que de dispenser l'huissier de justice de justifier de recherches infructueuses.

En conséquence, le silence du débiteur ne rend pas possible de ce seul fait la saisie-vente. Il permet à l'huissier de justice de s'adresser immédiatement et sans autre formalité au procureur de la République en vue d'obtenir l'identification de l'employeur ou des comptes de dépôt du débiteur.

• **Cass. avis, 8 déc. 1995, n° 09-50.013,** *Bull. avis,* n° 15
* V. s^{s} n°s 143.34, 212.204, 712.46

> Procédure d'exécution pratiquée sur la foi d'une ordonnance d'injonction frappée d'opposition.

En cas saisie-attribution pratiquée en vertu d'une ordonnance d'injonction de payer revêtue de la formule exécutoire mais frappée d'une opposition recevable, l'opposition ne peut pas conduire à ordonner la mainlevée de la saisie-attribution pratiquée, mais fait obstacle, jusqu'à ce qu'il ait été statué sur l'opposition par la juridiction compétente, au paiement au créancier des sommes rendues indisponibles.

• **Cass. avis, 8 mars 1996, n° 09-60.001,** *Bull. avis,* n° 4
* V. s^{s} n°s 121.33, 153.72, 811.15

> Compétence du juge de l'exécution pour connaître d'une contestation d'un acte de recouvrement de l'impôt.

Si le juge de l'exécution est compétent pour statuer sur la régularité en la forme de l'acte de poursuite, conformément à l'article L. 281 du Livre des procédures fiscales, la recevabilité de l'action en contestation de l'acte de recouvrement de l'impôt est, aux termes de l'article R. 281-1 du même Livre, subordonnée au dépôt d'une demande présentée au chef de service de l'administration fiscale compétent.

• **Com. 12 mars 1996, n° 94-12.515,** *Bull. civ.* IV, n° 81
* V. s^{s} n° 214.61, 934.14

> Autorisation des mesures conservatoires. Saisine du juge. Apparence de fondement de la créance et menace du recouvrement.

Le juge saisi d'une demande d'autorisation d'une mesure conservatoire portant sur des meubles dépendant d'une succession n'a pas le pouvoir d'appliquer la règle de conflit de lois gouvernant cette succession qui concerne le fond du litige. Il doit seulement apprécier l'apparence de fondement de la créance successorale invoquée, et l'existence de circonstances susceptibles d'en menacer le recouvrement.

• **Civ. 1re, 16 avr. 1996, n° 94-15.531,** *Bull. civ.* I, n° 183
* V. ss nos 600.09, 1711.132, 1711.163

> Saisie-attribution d'une créance à exécution successive pratiquée avant la survenance d'un jugement portant ouverture d'un redressement ou d'une liquidation judiciaire.

Il résulte des articles 13 et 43 de la loi du 9 juillet 1991 et des articles 69 et suivants du décret du 31 juillet 1992 [devenus art. L. 112-1, L. 211-2 et R. 211-14 s. C. pr. exéc.] que la saisie-attribution d'une créance à exécution successive pratiquée à l'encontre de son titulaire avant la survenance d'un jugement portant ouverture d'un redressement ou d'une liquidation judiciaire de celui-ci poursuit ses effets sur les sommes échues en vertu de cette créance après ledit jugement.

• **Civ. 2e, 10 juill. 1996, n° 94-19.551,** *Bull. civ.* II, n° 209
* V. ss nos 154.97, 831.91, 832.45, 951.131, 971.183, 973.142, 1316.105

> Sursis à l'exécution des décisions du juge de l'exécution. Domaine d'application.

Le premier président de la cour d'appel peut ordonner le sursis à l'exécution de toutes les décisions du juge de l'exécution, à l'exception de celles qui, dans les rapports entre créanciers et débiteurs, statuent sur les demandes dépourvues d'effet suspensif à moins qu'elles n'ordonnent la mainlevée d'une mesure.

• **Civ. 2e, 18 déc. 1996, n° 95-12.602,** *Bull. civ.* II, n° 305
* V. ss nos 222.11, 842.33, 1364.111

> Compétence internationale des juridictions françaises pour statuer sur la validité d'une saisie pratiquée en France distincte de la compétence pour connaître du fond du litige.

Si les juridictions françaises sont seules compétentes pour statuer sur la validité d'une saisie pratiquée en France et apprécier, à cette occasion, le principe de la créance, elles ne peuvent se prononcer sur le fond de cette créance que si leur compétence est fondée sur une autre règle. Une cour d'appel, qui retient que, le litige ne présentant aucun rattachement avec la France, le juge compétent au fond était un juge étranger, décide, à bon droit, que le lieu de la saisie conservatoire pratiquée en France ne pouvait pas fonder la compétence internationale de la juridiction française pour connaître du fond du litige.

• **Civ. 1re, 11 févr. 1997, n° 94-21.500,** *Bull. civ.* I, n° 47
* V. ss nos 1662.21, 1711.07, 1711.144

> Avis à tiers détenteur. Compétence du juge de l'exécution en cas de refus de payer ou de répondre.

Il appartient au comptable public, lorsque le tiers saisi, mis en demeure par l'avis, refuse de payer la dette fiscale ou ne répond pas, de saisir le juge de l'exécution aux fins de délivrance d'un titre exécutoire contre le tiers saisi.

• **Cass. avis, 7 mars 1997, n° 09-60.015,** *Bull. avis*, n° 3
* V. ss nos 126.63, 212.156, 213.24

> Droit à l'exécution effective des décisions de justice.

40. La Cour rappelle sa jurisprudence constante selon laquelle l'article 6 par. 1 (art. 6-1) garantit à chacun le droit à ce qu'un tribunal connaisse de toute contestation relative à ses droits et obligations de caractère civil; il consacre de la sorte le « droit à un tribunal », dont le droit d'accès, à savoir le droit de saisir un tribunal en matière civile, constitue un aspect (arrêt Philis c/ Grèce du 27 août 1991, série A n° 209, p. 20, par. 59). Toutefois, ce droit serait illusoire si l'ordre juridique interne d'un État contractant permettait qu'une décision judiciaire définitive et obligatoire reste inopérante au détriment d'une partie. En effet, on ne comprendrait pas que l'article 6 par. 1 (art. 6-1) décrive en détail les garanties de procédure – équité, publicité et célérité – accordées aux parties et qu'il ne protège pas la mise en œuvre des décisions judiciaires; si cet article (art. 6-1) devait passer pour concerner exclusivement l'accès au juge et le déroulement de l'instance, cela risquerait de créer des situations incompatibles avec le principe de la prééminence du droit que les États contractants se sont engagés à respecter en ratifiant la Convention (voir, mutatis mutandis, l'arrêt Golder c/ Royaume-Uni du 21 février 1975, série A n° 18, pp. 16-18, § 34-36). L'exécution d'un jugement ou arrêt, de quelque juridiction que ce soit, doit donc être considérée comme faisant partie intégrante du « procès » au sens de l'article 6 (art. 6); la Cour l'a du reste déjà reconnu dans les affaires concernant la durée de la procédure (voir, en dernier lieu, les arrêts Di Pede c/Italie et Zappia c/Italie du 26 septembre 1996, *Recueil des arrêts et décisions* 1996-IV, pp. 1383-1384, § 20-24, et pp. 1410-1411, § 16-20, respectivement).

• **CEDH 19 mars 1997, req. n° 18357/91,** *Hornsby c/Grèce*
* V. ss nos 101.11, 143.05, 211.51, 231.05, 281.05, 400.05, 522.23, 1317.11, 1600.05, 1711.134, 1711.182, 1711.221

> Saisie-attribution. Obligation de renseignement du tiers-saisi. Appréciation souveraine du juge de l'exécution pour apprécier les motifs de retard.

1° Le tiers saisi est tenu de fournir sur-le-champ à l'huissier de justice les renseignements prévus à l'article 44 de la loi du 9 juillet 1991 [devenu art. L. 211-3 C. pr. exéc.].

2° Le juge apprécie souverainement si les causes de retard invoquées par le tiers saisi procèdent d'un motif légitime.

• **Civ. 2e, 2 avr. 1997, n° 95-13.567,** *Bull. civ.* II, n° 107
* V. ss nos 162.52, 821.71, 821.95, 821.101, 821.106, 951.102, 971.132, 973.164, 973.166

> Interdiction de la conservation d'une mesure conservatoire après le jugement d'ouverture de la procédure collective du débiteur.

Le jugement d'ouverture de la procédure collective du débiteur interdit toute conversion en saisie-attribution de la saisie conservatoire pratiquée antérieurement. Dès lors, une saisie conservatoire signifiée au tiers saisi avant la date de cessation des paiements du débiteur, mais qui n'a pas été convertie en saisie-attribution avant la date du jugement d'ouverture, n'emporte plus affectation spéciale et privilège au profit du créancier saisissant.

• **Com. 22 avr. 1997, n° 94-16.979,** *Bull. civ.* IV, n° 100
* V. ss nos 154.83, 154.85, 611.33, 831.113

> Saisie d'un immeuble grevé d'une clause de tontine.

Les acquéreurs d'un immeuble grevé d'une clause de tontine aux termes de laquelle celui-ci appartiendra en totalité au survivant d'entre eux, ne sont pas titulaires d'un droit privatif de propriété sur le bien ou partie de ce bien tant que la condition suspensive de survie n'est pas réalisée. Il s'ensuit que, le droit de gage général des créanciers ne pouvant s'exercer que sur les biens dont le débiteur est propriétaire, il ne peut être reproché à une cour d'appel d'avoir annulé le commandement aux fins de saisie immobilière délivré à l'un des acquéreurs à une date où la condition de survie n'était pas réalisée.

• **Civ. 1re, 18 nov. 1997, no 95-20.842,** *Bull. civ.* I, no 315

* V. ss no 1315.24, 1421.34

> Saisie-attribution. Mainlevée de plein droit en cas de perte de fondement juridique.

L'annulation du titre exécutoire sur le fondement duquel a été pratiquée une saisie-attribution qui, en l'absence de paiement par le tiers saisi, n'a pas produit son plein effet, emporte de plein droit mainlevée de la saisie.

• **Civ. 2e, 21 janv. 1998, no 95-20.114,** *Bull. civ.* II, no 24

* V. ss nos 212.52, 718.53, 811.33, 840.06, 841.71, 971.153, 971.172, 971.232

> Recouvrement forcé des dommages-intérêts de l'article 1153 du Code civil.

Pour pouvoir être recouvrés par voie d'exécution, les dommages-intérêts prévus à l'article 1153 du Code civil doivent faire l'objet d'une disposition spéciale du titre en vertu duquel est exercée la poursuite.

• **Civ. 1re, 10 mars 1998, no 95-21.817,** *Bull. civ.* I, no 100

* V. ss nos 153.51, 153.62, 713.46

> Caractères certain et disponible de la créance objet de la saisie-attribution.

Encourt la cassation l'arrêt qui donne effet à une saisie-attribution en énonçant que la créance saisie existait en germe dans le patrimoine du débiteur sans constater qu'à la date de la saisie la créance était certaine et disponible.

• **Civ. 2e, 25 mars 1998, no 96-14.706,** *Bull. civ.* II, no 109

* V. ss nos 812.12, 812.21, 831.130, 971.92, 973.53

> Droit à l'exécution effective des titres exécutoires notariés.

35. La Cour rappelle que l'article 6 § 1 de la Convention exige que toutes les phases des procédures judiciaires tendant à vider des « contestations sur des droits et obligations de caractère civil » aboutissent dans un délai raisonnable, sans que l'on puisse excepter les phases postérieures aux décisions sur le fond (arrêt Robins c/Royaume-Uni du 23 septembre 1997, *Recueil* 1997-V, p. 1809, § 28). Ainsi, l'exécution d'un jugement ou arrêt, de quelque juridiction que ce soit, doit être considérée comme faisant partie intégrante du « procès » au sens de l'article 6 (arrêt Hornsby c/Grèce du 19 mars 1997, *Recueil* 1997-II, pp. 510-511, § 40).

36. La Cour constate que la présente affaire se distingue des affaires dont elle a eu à connaître précédemment (voir, outre les affaires précitées, les arrêts Martins Moreira c/Portugal du 26 octobre 1988, série A, no 143, et Silva Pontes c/Portugal du 23 mars 1994, série A, no 286-A), puisque la procédure litigieuse ne porte pas sur un jugement mais sur un autre titre exécutoire, à savoir un acte notarié garantissant une créance déterminée. La procédure n'en visait que le recouvrement.

37. L'esprit de la Convention commande de ne pas prendre le terme « contestation » dans une acception trop technique et d'en donner une définition matérielle plutôt que formelle; la version anglaise de l'article 6 n'en renferme du reste pas le pendant (arrêt Moreira de Azevedo c/ Portugal du 23 octobre 1990, série A, no 189, p. 17, § 66). Ainsi, la Cour a déjà considéré que c'est au moment où le droit revendiqué trouve sa réalisation effective qu'il y a détermination d'un droit de caractère civil (arrêts Di Pede c/ Italie du 26 septembre 1996 et Zappia précité, *Recueil* 1996-IV, respectivement p. 1384, § 22, et p. 1411, § 18).

• **CEDH 21 avr. 1998, req. no 24550/94,** *Estima Jorge c/ Portugal*

* V. ss no 101.11

> Insaisissabilité de l'assurance-vie.

Il résulte des articles L. 132-8, L. 132-9, L. 132-12 et L. 132-14 du Code des assurances qu'en matière d'assurances sur la vie, tant que le contrat n'est pas dénoué, le souscripteur est seulement investi, sauf acceptation du bénéficiaire désigné, du droit personnel de faire racheter le contrat et de désigner ou de modifier le bénéficiaire de la prestation. Il s'ensuit que nul créancier n'est en droit de se faire attribuer immédiatement ce que le souscripteur ne peut recevoir. Dès lors, justifie légalement sa décision la cour d'appel qui, pour ordonner la mainlevée de l'avis à tiers détenteur notifié en cours de contrat à l'assureur par l'administration des Impôts, retient que ce dernier n'était pas débiteur de son assuré à la date de l'avis.

• **Civ. 1re, 28 avr. 1998, no 96-10.333,** *Bull. civ.* I, no 153

* V. ss nos 150.13, 151.221, 812.54

> Validité du commandement fait pour une somme supérieure au montant réel.

Le commandement fait pour une somme supérieure au montant réel de la dette demeure valable à concurrence de ce montant.

• **Civ. 3e, 6 mai 1998, no 96-14.339,** *Bull. civ.* III, no 92

* V. ss no 713.48

> Titre exécutoire à l'égard de la personne même qui doit exécuter. Concours entre créanciers d'une procédure civile d'exécution et ceux d'une procédure collective.

1° Toute exécution forcée implique que le créancier soit muni d'un titre exécutoire à l'égard de la personne même qui doit exécuter, et que le titre délivré à l'encontre d'une société n'emporte pas le droit de saisir les biens des associés, fussent-ils tenus indéfiniment et solidairement des dettes sociales, à défaut de titre exécutoire pris contre eux.

2° La procédure de saisie-vente ne s'achève que par la vente des biens saisis qui fait sortir ces biens du patrimoine du débiteur, les dispositions de l'article 54 de la loi du 9 juillet 1991 [devenu art. L. 221-5 C. pr. exéc.] n'ayant pour objet que de déterminer les créanciers admis à concourir sur le prix de la vente. Dès lors, la règle d'ordre public de l'arrêt des poursuites individuelles [consécutive à l'ouverture d'une procédure collective] s'applique tant que cette procédure d'exécution n'a pas, par la vente, produit ses effets.

• **Civ. 2e, 19 mai 1998, nos 96-12.944 et 96-13.268,** *Bull. civ.* II, no 161

* V. ss nos 112.42, 154.91, 712.11, 716.45, 716.82, 811.14, 1012.122, 1311.81, 1311.83

> Saisine du juge de l'exécution. Contestation du caractère exécutoire du titre. Interdiction de se prononcer sur la recevabilité d'un recours suspensif d'exécution.

Il n'appartient pas au juge de l'exécution, saisi d'une demande de mainlevée d'une mesure d'exécution forcée pratiquée en vertu d'un jugement lorsque cette demande est fondée sur l'exercice préalable d'un recours à effet suspensif d'exécution, de se prononcer sur la recevabilité de ce recours.

• **Civ. 2e, 3 juin 1998, n° 95-12.887,** *Bull. civ.* II, n° 174
* V. ss n° 212.163

> Saisie-attribution. Conditions de forme de la recevabilité de la contestation du débiteur.

La recevabilité de la contestation du débiteur n'est soumise qu'aux exigences prévues par les articles 19 et 66 du décret du 31 juillet 1992 [devenus art. R. 442-4 et R. 211-11 C. pr. exéc.], c'est-à-dire à la signification, avant l'expiration du délai d'un mois suivant la dénonciation au débiteur de la saisie-attribution, d'une assignation au créancier saisissant, et à l'envoi le même jour à l'huissier de justice qui a procédé à la saisie, par lettre recommandée avec demande d'avis de réception, d'une copie de cette assignation.

• **Cass. avis, 15 juin 1998, n° 09-80.004,** *Bull. avis,* n° 8
* V. ss nos 214.51, 612.76, 841.43, 841.61, 841.62, 971.234

> Juge de l'exécution. Compétence pour connaître d'une action en responsabilité exercée à l'encontre de l'huissier de justice.

À l'occasion de la mise en œuvre d'une procédure d'exécution, le juge de l'exécution peut connaître d'une action en responsabilité exercée par le débiteur à l'encontre de l'huissier de justice sur le fondement du droit commun.

• **Civ. 2e, 24 juin 1998, n° 96-22.851,** *Bull. civ.* II, n° 222
* V. ss nos 121.24, 212.145, 314.23

> Expulsion de l'habitation principale. Sanction de l'omission de l'information préalable du préfet.

En cas d'expulsion d'une personne de son habitation principale, l'huissier de justice doit, dès le commandement d'avoir à libérer les locaux, envoyer une copie de cet acte au préfet du département du lieu de situation de l'immeuble par lettre recommandée avec demande d'avis de réception. L'inobservation de ces prescriptions qui constitue l'omission d'un acte et non un vice de forme, affecte la validité de la procédure d'expulsion subséquente sans que la personne expulsée ait à justifier d'un grief.

• **Civ. 2e, 25 juin 1998, n° 95-10.000,** *Bull. civ.* II, n° 229
* V. ss nos 512.73

> Refus du concours de la force publique. Le législateur ne saurait subordonner l'octroi de ce concours à l'accomplissement d'une diligence administrative.

44. Considérant que l'article 119 crée une section 2, portant dispositions diverses, dans le chapitre III du titre Ier du livre VI du code de la construction et de l'habitation dont l'intitulé devient : « Dispositions particulières applicables en matière d'expulsion »; que cette section comporte un article L. 613-6 aux termes duquel : « Lorsque le représentant de l'État dans le département accorde le concours de la force publique, il s'assure qu'une offre d'hébergement tenant compte, autant qu'il est possible, de la cellule familiale est proposée aux personnes expulsées. Le défaut de concours de la force publique pour ce motif ne fait pas obstacle au droit pour le bailleur d'obtenir une indemnisation du préjudice subi, conformément à l'article 16 de la loi n° 91-650 du 9 juillet 1991 [devenu art. L. 153-1 C. pr. exéc.] précitée »;

45. Considérant que les requérants font grief à cette disposition de porter atteinte à l'autorité de la chose jugée et, partant, au principe de séparation des pouvoirs, dans la mesure où, en soumettant à « la réalisation préalable d'une démarche administrative tendant à l'hébergement de la personne expulsée » l'octroi du concours de la force publique par le préfet, le législateur méconnaît la force exécutoire des décisions de justice;

46. Considérant que toute décision de justice a force exécutoire; qu'ainsi, tout jugement peut donner lieu à une exécution forcée, la force publique devant, si elle y est requise, prêter main-forte à cette exécution; qu'une telle règle est le corollaire du principe de la séparation des pouvoirs énoncé à l'article 16 de la Déclaration des droits de l'homme et du citoyen; que si, dans des circonstances exceptionnelles tenant à la sauvegarde de l'ordre public, l'autorité administrative peut, sans porter atteinte au principe sus-évoqué, ne pas prêter son concours à l'exécution d'une décision juridictionnelle, le législateur ne saurait subordonner l'octroi de ce concours à l'accomplissement d'une diligence administrative;

47. Considérant qu'il résulte des termes mêmes de l'article L. 613-6 inséré dans le Code de la construction et de l'habitation, et notamment de la deuxième phrase dudit article, que le fait pour le représentant de l'État dans le département de ne pas s'être assuré qu'une offre d'hébergement a été proposée aux personnes expulsées pourrait être un motif spécifique de refus de concours de la force publique à l'exécution d'une décision juridictionnelle émanant du juge judiciaire; que, s'agissant d'un motif qui ne justifie pas, par lui-même, un refus de ce concours en raison de la nécessité de sauvegarder l'ordre public, le dispositif ainsi institué porte atteinte au principe de la séparation des pouvoirs; que l'article 119 de la loi déférée est donc contraire à la Constitution.

• **Cons. const., 29 juill. 1998, n° 98-403 DC,** *JO* 31 juill. 1998, p. 11710
* V. ss nos 231.05, 522.23, 1323.62, 1325.143, 1353.72, 1363.170

> La notification condition de l'exécution forcée.

Le titre exécutoire émis par une personne morale de droit public qui n'a pas été notifié au débiteur ne peut pas donner lieu à une mesure d'exécution forcée.

• **Civ. 2e, 10 nov. 1998, n° 95-20.139,** *Bull. civ.* II, n° 269
* V. ss n° 126.08, 941.12, 961.12, 973.35

> Saisie-vente. Action en distraction. Preuve par la possession. Caractère équivoque de la possession. Qualité pour agir en nullité.

1° Justifie légalement sa décision de rejeter une demande de distraction de biens saisis formée par un locataire, la cour d'appel qui retient souverainement que la possession des meubles revendiquée par le locataire est équivoque du fait de sa cohabitation avec le débiteur propriétaire des lieux loués où se trouvent lesdits meubles.

2° Le locataire, tiers aux poursuites de saisie, n'est pas recevable à invoquer la nullité de la saisie prévue à l'article 131 du décret du 31 juillet 1992 [devenu art. R. 221-54 C. pr. exéc.] pour un vice de forme ou de fond autre que l'insaisissabilité du bien saisi.

• **Civ. 2e, 10 nov. 1998, n° 96-18.740,** *Bull. civ.* II, n° 270
* V. ss nos 719.23, 719.101

> Compétence du juge de l'exécution pour connaître des contestations relatives à l'exécution forcée.

La signification d'un commandement aux fins de saisie-vente engage la procédure d'exécution. Viole l'article L. 311-12-1 [devenu art. L. 213-6] du Code de l'organisation judiciaire, l'arrêt qui retient qu'il n'y avait pas lieu à saisine du juge de l'exécution, ce juge n'ayant le pouvoir de trancher une difficulté relative à un titre exécutoire que si l'exécution forcée était engagée, ce qui n'était pas le cas par la seule délivrance d'un commandement aux fins de saisie-vente.

• **Civ. 2e, 16 déc. 1998, n° 96-18.255,** *Bull. civ.* II, n° 301

* V. ss nos 131.04, 131.23, 212.61, 713.22, 713.133

> Saisissabilité d'une licence d'exploitation de débit de boissons.

La licence d'exploitation d'un débit de boissons de 4e catégorie constitue un droit incorporel saisissable. En l'absence de texte réglementaire de portée générale applicable à la saisie des droits de cette nature, ou de dispositions spécifiques à la saisie de cette licence qui n'est pas une valeur mobilière, il est possible, sous réserve des adaptations nécessaires contrôlées par le juge de l'exécution de transposer pour les opérations de saisie, la procédure définie aux articles 182 à 184 du décret du 31 juillet 1992, et, pour la vente, les dispositions des articles 189 à 192 du même texte [devenus art. R. 232-5 à R. 232-8, et art. R. 233-5 à 233-8 C. pr. exéc.].

• **Cass. avis, 8 févr. 1999, n° 98-00.015,** *Bull. avis,* n° 1

* V. ss nos 151.101, 628.06, , 711.39, 732.11, 733.12

> Saisie des droits d'associé et valeurs mobilières. Absence d'obligation d'information du tiers saisi sauf injonction.

Aucune disposition ne faisant obligation au tiers saisi d'indiquer au saisissant l'étendue des droits d'associé et des valeurs mobilières dont le débiteur est titulaire, la société ou la personne morale émettrice ne peut être condamnée de ce fait en application de l'article 24 de la loi du 9 juillet 1991 [devenu art. L. 123-1 C. pr. exéc.], à moins qu'ayant reçu du juge de l'exécution une injonction à cet effet, elle n'y ait pas déféré.

• **Civ. 2e, 8 avr. 1999, n° 97-14.742,** *Bull. civ.* II, n° 69

* V. ss nos 731.72, 921.23

> Fixation des intérêts légaux par le juge de l'exécution.

En apportant à un précédent arrêt, ayant prononcé condamnation au paiement d'une indemnité de licenciement, la simple précision qu'en vertu de l'article 1153 du Code civil, cette indemnité avait produit de plein droit intérêts à compter de la demande en justice, une cour d'appel, qui n'a pas modifié le dispositif de cet arrêt, n'a fait qu'user du pouvoir que confère au juge de l'exécution l'article L. 311-12-1 [devenu art. L. 213-6] du Code de l'organisation judiciaire.

• **Civ. 2e, 17 juin 1999, n° 97-15.151,** *Bull. civ.* II, n° 121

* V. ss nos 153.62, 212.73

> Saisie-attribution. Sanction de l'obligation de renseignement du tiers saisi subordonnée à une saisie valable. Intérêt du tiers saisi à contester la validité de la saisie.

La nullité de la saisie conservatoire, ou sa caducité qui la prive rétroactivement de tous ses effets, s'oppose à ce que le créancier saisissant puisse faire condamner le tiers saisi, sur le fondement de l'article 238 du décret du 31 juillet 1992 [devenu art. R. 523-5 C. pr. exéc.], au paiement des sommes pour lesquelles la saisie a été pratiquée, cette sanction de la méconnaissance par le tiers saisi de son obligation de renseignement s'inscrivant nécessairement dans le cadre d'une saisie valable. Dès lors le tiers saisi, pour s'opposer à la demande en paiement, a un intérêt à se prévaloir des causes d'inefficacité de la saisie

• **Cass. avis, 21 juin 1999, n° 09-90.008,** *Bull. avis,* n° 5

* V. ss nos 511.94, 612.77, 612.78, 613.45, 621.23, 621.53, 821.93, 822.31, 841.75

> Saisie-attribution. Portée de l'obligation de renseignement du banquier tiers saisi. Inopposabilité du secret bancaire.

1° Justifie légalement sa décision la cour d'appel qui, saisie par un créancier ayant pratiqué une saisie-attribution entre les mains d'une banque d'une demande tendant à voir condamner celle-ci à fournir les relevés du ou des comptes de toute nature détenus par elle, au nom du débiteur, au jour de la saisie, retient, pour accueillir cette demande, que l'obligation de l'établissement de crédit ne portait pas sur les seuls comptes de dépôt enregistrant des créances de sommes d'argent.

2° L'obligation de renseignement de l'établissement de crédit découlant de la loi, celui-ci n'est pas fondé à opposer le secret bancaire à la demande du créancier tendant à connaître la nature et la position des comptes ouverts dans ses livres au nom du débiteur.

• **Civ. 2e, 1er juill. 1999, n° 96-19.108,** *Bull. civ.* II, n° 129

* V. ss nos 731.72, 821.63, 921.22, 922.42

> La marge d'appréciation dont jouissent les états pour intervenir dans une procédure d'exécution d'une décision de justice, ne peut avoir comme conséquence d'empêcher, d'invalider ou de retarder l'exécution de manière excessive.

64. La société requérante se plaint que la procédure d'expulsion a duré environ treize ans. De plus, elle dénonce le fait qu'à la suite de l'action du préfet de Livourne et de la commission préfectorale, qui examinent les expulsions au cas par cas afin de déterminer celles qui vont être exécutées, il y a eu méconnaissance de la décision du juge d'instance de Livourne, qui avait statué sur la date d'exécution de l'expulsion lors de la procédure au fond. Immobiliare Saffi n'aurait donc pas eu accès à un tribunal afin d'obtenir satisfaction de son droit à récupérer son appartement et à obtenir l'exécution de l'ordonnance d'expulsion à partir du 30 septembre 1984.

65. La Cour note que le bailleur ne peut demander l'exécution de l'ordonnance d'expulsion d'un locataire qu'à partir de la date que le juge d'instance, tenant compte des exigences particulières du bailleur et du locataire et des raisons de l'expulsion, a fixée dans l'ordonnance. La loi fixe un délai maximum de sursis à l'exécution de six mois, exceptionnellement douze mois, après quoi l'ordonnance doit pouvoir être exécutée (§ 20 ci-dessus). Le juge d'instance de Livourne avait fixé la date d'exécution de l'ordonnance en faveur de I. B. au 30 septembre 1984. Or, les dispositions législatives passées entre décembre 1984 et avril 1989 ont reporté cette date, à chaque fois de quelques mois (§ 23-26 ci-dessus).

66. La Cour rappelle que le droit au tribunal garanti à l'article 6 protège également la mise en œuvre des décisions judiciaires définitives et obligatoires qui, dans un État qui respecte la prééminence du droit, ne peuvent rester inopérantes au détriment d'une partie (voir, mutatis mutandis, l'arrêt Hornsby précité, p. 510, § 40). Par conséquent, l'exécution d'une décision judiciaire ne peut être retardée de manière excessive.

67. La société requérante, toutefois, ne se plaint pas en particulier de cette suspension législative de l'exécution de son ordonnance d'expulsion. En revanche, elle se plaint que le législateur italien a conféré au préfet et à la commission préfectorale le pouvoir d'examiner les expulsions au cas par cas afin de déterminer celles qui doivent être exécutées, ce qui rend la décision du juge d'instance de Livourne inopérante.

68. Le Gouvernement souligne à ce propos que si le préfet, en tant qu'auxiliaire de justice, doit prêter son concours à l'exécution des décisions de justice exécutoires, il a également le pouvoir, dans le cadre de ses fonctions d'autorité administrative chargée de maintenir l'ordre public, de ne pas déférer à une demande de concours de la force publique quand une telle exécution risquerait de provoquer de graves troubles à l'ordre public. Un tel pouvoir ne méconnaîtrait pas le droit au tribunal garanti à l'article 6 § 1 de la Convention, considérant que le respect des critères généraux par le préfet est soumis à un contrôle juridictionnel.

69. La Cour reconnaît qu'un sursis à l'exécution d'une décision de justice pendant le temps strictement nécessaire à trouver une solution satisfaisante aux problèmes d'ordre public peut se justifier dans des circonstances exceptionnelles.

70. Ce qui est en cause en l'espèce n'est cependant pas, comme le Gouvernement semble le soutenir, un refus ponctuel opposé par le préfet à la demande de concours de la force publique en raison d'un risque de graves troubles à l'ordre public. Dans la présente affaire, le sursis à l'exécution à partir de janvier 1990 a résulté de l'intervention ultérieure du législateur, qui a remis en cause la décision du juge d'instance quant à la date de la libération des lieux par le locataire. En effet, à partir du 1er janvier 1990 et pendant plus de six ans, l'exécution de l'ordonnance d'expulsion en faveur de la société I.B. a été reportée à plusieurs reprises (§ 28-29 ci-dessus) et, en fait, n'a jamais eu lieu, Immobiliare Saffi ayant récupéré son appartement à la suite du décès du locataire. Le législateur, présumant la persistance du risque de graves troubles à l'ordre public déjà constaté en 1984, en raison du grand nombre d'expulsions à exécuter en même temps, a conféré au préfet, en tant qu'autorité administrative chargée de maintenir l'ordre public, un pouvoir, voire un devoir, d'intervention systématique dans l'exécution des ordonnances d'expulsion, tout en fixant le cadre dans lequel il devrait exercer ce pouvoir.

71. Or la Cour constate en premier lieu que la remise en cause de la date de la libération des lieux a ôté tout effet utile à la décision du juge d'instance de Livourne sur ce point dans son ordonnance du 21 novembre 1983. Il convient de souligner à cet égard que la décision quant à l'octroi de l'assistance de la force publique est fondée sur les mêmes éléments – situation du bailleur et du locataire; motif de l'expulsion – pris en compte par le juge d'instance conformément à l'article 56 de la loi n° 392/78.

72. En outre, la Cour observe que l'évaluation de l'opportunité de surseoir ultérieurement à l'exécution de l'ordonnance d'expulsion, donc de proroger de fait le bail, était soustraite à tout contrôle judiciaire effectif, l'étendue du contrôle des décisions du préfet étant limitée au respect de l'application des critères de priorité (paragraphe 42 ci-dessus).

73. De surcroît, la prorogation semestrielle du système d'échelonnement du concours de la force publique durant presque neuf ans (paragraphes 28-34 ci-dessus) donne le sentiment que les autorités italiennes se sont contentées d'avoir recours à ce système plutôt que de rechercher d'autres solutions efficaces aux problèmes d'ordre public liés au domaine du logement.

74. En conclusion, si on peut admettre que les États contractants, dans des circonstances exceptionnelles et, comme en l'espèce, dans le cadre de la marge d'appréciation dont ils jouissent en matière de réglementation de l'usage des biens, interviennent dans une procédure d'exécution d'une décision de justice, pareille intervention ne peut avoir comme conséquence ni d'empêcher, invalider ou encore retarder de manière excessive l'exécution, ni, encore moins, de remettre en question le fond de cette décision.

Dans la présente affaire, comme la Cour l'a exposé aux § 54-56 ci-dessus concernant le grief tiré de l'article 1 du Protocole n° 1, l'appréciation du juge d'instance de Livourne dans son ordonnance du 21 novembre 1983 a été privée de tout effet utile par les dispositions législatives incriminées. De plus, à partir du moment où le préfet est devenu l'autorité ayant compétence pour fixer la date de l'expulsion forcée, et au vu de l'absence d'un contrôle judiciaire effectif de ses décisions, la société requérante a été privée de son droit à ce que la contestation l'opposant à son locataire soit décidée par un tribunal, comme le veut l'article 6 de la Convention. Cela est contraire au principe de la prééminence du droit.

Partant, il y a eu violation de l'article 6 § 1 de la Convention.

75. Quant au grief portant sur la durée de la procédure d'exécution, la Cour estime qu'il doit être considéré comme absorbé par le précédent (paragraphes 64-73 ci-dessus).

• **CEDH, 28 juill. 1999, req. n° 22774/93,** *Immobiliare Saffi c/Italie*

* V. ss nos 143.05, 1317.11, 1600.05

> Nullité de la saisie conservatoire pratiquée en période suspecte.

Une saisie conservatoire effectuée postérieurement à la cessation des paiements est nulle. Cette nullité entraîne l'annulation par voie de conséquence du paiement fait au créancier saisissant, même muni d'un titre exécutoire.

• **Com. 12 oct. 1999, n° 96-13.133,** *Bull. civ.* IV, n° 166

* V. ss nos 154.87, 611.30, 831.112

> Titre exécutoire délivré uniquement à l'encontre du conjoint de la personne poursuivie.

Toute exécution forcée implique que le créancier soit muni d'un titre exécutoire à l'égard de la personne même qui doit exécuter. Dès lors, le titre exécutoire produit à l'encontre d'un époux en recouvrement d'une dette ayant pour objet l'entretien du ménage ou l'éducation des enfants n'emporte pas le droit de saisir les biens de son conjoint, à défaut de titre exécutoire pris contre celui-ci, les deux époux fussent-ils tenus solidairement des dettes de ménage.

• **Civ. 2e, 28 oct. 1999, n° 97-20.071,** *Bull. civ.* II, n° 163

* V. ss nos 112.42, 154.161, 811.14, 941.71, 973.32, 1311.81, 1311.82, 1313.142

> Action en distraction. Preuve de la propriété des meubles saisis.

La propriété d'un bien se prouve par tous moyens; doit être cassé l'arrêt qui pour rejeter la demande de mainlevée de la saisie énonce que la seule production des factures d'achat ne suffit pas à établir le droit de propriété et qu'il doit être exigé la production de pièces justifiant le paiement effectif des meubles; [...]

• **Civ. 1re, 11 janv. 2000, no 97-15.406,** *Bull. civ.* I, no 5
* V. ss nos 719.12, 719.23

> **Saisie-attribution. Succession de créances distinctes.**
La société de taxi-ambulance, subrogée en application d'une convention de tiers payant dans les droits des assurés sociaux qu'elle a transportés dispose sur la caisse primaire d'assurance maladie d'une succession de créances distinctes, nées des transports effectués au fur et à mesure de leur accomplissement. La saisie-attribution n'emportant attribution immédiate au profit du saisissant que de la créance disponible, les sommes correspondant à des prestations postérieures à la saisie pratiquée échappent à son caractère attributif.

• **Soc. 24 févr. 2000, no 98-13.444,** *Bull. civ.* V, no 76
* V. ss nos 812.42, 971.182

> **Surendettement. Suspension des procédures d'exécution pendant la durée des mesures recommandées.**
Selon l'article L. 331-9 du Code de la consommation, dans sa rédaction issue de la loi du 8 février 1995, le juge de l'exécution a le pouvoir, dans le cadre des mesures recommandées prévues par l'article L. 331-7 du même Code, de suspendre seulement pendant la durée des mesures de redressement les effets d'une saisie-attribution à exécution successive pratiquée à l'encontre du débiteur avant la saisine de la commission de surendettement.

• **Civ. 1re, 14 mars 2000, nos 99-04.026 et 98-04.071,** *Bull. civ.* I, no 94
* V. ss no 831.121

> **Une saisie ne peut pas porter sur une créance éventuelle.**
Une saisie ne peut pas porter sur une créance éventuelle. Tel est le cas de saisies-attributions pratiquées ou d'avis à tiers détenteur émis sur une créance représentée par le prix de cession d'un office notarial, alors que l'agrément ministériel constituait un élément légal de la convention intervenue et que la créance saisie n'était pas encore née à la date où les mesures d'exécution forcée avaient été pratiquées.

• **Civ. 2e, 11 mai 2000, nos 97-12.362, 97-12.423 et 97-15.736,** *Bull. civ.* II, no 77
* V. ss nos 142.22, 151.101, 812.21.

> **Report sur le compte de l'insaisissabilité des créances à échéance périodique.**
Il résulte des articles 44 et 45 du décret du 31 juillet 1992 [devenus art. R. 112-5 et R. 213-10 C. pr. exéc.] que lorsque les sommes insaisissables versées sur un compte proviennent de créances à échéance périodique, l'insaisissabilité porte sur l'ensemble des fonds, de même nature, cumulés sur ce compte et non pas seulement sur le dernier versement effectué.

• **Civ. 2e, 11 mai 2000, no 98-11.696,** *Bull. civ.* II, no 78
* V. ss nos 151.161, 151.191, 621.11, 621.31, 923.91, 941.54

> **Situation du tiers saisi.**
– Le juge de l'exécution ne peut contrôler la valeur et la sincérité de la déclaration du tiers saisi au regard de ses obligations qu'au moment de la saisie, et il n'entre pas dans ses pouvoirs de vérifier l'évolution des comptes du débiteur saisi au cours des années ayant précédé la saisie (arrêt no 97-21.606, *Bull. civ.* II, no 110).

– L'annulation de la saisie conservatoire fait obstacle à ce que le tiers saisi, cité en paiement des causes de la saisie pour n'avoir pas déclaré l'étendue de ses obligations à l'égard du débiteur, soit condamné au paiement des sommes pour lesquelles la saisie avait été pratiquée (arrêt no 98-18.475, *Bull. civ.* II, no 111).

– Le délai d'un mois imparti pour élever une contestation relative à la saisie-attribution ne court pas à l'encontre du tiers saisi (arrêts nos 98-17.707, 97-22.512, *Bull. civ.* II, no 112).

1° Ne constitue pas une contestation de la saisie au sens de l'article 66 du décret du 31 juillet 1992 [devenu art. R. 211-11 C. pr. exéc.] la demande du créancier saisissant tendant à voir constater les manquements du tiers saisi à son obligation légale de renseignement.

2° Satisfait à l'obligation de renseignement à laquelle elle est tenue la banque qui communique au créancier saisissant le solde unique résultant de l'application d'une stipulation d'unicité ou de fusion des divers comptes ouverts au nom de son client (arrêt no 97-22.287, *Bull. civ.* II, no 113).

– Le tiers saisi entre les mains duquel est pratiquée une saisie-attribution qui ne satisfait pas à l'obligation légale de renseignement n'encourt, s'il n'est tenu, au jour de la saisie, à aucune obligation envers le débiteur, que la condamnation au paiement de dommages-intérêts prévue à l'article 24 de la loi du 9 juillet 1991 [devenu art. L. 123-1 C. pr. exéc.]. Il s'ensuit que viole les articles 24 et 44 de la loi du 9 juillet 199 [devenus art. L. 123-1 et L. 211-3 C. pr. exéc.], la cour d'appel qui condamne une société tiers saisie au paiement des causes de la saisie tout en constatant qu'elle nie être tenue, au jour de la saisie, d'une obligation à l'égard du débiteur (arrêt no 98-12.738, *Bull. civ.* II, no 114).

– Seul le défaut de renseignements relatif à l'étendue et aux modalités des obligations du tiers saisi envers le débiteur autorise le juge à appliquer la sanction prévue à l'alinéa 1er de l'article 60 du décret du 31 juillet 1992 [devenu art. R. 211-5 C. pr. exéc.], et une déclaration inexacte ou mensongère ne peut donner lieu qu'à une condamnation au paiement de dommages-intérêts en application de l'alinéa 2 du même article (arrêt no 97-19.629, *Bull. civ.* II, no 115).

– Encourt une condamnation au paiement de dommages-intérêts prévue à l'alinéa 2 de l'article 60 du décret du 31 juillet 1992 [devenu art. R. 211-5 C. pr. exéc.], et non la condamnation au paiement des causes de la saisie, le tiers saisi qui, ne s'étant pas abstenu de procéder à la déclaration légalement requise lui incombant, fournit des renseignements incomplets (arrêt no 97-22.407, *Bull. civ.* II, no 116).

• **Civ. 2e, 5 juill. 2000, nos 97-21.606, 98-18.475, 98-17.707, 97-22.512, 97-22.287, 98-12.738, 97-19.629 et 97-22.407,** *Bull. civ.* II, nos 110, 111, 112 (deux arrêts), 113, 114, 115, 116
* V. ss nos 212.85, 821.63, 821.124

> **Renonciation à l'immunité d'exécution impliquée par un règlement d'arbitrage.**
L'engagement pris par un État signataire de la clause d'arbitrage d'exécuter la sentence dans les termes de l'article 24 du règlement d'arbitrage de la Chambre de commerce international implique renonciation de cet État à l'immunité d'exécution.

• **Civ. 1re, 6 juill. 2000, no 98-19.068,** *Bull. civ.* I, no 207
* V. ss nos 152.32, 152.44, 1661.63

> **Saisie-contrefaçon. Indépendance de l'expert.**
Le droit à un procès équitable impose que l'expert visé par l'article L. 332-4 du Code de la propriété intellectuelle pour assister l'huissier instrumentaire ou le commissaire de police

qui pratique la saisie-contrefaçon d'un logiciel, soit indépendant des parties.

• Civ. 1re, 6 juill. 2000, nos 97-21.404, 97-22.141, 97-22.392 et 97-22.430, *Bull. civ.* I, n° 210

* V. ss nos 1212.52, 1213.53, 1222.37

> Titres exécutoires permettant de poursuivre une expulsion. Transaction homologuée (non).

L'expulsion ne peut pas être poursuivie en vertu d'une transaction rendue exécutoire par ordonnance du président du tribunal de grande instance, ce titre ne constituant aucun des deux titres exécutoires limitativement énumérés par l'article 61 de la loi du 9 juillet 1991 [devenu art. L. 411-1 C. pr. exéc.].

• Cass. avis, 20 oct. 2000, n° 02-00.013, *Bull. avis*, n° 9.

* V. ss nos 121.43, 511.32

> Caractère accessoire de l'astreinte. Droit à restitution en cas d'infirmation de la décision assortie d'astreinte.

L'astreinte est une mesure accessoire à la condamnation qu'elle assortit. Il s'ensuit que la réformation d'une décision assortie d'une astreinte entraîne de plein droit, pour perte de fondement juridique, l'anéantissement des décisions prises au titre de la liquidation de l'astreinte, fussent-elles passées en force de chose jugée, et ouvre dès lors droit, s'il y a lieu, à restitution.

• Civ. 2e, 28 sept. 2000, n° 98-16.175, *Bull. civ.* II, n° 134

* V. ss nos 222.32, 412.25, 1631.131

> Droit d'accès à un tribunal et droit à un tribunal dont le droit à l'exécution fait partie intégrante.

39. La Cour rappelle que dans des affaires italiennes concernant également les retards dans l'expulsion de locataires, elle a examiné les griefs tirés de la durée de la procédure d'expulsion sous l'angle, plus général, du droit à un tribunal, et elle est parvenue à la conclusion que les requérants n'avaient pas bénéficié du droit d'accès à un tribunal (voir les arrêts Immobiliare Saffi précité, § 61 ; Edoardo Palumbo c/Italie, n° 5919/89, § 42-45).

40. Il s'agissait d'affaires dans lesquelles l'exécution de l'ordonnance d'expulsion avait été retardée de manière excessive en conséquence du refus, opposé par le préfet, d'accorder l'assistance de la force publique. La Cour avait observé en particulier qu'à partir du moment où le préfet était devenu l'autorité ayant compétence pour fixer la date de l'expulsion forcée, et au vu de l'absence d'un contrôle judiciaire effectif de ses décisions, les propriétaires avaient été privés de leur droit à ce que la contestation les opposant à leurs locataires soit décidée par un tribunal, comme le veut l'article 6 de la Convention.

41. La Cour considère que la présente affaire diffère des affaires susmentionnées. En l'occurrence, le requérant a saisi, le 14 décembre 1991, le juge de l'exécution d'une demande visant à obtenir que sa locataire, étant en retard avec le paiement des loyers, ne puisse pas bénéficier de la suspension de l'octroi de la force publique. Ce juge a examiné la question et a ensuite fait droit à cette demande le 17 avril 1993 (voir § 17 ci-dessus). Peu après, le 2 juillet 1993, le requérant a obtenu le concours de la force publique (voir § 20 ci-dessus).

42. Dans ces conditions, la Cour estime que le requérant a bénéficié de son droit d'accès à un tribunal. Il faut encore examiner si le requérant a bénéficié de son droit à un tribunal, dont le droit à l'exécution d'un jugement ou arrêt, de quelque juridiction que ce soit, fait partie intégrante (voir, *mutatis mutandis*, l'arrêt Hornsby c/Grèce du 19 mars 1997, *Recueil* des arrêts et décisions 1997-II, p. 510, § 40).

43. La Cour rappelle à cet égard que l'exécution d'une décision judiciaire ne peut être empêchée, invalidée ni retardée de manière excessive (arrêt Immobiliare Saffi précité, § 74).

44. En l'espèce, le requérant a obtenu en date du 9 octobre 1987 une ordonnance d'expulsion (voir paragraphe ci-dessus), qui ne fut exécutée que le 2 juillet 1993, soit environ quatre ans après que le requérant eût signifié, le 3 août 1989, à la locataire le commandement de libérer les lieux, en commençant ainsi la procédure d'exécution (voir paragraphe 14 ci-dessus). La Cour souligne à cet égard que le requérant avait le droit d'obtenir l'octroi de l'assistance de la force publique en priorité, la locataire étant en retard dans le paiement des loyers; environ seize mois durent cependant passer avant que cette priorité ne soit reconnue par le juge d'instance (voir § 17 ci-dessus).

45. La Cour estime que le Gouvernement n'a pas démontré que ce sursis à l'exécution n'ait duré que le temps strictement nécessaire à trouver une solution satisfaisante aux problèmes d'ordre public auxquels les autorités italiennes étaient confrontées; en particulier, la Cour note que le Gouvernement, qui fait valoir que la locataire avait un enfant à sa charge et percevait un revenu modeste, n'a pas prouvé que pendant ces quatre années les autorités aient cherché une solution aux problèmes de logement de celle-ci (voir, *mutatis mutandis*, l'arrêt A.O. c/Italie, n° 22534/93, § 29).

46. Dans ces conditions, la Cour estime qu'il y a eu violation du droit à un tribunal garanti à l'article 6 § 1 de la Convention. Le grief tiré de la durée de la procédure doit être considéré comme absorbé par le précédent.

• CEDH 11 janv. 2001, req. n° 21463/93, *P.M. Lunari et Tanganelli c/Italie*

* V. ss nos 143.05, 522.23, 1317.11

> Saisie-attribution. Étendue de l'obligation de déclaration du tiers-saisi.

En matière de saisie-attribution, aucun texte ne fait obligation au tiers-saisi de déclarer au créancier saisissant l'étendue des droits d'associés et des valeurs mobilières dont le débiteur est titulaire.

• Civ. 2e, 1er févr. 2001, n° 99-11.151, *Bull. civ.* II, n° 23

* V. ss nos 731.72, 821.51

> Avis à tiers détenteur. Créance simplement éventuelle.

Si selon l'article L. 263 du Livre des procédures fiscales, l'avis à tiers détenteur a pour effet d'affecter, dès réception, les sommes dont le versement est ainsi demandé au paiement des impositions privilégiées, quelle que soit la date à laquelle les créances même conditionnelles ou à terme que le redevable possède à l'encontre du tiers détenteur deviennent effectivement exigibles, il n'en est pas de même pour les créances éventuelles. Ne tire pas les conséquences légales de ses propres constatations la cour d'appel qui, après avoir relevé qu'au moment de la délivrance des avis à tiers détenteur, la seule obligation existante liait la société et le Crédit Agricole en vertu d'une promesse unilatérale de cession d'un contrat de crédit-bail immobilier, confirme la procédure d'avis à tiers détenteur.

• Com. 13 mars 2001, n° 98-12.700, *Bull. civ.* IV, n° 58

* V. ss nos 812.21, 973.53

> Titre exécutoire contenant tous les éléments permettant l'évaluation de la créance.

Viole les articles 3 et 4 de la loi du 9 juillet 1991 [devenus art. L. 111-2, L. 111-3 et L. 111-6 C. pr. exéc.] la cour d'appel qui annule une procédure d'exécution forcée en retenant que les actes notariés invoqués par le créancier saisissant ne constituaient pas des titres exécutoires et qu'ils ne comportaient aucune disposition relative à la fixation de la somme réclamée, alors que ces actes étaient revêtus de la formule exécutoire et contenaient tous les éléments permettant l'évaluation de la créance.

• Civ. 2e, 22 mars 2001, no 99-12.011, *Bull. civ.* II, no 61

* V. ss nos 124.11, 124.21, 142.21, 944.12

> Compte joint entre époux. Identification de l'origine des fonds. Refus de la saisie par un créancier personnel d'un époux d'un compte joint alimenté par les revenus de chacun des époux.

Par application de l'article 1415 du Code civil, chacun des époux ne peut engager que ses biens propres et ses revenus par un cautionnement ou un emprunt contractés sans le consentement exprès de l'autre. En conséquence, n'est pas saisissable en exécution d'un cautionnement contracté par un seul des époux le compte alimenté par les revenus de chacun d'eux, faute pour le créancier d'identifier les revenus de l'époux débiteur.

• Civ. 1re, 3 avr. 2001, no 99-13.733, *Bull. civ.* I, no 92

* V. ss nos 151.211, 154.164, 921.33, 1313.142

> Saisie-attribution. Réquisition pénale antérieure faisant défense de payer au tiers saisi.

La réquisition par laquelle un juge d'instruction interdit à une personne de se dessaisir des sommes qu'elle a été condamnée à payer à une autre, mise en examen dans une information pénale, a effet à l'égard des tiers saisis. Par suite, si le créancier fait pratiquer une saisie-attribution entre les mains d'un tiers pour obtenir le paiement des sommes qui lui sont dues, celui-ci ne peut procéder au paiement tant que la réquisition pénale reste en vigueur.

• Civ. 2e, 3 mai 2001, no 98-23.118, *Bull. civ.* II, no 88

* V. ss no 611.65

> Titre exécutoire émis par l'État pour le recouvrement d'impôts, taxes, redevances. Compétence du juge de l'exécution pour connaître de la contestation de la régularité de la procédure d'exécution. Recours gracieux préalable.

Dès lors qu'elle ne met pas en cause la créance sur laquelle sont fondées les poursuites dans son existence, son montant ou son exigibilité et qu'elle concerne la régularité de la procédure d'exécution, la contestation relève de l'opposition à poursuites qui ressortit au juge de l'exécution.

S'agissant de titres exécutoires émis par l'État pour le recouvrement d'impôts, taxes, redevances visés par l'article L. 281-1 du Livre des procédures fiscales, une telle contestation doit, à peine d'irrecevabilité, être précédée d'un recours gracieux devant l'administration fiscale, sous réserve que le redevable ait été informé du délai de ce recours, de ses modalités et de son destinataire, ainsi que des dispositions de l'article R. 281-5 du même Livre.

• Cass. avis, 14 mai 2001, no 01-00.002, *Bull. avis,* no 3

* V. ss nos 126.53, 126.96, 212.71, 214.61, 712.42, 713.142, 719.31, 973.181

> Saisie des rémunérations. Portée du préalable de conciliation.

En matière de saisie des rémunérations, lorsque le débiteur ne comparaît pas à l'audience de conciliation, le juge d'instance ne peut procéder à la saisie sans ordonner une nouvelle comparution de celui-ci qu'après s'être assuré qu'il avait été régulièrement convoqué.

• Civ. 2e, 14 juin 2001, no 99-18.371, *Bull. civ.* II, no 120

* V. ss no 942.72

> Saisie-attribution. Obligation de déclaration du tiers-saisi. Condamnation en cas déclaration tardive.

Encourt la sanction prévue par l'article 60, alinéa 1er, du décret du 31 juillet 1992 [devenu art. R. 211-5 C. pr. exéc.], le tiers saisi qui, sans motif légitime, n'a pas déclaré sur le champ l'étendue de ses obligations à l'égard du débiteur.

• Civ. 2e, 5 juill. 2001, no 99-20.616, *Bull. civ.* II, no 133

* V. ss nos 821.95, 821.111, 973.163

> Compétence du juge de l'exécution pour connaître des difficultés liées à l'implantation de bornes en exécution d'un jugement préalable.

Seul le juge de l'exécution est compétent pour connaître des difficultés liées à l'implantation de bornes en exécution d'un jugement ayant préalablement et définitivement fixé la limite de deux fonds.

• Civ. 3e, 26 sept. 2001, no 99-14.330, *Bull. civ.* III, no 108

* V. ss no 212.72

> Refus des délais de grâce en matière de saisie-attribution.

Le juge de l'exécution ne peut accorder des délais de paiement en matière de saisie-attribution qui a pour effet de transmettre la propriété des fonds saisis au créancier.

• Civ. 2e, 4 oct. 2001, no 00-11.609, *Bull. civ.* II, no 150

* V. ss nos 154.38, 212.253, 831.62, 971.236, 972.32, 973.166

> Dénonciation de la saisie conservatoire. Sanction de l'omission de la copie de la requête et de l'ordonnance autorisant la saisie.

Fait une exacte application des articles 236 du décret du 31 juillet 1992 [devenu art. R. 523-3 C. pr. exéc.] et 495 du nouveau Code de procédure civile la cour d'appel qui retient que le premier de ces textes n'exclut pas l'application du second mentionnant que copie de la requête et de l'ordonnance est laissée à la personne à laquelle elle est opposée. L'omission par l'huissier de justice de signifier la requête en même temps que l'ordonnance du juge autorisant la saisie justifie l'annulation de la dénonciation de la saisie conservatoire.

• Civ. 2e, 6 déc. 2001, no 99-19.894, *Bull. civ.* II, no 184

* V. ss nos 612.54, 621.24

> Sursis à exécution des décisions du juge de l'exécution. Appréciation souveraine des moyens d'annulation ou de réformation par le premier président.

Le premier président de la cour d'appel tient de l'article 31 du décret du 31 juillet 1992 [devenu art. R. 121-22 C. pr. exéc.] le pouvoir d'apprécier souverainement l'existence de moyens sérieux d'annulation ou de réformation du jugement du juge de l'exécution faisant l'objet d'une demande de sursis à exécution

• Civ. 2e, 6 déc. 2001, nos 00-13.402 et 00-16870, *Bull. civ.* II, no 185

* V. ss no 222.15

> Saisie-attribution. Sanction de l'obligation du tiers saisi de fournir les pièces justificatives.

Le seul manquement à l'obligation incombant à celui entre les mains duquel est pratiquée une saisie-attribution, de fournir les pièces justificatives ne peut donner lieu qu'au paiement, s'il y a lieu, de dommages-intérêts.

• **Civ. 2e, 20 déc. 2001, n° 00-12.798,** *Bull. civ.* II, n° 205

* V. ss n° 821.81

> Conséquences de l'arrêt de l'exécution provisoire sur une saisie-attribution.

1° Fait une exacte application des dispositions légales, la cour d'appel qui retient que l'ordonnance du premier président arrêtant l'exécution provisoire d'un jugement ne peut remettre en cause les effets des actes d'exécution accomplis et les paiements effectués avant sa décision.

2° L'arrêt de l'exécution provisoire du jugement sur le fondement duquel ont été pratiquées des saisies-attributions au titre de loyers, interdit au créancier saisissant de recevoir le paiement des sommes dues au titre des loyers postérieurs à l'arrêt de l'exécution provisoire.

• **Civ. 2e, 31 janv. 2002, n° 00-11.881,** *Bull. civ.* II, n° 11

* V. ss n° 831.63

> Titre exécutoire portant condamnation de la personne qui doit exécuter.

Toute exécution forcée implique que le créancier soit muni d'un titre exécutoire portant condamnation de la personne qui doit exécuter.

• **Civ. 2e, 21 mars 2002, n° 00-19.051,** *Bull. civ.* II, n° 56

* V. ss nos 112.34, 121.35, 212.53, 941.12, 1311.91

> Le droit fondamental à l'exécution limité aux décisions de justice définitives et obligatoires.

§21. La Cour rappelle que le droit d'accès à un tribunal garanti par l'article 6 § 1 de la Convention serait illusoire si l'ordre juridique interne d'un État contractant permettait qu'une décision judiciaire définitive et obligatoire reste inopérante au détriment d'une partie (voir l'arrêt Hornsby c/Grèce du 19 mars 1997, *Recueil* des arrêts et décisions 1997-II, pp. 510-511, § 40). Toutefois, pour ce qui est de la présente affaire, la Cour note que la décision du tribunal administratif dont l'inexécution faisait grief aux requérants, n'était pas une décision définitive car elle était rendue en première instance et était susceptible d'être frappée d'appel, ce qui fut d'ailleurs le cas. Or, indépendamment de la question de savoir si le délai et l'exercice de l'appel avaient un effet suspensif, question non résolue en l'espèce, la Cour ne saurait admettre que l'article 6 protège non seulement la mise en œuvre de décisions judiciaires définitives et obligatoires, mais aussi celle de décisions qui peuvent être soumises au contrôle de plus hautes instances et, éventuellement, infirmées. Dès lors, eu égard notamment au fait que la cour d'appel infirma la décision sur laquelle les requérants fondaient leurs prétentions, la Cour ne saurait juger contraire aux exigences de l'article 6 l'omission de l'administration de se plier à cette décision, à supposer même qu'en vertu du droit interne celle-ci ait été tenue de l'exécuter. Partant il n'y a pas eu violation de l'article 6 § 1 de la Convention.

• **CEDH 18 avr. 2002, req. n° 49144/99,** *Ouzounis c/Grèce*

* V. ss nos 101.11, 143.05

> Droit à la mise en œuvre sans délai d'une décision de justice définitive et obligatoire.

33. L'article 6 § 1 de la Convention, en ses passages pertinents, se lit ainsi : « Toute personne a droit à ce que sa cause soit entendue équitablement […] par un tribunal […] qui décidera […] des contestations sur ses droits et obligations de caractère civil […] »

34. La Cour rappelle que l'article 6 § 1 garantit à chacun le droit à ce qu'un tribunal connaisse de toute contestation relative à ses droits et obligations de caractère civil; il consacre de la sorte le « droit à un tribunal », dont le droit d'accès, à savoir le droit de saisir un tribunal en matière civile, constitue un aspect. Toutefois, ce droit serait illusoire si l'ordre juridique interne d'un État contractant permettait qu'une décision judiciaire définitive et obligatoire reste inopérante au détriment d'une partie. On ne comprendrait pas que l'article 6 § 1 décrive en détail les garanties de procédure – équité, publicité et célérité – accordées aux parties et qu'il ne protège pas la mise en œuvre des décisions judiciaires; si cet article devait passer pour concerner exclusivement l'accès au juge et le déroulement de l'instance, cela risquerait de créer des situations incompatibles avec le principe de la prééminence du droit que les États contractants se sont engagés à respecter en ratifiant la Convention. L'exécution d'un jugement ou arrêt, de quelque juridiction que ce soit, doit donc être considérée comme faisant partie intégrante du « procès » au sens de l'article 6 (Hornsby c/Grèce, arrêt du 19 mars 1997, *Recueil* 1997-II, p. 510, § 40).

35. Une autorité de l'État ne saurait prétexter du manque de ressources pour ne pas honorer une dette fondée sur une décision de justice. Certes, un retard dans l'exécution d'un jugement peut se justifier dans des circonstances particulières, mais le retard ne peut avoir pour conséquence une atteinte à la substance même du droit protégé par l'article 6 § 1 (Immobiliare Saffi c/Italie [GC], n° 22774/93, § 74, CEDH 1999-V). En l'espèce, le requérant n'aurait pas dû se trouver dans l'impossibilité de bénéficier de l'issue heureuse de la procédure, qui portait sur la réparation d'un dommage causé à sa santé à l'occasion d'une participation obligatoire à une opération d'urgence, en raison des difficultés financières que connaîtrait l'État.

36. La Cour relève que les jugements rendus par le tribunal municipal de Chakhty les 3 mars 1997, 21 mai 1999 et 9 mars 2000 sont demeurés inexécutés en tout ou en partie au moins jusqu'au 5 mars 2001, date à laquelle le ministère des Finances a pris la décision de régler intégralement la dette envers le requérant. La Cour constate également que ce dernier paiement n'a eu lieu qu'après la communication de la présente requête au Gouvernement.

37. En s'abstenant pendant des années de prendre les mesures nécessaires pour se conformer aux décisions judiciaires définitives rendues en l'espèce, les autorités russes ont privé les dispositions de l'article 6 § 1 de la Convention de tout effet utile.

38. Dès lors, il y a eu violation de cet article.

• **CEDH 7 mai 2002, req. n° 59498/00,** *Bourdov c/Russie*

* V. ss nos 143.05, 152.11, 214.14, 1317.11

> Immeuble adjugé après saisie immobilière. Collocation du créancier hypothécaire.

Le créancier hypothécaire qui exerce son droit de suite et de préférence sur un immeuble adjugé après saisie immobilière, à une personne mise ultérieurement en procédure collective, puis revendu à des tiers, doit être colloqué sans avoir à déclarer sa créance au passif de la procédure collective.

• **Com. 11 juin 2002, n° 00-20.981,** *Bull. civ.* IV, n° 103
* V. s[s] n°s 1318.65, 1322.37, 1362.41

> Saisie des rémunérations. Sanction de l'obligation de déclaration de l'employeur.
Dans la procédure de saisie des rémunérations, seule une absence de déclaration ou une déclaration mensongère peut entraîner la condamnation du tiers saisi au paiement des retenues qui auraient dû être opérées.

• **Civ. 2e, 11 juill. 2002, n° 01-00.757,** *Bull. civ.* II, n° 173
* V. s[s] n° 943.34

> Saisie pratiquée sur la foi d'une ordonnance d'injonction de payer qui n'a pas été signifiée à personne.
Le délai accordé au débiteur pour former opposition dans les conditions de l'article 1416 du Code de procédure civile court nécessairement, lorsque l'ordonnance portant injonction de payer ne lui a pas été signifiée à personne, à compter du jour où la mesure d'exécution a été portée à sa connaissance. En conséquence, en cas de saisie-attribution, le délai pour former opposition, en l'absence de signification de l'ordonnance à personne, court à compter de la dénonciation de la saisie au débiteur.

• **Cass. avis, 16 sept. 2002, n° 02-00.003,** *Bull. avis,* n° 4
* V. s[s] n°s 121.33, 822.12

> Mentions devant figurer dans l'acte de saisie. Caractère suffisant de la simple énonciation du titre exécutoire en vertu duquel la saisie est pratiquée. Décompte des sommes réclamées.
Les obligations posées par l'article 502 du nouveau Code de procédure civile ne concernent que les parties au litige et l'article 56 du décret du 31 juillet 1992 [devenu art. R. 211-1 C. pr. exéc.] n'exige, s'agissant des mentions devant figurer dans l'acte signifié au tiers saisi, que la seule énonciation du titre exécutoire en vertu duquel la saisie est pratiquée.

La cour d'appel, qui constatait que l'acte de saisie-attribution comportait un décompte distinct des sommes réclamées en principal, intérêts et accessoires, conformément aux dispositions de l'article 56 du décret du 31 juillet 1992 [devenu art. R. 211-1 C. pr. exéc.], décompte dont l'absence seule est susceptible d'entraîner la nullité de l'acte, n'était pas tenue de répondre à un moyen inopérant [allégation que le procès-verbal de saisie contenait un décompte de sommes qui intégrait illicitement les dépens].

• **Civ. 2e, 19 sept. 2002, n° 00-22.086,** *Bull. civ.* II, n° 183
* V. s[s] n°s 821.23, 821.31, 840.06

> Saisie-attribution. Perte de fondement juridique.
La reconnaissance de dette constitue un acte à titre onéreux, au regard de l'article L. 621-108 du Code de commerce; cet acte étant postérieur à la cessation des paiements, la cour d'appel, qui a annulé la reconnaissance de dette, en a exactement déduit que les saisies-attributions, pratiquées en exécution de cette reconnaissance, étaient privées de fondement.

• **Com. 1er oct. 2002, n° 01-03.216,** *Bull. civ.* IV, n° 134
* V. s[s] n° 120.05

> Nature du jugement d'adjudication.
Un jugement d'adjudication ne constituant pas « un contrat réalisant ou constatant une vente », les dispositions de la loi du 18 décembre 1996 [dite loi Carrez] sont sans application aux ventes sur poursuites de saisie immobilière.

• **Civ. 2e, 3 oct. 2002, n° 00-18.395,** *Bull. civ.* II, n° 199
* V. s[s] n°s 1323.102, 1341.32, 1363.222, 1366.233, 1371.31

> Nullité de la procédure de saisie immobilière diligentée sciemment à une adresse erronée.
Justifie sa décision une cour d'appel qui, pour annuler un jugement d'adjudication, retient souverainement l'existence d'une fraude de la part du créancier poursuivant qui a diligenté la procédure de saisie immobilière à une adresse qu'il savait erronée et manifesté sa volonté de procéder à la vente forcée à l'insu des débiteurs saisis.

• **Civ. 2e, 7 nov. 2002, n° 01-14.229,** *Bull. civ.* II, n° 239
* V. s[s] n°s 1321.21, 1321.144, 1341.73, 1341.181, 1361.21, 1361.195, 1371.55, 1371.211

> Sanction de l'omission d'une mention d'un acte d'huissier de justice.
Si, dans les actes signifiés par une société civile professionnelle en application des articles 6 et 7 de la loi du 27 décembre 1923 doit figurer, à peine de nullité, l'indication des nom et prénom de l'huissier qui a instrumenté, l'omission de cette mention constitue une irrégularité de forme qui n'est sanctionnée par la nullité de l'acte que s'il en résulte un grief pour l'intéressé.

• **Civ. 2e, 7 nov. 2002, n° 01-00.379,** *Bull.civ.* II, n° 245
* V. s[s] n°s 522.31, 811.51, 1321.22, 1361.22

> Responsabilité de l'huissier pour procéder à l'exécution des décisions de justice.
L'huissier de justice a seul qualité pour procéder à l'exécution des décisions de justice, et le mandat donné par un avocat n'exonère pas de sa responsabilité l'huissier de justice qui accomplit seul sa mission.

Dès lors, doit être cassé l'arrêt de la cour d'appel qui, pour déclarer un avocat seul responsable des fautes commises à l'occasion de l'exécution forcée d'une décision de justice, retient qu'il a incontestablement commis une faute en ne réclamant pas à l'huissier de justice le paiement des intérêts des sommes dues.

• **Civ. 2e, 21 nov. 2002, n° 00-20.953,** *Bull. civ.* II, n° 269
* V. s[s] n°s 251.11, 252.11

> Poursuite des effets de la saisie-attribution en cours au jour du jugement d'ouverture d'une procédure collective à l'encontre du débiteur.
Il résulte des articles 13 et 43 de la loi du 9 juillet 1991 [devenus L. 112-1 et L. 211-2 du C. pr. exéc.] et des articles 69 [devenu R. 211-14] et suivants du décret du 31 juillet 1992, que la saisie-attribution d'une créance à exécution successive, pratiquée à l'encontre de son titulaire avant la survenance d'un jugement portant ouverture d'un redressement ou d'une liquidation judiciaires de celui-ci, poursuit ses effets sur les sommes échues en vertu de cette créance, après ledit jugement. Dès lors, une cour d'appel, qui retient que la saisie à définitivement produit son effet attributif avant le jugement prononçant la mise en liquidation judiciaire de la société, décide, à bon droit, qu'il n'y a pas lieu d'en ordonner la mainlevée.

• **Cass. ch. mixte, 22 nov. 2002, n° 99-13.935,** *Bull. mixte*, n° 7
* V. s[s] n°s 154.97, 611.33, 831.91, 832.45, 973.142, 1316.105

> Compétences relatives au contentieux du recouvrement des impôts.
1° Selon les articles L. 281 et L. 199 du Livre des procédures fiscales et selon l'article 92, alinéa 2, du nouveau Code de pro-

cédure civile, les contestations relatives au recouvrement qui portent sur l'existence de l'obligation de payer, sur le montant de la dette compte tenu des paiements effectués et sur l'exigibilité de l'impôt relèvent, en matière d'impôts directs, de la compétence du juge administratif la Cour de cassation peut relever d'office le moyen pris de l'incompétence du juge judiciaire.

2° Il résulte de l'article L. 281 du Livre des procédures fiscales que les contestations relatives au recouvrement des impôts sont portées devant le juge de l'exécution, lorsqu'elles portent sur la régularité en la forme de l'acte de recouvrement, et devant le juge de l'impôt tel qu'il est prévu à l'article L. 199 du même Livre, lorsqu'elles portent, notamment, sur l'existence de l'obligation de payer.

Excède, dès lors, sa compétence, la cour d'appel qui retient qu'ayant accordé le dégrèvement total de l'impôt sur le revenu, l'administration fiscale ne possède plus aucune créance sur le contribuable faisant l'objet d'une saisie-vente de ses meubles, se prononçant ainsi elle-même sur l'existence de l'obligation de payer un impôt relevant de la compétence du juge administratif, alors que si le juge judiciaire est seul compétent pour se prononcer sur la validité ou les effets des voies d'exécution utilisées pour le recouvrement d'impôts, il lui appartient de renvoyer les parties à faire trancher par le juge de l'impôt compétent les questions préjudicielles dont dépend la solution du litige.

• **Com. 3 déc. 2002, n° 00-21.850,** *Bull. civ.* IV, n° 185

* V. s[s] n°s 126.53, 126.95

> Validité de la saisie conservatoire pratiquée en période suspecte et convertie avant le jugement d'ouverture.

Dès lors qu'elle a retenu que la conversion en saisie-attribution d'une créance avait été effectuée avant le jugement d'ouverture de la procédure collective du débiteur, la cour d'appel, juge de l'exécution, qui a fait une exacte application de l'article 43, alinéa 2, de la loi du 9 juillet 1991 [devenu art. L. 211-2 C. pr. exéc.], n'avait pas à se prononcer sur l'application de l'article L. 621-107 7° du Code de commerce [devenu l'article L. 632-1, 7° du Code de commerce].

• **Com. 10 déc. 2002, n° 99-16.603,** *Bull. civ.* IV, n° 191

* V. s[s] n°s 154.87, 154.89, 212.62, 611.32, 611.35, 831.112

> Saisie-attribution portant sur le compte ouvert par la Carpa pour le compte d'un avocat.

Il résulte des articles 237 et suivants du décret du 27 novembre 1991, 8 et 11 de l'arrêté du 5 juillet 1996 que la caisse des règlements pécuniaires des avocats (Carpa) est titulaire d'un compte, ouvert auprès d'une banque, sur lequel les avocats ont l'obligation légale de déposer les fonds remis par leurs clients; que si chaque avocat est titulaire, auprès de la Carpa, d'un compte individuel et de sous-comptes-affaires, il ne dispose de la signature sur son compte individuel qu'en qualité de mandataire du président de la Carpa; qu'en cas de signification d'une saisie portant sur les fonds déposés par un avocat au nom de son client, la Carpa a seule la qualité de tiers saisi pour l'application des articles 44 de la loi du 9 juillet 1991 et 59 du décret du 31 juillet 1992 [devenus art. L. 211-3 et R. 211-4 C. pr. exéc.]. Et la nécessité d'interroger l'avocat titulaire du compte individuel peut constituer un motif légitime au sens de l'article 60 du même décret [devenu art. R. 211-5 C. pr. exéc.].

• **Civ. 2e, 9 janv. 2003, n° 00-13.887,** *Bull. civ.* II, n° 4

* V. s[s] n°s 161.23, 613.45, 813.23, 821.101, 821.104

> Saisie-attribution. Dénonciation au liquidateur.

La saisie-attribution doit être dénoncée dans le délai de huit jours, à peine de caducité, au débiteur à la tête de ses biens, ou, dès la liquidation judiciaire, à son liquidateur.

Justifie légalement sa décision, la cour d'appel qui, pour décider de la caducité de la saisie-attribution effectuée la veille de la liquidation judiciaire, retient que cette saisie n'a pas été dénoncée au liquidateur, ès qualités, dans le délai de huit jours.

• **Com. 4 mars 2003, n° 00-13.020,** *Bull. civ.* IV, n° 34

* V. s[s] n°s 154.97, 812.125, 822.102, 822.103

> Recouvrement des frais de l'exécution.

Le titre qui sert de fondement aux poursuites permet le recouvrement des frais de l'exécution qui sont à la charge du débiteur.

• **Civ. 2e, 6 mars 2003, n° 01-02.745,** *Bull. civ.* II, n° 56

* V. s[s] n°s 121.35, 312.11, 713.47, 821.24

> Mesure conservatoire. Introduction d'une procédure permettant l'obtention d'un titre exécutoire. Assignation devant une juridiction incompétente.

Satisfait aux exigences de l'article 215 du décret du 31 juillet 1992 [devenu art. R. 511-7 C. pr. exéc.], le créancier qui délivre une assignation dans les délais prévus par ce texte, même devant une juridiction incompétente.

• **Civ. 2e, 3 avr. 2003, n° 01-12.032,** *Bull. civ.* II, n° 97

* V. s[s] n° 612.74

> Condamnation d'office des auxiliaires de justice aux frais de procédure.

Le juge, qui doit statuer sur les dépens, tient des articles 697 et 698 du nouveau Code de procédure civile, même en l'absence de toute demande des parties, le pouvoir de les mettre à la charge des auxiliaires de justice concernés.

• **Civ. 2e, 28 mai 2003, n° 01-14.296,** *Bull. civ.* II, n° 164

* V. s[s] n° 314.21

> Saisie-attribution. Existence de la créance au jour de la saisie. Créance objet de la saisie procédant d'un virement en cours d'exécution. Date du virement.

La saisie-attribution pratiquée entre les mains d'un établissement habilité par la loi à tenir des comptes de dépôt peut porter sur des créances conditionnelles ou à terme, dès lors que la créance du débiteur existe au jour de la saisie. Ayant relevé qu'un virement avait été effectué au bénéfice d'une société, avant la saisie-attribution pratiquée au préjudice de celle-ci, la cour d'appel en a exactement déduit que la créance était née bien qu'elle ne soit pas encore inscrite au compte.

• **Civ. 2e, 28 mai 2003, n° 01-12.892,** *Bull. civ.* II, n° 166

* V. s[s] n°s 812.32, 923.41

> Responsabilité de celui qui poursuit à ses risques et périls l'exécution d'une décision de justice exécutoire à titre provisoire.

L'exécution d'une décision de justice exécutoire à titre provisoire n'a lieu qu'aux risques et périls de celui qui la poursuit, à charge par lui d'en réparer les conséquences dommageables. Le droit à réparation n'est, dès lors, pas subordonné à une faute dans l'exécution de la décision.

• **Civ. 2e, 10 juill. 2003, n° 01-14.778,** *Bull. civ.* II, n° 244

* V. s[s] n°s 121.21, 212.142

> Paiement direct ou de recouvrement public des pensions alimentaires à l'encontre d'un débiteur mis en procédure collective.

1° La créance née de la pension alimentaire peut être payée sans avoir été déclarée au passif du débiteur soumis à procédure collective.

2° La créance d'aliments, qui est une dette personnelle du débiteur soumis à une procédure collective, doit être payée sur les revenus dont il conserve la disposition, ou bien être recouvrée par la voie de la procédure de paiement direct ou de recouvrement public des pensions alimentaires.

• **Com. 8 oct. 2003, n° 00-14.760,** *Bull. civ.* IV, n° 152
* V. s[s] n°s 951.07, 951.13, 951.134, 952.23

> Saisie-vente. Étendue de la saisine du juge de l'exécution.

Le juge de l'exécution, saisi de contestations relatives à une saisie-vente, n'a pas le pouvoir d'aménager l'exécution de la décision de justice, si ce n'est pour accorder un délai de grâce.

• **Civ. 2e, 16 oct. 2003, n° 01-02.245,** *Bull. civ.* II, n° 308
* V. s[s] n°s 212.164, 719.04

> Portée de la décision du juge de l'exécution d'autoriser une mesure conservatoire.

C'est à juste titre qu'un arrêt retient que l'instance engagée par l'administration des Douanes, invoquant des infractions douanières, qui tend à obtenir d'un juge de l'exécution l'autorisation de pratiquer des mesures conservatoires à l'encontre d'une personne, n'a pas pour objet de déterminer si celle-ci est coupable des infractions reprochées, ni même si l'Administration dispose d'une créance fondée en son principe, mais seulement de rechercher si des mesures conservatoires peuvent être ordonnées au vu de l'apparence d'une telle créance, et que la décision du juge de l'exécution n'a qu'un effet provisoire, ne tend pas à la fixation d'une créance et ne s'impose pas au juge pénal, de sorte que, conforme aux dispositions de l'article 210 du décret n° 92-755 du 31 juillet 1992 [devenu art. R. 511-1 C. pr. exéc.], elle ne heurte pas le principe du respect de la présomption d'innocence.

• **Civ. 2e, 20 nov. 2003, n° 01-17.713,** *Bull. civ.* II, n° 350
* V. s[s] n°s 611.42, 611.46, 611.53, 612.45

> Monopole des huissiers pour pratiquer les mesures d'exécution forcée. Irrégularité de fond de la mesure d'exécution forcée pratiquée par un clerc.

La saisie-exécution pratiquée par un clerc assermenté et non par un huissier est entachée d'une irrégularité de fond.

• **Com. 17 déc. 2003, n° 02-14.840,** *Bull. civ.* IV, n° 207
* V. s[s] n° 724.31

> L'acte de saisie doit viser le titre exécutoire autorisant la mise en œuvre de la mesure d'exécution forcée.

Une partie ayant fait pratiquer une saisie-attribution au préjudice d'une société pour obtenir restitution de sommes versées en exécution d'un arrêt cassé, viole les articles 2 de la loi n° 91-650 du 9 juillet 1991 et 56, 2° du décret n° 92-755 du 31 juillet 1992 [devenus art. L. 111-2 et R. 211-1 C. pr. exéc.], la cour d'appel qui, pour débouter la société de sa demande tendant à l'annulation de la saisie, retient que si le procès-verbal de saisie n'a pas visé l'arrêt de la Cour de cassation qui a ouvert le droit à restitution, ce droit s'est trouvé conforté par l'arrêt de la cour d'appel de renvoi, alors que cet arrêt s'était borné à confirmer le jugement qui avait débouté la société de sa demande en paiement, de sorte qu'il ne s'agissait pas de la décision ouvrant droit à restitution et que cette décision, seule visée par la poursuite, ne pouvait constituer le titre exécutoire autorisant la mise en œuvre de la mesure d'exécution forcée.

• **Civ. 2e, 18 déc. 2003, n° 02-15.725,** *Bull. civ.* II, n° 401
* V. s[s] n°s 121.35, 811.32

> Avis à tiers détenteur. Sanction de l'obligation de déclaration du tiers détenteur.

L'article 60 du décret n° 92-755 du 31 juillet 1992 [devenu art. R. 211-5 C. pr. exéc.] n'étant pas applicable au tiers détenteur, celui-ci n'est tenu à l'égard du comptable chargé du recouvrement que dans la limite de ses propres dettes envers le redevable de l'imposition.

• **Com. 7 janv. 2004, n° 00-16.358,** *Bull. civ.* IV, n° 7
* V. s[s] n°s 932.16, 973.164, 973.165

> Titre exécutoire. Membres du groupement à l'encontre duquel le titre est délivré.

Le titre délivré à l'encontre d'un groupement d'intérêt économique n'emporte pas le droit de saisir, entre les mains d'un tiers, par la voie de la saisie-attribution, les créances des membres du groupement, fussent-ils tenus indéfiniment et solidairement des dettes de ce dernier, à défaut de titre exécutoire pris contre eux.

• **Civ. 2e, 15 janv. 2004, n° 02-14.547,** *Bull. civ.* II, n° 9
* V. s[s] n°s 112.42, 811.14

> Responsabilité de celui qui poursuit à ses risques et périls l'exécution d'une ordonnance de référé exécutoire à titre provisoire.

L'exécution d'une décision de référé n'a lieu qu'aux risques et périls de celui qui la poursuit, à charge pour lui de réparer le préjudice qui en résulte, sans qu'il soit nécessaire de relever une faute.

• **Civ. 2e, 22 janv. 2004, n° 01-00.580,** *Bull. civ.* II, n° 18
* V. s[s] n°s 121.21, 212.142

> Responsabilité sans faute du créancier en cas de mainlevée de la mesure conservatoire.

L'article 73, alinéa 2, de la loi du 9 juillet 1991 [devenu art. L. 512-2 C. pr. exéc.], selon lequel, lorsque la mainlevée a été ordonnée par le juge, le créancier peut être condamné à réparer le préjudice causé par la mesure conservatoire, n'exige pas, pour son application, la constatation d'une faute.

Dès lors, justifie légalement sa décision de condamner le créancier à payer des dommages-intérêts au saisi, la cour d'appel qui retient que la saisie conservatoire de valeurs mobilières avait entraîné l'indisponibilité de l'ensemble d'un compte-titres, au-delà du montant des sommes garanties, à une période où les valeurs avaient subi une baisse générale, de telle sorte que le préjudice résultait de la perte d'une chance d'avoir pu limiter la diminution de la valeur du portefeuille par une gestion habile.

• **Civ. 2e, 29 janv. 2004, n° 01-17.161,** *Bull. civ.* II, n° 35
* V. s[s] n°s 212.142, 612.41, 613.45

> Saisie-contrefaçon. Absence d'indépendance de l'expert salarié du saisissant.

Le droit à un procès équitable, consacré par l'article 6.1 de la Convention européenne de sauvegarde des droits de l'homme et des libertés fondamentales, exige que l'expert mentionné à l'article L. 615-5 du Code de la propriété intellectuelle pour assister l'huissier instrumentaire procédant à la saisie-contrefaçon soit indépendant des parties. Méconnaît les exigences du dépens afférents à ces actes, est une règle de procédure civile qui relève de la compétence du pouvoir réglementaire et ne contrevient à aucune disposition législative ni aucun principe général du droit. Par ailleurs, si l'article 698 du nouveau Code de procédure civile fixe une règle de procédure, ses dispositions n'ont ni pour objet ni pour effet d'en fixer les modalités d'application, notamment au regard des possibilités pour l'auxiliaire de justice de s'expliquer sur les circonstances qui l'ont amené à introduire l'instance, faire l'acte ou diligenter la procédure d'exécution en cause. Enfin, la disposition critiquée, qui n'institue pas une sanction mais a pour but d'assurer le bon fonctionnement du service public, ne porte aucune atteinte ni au droit au recours ni aux prérogatives de la défense, dès lors que ne peuvent être mis à la charge des auxiliaires de justice que les frais correspondant aux actes de procédure que l'exercice normalement attentif, diligent et loyal de leur profession aurait dû les conduire à ne pas faire.

• **CE 25 mai 2005, req. n° 265719,** *Lebon*
* V. s^s n° 314.21

> Saisie-attribution. Responsabilité du tiers saisi pour renseignements inexacts ou mensongers.
Les alinéas premier et second de l'article 60 du décret du 31 juillet 1992 [devenu art. R. 211-5 C. pr. exéc.] ne sont pas interdépendants de sorte que le tiers saisi qui ne s'est pas abstenu de procéder à la déclaration requise mais qui a fourni des renseignements inexacts ou mensongers encourt une condamnation au paiement de dommages-intérêts.

• **Civ. 2e, 13 juill. 2005, n° 03-19.138,** *Bull. civ.* II, n° 204
* V. ss nos 821.83, 821.121

> Responsabilité de l'État en cas de carence d'une collectivité locale à exécuter un jugement.
Le législateur a entendu donner au représentant de l'État, en cas de carence d'une collectivité territoriale à assurer l'exécution d'une décision juridictionnelle passée en force de chose jugée, et après mise en demeure à cet effet, le pouvoir de se substituer aux organes de cette collectivité afin de dégager ou de créer les ressources permettant la pleine exécution de cette décision de justice; à cette fin, il lui appartient, sous le contrôle du juge, de prendre, compte tenu de la situation de la collectivité et des impératifs d'intérêt général, les mesures nécessaires; qu'au nombre de ces mesures, figure la possibilité de procéder à la vente de biens appartenant à la collectivité dès lors que ceux-ci ne sont pas indispensables au bon fonctionnement des services publics dont elle a la charge; si le préfet s'abstient ou néglige de faire usage des prérogatives qui lui sont ainsi conférées par la loi, le créancier de la collectivité territoriale est en droit de se retourner contre l'État en cas de faute lourde commise dans l'exercice du pouvoir de tutelle; en outre, dans l'hypothèse où, eu égard à la situation de la collectivité, notamment à l'insuffisance de ses actifs, ou en raison d'impératifs d'intérêt général, le préfet a pu légalement refuser de prendre certaines mesures en vue d'assurer la pleine exécution de la décision de justice, le préjudice qui en résulte pour le créancier de la collectivité territoriale est susceptible d'engager la responsabilité de la puissance publique s'il revêt un caractère anormal et spécial.

• **CE 18 nov. 2005, req. n° 271898,** *Sté fermière de Campoloro et Sté de gestion du port de Compoloro*
* V. ss nos 152.11, 1642.52, 1653.11

> Suspension judiciaire des mesures d'exécution en cours pour le recouvrement de dettes fiscales à l'encontre d'un débiteur en situation de surendettement.
Le juge [du tribunal d'instance], qui tient de l'article L. 331-5 du Code de la consommation le pouvoir de suspendre les mesures d'exécution en cours pour le recouvrement de dettes fiscales, peut ordonner la suspension d'un avis à tiers détenteur délivré auprès de l'Assedic pour obtenir, en vue du recouvrement d'impôts sur le revenu impayés, l'attribution des allocations de chômage servies à un débiteur en situation de surendettement.

• **Civ. 2e, 15 déc. 2005, n° 04-04.175,** *Bull. civ.* II, n° 335
* V. ss nos 154.132, 831.121, 942.162, 945.41

> Dénomination inexacte de la personne à l'encontre de la laquelle la saisie est pratiquée.
N'excède pas ses pouvoirs le juge de l'exécution qui, pour rejeter une demande de nullité d'un commandement et d'un procès-verbal de saisie-attribution, constate qu'en dépit d'une dénomination différente, l'entité à l'encontre de laquelle les saisies ont été pratiquées et la personne à laquelle s'appliquait le titre exécutoire ne formaient en réalité qu'une seule et même personne morale.

• **Civ. 2e, 17 nov. 2005, n° 04-14.604,** *Bull. civ.* II, n° 298
* V. ss nos 112.42, 212.53, 1311.80

> Saisie des rémunérations. Titre permettant l'évaluation de la créance.
Le juge d'instance, saisi d'une demande aux fins de saisie des rémunérations sur le fondement d'un acte notarié revêtu de la formule exécutoire, doit rechercher si le titre contient les éléments permettant l'évaluation de la créance et si le débiteur justifie des causes d'extinction de ses obligations.

• **Civ. 2e, 8 déc. 2005, n° 04-14.785,** *Bull. civ.* II, n° 314
* V. ss nos 142.21, 221.13, 941.12, 942.75

> Biens insaisissables. Biens mobiliers du saisi nécessaires à son travail. Appréciation souveraine des juges du fond.
Les juridictions du fond apprécient souverainement si les biens mobiliers du saisi sont nécessaires à son travail, au sens de l'article 14-4° de la loi n° 91-650 du 9 juillet 1991.

• **Civ. 2e, 15 déc. 2005, n° 04-14.600,** *Bull. civ.* II, n° 332
* V. ss nos 151.06, 151.92, 723.13

> Saisie d'un compte ouvert au nom d'un époux commun en bien. Charge pour le créancier personnel de l'époux d'identifier les revenus déposés sur le compte.
Selon l'article 1415 du Code civil, chacun des époux ne peut engager que ses biens propres et ses revenus par un cautionnement ou un emprunt contractés sans le consentement exprès de l'autre conjoint. Il en résulte que les sommes déposées sur un compte ouvert au nom de l'un des époux, présumées communes en vertu de l'article 1402 du Code civil, ne sont pas saisissables, faute pour le créancier d'identifier les revenus de l'époux débiteur.

• **Civ. 1re, 17 janv. 2006, n° 02-20.636,** *Bull. civ.* I, n° 13
* V. ss nos 154.164, 921.33

> Droit exclusif du délégataire acceptant au paiement nonobstant la saisie-attribution de la créance.
Si la créance du délégant sur le délégué s'éteint seulement par le fait de l'exécution de la délégation, ni le délégant, ni ses créanciers ne peuvent, avant la défaillance du délégué envers le délégataire, exiger le paiement; il en résulte que la saisie-attribution effectuée entre les mains du délégué par le créan-

cier du délégant ne peut avoir pour effet de priver le délégataire, dès son acceptation, de son droit exclusif à un paiement immédiat par le délégué, sans concours avec le créancier saisissant.

C'est à bon droit qu'une cour d'appel a retenu que les sommes dues par le délégué au délégant au titre des loyers n'étaient pas saisissables par les créanciers du délégant dont le droit de créance qui demeure dans son patrimoine est indisponible à compter de l'acceptation du délégataire.

• **Com. 14 févr. 2006, n° 03-17.457,** *Bull. civ.* IV, n° 37
* V. s^s^ n°s 151.101, 812.69

> Réparation des conséquences dommageables de l'exécution d'un titre ultérieurement modifié.

L'exécution d'une décision de justice exécutoire à titre provisoire n'a lieu qu'aux risques de celui qui la poursuit, à charge par lui, si le titre est ultérieurement modifié, d'en réparer les conséquences dommageables.

Viole l'article 31 de la loi n° 91-650 du 9 juillet 1991 [devenu art. L. 111-10 C. pr. exéc.], la cour d'appel qui, pour rejeter la demande d'indemnisation formée par la partie ayant exécuté une décision exécutoire à titre provisoire ultérieurement infirmée, retient que le bénéficiaire de cette décision n'a effectué aucun acte d'exécution forcée, alors que l'ordonnance de référé concernée ayant été signifiée à la requête de son bénéficiaire, la partie condamnée était tenue de l'exécuter.

• **Cass. ass. plén., 24 févr. 2006, n° 05-12.679,** *Bull. ass. plén.,* n° 2
* V. s^s^ n°s 121.21, 212.142, 613.45, 712.12

> Inscription de faux contre un procès-verbal de saisie.

En cas d'inscription de faux, seule la véracité des énonciations portées par l'officier public est contestée et l'exactitude de la mention d'un procès-verbal de saisie relatant les opérations, arguée de faux, doit s'apprécier, indépendamment de la validité de la saisie, en considération de la réalité des diligences et formalités décrites et non de leur nécessité ou de leur inutilité.

• **Civ. 1re, 7 mars 2006, n° 04-11.542,** *Bull. civ.* I, n° 134
* V. s^s^ n°s 262.21, 714.23, 714.93

> Saisie conservatoire des navires. Caractère simplement probable de la créance alléguée comme cause de la saisie.

Il suffit, pour que la saisie conservatoire d'un navire puisse être ordonnée, que le demandeur se prévale d'une créance maritime au sens de l'article 1er de la Convention de Bruxelles du 10 mai 1952. Doit dès lors être cassé l'arrêt qui refuse d'ordonner la saisie conservatoire d'un navire motif pris de ce que la créance du demandeur serait prescrite.

• **Com. 7 mars 2006, n° 05-15.906,** *Bull. civ.* IV, n° 57
* V. s^s^ n°s 624.21, 625.93

> Saisie entre les mains d'un établissement de crédit au siège ou auprès d'une succursale tenant les comptes du débiteur saisi.

1° Une saisie conservatoire pratiquée entre les mains d'un établissement de crédit n'est régulièrement effectuée qu'au siège social de cet établissement ou auprès de sa succursale qui tient les comptes du débiteur saisi.

2° Seule une saisie conservatoire valable autorise la condamnation du tiers saisi sur le fondement des articles 24 de la loi du 9 juillet 1991 et 238 du décret du 31 juillet 1992 [devenus art. L. 123-1 et R. 523-5 C. pr. exéc.].

• **Civ. 2e, 22 mars 2006, n° 05-12.569,** *Bull. civ.* II, n° 87
* V. s^s^ n°s 213.12, 621.22, 621.23, 922.11

> Étendue de la saisine du juge de l'exécution.

Le juge de l'exécution peut connaître d'une contestation portant sur l'assujettissement à la CSG et à la CRDS d'une somme allouée à une partie à titre de dommages-intérêts, dès lors que, ne concernant ni l'assiette de l'indemnité allouée, ni la nature de l'indemnisation, elle constitue une difficulté d'exécution.

• **Civ. 2e, 7 juin 2006, n° 04-10.326,** *Bull. civ.* II, n° 150
* V. s^s^ n° 212.73

> Paiement direct ou de recouvrement public des pensions alimentaires à l'encontre d'un débiteur mis en procédure collective.

En l'absence de déclaration, les créances nées d'une prestation compensatoire ou d'une pension alimentaire échappent à l'extinction et peuvent être payées sur les revenus dont le débiteur mis en procédure collective conserve la disposition ou bien être recouvrées par la voie de la procédure de paiement direct ou de recouvrement public des pensions alimentaires; toutefois, lorsque le créancier les déclare aussi en vue de leur admission au passif de la procédure collective, les règles relatives à la procédure de déclaration et de vérification des créances et à l'admission dans les répartitions et dividendes leur sont applicables, sans pour autant que la non-admission à ce passif affecte ses droits de créancier d'aliments.

• **Com. 13 juin 2006, n° 05-17.081,** *Bull. civ.* IV, n° 141
* V. s^s^ n°s 951.07, 951.134, 952.23

> Nullité de la saisie signifiée par un clerc.

Les actes d'exécution forcée sont de la compétence exclusive des huissiers de justice. En conséquence, viole l'article 6 de la loi du 27 décembre 1923 relative à la création de clercs assermentés, ensemble les articles 18 de la loi n° 91-650 du 9 juillet 1991 et 56 du décret n° 92-755 du 31 juillet 1992, la cour d'appel qui refuse d'annuler des actes de saisie-attribution, alors qu'elle avait constaté que ces actes avaient été signifiés par un clerc assermenté.

• **Civ. 2e, 28 juin 2006, n° 04-17.514,** *Bull. civ.* II, n° 178
* V. s^s^ n°s 112.11, 124.12, 821.14, 1361.22

> Caractère personnel de l'astreinte.

L'astreinte, mesure de contrainte à caractère personnel, n'ouvre pas droit à un recours en garantie.

• **Civ. 2e, 14 sept. 2006, n° 05-17.118,** *Bull. civ.* II, n° 218
* V. s^s^ n°s 212.241, 400.06

> Arrêt de l'exécution provisoire. Le premier président n'a pas le pouvoir d'accorder un délai de grâce.

Le premier président d'une cour d'appel, saisi sur le fondement de l'article 524 du nouveau Code de procédure civile, n'a pas le pouvoir d'accorder un délai de grâce.

• **Civ. 2e, 14 sept. 2006, n° 05-21.300,** *Bull. civ.* II, n° 223
* V. s^s^ n°s 154.01, 212.254, 613.46

> Saisie conservatoire. Manquement du tiers saisi à son obligation de renseignement. Absence de conversion de la saisie. Absence de sanction du tiers saisi.

Une saisie conservatoire qui n'est pas convertie en saisie-attribution ne peut plus produire ses effets. En ce cas, le créancier poursuivant ne peut faire condamner au paiement des sommes pour lesquelles la saisie avait été pratiquée le tiers saisi qui n'aurait pas satisfait à son obligation de renseignement.

• **Civ. 2e, 14 sept. 2006, n° 05-16.584,** *Bull. civ.* II, n° 227
* V. s^{s} n°s 611.33, 612.78, 621.23, 831.113

> Saisie conservatoire *ut singuli* (non).

Les associés d'une société exerçant *ut singuli* une action sociale en responsabilité contre le dirigeant de celle-ci, ne peuvent faire pratiquer, en leur nom, une saisie conservatoire au préjudice de ce dernier.

• **Civ. 2e, 14 sept. 2006, n° 05-16.266,** *Bull. civ.* II, n° 228
* V. s^{s} n° 611.17

> Titre exécutoire. Énonciation dans l'acte d'exécution. Notification.

1° L'acte d'une saisie-attribution pratiquée en vertu d'un arrêt rendu en matière de divorce et frappé d'un pourvoi rejeté par la Cour de cassation doit, en application de l'article 56, 2° du décret n° 92-755 du 31 juillet 1992 et en dépit de l'effet suspensif du pourvoi, contenir l'énonciation de l'arrêt d'appel et non celle de l'arrêt ayant rejeté le pourvoi.

2° Prive sa décision de base légale au regard de l'article 503 du nouveau code de procédure civile la cour d'appel qui déboute de sa demande de nullité d'une saisie-attribution le débiteur, sans caractériser la volonté non équivoque de celui-ci d'accepter l'exécution de l'arrêt d'appel sans notification préalable de l'arrêt de rejet de la Cour de cassation.

• **Civ. 2e, 14 sept. 2006, n° 04-18.178,** *Bull. civ.* II, n° 229
* V. s^{s} n°s 811.51, 821.23

> Inapplicabilité de la règle « le criminel tient le civil en l'état » aux procédures d'exécution.

1° Les dispositions de l'article 4 du code de procédure pénale ne s'appliquent pas aux procédures d'exécution.

2° La solidarité passive stipulée au prêt conserve ses effets pour garantir les éventuelles restitutions consécutives à l'annulation du contrat.

• **Com. 3 oct. 2006, n° 04-14.611,** *Bull. civ.* IV, n° 203
* V. s^{s} n° 212.166

> Mesure conservatoire. Dispense d'autorisation judiciaire pour le créancier qui se prévaut d'une sentence arbitrale.

1° Est recevable l'action en nullité de la saisie introduite par le tiers saisi contre lequel une demande en paiement est formée à titre reconventionnel.

2° Le créancier qui se prévaut d'une sentence arbitrale peut pratiquer une saisie conservatoire, sans autorisation préalable du juge, en application de l'article 68 de la loi du 9 juillet 1991 [devenu art. L. 511-2 C. pr. exéc.], portant réforme des procédures civiles d'exécution.

• **Civ. 2e, 12 oct. 2006, n° 04-19.062,** *Bull. civ.* II, n° 270
* V. s^{s} n°s 111.23, 612.12, 613.21, 1711.121

> Compétence des clercs assermentés pour délivrer les actes de dénonciation de saisie.

Les actes de dénonciation de saisies ne sont pas des actes d'exécution et peuvent donc être délivrés par un clerc assermenté.

• **Civ. 2e, 12 oct. 2006, n° 05-10.850,** *Bull. civ.* II, n° 272
* V. s^{s} n°s 212.71, 822.40

> Mesures conservatoires. Compétence du juge de l'exécution du lieu d'exécution de la mesure lorsque le débiteur demeure à l'étranger.

La compétence attribuée au juge du domicile du débiteur par l'article 211 du décret du 31 juillet 1992 [devenu art. R. 511-2 C. pr. exéc.] n'est pas exclusive de l'application de l'article 9, alinéa 2, du même décret, dont les dispositions d'ordre public donnent compétence au juge de l'exécution du lieu d'exécution de la mesure lorsque le débiteur demeure à l'étranger. Le juge, dans le ressort duquel est situé l'un des immeubles du débiteur demeurant à l'étranger, est compétent pour autoriser des inscriptions d'hypothèques sur ses biens immobiliers situés en dehors de son ressort

• **Civ. 2e, 9 nov. 2006, n° 04-19.138,** *Bull. civ.* II, n° 310
* V. s^{s} n°s 213.31, 612.25, 841.15, 1523.12

> Charge de la preuve de la notification régulière du titre, condition du caractère exécutoire.

Aucune présomption de l'existence et de la régularité de la notification d'un jugement ne peut résulter de la compétence réglementaire du secrétariat du tribunal des affaires de sécurité sociale pour notifier les jugements.

C'est à bon droit qu'une cour d'appel, constatant que l'organisme de sécurité sociale ne produit pas la justification de la notification à l'assuré des jugements ou arrêts validant les contraintes et retenant qu'il appartient au créancier d'établir la preuve de la notification régulière de la décision dont il se prévaut, et qu'il ne peut, par sa seule affirmation, établir qu'il ne lui a pas été demandé par ce secrétariat de procéder par voie de signification, en déduit, sans encourir le grief d'inverser la charge de la preuve, la nullité des actes de la procédure d'exécution forcée de ces décisions à défaut de preuve de leur caractère exécutoire.

• **Civ. 2e, 21 déc. 2006, n° 05-19.679,** *Bull. civ.* II, n° 383
* V. s^{s} n°s 121.12, 971.63

> Action en responsabilité à l'encontre de l'huissier de justice. Chance de succès de la procédure entreprise.

Par suite de l'effet déclaratif de la décision constatant la déchéance d'un pourvoi à défaut de signification du mémoire ampliatif dans le délai imparti, c'est à compter de l'expiration de cette date de signification que se trouve irrévocablement prononcé le divorce et qu'aucune pension alimentaire n'est plus due.

Pour la réparation du préjudice, seul doit être recherché si le pourvoi, dont les manquements d'un huissier de justice ont entraîné la déchéance, avait des chances d'aboutir à une cassation ou une annulation de la décision attaquée

• **Civ. 1re, 16 janv. 2007, n° 06-10.120,** *Bull. civ.* I, n° 20
* V s^{s} n° 314.23

> Avis à tiers détenteur notifié après une saisie conservatoire mais avant la conversion de celle-ci.

Ayant relevé qu'un créancier avait fait procéder à la conversion d'une saisie conservatoire après la notification d'un avis à tiers détenteur, une cour d'appel a exactement retenu que le droit de préférence du créancier saisissant ne pouvait être invoqué à l'égard du trésorier dont la créance fiscale bénéficiait du privilège de l'article 1920 du Code général des impôts.

• **Civ. 2e, 18 janv. 2007, n° 06-10.598,** *Bull. civ.* II, n° 14
* V. s^{s} n°s 621.46, 933.23

> Autonomie de l'avis à tiers-détenteur.

1° Les exigences de l'article 56 du décret du 31 juillet 1992 [devenu R. 211-1 C. pr. exéc.] ne sont pas applicables à l'avis à tiers détenteur

2° L'obligation de renseignement incombant au tiers saisi et les sanctions attachées à son inexécution en matière de saisie-attribution sont inapplicables au tiers détenteur.

3° Si l'avis à tiers détenteur comporte l'effet d'attribution immédiate prévu à l'article 43 de la loi n° 91-650 du 9 juillet 1991 [devenu art. L. 211-2 C. pr. exéc.], impliquant le droit pour le comptable public de recourir aux dispositions de l'article 64 du décret n° 92-755 du 31 juillet 1992 [devenu R. 211-9 C. pr. exéc.], aucune disposition légale ne prévoit l'application à l'avis à tiers détenteur des autres règles relatives à la saisie-attribution.

• **Cass., ch. mixte, 26 janv. 2007, n° 04-10.422,** *Bull. ch. mixte*, n° 1

* V. s^s^ n°s 162.52, 212.102, 213.24, 932.12, 932.16, 934.04, 934.24

> Trois conditions de l'*exequatur*.

Pour accorder l'*exequatur* hors de toute convention internationale, le juge français doit s'assurer que trois conditions sont remplies, à savoir la compétence indirecte du juge étranger, fondée sur le rattachement du litige au juge saisi, la conformité à l'ordre public international de fond et de procédure et l'absence de fraude à la loi; le juge de l'*exequatur* n'a donc pas à vérifier que la loi appliquée par le juge étranger est celle désignée par la règle de conflit de lois française.

• **Civ. 1re, 20 févr. 2007, n° 05-14.082,** *Cornelissen*, *Bull. civ.* I, n° 68

* V. s^s^ n°s 122.51, 1712.41

> Domaine de la règlementation spéciale à la saisie des comptes. Affacturage (non).

Une société d'affacturage ne constituant pas un établissement habilité par la loi à tenir des comptes de dépôt, les obligations prescrites par l'article 47 de la loi du 9 juillet 1991 ne s'appliquent pas aux saisies-attributions pratiquées entre ses mains, en sa qualité de tiers saisi.

• **Civ. 2e, 5 avr. 2007, n° 05-14.593,** *Bull. civ.* II, n° 88

* V. s^s^ n°s 821.95, 921.13, 971.201, 971.202

> Saisie conservatoire des droits d'associés. Indisponibilité des droits pécuniaires du débiteur

La saisie conservatoire des droits d'associés rend indisponibles les droits pécuniaires du débiteur, en particulier les bénéfices distribuables attachés aux parts détenues par un notaire dans une société civile professionnelle.

• **Civ. 2e, 21 juin 2007, n° 06-13.386,** *Bull. civ.* II, n° 170

* V. s^s^ n°s 628.31, 731.06

> Titre exécutoire. Sentence arbitrale. Condition de l'exécution provisoire.

L'article 28 du règlement d'arbitrage de la Chambre de commerce internationale, qui stipule que toute sentence arbitrale a un caractère obligatoire pour les parties qui s'engagent à l'exécuter et sont réputées avoir renoncé à toutes voies de recours auxquelles elles peuvent valablement renoncer, ne prévoit pas que la sentence arbitrale soit exécutoire par provision; une cour d'appel en déduit exactement, d'abord, que l'engagement d'exécuter la sentence arbitrale n'a pas pour effet ni de conférer à celle-ci la valeur d'une décision exécutoire de plein droit ni de priver les parties d'un recours en annulation, toujours possible même lorsque le règlement d'arbitrage l'exclut, contre la sentence arbitrale rendue en France ensuite que, l'exécution provisoire n'ayant pas été ordonnée par le tribunal arbitral, le recours formé par une partie est suspensif d'exécution sauf si la décision était exécutoire de droit.

Le juge de l'exécution est compétent pour dire si un acte constitue un titre exécutoire au sens de l'article 3 de la loi du 9 juillet 1991 et s'il porte une condamnation susceptible d'exécution. Après avoir rappelé que sont exécutoires de droit, au sens de l'article 514, alinéa 2, du nouveau Code de procédure civile, les décisions qui ordonnent une mesure conservatoire, et exactement retenu qu'une mesure prise par un tribunal arbitral, contraignant une partie à ouvrir un compte séquestre et à demander à son débiteur, tiers à la sentence, d'y verser les fonds dus en vertu de décisions judiciaires, ne constitue pas une mesure conservatoire mais une obligation de faire non exécutoire de droit, une cour d'appel ne peut qu'en déduire, sans méconnaître l'autorité de la chose jugée, que le juge de l'exécution n'a pas le pouvoir d'ordonner une mesure d'astreinte, dès lors que celui-ci ne peut assortir d'une astreinte que l'exécution d'une obligation devenue exécutoire, fût-ce provisoirement, et que la sentence arbitrale est frappée d'un recours en annulation, suspensif d'exécution.

• **Civ. 1re, 4 juill. 2007, n° 05-16.586,** *Bull. civ.* I, n° 252

* V. s^s^ n° 120.04

> Expulsion. Délai de grâce à l'occupant d'un local commercial.

Le juge de l'exécution tient des articles L. 613-1 et L. 613-2 du code de la construction et de l'habitation et de l'article 8 du décret du 31 juillet 1992 le pouvoir d'accorder un délai de grâce à l'occupant d'un local commercial

• **Civ. 2e, 4 juill. 2007, n° 06.14.601,** *Bull. civ.* II, n° 202

* V. s^s^ n°s 142.22, 154.01, 521.51

> Compétence territoriale du juge de l'exécution. Saisie-attribution. Refus de prorogation.

Les contestations d'une saisie-attribution sont portées devant le juge de l'exécution du lieu où demeure le débiteur. Doit dès lors être cassé l'arrêt d'une cour d'appel qui, pour rejeter une exception d'incompétence territoriale d'un juge de l'exécution saisi par trois débiteurs d'une demande d'annulation des saisies-attribution pratiquées à leur préjudice, retient, par des motifs inopérants, alors que deux des débiteurs saisis ne demeuraient pas dans le ressort du tribunal de grande instance, que les demandes de ces débiteurs tendent aux mêmes fins, qu'elles sont dirigées contre des actes d'exécution identiques et fondés sur le même titre exécutoire et qu'il existe entre elles une connexité qui commande un examen unique de l'affaire.

• **Civ. 2e, 4 juill. 2007, n° 06-13.840,** *Bull. civ.* II, n° 203

* V. s^s^ n°s 213.23, 841.14

> Report d'insaisissabilité sur les sommes insaisissables portées en compte et épargnées.

En application des articles 15 de la loi du 9 juillet 1991, 44 et 47 du décret du 31 juillet 1992, l'insaisissabilité porte sur toutes les sommes insaisissables comprises dans le solde créditeur d'un compte bancaire. Ainsi en est-il de l'allocation de revenu minimum d'insertion, insaisissable en vertu de l'article L. 262-44 du code de l'action sociale et des familles, même lorsqu'elle est épargnée.

• **Civ. 2e, 12 juill. 2007, n° 05-20.911,** *Bull. civ.* II, n° 211

* V. s^s^ n°s 151.191, 923.81, 923.92

> Mesure conservatoire. Dispense d'autorisation judiciaire pour le créancier qui se prévaut d'une ordonnance d'injonction en l'absence d'opposition.

Une ordonnance portant injonction de payer n'est une décision de justice, au sens de l'article 68 de la loi n° 91-650 du

9 juillet 1991 [devenu art. L. 511-2 C. pr. exéc.], qu'en l'absence d'opposition dans le mois de sa signification.

• **Civ. 2e, 13 sept. 2007, no 06-14.730,** *Bull. civ.* II, no 218
* V. ss nos 111.23, 612.12

> **Saisie-vente. Objet de l'action en distraction de biens saisis.**

En matière de saisie-vente, l'action en distraction, prévue à l'article 128 du décret du 31 juillet 1992 relatif aux procédures civiles d'exécution, ne peut porter que sur la propriété des biens saisis, de sorte que le demandeur à l'action ne peut se prévaloir de la prescription de la créance, cause de la saisie.

• **Civ. 2e, 25 oct. 2007, no 06-19.071,** *Bull. civ.* II, no 243
* V. ss nos 154.100, 719.40

> **Domaine de la saisie des rémunérations.**

L'indemnité de départ en retraite versée au salarié qui quitte volontairement l'entreprise pour bénéficier du droit à une pension de vieillesse n'a pas pour objet de compenser un préjudice et constitue dès lors une rémunération, ce dont il résulte qu'elle est soumise aux règles de saisie prévues par le code du travail. Prive sa décision de base légale l'arrêt qui ne précise pas si la somme litigieuse a été versée au salarié en raison de son départ volontaire à la retraite ou de sa mise à la retraite par l'employeur.

• **Soc. 30 janv. 2008, no 06-17.531,** *Bull. civ.* V, no 29
* V. ss nos 151.121, 812.111

> **Transmission du titre exécutoire avec la créance qu'il constate.**

Il résulte de l'article 1692 du Code civil que la cession de créance transfère au cessionnaire les droits et actions appartenant au cédant et attachés à la créance cédée, notamment le titre exécutoire obtenu par le cédant à l'encontre de la caution garantissant le paiement de la créance.

• **Com. 5 févr. 2008, no 06-17.029,** *Bull. civ.* IV, no 26
* V. ss nos 112.41, 124.21, 811.16

> **Saisie-attribution. Créance de restitution née d'un dépôt de fonds auprès d'une succursale située à l'étranger. Attribution au saisissant.**

La banque, qui a seule la personnalité morale, est dépositaire des fonds détenus dans une succursale située à l'étranger; la circonstance que les fonds sont déposés dans une telle succursale est, pour l'application de la loi no 91-650 du 9 juillet 1991, sans incidence sur l'effet d'attribution, au profit du créancier saisissant, de la créance de somme d'argent à la restitution de laquelle est tenue la banque tiers-saisi en sa qualité de dépositaire.

• **Civ. 2e, 14 févr. 2008, no 05-16.167,** *Bull. civ.* II, no 36
* V. ss nos 921.26, 1711.12, 1711.205

> **Incompétence du juge de l'exécution pour connaître de l'exécution du mandat confié à un huissier et à un commissaire-priseur.**

Excède ses pouvoirs le juge de l'exécution qui statue sur l'action engagée par un créancier contre un huissier de justice et un commissaire-priseur fondée sur l'exécution fautive du mandat confié à ces professionnels

• **Civ. 2e, 21 févr. 2008, no 07-10.417,** *Bull. civ.* II, no 43
* V. ss nos 212.145, 254.12, 254.22, 254.23

> **Saisie-contrefaçon en cours d'instance au fond. Compétence.**

Dès lors que la juridiction est saisie au fond, l'article 812, alinéa 2, du Code de procédure civile est applicable, et la requête en saisie-contrefaçon doit être présentée au président de la chambre à laquelle l'affaire a été distribuée ou au juge déjà saisi.

• **Com. 26 mars 2008, no 05-19.782,** *Bull. civ.* IV, no 70
* V. ss no 1212.14

> **Saisie immobilière. Office du juge de l'exécution. Unicité de la procédure. Postulation.**

1° Le juge de l'exécution est tenu de trancher les contestations relatives à la validité des déclarations de créance soulevées au cours de l'audience d'orientation.

2° La saisie immobilière et la distribution du prix constituent les deux phases d'une même procédure.

3° Les déclarations de créance mentionnées aux articles 46 et 47 du décret no 2006-936 du 27 juillet 2006 [devenus art. R. 322-12 et R. 322-13 C. pr. exéc.] doivent être faites par acte d'un avocat inscrit au barreau du tribunal de grande instance devant lequel la vente est poursuivie, les dispositions de la loi no 71-1130 du 31 décembre 1971 demeurant en vigueur.

• **Cass. avis, 16 avr. 2008, no 08-00.002,** *Bull. avis*, no 3
* V. ss nos 212.131, 1363.91, 1363.260, 1512.21, 1512.23, 1512.32, 1512.54, 1513.12, 1531.12

> **Saisie-contrefaçon. Interdiction pour le saisissant et ses préposés d'assister aux opérations.**

L'annulation d'une saisie n'implique pas l'interdiction, pour le titulaire du droit privatif, de faire pratiquer toute nouvelle mesure légalement admissible, et de procéder en conséquence à la réitération de la saisie annulée, sauf abus, qui ne saurait se déduire du seul caractère quasi-immédiat de cette réitération.

Ni le requérant, ni ses préposés, ne sont au nombre des personnes pouvant assister aux opérations de saisie-contrefaçon, peu important que le juge de la requête leur en ait donné l'autorisation.

• **Com. 8 juill. 2008, no 07-15.075,** *Bull. civ.* IV, no 142
* V. ss no 1212.54

> **Titre exécutoire. Arrêt infirmatif.**

Un arrêt infirmatif qui ouvre droit à restitution des sommes versées en exécution du jugement réformé constitue le titre exécutoire permettant d'en poursuivre le recouvrement forcé.

• **Civ. 2e, 10 juill. 2008, no 07-16.802,** *Bull. civ.* II, no 183
* V. ss nos 121.35, 511.92, 811.31

> **Titre exécutoire. Ayant cause universel du bénéficiaire désigné.**

En sa qualité d'ayant cause universel de la société absorbée, la société absorbante acquiert de plein droit, à la date d'effet de la fusion, la qualité de partie aux instances antérieurement engagées par la société absorbée et peut se prévaloir des condamnations prononcées au profit de celle-ci.

• **Com. 21 oct. 2008, no 07-19.102,** *Bull. civ.* IV, no 174
* V. ss no 112.41

> **Titre exécutoire. Arrêt condamnant le débiteur principal et disant que les cautions sont engagées.**

L'arrêt condamnant le débiteur principal au paiement d'une certaine somme et disant que les cautions sont engagées vis-à-vis du créancier par un cautionnement simple constitue un titre exécutoire à l'encontre de ces dernières.

Les cautions qui, sur les premières poursuites pénales engagées contre elles, n'ont proposé aucun bien à la discussion du créancier, ni avancé les deniers suffisants pour faire la discussion, ne remplissant pas les conditions de l'article 2300 du Code civil, c'est à bon droit que la cour d'appel en a déduit que le bénéfice de discussion n'était pas valablement requis par elles, de sorte que le titre exécutoire constatait bien une créance liquide et exigible à leur encontre, correspondant au montant de la condamnation prononcée contre le débiteur.

• **Civ. 2e, 23 oct. 2008, n° 07-20.035,** *Bull. civ.* II, n° 224
* V. ss nos 112.42, 1311.80, 1311.84, 1311.91

> Saisie immobilière. Recevabilité des contestations et demandes incidentes formulées après le renvoi de l'audience d'orientation. Saisine de la cour d'appel en cas d'appel contre le jugement d'orientation personnel de l'astreinte.

1° En cas de renvoi de l'audience d'orientation, les contestations et demandes incidentes formulées au plus tard à l'audience de renvoi sont recevables.

2° Il n'appartient qu'au seul juge de l'exécution de suivre la procédure postérieure à l'autorisation de la vente amiable. En renvoyant l'affaire à son audience pour vérifier les conditions de la réalisation de la vente après avoir autorisé le débiteur à vendre l'immeuble saisi à l'amiable, la cour d'appel viole les articles 54 et 58 du décret du 27 juillet 2006 [devenus art. R. 322-21 et R. 322-25 C. pr. exéc.].

• **Civ. 2e, 28 oct. 2008, n° 08-13.404,** *Bull. civ.* II, n° 226
* V. ss nos 154.57, 211.71, 212.131, 222.24, 1364.12, 1364.13, 1364.96, 1365.42, 1366.51, 1366.201

> Juges compétents pour interpréter une décision de justice.

Le pouvoir du juge de l'exécution d'interpréter, s'il y lieu, la décision de justice sur laquelle les poursuites sont fondées, ne fait pas échec au pouvoir reconnu par la loi à tout juge d'interpréter sa décision. Et en cas d'appel, il appartient à la cour d'appel d'interpréter les dispositions ambiguës du jugement critiqué.

• **Civ. 2e, 11 déc. 2008, n° 07-19.046,** *Bull. civ.* II, n° 265
* V. ss n° 212.151

> Force exécutoire subordonnée à une notification régulière.

Pour l'application de l'article 656 du Code de procédure civile, la mention « nom sur la boîte aux lettres », ne constitue pas à elle seule, une vérification suffisante de ce que le destinataire de l'acte demeure bien à l'adresse de signification, alors qu'une précédente signification a été effectuée à une autre adresse

Les jugements doivent être notifiés aux parties elles-mêmes et lorsque la décision concerne plusieurs personnes, la notification doit être faite séparément à chacune d'elle, même si la décision qui leur est signifiée les condamne solidairement et si elles habitent à la même adresse

• **Civ. 2e, 15 janv. 2009, n° 07-20.472,** *Bull. civ.* II, n° 18
* V. ss nos 511.72, 719.81

> Recouvrement public des pensions alimentaires. Domaine d'application.

La procédure de recouvrement public des pensions alimentaires n'est applicable qu'aux termes à échoir ainsi qu'à ceux qui sont arrivés à échéance à compter du sixième mois ayant précédé la date de la demande d'admission.

• **Civ. 1re, 11 févr. 2009, n° 07-16.993,** *Bull. civ.* I, n° 24
* V. ss nos 232.31, 952.22, 952.32

> Sort des meubles après une expulsion.

Le juge qui, appelé à statuer sur le sort des meubles après une mesure d'expulsion, décide de la mise en vente aux enchères publiques du mobilier laissé sur place, n'a pas à se prononcer sur la propriété des meubles. Dès lors, une cour d'appel qui a relevé que l'huissier de justice avait laissé sur place l'ensemble des biens garnissant les lieux et invité la personne expulsée à les retirer, puis a constaté que cette personne n'avait pas manifesté l'intention de récupérer de mobilier a, par ces seuls motifs, légalement justifié sa décision d'ordonner la vente aux enchères des meubles.

• **Civ. 2e, 5 mars 2009, n° 07-20.677,** *Bull. civ.* II, n° 67
* V. ss nos 212.82, 212.263, 523.32

> Saisie-attribution. Responsabilité du tiers saisi pour manquement à son obligation de renseignement même s'il n'est redevable d'aucune somme envers le débiteur saisi.

L'efficacité de la saisie n'est pas une condition d'application de l'alinéa 2 de l'article 60 du décret n° 92-755 du 31 juillet 1992. Dès lors, un tiers saisi, même s'il n'est redevable d'aucune somme envers le débiteur saisi, peut être condamné au versement de dommages-intérêts pour manquement à son obligation de renseignement. Justifie légalement sa décision de condamner le tiers saisi à payer des dommages-intérêts sur le fondement de l'alinéa 2 de l'article 60 du décret n° 92-755 du 31 juillet 1992, la cour d'appel qui retient que le tiers saisi a donné à l'huissier de justice une réponse inexacte dont est résulté un préjudice.

• **Civ. 2e, 19 mars 2009, n° 08-11.303,** *Bull. civ.* II, n° 78
* V. ss nos 162.52, 812.35, 821.83, 821.123, 821.124

> Effets de l'adjudication d'un immeuble où était implanté un fonds de commerce.

Justifie légalement sa décision la cour d'appel qui constate que par le seul effet de l'adjudication, l'exploitant d'un fonds de commerce, qui n'était pas locataire mais propriétaire de l'immeuble où était implanté ce fonds, était dépourvu de titre lui permettant de poursuivre son exploitation et de justifier de son maintien dans les locaux acquis par l'adjudicataire, qui n'était pas tenu de lui consentir un bail commercial.

• **Com. 31 mars 2009, n° 08-14.180,** *Bull. civ.* IV, n° 47
* V. ss nos 1316.71, 1341.190

> Saisie immobilière. Notification et contenu du commandement. Titre exécutoire constatant une créance liquide et exigible.

Il ne résulte ni de l'ordonnance du 21 avril 2006, relative à la saisie immobilière, ni de son décret d'application, une obligation, pour le créancier poursuivant, de signifier le commandement de payer valant saisie au concubin du débiteur, lorsque la saisie porte sur un bien, appartenant en propre au débiteur et constituant la résidence de la famille.

Le commandement de payer valant saisie, qui ne comporte pas l'indication de la date et de la nature du titre exécutoire et qui ne contient pas un décompte détaillé des sommes réclamées, contrairement aux exigences de l'article 15, 2° et 3° du décret du 27 juillet 2006, est affecté d'une irrégularité de forme, même si ces mentions figurent dans un document qui y est annexé.

La cour d'appel, qui constate que le débiteur n'a saisi les juridictions administratives d'aucun recours contre les rôles d'impôts directs rendus exécutoires servant de fondement aux poursuites, en déduit exactement que ces titres exécutoires constatent une créance liquide et exigible.

• **Civ. 2e, 30 avr. 2009, no 08-12.105,** *Bull. civ.* II, no 111

* V. ss nos 121.35, 821.32, 1313.151, 1313.162, 1319.75, 1361.15, 1361.101, 1361.171, 1361.192, 1363.50

> Saisie d'un compte joint en époux. Recherche de l'origine des fonds.

Lorsque le créancier d'un époux marié sous le régime de la séparation des biens fait pratiquer une saisie sur un compte ouvert au nom des deux époux, il lui appartient d'identifier les fonds personnels de l'époux débiteur.

• **Civ. 2e, 20 mai 2009, no 08-12.922,** *Bull. civ.* II, no 102

* V. ss nos 141.16, 154.165, 921.34, 971.223

> Saisine du juge de l'exécution. Connaissance des contestations de la validité des actes notariés.

Aux termes de l'article L. 213-6 du Code de l'organisation judiciaire, le juge de l'exécution, connaît des difficultés relatives aux titres exécutoires et des contestations qui s'élèvent à l'occasion de l'exécution forcée, même si elles portent sur le fond du droit, à moins qu'elles n'échappent à la compétence des juridictions de l'ordre judiciaire. En conséquence, viole ces dispositions le juge de l'exécution qui refuse de se prononcer sur la nullité d'un engagement résultant d'un acte notarié, invoquée pour absence prétendue de l'une des conditions requises par la loi pour la validité de sa formation.

• **Civ. 2e, 18 juin 2009, no 08-10.843,** *Bull. civ.* II, no 165

* V. ss nos 124.23, 126.106, 211.12, 212.91, 942.75

> Subsidiarité de la saisie-vente dans un local d'habitation. Mesure abusive.

1° L'article 51 de la loi du 9 juillet 1991 [devenu art. L. 221-2 C. pr. exéc.] vise tout local d'habitation, qu'elle soit à titre principal ou secondaire.

2° Décide exactement que les dispositions de l'article 51 de la loi du 9 juillet 1991 [devenu art. L. 221-2 C. pr. exéc.] sont applicables, la cour d'appel qui retient le solde de la créance restant dû « au jour de la signification du commandement » ou « au jour où a été pratiquée la saisie-vente » et non le montant initial de la créance constatée dans le titre exécutoire.

3° Apprécie souverainement le caractère abusif du recours à la mesure d'exécution forcée, la cour d'appel qui relève que le montant de la créance à recouvrer était modeste, que le moyen de paiement utilisé par le débiteur informait suffisamment le créancier et l'huissier de justice sur l'existence d'un compte bancaire et l'adresse principale du débiteur permettant la mise en œuvre de mesures d'exécution respectueuses des principes et sans exposer le débiteur à des frais dont la disproportion évidente était perceptible par l'huissier de justice.

• **Civ. 2e, 18 juin 2009, no 08-18.379,** *Bull. civ.* II, no 169

* V. ss nos 143.34, 143.42, 143.46, 212.142, 212.204, 712.31, 712.33, 712.42

> Procédure de contestation relative aux émoluments dus aux huissiers de justice.

Les contestations relatives aux émoluments dus aux huissiers de justice sont soumises aux règles prévues aux articles 704 à 718 du code de procédure civile, lesquelles imposent une vérification préalable des droits contestés par le secrétaire de la juridiction avant toute saisine du magistrat taxateur.

Doit être relevé d'office le moyen tiré de l'irrecevabilité d'une contestation des émoluments tarifés d'un huissier de justice, formée directement devant un juge taxateur, résultant de l'absence de vérification préalable, par le secrétaire de la juridiction, des droits contestés.

• **Civ. 2e, 2 juill. 2009, no 08-16.268,** *Bull. civ.* II, no 181

* V. ss no 314.12

> Saisie-contrefaçon. Conditions du recueil des déclarations par l'huissier instrumentaire.

En l'absence de découverte préalable sur les lieux de la saisie d'objets argués de contrefaçon, l'huissier instrumentaire ne peut, sans y avoir été expressément et précisément autorisé, produire aux personnes présentes ceux des objets visés par l'ordonnance de saisie-contrefaçon afin de recueillir les déclarations spontanées quant aux actes argués de contrefaçon.

• **Com. 7 juill. 2009, no 08-18.598,** *Bull. civ.* IV, no 103

* V. ss no 1213.85

> Conditions de la responsabilité de l'État pour refus de concours de la force publique.

La responsabilité de l'État pour refus de concours de la force publique n'est pas engagée à l'égard des sociétés, qui, quoique déjà propriétaires lors de l'occupation de leur bien, n'ont engagé aucune action en vue de sa libération devant le juge judiciaire. Elles ne peuvent notamment être regardées comme investies des droits obtenus par le mandataire liquidateur de la précédente société, qui n'était plus propriétaire à la date de la demande d'expulsion devant le juge judiciaire, ni à celle de la demande d'octroi du concours.

• **CE 2 sept. 2009, req. nos 297126 et 299478,** *Lebon*

* V. ss nos 284.14, 511.65

> Saisie-attribution. Paiement différé de la créance immédiatement attribuée au saisissant. Demande d'arrêt de l'exécution provisoire pendant le délai de contestation ou en cas de contestation.

Si l'acte de saisie-attribution emporte, à concurrence des sommes pour lesquelles elle est pratiquée, attribution immédiate au profit du saisissant de la créance saisie disponible entre les mains du tiers saisi, ainsi que de tous ses accessoires, le paiement est différé en cas de contestation devant le juge de l'exécution ou, sauf acquiescement, pendant le délai de contestation.

Par suite, viole les articles 43, 45 et 46 de la loi du 9 juillet 1991 et l'article 61 du décret du 31 juillet 1992, le premier président qui rejette une demande d'arrêt de l'exécution provisoire au motif que, par l'effet d'une saisie-attribution, non contestée par le saisi, le jugement avait été complètement exécuté, alors que le délai de contestation n'était pas encore expiré et que le saisi n'avait pas acquiescé à la mesure d'exécution.

• **Civ. 2e, 1er oct. 2009, no 08-19.051,** *Bull. civ.* II, no 234

* V. ss nos 800.07, 831.63, 832.11

> Saisie immobilière. Régime des exceptions de nullité pour irrégularité de forme du cahier des conditions de vente.

En application de l'article 112 du Code de procédure civile, auquel renvoie l'article 11 du décret du 27 juillet 2006 relatif aux procédures de saisie immobilière et de distribution du prix d'un immeuble, la nullité pour irrégularité de forme du cahier des conditions de vente doit être invoquée, à peine d'irrecevabilité, avant toute défense au fond ou fin de non-recevoir.

• **Civ. 2e, 1er oct. 2009, no 08-19.104,** *Bull. civ.* II, no 235
* V. ss nos 1363.22, 1363.164, 1364.71, 1365.131

> Délai de quinzaine pour exécuter matériellement une décision accordant le concours de la force publique.
Le délai normal dont l'administration dispose pour exécuter matériellement une décision accordant le concours de la force publique à la suite de la demande de l'huissier est, en l'absence de circonstances particulières, de quinze jours.
• **CE 27 janv. 2010, req. no 320642,** *Lebon*
* V. ss nos 284.14, 521.32, 522.24

> Saisine du juge de l'exécution en cas de résistance abusive à l'exécution d'un titre exécutoire.
Le juge de l'exécution tient de l'article 23 de la loi du 9 juillet 1991 [devenu L. 121-3 C. pr. exéc.] le pouvoir d'allouer des dommages-intérêts en cas de résistance abusive du débiteur à l'exécution d'un titre exécutoire.
• **Civ. 2e, 11 févr. 2010, nos 08-21.787 et 08.21-788,** *Bull. civ.* II, no 30
* V. ss nos 154.201, 212.143, 251.21

> L'omission de la formule exécutoire constitue une irrégularité de forme.
L'irrégularité tenant à l'omission de la mention de la formule exécutoire sur la copie d'un jugement d'adjudication, dont le caractère exécutoire n'est pas contesté, signifiée aux débiteurs saisis dont l'expulsion est sollicitée, constitue une irrégularité de forme ne pouvant entraîner la nullité de la signification qu'au cas où elle a causé à ces derniers un grief.
• **Civ. 2e, 11 févr. 2010, no 09-65.404,** *Bull. civ.* II, no 31
* V. ss nos 112.11, 511.41, 511.71, 719.84, 719.85, 719.104, 811.51, 1341.22, 1341.83, 1341.202

> Conversion d'une saisie conservatoire en saisie-attribution.
La signification au débiteur, en application de l'article 241 du décret du 31 juillet 1992, de la copie de l'acte de conversion d'une saisie conservatoire en saisie-attribution, n'est pas soumise au délai de huit jours prévu, à peine de caducité, par l'article 58 de ce décret.

Par suite, justifie légalement sa décision la cour d'appel qui rejette la demande de caducité ou de nullité d'une saisie-attribution après avoir constaté que l'acte de conversion de la saisie conservatoire en saisie-attribution avait été signifié au tiers saisi avant l'ouverture du redressement judiciaire de la société débitrice, puis dénoncé à l'administrateur judiciaire.
• **Com. 2 mars 2010, no 08-19.898,** *Bull. civ.* IV, no 45
* V. ss nos 621.53, 831.112

> Saisie immobilière. Irrecevabilité des contestations et demandes incidentes présentées postérieurement à l'audience d'orientation.
Le juge de l'exécution ayant le pouvoir de modifier, en cas de besoin, la date de l'audience à laquelle sera ordonnée, sur saisie immobilière, la vente forcée d'un bien, le moyen qui critique la cour d'appel d'avoir elle-même fixé la date de cette audience devant le juge de l'exécution est inopérant.

À peine d'irrecevabilité prononcée d'office, aucune contestation ni aucune demande incidente ne peut, sauf disposition contraire, être formée après l'audience d'orientation, à moins qu'elle porte sur les actes de procédure postérieurs à celle-ci. Par suite, viole les articles 125 du Code de procédure civile et 6 du décret no 2006-936 du 27 juillet 2006, la cour d'appel qui rejette, comme non fondées, les demandes d'annulation du commandement valant saisie, de dommages-intérêts et de compensation, alors que ces demandes, formées pour le première fois en cause d'appel, avaient été présentées par le débiteur saisi après l'audience d'orientation, à laquelle il n'avait pas comparu, et ne portaient pas sur des actes postérieurs à celle-ci, de sorte qu'elles devaient être déclarées d'office irrecevables.
• **Civ. 2e, 11 mars 2010, no 09-13.312,** *Bull. civ.* II, no 55
* V. ss nos 1364.13, 1364.45, 1364.96

> La contestation de la validité d'un commandement de payer valant saisie constitue une exception de procédure.
La contestation de la validité d'un commandement de payer valant saisie, soulevée après l'assignation par le créancier poursuivant, constitue une exception de procédure
• **Civ. 2e, 25 mars 2010, no 08-17.196,** *Bull. civ.* II, no 72
* V. ss no 1365.131

> Saisie des rémunérations. Opposabilité à la procédure collective.
La saisie des rémunérations dues par un employeur est soumise aux dispositions du code du travail. Si le liquidateur d'un salarié en liquidation judiciaire est fondé à demander à l'employeur le versement entre ses mains des salaires du débiteur qui, à l'exclusion de leur fraction insaisissable, sont appréhendés par l'effet réel de la procédure collective, il doit mettre en œuvre la procédure de saisie des rémunérations ressortissant à la compétence exclusive du tribunal d'instance. Le tribunal de la procédure collective est dès lors incompétent pour en connaître.
• **Com. 13 avr. 2010, no 08-19.074,** *Bull. civ.* II, no 78
* V. ss nos 941.91, 942.12

> Voies d'exécution pratiquée hors de France. Pas de privilège de juridiction pour les plaideurs français.
L'article 14 du Code civil, qui permet au plaideur français d'attraire un étranger devant les juridictions françaises, doit être exclu pour des demandes relatives à des voies d'exécution pratiquées hors de France. Dès lors, une cour d'appel qui retient que l'action en responsabilité intentée par un créancier français à l'encontre d'une banque étrangère découle directement des voies d'exécution pratiquées entre les mains de cette dernière à l'étranger en sa qualité de tiers saisi, en déduit à bon droit que le créancier ne peut pas se prévaloir de l'article 14 pour attraire la banque devant les tribunaux français, peu important que la régularité de la saisie litigieuse ne soit pas contestée.
• **Civ. 2e, 14 avr. 2010, no 09-11.909,** *Bull. civ.* II, no 91
* V. ss nos 162.21, 1711.06, 1711.07

> Impossibilité de la saisie-attribution oblique.
Le créancier muni d'un titre exécutoire fondant une saisie-attribution peut saisir entre les mains d'un tiers les créances de son débiteur, mais non celles du débiteur de ce dernier.
• **Civ. 2e, 6 mai 2010, no 09-13.469,** *Bull. civ.* II, no 89
* V. ss nos 141.19, 813.12

> Acte notarié revêtu de la formule exécutoire modifié par des avenants sous seing-privé.
Constitue un titre exécutoire, un acte notarié de prêt, revêtu de la formule exécutoire, modifié par des avenants sous seing privé, dès lors que ces avenants n'avaient pas opéré novation.
• **Civ. 2e, 6 mai 2010, no 09-67.058,** *Bull. civ.* II, no 90
* V. ss nos 124.11, 212.52, 1311.62

> Charge des frais de recouvrement entrepris sans titre exécutoire.

Selon l'article 32, alinéa 3, de la loi n° 91-650 du 9 juillet 1991 [devenu art. L. 111-8 C. pr. exéc.], sauf s'ils concernent un acte dont l'accomplissement est prescrit par la loi au créancier, les frais de recouvrement entrepris sans titre exécutoire restent à la charge de celui-ci.

Dès lors, viole cette disposition le jugement qui met à la charge du débiteur les frais d'établissement et d'envoi d'une lettre à ce dernier par une société de recouvrement alors que ces frais ne correspondaient pas à l'accomplissement d'un acte prescrit par la loi.

• **Civ. 2e, 20 mai 2010, n° 09-67.591,** *Bull. civ.* II, n° 99
* V. ss nos 313.21, 313.32

> Saisie immobilière. Demande d'aide juridictionnelle.

Commet un excès de pouvoir et viole l'article 25 de la loi du 10 juillet 1991 relative à l'aide juridictionnelle et l'article 6 de la Convention de sauvegarde des droits de l'homme et des libertés fondamentales, le juge qui procède à la vente forcée d'un bien, sans s'assurer que le débiteur saisi, qui avait sollicité l'aide juridictionnelle, avait été informé de la décision rendue sur cette demande et du nom de l'avocat désigné à ce titre.

• **Civ. 2e, 24 juin 2010, n° 08-19.974,** *Bull. civ.* II, n° 120
* V. ss nos 153.91, 1361.61, 1363.74, 1364.12, 1371.52

> Saisie conservatoire des navires. Caractère de la créance alléguée. Créance disponible ou menacée dans son recouvrement. Nécessité (non).

Ni l'indisponibilité de la créance cause de la saisie, ni l'absence de circonstances susceptibles d'en menacer le recouvrement ne font obstacle à la saisie conservatoire d'un navire.

Dès lors, justifie légalement sa décision d'autoriser la saisie conservatoire d'un navire, la cour d'appel qui retient que le saisissant alléguait une créance maritime qui, au sens de l'article 1er § 1, q de la Convention de Bruxelles du 10 mai 1952 portant unification de certaines règles sur la saisie conservatoire des navires, avait pour cause un mortgage.

• **Com. 5 oct. 2010, n° 09-13.092,** *Bull. civ.* IV, n° 148
* V. ss n° 624.21

> Saisie-attribution. Tiers saisi liquidateur amiable du débiteur saisi. Délivrance d'une assignation au saisissant. Manquement à l'obligation de déclaration.

C'est à bon droit que la cour d'appel a retenu que le liquidateur amiable de la société débitrice avait la qualité de tiers saisi. La déclaration d'un tiers saisi doit être faite sur le champ à l'huissier de justice; il en résulte que l'assignation délivrée à des sociétés créancières par le représentant légal d'une société débitrice, en cette seule qualité, ne constituait pas la réponse du tiers saisi à l'huissier de justice prévue à l'article 59 du décret du 31 juillet 1992; c'est à bon droit que la cour d'appel a décidé que le liquidateur tiers saisi ne justifiait pas d'un motif légitime l'exonérant de ses obligations et devait être condamné au paiement des causes des saisies.

• **Civ. 2e, 10 nov. 2010, n° 09-71.609,** *Bull. civ.* II, n° 185
* V. ss nos 161.22, 621.23, 813.21, 821.51, 971.130, 973.161

> Saisie immobilière. Responsabilité de l'avocat rédacteur du cahier des conditions de vente.

L'avocat du créancier poursuivant ayant, sur la foi d'un acte notarié instituant une hypothèque conventionnelle et d'un procès-verbal de description établi par huissier de justice, rédigé un cahier des charges inexact dans la désignation du bien saisi comme comprenant des constructions qui, pour des raisons inconnues, ont été édifiées non sur le terrain donné en garantie comme prévu, mais sur une parcelle voisine, n'engage sa responsabilité que s'il disposait d'éléments de nature à éveiller ses soupçons quant à cette discordance.

• **Civ. 1re, 25 nov. 2010, n° 09-70.767,** *Bull. civ.* I, n° 243
* V. ss n° 1363.24

> Sûreté judiciaire. Inscription provisoire de nantissement sur des parts sociales. Inopposabilité des clauses d'agrément. Inapplicabilité des dispositions relatives à l'insaisissabilité des biens nécessaires à la vie et au travail.

Pour dire qu'une inscription provisoire de nantissement judiciaire sur des parts sociales est valable et régulière, une cour d'appel énonce exactement qu'une telle inscription est une mesure de sûreté judiciaire, et non une saisie, que les dispositions statutaires prévoyant l'agrément des associés en cas de cession des parts sociales nanties ne peuvent entraver la prise de cette sûreté et que l'article 39 du décret n° 92-755 du 31 juillet 1992 [devenu art. R. 112-2] ne s'applique pas aux parts sociales.

• **Civ. 2e, 2 déc. 2010, n° 09-17.495,** *Bull. civ.* II, n° 199
* V. ss nos 151.31, 632.11, 731.06

> Portée de la suspension des poursuites résultant de l'adoption d'un plan de surendettement.

La suspension des poursuites résultant de l'adoption d'un plan de surendettement, pendant la durée d'exécution de celui-ci, n'est pas opposable au syndicat des copropriétaires, créancier ayant déclaré une créance incluse dans le plan, pour le recouvrement des charges de copropriété postérieures aux recommandations homologuées par le juge de l'exécution.

• **Civ. 2e, 20 janv. 2011, n° 09-72.828,** *Bull. civ.* II, n° 20
* V. ss nos 154.132, 812.132

> Sursis sur astreinte ne vaut.

L'article 524 du Code de procédure civile n'est pas applicable aux demandes de sursis à exécution des décisions rendues par le juge de l'exécution. Le prononcé d'une astreinte ne peut donner lieu à un sursis à exécution.

• **Civ. 2e, 10 févr. 2011, n° 10-14.424,** *Bull. civ.* II, n° 29
* V. ss nos 222.13, 222.14, 411.103

> Notification de l'ordonnance désignant un huissier de justice aux fins d'investigations et de constatations.

En matière d'ordonnance sur requête, le respect du principe de la contradiction qui fonde l'exigence posée à l'alinéa 3 de l'article 495 du Code de procédure civile, requiert que copie de la requête et de l'ordonnance soit remise à la personne à laquelle elle est opposée antérieurement à l'exécution des mesures d'instruction qu'elle ordonne et impose que l'ordonnance ne puisse être exécutée contre cette personne qu'après lui avoir été notifiée.

Dès lors, viole les articles 495, alinéa 3, et 503 du Code de procédure civile, la cour d'appel qui, pour dire n'y avoir lieu à rétractation d'une ordonnance désignant un huissier de justice aux fins d'investigations et de constatations et autorisant cet huissier de justice à ne faire état de l'ordonnance le commettant et fixant sa mission qu'une fois cette dernière accomplie, retient que l'ordonnance sur requête autorise l'huissier de justice à agir dans l'anonymat et qu'aucun texte ne précise quand l'huissier de justice commis doit dévoiler son identité.

• **Civ. 2e, 10 févr. 2011, no 10-13.894,** *Bull. civ.* II, no 36
* V. ss nos 1031.31, 1213.11

> Saisie-attribution. Charge de la preuve de la créance saisie.

Il appartient au créancier qui a fait pratiquer une saisie-attribution d'établir que le débiteur est créancier du tiers saisi.

• **Civ. 2e, 10 févr. 2011, no 10-30.008,** *Bull. civ.* II, no 38
* V. ss nos 162.31, 812.13, 921.32

> Saisie immobilière. Saisine de la cour d'appel statuant sur appel d'un jugement d'orientation.

Statuant en appel d'un jugement d'orientation, la cour d'appel est tenue d'examiner le moyen présenté par le débiteur saisi qui n'avait pas comparu à l'audience d'orientation, tendant à la nullité de l'assignation qui lui avait été délivrée pour cette audience.

Dès lors qu'elle rejette cette contestation, la cour d'appel est tenue de relever, d'office, l'irrecevabilité de toutes les demandes formulées devant elle par le débiteur saisi, non comparant à l'audience d'orientation.

• **Civ. 2e, 10 févr. 2011, no 10-11.944,** *Bull. civ.* II, no 39
* V. ss nos 1364.13, 1364.13, 1364.96

> Saisie d'une créance libellée en monnaie étrangère.

La demande en paiement, faite après conversion d'une saisie conservatoire en saisie-attribution, emporte, par l'effet de la loi, attribution immédiate de la créance saisie jusqu'à concurrence du montant de la condamnation et des sommes dont le tiers saisi s'était reconnu débiteur en euros, y compris lorsque le tiers saisi avait déclaré détenir pour le compte du débiteur une créance libellée en monnaie étrangère correspondant à la contre-valeur en dollars US de la somme pour laquelle la saisie avait été autorisée.

• **Civ. 2e, 31 mars 2011, no 10-12.269,** *Bull. civ.* II, no 79
* V. ss nos 621.53, 812.11, 923.133, 1711.141

> Saisie-attribution. Portée de l'effet attributif au saisissant de la créance et de ses accessoires.

La saisie-attribution emporte attribution au créancier saisissant de la créance de somme d'argent disponible dans le patrimoine du tiers saisi ainsi que de ses accessoires exprimés en argent. Il s'ensuit que la saisie-attribution ne peut conférer au créancier saisissant le privilège de prêteur de deniers.

• **Civ. 2e, 7 avr. 2011, no 10-15.969,** *Bull. civ.* II, no 88
* V. ss nos 143.11, 154.97, 831.55, 971.151, 973.121

> Office du juge à l'égard d'une demande tendant à conférer force exécutoire à une transaction.

C'est exactement qu'une cour d'appel énonce que lorsque le président du tribunal de grande instance statue en application de l'article 1441-4 du Code de procédure civile [cf. art. 1567], sur une demande tendant à conférer force exécutoire à une transaction, son contrôle ne peut porter que sur la nature de la convention qui lui est soumise et sur sa conformité à l'ordre public et aux bonnes mœurs.

Dès lors, ayant retenu que la transaction litigieuse constituait effectivement une transaction, signée par les parties et présentant toutes les apparences de la régularité formelle, et qu'elle était conforme à l'ordre public et aux bonnes mœurs, la cour d'appel en a déduit à bon droit que le dépôt d'une plainte avec constitution de partie civile, s'il était susceptible de remettre ultérieurement en cause la validité de la transaction, ne justifiait pas en revanche la rétractation de l'ordonnance conférant force exécutoire à cette transaction.

• **Civ. 2e, 26 mai 2011, no 06-19.527,** *Bull. civ.* II, no 120
* V. ss nos 121.42, 1513.64

> Procédure de condamnation des auxiliaires de justice aux frais de procédure.

La condamnation d'un auxiliaire de justice aux dépens, qui a été demandée sur le fondement de l'article 698 du Code de procédure civile, ne nécessite pas, contrairement à sa condamnation en paiement de dommages et intérêts, sa mise en cause à titre personnel.

• **Civ. 2e, 23 juin 2011, no 09-15.572,** *Bull. civ.* II, no 139
* V. ss no 314.21

> Expulsion. Domaine de la formalité d'information préalable du préfet.

L'huissier de justice n'a pas à procéder aux formalités prévues par l'article 197 du décret du 31 juillet 1992 [devenu art. R. 412-2 C. pr. exéc.] lorsque la personne expulsée ne réside pas dans le local d'habitation accessoire aux locaux à usage professionnel donnés à bail.

• **Civ. 2e, 23 juin 2011, no 10-18.551,** *Bull. civ.* II, no 143
* V. ss no 512.51

> Saisie-attribution. Sanction du défaut de dénonciation au cotitulaire du compte joint.

Le défaut de dénonciation de la saisie-attribution au cotitulaire d'un compte joint sur lequel porte la mesure d'exécution n'est pas susceptible d'entraîner la caducité de celle-ci.

• **Civ. 2e, 7 juill. 2011, no 10-20.923,** *Bull. civ.* II, no 160
* V. ss no 151.211, 922.52, 971.221

> Mentions relative aux voies de recours de l'acte de notification d'une mesure d'exécution forcée.

L'article 680 du Code de procédure civile, qui vise la notification des jugements, ne s'applique pas à la notification d'une mesure d'exécution forcée.

• **Civ. 2e, 8 sept. 2011, no 10-23.003,** *Bull. civ.* II, no 165
* V. ss nos 153.92, 621.53, 714.96, 714.137, 841.31

> Saisie-attribution. Obligation de renseignement du tiers saisi. Délai imparti par l'huissier.

L'huissier de justice pratiquant une saisie-attribution ayant indiqué au tiers saisi qu'à défaut de réponse immédiate, il lui était fait sommation d'avoir à répondre sous 48 heures, la cour d'appel en a déduit à bon droit que le créancier avait laissé au tiers saisi un délai de 48 heures pour répondre et a pu retenir que le retard dans la réponse au-delà de 48 heures avait un motif légitime dès lors qu'un délai avait été accepté au lieu d'une réponse sur-le-champ.

• **Civ. 2e, 8 sept. 2011, no 10-17.506,** *Bull. civ.* II, no 169
* V. ss nos 162.31, 162.52, 821.51, 821.71

> Immunités d'exécution. Immunité diplomatique.

L'immunité d'exécution dont bénéficient par principe les États étrangers est écartée lorsqu'il est établi que le bien concerné se rattache, non à l'exercice d'une activité de souveraineté, mais à une opération économique, commerciale ou civile relevant du droit privé. Mais une cour d'appel retient exactement, d'abord, que les fonds affectés aux missions diplomatiques bénéficient d'une présomption d'utilité publique, puis, que les comptes bancaires d'une ambassade sont présumés être affectés à l'accomplissement des fonctions de la mission diplomatique de sorte qu'il appartient au créancier qui entend les saisir de rapporter la preuve que ces biens sont utilisés pour une activité privée ou commerciale.

Les missions diplomatiques des États étrangers bénéficient, selon le droit international coutumier, pour le fonctionnement de la représentation de l'État accréditaire et les besoins de sa mission de souveraineté, d'une immunité d'exécution autonome à laquelle il ne peut être renoncé que de façon expresse et spéciale et cette immunité s'étend, notamment, aux fonds déposés sur les comptes bancaires de l'ambassade ou de la mission diplomatique.

Il doit donc être donné mainlevée de la saisie conservatoire, dès lors que les fonds de la mission diplomatique, faisant l'objet de la saisie, bénéficient de cette immunité et qu'aucune renonciation particulière et expresse à celle-ci n'est intervenue.

• **Civ. 1re, 28 sept. 2011, n° 09-72.057,** *Bull. civ.* I, n° 153
* V. ss nos 152.32., 152.46, 600.09, 1661.51

> Saisie-attribution. Dénonciation au débiteur ultérieurement placé en redressement judiciaire.

Il résulte de l'article 58 du décret n° 92-755 du 31 juillet 1992 que la saisie-attribution doit être dénoncée au débiteur par acte d'huissier de justice, dans un délai de huit jours, à peine de caducité.

Par suite, viole les dispositions de ce texte, la cour d'appel qui, après avoir relevé qu'un débiteur, auquel une saisie-attribution pratiquée le 15 mai 2008 avait été dénoncée le 19 mai 2008, avait été placé en redressement judiciaire par jugement du 22 mai 2008, ordonne la mainlevée de la mesure d'exécution en retenant que faute d'une nouvelle dénonciation à l'administrateur judiciaire désigné dans le cadre de la procédure collective avec mission d'assistance, la mesure était caduque, alors qu'elle constatait que la saisie-attribution avait été dénoncée dans le délai légal au débiteur à la tête de ses biens.

• **Civ. 2e, 8 déc. 2011, n° 10-24.420,** *Bull. civ.* II, n° 225
* V. ss nos 154.97, 822.91, 822.111, 971.113

> Le paiement fait au mépris de la saisie par le tiers saisi ne le prive pas de son recours contre le débiteur.

Il résulte de l'article 24, alinéa 3, de la loi n° 91-650 du 9 juillet 1991 [devenu art. L. 123-1 C. pr. exéc.] que le tiers entre les mains duquel est pratiquée une saisie peut être condamné au paiement des causes de la saisie, sauf recours contre le débiteur. Fait une exacte application de ce texte la cour d'appel qui, relevant qu'une société tiers avait, malgré la saisie-attribution pratiquée entre ses mains sur des loyers dus à une société débitrice, continué à régler à cette société les loyers et se trouvait, par l'effet de sa condamnation au paiement au profit du créancier des loyers saisis, avoir payé deux fois la même somme, ce dont il résultait un enrichissement sans cause de la société débitrice, retient que le fait d'avoir versé les loyers saisis à la société débitrice et non au créancier n'était pas constitutif d'une faute dont la société débitrice pouvait se prévaloir pour s'opposer au recours en garantie exercé contre elle.

• **Civ. 2e, 8 déc. 2011, n° 10-23.399,** *Bull. civ.* II, n° 226
* V. ss nos 163.31, 831.52

> Saisie immobilière. Adjudication d'office au créancier poursuivant à défaut d'enchérisseur.

4. Considérant qu'il appartient au législateur, compétent en application de l'article 34 de la Constitution pour déterminer les principes fondamentaux du régime de la propriété, des droits réels et des obligations civiles et commerciales, de définir les modalités selon lesquelles, pour permettre l'exécution des obligations civiles et commerciales, les droits patrimoniaux des créanciers et des débiteurs doivent être conciliés; que l'exécution forcée sur les biens du débiteur est au nombre des mesures qui tendent à assurer cette conciliation;

5. Considérant, en premier lieu, que l'article 2190 du Code civil prévoit que la saisie immobilière est une procédure d'exécution forcée sur l'immeuble du débiteur en vue de la distribution de son prix; qu'elle constitue une modalité de paiement d'une créance exécutoire; qu'il en résulte que, si l'adjudication conduit à ce que le débiteur soit privé de la propriété de ce bien, cette procédure n'entre pas dans le champ d'application de l'article 17 de la Déclaration de 1789;

6. Considérant, en second lieu, que, d'une part, en prévoyant que le montant de la mise à prix est fixé par le créancier poursuivant et en disposant qu'à défaut d'enchère, ce dernier est déclaré adjudicataire, les dispositions contestées ont pour objet d'éviter que la procédure de saisie immobilière demeure suspendue faute d'enchérisseur; qu'en prévoyant que le créancier poursuivant est déclaré adjudicataire d'office au montant de la première enchère fixée par lui, elles font obstacle à ce que le créancier poursuivant se voie imposer un transfert de propriété moyennant un prix auquel il n'aurait pas consenti; que l'objectif poursuivi de garantir dans ces conditions l'aboutissement de la procédure constitue un motif d'intérêt général;

7. Considérant que, d'autre part, les articles 2202 et 2203 du Code civil reconnaissent au débiteur du bien saisi le droit d'obtenir l'autorisation judiciaire de vendre le bien à l'amiable; qu'à défaut, la vente a lieu par *adjudicatio*; que les articles 2205 et 2206 disposent que l'adjudication de l'immeuble a lieu aux enchères publiques à l'audience du juge; que, dans le cadre de cette procédure, le débiteur peut saisir le juge afin de voir fixer une mise à prix en rapport avec la valeur vénale de l'immeuble et les conditions du marché; que l'enchère est ouverte à toute personne qui justifie de garanties de paiement; que l'adjudication d'office au créancier poursuivant au montant de la mise à prix initiale n'intervient qu'à défaut de toute enchère; que, dans ces conditions, l'atteinte portée aux droits du débiteur saisi ne revêt pas un caractère disproportionné au regard du but poursuivi; [...]

• **Cons. const. 16 déc. 2011, n° 2011-206 QPC**
* V. ss nos 101.21, 1363.170, 1368.132

> Titre exécutoire ouvrant droit à restitution des sommes versées en exécution du jugement réformé. Intérêts au taux légal majoré.

L'arrêt de cassation constituant une décision de justice faisant naître un droit à restitution de la somme versée en exécution de la décision cassée, les dispositions de l'article L. 313-3 du Code monétaire et financier sont applicables à la créance de restitution née après signification de cet arrêt.

• **Civ. 2e, 18 déc. 2011, n° 10-11.904,** *Bull. civ.* II, n° 17
* V. ss n° 811.32

> Titre exécutoire européen. Force exécutoire de la décision certifiée.

Ayant relevé qu'une décision passée en force de chose jugée d'une juridiction allemande avait annulé un mandat d'exécution européen et retenu que conformément à l'article 11 du règlement européen n° 805/2004, le certificat de titre exécutoire européen ne produisait ses effets que dans la limite de la force exécutoire de la décision dont une cour d'appel allemande avait certifié qu'elle n'était plus exécutoire, de sorte que la saisie-attribution n'avait plus de fondement juridique, la cour d'appel a ordonné, à bon droit, la mainlevée de la saisie-attribution.

• **Civ. 2e, 6 janv. 2012, n° 10-23.518,** *Bull. civ.* II, n° 7
* V. ss nos 120.05, 122.44, 1711.197

> Inconstitutionnalité de la suspension des mesures conservatoires ou d'exécution en faveur des rapatriés.

5. Considérant qu'il résulte de ces dispositions que, dès le dépôt d'un dossier [aux fins de bénéficier de la procédure de désendettement des rapatriés], le juge doit, quel que soit l'état de la procédure, constater la suspension des poursuites dirigées à l'encontre de ces personnes; que cette suspension s'applique aux actions en justice tendant à voir constater toute créance, quelle qu'en soit la cause; qu'elle s'applique également aux procédures collectives et interdit la mise en œuvre des mesures conservatoires ou d'exécution, à l'exclusion des dettes fiscales; que le créancier ne dispose d'aucune voie de recours pour s'y opposer; que la suspension des poursuites se prolonge jusqu'à la décision de l'autorité administrative compétente, les recours gracieux contre celle-ci, ou, en cas de recours contentieux, la décision définitive de l'instance juridictionnelle compétente; [...]

6. Considérant qu'après l'accession à l'indépendance de territoires antérieurement placés sous la souveraineté, le protectorat ou la tutelle de la France, le législateur a adopté, au titre de la solidarité nationale, des mesures pour venir en aide aux Français ayant dû ou estimé devoir quitter ces territoires et, en particulier, des dispositions permettant la suspension provisoire des poursuites contre les rapatriés; [...]

7. Considérant que, toutefois, l'article 100 de la loi de finances pour 1998 a procédé à la refonte de ce régime de suspension des poursuites et lui a conféré la portée résultant des dispositions précitées; que, compte tenu de l'ancienneté des faits à l'origine de ce dispositif ainsi que de l'effet, de la portée et de la durée de la suspension qui ne s'applique pas seulement aux dettes liées à l'accueil et à la réinstallation des intéressés, les dispositions contestées méconnaissent les exigences constitutionnelles précitées;

8. Considérant qu'il résulte de ce qui précède que, sans qu'il soit besoin d'examiner les autres griefs, l'article 100 de la loi du 30 décembre 1997 susvisée, dans sa rédaction postérieure à l'article 25 de la loi du 30 décembre 1998 susvisée, doit être déclaré contraire à la Constitution;

• **Cons. const. 27 janv. 2012, n° 2011-213 QPC**
* V. ss nos 521.111, 1313.202, 1318.42

> Saisie immobilière. Appel limité aux moyens touchant au fond du droit.

En matière de saisie immobilière, l'appel n'est recevable qu'à l'égard des dispositions des jugements ayant statué sur des moyens touchant au fond du droit.

En conséquence, viole l'article 731 du Code de procédure civile ancien, la cour d'appel qui, statuant sur les moyens pris du non-respect de l'obligation d'information annuelle de la caution et de la prescription des intérêts, ainsi que sur l'imputation des paiements, déclare l'appel recevable de ces chefs, alors que ces moyens, relatifs au montant de la créance, ne constituaient pas des moyens touchant au fond du droit.

• **Com. 13 mars 2012, n° 11-10.289,** *Bull. civ.* IV, n° 55
* V. ss n° 1331.141

> Office du juge de l'exécution. Interprétation du titre exécutoire. Majoration du taux de l'intérêt légal. Exonération ou réduction. Pouvoir modérateur. Délai de grâce. Dettes d'aliments.

1° Si le juge de l'exécution ne peut, sous le prétexte d'interpréter la décision dont l'exécution est poursuivie, en modifier les dispositions précises, il lui appartient d'en fixer le sens.

2° Aux termes de l'article L. 313-3 du Code monétaire et financier, qui s'applique aux dettes d'aliments à défaut d'exclusion expresse, le juge de l'exécution peut, à la demande du débiteur ou du créancier, et en considération de la situation du débiteur, exonérer celui-ci de la majoration du taux de l'intérêt légal ou en réduire le montant.

3° Mais l'article 1244-1 du Code civil exclut son application aux dettes d'aliments.

• **Civ. 1re, 22 mars 2012, n° 11-13.915,** *Bull. civ.* I, n° 56
* V. ss nos 154.56, 212.183, 951.163, 951.182

> Huissier de justice. Office. Secret professionnel. Opposabilité à la personne ayant requis l'huissier.

1° Confronté à une incertitude, relativement au recouvrement d'un arriéré de pension alimentaire, sur la portée rétroactive de l'ordonnance du conseiller de la mise en état assortissant de l'exécution provisoire la décision de première instance qui avait omis de l'ordonner, l'huissier de justice est tenu, soit de s'abstenir de procéder à ce recouvrement, soit de soumettre la difficulté au juge de l'exécution.

2° Le secret professionnel auquel l'huissier de justice est tenu couvre, y compris à l'égard de la personne qui l'a requis, les renseignements obtenus, auprès de l'administration fiscale, par la consultation du fichier des comptes bancaires ouverts au nom du débiteur d'une pension alimentaire, en vue de la mise en place d'une procédure de paiement direct de ladite pension pour laquelle ces renseignements ont été demandés.

• **Civ. 1re, 22 mars 2012, n° 10-25.811,** *Bull. civ.* I, n° 65
* V. ss nos 143.34, 212.202, 254.15, 314.23, 951.83, 951.194

> Report d'insaisissabilité sur le solde du compte saisi.

Il résulte des dispositions combinées des articles L. 355-2 du Code de la sécurité sociale, 15 de la loi n° 91-650 du 9 juillet 1991 et 44 du décret n° 92-755 du 31 juillet 1992 que les pensions d'invalidité sont cessibles et saisissables dans les mêmes conditions et limites que les salaires, que les créances insaisissables dont le montant est versé sur un compte demeurent insaisissables et que lorsqu'un compte est crédité du montant d'une créance insaisissable en tout ou en partie, l'insaisissabilité se reporte à due concurrence sur le solde du compte. Par suite, méconnaît ces dispositions, la cour d'appel qui rejette une demande de mainlevée d'une saisie-attribution pratiquée sur un compte alimenté par une pension d'invalidité, sans préciser l'étendue de la saisissabilité du compte concerné.

• **Civ. 2e, 7 juin 2012, n° 11-19.622,** *Bull. civ.* II, n° 103
* V. ss nos 151.06, 812.112, 923.91

> Bien insaisissable. Instrument nécessaire à l'exercice personnel d'une activité professionnelle.

Un ordinateur utilisé pour la recherche d'un emploi doit être assimilé à un instrument nécessaire à l'exercice personnel d'une activité professionnelle; il s'en suit qu'il est insaisissable en application des articles 14 de la loi n° 91-650 du 9 juillet 1991 et 39 du décret n° 92-755 du 31 juillet 1992.

• **Civ. 2e, 28 juin 2012, n° 11-15.055,** *Bull. civ.* II, n° 126
* V. ss n° 151.06

> Proportionnalité des mesures de suspension temporaire des mesures d'expulsion.

La suspension temporaire des mesures d'expulsion du débiteur de son logement n'a ni pour effet ni pour objet de priver le propriétaire de l'immeuble de son droit de propriété; elle répond à l'objectif d'intérêt général de faciliter le traitement des situations de surendettement des particuliers et que les atteintes qui en résultent pour le droit de propriété et la liberté individuelle sont proportionnées à cet objectif dès lors que le prononcé de la suspension de la mesure d'expulsion par le juge est entouré de garanties de fond et de procédure définies par le législateur qui n'est pas demeuré en-deçà de sa compétence.

• **Civ. 3e, 11 juill. 2012, n° 12-40.043 QPC,** *Bull. civ.* III, n° 109

* V. ss n° 521.101

> Saisie immobilière. Nature juridictionnelle de l'acte par lequel le juge de l'exécution constate la vente amiable. Lieu de la consignation.

1° Le jugement par lequel le juge de l'exécution constate la vente amiable, après avoir contrôlé la conformité de l'acte notarié aux conditions fixées par le jugement qui l'a autorisée et la consignation du prix de vente, constitue une décision juridictionnelle susceptible de tierce opposition.

2° Il résulte des articles 2-14° de l'ordonnance du 3 juillet 1816 et L. 518-19 du Code monétaire et financier que, lorsque la loi ordonne une consignation sans en indiquer le lieu, comme dans le cas de l'article 2203 du Code civil, applicable au litige, les juridictions ne peuvent autoriser de consignation auprès d'organismes autres que la Caisse des dépôts et consignations, de sorte que le juge de l'exécution constatant la vente amiable d'un bien à l'occasion d'une procédure de saisie immobilière ne peut ordonner la consignation du prix de vente à la caisse des règlements pécuniaires des avocats.

• **Civ. 2e, 6 déc. 2012, n° 11-24.443,** *Bull. civ.* II, n° 203

* V. ss nos 1366.172, 1366.214

> Mise à disposition d'un minimum vital. Politique de solidarité nationale en faveur des personnes défavorisées.

L'article 47-1 de la loi du 9 juillet 1991, devenu l'article L. 162-2 du Code des procédures civiles d'exécution, dont l'objet est d'assurer de manière automatique au débiteur saisi, dans la limite du solde créditeur du compte bancaire faisant l'objet de la saisie, la mise à disposition d'un minimum vital équivalent au montant du revenu de solidarité active, répond à l'exigence constitutionnelle de mise en œuvre d'une politique de solidarité nationale en faveur des personnes défavorisées; qu'il appartient au législateur, pour satisfaire cette exigence, de choisir les modalités concrètes qui lui paraissent appropriées et qu'en limitant le montant du solde bancaire insaisissable au montant forfaitaire du revenu de solidarité active pour un allocataire seul, le législateur a opéré une nécessaire conciliation entre les deux exigences constitutionnelles que sont, d'une part, le droit de propriété des créanciers, garanti par les articles 2 et 4 de la Déclaration de 1789 et, d'autre part, les droits reconnus aux débiteurs par l'alinéa 11 du préambule de 1946, sans porter une atteinte disproportionnée aux seconds.

• **Civ. 2e, 13 déc. 2012, n° 12-40.083 QPC,** NP

* V. ss n° 921.52

> Titre exécutoire. Omission des annexes d'un acte authentique notarié.

L'inobservation de l'obligation, pour le notaire, de faire figurer les procurations en annexe de l'acte authentique ou de les déposer au rang de ses minutes ne fait pas perdre à l'acte son caractère authentique et, partant, son caractère exécutoire.

• **Cass. ch. mixte, 21 déc. 2012, nos 11-28.688 et 12-15.063,** *Bull. ch. mixte*, nos 3 et 4

* V. ss nos 124.12, 212.52, 1311.64

> Compétence de pleine juridiction du juge de l'exécution en matière de mesures conservatoires.

Le juge de l'exécution connaît des difficultés relatives aux titres exécutoires et des contestations qui s'élèvent à l'occasion des mesures conservatoires, même si elles portent sur le fond du droit, à moins qu'elles n'échappent à la compétence des juridictions de l'ordre judiciaire.

Viole en conséquence l'article L. 213-6 du Code de l'organisation judiciaire l'arrêt qui décide qu'une mesure conservatoire ne constituant pas une mesure d'exécution forcée à l'occasion de laquelle le juge de l'exécution dispose d'une compétence de pleine juridiction pour apprécier la portée et la validité des actes authentiques formalisant un titre exécutoire, il ne lui appartient pas de connaître du fond du droit.

• **Civ. 2e, 31 janv. 2013, n° 11-26.992,** *Bull. civ.* II, n° 19

* V. ss nos 212.123, 613.44

> Saisie immobilière. Office du juge de l'exécution.

Le juge de l'exécution n'est pas tenu de relever d'office le dépassement du délai dans lequel doit être délivrée l'assignation à comparaître à l'audience d'orientation et la caducité qui en résulte, en application de l'article 12 du décret n° 2006-936 du 27 juillet 2006, devenu R. 311-11 du Code des procédures civiles d'exécution.

• **Civ. 2e, 31 janv. 2013, n° 12-12.670,** *Bull. civ.* II, n° 21

* V. ss nos 1364.12, 1364.20, 1364.45, 1364.62

> Immunité d'exécution des états étrangers. Renonciation expresse et spéciale.

Selon le droit international coutumier, tel que reflété par la Convention des Nations unies, du 2 décembre 2004, sur l'immunité juridictionnelle des États et de leurs biens, si les États peuvent renoncer, par contrat écrit, à leur immunité d'exécution sur des biens ou des catégories de biens utilisés ou destinés à être utilisés à des fins publiques, il ne peut y être renoncé que de manière expresse et spéciale, en mentionnant les biens ou la catégorie de biens pour lesquels la renonciation est consentie.

Le droit d'accès à un tribunal, tel que garanti par l'article 6 de la Convention européenne de sauvegarde des droits de l'homme et des libertés fondamentales, et dont l'exécution d'une décision de justice constitue le prolongement nécessaire, ne s'oppose pas à une limitation à ce droit d'accès, découlant de l'immunité des États étrangers, dès lors que cette limitation est consacrée par le droit international et ne va pas au-delà des règles généralement reconnues en la matière.

Dès lors, des saisies conservatoires portant sur des créances fiscales ou parafiscales sont entachées de nullité lorsque l'État étranger contre lequel ces saisies sont pratiquées a renoncé à son immunité d'exécution par des stipulations contractuelles ne comportant aucune mention expresse et spéciale de ces créances.

• Civ. 1re, 28 mars 2013, n° 10-25.938, *Bull. civ.* I, n° 62
* V. ss nos 841.20, 1711.122

> Renonciation d'un état au bénéfice de l'immunité d'exécution.
Selon le droit international coutumier, tel que reflété par la Convention des Nations unies, du 2 décembre 2004, sur l'immunité juridictionnelle des États et de leurs biens, si les États peuvent renoncer, par contrat écrit, à leur immunité d'exécution sur des biens ou des catégories de biens utilisés ou destinés à être utilisés à des fins publiques, il ne peut y être renoncé que de manière expresse et spéciale, en mentionnant les biens ou la catégorie de biens pour lesquels la renonciation est consentie. Le droit d'accès à un tribunal, tel que garanti par l'article 6 de la Convention européenne de sauvegarde des droits de l'homme et des libertés fondamentales, et dont l'exécution d'une décision de justice constitue le prolongement nécessaire, ne s'oppose pas à une limitation à ce droit d'accès, découlant de l'immunité des États étrangers, dès lors que cette limitation est consacrée par le droit international et ne va pas au-delà des règles généralement reconnues en la matière. Dès lors, des saisies conservatoires portant sur des créances fiscales ou parafiscales sont entachées de nullité lorsque l'État étranger contre lequel ces saisies sont pratiquées a renoncé à son immunité d'exécution par des stipulations contractuelles ne comportant aucune mention expresse et spéciale de ces créances

• Civ. 1re, 28 mars 2013, n° 11-13.323, *Bull. civ.* I, n° 64
* V. ss nos 152.32, 840.08

> Expulsion. Droit de la personne expulsée d'obtenir la restitution de ses effets personnels.
La personne expulsée est en droit d'obtenir la restitution de ses effets personnels pendant le délai d'un mois à compter de la signification du procès-verbal d'expulsion et l'huissier de justice, seul responsable de l'exécution de la mesure d'expulsion, reste tenu de l'obligation de restitution.

• Civ. 2e, 11 avr. 2013, nos 12-15.948 et 12-21.898, *Bull. civ.* II, n° 80
* V. ss n° 523.15

> Responsabilité du saisissant pour abus du droit de saisir nonobstant l'autorisation préalable du juge.
L'autorisation donnée par le juge de maintenir la saisie conservatoire d'un navire n'exclut pas, par principe, la recherche, en fonction de l'ensemble des circonstances, de la responsabilité du saisissant pour abus du droit de saisir.

• Com. 23 avr. 2013, n° 12-12.101, *Bull. civ.* IV, n° 67
* V. ss nos 612.52, 626.41

> Contestation du caractère exécutoire du titre. Compétence du juge de l'exécution.
Le juge de l'exécution est compétent pour se prononcer sur la demande tendant à faire déclarer un jugement non avenu, celle-ci ayant pour objet de lui faire perdre son caractère de titre exécutoire.

• Civ. 2e, 16 mai 2013, n° 12-15.101, *Bull. civ.* II, n° 94
* V. ss n° 212.52

> Saisie immobilière. Opposabilité du bail au créancier poursuivant et à l'acquéreur.
En application des articles 2198 et 2199 du Code civil, devenus L. 321-2 et L. 321-4 du Code des procédures civiles d'exécution, est opposable au créancier saisissant et à l'acquéreur le bail consenti par un débiteur saisi dont la réalité et l'antériorité à la signification du commandement valant saisie immobilière sont établies et qui, étant d'une durée inférieure à douze ans, n'est pas soumis à publicité foncière pour son opposabilité.

• Civ. 2e, 6 juin 2013, n° 12-19.116, *Bull. civ.* II, n° 120
* V. ss nos 1361.293, 1363.192, 1371.195

> Saisie immobilière. Autorité du jugement d'adjudication. Demande de radiation.
1° Le jugement d'adjudication qui ne statue sur aucun incident n'est pas revêtu de l'autorité de la chose jugée.

2° Statue sur une partie du principal la cour d'appel qui, dans un litige tendant à la radiation de la publication d'un jugement d'adjudication sur surenchère, accueille dans son dispositif une demande tendant à voir dire que l'adjudicataire sur surenchère n'a pas payé le prix d'adjudication, et ordonne la réouverture des débats.

• Civ. 2e, 11 juill. 2013, n° 12-13.737, *Bull. civ.* II, n° 157
* V. ss nos 1341.51, 1343.22, 1343.151, 1371.32, 1371.53, 1373.14

> Titre exécutoire. Ordonnance du premier président infirmant une ordonnance de taxe du bâtonnier.
Ne constitue pas un titre exécutoire valable autorisant une saisie, l'ordonnance d'un premier président, qui infirme les ordonnances de taxe du bâtonnier de l'ordre des avocats désignant le débiteur des honoraires et décide que la détermination du débiteur ne peut être jugée par la procédure de taxe.

• Civ. 2e, 9 janv. 2014, n° 12-28.220, *Bull. civ.* II, n° 5
* V. ss nos 1311.73, 1311.80

> Titre exécutoire. Exécution forcée de la décision d'un bâtonnier sur présentation d'une expédition revêtue de la formule exécutoire.
En application de l'article 502 du Code de procédure civile, nul jugement, nul acte ne peut être mis à exécution que sur présentation d'une expédition revêtue de la formule exécutoire à moins que la loi n'en dispose autrement.

Il s'ensuit que, faute de constituer une décision à laquelle la loi attache les effets d'un jugement, la décision d'un bâtonnier, même exécutoire de droit à titre provisoire, en application de l'article 153 du décret du 27 novembre 1991, comme portant sur des honoraires dus dans la limite de neuf mois de rétrocession d'honoraires, ne peut faire l'objet d'une mesure d'exécution forcée que sur présentation d'une expédition revêtue de la formule exécutoire.

• Civ. 2e, 30 janv. 2014, n° 12-29.246, *Bull. civ.* II, n° 30
* V. ss nos 111.23, 1311.73

> Incompétence du juge de l'exécution pour connaître des contestations relative à une vente aux enchères publiques ordonnée par le juge-commissaire.
La vente aux enchères publiques ordonnée par le juge-commissaire ne constitue pas une mesure d'exécution forcée dont les contestations relèvent de la compétence du juge de l'exécution, mais une opération de liquidation des biens du débiteur, prise en application de l'article L. 642-19 du Code de commerce, dans sa rédaction issue de l'ordonnance du 18 décembre 2008

• Com. 11 févr. 2014, n° 12-26.208, *Bull. civ.* IV, n° 35
* V. ss nos 212.62, 719.04

> Compétence du juge de l'exécution pour connaître des demandes de réparation des conséquences domma-

geables des mesures d'exécution forcée ou conservatoires.

Il résulte de l'article L. 213-6 du Code de l'organisation judiciaire que le juge de l'exécution connaît des demandes en réparation fondées sur l'exécution ou l'inexécution dommageables des mesures d'exécution forcée ou des mesures conservatoires, sans qu'il y ait lieu de distinguer suivant qu'elles sont ou non encore en cours au jour où il est saisi.

• **Civ. 2e, 27 févr. 2014, no 13-11.788,** *Bull. civ.* II, no 54
* V. ss nos 212.141, 314.23, 921.63

> Huissier de justice. Excès de pouvoir en matière de constat.

Justifie légalement sa décision d'annuler le procès-verbal de constat, la cour d'appel qui, ayant relevé que l'huissier de justice s'était engagé activement dans une démarche matérialisée par l'ouverture d'un compte client et par l'acquisition du produit litigieux pour en obtenir livraison, et qu'il n'avait été satisfait à sa demande qu'à la faveur d'un traitement automatisé, en a exactement déduit que l'officier ministériel, qui ne s'était pas borné à des constatations purement matérielles, avait outrepassé les pouvoirs qu'il tenait de l'article 1er de l'ordonnance du 2 novembre 1945.

• **Civ. 1re, 20 mars 2014, no 12-18.518,** *Bull. civ.* I, no 54
* V. ss nos 254.18, 1200.06

> Saisie-attribution sur soi-même. Vérification du caractère exécutoire du titre.

1° Un créancier muni d'un titre exécutoire constatant une créance liquide et exigible dans les termes de l'article 42 de la loi no 91-650 du 9 juillet 1991, devenu l'article L. 211-1 du Code des procédures civiles d'exécution, peut pratiquer une saisie-attribution entre ses propres mains, l'effet attributif prévu à l'article 43 de cette même loi, devenu l'article L. 211-2 du Code précité, d'une telle saisie, lorsqu'elle porte sur une créance à exécution successive, s'étendant aux sommes échues en vertu de cette créance depuis la signification de l'acte de saisie, et ce jusqu'à ce que le créancier saisissant soit rempli de ses droits et dans la limite de ce qu'il doit au débiteur en tant que tiers saisi.

2° Il incombe à l'huissier de justice, garant de la légalité des poursuites, de vérifier que le titre provisoire, en vertu duquel il pratique la saisie-attribution aux risques du créancier mandant, reste exécutoire au jour de l'acte de saisie.

• **Civ. 1re, 13 mai 2014, no 12-25.511,** *Bull. civ.* I, no 84
* V. ss nos 314.23, 712.12, 811.23, 812.42, 813.31, 971.130

> Charge de la preuve du caractère excessif des mesures d'exécution.

Il résulte des articles L. 111-7 du Code des procédures civiles d'exécution et 1315 du Code civil que le créancier ayant le choix des mesures propres à assurer l'exécution de sa créance, il appartient au débiteur, qui en poursuit la mainlevée, d'établir qu'elles excèdent ce qui se révèle nécessaire pour obtenir le paiement de l'obligation.

• **Civ. 2e, 15 mai 2014, no 13-16.016,** *Bull. civ.* II, no 113
* V. ss nos 312.17, 1317.13, 1361.12

> Saisie des comptes bancaires. Détention de fonds pour le compte d'autrui.

C'est à bon droit qu'une cour d'appel rejette la demande de mainlevée d'une saisie-attribution dès lors qu'elle relève que la convention de compte professionnel relative au compte bancaire sur lequel la saisie-attribution a été pratiquée ne comporte aucune mention relative à une détention de fonds pour le compte de la copropriété et constate que la société n'établit pas que le compte est exclusivement dédié à cette copropriété et n'a fonctionné, en débit et en crédit, que pour le seul syndicat des copropriétaires.

• **Civ. 2e, 15 mai 2014, nos 13-13.878 et 13-13.879,** *Bull. civ.* II, no 114
* V. ss nos 813.21, 921.25

> Compétence du juge de l'exécution pour modérer la clause pénale contenue dans l'acte notarié fondant les poursuites.

Il résulte de l'article L. 213-6 du Code de l'organisation judiciaire que le juge de l'exécution connaît, de manière exclusive, des difficultés relatives aux titres exécutoires et des contestations qui s'élèvent à l'occasion de l'exécution forcée, même si elles portent sur le fond du droit.

Par suite, c'est à bon droit qu'une cour d'appel saisie de l'appel d'un jugement du juge de l'exécution retient sa compétence pour statuer sur la demande de modération de la clause pénale, contenue dans l'acte notarié fondant les poursuites.

• **Civ. 2e, 5 juin 2014, no 13-16.053,** *Bull. civ.* II, no 127
* V. ss no 212.157

> Saisie immobilière poursuivie contre un tiers détenteur.

Fait une exacte application de l'article R. 322-4 du Code des procédures civiles d'exécution la cour d'appel qui retient qu'aucune disposition légale n'exige que le débiteur soit assigné à l audience d'orientation quand la saisie immobilière est poursuivie contre un tiers détenteur.

• **Civ. 2e, 26 juin 2014, no 13-18.428,** *Bull. civ.* II, no 164
* V. ss nos 1362.22, 1362.38, 1362.61, 1363.31

> Compétence exclusive de l'huissier pour signifier l'acte de conversion d'une saisie conservatoire en saisie-attribution.

L'acte de conversion d'une saisie conservatoire en saisie-attribution, qui emporte attribution immédiate de la créance saisie au créancier, constitue un acte d'exécution, relevant comme tel de la compétence exclusive de l'huissier de justice.

Doit en conséquence être approuvé l'arrêt d'une cour d'appel qui, ayant relevé que la signification au tiers saisi de l'acte de conversion de la saisie conservatoire en saisie-attribution avait été effectuée par un clerc assermenté, a déclaré nul cet acte.

• **Civ. 2e, 25 sept. 2014, no 13-25.552,** *Bull. civ.* II [à paraître]
* V. ss nos 254.16, 613.55, 821.14

LIVRE

1. LES PARTIES ET LES TIERS À L'EXÉCUTION

SECTION 0 ORIENTEUR

100.00 Plan du livre.

Division. Les dispositions générales du livre Ier du Code des procédures civiles d'exécution s'ouvrent par un titre premier consacré aux conditions de l'exécution forcée, aussi bien en partie législative qu'en partie réglementaire. Ce sont les dispositions communes à toutes les procédures d'exécution, notamment celles du chapitre premier relatif au créancier et au titre exécutoire, qui, des articles L. 111-1 aux articles L. 111-11, déclinent ce grand principe selon lequel le créancier doit être porteur d'un titre exécutoire pour procéder à l'exécution forcée sur les biens de son débiteur. Encore convient-il de souligner que les mesures d'exécution se réalisent assez souvent par l'intermédiaire d'un tiers étranger, lui, au rapport de droit unissant le créancier au débiteur, aboutissant ainsi à une sorte d'opération à trois personnes dans laquelle le tiers a des devoirs précis, définis à l'article L. 123-1 C. pr. exéc. C'est la fréquence de ce schéma dans les procédures engagées en vue de l'exécution ou de la conservation des créances qui justifiera l'étude des tiers et de leurs obligations au sein d'un titre spécifique du livre 1er du présent ouvrage, sachant que le code, lui, évoque les tiers après les conditions de l'exécution forcée, dans un titre II de son livre Ier consacré à l'autorité judiciaire et aux « *personnes concourant à l'exécution et au recouvrement des créances* ».

Sous le bénéfice de ces observations, nous verrons donc dans quelles conditions un créancier peut « *contraindre son débiteur défaillant à exécuter ses obligations à son égard* » (C. pr. exéc., art. L. 111-1, al. 1er), les obstacles qu'il peut rencontrer ou les écueils qu'il doit éviter lorsqu'il diligente une mesure d'exécution forcée, et, enfin, la place des tiers lorsqu'une procédure d'exécution ou de conservation est engagée, particulièrement le concours à la mesure que la loi attend alors d'eux.

CHAPITRE

101. Fondamentalisation de l'exécution forcée

OLIVIER SALATI
MAÎTRE DE CONFÉRENCES (HDR)
À L'UNIVERSITÉ D'AIX-MARSEILLE

SECTION 0
ORIENTEUR

101.00 Plan du chapitre.

101.01 Textes applicables.
C. pr. exéc., art. L. 111-1, L. 111-10 et L. 322-6.
C. civ., art. 2284 et 2285.

101.03 Bibliographie indicative.
Ouvrage. A. LEBORGNE, *Droit de l'exécution*, 2e éd., « Précis », Dalloz, 2014.
Étude. F. Ferrand, « La fondamentalisation de l'exécution forcée », *in* C. Brenner (dir.), *Le droit de l'exécution forcée : entre mythe et réalité*, « Droit et procédures », EJT, 2007.

SECTION 1
JURISPRUDENCE DE LA COUR EUROPÉENNE DES DROITS DE L'HOMME

101.11 Droit à l'exécution de tous les titres exécutoires. Depuis la loi n° 91-650 du 9 juillet 1991 portant réforme des procédures civiles d'exécution[1], le principe selon lequel « *tout créancier peut* [...] *contraindre son débiteur défaillant à exécuter ses obligations à son égard* », qui constitue aujourd'hui l'alinéa premier du premier article du Code des procédures civiles d'exécution, l'article L. 111-1, a connu une grande amplification sous l'impulsion de la jurisprudence de la Cour européenne des droits de l'homme, qui l'a progressivement fondamentalisé[2] et consacré en tant que droit subjectif à l'exécution effective. Chacun se souvient, en effet, de l'arrêt *Hornsby c/Grèce* du 19 mars 1997[3] qui a rattaché l'exécution d'une décision au droit au procès équitable prévu par l'article 6 § 1er de la Convention européenne des droits de l'homme[4]. La Cour a plus particulièrement posé en principe que le droit d'accès à un tribunal « *serait illusoire si l'ordre juridique interne d'un État contractant permettait qu'une décision judiciaire définitive et obligatoire reste inopérante au détriment d'une partie. En effet, on ne comprendrait pas que l'article 6 § 1er, décrive en détail les garanties de procédure – équité, publicité et célérité – accordées aux parties et qu'il ne protège pas la mise en œuvre des décisions judiciaires; si cet article devait passer pour concerner exclusivement l'accès au juge et le déroulement de l'instance, cela risquerait de créer des situations incompatibles avec le principe de la prééminence du droit que les États contractants se sont engagés à respecter en ratifiant la Convention* [...]. *L'exécution d'un jugement ou arrêt, de quelque juridiction que ce soit, doit donc être considérée comme faisant partie intégrante du "procès" au sens de l'article 6* ».

C'est la jurisprudence fondatrice en la matière, dont la Cour a ensuite précisé, dans l'affaire *Ouzounis c/Grèce* du 18 avril 2002, à propos de requérants qui se plaignaient de ce qu'une décision d'un tribunal administratif, qui avait reconnu leurs droits, n'était pas exécutée, que la protection de l'article 6 ne saurait s'étendre aux « *décisions qui peuvent être soumises au contrôle de plus hautes instances et, éventuellement, infirmées* » en appel[5]. Le droit fonda-

1. L. n° 91-650, 9 juill. 1991, portant réforme des procédures civiles d'exécution, *JO* 14 juill., p. 9228.
2. V. F. Ferrand, « La fondamentalisation de l'exécution forcée », *in* C. Brenner (dir.), *Le droit de l'exécution forcée : entre mythe et réalité*, « Droit et procédures », EJT, 2007, p. 13 s.
3. CEDH 19 mars 1997, Hornsby c/Grèce, req. n° 18357/91.
4. LEBORGNE, nos 106 s.
5. CEDH 18 avr. 2002, Ouzounis c/Grèce, req. n° 49144/99, consid. 21, *D.* 2002. Somm. 2572, obs. Fricero.

mental à l'exécution ne s'applique donc pas aux décisions qui sont susceptibles d'un recours ordinaire pouvant aboutir à leur réformation ou à leur annulation, restriction logique en raison, précisément, du risque d'infirmation de la décision lors de l'instance sur recours, mais dont on remarquera qu'elle ne cadre pas parfaitement avec l'article L. 111-10 C. pr. exéc. qui, lui, admet que l'exécution forcée puisse être poursuivie jusqu'à son terme en vertu d'un titre exécutoire à titre provisoire, même si cette exécution est alors poursuivie aux risque du créancier, obligé de rétablir le débiteur dans ses droits en nature ou par équivalent si le titre est ultérieurement modifié. Le créancier pourra aller au bout de son titre provisoire en droit interne, mais il ne pourra pas se prévaloir, dans cette situation, de la protection conférée par l'article 6 [1].

Au demeurant, le rattachement au droit au procès équitable du droit à l'exécution forcée n'a, assez vite, plus été le seul à fonder les condamnations prononcées par la Cour européenne des droits de l'homme qui s'est également appuyée sur l'article 1er du Protocole additionnel n° 1 selon lequel « *toute personne physique ou morale a droit au respect de ses biens* », une créance établie et reconnue par un jugement pouvant constituer une valeur patrimoniale qui entraîne l'application de l'article 1er [2]. C'est ainsi que dans une affaire *Ilyushkin et autres c/Russie* du 17 avril 2012, la Cour a considéré que « *le retard dans l'exécution d'un jugement peut en outre porter atteinte au droit du justiciable au respect de ses biens, lorsque le jugement en sa faveur fait naître une créance certaine qui doit être qualifiée de "bien" au sens de l'article 1er du Protocole n° 1* » [3]. En d'autres termes, l'impossibilité de recouvrer une créance ou de récupérer un bien porte atteinte au droit de propriété, autre « versant » du droit fondamental à l'exécution effective des titres exécutoires [4].

Il faut enfin rappeler que c'est le droit à l'exécution de tous les titres exécutoires qui se trouve aujourd'hui garanti par la Convention européenne des droits de l'homme, et pas seulement les décision de justice. La Cour de Strasbourg a en effet étendu ce droit aux actes notariés dans un arrêt du 21 avril 1998, *Estima Jorge c/Portugal*, concluant, à propos d'un prêt constaté devant notaire et garanti par une hypothèque, qui n'avait pas été remboursé par les emprunteurs, à l'applicabilité de l'article 6 § 1 de la Convention pour en déduire qu'au vu des circonstances de la cause « *un laps de temps de treize ans pour obtenir une décision définitive sur une demande fondée sur un titre exécutoire ne peut passer pour raisonnable* » (§ 45) [5]. Comme on l'a souligné, en entrant en voie de condamnation sur le fondement de l'article 6 § 1 de la Convention, la Cour prend acte de ce que l'exécution est un droit autonome, fondamental quel que soit le titre exécutoire dont le créancier est détenteur [6].

SECTION 2
JURISPRUDENCE DU CONSEIL CONSTITUTIONNEL

101.21 Une nouvelle source du droit de l'exécution ? Les règles applicables aux procédures civiles d'exécution étant pour partie de nature législative, il ne paraît plus possible aujourd'hui de faire abstraction, à côté de la jurisprudence européenne, du droit jurisprudentiel constitutionnel qui a vocation à pénétrer l'exécution forcée depuis la mise en place de la question prioritaire de constitutionnalité (QPC) par la loi de révision constitutionnelle n° 2008-724 du 23 juillet 2008 [7]. En effet, « *lorsque, à l'occasion d'une instance en cours devant une juridiction, il est soutenu qu'une disposition législative porte atteinte aux droits et libertés que la Constitution garantit* », l'article 61-1 de la Constitution prévoit que « *le Conseil constitutionnel peut être saisi de cette question sur renvoi du Conseil d'État ou de la Cour de cassation qui se prononce dans un délai déterminé* ». Ainsi, lors d'un procès devant une juridiction ordinaire, tout justiciable peut désormais soulever, même pour la première fois en cause d'appel [8], « *dans un écrit distinct et motivé* » (C. pr. civ., art. 126-2, al. 1er), le moyen tiré de ce qu'une disposition législative – contenue, par exemple, dans le Code des procédures civiles d'exécution – porte atteinte aux droits et libertés garantis par la Constitution.

Or, des décisions QPC ont déjà été rendues par le Conseil constitutionnel en matière d'exécution forcée, particulièrement celle n° 2011-206 du 16 décembre 2011 [9] où il s'agissait de savoir si l'ancien

1. V. Civ. 2e, 10 févr. 2005, nos 03-15.067 et 03-15.068, *Bull. civ.* I, n° 28, qui pose en principe que « *l'exécution forcée poursuivie en vertu d'un titre exécutoire à titre provisoire aux risques et périls du créancier, n'est pas contraire aux exigences de l'article 6.1 de la Convention européenne de sauvegarde des droits de l'homme* ».
2. V. CEDH 1er févr. 2007, Nerumberg c/Roumanie, req. n° 2726/02.
3. CEDH 17 avr. 2012, Ilyushkin e.a. c/Russie, req. n° 5734/08, § 47.
4. V. F. Ferrand, préc. ss prést n°, spéc. n° 28.
5. CEDH, 21 avr. 1998, Estima Jorge c/Portugal, req. n° 24550/94; *D.* 1998. Somm. 369, obs. Fricero.
6. V. LEBORGNE, n° 111, p. 72.
7. L. const. n° 2008-724, 23 juill. 2008, de modernisation des institutions de la Ve République, *JO* 24 juill., p. 11890.
8. V. L. n° 2009-1523, 10 déc. 2009, relative à l'application de l'article 61-1 de la Constitution, art. 23-1, al. 1er, *JO* 11 déc., p. 21379.
9. Cons. const. 16 déc. 2011, n° 2011-206 QPC, *D.* 2012. Pan. 1518, obs. Leborgne; *Dr. et proc.* 2012. 80, note Leborgne.

article 2206 du Code civil, devenu l'article L. 322-6 alinéa 2 C. pr. exéc., qui permet au créancier poursuivant une procédure de saisie immobilière d'être déclaré adjudicataire du bien au prix qu'il a lui-même fixé à défaut d'enchère, portait atteinte au droit de propriété protégé par l'article 17 de la Déclaration des droits de l'homme de 1789. Le Conseil constitutionnel décida que l'article L. 322-6 C. pr. exéc. était conforme à la Constitution et, à cette occasion, légitima de façon beaucoup plus générale le droit à l'exécution forcée, son fondement et ses conditions, posant ainsi les premiers jalons d'une véritable « jurisprudence » en la matière.

En effet, le Conseil commence par rappeler[1] que le législateur est compétent, en application de l'article 34 de la Constitution, pour déterminer les principes fondamentaux du régime de la propriété, des droits réels et des obligations civiles et commerciales, puis souligne qu'il lui revient « *de définir les modalités selon lesquelles, pour permettre l'exécution des obligations civiles et commerciales, les droits patrimoniaux des créanciers et des débiteurs doivent être conciliés* ». On le voit, l'exécution des obligations est perçue comme une nécessité, mais l'équilibre entre les droits doit toutefois être préservé. Or, le Conseil ajoute précisément, dans ce même considérant n° 4, que « *l'exécution forcée sur les biens du débiteur est au nombre des mesures qui tendent à assurer cette conciliation* », parce qu'elle constitue, particulièrement ici la procédure de saisie immobilière, « *une modalité de paiement d'une créance exécutoire* » exprimée dans un titre (considérant 5). En tant que telle, cette procédure peut donc aboutir à la distribution du prix de l'immeuble sans entrer dans le champ d'application de l'article 17 de la Déclaration de 1789, parce que tout comme d'autres mesures d'exécution forcée elle n'est que l'aboutissement logique du droit de gage général des créanciers prévu par les articles 2284 et 2285 du Code civil, textes dont on peut penser qu'ils expriment un principe à valeur constitutionnelle. C'est en effet parce que « *quiconque s'est obligé personnellement, est tenu de remplir son engagement sur tous ses biens mobiliers et immobiliers, présents et à venir* », et que « *les biens du débiteur sont le gage commun de ses créanciers* », que ceux qui détiennent un titre exécutoire ont le droit de s'en distribuer entre eux le prix. En définitive, c'est toute la base du droit à l'exécution forcée qui se trouve ici légitimée par le Conseil, presque fondamentalisée car, dans la mesure où il apparaissait par ailleurs que le bien pouvait être vendu à l'amiable par le débiteur, et qu'à défaut l'adjudication de l'immeuble avait lieu aux enchères publiques à l'audience d'un juge avec possibilité de voir fixer une mise à prix conforme à sa valeur, « *l'atteinte portée aux droits du débiteur saisi ne revê[tait] pas un caractère disproportionné au regard du but poursuivi* » (considérant 7).

La présente décision QPC est donc extrêmement riche qualitativement pour le droit à l'exécution forcée du créancier titré, et, comme on l'a justement remarqué, sans affirmer ouvertement qu'il s'agit d'un droit à valeur constitutionnelle, le Conseil constitutionnel a ouvert une réflexion qui devrait certainement se poursuivre dans les années à venir au travers d'autres décisions précisant les critères et les conditions de l'exécution forcée[2].

1. Après une première décision Cons. const. 13 juill. 2011, n° 2011-151 QPC (attribution d'un bien à titre de prestation compensatoire).

2. V. Leborgne, n° 123-1, p. 81.

TITRE

11. Le titre exécutoire du créancier

SECTION 0 ORIENTEUR

110.00 Plan du titre.

110.03 Bibliographie indicative.

Actualisable. Rép. pr. civ., *v° Titre exécutoire européen*, janv. 2006 [màj mars 2012], par F. Ferrand – *J.-Cl. Pr. civ., v^is Titre exécutoire*, par M. Défossez, fasc. 2100; *Titre exécutoire européen*, par H. Péroz, fasc. 2105.

Ouvrages. A. LEBORGNE, *Droit de l'exécution*, 2e éd., « Précis », Dalloz, 2014, [créanciers], p. 185 à 225, nos 411 à 468-20; [titre exécutoire], p. 173-195, nos 411-458 – R. PERROT et Ph. THÉRY, *Procédures civiles d'exécution*, 3e éd., Dalloz, 2013, p. 139-184, nos 129-169 – S. PIEDELIÈVRE, *Droit de l'exécution*, 1re éd., Thémis/PUF, 2009, nos 42 à 70 – S. Piedelièvre et E. Putman, *Droit bancaire*, Economica, 2011, p. 302-307, nos 284 à 289 – *Code des procédures civiles d'exécution*, commenté, 2e éd., Dalloz, 2014, p. 16-21.

110.04 La condition fondamentale de l'exécution forcée. Le chapitre premier du titre premier du livre Ier de la partie législative du Code des procédures civiles d'exécution juxtapose, dans un même intitulé, « le créancier et le titre exécutoire », et, de fait, sur les dix articles dont il est composé (C. pr. exéc., art. L. 111-5 relatif aux titres exécutoires en Moselle, Bas-Rhin et Haut-Rhin mis à part), sept se rattachent aux droits du créancier et à la poursuite de l'exécution forcée, et trois à la notion de titre exécutoire, les articles L. 111-2 et L. 111-3 tout particulièrement. Accompagnés de l'article L. 111-1, ces deux textes débutent toutefois le chapitre 1er, ce qui montre la volonté du législateur de faire du titre exécutoire la condition fondamentale de l'exécution forcée, celle que le créancier doit absolument remplir s'il veut exercer des poursuites sur les biens d'un débiteur qui ne s'acquitterait pas spontanément de ses obligations. Reste alors à s'interroger sur la nature juridique de ce titre, et sur les conditions auxquelles il vaut autorisation de saisir.

CHAPITRE

111. Notion de titre

Olivier SALATI
Maître de conférences (HDR)
à l'Université d'Aix-Marseille

SECTION 0
ORIENTEUR

111.00 **Plan du chapitre.**

Division – Points communs et différences. Les titres exécutoires sont avant tout des titres, c'est-à-dire des actes juridiques créés en vue de produire des effets de droit, et sous ce rapport ils sont équivalents (sect. 1). En revanche, la catégorie des titres présente moins d'homogénéité sous l'angle de l'autorisation de saisie dans la mesure où le législateur a considéré, à côté de la liste limitative des titres exécutoires de l'article L. 111-3 C. pr. exéc., que certains autres titres pouvaient malgré tout permettre, en considération de leur caractère « indiscutable » ou estimé tel, de pratiquer une mesure conservatoire sans permission du juge (sect. 2).

111.01 **Textes applicables.**

C. pr. exéc., art. L. 111-3, L. 511-1, L. 511-2 et L. 512-1.

C. com., art. L. 511-1 et L. 512-1.

C. pr. civ., art. 12, 480, 502, 503, 1405, 1422, 1464, 1478, 1482, 1484, 1485, 1487, 1506 et 1516.

C. mon. fin., art. L. 131-2, L. 131-31, L. 131-47, L. 131-48, L. 131-61, L. 131-62 et R. 131-10.

C. civ., art. 1350 et 1351.

• **Décr. n° 91-1197, 27 nov. 1991,** organisant la profession d'avocat, art. 142 à 153, 174 à 179, *JO* 28 nov., p. 15502.

111.03 **Bibliographie indicative.** (V. bibliographie indicative s^s n° 110.03).

Ouvrages. A. Leborgne, *Droit de l'exécution*, 2e éd., « Précis », Dalloz, 2014 – R. Perrot et Ph. Théry, *Procédures civiles d'exécution*, 3e éd., Dalloz, 2013, n°s 1143 s. – H. Solus et R. Perrot, *Droit judiciaire privé*, t. 1, Sirey, 1961, n°s 466 s., et t. 3, Sirey, 1991, n°s 1392 s. – *Code des procédures civiles d'exécution*, commenté, 2e éd., Dalloz, 2014.

Articles. J.-L. Bergel, « La force exécutoire et le recouvrement des créances », *Procédures* 2008. Dossier « Le titre exécutoire et le recouvrement des créances », p. 14 – N. Casal, « Recouvrement des chèques impayés : une histoire tourmentée », *Dr. et proc.* 2002. 212 – G. Cuniberti, « La mesure conservatoire pratiquée sur le fondement d'un jugement étranger : un nouveau défi pour l'huissier de justice », *Dr. et proc.* 2004. 190 – Y. Desdevises, « Le titre exécutoire requis », *Procédures* 2008, n° 8/9, dossier, p. 3 – R. Perrot, « Injonction de payer et mesure conservatoire ou un accouplement inattendu », *Procédures* 2005. Étude 3.

SECTION 1
UN ACTE CRÉATEUR D'OBLIGATION

111.11 **Droit commun.** On ne peut pas envisager la notion de titre exécutoire sans d'abord rappeler que celui-ci n'est pas seulement l'acte formel caractérisé par la formule exécutoire que l'on connaît[1]. Cette présentation aboutirait à occulter sa véritable nature juridique, et ce n'est d'ailleurs qu'« en conséquence » des arrêts, des jugements ou des contrats que les expéditions de ces actes sont « terminées » par la formule exécutoire énoncée par l'article 1er du décret n° 47-1047 du 12 juin 1947[2], qui mande et ordonne à tous huissiers de justice de les mettre à exécution[3]. En d'autres termes, le titre exécutoire est avant tout un acte qui renferme un contenu, à l'instar des actes juridiques de droit commun. Il doit être écrit, et le formalisme dont il est entouré peut laisser croire qu'il se définit seulement par son aspect formel, mais en réalité

1. En ce sens, v. J.-L. Bergel, « La force exécutoire et le recouvrement des créances », *Procédures* 2008, n° 8/9, dossier, p. 14, spéc. n° 6.
2. Décr. n° 47-1047, 12 juin 1947, intitulé des expéditions des arrêts, des jugements, des mandats de justice, des grosses, des expéditions des contrats et de tous les actes susceptibles d'exécution forcée, *JO* 13 juin, p. 5487.
3. En ce sens, v. Y. Desdevises, « Le titre exécutoire requis », *Procédures* 2008, n° 8/9, dossier, p. 3, spéc. n° 2.

son caractère substantiel, le droit qu'il constate sur le fond, est tout aussi important, voire premier dans la mesure où l'autorisation de saisir est justifiée par la créance dont le titre fait foi et dans la mesure de cette créance[1], que l'acte créateur d'obligation résulte d'un jugement ou d'un contrat.

111.12 L'exemple de la lettre de change acceptée. Il est vrai que la notion de « titre » n'est pas dénuée d'ambivalence car cette dénomination renvoie au document rédigé pour constater l'opération juridique et qui suffit en principe à lui donner ses effets, l'acte se résumant alors à l'instrument pratique, à l'écrit dressé. Or, le législateur entend lui-même la notion de titre en cet autre sens dans un certain nombre de situations, y compris dans les procédures civiles d'exécution, brouillant ainsi un peu la bonne perspective. Notamment, la lettre de change acceptée valant dispense d'autorisation préalable du juge pour pratiquer une mesure conservatoire, prévue par l'article L. 511-2 C. pr. exéc., est le type même du titre abstrait et autonome. La promesse du tiré de payer le porteur de l'effet, résultant de sa signature apposée sur celui-ci, s'incorpore dans le titre dont le formalisme, s'il est respecté, crée une apparence de régularité à laquelle le porteur peut attacher sa foi sans avoir à se préoccuper des rapports juridiques qui préexistent à ce titre[2]. L'indépendance au regard du droit fondamental est presque totale, c'est-à-dire que l'effet de l'acceptation sur l'engagement du tiré est de faire naître une action cambiaire directe et autonome du porteur contre le tiré, lequel est tenu envers lui de façon personnelle sans pouvoir lui opposer les exceptions fondées sur ses rapports avec le tireur, qui sont purgées par l'acceptation. Le tiré accepteur de l'article L. 511-2 C. pr. exéc. est désormais tenu irrévocablement au paiement[3], manifestation de l'abstraction de la lettre de change qui découle de sa nature propre de « titre » cambiaire.

Le détachement de cet effet de commerce vis-à-vis du rapport juridique à l'occasion duquel sa création intervient n'est toutefois pas total, car la lettre de change a obligatoirement pour cause des relations juridiques qui préexistent entre les parties. Le tireur a une dette envers le bénéficiaire de l'effet, la valeur fournie; il fait payer le bénéficiaire par le tiré, contre lequel il est titulaire d'une créance, la provision. Or, valeur fournie et provision constituent les éléments de ce qu'on appelle le « rapport fondamental » et c'est bien ce rapport juridique qui fonde l'établissement de la lettre de change[4]. Il ne sera pas effacé, et la meilleure preuve est que le titre qui, d'aventure, ne vaudrait pas lettre de change du fait du défaut de l'une des mentions prescrites par l'article L. 511-1, I du Code de commerce, pourra néanmoins être considéré pour ce qu'il renferme, c'est-à-dire comme une preuve écrite de la promesse du débiteur désigné de payer le tireur, valable selon le droit commun[5].

On le voit, même dans les cas où les titres apparaissent comme des *instrumentum* et sont utilisés par le législateur pour les avantages attachés à cette « fonction », ils contiennent toujours, à l'instar des actes juridiques du droit commun, un engagement ou une obligation, notamment de payer une somme d'argent, correspondance fondamentale qui permet à la doctrine de souligner qu'il serait inexact de les opposer entre eux, le fond et la substance du droit comptant autant que sa constatation formelle[6].

SECTION 2
UN ACTE PERMETTANT DE SAUVEGARDER LES DROITS DU CRÉANCIER

111.21 Dispense d'autorisation judiciaire préalable. Puisque le Code des procédures civiles d'exécution ouvre assez largement la possibilité d'assurer la sauvegarde de ses droits (C. pr. exéc., art. L. 111-1, al. 2), il est logique que le législateur ait prévu que certains actes attestant *a priori* incontestablement de la qualité de créancier permettent par eux-mêmes, sans vérification du juge, de pratiquer une mesure conservatoire. Il ne s'agit là que d'un effet traditionnel de l'obligation, particulièrement si celle-ci est constatée dans une décision de justice, un contrat écrit ou encore un instrument de crédit ou de paiement qui certifient avec un haut degré de sécurité le droit du créancier et la dette du débiteur ou du souscripteur, dûment chiffrée. De la qualité qui est attachée à ces titres peut ainsi découler le privilège de pratiquer une mesure conservatoire sans autorisation judiciaire préalable, notamment pour un chèque impayé dont on sait que la provision doit exister dès son émission et pas seulement à l'échéance, comme la lettre de change le permet. Si le chèque remis en paiement au bénéficiaire est sans provision (laquelle représente la créance du tireur contre le tiré, c'est-à-dire le solde créditeur de l'émetteur sur son banquier)[7], il y a tout lieu de penser, comme on l'a souligné, que l'insolvabilité

1. V. Y. Desdevises, préc., n° 19.
2. V. Piedelièvre et Putman, n° 284, p. 302.
3. Sur tous ces points, v. Piedelièvre et Putman, n° 289.
4. Piedelièvre et Putman, n° 284.
5. Com. 24 mars 1998, n° 95-19.867, *Bull. civ.* IV, n° 114; *RTD com.* 1998. 647, obs. Cabrillac.
6. V. Y. Desdevises, préc. s[s] n° 111.11, n° 3.
7. V. Piedelièvre et Putman, n° 309.

du débiteur est imminente[1] et donc que la condition posée par l'article L. 511-1 C. pr. exéc., tenant à l'existence d'une menace sur le recouvrement de la créance, qui reste exigée, est remplie. Or, la crédibilité du titre, déjà entamée, dans une certaine mesure, par l'explosion des chèques sans provision doit pouvoir être maintenue par la possibilité de prendre une mesure conservatoire sur les biens de son signataire sans aucune autorisation.

111.22 Énumération limitative. Cette dispense d'autorisation paraît toutefois devoir être limitée aux cas expressément prévus par le législateur, qui seul peut décider d'accorder à certains titres ce privilège, en fonction du caractère très vraisemblable de la créance et de la détermination précise de son montant. C'est un choix de politique législative, car il ne serait pas sain qu'un créancier, surestimant naturellement les mérites de son « titre », puisse décider de s'exonérer d'une autorisation préalable du juge. La jurisprudence s'est d'ailleurs assez vite fixée en ce sens, et par exemple la cour d'appel de Paris, dans un arrêt rendu le 23 février 2006 à propos d'un contrat de location-gérance de fonds de commerce sur le fondement duquel le créancier avait cru pouvoir pratiquer des saisies conservatoires, a déclaré nulles ces mesures aux motifs que « *ce n'est qu'exceptionnellement que le créancier est autorisé à se passer d'une telle autorisation dans les cas précis limitativement énumérés par le législateur* », et que « *la liste de l'article* [L. 511-2 C. pr. exéc.] *ne saurait être interprétée de façon extensive* »[2]. En d'autres termes, les titres de l'article L. 511-2 sont de droit étroit, ce ne sont pas n'importe lesquels, ce qui ne surprend pas puisque la première hypothèse, dans ce texte, envisagée comme référence par le législateur est le titre exécutoire lui-même. C'est par rapport à ce modèle, évidemment suffisant pour engager une mesure conservatoire[3], que l'assimilation a été pensée et d'autres titres admis à évincer l'autorisation du juge, en tout cas dans un premier temps puisque « *même lorsqu'une autorisation préalable n'est pas requise, le juge peut donner mainlevée de la mesure conservatoire s'il apparaît que les conditions prescrites par l'article L. 511-1 ne sont pas réunies* » (C. pr. exéc., art. L. 512-1, al. 1er).

111.23 Décisions de justice non encore dotées de la force exécutoire. Premier des titres admis au privilège de l'engagement d'une mesure conservatoire sans autorisation préalable, la « *décision de justice qui n'a pas encore force exécutoire* » est peut-être l'acte qui dans l'absolu prête le moins à discussion dans la mesure où il clôt une situation litigieuse et consacre un état de droit désormais indiscutable par suite de l'autorité de chose jugée qui s'y attache (C. civ., art. 1350, 3° et 1351; C. pr. civ., art. 480). La créance étant constatée dans un acte juridictionnel – jugement, arrêt ou même ordonnance – rendu conformément au droit au terme d'une procédure protectrice des intérêts des parties, on ne voit plus, en effet, au nom de quel impératif le créancier devrait attendre encore. Il ne s'agit pas ici de pratiquer une mesure d'exécution forcée sur les biens du débiteur, mesure grave qui nécessite, elle, que la décision lui soit préalablement notifiée (C. pr. civ., art. 503[4]), mais simplement de se prémunir contre son insolvabilité, et dans ces conditions le seul prononcé de la décision de justice peut suffire pour prendre une mesure conservatoire, même si cette décision est par ailleurs frappée d'appel[5].

Ceci dit, la notion d'acte juridictionnel, plus exactement la combinaison des critères éprouvés de l'acte juridictionnel, permet de délimiter le champ d'application de la dispense. On peut estimer, avec la doctrine, que l'acte juridictionnel – la « *décision de justice* » de l'article L. 511-2 C. pr. exéc. – est celui qui a pour objet de trancher une contestation ou plus largement un « *litige* »[6], mais même en présence d'une situation litigieuse on ne peut reconnaître à l'acte qui la résout une nature juridictionnelle, entraînant l'autorité de la chose jugée, que s'il émane d'une véritable juridiction et s'il a été rendu en application du droit à la suite d'une procédure garantissant la protection de tous les intérêts en cause[7].

À cet égard, la jurisprudence a dû régler un certain nombre de difficultés, particulièrement celle posée par l'**ordonnance d'injonction de payer prévue** par les articles 1405 et suivants C. pr. civ., dont on s'est demandé si elle constituait une décision de

1. PERROT et THÉRY, n° 1146.
2. Paris, 23 févr. 2006, *Dr. et proc.* 2006. 225, obs. Bourdillat.
3. Civ. 1re, 16 oct. 2013, n° 12-21.917, *Bull. civ.* I [à paraître]; *Dr. et proc.* 2013. 283, obs. Salati; *D.* 2014. 563, chron. Capitaine, p. 795, obs. Fricéro, et Pan. 1469, par Leborgne : « *Le créancier titulaire d'un acte notarié pouvant interrompre le délai de prescription par l'engagement d'une mesure conservatoire ou d'une mesure d'exécution forcée, la volonté d'interrompre ce délai ne saurait justifier, en elle-même, l'introduction d'une action en liquidation de la créance constatée par le titre exécutoire* » – v. AUSSI Civ. 2e, 17 févr. 2011, n° 09-72.964, NP.
4. L'alinéa 1er de ce texte disposant de façon générale que « *les jugements ne peuvent être exécutés contre ceux auxquels ils sont opposés qu'après leur avoir été notifiés, à moins que l'exécution n'en soit volontaire* ».
5. Civ. 2e, 17 oct. 2002, n° 01-00.495, *Bull. civ.* II, n° 230; *RTD civ.* 2003. 70, obs. Hauser, admettant que l'épouse pouvait procéder à une saisie conservatoire sur le fondement d'un jugement de divorce, non encore exécutoire, lui allouant une prestation compensatoire.
6. Aux termes de l'article 12 alinéa 1er C. pr. civ., en effet, « *le juge tranche le litige conformément aux règles de droit qui lui sont applicables* ».
7. V. SOLUS et PERROT, t. 1, Sirey, n° 481, p. 441.

justice ou une simple ordonnance sur requête rendue sans contradiction. Plus précisément, il s'est agi de savoir si un créancier, après avoir obtenu une telle injonction, pouvait sans attendre procéder à une saisie conservatoire au motif que l'ordonnance est d'ores et déjà assimilable à une décision de justice qui n'a pas encore force exécutoire, sa signification au débiteur étant indifférente à cet égard. C'était faire trop peu de cas de la signification qui, comme on l'a relevé, constitue la pièce maîtresse de la procédure en ce qu'elle restitue à celle-ci les traits de base d'une procédure de droit commun[1]. L'injonction du juge a pour effet de mettre le débiteur en demeure de payer sa dette ou de former opposition pour se défendre, faute de quoi un titre exécutoire pourra être pris contre lui, mais une telle conséquence ne peut être admise que s'il en a été dûment informé; jusque-là, l'ordonnance n'est qu'une simple autorisation du créancier à délivrer une injonction de payer au débiteur[2], une « *décision de justice en devenir* » si l'on veut, mais pas un jugement avec autorité de chose jugée. La Cour de cassation a tranché cette question le 13 septembre 2007, affirmant sans ambiguïté qu'une « *ordonnance portant injonction de payer n'est une décision de justice, au sens de l'article* [C. pr. exéc., art. L. 511-2], *qu'en l'absence d'opposition dans le mois de sa signification* », et dans ces conditions « *elle ne* [peut] servir de fondement à une mesure conservatoire »[3]. Ce n'est en effet qu'en l'absence d'opposition dans le mois qui suit la signification de l'ordonnance que celle-ci produit tous les effets d'un jugement contradictoire (C. pr. civ., art. 1422)[4].

La jurisprudence s'est également prononcée sur les décisions du bâtonnier lorsqu'il exerce sa « juridiction » en matière de contestation des honoraires et débours, ainsi qu'en matière de règlement des litiges nés à l'occasion d'un contrat de collaboration ou d'un contrat de travail.

Dans le premier cas, un avocat s'était prévalu de la décision du bâtonnier qui avait statué sur une contestation en matière d'honoraires entre son client et lui, conformément aux dispositions des articles 174 et suivants du décret n° 91-1197 du 27 novembre 1991 organisant la profession d'avocat, pour procéder à une saisie conservatoire des comptes bancaires de son client. Celuici l'assigna alors devant le juge de l'exécution en mainlevée de cette saisie, au motif que la décision du bâtonnier n'était pas une décision au sens de l'article L. 511-2 C. pr. exéc., et le 28 septembre 2006 le juge de l'exécution fit droit à cette demande en considérant que ce texte est d'interprétation stricte, que « *sans contestation possible, la décision du bâtonnier* », qui n'avait pas été « *rendue exécutoire*[5], *ne constituait pas un titre exécutoire* », et « *qu'une décision de justice au sens de* [l'article L. 511-2] *est celle qui émane d'une autorité judiciaire étatique, ce qui n'est pas le cas du bâtonnier en matière de fixation des honoraires* »[6]. La doctrine a critiqué cette solution, mais elle a été confortée dès le 4 octobre 2006 par un arrêt du Conseil d'État qui a estimé que, « *lorsqu'il intervient dans le règlement des contestations en matière d'honoraires et de débours, le bâtonnier, dont la décision n'acquiert de caractère exécutoire que sur décision du président du tribunal de grande instance, n'est lui-même ni une autorité juridictionnelle ni un tribunal au sens de l'article 6, § 1, de la Convention européenne des droits de l'homme* »[7].

Dans le second cas, la Cour de cassation s'est exprimée sur les conditions de l'exécution en général, mais le principe posé par un arrêt de la deuxième chambre civile du 30 janvier 2014 contient une appréciation assez stricte de la nature de la décision du bâtonnier[8]. En effet, un bâtonnier avait condamné une société d'avocat à payer à l'un de ses collaborateurs libéraux diverses sommes au titre de rétrocession d'honoraires, et sur le fondement de cette décision, partiellement exécutoire de droit par provision en application de l'article 153 alinéa 1er du décret du 27 novembre 1991, ce dernier fit délivrer un commandement aux fins de saisie-vente à l'encontre du cabinet d'avocat, lequel contesta cette mesure devant le juge de l'exécution puis la cour d'appel, sans succès car les juges du fond relevèrent que la décision du bâtonnier avait été régulièrement notifiée et qu'elle « [pouvait] *faire l'objet d'une exécution forcée* ». Leur arrêt est cependant cassé au visa de l'article 502 C. pr. civ., la Cour soulignant que « *même exécutoire de droit à titre provisoire, la décision du bâtonnier ne constitue pas une décision à laquelle la loi attache les effets d'un jugement de sorte qu'elle ne peut être exécutée que sur présentation d'une expédition revêtue de la formule exécutoire* ». On le voit, la décision d'un bâtonnier rendue en application des articles 142 et suivants du décret du 27 novembre 1991 ne semble pas être considérée comme un acte juridictionnel par nature dans la mesure où elle n'émane pas d'une véritable juridiction étatique, ni pouvoir lui être assimilée. Avec toutes les précautions d'usage, on peut estimer qu'elle n'a pas la qualité d'une « *décision de justice* » au sens de l'article L. 511-2 C. pr. exéc., c'est-à-dire d'un titre permettant de pratiquer une mesure conservatoire sans autorisation judiciaire préalable même si le paiement de la rémunération de l'avocat paraît menacé et que

1. V. Solus et Perrot, t. 3, n° 1419.
2. Solus et Perrot, t. 3, n° 1415.
3. Civ. 2e, 13 sept. 2007, n° 06-14.730, *Bull. civ.* II, n° 218; *RTD civ.* 2007. 813, obs. Perrot; *Dr. et proc.* 2008. 29, obs. Lefort; *Procédures* 2007, n° 250, note Perrot.
4. v. aussi, R. Perrot, « Injonction de payer et mesure conservatoire ou un accouplement inattendu », *Procédures* 2005. Étude 3.
5. Par ordonnance du président du TGI sur le fondement de l'article 178 du décret du 27 novembre 1991.
6. TGI Paris, JEX, 28 sept. 2006, *D.* 2007. Pan. 1387, obs. crit. Julien.
7. CE 2 oct. 2006, req. n° 282028, *D.* 2006. 2710, avec en sens contraire concl. comm. gouv. Aguila; *AJDA* 2006. 1870; *ibid.* 2007. 645, obs. Debono.
8. Civ. 2e, 30 janv. 2014, n° 12-29.246, *Bull. civ.* II, n° 30; *D.* 2014. Pan. 1466, obs. Leborgne.

l'arbitrage – nécessaire – du bâtonnier en témoigne. Cet arrêt ayant toutefois été rendu en matière d'exécution forcée, peut-être convient-il de ne tirer aucune conclusion définitive à propos d'une mesure conservatoire...

Le cas des **sentences arbitrales non encore exequaturées** est en revanche différent. En effet, même si elles sont encore dépourvues de la force exécutoire – les sentences arbitrales n'étant susceptibles d'exécution forcée qu'en vertu d'une ordonnance d'*exequatur* émanant du tribunal de grande instance dans le ressort duquel elles ont été rendues, ou du tribunal de grande instance de Paris lorsqu'elles ont été rendues à l'étranger (C. pr. civ., art. 1487, al. 2, et 1516, al. 1er) – ces décisions sont prononcées au terme d'une procédure contradictoire (C. pr. civ., art. 1464, al. 2), « [tranchent] *le litige conformément aux règles de droit* » (C. pr. civ., art. 1478), sont motivées (C. pr. civ., art. 1482, al. 2), et surtout ont dès qu'elles sont rendues l'autorité de la chose jugée relativement à la contestation qu'elles tranchent (C. pr. civ., art. 1484, al. 1er), ce qui emporte, comme dans un jugement traditionnel, dessaisissement du tribunal arbitral (C. pr. civ., art. 1485, al. 1er). L'autorité de la chose jugée bénéficie aussi bien aux sentences arbitrales internes qu'internationales puisque l'article 1506, 4° C. pr. civ. renvoie expressément à l'article 1484 alinéa 1er du même code, et dans ces conditions il n'y a pas lieu de s'étonner que le 12 octobre 2006 la deuxième chambre civile, par un arrêt de cassation rendu au visa de l'article 68 de la loi n° 91-650 portant réforme des procédures civiles d'exécution du 9 juillet 1991[1], aujourd'hui article L. 511-2 C. pr. exéc., ait assimilé la sentence arbitrale à une décision de justice à part entière[2], permettant ainsi de pratiquer une mesure conservatoire sans autorisation préalable.

Le même type de raisonnement, fondé sur la qualité du titre, vaut pour les jugements étrangers et particulièrement pour les décisions rendues par les juridictions des États membres de l'Union européenne. On sait que le règlement (CE) n° 44/2001 du 22 décembre 2000 concernant la compétence judiciaire, la reconnaissance et l'exécution des décisions en matière civile et commerciale[3], prévoyait que les décisions rendues dans un État membre sont en principe reconnues dans les autres États membres sans qu'il soit nécessaire de recourir à aucune procédure (art. 33 § 1), et même lorsqu'une décision devait être reconnue en application du règlement « *rien* [n'empêchait] *le requérant de demander qu'il soit procédé à des mesures provisoires, ou conservatoires, prévues par la loi de l'État membre requis* [autrement dit, en France, sans autorisation préalable], *sans qu'il soit nécessaire que cette décision soit déclarée exécutoire au sens de l'article 41* » (Règl. 22 déc. 2000, art. 47 § 1). Mais la refonte du règlement du 22 décembre 2000 par le nouveau règlement (UE) n° 1215/2012 du 12 décembre 2012[4], appelé à s'appliquer aux actions judiciaires intentées à compter du 10 janvier 2015 (Règl. 12 déc. 2012, art. 66 § 1), est allée encore plus loin en ce domaine par le jeu combiné des nouveaux articles 39 et 40. En effet, l'article 39 pose en principe qu'« *une décision rendue dans un État membre et qui est exécutoire dans cet État membre jouit de la force exécutoire dans les autres États membres sans qu'une déclaration constatant la force exécutoire soit nécessaire* », c'est la suppression de la procédure d'*exequatur*, et l'article 40, pour sa part, dispose désormais qu'« *une décision exécutoire emporte de plein droit l'autorisation de procéder aux mesures conservatoires prévues par la loi de l'État membre requis* ». La valeur juridique du jugement étranger est complète, même si une contestation de la régularité de la décision étrangère demeure possible (Règl. 12 déc. 2012, art. 45).

111.24 Titres cambiaires ou assimilés. On l'a vu plus haut (v. ss nos 111.12 et 111.21), lorsque la créance est fondée sur un titre qui échappe en principe à toute contestation, et dont le montant précis apparaît expressément dans le titre lui-même, celui-ci vaut autorisation de pendre une mesure conservatoire sans permission supplémentaire du juge. La lettre de change acceptée par le tiré fait partie de ces titres (C com., art. L. 511-1), et si elle n'est pas payée à son échéance l'insolvabilité qu'il y a alors lieu de craindre[5] autorisera le porteur de l'effet à

1. L. n° 91-650, 9 juill. 1991, portant réforme des procédures civiles d'exécution, *JO* 14 juill., p. 9228.
2. Civ. 2e, 12 oct. 2006, n° 04-19.062, *Bull. civ.* II, n° 270; *RTD civ.* 2007. 183, obs. Perrot; *D.* 2006. Pan. 3028, obs. Clay; *Rev. arb.* 2008. 429, note Cuniberti.
3. Règl. CE n° 44/2001 du Conseil, 22 déc. 2000, concernant la compétence judiciaire, la reconnaissance et l'exécution des décisions en matière civile et commerciale, *JOCE*, n° L 012, 16 janv., p. 1.
4. Règl. UE n° 1215/2012 du Parlement européen et du Conseil, 12 déc. 2012, concernant la compétence judiciaire, la reconnaissance et l'exécution des décisions en matière civile et commerciale (refonte), *JOUE*, n° L 351, 20 déc. p. 1; L. d'Avout, « La refonte du règlement de Bruxelles ! », *D.* 2013. 1014.
5. Et dont la Cour de cassation exige qu'elle soit caractérisée, un arrêt du 12 mai 2011 (Civ. 1re, 12 mai 2011, n° 10-15.700, NP toutefois) ayant en effet affirmé qu'il résulte de la combinaison des articles L. 511-1 et L. 511-2 C. pr. exéc. que, « *si une autorisation du juge n'est pas nécessaire pour faire pratiquer une mesure conservatoire sur les biens du débiteur lorsque le créancier se prévaut d'une lettre de change acceptée, il doit néanmoins être justifié de circonstances susceptibles de menacer le recouvrement de la créance;* [...] *l'huissier de justice chargé de l'exécution, ayant, aux termes de l'article* [L. 122-2 C. pr. exéc.], *la responsabilité de la conduite des opérations d'exécution, est tenu d'y procéder dans les conditions légales dont il doit* ▶

procéder, par exemple, à une saisie conservatoire. Le mécanisme est le même pour le billet à ordre de l'article L. 512-1 du Code de commerce lorsqu'il n'est pas payé par le souscripteur à sa présentation, ainsi que pour le chèque (C. mon. fin., art. L. 131-2), instrument payable à vue (C. mon. fin., art. L. 131-31), une fois le protêt dressé faute de paiement (C. mon. fin., art. R. 131-10) [1].

111.25 Loyer impayé résultant d'un contrat écrit de louage d'immeubles. De tous les titres valant dispense d'autorisation judiciaire préalable pour pratiquer une mesure conservatoire, le contrat écrit de louage d'immeubles est peut-être le plus fragile, alors pourtant qu'avec le chèque il est fréquemment utilisé par les huissiers de justice, générant au demeurant assez peu de contentieux. Fragile, car c'est sur la base d'un acte purement privé que le créancier pourra bénéficier d'un tel privilège, et même si le contrat doit être écrit et contenir les éléments essentiels à sa formation, notamment le montant exact du loyer, il peut n'avoir pas tout prévu - on pense par exemple à la question de l'indexation - et des contestations sur sa validité sont donc tout à fait possibles [2].

En outre, même si l'on est en présence d'un bail écrit, signé et daté, il faut savoir à quoi correspond la notion de « loyer impayé » qui constitue l'assiette de la mesure conservatoire et que le bailleur va évaluer unilatéralement, au moins dans un premier temps. On a justement souligné que le loyer dont le montant est déterminé dans le contrat de bail n'est pas forcément représentatif de toute la dette à l'échéance du terme, l'impayé pouvant aussi inclure une clause pénale, une indemnité pour frais de relance, des charges [3], bref toutes sommes dont il faut savoir si elles s'ajoutent, à titre d'accessoire, au loyer resté impayé pour faire partie du décompte global. Une ordonnance du juge de l'exécution du tribunal de grande instance de Lyon en date du 22 février 1994 a apporté une première réponse, en décidant que « *si par une interprétation large et bienveillante de ce texte, l'article 68 de la loi* [aujourd'hui article L. 511-2 C. pr. exéc.], *la dette de loyer peut être étendue au loyer proprement dit, aux charges contractuelles et au droit au bail, cette dette ne peut en revanche inclure d'autres sommes comme la clause pénale et les frais de relance* » [4]. On le voit, cette décision précise le contenu de la dette de loyer assiette de la mesure conservatoire, excluant les pénalités et les frais imposés par le bailleur qui découlent de l'inexécution d'un contrat en général. Quant à la notion de « charges contractuelles », sans doute vaut-il mieux considérer, pour éloigner les contestations, que leur montant doit résulter du contrat de bail lui-même et non d'un décompte fait par le seul bailleur [5].

Une autre difficulté a surgi à propos de la question de savoir si la ou les dettes de loyers restées impayées pouvaient permettre d'engager une mesure conservatoire non contre le locataire, mais contre la caution de celui-ci. Le juge de l'exécution du tribunal de grande instance de Lyon, dans une ordonnance du 22 novembre 1993, ne l'a pas admis, estimant qu'une saisie conservatoire de créances ne peut être pratiquée contre la caution du locataire qu'avec une autorisation préalable du juge [6]. Il est certain que l'article L. 511-2 C. pr. exéc. ne vise que la dette de loyer restée impayée, alors que la dette de la caution résulte d'un contrat distinct : le contrat de cautionnement, et non le contrat de bail.

▶ *s'assurer qu'elles sont réunies* »; or, la cour d'appel ayant souverainement relevé que « *le recouvrement de la créance n'était pas menacé, le double protêt ne suffisant pas, par lui-même, à caractériser une telle menace, [...] en a justement déduit que l'huissier de justice avait commis une faute en ne s'assurant pas de l'existence de circonstances propres à justifier l'exécution de la mesure conservatoire* ».

1. On sait que le protêt est un acte authentique qui constate le refus de paiement (C. mon. fin., art. L. 131-47), qu'il doit être fait avant l'expiration du délai de présentation (C. mon. fin., art. L. 131-48) par un notaire ou un huissier de justice au domicile de celui sur qui le chèque était payable (C. mon. fin., art. L. 131-61), et qu'il contient, notamment, la sommation de payer le montant du chèque (C. mon. fin., art. L. 131-62, al. 1er).
2. V. PERROT et THÉRY, n° 1147, p. 901.
3. V. obs. Perrot, *RTD civ.* 1994. 688, ss TGI Lyon 22 févr. 1994.
4. TGI Lyon, 22 févr. 1994, préc.
5. V. PERROT et THÉRY, n° 1147, note 2.
6. TGI Lyon, 23 nov. 1993, *RTD civ.* 1994. 688, obs. Perrot.

CHAPITRE

112. Caractère exécutoire du titre

OLIVIER SALATI
MAÎTRE DE CONFÉRENCES (HDR)
À L'UNIVERSITÉ D'AIX-MARSEILLE

SECTION 0 ORIENTEUR

112.00 Plan du chapitre.

Division. Conditions auxquelles le titre vaut autorisation de saisir. Le titre exécutoire du créancier vaut autorisation de saisir lorsque deux séries de conditions générales sont réunies. D'une part, il doit être revêtu de la formule exécutoire, d'autre part, constatant une créance liquide et exigible, il doit aussi déterminer avec précision l'étendue de l'exécution forcée, c'est-à-dire le créancier en droit de saisir et la ou les personnes contre lesquelles les poursuites sont exercées.

112.01 Textes applicables.

C. civ., art. 220, 877, 1185, 1186, 1188, 1244-1, 1244-2, 1249, 1250, 1252, 1414, 1689 et 1692.

C. consom., art. L. 137-2, L. 331-3-1, L. 331-5, L. 331-7, L. 331-9, L. 332-5 et L. 332-9.

C. pr. exéc., art. L. 111-2, L. 111-6, L. 111-7, L. 121-2 et L. 141-2.

C. pr. civ., art. 465, 480, 502, 510, 513 et 1439.

C. com., art. L. 622-29 et L. 643-1.

CJA, art. R. 751-3.

• **Décr. n° 71-941, 26 nov. 1971,** relatif aux actes établis par les notaires, *JO* 3 déc., p. 11795.

• **Décr. n° 47-1047, 12 juin 1947,** intitulé des expéditions des arrêts, des jugements, des mandats de justice, des grosses, des expéditions des contrats et de tous les actes susceptibles d'exécution forcée, *JO* 13 juin, p. 5487.

112.03 Bibliographie indicative. (V. bibliographie indicative s[s] n° 110.03).

Ouvrages. A. LEBORGNE, *Droit de l'exécution*, 2e éd., « Précis », Dalloz, 2014, n°s 432 s. – R. PERROT et Ph. THÉRY, *Procédures civiles d'exécution*, 3e éd., Dalloz, 2013, n°s 129 s. – *Code des procédures civiles d'exécution*, commenté, 2e éd., Dalloz, 2014

Articles. *Procédures* 2008, n° 8/9, Dossier 14, « Le titre exécutoire et le recouvrement des créances » – *Dr. et proc.* 2010, supplément au n° 11, « La formule exécutoire : instrument procédural ou clause de style ? », Actes de la 5e édition des Institutes de l'École nationale de procédure, dir. N. Fricero, Paris, 16 sept. 2010 – Y. Desdevises, « Le titre exécutoire requis », *in* « Le titre exécutoire et le recouvrement des créances », *Procédures* 2008, n° 8/9, Dossier 3, p. 10 s.

SECTION 1 UN TITRE REVÊTU DE LA FORMULE EXÉCUTOIRE

112.11 Autorisation de saisie. Si le titre exécutoire, comme tous les actes, est avant tout un acte juridique écrit produisant des effets de droit, l'autorisation de saisir pour laquelle le créancier doit obligatoirement en être détenteur ne résulte toutefois formellement que de l'apposition de la formule exécutoire sur l'expédition du jugement ou de l'acte en question. C'est ainsi que l'article 502 C. pr. civ. dispose qu'en principe « *nul jugement, nul acte ne peut être mis à exécution que sur présentation d'une expédition revêtue de la formule exécutoire* [...] », laquelle est en quelque sorte le signe extérieur de la force contraignante attachée à l'acte. La Cour de cassation a d'ailleurs consacré cet aspect formel de la formule exécutoire dans un arrêt du 11 février 2010 rendu en matière d'expulsion, soulignant, même si en l'espèce le caractère exécutoire du jugement d'adjudication n'était pas contesté, que les juges d'appel avaient exactement retenu que « *l'irrégularité tenant à* *l'omission de la mention de la formule exécutoire sur la copie du jugement signifiée aux débiteurs saisis dont l'expulsion est sollicitée* [constituait] *une irrégularité de forme ne pouvant entraîner la nullité de la signification qu'au cas où elle a causé à ces derniers un grief* ». Or, comme tel n'était pas le cas, cette irrégularité ne faisait pas obstacle à la demande d'expulsion [1].

Il ne faut toutefois pas conclure à un déclin de l'importance de la formule exécutoire en la matière, car la Cour de cassation n'hésite pas à censurer pour défaut de base légale les décisions validant une mesure d'exécution sans vérifier sa présence sur l'acte servant de fondement aux poursuites. C'est ainsi que dans une décision du 28 juin 2006, rendue au visa de l'article 1er du décret n° 47-1047 du 12 juin 1947, la deuxième chambre civile a bien précisé qu'« *un acte notarié constitue un titre exécutoire lorsqu'il est revêtu de la formule exécutoire* », cassant un arrêt d'appel qui, pour confirmer la validité de deux saisie-attributions, s'était contenté de constater qu'elles avaient été diligentées pour obtenir le paiement du solde d'un prêt notarié « *sans rechercher* [...] *si le titre servant de fondement aux poursuites était revêtu de la formule exécutoire* » [2].

112.12 Rédaction de la formule exécutoire dans l'ordre judiciaire. Elle est contenue dans l'article 1er du décret n° 47-1047 du 12 juin 1947, ainsi libellé :

« *Les expéditions des arrêts, jugements, mandats de justice, ainsi que les grosses et expéditions des contrats et de tous les actes susceptibles d'exécution forcée, seront intitulées ainsi qu'il suit :*

RÉPUBLIQUE FRANÇAISE

Au nom du peuple français », et terminées par la formule suivante :

« *En conséquence, la République française mande et ordonne à tous huissiers de justice, sur ce requis, de mettre ledit arrêt (ou ledit jugement, etc.) à exécution, aux procureurs généraux et aux procureurs de la République près les tribunaux de grande instance d'y tenir la main, à tous commandants et officiers de la force publique d'y prêter main-forte lorsqu'ils en sont légalement requis.*

En foi de quoi le présent arrêt (ou jugement, etc.) a été signé par [...] ».

112.13 Rédaction de la formule exécutoire pour les décisions de justice de l'ordre administratif. Les décisions des juridictions de l'ordre administratif (arrêts du Conseil d'État, des cours administratives d'appel et jugements des tribunaux administratifs) sont revêtues de la formule exécutoire suivante, prévue par l'article R. 751-1 du Code de justice administrative :

« *La République mande et ordonne au* [indiquer soit le ou les ministres, soit le ou les préfets soit le ou les autres représentants de l'État désignés par la décision] *en ce qui le* [les] *concerne ou à tous huissiers de justice à ce requis en ce qui concerne les voies de droit commun contre les parties privées, de pourvoir à l'exécution de la présente décision* ».

112.14 Rédaction de la formule exécutoire pour les actes notariés. L'acte notarié est délivré en grosse [3], dite aujourd'hui copie exécutoire, laquelle, aux termes de l'article 33 alinéa 2 du décret n° 71-941 du 26 novembre 1971 relatif aux actes établis par les notaires, est la copie authentique (ou expédition) « *qui se* [termine] *par la même formule que les jugements des tribunaux* » [4] à ceci près que l'expression « *les présentes* » remplace le terme « *ledit arrêt* ». C'est sur la présentation de cette copie qu'il sera possible de pratiquer une mesure d'exécution forcée contre le débiteur désigné dans l'acte [5].

112.15 Jugement et copies d'acte : conditions de délivrance. En matière de jugement, d'une part, l'article 465 alinéa 1er C. pr. civ. rappelle que « *chacune des parties a la faculté de se faire délivrer une expédition revêtue de la formule exécutoire* », sachant qu'une seconde expédition revêtue de cette formule peut être délivrée à la même partie, sur justification d'un motif légitime, par le secrétaire de la juridiction qui a rendu le jugement. En cas de difficulté, il faudra s'adresser au président de cette juridiction qui statuera alors par voie d'ordonnance sur requête (C. pr. civ., art. 465, al. 2).

En ce qui concerne les actes authentiques, d'autre part, la partie qui souhaite obtenir la délivrance d'une seconde copie exécutoire d'un tel acte doit en faire la demande, par requête, au président du tribunal de grande instance (C. pr. civ., art. 1439, al. 1er), et en

1. Civ. 2e, 11 févr. 2010, n° 09-65.404, *Bull. civ.* II, n° 31 ; *Procédures* 2010, n° 116, note Perrot.
2. Civ. 2e, 28 juin 2006, n° 04-17.514, *Bull. civ.* II, n° 178.
3. V. Ord. n° 45-2590, 2 nov. 1945, relative au statut du notariat, *JO* 3 nov., p. 7160, art. 1er.
4. Sachant que les autres copies authentiques ne peuvent être délivrées en forme exécutoire.
5. Par un arrêt en date du 24 juin 2010 (Civ. 2e, 24 juin 2010, n° 09-67.887, NP), la Cour de cassation a souligné, dans une affaire où des poursuites de saisie immobilière avaient été engagées et où la nullité du titre était invoquée, qu'une cour d'appel ayant retenu que l'article 34 du décret du 26 novembre 1971, qui n'impose pas que la copie exécutoire soit le fac-similé de l'acte notarié et prévoit que chaque feuille de cette copie soit revêtue du paraphe du notaire, à moins qu'elle ne reproduise les paraphes de toutes les parties figurant sur la minute, avait pu en déduire que « *la copie produite, revêtue de la formule exécutoire, comportant le paraphe de toutes les parties sur chaque feuille, la signature du notaire en dernière page ainsi que la mention de la conformité à l'original, constituait un titre exécutoire sans qu'aucune de ses pages n'encoure la nullité* ».

cas de refus ou de silence du dépositaire de l'acte, il en est référé au président de ce tribunal (C. pr. civ., art. 1439, al. 2).

112.16 Conséquences de l'absence ou de l'inexactitude de la formule exécutoire. On l'a vu plus haut (v. s[s] n° 112.11), le fait que nul jugement ou nul acte ne puisse être mis à exécution que sur présentation d'une expédition dûment revêtue de la formule exécutoire[1] ne signifie pas[2] que toute irrégularité affectant celle-ci soit sanctionnée par la nullité, particulièrement lorsque le débiteur n'a pu se méprendre sur la portée de l'acte qui lui est opposé. La jurisprudence fait preuve de mesure en la matière, et cela depuis longtemps puisque le premier arrêt à s'être exprimé en la matière, à propos d'une formule exécutoire incomplète du fait de l'omission de certains mots, date du 16 juin 1965. La chambre sociale de la Cour de cassation y souligne que la reproduction incomplète de la formule exécutoire n'était pas, en l'espèce, susceptible d'entraîner la nullité de la signification du jugement du conseil des prud'hommes, la partie condamnée, qui ne pouvait se méprendre sur la qualité d'huissier de justice de l'officier ministériel dénommé huissier, ni sur celle de procureur de la République près les tribunaux de grande instance, en ce qui concerne le magistrat dénommé procureur de la République dans la formule exécutoire, s'étant trouvée complètement informée par la connaissance intégrale de la décision rendue, du sens et de la nature de celle-ci; et de conclure que « *n'entraîne pas la nullité de la signification d'une décision l'omission dans la formule exécutoire de certains mots sans conséquences sur son sens ni sa portée* »[3].

En revanche, mis à part le cas où le caractère exécutoire du jugement ou de l'acte n'est pas contesté, la Cour est attentive à la mention de la formule exécutoire pour être sûre que le destinataire de l'acte ait compris ce qui l'attendait. Le titre exécutoire sera ainsi régulier, et une saisie-attribution pratiquée sur son fondement aussi, dès lors que les juges du fond auront relevé que « *l'acte notarié comportait tous les éléments permettant d'évaluer la créance de la banque et qu'il était revêtu de la formule exécutoire* »[4].

1. Décision exécutoires sur minute mises à part, par exemple l'ordonnance de référé dont le juge, en cas de nécessité, peut ordonner que l'exécution aura lieu au seul vu de la minute (C. pr. civ., art. 489, al. 2).
2. Même s'il a été jugé (Civ. 1re, 1er juill. 1992, n° 91-11.434, *Bull. civ.* I, n° 194; *RTD civ.* 1993. 657, obs. Perrot) qu'un huissier de justice a le droit et le devoir de refuser de procéder à une saisie-revendication sur la base d'une copie certifiée conforme par un avocat d'une ordonnance du président d'un tribunal de grande instance rendue sur requête.
3. Soc. 16 juin 1965, *Bull. civ.* V, n° 470.
4. Civ. 2e, 19 nov. 2009, n° 08-20.520, NP.

SECTION 2

UN TITRE DÉTERMINANT L'ÉTENDUE DE L'EXÉCUTION FORCÉE

112.21 Éléments fondamentaux du titre. Le titre exécutoire est la résultante d'une créance liquide et exigible demeurée impayée (§ 1), et en tant que support d'une mesure d'exécution forcée il doit désigner avec précision le créancier qui pourra l'entreprendre et, bien entendu, la personne déclarée débitrice (§ 2). C'est ce qu'on a pu appeler le principe de spécialisation ou de personnalisation du titre exécutoire[5].

§ 1

Constatation d'une créance liquide et exigible

112.31 Créance cause de la saisie. Pour poursuivre l'exécution forcée sur les biens de son débiteur, le créancier doit être muni d'un titre exécutoire constatant l'existence d'une « *créance liquide et exigible* » (C. pr. exéc., art. L. 111-2), conditions générales que la Cour de cassation doit pouvoir vérifier lorsque la mesure d'exécution est contestée. Un arrêt du 23 mai 2006 rendu en matière de saisie immobilière l'a montré, dans une affaire où des époux s'étaient portés cautions d'ouvertures de crédits par actes notariés à concurrence, à l'époque, de 1 100 000 francs en principal, outre les intérêts et les frais et accessoires visés par le commandement de saisie dont l'annulation était demandée, et la créance relative aux ouvertures de crédits avait, elle, été arrêtée par une cour d'appel à la somme en principal de 1 100 000 francs auxquels s'ajoutaient les intérêts au taux légal, ce dont il résultait, pour la chambre commerciale, que « *le montant de la créance* [étant] *certain, liquide et exigible* », la cour d'appel avait « *légalement justifié sa décision* » de rejeter la demande d'annulation du commandement[6].

À l'inverse, dès lors que le créancier est en difficulté pour présenter un état clair des sommes qui lui sont dues, cette situation d'incertitude remet en cause la validité de son titre. Ainsi, lorsqu'un établissement de crédit prétend avoir octroyé un prêt mais ne peut répondre à son débiteur qui indique avoir effectué un versement représentant 50 % de la créance cause de la saisie, ni apporter aucune indication en ce qui concerne l'affectation de ce

5. V. Y. Desdevises, « Le titre exécutoire requis », *in* « Le titre exécutoire et le recouvrement des créances », *Procédures* 2008, n° 8/9, Dossier 3, p. 10 s., spéc. n° 26, p. 12.
6. Com. 23 mai 2006, n° 04-20.198, *Bull. civ.* IV, n° 127.

versement, une cour d'appel peut en déduire que « *l'existence de la créance* [de l'établissement] *n'apparaissait pas pouvoir être établie de manière précise* », faute d'état récapitulatif, et approuver la mainlevée de la mesure d'exécution qui avait, en l'espèce, été ordonnée [1].

Le caractère certain de la créance peut encore être remis en question lorsque, sur une adjudication consécutive à la saisie de l'immeuble du débiteur, le créancier a été désintéressé de la totalité de sa créance, mais qu'il subsiste encore une incertitude « *quant au règlement complet de la dette, compte tenu des frais* ». Dans cette situation, une cour d'appel qui refuserait l'annulation de la vente au motif que le créancier « *bénéficiait ainsi d'un titre sans vérifier que des frais régulièrement taxés restaient dus* », ne donnerait pas de base légale à sa décision et verrait son arrêt censuré : la dette n'est ni certaine, ni d'ailleurs liquide [2].

De la même façon qu'une créance liquide et exigible est nécessairement certaine, l'article L. 111-2 C. pr. exéc. postule que cette créance existe encore au jour où la mesure est pratiquée, et si ce n'est plus le cas, autrement dit si la créance constatée dans le titre exécutoire est prescrite, aucune exécution ne pourra être entreprise ou en tout cas la saisie sera déclarée nulle. C'est l'enseignement d'un important arrêt rendu par la Cour de cassation le 28 novembre 2012 au visa de l'article L. 137-2 du Code de la consommation, dans une affaire où par acte authentique du 27 mai 2003 le débiteur avait souscrit deux emprunts auprès d'une banque, et où la déchéance du terme avait été prononcée le 10 février 2006 à la suite d'impayés. La banque lui fit délivrer un commandement de payer aux fins de saisie immobilière plus de quatre ans après, le 12 juillet 2010, mais le débiteur lui opposa la prescription de la créance et par conséquent la nullité du commandement. Il fut débouté de sa demande jusque devant la cour d'appel, mais la première chambre civile, relevant qu'en vertu de l'article L. 137-2 du Code de la consommation l'action des professionnels pour les biens ou les services qu'ils fournissent aux consommateurs se prescrit par deux ans, et que les crédits immobiliers consentis dans ce cadre constituent des services financiers fournis par des professionnels, a cassé cet arrêt, prescription de la créance cause de la saisie d'où il s'ensuivait la nullité du commandement de payer [3].

Enfin, il y aura lieu de tenir compte, de façon plus générale, de toutes les causes d'extinction de la créance cause de la saisie qui peuvent se produire pendant le déroulement de la mesure et par contrecoup l'affecter, ce qui revient à dire que cette créance doit exister durant tout le temps que dure la saisie [4]. On pense par exemple à la survenance d'une situation de surendettement, et plus particulièrement à l'ouverture d'une procédure de rétablissement personnel du débiteur. Le rétablissement personnel, qu'il soit sans liquidation judiciaire et rendu exécutoire par le tribunal d'instance, ou avec liquidation judiciaire, peut entraîner la disparition des créances, et c'est ainsi qu'aux termes des articles L. 332-5 alinéa 2 et L. 332-9 alinéa 2 du Code de la consommation, le rétablissement personnel sans liquidation judiciaire, ou la clôture de la procédure de rétablissement personnel avec liquidation judiciaire, entraînent l'effacement de toutes les dettes non professionnelles du débiteur, arrêtées à la date de l'ordonnance conférant force exécutoire à la recommandation de la commission de surendettement, ou à la date du jugement d'ouverture. La mainlevée de la mesure d'exécution forcée qui aurait été prise sur le fondement d'une créance disparue dans ces conditions devra alors être ordonnée.

112.32 Créance liquide. La créance cause de la saisie doit encore être liquide pour permettre d'engager une mesure d'exécution forcée [5], sachant que l'article L. 111-6 C. pr. exéc. précise qu'une créance est liquide « *lorsqu'elle est évaluée en argent ou lorsque le titre contient tous les éléments permettant son évaluation* ». Cette condition correspond à une exigence d'information du débiteur sur l'étendue de l'obligation à exécuter [6]. En effet, parce qu'un titre exécutoire est porteur d'une autorisation de saisir, on ne peut admettre d'imprécision dans la détermination de la créance dont il fait foi. C'est une garantie essentielle, mais ce n'est pas la seule car l'autorisation de saisir ne vaudra, par ailleurs, que dans la mesure de cette créance dont l'évaluation exacte permettra de respecter le principe de proportionnalité posé à l'article L. 111-7 C. pr. exéc. Selon ce texte, le créancier a le choix des mesures propres à assurer le recouvrement de sa créance, mais « *l'exécution de ces mesures ne peut excéder ce qui se révèle nécessaire pour obtenir le paiement de l'obligation* ». Or, pour éviter que le juge de l'exécution

1. Civ. 2e, 13 mai 1991, n° 89-21.654, *Bull. civ.* II, n° 151.
2. Civ. 2e, 17 mai 1993, n° 91-20.673, *Bull. civ.* II, n° 177.
3. Civ. 1re, 28 nov. 2012, n° 11-26.508, *Bull. civ.* I, n° 247; *D.* 2013. Pan. 1574, obs. Leborgne.
4. V. Perrot et Théry, n° 119, p. 127.
5. En revanche, il n'est pas besoin qu'elle le soit pour procéder à une mesure conservatoire : il suffit simplement qu'elle paraisse fondée en son principe lorsque le créancier s'adresse au juge pour obtenir l'autorisation de l'article L. 511-1 C. pr. exéc., et celui-ci, d'ailleurs à peine de nullité de son ordonnance, déterminera le montant des sommes pour la garantie desquelles la mesure conservatoire est autorisée (C. pr. exéc., art. R. 511-4).
6. Sur cette fonction d'information du titre exécutoire, v. Y. Desdevises, « Le titre exécutoire requis », préc. ss n° 111.21, n° 5-6, p. 20 s.

ordonne la mainlevée de la mesure pour la fraction qu'il estimerait inutile (C. pr. exéc., art. L. 121-2), il est nécessaire de poser les bases d'une adéquation entre le montant des causes de la saisie et l'étendue de celle-ci. Si la créance est déterminée dans le titre exécutoire on conjure ce risque, d'autant plus réel qu'un acte de saisie a pour conséquence de rendre indisponibles les biens qui en sont l'objet (C. pr. exéc., art. L. 141-2, al. 1er). Ces précautions particulières sont donc logiques.

En même temps, on peut aussi comprendre qu'un créancier soit admis à engager une mesure d'exécution à un moment où l'obligation, certaine, n'est pas encore précisément chiffrée, pourvu qu'elle soit au moins déterminable[1]. C'est la raison pour laquelle il suffit que le titre exécutoire contienne les éléments permettant l'évaluation de la créance, assouplissement auquel la jurisprudence donne aujourd'hui toute sa portée. C'est ainsi qu'à propos d'un acte notarié constatant une ouverture de crédit, qui avait servi de fondement à une saisie-attribution, la deuxième chambre civile a considéré, le 4 juillet 2007, au vu de ce que l'acte mentionnait le montant et la durée maximum de l'ouverture de crédit autorisée, le taux maximum d'intérêt, le taux effectif global et les indemnités de retard et de recouvrement, qu'il « *contenait les éléments permettant l'évaluation de la créance* », laquelle était donc bien liquide[2]. De la même manière, la Cour a estimé déterminables, bien que non chiffrées en leur montant, les sommes allouées par un jugement prud'homal qui avait ordonné à une caisse d'allocations familiales de classer sa salariée au niveau 7 de la convention collective, de reconstituer sa carrière selon ce classement et de lui verser le rappel de salaire sur les cinq années précédent la saisine de la juridiction. La caisse, qui avait obtenu l'infirmation de ce jugement, disposait ainsi d'une créance susceptible d'évaluation l'autorisant à pratiquer une saisie des rémunérations pour recouvrer les sommes versées à sa salariée[3].

En revanche, la liquidité n'a pas été jugée suffisante dans une affaire où le créancier avait obtenu en justice, à frais partagés par moitié entre lui et une société civile immobilière (SCI), le droit à la réalisation d'un revêtement compatible avec le gabarit des poids lourds desservant les immeubles implantés sur deux parcelles appartenant à l'un et à l'autre, celle de la SCI étant grevée d'une servitude de passage au profit du premier; en effet, même si le créancier avait été autorisé par la décision à préfinancer ces travaux, à les achever et à recourir contre la SCI à hauteur de la moitié des dépenses engagées, la Cour de cassation relevait que ni le jugement ni l'arrêt confirmatif servant de fondement à la saisie-vente diligentée afin d'obtenir le paiement de la somme correspondant à la moitié du montant des travaux, « *n'avaient entendu limiter le volume et la nature des travaux à réaliser à l'usage des seuls locataires actuels* [du créancier] *et n'avaient prévu de contrôle sur les sommes engagées par celui-ci au titre des travaux, ce dont il résultait que la somme due par la SCI au titre de sa contribution aux travaux n'était pas déterminable* »[4]. On le voit, dès qu'une véritable imprécision affecte la détermination du montant de l'obligation cause de la saisie, la condition de liquidité fait défaut et la mesure d'exécution est entachée de nullité.

112.33 Créance exigible. L'exigibilité de la créance cause de la saisie est peut-être la condition qui tombe le plus sous le sens. Comme on l'a souligné, la mise en œuvre d'une mesure d'exécution ne se conçoit que parce que la créance était exigible et que le débiteur ne s'est pas exécuté[5]. Il n'y a pas de saisie sans droit concomitant d'exiger le paiement de l'obligation, et l'on rejoint ici l'application du droit commun dans lequel l'exécution de l'engagement a pour point de départ le terme de l'obligation (C. civ., art. 1185). L'article 1186 du Code civil dispose ainsi expressément que « *ce qui n'est dû qu'à terme ne peut être exigé avant l'échéance du terme* », donc ne peut donner lieu à aucune mesure d'exécution, sauf à tenir compte d'une éventuelle déchéance du terme qui a pour effet de rendre la créance immédiatement exigible et dont l'article 1188 du Code civil offre une illustration dans l'hypothèse d'une diminution des sûretés que le débiteur avait, par contrat, conférées à son créancier[6].

Ceci dit, aujourd'hui, ce sont plutôt les hypothèses de report de l'exigibilité de la dette qui ont tendance à se multiplier, à partir de textes traditionnels figurant dans le Code civil qui vont conduire à une suspension des poursuites. On le sait, l'article 1244-1 du Code civil permet au juge d'accorder un délai de grâce au débiteur en considé-

1. Civ. 2e, 13 juill. 2006, no 05-10.273, NP, relevant que « *le titre exécutoire mentionnait le montant de la somme due* [...] *au titre des dommages-intérêts et que la somme due à titre de remboursement était déterminable* ».
2. Civ. 2e, 4 juill. 2007, no 06-14.003, NP.
3. Civ. 2e, 19 nov. 2008, no 07-18.987, *Bull. civ.* II, no 253; *Dr. et proc.* 2009. 107, note Salati.
4. Civ. 2e, 21 févr. 2013, no 12-13.215, NP.
5. V. Leborgne, no 443.
6. En matière de liquidation judiciaire, le principe posé par l'article L. 643-1 du Code de commerce est que « *le jugement qui ouvre ou prononce la liquidation judiciaire rend exigibles les créances non échues* [...] ». En revanche, en matière de sauvegarde des entreprises, ainsi que de redressement judiciaire (C. com., art. L. 631-14, renvoyant aux articles L. 622-13 à L. 622-33), l'article L. 622-29 pose que « *le jugement d'ouverture ne rend pas exigibles les créances non échues à la date de son prononcé* [...] ».

ration de sa situation, dont l'effet direct est un report ou un échelonnement du paiement des sommes dues dans la limite de deux années[1], et l'article 1244-2 complète le dispositif en prévoyant que « *la décision du juge* [...] *suspend les procédures d'exécution qui auraient été engagées par le créancier* »[2], les majorations d'intérêt ou les pénalités encourues à raison du retard cessant également d'être dues pendant le délai fixé par le juge. Dans cette situation où une mesure d'exécution aurait déjà été entreprise, plus précisément, selon l'article 510 alinéa 3 C. pr. civ., « *après signification d'un commandement ou d'un acte de saisie, selon le cas* », ce n'est plus la décision qui prononce la condamnation qui est compétente pour accorder le délai de grâce (C. pr. civ., art. 510, al. 1er) : la demande doit alors être portée devant le juge de l'exécution[3].

À côté des dispositions du Code civil, il faut également faire état de celles du Code de la consommation qui ont pris acte de la situation - de plus en plus fréquente - de surendettement des débiteurs pour en tirer des conséquences sur l'exigibilité de leurs dettes et par conséquent des poursuites. Selon l'article L. 331-3-1 alinéa 1er du Code de la consommation en effet, au stade de la procédure devant la commission de surendettement des particuliers, la décision de celle-ci déclarant la recevabilité de la demande « *emporte suspension et interdiction des procédures d'exécution diligentées à l'encontre des biens du débiteur* », et l'article L. 331-5 alinéa 1er précise pour sa part qu'avant même la décision de recevabilité, et à la demande du débiteur, « *la commission peut saisir* [...] *le juge du tribunal d'instance aux fins de suspension des procédures d'exécution diligentées à l'encontre des biens du débiteur* ». Quant à l'article L. 331-9, il pose lui-même en principe que les créanciers auxquels les mesures imposées par la commission en application de l'article L. 331-7[4] ou les mesures recommandées en application des articles L. 331-7-1 et L. 331-7-2, rendues exécutoires par application de l'article L. 332-1 ou de l'article L. 332-2, sont opposables « *ne peuvent exercer des procédures d'exécution à l'encontre des biens du débiteur pendant la durée d'exécution de ces mesures* ». Dans toutes ces hypothèses, il sera donc sursis aux poursuites.

112.34 Décisions de justice : abandon de la nécessité d'une condamnation formelle ? Si un titre exécutoire, par nature, renferme des droits et des obligations susceptibles d'exécution forcée, la question s'est toutefois posée de savoir, à propos des décisions de justice, s'il est nécessaire qu'elles contiennent formellement une condamnation du débiteur dans leur dispositif, par référence à la notion classique de jugement « *qui tranche, dans son dispositif* », tout ou partie du principal (C. pr. civ., art. 480). La deuxième chambre civile l'avait exigé dans un premier temps, posant le principe que « *toute exécution forcée implique que le créancier soit muni d'un titre exécutoire portant condamnation de la personne qui doit exécuter* »[5]. Cette solution peut paraître sévère lorsque la décision servant de fondement aux poursuites permet de déterminer sans ambiguïté les obligations qu'elle décide, et peut-être même en décalage avec celles prévalant pour les actes notariés qui, comme on l'a relevé, n'ordonnent rien au sens strict du terme, se bornant simplement à authentifier un acte juridique, et sont pourtant des titres exécutoires[6].

Il semble toutefois que l'analyse de la deuxième chambre civile ait évolué le 19 novembre 2009, dans une affaire où, pour recouvrer des indemnités de licenciement, plusieurs salariés avaient fait délivrer à leur ancien employeur, une association, trois commandements de saisie-vente dont celle-ci sollicita, sans succès jusque devant la cour d'appel, l'annulation en soutenant que les salariés ne disposaient pas d'un titre exécutoire à son égard. Dans son pourvoi, elle fit alors valoir que l'arrêt du 16 février 2006 servant de fondement aux poursuites ne condamnait pas l'association à payer aux salariés les sommes revenant à chacun, mais se contentait de « *fixer* » ces créances. Or, la Cour a rejeté le pourvoi dans un attendu qui marque une inflexion par rapport à sa « doctrine » de 2002, approuvant la cour d'appel, « *tenue d'interpréter* » l'arrêt du 16 février 2006, d'avoir relevé que celui-ci « *était intervenu entre les salariés et l'association, qu'il avait fixé les créances des salariés à diverses sommes au titre de l'article L. 122-14, 4, alors applicable, du Code du travail et qu'il avait ordonné le remboursement par l'association aux organismes concernés des indemnités de chômage versées aux salariés* », et d'en avoir ainsi déduit que l'arrêt en question « *constatait, à la charge de l'employeur et au profit des salariés, une créance liquide et exigible, permettant à ces derniers de mettre en œuvre les mesures d'exécution litigieuses* »[7]. Il semble donc désormais possible de

1. Dettes d'aliments exclues (C. civ., art. 1244-1, dern. al.).
2. En revanche, le délai de grâce ne fait pas obstacle aux mesures conservatoires (C. pr. civ., art. 513).
3. L'article 510 alinéa 3 C. pr. civ. souligne également qu'en cas de saisie des rémunérations la compétence appartient cette fois au tribunal d'instance.
4. Rééchelonnement du paiement des dettes de toute nature, suspension de l'exigibilité des créances autres qu'alimentaires, notamment.
5. Civ. 2e, 21 mars 2002, n° 00-19.051, *Bull. civ.* II, n° 56; *Dr. et proc.* 2002. 306, note Leborgne.
6. V. Perrot et Théry, n° 150 – J.-M. Sommer et L. Leroy-Gissinger, obs. ss Civ. 2e, 19 nov. 2009, n° 08-14.325, *Bull. civ.* II, n° 277; *D.* 2010. 538.
7. Civ. 2e, 19 nov. 2009, préc.

mettre à exécution le dispositif d'une décision qui se contente de fixer une créance, pourvu que l'obligation du débiteur puisse être déduite du titre[1], autrement dit que ce titre détermine une obligation de payer. Cette lecture paraît de toute façon conforme à la lettre de l'article L. 111-2 C. pr. exéc., qui se satisfait d'un titre exécutoire « *constatant* » une créance liquide et exigible pour poursuivre l'exécution forcée.

§ 2
Désignation du créancier et du débiteur dans le titre

112.41 Personnalisation du titre exécutoire. Créancier. L'exercice régulier des poursuites suppose enfin que le titre exécutoire identifie avec précision les protagonistes de la saisie, et tout d'abord le créancier admis à s'en prévaloir. Celui-ci doit être mentionné dans le titre, ainsi que l'a rappelé un arrêt de la Cour de cassation du 18 octobre 2007 rendu au visa, à l'époque, de l'article 2 de la loi n° 91-650 portant réforme des procédures civiles d'exécution du 9 juillet 1991[2], dans une affaire où un juge de l'exécution s'était borné à noter, dans les motifs de sa décision, que la société l'ayant saisi pour avoir l'autorisation de pratiquer une saisie des rémunérations du travail du débiteur venait aux droits du bénéficiaire initial de la condamnation. L'arrêt d'appel avait rejeté la contestation élevée contre cette mesure, mais il fut sèchement cassé parce que le jugement rendu par le juge de l'exécution « *n'avait pas dit, dans son dispositif* », que le saisissant venait aux droits de la créancière originaire ou « *qu'*[il] *pouvait se prévaloir de l'arrêt de condamnation initial* »[3].

Il faut donc être extrêmement attentif à la rédaction du titre en ce qui concerne la désignation du créancier, de laquelle dépend la qualité pour entreprendre une mesure d'exécution forcée. Une autre décision de la deuxième chambre civile en date du 24 juin 2004 en a offert l'illustration, dans une affaire où plusieurs banques, sur le fondement d'un arrêt de condamnation, avaient exercé des poursuites de saisie immobilière à l'encontre d'un débiteur, lequel forma opposition au commandement de saisie en soutenant qu'il était nul faute d'avoir été délivré par le seul chef de file du *pool* bancaire. L'argument était de considérer que seul celui-ci pouvait recouvrer le crédit octroyé par le *pool*, mais la Cour de cassation a rejeté le pourvoi, approuvant les juges d'appel d'avoir relevé que « *le titre fondant les poursuites désignait chaque banque, individuellement, en qualité de créancière* », et retenu que « *chacune d'elles avait dès lors qualité pour faire délivrer, avec les autres, un commandement aux fins de saisie* »[4].

Si les poursuites peuvent être exercées par tous les créanciers nommés dans un titre[5], il y a également lieu de tenir compte de la circulation possible de ce titre, ou de l'obligation qu'il contient, au bénéfice d'une autre personne que le créancier initial, par exemple si le titre est remis au cessionnaire par le cédant en cas de transport de la créance (C. civ., art. 1689) ou lorsque le créancier reçoit son paiement d'une tierce personne qu'il subroge alors dans ses droits (C. civ., art. 1249 et 1250). On sait qu'en application de l'article 1692 du Code civil, selon lequel la vente ou la cession d'une créance comprend les accessoires de celle-ci, la Cour de cassation considère que « *la cession de créance transfère au cessionnaire les droits et actions appartenant au cédant et attachés à la créance cédée, notamment le titre exécutoire obtenu par le cédant à l'encontre de la caution garantissant le paiement de la créance* »[6]. Le cessionnaire pourra donc se prévaloir d'un tel titre[7]. De la même manière, le subrogé pourra bénéficier du titre établi au nom du subrogeant. La Cour de cassation l'a affirmé le 9 décembre 2003 dans une affaire où, la créancière d'aliments ayant obtenu d'une caisse d'allocations familiales le versement de l'allocation de soutien familial à titre d'avance sur le paiement de la pension alimentaire pour son enfant due par le père à la suite d'une décision de justice exécutoire, la

1. EN CE SENS, v. LEBORGNE, n° 433, p. 196.
2. L. n° 91-650, 9 juill. 1991, portant réforme des procédures civiles d'exécution, *JO* 14 juill., p. 9228.
3. Civ. 2e, 18 oct. 2007, n° 06-20.258, *Bull. civ.* II, n° 234 – V. AUSSI, Civ. 2e, 15 nov. 2012, n° 11-18.820, *Bull. civ.* II, n° 189, rendu à l'occasion de la liquidation d'un régime matrimonial et d'une succession, dans lequel la Cour souligne que « *le jugement servant de fondement aux poursuites s'était prononcé sur les sommes dues par et aux indivisions postcommunautaires et successorales et ne constituait pas un titre exécutoire constatant une créance liquide et exigible au bénéfice des indivisaires poursuivants* ».
4. Civ. 2e, 24 juin 2004, n° 02-18.078, NP.
5. Y compris lorsqu'ils sont identifiés sous la forme d'un simple vocable, v. Civ. 2e, 19 déc. 2002, n° 00-20.774, *Bull. civ.* II, n° 293, rendu dans une affaire où le titre avait condamné le débiteur à payer une certaine somme au profit des sociétés d'assurance Les Mutuelles du Mans IARD et Vie et Défense automobile et sportive, désignées sous le vocable unique « Groupement des Mutuelles du Mans », mais où, en exécution de ce titre, c'était la société « Les Mutuelles du Mans IARD » qui avait pratiqué une saisie-attribution. Le débiteur essaya d'en tirer argument pour obtenir la nullité de la mesure, mais son pourvoi fut rejeté : « *La société Les Mutuelles du Mans IARD pouvait se prévaloir du titre exécutoire* ».
6. Com. 5 févr. 2008, n° 06-17.029, *Bull. civ.* IV, n° 26.
7. V. AUSSI, Civ. 2e, 17 déc. 2009, n° 09-11.612, *Bull. civ.* II, n° 290.

caisse avait engagé à l'encontre de ce dernier une procédure de recouvrement et présenté devant le tribunal d'instance une requête en saisie des rémunérations. Le tribunal avait rejeté sa demande en retenant que la caisse aurait dû obtenir au préalable un titre exécutoire pour son propre compte, mais son jugement a été cassé au visa, notamment de l'article 1252 du Code civil, la Cour relevant que « *la procédure de recouvrement public ouverte à l'organisme qui a versé la prestation familiale* [...] *n'est pas exclusive des voies d'exécution civiles et que la caisse disposait en l'espèce d'une ordonnance du juge aux affaires familiales exécutoire dont elle pouvait bénéficier comme subrogée de plein droit dans les droits de la créancière d'aliments en application de l'article L. 581-2* in fine *du Code de la sécurité sociale, ce dont il résultait que sa demande de saisie se fondait sur un titre exécutoire* »[1]. Cette solution n'est pas surprenante dans la mesure dans la mesure où la subrogation personnelle a pour effet d'investir le subrogé de la créance primitive avec tous ses avantages et accessoires[2], tout comme il paraît logique, à la lumière des principes généraux du droit, qu'en qualité d'ayant cause universel d'une société absorbée, une société absorbante acquière de plein droit, à la date d'effet de la fusion, la qualité de partie aux instances antérieurement engagées par la société absorbée et puisse se prévaloir des condamnations prononcées au profit de celle-ci[3]. C'est dire que dans un certain nombre de situations, le droit commun peut conduire à nuancer le principe de spécialisation du titre exécutoire en ce qui concerne le créancier qui y est formellement mentionné.

112.42 Personnalisation du titre exécutoire. Débiteur. S'agissant du débiteur, en revanche, les possibilités d'assouplissement sont moins importantes et, corrélativement, la force du principe plus grande. La Cour de cassation l'a rappelé pour la première fois le 19 mai 1998, dans une affaire où des saisies conservatoires avaient été pratiquées par une banque sur des meubles appartenant à des époux, pour sûreté de sommes restant dues à celle-ci, en vertu d'actes notariés de prêt, par la société en nom collectif dont les époux étaient les associés. Le juge de l'exécution puis d'appel avaient déclarée nulle la conversion en saisie-vente et ordonné la mainlevée des saisies conservatoires dans la mesure où les actes authentiques ne visaient pas les époux, et sur pourvoi la Cour les a approuvés : « *Toute exécution forcée implique que le créancier soit muni d'un titre exécutoire à l'égard de la personne même qui doit exécuter, et* [...] *le titre délivré à l'encontre d'une société n'emporte pas le droit de saisir les biens des associés*[4], *fussent-ils tenus indéfiniment et solidairement des dettes sociales, à défaut de titre exécutoire pris contre eux* »[5].

Quelques mois plus tard, c'est aux époux que cette solution a été appliquée, alors que le créancier avait présenté une requête aux fins de saisie des rémunérations du travail de l'épouse en recouvrement de factures d'eau et d'assainissement dues en vertu d'un contrat d'abonnement souscrit par les époux. La demande fut déclarée irrecevable au motif que le créancier ne disposait que d'un titre à l'égard de l'époux, et sur pourvoi la question était de savoir s'il devait être fait application de l'article 1414 alinéa 1er du Code civil selon lequel les gains et salaires d'un époux peuvent être saisis par les créanciers de son conjoint si l'obligation a été contractée pour l'entretien du ménage. La Cour ne l'a pas estimé, considérant que « *toute exécution forcée implique que le créancier soit muni d'un titre exécutoire à l'égard de la personne même qui doit exécuter, et que le titre délivré à l'encontre d'un époux en recouvrement d'une dette ayant pour objet l'entretien du ménage ou l'éducation des enfants n'emporte pas le droit de saisir les biens de son conjoint, à défaut de titre exécutoire pris contre celui-ci, les deux époux fussent-ils tenus solidairement des dettes de ménage* »[6]. On le voit, la solidarité de l'article 220 du Code civil ne dispense pas le créancier d'obtenir un titre exécutoire contre le conjoint, même s'il est lui-même débiteur, car il ne faut pas confondre le titre justifiant les poursuites avec la créance qui les fonde. On peut être titulaire d'un droit, mais il faut être en mesure de le mettre en œuvre, et faute, ici, de titre exécutoire nominatif, la dette ménagère n'emportait pas le droit de saisir les salaires de l'autre époux qui n'avait pas été partie à l'instance, même si cette dette était solidaire[7].

1. Civ. 2e, 9 déc. 2003, no 02-30.647, *Bull. civ.* II, no 375; *Dr. et proc.* 2004. 167, note Putman.
2. V. AUSSI, Civ. 2e, 6 avr. 2004, no 02-13.905, *Bull. civ.* II, no 158.
3. Com. 21 oct. 2008, no 07-19.102, *Bull. civ.* IV, no 174; *Procédures* 2009. Comm. 328, note Perrot.
4. Ce qui comprend leurs créances, v. Com. 26 oct. 1999, no 97-17.823, à propos d'une saisie-attribution, NP; *RTD civ.* 2000. 167, obs. Perrot.
5. Civ. 2e, 19 mai 1998, no 96-12.944, *Bull. civ.*, no 161; *RTD civ.* 1998. 750, obs. Perrot – V. AUSSI, Com. 3 mai 2006, no 03-15.462, *Bull. civ.* IV, no 112; *Dr. et proc.* 2006. 288, note Putman, à propos d'un rôle exécutoire visant une société en nom collectif, qui ne permet pas de saisir les biens de ses associés; *D.* 2006. 1532, note Lienhard – Et pour un titre délivré à l'encontre d'un groupement d'intérêt économique, Civ. 2e, 15 janv. 2004, no 02-14.547, *Bull. civ.* II, no 9.
6. Civ. 2e, 28 oct. 1999, no 97-20.071, *Bull. civ.* II, no 163; *RTD civ.* 2000. 168, note Perrot.
7. V. AUSSI, *RTD civ.* 2000. 387, obs. Vareille – *RTD civ.* 1995. 194, obs. Perrot, qui souligne que « *si un créancier obtient la condamnation du mari, sans attraire la femme dans la cause, il doit nécessairement limiter ses poursuites aux biens dont celui-ci a la disposition* ».

Ceci posé, l'exigence d'un titre exécutoire à l'encontre d'une personne déterminée dont l'identité résulte du titre lui-même est susceptible d'assouplissements, notamment dans l'hypothèse d'une succession de débiteur. C'est parfois la loi qui prévoit cette possibilité, dont l'article 877 du Code civil offre une illustration en matière de successions. Selon ce texte, en effet, « *le titre exécutoire contre le défunt l'est aussi contre l'héritier, huit jours après que la signification lui en a été faite* ». C'est une conséquence du système de succession à la personne qui transmet à l'héritier un actif corrélé de passif, lequel se fond dans son patrimoine personnel et permet aux créanciers du défunt, si l'héritier n'a pas renoncé à la succession, de poursuivre l'exécution sur ses biens et droits personnels du titre exécutoire prononçant condamnation à l'égard du *de cujus*[1]. C'est ainsi, par exemple, qu'une contrainte pour obtenir paiement des cotisations et majorations de retard dues, au titre du régime de protection sociale agricole, par un assuré décédé sera valablement délivrée à l'héritier du débiteur, continuateur de sa personne et, comme tel, tenu des dettes et charges de la succession selon sa part héréditaire, sans que l'organisme de recouvrement soit dans l'obligation d'engager contre lui une procédure contentieuse[2].

La jurisprudence admet aussi qu'une substitution de débiteur puisse neutraliser le principe de nullité des poursuites contre les personnes non désignées dans le titre, comme cela a été le cas dans une affaire où une banque avait consenti, par acte notarié, une prêt à une société de construction immobilière et où, après le partage, une procédure de saisie immobilière avait été engagée contre l'un des attributaires pour obtenir le remboursement du prêt. L'acte notarié ne visait que la société de construction, mais par l'effet du mécanisme de substitution, l'attributaire, au moment du partage, remplaçait de plein droit celle-ci à hauteur de sa part, la SCI étant alors déchargée de ses obligations dans la même proportion. C'est cette substitution de personnalité et ses conséquences qu'a admises la Cour de cassation dans un arrêt du 16 décembre 1999, relevant que « *par l'effet de l'acte de partage* » les attributaires « *étaient substitués de plein droit* [...] *dans les obligations du débiteur originaire, en sorte que l'acte* [authentique] *valait titre exécutoire à leur encontre* »[3]. On le voit, le mécanisme est analogue à la cession de créance dans laquelle le cessionnaire est admis à se prévaloir du titre exécutoire établi au nom du cédant. Ici, il s'agit d'une cession de dette où le titre exécutoire contre le débiteur initial le devient contre son successeur.

L'extension de la force exécutoire du titre a également été admise par la Cour de cassation dans l'hypothèse voisine de l'adjonction de débiteur propre au cautionnement. En effet, dans une espèce où une banque avait consenti un prêt au débiteur garanti par le cautionnement de ses deux parents, et où, en conséquence de la procédure collective de l'emprunteur, la banque avait pratiqué des mesures d'exécution contre les cautions, la deuxième chambre civile, au vu de ce que l'arrêt fondant les poursuites « *avait condamné le débiteur principal à payer une certaine somme à la banque et dit que les cautions étaient engagées vis-à-vis de celle-ci par un cautionnement simple* », a approuvé les juges du fond d'en avoir déduit que « *ledit arrêt constituait pour la banque un titre exécutoire à l'encontre des cautions* »[4]. Le titre exécutoire contre le débiteur principal peut donc valoir contre les cautions, obligées, même à titre accessoire, à la dette.

Enfin, des situations peuvent se présenter dans lesquelles l'identité du débiteur figurant dans le titre et celle de la personne effectivement poursuivie ne sont pas tout à fait les mêmes, obligeant alors le juge, en vertu de son pouvoir d'interprétation, à vérifier leur concordance[5]. C'est ainsi que dans une espèce désormais classique, où, saisie par l'association Collège Sainte-Famille d'une demande tendant à l'annulation d'un commandement aux fins de saisie-vente, délivré au collège Sainte-Famille sur le fondement d'un jugement portant condamnation du collège Sainte-Famille, une cour d'appel avait refusé d'y faire droit en retenant que le créancier qui dispose d'un jugement à l'égard du collège Sainte-Famille est fondé à mettre ce jugement à exécution à l'égard de l'association Collège Sainte-Famille. Or, le pourvoi contre cet arrêt fut rejeté, la Cour de cassation soulignant que « *par ce seul motif, dont il résult*[ait] *qu'ayant la même dénomination et la même adresse, le collège Sainte-Famille et l'association Collège Sainte-Famille ne form*[aient] *qu'une seule et même personne à laquelle s'appliq*[uait]

1. V. Civ. 1re, 1er févr. 2012, nº 10-25.578, *Bull. civ.* I, nº 22.
2. Soc. 11 juill. 1991, nº 89-14.025, *Bull. civ.* V, nº 358; *Dr. et proc.* 2012. 102, spéc. p. 103, obs. Salati.
3. Civ. 1re, 16 déc. 1999, nº 97-20.441, *Bull. civ.* I, nº 192; *RTD civ.* 2000. 168, obs. Perrot.
4. Civ. 2e, 23 oct. 2008, nº 07-20.035, *Bull. civ.* II, nº 224; *D.* 2008. 2802, note Gallmeister; *D.* 2009. Pan. 1172, obs. Leborgne; *Dr. et proc.* 2009. 96, obs. Poisson.
5. Civ. 2e, 6 nov. 2008, nº 07-18.465, NP; *Procédures* 2009. Comm. 14, note Perrot, dans lequel il est relevé « *qu'il résultait clairement de la copie de la carte d'identité réalisée le jour de la signature de l'acte, des paraphes et de la signature du contrat de bail portant acte de cautionnement produits au dossier que M. Sathi X... et M. Fathi X... ne formaient qu'une seule et même personne* », et que, dès lors, « *c'est sans méconnaître ses pouvoirs que le juge de l'exécution, tenu d'interpréter la décision pour déterminer l'identité de la personne condamnée, a retenu que le titre exécutoire visait M. Fathi X* ».

le titre exécutoire », la cour d'appel avait légalement justifié sa décision[1]. Des poursuites peuvent donc être engagées contre une autre personne que celle visée dans le titre exécutoire, s'il apparaît clairement que les deux entités ne constituent qu'une seule et même personne.

1. Civ. 2e, 6 mai 2004, n° 02-15.714, *Bull. civ.* II, n° 219; *Procédures* 2004. Comm. 153, note Perrot – DANS LE MÊME SENS, Civ. 2e, 17 nov. 2005, n° 04-14.604, *Bull. civ.* II, n° 298; *Dr. et proc.* 2006. 163, obs. Leborgne; *Procédures* 2006. Comm. 31, note Perrot.

TITRE

12. Les différents titres exécutoires

SECTION 0
ORIENTEUR

120.00 **Plan du titre.**

120.03 **Bibliographie indicative.**

Actualisables. *J.-Cl. Pr. civ.*, *v*[is] *Titre exécutoire*, par M. Défossez, fasc. 2100 [Énumération. Titre exécutoire provisoire]; Titre exécutoire européen, par H. Péroz, fasc. 2105.

Ouvrages. A. Leborgne, *Droit de l'exécution*, 2e éd., « Précis », Dalloz, 2014, p. 204-223, n°s 447 à 468-16 – R. Perrot et Ph Théry, *Procédures civiles d'exécution*, 3e éd., Dalloz, 2013, p. 138-184, n°s 129-169 – *Code des procédures civiles d'exécution,* commenté, 2e éd., Dalloz, 2014, p. 25-33.

120.04 **Points communs fondamentaux.** Même si les titres exécutoires se divisent en trois catégories différentes : titres judiciaires (C. pr. exéc., art. L. 111-3, 1° à 3°), titres extrajudiciaires (C. pr. exéc., art. L. 111-3, 4° et 5°) et titres administratifs (C. pr. exéc., art. L 111-3, 6°), leur diversité ne les empêche pas de tous présenter, sous l'angle des poursuites, un point commun essentiel qui consiste en ce que celui qui se prévaut d'un titre exécutoire n'est pas contraint d'obtenir l'autorisation d'un juge pour en assurer l'exécution et peut directement s'adresser à un huissier de justice pour y procéder. En lui-même le titre vaut déjà autorisation de saisir, et comme l'un des principaux artisans de la réforme de 1991-1992 l'a souligné, le juge n'interviendra que pour trancher les éventuels incidents contentieux auxquels la mesure entreprise pourrait donner lieu[1], « *à l'occa-*

1. V. *J.-Cl. Pr. civ.*, fasc. 2010, 1993, « Présentation générale de la réforme », n° 23, par Perrot.

sion de l'exécution forcée » pour reprendre les termes de l'article L. 213-6 alinéa 1er du Code de l'organisation judiciaire. Toutes les saisies mobilières obéissent à ce schéma dans lequel le titre exécutoire permet de se passer de l'intervention du juge, et il n'y a guère que la saisie immobilière où, malgré le principe identique à l'article L. 111-2 C. pr. exéc. formulé dans l'article L. 311-2[1], le créancier demeure tenu de se soumettre à une procédure judiciaire[2], le rôle du juge ayant même été renforcé puisque la réforme de la saisie immobilière a instauré, dans la phase de saisie et de vente, une audience obligatoire dite d'orientation qui se déroule devant le juge de l'exécution et dont l'objet principal est de permettre à celui-ci de vérifier les conditions de la saisie et de fixer les modalités de la vente, qui peut être forcée aux enchères publiques ou amiable sous contrôle judiciaire (C. pr. exéc., art. R. 322-15)[3].

Ceci posé, puisque « *seuls constituent des titres exécutoires* », les titres figurant sur la liste de l'article L. 111-3, 1° à 6°, du Code des procédures civiles d'exécution, il faut considérer que cette énumération est limitative et qu'un créancier, un auxiliaire de justice ou même un juge ne pourrait pas décider de conférer cette qualité à un titre que le législateur n'a pas élevé au rang de titre exécutoire. Une chose, pour le juge de l'exécution, est de dire si un acte constitue un titre exécutoire au sens de l'article L. 111-3[4], une autre est de dépasser son pouvoir d'interprétation pour intervenir dans un domaine réservé au législateur[5]. En d'autres termes, la liste de l'article L. 111-3 C. pr. exéc. est d'application stricte et les seuls titres exécutoires fondant une exécution forcée sont ceux que les textes déclarent comme tels.

120.05 Conséquences de la remise en cause du titre exécutoire. Le principe de légalité qui préside à la création du titre exécutoire et autorise une mesure de contrainte pour en assurer le respect ne signifie cependant pas que les poursuites sont, quoi qu'il arrive, à l'abri de toute remise en cause. Remplir les conditions légales pour opérer une saisie est une exigence du droit objectif, mais elle ne préjuge en rien des suites de la mesure car il peut très bien arriver qu'un titre exécutoire cesse de fonder une exécution forcée, particulièrement s'il vient à être anéanti (nous évoquerons plus loin la problématique de l'exécution forcée sur la base d'un titre provisoire, propre aux décisions de justice). La jurisprudence l'a rappelé à plusieurs reprises, notamment dans l'hypothèse, prévue par l'article 625 C. pr. civ., où le titre serait constitué par une décision ultérieurement cassée[6]. Pour la deuxième chambre civile, le principe est en effet que « *la cassation d'une décision entraîne par voie de conséquence l'annulation de tous les actes faits sur le fondement de celle-ci* », et si une saisie-vente avait par exemple été pratiquée tous les actes d'exécution seront anéantis[7]. Ce principe de solution vaut également pour les actes notariés : si le titre authentique est jugé entaché de faux, il ne peut plus servir de fondement aux poursuites et la procédure de saisie immobilière en subit les conséquences[8], de même que si ce titre vient à être annulé pour avoir été souscrit en période suspecte : les saisies-attributions pratiquées en exécution d'une reconnaissance de dette notariée postérieure à la cessation du débiteur seront privées de fondement[9]. La Cour de cassation a même eu l'occasion de s'exprimer à propos d'un titre exécutoire européen en vertu duquel le créancier avait fait procéder à une saisie-attribution, dont la demande de mainlevée fut accueillie par une cour d'appel et son arrêt, sur pourvoi, confirmé par la Cour. Relevant, en effet, qu'« *une décision passée en force de chose jugée du tribunal de première instance de Constance* [...] *avait annulé le mandat d'exécution européen tu tribunal d'instance de Stuttgart homologué en titre exécutoire européen* [...] *par ce même tribunal* », la deuxième chambre civile a approuvé les juges d'appel d'avoir considéré que la saisie-attribution n'ayant plus de fondement juridique, la mainlevée devait en être ordonnée[10].

On le voit, l'existence de la saisie est affectée lorsque le titre servant de fondement aux poursuites est

1. Selon lequel « *tout créancier muni d'un titre exécutoire constatant une créance liquide et exigible peut procéder à une saisie immobilière* [...] ».
2. L'article R. 311-2 C. pr. exéc. le rappelle : « *La saisie immobilière est poursuivie devant le juge de l'exécution du tribunal de grande instance dans le ressort duquel est situé l'immeuble saisi* ».
3. Sur tous ces points, v. A. Leborgne, n° 1941 et nos 2160 s.
4. Il est compétent pour le faire, v. Civ. 1re, 4 juill. 2007, n° 05-16.586, *Bull. civ.* I, n° 252.
5. C'est ainsi que dans une affaire où un arrêt d'appel avait considéré que l'état des créances dressé lors de la liquidation judiciaire du débiteur constituait un titre exécutoire parce qu'il avait été arrêté par le juge de la procédure collective, la Cour de cassation, cassant cet arrêt, a décidé qu'« *un état des créances, même visé par le juge-commissaire, ne confère pas à ce relevé le caractère d'un titre exécutoire* », Com. 2 mai 2001, n° 97-19.536, *Bull. civ.* IV, n° 82 ; *RTD com.* 2001. 773, obs. Vallens.
6. Selon l'alinéa 2 de ce texte, la cassation entraîne « *l'annulation par voie de conséquence de toute décision qui est la suite, l'application ou l'exécution du jugement cassé ou qui s'y rattache par un lien de dépendance nécessaire* ».
7. Civ. 2e, 11 avr. 2013, n° 12-15.837, *Bull. civ.* II, n° 76.
8. Civ. 2e, 13 mars 2008, n° 06-21.105, *Bull. civ.* II, n° 70.
9. Com. 1er oct. 2002, n° 01-03.216, *Bull. civ.* IV, n° 134 ; *RTD civ.* 2003. 146, obs. Perrot ; *Dr. et proc.* 2003. 108, note Delattre.
10. Civ. 2e, 6 janv. 2012, n° 10-23.518, *Bull. civ.* II, n° 7.

annulé[1]. En revanche, s'il est seulement déclaré caduc, par exemple une ordonnance ayant homologué la convention temporaire annexée à une requête conjointe en divorce par consentement mutuel, la Cour de cassation considère que cette caducité « *ne le prive pas de son efficacité pour la période antérieure à la caducité* », la mesure d'exécution forcée afférente à cette période n'étant donc pas remise en cause[2].

1. V. PERROT et THÉRY, n° 133, p. 144.

2. Civ. 2e, 6 mai 2004, n° 02-18.985, *Bull. civ.* II, n° 220; *RTD civ.* 2004. 559, obs. Perrot – V. AUSSI Civ. 1re, 9 févr. 2011, n° 09-72.653, *Bull. civ.* I, n° 26; *RTD civ.* 2011. 591, obs. Perrot.

CHAPITRE

121. Décisions des juridictions de l'ordre judiciaire ou administratif ayant force exécutoire et accords auxquels ces juridictions ont conféré force exécutoire

Olivier SALATI
Maître de conférences (HDR)
à l'Université d'Aix-Marseille

SECTION 0
ORIENTEUR

121.00 Plan du chapitre.

121.01 Textes applicables.

C. pr. exéc., art. L. 111-3 et L. 111-10, L. 142-2, L. 311-4, L. 411-1, R. 121-17, R. 121-22, R. 131-4 et R. 411-3.

C. pr. civ., art. 12, 27, 140, 159, 269 à 271, 310, 409, 480, 488 à 505, 514, 515, 521, 524, 537, 539, 579, 683 à 688, 688-1 à 688-8, 700, 704 s., 1074-1, 1079, 1136-7, 1315, 1405 à 1425, 1437, 1441-4 et 1565.

C. civ., art. 255, 279 et 2044.

C. com., art. R. 661-1.

C. consom., art. L. 661-1, L. 661-6, L. 661-11, R. 331-9-2 et R. 661-1.

CJA, art. L. 4, L. 11, L. 213-6, R. 541-6, R. 751-3, R. 811-14, R. 811-17, R. 811-17-1, R. 821-5 et R. 821-5-1.

COJ, art. L. 213-6.

C. mon. fin., art. L. 621-14.

CPI, art. L. 615-21 et L. 716-6.

C. pr. pén., art. 464 et 539.

CSS, art. R. 133-3, R. 167-4 et R. 612-11.

C. trav., art. L. 1243-8, L. 1251-32, R. 1245-1, R. 1454-14 à R. 1454-16 et R. 1454-28.

LPF, art. R. 202-5.

• Règl. **CE n° 1393/2007, du Parlement européen et du Conseil, 13 nov. 2007,** relatif à la signification et à la notification dans les États membres des actes judiciaires et extrajudiciaires en matière civile ou commerciale (« signification ou notification des actes »), et abrogeant le règlement CE n° 1348/2000 du Conseil, *JOUE*, n° L. 324, 10 déc., p. 79.

121.03 Bibliographie indicative. (V. bibliographie indicative s[s] n° 120.03).

Ouvrages. R. Chapus, *Droit du contentieux administratif*, 11e éd., 2004, Montchrestien – S. Guinchard, C. Chainais et F. Ferrand, *Procédure civile*, 32e éd., « Précis », Dalloz, 2014 – A. Leborgne, *Droit de l'exécution*, 2e éd., « Précis », Dalloz, 2014 – R. Perrot et Ph. Théry, *Procédures civiles d'exécution*, 3e éd., Dalloz, 2013 – *Code des procédures civiles d'exécution,* commenté, 2e éd., Dalloz, 2014.

Articles. F. Arbellot, « Réflexions sur la procédure de vérification et de recouvrement des dépens », *Procédures* 2004. 13 – Y. Desdevises, « Les transactions homologuées : vers des contrats juridictionnalisables ? », *D.* 2000. Chron. 284 – M. Douchy, « Le règlement CE n° 1348-2000 du 29 mai 2000 relatif à la signification et à la notification des actes judiciaires et extrajudiciaires en matière civile et commerciale : de nouvelles charges en perspective pour les huissiers de justice », *Dr. et proc.* 2001. 77 – J.-F. Sampieri-Marceau, « Les significations d'actes judiciaires et extrajudiciaires dans la Communauté européenne », *D.* 2006. Chron. 1009 – G. Taormina, « Brèves remarques sur quelques difficultés pratiques rencontrées dans le cadre d'*exequatur* des transactions de l'article 441-4 du Nouveau Code de procédure civile », *D.* 2002. 2353.

121.05 Présentation. Puisque seuls constituent des titres exécutoires les décisions de justice « *lorsqu'elles ont force exécutoire* », il faut d'abord rappeler les conditions de la force exécutoire en droit français, issues du Code de procédure civile et du Code de justice administrative. La force exécutoire des jugements soulève cependant une question particulière, qui est celle des titres provisoires dont l'exécution immédiate, si elle est permise, ne préjuge cependant pas de la solution définitive qui pourra être donnée au litige, sur appel ou opposition. Or, si le jugement est infirmé ou rétracté dans ses chefs ayant donné lieu à exécution provisoire, cette exécution sera désormais dépourvue de tout fondement[1]. Enfin, aux décisions de justice proprement dites le Code des procédures civiles d'exécution assimile un certain nombre d'actes, concrètement tous les « *accords auxquels un juge aura conféré force exécutoire* », qui ont donc la valeur de titres exécutoires.

SECTION 1
CONDITIONS DE LA FORCE EXÉCUTOIRE DES DÉCISIONS DE JUSTICE

121.11 Principes généraux. Les décisions des juridictions de l'ordre judiciaire ou de l'ordre administratif constituent la catégorie de titres exécutoires la plus importante en droit français, mais, pour qu'elles puissent permettre d'engager une mesure d'exécution, il faut encore qu'elles aient acquis « force exécutoire », laquelle, à l'inverse de l'autorité de la chose jugée qui est attachée au jugement dès son prononcé, n'est en principe pas immédiate. On sait, en effet, qu'en matière civile « *le jugement* [...] *a, dès son prononcé, l'autorité de la chose jugée relativement à la question qu'il tranche* » (C. pr. civ., art. 480, al. 1er), et il en est de même en matière administrative où cette autorité est acquise à la date de la lecture du jugement[2].

La force exécutoire d'une décision, en revanche, est subordonnée à deux conditions : d'une part, sa notification[3], et le fait qu'elle n'est susceptible d'aucun recours suspensif d'exécution, d'autre part (à moins qu'elle bénéficie de l'exécution provisoire), sachant, en matière civile, que c'est cette dernière caractéristique qui lui donne force de chose jugée (C. pr. civ., art. 500, al. 1er) et la rend donc exécutoire (C. pr. civ., art. 501[4]).

121.12 Notification de la décision. C'est la première condition de toute exécution, qui a des effets différents selon que l'on se trouve en matière civile ou en matière administrative.

En matière civile, c'est l'article 503 alinéa 1er C. pr. civ. qui pose en principe que « *les jugements ne peuvent être exécutés contre ceux auxquels ils sont opposés qu'après leur avoir été notifiés, à moins que l'exécution n'en soit volontaire* ». La loi ne souhaite pas qu'une mesure d'exécution forcée puisse être engagée sans qu'au préalable la partie condamnée ait été dûment informée de l'étendue de ses obligations, raison pour laquelle il appartient au créancier poursuivant, en application de l'article 1315 du Code civil, y compris lorsqu'il s'agit d'une personne publique[5], sous peine de nullité des actes de la procédure d'exécution forcée, « *d'établir la preuve de la notification régulière*[6] *de la décision dont il se prévaut* »[7],

1. Cette question, importante, n'est au demeurant pas nouvelle, v. par ex. R. Perrot, *Droit judiciaire privé*, fasc. II, Les cours de droit, 1981, p. 678 s.

2. V. Chapus, n° 1194, 2°, p. 1019.
3. Cette règle est écartée dans les hypothèses exceptionnelles où la loi permet l'exécution sur minute, l'article 503 alinéa 2 C. pr. civ. disposant plus précisément qu'« *en cas d'exécution au seul vu de la minute, la présentation de celle-ci vaut notification* ». On peut trouver cette situation en matière de référé, où « *en cas de nécessité, le juge peut ordonner que l'exécution* [de l'ordonnance] *aura lieu au seul vu de la minute* » (C. pr. civ., art. 489, al. 2). Il en est de même des ordonnances sur requête qui sont exécutoires sur minute (C. pr. civ., art. 495, al. 2), à cette différence près qu'elles le sont de plein droit, copie de la requête et de l'ordonnance étant par ailleurs « *laissée à la personne à laquelle elle est opposée* » (C. pr. civ., art. 489, dern. al.). C'est enfin le cas des décisions du juge de l'exécution, qui, *en cas de nécessité,* peut déclarer la décision exécutoire au seul vu de la minute (C. pr. exéc., art. R. 121-17).
4. À moins, souligne ce texte, « *que le débiteur ne bénéficie d'un délai de grâce* ».
5. Com. 23 oct. 2007, n° 06-15.994, *Bull. civ.* IV, n° 223; *Procédures* 2008. Comm. 14, note Perrot : « *Il appartenait à la personne publique poursuivante de rapporter la preuve de la date de réception par le débiteur du titre exécutoire* ».
6. Il faut rappeler, à cet égard, la règle de l'article 678 alinéa 1er C. pr. civ. qui dispose : « *Lorsque la représentation est obligatoire, le jugement doit en outre être préalablement notifié aux représentants dans la forme des notifications entre avocats, faute de quoi la notification à la partie est nulle* [...] ».
7. Civ. 2e, 21 déc. 2006, n° 05-19.679, *Bull. civ.* II, n° 383; *Procédures* 2007. Comm. 86, note Perrot.

sachant par ailleurs qu'en principe aucune présomption de l'existence et de la régularité de cette notification ne pourra résulter de la compétence du greffe du tribunal – tribunal des affaires de sécurité sociale, par exemple – pour notifier le jugement aux parties par lettre recommandée avec demande d'avis de réception [1].

En matière administrative, si le principe est le même, les choses se présentent différemment dans la mesure où la notification du jugement suffit à imposer l'obligation d'exécuter. S'agissant du principe, et en vertu de l'article R. 751-3 du Code de justice administrative, sauf disposition contraire les décisions sont notifiées par le greffe le même jour à toutes les parties en cause et adressées à leur domicile réel, par lettre recommandée avec demande d'avis de réception, sans préjudice du droit des parties de faire signifier ces décisions par acte d'huissier de justice. La notification a pour effet de déclencher le cours des délais dont disposent les parties pour exercer les voies de recours contre les décisions administratives, mais il faut rappeler qu'en la matière lesdites voies de recours, notamment l'appel contre les jugements, sont en principe dépourvues d'effet suspensif. Cela ressort de l'article L. 4 du Code de justice administrative, aux termes duquel « *sauf dispositions législatives spéciales, les requêtes n'ont pas d'effet suspensif s'il n'en est autrement ordonné par la juridiction* », et de l'article R. 811-14 du même code, selon lequel « *sauf disposition particulières, le recours en appel n'a pas d'effet suspensif s'il n'en est autrement ordonné par le juge d'appel* [...] » [2]. La règle est donc l'inverse de celle qui prévaut en matière civile, l'article 539 C. pr. civ. disposant pour sa part que « *le délai de recours par une voie ordinaire suspend l'exécution du jugement* », et que « *le recours exercé dans le délai est également suspensif* ». Dans ces conditions, en matière administrative la notification rend le jugement exécutoire, et, comme on l'a souligné, dès le jugement notifié les mesures d'exécution qu'implique la chose jugée doivent être prises, même, s'agissant d'un jugement de premier ressort, si le délai d'appel n'est pas encore venu à son terme et même si l'appel a été effectivement interjeté [3]. En d'autres termes, peu importe que le jugement ne soit pas encore passé en force de chose jugée : du point de vue de sa force exécutoire, celle-ci lui ne lui ajoutera rien, seule la notification compte.

Ceci dit, le principe de l'effet non suspensif des voies de recours contre les décisions juridictionnelles comporte un correctif permettant au juge, sur la demande qui lui est faite, de suspendre l'exécution du jugement entrepris [4]. Le pouvoir de connaître des demandes de sursis à exécution appartient principalement aux cours administratives d'appel en ce qui concerne les jugements des tribunaux administratifs, et au Conseil d'État pour ce qui est des juridictions, telles que les cours, qui statuent en dernier ressort et dont les décisions peuvent lui être déférées par la voie du recours en cassation. La demande de sursis doit être l'accessoire d'un recours en annulation ou en réformation du jugement, et doit, à peine d'irrecevabilité, être formalisée par une requête distincte du recours en appel ou en cassation (CJA, art. R. 811-17-1 et R. 821-5-1), sachant que le régime général du sursis à exécution des jugements découle des articles R. 811-17 et R. 821-5 du Code de justice administrative selon que la demande de sursis est présentée au juge d'appel ou au juge de cassation. Si l'on s'en tient aux conditions communes, l'un et l'autre juges pourront accorder le sursis à exécution, d'une part, lorsque l'exécution du jugement en cause « *risque d'entraîner des conséquences difficilement réparables* », et, d'autre part, que les moyens énoncés dans la requête « *paraissent sérieux* » en l'état de l'instruction. De plus, en cas de demande présentée au juge de cassation, il est nécessaire que ces moyens soient de nature à justifier tant l'annulation de la décision juridictionnelle rendue en dernier ressort, que l'infirmation de la solution retenue par les juges du fond [5].

121.13 Absence de recours suspensif d'exécution. Le principe est connu : un jugement n'est exécutoire qu'à partir du moment où il passe en force de chose jugée, sachant qu'a force exécutoire le jugement qui n'est susceptible d'aucun recours suspensif d'exécution. Décliné par les articles 500 et 501 C. pr. civ., ce principe est rappelé par la jurisprudence qui, par exemple, dans une décision du 21 septembre 2000, n'a pas manqué l'occasion d'affirmer « *qu'ayant force de chose jugée, la décision – fixant une créance de dommages-intérêts et la déclarant opposable à l'AGS dès lors tenue à garantie – constitue à son égard un titre exécutoire* » [6]. De fait, tant qu'une voie de recours ordinaire comme l'appel ou l'opposition est ouverte l'exécution du

1. Civ. 2e, 21 déc. 2006, préc.
2. Sauf disposition contraire, le délai d'appel est de deux mois, et il court contre toute partie à l'instance à compter du jour où la notification a été faite à cette partie ; si le jugement a été signifié par huissier de justice, le délai court à compter de cette signification à la fois contre la partie qui l'a faite et contre celle qui l'a reçue (CJA, art. R. 811-2).
3. V. CHAPUS, n° 1195, 2°, p. 1020.
4. V. CHAPUS, nos 1695 s., p. 1418 s.
5. Le sursis à exécution peut également être accordé relativement à l'exécution des ordonnances de référé, et s'agissant par exemple du référé-provision cette possibilité est organisée par l'article R. 541-6 du CJA ; v. R. CHAPUS, n° 1701, p. 1421.
6. Civ. 2e, 21 sept. 2000, n° 98-14.151, *Bull. civ.* II, n° 130.

jugement est suspendue, et l'article 539 C. pr. civ. précise bien qu'il en est ainsi non seulement lorsque le recours est exercé dans le délai, mais aussi pendant toute la durée du délai imparti pour former appel ou opposition. Quant à la raison d'être de l'effet suspensif des voies de recours ordinaires, l'évidence de ne pas perdre de vue qu'il est tout à fait possible que le jugement attaqué soit infirmé en appel ou rétracté sur opposition, et qu'il faudrait alors rétablir le débiteur initial dans ses droits avec tous les risques que cela comporte, notamment l'insolvabilité du bénéficiaire de l'exécution immédiate outre la mainlevée de la saisie éventuellement diligentée entre-temps, désormais caduque.

Sur un plan pratique, le principe de la suspension de l'exécution du jugement tant qu'une voie de recours ordinaire est possible emporte donc un certain nombre de conséquences[1]. Positives, d'abord, c'est-à-dire que dans l'hypothèse où le jugement est susceptible d'appel ou d'opposition il faudra attendre l'expiration du délai imparti pour l'exercice de l'une ou l'autre de ces voies de recours, soit en principe un mois à compter de la notification sauf si la partie condamnée a acquiescé au jugement, acquiescement qui, aux termes de l'article 409 alinéa 1er C. pr. civ., emporte renonciation aux voies de recours et rend la décision immédiatement exécutoire. Si un appel (ou une opposition) a été effectivement formé, le jugement ne peut plus être exécuté. Négatives, ensuite, c'est-à-dire que si le jugement n'est pas susceptible d'appel ou qu'il ne peut pas faire l'objet d'une opposition (par exemple, un jugement contradictoire ou réputé contradictoire rendu en premier et dernier ressort), il a force exécutoire dès sa notification[2] et passe en force de chose jugée. L'article 504 alinéa 1er C. pr. civ. le dit autrement en disposant que « *la preuve du caractère exécutoire ressort du jugement lorsque celui-ci n'est susceptible d'aucun recours suspensif* [...] ». Dans l'hypothèse voisine ou aucune voie de recours suspensive n'aurait été exercée, toute partie pourra se faire délivrer par le greffe de la juridiction devant laquelle le recours pouvait être formé un certificat attestant l'absence d'appel ou d'opposition (C. pr. civ., art. 505), et la preuve du caractère exécutoire du jugement résultera alors de la notification de la décision et de ce certificat permettant d'établir, « *par rapprochement avec cette notification, l'absence, dans le délai* », d'une opposition ou d'un appel[3] (C. pr. civ., art. 504).

1. Sur lesquelles, v. PERROT et THÉRY, n° 140.
2. Tout comme un arrêt d'appel, puisque le pourvoi en cassation, voie extraordinaire de recours, n'a en principe pas d'effet suspensif (C. pr. civ., art. 579).
3. Ou d'un pourvoi en cassation lorsque le pourvoi est suspensif.

SECTION 2

TITRES PROVISOIRES

121.21 Efficacité des titres provisoires. On vient de le voir, entre le moment où une décision est prononcée et celui où, en application des articles 500 et 501 C. pr. civ., elle devient exécutoire, un temps relativement long peut s'écouler, délai dont la durée dépend aussi de la diligence de la partie gagnante qui a intérêt à faire signifier sans tarder le jugement, puisque la signification est la condition première pour que celui-ci acquière force exécutoire. Le perdant sera à l'abri de toute exécution pendant ce temps, et à supposer qu'effectivement il interjette appel ou forme opposition il y échappera aussi longtemps que la juridiction saisie de ces recours n'aura pas statué[4]. Ce système protecteur n'est toutefois pas sans inconvénients puisqu'il peut conduire un plaideur condamné à interjeter appel dans le seul but d'obtenir la suspension de la force exécutoire du jugement, et dans ces conditions il est également indispensable de prévoir que le bénéficiaire d'une décision puisse l'exécuter sans attendre, alors même qu'elle pourra être remise en cause par la suite. C'est l'objet de l'exécution provisoire, qui permet d'exécuter la décision malgré l'effet suspensif de principe de l'appel ou de l'opposition, ou plus largement sans avoir à « se préoccuper » du sort qui sera réservé à cette décision sur exercice d'un recours qui peut n'être pas suspensif, par exemple l'appel d'une ordonnance de référé (C. pr. civ., art. 490) parce que celle-ci est exécutoire de droit.

Or, sur la base de ces titres exécutoires à titre provisoire, soit du fait de leur nature (ordonnances de référé, ordonnances du juge de la mise en état qui accordent une provision au créancier, par exemple)[5], soit parce que, même dotés de l'autorité de la chose jugée, ils peuvent être assimilés à un titre provisoire (jugement de première instance assorti par le juge, sur le fondement de l'article 515 C. pr. civ., de l'exécution provisoire, mais exposé à une voie de réformation ou de rétractation), une mesure d'exécution forcée est désormais possible. C'est l'article 31 de la loi n° 91-650 du 9 juillet 1991 portant réforme des procédures civiles d'exé-

4. Sur l'ensemble de cette question, v. R. Perrot, *Droit judiciaire privé*, Les cours de droit, 1981, p. 678.
5. C'est l'article 514 alinéa 2 C. pr. civ. qui décide que « *sont notamment exécutoires de droit à titre provisoire les ordonnances de référé, les décisions qui prescrivent des mesures provisoires pour le cours de l'instance, celles qui ordonnent des mesures conservatoires ainsi que les ordonnances du juge de la mise en état qui accordent une provision au créancier* ».

cution[1] qui en avait admis le principe, dont le siège se trouve aujourd'hui dans l'article L. 111-10 C. pr. exéc. selon lequel, « *sous réserve des dispositions de l'article L. 311-4, l'exécution forcée peut être poursuivie jusqu'à son terme en vertu d'un titre exécutoire à titre provisoire* ». Il faut en effet faire une place particulière à la saisie immobilière, qui peut être engagée, au stade de la délivrance du commandement de payer valant saisie, en vertu d'une décision de justice exécutoire par provision, mais où, pour requérir la vente forcée, le poursuivant devra avoir obtenu une « *décision définitive passée en force de chose jugée* » (C. pr. exéc., art. L. 311-4, al. 1er)[2].

Cette dérogation mise à part, une ordonnance de référé constitue un titre exécutoire qui autorise l'exécution forcée, par exemple une saisie des rémunérations[3], une saisie-vente des droits incorporels du débiteur, en l'occurrence des valeurs mobilières[4], ou encore de ses biens meubles corporels[5]. L'absence, ici, d'autorité de chose jugée au fond n'est pas un obstacle à de telles mesures, elle est même indifférente car la problématique, plus générale, est celle du caractère provisoire du titre. Le problème est bien là, d'ailleurs, car si la décision ayant donné lieu à exécution forcée est infirmée ou rétractée, cette exécution est désormais dépourvue de fondement et le gagnant de première instance obligé de revenir à l'état antérieur, l'exécution ayant même pu être la source d'un préjudice plus ou moins important dont celui qui l'a subi pourra demander réparation[6]. Cette incertitude sur l'avenir du titre provisoire doit conduire à ne pas engager une mesure d'exécution « à la légère », mise en garde dont l'alinéa 2 de l'article L. 111-10 se fait l'écho en posant que « *l'exécution est poursuivie aux risques du créancier. Celui-ci rétablit le débiteur dans ses droits en nature ou par équivalent si le titre est ultérieurement modifié* ».

Toutefois le droit à réparation de celui qui a souffert d'une poursuite téméraire n'est pas subordonné à une faute dans l'exécution de la décision exécutoire par provision[7], sous réserve néanmoins du cas où le créancier a sciemment dissimulé certains éléments susceptibles de constituer une faute[8]. Bref, il semble s'agir d'une responsabilité sans faute[9], ce qui peut s'expliquer par le fait que l'exécution est fondée, comme le dit le législateur, sur le risque. Par un important arrêt d'assemblée plénière du 24 février 2006[10], la Cour de cassation a jugé que l'exécution d'une décision de justice exécutoire à titre provisoire n'a lieu qu'aux risques de celui qui la poursuit, à charge, pour lui, si le titre est ultérieurement modifié, d'en réparer les conséquences dommageables[11]. Pour fonder sa décision, elle vise l'article 31 de la loi du 9 juillet 1991 (devenu C. pr. exéc., art. L. 111-10). Ce visa est sans doute discutable car, en l'espèce, le débiteur, condamné en première instance sur le fondement d'une ordonnance de référé assortie d'une astreinte, mais ultérieurement infirmée en cause d'appel, avait exécuté spontanément cette décision. Or, l'article 31 de cette loi (devenu C. pr. exéc., art. L. 111-10) a vocation à s'appliquer aux mesures d'exécution forcée volontairement mises en œuvre par le créancier, ce qui n'était toutefois pas le cas en l'espèce, même si l'astreinte menaçante exerçait sans doute une forme de contrainte sur le débiteur (comme peut le faire un commandement de payer). On relèvera que cette formation solennelle souligne qu'à partir du moment où l'ordonnance de référé avait été signifiée au débiteur, à la requête des créanciers, celui-là était dès lors tenu de l'exécuter. Cette précision est capitale en ce que d'une part elle laisse à penser que désormais la signification du titre participerait directement de l'exécution forcée et, d'autre part, en ce qu'elle risque de dissuader les créanciers de procéder à une notification en raison du risque encouru.

On notera par ailleurs que l'exécution forcée poursuivie en vertu d'un titre exécutoire provisoire aux risques et périls du créancier, ne méconnaît pas les exigences de l'article 6 § 1 de la Convention européenne des droits de l'homme. De même, ne porte pas atteinte au droit à un recours effectif,

1. L. n° 91-650, 9 juill. 1991, portant réforme des procédures civiles d'exécution, *JO* 14 juill., p. 9228.
2. V. Leborgne, nos 423 et 1968.
3. Civ. 3e, 8 déc. 2010, n° 09-71.124, *Bull. civ.* III, n° 216.
4. Civ. 2e, 7 mai 2008, n° 07-12.792, NP, qui affirme que « *tout créancier muni d'un titre exécutoire, même à titre provisoire, constatant une créance liquide et exigible, peut, à ses risques et périls, faire procéder à la saisie et à la vente des droits incorporels, autres que les créances de sommes d'argent, dont son débiteur est titulaire* », et qu'« *une ordonnance de référé constitue un titre exécutoire* » – V. aussi : Civ. 2e, 18 oct. 2001, n° 00-13.148, NP.
5. Civ. 2e, 28 janv. 1998, n° 96-10.110, *Bull. civ.* II, n° 37.
6. V. R. Perrot, *Droit judiciaire privé*, Les cours de droit, 1981, p. 687-688.
7. Civ. 2e, 10 juill. 2003, n° 01-14.778, *Bull. civ.* II, n° 244; *D.* 2003. 2207 – Civ. 2e, 22 janv. 2004, n° 01-00.580, *Bull. civ.* II, n° 18 – Civ. 2e, 14 avr. 2005, n° 03-14.195, *Bull. civ.* II, n° 91.
8. Sur l'absence d'indication du défaut de qualité de propriétaire : v. Civ. 2e, 23 oct. 2008, n° 07-17.937, NP; *Dr. et proc.* 2009. 56.
9. En ce sens : Perrot, obs. ss Civ. 2e, 23 oct. 2008, n° 07-17.937, NP; *RTD civ.* 2009. 170; *Dr. et proc.* 2010. 329, obs. Putman.
10. Cass., ass. plén., 24 févr. 2006, n° 05-12.679, *Bull. ass. plén.*, n° 2; *D.* 2006. 747, note Avena-Robardet; *D.* 2006. 1085, note Perrot; *Procédures* 2006, n° 96, note Perrot; *Dr. et proc.* 2006. 159, obs. Fricero; *JCP* 2006. II. 10063, note Croze; *Dr. et patr.* 2006. 85, obs. Lefort.
11. V. déjà : Civ. 2e, 9 janv. 2003, n° 00-22.188, *Bull. civ.* II, n° 3; *Dr. et proc.* 2003. 241, note Bourdillat.

consacré par l'article 13 de la Convention, la décision d'une cour d'appel qui retient qu'en statuant sans attendre la décision du premier président saisi d'une demande d'arrêt de l'exécution provisoire, le juge de l'exécution (JEX) n'a pas méconnu les limites de sa compétence[1].

En outre, la partie qui doit restituer une somme qu'elle détenait en vertu d'une décision de justice exécutoire n'en doit les intérêts au taux légal qu'à compter de la notification, valant mise en demeure de la décision ouvrant droit à restitution[2], y compris parfois si le jugement ne l'a pas précisé[3].

Mais si la poursuite de l'expropriation forcée d'un bien immobilier peut avoir lieu en vertu d'un jugement provisoire ou définitif, exécutoire par provision, nonobstant appel, il ne peut toutefois jamais être procédé à l'adjudication, celle-ci ne pouvant se faire qu'après un jugement définitif en dernier ressort ou passé en force de chose jugée (C. pr. exéc., art. L. 311-4).

121.22 Exécution provisoire facultative des jugements bénéficiant de l'autorité de chose jugée. Si le délai de recours par voie ordinaire (appel ou opposition) suspend l'exécution et si le recours exercé dans les délais est également suspensif (C. pr. civ., art. 539), il n'en demeure pas moins que le jugement qui n'est pas encore passé en force de chose jugée peut être mis à exécution forcée jusqu'à son terme lorsque son titulaire bénéficie de l'exécution provisoire (C. pr. civ., art. 514).

*Hors les cas où elle est de droit, l'exécution provisoire **facultative** peut être accordée d'office* ou à la demande des parties, partiellement ou pour le tout, chaque fois que le juge l'estime nécessaire et compatible avec la nature de l'affaire, à condition qu'elle ne soit pas interdite par la loi (C. pr. civ., art. 515, al. 1er)[4]. Jusqu'à il y a peu, l'exécution provisoire judiciaire était prohibée, comme l'indiquait l'article 515 alinéa 2 C. pr. civ., s'agissant des dépens. La jurisprudence assimilait, depuis plusieurs années, la condamnation prononcée au titre de l'article 700 C. pr. civ. à celle applicable aux dépens[5]. Toutefois, la jurisprudence a progressivement évolué. Elle a fini par décider que l'interdiction édictée par l'article 515 alinéa 2 C. pr. civ., ne visait que les seuls dépens. Elle en tirait alors cette conséquence que le premier président de la cour d'appel n'est pas tenu d'arrêter l'exécution provisoire de la condamnation prononcée au titre de l'article 700 C. pr. civ.[6]. On pouvait s'interroger sur les raisons justifiant que ces frais reçoivent un traitement différent. Mettant un terme à cette interrogation, le décret du 28 décembre 2005 supprime désormais la phrase indiquant qu'« *en aucun cas* [l'exécution provisoire facultative] *ne peut être ordonnée pour les dépens* ».

Par exception, l'article 1079 alinéa 1er C. pr. civ., modifié par le décret n° 2004-1158 du 29 octobre 2004[7], dispose que la prestation compensatoire ne peut être assortie de l'exécution provisoire, sauf si l'absence d'exécution risque d'avoir des conséquences manifestement excessives pour le créancier en cas de recours sur la prestation compensatoire alors que le prononcé du divorce a acquis force de chose jugée. Il est également porté exception s'agissant des jugements statuant sur le refus du dépôt ou le rejet de la formalité provenant du conservateur des hypothèques, en matière de publicité foncière (Décr. n° 55-22, 4 janv. 1955[8], art. 26, al. 3, prévoyant que l'ordonnance du président du tribunal de grande instance (TGI) statuant sur ce refus ou ce rejet, n'est pas susceptible d'exécution provisoire), et de ceux statuant en matière de faux (C. pr. civ., art. 310, al. 3). On rappelle qu'en vertu de l'article 524, 2° C. pr. civ., l'exécution provisoire judiciairement ordonnée peut être arrêtée par le premier président de la cour d'appel statuant en référé si elle risque d'entraîner des conséquences manifestement excessives[9].

121.23 Exécution provisoire de droit des jugements bénéficiant de l'autorité de chose jugée. L'exécution provisoire peut être de droit pour certaines décisions de justice ayant autorité de chose jugée (C. pr. civ., art. 514). Bénéficient de ce privilège :

– les **jugements du JEX** (COJ, art. L. 213-6 – et C. pr. exéc., art. L. 142-2), sous réserve de suspension d'exécution par le premier président de la cour d'appel (C. pr. exéc., art. R. 121-22). En droit de la consommation, l'article R. 331-9-2, IV du Code de la consommation décide, dans le cadre du traitement des situations de personnes surendettées, que

1. Civ. 2e, 10 févr. 2005, n° 03-15.067, *Bull. civ.* II, n° 28; *Procédures* 2005, n° 130, note Perrot; *Dr. et proc.* 2005. 295, obs. Lefort.
2. Civ. 2e, 15 mai 2003, n° 99-21.657, *Bull. civ.* II, n° 145.
3. Pour le cas d'une restitution de prix de vente consécutive à la résolution d'un contrat : Civ. 3e, 13 déc. 2011, n° 10-16.853, NP.
4. Pour un examen détaillé de cette question, v. S. Guinchard (dir.), Dalloz action *Droit et pratique de la procédure civile*, 2014/2015, nos 431.71 s., par P. Hoonakker.
5. Civ. 2e, 23 janv. 1985, n° 83-14.532, *Bull. civ.* II, n° 18; *Gaz. Pal.* 1985. Pan. 124, obs. Guinchard.
6. Civ. 2e, 31 mai 2001, n° 99-13.712, *Bull. civ.* I, n° 107; *D.* 2001. Somm. 2714, obs. Fricero; *RTD civ.* 2001. 663, obs. Perrot; *JCP* 2001. I. 132, n° 2, obs. Cadiet.
7. Décr. n° 2004-1158, 29 oct. 2004, portant réforme de la procédure en matière familiale, *JO* 31 oct., p. 18492.
8. Décr. n° 55-22, 4 janv. 1955, réforme de la publicité foncière, *JO* 7 janv., p. 346.
9. Sur cette possibilité conférée au premier président de la cour d'appel en droit des procédures collectives : v. C. com., art. R. 661-1, al. 3; comp. avec C. pr. exéc., art. R. 121-22.

les décisions rendues par le JEX sont immédiatement exécutoires;

– les **jugements et ordonnances rendus en matière de redressement et de liquidation judiciaires** sont, en principe, exécutoires de plein droit à titre provisoire. La solution (initialement prévue par l'alinéa 1er de l'article 155 du décret n° 85-1388 du 27 décembre 1985[1]) est désormais énoncée par l'article R. 661-1 alinéa 1er du Code de commerce. Ce même texte édicte, toutefois **trois séries de dérogations** au principe même qu'il institue[2].

C'est ainsi qu'échappent à cette règle :

– un certain nombre d'éventualités (de plein droit) spécifiées par l'alinéa 2 de l'article **R. 661-1 alinéa 1er du Code de la consommation**;

– de même, l'alinéa 3 de ce texte envisage une série de cas dans lesquels le premier président de la cour d'appel peut arrêter cette exécution provisoire;

– enfin, l'alinéa 4 de l'article R. 661-1 du Code de la consommation décide notamment qu'en cas d'appel du ministère public d'un jugement mentionné aux articles L. 661-1, L. 661-6 et L. 661-11 du Code de la consommation, l'exécution provisoire est arrêtée de plein droit à compter du jour de cet appel.

Il a été jugé que la décision déclarée opposable à l'AGS et la disant tenue à garantie constitue un titre exécutoire. Il en va ainsi d'une créance de dommages et intérêts d'un salarié, fixée au passif d'un employeur, qui a fait l'objet d'une procédure collective, et qui constitue un titre exécutoire au sens de l'article L. 111-3 C. pr. exéc. (anct L. 9 juill. 1991, art. 3). En conséquence, l'action du salarié tendant à dire que l'AGS doit faire l'avance de la somme due au commissaire à l'exécution du plan de la société par voie de saisie conservatoire, est fondée[3].

– les **jugements rendus par le président du TGI aux termes duquel il est statué sur une demande du président de l'Autorité des marchés financiers** (AMF) afin qu'il soit ordonné à la personne qui est responsable de la pratique relevée, de se conformer aux dispositions législatives ou réglementaires, de mettre fin à l'irrégularité ou d'en supprimer les effets. La décision, bien que rendue en la forme des référés, n'en est pas moins exécutoire par provision (v. C. pr. civ., art. 492-1, issu du Décr. n° 2011-1043, 1er sept. 2011[4] – C. mon. fin., art. L. 621-14, II);

– l'article 1074-1 C. pr. civ., inséré dans une section traitant des dispositions générales afférentes à la procédure en matière familiale, établit que « *les mesures portant sur l'exercice de l'autorité parentale, la pension alimentaire, la contribution à l'entretien et l'éducation de l'enfant et la contribution aux charges du mariage, ainsi que toutes les mesures prises en application de l'article 255 du Code civil* [rémunération du constatant], *sont exécutoires de droit à titre provisoire* » (v. aussi C. pr. civ., anc. art. 1084 et 1087, afférents à la modification des mesures accessoires);

– **certains jugements du conseil des prud'hommes.** Ainsi, l'article R. 1454-28 du Code du travail décide que sont notamment exécutoires de droit à titre provisoire, les jugements qui ordonnent la remise de certificats de travail, de bulletins de paie ou toute pièce que l'employeur est tenu de délivrer. L'article R. 1454-16 du même code confère en outre un caractère exécutoire par provision aux décisions rendues en application des articles R. 1454-14 et R. 1454-15 du Code du travail, le cas échéant au vu de la minute;

– les **jugements du tribunal des affaires de sécurité sociale statuant sur opposition à contrainte** (CSS, art. R. 133-3, al. dern., et R. 612-11, al. 5 – *adde*, CSS, art. R. 167-4, al. 2 et Décr. n° 79-707, 8 août 1979, art. 8);

– s'agissant de la **protection des victimes de violences**, le nouvel article 1136-7 alinéa 1er C. pr. civ. décide que l'ordonnance qui statue sur la mesure de protection des victimes de violences est exécutoire à titre provisoire, à moins que le juge n'en dispose autrement (Décr. n° 2010-1134, 29 sept. 2010[5]);

– les **jugements des tribunaux administratifs** et les **arrêts des cours administratives d'appel** (CJA, art. L. 11);

– les **décisions liquidant une astreinte** (L. 9 juill. 1991, art. 37 [devenu C. pr. exéc., art. R. 131-4]);

– dans le **contentieux de l'impôt**, l'article R. 202-5 du Livre des procédures fiscales dispose que « *le jugement du tribunal est exécutoire de droit à titre provisoire* ».

121.24 Exécution provisoire de droit des décisions ne bénéficiant pas de l'autorité de chose jugée au principal. Certaines décisions, par essence provisoires car ne tranchant jamais dans leur dispo-

1. Décr. n° 85-1388, 27 déc. 1985, relatif au redressement et à la liquidation judiciaire des entreprises, *JO* 29 déc., p. 15281.
2. Pour un examen approfondi de cette question : v. P.-M. Le Corre (dir.), Dalloz Action *Droit et pratique des procédures collectives,* 2015/2016, nos 234.11 s.
3. Civ. 2e, 21 sept. 2000, n° 98-14.151, *Bull. civ.* II, n° 130; *D.* 2000. 39.
4. Décr. n° 2011-1043, 1er sept. 2011, relatif aux mesures conservatoires prises après l'ouverture d'une succession et à la procédure en la forme des référés, *JO* 2 sept., p. 14884 – Sur ce texte : M. Foulon et Y. Strickler, « Le décret n° 2011-1043 du 1er septembre 2011 et la procédure en la forme des référés », *D.* 2011. 2668.
5. Décr. n° 2010-1134, 29 sept. 2010, relatif à la procédure civile de protection des victimes de violences au sein des couples, *JO* 30 sept., p. 17738.

sitif tout ou partie du principal, bénéficient cependant du privilège de l'exécution provisoire (C. pr. civ., art. 514). Ce sont notamment :

– les **ordonnances de référé** (C. pr. civ., art. 488, al. 1er, et 514, al. 2)[1]. Cette ordonnance bénéficie de plein droit de l'exécution provisoire dans toutes ses dispositions, y compris celles portant condamnation au titre de l'article 700 C. pr. civ.[2], peu important qu'elle n'ait pas autorité de la chose jugée au principal[3]. Ce caractère exécutoire attaché à l'ordonnance de référé ne saurait être étendu aux ordonnances rendues « *comme en matière de référé* », sauf exception (C. mon. fin., art. L. 621-14, II);

– les **décisions qui prescrivent des mesures provisoires pour le cours de l'instance ainsi que celles qui ordonnent des mesures conservatoires** (C. pr. civ., art. 514, al. 2);

Tel est notamment le cas en matière familiale. Ainsi, la condamnation au paiement d'une prestation compensatoire provisionnelle est par nature une mesure provisoire exécutoire de droit en vertu de ce texte[4]. Rappelant que ce n'est pas la nature de la décision qui confère son caractère exécutoire à la décision, mais le type de mesure ordonnée, un arrêt de la chambre commerciale a décidé que l'ordonnance qui accueille la demande formée sur le fondement de l'article L. 716-6 du Code de la propriété intellectuelle – spécifiant à l'époque des faits que le président du tribunal peut décider en la forme des référés – prescrit des mesures provisoires pour le cours de l'instance et des mesures conservatoires, est en conséquence exécutoire de droit à titre provisoire[5]. Quant à la question de savoir si le jugement ordonnant une expertise bénéficie de plein droit de l'exécution provisoire, la question reste controversée, même si la tendance dominante est plutôt en faveur d'une réponse négative[6].

– les **décisions prises dans le cours d'une instance tendant à l'obtention de pièces détenues par un tiers,** s'il y a lieu (C. pr. civ., art. 140);

– les **ordonnances du juge de la mise en état qui accordent une provision au créancier** (C. pr. civ., art. 514, al. 2, et 771, 3°);

– avant la réforme de la procédure familiale, l'article 1087 alinéa 1er C. pr. civ., afférant à la modification des mesures accessoires suite au prononcé du divorce, décidait que « *le juge aux affaires familiales statue, sans formalité, sur les demandes respectives. Sa décision est, de droit, exécutoire à titre provisoire* ». Désormais, l'article 1074-1 C. pr. civ. proclame que « *les mesures portant sur l'exercice de l'autorité parentale, la pension alimentaire, la contribution à l'entretien et l'éducation de l'enfant et la contribution aux charges du mariage, ainsi que toutes les mesures prises en application de l'article 255 du Code civil, sont exécutoires de droit à titre provisoire* »;

– les **décisions du juge du fond condamnant au paiement d'une provision.** Leur exécution, même sans réserve, exclut qu'il puisse y avoir acquiescement. Ce qui permet au débiteur, après s'être exécuté, de faire appel sur le fond de la décision rendue (C. pr. civ., art. 514, al. 2)[7];

– **certaines décisions du bureau de conciliation du conseil des prud'hommes** (C. trav., art. R. 1454-14 et 1454-16, R. 1454-28 et R. 1245-1 – v. ss no 121.31);

– les **décisions du président du TGI lorsqu'une difficulté se présente lors de la délivrance de copies d'acte** (C. pr. civ., art. 1437, al. 1er);

– les **ordonnances d'injonction de payer non frappées d'opposition** dans le délai d'un mois qui suit la signification de ladite ordonnance (C. pr. civ., art. 1422, al. 1er – v. ss no 121.33);

– les **décisions des juridictions correctionnelles, de police ou la juridiction de proximité accordant à une partie civile une provision** à valoir sur la réparation de son préjudice (C. pr. pén., art. 464, al. 3 et 539, al. 2, qui renvoie à l'article 464[8]).

On observera néanmoins que les décisions du juge des référés, du juge aux affaires familiales et du juge de la mise en état ont autorité de chose jugée relativement au problème qu'elles tranchent à titre provisoire, ce qui signifie que, sauf fait nouveau, ces juges ne peuvent rétracter ou modifier leurs ordonnances (C. pr. civ., art. 488, al. 2).

En cas d'appel d'une décision bénéficiant de l'exécution provisoire de droit, le premier président peut prendre les mesures d'aménagement prévues par l'article 521 deuxième alinéa C. pr. civ., et notamment, ordonner, en cas de condamnation au verse-

1. Civ. 2e, 28 janv. 1998, no 96-10.110, *Bull. civ.* II, no 37; *Rev. huiss.* 1998. 1078.
2. Civ. 2e, 24 juin 1998, no 96-22.851, *Bull. civ.* II, no 222; *D.* 1999. 148, note Hoonakker; *RTD civ.* 1998. 746, obs. Perrot; *Dr. et patr.* janv. 1999. 94, note Théry.
3. V. Civ. 2e, 11 oct. 2007, no 06-19.085, NP; *Procédures* 2007, no 279, note Perrot, rappelant qu'il faut se garder de confondre l'autorité de la chose jugée et le caractère exécutoire qui s'attache, de droit, à certaines décisions de justice.
4. Civ. 1re, 28 mai 2008, no 07-14.232, *Bull. civ.* I, no 155 – V. AUSSI, en matière d'assistance éducative : Limoges, ord. réf., 5 janv. 1999, *D.* 2000. 469, note Huyette.
5. Com. 8 avr. 2008, no 06-22.152, *Bull. civ.* IV, no 81 – COMP., en matière de copropriété, l'art. 19-2, al. 2 *in fine*, de la loi du 10 juill. 1965.
6. Civ. 2e, 27 juin 1990, no 89-13.364, *Bull. civ.* II, no 147; *Gaz. Pal.* 1991. 1. Somm. 153, obs. Guinchard, Moussa; *RTD civ.* 1991. 164, obs. Perrot.
7. Civ. 2e, 18 nov. 1999, no 97-12.709, *Bull. civ.* II, no 170; *JCP* 2000. II. 10385 – V. AUSSI : Civ. 2e, 13 janv. 2000, no 99-13.265, *Bull. civ.* II, no 5; *D.* 2000. 36.
8. V. AUSSI, la possibilité conférée par C. pr. civ., art. 852-1, al. 2.

ment d'un capital en réparation d'un dommage corporel, que ce capital sera confié à un séquestre à charge de reverser périodiquement à la victime la part que ce magistrat détermine.

Pendant longtemps, faisant une application stricte de la loi, la Cour de cassation a régulièrement rappelé qu'il n'entre pas dans les pouvoirs du premier président d'arrêter, en cas d'appel, l'exécution provisoire de droit[1]. Cette application intransigeante de la règle jouait y compris en cas d'erreur grossière de droit commise par la juridiction dont émane l'exécution provisoire de droit, en cas de violation des droits de la défense ou encore en cas d'excès de pouvoir, et ce malgré une résistance certaine dont ont fait montre certains premiers présidents[2]. La résistance opposée par la Cour de cassation, bien que justifiée au regard des textes qui ne prévoyaient pas une telle possibilité d'arrêt, suscita tout de même la critique. Ces récriminations ont été entendues par les rédacteurs du décret n° 2004-836 du 20 août 2004 portant modification de la procédure civile, puisque désormais l'article 524 C. pr. civ. comporte un alinéa 6 au terme duquel « *le premier président peut arrêter l'exécution provisoire de droit en cas de violation manifeste du principe du contradictoire ou de l'article 12* [C. pr. civ.] *et lorsque l'exécution risque d'entraîner des conséquences manifestement excessives.* ». Toute difficulté n'étant pas pour autant aplanie en raison de l'incertitude qui entoure le sens de ces expressions, et notamment la notion de violation manifeste de l'article 12[3].

121.25 Exécution provisoire sur minute. Les décisions dites « *exécutoires sur minute* » (sur simple présentation de l'original) ont la particularité de pouvoir être mise à exécution sur simple présentation de l'original, sans être revêtues de la formule exécutoire et sans nécessiter une signification préalable. Toutefois, l'exécution sur présentation d'une simple copie est impossible. Tel est en tout cas le sens d'un arrêt de la Cour de cassation du 1er juillet 1992 qui rappelle que l'ordonnance sur requête ne peut être exécutée qu'au vu de l'original (ou minute) ou d'une expédition revêtue de la formule exécutoire[4].

1. Civ. 2e, 13 janv. 2000, n° 99-13.265, *Bull. civ.* II, n° 5; *JCP* 2000. IV. 1326, n° 9 – Soc. 18 mai 2004, n° 02-19.167, NP; *RTD civ.* 2004. 556, obs. Perrot.
2. Versailles, 25 avr. 1986, *D.* 1986. 521, note Estoup – Lyon, ord. 1er prés., 31 mars 1998, *Gaz. Pal.* 21 déc. 1999, p. 48.
3. SUR CE POINT : Soc. 18 déc. 2007, n° 06-44.458, *Bull. civ.* IV, n° 213; *RTD civ.* 2008. 158, obs. Perrot; *JCP* 2008. II. 10030, note Croze; *JCP* 2008. I. 138, obs. Amrani-Mekki; *Dr. et proc.* 2008. 149, obs. Lefort – Civ. 2e, 15 oct. 2009, n° 08-15.489, *Bull. civ.* II, n° 246.
4. Civ. 2e, 1er juill. 1992, n° 91-11.434, *Bull. civ.* II, n° 194.

L'exécution sur minute est parfois de droit, parfois laissée à l'appréciation du juge, en cas de nécessité. Dans cette dernière hypothèse, l'exécution sur minute permet de passer outre un éventuel retard du greffe et d'assurer une exécution immédiate afin d'éviter que le débiteur n'organise son insolvabilité ou ne tente de distraire ses biens mobiliers d'une éventuelle saisie.

121.26 Exemples de décisions exécutoires sur minute. Il convient de distinguer deux catégories de décisions exécutoires sur minute, celles qui sont exécutoires par le seul effet de la loi et celles qui sont exécutoires par décision du juge.

Sont notamment exécutoires sur minute **de droit** :

– les ordonnances sur requête (C. pr. civ., art. 495, al. 2) dont un exemplaire est conservé par le greffe et l'autre remis au demandeur pour signification (tant du moins qu'elle n'a pas été rétractée).

Sont notamment exécutoires sur minute **sur ordre du juge :**

– les **ordonnances de référé** (C. pr. civ., art. 489, al. 2);

– les **décisions du JEX** (C. pr. exéc., art. R. 121-17);

– les **décisions de délivrance** d'une expédition ou de production d'un acte ou d'une pièce détenu par un tiers, prises par le juge en cours d'instance (C. pr. civ., art. 140);

– les **mesures d'instruction** lorsque le juge décide de les exécuter sur-le-champ (C. pr. civ., art. 159);

– les **décisions prises par le bureau de conciliation** du conseil de prud'hommes dans le cadre de l'article R. 1454-16 du Code du travail (v. ss n° 121.31).

SECTION 3
CAS PARTICULIERS

121.31 Particularité de certaines décisions des conseils de prud'hommes. L'article R. 1454-16 alinéa 1er du Code du travail prévoit que certaines décisions rendues par le bureau de conciliation, bien que dépourvues d'autorité de la chose jugée au principal, sont exécutoires par provision, le cas échéant au vu de la minute. Il s'agit notamment des décisions qui tendent à la délivrance de bulletins de paie, de certificats de travail ou toute pièce que l'employeur est légalement tenu de délivrer. Il a encore la faculté d'ordonner le versement de diverses indemnités (indemnité compensatrice, indemnité spéciale de licenciement en cas d'inaptitude médicale et consécutive à un accident du travail ou à une maladie professionnelle, et indemnités de fin de contrat et de mission prévues par C. trav., art. L. 1243-8 et L. 1251-32).

Le bureau de conciliation peut également ordonner le versement de diverses provisions (sur les salaires et ses accessoires ainsi que les commissions, et sur les indemnités de congés payés, de préavis, de licenciement, de précarité d'emploi). L'article R. 1454-15 alinéa 1er du Code du travail décide que le montant total de ces provisions fait l'objet d'un chiffrage par le bureau de conciliation et qu'il ne peut excéder six mois de salaires calculés sur la moyenne des trois derniers mois de salaire. De même, le bénéfice de l'exécution provisoire est lié à la nature des sommes allouées et non à celle de la formation de jugement (bureau de conciliation ou bureau de jugement) qui a rendu la décision [1].

On observera que les jugements rendus par le conseil de prud'hommes sont de droit exécutoires à titre provisoire dans plusieurs éventualités envisagées par l'article R. 1454-28 du Code du travail. Il s'agit :

- du jugement ordonnant la remise d'un certificat de travail, de bulletins de paie ou de toute pièce que l'employeur est tenu de délivrer;

- du jugement qui ordonne le paiement de sommes au titre des rémunérations et indemnités mentionnées au 2° de l'article R. 1454-14, dans la limite maximum de neuf mois de salaire calculés sur la moyenne des trois derniers mois de salaire. Cette moyenne étant mentionnée dans le jugement.

La mention est en effet simplement destinée à rendre plus facile la vérification des limites dans lesquelles le jugement doit être exécuté. Aussi, lorsque la décision et (ou) les pièces produites permettent d'effectuer un contrôle efficace, l'absence de mention des trois derniers mois de salaire est sans incidence sur l'exécution provisoire de droit des condamnations prononcées contre l'employeur. Lorsque le conseil de prud'hommes a rejeté, d'une manière générale, une demande d'exécution provisoire formulée par l'une des parties, sans distinguer entre les sommes accordées à titre de dommages et intérêts et celles accordées à titre d'heures supplémentaires, le JEX ne peut soustraire de la saisie les créances bénéficiant de l'exécution provisoire de plein droit. Dans cette hypothèse, il ne lui appartient pas de déterminer, au regard des critères légaux, l'existence et l'étendue de l'exécution provisoire de droit lorsqu'elle n'a pas été expressément écartée par la juridiction [2]. Il doit en revanche vérifier que les critères requis pour l'exécution provisoire de droit sont satisfaits et en tirer toute conséquence.

1. TGI Bobigny, JEX, 27 mai 1997, *Gaz. Pal.* 11 févr. 1998, p. 8.
2. Civ. 2e, 18 oct. 2001, *Dr. et proc.* 2002. 104, obs. Hoonakker.

121.32 Cas particulier des mesures d'administration judiciaire. Ces mesures, prises en vue d'assurer le bon fonctionnement de la justice, sont non susceptibles de recours (C. pr. civ., art. 537), puisqu'elles n'affectent pas les droits et obligations des parties sur le fond. C'est ainsi, notamment, que ne peuvent donner lieu à aucune exécution forcée les décisions fixant une provision ou un complément de provision à la charge d'une partie pour assurer la rémunération de l'expert commis par le juge (C. pr. civ., art. 269 à 271). La sanction de l'inertie de la partie qui doit consigner la provision est la caducité de la désignation de l'expert [3].

121.33 Cas particulier de l'ordonnance d'injonction de payer. Définie par les articles 1405 à 1425 C. pr. civ., la procédure d'injonction de payer est un mode simplifié de recouvrement des créances qui se caractérise par une décision de condamnation à payer prise, selon les cas, par le juge d'instance, le juge de proximité ou le président du tribunal de commerce (C. pr. civ., art. 1406, suite au Décr. n° 2003-542, 23 juin 2003 [4]), sans débat contradictoire, au seul vu de la requête et des pièces fournies par le demandeur. L'ordonnance est non-avenue si elle n'a pas été signifiée dans les six mois de sa date (C. pr. civ., art. 1411, al. 2) [5]. La signification ouvre un délai d'opposition d'un mois pour permettre un débat contradictoire devant le juge qui a signé l'injonction. À défaut d'opposition dans le délai prévu et quel que soit le mode de signification (à personne ou non), le créancier peut demander à ce que l'ordonnance portant injonction de payer soit revêtue de la formule exécutoire par le secrétariat-greffe du tribunal (C. pr. civ., art. 1422) [6].

Il lui faut donc attendre l'expiration du délai d'un mois qui court à compter de la signification de la décision [7]. Cette demande tendant à l'apposition de la formule exécutoire est formée au greffe, soit par déclaration, soit par lettre simple. L'article 1423 alinéa 2 C. pr. civ. prévoit que « *l'ordonnance est non avenue si la demande du créancier n'a pas été présentée dans le délai d'un mois suivant l'expiration du*

3. Civ. 2e, 22 mai 1995, n° 93-15.564, *Bull. civ.* II, n° 151; *D.* 1996. 404, obs. Ruellan.
4. Décr. n° 2003-542, 23 juin 2003, relatif à la juridiction de proximité et modifiant le Code de l'organisation judiciaire, le Nouveau Code de procédure civile, le Code de procédure pénale et le décret n° 91-1266 du 19 décembre 1991 portant application de la loi n° 91-647 du 10 juillet 1991 relative à l'aide juridique, *JO* 25 juin, p. 10632.
5. Sur la sanction de la caducité : Civ. 2e, 8 juill. 2004, n° 02-19.504, *Bull. civ.* II, n° 366.
6. Bordeaux, 1re ch. B, 30 janv. 2006, RG n° 04/03879.
7. Pour un cas où la formule exécutoire avait été délivrée le jour même où l'ordonnance avait été signifiée : Civ. 2e, 10 janv. 2008, n° 06-21.404, *Bull. civ.* II, n° 4; *Procédures* 2008, n° 100, note Perrot.

délai d'opposition ou le désistement du débiteur ». En revanche, la jurisprudence a précisé que ce texte n'impose aucun délai pour apposer la formule exécutoire[1].

Toutefois, si la signification n'a pas été faite à personne, l'opposition est recevable jusqu'à l'expiration du délai d'un mois suivant le premier acte signifié à personne, ou, à défaut, suivant la première mesure d'exécution ayant pour effet de rendre indisponibles en tout ou partie les biens du débiteur (C. pr. civ., art. 1416). Si cette mesure d'exécution est une saisie-attribution, le délai court à compter du jour où le débiteur en a eu connaissance, c'est-à-dire à partir de sa dénonciation[2]. Il résulte de ces dispositions que le créancier peut toujours pratiquer une saisie, alors même que l'ordonnance est encore susceptible de recours[3].

Que se passe-t-il lorsque l'opposition à l'injonction est régulièrement formée postérieurement à une saisie-attribution ? Force doit-elle rester au titre revêtu de la formule exécutoire ? ou bien le juge doit-il donner mainlevée de la saisie en considérant que l'opposition a fait perdre définitivement à l'injonction son caractère exécutoire ?

La Cour de cassation, par un avis du 8 mars 1996, répond en ces termes : « *L'opposition régulièrement formée, à la suite d'une mesure d'exécution, contre une ordonnance portant injonction de payer rendue exécutoire, a pour effet de saisir le tribunal de la demande du créancier et de l'ensemble du litige, et affecte ainsi la force exécutoire du titre sur le fondement duquel la mesure a été pratiquée. Elle empêche dès lors la poursuite de la procédure d'exécution sans remettre en cause les effets de l'acte de saisie dont la validité s'apprécie au moment où il a été signifié;* [la cour est donc] *d'avis que l'opposition ne peut pas conduire à ordonner la mainlevée de la saisie-attribution pratiquée, mais fait obstacle jusqu'à ce qu'il ait été statué sur l'opposition par la juridiction compétente, au paiement des sommes rendues indisponibles* »[4] (v. s[s] n° 153.72).

En conséquence, chaque fois que le JEX est saisi d'une exception tirée de l'opposition régulièrement formée contre l'ordonnance d'injonction de payer fondant la mesure d'exécution contestée, il doit surseoir à statuer dans l'attente de la décision du tribunal compétent. Cette décision a le mérite de préserver les droits du créancier puisque les effets de la saisie sont maintenus (indisponibilité des sommes ou biens saisis) tout en ménageant ceux du débiteur (absence de paiement immédiat ou poursuite de la procédure de vente). À la suite de l'avis de la Cour de cassation, la question s'est posée de savoir si le JEX pouvait se faire juge, préliminairement, du caractère régulier ou non de l'opposition. Il nous paraît qu'il convient de répondre par la négative à une telle question. En effet, seul le juge naturel du contentieux de l'injonction de payer est habilité à apprécier la régularité, la recevabilité et le bien-fondé de l'opposition (C. pr. civ., art. 1415), ces prérogatives résultant au demeurant de son *imperium* dans le cadre du contentieux propre de l'injonction de payer.

Il a été pourtant jugé que le JEX pouvait constater qu'une injonction de payer n'a pas valeur de titre exécutoire. Tel est le cas de la procédure de saisie-vente engagée sur le fondement d'une ordonnance non régulièrement signifiée au débiteur et pour laquelle le délai d'opposition n'a pu courir[5]. On peut toutefois se demander si, dans cette hypothèse, le JEX ne s'est pas prononcé sur la recevabilité de l'opposition ?

En revanche, il est certain que l'injonction de payer, non revêtue de la formule exécutoire parce que frappée d'opposition, ne permet pas la mise en œuvre d'une mesure d'exécution[6].

On relève aussi que la caution peut contester la validité de son engagement alors qu'elle a reçu une injonction de payer revêtue de la formule exécutoire. En effet, la Cour de cassation considère que l'ordonnance n'a pu se prononcer sur la question de la validité du consentement de la caution et admet en conséquence sa demande ultérieure en annulation de l'acte de cautionnement pour dol du créancier, cette action ne portant pas atteinte à l'autorité de la chose jugée attachée à l'ordonnance[7].

121.34 Signification et notification des actes judiciaires et extrajudiciaires en matière civile et commerciale dans les États membres de la Communauté européenne. Le règlement (CE) n° 1348-2000 du 29 mai 2000[8], entré en application le

1. Civ. 2e, 8 mars 2001, n° 99-15.089, NP; *Procédures 2001*, n° 104, obs. Perrot – Le greffier chargé d'apposer cette formule n'a pas à indiquer la date à laquelle la demande a été formée, faute de disposition en ce sens, Civ. 2e, 10 janv. 2008, n° 07-10.508, *Bull. civ.* II, n° 3; *D.* 2008. AJ 361, note Avena-Robardet; *Dr. et proc.* 2008. 153, obs. Leborgne.
2. Cass., avis, 16 sept. 2002, n° 02-00.003, *Bull. avis,* n° 4; *D.* 2002. 2776.
3. Caen, 14 déc. 1993, *D.* 1994. Somm. 339 – TGI Quimper, 17 nov. 1994, *Rev. huiss.* 1995. 1397.
4. Cass., avis, 8 mars 1996, n° 09-60.001, *Bull. avis,* n° 4.
5. Douai, 7 sept. 1995, *BICC* 15 mars 1996, n° 348; *Rev. huiss.* 1995. 630.
6. TGI Rennes, JEX, 1er mars 1994, *Rev. huiss.* 1994. 631.
7. Civ. 1re, 18 janv. 2000, n° 97-19.674, *Bull. civ.* I, n° 11; *D.* 2000. 57.
8. Règl. (CE) n° 1348/2000 du Conseil, 29 mai 2000, relatif à la signification et à la notification dans les États membres des actes judiciaires et extrajudiciaires en matière civile et commerciale, *JOCE,* n° L 160, 30 juin, p. 37-52.

31 mai 2001, tend à accélérer la transmission des actes judiciaires et extrajudiciaires[1]. Tout en reprenant une partie des dispositions de la convention de La Haye, ce règlement a instauré un système décentralisé destiné à faciliter et accélérer la circulation des actes de procédure, judiciaire et extrajudiciaire, en matière civile et commerciale au sein de l'Union européenne.

Il a toutefois été récemment abrogé par le règlement (CE) n° 1393/2007 du Parlement européen et du Conseil du 13 novembre 2007, entré en application en novembre 2008 (Règl., art. 25 et 26). Ce nouveau règlement, qui est un toilettage du règlement précédent, répond principalement à la nécessité d'améliorer l'efficacité du système précédemment instauré en raison des insuffisances constatées[2]. L'ambition de porter remède à ces insuffisances et lacunes est aussi légitime qu'importante car, comme le précise notamment le considérant n° 2, « *le bon fonctionnement du marché intérieur exige d'améliorer et d'accélérer la transmission entre les États membres des actes judiciaires et extrajudiciaires en matière civile ou commerciale aux fins de signification ou de notification* ».

Dans ses grandes lignes, ce dispositif repose sur la distinction, au sein de chaque État membre, entre les autorités et personnes compétentes pour transmettre ou recevoir les actes à destination ou en provenance d'un autre État membre.

Ce dispositif déroge aux règles prescrites par le Code de procédure civile s'agissant de la notification des actes à l'étranger, et de la notification des actes en provenance de l'étranger. Alors que ce second mode de notification (notification des actes en provenance de l'étranger) est régi par les articles 688-1 à 688-8 C. pr. civ., le premier (notification des actes à l'étranger) est, pour sa part, organisé par les articles 683 à 688 C. pr. civ.

S'agissant spécialement de la notification des actes à l'étranger, il convient de signaler que les dispositions qui la régissent ont été modifiées par le décret n° 2005-1678 du 28 décembre 2005[3], relatif à la procédure civile, à certaines procédures d'exécution et à la procédure de changement de nom (entré en vigueur le 1er mars 2006). Si, sur le fond, le système demeure toujours celui d'une signification par la voie du parquet (C. pr. civ., art. 684), doublé d'une LRAR contenant la copie de l'acte expédié au destinataire (C. pr. civ., art. 686) ayant sa résidence habituelle à l'étranger, on notera notamment la nouvelle rédaction de l'article 683 C. pr. civ. qui établit que « *sous réserve de l'application des règlements communautaires et des traités internationaux, la transmission des actes judiciaires et extrajudiciaire à l'étranger est faite par voie de notification ou de signification internationales dans les conditions prévues par la présente sous-section* ». En outre, l'article 687 C. pr. civ. prévoit qu'il appartient au procureur de la République d'informer l'autorité requérante (huissier de justice, greffe) des diligences accomplies. Bref, à moins que la transmission ne s'opère en vertu de l'application d'un règlement communautaire, l'acte destiné à être notifié à une personne ayant sa résidence habituelle à l'étranger est remis au parquet (C. pr. civ., art. 684, al. 1er). Il en est de même pour l'acte destiné à être notifié à un État étranger, un agent diplomatique ou tout autre bénéficiaire de l'immunité de juridiction (C. pr. civ., art. 684, al. 2).

Pour l'essentiel, l'objectif de célérité inhérent à ce règlement communautaire conduit à poser que la transmission de l'acte doit désormais s'effectuer directement, et par des moyens rapides de communication, de l'entité d'origine (celle qui transmet l'acte) à l'entité requise identique (celle qui le reçoit). L'entité requise est notamment chargée de vérifier la conformité de l'acte à la législation du pays d'origine. L'entité requise doit recevoir l'acte en provenance du pays d'un autre État membre et est chargée de procéder à la notification de l'acte conformément à la législation de l'État membre requis.

En France, l'entité d'origine, compétente pour transmettre des actes dans les États membres sont les huissiers de justice, greffes et secrétariats-greffes. L'entité requise compétente pour recevoir les actes judiciaires ou extrajudiciaires est désormais l'huissier de justice (un temps cette mission fut confiée à la Chambre nationale des huissiers de justice).

La transmission de l'acte judiciaire ou extrajudiciaire doit s'effectuer directement par l'entité d'origine à l'entité requise par tous moyens appropriés (matériels ou dématérialisés) et doit être accompagnée d'une demande établie sur un formulaire type complété dans la langue officielle de l'État membre

1. Sur lequel V. NOT. : M. Douchy, « Le règlement CE n° 1348-2000 du 29 mai 2000 relatif à la signification et à la notification des actes judiciaires et extrajudiciaires en matière civile et commerciale : de nouvelles charges en perspective pour les huissiers de justice », *Dr. et proc.* 2001. 77 – M. Douchy, B. Menut, M. Chardon, S. Gensollen et J.-P. Spinelli, *Transmission, signification ou notification des actes*, « Pratique professionnelle », Litec, 2002, spéc. p. 213 s. – *Adde :* J.-F. Sampieri-Marceau, « Les significations d'actes judiciaires et extrajudiciaires dans la Communauté européenne », *D.* 2006. Chron. 1009.
2. À cet égard, il est topique d'observer que les considérations du règlement font usage, à plusieurs reprises, des termes de rapidité et d'efficacité. La notion d'accès facilité à la justice est aussi évoquée.
3. Décr. n° 2005-1678, 28 déc. 2005, relatif à la procédure civile, à certaines procédures d'exécution et à la procédure de changement de nom, *JO* 29 déc. 2005, p. 20350.

requis. On observera qu'en vertu du considérant n° 7 du nouveau règlement, « *la rapidité de la transmission justifie l'utilisation de tout moyen approprié, pour autant que soient respectées certaines conditions quant à la lisibilité et à la fidélité du document reçu. La sécurité de la transmission exige que l'acte à transmettre soit accompagné d'un formulaire type devant être rempli dans la langue officielle ou l'une des langues officielles du lieu où la signification ou la notification doit être effectuée ou dans une autre langue acceptée par l'État membre concerné* ». Afin de garantir le respect des droits de la défense, l'article 8.1 du règlement proclame que l'entité requise informe le destinataire, au moyen du formulaire type figurant à l'annexe II, qu'il peut refuser de recevoir l'acte à signifier ou à notifier, au moment de la signification ou de la notification ou en retournant l'acte à l'entité requise dans un délai d'une semaine, si celui-ci n'est pas rédigé ou accompagné d'une traduction dans l'une des langues suivantes : soit une langue comprise du destinataire, soit la langue officielle de l'État membre requis ou, s'il existe plusieurs langues officielles dans cet État membre, la langue officielle ou l'une des langues officielles du lieu où il doit être procédé à la signification ou à la notification[1]. Dans le même temps, afin de favoriser l'efficacité du règlement, son considérant n° 10 prévoit que, « *la possibilité de refuser la signification ou la notification des actes devrait être limitée à des situations exceptionnelles* ».

À la réception de l'acte judiciaire ou extrajudiciaire à notifier ou signifier, l'entité requise doit délivrer un accusé de réception dans les meilleurs délais, et au plus tard dans les sept jours suivant la réception (art. 6.1). Il lui appartient de vérifier la régularité formelle de l'acte ainsi que sa conformité avec le domaine d'application du règlement. La signification ou la notification de l'acte judiciaire doit intervenir, conformément aux prescriptions de l'article 7.2 du nouveau règlement, dans les meilleurs délais et, en tout état de cause, dans un délai d'un mois à compter de la réception[2].

S'agissant de la date de la notification ou de la signification, l'article 9.1 décide qu'elle est celle à « *laquelle l'acte a été notifié ou signifié conformément à la législation de l'État membre requis* ». Néanmoins, lorsque, conformément à la législation d'un État membre, un acte doit être signifié ou notifié dans un délai déterminé, la date à prendre en considération à l'égard du requérant est celle fixée par la législation de cet État membre.

En ce qui concerne l'hypothèse où un acte introductif d'instance ou un acte équivalent a dû être transmis dans un autre État membre aux fins de signification ou de notification, et que le défendeur ne comparaît pas, l'article 19.1 précise que le juge est tenu de surseoir à statuer lorsque deux conditions sont satisfaites.

D'une part, aussi longtemps qu'il n'est pas établi, soit que l'acte a été signifié ou notifié selon un mode prescrit par la loi de l'État membre requis pour la signification ou la notification des actes dressés dans ce pays et qui sont destinés aux personnes se trouvant sur son territoire, soit que l'acte a été effectivement remis au défendeur ou à sa résidence selon un autre mode prévu par le présent règlement. Et qu'ensuite, dans chacune des éventualités ci-dessus évoquées, soit la signification ou la notification, soit la remise a eu lieu en temps utile pour que le défendeur ait pu se défendre[3].

121.35 Décision ouvrant droit à restitution. En principe, lorsqu'une décision infirme, casse ou annule une décision de justice qui avait été précédemment exécutée, en raison de son caractère exécutoire, elle emporte de plein droit obligation de restitution[4]. Ainsi en est-il d'un arrêt rendu par une cour d'appel qui infirme un jugement exécuté par provision[5]. Dans cette situation, une jurisprudence classique de la Cour de cassation décide que l'obligation de remboursement résulte de plein droit de la décision de réformation[6]. La conséquence pratique immédiate est qu'il n'est nullement besoin de demander au juge qu'un chef du dispositif de sa décision de réformation prévoit spécifiquement l'obligation de rembourser à la charge du premier gagnant[7]. Il n'est donc pas nécessaire

1. Sur les modalités visant à informer rapidement l'entité d'origine du refus et sur les moyens de remédier à ce refus, v. Règl. 13 nov. 2007, art. 8.
2. Pour le cas où il n'a pas été possible de procéder à la signification ou à la notification dans un délai d'un mois à compter de la réception, l'entité requise, soit en informe immédiatement l'entité d'origine, soit continue à prendre toutes les mesures nécessaires pour assurer la signification ou la notification de l'acte (v. Règl. 13 nov. 2007, art. 7.2, a et b, pour de plus amples précisions).
3. Sur la possibilité néanmoins reconnue au juge de statuer : v. Règl. 13 nov. 2007, art. 19.2.
4. Civ. 3e, 19 févr. 2002, n° 00-20.665, NP; *RTD civ.* 2002. 359, obs. Perrot – Civ. 2e, 10 juill. 2008, n° 07-16.802, *Bull. civ.* II, n° 183; *Dr. et proc.* 2008. 352 – Com. 12 juill. 2011, n° 10-16.911, *Bull. civ.* IV, n° 121; *Procédures* 2011. Comm. 303, note Perrot.
5. Sur le cas particulier où le créancier dispose finalement d'un titre – jugement – suite au désistement partiel d'appel du débiteur interjeté contre un codébiteur condamné *in solidum* : Civ. 2e, 14 févr. 2008, n° 07-14.848, NP.
6. Soc. 6 avr. 1951, *RTD civ.* 1951. 436, obs. Raynaud – Civ. 2e, 20 juill. 2008, n° 07-16.802, *Bull. civ.* II, n° 183 (arrêt partiellement infirmatif) – Civ. 2e, 20 mai 2010, n° 09-66.984, NP – Civ. 2e, 24 juin 2010, n° 09-67.534, NP – Civ. 2e, 11 mars 2010, n° 09-13.320, NP.
7. Les intérêts au taux légal courant à compter de la notification de la décision infirmative : Civ. 2e, 15 déc. 2005, n° 04-12.299, *Bull. civ.* II, n° 326; *RTD civ.* 2006. 158, obs. Perrot.

que la décision fasse mention de cette situation puisqu'une infirmation ou la cassation[1] ouvrent, de plein droit, restitution.

Outre le fait qu'un arrêt de cour d'appel, demeuré toutefois isolé, a pu décider du contraire[2], la Cour de cassation paraît s'éloigner de cette ligne directrice lorsqu'après un arrêt de cassation, la cour d'appel de renvoi confirme un jugement de débouté. Ainsi, un arrêt rendu le 11 septembre 2003 par la deuxième chambre civile de la Cour de cassation est illustratif de cette difficulté.

La Haute juridiction a jugé que suite à un arrêt de cassation, la décision d'une cour d'appel de renvoi qui se contente de confirmer un jugement de première instance, ne peut constituer un titre exécutoire contre la partie succombante. La raison invoquée étant qu'il ne s'agit pas de la décision ouvrant formellement droit à restitution[3]. Dans cette affaire, les faits étaient les suivants : la cliente d'une banque avait été déboutée par les premiers juges de sa demande en paiement. En cause d'appel, elle obtint la réformation du jugement; la banque exécuta la condamnation. Elle forma toutefois un pourvoi en cassation qui aboutit à une cassation de l'arrêt. La cour de renvoi suivit la Cour de cassation et se borna à confirmer le jugement de première instance qui avait débouté la demanderesse. Suite à cette décision, l'établissement de crédit fit délivrer un commandement de saisie-vente en se fondant tant sur l'arrêt de renvoi intervenu après cassation que sur le jugement de première instance. La question posée au JEX était de savoir si le rapprochement entre les deux décisions visées dans le commandement était suffisant pour fonder un titre exécutoire. La Cour de cassation a estimé que tel n'était pas le cas. En effet, pour la Haute juridiction, la confirmation d'un jugement qui déboute le demandeur de sa demande en paiement, n'est pas de nature à justifier l'existence de la créance de restitution. Bref, le titre de la cour d'appel de renvoi n'emporte pas, dans ces conditions, de plein droit restitution car il se borne à confirmer le jugement. Il n'indique donc pas, dans son dispositif, que le perdant doit rembourser telle somme à l'établissement de crédit. Autrement dit, pour que tel soit le cas, il faut que le dispositif comporte expressément un passage faisant état d'une condamnation à restitution.

La deuxième chambre civile a confirmé peu de temps après cette inclinaison en jugeant, le 18 décembre 2003, que l'arrêt d'une juridiction de renvoi après cassation qui confirme un jugement de débouté initial ne constitue pas un titre exécutoire ouvrant droit à restitution[4].

On peut émettre quelques réserves sur l'opportunité de cette orientation jurisprudentielle en se demandant si elle ne sacrifie par trop au formalisme[5]. Certes le titre exécutoire est une pièce maîtresse du droit de l'exécution; certes il doit constater une créance liquide et exigible du débiteur au bénéfice du créancier[6], mais la solution semble un peu sévère dans la mesure où le créancier a commencé par exécuter une décision de condamnation, alors que, par la suite, son adversaire s'abstient de lui restituer ce à quoi il a droit. Quoi qu'il en soit, en l'état de cette jurisprudence, la prudence consiste donc à requérir du juge qu'il insère, dans le dispositif, une prescription ordonnant formellement la restitution des sommes. Le mouvement jurisprudentiel précédemment évoqué, et qui tend à exiger de manière moins rigoureuse que par le passé une condamnation explicite dans le dispositif du jugement, pourrait, peut-être, avoir quelque incidence sur la position de la jurisprudence.

En revanche, lorsqu'il s'agit de recouvrer les frais de l'exécution forcée, la Cour de cassation a jugé que l'huissier de justice peut, sur le fondement du titre servant de fondement aux poursuites, recouvrer les frais de l'exécution forcée qui sont à la charge du débiteur[7].

121.36 Vérification et recouvrement des dépens. Cette procédure est régie par les dispositions des articles 704 et suivants C. pr. civ. Elle permet aux parties qui rencontrent une difficulté s'agissant de la détermination des dépens, de solliciter, sans forme, le secrétaire de la juridiction compétente afin que ce dernier procède à la vérification des dépens[8]. Cette procédure doit également être mise en œuvre par l'auxiliaire de justice qui entend

1. Soc. 24 oct. 1989, n° 85-41.073, *Bull. civ.* V, n° 613 – Civ. 2e, 8 juill. 2010, n° 09-67.093, NP – Civ. 2e, 7 janv. 2010, n° 09-65.035, NP; *D.* 2010. Pan. 1311.
2. Orléans, 16 nov. 2000, *JCP* 2001. II. 10448, obs. Rémery; *RTD civ.* 2001. 211, obs. Perrot; *Dr. et proc.* 2001. 116, obs. Desdevises.
3. Civ. 2e, 11 sept. 2003, n° 01-16.703, *Bull. civ.* II, n° 257; *Procédures* 2003, n° 255, note Perrot; *Dr. et proc.* 2004. 41, note Putman.
4. Civ. 2e, 18 déc. 2003, n° 02-15.725, *Bull. civ.* II, n° 401; *RTD civ.* 2004. 352, obs. Perrot.
5. EN CE SENS les réserves émises par M. Perrot, *RTD civ.* 2004. 353 (préc. ss prést n°).
6. Civ. 2e, 21 mars 2002, n° 00-19.051, *Bull. civ.* II, n° 56 – Civ. 2e, 30 avr. 2009, n° 08-12.105, *Bull. civ.* II, n° 111; *D.* 2009. 2255, note Leborgne; *D.* 2010. 1307, obs. Leborgne; *RTD civ.* 2009. 701, obs. Hauser.
7. Civ. 2e, 6 mars 2003, n° 01-02.745, *Bull. civ.* II, n° 56; *Dr. et proc.* 2003. 310, obs. Menut.
8. Sur cette procédure, v. F. Arbellot, « Réflexions sur la procédure de vérification et de recouvrement des dépens », *Procédures* juin 2004. 13 – L'article 704 C. pr. civ. est sans application à la procédure de contestation relative à la rémunération des techniciens : Civ. 2e, 5 avr. 2007, n° 06-13.063, *Bull. civ.* II, n° 82; *Dr. et proc.* 2007. 272, obs. Putman.

recouvrer les dépens (auquel cas sa demande est accompagnée du compte détaillé).

Une fois qu'il a procédé à la vérification du montant des dépens, et le cas échéant procédé aux redressements qui s'imposent au regard des tarifs, le secrétaire remet ou adresse une lettre simple à l'intéressé contenant un certificat de vérification. Il appartient à la partie poursuivante de notifier le compte à l'adversaire qui dispose alors d'un délai d'un mois pour le contester (C. pr. civ., art. 706, al. 1er - v. C. pr. civ., art. 706, al. 2 s'agissant du respect des droits de la défense). En l'absence de contestation par l'adversaire dans le délai imparti, l'article 707 C. pr. civ. prévoit que le poursuivant peut demander au secrétaire de le mentionner sur le certificat de vérification. Cette mention vaut titre exécutoire[1] et permet la mise en œuvre d'une mesure d'exécution forcée[2]. Comme l'a jugé la cour d'appel d'Angers, le 2 mars 2004, le certificat de vérification des dépens ne vaut titre exécutoire que s'il est revêtu par le secrétaire vérificateur de la mention de l'absence de contestation par l'adversaire, c'est-à-dire la partie à laquelle était opposé le client de l'avocat demandeur à la vérification des dépens[3]. Ultérieurement, la deuxième chambre civile a rappelé qu'une partie ne peut poursuivre par voie d'exécution forcée le recouvrement des dépens par elle avancés, qu'au vu d'un certificat de vérification ou d'une ordonnance de taxe exécutoire[4].

SECTION 4
ACCORDS AUXQUELS LES JURIDICTIONS ONT CONFÉRÉ FORCE EXÉCUTOIRE

121.41 Force exécutoire de la transaction homologuée par le président du tribunal de grande instance. On sait que les décisions des juridictions de l'ordre judiciaire et de l'ordre administratif constituent des titres exécutoires dès lors qu'elles ont force exécutoire au sens de l'article 3 de la loi du 9 juillet 1991 (devenu C. pr. exéc., art. L. 111-3). La loi n° 99-957 du 22 novembre 1999[5] a ajouté à cette catégorie « *les transactions soumises au président du tribunal de grande instance* ». Cette loi complète utilement les dispositions de l'article 1441-4 qui fut introduit dans le Code de procédure civile par le décret n° 98-1231 du 28 décembre 1998[6]. Ce texte, qui s'inspire d'une proposition du rapport rédigé par le premier président Jean-Marie Coulon, attribue au président du TGI, saisi sur requête par une des parties à la transaction, le pouvoir de conférer force exécutoire à l'acte qui lui est présenté, c'est-à-dire à l'accord conclu entre les parties (en principe hors procédure engagée au fond entre les parties). Il n'est peut-être pas inutile, pour éclairer le débat, de rappeler ce qu'écrivait l'auteur du rapport en décembre 1996 : « *Il serait judicieux d'offrir aux parties une voie judiciaire de solennisation de leur transaction intervenue en dehors de toute instance au fond. Une telle procédure de solennisation, inspirée de l'exequatur, aurait le mérite de favoriser le développement de la transaction hors procès. En l'état du droit actuel, la transaction en vertu de l'article 2052 du Code civil a entre les parties autorité de la chose jugée en dernier ressort. Toutefois, elle n'est pas a priori un titre exécutoire au sens de l'article 3 de la loi du 9 juillet 1991* [devenu C. pr. exéc., art. L. 111-3], *sauf pour les parties à transiger par devant notaire. Il pourrait être envisagé d'ouvrir une procédure spéciale sur requête à cette fin devant le président du tribunal de grande instance. Le recours à une procédure au fond s'avère inutile puisque la transaction a par nature autorité de la chose jugée. La voie de la procédure sur requête, justice provisoire, justifie un contrôle sommaire de la transaction n'excluant pas des contestations ultérieures sur le fondement de l'article 2053 du Code civil en cas de vice du consentement, et suffit à conférer à l'accord sa force exécutoire* »[7].

121.42 Nature juridique. Durant quelques années, la doctrine et la jurisprudence se sont interrogées sur la nature juridique de la décision rendue par le président du TGI, saisi par une partie afin de conférer force exécutoire à la transaction.

L'hésitation est venue de ce que, d'un côté, certains ont estimé et parfois jugé que cette décision relevait de l'*imperium* et non de la *jurisdictio* du juge[8]; le fait que la transaction soit qualifiée de contrat par l'article 2044 du Code civil inclinant au demeurant en ce sens. Cette analyse ayant des

1. Sur une possible contestation devant le premier président suite à une mention apposée à tort sur le certificat de vérification : Civ. 2e, 26 juin 2008, n° 07-15.579, *Bull. civ.* II, n° 154.
2. Civ. 2e, 26 mai 2011, n° 10-16.900, NP.
3. Angers, 2 mars 2004, *JCP* 2004. IV. 3282.
4. À propos de dépens d'appel recouvrés par une SCP d'huissiers de justice : Civ. 2e, 3 mai 2007, n° 06-12.485, *Bull. civ.* II, n° 120.
5. L. n° 99-957, 22 nov. 1999, portant sur diverses professions relevant du ministère de la Justice, la procédure civile et le droit comptable, *JO* 23 nov., p. 17351.
6. Sur lequel, v. R. Perrot, *Procédures* 1999. Chron. 10 – Y. Desdevises, « Les transactions homologuées : vers des contrats juridictionnalisables ? », *D.* 2000. Chron. 284 – G. Taormina, « Brèves remarques sur quelques difficultés pratiques rencontrées dans le cadre d'*exequatur* des transactions de l'article 1441-4 NCPC », *D.* 2002. 2353.
7. J.-M. Coulon, « Réflexions et proposition sur la procédure civile », *Rapport remis à Monsieur le Garde des Sceaux, ministre de la Justice,* déc. 1996, p. 70-71.
8. EN CE SENS : L. Cadiet, *JCP* 1999. I. 130, n° 8 – Paris, 3e ch. B, 26 sept. 2003, *JCP* 2004. I. 133, n° 13, obs. Cadiet; *D.* 2004. 1042, note Kenfack.

conséquences tant au plan de la représentation des parties devant cette juridiction, qu'en ce qui concerne la possibilité d'exercer des voies de recours qui fatalement ne peuvent prospérer; seule une action en nullité principale pouvait alors être envisagée (laquelle ne peut toutefois avoir pour objet de remettre en cause la validité de la transaction).

D'autres, au contraire, s'appuyant notamment sur le fait que la demande devait être formulée par requête, ont considéré qu'il s'agissait d'une ordonnance sur requête, c'est-à-dire d'une décision juridictionnelle provisoire. Le fait que le législateur ait classé cette transaction avec les décisions de justice, et non avec les « *extraits de procès-verbaux de conciliation signés par le juge et les parties* » (art. 3, 3°) de la loi de 1991 (devenu C. pr. exéc., art. L. 111-3, 3°), tendait à accréditer cette thèse, tout comme, indirectement, le fait que le juge exerce un contrôle minimum sur la nature de la convention qui lui est soumise et sur sa conformité avec l'ordre public. Cette conception a été rappelée par la Cour de cassation aux termes d'un arrêt rendu le 26 mai 2011[1]. Il a été jugé que « *lorsque le président du tribunal de grande instance statue en application de l'article 1441-4 du Code de procédure civile sur une demande tendant à conférer force exécutoire à une transaction, son contrôle ne peut porter que sur la nature de la convention qui lui est soumise et sur sa conformité à l'ordre public* ».

Cette dernière inclinaison a finalement été confirmée par la Cour de cassation aux termes d'un arrêt rendu, le 24 mai 2007, par sa deuxième chambre civile. Elle a jugé, par un motif de pur droit, que « *l'ordonnance rendue en application de l'article 1441-4 du Nouveau Code de procédure civile est une ordonnance sur requête au sens de l'article 812 alinéa 1er soumise aux recours prévus par l'article 496 du même code* »[2]. En retenant cette qualification, la Cour de cassation écarte également celle de mesure d'administration judiciaire.

La conséquence pratique immédiate étant que lorsque la requête est rejetée, la décision du président est susceptible d'appel par l'auteur de cette dernière. En revanche, lorsque le magistrat fait droit à la demande, la partie adverse peut en solliciter la rétractation auprès du juge qui l'a rendue (cette décision étant elle-même susceptible d'appel). En outre, cette décision laisse à penser que la décision rendue par le président du TGI est une véritable décision juridictionnelle et, qu'en vertu des dispositions générales régissant les ordonnances sur requête, la présentation de la requête, tout comme l'ordonnance, obéissent aux exigences de la motivation (C. pr. civ., art. 494 et 495). Il reste que cette qualification se concilie malaisément avec la définition même de l'ordonnance sur requête. Outre le fait que l'on peut s'interroger sur le caractère provisoire attaché à la décision rendue par le président du tribunal, on peut également se demander si elle répond à la raison d'être d'une demande présentée par voie de requête puisqu'il s'agit d'une hypothèse où le requérant est fondé à ne pas appeler la partie adverse : or, par définition, la partie adverse est intervenue auparavant puisqu'il y a eu transaction.

Sans doute fera-t-on observer qu'il s'agit de se placer sur un autre domaine, en l'occurrence celui du refus ou de la mauvaise exécution de l'accord, donc du contrôle *a posteriori* du respect de la parole donnée. Au final, on peut se demander s'il n'aurait peut-être été plus judicieux de prévoir une procédure de référé, donc contradictoire, plutôt que d'envisager une procédure sur requête, car la question la plus délicate à régler semble bien celle de l'identification de la voie de contestation susceptible d'être empruntée par l'adversaire.

121.43 Portée juridique. On notera que, donnant une large portée à l'homologation judiciaire, la Cour de cassation décide que, dès lors que le créancier se fonde sur un accord transactionnel, homologué par jugement d'un tribunal de commerce, ce jugement lui confère force exécutoire[3].

Il convient d'attirer l'attention des praticiens sur cette procédure gracieuse qui autorise la délivrance d'un titre exécutoire non contradictoirement, en l'absence de tout contrôle judiciaire préalable du contenu de la transaction privée qui peut s'avérer léonin et (ou) contraire à l'ordre public. Les risques de contentieux à l'occasion d'une demande d'homologation ou de la mise en œuvre d'une transaction homologuée ne sont pas négligeables[4], sauf, bien entendu, lorsque la transaction est l'œuvre d'avocats. Le magistrat peut alors utilement mettre en œuvre d'office les pouvoirs qu'il tient de l'article 27 C. pr. civ. en entendant l'autre partie à la transaction, soit par audition, soit par courrier, ou en convoquant les intéressés, puisqu'il dispose d'office

1. Civ. 2e, 26 mai 2011, n° 06-19.527, *Bull. civ.* II, n° 120; *D.* 2011. 2153, obs. Sommer et Leroy-Gissinger.
2. Civ. 2e, 24 mai 2007, n° 06-11.259, *Bull. civ.* II, n° 133; *Procédures* 2007. Comm. 180, obs. Perrot; *Dr. et proc.* 2007. 342, obs. Desdevises; *D.* 2008. 129, obs. Julien et Racine.
3. Civ. 2e, 27 mai 2004, n° 02-18.542, *Bull. civ.* II, n° 253; *D.* 2004. 1773.
4. Sur ce point, v. Y. Desdevises, « Les transactions homologuées : vers des contrats juridictionnalisables ? », *D.* 2000. Chron. 284 – G. Taormina, « Brèves remarques sur quelques difficultés pratiques rencontrées dans le cadre de la procédure d'*exequatur* des transactions de l'article 1441-4 du Nouveau Code de procédure civile », *D.* 2002. Doctr. 2353 – Et sur le fait que le juge est tenu de vérifier que l'accord préserve les droits de chacune des parties : Soc. 18 juill. 2001, n° 99-45.534, *Bull. civ.* V, n° 279.

d'un pouvoir d'investigation « *sans formalités* », juste contrepartie du caractère unilatéral de sa saisine dans le cadre d'une procédure qui s'apparente à une forme d'*exequatur*[1]. On retient ainsi que l'exécution d'une transaction homologuée suppose la communication de l'ordonnance d'homologation à la partie contre laquelle on exécute[2].

Existe-t-il par ailleurs des matières échappant par leur nature à cette procédure ?

Un intéressant arrêt de la cour d'appel de Paris refuse de donner force exécutoire à une transaction conclue entre un salarié et son employeur hors du cadre de préliminaire obligatoire de conciliation prud'homale[3].

De même, par un avis du 20 octobre 2000, la Cour de cassation considère que l'expulsion ne peut être poursuivie en vertu d'une transaction rendue exécutoire par ordonnance du président du TGI sur le fondement de l'article 1441-4 C. pr. civ., ce titre ne constituant ni une décision de justice, ni un procès-verbal de conciliation exécutoire, seuls titres admis par l'article 61 de la loi du 9 juillet 1991 (devenu C. pr. exéc., art. L. 411-1 et R. 411-3) pour la mise en œuvre d'une mesure d'expulsion[4]. En revanche, on notera que la deuxième chambre civile de la Cour de cassation a jugé que la copie exécutoire délivrée par un notaire d'une transaction sous seing privé déposée au rang des minutes de ce dernier constitue un titre exécutoire[5].

On relèvera enfin, pour information, que le président du TGI est doté de pouvoirs analogues dans le contentieux particulier des brevets. En effet, l'article L. 615-21 du Code de la propriété intellectuelle prévoit que si une contestation est élevée, relativement aux inventions non brevetables, celle-ci sera soumise à une commission paritaire de conciliation présidée par un magistrat de l'ordre judiciaire. L'alinéa second dispose que « *dans les six mois de sa saisine, cette commission, créée auprès de l'Institut national de la propriété industrielle, formule une proposition de conciliation; celle-ci vaut accord entre les parties, si, dans le mois de sa notification, l'une d'elles n'a pas saisi le tribunal de grande instance compétent statuant en chambre du conseil. Cet accord peut être rendu exécutoire par ordonnance du président du tribunal de grande instance saisi sur simple requête par la partie la plus diligente* ».

121.44 Accords auxquels les juridictions ont conféré force exécutoire. Cette nouvelle catégorie résulte de la codification opérée à droit constant (C. pr. exéc., art. L. 111-3). Elle est *a priori* plus large que celle qui résultait de l'ancien article 3, 1° de la loi du 9 juillet 1991 et qui ne concernait que les transactions homologuées par le président du TGI.

On peut penser que celle nouvelle disposition aura vocation à s'appliquer aux procédures conventionnelles dans lesquelles les parties peuvent soumettre au juge l'homologation de leur accord. Si l'on songe par exemple à la conciliation et à la médiation judiciaires[6], cette nouvelle disposition a, sans doute, également vocation à s'appliquer aux nouvelles procédures de médiation conventionnelle et à la conciliation menée par un conciliateur de justice, sans oublier la procédure de convention de procédure participative[7]. Cette éventualité semble bien confirmée par le nouvel article 1565 C. pr. civ. – commun à ces trois procédures – qui dispose que « *l'accord auquel sont parvenues les parties à une médiation, une conciliation ou une procédure participative peut être soumis, aux fins de le rendre exécutoire, à l'homologation du juge compétent pour connaître du contentieux dans la matière considérée* ». On peut également rattacher à cette catégorie d'autres dispositions spécifiques. Ainsi, dans le cadre d'un divorce, et, à propos de la fixation de la prestation compensatoire, l'article 279 alinéa 1er du Code civil décide que « *la convention homologuée a la même force exécutoire qu'une décision de justice* ».

1. V. R. Perrot, « L'homologation des transactions », *Procédures* 1999. 3.
2. TGI Paris, JEX, 20 mars 2000, *Procédures* 2000, n° 145.
3. Paris, 22 sept. 1999, *Procédures* 2000, n° 119.
4. Cass., avis, 20 oct. 2000, n° 02-00.013, *Bull. avis*, n° 9; *Dr. et proc.* 2001. 122, obs. Bourdillat; *JCP* 2001. II. 10479, note Desdevises; *RTD civ.* 2001. 213, obs. Perrot.
5. Civ. 2e, 21 oct. 2010, n° 09-13.320, *Bull. civ.* II, n° 173; *Dr. et patr.* nov. 2011. 79, obs. Lefort.
6. C. pr. civ., art. 131 et 131-12.
7. Décr. n° 2012-66, 20 janv. 2012, relatif à la résolution amiable des différends, *JO* 22 janv., p. 1280 – v. C. pr. civ., art. 1534, 1541 et 1557.

CHAPITRE

122. Actes, jugements étrangers et sentences arbitrales déclarés exécutoires par une décision non susceptible d'un recours suspensif d'exécution

Olivier SALATI
Maître de conférences (HDR)
à l'Université d'Aix-Marseille

SECTION 0 ORIENTEUR

122.00 Plan du chapitre.

122.01 Textes applicables.

C. pr. exéc., art. L. 111-3, 2°.

COJ, art. L. 111-3 et R. 212-8.

C. pr. civ., art. 500, 509, 509-1 s., 517, 748-1 s., 1382 à 1391, 1424-1 à 1424-15, 1484, 1487, 1488, 1499, 1500, 1506, 1514, 1515, 1516, 1517, 1520, 1523, 1524, 1525, 1526 et 1527.

• **Règl. UE n° 1215/2012,** du Parlement européen et du Conseil, **12 déc. 2012,** concernant la compétence judiciaire, la reconnaissance et l'exécution des décisions en matière civile et commerciale, *JOUE*, n° L 351, 20 déc., p. 1.

• **Règl. CE n° 861/2007, du Parlement européen et du Conseil, 11 juill. 2007,** instituant une procédure européenne de règlement des petits litiges, *JOUE*, n° L 199/1, 31 juill., p. 1-22.

• **Règl. CE n° 1896/2006, du Parlement européen et du Conseil, 12 déc. 2006,** créant une injonction de payer européenne, *JOUE*, n° L 339, 30 déc., p. 1-32.

• **Règl. CE n° 805/2004, du Parlement européen et du Conseil, 21 avr. 2004,** portant création d'un titre exécutoire européen, *JOUE*, n° L 143, 30 avr., p. 15-39.

• **Règl. CE n° 44/2001, du Conseil, 22 déc. 2000,** dit « Bruxelles I », relatif à la compétence judiciaire, la reconnaissance et l'exécution des décisions en matière civile et commerciale, *JOCE*, n° L 12, 16 janv. 2001, p. 1 s.

• **Conv. Lugano révisée, 30 oct. 2007,** concernant la compétence judiciaire, la reconnaissance et l'exécution des décisions en matière civile et commerciale, *JOUE*, n° L 339, 21 déc., p. 41.

• **Conv. Lugano, 16 sept. 1988,** concernant la compétence judiciaire et l'exécution des décisions en matière civile et commerciale, *JO* 5 févr. 1992.

• **Conv. Bruxelles, 27 sept. 1968,** concernant la compétence judiciaire et l'exécution des décisions en matière civile et commerciale, *JOCE*, n° L 299, 31 déc. 1972, p. 32.

122.03 Bibliographie indicative. (V. bibliographie indicative s^s n° 120.03).

Ouvrage. S. Guinchard (dir.), Dalloz action *Droit et pratique de la procédure civile*, 2014/2015, n°s 150.11 s. [compétence européenne], n°s 338.05 s. [procédure européenne d'injonction de payer], n°s 339.11 s. [procédure européenne de règlement des petits litiges], n°s 441.05 s. [reconnaissance et exécution des jugements européens], n°s 442.11 s. [titre exécutoire européen], par F. Ferrand – E. Guinchard (dir.), *Le nouveau règlement Bruxelles I bis*, Bruylant, 2014.

Articles. J.-P. Béraudo, « Regards sur le nouveau règlement Bruxelles I sur la compétence judiciaire, la reconnaissance et l'exécution des décisions en matière civile et commerciale », *JDI* juill.-sept. 2013, p. 6 – H. Croze, « Le règlement n° 44/2001 du Conseil du 22 décembre 2000 », *Procédures* 2001. Chron. 7 – L. d'Avout, « La refonte du règlement Bruxelles I (règlement UE n° 1215/2012 du 12 décembre 2012) », *D.* 2013. 1014 – G. Cuniberti, « La réforme du règlement Bruxelles I », *Dr. et proc.* 2013. 26 – G. Droz et H. Gaudemet-Tallon, « La transformation de la convention de Bruxelles du 27 septembre 1968 en règlement… », *Rev. crit. DIP* 2001. 601 – H. Gaudemet-Tallon et C. Kessedjian, « La refonte du règlement Bruxelles I », *RTD eur.* 2013. 435 – M.-L. Niboyet, « Les nouvelles figures de la coopération judiciaire civile européenne », *Dr. et patr.* nov. 2004. 53 – G. Payan, « Règlement (UE) n° 1215/2012 du 12 décembre 2012 : refonte du Règlement Bruxelles I et suppression de la procédure d'*exequatur* », *Lexbase hebdo* 24 janv. 2013, n° 513.

> Titre exécutoire européen. B. Amigues, « Le titre exécutoire européen, une simplification du recouvrement de l'impayé », *RD banc. fin.* 2005, n° 4, p. 73 – C. Baker, « Le titre exécutoire européen : une avancée pour la libre circulation des décisions ? », *JCP* 2003, n° 137 – M. Douchy-Oudot, « La reconnaissance transfrontière des titres exécutoires », *Procédures* 2006. 29 – F. Ferrand, « Le nouveau titre exécutoire européen », *Dr. et patr.* oct. 2004, n° 130 – M.-L. Niboyet, « Le titre exécutoire européen ou les possibles tensions entre jugement sans frontière et procès équitable », *Mél. M. Revillard*, Éd. Defrénois, 2007, p. 107 – J. Normand, « Le titre exécutoire européen », *Dr. et proc.* 2002. 332; « Vers la reconnaissance d'un droit européen de l'exécution », M. Douchy (dir.), *Le visage inconnu de l'espace judiciaire européen*, « Droit et procédures », EJT, 2003, p. 109 – C. Nourissat, « Le titre exécutoire européen », *Procédures* 2006, n° 206; « Le règlement (CE) n° 805-2004 du Parlement et du Conseil du 21 avril 2004 portant création d'un titre exécutoire européen », *Procédures* août-sept. 2005, n° 10.

> Injonction de payer européenne. F. Ferrand, « La future injonction de payer européenne », *Dr. et proc.* 2004. 319; « L'injonction de payer européenne est arrivée ! », *Dr. et proc.* 2007. 66 – E. Guinchard, « Commentaire sur la proposition de règlement instituant une injonction de payer européenne », *LPA* 17 mai 2006, p. 4 – C. Nourissat, « Le règlement CE n° 1896/2006 du 12 décembre 2006 instituant une procédure européenne d'injonction de payer », *Europe* 2007. Étude 5 – *Procédures* 2007. Étude 10.

> Sentence arbitrale. J.-P. Faget, « L'exécution des sentences arbitrales », *Rev. huiss.* 1994. 281 – D. Talon, « La reconnaissance et l'exécution des sentences arbitrales », *Gaz. Pal.* 10-13 nov. 2004, p. 12.

122.05 Évolution de la matière avec la refonte du règlement Bruxelles I par le règlement UE n° 1215/2012 du 12 décembre 2012 applicable à partir du 10 janvier 2015. Depuis la loi n° 91-650 du 9 juillet 1991 portant réforme des procédures civiles d'exécution[1], constituent donc des titres exécutoires « *les actes et les jugements étrangers ainsi que les sentences arbitrales déclarés exécutoires par une décision non susceptible d'un recours suspensif d'exécution* ». Il s'est agi de prendre acte de la valeur exécutoire de titres émanant d'une souveraineté étrangère ou représentatifs d'une parcelle de celle-ci, tout en considérant, pour la même raison, que la France ne peut être requise d'exécuter un tel jugement ou un tel acte inconditionnellement, sans une étape intermédiaire, c'est-à-dire un contrôle préalable lors d'uns instance, destiné à vérifier que la décision étrangère ou l'acte n'entre pas en conflit avec l'ordre public français. C'est l'objet de la procédure dite d'*exequatur*, portée devant le juge français, l'article R. 212-8, 2° du COJ disposant que c'est le tribunal de grande instance qui connaît, à juge unique, des « *demandes* [...] *en reconnaissance et en exequatur des décisions judiciaires et actes publics étrangers ainsi que des sentences arbitrales françaises ou étrangères* ». Une telle demande est donc la condition préalable à toute mesure d'exécution, ce qui signifie que « *l'exequatur* n'est pas, en lui-même, un acte d'exécution »[2].

C'est ainsi que l'exécution des jugements prononcés à l'étranger a été pensée, mais en parallèle l'avènement de l'Union européenne et de son processus d'intégration croissant a conduit les États membres à alléger les conditions de l'*exequatur*, voire à le supprimer dans un certain nombre de cas[3]

1. L. n° 91-650, 9 juill. 1991, portant réforme des procédures civiles d'exécution, *JO* 14 juill., p. 9228.
2. Civ. 1re, 14 oct. 2009, n° 08-14.978, *Bull. civ.* I, n° 206.
3. 1. Règl. CE n° 805/2004 du Parlement européen et du Conseil, 21 avr. 2004, portant création d'un titre exécutoire européen pour les créances incontestées, *JOUE*, n° L 143, 30 avr., p. 15, dont l'article 5 dispose qu'« *une décision qui a été certifiée en tant que titre exécutoire européen dans l'État membre d'origine est reconnue et exécutée dans les autres États membres, sans qu'une déclaration constatant la force exécutoire soit nécessaire et sans qu'il soit possible de contester sa reconnaissance* »;
2. Règl. CE n° 1896/2006, du Parlement européen et du Conseil, 12 déc. 2006, instituant une procédure européenne d'injonction de payer s'appliquant en matière civile et commerciale dans les litiges transfrontaliers, *JOUE*, n° L 339, 30 déc., p. 1, dont les articles 4 et 18 disposent qu'« *il est créé une procédure européenne d'injonction de payer pour le recouvrement de créances pécuniaires liquides et exigibles à la date à laquelle la demande d'injonction de payer européenne est introduite* », et que si, dans un délai de trente jours à compter de la signification ou de la notification de l'injonction au défendeur, « *aucune opposition n'a été formée auprès de la juridiction d'origine, la juridiction d'origine déclare sans tarder l'injonction de payer européenne exécutoire* ». Surtout, l'article 19 du règlement pose qu'« *injonction de payer européenne devenue exécutoire dans l'État membre d'origine est reconnue et exécutée dans les autres États* ▶

et même aujourd'hui à titre de principe, afin de réaliser un espace judiciaire européen assurant la libre circulation des décisions en matière civile et commerciale notamment. Cette intégration vient de franchir une nouvelle étape avec l'application, à partir du 10 janvier 1015, du règlement (UE) n° 1215/2012 du Parlement européen et du Conseil adopté le 12 décembre 2012 [1], qui, on le verra, rend exécutoire de plein droit toute décision, acte authentique et transaction judiciaire entrant dans le champ d'application du règlement.

Plus encore aujourd'hui qu'auparavant, il faut donc distinguer entre les titres provenant d'un État membre de l'Union, destinés à être exécutés sans formalité supplémentaire dans l'État requis de l'exécution, et ceux véritablement étrangers qui sont soumis, par principe, comme les sentences arbitrales, à une procédure d'*exequatur*. C'est sans doute pour mieux marquer cette différence que l'article 11, II de la loi n° 2015-177 du 16 février 2015, relative à la modernisation et à la simplification du droit et des procédures dans les domaines de la justice et des affaires intérieures [2], a ajouté au 2° de l'article L. 111-3 C. pr. exéc. les mots : « *sans préjudice des dispositions du droit de l'Union européenne applicables* ».

SECTION 1

DÉCISIONS, ACTES AUTHENTIQUES ET TRANSACTIONS JUDICIAIRES PROVENANT D'UN ÉTAT MEMBRE DE L'UNION

122.11 Présentation. Jusqu'à il y a encore peu de temps, le principal instrument européen du contentieux judiciaire international en matière civile et commerciale était le règlement (CE) n° 44/2001 du 22 décembre 2000, mais les règles de compétence, de reconnaissance et d'exécution des décisions que ce règlement ont fait l'objet d'une révision par le règlement (UE) n° 1215/2012 du 12 décembre 2012 qui est entré en vigueur le 10 janvier 2015. Substitué au règlement « Bruxelles I », le règlement « Bruxelles I *bis* » marque une étape importante dans la mesure où il consacre l'exécution de plein droit des décisions européennes (Règl. 12 déc. 2012, art. 39), tout en préservant la possibilité d'un contrôle juridictionnel ultérieur via une demande de refus d'exécution du débiteur (Règl. 12 déc. 2012, art. 46).

§ 1

Rappel des évolutions antérieures au règlement (UE) n° 1215/2012 du 12 décembre 2012

122.21 Approfondissement des rapports de confiance mutuelle. On le sait, l'Union européenne s'est depuis longtemps donné pour objectif de développer un espace de liberté, de sécurité et de justice, notamment en facilitant l'accès à la justice par le principe de reconnaissance mutuelle des décisions judiciaires et extrajudiciaires en matière civile et commerciale. Des dispositions permettant d'unifier les règles de conflit de juridictions en ces matières, de garantir la reconnaissance et l'exécution rapides des décisions rendues dans un État membre ont ainsi été jugées indispensables, et il était nécessaire qu'elles soient déterminées par un instrument juridique de l'Union contraignant et directement applicable.

▶ *membres sans qu'une déclaration constatant la force exécutoire soit nécessaire et sans qu'il soit possible de contester sa reconnaissance* » ; v. C. pr. civ., art. 1424-1 à 1424-15 ;
3. Règl. CE n° 861/2007 du Parlement européen et du Conseil, 11 juill. 2007, instituant une procédure européenne de règlement des petits litiges, *JOUE*, n° L 199, 31 juill., p. 1, « en vue de simplifier *et d'accélérer le règlement des petits litiges transfrontaliers et d'en réduire les coûts* » (art. 1er, al. 1er), et qui « *supprime par ailleurs les procédures intermédiaires nécessaires pour qu'une décision rendue dans un État membre dans le cadre de la procédure européenne de règlement des petits litiges soit reconnue et exécutée dans un autre État membre* » (art. 1er, al. 2). De fait, l'article 20 du règlement dispose qu'« *une décision rendue dans un État membre dans le cadre de la procédure européenne de règlement des petits litiges est reconnue et exécutée dans un autre État membre sans qu'une déclaration constatant sa force exécutoire soit nécessaire et sans qu'il soit possible de s'opposer à sa reconnaissance* » ; v. C. pr. civ., art. 1382 à 1391 ;
4. Règl. CE n° 4/2009 du Conseil, 18 déc. 2008, relatif à la compétence, la loi applicable, la reconnaissance et l'exécution des décisions et la coopération en matière d'obligations alimentaires, *JOUE*, n° L 7, 10 janv. 2009, p. 1, découlant de relations de famille, de parenté, de mariage ou d'alliance, dont l'article 17 dispose qu'« *une décision rendue dans un État membre lié par le protocole de La Haye de 2007 est reconnue dans un autre État membre sans qu'il soit nécessaire de recourir à aucune procédure et sans qu'il soit possible de s'opposer à sa reconnaissance* », et que la même décision « *qui est exécutoire dans cet État jouit de la force exécutoire dans un autre État membre sans qu'une déclaration constatant la force exécutoire soit nécessaire* ».

1. L'article 66 du règlement dispose plus précisément qu'il « *n'est applicable qu'aux actions judiciaires intentées, aux acte authentiques dressés ou enregistrés formellement et aux transactions judiciaires approuvées ou conclues à compter du 10 janvier 2015* » ; v. L. d'Avout, « La refonte du règlement Bruxelles I (règlement UE n° 1215/2012 du 12 décembre 2012) », *D.* 2013. 1014.

2. L. n° 2015-177, 16 févr. 2015, relative à la modernisation et à la simplification du droit et des procédures dans les domaines de la justice et des affaires intérieures, *JO* 17 févr., p. 1961.

C'est dans ces conditions qu'à l'époque des Communautés européennes, les États membres ont conclu le 27 septembre 1968 la convention de Bruxelles concernant la compétence judiciaire et l'exécution des décisions en matière civile et commerciale. En parallèle à cette convention, les États membres ont également conclu le 16 septembre 1988 la convention de Lugano qui étend l'application des dispositions de la convention de Bruxelles à certains États membres de l'Association européenne de libre-échange. Puis, le 22 décembre 2000, le Conseil a adopté le règlement (CE) n° 44/2001 remplaçant la convention de Bruxelles en ce qui concerne les territoires des États membres couverts par le Traité sur le fonctionnement des l'Union européenne, cependant que la convention de Lugano de 1988 a été révisée par la convention concernant la compétence judiciaire, la reconnaissance et l'exécution des décisions en matière civile et commerciale, signée à Lugano le 30 octobre 2007.

Les principes posés par le règlement (CE) n° 44/2001 se sont largement inspirés de la convention de Bruxelles de 1968, reposant sur l'idée qu'aux fins de la libre circulation des jugements les décisions rendues dans un État membre doivent être reconnues et exécutées dans un autre État membre. S'agissant de la reconnaissance, le considérant n° 16 du règlement insistait sur « *la confiance réciproque dans la justice au sein de la Communauté* », qui justifie que les décisions rendues dans un État membre soient reconnues de plein droit, sans qu'il soit nécessaire de recourir à aucune procédure sauf en cas de contestation. Ainsi l'article 33 du règlement disposait-il que « *les décisions rendues dans un État membre sont reconnues dans les autres États membres, sans qu'il soit nécessaire de recourir à aucune procédure* ». S'agissant de l'exécution, le considérant n° 17 soulignait que cette même confiance réciproque justifie que la procédure visant à rendre exécutoire dans un État membre une décision rendue dans un autre État membre soit rapide, et à cette fin la déclaration relative à la force exécutoire d'une décision devait être délivrée de manière quasi automatique, après un simple contrôle formel des documents fournis, sans qu'il soit possible pour la juridiction de soulever d'office un motif de non-exécution. Une instance d'*exequatur* simplifiée était donc prévue, et par ailleurs le règlement prévoyait que le respect des droits de la défense puisse permettre au défendeur de former un recours, examiné de façon contradictoire, contre la déclaration constatant la force exécutoire s'il considérait qu'un des motifs prévus de non-exécution était établi. On retrouvait ce doublet aux articles 38 et 43 du règlement, l'article 38 disposant que « *les décisions rendues dans un État membre et qui y sont exécutoires sont mises à exécution dans un autre État membre après y avoir été déclarées exécutoires sur requête de toute partie intéressée* », et l'article 43 que « *l'une ou l'autre partie peut former un recours*[1] *contre la décision relative à la demande de déclaration constatant la force exécutoire* », ce qui signifie que la déclaration constatant la force exécutoire devait être signifiée ou notifiée à la partie contre laquelle l'exécution était demandée (Règl. 22 déc. 2000, art. 42).

§ 2
Le règlement (UE) n° 1215-2012 du Parlement européen et du Conseil du 12 décembre 2012, relatif à la compétence judiciaire, la reconnaissance et l'exécution des décisions en matière civile et commerciale

122.31 Refonte du règlement (CE) n° 44/2001 du 22 décembre 2000. Au terme de presque dix ans de pratique des règles européennes uniformes en matière de compétence judiciaire, de reconnaissance et d'exécution des décisions en matière civile et commerciale, la Commission, le 21 avril 2009, a donc adopté un rapport concluant à l'amélioration de certaines dispositions du règlement du 22 décembre 2000 afin de réaliser la circulation pleine et entière des décisions de justice, les modifications envisagées aboutissant le 14 décembre 2010 à une proposition de refonte du règlement après que, les 10 et 11 décembre 2009, le Conseil européen a lui-même adopté le programme « dit de Stockholm » concluant à la suppression de toute instance intermédiaire d'*exequatur* dans le pays requis d'exécuter un jugement et à la centralisation dans le pays d'origine des recours visant à obtenir un refus d'exécution, les autorités d'exécution des autres pays membres de l'Union étant alors tenues d'agir de façon inconditionnelle[2]. C'est toutefois le Parlement européen qui a eu un rôle moteur dans le texte finalement adopté, en retrait par rapport aux options prises par la Commission dans la mesure où les choix opérés ne tendent pas à l'élimination de tout contrôle juridictionnel de la décision dans le pays requis de l'exécution forcée. L'exposé des motifs du nouveau règlement le montre, où la conservation de l'existant, moyennant une évolution, l'emporte sur la volonté initiale d'abrogation totale de l'*exequatur*.

122.32 Suppression de la déclaration de force exécutoire. C'est en effet toujours la confiance

1. Examiné selon les règles de la procédure contradictoire, et formé dans le délai d'un mois à compter de la signification de la déclaration (Règl. 22 déc. 2000, art. 43, 3 et 5).
2. V. L. d'Avout, préc. s[s] n° 122.05 (note 1).

réciproque dans l'administration de la justice au sein de l'Union qui justifie le principe selon lequel les décisions rendues dans un État membre doivent être reconnues dans tous les États membres sans qu'une procédure spéciale soit nécessaire (considérant 26)[1], et s'agissant de l'évolution, consistant dans la suppression de la déclaration de force exécutoire préalable à l'exécution dans l'État membre requis, elle est dictée par la volonté constante de réduire la durée et les coûts des litiges transfrontières.

C'est l'article 39 du règlement (UE) nº 1215/2012 qui consacre ce système nouveau, où désormais « *une décision rendue dans un État membre et qui est exécutoire dans cet État membre jouit de la force exécutoire dans les autres États membres sans qu'une déclaration constatant la force exécutoire soit nécessaire* ». Le fameux « coup de tampon » délivré par la juridiction ou l'autorité compétente sur requête de la partie intéressée est donc supprimé, et toute décision – mais aussi toute transaction judiciaire (Règl., 12 déc. 2012, art. 59) ou acte authentique (Règl. 12 déc. 2012, art. 58) – exécutoire dans l'État membre d'origine est exécutoire directement dans l'État membre requis, selon son droit national (Règl. 12 déc. 2012, art. 41, 1°). L'article 40 du règlement ajoute qu'« *une décision exécutoire emporte de plein droit l'autorisation de procéder aux mesures conservatoires prévues par la loi de l'État membre requis* », en France à une saisie conservatoire ou à une sûreté judiciaire.

On le voit, l'exécution forcée transfrontière ressort facilitée de la réforme, sachant que le créancier poursuivant ne sera tenu ni d'avoir une adresse postale dans l'État membre requis, ni un « *représentant autorisé sauf si cette représentation est obligatoire indépendamment de la nationalité ou du domicile des parties* » (Règl. 12 déc. 2012, art. 43). Il lui suffira seulement de communiquer à l'autorité compétente chargée de l'exécution une copie de la décision réunissant les conditions nécessaires pour en établir l'authenticité, et le certificat délivré par la juridiction d'origine attestant que la décision est exécutoire (Règl. 12 déc. 2012, art. 42, 1°), lequel certificat doit lui-même être notifié ou signifié, « *avant la première mesure d'exécution, à la personne contre laquelle l'exécution est demandée* » (Règl. 12 déc. 2012, art. 43, 1°[2]) afin que celle-ci puisse éventuellement formuler une demande de refus d'exécution devant le juge de l'État membre requis. Un contrôle juridictionnel de la décision est donc possible à ce stade, ce qui, comme on l'a souligné, constituait jusqu'à présent la justification essentielle de l'instance indirecte de reconnaissance et d'*exequatur*[3].

122.33 Demande de refus d'exécution d'une décision. Effets. L'exécution directe, dans l'État membre requis, d'une décision rendue dans un autre État membre sans déclaration constatant la force exécutoire ne doit pas, en effet, compromettre le respect des droits de la défense, et dans ces conditions il est normal que la personne contre laquelle l'exécution forcée est poursuivie bénéficie de la faculté de demander le refus d'exécution de la décision si elle estime que l'un des motifs de refus de reconnaissance de l'article 45 du règlement est constitué (Règl. 12 déc. 2012, art. 46).

On sait que la reconnaissance d'une décision peut être refusée, notamment, si la reconnaissance est manifestement contraire à l'ordre public de l'État membre requis, dans le cas où la décision aurait été rendue par défaut, si l'acte introductif d'instance n'a pas été notifié ou signifié au débiteur en temps utile et de telle manière qu'il puisse se défendre[4], si la décision est inconciliable avec une décision rendue entre les mêmes parties dans l'État membre requis ou si elle est inconciliable avec une décision rendue antérieurement dans un autre État membre ou dans un État tiers entre les mêmes parties dans un litige ayant le même objet et la même cause, lorsque la décision rendue antérieurement réunit les conditions nécessaires à sa reconnaissance (Règl., art. 45).

Si donc une demande de refus d'exécution est formulée par le débiteur condamné, l'article 44, 1° du règlement ouvre une trois possibilités à la juridiction de l'État membre requis, en forme de précautions. Celle-ci pourra soit limiter la procédure d'exécution à de simples mesures conservatoires, soit subordonner cette exécution à la constitution d'une sûreté qu'elle détermine[5], soit, enfin, suspendre, intégralement ou partiellement, la procédure d'exécution. Au demeurant, à côté de la demande de refus d'exécution proprement dite, l'article 44, 2° du règlement permet également à la personne contre laquelle l'exécution est poursuivie de demander à l'autorité compétente de l'État membre requis de suspendre la procédure d'exécu-

1. L'article 36 du règlement (UE) nº 1215/2012 rappelle ainsi, comme le règlement (CE) nº 44/2001, que « *les décisions rendues dans un État membre sont reconnues dans les autres États membres sans qu'il soit nécessaire de recourir à aucune procédure* ».
2. Ce certificat devant être accompagné de la décision si celle-ci n'a pas déjà été notifiée ou signifiée à la personne concernée (même texte).
3. L. d'Avout, préc. s[s] nº 122.05, nº 6.
4. À moins qu'il n'ait pas exercé de recours à l'encontre de la décision alors qu'il était en mesure de le faire.
5. L'article 517 C. pr. civ. prévoit un mécanisme analogue en matière d'exécution provisoire des jugements, laquelle « *peut être subordonnée à la constitution d'une garantie, réelle ou personnelle, suffisante pour répondre de toutes restitutions ou réparations* ».

tion « *si la force exécutoire de la décision est suspendue dans l'État membre d'origine* ».

122.34 Recours. On le voit, l'accès automatique aux mesures d'exécution ne s'opère pas au détriment de la protection du débiteur, et cette observation se vérifie à l'examen des recours qui lui sont ouverts. D'abord, l'article 48 du règlement indique que la juridiction saisie « *statue à bref délai sur la demande de refus d'exécution* »; ensuite, il est posé en principe par l'article 49 que « *l'une ou l'autre partie* [ici la personne contre laquelle l'exécution est demandée] *peut former un recours contre la décision rendue sur la demande de refus d'exécution* ». À l'heure où ces lignes sont écrites, on ne sait pas encore quelles seront les juridictions compétentes pour connaître des demandes de refus d'exécution forcée et des recours contre ces décisions, mais il paraît raisonnable de penser que le cadre juridictionnel de droit commun, tribunal de grande instance ou en son sein juge de l'exécution, pour la première instance, et sur exercice du recours cour d'appel, a vocation à être utilisé. Quoi qu'il en soit, l'article 50 du règlement indique d'ores et déjà que la décision rendue sur le recours peut faire l'objet d'un pourvoi si les juridictions devant lesquelles le pourvoi doit être porté ont été indiquées par l'État membre concerné à la Commission[1]. En France, on pense bien sûr à la Cour de cassation.

Devront également être revus les articles 509-1 et suivants C. pr. civ. relatifs à la reconnaissance transfrontalière, qui prévoyaient, sous l'empire du règlement (CE) n° 44/2001, par exemple l'article 509-2 alinéa 1er, que la requête aux fins de constatation de la force exécutoire était présentée au greffier en chef du tribunal de grande instance. Avec la mise en application du règlement (UE) n° 1215/2012 à compter du 10 janvier 2015 (Règl. 12 déc. 2012, art. 66), ce système est devenu partiellement obsolète[2].

§ 3 Le titre exécutoire européen pour les créances incontestées

122.41 Caractère précurseur du règlement (CE) n° 805/2004 du 21 avril 2004. En marge du mouvement de réforme des règles européennes de compétence et de reconnaissance des jugements en matière civile et commerciale ayant abouti au règlement (UE) n° 1215/2012 du 12 décembre 2012, substitué au règlement (CE) n° 44/2001 à compter du 10 janvier 2015, le législateur européen a souhaité supprimer le principe d'une instance intermédiaire d'*exequatur* dans le domaine des créances incontestées devant être exécutées dans un État membre de l'Union autre que celui d'origine du titre. C'est de cette volonté qu'est né le règlement (CE) n° 805/2004 du 21 avril 2004 portant création d'un titre exécutoire européen, l'idée de base, fondée sur le principe de libre circulation (Règl. 21 avr. 2004, art. 1er), étant qu'une décision ou un acte authentique qui a été certifié en tant que titre exécutoire européen par la juridiction d'origine, ou par l'autorité désignée par l'État membre d'origine[3], doit être traité, en vue des poursuites, comme s'il avait été émis dans l'État membre dans lequel l'exécution est demandée[4].

Cette procédure a été pensée, en 2004[5], comme présentant des avantages importants par rapport à la procédure d'*exequatur* prévue par le règlement (CE) n° 44/2001 du 22 décembre 2000, car elle permettait, selon les termes du considérant n° 9 du règlement du 21 avril 2004, « *de se dispenser de l'assentiment des autorités judiciaires d'un deuxième État membre avec les retards et les frais qui en résultent* ». Toutefois, depuis l'avènement du règlement du 12 décembre 2012 accordant la force exécutoire immédiate aux décisions européennes, aux transactions judiciaires et aux actes authentiques sans qu'une déclaration constatant cette force soit donc nécessaire, ces avantages sont sans doute à minorer, et paradoxalement l'option ouverte par l'article 27 du règlement (CE) n° 805/2004 n'en conserve que plus d'intérêt, ce texte prévoyant, en effet, que le règlement du 21 avril 2004 « *n'affecte pas la possibilité de demander la reconnaissance et l'exécution, conformément au règlement (CE) n° 44/2001, d'une décision, d'une transaction judiciaire ou d'un acte*

1. En revanche, l'article 52 du règlement (UE) n° 1215/2012 rappelle qu'« *en aucun cas une décision rendue dans un État membre ne peut faire l'objet d'une révision au fond dans l'État membre requis* ».
2. V. L. d'Avout, préc. ss n° 122.05, n° 23.
3. Règl., art. 25, 1°, pour les actes authentiques; en France, l'article 509-3 alinéa 2 C. pr. civ. dispose que, « *par dérogation à l'article 509-1, les requêtes aux fins de certification des actes authentiques notariés en vue de leur exécution à l'étranger en application du règlement (CE) n° 805/2004* [...] *sont présentées au notaire ou à la personne morale titulaire de l'office notarial conservant la minute de l'acte reçu* ».
4. V. Civ. 2e, 22 févr. 2012, n° 10-28.379, *Bull. civ.* II, n° 36, dans lequel la Cour affirme que « *la décision certifiée en tant que titre exécutoire européen dans l'État d'origine est reconnue et exécutée dans les autres États membres sans qu'une déclaration constatant la force exécutoire soit nécessaire et sans qu'il soit possible de contester sa reconnaissance* »; dans ces conditions, le débiteur était irrecevable à contester, devant le juge de l'exécution, les conditions dans lesquelles la décision étrangère lui avait été signifiée avant d'être certifiée en tant que titre exécutoire européen.
5. Le règlement, entré en vigueur le 21 janvier 2005, est applicable depuis le 21 octobre 2005, sachant que le Danemark n'est pas soumis à son application.

authentique portant sur une créance incontestée ». Or, le règlement (UE) n° 1215/2012 est désormais substitué au règlement (CE) n° 44/2001...

122.42 Champ d'application. Le règlement du 21 avril 2004 s'applique en matière civile et commerciale, quelle que soit la nature de la juridiction, à l'exception des matières fiscales, douanières, administratives et de celles qui concernent l'état et la capacité des personnes physiques, les régimes matrimoniaux, les testaments et successions. Les faillites, la sécurité sociale et l'arbitrage sont également exclues (Règl. 21 avr. 2004, art. 2)[1].

En ce qui concerne la matière civile et commerciale, le titre exécutoire européen pourra être délivré pour trois catégories d'actes : les décisions, les transactions judiciaires et les actes authentiques portant sur des créances incontestées. Il faut entendre ici « *toute décision rendue par une juridiction d'un État membre, quelle que soit la dénomination qui lui est donnée, telle qu'arrêt, jugement, ordonnance ou mandat d'exécution, ainsi que la fixation par le greffier des frais du procès* ». S'agissant de l'acte authentique, c'est celui qui a été « *dressé ou enregistré formellement en tant qu'acte authentique et dont l'authenticité* » porte soit « *sur la signature et le contenu de l'acte authentique, et a été établie par une autorité publique ou toute autre autorité habilitée à ce faire par l'État membre d'origine* », soit résulte d'une « *convention en matière d'obligations alimentaires conclue avec des autorités administratives ou authentifiée par celles-ci* ». Quant à la transaction judiciaire, bien qu'elle ne soit pas définie par l'article 4, l'article 24.1 du règlement indique qu'elle est « *approuvée par une juridiction ou conclue devant une juridiction au cours d'une procédure judiciaire* ».

122.43 Notion de créance incontestée. L'article 3 du règlement, relatif aux titres devant être certifiés en tant que titre exécutoire européen, décide qu'il « *s'applique aux décisions, transactions judiciaires et actes authentiques portant sur des créances incontestées* », sachant que la créance est définie comme un droit à une somme d'argent déterminée qui est devenue exigible ou dont la date d'échéance a été indiquée dans la décision, la transaction judiciaire ou l'acte authentique (Règl. 21 avr. 2004, art. 4.2). Ce texte spécifie surtout les cas dans lesquels la créance est réputée incontestée, et il en est ainsi lorsque le débiteur l'a expressément reconnue en l'acceptant ou en recourant à une transaction qui a été approuvée par une juridiction ou conclue devant une juridiction au cours d'une procédure judiciaire; ou si le débiteur ne s'y est jamais opposé, conformément aux règles de procédure de l'État membre d'origine au cours de la procédure judiciaire; elle l'est encore si le débiteur n'a pas comparu ou ne s'est pas fait représenter lors d'une audience relative à cette créance après l'avoir initialement contestée au cours de la procédure judiciaire pour autant que sa conduite soit assimilable à une reconnaissance tacite de la créance ou des faits invoqués par le créancier en vertu du droit de l'État membre d'origine; elle l'est enfin si le débiteur l'a expressément reconnue dans un acte authentique.

122.44 Conditions de la certification et effets du certificat de titre exécutoire européen. Si une décision qui a été certifiée en tant que titre exécutoire européen dans l'État membre d'origine est reconnue et exécutée dans les autres États membres sans qu'une déclaration constatant la force exécutoire soit nécessaire et sans qu'il soit possible de contester sa reconnaissance (Règl. 21 avr. 2004, art. 4), c'est, par hypothèse, parce que les conditions de la certification ont été respectées.

Ces conditions sont posées par l'article 6 du règlement, qui dispose qu'une décision relative à une créance incontestée rendue dans un État membre est, sur demande adressée à la juridiction d'origine, certifiée en tant que titre exécutoire européen si quatre conditions sont remplies. Il est d'abord nécessaire que la décision soit exécutoire dans l'État membre d'origine (Règl. 21 avr. 2004, art. 6.1, a) et que le débiteur ait son domicile dans cet État (Règl. 21 avr. 2004, art. 6.1, d); ensuite, qu'elle ne soit pas incompatible avec les dispositions en matière de compétence figurant dans les sections 3 et 6 du chapitre II du règlement (CE) n° 44/2001. On sait qu'aujourd'hui le règlement (CE) n° 44/2001 est remplacé par celui (UE) n° 1215/2012 du 12 décembre 2012; c'est donc au chapitre II de celui-ci qu'il faut se référer. Enfin, la procédure judiciaire dans l'État membre d'origine doit avoir satisfait aux exigences énoncées au chapitre III du règlement (CE) n° 805/2004 dans le cas d'une créance incontestée, lequel chapitre III prévoit les normes minimales applicables à de telles créances.

Si ces conditions sont remplies, un certificat de titre exécutoire européen, qui « *ne produit ses effets que dans les limites de la force exécutoire de la décision* » (Règl. 21 avr. 2004, art. 11)[2], peut être délivré au

1. Le règlement ne recouvre pas non plus la responsabilité de l'État pour des actes ou des omissions commis dans l'exercice de la puissance publique.

2. POUR UNE ILLUSTRATION, v. Civ. 2e, 6 janv. 2012, n° 10-23.518, *Bull. civ.* II, n° 7 : « *Ayant relevé qu'une décision passée en force de chose jugée du tribunal de première instance de Constance du 25 octobre 2007 avait annulé le mandat d'exécution européen du tribunal d'instance de Stuttgart homologué en titre exécutoire européen le 24 janvier 2006 par ce même tribunal et retenu exactement que, conformément à l'article 11 du règlement européen n° 805/2004, le certificat de titre exécutoire européen ne produisait* ▶

moyen d'un formulaire type, ce certificat étant rempli dans la langue de la décision (Règl. 21 avr. 2004, art. 9). Ceci dit, si seules certaines parties de la décision sont conformes aux exigences du règlement, un certificat de titre exécutoire européen partiel est délivré pour ces parties (Règl. 21 avr. 2004, art. 8), sachant également que lorsqu'une décision certifiée en tant que titre exécutoire européen a cessé d'être exécutoire ou que son caractère exécutoire a été suspendu ou limité, un certificat indiquant la suspension ou la limitation de la force exécutoire peut être délivré sur demande adressée à la juridiction d'origine (Règl. 21 avr. 2004, art. 6.2) [1].

En marge de ces hypothèses, l'article 10 du règlement a prévu une possibilité de rectification ainsi que de retrait du certificat de titre exécutoire européen. Il y aura lieu, en effet, sur demande adressée à la juridiction d'origine, à rectification dans les cas où, suite à une erreur matérielle, il existe une divergence entre la décision et le certificat, ou alors à retrait s'il est clair que le certificat a été délivré indûment eu égard aux conditions prévues par le règlement, mais comme le précise l'article 10 § 4 « *la délivrance d'un certificat de titre exécutoire européen n'est par ailleurs pas susceptible de recours* ».

122.45 Normes minimales applicables aux procédures relatives aux créances incontestées. C'est le chapitre III du règlement (CE) n° 805/2004, dont l'article 12.1 souligne, en ouverture, qu'une décision relative à une créance incontestée ne peut être certifiée en tant que titre exécutoire européen « *que si la procédure judiciaire dans l'État membre d'origine a satisfait aux conditions de procédure visées dans le présent chapitre* ». En effet, eu égard aux différences entre les États membres en ce qui concerne les règles de procédure civile, notamment celles qui régissent la signification et la notification des actes, il y avait lieu d'établir des normes minimales auxquelles doit satisfaire la procédure conduisant à la décision, afin de garantir que le débiteur soit informé, en temps utile et de telle manière qu'il puisse organiser sa défense, de l'action en justice intentée contre lui, des conditions de sa participation active à la procédure pour contester la créance en cause et des conséquences d'une absence de participation de sa part [2].

C'est ainsi que les articles 13 à 19 du règlement posent des règles de signification ou notification assortie (ou non assortie) de la preuve de sa réception par le débiteur (Règl. 21 avr. 2004, art. 13 et 14), de signification ou notification aux représentants du débiteur (Règl. 21 avr. 2004, art. 15), d'information en bonne et due forme du débiteur sur la créance (Règl. 21 avr. 2004, art. 16) ainsi que sur les formalités procédurales à accomplir pour contester celle-ci (Règl. 21 avr. 2004, art. 17), les articles 18 et 19 prévoyant plus spécifiquement les moyens de remédier au non-respect des normes minimales et les normes minimales à respecter pour un réexamen dans des cas exceptionnels.

Au titre de l'article 13, il est prévu au 1, a) que l'acte introductif d'instance - ou un acte équivalent - peut avoir été signifié ou notifié au débiteur par signification ou notification à personne, le débiteur ayant signé un accusé de réception portant la date de réception; au 1, b) qu'il peut y avoir été procédé « *au moyen d'un document signé par la personne compétente* [...] *spécifiant que le débiteur a reçu l'acte ou qu'il a refusé de le recevoir sans aucun motif légitime, ainsi que la date à laquelle l'acte a été signifié* »; au 1, c) qu'en cas de signification ou de notification par voie postale, le débiteur doit avoir signé et renvoyé un accusé de réception portant la date de réception; au 1, d), enfin, que ces modalités peuvent être effectuées « *par des moyens électroniques comme la télécopie ou le courrier électronique* » (en droit français, v. C. pr. civ., art. 748-1 s., en matière de communication électronique).

Ensuite, au titre de l'article 14 du règlement visant l'absence de preuve de la réception de l'acte introductif d'instance ou de la citation à comparaître par le débiteur, un certain nombre de modes sont admis par le paragraphe 1, notamment : la notification ou signification à personne, à l'adresse personnelle du débiteur, à des personnes visant à la même adresse que celui-ci ou employées à cette adresse; si le débiteur est un indépendant ou une personne morale, la signification ou notification à personne, dans les locaux commerciaux de celui-ci, à des personnes employées par lui; le dépôt de l'acte dans sa boîte aux lettres; ce même dépôt dans un

▶ *ses effets que dans la limite de la force exécutoire de la décision dont la cour d'appel de Karlsruhe avait certifié dans son arrêt du 12 août 2008 qu'elle n'était plus exécutoire, de sorte que la saisie-attribution n'avait plus de fondement juridique* », la cour d'appel avait ordonné à bon droit la mainlevée de la saisie-attribution.

1. De la même manière, les articles 6.3 et 7 du règlement prévoient respectivement que, « *lorsqu'il a été statué à la suite d'un recours formé contre une décision certifiée en tant que titre exécutoire européen* [...], *un certificat de remplacement est délivré, sur demande adressée à tout moment* [...], *si ladite décision rendue sur le recours est exécutoire dans l'État membre d'origine* », et que « *lorsqu'une décision comprend une décision exécutoire sur le montant des frais de justice, y compris les taux d'intérêts, elle est certifiée en tant que titre exécutoire européen également en ce qui concerne les frais à moins que, durant la procédure en justice, le débiteur ne se soit spécifiquement opposé à son obligation d'assumer lesdits frais, conformément à la législation de l'État membre d'origine* ».

2. V. Règl. 21 avr. 2004, consid. 12 et 13.

bureau de poste ou auprès d'une autorité publique compétente[1] avec communication écrite de ce dépôt dans la boîte aux lettres du débiteur, et à condition que cette communication mentionne clairement la nature judiciaire de l'acte ou le fait qu'elle vaut notification ou signification et a pour effet de faire courir les délais; le recours à des moyens électroniques, avec accusé de réception automatique[2], « *à condition que le débiteur ait expressément accepté à l'avance ce mode de signification ou de notification* »[3].

Le débiteur doit encore être « *dûment informé de la créance* » dont il est redevable (Règl. 21 avr. 2004, art. 16) et des formalités procédurales à accomplir pour contester celle-ci. À cette fin, l'acte introductif d'instance devra notamment indiquer la cause de la demande, le montant de la créance, et si des intérêts sont exigés leur taux et la période pour laquelle ils le sont (sauf si des intérêts légaux sont automatiquement ajoutés au principal en vertu du droit de l'État membre d'origine). Il devra également faire clairement ressortir les exigences de procédure à respecter pour contester la créance (délais, date de l'audience, nom et adresse de l'institution à laquelle il convient d'adresser la réponse ou devant laquelle comparaître, nécessité d'être représenté par un avocat lorsque cela est obligatoire), et les conséquences de l'absence d'objection ou de la non-comparution, notamment la possibilité d'une procédure d'exécution de la décision contre le débiteur et la charge des frais de justice, toutes garanties élémentaires connues du droit français.

Il convient toutefois de relever que l'article 18 du règlement a prévu, au profit du créancier, des moyens propres à remédier au non-respect de ces normes minimales dans deux éventualités. D'abord, s'il apparaît que les exigences prescrites aux articles 13 à 17 du règlement n'ont pas été satisfaites dans le cadre de la procédure menée au sein de l'État membre d'origine, la décision pourra être certifiée en tant que titre exécutoire européen si trois conditions cumulatives sont satisfaites, c'est-à-dire que la décision a été signifiée ou notifiée au débiteur dans le respect de l'article 13 ou de l'article 14, que celui-ci a eu la possibilité de contester la décision par un recours prévoyant un réexamen complet et qu'il a été dûment informé dans celle-ci ou dans un document l'accompagnant des exigences de procédure relatives au recours, enfin qu'il a omis de former un recours à l'encontre de la décision conformément aux règles de procédure adéquates. Ensuite, il pourra également être remédié à l'irrespect des normes minimales, lorsque la procédure dans l'État membre d'origine n'a pas satisfait aux exigences énoncées à l'article 13 ou à l'article 14 du règlement, s'il est prouvé par le comportement du débiteur au cours de la procédure judiciaire qu'il a reçu personnellement, en temps utile pour pouvoir préparer sa défense, l'acte devant lui être signifié ou notifié.

122.46 Exécution du titre dans l'État membre d'exécution. C'est l'article 20 § 1 du règlement qui pose le principe fondamental en la matière. Aux termes de son alinéa 2, en effet, « *une décision certifiée en tant que titre exécutoire européen est exécutée dans les mêmes conditions qu'une décision rendue dans l'État membre d'exécution* », même si le créancier est tenu de fournir aux autorités de cet État, chargées de l'exécution[4], une expédition de la décision réunissant les conditions nécessaires pour en établir l'authenticité, une expédition du certificat de titre exécutoire européen dans les mêmes conditions, et au besoin une transcription de ce certificat ou sa traduction dans la langue officielle de l'État membre d'exécution (Règl. 21 avr. 2004, art. 20 §2). Pour assurer l'effectivité du principe d'assimilation dans l'exécution, il est d'ailleurs prévu, d'une part, qu'aucune caution ni aucun dépôt ne peuvent être imposés en raison, soit de la qualité de ressortissant d'un État tiers, soit du défaut de domicile ou de résidence dans l'État membre d'exécution, à la partie qui demande l'exécution dans un État membre d'une décision certifiée en tant que titre exécutoire européen dans un autre État membre (Règl., art. 21 § 3), et, d'autre part, que « *la décision ou sa certification en tant que titre exécutoire européen ne peut en aucun cas faire l'objet d'un réexamen au fond dans l'État membre d'exécution* » (Règl. 21 avr. 2004, art. 21 § 2). En effet, seules des possibilités de refus d'exécution, ou de suspension ou de limitation de

1. Sachant qu'en France la remise de l'acte en mairie a été supprimée par Décr. n° 2005-1678, 28 déc. 2005, relatif à la procédure civile, à certaines procédures d'exécution et à la procédure de changement de nom, *JO* 29 déc. 2005, p. 20350, mod. C. pr. civ., art. 656.
2. V. C. pr. civ., art. 748-3, al. 1er, selon lequel les envois, remises et notifications mentionnés à l'article 748-1 du même code « *font l'objet d'un avis électronique de réception adressé par le destinataire, qui indique la date et, le cas échéant, l'heure de celle-ci* ».
3. En France, l'article 748-2 C. pr. civ. dispose ainsi que le destinataire des envois, remises et notifications des actes de procédure, des pièces, avis, avertissements ou convocations ainsi que des copies et expéditions revêtues de la formule exécutoire des décisions juridictionnelles, « *doit consentir expressément à l'utilisation de la voie électronique, à moins que des dispositions spéciales n'imposent l'usage de ce mode de communication* ».
4. L'article 509-1 alinéa 1er C. pr. civ. pose en principe que les requêtes aux fins de certification des titres exécutoires français sont présentées au greffier en chef de la juridiction qui a rendu la décision, et l'article 509-3 alinéa 3 que celles aux fins de certification des actes authentiques notariés sont présentées au notaire ou à la personne morale titulaire de l'office notarial conservant la minute de l'acte reçu.

l'exécution, sont ouvertes au débiteur par le règlement.

122.47 Refus d'exécution, suspension ou limitation de l'exécution. Ces possibilités sont prévues par les articles 21 et 23 du règlement, et témoignent que l'accès aux procédures d'exécution, facilité par le titre exécutoire européen, ne s'opère pas au détriment de la protection du débiteur.

Sur demande de celui-ci, l'exécution peut d'abord être refusée par la juridiction compétente dans l'État membre d'exécution si la décision certifiée en tant que titre exécutoire européen est incompatible avec une décision qui aurait été rendue antérieurement dans tout État membre ou dans un pays tiers, lorsque cette décision a été rendue dans un litige ayant la même cause, dans l'État membre d'exécution ou si elle réunit les conditions nécessaires à sa reconnaissance dans cet État, et que l'incompatibilité des décisions n'a pas été et n'aurait pas pu être invoquée au cours de la procédure judiciaire dans l'État membre d'origine (Règl. 21 avr. 2004, art. 21 §1).

L'exécution peut ensuite être limitée ou suspendue lorsque le débiteur a, soit formé un recours à l'encontre d'une décision certifiée en tant que titre exécutoire européen, y compris une demande de réexamen au sens de l'article 19[1], soit demandé la rectification ou le retrait d'un certificat de titre exécutoire européen conformément à l'article 10 du règlement. Dans ces deux cas, la juridiction ou l'autorité compétente dans l'État membre d'exécution, saisie par le débiteur, aura une triple possibilité : soit limiter la procédure d'exécution à de simples mesures conservatoires, soit subordonner cette exécution à la constitution d'une sûreté qu'elle est libre de déterminer, soit, enfin, « *dans des circonstances exceptionnelles, suspendre la procédure d'exécution* » (Règl. 21 avr. 2004, art. 23, c).

SECTION 2
JUGEMENTS ET ACTES ÉTRANGERS

122.51 Nécessité d'un *exequatur*. Aux termes de l'article L. 111-3, 2° C. pr. exéc., les actes et les jugements étrangers déclarés exécutoires par une décision non susceptible d'un recours suspensif d'exécution constituent des titres exécutoires. Cela veut dire que l'efficacité d'un jugement étranger est subordonnée à une procédure d'*exequatur* menée devant un juge français[2], en l'occurrence le tribunal de grande instance du lieu où demeure le débiteur poursuivi, qui connaît, à juge unique, « *des demandes en reconnaissance et en exequatur des décisions judiciaires et actes publics étrangers ainsi que des sentences arbitrales françaises ou étrangères* » (COJ, art. R. 212-8, 2°). Le juge devra vérifier la régularité de la décision étrangère au regard de l'ordre juridique français, sachant plus précisément, depuis un arrêt de principe rendu par la Cour de cassation le 20 février 2007, que « *pour accorder l'exequatur hors de toute convention internationale,* [il] *doit s'assurer que trois conditions sont remplies, à savoir la compétence indirecte du juge étranger, fondée sur le rattachement du litige au juge saisi, la conformité à l'ordre public international de fond et de procédure et l'absence de fraude à la loi* »[3]. Si la demande d'*exequatur* est accordée, la décision du juge français – dont un appel est toujours possible[4] – doit elle-même remplir les conditions du droit commun pour avoir force exécutoire : outre qu'elle ne doit plus être susceptible d'un recours suspensif d'exécution (C. pr. civ., art. 500), il faut qu'elle soit notifiée au débiteur contre lequel l'exécution est poursuivie.

SECTION 3
SENTENCES ARBITRALES

122.61 Exécution forcée en vertu d'une ordonnance d'*exequatur*. À l'instar des jugements et des actes étrangers, les sentences arbitrales rendues en matière d'arbitrage international ou d'arbitrage interne n'ont aucune force exécutoire, et, dans ces conditions, ne sont susceptibles d'exécution forcée qu'en vertu d'une ordonnance d'*exequatur* émanant du tribunal de grande instance dans le ressort duquel elles ont été rendues (C. pr. civ., art. 1487, al. 1er, et 1516, al. 1er). Lorsque la sentence arbi-

1. Lequel, au titre des « *normes minimales pour un réexamen dans des cas exceptionnels* », prévoit dans son § 1 qu'une décision ne peut être certifiée en tant que titre exécutoire européen que si le débiteur a droit, en vertu de la loi de l'État membre d'origine, de demander un réexamen de la décision en question, lorsque par ailleurs l'acte introductif d'instance a été signifié ou notifié par l'un des modes prévus à l'article 14 et que la signification ou la notification n'est pas intervenue en temps utile pour lui permettre de préparer sa défense, ou bien qu'il a été empêché de contester la créance pour des raisons de force majeure.

2. L'article 509 C. pr. civ. posant ainsi en principe que « *les jugements rendus par les tribunaux étrangers et les actes reçus par les officiers étrangers sont exécutoires sur le territoire de la République de la manière et dans les cas prévus par la loi* ».
3. Civ. 1re, 20 févr. 2007, n° 05-14.082, *Bull. civ.* I, n° 68; *D.* 2007. AJ 727, obs. Gallmeister; *D.* 2008. 892, note Chauvin, et p. 1115, note d'Avout et Bollée.
4. Mais si l'appel est déclaré irrecevable, en l'occurrence par une ordonnance d'un conseiller de la mise en état, l'ordonnance d'*exequatur* prononcée par le président du TGI n'est plus susceptible d'un recours suspensif d'exécution et la validité du titre ne peut plus être remise en cause, le jugement étranger devient exécutoire : Civ. 2e, 9 oct. 2008, n° 07-15.328, NP; *Procédures* 2008, n° 329, note Perrot.

trale a été rendue à l'étranger, elle n'est susceptible d'exécution forcée qu'en vertu d'une ordonnance d'*exequatur* émanant du tribunal de grande instance de Paris (C. pr. civ., art. 1516, al. 1er).

En effet, même si les sentences arbitrales ont, dès qu'elles sont rendues, l'autorité de la chose jugée relativement à la question qu'elles tranchent (C. pr. civ., art. 1484, en matière d'arbitrage international, et 1506, 4°, par renvoi à l'article 1484, en matière d'arbitrage international), elles restent des décisions émanant d'une instance privée composée de personnes qui ne sont pas détentrices d'une parcelle de la souveraineté publique. Pour cette raison, elles ne peuvent permettre d'entreprendre une mesure d'exécution forcée qu'après avoir été contrôlées par une juridiction étatique, au terme d'une procédure d'*exequatur* qui n'est pas contradictoire (C. pr. civ., art. 1487, al. 2, et 1516, al. 2), parce qu'elle est simplement destinée à vérifier que la sentence n'est pas manifestement contraire à l'ordre public français en matière d'arbitrage interne (C. pr. civ., art. 1488, al. 1er), ou à l'ordre public international pour les sentences arbitrales rendues à l'étranger ou en matière d'arbitrage international (C. pr. civ., art. 1514). Dans tous les cas, c'est le tribunal de grande instance statuant à juge unique qui connaît des demandes en *exequatur* des sentences arbitrales françaises ou étrangères (COJ, art. R. 211-8, 2°).

122.62 Arbitrage interne. Dans la mesure où la procédure relative à la demande d'*exequatur* n'est pas contradictoire (C. pr. civ., art. 1487, al. 2), le tribunal de grande instance, statuant à juge unique (COJ, art. R. 212-8, 2°), est saisi par simple requête accompagnée de l'original de la sentence et d'un exemplaire de la convention d'arbitrage ou de leurs copies réunissant les conditions requises pour leur authenticité (C. pr. civ., art. 1487, al. 3). L'*exequatur* sera apposé sur l'original, ou, si celui-ci n'est pas produit, sur la copie de la sentence arbitrale (même texte, dern. al.), mais il sera refusé si la sentence est manifestement contraire à l'ordre public (C. pr. civ., art. 1488, al. 1er), et dans ce cas l'ordonnance de refus doit être motivée (al. 2).

S'agissant des recours contre l'ordonnance statuant sur la demande d'*exequatur*, il faut distinguer deux situations. Si l'*exequatur* a été accordé, l'article 1499 alinéa 1er C. pr. civ. pose en principe que l'ordonnance n'est susceptible d'aucun recours, mais si la sentence arbitrale a fait l'objet d'un appel ou d'un recours en annulation l'exercice de cette voie de recours emporte de plein droit, dans les limites de la saisine de la cour, recours contre l'ordonnance du juge ayant statué sur l'*exequatur*, ou dessaisissement de ce juge (C. pr. civ., art. 1499, al. 2). En revanche, si l'*exequatur* a été refusé, l'ordonnance peut être frappée d'appel dans le délai d'un mois à compter de sa signification (C. pr. civ., art. 1500, al. 1er), et dans ce cas la cour d'appel connaîtra, à la demande d'une partie, de l'appel ou du recours en annulation formé à l'encontre de la sentence arbitrale, si le délai pour l'exercer n'est pas expiré (al. 2).

122.63 Arbitrage international. En matière d'arbitrage international également, la procédure relative à la demande d'*exequatur* n'est pas contradictoire (C. pr. civ., art. 1516, al. 2), et c'est donc une requête qui sera déposée par la partie la plus diligente au greffe de la juridiction, accompagnée de l'original de la sentence et d'un exemplaire de la convention d'arbitrage ou de leurs copies réunissant les conditions requises pour leur authenticité (al. 3). L'*exequatur* est pareillement apposé sur l'original, ou, si celui-ci n'est pas produit, sur la copie de la sentence arbitrale, sachant que lorsque cette sentence n'est pas rédigée en langue française l'*exequatur* est également apposé sur la traduction opérée dans les conditions prévues à l'article 1515 C. pr. civ. (C. pr. civ., art. 1517, al. 2). Si l'ordonnance refuse d'accorder l'*exequatur* à la sentence arbitrale, elle doit être motivée afin que la partie concernée puisse évaluer l'opportunité d'exercer un recours.

En effet, des voies de recours sont possibles, mais il faut ici distinguer selon que la sentence a été rendue en France ou à l'étranger. S'agissant des sentences rendues en France, l'article 1523 C. pr. civ. pose en principe que la décision qui refuse l'*exequatur* d'une sentence arbitrale internationale est susceptible d'appel, lequel est formé dans le délai d'un mois à compter de la signification de la décision. Dans ce cas, selon le même schéma qu'en matière d'arbitrage interne, la cour d'appel connaîtra, si une partie le demande, du recours en annulation à l'encontre de la sentence à moins qu'elle ait renoncé à celui-ci ou que le délai pour l'exercer soit expiré (C. pr. civ., art. 1523, dern. al.). En revanche, l'ordonnance qui accorde l'*exequatur* n'est susceptible d'aucun recours (C. pr. civ., art. 1524, al. 1er) [1], à ceci près qu'un recours en annulation de la sentence emporterait de plein droit, dans les limites de la saisine de la cour, recours contre l'ordonnance du juge ayant statué sur l'*exequatur*, ou dessaisissement du juge (al. 2). En ce qui concerne les sentences arbitrales rendues à l'étranger, la décision qui statue sur une demande d'*exequatur* est également susceptible d'appel (C. pr. civ., art. 1525, al. 1er), appel formé dans le délai d'un

1. Sauf dans le cas prévu au deuxième alinéa de l'article 1522, lequel souligne que les parties peuvent toujours faire appel de l'ordonnance d'*exequatur* pour l'un des motifs de l'article 1520 C. pr. civ.

mois à compter de la signification de la décision (al. 2). Lorsque l'appel est formé à l'encontre de la sentence revêtue de l'*exequatur*, les parties peuvent toutefois convenir d'un autre mode de signification (al. 3). Si l'*exequatur* de la sentence arbitrale est refusé, il ne peut l'être que dans l'un des cas prévus à l'article 1520 C. pr. civ. pour le recours en annulation (dern. al.)[1].

122.64 Dispositions communes aux sentences arbitrales rendues en France et à l'étranger. Elles ont trait à deux points. D'abord, comme le recours en annulation formé contre la sentence et l'appel de l'ordonnance ayant accordé l'*exequatur* ne sont pas suspensifs, l'article 1526 alinéa 2 C. pr. civ. prévoit que le premier président statuant en référé, ou, dès qu'il est saisi, le conseiller de la mise en état, peut arrêter ou aménager l'exécution de la sentence si cette exécution est susceptible de léser gravement les droits de l'une des parties. Ensuite, l'article 1527 C. pr. civ. précise que l'appel de l'ordonnance ayant statué sur l'*exequatur* et le recours en annulation de la sentence sont formés, instruits et jugés selon les règles relatives à la procédure contentieuse prévues aux articles 900 à 930-1, sachant que le rejet de l'appel ou du recours en annulation confère l'*exequatur* à la sentence arbitrale ou à celles de ses dispositions qui ne sont pas atteintes par la censure de la cour.

1. Si le tribunal arbitral s'est déclaré à tort compétent, ou a été irrégulièrement constitué, ou s'il a statué sans se conformer à la mission qui lui avait été confiée, n'a pas respecté le principe de la contradiction, ou si, enfin, l'exécution de la sentence est contraire à l'ordre public international.

CHAPITRE

123. Extraits de procès-verbaux de conciliation signés par le juge et les parties

Olivier SALATI
Maître de conférences (HDR)
à l'Université d'Aix-Marseille

SECTION 0
ORIENTEUR

123.00 **Plan du chapitre.**

123.01 **Textes applicables.**

C. pr. exéc., art. L. 111-2.

C. pr. civ., art. 21, 127, 128, 129-1 à 131-15, 384, 502, 503, 831 s., 837, 845, 860-2, 831 s., 845, 883, 887, 888, 1532 à 1541, 1565 et 1566.

C. trav., art. R. 1454-10 et R. 1454-11.

123.03 **Bibliographie indicative.** (V. bibliographie indicative s[s] n° 120.03).

Articles. Ch. Hugon, « Existe-t-il un droit commun de l'homologation judiciaire ? », *LPA* 11 déc. 2003, n° 247, p. 4 – J. Joly-Hurard, « Le nouveau pouvoir d'injonction du juge en matière de conciliation judiciaire », *D.* 2003. Doctr. 928 – F. Ruellan, « Le conciliateur civil, entre utopie et réalités », *JCP* 1990. I. 3431.

SECTION 1
CONCILIATION JUDICIAIRE

123.11 **Présentation et effets du procès-verbal et du constat d'accord.** Le Code de procédure civile envisage et réglemente la conciliation judiciaire. En des termes généraux, l'article 21 C. pr. civ. disposait, dès l'origine, et au titre des principes directeurs du procès civil, qu'il entre dans la mission du juge de concilier les parties. L'article 127 C. pr. civ. confirme cet office du juge en ouvrant, pour sa part, le titre VI du livre premier de ce code consacré à la conciliation. Il prévoit que « *les parties peuvent se concilier, d'elles-mêmes ou à l'initiative du juge, tout au long de l'instance* ». L'article 128 alinéa 1er C. pr. civ. établit que « *la conciliation est tentée, sauf disposition particulière, au lieu et au moment que le juge estime favorables et selon les modalités qu'il fixe* ».

Les parties ayant toujours la faculté de demander au juge qu'il constate leur conciliation. Le contenu de l'accord, y compris si celui-ci est partiel, est mentionné dans un procès-verbal qui est signé par le juge et les parties. Ce procès-verbal de conciliation a pour objet de constater l'accord des parties qui décident de mettre un terme au litige. En conséquence, on peut hésiter à lui attribuer la qualification d'acte juridictionnel. Néanmoins, l'intention du législateur sur ce point est très claire : l'article 131 C. pr. civ. établit que « *des extraits du procès-verbal dressé par le juge peuvent être délivrés. Ils valent titre exécutoire* ». En outre, ce n'est pas parce qu'il ne relève pas de l'exercice de la fonction juridictionnelle contentieuse qu'il faut, dans le même temps, lui refuser la qualification de titre exécutoire. Après tout, un contrôle a bien été exercé par le juge.

Les intérêts dus au titre des sommes qu'il contient ne courent qu'à compter de la notification faite au débiteur sauf si l'acte a expressément stipulé des dispositions spéciales. En ce qui concerne les intérêts antérieurs à la transaction, ils ne peuvent être réclamés que s'ils ont fait l'objet d'une mention spéciale dans l'acte.

La conciliation en cours d'instance est une cause d'extinction de l'instance (C. pr. civ., art. 384, al. 1er) et il appartient au juge de donner force exécutoire à l'acte constatant leur accord, que celui-ci intervienne devant lui ou hors de sa présence (C. pr. civ., art. 384, al. 3). À cet égard, un procès-verbal de conciliation signé par les parties avec le juge, à l'occasion d'une procédure de saisie des rémunérations, interdit au créancier toute mesure d'exécution postérieure pour obtenir le versement mensuel de sommes supérieures à celles fixées par les parties dans le procès-verbal[1].

Un tel procès-verbal n'est susceptible d'aucun appel[2], tierce opposition[3] ou pourvoi en cassation[4] car il n'a pas valeur de décision judiciaire[5]. Dans ces conditions, en raison du caractère fondamentalement contractuel de l'acte, seule une action principale en nullité semble pouvoir être envisagée.

Par ailleurs, si c'est bien la signature du juge et du greffier qui donne force exécutoire à l'accord, il n'en demeure pas moins que seul l'extrait du procès-verbal de conciliation revêtu de la formule exécutoire par le secrétaire de la juridiction permet de le mettre à exécution puisque la loi n'en dispose pas autrement (C. pr. civ., art. 502). En outre, le fait que le procès-verbal constate l'accord des parties laisse à penser, comme le suggère une partie de la doctrine, que celui-ci acquiert « *immédiatement force exécutoire sans notification préalable* »[6]. En effet, les parties, présentes, en sont informées.

Le préalable de conciliation judiciaire existe aussi devant certaines juridictions, tel est notamment le cas des tribunaux paritaires des baux ruraux où les parties sont tenues de comparaître en personne (C. pr. civ., art. 883, 887 et 888). Devant le conseil de prud'hommes, il existe une phase préalable de conciliation. Elle est menée par le bureau de conciliation qui entend les parties et s'efforce de les concilier (C. trav., art. R. 1454-10). L'article R. 1454-11 du Code du travail dispose qu'en cas de conciliation, si les parties parviennent à se concilier, un extrait du procès-verbal, qui mentionne s'il y a lieu l'exécution immédiate totale ou partielle de l'accord intervenu, peut être délivré, il vaut titre exécutoire. On relèvera sur ce point, un important arrêt de la Cour de cassation[7] qui pose le principe que la conciliation préliminaire obligatoire de l'instance prud'homale est un acte judiciaire qui implique une participation active du bureau de conciliation à la recherche d'un accord des parties préservant les droits de chacune d'entre elles. Il en résulte que cet acte ne peut être valable que si le bureau a rempli son office en ayant notamment vérifié que les parties étaient informées de leurs droits respectifs. À défaut, le procès-verbal encourt la nullité. Cette solution doit bien entendu être étendue à toutes les instances qui font l'objet d'une procédure de conciliation obligatoire (tribunal paritaire des baux ruraux, tribunal des affaires de Sécurité sociale). La question reste posée pour celles dans lesquelles le préliminaire de conciliation judiciaire n'est que facultatif (tribunal d'instance not.). Un indice important vient cependant d'être donné par la haute juridiction car ce qui est bon pour le bureau de conciliation prud'homal l'est encore plus pour le magistrat professionnel qu'est le juge d'instance. Demander à un juge de concilier suppose en effet une certaine confiance dans sa capacité à faire respecter les droits respectifs des parties[8]. Nul doute que cette jurisprudence fragilise la force de ce titre exécutoire puisqu'il peut être annulé ultérieurement à la demande d'une partie qui retrouve son droit d'exercer une instance contentieuse sur les chefs de demandes ayant fait l'objet du procès-verbal de conciliation annulé.

Dans d'autres circonstances, la conciliation semble faire partie de l'instance. Ainsi, s'agissant du tribunal d'instance, s'il n'est pas recouru à la tentative préalable de conciliation (pour la conciliation extrajudiciaire v. s[s] n°s 123.21 s.) par une partie, il est néanmoins prévu que l'assignation, dite à toutes fins, doit notamment contenir « *les lieu, jour et heure de l'audience à laquelle la conciliation sera tentée si elle ne l'a déjà été, et, le cas échéant, l'affaire jugée* » (C. pr. civ., art. 837, 1°). De même encore, lorsque les parties saisissent le juge par requête conjointe ou se présentent volontairement devant lui, l'article 845 alinéa 1er C. pr. civ. décide que « *le juge s'efforce de concilier les parties* [...] ».

123.12 Conciliateur de justice. Dans le cadre de la conciliation judiciaire, le juge peut, en vertu d'une disposition spéciale, déléguer sa mission de conciliation à un conciliateur de justice (C. pr. civ., art. 129-1). Si un accord est trouvé, la teneur de celui-ci peut, selon les cas, être consignée, soit dans un procès-verbal signé par les parties et le juge, soit dans un constat signé par les parties et le conciliateur de justice (C. pr. civ., art. 130). L'article 131 C. pr. civ. décide que des extraits du procès-verbal dressé par le juge peuvent être délivrés et que ces extraits valent titre exécutoire. Quant au constat d'accord établi par le conciliateur entre les parties, il peut faire l'objet d'une homologation par le juge sur demande des parties à cette fin. Cette homologation, qui va conférer force exécutoire à l'accord, relève de la matière gracieuse. Le juge rend alors une ordonnance d'homologation qui est revêtue de la formule exécutoire et qui, à ce titre, a vocation à

1. TGI Dijon, JEX, 2 nov. 1993, *Rev. huiss.* 1994. 717.
2. Civ. 2e, 5 avr. 1957, *Bull. civ.* II, n° 296.
3. Soc. 1er févr. 1957, *Bull. civ.* IV, n° 135.
4. Soc. 23 oct. 1991, n° 90-60.452, *Bull. civ.* V, n° 420.
5. Sur cette question, R. Perrot, *RTD civ.* 1994. 634.
6. PERROT et THÉRY, n° 145.
7. Soc. 28 mars 2000, n° 97-42.419, *Bull. civ.* V, n° 135; *D.* 2000. 528, obs. Savatier.
8. Sur cette question : F. Ruellan, « Le conciliateur civil, entre utopie et réalités », *JCP* 1990. I. 3431.

une éventuelle exécution forcée sur les biens de la partie qui s'oblige dans l'acte d'accord.

Si le juge demeure libre d'homologuer l'accord, sans doute en vérifiant sa conformité apparente à l'ordre public (comp. C. pr. civ., anc. art. 1441-4, et nouv. art. 1565), la question se pose de savoir si la mise à exécution de l'ordonnance nécessite ou non une notification (la matière gracieuse relevant de la fonction juridictionnelle au même titre que l'exercice de la fonction contentieuse, la décision d'homologation devrait dès lors avoir un caractère juridictionnel et nécessiterait alors l'application de l'article 503, al. 1er, C. pr. civ.). Il s'ensuit notamment que, pour être mise à exécution, la décision devrait faire l'objet d'une notification préalable. Cependant, la nature – contractuelle ? – de l'ordonnance suscite l'interrogation. Le juge fait-il véritablement œuvre juridictionnelle en homologuant l'accord ? Un arrêt de cour d'appel a jugé que le procès-verbal de conciliation, qui concrétise un accord, ne constitue pas une décision juridictionnelle et n'a pas à être signifié[1]. Inversement, le créancier qui signe un procès-verbal de conciliation ne peut, sans violer ce titre, engager une procédure d'exécution sur un fondement autre que celui résultant des termes de la conciliation[2]. Le fait qu'il s'agisse d'un acte de juridiction gracieuse ne fait sans doute pas obstacle à sa reconnaissance de titre exécutoire (ainsi, s'agissant de la transaction, la Cour de cassation a jugé qu'un jugement homologuant une transaction constitue un titre exécutoire)[3].

Cette délégation de mission par le juge à un conciliateur de justice est possible devant le tribunal d'instance où cette délégation peut intervenir à l'occasion d'une demande aux fins de tentative préalable de conciliation (C. pr. civ., art. 831 s.). Lorsque le tribunal est saisi par assignation à toutes fins, le juge peut, à tout moment de la procédure, inviter les parties à rencontrer un conciliateur aux lieu et jour qu'il détermine (C. pr. civ., art. 845). Cette délégation peut également intervenir devant le tribunal paritaire des baux ruraux (C. pr. civ., art. 887, al. 2) et le tribunal de commerce (C. pr. civ., art. 860-2).

SECTION 2
CONCILIATION EXTRAJUDICIAIRE

123.21 Force exécutoire des procès-verbaux de conciliation. Si l'article L. 111-2 C. pr. exéc. n'envisage pas expressément cette catégorie d'actes, la rédaction particulièrement large de cette nouvelle dispositions incite à y inclure ce mode alternatif de règlement des différends, d'autant que ce type d'accord est susceptible de bénéficier de la force exécutoire octroyée par un juge[4]. Le décret n° 2012-66 du 20 janvier 2012 relatif à la résolution amiable des différends[5] renforce cette idée. En effet, il a été récemment inséré dans le Code de procédure civile des dispositions – articles 1536 à 1541 – qui envisagent la conciliation menée par un conciliateur de justice institué par le décret n° 78-381 du 20 mars 1978[6] (relatif aux conciliateurs de justice, dont il organise la mission, les prérogatives et le statut).

En vertu de ces nouvelles dispositions, les parties peuvent s'adresser à un conciliateur de justice afin que ce dernier les aide dans le règlement de leur différend. Le conciliateur, qui exerce sa mission à titre bénévole, se voit confier une mission générale de faciliter le règlement amiable des différends portant sur les droits dont les parties ont la libre disposition, en dehors de toute procédure judiciaire (ce qui exclut notamment, dans cette situation, les tentatives de conciliation en matière de divorce et de séparation de corps). Il peut être saisi, sans forme, par toute personne physique ou morale. Si les parties parviennent à se concilier, même partiellement, il peut être dressé un constat d'accord, signé par ces dernières et le conciliateur de justice. L'article 1541 alinéa 1er C. pr. civ. dispose que « *la demande tendant à l'homologation du constat d'accord est présentée au juge d'instance par requête de l'une des parties à moins que l'une s'oppose à l'homologation dans l'acte constatant son accord* »[7]. La réserve contenue dans la seconde partie de cette phrase semble fragiliser le principe même de l'homologation. Sur ce point la conciliation judiciaire paraît plus intéressante, car l'article 131 alinéa 1er C. pr. civ. dispose que « *des extraits du procès-verbal dressé par le juge peuvent être délivrés. Ils valent titre exécutoire* ».

En vertu de l'article 1565 C. pr. civ., « *l'accord auquel sont parvenues les parties à une médiation, une conciliation ou une procédure participative peut être soumis, aux fins de le rendre exécutoire, à l'homologation du juge compétent pour connaître du contentieux dans la matière considérée.*

1. Paris, 23 janv. 1991, *D.* 1991. 67.
2. TGI Dijon, JEX, 2 nov. 1993, *Rev. huiss.* 1994. 717.
3. Civ. 2e, 27 nov. 2004, n° 02-18.542, *Bull. civ.* II, n° 253.
4. C. pr. civ., art. 1565.
5. Décr. n° 2012-66, 20 janv. 2012, relatif à la résolution amiable des différends, *JO* 22 janv., p. 1280.
6. Décr. n° 78-381, 20 mars 1978, Relatif aux conciliateurs de justice, *JO* 23 mars, p. 1265.
7. Comp. la formule utilisée par l'ancien article 9 alinéa 4 du décret de 1978 – aujourd'hui abrogé – décidant qu'à « *moins qu'une partie ne s'y oppose dans l'acte constatant son accord, le juge d'instance, saisi sur requête, peut conférer force exécutoire au constat d'accord* ».

Le juge à qui est soumis l'accord ne peut en modifier les termes »[1]. L'article 1566 C. pr. civ. organise les modalités de la procédure et les voies de recours susceptibles d'être exercées : « *Le juge statue sur la requête qui lui est présentée sans débat, à moins qu'il n'estime nécessaire d'entendre les parties.*

S'il est fait droit à la requête, tout intéressé peut en référer au juge qui a rendu la décision.

La décision qui refuse d'homologuer l'accord peut faire l'objet d'un appel. Cet appel est formé par déclaration au greffe de la cour d'appel. Il est jugé selon la procédure gracieuse ».

Sans doute conviendra-t-il, conformément au droit commun, de notifier la décision du juge afin de mettre en œuvre une mesure d'exécution forcée.

SECTION 3
MÉDIATION

123.31 Médiation judiciaire : modalités d'exécution. Le décret du 22 juillet 1996 a consacré la notion de médiation en introduisant dans le livre Ier du Code de procédure civile, aux articles 131-1 à 131-15, un titre VI *bis* dont les dispositions permettent au juge saisi d'un litige de désigner, après avoir recueilli l'accord des parties, « *une tierce personne afin d'entendre les parties et de confronter leurs points de vue pour leur permettre de trouver une solution au conflit qui les oppose* » (C. pr. civ., art. 131-1, al. 1er). La médiation judiciaire peut être tentée à tout moment de la procédure et dès lors que le juge est saisi d'un litige. La durée initiale de la médiation ne peut excéder trois mois (une fois renouvelable, pour une durée analogue).

Lorsque les parties parviennent à un accord, elles peuvent demander au juge de l'homologuer (C. pr. civ., art. 131-12, al. 1er), sachant que, comme pour la conciliation (C. pr. civ., art. 131, al. 2), l'homologation relève de la matière gracieuse (C. pr. civ., art. 131-12, al. 2)[2]. Il est à remarquer que le décret n° 2012-66 du 20 janvier 2012 a ajouté un troisième alinéa à l'article 131-12, afin de faire bénéficier de la possibilité d'une homologation « *l'accord issu d'une médiation conventionnelle intervenue alors qu'une instance judiciaire est en cours* ».

L'ordonnance d'homologation revêtue de la formule exécutoire à la requête de la partie qui y a intérêt peut être mise à exécution forcée sur les biens de la partie qui s'oblige dans l'acte d'accord (C. pr. exéc., art. L. 111-2).

123.32 Médiation conventionnelle. Elle est désormais organisée aux articles 1532 à 1535 C. pr. civ. (dispositions issues du décret n° 2012-66 du 20 janvier 2012 relatif à la résolution amiable des différends). Ces textes précisent d'une part qui peut exercer les fonctions de médiateur, à quelles conditions, et prévoient que l'accord issu de la médiation peut faire l'objet d'une homologation. Cette demande est présentée au juge par requête de l'ensemble des parties à la médiation ou de l'une d'elles, avec l'accord exprès de l'autre (C. pr. civ., art. 1534 – comp. C. pr. civ., art. 1541).

1. Le texte ne livre aucune précision sur les pouvoirs du juge saisi de la demande d'homologation. Pourra-t-il refuser d'homologuer la convention si, par exemple, il estime que cette dernière est contraire à l'ordre public au sens de l'article 6 C. civ. ?

2. Ch. Hugon, « Existe-t-il un droit commun de l'homologation judiciaire ? », *LPA* 2003, n° 247, p. 4.

CHAPITRE

124. Actes notariés revêtus de la formule exécutoire

OLIVIER SALATI
MAÎTRE DE CONFÉRENCES (HDR)
À L'UNIVERSITÉ D'AIX-MARSEILLE

SECTION 0 ORIENTEUR

124.00 Plan du chapitre.

124.01 Textes applicables.
C. pr. exéc., art. L. 111-3, L. 121-1, L. 411-1, R. 121-1 et R. 411-3.
C. consom., art. L. 312-15 s.
C. civ., art. 1152, 1317 à 1319, 1690 et 1998.
C. pr. civ., art. 303 à 316 et 509-1 à 509-3.
C. trav., art. L. 3252-1 s. et R. 3252-1 s.

124.03 Bibliographie indicative. (V. bibliographie indicative s[s] n° 120.03).

Articles. B. Bédaride, « Le caractère exécutoire de l'acte notarié en droits interne et européen », *Dr. et patr.* oct. 2008. 24 – J.-J. Bourdillat, « Le titre exécutoire notarié : le consensus exécutoire », *Rev. huiss.* 1994. 679 – M. Dagot, « La force exécutoire de l'acte notarié », *LPA* 6 janv. 1993, p. 23; « La transmission des créances hypothécaires (analyse de la loi n° 76-519 du 15 juin 1976 relative à certaines formes de transmission des créances) », *JCP* 1976. I. 2820 – H. Péroz, « Le notaire, nouvel acteur du titre exécutoire européen », *JCP N* 2008, n° 505 – J.-F. Sagaut et M. Cagniart, « La circulation de l'acte notarié français et le droit communautaire », *Defrénois* 2005. 291; « Regard notarial sur le titre exécutoire européen », *JCP N* 2005, n° 1441.

SECTION 1 CONDITIONS DE FORME

124.11 Qualité d'acte notarié. Dans la mesure où, de par son statut, le notaire est un officier public et ministériel présentant des garanties de fiabilité pour les parties, on ne peut être surpris de ce que d'une part un acte notarié soit revêtu d'une importante force probante (il vaut jusqu'à inscription de faux) et que, d'autre part, en vertu de l'article L. 111-3, 4° C. pr. exéc., les actes notariés revêtus de la formule exécutoire constituent des titres exécutoires[1]. En raison de l'importance des conséquences attachées à cette faculté accordée au notaire de délivrer des titres exécutoires, il convient d'identifier ceux des actes dressés par cet officier public et ministériel qui bénéficient de cette force exécutoire[2]. Ont seuls cette qualité, les actes authentifiés dressés en original par devant notaire (Décr. n° 71-941, 26 nov. 1971[3], s[s] C. civ., art. 1317)[4] à l'exclusion des annexes de l'acte[5]. Sont cependant assimilés à des actes notariés, et ont donc vocation à constituer des titres exécutoires, les actes sous seings privés reconnus sincères devant le notaire par les intéressés eux-mêmes, avec reconnaissance d'écriture et de signature par les parties, et notamment le débiteur. Ces actes étant déposés au rang des minutes.

1. Sur la question v. M. Dagot, « La force exécutoire de l'acte notarié », *LPA* 6 janv. 1993, p. 23 – J.-J. Bourdillat, « Le titre exécutoire notarié : le consensus exécutoire », *Rev. huiss.* 1994. 679 – B. Bédaride, « Le caractère exécutoire de l'acte notarié en droits interne et européen », *Dr. et patr.* oct. 2008. 24.
2. Selon l'art. 19 de la loi du 25 ventôse an XI, « *Tous actes notariés feront foi en justice et seront exécutoires dans toute l'étendue de la République* », cité par Bédaride, préc. s[s] prés[t] n°.
3. Décr. n° 71-941, 26 nov. 1971, relatif aux actes établis par les notaires, *JO* 3 déc., p. 11795.
4. Civ. 2e, 22 mars 2001, n° 99-12.011, *Bull. civ.* II, n° 61; *D.* 2001. 1219.
5. EN CE SENS : Aix-en-Provence, 15e ch. A, 11 janv. 2008, *RD banc. fin. 2008,* n° 83, obs. Piedelièvre.

La jurisprudence s'est prononcée sur la question de savoir si un acte authentique peut servir de fondement à une mesure d'exécution forcée lorsqu'il a été ultérieurement modifié par des avenants sous seing privé. La Cour de cassation a jugé que tel devait être le cas dès lors que les avenants prévoyaient qu'ils n'opéraient pas novation[1]. On notera, ainsi que l'a indiqué la deuxième chambre civile de la Cour de cassation, que lorsque la demande de saisie est fondée sur un titre notarié spécifique, le créancier ne peut, par la suite, substituer à ce titre un autre titre non joint à la requête diligentée dans le cadre d'une saisie des rémunérations[2].

A contrario, les brevets (établis en un seul exemplaire) et actes sous seing privé, même déposés chez un notaire, ne peuvent faire l'objet de la délivrance d'une copie exécutoire puisqu'ils n'ont pas été initialement établis ou déposés au rang des minutes[3].

La jurisprudence semble toutefois évoluer puisqu'il a été récemment décidé par la Cour de cassation que la copie exécutoire délivrée par un notaire d'une transaction sous seing privé, mais qui avait été déposée au rang des minutes de ce dernier, constitue un titre exécutoire[4]. Dans cette affaire, le notaire n'avait pas rédigé l'acte de transaction. Celui-ci fut établi entre les parties, pendant une instance en cours, mais déposé au rang des minutes avant que ne soit rendue la décision du tribunal.

La plainte en faux principal suspend l'exécution de l'acte argué de faux (C. civ., art. 1319 - C. pr. civ., art. 303 à 316). L'acte authentique établi par le notaire ne peut servir de fondement aux poursuites dès lors qu'il est entaché de faux[5].

124.12 Copie exécutoire de l'acte notarié. En sa qualité d'officier public[6], le notaire peut délivrer des extraits des actes authentiques qu'il reçoit en minute, c'est-à-dire en original. Cette copie exécutoire doit rapporter littéralement les termes de l'acte authentique. Le notaire doit la certifier conforme à l'original et il la revêt de la formule exécutoire selon la même formule que les jugements des tribunaux (L. n° 76-519, 15 juin 1976[7], art. 1er). Si la copie est dépourvue de cette formule, une mesure d'exécution ne peut être introduite sur le fondement de cette dernière[8]. Le juge s'assure de l'apposition de cette formule[9], la jurisprudence faisant preuve de souplesse dans l'appréciation de cette exigence[10]. En aucun cas, elle ne peut être délivrée par un clerc (Décr. 26 nov. 1971, art. 17). La première copie exécutoire délivrée à chacune des parties intéressées fait l'objet d'une mention sur la minute de l'acte. Aucune autre copie exécutoire ne peut être délivrée par le notaire sans une ordonnance du président du tribunal de grande instance (TGI), laquelle demeure jointe à la minute (Décr. 26 nov. 1971, art. 19). Les autres expéditions ne peuvent être délivrées en forme exécutoire (Décr. n° 99-1088, 15 déc. 1999[11], art. 7). On relève un arrêt de la cour d'appel de Paris du 12 novembre 1998 qui constate, à juste titre, qu'une saisie-attribution peut être effectuée au seul visa d'une copie exécutoire d'un acte authentique qui ne perd pas ce

1. Civ. 2e, 6 mai 2010, n° 09-67.058, *Bull. civ.* II, n° 90; *Dr. et patr.* nov. *2010*. 92, obs. Crocq; *Dr. et proc.* 2010. 240, obs. Leborgne; *RD banc. fin.* 2010. Comm. 152, obs. Piedelièvre.
2. Civ. 2e, 24 mars 2005, n° 03-17.007, *Bull. civ.* II, n° 82; *Dr. et proc.* 2005. 301, obs. Putman.
3. Civ. 2e, 1er janv. 1968, *Bull. civ.* II, n° 15.
4. Civ. 2e, 21 oct. 2010, n° 09-12378, *Bull. civ.* II, n° 173; *D.* 2011. 493, note Chassagnard-Pinet; *RD banc. fin. mars 2011*. Comm. 65, obs. Piedelièvre.
5. Civ. 2e, 13 mars 2008, n° 06-21.105, *Bull. civ.* II, n° 70; *RD banc. fin. 2008*, n° 80, obs. Piedelièvre.
6. La CJUE s'est récemment prononcée sur le fait de savoir si les activités du notaire participent à l'exercice de l'autorité publique au sens du traité CE. Aux termes d'un arrêt rendu le 24 mai 2011 (CJUE 24 mai 2011, aff. C-50/08, Commission européenne c/République française, *Dr. et patr.* juill.-août 2011, note Gaudemet), elle a décidé que « *l'établissement d'actes authentiques dotés d'effets juridiques, tels que ceux décrits aux points 90 à 94 du présent arrêt, ne comporte pas une participation directe et spécifique à l'exercice de l'autorité publique au sens de l'article 45, premier alinéa, CE* » (§ 95). S'agissant spécialement de la force exécutoire de l'acte authentique, la Cour relève qu'« *il convient d'indiquer, ainsi que le fait valoir la République française, que celle-ci permet la mise à exécution de l'obligation que cet acte renferme, sans l'intervention préalable du juge* » (§ 93). « *La force exécutoire de l'acte authentique ne traduit cependant pas, dans le chef du notaire, des pouvoirs comportant une participation directe et spécifique à l'exercice de l'autorité publique. En effet, si l'apposition par le notaire de la formule exécutoire sur l'acte authentique confère à ce dernier la force exécutoire, celle-ci repose sur la volonté des parties de passer un acte ou une convention, après vérification de leur conformité avec la loi par le notaire, et de leur conférer ladite force exécutoire* » (§ 94). En conséquence, dans la mesure où « *l'activité d'authentification confiée aux notaires ne comporte pas une participation directe et spécifique à l'exercice de l'autorité publique* », les activités notariales ne sont exemptées de l'application des dispositions relatives à la liberté d'établissement. Il convient dès lors d'écarter (en raison de son caractère discriminatoire au regard de l'art. 43 CE) la condition de nationalité pour l'accès à la profession de notaire.
7. L. n° 76-519, 15 juin 1976, relative à certaines formes des transmissions des créances, *JO* 16 juin, p. 3611.
8. Exigence rappelée par : Civ. 2e, 28 juin 2006, n° 04-17.514, *Bull. civ.* II, n° 178; *D.* 2006. 2055; *Dr. et proc.* 2006. 360, obs. Leborgne.
9. Civ. 2e, 19 nov. 2009, n° 08-20.520, NP.
10. Pour une signature du notaire figurant uniquement sur la dernière page de la copie exécutoire : Civ. 2e, 24 juin 2010, n° 09-67.887, NP.
11. Décr. n° 99-1088, 15 déc. 1999, relatif aux conditions d'établissement des actes par les notaires, *JO* 24 déc., p. 19215.

caractère du fait de la non-présentation des copies des procurations et diverses annexes, dès lors que le corps de l'acte fait mention[1].

Par ailleurs, depuis la loi n° 76-519 du 15 juin 1976, relative à la transmission des créances, il est prévu que « *pour permettre au créancier de poursuivre le recouvrement de sa créance, le notaire établit une copie exécutoire, qui rapporte littéralement les termes de l'acte authentique qu'il a dressé. Il la certifie conforme à l'original et la revêt de la formule exécutoire* » (L. 15 juin 1976, art. 1er). En principe, dispose l'article 2 de cette loi « *aucune créance ne peut faire l'objet d'une copie exécutoire au porteur* ». Toutefois, dans l'hypothèse spécifique où la créance est garantie par un privilège spécial immobilier ou une hypothèque, le notaire a la possibilité d'établir une copie exécutoire dans les conditions prescrites aux articles 3 et suivants de cette loi[2]. La copie exécutoire à ordre fait l'objet d'un endossement, qui est obligatoirement constaté par acte notarié et porté sur la copie exécutoire elle-même (l'endossement n'étant pas le seul mode de transmission du titre exécutoire, v. ss n° 124.21[3]).

La Cour de cassation a été récemment confrontée à la question du caractère exécutoire d'actes notariés présentant un certain nombre d'irrégularités, et dans cinq arrêts rendus par la deuxième chambre civile de la Cour de cassation le 7 juin 2012, il était apparu que la force exécutoire de l'acte était conditionnée par sa régularité formelle, et, plus particulièrement, que de l'inobservation de ses règles d'établissement et de rédaction découlait la perte du caractère authentique de l'acte, concrètement la disparition de son caractère exécutoire[4]. Ce déclassement était très net dans l'arrêt n° 11-16.107 du 7 juin 2012[5], dans lequel la deuxième chambre civile affirma que les actes notariés « *qui ne mentionnaient pas le dépôt des procurations au rang des minutes du notaire en contravention aux prescriptions de l'article 21 du décret du 26 novembre 1971 [...] étaient entachées d'une irrégularité formelle et ne valaient que comme écritures privées par application de l'article 1318 du Code civil* ». Or, ces décision ayant eu un grand retentissement et allant à l'encontre d'un arrêt rendu par la première chambre civile le 22 mars 2012 qui, pour sa part, estimait que « *l'obligation, pour un notaire, de faire figurer les procurations en annexe de l'acte authentique ou de les déposer au rang de ses minutes n'est pas sanctionnée par la nullité de l'acte en tant que titre exécutoire* »[6], c'est à la chambre mixte de la Cour de cassation qu'il revint de se prononcer sur cette question importante pour les praticiens de l'exécution, stabilisation qui est intervenue par deux arrêts rendus le 21 décembre 2012 tranchant en faveur de la solution retenue par la première chambre civile. Pour la Cour ainsi réunie, en effet, « *l'inobservation de l'obligation, pour le notaire, de faire figurer les procurations en annexe de l'acte authentique ou de les déposer au rang de ses minutes ne fait pas perdre à l'acte son caractère authentique, partant son caractère exécutoire* »[7]. Cette jurisprudence est désormais constante, la Haute juridiction ayant réaffirmé le 2 juillet 2014, dans une espèce où les débiteurs avaient donné procuration à un clerc de l'étude de notaire pour les représenter à la signature de l'acte de prêt, mais l'acte ayant été en réalité signé par une simple secrétaire de l'étude, que « *les irrégularités affectant la représentation conventionnelle d'une partie à un acte notarié ne relèvent pas des défauts de forme que l'article 1318 du Code civil sanctionne par la perte du caractère authentique, et partant, exécutoire de cet acte* », et que « *ces irrégularités, qu'elles tiennent en une nullité du mandat, un dépassement ou une absence de pouvoir, sont sanctionnées par la nullité relative de l'acte accompli pour le compte de la partie représentée, qui seule peut la demander, à moins qu'elle ratifie ce qui a été fait pour elle hors ou sans mandat, dans les conditions de l'article 1998, alinéa 2, du Code civil* »[8]. Un arrêt rendu par la première chambre civile de la Cour de cassation le 15 janvier 2015 a encore récapitulé ces solutions en forme de trois attendus de principe extrêmement riches[9]. Autant dire que l'affaire est désormais entendue...

1. Paris, 12 nov. 1998, *BICC* 1er août 1999, n° 980.
2. Sur cette question v. M. Dagot, « La transmission des créances hypothécaires (analyse de la loi n° 76-519 du 15 juin 1976 relative à certaines formes de transmission des créances) », *JCP* 1976. I. 2820.
3. Pour un ex. de saisie-attribution pratiquée sur le fondement d'une cession de créance résultant d'un prêt consenti par acte notarié : Civ. 2e, 3 nov. 2005, n° 03-14.932, *Bull. civ.* II, n° 280.
4. V. O. Salati, « Vigilance sur le caractère exécutoire du titre », *Dr. et proc.* 2012. 194.
5. Civ. 2e, 7 juin 2012, nos 11-15.439, 11-16.107, 11-15.112 et 11-15.440, *Bull. civ.* I, n° 102; pour une analyse de ces cinq décisions, v. *D.* 2012. 1789, note Mekki – Civ. 2e, 7 juin 2012, nos 11-17.759 et 11-19.022, *Bull. civ.* I, n° 102.
6. Civ. 1re, 22 mars 2012, n° 11-11.925, *Bull. civ.* I, n° 66; *D.* 2012. 890, note Aynès.
7. Cass., ch. mixte, 21 déc. 2012, n° 11-28.688, *Bull. ch. mixte*, n° 3; *BICC* 15 févr. 2013, p. 6, rapp. Maunand, avis Azibert; *Dalloz actualité*, 21 janv. 2013, obs. Avena-Robardet; *JCP N* 2013. 1025, obs. Théry; *Gaz. Pal.* 3-5 mars 2013, p. 16, note Brenner – Cass., ch. mixte, 21 déc. 2012, n° 12-15.063, *Bull. ch. mixte*, n° 4, où il est également affirmé que « *l'inobservation de ces obligations ne fait pas perdre à l'acte son caractère authentique, partant son caractère exécutoire* » – V. AUSSI Civ. 1re, 19 févr. 2013, nos 11-24.287 et 12-13.076, *Bull. civ.* I, nos 17 et 18 – Civ. 1re, 30 oct. 2013, n° 12-24.448, NP – Civ. 2e, 5 déc. 2013, n° 12-26.980, *Bull. civ.* II [à paraître] – Civ. 2e, 25 sept. 2014, n° 13-15.597, *Bull. civ.* II [à paraître].
8. Civ. 1re, 2 juill. 2014, n° 13-19.626, *Bull. civ.* I [à paraître].
9. Civ. 1re, 15 janv. 2015, n° 13-12.479, *Bull. civ.* I [à paraître].

SECTION 2
CONDITIONS DE FOND

124.21 Contenu de l'acte notarié. Pour faire l'objet d'une mesure d'exécution forcée, l'acte notarié, outre les conditions de forme sus-énoncées, doit constater l'existence d'une obligation de l'une des parties envers l'autre, comme contenir l'obligation de payer une somme d'argent certaine et liquide[1]. Il doit également identifier précisément le débiteur de l'obligation. C'est ainsi qu'il a été jugé qu'un acte notarié de cautionnement hypothécaire (sûreté réelle constituée en garantie de la dette d'autrui) constitue un titre exécutoire, autorisant de ce fait des poursuites (saisie immobilière en l'occurrence), dès lors qu'il mentionne l'identité du débiteur principal et la créance garantie. Autrement dit, le titre exécutoire notarié permet d'engager des poursuites à l'encontre de ceux qui se sont portés garants, sur leur bien, de la dette de l'emprunteur, alors même qu'ils ne se seraient pas engagés personnellement, à l'instar d'une caution[2].

Cette exigence, qui, *a priori*, ne semble guère poser de difficulté, n'apparaît cependant pas toujours pleinement respectée dans l'énoncé de l'acte[3]. Comme l'observe justement le professeur Perrot, « *le montant de l'obligation du débiteur n'apparaît pas nécessairement en clair; il résulte souvent de la combinaison et de l'interprétation de plusieurs clauses juxtaposées de façon complexe; le notaire ne fait qu'authentifier des engagements dont il n'a pas la maîtrise puisqu'il donne lieu à des difficultés qui n'apparaissent souvent qu'au moment de l'exécution* »[4]. Le titre exécutoire notarié, bien que souscrit consensuellement, n'en demeure pas moins un titre éminemment fragile[5]. Mais s'il contient tous les éléments permettant l'établissement d'un compte juste, il peut faire l'objet d'une exécution forcée[6]. Le juge de l'exécution est compétent pour apprécier le caractère exécutoire ou non du titre eu égard aux éléments contenus dans ce dernier. Ainsi des éléments permettant d'évaluer la créance[7].

À la différence des décisions juridictionnelles, l'acte notarié n'a pas besoin d'être signifié pour avoir force exécutoire[8]. Cette spécificité tient à ce que le notaire, à la différence du juge qui décide, authentifie la volonté exprimée par les parties. Cela explique que la copie exécutoire ne puisse faire, à la différence des jugements, l'objet de voies de recours (le cas échéant suspensive d'exécution).

L'acte notarié peut également être transmis. Le titre exécutoire peut ainsi être utilisé par le cessionnaire d'une créance[9], dans les formes prescrites par l'article 1690 du Code civil[10], ou résulter d'une subrogation[11]. S'agissant de la novation, la jurisprudence considère que dans la mesure où elle ne se présume pas, en l'absence de preuve de cette novation, le créancier est toujours en droit de se prévaloir du titre exécutoire constitué par l'acte notarié afin de fonder la mesure d'exécution forcée tendant au recouvrement de la créance née de cette convention[12].

124.22 Irrégularité de l'acte. Les sources de contestation à l'occasion de l'exécution seront donc plus fréquentes et dès lors que l'irrégularité de l'acte sera alléguée (défaut de respect des prescriptions des articles L. 312-15 et suivants du Code de la consommation relatifs au crédit immobilier, irrégularité formelle de l'acte, caractère incertain et inexigible de la créance portée dans l'acte, *etc.*), le juge de l'exécution (JEX) ne pourra statuer du chef des demandes tendant « *à remettre en cause le titre dans son principe ou la validité des droits et obligations qu'il constate* ».

On relèvera, à propos de la régularité d'un commandement de payer dans le cadre d'une procédure de saisie immobilière, une intéressante décision de la Cour de cassation aux termes de laquelle « *l'absence de date sur l'expédition exécutoire délivrée par le notaire n'est pas de nature à affecter la régularité de la procédure* »[13]. Bref, il ne semble pas s'agir d'un vice portant grief au débiteur.

1. TGI Quimper, JEX, 2 févr. 1995, *Rev. huiss.* 1995. 1394.
2. Civ. 2e, 25 mars 2010, n° 09-12.127, *Dr. et proc.* 2010. 212, obs. Putman.
3. Paris, 7 mai 1996, *D.* 1996. Somm. 354.
4. *RTD civ.* 1995. 691 – *Adde :* PERROT et THÉRY, n° 150.
5. *CONTRA :* J.-J. Bourdillat, « Le titre exécutoire notarié : le consensus exécutoire », *Rev. huiss.* 1994. 679.
6. Civ. 2e, 22 mars 2001, n° 99-12.011, *Bull. civ.* II, n° 61; *D.* 2001. 1219.
7. Acte notarié comportant tous les éléments permettant d'évaluer la créance : Civ. 2e, 19 nov. 2009, n° 08-20.520, NP.
8. Civ. 2e, 4 déc. 2003, n° 02-11.353, *Bull. civ.* II, n° 368, qui décide que « *lorsque le titre servant de fondement aux poursuites de saisie immobilière ne consiste pas dans une obligation notariée, il doit être signifié en même temps que le commandement de saisie, s'il ne l'a pas été antérieurement* ».
9. Créance résultant d'un prêt consenti par acte authentique : Civ. 2e, 3 nov. 2005, n° 03-14.932, *Bull. civ.* II, n° 280 – Com. 5 févr. 2008, n° 06-17.029, *Bull. civ.* IV, n° 26 – V. AUSSI, sur le fait que la cession de créance transfère de plein droit au cessionnaire les actions en justice attachées à la créance cédée : Civ. 2e, 17 déc. 2009, n° 09-11.612, *Bull. civ.* II, n° 290; *Dr. et proc.* 2010. 121, obs. Putman.
10. Civ. 2e, 15 janv. 2009, n° 08-10.108, NP.
11. Civ. 2e, 10 mars 2011, n° 10-14.111, NP – V. AUSSI : CIV. 2e, 9 déc. 2003, n° 02-30.647, *Bull. civ.* II, n° 375; *Dr. et proc.* 2004. 167, obs. Putman, caisse subrogée dans les droits d'une créancière d'aliments suite à une décision juridictionnelle, la solution étant transposable au titre exécutoire notarié.
12. Civ. 2e, 2 avr. 2009, n° 07-15.139, NP.
13. Civ. 2e, 9 juill. 2009, n° 08-18.329, *Bull. civ.* II, n° 185; la Cour estimant en outre, « *qu'aucune disposition légale n'exigeait que le commandement de payer, qui doit précéder la procédure d'exécution forcée immobilière, conformément à l'article 2217 du Code civil, toujours en vigueur dans les départements du Bas-Rhin, du Haut-Rhin et de la Moselle, mentionne la date de délivrance de la clause exécutoire* ».

124.23 L'examen des difficultés relève de la juridiction du fond compétente. L'acte dressé par le notaire participe de la catégorie des actes juridiques et, ce faisant, il comprend, à l'instar de tout acte, un *instrumentum* et un *negotium*. En conséquence, le contenu de l'acte peut être sujet à contestation, l'une des parties pouvant ainsi estimer que son consentement a été pris en défaut.

La Cour de cassation a émis l'avis que le JEX n'a pas compétence pour connaître des demandes qui tendent à remettre en cause, dans son principe, la validité des droits et obligations qu'il constate[1]. Tout au plus, le JEX doit-il constater l'absence d'obligation chiffrable dans l'acte insuffisamment précis ou à portée limitée. Cette inclinaison jurisprudentielle semble toutefois avoir vécu puisqu'un important arrêt rendu le 18 juin 2009 confère implicitement au JEX le pouvoir d'apprécier la validité d'un acte notarié exécutoire argué de nullité[2]. Ce magistrat étant, en toute hypothèse, exclusivement compétent pour trancher les contestations élevées à l'occasion de l'exécution forcée, même si elles portent sur le fond du droit[3].

124.24 Bail notarié. Tel est le cas d'un bail notarié fondant une saisie-attribution du chef d'un prétendu « *compte définitif de location* » et intégrant diverses charges et des réparations locatives. Dans cette hypothèse, le bail notarié, s'il ne constate aucune créance liquide et exigible, ne peut servir de support pertinent à l'exercice d'une voie d'exécution[4]. Il n'en sera pas de même si le JEX dispose des éléments lui permettant d'établir un compte juste, ce qui a l'avantage d'écarter les contestations dilatoires.

124.25 Saisie des rémunérations. Il en va de même lorsque la contestation sur la forme ou le contenu de l'acte notarié est formée devant le juge d'instance, à l'occasion d'une procédure de saisie des rémunérations (C. trav., art. L. 3252-1 s. et R. 3252-1 s. [mentionnés à C. pr. exéc., art. L. 121-1]). Dans cette hypothèse, le juge d'instance est tenu de respecter l'avis susvisé[5]. C'est ce que confirme la Cour de cassation dans un avis du 14 février 1997 lorsqu'elle précise qu'il appartient au juge d'instance, investi des pouvoirs du JEX à l'occasion de la procédure de saisie des rémunérations, de trancher les incidents de fond soulevés par le débiteur en respectant l'obligation de ne pas remettre en cause le titre dans son principe ou la validité des droits et obligations qu'il constate[6]. Il a été ainsi jugé que le défaut de signature d'un acte notarié ne mettait pas en cause la condition légale de formation du contrat, le caractère authentique de l'acte n'étant pas contesté et l'exigence de la signature des parties n'étant prescrite qu'*ad probationem*[7]. De même, une cour d'appel a réformé la décision d'un juge d'instance statuant en qualité de JEX à l'occasion d'une procédure de saisie des rémunérations, en constatant qu'il ne pouvait apprécier la validité d'un acte notarié de prêt pour prononcer la déchéance du droit à intérêt d'un établissement de crédit[8].

124.26 Clause pénale. En revanche, il semblerait qu'il soit toujours loisible au JEX d'apprécier une clause pénale contenue dans un acte notarié pour la minorer ou la majorer (C. civ., art. 1152) dès lors que la demande est formée à l'occasion d'une contestation d'une procédure d'exécution. En effet, celle-ci ne remet pas en cause le titre dans son principe ou la validité des droits et obligations qu'il constate. Elle a, au contraire, trait à un élément du contrat que les parties ont expressément entendu soumettre à l'arbitrage du juge. Un arrêt rendu le 4 avril 2006 par la première chambre civile de la Cour de cassation semble néanmoins interdire cette faculté[9].

On peut d'ailleurs rapprocher cette faculté de celle accordée au JEX d'allouer des délais de grâce à l'occasion d'une procédure d'exécution (Décr. n° 92-755, 31 juill. 1992, art. 8, mod. par Décr. n° 96-1130, 18 déc. 1996[10] [et devenu C. pr. exéc., art. R. 121-1]). De même, il est désormais acquis que le JEX peut constater la résiliation de plein droit d'un contrat, à l'occasion d'une mesure d'exécution forcée[11].

124.27 Inscription de faux. Si l'acte notarié ne peut être assimilé à un jugement, et donc faire l'objet de voie de recours, il n'échappe toutefois pas à d'éventuelles contestations. Il en est ainsi lorsque

1. Cass., avis, 16 juin 1995, n° 09-50.008, *Bull. avis*, n° 9; *RTD civ.* 1995. 691, obs. Perrot – Cass., avis, 14 févr. 1997, n° 09-60.014, *Bull. avis*, n° 2.
2. Civ. 2e, 18 juin 2009, n° 08-10.843, *D.* 2009. 1768, obs. Avena-Robardet.
3. Pour la prescription d'une créance invoquée par un débiteur : Civ. 2e, 9 sept. 2010, n° 09-16.538, *Bull. civ.* II, n° 149.
4. TI Amiens, 7 sept. 1995, *Rev. huiss.* 1995. 1397.
5. Civ. 2e, 1er févr. 1997, *Bull. civ.* II, n° 1.
6. Cass., avis, 14 févr. 1997, n° 09-60.014, *Bull. avis*, n° 2.
7. TI Rambouillet, JEX, 16 déc. 1997, *Rev. huiss.* 1999. 224.
8. Versailles, 26 juin 1998, *Gaz. Pal.* 11 févr. 1999, p. 24.
9. Civ. 1re, 4 avr. 2006, n° 01-10.980, NP, en décidant « *et attendu, d'autre part, que la cour d'appel a, à bon droit, énoncé qu'il n'appartenait pas au juge de l'exécution de modifier une clause pénale* ».
10. Décr. n° 96-1130, 18 déc. 1996, modifiant le décret n° 92-755 du 31 juillet 1992 instituant de nouvelles règles relatives aux procédures civiles d'exécution pour l'application de la loi n° 91-650 du 9 juillet 1991 portant réforme des procédures civiles d'exécution, *JO* 26 déc., p. 19120.
11. Civ. 2e, 26 nov. 1997, n° 95-18138, *Bull. civ.* II, n° 284; *JCP* 1998. II. 10061.

sa sincérité est mise en doute[1]. L'inscription de faux contre un acte authentique soulevée incidemment devant le TGI ou la cour d'appel au visa de l'article 312 C. pr. civ., et qui a pour effet d'entraîner le sursis jusqu'à ce qu'il ait été statué au pénal, ne s'applique pas devant le JEX. L'article 4 du Code de procédure pénale qui énonce la règle « *le criminel tient le civil en l'état* » concerne uniquement l'action civile, mais n'est pas opposable dans le cadre de la poursuite d'une voie d'exécution[2]. Cette opinion n'est pas partagée par l'ensemble de la doctrine (v. par ex. des auteurs qui, invoquant les dispositions de l'article 1319 du Code civil, considèrent qu'en cas de plainte en inscription de faux, « *la force exécutoire de l'acte notarié est suspendue de plein droit par le seul effet de la mise en accusation* »; la difficulté étant d'un côté d'éviter toute mesure d'exécution intempestive et infondée et, de l'autre, d'être attentif à toute contestation dilatoire[3]).

124.28 **Expulsion.** Confirmant ce caractère imparfait de l'acte notarié en tant que titre exécutoire, on doit considérer que le bail notarié constatant une clause résolutoire de plein droit ne peut permettre de procéder à une l'expulsion puisque l'article 61 de la loi du 9 juillet 1991 (devenu C. pr. exéc., art. L. 411-1 et R. 411-3) dispose que l'expulsion d'un lieu habité ne peut être poursuivie qu'en vertu d'une décision de justice ou d'un procès-verbal de conciliation exécutoire. Le fait que le juge ne puisse exercer un contrôle préalable sur la décision susceptible de servir de fondement à l'exécution forcée milite en ce sens. Cette énonciation limitative n'autorise évidemment aucune extension à l'acte authentique que constitue le bail notarié[4] (v. s^{s} n° 124.24).

SECTION 3
CERTIFICATION DE L'ACTE AUTHENTIQUE

124.31 **Présentation générale.** La matière est régie par l'article 509-3 C. pr. civ., lequel est inséré dans un chapitre traitant de « La reconnaissance transfrontalière ».

Les articles 509-1 et 509-2 C. pr. civ. réglementent respectivement les requêtes aux fins de certification des titres exécutoires français en vue de leur reconnaissance et de leur exécution à l'étranger, puis les requêtes aux fins de reconnaissance ou de constatation de la force exécutoire, sur le territoire de la République, des titres exécutoires étrangers. Selon le cas, la demande est portée au greffier en chef de la juridiction (C. pr. civ., art. 509, al. 1er, et 509-2, al. 1er), ou au juge (C. pr. civ., art. 509-1, al. 1er, et 509-2, al. 2).

L'article 509-3 C. pr. civ., relatif à la certification, la reconnaissance ou la constatation de la force exécutoire des actes authentiques notariés, prévoit un système dérogatoire à celui des articles 509-1 et 509-2 C. pr. civ. Il désigne selon le cas, c'est-à-dire en fonction du règlement dont l'application est sollicitée, deux autorités certificatrices : soit le président de la chambre des notaires, soit le notaire rédacteur de l'acte. Naturellement, l'application de l'article 509-3, et celle des règlements, suppose que la requête aux fins de certification sollicitée par une partie entre dans le domaine d'application des textes visés par l'article 509-3 C. pr. civ.

124.32 **Président de la chambre des notaires.** L'article 509-3 alinéa 1er C. pr. civ. décide que la requête présentée en vue d'obtenir la certification, la reconnaissance ou la constatation de la force exécutoire de l'acte authentique notarié est présentée au président de la chambre des notaires ou, en cas d'absence ou d'empêchement, à son suppléant désigné parmi les membres de la chambre, lorsqu'il s'agit de faire application des dispositions du règlement (CE) du Conseil n° 44/2001 du 22 décembre 2000 concernant la compétence judiciaire, la reconnaissance et l'exécution des décisions en matière civile et commerciale (dit « Bruxelles I »). Il convient de rappeler, qu'en sont notamment exclus les domaines afférents à l'état et la capacité des personnes physiques, les régimes matrimoniaux, les testaments et les successions, ainsi que la matière fiscale et administrative.

Précisément, l'article 57.4 du règlement, inséré dans le chapitre IV consacré notamment aux actes authentiques, décide que « *l'autorité compétente de l'État membre dans lequel un acte authentique a été reçu établit, à la requête de toute partie intéressée, un certificat en utilisant le formulaire dont le modèle figure à l'annexe VI du présent règlement* ».

Ce formulaire est annexé au règlement : il impose à l'autorité certificatrice de renseigner plusieurs rubriques. Ainsi, il doit être spécifié l'État membre d'origine, l'identification de l'autorité compétente délivrant le certificat et de celle ayant conféré son authenticité à l'acte. Sont également exigées des informations afférentes à l'acte authentique lui-même, (sa description, sa date, sa référence, le nom des parties), tout comme le texte de l'obligation exécutoire en annexe du présent certificat.

Ces dispositions sont désormais applicables, depuis 2010, à la nouvelle convention de Lugano, signée le 30 octobre 2007 (v. Conv. Lugano, art. 57.4) et,

1. Civ. 2e, 13 mars 2008, n° 06-21.105, *Bull. civ.* II, n° 70; *RD banc. fin. 2008,* n° 80, obs. Piedelièvre.
2. Civ. 2e, 18 févr. 1999, n° 96-21.045, *Bull. civ.* II, n° 35.
3. PERROT et THÉRY, n° 151.
4. EN CE SENS : Faget, *Rev. huiss.* 1999. 773.

depuis un décret n° 2011-1043 du 1er septembre 2011[1], au règlement (CE) n° 4/2009 du Conseil du 18 décembre 2008 relatif à la compétence, la loi applicable, la reconnaissance et l'exécution des décisions et la coopération en matière d'obligations alimentaires[2].

On notera que pour l'application du règlement précité du 22 décembre 2000, ainsi que de la convention précitée du 30 octobre 2007, l'élection de domicile est faite dans le ressort de la cour d'appel où siège la chambre des notaires.

124.33 **Rôle du notaire.** L'article 509-3 alinéa 3 C. pr. civ. vise le cas où la requête aux fins de certification du titre exécutoire notarié est présentée en vue de son exécution à l'étranger en application du règlement (CE) n° 805/2004 du Parlement européen et du Conseil du 21 avril 2004, portant création d'un titre exécutoire européen pour les créances incontestées. On sait l'intérêt du recours à ce règlement, notamment par rapport au règlement n° 44/2001 : il dispense l'auteur de la demande de recourir à une procédure intermédiaire dans l'État membre d'exécution avant la reconnaissance et l'exécution de l'acte authentique. Bref, il dispense de recourir à la procédure d'*exequatur* dans la mesure où il n'est procédé à un contrôle que dans l'État membre d'origine par l'autorité certificatrice (v. Règl. 21 avr. 2004, art. 5 intitulé « Suppression de l'*exequatur* »).

À la différence des autres règlements communautaires et de la convention de Lugano, ce n'est pas le président de la chambre des notaires qui est chargé de procéder au contrôle dans l'État membre d'origine, mais le notaire ou la personne morale titulaire de l'office notarial conservant la minute de l'acte reçu.

Dès lors que la créance reconnue dans l'acte authentique entre dans le domaine d'application du règlement portant création d'un titre exécutoire européen, (v. art. 3 : en sont notamment exclus l'état et la capacité des personnes physiques, les testaments, les régimes matrimoniaux et les successions) et que les définitions visées à l'article 4 dudit règlement correspondent à l'acte en question (notion de créance incontestée, notion d'acte authentique notamment), il appartient alors au notaire de délivrer le certificat de titre exécutoire européen de l'acte authentique notarié. À cette fin, il doit remplir le formulaire spécialement prévu à cet effet dans l'annexe III du règlement portant création d'un titre exécutoire européen. Comme pour le règlement (CE) n° 44/2001 et la convention de Lugano, il appartient au notaire de fournir des informations (État membre d'origine, autorité émettant le certificat, précisions afférentes à l'acte authentique et à la créance) et de cocher des cases (devise, périodicité des versements ultérieurs, durée de la créance, caractère exécutoire de l'acte dans l'État membre d'origine).

1. Décr. n° 2011-1043, 1er sept. 2011, relatif aux mesures conservatoires prises après l'ouverture d'une succession et à la procédure en la forme des référés, *JO* 2 sept., p. 14884.
2. Règl. CE n° 4/2009 du Conseil, 18 déc. 2008, relatif à la compétence, la loi applicable, la reconnaissance et l'exécution des décisions et la coopération en matière d'obligations alimentaire, *JOUE*, n° L 7, 10 janv. 2009, p. 1-79 – L'article 48 du règlement, consacré aux actes authentiques et aux transactions, prévoit notamment que « *les transactions judiciaires et les actes authentiques exécutoires dans l'État membre d'origine sont reconnus dans un autre État membre et y jouissent de la même force exécutoire que les décisions, conformément au chapitre IV* » et que « *les transactions judiciaires et les actes authentiques exécutoires dans l'État membre d'origine sont reconnus dans un autre État membre et y jouissent de la même force exécutoire que les décisions, conformément au chapitre IV* ».

CHAPITRE

125. Titre délivré par l'huissier de justice en cas de non-paiement d'un chèque

OLIVIER SALATI
MAÎTRE DE CONFÉRENCES (HDR)
À L'UNIVERSITÉ D'AIX-MARSEILLE

SECTION 0
ORIENTEUR

125.00 Plan du chapitre.

125.01 Textes applicables.

C. mon. fin., art. L. 131-73.

C. pr. civ., art. 287 s., 653, 665 et 696.

• **Décr.-L. 30 oct. 1935**, art. 65-3 et 65-3-5.

125.03 Bibliographie indicative. (V. bibliographie indicative s[s] n° 120.03).

Article. N. Casal, « Recouvrement des chèques impayés : une histoire tourmentée », *Dr. et proc.* 2002. 212.

SECTION 1
CERTIFICAT DE NON-PAIEMENT

125.11 Délivrance du certificat dans le délai de trente jours. L'article 65-3 du décret-loi du 30 octobre 1935, modifié par la loi n° 91-1382 du 30 décembre 1991[1], a rendu inutile l'engagement d'une procédure judiciaire pour se procurer un titre en cas de non-paiement d'un chèque pour défaut de provision suffisante[2]. L'objectif en la matière est d'offrir au porteur d'un chèque impayé pour défaut de provision suffisante, la faculté d'obtenir, dans un bref délai, un titre exécutoire délivré par l'huissier de justice. La réglementation de cette procédure figure désormais dans l'article L. 131-73 du Code monétaire et financier.

Dorénavant, un certificat de non-paiement (autrefois dénommé « protêt exécutoire ») est délivré par le tiré à la demande du porteur, lorsque le chèque n'est pas payé dans le délai de trente jours à compter de sa première présentation infructueuse, dans le cas où celui-ci n'a pas été payé lors de sa seconde présentation ou à défaut de constitution de sa provision, pour en permettre le paiement dans le même délai. Le tiré adresse un certificat de non-paiement au porteur du chèque lorsque, au-delà du délai de trente jours, une nouvelle présentation s'avère infructueuse. Le certificat est alors effectivement notifié (par lettre recommandée avec accusé de réception [LRAR], C. pr. civ., art. 665) ou signifié par ministère d'huissier (C. pr. civ., art. 653)[3]. Cette notification ou signification vaut commandement de payer.

1. L. n° 91-1382, 30 déc. 1991, relative à la sécurité des chèques et des cartes de paiement, *JO* 1er janv. 1992, p. 12.
2. N. Casal, « Recouvrement des chèques impayés : une histoire tourmentée », *Dr. et proc.* 2002. 212.
3. La chambre commerciale a livré une importante précision dans l'hypothèse où le tireur est décédé avant le paiement du chèque et où, à la suite du rejet du chèque, deux titres exécutoires ont été émis à l'encontre des héritiers du tireur (Com. 3 juill. 2012, n° 11-14.227, *Bull. civ.* IV, n° 139). La Cour a jugé qu'en vertu de l'article L. 131-36 du Code monétaire et financier, « *ni le décès du tireur, ni son incapacité survenant après l'émission ne touchent aux effets du chèque, de sorte que c'est à l'ayant droit du tireur, venant à ses droits et obligations, que le certificat de non-paiement doit être signifié par l'huissier de justice instrumentaire en vue de la délivrance d'un titre exécutoire conformément à l'article L. 131-73 du même code* ».

On notera que la codification du droit des voies d'exécution a eu pour conséquence l'abrogation de l'article 298 du décret du 31 juillet 1992 qui décidait notamment que lorsque la notification ou la signification du certificat est effectuée au tireur, elle doit, quand elle est faite en vue de procéder à une mesure d'exécution forcée, comporter les mentions requises par le décret de 1992 pour la mesure envisagée. C'est ainsi que, s'il s'agissait d'une saisie-vente, un nouveau commandement de payer n'avait pas à être adressé au débiteur dès lors que la notification comportait tous les éléments à cette fin [1].

Cette abrogation signifie-t-elle que le débiteur devra être informé selon les seules voies du droit qui régit la mesure d'exécution forcée à intervenir ?

SECTION 2
DÉLIVRANCE DE LA FORMULE EXÉCUTOIRE

125.21 Délivrance de la formule exécutoire dans le délai de quinze jours. À défaut de paiement du chèque et des frais dans le délai de quinze jours à compter de la réception de la notification ou de la signification, l'huissier délivre, sans autre formalité, un titre exécutoire (C. mon. fin., art. L. 131-73, al. 5). Le tireur peut contester l'interdiction d'émettre des chèques ainsi que la pénalité libératoire pour recouvrer la faculté d'émettre des chèques en saisissant la juridiction civile. Cette action n'a pas d'effet suspensif. Toutefois, le juge des référés civil peut, en cas de contestation sérieuse, ordonner la suspension de l'interdiction (Décr.-L. 30 oct. 1935, art. 65-3-5).

125.22 Frais et dépens. On peut donc considérer que, s'il est toujours loisible au porteur du chèque impayé d'engager une instance à l'effet d'obtenir un titre exécutoire contre le tireur défaillant (le plus souvent par la voie du référé), le juge est en droit de refuser tous frais irrépétibles à son profit et peut même laisser les dépens de l'instance à sa charge (C. pr. civ., art. 696) puisqu'il existe cette procédure simplifiée et rapide permettant d'obtenir un titre exécutoire sans recourir à l'imperium judiciaire.

125.23 On doit regretter l'absence de tout recours contre le titre exécutoire délivré par l'huissier de justice. En effet, s'agissant d'un titre émis non contradictoirement, sa force exécutoire est moindre car sujette à contestation. Or, ce titre est émis *proprio motu*, sans accord solennel des parties (acte notarié) ou sans débat judiciaire (décision de justice). On ne peut cependant éluder l'hypothèse d'un certificat de non-paiement qui serait émis par erreur contre une personne non débitrice, contre un débiteur ayant régularisé l'incident dans le délai légal ou contre une personne déniant avoir signé le chèque. Rien ne s'oppose, dans cette dernière hypothèse, à ce que le juge de l'exécution (JEX) procède à la vérification d'écriture prévue par les articles 287 et suivants C. pr. civ. Dès lors, on doit s'interroger sur la force réelle de ce titre. Bien sûr, en tout état de cause, la voie de la répétition de l indu reste ouverte à la « victime » d'une erreur. De même, peut-elle toujours exercer l'action en responsabilité contre l'huissier. Il faut toutefois admettre que ces procédures sont peu adaptées et difficiles à mettre en œuvre.

Ne peut-on en déduire que, à l'instar de l'acte notarié, ce titre puisse faire l'objet d'un débat devant le juge du fond pour voir contester son principe, le JEX sursoyant à statuer dans l'attente de la décision ? La question est posée face à ce vide juridique.

1. Paris, 5 juill. 2001, *D.* 2001. 3308, note Julien (à propos d'une saisie-vente).

CHAPITRE

126. Titres délivrés par les personnes morales de droit public et décisions auxquelles la loi attache les effets d'un jugement

Olivier SALATI
Maître de conférences (HDR)
à l'Université d'Aix-Marseille

SECTION 0 ORIENTEUR

126.00 Plan du chapitre.

126.01 Textes applicables.

C. pr. exéc., art. L. 111-3, L. 111-4, L. 211-2 et R. 221-16.

LPF, art. L. 190, L. 199, L. 247, L. 252 à L. 263, L. 268, L. 269, L. 274 s., L. 277, L. 279, L. 279 A, L. 281, L. 283, R. 190-1, R. 196-1, R. 197-3, R. 198-10, R. 199-1, R. 200-1 s., R. 247, R. 247-1 à 247-9, R. 256-1 à R. 256-8, R. 277-1, R. 277-4 à R. 277-7 et R. 281 à R. 283-1.

CGI, art. 1658 à 1659 A, 1682, 1701, 1702, 1724 et 1912.

CGCT, art. L. 1617-5, L. 2121-28, L. 2342-1, L. 2342-2, L. 3221-2, L. 3342-1, L. 4132-23, R. 2342-1, R. 2342-4, R. 3342-8-1, D. 2342-2 à D. 2342-12 et D. 3342-9 à D. 3342-13.

C. trav., art. L. 5422-15, L. 5422-16, L. 8253-1, R. 3252-1 et R. 5422-9.

C. consom., art. L. 331-1, L. 332-5 et L. 332-6.

CSP, art. L. 4124-1, L. 6145-11, R. 1334-7, R. 1334-13 et R. 4126-41.

C. civ., art. 205, 206, 207, 212, 1153, 2244 et anc. art. 2262.

CASF, art. L. 132-6 et L. 132-7.

CGPPP, art. L. 2321-1, L. 2321-3, L. 2321-4 et L. 2323-1 à L. 2323-14.

CSS, art. L. 213-1, L. 243-4, L. 243-5, L. 244-2, L. 244-3, L. 244-9, L. 244-11, R. 133-1 à R. 133-7 et R. 612-9 à R. 612-11.

C. rur., art. L. 725-3, L. 725-8, L. 725-12 et R. 725-5 à R. 725-20.

126.03 Bibliographie indicative. (V. bibliographie indicative s^s n° 120.03).

Ouvrage. *Lamy Droit de l'exécution forcée*, 2011, n°s 618-65 s., par S. Lambert-Wibert.

Articles. P. Cocheteux, « Les conséquences de la création de la direction générale des Finances publiques sur le recouvrement de l'impôt », *LPA* 21 mars 2011, n° 56 – N. Ferreira, « La notion d'exécution d'office », *AJDA* 1999, n° spéc., p. 41 – P.-L. Frier, « L'exécution d'office : principe et évolutions », *AJDA* 1999, n° spéc., p. 45 – M.-C. Gauthier, « Les titres exécutoires délivrés par l'État », *Procédures* 1998. Chron. 4 – V. Haïm, « Créances publiques et privilège du préalable », *D.* 1994. Chron. 217 s. – M. Lacombe et X. Vandendriessche, « Plaidoyer pour assurer le succès d'une réforme, la loi organique relative aux lois de finances et la nécessaire refonte de la responsabilité des ordonnateurs et des comptables », *RFDA* 2004. 398 – S. Palmier, « Le contentieux des créances étrangères à l'impôt et au domaine », *Gaz. Pal.* 30 nov. 2000, p. 2 – P. Yolka, « Naissance d'un code : la réforme du droit des propriétés publiques », *JCP* 2006. Actu. 249.

126.06 Autorités émettrices. Le Code des procédures civiles d'exécution consacre la force exécutoire des « *titres émis par les personnes morales de droit public qualifiés comme tels par la loi, ou les décisions auxquelles la loi attache les effets d'un jugement* » (C. pr. exéc., art. L. 111-3, 6°). Cette formule regroupe toute une catégorie d'actes d'origine très diverse dont le point commun est d'être émis par l'État, les collectivités territoriales ou les établissements publics dotés d'un comptable public (L. n° 92-1476, 31 déc. 1992 [1], art. 98 - cod. à LPF, art. L. 252 A) [2].

126.07 Définition. Constituent des titres exécutoires les arrêtés, états, rôles, avis de mise en recouvrement, titres de perception ou de recettes que l'État, les collectivités territoriales ou les établissements publics dotés d'un comptable public délivrent pour le recouvrement des recettes de toute nature qu'ils sont habilités à recevoir (LPF, art. L. 252 A) [3]. Parmi les créances de l'État, on distingue les impôts, les recettes domaniales, les amendes et autres condamnations pécuniaires et les autres créances. La grande variété de ces titres conduit à les classer en trois principales catégories :

– les titres fiscaux régis par le Livre des procédures fiscales et qui se divisent en deux branches :

- 1. les titres émis pour la perception de l'impôt direct qui, avant la fusion de la direction générale de la comptabilité publique et de la direction générale des impôts intervenue au printemps 2008, étaient recouvrés par les comptables du Trésor, désormais recouvrés par le seul comptable public, en vertu de *rôles rendus exécutoires* par arrêté du préfet (CGI, art. 1658), et qui sont portés à la connaissance des contribuables sous forme d'envoi d'un *avis d'imposition*, et les titres émis pour le recouvrement des impôts indirects (droits d'enregistrement, de timbre, TVA, de douane, *etc.*) qui, avant 2008 étaient recouvrés par la direction générale des impôts sous forme d'*avis de mise en recouvrement ou de contraintes* (pour les douanes). On notera que depuis un décret n° 2008-310 du 3 avril 2008 [4] a été créée la direction générale des Finances publiques, qui réalise la fusion de la direction générale des Impôts et de la direction générale de la comptabilité publique. L'objectif de cette fusion étant que ne subsiste dans chaque département qu'une seule direction des finances publiques. Cela est au demeurant de nature à faciliter les démarches des justiciables ;

- 2. les titres de perception (autrefois dénommés *états exécutoires*), réglementés par le décret du 29 décembre 1962, pour le recouvrement des créances publiques autres que fiscales ou relevant du Domaine (Décr. n° 62-1587, 29 déc. 1962, portant règlement général sur la comptabilité publique, art. 65 et 76). Ces titres sont aussi désignés sous la formule générique « *d'ordre de recettes* » [5] ;

– les arrêtés de débet qui sont les ordres de recette émis par le ministre des Finances ainsi que ceux émis par les comptables publics ou les régisseurs d'avance et de recette à l'encontre de tout entrepreneur, fournisseur ou soumissionnaire de marché public détenteurs de deniers publics et plus généralement de toute personne tenue d'une somme envers l'État [6].

126.08 Caractéristiques. La caractéristique des titres émis par les personnes morales de droit public est qu'ils bénéficient d'un double privilège qui les distingue assez radicalement des titres exécutoires authentiques ou d'origine judiciaire (sur la foi du titre qu'elle rend elle-même exécutoire, la personne morale de droit public peut ainsi recourir à l'exécution forcée) [7].

1. L. n° 92-1476, 31 déc. 1992, de finances rectificative pour 1992, art. 98, *JO* 4 janv. 1993, p. 176.
2. M.-C. Gauthier, « Les titres exécutoires délivrés par l'État », *Procédures* 1998. Chron. 4.
3. V. CE 27 juin 2008, req. n° 296983, *Lebon T.*; *Dr. et proc.* 2008. 296 – En matière d'impôts directs et de taxes assimilées, le titre exécutoire est constitué par le rôle et non par l'avis d'imposition : Com. 20 juin 2006, n° 04-13.574, NP.
4. Décr. n° 2008-310, 3 avr. 2008, relatif à la direction générale des finances publiques, *JO* 4 avr., n° 0080.
5. Civ. 2e, 22 mars 2006, n° 03-18.885, NP (titre émis par le ministre de la Défense pour le recouvrement d'une créance).
6. Civ. 2e, 13 janv. 2000, n° 97-21.598, *Bull. civ.* II, n° 8.
7. Sur la possibilité pour l'État d'émettre un titre exécutoire à l'effet de fixer les sommes qui lui sont dues à raison des préjudices subis par l'un de ses agents : Civ. 2e, 8 juill. 2010, n° 08-19.414, *Bull. civ.* II, n° 138.

– Il s'agit tout d'abord du privilège du préalable (LPF, art. L. 252 A) qui a été consacré comme une règle fondamentale du droit public[1]. Ce privilège autorise l'autorité publique qui se prétend créancière d'un débiteur récalcitrant à émettre un titre exécutoire *proprio motu*, sans devoir faire préalablement constater son droit par un officier ministériel ou un juge. Au moment même où il est émis, le titre d'origine publique devient exigible. Il bénéficie d'une présomption de régularité qui impose dès lors son exécution (en conséquence il appartient au débiteur de s'adresser au juge pour mettre un terme à l'exécution forcée). Le débat contradictoire destiné à trancher une éventuelle contestation de fond ou de forme se produit *a posteriori*, après une phase de recouvrement amiable (sauf pour les titres des collectivités publiques, v. s[s] n°s 126.100 s.), et non *a priori* comme en matière civile ou commerciale. Il a ainsi été jugé « *qu'aucune disposition législative ou réglementaire ne prévoit de procédure contradictoire avant l'émission d'un titre de perception en vue du recouvrement d'un trop perçu de rémunération* »[2]. La contestation a toujours un effet suspensif[3]. La raison d'être de ce privilège tient à ce que les mesures prises par la personne morale de droit public sont présumées régulières et conformes au droit et que ces mesures ont pour but la satisfaction de l'intérêt général. Ce bénéfice permet aussi et surtout le fonctionnement continu et régulier de l'Administration active. Une des conséquences de ce privilège est que le contribuable qui souhaite contester tout ou partie de l'impôt doit, avant de saisir le juge à cette fin, adresser une réclamation préalable au service territorial (LPF, art. R. 190-1).

– Afin de favoriser une exécution spontanée des actes administratifs et des créances publiques qu'implique le privilège du préalable, il lui a été adjoint un autre privilège dénommé « privilège de l'exécution d'office »[4] qui permet à l'autorité émettrice d'un titre de nature publique ou privée de provoquer elle-même l'exécution de l'acte, c'est-à-dire de diligenter toute mesure d'exécution forcée, avec le concours de la force publique et sans apposition préalable de la formule exécutoire, à l'exception des jugements et arrêts des juridictions administratives. Autrement dit, il peut être fait usage de la contrainte à l'égard d'un débiteur de l'Administration, sans autorisation et contrôle juridictionnel préalable (le privilège de l'exécution d'office doit être distingué de l'exécution forcée). Ce privilège, dont un des fondements peut, peut-être, être recherché dans la présomption de légalité attachée aux décisions de l'Administration[5], est toutefois enserré dans des limites strictes mais non-cumulatives : il doit être expressément prévu par un texte; aucune autre voie de droit ne doit exister pour vaincre la résistance du débiteur; son recours doit s'avérer indispensable. La personne morale de droit public ne peut renoncer à ce privilège.

Ces privilèges ne dispensent pas les personnes morales de droit public de respecter le principe fondamental énoncé pour l'exécution des titres : l'obligation de notification avant toute mise en œuvre d'une voie d'exécution, afin d'informer le débiteur. Cette obligation de notification préalable au débiteur avant toute exécution forcée, est rappelée avec force par la Cour de cassation[6]. De son côté, la jurisprudence administrative est également attentive au respect de cette exigence[7].

Par ailleurs, tous ces titres sont susceptibles d'être contestés devant les juridictions compétentes par voie d'opposition, contrepartie logique et indispensable du privilège du préalable[8].

Cette opposition revêt deux aspects selon que l'on conteste la forme ou le fond du titre :

– l'opposition à poursuite porte sur la régularité ou la validité de la mise en œuvre du titre. Elle est toujours de la compétence du juge judiciaire, et donc du juge de l'exécution (JEX) (par exception, le juge d'instance lorsqu'il exerce les pouvoirs du JEX en matière de saisie des rémunérations);

– l'opposition à exécution concerne la contestation de l'existence même du titre, du montant ou de l'exigibilité de la créance. Elle n'est jamais de la compétence du juge judiciaire[9].

1. CE, ass., 2 juill. 1982, req. n°s 25288 et 25323, Huglo et a., *Lebon* 258; *D.* 1983. 270, note Delvolvé; *D.* 1983. 327, note Dugrip – *Adde :* V. Haïm, « Créances publiques et privilège du préalable », *D.* 1994. Chron. 217 s.
2. CE 14 mai 2008, req. n° 302016.
3. CE 26 mars 1982, req. n°s 33490 et 33491, SA Cie générale frigorifique, *Lebon* 135.
4. P.-L. Frier, « L'exécution d'office : principe et évolutions », *AJDA* 1999. 45, n° spéc.
5. Il permet un fonctionnement régulier et continu de l'administration.
6. Civ. 2e, 10 nov. 1998, n° 95-20.139, *Bull. civ.* II, n° 269; *Rev. huiss.* 1999. 806, obs. Dahan – Civ. 2e, 1er juill. 1999, n° 97-13.255, *Bull. civ.* II, n° 130 – Civ. 1re, 18 mars 2003, n° 00-21.274, *Bull. civ.* I, n° 82; *D.* 2003. 1010; *Dr. et proc.* 2003. 315, note Caillé.
7. Ainsi, pour un cas où il n'était pas établi que le bordereau particulier portant la signature de l'ordonnateur ait été porté à la connaissance de l'intéressé en même temps que le titre de perception : CE, 4e et 5e s[s]-sect. réun., 19 mars 2008, req. n° 298049, *Lebon T.*
8. Sur la conformité à la Constitution de ce régime spécifique : Cons. const. 23 juill. 1999, n° 99-416 DC, *JO* 28 juill., p. 11250 – Sur le fait que l'opposition à l'exécution d'un titre de perception en cas de contestation de l'existence de la créance, de son montant ou de son exigibilité, a pour effet de suspendre le recouvrement : Civ. 2e, 6 déc. 2001, n° 99-20.593, *Bull. civ.* II, n° 186.
9. Civ. 1re, 16 juill. 1992, n° 91-10.688, *Bull. civ.* I, n° 235 – Com. 26 mai 2009, n° 08-16.286, *Bull. civ.* II, n° 70.

Aucune opposition devant la juridiction compétente n'est possible sans saisine préalable de l'Administration responsable du recouvrement par un *recours gracieux* (à l'exception notable des titres de perception émis par les collectivités territoriales, les établissements publics locaux et de santé : LPF, art. L. 190; v. toutefois CGCT, art. L. 1617-5, 2° pour les créances assises et liquidées par une collectivité territoriale ou un établissement public local). À noter que lorsque la personne publique détient d'ores et déjà un titre exécutoire judiciaire (par ex. un jugement déclarant le dirigeant d'une société solidairement responsable des dettes de celle-ci), elle est dispensée de recourir à l'émission d'un titre administratif, tel qu'un avis de mise en recouvrement, préalablement à l'engagement d'une mesure d'exécution [1].

126.09 **Ordonnateurs et comptables.** L'une des particularités essentielles des titres émis par les personnes publiques consiste dans la distinction entre l'ordonnateur qui émet le titre et le comptable qui est chargé de le recouvrer. Cette dissociation participe de la volonté de garantir une certaine sécurité de la gestion des comptes publics [2].

– **L'ordonnateur** est un fonctionnaire chargé de décider du fait générateur de la créance publique, de la liquider et d'ordonnancer les dépenses, de constater les droits des organismes publics et de liquider les recettes des organismes publics (Décr. n° 62-1587, 29 déc. 1962, art. 5 et 6). C'est l'ordonnateur qui donne l'ordre au comptable public de recouvrer la créance. Contrairement au comptable, il ne peut manipuler aucune somme d'argent. L'article 20 du présent décret prévoit que les fonctions d'ordonnateurs et de comptables sont incompatibles. L'article 6 du règlement général sur la comptabilité publique distingue les ordonnateurs principaux que sont les ministres pour le budget de l'État (Décr. n° 62-1587, 29 déc. 1962, art. 63; v. égal. pour les collectivités territoriales : CGCT, art. L. 2121-28, II, al. 4; L. 3221-2, al. 1er, et L. 4132-23, al. 5) et les ordonnateurs secondaires que sont les préfets (sauf exception [3]) par délégation du ministre. Les ordonnateurs ont la possibilité de déléguer leurs pouvoirs (Décr. 29 déc. 1962, art. 6) ou de se faire suppléer en cas de carence ou d'empêchement. Ils sont responsables des certifications qu'ils délivrent (Décr. 29 déc. 1962, art. 7). (Sur l'ordonnateur, v. ss nos 1642.31 s.).

– **Le comptable public** est un fonctionnaire à qui incombent la prise en charge et le recouvrement des ordres de recettes qui lui sont remis par les ordonnateurs, des créances constatées par un contrat, un titre de propriété ou autre titre dont il assure la conservation ainsi que l'encaissement des droits au comptant et des recettes de toute nature que les organismes publics sont habilités à recevoir (Décr. 29 déc. 1962, art. 11). Il dispose d'un monopole dans le maniement des deniers de l'organisme public et donc dans le paiement de la dette de l'organisme public. L'article 67 du règlement général sur la comptabilité publique opérait une distinction entre les comptables du Trésor (direction de la comptabilité publique), et les comptables des administrations financières. Depuis la fusion intervenue en avril 2008, il n'est désormais fait référence qu'au seul comptable public (sur le comptable public, v. ss nos 1642.41 s.).

Il convient de distinguer les titres exécutoires d'origine fiscale, non fiscale et ceux en matière de sécurité sociale.

SECTION 1
TITRES EXÉCUTOIRES EN MATIÈRE FISCALE

126.10 **Particularités.** Indépendamment du fait que l'Administration fiscale peut, en vertu du privilège du préalable, se délivrer à elle-même des titres exécutoires, en matière fiscale, il est une division majeure au stade de la mise en recouvrement par le comptable public : les titres (exécutoires) fiscaux régis par le Livre des procédures fiscales se divisent en deux branches. Cette dissociation n'a pas été fondamentalement remise en question par la fusion de la direction générale des impôts et la direction générale de la comptabilité publique intervenue en avril 2008 (Décr. n° 2008-310, 3 avr. 2008) [4]. Comme par le passé, il convient d'avoir égard à la nature de l'imposition. Suite à la loi n° 2010-1658 du 29 décembre 2010 [5] de finances rectificative pour 2010, il convient de distinguer entre les titres exécutoires suivants :

– les titres émis pour la perception de l'impôt sur le revenu, les impôts directs locaux, la contribution foncière des entreprises, les prélèvements sociaux,

1. Com. 20 nov. 2001, n° 98-22.648, *Bull. civ.* IV, n° 183; *D.* 2002. 45.
2. N. Ferreira, « La notion d'exécution d'office », *AJDA* 1999, n° spéc., 41 – M. Lacombe, X. Vandendriessche, « Plaidoyer pour assurer le succès d'une réforme, la loi organique relative aux lois de finances et la nécessaire refonte de la responsabilité des ordonnateurs et des comptables », *RFDA* 2004. 398 – V. AUSSI : CGCT, art. L. 1617-1, et CSP, art. L. 6145-8.
3. Pour le cadre dirigeant d'un établissement public : Civ. 2e, 3 nov. 2005, n° 03-17.441, *Bull. civ.* II, n° 281.
4. Ord. n° 2010-420, 27 avr. 2010, portant adaptation de dispositions résultant la fusion de la direction générale des impôts et de la direction générale de la comptabilité publique, *JO* 30 avr., p. 7939.
5. L. n° 2010-1658, 29 déc. 2010, de finances rectificative pour 2010, *JO* 30 déc., p. 23127.

qui sont recouvrés par les comptables publics de la nouvelle direction générale des finances publiques par voie de rôle, et ce sous forme d'*avis d'imposition* (LPF, art. L. 253 s.) ;

– les titres émis pour le recouvrement des impôts indirects, « auto-liquidés » (impôts sur les sociétés, droits d'enregistrement et assimilés, de timbre, TVA, de douane, rappel d'impôt sur le revenu intervenant après un contrôle fiscal, *etc.*) qui sont recouvrés par le comptable public sous forme d'avis de mise en recouvrement ou de contraintes (pour les douanes).

La créance fiscale n'est pas une créance de nature ordinaire. Elle se caractérise par le fait qu'elle ne peut être payée par compensation, qu'elle est portable et non quérable, que sa perception est obligatoire. Il existe néanmoins des procédures permettant d'obtenir la suspension de son recouvrement et il importe de les énumérer et les analyser car elles ont un lien étroit avec la mise en œuvre des voies d'exécution.

§ 1
Impôts directs et taxes assimilées

126.11 Autorité de recouvrement et de poursuite. Par le passé recouvrés par les comptables du Trésor, les impôts directs et taxes assimilées sont désormais recouvrés par le comptable public. Pour cela, il faut, au préalable, que le rôle soit rendu exécutoire par l'autorité compétente à l'occasion d'une phase dite d'homologation. En l'occurrence, il s'agit du préfet comme le précise l'article 1658 du Code général des impôts. On notera qu'en vertu de l'alinéa 2 du même article, le représentant de l'État dans le département peut déléguer ses pouvoirs aux agents de catégorie A désignés par le responsable départemental des finances publiques et détenant au moins un grade fixé par décret en Conseil d'État. La publicité de ces délégations est assurée par la publication des arrêtés de délégation au recueil des actes administratifs de la préfecture.

126.12 Rôle et avis d'imposition. Le rôle est une liste de contribuables établie par l'Administration fiscale et passibles de l'impôt. Bien qu'aucun texte ne précise les mentions qui doivent figurer sur ce document, celui-ci doit néanmoins comporter la base, la nature, le montant de chaque imposition ainsi que la date de mise en recouvrement qui marque le point de départ du délai de réclamation en faveur du contribuable (jusqu'au 31 décembre de la deuxième année suivante) et du délai de prescription de quatre ans de l'action en vue du recouvrement (LPF, art. L. 274). Le rôle constitue ainsi le titre exécutoire qui permet de réclamer le paiement de l'impôt au contribuable. Les comptables publics des administrations fiscales qui n'ont introduit aucune poursuite contre un redevable dans ce délai sont alors déchus de tous droits et de toute action contre ce dernier. La jurisprudence estime qu'il n'y a pas lieu de distinguer selon l'origine du titre invoqué au soutien du recouvrement des créances fiscales [1].

Le rôle, régulièrement mis en recouvrement, est exécutoire, non seulement contre le contribuable qui y est inscrit, mais aussi contre ses représentants ou ayants cause (CGI, art. 1682).

Le rôle est notifié au contribuable par lettre simple (il est fait référence à un « pli fermé ») en la forme d'un avis d'imposition rappelant le montant de la somme à payer, les conditions d'exigibilité et la date limite de paiement (LPF, art. L. 253 qui renvoie à CGI, art. 1658 à 1659 A, lesquels articles établissent notamment les bases de cotisation des impôts et la date de mise en recouvrement).

Par le passé, à défaut de paiement dans le délai mentionné dans l'avis d'imposition, ou de réclamation assortie d'une demande de sursis de paiement avec offre de garantie, dans les conditions prévues à l'article L. 277, le comptable du Trésor, chargé du recouvrement, devait envoyer une lettre de rappel (désormais devenue lettre de relance depuis L. n° 2010-1658, 29 déc. 2010) avant la notification du premier acte de poursuites, devant donner lieu à des frais d'engagement des poursuites, à l'expiration d'un délai de vingt jours suivant cette formalité Si cette lettre de rappel (tout comme la mise en demeure) n'était pas suivie de paiement ou de la mise en jeu des dispositions de l'article L. 277, le comptable public compétent pouvait, à l'expiration d'un délai de vingt jours suivant cette formalité, engager des poursuites.

Depuis la loi de finances rectificative pour l'année 2010, (L. n° 2010-1658, 29 déc. 2010) il est prévu une nouvelle modalité qui sera exposée ultérieurement dans la mesure où elle est désormais commune avec la procédure qui sera évoquée ultérieurement (avis de mise en recouvrement, v. s^s^ n°s 126.30 s.). On notera que ces poursuites sont, comme le précise l'article L. 258 A alinéa 1er du Livre des procédures fiscales, effectuées dans les formes prévues par le Code de procédure civile pour le recouvrement des créances. Celles-ci sont opérées soit par huissier de justice, soit par tout agent de l'Administration habilité à exercer des poursuites au nom du comptable.

126.13 Prescription. La prescription de l'action en vue du recouvrement des impôts directs par le comptable public contre un contribuable retardataire est de quatre années consécutives à partir du jour de la mise en recouvrement du rôle (LPF, art.

1. Com. 12 févr. 2008, n° 06-17.562, NP.

L. 274, qui s'applique également à l'envoi de l'avis de mise en recouvrement; v. aussi les cas particuliers évoqués à LPF, art. L. 274 A et L. 274 B). Si le comptable n'a pas fait d'acte de poursuite dans le délai sus-indiqué, il est alors déchu de tous droits et actions contre le redevable. C'est à l'Administration fiscale qu'il appartient de rapporter la preuve de ce que la prescription quadriennale courant à son encontre à compter de la notification de l'avis de mise en recouvrement a été interrompue[1].

On notera que si la prescription peut donc être interrompue[2], elle peut également être suspendue (par exemple en vertu de l'application de LPF, art. L. 277).

Quant à la compétence du juge pour trancher une question afférente à la prescription, elle varie selon l'objet de la contestation[3].

126.14 Contestations. Si la contestation concerne l'existence même de l'obligation de payer ou encore l'exigibilité ou le montant de la dette, le juge judiciaire ne peut connaître de cette contestation. À défaut, il excède sa compétence[4].

§ 2
Contributions indirectes et assimilées

126.21 Domaine, autorité de recouvrement et de poursuite. Les contributions indirectes et droits de douane, les taxes de publicité foncière, les droits d'enregistrement et de timbre, l'impôt de solidarité sur la fortune, et les taxes assimilées et, depuis la loi n° 2002-1576 du 30 décembre 2002[5], l'impôt sur les sociétés, sont recouvrés par le comptable public dès lorsqu'ils ne sont pas acquittés dans les délais (LPF, art. L. 256).

Depuis la loi de finances rectificative de 2010, le recours à la procédure d'avis de mise en recouvrement a, pour des raisons d'efficacité, été étendu au recouvrement des rehaussements d'impôt sur le revenu et de prélèvements sociaux qui font suite à un contrôle fiscal (L. n° 2010-1658, 29 déc. 2010, art. 55).

126.22 Avis de mise en recouvrement des contributions indirectes et assimilées. Lorsque le paiement n'a pas été effectué à la date d'exigibilité, un avis de mise en recouvrement est adressé par le comptable public à tout redevable de sommes, droits, taxes et redevances de toute nature dont le recouvrement lui incombe (LPF, art. L. 256, al. 1er)[6]. Les impôts indirects sont recouvrés en vertu d'un avis de mise en recouvrement individuel, signé et rendu exécutoire par l'autorité administrative désignée par décret, précise l'article L. 256 alinéa 3 du Livre des procédures fiscales.

L'article R. 256-8 alinéa 1er du Livre des procédures fiscales, tel qu'il résulte du décret n° 2011-303 du 21 mars 2011[7], décide que : « *Le comptable mentionné aux premier, deuxième et troisième alinéas de l'article L. 256 est le comptable de la direction générale des impôts ou le comptable de la direction générale des douanes et droits indirects en ce qui concerne, pour ce dernier, le recouvrement des contributions indirectes, droits, taxes, redevances et impositions obéissant aux mêmes règles et de la contribution prévue par l'article 527 du Code général des impôts*[8] »[9].

Depuis le décret n° 2011-1302 du 14 octobre 2011[10], l'article R. 258 alinéas 2 et 3 du Livre des procédures fiscales précise que dorénavant, « *le comptable public compétent pour établir l'avis de mise en recouvrement est soit celui du lieu de déclaration ou d'imposition du redevable, soit, dans le cas où ce lieu a été ou aurait dû être modifié, celui compétent à l'issue de ce changement, même si les sommes dues se rapportent à la période antérieure à ce changement* ». Et « *les avis de mise en recouvrement résultant de l'engagement par la direction nationale des vérifications de situations fiscales d'une procédure de rectification ou d'une procédure d'imposition d'office sont établis, signés et rendus exécutoires par le comptable chargé du pôle de recouvrement spécialisé de Paris Sud-Ouest* ».

126.23 Modalités. La matière est régie, désormais, par les articles R. 256-1 et suivants du Livre des procédures fiscales, tels qu'ils résultent des

1. Com. 7 juill. 2004, n° 01-15.371, NP.
2. LPF, nouv. art. L. 257-0 A, 3°, qui décide dorénavant que la mise en demeure de payer constitue un acte interruptif de prescription.
3. LPF, art. L. 281.
4. Com. 10 janv. 2010, n° 09-12.370, *Bull. civ.* IV, n° 11 – Com. 28 sept. 2010, n° 09-68.215, NP.
5. L. n° 2002-1576, 30 déc. 2002, de finances rectificative pour 2002, *JO* 31 déc., p. 22070.
6. Com. 20 nov. 2001, n° 98-17.137, *Bull. civ.* IV, n° 184 – Com. 12 juill. 2005, n° 02-11.254, *Bull. civ.* IV, n° 170 – Com. 9 mars 2010, n° 09-11.068, NP – Et, pour l'inapplication de l'avis s'agissant de la pénalité prévue par l'article 1763 A du CGI, celle-ci étant recouvrée comme en matière d'impôt sur le revenu : v. Com. 25 avr. 2006, n° 03-19.463, NP.
7. Décr. n° 2011-303, 21 mars 2011, relatif à l'homologation des rôles et à l'établissement des avis de mise en recouvrement des impositions résultant de l'engagement par la direction nationale des vérifications de situations fiscales d'une procédure de rectification ou d'une procédure d'imposition d'office, *JO* 23 mars, p. 5198.
8. V. LPF, nouv. art. R. 256-8, al. 1er.
9. Sur le fait qu'aucune juridiction n'est compétente pour délivrer un titre de perception d'impôts : Com. 6 févr. 2007, n° 04-13.026, *Bull. civ.* IV, n° 25.
10. V. Décr. n° 2011-1302, 14 oct. 2011, portant modification de certaines dispositions relatives aux procédures de recouvrement mises en œuvre par la direction générale des finances publiques, art. 14, *JO* 15 oct., p. 17413.

modifications issues du décret n° 2011-1302 du 14 octobre 2011[1]. L'article R. 256-1 alinéa 1er du Livre des procédures fiscales décide que l'avis de mise en recouvrement « *indique pour chaque impôt ou taxe le montant global des droits, des pénalités et des intérêts de retard qui font l'objet de cet avis* »[2]. Ce texte ne semble pas exiger de mention de l'article du Code général des impôts qui permet d'établir l'imposition. Or, sous l'empire de l'ancienne législation, la jurisprudence avait estimé que le non-respect de cette mention constituait une erreur matérielle qui viciait cet avis[3].

Le nouveau texte précise également que d'autres intérêts de retard pourront être liquidés après le paiement intégral des droits (LPF, R. 256-1, al. 2). Des modalités spécifiques sont prévues en cas d'avis de mise en recouvrement intervenant suite à une procédure de rectification (LPF, R. 256-1, al. 3 et 4).

L'avis de mise en recouvrement est individuel, mais peut également être collectif (LPF, art. R. 256-2, pour les redevables tenus conjointement ou solidairement : dans ce dernier cas, une notification doit être effectuée à chacun d'eux préalablement à l'avis de mise en recouvrement, à moins qu'ils n'aient la qualité de représentant ou d'ayant cause du contribuable, telle que mentionnée à l'article 1682 du Code général des impôts[4]. En vertu de l'ancien article R. 256-5 du Livre des procédures fiscales, l'autorité compétente pour viser et rendre exécutoire l'avis de mise en recouvrement individuel ou collectif était celle sous l'autorité de laquelle se trouve placé le comptable en charge du recouvrement. Ce dernier texte a toutefois été abrogé par le décret n° 2011-1302 du 14 octobre 2011.

Cet avis exécutoire, qui authentifie la créance fiscale, est rédigé en double exemplaire : un premier dit « l'original », est déposé au service compétent de la direction générale des finances publiques ou à la recette des douanes et droits indirects en charge du recouvrement. Le second exemplaire, dénommé « ampliation », destinée à être notifiée au redevable ou à son fondé de pouvoir.

L'article R. 256-6 du Livre des procédures fiscales précise le contenu de cet avis de mise en recouvrement. La notification de l'avis de mise en recouvrement comporte l'envoi au redevable de l'« ampliation » prévue à l'article R. 256-3. Cette notification est effectuée soit au lieu de son domicile, de sa résidence ou de son siège, soit à l'adresse qu'il a lui-même fait connaître au service compétent de la direction générale des finances publiques ou au service des douanes et droits indirects compétent. Dans l'éventualité où la lettre recommandée ne pourrait, pour quelque cause que ce soit, être remise au redevable destinataire ou à son fondé de pouvoir, il doit être demandé aux services postaux de renvoyer au service compétent de la direction générale des finances publiques ou au service des douanes et droits indirects expéditeur, le pli non distribué annoté conformément aux exigences suivantes. En premier lieu, doit figurer la date de sa première présentation à l'adresse indiquée à la souscription ou, s'il y a lieu, à la nouvelle adresse connue de La Poste. En second lieu, le motif de sa non-délivrance.

Dans cette éventualité, l'« *ampliation* » renvoyée reste déposée au service compétent de la direction générale des finances publiques ou de la recette des douanes et droits indirects chargé du recouvrement où il peut en être délivré copie, à tout moment et sans frais, au redevable lui-même ou à son fondé de pouvoir.

Il est à noter que la notification de l'avis de mise en recouvrement peut également être effectuée par les soins d'un huissier de justice. Elle obéit alors aux règles de signification des actes d'huissier.

Afin d'éviter toute contestation inappropriée, l'article R. 256-7 du Livre des procédures fiscales décide que « *l'avis de mise en recouvrement est réputé avoir été notifié : a) dans le cas où l'"ampliation" a été effectivement remise par les services postaux au redevable ou à son fondé de pouvoir, le jour même de cette remise; b) lorsque la lettre recommandée n'a pu être distribuée du fait du redevable, le jour où en a été faite la première présentation* ».

La notification régulière de l'avis de mise en recouvrement emporte certains effets :

– elle fait courir le point de départ du délai de la réclamation contentieuse (LPF, art. R. 196-1);

– à défaut de paiement des sommes mentionnées sur l'avis d'imposition à la date limite de paiement ou de celles mentionnées sur l'avis de mise en recouvrement et en l'absence d'une réclamation assortie d'une demande de sursis de paiement formulée dans les conditions prévues au premier alinéa de l'article L. 277, le comptable public compétent adresse au contribuable une mise en demeure de payer avant la notification du premier acte de poursuite devant donner lieu à des frais au sens de l'article 1912 du Code général des impôts (LPF, art. L. 257-0 A, 1°).

1. Ce texte est entré en vigueur le 1er octobre 2011. Outre le fait qu'il tire les conséquences de la fusion des services intervenue en avril 2008, on notera qu'il abroge, en conséquence, certaines dispositions réglementaires du Livre des procédures fiscales.
2. Com. 20 nov. 2001, n° 98-17.137, *Bull. civ.* IV, n° 184.
3. Com. 13 janv. 1998, n° 95-21.478, NP; *Procédures* 1998. 255.
4. Pour une notification de redressement adressée à une personne en sa qualité d'héritier solidaire : Com. 29 sept. 2009, n° 08-19.813, NP.

126.24 Mise en demeure. La matière a été partiellement modifiée suite au décret n° 2011-1302 du 14 octobre 2011. En vertu de l'article L. 257-0 A du Livre des procédures fiscales, cette mise en demeure ne doit être envoyée qu'à défaut de paiement des sommes figurant sur l'avis de mise en recouvrement[1].

L'article R. 257-0 A du Livre des procédures fiscales dispose que « *la mise en demeure de payer mentionnée à l'article L. 257-0 A indique les références du ou des avis de mise en recouvrement et rôles dont elle procède ainsi que le montant des sommes restant dues* ».

L'alinéa second décide pour sa part que « *lorsque la mise en demeure de payer est notifiée par lettre recommandée avec avis de réception, cette notification est effectuée selon la procédure prévue à l'article R. 256-6 et produit ses effets dans les conditions prévues à l'article R. 256-7* ». La mise en demeure a donc pour conséquence d'interrompre la prescription de l'action en recouvrement et ouvre au redevable la faculté de former une contestation.

126.25 Prescription. La prescription de l'action en recouvrement des impôts indirects est identique à celle des impôts directs. Elle est de quatre années consécutives à partir du jour de la mise en recouvrement de l'avis d'imposition. Ce délai est interrompu par tout acte comportant reconnaissance de la part du contribuable et par tous autres actes interruptifs de prescription (LPF, art. L. 274)[2].

§ 3
Procédure de recouvrement forcé

126.30 Textes applicables et nouvelles procédures. Conséquence de la création de la direction générale des finances publiques, la loi de finances rectificative n° 2010-1658 du 29 décembre 2010 procède à l'harmonisation de la procédure de traitement des contribuables qui n'ont pas satisfait à leurs obligations de paiement et déclaration.

La matière est régie, au plan législatif, par les articles L. 257-0 A, L. 257-0 B, L. 258 A et L. 260 du Livre des procédures fiscales. Ces nouvelles dispositions sont entrées en vigueur le 1er octobre 2011[3]. Elles opèrent une distinction entre trois types de procédure. Une procédure que l'on peut qualifier de droit commun, une procédure spécifique, et l'exclusion de cette procédure dans certains cas.

126.31 Procédure de droit commun. Elle est envisagée par le nouvel article L. 257-0 A du Livre des procédures fiscales. Lorsque le redevable n'a pas payé les sommes mentionnées sur l'avis de mise en recouvrement à la date limite du paiement, le comptable public adresse au contribuable une mise en demeure de payer avant la notification du premier acte de poursuite devant donner lieu à des frais au sens de l'article 1912 du Code général des impôts[4]. Les dispositions du nouvel article R. 257-0 A alinéa 1er du Livre des procédures fiscales prévoient que la mise en demeure « *indique les références du ou des avis de mise en recouvrement et rôles dont elle procède ainsi que le montant des sommes restant dues* ».

Cette prescription valant sous réserve de l'absence de réclamation d'une demande de sursis à statuer.

Si la mise en demeure n'a pas été suivie d'effet, et si le redevable n'a pas introduit de demande de sursis au paiement au sens de l'article L. 277 du Livre des procédures fiscales, le comptable public a la faculté d'engager des poursuites dans un délai de trente jours à compter de sa notification. En d'autres termes, il peut, à l'expiration de ce délai, mettre en œuvre les mesures d'exécution forcée. Celles-ci sont effectuées dans les formes prévues par le Code de procédure civile pour le recouvrement des créances. En cas de saisie-vente, la notification de la mise en demeure de payer fait office de commandement de payer[5]. Ce qui n'est pas sans conséquence sur le début de la mesure d'exécution forcée.

On observera que la mise en demeure emporte un effet interruptif de prescription de l'action en recouvrement, et qu'elle peut être contestée dans les conditions de l'article L. 281 du Livre des procédures fiscales[6] (voie de réclamation adressée au directeur départemental des finances publiques).

126.32 Procédure de relance. Elle est envisagée par l'article L. 257-0 B du Livre des procédures fiscales. Aux termes de cette disposition, il est prévu que la mise en demeure adressée au titre de l'article L. 257-0 A du Livre des procédures fiscales est précédée d'une lettre de relance lorsqu'aucune autre défaillance de paiement n'a été constatée pour un même contribuable au titre d'une même catégorie d'impositions au cours des trois années précédant la date limite de paiement ou la date de mise en recouvrement de l'imposition dont le recouvrement est poursuivi[7]. Bref, il s'agit d'une

1. Pour l'identification du comptable compétent, v. LPF, art. R. 257-0 C.
2. Sur cette question v. *Lamy Droit de l'exécution forcée*, 2006, nos 618-65 s., par Lambert-Wibert.
3. Tout comme celles du Décr. n° 2011-1302, 14 oct. 2011, art. 16.
4. Sur le cas de la signification de la mise en demeure dès l'exigibilité de l'impôt : CGI, art. 1663, 2.
5. V. Décr. 31 juill. 1992, nouv. art. 296, suite au Décr. 14 oct. 2011 (art. 15) [devenu C. pr. exéc., art. R. 221-7].
6. Com. 8 févr. 2011, n° 10-12.733, NP.
7. Sur la classification des trois catégories d'imposition, v. LPF, nouv. art. R. 257-0 B (Décr. 14 oct. 2011).

procédure plus favorable pour le contribuable qui remplit les conditions ci-dessus évoquées.

Lorsque la lettre de relance n'a pas été suivie de paiement et sous réserve d'une réclamation assortie d'une demande de sursis de paiement formulée dans les conditions prévues au premier alinéa de l'article L. 277 du Livre des procédures fiscales, le comptable public compétent peut, à l'expiration d'un délai de trente jours suivant sa notification, adresser une mise en demeure de payer. Dans cette éventualité, le comptable public compétent peut engager des poursuites à l'expiration d'un délai de huit jours suivant la notification de la mise en demeure de payer. L'usage du verbe pouvoir indique bien qu'il ne s'agit que d'une faculté laissée au comptable public.

L'alinéa 2 de l'article L. 257-0 B envisage une série d'hypothèses où le recours à cette procédure est exclu. Il en est ainsi des impositions résultant de l'application d'une procédure de rectification ou d'une procédure d'imposition d'office, aux créances d'un montant supérieur à 15 000 euros, aux créances nées postérieurement au jugement d'ouverture d'une procédure collective ainsi qu'aux créances des entreprises tenues de souscrire leurs déclarations de résultats auprès du service chargé des grandes entreprises.

126.33 **Cas particulier.** En vertu de l'article L. 260 du Livre des procédures fiscales, il est prévu que « *dans les cas mentionnés au 2 de l'article 1663 du Code général des impôts, le comptable public compétent peut faire signifier une mise en demeure de payer au contribuable dès l'exigibilité de l'impôt sur le revenu, des contributions sociales recouvrées comme en matière d'impôt sur le revenu, de la taxe d'habitation, des taxes foncières sur les propriétés bâties et non bâties et des impositions recouvrées comme les impositions précitées* ».

Dans cette circonstance, il est prévu par l'alinéa second de ce texte que « *la saisie peut alors être pratiquée un jour franc après la signification de la mise en demeure de payer* ».

§ 4
Contentieux de l'établissement de l'impôt

126.41 **Réclamation.** C'est l'acte par lequel le redevable de la créance fiscale entend contester le bien-fondé d'une imposition. Il résulte de l'article L. 190 alinéa 1er du Livre des procédures fiscales que « *les réclamations relatives aux impôts, contributions, droits, taxes, redevances, soultes et pénalités de toute nature, établis ou recouvrés par les agents de l'Administration, relèvent de la juridiction contentieuse lorsqu'elles tendent à obtenir soit la réparation d'erreurs commises dans l'assiette ou le calcul des impositions, soit le bénéfice d'un droit résultant d'une disposition législative ou réglementaire* ». L'article L. 190 alinéa 3 du Livre des procédures fiscales dispose que toutes les actions qui ont pour objet la décharge ou la réduction d'une imposition ou l'exercice de droits à réduction, fondées sur la non-conformité de la règle de droit dont il a été fait application à une règle de droit supérieure, sont instruites et jugées selon les règles du présent chapitre remet en cause son principe, son assiette, son mode de calcul ou son montant. Techniquement, la réclamation se présente sous la forme d'un courrier adressé, sous forme de lettre, auprès du service territorial de l'Administration des impôts ou de l'Administration des douanes et droits indirects dont dépend le lieu de l'imposition (LPF, art. L. 190 et R. 190-1 sur les modalités de détermination du service compétent). Pour éviter toute difficulté, l'envoi d'une LRAR s'impose au cas de contestation de la recevabilité de la réclamation. Le contenu et la forme de la réclamation sont spécifiés aux articles R. 197-1 et suivants du Livre des procédures fiscales. On relèvera notamment que la réclamation doit, sous la sanction de l'irrecevabilité : mentionner l'imposition objet de la contestation, comporter un exposé sommaire des moyens et conclusions du demandeur, indiquer les impositions objet de contestation, porter la signature manuscrite de son auteur, être accompagnée, selon les cas, de l'avis d'imposition, de l'avis de mise en recouvrement, ou d'une pièce justifiant le montant de la retenue ou du versement (LPF, art. R. 197-3). Si la réclamation est faite pour autrui, l'intéressé doit justifier d'un mandat régulier, lequel doit être produit en même temps que l'acte qui l'autorise ou enregistré avant l'exécution de cet acte.

À peine d'irrecevabilité, la réclamation relative aux impôts autres que les impôts directs locaux et les taxes annexes doit être présentée, au plus tard, le 31 décembre de la deuxième année qui suit celle de la mise en recouvrement du rôle ou de la notification de l'avis de mise en recouvrement ou du versement de l'impôt contesté s'il n'y a pas eu établissement d'un rôle ou d'un avis de mise en recouvrement (LPF, art. R. 196-1).

À côté de ce délai général, il existe des délais spéciaux. Ainsi, à peine d'irrecevabilité, la réclamation relative aux impôts directs locaux et taxes annexes doit être présentée, au plus tard, le 31 décembre de l'année qui suit celle de la mise en recouvrement du rôle ou de la notification de l'avis de mise en recouvrement ou du versement de l'impôt contesté s'il n'y a pas eu établissement d'un rôle ou d'un avis de mise en recouvrement (LPF, art. R. 196-2).

L'Administration des impôts ou des douanes et droits indirects, saisie de la demande du contribuable, doit faire connaître sa décision dans les six mois suivant la date de présentation, par LRAR. Si elle n'est pas en mesure de statuer avant l'expiration de ce délai, elle doit en informer le contribuable en indiquant le terme du délai complémentaire qu'elle estime nécessaire pour trancher. Ce délai complémentaire ne peut excéder trois mois. À charge pour l'Administration de prévenir le contribuable (LPF, art. R. 198-10, al. 2).

La réclamation rejetée en totalité ou partiellement doit être motivée et notifiée au contribuable par LRAR (LPF, art. R. 198-10, al. 3 renvoyant à la notification faite en cours de procédure devant le tribunal administratif). Les décisions de l'Administration sont notifiées dans les mêmes conditions que celles qui sont prévues pour les notifications au cours de la procédure devant le tribunal administratif (LPF, art. R. 198-10), c'est-à-dire par LRAR.

Le contribuable contestant doit alors saisir la juridiction compétente dans les deux mois de la réception de l'avis de notification de la décision de l'Administration rejetant sa demande, à peine d'irrecevabilité, et en cas d'absence de réponse de l'Administration dans le délai de six mois, dès l'expiration de ce délai (LPF, art. R. 199-1).

L'article R. 199-1 alinéa 3 prévoit que l'Administration peut soumettre d'office au tribunal la réclamation présentée par un contribuable. Elle doit alors, dans ce cas, en informer celui-ci.

126.42 Juridiction compétente. Il existe un partage de compétence entre les juridictions de l'ordre judiciaire et de l'ordre administratif, réglé par l'article L. 199 du Livre des procédures fiscales. La répartition s'opère comme suit : la juridiction compétente est le juge administratif en matière d'impôts directs (impôt sur le revenu, sur les sociétés, *etc.*) et de taxes sur le chiffre d'affaires ou de taxes assimilées. En matière de droits d'enregistrement, de taxes ou de contributions indirectes et de taxes assimilées, le tribunal compétent est le tribunal de grande instance (TGI – LPF, art. L. 199, al. 2).

126.43 Effets de la réclamation sur les procédures d'exécution. L'article L. 277 alinéa 1er du Livre des procédures fiscales prévoit que lorsque le contribuable conteste le bien-fondé des impositions mises à sa charge, il peut obtenir un sursis de paiement (v. ss no 126.44) qui peut toutefois lui être refusé s'il n'a pas constitué, auprès du comptable, les garanties propres à assurer le recouvrement de la créance du Trésor. Si le contribuable n'a pas constitué de garanties ou si les garanties qu'il offre son jugées insuffisantes, le comptable peut alors prendre des mesures conservatoires pour les impôts contestés. Des mesures conservatoires allant jusqu'à la saisie inclusivement, peuvent être prises pour les impôts contestés si aucune garantie n'est offerte par le redevable ou si des garanties insuffisantes sont proposées (LPF, art. L. 277, al. 4 et 5). Tel est par exemple le cas d'un nantissement de fonds de commerce[1].

Aucune voie d'exécution mobilière ne peut cependant être mise en œuvre pendant l'instruction de la réclamation. À cet égard, le JEX est compétent pour apprécier l'existence et la motivation formelle de la réclamation afin d'ordonner la suspension des poursuites si celle-ci n'a pas été respectée par l'Administration[2]. C'est ainsi qu'une contestation régulière du titre exécutoire émis par l'Administration emporte la suspension de la saisie-attribution jusqu'à ce qu'il ait été statué sur cette contestation par le tribunal administratif ou le tribunal de grande instance (TGI)[3]. Si le JEX a compétence pour examiner la régularité formelle de l'acte de saisie, le juge des référés administratifs est en revanche seul compétent pour prononcer la limitation ou l'abandon des saisies conservatoires[4].

Il ne peut donc être procédé à la vente des biens saisis tant qu'une décision définitive n'a pas été prise par l'Administration ou le tribunal compétent lorsqu'il est saisi après rejet de la réclamation ou défaut de réponse par l'Administration (LPF, art. L. 277). Les garanties permettant d'échapper aux mesures conservatoires sont proposées dans le cadre de la procédure de sursis de paiement.

126.44 Sursis de paiement. Afin de suspendre l'exigibilité de l'impôt, le contribuable qui conteste le bien-fondé ou le montant des impositions doit, en plus de sa demande de réclamation, joindre une demande de sursis de paiement. Celle-ci ne peut être formée que dans le cadre de la procédure de réclamation (LPF, art. L. 277 et R. 277-1 s.). Elle a pour effet immédiat de suspendre l'exigibilité de l'impôt contesté jusqu'à ce qu'il soit statué sur la demande, dès lors du moins que la demande de sursis a été présentée dans une réclamation régulière[5]. Pendant ce délai, aucune mesure d'exécution n'est possible et aucun acte d'exécution ne peut être délivré au contribuable à peine de nullité des actes[6].

Le sursis de paiement ne peut être refusé au contribuable qui constitue les garanties suffisantes pour assurer le recouvrement de la créance du Trésor. Si le comptable estime ne pas pouvoir accepter les garanties offertes à sa demande ou spontanément par le contribuable parce qu'elles ne répondent pas aux conditions prévues au deuxième alinéa de l'article R. 277-1 du Livre des procédures fiscales, il

1. CE 1er avr. 2005, req. no 266268, NP.
2. TGI Quimper, 20 janv. 1994, *Rev. huiss.* 1994. 645.
3. TGI Dôle, 26 oct. 1993, *Rev. huiss.* 1994. 651.
4. EN CE SENS : Com. 20 mai 2003, no 00-13.093, NP.
5. Com. 1er déc. 2009, no 08-12.054, NP.
6. TGI Bourges, JEX, 29 nov. 1993, *Gaz. Pal.* 3-5 mars 1996, p. 18, obs. Bangoura.

lui notifie sa décision par LRAR dans un délai de quarante-cinq jours à compter du dépôt de l'offre. À défaut de réponse par le comptable dans ce délai, les garanties offertes sont réputées acceptées. L'octroi de ces garanties est toutefois à l'appréciation du comptable qui peut prendre des mesures conservatoires en forme de saisie pour les impôts contestés, la vente ne pouvant intervenir tant qu'il n'a pas été statué définitivement sur la réclamation, soit par l'Administration, soit, en cas de rejet, par le tribunal compétent[1]. Il faut préciser que lorsque la réclamation est relative à une assiette d'imposition et porte sur un montant de droits inférieurs à 4 500 euros, le débiteur est dispensé de constituer des garanties (LPF, art. R. 277-7 - et Décr. n° 2002-246, 18 févr. 2002[2], art. 1er). Le comptable public peut toutefois, sous sa responsabilité, dispenser le contribuable de toute garantie, voire, le cas échéant, lui accorder une dispense partielle (LPF, art. L. 279, al. 3). Lorsque le comptable a fait procéder à une saisie conservatoire, le contribuable dispose de la faculté de demander au juge des référés, de prononcer la limitation ou l'abandon de cette mesure si elle comporte des conséquences difficilement réparables (LPF, art. L. 277, al. 5). Les modalités de cette procédure sont régies par les dispositions des articles L. 279 et L. 279 A du Livre des procédures fiscales.

Le contribuable est invité par le comptable à constituer les garanties. Il dispose d'un délai de quinze jours à compter de la réception de l'invitation pour faire connaître les garanties qu'il s'engage à constituer. Les modalités de ces garanties sont variables : elles prennent la forme d'un versement en espèces effectué sur un compte d'attente au Trésor, d'affectations hypothécaires, de nantissements, de présentation d'une caution, de dépôt de valeurs mobilières ou de marchandises warrantées à l'ordre du Trésor (LPF, art. R. 277-1, al. 2).

Dans l'éventualité où le comptable n'accepte pas les garanties offertes par le contribuable, parce qu'elles ne sont pas conformes aux modalités ci-dessus évoquées, il notifie alors sa décision au contribuable par lettre recommandée avec demande d'avis de réception postale dans un délai de quarante-cinq jours à compter du dépôt de l'offre. Si le comptable ne répond pas dans ce délai, les garanties offertes sont réputées acceptées (LPF, art. R. 277-1, al. 3).

Lorsque le redevable fournit les garanties exigées par l'article R. 277-1 alinéa 2 du Livre des procédures fiscales au soutien d'une réclamation assortie d'une demande de sursis de paiement, celles-ci se substituent aux sommes et aux biens appréhendés avant la réclamation pour le recouvrement des créances qui font l'objet de la contestation.

On notera enfin que l'article R. 277-4 du Livre des procédures fiscales envisage une possibilité de substitutions de garanties. Cette éventualité peut toujours être proposée et admise à tout moment par le comptable chargé du recouvrement, dès lors que la garantie est d'une valeur au moins équivalente (LPF, art. R. 277-4).

- En matière d'impôts directs et de taxes sur le chiffre d'affaires, le contribuable peut, dans un délai de quinze jours de la réception de la lettre recommandée que lui a adressé le comptable, porter la contestation devant le juge du référé administratif (membre du tribunal administratif désigné par le président de cette juridiction), par simple demande écrite. L'article L. 279 alinéa 2 décide que cette demande n'est recevable que si le redevable a consigné auprès du comptable, à un compte d'attente, une somme égale au dixième des impôts contestés. Une caution bancaire ou la remise de valeurs mobilières cotées en bourse peut tenir lieu de consignation. Un appel de la décision du juge des référés qui vérifie que les garanties offertes répondent aux exigences de l'article L. 277, peut être interjeté. Il est porté devant le tribunal administratif.

- Un schéma procédural analogue concerne les impôts en matière de droits d'enregistrement, de taxe de publicité foncière et de droits et taxes assimilés ainsi qu'en matière de contributions indirectes, de timbres[3]. Néanmoins, dans ces cas, le juge des référés est un membre du TGI désigné par le président de cette juridiction. Un appel est possible devant le tribunal (LPF, art. L. 279 A) par voie d'assignation au juge des référés du TGI pour les contributions indirectes ou par simple demande écrite au juge des référés du tribunal administratif pour les impôts directs. L'appel est formé, selon le cas, devant le TGI ou devant le tribunal administratif (LPF, art. L. 279 et L. 279-A). Pendant que dure la procédure de référé, le comptable n'a pas la possibilité d'exercer d'actions sur les biens du redevable (excepté les mesures conservatoires de l'art. L. 277 - LPF, art. L. 279, al. 5).

1. À défaut de constitution de garantie, le contribuable qui a demandé à différer le paiement de l'impôt peut, en cas de saisie de matériel ou de marchandises indispensables à l'exercice de sa profession, être autorisé, par le comptable chargé du recouvrement, à vendre des objets saisis, à charge par lui soit de les remplacer par des objets de valeur au moins égale, soit d'en consigner le prix de vente.
2. Décr. n° 2002-246, 18 févr. 2002, fixant le seuil au-dessous duquel le sursis de paiement est accordé de droit et modifiant le Livre des procédures fiscales, *JO* 24 févr., p. 3520.
3. Sur ces regroupements, v. LPF, nouv. art. R. 257-0 B (Décr. 14 oct. 2011).

La procédure de référé ne met pas obstacle à l'exercice de mesures conservatoires en forme de saisie par le comptable (LPF, art. L. 279, al. 5).

Le sursis ne porte que sur l'imposition ou la fraction d'imposition contestée. Il cesse à l'expiration du délai de saisine de la juridiction compétente ou à dater de la notification du jugement du tribunal ayant statué au fond.

Le contribuable qui se voit refuser son offre de garantie peut, en cas de saisie du matériel et des marchandises indispensables à l'exercice de sa profession, être autorisé à vendre des objets saisis, à charge de les remplacer par des objets de valeur égale ou d'en consigner le prix de vente (LPF, art. R. 277-5).

§ 5
Contentieux du recouvrement de l'impôt

126.51 Procédure de recouvrement – Étapes. L'avis d'imposition que reçoit le contribuable mentionne les sommes à acquitter, les conditions d'exigibilité, la date de mise en recouvrement et la date limite de paiement. Lorsqu'à la date d'exigibilité le redevable ne s'est pas acquitté de ce qu'il doit, un avis de mise en recouvrement lui est adressé par le comptable compétent (LPF, art. L. 256, al. 1er). Cet avis est individuel, il est signé et rendu exécutoire par l'autorité administrative, selon les modalités prévues par l'article R. 256-8 du Livre des procédures fiscales. Les articles R. 256-1 à R. 256-7 du Livre des procédures fiscales spécifient les autres modalités afférentes notamment au contenu et à la notification de l'avis de mise en recouvrement.

Lorsque, dans un second temps, les sommes mentionnées sur l'avis d'imposition ou sur l'avis de recouvrement n'ont pas été payées à la date limite, et en l'absence d'une réclamation assortie d'une demande de sursis de paiement formulée dans les conditions de l'article L. 277 alinéa 1er du Livre des procédures fiscales, le comptable public adresse alors au contribuables une mise en demeure de payer avant la notification du premier acte de poursuite devant donner lieu à des frais au sens de l'article 1912 du Code général des impôts (LPF, L. 257-0 A).

Si cette mise en demeure est demeurée infructueuse, et en l'absence de demande de sursis à statuer, le comptable public peut alors engager des poursuites à l'expiration d'un délai de trente jours à compter de la notification.

On notera que la mise en demeure a pour effet d'interrompre le cours de la prescription de l'action en recouvrement[1].

L'article L. 257-0 B, 1° du Livre des procédures fiscales prévoit une mesure de faveur pour certains contribuables. En l'occurrence, lorsqu'aucune défaillance de paiement n'a été constatée, pour un même contribuable au titre d'une même catégorie d'impositions au cours des trois années précédant la date limite de paiement, ou la date de mise en recouvrement de l'imposition dont le recouvrement est poursuivi, la mise en demeure prévue à l'article L. 257-C A est précédée d'une lettre de relance.

Si cette lettre de relance n'a pas été suivie d'effet, et en l'absence de réclamation assortie d'une demande de sursis au paiement, le comptable public peut, à l'expiration d'un délai de trente jours suivant sa notification, adresser au contribuable une mise en demeure de payer. Dans cette éventualité, le comptable peut engager des poursuites dans un délai de huit jours à compter la notification de la mise en demeure de payer.

126.52 Contestations de fond : opposition à exécution. Un contribuable a toujours le droit de faire opposition à tout acte de poursuite diligenté à son encontre par le Trésor.

Sont considérés comme des actes de poursuite judiciaire, seuls susceptibles de fonder une contestation de fond sur le fondement des articles L. 281 et R. 281-1 du Livre des procédures fiscales :

– les mesures d'exécution forcée de droit commun (si l'on vise les actes de saisie *lato sensu*, se pose spécifiquement la question de savoir si un commandement est un acte d'exécution) ;

– l'avis à tiers détenteur ;

– les actes indissociables des actes de poursuites, comme l'information du débiteur de la vente de ses biens ou le dressé du procès-verbal de vérification de leur consistance ou de leur nature, avant la vente (C. pr. exéc., art. R. 221-35 et R. 221-36) ;

– l'acte caractérisant l'inscription d'une sûreté ou sa demande de mainlevée ;

– la production au passif d'une procédure collective.

Ne constituent pas des actes de poursuite, les avis d'imposition adressés par lettre simple, les lettres de rappel ou les mises en demeure lorsqu'elles ne mentionnent pas qu'elles valent commandement de payer.

Les contestations de fond sont élevées par le redevable lui-même, la personne solidaire (tiers solidairement responsable, tiers tenu au paiement, C. com., art. L. 144-7, ou encore la caution). Elles font l'objet d'une demande qui doit être adressée, appuyée de toutes les justifications utiles, en premier lieu, au chef du service du département ou de la région dans lesquels est effectuée la pour-

1. Une contestation est prévue dans les conditions de l'article L. 281 LPF.

suite[1]. Elles ne peuvent porter, décide l'article L. 281 alinéa 2 du Livre des procédures fiscales, que sur : la régularité en la forme de l'acte, l'existence de l'obligation de payer, le montant de la dette compte tenu des paiements déjà réalisés, l'exigibilité de la somme réclamée ou tout autre motif ne remettant pas en cause l'assiette et le calcul de l'impôt (LPF, art. L. 281 et R. 281-1 s.). La demande doit être appuyée de toutes les justifications utiles (LPF, art. R. 281-1).

On notera que sous la sanction de l'irrecevabilité, la demande prévue à l'article R. 281-1 doit être présentée, selon le cas, au directeur départemental des finances publiques, au responsable du service à compétence nationale ou au directeur régional des douanes et droits indirects « *dans un délai de deux mois à partir de la notification :*

a) de l'acte de poursuite dont la régularité en la forme est contestée;

b) de tout acte de poursuite si le motif invoqué porte sur l'obligation de payer ou le montant de la dette;

c) du premier acte de poursuite permettant d'invoquer tout autre motif. » (LPF, art. R. 281-3-1).

Le chef de service dispose d'un délai de deux mois à partir du dépôt de la demande pour se prononcer. Il doit en accuser réception. Cet accusé doit, selon la jurisprudence, comporter les délais et voies de recours applicables ainsi que la date à laquelle, à défaut de décision expresse, la contestation sera rejetée[2]. En cas d'absence de réponse dans ce délai de deux mois, ou si la décision rendue ne lui donne pas satisfaction, le contribuable doit, à peine de forclusion, porter l'affaire devant le juge compétent (LPF, art. R. 281-4). Il peut, selon le cas, saisir :

- le tribunal administratif pour les impôts directs, et la taxe sur le chiffre d'affaire ou les taxes assimilées (LPF, art. L. 199, al. 1er). La procédure applicable est celle prévue par le Code de justice administrative (LPF, art. R. 200-1 s.);

- le tribunal de grande instance pour les contributions indirectes, les droits d'enregistrement et de timbre (LPF, art. R. 202-1 s.). Le tribunal compétent est celui dans le ressort duquel se trouve le bureau de l'Administration chargée du recouvrement (v. l'exception prévue en matière de droits d'enregistrement ou de taxe de publicité foncière, LPF, art. R. 202-1, al. 2). La demande est formée par assignation et l'instruction devant le juge de la mise en état se fait par simples mémoires respectivement signifiés. Le ministère d'avocat n'étant pas obligatoire, le redevable dispose de la faculté de présenter des observations orales, tout comme l'Administration au demeurant. Une expertise est possible : elle est de droit prévoit l'article R. 202-3 du Livre des procédures fiscales, si elle est demandée par le contribuable ou l'Administration (LPF, art. R. 202-3, al. 1er). Si le jugement du tribunal est exécutoire de droit à titre provisoire, depuis la loi de finances pour 1997, l'appel est désormais possible. L'exécution provisoire pouvant toutefois être arrêtée dans les conditions classiques du droit commun de la procédure civile.

Le JEX n'est en aucun cas compétent pour connaître du contentieux de fond de l'impôt[3]. L'opposition à exécution a de plein droit un effet suspensif qui cesse avec le rejet du recours[4]. La saisine du tribunal n'a, quant à elle, sauf décision expresse de celui-ci, aucun effet suspensif. En tout état de cause, l'opposition à exécution n'a pas pour conséquence de rendre incertaine la créance contestée et de remettre en cause la validité de la procédure d'exécution engagée par voie de commandement[5].

126.53 Contestations de forme : opposition à poursuites. Ce sont les contestations portant sur la régularité en la forme des actes de poursuites. Elles sont portées devant le JEX (LPF, art. L. 281, al. 3)[6]. Une contestation élevée devant le JEX du chef de l'éventuelle prescription d'une dette d'impôt est un litige qui porte sur l'exigibilité de la créance et non sur la régularité formelle de l'acte[7]. Elle ne relève donc pas de sa compétence. La chambre commerciale a récemment décidé qu'une contestation relative à l'exigibilité de la créance fiscale afférente à des cotisations supplémentaires d'impôt sur le revenu, et qui ne se rattache à aucune procédure collective en cours, relève de la compétence du juge administratif en application des dispositions de l'article L. 281 du Livre des procédures fiscales. En conséquence, c'est à bon droit qu'une cour d'appel, après avoir énoncé que la contestation d'un contribuable portant sur l'obligation de payer relevait des dispositions de l'article L. 281, 2° du Livre des procédures fiscales, relève que cette contestation, quand bien même la solution à y apporter nécessitait une appréciation au regard de dispositions de

1. Sur l'identification du chef de service compétent en fonction du comptable compétent auquel incombe le recouvrement, v. LPF, art. R. 281-1 (Décr. 14 oct. 2011).
2. CAA Paris, 2e ch., 10 déc. 2004, *RJF* 2005, n° 399.
3. TGI Quimper, JEX, 2 déc. 1993, *Rev. huiss.* 1994. 641 – Douai, 1er déc. 1994, *Rev. huiss.* 1995. 886 – SUR cette incompétence v. aussi Civ. 1re, 22 nov. 2005, n° 03-20.806, *Bull. civ.* I, n° 438.
4. Civ. 2e, 11 juill. 2002, n° 00-22.306, *Bull. civ.* II, n° 172.
5. Civ. 2e, 6 déc. 2001, n° 99-20.593, *Bull. civ.* II, n° 186; *D.* 2002. 257; *Gaz. Pal.* 1er-2 mars 2002. Pan. 20.
6. Pour une application de la ventilation des compétences : Com. 3 déc. 2002, n° 00-21.850, *Bull. civ.* IV, n° 185 – V. AUSSI : Com. 3 mars 2004, n° 01-01.104, NP.
7. Com. 13 mai 1997, n° 95-15.683, *Bull. civ.* IV, n° 137.

droit privé, relevait de la compétence du juge administratif[1].

Jusqu'à présent, les contestations faisaient l'objet d'une phase gracieuse à l'initiative du redevable lui-même, en la forme d'un recours exercé dans les deux mois de la date à partir de la notification de l'acte de poursuite (LPF, anc. art. R. 281-2), et ce, à peine d'irrecevabilité de la saisine ultérieure du JEX car il s'agissait d'une obligation d'ordre public[2], sous réserve que le redevable ait été informé du délai du recours, de ses modalités et de son destinataire ainsi que des dispositions de l'article R. 281-5 du Livre des procédures fiscales[3]. Il en résultait que dès lors que le redevable n'avait pas été informé dans les conditions ci-dessus déterminées, il était fondé à saisir directement le JEX (celui-ci devant vérifier, d'une part que le recours gracieux a été préalablement engagé et, d'autre part, que le redevable a été informé des conditions du recours). L'article R. 281-2 du Livre des procédures fiscales a été abrogé par le décret n° 2011-1302 du 14 octobre 2011 (art. 14).

Toutefois, le nouvel article R. 281-1 du Livre des procédures fiscales prévoit la possibilité d'élever des contestations relatives au recouvrement prévu par l'article L. 281 du Livre des procédures fiscales, selon diverses modalités précédemment exposées (v. s^s n° 126.52).

L'article R. 281-4 du Livre des procédures fiscales poursuit en ajoutant que « *le chef de service se prononce dans un délai de deux mois à partir du dépôt de la demande, dont il doit accuser réception.*

Si aucune décision n'a été prise dans ce délai ou si la décision rendue ne lui donne pas satisfaction, le redevable doit, à peine de forclusion, porter l'affaire devant le juge compétent tel qu'il est défini à l'article L. 281. Il dispose pour cela de deux mois à partir :

a) soit de la notification de la décision du chef de service;

b) soit de l'expiration du délai de deux mois accordé au chef de service pour prendre sa décision.

La procédure ne peut, à peine d'irrecevabilité, être engagée avant ces dates. Elle doit être dirigée contre le comptable chargé du recouvrement ».

Le juge compétent semble bien être le juge de l'exécution.

1. Com. 20 mai 2008, n° 05-14.370, *Bull. civ.* IV, n° 102.
2. TGI Fontainebleau, JEX, 22 mars 1994, *Rev. huiss.* 1994. 640 – Bourges, 31 oct. 1995, *Rev. huiss.* 1996. 246 – Lyon, 18 juin 1997, RG n° 94/05621, Assayag c/Services fiscaux du Rhône, inéd. – Montpellier, 17 janv. 2000, *D.* 2001. 808, obs. Bourdillat – Civ. 2e, 10 juin 2004, n° 03-11.003, *Bull. civ.* II, n° 283.
3. Cass., avis, 14 mai 2001, n° 01-00.002, *Bull. avis*, n° 3; *D.* 2001. 2362.

Ce recours est formé auprès du chef de service du département dans lequel l'acte a été émis :

a) le directeur départemental des finances publiques ou le responsable du service à compétence nationale si le recouvrement incombe à un comptable de la direction générale des finances publiques;

b) le directeur régional des douanes et droits indirects si le recouvrement incombe à un comptable de la direction générale des douanes et droits indirects.

La procédure devant le JEX ne peut, à peine d'irrecevabilité, être engagée avant ces dates (LPF, art. R. 281-4, al. 3). Elle doit être dirigée contre le comptable du Trésor, de la direction des impôts ou des douanes, chargé du recouvrement, contrairement à la procédure gracieuse qui est dirigée contre le trésorier-payeur général, le directeur des services fiscaux ou des douanes (LPF, art. R. 281-1). Cette distinction est importante car elle peut être source de confusion pour le contestant qui doit s'adresser à deux autorités différentes dans le cadre d'une même procédure caractérisée par un recours gracieux préalable obligatoire à toute saisine du juge.

Le JEX ne peut, à peine d'irrecevabilité de sa saisine, statuer qu'au vu des seules justifications qui ont préalablement été présentées au chef de service compétent dans le cadre du recours gracieux. Il est interdit au redevable contestant de produire des pièces et d'invoquer des faits autres que ceux produits ou invoqués dans les mémoires gracieux (LPF, art. R. 281-5, al. 1er). On notera que lorsque le JEX est compétent, l'affaire est instruite en suivant les règles de la procédure à jour fixe (LPF, art. R. 281-5, al. 2).

En revanche, dès lors que l'Administration des impôts recourt à une voie d'exécution telle que définie par la loi du 9 juillet 1991 et son décret d'application, elle est tenue d'en respecter les prescriptions[4]. Il en résulte qu'elle doit notamment se conformer aux dispositions de l'article R. 221-16 C. pr. exéc. (anc^t Décr. 31 juill. 1992, art. 94) relatives à l'obligation d'informer le saisi de la nécessité, préalablement à la saisine du JEX, de soumettre sa contestation devant l'autorité administrative émettrice[5].

On observera au demeurant que sous réserve des dispositions particulières propres au mode de notification du commandement ou de la mise en demeure valant commandement, les poursuites exercées pour le recouvrement de l'impôt obéissent aux « *formes prévues par le Code de procédure civile pour le recouvrement des créances* » (LPF, art. L. 258 A, 1°). Il

4. Douai, 26 mai 1994, *Rev. huiss.* 1995. 233.
5. TGI Grenoble, JEX, 7 déc. 1993, *BICC 1994*, n° 742.

en résulte, par exemple, que le commandement aux fins de saisie-vente délivré par l'Administration fiscale au saisi doit lui indiquer que préalablement à la saisine du JEX, il est tenu de porter sa contestation devant l'autorité administrative émettrice du titre[1].

Par ailleurs, seul le comptable à l'origine de l'émission du titre peut être assigné devant le JEX. Il ne peut être suppléé à cette formalité en assignant le trésorier-payeur général du département. Celui-ci n'a en effet aucune qualité pour défendre personnellement à l'action ou pour le faire pour le compte du comptable compétent. Il s'agit là d'une fin de non-recevoir[2].

Le JEX n'est pas compétent pour ordonner la mainlevée d'une saisie-attribution ordonnée par le Trésor public lorsque la contestation soulevée devant lui porte sur l'interprétation d'un arrêt du Conseil d'État. Il doit, dans cette hypothèse, surseoir à statuer dans l'attente de la décision de la juridiction administrative[3].

126.54 Demande en revendication d'objets saisis. Un tiers peut s'opposer à la vente des biens mobiliers saisis en vue du recouvrement de l'impôt en prouvant qu'il en est propriétaire et en demandant leur restitution au comptable qui a fait procéder à la saisie. Cette demande est adressée, selon le cas, au directeur départemental des finances publiques ou au responsable du service à compétence nationale, ou au directeur régional des douanes et droits indirects de la région dans laquelle a été pratiquée la saisie. La demande doit, à peine de nullité, être présentée dans un délai de deux mois à partir de la date à laquelle la personne qui revendique les objets a eu connaissance de la saisie. Si l'Administration rejette la demande en tout ou partie, le tiers peut assigner devant le JEX le comptable qui a procédé à la saisie (LPF, art. L. 283 et R. 283-1). La saisine préalable de l'Administration constitue un préalable indispensable à la validité de la saisine du JEX[4]. On notera que le dépôt d'une demande en revendication d'objets saisis suspend, de plein droit, les poursuites sur les biens dont la propriété est discutée. Les poursuites sont suspendues de plein droit à compter du dépôt de la revendication auprès de l'Administration fiscale (LPF, art. R. 283-1 – sur une étude approfondie de cette question, v. « La revendication d'objets saisis par le Trésor public » dans les chapitres consacrés aux incidents de la saisie-vente s^s n°s 718.04 à 719.109). Il faut ajouter que la Cour de cassation considère également que la contestation de celui qui affirme ne pas être propriétaire des biens saisis relève du contentieux du recouvrement régi par les articles L. 281 à L. 283 et R. 281-1 à R. 283-1 du Livre des procédures fiscales. Elle s'analyse donc comme une opposition à poursuites entrant dans le champ de l'article L. 281, 1° du même code. Les auteurs estiment que la demande en nullité de la saisie émanant du redevable qui conteste sa qualité de propriétaire entre, bien que non expressément prévue par le Livre des procédures fiscales, qui n'envisage que l'action en revendication de véritables propriétaires, dans les prévisions des textes réglementant l'opposition à poursuites. Par conséquent, elle est également soumise à la procédure du mémoire préalable, imposant à peine d'irrecevabilité, la présentation d'un recours devant le chef de service avant la saisine du JEX[5] (pour plus de détails sur cette procédure de revendication, v. s^s n°s 719.50 s.).

§ 6
Remises et délais en matière fiscale

126.61 Transaction, remises et délais. Il s'agit d'une procédure gracieuse qui, sur la demande du contribuable, lui permet de former, sans aucune condition de délai et de forme, et donc par simple lettre adressée au service des impôts compétent dont dépend le lieu d'imposition, une demande de réduction ou d'abandon des impôts (gêne ou indigence qui mettent le contribuable dans l'impossibilité de s'acquitter du paiement de sa dette) ou des sanctions encourues (sans condition). C'est une mesure de bienveillance laissée à la discrétion de l'Administration (v. LPF, art. L. 247, qui précise la nature des demandes dont le contribuable peut saisir l'autorité compétente [texte modifié par L. n° 2010-1658, 29 déc. 2010]; sur les personnes compétentes pour recevoir et autoriser ces mesures, v. LPF, art. R. 247-1 à R. 247-9). Cette demande doit toutefois contenir certaines informations essentielles (v. LPF, art. R. 247-1).

Sont visées par ces mesures de bienveillance les impôts directs (les demandes de remises de pénalités peuvent être formées en toutes matières : LPF, art. L. 247, 2°).

L'Administration peut accorder au contribuable des remises totales ou partielles. De même, par voie de transaction, elle peut accorder au contribuable une atténuation d'amendes fiscales ou de majoration d'impôts lorsque ces pénalités et, le cas échéant, les impositions auxquelles elles s'ajoutent sont définitives. On notera toutefois qu'aucune autorité publique ne peut, notamment, accorder de

1. TGI Lyon, JEX, 7 déc. 1993, *BICC* 1993, n° 742.
2. Com. 16 juin 1998, n° 96-18.113, *Bull. civ.* IV, n° 199.
3. Civ. 2e, 14 oct. 1999, n° 97-19.189, *Bull. civ.* II, n° 156; *Rev. huiss.* 2000. 3069.
4. TGI Angoulême, JEX, 14 juin 1993, *Rev. huiss.* 1994. 349.
5. Com. 4 juin 2002, n° 98-19.342, *Bull. civ.* IV, n° 100; *D.* 2002. 2101; *Rev. huiss.* 2002. 377 obs. Bourdillat.

remises totales ou partielles des droits d'enregistrement, de taxe de publicité foncière, de droits de timbre. En outre, on notera que les contribuables de bonne foi, en situation de gêne ou d'indigence, qui ont déposé auprès de la commission de surendettement des particuliers visée à l'article L. 331-1 du Code de la consommation une demande faisant état de dettes fiscales et qui ne font pas l'objet d'une procédure de rétablissement personnel prévue aux articles L. 332-5 ou L. 332-6 dudit code, bénéficient d'une remise d'impôts directs au moins équivalente à celle recommandée par ladite commission pour les autres créances.

Il convient par ailleurs de souligner que, depuis le 1er janvier 2004, cette demande peut porter sur l'intérêt de retard mentionné à l'article 1727 du Code général des impôts.

La décision qui n'a pas à être motivée peut être déférée au directeur général des impôts lorsqu'elle émane du directeur des services fiscaux ou du directeur régional des impôts. Un nouveau recours devant les mêmes autorités peut être formé si des faits nouveaux sont évoqués. Toute demande de délai doit être présentée au comptable émetteur du titre par requête gracieuse.

126.62 Suspension des poursuites. C'est une procédure spécifique, différente de la remise ou de la transaction.

La suspension des poursuites peut être demandée en dehors de tout contentieux dès lors qu'il est justifié de difficultés passagères pour régler la dette fiscale.

La requête doit toujours être précédée d'un avis de mise en recouvrement. Elle ne peut donc être sollicitée *in futurum*. Elle est exclue pour les droits d'enregistrement (CGI, art. 1701 et 1702).

La suspension des poursuites peut faire l'objet d'une demande de garantie de la part du comptable. S'agissant d'une mesure de bienveillance supposant un engagement unilatéral du comptable, son refus ne peut faire l'objet d'aucune contestation.

Des dispositions particulières existent toutefois en matière d'impôts directs pour les salariés au chômage et justifiant d'une inscription en qualité de demandeur d'emploi, les jeunes gens sous les drapeaux, les agriculteurs victimes de calamités naturelles et les contribuables créanciers de l'État.

126.63 Cas particulier de l'avis à tiers détenteur. L'avis à tiers détenteur émis par l'Administration fiscale (LPF, art. L. 262 et L. 263) n'est en aucun cas un titre exécutoire puisqu'il ne peut donner lieu à exécution sans l'obtention d'un titre exécutoire lorsque le tiers saisi refuse de payer la dette fiscale ou ne répond pas[1]. Il s'agit d'une mesure d'exécution forcée et non d'une mesure conservatoire[2] qui sera étudiée comme telle (v. ss nos 930.05 à 934.46).

Il a été jugé que le contentieux de l'existence de l'obligation à payer par le tiers détenteur ne ressort pas de la compétence du JEX mais de la juridiction administrative[3]. Toutefois, lorsque le tiers détenteur est attrait devant le JEX par l'Administration fiscale aux fins de délivrance d'un titre exécutoire, au motif qu'il refuse de payer ou ne répond pas à l'avis qui lui est adressé, il est recevable à invoquer des moyens de défense devant ce magistrat. La Cour de cassation estime que dans cette hypothèse, il n'est pas l'auteur d'une contestation au sens des articles L. 281 et R. 281-1 du Livre des procédures fiscales, de telle sorte que la recevabilité de ces moyens n'est pas subordonnée à la présentation d'une réclamation préalable à l'Administration[4].

SECTION 2
TITRES EXÉCUTOIRES DES CRÉANCES NON FISCALES

126.71 Champ d'application. Cette catégorie, autrefois dénommée « *état exécutoire* » constitue un ordre de recette rendu exécutoire par l'ordonnateur[5]. Elle recouvre les arrêtés, états, rôles, avis de mise en recouvrement, titres de perception ou de recettes que l'État, les collectivités territoriales ou leurs établissements publics dotés d'un comptable public délivrent d'office pour le recouvrement des recettes de toute nature qu'ils sont habilités à recevoir (L. n° 92-1476, 31 déc. 1992, art. 98). Ce sont des titres de perception. Comme pour les dettes de nature fiscale, les personnes publiques bénéficient du privilège de se délivrer à elles-mêmes des titres autorisant une exécution immédiate, nonobstant toute contestation de fond[6].

Tel n'est toutefois pas le cas de l'Institut de retraite de la presse et du spectacle, qui a remplacé la caisse professionnelle de retraite de l'industrie cinématographique des activités du spectacle et de l'audiovisuel[7].

126.72 Autorité émettrice. Les titres de perception sont rendus exécutoires par l'ordonnateur de

1. Cass., avis, 7 mars 1997, n° 09-60.015, *Bull. avis*, n° 3; *D.* 1997. 454, obs. Ruellan et Lauba.
2. Com. 16 juin 1998, n° 96-17.050, *Bull. civ.* IV, n° 200.
3. TGI Paris, JEX, 21 oct. 1993, *Rev. huiss.* 1994. 641.
4. Com. 3 déc. 2002, n° 00-20.505, *Bull. civ.* IV, n° 186; *D.* 2002. 106.
5. Com. 13 oct. 1992, n° 90-18.930, *Bull. civ.* IV, n° 309.
6. Sur cette question, v. S. Palmier, « Le contentieux des créances étrangères à l'impôt et au domaine », *Gaz. Pal.* 30 nov. 2000, p. 2.
7. Com. 21 mars 2006, n° 04-20.278, NP.

la collectivité ou de l'établissement public qui les a émis. Conformément aux dispositions de l'article L. 252 A du Livre des procédures fiscales, « *constituent des titres exécutoires les arrêtés, états, rôles, avis de mise en recouvrement, titres de perception ou de recettes que l'État, les collectivités territoriales ou les établissements publics dotés d'un comptable public délivrent pour le recouvrement des recettes de toute nature qu'ils sont habilités à recevoir* ». Ces titres sont émis et rendus exécutoires dans les situations suivantes (sur le libellé de la formule apposée sur le bordereau journal récapitulatif des titres, v. instr. codificatrice n° 05-050-M0, 13 déc. 2005, p. 8) :

- pour l'État : en vertu de l'article 65 du décret n° 62-1587 du 29 décembre 1962, « *les ordonnateurs émettent les ordres de recettes destinés à assurer le recouvrement des créances de l'État. Ils notifient ces ordres de recettes aux comptables publics chargés du recouvrement* » et des articles 85 (qui utilise le terme de titre de perception) à 89 pour les créances diverses de l'État[1]. Le ministre est l'ordonnateur principal. Le préfet est l'ordonnateur secondaire des services déconcentrés des administrations civiles de l'État;

- pour les régions, (CGCT, art. R. 4341-4 et D. 4342-9 - *adde*, CGCT, art. L. 1617-5);

- pour les départements et les établissements publics départementaux et interdépartementaux (CGCT, art. D. 3342-8-1);

- pour les communes, établissements public communaux et intercommunaux, (CGCT, art. R. 2342-4[2]);

- pour les établissements publics de santé (CSP, art. L. 6145-9, art. R. 1334-7 et R. 1334-13);

- pour les offices publics de l'habitat : depuis le décret n° 2008-648 du 1er juillet 2008[3], « *le recouvrement des recettes de l'office public de l'habitat est effectué conformément à l'article L. 1617-5 du Code général des collectivités territoriales* » (CCH, art. R. 423-21);

- les établissements publics résultant d'ententes entre collectivités locales ou entre collectivités locales et établissements publics tels que syndicats intercommunaux, communautés urbaines, districts, *etc.* (en vertu de Décr. n° 62-1587, 29 déc. 1962, art. 85, les ordonnateurs rendent exécutoires les titres de perception qu'ils émettent);

- les établissements publics nationaux à caractère administratif (Décr. n° 62-1587, 29 déc. 1962, art. 163, 164, et pour les groupements de personnes morales de droit public, il faut qu'ils soient dotés d'un comptable public[4]);

- les établissements publics à caractère industriel et commercial (EPIC) dotés de comptables publics (Décr. n° 62-1587, 29 déc. 1962, art. 191, 201)[5].

126.73 Terminologie. Il est important de bien distinguer les titres de perception émis par les personnes morales de droit public en fonction de leur origine :

- les arrêtés, états et rôles désignent les titres exécutoires émis par les collectivités territoriales ou leurs établissements publics;

- les ordres de recette désignent les créances de l'État[6] étrangères à l'impôt et au domaine[7];

- les arrêtés de débet désignent les ordres de recette émis par les ministres ainsi que ceux émis par les comptables publics ou les régisseurs d'avance et de recette à l'encontre de tout entrepreneur, fournisseur ou soumissionnaire de marché public détenteur de deniers publics et plus généralement de toute personne tenue d'une somme envers l'État[8].

§ 1
Technique du titre de perception exécutoire

126.81 Définition. Le recouvrement des créances non fiscales ne relevant pas des domaines ou de la procédure de débet est assuré par des titres de perception rendus exécutoires par l'ordonnateur qui les émet. Ils sont individuels ou collectifs. Ce sont des décisions administratives unilatérales précédant tout encaissement et qui font grief en ce qu'elles liquident une créance et sont immédiatement exécutoires. Ces titres ne préjudicient pas le fond du droit et ne renversent pas la charge de la preuve. Ils ont pour seule vocation de faciliter le recouvrement des créances publiques. Ils doivent comporter un

1. Civ. 2e, 28 juin 2001, n° 99-18.551, NP; *Dr. et proc.* 2001. 400.
2. Anc C. communes, art. R. 241-4.
3. Décr. n° 2008-648, 1er juill. 2008, relatif au régime budgétaire et comptable des offices publics de l'habitat et modifiant le Code de la construction et de l'habitation (partie réglementaire), *JO* 3 juill., p. 10664.
4. Pour un état exécutoire émis par une chambre de commerce et d'industrie : CE 27 juin 2008, req. n° 296983, *Lebon T.*
5. À propos d'une saisie-arrêt pratiquée par le Crédit municipal de Paris non tenu de saisir le juge d'instance aux fins d'obtenir un titre exécutoire : Paris, 10 févr. 1998, *D.* 1998. 83.
6. Pour une illustration s'agissant d'un état exécutoire émis par le ministre de la Défense et qui constituait le titre exécutoire autorisant une saisie-attribution, mais sans qu'il soit nécessaire d'émettre préalablement un ordre de recette : Civ. 2e, 22 mars 2006, n° 03-18.885, NP.
7. Pour le domaine : Décr. n° 62-1587, 29 déc. 1962, art. 75 : « *Les créances domaniales et recettes assimilées sont liquidées et recouvrées dans les conditions prévues par le Code général de la propriété des personnes publiques et le Code du domaine de l'État, le Code forestier et les lois et règlements* ».
8. Civ. 2e, 13 janv. 2000, n° 97-21.598, *Bull. civ.* II, n° 8.

certain nombre d'informations énoncées aux articles 81 et 82 du décret du 29 décembre 1962. Leurs destinataires peuvent en contester l'exigibilité en formant opposition à ces titres devant la juridiction compétente après une phase de recours gracieux qui en suspend l'exécution.

Il convient de les distinguer des titres de régularisation qui sont établis postérieurement au versement spontané et qui ont pour seul effet de constater un encaissement spontané (produit perçu au comptant par un régisseur des recettes); ils ne peuvent faire l'objet d'une mesure d'exécution. Il en va de même des titres d'annulation qui constatent l'abandon de la prétention à recouvrement. Ce qui n'est pas le cas du titre de réduction qui réduit le montant à recouvrer mais peut faire l'objet d'une mesure d'exécution.

On notera que la nouvelle procédure de recouvrement des créances fiscales (mise en demeure et lettre de relance) a été étendue à de nombreux autres produits tels notamment : les contributions indirectes recouvrées par les comptables de la direction générale des douanes et des droits indirects, les produits fiscaux locaux, les produits domaniaux de l'État et des collectivités territoriales (v. L. n° 2010-1658, art. 55, I).

126.82 Domaine d'application du titre de perception exécutoire. Ces titres sont émis aussi bien pour des créances se rattachant à l'exercice d'une prérogative de puissance publique et correspondant à des prestations non acquittées (taxe de séjour, taxe sur la publicité, de balayage, d'enlèvement des ordures, droit de voirie ou de stationnement, *etc.*) que pour des créances contractuelles (prêt du Cepme ou du Crédit municipal, bail souscrit auprès d'un Opac[1]), quasi contractuelles (répétition d'une subvention versée indûment) quasi délictuelles (indemnité due à une personne publique victime d'un dommage) ou encore des créances résultant d'amendes ou de sanctions pécuniaires prononcées par des juridictions ou des autorités administratives indépendantes (Autorité de la concurrence, CSA, AMF, *etc.*). Le titre de perception émis par l'État constitue un titre exécutoire pour le recouvrement de créances de toute nature[2].

En revanche, toute créance publique non fiscale qui dispose d'un mode de recouvrement spécifique échappe à la technique du titre exécutoire et si, dans cette hypothèse, un titre est émis, il n'a pas de valeur juridique[3].

1. TGI Grenoble, JEX, 24 oct. 1994, *Rev. huiss.* 1995. 1023.
2. Civ. 2e, 28 juin 2001, n° 99-18.551, NP; *Dr. et proc.* 2001. 400.
3. Civ. 2e, 21 avr. 1961, *Bull. civ.* II, n° 299.

126.83 Mise en œuvre. Le titre de perception exécutoire émis par l'ordonnateur (Décr. n° 62-1587, 29 déc. 1962, art. 65 et 85) est ensuite transmis par ce dernier au comptable assignataire habilité en vertu du principe de la séparation entre l'ordonnateur qui émet le titre et le comptable qui le met à exécution. En ce qui concerne les titres émis par le maire de Paris, le comptable municipal compétent pour en poursuivre le recouvrement est le receveur général des finances, trésorier-payeur général de la région Île-de-France (Décr. n° 66-1032, 29 déc. 1966[4]).

La prise en charge du titre marque le point de départ du délai de quatre ans de la prescription de l'action en vue du recouvrement. Ce délai est interrompu par tous actes comportant reconnaissance de la dette ou par tous actes interruptifs de prescription.

On retiendra la divergence jurisprudentielle entre la Cour de cassation et le Conseil d'État, le juge administratif imposant aux personnes publiques de recourir obligatoirement à l'émission du titre de perception exécutoire pour faire valoir des créances extra-contractuelles alors que le juge judiciaire admet qu'elles puissent s'adresser au juge pour obtenir ce titre *ab initio*.

126.84 Forme et envoi du titre de perception. Aucune forme particulière n'est imposée pour la rédaction des titres de perception, sous réserve d'énoncer son montant et les bases de la liquidation à peine de nullité (Décr. n° 92-1587, 29 déc. 1992, art. 81, al. 1er)[5], toute erreur dans la liquidation au préjudice du débiteur donne lieu à l'émission d'un ordre d'annulation ou de réduction de recette; cet ordre indique les bases de la nouvelle liquidation, sous réserve de désigner le débiteur avec une précision suffisante permettant son identification exacte et certaine[6]. Le titre n'a pas à être motivé. Il peut être notifié sans être revêtu de la formule exécutoire. Quant au titre exécutoire émis par une autorité incompétente, il doit être annulé[7], mais le JEX est incompétent pour constater cette nullité. Seul le juge administratif ou le juge judiciaire, selon le cas, est habilité à statuer de ce chef[8]. En revanche, il est loisible au JEX de relever le

4. Décr. n° 66-1032, 29 déc. 1966, portant création de la recette générale des finances de Paris, *JO* 30 déc., p. 11698.
5. CE 20 mars 1981, req. n° 15680, École polytechnique c/ Bellescize, *Lebon* 155 – CE 25 sept. 2009, req. n° 301909.
6. CE 12 nov. 1980, req. n° 13901, *Lebon T.* 655.
7. À propos d'un titre exécutoire émis par une association syndicale contre un GAEC : CAA Nantes, 6 oct. 1993, GAEC de Kergoten, *AJDA* 1994. 155. Doctr. 115.
8. CE 12 nov. 1975, req. nos 94013 et 94014, Robin, *Lebon T.* 937 – Civ. 2e, 22 mai 1959, *JCP* 1959. IV. 82.

défaut de validité des poursuites fondées sur un titre dont il constate que la nullité fait obstacle à l'exécution forcée[1].

C'est le comptable chargé du recouvrement qui notifie le titre au redevable par pli simple, accompagné d'une lettre d'envoi l'invitant à se libérer de sa dette dans le délai d'un mois. Toutefois, aucun grief ne peut être excipé, tant de la production d'un bordereau collectif récapitulant les titres de perception que de l'absence de notification d'un titre de perception, avant la délivrance d'une mise en demeure[2]. En revanche, le commandement de payer faisant référence à un avis d'échéance émis par un Opac doit être annulé car il ne fait pas référence au titre exécutoire tel qu'exigé par l'article 98 de la loi de finances du 31 décembre 1992[3]. De même, le défaut du titre fondant la poursuite ou la mention dans les actes d'exécution d'un document qui ne constitue pas un titre entraîne la nullité de la procédure de saisie mobilière engagée par le Trésor. C'est ainsi qu'est annulée une procédure de saisie-attribution diligentée par un percepteur au visa, dans le procès-verbal de saisie, d'un « *état de poursuites* » s'analysant en réalité comme une simple réquisition de l'huissier aux fins d'engagement de la saisie. Il importe peu à cet égard que les états exécutoires fondant la poursuite soient versés aux débats dès lors qu'ils n'ont pas été visés dans l'acte de saisie[4].

126.85 **Effets.** Le titre de perception exécutoire rend la créance exigible dès son émission et autorise l'engagement de mesures conservatoires. Cependant, l'exercice des voies d'exécution doit toujours être précédé d'une notification du titre précisant les modalités de recours[5]. C'est ainsi qu'une saisie des rémunérations peut être diligentée, après notification du titre, à l'encontre d'un débiteur de loyers à l'égard d'une commune lorsqu'un titre exécutoire a été émis par le maire agissant en qualité de représentant d'une personne morale de droit public, habilité à cet effet pour émettre un tel titre et le rendre exécutoire, conformément à l'article L. 111-3 C. pr. exéc. (anc^{t} L. 9 juill. 1991, art. 3)[6].

L'acquiescement exprès ou tacite du débiteur au titre exécutoire émis à son encontre, permet au comptable de procéder à des inscriptions d'hypothèque légale sur ses immeubles, au choix du comptable (L. 21 déc. 1963, art. 1er). L'acquiescement tacite se déduit de l'absence d'opposition du débiteur au titre exécutoire à l'issue du délai de recours contentieux (v. s^{s} n° 126.93).

Le décès du débiteur ne met pas fin aux effets du titre exécutoire qui peut être recouvré contre les héritiers à condition toutefois de leur être signifié[7].

126.86 **Prescription.** La notification du titre par la voie du commandement interrompt la prescription (C. civ., art. 2244).

Une divergence de jurisprudence entre le Conseil d'État et la Cour de cassation doit être relevée :

- Le recouvrement des créances ordinaires étant identique à celui des contributions directes, la Cour de cassation assimile la prescription quadriennale de l'action en recouvrement des impôts directs à celle des créances ordinaires[8].

- En revanche, pour le Conseil d'État, la notification du titre produit un effet d'interversion de la prescription qui fait disparaître la prescription abrégée au bénéfice de la prescription trentenaire (C. civ., anc. art. 2262) dès lors qu'aucune prescription plus courte n'est édictée[9], rejoignant sur ce point la jurisprudence de la Cour de cassation en matière d'exécution de créances de droit privé[10].

Il n'est pas certain que cette inclinaison jurisprudentielle se maintienne depuis l'entrée en vigueur de la loi du 17 juin 2008 portant réforme de la prescription[11] puisque l'article L. 111-4 C. pr. exéc. (anc^{t} L. 9 juill. 1991, art. 3-1) décide que l'exécution des titres exécutoires mentionnés à l'article L. 111-3, 1° à 3° C. pr. exéc. (anc^{t} L. 9 juill. 1991, art. 3, 1° à 3°) ne peut être poursuivie que pendant dix ans, sauf si les actions en recouvrement des créances qui y sont constatées se prescrivent par un délai plus long. Toutefois, les « *titres délivrés par les personnes morales de droit public qualifiés comme tels par la loi, ou les décisions auxquelles la loi attache les effets d'un jugement* », n'entrent pas dans le champ de ce nouveau texte. Au surplus, la jurisprudence judiciaire a estimé, avant la loi précitée, qu'il fallait calquer la durée de la prescription de l'exécution du titre sur la prescription de la créance cause de la saisie.

1. TGI Toulon, JEX, 12 oct. 1994 et 9 nov. 1994, *Rev. huiss.* 1996. 117 et 118.
2. Civ. 1re, 12 mai 1980, n° 79-10.365, *Bull. civ.* I, n° 143.
3. TI Amiens, JEX, 20 avr. 1995, *Rev. huiss.* 1995. 1389.
4. TGI Périgueux, JEX, 31 mars 1998, n° 9702365, Charbonier c/Trésorerie de Montpon-Menestrol, inéd.
5. Civ. 2e, 1er juill. 1999, n° 97-13255, *Bull. civ.* II, n° 130; *Gaz. Pal.* 12 févr. 2000, p. 31.
6. Civ. 2e, 17 juin 1998, n° 96-13199, *Bull. civ.* II, n° 199; *Rev. huiss.* 1999. 204.
7. Civ. 2e, 18 mars 1987, n° 85-17.392, *Bull. civ.* II, n° 69.
8. Com. 17 nov. 1987, n° 84-11.011, *Bull. civ.* IV, n° 242 – TGI Dijon, JEX, 14 nov. 1995, *Rev. huiss.* 1996. 729.
9. CE 30 mars 1990, Leca c/TPG des Alpes-Maritimes, *Lebon* 81.
10. Civ. 2e, 9 juin 2005, n° 04-13.182, *Bull. civ.* II, n° 150 (bien qu'il s'agissait d'un acte notarié, la formule employée par la Cour revêt une très large portée); *Procédures* 2005, n° 231, obs. Perrot; *Dr. et proc.* 2006. 45, obs. Putman.
11. L. n° 2008-561, 17 juin 2008, portant réforme de la prescription en matière civile, *JO* 18 juin, p. 9856.

§ 2
Contentieux de la délivrance du titre de perception exécutoire émis par l'État ou un établissement public national

126.91 Phase de recouvrement amiable. À l'exception notoire des titres des collectivités territoriales et des établissements publics locaux et de santé (v. ss nos 126.100 s.), l'émission d'un titre est toujours précédée d'une tentative préalable de recouvrement amiable.

Cette phase est obligatoire après l'émission du titre exécutoire qui est adressé au redevable avec une lettre d'invitation à payer dans le délai d'un mois (Décr. n° 62-1587, 29 déc. 1962, art. 25). À l'issue de ce délai, une lettre de rappel, renommée désormais lettre de relance, est éditée sauf si le redevable a formulé une demande de délai de grâce, une demande de remise gracieuse, une réclamation ou a fait l'objet d'une mise en redressement ou liquidation judiciaire. Il en va de même lorsqu'il n'a plus d'adresse connue.

Rappelons que, tant les comptables pour les ordres de recettes dont le montant est inférieur à 76 000 euros, que l'agent judiciaire du Trésor pour les créances d'un montant supérieur, ont le pouvoir de transiger.

Par ailleurs, en cas de preuve du caractère non recouvrable de la créance publique, le comptable peut demander à l'ordonnateur qui a émis l'ordre de recette correspondant d'admettre en non-valeur la créance. Il s'agit d'une procédure interne à l'Administration qui permet au comptable d'être déchargé de sa responsabilité de recouvrement mais qui n'annule pas la dette. Celle-ci reste toujours exigible en cas de retour à meilleure fortune du débiteur dans la limite du délai de prescription de l'action en recouvrement (trente ans la plupart du temps).

126.92 Notification du titre de perception : mise en demeure (ancien commandement de payer). À défaut de paiement en phase amiable, le recouvrement est entrepris par l'émission d'un commandement de payer qui constitue le premier acte de poursuite valant notification du titre exécutoire. Ce commandement, qui est désormais (depuis 2011) remplacé par une mise en demeure, est édité au début du quatrième mois suivant la prise en charge du titre par le comptable. Cette mise en demeure mentionne la référence du titre de perception, sa date d'émission, le montant exigible, les versements effectués, le reste à recouvrer et le total à payer, outre son coût (3 % de la somme restant due avec un minimum de 7,5 euros). On relèvera par ailleurs avec intérêt une décision qui observe qu'aucune disposition particulière ne dispense l'État ou les établissements publics de respecter les prescriptions de l'ancien article 81 du décret du 31 juillet 1992, en partie codifié à l'article R. 221-1 C. pr. exéc., relatives aux indications contenues dans le commandement de payer, ce à peine de nullité de fond[1]. De même, il a été jugé qu'un document auquel l'Administration se réfère comme étant un commandement, mais qui est dépourvu de signature, n'a aucune valeur procédurale et ne constitue pas un commandement de payer[2].

La notification du titre par la délivrance du commandement fait courir les intérêts de retard de la créance (C. civ., art. 1153).

La mise en demeure ne produit ses effets qu'à compter de sa notification régulière. Seule la mise en demeure de payer, premier acte de la poursuite, après la tentative de recouvrement amiable, vaut notification du titre exécutoire et fait courir les délais d'opposition. Elle interrompt la prescription de l'action en recouvrement. Le comptable n'est en effet pas tenu de notifier le titre exécutoire avant la délivrance de cet acte, un simple avis d'échéance resté sans effet étant suffisant[3].

La mise en demeure de payer n'est pas un acte extrajudiciaire délivré par huissier de justice. Une LRAR adressée au domicile réel du destinataire s'impose cependant afin que le JEX puisse vérifier le caractère exécutoire du titre, préalablement à la mise en œuvre de toute mesure d'exécution. À défaut de production de l'accusé de réception de la notification du commandement, le JEX ne peut valider la procédure de saisie[4].

Par ailleurs, la notification doit mentionner de manière exacte et complète les délais et voies de recours et une simple inexactitude fait grief (Décr. 28 nov. 1983, art. 9). La sanction du non-respect de cette information consiste en l'absence de toute effectivité des délais qui ne courent pas. Le titre irrégulièrement notifié demeure alors toujours contestable et aucun délai de forclusion n'est opposable au notifié. Toutefois, le Conseil d'État considère que seule l'indication des délais et voies de recours relatifs aux décisions que le débiteur peut déférer aux juridictions compétentes doit être portée dans le titre. Il considère que les dispositions de l'article 9 susvisé sont inapplicables aux titres prévoyant un délai de saisine de l'Administration.

1. TGI Toulon, JEX, 12 oct. 1994 et 9 nov. 1994, *Rev. huiss.* 1996. 117 et 118.
2. Com. 26 nov. 1996, n° 94-21.236, *Bull. civ.* IV, n° 288.
3. Civ. 1re, 12 mai 1980, n° 79-10.365, *Bull. civ.* I, n° 143.
4. TGI Châlons-sur-Marne, JEX, 19 oct. 1993, *Rev. huiss.* 1994. 630 – TGI Albertville, JEX, 23 mai 1995, *Gaz. Pal.* 3 mars 1995, p. 15 – Civ. 2e, 5 juin 1996, n° 94-15.307, *Bull. civ.* II, n° 138; *Rev. huiss.* 1997. 530.

De même, aucune mesure d'exécution ne peut être pratiquée au visa d'une simple copie du titre en cas de contestation et l'original doit alors être présenté[1]. Enfin, la notification interrompt la prescription et fait courir les intérêts de retard (C. civ., art. 2244 et 1153).

126.93 Mise en œuvre de la procédure gracieuse avant toute contestation. Les contestations de fond ou de forme sont obligatoirement précédées d'une phase gracieuse pour les créances de l'État, par réclamation motivée adressée au comptable dans les deux mois de la notification du titre ou, à défaut, du premier acte de poursuite. L'autorité compétente délivre reçu de la réclamation et statue dans les six mois. Son silence à l'expiration de ce délai vaut rejet. Le débiteur peut alors saisir la juridiction compétente dans les deux mois de la notification du rejet ou dans les deux mois de l'expiration du délai de six mois en cas de silence.

La notification fait aussi courir les intérêts moratoires (C. civ., art. 1153) et interrompt la prescription. Cependant, la contestation, devant un juge, d'un titre exécutoire émis par un établissement public à caractère administratif, est recevable, même si elle n'est pas précédée d'une réclamation devant ledit établissement.

Ainsi, la contestation élevée à l'encontre d'une saisie-attribution pratiquée par l'Institut géographique national est recevable, même si elle n'a pas été précédée d'une réclamation « amiable »[2].

126.94 Opposition à exécution. Les titres de perception qui sont mentionnés à l'article 85 du décret n° 62-1587 du 29 décembre 1962 peuvent faire l'objet d'une opposition formée par des redevables. Il peut s'agir d'une opposition à exécution en cas de contestation de l'existence de la créance, de son montant ou de son exigibilité. Cette opposition a pour effet de suspendre le recouvrement. Plus précisément, il s'agit de la contestation de l'existence même du titre, de son montant ou de son exigibilité après notification du titre exécutoire par commandement de payer (Décr. n° 92-1369, 29 déc. 1992[3], art. 6). Elle n'est jamais de la compétence du JEX. Elle est distincte de la réclamation formulée dans la phase de recouvrement amiable faisant suite à l'émission et à l'envoi par lettre simple du titre de perception exécutoire avant tout début d'exécution.

L'opposition à exécution doit toujours faire l'objet, à peine d'irrecevabilité, d'une réclamation préalable sur papier libre adressée au comptable qui a pris en charge l'ordre de recette, appuyée de toutes justifications, dans les deux mois de la notification du titre par commandement ou, à défaut, dans les deux mois du premier acte procédant de ce titre (Décr. n° 92-1369, 29 déc. 1992, art. 7 et 8-1). À défaut, le redevable se voit imposer une fin de non-recevoir par le juge compétent pour connaître du contentieux de la réclamation[4].

Le comptable instruit la réclamation et notifie sa décision au redevable dans les six mois de la réception de la réclamation. À défaut, le redevable peut saisir la juridiction compétente dans les six mois à compter de la réception de la réclamation. En cas de rejet de la réclamation, le débiteur peut saisir la juridiction compétente dans les deux mois à compter de la date de notification du rejet ou, à défaut, dans les deux mois à compter de la date d'expiration du délai de six mois (Décr. n° 92-1369, 29 déc. 1992, art. 9).

126.95 Compétence du juge de l'opposition à exécution. La compétence du juge se détermine en fonction de la nature de la créance, à l'exception de l'arrêté de débet, qui est exécutoire par provision, et qui ne peut jamais être contesté devant le juge judiciaire (Décr. n° 62-1587, 29 déc. 1962, art. 88).

L'opposition relève du juge administratif si la créance est de nature administrative[5] et du juge judiciaire si elle est de nature privée[6]. Devant le juge de l'ordre judiciaire, l'Administration est défendue par l'agent judiciaire du Trésor et devant le juge administratif par l'autorité compétente pour liquider la créance.

Le JEX n'est jamais compétent pour connaître du contentieux de fond relatif au titre exécutoire. Ce contentieux relève exclusivement du tribunal administratif ou du tribunal compétent statuant au fond. Il en va de même lorsque le juge administratif annule le titre exécutoire. De même, le JEX ne saurait apprécier la liquidité et l'exigibilité d'une créance de droit public dès lors que celle-ci n'est pas déterminée par une décision judiciaire. Cette question relève de la seule compétence de la juridiction saisie au fond[7].

1. Civ. 2e, 26 oct. 1994, n° 92-18.760, *Bull. civ.* II, n° 207.
2. Civ. 2e, 11 sept. 2003, n° 01-13.652, *Bull. civ.* II, n° 252; *D.* 2003. 2414, ndlr.
3. Décr. n° 92-1369, 29 déc. 1992, modifiant le décret n° 62-1587 du 29 décembre 1962 portant règlement général sur la comptabilité publique et fixant les dispositions applicables au recouvrement des créances de l'État mentionnées à l'article 80 de ce décret, *JO* 30 déc., p. 17954.
4. CE 13 mars 1992, req. nos 115606 et 117734, *Lebon*, saisi d'une question préjudicielle du TGI Paris, 15 sept. 1994, AJT c/SA Legendre, *D.* 1994. 233.
5. Pour une demande d'annulation d'un commandement de payer non demandée pour irrégularité de forme : Civ. 1re, 30 juin 1998, n° 96-13.069, *Bull. civ.* I, n° 232.
6. Mise en cause du bien-fondé de la créance administrative : Civ. 1re, 14 nov. 1984, n° 83-13.333, *Bull. civ.* I, n° 304.
7. Montpellier, 12 déc. 1994, *Rev. huiss.* 1995. 999.

Toutefois, si le juge administratif est seul compétent pour connaître d'un recours mettant en cause le bien-fondé de la créance, il appartient au seul juge judiciaire – désormais le JEX – d'annuler des actes de poursuites [1]. Par conséquent, si à l'occasion d'une contestation relative à la validité ou aux effets d'une mesure d'exécution, le JEX se trouve également saisi d'une contestation portant sur l'existence, le montant ou l'exigibilité d'une dette fiscale, il doit surseoir à statuer sur la difficulté relevant de sa compétence et renvoyer les parties à faire trancher la question préjudicielle par le juge de l'impôt compétent [2]. S'agissant de la suspension de la force exécutoire du titre, on relèvera un arrêt de la deuxième chambre civile de la Cour de cassation qui a décidé qu'était justifiée la décision d'une cour d'appel qui, pour rejeter la demande de mainlevée d'une saisie-attribution pratiquée à l'initiative d'un comptable du Trésor en exécution de titres contre lesquels une opposition avait été formée devant un tribunal administratif, retient que la contestation de la créance, formée postérieurement à cette mesure d'exécution forcée, avait pour seule conséquence de suspendre la force exécutoire du titre la constatant, et la procédure d'exécution [3].

De même, dans tous les cas, l'admission au passif de la liquidation judiciaire d'une créance dont se prévaut l'État est de la compétence exclusive du juge judiciaire.

126.96 Opposition à poursuites. Il s'agit d'une contestation formulée contre la régularité en la forme d'un acte de poursuites et qui vise le commandement de payer ou tout acte postérieur et plus généralement la procédure d'exécution. Le juge judiciaire, et en particulier le JEX, est seul compétent pour en connaître, s'agissant d'un contentieux des voies d'exécution. Une décision du Tribunal des conflits a jugé, le 2 mars 2009 : « *Vu le mémoire présenté par le ministère de l'Agriculture et de la Pêche tendant à ce que l'autorité judiciaire soit déclarée compétente pour connaître du litige par les motifs qu'il doit être apprécié si la contestation de la requérante est une opposition à exécution ou une opposition à poursuites; qu'il s'agit d'une créance administrative par nature; mais que Mme X... semble contester la régularité en la forme du commandement de payer; qu'il s'agit d'une opposition à poursuites relevant de la seule compétence judiciaire* » [4].

Une réclamation préalable doit toujours être formalisée avant la saisine du JEX, à peine d'irrecevabilité de la contestation [5], sous réserve que le redevable ait été informé du délai du recours, de ses modalités et de son destinataire [6]. Il en résulte que dès lors que le redevable n'a pas été informé dans les conditions ci-dessus déterminées, il est fondé à saisir directement le JEX. Il appartiendra alors à celui-ci de vérifier, d'une part que le recours gracieux a été préalablement engagé et, d'autre part, que le redevable a été informé des conditions du recours.

La réclamation est déposée auprès du comptable qui a pris en charge l'ordre de recette dans les deux mois de la notification de l'acte de poursuite. L'autorité compétente statue dans les deux mois après avoir délivré reçu de la réclamation [7]. À défaut de décision dans ce délai, la réclamation est supposée rejetée (Décr. n° 92-1369, 29 déc. 1992, art. 7 et 8, 2c) [8]. Le redevable peut alors saisir le JEX, exclusivement compétent, dans les deux mois de la notification de la décision prise sur réclamation ou, à défaut de décision, dans les deux mois de l'expiration du délai de deux mois dont disposait l'autorité compétente pour statuer sur la réclamation (Décr. n° 92-1369, 29 déc. 1992, art. 9).

La contestation porte sur la validité formelle de l'un des actes de poursuite (commandement ou procès-verbal de saisie par ex.). Le JEX doit alors vérifier l'existence du titre fondant la poursuite contestée. C'est ainsi qu'une saisie diligentée par le trésorier-payeur général pour recouvrer des amendes pénales doit être fondée sur la production même des titres exécutoires et non sur de simples photocopies, même certifiées conformes, dès lors que, s'agissant d'une procédure d'exécution forcée, la preuve de la créance du saisissant obéit, sauf dispositions particulières, aux règles du droit commun [9].

Par ailleurs, dès lors que l'État (ou les collectivités territoriales et établissements publics) met en œuvre une procédure d'exécution relevant du droit commun (L. n° 91-650, 9 juill. 1991 [désormais codifiée au C. pr. exéc.]), il est tenu d'en respecter le formalisme en tous points [10].

C'est le comptable chargé du recouvrement qui représente l'État devant le JEX.

1. CE 22 juin 1963, SA Lambiotte Frères c/Administration des Eaux et Forêts, *AJDA* 1963. 552.
2. Com. 3 déc. 2002, n° 00-21.850, *Bull. civ.* IV, n° 185; *D.* 2003. 467 – Com. 12 févr. 2008, n° 06-20.976, *Bull. civ.* IV, n° 35.
3. Civ. 2e, 20 nov. 2003, n° 01-15.231, *Bull. civ.* II, n° 351; *RTD civ.* 2004. 144, obs. Perrot; *Dr. et proc.* 2004. 158, obs. Putman – Et v. déjà Civ. 2e, 6 déc. 2001, n° 99-20.593, *Bull. civ.* II, n° 351.
4. T. confl., 2 mars 2009, req. n° 09-03.699, *Bull. T. confl.*, n° 1.
5. Paris, 18 déc. 1997, *Rev. huiss.* 1998. 879, obs. Dahan.
6. Cass., avis, 14 mai 2001, n° 01-00.002, *Bull. avis*, n° 3.
7. CE 16 déc. 2009, req. n° 314907.
8. CE 6 mai 2011, req. n° 337328.
9. Civ. 2e, 26 oct. 1994, n° 92-18.760, *Bull. civ.* II, n° 207.
10. TGI Toulon, JEX, 12 oct. 1984, *Rev. huiss.* 1996. 118.

126.97 Effets de l'opposition à exécution ou à poursuites. Les contestations suspendent automatiquement le recouvrement de la créance, à l'exception des arrêtés de débet qui sont exécutoires par provision (Décr. n° 92-1369, 29 déc. 1992, art. 6 et 88). Le redevable est donc dispensé de mettre en œuvre la procédure de sursis à exécution[1]. L'opposition a par ailleurs pour effet d'écarter le titre de perception et de recentrer le débat sur la créance objet du litige ou de l'acte de poursuite.

Si l'opposition emporte suspension du recouvrement, elle ne fait pas obstacle à la prise de mesures conservatoires, dès lors que le JEX l'a préalablement autorisée[2].

Dans le cadre de l'opposition à exécution, la Cour de cassation a décidé que, dans la mesure où l'effet suspensif attaché de plein droit à l'opposition à exécution avait cessé par le rejet du recours et que la saisine du tribunal administratif n'avait pas d'effet suspensif, en l'absence de décision expresse de cette juridiction la demande du débiteur tendant à obtenir d'un JEX qu'il ordonne la mainlevée de la saisie-attribution pratiquée sur ses comptes en exécution d'un titre émis par le Trésor public (en soutenant que le recouvrement de la créance était suspendu) ne peut prospérer[3].

§ 3 Contentieux de la délivrance du titre de perception exécutoire émis par les collectivités territoriales, les établissements publics locaux et de santé

126.100 Particularités. Les titres émis par les collectivités susvisées bénéficient du privilège de l'exécution d'office en application du décret du 29 décembre 1962 portant règlement général sur la comptabilité publique. Leur recouvrement s'effectue comme en matière de contributions directes (Décr. 13 avr. 1981, intégré dans le Code général des collectivités territoriales[4]). Le recouvrement des produits du département s'opère en vertu de *rôles ou états rendus exécutoires* par le président du conseil général (ordonnateur) et remis comme titres au comptable public du département (CGCT, art. L. 3342-1, R. 3342-8-1 et D. 3342-9 à D. 3342-13, L. 1617-1 – LPF, art. L. 281). Une règle analogue vaut pour la région. L'ordonnateur en est le président du conseil général. En ce qui concerne les communes, les produits communaux (par ex. redevance d'enlèvement d'ordures ménagères d'une commune[5]) sont recouvrés par le comptable de la commune après émission par le maire de *titres de perception* (CGCT, art. L. 2342-1 et R. 2342-1; L. 2342-2 et D. 2342-2 à D. 2342-12 – l'article L. 2342-3 CGCT envisage le cas où le maire est déclaré comptable de fait par un jugement du juge des comptes statuant définitivement : dans ce cas, le maire est suspendu de sa qualité d'ordonnateur jusqu'à ce qu'il ait reçu *quitus* de sa gestion)[6]. On observera que, à la différence du juge administratif, le juge judiciaire autorise les collectivités territoriales à choisir entre l'émission *proprio motu* d'un titre et le recours aux juridictions de l'ordre judiciaire pour faire reconnaître leur créance, qu'elle soit d'origine contractuelle ou délictuelle, que ce soit à titre principal ou reconventionnel. Toutefois, le JEX ne peut rejeter une demande de saisie des rémunérations formulée par un receveur des finances au visa d'un titre émis et rendu exécutoire par un maire en vue du recouvrement de loyers dus en application d'un contrat de bail relevant du droit privé au motif qu'une décision de justice aurait dû être rendue, s'agissant d'un produit communal. En effet, le titre administratif émis par le maire en application de l'article R. 241-4 ancien du Code des communes (désormais CGCT, art. R. 2342-4) est un titre exécutoire délivré par une personne morale de droit public, qualifié comme tel et visé par l'article L. 111-3 C. pr. exéc. (anc^{t} L. 9 juill. 1991, art. 3)[7]. Les juridictions de l'ordre judiciaire demeurant toujours compétentes en vue de connaître des litiges auxquels peuvent donner lieu l'exécution d'un bail de droit privé conclu par un locataire et un bailleur public.

Les contestations de fond ou de forme des créances des collectivités territoriales et des établissements publics locaux et de santé ne sont jamais précédées d'une phase gracieuse.

Aussi, en l'absence de contestation, le titre de recettes individuel ou collectif émis par la collectivité territoriale ou l'établissement public local permet l'exécution forcée d'office contre le débiteur (CGCT, art. L. 1617-5, 1°, al. 1er). Ce titre doit

1. CE 26 mars 1982, req. n°s 33490 et 33491, *Lebon* 135.
2. S'agissant d'une contrainte délivrée en application de l'article L. 244-9 CSS mais également frappée d'opposition : TGI JEX Montpellier, 15 déc. 1998, *Rev. huiss.* 2000. 167, note Bourdillat.
3. Civ. 2e, 11 juill. 2002, *Dr. et proc.* 2002. 386.
4. Décr. 13 avr. 1981, intégré dans le CGCT, *JO* 9 avr., annexe au n° 85, p. 37003.
5. Civ. 1re, 22 nov. 2005, n° 03-20.806, *Bull. civ.* I, n° 438.
6. L'article R. 1617-24 alinéa 1er du CGCT décide que « *l'ordonnateur autorise l'émission des commandements de payer et les actes de poursuites subséquents, selon des modalités qu'il arrête après avoir recueilli l'avis du comptable. Cette autorisation peut être permanente ou temporaire pour tout ou partie des titres que l'ordonnateur émet* ».
7. Civ. 2e, 17 juin 1998, n° 96-13.199, *Bull. civ.* II, n° 199; *Rev. huiss.* 2000. 164, obs. Bourdillat.

trouver son fondement dans les dispositions d'une loi, d'un règlement, d'une décision de justice (le Conseil d'État ayant décidé qu'encourt l'annulation une délibération qui décide, sans référence à un tel fondement, de mettre en recouvrement une créance à l'encontre d'un tiers [1]). On notera que, comme le prévoit l'alinéa 2 de l'article L. 1617-5, 1°, du Code général des collectivités territoriales, la force exécutoire attachée au titre est suspendue par l'introduction devant une juridiction de l'instance ayant pour objet de contester le bien-fondé d'une créance assise et liquidée par une collectivité territoriale ou un établissement public local. La force exécutoire de ces titres est donc moins grande que celle qui résulte d'une validation juridictionnelle de la créance.

Cependant, lorsque le redevable n'a pas effectué le versement qui lui était demandé à la date limite de paiement fixée par l'envoi du titre par pli simple, le comptable doit lui envoyer une mise en demeure de payer avant la notification du premier acte de poursuite devant donner lieu à frais (CGCT, art. L. 1617-5, 4°). N'étant pas un acte de poursuite, elle n'est dès lors soumise à aucune forme particulière. Toutefois, en application de l'article 4 de la loi n° 2000-321 du 12 avril 2000, relative aux droits des citoyens dans leurs relations avec les administrations, le titre de recettes individuel ou l'extrait du titre de recettes collectif mentionne les nom, prénom et qualité de la personne qui l'a émis ainsi que les voies et délais de recours.

Lorsque le redevable s'est abstenu de payer nonobstant la mise en demeure qui lui a été adressée, le comptable public a la faculté, à l'expiration d'un délai de trente jours suivant sa notification, d'engager des poursuites susceptibles de donner lieu à des frais mis à la charge du redevable conformément aux dispositions de l'article 1912 du Code général des impôts, cette mise en demeure de payer ayant un effet interruptif de prescription de l'action en recouvrement. On retiendra qu'en vertu de l'article L. 1617-5, 5° alinéa 3 du Code général des collectivités territoriales, l'envoi d'une mise en demeure de payer tient lieu de commandement de payer prescrit par le Code de procédure civile préalablement à une saisie-vente. Dans ce cas, la mise en demeure de payer n'est pas soumise aux conditions générales de validité des actes d'huissiers de justice.

126.101 **Exécution amiable.** Si le montant de la créance n'excède pas la somme de 15 000 euros, la mise en demeure de payer est précédée d'une lettre de relance adressée par le comptable public compétent ou d'une phase comminatoire. Le code ne fournit aucune indication sur le contenu de cette lettre ou ses modalités de notification. S'agissant de la phase contraignante, le comptable public peut demander à un huissier de justice d'obtenir du redevable qu'il s'acquitte auprès de lui du montant de sa dette. L'huissier de justice dispose d'un délai de soixante-quinze jours pour obtenir le recouvrement amiable. Il doit s'efforcer de procéder au recouvrement de la créance par tous moyens non coercitifs qu'il estimera appropriés (relances téléphoniques, courriers, déplacements au domicile du redevable, *etc.* – sur cette question v. instr. codificatrice n° 05-050-M0, 13 déc. 2005, p. 44 s.). Les frais de recouvrement sont versés directement par le redevable à l'huissier de justice. Le montant des frais, qui restent acquis à l'huissier de justice, est calculé selon un taux proportionnel aux sommes recouvrées fixé par arrêté conjoint du ministre chargé du Budget et du ministre de la Justice. Durant cette phase comminatoire, l'huissier de justice et le comptable doivent s'informer mutuellement ces modalités de recouvrement (versements effectués, délais accordés).

126.102 **Opposition à tiers détenteur.** Si le débiteur n'entend pas s'exécuter, le comptable peut engager une opposition à tiers détenteur après avoir obtenu l'autorisation de l'ordonnateur. Cette opposition à tiers détenteur, qui est notifiée au redevable en même temps qu'elle est adressée au tiers détenteur (les modalités de notification au tiers saisi varient selon que le montant de la créance est inférieur ou supérieur à 1 500 euros : en ce sens, v. instr. codificatrice n° 05-050-M0, 13 déc. 2005, n° 3.2.1., p. 48), produit l'effet attributif attaché à la saisie-attribution (L. 9 juill. 1991, art. 43 [devenu C. pr. exéc., art. L. 211-2]) des sommes disponibles au profit de la collectivité ou de l'établissement public local créancier à concurrence des sommes pour lesquelles l'opposition est pratiquée (CGCT, art. L. 1617-5, 7). Pour que la créance soit susceptible d'être appréhendée par la voie de l'opposition à tiers détenteur, il faut que le tiers saisi soit débiteur d'une somme d'argent envers le redevable au jour de la notification de cette mesure. Si les fonds détenus ou dus par le tiers détenteur sont indisponibles entre ses mains, ce dernier doit en aviser le comptable chargé du recouvrement dès réception de l'opposition. L'effet d'attribution immédiate est limité au montant de la créance pour laquelle le comptable a exercé l'opposition (sur cet effet, v. les dispositions de l'instr. codificatrice n° 05-050-M0, 13 déc. 2005, n°s 4.1.1 s., p. 52 s.).

Cette opposition à tiers détenteur peut s'exercer sur les créances conditionnelles ou à terme. En pareille éventualité, les fonds sont versés au comp-

1. CE 29 juin 2005, req. n° 265958, C^{ne} Saint-Clément-de-Rivière, *Lebon*, réf. citée dans instr. codificatrice n° 05-050-M0, 13 déc. 2005, p. 8.

table public chargé du recouvrement lorsque ces créances sont devenues liquides et exigibles.

Si une même personne est simultanément destinataire de plusieurs oppositions à tiers détenteur établies au nom du même redevable, elle doit, en cas d'insuffisance des fonds, exécuter ces oppositions en proportion de leurs montants respectifs. Dans l'éventualité où les fonds détenus ou dus par le tiers détenteur sont indisponibles entre ses mains, ce dernier doit en aviser le comptable chargé du recouvrement dès la réception de l'opposition. Les contestations relatives à l'opposition sont introduites et instruites dans les conditions fixées aux 1° et 2° du présent article. On retiendra également que les comptables publics en charge du recouvrement ne peuvent se voir opposer le secret professionnel (CGCT, art. L. 1617-5, 8°).

Lorsque l'opposition à tiers détenteur ne peut être diligentée, les comptables conservent la possibilité de mettre en œuvre les procédures civiles d'exécution prévues par la loi n° 91-650 du 9 juillet 1991 et son décret d'application du 31 juillet 1992, désormais tous deux codifiés au Code des procédures civiles d'exécution (sur la phase comminatoire facultative susceptible d'être diligentée par l'huissier de justice, v. instr. codificatrice n° 05-050-M0, 13 déc. 2005, n°s 1.2.1 s., p. 73 s.).

Enfin, il convient de noter que le 8 de l'article L. 1617-5 du Code général des collectivités territoriales institue un droit de communication au profit des comptables directs du Trésor chargés du recouvrement d'une créance assise et liquidée par une collectivité territoriale ou ses établissements publics. Il permet notamment d'obtenir des informations afférentes à l'identification du redevable, aux coordonnées de son employeur, à la connaissance d'établissements de crédit auprès desquels un compte de dépôt est ouvert, à l'immatriculation de son véhicule (pour de plus amples précisions, v. instr. codificatrice n° 05-050-M0, 13 déc. 2005, chap. 3, p. 35). Le secret professionnel ne peut leur être opposé. En complément de ce droit de communication, le comptable du Trésor chargé du recouvrement dispose d'un droit d'accès aux fichiers utilisés par les services en charge de l'établissement de l'assiette et du recouvrement des impôts.

126.103 Contestations de fond. Le débiteur a la faculté de contester le bien-fondé de la créance en estimant qu'elle n'existe pas ou plus, qu'elle n'est pas exigible (opposition à poursuite). Le titre se prescrit dans le délai de deux mois suivant la réception du titre exécutoire ou, à défaut, du premier acte procédant de ce titre (lettre de relance – LPF, art. L. 257-0 B) ou de la notification d'un acte de poursuite (CGCT, art. L. 1617-5, 2°, al. 1er).

L'action des comptables se prescrit par quatre ans à compter de la prise en charge du titre de recette. Ce délai est susceptible d'interruption (CGCT, art. L. 1617-5, 3°, al. 2).

126.104 Contestations de forme. L'action du débiteur qui conteste la régularité formelle du titre devant le JEX se prescrit dans le délai de deux mois suivant la notification de l'acte contesté (CGCT, art. L. 1617-5, 2°, al. 2).

Lorsque la contestation porte sur l'existence ou le montant de la créance, c'est la collectivité territoriale elle-même, et non son mandataire (le comptable du Trésor), qui doit être assignée.

126.105 Juridictions compétentes en cas de contestations de fond. La détermination de la juridiction compétente dépend de la nature de la créance et de l'objet de la contestation.

– La compétence de la juridiction administrative est déterminée par le fait que la créance trouve son origine dans un rapport de puissance publique (répétition de l'indu d'une pension ou d'un traitement, créance d'un établissement public de santé, contrat portant sur des travaux publics, *etc.*).

– La compétence des juridictions judiciaires (à l'exception du JEX) sur le fond est déterminée par le fait que la créance trouve son origine dans un rapport de droit privé, à l'exception de l'arrêt de débet (Décr. n° 62-1587, 29 déc. 1962, art. 88).

Ainsi, il y a compétence judiciaire chaque fois qu'il n'y a pas gestion d'un service public, clause exorbitante du droit commun ou marché de travaux publics[1]. Tel est le cas, notamment, du bail souscrit auprès d'un office public HLM ou d'un bail commercial souscrit par un particulier auprès d'une communauté urbaine, des frais de cantine scolaire avancés par les communes, du contrat conclu avec un syndicat des eaux ou du crédit consenti par une caisse de Crédit municipal[2]. L'instruction codificatrice du 13 décembre 2005 décide que relève de la compétence des juridictions judiciaires les créances qui trouvent leur origine dans un rapport de droit privé : sur un compteur d'eau, sur la redevance d'assainissement, car il s'agit d'un rapport entre un EPIC et ses usagers, donc d'un rapport de droit privé (v. instr. n° 05-050-M0, 13 déc. 2005, n° 2.1.2, p. 17).

126.106 Contestations élevées devant le juge de l'exécution. Elles ne peuvent porter que sur la régularité en la forme d'un acte de poursuite tel que le

1. TI Mont-de-Marsan, JEX, 23 nov. 1993, *Rev. huiss.* 1994. 867.
2. TGI Toulon, JEX, 25 août 1993, *Rev. huiss.* 1996. 118.

commandement ou le procès-verbal de saisie[1]. Elles sont donc dirigées contre le comptable public.

En vertu de l'article L. 1617-5, 1° alinéa 3 du Code général des collectivités territoriales, « *l'introduction de l'instance ayant pour objet de contester la régularité formelle d'un acte de poursuite suspend l'effet de cet acte* ».

Le titre fondant la poursuite doit être lui-même valide. Mais le JEX est-il compétent pour apprécier cette validité ?

On relèvera deux jurisprudences opposées à propos d'un cas d'espèce identique, et donc plus fréquent qu'il n'y paraît de prime abord :

On sait que la collectivité territoriale ou son émanation (président du conseil général) ne peut émettre de titre à l'égard du prétendu débiteur de l'obligation alimentaire au titre de l'aide sociale, telle que définie par les articles 205 et suivants du Code civil, L. 132-6 et L. 132-7 du Code de l'action sociale et des familles, au visa d'une décision de la commission d'admission à l'aide sociale. Seule l'autorité judiciaire, en l'espèce le juge aux affaires familiales, est compétente pour délivrer au président du Conseil général le titre exécutoire lui permettant de contraindre le débiteur de l'obligation alimentaire.

Saisi de cette difficulté à l'occasion d'une procédure d'exécution, le JEX d'Amiens annule le commandement de payer au motif qu'il a été délivré en vertu d'un titre émis *proprio motu* par cette autorité[2].

Saisie dans les mêmes termes, la cour d'appel de Lyon s'y refuse au motif que le JEX n'est pas juge de la légalité d'un titre exécutoire[3]. Cet arrêt est plus conforme à la lettre et à l'esprit de la réforme des voies d'exécution. En effet, l'article L. 213-6 du COJ limite la saisine du JEX au contentieux de la régularité formelle du titre. Il ne peut apprécier sa validité au fond. La Cour de cassation l'a rappelé dans deux avis des 16 juin 1995 et 14 février 1997[4]. Un arrêt rendu le 18 juin 2009 par la deuxième chambre civile a néanmoins opéré un revirement mais s'agissant uniquement du titre exécutoire notarié[5].

Le JEX doit respecter les sphères de compétence des juridictions habilitées à trancher les problèmes de fond ayant trait aux titres servant de support aux poursuites dont il est saisi. En l'espèce, seule la juridiction administrative est compétente pour invalider un titre abusivement émis par une autorité administrative. C'est d'ailleurs ce qu'a constaté la Haute assemblée en énonçant que « *le juge judiciaire n'est compétent que pour statuer sur la validité en la forme de la procédure d'exécution et non sur l'existence de la créance* », à propos d'un état exécutoire émis ensuite de la contribution spéciale instituée par l'ancien article L. 341-7 du Code du travail (devenu art. L. 8253-1)[6]. Ainsi, une juridiction de l'ordre judiciaire ne peut annuler les états exécutoires et les commandements de payer émis par l'Assistance publique pour une somme représentant des frais d'hospitalisation dès lors que cette annulation n'est pas demandée pour une irrégularité de forme, sauf question préjudicielle tenant à l'obligation alimentaire[7]. Dans cette hypothèse, la juridiction civile est compétente pour constater son extinction puisque la loi du 8 janvier 1993 prévoit expressément que le juge aux affaires familiales est compétent pour statuer sur le recours des établissements publics de santé contre les hospitalisés, les débiteurs d'aliments et les personnes visées aux articles 205, 206, 207 et 212 du Code civil[8]. En revanche, les contestations relatives à la validité au fond du commandement délivré à l'encontre d'un débiteur, au titre de l'ancien article L. 714-38 du Code de la santé publique (devenu CSP, art. L. 6145-11), relèvent de la compétence administrative[9].

126.107 Prescription. L'action des comptables publics chargés de recouvrer les créances des collectivités territoriales et des établissements publics locaux se prescrit par quatre ans à compter de la prise en charge du titre. Elle est interrompue par tout acte comportant reconnaissance de la part du débiteur et par tous actes interruptifs de la prescription (CGCT, art. L. 1617-5, 3°), tels notamment une demande de délai de paiement, le versement d'un acompte, un engagement de payer ou encore la notification d'un commandement ou d'une saisie.

126.108 Cas particulier des titres émis par les Opac. Un débat est ouvert sur la possibilité pour les Opac d'émettre des titres exécutoires du chef de

1. Dijon, 30 nov. 1994, *Rev. huiss.* 1995. 1014.
2. TI Amiens, JEX, 23 mars 1995, *Rev. huiss.* 1995. 1398.
3. Lyon, 11 juin 1997, RG n° 1995/03191, Tchibozo c/TPG du Rhône.
4. Nullité d'un engagement résultant d'un acte notarié : Cass., avis, 16 juin 1995, n° 09-50.008, *Bull. avis*, n° 9 – Cass., avis, 14 févr. 1997, n° 09-60.014, *Bull. avis*, n° 2 – *Adde :* Civ. 1re, 22 nov. 2005, n° 03-20.806, *Bull. civ.* I, n° 438.
5. Civ. 2e, 18 juin 2009, n° 08-10.843, *D.* 2009. 1768.
6. Civ. 1re, 16 juill. 1992, n° 91-10.688, *Bull. civ.* I, n° 235; *JCP* 1993. II. 22116, obs. Julien-Laferrière.
7. Civ. 1re, 19 nov. 1996, n° 94-20.470, *Bull. civ.* I, n° 409; *Gaz. Pal.* 20-22 sept. 1998, p. 72 – T. confl. 25 janv. 1998, req. n° 2491.
8. CSP anc. art. L. 714-38 – Civ. 1re, 21 mai 1997, n° 95-14.366, *Bull. civ.* I, n° 162; *Gaz. Pal.* 20-22 sept. 1998, p. 3, à propos de l'application de la règle « *aliments ne s'arréragent pas* ».
9. T. confl. 12 janv. 1988, *Lebon* 443.

charges ou de réparations locatives impayées alors que le Code de l'habitation, qui confère aux créances de l'Opac un caractère fiscal, ne vise que les loyers impayés [1].

126.109 Cas particulier du recouvrement public des pensions alimentaires. Le créancier d'aliments qui a échoué dans ses tentatives de recouvrement de pension alimentaire peut s'adresser au ministère public de son domicile pour en obtenir un recouvrement public. L'article 1er de la loi n° 75-618 du 11 juillet 1975 décide que « *toute pension alimentaire fixée par une décision judiciaire devenue exécutoire dont le recouvrement total ou partiel n'a pu être obtenu par une des voies d'exécution de droit privé peut être recouvrée pour le compte du créancier par les comptables publics compétents* ». Le créancier qui n'a pu obtenir le recouvrement privé doit justifier auprès de procureur de la République du TGI dans le ressort duquel il a son domicile du caractère infructueux de ses demandes.

Il appartient ensuite, au procureur de la République, d'établir un état exécutoire qu'il transmet au service compétent de l'État pour le recouvrement des termes à échoir de la pension alimentaire et, le cas échéant, de ceux qui sont échus à compter du sixième mois ayant précédé la date de la demande (L. n° 75-618, 11 juill. 1975, art. 3, al. 1er). L'alinéa 2 de l'article 3 de cette loi prescrit au procureur « *d'apporter à cet état exécutoire, soit de son propre chef, soit sur demande du créancier ou du débiteur, les modifications nécessaires, notamment en cas d'augmentation, de réduction ou de suppression de la pension alimentaire* ». Le débiteur a la faculté de contester cet état. La procédure est alors portée, à l'initiative du parquet, devant le président du TGI qui statue comme en matière de référé. La décision rendue n'est susceptible ni d'appel ni d'opposition, et la contestation n'a pas d'effet interruptif de la procédure de recouvrement public.

Ce recouvrement des sommes à percevoir est réalisé par le comptable public compétent conformément à la procédure applicable en matière de contributions directes (le montant de ces sommes est majoré de 10 % au profit du Trésor à titre de frais de recouvrement, et les frais de poursuites mis à la charge du débiteur sont calculés dans les conditions prévues à l'article 1912 du CGI).

À compter de la notification au débiteur des sommes faisant l'objet du recouvrement public, le débiteur ne peut plus s'en libérer valablement qu'entre les mains du comptable public compétent.

1. TGI Grenoble, 24 oct. 1994, *Rev. huiss.* 1995. 1270, dans le sens d'une limitation aux seuls loyers.

§ 4
Créances du domaine de l'État

126.111 Particularités du recouvrement. À titre liminaire, il convient de signaler que le Code du domaine de l'État a été abrogé par l'ordonnance n° 2006-460 du 21 avril 2006 [2] relative à la partie législative du Code général de la propriété des personnes publiques, l'ordonnance étant entrée en vigueur le 1er juillet 2006 [3].

L'article L. 79 du Code du domaine de l'État, abrogé par l'ordonnance n° 2006-460 du 21 avril 2006 depuis le 1er juillet 2006, décidait que la liquidation et le recouvrement des produits domaniaux et, en général, de toute somme dont la perception appartient au service des domaines, sont effectués dans les conditions prévues aux articles 1724 et 1912 du Code général des impôts, L. 252, L. 268, L. 269, L. 283 du Livre des procédures fiscales du nouveau Code des impôts et aux articles L. 80 à L. 83 (textes eux-mêmes abrogés). Les créances du domaine de l'État étaient donc recouvrées comme en matière d'impôts directs (C. dom. Ét., anc. art. L. 79 – v. s^s^ n° 126.10).

La nouvelle législation, contenue dans le Code général de la propriété des personnes publiques, incline à distinguer entre les créances domaniales de l'État et celles qui relèvent des autres personnes morales de droit public.

– Pour les créances relevant de l'État, l'article L. 2321-1, I du Code général de la propriété des personnes publiques dispose que le recouvrement des produits et redevances du domaine de l'État et en général de toute somme, dont la perception incombe aux comptables publics chargés des recettes domaniales de l'État, s'opère dans les conditions fixées aux articles L. 252 et L. 252 A du Livre des procédures fiscales.

– S'agissant du recouvrement des produits et redevances du domaine des collectivités territoriales, il convient de se reporter à l'article L. 2321-3 du Code général de la propriété des personnes publiques qui dispose notamment que le recouvrement s'opère « *dans les conditions fixées aux articles L. 1611-5, L. 1617-1, L. 1617-4 ainsi qu'au 1° de l'article L. 1617-5 du Code général des collectivités territoriales, et à l'article L. 252 A du Livre des procédures fiscales* ».

S'agissant de la prescription du recouvrement, on notera qu'en vertu de l'article L. 2321-4 du

2. Ord. n° 2006-460, 21 avr. 2006, relative à la partie législative du Code général de la propriété des personnes publiques, *JO* 22 avr., p. 6024.
3. Sur laquelle, v. P. Yolka, « Naissance d'un code : la réforme du droit des propriétés publiques », *JCP* 2006. Actu. 249.

Code général de la propriété des personnes publiques, le délai de prescription est de cinq ans, quel que soit le mode de fixation des produits. Cette prescription commençant à courir à compter de la date à laquelle les droits et redevances sont devenus exigibles.

126.112 Modalité de mise en œuvre du recouvrement. Le législateur dissocie à nouveau le non-paiement des produits, redevances et sommes de toute nature, selon qu'ils sont visés au titre des créances de l'État ou au titre des créances des autres personnes morales de droit public. S'agissant des produits, redevances et sommes de toute nature mentionnés à l'article L. 2321-1, l'article L. 2323-1 du Code général de la propriété des personnes publiques décide que le comptable public adresse au redevable un titre de perception à défaut de versement spontané à la date de leur exigibilité. À défaut de paiement, le comptable public adresse ensuite au redevable une mise en demeure de payer avant la notification du premier acte de poursuite devant donner lieu à des frais au sens de l'article 1912 du Code général des impôts. Cette mise en demeure pouvant, le cas échéant, être précédée d'une lettre de relance. Cette règle vaut sous réserve de la mise en jeu de l'article L. 2323-11 du Code général de la propriété des personnes publiques qui prévoit le cas où le redevable conteste l'existence de sa dette, son montant ou son exigibilité.

Afin d'assurer le recouvrement des produits, redevances et sommes de toute nature mentionnés à l'article L. 2321-3, l'autorité administrative compétente adresse à chaque redevable, sous pli simple, un titre de recettes individuel ou un extrait du titre de recettes collectif et met en œuvre les dispositions du 4° de l'article L. 1617-5 du Code général des collectivités territoriales.

126.113 Exercice des poursuites. S'agissant des produits, redevances et sommes de toute nature visées à l'article L. 2321-1 du Code général de la propriété des personnes publiques, si la lettre de relance n'a pas été suivie d'effet, le comptable public peut ensuite engager les poursuites dans les conditions fixées par les articles L. 257 0 A et L. 258 A (v. s[s] n° 126.51 sur ce point le renvoi aux créances en matière fiscale). Cette mise en œuvre vaut sous réserve de l'application de l'article L. 2323-12 qui permet au redevable de s'opposer aux poursuites.

S'agissant des créances des collectivités territoriales, de leurs groupements et de leurs établissements publics, le schéma est analogue. En l'occurrence, si à l'expiration d'un délai de vingt jours suivant l'expiration de la lettre de rappel, aucun paiement n'est intervenu, le comptable public peut alors engager des poursuites dans les conditions fixées par les 4° à 8° de l'article L. 1617-5 du Code général des collectivités territoriales.

Toujours au titre des frais de poursuite, l'article L. 2323-6 du Code général de la propriété des personnes publiques décide en outre que « *les frais de poursuite sont mis à la charge des redevables des produits et redevances du domaine de l'État, des collectivités territoriales, de leurs groupements et de leurs établissements publics dans les conditions fixées à l'article 1912 du Code général des impôts* ».

126.114 Prescription de l'action en recouvrement. Pour les créances mentionnées à l'article L. 2321-1 du Code général de la propriété des personnes publiques, lorsque le comptable public n'a diligenté aucune poursuite contre un débiteur retardataire pendant quatre années consécutives à partir du jour de l'émission du titre de perception mentionné à l'article L. 2323-1, il perd alors son recours et est déchu de tout droit et de toute action contre le débiteur. Ce délai de prescription étant susceptible d'être interrompu par tous actes comportant reconnaissance de la part du débiteur ou par tous actes interruptifs de prescription.

Quant à la prescription des créances visées à l'article L. 2321-3 du Code général de la propriété des personnes publiques, il convient de faire application des dispositions du 3° de l'article L. 1617-5 du Code général des collectivités territoriales (quatre ans à compter de la prise en charge du titre de recette).

126.115 Contestations. Elles sont organisées, par les dispositions des articles L. 2323-11 à L. 2323-12 du Code général de la propriété des personnes publiques s'agissant de l'État. Ces textes envisagent l'opposition à poursuite. L'article L. 2323-13 du Code général de la propriété des personnes publiques évoque le contentieux afférent aux objets saisis et procède par voie de renvoi à l'article L. 283 du Livre des procédures fiscales.

Concernant les contestations afférentes aux collectivités territoriales, à leurs groupements et à leurs établissements publics, l'article L. 2323-14 renvoie à l'application des 1° et 2° de l'article L. 1617-5 du Code général des collectivités territoriales.

SECTION 3
TITRES EXÉCUTOIRES EN MATIÈRE DE COTISATIONS DE SÉCURITÉ SOCIALE

126.121 Champ d'application. Dans la catégorie des titres exécutoires délivrés par les personnes morales de droit public, il est nécessaire de consacrer un développement spécifique aux titres émis par divers organismes ayant vocation à recouvrer des cotisations de sécurité sociale, en raison du particularisme qui affecte tant leur émission que les modalités de leur contestation. Il s'agit des cotisations du régime général, du régime des travailleurs non-salariés des professions non agricoles et du régime agricole.

126.122 Cotisations du régime général. Les unions pour le recouvrement des cotisations de sécurité sociale et d'allocation familiales (Urssaf) sont notamment chargées d'assurer le recouvrement :

- des cotisations d'assurances sociales, d'accidents du travail et d'allocations familiales dues par les employeurs au titre des travailleurs salariés ou assimilés, par les assurés volontaires et par les assurés personnels (CSS, art. L. 213-1, 1°);
- des cotisations d'allocations familiales dues par les employeurs et membres des professions libérales (CSS, art. L. 213-1, 2°);
- d'une partie des cotisations et contributions sociales dues par les employeurs et les personnes exerçant les professions artisanales, industrielles et commerciales, dans les conditions prévues aux articles L. 133-6-3, L. 133-6-3 et L. 133-6-4 (CSS, art. L. 213-1, 3°);
- le recouvrement des contributions, versements et cotisations mentionnés aux articles L. 1233-66, L. 1233-69, L. 5422-9, L. 5422-11 et L. 5422-11 et L. 3253-18 du Code du travail;
- d'une partie de la contribution sociale généralisée selon les dispositions des articles L. 136-1 et suivants du Code de la sécurité sociale.

Deux techniques sont principalement mises en œuvre lorsque l'employeur refuse de s'acquitter de sa dette.

126.123 Technique de la procédure sommaire. La direction régionale des Affaires sanitaires et sociales peut recourir à la procédure sommaire afin de procéder au recouvrement des sommes dues par l'employeur ou le travailleur indépendant. Peu utilisée en raison de la complexité de sa mise en œuvre, elle se caractérise par l'émission d'un avertissement ou d'une mise en demeure de payer sous quinzaine. Si à l'expiration de ce délai le versement dû n'a pas été intégralement effectué ou si la réclamation introduite par l'employeur ou le travailleur indépendant n'a pas été admise par le responsable du service mentionné à l'article R. 155-1 du Code de la sécurité sociale « *et n'a pas été portée par l'employeur ou le travailleur indépendant dans les quinze jours devant la juridiction compétente pour les contestations relatives aux cotisations, alors l'état des cotisations ouvrières et patronales de sécurité sociale mentionnées par l'avertissement ou la mise en demeure est rendu exécutoire par décision du responsable du service mentionné à l'article R. 155-1, remise au trésorier-payeur général du département où se trouve l'établissement de l'employeur ou le domicile du travailleur indépendant, qui assure, par l'intermédiaire du percepteur du domicile du débiteur, le recouvrement des sommes ainsi exigibles, y compris les frais afférents, comme en matière de contributions directes* » (CSS, art. R. 133-1 et R. 133-2).

126.124 Technique de la contrainte. C'est le mode de recouvrement des cotisations et majorations de retard le plus utilisé en raison de sa simplicité et de sa rapidité de mise en œuvre[1]. Conformément aux dispositions de l'article L. 244-11 du Code de la sécurité sociale, l'action civile en recouvrement des cotisations ou des majorations de retard dues par un employeur ou un travailleur indépendant, intentée indépendamment ou postérieurement à l'extinction de l'action publique, se prescrit par cinq ans. La prescription court à compter de l'expiration du délai imparti pour les avertissements et mises en demeure prévus aux articles L. 244-2 et L. 244-3 du Code de la sécurité sociale.

Elle se caractérise par l'émission d'un avertissement ou d'une mise en demeure de payer dans le délai d'un mois à compter de sa notification, et demeuré sans effet. À défaut de paiement dans ce délai, le directeur de l'organisme créancier (tel le directeur d'un organisme de sécurité sociale) peut décerner une contrainte, c'est-à-dire un titre exécutoire (v. CSS, art. L. 244-9, L. 161-1-5 et R. 133-3 à R. 133-7), qui est signifié au débiteur par acte d'huissier de justice ou par LRAR (CSS, art. R. 133-3, al. 2). À peine de nullité, l'acte d'huissier ou la LRAR mentionne la référence de la contrainte et son montant, le délai dans lequel l'opposition doit être formée, l'adresse du tribunal compétent et les formes requises pour sa saisine. L'huissier de justice doit aviser, dans les huit jours, l'organisme créancier de la date de signification (CSS, art. R. 133-3, al. 2). L'article R. 133-3 alinéa 3 offre au débiteur la possibilité de former opposition soit par inscription au tribunal des affaires de sécurité sociale, soit par LRAR adressée à cette juridiction. L'opposition doit être motivée, et une copie de la contrainte doit, en principe, être jointe. Il appartient au secrétariat du tribunal d'informer l'organisme créancier dans les huit jours de la réception de l'opposition. On notera que la décision de cette juridiction statuant sur opposition est exécutoire de droit à titre provisoire (CSS, art. R. 133-3, al. 4). Dès que l'organisme créancier a connaissance de l'opposition formée par le débiteur, il lui appartient d'adresser au secrétaire du tribunal des affaires de sécurité sociale une copie de la contrainte. Il doit y être joint :

1. Sur l'impossibilité pour une caisse générale de retraite par répartition de se délivrer une contrainte : Com. 4 avr. 2006, n° 04-19.788, NP.

– une copie de la mise en demeure comportant l'indication du détail des sommes ayant servi de base à l'établissement de la contrainte [1];

– l'avis de réception par le débiteur de la mise en demeure (CSS, art. R. 133-5).

On relèvera de surcroît que, conformément aux dispositions de l'article R. 133-6 du Code de la sécurité sociale, les frais de signification de la contrainte faite dans les conditions prévues à l'article R. 133-3 dudit Code sont à la charge du débiteur, excepté lorsque l'opposition a été jugée fondée.

À défaut d'opposition régulière du débiteur devant le tribunal des affaires de sécurité sociale [2], la contrainte comporte tous les effets d'un jugement et confère notamment le bénéfice de l'hypothèque judiciaire (CSS, art. L. 244-9, R. 133-3 à R. 133-7) [3]. Elle est notifiée au débiteur par voie de signification. À peine de nullité, l'acte d'huissier de justice mentionne la référence à la contrainte et son montant. En revanche, en cas d'opposition, elle ne constitue plus un titre suffisant pour mettre en œuvre une mesure d'exécution [4]. La contrainte doit permettre à celui contre lequel elle est émise d'avoir connaissance de la nature, de la cause et de l'étendue de son obligation. L'inobservation de ces prescriptions qui constitue l'omission d'un acte et non un vice de forme, affecte la validité de ce titre, sans que soit exigée la preuve d'un grief. L'exception de nullité de la contrainte peut en conséquence être opposée en tout état de cause [5].

126.125 Cotisations du régime des travailleurs non-salariés des professions non agricoles. Si la procédure sommaire prévue à titre alternatif pour le régime général est exclue du mode de recouvrement de ces cotisations, en revanche, il est prévu une phase gracieuse (CSS, art. L. 612-12, R. 612-9 à R. 612-11, dispositions complétées par Décr. n° 2007-703, 3 mai 2007 [6]).

À défaut de paiement dans le délai d'un mois à compter d'une mise en demeure de payer adressée par lettre recommandée, et sauf réclamation introduite dans le même délai devant une commission de recours gracieux et reconnue fondée, une contrainte est notifiée par la caisse mutuelle régionale ou l'organisme conventionné dans les mêmes conditions que celles édictées pour les cotisations du régime général (v. s^s n° 126.124). La contrainte fait l'objet d'une notification au débiteur par lettre recommandée avec demande d'avis de réception (LRAR) ou lui est signifiée par acte d'huissier de justice. La lettre recommandée ou l'acte d'huissier doit comporter, à peine de nullité, une série de mentions : la référence ou la contrainte et son montant, le délai dans lequel l'opposition doit être formée, l'adresse du tribunal des affaires de sécurité sociale compétent et les formes requises pour sa saisine [7]. L'huissier avise dans les huit jours l'organisme conventionné de la date de la signification.

La mise en demeure ne peut concerner que les cotisations échues dans les cinq années qui précèdent la date de son envoi. Elle précise le détail des sommes réclamées au titre des cotisations, ainsi que les majorations et pénalités. Cette mise en demeure indique également au défaillant qu'il a la possibilité de contester cette dette dans un délai d'un mois, en formulant à cette fin une réclamation adressée à la commission de recours amiable et accompagnée de la mise en demeure. L'adresse de ladite commission doit être mentionnée.

À défaut d'opposition, la contrainte emporte tous les effets d'un jugement exécutoire. Si le débiteur décide de contester, il peut alors former une opposition devant le tribunal des affaires de sécurité sociale, dans un délai de quinze jours à compter de la notification ou de la signification de la contrainte. Cette opposition doit être motivée et comporter une copie de la contrainte. La décision rendue par le tribunal statuant sur opposition est exécutoire de plein droit à titre provisoire.

La loi n° 99-641 du 27 juillet 1999 portant création d'une couverture maladie universelle [8] autorise désormais les organismes d'assurance-maladie et maternité et les caisses d'assurance-vieillesse des professions non salariées non agricoles habilitées à décerner la contrainte définie à l'article L. 244-9 du Code de la sécurité sociale, et porteurs d'un titre exécutoire, à enjoindre, au moyen d'une opposition motivée, aux tiers dépositaires, détenteurs ou redevables de sommes appartenant ou devant revenir au débiteur, de verser aux lieu et place de celui-ci, auxdits organismes, les fonds qu'ils détiennent ou qu'ils doivent à concurrence des cotisations et des majorations et pénalités de retard bénéficiant du

1. Soc. 7 déc. 2000, n° 98-18.359, NP.
2. Sur l'application de l'art. 6 § 1 Conv. EDH : Civ. 2e, 9 avr. 2009, n° 07-21.546, *Bull. civ.* II, n° 92.
3. Civ. 3e, 13 déc. 2000, n° 99-11.822, *Bull. civ.* III, n° 190; *Dr. et proc.* 2001. 202.
4. Aix-en-Provence, 17 mai 1996, *Rev. huiss.* 1997. 270 – TGI Montpellier, JEX, 15 déc. 1998, *Rev. huiss.* 2000. 167, obs. Bourdillat.
5. Soc. 6 févr. 2003, n° 01-20.534, *Bull. civ.* V, n° 47; *D.* 2003. 741.
6. Décr. n° 2007-703, 3 mai 2007, relatif à la mise en place d'un interlocuteur social unique pour les indépendants, réformant les modalités de recouvrement de leurs cotisations et contributions sociales et modifiant le Code de la sécurité sociale, *JO* 5 mai, p. 7994.
7. L'article R. 612-11 alinéa 1er *in fine*, prévoit, outre l'émission d'une contrainte, la possibilité de saisir le tribunal des affaires de sécurité sociale.
8. L n° 99-641, 27 juill. 1999, portant création d'une couverture maladie universelle, *JO* 28 juill., p. 11229.

privilège prévu à l'article L. 243-4 ou ayant donné lieu à une inscription de privilège dans les conditions prévues à l'article L. 243-5.

Cette opposition s'apparente à un avis à tiers détenteur. Elle est notifiée par le directeur de l'un des organismes susvisés et remporte l'effet d'attribution immédiate tel que prévu à l'article L. 211-2 C. pr. exéc. à concurrence des sommes pour lesquelles elle est pratiquée.

L'opposition peut être contestée devant le JEX par le débiteur comme par le tiers détenteur, dans le mois suivant sa notification. Le paiement est alors différé pendant ce délai et, le cas échéant, jusqu'à ce qu'il soit statué, sauf si le juge autorise le paiement pour la somme qu'il détermine.

126.126 Cotisations du régime agricole. Conformément aux dispositions de l'article L. 725-3 alinéa 1er et L. 725-8 du Code rural et de la pêche maritime, les caisses de mutualité sociale agricole ou les organismes spécifiques visés au titre de l'article L. 731-30 du Code rural et de la pêche maritime (voire l'autorité administrative en cas de carence) ont en charge le recouvrement des cotisations et des majorations et pénalités de retard dues au titre des régimes de protection sociale agricole dont elles assurent l'application (C. rur., art. R. 725-5, al. 1er).

Il résulte de l'article L. 725-3 du Code rural et de la pêche maritime que la Mutualité sociale agricole ou l'organisme assureur peuvent utiliser deux procédés afin de procéder au recouvrement des créances exigibles : la technique de l'état exécutoire signé par le préfet – du département dans lequel le débiteur a son domicile (sur proposition de l'organisme chargé de recouvrement) – dans le cadre de la procédure sommaire, si les procédures visées aux articles R. 725-8 à R. 725-19 se sont avérées inopérantes[1] (v. ss no 126.123 – v. C. rur., art. R. 725-20 et R. 725-21) ou celle de la contrainte dans des termes et conditions identiques à ceux du régime général (v. ss no 126.124).

Cela étant, il ne peut être recouru par la caisse de mutualité sociale agricole ou l'organisme assureur ou, à défaut, par le préfet de région (C. rur., art. R. 725-6, al. 1er) aux mesures de recouvrement qu'après une mise en demeure préalable adressée au redevable de procéder à une régularisation de sa situation. Il s'agit en l'occurrence d'une lettre recommandée avec demande d'avis de réception adressée au débiteur et le mettant en demeure de s'acquitter de sa dette dans le délai d'un mois. Cette mise en demeure doit mentionner, à peine de nullité : la nature et le montant des cotisations impayées ou des remboursements réclamés et les périodes pour lesquelles les cotisations ou les remboursements sont dus. Le cas échéant, elle doit spécifier le montant et le mode de calcul des majorations et pénalités de retard. En outre, doivent être indiqués les voies de recours dont dispose le redevable en application des articles R. 142-1 et R. 142-18 du Code de la sécurité sociale et les délais dans lesquels elles peuvent être exercées. Si, une fois le délai d'un mois expiré, les sommes qui ayant fait l'objet de la mise en demeure n'ont pas été intégralement versées, la caisse ou l'organisme assureur ou, à défaut, le préfet de région procède au recouvrement des sommes restant dues en utilisant l'une des procédures prévues aux articles L. 725-3 à L. 725-5 du Code rural et de la pêche maritime.

La contrainte fait l'objet soit d'une signification par un huissier de justice (C. rur., art. R. 725-8), soit d'une lettre recommandée avec demande d'avis de réception. L'acte d'huissier de justice, tout comme la lettre recommandée doivent faire référence à la contrainte, à son montant, indiquer le délai dans lequel l'opposition doit être formée, l'adresse du tribunal des affaires de sécurité sociale compétent ainsi que les conditions de forme exigées pour sa saisine (C. rur., art. R. 725-8). Ces exigences sont prescrites à peine de nullité. L'huissier de justice doit aviser dans les huit jours le signataire de la contrainte de la date de sa signification. On notera également que les frais de signification de la contrainte sont à la charge du débiteur, excepté lorsque l'opposition a été reconnue fondée (C. rur., art. R. 725-10).

Comme pour le recouvrement des cotisations de sécurité sociale, le débiteur dispose d'un délai de quinze jours à compter de la signification de la contrainte par huissier de justice ou de la lettre recommandée avec demande d'avis de réception pour former opposition (sur les modalités de l'opposition v. C. rur., art. R. 725-9). S'il décide de former opposition, celle-ci doit répondre à l'exigence de la motivation et une copie de la contrainte doit être jointe; le tribunal devant informer rapidement l'organisme créancier (C. rur., art. R. 725-9, al. 2). L'article R. 725-10 du Code rural et de la pêche maritime prévoit que la décision du tribunal des affaires de sécurité sociale statuant sur opposition est exécutoire de droit à titre provisoire. Si l'intéressé n'agit pas dans ce délai, la contrainte, dès lors qu'elle a été régulièrement signifiée, est assimilée à un jugement et emporte le bénéfice de l'hypothèque judiciaire (C. rur., art. L. 725-3, 1° *in fine*).

S'agissant d'autres procédures de recouvrement forcé, il convient de signaler que l'article L. 725-12 alinéa 1er du Code rural et de la pêche maritime

1. Cet état exécutoire étant remis au trésorier payeur général qui est chargé d'assurer le recouvrement comme en matière de contributions directes (C. rur., art. R. 725-20, al. 2).

envisage le cas de l'opposition formée entre les mains d'un tiers détenteur. Ce texte prévoit que, lorsque les caisses de mutualité sociale agricole sont munies d'un titre exécutoire au sens de l'article L. 111-3 C. pr. exéc. à l'encontre des employeurs de main-d'œuvre agricole ou des personnes physiques non-salariées agricoles, celles-ci sont habilitées à décerner la contrainte définie à l'article L. 725-3 du Code rural et de la pêche maritime, au moyen d'une opposition, en enjoignant pour cela aux tiers dépositaires, détenteurs ou redevables de sommes appartenant ou devant revenir au débiteur, de verser au lieu et place de celui-ci les fonds qu'ils détiennent ou qu'ils doivent à concurrence des cotisations et majorations et pénalités de retard au titre des régimes de protection sociale agricole bénéficiant du privilège ou ayant donné lieu à une inscription de privilège, en application de l'article L. 725-9 dudit Code. Les modalités de cette opposition sont précisées par les articles R. 725-12 et suivants du Code rural et de la pêche maritime.

La loi n° 99-641 du 27 juillet 1999 autorise de même les caisses de mutualité sociale agricole, titulaires d'un titre exécutoire contre les employeurs de main-d'œuvre agricole ou contre les personnes physiques non salariées agricoles à enjoindre, au moyen d'une opposition motivée, aux tiers dépositaires, détenteurs ou redevables de sommes appartenant ou devant revenir au débiteur, de verser aux lieu et place de celui-ci, auxdits organismes, les fonds qu'ils détiennent ou qu'ils doivent à concurrence des cotisations et des majorations et pénalités de retard au titre des régimes de protection sociale agricole.

Les modalités d'opposition sont identiques.

126.127 Modalités de recouvrement et de contrôle des contributions. La matière était précédemment régie par les articles L. 351-6 et R. 351-5-1 à R. 351-5-3 de l'ancien Code du travail. Désormais, en raison de la nouvelle numérotation du Code du travail, il faut se reporter à de nombreuses dispositions, notamment les articles L. 5422-15 à L. 5422-16, R. 5422-9, D. 5424-65, voire L. 620-9 du Code du travail. Cet éclatement ne facilite pas l'exacte compréhension de la matière.

L'article L. 5422-15 alinéa 1er du Code du travail, traitant des modalités de recouvrement et de contrôle des contributions, prévoit que toute action ou poursuite intentée contre un employeur pour manquement aux dispositions du titre consacré à l'indemnisation des travailleurs involontairement privés d'emploi, est précédée d'une mise en demeure.

Il est porté exception à cette prescription s'agissant de certaines contributions (celles visées aux articles L. 5422-10 et L. 5422-24 du Code du travail), et des accords conclus entre les organisations représentatives d'employeurs et de salariés susceptibles de faire l'objet d'agréments (C. trav., art. L. 5422-21, L. 5422-22 et L. 5422-24). Cette exception joue également s'agissant des contributions visées au chapitre IV, c'est-à-dire les régimes particuliers comme l'allocation d'assurance versée à certains salariés du secteur public, aux travailleurs des entreprises du bâtiment et des travaux publics d'emploi par suite d'intempéries, ainsi qu'aux travailleurs involontairement privés d'emploi relevant des professions de la production cinématographique, de l'audiovisuel ou du spectacle.

L'alinéa second de l'article L. 5422-15 du Code du travail se contente d'indiquer que les modalités d'application du présent article sont déterminées par décret en Conseil d'État. À ce sujet, l'article R. 5422-9 du Code du travail dispose, sans plus de précisions, que « *la mise en demeure de l'organisme de recouvrement prévue à l'article L. 5422-15 est adressée par lettre recommandée avec avis de réception* ».

L'article L. 5422-16 du Code du travail indique, pour sa part, que « *les contributions et versements prévus aux articles L. 1233-66, L. 1233-69, L. 5422-9, L. 5422-11 et L. 5424-20 sont recouvrés et contrôlés par les organismes chargés du recouvrement mentionnés à l'article L. 5427-1* [il s'agit des unions pour le recouvrement des cotisations de sécurité sociale et d'allocations familiales et des caisses générales de sécurité sociale mentionnées aux articles L. 213-1 et L. 752-1 du Code de la sécurité sociale, sous réserve toutefois des exceptions énoncées par l'article L. 5427-1], *pour le compte de l'organisme gestionnaire du régime d'assurance chômage mentionné à ce même article, selon les règles et sous les garanties et sanctions applicables au recouvrement des cotisations du régime général de la sécurité sociale assises sur les rémunérations. Pour l'application des dispositions prévues au a et e de l'article L. 5427-1, le directeur de l'institution mentionnée à l'article L. 5312-1 dispose de la faculté prévue à l'article L. 244-9 du Code de la sécurité sociale*[1]. *Les différends relatifs au recouvrement de ces contributions relèvent du contentieux de la sécurité sociale* [...] ».

Le texte poursuit en prévoyant la série de dérogations suivantes.

« *1° Les contributions dues au titre de l'emploi des salariés mentionnés à l'article L. 722-20 du Code rural sont recouvrées et contrôlées selon les règles et sous les garanties et sanctions applicables au recouvrement des cotisations dues au titre des assurances sociales agricoles obligatoires, dans des conditions définies par convention entre l'organisme gestionnaire du régime d'assurance chômage et la Caisse centrale de la mutualité sociale agricole.*

1. Il s'agit de la contrainte.

2º Les différends relatifs au recouvrement des contributions dues au titre de l'emploi de salariés à Saint-Pierre-et-Miquelon relèvent de la compétence des juridictions mentionnées à l'article 8 de l'ordonnance nº 77-1102 du 26 septembre 1977 portant extension et adaptation au département de Saint-Pierre-et-Miquelon de diverses dispositions relatives aux affaires sociales ».

On notera qu'« *une convention conclue entre l'Agence centrale des organismes de sécurité sociale et l'organisme gestionnaire du régime d'assurance chômage mentionné à l'article L. 5427-1 précise les conditions garantissant à ce dernier la pleine autonomie de gestion, notamment de sa trésorerie grâce à une remontée quotidienne des fonds, ainsi que l'accès aux données nécessaires à l'exercice de ses activités. Elle fixe également les conditions dans lesquelles est assuré le suivi de la politique du recouvrement et définit les objectifs de la politique de contrôle et de lutte contre la fraude. Elle prévoit enfin les modalités de rémunération du service rendu par les organismes chargés du recouvrement des cotisations du régime général.* »

S'agissant des modalités de contestation de la contrainte visée à l'article L. 5422-16, l'article D. 5424-65 du Code du travail décide que « *par dérogation à la règle de compétence territoriale énoncée à l'article R. 5422-11, l'opposition du débiteur faisant l'objet de la contrainte mentionnée à l'article L. 5422-16 est formée auprès du tribunal dans le ressort duquel l'organisme créancier a son siège lorsque la contrainte a été délivrée pour le recouvrement de contributions et de majorations de retard dues pour l'emploi de salariés intermittents relevant des professions de la production cinématographique, de l'audiovisuel ou du spectacle* ».

Concernant spécialement, les groupements d'artistes visés par l'article L. 620-9 du Code du travail, ils sont assujettis au versement de l'ensemble des cotisations et contributions sociales, d'origine légale ou conventionnelle, prévues par la loi et se rapportant uniquement à leur activité de spectacle. Le IV, 3° de l'article L. 620-9 du Code du travail, qui n'est pas sans rappeler les dispositions de l'alinéa 4 de l'ancien article L. 351-6 du Code du travail, indique que « *si la mise en demeure de régulariser la situation dans un délai de quinze jours reste sans effet, le directeur de l'organisme habilité peut délivrer une contrainte notifiée au débiteur par lettre recommandée avec accusé de réception. À défaut d'opposition du débiteur devant le tribunal d'instance ou de grande instance compétent, la contrainte comporte tous les effets d'un jugement et confère notamment le bénéfice de l'hypothèque judiciaire* ».

126.128 Cas particuliers. Le cadre strict édicté par l'article L. 111-3 C. pr. exéc. pose la question de son application à des situations particulières.

Il en va ainsi des décisions émanant d'instances disposant de pouvoirs disciplinaires dans le cadre des attributions légales qui leur sont dévolues. Celles-ci peuvent-elles être considérées comme valant titres exécutoires ?

Tel est le cas lorsque les conseils régionaux de l'Ordre des médecins ont mission d'exercer au sein de l'Ordre la compétence disciplinaire en premier ressort (CSP, art. L. 4124-1). À ce titre, ils peuvent prononcer des peines disciplinaires (sur lesquelles v. CSP, art. L. 4124-6). Dans cette hypothèse, dès lors qu'un praticien est frappé d'une sanction disciplinaire, il est tenu au paiement des frais résultant de l'action engagée devant le Conseil régional (CSP, art. R. 4126-41). À cet égard, l'article 16 alinéa 3 du décret du 26 octobre 1948 dispose que « *les frais sont recouvrés par le Conseil régional et, le cas échéant par le Conseil national de l'Ordre* [en cas d'appel]. *L'exécutoire est constitué par la décision de l'un de ces conseils* ».

L'article L. 111-3 C. pr. exéc. étant d'interprétation stricte, il paraît difficile d'étendre à cette catégorie d'actes le bénéfice de l'appellation « titre exécutoire ».

SECTION 4
TITRES DE PERCEPTION EN MATIÈRE DE SANTÉ PUBLIQUE

126.131 Protection de la santé d'un mineur exposé à une source de plomb. Lorsqu'une enquête sur l'environnement d'un mineur met en évidence la présence d'une source d'exposition au plomb, susceptible d'être à l'origine de l'intoxication de ce mineur, le représentant de l'État dans le département prend toutes mesures nécessaires à l'information des familles. Il invite la personne responsable du bien (propriétaire, syndicat des copropriétaires, exploitant du local d'hébergement, entreprise ou collectivité territoriale) dont dépend la source d'exposition au plomb identifiée par l'enquête à prendre toutes les mesures nécessaires afin de limiter ce risque. Si des revêtements dégradés contiennent des concentrations de plomb supérieures aux seuils fixés par arrêté ministériel, et susceptibles d'être à l'origine d'une intoxication du mineur, le préfet notifie alors aux intéressés son intention de faire exécuter, à leurs frais, les travaux nécessaires afin de supprimer le risque constaté, et ce dans le délai qu'il aura imparti (v. CSP, art. L. 1334-2).

Dans l'hypothèse où le débiteur des travaux n'a pas fait connaître son intention de contester la décision (dans un délai de dix jours à compter de la notification de la décision du représentant de l'État dans le département), ou s'il n'a pas engagé les travaux dans un délai de dix jours à compter de la notification, le représentant de l'État fait exécuter les travaux nécessaires à ses frais.

L'article R. 1334-7 du Code de la santé publique prévoit que lorsque le préfet fait réaliser des travaux dans la situation ci-dessus évoquée (CSP, art. L. 1334-2), « *il établit un état de frais de réalisation des travaux et, le cas échéant, de l'hébergement provisoire des occupants. Il émet le titre de perception correspondant revêtu de la formule exécutoire, à l'encontre des personnes mentionnées au deuxième alinéa de l'article L. 1334-2* » qui doivent assurer la protection du mineur exposé à une source de plomb (Décr. n° 2006-1099, 31 août 2006 [1]).

On notera que, dans un ordre d'idée voisin, un dispositif similaire est prévu par l'article R. 1334-13 du Code de la santé publique, pour les travaux réalisés dans un logement ou un immeuble construit avant le 1er janvier 1949, et qui sont à l'origine d'émissions de poussières et, dès lors que les mesures de protection des occupants sont insuffisantes. Le préfet établit dans ce cas un état des dépenses qu'il a engagées au titre des mesures conservatoires mentionnées à l'article L. 1334-11 du Code de la santé publique et émet un titre de perception correspondant revêtu de la formule exécutoire à l'encontre du propriétaire, du syndicat de copropriétaires ou de l'exploitant du local d'hébergement défaillant (contrôle des installations d'assainissement non collectif).

1. Décr. n° 2006-1099, 31 août 2006, *JO* 1er sept., p. 13042.

TITRE

13. Prescription des titres exécutoires

SECTION 0

ORIENTEUR

130.00 **Plan du titre.**

CHAPITRE

131. Prescription de l'exécution forcée

OLIVIER SALATI
MAÎTRE DE CONFÉRENCES (HDR)
À L'UNIVERSITÉ D'AIX-MARSEILLE

SECTION 0 ORIENTEUR

131.00 Plan du chapitre.

131.01 Textes applicables.

C. civ., art. 2224, 2231, 2232, 2241 à 2244 et 2244.

C. pr. civ., art. 131, 281 et 1565.

C. pr. exéc., art. L. 111-3, L. 111-4, L. 221-1, R. 221-1 et R. 221-5 et R. 321-3.

131.03 Bibliographie indicative.

Ouvrages. A. LEBORGNE, *Droit de l'exécution*, 2e éd., « Précis », Dalloz, 2014, n° 426 – R. PERROT et Ph. THÉRY, *Procédures civiles d'exécution*, 3e éd., Dalloz, 2013, n° 134 – *Code des procédures civiles d'exécution*, commenté, 2e éd., Dalloz, 2014, ss art. L. 111-4.

Articles. N. Fricero, « La nouvelle prescription : entre sécurité et modernité », *RLDC* sept. 2008, n° 52, p. 6 – Ph. Hoonakker, « La prescription de l'exécution forcée depuis la loi n° 2008-561 du 17 juin 2008 », *Dr. et proc.* 2009. 15 – C. Lefort, « La prescription de l'exécution du titre exécutoire », *Dr. et patr.* nov. 2008. 91 – T. Moussa, « Prescription des titres exécutoires et prescription de l'action », *Dr. et proc.* 2011. 284 s. – G. Rebecq et D. Tatoueix, « La prescription des titres exécutoires en matière judiciaire », *Dr. et proc.* 2010, 201 s. – O. Salati, « Nouvel article 3-1 de la loi du 9 juillet 2008 », *Procédures* déc. 2008. 2.

131.04 Présentation. Prescription décennale des titres exécutoires de l'article L. 111-4, 1° à 3°, C. pr. exéc. On sait que la loi n° 2008-561 du 17 juin 2008 portant réforme de la prescription en matière civile[1] a inséré, après l'article L. 111-3 C. pr. exéc. consacré à l'énumération des différents titres exécutoires, un nouvel article L. 111-4 aux termes duquel « *l'exécution des titres exécutoires mentionnés aux 1° à 3° de l'article L. 111-3 ne peut être poursuivie que pendant dix ans, sauf si les actions en recouvrement des créances qui y sont constatées se prescrivent par un délai plus long* » (al. 1er). « *Le délai mentionné à l'article 2232 du Code civil n'est pas applicable dans le cas prévu au premier alinéa* » (al. 2). Les autres titres exécutoires de l'article L. 111-3, 4° à 6° dont la valeur juridique n'a pas été sanctionnée par un juge, resteront donc soumis pour leur exécution au délai de prescription de la créance qu'ils constatent, soit cinq ans en principe.

Dix ans d'un côté, cinq de l'autre, cette différence dans la prescription extinctive confirme ce que la doctrine avait déjà pu remarquer, c'est qu'il existe une hiérarchie objective des titres exécutoires au sommet de laquelle se situent les décisions des juridictions de l'ordre judiciaire ou de l'ordre administratif[2]. Ce qui justifie traditionnellement cette exception au délai de prescription de cinq ans, ainsi d'ailleurs qu'au nouveau délai butoir de vingt ans à compter du jour de la naissance du droit de l'article 2232 du Code civil, est que « *le jugement de condamnation [...] constitue, en raison de l'autorité qui s'y attache, un titre à l'abri des courtes prescriptions édictées par le Code civil ou par des lois spéciales* »[3]. Quand on poursuit l'exécution d'une décision de justice, c'est à un titre bénéficiant de l'autorité de chose jugée que l'on cherche à donner effet, et non aux obligations nées de la volonté des parties même si celles-ci figurent dans un acte notarié[4]. En d'autres termes, c'est la qualité du titre qui permet

1. L. n° 2008-561, 17 juin 2008, portant réforme de la prescription en matière civile, *JO* 18 juin, p. 9856.

2. Obs. H. Croze, *JCP* 2006. II. 10129, spéc. p. 1466, ss Cass., ch. mixte, 26 mai 2006, n° 03-16.800, *Bull. ch. mixte*, n° 3; *adde Procédures* 2006. Comm. 181, note Perrot.
3. Civ. 23 juill. 1934, *Gaz. Pal.* 1934. 2. 523.
4. Obs. Perrot, *RTD civ.* 2005. 638, ss Civ. 2e, 9 juin 2005, n° 04-13.182, *Bull. civ.* II, n° 150.

qu'on lui attache un délai de prescription plus long pour l'exécuter.

Ensuite, le nouveau délai de dix ans est dérogatoire à celui posé par l'article 2224 du Code civil, autrement dit, pour les actions personnelles ou mobilières, « *cinq ans à compter du jour où le titulaire d'un droit a connu ou aurait dû connaître les faits lui permettant de l'exercer* », et il faut rappeler qu'auparavant cette discordance droit spécial-droit commun n'existait pas : la force exécutoire des jugements se prescrivait par trente ans, ce qui correspondait au délai de l'ancien article 2262 du Code civil prévu pour la prescription extinctive du droit substantiel litigieux qui sert de fondement à la demande. Aujourd'hui, l'exécution des jugements se prescrit par dix ans alors même que le droit constaté sera en principe soumis à une prescription de plus courte durée, emprunt de prescription qui, en revanche, ne se produira pas si les actions en recouvrement des créances constatées dans la décision « *se prescrivent par un délai plus long* », car ici c'est le droit litigieux qui prime et implique de s'en tenir, s'agissant de l'exercice des poursuites, à la durée de la prescription propre à la nature de la créance[1].

Une prescription en principe plus longue que celle du droit commun, mais tout de même raccourcie, l'article L. 111-4 C. pr. exéc. témoigne ainsi de ce que le législateur a voulu intégrer la poursuite de l'exécution de la condamnation d'un juge dans une logique de réduction des délais. En effet, dix années en lieu et place d'une prescription trentenaire constitue un véritable changement, et par conséquent les causes d'interruption de la prescription n'en revêtent que plus d'importance. L'ancien article 2244 du Code civil disposait qu'un « *commandement ou une saisie, signifiés à celui qu'on veut empêcher de prescrire, interrompent le délai de prescription* ». Le nouvel article utilise une terminologie plus fuyante, affirmant que le délai de prescription ou le délai de forclusion est... interrompu par une mesure conservatoire prise en application du Code des procédures civiles d'exécution ou par « *un acte d'exécution forcée* ». Le tout est alors de déterminer avec précision ce qu'est un acte d'exécution forcée, et s'il doit toujours être signifié à celui qu'on veut empêcher de prescrire, c'est-à-dire au débiteur, car cette exigence ne figure plus dans le texte nouveau.

On sait par exemple que « *l'acte de dénonciation d'une saisie-attribution au débiteur saisi n'est pas un acte d'exécution* », mais de simple information[2]. C'est donc le seul acte de saisie signifié au tiers saisi qui, en tant qu'acte d'exécution réalisant un transfert d'un patrimoine à un autre, interrompra la prescription contre le débiteur, et qui aura pour effet, en vertu de l'article 2231 du Code civil, de faire « *courir un nouveau délai de même durée que l'ancien* », le délai butoir de vingt ans ne s'appliquant pas. En matière de saisie immobilière, c'est le commandement de payer valant saisie, signifié au débiteur ou au tiers détenteur, qui « engage » la procédure d'exécution – et qui a la nature d'un acte de disposition – qui interrompra la prescription. En revanche, en matière de saisie-vente des meubles corporels les choses se présentent de façon plus nuancée : le commandement de payer constitue plutôt un acte préparatoire que d'exécution, puisque les opérations de saisie ne peuvent commencer qu'à l'expiration d'un délai de huit jours à compter de sa signification (C. pr. exéc., art. L. 221-1 et R. 221-1), mais on sait que la jurisprudence décide que celle-ci « *engage la procédure d'exécution* »[3]. Cette ambiguïté se reflète dans l'article R. 221-5 C. pr. exéc. En effet, « *si dans un délai de deux ans qui suit le commandement de payer, aucun acte d'exécution n'est intervenu, les poursuites ne peuvent être engagées que sur un nouveau commandement. Toutefois, l'effet interruptif de prescription du commandement demeure* »...

SECTION 1
ÉTAT DU DROIT ANTÉRIEUR À LA LOI DU 17 JUIN 2008

131.11 Une prescription auparavant trentenaire. Avant la loi du 17 juin 2008, toutes les actions se prescrivaient par trente ans en matière civile (C. civ., anc. art. 2262) et par dix ans en matière commerciale, sauf prescription plus courte (C. com., art. 189 *bis*, devenu C. com., art. L. 110-4). Il n'en demeurait pas moins que les actions qui tendaient au recouvrement d'une créance ayant fait l'objet d'un jugement de condamnation se prescrivaient uniformément par trente ans, même si la créance à l'origine de la condamnation, était jusque-là, soumise à une prescription particulière[4].

131.12 Conséquences pratiques : uniformisation des délais de prescription. Il résultait du principe sus-énoncé que chaque codébiteur solidaire

1. Sur ce point, v. obs. Taisne, *JCP* 2007. II. 10075, s^s Cass., ass. plén., 12 janv. 2007, n° 05-11.816, *Bull. ass. plén.*, n° 1.
2. Civ. 2e, 14 févr. 2008, n° 05-14.494, *Bull. civ.* II, n° 35; *Procédures* 2008. Comm. 106, note Perrot.
3. Civ. 2e, 16 déc. 1998, n° 96-18.255, *Bull. civ.* II, n° 301.
4. À propos d'un créancier exerçant des poursuites de saisie immobilière à l'encontre d'emprunteurs sur le fondement d'un acte authentique de prêt : Civ. 2e, 10 juin 2004, n° 03-11.146, *Bull. civ.* II, n° 287 – Civ. 2e, 9 juin 2005, n° 04-13.182, *Bull. civ.* II, n° 150; *JCP* 2005. II. 10120, note crit. Croze; *Dr. et proc.* 2006. 45, obs. Putman – Com. 10 mars 2009, n° 08-15.072, NP.

devant être considéré comme le représentant de ses coobligés, ce qui avait été jugé à l'égard de l'un était opposable aux autres. Aussi, un jugement de condamnation au paiement de cotisations sociales au profit de l'Union de recouvrement des cotisations de sécurité sociale et d'allocations familiales (Urssaf), opposable à la caution solidaire, était exécutable pendant un délai de trente ans[1]. Il en allait de même pour une contrainte délivrée par le directeur d'un organisme de sécurité sociale pour le recouvrement de cotisations et majorations de retard régulièrement signifiée et non contestée. Elle emportait tous les effets d'un jugement[2].

Les hypothèses autorisant à se prévaloir de cette prescription étaient donc rares, le titulaire du titre exécutoire attendant rarement l'expiration d'un tel délai pour mettre à exécution son droit de poursuite.

Par ailleurs, si l'exception de nullité est perpétuelle et peut être soulevée en défense alors même que cette nullité est prescrite dans le cadre d'une action principale[3], il n'en demeurait pas moins que cette exception était inopposable au titulaire d'un titre exécutoire, celle-ci devant être soulevée dans l'instance tendant à la reconnaissance de la créance.

La délivrance du titre exécutoire définitif avait donc pour effet de « purger » toutes les exceptions de nullité et toutes les exceptions de prescription abrégée. C'est ainsi que la mesure qui tendait au recouvrement d'une pension alimentaire ayant fait l'objet d'une condamnation exécutoire n'était pas soumise à la prescription abrégée de l'ancien article 2277 du Code civil au terme de laquelle les arrérages des rentes perpétuelles et viagères et de ceux des pensions alimentaires se prescrivaient par cinq ans[4]. Selon M. Massip, cette jurisprudence avait pour conséquence de vider l'ancien article 2277 du Code civil de toute portée pratique en ce qui concerne les aliments[5].

La Cour de cassation paraissait être revenue sur cette solution dans un arrêt rendu à l'occasion d'une affaire où la créance d'aliments avait été fixée par un jugement. En effet, sa première chambre avait estimé que l'ancien article 2277 du Code civil ayant un caractère libératoire et ne reposant pas sur une présomption de paiement, elle pouvait être opposée par un débiteur qui reconnaissait ne pas avoir acquitté les arrérages de la pension. Dans cette espèce, la prescription était invoquée, non dans le cadre d'une demande initiale en paiement d'aliments, mais dans celui d'une poursuite d'exécution[6] (sur la prescription en matière d'aliments, v. paiement direct des pensions alimentaires s[s] n° 951.181). Peu après, un arrêt d'assemblée plénière avait décidé de combiner les délais. Ainsi, s'agissant d'une indemnité d'occupation, si le créancier avait la faculté de poursuivre pendant trente ans l'exécution d'un jugement condamnant au paiement d'une somme payable à échéances périodiques, il ne pouvait en revanche, en raison de l'ancien article 2277 du Code civil, applicable en raison de la nature de la créance, obtenir le recouvrement des arriérés qui sont échus depuis plus de cinq ans avant la date de sa demande[7].

La seule exception opposable était donc celle tirée du défaut de mise en œuvre de la procédure de recouvrement dans le délai de trente ans qui court à compter de la décision de condamnation.

131.13 Prescription trentenaire et titre exécutoire notarié. Il faut préciser que l'interversion des prescriptions (substitution de la prescription de droit commun à la prescription abrégée) qui résulte de l'obtention d'un titre exécutoire, ne valait que si ce titre était une décision juridictionnelle portant condamnation[8]. Lorsque le titre est un acte notarié en la forme exécutoire, il ne produisait pas cet effet interversif. Une chambre mixte avait mis un terme à la division entre la deuxième chambre civile et les autres chambres en faisant prévaloir l'application du délai de prescription de l'obligation en présence d'un tel acte[9]. Il était ainsi possible d'opposer à une banque qui se prévalait d'un contrat de prêt notarié revêtu de la formule exécutoire, la prescription

1. Soc. 7 oct. 1981, n° 80-12.495, *Bull. civ.* V, n° 763.
2. Soc. 5 févr. 1998, n° 95-12.574, *Bull. civ.* V, n° 68; *Gaz. Pal.* 19-20 févr. 1999, p. 5.
3. Civ. 1re, 19 déc. 1995, n° 93-18.449, NP; *J.-Cl. Conc. Consom.* mars 1996, n° 38.
4. Civ. 1re, 19 mars 1991, n° 89-18.337, *Bull. civ.* I, n° 94 – Civ. 1re, 16 juin 1998, n° 96-18.628, *Bull. civ.* I, n° 214; *D.* 1999. 386, note Massip.
5. Civ. 1re, 16 juin 1998, n° 96-18.628, *Bull. civ.* I, n° 214; *D.* 1999. 386, note Massip.
6. Civ. 1re, 20 nov. 2001, n° 98-16.644, NP; *Gaz. Pal.* 30-31 oct. 2002, p. 27, note Massip.
7. Cass., ass. plén., 10 juin 2005, n° 03-18.922, *Bull. ass. plén.*, n° 6; *D.* 2005. 1733, obs. Rouquet; *D.* 2006. 254, chron. Libchaber; *AJDI* 2005. 730, obs. Rouquet; *RTD civ.* 2006. 320, obs. Mestre et Fages; *Procédures* 2006, n° 204, obs. Perrot – *Adde :* Civ. 2e, 12 mars 2009, n° 07-20.682, NP.
8. R. Libchaber, « Le point sur l'interversion des prescriptions en cas de condamnation en justice », *D.* 2006. 254.
9. Cass., ch. mixte, 26 mai 2006, n° 03-16.800, *Bull. ch. mixte*, n° 3; *D.* 2006. 1793, note Wintgen; *RTD civ.* 2006. 558, obs. Mestre et Fages; p. 829, obs. Perrot; *JCP* 2006. II. 10129, note Croze; *Dr. et proc.* 2006. 273, obs. Douchy-Oudot; *Defrénois* 2006. 1233, obs. Libchaber; *RD banc. fin.* 2006, n° 114, obs. Piedelièvre; *Dr. et patr.* 2007, n° 158, p. 52, note Galmard – *Adde :* Civ. 1re, 12 juill. 2007, n° 06-11.369, *Bull. civ.* I, n° 269; *D.* 2007. 2030, obs. Delpech; *D.* 2008. 1167, obs. Leborgne; *RTD com.* 2007. 817, obs. Legeais; *RTD com.* 2008. 46, obs. Saintourens; *Dr. et proc.* 2008. 35, obs. Putman.

décennale de l'article L. 110-4 du Code de commerce[1].

La Haute juridiction estimait, en effet, que ce texte s'appliquait aux obligations entre commerçants, ou entre commerçants et non commerçants, sans qu'il y ait lieu de distinguer selon la forme en laquelle elles ont été constatées, de telle sorte que la prescription trentenaire de l'ancien article 2262 du Code civil était exclue en la matière[2].

SECTION 2
ÉTAT DU DROIT POSTÉRIEUR À LA LOI DU 17 JUIN 2008

131.21 Prescription décennale de principe des titres exécutoires. Avant l'intervention de la loi du 17 juin 2008 portant réforme de la prescription en matière civile, et sauf quand il s'agissait d'un jugement, la validité du titre exécutoire durait autant que le délai de prescription applicable à l'obligation qu'il constatait. C'est ainsi, on l'a vu (v. s[s] n° 131.13), que par un arrêt en date du 26 mai 2006 la chambre mixte de la Cour de cassation a posé en principe que « *la durée de la prescription est déterminée par la nature de la créance et que la circonstance que celle-ci soit constatée par un acte authentique revêtu de la formule exécutoire n'a pas pour effet de modifier cette durée* ». Quant au jugement, la jurisprudence considérait qu'il opérait une interversion des prescriptions, substituant à la prescription applicable à l'obligation celle trentenaire de droit commun. C'est alors que la loi du 17 juin 2008 est intervenue[3], et a inséré, à l'époque, dans la loi n° 91-650 du 9 juillet 1991 portant réforme des procédures civiles d'exécution, un nouvel article, numéroté 3-1. Ce texte, qui est désormais codifié à l'article L. 111-4 alinéa 1er C. pr. exéc., dispose que « *l'exécution des titres exécutoires mentionnés aux 1° à 3° de l'article 3 de l'article L. 111-3 ne peut être poursuivie que pendant dix ans, sauf si les actions en recouvrement des créances qui y sont constatées se prescrivent par un délai plus long* »[4]. Quant aux titres exécutoires, notamment les actes notariés revêtus de la formule exécutoire du 4° de ce texte, ils sont soumis, pour leur exécution, au délai de prescription de la créance qu'ils constatent, soit en principe cinq ans[5]. Mais de façon générale, pour les titres exécutoires judiciaires, le délai de prescription décennale se substitue au délai de prescription de la créance constatée dans le titre exécutoire. La règle de l'interversion des prescriptions a été maintenue, même si le délai de poursuite a été réduit de trente à dix ans. Le créancier doit donc être prudent, et par exemple introduire une demande en justice laquelle, aux termes de l'article 2241 alinéa 1er du Code civil, interrompt le délai de prescription. Cependant, encore faut-il avoir un intérêt à agir. La première chambre civile de la Cour de cassation l'a implicitement rappelé dans un arrêt du 16 octobre 2013, dans une espèce où, après que la déchéance du terme d'un crédit immobilier avait été prononcée à la suite d'impayés, une banque avait assigné les emprunteurs devant le tribunal de grande instance aux fins de liquidation de sa créance. La cour d'appel avait déclaré que la banque n'avait pas besoin d'un jugement condamnant les emprunteurs à lui rembourser sa créance pour la raison qu'elle disposait d'un titre exécutoire, cependant que la banque, dans son pourvoi, soutenait qu'elle avait intérêt à faire fixer cette créance aux fins d'interrompre la prescription. Mais son pourvoi est rejeté : « *Le créancier titulaire d'un titre exécutoire pouvant interrompre le délai de prescription par l'engagement d'une mesure conservatoire ou d'une mesure d'exécution forcée, la volonté d'interrompre ce délai ne saurait justifier, en elle-même, l'introduction d'une action en liquidation de la créance constatée par le titre exécutoire* »[6]. Comme on l'a relevé, le créancier porteur d'un titre notarié qui constate une créance à courte prescription ne pourra pas allonger celle-ci en faisant constater sa créance par une décision de justice[7].

131.22 Esprit de l'article L. 111-4 C. pr. exéc. Cette disposition témoigne de la volonté du législateur d'opérer une dissociation entre deux catégories de titres, ce qui implicitement accrédite l'idée d'une hiérarchie entre les différents titres exécutoires. Il convient de distinguer entre les titres qui interviennent suite à un contrôle juridictionnel, et ceux qui n'ont pas subi cette épreuve. Pour l'essentiel,

1. C. com., anc. art. 189 *bis*.
2. Civ. 1re, 11 févr. 2003, n° 00-18.692, *Bull. civ.* I, n° 43; *JCP* 2003. IV. 1618.
3. V. le dossier traitant de cette réforme, *D.* 2008. 2511 s. – N. Fricero, « La nouvelle prescription : entre sécurité et modernité », *RLDC* 2008, n° 52, p. 6.
4. C. Lefort, « La prescription de l'exécution du titre exécutoire », *Dr. et patr.* nov. 2008. 91 – O. Salati, « Nouvel article 3-1 de la loi du 9 juill. 2008 », *Procédures* déc. 2008. 2 – Ph. Hoonakker, « La prescription de l'exécution forcée depuis la loi n° 2008-561 du 17 juin 2008 », *Dr. et proc.* 2009. 15 – G. Rebecq et D. Tatoueix, « La prescription des titres exécutoires en matière judiciaire », *Dr. et proc.* 2010. 201.
5. Ce délai peut être plus court, ce qui est le cas pour les crédits immobiliers accordés par un établissement bancaire à un consommateur, qui sont soumis à la prescription biennale de l'art. L. 137-2 C. consom. : Civ. 1re, 28 nov. 2012, n° 11-26.508, *Bull. civ.* I, n° 247; *D.* 2012. 2885, obs. Avena-Robardet; *D.* 2013. 1574, obs. Leborgne.
6. Civ. 1re, 16 oct. 2013, n° 12-21.917, *Bull. civ.* I, n° 200; *D.* 2014. 563, chron. Capitaine, et p. 795, obs. Fricero; *Dr. et pr.* 2013, 283, obs. Salati.
7. V. A. Leborgne, obs. s[s] *D.* 2014. 1466, spéc. p. 1469.

l'énumération des titres visés par l'article L. 111-4 alinéa 1er C. pr. exéc. semble regrouper deux catégories de titres exécutoires qui se distinguent principalement eu égard à l'intensité du contrôle susceptible d'être opéré par le juge :

– les décisions juridictionnelles qui témoignent de l'exercice de la fonction juridictionnelle contentieuse, c'est-à-dire les décisions des juridictions de l'ordre judiciaire et de l'ordre administratif auxquelles il est possible de joindre les jugements étrangers ainsi que les sentences arbitrales déclarées exécutoires par une décision non susceptible d'un recours suspensif d'exécution;

– les accords auxquels sont parvenues les parties à une médiation, une conciliation ou une procédure participative, qui peuvent être soumis, aux fins de les rendre exécutoires, à l'homologation du juge compétent pour connaître du contentieux de la matière considérée (C. pr. civ., art. 1565), l'homologation d'une transaction se faisant désormais par renvoi à ce titre[1]. Dans ce cadre général, paraît visé l'acte de conciliation de l'article 130 C. pr. civ., dont la teneur est consignée dans un procès-verbal signé par le juge et les parties, et dont des extraits, qui « *valent titre exécutoire* » (C. pr. civ., art. 131, al. 1er), peuvent être délivrés, le constat de conciliation signé par les parties et le conciliateur de justice qui peut également être soumis à l'homologation du juge (C. pr. civ., art. 131, al. 2), ou encore, lorsque les parties à un procès viennent à se concilier dans le cadre des opérations d'expertise, l'acte exprimant leur accord auquel « *les parties peuvent demander au juge de donner force exécutoire* » (C. pr. civ., art. 281, al. 2). On pense également à la décision par laquelle le juge de la mise en l'état constate la conciliation et homologue, à leur demande, l'accord que les parties lui soumettent (C. pr. civ., art. 768; v. aussi, C. pr. civ., art. 941), ou, en matière prud'homale, à l'extrait du procès-verbal délivré en cas de conciliation par le bureau de conciliation du conseil de prud'hommes, qui « *vaut titre exécutoire* » (C. trav., art. R. 1454-11)[2].

Dorénavant, pour cette catégorie de titres, il convient de faire application du délai de prescription décennal, et non plus du délai de prescription trentenaire comme le faisait jadis la jurisprudence en substituant à la prescription, plus courte de l'obligation, la prescription alors trentenaire de droit commun. On observera que, désormais, le délai de prescription du titre exécutoire est légalement plus long que le délai de prescription de droit commun de la créance (de cinq ans : C. civ., art. 2224). Un délai de dix ans pour procéder à l'exécution d'un jugement est sans doute un délai raisonnable, équilibré, proportionné, tant pour le créancier que pour le débiteur.

La règle vaut toutefois sous réserve des cas où le législateur instaurerait un délai spécial de prescription de l'obligation et du titre exécutoire plus bref[3].

131.23 Régime des titres exécutoires relevant de la prescription décennale. L'article L. 111-4 alinéa 1er C. pr. exéc. ne donnant pas d'information sur le régime de la prescription décennale, il convient de se reporter aux dispositions issues de la loi du 17 juin 2008 tant en ce qui concerne le point de départ de la prescription qu'à propos des causes d'interruption.

Il est en effet nécessaire de se référer aux dispositions de l'article 2242 du Code civil afin de résoudre la première question, celle du point de départ du délai. Ce texte, bien qu'inséré dans une section afférente aux causes d'interruption de la prescription décide que « *l'interruption résultant de la demande en justice produit ses effets jusqu'à l'extinction de l'instance* ». L'extinction de l'instance semble bien constituer le point de départ de la prescription du titre. Encore faut-il s'entendre sur ce moment (désistement, caducité, acquiescement...) et notamment s'entendre sur le point de savoir s'il convient de tenir compte de l'exercice des voies de recours.

S'agissant des causes d'interruption de la prescription, le nouvel article 2244 du Code civil décide que « *le délai de prescription ou le délai de forclusion est également interrompu par une mesure conservatoire prise en application du Code des procédures civiles d'exécution ou un acte d'exécution forcée* ». La généralité du texte permet vraisemblablement d'inclure, au titre des mesures conservatoires, les sûretés judiciaires[4].

En outre, la référence au terme acte d'exécution incite à considérer que doivent être exclus tous les actes qui n'ont qu'un effet purement informatif : se pose naturellement la question de savoir si les commandements préalables à une mesure d'exécution forcée entrent ou non dans le champ du texte. Cela ne semble guère douteux s'agissant de la saisie

1. V. H. Croze et Ch. Laporte, « Mais où est donc passé l'article 1441-4 du Code de procédure civile ? », *Gaz. Pal.* 2012.703.
2. En outre, dans la procédure de divorce par consentement mutuel, v. C. pr. civ., art. 1099, al. 3, qui décide que le juge « *rend sur-le-champ un jugement par lequel il homologue la convention et prononce le divorce* » – Sur le fait que cette convention a la même force exécutoire qu'une décision de justice : v. Civ. 2e, 17 mars 1993, no 91-19.754, *Bull. civ.* II, no 111 – Civ. 2e, 5 janv. 1994, no 92-14730, *Bull. civ.* II, no 5; *Defrénois* 1994. 943, note Forgeard.
3. Sur cette éventualité, v. Ph. Hoonakker, art. préc. ss prést no, spéc. no 12.
4. C. pr. exéc., art. L. 511-1, al. 2 : « *La mesure conservatoire prend la forme d'une saisie conservatoire ou d'une sûreté judiciaire* ».

immobilière, car l'article R. 321-3 C. pr. exéc. décide que cet acte vaut saisie. La question est plus délicate pour le commandement préalable à une saisie-vente (C. pr. exéc., art. L. 211-1 et R. 221-1 – *Adde*, pour la saisie d'un aéronef : C. aviat., art. R. 123-1, al. 1er), à une saisie-appréhension (C. pr. exéc., art. R. 222-2), et le commandement préalable à une mesure d'expulsion (C. pr. exéc., art. L. 411-1 et R. 411-3).

D'un côté, ces actes ont une vertu informative, mais, d'un autre côté, la Cour de cassation juge, à propos de la saisie-vente, que la signification d'un tel commandement engage cette mesure d'exécution, circonstance qui permet d'admettre la compétence du juge de l'exécution [1]. Si le commandement est assurément un préalable nécessaire à la saisie-vente, peut-on le considérer comme un acte d'exécution forcée au sens de l'article 2244 du Code civil ? On peut hésiter car il ne produit pas les effets d'un acte de saisie, mais d'un autre côté, comme on l'a vu, l'article R. 221-5 C. pr. exéc. laisse perplexe en énonçant que « *si, dans un délai de deux ans qui suit le commandement de payer, aucun acte d'exécution n'est intervenu, les poursuites ne peuvent être engagées que sur un nouveau commandement. Toutefois l'effet interruptif de prescription du commandement demeure* ».

131.24 Dérogation à la prescription décennale. Dans sa seconde partie, l'article L. 111-4 alinéa 1er C. pr. exéc. prévoit une réserve à l'application de la prescription décennale dans l'éventualité suivante : « *Sauf si les actions en recouvrement qui y sont constatées se prescrivent par un délai plus long* ». Ce tempérament semble signifier que si le titre exécutoire constate une créance se prescrivant par un délai supérieur au délai prévu pour la prescription de l'exécution du titre exécutoire (dix ans), il convient alors de faire application de la durée prévue pour le recouvrement de la créance. Il reste que cette dérogation, favorable au créancier, devrait être d'application limitée, ou à tout le moins circonscrite à certains domaines spécifiques, puisque la loi du 17 juin 2008 a instauré un délai de droit commun de prescription des créances de cinq ans (C. civ., art. 2224 – *adde*, C. com., art. L. 110-4 I). Certaines actions en responsabilité se prescrivent toutefois par vingt ans (C. civ., art. 2226, al. 2) ou trente ans (C. envir., art. L. 152-1); les actions réelles immobilières se prescrivent par trente ans (C. civ., art. 2227), tout comme certaines actions en nullité du mariage (C. civ., art. 184 et 191).

Si la prescription de l'obligation est inférieure au délai de prescription du titre exécutoire, il nous semble que c'est le délai de prescription de dix ans qui doit jouer, par souci de protection des droits du créancier (sauf à ce qu'un texte spécial prévoit le contraire [2]).

131.25 Inapplication de l'article 2232 du Code civil. L'alinéa 2 de l'article L. 111-4 C. pr. exéc. décide que « *le délai mentionné à l'article 2232 du Code civil n'est pas applicable dans le cas prévu au premier alinéa* ». L'article 2232 du Code civil est afférent aux éléments susceptibles d'affecter le cours de la prescription extinctive; il décide, dans son alinéa premier, que « *le report du point de départ, la suspension ou l'interruption de la prescription ne peut avoir pour effet de porter le délai de la prescription extinctive au-delà de vingt ans à compter du jour de la naissance du droit* ». Il résulte de l'articulation de ces deux textes que ce délai de vingt ans, parfois qualifié de « *délai butoir* », ne s'applique pas aux titres visés par le premier alinéa de l'article L. 111-4 C. pr. exéc. En conséquence, le titre demeure valide sans limitation de temps, au-delà de vingt ans, dès lors que le délai de prescription décennale aura fait l'objet d'une des mesures visées par l'article 2232 alinéa 1er du Code civil.

131.26 Créance à échéance périodique et délais de prescription. Nous avons précédemment indiqué qu'avant l'entrée en vigueur de la loi du 17 juin 2008, la Cour de cassation, par la voie de son assemblée plénière, avait décidé de combiner les délais des anciens articles 2277 (prescription quinquennale) et le délai de prescription de droit commun, de trente ans, lorsque le titre était un jugement, en dissociant la période pendant laquelle le créancier pouvait procéder à la poursuite et le temps pendant lequel il pouvait recouvrer ses créances (application de la prescription quinquennale).

La doctrine s'accorde à penser que la réforme n'a pas eu d'incidence sur le sort de la solution qui doit demeurer avec toutefois le fait qu'il est substitué au délai de trente ans un délai de dix ans [3]. En conséquence, le créancier peut poursuivre l'exécution durant dix ans, sans pour autant obtenir le recouvrement des arriérés échus depuis plus de cinq années

1. EN CE SENS, Civ. 2e, 16 déc. 1998, n° 96-18.255, *Bull. civ.* II, n° 301 ; *D.* 1999. Somm. 221, obs. Julien; *RGDP* 1999. 260, obs. Putman – Civ. 2e, 3 juin 1999, n° 97-14.889, *Bull. civ.* II, n° 110 ; *D.* 1999. 180 – Civ. 2e, 27 nov. 2000, n° 98-15.087, NP – V. TOUTEFOIS, Paris, 8e ch. B, 13 déc. 2001, *D.* 2002. 544, qui tout en exigeant que la procédure soit en cours indique que « *précisément, il n'est pas justifié ni même allégué qu'un commandement de payer ait été délivré aux appelants, ou qu'il ait été pratiqué une mesure de saisie* ».

2. V. AUSSI, P. Hoonakker, art. préc. ss prést n° 131.21.
3. EN CE SENS, T. Moussa, « Les obstacles temporels à l'exécution : délais, moratoire et prescription », *Les obstacles à l'exécution forcée : permanence et évolution*, « Droit et procédure », EJT, 2009, p. 33.

antérieures à sa demande (le délai de cinq ans de droit commun s'appliquant pour ce type de créances).

131.27 Sort des titres extrajudiciaires et administratifs. S'agissant des autres titres exécutoires, du 4° au 6° de l'article L. 111-3 C. pr. exéc., c'est-à-dire les titres extrajudiciaires (acte notarié revêtu de la formule exécutoire, titre délivré par un huissier de justice en cas de non-paiement d'un chèque), et les titres exécutoires administratifs (délivrés par les personnes morales de droit public), les rédacteurs de la loi du 17 juin 2008 n'ont livré aucune précision. Comment interpréter ce silence ? On peut penser que si les auteurs de la loi avaient souhaité soumettre ces titres-là au « régime » de la prescription décennale, ils auraient manifesté leur intention en ce sens. À défaut, on est tenté de considérer qu'il y a désormais lieu de revenir à l'ancien système. C'est ainsi que la Cour de cassation avait décidé qu'en présence d'un titre exécutoire notarié, il ne pouvait être fait application de l'interversion des prescriptions, si bien qu'il y avait lieu de faire application de la règle de l'unité des délais[1] : autrement dit, la prescription du titre se calque désormais sur la prescription de l'obligation dont l'exécution est poursuivie.

En conséquence, si un texte prévoit un délai de prescription de la créance différent du délai de droit commun, la durée de la prescription du titre devra être calquée sur la durée de la prescription de l'obligation. Cette règle est fondée sur l'unité des délais devant fonctionner lorsqu'un texte prévoit une durée inférieure, y compris si celle-ci est plus courte que le délai de droit commun de cinq ans. On songe ainsi au délai de recouvrement de la créance fiscale qui se prescrit par un délai inférieur au délai de droit commun[2]. On notera que le délai désormais applicable pour la prescription de la créance en matière commerciale est de cinq ans (C. com., art. L. 110-4, I, si elles ne sont pas soumises à des prescriptions spéciales plus courtes).

131.28 Régime de la prescription des autres titres exécutoires. À nouveau on ne peut que regretter le silence du législateur.

En comparaison des titres exécutoires visés par l'article L. 111-4 C. pr. exéc., le délai butoir de vingt ans a vocation à s'appliquer. Toutefois, cette application est paralysée par l'application de l'alinéa second de l'article 2232 du Code civil qui dispose que le premier alinéa de l'article 2232 du Code civil n'a pas vocation dans un certain nombre de cas[3]. Parmi ceux-ci figure notamment la référence à l'article 2244 du Code civil. Ce texte, on le sait, dispose que « *le délai de prescription ou le délai de forclusion est également interrompu par une mesure conservatoire prise en application du Code des procédures civiles d'exécution ou un acte d'exécution* ». En conséquence, le délai butoir de vingt ans évoqué dans l'article 2232 alinéa 1er du Code civil n'a pas vocation à s'appliquer lorsque le délai de prescription est interrompu par un acte d'exécution forcée, au sens de l'article 2244 du Code civil.

L'alinéa 2 de l'article 2232 vise expressément cinq autres cas[4]. Il précise également que les dispositions de l'alinéa 1er sont inapplicables aux actions relatives à l'état des personnes.

1. Cass., ch. mixte, 26 mai 2006, n° 03-16.800, *Bull. ch. mixte*, n° 3; *D.* 2006. 1793, note Wintgen; *RTD civ.* 2006. 558, obs. Mestre et Fages; p. 829, obs. Perrot; *JCP* 2006. II. 10129, note Croze; *Dr. et proc.* 2006. 273, obs. Douchy-Oudot; *Defrénois* 2006. 1233, obs. Libchaber; *RD banc. fin.* 2004, n° 114, obs. Piedelièvre; *Dr. et patr.* 2007, n° 158, p. 52, note Galmard.

2. Com. 12 févr. 2008, n° 06-17.562, NP, créance fiscale se prescrivant par quatre ans en vertu de l'article L. 274 LPF – Le commandement de payer retourné avec la mention « N'habite plus à l'adresse indiquée » n'interrompt pas valablement la prescription, faute d'être parvenu à son destinataire : Com. 18 nov. 2008, n° 07-20.031, *Bull. civ.* IV, n° 194; *D.* 2008. 3093.
3. Le texte dispose, dans son alinéa premier, que : « *Le report du point de départ, la suspension ou l'interruption de la prescription ne peut avoir pour effet de porter le délai de prescription décennale au-delà de vingt ans à compter de la naissance du jour du droit* ».
4. C. civ., art. 2226 (action en responsabilité), 2227 (action réelle immobilière), 2233 et 2236 (absence du cours de la prescription), 2241, al. 1er (effet d'une demande en justice).

TITRE

14. Le créancier saisissant et le choix d'une procédure

SECTION 0
ORIENTEUR

140.00 Plan du titre.

CHAPITRE

141. Capacité et représentation

OLIVIER SALATI
MAÎTRE DE CONFÉRENCES (HDR)
À L'UNIVERSITÉ D'AIX-MARSEILLE

SECTION 0 ORIENTEUR

141.00 Plan du chapitre.

141.01 Textes applicables.

C. pr. exéc., art. L. 111-1, L. 111-9, L. 311-7, R. 121-7, R. 151-1 s. et R. 321-1, al. 2.

ACPC, art. 673 et 706.

C. pr. civ., art. 122.

C. civ., art. 382, 383, 389 à 389-5, 389-8, 401, 413-1 à 413-8, 425, 428, 433, 435, 437, 440, 444, 454, 458, 459, 467, 469, 471, 473, 474, 477 s., 486, 490, 493, 496 s., 504, 505, 730-1, 815-3, 883, 1008, 1166, 1220, 1421, 1428, 1526, 1536, 1538, 1569, 1987 et 1988.

CASF, art. L. 471-1.

C. com., art. L. 622-1, L. 622-3, L. 622-4, L. 622-7, L. 631-1, L. 631-12 L. 631-14 et L. 641-9, I.

141.03 Bibliographie indicative.

Ouvrages. A. LEBORGNE, *Droit de l'exécution*, 2e éd., « Précis », Dalloz, 2014, nos 70-83 – R. PERROT et Ph. THÉRY, *Procédures civiles d'exécution*, 3e éd., Dalloz, 2013, nos 234-244.

Article. H. Conchon, « Le mandat de l'huissier de justice dans la conduite des opérations d'exécution », *Dr. et proc.* 2003. 278.

141.05 Saisie mobilière, acte d'administration. La mise en œuvre d'une mesure d'exécution ou d'une mesure conservatoire est considérée, sauf disposition contraire, par la loi comme un acte d'administration, sous réserve des dispositions du Code civil relatives à la distribution des deniers (C. pr. exéc., art. L. 111-9[1]). La solution se comprend dans la mesure où, traditionnellement, l'acte d'administration est assimilé à l'acte de gestion dont la finalité réside dans la préservation (*usus*, *fructus* et *abusus*) du patrimoine. Et l'exercice d'une voie d'exécution participe de la bonne gestion du patrimoine. Cette analyse a été consacrée par la Cour de cassation aux termes d'un arrêt du 15 janvier 2004[2]. En l'espèce, la Cour de cassation a jugé que l'exercice, par le directeur d'une caisse d'assurance, d'une mesure d'exécution forcée ne justifiait pas la production, de la part de ce dernier, d'un pouvoir spécial de représentation en justice. Elle censure ainsi l'arrêt d'une cour d'appel ayant décidé, pour annuler la saisie, que les actes de saisie avaient été effectués à la demande du directeur, sans indication de son nom et sans qu'il soit indiqué que ce dernier soit doté de la « capacité » d'agir en justice (entre guillemets dans l'arrêt de la deuxième chambre civile). Cet arrêt étant l'occasion d'attirer l'attention sur la nécessaire distinction entre la capacité à agir en justice et le pouvoir à agir (le directeur ayant reçu délégation de pouvoir : il était investi, selon les termes de l'arrêt, d'un pouvoir de « *délivrance de contrainte et de gestion courante* »).

Cela signifie que pour saisir, il faut être capable d'exercer ses propres droits et, notamment, d'ester en justice. À défaut, un pouvoir de représentation sera donné à un tiers, soit conventionnellement, soit légalement, soit judiciairement. Il importe donc de déterminer les différentes hypothèses de capacité ou d'incapacité du saisissant et les cas de représentation conventionnelle ou légale. Le défaut de qualité pour agir est en effet une fin de non-recevoir de l'action et plus particulièrement de la mesure d'exécution ou conservatoire (C. pr. civ., art. 122).

1. On notera que la seconde partie du texte de l'article 26 n'a pas été reproduite à l'article L. 111-9 C. pr. exéc.

2. Civ. 2e, 15 janv. 2004, no 01-17.920, *Bull. civ.* II, no 8; *D.* 2004. 471; *Procédures* 2004, no 100, note Perrot; *Dr. et proc.* 2004. 218, obs. Hoonakker; *Gaz. Pal.* 21-22 juill. 2004, p. 12, note Brenner.

141.06 Saisie immobilière, acte de disposition. Il convient de relever que la mise en œuvre de la procédure de saisie immobilière n'appartient pas à la catégorie des actes d'administration, lesquels ne s'appliquent qu'aux procédures mobilières. En effet, la mise en œuvre d'une saisie immobilière constitue un acte de disposition du patrimoine en ce sens qu'elle contient engagement d'acquisition du bien mis aux enchères si celui-ci n'est pas adjugé moyennant une enchère supérieure (ACPC, art. 706, al. 2 – cette analyse n'ayant pas été remise en question par l'ordonnance du 21 avril 2006[1] portant réforme de la saisie immobilière, elle est transcrite à l'article 13 alinéa 2 du décret n° 2006-936 du 27 juillet 2006[2] (devenu C. pr. exéc., art. R. 321-1, al. 2), relatif aux procédures de saisie immobilière et de distribution du prix d'un immeuble, qui dispose que « *la délivrance du commandement est un acte de disposition réalisé aux risques du créancier* »).

SECTION 1
CAPACITÉ ET INCAPACITÉ DU SAISISSANT

141.10 Principe de capacité. Tout créancier peut contraindre son débiteur défaillant à exécuter ses obligations à son égard (C. pr. exéc., art. L. 111-1).

La formulation très générale du texte permet donc d'envisager toutes les situations dans lesquelles une personne morale ou physique détient une créance. Aucune distinction n'est faite entre créanciers chirographaires ou nantis d'une sûreté quant au droit d'agir (il n'existe pas de privilège du premier saisissant). De même, aucune distinction n'est faite entre mesures d'exécution et mesures conservatoires. Ce qui conduit à inclure bien évidemment la prise de sûreté sur un immeuble, un fonds de commerce, des parts sociales ou des valeurs mobilières, dans la catégorie des mesures conservatoires (v. L. 9 juill. 1991, titre IX, « Les mesures conservatoires et les sûretés mobilières »).

Il convient cependant que le créancier soit en mesure, notamment dans la phase judiciaire de la procédure, de justifier de sa capacité d'ester en justice. Il y a donc lieu de réserver les hypothèses propres au droit des majeurs protégés et des mineurs, celles résultant du dessaisissement du créancier dans le cadre d'une procédure collective et d'envisager la situation des créanciers indivis et des ayants cause du créancier.

141.11 Incapacité du mineur. La minorité implique la représentation du mineur dans tous les actes de la vie civile, sauf dans les cas où la loi autorise le mineur à agir seul. Tel n'est pas le cas de l'acte d'administration que constitue la mise en œuvre d'une mesure d'exécution ou conservatoire (C. civ., art. 389-3, al. 1er). Les conséquences en seraient trop graves (d'autant que l'exercice abusif ou dilatoire d'une mesure conservatoire ou d'exécution est susceptible d'emporter la responsabilité de son auteur, et que les contestations afférentes à l'une de ces mesures sont susceptibles d'être portées devant le JEX). Seul le représentant légal du mineur est, dès lors, habilité à agir à cette fin puisque la saisie participe des actes d'administration (sauf, sans doute, pour la saisie immobilière puisque cet acte excède les pouvoirs d'administration – v. égal. C. civ., art. 389-5, al. 1er, s'agissant des pouvoirs des parents dans l'administration légale pure et simple). Lorsque le mineur est soumis à un régime de tutelle, le tuteur accomplit seul, comme représentant du mineur, tous les actes d'administration (C. civ., art. 504, al. 1er).

Il convient de préciser que ce dernier texte a été abrogé par la loi n° 2007-308 du 5 mars 2007[3]. En revanche, l'article 496 du Code civil, commun à la gestion du patrimoine des mineurs et des majeurs en tutelle, intéresse la matière puisqu'il dispose désormais que « *le tuteur représente la personne protégée dans les actes nécessaires à la gestion de son patrimoine. Il est tenu d'apporter, dans celle-ci, des soins prudents, diligents et avisés, dans le seul intérêt de la personne protégée. La liste des actes qui sont regardés, pour l'application du présent titre, comme des actes d'administration relatifs à la gestion courante du patrimoine, et comme des actes de disposition qui engagent celui-ci de manière durable et substantielle est fixée par décret en Conseil d'État* ». En conséquence de ce texte, le tuteur doit être en mesure d'accomplir seul les **actes d'administration**, c'est-à-dire les **mesures conservatoires** (*adde :* C. civ., art. 504, al. 1er) et les **mesures d'exécution forcée mobilière.** On notera que le nouvel article 401 alinéa 3 du Code civil décide que le conseil de famille prend les décisions et donne au tuteur les autorisations nécessaires pour la gestion des biens du mineur, conformément aux dispositions du titre XII (il s'agit du titre qui envisage précisément la gestion du patrimoine des mineurs et majeurs en tutelle : C. civ., art. 496 s.). Depuis la loi n° 2010-658 du 15 juin 2010[4], on retiendra que « *le conseil de famille autorise le mineur à accomplir seul les actes*

1. Ord. n° 2006-461, 21 avr. 2006, portant réforme de la saisie immobilière, *JO* 22 avr., p. 6072.
2. Décr. n° 2006-936, 27 juill. 2006, relatif aux procédures de saisie immobilière et de distribution du prix d'un immeuble, *JO* 29 juill., p. 11316.
3. L. n° 2007-308, 5 mars 2007, portant réforme de la protection juridique des majeurs, *JO* 7 mars, p. 4325.
4. L. n° 2010-658, 15 juin 2010, relative à l'entrepreneur individuel à responsabilité limitée, *JO* 16 juin, p. 10984.

d'administration nécessaires pour les besoins de la création et de la gestion d'une entreprise unipersonnelle à responsabilité limitée ». S'agissant des actes de disposition, le tuteur du mineur ne peut agir sans l'autorisation préalable du conseil de famille ou, à défaut, du juge (C. civ., art. 505, al. 1er).

141.12 Capacité du mineur émancipé. Une exception au principe d'incapacité du mineur est toutefois admise pour le mineur émancipé, soit de plein droit par l'effet du mariage (C. civ., art. 413-1), soit par décision du juge des tutelles s'il a atteint l'âge de seize ans révolus, à la demande des père et mère ou de l'un d'eux (C. civ., art. 413-2).

Les effets de l'émancipation quant à la capacité civile du mineur sont importants puisqu'il est capable, comme un majeur, d'accomplir tous les actes de la vie civile. Le nouvel article 413-8 du Code civil (réd. L. nº 2010-658, 15 juin 2010) décide que le mineur peut être commerçant « *sur autorisation du juge des tutelles au moment de la décision d'émancipation et du président du tribunal de grande instance s'il formule cette demande après avoir été émancipé* ».

141.13 Incapacités des majeurs protégés. La matière a été réformée par la loi nº 2007-308 du 5 mars 2007, entrée en vigueur le 1er janvier 2009. En vertu de l'article 425 du Code civil : « *Toute personne dans l'impossibilité de pourvoir seule à ses intérêts en raison d'une altération, médicalement constatée, soit de ses facultés mentales, soit de ses facultés corporelles de nature à empêcher l'expression de sa volonté peut bénéficier d'une mesure de protection juridique* ». Cette protection, qui intervient lorsque les règles du droit civil ne permettent pas ou plus de pourvoir aux intérêts du majeur (v. en ce sens C. civ., art. 428, al. 1er), est instaurée et assurée dans le respect des libertés individuelles, des droits fondamentaux et de la dignité de la personne (C. civ., art. 415, al. 2).

Lorsque le juge des tutelles estime nécessaire d'ouvrir un régime de protection juridique du majeur, plusieurs mesures judiciaires sont susceptibles d'être ordonnées.

1º Quand l'intéressé a besoin d'une protection juridique temporaire ou d'être représenté dans l'accomplissement de certains actes déterminés, le juge peut alors le placer sous **sauvegarde de justice** (C. civ., art. 433). En pareille situation, l'article 435 alinéa 1er décide que l'intéressé conserve l'exercice de ses droits. Il peut donc exercer seul tant une mesure conservatoire qu'une mesure d'exécution mobilière. Néanmoins, le majeur placé sous ce régime « *ne peut, à peine de nullité, faire un acte pour lequel un mandataire spécial a été désigné en application de l'article 437* [du Code civil] ». Le deuxième alinéa de l'article 437 prévoit notamment que le juge peut désigner un mandataire spécial chargé d'accomplir un ou plusieurs actes déterminés, même de disposition, rendus nécessaires par la gestion du patrimoine de la personne protégée.

2º S'il est établi que la sauvegarde de justice ne peut assurer une protection suffisante des intérêts du majeur, le juge peut rendre un jugement portant ouverture de la **curatelle**, lorsqu'il apparaît que l'intéressé a besoin d'être assisté ou contrôlé d'une manière continue dans les actes importants de la vie civile (C. civ., art. 440, al. 1er et 2, et art. 444). L'article 467 alinéa 1er du Code civil dispose que le majeur placé sous ce régime de protection « *ne peut, sans l'assistance de son curateur, faire aucun acte qui, en cas de tutelle, requerrait une autorisation du juge ou du conseil de famille* ». Dans la mesure où les actes visés par ce texte sont essentiellement les actes de dispositions, il y a lieu de considérer que l'incapable majeur est habilité à engager une procédure d'exécution ou une mesure conservatoire[1]. Cette solution ne vaut pas en revanche pour une saisie immobilière puisqu'il s'agit d'un acte de disposition. On notera qu'en vertu de l'article 469 du Code civil, la surveillance qu'exerce le curateur lui permet de saisir le juge afin d'être autorisé par ce dernier à accomplir seul un acte déterminé s'il constate que la personne en curatelle compromet gravement ses intérêts (absence de prise de mesure conservatoire) et, réciproquement, si le curateur refuse son assistance à un acte pour lequel son concours est requis, la personne en curatelle peut demander au juge l'autorisation de l'accomplir seule. On notera que si aucun des membres de la famille ou proches du majeur incapable ne peut assumer la curatelle, le juge désigne un mandataire judiciaire à la protection des majeurs (sur lequel, v. CASF, art. L. 471-1 s.). Ce mandataire n'a pas la possibilité d'accomplir les actes urgents que commande l'intérêt de la personne protégée, notamment les actes conservatoires indispensable à la préservation du patrimoine du majeur : on songe tout particulièrement aux mesures conservatoires dont on sait qu'une des conditions requises est une menace dans le recouvrement de la créance.

3º Si le majeur nécessite une représentation continue dans les actes de la vie civile, il peut être placé sous un régime de **tutelle** (C. civ., art. 440, al. 3) ; étant précisé que cette dernière mesure ne peut intervenir que s'il est établi que « *ni la sauvegarde de justice, ni la curatelle ne peuvent assurer une protection suffisante* ». Dans cette éventualité, le majeur est représenté par le tuteur dans tous les actes de la

1. Civ. 1re, 22 nov. 2005, nº 03-14.292, *Bull. civ.* I, nº 439, décidant que « *le majeur en curatelle peut, sauf application des dispositions particulières des articles 511 et 512 du Code civil, exercer seul les actions relatives à ses droits patrimoniaux et défendre à de telles actions* ».

vie civile, à l'exception des cas où la loi ou l'usage autorise la personne en tutelle à agir elle-même (C. civ., art. 473, al. 1er) [1]. Ce principe de représentation est expressément consacré par l'article 474 du Code civil s'agissant des « *actes nécessaires à la gestion de son patrimoine* », par le majeur placé en tutelle, ce que confirme au demeurant l'article 496 alinéa 1er en établissant que « *le tuteur représente la personne protégée dans les actes nécessaires à la gestion de son patrimoine* ». En conséquence, l'incapable ne peut accomplir seul aucune mesure conservatoire, pas plus qu'il ne peut exercer de mesure d'exécution forcée. Cette interdiction étant confirmée par l'article 504 alinéa 1er du Code civil qui dispose que : « *Le tuteur accomplit seul les actes conservatoires* [...] *et les actes d'administration nécessaires à la gestion du patrimoine de la personne protégée* » [2]. Il existe un tempérament, relatif au demeurant, à cette interdiction de principe. Le juge peut en effet, soit dans le jugement d'ouverture de la mesure, soit ultérieurement, énumérer certains actes que la personne en tutelle pourra accomplir seule, soit avec l'assistance du tuteur (C. civ., art. 473, al. 2). Il n'est pas certain que cette limite ait vocation à jouer relativement à la possibilité d'exercer une mesure conservatoire, voire une mesure d'exécution forcée. S'agissant des actes de disposition susceptibles d'être accomplis au nom de l'incapable majeur (saisie immobilière), le tuteur ne peut les accomplir sans y avoir été préalablement autorisé par le conseil de famille ou le juge (C. civ., art. 505).

Au titre des **dispositions communes à la tutelle et à la curatelle,** on relèvera que si un subrogé curateur ou un subrogé tuteur a été désigné par le juge (C. civ., art. 454, al. 1er), le curateur ou le tuteur, selon les cas, doit informer et consulter le subrogé curateur ou le subrogé tuteur avant l'accomplissement de tout acte grave (C. civ., art. 454, al. 6) : la situation peut très bien s'appliquer à la mise en œuvre d'une mesure d'exécution forcée.

Enfin, si un **mandat de protection future** a été donné (v. C. civ., art. 477 s. : ce n'est pas, à proprement parler, un cas d'incapacité), celui-ci peut revêtir deux formes : soit il s'agit d'un mandat notarié, soit il s'agit d'un mandat sous seing privé.

Dans le cas du **mandat notarié**, le mandat inclut tous les actes patrimoniaux que le tuteur a le pouvoir d'accomplir seul ou avec une autorisation (C. civ., art. 490, al. 1er). Autrement dit, sont visés tant les actes d'administration (mesure conservatoire et mesures d'exécution forcée, v. aussi implicitement C. civ., art. 486, al. 1er) que les actes de disposition (saisie immobilière).

Dans le cas du **mandat sous seing privé**, le domaine d'application du mandat est plus restreint puisqu'en vertu de l'article 493 alinéa 1er du Code civil, « *le mandat est limité, quant à la gestion du patrimoine, aux actes qu'un tuteur peut faire sans autorisation* ». Il s'agit donc des actes d'administration. Néanmoins, si l'intérêt du mandant le justifie, le mandataire peut s'adresser au juge des tutelles pour qu'il l'autorise à accomplir un acte normalement soumis à autorisation, voire qui n'est pas prévu par le mandat (C. civ., art. 493, al. 2, on songe ainsi à la saisie immobilière).

141.14 Créancier faisant l'objet d'une procédure collective. Depuis l'entrée en vigueur de la loi n° 2005-845 du 26 juillet 2005 [3], il convient de distinguer, selon le type de procédure ouverte par le tribunal.

1° S'agissant de la **procédure de sauvegarde** (organisée par C. com., art. L. 620-1 s.), l'article L. 622-1, I, du Code de commerce, inséré dans un chapitre traitant « *de l'entreprise au cours de la période d'observation* », titre relatif à la procédure de sauvegarde, prévoit désormais que l'administration de l'entreprise est assurée par son dirigeant. En conséquence, si un ou plusieurs administrateurs sont nommés (sur les seuils permettant cette nomination et tenant au nombre de salariés et au chiffre d'affaires hors taxe, v. Décr. n° 2005-1677, 28 déc. 2005, art. 53), leur mission ne peut, en raison de la règle de principe précédemment évoquée, consister que dans la surveillance de la gestion du débiteur ou en l'assistance pour l'accomplissement d'actes de gestion. Ce dispositif est complété par l'article L. 622-3 alinéa 1er qui prévoit que le débiteur continue à exercer sur son patrimoine personnel les actes de disposition et d'administration qui ne sont pas compris dans la mission de l'administrateur. Encore faut-il nuancer cette affirmation puisque les actes de gestion courante qu'accomplit seul le débiteur sont réputés valables à l'égard des tiers de bonne foi (C. com., art. L. 622-3, al. 2). Il reste à savoir si la mise en œuvre d'une mesure conservatoire, voire d'une mesure d'exécution mobilière, constitue un acte de gestion courante du patrimoine de l'entreprise. Si la conclusion de contrats participe sans doute de cette activité, on peut en revanche hésiter s'agissant des mesures conservatoires et d'exécution. Il pourrait en être différemment si l'activité de l'entreprise consiste principalement en l'exercice d'une activité judiciaire, telle une SCP d'huissiers de justice. Une réserve sérieuse à cette règle de capa-

1. L'art. 475 al. 1er C. civ. décide que « *la personne en tutelle est représentée en justice par le tuteur* ».
2. Le tuteur agit seul en justice pour faire valoir les droits patrimoniaux de la personne protégée.
3. L. n° 2005-845, 26 juill. 2005, de sauvegarde des entreprises, *JO* 27 juill., p. 12187.

cité concerne la saisie immobilière qui, en raison des risques virtuels d'acquisition qu'elle contient en cas d'absence d'enchère, semble constituer un acte de disposition étranger à la gestion courante de l'entreprise. Comme tel, il paraît devoir être interdit à l'entrepreneur agissant seul (C. com., art. L. 622-7, al. 2).

La règle ci-dessus évoquée doit toutefois composer avec les prescriptions de l'article L. 622-4 du Code de commerce qui envisagent l'hypothèse où l'administrateur peut passer outre l'inaction du débiteur. Ainsi, dès son entrée en fonction, cet organe de la procédure est tenu de requérir du chef d'entreprise, voire d'accomplir lui-même « *tous actes nécessaires à la conservation des droits de l'entreprise contre les débiteurs de celle-ci et à la préservations des capacités de production* ». Dans cette perspective, l'administrateur semble particulièrement autorisé pour prendre des mesures conservatoires[1]. L'alinéa second de l'article L. 622-4 du Code de commerce le confirme en indiquant que « *l'administrateur a qualité pour inscrire au nom de l'entreprise tous hypothèques, nantissements, gages ou privilèges que le débiteur aurait négligé de prendre ou de renouveler* ». À l'évidence, l'inscription des sûretés judiciaires semble participer de cette faculté; la loi ne distinguant pas selon les types de sûretés.

2° S'agissant spécialement du **redressement judiciaire**, qui se distingue notamment de la procédure de sauvegarde par le fait que l'entreprise doit être en étant de cessation des paiements (C. com., art. L. 631-1, al. 1er)[2], la question des pouvoirs confiés au chef d'entreprise est réglée par l'article L. 631-12 alinéa 2 du Code de commerce. C'est le tribunal qui détermine la mission confiée à l'administrateur. Ce dernier peut avoir la charge d'assister le débiteur pour l'ensemble « *des actes relatifs à la gestion ou certains d'entre eux, ou d'assurer seuls, entièrement ou en partie, l'administration de l'entreprise* ». En définitive, tout dépend de la mission confiée à ou aux administrateurs par le tribunal. La question est plus souvent source de difficultés dans l'hypothèse inverse où l'entreprise est le saisi : il s'agit alors de savoir à qui doit être dénoncée la saisie[3]. On notera que l'article L. 631-14 alinéa 1er du Code de commerce, dispose que « *les articles L. 622-3 à L. 622-9, à l'exception de l'article L. 622-6-1, et L. 622-13 à L. 622-33 sont applicables à la procédure de redressement judiciaire* ». En conséquence de ce renvoi, on est tenté de considérer que les dispositions de l'article L. 622-1 du Code de commerce - afférentes à la procédure de sauvegarde - ont vocation à s'appliquer au débiteur faisant l'objet d'une procédure de redressement judiciaire.

Ce n'est que dans l'hypothèse où l'administrateur est investi d'une mission générale de représentation que les actes de saisie accomplis par le créancier pourront être frappés de nullité (C. com., art. L. 622-3).

141.15 Créancier en liquidation judiciaire. Le jugement qui ouvre ou prononce la liquidation judiciaire emporte de plein droit, à partir de sa date, dessaisissement pour le créancier de l'Administration et de la disposition de ses biens même de ceux qu'il a acquis à quelque titre que ce soit tant que la liquidation judiciaire n'est pas clôturée (C. com., art. L. 641-9, I). Les droits et actions du débiteur concernant son patrimoine sont assurés pendant toute la durée de la liquidation judiciaire par le liquidateur. On notera toutefois qu'en vertu du nouvel article L. 641-9, I alinéa 3, il est prévu que « *le débiteur accomplit également les actes et exerce les droits et actions qui ne sont pas compris dans la mission du liquidateur ou de l'administrateur lorsqu'il en a été désigné* ».

141.16 Capacité des époux. Dans le régime de la communauté légale, chacun des époux a le pouvoir propre et égal d'administrer seul les biens communs et d'en disposer (C. civ., art. 1421, al. 1er). En vertu de ce principe de gestion concurrente des biens, ils peuvent donc exercer seuls, en demande ou défense, les actions en justice relatives à ces biens[4]. Il en résulte qu'aucune irrecevabilité ne peut être excipée d'un défaut de pouvoir à l'égard du conjoint qui met en œuvre *proprio motu* une mesure d'exécution ou conservatoire. En conséquence, la saisie pratiquée par l'un des époux sera opposable à l'autre.

Cette capacité semble devoir être étendue à l'hypothèse de la saisie immobilière dès lors qu'aucune restriction n'est contenue dans l'article 1421 du Code civil. Un arrêt de la deuxième chambre civile, certes

1. L'article L. 622-6 alinéa 5 du Code de commerce indique que l'absence d'inventaire des biens constituant le patrimoine du débiteur ne fait pas obstacle à l'exercice des actions en revendication ou en restitution : on songe à la saisie-revendication, voire à la saisie-appréhension si le débiteur dispose d'un titre exécutoire.
2. Sur les personnes susceptibles de faire l'objet d'une telle procédure, v. C. com., art. L. 631-2.
3. Com. 16 févr. 1999, n° 95-17.928, NP; *Procédures* 1999, n° 274, obs. Laporte (pour une dénonciation à l'administrateur judiciaire) – V. AUSSI : Com. 19 févr. 2002, n° 98-22.727, *Bull. civ.* IV, n° 37; *D.* 2002. AJ 1070, obs. Avena-Robardet; *Dr. et proc.* 2002. 237, obs. Hoonakker (pour la caducité d'une saisie-attribution non dénoncée dans le délai).
4. Civ. 1re, 19 mars 1991, n° 88-18.488, *Bull. civ.* I, n° 91; *RTD civ.* 1992. 443, obs. Lucet et Vareille – Cep. pour le cas de biens successoraux indivis recueillis par un époux marié sous le régime de la communauté universelle : Civ. 1re, 2 avr. 2008, n° 07-11.254, *Bull. civ.* I, n° 103; *AJ fam.* 2008. 258, obs. Hilt; *JCP* 2007. II. 10126, obs. Sauvage; *Dr. et proc.* 2008. 278, obs. Lefort.

rendu sous l'empire de l'ancienne législation, a décidé que « *la demande de conversion en vente volontaire d'une adjudication sur saisie d'un bien immobilier commun à des époux est un acte d'administration qui peut être formé par un seul d'entre eux* »[1]. On relèvera cependant que l'article 2195 du Code civil (devenu C. pr. exéc., art. L. 311-7), issu de l'ordonnance n° 2006-461 du 21 avril 2006, portant réforme de la saisie immobilière, prévoit que « *la saisie des immeubles communs est poursuivie contre les deux époux* ». La solution se justifie dans la mesure où la saisie immobilière participe de la catégorie des actes de disposition (le créancier risque d'être déclaré adjudicataire de l'immeuble saisi si la mise à prix qu'il a faite n'est pas couverte par une enchère supérieure). La solution rejoint celle applicable en matière d'expulsion d'un bien commun[2]. La seule exception admise concerne le cas de l'action en fraude des droits du conjoint[3]. L'acte frauduleux est alors non seulement inopposable à l'époux qui en a été victime, mais encore frappé de nullité. Ce qui autorise le conjoint lésé à solliciter un second paiement s'il s'avère que le débiteur a participé à la fraude. Les prescriptions susvisées s'appliquent au régime de la communauté universelle (C. civ., art. 1526).

Dans le régime de la séparation de biens, seul l'époux propriétaire de ses biens peut les administrer et donc engager une saisie mobilière ou immobilière (C. civ. art. 1536, al. 1er, qui décide que « *lorsque les époux ont stipulé dans leur contrat de mariage qu'ils seraient séparés de biens, chacun d'eux conserve l'administration, la jouissance et la libre disposition de ses biens personnels* »). Il en ira cependant différemment si les époux séparés de biens acquièrent ensemble des meubles ou des immeubles. Dans ce cas, ce sont les règles de l'indivision qui s'appliqueront (C. civ., art. 1538, al. 3)[4].

De même, si la créance est un propre de l'époux, celui-ci est seul habilité à procéder à une mesure d'exécution forcée en cas de régime communautaire (en ce sens, C. civ., art. 1428).

De même encore, dans le régime de participation aux acquêts, si la créance est un propre, de l'époux, seul ce dernier est admis à exercer un mesure d'exécution forcée (C. civ., art. 1569).

141.17 Capacité des créanciers en indivision. En l'absence de convention d'indivision, les actes d'administration et de disposition relatifs aux biens indivis requièrent le consentement des indivisaires titulaires d'au moins deux tiers des droits indivis (C. civ., art. 815-3, al. 1er, réd. L. n° 2006-728, 23 juin 2006[5] : auparavant il fallait le consentement de tous les indivisaires[6])[7]. Il est donc exclu, sauf mandat général ou spécial d'administration confié par tous les indivisaires à l'un d'entre eux, qu'un indivisaire prétende avoir qualité pour effectuer une saisie au nom de l'indivision, sauf s'il prend en main la gestion des biens indivis, au su des autres et sans opposition de leur part. Il est alors censé avoir reçu un mandat tacite couvrant les actes d'administration et donc d'exécution, à l'exclusion toutefois des actes de disposition.

S'agissant précisément de ces derniers, on relèvera que le consentement de tous les indivisaires est requis lorsqu'il s'agit d'effectuer tout acte de disposition autre que celui tendant à la vente des meubles indivis pour payer les dettes et charges de l'exploitation.

On rappelle enfin que l'indivision n'a pas la personnalité morale : il en résulte qu'un commandement de quitter les lieux ne peut être délivré au nom de cette dernière; à défaut il encourt une nullité pour vice de fond[8].

141.18 Héritiers. Ce sont les ayants cause universels ou à titre universel du créancier. S'ils ont vocation à se substituer au créancier pour exercer tous les droits qu'il détient de sa créance[9], encore faut-il qu'ils justifient de leur qualité. Pour l'héritier *ab intestat*, ce sera la production de l'acte de décès du créancier et de l'acte de notoriété dressé par le notaire (C. civ., art. 730-1). Pour le légataire universel, ce sera la présentation de l'ordonnance du président d'envoi en possession (C. civ., art. 1008).

Lorsqu'il y a plusieurs héritiers, ceux-ci sont fondés à recouvrer individuellement contre le débiteur la fraction de créance correspondant à leur quote-

1. Civ. 2e, 11 janv. 2007, n° 04-18.792, *Bull. civ.* II, n° 1; *D.* 2007. Pan. 2129, obs. Revel; *Dr. et proc.* 2007. 170, obs. Leborgne.
2. Ainsi, admettant la recevabilité de la tierce opposition formée par un époux contre l'ordonnance d'expulsion d'un bien commun dirigée contre son conjoint, l'expulsion d'un bien commun à deux époux devant être dirigée contre chacun d'eux : Civ. 2e, 21 sept. 2000, n° 97-21.905, *Bull. civ.* II, n° 132; *D.* 2001. Somm. 2934, obs. Nicod.
3. Civ. 1re, 31 janv. 1984, n° 82-15.044, *Bull. civ.* IV, n° 38.
4. Sur la charge de la preuve des biens personnels du débiteur : Civ. 1re, 20 mai 2009, n° 08-12.922, *Bull. civ.* I, n° 102; *Dr. fam.* 2009. Comm. 93, obs. Beignier; *RPJF* juill.-août 2009. 16, obs. Vauvillé; *Dr. et proc.* 2009. 278, obs. Vinckel; *Dr. et patr.* déc. 2009. 100, obs. Lefort.
5. L. n° 2006-728, 23 juin 2006, portant réforme des successions et des libéralités, *JO* 24 juin, n° 145, p. 9513.
6. EN CE SENS, pour l'appel d'un jugement fixant loyer commercial : Civ. 1re, 23 janv. 2008, nos 05-20.438 et 06-13.314, *Bull. civ.* I, n° 16 – V. AUSSI : Civ 1re, 18 mai 2011, n° 09-70.261, NP.
7. Civ. 1re, 4 oct. 2005, n° 03-12.697, *Bull. civ.* I, n° 359 (ayant décidé que : « *si les actes d'administration et de disposition relatifs aux biens indivis requièrent le consentement de tous les indivisaires, chacun d'eux peut librement disposer de sa quote-part de droits sur un bien indivis* »).
8. Civ. 2e, 9 juin 2011, n° 10-19.241, *Bull. civ.* II, n° 129.
9. Civ. 1re, 23 mars 2011, n° 09-72.246, NP.

part successorale (C. civ., art. 1220). C'est l'application du principe qui veut que chaque cohéritier est censé avoir succédé seul et immédiatement à tous les effets compris dans son lot (C. civ., art. 883). Le paiement partiel par le débiteur est libératoire à l'égard de tous les autres créanciers.

Les légataires à titre particulier sont tenus, pour leur part, de produire l'acte de décès du créancier et le testament. L'acte de délivrance du legs peut ne pas être requis dès lors que cette délivrance peut être tacite et résulter de la mise en possession du légataire sans opposition des héritiers.

141.19 Cas particulier des créanciers du créancier. En principe, l'action oblique est ouverte au créancier d'un débiteur qui néglige de recouvrer sa créance. La seule justification exigée est celle propre à l'exercice de cette action (C. civ., art. 1166).

Toutefois, il a été jugé par la deuxième chambre civile de la Cour de cassation que le titre exécutoire fondant la saisie-attribution permet uniquement à un créancier de saisir les créances de son débiteur et non celles des débiteurs de celui-ci[1].

SECTION 2
REPRÉSENTATION DU SAISISSANT

141.21 Principe de représentation. Il est loisible au créancier capable de donner mandat de représentation à un tiers. C'est ainsi qu'un mandat général ou spécial d'administration peut être confié par les indivisaires (v. les modalités prévues par C. civ., art. 815-3, par exemple à un administrateur) à l'un d'entre eux pour effectuer une saisie au nom de l'indivision. De même, tout créancier dans l'incapacité légale ou judiciaire d'agir pour la préservation de son patrimoine a droit à une représentation. Enfin, il existe des hypothèses particulières de représentation statutaire ou judiciaire.

141.22 Représentation conventionnelle du créancier. Toute personne capable peut donner mandat spécial ou général d'administrer ses affaires ou certaines affaires seulement. Le mandat général ne peut, au demeurant, embrasser que les actes d'administration (C. civ., art. 1987 et 1988, al. 1er). Il en résulte que toute procédure de saisie immobilière diligentée par un mandataire ne peut l'être que sur mandat exprès du mandant[2].

141.23 Mandat confié à l'huissier de justice (v. ss nos 250.05 à 255.24). Rappelons simplement que le seul fait de confier à cet officier ministériel un titre aux fins d'exécution vaut mandat sans qu'il soit nécessaire de le formaliser par écrit (C. pr. exéc., art. R. 141-1) sous réserve qu'il agisse dans les limites de son ressort territorial[3]. S'agissant de la saisie immobilière, un pouvoir spécial était cependant exigé lorsqu'une saisie immobilière était diligentée (ACPC, art. 673, al. 2, 2°).

Une exception concerne la difficulté d'exécution (qui entrave le cours des opérations) rencontrée par l'huissier chargé de procéder à l'exécution d'une décision de justice ou d'un autre titre exécutoire. Dans cette hypothèse, et afin de résoudre cette difficulté, il doit mettre en cause immédiatement les parties intéressées par la difficulté (C. pr. exéc., art. R. 151-1 s.). Il n'en demeure pas moins que, même dans cette éventualité, l'huissier de justice, s'il dispose d'un intérêt à intervenir dans une procédure d'exécution civile pour exposer la difficulté à laquelle il se heurte dans l'accomplissement des voies d'exécution résultant de son mandat, n'intervient qu'à titre accessoire, sans que cette intervention puisse affecter la validité des actes par lui accomplis[4].

141.24 Représentation du mineur. En vertu de l'article 382 du Code civil, ce sont les père et mère du mineur qui ont l'administration et la jouissance des biens de leur enfant[5] et le représentent dans tous les actes de la vie civile, excepté lorsque la loi ou l'usage autorise les mineurs à agir eux-mêmes, ce qui ne paraît pas pouvoir être le cas de la mise en œuvre d'une mesure conservatoire, voire d'exécution forcée. L'administration légale est exercée soit conjointement par les père et mère du mineur, soit par l'un d'entre eux, mais sous le contrôle du juge (C. civ., art. 383, al. 1er).

En cas d'**administration légale pure et simple** (c'est-à-dire quand les deux parents exercent en commun l'autorité parentale), ils sont alors administrateurs légaux des biens du mineur (C. civ., art. 389). Aussi, chacun des parents est réputé, à l'égard des tiers, avoir reçu de l'autre le pouvoir de faire seul les actes pour lesquels un tuteur n'aurait besoin d'aucune autorisation (C. civ., art. 389-4). En outre, ils accomplissent ensemble les actes qu'un tuteur ne pourrait faire qu'avec l'autorisation du conseil de famille (C. civ., art. 389-5, al. 1er). À

1. Civ. 2e, 6 mai 2010, no 09-13.469, *Bull. civ.* II, no 89; *Dr. et proc.* juill. 2010, no 269.
2. Civ. 1re, 21 déc. 1976, no 75-11.964, *Bull. civ.* I, no 421.
3. H. Conchon, « Le mandat de l'huissier de justice dans la conduite des opérations d'exécution », *Dr. et proc.* 2003. 278 – En outre, en vertu de l'art. 18 du décret no 56-222 du 29 févr. 1956, « *en matière de recouvrement amiable et judiciaire, la remise des pièces à l'huissier vaut mandat d'encaisser* ».
4. Douai, 22 déc. 1994, *Rev. huiss.* 1995. 498.
5. Elle cesse de plein droit à la majorité du mineur : Civ. 1re, 9 janv. 2008, no 05-21.000, *Bull. civ.* I, no 7 ; *D.* 2008. AJ 353.

défaut d'accord entre les parents, l'acte devra être autorisé par le juge des tutelles.

On relèvera la rédaction de l'article 389-8 alinéa 1er du Code civil qui décide qu'« *un mineur peut être autorisé, par ses deux parents qui exercent en commun l'autorité parentale ou par son administrateur légal sous contrôle judiciaire avec l'autorisation du juge des tutelles, à accomplir seul les actes d'administration nécessaires pour les besoins de la création et de la gestion d'une entreprise individuelle à responsabilité limitée ou d'une société unipersonnelle. Les actes de disposition ne peuvent être effectués que par ses deux parents ou, à défaut, par son administrateur légal sous contrôle judiciaire avec l'autorisation du juge des tutelles* ».

Dans le régime d'**administration légale sous contrôle judiciaire** (enfant naturel, parent marié décédé, parents divorcés ou séparés de corps, perte de l'exercice de l'autorité parentale par l'un des parents), seul le parent administrateur légal peut accomplir les actes d'exécution ou de conservation. En revanche, l'administrateur doit se pourvoir d'une autorisation du juge des tutelles pour accomplir les actes qu'un tuteur ne pourrait faire qu'avec une autorisation (acte de disposition, sans doute). Par ailleurs, il faut toutefois réserver l'hypothèse où, dans le cadre du divorce ou de la séparation de corps, l'autorité parentale a été confiée conjointement aux parents. L'un ou l'autre peut alors accomplir les actes de conservation ou d'exécution.

Dans le régime de la **tutelle** (qui s'ouvre lorsque le père ou la mère sont tous deux décédés ou ont perdu l'exercice de l'autorité parentale), la représentation du mineur est assurée par le tuteur, sous le contrôle du conseil de famille et du juge des tutelles. Le nouvel article 401 du Code civil dispose, dans son alinéa 3, que le conseil de famille « *prend les décisions et donne au tuteur les autorisations nécessaires pour la gestion des biens du mineur conformément aux dispositions du titre XII* »[1]. Ce dernier, intitulé « *De la gestion du patrimoine des mineurs et majeurs en tutelle* », est ouvert par l'article 496 alinéa 1er du Code civil, qui proclame que « *le tuteur représente la personne protégée dans les actes nécessaires à la gestion de son patrimoine* ». L'article 504 alinéa 1er décide que le tuteur accomplit seul les actes conservatoires, et sous réserve des dispositions du second alinéa de l'article 473, les actes d'administration nécessaires à la gestion du patrimoine de la personne protégée.

En conséquence, il peut exercer seul non seulement des mesures conservatoires, mais aussi des mesures d'exécution forcée. Quant à la saisie immobilière, il est prévu que le conseil de famille ou, à défaut le juge des tutelles, statue sur les autorisations que le tuteur sollicite pour les actes qu'il ne peut accomplir seul (C. civ., art. 502, al. 1er). Tel est, à l'évidence, le cas des actes disposition (C. civ., art. 505, al. 1er).

141.25 Représentation du majeur protégé. Il convient d'envisager les différentes hypothèses dans lesquelles le majeur protégé doit être représenté :

– En vertu de l'article 473 alinéa 1er du Code civil, **le tuteur représente la personne placée en tutelle dans tous les actes de la vie civile**, excepté pour les cas ou la loi ou l'usage autorise la personne à agir seule. Le majeur placé sous un régime de tutelle est représenté par le tuteur dans les actes nécessaires à la gestion de son patrimoine (C. civ., art. 496, al. 1er). Représentant l'incapable en justice, il agit seul pour faire valoir les droits patrimoniaux de la personne protégée. Toutefois, sous réserve de dispositions légales particulières, « *l'accomplissement des actes dont la nature implique un consentement strictement personnel ne peut jamais donner lieu à assistance ou représentation de la personne protégée* » (C. civ., art. 458, al. 1er – v. aussi l'hypothèse envisagée par C. civ., art. 459). Le subrogé tuteur surveille les actes passés par le tuteur en cette qualité et en informe sans délai le juge s'il constate des fautes dans l'exercice de sa mission (C. civ., art. 454, al. 4). Il peut même représenter la personne protégée lorsque les intérêts de celle-ci sont notamment en opposition avec ceux du tuteur (C. civ., art. 454, al. 5). S'agissant de la régularité des actes, on relèvera qu'à compter de la publicité du jugement d'ouverture, « *si la personne protégée accomplit seule un acte pour lequel elle aurait dû être représentée, l'acte est nul de plein droit, sans qu'il soit nécessaire de justifier d'un préjudice* ». Enfin, la personne en tutelle ne peut être ni assistée ni représentée par son tuteur lorsqu'elle fait son testament postérieurement à l'ouverture de la tutelle.

– Le majeur placé sous curatelle n'est en principe pas représenté par le curateur. Il peut donc accomplir seul une mesure d'exécution forcée mobilière (arg. C. civ., art. 467, al. 1er)[2]. Cette règle de principe vaut sous réserve d'une intervention du juge qui est susceptible d'étendre ou de restreindre le domaine d'application des actes susceptibles d'être réalisés par le majeur seul (C. civ., art. 471). Le curateur dispose également de la faculté de saisir le juge pour être autorisé à accomplir seul un acte déterminé s'il constate que la personne en curatelle

1. Depuis la loi n° 2010-658 du 15 juin 2010, l'article 401 du Code civil comprend un nouvel alinéa 4 qui décide que « *le conseil de famille autorise le mineur à accomplir seul les actes d'administration nécessaires pour les besoins de la création et de la gestion d'une entreprise individuelle à responsabilité limitée ou d'une société unipersonnelle* ».

2. En vertu de l'alinéa 3 de l'article 467 du Code civil, « *à peine de nullité, toute signification faite* [à la personne protégée] *l'est également au curateur* ».

compromet gravement ses intérêts (C. civ., art. 469, al. 2).

- Quant au **mandat de protection future,** il a pour objet de charger une personne, par un mandat, d'en représenter une autre pour le cas où elle ne pourrait pourvoir seule à ses intérêts (C. civ., art. 477, al. 1er).

141.26 Représentation du créancier en redressement judiciaire. Dans son jugement ouvrant le redressement judiciaire, le tribunal peut confier à l'administrateur une mission générale de représentation et donc d'administration sans pour autant que les actes de saisie accomplis par le débiteur soient frappés de nullité à l'égard des tiers (C. com., art. L. 622-3).

141.27 Représentation du créancier en liquidation judiciaire. Le jugement qui ouvre ou prononce la liquidation judiciaire emportant de plein droit, à partir de sa date, dessaisissement pour le créancier de l'Administration et de la disposition de ses biens même de ceux qu'il a acquis à quelque titre que ce soit tant que la liquidation judiciaire n'est pas clôturée, seul le liquidateur judiciaire est habilité à agir pour le compte du liquidé (C. com., art. L. 641-9).

141.28 Représentation des personnes morales de droit public. L'État, les régions, les départements, les communes et leurs établissements publics peuvent se faire assister ou représenter devant le juge de l'exécution par un fonctionnaire ou un agent de leur administration (C. pr. exéc., art. R. 121-7). Dans cette hypothèse, le représentant, lorsqu'il n'est pas avocat, doit justifier d'un pouvoir spécial, c'est-à-dire d'un mandat donné pour une procédure bien déterminée (C. pr. exéc., art. R. 121-7 *in fine*).

CHAPITRE

142. Créance

Olivier SALATI
Maître de conférences (HDR)
à l'Université d'Aix-Marseille

SECTION 0
Orienteur

142.00 **Plan du chapitre.**

142.01 **Textes applicables.**

C. pr. exéc., art. L. 111-2, L. 111-6, L. 222-2, L. 311-2 et L. 311-4, L. 511-1, L. 511-2, R. 222-11, R. 222-17, R. 224-10.

C. pr. civ., art. 510 s.

C. civ., art. 1168, 1185 s., 1244-1 à 1244-3.

142.03 **Bibliographie indicative.**

Ouvrages. A. Leborgne, *Droit de l'exécution*, 2e éd., « Précis », Dalloz, 2014, nos 53-69 – R. Perrot et Ph. Théry, *Procédures civiles d'exécution*, 3e éd., Dalloz, 2013, nos 117-128.

Articles. J.-J. Bourdillat, « Le titre notarié : un consensus exécutoire », *Rev. huiss.* 1994. 679 – J.-C. Boulay, « Réflexion sur la notion d'exigibilité de la créance », *RTD com.* 1990. 339 s.

SECTION 1
Catégories de créances

142.11 **Obligation de payer et obligation de faire ou de ne pas faire.** La créance résulte d'une obligation, laquelle constitue un droit personnel que détient une personne physique ou morale sur son débiteur dans le cadre d'un lien de droit contractuel, extracontractuel (délictuel ou quasi-délictuel) ou légal (dette d'aliment[1]). Cette créance, *lato sensu*, n'est toutefois pas toujours une créance de somme d'argent. Le titre exécutoire détenu par le créancier peut en effet porter sur une obligation de faire ou de ne pas faire à la charge du débiteur. Son non-respect ne peut alors être sanctionné que par l'*imperium* du juge, lequel, le plus souvent, assortira son injonction d'une astreinte. Une fois liquidée par le juge, celle-ci constituera alors une créance consacrée par un titre exécutoire et susceptible d'exécution forcée (v. ss nos 400.05 à 412.53).

Il existe toutefois des hypothèses où la constatation de la liquidité et de l'exigibilité de la créance, expressément exigée par l'article L. 111-2 C. pr. exéc. (C. pr. exéc., art. L. 311-2 et L. 311-4 pour la saisie immobilière), n'est pas un préalable à une mesure d'exécution. Tel est le cas des procédures de saisie-revendication ou saisie-appréhension sur injonction du juge dont l'objet est la conservation, la livraison ou la restitution d'un bien meuble corporel, éventuellement placé dans un coffre-fort (C. pr. exéc., art. R. 222-11, L. 222-2 et R. 222-17, et R. 224-10). Le titre fondant l'exercice de ces procédures est un contrat de vente (avec clause de réserve de propriété), un contrat de bail, de dépôt, de mandat ou de gage, même si le plus souvent, c'est le non-respect d'une obligation de payer dans ce cadre contractuel (échéance d'un bail ou d'un crédit non acquitté, par exemple) qui est à l'origine de la mesure.

SECTION 2
Caractéristiques de la créance

142.20 **Caractères.** Pour qu'une mesure d'exécution forcée puisse être pratiquée, il est nécessaire que la créance cause de la saisie, présente certaines caractéristiques : conformément aux dispositions de l'article L. 111-2 C. pr. exéc., elle doit être liquide et exigible[2].

1. B. Starck, *Droit civil*, Lib. tech., 1972, p. 5.

2. S'agissant spécialement de la saisie immobilière, il convient d'attirer l'attention sur le fait que les contestations élevées sur ces questions doivent l'être avant l'audience d'orientation. ▶

142.21 **Liquidité.** La créance qui sert de support à la plupart des voies d'exécution (saisie-attribution, saisie des rémunérations, saisie-vente, saisie conservatoire) est liquide lorsqu'elle porte sur une somme d'argent parfaitement identifiable dans son *quantum*. Si le titre ne permet pas encore de déterminer précisément le montant de la créance, le législateur considère toutefois, par faveur pour le créancier, que celui-ci est néanmoins liquide « *lorsque le titre contient tous les éléments permettant son évaluation* » (C. pr. exéc., art. L. 111-6). Autrement dit, cette dernière modalité permet au créancier de débuter une mesure d'exécution forcée alors même que le montant de la créance n'est pas encore spécifiquement déterminé. Pour cela toutefois, il faut que le titre exécutoire comporte des éléments qui vont permettre de fixer le *quantum* de la créance[1]. Lorsque le titre exécutoire est un acte notarié revêtu de la formule exécutoire, l'évaluation de la créance est parfois source de difficultés, car il est de temps à autres nécessaire d'interpréter les clauses de l'acte pour spécifier le montant de la créance, parfois en se livrant à un calcul[2]. Il est vrai que, sur ce point, l'acte notarié est moins commode que la décision de justice qui condamne le débiteur au paiement d'une somme précise (mais se pose parfois la question de la détermination des intérêts; ainsi, sur le caractère déterminable des sommes[3]). On comprend donc que lorsque la créance n'est pas liquide, le juge de l'exécution (JEX) mette un terme à la mesure d'exécution[4].

Les éléments susceptibles d'être pris en compte sont, par exemple, le taux et la période de remboursement pour les intérêts d'un prêt, le montant, la date d'échéance et l'indice de révision pour les loyers dus au titre d'un bail d'immeuble, la fixation d'une clause pénale dans un acte notarié, le montant maximum d'une condamnation fixée par une sentence arbitrale décidant que le cédant devait garantir le cessionnaire à hauteur d'une somme déterminée pour la créance que des crédits bailleurs pourraient obtenir[5].

Le fait que le titre exécutoire soit susceptible d'interprétation quant aux modalités de calcul de la créance n'est pas de nature à priver cette dernière de son caractère exigible, dès lors que le titre comprend les éléments permettant d'en fixer le montant[6].

142.22 **Exigibilité.** L'exigibilité est, comme la liquidité, une condition nécessaire pour qu'il soit procédé à l'exécution forcée[7]. La créance est exigible lorsque le débiteur ne peut se prévaloir d'aucun délai ou condition susceptibles d'en retarder ou d'en empêcher l'exécution (ainsi lorsque est acquise de plein droit une clause résolutoire contenue dans un contrat de crédit-bail conclu devant notaire[8]).

Si en matière fiscale l'exigibilité du paiement de l'impôt peut être suspendue par une réclamation assortie d'une demande de sursis (LPF, art. L. 277), l'exemple topique des cas où la créance n'est pas exigible est celui du délai de grâce qui suspend l'exécution jusqu'au terme fixé par le juge ou jusqu'à la déchéance du terme en cas de non-respect des paiements fractionnés accordés au débiteur. S'agissant spécialement de ce délai de grâce, qui est organisé par les articles 1244-1 et suivants du Code civil et 510 et suivants C. pr. civ., son octroi est subordonné à la satisfaction d'une série de conditions. Il résulte notamment de l'article 1244-1 du Code civil, que le juge (selon le cas des référés ou de l'exécution : v. C. pr. civ., art. 510[9]), qui dispose en la matière d'un pouvoir discrétionnaire[10], doit

► La Cour de cassation juge, au visa de l'article 125 C. pr. civ. et de l'article 6 du décret n° 2006-936 du 27 juillet 2006 [devenu C. pr. exéc., art. R. 311-5] qu'à peine d'irrecevabilité prononcée d'office, aucune contestation ni aucune demande incidente ne peut, sauf disposition contraire, être formée après l'audience d'orientation, à moins qu'elle porte sur les actes de procédure postérieurs à celle-ci : Civ. 2e, 14 oct. 2010, n° 09-69.580, NP – *Adde*, Civ. 2e, 7 juill. 2011, n° 10-23.955, NP.

1. Sur cette recherche nécessaire : Civ. 2e, 8 déc. 2005, n° 04-14.785, *Bull. civ.* II, n° 314 (acte notarié) – Et à titre d'illustration, pour un titre exécutoire (décision de justice) fixant le montant d'une condamnation due aux héritiers d'une personne décédée dans un accident de la circulation, mais ne précisant pas tous les éléments permettant d'évaluer la créance dont se prévalait ensuite la CPAM et dont le décompte excédait l'évaluation du préjudice économique réparé : Civ. 2e, 22 mars 2006, n° 04-15.126, NP.
2. Civ. 2e, 22 mars 2001, n° 99-12.011, *Bull. civ.* II, n° 61; *D.* 2001. 1219; *Dr. et proc.* 2001. 318, obs. Putman – J.-J. Bourdillat, « Le titre notarié : un consensus exécutoire », *Rev. huiss.* 1994. 679.
3. Civ. 2e, 19 nov. 2008, n° 07-18.987, *Bull. civ.* II, n° 253; *D.* 2008. AJ 3018.
4. Sur l'annulation d'un commandement aux fins de saisie-vente suite à la saisie du JEX par le créancier aux fins de fixation de sa créance : TGI Nantes, JEX, 18 févr. 2002, *Dr. et proc.* 2002. 303.
5. Civ. 2e, 8 juill. 2004, n° 02-20.213, *Bull. civ.* II, n° 399; *Procédures* 2004, n° 258, p. 20, note Perrot.
6. Civ. 1re, 9 juin 2011, n° 10-30.749, NP.
7. Personne poursuivie en vertu d'un acte notarié de prêt et qui était débitrice à la date du commandement aux fins de saisie : Civ. 2e, 17 nov. 2005, n° 03-18.560, *Bull. civ.* II, n° 300.
8. *Adde,* sur cette notion, J.-C. Boulay, « Réflexion sur la notion d'exigibilité de la créance », *RTD com.* 1990. 339 s.
9. Le JEX tient également des art. L. 613-1 et L. 613-2 CCH, et de l'art. 8 du décret du 31 juillet 1992, le pouvoir d'accorder un délai de grâce à l'occupant d'un local à usage commercial : Civ. 2e, 4 juill. 2007, n° 06-14.601, *Bull. civ.* II, n° 202 – *Adde :* Civ. 2e, 10 juill. 2008, n° 07-13.503, *Bull. civ.* II, n° 182.
10. Civ. 2e, 1er févr. 2001, n° 99-15.712, *Bull. civ.* II, n° 22.

prendre en compte, pour l'accorder ou le refuser, la situation du débiteur tout en considérant les besoins du créancier. Quant à la durée du délai de grâce susceptible d'être accordé, le juge a la possibilité, dans la limite de deux années, de reporter ou d'échelonner le paiement des sommes dues. On notera en outre qu'il dispose de la faculté de subordonner le bénéfice d'un délai de grâce à l'accomplissement, par le débiteur, d'actes destinés à faciliter ou garantir le paiement de la dette. Quant au régime du délai de grâce, la jurisprudence décide que les mesures de grâce peuvent être sollicitées en tout état de cause[1]. D'autre part, on notera que la décision du juge d'octroyer un délai est soumise à l'exigence de la motivation (C. pr. civ., art. 510, al. 4). S'agissant du domaine du délai de grâce, le dernier alinéa de l'article 1244-1 décide que ce texte ne peut recevoir application lorsque la dette en question est une dette d'aliment. De même, en vertu de l'article 512 C. pr. civ., ce délai ne peut être accordé au débiteur dont les biens sont saisis par d'autres créanciers ni à celui qui fait l'objet d'une procédure de redressement ou de liquidation judiciaire. De même encore, c'est parfois la nature de la créance qui justifie l'exclusion du délai de grâce. Ainsi, lorsqu'il s'agit d'une amende pénale, le juge ne peut accorder un tel délai, le recouvrement des amendes pénales relevant du seul régime de l'exécution des peines[2]. Par ailleurs, les dispositions de l'article 1244-1 du Code civil sont exclues lorsqu'il est organisé un régime spécifique qui permet de différer l'exigibilité de la dette. Tel est par exemple le cas à propos de l'aide aux rapatriés : toute demande d'aide a pour objet de suspendre de plein droit les poursuites contre les intéressés jusqu'à la décision de l'autorité administrative (L. n° 97-1269, 30 déc. 1997[3], art. 100)[4]. Enfin, une fois que le délai de grâce a été octroyé, il a pour effet de suspendre l'exigibilité de la créance pour la durée déterminée par le magistrat. L'article 511 C. pr. civ. précise qu'il court du jour du jugement lorsque celui-ci est contradictoire et, dans les autres cas, au jour de sa notification[5]. Par ailleurs, l'article 1244-2 ajoute que « *la décision du juge prise en application de l'article 1244-1, suspend les procédures d'exécution qui auraient été engagées par le créancier. Les majorations d'intérêts ou les pénalités encourues à raison du retard cessent d'être dues pendant le délai fixé par le juge* ». L'article 1244-3 du Code civil prévoyant que « *toute stipulation contraire aux dispositions des articles 1244-1 et 1244-2 est réputée non écrite* ».

Rappelons que, s'il est loisible au juge de retarder l'exécution d'une créance consacrée par un titre exécutoire, il lui est en revanche interdit de consacrer une obligation en l'affectant d'une condition assimilable à un aléa. La Cour de cassation invalide une saisie du prix de cession d'un office notarial alors que l'agrément ministériel qui constitue un élément légal de la cession n'a pas encore été donné au moment de l'exécution forcée[6]. Une telle saisie ne peut en effet prospérer puisqu'elle porte sur une créance éventuelle.

Enfin, il importe de signaler que la condition d'exigibilité est requise uniquement pour les mesures d'exécution forcée, à l'exclusion des mesures conservatoires. Cela se comprend car une créance est exigible lorsque son paiement peut en être immédiatement exigé.

142.23 Obligations à terme et obligations conditionnelles. Il convient de bien distinguer ces deux catégories d'obligations car elles peuvent être contenues dans la catégorie des titres exécutoires que constituent les actes notariés revêtus de la formule exécutoire.

142.24 • Obligation conditionnelle. On sait que l'obligation est conditionnelle lorsqu'on la fait dépendre d'un événement futur et incertain, soit en la suspendant jusqu'à ce que l'événement arrive, soit en la résiliant, selon que l'événement arrivera ou n'arrivera pas (C. civ., art. 1168). La condition peut être potestative – elle fait dépendre l'exécution de la convention d'un événement qu'il est au pouvoir de l'une des parties de faire arriver ou d'empêcher – ou mixte lorsqu'elle dépend à la fois de la volonté de l'une des parties et d'un tiers. Les conditions potestatives, contraires aux bonnes mœurs, à la loi ou impossibles, sont nulles.

La condition contient un élément aléatoire dans le contrat qui fait perdre à la créance son caractère d'exigibilité et de certitude. La souscription d'une telle obligation est donc exclusive de la mise en œuvre de voies d'exécution, aucun titre exécutoire d'origine judiciaire ne pouvant au demeurant être sollicité de ce chef. Elle empêche par ailleurs son bénéficiaire de diligenter une mesure conservatoire puisque la condition introduit un aléa qui interdit

1. Civ. 1re, 29 juin 2004, n° 02-12.598, *Bull. civ.* I, n° 187; *D.* 2004. 2086; *Dr. et proc.* 2004. 326, obs. Vinckel.
2. Civ. 1re, 17 nov. 1998, n° 96-19.821, *Bull. civ.* I, n° 325.
3. L. n° 97-1269, 30 déc. 1997, de finances pour 1998, *JO* 31 déc., p. 19261.
4. Civ. 2e, 18 sept. 2003, nos 02-11.658 et 01-12.666, NP; *Dr. et proc.* 2004. 43, obs. Hoonakker – Civ. 2e, 21 avr. 2005, n° 04-10.188, NP – Cass., ass. plén., 7 avr. 2006, n° 05-11.519, *Bull. ass. plén.*, n° 3.
5. À propos d'une ordonnance de référé : Civ. 2e, 12 févr. 2004, n° 02-13.344, *Bull. civ.* II, n° 56; *Dr. et proc.* 2004. 212, obs. Leborgne.
6. Civ. 2e, 11 mai 2000, nos 97-12.362, 97-12.423 et 97-15.736, *Bull. civ.* II, n° 77; *JCP* 2000. IV. 2134.

de considérer la créance comme étant fondée en son principe. Ce n'est que la réalisation de la condition qui confère à la créance un caractère de relative certitude et autorise alors l'usage des mesures conservatoires si les circonstances sont susceptibles d'en menacer le recouvrement (C. pr. exéc., art. L. 511-1).

Il convient, en revanche, de faire preuve de vigilance, car des actes notariés, et donc des titres exécutoires, peuvent consacrer des obligations conditionnelles. Dans cette hypothèse, un débat devant le JEX n'est pas à exclure. Cet exemple démontre la fragilité de cette catégorie de titres exécutoires que constituent les actes notariés.

142.25 • **Obligation à terme.** Le terme ne suspend point l'engagement. Il en retarde seulement l'exécution en fonction d'un événement futur dont la réalisation est certaine (C. civ., art. 1185 à 1188). Le terme est conventionnel lorsqu'il fixe expressément un délai à l'expiration duquel l'obligation devient exigible, mais il peut être tacite lorsqu'il s'évince de la volonté des parties comme c'est le cas en matière de prêt à usage (C. civ., art. 1888), de prêt à la consommation (C. civ., art. 1900) ou même en dehors de tout texte, ce qui supposera le plus souvent un débat judiciaire préalable.

Une dette à terme est exclusive de tout titre exécutoire d'origine judiciaire et de toute voie d'exécution. Il n'en va cependant pas de même pour les mesures conservatoires. En effet, celles-ci peuvent être réalisées sans délai dès lors qu'il est justifié d'une créance fondée en son principe et si les circonstances sont susceptibles d'en menacer le recouvrement (C. pr. exéc., art. L. 511-1). Tel sera le cas d'une créance à échéances multiples pour laquelle il n'est nullement nécessaire qu'elle soit totalement exigible pour qu'une autorisation de saisie conservatoire soit donnée [1]. Toutefois, ces mesures conservatoires ne peuvent être suivies de la demande de délivrance d'un titre exécutoire ou d'une tentative d'exécution forcée (comme cela pourrait être le cas pour un acte notarié) avant l'expiration du terme contractuel. Bien entendu, nombre de contrats (prêts, ventes à tempérament, crédit-bail, notamment) stipulent expressément une clause de déchéance de plein droit du terme qui rend exigible le solde restant dû en cas de non-respect d'une échéance. Un tel événement a pour effet de rendre la créance immédiatement exigible, autorisant ainsi le créancier à en poursuivre sans délai le recouvrement et à procéder par voie de saisie conservatoire s'il justifie de circonstances susceptibles d'en menacer le paiement.

Il convient de réserver le cas des créances à terme consacrées par des actes notariés. Dans cette hypothèse, l'obtention d'un titre exécutoire à l'issue du terme est inutile. Il suffit de procéder aux mesures d'exécution au vu de l'acte notarié. Le juge devra cependant veiller, en cas de contestation, à bien vérifier que le terme conventionnel est échu. Il conviendra aussi de ne pas oublier que si ce qui est dû à terme ne peut être exigé avant l'échéance du terme, ce qui a été payé d'avance ne peut être rapporté (C. civ., art. 1186).

142.26 **Absence d'exigence de certitude.** La condition de certitude, traditionnellement contenue dans les caractéristiques qui rendent une créance susceptible d'être reconnue par l'émission d'un titre exécutoire fondant une voie d'exécution, n'est pas énoncée par l'article L. 111-2 C. pr. exéc. qui n'exige que les conditions de liquidité et d'exigibilité.

Il convient toutefois de nuancer cette omission volontaire, d'une part parce qu'elle ne s'applique qu'aux créances reconnues par un titre exécutoire, et ce, à seule fin de permettre l'exécution forcée des titres exécutoires par provision (ordonnance de référé, par ex.), d'autre part parce qu'elle ne remet pas fondamentalement en cause le principe de certitude qui s'attache à la définition de la créance dont on veut voir reconnaître judiciairement le principe et le montant. D'ailleurs, la créance résultant d'un titre exécutoire provisoire se verra attribuer le caractère d'une certitude précaire, certes, mais d'une certitude tout de même [2].

Pour le surplus, le caractère certain de la créance se déduit de l'absence de condition suspensive ou aléatoire qui la rend exigible dès lors qu'elle est liquide, peu importe à cet égard que le titre exécutoire ultérieurement obtenu soit provisoire ou définitif. La seule différence, mais non la moindre, réside dans les effets propres à ces deux catégories de titres quant à la mise en œuvre des voies d'exécution, le titre exécutoire provisoire étant susceptible d'action en restitution en cas d'annulation au fond et aucune adjudication immobilière ne pouvant être réalisée de son chef (v. s[s] n° 121.21).

1. Rennes, 24 nov. 1994, *Rev. huiss.* 1995. 500.

2. *CONTRA* : Com. 9 févr. 2010, n° 09-10.880, NP, qui lie caractère litigieux et absence de certitude.

CHAPITRE

143. Choix d'une procédure

Olivier SALATI
Maître de conférences (HDR)
à l'Université d'Aix-Marseille

Section 0 Orienteur

143.00 Plan du chapitre.

143.01 Textes applicables.

C. pr. exéc., art. L. 111-7, L. 111-10, L. 112-2, L. 121-2, L. 122-1, L. 122-2, L. 124-1, L. 152-1 et L. 152-2, L. 161-1, L. 221-1 à L. 231-1, L. 311-2 et L. 311-4, L. 311-5, L. 311-8, L. 412-2, L. 412-5; R. 122-1, R. 151-3, R. 211-21, R. 221-1 à R. 221-61, R. 222-1 à R. 222-25, R. 223-2 à R. 223-6 à R. 223-13, R. 224-1 à R. 224-9, R. 232-1 à R. 232-8, R. 412-2 et R. 531-1 à R. 533-6.

C. pr. civ., art. 147 et 513.

Conv. EDH, art. 6 § 1.

143.03 Bibliographie indicative.

Ouvrages. N. Fricero, *Droit des voies d'exécution*, Gualino, 2008, p. 23 – A. Leborgne, *Droit de l'exécution*, 2e éd., « Précis », Dalloz, 2014, nos 469 à 493 – R. Perrot et Ph. Théry, *Procédures civiles d'exécution*, 3e éd., Dalloz, 2013, nos 236-240.

Articles. J.-J. Bourdillat, « La subsidiarité de certaines saisies-ventes : quand la loi est inique... », *Gaz. Pal.* 7-8 août 1996 – J.-J. Daigre, « Subsidiarité de la saisie-vente : la carence du débiteur récompensée ? », *Rev. huiss.* 1996. 257 – N. Fricero, « Le droit européen à l'exécution des jugements », *Dr. et proc.* 2001. 6; « La libre exécution des jugements dans l'espace judiciaire européen : un principe émergent ? », *Études offertes à J. Normand, Justice et droits fondamentaux*, Litec, 2003, p. 173 – L. Lauvergnat, « La subsidiarité de la saisie-vente : chronique d'un principe anachronique », *Dr. et proc.* 2010. 233 – R. Perrot, « La subsidiarité de la saisie-vente », *D.* 1996. Chron. 169 – F. Ruellan et R. Lauba, « La subsidiarité de la saisie-vente : entre équité, justice et réalisme économique », *D.* 1997. 130 – P. Zajac et Ph. Przemyski, « Saisie-vente : la subsidiarité ? », *Rev. huiss.* 1995. 897.

143.04 Enjeux de l'exécution forcée. Parce qu'elles participent du droit au recouvrement de la créance, les procédures civiles d'exécution impliquent la mise en œuvre de mesures de contrainte, dont certaines, telles la saisie-vente des biens meubles corporels ou l'expulsion, peuvent être non seulement traumatisantes pour le débiteur, mais surtout susceptibles de heurter un certain nombre de principes proclamés et protégés tant par le Conseil constitutionnel que par la Cour européenne des droits de l'homme, notamment l'inviolabilité du domicile, le droit de mener une vie familiale normale, le droit au logement[1], la dignité, le droit de propriété ou encore le droit à l'intimité[2]. Il était donc essentiel que la loi du 9 juillet 1991, aujourd'hui codifiée dans la partie législative du Code des procédures civiles d'exécution, tente de réaliser un équilibre entre les droits respectifs du créancier et les obligations du débiteur.

143.05 L'exécution forcée, composante du procès équitable. La Cour européenne des droits de l'homme, soucieuse de marquer l'importance de l'exécution effective des décisions de justice, énonce que l'exécution d'un jugement ou d'un arrêt, de quelque juridiction qu'il émane, fait partie intégrante du procès au sens de l'article 6 de la Convention européenne des droits de l'homme puisque son issue est déterminante pour les droits du justiciable.

1. Pour l'expulsion, v. C. pr. exéc., art. L. 412-5 et R. 412-2 – Civ. 3e, 19 mai 2010, n° 09-12.424, *Bull. civ.* III, n° 100; *D.* 2011. 1520, obs. Leborgne.
2. Pour une analyse globale des enjeux de la réforme, v. *J.-Cl. Pr. civ.*, par Perrot, fasc. 2010.

Tel est l'apport de l'arrêt *Hornsby c/Grèce*[1] : le **droit à l'exécution effective des décisions de justice** est donc une composante du droit à un procès équitable[2].

Si ce droit s'attache à toutes les décisions juridictionnelles, **la Cour européenne l'a néanmoins étendu à d'autres titres exécutoires**, tels les actes notariés ou les accords de conciliation, mais uniquement dans les hypothèses où l'exécution de ces titres repose sur une procédure judiciaire d'exécution[3]. Ce droit, à l'instar de tout droit, n'est cependant pas absolu. Il souffre ainsi certaines limites liées notamment à la nécessité de protéger soit l'intérêt général, soit d'autres droits fondamentaux de la personne. En toute hypothèse, la Cour s'assure qu'il existe un juste équilibre entre le but légitime poursuivi et les droits du requérant.

D'autres décisions ont confirmé et conforté l'orientation tracée par l'arrêt *Hornsby*. Ainsi, et par exemple, par un arrêt du 28 juillet 1999, la Cour de Strasbourg a sanctionné l'inertie de l'État italien ayant permis le maintien dans les lieux pendant de nombreuses années d'occupants pourtant expulsés par une décision de justice devenue irrévocable[4]. De même, aux termes d'un arrêt du 7 mai 2002, il a été jugé qu'un État ne saurait prendre prétexte d'une absence de crédit pour refuser d'honorer sa dette; le retard dans l'exécution ne doit pas être tel qu'il porte atteinte à la substance même du droit protégé par l'article 6 § 1 de la Convention européenne des droits de l'homme. Si tel est pourtant le cas, ce retard prive l'article 6 § 1 de tout effet utile et constitue une atteinte au droit au respect des biens de la victime prévu par l'article 1er du protocole n° 1[5]. Par ailleurs, cette juridiction a récemment sanctionné l'inaction des autorités roumaines à permettre l'exécution[6], en soulignant notamment que l'État est tenu de prendre toutes mesures nécessaires afin que l'huissier de justice puisse mener à bien sa mission. Cela étant, la Cour européenne des droits de l'homme a précisé l'étendue du droit à l'exécution. Pour elle, ce droit, garanti par les dispositions de la Convention européenne, existe simplement pour les décisions « *définitives et obligatoires* », c'est-à-dire, sans doute, pour les décisions statuant au fond et passées en force de chose jugée[7].

En conséquence de ce droit à l'exécution, les États sont tenus d'insérer dans leur ordre juridique interne des dispositions performantes permettant qu'une décision de justice définitive ne soit pas inopérante au détriment de la partie qui en bénéficie[8]. Si les États sont sanctionnés en raison de leur refus d'exécution[9], ceux-ci peuvent même être tenus pour responsables des agissements des agents d'exécution[10].

La loi du 9 juillet 1991, désormais codifiée au Code des procédures civiles d'exécution, confirme ce postulat dans l'ordre interne en créant la juridiction de l'exécution et en assurant au créancier à la fois un vaste choix dans la mise en œuvre des voies d'exécution et une grande liberté dans l'exercice de ce choix.

SECTION 1
LE CRÉANCIER, MAÎTRE DU CHOIX DES VOIES D'EXÉCUTION

§ 1
Liberté du créancier

143.11 Diversité du choix de procédures. L'innovation non négligeable de la réforme des voies d'exécution réside dans l'élargissement et le renforcement de la palette des mesures mises à la disposition du créancier. Sans revenir sur l'historique de la réforme et l'état antérieur du droit tel que régi par l'ancien Code de procédure civile, il est néanmoins permis de noter que le législateur a modernisé les techniques d'exécution en tenant compte de l'évolution de la composition des patrimoines (fongibilité, opacité) afin de permettre une exécution efficace, c'est-à-dire utile et rapide. Tel est le sens de la création de la saisie-appréhension des biens meu-

1. CEDH 19 mars 1997, Hornsby c/Grèce, req. n° 18357/91, *D.* 1998. 74, note Fricero; *Dr. adm.* 1997. 30; *JCP* 1997. II. 22949, note Dugrip et Sudre.
2. N. Fricero, « Le droit européen à l'exécution des jugements », *Dr. et proc.* 2001. 6; « La libre exécution des jugements dans l'espace judiciaire européen : un principe émergent ? », *Études offertes à J. Normand, Justice et droits fondamentaux*, Litec, 2003, p. 173.
3. Sur ce point, v. N. Fricero, *Droit des voies d'exécution*, Gualino, 2008, p. 23.
4. CEDH 28 juill. 1999, Immobiliare Saffi c/Italie, req. n° 22774/93, *D.* 2000. Somm. 187, obs. Fricero – *Adde :* CEDH, 2e sect., 11 janv. 2001, PM, Lunari et Tanganelli c/ Italie, req. nos 24650/94 (déf. 5 sept. 2001), 21463/93 (déf. 11 avr. 2001) et 23424/94 (déf. 11 avr. 2001), obs. Marguénaud, *Dr. et proc.* 2001. 170.
5. CEDH, 1re sect., 7 mai 2002, Bourdov c/Russie, req. n° 59498/00 (déf. 4 sept. 2002), *Dr. et proc.* 2002. 290.
6. CEDH 22 juin 2004, Pini et Bertani et Manera et Atripaldi c/Roumanie, req. nos 78028/01 et 78030/01 (déf. 22 sept. 2004), *JCP* 2004. I. 161, n° 7, chron. Sudre – *Adde :* CEDH 20 déc. 2007, Kocsis c/Roumanie, req. n° 10395/02 (déf. 20 mars 2008), *Dr. et patr.* 2008. 93, obs. Lefort.
7. CEDH 18 avr. 2002, Ouzounis c/Grèce, req. n° 49144/99 (déf. 4 sept. 2004), *D.* 2002. Somm. 2572, obs. Fricero.
8. CEDH 18 nov. 2010, Romanczyk c/France, req. n° 6718/05, insuffisance des mesures prises dans l'exécution d'un jugement étranger portant sur une pension alimentaire.
9. CEDH, 5e sect., 21 janv. 2010, R. P. c/France, req. n° 10271/07, *Procédures* 2010, n° 71, obs. Fricero.
10. CEDH 11 janv. 2001, Platakou c/Grèce, req. n° 38460/97 (déf. 5 sept. 2001), *Dr. et proc.* 2001. 233, obs. Marguénaud.

bles, avec ou sans autorisation du juge, même entre les mains d'un tiers, procédure qui permet, sauf opposition, le retour d'un objet mobilier dans le patrimoine de son titulaire ou du bénéficiaire d'un gage (C. pr. exéc., art. L. 222-1 et R. 222-1 à R. 222-18). Il en va de même pour la saisie des véhicules par déclaration à la préfecture (C. pr. exéc., art. L. 223-1 et R. 223-2 à R. 223-5) ou par immobilisation (C. pr. exéc., art. L. 223-2 et R. 223-6 à R. 223-13), pour la saisie des droits d'associé et des valeurs mobilières (C. pr. exéc., art. L. 231-1 et R. 232-1 à R. 232-8) ou la saisie des biens placés dans un coffre-fort (C. pr. exéc., art. R. 224-1 à R. 224-9). On doit par ailleurs mentionner la saisie-attribution qui renforce sensiblement les droits du créancier en posant le principe d'une appropriation immédiate dans le patrimoine du créancier des sommes saisies, sauf opposition du débiteur[1]. Enfin, et ce n'est pas la moindre des innovations de la réforme, il est désormais possible au porteur d'un titre exécutoire provisoire de poursuivre l'exécution forcée jusqu'à son terme, à l'exception de la saisie immobilière, l'adjudication de l'immeuble n'étant possible qu'en vertu d'un titre exécutoire définitif (C. pr. exéc., art. L. 111-10, L. 311-2 et L. 311-4). On constate donc qu'indéniablement l'élargissement et le renforcement des procédures d'exécution contribuent à assurer au créancier un recouvrement plus sûr de sa créance.

§ 2
Choix du créancier

143.21 Diversité du choix des procédures. Ce principe est énoncé sans ambiguïté par l'article L. 111-7 C. pr. exéc. : « *Le créancier a le choix des mesures propres à assurer l'exécution ou la conservation de sa créance* [...] »[2].

Ce choix n'est pas alternatif pour le créancier titulaire d'un titre exécutoire. Il peut mettre en œuvre des mesures de sauvegarde de ses droits en même temps ou préalablement à l'exercice de voies d'exécution. Il existe en effet des circonstances où il peut s'avérer indispensable de rendre indisponible un bien mobilier ou fongible par le biais d'une saisie conservatoire avant d'envisager la phase d'exécution. Le cas topique est celui de la saisie-revendication qui permet de rendre indisponible un bien meuble corporel dans l'attente de sa restitution (C. pr. exéc., art. L. 222-2 et R. 222-17 à R. 222-25). Il en va de même pour les sûretés judiciaires, notamment l'hypothèque judiciaire provisoire (C. pr. exéc., art. L. 531-1 et R. 531-1 à R. 533-6). À cet égard, la réforme de 1991 envisage spécifiquement les modalités du calcul du délai de confirmation de la publicité provisoire de l'hypothèque par une publicité définitive (C. pr. exéc., art. R. 533-4, 2°) dans l'hypothèse où l'inscription provisoire a été prise au vu d'un titre exécutoire.

143.22 Recouvrement amiable ou forcé. La liberté du créancier ne se mesure pas seulement à la diversité et au cumul possible des voies d'exécution mises à sa disposition. Elle s'apprécie aussi à l'aune du choix dont il dispose dans les modalités de recouvrement de sa créance.

- D'une part, il peut solliciter le concours de l'huissier de justice pour pratiquer une mesure d'exécution (C. pr. exéc., art. L. 122-1 et R. 122-1). Dans cette hypothèse, cet officier ministériel et public ne peut refuser de prêter son concours lorsque la mesure requise revêt un caractère licite et si le montant des frais ne dépasse pas manifestement le montant de la créance réclamée (sauf recouvrement d'une condamnation symbolique).

- D'autre part, le créancier peut toujours tenter un recouvrement amiable de sa créance, bien entendu, en dehors de toutes voies d'exécution, lesquelles relèvent du monopole d'attribution et de territorialité de l'huissier de justice. Dans cette hypothèse, il peut tant s'adresser à l'huissier de justice qu'à des personnes physiques ou morales procédant au recouvrement amiable pour le compte d'autrui, dont l'activité est expressément prévue par l'article L. 124-1 C. pr. exéc. et dont les modalités d'exercice ont été réglementées par un décret en Conseil d'État qui leur assure un embryon de statut professionnel et une déontologie (Décr. n° 96-1112, 18 déc. 1996[3]). Ce qui toutefois n'empêche pas l'usage de certaines pratiques qui peuvent ne pas emporter pleinement l'adhésion (notamment s'agissant de l'utilisation du téléphone ou de l'envoi de certains courriers).

SECTION 2
LE CRÉANCIER, RESPONSABLE DU CHOIX DES VOIES D'EXÉCUTION

§ 1
Affirmation du principe de proportionnalité

143.31 Contenu du principe. Pour la première fois est posé le principe général que l'exécution des

1. Sur l'idée « d'appropriation forcée » préférée à celle de cession, v. obs. J.-M. Sommer et L. Leroy-Gissinger, *D.* 2011. 2154, s[s] Civ. 2e, 7 avr. 2011, n° 10-15.969, *Bull. civ.* II, n° 88.
2. Sur un possible cumul de procédures d'exécution : Paris, 8e ch. B, 14 nov. 2002, *Dr. et proc.* 2003. 170, obs. Bourdillat – Et sur l'exercice de choix : Limoges, 22 nov. 2006, *JCP* 2007. Actu. 1619.

3. Décr. n° 96-1112, 18 déc. 1996, *JO* 20 déc., p. 18810.

mesures propres à assurer l'exécution ou la conservation des créances « *ne peut excéder ce qui se révèle nécessaire pour obtenir le paiement de l'obligation* » (C. pr. exéc., art. L. 111-7). Il doit donc exister un rapport raisonnable de proportion entre le but poursuivi et les moyens utilisés pour parvenir à cette fin. À défaut, le créancier pourrait engager sa responsabilité[1].

Il est de même précisé que la mainlevée d'une saisie conservatoire, lorsqu'elle est ordonnée par le juge, peut justifier la condamnation du créancier à réparer le préjudice causé par cette mesure (C. pr. exéc., art. L. 512-2).

Ce principe de proportionnalité, qui commande au créancier de n'agir qu'avec circonspection, trouve sa concrétisation dans les dispositions qui régissent spécifiquement certaines procédures d'exécution ou conservatoires. Il est affirmé tant en matière mobilière qu'en matière immobilière (sur l'adéquation entre le montant de la créance et la valeur du bien saisi v. C. pr. exéc., art. L. 311-5, al. 1er).

143.32 Mise en œuvre explicite du principe pour les mesures d'exécution. Les dispositions propres à la **saisie-attribution** permettent au créancier, au vu des renseignements fournis par le tiers saisi, de limiter l'effet de la saisie à certains comptes. De même, d'accord entre les parties ou sur décision du juge de l'exécution (JEX), il peut être mis fin à l'indisponibilité du compte saisi par la constitution d'une garantie irrévocable à concurrence des sommes réclamées (C. pr. exéc., art. R. 211-21).

Il en va de même pour la **saisie des droits d'associé et des valeurs mobilières** dont la mainlevée peut être obtenue par la consignation d'une somme suffisante pour désintéresser le créancier (C. pr. exéc., art. R. 232-8).

Cette notion de proportionnalité est aussi contenue dans les dispositions relatives à l'**expulsion**. C'est ainsi que lorsque cette mesure aurait pour la personne concernée des conséquences d'une exceptionnelle dureté, notamment du fait de la période de l'année considérée ou des circonstances atmosphériques, le délai légal de deux mois pour vider les lieux peut être prorogé par le juge pour une durée n'excédant pas trois mois (C. pr. exéc., art. L. 412-2).

1. Civ. 2e, 10 mai 2007, no 05-13.628, NP; *Procédures* 2007. Comm. 246, note Perrot; *D.* 2008. Pan. 1170, obs. Leborgne, rappelant que « *si le créancier a le choix des mesures d'exécution, l'exécution de cette mesure ne peut excéder ce qui est nécessaire pour obtenir le paiement de l'obligation compte tenu du montant de la créance et de l'attitude du débiteur* », à propos de la vente de l'appartement d'un copropriétaire condamné, dans un premier temps, pour ne pas avoir payé des charges de copropriété qu'il contestait.

Plus généralement, le principe de proportionnalité impose de mettre en balance des droits fondamentaux : d'un côté, le droit à l'exécution des décisions de justice, et de l'autre, le droit au respect de la vie privée, du domicile, de la dignité ou encore le droit au logement[2]. Le principe de proportionnalité servant souvent de guide en la matière[3].

En dernier lieu, on notera, à propos de la **saisie-vente**, que le Code des procédures civiles d'exécution a abrogé l'article 115 du décret du 31 juillet 1992 qui décidait que la vente forcée des biens saisis est arrêtée lorsque le prix des biens vendus assure le paiement du montant des causes de la saisie et des oppositions, en principal, intérêts et frais. En revanche, on est rassuré de lire, à l'article L. 221-4 alinéa 1er C. pr. exéc. que « *l'agent habilité par la loi à procéder à la vente arrête les opérations de vente lorsque le prix des biens vendus atteint un montant suffisant pour payer en principal, intérêts et frais, les créanciers saisissants et opposants* ».

143.33 Mise en œuvre explicite du principe pour les mesures conservatoires. Les mesures conservatoires (saisies et sûretés judiciaires) peuvent faire l'objet d'un aménagement lorsque des garanties suffisantes sont offertes par le saisi. Ce principe est rappelé par l'article L. 512-1 alinéa 2 C. pr. exéc. qui énonce : « *À la demande du débiteur, le juge peut, le créancier entendu ou appelé, substituer à la mesure conservatoire initialement prise toute autre mesure propre à sauvegarder les intérêts des parties* ». L'article L. 512-2 C. pr. exéc. va encore plus loin en posant le principe que « *la constitution d'une caution bancaire irrévocable conforme à la mesure sollicitée dans la saisie entraîne mainlevée de la mesure de sûreté* ».

En ce qui concerne les sûretés judiciaires, il est énoncé que, lorsque la valeur des biens grevés est manifestement supérieure au montant des sommes garanties, le débiteur peut faire limiter par le juge les effets de la sûreté provisoire s'il justifie que les biens demeurant grevés ont une valeur double du montant de ces sommes (C. pr. exéc., art. R. 532-9).

143.34 Affirmation du principe de subsidiarité de la saisie-vente. Le principe de proportionnalité de la mesure d'exécution à la situation du débiteur et au montant des sommes à recouvrer trouve son expression la plus achevée dans l'affirmation du principe de subsidiarité de la saisie-vente.

2. Pour une illustration en matière de visite domiciliaire (en matière fiscale) : Com. 8 déc. 2009, no 08-21.017, *Bull. civ.* IV, no 162.
3. À propos des opérations d'inventaire réalisées en vertu de l'article 1235 C. pr. civ., v. Rép. min. no 118031, *JOAN* 31 déc. 2011.

Le législateur a en effet postulé que la saisie-vente (C. pr. exéc., art. L. 221-1 à L. 222-1 et R. 221-1 à R. 221-61) dans un local servant à l'habitation du débiteur[1], lorsqu'elle tend au recouvrement d'une créance autre qu'alimentaire ou symbolique, inférieure à 535 euros, ne peut être pratiquée, sauf autorisation du juge, que si ce recouvrement est impossible par voie de saisie d'un compte de dépôt ou des rémunérations du travail (C. pr. exéc., art. L. 221-2 et R. 221-2)[2].

La loi précise que pour les créances de cette nature, la signification préalable du commandement précédant la saisie par l'huissier de justice instrumentant doit contenir injonction au débiteur de communiquer les nom et adresse de son employeur et les références de ses comptes bancaires ou l'un de ces deux éléments. Elle ajoute que s'il n'y est pas déféré par le débiteur, le procureur de la République peut être saisi afin qu'il entreprenne les diligences nécessaires pour obtenir ces informations (C. pr. exéc., art. L. 152-1 et L. 152-2; v. aussi C. pr. exéc., art. L. 152-3[3]).

Dans un avis du 8 décembre 1995, la Cour de cassation considère que le simple silence du débiteur, après demande de communication d'informations par l'huissier de justice lors de la délivrance du commandement précédant la saisie-vente, ne rend pas possible de ce seul fait la saisie-vente[4]. Il ne caractérise pas l'impossibilité de réunir les informations nécessaires à l'exercice des saisies-attributions ou saisies des rémunérations. Il permet seulement à l'huissier de justice de s'adresser immédiatement et sans autre formalité au procureur de la République en vue d'obtenir l'identification de l'employeur ou des comptes de dépôt du débiteur. En d'autres termes, l'huissier de justice mandaté par son créancier devrait désormais, la plupart du temps, avant de procéder à une saisie-vente du mobilier d'un débiteur d'une somme d'argent inférieure à 535 euros et refusant de le renseigner, demander au parquet d'effectuer des recherches[5]. Ce ne serait qu'en cas d'investigations infructueuses ou à défaut de réponse dans le délai de trois mois à compter de la date de la requête, qu'il pourrait diligenter la procédure de saisie-vente.

L'avis susvisé a fait l'objet de vives controverses doctrinales[6]. On observera au demeurant que la jurisprudence a déjà eu l'occasion de mettre en œuvre ce principe de subsidiarité. C'est ainsi qu'une cour d'appel a pu annuler une procédure de saisie-vente pour avoir paiement d'une créance inférieure à 3 500 francs (désormais 535 euros) au motif que le créancier n'apportait pas la preuve d'une tentative préalable de saisie-attribution ou de saisie des rémunérations[7]. Toujours est-il que la réforme des voies d'exécution et l'interprétation *a priori* qu'en propose la Cour de cassation confirment avec éclat l'émergence d'un principe de proportionnalité désormais explicitement énoncé et susceptible d'être mis en œuvre de façon très pratique avec toutes les conséquences que cela implique pour les praticiens de ce contentieux dans leurs rapports avec les créanciers comme les débiteurs.

143.35 Subsidiarité d'autres mesures d'exécution forcée. S'agissant de la saisie immobilière, l'ancien article 2206 du Code civil disposait, par souci de protection des incapables, que les immeubles du mineur, même émancipé, ou du majeur en tutelle ne peuvent être mis en vente avant la discussion du mobilier. Cette règle, dont le maintien fut un temps discuté, a néanmoins été reconduite, en une formule pratiquement analogue, par l'article 2197 alinéa 1er du Code civil (devenu C. pr. exéc., art. L. 311-8, al. 1er), issu de l'ordonnance n° 2006-461 du 21 avril 2006 portant réforme de la saisie immobilière[8]. En son alinéa 2, ce nouveau texte, qui se substitue à l'ancien article 2207 du Code civil, prévoit une limite au principe édictée par l'alinéa premier : « *Toutefois, la discussion des meubles n'est pas requise avant la saisie des immeubles indivis entre un majeur et un mineur ou un majeur en curatelle ou en tutelle, si la dette leur est commune. Elle ne l'est pas*

1. Sur l'application du texte en cas de résidence secondaire : Civ. 2e, 18 juin 2009, n° 08-18.379, *Bull. civ.* II, n° 169; *Procédures* 2009. Comm. 274, obs. Perrot; *Dr. et proc.* 2009. 353, obs. Vinckel.
2. Pour une application : Paris, 8e ch., 7 déc. 1995, *D.* 1996. 203, note Prévault, sur le fait de savoir s'il convient ou non de prendre en compte l'indemnité prononcée au titre de l'article 700 C. pr. civ. pour déterminer ce seuil : réponse négative donnée par la cour, seul le principal de la créance (3 000 F à l'époque) devant être retenu.
3. Pour une application de l'ancien article 41 de la loi, v. Civ. 1re, 22 mars 2012, n° 10-25.811, *Bull. civ.* I, n° 65.
4. Cass., avis, 8 déc. 1995, n° 09-50.013, *Bull. avis*, n° 15; *Procédures* 1996, n° 9, note Perrot – J.-J. Daigre, « Subsidiarité de la saisie-vente : la carence du débiteur récompensée ? », *Rev. huiss.* 1996. 257; *D.* 1997. 130, note Ruellan et Lauba.
5. À propos d'une saisie-vente diligentée par un huissier de justice pour le recouvrement d'une créance d'un montant de 200 euros en principal : TGI Troyes, JEX, 20 oct. 2004, *Dr. et proc.* 2005. 101, obs. Leborgne.
6. Sur cette question v. F. Ruellan et R. Lauba, « La subsidiarité de la saisie-vente : entre équité, justice et réalisme économique », *D.* 1997. 130 – R. Perrot, « La subsidiarité de la saisie-vente », *D.* 1996. Chron. 169 – J.-J. Bourdillat, « La subsidiarité de certaines saisies-ventes : quand la loi est inique... », *Gaz. Pal.* 7-8 août 1996 – J.-J. Daigre, « Subsidiarité de la saisie-vente : la carence du débiteur récompensée ? », *Rev. huiss.* 1996. 257 – P. Zajac et Ph. Przemyski, « Saisie-vente : la subsidiarité ? », *Rev. huiss.* 1995. 897.
7. Douai, 22 déc. 1994, *Rev. huiss.* 1995. 593.
8. Ord. n° 2006-461, 21 avr. 2006, réformant la saisie immobilière, *JO* 22 avr., p. 6072.

non plus dans les cas où les poursuites ont été commencées alors que le majeur n'était pas encore placé sous curatelle ou sous tutelle. ». Au titre des restrictions à la saisie, il convient également de signaler l'article L. 311-5 alinéa 2 C. pr. exéc. qui prévoit que « *le créancier ne peut saisir les immeubles qui ne sont pas hypothéqués en sa faveur que dans le cas où l'hypothèque dont il bénéficie ne lui permet pas d'être rempli de ses droits* »[1].

En outre, concernant l'entrepreneur individuel, la loi du 9 juillet 1991 contient une disposition spécifique, insérée dans cette loi suite à l'avènement de la loi n° 94-126 du 11 février 1994[2]. En l'occurrence, l'article 22-1 de la loi du 9 juillet 1991 (devenu C. pr. exéc., art. L. 161-1) vise l'hypothèse où le titulaire d'une créance contractuelle ayant sa cause dans l'activité professionnelle d'un entrepreneur individuel souhaite procéder à une mesure d'exécution forcée sur les biens de cet entrepreneur. Dans ce cas, l'entrepreneur a la possibilité, en dépit des dispositions de l'article 14, 4° (devenu C. pr. exéc., art. L. 112-2, 5°) de cette loi, et s'il établit que les biens nécessaires à l'exploitation de l'entreprise sont d'une valeur suffisante pour garantir le paiement de la créance, de solliciter le créancier afin que l'exécution soit poursuivie en priorité sur ceux-ci. Cela étant, si le créancier établit que cette proposition est de nature à mettre en péril le recouvrement de sa créance, il a alors la faculté de s'opposer à une telle demande[3].

143.36 Principe de proportionnalité et choix des voies d'exécution. Le principe de proportionnalité posé par l'article 22 alinéa 1er de la loi du 9 juillet 1991 (devenu C. pr. exéc., art. L. 111-7) figure dans le chapitre « *Dispositions générales de la loi* ». Il est naturellement suivi du chapitre « *Dispositions spécifiques aux mesures d'exécution forcée* » qui énonce dans un ordre déterminé la saisie-attribution, la saisie des rémunérations et la saisie-vente. Le décret d'application du 31 juillet 1992 reprend d'ailleurs ce schéma.

S'il est difficile d'affirmer *ex abrupto* que le législateur a voulu créer une hiérarchie entre les diverses voies d'exécution puisqu'il postule le libre choix du créancier dans leur mise en œuvre, il est néanmoins incontestable qu'il a voulu privilégier les modes de saisie les moins coûteux et les plus efficaces, reprenant, *mutatis mutandis*, le principe posé par l'article 147 C. pr. civ. pour les mesures d'instruction à l'initiative du juge : « *S'attacher à retenir ce qui est le plus simple et le moins onéreux* ». Ainsi, la loi fait de la saisie-attribution un instrument de recouvrement particulièrement rapide et efficace puisqu'aucune vente n'est nécessaire, que le procès-verbal emporte attribution immédiate au créancier qui ne subit pas la loi du concours, même en cas de procédure collective ultérieure, des sommes interceptées entre les mains des tiers. De même, la saisie des rémunérations peut, en dépit du principe d'insaisissabilité partielle des salaires, se révéler intéressante pour les petites créances en raison de sa gratuité et de la durée raisonnable du recouvrement.

On doit d'ailleurs relever que si la loi met à la disposition du créancier une large palette de voies d'exécution, elle incite néanmoins son mandataire – l'huissier – à faire œuvre pédagogique auprès de son mandant en le conseillant sur les procédures les plus pertinentes à diligenter et en attirant son attention sur les risques d'un recouvrement aléatoire au regard du montant de la créance et de la situation patrimoniale du débiteur (C. pr. exéc., art. L. 122-2 et R. 151-3). À cet égard, l'huissier de justice n'est pas tenu de prêter son ministère ou son concours lorsque la mesure d'exécution requise lui paraît revêtir un caractère illicite ou si le montant des frais paraît manifestement susceptible de dépasser le montant de la créance réclamée, à l'exception justifiée des créances symboliques (C. pr. exéc., art. L. 122-1 et R. 122-1). La loi applique d'ailleurs cette exception aux créances alimentaires qui échappent, par nature, au principe de subsidiarité de la saisie-vente (C. pr. exéc., art. L. 221-2).

L'ensemble de ces dispositions s'inscrit dans une vision cohérente et logique de la loi, alliant une approche libérale des voies d'exécution par le postulat du libre choix du créancier dans la mise en œuvre de l'exécution avec la nécessaire modulation de ce choix au regard du montant de la créance et des situations patrimoniales respectives des parties.

§ 2
Applications du principe de proportionnalité : l'abus de saisie

143.41 Principe. Cette notion est spécifiquement envisagée par la loi qui dispose que le JEX a le pouvoir d'ordonner la mainlevée de toute mesure inutile ou abusive et de condamner le créancier à des dommages-intérêts en cas d'abus de saisie (C. pr. exéc., art. L. 121-2).

L'inutilité d'une mesure n'est pas *ipso facto* sanctionnée par des dommages et intérêts. Le JEX peut se contenter de lever la mesure lorsque, par exemple, il l'estime prématurée. Telle sera l'hypothèse d'un commandement aux fins de saisie-vente signi-

1. Civ. 2e, 10 juin 2010, n° 09-12.565, NP.
2. P. Rubellin, « L'étrange protection des biens non nécessaires à l'exploitation d'un entrepreneur individuel. Remarques sur l'article 47 de la loi Madelin du 11 février 1994 », *JCP* 1995. I. 3856.
3. Pour une application d'un refus : Douai, 22 déc. 1994, *Rev. huiss.* 1995. 840, note Dahan.

fié après mise en œuvre d'une saisie-attribution ayant permis de régler les causes de la saisie[1]. Une réponse ministérielle a précisé que « *sous réserve de l'appréciation souveraine des juridictions et dans la mesure où le produit de la saisie est affecté en priorité au paiement des frais nécessaires, une saisie portant sur des biens dont, manifestement, la valeur n'excède pas le montant prévisible de tels frais, doit être considérée comme inutile puisqu'elle ne permettra pas de recouvrer la créance. Sous cette même réserve, il appartient aux huissiers de justice d'apprécier si la consistance des biens qu'ils saisissent est suffisante pour assurer le paiement total ou partiel de la créance, et, dans le cas contraire, de constater que la mesure d'exécution est infructueuse* »[2].

L'abus de saisie est une application particulière aux voies d'exécution de la théorie de l'abus de droit.

143.42 Appréciation souveraine du juge. Par une jurisprudence constante, la Cour de cassation affirme le pouvoir souverain du juge du fond pour apprécier l'abus de saisie[3], à charge pour lui de qualifier le comportement fautif du saisissant[4]. Cette nécessité de caractériser l'abus est régulièrement rappelée par la jurisprudence qui sanctionne pour manque de base légale les juges qui se déterminent sur la seule affirmation que la saisie a été source de préjudice[5]. Une très grande latitude est donc laissée au juge du fond, et plus particulièrement au JEX pour définir les circonstances caractérisant l'abus de saisie[6].

143.43 Critères de l'abus de saisie. La jurisprudence dominante dégage un certain nombre de critères qui se chevauchent parfois mais que l'on peut néanmoins regrouper en cinq grandes catégories pour caractériser la faute constitutive d'abus de saisie :

143.44 L'erreur inexcusable ou incompréhensible est sanctionnée par la nullité de la saisie. Est ainsi constitutive d'une faute justifiant l'allocation de dommages-intérêts l'erreur commise par une mutuelle qui pratique une saisie-arrêt pour obtenir le paiement du coût d'une voie d'exécution indûment diligentée[7]. Il en ira de même pour la signification d'une ordonnance sommant un débiteur de restituer un véhicule saisi-appréhendé deux mois et demi auparavant, alors qu'il s'était acquitté de sa dette au moment du dépôt de la requête en appréhension[8]. Dans le même ordre d'idées, on relèvera une décision qui impute à faute à un créancier le fait de poursuivre une saisie-attribution au motif que son débiteur a remplacé par un chèque la lettre de change précédemment émise tout en présentant simultanément le chèque à l'encaissement[9]. Commet également une faute le bailleur qui poursuit des actes d'exécution contre la société preneuse postérieurement à l'ouverture de la procédure collective frappant celle-ci[10].

La Cour de cassation a considéré que lorsqu'un créancier, après avoir accordé à son débiteur un délai d'un mois pour régulariser sa situation, ce qui impliquait un sursis à exécution pendant cette durée, et que le règlement est intervenu dans le délai imparti, la mesure conservatoire prise par ce dernier durant ce délai est considérée comme abusive[11]. Cette solution se conciliant malaisément avec les dispositions de l'article 513 C. pr. civ. décidant que le délai de grâce (ce qui semblait être le cas en l'espèce) ne fait pas obstacle aux mesures conservatoires.

143.45 La faute grossière ou la négligence fautive est génératrice d'abus de saisie. Ainsi, le fait pour un organisme de sécurité sociale de pratiquer une saisie après le règlement par le redevable de la contrainte afférente à ses cotisations[12]. Dans cette espèce, la Haute assemblée relève l'absence totale de « *liaison entre la Caisse et l'huissier de justice* », négligence trop fréquemment observée par les praticiens de l'exécution. Elle stigmatise aussi les conséquences abusives de la saisie, laquelle a jeté « *le discrédit sur la probité morale* » du saisi. De même, l'huissier de justice qui procède à l'exécution d'un jugement de condamnation comme si de rien n'était contre une entreprise placée en redressement judiciaire sans vérifier sa situation auprès du registre du commerce et qui n'en informe le créancier que 13 mois plus tard, empêchant celui-ci de déclarer sa créance, manque à son obligation de diligence qui lui impose de rechercher tous les renseignements et

1. TGI Lyon, JEX, 31 janv. 1995, *Rev. huiss.* 1996. 119.
2. Rép. min. n° 26545, *JOAN Q* 15 déc. 2003, p. 9962.
3. Civ. 1re, 19 juill. 1977, n° 75-15.620, *Bull. civ.* I, n° 348 – Civ. 2e, 7 juill. 2011, n° 10-23.955, NP.
4. Civ. 2e, 18 juin 2009, n° 08-18.379, *Bull. civ.* II, n° 169; *Procédures* 2009. Comm. 274, obs. Perrot; *Dr. et proc.* 2009. 353, obs. Vinckel.
5. EN CE SENS : Civ. 2e, 22 mars 2001, n° 99-14.941, NP; *Dr. et proc.* 2001. 255, obs. Putman, au visa de l'art. 1382 C. civ.
6. Absence d'abus de saisie immobilière : Com. 15 févr. 2011, n° 10-10.677, NP.
7. Civ. 2e, 3 févr. 1982, NP; *Gaz. Pal.* 1982. 2. Pan. 204 – Civ. 2e, 22 oct. 2009, n° 07-18.781, NP (inapplication en l'espèce).
8. TGI Riom, JEX, 23 mars 1993, *Rev. huiss.* 1993. 988.
9. TGI Montluçon, JEX, 17 mars 1993, *Rev. huiss.* 1993. 1058.
10. Com. 28 sept. 2004, n° 02-15.818, NP.
11. À propos d'une inscription provisoire d'hypothèque prise par un prêteur sur les biens d'une société civile immobilière : Civ. 2e, 6 juill. 2000, n° 98-20.929, NP; *Dr. et proc.* 2001. 121, obs. Brenner.
12. Soc. 11 janv. 1978, n° 76-12.475, *Bull. civ.* V, n° 31.

de procéder à toutes les vérifications nécessaires à la bonne exécution de son mandat. Il en résulte que tous les actes inutiles de procédure effectués par l'huissier sont mis à sa charge. Il doit en outre rembourser au créancier la provision que celui-ci lui avait versée à l'ouverture du dossier[1]. Une autre décision sanctionne l'huissier chargé de procéder à l'exécution d'un jugement de condamnation qui, après l'ouverture de la procédure collective du débiteur, omet de retourner au créancier le dossier lui permettant de déclarer sa créance dans les délais[2]. On relève aussi le jugement du TGI de Paris qui condamne un huissier à payer une somme à titre de dommages-intérêts à une caisse sociale pour avoir omis de l'informer de l'ouverture de la procédure collective de son débiteur, l'empêchant effectuer sa déclaration de créance dans les délais légaux[3]. En appel, la cour observe que dans la mesure où l'huissier avait un mandat de recouvrer la créance, celui-ci emportait obligation non seulement d'assigner le débiteur au nom du créancier en ouverture d'une procédure de redressement judiciaire, mais aussi de suivre le déroulement de cette procédure et de l'informer de toutes les décisions susceptibles d'affecter le recouvrement de sa créance. Le créancier se voit ainsi allouer une somme de 7 622,45 euros à titre de dommages et intérêts. De même, l'huissier de justice commet une faute qui lui incombe personnellement en raison de l'exercice de son office et engageant sa responsabilité quasi-délictuelle lorsqu'il pratique une saisie-vente sur le fondement d'une condamnation non assortie de l'exécution provisoire[4]. Par ailleurs, l'usage d'une procédure jugée « *irrégulière et trop lourde* » (en l'occurrence une saisie-vente dans un local d'habitation pour une somme inférieure au seul fixé par décret), a été considéré comme constitutif d'un abus du droit d'agir en justice[5].

On relèvera en outre qu'à la suite d'un arrêt rendu par la deuxième chambre civile de la Cour de cassation le 28 juin 2001, s'il appartient au créancier de donner mainlevée de la saisie auprès du tiers saisi d'une saisie-attribution pratiquée sur le fondement d'un titre exécutoire annulé, toutefois, une abstention fautive ne peut être reprochée au créancier qu'à compter de la signification de la décision portant annulation du titre exécutoire sur le fondement duquel a été pratiquée cette mesure d'exécution forcée[6].

143.46 **L'intention de nuire** est aussi retenue comme critère de l'abus de saisie. Tel sera le cas du créancier qui, pour obtenir une autorisation de pratiquer une saisie d'un montant disproportionné par rapport à l'objet du litige[7], omet de soumettre au juge un élément d'information essentiel, alors par ailleurs qu'il ne pouvait ignorer la solvabilité du saisi[8].

143.47 **La témérité fautive** du saisissant, conscient du caractère seulement éventuel de son droit, qui pratique des saisies contre une partie à qui il a délivré quittance pour solde de tout compte est aussi condamnée[9].

143.48 **La mauvaise foi** du saisissant est également sanctionnée lorsque le saisissant sait que le saisi ne lui doit rien[10]. Est condamnée la saisie effectuée en vertu d'un titre obtenu dans des **conditions dolosives**[11] **ou sans justification**[12]. **La saisie inutile est de même condamnée lorsque le saisissant fait preuve de négligence coupable** démontrant sa mauvaise foi en laissant se perpétuer les effets d'une saisie alors que ses causes ont été réglées[13]. Dans le même sens, le JEX du TGI de Rennes condamne un huissier de justice à 5 000 francs de dommages-intérêts pour avoir recouvré directement contre l'avocat du créancier poursuivant alors d'une part que seul ce dernier (le mandant), pouvait faire l'objet d'une exécution forcée, et d'autre part, que la saisie du compte professionnel de l'avocat était intempestive et brutale, le fait de saisir l'avocat du créancier du chef d'un titre exécutoire visant ce dernier étant assimilable à un acte de mauvaise foi[14].

La disproportion des moyens mis en œuvre pour recouvrer la créance due avec son montant est stigmatisée par la jurisprudence. On relève un intéressant arrêt de la cour d'appel de Paris qui sanctionne l'utilisation d'une procédure irrégulière et trop lourde pour recouvrer une créance inférieure à

1. Paris, 22 oct. 1996, *Rev. proc. coll.* 1999, n° 2/3, p. 98.
2. Aix-en-Provence, 31 oct. 1996, *Rev. proc. coll.* 1999, n° 2/3, p. 98.
3. TGI Paris, 6 sept. 1995 et Paris, 2 juill. 1997, *Rev. proc. coll.* 1999, n° 2/3, p. 98.
4. À propos de frais irrépétibles alloués par une ord. de référé : Paris, 18 nov. 1999, *BICC* 15 juin 2000, n° 797.
5. Paris, 8e ch., 7 déc. 1995, *D.* 1996. 203, note Prévault.
6. Civ. 2e, 28 juin 2001, n° 99-17.972, *Bull. civ.* II, n° 125; *D.* 2001. 2182; *RTD civ.* 2001. 963, obs. Perrot; *Dr. et proc.* 2001. 391, obs. Putman.
7. COMP. : Civ. 2e, 18 juin 2009, n° 08-18.379, *Bull. civ.* II, n° 169.
8. Com. 20 janv. 1976, n° 74-13.921, *Bull. civ.* IV, n° 26.
9. Civ. 2e, 16 févr. 1972, n° 70-13.814, *Bull. civ.* II, n° 47; *D.* 1972. Somm. 135.
10. Civ. 1re, 19 juill. 1977, n° 75-15.620, *Bull. civ.* I, n° 348 – Et Versailles, 8 mars 1983, *Gaz. Pal.* 1984. 1. Somm. 208.
11. Civ. 2e, 17 févr. 1977, n° 75-15.298, *Bull. civ.* II, n° 36; *JCP* 1977. IV. 98.
12. TGI Perpignan, 15 nov. 1989, *JCP* 1990. II. 21444, obs. Prévaut et Villacèque.
13. Civ. 2e, 24 févr. 1982, n° 80-16.527, NP; *Gaz. Pal.* 1982. 2. Pan. 204.
14. TGI Rennes, JEX, 18 mars 1997, *Rev. proc. coll.* 1999, n° 2/3, p. 99.

535 euros alors que, par l'effet d'une saisie-vente abusive, l'ensemble du mobilier d'une valeur très supérieure à la somme due avait été rendu indisponible [1]. Cette jurisprudence s'inscrit dans le droit fil de celle de la Cour de cassation qui qualifie d'abusive la saisie immobilière pratiquée pour recouvrer une créance minime [2]. De même, une saisie-attribution postérieure à un procès-verbal de saisie-vente de trois véhicules couvrant largement le montant de la créance en principal et accessoires, mais jamais suivi d'effet, est déclarée inutile et abusive [3].

On relèvera enfin que, dans le cadre particulier de la procédure de paiement direct des pensions alimentaires, l'article R. 213-8 C. pr. exéc., décide que « *le créancier d'aliments qui, de mauvaise foi, aura fait usage de la procédure de paiement direct sera condamné par le tribunal d'instance à une amende civile d'un maximum de 3 000 euros* ».

143.49 Saisies non abusives. Ne caractérise pas l'abus, la saisie mise en œuvre à un moment où la résistance du débiteur était caractérisée [4] ou le retard mis par le créancier à lever des mesures conservatoires qu'il jugeait lui-même superflues alors qu'il appartenait au débiteur de faire exécuter l'ordonnance de référé prescrivant la levée de ces mesures [5]. De même, hors le cas de fraude, on retiendra la décision rendue par la deuxième chambre civile de la Cour de cassation ayant jugé que « *l'exercice d'une procédure de saisie immobilière ne peut dégénérer en abus si son irrégularité ou son inutilité n'ont pas été dénoncées par le débiteur saisi, régulièrement sommé, avant l'adjudication définitive* » [6].

La Cour de cassation a en outre décidé qu'il ne pouvait être reproché à un créancier de poursuivre une procédure de saisie immobilière contre un bien appartenant à deux époux alors qu'il avait agréé l'engagement de l'un des conjoints de se libérer de sa dette par versements mensuels pour éviter le maintien d'une saisie sur ses salaires, la stipulation d'un terme entre les parties ne caractérisant pas la volonté d'opérer une novation [7]. De même, refuse-t-elle de sanctionner le créancier saisissant – imprudent – autorisé à pratiquer une saisie conservatoire sur une cargaison chargée sur un navire sans avoir pris les précautions nécessaires pour que la saisie ne crée pas de dommages à l'armateur tiers dont le navire avait été immobilisé du chef d'une saisie qui lui était étrangère [8]. On relèvera aussi une décision qui refuse de lever une saisie alors que le débiteur a fait des offres de paiement au motif que ces offres ne suffisent pas à faire perdre au créancier le bénéfice de son droit de poursuite [9].

Le caractère inutile ou abusif de nombreuses mesures d'exécution n'est pas non plus rapporté lorsque les titres exécutoires leur servant de supports sont anciens, que les débiteurs ne justifient pas de l'historique de leur situation financière alors qu'ils n'ont versé qu'épisodiquement des acomptes sans respecter un échéancier précis [10]. Il est par ailleurs loisible au créancier de procéder à une saisie de meubles corporels déjà saisis par d'autres créanciers dès lors qu'il n'est pas démontré qu'il a agi par malice ou malveillance [11]. Également, rien n'interdit à un créancier bénéficiant d'une garantie hypothécaire d'utiliser la voie de la saisie-attribution, simple et efficace, lorsque le débiteur ne rapporte pas la preuve que la valeur marchande du bien hypothéqué suffit à garantir la créance [12]. De même encore, il a été jugé que n'est pas abusif le fait, pour un créancier, de multiplier les actes en vue d'obtenir le recouvrement de sa créance si le débiteur ne s'acquitte que partiellement et sans rapidité particulière de sa dette [13].

Enfin, on notera qu'il a été jugé que le fait de délivrer un commandement de saisie immobilière à l'encontre d'un autre immeuble que celui désigné dans la convention de découvert ne constitue pas un abus de saisie [14].

1. Paris, 7 déc. 1995, *D.* 1996. 203, obs. Prévault.
2. Civ. 2e, 13 mai 1991, no 90-10.452, *Bull. civ.* II, no 150; *D.* 1991. 159.
3. TGI Périgueux, JEX, 14 mai 1998, no 9800336, inéd.
4. Agen, 30 oct. 1995, *Rev. huiss.* 1996. 1381.
5. Com. 20 mai 1980, no 78-15.182, *Bull. civ.* IV, no 211.
6. Civ. 2e, 31 mars 2011, no 10-13.956, NP.
7. Civ. 2e, 29 juin 1994, no 92-19.532, NP; *Rev. huiss.* 1994. 1388.
8. Civ. 2e, 19 mars 1997, no 95-10.771, *Bull. civ.* II, no 85.
9. TGI Lyon, JEX, 17 oct. 1995, *Rev. huiss.* 1996. 353.
10. TGI Le Mans, JEX, 27 juin 1995, *Rev. huiss.* 1995. 1388.
11. TGI Rennes, 21 juin 1994, *Rev. huiss.* 1995. 1270.
12. TGI Bobigny, JEX, 13 mai 1997, *Gaz. Pal.* 11 févr. 1998, p. 4.
13. TGI Perpignan, JEX, 2 juin 2004, *Dr. et proc.* 2004. 344, obs. Putman, et réf. citées – *Adde :* sur le cumul de mesures d'exécution sans que cela ne soit constitutif d'un abus de saisie, Paris, 8e ch., sect. B, 14 nov. 2002, *Dr. et proc.* 2003. 170, note Bourdillat.
14. Aix-en-Provence, 22 janv. 2003, *LPA* 9 sept. 2004, p. 12, note de Lajartre.

TITRE

15. Le débiteur et ses moyens de défense

SECTION 0 ORIENTEUR

150.00 **Plan du titre.**

150.01 **Textes applicables.**
C. pr. exéc., art. L. 112-1.
C. pr. exéc., art. R. 112-1.
C. civ., art. 815-17 et 2284.

150.03 **Bibliographie indicative.**
Actualisables. Rép. pr. civ., v° *Saisie (protection du débiteur)*, [insaisissabilité des biens], sept. 2013 [màj mars 2014], par X. Daverat, nos 6-44.
Ouvrages. Ph. Hoonakker, *Procédures civiles d'exécution*, 3e éd., Larcier, 2014 – A. Leborgne, *Droit de l'exécution*, 2e éd., « Précis », Dalloz, 2014, nos 126-172 [débiteurs]; nos 584-644 [insaisissabilités]; nos 646-661 [délais de grâce]; nos 685-698 [immunités d'exécution] – R. Perrot et Ph. Théry, *Procédures civiles d'exécution*, 3e éd., Dalloz, 2013, nos 466 s.

150.04 **Débiteur et procédures d'exécution.** La loi du 9 juillet 1991 portant réforme des procédures civiles d'exécution, désormais codifiée dans le Code des procédures civiles d'exécution (issu lui-même, en sa partie législative, de l'ordonnance n° 2011-1895 du 19 déc. 2011[1] ratifiée par l'article 11 de la

1. Ord. n° 2011-1895, 19 déc. 2011, relative à la partie législative du Code des procédures civiles d'exécution, *JO* 20 déc., p. 21646.

loi n° 2015-177 du 16 février 2015 relative à la modernisation et à la simplification du droit et des procédures dans les domaines de la justice et des affaires intérieures [1]), tend à une plus grande efficacité des mesures d'exécution au bénéfice du créancier en adaptant notamment les modes de saisie à l'évolution de la composition actuelle des patrimoines.

Elle se veut toutefois garante d'un équilibre entre les différents intérêts en présence. C'est ainsi qu'elle renforce la protection des biens et des sommes insaisissables du débiteur, notamment celles qui sont virées sur un compte bancaire.

De même, elle permet au débiteur de bonne foi d'exciper d'un certain nombre de moyens de défense, tels que la compensation, la prescription [2], la réduction des intérêts. Elle lui permet en outre de demander des délais de grâce. En revanche, elle sanctionne sa résistance abusive. Enfin, la loi crée des immunités d'exécution au profit de certains débiteurs.

SECTION 1
CONDITIONS DE SAISISSABILITÉ DES BIENS

150.11 **Enjeux de la saisissabilité des biens.** On mesure combien il est délicat de trouver un équilibre entre la nécessité de préserver les droits du créancier, le plus souvent titulaire d'un titre exécutoire et l'indispensable maintien de conditions de vie décentes du débiteur. Il est en effet indispensable de ne pas le laisser totalement démuni ou dans l'impossibilité de continuer à gagner sa vie, ce qui pourrait provoquer un trouble à l'ordre public, tout en évitant qu'il n'organise son insolvabilité en continuant de jouir abusivement de biens ou de créances ayant légitimement vocation à entrer dans le patrimoine du poursuivant.

150.12 **Principe de saisissabilité.** La réforme de 1991, et aujourd'hui le Code des procédures civiles d'exécution, pose un principe de saisissabilité des biens tout en l'assortissant d'exceptions et en laissant à la jurisprudence la tâche d'en fixer les limites.

150.13 **Droit de gage général du créancier.** Il faut le rappeler, le principe de saisissabilité des biens du débiteur trouve son fondement dans l'article 2284 du Code civil, qui pose en principe que : « *quiconque s'est engagé personnellement est tenu de remplir son engagement sur tous ses biens mobiliers et immobiliers, présents et à venir* ». La jurisprudence est attentive au respect des prérogatives du créancier en s'attachant, par exemple, à vérifier que l'atteinte portée par un texte au principe de saisissabilité ne constitue pas une mesure discriminatoire susceptible de constituer une atteinte non justifiée par un but légitime au droit de propriété [3].

Dans la mesure où la loi prévoit un principe de saisissabilité des biens du débiteur, les dispositions qui envisagent une mesure d'insaisissabilité sont d'interprétation stricte. C'est ainsi que selon l'article L. 112-1 alinéa 1er C. pr. exéc., « *les saisies peuvent porter sur tous les biens appartenant au débiteur alors même qu'ils seraient détenus par des tiers* ».

De la même façon, aux termes de l'alinéa 2 de ce texte, les saisies « *peuvent également porter sur les créances conditionnelles, à terme ou à exécution successive* », ce qui signifie que « *les modalités propres à ces obligations s'imposent au créancier saisissant* », par exemple à celui qui pratiquerait une saisie-attribution dans ces conditions. On songe ici à l'arrêt du 8 mars 2001 par lequel la deuxième chambre civile a considéré que « *en matière de réglementation de quotas laitiers, le contrat liant le producteur à l'acheteur, comportant des obligations réciproques de production et de collecte échelonnées dans le temps, pendant une période de référence et portant sur des quantités de référence, constituant un contrat unique à exécution successive* » [4]. Tel sera aussi le cas de sommes versées sur un compte d'épargne-prévoyance disponible à l'échéance du contrat. Ce seul fait ne saurait en effet les faire échapper, même provisoirement à la mise en œuvre d'une procédure d'exécution en la forme notamment d'une saisie-attribution [5]. Cet exemple peut bien entendu être étendu à toutes les formes de placement monétaire à terme et non immédiatement liquidables (livret d'épargne-retraite, fonds commun de placement, *etc.*) sous réserve de leur libellé. Ainsi, en matière d'assurance-vie, la Cour de cassation précise que, sur le fondement du Code des assurances, tant que le contrat n'est pas dénoué, le souscripteur est seulement investi, sauf accord du bénéficiaire désigné, du droit personnel de faire racheter le contrat et de désigner ou de modifier le bénéficiaire de la prestation. Il en

1. L. n° 2015-177, 16 févr. 2015, relative à la modernisation et à la simplification du droit et des procédures dans les domaines de la justice et des affaires intérieures, *JO* 17 févr., p. 2961.
2. Pour les titres exécutoires mentionnés aux nos 1 à 3 du nouvel article 3-1 de la loi, le délai de prescription est dorénavant de dix ans (v. ss n° 126.86).
3. Civ. 2e, 3 mai 2007, *Dr. et proc.* 2007. 287, obs. Fricero; *D.* 2007. 2344, obs. Vigneau; *RTD civ.* 2007. 643, obs. Perrot; *D.* 2008. 1169, obs. Leborgne – Sur l'idée d'une fondamentalisation de l'exécution forcée, v. F. Ferrand, « La fondamentalisation de l'exécution forcée », C. Brenner (dir.), *Le droit de l'exécution : entre mythe et réalité*, « Droit et procédures », EJT, 2007, p. 13.
4. Civ. 2e, 8 mars 2001, n° 97-21.844, *Bull. civ.* II, n° 48.
5. TGI Bourgoin-Jallieu, JEX, 31 janv. 1995, *Rev. huiss.* 1996. 118.

résulte que le créancier du souscripteur ne peut se faire attribuer immédiatement ce que ce dernier ne peut encore recevoir[1] (pour une étude complète de cette question, v. s^{s} n°s 812.51 à 812.55).

150.14 Conditions de mise en œuvre du droit de gage. Des textes présentés, qui font ressortir la condition d'appartenance au débiteur des biens objets de l'exécution, il ressort qu'il est nécessaire, avant toute saisie, de se poser la question de la propriété des biens du débiteur.

C'est ainsi que le créancier de l'associé dans une société ne peut saisir les biens apportés par son débiteur dans cette société. De même, le saisissant des biens d'une seconde société pour une créance due par une première société disparue, doit prouver pourquoi la première société ne disposait pas d'un patrimoine propre et distinct de celui de la seconde[2].

On sait par ailleurs que les créanciers personnels d'un indivisaire ne peuvent saisir sa part dans les biens indivis, meubles ou immeubles; il peut toutefois provoquer le partage au nom de son débiteur (C. civ., art. 815-17)[3].

150.15 Tiers au droit de gage. En ce qui concerne les tiers, il convient de bien distinguer selon l'affectation des comptes sur lesquels figurent des créances. Il en va ainsi pour les comptes-clients ouverts par les auxiliaires de justice, notamment les avocats, pour assurer la sécurité des mouvements de fonds effectués à leur intention. Ces fonds n'entrent pas dans le patrimoine du professionnel qui les détient à titre précaire et ne peuvent donc être revendiqués par ses créanciers personnels[4]. Elles peuvent néanmoins être saisies par les créanciers personnels du débiteur dont les fonds sont provisoirement affectés au compte-client du professionnel, celui-ci devant alors être considéré comme tiers saisi à leur égard[5].

En revanche, les créanciers personnels d'un agent d'assurance sont fondés à saisir les primes par lui collectées pour le compte de la compagnie qu'il représente, ces primes faisant partie de son patrimoine[6].

150.16 Procédures d'exécution autorisant une saisie mobilière. La réforme de 1991 postule que tous les biens mobiliers ou immobiliers, corporels ou incorporels, appartenant au débiteur peuvent faire l'objet d'une mesure d'exécution forcée ou d'une mesure conservatoire, si ce n'est dans les cas où la loi prescrit ou permet leur insaisissabilité (C. pr. exéc., art. R. 112-1).

Outre les mesures conservatoires ou les sûretés judiciaires, il convient de relever que les biens meubles corporels peuvent faire l'objet d'une saisie-vente ou d'une saisie-appréhension. Des modalités particulières de saisie-vente sont énoncées pour les véhicules automobiles (saisie par immobilisation ou par déclaration à la préfecture), pour les biens déposés dans un coffre-fort, pour les récoltes, les aéronefs, bateaux et navires (v. s^{s} n°s 721.05 à 726.176).

Les mesures d'exécution portant sur des meubles incorporels sont la saisie-attribution et la saisie des rémunérations (v. s^{s} n°s 800.01 à 842.44, et n°s 940.04 à 946.44). Il faut y ajouter la saisie des droits d'associés et des valeurs mobilières, la saisie des fonds de commerce, la saisie des droits de propriété intellectuelle, en ce compris les licences (v. s^{s} n°s 730.05 à 734.41).

SECTION 2
MOYENS DE DÉFENSE DU DÉBITEUR

150.21 Remise en cause des procédures d'exécution par le débiteur. Si le créancier a la liberté et le choix des procédures d'exécution sous réserve de ne pas en abuser (v. s^{s} n°s 143.04 s.), le débiteur peut quant à lui résister judiciairement par la saisine du juge de l'exécution (JEX), et plus généralement en faisant valoir une situation de fait ou des moyens de droit susceptibles de faire obstacle totalement ou partiellement à la procédure de saisie diligentée par le créancier.

Il y a en effet un certain nombre d'obstacles à l'exécution forcée, d'ordre juridique et matériel, c'est-à-dire dressés par la loi, volontairement opposés aux créanciers dans la première série de cas, ou survenant par la force des choses dans la mise en œuvre de ce droit, dans la seconde, ne serait-ce que parce que le créancier ne parvient pas à retrouver son débiteur ou à obtenir des informations utiles sur la composition de son patrimoine, ou parce que

1. Civ. 1re, 28 avr. 1998, n° 96-10.333, *Bull. civ.* I, n° 153; *D.* 1998. 141.
2. Civ. 1re, 6 juill. 1988, n°s 86-11.153 et 86-11.450, *Bull. civ.* I, n° 227.
3. Civ. 2e, 4 oct. 2001, n° 00-11.126, NP; *RTD civ.* 2002. 150, obs. Perrot – *Adde :* T. Guinot, « La poursuite des biens mobiliers indivis », *Dr. et proc.* 2005. 134.
4. Civ. 1re, 19 févr. 1985, n° 83-15.536, *Bull. civ.* I, n° 68 – Paris, 29 sept. 1983, *D.* 1984. 48 – *Adde :* pour une société de transaction immobilière et à propos de fonds figurant sur un compte unique spécial n'étant pas la propriété de ladite société mais appartenant aux clients de celle-ci : Com. 25 févr. 1992, n° 90-16.881, *Bull. civ.* IV, n° 92.
5. TGI Aix-en-Provence, 8 mars 1983, *JCP* 1983. II. 20146, obs. Prévault – TGI Rouen, 23 avr. 1987, *D.* 1988. 47, obs Prévault.
6. Civ. 1re, 20 avr. 1983, *D.* 1984. 78, obs. Vasseur.

le débiteur possède des biens situés hors de France, le principe de territorialité posant alors une limite à l'action du créancier. S'agissant des obstacles juridiques, le respect de la personne du débiteur et de sa dignité a par exemple conduit à condamner les saisies abusives, à assurer la protection de son intimité, à allonger la liste des insaisissabilités, à consacrer la faculté de solliciter des délais de grâce ou encore à réaffirmer la nécessité d'immunités d'exécution. En d'autres termes, le droit de l'exécution s'est humanisé et sécurisé [1].

Ne seront pas abordées dans cette section les contestations de fond élevées par le débiteur saisi. Cette question est analysée dans le livre 2 de l'ouvrage (v. ss nos 212.81 s.), consacrée à la compétence du JEX. De même, les contestations ayant trait à la régularité formelle des procédures mises en œuvre seront traitées à l'occasion de l'étude de chacune de ces procédures. En revanche, il apparaît nécessaire de relever les possibilités de défense du débiteur qui, en dehors de toute contestation du fond du titre ou de la forme de la saisie, peut faire valoir, à l'occasion de l'exécution forcée, un certain nombre de moyens justifiés, susceptibles de remettre en cause la pertinence de la voie d'exécution, d'en mettre à néant ou d'en réduire le fondement.

150.22 Obstacles objectifs et obstacles subjectifs aux voies d'exécution. Les obstacles que peut rencontrer le créancier dans la mise en œuvre des procédures d'exécution peuvent être classés en deux catégories :

- les obstacles objectifs sont ceux qui correspondent à des exceptions directement induites par la particularité juridique des relations contractuelles entre créancier et débiteur (allégation d'un paiement, compensation, caducité, *etc.*). Ces obstacles sont indépendants de la personne du débiteur;

- les obstacles subjectifs ont trait à la situation personnelle du débiteur qui interdira ou retardera toute procédure d'exécution (délai de grâce, procédure collective ou de surendettement, *etc.*).

1. Sur tous ces points, v. A. Leborgne, *Les obstacles à l'exécution forcée : permanence et évolution*, « Droit et procédures », LGDJ, 2009, Actes du colloque organisé par la revue *Droit et procédures* à la Faculté de droit d'Aix-en-Provence le 24 avril 2009, rapp. introductif, p. 1 s.

CHAPITRE

151. Saisissabilité et empêchement d'agir sur les biens du débiteur

Olivier SALATI
Maître de conférences (HDR)
à l'Université d'Aix-Marseille

SECTION 0
Orienteur

151.00 **Plan du chapitre.**

151.01 **Textes applicables.**

C. pr. exéc., art. L. 112-1 à L. 112-4, L. 161-1, L. 162-1, L. 162-2, L. 212-1, L. 213-1 s., L. 311-1; R. 112-1 à R. 112-5, R. 162-1 à R. 162-9, R. 211-10 à R. 211-13, R. 211-22, R. 213-1 s, R. 213-10, R. 232-5 à R. 232-8, R. 233-5 et R. 233-8.

C. civ., art. 203, 206, 207, 214, 220, 255, 256, 270, 296, 303, 342, 367, 382, 516 s., 522 s., 900-1, 1244-1, 1400 s., 1414, 2011, 2018, 2024, 2025, 2284 et 2285, 2367 à 2372 et 2461.

C. com., art. L. 511-31, L. 512-3, L. 526-1 s., L. 526-2, L. 526-3, L. 526-6, L. 526-12, L. 620-2, L. 621-39, L. 622-4, L. 624-16, L. 641-9, L. 680-1 à L. 680-7 et R. 526-8.

C. pr. civ., art. 31.

C. mon. fin., art. L. 131-35.

C. trav., art. L. 2132-4, L. 3252-1 à L. 3252-7, L. 5122-2, L. 5123-4, L. 5423-5, L. 5424-21, L. 5428-1; art. R. 3252-1 s. et R. 3252-5.

CASF, art. L. 222-1 à L. 222-7, L. 262-1 et L. 262-2.

CPI, art. L. 121-1, L. 333-2 et L. 333-3.

CSS, art. L. 321 s., L. 322-7, L. 341-5, L. 433-3, L. 355-2, L. 511-1, L. 541-1, L. 553-2, L. 553-4, L. 634-1, L. 711-1, L. 711-10, L. 815-13, L. 821-5, L. 835-2 et L. 922-7.

CCH, art. L. 351-9 et L. 411-2.

C. pens. retr., art. L. 17 et L. 56.

CGI, art. 238 *bis*-OA.

C. pén., art. 314-6 et 314-7.

151.03 Bibliographie indicative. (V. s[s] n° 150.03).

Ouvrages. L. Aynès, P. Crocq, *Les sûretés, la publicité foncière*, 6e éd., Defrénois, 2012 – A. Leborgne et E. Putman (dir.), *Les obstacles à l'exécution forcée : permanence et évolution*, « Droit et procédures », EJT, 2009.

Articles. D. Autem, « L'insaisissabilité de la résidence principale de l'entrepreneur individuel », *Defrénois* 2004. 327; « Le nouveau droit de l'insaisissabilité », *Defrénois* 2008. 2245 – D. Courtillat et F.-J. Pansier, « La nouvelle saisissabilité des pensions civiles et militaires : présentation de l'article 62 de la loi du 21 août 2003 », *Gaz. Pal.* 20 sept. 2003, p. 2; « Naissance du RMI bancaire », *Gaz. Pal.* 11-12 déc. 2002 – T. Deschanels, « Les dernières évolutions jurisprudentielles en matière de saisie de contrats d'assurance-vie », *Rev. huiss.* 2000. 195 – F. Ferrand, « La fondamentalisation de l'exécution forcée », C. Brenner (dir.), *Le droit de l'exécution : entre mythe et réalité*, « Droit et procédures », EJT, 2007, p. 13 – D. Lochouarn, « L'évolution des insaisissabilités professionnelles », *Rev. huiss.* 1997. 9; « Les biens professionnels » *Rev. huiss.* 2000. 257 – C. Malecki, « La loi pour l'initiative économique et l'insaisissabilité de la résidence principale de l'entrepreneur individuel », *D.* 2003. Chron. 2200 – T. Moussa et I. de Mersseman, « Le nouveau dispositif d'accès urgent aux sommes à caractère alimentaire figurant sur un compte saisi », *Procédures* 2002. Chron. 11 – S. Piedelièvre, « L'insaisissabilité de la résidence principale de l'entrepreneur individuel », *JCP* 2003. I. 165 – O. Salati, « Modifications apportées au dispositif d'insaisissabilité de la résidence principale de l'entrepreneur individuel », *Procédures* 2008. 2; « Présentation du décret du 11 septembre 2002 instituant un dispositif d'accès urgent aux sommes à caractère alimentaire figurant sur un compte saisi », *Rev. huiss.* 2003. 4.

151.05 Pas d'insaisissabilité sans texte. Puisque l'article 2284 du Code civil dispose que « *quiconque s'est obligé personnellement, est tenu de remplir son engagement sur tous ses biens mobiliers et immobiliers, présents et à venir* », et que les articles L. 112-1 et R. 112-1 C. pr. exéc. relaient ce texte en affirmant que les saisies peuvent porter sur tous les biens mobiliers ou immobiliers, corporels ou incorporels, appartenant au débiteur alors même qu'ils seraient détenus par des tiers, il ne saurait y avoir d'insaisissabilité sans texte. Le fondement de l'exception d'insaisissabilité ne peut être que légal[1]. Aussi, les diverses exceptions au principe de saisissabilité résultent toutes d'une disposition du Code des procédures civiles d'exécution. Faisant application de cette règle, la Cour de cassation a ainsi pu censurer un arrêt d'appel qui avait donné mainlevée d'une saisie des comptes ouverts au nom d'une caisse d'assurance vieillesse à la Caisse des dépôts et consignations alors qu'« *aucun texte ne déclare insaisissables les comptes d'un organisme de droit privé chargé de la gestion d'un service public* »[2], ou juger que l'interdiction de donner en nantissement les parts d'une société civile professionnelle titulaire d'un office notarial ou de les vendre aux enchères publiques n'emporte pas, par principe, leur insaisissabilité; celle-ci ne pourrait résulter que d'une disposition législative[3]. La Cour de cassation ne manque pas non plus l'occasion de souligner qu'une décision de justice ne pourrait pas décider d'octroyer une insaisissabilité. Le juge, a-t-elle dit dans une décision du 7 décembre 1988, « *ne peut pas autoriser la saisie de biens insaisissables* » parce que l'origine légale de l'insaisissabilité lui retire toute possibilité de conférer cette qualité à une créance ou à un bien.

151.06 Pouvoir d'interprétation du juge. Ceci dit, il ne faut pas en conclure, à l'inverse, que les tribunaux ne disposent d'aucun pouvoir d'interprétation pour trancher une question de saisissabilité. Par exemple, pour l'application du 3° de l'article L. 112-2 C. pr. exéc., qui dispose que ne peuvent être saisies « *les provisions, sommes et pensions à caractère alimentaire* », l'article R. 112-4 souligne bien que le débiteur qui prétend que les sommes reçues par lui ont un caractère alimentaire peut saisir le juge de l'exécution « *pour qu'il détermine si et dans quelle mesure ces sommes ont un caractère alimentaire* »[4]. Ce pouvoir – irréductible – d'interprétation s'est également manifesté à propos de la notion de « *biens mobiliers nécessaires à la vie et au travail du saisi et de sa famille* » figurant dans l'article L. 112-2, 5° C. pr. exéc., particulièrement dans une affaire où la question était de savoir si le véhicule qui permettait à un médecin de se rendre sur son lieu de travail et d'en revenir, ainsi, le cas échéant, que de se déplacer au domicile de ses patients, pouvait être considéré, pour reprendre les termes de l'article R. 112-2, 16°, comme faisant partie des « *instruments de travail nécessaires à l'exercice personnel de l'activité professionnelle* ». Une cour d'appel ne l'avait pas estimé et le pourvoi contre son arrêt fut rejeté, car « *c'est dans l'exercice de son pouvoir souverain d'appréciation (qu'elle avait) retenu que le véhicule n'était pas un bien nécessaire au travail* » du médecin[5]. Ce principe général de solution a ainsi été appliqué à d'autres catégories de biens, notamment à un ordinateur dont la jurispru-

1. Civ. 2e, 15 nov. 1995, n° 93-13.262, *Bull. civ.* II, n° 284.
2. Civ. 2e, 15 nov. 1995, n° 93-13.262, *Bull. civ.* II, n° 284.
3. Civ. 1re, 4 nov. 2003, n° 99-13.965, *Bull. civ.* I, n° 222; *D.* 2004. 521, note Taormina; *Dr. et proc.* 2004. 104, obs. Hoonakker; *Defrénois* 2004. 727, obs. Théry.
4. À cette fin, l'alinéa 2 de l'article R. 112-4 lui permet, en tant que de besoin, de faire application du barème prévu aux articles R. 3252-2 et R. 3252-3 du Code du travail.
5. Civ. 2e, 15 déc. 2005, n° 04-14.600, *Bull. civ.* II, n° 334.

dence a répondu à la question de savoir si, utilisé pour la recherche d'un emploi, il était saisissable comme l'avait pensé une cour d'appel. Toutefois, interprétant l'esprit des textes comme commandant d'assimiler un bien utilisé pour la recherche d'un emploi à un instrument de travail nécessaire à l'exercice personnel d'une activité professionnelle, la Cour de cassation a censuré cet arrêt : « *Un ordinateur utilisé pour la recherche d'un emploi doit être assimilé à* » un tel instrument de travail[1]. On le voit, une insaisissabilité peut se retrouver restreinte ou amplifiée sous l'effet du contrôle exercé par la Cour de cassation, preuve du pouvoir d'interprétation des textes que le juge doit nécessairement se ménager. On retrouve une telle invitation pour lui à s'y livrer dans une dernière affaire, du 7 juin 2012, où des juges du fond avaient refusé de faire droit à la prétention d'un débiteur qui contestait la saisie-attribution de ses produits d'épargne alimentés par ses pensions d'invalidité, en relevant qu'aucune insaisissabilité ne frappe les livrets d'épargne et que le fait que ceux-ci soient alimentés par les économies faites sur les pensions d'invalidité perçues ne modifiait pas cette règle, les pensions d'invalidité étant elles-mêmes saisissables en application de l'article L. 355-2 du Code de la sécurité sociale. Or, cet arrêt est cassé par la deuxième chambre civile au visa, notamment, des articles L. 112-4 et R. 112-5 C. pr. exéc. dans la mesure où il résulte, en effet, de ces textes que si les pensions d'invalidité sont cessibles et saisissables, c'est dans les mêmes conditions et limites que les salaires, c'est-à-dire que « *la saisissabilité des pensions d'invalidité n'est que partielle et qu'une fraction demeure insaisissable comme en matière de salaire* »; dès lors, les créances insaisissables, dont le montant est versé sur un compte, demeurent insaisissables, et lorsqu'un compte est crédité du montant d'une créance insaisissable en tout ou en partie, l'insaisissabilité se reporte à due concurrence sur le solde du compte. Ainsi, la cour d'appel « *devait examiner l'étendue de la saisissabilité des comptes* » du débiteur, et a été censuré pour ne pas l'avoir fait[2].

SECTION 1
BIENS CORPORELS INSAISISSABLES PAR NATURE

151.11 Immeubles par nature et par destination. Certains biens ne peuvent faire l'objet d'une saisie mobilière en raison de leur nature même. Ce sont les **immeubles par nature** (C. civ., art. 516 s., et not. 518 et 519) et les immeubles par destination, c'est-à-dire les effets mobiliers qu'un propriétaire attache à son fonds à perpétuelle demeure (C. civ., art. 522 s.). Toutefois, les immeubles par destination peuvent être saisis indépendamment des immeubles qui les contiennent, pour paiement de leur prix (C. pr. exéc., art. L. 112-3).

On sait que les **immeubles par destination** sont, à l'origine, des meubles qui deviennent immeubles par la volonté de leur propriétaire, lequel va les affecter à un immeuble en les y incorporant.

Cette incorporation doit avoir un caractère indispensable à l'exploitation de l'immeuble.

C'est ainsi qu'un stock d'alcool produit par un domaine viticole ne peut être considéré comme immeuble par destination dès lors qu'il n'a pas vocation à demeurer dans les cuves mais est destiné à la vente et que l'exploitation du domaine n'est pas empêchée par l'absence de ce stock[3]; de même, des poissons de pisciculture cédés indépendamment du terrain sur lequel sont implantés les bassins[4]. En revanche, il n'en ira pas de même pour une serre amovible qui devient immeuble par destination en raison de son affectation au service et à l'exploitation d'une entreprise d'horticulture[5].

On voit ainsi se dégager le critère de l'affectation au « *service et à l'exploitation du fonds* » et l'émergence jurisprudentielle de l'exigence de cette condition ainsi que celle de la volonté démontrée du propriétaire[6].

L'affectation du meuble au service et à l'exploitation du fonds doit être physiquement matérialisée. Encore faut-il que cette matérialisation soit l'expression de la forte volonté du propriétaire de laisser le meuble, en raison de sa spécificité, à perpétuelle demeure. C'est ainsi que des meubles de cuisine de fabrication standardisée ou des convecteurs électriques simplement vissés et susceptibles d'enlèvement sans détérioration grave ne constituent pas des immeubles par destination[7]. En revanche, sera assimilée à un immeuble une armoire frigorifique spécialement fabriquée pour une cuisine et dont le moteur est scellé à la cave[8].

C'est **en matière d'exploitation agricole et industrielle** que la question de l'immeuble par destination s'est posée avec le plus d'acuité. L'article 522 alinéa 1er du Code civil énonce à cet égard que les animaux que le propriétaire du fonds livre au fermier ou au métayer pour la culture sont censés immeubles tant qu'ils sont attachés au fonds par

1. Civ. 2e, 28 juin 2012, no 11-15.055, *Bull. civ.* II, no 126; *D.* 2013. 1578, obs. Leborgne.
2. Civ. 2e, 7 juin 2012, no 11-19.622, *Bull. civ.* II, no 103; *D.* 2012. 1624, et p. 2067, chron. Leroy-Gissinger et Renault-Malignac; *D.* 2013. 1578, obs. Leborgne.
3. Civ. 1re, 1er déc. 1976, no 75-14.882, *Bull. civ.* I, no 382; *JCP* 1977. II. 18735.
4. Civ. 1re, 11 janv. 2005, no 01-17.736, *Bull. civ.* I, no 25.
5. Civ. 3e, 23 mai 1984, no 83-10.313, *Bull. civ.* III, no 104.
6. TGI Dijon, JEX, 7 nov. 1995, *Rev. huiss.* 1996. 990.
7. Civ. 3e, 7 juill. 1981, no 80-12.516, NP; *D.* 1983. 13.
8. Paris 11 févr. 1982, *D.* 1983. 370.

l'effet de cette convention. L'article 524 du Code civil fait pour sa part allusion aux ustensiles nécessaires à l'exploitation des usines. Rappelons cependant que l'immobilisation par destination ne peut être revendiquée que par l'entrepreneur propriétaire et non s'il détient les biens en vertu d'un contrat de crédit-bail immobilier ou mobilier ou s'ils sont affectés d'une clause de réserve de propriété. Dans ce dernier cas, on se référera à l'article L. 624-16 du Code de commerce[1] qui définit les conditions de validité de la clause de réserve de propriété (v. s^s n° 151.51). Dans tous les cas, il appartiendra à celui qui excipe de l'existence de la clause d'en rapporter la preuve[2].

151.12 Correspondances et manuscrits. Dans le cadre du respect de la vie privée et du secret des correspondances, les lettres missives et les manuscrits littéraires et musicaux ne peuvent faire l'objet d'aucune saisie (C. civ., art. 9). L'article R. 112-2 C. pr. exéc. prévoit l'insaisissabilité des souvenirs à caractère personnel ou familial[3]. La question de la saisissabilité du support de ces souvenirs peut se poser. *Quid* ainsi de la saisie de l'ordinateur comportant ces souvenirs ? Dès lors que ceux-ci peuvent être reproduits sur un support, on peut opter pour leur saisissabilité. La difficulté étant que l'ordinateur est toutefois le support nécessaire à la lecture de ces souvenirs !

151.13 Objets indispensables aux handicapés ou destinés aux soins des malades. La loi pose un principe d'insaisissabilité absolue à l'égard de ces objets alors que la législation précédente autorisait leur reprise pour avoir paiement de leur prix, fabrication ou réparation (bien que le décret n° 2012-783 du 30 mai 2012[4] ait abrogé l'article 42 du décret du 31 juillet 1992, qui envisageait cette insaisissabilité, l'article L. 112-2, 7° C. pr. exéc. dispose, comme précédemment l'article 14 de la loi de 1991, que ne peuvent être saisis : « *Les objets indispensables aux personnes handicapées et aux soins des personnes malades* »)[5]. Il n'est guère nécessaire d'insister sur les raisons qui président à cette insaisissabilité.

1. C. com., anc. art. L. 621-122 – L. 25 janv. 1985, anc. art. 121, relative au redressement et à la liquidation judiciaire des entreprises.
2. TGI Lyon, JEX, 17 oct. 1995, *Rev. huiss.* 1996. 475.
3. Sur cette notion v. Civ. 2e, 29 mars 1995, n° 93-18.769, *Bull. civ.* II, n° 115; *D.* 1995. Somm. 330, note Grimaldi.
4. Décr. n° 2012-783, 30 mai 2012 relatif à la partie réglementaire du Code des procédures civiles d'exécution, *JO* 31 mai, p. 9375.
5. *Avant cette prohibition, v. la position* de la Cour de cassation sur la possibilité d'exercer un droit de rétention sur une prothèse dentaire : Civ. 1re, 11 déc. 1985, n° 84-10.339, *Bull. civ.* I, n° 348; *RTD civ.* 1986. 427, obs. Perrot.

151.14 Biens corporels des syndicats professionnels. Aux termes de l'ancien article L. 411-12 du Code du travail, les immeubles et objets mobiliers nécessaires aux réunions et cours d'instruction professionnelle des syndicats étaient insaisissables. Le nouvel article L. 2132-4 du Code du travail prévoit désormais que « *les meubles et immeubles nécessaires aux syndicats professionnels pour leurs réunions, bibliothèques et formations sont insaisissables* ». Outre une variante terminologique sur la détermination des biens visés, on observera que le nouveau texte ne vise plus les cours d'instruction professionnelle.

Cette exception n'est toutefois pas absolue. Elle ne s'applique qu'aux voies d'exécution et ne saurait exonérer un syndicat des règles de la responsabilité civile[6].

Par ailleurs, les biens non strictement indispensables aux activités sus-énoncées sont saisissables. Au surplus, le bénéfice de cette exception ne s'étend pas aux biens incorporels et notamment aux fonds détenus par les syndicats[7].

SECTION 2
BIENS CORPORELS INSAISISSABLES PAR LA VOLONTÉ DE L'HOMME

151.21 Cas particulier des biens déclarés insaisissables par un testateur ou un donateur. Il s'agit d'une disposition particulière qui permet à un testateur ou à un donateur (sont donc visés les actes à titre gratuit) de soustraire au principe général de saisissabilité les biens dont il a la libre disposition. On admet classiquement que cette insaisissabilité peut seulement avoir pour objet des biens qui font partie de la quotité disponible. Si cette clause d'insaisissabilité est opposable aux créanciers antérieurs à l'acte de gratification, cette exception est toutefois relative car, avec l'autorisation du JEX et pour la portion qu'il détermine, les créanciers postérieurs à l'acte de donation ou à l'ouverture du legs peuvent saisir lesdits biens entre les mains du gratifié (C. pr. exéc., art. L. 112-2, 4°). L'insaisissabilité se consomme avec le décès du gratifié ou en cas d'aliénation du bien qui demeure disponible entre les mains du gratifié.

A contrario, les créances antérieures à la gratification ne peuvent être recouvrées sur les biens bénéficiant de la clause d'inaliénabilité qui emporte insaisissabilité.

6. Crim. 24 janv. 1978, n° 76-93.065, *Bull. crim.* n° 29.
7. À propos d'une saisie-arrêt pratiquée sur le compte bancaire d'un syndicat, TGI Nanterre, 13 févr. 1989, *D.* 1990. 127, obs. Prévault.

L'article 900-1 alinéa 1er du Code civil habilite un testateur ou un donateur à rendre inaliénable un bien dont il a la libre disposition. Étant donné que la clause d'inaliénabilité a pour conséquence de rendre le bien indisponible entre les mains du gratifié, celui-ci échappe dès lors à la saisie diligentée par ces créanciers tant que la clause d'inaliénabilité est en vigueur[1], peu important la levée judiciaire de ladite clause[2]. Ce texte prévoit que la validité de la clause d'inaliénabilité affectant un tel bien est subordonnée au fait qu'elle présente un caractère temporaire et soit justifiée par un intérêt sérieux et légitime, car elle déroge au principe de libre disposition des biens[3]. Même dans ce cas, poursuit le texte, le donataire ou le légataire peut être judiciairement autorisé à disposer du bien si l'intérêt qui avait justifié la clause a disparu ou s'il advient qu'un intérêt plus important l'exige. La Cour de cassation a été saisie, à plusieurs reprises, de la question de savoir si le créancier peut obtenir une autorisation de disposer du bien donné avec clause d'inaliénabilité en agissant par le biais de l'action oblique. Après avoir hésité, la Haute juridiction refuse cette faculté en décidant que l'action ouverte par ce texte était exclusivement attachée à la personne du donataire et ne pouvait, de ce fait, être exercée par le créancier à la place de son débiteur[4].

151.22 Cas particulier de la résidence principale de l'entrepreneur individuel. Afin de favoriser les créations d'entreprises, les lois n° 2003-721 du 1er août 2003 sur l'initiative économique[5], puis n° 2008-776 du 4 août 2008 de modernisation de l'économie[6], ont introduit et amplifié, dans le Code de commerce, une disposition autorisant l'entrepreneur individuel à limiter ses risques en rendant insaisissable l'immeuble constituant sa résidence principale par une déclaration notariée soumise à publicité. Selon l'article L. 526-1 du Code de commerce, par dérogation aux articles 2284 et 2285 du Code civil, une personne physique immatriculée à un registre de publicité légale à caractère professionnel ou exerçant une activité professionnelle agricole ou indépendante peut déclarer insaisissables ses droits sur l'immeuble où est fixée sa résidence principale, ainsi que sur tout bien foncier bâti ou non bâti qu'elle n'a pas affecté à son usage professionnel; le nouveau cas d'insaisissabilité par la volonté de l'homme profite aux commerçants, artisans, agriculteurs et aux membres des professions libérales[7].

Cette déclaration vise les commerçants, les artisans, les agriculteurs ainsi que les professions libérales, à l'exclusion des personnes morales.

La déclaration d'insaisissabilité n'a d'effet qu'à l'égard des créanciers dont les droits naissent à l'occasion de l'activité professionnelle, et postérieurement à la publication de la déclaration (prix de fournitures, cotisations sociales; sans doute convient-il d y englober les créances liées au paiement de la TVA, à l'Urssaf, *etc.*) Par conséquent, ces créanciers ne pourront saisir les immeubles non affectés à un usage professionnel.

En revanche, les créanciers professionnels, dont les créances sont nées antérieurement à la publication de la déclaration d'insaisissabilité, pourront toujours saisir l'ensemble des biens constituant le patrimoine de leur débiteur, en vertu de leur droit de gage général.

En outre, les créanciers privés ne peuvent voir la résidence principale, et les biens fonciers bâtis ou non bâtis soustraits de leur droit de gage général sur le patrimoine de leur débiteur entrepreneur individuel. Une réponse ministérielle n° 52819 a précisé que : « *Lorsqu'une personne physique immatriculée à un registre de publicité légale a établi sa résidence principale dans un immeuble appartenant à une société civile et qu'elle n'est titulaire que de parts sociales de cette société, elle ne peut bénéficier des dispositions des articles L. 526-1 et L. 526-2 du Code de commerce* »[8].

La **déclaration d'insaisissabilité** n'est opposable aux tiers qu'à compter de sa publication.

Afin d'informer les tiers, la déclaration d'insaisissabilité doit contenir, selon l'article L. 526-2 alinéa 1er du Code de commerce, une description détaillée des biens et l'indication de leur caractère

1. Civ. 1re, 15 juin 1994, n° 92-12.139, *Bull. civ.* I, n° 211; *D.* 1995. 342, note Leborgne; *RTD civ.* 1995. 666, obs. Patarin et 919, obs. Zenati.
2. Civ. 2e, 20 oct. 2005, n° 03-19.579, NP.
3. Civ. 1re, 8 janv. 2002, n° 99-15.547, *Bull. civ.* I, n° 3; *D.* 2002. 542.
4. Impossibilité pour un liquidateur à propos d'une action exclusivement attachée au donataire : Com. 9 nov. 2004, n° 02-18.617, *Bull. civ.* IV, n° 191; *D.* 2004. 3068, obs. Lienhard; *LPA* 13 avr. 2005. 6, note Lucas.
5. L. n° 2003-721, 1er août 2003, *JO* 5 août, p. 13449 – C. Malecki, « La loi pour l'initiative économique et l'insaisissabilité de la résidence principale de l'entrepreneur individuel », *D.* 2003. Chron. 2200 – S. Piedelièvre, « L'insaisissabilité de la résidence principale de l'entrepreneur individuel », *JCP* 2003. I. 165 – D. Autem, « L'insaisissabilité de la résidence principale de l'entrepreneur individuel », *Defrénois* 2004. 327; « Le nouveau droit de l'insaisissabilité », *Defrénois* 2008. 2245 – O. Salati, « Modifications apportées au dispositif d'insaisissabilité de la résidence principale de l'entrepreneur individuel », *Procédures* nov. 2008. 2.
6. L. n° 2008-776, 4 août 2008, dite loi de modernisation de l'économie, *JO* 5 août, p. 12471.
7. Décr. n° 2012-122, 30 janv. 2012, relatif à l'entrepreneur individuel à responsabilité limitée, *JO* 31 janv. 2012, p. 1761 (not. l'art. 3 qui précise la notion de bien nécessaire à l'exercice de l'activité professionnelle) – V. C. com., art. R. 526-3-1.
8. Rép. min. n° 52819, *JOAN Q* 5 avr. 2005, p. 3540; *D.* 2005. Actu. 1018.

propre, commun ou indivis. La déclaration doit être reçue sous forme notariée. Le non-respect de cette exigence est sanctionné par la nullité (C. com., art. L. 526-2, al. 1er).

Sa **publication** doit être effectuée à la Conservation des hypothèques du lieu de situation de l'immeuble ou, dans les départements du Bas-Rhin, Haut-Rhin et de la Moselle, au Livre foncier de sa situation. On rappelle que cette publication n'a d'effet qu'à l'égard des créanciers dont les droits naissent postérieurement à sa formalité et à l'occasion de l'activité professionnelle du déclarant (C. com., art. L. 526-1, al. 1er). Cette déclaration, si elle est nécessaire, n'est toutefois pas suffisante. Aussi le législateur a-t-il prévu une autre publicité supplémentaire. C'est ainsi que, lorsque l'intéressé est immatriculé dans un registre de publicité légale à caractère professionnel, la déclaration doit y être mentionnée. La jurisprudence a eu l'occasion de décider que le tableau des avocats inscrits auprès d'un barreau ne constituait pas un registre de publicité légale à caractère professionnel[1]. Probablement parce que cette inscription n'a pas la même finalité informative que celle qui est escomptée par le législateur. Si, en revanche, la personne n'est pas tenue de cette obligation de publicité, alors un extrait de la déclaration doit être publié dans un journal d'annonces légales du département dans lequel est exercée l'activité professionnelle pour que cette personne puisse se prévaloir du bénéfice du premier alinéa de l'article L. 526-1 du Code de commerce.

On notera, par ailleurs, que **la déclaration publiée n'empêche ni la vente de l'immeuble ni l'inscription de sûretés sur celui-ci.** En effet, l'article L. 526-3 alinéa 1er du Code de commerce envisage l'éventualité d'une cession des droits immobiliers désignés dans la déclaration initiale. Cela étant, le prix obtenu lors de cette cession demeure insaisissable à l'égard des créanciers dont les droits sont nés postérieurement à la publication de cette déclaration à l'occasion de l'activité professionnelle du déclarant. Une condition de durée est néanmoins posée : il s'agit du remploi dans le délai d'un an des sommes à l'acquisition par le déclarant de l'immeuble où est fixée sa résidence principale. L'article L. 526-3 alinéa 2 du Code de commerce prévoit que les droits sur la résidence nouvellement acquise demeurent insaisissables à hauteur des sommes remployées à l'égard des créanciers dont les droits sont nés postérieurement à la publication de la déclaration. Il est également prévu que la déclaration de remploi des fonds est soumise aux conditions de validité et d'opposabilité prévue par les articles L. 526-1 et L. 526-2 du Code de commerce. Quant à la possibilité d'inscrire une sûreté, elle a été expressément permise par la chambre commerciale de la Cour de cassation dans un arrêt en date du 11 juin 2014, en tout cas pour une sûreté judiciaire. Dans cette affaire, une cour d'appel avait en effet autorisé le créancier à inscrire une hypothèque sur l'immeuble appartenant au débiteur et protégé par une déclaration d'insaisissabilité, et sur pourvoi la Haute Cour les approuvera d'avoir énoncé que « *l'article L. 526-1 du Code de commerce, d'interprétation stricte, interdit la saisie du bien objet de la déclaration d'insaisissabilité, mais non l'inscription d'une hypothèque judiciaire à titre conservatoire sur ce bien* »[2].

En outre, en vertu de l'article L. 526-3 alinéa 4 du Code de commerce, la **déclaration peut, à tout moment, faire l'objet d'une renonciation soumise** aux mêmes conditions de validité et d'opposabilité. Depuis la loi du 4 août 2008, « *la renonciation peut porter sur tout ou partie des biens; elle peut être faite au bénéfice d'un ou plusieurs créanciers mentionnés à l'article L. 526-1 désignés par l'acte authentique de renonciation. Lorsque le bénéficiaire de cette renonciation cède sa créance, le cessionnaire peut se prévaloir de celle-ci* ».

Avant la réforme intervenue en 2008, l'article L. 526-1 alinéa 2 du Code de commerce décidait que « *lorsque l'immeuble est à usage mixte, professionnel et d'habitation, la partie affectée à la résidence principale doit faire l'objet d'un état descriptif de division dans la déclaration notariée* ». Désormais, le nouvel alinéa 2 de l'article L. 526-1 proclame que « *lorsque le bien foncier n'est pas utilisé en totalité pour un usage professionnel, la partie non affectée à un usage professionnel ne peut faire l'objet de la déclaration que si elle est désignée dans un état descriptif de division. La domiciliation du déclarant dans son local d'habitation en application de l'article L. 123-10 ne fait pas obstacle à ce que ce local fasse l'objet de la déclaration, sans qu'un état descriptif de division soit nécessaire* ».

On relèvera que les effets de la déclaration d'insaisissabilité demeurent postérieurement à la dissolution du régime matrimonial (C. com., art. L. 526-3, al. 5). En cas de décès de l'entrepreneur, l'insaisissabilité disparaît de plein droit, la déclaration n'étant pas transmissible à ses héritiers même s'ils poursuivent l'activité de leur auteur (C. com., art. L. 526-3, al. 5)[3].

Il reste enfin à savoir, et la question revêt une importance pratique toute particulière, si **la décla-**

1. Civ. 1re, 15 mai 2007, n° 05-19.189, *Bull. civ.* I, n° 183; *D.* 2007. AJ 1511; *RD banc. fin.* 2007, n° 189, obs. Piedelièvre.

2. Com. 11 juin 2014, n° 13-13.643, *Bull. civ.* IV, n° 106; *D.* 2014. 1326; *ibid.* 1610, obs. Crocq; *RTD civ.* 2014. 693, obs. Crocq.

3. Pour une étude approfondie v. S. Piedelièvre, « L'insaisissabilité de la résidence principale de l'entrepreneur individuel », *JCP* 2003. I. 165.

ration d'insaisissabilité est ou non opposable à la procédure collective ? Autrement dit, fait-elle obstacle à la vente de l'immeuble ? La Cour de cassation a jugé, mais au plan simplement procédural, que la demande par laquelle le liquidateur judiciaire requiert que la déclaration d'insaisissabilité soit déclarée inopposable à la procédure collective est irrecevable, faute pour ce dernier d'avoir un intérêt à agir au sens de l'article 31 C. pr. civ. [1].

Il y a peu, la chambre commerciale a jugé, substantiellement, que le débiteur peut opposer la déclaration d'insaisissabilité qu'il a effectuée avant qu'il ne soit mis en liquidation judiciaire en dépit de la règle du dessaisissement prévue par l'article L. 641-9 du Code de commerce. En conséquence de cette inclinaison protectrice, le juge-commissaire ne peut autoriser le liquidateur à procéder à la vente de l'immeuble commun sur lequel le débiteur a régulièrement effectué une telle déclaration [2]. Peu après, la chambre commerciale a jugé, au visa des articles L. 526-1, L. 622-4 alinéa 1er et L. 621-39 alinéa 1er du Code de commerce [3] « *qu'il résulte des deux derniers textes que le liquidateur ne peut légalement agir que dans l'intérêt de tous les créanciers et non dans l'intérêt personnel d'un créancier ou d'un groupe de créanciers; qu'en application du premier, la déclaration d'insaisissabilité n'a d'effet qu'à l'égard des créanciers dont les droits naissent, postérieurement à sa publication, à l'occasion de l'activité professionnelle du déclarant; qu'en conséquence, le liquidateur n'a pas qualité pour agir, dans l'intérêt de ces seuls créanciers, en inopposabilité de la déclaration d'insaisissabilité* ».

Il s'ensuit, en l'espèce, que l'intérêt collectif des créanciers ne résulte pas de l'irrégularité de la publication de la déclaration d'insaisissabilité [4].

SECTION 3

BIENS CORPORELS INSAISISSABLES NÉCESSAIRES À LA VIE DU DÉBITEUR SAISI ET DE SA FAMILLE

151.31 Énumération. L'article L. 112-2, 5° C. pr. exéc. énonce que les biens mobiliers nécessaires à la vie du saisi sont insaisissables.

L'article R. 112-2 C. pr. exéc. donne la liste des biens mobiliers insaisissables comme étant nécessaires à la vie du débiteur saisi [5] (qui ne peut être qu'une personne physique) et de sa famille, et l'article R. 112-3 précise que ces biens ne sont insaisissables pour aucune créance. En voici la liste :

- les vêtements;
- la literie;
- le linge de maison;
- les objets et produits nécessaires aux soins corporels et à l'entretien des lieux;
- les denrées alimentaires;
- les objets de ménage nécessaires à la conservation, à la préparation et à la consommation des aliments;
- les appareils nécessaires au chauffage;
- la table et les chaises permettant de prendre les repas en commun;
- un meuble pour ranger le linge et les vêtements et un autre pour ranger les objets ménagers;
- une machine à laver le linge;
- les livres et autres objets nécessaires à la poursuite des études ou à la formation professionnelle;
- les objets d'enfants;
- les souvenirs à caractère personnel ou familial;
- les animaux d'appartement ou de garde;
- les animaux destinés à la subsistance du saisi, ainsi que les denrées nécessaires à leur élevage;
- un poste téléphonique permettant l'accès au service téléphonique fixe ou mobile.

151.32 Exceptions et limites à l'insaisissabilité. La limite à l'insaisissabilité des biens mobiliers nécessaires à la vie du débiteur saisi et de sa famille prend d'abord la forme d'une inopposabilité « *pour paiement de leur prix* » (C. pr. exéc., art. L. 112-2, 5°). Cela signifie que l'insaisissabilité de ces biens, prévue pour jouer à l'égard de toutes les créances y compris celles de l'État, cesse « *pour paiement des sommes dues à leur fabricant ou vendeur ou à celui qui a prêté pour les acheter, fabriquer ou réparer* » (C. pr. exéc., art. R. 112-3). Il paraît normal, en effet, que les personnes qui vendent un bien de première nécessité, ou qui se substituent au débiteur pour payer le prix d'achat ou de réparation du bien, puisse saisir celui-ci pour se rembourser. On remarquera que l'inopposabilité joue également pour les immeubles par destination qui, aux termes de l'article L. 112-3 C. pr. exéc., « *ne peuvent être saisis indépendamment de l'immeuble, sauf pour paiement de leur prix* ». Elle semble au demeurant devoir jouer

1. Com. 3 févr. 2009, n° 08-10.303, *Bull. civ.* IV, n° 15; *D.* 2009. 494, obs. Lienhard.
2. Com. 28 juin 2011, n° 10-15.482, *Bull. civ.* IV, n° 109; *D.* 2011. 1751, obs. Lienhard; *D.* 2011. 2485, point de vue Legrand; *Rev. sociétés* 2011. 526, obs. Roussel Galle; *Dr. et patr.* nov. 2011, 74, obs. Crocq – Orléans, 15 mai 2008, *Act. proc. coll.* 2008, n° 239, obs. Cagnoli; *JCP* 2009. I. 114, n° 9, obs. Cabrillac et Pétel – Et sur l'absence d'intérêt à agir du liquidateur en l'absence de litige entre les créanciers de la liquidation judiciaire et le débiteur : Com. 3 févr. 2009, n° 08-10.303, *Bull. civ.* IV, n° 15; *D.* 2009. 494, obs. Lienhard.
3. Ces deux derniers textes étant pris dans leur rédaction antérieure à la loi du 26 juillet 2005.
4. Com. 13 mars 2012, n° 11-15.438, *Bull. civ.* IV, n° 53; *D.* 2012. 807 obs. Lienhard.
5. Sur l'inapplication de l'article 39 aux parts sociales : Civ. 2e, 2 déc. 2010, n° 09-17.495, *Bull. civ.* II, n° 199; *D.* 2011. 1509 obs. Leborgne; *Rev. sociétés* 2011. 44, obs. Lienhard; *RTD com.* 2011. 377, obs. Monsèrié-Bon.

au profit du seul vendeur et fabricant dans le silence des textes sur son application au prêteur de deniers.

Il existe toutefois un cas où ce privilège ne joue pas, prévu par l'article L. 112-2, 6°, C. pr. exéc. : en effet, les biens mobiliers nécessaires à la vie du débiteur saisi et de sa famille ne peuvent être saisis, « *même pour paiement de leur prix, lorsqu'ils sont la propriété des bénéficiaires de prestations d'aide sociale à l'enfance prévue aux articles L. 222-1 à L. 222-7 du Code de l'action sociale et des familles* ».

151.33 Dérogation en raison de la localisation des biens. Les biens mobiliers nécessaires à la vie du débiteur deviennent en effet saisissables « *s'ils se trouvent dans un lieu autre que celui où le saisi demeure* » (C. pr. exéc., art. L. 112-2, 5°). On présume qu'il n'en a pas vraiment besoin s'il les a laissés, par exemple, dans une résidence secondaire...

151.34 Dérogation en raison de la valeur des biens. Les mêmes biens deviennent également saisissables « *s'ils sont des biens de valeur, en raison notamment de leur importance, de leur matière, de leur rareté, de leur ancienneté ou de leur caractère luxueux* » (C. pr. exéc., art. L. 112-2, 5°).

151.35 Dérogation en raison de la quantité et de la nature des biens. Enfin, ces biens mobiliers deviennent « *saisissables s'ils perdent leur caractère de nécessité en raison de leur quantité ou s'ils constituent des éléments corporels d'un fonds de commerce* » (C. pr. exéc., art. L. 112-2, 5°).

151.36 Observations. On observe combien sera réelle la part d'appréciation des juges du fond dans la détermination du caractère saisissable ou non de tel ou tel bien.

Sous l'empire des dispositions des articles 592 et 592-1 ACPC, avaient été considérés comme insaisissables des éléments de cuisine ou un réfrigérateur.

Avaient en revanche été déclarés saisissables une salle à manger de style Louis XIII, une cafetière, un téléviseur, une encyclopédie ou une bibliothèque[1].

C'est en réalité l'utilité et la valeur des biens qui doivent conduire l'huissier à faire preuve de discernement dans ses opérations de saisie. Au demeurant, les JEX sont peu fréquemment saisis de litiges portant sur la saisissabilité des biens nécessaires à la vie de la famille. Il est cependant admis que les éléments de loisir audiovisuel tels que téléviseurs, caméscopes, magnétophones, magnétoscopes, chaînes haute fidélité, ordinateurs domestiques à usage non professionnel (v. toutefois s[s] n° 151.91), *etc.*, peuvent faire l'objet de saisies. Encore faut-il qu'ils aient une véritable valeur marchande. Or, ce qui caractérise ces biens, et plus généralement les meubles meublant le domicile de la plupart des familles, c'est leur modeste qualité rapidement dépréciée par l'obsolescence, l'évolution des techniques ou les caprices de la mode. Il en résulte que si leur saisie est théoriquement possible, leur vente forcée s'avère le plus souvent sans intérêt pour le créancier qui devra payer des frais susceptibles d'atteindre rapidement, voire dépasser le montant de la dette, même si ce mode de saisie peut s'avérer, dans certains cas, un moyen de pression efficace.

151.37 Cas particulier des véhicules automobiles (C. pr. exéc., art. L. 112-2, 4°). Des difficultés plus sérieuses peuvent surgir lors de la saisie du véhicule automobile, le débiteur pouvant exciper du caractère nécessaire de ce bien pour sa vie, son travail ou sa santé (isolement, trajets professionnels, maladie, *etc.*).

À cet égard, il a été jugé qu'un débiteur ne pouvait revendiquer l'exception d'insaisissabilité au motif qu'il devait impérativement disposer de sa voiture pour suivre un traitement médical régulier en hôpital de jour à cent cinquante kilomètres de son domicile alors qu'il existait des modes de transport alternatifs lui permettant d'honorer ses rendez-vous médicaux sans mettre en péril la régularité et l'efficacité de ses soins[2].

Le juge apprécie souverainement si le véhicule d'un débiteur peut être indispensable à son propriétaire pour procéder à une recherche d'emploi[3].

On relèvera en revanche un arrêt de la cour d'appel de Lyon qui considère « *qu'à notre époque, un véhicule est pratiquement indispensable pour pouvoir travailler et ne peut être considéré comme un luxe, sauf si son prix est sans rapport avec l'usage que l'on peut en attendre* »[4]. Cette décision paraît discutable car elle crée *de facto* au profit du véhicule privé un privilège d'insaisissabilité qui ne correspond nullement à la lettre et l'esprit de la loi.

SECTION 4
BIENS CORPORELS INSAISISSABLES NÉCESSAIRES AU TRAVAIL DU DÉBITEUR SAISI

151.41 Champ d'application. Sont concernés par cette catégorie, « *les instruments de travail nécessaires à l'exercice personnel de l'activité professionnelle* ».

1. TGI Riom, 31 mars 1978, *D.* 1978. 532, note Almairac – TI Caen, 28 oct. 1981, *Rev. huiss.* 1982. 331, note Lescaillon.
2. TGI Albertville, JEX, RG n° 94/138, Masura c/Durif, NP.
3. Civ. 2e, 6 avr. 2006, n° 04-16.764, NP.
4. Lyon, 4 juin 1997, RG n° 1995/08366, Crédit Lyonnais c/ Reynaud, NP.

Ces biens sont insaisissables, même pour une créance de l'État (C. pr. exéc., art. R. 112-3).

Il faut rapprocher ces dispositions de celles énoncées par l'article 524 du Code civil qui déclare immeubles par destination les objets que le propriétaire d'un fonds y a placés pour le service et l'exploitation de ce fonds (animaux attachés à la culture, ustensiles aratoires, semences, paille et engrais, ustensiles nécessaires à l'exploitation des usines, *etc.*). La jurisprudence étend cette règle aux foins et aliments pour animaux et aux animaux d'élevage[1].

Sous l'empire des dispositions des articles 592 et 592-1 ACPC, avaient été considérés comme insaisissables un bateau de pêche ou une machine à coudre d'un cordonnier.

Ces jurisprudences restent d'actualité, la réforme de 1991 reprenant pour l'essentiel les dispositions de l'ancien Code de procédure civile en les actualisant. C'est ainsi qu'il a été jugé qu'une caisse enregistreuse utilisée par le saisi pour les besoins de son commerce constituait, à défaut de contestation plus précise sur le volume ou l'importance du commerce, un bien nécessaire au travail du saisi, et donc insaisissable à ce titre[2]. Il en ira de même pour les livres de compte, les outils d'enseignement et plus généralement tout instrument consacré à l'activité professionnelle du saisi[3]. Pourront en revanche être exclus du bénéfice de l'insaisissabilité les meubles garnissant la salle d'attente d'un chirurgien-dentiste au motif que, s'ils servent ou aident à l'activité professionnelle, ils ne sont pas pour autant indispensables en raison de leur caractère accessoire[4].

§ 1
Biens affectés d'une clause de réserve de propriété

151.51 Biens faisant l'objet d'une clause de réserve de propriété. Les biens saisis qui sont affectés d'une clause de réserve de propriété restent insaisissables si la preuve de la clause légalement convenue est rapportée par le saisi ou par le tiers revendiquant l'application de la clause. En effet, ne peuvent être saisis que les biens appartenant au débiteur saisi (une saisie peut toutefois être pratiquée contre le tiers détenteur d'un immeuble hypothéqué : C. pr. exéc., art. L. 311-1 et C. civ., art. 2461).

Le régime de la clause de réserve de propriété est désormais contenu dans le Code civil aux articles 2367 à 2372; il suffit notamment que la clause ait été convenue par écrit (C. civ., art. 2368)[5]. On se référera également, s'agissant du droit des procédures collectives, à l'article L. 624-16 alinéa 2 du Code de commerce[6] qui définit les conditions de validité de la clause de réserve de propriété. Celle-ci doit figurer dans un écrit régissant un ensemble d'opérations commerciales convenues entre les parties et doit avoir été convenue dans un document établi, au plus tard, au moment de la livraison.

On sait que la jurisprudence sanctionne d'une nullité absolue les clauses de réserve de propriété qui figurent sur des factures dactylographiées dont il n'est pas prouvé qu'elles ont été remises en mains propres lors de la livraison des marchandises ou celles stipulées en petits caractères sans intervalles et celles figurant au verso des bons de livraison ou factures sans mention en caractère gras au recto.

Dans tous les cas, il appartiendra à celui qui excipe de l'existence de la clause d'en rapporter la preuve[7].

§ 2
Entrepreneur individuel

151.61 Droit de proposition de l'entrepreneur individuel saisi. L'article L. 161-1 C. pr. exéc., énonce une disposition dérogatoire favorable au débiteur saisi, ainsi libellée : « *Lorsque le titulaire d'une créance contractuelle ayant sa cause dans l'activité professionnelle d'un entrepreneur individuel entend poursuivre l'exécution forcée d'un titre exécutoire sur les biens de cet entrepreneur, celui-ci peut, nonobstant les dispositions du 4° de l'article 14 de la présente loi et s'il établit que les biens nécessaires à l'exploitation de l'entreprise sont d'une valeur suffisante pour garantir le paiement de la créance, demander au créancier que l'exécution soit en priorité poursuivie sur ces derniers.* »

Plusieurs conditions cumulatives doivent être remplies pour que ces dispositions soient applicables :

– une créance contractuelle ayant sa cause dans l'activité professionnelle du saisi, personne physique (créance de nature commerciale, *a priori*);

1. TGI Rennes, JEX, 30 mars 1993, *Rev. huiss.* 1994. 661.
2. TGI Lyon, JEX, 2 nov. 1993, *Gaz. Pal.* 1994. Somm. 235.
3. Sur cette question v. D. Lochouarn, « L'évolution des insaisissabilités professionnelles », *Rev. huiss.* 1997. 9; et « Les biens professionnels » *Rev. huiss.* 2000. 257.
4. TGI Paris, JEX, 17 févr. 1997, *Rev. huiss.* 1997. 1321.
5. L. Aynès, P. Crocq, *Les sûretés, la publicité foncière*, 6e éd., *Defrénois*, 2012, nos 801 s.
6. C. com., anc. art. L. 621-122 – L. 25 janv. 1985, anc. art. 121, relative au redressement et à la liquidation judiciaire des entreprises.
7. TGI Lyon, JEX, 17 oct. 1995, *Rev. huiss.* 1996. 475.

– une exécution forcée sur les biens de l'entrepreneur individuel;

– une valeur suffisante des biens professionnels saisis;

– une acceptation au moins tacite du créancier, lequel peut s'opposer à la demande s'il établit que la proposition du débiteur met en péril le recouvrement de sa créance. Dans cette hypothèse, et sauf intention de nuire, la responsabilité du créancier ne peut jamais être recherchée (C. pr. exéc., art. L. 161-1, al. 2 et 3). Cela signifie notamment qu'aucune somme à titre de dommages et intérêts pour procédure abusive ne peut lui être réclamée si le débiteur ne démontre pas l'intention maligne du créancier. En tout état de cause, il appartient au débiteur de saisir le JEX à l'effet de contester le refus du créancier.

On relèvera le caractère tout à fait dérogatoire au droit commun de l'exécution que constitue la disposition introduite par la loi du 11 février 1994 puisque désormais le débiteur peut proposer à son créancier de mettre en œuvre à son encontre une voie d'exécution particulière sur son patrimoine professionnel, à condition que celui-ci soit d'une valeur suffisante pour garantir le paiement de la créance. On peut y voir l'amorce de l'instauration d'un patrimoine d'affectation au profit de l'entrepreneur individuel[1].

§ 3 Fiducie

151.71 Fiducie. La loi du n° 2007-211 du 19 février 2007 introduit la fiducie en droit français. Celle-ci est définie par l'article 2011 du Code civil : il s'agit de « *l'opération par laquelle un ou plusieurs constituants transfèrent des biens, des droits ou des sûretés, ou un ensemble de biens, de droits ou de sûretés, présents ou futurs, à un ou plusieurs fiduciaires qui, les tenant séparés de leur patrimoine propre, agissent dans un but déterminé au profit d'un ou plusieurs bénéficiaires* »[2]. En même temps qu'elle consacre la **création d'un patrimoine d'affectation** – le patrimoine fiduciaire, qui quitte le patrimoine du constituant, devant être séparé du patrimoine personnel du fiduciaire – la fiducie s'harmonise malaisément avec les dispositions des articles 2284 et 2285 du Code civil qui édictent le **principe d'un droit de gage général.** Le droit de gage général des créanciers personnels étant limité de par l'opération de fiducie.

Lorsque la fiducie est établie – par la loi ou par convention – la **question de la saisissabilité des biens** constituant le patrimoine fiduciaire a vocation à se poser[3]. Dans la mesure où la fiducie emporte transfert (même s'il est temporaire; v. C. civ., art. 2018, 2° sur la durée maximale – de quatre-vingt-dix-neuf ans – du contrat de fiducie) d'un bien ou d'un ensemble de biens, il y a lieu de penser que ces biens ne peuvent être ultérieurement saisis par les créanciers personnels du constituant dans la mesure où ils ne sont plus disponibles dans le patrimoine personnel de ce dernier en raison du caractère translatif de propriété. La saisie ne peut dès lors pas prospérer. La règle vaut cependant hors les cas où les créanciers du constituant peuvent se prévaloir d'un droit de suite attaché à une sûreté publiée antérieurement au contrat de fiducie précise l'article 2025 alinéa 1er du Code civil.

On songe ainsi au créancier bénéficiant d'une hypothèque grevant un immeuble figurant dans le patrimoine fiduciaire. Sans doute en sera-t-il de même s'agissant de l'inscription provisoire d'une hypothèque judiciaire; peu important que l'inscription définitive intervienne postérieurement à la publication du contrat de fiducie puisque l'on sait que cette seconde inscription emporte un effet rétroactif à la date de la première inscription (le nantissement de fonds de commerce présente le même intérêt).

L'article 2025 alinéa 1er du Code civil réserve encore, dans la seconde partie du texte, l'éventualité où l'opération de fiducie serait constitutive d'une fraude aux droits des créanciers du constituant[4]. On peut penser que, dans cette éventualité, le transfert des biens n'est pas opposable à ces créanciers. Dès lors, les biens étant considérés comme la propriété du débiteur, la saisie entre les mains d'un tiers peut prospérer, conformément aux dispositions de l'article L. 112-1, al. 1er C. pr. exéc. qui énonce que « *les saisies peuvent porter sur tous les biens appartenant au débiteur alors même qu'ils seraient détenus par des tiers* ». Le problème étant ici que les biens n'appartiennent plus, au moins temporairement, au débiteur constituant...

Par exception à ces possibilités de saisie, l'article 2025 alinéa 1er du Code civil décide que « *le*

1. Pour une application de ce texte, v. Douai, 22 déc. 1994, *Rev. huiss.* 1995. 840, obs. Dahan.
2. SUR cette innovation, v. par ex. le dossier reproduit au *D.* 2007. 1347.
3. On relèvera qu'en vertu de l'article 1596 C. civ. *in fine,* ne peuvent se rendre adjudicataires, sous peine de nullité, les fiduciaires, des biens ou droits composant le patrimoine fiduciaire.
4. Cette éventualité rappelle l'hypothèse du détournement d'objets susceptibles d'être saisis – Sur la possibilité de recourir à l'action paulienne, v. P. Crocq, « Les montages faisant obstacle à l'exécution : technique sociétaire et technique fiduciaire », *Les obstacles à l'exécution forcée : permanence et évolution*, « Droit et procédures », EJT, 2009, p. 118 s., spéc. nos 261-262.

patrimoine fiduciaire ne peut être saisi que par les titulaires de créances nées de la conservation ou de la gestion de ce patrimoine ». Bien que le texte ne livre aucune information sur son domaine d'application, il y a lieu de considérer que celui-ci sera large (ex : créance née de l'amélioration d'un bien dans le patrimoine fiduciaire). La solution se justifie dans la mesure où, d'une part, la créance est née du chef du patrimoine séparé du fiduciaire, et ou, d'autre part, les biens constituant le patrimoine fiduciaire ne sont ni dans le patrimoine du constituant ni dans le patrimoine personnel du fiduciaire. Aussi, dès lors que les créanciers du patrimoine fiduciaire disposeront d'un titre exécutoire, ils pourront envisager de procéder à une mesure d'exécution forcée afin d'obtenir le paiement de leur créance née de la conservation ou de la gestion du patrimoine d'affectation. En revanche, seuls les créanciers de la fiducie peuvent agir sur le patrimoine fiduciaire, à l'exclusion des créanciers personnels du fiduciaire. Par ailleurs, en l'absence de titre exécutoire, les créanciers du patrimoine fiduciaire pourront recourir aux mesures conservatoires afin de préserver leur droit de gage. On notera par ailleurs qu'en vertu de l'article 2024 du Code civil, « *l'ouverture d'une procédure de sauvegarde, de redressement judiciaire ou de liquidation judiciaire au profit du fiduciaire n'affecte pas le patrimoine fiduciaire* ». Une solution analogue devrait logiquement jouer en cas de procédure collective dirigée à l'encontre du constituant en raison du transfert réalisé par l'opération de fiducie[1].

L'alinéa 2 de l'article 2025 poursuit en décidant qu'« *en cas d'insuffisance du patrimoine fiduciaire, le patrimoine du constituant constitue le gage commun de ces créanciers, sauf stipulation contraire du contrat de fiducie mettant tout ou partie du passif à la charge du fiduciaire* ». Dans la logique de la suite des alinéas 1 et 2 de l'article 2025, la référence au pronom « *ces* » laisse à penser qu'il s'agit des créanciers se prévalant d'une créance née de la conservation ou de la gestion du patrimoine fiduciaire, bref des créanciers fiduciaires. Si tel est bien le cas, le texte les autorise alors à saisir les biens, à titre subsidiaire – ce qui semble bien constituer un nouveau cas de subsidiarité en droit des voies d'exécution –, le patrimoine du constituant. Bien que compréhensible, cette possibilité semble néanmoins discutable car la créance est née du chef de biens qui, apparemment, ne sont plus, en raison du transfert, dans le patrimoine du constituant, mais figurent dans un patrimoine d'affectation. Elle réduit à néant la notion même de séparation des patrimoines. Il peut néanmoins être décidé contractuellement qu'une disposition peut « *mettre tout ou partie du passif à la charge du fiduciaire* ». Il est cependant probable que cette dernière réserve sera, au plan pratique, d'application fort restreinte.

1. V. AUSSI, C. com., art. L. 622-23-1 et L. 632-1, 9°.

Bien que l'article 2025 du Code civil n'envisage pas cette éventualité, il faut néanmoins considérer que les créanciers personnels du fiduciaire ne peuvent saisir les biens constitutifs du patrimoine d'affectation puisqu'ils ne sont pas confondus avec le patrimoine de ce dernier[2]. Ils pourront seulement exercer des poursuites à l'encontre des biens composant le patrimoine personnel du fiduciaire.

§ 4
Entrepreneur individuel à responsabilité limitée

151.81 Entrepreneur individuel à responsabilité limitée (EIRL). La loi n° 2010-658 du 15 juin 2000[3] (complétée par les lois n° 2010-874 du 27 juillet 2010[4] et n° 2011-525 du 17 mai 2011[5])[6] a institué, à côté de la déclaration d'insaisissabilité que peut effectuer une personne physique immatriculée à un registre de publicité légale à caractère professionnel ou exerçant une activité professionnelle agricole ou indépendante (C. com., art. L. 526-1 s.), ce qu'il est convenu d'appeler l'entrepreneur individuel à responsabilité limitée. Aux termes de l'alinéa premier de l'article L. 526-6 du Code de commerce, « *tout entrepreneur individuel peut affecter à son activité professionnelle un patrimoine séparé de son patrimoine personnel, sans création d'une personne morale* ». Ce patrimoine d'affectation, destiné à préserver les droits de l'entrepreneur moyennant un cloisonnement des patrimoines[7], se compose d'un « *ensemble de biens, droits, obligations ou sûretés dont l'entrepreneur individuel est titulaire,*

2. L'art. 2024 C. civ. décide d'ailleurs que la procédure de sauvegarde, de redressement ou de liquidation judiciaire au bénéfice du fiduciaire n'affecte pas le patrimoine fiduciaire.
3. L. n° 2010-658, 15 juin 2010, relative à l'entrepreneur individuel à responsabilité limitée, *JO* 16 juin, p. 10984.
4. L. n° 2010-874, 27 juill. 2010, de modernisation de l'agriculture et de la pêche, *JO* 28 juill., p. 13925.
5. L. n° 2011-525, 17 mai 2011, de simplification et d'amélioration de la qualité du droit, *JO* 18 mai, p. 8537.
6. F. Marmoz, « L'EIRL : nouvelle technique d'organisation de l'entreprise », *D.* 2010. 1570, obs. Lienhard; « EIRL : adaptation du droit des procedures collectives », *D.* 2010. 2903 – O. Salati, « La loi n° 2010-658 du 15 juin 2010, relative à l'entrepreneur à responsabilité limitée et le principe de saisissabilité : une menace de plus sur le recouvrement ? », *Procédures* 2010. Étude 8.
7. Sachant qu'un même entrepreneur individuel peut constituer plusieurs patrimoines d'affectation depuis le 1er janvier 2013.

nécessaire à l'exercice de son activité professionnelle »[1]. La constitution de ce patrimoine affecté résulte du dépôt d'une déclaration effectuée, selon les cas, auprès d'un registre de publicité légal (C. com., art. L. 526-7). Cette déclaration nécessite notamment, pour être acceptée, « *un état descriptif des biens, droits, obligations ou sûretés affectés à l'activité professionnelle, en nature, qualité quantité et valeur* », ainsi que « *la mention de l'objet de l'activité professionnelle à laquelle le patrimoine est affecté...* ». Les mentions devant figurer dans cette déclaration sont spécifiées dans l'article R. 526-3 du Code de commerce. Lorsque le patrimoine d'affectation est composé de biens communs ou indivis, l'entrepreneur individuel doit « *justifier de l'accord exprès de son conjoint ou de ses coïndivisaires et de leur information préalable sur les droits des créanciers mentionnés au 1° de l'article L. 526-12 sur le patrimoine affecté. Un même bien commun ou indivis ou une même partie d'un bien immobilier commun ou indivis ne peut entrer dans la composition que d'un seul patrimoine affecté* ».

S'agissant plus particulièrement des droits reconnus aux créanciers de saisir le patrimoine d'affectation, il convient de se reporter aux dispositions de l'article L. 526-12 du Code de commerce qui envisage tant le sort des créanciers dont la créance est née postérieurement à la déclaration que celui de ceux dont la créance est née antérieurement à cette formalité.

151.82 Créanciers postérieurs. Il convient en premier lieu de souligner qu'en vertu de l'alinéa 1er de l'article L. 526-12 du Code de commerce, la déclaration d'affectation est « *opposable de plein droit aux créanciers dont les droits sont nés postérieurement à son dépôt* ». Plus précisément, il convient de distinguer selon les situations suivantes :

- Les créanciers dont les droits sont nés postérieurement au dépôt de la déclaration d'affectation, et à l'occasion de l'exercice de l'activité professionnelle à laquelle le patrimoine est affecté ont pour seul gage le patrimoine affecté. Il s'agit donc d'une dérogation au droit de gage général énoncé par les articles 2284 et 2285 du Code civil. Ils ne pourront donc, en principe saisir les biens composant le patrimoine non affecté (v. ss n° 151.84).

- Pour les autres créanciers, en raison de l'opposabilité de la déclaration, leur droit de gage est restreint au seul patrimoine non affecté.

Est ainsi consacrée l'étanchéité du patrimoine affecté et du patrimoine non affecté. Cette idée étant rappelée par l'article L. 161-2 qui énonce qu'« *en cas de saisie à l'encontre d'un débiteur entrepreneur individuel à responsabilité limitée, celle-ci ne peut porter que sur le ou les biens sur lesquels le créancier a un droit de gage général tel que défini par les dispositions de l'article L. 526-12 du Code de commerce* ». Tirant également les conséquences de cette scission des patrimoines, l'article L. 162-2 alinéa 2 adapte au cas de l'entrepreneur individuel la règle de la mise à disposition d'une somme minimale à caractère alimentaire au bénéfice du débiteur suite à la mise en œuvre d'une saisie-attribution. En l'occurrence, la règle ne joue que relativement à la saisie des comptes afférents au patrimoine non affecté.

Cette étanchéité n'est toutefois pas absolue. L'article L. 526-12 alinéa 9 du Code de commerce prévoit la limite suivante : l'entrepreneur individuel est responsable sur l'intégralité de ses biens et droits en cas de fraude ou de manquement graves aux règles prévues au deuxième alinéa de l'article L. 526-6 ou aux obligations prévues à l'article L. 526-13. Le deuxième alinéa de l'article L. 526-6 vise les biens, droit et sûretés composant le patrimoine d'affectation; il prévoit entre autres qu'« *un même bien, droit, obligation ou sûreté ne peut entrer dans la composition que d'un seul patrimoine affecté* ». Quant à l'article 526-13, il concerne notamment la tenue d'une comptabilité autonome, et l'ouverture d'un compte spécifique. En outre, s'agissant du recouvrement des impôts, le cloisonnement cède dans l'éventualité suivante envisagée par l'article L. 273 B I du Livre des procédures fiscales : « *Lorsque dans l'exercice de son activité professionnelle, l'entrepreneur individuel à responsabilité limitée dont le statut est défini aux articles L. 526-6 à L. 526-21 du Code de commerce a, par des manœuvres frauduleuses ou à la suite de l'inobservation grave et répétée de ses obligations fiscales, rendu impossible le recouvrement des impositions et pénalités dont il est redevable au titre de cette activité, le recouvrement de ces sommes peut être recherché sur le patrimoine non affecté à cette activité dès lors que le tribunal compétent a constaté la réalité de ces agissements.* »[2]. Réciproquement, si le patrimoine non affecté s'avère insuffisant, le droit de gage des créanciers auxquels la déclaration est simplement opposable (C. com., art. L. 526-12, 2°) « *peut s'exercer sur le bénéfice réalisé par l'entrepreneur individuel à responsabilité limitée lors du dernier exercice clos* ». Cette limite à l'étanchéité des patrimoines affectés et non affectés suppose, par principe, pour être effective, que l'intéressé ait été en mesure de dégager un bénéfice ! Il n'est en outre peut-être pas inutile de souligner qu'en vertu de l'article L. 526-18 du Code de commerce c'est

1. L'art. 3 du décret n° 2012-122, 30 janv. 2012, précise la notion de biens, droits, obligations et sûretés nécessaires : l'article R. 526-3-1 C. com. précise qu'ils s'entendent « *de ceux qui, par nature, ne peuvent être utilisés que dans le cadre de cette activité* ».

2. V. AUSSI, le II de ce texte qui envisage l'hypothèse inverse du recouvrement sur le patrimoine affecté.

l'entrepreneur qui « *détermine les revenus qu'il verse dans son patrimoine non affecté* ».

151.83 Créanciers antérieurs à la déclaration. Leur sort est également évoqué par l'article L. 526-12 du Code de commerce. *A priori*, la déclaration ne leur est pas opposable. Néanmoins, la logique même qui préside à l'affectation suppose que l'entrepreneur bénéficie d'une certaine sécurité juridique. C'est sans doute la raison pour laquelle, l'alinéa 2 de ce texte prévoit la possibilité de rendre opposable cette déclaration d'affectation à des créanciers dont les droits sont nés antérieurement à la formalité de dépôt. Il faut toutefois pour cela que soit satisfaite une condition. L'entrepreneur doit le mentionner dans la déclaration d'affectation et il doit en informer les créanciers. Seulement, afin de respecter le droit de propriété de ces derniers, droit dont chacun sait qu'il a valeur constitutionnelle (DDH, art. 2 et 4)[1], il faut que ces derniers aient été mis en mesure de contester cette décision unilatérale. C'est la raison pour laquelle ils sont autorisés, dans cette éventualité, à « *former opposition à ce que la déclaration leur soit opposable dans un délai fixé par voie réglementaire. Une décision de justice rejette l'opposition ou ordonne soit le remboursement des créances, soit la constitution de garanties, si l'entrepreneur individuel en offre et si elles sont jugées suffisantes* » (C. com., L. 526-12, al. 3). Autrement dit, l'opposabilité est subordonnée au droit d'être informé de pouvoir former opposition.

En vertu de l'article R. 526-8 du Code de commerce (Décr. n° 2010-1706, 29 déc. 2010[2]), « *l'entrepreneur porte à la connaissance de chacun des créanciers dont les droits sont nés antérieurement au dépôt de la déclaration d'affectation les informations mentionnées aux 1° à 8° de l'article 526-3. Il les informe également de leur droit de faire opposition à cette déclaration d'affectation et du délai dont ils disposent pour agir en justice devant le tribunal compétent selon les règles de droit commun* ».

Cette information est effectuée par lettre recommandée avec demande d'avis de réception, dans le mois qui suit le dépôt de la déclaration d'affectation (C. com., art. D. 526-9).

1. Sur la réserve d'interprétation du Conseil constitutionnel, v. Cons. const. 10 juin 2010, n° 2010-607 DC, *JO* 16 juin, p. 10988; *D.* 2010. 2553, note Mouton; *D.* 2011. 2298, obs. Mallet-Bricout et Reboul-Maupin; *Constitutions* 2010. 377, obs. Bergougnous; *RTD civ.* 2010. 584, obs. Revet – M. Burgard, « L'entreprise individuelle à responsabilité limitée : une validation par le Conseil constitutionnel en attente d'une clarification par le gouvernement », *LPA* 2010, n° 141, p. 7.
2. Décr. n° 2010-1706, 29 déc. 2010, relatif à l'entrepreneur individuel à responsabilité limitée, *JO* 31 déc. 2010, p. 23450.

Quant à l'opposition, elle est formée dans le délai d'un mois de la date de la première présentation de l'information prévue par l'article R. 526-8 (C. com., art. R. 526-10).

On notera que l'opposition élevée par un créancier n'a pas pour effet d'interdire la constitution du patrimoine affecté. Et si l'opposition a été admise par le juge, faute de remboursement des créances ou de constitution des garanties ordonnées, la déclaration est inopposable.

151.84 Entrepreneur individuel à responsabilité limitée et procédures collectives. L'ordonnance n° 2010-1512 du 9 décembre 2010 s'est efforcée d'adapter les règles du droit des procédures collectives à l'EIRL[3].

Outre la nécessaire adaptation terminologique consistant à englober l'entrepreneur au titre de la qualité de débiteur, la question se pose de savoir si, en raison de la séparation des patrimoines, plusieurs procédures collectives peuvent être ouvertes, et si oui, comment articuler ces procédures ?

S'agissant de la première partie de la question, l'article L. 620-2 du Code de commerce apporte un début de réponse en décidant qu'« *à moins qu'il ne s'agisse de patrimoines distincts de l'entrepreneur individuel à responsabilité limitée, il ne peut être ouvert de nouvelle procédure de sauvegarde à l'égard d'un débiteur déjà soumis à une telle procédure, ou à une procédure de redressement judiciaire ou de liquidation judiciaire, tant qu'il n'a pas été mis fin aux opérations du plan qui en résulte ou que la procédure de liquidation n'a pas été clôturée* ». Il nous semble que cette disposition autorise une pluralité de procédures à l'encontre du débiteur car l'on ne raisonne plus en termes de personne, mais de patrimoines. Bref, il peut être dérogé au principe de l'unicité de procédure collective, parfois exprimé sous la forme de l'adage « *faillite sur faillite ne vaut* ». Ainsi, si le patrimoine affecté peut faire l'objet d'une procédure collective, le patrimoine personnel peut, pour sa part, faire l'objet d'une procédure de surendettement des particuliers. Il se peut également que l'entrepreneur fasse l'objet de procédures collectives distinctes : l'une sur son patrimoine affecté, l'autre sur son patrimoine non affecté s'il exerce, par exemple, une activité professionnelle indépendante (C. com., art. L. 620-2, al. 1er). Lorsqu'il pourra être constitué, en 2013, plusieurs EIRL, la question prendra une acuité accrue.

S'agissant de la résolution de ces possibles conflits, il convient de se reporter aux dispositions des articles L. 680-1 à L. 680-7 du Code de commerce. Le

3. P.-M. Le Corre, « L'heure de vérité de l'entreprise individuelle à responsabilité limitée, le passage sous la toise du droit des entreprises en difficulté », *D.* 2011. 91.

premier de ces textes indique, très clairement, qu'il convient de raisonner en termes de patrimoine et non de débiteurs. Plusieurs conséquences s'ensuivent s'agissant des créanciers. La déclaration de créance devra être appréciée patrimoine par patrimoine, et les voies d'exécution ne pourront être mises en œuvre que patrimoine par patrimoine. En théorie le cloisonnement, qui emporte corrélativement limitation de responsabilité, semble donc simple. En pratique, la situation pourra se compliquer en raison du fait qu'un créancier peut avoir des créances sur deux patrimoines, tel notamment le créancier de l'EIRL dont la créance est antérieure à la déclaration du patrimoine d'affectation. Il faut en outre envisager, au titre de possibles conflits, les cas où il y aura disparition du cloisonnement des patrimoines. Ainsi, en cas de réunion des patrimoines (C. com., art. L. 621-2, al. 3) en raison d'un manquement grave aux règles d'affectation à un patrimoine d'affectation (C. com., art. L. 526-6, al. 2), ou en cas de manquement important aux obligations comptables et bancaires afférentes à l'EIRL (C. com., art. L. 526-13, al. 1er), et en cas de fraude à l'égard d'un créancier titulaire d'un droit de gage général sur le patrimoine visé par la procédure.

§ 5
Limites de l'exception d'insaisissabilité

151.91 Caractère non absolu de l'insaisissabilité. Comme pour les biens nécessaires à la vie du saisi, cette règle d'insaisissabilité des biens nécessaires au travail du débiteur saisi trouve cependant sa limite dans le fait que le fabricant, le vendeur ou celui qui a prêté pour acheter, fabriquer ou réparer, peut les saisir pour avoir paiement des sommes qui lui sont dues (C. pr. exéc., art. R. 112-3).

Il en va de même si les biens se trouvent dans un lieu autre que celui où travaille habituellement le saisi, s'ils ont une certaine valeur[1], s'ils perdent leur caractère de nécessité en raison de leur quantité ou de leur nombre, et surtout, s'ils constituent des éléments corporels d'un fonds de commerce (C. pr. exéc., art. L. 112-2, 5°). Cette dernière disposition restriction est importante en pratique, puisqu'elle va permettre de saisir les marchandises constituant le stock ou bien l'outillage, par exemple, et revient indirectement à valoriser l'unité économique plus large qu'est le fonds de commerce.

La règle d'insaisissabilité trouve aussi une limite dans la forme retenue par le débiteur pour exercer son activité professionnelle. C'est ainsi qu'il a été jugé que la référence par les articles 14 de la loi du 9 juillet 1991 [devenu C. pr. exéc., art. L. 112-2 et L. 112-3] et 39 de son décret d'application [devenu C. pr. exéc., art. R. 112-2] à la famille du débiteur et au caractère personnel de son activité professionnelle signifiait sans ambiguïté qu'il ne pouvait s'agir que d'une personne physique. Il en résulte qu'une personne morale ne peut revendiquer un quelconque privilège d'insaisissabilité[2].

L'autre borne à la règle d'insaisissabilité est contenue dans la définition même du caractère nécessaire du bien saisi à l'exercice personnel de l'activité professionnelle[3].

151.92 Cas particulier des véhicules automobiles à usage professionnel. Des difficultés surgissent à l'occasion de la saisie du véhicule automobile, considéré comme un outil indispensable à l'exercice d'une profession, qu'il convient de confronter à la notion d'« *instrument de travail nécessaire à l'exercice personnel de l'activité professionnelle* », insaisissable en application de l'article R. 112-2, 16° C. pr. exéc.

C'est ainsi qu'il a été jugé qu'à peine de rendre tout véhicule insaisissable, si ce n'est pour les travailleurs à domicile, il fallait réserver cette exception aux métiers du transport de personnes ou de marchandises[4]. De même, un agent général d'assurance ne peut affirmer que son véhicule est un outil de travail. Tout au plus s'agit-il d'une commodité, certes essentielle, mais non consubstantielle[5].

Plus généralement, n'est pas considérée comme un instrument de travail nécessaire à l'exercice de l'activité professionnelle la voiture qui sert seulement au saisi pour se rendre à son travail et en revenir[6]. Ultérieurement, la cour d'appel de Nancy a jugé que le véhicule qui permet à son propriétaire de se déplacer de son domicile à son lieu de travail et réciproquement est saisissable dès lors qu'il ne permet pas, en soi, l'exercice de l'activité professionnelle et qu'il n'est pas utilisé pendant le travail[7].

1. La cour d'appel de Paris a par exemple jugé, le 10 août 1987, qu'un matériel de radiologie permettant à un médecin radiologue d'exercer sa profession était saisissable en raison de sa valeur importante (Paris, 10 août 1987, *D.* 1987. 603, note Prévault).
2. TGI Lyon, JEX, 14 juin 1994, *D.* 1995. 207, obs. Prévault; *Gaz. Pal.* 1994. 2. Somm. 806; *Rev. huiss.* 1994. 1296.
3. À propos du mobilier d'une salle d'attente d'un dentiste, qui n'est pas indispensable à son activité professionnelle : v. TGI Paris, JEX, 17 févr. 1997, *Rev. huiss.* 1997. 1321.
4. TGI Grenoble, JEX, 10 juill. 1995, *Rev. huiss.* 1995. 1270.
5. TGI Grenoble, JEX, 12 déc. 1994, *Rev. huiss.* 1995. 1270.
6. TGI Rennes, JEX, 18 mai 1993, *Rev. huiss.* 1994. 661 – Rennes, 9 juin 1994, *Rev. huiss.* 1995. 233.
7. Nancy, 16 janv. 2003, *JCP* 2004. IV. 3037 – *Adde,* pour un tracteur pelle et un tracteur considérés comme constituant l'outil de travail à part entière d'un agriculteur : Poitiers, 1re ch. civ., 16 oct. 2002, *RD banc. fin.* 2003, n° 122, obs. Delleci.

Récemment, la Cour de cassation a décidé, s'agissant de la saisissabilité du véhicule d'un médecin homéopathe, que les juges du fond disposaient d'un pouvoir d'appréciation souverain pour décider si, en fonction des circonstances de l'espèce, le véhicule de ce dernier constituait un instrument de travail nécessaire à l'exercice personnel de son activité professionnelle, et était, de ce fait saisissable ou non[1].

Il paraît cependant certain qu'outre les métiers du transport de personnes ou de marchandises, il y a lieu d'ajouter les professions pour lesquelles la voiture constitue un indispensable moyen de déplacement auprès de la clientèle, surtout lorsque la possession d'un véhicule est stipulée comme condition dans le contrat. Tel est le cas des voyageurs-représentants-placiers, des médecins ou infirmiers effectuant des visites à domicile, des artisans utilisant des fourgons transportant leurs outils de travail ou leurs employés sur des chantiers, *etc.*[2] Dans ces hypothèses, les véhicules peuvent être considérés comme des instruments de travail.

On réservera par ailleurs l'hypothèse du véhicule faisant l'objet d'un crédit-bail qui ne peut être saisi, le propriétaire du véhicule ne pouvant être tenu des dettes de son locataire[3].

SECTION 5
BIENS INCORPORELS INSAISISSABLES PAR NATURE

151.101 Énumération et caractéristiques. Certains biens incorporels ne peuvent faire l'objet d'une saisie en raison de leur nature même. Citons les servitudes, immeubles par l'objet auquel elles s'appliquent qui ne peuvent être détachées des immeubles pour le service desquels elles ont été légalement reconnues ou conventionnellement consenties, l'usufruit des choses immobilières, les actions qui tendent à revendiquer un immeuble (C. civ., art. 526). Il en va de même pour les effets de commerce et notamment les lettres de change, billets à ordre[4] et chèques (C. mon. fin., art. L. 131-35, al. 2, chèque - C. com., art. L. 511-31, lettre de change et L. 512-3, billet à ordre, qui renvoie aux dispositions de l'article L. 511-31), le droit de jouissance légal des père et mère sur les biens de leurs enfants mineurs qui est strictement attaché à l'autorité parentale et à ses obligations (C. civ., art. 382). En ce qui concerne les offices ministériels (Décr. 2 oct. 1967, art. 14, al. 1er[5]), aucune disposition de la loi du 9 juillet 1991 n'en interdit la saisie ou celle des parts sociales même si ces parts ne peuvent être ni données en nantissement, ni vendues aux enchères publiques (à propos des parts d'une société civile professionnelle de notaires, Décr. 2 oct. 1967, art. 14[6])[7]. On relève que la Cour de cassation invalide une saisie du prix de cession d'un office notarial alors que l'agrément ministériel qui constitue un élément légal de la cession n'a pas encore été donné au moment de l'exécution forcée[8]. De fait, cet agrément préalable du garde des Sceaux fait obstacle à la saisie-vente elle-même. En effet, tout en rappelant que l'interdiction de nantir ou de vendre aux enchères les parts d'une SCP de notaire n'emporta pas, par principe, leur insaisissabilité ou l'absence de disposition législative, la Haute juridiction estime que la saisie-vente de telles parts réalise une cession forcée incompatible avec l'exigence préalable du cessionnaire par la Chancellerie. Elle casse ainsi, pour violation de l'article 91 de la loi du 28 avril 1816, un arrêt d'appel ayant déclaré valable et régulière une procédure de saisie-vente portant sur les parts d'associé d'une SCP de notaire[9]. Cela étant, par un arrêt du 4 novembre 2003, la Cour de cassation a jugé que l'interdiction de nantir et de vendre aux enchères publiques n'emportait pas, en principe, insaisissabilité de ces parts car une telle insaisissabilité peut seulement résulter d'une disposition légale. Cette faculté ne permettant pas cependant de saisir, par voie de saisie-vente, les parts d'une société civile professionnelle de notaire en raison de l'exigence préalable de l'agrément du cessionnaire par le garde des Sceaux[10].

Il reste que les créanciers ne peuvent faire valoir leurs droits sur le titre; ils sont néanmoins admis à faire valoir leurs droits sur la finance.

En revanche, la saisie de la licence IV d'exploitation d'un débit de boissons, qui constitue un droit incorporel dissociable du fonds de commerce, est possible en l'absence de texte réglementaire de portée générale applicable à la saisie des droits de cette nature, ou de dispositions spécifiques à la saisie de

1. Civ. 2e, 15 déc. 2005, nº 04-14.600, *Bull. civ.* II, nº 334; *Dr. et proc.* 2006-3, obs. Salati; *Dr. et patr.* juill. 2006. 83, obs. Lefort.
2. TGI Dole, JEX, 8 févr. 1994, *Rev. huiss.* 1994. 661.
3. TGI Auch, JEX, 13 juill. 1993, *Rev. huiss.* 1994. 661.
4. Sur l'insaisissabilité de la créance cambiaire, v. Com. 27 sept. 2005, nº 02-16.902, *Bull. civ.* IV, nº 182; *D.* 2005. AJ 2672, obs. Delpech; *RTD com.* 2006. 166, obs. Legeais; *D.* 2006. 1614, Boujeka, décidant que « *le souscripteur d'un billet à ordre, dispose d'un intérêt à agir pour s'opposer au paiement d'une créance cambiaire par nature insaisissable* ».
5. Mod. par Décr. 20 janv. 1992, art. 6.
6. Mod. par Décr. 20 janv. 1992, art. 6.
7. TGI Perpignan, 27 févr. 1995, JEX, *Rev. huiss.* 1995. 1142.
8. Civ. 2e, 11 mai 2000, nos 97-12.362, 97-12.423, 97-15.736, *Bull. civ.* II, nº 77; *JCP* 2000. IV. 2134.
9. Civ. 1re, 4 nov. 2003, nº 99-13.965, *Bull. civ.* I, nº 222; *D.* 2003. 2869; *D.* 2004. 521, obs. Taormina; *Dr. et proc.* 2004. 104, obs. Hoonakker.
10. Civ. 1re, 4 nov. 2003, nº 99-13.965, *Bull. civ.* I, nº 222.

cette licence, laquelle n'est pas une valeur mobilière. Il est donc envisageable d'appliquer la procédure de saisie définie aux articles R. 232-5 à R. 232-8 C. pr. exéc. et, pour la vente, les articles R. 233-5 à R. 233-8 du même texte [1]. Par un raisonnement du même type, un JEX a décidé que la licence de taxi, qui est un droit incorporel négociable, est saisissable par les créanciers de son titulaire en application de l'article 59 de la loi du 9 juillet 1991 [2] [devenu C. pr. exéc., art. L. 231-1].

En outre, il est ordinairement admis qu'en raison de son caractère personnel, le droit moral de l'auteur sur son œuvre est insaisissable car inaliénable (CPI, art. L. 121-1, al. 3).

On notera par ailleurs, s'agissant de la délégation imparfaite, que la Cour de cassation, après avoir un temps considéré que les créanciers du délégant peuvent saisir la créance dont celui-ci dispose à l'égard du délégué [3], juge désormais (comme cela fut déjà le cas par le passé [4]) que cette créance est de nouveau insaisissable [5]. La Cour de cassation considère que si le droit de créance du déléguant demeure dans le patrimoine de celui-ci, ce droit est néanmoins indisponible à compter de l'acceptation du délégataire.

SECTION 6
CRÉANCES PRÉSENTANT UN CARACTÈRE ALIMENTAIRE

151.110 Définition. Ce sont « *les provisions, sommes et pensions à caractère alimentaire* », dont la saisie reste toutefois possible « *pour le paiement des aliments déjà fournis par le saisissant à la partie saisie* » (C. pr. exéc., art. L. 112-2, 3°). Sachant qu'une créance possède un caractère alimentaire à partir du moment où elle fournit de quoi vivre à son bénéficiaire, l'objet de l'article L. 112-2, 3° C. pr. exéc. est de mettre son paiement à l'abri de toute mesure d'exécution, autrement dit de sécuriser le débiteur qui, quoiqu'il arrive, saura pouvoir compter sur le versement périodique de la somme dont il a besoin pour assurer sa subsistance.

1. Cass., avis, 8 févr. 1999, n° 98-00.015, *Bull. avis*, n° 1; *BICC* 1er mai 1999, p. 1.
2. TGI Lyon, JEX, 15 mai 2001, *Dr. et proc.* 2002. 39, obs. Brenner.
3. Com. 29 avr. 2002, n° 99-15.072, *Bull. civ.* IV, n° 72; *D.* 2002. 2673, note Houtcieff; *Defrénois* 2002. 1239, obs. Libchaber.
4. Com. 16 avr. 1996, n° 94-14.618, *Bull. civ.* IV, n° 120; *D.* 1996. 571, note Larroumet; *D.* 1996. Somm. 333, obs. Aynès; *JCP* 1996. II. 22689, note Billaud; *Defrénois* 1996. 1018, obs. Mazeaud; *RTD civ.* 1997. 132, obs. Mestre.
5. Com. 14 févr. 2006, n° 03-17.457, *Bull. civ.* IV, n° 37; *D.* 2006. AJ 650, obs. Delpech; *Dr. et patr.* juill.-août 2006. 95, obs. Crocq.

§ 1
Pensions alimentaires *lato sensu*

151.111 Énumération. Il s'agit d'abord de la pension alimentaire fixée par le juge aux affaires familiales, à titre de mesure provisoire dans le cadre de l'instance en divorce ou en séparation de corps au profit de l'un des conjoints (C. civ., art. 255, 6° et 296), de la contribution due pour l'entretien et l'éducation des enfants mineurs avant le prononcé du divorce (C. civ., art. 256 et 296), de la prestation compensatoire (C. civ., art. 270) en raison de son caractère à la fois indemnitaire et alimentaire [6], qu'elle soit versée sous forme de rente ou en capital [7], de la pension alimentaire due au titre du devoir de secours (C. civ., art. 303). Toutefois, s'agissant de la pension alimentaire, on notera que par un arrêt du 10 mars 2005, la deuxième chambre civile de la Cour de cassation semble être implicitement revenue sur l'analyse du caractère hybride de cette pension en censurant l'arrêt d'une cour d'appel qui, pour admettre la validité d'une saisie-attribution pratiquée sur un compte alimenté par des sommes provenant du versement d'une prestation compensatoire, avait reconnu que celle-ci présentait à la fois un caractère indemnitaire et un caractère alimentaire. La Cour de cassation casse l'arrêt en se contentant d'indiquer que la prestation compensatoire est insaisissable [8]. L'exacte position de la Cour de cassation sur ce point est difficile à déterminer car, ultérieurement, la première chambre civile tout en énonçant que la compensation ne peut avoir lieu pour le paiement d'une dette qui a pour cause des aliments déclarés insaisissables, poursuit en énonçant que « *la prestation compensatoire ayant pour partie un caractère alimentaire* » [9]. Récemment, elle a refusé d'autoriser des délais de paiement sur le fondement de l'article 1244-1 du Code civil en raison du caractère mixte de cette prestation, celle-ci étant « *à la fois alimentaire et indemnitaire* » [10].

Il s'agit aussi des subsides dus aux enfants dont la filiation paternelle n'est pas légalement établie (C. civ., art. 342), des aliments dus par les enfants à leurs père et mère ou autres descendants dès lors qu'ils sont dans le besoin (C. civ., art. 203), par

6. Sur ce double caractère, s'agissant de la pension alimentaire au sens de l'article 301 C. civ., dans sa rédaction antérieure à la loi du 11 juillet 1975, v. Civ. 1re, 4 juill. 2012, n° 11-14.962, *Bull. civ.* I, n° 152.
7. Civ. 2e, 27 juin 1985, n° 84-14.663, *Bull. civ.* II, n° 131 – Versailles, 20 janv. 1989, *D.* 1989. 76.
8. Civ. 2e, 10 mars 2005, n° 02-14.268, *Bull. civ.* II, n° 66; *D.* 2005. Somm. 1604, obs. Taormina; *Procédures* 2005, n° 128, note Perrot; *Dr. et proc.* 2005. 240, obs. Lefort.
9. Civ. 1re, 12 nov. 2009, n° 08-15.558, NP.
10. Civ. 1re, 29 juin 2011, n° 10-16.096, P; *AJ fam.* 2011. 427, obs. David; *RTD civ.* 2011. 524, obs. Hauser.

l'adopté à l'adoptant (C. civ., art. 367), par les gendres et belles-filles à leur beau-père et belle-mère et réciproquement (C. civ., art. 206 et 207), de la contribution aux charges du mariage (C. civ., art. 214).

Cette liste n'est cependant pas exhaustive. Il est en effet loisible au JEX de reconnaître un caractère alimentaire à des sources de revenus autres que celles ci-dessus décrites. Tel pourra être le cas de loyers perçus par un propriétaire qui justifie qu'il s'agit de ses seules ressources[1]. De même, peuvent être déclarées insaisissables les indemnités versées à une personne au titre de son préjudice corporel si ces sommes revêtent un caractère alimentaire en tout ou partie[2]. La notion d'aliments peut ainsi être étendue à des frais d'hospitalisation considérés comme des dépenses nécessaires à la restauration et la protection de la santé[3].

Plus généralement, il appartiendra au JEX de déterminer tant la nature des sommes qui doivent recevoir le qualificatif d'alimentaire que la fraction qu'il déclarera insaisissable (C. pr. exéc., art. R. 112-4). Le juge saisi devra rechercher en quoi les sommes en cause ont un caractère alimentaire. Il ne pourra se borner à procéder par simple affirmation en déclarant par exemple que les indemnités allouées au débiteur, à la suite d'un accident, compensent des atteintes corporelles et constituent des droits attachés à sa personne qui ne peuvent changer de titulaire en devenant le gage de ses créanciers[4].

§ 2
Rémunérations du travail et assimilées

151.121 Principe d'insaisissabilité partielle. C'est par renvoi aux dispositions du Code du travail que le Code des procédures civiles d'exécution, évoquant la saisie des rémunérations, fait référence au principe d'insaisissabilité partielle des gains et salaires (C. pr. exéc., art. L. 612-3 - C. trav., art. L. 3252-1 s. [mentionné au C. pr. exéc., art. L. 212-1] et R. 3252-1 s.).

C'est ainsi que les rémunérations de toute personne salariée ou travaillant à quelque titre que ce soit, pour un ou plusieurs employeurs, peu importe tant le montant et la nature de la rémunération, la forme et la nature du contrat (C. trav., art. L. 3252-1 [mentionné au C. pr. exéc., art. L. 212-1]), ne sont saisissables ou cessibles que dans des proportions ou seuils de rémunération fixés par un barème révisable annuellement en tenant compte du montant du salaire et du nombre de personnes à charge, y compris les indemnités journalières de maladie[5] (C. trav., art. L. 3252-2 [mentionné au C. pr. exéc., art. L. 212-1] et CSS, art. L. 323-5 [qui vise la saisie-arrêt] - v. s^{s} n°s 940.04 à 946.44).

L'article L. 3252-3 alinéa 2 du Code du travail [mentionné au C. pr. exéc., art. L. 212-1] énonce qu'il est en outre tenu compte d'une fraction insaisissable, « *égale au montant forfaitaire mentionné au 2° de l'article L. 262-2 du Code de l'action sociale et des familles applicable au foyer du salarié.* »

Cette insaisissabilité partielle concerne aussi les appointements, traitements et soldes des fonctionnaires civils et militaires et des magistrats (L. 18 janv. 1930 - Décr. 24 août 1974).

Bénéficient aussi de l'exception d'insaisissabilité partielle un certain nombre d'allocations (v. par ex., C. trav., art. L. 5122-2, 2°, L. 5123-4, L. 5424-21, 2° et L. 5428-1, al. 1er).

Il appartient à celui qui revendique le caractère insaisissable de ses rémunérations d'en rapporter la preuve[6].

Échappent en revanche au principe d'insaisissabilité les indemnités de licenciement, les dommages et intérêts et l'indemnité compensatrice de préavis en raison de leur caractère indemnitaire[7].

151.122 Exceptions. Les créances d'aliments ne peuvent se voir opposer ce principe d'insaisissabilité partielle, le paiement direct des pensions alimentaires pouvant être poursuivi sur l'intégralité de la rémunération ou de ce qui en tient lieu (C. trav., art. L. 3252-5 [mentionné au C. pr. exéc., art. L. 212-1]).

151.123 Rémunérations et saisie conservatoire. Rappelons *in fine* que les rémunérations ne peuvent jamais faire l'objet d'une saisie conservatoire (C. trav., art. L. 3252-7 [mentionné au C. pr. exéc., art. L. 212-1])[8].

151.124 Qui peut se prévaloir de l'insaisissabilité ? Seul le débiteur est fondé à se prévaloir des

1. Aix-en-Provence, 14 mars 1973, *D.* 1973. 569 – *CONTRA,* TGI Rennes, JEX, 21 juin 1994, *Rev. huiss.* 1995. 1268.
2. TGI Béthune, JEX, 16 sept. 1993, *Rev. huiss.* 1994. 657.
3. TGI Béthune, JEX, 25 nov. 1993, *Rev. huiss.* 1994. 660.
4. Com. 5 févr. 2002, n° 99-11.903, *Bull. civ.* IV, n° 28; *Juris-Data* n° 012977; *JCP* 2002. IV. 1496.
5. Pour une indemnité de départ en retraite : v. Soc. 30 janv 2008, n° 06-17.531, *Bull. civ.* V, n° 29; *RD banc. fin.* 2008, n° 49, obs. Piedelièvre; *Dr. et proc.* 2008. 222, obs. Salati; *Dr. et patr.* nov. 2008. 98, obs. Lefort.
6. Rennes, 21 oct. 1993, *Rev. huiss.* 1994. 659.
7. Soc. 18 nov. 1992, n° 91-40.596, *Bull. civ.* V, n° 555 – TGI Béthune, JEX, 16 déc. 1993, *Rev. huiss.* 1994. 657 – Douai, 10 nov. 1993, *Rev. huiss.* 1994. 1426.
8. Pour une application s'agissant d'une indemnité de non-concurrence, v. Paris, 8e ch. B, 23 févr. 2006, *Dr. et proc.* 2006. 222, obs. Lefort – Pour l'inapplication de cette disposition s'agissant de sommes versées sur un compte bancaire, même provenant de rémunérations du travail : Civ. 2e, 24 juin 2004, n° 02-14.813, *Bull. civ.* II, n° 323.

dispositions de l'article L. 3252-2 du Code du travail [mentionné au C. pr. exéc., art. L. 212-1] relatives à la détermination de la fraction insaisissable des rémunérations, en particulier dans le cadre d'une liquidation judiciaire.

L'exception à la règle du dessaisissement (posée par l'article L. 641-9 du Code de commerce[1]) n'est édictée que dans l'intérêt du débiteur et ne peut être utilement revendiquée par des tiers, sauf en cas de mise en œuvre de l'action oblique définie par l'article 1166 du Code civil[2].

151.125 **Droits d'auteurs.** Dans la mesure où elles ont un caractère alimentaire, les sommes dues en raison de l'exploitation pécuniaire ou de la cession des droits de propriété littéraire ou artistique aux auteurs, compositeurs ou artistes, à leurs enfants mineurs pris en qualité d'ayants cause, au conjoint non séparé de corps, sont insaisissables dans la proportion de 4 mai lorsqu'elles sont au plus égales à la quotité saisissable prévue par le Code du travail (CPI, art. L. 333-2 et L. 333-3).

Elles sont toutefois entièrement saisissables pour recouvrer des créances d'aliments, en ce compris la prestation compensatoire.

151.126 **Cas particulier des indemnités des élus.** Rappelons que ces indemnités sont fixées par les assemblées délibérantes auxquelles ils appartiennent.

Aucun texte de loi ne tranche la question, de la saisissabilité des indemnités de fonction des élus. Certes, la différence avec les traitements s'est estompée depuis qu'elles sont soumises à l'impôt et aux cotisations de sécurité sociale et qu'elles ont été fortement revalorisées. Il n'en demeure pas moins qu'à l'origine, elles ont été allouées aux élus pour assurer leur indépendance à l'égard du pouvoir exécutif. À ce titre, elles constituent un élément du mécanisme de la séparation des pouvoirs. Aussi, paraît-il difficile d'admettre leur saisissabilité. C'est en tout cas ce qu'a jugé la cour d'appel de Paris[3] en réfutant l'application de la procédure de saisie des rémunérations à un conseiller municipal de Paris au motif essentiel qu'il n'y avait pas de lien de subordination entre la ville et le conseiller, que l'indemnité était destinée à réparer le préjudice consécutif à la réduction de l'activité professionnelle au profit des fonctions électives, en l'absence de délivrance de tout bulletin de salaire et de prélèvements sociaux ou fiscaux. Si depuis la loi du 3 février 1992, les indemnités des élus sont soumises à ces retenues, ce seul fait ne suffit pas à les considérer comme des salaires lorsque l'on sait que le moindre placement financier en fait désormais l'objet (compte ou plan d'épargne logement, *etc.*). La question reste cependant posée en ce qui concerne la saisie-attribution. Si aucune décision récente n'a statué sur ce point, on relèvera un jugement ancien qui admet la mise en œuvre d'une saisie-arrêt[4].

En ce qui concerne les élus locaux, le ministre de la Justice considère qu'il revient au JEX d'apprécier au cas par cas, en fonction de la situation de l'élu, au regard notamment de la taille de la collectivité territoriale, dans quelle mesure ces indemnités sont ou non totalement ou partiellement saisissables par assimilation aux rémunérations du travail[5]. On ne voit cependant pas en quoi la situation des élus locaux devrait être appréciée différemment de celle des élus issus de la représentation nationale.

§ 3
Prestations à caractère social

151.131 **Prestations familiales.** L'article L. 511-1 du Code de la sécurité sociale, modifié par la loi n° 2006-339 du 23 mars 2006, regroupe sous ce vocable les prestations suivantes :

- la prestation d'accueil du jeune enfant;
- les allocations familiales;
- le complément familial;
- l'allocation de logement;
- l'allocation d'éducation de l'enfant handicapé;
- l'allocation de soutien familial;
- l'allocation de rentrée scolaire;
- l'allocation journalière de présence parentale.

Les prestations familiales sont incessibles et insaisissables sauf pour le recouvrement des prestations indûment versées à la suite d'une manœuvre dolosive ou d'une fausse déclaration de l'allocataire (CSS, art. L. 553-4)[6]. Il résulte de ces dispositions que les prestations familiales sont insaisissables pour le recouvrement d'une dette de nature commerciale[7].

En vertu de ce principe général d'insaisissabilité, un blocage de compte par voie de saisie-attribution ne peut faire obstacle à l'attribution des prestations familiales et l'allocataire peut effectuer des retraits dans la limite du dernier versement des prestations qui y sont versées (CSS, art. L. 553-4, III).

151.132 **Prestations familiales saisissables.** L'article L. 553-4 alinéa 2 du Code de la sécurité sociale prévoit que les prestations familiales peu-

1. C. com., anc. art. L. 622-9 – L. 25 janv. 1985, anc. art. 152.
2. Com. 11 juill. 1995, n° 93-13.195, *Bull. civ.* IV, n° 209.
3. Paris, 25 mai 1988, *D.* 1989. 215, obs. Prévault.
4. T. civ. 2 nov. 1893, Seine, *D.* 1894. 2. 415.
5. V. Rép. min., 30 mai 1996, *Rev. huiss.* 1996. 1362.
6. Soc. 26 sept. 2002, n° 01-12.178, NP.
7. TGI Amiens, JEX, 4 mars 1993, *D.* 1994. Somm. 341.

vent toutefois être saisies dans la limite d'un montant mensuel déterminé dans les conditions prévues à l'article L. 553-2 dudit code (composition de la famille, ses ressources, les charges du logement, les prestations servies par les organismes débiteurs) pour :

– le paiement des dettes alimentaires ou l'exécution de la contribution aux charges du mariage et liées à l'entretien des enfants (allocation pour jeune enfant, allocations familiales, complément familial, allocation de rentrée scolaire, allocation de soutien familial et l'allocation parentale d'éducation) ;

– pour le paiement des frais entraînés par les soins, l'hébergement, l'éducation ou la formation notamment dans les établissements mentionnés à l'article L. 541-1 (l'allocation d'éducation de l'enfant handicapé). En cas de non-paiement de ces frais, la personne physique ou morale ou l'organisme qui assume la charge de l'éducation spéciale, de la formation ou de l'entretien de l'enfant peut obtenir de l'organisme débiteur de l'allocation que celle-ci lui soit versée directement.

En application de ces dispositions, on relève une décision qui assimile à une dette alimentaire des soins dentaires et autorise de ce chef la saisie-attribution des prestations familiales[1]. De même, le trésorier principal d'un centre hospitalier est admis à pratiquer une saisie-arrêt sur les prestations familiales versées à un allocataire pour des soins prodigués à son enfant. La Cour de cassation considère en effet qu'en assurant ces soins, l'établissement hospitalier s'est substitué, au moins partiellement aux parents dans leur obligation alimentaire pendant la durée de l'hospitalisation[2].

Les prestations familiales peuvent être saisies par un lycée pour obtenir le paiement des frais de pension réclamés aux parents d'un élève, uniquement pour le principal et non pour les frais d'exécution qui ne constituent pas des frais exposés dans l'intérêt de l'enfant[3].

En vertu de l'article L. 835-2 alinéa 1er du Code de la sécurité sociale la créance du bénéficiaire de l'allocation de logement est incessible et insaisissable. Cette allocation est en principe versée à l'allocataire. Toutefois, dans une série d'éventualités envisagées par les articles L. 835-2 alinéa 2 et suivants du même code, l'allocation peut être versée selon des modalités précisées par le texte, soit au prêteur lorsque l'allocataire est propriétaire, soit au bailleur du logement lorsque l'allocataire est locataire.

1. TGI La Roche-sur-Yon, JEX, 10 févr. 1994, *Rev. huiss.* 1994. 651.
2. Soc. 12 mars 1998, n° 96-16.591, *Bull. civ.* IV, n° 140.
3. Soc. 26 oct. 2000, n° 98-20.809, *Bull. civ.* IV, n° 351 ; *Gaz. Pal.* 30 nov. 2000, p. 19.

Lorsque l'allocataire est locataire d'un logement compris dans un patrimoine d'au moins dix logements appartenant à une société HLM (CCH, art. L. 411-2) ou géré par elle et n'ayant pas fait l'objet d'une convention définie par l'article L. 351-2 du Code de la construction et de l'habitation et, dans les départements d'outre-mer, appartenant à une société d'économie mixte locale ou ayant été constituée en application de la loi du 30 avril 1946, et ayant été construits, acquis ou améliorés avec le concours financier de l'État, l'allocation est versée directement à ces organismes.

Dès lors que l'allocation est versée au bailleur ou au prêteur, elle est déduite par les soins de celui qui en reçoit le versement du montant du loyer et des dépenses accessoires de logement ou de celui des charges de remboursement, la déduction étant portée à la connaissance de l'allocataire.

151.133 Prestations d'assurance-maladie. Sont regroupées dans cette catégorie les prestations résultant de l'assurance-maladie (CSS, art. L. 321 s.) :

– **les indemnités journalières** qui sont des substituts du salaire ne sont cessibles et saisissables que dans les limites fixées par le Code du travail (CSS, art. L. 433-3 – C. trav., art. L. 3252-1 [mentionné au C. pr. exéc., art. L. 212-1]) ;

– **les indemnités en capital** ou les rentes attribuées aux victimes d'accident du travail atteintes d'une incapacité permanente inférieure à un pourcentage déterminé, sont totalement incessibles et insaisissables (CSS, art. L. 434-1 et L. 434-18) ;

– **les prestations en nature** visées aux 1°, 2°, 3°, 4° et 6° de l'article L. 321-1 du Code de la sécurité sociale sont incessibles et insaisissables sauf pour le recouvrement des prestations indûment versées à la suite d'une manœuvre frauduleuse ou d'une fausse déclaration de l'assuré. Les blocages des sommes déposées sur un compte ne peuvent faire obstacle à l'insaisissabilité et à l'incessibilité de ces prestations (CSS, art. L. 322-7).

151.134 Prestations d'assurance décès. Il s'agit du **capital** versé aux ayants droit de l'assuré dès son décès (sur cette assurance v. CSS, art. L. 361-1). Ce capital est incessible et insaisissable sauf pour le paiement des dettes alimentaires ou le recouvrement du capital indûment versé à la suite d'une manœuvre frauduleuse ou d'une fausse déclaration (CSS, art. L. 361-5).

151.135 Allocation aux adultes handicapés. Elle est assimilée à une prestation familiale. Elle est incessible et insaisissable sauf pour le paiement des frais d'entretien de la personne handicapée (CSS, art. L. 821-5, al. 1er). En cas de non-paiement de ces frais, la personne physique ou morale ou l'organisme qui en assume la charge peut obtenir de la caisse débitrice de l'allocation que celle-ci lui soit versée directement.

151.136 Aide personnalisée au logement. Cette aide est incessible et insaisissable sauf au profit de l'établissement habilité, du bailleur ou de l'organisme payeur (CCH, art. L. 351-9, al. 7).

§ 4
Pensions et rentes

151.141 Pensions de retraites et rentes d'invalidité des fonctionnaires civils et militaires. Elles sont incessibles et insaisissables, de même que celles versées par la Caisse de retraite des agents des collectivités locales. Il en va de même pour les rentes viagères d'invalidité (C. pens. retr., art. L. 56 – Décr. 9 sept. 1965, art. 54).

Sont bénéficiaires de ce régime, les fonctionnaires civils, les magistrats de l'ordre judiciaire, les militaires de carrière servant dans la réserve, ainsi que leur conjoint survivant ou leurs orphelins.

Pendant longtemps, cette immunité d'exécution propre aux fonctionnaires civils et militaires est restée très large puisqu'elle ne souffrait que trois exceptions au profit des personnes morales de droit public, des créanciers privilégiés en vertu de l'ancien article 2101 du Code civil (C. civ., art. 2331) et des créanciers alimentaires. Ce privilège avait suscité un sentiment d'injustice chez les créanciers et les agents d'exécution, relayé sur le plan judiciaire par une résistance jurisprudentielle qui avait conduit la Cour de cassation à rappeler, d'une part que les pensions et les rentes d'invalidité ne pouvaient être saisies que par la voie de la saisie attribution de droit commun[1] et que l'article 56 précité visant « *les pensions et rentes viagères d'invalidité* » ne pouvait être dénaturé par une application restrictive aux sommes allouées au titre de l'invalidité, à l'exclusion de salaires versés à titre de pensions de retraite.

Ce régime de faveur a cessé depuis la loi n° 2003-775 du 21 août 2003 portant réforme des retraites, dont l'article 62 a modifié l'article L. 56 du Code des pensions civiles et militaires de retraite afin d'aligner la situation des fonctionnaires sur celle des salariés du secteur privé[2].

Selon les nouvelles dispositions de ce texte, les pensions et les rentes viagères d'invalidité instituées par le présent Code sont cessibles et saisissables dans les conditions prévues à l'article L. 355-2 du Code de la sécurité sociale, c'est-à-dire, dans les mêmes conditions et limites que les salaires. Seule la quotité saisissable de la pension de retraite ou de la rente d'invalidité pourra être appréhendée par les créanciers des fonctionnaires, et ce, par référence au barème adopté par le Code du travail. Une exception a toutefois été prévue en faveur des établissements hospitaliers et des caisses de sécurité sociale. Dans ce cas, les pensions et rentes civilisées sont cessibles et saisissables dans la limite de 90 % des frais d'hospitalisation. Il existe une autre exception, d'application rare : la saisie peut s'élever à la totalité de la pension, réserve faite d'une somme d'un montant égal au tiers du minimum garanti prévu à l'article L. 17 du présent Code, lorsque cette saisie a pour objet l'exécution de condamnations à des réparations civiles ou aux frais dus à une victime, au titre de l'article 375 du Code de procédure pénale, prononcées à l'encontre de personnes jugées auteurs ou complices de crimes contre l'humanité.

Le montant de la saisie sur un rappel de pensions et rentes s'apprécie en rapportant la quotité saisissable au montant dû par échéances mensuelles ou trimestrielles, quelle que soit la période de validité à laquelle se rapporte le rappel[3].

151.142 Pensions de vieillesse et rentes d'invalidité versées par la sécurité sociale et les pensions de retraite des régimes complémentaires. Le montant de la saisie sur rappel de pension et de rente s'apprécie en rapportant la quotité saisissable au montant dû par échéance mensuelle ou trimestrielle, quelle que soit la période de validité à laquelle se rapporte le rappel (CSS, art. L. 355-2). Toutefois, elles le sont dans la limite de 90 % au profit des établissements hospitaliers et des caisses de sécurité sociale pour le paiement des frais d'hospitalisation. Il est dérogé à la règle de l'insaisissabilité partielle des pensions de vieillesse et des rentes d'invalidité, lorsque la saisie a pour objet des condamnations à l'exécution des réparations civiles ou aux frais dus à la victime au titre de l'article 375 du Code de procédure pénale, prononcées à l'encontre d'une personne jugée auteur ou complice de crime contre l'humanité. Dans ce cas, la totalité de la

1. Civ. 2e, 8 janv. 1992, n° 90-10.894, *Bull. civ.* II, n° 11.

2. V. *Gaz. Pal.* 16-20 sept. 2003, p. 2 – L'art. L. 30 du C. pens. retr. marins français décide que « *les pensions et secours de la caisse de retraites sont incessibles. Ces pensions ne sont saisissables qu'à concurrence d'un montant fixé par voie réglementaire et qui diffère selon qu'il s'agit, d'une part, de créances de l'État, de l'Établissement national des invalides de la marine ou des créances privilégiées de l'article 2331 du Code civil, d'autre part, des créances d'aliments prévues par les articles 203, 205 à 207 et 214 du Code civil.* » – Pour une application abusive de ce texte, sanctionnée par les juges : Civ. 2e, 3 mai 2007, n° 05-19.439, *Bull. civ.* II, n° 121.

3. D. Courtillat et F.-J. Pansier, « La nouvelle saisissabilité des pensions civiles et militaires : présentation de l'article 62 de la loi du 21 août 2003 », *Gaz. Pal.* 20 sept. 2003, p. 2.

pension ou de la rente est saisissable, à l'exception cependant d'une somme d'un montant égal au tiers du minimum prévu au premier alinéa de l'article L. 351-10 du Code de la sécurité sociale (CSS, art. L. 355-2 *in fine*).

Les pensions et rentes d'invalidité, les pensions de vieillesse, les pensions et rentes pour inaptitude au travail, les pensions de réversion versées au conjoint survivant sont cessibles et saisissables dans les mêmes conditions et limites que les salaires (CSS, art. L. 355-2). C'est ce que rappelle la Cour de cassation à propos notamment de la pension d'invalidité de première catégorie versée en application de l'article L. 341-1 du Code de la sécurité sociale, reprenant en cela sa jurisprudence constante sous l'empire de la législation antérieure à la loi du 9 juillet 1991 [1]. Il en va de même pour les retraites complémentaires versées par les institutions de retraite complémentaire (CSS, art. L. 922-7, al. 2, qui renvoie au premier alinéa de CSS, art. L. 355-2) [2].

Un débat est né sur l'interprétation du terme « *condition* ». Devait-on considérer que les textes relatifs à la saisie des rémunérations étant d'application stricte, ces pensions ne pouvaient être assimilées à des salaires, seule la voie de la saisie-attribution entre les mains des caisses de retraite étant alors possible [3] ou que le terme « *condition* » s'entendait comme s'appliquant aux conditions de forme et de fond de la saisissabilité des salaires ? C'est cette dernière interprétation que retient la Cour de cassation dans un avis du 21 juillet 1995 en énonçant que la saisie des pensions de vieillesse du régime général de la Sécurité sociale ne peut être effectuée que par la procédure de saisie des rémunérations [4].

Ces dispositions s'appliquent aux professions artisanales, industrielles et commerciales (CSS, art. L. 634-1), aux allocations aux vieux travailleurs salariés (AVTS), aux vieux travailleurs non salariés (AVTNS), aux mères de famille, aux personnes relevant d'un régime spécial de sécurité sociale et aux allocations supplémentaires du fonds national de solidarité (CSS, art. L. 711-1, L. 711-10, et L. 815-13) [5].

La cession ou la saisie est cependant autorisée pour le recouvrement des frais d'hospitalisation au profit des établissements hospitaliers et des caisses de sécurité sociale dans la limite de 90 %, mais sans avoir pour effet de réduire les arrérages de la pension d'invalidité servie au bénéficiaire à un montant inférieur au quart du taux minimum de l'allocation aux vieux travailleurs salariés (CSS, art. L. 355-2, L. 341-5) [6].

§ 5
Indemnités, traitements et situations diverses

151.151 Revenu minimum d'insertion (RMI), devenu revenu de solidarité active (RSA). L'article 31 de la loi du 1er décembre 1988 rend incessible et insaisissable le RMI qui constitue une allocation. C'est ce que rappelle la Cour de cassation dans un arrêt du 9 mars 1994 [7]. Mais si le RMI est versé sur un compte de dépôt, seule la dernière mensualité de cette allocation devrait, en principe, être insaisissable (v. ss n° 151.191).

On notera que la loi n° 2008-1249 du 1er décembre 2008 [8] a généralisé le revenu de solidarité active (RSA), qui remplace, depuis le 1er juillet 2009, le RMI (pour de plus amples précisions : v. CASF, art. L. 262-1 s. – *Adde*, L. n° 2007-1223, 21 août 2007 [9] et Décr. n° 2007-1433, 5 oct. 2007 [10]).

151.152 Allocations au titre du régime de solidarité. Le Code du travail offre à certaines catégories de personnes dans une situation délicate, le droit au bénéfice d'une allocation de solidarité spécifique (C. trav., art. L. 5423-1 à L. 5423-4). En vertu de l'article L. 5423-5 du Code du travail, non seulement cette allocation est incessible et insaisissable, mais encore aucun blocage de compte courant ou d'avances ne peut avoir pour effet de faire obstacle à cette insaisissabilité. En outre, les bénéficiaires de ces allocations peuvent effectuer mensuellement des retraits de ces comptes dans la limite du montant de leurs allocations.

151.153 Indemnités versées aux agriculteurs. Les indemnités annuelles d'attente et les primes de départ versées aux agriculteurs sont incessibles et

1. Soc. 27 oct. 1994, n° 93-11.817, NP; *Gaz. Pal.* 14-16 janv. 1996. 15, obs. Véron – Civ. 2e, 21 juin 1995, n° 93-21.777, *Bull. civ.* II, n° 199 – TGI Paris, 28 avr. 1994, JEX, *Rev. huiss.* 1994. 1163 – Versailles, 25 sept. 1998, *Rev. huiss.* 2000. 161.
2. Civ. 2e, 16 mars 2000, n° 98-18.728, *Bull. civ.* II, n° 50; *BICC* 1er juin 2000, n° 704; *D.* 2000. 109.
3. EN CE SENS, TGI Paris, JEX, 4 mars 1994, *Rev. huiss.* 1995. 244.
4. Cass., avis, 21 juill. 1995, n° 09-50.010, *Bull. avis*, n° 11 – Rennes, 6 oct. 1995, *Rev. huiss.* 1995. 1395 – Paris, 26 oct. 1995, *Gaz. Pal.* 1996. 3-5 mars, p. 14, obs. Véron.
5. TGI Rennes, JEX, 21 juin 1994, *Rev. huiss.* 1995. 1268.
6. TGI Grenoble, 24 oct. 1994, *Rev. huiss.* 1995. 1266.
7. Soc. 9 mars 1994, *Gaz. Pal.* 25-29 août 1995, p. 18, obs. Véron.
8. L. n° 2008-1249, 1er déc. 2008, généralisant le revenu de solidarité active et réformant les politiques d'insertion, *JO* 3 déc., p. 18424.
9. L. n° 2007-1223, 21 août 2007, en faveur du travail, de l'emploi et du pouvoir d'achat, *JO* 22 août, p. 13945.
10. Décr. n° 2007-1433, 5 oct. 2007, relatif à l'expérimentation du revenu de solidarité active mise en œuvre en faveur des bénéficiaires de l'allocation de parent isolé et du revenu minimum d'insertion, *JO* 6 oct., p. 16378.

insaisissables (L. n° 91-5, 3 janv. 1991, art. 30 – L. n° 94-114, 10 févr. 1994, art. 35).

Les allocations de préretraite des chefs d'exploitation sont cessibles et saisissables dans les mêmes conditions et limites que les salaires. La cession ou la saisie est cependant autorisée pour le recouvrement des frais d'hospitalisation au profit des établissements hospitaliers et des caisses de sécurité sociale dans la limite de 90 % (L. n° 92-187, 27 févr. 1992).

Les allocations de préretraite versées aux agriculteurs contraints de cesser leur activité en suite de difficultés financières ou de graves problèmes de santé ne sont pas saisissables par les créanciers des bénéficiaires, quels qu'ils soient (L. 29 juill. 1998, art. 132). Toutefois, en l'absence de dispositions légales prévoyant expressément leur insaisissabilité, la Cour de cassation estime que les primes communautaires telles que la prime à la vache allaitante ne sont pas assimilables à des salaires ou à des aliments et sont donc saisissables[1].

151.154 **Indemnités versées aux rapatriés.** Les indemnités versées aux personnes physiques personnellement dépossédées de leurs meubles meublant à usage courant et familial par suite d'événements politiques dans un territoire placé antérieurement sous la souveraineté, le protectorat ou la tutelle de la France, sont incessibles et insaisissables (L. n° 82-4, 6 janv. 1982, art. 13).

151.155 **Traitements particuliers.** Les traitements afférents aux décorations militaires, la retraite du combattant (L. 27 févr. 1951, art. unique), les rentes sur l'État, les traitements des ambassadeurs, des ministres plénipotentiaires et des agents diplomatiques, la part des valeurs pécuniaires des détenus affectée à leur libération sont incessibles et insaisissables (C. pr. pén., art. 728-1). Il en va de même pour le personnel de l'Unesco[2] et pour les rémunérations des officiers de marine, des quartiers-maîtres de première classe accomplissant leur service légal ainsi que celles des quartiers-maîtres de deuxième classe et des marins (Décr. 22 oct. 1952, art. 130[3]), pour les primes accordées, en vertu des lois sur le recrutement aux militaires de l'armée de terre (L. 4 août 1930, art. 7), sauf dette alimentaire.

151.156 **Œuvres culturelles.** Les dons à l'État d'œuvres d'art, de livres, d'objets de collection ou de documents de haute valeur artistique ou historique acquis par des entreprises sont insaisissables et incessibles à compter de l'acceptation par l'État de l'offre de ce don (CGI, art. 238 *bis* OA).

De même, les prêts de biens culturels par une puissance étrangère, une collectivité publique ou une institution culturelle étrangère, destinés à être exposés au public en France, sont insaisissables pour la période de leur prêt à l'État français ou à toute personne morale désignée par lui (L. n° 94-679, 8 août 1994, art. 61, al. 1er)[4].

SECTION 7

CRÉANCES INSAISISSABLES FIGURANT SUR UN COMPTE

§ 1

Report d'insaisissabilité et mise à disposition d'une somme à carcatère alimentaire

151.161 **Permanence de l'insaisissabilité.** Historiquement, la première question qui s'est posée a été de savoir ce qu'il advient des créances insaisissables, totalement ou en partie, lorsqu'elles sont versées sur un compte. Perdent-elles à cette occasion leur insaisissabilité ? Si oui, le législateur doit alors prévoir une technique permettant de paralyser les effets habituellement attachés au mécanisme du compte bancaire. On sait, en effet, que l'entrée en compte d'une créance a un effet extinctif, dénommé effet novatoire, et de façon plus générale qu'une créance inscrite en compte se fond dans celui-ci par un effet de fusion, de perte de ses caractéristiques particulières en vertu du principe de fongibilité des deniers en compte. Or, le même phénomène de perte d'individualité se produit lorsqu'une créance insaisissable est passée en compte : en principe, le bénéfice de l'insaisissabilité est perdu. C'est la raison pour laquelle le législateur a posé le principe selon lequel « *les créances insaisissables dont le montant est versé sur un compte demeurent insaisissables* » (C. pr. exéc., art. L. 112-4), l'article R. 112-5 alinéa 1er C. pr. exéc. disposant plus précisément que « *lorsqu'un compte est crédité du montant d'une créance insaisissable en tout ou partie, l'insaisissabilité se reporte à due concurrence sur le solde du compte* »[5].

1. Civ. 2e, 18 sept. 2003, n° 01-16.176, *Bull. civ.* II, n° 275; *BICC* 2003, p. 1494; *Gaz. Pal.* 21-22 juill. 2004. 9, obs. Brenner.
2. Cass., avis, 8 déc. 1995, n° 09-50.014, *Bull. avis*, n° 14; *BICC* 1er févr. 1995, p. 4.
3. Mod. par Décr. 20 nov. 1992.
4. En guise d'exemple : Arr. 8 déc. 2010, relatif à l'insaisissabilité de biens culturels, *JO* 14 déc., p. 21836.
5. Civ. 2e, 11 mai 2000, n° 98-11.696, *Bull. civ.* II, n° 78; *RTD civ.* 2000. 641, obs. Perrot – Civ. 2e, 27 juin 2002, n° 00-17.578, *Bull. civ.* II, n° 150; *RTD civ.* 2002. 566, obs. Perrot; *D.* 2003. 1402, obs. Taormina – Paris, 8e ch. B, *Dr. et proc.* 2003. 178, obs. Putman – Civ. 2e, 24 mars 2005, n° 03-12.836, *Bull. civ.* II, n° 80; *Dr. et proc.* 2005. 243, obs. Putman.

Ces dispositions mettent un terme définitif à la fongibilité des créances figurant sur un compte[1]. C'est là le mécanisme initial, prévu dès la loi du 9 juillet 1991 et le décret du 31 juillet 1992, qui permet au débiteur saisi parvenant à démontrer que son compte bancaire est alimenté par des sommes insaisissables[2], d'exclure ces sommes de l'assiette de la saisie en obtenant la mainlevée.

151.162 Mécanisme complémentaire. Or, il a été complété par un décret n° 2002-1150 du 11 septembre 2002 instituant un dispositif d'accès urgent aux sommes à caractère alimentaire figurant sur un compte saisi[3], lequel, à l'époque, consistait à permettre au débiteur, titulaire du compte sur lequel une saisie est pratiquée, de demander au teneur de compte qu'il mette immédiatement à sa disposition, dans la limite du solde créditeur du compte au jour de la réception de la demande, une somme à caractère alimentaire d'un montant égal au montant forfaitaire du revenu de solidarité active (RSA). Ce dispositif humanitaire a ensuite été modifié par la loi n° 2009-526 du 12 mai 2009[4], qui, au constat de ce que les demandes de mise à disposition étaient en fait rarement formées par les personnes qui en avaient le plus besoin, a rendu automatique le mécanisme et introduit dans la législation un texte amélioré aux termes duquel « *le tiers saisi laisse à disposition du débiteur personne physique, dans la limite du solde créditeur du ou des comptes au jour de la saisie, une somme à caractère alimentaire d'un montant égal au montant forfaitaire, pour un allocataire seul, mentionné à l'article L. 262-2 du Code de l'action sociale et des familles* » (C. pr. exéc., art. L. 162-2, al. 1er)[5].

Il n'y a donc plus aucune demande à formuler pour bénéficier de la mise à disposition, ni aucune justification à fournir. Le débiteur conserve de plein droit une somme d'un montant égal au montant forfaitaire du RSA. L'article R. 162-2 alinéa 1er C. pr. exéc. le confirme, qui dispose qu'« *aucune demande du débiteur n'est nécessaire lorsqu'il est fait application des dispositions de l'article L. 162-2. Le tiers saisi avertit aussitôt le débiteur de la mise à disposition de la somme mentionnée à cet article* », sachant que dans l'éventualité d'une pluralité de comptes, il sera opéré une mise à disposition au regard de l'ensemble des soldes créditeurs du saisi, la somme étant imputée en priorité sur les fonds disponibles à vue (même texte, al. 2). Par ailleurs, si le débiteur a bénéficié d'une mise à disposition à l'occasion d'une première saisie sur son compte, et qu'une nouvelle saisie frappe le même compte, il ne pourra, en application de l'article R. 162-3 C. pr. exéc., obtenir une nouvelle mise à disposition que si un délai d'un mois s'est écoulé depuis la précédente.

151.163 Pluralité des systèmes de protection. En définitive, le dispositif mis en place dans le Code des procédures civiles d'exécution envisage aujourd'hui **quatre systèmes de protection** allant, selon la formule de M. Moussa et Mme de Mersseman, « *du plus protecteur au moins protecteur et du plus simple au plus compliqué* »[6]. Ces quatre dispositifs dont les avantages vont en décroissant pour le débiteur concernent donc :

– la **quotité insaisissable des rémunérations versées à un compte (alimenté par des rémunérations du travail) objet d'une procédure de paiement direct des pension alimentaires (C. pr. exéc., art. L. 213-1 s. et R. 213-1 s.)**, qui doit être laissée en toute hypothèse par le tiers à la disposition du débiteur sans qu'aucune demande soit nécessaire (C. pr. exéc., art. R. 213-10, al. 1er), Sachant qu'en

1. TGI Lyon, JEX, 7 mars 1995, *Gaz. Pal.* 1995. Somm. 511 – Civ. 2e, 22 mars 1995, *Rev. huiss.* 1995. 888, à propos de la non-fongibilité des pensions versées sur un compte bancaire – TI Privas, JEX, 5 juill. 1994, *Rev. huiss.* 1995. 370.
2. Civ. 2e, 7 juin 2006, n° 04-19.205, NP, dans une affaire où une saisie conservatoire avait été pratiquée sur tous les comptes d'une locataire en garantie du paiement d'une créance de loyers, et où la demande de mainlevée de la mesure a été rejetée jusque devant la Cour de cassation parce que, ne produisant pas ses relevés de comptes, « *elle ne démontrait pas que ces comptes étaient exclusivement alimentés par des prestations insaisissables, de sorte que l'insaisissabilité de la totalité des comptes n'était pas établie* » – V. AUSSI, Civ. 2e, 4 févr. 1998, n° 96-11.712, *Bull. civ.* II, n° 45.
3. Décr. n° 2002-1150, 11 sept. 2002, instituant un dispositif d'accès urgent aux sommes à caractère alimentaire figurant sur un compte saisi et modifiant le décret n° 92-755 du 31 juillet 1992, *JO* 13 sept., p. 1533 – T. Moussa et L. de Mersseman, « Le nouveau dispositif d'accès urgent aux sommes à caractère alimentaire figurant sur un compte saisi », *Procédures* 2002. Chron. 11 – V. AUSSI, O. Salati, « Présentation du décret du 11 septembre 2002 instituant un dispositif d'accès urgent aux sommes à caractère alimentaire figurant sur un compte saisi », *Rev. huiss.* 2003. 4.
4. L. n° 2009-526, 12 mai 2009, de simplification et de clarification du droit et d'allègement des procédures, *JO* 13 mai, p. 7920 – V. Ph. Hoonakker, « Le revenu de solidarité active bancaire ou la mise à disposition automatique d'une somme à caractère alimentaire sur un compte saisi », *D.* 2010. 1890 – L. Lauvergnat, « Le décret n° 2009-1694 du 30 décembre 2009, relatif à la mise à disposition automatique d'une somme à caractère alimentaire sur un compte saisi », *Dr. et proc.* 2010. 76.
5. Sachant que lorsque le débiteur est un entrepreneur individuel à responsabilité limitée, le premier alinéa de l'article L. 162-2 ne s'applique qu'à la saisie des comptes afférents à son patrimoine non affecté (C. pr. exéc., art. L. 162-2, al. 2)
6. T. Moussa et L. de Mersseman, « Le nouveau dispositif d'accès urgent aux sommes à caractère alimentaire figurant sur un compte saisi », *Procédures oct.* 2002. Chron. 11.

cas de pluralité de comptes, cette somme est imputée sur un seul d'entre eux (même texte, al. 2);

- la somme à caractère alimentaire d'un montant égal au montant forfaitaire, pour un allocataire seul, du RSA, laissée à disposition du débiteur personne physique (C. pr. exéc., art. L. 162-2, R. 162-2 et R. 162-3), sachant que cette somme vient en déduction du montant des créances insaisissables dont le versement pourrait ultérieurement soit être demandé par le titulaire du compte en application des articles R. 162-4 et R. 162-5, soit obtenu par celui-ci en application de l'article R. 112-4 (C. pr. exéc., art. R. 162-7, al. 1er);

- les **sommes provenant de créances à échéance périodique** (salaires, allocations familiales, pensions de retraite, sommes payées à titre d'allocations familiales ou d'indemnités de chômage) qui sont remises immédiatement au titulaire du compte sur justification de leur origine, dès lors qu'il a présenté sa demande au tiers avant que le créancier ne sollicite le paiement des fonds saisis (C. pr. exéc., art. R. 162-4 et R. 162-6);

- les **sommes provenant de créances à échéance non périodique** (rappel de salaires, capital décès) qui ne sont mises à la disposition du titulaire du compte qu'après l'expiration du délai de régularisation des opérations en cours (quinze jours), sur justification de leur origine et si la demande est présentée avant que le créancier n'ait sollicité le paiement (C. pr. exéc., art. R. 162-5 et R. 162-6).

§ 2
Variété des situations

A.
Paiement direct de pension alimentaire et compte alimenté par un salaire

151.171 Procédure de paiement direct de pension alimentaire et compte alimenté par un salaire. Dans cette hypothèse (v. ss nos 950.04 à 951.194), le tiers saisi doit laisser à la disposition du saisi la somme fixée à l'article R. 3252-5 du Code du travail, en application de l'article L. 3252-5 dudit code (mentionné au C. pr. exéc., art. L. 212-1). Ces deux dispositions ont trait aux conditions de la saisie des rémunérations (v. ss nos 940.04 à 946.44). Leur application combinée signifie que le prélèvement direct du terme mensuel courant et des six derniers mois impayés de la pension alimentaire s'effectue sur l'intégralité de la rémunération, d'abord sur la fraction insaisissable puis sur la fraction saisissable, sous réserve de laisser à la disposition du saisi une somme équivalente au montant mensuel du revenu de solidarité active affectée, le cas échéant, des correctifs pour charges de famille.

Si le saisi est titulaire de plusieurs comptes, une seule somme sur un même compte peut être distraite du paiement direct pour être laissée à sa disposition (C. pr. exéc., art. R. 213-10). Cette mise à disposition est de droit.

Soulignons que la somme versée en vertu de l'article R. 213-10 C. pr. exéc. s'analyse en une avance qui devra s'imputer sur celles qui pourront être ultérieurement mises à la disposition du débiteur (C. pr. exéc., art. R. 162-7) en application, soit des articles R. 162-4 et R. 162-5 C. pr. exéc. (créances à échéance périodique et non périodique), soit de l'article R. 112-4 C. pr. exéc. (créances déclarées judiciairement insaisissables), soit de l'article R. 162-2 C. pr. exéc. (revenu alimentaire d'urgence) du même décret.

B.
Solde bancaire insaisissable

151.181 Minimum alimentaire incompressible. Cette somme d'un montant égal à celui du RSA, laissée quoiqu'il arrive au débiteur dans la limite du solde créditeur du compte, puise son origine dans le décret du 11 septembre 2002 instituant un dispositif d'accès urgent aux sommes à caractère alimentaire figurant sur un compte saisi. Ce texte a marqué une étape importante du processus d'humanisation des voies d'exécution, raison pour laquelle il a été amplifié ensuite dans des conditions générales déjà évoquées (v. ss no 151.162).

151.182 Champ d'application du solde bancaire insaisissable. Lorsqu'un compte a fait l'objet d'une saisie, le tiers saisi doit laisser à la disposition du débiteur, personne physique, dans la limite du solde créditeur du compte au jour de réception de la demande, une somme à caractère alimentaire d'un montant égal au montant forfaitaire, pour un allocataire seul, du RSA (C. pr. exéc., art. L. 162-2 et R. 162-2). Le tiers saisi doit en avertir aussitôt le débiteur (C. pr. exéc., art. R. 162-2, al. 1er).

On notera que le nouvel article L. 162-2 C. pr. exéc. n'est plus situé, comme l'était auparavant l'ancien article 47-1 de la loi du 9 juillet 1991 qu'il remplace, dans une section consacrée à la seule saisie-attribution, mais dans un chapitre du livre premier consacré à des dispositions propres à certains biens. Cela veut dire que cette disposition n'a pas vocation à concerner cette seule mesure d'exécution forcée mais plus largement toutes celles ayant pour objet une créance de somme d'argent, particulièrement les saisies conservatoires de créance.

151.183 Modalités de la mise à disposition. Rappel. Elles sont décrites par les articles R. 162-2 et R. 162-3 C. pr. exéc. (v. s[s] n° 151.162), et il faut particulièrement rappeler ici la double obligation d'information à la charge du tiers saisi : d'un part, celui doit avertir aussitôt le débiteur de la mise à disposition de la somme (C. pr. exéc., art. R. 162-2, al. 1er), d'autre part, il doit informer sans délai l'huissier de justice ou le comptable public chargé du recouvrement du montant laissé à disposition du titulaire du compte ainsi que du ou des comptes sur lesquels est opérée cette mise à disposition (C. pr. exéc., art. R. 162-2, al. 3).

En outre, en cas de saisies de comptes ouverts auprès d'établissements différents, c'est cette fois l'huissier de justice ou le comptable public chargé du recouvrement qui détermine le ou les tiers saisis chargés de laisser à disposition la somme mentionnée au premier alinéa de l'article R. 162-2, puis il en informe les tiers saisis (C. pr. exéc., art. R. 162-2, al. 4).

151.184 Sanctions. L'article R. 162-8 C. pr. exéc. prévoit les sanctions de la fraude du débiteur. En effet, le titulaire du compte qui se voit mettre à disposition une somme d'un montant supérieur à celui auquel il peut prétendre encourt le cas échéant certaines sanctions pénales : détournement d'objet saisi (C. pén., art. 314-6)[1], voire organisation frauduleuse de l'insolvabilité (C. pén., art. 314-7).

Au plan civil, le créancier saisissant peut agir contre le débiteur saisi en restitution de l'indu et peut en outre réclamer des dommages et intérêts s'il parvient à démontrer un préjudice distinct. On peut hésiter sur le point de savoir si la mise en œuvre de ces sanctions est un incident de la procédure d'exécution, relevant du JEX, ou donne lieu à une action devant le juge compétent selon le droit commun. Cette dernière solution serait peut-être plus plausible eu égard à leurs fondements tirés des règles ordinaires des quasi-contrats ou de la responsabilité délictuelle. De même, si une négligence du tiers saisi avait facilité la fraude, le droit commun gouvernera sa responsabilité.

151.185 Règles d'imputation. L'article R. 162-7 C. pr. exéc. a prévu deux règles d'imputation pour deux cas de figure :

– d'une part, les sommes à caractère alimentaire mises à disposition du titulaire du compte en application de l'article R. 162-2 C. pr. exéc. viendront en déduction du montant des créances insaisissables dont le versement pourrait ultérieurement soit être demandé par le titulaire du compte en application des articles R. 162-4 et R. 162-5, soit obtenu par celui-ci en application de l'article R. 112-4;

– d'autre part, les sommes insaisissables mises à disposition du titulaire du compte en application des articles R. 162-4, R. 162-5 ou R. 213-10 viendront en déduction du montant qui est laissé à disposition en application de l'article R. 162-2.

C.
Sort des créances insaisissables à échéance périodique

151.191 Sort des créances insaisissables à échéance périodique. Lorsqu'un compte est crédité du montant d'une créance insaisissable en tout ou partie, cette insaisissabilité se reporte à due concurrence sur le solde du compte. Lorsque les sommes insaisissables proviennent de créances à échéance périodique, le titulaire du compte peut en demander la mise à disposition immédiate, déduction faite des opérations venues au débit du compte depuis le dernier versement, sur justification de l'origine des fonds (C. pr. exéc., art. R. 162-4).

Cette demande doit être formée auprès du tiers saisi dans les mêmes formes et conditions que pour les créances insaisissables non périodiques (v. s[s] n° 151.201). Il a même été jugé que la saisie-attribution ne pouvait être pratiquée sur des sommes constituant pour le débiteur sa seule rémunération du travail, la procédure idoine étant celle de la saisie des rémunérations[2].

Si, à l'expiration du délai de quinze jours qui suit la saisie (attribution) et pendant lequel les sommes laissées au compte sont indisponibles pour permettre la régularisation des opérations en cours, le montant des sommes demandées par le débiteur en raison de leur insaisissabilité excède le solde disponible sur le compte, le complément est prélevé sur les sommes indisponibles à ce jour.

L'insaisissabilité porte sur la totalité du solde créditeur du compte et pas uniquement sur la dernière échéance[3]. La Haute juridiction est allée à l'encontre de l'opinion, partagée par la plupart des juridictions du fond, selon laquelle les sommes non consommées par le débiteur deviennent des économies saisissables. En dépit des objections de la doctrine,

1. Al. 1er : « *Le fait, par le saisi, de détruire ou de détourner un objet saisi entre ses mains en garantie des droits d'un créancier et confié à sa garde ou à celle d'un tiers est puni de trois ans d'emprisonnement et de 375 000 euros d'amende* ».

2. À propos d'un contrat de collaboration instituant un lien de dépendance économique : TGI Paris, JEX, 20 nov. 1995, *BICC* 1er juin 1996, n° 639; *Rev. huiss.* 1996. 886.

3. Civ. 2e, 27 juin 2002, n° 00-17.578, *Bull. civ.* II, n° 150; *D.* 2002. 2238 – Pour une allocation en faveur d'une personne handicapée, V. AUSSI : Civ. 2e, 11 mai 2000, n° 98-11.696, *Bull. civ.* II, n° 78; *RTD civ.* 2000. 641; *Gaz. Pal.* 2001. Somm. 1372, obs. Véron.

cette analyse a été réitérée par la deuxième chambre civile de la Cour de cassation qui a jugé, par un arrêt du 27 juin 2002, au visa des articles 15 de la loi du 9 juillet 1991 (devenu C. pr. exéc., art. L. 112-4) et 44 et 45 du décret du 31 juillet. 1992 (devenu C. pr. exéc., art. R. 112-5 et R. 213-10), que lorsque les sommes insaisissables versées sur un compte proviennent de créances à échéance périodique (il s'agissait du salaire en l'occurrence), l'insaisissabilité porte sur l'ensemble du solde créditeur du compte[1]. Autrement dit, selon la Cour de cassation, l'insaisissabilité ne se limite pas au dernier versement mais porte au contraire sur l'ensemble des fractions insaisissables.

Il convient de signaler que, dans cette espèce, la débitrice faisait verser chaque mois la partie insaisissable de son salaire sur le compte que son créancier (le fisc) prétendait saisir. Le compte objet de la saisie était donc alimenté uniquement par des créances insaisissables ! Quelque temps après, dans une espèce où les sommes inscrites en compte semblaient avoir une nature mixte, cette même chambre a jugé que lorsque les sommes insaisissables versées sur un compte proviennent de créances à échéance périodique, l'insaisissabilité se reporte sur le solde du compte à due concurrence des sommes insaisissables versées, et ce, déduction faite des opérations venues en débit du compte depuis le dernier versement[2]. En conséquence, étant donné que les chèques dont les origines n'étaient pas précisées étaient régulièrement versés sur le compte saisi, la Cour de cassation a approuvé les juges du fond qui ont retenu que l'insaisissabilité ne portait pas sur la totalité du solde créditeur. L'inclinaison jurisprudentielle se confirme puisque la deuxième chambre civile a jugé le 12 juillet 2007 que, lorsque les sommes insaisissables versées sur un compte proviennent de créances à échéance périodique (allocation de revenu minimum d'insertion), l'insaisissabilité porte sur toutes les sommes insaisissables comprises dans le solde créditeur du compte[3].

Le tiers saisi doit informer le créancier de ce prélèvement au moment de sa demande en paiement (v. s^{s} n°s 800.01 à 842.44). Il dispose alors, à peine d'irrecevabilité, d'un délai de quinze jours pour contester cette imputation (C. pr. exéc., art. R. 162-9, al. 2, R. 162-4, L. 162-1 et R. 162-1). Rappelons que contrairement à ce qui est prévu pour la remise du minimum d'urgence, le titulaire du compte doit justifier de l'origine de la somme réclamée.

La demande tendant à la mise à disposition des sommes insaisissables à échéance périodique n'est pas enfermée dans le délai de contestation de la saisie attribution ou des mesures assimilées (avis et opposition à tiers détenteur). S'agissant d'une demande non judiciaire, elle peut être présentée au tiers après l'expiration de ce délai tant que le créancier saisissant n'a pas demandé le paiement des sommes saisies.

Si le débiteur a déjà perçu à titre d'avance les sommes à caractère alimentaire visées aux articles R. 213-10 et R. 162-2 C. pr. exéc., celles-ci viennent en déduction du montant de la créance insaisissable à échéance périodique visée à l'article R. 162-4 C. pr. exéc. (C. pr. exéc., art. R. 162-7).

1. Civ. 2e, 27 juin 2002, n° 00-17.578, *Bull. civ.* II, n° 150; *Procédures* août-sept. 2002, n° 158, obs. Perrot; *RTD civ.* 2002. 566, obs. Perrot; *Dr. et proc.* 2003. 34, obs. Putman.
2. Civ. 2e, 14 oct. 2004, n° 03-10.823, *Bull. civ.* II, n° 461; *Dr. et proc.* 2005. 99, obs. Salati.
3. Civ. 2e, 12 juill. 2007, n° 05-20.911, *Bull. civ.* II, n° 211; *Dr. et proc.* 2007. 357, obs. Salati; *Procédures* 2008, n° 11, note Perrot.

D.
Sort des créances insaisissables à échéance non périodique

151.201 Sort des créances insaisissables à échéance non périodique. Lorsque les sommes insaisissables proviennent de créances à échéance non périodique (capital-décès, prestation compensatoire, *etc.*), le titulaire du compte peut, sur justification de l'origine des sommes, en demander la mise à disposition immédiate, déduction faite des sommes venues en débit du compte depuis le jour où la créance y a été inscrite (C. pr. exéc., art. R. 162-5). Toutefois, contrairement aux créances insaisissables à échéance périodique, cette mise à disposition ne peut avoir lieu qu'à l'expiration du délai de quinze jours pour la régularisation des opérations en cours. Si, à cette date, le solde disponible est insuffisant pour mettre à la disposition du saisi l'intégralité de la somme insaisissable, le complément est retenu par le tiers sur les sommes indisponibles à la même date.

On relèvera que le texte utilise le terme « *retenue* » et non « *prélèvement* », car, outre le fait que le tiers saisi doit informer le créancier de cette retenue au moment de sa demande en paiement, celui-ci dispose, à peine d'irrecevabilité, d'un délai de quinze jours pour contester cette mise à disposition au profit du saisi (C. pr. exéc., art. R. 162-5, L. 162-1 et R. 162-1).

La contestation paralyse la mise à disposition de la créance prétendument insaisissable et le titulaire du compte saisi peut alors, à tout moment, demander au JEX, le créancier entendu ou appelé (c'est-à-dire dans le cadre d'un débat contradictoire par assignation à l'audience ordinaire), de mettre à sa disposition les sommes saisies, sur justification de leur caractère insaisissable (C. pr. exéc., art. R. 162-5).

Dans cette hypothèse, contrairement aux créances insaisissables à échéances périodiques, c'est le saisi qui doit s'adresser au JEX pour voir lever l'interdiction notifiée au tiers saisi par le créancier.

Si le titulaire a déjà obtenu à titre de provisions les sommes à caractère insaisissable visées aux articles R. 213-10 et R. 162-2 C. pr. exéc., celles-ci devront être obligatoirement déduites des créances à échéance non périodique dont la mise à disposition est demandée en vertu de l'article R. 162-5 C. pr. exéc. (C. pr. exéc., art. R. 162-7).

L'alinéa second de l'article R. 162-7 C. pr. exéc. décide que « *les sommes insaisissables mises à disposition du titulaire du compte en application des articles R. 162-4, R. 162-5 ou R. 213-10 viennent en déduction du montant qui est laissé à disposition en application de l'article R. 162-2* ».

E. Gains et salaires des époux

151.211 Sort des gains et salaires de l'époux commun en biens. Les rémunérations de l'époux marié sous le régime de la communauté légale (C. civ., art. 1400 s.) ne peuvent être saisies par les créanciers du conjoint que si l'obligation a été contractée pour l'entretien du ménage ou l'éducation des enfants (C. civ., art. 1414 - C. pr. exéc., art. R. 162-9, al. 1er). Encore faut-il que le créancier dispose d'un titre exécutoire portant condamnation des époux. *A contrario* et par application de l'article 220 du Code civil auquel renvoie l'article 1414 dudit Code, ces rémunérations sont insaisissables lorsque les dépenses du conjoint sont manifestement excessives eu égard au train de vie du ménage, à l'utilité ou à l'inutilité de l'opération, à la bonne ou mauvaise foi du tiers contractant ou si les contrats qui fondent les poursuites ont été conclus sans le consentement du conjoint en ce qui concerne les achats à tempérament ou les emprunts, sauf lorsqu'ils portent sur des sommes modestes nécessaires aux besoins de la vie courante.

Il convient aussi de rappeler que chacun des époux ne peut engager que ses biens propres et ses revenus, par un cautionnement ou un emprunt, à moins que ceux-ci n'aient été contractés avec le consentement exprès de l'autre conjoint qui, dans ce cas, n'engage pas ses biens propres (C. civ., art. 1415); en revanche, le créancier peut appréhender les biens communs. Dans cette hypothèse, il a été jugé que la preuve de ce consentement exprès n'obéissait pas aux règles de forme posées par l'article 1326 du Code civil[1].

Cette protection des rémunérations de l'époux non débiteur personnel s'applique même au compte joint, lequel s'analyse en un mécanisme de solidarité active. Aussi, afin de permettre au conjoint non débiteur d'être informé de l'existence d'une saisie l'affectant, et, le cas échéant, de solliciter la mainlevée de la saisie, il est expressément prévu que toute saisie-attribution d'un compte joint doit être dénoncée au cotitulaire (C. pr. exéc., art. R. 211-22, al. 1er)[2]. La Cour de cassation se montre relativement sévère à l'égard du créancier lorsque le conjoint débiteur est poursuivi en vertu d'un cautionnement ou d'un emprunt contracté sans le consentement exprès de l'autre. Elle exclut dans ce cas l'application de l'article 1414 du Code civil et R. 162-9 alinéa 1er C. pr. exéc., au seul profit de l'article 1415 du Code civil. Elle considère désormais que le compte joint alimenté par les revenus des deux époux, mariés sous le régime de la communauté, n'est pas saisissable, faute pour le créancier d'identifier ceux appartenant au conjoint débiteur[3]. En outre, lorsqu'il ne subsiste pas de doute sur le fait que les comptes objets de la saisie sont exclusivement alimentés par les revenus de l'époux débiteur caution, la Cour de cassation semble opérer la distinction suivante : alors qu'un compte-chèque postal (compte de dépôt) est saisissable, en revanche, un compte-titres et un plan d'épargne logement ne le sont pas dans la mesure où, estime la Haute juridiction, ils constituent des acquêts que l'époux ne pourrait engager par un cautionnement contracté sans le consentement exprès de l'épouse[4].

On relèvera, par ailleurs, que l'article 1414 alinéa 2 du Code civil, qui envisage l'hypothèse où les gains et salaires sont versés à un compte courant ou de dépôt, décide que ces derniers ne peuvent être saisis que dans les conditions définies par décret[5]. En l'occurrence, l'article R. 162-9 alinéa 1er C. pr. exéc., prévoit que lorsqu'un tel compte fait l'objet d'une mesure d'exécution forcée ou d'une mesure conservatoire, pour le paiement ou la garantie d'une créance née du chef du conjoint, il est laissé immédiatement à la disposition de l'époux commun en biens une certaine somme (v. le texte sur les modalités de détermination de cette somme). Faisant une application stricte de cette disposition,

1. TGI Lyon, JEX, 7 nov. 1995, *D.* 1996. 270, note Prévault.

2. On notera que la Cour de cassation a jugé que le défaut de dénonciation de cette mesure d'exécution forcée au cotitulaire du compte joint sur lequel porte cette dernière n'est pas susceptible d'emporter la caducité de cette saisie : Civ. 2e, 7 juill. 2011, no 10-20.923, P.
3. Civ. 1re, 3 avr. 2001, no 99-13.733, *Bull. civ.* I, no 92; *JCP* 2002. II. 10080, note crit. Bourdaire; *Defrénois* 2001. 939, obs. Théry; 1129, obs. Champenois – V. ULTÉRIEUREMENT DANS LE MÊME SENS : Civ. 1re, 17 févr. 2004, no 02-11.039, *Bull. civ.* , no 45; *D.* 2004. Somm. 2260, obs. Brémond.
4. Civ. 1re, 14 janv. 2003, no 00-16.078, *Bull. civ.* I, no 2; *JCP* 2003. II. 10019, concl. Sainte-Rose; *Defrénois* 2003. 544, obs. Champenois.
5. Aux termes de l'art. 1414, al. 1er C. civ., interpreté *a contrario*, les gains et salaires de l'époux non-débiteur ne peuvent faire l'objet d'une mesure d'exécution forcée afin d'obtenir le paiement des dettes du conjoint.

la Cour de cassation a décidé que la mise à disposition opérée par le tiers saisi quatre jours après la formulation d'une telle demande est en soi de nature à créer un préjudice dont l'établissement bancaire doit apporter réparation[1].

151.212 Mise en œuvre de la protection des rémunérations du conjoint. Elle est possible selon deux procédés :

– à l'initiative du **conjoint non débiteur** qui souhaite préserver sa rémunération, par demande de mise à disposition immédiate par le tiers saisi d'une somme équivalente, au choix de l'époux, au montant des gains et salaires versés au cours du mois précédant la saisie ou au montant moyen mensuel des gains et salaires versés dans les douze mois précédant la saisie (C. pr. exéc., art. R. 162-9, al. 1er) ;

– à l'initiative de **l'époux débiteur poursuivi** qui peut saisir à tout moment le JEX pour faire chiffrer la part du compte joint insaisissable du chef des rémunérations de l'époux non personnellement débiteur (C. pr. exéc., art. R. 162-9, al. 2 et 3).

Dans les deux cas, si à l'expiration du délai de quinze jours qui suit la saisie (attribution) et prévu à l'article L. 162-1 et R. 162-1 C. pr. exéc., et pendant lequel les sommes laissées au compte sont indisponibles pour permettre la régularisation des opérations en cours, le montant des sommes demandées par l'époux du conjoint non débiteur en raison de leur insaisissabilité excède le solde disponible sur le compte, le complément est prélevé sur les sommes indisponibles à ce jour. Le tiers saisi doit informer le créancier de ce prélèvement au moment de sa demande en paiement (v. ss nos 800.01 à 842.44). Il dispose alors, à peine d'irrecevabilité, d'un délai de quinze jours pour contester cette imputation (C. pr. exéc., art. R. 162-9, al. 2, et R. 162-4, L. 162-1 et R. 162-1).

Il n'est cependant pas douteux que l'époux non débiteur personnel, dont la demande de remise des sommes insaisissables n'a pas été satisfaite à première demande par le tiers saisi, peut élever une contestation devant le JEX en vertu du caractère général des dispositions relatives à la saisine du JEX et en sa qualité de partie directement concernée par le blocage de ses rémunérations (C. pr. exéc., art. R. 211-10 à R. 211-13).

151.213 Sort des autres biens de l'époux séparé. Aucune disposition de la loi du 9 juillet 1991 et de son décret d'application n'envisage cette hypothèse, certes marginale, mais néanmoins possible. Dans ce cas de figure, que l'on soit en présence d'un compte propre ou d'un compte joint, il convient de se référer aux règles générales régissant l'insaisissabilité des biens propres d'une personne autre que le débiteur (C. pr. exéc., art. L. 112-1, al. 1er). Se pose alors inéluctablement la question de la preuve de l'affectation patrimoniale de la créance.

En vertu des grands principes du droit processuel et notamment de l'article 9 C. pr. civ., il a été jugé que la preuve que les fonds saisis sont insaisissables revient à celui qui en revendique la propriété ou celle d'un tiers[2]. Cette jurisprudence a certes été rendue sous l'empire des textes régissant la saisie-arrêt. On peut toutefois affirmer qu'elle a vocation à se perpétuer pour les raisons sus-évoquées.

F.

Sort des créances du débiteur déposées sur des comptes frappés d'indisponibilité relative

151.221 Sort des créances du débiteur déposées sur des comptes frappés d'indisponibilité relative. L'hypothèse visée par cette catégorie de créances et qui a donné lieu à une jurisprudence désormais bien établie, est celle des sommes d'argent déposées par le débiteur sur un compte ou un plan d'épargne-logement ou toute autre forme de placement rendant ces sommes momentanément indisponibles. Il est désormais non contestable que ces fonds peuvent faire l'objet d'une procédure de saisie-attribution au profit des créanciers du souscripteur dès lors que le débiteur peut y mettre fin, peu importe qu'il perde les avantages financiers liés à ce placement. En effet, seuls ces avantages financiers peuvent être qualifiés de créances à terme[3]. Il n'en irait pas de même si les fonds versés par le débiteur étaient indisponibles pour une durée déterminée ou ne pourraient être attribués qu'à son décès à un bénéficiaire désigné. Dans cette hypothèse, les sommes versées ne deviennent saisissables que lorsque l'assureur verse le capital à l'assuré, soit en cas de rachat anticipé, soit à l'échéance du contrat.

S'agissant spécialement de l'assurance-vie, la Cour de cassation a décidé, dans une décision du 28 avril 1998, « *qu'il résulte des articles L. 132-8, L. 132-9, L. 132-12 et L. 132-14 du Code des assurances que, tant que le contrat n'est pas dénoué, le souscripteur est seulement investi, sauf acceptation du bénéficiaire désigné, du droit personnel de faire rache-*

1. Civ. 2e, 27 mai 2004, no 02-13.896, *Bull. civ.* II, no 252; *Dr. et proc.* 2004. 341, note Bourdillat; *Gaz. Pal.* 13-14 avr. 2005. 30, obs. Brenner.

2. Civ. 2e, 24 avr. 1985, no 84-11.234, *Bull. civ.* II, no 87.
3. TGI Grenoble, 6 mars 1995, *Rev. huiss.* 1995. 1268 – Rennes, 15 févr. 1996, *Rev. huiss.* 1996. 1155 – TGI Bougoin-Jallieu, 31 janv. 1995, *Rev. huiss.* 1996. 118.

ter le contrat et de désigner ou de modifier le bénéficiaire de la prestation; que, dès lors, nul créancier du souscripteur n'est en droit de se faire attribuer immédiatement ce que ce dernier ne peut recevoir [...] »[1].

1. Civ. 1re, 28 avr. 1998, no 96-10.333, *Bull. civ.* I, no 153; *JCP* 1998. II. 10112, note Bigot; *Defrénois* 1998. 861, note crit. Hovasse-Banget, spéc. nos 7-10 – Formule reprise par Civ. 1re, 2 juill. 2002, no 99-14.819, *Bull. civ.* II, no 179 – Th. Deschanels, « Les dernières évolutions jurisprudentielles en matière de saisie de contrats d'assurance-vie », *Rev. huiss.* 2000. 195.

CHAPITRE

152. Saisissabilité et personnes bénéficiant d'une immunité d'exécution

Olivier SALATI
Maître de conférences (HDR)
à l'Université d'Aix-Marseille

SECTION 0
Orienteur

152.00 Plan du chapitre.

152.01 Textes applicables.

C. pr. exéc., art. L. 111-1.

Const., art. 55.

C. mon. fin., art. L. 153-1.

CGPPP, art. L. 2311-1.

C. pr. civ., art. 6, 9 et 688.

• L. n° **80-539, 16 juill. 1980,** relative aux astreintes prononcées en matière administrative et a l'exécution des jugements par les personnes morales de droit public, art. 2, *JO* 17 juill., p. 1799 (mod. par L. n° 87-588, 30 juill. 1987).

152.03 Bibliographie indicative. (V. s^{s} n° 150.03).

Articles. H. Chanteloup, « Les immunités de juridiction et le droit d'accès à la justice », *Gaz. Pal.* 14-15 janv. 2005, p. 49 – E. Chevalier et R. Le Cotty, « Reconnaissance internationale d'une immunité d'exécution autonome au profit des États pour le fonctionnement de leur mission diplomatique : étendue, régime et conséquences », *Procédures* mai 2012. 6 – S. Clamens, « Vers la remise en cause du principe d'insaisissabilité des biens des personnes publiques », *AJDA* 2000. 767 – R. Ducos-Ader, « Le principe de l'insaisissabilité : un principe autonome et général du droit applicable à tous les établissements publics industriels et commerciaux », *Gaz. Pal.* 1986. Doctr. 475 – M. Dymant, « L'immunité d'exécution des biens des banques centrales étrangères : suite et fin ? », *Dr. et proc.* 2006. 259 – J. Maury, « L'incidence de la stipulation d'une clause compromissoire sur l'immunité d'exécution de l'État étranger », *D.* 2001. Chron. 2139 – N. Micaud, « L'article L. 153-1 du Code monétaire et financier sur l'immunité d'exécution des biens des banques centrales étrangères », *Dr. et proc.* 2006-3. 128 – H. Synvet, « Quelques observations sur l'immunité d'exécution des États étrangers », *JDI* 1985. 865 – G. Taormina, « Les apports de la jurisprudence en matière d'immunité internationale d'exécution forcée », *Études offertes à J. Normand*, Litec, 2003, p. 439.

152.05 Immunités d'exécution réelles et personnelles. L'article L. 111-1 C. pr. exéc., tout en formulant implicitement le principe d'un droit à l'exécution, prévoit également une limite tenant aux personnes pouvant se prévaloir d'une immunité d'exécution. En dépit du silence observé par le législateur sur cette dérogation, l'immunité d'exécution est une faveur accordée par le législateur. Elle permet à celui qui en bénéficie d'échapper à toute mesure d'exécution et conservatoire. S'il importe de distinguer l'immunité de juridiction de l'immunité d'exécution[1], car la seconde ne fait pas obstacle à la possibilité pour le créancier d'introduire une procédure afin d'obtenir un titre exécutoire, il est tout aussi important de distinguer, au sein de l'immunité d'exécution, deux catégories

1. Paris, 8e ch., sect. B, 26 oct. 2000, *Dr. et proc.* 2001. 62 – H. Chanteloup, « Les immunités de juridiction et le droit d'accès à la justice », *Gaz. Pal.* 14-15 janv. 2005, p. 49.

d'immunités : l'immunité que l'on peut qualifier de réelle et l'immunité personnelle.

L'immunité d'exécution réelle concerne en réalité, on l'a vu, les biens que la loi déclare insaisissables. Aussi, pour cette situation, l'usage du terme d'immunité est peut-être discutable car d'autres biens du patrimoine d'une personne peuvent, en vertu du droit de gage général, faire l'objet d'une mesure d'exécution.

L'immunité d'exécution personnelle, quant à elle, est une impossibilité d'exercer une voie d'exécution à l'encontre des biens appartenant à une personne physique ou morale. Elle fait obstacle à toute procédure d'exécution, à la différence de l'insaisissabilité qui empêche la saisie d'un bien ou d'une série de biens déterminés.

Seule cette seconde catégorie d'immunités sera analysée dans cette section, les immunités d'exécution réelles ayant fait l'objet d'un développement consacré aux conditions de saisissabilité des biens du débiteur (v. s[s] n°s 151.05 s.).

Avant d'aborder les immunités d'exécution personnelles, il convient de préciser que le législateur exprime parfois le souhait de conférer un privilège d'immunité au bénéfice de certaines personnes. À cet égard, on relèvera les dispositions de l'article L. 153-1 du Code monétaire et financier issu de la loi n° 2005-842 du 26 juillet 2005 pour la confiance et la modernisation de l'économie. Ce texte dispose que : « *Ne peuvent être saisis les biens de toute nature, notamment les avoirs de change, que les banques centrales ou les autorités monétaires étrangères détiennent ou gèrent pour leur compte ou celui de l'État ou des États étrangers dont elles relèvent (al. 1er). Par exception aux dispositions du premier alinéa, le créancier muni d'un titre exécutoire constatant une créance liquide et exigible peut solliciter du juge de l'exécution l'autorisation de poursuivre l'exécution forcée dans les conditions prévues par la loi n° 91-650 du 9 juillet 1991 portant réforme des procédures civiles d'exécution, s'il établit que les biens détenus ou gérés pour son propre compte par la banque centrale ou l'autorité monétaire étrangère font partie d'un patrimoine qu'elle affecte à une activité principale relevant du droit privé* »[1].

152.06 Immunités d'exécution personnelles en droit interne et international. La quasi-totalité des immunités d'exécution concerne des personnes morales ou physiques exerçant une activité de puissance publique, soit dans l'ordre interne, soit dans l'ordre international[2].

1. Pour un examen de cette disposition v. N. Micaud, « L'article L. 153-1 du Code monétaire et financier sur l'immunité d'exécution des biens des banques centrales étrangères », *Dr. et proc.* 2006. 128 – M. Dymant, « L'immunité d'exécution des biens des banques centrales étrangères : suite et fin ? », *Dr. et proc.* 2006. 259.

SECTION 1

EN DROIT INTERNE : PERSONNES MORALES DE DROIT PUBLIC

152.11 Personnes morales de droit public – Principe d'immunité. C'est un principe général du droit que l'État et ses services, les collectivités territoriales, leurs groupements, et les établissements à caractère administratif bénéficient d'une immunité d'exécution attachée à leur statut[3]. Cela signifie qu'il ne peut être mis en œuvre de voie d'exécution à l'encontre de la personne morale de droit public. Cette immunité doit être distinguée de l'insaisissabilité du bien qui ne fait pas obstacle à la mise en œuvre de la mesure de contrainte, mais empêche de saisir tel ou tel bien spécifique. Si les deux notions doivent être dissociées, il n'en demeure pas moins que l'insaisissabilité des biens des personnes publiques est un corollaire de l'immunité d'exécution.

Un arrêt de la cour administrative d'appel de Paris a ainsi jugé que le principe d'insaisissabilité des personnes publics s'oppose à ce qu'une société de droit privé, qui a conclu un contrat avec un établissement public industriel et commercial en vue de l'exécution de prestations d'entreposage de matériaux, puisse régulièrement faire usage des voies d'exécution ouvertes par l'article 1948 du Code civil pour contraindre cette personne publique au paiement des prestations réalisées[4].

La règle est plus généralement, mais implicitement, contenue à l'article L. 111-1 alinéa 3 C. pr. exéc.[5].

Désormais, l'article L. 2311-1 du Code général de la propriété des personnes publiques consacre explicitement ce principe[6], en décidant que « *les biens des personnes publiques mentionnées à l'article L. 1 sont insaisissables* ». L'article L. 1 visant : « *les biens et droits à caractère mobilier ou immobilier, appartenant à l'État, aux collectivités territoriales et leurs groupements, ainsi qu'aux établissements publics* »[7]. Une incertitude demeure sur le domaine d'application de ce texte. Les personnes publiques non men-

2. Pour une immunité resultant d'une convention, v. Civ. 1re, 14 oct. 2009, n° 08-14.978, *Bull. civ.* I, n° 206; *D.* 2009. 2557, obs. Avena-Robardet.
3. Pour les biens d'un syndicat intercommunal, v. CAA Bordeaux, 31 mai 2011, req. n° 10BX00995, NP.
4. CAA Paris, 14 oct. 2008, req. n° 06PA03339, *Lebon T.*
5. S. Clamens, « Vers la remise en cause du principe d'insaisissabilité des biens des personnes publiques », *AJDA* 2000. 767.
6. *Adde :* CGPPP, art. L. 621-5-2. II., relativement aux biens immobiliers appartenant à l'Autorité des marchés financiers.
7. P. Yolka, « L'insaisissabilité des biens publics », *JCP A* 2007, n° 48.

tionnées dans ce texte échappent-elles à cette règle ? On songe notamment aux biens des personnes privées en charge de la gestion d'un service public. La réponse est sans doute négative eu égard aux dispositions de l'article 2 de ce code qui dispose qu'il « *s'applique également aux biens et droits, à caractère mobilier ou immobilier, appartenant aux autres personnes publiques dans les conditions fixées par les textes qui les régissent* ». À ce propos, on notera, par exemple, que le législateur rend insaisissables certains biens, propriété d'autorités administratives indépendantes, tels notamment les biens immeubles appartenant à l'Autorité des marchés financiers[1].

Quoi qu'il en soit, la solution s'explique par la nécessité de ne pas remettre en cause le fonctionnement et la continuité du service public; qui plus est le domaine public est inaliénable[2] et les deniers publics insaisissables[3].

Sans remettre en cause ce principe, un arrêt du Conseil d'État du 18 novembre 2005 permet aux personnes de droit privé, bénéficiaires d'une décision de condamnation prononcée par une juridiction administrative contre une commune, de solliciter du préfet la vente des biens de cette dernière aux fins de paiement de sa dette[4].

Dans cette affaire, deux sociétés créancières d'une commune sollicitèrent du préfet qu'il fasse procéder à la vente des biens de celle-ci, faute, pour cette dernière, de pouvoir honorer sa dette. Suite au refus opposé par le préfet, les créanciers saisirent le Conseil d'État, lequel jugea, en se fondant sur les dispositions de l'article 1er, II de la loi du 16 juillet 1980 relative aux astreintes prononcées en matière administrative et à l'exécution des jugements par les personnes morales de droit public, que « *lorsqu'une décision juridictionnelle passée en force de chose jugée a condamné une collectivité locale ou un établissement public au paiement d'une somme d'argent dont le montant est fixé par la décision elle-même, cette somme doit être mandatée ou ordonnancée dans un délai de quatre mois à compter de la notification de la décision de justice. À défaut de mandatement ou d'ordonnancement dans ce délai, le représentant de l'État dans le département ou l'autorité de tutelle procède au mandatement d'office. En cas d'insuffisance de crédits, le représentant de l'État dans le département ou l'autorité de tutelle adresse à la collectivité ou à l'établissement une mise en demeure de créer les ressources nécessaires; si l'organe délibérant de la collectivité ou de l'établissement n'a pas dégagé ou créé ces ressources, le représentant de l'État dans le département ou l'autorité de tutelle y pourvoit et procède, s'il y a lieu, au mandatement d'office; Considérant que, par ces dispositions, le législateur a entendu donner au représentant de l'État, en cas de carence d'une collectivité territoriale à assurer l'exécution d'une décision juridictionnelle passée en force de chose jugée, et après mise en demeure à cet effet, le pouvoir de se substituer aux organes de cette collectivité afin de dégager ou de créer les ressources permettant la pleine exécution de cette décision de justice; qu'à cette fin, il lui appartient, sous le contrôle du juge, de prendre, compte tenu de la situation de la collectivité et des impératifs d'intérêt général, les mesures nécessaires; qu'au nombre de ces mesures, figure la possibilité de procéder à la vente de biens appartenant à la collectivité dès lors que ceux-ci ne sont pas indispensables au bon fonctionnement des services publics dont elle a la charge; que si le préfet s'abstient ou néglige de faire usage des prérogatives qui lui sont ainsi conférées par la loi, le créancier de la collectivité territoriale est en droit de se retourner contre l'État en cas de faute lourde commise dans l'exercice du pouvoir de tutelle; qu'en outre, dans l'hypothèse où, eu égard à la situation de la collectivité, notamment à l'insuffisance de ses actifs, ou en raison d'impératifs d'intérêt général, le préfet a pu légalement refuser de prendre certaines mesures en vue d'assurer la pleine exécution de la décision de justice, le préjudice qui en résulte pour le créancier de la collectivité territoriale est susceptible d'engager la responsabilité de la puissance publique s'il revêt un caractère anormal et spécial* ».

Bien entendu également, « *le principe d'insaisissabilité des biens des personnes publiques, s'il s'oppose à la mise en œuvre, à leur encontre, des voies d'exécution du droit commun, ne fait obstacle à la cession, fût-elle forcée, des biens dépendant de leur domaine privé* », ainsi que l'a rappelé la chambre commerciale de la Cour de cassation dans un arrêt en date du 21 janvier 2014[5].

En outre, une décision du Tribunal des conflits du 19 mars 2007 a décidé que l'immunité d'exécution dont bénéficie l'État – ce qui rend ses biens et créances insaisissables – ne fait toutefois pas obstacle à ce que le juge prononce une astreinte, qui est le corollaire de tout pouvoir d'injonction et dont le seul effet est de mettre une somme à sa charge en cas de retard dans l'exécution volontaire d'une décision de justice[6].

La question de l'immunité des personnes morales de droit public du chef de leurs dettes a cependant fait l'objet de nombreux débats doctrinaux et jurisprudentiels, surtout lorsqu'il s'agit d'établissements publics à caractère industriel ou commercial[7].

Après quelques incertitudes liées au fait de savoir si certaines catégories d'établissements publics indus-

1. C. mon. fin., art. L. 621-5-2, II.
2. V. CGCT, art. L. 1311, al. 1er, se référant au caractère inaliénable des biens pour les collectivités territoriales – H. de Gaudemard, « L'inaliénabilité du domaine public, une nouvelle lecture », *Dr. et patr.* mars 2009. 74.
3. V. Rép. min. n° 39649, *JOAN Q*, 17 août 2003, p. 6431.
4. CE 18 nov. 2005, Sté fermière de Campoloro et Sté de gestion du port de Compoloro, req. n° 271898, *Lebon; AJDA* 2006. 137, chron. Landais et Lenica; *AJDA* 2007. 1218, étude Cassia; *RFDA* 2006. 341, note Bon; *JCP* 2006. II. 10044, note de Moustier et Béatrix.
5. Com. 21 janv. 2014, n° 12-29.475, *Bull. civ.* IV, n° 10.
6. T. confl. 19 mars 2007, req. n° C3497, *Lebon*.
7. R. Ducos-Ader, « Le principe de l'insaisissabilité : un principe autonome et général du droit applicable à tous les établissements publics industriels et commerciaux », *Gaz. Pal.* 1986. Doctr. 475.

triels ou commerciaux (EPIC), telle la Poste[1], pouvaient bénéficier d'une immunité d'exécution[2], la Cour de cassation a finalement mis un terme à la controverse en refusant toute possibilité de saisie à l'encontre des personnes morales de droit public, « *même exerçant une activité industrielle et commerciale* », que ce soit à raison de leur activité relevant du domaine public ou de celle relevant du domaine privé[3], sans distinction donc selon que les biens sont utilisés ou non dans le cadre d'une activité concurentielle[4]. La Haute juridiction renvoie les créanciers de ces personnes morales à la mise en œuvre des dispositions de l'article 2 de la loi n° 80-539 du 16 juillet 1980, modifiée par la loi n° 87-880 du 30 juillet 1987, relative à l'exécution des jugements par les personnes morales de droit public, et notamment à la possibilité de solliciter du juge administratif le prononcé d'une astreinte contre toute administration ou établissement public qui n'exécute pas *proprio motu* une décision rendue par une juridiction administrative. Le choix d'un critère organique laisse ainsi à penser que les biens appartenant aux personnes privées en charge de la gestion d'un service public sont saisissables[5].

Rappelons en outre que l'État condamné par une décision de justice, ne peut se réfugier derrière un manque de ressources pour ne pas honorer le paiement de sa dette[6].

On notera, enfin, au plan procédural, que si un État ne se prévaut pas d'une immunité d'exécution, le juge n'est pas tenu de la relever d'office[7].

SECTION 2
EN DROIT INTERNE : ORGANISMES DE DROIT PRIVÉ CHARGÉS DE LA GESTION D'UN SERVICE PUBLIC

152.21 Organismes de droit privé chargés de la gestion d'un service public – Principe de saisissabilité. Aucun texte ne déclare insaisissables les comptes des organismes de droit privé chargés de la gestion d'un service public. Tel est le cas du compte ouvert à la Caisse des dépôts et consignations par une caisse régionale d'assurance vieillesse pour lui permettre de gérer son service[8]. Il en va de même pour les entreprises qui collectent des fonds au titre du 1 % patronal. Ces fonds ne sont nullement publics. Seule leur affectation est obligatoire. Ils peuvent donc faire l'objet d'une voie d'exécution pour le paiement de n'importe quelle dette du collecteur[9]. Aucune immunité d'exécution n'est donc opposable à un créancier par ces catégories de personnes morales, sauf à ce que soit édictée une dérogation (C. patr., art. L. 451-10, al. 2, pour les collections privées des musées de France).

152.22 Exclusion des sociétés d'économie mixte. Une société d'économie mixte est une entreprise de droit privé soumise comme telle aux voies d'exécution. Le fait que cette société soit investie d'une mission de service public ou travaille pour le compte d'une collectivité locale n'est pas un motif pertinent pour échapper à une voie d'exécution[10]. Elle reste soumise au droit privé et notamment à la loi n° 66-537 du 24 juillet 1966 sur les sociétés commerciales.

SECTION 3
EN DROIT INTERNATIONAL : PRINCIPE DE L'IMMUNITÉ D'EXÉCUTION

152.31 Distinction entre immunité de juridiction et immunité d'exécution. Il importe en effet de distinguer ces deux types d'immunités, qui sont généralement englobées dans la notion plus générale d'« *immunité diplomatique* ».

L'immunité de juridiction est le privilège reconnu à un État de ne pouvoir être jugé par une juridiction d'un pays étranger[11], et l'immunité d'exécution, en

1. Civ. 2e, 18 janv. 2001, n° 98-23.233, *Bull. civ.* I, n° 13.
2. À propos de la société nationale des entreprises de presse : Civ. 9 juill. 1951, *D.* 1952. I. 141.
3. Civ. 1re, 21 déc. 1987, n° 86-14.167, *Bull. civ.* I, n° 348; *JCP* 1989. II. 21183, obs. Nicod; *RTD civ.* 1989. 145, obs. Perrot : la Cour vise « *le principe général du droit suivant lequel les biens des personnes publiques sont insaisissables* » – Civ. 1re, 6 févr. 2007, n° 04-13.107, NP.
4. F. Beroujon, « Le recul de l'établissement public comme procédé de gestion des services publics », *RFDA* 2008. 26 – F. Blanc, « L'insaisissabilité des biens des établissements publics industriels et commerciax, éléments pour une évolution », *RD publ.* 2009. 1553.
5. Civ. 2e, 15 nov. 1995, n° 93-13.262, *Bull. civ.* II, n° 284.
6. CEDH 7 mai 2002, Bourdov c/Russie, req. n° 59498/00 (déf. 4 sept. 2002), *Rec. CEDH*; *D.* 2002. 2574, obs. Fricero; *Dr. et proc.* 2002. 290, obs. Fricero.
7. Civ. 1re, 12 oct. 1999, n° 97-14.827, *Bull. civ.* I, n° 262.
8. Civ. 2e, 15 nov. 1995, n° 93-13.262, *Bull. civ.* II, n° 284; *JCP* 1996. IV. 33; *Rev. huiss.* 1996. 246.
9. Civ. 3e, 15 févr. 1983, n° 81-15.794, *Bull. civ.* III, n° 46; *RTD civ.* 1983. 601, obs. Perrot.
10. Versailles, 2 juin 1986, *D.* 1987. 86, obs. Prévault.
11. À propos de l'Union latine (organisation intergouvernementale) qui bénéficie d'une immunité d'exécution : v. Civ. 1re, 28 oct. 2003, n° 01-16.927, *Bull. civ.* I, n° 212; *D.* 2003. 3010; *JCP* 2004. II. 10102, note Mahinga – et toujours à propos de l'Union latine et d'un litige prud'homal portant sur l'exécution et la rupture du contrat de travail et n'étant pas compris dans les exceptions conventionnellement prévues excluant le bénéfice de l'immunité de juridiction : v. Soc. 30 sept. 2003, n° 01-40.753, *Bull. civ.* V, n° 245 – L'État étranger qui accepte une clause compromissoire se soumet à la juridiction des arbitres et, par là même, accepte que leur sentence puisse être revêtue de l'*exequatur.* Cet État ne peut donc invoquer le bénéfice de l'immunité de juridiction devant le juge de ▶

revanche, soustrait un État étranger à toute procédure d'exécution et toute mesure conservatoire sur ses biens lorsqu'un tribunal national a reconnu un droit à son encontre au profit d'une partie. On en trouve une illustration dans un arrêt de la Cour de cassation en date du 5 mars 2014, dans une affaire où l'État de la République d'Ouzbékistan avait saisi le juge de l'exécution en annulation et mainlevée d'une saisie-attribution pratiquée à son encontre entre les mains d'une banque française, sur le fondement d'une sentence arbitrale rendue à Londres et exequaturée en France. Le juge de l'exécution avait accueilli cette demande, et sur pourvoi contre l'arrêt confirmatif, constatant que le compte saisi était alimenté par des redevances de navigation aériennes dues à cette République en raison de la souveraineté des États sur leur espace aérien et le survol de leur territoire, la première chambre civile a approuvé les juges du fond d'en avoir déduit que ces redevances « *concernaient une activité de puissance publique et étaient couvertes par l'immunité d'exécution sans que leur nantissement consenti par la République d'Ouzbékistan à d'autres créanciers en faveur desquels elle avait renoncé de manière expresse et spéciale à son immunité d'exécution ne les prive de leur caractère souverain* »[1].

Ces deux notions sont autonomes l'une par rapport à l'autre, tant par la nature des principes mis en jeu - incompétence de la juridiction nationale pour l'immunité de juridiction - que par leurs applications - exécution d'une décision de justice sur des biens de l'État étranger pour l'immunité d'exécution.

152.32 Fondements du principe et assouplissements. Ce principe repose sur l'idée de respect mutuel de la souveraineté et de l'égalité entre États[2]. C'est un principe non écrit qui peut néanmoins faire l'objet d'une codification par tel ou tel État (États-Unis d'Amérique, Royaume-Uni, par ex.) ou être prévu par un traité[3]. La France, dans l'article L. 111-1 alinéa 3 C. pr. exéc., pose la règle générale que « *l'exécution forcée et les mesures conservatoires ne sont pas applicables aux personnes qui bénéficient d'une immunité d'exécution* », et la jurisprudence de la Cour de cassation, quant à elle, se réfère aux « *principes de droit international régissant l'immunité d'exécution des États* »[4], qui veulent que les États étrangers et leurs agents diplomatiques jouissent d'une immunité d'exécution de principe. C'est aussi « *le droit international coutumier* » qui exige, lui, que les missions diplomatiques des États étrangers bénéficient, pour le fonctionnement de la représentation de l'État accréditaire et les besoins de sa mission de souveraineté, d'une immunité d'exécution autonome, et la Cour de cassation a considéré, dans un arrêt en date du 28 septembre 2011, que « *cette immunité s'étend, notamment, aux fonds déposés sur les comptes bancaires de l'ambassade ou de la mission diplomatique* », et a pour conséquence qu'il doit être donné mainlevée de toute saisie portant sur ces fonds[5].

À l'origine considéré comme absolu en raison de la souveraineté des États étrangers, le principe de l'immunité d'exécution, nous allons le voir dans la section suivante, connaît cependant aujourd'hui une évolution caractérisée par son assouplissement et l'admission de dérogations dont la portée n'est pas négligeable. La Cour de cassation, en effet, a précisé l'étendue de l'immunité accordée aux États étrangers, considérant, dans une décision du 14 mars 1984, que si « *l'immunité d'exécution dont jouit l'État étranger est de principe* », « *elle peut* [toutefois] *être exceptionnellement écartée* »[6] Plus récemment, le 28 mars 2013, opérant un revirement, elle a admis que les États peuvent eux-mêmes renoncer, « *par contrat écrit, à leur immunité d'exécution sur des biens ou des catégories de biens utilisés ou destinés à être utilisés à des fins publiques* », estimant surtout que cette renonciation, « *expresse et spéciale* », devait mentionner « *les biens ou la catégorie de biens pour lesquelles [elle] est consentie* »[7]. Le même arrêt considérait que le droit d'accès à un tribunal, tel que garanti par l'article 6 de la Convention européenne de sauvegarde des droits de l'homme, « *et dont l'exécution d'une décision de justice constitue le prolonge-*

▶ l'*exequatur* : Civ. 1re, 18 nov. 1986, nos 85-10.912, 85-12.112, *Bull. civ.* I, n° 266 – Sur le fait que l'acte litigieux ou imputé à faute ne doit pas être un acte de gestion, v. Civ. 1re, 9 mars 2011, n° 09-14.743, *Bull. civ.* I, n° 49; *D.* 2011. 890, obs. Gallmeister; *Rev. crit. DIP* 2011. 385, avis Chevalier; 401, rapp. Pascal.

1. Civ. 1re, 5 mars 2014, n° 12-22.406, *Bull. civ.* I, n° 28; *D.* 2014.672, et 1470, Pan. A. Leborgne.
2. H. Synvet, « Quelques observations sur l'immunité d'exécution des États étrangers », *JDI* 1985. 865.
3. On peut citer à cet égard la convention de Vienne sur les relations diplomatiques du 18 avril 1961, qui définit les fonctions d'une représentation diplomatique et énonce les privilèges et immunités qu'elle institue à son profit pour permettre d'assurer l'accomplissement efficace des fonctions des missions diplomatiques en tant que représentant des États, ces fonctions constituant un attribut essentiel de leur souveraineté.
4. Civ. 1re, 19 nov. 2008, n° 07-10.570, *Bull. civ.* I, n° 266 – V. AUSSI G. Taormina, « Les apports de la jurisprudence en matière d'immunité internationale d'exécution forcée », *Études offertes à J. Normand*, Litec, 2003, p. 439.
5. Civ. 1re, 28 sept. 2011, n° 09-72.057, *Bull. civ.* I, n° 153.
6. Civ. 1re, 14 mars 1984, n° 82-12.462, *Bull. civ.* I, n° 98; *Rev. crit. DIP* 1984. 644.
7. Civ. 1re, 28 mars 2013, n° 11-13.323, *Bull. civ.* I, n° 63 – POUR une illustration, v. par ex. Civ. 1re, 6 juill. 2000, n° 98-19.068, *Bull. civ.* I, n° 207; *D.* 2001. 2139, chron. Moury; *RTD com.* 2001. 409, obs. Loquin; *JCP* 2001. II. 10512, note Kaplan et Cuniberti.

ment nécessaire, ne s'oppose pas à une limitation de ce droit d'accès, découlant de l'immunité des États étrangers, dès lors que cette limitation est consacrée par le droit international et ne va pas au-delà des règles de droit international généralement reconnues en matière d'immunité des États »[1]. Ces trois arrêts du 28 mars 2013 étendent la solution posée par la Cour de cassation le 28 septembre 2011, dans le cadre du même litige, à propos de l'immunité diplomatique des États étrangers (v. s[s] n° 152.32). Auparavant, le régime de la renonciation à l'immunité d'exécution ne variait pas selon la nature de l'activité étatique concernée, la distinction activité publique-activité privée influant seulement sur l'étendue des immunités d'exécution à défaut de manifestation de volonté de l'État[2].

SECTION 4 EN DROIT INTERNATIONAL : DÉROGATIONS AU PRINCIPE D'IMMUNITÉ

152.41 Exception tenant à la nature de l'activité exercée par l'État. Dans certains États, la distinction *de jure* ou *de facto* entre sphère de l'activité publique et sphère de l'activité privée est floue. Par ailleurs, il convient de limiter l'application du principe d'immunité d'exécution aux hypothèses où l'activité de l'État concerné relève bien de prérogatives de souveraineté. Il est en effet nécessaire de protéger les créanciers contre un recours abusif au concept d'immunité d'exécution lorsque l'État intervient dans la vie économique[3].

Aussi, la Cour de cassation admet-elle que l'immunité soit exceptionnellement écartée « *lorsque le bien saisi a été affecté à l'activité économique et commerciale relevant du droit privé qui donne lieu à la demande en justice* »[4], ou encore « *lorsque le bien concerné se rattache, non à l'exercice d'une activité de souveraineté, mais à une opération économique, commerciale ou civile relevant du droit privé qui donne lieu à la demande en justice* »[5].

Il résulte de ces énonciations que le seul fait que le débiteur est un État étranger ne suffit pas à opposer l'immunité d'exécution. Encore faut-il que le bien concerné par la procédure d'exécution soit affecté à une activité relevant du droit public. Il appartient en conséquence aux juges du fond de caractériser la nature de l'activité à laquelle est affecté le bien saisi.

152.42 Exception indépendante de la qualification juridique du titulaire de l'immunité. Soucieuse de renforcer le caractère exécutable des décisions juridictionnelles, la Cour de cassation prolonge la jurisprudence *S[té] Eurodif c/Iran* (v. s[s] n° 152.41) en limitant l'immunité d'exécution à la seule hypothèse des biens publics de l'État étranger.

La Haute juridiction énonce en effet que les biens des organismes publics distincts de l'État étranger peuvent être saisis « *lorsqu'ils font partie d'un patrimoine que celui-ci affecte à une activité principale relevant du droit privé* »[6]. Peu importe au demeurant que ces organismes publics soient « *personnalisés* ». Cette précision est importante car elle permet au juge de s'abstraire du critère de la personnalité juridique de l'organisme concerné (émanation directe de l'État étranger ou personnalité distincte). Il suffit, pour que les biens de ces organismes soient saisissables, qu'ils fassent partie d'un patrimoine affecté par l'État à une activité principale relevant du droit privé et que l'organisme dont les biens sont saisis soit titulaire d'un véritable patrimoine qui lui est propre[7]. Il est en revanche nécessaire, pour que la voie d'exécution prospère, qu'elle soit engagée par le titulaire d'une créance contre cet organisme dénommé.

Dès lors que l'un de ces critères fait défaut, l'exécution est impossible. C'est ainsi qu'est réaffirmé le principe selon lequel le contrôle exercé par l'État ne suffit pas à faire considérer les organismes qui en dépendent comme des émanations de cet État et à leur faire perdre la qualité de tiers à l'égard d'un

1. V. *D.* 2013. 1574, obs. Leborgne, et p. 2293, obs. Bollée; *RTD civ.* 2013. 437, obs. Perrot.
2. SUR les arrêts du 28 mars 2013, v. aussi G. Cuniberti, « Nouvelles exigences pour la renonciation à l'immunité d'exécution des États étrangers », *Lamy Droit de l'exécution forcée*, chron. 74, juin 2013.
3. Pour une saisie conservatoire diligentée en France contre l'Agence de sécurité de la navigation aérienne en Afrique et à Madagascar, sur le fondement d'une sentence arbitrale rendue au Sénégal, dans un litige interne, à l'encontre d'une société dont l'objet est l'exploitation d'une concession de service public : Civ. 1re, 29 mai 2001, n° 99-16.673, *Bull. civ.* I, n° 149; *RTD civ.* 2001. 706, obs. Libchaber.
4. Civ. 1re, 14 mars 1984, n° 82-12.462, Eurodif c/Iran, *Bull. civ.* I, n° 98; *JCP* 1984. II. 20205, concl. av. gén. Gulphe, obs. Synvet.
5. Pour l'acquisition par l'État allemand d'un immeuble en France et la réfection d'un mur mitoyen : Civ. 1re, 19 nov. 2008, n° 07-10.570, *Bull. civ.* I, n° 98; *D.* 2008. 3012, obs. Gallmeister; *D.* 2009. 1168, obs. Leborgne.
6. Civ. 1re, 1er oct. 1985, n° 84-13.605, *Bull. civ.* I, n° 236; *JCP* 1986. II. 20566, obs. Synvet – Sur la possibilité de saisie immobilière dirigée contre des immeubles acquis par la République démocratique du Congo pour loger son personnel diplomatique en raison du non-paiement des charges de copropriété – *Adde :* Civ. 1re, 25 janv. 2005, n° 03-18.176, *Bull. civ.* I, n° 39; *D.* 2005. 616; *D.* 2005. 616, concl. Sainte-Rose; *Rev. crit. DIP* 2006. 123, note Muir Watt.
7. Sur la présomption d'affectation publique s'agissant des États : Paris, 8e ch., sect. B, 26 oct. 2000, *Dr. et proc.* 2001. 62.

jugement qui les condamnerait[1]. Ce principe est régulièrement rappelé par la Haute juridiction[2].

Encore faut-il que le juge s'assure que le patrimoine de l'organisme concerné est distinct de celui de l'État qui le contrôle[3]. À défaut, la saisie ne peut prospérer. Ce principe est réaffirmé à l'occasion de la mise en œuvre du droit de gage au profit du créancier, droit qui ne peut porter que sur le patrimoine même du débiteur.

Aussi, est sanctionnée la décision qui refuse la mainlevée d'une saisie conservatoire sur un navire d'une société roumaine au motif qu'elle n'est qu'un organisme gestionnaire, émanation de l'État qui l'a créé, sans avoir expliqué en quoi cette société ne disposait pas d'un patrimoine propre distinct d'une autre société dépendant de l'État roumain[4]. De même, est censurée une décision qui se contente de relever que la personne morale saisie est contrôlée par l'État étranger au travers de ses dirigeants et affectée à une mission de service public alors que n'est pas caractérisée en quoi cette entreprise ne dispose pas d'un patrimoine distinct[5].

La jurisprudence semble avoir tendance à reconnaître la notion d'émanation[6]. Au final, les juges prennent en compte un faisceau d'éléments pour déterminer si l'entité en question est ou non une émanation de l'État (statut, contrôle étatique, nature et objet de l'activité, fonctionnement, financement, comptabilité[7]). Reste à surmonter la difficulté de la preuve de l'existence d'un patrimoine propre, preuve qui incombe au créancier poursuivant (C. pr. civ., art. 6 et 9). On mesure combien sera parfois délicate la mise en œuvre de cette obligation de preuve. Toutefois, le critère de la nature de l'acte souscrit par l'établissement public agissant pour le compte de l'État étranger pourra être utilement retenu pour permettre d'appliquer les règles de droit commun. Il en ira ainsi lorsque cet organisme souscrit un bail commercial, contrat qui ne constitue pas un acte de puissance publique[8].

152.43 Immunité d'exécution des représentants des États. Il est de tradition que l'immunité d'exécution s'applique aux représentants des États à l'étranger. Il en est ainsi des ambassadeurs[9], consuls, ministres plénipotentiaires et plus généralement des agents ayant le statut de membres du corps diplomatique et de leurs subordonnés[10]. Certains fonctionnaires d'organisations internationales bénéficient aussi de ce privilège (ONU, Unesco, Conseil de l'Europe, notamment). C'est ainsi que, sauf accord de l'Organisation, doit bénéficier de cette immunité un membre du personnel de l'Unesco faisant l'objet d'une procédure d'exécution en la forme d'une saisie-arrêt sur salaire, et ce, en vertu des articles 6 et 14 de l'accord de Siège du 2 juillet 1954[11].

152.44 Renonciation de l'État à son immunité d'exécution générale. L'État étranger qui souscrit à une convention d'arbitrage renonce implicitement à son immunité d'exécution sur tous ses biens saisissables, qu'ils soient affectés à une activité privée ou publique[12]. Par la suite, un arrêt de la cour d'appel de Paris a décidé que les biens d'un État étranger ne sont pas susceptibles de faire l'objet d'une procédure en vue de procéder à l'exécution d'un jugement, excepté si cet État y a expressément consenti[13].

Récemment, la première chambre civile de la Cour de cassation a, quant au fait de savoir si l'État irakien pouvait se prévaloir de son immunité de juridiction (pour s'opposer à la validation par une société française de saisies-arrêts pratiquée en France en 1992 contre cet État condamné pour non-paiement du prix de travaux),

1. Civ. 1re, 27 janv. 1998, n° 95-16.457, *Bull. civ.* I, n° 31; *Procédures* 1998, n° 83.
2. Pour une conception très extensive de cette distinction entre contrôle et émanation de l'État, à propos notamment de la banque d'Irak qui exerce une activité purement privée en réalisant des opérations commerciales courantes, ce qui implique l'existence d'un patrimoine propre spécialement et uniquement affecté à son activité bancaire, alors que sa gestion fait l'objet d'un budget et d'une comptabilité distincts : Civ. 1re, 15 juill. 1999, n° 97-19.742, *Bull. civ.* I, n° 241; *D.* 1999. 230 – Pour une entreprise fédérale chargée de la réalisation de la politique de l'État en matière spatiale non constitutive d'une émanation de la fédération de Russie – *Adde :* Civ. 1re, 12 mai 2004, nos 00-21.296 et 01-16.378, NP; *D.* 2004. 1712.
3. À propos d'une société créancière de l'État congolais qui avait fait procéder à la saisie des comptes de la banque commerciale congolaise : Civ. 1re, 21 juill. 1987, n° 85-14.843, *Bull. civ.* I, n° 244.
4. Civ. 1re, 6 juill. 1988, nos 86-11.153, 86-11.450, *Bull. civ.* I, n° 227.
5. Civ. 1re, 4 janv. 1995, n° 93-10.175, *Bull. civ.* I, n° 6; *D.* 1995. 59, à propos d'un office des céréales étranger.
6. Civ. 1re, 14 nov. 2007, n° 04-15.388, *Bull. civ.* I, n° 355; *Rev. crit. DIP* 2008. 303, note Audit; *RTD com.* 2008. 207, obs. Delebecque.
7. Pour une illustration, v. Civ. 1re, 6 févr. 2007, n° 04-13.108, n° 04-16.889, *Bull. civ.* I, n° 52; *Dr et proc.* 2007. 222, obs. Cuniberti.
8. Paris, 29 oct. 1992, *Rev. huiss.* 1995. 1378.
9. Toutefois pour une saisie-attribution pratiquée au préjudice de l'ambassade de l'État du Koweit : Paris, 8e ch. B, 21 févr. 2008, RG n° 07/12254.
10. Pour l'insaisissabilité des comptes bancaires d'une mission diplomatique : Paris, 26 sept. 2001, *D.* 2001. 3017.
11. Cass., avis, 8 déc. 1995, n° 09-50.014, *Bull. avis*, n° 14 – Paris, 1re ch. A, 10 août 2000, *D.* 2000. 253, immunité d'exécution diplomatique n'entrant pas dans le champ d'application de la renonciation consentie.
12. Civ. 1re, 6 juill. 2000, n° 98-19.068, *Bull. civ.* I, n° 207; *JCP* 2001. II. 10512; *Gaz. Pal.* 10-12 juin 2001, nos 161 à 163, obs. Théry – *Adde :* J. Maury, « L'incidence de la stipulation d'une clause compromissoire sur l'immunité d'exécution de l'État étranger », *D.* 2001. Chron. 2139.
13. Paris, 1re ch. A, 26 sept. 2001, *RD banc. fin.* 2001. 239, obs. Delleci – *Adde :* Paris, 1re ch. G, 12 déc. 2001, *D.* 2001. 617.

décidé, au visa de l'article 55 de la Constitution et des principes régissant les immunités de juridiction et d'exécution, que « *si les résolutions du Conseil de sécurité des Nations unies s'imposent aux États membres, elles n'ont, en France, pas d'effet direct tant que les prescriptions qu'elles édictent n'ont pas, en droit interne, été rendues obligatoires ou transposées; qu'à défaut elles peuvent être prises en considération par le juge en tant que fait juridique* »[1]. En l'espèce, non seulement il n'y a pas eu de mesure de transposition en droit interne, mais encore cette résolution ne saurait constituer pour l'État irakien une renonciation non équivoque au bénéfice de ces immunités[2].

La renonciation peut également s'appliquer aux agents diplomatiques : elle doit dans ce cas être spéciale[3].

152.45 Modalités de l'exécution contre un État étranger. Toute exécution contre un État étranger, un agent diplomatique étranger en France ou tout bénéficiaire d'une immunité d'exécution, obéit aux règles énoncées par l'article 688 C. pr. civ. L'acte doit être notifié au parquet et transmis par l'intermédiaire du ministère de la Justice à son destinataire, à moins qu'en vertu d'un traité, la transmission puisse être effectuée différemment[4].

On notera que la Cour de cassation a décidé que si un État peut renoncer au bénéfice des immunités de juridiction et d'exécution, il peut également renoncer au bénéfice des dispositions de l'article 688 C. pr. civ. qui prévoit une notification par voie diplomatique pour la notification des actes effectués aux États étrangers ou à leurs agents diplomatiques[5]. La question est posée de savoir si cette renonciation est ou non le corollaire de la renonciation à l'immunité de juridiction ?

152.46 Convention des Nations unies sur les immunités juridictionnelles des États et de leurs biens. Cette convention, adoptée par l'Assemblée générale des Nations unies le 2 décembre 2004, signée par la France le 17 janvier 2007, mérite une attention particulière car une loi n° 2011-734 du 28 juin 2011[6], autorise désormais sa ratification (sur l'application de cette convention aux navires, v. s[s] n° 624.128).

Cette convention, bien que relative aux immunités de juridictions, comporte des dispositions intéressant l'exécution forcée. Si elle n'affecte pas les privilèges et immunités dont jouit traditionnellement un État en vertu du droit international (Conv. NU, art. 2), elle délimite le domaine d'application des matières dans lesquelles un État ne peut se prévaloir de son immunité de juridiction devant le tribunal d'un autre État. Les matières sont précisément identifiées au titre de la troisième partie de la Convention. Sont notamment susceptibles de bénéficier de cette immunité de juridiction, les matières relevant des domaines suivants : transaction commerciale, contrat de travail, atteinte à l'intégrité physique d'une personne ou dommages causés aux biens, propriété, possession et usage de biens, les navires dont un État est le propriétaire ou l'exploitant, la propriété intellectuelle et industrielle, *etc*...

Mais c'est surtout le titre quatrième de cette convention qui doit retenir l'attention. Il s'intitule : « *immunités des États à l'égard des mesures de contrainte en relation avec une procédure devant un tribunal* » (Conv. NU, art. 18 à 21).

L'article 18 pose le principe selon lequel il ne peut être recouru à une mesure de contrainte (sont énumérées : saisie et saisie-arrêt) antérieurement au jugement contre les biens d'un État, sauf exception. Les dérogations à l'exécution sont de deux ordres : l'État peut avoir expressément consenti à l'application de ces mesures de saisie dans les termes prévues soit : par un accord international, une convention d'arbitrage ou un contrat écrit, ou une déclaration devant un tribunal ou une communication faite après la survenance d'un différend par les parties. Soit l'État a réservé ou affecté des biens à la satisfaction de la demande qui a fait l'objet de cette procédure.

L'article 19 prévoit une règle analogue mais relativement aux mesures de contraintes susceptibles d'être introduites postérieurement au jugement. On doit noter deux différences toutefois. Est ajoutée la saisie-exécution aux mesures de contrainte, ainsi qu'une troisième exception à l'absence de recours à ces mesures. L'article 19, c vise le cas où : « *il a été établi que les biens sont spécifiquement utilisés ou destinés à être utilisés par l'État autrement qu'à des fins de service public non commerciales et sont situés sur le territoire de l'État du for, à condition que les mesures de contrainte postérieures au jugement ne portent que sur des biens qui ont un lien avec l'entité contre laquelle la procédure a été intentée* ». L'article 21 de la Convention fournit une liste des biens qui n'ont pas vocation à entrer dans le domaine d'application de l'article 19 c. Parmi ceux-ci figurent notamment :

1. Sur le fait qu'un jugement étranger produit en France des effets, en tant que fait juridique, indépendamment d'une vérification de sa régularité internationale : Civ. 1re, 11 juill. 2006, n° 01-02.593, *Bull. civ.* I, n° 376; *D.* 2006. 2211; *D.* 2007. 1751, obs. Courbe et Jault-Seseke; *Rev. crit. DIP* 2007. 414, note Muir Watt.
2. Civ. 1re, 25 avr. 2006, n° 02-17.344, *Bull. civ.* I, n° 202.
3. Sur les conditions de renonciation d'un État à son immunité de juridiction : Paris, 10 août 2000, *JCP* 2001. II. 10512, note Kaplan et Cuniberti.
4. TGI Grenoble, JEX, 19 juin 1995, *Rev. huiss.* 1995. 1265.
5. Civ. 1re, 6 févr. 2007, n°s 04-13.108 et 04-16.889, *Bull. civ.* I, n° 52; *Dr. et proc.* 2007. 222, obs. Cuniberti.
6. L. n° 2011-734, 28 juin 2011, autorisant la ratification de la convention des Nations unies sur les immunités juridictionnelles des États et de leurs biens, *JO* 29 juin, p. 10953.

les biens, y compris les comptes bancaires, utilisés ou destinés à être utilisés dans l'exercice des fonctions de la mission diplomatique de l'État ou de ses postes consulaires, de ses missions spéciales, les biens de la banque centrale ou d'une autre autorité monétaire de l'État; les biens de caractère militaire, les biens faisant partie du patrimoine culturel de l'État ou de ses archives qui ne sont pas mis ou destinés à être mis en vente.

À ce propos, la première chambre civile de la Cour de cassation a jugé, le 28 septembre 2011, qu'en vertu « *du droit international coutumier, les missions diplomatiques des États étrangers bénéficient, pour le fonctionnement de l'État accréditaire et les besoins de sa mission de souveraineté, d'une immunité d'exécution autonome à laquelle il ne peut être renoncé que de façon expresse et spéciale; que cette immunité s'étend, notamment, aux fonds déposés sur les comptes bancaires de l'ambassade ou de la mission diplomatique* » [1].

1. Civ. 1re, 28 sept. 2011, n° 09-72.057, *Bull. civ.* I, n° 153.

CHAPITRE

153. Moyens de défense du débiteur et obstacles objectifs

OLIVIER SALATI
MAÎTRE DE CONFÉRENCES (HDR)
À L'UNIVERSITÉ D'AIX-MARSEILLE

SECTION 0
ORIENTEUR

153.00 Plan du chapitre.

153.01 Textes applicables.

C. pr. exéc., art. L. 111-10, R. 211-1 et R. 211-6.

C. civ., art. 1153 à 1155, 1289 à 1291, 1293, 1315, 1378 et 2305.

C. trav., art. L. 3251-1 à L. 3251-3 et R. 1454-28.

C. pr. civ., art. 312, 385, 478, 528-1 et 1411.

C. com., art. L. 145-40, L. 511-45, L. 512-3 et L. 622-28.

C. consom., art. L. 131-1.

C. mon. fin., art. L. 313-3.

COJ, art. L. 213-6.

C. assur., art. L. 211-9 et L. 211-13.

CGCT, art. L. 1617-5.

153.03 Bibliographie indicative. (V. s[s] n° 150.03).

SECTION 1
ALLÉGATION D'UN PAIEMENT

153.11 Données de la question. La détention d'un titre exécutoire ne rend pas *ipso facto* pertinente la mise en œuvre d'une voie d'exécution (v. s[s] n° 143.41). Il se peut en effet que postérieurement à l'obtention du titre exécutoire, le principal de la créance ait été amoindri ou apuré par le versement d'acomptes. Cette hypothèse est plus fréquente qu'il n'y paraît, en particulier lorsque le débiteur a versé les acomptes directement entre les mains du créancier ou à l'un des avocats de la cause alors que dans le même temps, le titulaire du titre mandatait un huissier de justice pour en recouvrer la totalité. L'absence de coordination entre ces différents acteurs du contentieux conduit fréquemment à des erreurs de chiffrage du montant en principal restant dû au moment où l'huissier délivre le procès-verbal de saisie.

153.12 Preuve du paiement. Le débat qui s'instaure devant le juge de l'exécution a le plus souvent trait à l'imputation des acomptes afin de réduire le solde de la créance justifiant la saisie, entraînant parfois son annulation si le règlement a été complet. Dans ces hypothèses, il convient de s'en rapporter aux termes de l'article 1315 du Code civil qui détermine que celui qui se prétend libéré doit justifier le payement qui a produit l'extinction de son obligation.

SECTION 2
EXCEPTION DE COMPENSATION

153.21 Principe de la compensation de droit. Il est toujours loisible au débiteur d'opposer au créancier la compensation totale ou partielle avec une créance qu'il détient à son encontre et qui a pour effet d'éteindre les deux dettes jusqu'à concurrence de la plus faible (C. civ., art. 1289). L'avantage non négligeable de ce mode d'extinction réciproque des obligations est d'éviter deux procédures d'exécution simultanées ou successives, ce qui réduit les coûts et les risques de contentieux propres à cette matière. Son autre attrait réside dans la garantie qu'elle apporte au créancier en lui assurant un privilège sur les autres créanciers de son débiteur par l'effet de l'imputation extinctrice, que la créance soit ou non chirographaire.

La Cour de cassation considère qu'encourt une cassation pour manque de base légale, la décision d'une cour d'appel qui, pour débouter de sa demande de compensation, un débiteur ayant fait l'objet d'une saisie-attribution, retient que l'acte de saisie-attribution emporte attribution immédiate de la créance saisie au profit du saisissant et rend impossible la compensation, sans avoir toutefois rechercher si la créance du saisissant ne s'était pas trouvée éteinte par l'effet d'une compensation légale intervenue antérieurement à la saisie[1].

Le débiteur d'une obligation constatée par un titre exécutoire pourra donc exciper, à l'occasion d'une procédure d'exécution, d'une exception de compensation afin de faire obstacle ou de réduire le montant de sa dette[2]. En effet, tout juge, y compris le JEX peut constater la compensation[3], dès lors que la demande est formée dans le champ de sa compétence (COJ, art. L. 213-6). À ce propos, on relèvera un premier arrêt, rendu par la première chambre civile de la Cour de cassation, qui a jugé que le JEX n'est pas en mesure, sous peine de modifier le dispositif de la décision servant de fondement aux poursuites, d'examiner une demande de compensation si celle-ci a déjà été vainement sollicitée devant le juge du fond[4]. Si la solution peut se justifier au regard du respect du principe de l'autorité de la chose jugée attachée à toute décision juridictionnelle, la chambre commerciale de la Cour de cassation a ultérieurement décidé, dans le cadre d'un contentieux relatif au droit des procédures collectives, « *qu'en l'absence d'une décision ayant déjà statué sur la compensation judiciaire, le juge de l'exécution est compétent pour se prononcer sur l'exception de compensation présentée à l'appui d'une demande de mainlevée de la saisie* »[5].

1. Civ. 2e, 16 déc. 2004, no 03-13.117, *Bull. civ.* II, no 533.
2. Pour des illustrations : Civ. 2e, 4 oct. 2005, no 04-12.173, NP – Civ. 2e, 8 déc. 2005, no 04-13.278, NP.
3. TGI Rennes, JEX, 21 sept. 1993, *Rev. huiss.* 1994. 472 ; Civ. 2e, 15 nov. 2007, no 06-20.057, *Bull. civ.* II, no 251 – Civ. 2e, 25 févr. 2010, no 09-13.909, NP – Civ. 2e, 17 févr. 2011, no 99-21.718, NP.
4. Civ. 1re, 16 nov. 2004, no 01-03.102, *Bull. civ.* I, no 271.

153.22 Conditions de la compensation. Pour être utilement mise en œuvre, la compensation suppose une réciprocité des dettes revendiquées entre les parties. Ce qui exclut l'hypothèse où les parties ne figurent pas en la même qualité[6] et celle où le débiteur prétend opposer au créancier une dette que celui-ci devrait à un tiers.

Lorsque les dettes réciproques des parties ont pour objet une somme d'argent ou une quantité de choses fongibles et sont liquides et exigibles, la compensation s'opère de plein droit sans qu'il y ait à rechercher si elles présentent un lien de connexité (C. civ., art. 1290 et 1291). Un débat peut alors naître devant le JEX du chef du caractère légal de la compensation, la créance revendiquée par le débiteur pouvant prêter à discussion quant à sa liquidité, son exigibilité et son montant[7]. Il semble cependant que lorsque l'un des éléments susvisés fait défaut, l'exception de compensation doit être rejetée[8] qui plus est lorsqu'elle suppose l'examen de l'existence de la dette et plus particulièrement de sa reconnaissance au regard d'une question touchant au fond du droit.

153.23 Effets de la compensation sur les actes précédant l'exécution. On observera que la compensation n'a pas pour effet d'invalider les actes précédant l'exécution et réalisés avant son prononcé dès lors qu'ils sont accomplis dans les conditions légales[9].

153.24 Compensation de dettes de montants différents. Dans l'hypothèse d'une compensation entre deux dettes de montant différent, celles-ci s'éteignent réciproquement à concurrence de leur quotité respective à l'instant où elles existent en même temps (C. civ., art. 1290).

153.25 Compensation et dettes d'aliments. Il convient de relever que la compensation ne peut avoir lieu avec une dette d'aliments déclarée insai-

5. Com. 21 févr. 2012, no 11-18.027, *Bull. civ.* IV, no 44 ; *Procédures* 2012, no 145 obs. Perrot.
6. À propos d'une créance indemnitaire de la masse des créanciers d'une société en liquidation judiciaire et de la créance contractuelle de la banque sur sa part dans le patrimoine de la masse : Com. 7 févr. 1983, no 81-13.993, *Bull. civ.* IV, no 49.
7. TGI Rennes, JEX, 27 avr. 1993, *Rev. huiss.* 1994. 640 – TGI Rennes, JEX, 28 juin 1994, *Rev. huiss.* 1995. 1264.
8. Pour une créance de la débitrice étant, apparemment, demeurée litigieuse postérieurement à une saisie-attribution pratiquée par le liquidateur à la liquidation judiciaire : Civ. 2e, 11 mai 2006, no 04-14.618, NP.
9. À propos d'une compensation ordonnée par le JEX après délivrance d'un commandement de payer : Douai, 19 janv. 1995, *Rev. huiss.* 1995. 495.

sissable (C. civ., art. 1293, 3°). Cette exception vise, pour l'essentiel, les obligations pécuniaires imposées dans le cadre du divorce et de la filiation et les créances trouvant leur origine dans les relations du travail. C'est ainsi qu'aucune compensation ne s'opère entre une créance d'aliments et une créance non alimentaire. Il en ira ainsi pour une prestation compensatoire qui a un caractère partiellement alimentaire et dont le débiteur ne peut se prétendre partiellement libéré par le paiement à due concurrence d'autres sommes[1].

De même, les employeurs ne peuvent compenser le montant des salaires dus par eux à leurs salariés et les sommes qui leur seraient dues à eux-mêmes pour diverses fournitures quelle qu'en soit la nature, sauf s'il s'agit d'outils et instruments de travail, de matières ou matériaux dont le salarié a la charge et l'usage ou des sommes avancées pour l'acquisition de ces mêmes objets (C. trav., art. L. 3251-1 et L. 3251-2).

L'employeur qui a fait des avances sur salaires peut néanmoins se rembourser par retenues successives ne dépassant pas le dixième des salaires exigibles sans que ces retenues se confondent avec la partie saisissable ou cessible. En aucun cas, les acomptes sur un travail en cours ne sont considérés comme des avances (C. trav., art. L. 3251-3).

Pour la définition des créances salariales insaisissables, on se reportera aux paragraphes consacrés aux conditions de saisissabilité des biens (v. s^s^ n°s 151.121 s.). Cependant, les créances indemnitaires ou les créances contractuelles étrangères aux relations du travail peuvent faire l'objet d'une compensation dans la limite de la fraction saisissable du salaire[2]. Il n'en ira pas de même pour une rente d'accident du travail dont le caractère incessible et insaisissable fait obstacle à la compensation légale[3]. On relèvera une décision qui refuse la compensation entre une créance de salaires définie et rendue exécutoire par un conseil de prud'hommes dans le cadre des pouvoirs qu'il tient de l'article R. 516-37 du Code du travail (devenu C. trav., art. R. 1454-28) et les paiements partiels effectués par l'employeur en cours d'exécution du contrat de travail au motif que cet article ne prévoit pas une telle exception[4]. N'y a-t-il pas cependant risque d'enrichissement sans cause dès lors au surplus que la compensation est une exception légale qui s'opère sans qu'un texte autre que l'article 1290 du Code civil n'ait à l'imposer ?

1. Ce qu'a confirmé la jurisprudence, pour une application : Civ. 1re, 12 nov. 2009, n° 08-15.558, NP.
2. Soc. 6 mars 1980, n° 78-40.491, *Bull. civ.* V, n° 228.
3. Soc. 27 mars 1985, n° 83-15.283, *Bull. civ.* V, n° 218.
4. TGI Évreux, JEX, 11 avr. 1997, *Rev. huiss.* 1997. 1259.

SECTION 3
EXCEPTION DE CADUCITÉ

153.31 Intérêt pour le défendeur défaillant. Si la caducité met fin à l'instance (C. pr. civ., art. 385, al. 1er), elle laisse néanmoins subsister l'action en justice. Une nouvelle demande peut donc être formée dans le délai de la prescription. À cet égard, la caducité d'une injonction de payer n'interdit pas au créancier de procéder au recouvrement de sa créance par la voie du droit commun[5].

Plus fréquente est l'hypothèse du jugement rendu par défaut ou du jugement réputé contradictoire au seul motif qu'il est susceptible d'appel. Dans ce cas, il peut être déclaré non avenu s'il n'a pas été notifié dans les six mois de sa date[6].

L'article 478 C. pr. civ. énonce : « *Le jugement rendu par défaut ou le jugement réputé contradictoire au seul motif qu'il est susceptible d'appel est non avenu s'il n'a pas été notifié dans les six mois de sa date. La procédure peut être reprise après réitération de la citation primitive* »[7].

Cette disposition, qui n'est que la mise en œuvre d'un principe général applicable à toutes les décisions non contradictoires, est à rapprocher de l'article 1411 alinéa 2 C. pr. civ. qui déclare non avenue l'ordonnance portant injonction de payer non signifiée dans les six mois de sa date et de l'article 528-1 du même code qui prive la seule partie comparante du droit d'exercer un recours à titre principal lorsqu'elle n'a pas notifié le jugement dans les deux ans de son prononcé. L'article 478 C. pr. civ. n'est cependant pas applicable aux arrêts de la Cour de cassation[8].

Elle est protectrice pour le défendeur défaillant et édictée afin d'éviter une manœuvre du demandeur qui, après avoir obtenu condamnation de son adversaire, tente une mesure d'exécution en l'absence de tout débat contradictoire. Cette hypothèse n'est pas rare. L'évolution économique et sociale (travail précaire, chômage, activités saisonnières) conduit nos concitoyens à changer plus fréquemment d'adresse, à disposer de plusieurs domiciliations (résidence principale et secondaire, adresse commerciale, boîte postale, *etc.*). De même, l'expansion du crédit à la

5. Civ. 2e, 21 sept. 2000, n° 99-10.011, *Bull. civ.* II, n° 128.
6. Sur le sens du terme non avenu : Civ. 2e, 22 nov. 2001, n° 99-17.875, *Bull. civ.* II, n° 171 ; *Dr. et proc.* 2002. 163, obs. Douchy.
7. Arrêt rappelant que seule la partie non comparante peut se prévaloir du défaut de notification d'un jugement réputé contradictoire : Civ. 2e, 9 nov. 2006, n° 05-18.675, NP.
8. Civ. 2e, 2 mars 2000, n° 97-11.736, *Bull. civ.* II, n° 37 ; *JCP* 2000. II. 10285, note Perdriau ; *RTD civ.* 2000. 637, obs. Perrot.

consommation et la massification des impayés de faible montant (en tout cas, inférieurs à 4 000 euros) multiplient les cas d'application de l'article 478.

153.32 Caducité et intérêt exclusif du non-comparant. Il n'est pas surprenant que l'article 478 qualifie de « *non avenus* » les jugements rendus par défaut ou réputés contradictoires et non signifiés dans les six mois, dans l'intérêt exclusif du défendeur non comparant qui peut cependant renoncer à s'en prévaloir[1].

La Cour de cassation a eu l'occasion de préciser[2] que cette renonciation à invoquer la « péremption » pouvait être implicite et résulter de la signification par le débiteur défaillant de la décision, passé le délai de six mois, à la partie qui avait comparu, manifestation évidente par le défendeur de l'intention de s'en prévaloir.

Le débiteur défaillant qui interjette appel renonce implicitement à se prévaloir du bénéfice de l'article 478 C. pr. civ.[3]

153.33 Signification et appel d'une décision exécutoire par provision. La Cour de cassation a jugé[4] que l'appel d'une décision exécutoire par provision, interjeté par la partie comparante avant l'expiration du délai de six mois, ne la dispensait pas de signifier la décision déférée dans les six mois de son prononcé et empêchait toute voie d'exécution (on peut d'ailleurs en déduire *a contrario* que l'appel interjeté dans les délais par la partie non comparante fait obstacle à l'application à son profit des dispositions protectrices de l'article 478).

153.34 Compétence exclusive du juge de l'exécution. Par un arrêt du 11 octobre 1995, la Cour de cassation énonce que « *seul le juge de l'exécution (est) compétent* » pour se prononcer sur une demande tendant à dire non avenu un jugement en application de l'article 478 C. pr. civ., à l'exclusion de toute autre juridiction. Elle offre ainsi au défendeur défaillant la possibilité de saisir le juge naturel des décisions de justice caduques[5]. Dans cette perspective, la Cour de cassation estime que pour être recevable, l'incident tendant à faire constater la caducité du jugement doit être soulevé avant toute défense au fond[6].

1. Com. 20 févr. 2001, n° 97-18.491, NP; *Procédures* 2001, n° 122, note Perrot.
2. Civ. 3e, 19 juill. 1995, n° 93-19.858, NP; *Procédures* 1995, n° 258.
3. EN CE SENS, Civ. 2e, 26 oct. 2006, n° 05-11.824, NP; *Procédures* 2007, n° 5, note Perrot.
4. Civ. 2e, 27 mars 1996, n° 94-14.578, *Bull. civ.* II, n° 76; *Procédures* 1996, n° 174.
5. Civ. 2e, 11 oct. 1995, n° 93-14.326, *Bull. civ.* II, n° 233; *D.* 1997. 73, obs. Ruellan et Lauba.
6. Civ. 2e, 22 nov. 2001, n° 99-17.875, *Bull. civ.* II, n° 171; *Gaz. Pal.* 10-12 févr. 2002. Pan. 33.

SECTION 4
EXCEPTION TIRÉE DU CALCUL DES INTÉRÊTS DE RETARD

153.41 Généralités. Cette contestation ne doit pas être négligée car les sommes réclamées de ce chef, en sus du principal, et non calculées dans le titre, font généralement l'objet d'une demande de paiement à l'occasion de la procédure de saisie. Leur montant s'avère parfois élevé, voire supérieur au principal et les erreurs sont fréquentes, ne serait-ce qu'en raison de la complexité des modes de calcul, ce qui explique le caractère parfois exagéré de certaines demandes contenues dans des procès-verbaux de saisie-attribution ou de saisie-vente. Au surplus, les décisions de justice ne sont pas toujours explicites quant à la détermination du taux, de l'assiette et du point de départ applicables. Il n'est en effet pas rare de voir de nombreux jugements se borner à condamner au paiement des intérêts de droit sans autre précision. Ce qui induit des contentieux devant le JEX qui doit alors vérifier la pertinence du chiffrage revendiqué.

153.42 Distinction des intérêts moratoires et compensatoires. Rappelons qu'il convient de distinguer les intérêts moratoires des intérêts compensatoires.

– Les **intérêts compensatoires** sont destinés à réparer le caractère anormal du retard mis par le débiteur à s'acquitter de sa dette (C. civ., art. 1153, al. 4). Ils prennent la forme de dommages et intérêts eux-mêmes ouvrant droit à intérêts moratoires.

– Les **intérêts moratoires** réparent un préjudice dû au retard du débiteur[7] dans le paiement d'une somme d'argent (C. civ., art. 1153, al. 1er)[8]. On relèvera avec intérêt une décision récente de la Cour de cassation qui, au visa des articles 56 et 61 du décret du 31 juillet 1992 (devenus C. pr. exéc., art. R. 211-1 et R. 211-6), a jugé qu'en cas de saisie-attribution, les intérêts moratoires dus par le débiteur saisi au créancier saisissant sur la partie de sa créance correspondant aux sommes saisies disponibles continuent de courir jusqu'au paiement de ces sommes[9].

On exclura de cette étude les intérêts conventionnels dont le fondement repose sur les articles 1134, 1147 et 1149 du Code civil et qui sanctionnent à

7. Sur la détermination du débiteur tenu au paiement d'indemnités de retard : Civ. 2e, 10 mars 2011, n° 10-11.733, NP, s'agissant d'un liquidateur ès qualité.
8. Sur le pouvoir discrétionnaire des juges pour la fixation de la date du point de départ des intérêts d'une créance d'indemnité de réparation : Civ. 1re, 29 nov. 2005, n° 02-13.550, *Bull. civ.* I, n° 451.
9. Civ. 2e, 7 juin 2006, n° 04-15.597, *Bull. civ.* II, n° 151.

titre de dommages et intérêts, l'inexécution de l'obligation ou le retard dans l'exécution. Dans cette hypothèse, la mise en demeure n'est pas une condition du droit aux intérêts conventionnels[1].

§ 1
Intérêts moratoires et décisions de justice

153.51 Intérêts moratoires et jugement déclaratif. Lorsque le jugement est déclaratif, c'est-à-dire qu'il se borne à constater une créance stipulée dans un contrat, le point de départ des intérêts est fixé par le juge à compter de la date de la demande en justice ou, le cas échéant, de celle de la mise en demeure, même si le montant de la créance déterminée par le juge est différent de celui initialement réclamé.

En matière civile, la mise en demeure résulte d'une sommation ou d'une lettre missive s'il en ressort une interpellation suffisante (commandement, assignation, lettre recommandée avec accusé de réception [LRAR][2]). La jurisprudence a également admis qu'une demande en justice et une demande additionnelle valaient sommation de payer, sauf assignation périmée. En matière commerciale, la mise en demeure résulte de toute manifestation de volonté du créancier réclamant le paiement (lettre dont il est avéré qu'elle a été reçue par le débiteur ou lettre recommandée).

Il existe cependant des exceptions tenant au fait que la loi fait courir les intérêts moratoires de certaines créances à partir d'un événement différent. C'est ainsi que le point de départ des intérêts moratoires court :

– en matière de chèques impayés, à compter de la présentation au paiement (C. mont. fin., art. L. 131-52, 2);

– en matière de lettres de change et billets à ordre, à compter de l'échéance (C. com., art. L. 511-45 2° et L. 512-3, qui procède par renvoi à la lettre de change[3]);

– en matière de loyers, fermages, arrérages de rentes perpétuelles ou viagères, à compter du jour de la demande ou de la convention (C. civ., art. 1154 et 1155);

– en matière de répétition de l'indu, à compter du jour du paiement reçu indûment (C. civ., art. 1378);

– en matière de cautionnement, à compter du jour où la caution a payé le créancier à la place du débiteur principal (C. civ., art. 1153 et 2305[4]);

– en matière de somme versée d'avance sur le prix d'une vente mobilière ou d'une prestation de service, à compter de l'expiration du délai de trois mois suivant le versement (C. consom., art. L. 131-1, al. 1er);

– en matière de loyers commerciaux, au fur et à mesure des échéances du bail[5] et en matière de dépôt de garantie ou loyers payés d'avance, immédiatement pour les sommes excédant le prix de deux mois de loyer (Décr. n° 53-96, 30 sept. 1953, art. 24, devenu C. com., art. L. 145-40);

– en matière de dépôts de garantie des baux d'habitation, à compter d'un délai de deux mois suivant la restitution des clefs (L. n° 89-462, 6 juill. 1989, art. 22 *in fine*);

– en matière de remboursement de sommes versées suivant quittance subrogatoire en matière de contrat d'assurance, à compter de la date de la quittance[6].

Il convient de préciser que la Cour de cassation exige que pour pouvoir être recouvrés, les intérêts moratoires doivent faire l'objet d'une disposition spéciale du titre en vertu duquel est exercée la poursuite[7]. Elle admet toutefois que le JEX peut, sans pour autant modifier le dispositif du titre fondant la poursuite, pallier les insuffisances de celui-ci relativement aux intérêts de retard, notamment en précisant qu'une indemnité de licenciement a produit des intérêts à compter de la demande en justice[8].

153.52 Intérêts moratoires et jugement constitutif. Lorsque le jugement est constitutif[9], c'est-à-dire qu'il donne lui-même naissance à la créance (réparation d'un quasi-délit ou d'un délit), le point de départ des intérêts est fixé par le juge à compter de la décision qui donne naissance à la créance, à moins qu'il n'en décide autrement et sans qu'il soit tenu de motiver sa décision sur ce point (C. civ.,

1. Civ. 1re, 24 juin 1997, n° 95-11.380, *Bull. civ.* I, n° 210.
2. Civ. 1re, 29 nov. 2005, n° 03-16.530, *Bull. civ.* I, n° 449 – Et sur l'affirmation du principe : Civ. 2e, 7 déc. 2006, n° 04-17.322, *Bull. civ.* II, n° 348.
3. Anc. art. 152 et 185.
4. C. civ., anc. art. 2028.
5. Civ. 3e, 23 mars 1988, n° 86-18.067, *Bull. civ.* III, n° 62.
6. Civ. 1re, 26 févr. 1991, n° 88-10.189, *Bull. civ.* I, n° 74; *Gaz. Pal.* 10-11 juill. 1991. 12.
7. Civ. 1re, 10 mars 1998, n° 95-21.817, *Bull. civ.* I, n° 100; *RTD civ.* 1999. 206, obs. Perrot.
8. Civ. 1re, 17 juin 1999, n° 97-15.155, *Bull. civ.* I, n° 121; *RTD civ.* 1999. 706, obs. Perrot.
9. Les sommes allouées au titre de l'article 700 C. pr. civ. sont des condamnations au sens de l'article 1153-1 C. civ. : Civ. 3e, 31 oct. 2007, n° 06-19.128, *Bull. civ.* III, n° 189; *AJDI* 2008. 598, obs. Prigent – Et ce texte joue aussi relativement à l'application, en France, d'une condamnation prononcée par une juridiction étrangère reconnue exécutoire : Civ. 1re, 6 mars 2007, n° 04-17.127, *Bull. civ.* I, n° 96; *Dr. et proc.* 2007. 227, note Cuniberti.

art. 1153-1, al. 1er) [1]. Il s'agit là d'un pouvoir discrétionnaire comme le rappelle régulièrement la jurisprudence [2]. Si le juge omet de le préciser et même si le créancier ne le demande pas, les intérêts sont néanmoins dus par le débiteur à compter de jugement, sauf disposition contraire de la loi. En effet, en toute matière, la condamnation à une indemnité emporte intérêts au taux légal, même en l'absence de demande ou de disposition spéciale du jugement [3].

153.53 Intérêts moratoires et restitution des sommes détenues en vertu d'une décision de justice exécutoire. En vertu de l'article 1153 alinéa 3 du Code civil, la partie qui doit restituer une somme par elle détenue en vertu d'une décision de justice exécutoire, n'en doit les intérêts au taux légal qu'à compter de la notification, valant mise en demeure, de la décision ouvrant droit à restitution [4]. La Cour de cassation précise que, en cas de cassation, c'est l'arrêt de renvoi qui constitue la décision ouvrant droit à restitution [5]. Il en résulte que la partie qui détient une somme en exécution d'un arrêt de cour d'appel ayant infirmé une décision des premiers juges, n'est tenue au paiement des intérêts au taux légal qu'à compter de la notification de l'arrêt de la Cour de cassation ayant censuré l'arrêt de la cour d'appel [6]. Cette notification vaut mise en demeure [7].

§ 2
Intérêts moratoires : calcul et modalités de recouvrement

153.61 Calcul des intérêts moratoires. Les intérêts moratoires sont calculés, sauf clause contractuelle spécifique, au taux légal majoré de cinq points à l'expiration du délai de deux mois à compter du jour où la décision de justice est devenue exécutoire, fût-ce par provision. L'article L. 313-3 alinéa 1er C. mon. fin. décide en effet qu'« *en cas de condamnation pécuniaire par décision de justice, le taux de l'intérêt légal est majoré de cinq points à l'expiration d'un délai de deux mois à compter du jour où la décision de justice est devenue exécutoire, fût-ce par provision. Cet effet est attaché de plein droit au jugement d'adjudication sur saisie immobilière, quatre mois après son prononcé* ». L'alinéa 2 de ce texte souligne que « *toutefois, le juge de l'exécution peut, à la demande du débiteur ou du créancier, et en considération de la situation du débiteur, exonérer celui-ci de cette majoration ou en réduire le montant* ». Le JEX dispose ainsi d'un pouvoir modérateur en fonction de la situation du débiteur, pouvoir modérateur dont la Cour de cassation, le 6 juin 2013, a eu l'occasion de préciser les modalités d'exercice dans une affaire où des débiteurs contestaient une procédure de saisie-vente engagée à leur encontre, le créancier soutenant, lui, que la décision du juge de l'exécution ne s'appliquait pas aux intérêts échus mais seulement à compter de sa décision pour les seuls intérêts à échoir. La cour d'appel avait retenu une interprétation donnant son plein effet à l'article L. 313-3, exonérant les débiteurs de la majoration et estimant que rien ne permettait d'affirmer que ce texte, qui ne distingue pas entre les intérêts courus et ceux à venir, induisait que le juge de l'exécution ne pourrait statuer que pour l'avenir alors qu'il est précisément saisi d'une question d'exécution et qu'il doit à ce titre fixer le montant de la créance poursuivie. Or, le pourvoi contre cet arrêt est rejeté, assez logiquement. La Cour de cassation relève en effet que « *l'article L. 313-3, alinéa 2, du Code monétaire et financier ne distingue pas selon que les intérêts sont dus pour la période antérieure ou postérieure à la décision du juge de l'exécution* », et qu'ainsi « *c'est dans l'exercice de son pouvoir souverain d'appréciation que la cour d'appel* [avait] *retenu le décompte excluant en totalité les intérêts au taux majoré* » [8].

Cette majoration ne s'applique qu'aux intérêts dus en vertu d'une condamnation, sous réserve que celle-ci n'ait pas été assortie de la constitution d'une garantie qui n'a pas été réalisée [9]. Elle ne concerne donc pas la liquidation judiciaire ou le renouvellement de loyer fixé par le juge, pas plus que l'exécution tardive d'un acte notarié.

La majoration de cinq points prévue par la loi du 11 juillet 1975 est applicable en cas de contentieux administratif [10].

1. Civ. 1re, 16 mars 1999, no 97-12.930, *Bull. civ.* I, no 95; *Gaz. Pal.* 4-6 juill. 1999. 15 – Civ. 3e, 15 mars 2000, no 98-13.890, *Bull. civ.* III, no 59; *Gaz. Pal.* 27-29 avr. 2000. 1.
2. Civ. 1re, 29 nov. 2005, 02-13.550, *Bull. civ.* I, no 451; *RTD civ.* 2006. 311, obs. Mestre et Fages.
3. Civ. 2e, 6 mai 1999, no 96-21.827, *Bull. civ.* II, no 80; *BICC* 1er août 1999, no 956, à propos d'une indemnité allouée au titre de l'article 700 C. pr. civ.
4. Cass., ass. plén., 3 mars 1995, no 91-19.497, *Bull. ass. plén.*, no 1; *Gaz. Pal.* 1995. 17-18 mai. 6 – Com. 24 févr. 1998, no 95-14.925, NP; *D. Affaires* 1998. 534 – Civ. 2e, 15 déc. 2005, no 04-12.299, *Bull. civ.* II, no 326 (restitution des sommes détenues en vertu d'une décision exécutoire).
5. Com. 20 janv. 1998, no 95-20.724, NP; *D.* 1998. 261, obs. Cotin.
6. Civ. 2e, 25 juin 1997, no 95-12.851, *Bull. civ.* II, no 205; *Gaz. Pal.* 1997. Pan. 7.
7. Civ. 2e, 9 déc. 1999, no 98-10.416, *Bull. civ.* II, no 188; *Procédures* 2000, no 57, p. 7 – V. AUSSI, Civ. 3e, 12 janv. 2010, no 08-18.624, *Bull. civ.* III, no 6.
8. Civ. 2e, 6 juin 2013, no 12-20.129, *Bull. civ.* II, no 112; *D.* 2014. Pan. 1471, obs. Leborgne.
9. Civ. 2e, 19 mai 1999, no 96-22.280, *Bull. civ.* II, no 95; *D.* 1999. 164.
10. CE 21 mai 1997, *Procédures* 1997, no 279, p. 18, note Deygas.

La majoration du taux légal ne peut s'appliquer que si les décisions portant condamnation ont été signifiées au débiteur, et ce, même si elles sont exécutoires par provision[1].

153.62 Recouvrement des intérêts moratoires des créances fixées par jugement déclaratif. Un important arrêt du 10 mars 1998 précise que, pour pouvoir être recouvrés par voie d'exécution, les intérêts moratoires des sommes dues au titre d'une obligation de payer (C. civ., art. 1153) doivent faire l'objet d'une disposition spéciale du titre en vertu duquel est exercée la poursuite[2]. Il en résulte que le jugement ou l'acte notarié (pour l'essentiel) qui condamne au paiement d'une somme résultant d'une obligation de payer, soit à titre d'intérêts de retard, soit à titre de dommages et intérêts distincts, doit expressément mentionner le point de départ des intérêts. On peut supposer que la Haute juridiction a voulu, en énonçant ce principe draconien, mettre un frein aux contentieux résultant de l'absence de mentions précises de ce chef. Il appartient alors aux parties et aux rédacteurs des actes de faire preuve de la plus grande vigilance dans la détermination de ce point de départ[3].

Néanmoins, par un arrêt du 17 juin 1999, la Cour de cassation, statuant dans le cadre d'un contentieux d'opposition à commandement de payer à fin de saisie-vente ayant inclus les intérêts légaux d'une indemnité de licenciement à compter du jour de la demande, malgré l'omission du jugement, admet que le JEX constate, par une simple précision, qu'en vertu de l'article 1153 du Code civil, les intérêts sont effectivement dus de plein droit à compter de la demande en justice, conformément aux pouvoirs qu'il tient de l'article L. 311-12-1 du COJ [ancien][4].

153.63 Intérêts moratoires et victimes d'accidents de la circulation. Une exception notable concerne les indemnités versées aux victimes d'accidents de la circulation : le taux légal est majoré de moitié pendant deux mois, puis est doublé, lorsque l'offre obligatoire d'indemnité, devenue définitive, n'a pas été versée dans le mois qui suit. Le taux légal est majoré de 50 % à l'expiration d'un délai de deux mois et doublé à l'expiation d'un délai de quatre mois, à compter du jour de la condamnation lorsqu'elle est contradictoire, et dans tous les autres cas, à compter de sa notification (L. n° 85-677, 5 juill. 1985, art. 21).

Quant à l'omission de l'offre obligatoire d'indemnité dans les huit mois de l'accident (C. assur., art. L. 211-9, al. 2), elle est sanctionnée par la production d'intérêts au double de l'intérêt légal du chef de l'indemnité ultérieurement offerte ou judiciairement fixée, à l'issue de ce délai de huit mois et jusqu'au jour de l'offre ou du jugement définitif (C. assur., art. L. 211-13). L'assureur ne peut cependant se voir opposer ces majorations de plein droit sans avoir été appelé en la cause.

153.64 Intérêts moratoires et appel. Lorsque la cour d'appel confirme purement et simplement la décision allouant une indemnité en réparation d'un dommage (créance constitutive), celle-ci porte intérêts de plein droit à compter du jugement de première instance. Dans les autres cas, les intérêts de cette indemnité courent à compter de la décision d'appel. Toutefois, la cour d'appel peut toujours déroger à ce principe sans avoir à motiver particulièrement sa décision de ce chef[5].

153.65 Intérêts moratoires et ouverture d'une procédure collective. Depuis l'entrée en vigueur de la loi n° 2005-845 du 26 juillet 2005 relative à la sauvegarde des entreprises, aux termes de l'article L. 622-28 alinéa 1er du Code de commerce[6], l'ouverture du redressement judiciaire arrête définitivement le cours des intérêts légaux et conventionnels, ainsi que de tous les intérêts de retard et majoration des créances antérieures au jugement d'ouverture. On relèvera que, désormais, « *les personnes physiques cautions, coobligées ou ayant donné une garantie autonome peuvent se prévaloir des dispositions* » du premier alinéa de l'article L. 622-28 du Code de commerce, ce que n'admettait pas l'ancien article L. 621-48 dudit Code (ces dispositions s'appliquaient également à la caution faisant l'objet d'une procédure de redressement judiciaire). Le jugement de liquidation qui s'ensuit ne modifie pas la mise en œuvre du principe sus-énoncé. Toutefois, ces dispositions n'interdisent pas au créancier du débiteur redevenu *in bonis* d'exiger le paiement des intérêts de retard[7].

La seule exception concerne les intérêts (y compris les intérêts de retard) résultant de contrats de prêts conclus pour une durée égale ou supérieure à un an ou de contrats assortis d'un paiement différé

1. Civ. 2e, 4 avr. 2002, n° 00-19.822, *Bull. civ.* II, n° 69; *BICC* 2002, n° 558; *Rev. huiss.* 2002. 298, obs. Hoonakker; *RTD civ.* 2002. 562, obs. Perrot.
2. Civ. 1re, 10 mars 1998, n° 95-21.817, *Bull. civ.* I, n° 100; *Gaz. Pal.* 19-20 août 1998. Pan. 16; *RTD civ.* 1999. 206, obs. Perrot.
3. Civ. 2e, 25 mars 2010, n° 08-22.018, NP; *D.* 2011. 552, obs. Blanchard.
4. COMP. COJ, art. L. 216-3 [nouveau] – Civ. 2e, 17 juin 1999, n° 97-15.151, *Bull. civ.* II, n° 121; *RTD civ.* 1999. 707, obs. Perrot; *JCP* 1999. IV. 2499.
5. Cass., ass. plén., 3 juill. 1992, n° 90-83.430, *Bull. ass. plén.*, n° 267; *JCP* 1992. II. 21898, obs. Perdriau.
6. Anc. art. L. 621-48, al. 1er (L. 25 janv. 1985, anc. art. 55, al. 1er).
7. À propos d'un complément d'indemnité de licenciement réclamé par un salarié licencié à son ex-employeur : TGI Bobigny, JEX, 7 oct. 1997, *Gaz. Pal.* 11 févr. 1998. 4.

pour les mêmes périodes, peu importe qu'ils aient été dénoncés ou résiliés avant l'ouverture de la procédure collective.

153.66 Anatocisme. Rappelons qu'aux termes d'une convention spéciale entre les parties ou sur simple demande formée devant le juge, les intérêts échus des capitaux peuvent produire des intérêts dès lors qu'ils sont dus pour une année entière au moins. L'anatocisme consiste à intégrer annuellement le montant des intérêts de retard dans le principal restant dû, le cumul de ces sommes produisant lui-même des intérêts.

Il importe peu que la demande soit formulée avant que l'année entière soit échue. Toutefois, le point de départ du calcul des intérêts capitalisés ne peut être antérieur à la demande (C. civ., art. 1154). Au demeurant, la capitalisation des intérêts s'accomplit sans qu'il soit nécessaire de faire une nouvelle demande à l'expiration de chaque période annuelle[1].

Il s'agit là de dispositions d'ordre public qui s'appliquent aussi bien aux intérêts moratoires d'origine judiciaire que conventionnelle mais qui peuvent être écartées par le juge lorsqu'il constate la faute du créancier ou son retard dans la liquidation de la dette. Cela signifie *a contrario* que le juge ne peut jamais allouer d'office le bénéfice de l'anatocisme à la créance d'une partie. Lorsque la demande de capitalisation a été formée en première instance, la cour d'appel, si elle confirme la créance, est tenue de faire partir le point de départ des intérêts à compter du jour de la demande formée devant le premier juge en raison de l'effet dévolutif de l'appel[2].

153.67 Intérêts de droit. Lorsqu'une condamnation emporte l'allocation d'intérêts de plein droit, il n'est pas nécessaire de solliciter de ce chef le prononcé d'un nouveau titre exécutoire. La mention légale, que l'intérêt visé par la condamnation est produit « *de plein droit* », dispense de cette formalité, s'agissant d'un droit que la loi attribue à son bénéficiaire sans manifestation expresse de volonté. Tel est le cas de l'article L. 211-13 du Code des assurances qui dispose que, lorsque l'offre d'indemnité n'a pas été faite dans les délais impartis à l'article L. 211-9 du même code, son montant ou celui fixé par le juge produit intérêt de plein droit au double du taux de l'intérêt légal à compter de l'expiration du délai et jusqu'au jour de l'offre ou du jugement devenu définitif. La décision reconnaissant le droit à indemnisation et condamnant l'assureur à indemniser la victime constitue un titre suffisant lui permettant de réclamer paiement de l'intérêt susvisé dans le cadre d'une procédure d'exécution, même si le juge du fond n'a pas expressément condamné l'assureur au paiement de cet intérêt. Il importe peu à cet égard que cette pénalité puisse être réduite par le juge en fonction de circonstances non imputables à l'assureur à qui il appartient de saisir lui-même le juge du fond d'une telle demande[3].

1. Civ. 2e, 29 avr. 1997, n° 94-20.452, *Bull. civ.* II, n° 115; *D.* 1998. Somm. 114 – Sur la condition de durée des intérêts, v. Civ. 1re, 6 oct. 2011, n° 10-23.742, P
2. Soc. 6 avr. 1994, n° 92-42.459, *Bull. civ.* V, n° 135.

SECTION 5
EXCEPTION TIRÉE DE L'INTENTION D'EXERCER UN RECOURS

153.71 Principe. Les titres exécutoires, même provisoires, peuvent toujours faire l'objet d'une exécution forcée, même en cas de recours. Ce principe est énoncé par l'article L. 111-10 alinéa 1er C. pr. exéc., il suffit simplement que le titre ait force exécutoire (v. ss nos 112.11 s.). Tel est notamment le cas des ordonnances de référé ou des jugements bénéficiant de l'exécution provisoire. L'appel sur le fond de ces décisions n'en suspend pas pour autant les effets, et les créanciers peuvent diligenter leur exécution, à leurs risques et périls en cas d'infirmation ou d'anéantissement ultérieur de leur titre. Il ne peut donc être excipé utilement devant le JEX de la mise en œuvre de voies de recours pour obtenir un sursis, des délais de grâce, voire l'annulation de la procédure de saisie mise en œuvre.

Il existe en revanche des hypothèses dans lesquelles le titre, bien que revêtu de la formule exécutoire, n'a pas été obtenu dans le cadre d'un débat contradictoire et reste susceptible de recours de la part du débiteur. Il s'agit de l'injonction de payer et des titres émis par les collectivités locales.

153.72 Cas particulier de l'injonction de payer. Dans le cas de l'injonction de payer, la Cour de cassation, par un avis du 8 mars 1996 considère que « *l'opposition régulièrement formée, à la suite d'une mesure d'exécution, contre une ordonnance portant injonction de payer rendue exécutoire, a pour effet de saisir le tribunal de la demande du créancier et de l'ensemble du litige, et affecte ainsi la force exécutoire du titre sur le fondement duquel la mesure a été pratiquée. Elle empêche dès lors la poursuite de la procédure d'exécution sans remettre en cause les effets de l'acte de saisie dont la validité s'apprécie au moment où il a été signifié;* [la cour est donc] *d'avis que l'opposition ne peut pas conduire à ordonner la mainlevée de la saisie-attribution pratiquée, mais fait obstacle jusqu'à ce qu'il ait été statué sur l'opposition par la juridiction compé-*

3. TGI Paris, JEX, 30 nov. 1998, Cie Axa c/Fey, *Gaz. Pal.* 7 mars 2000. 27.

tente, au paiement des sommes rendues indisponibles »[1] (v. s[s] n° 121.33).

En conséquence, chaque fois que le JEX est saisi d'une exception tirée de l'opposition formée contre l'ordonnance d'injonction de payer fondant la mesure d'exécution contestée, il doit surseoir à statuer dans l'attente de la décision du tribunal d'instance de commerce, voire de proximité selon les cas. Il n'est en effet pas juge de la recevabilité de cette opposition.

153.73 Cas particulier des titres émis par les collectivités locales. Dans le cas des titres émis par les collectivités locales, la compétence des juridictions judiciaires sur le fond est déterminée par le fait que la créance trouve son origine dans un rapport de droit privé, à l'exception de l'arrêt de débet (Décr. n° 62-1587, 29 déc. 1962, art. 88). Ainsi, il y a compétence judiciaire chaque fois qu'il n'y a pas gestion d'un service public ou clause exorbitante du droit commun. Tel est le cas, notamment, du bail souscrit auprès d'un office public HLM ou d'un bail commercial souscrit par un particulier auprès d'une communauté urbaine, des frais de cantine scolaire avancés par les communes, du contrat conclu avec un syndicat des eaux ou du crédit consenti par une caisse de Crédit municipal[2].

Le contentieux de ces créances relève alors du tribunal d'instance (v. s[s] n° 126.105). Il s'en déduit que les oppositions contre les titres exécutoires émis par ces personnes publiques doivent être formées par voie d'assignation devant le **tribunal d'instance**. En conséquence, le JEX saisi de ce contentieux de fond à l'occasion d'une procédure d'exécution, doit surseoir à statuer et renvoyer la cause et les parties par-devant le tribunal d'instance qui examinera *in limine litis* si la contestation a été élevée dans le délai de deux mois de la réception du titre exécutoire ou à défaut, du premier acte procédant de ce titre ou de la notification d'un acte de poursuite (CGCT, art. L. 1617-5, 2°).

1. Cass., avis, 8 mars 1996, n° 09-60.001, *Bull. avis*, n° 4; *BICC* 15 mai 1996, p. 5.
2. TGI Toulon, JEX, 25 août 1993, *Rev. huiss.* 1996. 118.

SECTION 6

EXCEPTION TIRÉE DE L'INSCRIPTION DE FAUX CONTRE UN ACTE AUTHENTIQUE

153.81 Plainte avec constitution de partie civile. Le juge d'instruction pour faux et usage de faux ne peut contraindre le JEX à ordonner le sursis des mesures d'exécution diligentées en vertu du titre exécutoire contesté. La procédure de l'article 312 C. pr. civ. qui concerne l'inscription de faux contre les actes authentiques, soulevée à titre incident devant le TGI, n'est en effet pas applicable devant le JEX[3].

SECTION 7

OBSTACLES PROCÉDURAUX

153.91 Aide juridictionnelle. Le JEX ne peut ordonner la vente forcée d'un bien immeuble sans s'assurer que le débiteur, qui avait sollicité le bénéfice de l'aide juridictionnelle[4], ait été informé du sort réservé à sa demande et du nom de l'avocat désigné à ce titre. En ne respectant pas cette précaution, le JEX commet, selon la Cour de cassation, un excès de pouvoir. Il viole, entre autres, tant les dispositions afférentes à l'aide juridictionnelle (L. n° 91-647, 10 juill. 1991[5], art. 25) que le principe du droit à un procès équitable énoncé à l'article 6 § 1 de la Convention européenne de sauvegarde des droits de l'homme et des libertés fondamentales[6].

153.92 Notification des mesures d'exécution forcée. Un arrêt de la Cour de cassation a jugé que les dispositions de l'article 680 C. pr. civ., applicables à la notification des jugements, ne pouvaient être appliquées à la notification d'une mesure d'exécution forcée[7].

3. Civ. 2e, 18 févr. 1999, n° 96-21.045, *Bull. civ.* II, n° 35; *JCP E* 1999. 646; *JCP* 1999. IV. 1671 – Pour une illustration de cette procédure s'agissant de la mention de la date par un acte d'huissier de justice : Civ. 3e, 22 févr. 2006, n° 05-12.521, *Bull. civ.* III, n° 44; *D.* 2006. 675.
4. Le bénéficiaire de l'aide juridictionnelle totale condamné aux dépens est dispensé de rembourser au Trésor public les sommes exposées par l'État au titre de l'aide juridictionnelle accordée à son adversaire : Civ. 2e, 17 févr. 2011, n° 10-12.174, *Bull. civ.* II, n° 41; *RDSS* 2011. 374, obs. Tauran.
5. L. n° 91-647, 10 juill. 1991, relative à l'aide juridique, 13 juill., p. 9170.
6. Civ. 2e, 24 juin 2010, n° 08-19.974, *Bull. civ.* II, n° 120; *D.* 2011. 265, obs. Fricero; 1509, obs. Leborgne.
7. Civ. 2e, 8 sept. 2011, n° 10-23.003, *Bull. civ.* II, n° 165; *Procédures* nov. 2011, n° 335, note Perrot, à propos de la signification d'un acte de conversion intervenue sur le fondement d'un jugement.

CHAPITRE

154. Moyens de défense du débiteur et obstacles subjectifs

Olivier SALATI
Maître de conférences (HDR)
à l'Université d'Aix-Marseille

SECTION 0 ORIENTEUR

154.00 Plan du chapitre.

154.01 Textes applicables.

C. pr. exéc., art. L. 111-1, L. 111-3, L. 211-2, L. 311-2, L. 412-3 à L. 412-7; R. 162-9, R. 121-1, R. 121-5, R. 162-9, R. 211-3, R. 211-11, R. 311-1, R. 311-2, R. 412-3, R. 522-8 et R. 523-7 à R. 523-9.

C. civ., art. 1244-1 à 1244-3.

C. com., art. L. 526-1 s., L. 611-4 s., L. 622-21 s., L. 632-1 s. et L. 645-1 s.

C. consom., art. L. 330-1 et L. 331-2 s.

C. pr. civ., art. 510 à 512.

Les principaux textes déterminant les conditions de l'octroi des délais de grâce sont :

– les articles 1244-1 et suivants du Code civil en ce qui concerne les **délais de paiement**, dispositif complété par les articles 510 à 513 C. pr. civ.[1];

– les articles L. 412-3 et R. 412-3 et suivants C. pr. exéc. en matière d'**expulsion** (C. pr. exéc., art. L. 412-4, L. 412-6 et L. 412-7 – sur les mesures d'expulsion, v. s^{s} n°s 500.04 à 552.21)[2], étant précisé que la « *trêve hivernale* » ne fait pas obstacle à ce que l'Administration soit saisie, durant cette période, d'une demande de concours de la force publique[3] (sur la trêve hivernale, v. s^{s} n°s 521.30 à 521.42);

1. Sur l'articulation entre ces textes, à propos des pouvoirs du premier président d'une cour d'appel : v. Civ. 2e, 14 sept. 2006, n° 05-21.300, *Bull. civ.* II, n° 223.
2. Pour une application du délai de trois mois accordé par le juge avant qu'il ne soit procédé à une expulsion : v. TGI Aix-en-Provence, JEX, 24 avr. 2008, *Dr. et proc.* 2008. 284, obs. Scordopoulous – *Adde :* Civ. 2e, 4 juill. 2007, n° 06-14.601, *Bull. civ.* II, n° 202; *Procédures* 2007, n° 224, note Croze (occupant d'un local à usage commercial) – TGI Aix-en-Provence, JEX, 13 sept. 2007, *Dr. et proc.* 2008. 37, obs. Scordopoulos – Le sursis judiciaire à l'exécution des décisions d'expulsion peut être demandé en tout état de cause : Civ. 2e, 10 juill. 2008, n° 07-13.503, *Bull. civ.* II, n° 182.
3. CE 27 avr. 2007, Min. d'État, min. Intérieur et de l'Aménagement du territoire c/Csts, req. n° 291410, *Lebon T*; *Procédures* 2007, n° 248, note Perrot.

– les articles L. 145-41[1] et L. 642-18 (mod. par Ord. n° 2008-1345, 18 déc. 2008[2]) du Code de commerce;

– l'article 24 de la loi du 6 juillet 1989 relatif aux **baux de locaux d'habitation;**

– les articles L. 331-5 et suivants du Code de la consommation relatifs au surendettement des ménages;

– l'article L. 313-12 du Code de la consommation réglementant la **suspension des crédits mobiliers et immobiliers**[3].

154.03 **Bibliographie indicative.** (V. s^s n° 150.03).

Ouvrages. S. Piedelièvre, *Droit de l'exécution*, Puf, 2009, n° 371.

Articles. J.-C. Boulay, « Les créanciers antérieurs dans les procédures de sauvegarde, de redressement et de liquidation judiciaires », *Rev. proc. coll.* 2006. 135, spéc. 137 *in fine* – P. Canet, « Voies d'exécution », *Réforme des procédures collectives, premières remarques sur la réforme des procédures collectives*, n° spéc., *Rev. proc. coll.* 2005. 209; « Voies d'exécution », *Rev. proc. coll.* 2005. 209 – N. Cotte, « Le nouveau dispositif de traitement de surendettement des particuliers : titre III de la loi n° 2003-710 du 1er août 2003 », *RD banc. fin.* 2003, n° 6, p. 339 – J.-L. Courtier, « Action en revendication et droit de propriété dans les procédures collectives », *Rev. huiss.* 1998. 961 – P. Crocq, « La réforme des procédures collectives et le droit des sûretés », *D.* 2006. 1306 – J. Gasti, « La sauvegarde des intérêts des coindivisaires du débiteur », *JCP E* 1999. 1762 – L. Lauvergnat, « L'annulation de la saisie-attribution pratiquée en période suspecte », *Dr. et proc.* 2007. 254 – P.-M. Le Corre, « Premiers regards sur l'ordonnance du 12 mars 2014 réformant le droit des entreprises en difficulté. Dispositions générales », *D.* 2014. 733 – A. Leborgne, « Deux ans de saisie immobilière », *Procédures* janv. 2009, n° 4, p. 7 – A. Lienhard, « Réforme du droit des entreprises en difficulté : présentation de l'ordonnance du 18 décembre 2008 », *D.* 2009. 113 – G. Paisant, « Remarques dubitatives sur le projet de loi visant à instaurer une procédure de rétablissement personnel », *RTD com.* 2003. 574; « La réforme de la procédure de surendettement par la loi du 1er août 2003 sur la ville et la rénovation urbaine », *RTD com.* 2003. 671 – S. Piedelièvre, « Le droit à l'effacement des dettes », *Defrénois* 2004. Doctr. 14 – C. Rondey, « La réforme du surendettement par la loi Borloo du 1er août 2003 », *D.* 2003. 2162 – C. Saint-Alary Houin, « La date de naissance des créances en droit des procédures collectives », *LPA* 2004, n° 224, p. 11 – A. Sériaux, « Réflexions sur les délais de grâce », *RTD civ.* 1993. 789 – P. Serlooten, « Le Trésor public, créancier de l'entreprise en difficulté », *JCP E* 2000. 24 – P. Soustelle, « Le retour de la compétence du juge des référés pour octroyer un délai de grâce », *D.* 2000. Chron. 517 – P. Théry, « Le sort de la créance d'aliment dans les procédures collectives », *Mél. Buffet, La procédure dans tous ses états*, Montchrestien, 2004, p. 433 – V. Vigneau, « La réforme du surendettement », *Dr. et proc.* 2004/2. 67 – G. Wicker, « La période suspecte après la loi de sauvegarde des entreprises », *Rev. proc. coll.* 2006, spéc. n° 24, p. 12.

SECTION 1

CHAMP D'APPLICATION DES DÉLAIS DE GRÂCE

154.11 **Compétence d'attribution en matière civile et commerciale.** Afin de protéger le débiteur qui doit parfois faire face à une épreuve difficile et douloureuse, le législateur prévoit la possibilité d'accorder un délai de grâce. Celui-ci ayant pour effet de différer ou de ralentir l'exécution. L'article 510 C. pr. civ. énonce que le délai de grâce ne peut être accordé que par la décision dont il est destiné à en différer l'exécution. Autrement dit, ce délai peut être accordé par le juge qui a rendu la décision portant condamnation. Il prévoit cependant deux dérogations :

– l'une au profit du **juge des référés**, en cas d'urgence, seul compétent avant tout engagement d'une procédure d'exécution[4];

– l'autre au profit du **juge de l'exécution (JEX)**, après la signification d'un commandement[5] ou d'un acte de saisie, selon le cas (v. s^s n°s 212.11 s.)[6]. En cas de saisie des rémunérations, ce pouvoir sera exercé par le **juge d'instance** (C. trav., art. L. 3252-6 [mentionné au C. pr. exéc., art. L. 212-1]). La saisine du JEX avant la signification du commandement ou de l'acte de saisie constitue une exception d'irrecevabilité et non une exception d'incompétence[7].

On relèvera que la jurisprudence reconnaît que les mesures de grâce peuvent être sollicitées en tout état de cause, et donc y compris pour la première fois en appel[8].

Au total, ce sont donc trois juridictions qui sont susceptibles d'accorder, chacune dans un cadre particulier qui leur est propre, des délais de grâce.

L'article 510 alinéa 4 C. pr. civ. précise également que le juge qui accorde un délai de grâce doit

1. Anc. Décr. n° 53-96, 30 sept. 1953, relatif aux baux de locaux à usage commercial, art. 25.
2. Ord. n° 2008-1345, 18 déc. 2008, portant réforme du droit des entreprises en difficulté, *JO* 19 déc., p. 19462.
3. Sur le domaine d'application de ce texte v. Soc. 27 févr. 2002, n° 00-11.848, NP; *Gaz. Pal.* 19-20 juill. 2002. Pan. 21.
4. Sur cette question v. Ph. Soustelle, « Le retour de la compétence du juge des référés pour octroyer un délai de grâce », *D.* 2000. Chron. 517.
5. Civ. 2e, 3 juin. 1999, n° 97-14.889, *Bull. civ.* II, n° 110; *Rev. huiss.* 2000. 185.
6. Sur l'absence de pouvoir du JEX d'accorder un tel délai à l'audience d'orientation : v. Chambéry, 24 juin 2008, RG n° 08/01209.
7. TGI Bobigny, JEX, 27 mai 1997, *Rev. huiss.* 1998. 122.
8. Civ. 1re, 29 juin 2004, n° 02-12.598, *Bull. civ.* I, n° 187; *Dr. et proc.* 2004. 326, obs. Vinckel.

motiver sa décision. Doit-on en tirer cette conclusion qu'en cas de refus le juge serait délié de cette obligation fondamentale ?

154.12 Portée de la notion de délai de grâce. Les articles 1244-1 à 1244-3 du Code civil n'envisagent que le cas des délais de paiement de sommes d'argent. Ils ne retiennent pas expressément la compétence du juge lorsque la demande de délai a trait à une obligation de faire (remise d'une chose, exécution de travaux, enlèvement d'un obstacle). Il paraît donc difficile de faire de l'article 1244-1, le texte générique en matière de délai de grâce et son champ d'application semble être réservé à la seule demande de délai de paiement, même si l'opinion contraire est parfois soutenue[1] et s'il existe une jurisprudence isolée en ce sens[2]. Il s'agissait en l'espèce d'un délai de grâce accordé à un preneur tenu de libérer un logement. Mais la cour d'appel a motivé plus largement l'octroi du délai en soutenant que « *l'article 1244 est un texte de droit commun de portée générale qui s'applique non seulement au débiteur d'une somme d'argent mais encore à tous ceux qui sont tenus d'une obligation quelconque, notamment d'une obligation de faire* [...] ». On observera cependant qu'aucun arrêt de la Cour de cassation n'a confirmé cette interprétation, alors par ailleurs que l'article 1244-1 s'insère dans la section I « Du paiement » du chapitre V « De l'extinction des obligations » et non dans un dispositif plus général (sur les délais en matière d'expulsion, v. s[s] n°s 521.05 à 521.121).

En outre, le délai de grâce peut être sollicité indifféremment par une personne physique ou morale[3], y compris en cas d'exécution de la condamnation prononcée contre un débiteur malheureux et de bonne foi à titre d'astreinte[4].

154.13 Nature de la créance concernée. Les articles 1244-1 à 1244-3 du Code civil sont applicables quelle que soit la nature du titre de créance fondant la demande de délais : acte authentique[5], décision de justice ou acte sous seing privé. Il ne peut y être dérogé par des stipulations contractuelles contraires (C. civ., art. 1244-2). Les délais peuvent être alloués du chef de créances d'origine (quasi) contractuelle ou (quasi) délictuelle.

1. *J.-Cl. Civ.*, fasc. 40, n° 36 – A. Sériaux, « Réflexions sur les délais de grâce », *RTD civ.* 1993. 789.
2. Paris, 28 nov. 1991, *RTD civ.* 1991. 735.
3. TGI Orléans, JEX, 4 mars 1994, *Rev. huiss.* 1994. 642.
4. Civ. 2e, 6 juill. 2000, n° 98-17.780, NP; *Dr. et proc.* 2000. 374.
5. TGI Verdun, 23 sept. 1993, *Rev. huiss.* 1994. 647 – *Adde :* Perrot et Théry, n° 125.

SECTION 2

Exceptions aux délais de grâce

154.21 Rejet d'une précédente demande. Il est constant que lorsque le juge, quel qu'il soit (juge des référés ou juge du fond saisi postérieurement), a déjà refusé une demande de délai, le JEX ne peut se prononcer à nouveau sur ce point, sous peine de s'ériger en juridiction d'appel. Il lui est d'ailleurs interdit de modifier le dispositif de la décision à exécuter (C. pr. exéc., art. R. 121-1, al. 2)[6]. En revanche, il peut toujours accorder des délais de paiement lorsqu'il est justifié de circonstances nouvelles survenues depuis la première décision de rejet (maladie, accident, chômage, changement de situation professionnelle, *etc.*).

Reste que, dès lors que l'on retrouve la triple identité de parties, de cause et d'objet prévue par l'article 1351 du Code civil, la demande de délai se heurte à l'autorité de la chose jugée, laquelle constitue une fin de non-recevoir au sens de l'article 122 C. pr. civ., et peut dorénavant être relevée d'office (C. pr. civ., art. 125, al. 2).

154.22 Dettes alimentaires. On le sait, l'article 1244-1 alinéa 4 du Code civil est inapplicable aux dettes d'aliments. La Cour de cassation l'a réaffirmé récemment, dans une affaire où le débiteur avait été condamné à payer une somme à son ex-épouse au titre de la contribution à l'éducation et à l'entretien de leur fille, et où fut engagée à son encontre une procédure de saisie des rémunérations pour obtenir le paiement de la somme due. Le juge du tribunal d'instance avait considéré qu'au regard des charges incombant au débiteur il convenait de lui accorder des délais de paiement pour s'acquitter de sa dette, mais cette décision a été cassée par la deuxième chambre civile le 10 avril 2014 au constat de ce que « *l'article 1244-1 du Code civil exclut son application aux dettes d'aliments* »[7]. Aucun délai de grâce ne peut donc être obtenu par le débiteur d'une pension alimentaire, de subsides ou d'une prestation compensatoire en raison de son caractère mixte, pour partie alimentaire et indemnitaire[8]. Cette irrecevabilité peut être étendue aux obligations alimentaires entre époux.

On peut en revanche se demander si l'irrecevabilité s'étend aux dettes à caractère alimentaire, telles que les salaires ou les indemnités réparatrices de

6. Douai, 17 mars 1994, *Rev. huiss.* 1995. 237 – Aix-en-Provence, 1re ch. civ., 13 déc. 2007, RG n° 07/07032.
7. Civ. 2e, 10 avr. 2014, n° 13-13.469, *Bull. civ.* II, 100; *D.* 2014. 928.
8. Civ. 1re, 29 juin 2011, n° 10-16.096, *Bull. civ.* I, n° 128; *RTD civ.* 2011. 524, obs. Hauser; *AJ fam.* 2011. 427, obs. Loiseau; *Dr. fam.* 2011, n° 124, obs. Larribau-Terneyre.

préjudice. À cet égard, il semble bien que l'exception relative aux dettes d'aliments doive être entendue *lato sensu*, notamment pour les salaires, primes de fin d'année ou indemnités de congés payés. Tel est le sens de la jurisprudence de la Cour de cassation qui, si elle admet que le juge puisse accorder à l'employeur un délai de paiement pour s'acquitter d'une indemnité de licenciement, le refuse lorsqu'il s'agit du paiement des créances salariales[1]. Cette jurisprudence est confirmée par le JEX qui refuse d'accorder à un commerçant des délais de paiement du chef d'une dette due à un salarié licencié[2].

154.23 Effets de commerce et chèques impayés. Aucun jour de grâce « *ni légal ni judiciaire* » n'est admis pour les lettres de change, les billets à ordre et les chèques (C. com., art. L. 511-81 et L. 512-3[3] – C. mon. fin., art. L. 131-66, qui dispose qu'« *aucune prorogation de délai, ni légale ni judiciaire, n'est admise* »).

Une exception concerne les garants en cas de faillite du tiré ou du tireur d'une lettre de change, sans que les délais octroyés puissent dépasser la date fixée pour l'échéance ainsi que le cas de force majeure.

Il ne semble pas qu'il soit possible d'allouer de délais de grâce postérieurement à la condamnation prononcée du chef de ces titres de paiement non honorés en raison du caractère strict de l'interdiction posée par les textes.

154.24 Dette de sécurité sociale. Sous l'empire de l'ancien article 1244 du Code civil, avant sa modification par la loi du 9 juillet 1991, la Cour de cassation prohibait toute demande de délai de grâce devant les juridictions, au premier rang desquelles le tribunal des affaires de sécurité sociale. Toutefois, la Haute juridiction admet une exception en cas « *d'événement de force majeure* » auquel elle n'assimile pas de simples difficultés financières[4]. Cette jurisprudence est fermement maintenue. L'article 1244-1 du Code civil est inapplicable en cette matière[5], sauf après signification d'un commandement ou d'un acte de saisie[6].

Seuls les organismes de Sécurité sociale sont autorisés à différer ou abandonner la mise en recouvrement ou le paiement de leurs créances ou de leurs dettes à l'égard des cotisants ou assurés (CSS, art. L. 133-3, al. 1er) lorsque leur montant est inférieur à un seuil fixé par décret (sur ce point, v. CSS, art. D. 133-1 et D. 133-2-1). Toute demande de délai doit être formée auprès du directeur de l'organisme de recouvrement qui a seule qualité pour ordonner des sursis à poursuites pour le règlement des majorations de retard[7]. La demande doit être accompagnée d'offres de garanties dont le caractère suffisant est laissé à l'appréciation du directeur de l'organisme chargé du recouvrement (CSS, art. R. 243-21, al. 2)[8]. C'est ainsi que le débiteur de majorations de retard ne peut saisir la juridiction contentieuse d'une demande de remise que par la voie d'un recours contre la décision gracieuse ayant rejeté sa requête, après règlement total des cotisations ayant donné lieu à l'application des majorations. Une opposition à contrainte ne peut en aucun cas avoir cet objet[9]. Le tribunal des affaires de sécurité sociale peut décider, avec l'approbation conjointe du trésorier-payeur général et du préfet de région, la remise intégrale des majorations de retard lorsque l'assuré justifie être dans une situation exceptionnelle. Cette décision est elle-même susceptible de recours devant la juridiction administrative[10].

En revanche, en application des décrets du 29 décembre 1976, du 22 octobre 1984 et de l'arrêté ministériel du 16 mars 1993, le tribunal des affaires de sécurité sociale est compétent pour connaître de tous litiges relatifs à une demande de remise de majorations de retard recouvrées par les caisses de mutualité sociale agricole au titre des cotisations de sécurité sociale des personnes relevant du régime agricole ou des cotisations assises sur les salaires de ces personnes[11].

L'impossibilité d'appliquer l'article 1244-1 du Code civil s'étend aux débiteurs avalistes de billets à ordre souscrits par l'employeur qui sont considérés comme solidairement tenus envers l'organisme chargé du recouvrement[12].

De même, lorsque les organismes de sécurité sociale agissent en répétition de l'indu, le recouvrement de l'indu est assimilé à une cotisation sociale (CSS, art. L. 133-4). Il ne peut donc être accordé aucun délai de grâce de ce chef par le tribunal des affaires de sécurité sociale. Il faut cependant préciser que, depuis la loi du 9 juillet 1991, la Cour de cassation reconnaît au JEX, sur le fondement des

1. Soc. 18 nov. 1992, n° 91-40.596, *Bull. civ.* V, n° 555.
2. TI Sarreguemines, JEX, 6 juill. 1995, *Rev. huiss.* 1995. 1388.
3. C. com., anc. art. 182 et 185.
4. Soc. 4 nov. 1982, n° 81-16.304, *Bull. civ.* V, n° 600.
5. TGI Saint-Brieuc, JEX, 14 avr. 1994, *Rev. huiss.* 1994. 643.
6. Besançon, 1re ch. A, 7 oct. 2009, RG n° 09/01220.
7. Soc. 3 mars 1994, n° 90-15.524, *Bull. civ.* V, n° 79.
8. Sur la compétence du JEX pour accorder un délai de grâce v. : Soc. 19 juill. 2001, n° 00-12.917, *Bull. civ.* V, n° 284.
9. Soc. 23 janv. 1997, n° 94-21.128, *Bull. civ.* V, n° 34; *Gaz. Pal.* 10-11 sept. 1997. 23 – Soc. 17 déc. 1998, n° 97-14.061, *Bull. civ.* V, n° 573; *JCP* 1999. V. 1271.
10. Soc. 25 nov. 1999, n° 98-12.801, *Bull. civ.* V, n° 460; *JCP* 2000. IV. 1082.
11. Soc. 29 oct. 1998, n° 97-10.946, *Bull. civ.* V, n° 473; *BICC* 15 janv. 1999, nos 56 et 57.
12. Soc. 25 mars 1981, n° 79-14.296, *Bull. civ.* V, n° 256.

articles 8 du décret du 31 juillet 1992 (devenu C. pr. exéc., art. R. 121-1) et 1244-1 du Code civil, le pouvoir d'accorder un délai de grâce pour le paiement des cotisations sociales, dès lors qu'une mesure d'exécution a été engagée en vertu d'une contrainte exécutoire [1]. Cependant, par une décision du 16 septembre 2003, la deuxième chambre civile de la Cour de cassation a décidé qu'une juridiction du fond ne peut accorder de délai de grâce lorsqu'elle est saisie d'une demande présentée hors contentieux de l'exécution forcée [2].

154.25 Créances fiscales de l'État et des collectivités territoriales. Le principe de la séparation des pouvoirs interdit aux juridictions de l'ordre judiciaire d'accorder des délais de grâce aux débiteurs en matière de recouvrement de dettes fiscales [3]. Toute demande de ce chef doit être présentée au comptable dans le cadre d'une requête gracieuse (Décr. 13 avr. 1981 - Décr. 29 déc. 1992, art. 26 - LPF, art. L. 247 s.) [4]. Il en ira de même pour une créance d'un Opac (CCH, R. 423-32-1 - et LPF, art. L. 281) [5]. La procédure de remise exclut les droits d'enregistrement, de timbre, de taxe sur le chiffre d'affaires, les contributions indirectes et les taxes assimilées à ces droits, taxes et contributions.

154.26 Procédures collectives : procédure de conciliation. S'agissant du droit des procédures collectives, sur le fondement de l'ancien article 36 de la loi du 1er mars 1984, relative à la procédure de règlement amiable des difficultés des entreprises, le président du tribunal de commerce pouvait, lorsqu'un accord était conclu avec les principaux créanciers, l'homologuer et accorder souverainement au débiteur des délais de grâce pour des dettes fiscales, la loi ne distinguant en effet pas entre les différentes natures de créances [6]. Depuis l'institution de la nouvelle procédure de conciliation, destinée à bénéficier aux personnes « *exerçant une activité commerciale ou artisanale qui éprouvent une difficulté juridique, économique ou financière avérée ou prévisible, et ne se trouvent pas en état de cessation des paiements depuis plus de quarante-cinq jours* » (C. com., art. L. 611-4), il est prévu que le débiteur poursuivi par un créancier au cours de la procédure a la possibilité de demander au juge de faire application des articles 1244-1 à 1244-3 du Code civil (C. com., art. L. 611-8, II, 3°) [7].

Depuis l'ordonnance n° 2008-1345 du 18 décembre 2008 portant réforme du droit des entreprises en difficulté, on relèvera qu'en supprimant le membre de phrase qui prévoyait la possibilité de faire application des articles 1244-1 à 1244-3 du Code civil, ses auteurs ont, semble-t-il, exprimé le souhait de faire disparaître la possibilité d'accorder des délais lors de la phase d'homologation de l'accord par le juge.

Mais *quid* des créances non prévues dans l'accord ? L'article L. 611-7 alinéa 5 du Code de commerce prévoit que lorsque le débiteur a été mis en demeure par un créancier, il peut solliciter du juge qui a ouvert la procédure des délais de grâce, après avoir été éclairé par le conciliateur. Les modalités procédurales (assignation) de la demande sont envisagées par l'article R. 611-35 du Code de commerce.

En revanche, l'on observera que, par mesure de faveur, certains garants et co-obligés personnes physiques peuvent bénéficier d'un délai de grâce accordé par le tribunal ou d'un différé de paiement dans la limite de deux ans (C. com., art. L. 622-28, al. 2) [8].

154.27 Amende pénale. Le JEX ne peut jamais accorder un délai de grâce du chef du paiement d'une amende pénale [9]. Le recouvrement de ces amendes relève du seul régime de l'exécution des peines [10]. En revanche, il est loisible au tribunal qui prononce l'amende, de la **fractionner pour motif grave** d'ordre médical, familial, professionnel ou social, pour une période n'excédant pas trois ans. La demande peut être formée même en cours d'exécution auprès du ministère public lorsque l'exécution doit être suspendue moins de trois mois ou auprès du tribunal (correctionnel ou de police) statuant en chambre du conseil sur saisine du parquet lorsque l'exécution doit être suspendue plus ou moins de trois mois (C. pén., art. 132-28 - C. pr. pén., art. 708, al. 3 et 4).

154.28 Condamnation civile prononcée par une juridiction pénale. Dans cette hypothèse, une

1. Soc. 19 juill. 2001, n° 00-12.917, *Bull. civ.* V, n° 284; *D.* 2001. 2461; *JCP* 2002. II. 10098, note Bugada.
2. Civ. 2e, 16 sept. 2003, n° 02-10.909, *Bull. civ.* II, n° 262; *D.* 2003. Somm. 2866, obs. Prétot; *BICC* 2003, n° 1464.
3. Civ. 2e, 14 oct. 2010, n° 09-67.108, NP.
4. TGI Arras, JEX, 16 déc. 1993, *Rev. huiss.* 1994. 642 - Douai, 19 mai 1994, *Rev. huiss.* 1994. 1295 - Dijon, 30 nov. 1994, *Rev. huiss.* 1995. 1014.
5. Dijon, 9 avr. 1997, *BICC* 15 nov. 1997, n° 1331 – À propos d'une dette de loyers : *Rev. huiss.* 1998. 697.
6. Com. 16 juin 1998, nos 96-15.525, 96-16.349, *Bull. civ.* IV, n° 193; *JCP* 1998. II. 10218.
7. Civ. 3e, 10 déc. 2008, n° 07-19.899, *Bull. civ.* III, n° 199; *D.* 2009. 16, obs. Lienhard.
8. Sur la qualification de fin de non-recevoir, ne pouvant être invoquée pour la première fois devant la Cour de cassation : Cass., ch. mixte, 16 nov. 2007, n° 03-14.409, *Bull. ch. mixte*, n° 11; *D.* 2007. AJ 3009, obs. Lienhard; *D.* 2008. 2104, obs. Crocq; *RTD civ.* 2008. 716, obs. Thery; *RTD com.* 2008. 168, obs. Legeais.
9. TGI Auch, JEX, 4 janv. 1994, *Rev. huiss.* 1994. 642 - TGI Lyon, JEX, 7 juin 1994, *Rev. huiss.* 1995. 237.
10. Civ. 1re, 17 nov. 1998, n° 96-19.821, *Bull. civ.* I, n° 325; *D.* 1999. 206, obs. Chatain et Ferrière; *RTD com.* 1999. 213, obs. Paisant.

jurisprudence constante refuse tout pouvoir modérateur au juge, malgré les critiques de la doctrine[1].

154.29 Cotisation à l'ordre des avocats. La première chambre civile de la Cour de cassation a jugé que les dispositions de l'article 105, 2° du décret du 27 novembre 1991, prenant en considération l'éventualité d'un motif valable de non-paiement, sont exclusives de l'application de l'article 1244-1 du Code civil[2].

154.30 Saisie antérieure, procédure collective, diminution fautive des garanties conventionnelles. Aucun délai de grâce ne peut être accordé au débiteur dont les biens sont saisis par d'autres créanciers, à celui qui fait l'objet d'une procédure collective, ou à celui qui, par son fait, a diminué les garanties qu'il avait données à son créancier. Dans ces trois hypothèses, le débiteur perd le bénéfice des délais qu'il a préalablement obtenus (C. pr. civ., art. 512 - C. civ., art. 1188). C'est ainsi que les débiteurs qui n'ont pas respecté les délais de grâce qui leur ont été accordés alors qu'ils étaient *in bonis*, ne peuvent exciper de l'ouverture d'une procédure collective à leur égard pour échapper à la déchéance du terme et à l'expulsion subséquente[3].

L'alinéa 2 de l'article 512 C. pr. civ. décide en outre que « *le débiteur perd, dans ces mêmes cas, le bénéfice du délai de grâce qu'il aurait préalablement obtenu* ».

154.31 Expropriation. Au nom de l'intérêt général, l'exproprié ne peut bénéficier d'aucun délai de grâce pour vider les lieux, passé le délai d'un mois suivant le paiement ou la consignation de l'indemnité ou de l'acceptation ou la validation de l'offre d'un local de remplacement (C. expr., art. L. 15-1), y compris devant le JEX[4].

154.32 Droit de reprise du bailleur (L. n° 48-1360, 1er sept. 1948). Le locataire bénéficiant d'un loyer soumis aux dispositions de la loi de 1948 ne peut obtenir de délais de grâce lorsque son propriétaire reprend le logement pour y habiter parce qu'il n'a pas trouvé d'autre logement correspondant à ses besoins (L. n° 48-1360, 1er sept. 1948, art. 19).

154.33 Baux commerciaux. Le juge a la possibilité de suspendre la clause résolutoire insérée au bail commercial et notifiée au locataire par commandement tant qu'une décision de justice au fond n'a pas constaté la résiliation du bail (C. com., art. L. 145-41, al. 2[5])[6].

154.34 Résolution de contrats. La vente d'immeubles, la vente à réméré et la vente de denrées et d'effets mobiliers ne peuvent jamais donner lieu à délai de grâce (pour de plus amples précisions, consulter le détail des articles, C. civ., art. 1656, 1657, 1661).

154.35 Saisie immobilière. Avant la réforme de la saisie immobilière intervenue au cours de l'année 2006, la jurisprudence avait estimé que l'application de l'article 1244-1 du Code civil à la saisie immobilière était impossible dès lors que la date de l'adjudication était fixée[7]. La solution avait été confirmée par un avis de la Cour de cassation qui avait en outre précisé que le JEX, s'il pouvait être valablement saisi d'une demande de délai et de suspension des poursuites de saisie immobilière, encore fallait-il que ce soit avant la publication du commandement à fin de saisie et qu'il statue avant la fixation de la date d'adjudication[8]. Même saisi antérieurement à sa publication, il ne pouvait accorder aucun sursis sur le fondement du droit commun, après la date de fixation de l'adjudication[9]. L'article L. 331-5 du Code de la consommation, modifié par la loi n° 98-46 du 23 janvier 1998 (L. 23 janv. 1998, art. 5), confirmait cette solution en énonçant que, désormais, seul le juge de la saisie immobilière était compétent, postérieurement à la publication du commandement aux fins de saisie, pour prononcer la suspension de cette procédure. Il en résultait que, dès la publication du commandement, la demande de délais ne pouvait plus être présentée devant le JEX mais devant le juge des criées qui pouvait y faire droit sur le fondement de l'article 1244-1 du Code civil, tant que la date de l'adjudication n'avait pas été déterminée[10]. Une fois fixée la date de l'adjudication, le report de la vente ne pouvait être accordé que sur justification d'une cause grave et dans la limite de quatre mois (ACPC, art. 702 et 703[11]; textes abrogés par Ord.

1. Crim. 3 déc. 1981, n° 80-93.994, *Bull. crim.* n° 322 – Crim. 17 janv. 1991, n° 90-82.490, *Bull. crim.* n° 31; *RTD civ.* 1991. 735, obs. Mestre.
2. Civ. 1re, 18 oct. 2000, n° 98-15.528, *Bull. civ.* I, n° 251; *D.* 2002. 850, obs. Blanchard.
3. Douai, 15 déc. 1994, *Rev. huiss.* 1995. 498.
4. TGI Lyon, JEX, 20 déc. 1994, *Rev. huiss.* 1995. 953.
5. Anc. Décr. n° 53-96, 30 sept. 1953, art. 25, al. 2.
6. Civ. 3e, 18 déc. 1991, n° 89-19.914, *Bull. civ.* III, n° 327 – Civ. 3e, 13 sept. 2011, n° 10-24.862, NP.
7. TGI Auch, 1er févr. 1994 – TGI Valence, JEX, 4 mars 1994, *Rev. huiss.* 1994. 642 et 643.
8. Civ. 2e, 11 mars 1998, n° 95-21.855, *Bull. civ.* II, n° 80; *D. Affaires* 1998. 548 – Civ. 2e, 8 avr. 1998, n° 96-04.043, *Bull. civ.* II, n° 124; *Rev. huiss.* 1998. 1068.
9. Civ. 2e, 12 juin 1991, n° 90-14.099, *Bull. civ.* II, n° 181 – Cass., avis, 5 mai 1995, n° 09-50.005, *Bull. avis,* n° 5; *BICC* 15 juin 1995, p. 3 – Civ. 2e, 14 mai 1997, n° 95-12.946, *Bull. civ.* II, n° 145; *BICC* 1er août 1997, n° 974, p. 18; *Rev. huiss.* 1997. 1374.
10. TGI Rennes, 14 juin 1994, *Rev. huiss.* 1995. 1390.
11. Mod. par L. 29 juill. 1998, art. 106.

n° 2006-461, 21 avr. 2006, portant réforme de la saisie immobilière[1]).

Les auteurs de la réforme de 2006 n'ont livré aucune précision sur cette difficulté. Dans la mesure où ce point de droit a vocation à être élevé dans un grand nombre de situations, on aurait pu penser que les juges du fond recourent à la procédure de saisine pour avis de la Cour de cassation, comme cela a été fréquemment le cas depuis l'entrée en vigueur de la loi de 1991 portant réforme des voies d'exécution mobilières. En l'absence d'utilisation de cette procédure, **il faut tenter de discerner si un délai de grâce peut être requis et surtout à quel stade de la procédure ?**

En premier lieu, dans l'hypothèse où **le délai de grâce a été sollicité par le débiteur avant que le créancier n'ait déclenché la procédure de saisie immobilière,** ce dernier ne peut mettre en œuvre la procédure de saisie immobilière puisque l'exigibilité de la créance est suspendue par le prononcé d'un tel délai. Or, en vertu de l'article L. 311-2 C. pr. exéc., tout créancier muni d'un titre exécutoire peut procéder à une saisie immobilière dès lors que ce titre constate une créance liquide et exigible.

En second lieu, quid lorsque **le créancier a d'ores et déjà engagé une procédure de saisie immobilière ?** L'article R. 311-1 C. pr. exéc. prévoit que « *la procédure de saisie immobilière est régie par les dispositions du présent livre et par celles qui ne lui sont pas contraires du livre Ier du présent code* ». Or, l'article R. 121-1 dispose, dans son alinéa 2, que le JEX a compétence « *après signification du commandement ou de l'acte de saisie selon les cas* [pour] *accorder un délai de grâce* ». Qui plus est, l'article R. 121-5 dispose décide également que, sauf dispositions contraires, les dispositions communes du livre I du Code de procédure civile sont applicables devant le JEX. En conséquence, les articles 510 à 512 C. pr. civ. ont vocation à s'appliquer à la procédure de saisie immobilière une fois que celle-ci a été engagée par la signification du commandement de payer dont on sait qu'il vaut saisie (C. pr. exéc., art. R. 321-1, al. 1er). Un délai de grâce doit donc pouvoir être judiciairement accordé sur le fondement de l'article 1244-1 du Code civil[2]. Toute la question est alors de savoir s'il existe un délai butoir pour que le débiteur puisse formuler une demande auprès du juge compétent, c'est-à-dire désormais auprès du JEX du tribunal de grande instance (TGI) du lieu de situation de l'immeuble saisi (C. pr. exéc., art. R. 311-2). La doctrine accrédite l'idée que le délai de grâce peut être sollicité jusqu'à l'audience d'orientation[3]; passé cette phase, on peut en effet craindre qu'une telle demande ne soit formulée qu'à des fins purement dilatoires. La jurisprudence semble incliner en ce sens[4].

154.36 Surendettement des particuliers. À la demande du débiteur, la commission peut saisir, avant la décision de recevabilité[5], le juge du tribunal d'instance afin de suspendre les procédures d'exécution diligentées contre ce dernier[6]. En cas d'urgence, la commission peut être saisie par plusieurs personnes (C. consom., art. L. 331-5, al. 1er). Si, en cas de saisie immobilière, la vente forcée a été ordonnée, on notera que le report de la date d'adjudication ne peut résulter que d'une décision du juge chargé de la saisie immobilière, saisi à cette fin par la commission.

Toutefois, lorsqu'en cas de saisie immobilière la décision de vente a été ordonnée, le juge compétent pour suspendre l'exécution est le juge en charge de la saisie immobilière, donc le JEX, pour causes graves et dûment justifiées (C. com., art. L. 331-5, al. 2).

Une fois la demande déclarée recevable par la commission, celle-ci peut saisir le juge du tribunal d'instance aux fins de suspension des mesures d'expulsion du logement (C. consom., L. 331-3-2), sauf si ces dernières résultent d'un jugement d'adjudication en matière de saisie immobilière et de celles ordonnées sur le fondement de l'alinéa 3 de l'article 2198.

154.37 Délais de grâce et sursis à exécution. Ces deux notions ne doivent pas être confondues. Les délais de grâce ne sont alloués qu'en considération des situations respectives des parties et non par référence aux conséquences de l'exécution provisoire d'une décision de justice[7].

154.38 Délais de grâce et saisie-attribution. La question de savoir si la saisie-attribution fait obstacle à une demande de délai de grâce, une fois le procès-verbal dressé, ne devrait guère se poser. La juris-

1. Ord. n° 2006-461, 21 avr. 2006, portant réforme de la saisie immobilière, *JO* 22 avr., p. 6072.
2. EN CE SENS, Aix-en-Provence, 9 janv. 2009, RG n° 08/05099 – Paris, 8e ch. B, 22 mai 2008, RG n° 08-04453 – *CONTRA,* Lyon, 29 mai 2008, RG n° 08/00754.
3. EN CE SENS, A. Leborgne, note ss Aix-en-Provence, 2 nov. 2007, *JCP* 2007. II. 10209 – S. Piedelièvre, *RD banc. fin.* janv. 2008, n° 17 – Chambéry, 24 juin 2008, RG n° 08/01209 – *Adde :* S. Piedelièvre, *Droit de l'exécution*, PUF, 2009, n° 371.
4. EN CE SENS, les arrêts cités par A. Leborgne, « Deux ans de saisie immobilière », *Procédures* janv. 2009, n° 4, p. 7.
5. Sur les incidences en terme de suspension des voies d'exécution, v. C. consom., art. R. 331-11 s. (réd. Décr. n° 2011-741, 28 juin 2011).
6. EN CE SENS, TGI Le Mans, JEX, 13 juin 1995, *Rev. huiss.* 1995. 1392.
7. TGI Bobigny, JEX, 15 févr. 1993, *Rev. huiss.* 1995. 113 – Versailles, 11 juill. 1994, *Rev. huiss.* 1995. 236 – Amiens, 5 janv. 1995, *Rev. huiss.* 1995. 1391.

prudence dominante privilégie la notion d'effet d'attribution immédiat de la saisie qui entraîne transport-cession au profit du créancier à défaut de contestation fondée sur l'irrégularité de la procédure, l'absence de titre ou un montant non conforme[1]. On relève cependant une décision isolée qui constate que le délai de grâce accordé au débiteur saisi a pour seule conséquence de bloquer les sommes saisies sur le compte du débiteur, faute de mainlevée amiable du créancier, le JEX n'ayant pas le pouvoir d'ordonner la mainlevée d'une saisie régulièrement pratiquée sur le fondement d'un titre exécutoire[2]. Reste que la mise en œuvre de cette jurisprudence peut s'avérer illusoire si les sommes saisies sont les seules ressources du débiteur. Cette position de la cour d'appel d'Aix-en-Provence a été désavouée par la Haute juridiction qui s'est ralliée à la jurisprudence dominante. Elle déclare désormais que la saisie-attribution ayant pour effet de transmettre aux créanciers la propriété des fonds saisis, le JEX ne peut accorder de délai de grâce et le paiement fait au saisissant ne peut être remis en cause[3].

SECTION 3
CRITÈRES D'OBTENTION DU DÉLAI DE GRÂCE

154.41 Pouvoir discrétionnaire du juge de l'exécution. L'article 1244 du Code civil détermine que le débiteur ne peut forcer le créancier à recevoir en partie le paiement d'une dette, même divisible. Le règlement immédiat et intégral de la dette reste donc le principe et le délai, l'exception. Toutefois, l'article 1244-1 alinéa 1er du Code civil énonce que « *compte tenu de la situation du débiteur et en considération des besoins du créancier, le juge peut, dans la limite de deux années, reporter ou échelonner le paiement des sommes dues* ». Aucune clause contractuelle, aucune renonciation, même écrite, du débiteur, ne peut déroger à cette possibilité offerte au juge. Dans une telle hypothèse, elle serait réputée non écrite (C. civ., art. 1244-3).

Aux termes d'une jurisprudence constante, la Cour de cassation considère que le juge dispose d'un pouvoir souverain d'appréciation pour accorder ou refuser un délai de grâce[4]. Le refus de délai n'a pas à être motivé, le juge pouvant se contenter d'énoncer que le débiteur ne remplit pas les conditions posées par le texte[5].

154.42 Exigence d'une motivation. La décision qui octroie un délai de grâce doit être motivée par les circonstances de l'espèce et non par une formule générale (C. pr. civ., art. 510, al. 4)[6].

154.43 Délais de grâce et office du juge. Il ne paraît pas que le JEX puisse d'office allouer des délais de grâce, même si la rédaction de l'article 510 C. pr. civ. ne lui en fait pas formellement interdiction. Outre que la mention « *d'office* » ne figure pas dans le corps du texte, il semble difficile d'accorder des délais qui ne sont pas expressément sollicités et argumentés par le débiteur. Le fait que l'article 511 C. pr. civ. autorise le juge à accorder des délais lorsque le débiteur est non comparant ne signifie pas *a fortiori* qu'il le peut d'office en présence du débiteur. Au contraire, l'opinion dominante et les textes du Code de procédure civile relatifs aux pouvoirs du juge de relever d'office tel ou tel point de droit, font une distinction très nette entre les dispositions d'ordre public qui peuvent faire l'objet d'un relevé d'office par le juge en toutes circonstances et celles qui ne peuvent être soulevées d'office qu'en l'absence du defendeur pour rétablir l'égalité dans l'expression du droit et des faits (C. pr. civ., art. 92, 93, 125 et 472). En l'espèce, les termes de l'article 1244-1 ne sont nullement d'ordre public. On comprend donc qu'en l'absence du débiteur, le juge puisse envisager l'octroi de délais, sous réserve, semble-t-il, de solliciter par respect du contradictoire (C. pr. civ., art. 16) les observations du créancier à l'effet de motiver utilement sa décision en considération des besoins de ce dernier. Tout au plus, peut-on admettre que dans le cadre du débat contradictoire, le juge demande au débiteur s'il sollicite l'octroi de délais de grâce.

Le fait que le Code de procédure civile autorise le juge à octroyer *proprio motu* des délais par voie **d'ordonnance d'injonction de payer** ne contredit pas cette analyse (C. pr. civ., art. 1422). En effet, l'ordonnance d'injonction de payer est une modalité d'ordonnance sur requête. À ce titre, il s'agit d'une décision provisoire non contradictoire qui peut faire l'objet d'une rétractation totale ou partielle par voie d'opposition (C. pr. civ., art. 493 s.,

1. Not. TGI Amiens, JEX, 7 sept. 1995, *Rev. huiss.* 1995. 1395.
2. Amiens, 21 juin 1994, *Rev. huiss.* 1995. 1394.
3. Civ. 2e, 4 oct. 2001, no 00-11.609, *Bull. civ.* II, no 150; *D.* 2002. 1658, note Soustelle; *Rev. huiss.* 2002. 50, obs. Putman – V. AUSSI pour le cas où une procédure de saisie immobilière est engagée : Civ. 2e, 15 déc. 2005, no 04-13.456, *Bull. civ.* II, no 327.
4. Com. 9 janv. 1974, no 72-13.721, *Bull. civ.* IV, no 14 – Civ. 2e, 3 juin 1999, no 97-14.889, *Bull. civ.* II, no 110; *Rev. huiss.* 2000. 185 – Civ. 2e, 6 juill. 2000, *Dr. et proc.* 2000. 374 – Civ. 2e, 1er févr. 2001, no 99-15.172, *Bull. civ.* II, no 22.
5. Com. 10 oct. 1973, no 71-12.439, *Bull. civ.* IV, no 275; *JCP* 1973. IV. 370 – Civ. 1re, 29 oct. 2002, no 00-12.703, *Bull. civ.* II, no 257; *D.* 2003. AJ 1092, obs. Avena-Robardet.
6. Civ. 2e, 11 oct. 1978, no 77-12.629, *Bull. civ.* II, no 206; *D.* 1979. 48.

1405 s. combinés). Il est donc tout à fait logique que dans ce cadre exorbitant du droit commun, le juge dispose d'un pouvoir de grâce modérateur qu'au demeurant il reste tenu de motiver[1].

L'article 114 de la loi d'orientation du 29 juillet 1998 relative à la lutte contre les exclusions[2], dans son chapitre sur les mesures relatives au maintien dans le logement, crée une exception en autorisant le juge des loyers à accorder, même d'office, des délais de paiement, dans les conditions prévues aux articles 1244-1 alinéa 1er et 1244-2 du Code civil, au locataire en situation de régler sa dette locative.

154.44 Critères de l'appréciation discrétionnaire. L'appréciation du juge étant discrétionnaire, la Cour de cassation refuse de se faire juge de ses critères d'appréciation, en particulier lorsque le débiteur reproche à la juridiction de ne pas avoir tenu compte de sa bonne foi[3] sauf si le débiteur invoque à l'appui de sa demande des moyens de droit susceptibles de mettre à néant la procédure d'exécution.

On observera à ce propos que les notions de **bonne ou mauvaise foi du débiteur** ne sont nullement contenues dans l'article 1244-1 et ne sont pas des conditions suffisantes pour octroyer ou refuser un délai. Il n'en demeure pas moins que le juge ne peut manquer d'être influencé par la plus ou moins bonne volonté du débiteur dans le remboursement de sa dette ou le sérieux de ses propositions de paiement. Il n'est cependant nullement tenu de l'exprimer formellement dans sa motivation, laquelle se suffit à elle-même lorsqu'elle prend en considération la situation du débiteur (difficultés passagères, offres de paiement sérieuses et échéancier raisonnables) et les besoins du créancier (bailleur, modeste retraité créancier de loyers, ou banque, compagnie d'assurances, société de crédit).

La nature de la créance impayée constitue aussi un critère d'appréciation non négligeable (indemnité réparatrice de préjudice, indemnité de licenciement, *etc.*). Néanmoins, la plupart du temps, les décisions font état du « **débiteur malheureux et de bonne foi** ». Ce statut sera ainsi refusé à l'employeur qui a multiplié les procédures dilatoires pour échapper au règlement des sommes dues à son ancien salarié, par ailleurs abusivement licencié[4]. Il en ira de même de l'employeur qui a licencié son salarié sans cause réelle et sérieuse, cette seule circonstance lui faisant perdre le bénéfice de la bonne foi, alors même qu'il ne démontre pas avoir épuisé sa capacité d'emprunt pour faire face à une créance salariale prioritaire[5].

Les critères d'appréciation du juge sont cependant bien plus larges que la seule bonne foi et doivent être contenus dans les éléments de fait du débat, sous réserve de s'insérer dans les deux termes contenus dans le premier alinéa de l'article 1244-1 (situation du débiteur, besoins du créancier). C'est ainsi que l'on relèvera pour l'anecdote une décision qui accorde des délais de grâce fondés sur l'âge et le nom éminent du demandeur, la qualité d'académicien de son frère et la mort pour la France de deux autres, outre le caractère historique de son patrimoine[6].

154.45 Preuve de l'allégation de la demande de délais. Conformément aux grands principes de notre droit processuel (C. pr. civ., art. 6), il appartient au débiteur, demandeur aux délais, de justifier par la production de pièces idoines des éléments fondant sa prétention. À défaut, le juge ne peut apprécier utilement les circonstances pouvant le déterminer à accorder un délai.

154.46 Pouvoir du juge et réalités économiques. Il importe de relever que l'octroi de délai de grâce est une faveur et qu'en aucun cas un créancier n'a vocation à se transformer en banquier de son débiteur. Il faut donc veiller à la pertinence des échéanciers proposés au regard des sommes dues, de leur ancienneté, des éventuels délais amiables déjà alloués et du contexte économique général, sauf à ruiner les équilibres contractuels et plus généralement la foi due aux contrats. C'est ainsi que la jurisprudence marque une réelle tendance à refuser des délais de grâce à des entreprises dont il est avéré par la production des pièces qu'elles sont en état de cessation des paiements[7].

SECTION 4
CONSÉQUENCES DU DÉLAI DE GRÂCE

154.51 Point de départ du délai. Le délai de grâce court du jugement lorsqu'il est contradictoire, même s'il n'est pas ultérieurement signifié. En aucun cas, ce délai ne peut courir avant la date de la décision qui l'accorde[8]. Dans les autres cas, il ne court que du jour de la notification (C. pr. civ., art. 511). La décision qui alloue des délais de grâce

1. Civ. 2e, 11 oct. 1978, no 77-12.629, *Bull. civ.* II, no 206.
2. L. no 98-657, 29 juill. 1998, d'orientation relative à la lutte contre les exclusions, *JO* 31 juill., p. 11679.
3. Civ. 3e, 5 juill. 1988, no 86-17.768, *Bull. civ.* III, no 216.
4. TGI Quimper, 19 janv. 1995, *Rev. huiss.* 1995. 1391.
5. TGI Quimper, 18 mai 1995, *Rev. huiss.* 1995. 1392.
6. Riom, 26 mai 1994, *Rev. huiss.* 1995. 247.
7. TGI Grenoble, JEX, 20 mars 1995, *Rev. huiss.* 1995. 1391.
8. Civ. 3e, 18 déc. 1991, no 89-19.914, *Bull. civ.* III, no 327 – Civ. 2e, 12 févr. 2004, no 02-13.344, *Bull. civ.* II, no 56; *Dr. et proc.* 2004. 212, obs. Leborgne, pour une ordonnance de référé.

doit toujours en fixer la durée dans son dispositif[1]. Une rédaction précise du dispositif s'impose donc, précisant les conditions de l'échéancier accordé, son point de départ et de libération[2].

154.52 Durée de la suspension de l'exécution. Une fois octroyé, le délai de grâce a pour effet de suspendre l'exigibilité de la créance pour la durée qui a été fixée par le juge (sur le point de départ, v. s[s] n° 154.51). La conséquence immédiate étant qu'aucune mesure d'exécution forcée ne peut plus désormais être pratiquée jusqu'à ce que le délai judiciairement déterminé soit expiré. Si une mesure d'exécution avait été précédemment engagée par le créancier, l'article 1244-2 du Code civil prévoit que la décision du juge suspend cette procédure d'exécution. Bien qu'il ne s'agisse pas, à proprement parler de délai de grâce, l'article L. 331-9 du Code de la consommation décide que le plan de redressement de la commission de surendettement rendu exécutoire par le JEX interdit aux créanciers de pratiquer « *des procédures d'exécution à l'encontre des biens du débiteur pendant la durée d'exécution de ces mesures* ».

En premier lieu, il convient d'observer que **l'octroi de délais est, sauf accord contraire entre les parties, contenu dans la limite légale de vingt-quatre mois,** sans que ce maximum puisse être dépassé, même en cumulant plusieurs délais successifs, chacun inférieur à deux ans. Les délais cumulés accordés par le juge du fond, celui des référés ou de l'exécution ou par l'un d'entre eux saisi à plusieurs reprises, ne peuvent donc excéder un cumul de deux ans. Le juge ne peut pas contourner la loi en autorisant le débiteur à acquitter des échéances trop faibles au regard du montant de la créance à recouvrer, par exemple en l'autorisant à quitter une dette de 1 829,49 euros au moyen de mensualités successives de 30,49 euros chacune[3].

Il peut être porté exception à ce délai maximum en cas de sursis à l'exécution d'une décision de justice. Il en est ainsi en cas d'expulsion d'occupants de locaux à usage d'habitation ou professionnel dont l'expulsion a été judiciairement ordonnée. Par dérogation aux dispositions des articles 1244-1 à 1244-3 du Code civil, le juge des référés ou, selon les cas, le JEX peut accorder des délais renouvelables, chaque fois que « *le relogement des intéressés ne peut avoir lieu dans des conditions normales, sans que ces occupants aient à justifier d'un titre à l'origine de l'occupation* » (C. pr. exéc., art. L. 412-3). L'alinéa 3 de l'article L. 412-3 C. pr. exéc. prévoit pour sa part quelques cas dans lesquels cette disposition ne peut prospérer. C'est le nouvel article L. 412-4 C. pr. exéc. qui envisage, comme par le passé, la durée des délais envisagés à l'article L. 412-3 C. pr. exéc. : ceux-ci ne peuvent, en aucun cas, être inférieur à trois mois ni supérieurs à trois ans. Afin de déterminer ce délai, ce texte fournit des directives : en l'occurrence, il doit être tenu compte de la bonne ou mauvaise volonté manifestée par l'occupant dans l'exécution de ses obligations, des situations respectives du propriétaire et de l'occupant, notamment en ce qui concerne l'âge, l'état de santé, la qualité de sinistré par faits de guerre, la situation de famille ou de fortune de chacun d'eux, des circonstances atmosphériques, ainsi que des diligences que l'occupant justifie avoir faites en vue de son relogement (sur l'ensemble de cette question, v. livre 5 consacré aux mesures d'expulsion, n°s 521.05 s.).

En second lieu, le juge des référés ou le JEX (sur le partage de compétence, v. C. pr. civ., art. 510, al. 2, cette compétence appartenant aussi, pour l'heure, au tribunal d'instance s'agissant de la saisie des rémunérations) peuvent allouer des délais de paiement lorsque le juge du fond les a refusés, à la condition expresse que le débiteur justifie au moins d'un ou plusieurs éléments nouveaux qui modifient les termes de la demande initiale (mise au chômage, survenance d'un accident ou d'une maladie invalidante, *etc.*).

154.53 Rééchelonnement ou report de la dette. Si le rééchelonnement de la dette ne pose guère de difficultés autres que de veiller à retenir un échéancier proportionné aux ressources du débiteur et lui permettant d'apurer sa dette dans la limite de deux années, il n'en va pas de même pour son report.

La question s'est posée de savoir si la possibilité de renvoyer le paiement de la dette d'une somme empruntée et remboursable par échéances impliquait l'obligation pour le débiteur de se libérer immédiatement de celle-ci à l'expiration du moratoire accordé. On mesure les limites d'une telle faveur qui peut s'avérer totalement illusoire si, dans l'intervalle, la situation financière du débiteur ne s'est pas améliorée. En revanche, si à l'issue du délai, le calendrier des échéances normales du contrat est repris, la situation est tout autre puisque le débiteur peut envisager un apurement progressif. C'est cette dernière interprétation qu'a retenue la Cour de cassation en approuvant un juge d'avoir décidé qu'à l'expiration du délai de deux ans, le débiteur pourrait rembourser le montant des échéances suspendues par versements trimestriels échelonnés jusqu'au terme initialement prévu pour le remboursement du prêt afin d'éviter qu'à l'issue du délai de grâce, le règlement immédiat et global

1. Civ. 1re, 19 sept. 2007, n° 06-10.629, *Bull. civ.* I, n° 289.
2. Civ. 2e, 7 janv. 1998, n° 96-12.979, *Bull. civ.* II, n° 4; *Rev. huiss.* 1998. 676.
3. Soc. 27 févr. 2002, n° 00-11.848, NP; *Gaz. Pal.* 19-20 juin 2002. Pan. 21.

des échéances suspendues puisse entraîner sa résolution [1]. Au demeurant, la loi du 31 décembre 1989 modifiant les articles 8 et 14 des lois des 10 janvier 1978 et n° 79-594, 13 juillet 1979 (C. consom., art. L. 313-12, al. 2, réd. Ord. n° 2006-346, 23 mars 2006 [2]), relatives au crédit à la consommation et au crédit immobilier, permet désormais au juge de déterminer « *les modalités de paiement des sommes qui seront exigibles au terme du délai de suspension, sans que le dernier versement puisse excéder de plus de deux ans le terme initialement prévu pour le remboursement du prêt, il peut cependant surseoir à statuer sur ces modalités jusqu'au terme du délai de suspension* ».

154.54 Réduction des intérêts ou imputation des acomptes. L'alinéa 2 de l'article 1244-1 du Code civil énonce que « *par décision spéciale et motivée, le juge peut prescrire que les sommes correspondant aux échéances reportées porteront un intérêt à un taux réduit qui ne peut être inférieur au taux de l'intérêt légal ou que les paiements s'imputeront d'abord sur le capital* ».

Ces dispositions ont pour objectif d'éviter que le débiteur ne rembourse en pure perte des sommes immédiatement absorbées par les effets cumulés d'un taux d'intérêt contractuel parfois élevé et des acomptes trop faibles pour entamer le capital restant dû.

Le juge ne peut cumuler ces dispositions au profit du débiteur. Le texte est sans ambiguïté. Il doit choisir l'une des branches de l'alternative : réduire les intérêts des sommes reportées ou imputer les paiements d'abord sur le capital. L'expression « *échéances reportées* » a un sens générique qui inclut les échéances rééchelonnées quant à l'application de la réduction de l'intérêt.

À cet égard, il convient d'observer que le juge n'a pas le pouvoir de fixer *proprio motu* dans sa décision le montant de l'intérêt légal auquel il entend se référer. Celui-ci est en effet déterminé par l'article 1er de la loi n° 75-619 du 11 juillet 1975, devenu article L. 313-3 du Code monétaire et financier (ss C. civ., art. 1907. L'article L. 313-2 de ce code énonce que « *le taux de l'intérêt légal est, en toute matière, fixé pour la durée de l'année civile. Il est égal, pour l'année considérée, à la moyenne arithmétique des douze dernières moyennes mensuelles des taux de rendement actuariel des adjudications de bons du Trésor à taux fixe à treize semaines* »). On peut se demander si le JEX n'a pas le pouvoir d'appliquer l'article L. 313-12 du Code de la consommation chaque fois que les poursuites tendent au recouvrement d'un emprunt, notamment lorsqu'elles sont fondées sur un titre exécutoire émis par une caisse de crédit municipal ou sur un acte notarié. La Cour de cassation estime, à cet égard, que la déchéance du terme encouru par l'emprunteur n'est pas un obstacle à la suspension du paiement des échéances [3].

154.55 Dispositions spécifiques au crédit à la consommation et aux emprunts immobiliers. Précisons que l'article L. 313-12 du Code de la consommation relatif au crédit à la consommation et aux emprunts immobiliers permet au juge d'instance de suspendre les intérêts des sommes dues pendant la durée du délai de paiement accordé.

154.56 Exonération de la majoration de cinq points de l'intérêt légal. Relevons l'existence d'un pouvoir spécifique du JEX qui peut décider, à la demande du créancier ou du débiteur, et en considération de la situation de ce dernier, de l'exonérer de la majoration de cinq points de l'intérêt légal à l'expiration d'un délai de deux mois à compter du jour où la décision de justice est devenue exécutoire, fût-ce par provision, ou de réduire cette majoration (C. mon. fin., art. L. 313-3, al. 2 [4]) [5].

L'octroi d'un délai de grâce sur le fondement des articles 1244-1 et suivants du Code civil, ne peut faire opposition à l'octroi de l'anatocisme, si celui-ci est demandé lorsque les conditions requises par l'article 1154 du même code sont réunies [6].

154.57 Suspension des poursuites. La conséquence essentielle d'une décision de justice allouant un délai de grâce est de suspendre pendant le délai fixé par le juge les procédures d'exécution qui auraient été engagées par le créancier (C. civ., art. 1244-2) [7]. Ces dispositions font obstacle à l'engagement de nouvelles mesures d'exécution, mais elles n'interdisent pas au créancier de pratiquer une mesure conservatoire (C. pr. civ., art. 513).

Il n'est nul besoin d'une décision particulière du JEX à l'effet de constater la suspension d'autres voies d'exécution qui auraient pu déjà être entamées du chef de la dette faisant l'objet du délai de grâce. Le seul énoncé de l'octroi de délais de grâce

1. Civ. 1re, 19 juin 1990, n° 88-15.894, *Bull. civ.* I, n° 174.
2. Ord. n° 2006-346, 23 mars 2006, relative aux sûretés, *JO* 24 mars, p. 4475.
3. Civ. 1re, 7 janv. 1997, n° 94-20.350, *Bull. civ.* I, n° 10; *RJDA* 5/97, nos 676 et 677 – Civ. 1re, 24 févr. 1987, n° 84-14.330, *Bull. civ.* I, n° 71.
4. L. 11 juill. 1975, anc. art. 3 et 4.
5. Pour une application de l'exonération s'agissant de dettes d'aliments, v. Civ. 2e, 22 mars 2012, n° 11-13.915, *Bull. civ.* II, n° 56.
6. Com. 19 juin 2001, n° 98-11.941, NP; *RJDA* déc. 2001, n° 1216.
7. Dans le cadre de la procédure de saisie immobilière, il convient de noter qu'en vertu de l'article 53 alinéa 2 du décret n° 2006-936 du 27 juillet 2006, la décision qui accueille la demande tendant à la vente amiable de l'immeuble suspend le cours de la procédure : Civ. 2e, 23 oct. 2008, n° 08-13.404, *Bull. civ.* II, n° 226.

dans le jugement suffit à suspendre de plein droit les procédures d'exécution déjà entamées.

En revanche, il importe de bien mesurer que la suspension des procédures d'exécution concerne exclusivement la dette bénéficiant du délai de grâce. Il n'en va pas de même pour les autres chefs de condamnation énoncés dans une décision exécutoire. Tel sera le cas du rééchelonnement d'une dette de loyers allouée par un jugement qui constate dans le même temps la résiliation du bail. Il ne peut être fait obstacle à la procédure d'expulsion subséquente qui ne constitue que l'exécution de la résiliation du bail au motif qu'un moratoire du chef du paiement des loyers de retard a été obtenu. Il s'agit de deux condamnations distinctes et la suspension des effets de l'une ne s'applique pas *de facto* à l'autre dès lors que le juge ne l'a pas expressément énoncé. Il en irait différemment si le bail n'avait pas été résilié[1].

De même, il est constant que la suspension des poursuites ne s'applique qu'à la dette reportée ou rééchelonnée. Elle n'est pas opposable aux autres créanciers du débiteur qui peuvent diligenter toutes voies d'exécution utiles tant qu'une décision spécifique n'a pas statué du chef d'une demande de délais par le débiteur pour chaque créance concernée, sauf celui-ci à saisir le JEX dans le cadre de la procédure de surendettement.

La demande visant à obtenir un délai ne peut avoir pour objet de remettre en cause le bien-fondé de la décision servant de fondement aux poursuites[2].

154.58 Suspension des majorations d'intérêt et des pénalités de retard. L'octroi d'un délai de grâce emporte dispense de plein droit de payer les majorations d'intérêt ou les pénalités encourues à raison du retard (C. civ., art. 1244-2).

Cette disposition s'applique à la majoration de cinq points de l'intérêt légal à l'expiration du délai de deux mois à compter du jour où la décision de justice est devenue exécutoire, fût-ce par provision (L. 11 juill. 1975). Elle s'applique aussi aux majorations d'intérêt contractuellement prévues en cas de retard et aux clauses pénales.

154.59 Effets du délai de grâce entre débiteur et créancier. Il est admis que l'octroi d'un délai de paiement rend la dette portable, puisque son principe et son montant sont acquis par le titre émis au profit du créancier, alors que seules les modalités de son règlement sont fixées dans l'intérêt du débiteur, et ce, à peine de déchéance implicite ou expresse du terme octroyé. Par ailleurs, le débiteur reste tenu d'une obligation de se libérer de sa dette le plus rapidement possible, les termes stipulés par le juge n'étant que des dates limites fixées à défaut de paiement antérieur.

Il est aussi admis que le débiteur peut opposer aux créanciers solidaires le délai obtenu auprès de l'un d'entre eux. Il est aussi constant que le délai de grâce est opposable aux héritiers du créancier puisqu'il a été obtenu en considération de la situation du débiteur. Rien n'interdit cependant aux héritiers de solliciter un nouveau débat devant le juge compétent si leurs besoins sont différents de ceux du *de cujus*.

Tel n'est pas le cas des débiteurs conjoints ou solidaires en raison du principe qui dispose que le terme de grâce est essentiellement personnel et ne profite qu'à son bénéficiaire. C'est ainsi que les cautions ne peuvent opposer au créancier les exceptions qui sont purement personnelles au débiteur (C. civ., art. 2313, al. 2, suite à Ord. n° 2006-346, 23 mars 2006, relative aux sûretés[3]). Pareillement, la simple prorogation du terme, accordée par le créancier au débiteur principal, ne décharge pas la caution (C. civ., art. 2316[4]). La Cour de cassation confirme ces principes en interdisant notamment à la caution de se prévaloir de l'octroi d'un plan de surendettement au profit du débiteur principal pour s'opposer aux poursuites du créancier[5]. De même, le gérant, qui s'est porté caution en faveur d'une société commerciale, ne peut prétendre au bénéfice des mesures de traitement de sa situation[6]. De même encore, le terme de grâce ne fait pas obstacle à la compensation (C. civ., art. 1292).

154.60 Extinction et déchéance du délai de grâce. Il est loisible au débiteur de s'acquitter de sa dette avant l'expiration du terme fixé par le juge. Au demeurant, s'il paie par erreur, il ne peut agir en répétition de l'indu (C. civ., art. 1186).

Le terme de grâce s'éteint à l'expiration du délai fixé. Tant que le délai maximum légal cumulé (en principe deux ans) n'est pas épuisé, le débiteur peut solliciter une prorogation du délai de paiement, sous réserve de justifier des circonstances nouvelles qui fondent sa demande.

Le terme s'éteint aussi avec le décès du bénéficiaire. Il ne s'applique pas à ses héritiers dont la situation financière peut être très différente.

Outre la saisie par d'autres créanciers, l'ouverture d'une procédure collective, ou la diminution des garanties données au créancier (C. pr. civ.,

1. Civ. 1re, 30 mai 1995, n° 93-04.189, *Bull. civ.* I, n° 228.
2. Civ. 2e, 14 févr. 2008, n° 07-11.980, NP.
3. C. civ., anc. art. 2036.
4. C. civ., anc. art. 2039.
5. Civ. 2e, 13 nov. 1996, n° 94-16.334, NP; *D.* 1997. 141, concl. av. gén. Sainte-Rose, obs. Moussa.
6. Civ. 2e, 2 déc. 2010, n° 09-10.134, NP.

art. 512, al. 1er), la déchéance du terme est encourue lorsque les modalités fixées par le juge ne sont pas respectées. Toutefois, cette sanction n'est pas de plein droit applicable, sauf si le juge a inclus une clause de déchéance expresse dans sa décision de grâce. Il faut donc que la déchéance soit demandée et constatée judiciairement dans le cadre d'un débat contradictoire, le débiteur dûment appelé. Ce débat aura lieu devant le juge des référés si aucune procédure d'exécution n'a encore été engagée. Sinon, il se déroulera devant le JEX.

154.61 Contreparties fixées par le juge à l'octroi de délais de grâce. L'article 1244-1 alinéa 3 du Code civil dispose que le juge peut subordonner le report ou le rééchelonnement des sommes dues à l'accomplissement, par le débiteur, d'actes propres à faciliter ou à garantir le paiement de la dette.

Il s'agit de mesures telles que la prise d'une hypothèque, d'un nantissement ou l'engagement de ne pas contracter de nouveaux emprunts pendant la durée des remboursements. Aucune précision n'étant donnée par la loi quant à la définition de ces mesures, il appartient alors aux parties et au juge de les déterminer dans le contexte de la cause. Il importe que le juge précise dans le dispositif de sa décision que l'octroi des délais devient caduc en cas de non-accomplissement des mesures par lui fixées.

154.62 Délais de grâce et pouvoirs du premier président. En application des principes du droit communautaire, le premier président de la cour d'appel est compétent pour statuer sur une demande de sursis provisoire à poursuites lorsque le JEX a rejeté une demande de délais de paiement[1].

SECTION 5
EXISTENCE ET CONSÉQUENCES D'UNE PROCÉDURE COLLECTIVE

154.70 Ordonnance n° 2014-326 du 12 mars 2014 portant réforme de la prévention des difficultés des entreprises et des procédures collectives[2] – Dispositions intéressant le droit de l'exécution. L'ordonnance du 12 mars 2014 réformant le droit des entreprises en difficulté, qui s'applique aux procédures ouvertes à compter du 1er juillet 2014, compte un certain nombre d'articles touchant directement le droit de l'exécution qu'il paraît nécessaire d'évoquer en préambule aux développements sur les procédures collectives[3].

Tout d'abord, un certain nombre de dispositions renforcent la **procédure de conciliation** des articles L. 611-4 et suivants du Code de commerce, dans le but d'éviter que des poursuites qu'un créancier exercerait entraînent l'échec de la procédure de conciliation matérialisée, on le sait, par un accord amiable conclu entre le débiteur et ses principaux créanciers et destiné à mettre fin aux difficultés de l'entreprise (C. com., art. L. 611-7, al. 1er). On savait déjà qu'au cours de la procédure, le débiteur mis en demeure ou poursuivi par un créancier pouvait demander au juge ayant ouvert celle-ci de faire application des articles 1244-1 à 1244-3 du Code civil. Désormais, le juge peut subordonner la durée des mesures prises à la conclusion de l'accord de conciliation (même texte, al. 5).

Une autre innovation est intéressante, qui figure dans l'article L. 611-10-2 alinéa 1er du Code de commerce relatif au **bénéfice par les garants des mesures accordées au débiteur principal**. En effet, les personnes coobligées ou ayant consenti une sûreté personnelle ou ayant affecté ou cédé un bien en garantie pourront se prévaloir des mesures accordées au débiteur en application du cinquième alinéa de l'article L. 611-7 du Code de commerce, concrètement du délai de grâce, ainsi que des dispositions de l'accord constaté ou homologué.

Par ailleurs, l'article L. 611-10-1 modifié par l'ordonnance du 12 mars 2014 rappelle que pendant la durée de son exécution, **l'accord constaté ou homologué arrête ou interdit toute poursuite individuelle** tant sur les meubles que sur les immeubles du débiteur dans le but d'obtenir le paiement des créances qui en font l'objet (al. 1er). Toutefois, au cours de cette période, si le débiteur est mis en demeure ou poursuivi par l'un des créanciers appelés à la conciliation dans le but d'obtenir le paiement d'une créance qui n'a pas fait l'objet de l'accord, le juge qui a ouvert la procédure de conciliation pourra, à la demande du débiteur, faire application des articles 1244-1 à 1244-3 du Code civil, sachant, cette fois, que cette disposition n'est pas applicable aux créanciers du troisième alinéa de l'article L. 611-7 du Code de commerce (C. com., art. L. 611-10-1, al. 2).

Au stade de la **liquidation judiciaire**, ensuite, le débiteur en cessation des paiements dont le redressement est manifestement impossible doit réaliser son patrimoine et céder ses actifs, et sur ce point il faut commencer par noter que l'ordonnance du 12 mars 2014 a permis, dans l'article L. 642-18 alinéa 5 du Code de commerce, au débiteur per-

1. Com. 20 oct. 1998, n° 96-19.277, *Bull. civ.* IV, n° 253; *JCP* 1998. IV. 3355.
2. Ord. n° 2014-326, 12 mars 2014, portant réforme de la prévention des difficultés des entreprises et des procédures collectives, *JO* 14 mars, p. 5249.
3. V. A. Leborgne, « Droit de l'exécution – Panorama », *D.* 2014. 1466 – P. Crocq, Ph. Roussel-Galle et F. Reille, chron. « Droit des entreprises en difficulté », *Dr. et proc.* 2014, n° 4.

sonne physique de demander au tribunal, en considération de sa situation personnelle et familiale, de lui accorder des délais de grâce pour quitter sa maison d'habitation principale. Auparavant, cette mesure était réservée aux seuls agriculteurs.

Surtout, l'ordonnance du 12 mars 2014 a institué, au bénéfice du débiteur personne physique, une **procédure nouvelle de rétablissement professionnel** aux articles L. 645-1 et suivants du Code de commerce, lorsque la valeur de l'actif déclaré rend illusoire toute liquidation des biens. Cette procédure est ouverte, à la demande du débiteur (C. com., art. L. 645-3), par le tribunal pour une brève durée de quatre mois (C. com., art. L. 645-4, al. 3), et ne se présente pas comme une procédure collective de paiement. Les créanciers ne sont pas assujettis à une discipline collective et la règle de l'arrêt des poursuites individuelles ne les concerne pas[1]. Toutefois, l'article L. 645-6 du Code de commerce permet au débiteur, s'il est mis en demeure ou poursuivi par un créancier au cours de la procédure, de demander au juge commis de reporter le paiement des sommes dues dans la limite de quatre mois « *et d'ordonner, pour cette même durée, la suspension des procédures d'exécution qui auraient été engagées par le créancier* ». Enfin, la clôture de la procédure de rétablissement professionnel entraînera l'effacement des dettes du débiteur à l'égard des créanciers dont la créance est née antérieurement au jugement d'ouverture de la procédure, sachant que ne peuvent être effacées, notamment, les créances salariales et alimentaires (C. com., art. L. 645-11).

154.71 Généralités – Principes. Le jugement d'ouverture de la procédure de redressement ou de liquidation judiciaire suspend ou interdit toute action en justice de la part de tous les créanciers de sommes d'argent dont la créance a son origine antérieurement au dit jugement (C. com., art. L. 622-21, I[2], applicable par voie de renvoi en vertu de l'article L. 631-14, I[3]). Comme le précise plus particulièrement l'article L. 622-21, II du Code de commerce, « *il arrête ou interdit également toute procédure d'exécution de la part de ces créanciers (dont la créance n'est donc pas visée au I de l'article L. 622-17) tant sur les meubles que sur les immeubles ainsi que toute procédure de distribution n'ayant pas produit un effet attributif avant le jugement d'ouverture* ». En revanche, les procédures de distribution intervenant consécutivement à une mesure d'exécution forcée ayant produit son effet légal avant le jugement d'ouverture de la procédure collective ne seront pas remises en cause, particulièrement la saisie-attribution. En revanche, la chambre commerciale, mettant fin à une hésitation jurisprudentielle, a jugé que « *la procédure de distribution du prix de cession d'un fonds de commerce, objet, avant le jugement d'ouverture de la procédure collective du vendeur, d'un séquestre conventionnel en cours à la date de ce jugement, constitue une procédure de distribution du prix de vente d'un meuble ne faisant pas suite à une procédure d'exécution ayant produit un effet attributif avant le jugement d'ouverture au sens des dispositions de l'article R. 622-19 du Code de commerce dans sa rédaction issue du décret du 27 juillet 2006* »[4].

Cette règle de l'arrêt ou de l'interdiction des procédures d'exécution est applicable aussi bien à la procédure de sauvegarde qu'à la procédure de redressement judiciaire (C. com., art. L. 631-14, al. 1er). Plus largement, ces dispositions sont d'ordre public et procèdent de la seule autorité du jugement d'ouverture[5]. Elles doivent être soulevées d'office par le juge[6], et s'appliquent sans distinction au Trésor public[7].

Toute procédure d'exécution mobilière ou immobilière engagée en vertu d'une créance antérieure au jugement d'ouverture[8] est donc interdite, et ce quelle que soit l'origine de la créance (chirographaire, privilégiée, de l'État ou d'un établissement public)[9] ou le mode de saisie[10]. La règle vaut également pour la procédure de liquidation judiciaire puisque « *le jugement qui ouvre la liquidation judiciaire a les mêmes effets légaux que ceux qui sont prévus en cas de sauvegarde* » par l'article L. 622-21 du Code de commerce (C. com., art. L. 641-3, al. 1er; l'article L. 642-18, al. 2, rappelant pour sa part que lorsqu'une procédure de saisie immobilière engagée avant l'ouverture de la procédure de sauvegarde, de redressement ou de liquidation judiciaires a été suspendue par l'effet de cette dernière, le liquidateur

1. V. A. Leborgne, pan., préc. s^s prés^t n^o, p. 1467.
2. C. com., anc. art. L. 621-40 – L. n° 85-98, 25 janv. 1985, anc. art. 47.
3. C. com., anc. art. L. 634-12.
4. Com. 8 juin 2010, n°s 09-68.591 et 09-68.594, *Bull. civ.* IV, n° 109; *D.* 2010. 1478, obs. Lienhard; *Rev. sociétés* 2010. 411, obs. Roussel Galle – *Adde*, C. com., art. R. 622-19.
5. Com. 27 avr. 1993, n° 91-15.372, *Bull. civ.* IV, n° 147.
6. À propos d'un débiteur mis en redressement judiciaire en cours d'instance d'appel : Com. 12 févr. 1991, n° 89-15.165, *Bull. civ.* IV, n° 67.
7. Sur cette question, v. P. Serlooten, « Le Trésor public, créancier de l'entreprise en difficulté », *JCP E* 2000. 24.
8. La recherche du fait générateur de la créance peut être source de difficultés en présence d'une créance à exécution successive : v. C. Saint-Alary Houin, « La date de naissance des créances en droit des procédures collectives », *LPA* 2004, n° 224, p. 11.
9. Cass., ass. plén., 13 févr. 1976, n° 74-14.127, *Bull. ass. plén.*, n° 3; *D.* 1976. 237, obs. Honorat et Derrida.
10. V. TOUTEFOIS, C. com., art. L. 622-23, qui dispose que les procédures d'exécution « *autres que celles visées à l'article L. 622-21 sont poursuivies au cours de la période d'observation à l'encontre du débiteur* ».

peut être subrogé dans les droits du créancier saisissant pour les actes que celui-ci a effectués, lesquels sont réputés accomplis pour le compte du liquidateur qui procède à la vente des immeubles. La saisie immobilière pourra alors reprendre son cours au stade où le jugement d'ouverture l'avait suspendue).

Depuis l'entrée en vigueur de la loi du 26 juillet 2005[1], ce principe de l'arrêt ou de l'interdiction des procédures d'exécution, qui est applicable à la procédure de conciliation en vertu de l'article L. 611-10-1 du Code de commerce[2] – alors même qu'elle n'est pas une procédure collective –, ne vise plus exactement, comme le faisait l'ancien article L. 621-40 du même code, « *les créanciers dont la créance a son origine antérieurement* » au jugement d'ouverture, mais les créanciers dont la créance « *n'est pas mentionnée au I de l'article L. 622-17* » et tendant à la condamnation du débiteur au paiement d'une somme d'argent ou à la résolution d'un contrat pour défaut de paiement d'une somme d'argent. De cette modification il résulte que, dorénavant, le législateur ne reprend plus de manière aussi systématique que par le passé la distinction traditionnelle fondée sur un critère chronologique entre les créances nées antérieurement au jugement d'ouverture, lesquelles doivent toujours, sauf exceptions, faire l'objet d'une déclaration[3] auprès du mandataire judiciaire (C. com., art. L. 622-24, al. 1er), et les créances postérieures, qui permettent à leur titulaire de recouvrer leur droit de poursuite individuelle en cas de non-paiement à l'échéance. En effet, l'article L. 622-17 du Code de commerce détermine celles des créances nées postérieurement au jugement d'ouverture de la procédure qui doivent être payées à leur échéance. Autrement dit, il est des créances qui, bien que nées régulièrement après le jugement d'ouverture de la procédure, ne bénéficient plus de ce traitement privilégié. Pour qu'il en soit ainsi, il faut que la créance soit née « *pour les besoins du déroulement de la procédure ou de la période d'observation, ou en contrepartie d'une prestation fournie au débiteur pendant cette période* » (C. com., art. L. 622-17, I; en matière de liquidation judiciaire, v. C. com., art. L. 641-13, I). Il résulte de cette précision terminologique que toute créance née régulièrement après le jugement d'ouverture ne bénéficie plus nécessairement du privilège de procédure; elles sont alors traitées comme des créances antérieures, avec toutes les conséquences y afférentes (C. com., art. L. 622-24).

Il n'est pas besoin d'une décision spécifique du JEX pour constater la suspension des mesures conservatoires ou procédures d'exécution déjà entamées. La décision d'ouverture du redressement judiciaire suffit à les interrompre de plein droit. Ce n'est que dans l'hypothèse d'un contentieux relatif à la poursuite d'une voie d'exécution postérieure au jugement d'ouverture que le JEX devra constater la suspension ou la nullité de la procédure.

Quant aux procédures d'exécution autres que celles visées à l'article L. 622-21 du Code de commerce, elles seront poursuivies au cours de la période d'observation à l'encontre du débiteur, mais après mise en cause du mandataire judiciaire et de l'administrateur lorsqu'il a une mission d'assistance ou après une reprise d'instance à leur initiative (C. com., art. L. 622-23).

§ 1
Créances nées antérieurement à l'ouverture de la procédure collective

154.81 Sanction de l'absence de déclaration de créance. Par le passé, les créances nées antérieurement au jugement d'ouverture de la procédure collective et non déclarées à cette dernière étaient éteintes. Désormais, l'article L. 622-26 alinéa 1er du Code de commerce décide que lorsque les créanciers tenus de déclarer leur créance ne le font pas dans les délais prévus à l'article L. 622-24[4], ils ne sont pas admis dans les répartitions et les dividendes, à moins que le juge commissaire ne les relève de leur forclusion s'ils établissent que leur défaillance n'est pas due à leur fait.

L'alinéa 2 de ce texte renseigne sur les effets de l'absence de déclaration dans le délai légal, c'est-à-dire que « *les créances non déclarées régulièrement dans ces délais sont inopposables au débiteur pendant l'exécution du plan et après cette exécution lorsque les engagements énoncés dans le plan ou décidés par le tribunal ont été tenus. Pendant l'exécution du plan, elles sont également inopposables aux personnes physiques coobligées ou ayant consenti une sûreté personnelle ou ayant affecté ou cédé un bien en garantie* ».

1. P. Canet, « Voies d'exécution », *Réforme des procédures collectives, premières remarques sur la réforme des procédures collectives*, n° spéc., *Rev. proc. coll.* 2005. 209.
2. Lequel dispose que « *pendant la durée de son exécution, l'accord constaté ou homologué interrompt ou interdit toute action en justice et arrête ou interdit toute poursuite individuelle tant sur les meubles que les immeubles du débiteur dans le but d'obtenir le paiement des créances qui en font l'objet* [...] ».
3. Pour l'identification du fait générateur de créances impayées des cotisations d'un avocat faisant l'objet d'un redressement judiciaire : Com. 3 juill. 2012, n° 11-22.922, *Bull. civ.* IV, n° 148.
4. Ce délai de déclaration est de deux mois à compter de la publication du jugement d'ouverture au Bulletin officiel des annonces civiles et commerciales (C. com., art. R. 622-24, al. 1er).

Outre le fait qu'il a pu être souligné la curieuse inopposabilité au « *débiteur* », plutôt qu'à la procédure (ce qui ne s'harmonise pas avec la création de l'EIRL qui oblige à raisonner en termes de patrimoine), on peut s'interroger sur l'exacte portée de cette inopposabilité. À s'en tenir au texte, elle semble bien s'appliquer durant l'exécution du plan de sauvegarde et de redressement. Cette inopposabilité a sans doute pour conséquence qu'un créancier forclos exerçant un droit de rétention devra se dessaisir de son bien, faute de pouvoir opposer ce droit. De même, en cas de résolution du plan, cette sanction n'apparaît plus avoir vocation à prospérer, ce qui devrait permettre au créancier d'agir en paiement lorsque la clôture de la liquidation judiciaire résulte de l'extinction du passif, sauf à réserver le jeu de la prescription. On notera le fait que l'inopposabilité joue également au bénéfice des garants personnes physiques durant l'exécution du plan dans le cadre de la sauvegarde. En effet, dans le cadre d'un redressement judiciaire, l'article L. 631-20 du Code de commerce y fait obstacle[1].

154.82 Principe. L'article L. 622-21, II du Code de commerce pose donc le principe de l'arrêt ou de l'interdiction de toute procédure d'exécution de la part des créanciers du I de l'article L. 622-17, tant sur les meubles que sur les immeubles. Il convient néanmoins d'envisager les différentes hypothèses susceptibles de se produire selon la procédure mise en œuvre ou la créance concernée, en précisant toutefois que l'article L. 632-2 alinéa 1er du Code de commerce, qui permet d'annuler les paiements pour dettes échues et les actes à titre onéreux accomplis à compter de la date de cessation des paiements, pendant la période suspecte, est inapplicable aux mesures d'exécution forcée[2], sous réserve du cas particulier prévu par l'alinéa 2 de ce texte, visant une mesure de saisie-attribution, annulable si elle a été pratiquée par un créancier à compter de la date de cessation des paiements « *et en connaissance de celle-ci* ».

154.83 Sûretés et mesures conservatoires. L'interdiction de poursuivre les procédures de saisie mobilière et immobilière engagées sur le fondement d'un titre obtenu antérieurement à l'ouverture d'une procédure collective s'applique aussi aux sûretés et aux mesures conservatoires dont la conversion n'a pas été effectuée avant l'ouverture de la procédure collective par application combinée des dispositions de l'article L. 622-21 du Code de commerce et des articles R. 523-7 à R. 523-9 C. pr. exéc., car ce n'est pas la saisie conservatoire qui emporte attribution immédiate mais la demande de paiement contenue dans l'acte de conversion[3]. Il en résulte que la saisie conservatoire et ses corollaires, l'affectation spéciale et le privilège du gagiste, sont rétroactivement mis à néant.

154.84 Mesure conservatoire et cautionnement. La question s'est également posée de savoir comment combiner les alinéas 2 et 3 de l'article L. 622-28 du Code de commerce, en d'autres termes la prise d'une mesure conservatoire à l'égard d'une caution personne physique avec la suspension de l'instance jusqu'au jugement statuant sur le sort de l'entreprise. On sait que l'article L. 622-28 alinéa 2 dispose que « *le jugement d'ouverture suspend jusqu'au jugement arrêtant le plan ou prononçant la liquidation toute action contre les personnes physiques* [...] *ayant consenti une sûreté personnelle* », tandis que l'alinéa 3 du même texte permet aux créanciers bénéficiaires de ces garanties de prendre des mesures conservatoires. On s'est donc demandé comment combiner ces deux dispositions, sachant que l'article R. 511-7 C. pr. exéc. impose au créancier, dans le mois qui suit l'exécution de la mesure, à peine de caducité, d'introduire une procédure ou d'accomplir les formalités nécessaires à l'obtention d'un titre exécutoire. Deux arrêts rendus par la chambre commerciale de la Cour de cassation le 24 mai 2005 ont décidé que le délai de l'article R. 511-7 s'impose au créancier « *même si le débiteur principal a fait l'objet d'un jugement de redressement judiciaire* », mais que, « *dans ce cas, l'instance ainsi engagée est suspendue jusqu'au jugement arrêtant le plan de redressement ou prononçant la liquidation judiciaire du débiteur principal* »[4]. Une autre solution aurait pu consister à admettre que la suspension des poursuites contre la caution impliquait la suspension corrélative du délai de l'article R. 511-7 C. pr. exéc.

154.85 Moment de la mise en œuvre de la saisie conservatoire. Pour produire tous ses effets, une mesure conservatoire doit donc être mise en œuvre avant la date de cessation des paiements et convertie en mesure d'exécution forcée correspondante avant le jugement ouvrant la procédure collective.

La Cour de cassation a ainsi précisé, à propos de l'éventuelle application de l'article 2350 du Code civil, qu'« *une saisie conservatoire signifiée au tiers saisi avant la date de cessation des paiements qui n'a pas été convertie en*

1. Ce texte disposant que les coobligés et les personnes ayant consenti une sûreté personnelle ne peuvent se prévaloir des dispositions du plan, par dérogation à l'article L. 626-11.
2. À propos d'un avis à tiers détenteur émis par un comptable public : Com. 16 juin 1998, nº 96-17.050, *Bull. civ.* IV, nº 200 ; *JCP E* 1998. 1381.
3. Com. 22 avr. 1997, nº 94-16.979, *Bull. civ.* IV, nº 100 ; *D.* 1997. 127 – Douai, 19 juill. 1994, *Rev. huiss.* 1994. 838.
4. Com. 24 mai 2005, nos 00-19.721 et 03-21.043, *Bull. civ.* IV, nos 115 et 116 ; *D.* 2005. 1632, obs. Lienhard ; *Dr. et proc.* 2005. 260, obs. Crocq ; *RD banc. fin.* 2005, nº 141, obs. Piedelièvre.

saisie-attribution avant la date du jugement d'ouverture n'emporte plus, dès lors, affectation spéciale et privilège au profit du créancier saisissant »[1].

La deuxième chambre civile de la Cour de cassation retient d'ailleurs la même solution que la chambre commerciale en constatant que seul l'acte de conversion de la saisie conservatoire en saisie-attribution emporte attribution immédiate de la créance saisie, même en présence d'un jugement définitif constatant une créance. Il en résulte que le créancier ne peut se prévaloir d'un droit acquis avant le jugement d'ouverture lorsque la signification de la conversion de la saisie conservatoire est postérieure à ce jugement[2].

154.86 Moment de la conversion en saisie-vente. Il en résulte de la même façon qu'un acte de conversion d'une saisie conservatoire antérieure au jugement ne peut être utilement signifié au tiers saisi postérieurement à ce jugement[3]. Pareillement, la signification de l'acte de conversion de saisie conservatoire en saisie-vente, la veille du prononcé du jugement d'ouverture ouvrant la procédure collective du débiteur, ne fait pas sortir le bien saisi de son patrimoine. La vente ne peut avoir lieu avant l'expiration du délai de huit jours visé à l'article R. 522-8 alinéa 1er C. pr. exéc., à l'issue duquel l'huissier procède à la vérification des biens saisis et dresse acte des biens manquants ou dégradés. Le débiteur dispose en effet d'un délai de huit jours, après commandement, pour procéder au paiement des sommes dues en vertu du titre exécutoire (C. pr. exéc., art. R. 522-7). Au surplus, il bénéficie d'un délai d'un mois pour effectuer une vente amiable des biens saisis (C. pr. exéc., art. R. 522-8, al. 2, R. 221-30 à R. 221-32). Ce n'est qu'à l'issue de ce délai que la vente forcée peut avoir lieu[4]. En conséquence, si la vente est intervenue avant le jugement d'ouverture de la procédure, la mesure d'exécution forcée ne peut être remise en cause par la survenance de la procédure car les biens sont sortis du patrimoine du débiteur.

154.87 Moment de la conversion en saisie-attribution. On peut déduire *a contrario* de cette solution qu'une saisie conservatoire convertie en saisie attribution dans les mêmes conditions fait sortir la somme saisie du patrimoine du débiteur par l'effet de l'attribution immédiate attaché à ce mode de saisie. Encore faut-il que la saisie conservatoire convertie en saisie attribution avant l'ouverture de la procédure collective n'ait pas été diligentée en période suspecte.

Dans cette hypothèse, si l'article L. 632-1, I, 7° du Code de commerce considère comme nulle toute mesure conservatoire intervenue depuis la date de cessation des paiements (pour qu'elle soit valide, il faut que l'inscription ou l'acte de saisie soit antérieur à cette date), il n'en demeure pas moins qu'une difficulté se pose selon que l'on fait prévaloir le droit de l'exécution ou celui des procédures collectives. Dans le premier cas, le « transfert-cession » immédiat propre à la saisie-attribution donne à la saisie convertie un effet d'attribution qui valide la procédure[5]. Dans le second cas, la conversion pendant la période suspecte rend la procédure nulle[6]. Dans un premier temps, la Cour de cassation a mis fin à ce débat par un important arrêt du 12 octobre 1999 en faisant prévaloir à juste titre l'égalité des créanciers dans le cadre de la procédure collective sur les droits individuels qu'ils détiennent de leurs titres exécutoires. Elle a en effet retenu que la saisie conservatoire effectuée après la date de cessation des paiements est nulle par application des dispositions de l'article L. 621-107, 7° du Code de commerce (désormais C. com., art. L. 632-1, 7°) même si cette saisie conservatoire a été convertie en saisie attribution avant que n'intervienne le jugement d'ouverture[7], obligeant ainsi le créancier saisissant à rembourser les sommes perçues. De même, une saisie conservatoire non convertie en saisie-attribution avant la date du jugement d'ouverture, n'emporte plus affectation spéciale et privilège au profit du créancier saisissant[8] qui ne peut plus produire à la faillite qu'à titre chirographaire. Par la suite, la chambre commerciale est revenue sur sa position d'origine. Ainsi, aux termes d'une décision du 10 décembre 2002[9], ultérieurement confirmée par un arrêt du 29 avril 2003[10], elle a jugé qu'une saisie conservatoire de créance, alors même qu'elle est intervenue en période suspecte et encourt la nullité, n'affectait pas la validité de la saisie-attribution dès lors que la conversion était intervenue antérieurement au jugement d'ouverture de la procédure.

En revanche, l'article L. 632-2 du Code de commerce, relatif aux **nullités facultatives de la période**

1. Com. 22 avr. 1997, n° 94-16.979, *Bull. civ.* IV, n° 100; *Rev. huiss.* 1997. 1132 – Com. 31 mars 1998, n° 95-15.749, NP; *Procédures* 1998, nos 139 et 144.
2. Civ. 2e, 19 mai 1999, n° 97-13.672, *Bull. civ.* II, n° 97; *D.* 1999. 549.
3. TGI Lyon, *JEX, 26 sept.* 1995, *Rev. huiss.* 1996. 495.
4. Com. 2 févr. 1999, n° 96-17.517, *Bull. civ.* IV, n° 36; *JCP* 1999, n° 13.
5. EN CE SENS, Douai, 8 févr. 1996, *Procédures* 1998, n° 144.
6. EN CE SENS, Rennes, 24 janv. 1996, *Procédures* 1998, n° 144.
7. Com. 12 oct. 1999, n° 96-13.133, *Bull. civ.* IV, n° 166; *D.* 1999. 45; *Procédures* 2000, n° 3, note Perrot.
8. Com. 4 janv. 2000, n° 96-20.390, NP; *Procédures* 2000, n° 59, note Perrot.
9. Com. 10 déc. 2002, n° 99-16.603, *Bull. civ.* IV, n° 191; *Dr. et proc.* 2003. 163, obs. Crocq.
10. Com. 29 avr. 2003, n° 00-11.912, *Bull. civ.* IV, n° 63; *D.* 2003. 1364, obs. Lienhard; *RTD com. 2005. 846, obs. Martin*-Serf; *Dr. et proc.* 2003. 263.

suspecte, considère désormais que « *tout avis à tiers détenteur, toute saisie-attribution ou toute opposition peut également être annulé lorsqu'il a été délivré ou pratiqué par un créancier après la date de cessation des paiements et en connaissance de celle-ci* »[1]. La chambre commerciale de la Cour de cassation, faisant application de cette disposition, a jugé qu'« *après avoir constaté que les conditions pour prononcer la nullité d'un avis à tiers détenteur sont réunies, le juge, saisi d'une action en nullité fondée sur l'article L. 632-2 du Code de commerce dans sa rédaction issue de la loi du 26 juillet 2005 de sauvegarde des entreprises, jouit de la faculté de prononcer ou non cette mesure* »[2].

154.88 Sûreté judiciaire en période suspecte. Quant à la sûreté souscrite pendant la période suspecte précédant l'ouverture de la procédure collective, elle est également nulle par application de l'article L. 632-1, I, 6° et 7° du Code de commerce, le 6° visant spécifiquement les hypothèques judiciaires constituées sur les biens du débiteur pour dettes antérieurement contractées. Dans cette hypothèse, pour apprécier la nullité de la sûreté, il y a lieu de rechercher si sa constitution sur les biens du débiteur, qui résulte non de son inscription mais du jugement de condamnation, est postérieure à la date de cessation des paiements[3], peu importe que la sûreté ait été constituée en vertu d'une promesse consentie avant cette date[4]. *A contrario*, sont régulières les sûretés publiées avant la date de cessation des paiements. De même, la Cour de cassation approuve la **substitution de garantie opérée pendant la période suspecte**, lorsque la première garantie a été fournie avant la date de cessation des paiements du débiteur, dès lors que la sûreté n'est supérieure ni dans sa nature, ni dans son étendue, à la sûreté à laquelle elle s'est substituée[5]. Il convient toutefois de faire preuve de prudence en observant que la Haute juridiction exige une **équivalence de valeur et d'assiette** pour valider cette substitution. Il n'en va pas de même pour la promesse d'hypothèque consentie avant la cessation des paiements. L'ouverture de la procédure collective rend alors impossible la constitution de l'hypothèque pendant la période suspecte. C'est en effet à la date de la rédaction de l'acte notarié d'hypothèque que doit s'apprécier cette constitution[6]. Le même sort est réservé au nantissement judiciaire du fonds de commerce pris après la date de cessation des paiements, sur le fondement de l'article L. 632-1, 7° du Code de commerce[7].

154.89 Conversion et substitution en période suspecte. Les sûretés et saisies conservatoires sont nulles lorsque l'acte de saisie a été effectué postérieurement à la date de cessation des paiements pour des dettes contractées antérieurement (C. com., art. L. 632-1, 7°)[8]. Cependant, un arrêt de la chambre commerciale paraît remettre en cause cette jurisprudence puisqu'il dispose qu'ayant retenu que la conversion en saisie-attribution avait été effectuée avant le jugement d'ouverture, une cour d'appel avait fait une exacte application des dispositions de l'article L. 211-2 C. pr. exéc. et n'avait pas à se prononcer sur l'application de l'article L. 632-1, 7° du Code de commerce pour rejeter une demande de mainlevée d'une saisie conservatoire et de l'acte la convertissant en saisie attribution[9]. Quoi qu'il en soit, la substitution d'hypothèque opérée en période suspecte, est admise dès lors qu'elle n'a pas pour effet de modifier son assiette[10].

154.90 Cas particulier de la déclaration notariée d'insaisissabilité des articles L. 526-1 et suivants du Code de commerce. On sait que depuis la loi n° 2003-7 du 1er août 2003 modifiant le livre VIII du Code de commerce[11], l'article L. 526-1 du Code de commerce, par dérogation aux articles 2284 et 2285 du Code civil, permet à une personne physique immatriculée à un registre de publicité légale à caractère professionnel ou exerçant une activité professionnelle agricole ou indépendante, de déclarer insaisissables ses droits sur l'immeuble où est fixée sa résidence principale ainsi que sur tout bien foncier bâti ou non bâti qu'elle n'a pas affecté à son

1. Sur cette disposition, v. : P. Canet, « Voies d'exécution », *Rev. proc. coll.* 2005. 209 – J.-P. G. Wicker, « La période suspecte après la loi de sauvegarde des entreprises », *Rev. proc. coll.* 2006, p. 12, spéc. n° 24 – J.-C. Boulay, « Les créanciers antérieurs dans les procédures de sauvegarde, de redressement et de liquidation judiciaires », *Rev. proc. coll.* 2006. 135, spéc. 137, *in fine* – L. Lauvergnat, « L'annulation de la saisie-attribution pratiquée en période suspecte », *Dr. et proc.* 2007. 254 – Et sur la preuve de cette connaissance, v. : Paris, 3e ch. B, 13 déc. 2007, *D.* 2008. 221, obs. Lienhard – *Adde : Dr. et patr.* nov. 2007. 95, obs. Crocq – *CCC* nov-déc. 2008, n° 158, obs. Blanc.
2. Com. 12 janv. 2010, n° 09-11.119, *Bull. civ.* IV, n° 5; *D.* 2010. 204, obs. Lienhard; 1820, obs. Lucas et Le Corre; *D.* 2011. 1509, obs. Leborgne; *RTD civ.* 2010. 102, obs. Fages; 376, obs. Perrot; *RTD com.* 2010. 426, obs. Martin-Serf.
3. Com. 25 oct. 1994, n° 91-14.539, *Bull. civ.* IV, n° 314.
4. Com. 12 nov. 1997, n° 95-14.900, *Bull. civ.* IV, n° 287.
5. Com. 20 janv. 1998, n° 95-16.402, *Bull. civ.* IV, n° 28; *RTD com.* 1999. 194.
6. Com. 12 nov. 1997, n° 95-14.900, *Bull. civ.* IV, n° 287; *RTD com.* 1999. 196.
7. Com. 1er juill. 1998, *RTD com.* 1999. 194.
8. À propos d'une inscription de nantissement : Com. 1er juill. 1997, n° 95-11.375, *Bull. civ.* IV, n° 212.
9. Com. 10 déc. 2002, n° 99-16.603, *Bull. civ.* IV, n° 191; *Gaz. Pal.* 9-11 févr. 2003. Pan. 28.
10. Com. 20 janv. 1998, n° 95-16.402, *Bull. civ.* IV, n° 28; *JCP* 1998. I. 149.
11. L. n° 2003-7, 1er août 2003 modifiant le livre VIII du Code de commerce, *JO* 4 janv., p. 256.

usage professionnel. Publiée au fichier immobilier, cette déclaration n'a d'effet qu'à l'égard des créanciers dont les droits naissent, postérieurement à la publication, à l'occasion de l'activité professionnelle du déclarant. Revenant à interdire la saisie du bien objet de la déclaration [1], et le débiteur pouvant opposer cette déclaration à la procédure collective [2], les auteurs de l'ordonnance n° 2014-326 du 12 mars 2014, prenant acte de ce que le liquidateur ne pouvant agir que dans l'intérêt de tous les créanciers et non d'une partie d'entre eux seulement (ceux dont les droits naissent postérieurement à la publication de la déclaration), s'étaient vu dénier par la Cour de cassation non seulement la qualité pour agir en inopposabilité d'une déclaration d'insaisissabilité qui n'aurait pas été régulièrement publiée [3], mais aussi la qualité pour exercer l'action paulienne [4], ont complété l'article L. 632-1, I du Code de commerce d'un nouveau 12° frappant d'une nullité de droit la déclaration effectuée en période suspecte. Le nouvel article L. 632-1, II prévoit désormais également que le tribunal peut annuler les déclarations d'insaisissabilité faites dans les six mois précédant la date de cessation des paiements.

154.91 Cas particulier de la saisie-vente. Sous l'empire de la législation antérieure à 1991, l'ouverture d'une procédure collective par un jugement rendu entre la date de la saisie-exécution et celle fixée pour la vente des meubles saisis, entraînait la suspension de la saisie [5]. Cette solution paraît transposable à la procédure de saisie-vente des biens meubles corporels du débiteur. La Cour de cassation énonce d'ailleurs que la procédure de saisie-vente ne s'achève que par la vente des biens saisis qui fait sortir les biens du patrimoine du débiteur. Il en résulte que la règle d'ordre public de l'arrêt des poursuites individuelles s'applique tant que cette procédure d'exécution n'a pas, par la vente, produit ses effets [6].

154.92 Cas particulier de la saisie-appréhension. La saisie-appréhension sur injonction du juge peut-elle prospérer dans l'hypothèse où, à défaut d'opposition, l'injonction est revêtue de la formule exécutoire et mise à exécution après l'ouverture de la procédure collective (C. pr. exéc., art. R. 222-15) ? L'ordonnance ainsi visée produisant tous les effets d'un jugement contradictoire en dernier ressort, elle ne rentre pas dans la liste des actions visées par l'article L. 622-21 du Code de commerce, qui interdit toute voie d'exécution de la part des créanciers sur les meubles ou immeubles du débiteur du chef d'une action tendant à la condamnation du débiteur au paiement d'une somme d'argent ou à la résolution d'un contrat pour défaut de paiement d'une somme d'argent. Peut-on dès lors faire application de l'article L. 622-23 du Code de commerce qui permet de poursuivre les procédures d'exécution au cours de la période d'observation à l'encontre du débiteur, après mise en cause de l'administrateur et du mandataire judiciaire ou après une reprise d'instance à leur initiative ? Il semble que la jurisprudence ne s'est pas encore exprimée sur cette question.

154.93 Cas particulier de la saisie immobilière. Lorsqu'elle est engagée avant l'ouverture d'une procédure de sauvegarde, de redressement ou de liquidation judiciaires, et que la saisie immobilière est donc en cours, sans qu'il y ait eu transfert de la propriété, la saisie est suspendue par l'effet du jugement d'ouverture (C. com., art. L. 642-18, al. 2 - sur les modalités pratiques, v. C. com., art. R. 642-22 et s.). Le principe de la suspension des poursuites individuelles s'applique également lorsque le redressement est ouvert entre la déclaration de surenchère et l'adjudication définitive de l'immeuble du débiteur [7] (pour une étude approfondie de cette question, v. s^s n°s 1410.01 à 1415.93).

154.94 Durée de la suspension. Les instances en cours sont suspendues jusqu'à ce que le créancier poursuivant ait procédé à la déclaration de sa créance, moyennant quoi elles seront alors reprises de plein droit, le mandataire judiciaire et, le cas échéant, l'administrateur ou le commissaire à l'exécution du plan dûment appelés. Cela étant, elles ne pourront plus tendre qu'à la constatation des créances et à la fixation de leur montant (C. com., art. L. 622-22, al. 1er) [8]. Ces dispositions sont d'ordre public [9].

154.95 Dérogation en matière prud'homale. Une seule exception au principe de la suspension des actions a trait aux instances prud'homales en cours à la date du jugement d'ouverture. Celles-ci sont poursuivies en présence du mandataire judiciaire et de l'administrateur lorsqu'il a une mission

1. Mais non l'inscription d'une hypothèque judiciaire à titre conservatoire sur ce bien, aux termes de Com. 11 juin 2014, n° 13-13.643, *Bull. civ.* IV, n° 106.
2. Com. 28 juin 2011, n° 10-15.482, *Bull. civ.* IV, n° 109; *D.* 2011. 1751, obs. Lienhard; *D.* 2012. 1509, obs. Leborgne; p. 1573, obs. Crocq; p. 2196, obs. Le Corre.
3. Com. 13 mars 2012, n° 11-15.438, *Bull. civ.* IV, n° 53; *D.* 2012. 807, obs. Lienhard.
4. Com. 23 avr. 2013, n° 12-16.035, *Bull. civ.* IV, n° 68; *D.* 2013. 1127, obs. Lienhard.
5. Com. 1er oct. 1991, n° 90-11.126, *Bull. civ.* IV, n° 271.
6. Civ. 2e, 19 mai 1998, nos 96-12.944 et 96-13.268, *Bull. civ.* II, n° 161.
7. Civ. 2e, 24 mars 1993, n° 90-18.599, *Bull. civ.* II, n° 128.
8. Douai, 27 janv. 1994, *Rev. huiss.* 1995. 238.
9. Com. 12 févr. 1991, n° 89-15.165, *Bull. civ.* IV, n° 67.

d'assistance, ou ceux-ci dûment appelés (C. com., art. L. 625-3, al. 1er). Le mandataire judiciaire doit informer dans les dix jours la juridiction saisie et les salariés parties à l'instance de l'ouverture de la procédure (C. com., art. L. 625-3, al. 2). À cet égard, la décision du conseil des prud'hommes déclarée opposable à l'AGS et la disant tenue à garantie constitue un titre exécutoire à son égard. Il en va ainsi d'une créance de dommages et intérêts d'un salarié, fixée au passif d'un employeur, qui a fait l'objet d'une procédure collective, et qui constitue un titre exécutoire au sens de l'article L. 111-3 C. pr. exéc. En conséquence, l'action du salarié tendant à dire que l'AGS doit faire l'avance de la somme au commissaire à l'exécution du plan de la société, est fondée[1].

154.96 Limites de l'exception tirée de l'existence d'une procédure collective. L'empêchement de diligenter une procédure d'exécution ne s'applique qu'à l'égard du conjoint en redressement ou en liquidation et non à son époux[2] (v. ss nos 154.171 s.). Il ne s'applique pas non plus à l'action contre l'associé qui ne fait pas lui-même l'objet d'une procédure collective[3], au coobligé solidaire[4] ou à l'assureur du débiteur en faillite[5].

De même, l'ouverture d'une procédure collective ne prive pas le débiteur de la possibilité d'exercer une voie de recours contre la décision statuant sur l'existence ou le montant de la créance déterminée dans le cadre d'une instance en cours à la date du jugement d'ouverture[6].

IL faut également rappeler qu'aux termes de l'article L. 622-28 alinéa 2 du Code de commerce, les actions contre les personnes physiques coobligées ou ayant consenti une sûreté personnelle (ou ayant affecté ou cédé un bien garantie) sont suspendues par le jugement d'ouverture jusqu'au jugement arrêtant le plan ou prononçant la liquidation. Les créanciers bénéficiaires de ces garanties peuvent néanmoins prendre des mesures conservatoires (C. com., art. L. 622-28, al. 3) dans les conditions prévues aux articles R. 511-1 et suivants C. pr. exéc.[7]. Ils doivent alors introduire une procédure dans le mois qui suit l'exécution de la mesure conservatoire. En revanche, les instances et les procédures civiles d'exécution suspendues seront poursuivies à l'initiative des créanciers bénéficiaires des garanties mentionnées au deuxième alinéa de l'article L. 622-28 du Code de commerce, sur justification du jugement arrêtant le plan (C. com., art. R. 622-26, al. 1er : solution applicable au redressement judiciaire via C. com., art. R. 631-27).

Sur le plan procédural, on peut rappeler qu'un arrêt rendu par la chambre mixte de la Cour de cassation le 16 novembre 2007 a estimé que l'article L. 622-28 alinéa 2 édicte, dans le seul intérêt de la caution, une fin de non-recevoir dont celle-ci ne peut se prévaloir pour la première fois devant la Cour de cassation[8].

154.97 Procédure collective et saisie-attribution. La saisie-attribution, on le sait, ne saurait être remise en cause par la survenance d'un jugement portant ouverture d'une procédure de sauvegarde, de redressement judiciaire ou de liquidation judiciaire, du débiteur, en vertu de l'attribution immédiate de la créance dans le patrimoine du saisissant attachée à l'acte de saisie[9]. Il en résulte que celui-ci n'est pas tenu de déclarer sa créance[10]. Toutefois, la saisie-attribution peut être privée d'effet si elle n'a pas été dénoncée à l'administrateur lorsqu'il a reçu mission d'en recevoir notification dans le cadre de l'assistance de l'administré[11]. L'interdiction de mettre en œuvre une voie d'exécution postérieurement à l'ouverture d'une procédure collective laissait cependant entière la question de la saisie-attribution d'une créance à exécution successive pratiquée à l'encontre de son titulaire avant la survenance de cette procédure. L'effet attributif de la saisie s'appliquait-il alors aux termes échus après le jugement d'ouverture ? La Cour de cassation a répondu à cette question par un avis et une décision dont il résulte que « *la saisie-attribution des créances à exécution successive pratiquée* [à l'encontre d'un débiteur], *antérieurement à la liquidation judiciaire* [...] *poursuit ses effets sur les* [termes] *échus après le jugement de liquidation* » par application combinée des articles 13 alinéa 2 (devenu C. pr. exéc., art. L. 112-1, al. 2) et 43 alinéas 1er et 2 de la loi du 9 juillet 1991 (devenu C. pr. exéc., art. L. 211-2, al. 1er et 2)

1. Civ. 2e, 21 sept. 2000, no 98-14.151, *Bull. civ.* II, no 130.
2. Com. 19 janv. 1993, no 89-16.518, *Bull. civ.* IV, no 25.
3. Com. 9 nov. 1993, no 91-17.279, NP; *Rev. huiss.* 1993. 1442.
4. Com. 26 juin 1978, no 76-14.097, *Bull. civ.* IV, no 181.
5. Cass., ch. mixte 15 juin 1979, nos 77-14.549 et 77-10.150, *Bull. ch. mixte*, nos 1 et 2; *D.* 1979 et 561, obs. Derrida.
6. Com. 9 nov. 1993, no 91-16.149, NP; *Rev. huiss.* 1993. 1442.
7. C. com., art. R. 622-26, al. 2.
8. Cass, ch. mixte, 16 nov. 2007, no 03-14.409, *Bull. ch. mixte*, no 11; *D.* 2007. AJ 3009, obs. Lienhard; *JCP E* 2008. 1377, note Salati.
9. On notera un arrêt de la deuxième chambre civile ayant jugé que cette mesure d'exécution forcée emporte attribution au créancier saisissant de la créance de somme d'argent disponible dans le patrimoine ainsi que de ses accessoires exprimés en argent à l'exclusion des sûretés : Civ. 2e, 7 avr. 2011, no 10-15.969, *Bull. civ.* II, no 88; *D.* 2011. 2153, obs. Sommer et Leroy-Gissinger.
10. Com. 13 oct. 1998, no 96-14.295, *Bull. civ.* IV, no 237.
11. Com. 16 févr. 1999, no 95-17.928, NP; *Procédures* 2000, no 274 – Com. 19 févr. 2002, no 98-22.727, *Bull. civ.* IV, no 37; *Procédures* 2002, no 5, note Perrot.

et 69 à 72 du décret n° 92-755 du 31 juillet 1992 (devenus C. pr. exéc., art. R. 211-14 à R. 211-17)[1].

Toutefois, la chambre commerciale de la Cour de cassation avait rendu une solution contraire à celle de la deuxième chambre civile en se fondant sur la règle de l'interdiction de payer toute créance née antérieurement au jugement d'ouverture[2]. Pour éliminer cette divergence, la question a été soumise à la chambre mixte qui, dans un arrêt du 22 novembre 2002[3], a opté pour la solution adoptée par la deuxième chambre civile. La chambre commerciale s'est finalement inclinée dans un arrêt du 8 juillet 2003[4] au terme duquel elle considère qu'en application de l'article L. 263 du Livre des procédures fiscales, l'avis à tiers détenteur (ATD) portant sur une créance à exécution successive, pratiqué à l'encontre de son titulaire avant la survenance d'un jugement portant ouverture d'un redressement ou d'une liquidation judiciaire de celui-ci poursuit ses effets sur les sommes échues en vertu de cette créance, après ledit jugement[5].

Par ailleurs, par application de l'article L. 641-9 du Code de commerce et de l'article R. 211-11 C. pr. exéc., la jurisprudence décide que lorsqu'un jugement de liquidation judiciaire est prononcé au cours du délai ouvert pour contester une saisie-attribution, ce délai est interrompu et un nouveau délai commence à courir à compter de la dénonciation faite au liquidateur. Il en résulte que la saisie-attribution doit être dénoncée au liquidateur par l'effet du dessaisissement du débiteur de ses droits et actions, seul le liquidateur pouvant alors les exercer[6]. Cette dénonciation au liquidateur doit intervenir dès la liquidation judiciaire, dans le délai de huit jours prévu, à peine de caducité, par l'article R. 211-3 C. pr. exéc.[7]. L'allégation de l'ignorance de l'identité des organes de la procédure collective ne constitue pas un empêchement légitime pour le créancier qui ne justifie pas avoir dénoncé la saisie dans les huit jours[8]. Cette ignorance n'évite pas la caducité et, par voie de conséquence, la remise en cause de l'effet attributif par le jugement d'ouverture[9]. En revanche, lorsque le débiteur n'a pas été mis en liquidation judiciaire dans le délai de huit jours dans lequel la saisie-attribution doit lui être dénoncée par acte d'huissier de justice à peine de caducité, la chambre commerciale a estimé, le 2 octobre 2012, que cette saisie, si elle lui a été régulièrement dénoncée dans ce délai, ne peut plus encourir la caducité prévue par l'article R. 211-2 C. pr. exéc. Le jugement de liquidation judiciaire qui interviendrait après l'expiration du délai de huit jours ne pourrait avoir pour effet de le faire renaître[10]. La deuxième chambre civile avait elle-même déjà considéré, le 8 décembre 2011, que lorsque la saisie-attribution a été dénoncée, dans le délai légal, au débiteur à la tête de ses biens, cette mesure d'exécution forcée échappe à la la caducité même elle n'a pas été dénoncée aux organes de la procédure collective intervenue postérieurement[11].

154.98 Cas particulier du paiement direct des créances d'aliments ou assimilés. On peut ici rappeler que par exception à la règle de la déclaration des créances antérieures au jugement d'ouverture, les créances alimentaires ne sont pas soumises aux dispositions de l'article L. 622-24 du Code de commerce (C. com., art. L. 622-24, dern. al.).

Les aliments constituent en effet une dette personnelle du débiteur en redressement ou en liquidation judiciaire, qui doit être réglée sur les revenus dont il conserve la libre disposition ou bien recouvrée par la voie de la procédure de paiement direct ou de recouvrement public des pensions alimentaires. À noter que la créance née de la prestation compensatoire qui présente pour partie un caractère alimentaire, n'a pas non plus à être déclarée au passif du débiteur[12].

La solution se comprend lorsque le débiteur fait l'objet d'une procédure de sauvegarde ou de redres-

1. Cass., avis, 16 déc. 1994, n° 09-40.021, *Bull. avis*, n° 24; *D.* 1995. 166, obs. Derrida – Civ. 2e, 10 juill. 1996, n° 94-19.551, *Bull. civ.* II, n° 209.
2. Com. 24 oct. 1995, n° 93-10.351, *Bull. civ.* IV, n° 255; *D.* 1996. 155, obs. Derrida.
3. Cass., ch. mixte, 22 nov. 2002, n° 99-13.935, *Bull. ch. mixte*, n° 7; *Act. proc. coll.* 2002, n° 262; *D.* 2002. 3270, obs. Lienhard; *D.* 2003. 445, note Larroumet; *Procédures* janv. 2003, n° 8, note Perrot; *Dr. et proc.* 2003. 120, obs. Putman; *RTD civ.* 2003. 331, obs. Crocq.
4. Com. 8 juill. 2003, n° 00-13.309, *Bull. civ.* IV, n° 132; *Act. proc. coll.* 2003, n° 185.
5. *Adde :* Com. 5 nov. 2003, n° 01-00.881, *Bull. civ.* IV, n° 161; *D.* 2003. AJ 2964.
6. Com. 19 janv. 1999, n° 96-18.256, *Bull. civ.* IV, n° 17.
7. Com. 4 mars 2003, n° 00-13.020, *Bull. civ.* IV, n° 34; *D.* 2003. 907, obs. Lienhard, qui relève que « *la saisie doit être dénoncée dans le délai de huit jours, à peine de caducité, au débiteur à la tête de ses biens, ou, dès la liquidation judiciaire, à son liquidateur* » pris « *ès qualités* ».
8. *Adde,* plus généralement sur cette question : J.-P. Spinelli, « Dénonciation de la saisie-attribution et procédure collective », *Dr. et proc.* 2002. 273.
9. Com. 19 févr. 2002, n° 98-22.727, *Bull. civ.* IV, n° 37; *JCP* 2002. IV. 1588.
10. Com. 2 oct. 2012, n° 11-22.387, *Bull. civ.* IV, n° 178.
11. Com. 8 déc. 2011, n° 10-24.420, *Bull. civ.* IV, n° 225; *D.* 2012. 1509, note Leborgne; *Procédures* févr. 2012, note Perrot.
12. Com. 8 oct. 2003, n° 99-21.682, *Bull. civ.* IV, n° 151; *BICC* 2003; *D.* 2003. 2637, obs. Lienhard – Com. 1er févr. 2005, n° 01-13.943, *Bull. civ.* IV, n° 18, qui relève que « *si la créance née de la prestation compensatoire, qui présente pour partie un caractère alimentaire, n'a pas à être déclarée au passif du débiteur soumis à procédure collective et échappe ainsi à l'extinction faute de déclaration, cette créance, qui est une dette personnelle du débiteur soumis à une procédure collective, doit être payée sur les revenus dont il conserve la disposition, ou bien être recouvrée par la voie de la procédure de paiement direct ou de recouvrement public des pensions alimentaires* ».

sement judiciaire car le débiteur n'est pas, en principe, dessaisi de l'administration de ses droits patrimoniaux. En revanche, elle est plus problématique en liquidation judicaire en raison précisément du dessaisissement et de la disposition de ses biens.

154.99 Cas particulier de l'action en revendication. Il convient, *in fine,* de distinguer la procédure de saisie-revendication, qui est une mesure conservatoire et comme telle soumise aux règles générales s'appliquant aux voies d'exécution, de l'action en revendication qui constitue une action au fond (sur le fondement d'une clause de réserve de propriété par exemple) et qui, comme telle, est soumise aux prescriptions de l'article L. 624-9 du Code de commerce[1]. S'agissant d'une action autre que tendant à la condamnation du débiteur au paiement d'une somme d'argent ou à la résolution d'un contrat pour défaut de paiement d'une somme d'argent, elle peut être poursuivie au cours de la période d'observation à l'encontre du débiteur, après mise en cause de l'administrateur et du représentant des créanciers ou après une reprise d'instance à leur initiative[2].

154.100 Cas particulier de l'action en distraction. Par dérogation à la compétence générale du JEX pour statuer sur les contestations nées à l'occasion de la saisie-vente, notamment sur les demandes en distraction qui ont pour objet de faire reconnaître le droit de propriété d'un tiers sur un bien compris dans la saisie et de le distraire des poursuites (C. pr. exéc., art. R. 221-40)[3], les incidents de ce type nés de la procédure collective lui échappent et relèvent de la seule compétence du juge-commissaire.

154.101 Reprise des poursuites individuelles : règlement des créanciers. Lorsque le jugement ouvre ou prononce la liquidation judiciaire, l'article L. 643-2 alinéa 1er du Code de commerce offre la possibilité aux créanciers titulaires d'un privilège spécial, d'un gage, d'un nantissement ou d'une hypothèque, d'exercer, dès lors qu'ils ont déclaré leurs créances même s'ils ne sont pas encore admis, leur droit de poursuite individuelle si le liquidateur n'a pas entrepris la liquidation des biens grevés dans le délai de trois mois à compter de ce jugement.

Si, en vertu de l'article L. 642-2, le tribunal a fixé un délai pour le dépôt des offres de reprise, les créanciers visés à l'alinéa 1er de l'article L. 643-2 C. com. ont la possibilité d'exercer leur droit de poursuite individuelle si, à l'expiration du délai fixé, aucune offre incluant ce bien n'a été présentée.

On notera également l'existence de dispositions spécifiques en cas de vente d'un immeuble (C. com., art. L. 643-2, al. 3).

154.102 Clôture de la liquidation judiciaire pour insuffisance d'actif et exercice individuel des poursuites. En principe, le jugement de clôture de la liquidation judiciaire pour insuffisance d'actif ne permet pas aux créanciers de recouvrer l'exercice individuel de leurs actions contre le débiteur (C. com., art. L. 643-11, I). Toutefois, parmi les exceptions à cette règle, il faut signaler le V de l'article L. 643-11, qui comporte une distinction selon que la créance de l'intéressé a été admise au passif ou qu'elle n'a pas été vérifiée. Selon ce texte, en effet, « *les créanciers qui recouvrent leur droit de poursuite individuelle et dont les créances ont été admises ne peuvent exercer ce droit sans avoir obtenu un titre exécutoire ou, lorsqu'ils disposent déjà d'un tel titre, sans avoir fait constater qu'ils remplissent les conditions prévues au présent article. Le président du tribunal, saisi à cette fin, statue par ordonnance (al. 1). Les créanciers qui recouvrent l'exercice individuel de leurs actions et dont les créances n'ont pas été vérifiées peuvent le mettre en œuvre dans les conditions du droit commun* »[4].

Il convient toutefois d'observer que l'interdiction de reprise des poursuites individuelles à la clôture de la liquidation judiciaire n'est prévue que lorsque celle-ci intervient « *pour insuffisance d'actif* » (C. com., art. L. 643-11, I). Cela signifie qu'elle n'existe pas lorsque la clôture de la procédure intervient pour extinction du passif exigible[5].

§ 2 Créances nées postérieurement à l'ouverture de la procédure collective

A. Principe

154.111 Principe : l'exercice des voies d'exécution est possible. Les créances nées régulièrement

1. Sachant que la revendication des meubles ne peut être exercée que dans le délai de trois mois suivant la publication du jugement ouvrant la procédure – Sur cette question, v. J.-L. Courtier, « Action en revendication et droit de propriété dans les procédures collectives », *Rev. huiss.* 1998. 961.
2. Com. 9 juill. 1996, n° 94-16.708, *Bull. civ.* IV, n° 208.
3. Pour une précision sur le titulaire du droit d'exercer cette action : Civ. 2e, 25 oct. 2007, n° 06-19.071, *Bull. civ.* II, n° 243; *RD banc. fin.* 2008, n° 19, obs. Piedelièvre (seul le débiteur pouvait invoquer le moyen tiré de la prescription de la créance cause de la saisie).
4. Pour une application sous l'empire de l'ancienne législation : Com. 24 mars 2004, n° 00-18.532, *Bull. civ.* IV, n° 59; *RTD com.* 2004. 615, obs. Vallens – Com. 16 juin 2004, n° 03-10.544, *Bull. civ.* IV, n° 126; *D.* 2004. AJ 1902, obs. Lienhard – V. AUSSI, sur cette question, P.-M. Le Corre, « Les obstacles résultant des procédures collectives », *Les obstacles à l'exécution forcée : permanence et évolution*, (actes du colloque, 24 avr. 2009), « Droit et procédures », EJT, 2009, p. 70.
5. V. P.-M. Le Corre, préc., n° 158, p. 69.

après le jugement d'ouverture de redressement judiciaire pour les besoins du déroulement de la procédure ou de la période d'observation, ou en contrepartie d'une prestation fournie au débiteur pendant cette période[1] (C. com., art. L. 622-17, I) sont payées à l'échéance. Dès lors, comme l'a souligné la Cour de cassation dans un arrêt en date du 6 juillet 1993, rendu sous l'empire du droit antérieur à la loi du 9 juillet 1991, aujourd'hui codifiée dans la partie législative du Code des procédures civiles d'exécution, il n'est pas interdit au créancier « *d'exercer son droit de poursuite individuelle en procédant à une saisie-arrêt sur le patrimoine de son débiteur* », y compris, a également relevé la Cour à propos d'une saisie conservatoire dans une décision prononcée sur le fondement de l'article L. 621-32 du Code de commerce dans sa rédaction antérieure à la loi du 26 juillet 2005 de sauvegarde des entreprises (aujourd'hui art. L. 622-17), lorsque la créance dont le paiement est poursuivi subit l'existence d'autres créances bénéficiant d'un rang préférentiel dans l'ordre de classement établi par ce texte[2/3].

Il en va de même pour les créances nées pendant la période de maintien en activité de l'entreprise en liquidation judiciaire[4]. Cependant, une fois le plan de cession de l'entreprise arrêté par jugement, aucune poursuite n'est possible[5].

Le même régime est applicable à la mise en œuvre des voies d'exécution, l'article L. 622-23 du Code de commerce visant expressément « *les actions en justice et les procédures **d'exécution** autres que celles visées à l'article L. 622-21* ». Il en résulte que le droit de poursuite individuel des créanciers n'est pas subordonné à l'établissement, par l'administrateur ou le débiteur, de la liste des créances telle que définie par l'article L. 622-17, III du Code de commerce et, surtout, que l'ordre de paiement par priorité tel qu'édicté par cet article ne leur est pas opposable. Le créancier, dont la créance est née régulièrement après le jugement d'ouverture de la procédure collective, peut donc obtenir un titre exécutoire, conformément à son droit de poursuite individuelle et sans que puisse lui être opposé l'ordre des paiements fixé par l'article L. 622-17 du Code de commerce. Toutefois, après le prononcé de la liquidation judiciaire, si le créancier bénéficie toujours du droit de voir reconnaître sa créance née dans le cadre de la poursuite d'activité de l'entreprise, le paiement se fait dans l'ordre prévu par l'article L. 622-17 du Code de commerce[6].

En pratique, le créancier pourra donc diligenter une procédure d'exécution contre l'administrateur ou le liquidateur (saisie-attribution ou avis à tiers détenteur, par exemple).

Par trois arrêts du 22 avril 1997[7], la Cour de cassation a considéré que le créancier était fondé à diligenter une saisie-attribution ou un ATD entre les mains du liquidateur qui détenait des sommes appartenant au débiteur en sa qualité d'organe de la procédure, le liquidateur ayant la qualité de tiers saisi, la représentation ne signifiant pas « assimilation » avec le débiteur[8]. En revanche, une saisie-attribution diligentée par un créancier entre les mains du liquidateur judiciaire pris personnellement, ne saurait prospérer. Celui-ci ne détient en effet les fonds des débiteurs qu'en sa qualité d'organe de la procédure collective[9].

La saisie attribution (ou l'ATD) doit alors être notifiée au liquidateur en sa qualité d'organe de la procédure, dans l'exercice de ses fonctions. Il a alors incontestablement la qualité de tiers saisi à l'égard du débiteur[10]. Les solutions adoptées précédemment relativement à l'ordre des créanciers et à la qualité de tiers du liquidateur ont été réaffirmées dans un arrêt du 13 mai 2003 rappelant que l'ordre de paiement des créances prévu par l'article L. 621-32 du Code de commerce (devenu C. com., art. L. 622-17) ne sert qu'à départager les créanciers qui viendraient en concours au même moment, de telle sorte que l'existence d'un créancier de meilleur rang comme l'Unedic-AGS, qui n'a pratiqué aucune saisie avant la notification d'un ATD ne saurait priver celui-ci de son plein effet attributif immédiat[11].

1. Les créances nées irrégulièrement après le jugement d'ouverture sont exclues du domaine d'application du texte : Com. 5 juill. 2005, n° 04-13.266, *Bull. civ.* IV, n° 152; *D.* 2005. AJ 2146, obs. Lienhard.
2. Com. 7 mars. 2006, n° 04-20.106, NP.
3. Com. 6 juill. 1993, n° 91-15.161, *Bull. civ.* IV, n° 284.
4. À propos d'une créance de cotisations de l'Urssaf relative à des indemnités de congés payés et de préavis consécutives à des licenciements effectués après le prononcé de la liquidation judiciaire : Com. 20 févr. 1990, n° 88-17.200, *Bull. civ.* IV, n° 47.
5. Com. 6 déc. 1994, n° 92-10.008, *Bull. civ.* IV, n° 366.
6. À propos d'une créance fiscale de TVA afférente à la période de poursuite d'activité : Com. 12 nov. 1997, n° 95-16.758, *Bull. civ.* IV, n° 288; *Rev. huiss.* 1998. 748.
7. Com. 22 avr. 1997, n°s 94-21.783 et 94-21.787, NP; *Procédures* 1997, n° 176; *D.* 1997. 371, obs. Derrida.
8. Civ. 2e, 5 avr. 2001, n° 98-14.107, *Bull. civ.* II, n° 73; *D.* 2001. AJ 1467, note Lienhard; *Dr. et proc.* 2001. 320, obs. Putman; *Dr. et patr.* nov. 2001. 110, obs. Monsérié-Bon; *RD banc. fin.* 2001, n° 160, obs. Delleci – Com. 20 févr. 2001, n° 98-13.049, *Bull. civ.* IV, n° 43; *D.* 2001. AJ 921, obs. Lienhard – Com. 13 mai 2003, n° 98-22.741, *Bull. civ.* IV, n° 72.
9. Com. 3 févr. 1998, n° 96-15.773, *Bull. civ.* IV, n° 51; *JCP E* 1998. IV. Pan. 491.
10. Com. 5 mai 1998, n° 96-15.780, *Bull. civ.* IV, n° 143; *Rev. proc. coll.* 1999, n° 4, p. 159.
11. Com. 13 mai 2003, n° 98-22.741, *Bull. civ.* IV, n° 72; *D.* 2003. 1763; *Procédures* juill. 2003, n° 168, p. 12, note Perrot.

154.112 L'impossibilité de saisir les sommes déposées à la Caisse des dépôts et consignations. Sans revenir sur un historique de la question désormais connu et secondaire, il faut relever ici que toute somme perçue par l'administrateur ou le mandataire judiciaire qui n'est pas portée sur les comptes bancaires ou postaux du débiteur, pour les besoins de la poursuite d'activité, doit être versée immédiatement en compte de dépôt à la Caisse des dépôts et consignations (C. com., art. L. 622-18). Or, les mandataires judiciaires ont été rapidement confrontés à la mise en œuvre de procédures d'exécution, en particulier de la part des comptables du Trésor, sous forme d'ATD dénoncés entre leurs mains sur les sommes versées à la Caisse des dépôts. En application de l'ancien article 173 du décret du 27 décembre 1985, qui interdisait « *toute opposition ou procédure d'exécution de quelque nature qu'elle soit sur les sommes* » qui y sont versées, la Cour de cassation avait consacré cette insaisissabilité, déclarant irrecevable l'ATD délivré au liquidateur pour obtenir l'attribution de sommes versées à cette institution[1]. Au terme de bien des vicissitudes sur cette question, l'important est aujourd'hui retenir que l'article L. 662-1 du Code de commerce exprime très clairement qu'« *aucune opposition ou procédure d'exécution de quelque nature qu'elle soit sur les sommes versées à la Caisse des dépôts et consignations n'est recevable* »[2]. Concrètement, ces sommes sont, dès leur dépôt, insaisissables, elles échappent aux poursuites individuelles des créanciers postérieurs et sont affectées au règlement des créanciers selon leur rang tel qu'il est fixé par l'article L. 622-17 du Code de commerce. L'administrateur ou le mandataire judiciaire ne peut s'en dessaisir.

154.113 Sort des avis à tiers détenteur. Le titre III du huitième livre de l'ouvrage consacré aux avis à tiers détenteur et aux oppositions analyse en profondeur cette question qui a donné lieu à des solutions diverses[3] jusqu'à l'arrêt de la Cour de cassation du 26 avril 2000, qui a posé le principe de la saisissabilité des sommes versées à la Caisse des dépôts et consignations par le liquidateur judiciaire, solution « brisée » par l'article L. 662-1 du Code de commerce qui consacre désormais l'interdiction de toute procédure d'exécution de quelque nature qu'elle soit sur les sommes versées à la Caisse des dépôts et consignations. Par ailleurs, on sait que la Haute juridiction a posé en principe, le 16 juin 1998, que l'ATD émis en période suspecte, emporte néanmoins attribution immédiate de la créance saisie entre les mains du tiers au comptable public qui l'a émis, s'agissant d'une mesure d'exécution forcée et non d'une mesure conservatoire qui ne peut donc être annulée sur le fondement de l'article L. 632-1, 7° du Code de commerce relatif à la nullité des mesures conservatoires intervenues depuis la date de cessation des paiements. Toutefois, en vertu de l'article L. 632-2 alinéa 2 du Code de commerce, les avis à tiers détendeur peuvent être annulés lorsqu'ils ont été délivrés par un créancier « *à compter de la date de cessation des paiements et en connaissance de cause de celle-ci* ».

La Cour de cassation confirme pour sa part l'efficacité de l'avis à tiers détenteur en cas de procédure collective, notamment en présence de créanciers privilégiés, rappelant que l'effet d'attribution immédiate que confère l'article L. 211-2 C. pr. exéc. ne peut être remis en cause, même par l'existence de créanciers garantis par le privilège établi aux articles L. 3253-2, L. 3253-3 et L. 7313-8 du Code du travail. Elle a ainsi cassé, au visa de l'article L. 621-32 alinéa 2 du Code du commerce (devenu C. com., art. L. 622-17) et de l'article 43 et 86 de la loi du 9 juillet 1991 (devenu C. pr. exéc., art. L. 211-3), l'arrêt d'une cour d'appel ayant donné mainlevée d'un ATD au motif que les créances avancées par une Assedic, subrogée dans les droits des salariés, bénéficient du super privilège qui leur est accordé par application de l'ancien article L. 143-11-9 alinéa 1er du Code du travail (devenu C. trav., art. L. 3253-16) et prime toutes les autres créances, même postérieurement au jugement d'ouverture, y compris celles détenues par le Trésor public[4].

L'article L. 263 du Livre des procédures fiscales, qui définit l'ATD comme affectant, dès réception, les sommes dont le versement est demandé au paiement des impositions privilégiées, rappelle d'ailleurs lui-même que cette mesure « *comporte l'effet d'attribution immédiate prévu à l'article L. 211-2 du Code des procédures civiles d'exécution* », les dispositions des articles L. 162-1 et L. 162-2 de ce code, relatives aux opérations en cours à la date de la saisie du compte et au solde bancaire insaisissable, étant elles-mêmes applicables.

154.114 Cas particulier des sûretés. Il est en quelque sorte « annoncé » par l'article 2287 du

1. Com. 22 avr. 1997, n° 94-21.412, *Bull. civ.* IV, n° 104; *Rev. proc. coll.* 1997, n° 176; *D.* 1997. 371, obs. Derrida.
2. Pour une application du caractère insaisissable de ces sommes dès lors dépôt : Com. 22 mai 2007, n° 05-21.936, *Bull. civ.* IV, n° 138; *D.* 2007. AJ 1665, obs. Lienhard.
3. Com. 22 avr. 1997, n° 94-21.412, *Bull. civ.* IV, n° 104; *Rev. proc. coll.* 1997, n° 176; *D.* 1997. 371, obs. Derrida – Com. 25 juin 1996, nos 94-20.852, 94-20.853, 94-20.851 et 94-20.850, NP; *D.* 1996. 615, obs. Derrida – Poitiers, 8 mars 1995, *LPA* 1996, n° 32, p. 19, obs. Derrida – Com. 8 févr. 1994, n° 91-22.168, *Bull. civ.* IV, n° 58 – Com. 20 juin 1989, nos 87-19.594, 88-10.195, *Bull. civ.* IV, n° 196 – Paris, 13 janv. 1998, *D.* 1998. 194, note Derrida.
4. Com. 13 nov. 2002, n° 00-11.200, *Bull. civ.* IV, n° 164; *Gaz. Pal.* 17-18 janv. 2003. Pan. 25.

Code civil, qui souligne que les dispositions de son livre quatrième - des sûretés - « *ne font pas obstacle à l'application des règles prévues en cas d'ouverture d'une procédure de sauvegarde, de redressement judiciaire ou de liquidation judiciaire* [...] ».

Dans cette ligne générale de cette primauté des règles du droit des procédures collectives, l'article L. 622-30 alinéa 1er du Code de commerce, pose que les hypothèques, les gages, les nantissements et les privilèges ne peuvent plus être inscrits postérieurement au jugement d'ouverture[1]. Seul le Trésor public, aux termes de l'alinéa 2 de ce texte, conserve son privilège pour les créances qu'il n'était pas tenu d'inscrire à la date du jugement d'ouverture et pour celles mises en recouvrement après cette date[2]. Il doit alors les déclarer au représentant des créanciers dans les termes de l'article L. 622-24 du même code[3].

Enfin, une exception est faite pour le vendeur de fonds de commerce, qui peut inscrire son privilège par dérogation à l'alinéa 1er de l'article L. 622-30 (C. com., art. L. 622-30, dern. al.).

Au titre des évolutions apportées à l'article L. 622-7 du Code de commerce, qui dispose que le jugement ouvrant la procédure emporte interdiction de payer toute créance née antérieurement au jugement d'ouverture, il faut signaler le dernier alinéa du I de ce texte affirmant que ce jugement fait « *obstacle à la conclusion et à la réalisation d'un pacte commissoire* », alors que cette éventualité a été consacrée par la réforme du droit des sûretés par l'ordonnance du 23 mars 2006, en matière de gage (C. civ., art. 2348). Ces interdictions de paiement des créances antérieures par le jugement d'ouverture, ne sont en tout cas « *pas applicables au paiement des créances alimentaires* »[4].

154.115 Attribution judiciaire du gage. L'attribution judiciaire du gage permet au créancier gagiste non payé à l'échéance, de demander au juge que le gage lui soit attribué en paiement (C. civ., art. 2347, al. 1er). En cas de liquidation judiciaire, on sait qu'à défaut de retrait du gage (ou de la chose légitimement retenue), l'alinéa 1er de l'article L. 642-20-1 impose au liquidateur, dans les six mois du jugement de liquidation, de demander au juge-commissaire l'autorisation de procéder à sa réalisation, autorisation que le liquidateur doit notifier au créancier quinze jours avant la réalisation[5]. L'alinéa 2 de ce texte permet toutefois au créancier gagiste, même s'il n'est pas encore admis, de demander au juge-commissaire, avant la réalisation, l'attribution judiciaire du bien gagé, mais si le danger se réalise, que sa créance est rejetée en tout ou en partie, il devra restituer au liquidateur le bien ou sa valeur, sous réserve du montant admis de sa créance.

Le super-privilège des salaires ne peut faire obstacle à cette attribution[6], faculté que le créancier gagiste retrouve après le jugement prononçant la liquidation judiciaire, une fois sa créance définitivement admise[7]. Il doit alors former une nouvelle demande auprès du juge-commissaire.

On notera qu'en cas de vente par le liquidateur, le droit de rétention est de plein droit reporté sur le prix. Quant à l'inscription éventuellement prise pour la conservation du gage, elle est radiée à la diligence du liquidateur (C. com., art. L. 642-20-1, al. 3).

La Cour de cassation a d'abord affirmé que si le créancier gagiste peut, à défaut de paiement, faire ordonner en justice que le bien grevé lui soit attribué jusqu'à due concurrence, en cas de redressement judiciaire du débiteur il dispose à nouveau de cette faculté après le jugement prononçant la liquidation judiciaire[8]. Par un arrêt du 14 octobre 1997, elle a ensuite confirmé que la demande d'attribution judiciaire du gage, arrêtée par la mise en redressement judiciaire du débiteur, peut être faite après le jugement prononçant la liquidation judiciaire, précisant à cette occasion qu'une demande nouvelle devait être formée devant le juge-commissaire[9].

Quant aux créanciers titulaires d'un privilège spécial, d'un gage, d'un nantissement ou d'une hypothèque, ainsi que le Trésor public pour ses créances privilégiées, dès lors qu'ils ont déclaré leur

1. Pour un examen des liens entre sûretés et procédures collectives suite à l'entrée en vigueur de l'ordonnance n° 2006-346 du 23 mars 2006, v. P. Crocq, « La réforme des procédures collectives et le droit des sûretés », *D.* 2006. 1306.
2. Com. 18 févr. 2003, n° 00-12.974, *Bull. civ.* IV, n° 24.
3. Sachant que la déclaration des créances doit être faite alors même qu'elles ne sont pas établies par un titre, et que les créances du Trésor public qui n'ont pas fait l'objet d'un titre exécutoire au moment de leur déclaration sont admises à titre provisionnel pour leur montant déclaré.
4. Pour une explication, v. A. Lienhard, « Réforme du droit des entreprises en difficulté : présentation de l'ordonnance du 18 décembre 2008 », *D.* 2009. 113 – V. AUSSI sur cette question, Ph. Théry, « Le sort de la créance d'aliment dans les procédures collectives », *Mél. Jean Buffet. La procédure dans tous ses états*, Montchrestien, 2004, p. 433.
5. Sur l'inapplication de ce texte aux immeubles : Civ. 3e, 23 oct. 2002, n° 98-18.109, *Bull. civ.* III, n° 209; *D.* 2002. AJ 3144 – Et sur la question de savoir si ce texte peut recevoir application en cas de droit de rétention fictif, v. P. Crocq, « L'ordonnance du 18 décembre 2008 et le droit des sûretés », *Rev. proc. coll.* 2009, n° 43.
6. Com. 6 janv. 1998, n° 95-17.339, *Bull. civ.* IV, n° 9; *Gaz. Pal.* 15 oct. 1998, p. 21.
7. Com. 28 mai 1996, n° 94-16.269, *Bull. civ.* IV, n° 144.
8. Com. 6 mars 1990, n° 88-16.036, *Bull. civ.* IV, n° 67.
9. Com. 14 oct. 1997, n° 95-10.423, *Bull. civ.* IV, n° 265; *Procédures* 1998, n° 11, p. 13.

créance, et même s'ils ne sont pas encore admis, ils peuvent exercer leur droit de poursuite individuelle si le liquidateur n'a pas entrepris la liquidation des biens grevés dans le délai de trois mois à compter du jugement qui ouvre ou prononce la liquidation judiciaire (C. com., art. L. 643-2, al. 1er).

B. Cas particuliers

154.121 Liquidation judiciaire et cession des actifs immobiliers du débiteur. Il s'agit de l'hypothèse de la vente d'un immeuble appartenant au commerçant placé en liquidation judiciaire. L'article L. 642-18 alinéa 1er du Code de commerce, modifié par l'ordonnance du 18 décembre 2008, dispose que les ventes d'immeubles ont lieu conformément aux articles L. 322-5 à L. 322-13 C. pr. exéc., à l'exception des articles L. 322-6 et L. 322-9 de ce code. Ces deux derniers textes visent, d'une part, les modalités de la mise à prix fixée par le créancier poursuivant et la contestation susceptible d'être élevée à cette fin par le débiteur et, d'autre part, les modalités de la consignation du prix par l'adjudicataire. L'article L. 642-18 précise toutefois que les dispositions du Code des procédures civiles d'exécution s'appliquent sous réserve qu'elles ne soient pas contraires à celles du Code de commerce.[1].

L'article L. 642-18 du Code de commerce envisage deux éventualités de vente de l'immeuble. Celle déjà évoquée au titre de l'alinéa 1er de ce texte. Dans ce cas, c'est le juge-commissaire qui ordonne la vente des immeubles par voie d'adjudication judiciaire ou amiable, et détermine notamment la mise à prix de chacun des biens à vendre et les conditions essentielles de la vente, ainsi que les modalités de la publicité compte tenu de la valeur, de la nature et de la situation des biens (C. com., art. R. 642-22).

Ensuite, l'article L. 642-18 alinéa 2 évoque l'hypothèse d'une procédure de saisie immobilière engagée avant l'ouverture de la procédure de sauvegarde, de redressement ou de liquidation judiciaires, qui a été suspendue par l'effet de celle-ci. Dans cette circonstance, le liquidateur peut être subrogé dans les droits du créancier poursuivant pour les actes que ce dernier a effectués, ces actes étant réputés accomplis pour le compte du liquidateur qui procède à la vente des immeubles. Dans cette éventualité, la saisie immobilière peut alors reprendre son cours au stade où le jugement d'ouverture l'avait suspendue.

Dans l'une ou l'autre de ces éventualités, le juge-commissaire peut décider d'une vente par voie judiciaire, mais aussi d'une vente par adjudication amiable du bien ou même de gré à gré, si la consistance des biens, leur emplacement ou les offres reçues sont de nature à permettre de telles cessions amiables dans de meilleures conditions. Les modalités de ce type fe vente sont prévues en détail par les articles R. 642-22 à R. 642-36 du Code de commerce.

154.122 Procédure collective et clause résolutoire. Lorsqu'à la date d'ouverture de la procédure, l'acquisition d'une clause résolutoire de plein droit a été constatée pour défaut de paiement des loyers antérieurs à cette ouverture par une décision ayant force de chose jugée, le bailleur peut poursuivre l'action antérieurement engagée. C'est ainsi que, lorsqu'une ordonnance de référé a autorisé un preneur à se libérer en plusieurs mensualités d'un arriéré de loyers en stipulant qu'à défaut de paiement de l une des échéances accordées le bail sera automatiquement résilié, la réalisation de ce non-paiement intervenu avant l'ouverture du redressement judiciaire du preneur entraîne l'acquisition, avant le prononcé du redressement, de cette clause résolutoire suspendue par l'ordonnance de référé[2].

En revanche, à compter du jugement d'ouverture, si la décision ordonnant la résiliation du bail n'a pas encore été constatée par une décision passée en force de chose jugée, l'action ne peut plus être poursuivie pour des loyers échus antérieurement au jugement d'ouverture par le bailleur[3].

Lorsque le bail se poursuit après le jugement d'ouverture, le bailleur, en application de l'article L. 622-14 2° peut demander ou faire constater la résiliation du bail de l'immeuble utilisé pour l'activité de l'entreprise, pour défaut de paiement des loyers et des charges afférents à une occupation postérieure au jugement d'ouverture. Le bailleur ne peut toutefois agir qu'au terme d'un délai de trois mois à compter dudit jugement.

154.123 Procédure collective et astreinte. Lorsqu'une astreinte est prononcée contre un liquidateur, *ès qualités*, puis fait l'objet d'une liquidation provisoire à son encontre par le JEX, la créance qui en résulte constitue une dette privilégiée de l'article L. 622-17 du Code de commerce.

La créance en restitution d'une somme versée à un liquidateur, ensuite d'une décision de justice

1. V. AUSSI, sur cette réserve les dispositions analogues de C. com, art. R. 642-27, à propos de la « *vente par voie d'adjudication judiciaire* ».

2. Com. 12 mai 1992, n° 90-17.755, *Bull. civ.* IV, n° 183 – V. AUSSI Civ. 3e, 21 févr. 1990, n° 88-13.644, *Bull. civ.* III, n° 52; *RTD com.* 1990. 478, obs. Chaput.
3. Com. 12 juin 1990, n° 88-19.808, *Bull. civ.* IV, n° 172 – Civ. 3e, 27 juin 2006, n° 05-14.329, NP – Com. 28 oct. 2008, n° 07-17.662, *Bull. civ.* IV, n° 184.

infirmée par une cour d'appel, ne prend naissance qu'avec l'arrêt infirmatif. Lorsque cet arrêt est postérieur à l'ouverture du redressement judiciaire du débiteur, le liquidateur est tenu de restituer la somme qu'il a reçue au titre de la liquidation de l'astreinte infirmée, sans pouvoir opposer au créancier la règle de l'interdiction de payer toute créance née antérieurement au jugement, énoncée par l'article L. 622-17.

154.124 Cas particulier de la suspension provisoire des poursuites contre un rapatrié[1]. L'article 22 de la loi nº 93-1444 du 31 décembre 1993 qui reconnaît à une personne bénéficiant du statut de rapatrié, à l'égard de laquelle une procédure collective est ouverte, le bénéfice de la suspension provisoire des poursuites, implique l'arrêt total des effets du déroulement de cette procédure et s'applique aux mesures conservatoires telles que définies par le Code des procédures civiles d'exécution[2]. La suspension des poursuites bénéficie de plein droit aux rapatriés ayant déposé une demande de prêt de consolidation qui n'a pas fait l'objet d'une décision définitive et les juridictions ne sont pas compétentes pour apprécier la recevabilité de cette demande. L'article 22 de la loi du 31 décembre 1993 étend le bénéfice des dispositions de l'article 67 de la loi nº 89-18 du 13 janvier 1989 instituant une suspension des poursuites au bénéfice des rapatriés à l'ensemble des personnes dont les dossiers ont été déposés en préfecture, en application de l'article 7 de la loi nº 82-4 du 6 janvier 1982 et de l'article 10 de la loi nº 87-550 du 16 juillet 1987. Ces dispositions s'appliquent également aux procédures collectives.

Ces dispositions s'appliquent aussi au conjoint du rapatrié. La suspension des poursuites interdit en effet aux créanciers du conjoint d'exercer des poursuites sur les biens communs pendant la durée de la suspension[3]. Cette suspension est cependant sans effet sur les procédures ouvertes à l'égard des sociétés dont le rapatrié est le gérant[4].

154.125 Injonctions de faire et procédure collective. L'arrêt ou l'interdiction de toute procédure d'exécution énoncé par l'article L. 622-21 du Code de commerce est étendu par la Cour de cassation aux obligations de faire. Certes, l'action visant à l'exécution d'une obligation de faire échappe en principe à l'arrêt des poursuites individuelles, mais la Haute juridiction, considérant que toute obligation de faire se résout en dommages et intérêts en cas d'inexécution de la part du débiteur, en déduit que sous couvert de la condamnation d'une société à procéder à la démolition et à l'enlèvement d'une construction, la demande ne tend qu'au paiement d'une somme d'argent pour une cause antérieure à l'ouverture de la procédure collective[5]. Elle a statué dans le même sens à propos d'une société mise en liquidation judiciaire et condamnée à réaliser un mur de soutènement[6]. La Cour admet cependant la mise en œuvre des titres tendant à la délivrance d'une chose, à la remise d'un objet détenu par le débiteur ou à la résolution pour vice caché (remise au salarié de documents nécessaires pour une prise en charge par les Assedic, pour la recherche d'un emploi, remise des déclarations nominatives annuelles à une caisse de retraite complémentaire, délivrance d'un lot gagné par tirage au sort ou action rédhibitoire en garantie de vices cachés)[7].

SECTION 6
EXISTENCE D'UNE PROCÉDURE DE SURENDETTEMENT

§ 1
Le débiteur surendetté et les procédures civiles d'exécution : de la loi nº 89-1010 du 31 décembre 1989 à la loi nº 2014-366 du 24 mars 2014

154.131 Présentation générale. Le droit du surendettement des particuliers, on le sait, vise à traiter « *la situation de surendettement des personnes physiques* [...] *caractérisée par l'impossibilité manifeste de faire face à l'ensemble de ses dettes non professionnelles exigibles et à échoir* » (C. consom., art. L. 330-1, al. 1er). Il constitue, avec le droit des procédures collectives, l'un des deux versants du traitement de l'insolvabilité, et comme on l'a relevé poursuit avec lui l'objectif de ne pas laisser le débiteur démuni face aux initiatives individuelles de ses créanciers[8],

1. Sur le dispositif de suspension des poursuites et sa compatibilité avec les exigences du droit européen, v. T. Moussa, « Les obstacles temporels à l'exécution : délais, moratoires et prescription » ; A. Leborgne et E. Putman (dir.), *Les obstacles à l'exécution forcée : permanence et évolution*, « Droit et procédures », EJT, 2009.
2. Cass., avis, 4 nov. 1994, nº 09-40.017, *Bull. avis*, nº 23 – CONFIRMÉ PAR : Civ. 1re, 8 déc. 1998, nº 96-13.396, *Bull. civ.* I, nº 348.
3. Civ. 1re, 19 janv. 1999, *Bull. civ.* I, nº 23.
4. Civ. 1re, 22 juin 1999, nº 97-19.012, *Bull. civ.* I, nº 213.
5. Com. 9 juill. 1996, nº 94-18.676, *Bull. civ.* IV, nº 210; *RTD com.* 1997. 684.
6. Com. 17 juin 1997, nº 94-14.109, *Bull. civ.* IV, nº 192; *RTD com.* 1997. 684.
7. Soc. 24 janv. 1989, nº 87-42.944, *Bull. civ.* V, nº 53 – Com. 12 juill. 1994, nº 92-19.745, *Bull. civ.* IV, nº 261.
8. V. le panorama très complet de S. Gjidara-Decaix, « Les obstacles résultant des procédures collectives et du surendettement », *in* A. Leborgne et E. Putman (dir.), *Les obstacles à l'exécution forcée : permanence et évolution*, « Droit et procédures », EJT, 2009, p. 73 s.

en élevant tout particulièrement un certain nombre d'obstacles à l'exécution forcée. Ces obstacles peuvent être temporaires, notamment avec la suspension des poursuites individuelles qui donne un répit au débiteur surendetté, ou définitifs si les procédures d'exécution sont arrêtées ou que les créanciers voient leurs créances effacées, partiellement ou totalement. Le droit du surendettement se décline ainsi en plusieurs procédures, modifiées par les lois n° 2013-672 du 26 juillet 2013 de séparation et de régulation des activités bancaires [1], n° 2014-344 du 17 mars 2014 relative à la consommation [2] et n° 2014-366 du 24 mars 2014 pour l'accès au logement et un urbanisme rénové [3], dont l'esprit, les modalités et les finalités ne sont pas tout à fait les mêmes.

154.132 Description des procédures de surendettement. Passage préalable et obligatoire, la procédure amiable se déroule devant la commission de surendettement des particuliers qui a pour mission de traiter la situation de surendettement des personnes physiques (C. consom., art. L. 331-2, al. 1er) [4], concrètement de concilier le débiteur et ses créanciers en vue de parvenir à la conclusion d'un plan conventionnel de redressement (C. consom., art. L. 331-6, I) [5].

Si la commission n'arrive pas à obtenir un tel accord, la procédure amiable a échoué, mais cela ne met pas fin pour autant à sa mission puisqu'elle peut, à la demande du débiteur, imposer un certain nombre de mesures de nature à permettre l'apurement de son passif (C. consom., art. L. 331-7), ou, par décision spéciale et motivée, en recommander d'autres (C. consom., art. L. 331-7-1). En ce qui concerne ses pouvoirs propres, la commission peut notamment imposer le rééchelonnement des dettes de toute nature, sans que celui-ci puisse excéder huit ans (C. consom., art. L. 331-7, 1°), ou suspendre l'exigibilité des créances autres qu'alimentaires [6] pour une durée qui ne peut excéder deux ans (même texte, 4°). Dans le cadre de son pouvoir de recommandation, la commission peut proposer deux catégories de mesures en fonction du degré de gravité du surendettement du débiteur : celles ordinaires de l'article L. 331-7 (C. consom., art. L. 331-7-1, 1°, al. 4), ou, lorsque celui-ci est insolvable sans être pour autant dans une situation irrémédiablement compromise, celle qui l'est moins dans la mesure où elle consiste en un effacement partiel des créances (même texte, 2°).

S'agissant de leurs effets, les créanciers auxquels les mesures imposées par la commission en application de l'article L. 331-7, ou recommandées en vertu de l'article L. 331-7-1, et rendues exécutoires par le juge du tribunal d'instance (C. consom., art. L. 332-1, al. 1er), sont opposables, « *ne peuvent exercer des procédures d'exécution à l'encontre des biens du débiteur pendant la durée d'exécution de ces mesures* » (C. consom., art. L. 331-9) [7]. Ces procédures de traitement du surendettement ont permis de régler les situations de surendettement simple ou aggravé, lorsque l'apurement des dettes du débiteur est possible, mais se sont révélées insuffisantes pour traiter les situations de surendettement plus critiques encore.

154.133 Procédure de rétablissement personnel. Par la loi n° 2003-710 du 1er août 2003 [8], le législateur a ainsi créé une nouvelle procédure, dite de rétablissement personnel, remaniée une première fois par la loi n° 2010-737 du 1er juillet 2010

1. L. n° 2013-672, 26 juill. 2013, de séparation et de régulation des activités bancaires, *JO* 27 juill., 12530.
2. L. n° 2014-344, 17 mars 2014, relative à la consommation, *JO* 18 mars, p. 5400.
3. L. n° 2014-366, 24 mars 2014, pour l'accès au logement et un urbanisme rénové, *JO* 26 mars, p. 5809.
4. Sachant qu'une personne physique exerçant une activité professionnele indépendante, y compris une profession libérale, relève des procédures collectives de la loi du 26 juillet 2005, et se trouve dès lors exclue des dispositions relatives au traitement des situations de surendettement prévues par le Code de la consommation, v. Com. 30 sept. 2008, n° 07-15.446, *Bull. civ.* IV, n° 163.
5. L'opposabilité de ce plan sur les procédures d'exécution n'est pas toujours absolue. En particulier, lorsqu'une saisie-attribution a été pratiquée sur le fondement d'un arrêt portant sur des charges postérieures aux recommandations de la commission de surendettement, et qu'une cour d'appel a retenu que la suspension des poursuites pendant la durée d'exécution du plan n'était pas opposable au syndicat des copropriétaires qui poursuivait le recouvrement forcé d'une créance née postérieurement aux mesures recommandées homologuées par décision du juge de l'exécution, la Cour de cassation a approuvé les juges du fond d'en avoir déduit que la demande de mainlevée de la mesure de saisie devait être rejetée (Civ. 2e, 20 janv. 2011, n° 09-72.828, *Bull. civ.* II, n° 20).
6. Sur la notion de dette alimentaire, v. : Cass., avis, 8 oct. 2007, n° 07-00.013, *Bull. avis*, n° 9; *CCC* déc. 2007, n° 313, obs. Raymond, créances portant sur des frais de restauration scolaire, d'accueil périscolaire ou de centre de loisirs – v. AUSSI : Orléans, 16 oct. 2006, *CCC* mars 2007, n° 81, obs. Raymond – Limoges 17 janv. 2007, *CCC* juin 2007, n° 164, obs. Raymond – *Adde*, à propos de la réparation pécuniaire allouée aux victimes dans le cadre d'une condamnation pénale : Civ. 2e, 24 janv. 2008, nos 06-19.959 et 06-20.538, *Bull. civ.* II, n° 23; *Rev. proc. coll.* 2008, n° 147, obs. Gjidara-Decaix (exclusion).
7. TI Troyes, 10 juin 2008, *CCC* août-sept. 2008, n° 220, obs. Raymond (mainlevée d'une saisie-attibution) – La suspension peut s'appliquer aux dettes fiscales : Civ. 2e, 15 déc. 2005, n° 04-04.175, *Bull. civ.* II, n° 335, *Dr. et proc.* 2006. 172, obs Bazin.
8. L. n° 2003-710 du 1er août 2003, d'orientation et de programmation pour la ville et la rénovation urbaine, *JO* 2 août, p. 13281.

portant réforme du crédit à la consommation[1], puis récemment par la loi du 24 mars 2014, qui peut revêtir deux formes.

Elle peut d'abord être sans liquidation judiciaire. Ici, lorsque le débiteur se trouve dans une situation irrémédiablement compromise caractérisée par l'impossibilité manifeste de mettre en œuvre des mesures de traitement, la commission de surendettement peut en effet, selon l'article L. 330-1 C. consom. modifié par la loi du 26 juillet 2013 de séparation et de régulation des activités bancaires, recommander un rétablissement personnel sans liquidation judiciaire si elle constate que le débiteur ne possède que des biens meublants nécessaires à la vie courante et des biens non professionnels indispensables à l'exercice de son activité professionnelle, ou que l'actif n'est constitué que de biens dépourvus de valeur marchande (C. consom., art. L. 330-1, 1°).

Mais la commission de surendettement des particuliers pourra également saisir, avec l'accord du débiteur, le juge du tribunal d'instance aux fins d'ouverture d'une procédure de rétablissement personnel avec liquidation judiciaire, si elle constate que le débiteur n'est pas dans la situation mentionnée au 1° (C. consom., art. L. 330-1, 2°). C'est en effet le juge du tribunal d'instance qui depuis la loi n° 2010-1609 du 22 décembre 2010[2] connaît de la procédure de traitement des situations de surendettement devant la commission de surendettement des particuliers et de la procédure de rétablissement personnel (C. consom., art. L. 330-1, dern. al.).

154.134 Effets du rétablissement personnel sur les procédures d'exécution. D'abord, lorsque la commission de surendettement recommande un rétablissement personnel sans liquidation judiciaire, et en l'absence de contestation, c'est le juge du tribunal d'instance qui confère force exécutoire à la recommandation (C. consom., art. L. 332-5, al. 1er), et un tel rétablissement personnel entraîne alors l'effacement de toutes les dettes non professionnelles du débiteur, à l'exception, notamment, des dettes visées à l'article L. 333-1, particulièrement ses dettes alimentaires (C. consom., art. L. 332-5, al. 2), et bien sûr des dettes nées après le jugement d'ouverture[3].

Ensuite, lorsque le juge saisi aux fins d'ouverture d'une procédure de rétablissement personnel avec liquidation judiciaire rend un jugement prononçant l'ouverture d'une telle procédure, ce jugement « *entraîne, jusqu'au jugement de clôture, la suspension et l'interdiction des procédures d'exécution diligentées à l'encontre des biens du débiteur ainsi que des cessions de rémunération consenties par celui-ci et portant sur les dettes autres qu'alimentaires. Il entraîne également la suspension des mesures d'expulsion du logement du débiteur, à l'exception de celles fondées sur un jugement d'adjudication rendu en matière de saisie immobilière ainsi que de celles ordonnées sur le fondement du troisième alinéa de l'article* [L. 321-2 C. pr. exéc.][4] ».

Signalons ici que l'article R. 333-3 du Code de la consommation a été modifié par le décret n° 2014-190 du 21 février 2014[5], afin de porter d'un à deux ans le délai de suspension et d'interdiction des procédures d'exécution diligentées à l'encontre des biens du débiteur, ainsi que les cessions de rémunérations qu'il a consenties et portant sur les dettes autres qu'alimentaires. Le texte dispose plus précisément que la commission de surendettement qui, dans l'orientation du dossier, fait droit à la demande du débiteur, doit lui notifier sa décision ainsi qu'aux créanciers par lettre recommandée avec demande d'avis de réception, que la lettre de notification indique que la recommandation aux fins de rétablissement personnel sans liquidation judiciaire, ou la saisine du juge du tribunal d'instance aux fins d'ouverture d'une procédure de rétablissement personnel avec liquidation judiciaire, emportent suspension et interdiction des procédures d'exécution, enfin que cette lettre « *précise que cette suspension et cette recommandation sont acquises jusqu'à l'homologation par le juge de la recommandation ou jusqu'au jugement d'ouverture de la procédure de rétablissement personnel avec liquidation judiciaire, sans pouvoir excéder deux ans* ».

Au stade final de la procédure de rétablissement personnel avec liquidation judiciaire, le juge prononce la liquidation du patrimoine du débiteur, dont seront exclus les biens insaisissables énumérés aux articles L. 112-2 et L. 112-3 C. pr. exéc. ainsi que les biens non professionnels indispensables à l'exercice de l'activité professionnelle du débiteur (C. consom., art. L. 332-8, al. 1er). Le jugement de liquidation emporte de plein droit dessaisissement

1. L. n° 2010-737, 1er juill. 2010, portant réforme du crédit à la consommation, *JO* 2 juill., p. 12001.
2. L. n° 2010-1609, 22 déc. 2010, relative à l'exécution des décisions de justice, aux conditions d'exercice de certaines professions réglementées et aux experts judiciaires, *JO* 23 déc., p. 22552.
3. Civ. 2e, 6 juin 2013, n° 12-19.155, *Bull. civ.* II, n° 118.
4. Cet alinéa soulignant qu'à moins que le bien soit loué, le saisi en est constitué séquestre sauf à ce que les circonstances justifient la désignation d'un tiers ou l'expulsion du débiteur pour cause grave.
5. Les articles R. 331-11 et R. 334-4 également – Décr. n° 2014-190, 21 févr. 2014, relatif aux procédures de traitement des situations de surendettement des particuliers, *JO* 23 févr., p. 3214.

du débiteur de la disposition de ses biens, et le liquidateur désigné par le juge, qui exerce les droits et actions du débiteur sur son patrimoine personnel, peut vendre ses biens à l'amiable ou à défaut organiser une vente forcée dans les conditions relatives aux procédures civiles d'exécution (C. consom., art. L. 332-8, al. 3), sachant qu'en cas de vente forcée, lorsqu'une procédure de saisie immobilière engagée avant le jugement d'ouverture a été suspendue par l'effet de ce dernier, les actes effectués par le créancier saisissant sont réputés accomplis pour le compte du liquidateur qui procède à la vente des immeubles. La saisie immobilière peut alors reprendre son cours au stade où le jugement d'ouverture l'avait suspendue (C. consom., art. L. 332-8, al. 4). L'article L. 332-9 alinéa 1er, enfin, fait la part de deux situations. La première est celle où l'actif réalisé est suffisant pour désintéresser les créanciers[1] : le juge prononce alors la clôture de la procédure. La deuxième est celle où, en revanche, l'actif réalisé est insuffisant pour désintéresser les créanciers et que le débiteur ne possède rien d'autre que des biens meublants nécessaires à la vie courante et des biens non professionnels indispensables à l'exercice de son activité professionnelle, ou lorsque l'actif n'est constitué que de biens dépourvus de valeur marchande. Ici, le juge prononcera la clôture pour insuffisance d'actif. Dans les deux cas, « *la clôture entraîne l'effacement de toutes les dettes non professionnelles du débiteur, arrêtées à la date du jugement d'ouverture* » (C. consom., art. L. 332-9, al. 2), à l'exception de celles dont le prix a été payé au lieu et place du débiteur par la caution ou le coobligé, personnes physiques.

154.135 Surendettement et procédures collectives : restriction des droits des créanciers. On l'a vu dans cette présentation générale, les procédures de surendettement utilisent les techniques du droit des procédures collectives pour soustraire le débiteur aux poursuites de ses créanciers. Il s'agit d'élever des barrières à l'exécution forcée, que celles-ci soient temporaires avec la suspension des poursuites individuelles où les créanciers devront renoncer à exécuter leur titre, ou définitives avec l'effacement des créances résultant de la clôture pour insuffisance d'actif. Or cette règle est très proche, dans ses résultats, de celle de l'article L. 643-11, I du Code de commerce, qui souligne que le jugement de clôture de liquidation judiciaire pour insuffisance d'actif ne fait recouvrer aux créanciers l'exercice individuel de leurs actions contre le débiteur.

1. Le liquidateur ayant auparavant procédé à la répartition du produit des actifs et désintéressé les créanciers suivant le rang des sûretés assortissant leurs créances (C. consom., art. L. 332-8, al. 5).

§ 2
Le débiteur surendetté face à ses créanciers : renforcement des obstacles à l'exécution forcée

154.141 Esprit du dispositif. On a vu plus haut que les procédures de surendettement soumettent les créanciers à une certaine discipline collective, qui prend notamment corps dans la suspension des procédures d'exécution qu'ils ont individuellement diligentées sur les biens du débiteur[2]. La suspension des procédures d'exécution a pour objectif principal, lorsqu'elle se produit entre la saisine de la commission de surendettement et l'adoption d'un plan conventionnel de redressement, d'éviter que des mesures d'exécution forcée compromettent l'élaboration d'un accord amiable sous les auspices de la commission. En cas d'échec de la conciliation, et durant la phase d'élaboration des recommandations, la suspension et l'interdiction des procédures d'exécution produisent également leurs effets, et peuvent même aller au-delà, après l'adoption du plan de redressement. En effet, tant que ce plan est exécuté, son efficacité ne doit pas être menacée par d'éventuelles initiatives des créanciers. Il en va de même pour l'application des mesures imposées ou recommandées par la commission de surendettement (C. consom., art. L. 331-3-1, al. 1er).

Brochant sur le tout, les lois du 26 juillet 2013, du 17 mars 2014 et du 24 mars 2014 ont apporté des changements non négligeables en matière de surendettement[3], y compris dans la procédure de rétablissement personnel en complétant le dispositif de base qui avait déjà été modifié par la loi du 22 décembre 2010.

154.142 Effets de la recevabilité d'un dossier et procédures d'exécution. On sait que la procédure devant la commission de surendettement des particuliers est engagée à la demande du débiteur[4], et que la commission dispose d'un délai de trois mois

2. V. S. Gjidara-Decaix, préc. ss no 154.131, nos 164 s.
3. V. not. V. Valette-Ercole, chron. « Droit de la consommation », *Dr. et proc.* 2013/7, p. 6, nos 1 à 9.
4. Par une importante décision (Civ. 2e, 9 janv. 2014 no 12-28.272, *Bull. civ.* II, no 6), la deuxième chambre civile s'est prononcée sur l'effet interruptif de prescription de la sollicitation d'un plan conventionnel de redressement, et a approuvé les juges du fond d'avoir jugé qu'« *en sollicitant le plan conventionnel par lequel sa dette avait été aménagée,* [la débitrice] *avait reconnu la créance de la banque, de sorte que le délai de prescription avait été interrompu en application de l'article 2240 du Code civil* », selon lequel la reconnaissance par le débiteur du droit de celui contre lequel il prescrit interrompt le délai de prescription; sur cet arrêt, v. *D.* 2014. 140, obs. Avena-Robardet; p. 860, note Cattalano-Cloarec, et p. 1469, obs. Leborgne.

pour examiner la recevabilité de la demande, et éventuellement notifier au demandeur, par lettre recommandée avec demande d'avis de réception (C. consom., art. R. 331-10), la décision de recevabilité de son dossier (C. consom., art. L. 331-3, I) [1].

Or, la décision déclarant la recevabilité de la demande a un effet radical, puisqu'aux termes de l'article L. 331-3-1 alinéa 1er du Code de la consommation elle « *emporte suspension et interdiction des procédures d'exécution diligentées à l'encontre des biens du débiteur ainsi que des cessions de rémunération consenties par celui-ci et portant sur les dettes autres qu'alimentaires* ». L'article R. 331-11 alinéa 1er précise que c'est la lettre notifiant la décision de recevabilité qui emporte suspension et interdiction des procédures d'exécution, et son alinéa 2 que la commission de surendettement ou le greffe du tribunal d'instance, selon le cas, notifie la décision de recevabilité par lettre recommandée avec demande d'avis de réception, ou remise contre récépissé aux agents chargés de l'exécution et, le cas échéant, au greffier en chef du tribunal d'instance en charge de la procédure de saisie des rémunérations ou de la cession des rémunérations, qui en informe le tiers saisi ou le cessionnaire.

Par exception toutefois, lorsque le débiteur a fait l'objet d'une procédure de saisie immobilière et que la vente forcée a été ordonnée, le report de la date d'adjudication ne jouera pas de plein droit et ne pourra « *résulter que d'une décision du juge chargé de la saisie immobilière - autrement dit le juge de l'exécution -, saisi à cette fin par la commission, pour causes graves et dûment justifiées* » (C. consom., art. L. 331-3-1). Le jugement statuant sur le report de la date d'adjudication est lui-même notifié, par lettre recommandée avec demande d'avis de réception, par le greffe du JEX au débiteur ainsi qu'au créancier poursuivant et aux créanciers inscrits, la commission en étant informée par lettre simple (C. consom., art. R. 331-11-2, al. 3) ; la notification doit également indiquer que ce jugement n'est ni susceptible d'appel, ni d'opposition (dern. al.).

154.143 Durée de la suspension ou de l'interdiction des procédures d'exécution. Le répit découlant de la décision déclarant la recevabilité de la demande varie selon les hypothèses, au nombre de quatre, avec néanmoins une durée-butoir unique.

En effet, les procédures d'exécution et les cessions de rémunération sont suspendues ou interdites, selon les cas, jusqu'à l'approbation du plan conventionnel de redressement prévu à l'article L. 331-6, ou jusqu'à la décision imposant les mesures prévues par l'article L. 331-7 (rééchelonnement du paiement des dettes de toute nature, notamment), ou jusqu'à l'homologation par les juge des mesures recommandées en application des articles L. 331-7-1, L. 331-7-2 et L. 332-5 du Code de la consommation, enfin jusqu'au jugement prononçant un redressement personnel sans liquidation judiciaire ou jusqu'au jugement d'ouverture d'une procédure de rétablissement personnel avec liquidation judiciaire. Dans tous les cas, cette suspension et cette interdiction ne pourront excéder deux ans (C. consom., art. L. 331-3-1, et R. 331-11, al. 1er).

154.144 Possibilité de saisine du juge d'instance avant la décision de recevabilité. Par faveur pour le débiteur, l'article L. 331-5 alinéa 1er a prévu qu'à sa demande, la commission peut saisir, avant la décision de recevabilité, le juge du tribunal d'instance aux fins de suspension des procédures d'exécution diligentées sur ses biens ainsi que des cessions de rémunération qu'il aurait consenties et portant sur des dettes autres qu'alimentaires. La lettre par laquelle la commission va saisir le juge doit notamment indiquer la liste des procédures d'exécution exercées contre le débiteur et des mesures d'expulsion de son logement, et joindre la copie de l'acte de poursuite fondant la demande (C. consom., art. R. 331-11-1, al. 1er). L'ordonnance qui suspendrait une ou plusieurs procédures d'exécution sera notifiée par le greffe du tribunal d'instance par lettre recommandée avec demande d'avis de réception, ou remise contre récépissé, aux créanciers poursuivants et aux agents chargés de l'exécution ou au greffier en chef du tribunal d'instance en charge de la procédure de saisie des rémunérations ou de la cession des rémunérations, qui en informe alors le tiers saisi ou le cessionnaire (même texte, al. 2), sachant qu'une copie de l'ordonnance par laquelle le juge se prononce sur la demande de suspension est adressée par le greffe par lettre simple à la commission, qui en informe le débiteur (al. 3).

En outre, il est prévu au titre de l'article L. 331-5 alinéa 2 du Code de la consommation une modalité identique à celle applicable en cas de suspension automatique des voies d'exécution (C. consom., art. L. 331-3-1, al. 1er, *in fine*). En effet, dans l'hypothèse spécifique où une saisie immobilière a été entreprise et la vente forcée ordonnée, la commission peut saisir le JEX afin que celui-ci reporte la date d'adjudication, mais seulement pour causes graves et dûment justifiées (C. consom., art. L. 331-5, al. 2). Dans ce cas, elle doit transmettre la demande par lettre recommandée avec demande d'avis de réception ou remise contre émargement au greffe, quinze jours au moins avant la date prévue pour la vente (C. consom., art. R. 331-11-2, al. 1er).

1. Sachant que les décisions rendues par la commission en matière de recevabilité du dossier sont susceptibles de recours devant le juge du tribunal d'instance (C. consom., art. L. 331-3, IV).

154.145. Cas particulier de la suspension de l'expulsion du débiteur de son logement. Dans l'hypothèse où la commission de surendettement a déclaré recevable le dossier du débiteur, mais où une mesure d'expulsion de celui-ci de son logement est en cours (C. consom., art. L. 331-3-2), la commission a la faculté de saisir le juge du tribunal d'instance, par lettre à laquelle est jointe la copie du commandement de quitter les lieux ou la copie de la décision ordonnant l'expulsion (C. consom., art. R. 331-12, al. 1er), aux fins de suspension de cette mesure. En cas d'urgence, la saisine du juge peut même intervenir à l'initiative du président de la commission, du représentant local de la banque de France ou du débiteur, la commission étant informée de cette saisine. « *Si la situation du débiteur l'exige* » le juge peut prononcer la suspension provisoire des mesures d'expulsion de son logement[1], à l'exception, toutefois, de celles fondées sur un jugement d'adjudication rendu en matière de saisie immobilière et de celles ordonnées sur le fondement du troisième alinéa de l'article L. 321-2 C. pr. exéc.[2].

Cette suspension est acquise pour une période maximale de deux ans, et, selon les cas, jusqu'à l'approbation du plan conventionnel de redressement prévu à l'article L. 331-6, ou jusqu'à la décision imposant les mesures prévues par l'article L. 331-7, ou jusqu'à l'homologation par le juge des mesures recommandées en application des articles L. 331-7-1, L. 331-7-2 et L. 332-5, enfin jusqu'au jugement prononçant un redressement personnel sans liquidation judiciaire ou jusqu'au jugement d'ouverture d'une procédure de rétablissement personnel avec liquidation judiciaire.

154.146 Plan conventionnel de redressement. Rappel. On l'a vu, les procédures d'exécution sont suspendues ou interdites jusqu'à l'approbation du plan conventionnel de redressement prévu à l'article L. 331-6 (C. consom., art. L. 331-3-1), lequel pourra notamment comporter des mesures de report ou de rééchelonnement des paiements des dettes, de remise des dettes. Il devra également prévoir les modalités de son exécution, sa durée totale ne pouvant toutefois pas excéder huit années.

154.147 Plan imposé. Rappel. Le principe est le même s'agissant de la décision de la commission imposant des mesures en cas d'échec de sa mission de conciliation, c'est-à-dire que les procédures d'exécution sont suspendues et interdites jusqu'à cette décision (C. consom., art. L. 331-3-1). Les mesures imposées peuvent également consister en un rééchelonnement du paiement des dettes de toute nature, sans que le délai de report ou de rééchelonnement puisse excéder huit ans, ou en une suspension de l'exigibilité des créances autres qu'alimentaire pour une durée qui ne peut excéder deux ans (C. consom., art. L. 331-7, 1° et 4°).

154.148 Mesures recommandées. Rappel. Jusqu'à l'homologation par le juge des mesures recommandées par la commission en application des articles L. 331-7-1 et L. 331-7-2, et L. 332-5 (rétablissement personnel sans liquidation judiciaire), les procédures d'exécution sont également suspendues ou interdites (C. consom., art. L. 331-3-1).

154.149 Survenance d'une situation irrémédiablement compromise du débiteur. S'il venait à apparaître qu'en cours d'exécution d'un plan conventionnel de redressement, ou de mesures imposées ou recommandées par la commission, « *la situation du débiteur devient irrémédiablement compromise dans les conditions prévues au troisième alinéa de l'article L. 330-1* » (C. consom., art. L. 331-7-3), celui-ci peut saisir la commission afin de bénéficier d'une procédure de rétablissement personnel avec ou sans liquidation judiciaire. La commission peut alors recommander un rétablissement personnel sans liquidation judiciaire si elle constate la bonne foi du débiteur, ou saisir le juge du tribunal d'instance aux fins d'ouverture d'une procédure de rétablissement personnel avec liquidation judiciaire. Or, « *cette recommandation ou cette saisine emportent suspension et interdiction des procédures d'exécution diligentées à l'encontre des biens du débiteur ainsi que des cessions de rémunération consenties par celui-ci portant sur les dettes autres qu'alimentaires* » (même texte). La commission pourra également demander au juge de suspendre les éventuelles mesures d'expulsion du logement du débiteur, sachant, d'une part, que la suspension et l'interdiction sont acquises jusqu'à l'homologation par le juge de la recommandation en application de l'article L. 332-5 (rétablissement personnel sans liquidation judiciaire, à laquelle le juge du tribunal d'instance confère force exécutoire en l'absence de contestation), ou jusqu'au jugement d'ouverture d'une procédure de rétablissement personnel avec liquidation judiciaire, et, d'autre part, que cette suspension et cette interdiction ne peuvent excéder deux ans.

154.150 Incidence de l'opposabilité des mesures aux créanciers. Elle est prévue très clairement par l'article L. 331-9 du Code de la consommation, c'est-à-dire que les créanciers auxquels les mesures imposées par la commission en application de

1. Sachant que le jugement statuant sur la demande de suspension d'une mesure d'expulsion est susceptible d'appel (C. consom., art. R. 331-12, al. 2).
2. Lequel dispose qu'« *à moins que le bien soit loué, le saisi en est constitué séquestre sauf à ce que les circonstances jusitifient la désignation d'un tiers ou l'expulsion du débiteur de son logement* ».

l'article L. 331-7 ou les mesures recommandées en application des articles L. 331-7-1 et L. 331-7-2 et rendues exécutoires par application de l'article L. 332-1 ou de l'article L. 332-2 sont opposables « *ne peuvent exercer des procédures d'exécution à l'encontre des biens du débiteur pendant la durée d'exécution de ces mesures* ».

154.151 **Rétablissement personnel avec liquidation judiciaire. Effet. Rappel.** Les conditions et les effets de la procédure de rétablissement personnel avec liquidation judiciaire ont déjà été évoqués plus haut; rappelons toutefois que le jugement d'ouverture entraîne, jusqu'au jugement de clôture, la suspension et l'interdiction des procédures d'exécution diligentées à l'encontre des biens du débiteur ainsi que des cessions de rémunérations consenties par celui-ci et portant sur les dettes autres qu'alimentaires. Il entraîne également, par principe, la suspension des mesures d'expulsion du logement du débiteur (C. consom., art. L. 332-6, al. 2).

SECTION 7
QUALITÉ DE CONJOINT

§ 1
Solidarité entre époux

154.161 **Principe de solidarité.** Quel que soit le régime matrimonial adopté par les époux, ceux-ci s'obligent solidairement lorsqu'ils passent seuls des contrats pour l'entretien du ménage ou l'éducation des enfants (C. civ., art. 220, al. 1er); la jurisprudence admettant que le texte s'applique y compris si la dette ne présente pas de caractère contractuel[1]. Tout créancier d'un époux dont la créance est née pendant la communauté peut donc saisir les biens de la communauté en totalité. La jurisprudence décide avec constance que ce principe, comme ses exceptions, ne s'applique pas aux **concubins**[2]. On notera que depuis la loi n° 2006-728 du 23 juin 2006[3], le nouvel article 515-4 alinéa 2 du Code civil, traitant des relations patrimoniales entre les **partenaires** ayant conclu un pacte civil de solidarité, décide que « *les partenaires sont tenus solidairement à l'égard des tiers des dettes contractées par l'un d'eux pour les besoins de la vie courante* ».

1. Civ. 2e, 17 nov. 2010, n° 09-11.979, NP.
2. Pour ces derniers, V. PAR EX. : Civ. 1re, 27 avr. 2004, n° 02-16.291, *Bull. civ.* I, n° 113; *D.* 2004. 2968, obs. Vigneau; *RTD civ.* 2004. 487, obs. Hauser; 510, obs. Mestre et Fages – Civ. 1re, 23 mars 2011, n° 09-71.261, NP.
3. L. n° 2006-728, 23 juin 2006, portant réforme des successions et des libéralités, *JO* 24 juin, p. 9513.

Le principe de solidarité ci-dessus évoqué s'agissant des conjoints ne peut être mis en œuvre que si le créancier dispose d'un titre exécutoire contre chacun de ceux-ci par application du principe que toute exécution forcée suppose l'émission d'un titre exécutoire contre celui envers lequel l'exécution est demandée. C'est ainsi que la saisie des rémunérations de l'épouse n'est pas possible au visa de factures impayées dues en vertu d'un contrat d'abonnement souscrit par les époux lorsque le titre émis en vertu de ce contrat ne vise que son conjoint[4].

154.162 **Exceptions tirées du critère de la dépense.** La solidarité de principe des conjoints peut être contestée par l'un des époux devant le JEX lorsque la dépense effectuée par l'un d'eux est manifestement excessive, eu égard au train de vie du ménage, à l'utilité ou à l'inutilité de l'opération ou à la bonne ou mauvaise foi du tiers contractant (C. civ., art. 220, al. 2)[5].

Il en ira ainsi des dépenses de loisir personnel ou des dépenses d'investissement immobilier, même contractées dans l'intérêt de la famille[6]. La même exception s'applique à l'achat à tempérament ou à l'emprunt conclu par un seul des époux[7], à moins qu'il ne porte sur des sommes modestes nécessaires aux besoins de la vie courante (C. civ., art. 220, al. 3)[8]. Tel ne sera pas le cas de l'emprunt à caractère professionnel souscrit par un seul des conjoints[9].

154.163 **Exceptions tirées de la fraude de l'époux débiteur et de la mauvaise foi du créancier.** Le Code civil énonce que, si le paiement des dettes dont chaque époux est tenu, pour quelque cause que ce soit, pendant la communauté, peut être poursuivi sur les biens communs, il n'en va pas de même lorsqu'il y a eu fraude de l'époux débiteur et mauvaise foi du créancier (C. civ., art. 1413).

4. Civ. 2e, 28 oct. 1999, n° 97-20.071, *Bull. civ.* II, n° 163; *Gaz. Pal.* 24-25 mars 2000, 27 – *Adde,* s'agissant de l'expulsion de biens communs appartenant aux époux, l'expulsion devant être dirigée à l'encontre de chacun d'eux : Civ. 2e, 21 sept. 2000, n° 97-21.905, *Bull. civ.* II, n° 132.
5. Civ. 1re, 10 mai 2006, n° 03-16.593, *Bull. civ.* I, n° 235; *D.* 2007. Pan. 1561, obs. Lemouland et Vigneau – COMP., pour le PACS, C. civ., art. 515-4, al. 2, *in fine*.
6. Civ. 1re, 11 janv. 1984, n° 82-15.461, *Bull. civ.* I, n° 13 – Civ. 1re, 4 juill. 2006, n° 03-13.936, *Bull. civ.* I, n° 351; *D.* 2007. Pan. 1567, obs. Lemouland et Vigneau – Civ. 1re, 28 nov. 2006, n° 05-14.412, NP.
7. Limoges, 30 mars 2011, RG n° 10/01344.
8. Sur la nécessité de caractériser ces limites, Civ. 1re, 14 avr. 2010, n° 08-15.930, NP.
9. Sur la nécessité pour le juge de préciser en quoi l'achat d'un véhicule automobile par le mari était nécessaire aux besoins de la vie courante : Civ. 1re, 27 nov. 2001, n° 99-20.546, *Bull. civ.* I, n° 294; *D.* 2002 2910, note Baudin-Maurin; *RTD civ.* 2002. 558, obs. Vareille.

Il appartient alors au conjoint qui excipe de l'absence de solidarité, de rapporter la preuve de l'intention frauduleuse et de la mauvaise foi conjointe du créancier[1]. Les biens de la communauté et les revenus personnels du conjoint ne peuvent alors faire l'objet d'une procédure d'exécution. Seuls les biens propres et les revenus du conjoint souscripteur du contrat en fraude et avec la complicité du créancier peuvent être saisis.

154.164 Exception tirée du défaut de consentement à cautionnement ou emprunt. L'article 1415 du Code civil énonce que chaque époux ne peut engager que ses biens propres et ses revenus, par un cautionnement ou un emprunt, à moins que ceux-ci n'aient été contractés avec le consentement exprès de l'autre conjoint qui, dans ce cas, n'engage que ses biens propres[2]. Les dispositions de ce texte interdisent à tout créancier de chacun des époux d'en poursuivre le paiement sur les biens communs au motif que la dette serait née pendant la communauté[3]. C'est ainsi que le fait que l'époux non débiteur ait consenti à l'affectation hypothécaire du bien constituant le logement de famille ne peut laisser présumer un consentement à l'emprunt effectué par le conjoint[4]. Cette absence de consentement interdit de considérer que les biens meubles de la communauté sont saisissables. Aucune voie d'exécution ne peut donc être diligentée à leur encontre[5]. De même, aucune hypothèque judiciaire ne peut être inscrite sur immeuble commun[6].

De même encore, n'est pas saisissable en exécution d'un cautionnement contracté par un seul des époux le compte alimenté par les revenus de chacun d'eux, faute pour le créancier d'identifier les revenus de l'époux débiteur[7]. En revanche, s'il s'avère que le compte de dépôt, objet de la saisie, est alimenté par les seuls revenus de l'époux débiteur, les sommes qui figurent sur ce dernier sont alors saisissables[8].

154.165 Conséquences de l'absence de solidarité selon le régime matrimonial.

1) Dans le **régime de la communauté légale**, la dette contractée par un seul des époux, exclue de la solidarité en raison des critères sus-énoncés, et ne peut être poursuivie sur les biens propres de l'autre (C. civ., art. 1418). Elle ne peut l'être, non plus, sur les gains et salaires de l'époux non débiteur (C. civ., art. 1414, al. 1er).

Cette insaisissabilité est renforcée par les dispositions de l'article R. 162-9 alinéa 1er C. pr. exéc., qui a pour domaine d'application le compte joint alimenté par les gains et salaires d'un époux commun en biens, et qui fait l'objet d'une mesure d'exécution forcée ou d'une saisie conservatoire pour le paiement ou la garantie d'une créance née du chef du conjoint. En pareille éventualité, il est laissé immédiatement à la disposition de l'époux commun en biens une somme équivalant, à son choix, au montant des gains et salaires versés au cours du mois précédant la saisie ou au montant moyen mensuel des gains et salaires versés dans les douze mois la précédant[9]. La communauté répond cependant des dettes contractées par le mari ou la femme (C. civ., art. 1421)[10] sauf lorsque l'époux a contracté un cautionnement ou un emprunt sans le consentement exprès de l'autre[11]. Il n'engage alors que ses biens propres et ses revenus (C. civ., art. 1415).

Sur l'application de l'article 1421 du Code civil, il convient de signaler une intéressante décision de la Cour de cassation qui se prononce sur la nature de la créance de réparation suite à une faute de ges-

1. Com. 20 févr. 1980, n° 78-14.278, *Bull. civ.* IV, n° 87 – Civ. 1re, 28 mars 1984, n° 82-15.538, *Bull. civ.* I, n° 120.
2. Civ. 1re, 29 mai 1996, n° 94-16.615, *Bull. civ.* I, n° 220.
3. Civ. 1re, 2 juill. 1991, n° 90-12.747, *Bull. civ.* I, n° 225; *JCP* 1992. II. 21830, note Le Guidec – Sur la notion d'acquêt, qui ne peut englober un compte-titres et un plan d'épargne logement, à la différence d'un compte-chèque postal : Civ. 1re, 14 janv. 2003, n° 00-16.078, *Bull. civ.* I, n° 2; *D.* 2003. 2792, note Barabé-Bouchard; *AJ fam.* 2003. 109, obs. S. D.-B.; *RTD civ.* 2003. 339 et 534, obs. Vareille; *Dr. fam.* 2003, n° 48, obs. Beignier.
4. Civ. 1re, 29 mai 1996, n° 94-16.615, *Bull. civ.* I, n° 220; *RTD civ.* 1997. 726, obs. Vareille.
5. Paris, 30 juin 1998, *Rev. huiss.* 1998. 1146.
6. Civ. 1re, 15 mai 2002, n° 00-13.527, *Bull. civ.* I, n° 128; *D.* 2002. 1790, note Barberot; *RTD civ.* 2002. 546, obs. Crocq.
7. Civ. 1re, 3 avr. 2001, n° 99-13.733, *Bull. civ.* I, n° 92; *BICC* 15 juin 2001, n° 623, p. 5 – Civ. 1re, 17 janv. 2006, n° 02-20.636, *Bull. civ.* I, n° 13; *D.* 2006. 1277, note Bonnet; *Dr. et proc.* 2006. 276, obs. Hoonakker.
8. À propos d'un plan d'épargne logement et d'un compte titre : Civ. 1re, 14 janv. 2003, n° 00-16.078, *Bull. civ.* I, n° 2; *D.* 2003. 2792, note Barabé-Bouchard; *RTD civ.* 2003. 534, obs. Vareille – La Cour estimant que le compte-chèques postal est saisissable dès lors qu'il est alimenté par les revenus de l'époux débiteur. La solution est différente pour un plan d'épargne logement et un compte-titres.
9. Sur la responsabilité encourue par l'établissement de crédit en raison du retard dans la mise à disposition de la somme équivalent au salaire : Civ. 2e, 27 mai 2004, n° 02-13.896, *Bull. civ.* II, n° 252; *Dr. et proc.* 2004. 341, obs. Bourdillat; *Gaz. Pal.* 13-14 avr. 2005. 30, obs. Brenner.
10. Sur le fait que la demande de conversion en vente volontaire d'une adjudication sur saisie d'un bien immobilier commun à des époux est un acte d'administration susceptible d'être formé par un seul d'entre eux : Civ. 2e, 11 janv. 2007, n° 04-18.792, *Bull. civ.* I, n° 1; *RD banc. fin.* 2007, n° 79.
11. Sur la reconnaissance de la faute de gestion commise par une épouse ayant contracté ving-cinq prêts à la consommation, et qui a notamment laissé son époux dans l'ignorance de cet endettement croisDsant, v. Civ. 1re, 14 mars 2012, n° 11-15.369, *Bull. civ.* I, n° 59.

tion commise par l'un des époux communs en biens. La Haute juridiction a jugé que « *la responsabilité d'un époux en raison de ses fautes de gestion ayant causé un dommage au patrimoine commun est engagée, sur le fondement de l'article 1421 du Code civil, envers la communauté et non envers sont conjoint de sorte que les dommages-intérêts alloués en réparation du préjudice constituent une créance commune et non une créance personnelle de ce conjoint* »[1]. En conséquence, et en l'espèce, les fautes de gestion invoquées par l'épouse à l'encontre de son mari (absence de déclaration de l'état de cessation des paiements), à les supposer fondées, ne pouvaient donner lieu à paiement à son profit.

2) Dans le **régime de la séparation de biens**, le principe étant que chaque époux reste tenu des dettes nées de sa personne, avant ou pendant le mariage. Seules les dettes contractées pour l'entretien du ménage ou l'éducation des enfants les engagent solidairement (C. civ., art. 1536). Des difficultés peuvent toutefois surgir du fait qu'un époux oppose au créancier poursuivant la propriété du bien saisi. Pour tenter de limiter ce type de difficulté, le législateur a mis en place une série de mécanismes. Le contrat de mariage peut tout d'abord prévoir, moyennant une clause, que tel bien ou telle catégorie de biens est réputé appartenir à l'un ou l'autre des époux. La présomption qui en résulte est toutefois simple; ce qui autorise sa preuve contraire par le créancier saisissant. En outre, il se peut que le bien fut acquis, pendant le mariage, ensemble par les époux. Dans cette circonstance, le bien est réputé indivis. Lorsque la dette recouvrée est personnelle à l'un des conjoints, il appartient alors au créancier de justifier que les biens saisis sont la propriété exclusive de son débiteur par application de l'article 815-17 du Code civil qui prévoit que les créanciers d'un indivisaire ne peuvent saisir sa part dans les biens indivis[2]. On relèvera en fin, à propos de la saisie de comptes bancaires, un important arrêt de la première chambre civile du 20 mai 2009[3] qui décide que « *lorsque le créancier d'un époux marié sous le régime de la séparation de biens fait pratiquer une saisie sur un compte ouvert au nom des époux, il lui appartient d'identifier les fonds de l'époux débiteur* ». En raison de cette inclinaison jurisprudentielle, la situation du créancier saisissant devient particulièrement délicate car il va devoir faire la preuve de ce que les fonds qu'il entend saisir sont la propriété de son débiteur, ce qui, en pratique, ne sera pas chose aisée.

3) Dans le **régime de la participation aux acquêts** (C. civ., art. 1569), chacun des époux conserve l'administration, la jouissance et la libre disposition de ses biens personnels, sans distinguer entre ceux qui lui appartenaient au jour du mariage ou lui sont advenus depuis par succession, libéralité ou acquisition. Pendant la durée du mariage, ce régime fonctionne comme si les époux étaient mariés sous le régime de la séparation de biens. Il en résulte que seules les dettes contractées pour l'entretien du ménage ou l'éducation des enfants les engagent solidairement.

154.166 Sort des dettes antérieures au mariage. Le principe est posé que les dettes, dont chaque époux est tenu à la date de célébration du mariage ou dont se trouvent grevées les successions ou libéralités qui leur échoient pendant le mariage, demeurent personnelles, tant en capitaux qu'en arrérages ou intérêts (C. civ., art. 1410). Il est cependant loisible aux créanciers de saisir les biens de la communauté lorsque le mobilier appartenant au conjoint au jour du mariage, ou qui lui est échu par succession ou libéralité, a été confondu dans le patrimoine commun et ne peut plus être identifiable par inventaire, preuve préconstituée, écrits, documents de banque et factures (C. civ., art. 1411 et 1402)[4].

S'il y a confusion des biens propres du débiteur et des biens communs, hypothèse envisagée par l'article 1402 du Code civil, les biens relevant de la communauté pourront alors faire l'objet d'une mesure d'exécution forcée[5].

§ 2
Régimes matrimoniaux et procédures collectives

154.171 a) Régime de la communauté légale : sort des créanciers du conjoint en liquidation judiciaire. Le gage des créanciers du conjoint en liquidation judiciaire est constitué de ses biens propres et des biens communs, à l'exception des salaires et gains du conjoint *in bonis* (C. civ., art. 1413 et 1414). Le paiement des dettes dont chaque époux est tenu pendant la communauté peut en effet être poursuivi sur les biens communs (sauf fraude de l'époux et mauvaise foi du créancier et sauf la récompense due à la communauté s'il y a lieu). À cet égard, l'article L. 624-5 du Code de commerce décide que le conjoint du débiteur soumis à une

1. Civ. 1re, 1er févr. 2012, no 11-17.050, *Bull. civ.* I, no 21.
2. Paris, 29 oct. 1998, *Gaz. Pal.* 7 mars 2000, p. 4.
3. Civ. 1re, 20 mai 2009, no 08-12.922, *Bull. civ.* I, no 102; *Dr. et proc.* 2009. 278, obs. Vinckel; *RTD civ.* 2009. 578, obs. Perrot; *Dr. et patr.* déc. 2009. 100, obs. Lefort.
4. Pour l'hypothèse de la production d'un contrat de mariage : Civ. 1re, 28 janv. 2003, no 00-16.748, NP.
5. Sur la présomption de communauté et de confusion : Civ. 1re, 8 avr. 2009, no 08-13.005, NP.

procédure de sauvegarde (règle applicable, par le jeu des renvois, aux procédures de redressement et de liquidation judiciaire, C. com. anc. art. L. 622-14) établit la consistance de ses biens personnels conformément aux règles des régimes matrimoniaux et dans les conditions prévues par les articles L. 624-9 et L. 624-10 du Code de commerce.

L'article L. 624-6 du Code de commerce précise que le mandataire judiciaire ou l'administrateur peut prouver par tous moyens que les biens acquis par le conjoint du débiteur l'ont été avec des valeurs fournies par celui-ci et demander que les acquisitions ainsi faites soient réunies à l'actif[1].

154.172 Régime de la communauté légale : sort des créanciers du conjoint *in bonis*. En raison de la procédure collective, les créanciers du conjoint de la personne mariée sous un régime de communauté et soumise à cette procédure, voient leurs poursuites limitées en raison de l'application de l'article 1413 du Code civil. Cela s'explique puisque les biens sont collectivement appréhendés par l'effet de la procédure. Il nous semble que cette limitation subséquente a vocation à s'appliquer à toutes les procédures, et pas uniquement à la liquidation judiciaire.

À ce propos, un arrêt d'assemblée plénière a décidé que les créanciers de l'époux *in bonis* dont le conjoint fait l'objet d'une liquidation judiciaire ne peuvent, par l'effet du dessaisissement de la personne en liquidation, exercer des poursuites sur les biens communs, hors les cas où les créanciers du conjoint débiteur soumis à la procédure collective peuvent eux-mêmes agir[2]. Les créanciers de l'époux *in bonis* sont donc soumis au régime de l'arrêt des poursuites individuelles énoncé par l'article L. 622-21 du Code de commerce, et ce, que le conjoint soit en redressement judiciaire ou en liquidation (C. com., art. L. 622-24)[3]. Poursuivant dans cette logique, la Cour de cassation a récemment jugé que « *les salaires d'un époux marié sous un régime de communauté sont des biens communs frappés par la saisie collective au profit des créanciers de l'époux mis en procédure collective qui ne peuvent être saisis, pendant la durée de celle-ci, au profit d'un créancier de l'époux, maître de ses biens Ils doivent alors déclarer leur créance au représentant des créanciers du conjoint visé par la procédure collective* »[4].

Ils doivent notamment, s'ils sont titulaires d'une sûreté (privilège spécial, nantissement, hypothèque notamment), respecter les dispositions combinées des articles L. 642-18 (mod. par ord. n° 2008-1345, 18 déc. 2008) et L. 643-2 du Code de commerce, relatives à la réalisation de l'actif dans le cadre de la liquidation judiciaire en présentant une requête au juge-commissaire de l'époux commun en bien qui fait l'objet de la procédure de liquidation afin d'obtenir l'autorisation de procéder à la vente aux enchères. L'ordonnance se substitue au commandement de droit commun à l'égard du conjoint en liquidation. Elle ne dispense cependant pas le créancier de délivrer ce commandement au conjoint *in bonis*.

Les créanciers de l'époux *in bonis* doivent également déclarer leur créance afin de participer à la procédure de répartition du prix de vente du bien grevé par leur sûreté, sans que cette omission n'affecte pour autant l'existence de leurs droits hypothécaires[5]. L'arrêt susvisé précise en effet que si « *la liquidation d'une personne mariée sous le régime de la communauté de biens ne modifie pas les droits que les créanciers de son conjoint tiennent du régime matrimonial* », il n'en demeure pas moins qu'ils ne peuvent poursuivre les biens communs « *en dehors des cas où les créanciers du débiteur soumis à la liquidation judiciaire peuvent eux-mêmes agir* », tant par l'effet du dessaisissement que par la nature indivisible de la sûreté. L'absence de déclaration au passif du conjoint liquidé ne met pas obstacle à la procédure de vente aux enchères. Toutefois, les créanciers ne peuvent obtenir de règlement sur le solde du prix de l'immeuble grevé qu'après paiement des créanciers admis à la procédure collective[6].

Rien n'interdit cependant au créancier du conjoint *in bonis* de constituer une hypothèque sur un immeuble commun, en dépit de la procédure collective ultérieure affectant son époux[7]. Dans ce cas, l'hypothèque constituée est valable jusqu'à concurrence de la part du conjoint *in bonis* dans l'immeuble ultérieurement vendu.

En revanche, si une hypothèque est constituée sur un immeuble commun depuis la date de cessation des paiements du conjoint pour sûreté d'une dette antérieurement contractée par l'époux *in*

1. Pour une illustration, v. Com. 10 janv. 2006, n° 04-18.817, *Bull. civ.* IV, n° 3; *D.* 2006. AJ 302, obs. Lienhard.
2. Cass., ass. plén., 23 déc. 1994, n° 90-15.305, *Bull. ass. plén.*, n° 7; *JCP* 1995. II. 22401, obs. Randoux; *Rev. huiss.* 1995. 961, obs. Courtier – V. AUSSI, pour le cas où les biens propres d'un époux commun en biens et dont le conjoint fait l'objet d'une procedure collective, Civ. 2e, 10 févr. 2011, n° 10-13.590, NP.
3. À propos d'une hypothèque constituée sur un immeuble commun : Com. 14 oct. 1997, n° 96-12.853, *Bull. civ.* IV, n° 260; *D.* 1998. 134, obs. Revel; 377, obs. Piedelièvre; *Gaz. Pal.* 11 févr. 1998, p. 15; *JCP E* 29 janv. 1998, n° 5; *JCP* 1998. I. 149.
4. Com. 16 nov. 2010, n° 09-68.459, *Bull. civ.* IV, n° 476; *D.* 2011. 1509, obs. Leborgne; *AJ fam.* 2011. 113, obs. Hilt; *RD banc. fin.* janv. 2011, n° 24, note Piedelièvre.
5. Com 14 mai 1996, n° 94-11.366, *Bull. civ.* IV, n° 129; *D.* 1997. Chron. 117, note Derrida.
6. Com. 16 mars 1999, n° 96-18.774, NP; *Procédures* 2000, n° 156.
7. Com. 20 juin 1995, n° 93-10.331, *Bull. civ.* IV, n° 183.

bonis, cette hypothèque est nulle pour le tout[1]. Il en va de même lorsque la sûreté n'a pas été publiée au jour du jugement d'ouverture de la procédure collective par application de l'article L. 621-48 du Code de commerce (devenu C. com., art. L. 622-28)[2].

Dans la logique de cette jurisprudence, on relève une décision qui rend opposable aux créanciers du conjoint *in bonis* les termes du plan de continuation lorsque les biens communs sont indispensables à la réussite de ce plan[3].

154.173 **b) Régime de la séparation de biens.** Le conjoint débiteur objet de la procédure collective ne peut être dessaisi que de ses biens propres puisque ses dettes professionnelles ne peuvent avoir été engagées pour l'entretien du ménage ou l'éducation des enfants (C. civ., art. 220). Dans l'hypothèse où les époux ont acquis en indivision un immeuble et ont emprunté auprès d'une banque - ce qui rend le conjoint *in bonis* codébiteur solidaire de l'époux en liquidation de biens à l'égard de la banque - celle-ci est tenue de suivre à son encontre la procédure de droit commun en matière de vente immobilière lorsqu'elle souhaite réaliser le bien hypothéqué. Cette procédure diffère de celle prévue par l'article L. 642-18 du Code de commerce qui prévoit une autorisation de vente par le juge-commissaire[4]. Encore faut-il distinguer deux hypothèses :

154.174 **Régime de la séparation de biens : lorsque l'hypothèque a été consentie sans l'accord du conjoint soumis à la procédure collective**, celle-ci ne produit effet que sous condition d'attribution de l'immeuble au constituant lors du partage effectué dans les termes de l'article 815-17 alinéa 3 du Code civil (v. s^s n° 154.183).

154.175 **Régime de la séparation de biens : lorsque l'hypothèque a été consentie avec l'accord du conjoint soumis à la procédure collective sur l'immeuble qu'ils possèdent en indivision**, le créancier peut poursuivre la saisie et la vente de l'immeuble avant le partage[5] et prétendre au paiement intégral de sa créance sur le prix de vente du bien indivis sur le seul fondement de la dette de la caution *in bonis* (C. civ., art. 2414) sans que les organes de la procédure collective puissent prétendre à cantonnement de la partie du prix correspondant à la quote-part du conjoint soumis à la procédure collective[6].

Les dispositions de l'article L. 624-5 du Code de commerce permettant au conjoint du débiteur soumis à une procédure collective de faire établir la consistance de ses biens personnels, s'appliquent également.

Rappelons à cet égard, que les présomptions de propriété énoncées au contrat de mariage sont opposables aux créanciers de la procédure collective sauf à ceux-ci à établir la preuve contraire par tous les moyens propres à prouver que les biens n'appartiennent pas à l'époux que la présomption désigne, ou même, s'ils lui appartiennent, qu'il ne les a acquis qu'ensuite d'une libéralité de l'époux soumis à la procédure collective (C. civ., art. 1538).

Lorsque le divorce est transcrit postérieurement à la liquidation judiciaire de l'un des conjoints, le liquidateur, habilité à agir sur l'immeuble litigieux avant la création de l'indivision post-communautaire, est recevable à poursuivre la vente forcée par application de l'article 815-17 alinéa 1er du Code civil. À cet égard, la notification de l'ordonnance du juge-commissaire au seul conjoint en liquidation ne peut faire grief à l'autre conjoint puisque les dispositions protectrices de l'article 215 alinéa 3 du Code civil relatives au logement familial sont inapplicables en cas de vente forcée[7].

154.176 **Cas particulier du conjoint collaborateur.** L'ancien article 4 du Code de commerce, devenu l'article L. 121-3 de ce code, dispose que « *le conjoint d'un commerçant n'est réputé lui-même commerçant que s'il exerce une activité commerciale séparée de celle de son époux* ». Il s'agit d'une présomption irréfragable dont bénéficie le conjoint du commerçant mentionné en qualité de conjoint collaborateur au registre du commerce et des sociétés. Il ne peut donc lui-même en exciper pour échapper à des voies d'exécution en se plaçant sous la protection d'une procédure collective. Cette présomption peut toutefois être combattue par les tiers qui doivent alors démontrer que l'époux collaborateur a accompli des actes de commerce de façon habituelle et indépendante au sein de l'activité commune du couple, en effectuant notamment des opérations commerciales sur son compte bancaire, en accomplissant des actes de disposition, en souscrivant des engagements personnels auprès de tiers commerçants dans l'intérêt du commerce (avec un franchi-

1. Com. 2 avr. 1996, n° 93-20.562, *Bull. civ.* IV, n° 106; *D.* 1996. Somm. 340, obs. Derrida.
2. Com. 20 mai 1997, n°s 95-16.192 et 95-20.943, *Bull. civ.* IV, n° 153; *LPA* 1998, n° 102, p. 21.
3. Agen, 11 sept. 1995, *JCP* 1996. IV. 569.
4. Com. 28 janv. 1997, n° 94-14.763, *Bull. civ.* IV, n° 37; *Rev. huiss.* 1997. 1454, obs. Courtier.
5. Civ. 1re, 20 nov. 1990, n° 89-13.876, *Bull. civ.* I, n° 259; *RTD civ.* 1992. 147, obs. Zénati.
6. Civ. 1re, 14 juin 2000, n° 98-10.577, *Bull. civ.* I, n° 182; *D.* 2000. 318, obs. Lienhard.
7. Civ. 1re, 21 mai 1997, n° 95-14.102, *Bull. civ.* I, n° 163; *Rev. huiss.* 1997. 252; *Gaz. Pal.* 1er mai 1998, p. 28, obs. Véron – Sur la question du changement de régime matrimonial et de la procédure collective concomitante d'un conjoint : *LPA* 26 août 1998, n° 102.

seur ou un établissement de crédit, par ex.)[1]. Reste que la jurisprudence de la Haute juridiction est traditionnellement restrictive pour qualifier l'exercice d'une activité commerciale à titre de profession habituelle par le conjoint collaborateur du commerçant.

SECTION 8
EXISTENCE D'UNE INDIVISION

154.181 Créanciers de l'indivision. Ils ont le droit saisir les biens indivis afin d'être payés par prélèvement sur l'actif avant le partage. Il reste à déterminer ces créanciers[2]. Aucune distinction n'est faite au sein des créanciers de l'indivision entre ceux qui auraient pu agir sur les biens indivis avant qu'il y ait eu indivision et ceux qui tiennent leur créance d'un acte de conservation ou de gestion des biens indivis[3]. Dans les deux hypothèses, ils sont payés par prélèvement sur l'actif avant le partage[4]. Ils peuvent en outre poursuivre la saisie et la vente des biens indivis (C. civ., art. 815-17, al. 1er)[5], et ce, même si l'indivision a fait l'objet d'une convention (C. civ., art. 1873-15, al. 1er). La possibilité pour le créancier d'un époux de saisir les biens indivis, même s'ils sont compris dans une indivision post-communautaire, suppose que le fait générateur de la dette soit né avant que cette communauté ne soit dissoute[6]. Tel est notamment le cas lorsque la condamnation à une indemnité prononcée contre l'un des conjoints est postérieure au mariage, mais a pour cause des actes commis durant celui-ci. La dette est commune en vertu de l'article 1409 du Code civil et peut donc être recouvrée sur un immeuble indivis[7].

1. Com. 27 mai 1986, nº 85-12.110, *Bull. civ.* IV, nº 101; *RTD com.* 1986. 514, obs. Derrupé – Com. 15 juill. 1987, nº 85-17.220, *Bull. civ.* IV, nº 183; *RTD com.* 1988. 421, obs. Derrupé – Com. 21 mai 1996, nº 93-18.408, NP; *D.* 1996. 162 – Douai, 13 mars 1997, *JCP* 1988. I. 111 – Sur les conséquences de l'absence de confusion des patrimoines, Com. 15 mars 2005, nº 03-19.359, *Bull. civ.* IV, nº 55; *D.* 2005. AJ 952, obs. Lienhard.
2. Pour un liquidateur : Civ. 1re, 21 mai 1997, nº 95-14.102, *Bull. civ.* I, nº 163.
3. Pour un indivisaire titulaire d'une créance antérieure sur l'indivision : Civ. 1re, 4 juill. 2007, nº 06-13.770, *Bull. civ.* I, nº 254; *D.* 2008. 2249, obs. Revel.
4. Civ. 1re, 20 févr. 2001, nº 98-13.006, *Bull. civ.* I, nº 41; *D.* 2001. 906; *Dr. et proc.* 2001. 253, obs. Brenner – Pour le liquidateur pouvant agir lorsque la liquidation judiciaire est antérieure à la naissance de l'indivision : Com. 18 févr. 2003, nº 00-13.100, *Bull. civ.* IV, nº 22; *D.* 2003. AJ 766, obs. Lienhard.
5. Pour une illustration : Civ. 1re, 13 déc. 2005, nº 02-17.778, *Bull. civ.* I, nº 494.
6. Civ. 1re, 3 déc. 2008, nº 06-20.150, NP.

On notera qu'un arrêt de la première chambre civile a jugé, s'agissant des créanciers dont la créance est née antérieurement à la dissolution de la communauté, que ces derniers ont la possibilité de poursuivre la saisie et la vente des biens dépendant de l'indivision post-communautaire. Aussi, ces créanciers de l'indivision préexistante à l'ouverture de la procédure collective de l'un des indivisaires, qui auraient pu agir sur les biens indivis avant qu'il y eût indivision, conservent leur droit de poursuivre la saisie de ces biens, en dépit de l'ouverture de cette procédure. En conséquence, « *l'extinction de la créance, faute de déclaration au passif de l'indivisaire soumis à la procédure collective, est sans incidence sur le droit de poursuivre les biens indivis que le créancier de l'indivision tient de l'article 815-17, alinéa 1er, du Code civil* »[8].

Par ailleurs, dans le cadre d'une procédure collective, la jurisprudence a jugé que les créanciers d'une indivision préexistante à cette procédure de l'un des indivisaires, ne sont pas touchés par la règle de l'interdiction des poursuites[9]. La saisie et la vente sont alors possibles.

Il convient, enfin, de rappeler que l'indivision n'a pas la personnalité juridique[10].

154.182 Créanciers personnels de l'indivisaire. La situation des créanciers personnels de l'indivisaire est toute différente puisqu'ils ne peuvent saisir la part de leur débiteur dans les biens indivis. Il faut distinguer selon qu'il y a ou non convention d'indivision.

– Quelle que soit la situation, **les créanciers personnels ne peuvent saisir la part de leur débiteur dans les biens indivis,** meubles ou immeubles (C. civ., art. 815-17, al. 2 et 1873-15, al. 1er)[11]. S'agissant du domaine d'application de cette prohibition, la jurisprudence reconnaît que celle-ci vaut excepté si le créancier est créancier de l'ensemble des coïndivisaires solidairement tenus à son égard. Dans cette dernière éventualité, le créancier n'est dès lors pas tenu de provoquer le partage du bien indivis sur lequel la poursuite s'exerce[12]. Ces dispositions s'appliquent aussi aux saisies conservatoires lorsqu'elles entraînent dépossession de l'indivisaire[13]. Il est néanmoins

7. Civ. 1re, 25 févr. 2003, nº 00-22.672, *Bull. civ.* I, nº 53; *D.* 2003. 805.
8. Civ. 1re, 13 déc. 2005, nº 02-17.778, *Bull. civ.* I, nº 494; *D.* 2006. AJ 302, obs. Lienhard.
9. Com. 18 févr. 2003, nº 00-11.008, *Bull. civ.* IV, nº 21; *D.* 2003. 766, obs. Lienhard; 1620, obs. Le Corre.
10. Il s'ensuit, par exemple, qu'un commandement d'avoir à libérer les lieux ne peut être délivré au nom de l'indivision, Civ. 2e, 9 juin 2011, nº 10-19.241, *Bull. civ.* II, nº 129.
11. Civ. 1re, 15 juill. 1999, nº 97-14.361, *Bull. civ.* I, nº 243.
12. Civ. 1re, 6 nov. 2001, nº 98-20.518, *Bull. civ.* I, nº 271; *RTD civ.* 2002. 150, obs. Perrot.
13. Civ. 2e, 4 oct. 2001, nº 99-19.986, *Bull. civ.* II, nº 151; *RTD civ.* 2002. 150, obs. Perrot.

loisible aux créanciers de procéder à la prise d'une sûreté judiciaire, par inscription d'hypothèque notamment, sur la quote-part de propriété du débiteur indivis, une telle mesure conservatoire n'entraînant pas dépossession de l'indivisaire[1]. Bien entendu, cette sûreté pourra ne pas se réaliser si le bien grevé n'est pas attribué au débiteur à l'issue du partage. En outre, en vertu de l'article 815-17 alinéa 1er du Code civil, les créanciers de l'indivisaire titulaires d'une créance peuvent mettre en œuvre une saisie si la créance résulte de la conservation ou de la gestion des biens indivis, et ce sans être tenus d'attendre l'issue des opérations de partage[2]. La jurisprudence faisant une application large de cette faculté[3].

154.183 Prérogatives du créancier personnel d'un indivisaire. **En l'absence de convention d'indivision, et seulement en cas de refus de sa part et de créance en péril, les créanciers personnels peuvent provoquer le partage** au nom de leur débiteur[4] ou intervenir au partage provoqué par lui, à condition toutefois que le débiteur indivis puisse lui-même provoquer ce partage[5]. Les coïndivisaires ont alors la possibilité d'arrêter le cours de l'action en partage en acquittant l'obligation au nom et en l'acquit du débiteur. Ils se remboursent alors par prélèvement sur les biens indivis (C. civ., art. 815-17 et 1873-15, al. 3).

En matière de procédure collective, si le passif a été admis, le coïndivisaire n'est pas démuni. Ainsi a-t-il été jugé que « *viole l'article 815-17, alinéa 3, du Code civil, aux termes duquel les créanciers personnels d'un indivisaire ont la faculté de provoquer le partage au nom de leur débiteur et les coïndivisaires celle d'arrêter le cours de l'action en partage en acquittant l'obligation au nom et en l'acquit du débiteur, l'exercice de cette dernière faculté supposant que les coïndivisaires connaissent le montant de la dette qu'ils doivent payer pour arrêter le cours de l'action, la cour d'appel qui, pour ordonner le partage et la licitation de l'immeuble, retient que le coïndivisaire ne peut arrêter le cours de l'action en partage qu'en acquittant l'obligation du débiteur laquelle s'élève au montant du passif vérifié et admis, régulièrement publié au BODACC, alors que la demande du coïndivisaire visait à déterminer le montant actualisé de la créance, compte tenu des actifs recouvrés et qu'en l'absence de justification par le liquidateur du montant du passif restant dû, le coïndivisaire n'est pas en mesure d'exercer la faculté d'arrêter le cours du partage, étant dans l'ignorance du montant de la somme à acquitter* »[6].

154.184 Créanciers personnels de l'indivisaire et convention d'indivision. En présence d'une convention d'indivision, les créanciers personnels de l'indivisaire ne peuvent provoquer le partage au nom de leur débiteur que dans les cas où le débiteur indivis pourrait lui-même provoquer ce partage (C. civ., art. 1873-15, al. 2). En cas de convention d'indivision à durée déterminée, les créanciers peuvent provoquer un partage avant terme s'ils justifient de justes motifs tenant de l'indivision elle-même (C. civ., art. 1873-3, al. 1er). Lorsque la convention est à durée indéterminée, le partage peut être provoqué à tout moment par les créanciers, pourvu que ce ne soit pas de mauvaise foi et à contretemps (C. civ., art. 1873-3, al. 2).

En contrepartie de la limitation du droit du créancier individuel du débiteur à provoquer le partage de l'indivision, il lui est permis de poursuivre la saisie et la vente de la quote-part de son débiteur dans l'indivision selon les formes prévues par le Code de procédure civile, c'est-à-dire en mettant en œuvre les voies d'exécution mobilières (C. civ., art. 1873-15, al. 2, *in fine*).

154.185 Créancier personnel d'un indivisaire *in bonis* et liquidation judiciaire d'un membre de l'indivision. Le créancier personnel d'un indivisaire *in bonis* dont l'un des membres de l'indivision est en liquidation judiciaire ne peut en poursuivre le recouvrement par voie de saisie mobilière ou immobilière. « *Le dessaisissement de la personne interdit aux créanciers de l'indivisaire in bonis de poursuivre sur les biens communs en dehors des cas où les créanciers de la liquidation judiciaire peuvent eux-mêmes agir* »[7].

154.186 Cas particulier de la réalisation d'un bien indivis hypothéqué. Lorsqu'il souhaite poursuivre la réalisation du bien indivis hypothéqué par voie de saisie immobilière, le créancier, même titulaire d'une hypothèque consentie par tous les coïndivisaires, est tenu de présenter requête au juge-commissaire dans les conditions de licitation définies par l'article L. 642-18 du Code de com-

1. Civ. 3e, 2 nov. 1983, n° 82-11.547, *Bull. civ.* III, n° 212; *RTD civ.* 1984. 174, obs. Perrot.
2. Civ. 1re, 20 févr. 2001, n° 98-13.006, *Bull. civ.* I, n° 41; *RTD civ.* 2001. 642, obs. Patarin; p. 916, obs. Revet.
3. Civ. 1re, 4 juill. 2007, n° 06-13.770, *Bull. civ.* I, n° 254; *D.* 2008. 2245, obs. Brémond, Nicod et Revel.
4. Pour un ex. de carence du débiteur susceptible de compromettre les droits du créancier personnel d'un indivisaire : Civ. 1re, 23 mai 2006, n° 05-18.065, *Bull. civ.* I, n° 263 – Et sur la possibilité pour le liquidateur de l'indivisaire de provoquer partage et licitation de l'immeuble indivis : Com. 3 oct. 2006, n° 05-16.463, *Bull. civ.* IV, n° 194.
5. Civ. 1re, 17 mai 1982, n° 81-12.312, *Bull. civ.* I, n° 176 – Civ. 1re, 11 mars 2003, n° 01-12.170, *Bull. civ.* I, n° 65.
6. Civ. 1re, 27 mai 2010, n° 09-11.460, *Bull. civ.* I, n° 123.
7. Cass., ass. plén., 23 déc. 1994, n° 90-15.305, *Bull. ass. plén.*, n° 7; *D.* 1995. 145, rapp. Chartier, note Derrida; *RTD com.* 1995. 657, obs. Martin-Serf.

merce[1]. Cette ordonnance se substitue au commandement de droit commun à l'égard de l'indivisaire liquidé. Le créancier reste toutefois tenu de délivrer un commandement de droit commun aux coïndivisaires *in bonis*, maîtres de leurs biens[2].

Le créancier hypothécaire du coïndivisaire maître de ses biens au titre d'une indivision peut poursuivre la saisie immobilière du bien grevé dès lors que le liquidateur de l'indivisaire soumis à la procédure collective n'a pas entrepris la liquidation du bien dans les trois mois à compter du jugement ayant prononcé la liquidation par application de l'article L. 643-2 du Code du commerce. Le créancier peut poursuivre la saisine et la vente du bien avant le partage de l'indivision en application des dispositions de l'article 2414 du Code civil[3]. L'interdiction des voies d'exécution à l'encontre de la personne en procédure collective est sans effet à l'égard du coïndivisaire, maître de ses biens[4].

154.187 Créancier personnel d'un indivisaire en liquidation judiciaire. L'article 815-17 alinéa 2 du Code civil énonce un principe d'interdiction de la saisie de la part indivise du débiteur coïndivisaire par un créancier personnel. Cette interdiction s'applique à l'ensemble du bien indivis et non à la seule quote-part de l'indivisaire soumis à la procédure collective.

Lorsque le liquidateur reçoit un bien indivis dans l'actif de la liquidation, ni lui, ni le juge-commissaire n'ont le pouvoir d'imposer au coïndivisaire étranger à la procédure collective les conditions de licitation telles que définies par l'article L. 642-18 du Code de commerce. Dans cette hypothèse, le liquidateur est tenu de procéder par les voies du droit commun pour provoquer le partage de l'immeuble conformément à l'article 815-17 alinéa 3 du Code civil[5]. Si le mandataire exerce cette action en partage, il ne saurait réclamer un paiement par prélèvement sur les biens indivis, les deux actions ayant une nature différente[6]. Toutefois, les coïndivisaires *in bonis* peuvent s'opposer au partage en acquittant les dettes du coïndivisaire concerné par la procédure collective[7].

Pour arrêter le cours de l'action en partage, les coïndivisaires du débiteur liquidé doivent attendre la vérification de son passif qui permet de connaître précisément le montant de la dette qu'ils auront à acquitter. La déclaration de créances doit avoir fait l'objet d'une décision définitive d'admission au passif de la liquidation judiciaire de l'indivisaire. À défaut, les coïndivisaires du débiteur en liquidation ne sont pas en mesure de connaître le montant de la dette auxquels ils sont tenus pour arrêter le cours de l'action en partage et celui-ci ne peut, dans cette hypothèse, être ordonné[8].

Lorsque le liquidateur, autorisé par le juge-commissaire, décide de vendre sur saisie immobilière le bien indivis qui se trouve inclus dans l'actif du débiteur en liquidation, il doit adresser à peine de nullité des opérations de saisie un commandement de payer au conjoint coïndivisaire *in bonis*[9]. Les créanciers de l'époux *in bonis* sont alors payés sur le prix de vente de l'immeuble même si l'hypothèque a été prise sur le bien indivis uniquement par un des indivisaires, l'hypothèque étant en effet valable jusqu'à concurrence de la part de l'époux *in bonis* dans l'immeuble vendu[10].

SECTION 9
IMMUNITÉS PERSONNELLES

154.191 Principe. L'article L. 111-1 C. pr. exéc. énonce le principe que les voies d'exécution et les mesures conservatoires ne sont pas applicables aux personnes qui bénéficient d'une immunité d'exécution. Ces exceptions ont été analysées par ailleurs (v. ss nos 152.05 s.).

154.192 Application particulière au débiteur majeur protégé. Le majeur en tutelle, en gérance de tutelle ou soumis à un régime d'administration légale sous contrôle judiciaire ne peut défendre seul à une action. Il doit être représenté ou assisté par son tuteur ou son administrateur (v. ss nos 141.13 s.). Ces principes sont applicables au contentieux des voies d'exécution. De même, tout acte de signification fait au majeur en curatelle doit l'être à son

1. L'ordonnance n° 2008-1345 du 18 décembre 2008 en précise les nouvelles modalités, notamment par renvoi aux dispositions du Code civil applicables en la matière – V. AUSSI les dispositions de. C. com., art. R. 642-22 s.
2. Com. 22 avr. 1997, n° 94-19.420, *Bull. civ.* IV, n° 99; *Gaz. Pal.* 11 févr. 1998. 15.
3. Pour une application : Civ. 1re, 28 juin 2005, n° 02-20.452, *Bull. civ.* I, n° 283.
4. Com. 19 déc. 2000, n° 97-17.728, *Bull. civ.* IV, n° 202; *JCP* 2000. IV. 1344.
5. Rouen, 19 mars 1992, *JCP* 1993. IV. 893.
6. Civ. 1re, 3 déc. 1996, n° 94-19.229, *Bull. civ.* I, n° 430; *LPA* 1996, n° 7, p. 14.
7. Civ. 1re, 20 déc. 1993, n° 92-11.189, *Bull. civ.* I, n° 378; *D.* 1994. 358.
8. Civ. 1re, 20 déc. 1993, n° 92-11.189, *Bull. civ.* I, n° 378; *RTD civ.* 1994. 393, obs. Patarin; *Defrénois* 1998. 254, obs. Sénéchal – SUR CETTE QUESTION, v. J. Gasti, « La sauvegarde des intérêts des coindivisaires du débiteur », *JCP E* 1999. 1762.
9. Com. 28 janv. 1997, n° 94-14.763, *Bull. civ.* IV, n° 37; *LPA* 1998, n° 102.
10. Com. 20 juin 1995, n° 93-10.331, *Bull. civ.* IV, n° 183; *D.* 1997. 1.

curateur, à peine de nullité[1]. Une telle situation est protectrice des intérêts du majeur puisqu'elle rend caduque toute voie d'exécution qui n'aurait pas respecté l'obligation de signifier un acte de poursuite à la fois au majeur protégé et à la personne physique ou morale chargée de le représenter ou de l'assister.

SECTION 10
RÉSISTANCE ABUSIVE

154.201 **Sanction de la résistance abusive.** La résistance abusive du débiteur est sanctionnée par des dommages-intérêts au profit du créancier (C. pr. exéc., art. L. 121-3]). La jurisprudence publiée en la matière est cependant peu fréquente[2]. En effet, la sanction de la résistance abusive est, le plus souvent, prononcée lorsque le JEX déboute le débiteur qui prend l'initiative de contester une procédure d'exécution. On retiendra toutefois que le JEX, lorsqu'il liquide l'astreinte, n'a pas le pouvoir d'apprécier le préjudice subit du fait de la résistance abusive du débiteur de l'obligation assortie d'astreinte[3].

On se référera donc aux grands principes de la responsabilité civile et à la jurisprudence constante qui impose au juge de caractériser l'abus de procédure, la mauvaise foi du débiteur et le dommage.

C'est ainsi qu'est sanctionné le débiteur qui « *a multiplié les procédures et opposé une force d'inertie absolue aux réclamations justifiées* » du créancier[4].

1. Civ. 1re, 5 oct. 1994, nº 92-20.149, *Bull. civ.* I, nº 274; *JCP* 1994. II. 22555.
2. Civ. 2e, 28 oct. 1999, nº 97-12.734, *Bull. civ.* II, nº 161 – Civ. 2e, 11 févr. 2010, nos 08-21.787 et 08-21788, *Bull. civ.* II, nº 30 (résistance abusive à un titre exécutoire); *D.* 2010. 659, obs. Avena-Robardet; 1307, obs. Leborgne; 2102, chron. Sommer, Leroy-Gissinger, Adida-Canac et Grignon Dumoulin; *Procédures* 2010, nº 107, obs. Perrot; *Dr. et proc.* 2010. 151, obs. Leborgne.
3. Civ. 3e, 29 avr. 2009, nº 08-12.952, *Bull. civ.* III, nº 96; *D.* 2010. 1037, obs. Leborgne; *AJDI* 2009. 732, obs. de La Vaissière; *RTD civ.* 2009. 575, obs. Perrot.
4. Lyon, 18 juin 1997, RG nº 96/06315, Balandreau c/Marion, NP.

TITRE

16. Les tiers et leurs obligations

SECTION 0
ORIENTEUR

160.00 **Plan du titre.**

160.03 **Bibliographie indicative.**

Actualisable. *J.-Cl. Pr. civ.*, *v° Opérations d'exécution* [Les tiers], par F. Vinckel, fasc. 2200.

Ouvrages. A. LEBORGNE, *Droit de l'exécution*, 2e éd., « Précis », Dalloz, 2014 – R. PERROT et Ph. THÉRY, *Procédures civiles d'exécution*, 3e éd., 2013 – *Code des procédures civiles d'exécution*, commenté, 2e éd., Dalloz, 2014.

CHAPITRE

161. Définition du tiers

Olivier SALATI
Maître de conférences (HDR)
à l'Université d'Aix-Marseille

SECTION 0
Orienteur

161.00 **Plan du chapitre.**

161.01 **Textes applicables.**

C. pr. exéc., art. L. 111-7, L. 121-2, L. 121-3, L. 122-1, L. 123-1, L. 142-1, L. 142-2, L. 152-1, L. 152-2, L. 211-3, L. 222-1; R. 152-1, R. 211-3 à R. 211-5, R. 221-9, R. 221-12, R. 221-27, R. 222-7, R. 222-20, R. 223-9, R. 224-1, R. 232-1, R. 232-2, R. 511-8 et R. 523-4.

C. civ., art. 10.

C. com., art. L. 622-1, L. 622-17 et R. 143-6 s.

C. trav., art. R. 3252-1.

LPF, art. L. 262.

161.02 **Jurisprudence de référence.**

Cass., avis, 24 janv. 1994, n° 09-30.020, *Bull. avis*, n° 4.

161.03 **Bibliographie indicative.** (V. s^s n° 160.03).

161.04 **Enjeux de la définition.** La loi du 9 juillet 1991 portant réforme des voies d'exécution mobilières s'était fixé pour objectif de revaloriser le titre exécutoire en facilitant son recouvrement (saisies simplifiées, contrôle *a posteriori* du juge, *etc.*). Il était donc indispensable que dans le cadre de la mise en œuvre des nouvelles procédures de saisie, soit clairement défini le rôle des tiers afin de s'assurer, au mieux, de leur collaboration, au pire, de leur neutralité.

Cette nécessité, qui n'a pas été remise en question par l'entrée en vigueur du Code des procédures civiles d'exécution, s'insère en réalité dans un champ plus large, défini par l'article 10 du Code civil : « *Chacun est tenu d'apporter son concours à la justice en vue de la manifestation de la vérité. Celui qui sans motif légitime se soustrait à cette obligation lorsqu'il en a été légalement requis, peut être contraint d'y satisfaire* [...] ».

SECTION 1
Distinction et champ d'application

161.11 **Distinction tiers-partie.** Elle se déduit de la lecture des articles L. 111-7, L. 121-2, L. 121-3 et L. 123-1 C. pr. exéc. qui évoquent successivement les droits et obligations du créancier, du débiteur et des tiers.

Les parties à la procédure d'exécution sont donc le créancier et le débiteur, en raison du lien de droit que constitue le titre exécutoire et sa mise en œuvre.

Les tiers sont les personnes étrangères à ce lien, c'est-à-dire toutes celles qui ne se trouvent pas dans un rapport de droit direct avec l'une ou l'autre des parties, consubstantiel à l'émission du titre fondant l'exécution.

Il convient donc, au premier chef, de distinguer les tiers de ceux qui, en raison de leur situation juridique à l'égard de l'une des parties, lui sont assimilables (héritiers, administrateur judiciaire, tuteur, not. – v. s^s n°s 141.10 s.).

Il y a lieu aussi de consacrer un développement particulier à la notion de tiers saisi en raison de la nature juridique originale des relations qui se nouent, à l'occasion des procédures d'exécution, entre ces tiers et les parties. Toutefois, l'étude spécifique des droits et obligations des tiers saisis est renvoyée au chapitre consacré à la mesure d'exécution spécifique qui les implique (saisie-attribution, saisie-vente, saisie-appréhension, saisie-revendication, saisie conservatoire, saisie des rémunérations, saisie de meubles placés dans un coffre-fort, saisie des droits d'associés et saisie immobilière).

161.12 Notion de tiers saisi. La saisie, qu'elle porte sur des biens mobiliers corporels ou des créances, a pour conséquence d'affecter le patrimoine du saisi en quelque lieu et en quelque main qu'il se trouve. La réforme des voies d'exécution envisage donc spécifiquement les rapports juridiques qui se créent à l'occasion de la saisie d'un élément du patrimoine du débiteur entre les mains d'une personne morale ou physique, tiers à l'égard du créancier poursuivant[1].

Un lien de droit direct va alors naître du chef de la saisie et de par l'effet de la loi, entre le tiers détenteur du bien saisi et le créancier. Les droits et surtout les obligations de ce tiers seront renforcés afin de garantir un recouvrement efficace de la créance et prévenir ou sanctionner toute concertation frauduleuse entre le tiers saisi et le saisi ou tout refus de coopération avec le créancier dans la réalisation de la saisie.

La Cour de cassation, à l'occasion d'une demande d'avis (v. s[s] n° 161.21), a pu esquisser une définition du tiers saisi, personne qui « *se trouve dans un rapport de droit avec le débiteur et à qui la mesure* [...] *pratiquée impose des obligations* »[2]. Reste à en déterminer le champ d'application.

161.13 Champ d'application de la notion de tiers saisi. L'importance des voies d'exécution mobilières et le rôle accru des tiers depuis la réforme de 1991 ont conduit le législateur à élargir le champ d'application de la notion de « *tiers saisi* ». Tel sera le cas du tiers entre les mains duquel est pratiquée une saisie-attribution (C. pr. exéc., art. L. 211-2 et L. 211-3), une saisie-vente (C. pr. exéc., art. R. 221-9), une saisie-appréhension (C. pr. exéc., art. R. 222-7), une saisie-revendication (C. pr. exéc., art. R. 222-20), une saisie conservatoire (C. pr. exéc., art. R. 511-8). Il en ira de même pour l'employeur à qui est notifié la saisie des rémunérations de son salarié (C. trav., art. R. 3252-1), de l'établissement financier qui se voit notifier un procès-verbal de saisie de meubles placés dans un coffre-fort (C. pr. exéc., art. R. 224-1), de la personne morale dont sont saisis des droits d'associés (C. pr. exéc., art. R. 232-1), du mandataire gestionnaire de valeurs mobilières (C. pr. exéc., art. R. 232-2).

Ce qui caractérise le tiers saisi est le fait qu'il est destinataire de l'acte de saisie réalisé pour le compte du créancier, acte qui sera ultérieurement dénoncé au débiteur. On conçoit donc que ses obligations, ès qualités soient renforcées. De même, la régularité formelle de la procédure de saisie et son éventuelle nullité dépendent de l'accomplissement d'actes impliquant le tiers saisi. D'où l'intérêt qui s'attache à bien le distinguer des tiers totalement étrangers à la procédure ou des parties elles-mêmes. La question n'a d'ailleurs pas manqué de se poser à propos du conservateur des hypothèques dans le cadre de la prise d'une sûreté et à propos du liquidateur du débiteur soumis à une procédure collective.

Cette définition du tiers saisi permet d'ores et déjà de distinguer, au sein de la catégorie des tiers, entre les tiers saisis et les autres tiers qui peuvent à, divers titres, participer, plus ou moins directement, à la mesure d'exécution. Tel est ainsi le cas des témoins requis par l'huissier de justice pour pénétrer dans un local d'habitation en l'absence de l'occupant ou si ce dernier en refuse l'accès (C. pr. exéc., art. L. 142-1), et pour la saisie immobilière, v. les deux hypothèses visées par C. pr. exéc., art. L. 322-2, al. 2). Le serrurier et les déménageurs auxquels l'huissier de justice peut, le cas échéant, faire appel, ne peuvent non plus être rattachés à cette catégorie de tiers saisis[3]. Il en est de même des organismes que l'huissier de justice est habilité à interroger pour obtenir des informations (service central gestionnaire du fichier des comptes bancaires et assimilés (Ficoba) : C. pr. exéc., art. R. 152-1).

De même encore, il est sans doute possible de dissocier le tiers saisi du tiers qui détient le bien en raison d'un droit de suite, même si la saisie est pratiquée entre leurs mains : tel est par exemple le cas du tiers acquéreur d'un immeuble grevé d'une sûreté (C. pr. exéc., art. L. 311-1, et C. civ., art. 2461).

SECTION 2
CAS PARTICULIERS

161.21 Cas particulier du conservateur des hypothèques. La notion de tiers étant fuyante et hétérogène, certains praticiens se sont inquiétés de la situation juridique du service chargé de la publicité foncière au regard des dispositions de l'article R. 511-8 C. pr. exéc. qui imposent de signifier au tiers saisi, copie des actes justifiant de l'accomplis-

1. Au titre des biens saisissables, l'article L. 112-1 alinéa 1er décide que la saisie des biens appartenant à un débiteur peut être diligentée entre les mains d'un tiers qui détient ces biens.
2. Cass., avis, 24 janv. 1994, n° 09-30.020, *Bull. avis*, n° 4 – Encore faut-il que ce lien de droit existe au jour de la saisie : v. par ex., s'agissant d'une saisie-attribution, Civ. 2e, 24 mars 2005, n° 03-15.802, NP – Et sur la preuve de l'obligation : Com. 27 sept. 2005, n° 03-14.400, NP (avis à tiers détenteur).
3. Sans doute en est-il de même du « *professionnel qualifié* » susceptible d'assister l'huissier de justice pour procéder à la description des lieux en matière de saisie immobilière : C. pr. exéc., art. R. 322-3.

sement des diligences requises pour introduire une procédure ou effectuer les formalités nécessaires à l'obtention d'un titre exécutoire, à peine de caducité de la mesure conservatoire.

Lorsqu'il y a inscription d'hypothèque provisoire, doit-on considérer le service chargé de la publicité foncière comme un tiers auquel les diligences à accomplir pour obtenir un titre exécutoire doivent être notifiées ?

Non, répond la Cour de cassation[1]. Aucune obligation particulière n'est mise à sa charge du chef de la saisie. Le service chargé de la publicité foncière (auparavant le conservateur des hypothèques) se contente en effet d'enregistrer l'inscription sollicitée et n'a aucun pouvoir d'appréciation quant à la radiation de l'hypothèque, laquelle ne peut survenir que d'accord entre les parties ou par l'effet d'une décision de justice définitive (C. civ., art. 2440[2]). Bien que la Haute juridiction n'ait pas statué du chef du nantissement judiciaire provisoire notifié au greffier du tribunal de commerce (v. C. com., art. R. 143-6 s.), on peut penser que l'arrêt rapporté a vocation à s'appliquer à cette hypothèse identique (v. s^{s} n° 612.78)[3].

161.22 Cas particulier des mandataires judiciaires. La question s'est posée avec acuité à l'occasion des saisies-attributions et des avis à tiers détenteur pratiqués par des créanciers privés ou publics entre les mains des organes de la procédure collective, du chef de créances nées postérieurement à l'ouverture du redressement judiciaire et non payées à leur échéance. Devait-on, par exemple, considérer les liquidateurs comme des tiers à la procédure d'exécution ou comme des parties saisies en raison de la substitution opérée par l'effet du dessaisissement total produit par le jugement de liquidation ?

Par plusieurs arrêts successifs, la Cour de cassation a répondu à cette question en considérant que le liquidateur était un tiers par rapport au débiteur[4]. Par une décision du 25 juin 1996, la chambre commerciale a implicitement, mais nécessairement, attribué la qualité de tiers saisi au liquidateur en reconnaissant qu'un avis à tiers détenteur afférent à une créance fiscale relevant de l'article 40 de la loi du 25 janvier 1985 (devenu C. com., art. L. 622-17, depuis l'entrée en vigueur de L. n° 2005-845, 26 juill. 2005), était valablement adressé à cet organe de la procédure[5].

Toutefois, à la suite d'un arrêt rendu le 3 février 1998, cette même chambre a justement décidé que devait être ordonnée mainlevée d'une saisie-attribution pratiquée, par un créancier titulaire d'une créance régulièrement née après le jugement d'ouverture de la procédure collective, entre les mains du liquidateur pris à titre personnel. Si l'espèce visait la saisie-attribution, il n'était pas, explicitement du moins, affirmé que cet organe de la procédure qui reçoit, dans l'exercice de ses fonctions, les sommes d'argent appartenant au débiteur, avait la qualité de tiers saisi[6].

Pour autant, depuis un arrêt du 5 avril 2001 rendu par la deuxième chambre civile de la Cour de cassation, après avis de la chambre commerciale, l'incertitude créée par l'arrêt du 3 février 1998 a été levée[7] (cet arrêt reconnaît également qu'il a la qualité de représentant du débiteur saisi, ce qui justifie que la saisie-attribution lui soit dénoncée dans le délai de huit jours sous peine de caducité – sur ce point à propos de la dénonciation prévue par l'article R. 211-3 C. pr. exéc., v. s^{s} n° 162.31). Le liquidateur-judiciaire a bien la qualité de tiers saisi. En conséquence, une saisie-attribution peut être diligentée au préjudice du débiteur entre ses mains, et il est tenu au respect de l'obligation de renseignement incombant à toute personne tiers saisie[8].

Cette solution a été entérinée peu de temps auparavant s'agissant d'un avis à tiers détenteur délivré au liquidateur judiciaire dépositaire de fonds qu'il a pour mission de réaliser et de répartir. La Cour régulatrice retenant sa qualité de tiers détenteur au sens de l'article L. 262 du Livre des procé-

1. Cass., avis, 24 janv. 1994, n° 09-30.020, *Bull. avis*, n° 4; *RTD civ.* 1994. 428, obs. Perrot.
2. C. civ., anc. art. 2157.
3. Sur un autre plan, la question a vocation à se poser s'agissant de la publication du commandement de saisie immobilière lorsque le conservateur a rejeté la formalité de publicité (C. pr. exéc., art. R. 321-7).
4. Com. 20 juin 1989, n°s 87-19.594, 88-10.195, *Bull. civ.* IV, n° 196 – Com. 8 févr. 1994, n° 91-22.168, *Bull. civ.* IV, n° 58 – Poitiers, 8 mars 1995, *LPA* 1996, n° 32, p. 19, obs. Derrida – Com. 25 juin 1996, n° 94-20.852, NP; *D.* 1996. 615, obs. Derrida – Com. 22 avr. 1997, n° 94-21.412, *Bull. civ.* IV, n° 104; *D.* 1997. 371, obs. Derrida; *Procédures* 1997, n° 176.
5. Com. 25 juin 1996, n° 94-20.852, NP – *Adde*, pour l'affirmation explicite, par une incise, au détour de la motivation : Com. 22 avr. 1997, n° 94-21.412, *Bull. civ.* IV, n° 104; *D.* 1997. 371, note Derrida; *RTD civ.* 1998, n° 4, p. 426, obs. Crocq, *in fine*; *RTD com.* 1998. 210, obs. Martin-Serf – *Adde*, Com. 5 mai 1998, n° 96-15.780, *Bull. civ.* IV, n° 143; *D.* 1998. 151; *D. Affaires* 1998. 961, obs. Lienhard.
6. Com. 3 févr. 1998, n° 96-15.773, *Bull. civ.* IV, n° 51; *D.* 1998. 62; *D. Affaires* 1998. 338, obs. Lienhard; *RTD civ.* 1998, n° 4, p. 426, obs. Crocq; *JCP* 1998. I. 141, n° 7, obs. Cabrillac; *JCP E* 1998, n° 17, p. 654, obs. Cabrillac et Pétel; *RTD com.* 1999. 507, obs. Martin-Serf; *Rev. proc. coll.* 1999, n° 23, p. 111, obs. Canet.
7. Civ. 2e, 5 avr. 2001, n° 98-14.107, *Bull. civ.* II, n° 73; *D.* 2001. AJ 1467, note Lienhard; *Dr. et proc.* 2001. 320, obs. Putman; *Dr. et patr.* nov. 2001. 110, obs. Monsérié-Bon; *RD banc. fin.* 2001, n° 160, obs. Delleci.
8. Versailles, 28 oct. 2004, *Gaz. Pal.* 2004. 1420.

dures fiscales tout en indiquant que ce mandataire de justice, est « *à la fois représentant légal du débiteur totalement dessaisi et dépositaire des fonds dans le cadre de sa mission de réalisation de l'actif et de la répartition des sommes entre les créanciers* »[1]. Le créancier est donc fondé à diligenter une saisie-attribution ou un avis à tiers détenteur entre les mains du liquidateur qui détient des sommes appartenant au débiteur en sa qualité d'organe de la procédure, la représentation ne signifiant pas « *assimilation* » avec le débiteur. La solution a été récemment appliquée par la deuxième chambre civile à la personne désignée comme liquidateur amiable d'une société débitrice, lequel fut au demeurant qualifié de « *professionnel du droit* »[2].

Il en ira de même pour l'administrateur judiciaire qui assure seul, en tout ou partie, l'administration de l'entreprise (C. com., art. L. 622-1). La chambre commerciale de la Cour de cassation a jugé que l'administrateur judiciaire du débiteur, a la qualité de tiers saisi[3]. Il doit alors satisfaire, en cette qualité spécifique, à son obligation légale de renseignement. En conséquence, et à la demande du créancier saisissant, il encourt une condamnation personnelle à payer les sommes dues à celui-ci (condamnation à garantie, v. C. pr. exéc., art. R. 211-5, al. 1er), dès lors qu'il apparaît qu'il ne s'est pas acquitté comme il aurait dû des obligations prescrites aux articles L. 211-3 et R. 152-1 C. pr. exéc.[4]. Sa mise en cause personnelle ne saurait obéir aux règles générales de la responsabilité civile délictuelle.

Ce ne sera pas en revanche le cas du commissaire à l'exécution du plan qui n'exerce qu'un rôle de surveillance (C. com., art. L. 626-25).

161.23 Cas particulier des Caisse des règlements pécuniaires des avocats. Lorsque des fonds sont déposés par un avocat au nom de son client sur le compte ouvert par la Carpa, seule cette caisse à la qualité de tiers habilité à recevoir signification de l'acte de saisie attribution. Il en résulte qu'elle est seule tenue de respecter l'obligation de renseignements prévue par les articles L. 211-3 et R. 211-4 C. pr. exéc. Ainsi, la saisie n'a pas à être dénoncée à l'avocat titulaire du compte individuel, lui-même divisé en sous-compte affaires[5]. Dans cette affaire, elle a décidé que si l'avocat dispose de la signature sur son compte individuel, ce n'est toutefois qu'en qualité de mandataire du président de la Carpa, si bien qu'en cas de signification d'une saisie-attribution portant sur des fonds déposés par un avocat au nom de son client, seule la Carpa a la qualité de tiers saisie pour l'application des L. 211-3 et R. 211-4 C. pr. exéc. Étant donné que cette qualification risque de susciter des difficultés s'agissant de l'obligation d'information mise à la charge de la Carpa, laquelle est tenue de fournir sur-le-champ une réponse à l'huissier de justice, la Haute juridiction a jugé utile d'ajouter cette ultime précision que la nécessité d interroger l'avocat titulaire du compte individuel **peut** constituer un motif légitime au sens de l'article R. 211-5 C. pr. exéc.

Il convient de rappeler qu'en application du décret du 17 novembre 1999 (art. 235-2 et 237) et de l'arrêté du 5 juillet 1996 (art. 18, 11 et 12), la Carpa doit avoir un compte auprès d'une banque, sur lequel les avocats ont l'obligation légale de déposer les sommes remises par leurs clients. Si chacun d'eux est titulaire, au sein de cette caisse, d'un compte individuel (lui-même subdivisé en sous-compte affaire au nom des clients) il ne dispose de la signature sur ce compte qu'en qualité de mandataire du président de la Carpa.

Il est en outre nécessaire de signaler un arrêt de la chambre commerciale de la Cour de cassation rendu le 12 avril 2005 à propos de la saisie-attribution pratiquée sur le produit d'adjudication issu d'une saisie immobilière et consigné à la Carpa. Dans cette espèce, la Haute juridiction a jugé que celle-ci était le seul tiers redevable de la créance de restitution[6]. Il s'ensuit que la saisie-attribution, ultérieurement opérée par le créancier poursuivant entre les mains de l'Ordre des avocats, l'avait été auprès d'une personne juridique n'ayant pas qualité pour en être destinataire et la recevoir. Ce faisant, la Cour de cassation attire l'attention sur cette circonstance que, contrairement à ce qu'énoncent les juges du second degré, l'Ordre des avocats est une personne morale distincte de la Carpa désignée séquestre du prix de l'adjudication.

1. Com. 20 févr. 2001, n° 98-13.049, *Bull. civ.* IV, n° 43; *D.* 2001. AJ 921, obs. Lienhard – Com. 13 mai 2003, n° 98-22.741, *Bull. civ.* IV, n° 72; *Procédures* juill. 2003, n° 168, p. 12, note Perrot.
2. Civ. 2e, 10 nov. 2010, n° 09-71.609, *Bull. civ.* II, n° 185; *D.* 2010. 2849, obs. Avena-Robardet; *D.* 2011. 1509, obs. Leborgne; *Rev. sociétés* 2010. 568, obs. Lienhard; *RTD com.* 2011. 135, obs. Dondero et Le Cannu; *Dr. et proc.* févr. 2011. 46, obs. Salati.
3. Com. 1er avr. 2003, n° 99-18.063, *Bull. civ.* IV, n° 53.
4. Com. 1er avr. 2003, n° 99-18.063, *Bull. civ.* IV, n° 53; *D.* 2003. 1093, obs. Lienhard, et 1624, obs. Lucas; *D. Affaires* 2003. 1624; *Dr. et proc.* 2003. 318, obs. Putman; *Gaz. Pal.* 5-6 sept. 2003, p. 8, obs. Brenner; *JCP* 2003. I. 174, n° 18, obs. Pétel.
5. Civ. 2e, 9 janv. 2003, n° 00-13.887, *Bull. civ.* II, n° 4; *D.* 2003 314; *Procédures* mars 2003, n° 62, p. 14, note Perrot; *Dr. et proc.* 2003. 251, obs. Putman; *RD banc. fin.* 2003, n° 84, obs. Delleci; *JCP* 2004. I. 117, obs. Martin; *D.* 2004. Somm. 1495, obs. Taormina; *D.* 2004. Somm. 2825, obs. Blanchard.
6. Com. 12 avr. 2005, n° 03-19.293, *Bull. civ.* IV, n° 88; *Procédures* juin 2005, n° 159, p. 17, note Junillon.

161.24 Tiers juridiquement étrangers à l'acte de saisie. Ce sont des personnes morales ou physiques (le plus souvent) qui ne se trouvent dans aucun lien de droit direct ou indirect avec le créancier ou le débiteur, mais qui sont appelées à apporter leur concours, à un moment ou un autre, à l'acte d'exécution.

Les hypothèses les plus fréquentes sont celles dans lesquelles l'huissier de justice instrumentant pour le compte du créancier requiert des hommes de l'art pour réaliser concrètement la saisie, tels les serrurier, déménageur, photographe, garagiste, *etc.* (C. pr. exéc., art. L. 142-2 et L. 222-1, R. 221-12 et R. 223-9). On sait, en effet, que le créancier ne peut jamais procéder lui-même aux opérations de la saisie (C. pr. exéc., art. L. 122-1 et R. 122-1).

Ce sont aussi les personnes qui assistent aux opérations de saisie et qui doivent apposer leur signature sur l'original du procès-verbal (C. pr. exéc., art. R. 221-16), celles qui sont désignées gardiens des biens saisis (C. pr. exéc., art. R. 221-27) ou les témoins requis pour pénétrer dans le local d'habitation du saisi (C. pr. exéc., art. L. 142-1 et L. 322-2, pour la saisie immobilière).

Mentionnons de même, les personnes qui sont susceptibles de renseigner l'huissier sur la situation personnelle du débiteur (emploi, adresse, propriétés, comptes) et dont la collaboration est requise (C. pr. exéc., art. L. 152-1 et L. 152-2).

CHAPITRE

162. Obligations du tiers

OLIVIER SALATI
MAÎTRE DE CONFÉRENCES (HDR)
À L'UNIVERSITÉ D'AIX-MARSEILLE

SECTION 0
ORIENTEUR

162.00 **Plan du chapitre.**

162.01 **Textes applicables.**

C. pr. exéc., art. L. 123-1, L. 131-1, L. 141-3, L. 142-1, L. 142-3, L. 143-1, L. 152-1 et L. 152-2, L. 211-3, L. 212-1; R. 211-1, R. 211-4, R. 211-5, R. 211-9, R. 221-21, R. 221-22, R. 222-7, R. 222-8, R. 222-21, R. 232-1 à R. 233-9, R. 523-4, R. 523-5 et R. 524-1 à R. 524-6.

C. pén., art. 314-6 et 433-5 à 433-10.

C. pr. civ., art. 16 et 138.

C. trav., art. L. 3252-9 et L. 3252-10.

162.03 **Bibliographie indicative.** (v. s[s] n° 160.03).

Articles. J.-C. Belot, « À propos d'une loi attendue », *Dr. et proc.* 2004-3. 128 – A. Leborgne, « L'obligation de concours des tiers saisis », *Dr. et proc.* 2001. 151 – R. Perrot, « L'huissier de justice et la chasse au trésor », *Procédures* avr. 2004. Chron. 4 – L. Séné, « La responsabilité du tiers saisi », *R.* 2002, Doc. fr., p. 259 – F. Vinckel, « La communication de pièces en droit de l'exécution forcée », *Procédures* mai 2009. 7.

SECTION 1
DEVOIR D'ABSTENTION

162.11 **Principe.** Ce devoir est expressément énoncé par l'article L. 123-1 C. pr. exéc., qui dispose que « *les tiers ne peuvent faire obstacle aux procédures engagées en vue de l'exécution ou de la conservation de la créance.* »

162.12 **Abstention physique.** Il est interdit aux tiers de s'opposer physiquement au ministère de l'Huissier instrumentant pour le compte du créancier. Encore faut-il que l'exécution mise en œuvre soit légale et effectuée par l'officier ministériel et public qu'est l'huissier de justice. Il n'en irait pas de même en cas d'exécution ne respectant pas les prescriptions de la loi du 9 juillet 1991, et notamment, d'exécution forcée à l'initiative du créancier, sans le concours de l'huissier[1].

Les difficultés qui naissent à l'occasion de ces actes d'opposition physique relèvent bien entendu du ministère public, sur saisine de l'huissier. Il pourra alors être fait usage des dispositions du Code pénal sanctionnant la rébellion qui consiste à opposer une résistance violente à un dépositaire de l'autorité publique ou chargé d'une mission de service public agissant, dans l'exercice de ses fonctions, pour l'exécution des décisions de justice (C. pén., art. 433-6 à 433-10). De même, les paroles, gestes ou menaces adressés à personne chargée d'une mission de service public dans l'exercice ou à l'occasion de l'exercice de sa mission et de nature à porter atteinte à la dignité ou au respect dû à la

1. L'expulsion ne peut être poursuivie qu'à l'encontre de la personne visée dans le titre exécutoire; elle ne peut prospérer contre celle qui bénéficie d'un droit à l'occupation des lieux : cotitulaire du droit au bail d'un local sans caractère professionnel ou commercial (C. civ., art. 1751), usufruitier locataire – V. AUSSI : C. pr. exéc., art. L. 311-7 et C. civ., art. 2210 pour la saisie immobilière (devenu C. pr. exéc., art. L. 322-13) – *Adde,* cas d'une absence de titre pour se maintenir dans les lieux : Civ. 3e, 16 sept. 2008, n° 07-19.963, NP – V. TOUTEFOIS, cas d'une personne ne pouvant se prévaloir d'un droit opposable au bailleur : Civ. 2e, 4 déc. 2003, n° 02-10.387, *Bull. civ.* II, n° 366; *Dr. et proc.* 2003. 164, obs. Bourdillat.

fonction dont elle est investie constituent l'infraction d'outrage (C. pén., art. 433-5). C'est ce que rappelle la Cour de cassation en énonçant que l'huissier de justice est une personne dépositaire de l'autorité publique au sens de l'article 433-5 du Code pénal[1]. En outre, le tiers, entre les mains duquel est pratiquée une saisie, peut être poursuivi du chef de détournement d'objets saisis (C. pén., art. 314-6).

162.13 Abstention juridique. En ce qui concerne l'opposition de nature juridique, il convient de bien distinguer celle qui relève de l'abus de procéder et donc du moyen dilatoire (saisine du juge des référés ou du JEX pour empêcher par des arguties la mise en œuvre normale de la saisie), de celle qui correspond à la revendication fondée d'un droit contre le saisissant et constitue alors un obstacle juridique légitime. En tout état de cause, les hypothèses de mise en œuvre de ces deux obstacles resteront rares, sauf lorsqu'il s'agira de la résistance des tiers saisis, lesquels peuvent avoir un intérêt réel à voir échouer la saisie (ces hypothèses seront analysées à l'occasion de l'étude de chaque procédure de saisie).

Relevons cependant le refus de remettre une pièce, sanctionné par l'article 138 C. pr. civ. qui permet au JEX d'ordonner la délivrance d'une expédition ou la production de l'acte ou de la pièce. L'article R. 121-5 C. pr. exéc. rend en effet applicables devant le JEX toutes les dispositions du livre Ier de ce code (C. pr. civ., art. 1er à 749), à l'exception de celles relatives à la procédure de référé (C. pr. civ., art. 484 à 492).

Le devoir d'abstention impose également au tiers de respecter l'indisponibilité résultant de l'exercice régulier de toute saisie[2].

SECTION 2
DEVOIR DE COLLABORATION : PRINCIPE ET MISE EN ŒUVRE

§ 1
Obligations principales et spécifiques

162.21 Obligations générales des tiers. L'article L. 123-1 C. pr. exéc. poursuit en décidant que les tiers « *doivent apporter leur concours* » aux procédures d'exécution « *lorsqu'ils en sont légalement requis* ». S'ils se soustraient sans motif légitime à ces obligations, ils peuvent y être contraints, au besoin à peine d'astreinte, sans préjudice de dommages et intérêts[3].

C'est donc à un véritable devoir général de collaboration à l'exécution que sont tenus les tiers, devoir sanctionné par le prononcé de mesures astreignantes prises d'office par le juge ou à la requête du créancier, lequel peut obtenir de justes dommages et intérêts en démontrant le préjudice causé par le refus de collaborer qui est opposé par le tiers[4].

C'est ainsi que le JEX peut lui-même enjoindre à un tiers de communiquer l'adresse d'un débiteur. L'expression « *légalement requis* » l'autorise en effet à prendre cette initiative sans avoir à s'adresser à l'huissier ou au procureur de la République[5].

Un autre exemple est celui des témoins requis pour pénétrer dans un lieu servant à l'habitation, en l'absence de l'occupant du local (C. pr. exéc., art. L. 142-3, L. 142-1 et L. 322-2)[6]. D'autres circonstances peuvent conduire l'huissier à requérir le concours des tiers. Il est toutefois impossible de les caractériser en raison de la variété même des situations auxquelles peut se trouver confronté l'huissier instrumentant.

Relevons *in fine* (v. ss n° 240.04) que dans le cadre de la recherche des informations, le législateur a progressivement renforcé les prérogatives de l'huissier de justice, même si des progrès restent encore à accomplir[7]. Ainsi, la loi n° 2004-130 du 11 février 2004, avait déjà confié à l'huissier de justice instrumentaire, porteur d'un titre exécutoire, la

1. Crim. 21 mai 1997, n° 96-82.904, *Bull. crim.* n° 196; *BICC* 15 oct. 1997, n° 1172.
2. C. pr. exéc., art. L. 141-2, al. 1er, et L. 521-1 – V. TOUTEFOIS et implicitement, pour les sûretés judiciaires : C. pr. exéc., art. L. 531-2, al. 1er.
3. V. toutefois, pour le cas où le tiers responsable est une personne morale de droit étranger : Civ. 1re, 14 avr. 2010, n° 09-11.909, *Bull. civ.* I, n° 91 ; *D.* 2010. 1087, obs. Avena-Robardet; *D.* 2011. 1374, obs. Jault-Seseke; 1509, obs. Leborgne; *Rev. crit. DIP* 2010. 510, note Marchadier; *RTD com.* 2011. 670, obs. Delebecque (inapplication de l'article 14 C. civ. pour les voies d'exécution pratiquées hors de France).
4. SUR LA QUESTION, v. not. A. Leborgne, « L'obligation de concours des tiers saisis », *Dr. et proc.* 2001. 151 – L. Séné, « La responsabilité du tiers saisi », *R.* 2002, Doc. fr., p. 259.
5. Lyon, 2 juill. 1997, RG n° 96-04.753, NP.
6. Décidant not. que le recours aux témoins de l'article 21 de la loi du 9 juillet 1991 (devenu C. pr. exéc., art. L. 142-1 et L. 322-2) ne se conçoit qu'en l'absence du débiteur ou de toute autre personne à son domicile pour ouvrir les portes : Paris, 30 sept. 1999, *Rev. huiss.* 2000. 237, note Bourdillat – Sur l'effectivité de l'assistance des témoins, et sur un procès-verbal entaché de faux, Versailles, 20 nov. 2003, *Dr. et proc.* 2004. 235.
7. Sur l'opportunité d'un système de déclaration, par le débiteur, de la consistance de son patrimoine : S. Piedelièvre, « Accès à l'information et accès à l'exécution », A. Leborgne et E. Putman (dir.), *Les obstacles à l'exécution forcée : permanence et évolution*, « Droit et procédures », EJT, 2009, p. 105.

possibilité d'obtenir, directement de l'administration fiscale, c'est-à-dire sans passer par le relais du parquet, l'adresse des organismes auprès desquels un compte est ouvert au nom du débiteur. La loi Béteille du 22 décembre 2010[1] a renforcé les prérogatives de l'huissier de justice. Les articles L. 152-1 et L. 152-2 C. pr. exéc. prévoient que les personnes morales de droit public (v. précisément la liste du texte) sont tenues de communiquer à l'huissier de justice chargé de l'exécution, dès lors qu'il est porteur d'un titre exécutoire, « *les renseignements qu'ils détiennent permettant de déterminer l'adresse du débiteur, l'identité et l'adresse de son employeur ou de tout tiers débiteur ou dépositaire de sommes liquides ou exigibles et la composition de son patrimoine mobilier* ». Tout autre renseignement étant exclu. Ces personnes morales de droit public ne pouvant opposer le secret professionnel.

En outre, les établissements habilités par la loi à tenir des comptes de dépôt ont l'obligation d'indiquer à l'huissier de justice en charge de l'exécution (et porteur d'un titre exécutoire), si un ou plusieurs comptes, comptes joints ou fusionnés sont ouverts au nom du débiteur ainsi que les lieux où sont tenus les comptes. À nouveau cette obligation vaut à l'exclusion de tout autre renseignement et sans que ne puisse être opposé le secret professionnel[2].

Conséquence de ce droit d'accès direct aux informations, la mission initialement confiée au ministère public d'assistance dans la recherche des éléments permettant de localiser le patrimoine du débiteur a désormais pris fin. Il convient de noter que l'article R. 152-1 C. pr. exéc., traitant de la recherche des informations, continue toujours d'évoquer la possibilité pour l'huissier de justice de saisir le parquet en cas de recherches infructueuses...

162.22 Obligation particulière de communication de pièces. La loi pose un principe de collaboration particulière de toute personne, et donc *a fortiori* des tiers, à la mise en œuvre des voies d'exécution, en énonçant qu'ils sont tenus, lorsqu'ils se prévalent d'un document, d'en donner communication ou copie (à l'huissier ou à son mandant – C. pr. exéc., art. L. 141-3)[3], sauf si cette pièce leur a déjà été notifiée (C. pr. exéc., art. L. 123-1).

La particularité de cette disposition est qu'elle s'impose aux tiers en dehors de tout contentieux, contrairement aux dispositions identiques énoncées pour la communication de pièces détenues par un tiers dans le cadre d'une instance civile (C. pr. civ., art. 16 et 138). Ceci s'explique sans difficulté par le fait qu'un tiers à la procédure d'exécution est toujours susceptible d'en devenir partie, au moins indirectement en qualité de tiers saisi. Il est donc indispensable que le créancier soit informé sans désemparer de tout document susceptible de modifier les droits qu'il tient du titre exécutoire dont il est porteur. Au-delà de la loyauté des relations entre le créancier et le tiers, la nécessité d'instaurer le contradictoire se déduit du risque que fait courir un défaut d'information pertinente du créancier qui, ne disposant pas de tous les éléments utiles, peut poursuivre une voie d'exécution qui s'avérera vouée à l'échec par la production tardive d'un document non porté à sa connaissance. Il en résultera au surplus un coût inutile et non répétible. On comprend dès lors que le législateur ait énoncé solennellement ce principe particulier de communication de documents.

162.23 Obligations spécifiques des tiers saisis. Le concours du tiers à la mise en œuvre de l'exécution des décisions de justice vise, au premier chef, les tiers saisis qui doivent informer le saisissant, sur sa demande, de la réalité et de la consistance des biens mobiliers ou des créances qu'ils détiennent pour le compte du saisi. Ces obligations sont précisées par les dispositions légales et réglementaires contenues dans la réforme de 1991 relativement à chaque saisie impliquant un tiers.

§ 2
Obligation des tiers selon les cas de saisie

162.31 En matière de saisie-attribution. Les obligations du tiers saisi dans le cadre de la procédure de saisie-attribution sur un compte sont particulièrement rigoureuses. Outre que le tiers saisi est personnellement tenu envers le créancier saisissant et qu'il lui est fait interdiction de disposer des sommes réclamées dans la limite de ce qu'il doit au débiteur, il lui est également fait obligation de « *fournir sur-le-champ à l'huissier de justice* » les renseignements relatifs à l'étendue de ses obligations à l'égard du débiteur ainsi que les modalités qui pourraient les affecter et, s'il y a lieu, les cessions de créances, délégations ou saisies antérieures (C. pr. exéc., art. L. 211-3, R. 211-1 et R. 211-4).

À ce propos, on relèvera une décision rendue par la deuxième chambre civile de la Cour de cassation, le 8 septembre 2011, qui fait une application pour le moins souple – et donc discutable – de l'obliga-

1. L. n° 2010-1609, 22 déc. 2010, relative à l'exécution des décisions de justice, aux conditions d'exercice de certaines professions réglementées et aux experts judiciaires, *JO* 23 déc., p. 22552.
2. V. AUSSI, LPF, art. L. 151-A.
3. Sur le domaine de cette obligation : Paris, 8e ch. B, 7 juin 2001, *D.* 2001. 2806 – Et plus généralement, v. F. Vinckel, « La communication de pièces en droit de l'exécution forcée », *Procédures* mai 2009. 7.

tion imposée au tiers saisi de répondre sur-le-champ. Il résultait des procès-verbaux de saisie que l'huissier instrumentaire avait indiqué à la société tiers saisie qu'à défaut de réponse immédiate, il lui était fait sommation d'avoir à répondre sous 48 heures. La Cour de cassation relève que « *la cour d'appel en a déduit, à bon droit et sans encourir le grief de dénaturation, que les créancières avaient laissé à la société (tiers saisie) un délai de 48 heures pour répondre et a pu retenir que le retard dans la réponse au-delà de 48 heures avait été un motif légitime dès lors que le délai avait été accepté au lieu d'une réponse sur-le-champ* »[1]. Il n'est pas certain que la loi ouvre une telle faculté à l'huissier de justice agissant pour le compte, et donc l'intérêt, de son mandant !

Le tiers saisi n'est dispensé de cette obligation de renseignement que s'il existe un motif légitime que le juge n'a pas à rechercher d'office[2] (le tiers n'ayant pas à donner, sur-le-champ, le motif légitime qui l'autorise à différer sa réponse[3]).

À cet égard, le créancier bénéficie d'une action spécifique contre le tiers saisi qui ne nécessite pas la mise en cause du débiteur, celui-ci n'ayant en l'espèce ni la qualité de demandeur, ni celle de défendeur. Il lui appartient d'établir que le débiteur est créancier du tiers saisi[4]. Par ailleurs, la responsabilité du tiers saisi n'est pas liée à la poursuite de la procédure par le créancier et, notamment, par la non-dénonciation de la saisie-attribution dans les huit jours au débiteur[5].

162.32 En matière de saisie conservatoire. Des dispositions identiques s'appliquent à la saisie conservatoire des créances. Le tiers est en effet tenu de déclarer à l'huissier de justice l'étendue de ses obligations à l'égard du débiteur ainsi que les modalités qui pourraient les affecter, et, s'il y a lieu, les cessions de créances, délégations ou saisies antérieures (C. pr. exéc., art. R. 523-4 et R. 523-5).

162.33 En matière de saisie-vente. Le tiers détenteur de biens pour le compte du saisi doit les déclarer à l'huissier qui opère une saisie entre ses mains. Il doit au surplus déclarer ceux qui auraient fait l'objet d'une saisie antérieure (C. pr. exéc., art. R. 221-21, al. 2).

162.34 En matière de saisie des rémunérations. Dans le même esprit que la saisie-attribution ou appréhension, le tiers saisi doit faire connaître la situation de droit existant entre lui-même et le débiteur saisi ainsi que les cessions, saisies, avis à tiers détenteur ou paiement direct de créances d'aliments en cours d'exécution (C. trav., art. L. 3252-9 [mentionné au C. pr. exéc., art. L. 212-1]). Il a par ailleurs l'obligation de verser mensuellement les retenues pour lesquelles la saisie est opérée dans les limites des sommes disponibles (C. trav., art. L. 3252-10 [mentionné au C. pr. exéc., art. L. 212-1]).

162.35 En matière de saisie-appréhension en vertu d'un titre exécutoire ou de saisie-appréhension sur injonction du juge. Le tiers saisi dans le cadre d'une procédure de saisie-appréhension en vertu d'un titre exécutoire ou de saisie-appréhension sur injonction du juge doit, dans un délai de huit jours suivant l'acte d'appréhension, remettre le bien désigné ou communiquer à l'huissier les raisons pour lesquelles il s'oppose à la remise (C. pr. exéc., art. R. 222-7, al. 2, et R. 222-16, al. 1er).

Le tiers saisi peut cependant exciper d'un motif légitime pour s'opposer à l'appréhension. Dans ce cas, la difficulté est portée devant le JEX du lieu où il demeure (C. pr. exéc., art. R. 222-7).

162.36 En matière de saisie-revendication. Le tiers saisi dans le cadre de la procédure de saisie-revendication est tenu de déclarer à l'huissier toute éventuelle saisie antérieure sur le même bien. Il lui est notifié que le bien saisi est placé sous sa garde et qu'il lui est interdit de l'aliéner ou de le déplacer, sauf cause légitime, laissée à l'appréciation souveraine du juge (C. pr. exéc., art. R. 222-21).

§ 3
Cas particulier des ordonnateurs publics

162.41 Obligations particulières des ordonnateurs publics. L'une des particularités essentielles des titres émis par les personnes publiques consiste dans la distinction entre l'ordonnateur et le comptable.

– **L'ordonnateur** est un fonctionnaire qui émet le titre, a en charge de liquider et d'ordonnancer les dépenses, de constater les droits des organismes publics et de liquider les recettes. Contrairement au comptable, il ne peut manipuler aucune somme d'argent.

– **Le comptable** est chargé de recouvrer les titres émis par les ordonnateurs. Lui seul est habilité à percevoir les sommes correspondant aux créances liquidées par l'ordonnateur (v. la distinction classique entre l'émission de l'impôt, qui relève de la direction des impôts et le recouvrement de l'impôt, qui appartient exclusivement au comptable du Trésor).

Cette distinction s'applique bien entendu aux sommes dont est redevable l'Administration auprès

1. Civ. 2e, 8 sept. 2011, no 10-17.506, *Bull. civ.* II, no 169; *Dr. et proc.* nov. 2011, note Vinckel; *D.* 2012. 420, note Perrot et Théry.
2. Civ. 2e, 24 juin 1998, no 96-14.318, *Bull. civ.* II, no 223.
3. Civ. 2e, 7 mars 2002, no 00-12.054, *Bull. civ.* II, no 36; *Dr. et proc.* 2002. 242, obs. Putman.
4. Civ. 2e, 10 févr. 2011, no 10-30.008, *Bull. civ.* II, no 38; *Dr. et proc.* 2011. 128, obs. Menut.
5. Lyon, 14 oct. 1998, *JCP E* 1999. 282, obs. Croze.

du débiteur tenu à l'égard de son créancier en vertu d'un titre exécutoire ou d'une autorisation de mesure conservatoire. Dans cette hypothèse, la difficulté consiste, pour le créancier, à identifier le comptable public assignataire de la dépense. Pour surmonter cette difficulté, il est fait obligation à l'ordonnateur d'indiquer au créancier poursuivant le comptable public tenu du versement de la dépense ainsi que de lui donner tous les renseignements nécessaires à la mise en œuvre de la mesure (C. pr. exéc., art. L. 143-1).

SECTION 3
DEVOIR DE COLLABORATION : SANCTIONS

162.51 En matière de communication de pièces. Lorsque le refus d'un tiers de communiquer un document utile à la mesure d'exécution est porté à la connaissance du juge par le créancier, ce dernier peut ordonner une astreinte pour assurer la remise de cette pièce (C. pr. exéc., art. L. 131-1). Il convient de noter que le seul manquement du tiers à son obligation de communication de pièces peut également donner lieu à des dommages-intérêts, mais le tiers saisi ne peut être condamné aux causes de la saisie[1].

162.52 En matière de saisie-attribution. Lorsque le tiers refuse (ou fournit tardivement cette information) sans motif légitime de fournir sur-le-champ à l'huissier de justice les renseignements relatifs à l'étendue de ses obligations à l'égard du débiteur ainsi que les modalités qui pourraient les affecter et, s'il y a lieu, les cessions de créances, délégations ou saisies antérieures, il est alors personnellement condamné, à la demande du créancier, à payer les sommes dues à ce dernier par le saisi. Si sa déclaration est mensongère ou inexacte, il s'expose au paiement de dommages-intérêts (C. pr. exéc., art. R. 211-5)[2]. S'agissant de cette dernière condamnation, la Cour de cassation décide que « *la condamnation du tiers saisi à payer des dommages-intérêts exige que soit caractérisé le lien de causalité entre la faute retenue et le préjudice allégué* »[3]. Si le débiteur fournit une réponse inexacte ou mensongère, il s'expose au paiement de dommages-intérêts, et uniquement au paiement de dommages-intérêts[4]. On notera en outre qu'il appartient au créancier qui a fait pratiquer cette mesure d'exécution forcée d'établir que le débiteur est créancier du tiers saisi[5] et que la jurisprudence reconnaît que la réponse inexacte donnée par le tiers saisi à l'huissier de justice est de nature à constituer, en elle-même le préjudice[6].

Le motif légitime du refus de renseigner est laissé à l'appréciation souveraine du JEX mais le défaut de réponse « *sur-le-champ* » est sévèrement sanctionné[7]. Toutefois, pour que les sanctions puissent être valablement appliquées, encore faut-il que l'huissier ait mis tout en œuvre pour signifier l'acte de saisie à la personne même du tiers. Ainsi, si cette signification est faite en mairie (ce qui est désormais impossible), le tiers qui n'a pas eu connaissance de la mesure, ne peut, ni être condamné au paiement des causes de la saisie, ni voir sa responsabilité engagée pour négligence fautive[8]. Lorsque le tiers est une personne morale, l'huissier doit conduire son interpellation avec un soin particulier, de façon à s'adresser à la personne effectivement en mesure de lui fournir une réponse sur l'étendue de l'obligation de ses obligations[9]. La Cour de cassation juge qu'aucun texte n'exige que le tiers saisi donne immédiatement à l'huissier le motif légitime qui l'autorise à différer sa réponse. C'est la fourniture des renseignements qui, s'ils sont connus du tiers, doit être faite immédiatement[10]. On notera toutefois un assouplissement de la jurisprudence puisque la Cour de cassation a récemment jugé lorsque l'huissier de justice laisse au tiers saisi un délai de 48 heures pour répondre à son interpellation; le retard dans la réponse au-delà de 28 heures constitue un motif légitime car ce délai avait été accepté[11].

1. Civ. 2e, 20 déc. 2001, n° 00-12.214, NP; *JCP* 2002. IV. 1214.
2. Lorsque la responsabilité du tiers est recherchée, le juge doit caractériser le lien de causalité entre le préjudice allégué et la faute retenue : Civ. 2e, 3 juill. 2008, n° 07-13.915, *Bull. civ.* II, n° 164; *D.* 2008. 2700, note Paul-Loubière; *D.* 2009. 1168, obs. Leborgne; *RTD civ.* 2008. 727, obs. Perrot; *Dr. et proc.* 2008. 339, obs. Lauvergnat; *RD banc. fin.* 2008, n° 146, obs. Piedelièvre.
3. Civ. 2e, 10 sept. 2009, n° 08-18.590, *Bull. civ.* II, n° 211; *D.* 2010. 1307, obs. Leborgne – Civ. 2e, 14 sept. 2010, n° 09-14.182, NP.
4. Civ. 2e, 10 sept. 2009, n° 08-18.590 (préc. s^s prés^t n°).
5. POUR UNE APPLICATION : Civ. 2e, 17 févr. 2011, n° 10-15.115, *Bull. civ.* II, n° 45; *RTD civ.* 2011. 389, obs. Perrot.
6. Civ. 2e, 19 mars 2009, n° 08-11.303, *Bull. civ.* II, n° 78; *D.* 2010. 1307, obs. Leborgne; *RTD civ.* 2009. 371, obs. Perrot; *Dr. et proc.* 2009. 224, obs. Lefort.
7. Civ. 2e, 2 avr. 1997, n° 95-13.567, *Bull. civ.* II, n° 107; *Procédures* 1997, n° 147 – Civ. 2e, 28 janv. 1998, n°s 96-12.422, 96-12.843, *Bull. civ.* II, n° 36; *JCP E* 1998, n° 12, p. 443.
8. Civ. 2e, 22 mars 2001, n° 99-14.941, NP; *D.* 2002. 2102.
9. V. Par ex. : Civ. 2e, 15 déc. 2005, n° 04-12.171, *Bull. civ.* II, n° 333; *Dr. et proc.* 2006. 118; *Procédures* 2006, n° 29, note Perrot; *Dr. et patr.* juill. 2006. 98, obs. Lefort.
10. Civ. 2e, 7 mars 2002, n° 00-12504, *Bull. civ.* II, n° 36; *D.* 2002. 117; *Rev. huiss.* 2002. 242, obs. Putman.
11. Civ. 2e, 8 sept. 2011, n° 10-17.506, *Bull. civ.* II, n° 169; *Dr. et proc.* nov. 2011. 267, obs. Vinckel; *D.* 2012. 420, note Perrot et Théry – Il est surprenant au regard de la lettre de l'article 59 du décret (devenu C. pr. exéc., art. R. 211-4), que l'huissier de justice puisse accorder un tel délai. De même, est-ce l'intérêt de son mandant ?

Si le tiers saisi refuse de payer au créancier les sommes qu'il a reconnu devoir ou dont il a été jugé débiteur, la contestation est portée devant le JEX qui peut délivrer un titre exécutoire contre le tiers saisi (C. pr. exéc., art. R. 211-9).

On notera que la sanction prévue à l'article R. 211-5 C. pr. exéc. à l'encontre du tiers défaillant n'est pas applicable à la procédure d'avis à tiers détenteur[1].

162.53 En matière de saisie conservatoire. Des sanctions identiques s'appliquent à la saisie conservatoire des créances.

Le tiers saisi qui, sans motif légitime, ne fournit pas les renseignements demandés (identiques à ceux énumérés au titre de la saisie des rémunérations) s'expose, à l'initiative du saisissant, à devoir payer les sommes pour lesquelles la saisie a été pratiquée si le débiteur est condamné. Il peut cependant exercer son recours contre ce dernier (C. pr. exéc., art. R. 523-5, al. 1er).

De même, la négligence fautive et la déclaration inexacte ou mensongère sont sanctionnées par l'octroi de dommages-intérêts (C. pr. exéc., art. R. 523-5, al. 2).

De même encore, et nonobstant la lettre de l'article R. 523-4 C. pr. exéc. qui ne prévoit pas une communication sur-le-champ des renseignements (à la différence de l'article R. 211-4 C. pr. exéc.), ceux-ci doivent néanmoins être fournis immédiatement dans la mesure où ce texte prévoit que « *les renseignements sont mentionnés sur l'acte de saisie* »[2].

162.54 En matière de saisie-vente. Le refus de déclaration des biens détenus par le tiers pour le compte du saisi ou la déclaration inexacte ou mensongère peuvent être sanctionnés, à l'initiative du saisissant, par la condamnation du tiers au paiement des causes de la saisie, outre à des dommages et intérêts (C. pr. exéc., art. R. 221-21, al. 3).

Ce refus de collaboration du tiers donne lieu au dressé d'un procès-verbal par l'huissier de justice. Cet acte qui indique en caractères très apparents les sanctions auxquelles s'expose le tiers saisi, lui est remis en mains propres ou, à défaut, lui est signifié (C. pr. exéc., art. R. 221-22).

162.55 En matière de saisie des rémunérations. L'employeur du salarié faisant l'objet d'une saisie ou cession de ses rémunérations qui s'abstient, sans motif légitime, de déclarer la situation de droit existant entre lui-même et le débiteur (outre les cessions, saisies, avis à tiers détenteur et paiements directs en cours), peut être condamné par le juge au paiement d'une amende civile et éventuellement d'une condamnation à des dommages-intérêts. Il en va de même, en cas de déclaration mensongère (C. trav., art. L. 3252-9 [mentionné au C. pr. exéc., art. L. 212-1]). Le tout sous réserve de l'invocation d'un motif légitime.

Rappelons que l'amende civile est une sanction pécuniaire infligée *proprio motu* par le juge au plaideur qui agit en justice de manière abusive ou dilatoire (C. pr. civ., art. 32-1). Dans le cadre de la procédure de saisie des rémunérations, ce ne sont pas ces critères qui sont retenus mais ceux de l'absence de motif légitime qui relève de l'appréciation souveraine du juge ou de la déclaration mensongère qu'il suffit de caractériser par les éléments de fait constants résultant des débats.

Le montant de l'amende civile (d'un maximum de 3 000 euros, depuis l'entrée en vigueur du décret n° 2005-1678 du 28 décembre 2005 [anc. de 15 à 1 500 euros]) est recouvré par le Trésor public et non par la partie adverse.

Seuls les dommages et intérêts sont alloués à la partie qui les sollicite, en l'espèce le créancier, sur sa demande expresse.

Lorsque l'employeur omet de verser mensuellement les retenues pour lesquelles la saisie a été opérée, il peut être déclaré, d'office par le juge, débiteur desdites retenues (C. trav., art. L. 3252-10, al. 2 [mentionné au C. pr. exéc., art. L. 212-1]).

162.56 En matière de saisie-appréhension en vertu d'un titre exécutoire ou de saisie-appréhension sur injonction du juge. Le défaut de remise volontaire du bien appréhendé par le tiers détenteur peut être sanctionné par la délivrance au créancier d'une ordonnance obligeant le tiers détenteur à le remettre (C. pr. exéc., art. R. 222-8, al. 1er).

Toutefois, le tiers qui refuse de remettre volontairement le bien appréhendé dans le délai imparti peut prendre l'initiative de saisir le JEX afin de lui exposer les motifs de son refus et échapper ainsi à la sanction de l'injonction de remise (C. pr. exéc., art. R. 222-8, al. 1er).

162.57 En matière de saisie-revendication. Le tiers saisi qui aliène ou déplace sans cause légitime le bien revendiqué est passible des sanctions pénales édictées pour le détournement d'objet saisi (trois ans d'emprisonnement et 375 000 euros d'amende; C. pr. exéc., art. R. 222-21, et C. pén., art. 314-6).

162.58 En matière de saisie des droits d'associés et des valeurs mobilières. La société dont les parts sont saisies en vertu d'un titre ou conservatoirement est tenue de faire connaître à l'huissier de jus-

1. Cass., ch. mixte, 26 janv. 2007, n° 04-10.422, *Bull. ch. mixte*, n° 1; *D.* 2007. 451; *RD banc. fin.* 2007. 28, obs. Piedelièvre; *Dr. et patr.* nov. 2007. 91, obs. Lefort – Com. 6 mai 2008, n° 06-15.354, *Bull. civ.* IV, n° 95.
2. Civ. 2e, 1er févr. 2006, n° 04-11.693, *Bull. civ.* II, n° 37; *Procédures* juin 2006, n° 137, note Perrot; *Dr. et patr.* juill. 2006. 93, obs. Lefort.

tice le nom du mandataire chargé de la tenue de ses comptes et l'existence d'éventuels nantissements ou saisies (C. pr. exéc., art. R. 232-1 à R. 233-9, et R. 524-1 à R. 524-6). L'omission de cette information conduit à la condamnation de la société fautive au paiement des causes de la saisie sur le fondement de l'article L. 123-1 C. pr. exéc. qui impose aux tiers un devoir général de collaboration [1].

En revanche, aucune disposition ne fait obligation au tiers saisi de préciser au saisissant l'étendue des droits d'associé et des valeurs mobilières dont le débiteur est titulaire. Il en résulte que la société qui a émis ces droits ne peut être condamnée pour défaut de concours à une procédure d'exécution (C. pr. exéc., art. L. 123-1), sauf injonction du JEX [2].

1. EN CE SENS, à propos d'une SCI, TGI Aix-en-Provence, JEX, 27 juill. 1995, *JCP* 1997. II. 22776, obs. Leborgne.
2. Paris, 8 avr. 1999, *BICC* 1er juill. 1999, no 839.

CHAPITRE

163. Droits du tiers

Olivier Salati
Maître de conférences (HDR)
à l'Université d'Aix-Marseille

SECTION 0
ORIENTEUR

163.00 **Plan du chapitre.**

163.01 **Textes applicables.**
C. pr. exéc., art. L. 123-1, L. 152-1 et L. 152-2 s.

163.03 **Bibliographie indicative.** (V. s[s] n° 160.03).

SECTION 1
REFUS DE COLLABORER

163.11 **Refus de collaborer tiré de l'illicéité de la mesure.** Il est constant que l'obligation de collaboration imposée au tiers ne s'applique que dans le cadre de la mise en œuvre d'une procédure d'exécution, telle que définie par la réforme de 1991.

Il ne peut dès lors être fait aucun grief au tiers qui excipe légitimement de l'illégalité de la voie d'exécution pour refuser son concours. Tel sera le cas lorsque l'huissier instrumenterait en dehors des heures légales sans justification judiciaire. Il en irait de même lorsque, même pourvu d'un titre, le créancier tenterait de procéder à l'exécution sans le recours à un huissier de justice. Toute réquisition d'un tiers à titre de témoin ou pour aider à l'accomplissement de la mesure serait alors illégale et il est du devoir du tiers de ne pas prêter assistance à cette entreprise. L'hypothèse n'est pas d'école puisqu'il est avéré que certaines expulsions se font sans respecter les formalités légales.

Reste que la présence de l'huissier de justice sur les lieux de la saisie est un gage de la légalité de la procédure. Sa qualité d'officier ministériel et public en fait le garant de la légitimité de la mesure.

On doit donc supposer qu'il faut réunir des conditions bien particulières pour que le tiers soit en droit de refuser sa collaboration. Une décision du tribunal de Paris en donne un exemple type en annulant une mesure d'expulsion réalisée par un huissier de justice, accompagné de deux témoins mais s'étant vu préalablement refuser le concours de la force publique par le préfet. La présence des témoins n'est requise que pour représenter la foi publique lors de la pénétration dans le local d'habitation. Elle ne saurait servir de caution à l'huissier qui instrumente dans de telles conditions[1].

SECTION 2
RESPECT DE LA VIE PRIVÉE

163.21 **Exciper un motif légitime.** Il s'agit là d'un argument fréquemment avancé pour justifier la non-implication des tiers dans la réalisation de la mesure d'exécution. Ne pas communiquer l'adresse d'un débiteur pour respecter sa volonté est estimable. Une jurisprudence constante protège d'ailleurs la vie privée des citoyens en refusant toute collaboration forcée des tiers lorsque la communication d'informations confidentielles « *n'a pas pour but la sauvegarde d'un droit légalement reconnu ou judiciairement constaté* »[2].

Encore faut-il exciper d'un motif légitime, ce qui n'est pas le cas « *lorsque cette dissimulation est dictée par le seul dessein illégitime de se dérober à l'exécution*

1. TGI Paris, JEX, 20 janv. 1997, *Rev. huiss.* 1997. 1197 – *Adde :* Paris, 8e ch. B, 7 févr. 2002, *Dr. et proc.* 2002. 368, obs. Menut.
2. Civ. 1re, 6 nov. 1990, n° 89-15.246, *Bull. civ.* I, n° 238; *D.* 1991. 353, obs. Prévault – Sur la possibilité d'effectuer des visites domiciliaires, en tous lieux, y compris privés, v. LPF, art. 16 B.

de ses obligations et de faire échec aux droits des créanciers »[1].

La loi du 9 juillet 1991 avait d'ailleurs instauré une recherche des informations par le ministère public (C. pr. exéc., art. L. 152-1 s.) en cas d'échec des tentatives de recherche privée de l'adresse du débiteur, de celle de son employeur et de la localisation de ses comptes. Si la loi Béteille n° 2010-1069 du 22 décembre 2010[2] a mis un terme à cette possibilité de solliciter le concours du parquet, le droit d'accès direct aux informations désormais confié à l'huissier doit également composer avec le respect de la vie privée[3]. Tel est le sens des dispositions de l'article L. 152-3 C. pr. exéc. L'huissier de justice qui a obtenu les renseignements souhaités ne peut les utiliser que dans la seule mesure nécessaire à l'exécution du ou des titres pour lesquels ils ont été demandés. L'article L. 152-3 C. pr. exéc. indique très clairement que ces renseignements ne peuvent, en aucun cas, « *être communiqués à des tiers ni faire l'objet d'un fichier d'informations nominatives* ». La confidentialité est assurée sous peine de sanctions pénales.

SECTION 3
DROIT DE CONTESTATION

163.31 Étendue du droit de contestation. Lorsque le créancier saisissant sollicite la condamnation du tiers saisi pour manquement à son obligation légale d'information, en lui demandant par exemple de payer les causes de la saisie, ce dernier a le droit d'élever une contestation fondée sur le fait qu'au jour où la saisie est pratiquée le débiteur n'était plus tenu envers le poursuivant[4], que la créance est insaisissable[5] ou que, par exemple, les réquisitions d'un juge d'instruction font obstacle à la libération des fonds[6].

De même, un tiers à un jugement d'adjudication peut contester le jugement d'adjudication et la vente subséquente de l'immeuble en invoquant le fait que les ayants droit du saisi n'ont pu céder des droits dont ils ne disposaient pas sur l'immeuble litigieux[7].

On relèvera enfin un arrêt rendu le 8 décembre 2011, par la deuxième chambre civile de la Cour de cassation, qui livre une intéressante précision sur le recours dont dispose le tiers saisi qui, en dépit d'une saisie-attribution, a continué de régler les loyers au débiteur saisi[8].

En l'espèce, une société créancière avait fait pratiquer au préjudice d'une société civile immobilière (SCI) débitrice une saisie-attribution entre les mains d'une société tiers saisi. La saisie portait sur les loyers dus par la société tiers saisie à la SCI débitrice. En dépit de la saisie-attribution, le tiers saisi continua de régler les loyers à la SCI. Naturellement, le tiers saisi fut assigné par le créancier poursuivant en paiement des causes de la saisie. C'est alors que le tiers saisi, se fondant sur l'article L. 123-1 C. pr. exéc., appela la SCI débitrice en garantie des condamnations qui seraient prononcées contre lui. Il obtient gain de cause et la SCI fut condamnée à le relever et garantir de la condamnation prononcée à son encontre au profit du créancier à hauteur d'une certaine somme.

Devant la Cour de cassation, la société débitrice conteste la décision des juges d'appel l'ayant condamnée à garantie envers le tiers saisi. Pour justifier sa critique, elle fit valoir que l'action *de in rem verso* ne peut être exercée lorsque l'appauvrissement résulte d'une faute du demandeur (ici le tiers saisi). En l'espèce, la faute tenant à ce que, dans la mesure où la saisie-attribution emporte attribution immédiate au profit du saisissant de la créance saisie et rend le tiers personnellement débiteur des causes de la saisie dans la limite de son obligation, le tiers saisi commet certainement une faute en se dessaisissant ces sommes qu'il doit entre les mains du débiteur saisi au lieu de le faire entre celles du créancier saisissant. Dès lors, comme la cour d'appel a considéré que la société tiers saisi n'avait commis aucune faute personnelle et qu'elle pouvait, au titre de l'enrichissement sans cause, obtenir de la SCI le remboursement du montant versé postérieurement à la saisie, la juridiction du second degré a violé l'article 1371 du Code civil, les principes régissant l'enrichissement sans cause, ensemble les articles L. 123-1 et L. 211-2 C. pr. exéc.

L'argumentation développée par le demandeur est rejetée par la Cour de cassation qui décide simplement et justement, « *qu'il résulte de l'article*

1. Civ. 1re, 19 mars 1991, n° 89-19.960, *Bull. civ.* I, n° 96; *RTD civ.* 1992. 189, obs. Perrot.
2. L. n° 2010-1609, 22 déc. 2010, relative à l'exécution des décisions de justice, aux conditions d'exercice de certaines professions réglementées et aux experts judiciaires, *JO* 23 déc., p. 22552.
3. COMP. dans un domaine voisin : Rép. min. n° 118031, *JOAN* 13 déc. 2011, à propos du recours aux témoins s'agissant de l'application de l'art. 1253 C pr. civ.
4. Civ. 3e, 6 déc. 2006, n° 04-14.776, *Bull. civ.* III, n° 246.
5. Com. 27 sept. 2005, n° 02-16.902, *Bull. civ.* II, n° 182.
6. Civ. 2e, 21 janv. 2010, nos 08-20.810 et 08-20.811, *Bull. civ.* II, n° 18; *Dr. et proc.* 2010. 149, obs. Putman.
7. Civ. 3e, 26 sept. 2007, n° 06-16.622, NP; *D.* 2007. 3116, note Petit.
8. Civ. 2e, 8 déc. 2011, n° 10-23.399, *Bull. civ.* II, n° 226.

[L. 121-3, al. 3, C. pr. exéc.] *que le tiers entre les mains duquel est pratiquée une saisie peut être condamné au paiement des causes de la saisie, sauf recours contre le débiteur* ». En d'autres termes, si le tiers saisi peut être amené à payer la dette du débiteur, il peut également exiger de ce dernier qu'il le rembourse, du moins qu'il lui restitue l'excédent qu'il aura versé au regard de sa propre dette.

LIVRE

2. LES ORGANES DE L'EXÉCUTION

SECTION 0

ORIENTEUR

200.00 **Plan du livre.**

Titre 21 Le juge de l'exécution
Chap. 211 Organisation de la juridiction du juge de l'exécution
Chap. 212 Compétence matérielle du juge de l'exécution
Chap. 213 Compétence territoriale du juge de l'exécution
Chap. 214 Procédure devant le juge de l'exécution

Titre 22 Les autres juridictions intervenant en matière d'exécution
Chap. 221 Autres juridictions du premier degré
Chap. 222 Juridictions du second degré et Cour de cassation

Titre 23 Le ministère public et la surveillance de l'exécution des titres exécutoires
Chap. 231 Surveillance générale par le ministère public de l'exécution des titres exécutoires
Chap. 232 Interventions spéciales du ministère public dans les procédures concernant l'exécution des titres exécutoires

Titre 24 Le ministère public et la recherche des informations (avant la loi du 22 déc. 2010)

Titre 25 L'huissier de justice, principal agent d'exécution
Chap. 251 Pouvoirs de l'huissier de justice
Chap. 252 Devoirs de l'huissier de justice
Chap. 253 Compétence territoriale de l'huissier de justice
Chap. 254 Responsabilité civile de l'huissier de justice
Chap. 255 Actions disciplinaires à l'encontre des huissiers de justice

Titre 26 Les autres agents d'exécution
Chap. 261 Inspecteur en charge des fonctions d'huissier des finances publiques
Chap. 262 Ouverture forcée des portes

Titre 27 L'avocat
Chap. 271 Activités judiciaires de l'avocat
Chap. 272 Activités juridiques de l'avocat
Chap. 273 Actions en responsabilité professionnelle et actions disciplinaires à l'encontre des avocats

Titre 28 L'État
Chap. 281 L'État, partie intervenante
Chap. 282 L'État, partie informatrice
Chap. 283 L'État, partie débitrice
Chap. 284 Administration et pouvoirs

Division. Un premier titre (titre 21) sera consacré au juge de l'exécution : seront examinés successivement l'organisation de la juridiction du juge de l'exécution, sa compétence matérielle, sa compétence territoriale, enfin la procédure applicable devant lui. Un second titre (titre 22) traitera des autres juridictions intervenant en la matière. Les autres titres décriront les interventions des autres acteurs de l'exécution : ministère public (titres 23 et 24), huissiers de justice (titre 25), autres agents d'exécution (titre 26), avocats (titre 27), État (titre 28).

200.04 **L'exécution ici envisagée est celle poursuivie à l'encontre des personnes de droit privé, relevant donc des procédures civiles d'exécution.** Le principe de la séparation des pouvoirs a conduit en effet le législateur à organiser d'une manière spécifique l'exécution des décisions de justice rendues à l'encontre de l'État français et des autres personnes morales publiques françaises.

De même, le principe de la souveraineté et de l'indépendance des États et des personnes morales publiques étrangères se traduit par leur immunité d'exécution, qui fait obstacle à toute action contre leurs biens.

Il convient donc de se reporter pour ces questions spécifiques à la partie du traité qui leur est spécialement dédiée.

200.05 Le Code des procédures civiles d'exécution qui a codifié la loi n° 91-650 du 9 juillet 1991 a modifié profondément le rôle et le choix du juge. D'une part, le souci du législateur de revaloriser le titre exécutoire a conduit à limiter le rôle du juge à ce qui est strictement nécessaire : à la différence de ce que prévoyait l'ancien Code de procédure civile, les voies d'exécution doivent désormais pouvoir s'exercer normalement sous l'égide des seuls agents d'exécution au vu du titre exécutoire, sans l'intervention du juge, réduite à donner les autorisations préalables qu'exige la protection du débiteur et à trancher les contestations.

D'autre part, le souci d'efficacité a abouti à concentrer sur un même juge l'essentiel du traitement juridictionnel de l'exécution. Déjà la loi de procédure du 5 juillet 1972 avait envisagé le principe d'un bloc de compétence, mais ce texte, faute de décret d'application, était resté lettre morte. La réforme de 1991 institue le juge de l'exécution (JEX) en le dotant d'un statut, d'une compétence propre et d'une procédure particulière qui en font la figure juridictionnelle principale en la matière.

Toutefois, cette réforme n'était pas complète : elle ne concernait pas la saisie immobilière qui restait régie par l'ancien Code de procédure civile. L'ordonnance n° 2006-461 du 21 avril 2006, aujourd'hui pareillement codifiée dans le Code des procédures civiles d'exécution, a étendu la compétence du JEX aux saisies immobilières.

Pour autant, demeure encore, dans des cas certes limités, l'intervention concurrente d'autres juridictions et le contentieux de certaines saisies spécifiques échappe au juge de l'exécution.

Ce juge, qui a un rôle prépondérant, n'est donc pas la seule juridiction compétente.

200.06 Une dernière remarque préalable s'impose : les textes concernant la matière de l'exécution, comme celle de l'organisation juridictionnelle, sont traditionnellement d'ordre public. Le JEX constitue une juridiction d'exception. Il en résulte des règles précises et contraignantes, touchant notamment à la procédure à suivre et aux compétences respectives des juridictions susceptibles d'intervenir.

200.07 Conséquences à l'égard des autres juges. L'article L. 213-6 du COJ précise que le JEX statue « de manière exclusive » et l'article R. 121-1 C. pr. exéc. dispose, en son premier alinéa, que « *tout juge autre que le juge de l'exécution doit relever d'office son incompétence* ». C'est donc une obligation qui s'impose au juge saisi à tort, et non une simple faculté laissée à son appréciation, comme il résulterait normalement des dispositions de l'article 92 C. pr. civ. Le principe est repris par divers textes réglementant spécifiquement les diverses mesures d'exécution.

200.08 Conséquences à l'égard du juge de l'exécution. Aux termes des articles R. 121-1 et R. 121-3 C. pr. exéc., les règles de compétence prévues audit décret sont d'ordre public et le juge de l'exécution saisi à tort *peut* relever d'office son incompétence. Pour le juge de l'exécution, il n'est donc pas dérogé aux dispositions des articles 92 et 93 C. pr. civ.

200.09 Nonobstant cet ordre public renforcé, deux hypothèses particulières restent cependant soumises aux solutions traditionnelles. D'une part la décision revêtue de l'autorité de la chose jugée émanant d'un juge « *autre que le juge de l'exécution* », même incompétent, s'impose. Il ne saurait en aller autrement que s'il s'agissait d'une décision prise sur requête n'ayant pas l'autorité de la chose jugée et contestée ensuite dans le cadre de la procédure contradictoire au fond [1].

D'autre part, le juge désigné sur renvoi d'un autre juge, qui s'est préalablement déclaré incompétent, tient alors sa compétence de l'article 96 alinéa 2 C. pr. civ. et ne peut se déclarer à son tour incompétent : une telle désignation s'impose donc au JEX.

1. V. Poitiers, 21 mars 1995, *JCP* 1995, IV, 1643.

TITRE

21. Le juge de l'exécution

210.00 Plan du titre.

Chap. 211 Organisation de la juridiction du juge de l'exécution
Sect. 1 Choix du président du tribunal de grande instance
Sect. 2 Choix d'un juge unique
Sect. 3 Un juge impartial
Sect. 4 Greffe du juge de l'exécution
Chap. 212 Compétence matérielle du juge de l'exécution
Sect. 1 Compétences générales et exclusives de l'article L. 213-6 du Code de l'organisation judiciaire
Sect. 2 Autres compétences exclusives du juge de l'exécution
Sect. 3 Compétences partagées et concurrentes
Chap. 213 Compétence territoriale du juge de l'exécution
Sect. 1 Droit commun de la compétence territoriale
Sect. 2 Règles propres à certaines mesures
Sect. 3 Situations particulières
Chap. 214 Procédure devant le juge de l'exécution
Sect. 1 Règles communes
Sect. 2 Procédure ordinaire
Sect. 3 Procédures particulières
Sect. 4 Décision du juge de l'exécution
Sect. 5 Voies de recours

210.03 Bibliographie indicative.

Actualisables. Rép. pr. civ., *V° Juge de l'exécution*, par C. Lefort, déc. 2011 [màj janv. 2013] – *J.-Cl. Pr. civ., Vis Juge de l'exécution : Qui est le juge de l'exécution ?*, fasc. 2030; *Compétence d'attribution*, fasc. 2040; *Compétence territoriale*, fasc. 2045; *Procédure*, fasc. 2050; *Décision – Voies de recours*, fasc. 2060; *Ordonnances sur requête*, fasc. 2070; *Difficultés d'exécution*, fasc. 2080, par J. Normand – *Lamy Droit de l'exécution forcée, V° Contentieux de l'exécution*, par N. Fricero, avr. 2008, étude 480.

Ouvrages. C. Brenner, *Procédures civiles d'exécution*, 7e éd., « Cours », Dalloz, 2013 – G. Couchez, *Voies d'exécution*, 9e éd., « Sirey Université », Sirey, 2007 – M. Donnier, *Voies d'exécution et procédures de distribution*, 8e éd., « Manuels », LexisNexis/Litec, 2009 – P. Julien et G. Taormina, *Voies d'exécution et procédures de distribution*, 1re éd., « Manuels », LGDJ, 2003 – R. Lauba et F. Ruellan, *Le contentieux de l'exécution*, vol. 1, 8e éd., ENM, 2002 – A. Leborgne, *Droit de l'exécution*, 2e éd., « Précis », Dalloz, 2014, p. 393-438, nos 821-926 – R. Perrot et P. Théry, *Procédures civiles d'exécution*, 3e éd., Dalloz, 2013, p. 315-361, nos 309-361 – M. Véron et B. Nicod, *Voies d'exécution et procédures de distribution*, 2e éd., Armand Colin, 1998 – F. Vinckel, *Droit de l'exécution forcée*, 1re éd., « Manuel », Gualino, 2008.

Articles. J.-J. Barbieri, « La compétence d'attribution du juge de l'exécution », *LPA* 17 janv. 1996, p. 8 – P. Brunel, « La juridiction de l'exécution et la responsabilité de l'huissier : compétence et conditions de mise en œuvre », *D.* 1997. Chron. 370 s. – P. Hoonakker, « Le juge de l'exécution », *Gaz. Pal.* 11 mars 1993. Doctr. 321 s. – T. Moussa, « Procédures civiles d'exécution », *Gaz. Pal.* mars-avr. 2000. 491 s. – R. Perrot, « Le contentieux de l'exécution », *Procédures* août-sept. 2008, p. 48 s. – M. Regimbeau, « Revue de quelques problèmes pratiques rencontrés par le juge de l'exécution, ou réflexions sur le fonctionnement de l'institution du juge de l'exécution », *Gaz. Pal.* 1999. Doctr. 1106 s. – L. Séné, « Les difficultés relatives aux titres exécutoires devant le juge de la saisie immobilière et le juge de l'exécution », *Mél. Buffet, La procédure dans tous ses états*, LGDJ, 2004, p. 407 s.

210.05 Division. Le juge de l'exécution (JEX) est une juridiction qui appartient à l'organisation judiciaire (chap. 211). C'est aussi un juge qui dispose de larges compétences, le plus souvent exclusives de celles d'autres juges (chap. 212). La compétence territoriale du JEX obéit à des règles éparses, même si les textes ont prévu une compétence de principe (chap. 213). Enfin, la procédure applicable devant le JEX est celle du droit commun, bien que de nombreuses dispositions particulières régissent le contentieux de l'exécution (chap. 214).

CHAPITRE

211. Organisation de la juridiction du juge de l'exécution

JEAN-MICHEL SOMMER
PRÉSIDENT DE CHAMBRE
À LA COUR D'APPEL DE VERSAILLES

SECTION 0 ORIENTEUR

211.00 Plan du chapitre.

211.01 Textes applicables.

C. pr. exéc., art. L. 121-4, L. 511-3; R. 211-12 et R. 442-2.

COJ, art. L. 212-2, L. 213-5 à L. 213-7, L. 221-8, L. 221-8-1, L. 441-1, R. 121-1, R. 212-17, R. 213-5, R. 213-6, R. 213-10 à R. 213-12 et R. 222-8.

C. pr. civ., art. 339, 341, 342, 356 s. et 364.

C. com., art. L. 721-7.

211.03 Bibliographie indicative. (V. s^s n° 210.03).

211.05 Division. Le législateur a confié les fonctions de juge de l'exécution (JEX) au président du tribunal de grande instance (sect. 1), un juge unique (sect. 2) soumis, comme tout juge, à l'exigence d'impartialité (sect. 3). Des dispositions particulières concernent le greffe du JEX (sect. 4).

211.08 Introduction. Nous ne referons pas ici l'histoire de la juridiction de l'exécution. On rappellera seulement que le législateur s'est emparé de la question au début des années 1970. L'article 9-II de loi n° 72-626 du 5 juillet 1972 instituant un JEX et relative à la réforme de la procédure civile avait en effet confié au tribunal de grande instance (TGI), statuant à juge unique, tout ce qui avait trait à l'exécution forcée des jugements. Les décrets d'application de cette loi n'ont jamais été pris, tant la nécessité d'une réforme d'ensemble de la matière s'était progressivement révélée évidente. Il a donc fallu attendre la promulgation de la loi du 9 juillet 1991 pour voir consacrer l'apparition effective de la juridiction de l'exécution. L'article L. 311-11 ancien du COJ, issu de l'article 7 de la loi, instituait un JEX. Il fait désormais partie du paysage judiciaire, à telle enseigne que la récente codification du droit de l'organisation judiciaire a supprimé la disposition créant formellement le JEX. L'article L. 213-5 du COJ se borne à présent à rappeler que les fonctions de JEX sont exercées par le président du TGI.

SECTION 1 CHOIX DU PRÉSIDENT DU TRIBUNAL DE GRANDE INSTANCE

§ 1 Principe

211.11 Raisons du choix. Les objectifs de la réforme des procédures civiles d'exécution mobilières ont été maintes et maintes fois exposées : revalorisation du titre exécutoire, impliquant un recours limité au juge, selon une procédure simple, rapide et peu coûteuse. La figure du JEX est cependant vite apparue centrale. Il suffit d'ailleurs de faire une lecture cursive de la loi du 9 juillet 1991 et de son décret d'application pour en voir apparaître l'ombre au détour de chaque mesure. Quoi qu'on en ait dit, l'exécution forcée est donc bien placée sous la surveillance d'un juge. Pour lutter contre l'éparpillement du contentieux, la concentration des compétences entre les mains d'une juridiction unique s'imposait tout naturellement. Et le choix du législateur s'est porté sur le président du TGI. Les fonctions de JEX sont donc exercées par ce magistrat.

Le législateur de 1991 aurait pu s'inspirer du droit local applicable dans les départements d'Alsace et de Moselle et mettre en place un véritable tribunal de l'exécution, doté d'une autonomie fonctionnelle, sinon financière[1]. Cette aventure pouvait paraître en contradiction avec l'objectif de déjudiciarisation de l'exécution. Le législateur avait aussi un temps envisagé de porter son choix sur le juge d'instance, déjà frotté à certaines matières de l'exécution et qui est somme toute assez proche du justiciable. L'hypothèse a été rejetée, par crainte alors d'une explosion du contentieux soumis à ce juge, qui venait alors de se voir attribuer le traitement du surendettement des particuliers.

C'est donc le président du TGI qui s'est vu confier les fonctions spécialisées de JEX. L'autorité attachée aux fonctions de chef de juridiction et la technicité de la matière de l'exécution, qui mobilise de nombreuses branches du droit, ont, semble-t-il, également guidé le choix du législateur.

211.12 Loi n° 2010-1609 du 22 décembre 2010. Cette loi, issue d'une proposition de loi déposée par le sénateur Laurent Béteille, aurait pu être l'occasion de profondes modifications dans l'organisation de la juridiction de l'exécution. Cette proposition avait pour ambition, à l'origine, de mettre en œuvre la recommandation n° 8 de la commission sur la répartition des contentieux présidée par le recteur Serge Guinchard[2] visant à créer des pôles de l'exécution, spécialisés en matière mobilière et immobilière. Un JEX du tribunal d'instance se serait vu confier la matière mobilière, un autre JEX du tribunal de grande instance la matière immobilière. Pendant le long examen du texte au Parlement est intervenu l'arrêt de la deuxième chambre civile du 18 juin 2009[3] qui a reconnu au JEX le pouvoir de se prononcer sur la validité d'un engagement résultant d'un **acte notarié**. Cette importante décision a convaincu le Parlement de renoncer à un transfert de compétences vers le tribunal d'instance. Au résultat, le texte n'apporte guère de changements au droit existant et se borne à une rationalisation partielle du contentieux de l'exécution[4]. La compétence concurrente du JEX et du président du tribunal de commerce est réaffirmée en matière de conservation de créances relevant de la juridiction commerciale, lorsque ces mesures sont demandées avant tout procès. À cette fin, le Code de commerce se voit complété par un nouvel article L. 721-7, qui, lui-même actualisé par l'ordonnance n° 2011-1895 du 19 décembre 2011, donne expressément compétence au président du tribunal de commerce, avec plus de précisions que précédemment, concurremment avec le JEX, pour connaître des mesures conservatoires portant sur les meubles et immeubles (dans les cas et conditions prévues par le Code des procédures civiles d'exécution), les navires (dans les cas et conditions prévus par les articles L. 5114-20 et L. 5114-29 du Code des transports), les aéronefs (dans les cas et conditions prévus par le Code de l'aviation civile) et les bateaux de navigation intérieure d'un tonnage égal ou supérieur à vingt tonnes (dans les cas et conditions prévus par le Code du domaine public fluvial et de la navigation intérieure). L'article L. 721-7 du Code de commerce a surtout une visée pédagogique et il ne remet pas en cause les règles posées par l'article L. 511-3 C. pr. exéc. L'article L. 121-4 C. pr. exéc. est également complété en conséquence, les mots « *vente forcée des immeubles* » étant remplacés par les mots « *saisie des immeubles, navires, aéronefs et bateaux de navigation intérieure d'un tonnage égal ou supérieur à vingt tonnes* ».

La même loi du 22 décembre 2010 confirme la **compétence du juge d'instance** en matière de **saisie des rémunérations**, en modifiant toutefois l'article L. 221-8 du COJ pour y préciser que ce juge connaît de cette procédure, à l'exception des demandes ou moyens de défense qui échappent à la compétence des juridictions de l'ordre judiciaire et qu'il exerce en cette matière les pouvoirs du JEX.

Plus important à signaler est le transfert par cette loi au juge d'instance des mesures de **traitement des**

1. Selon l'article L. 223-2 du COJ, les fonctions du tribunal de l'exécution, maintenu en vigueur après les lois d'introduction du 1er juin 1924, sont exercées par le tribunal d'instance qui connaît de l'exécution forcée sur les immeubles, de l'administration forcée des immeubles et de la procédure de purge des hypothèques. Pour le reste, les fonctions de JEX sont exercées, dans les trois départements, dans les conditions du droit commun.
2. http://www.gouvernement.fr/gouvernement/justice (remise du rapport Guinchard sur la nouvelle répartition des contentieux).
3. Civ. 2e, 18 juin 2009, n° 08-10.843, *Bull. civ.* II, n° 165; *D.* 2009. 2525, obs. Avena-Robardet, note Ansault; *D.* 2009. 2069, chron. Sommer et Nicolétis; *D.* 2010. 1307, obs. Leborgne; *Just. et cass.* 2010. 466, rapp. Bardy; *RTD civ.* 2009. 577, obs. Perrot.
4. « Aperçu de la loi n° 2010-1609 du 22 décembre 2010, relative à l'exécution des décisions de justice, aux conditions d'exercice de certaines professions réglementées et aux experts judiciaires », *Dr. et proc.* 2011. 60 – A. Leborgne, « Droit de l'exécution, février 2010-février 2011 », *D.* 2011. Pan. 1511.

situations de surendettement des particuliers et de la procédure de rétablissement personnel. Cette réforme résulte de la suppression du dernier alinéa de l'article L. 213-6 du COJ, de l'insertion dans ce code d'un nouvel article L. 221-8-1 et d'une modification des dispositions du Code de la consommation se référant en ce domaine au JEX. Le décret n° 2011-741 du 28 juin 2011[1] organise le transfert de ce contentieux et le décret n° 2011-981 du 23 août 2011[2] a désigné, en application de cet article L. 221-8-1, certains tribunaux d'instance spécialisés dans le ressort de certains tribunaux de grande instance. À titre d'exemple, le tribunal d'instance du XIXe arrondissement de Paris centralisera les procédures relevant de la compétence des tribunaux des autres arrondissements[3].

211.13 Ressort territorial du juge de l'exécution : ressort territorial du tribunal de grande instance. Les fonctions du JEX ayant été ainsi attribuées au président du TGI, il en résulte que le ressort territorial de la juridiction de l'exécution est, en principe, celui de ce tribunal. La question de la compétence territoriale du JEX sera examinée plus loin, mais on voit que le choix du ressort du JEX ne coïncidait pas, au moins jusqu'au 1er janvier 2009[4], avec celui concernant la compétence territoriale des principaux agents de l'exécution que sont les huissiers de justice. Par ailleurs, la disparité de l'étendue des ressorts des TGI est telle que, dans les grandes juridictions, le président ne peut évidemment pas assurer à lui seul les fonctions relevant du JEX. Aussi, dès l'instauration du JEX, la possibilité d'en déléguer les fonctions, comme pour ses autres attributions propres, a été donnée au président du tribunal.

§ 2
Délégations

211.21 Décision de délégation. Le principe de la délégation résulte de l'article R. 213-6 du COJ qui autorise le président du tribunal à déléguer les **fonctions juridictionnelles** qui lui sont spécialement attribuées à **un ou plusieurs juges du tribunal.** Le même article R. 213-6 et l'article R. 213-10 du COJ renvoient à l'article L. 121-3 relatif à la répartition des affaires au sein de la juridiction. L'ordonnance de roulement peut ainsi déléguer chaque année tout juge du tribunal pour l'exercice des fonctions du JEX. Le président peut aussi déléguer plusieurs juges et, bien entendu, déléguer **un juge chargé du service d'un tribunal d'instance** qui est un juge du TGI à part entière[5]. L'article R. 213-10 du COJ précise encore que l'ordonnance de délégation est adressée au bâtonnier de l'Ordre des avocats et au président de la chambre départementale des huissiers de justice et qu'elle est affichée au greffe des juridictions comprises dans le ressort du TGI ainsi que dans les mairies des communes comprises dans le ressort.

Il est important de souligner que, selon le dernier alinéa de l'article R. 121-1, les mesures de délégation prises par le président sont des **mesures d'administration judiciaire**, ce dont il résulte qu'elles ne sont ni motivées ni susceptibles d'aucun recours.

211.22 Étendue de la délégation. Le second alinéa de l'article L. 213-5 du COJ énonce que, lorsqu'il délègue les fonctions de JEX, le président du tribunal fixe la **durée** et l'**étendue territoriale** de cette délégation. La liberté donnée par le texte au président déroge à l'article R. 121-1 du COJ, qui prévoit que si l'ordonnance de répartition peut être modifiée en cours d'année, c'est seulement pour prendre en compte un changement dans la composition de la juridiction ou pour prévoir un service allégé pendant la période de congé. Une plus grande souplesse prévaut donc en matière d'exécution, le texte autorisant le président du TGI à limiter dans le temps la durée de la délégation ou encore à organiser le service de l'exécution par roulements. Cependant, une fois donnée, la délégation ne saurait être retirée discrétionnairement. S'agissant de l'étendue territoriale de la délégation, qui doit être également fixée dans la décision, une liberté entière est encore donnée au président. Le ressort déterminé peut être celui de l'ensemble de la juridiction, celui des tribunaux d'instance ou encore celui de plusieurs d'entre eux. À noter qu'un juge d'instance délégué dans les fonctions de JEX peut ainsi se voir confier un **ressort élargi** puisque c'est en qualité de juge du TGI qu'il est ainsi délégué.

Selon l'article R. 213-11 du COJ, les **incidents relatifs à la répartition des affaires** entre les juges auxquels il a délégué les fonctions de JEX sont tranchés par le président du TGI. Ces décisions sont des **mesures d'administration judiciaire** qui n'ont pas à

1. Décr. n° 2011-741, 28 juin 2011, relatif au transfert du contentieux du surendettement du juge de l'exécution au juge du tribunal d'instance, *JO* 29 juin, p. 10959.
2. Décr. n° 2011-981, 23 août 2011, relatif à la spécialisation de tribunaux d'instance dans le ressort de certains tribunaux de grande instance pour connaître des mesures de traitement des situations de surendettement des particuliers et des procédures de rétablissement personnel, *JO* 24 août, p. 14296.
3. C. Bléry, « Procédures civiles d'exécution – Transfert du contentieux du surendettement », *JCP* 2011, n° 28, p. 1355.
4. Entrée en vigueur du décret n° 2007-813, du 11 mai 2007, modifiant l'article 5 du décret n° 56-222 du 29 février 1956, relatif au statut des huissiers de justice, qui élargit sauf exceptions la compétence de ces officiers ministériels au tribunal de grande instance : Civ. 2e, 11 déc. 2008, n° 07-19 724, *Bull. civ.* II, n° 266.

5. Civ. 2e, 9 déc. 1997, n° 95-17.751, NP.

être motivées et qui ne sont pas susceptibles de recours juridictionnel.

SECTION 2
CHOIX D'UN JUGE UNIQUE

§ 1
Principe

211.31 Raisons du choix. Le JEX statue à juge unique. Ce choix s'explique aisément par la mission même de ce juge qui ne consiste pas à examiner une seconde fois le procès au fond mais à **trancher les difficultés et contestations liées à l'exécution.** Le recours au juge unique s'inscrit aussi dans un mouvement jusqu'à ce jour continu, souvent inspiré par des considérations budgétaires.

211.32 Juge ou juridiction. Il est certain que le JEX, président du TGI, est aussi à lui seul une juridiction de l'ordre judiciaire, comme l'est ce même magistrat lorsqu'il statue en qualité de juge des référés. Comme tel, le JEX peut donc saisir la Cour de cassation d'une demande d'avis, sur le fondement de l'article L. 441-1 du COJ. La matière de l'exécution a d'ailleurs été un terrain privilégié d'utilisation de cette procédure depuis la promulgation de la loi du 9 juillet 1991. Le JEX peut aussi saisir la Cour de cassation d'une exception d'inconstitutionnalité, dans les conditions de l'article 61-1 de la Constitution dans sa rédaction issue de la réforme du 23 juillet 2008 [1].

§ 2
Possibilité de recours à la collégialité

211.41 Décision de renvoi en formation collégiale. L'article L. 213-7 du COJ prévoit que le JEX peut renvoyer à la formation collégiale du TGI. Ni l'article L. 212-2 du COJ qui, lorsqu'une affaire est portée devant le TGI statuant à juge unique, autorise les parties à demander le renvoi à la formation collégiale, ni l'article R. 212-9, qui donne au président du tribunal le droit de saisir la formation collégiale, ne sont applicables en matière d'exécution. La décision de renvoi appartient au seul JEX. Celuici tiendra notamment compte de la difficulté ou de l'importance de l'affaire. Il pourra aussi naturellement prendre en considération une demande des parties, mais cette demande ne s'impose pas à lui. Enfin, la décision relative au renvoi est, selon l'article R. 213-12 du COJ, une **mesure d'administration judiciaire,** qui n'a pas à être motivée et qui ne peut faire l'objet d'aucun recours.

211.42 Examen de l'affaire par la formation collégiale. L'ancien article R. 311-29-3 du COJ disposait qu'en cas de renvoi devant la formation collégiale, l'affaire était inscrite à la première audience utile de cette formation. Inspirée par un souci de célérité mais dépourvue de sanction, cette disposition a été abrogée lors de la dernière codification. Il ne reste du texte que la seconde phrase, remontée désormais au second alinéa de l'article L. 213-7 du COJ, qui énonce que **la formation collégiale comprend le juge qui a ordonné le renvoi.** Il s'agit là d'une précision opportune, qui permet notamment au JEX de s'expliquer, auprès de ses collègues, sur les difficultés rencontrées ou sur les raisons du renvoi.

Aux termes du premier alinéa de l'article L. 213-7, **la formation collégiale statue comme JEX,** ce qui implique qu'elle ne dispose que des compétences et pouvoirs du JEX. Elle n'exerce donc pas la plénitude des compétences de droit commun du TGI.

SECTION 3
UN JUGE IMPARTIAL

§ 1
Règles générales

211.51 Droit à l'exécution des décisions de justice. On sait que le droit à un tribunal et à un procès équitable inclut le droit à l'exécution des décisions de justice depuis que la Cour européenne des droits de l'homme a jugé, dans l'arrêt *Hornsby c/ Grèce* du 19 mars 1997 [2], que l'exécution d'un jugement ou arrêt devait être considérée comme faisant partie intégrante du procès au sens de l'article 6 § 1 de la Convention de sauvegarde des droits de l'homme et des libertés fondamentales. Il s'ensuit notamment que la procédure devant le JEX est soumise, comme toute instance, aux exigences du procès équitable. L'impartialité du JEX s'apprécie, comme pour tout autre juge, sous l'angle de l'**impartialité objective ou fonctionnelle** et sous celui de l'**impartialité subjective ou personnelle.**

§ 2
Spécificité du juge de l'exécution

211.61 Situations. Le renvoi en collégialité ne devrait, en principe, pas poser de problème particulier, le JEX n'ayant pas eu à connaître préalablement de

1. L. const. n° 2008-724, 23 juill. 2008, modernisant les institutions de la Ve République, *JO* 24 juill., p. 11890.

2. CEDH 19 mars 1997, Hornsby c/ Grèce, req. n° 18357/91.

l'affaire puisqu'il n'a pas pris de décision : **la formation collégiale n'est pas une juridiction de recours.**

Par ailleurs, lorsque le JEX a antérieurement connu de l'affaire, cette circonstance n'établit pas, par elle-même, l'existence d'un doute légitime quant à l'impartialité de ce juge. Il en va ainsi lorsque le JEX est intervenu dans l'affaire en statuant **au fond ou en référé**[1], notamment en prononçant le titre servant de fondement aux poursuites. Ce faisant, le JEX ne préjuge pas du litige relatif à l'exécution du jugement. On peut aussi penser que les interventions successives du JEX à l'occasion de l'exécution forcée ne présument pas par elles-mêmes de la partialité du juge. Il en est de même du cas où le JEX est appelé à liquider une astreinte qu'il a fixée[2]. Cette situation devrait aussi se rencontrer fréquemment en matière d'exécution immobilière, le même juge ayant à connaître de la procédure jusqu'à la distribution des deniers. Réciproquement, si un JEX a autorisé une mesure conservatoire, le fait qu'il juge ensuite de l'affaire au fond n'implique pas non plus une atteinte à l'exigence d'impartialité[3]. En somme, dès lors que le JEX n'a pas été conduit à prendre position ou à émettre une appréciation pouvant constituer un **préjugé**, son impartialité objective ne pourra être mise en doute.

En revanche, si le juge accorde une provision au créancier, comme l'y autorise par exemple l'article R. 211-12 alinéa 2 C. pr. exéc. en matière de saisie-attribution, la jurisprudence actuelle de la Cour de cassation devrait conduire à considérer qu'il ne peut plus statuer ultérieurement sur le fond[4].

211.62 Abstention, récusation ou suspicion ? La récusation du JEX peut être demandée dans les cas visés à l'article 341 C. pr. civ. On sait que les huit cas de récusation prévus par ce texte n'épuisent pas l'exigence d'impartialité requise de toute juridiction[5]. Dans le doute, le JEX peut aussi s'abstenir, conformément à l'article 339 C. pr. civ. La question de savoir si une demande de dessaisissement pour cause de suspicion légitime peut être dirigée contre un JEX n'a pas à ce jour été directement tranchée par la Cour de cassation[6]. Un arrêt de la cour d'appel de Bordeaux avait retenu que le président du TGI exerçant la fonction de JEX ne constituait pas une formation justiciable d'une demande de renvoi pour cause de suspicion légitime et en avait déduit que son abstention ne pouvait être obtenue que pas la voie de la procédure de récusation[7]. On se permettra de douter de la solution, dès lors que le JEX constitue une véritable juridiction, peu important que cette juridiction statue à juge unique. Dans ces conditions, surtout si le président de la juridiction n'a pas délégué ses fonctions à un ou plusieurs juges ou si le renvoi est demandé devant une autre juridiction, on voit mal comment il pourrait ne pas être fait application des dispositions des articles 356 et suivants C. pr. civ. Il en va de même si la récusation est faite en la personne de plusieurs juges de la formation collégiale, l'article 364 C. pr. civ. disposant qu'il est alors procédé comme en matière de renvoi pour cause de suspicion légitime. On signalera enfin que les requêtes aux fins de récusation ou de renvoi doivent, aux termes de l'article 342 C. pr. civ., être présentées avant la clôture des débats, ce qui n'exclut pas, sauf renonciation, un recours *a posteriori* contre la décision, pris d'un motif de partialité du juge[8].

SECTION 4
GREFFE DU JUGE DE L'EXÉCUTION

§ 1
Principe

211.71 Greffe du tribunal de grande instance. Selon l'article R. 212-17 du COJ, le greffe du JEX est le greffe du TGI. Le rôle de ce greffe est essentiel, puisque c'est lui qui procède aux éventuelles convocations, aux avis, aux notifications des décisions, à la délivrance des expéditions et copies, des certificats de non-contestation de saisies, *etc.* Il était donc nécessaire de prévoir la centralisation de ce service en un lieu unique. Ce n'est que dans l'hypothèse où un juge d'instance est désigné pour exercer les fonctions du JEX que l'article R. 222-8 du COJ confie au greffe du tribunal d'instance les attributions du greffe du JEX, exception faite de la **procédure de saisie immobilière.** En cette matière en effet, pour des raisons pratiques évidentes, le greffe demeure celui du TGI où est poursuivie la vente. À noter d'ailleurs que la Cour de cassation a récemment jugé qu'en cas d'appel d'un jugement d'orientation, la dévolution opérée est limitée et il appartient au seul JEX de suivre la procédure[9]. La gestion du dossier de la

1. Civ. 2e, 16 mai 2002, no 00-18.962, NP.
2. Civ. 2e, 8 avr. 1998, no 96-13.845, *Bull. civ.* II, no 122.
3. Cass., ass. plén., 6 nov. 1998, no 95-11.006, *Bull. ass. plén.*, no 4.
4. Cass., ass. plén., 6 nov. 1998, no 94-17.709, *Bull. ass. plén.*, no 5.
5. Civ. 2e, 27 mai 2004, no 02-15.726, *Bull. civ.* II, no 245.
6. Pour une demande de dessaisissement de la cour d'appel saisie de l'appel d'un jugement de JEX : Civ. 2e, 3 nov. 2005, no 05-01.543, *Bull. civ.* II, no 282 – Civ. 2e, 9 oct. 2008, no 08-01.772, NP.
7. Bordeaux, 12 juin 2001, *BICC* 2002, no 59.
8. Cass., ass. plén., 24 nov. 2000, no 99-12.412, *Bull. ass. plén.*, no 10 – Civ. 2e, 8 avr. 2004, no 01-04.196, *Bull. civ.* II, no 175.
9. Civ. 2e, 23 oct. 2008, no 08-13.404, *Bull. civ.* II, no 26.

procédure de saisie immobilière continuera par conséquent à relever des attributions du greffe du TGI.

§ 2
Situations particulières

211.81 Renvoi en formation collégiale. Il résulte de l'alinéa 2 de l'article R. 222-8 du COJ qu'en cas de renvoi à la formation collégiale par le juge d'instance exerçant les fonctions de JEX, le dossier est transmis dans les **huit jours** de l'ordonnance de renvoi au greffe du TGI qui pourvoit au déroulement de l'instance et à la mise en forme du jugement. Le dossier et la minute sont retransmis dans les **cinq jours** du prononcé au greffe du JEX qui en assure la conservation et procède aux notifications.

211.82 Modification de l'étendue de la délégation. En cas de modification de l'étendue territoriale de la délégation par le président du tribunal, l'article R. 213-10 alinéa 3 prévoit que le dossier est transmis au greffe de la nouvelle juridiction, les actes et formalités liés au déroulement des mesures d'exécution et des mesures conservatoires déjà engagées continuant à être effectués au greffe de la juridiction initialement désignée qui en assure la transmission. Le juge initialement saisi est ainsi privé, dès la modification de la délégation, des attributions qui lui avaient été confiées. La réserve de ce texte ne paraît en effet concerner que les parties elles-mêmes et non le juge, qui n'est plus compétent.

211.83 Demande relative à une décision d'expulsion. Lorsque le JEX exerce aussi les fonctions de juge d'instance, et qu'une demande relative à l'exécution d'une décision de justice ordonnant l'expulsion a été formée au greffe du TGI, l'article R. 442-2 C. pr. exéc. précise que la demande est réputée valablement faite et qu'elle est aussitôt transmise au greffe du tribunal d'instance. Un avis est donné au demandeur par lettre simple. Il s'agit ici d'une facilité accordée au demandeur dans la seule matière où la demande peut être formée par lettre recommandée avec demande d'avis de réception (LRAR) ou par déclaration faite ou remise contre récépissé. Le greffe du TGI est alors un guichet possible sinon unique pour présenter la demande.

CHAPITRE

212. Compétence matérielle du juge de l'exécution

JEAN-MICHEL SOMMER
PRÉSIDENT DE CHAMBRE
À LA COUR D'APPEL DE VERSAILLES

SECTION 0 ORIENTEUR

212.00 **Plan du chapitre.**

Division. Les compétences du juge de l'exécution (JEX) sont définies, comme il convient, par le Code de l'organisation judiciaire. L'article L. 213-6 énumère les attributions de ce juge, qui se voit confier en la matière une compétence générale et exclusive (sect. 1). La loi du 9 juillet 1991, le décret du 31 juillet 1992, désormais codifiés au Code des procédures civiles d'exécution, et des textes particuliers attribuent également au juge de l'exécution des compétences qui, le plus souvent, se rattachent à celles de l'article L. 213-6 (sect. 2). Le JEX partage enfin avec d'autres juges certaines compétences (sect. 3).

212.01 **Textes applicables.**

C. pr. exéc., art. L. 111-2 à L. 111-8, L. 111-10, L. 112-2 et L. 112-3, L. 121-2, L. 121-3, L. 122-1, L. 122-2, L. 123-1, L. 131-1 à L. 131-4, L. 141-1, L. 153-1, L. 211-5, L. 213-6, L. 221-1, L. 221-6, L. 222-1, L. 222-2, L. 223-2, L. 311-2, L. 322-13, L. 411-1 à L. 451-1, L. 511-1 s., L. 512-1, L. 512-2; R. 112-4, R. 121-1, R. 121-4, R. 122-1, R. 131-1 à R. 131-4, R. 141-3, R. 151-3, R. 162-9, al. 2 et 3, R. 211-2, R. 211-5, R. 211-9, R. 211-12, R. 211-16, R. 213-6, R. 221-2, R. 221-3, R. 221-19, R. 221-20, R. 221-28, R. 221-36, R. 221-53 à R. 221-59, R. 222-11 à R. 222-19 s., R. 223-9 s., R. 224-5,

R. 224-11, R. 251-8, R. 411-1 à R. 451-4, R. 511-1 s., R. 512-2, R. 522-4, R. 522-9, R. 523-2, R. 532-9 et R. 533-6.

C. civ., art. 877, 1152, 1153 et 1153-1, 1244-1 et 1351.

COJ, art. L. 213-6.

C. pr. civ., art. 52, 92, 96, 286, 312, 462, 478, 480, 510, 524, 1441-4 et 1475.

C. com., art. L. 632-1, L. 632-2 et L. 642-18.

C. mon. fin., art. L. 153-1, R. 312-4, L. 312-22 et L. 313-3.

LPF, art. L. 281 et R. 281-5.

CGPP, art. L. 2321-3, R. 2323-1 à R. 2323-3 et R. 2331-7 à R. 2331-11.

C. pr. pén., art. 4 et 710.

C. transp., art. L. 5114-21 et L. 6123-2.

Dispositions éparses codifiées (v. s[s] n° 212.211) et non codifiées (v. s[s] n° 212.212).

212.03 **Bibliographie indicative.** (V. s[s] n° 210.03).

SECTION 1
COMPÉTENCES GÉNÉRALES ET EXCLUSIVES DE L'ARTICLE L. 213-6 DU CODE DE L'ORGANISATION JUDICIAIRE

212.11 **L'article L. 213-6 du Code de l'organisation judiciaire.** « *Le juge de l'exécution connaît, de manière exclusive, des difficultés relatives aux titres exécutoires et des contestations qui s'élèvent à l'occasion de l'exécution forcée, même si elles portent sur le fond du droit à moins qu'elles n'échappent à la compétence des juridictions de l'ordre judiciaire.*

Dans les mêmes conditions, il autorise les mesures conservatoires et connaît des contestations relatives à leur mise en œuvre.

Le juge de l'exécution connaît, sous la même réserve, de la procédure de saisie immobilière, des contestations qui s'élèvent à l'occasion de celle-ci et des demandes nées de cette procédure ou s'y rapportant directement, même si elles portent sur le fond du droit ainsi que de la procédure de distribution des deniers qui en découle.

Il connaît, sous la même réserve, des demandes de réparation fondées sur l'exécution ou l'inexécution dommageables des mesures d'exécution forcée ou des mesures conservatoires ».

§ 1
Généralité et exclusivité

A.
Généralité

212.21 **Généralité.** La lecture de l'article L. 213-6 du COJ montre que les compétences du JEX, rassemblées autour de quatre rubriques (difficultés relatives aux titres exécutoires et contestations qui s'élèvent à l'occasion de l'exécution forcée, mesures conservatoires, saisie immobilière et demandes de réparation) couvrent un vaste champ. La généralité des termes employés englobe de nombreuses compétences, que précisent les textes, divers, régissant les mesures d'exécution forcées ou des procédures spécifiques. Nombre des attributions du JEX, décrites dans ces textes particuliers, obéissent ainsi au régime des compétences générales de l'article L. 213-6, pourvu qu'elles se rattachent par leur nature à ces dernières.

B.
Exclusivité et ordre public

212.31 **Exclusivité.** En dépit d'une rédaction imparfaite du texte de l'article L. 213-6 du COJ, qui s'explique par des modifications apportées à la version d'origine, il n'est pas douteux que les compétences générales du JEX et, par voie de conséquence, celles qui s'y rattachent, sont toutes des compétences exclusives. C'est pourquoi le juge des référés ne peut, sous le couvert d'une demande de provision, accueillir une contestation relative à la mise en œuvre d'une mesure conservatoire[1]. Le principe, qui figure à l'alinéa 1er de l'article L. 213-6 du COJ peut être rapproché de l'article R. 121-4 C. pr. exéc., selon lequel les règles de compétence du JEX sont d'ordre public. L'adjectif « *exclusif* », qui n'apparaissait pas dans la version initiale de l'article L. 311-12-1 du COJ, a été ajouté à l'article L. 213-6 lors de la dernière codification, pourtant effectuée à droit constant, du Code de l'organisation judiciaire. Cet ajout ne doit pas faire illusion. Il semble n'être que la conséquence de l'insertion, à l'article 8 alinéa 1er du décret du 31 juillet 1992 (devenu C. pr. exéc., art. R. 121-1), de la règle de procédure inscrite auparavant dans la loi qui imposait à tout juge autre que le JEX de relever d'office son incompétence.

212.32 **Exclusivité renforcée.** La rédaction actuelle des textes confirme donc, sans doute possible, que les **compétences du JEX résultant de l'article L. 213-6 du COJ** sont à la fois **exclusives et d'ordre public.** Que faut-il entendre par là ? L'exclusivité renvoie à la spécialisation du juge. Le JEX est une juridiction d'exception auquel des attributions propres ont été confiées et qui l'ont été à lui seul. Le caractère d'ordre public des compétences du JEX évoque de son côté l'article 92 C. pr. civ., qui autorise le juge à relever d'office la violation d'une règle de compétence d'attribution lorsque cette règle est d'ordre public. Mais les compétences du JEX énumérées à l'article L. 213-6 ne sont pas simplement exclusives et d'ordre public. Tout juge autre que le JEX doit en

1. Civ. 2e, 16 mai 2002, n° 00-11.589, *Bull. civ.* II, n° 99.

effet, nous l'avons vu, relever d'office son incompétence[1]. L'exclusivité est en quelque sorte impérative. On parle généralement d'une **exclusivité renforcée.**

212.33 Ordre public. Quant aux **autres compétences du JEX, qui n'entrent pas dans le champ de l'article L. 213-6**, elles demeurent des **compétences d'ordre public**, conformément à l'article R. 121-4 C. pr. exéc. Ce dont il résulte que tout autre juge que le JEX, même s'il ne paraît pas tenu de relever d'office son incompétence, en a néanmoins la faculté. À cela on ajoutera que, conformément au droit commun de l'article 96 alinéa 2 C. pr. civ., le JEX, s'il est saisi comme juridiction de renvoi pour se prononcer sur un litige, est tenu de statuer[2].

§ 2
Difficultés relatives à l'exécution forcée

A.
Difficultés relatives aux titres exécutoires

1°
Double condition

212.41 Critères matériel et temporel. Le JEX connaît des difficultés relatives aux titres exécutoires. Certains ont déduit de la formulation de l'article L. 213-6 du COJ la volonté du législateur de consacrer un véritable juge du titre exécutoire, habilité à trancher toute difficulté soulevée, à quelque moment que cette difficulté se présenterait, y compris de façon préventive.

Par un avis rendu le 16 juin 1995[3], la Cour de cassation a mis un terme à une interprétation si extensive du texte : le JEX ne peut être saisi de difficultés relatives à un titre exécutoire qu'à l'occasion des contestations portant sur les mesures d'exécution forcée engagées ou opérées sur le fondement de ce titre. Ainsi la compétence du JEX est-elle déclenchée par un **critère matériel**, lié à l'existence d'une difficulté concernant un titre exécutoire, mais aussi par un **critère temporel**, le JEX ne pouvant se prononcer avant l'engagement d'une mesure d'exécution forcée[4]. Les critères matériel et temporel sont **cumulatifs** et communs aux compétences reconnues au JEX par l'article L. 213-6 du COJ. L'avis de la Cour de 1995 a été confirmé par de nombreuses décisions, si bien qu'il n'y a plus aujourd'hui de discussion sur la solution, qui s'inscrit dans l'esprit de la réforme[5].

2°
Nature des difficultés

212.51 Variété des difficultés. Des difficultés de toutes sortes peuvent être présentées au JEX.

212.52 Existence ou caractère exécutoire du titre. Les premières concernent l'**existence même du titre ou son caractère exécutoire**[6], y compris lorsque celui-ci est un acte notarié[7]. Ainsi l'annulation du titre sur le fondement duquel a été pratiquée une saisie-attribution qui n'a pas produit son effet emporte-t-elle de plein droit annulation de la saisie[8]. De même, seul le JEX est compétent pour constater qu'un jugement rendu par défaut ou réputé contradictoire au motif qu'il est susceptible d'appel est non avenu pour n'avoir pas été signifié dans les six mois de sa date, par application de l'article 478 C. pr. civ.[9], la demande fondée sur ce texte ayant pour objet de faire perdre au titre son caractère exécutoire[10]. Il a encore été jugé qu'une décision qui déclare opposable à l'association pour la gestion du régime d'assurance des créances (AGS), en la disant tenue à garantie, le montant d'une créance de dommages-intérêts d'un salarié,

1. L'article R. 131-2 C. pr. exéc. (anc[t] Décr. 31 juill. 1992, art. 52) pose la même règle en matière d'astreinte.
2. Civ. 2e, 19 mars 2009, n° 08-12.814, *Bull. civ.* II, n° 77; *Procédures* 2009, n° 148, note Perrot.
3. Cass., avis, 16 juin 1995, n° 09-50.008, *Bull. avis*, n° 9.
4. N. Fricero, *Lamy Droit de l'exécution forcée*, fasc. 480, n° 40.
5. Civ. 2e, 11 juin 1997, n° 94-18.263, *Bull. civ.* II, n° 183 – Civ. 2e, 9 juill. 1997, n° 94-16.194, *Bull. civ.* II, n° 227 – Civ. 2e, 29 mars 2006, n° 03-17.004, *Bull. civ.* II, n° 93 – Com. 16 déc. 2008, n° 07-20.939, *Bull. civ.* IV, n° 213 – Civ. 2e, 2 févr. 2012, n° 11-11.088, NP.
6. Civ. 2e, 18 juin 2009, n° 08-12.760, *Bull. civ.* II, n° 164 – Chambéry, 16 juin 2009, RG n° 08/02622, NP.
7. Pour un acte notarié de prêt, revêtu de la formule exécutoire, modifié par des avenants sous seing-privé, v. Civ. 2e, 6 mai 2010, n° 09-67.058, *Bull. civ.* II, n° 90 – Saint-Denis de La Réunion, 3 nov. 2006, RG n° 05/01135, NP – V. CEP., Paris, 12 nov. 1998 (qui dénie la compétence du JEX pour apprécier le caractère authentique d'un acte notarié), *Gaz. Pal.* mars-avr. 2000, p. 501, chron. Moussa – S'agissant du contentieux très fourni généré par les affaires dites « *Appolonia* », il a été jugé que l'inobservation de l'obligation, pour le notaire, de faire figurer les procurations en annexe de l'acte authentique ou de les déposer au rang de ses minutes ne fait pas perdre à l'acte son caractère authentique et, partant, son caractère exécutoire : Cass., ch. mixte, 21 déc. 2012, n°s 11-28.688 et 12-15.063, *Bull. ch. mixte*, n°s 3 et 4; *D.* 2013. 23.
8. Civ. 2e, 21 janv. 1998, n° 95-20.114, *Bull. civ.* II, n° 24.
9. Civ. 2e, 11 oct. 1995, n° 93-14.326, *Bull. civ.* II, n° 233; *D.* 6 févr. 1997, n° 6, p. 73, note Ruellan et Lauba – Civ. 2e, 27 janv. 2000, n° 97-22.380, NP – Sur la non-opposabilité d'un titre : Civ. 2e, 30 mars 2000, n° 98-15.177, NP – Civ. 2e, 30 avr. 2009, n° 08-12.422, *Bull. civ.* II, n° 104.
10. Civ. 2e, n° 12-15.101, *Bull. civ.* II, n° 94; *Procédures* juill. 2013, n° 208, note Perrot.

constitue bien un titre exécutoire[1]. Ou que l'impossibilité matérielle d'exécuter l'obligation de restitution en nature d'une chose vendue ne mettait pas obstacle à l'exécution d'une décision de justice ordonnant la résolution d'une vente constituant le titre fondant une saisie-vente[2]. Jugé aussi que le JEX doit vérifier le caractère exécutoire du titre qui lui est soumis, y compris en se prononçant sur la qualification d'un jugement si celle-ci est contestée[3]. La qualification d'un jugement n'est en effet pas revêtue de l'autorité de la chose jugée[4]. On notera enfin qu'un jugement qui fixe une créance salariale peut constituer un titre exécutoire permettant au salarié de mettre en œuvre des mesures d'exécution forcée[5]. La Cour de cassation n'exige donc pas toujours une condamnation explicite dans le titre exécutoire[6]. On signalera enfin une décision où la Haute juridiction n'a toutefois pas admis que le jugement rendu à l'occasion de la liquidation d'un régime matrimonial et de la succession des parents qui se borne à se prononcer sur les sommes dues par et aux indivisions post-communautaires et successorales constitue un titre exécutoire au profit des indivisaires[7].

212.53 Identification des parties. L'identification des parties concernées par le titre exécutoire fait aussi parfois problème. Qu'il s'agisse de déterminer le débiteur visé dans le titre, qui doit porter mention de la personne qui doit exécuter[8] ou d'identifier le débiteur condamné par ce titre[9]. Ainsi a-t-il été considéré qu'était valable la mise à exécution d'un jugement contre une association ayant même dénomination et même adresse que le collège d'enseignement privé visé seulement dans le titre[10]. De même, a-t-il été jugé que n'excédait pas ses pouvoirs le JEX qui, pour rejeter une demande de nullité de mesures d'exécution, constatait qu'en dépit d'une dénomination différente, l'entité à l'encontre de laquelle les saisies avaient été pratiquées et la personne à laquelle s'appliquait le titre ne formaient en réalité qu'une seule et même personne morale[11]. Un arrêt a encore retenu que la province du Chubut ne se confondait pas avec la République d'Argentine désignée dans la décision sur le fondement de laquelle avaient été pratiquées des saisies conservatoires[12]. Pour les débiteurs personnes physiques, on rappellera aussi les dispositions de l'article 877 du Code civil, selon lequel le titre exécutoire contre le défunt l'est aussi contre l'héritier, huit jours après que la signification lui en a été faite. La Cour de cassation a même jugé, en matière d'astreinte, que l'action aux fins de liquidation de l'astreinte ordonnée pouvait être engagée contre les héritiers du débiteur[13]. La qualité à agir du créancier ayant engagé les poursuites pourra également être discutée, notamment à la suite de cession de créance, de changement de dénomination[14], de fusion, d'absorption, de subrogation[15], ou de toute sorte de transmission active ou passive de l'obligation consacrée par le titre[16].

212.54 Acte notarié revêtu de la formule exécutoire. On soulignera enfin, sous les réserves qui seront exposées ultérieurement (v. s[s] n°s 212.72 et 212.91), que le JEX peut être saisi de difficultés relatives non seulement à un jugement, mais encore à un **acte notarié revêtu de la formule exécutoire**, ou à tout titre exécutoire au sens de l'article L. 111-3 C. pr. exéc.

B. Contestations qui s'élèvent à l'occasion de l'exécution forcée

1° Engagement des poursuites

212.61 Engagement des poursuites. On a vu que la compétence du JEX ne pouvait s'exercer qu'**à l'occasion de l'exécution forcée**. Toute difficulté ou contestation soulevée avant l'engagement des pour-

1. Civ. 2e, 21 sept. 2000, n° 98-14.151, *Bull. civ.* II, n° 130 – V. CEP. : Versailles, 5 avr. 2007, RG n° 06/00631, NP – Pour un accord non soumis au juge d'instance pour lui donner force exécutoire : Civ. 2e, 1er févr. 2001, n° 99-13.600, NP.
2. Civ. 2e, 24 juin 2010, n° 09-15.710, *Bull. civ.* II, n° 123; *Dr. et proc.* 2010. 296, obs. Choquet; *D.* 2011. Pan. 1516, obs. Leborgne.
3. Civ. 2e, 18 juin 2009, n° 08-12.760, *Bull. civ.* II, n° 164; A. Leborgne, « Droit de l'exécution, février 2010-février 2011 », *D.* 2011. Pan. 1315.
4. Civ. 2e, n° 12-23.074, *Bull. civ.* II, n° 199, peu important d'ailleurs que la qualification ait fait l'objet d'une demande de rectification d'erreur matérielle.
5. Civ. 2e, 19 nov. 2009, n° 08-14.325, *Bull. civ.* II, n° 277; *D.* 2010. Pan. 1312, obs. Leborgne; *Dr. et proc.* 2010. 91, obs. Lefort.
6. Sur cette question, v. S. Poisson, « L'exigence d'une condamnation explicite dans le titre exécutoire », *Dr. et proc.* 2011. 87.
7. Civ. 2e, 15 nov. 2012, n° 11-18.820, *Bull. civ.* II, n° 189.
8. Civ. 2e, 21 mars 2002, n° 00-19.051, *Bull. civ.* II, n° 56.
9. Pour la transmission des obligations à l'associé unique d'une SCI après dissolution : Civ. 2e, 6 déc. 2001, n° 00-11.067, NP – Pour une erreur sur le prénom du débiteur : Civ. 2e, 6 nov. 2008, n° 07-18.465, NP; *Procédures* 2009, n° 14, note Perrot.
10. Civ. 2e, 6 mai 2004, n° 02-15.714, *Bull. civ.* II, n° 219.
11. Civ. 2e, 17 nov. 2005, n° 04-14.604, *Bull. civ.* II, n° 298.
12. Civ. 2e, 4 sept. 2014, n° 13-40.060, NP.
13. Civ. 2e, 18 déc. 2008, n° 07-20.562, *Bull. civ.* II, n° 271.
14. Civ. 2e, 19 déc. 2002, n° 00-20.774, *Bull. civ.* II, n° 293.
15. Pour la subrogation, par une personne privée, dans les droits d'une personne publique pour le recouvrement d'une dette locative : T. confl. 19 févr. 1996, req. n° 09-42.972, *Bull. T. confl.*, n° 1 – Civ. 2e, 19 nov. 2008, n° 07-17.704, NP.
16. Civ. 2e, 8 juill. 2004, n° 02-20.213, *Bull. civ.* II, n° 399.

suites, soit hors toute mesure d'exécution forcée, échappe donc à sa compétence[1]. C'est l'engagement des poursuites qui constitue l'**élément déclencheur de la compétence du juge.** Le plus souvent, ce sera le commandement aux fins de saisie qui engagera les poursuites[2]. Mais une demande de répétition de l'indu formée après la délivrance d'un simple commandement de payer ne relèvera pas de la compétence du JEX[3]. La mise en œuvre des conditions de l'exécution par un locataire commercial du dispositif d'un arrêt ayant arrêté un échéancier pour suspendre les effets d'une clause résolutoire ne relève pas davantage de la compétence du JEX en l'absence d'une procédure d'exécution[4]. De la même façon, un simple avis de saisie délivré par un trésorier ne constitue pas un acte d'exécution avant qu'une procédure de saisie n'ait été effectivement mise en œuvre[5]. Il a aussi été jugé que c'est seulement après l'engagement d'une mesure d'exécution forcée que les articles 510 C. pr. civ. et R. 121-1 alinéa 2 C. pr. exéc. (anc[t] Décr. 31 juill. 1992, art. 8, al. 2) attribuaient compétence au JEX pour accorder un délai de grâce[6]. Dans le même ordre d'idée, seul le tribunal de grande instance est compétent pour connaître du contentieux relatif à des titres exécutoires administratifs émis pour recouvrer des astreintes alors qu'aucune mesure d'exécution forcée n'a été engagée ou opérée sur le fondement de ces titres[7]. En revanche, la demande tendant à voir autoriser une saisie-revendication n'est pas une action en revendication et constitue la mise en œuvre d'une mesure d'exécution forcée[8].

212.62 Engagement des poursuites et autres procédures. La coordination de cette règle avec d'autres procédures, comme les **procédures collectives**, le **surendettement des particuliers** ou encore la **saisie immobilière**, qui relève désormais du JEX, peut se révéler délicate. On signalera simplement, en renvoyant pour le reste aux études consacrées à ce sujet, que, si un arrêt irrévocable consacre une créance, alors même que le débiteur a fait l'objet d'une procédure collective et a bénéficié ensuite d'un plan de continuation, une mesure d'exécution peut être engagée[9]. Ou encore que lorsqu'une conversion de saisie conservatoire en saisie-exécution est intervenue avant le jugement d'ouverture d'une procédure collective, le JEX n'a pas à se prononcer sur l'application de l'article L. 632-1[10] ou L. 632-2[11] du Code de commerce. Il peut néanmoins constater qu'une décision, par l'effet de la liquidation judiciaire ouverte à l'égard du débiteur, ne peut donner lieu à des mesures d'exécution forcée[12]. Par une décision récente, la chambre commerciale a décidé que la vente aux enchères publiques ordonnée par un juge-commissaire ne constituait pas une mesure d'exécution dont les contestations relèvent du juge de la compétence du JEX, mais une opération de liquidation des biens du débiteur[13].

En matière de **saisie immobilière**, la Cour de cassation a considéré que le JEX ne pouvait être saisi d'une demande de délai et de suspension d'une procédure d'exécution qu'à la condition d'avoir été saisi avant la publication du commandement à fin de saisie[14]. Cette question devrait être à nouveau débattue alors que le JEX est désormais, depuis la dernière réforme, juge de la saisie immobilière.

2°

Nature des diverses contestations

212.71 Contestations portant sur la régularité des actes et de la procédure. La validité des actes d'exécution alimente le quotidien du JEX : qualité à intervenir et compétence territoriale des agents d'exécution, notamment des huissiers de justice[15] ou des comptables publics[16], appréciation de la régularité des actes au regard des mentions obligatoires le plus souvent prescrites à peine de nullité, des procès-verbaux et de leurs significations[17], véri-

1. Civ. 2e, 25 mars 1999, n° 97-12.427, NP – Civ. 2e, 21 sept. 2000, n° 98-21.279, NP – Civ. 2e, 22 nov. 2001, n° 00-15.179, NP.
2. Civ. 2e, 16 déc. 1998, n° 96-18.255, *Bull. civ.* II, n° 301 – Civ. 2e, 3 juin 1999, n° 97-14.889, *Bull. civ.* II, n° 110 – Civ. 2e, 27 avr. 2000, n° 98-15.087, NP.
3. Civ. 2e, 11 déc. 2008, n° 07-19.411, *Bull. civ.* II, n° 264; *Procédures* 2009, n° 45, note Perrot.
4. Civ. 2e, 18 oct. 2012, n° 11-25.257, *Bull. civ.* II, n° 176; *Procédures* déc. 2012, n° 348, note Perrot.
5. Com. 25 avr. 2006, n° 03-19.836, *Bull. civ.* IV, n° 99 – Com. 7 oct. 2008, n° 07-18.421, NP.
6. Civ. 2e, 23 juin 2011, n° 10-18.396, NP – V. AUSSI : Civ. 2e, 23 juin 2011, n° 10-18.715, NP – En matière de prestation compensatoire : Civ. 2e, 8 sept. 2011, n° 10-24.442, NP; dans une affaire relative à un litige portant sur une grille salariale.
7. Com. 16 déc. 2008, n° 07-20.939, *Bull. civ.* IV, n° 213.
8. Civ. 2e, 18 févr. 1999, n° 96-21.218, NP.
9. Civ. 2e, 3 oct. 2002, n° 00-21.808, NP.
10. Com. 10 déc. 2002, n° 99-16.603, *Bull. civ.* IV, n° 191.
11. Com. 29 avr. 2014, n° 13-13.572, NP.
12. Besançon, 18 avr. 2007, RG n° 06/02152, NP.
13. Com. 11 févr. 2014, n° 12-26.208, *Bull. civ.* IV, n° 35.
14. Cass., avis, 5 mai 1995, n° 09-50.005, *Bull. avis,* n° 5 – Civ. 2e, 8 avr. 1998, n° 96-04.043, *Bull. civ.* II, n° 124.
15. Civ. 2e, 12 oct. 2006, n° 05-10.850, *Bull. civ.* II, n° 272; *Procédures* 2007. 22, obs. Perrot – Civ. 2e, 14 févr. 2008, n° 05-14.494, *Bull. civ.* II, n° 35.
16. T. confl. 23 juin 2003, req. n° 03-03.357, *Bull. T. confl.,* n° 21 – T. confl. 23 févr. 2004, req. n° 04-03.336, *Bull. T. confl.,* n° 6.
17. Le débiteur ne peut cependant contester devant le JEX les conditions dans lesquelles une décision étrangère lui a été signifiée, avant d'être certifiée en tant que titre exécutoire européen en application du règlement (CE) n° 805/2004 du 21 avril 2004, portant création d'un titre exécutoire européen pour les créances incontestées (*JOUE*, n° L. 143) : Civ. 2e, 2 févr. 2012, n° 10-28.379, *Bull. civ.* II, n° 36.

fication du respect des délais et des conditions de mise en œuvre des saisies, examen des griefs allégués pour les irrégularités de forme affectant les actes. Le JEX est compétent pour connaître de la régularité de la procédure d'exécution lorsqu'est en cause le recouvrement d'un impôt, d'une taxe, d'une redevance ou d'une somme quelconque dont la perception incombe à un comptable public, dès lors que la contestation ne porte pas sur l'existence, le montant ou l'exigibilité de la créance[1]. Ainsi le JEX est compétent pour connaître de l'action dirigée contre un avis à tiers détenteur ayant permis la saisie du revenu minimum d'insertion (RMI)[2], ou pour statuer sur une demande d'annulation d'un commandement.

212.72 Contestations portant sur l'étendue de la créance. Il résulte de l'article L. 111-2 C. pr. exéc. que l'exécution forcée peut être poursuivie par un créancier muni d'un **titre exécutoire constatant une créance liquide et exigible**, et de l'article L. 111-6 C. pr. exéc. que la créance est liquide lorsqu'elle est évaluée en argent ou lorsque le titre contient tous les éléments permettant son évaluation. Et aux termes de l'article L. 311-2 C. pr. exéc., tout créancier muni d'un titre exécutoire constatant une créance liquide et exigible peut procéder à une saisie immobilière. Le JEX peut être appelé à trancher des contestations portant sur l'étendue de la créance ou de l'obligation consacrée par le titre exécutoire.

Pour être **liquide**, il n'est pas nécessaire que la créance soit chiffrée dans le titre. Elle peut être simplement déterminable et toute difficulté sur ce point relève du JEX[3]. La Cour de cassation juge régulièrement qu'il appartient au JEX de déterminer le montant de la créance servant de cause à la saisie. Ainsi doit-il rechercher si des charges sociales dues doivent être calculées à la date du paiement ou du licenciement[4]. Et cela, quelle que soit la complexité des vérifications ou calculs à effectuer[5].

C'est encore le JEX qui est seul compétent pour constater l'**exigibilité** d'une créance résultant d'un acte notarié[6] ou l'exigibilité de la créance de l'épouse résultant d'un jugement de divorce irrévocable fixée à une certaine somme payable en partie par l'abandon en propriété de la part du mari sur des biens immobiliers évalués par un expert[7]. Il doit aussi vérifier si l'exécution des obligations respectives incombant à chacune des parties n'a pas été subordonnée, par une disposition de la décision à exécuter, à celle de l'autre[8]. Il est encore seul à connaître des difficultés liées à l'implantation de bornes en exécution d'un jugement ayant fixé la limite de deux fonds[9].

212.73 Contestations portant sur les accessoires de la créance. Les accessoires de la créance ont aussi donné lieu à de nombreuses contestations. En particulier, la Cour de cassation considère que, même en l'absence d'une disposition spéciale en ce sens du jugement servant de fondement aux poursuites, la condamnation emporte droit aux intérêts moratoires, dans les conditions prévues par les articles 1153 et 1153-1 du Code civil[10]. Il entre aussi dans ses compétences de statuer sur la déchéance des intérêts en application de l'article L. 341-6 du Code de la consommation[11]. De sorte que le JEX peut préciser qu'en vertu de ces textes, le montant d'une condamnation a produit de plein droit des intérêts, sauf si la contestation n'est pas apparue à l'occasion d'une mesure d'exécution forcée, par exemple lors des comptes de liquidation et partage d'une communauté[12]. En revanche, le JEX ne peut ordonner la capitalisation des intérêts, alors que le titre dont l'exécution est poursuivie ne l'a pas prévu[13]. La Cour de cassation a encore décidé que le JEX pouvait retenir que la TVA était due sur le montant de la condamnation prononcée, bien que le jugement servant de fondement aux poursuites ne comportât aucune précision sur ce point[14], qu'il pouvait connaître d'une contestation portant sur l'assujettissement à la CSG et à la CRDS d'une somme allouée, qui constitue bien une diffi-

1. Cass., avis, 14 mai 2001, n° 01-00.002, *Bull. avis,* n° 3 – Com. 13 mai 1997, n° 95-15.683, *Bull. civ.* IV, n° 137 – Com. 12 févr. 2008, n° 06-20.976, *Bull. civ.* IV, n° 35 – Com. 21 oct. 2008, n° 07-18.934, NP – Com. 3 juin 2008, n° 07-13.385, NP.
2. Com. 20 mars 2007, n° 06-11.412, *Bull. civ.* IV, n° 96.
3. Civ. 2e, 9 nov. 2006, n° 05-18.271, NP – Civ. 2e, 4 juill. 2007, n° 06-14.003, NP – Civ. 2e, 19 nov. 2008, n° 07-18.987, *Bull. civ.* II, n° 253 – Civ. 2e, 2 juill. 2009, n° 08-15.886, NP.
4. Civ. 2e, 21 mars 2002, n° 00-18.657, *Bull. civ.* II, n° 51 – Pour des sommes plafonnées dues en vertu d'une sentence arbitrale : Civ. 2e, 8 juill. 2004, n° 02-20.213, *Bull. civ.* II, n° 399.
5. Pour un ex. en droit du travail concernant la détermination du montant de sommes dues au titre de l'intéressement et de la participation d'un salarié : Civ. 2e, 5 mai 2011, n° 10-17.595, NP.
6. Civ. 2e, 2 déc. 2008, n° 07-13.595, NP.
7. Civ. 2e, 26 juin 2008, n° 07-16.238, NP.
8. Civ. 2e, 2 mars 2000, n° 98-10.637, NP – Besançon, 31 janv. 2007, RG n° 06/01937, NP.
9. Civ. 3e, 26 sept. 2001, n° 99-14.330, *Bull. civ.* III, n° 108.
10. Civ. 2e, 6 mai 1999, n° 96-20.827, *Bull. civ.* II, n° 80 – Civ. 2e, 17 juin 1999, n° 97-15.151, *Bull. civ.* II, n° 121 – Civ. 2e, 20 déc. 2001, n° 00-14.054, NP – Civ. 2e, 30 avr. 2003, n° 01-14.968, NP – Civ. 2e, 23 sept. 2004, n° 02-20.943, *Bull. civ.* II, n° 416.
11. Civ. 2e, 19 mars 2009, n° 08-12.943, NP.
12. Civ. 1re, 9 janv. 2008, n° 06-21.057, NP.
13. Civ. 2e, 31 janv. 2002, n° 00-12.405, NP – Civ. 2e, 5 févr. 2009, n° 08-10.636.
14. Civ. 2e, 9 nov. 2006, n° 05-12.860, *Bull. civ.* II, n° 314; *Dr. et proc.* 2007. 89, obs. Lefort.

culté d'exécution [1], ou encore du point de savoir si des sommes allouées par une juridiction prud'homale devaient être considérées comme des sommes brutes ou nettes [2] ou si un conseil de prud'hommes avait ou non mis à la charge de l'employeur le montant de l'impôt sur le revenu afférent à une indemnité contractuelle de licenciement [3]. On signalera encore un arrêt de la deuxième chambre civile qui a cassé un arrêt ayant retenu qu'il n'entrait pas dans les pouvoirs du JEX d'ordonner à une société employeur de délivrer des bulletins de salaire, alors qu'il se trouvait saisi d'une difficulté d'exécution et qu'il résultait nécessairement du titre ayant ordonné le paiement de salaires que les bulletins de paie devaient être délivrés [4].

En revanche, le JEX n'a pas le pouvoir de trancher les contestations portant sur les **dépens de l'instance** [5], qui relèvent de la compétence exclusive du juge de la taxe, notamment du premier président, s'agissant des émoluments d'avoués, ou portant sur le montant des honoraires d'avocat, qui relèvent de la compétence du bâtonnier de l'Ordre. Naturellement, le JEX reste juge des difficultés nées de l'exécution des titres délivrés par ces autorités.

3°
Contestations sur le fond du droit

212.81 Contestations portant sur le fond du droit. À l'occasion de l'exécution forcée, le JEX peut être saisi de contestations variées, y compris, dit l'article L. 213-6 du COJ, « *lorsqu'elles portent sur le fond du droit* ».

212.82 a) Contestations portant sur les biens saisis. La contestation peut en premier lieu porter sur les **biens saisis**. À cet égard, le JEX est juge de la propriété des biens, en particulier s'il est saisi d'action en distraction [6] ou en nullité fondée sur un défaut de propriété du débiteur [7]. Il est aussi juge de la saisissabilité des biens (C. pr. exéc., art. L. 112-2, L. 112-3, R. 112-4, R. 162-9, al. 2 et 3, et R. 221-53) [8], ou encore de la disponibilité des biens, tenant à l'existence d'un gage ou d'une autre sûreté grevant les biens saisis. Mais il ne peut, sans excéder ses pouvoirs, ordonner la vente forcée de la pleine propriété de biens meubles et immeubles grevés d'un usufruit contre la volonté du nu-propriétaire [9]. De la même façon, lorsqu'il est appelé à statuer sur le sort des meubles après une mesure d'expulsion, le JEX n'a pas à se prononcer sur la propriété des meubles [10].

212.83 b) Contestations portant sur des immunités d'exécution. Les difficultés d'exécution peuvent ensuite porter sur des **immunités d'exécution**, tenant à la personne du débiteur [11] ou au principe de territorialité des voies d'exécution [12].

212.84 c) Contestations portant sur les sommes restant dues par le débiteur. Le plus souvent, cependant, les contestations de fond porteront sur le **montant des sommes restant dues par le débiteur**. Celui-ci peut soumettre au juge toutes les exceptions établissant l'extinction totale ou partielle de la créance. Ces exceptions peuvent résulter d'un paiement [13], d'une novation ou aussi d'une compensation [14]. Plusieurs arrêts ont été rendus sur ce point, qui retiennent notamment que le JEX, en refusant d'examiner le bien-fondé d'une **exception de compensation**, méconnaît l'étendue de ses pouvoirs [15]. Toutefois, si la compensation a été vainement sollicitée et débattue devant le juge ayant statué sur le fond, le JEX ne peut plus, sauf à modifier le dispositif de la décision servant de fondement aux poursuites, accueillir l'exception [16]. À l'inverse, si le juge du fond a accueilli l'exception de compensation, cette décision s'imposera tout autant au JEX dans les termes et à la hauteur des montants retenus par le juge qui a délivré le titre exécutoire [17]. Faut-il voir dans un arrêt récent publié une limite posée par la Cour de cassation à la possibilité pour le JEX de se prononcer sur la compensation ? Dans

1. Civ. 2e, 7 juin 2006, no 04-10.326, *Bull. civ.* II, no 150.
2. Civ. 2e, 7 juin 2006, no 04-18.445, NP.
3. Civ. 2e, 22 mai 2008, no 07-10.549, *Bull. civ.* II, no 119.
4. Civ. 2e, 1er oct. 2009, no 08-18.478, *Bull. civ.* II, no 231; *Dr. et proc.* 2010. 29, obs. Leborgne.
5. Civ. 2e, 18 janv. 2001, no 99-15.008, NP.
6. Civ. 3e, 24 juin 2009, no 08-14.357, *Bull. civ.* III, no 154.
7. En matière fiscale, v. LPF, art. L. 283 – Limoges, 11 mars 2009, RG no 08/00915, NP.
8. Civ. 2e, 2 déc. 2004, no 02-21.381, *Bull. civ.* II, no 512 – Pour la contestation relative à la saisissabilité des rémunérations du travail ayant donné lieu à un avis à tiers détenteur, v. *Dr. et proc.* juill.-août 2005, obs. Hoonakker et Civ. 2e, 15 janv. 2009, no 08-11.446, NP.
9. Civ. 3e, 18 nov. 2009, no 08-19.875, *Bull. civ.* III, no 255.
10. Civ. 2e, 5 mars 2009, no 07-20.677, *Bull. civ.* II, no 67.
11. Paris, 8e ch., sect. D, 8 avr. 1999 – TGI Paris, JEX, 7 déc. 1998, *Gaz. Pal.* mars-avr. 2000, chron. Moussa, « Procédures civiles d'exécution VIII ».
12. TGI Paris, JEX, 20 avr. 1999, *Gaz. Pal.* mars-avr. 2000, chron. Moussa, « Procédures civiles d'exécution ».
13. Civ. 2e, 26 févr. 1997, no 95-13.818, NP – Civ. 2e, 10 mars 2004, no 02-17.011, *Bull. civ.* II, no 116.
14. Civ. 2e, 5 févr. 2009, no 07-21.724, NP.
15. Civ. 2e, 15 nov. 2007, no 06-20.057, *Bull. civ.* II, no 251 – Civ. 2e, 8 févr. 2007, no 04-18.871, NP – Civ. 2e, 9 juill. 2009, no 08-14.303, NP – Civ. 2e, 25 févr. 2010, no 09-13.909, NP; *Procédures* 2010, no 176, note Perrot – Civ. 2e, 17 févr. 2011, no 99-21.718, NP.
16. Civ. 2e, 31 janv. 2002, no 00-17.042, NP – Civ. 1re, 16 nov. 2004, no 01-03.102, *Bull. civ.* I, no 271 – Civ. 2e, 8 déc. 2005, no 04-13.278, NP.
17. Pour une illustration en droit du travail, Civ. 2e, 27 sept. 2012, no 11-21.926, *Bull. civ.* II, no 158; *Procédures* nov. 2012, no 328, note Bugada.

l'hypothèse, fréquente, où, notamment en matière de saisie immobilière, le débiteur poursuivi par une banque invoque une faute du créancier, par exemple un manquement à son devoir de conseil et de mise en garde et demande au JEX de fixer la créance de l'emprunteur, de constater la compensation des créances réciproques et d'en tirer les conséquences sur le maintien ou non de la mesure pratiquée, ce juge peut-il se prononcer sur la responsabilité de la banque ? La Cour ne l'a pas admis, dans une situation où le débiteur formait devant le JEX une demande tendant à voir condamner la banque et que ce juge ne peut en principe délivrer de titre exécutoire. Quelle serait la position de la Cour de cassation si le débiteur se bornait à opposer à la banque un moyen de défense tiré de l'exception de compensation ? La jurisprudence ne tire généralement pas de conséquence du choix procédural du défendeur suivant qu'il présente devant le juge du fond une demande reconventionnelle et la compensation des créances réciproques ou qu'il oppose seulement un moyen de défense[1]. On peut aussi se demander si le JEX a bien compétence pour se prononcer sur la responsabilité du créancier prêteur. On peut donc imaginer que la Cour de cassation pourrait être conduite à se prononcer dans le même sens et à refuser au juge la possibilité de trancher la contestation. Néanmoins, en privant le JEX de la possibilité qu'il a de longue date de statuer sur l'exception de compensation, elle marquerait un coup d'arrêt à une jurisprudence qui tend à donner plénitude de compétence au JEX pour examiner les contestations portant sur le fond du droit et à éviter d'inutiles saisines du juge du fond.

Le JEX peut enfin être appelé à se prononcer sur la prescription éventuelle de la créance ou du titre[2], sur la prescription quinquennale des intérêts d'un prêt notarié[3], sur une demande de déchéance des intérêts[4], ou sur l'existence d'une solidarité entre codébiteurs après divorce[5]. Pour faire le compte entre les parties, mais uniquement à cette fin, il est encore compétent pour trancher une contestation portant sur une répétition de l'indu[6], dès lors que cette demande est formulée à l'occasion de l'exécution forcée[7].

212.85 d) Le juge de l'exécution statue au jour de la saisie ou au jour de la mesure. Bien entendu, le JEX doit se placer **au jour de la saisie** pour statuer. Il doit ainsi examiner la situation des parties **au jour de la mesure**, en considération de la créance résultant du titre exécutoire. C'est ainsi que dans le contentieux de la réponse du tiers saisi, en matière de saisie-attribution, c'est au jour de la saisie qu'il conviendra de déterminer l'existence et le montant dû par le tiers saisi au débiteur[8]. Le juge ne peut par exemple procéder à des investigations visant à vérifier l'évolution des comptes du débiteur[9]. Inversement, il ne peut valider une saisie pour une somme supérieure au montant figurant dans le titre, au prétexte, afin de faire les comptes entre les parties, que la dette se serait depuis lors aggravée. C'est une situation à laquelle il faut prêter attention, que l'on peut voir apparaître dans le contentieux des dettes alimentaires[10], ou encore dans celui du recouvrement des loyers ou des charges de copropriété. Le juge pourra cependant prendre en compte un défaut d'information annuel par un établissement de crédit, postérieurement à la délivrance du titre exécutoire rendu à son profit, pour déclarer celui-ci déchu du droit aux intérêts par application de l'article L. 312-22 du Code monétaire et financier[11]. Ce faisant, si le juge prend en compte des faits postérieurs au jugement, c'est pour vérifier les conditions légales de l'exécution de ce jugement.

4°
Contestations sur le fondement d'un acte notarié

212.91 Cas particulier. Après deux avis rendus par la Cour de cassation les 16 juin 1995[12] et 14 février 1997[13], la Cour de cassation considérait traditionnellement que, si une saisie était engagée sur le fondement d'un acte notarié, le JEX ne pouvait se prononcer sur la nullité de cet acte[14], résultant par exemple d'un vice du consentement, ou sur la caducité d'un engagement de caution par

1. Cass., ch. mixte, 21 févr. 2003, n° 99-18.759, *Bull. ch. mixte*, n° 3.
2. Versailles, 8 févr. 2007, RG n° 06/01613, NP – Civ. 2e, 21 mars 2002, n° 00-16.866, *Bull. civ.* II, n° 50 – Civ. 1re, 19 juin 2008, n° 07-14.925, NP.
3. Civ. 2e, 9 sept. 2010, n° 09-16.538, *Bull. civ.* II, n° 149; *Procédures* 2010, n° 373, note Perrot; *Dr. et proc.* 2010. 325, obs. Hoonakker.
4. Civ. 2e, 19 nov. 2009, n° 09-10.806, NP.
5. Civ. 2e, 17 juin 1999, n° 97-17.580, NP.
6. Civ. 2e, 19 déc. 2002, n° 00-20.774 (préc. ss n° 212.53) – Soc. 21 déc. 2006, n° 04-16.530, NP – V. AUSSI, pour une position plus nuancée, Civ. 2e, 8 févr. 2007, n° 06-10.895, NP.
7. Civ. 2e, 11 déc. 2008, n° 07-19.411, *Bull. civ.* II, n° 264 [rect. par un arrêt du 30 avril 2009, n° 07-19.411], NP; *D.* 2009. 1168, obs. Leborgne.
8. Civ. 2e, 4 oct. 2001, n° 99-11.574, NP – Douai, 28 mai 2009, RG n° 07/07952, NP.
9. Civ. 2e, 5 juill. 2000, n° 97-21.606, *Bull. civ.* II, n° 110.
10. Civ. 2e, 23 nov. 2006, n° 04-19.720, NP.
11. Civ. 2e, 23 juin 2005, n° 03-13.768, NP – Cass., ch. mixte, 17 nov. 2006, n° 04-12.863, *Bull ch. mixte,* n° 9 – Civ. 2e, 4 juill. 2007, n° 06-11.910, *Bull. civ.* II, n° 188.
12. Cass., avis, 16 juin 1995, n° 09-50.008 (préc. ss n° 212.41).
13. Cass., avis, 14 févr. 1997, n° 09-60.014, *Bull. avis*, n° 2.
14. Civ. 2e, 3 juin 1999, n° 97-14.666, NP – *A contrario :* Civ. 2e, 8 nov. 2001, n° 00-11.797, NP.

l'effet du contrat principal de prêt[1]. Il apparaissait en effet opportun de refuser au JEX le droit de porter atteinte à la substance originelle du titre servant de fondement aux poursuites, fût-il un acte notarié. Mais s'il est exact que l'acte notarié revêtu de la formule exécutoire est l'un des titres exécutoires visés à l'article L. 111-3 C. pr. exéc., l'interdiction de remettre en cause le titre procède de l'autorité de la chose jugée attachée aux seules décisions de justice, et de l'article R. 121-1 C. pr. exéc., qui fait interdiction au JEX de modifier le dispositif du jugement servant de fondement aux poursuites. Il n'existe aucun équivalent pour les actes notariés. Au contraire, l'article L. 213-6 du COJ, donne compétence exclusive au JEX pour connaître des contestations qui s'élèvent à l'occasion de l'exécution forcée, même lorsque ces contestations portent sur le fond du droit. En réalité, la loi n'apporte pas de limite, s'agissant des actes notariés, à la compétence du JEX. Si bien que la jurisprudence de la Cour apparaissait en contradiction avec la lettre même de la loi.

La Cour de cassation a clairement abandonné sa doctrine le 18 juin 2009 en décidant que le JEX pouvait se prononcer sur la nullité d'un engagement résultant d'un acte notarié, invoquée pour absence prétendue de l'une des conditions requises par la loi pour la validité de sa formation[2]. La formulation de l'arrêt du 18 juin 2009 devrait notamment viser l'ensemble des conditions de fond exigées par l'article 1108 du Code civil pour la validité de toute convention : consentement, capacité, objet et cause, mais aussi des règles de forme comme de fond que des législations particulières peuvent imposer à peine de nullité des contrats. Ce revirement trouve aussi une explication dans la réforme de la saisie immobilière qui a confié au JEX la direction de cette procédure. Sauf à considérer que le JEX disposerait désormais en matière immobilière d'une compétence limitée par rapport à celle de l'ancienne chambre des « criées », on ne pouvait que s'étonner de l'écart des compétences reconnues au JEX, selon qu'il intervient en matière mobilière ou en matière immobilière.

C. Exclusion des contestations qui échappent à la compétence des juridictions de l'ordre judiciaire

212.101 Compétence du juge de l'exécution : contestation de la régularité formelle des poursuites. Les compétences du JEX trouvent leur limite dans celles qui ne relèvent pas du juge judiciaire. Sont ici essentiellement concernées, en raison du principe de séparation des autorités administratives et judiciaires, les matières dont la compétence est attribuée à la **juridiction administrative**. Les textes relatifs aux créances publiques distinguent les **contestations relatives à la régularité formelle des poursuites** et celles qui portent sur l'obligation de payer, le montant de la dette ou son exigibilité, les premières relevant du JEX, les secondes du juge de la créance[3]. C'est le cas de l'article L. 281 du Livre des procédures fiscales pour les créances fiscales[4]; de l'article L. 1617-5 du Code général des collectivités territoriales pour les créances des collectivités autres que l'État[5]; de l'article 6 du décret n° 92-1369 du 29 décembre 1992 pour les créances ordinaires de l'État, de l'article 9 du décret n° 64-1333 du 22 décembre 1964 pour les amendes et condamnations pécuniaires au profit de l'État ou des articles L. 2321-3, R. 2323-1 à R. 2323-3 et R. 2331-7 à R. 2331-11 du Code général de la propriété des personnes publiques.

212.102 Incompétence du juge de l'exécution : exemples. Le JEX doit surseoir à statuer en cas de contestation portée devant la juridiction administrative relative à la reconnaissance ou non d'une créance[6]. La Cour de cassation a rappelé que la compétence du JEX était limitée aux contestations concernant la validité en la forme des actes de poursuite, s'agissant notamment d'une créance d'une collectivité publique[7] ou d'un titre émis par une association foncière à l'occasion d'une procédure d'aménagement foncier[8]. Elle a aussi jugé, pour approuver une cour d'appel qui avait dit le juge de l'exécution

1. Civ. 2e, 3 nov. 2005, n° 03-11.747, NP.
2. Civ. 2e, 18 juin 2009, n° 08-10.843, *Bull. civ.* II, n° 165; *Procédures* 2009, n° 273, note Perrot.
3. Com. 26 mai 2009, n° 08-16.286, *Bull. civ.* IV, n° 70.
4. Versailles, 26 mars 2009, RG n° 07/08369, NP – Pour un exemple de contestation d'actes de poursuite au motif qu'ils n'ont pas été précédés de la lettre de rappel de l'article L. 255 du Livre de procédure fiscale (compétence judiciaire) : T. confl. 13 déc. 2004, n° 04-03.421, *Bull. T. confl.*, n° 28 – Pour des exemples d'incompétence territoriale du comptable public : T. confl. 23 juin 2003, n° 03-03.357, *Bull. T. confl.*, n° 21 – T. confl. 23 févr. 2004, n° 04-03.336, *Bull. T. confl.*, n° 6 – Com. 15 déc. 2009, n° 08-21.823, NP – Com. 1er juin 2010, n° 09-17.085, NP, pour une signature illisible et absence d'indication des nom, prénom et qualité de l'auteur d'un commandement émanant d'un trésorier – T. confl. 4 juill. 2011, n° 11-03.803, *Bull. T. confl.*, n° 21 : pour une action en répétition de l'indu qui s'analyse en une contestation portant sur l'exigibilité de la créance fiscale acquittée.
5. Mais compétence du juge judiciaire pour connaître des litiges relatifs au paiement de la redevance d'enlèvement des ordures ménagères : Com. 4 févr. 2014, n° 13-12.596, NP.
6. Civ. 2e, 14 oct. 1999, n° 97-19.189, *Bull. civ.* II, n° 156.
7. Civ. 2e, 8 mars 2001, n° 98-23.442, NP – Civ. 2e, 12 juin 2003, n° 01-11.421, NP.
8. Civ. 2e, 8 nov. 2001, n° 00-17.064, NP.

incompétent, en matière d'impôts directs, que la contestation par laquelle le redevable faisait valoir que le comptable ne justifiait pas de l'envoi de l'extrait du rôle avait trait, non à la régularité en la forme de l'acte de poursuite, mais à l'exigibilité de l'impôt[1]. La matière de l'avis à tiers détenteur fournit aussi de nombreux exemples de contrôle, par le JEX, de la régularité formelle des poursuites[2]. Dans la droite ligne de sa jurisprudence, la Cour de cassation considère que le JEX ne peut statuer sur la contestation de la régularité de prélèvements effectués par le fonds de garantie, subrogé aux droits de la victime d'infraction, sur la pension de retraite versée sur le compte d'un détenu, qui a pour objet des opérations comptables effectuées par un agent de l'administration pénitentiaire en application de l'article 728-1 C. pr. pén. et qui échappe à la compétence des juridictions judiciaires[3]. Le JEX n'est pas non plus compétent pour apprécier quant au fond la validité d'un titre émis pour le recouvrement de loyers dus pour l'occupation du logement de fonction d'un sapeur-pompier dans une caserne[4] ou d'un titre émis par un hôpital[5]. On notera enfin que, même si l'examen sur le fond de la contestation d'un titre émis par une autorité administrative relève de la compétence du juge judiciaire, le JEX, qui ne peut remettre en cause ce titre, ne peut pas se prononcer sur sa régularité au lieu et place du juge compétent. Ainsi, il ne peut se prononcer sur l'applicabilité au département de La Réunion du régime d'assurance-vieillesse, qui ressortit à la procédure d'opposition à exécutoire apposé sur le rôle des cotisations[6] ou sur une contestation relative à une contrainte d'une caisse de mutualité sociale agricole, en l'absence de saisine du tribunal des affaires de sécurité sociale[7].

1. Civ. 2e, 13 janv. 2012, nos 10-27.994 et 10-27.995, NP – Même solution pour l'absence de notification d'un titre de recette émis par l'Assistance publique-Hôpitaux de Paris : Civ. 2e, 11 avr. 2013, no 11-19.513, NP.
2. Selon la Cour de cassation, aucune disposition ne prévoit cependant l'application à l'avis à tiers détenteur des règles applicables à la saisie-attribution, à l'exception des articles 43 de la loi du 9 juillet 1991 (devenu C. pr. exéc., art. L. 211-2) et 64 du décret du 31 juillet 1992 (devenu C. pr. exéc., art. R. 211-9) : Cass., ch. mixte, 26 janv. 2007, no 04-10.422, *Bull. ch. mixte,* no 1 – Com. 12 févr. 2008, no 06-20.976, *Bull. civ.* IV, no 35, compétence administrative pour l'absence d'envoi préalable des avis d'imposition – DANS LE MÊME SENS, Com. 9 mars 2010, no 09-13.392, NP – Com. 19 janv. 2010, no 09-12.370, *Bull. civ.* IV, no 11 – Com. 28 sept. 2010, no 09-68.215, NP.
3. Civ. 2e, 13 déc. 2001, no 00-14.392, *Bull. civ.* II, no 194.
4. Colmar, 10 mars 2008, RG no 04/04537, NP – Chambéry, 5 mai 2009, RG no 08/00714, NP, pour le recouvrement de travaux de mise en conformité d'un parking sur la base d'un arrêté de péril imminent.
5. Civ. 1re, 24 avr. 2013, no 12-14.374, NP.
6. Civ. 2e, 19 oct. 2000, no 98-22.651, NP.

D.

Exclusion des contestations qui relèvent de la juridiction pénale

212.111 Compétence du juge de l'exécution limitée à l'action et aux intérêts civils. Le JEX est d'abord un juge civil. À ce titre, il est le juge des contestations qui s'élèvent à l'occasion de l'exécution forcée des titres rendus en matière civile. Selon l'article 710 C. pr. pén., les incidents contentieux relatifs à l'exécution d'une décision pénale doivent être portés devant la juridiction qui a prononcé la sentence. Le texte ne vise que l'exécution de la décision statuant sur l'action publique et le JEX demeure compétent pour trancher les **difficultés et contestations nées de l'exécution de la décision statuant sur l'action et les intérêts civils.** Faisant application de l'article 710, la Cour de cassation a jugé que le contentieux du recouvrement de l'astreinte prononcée par une juridiction pénale, assortissant notamment une obligation de démolition, relevait de la compétence de cette juridiction[8] et ce même à l'égard d'une partie qui ne figurait pas à l'instance pénale[9].

D'autre part, seul le ministère public apprécie, sous le contrôle du tribunal de police, la recevabilité d'une réclamation formée par un contrevenant en matière d'**amende forfaitaire majorée** et par là même, la validité du titre exécutoire servant de base aux poursuites, à l'exclusion du comptable public chargé du recouvrement des amendes, de sorte qu'un JEX ne peut accueillir une demande tendant à voir prononcer la suspension des poursuites[10]. Le JEX ne peut pas, à défaut de contestation de la régularité formelle des actes de poursuite, apprécier la validité des titres exécutoires relatifs au recouvrement d'amendes forfaitaires majorées[11] ou connaître de contestations portant sur l'existence ou l'exigibilité de la créance, notamment de celles relatives à la prescription de l'action en recouvrement[12].

Il a été encore jugé que la **mise en fourrière d'un véhicule** avait le caractère d'une opération de police judiciaire qui ne procède pas d'une voie d'exécution forcée et qui ne relève donc pas de la compétence du JEX[13].

7. Civ. 2e, 24 mai 2007, no 06-13.561, NP.
8. Civ. 2e, 12 mars 1997, no 95-11.807, *Bull. civ.* II, no 71 – Civ. 2e, 5 avr. 2001, no 99-17.193 – Civ. 2e, 10 juill. 2003, no 01-03.770, *Bull. civ.* II, no 240 – Civ. 2e, 27 mai 2004, no 02-20.644, NP.
9. Civ. 2e, 27 mai 2004, no 02-20.215, *Bull. civ.* II, no 244.
10. Civ. 2e, 18 oct. 2001, no 00-16.597, *Bull. civ.* II, no 155.
11. Civ. 2e, 13 juill. 2005, no 03-11.038, NP.
12. Com. 17 janv. 2012, no 11-10.102, *Bull. civ.* IV, no 6.
13. Civ. 2e, 11 juin 1997, no 95-13.433, *Bull. civ.* II, no 184.

§ 3
Mesures conservatoires

212.121 Autorisation et contestation des mesures conservatoires. Aux termes de l'article L. 213-6 du COJ, le JEX autorise les **mesures conservatoires** et connaît des **contestations relatives à leur mise en œuvre**. Il est ainsi le juge des **saisies conservatoires** portant sur les biens mobiliers et des sûretés judiciaires[1], constituées à titre conservatoire sur les immeubles, les fonds de commerce, les actions, parts sociales et valeurs mobilières. La matière est régie par les articles L. 511-1 et suivants et R. 511-1 et suivants C. pr. exéc. La **saisie-appréhension sur injonction du juge** et la **saisie-revendication**, qui sont réglementées par les articles L. 222-1 et L. 222-2, R. 222-11 et R. 222-17 et suivants C. pr. exéc., constituent aussi des mesures à caractère conservatoire qui relèvent du JEX.

En ces domaines, le rôle du JEX présente un double aspect.

212.122 1° Le juge de l'exécution autorise les mesures, lorsque le créancier ne dispose pas de titre. À cette fin, il exerce un contrôle *a priori*, en vérifiant que les conditions légales de l'article L. 511-1 C. pr. exéc. sont réunies. Saisi par voie de requête, le JEX doit s'assurer que la créance alléguée paraît fondée en son principe et qu'il est justifié de circonstances susceptibles d'en menacer le recouvrement. La Cour de cassation laisse ici une grande liberté au juge puisqu'elle rappelle régulièrement que celui-ci apprécie souverainement si les conditions légales sont remplies[2]. Le juge doit néanmoins exercer ses pouvoirs et ne peut, pour refuser la mesure sollicitée, arguer de l'existence d'une contestation sérieuse, portant sur la créance invoquée ou la propriété des parts saisies ou l'existence d'une confusion de patrimoine[3]. Il peut à tout moment donner mainlevée de la mesure s'il apparaît que ces conditions font défaut. À la demande du débiteur, il peut encore substituer à celle-ci des garanties ou constater qu'une caution a été fournie, conformément aux prescriptions de l'article L. 512-1 C. pr. exéc. Le JEX est même compétent pour autoriser, en l'absence de titre exécutoire, une mesure conservatoire pour le recouvrement d'une créance dont le contentieux échapperait à la compétence des juridictions de l'ordre judiciaire. Il en est ainsi par exemple d'une demande d'autorisation de saisie conservatoire présentée par l'établissement public *Voies navigables de France* en vue du recouvrement de redevances d'occupation domaniale[4].

212.123 2° Le juge de l'exécution tranche les contestations liées à l'exécution de la mesure conservatoire. À ce titre, il statue notamment sur les contestations relatives à la conversion de ces mesures en mesure d'exécution[5] ou à l'éventuelle caducité de l'inscription d'hypothèque provisoire. Le JEX connaît des contestations qu'il peut être appelé à trancher à cette occasion dans les mêmes conditions que celles relatives aux mesures d'exécution forcée. C'est pourquoi, le revirement de jurisprudence du 18 juin 2009 (v. s^{s} n° 212.91) implique que le JEX, compétent pour trancher les contestations qui s'élèvent à l'occasion des mesures conservatoires, même si elles portent sur le fond du droit, puisse connaître aussi des demandes tendant à remettre en cause un titre notarié dans son principe ou la validité des engagements qu'il contient[6].

Il a été jugé cependant que le JEX n'est pas compétent pour radier une inscription d'hypothèque judiciaire définitive[7].

On signalera enfin qu'aux termes de l'article L. 511-3 C. pr. exéc., **la compétence du JEX est partagée avec le président du tribunal de commerce,** lorsque, demandée avant tout procès, la mesure tend à la conservation d'une créance relevant de la juridiction commerciale (v. s^{s} n° 212.231).

§ 4
Saisie immobilière et procédure de distribution des deniers

212.131 Réforme de la saisie immobilière de 2006. L'article 12 de l'ordonnance n° 2006-461 du 21 avril 2006 et le décret n° 2006-936 du 27 juillet 2006[8] ont profondément réformé le droit de la saisie immobilière. Les orientations de cette réforme ont été d'instituer un socle commun des règles d'exécution, de garantir l'équilibre entre les droits du débiteur et les intérêts de ses créanciers en ren-

1. Paris, 28 avr. 2006, RG n° 04/21877, NP.
2. Civ. 2e, 7 juin 2006, n° 04-19.205, NP – Civ. 2e, 28 juin 2006, n° 03-18.461, n° 04-18.598, NP.
3. Civ. 2e, 19 déc. 2002, n° 01-03.719, *Bull. civ.* II, n° 294 – Civ. 2e, 22 févr. 2007, n° 05-21.695, NP.
4. Civ. 2e, 26 oct. 2006, n° 05-19.194, *Bull. civ.* II, n° 294.
5. V. avis de la Cour de cassation considérant qu'une assignation en divorce ne constitue pas une procédure permettant l'obtention d'un titre exécutoire : Cass., avis, 9 févr. 1998, n° 09-70.011, *Bull. avis*, n° 3 – Civ. 2e, 4 juin 2009, n° 08-16.142, *Bull. civ.* II, n° 143, *D.* 2009. 2250, note Cutajar.
6. Civ. 2e, 31 janv. 2013, n° 11-26.992, *Bull. civ.* II, n° 19 – Civ. 2e, 27 juin 2013, n° 12-18.546, NP – Civ. 2e, 5 déc. 2013, n° 12-27.939, NP – Civ. 2e, 30 janv. 2014, n° 12-29.689, NP.
7. Civ. 2e, 19 oct. 2000, n° 98-22.328, *Bull. civ.* II, n° 142 – Paris, 17 avr. 2008, RG n° 07/16778, NP.
8. Décr. n° 2006-936, 27 juill. 2006, relatif aux procédures de saisie immobilière et de distribution du prix d'un immeuble, *JO* 29 juill., p. 11316.

forçant le rôle du juge et en maintenant la représentation obligatoire par avocat, de responsabiliser le débiteur en l'autorisant à procéder à la vente amiable de son bien, de sécuriser la procédure, de la simplifier et de l'accélérer en limitant les contestations dilatoires et en anticipant la procédure de distribution du prix de vente [1].

Loin de l'objectif de déjudiciarisation des voies d'exécution qui avait inspiré la loi du 9 juillet 1991, la nouvelle saisie immobilière met le JEX au centre de la procédure. L'ordonnance du 21 avril 2006 a inséré dans l'article L. 213-6 du COJ un alinéa 3 selon lequel le JEX connaît de la procédure de saisie immobilière, des contestations qui s'élèvent à l'occasion de celle-ci et des demandes nées de cette procédure ou s'y rapportant directement, même si elle porte sur le fond du droit ainsi que la procédure de distribution qui en découle. Les nouvelles dispositions attribuent donc compétence au JEX jusqu'à la répartition du prix, les deux phases de saisie immobilière et de distribution du prix formant désormais une **procédure unique** [2], placée sous l'autorité du juge. Le JEX a la responsabilité de cette procédure jusqu'à son terme, la cour d'appel n'étant pas saisie de l'ensemble du dossier de l'affaire par l'effet dévolutif en cas d'appel d'un jugement ayant statué sur une contestation élevée lors de l'audience d'orientation [3]. La compétence du JEX obéit aux mêmes restrictions qu'en matière mobilière, il ne peut trancher les contestations qui échappent à la compétence des juridictions de l'ordre judiciaire. En revanche, les contestations portant sur le fond du droit peuvent porter sur la validité au fond d'un titre notarié.

À noter, en matière mobilière, que l'article L. 221-6 C. pr. exéc. place la répartition amiable du prix sous la responsabilité de l'agent chargé de la vente et ne prévoit l'intervention du JEX qu'à défaut d'accord entre les créanciers, dans les conditions précisées par l'article R. 251-8 C. pr. exéc.

§ 5
Demandes en réparation

212.141 Demandes en réparation. L'article L. 213-6 du COJ prévoit que, sauf lorsqu'elles échappent à la compétence des juridictions de l'ordre judiciaire, le JEX connaît des demandes en réparation fondées sur l'exécution ou l'inexécution dommageable des mesures d'exécution forcée ou des mesures conservatoires. Le champ de compétence octroyé au JEX est vaste; il vise d'abord l'exécution fautive imputable au créancier, ensuite la résistance abusive du débiteur. Mais il concerne également la responsabilité des tiers tenus d'apporter leur concours aux mesures d'exécution et, sous certaines réserves, la responsabilité civile des agents d'exécution.

Avant d'examiner ces hypothèses, il faut insister sur une règle rappelée par la Cour de cassation. Cette compétence du JEX s'exerce sans qu'il y ait lieu de distinguer suivant que les mesures d'exécution forcée ou les mesures conservatoires sont encore en cours lorsque le juge est saisi [4].

212.142 Mesure inutile ou abusive. Le législateur a spécialement envisagé la situation en édictant, à l'article L. 111-7 C. pr. exéc., que, si **le créancier a le choix des mesures propres à assurer l'exécution ou la conservation de sa créance**, l'exécution ne peut excéder ce qui se révèle nécessaire pour obtenir le paiement de l'obligation. Le même texte ajoute que le juge a le pouvoir d'ordonner la **mainlevée de toute mesure inutile ou abusive** et de condamner le créancier en cas d'abus de saisie. C'est l'inutilité de la mesure ou son caractère abusif qui pourra engager la responsabilité pécuniaire du créancier, **l'inutilité** résultant notamment du **caractère excessif** de la mesure [5] et le **caractère abusif** de **l'irrégularité de la mesure**, de son maintien malgré l'annulation ou la réformation du titre exécutoire [6] ou encore d'une faute ou d'une intention de nuire du créancier [7], à la condition que la demande de réparation trouve sa source dans l'irrégularité alléguée de la mesure [8]. Le texte vise à la fois les **mesures d'exécution** et les **mesures conservatoires**. S'agissant des mesures conservatoires, il provoque un effet de miroir avec l'alinéa 2 de l'article L. 512-2 C. pr. exéc., qui dispose que lorsque la mainlevée a été ordonnée, le créancier peut être condamné à réparer le préjudice causé par la mesure conservatoire [9]. La Cour de cassation a précisé, en lui consacrant une sorte d'autonomie, que ce texte n'exigeait pas, pour son application, la constatation d'une faute [10].

1. Rapport au président de la République relatif à l'ordonnance n° 2006-461 du 21 avril 2006, *JO* 22 avr. 2006, p. 6068.
2. Cass., avis, 16 mai 2008, n° 08-00.002, *Bull. avis,* n° 3.
3. Civ. 2e, 23 oct. 2008, n° 08-13.404, *Bull. civ.* II, n° 226.
4. Civ. 2e, 27 févr. 2014, n° 13-11.788, *Bull. civ.* II, n° 54.
5. Pour une saisie-vente exposant le débiteur à des frais disproportionnés : Civ. 2e, 18 juin 2009, n° 08-18.379, *Bull. civ.* II, n° 169.
6. Civ. 2e, 28 juin 2001, n° 99-17.792, *Bull. civ.* II, n° 125.
7. À propos d'un avocat ayant fait pratiquer une saisie et qui n'avait pu se méprendre sur la portée de l'ordonnance servant de fondement aux poursuites : Civ. 2e, 10 mars 2004, n° 02-16.900, *Bull. civ.* II, n° 115.
8. Dans une affaire d'expulsion : Paris, 12 oct. 2006, RG n° 05/24024, NP.
9. Les juges apprécient souverainement le caractère abusif ou non de la saisie : Civ. 2e, 12 oct. 2006, n° 04-11.561, *Bull. civ.* II, n° 268 – Com. 7 oct. 2008, n° 06-17.943, NP.
10. Civ. 2e, 29 janv. 2004, n° 01-17.161, *Bull. civ.* II, n° 35.

L'obligation de restitution des sommes versées en exécution d'un titre exécutoire à titre provisoire ultérieurement modifié, prévue par l'article L. 111-10 C. pr. exéc. n'est que la conséquence de ce que l'exécution est entreprise aux risques et périls du créancier. Il ne s'agit pas à proprement parler d'un cas de responsabilité civile à raison de la faute du créancier mais d'une responsabilité de caractère objectif[1]. La Cour de cassation a d'ailleurs censuré un arrêt qui avait subordonné le droit à réparation du débiteur à une faute du créancier[2], ce droit pouvant naître de la seule signification d'une ordonnance de référé au débiteur, alors même qu'aucune mesure d'exécution n'avait été mise en œuvre[3].

212.143 Résistance abusive du débiteur. La responsabilité du débiteur est ici engagée par application de l'article L. 121-3 C. pr. exéc. Selon ce texte, en cas de résistance abusive du débiteur, celui-ci peut être condamné à des **dommages-intérêts** par le JEX. La demande sera présentée à l'occasion d'une contestation portée devant le juge, voire, éventuellement, de façon autonome par le créancier, indépendamment de tout contentieux d'exécution. La question s'est posée de savoir si la compétence du JEX s'exerçait ici dans son cadre normal, et si elle supposait donc l'engagement d'une mesure d'exécution. Un arrêt remarqué de la troisième chambre civile avait jugé à cet égard, en matière d'astreinte, que le JEX qui liquide une astreinte n'a pas le pouvoir d'apprécier le préjudice subi en raison de la résistance abusive du débiteur de l'obligation assortie d'astreinte[4], ce qui pouvait laisser penser que l'engagement de la responsabilité du débiteur ne pouvait prendre place que de façon accessoire à une demande relevant de la compétence du JEX.

La deuxième chambre civile a été saisie à son tour de cette difficulté et a au contraire estimé, toujours dans une affaire d'astreinte, que le JEX tenait de l'article L. 121-3 C. pr. exéc. (anc^{t} L. 9 juill. 1991, art. 23) le pouvoir d'allouer des dommages-intérêts en cas de résistance abusive du débiteur à l'exécution d'un titre exécutoire[5]. Il ne fait guère de doute que cette jurisprudence peut être étendue à d'autres domaines. La compétence du JEX suppose donc seulement l'existence d'un titre exécutoire et la preuve d'une résistance du débiteur à l'exécution de ce titre. C'est donc une véritable autonomie de l'article L. 121-3 C. pr. exéc. que la Cour de cassation vient consacrer, notamment au regard des dispositions de l'article L. 213-6 du COJ[6].

212.144 Responsabilité des tiers. Aux termes de l'article L. 123-1 C. pr. exéc., les tiers ne peuvent faire obstacle aux procédures engagées en vue de l'exécution ou de la conservation des créances et doivent y apporter leur **concours** lorsqu'ils en sont légalement requis. Le second alinéa de l'article L. 123-1 C. pr. exéc. précise que celui qui, sans motif légitime, se soustrait à ses obligations peut être contraint d'y satisfaire, au besoin **sous peine d'astreinte, sans préjudice de dommages-intérêts**. Sur le fondement du dernier alinéa, le tiers entre les mains duquel est pratiquée une saisie peut aussi être condamné au paiement des causes de la créance. L'article L. 123-1 C. pr. exéc. est la base légale de l'article R. 211-5 C. pr. exéc. qui donne lieu à une jurisprudence fournie sur la responsabilité du tiers saisi.

La **responsabilité de l'État**, tenu de prêter son concours à l'exécution des jugements et des autres titres exécutoires, peut être recherchée sur le fondement de l'article L. 153-1 C. pr. exéc. qui prévoit expressément que le refus pour l'État de prêter son concours ouvre droit à réparation et de la jurisprudence *Couitéas* du Conseil d'État du 23 novembre 1923[7]. L'action en indemnisation ne relève pas ici du JEX mais, naturellement, du juge administratif.

212.145 Responsabilité des agents d'exécution. L'huissier de justice peut voir sa responsabilité engagée par le débiteur devant le JEX, sur le fondement du droit commun de la responsabilité civile, c'est-à-dire sur le fondement d'une **responsabilité délictuelle ou quasi délictuelle**[8].

Le JEX est-il également compétent pour juger de la responsabilité d'un agent d'exécution lorsque cette responsabilité est recherchée, non par le débiteur, mais par son mandant, c'est-à-dire par le **créancier** ?

La question a fait débat[9] avant d'être tranchée par la Cour de cassation, qui a considéré que le JEX

1. Civ. 2e, 14 mai 2009, n° 08-13.848, NP.
2. Civ. 2e, 10 juill. 2003, n° 01-14.778, *Bull. civ.* II, n° 244 – Civ. 2e, 22 janv. 2004, n° 01-00.580, *Bull. civ.* II, n° 18.
3. Cass., ass. plén., 24 févr. 2006, n° 05-12.679, *Bull. ass. plén.*, n° 2.
4. Civ. 3e, 29 avr. 2009, n° 08-12.952, *Bull. civ.* III, n° 96; *Procédures* 2009, n° 190, note Perrot.
5. Civ. 2e, 11 févr. 2010, n°s 08-21.787 et 08-21.788, *Bull. civ.* II, n° 30; *Dr. et proc.* 2010. 151, obs. Leborgne – Civ. 2e, 17 févr. 2011, n° 10-10.814, NP.
6. Civ. 2e, 13 juill. 2013, n° 12-20.511, NP.
7. CE 30 nov. 1923, req. n° 38284, Couitéas, *Lebon* 789; *GAJA*, Dalloz, 2007, p. 253, n° 41; *D.* 1923. 59.
8. Civ. 2e, 24 juin 1998, n° 96-22.851, *Bull. civ.* II, n° 222 – Civ. 2e, 14 mai 2009, n° 08-15.879, *Procédures* 2009, n° 272, note Perrot – Civ. 2e, 2 déc. 2010, n° 09-65.951, *Bull. civ.* II, n° 194; *Procédures* 2011, n° 55, note Perrot – Le JEX n'a en principe pas compétence pour statuer sur une demande tendant à voir engager la responsabilité d'un notaire rédacteur d'un acte notarié servant de fondement aux poursuites, mais le notaire peut être attrait à l'instance en déclaration de jugement commun : Civ. 2e, 21 mars 2013, n°s 11-22.312 et 11-22.316, NP.
9. Paris, 5 oct. 2006, RG n° 06/02588, NP.

ne pouvait statuer, notamment par le biais d'un appel en garantie, sur la demande formée par un créancier contre un huissier de justice et un commissaire-priseur, à raison de l'exécution fautive du mandat confié à ces professionnels[1]. La solution n'allait pas de soi et certains auteurs ont clairement manifesté leur préférence pour une concentration du contentieux de la responsabilité entre les mains du JEX. Plusieurs arguments militaient toutefois en faveur de la solution retenue par la Cour de cassation.

En premier lieu, la responsabilité des professionnels n'est pas la même lorsqu'elle est recherchée par le débiteur ou par le créancier. Elle est de nature extracontractuelle dans le premier cas, contractuelle dans le second. Et même si l'article L. 213-6 du COJ ne distingue pas, il n'est pas sûr que le législateur ait envisagé de confier au JEX un contentieux étranger au débiteur.

Mais, encore et surtout peut-être, l'exclusivité renforcée de la compétence du JEX paraît mal s'accommoder d'une compétence partagée entre le juge de droit commun du mandat et celui de l'exécution pour trancher à titre principal, voire à titre incident, la demande en responsabilité dirigée par le créancier contre l'agent d'exécution. Sauf à considérer, ce qui semble exclu, que le juge de droit commun se verrait privé par l'effet de la loi de sa compétence au seul motif de l'engagement d'une procédure d'exécution. Le JEX peut donc se déclarer d'office incompétent, s'il est saisi d'une demande aux fins de réparation présentée par le créancier contre son mandant.

§ 6
Pouvoirs du juge de l'exécution : étendue et limites

212.150 **Pouvoir et compétence.** La ligne séparant la compétence du juge de ses pouvoirs n'est pas franche et les deux notions sont en pratique délicates à manier. En simplifiant, on pourrait dire que l'incompétence d'un juge suppose celle d'un autre juge[2], tandis que le défaut de pouvoir juridictionnel concerne l'étendue des prérogatives du juge, en somme, ce qu'il peut ou ne peut pas faire à l'intérieur même de son champ de compétence. Le juge excède ses pouvoirs lorsqu'il agit au-delà de ce que la loi l'autorise à faire pour trancher le litige : il commet alors un **excès de pouvoirs positif**, en condamnant par exemple une personne bénéficiant d'une immunité. Si, à l'inverse, il refuse d'exercer ses pouvoirs, il se rend coupable d'un **excès de pouvoirs négatif**. Il en est ainsi, on l'a vu, du JEX qui se refuserait à statuer sur une exception de compensation ou qui s'abriterait derrière une contestation sérieuse pour rejeter une demande d'autorisation de saisie conservatoire.

Au-delà du débat doctrinal, la distinction de la compétence et des pouvoirs du juge a des implications procédurales très pratiques. Ainsi par exemple, le moyen tiré du défaut de pouvoir juridictionnel d'une juridiction constitue-t-il une fin de non-recevoir et non une exception[3]. Il peut donc être soulevé en tout état de cause. On retrouvera cette question à propos du rôle de la cour d'appel statuant en matière d'exécution. Sans prétendre à l'exhaustivité, les développements qui suivent fournissent des exemples des pouvoirs (A) et des limites (B) aux pouvoirs reconnus au JEX par la loi ou par la jurisprudence.

A.
Étendue des pouvoirs reconnus au juge de l'exécution

212.151 **Possibilité d'interpréter le titre.** Interpréter le titre servant de fondement aux poursuites est une tâche habituelle du JEX. Lorsqu'il détermine par exemple l'étendue de l'obligation résultant du titre, il peut faire œuvre d'interprétation[4]. Le pouvoir dont il dispose ainsi s'exerce concurremment avec le juge ayant rendu la décision à interpréter[5]. Il ne fait pas échec au pouvoir reconnu à tout juge d'interpréter sa décision[6]. Pour autant, le JEX ne peut interpréter les dispositions ambiguës du titre que dans les limites de sa compétence, soit après l'engagement d'une mesure d'exécution[7]. Ou encore, très souvent, en matière d'astreinte, devra-t-il procéder à l'interprétation de la décision assortie d'astreinte pour préciser le sens ou la portée de l'injonction[8]. En principe, il ne sera dès lors pas saisi d'une demande d'interprétation par voie principale, mais il se livrera à l'interprétation du titre pour trancher la difficulté ou la contestation soulevée. Le JEX n'a cependant pas à interpréter un dispositif clair[9] et il ne peut, sous le couvert d'inter-

1. Civ. 2e, 21 févr. 2008, no 07-10.417, *Bull. civ.* II, no 43; *RTD civ.* 2008. 546, note Théry; C. Brenner, « Sommaires annotés de la Cour de cassation », *Gaz. Pal.* 28-30 sept. 2008, p. 19 – SOLUTION CONFIRMÉE, Civ. 2e, 1er oct. 2009, no 08-18.786, NP – Civ. 3e, nos 10-12.741 et 10-13.777, NP.
2. Civ. 2e, 13 juill. 2006, no 05-10.118, *Bull. civ.* II, no 209.
3. Civ. 2e, 21 avr. 2005, no 03-15.607, *Bull. civ.* II, no 116.
4. Civ. 2e, 27 sept. 2012, no 11-24.734, NP.
5. Civ. 2e, 11 déc. 2008, no 07-19.046, *Bull. civ.* II, no 265; *Procédures* 2009, no 46, note Perrot.
6. Civ. 2e, 9 juill. 1997, no 94-18.320, *Bull. civ.* II, no 226 – Civ. 2e, 11 déc. 2008, no 07-19.046 (préc. ss prést no).
7. Civ. 2e, 7 juin 2007, no 06-14.084, NP.
8. Civ. 2e, 11 mars 2010, no 09-13.636, *Bull. civ.* II, no 51.
9. Civ. 2e, 14 juin 2001, no 99-16.704, NP.

prétation, modifier le dispositif de la décision qui sert de fondement aux poursuites ou remettre en cause la chose jugée[1]. On signalera enfin un arrêt de la première chambre civile de la Cour de cassation, dont le résumé publié au *Bulletin* laisse entendre que le pouvoir d'interprétation donné par l'article 1475 C. pr. civ. à l'arbitre serait exclusif de celui du JEX. La lecture de l'arrêt invite cependant à la prudence quant à sa portée[2].

212.152 Pouvoir de rectification d'erreur matérielle. L'article 462 C. pr. civ. permet à la juridiction qui a rendu une décision ou à celle à laquelle le jugement est déféré de rectifier les erreurs matérielles qui l'affectent. Peut-on considérer que le titre servant de fondement aux poursuites est déféré au JEX, au sens de ce texte ? Nous ne le pensons pas. Le juge est au service du titre exécutoire. Pour autant, il nous semble que, dans l'exercice de son pouvoir d'interprétation, rien ne s'oppose à ce que le JEX corrige de lui-même une erreur purement matérielle affectant la décision. Il ne pourrait cependant pas être saisi à titre principal de la rectification. La rectification éventuelle ne devrait donc pas figurer dans le dispositif de la décision du JEX.

212.153 Possibilité d'ordonner des astreintes. Il est ici question des astreintes que la loi permet au JEX de prononcer pour assurer l'exécution de sa propre décision et non de la compétence qu'il tient de la loi d'assortir d'astreinte l'injonction d'un autre juge (v. s^s^ n°s 212.241 et 212.242). Comme tout juge, le JEX peut assortir sa propre décision d'astreinte. Le Code des procédures civiles d'exécution y fait expressément référence en son article L. 123-1, qui autorise le juge à contraindre les tiers s'étant soustraits à leurs obligations par le prononcé d'une astreinte[3] ou encore en son article R. 522-9 qui concerne la conversion en saisie-vente d'une saisie conservatoire, ces dispositions n'excluant bien sûr pas le pouvoir du juge d'ordonner une astreinte en d'autres matières.

212.154 Possibilité de constater l'acquisition de la clause résolutoire. La Cour de cassation a jugé qu'en constatant l'acquisition de plein droit d'une clause résolutoire qui rendait exigible la créance pour le recouvrement de laquelle des saisies-attributions avaient été pratiquées, figurant dans un acte notarié de crédit-bail, le JEX, saisi d'une contestation dirigée contre ces mesures d'exécution, n'avait fait qu'exercer les pouvoirs qu'il tenait de l'article L. 311-12-1 du COJ, alors applicable[4]. Nous ne pensons pas que cette jurisprudence autorise le JEX à constater l'acquisition de la clause résolutoire d'un bail stipulée dans un acte notarié aux fins d'ordonner l'expulsion, une telle mesure ne pouvant en principe être engagée que sur la base d'une décision de justice préalable rendue dans les conditions des articles L. 411-1 et suivants C. pr. exéc. Un arrêt rendu le 9 juillet 1997 paraît conforter cette analyse[5].

212.155 Possibilité de relever d'office son incompétence. Le dernier alinéa de l'article R. 121-1 C. pr. exéc. permet au JEX de relever d'office son incompétence. La règle doit se comprendre à la lumière de celle posée par l'article R. 121-4 C. pr. exéc. qui énonce que les règles de compétence prévues par ce décret, notamment l'article 8, qui se réfère à l'article L. 213-6 du COJ, sont des règles d'ordre public. Et par l'article R. 121-1 C. pr. exéc. lui-même, qui oblige tout juge autre que le JEX à relever d'office son incompétence. En contrepartie, le JEX s'est vu accorder la possibilité de soulever sans conditions sa propre incompétence. En ce qui concerne la compétence territoriale, les dispositions de l'article R. 121-1 C. pr. exéc. sont aussi plus souples que celles de l'article 93 C. pr. civ., en ce qu'elles permettent au JEX de relever en toute hypothèse son incompétence, hors même les cas des litiges relatifs à l'état des personnes ou lorsque la loi attribue compétence exclusive à une autre juridiction et où le défendeur ne comparaît pas.

212.156 Possibilité de délivrer exceptionnellement un titre exécutoire. Le JEX rend, dans l'exercice de ses compétences, des jugements exécutoires. Mais la loi lui confère également la possibilité de rendre des jugements portant sur le fond, notamment à l'encontre des tiers. On peut ici penser à la condamnation du tiers saisi au paiement des causes de la saisie ou à des dommages-intérêts, dans les conditions prévues par l'article R. 211-5 C. pr. exéc. ou encore à la délivrance d'un titre contre le tiers saisi en application de l'article R. 211-9 C. pr. exéc., cette procédure s'appliquant d'ailleurs à l'avis à tiers détenteur[6].

212.157 Possibilité de modifier une clause pénale. Lorsqu'un acte notarié renferme une clause pénale, le débiteur peut être tenté de demander au JEX de la modérer, sur le fondement de l'article 1152 du Code civil. Considérant que le JEX n'était pas le juge de l'obligation, la Cour de cassation lui refusait le pouvoir de modifier la peine, qu'il s'agisse d'ailleurs de la réduire ou de l'augmenter[7]. La deuxième

1. Civ. 2e, 20 déc. 2001, n° 00-12.926, NP.
2. Civ. 1re, 9 janv. 2007, n° 04-10.719, *Bull. civ.* I, n° 1.
3. Com. 28 avr. 1998, n° 95-18.132, *Bull. civ.* IV, n° 134.
4. Civ. 2e, 26 nov. 1997, n° 95-18.138, *Bull. civ.* II, n° 284.
5. Civ. 2e, 9 juill. 1997, n° 94-16.194, *Bull. civ.* II, n° 227.
6. Cass., avis, 7 mars 1997, n° 09-60.015, *Bull. avis,* n° 3 – Cass., avis, 9 févr. 1998, n° 09-70.013, *Bull. avis*, n° 2.
7. Civ. 1re, 4 avr. 2006, n° 01-10.980, NP – Civ. 2e, 20 déc. 2007, n° 06-21.959, NP.

chambre civile a révisé sa jurisprudence sur ce point et, tirant les conséquences du revirement jurisprudentiel du 18 juin 2009 décidant que le JEX pouvait désormais se prononcer sur la nullité d'un engagement résultant d'un acte notarié, invoquée pour absence prétendue de l'une des conditions requises par la loi pour la validité de sa formation (v. s^{s} n° 212.91), admet à présent que le JEX est compétent pour statuer sur la demande de modération de la clause pénale, contenue dans un acte notarié fondant les poursuites[1]. On observera que la Cour se place ici clairement sur le terrain de la compétence du juge et non sur celui de ses pouvoirs, puisqu'elle fonde son arrêt sur l'article L. 213-6 C. pr. exéc. Il faut en déduire une incompétence de tout autre juge pour faire application des dispositions de l'article 1152 alinéa 2 du Code civil. En revanche, il demeure évidemment impossible pour le JEX de fixer une clause pénale[2].

B. Limites

212.161 Interdiction de modifier le titre. Le deuxième alinéa de l'article R. 121-1 C. pr. exéc. interdit au juge de modifier le dispositif[3] de la décision de justice qui sert de fondement aux poursuites. Le texte décline, en matière d'exécution, l'interdiction générale faite aux juges de méconnaître l'autorité de la chose jugée. Il arrive d'ailleurs à la Cour de cassation de viser aussi bien dans ses arrêts les articles 1351 du Code civil et 480 C. pr. civ.

Le législateur a cependant entendu souligner avec force que le JEX n'était pas une juridiction de recours. Il ne peut ni retrancher ni ajouter au jugement. De très nombreux arrêts rappellent la prohibition. Ainsi une mesure d'expulsion n'emporte-t-elle pas par elle-même obligation des locataires de démolir les constructions qu'ils avaient édifiées[4]. De la même façon, excède ses pouvoirs le JEX qui condamne une bailleresse à payer des dommages-intérêts à des locataires évincés au motif que les locaux ayant fait l'objet d'une relocation, l'obligation en nature de réintégration, ordonnée en justice, ne pouvait être exécutée[5]. Le JEX ne peut pas non plus ordonner la capitalisation des intérêts, alors que le titre dont l'exécution est poursuivie ne l'aurait pas prévu[6]. La jurisprudence a encore considéré que le JEX avait modifié le titre en mettant à la charge d'une partie des frais de gardiennage d'un véhicule alors que la décision servant de fondement aux poursuites n'avait pas statué sur ces frais[7], ou encore lorsqu'il a prononcé une condamnation au paiement de salaires[8] ou également déduit d'un arrêt qui ne l'avait pas décidé une indemnisation au titre non de la maladie simple mais de la maladie professionnelle[9].

212.162 Interdiction d'annuler le titre. Saisi d'une contestation formée à l'encontre d'un commandement, le JEX n'a pas le pouvoir, sous le couvert de vérifier que le débiteur a bien fait l'objet d'une condamnation personnelle, de prononcer l'annulation d'une décision de justice[10] ou de prononcer la nullité pour dol d'une imputation d'un paiement consenti par les débiteurs[11] ou d'une transaction rendue exécutoire[12].

212.163 Interdiction de statuer sur la recevabilité du recours dirigé contre le titre. On signalera à cet égard un arrêt important qui, pour casser un arrêt ayant donné effet à des saisies-attribution, a jugé qu'il n'appartenait pas au JEX, saisi d'une demande de mainlevée d'une mesure d'exécution forcée pratiquée en vertu d'un jugement frappé d'un recours suspensif, de se prononcer sur la recevabilité de ce recours[13].

212.164 Interdiction de suspendre les poursuites. Le deuxième alinéa de l'article R. 121-1 C. pr. exéc. fait encore interdiction au JEX de suspendre l'exécution de la décision servant de fondement aux poursuites, si ce n'est pour accorder un délai de grâce. La prohibition procède de cette même idée que le juge ne peut altérer le titre exécutoire ou en paralyser les effets. La décision de justice doit pouvoir être exécutée aussi longtemps qu'elle n'a pas été anéantie et le juge ne peut en suspendre l'exécution, fût-elle frappée de tierce opposition[14]. Le juge ne peut pas non plus aménager l'exécution de la décision, en accueillant la demande d'un débiteur tendant à être autorisé à consigner entre les mains d'un séquestre les sommes dues dans l'attente de l'issue d'un pourvoi formé contre l'arrêt[15]. Par

1. Civ. 2e, 5 juin 2014, n° 13-16.053, *Bull. civ.* II, n° 127.
2. Civ. 2e, 20 déc. 2007, n° 06-21.959, NP.
3. Civ. 1re, 13 mars 2008, n° 07-11.582, NP – Civ. 2e, 22 mars 2012, n° 11-13.184, NP – Civ. 2e, 12 avr. 2012, n° 10-28.238, NP.
4. Civ. 2e, 11 mars 1999, n° 96-16.966, NP.
5. Civ. 3e, 23 mars 2005, n° 03-19.071, *Bull. civ.* III, n° 72.
6. Civ. 2e, 31 janv. 2002, n° 00-12.405 (préc. s^{s} n° 212.73).
7. Civ. 2e, 13 sept. 2007, n° 06-13.672, *Bull. civ.* II, n° 219.
8. Civ. 2e, 1er oct. 2009, n° 08-18.478, *Bull. civ.* II, n° 213 – v. AUSSI, en matière de procédure collective : Civ. 2e, 8 sept. 2011, n° 10-24.511, NP.
9. Civ. 2e, 12 avr. 2012, n° 10-28. 238, NP.
10. Civ. 2e, 25 mars 1998, n° 95-16.913, *Bull. civ.* II, n° 107.
11. Civ. 2e, 3 oct. 2002, n° 00-22.179, NP.
12. Bordeaux, 5 oct. 2006, RG n° 05/05902, NP.
13. Civ. 2e, 3 juin 1998, n° 95-12.887, *Bull. civ.* II, n° 174.
14. Civ. 2e, 27 juin 2002, n° 00-19.202, *Bull. civ.* II, n° 148.
15. Civ. 2e, 16 oct. 2003, n° 01-02.245, *Bull. civ.* II, n° 308; *Dr. et proc.* 2004. 54.

exception, en matière de saisie-vente, le JEX peut, en application de l'article R. 221-36 C. pr. exéc., suspendre les opérations de saisie jusqu'à ce qu'il statue sur la demande en nullité de la vente mais il ne le peut que jusqu'à cette date[1].

212.165 **Exclusion du sursis de la procédure d'inscription de faux.** La Cour de cassation considère que l'article 312 C. pr. civ., qui concerne l'inscription de faux contre les actes authentiques soulevée incidemment devant le TGI ou la cour d'appel, n'est pas applicable devant le JEX. Ce dernier ne peut donc accueillir une demande de sursis aux poursuites jusqu'à ce qu'il soit statué sur le faux par la juridiction répressive[2]. En revanche, aucune disposition n'exclut la compétence du JEX pour statuer sur une inscription de faux formée incidemment sur le fondement de l'article 286 C. pr. civ.[3].

212.166 **Exclusion de l'article 4 du Code de procédure pénale.** Animée par le même souci de célérité, la jurisprudence retient de façon constante que le sursis légal de l'article 4 du Code de procédure pénale, qui ne concerne que l'action civile et non la poursuite d'une voie d'exécution sur le fondement d'un titre exécutoire, est sans application devant le JEX[4].

SECTION 2
AUTRES COMPÉTENCES EXCLUSIVES DU JUGE DE L'EXÉCUTION

212.171 **Rappel.** De nombreuses dispositions du Code des procédures civiles d'exécution attribuent au JEX des compétences particulières. La plupart doivent être considérées comme exclusives et d'ordre public, conformément à l'article R. 121-4 C. pr. exéc. S'agit-il de compétences renforcées ? Nombre de ces compétences peuvent se rattacher aux compétences générales de l'article L. 213-6 du COJ. Nous suggérons donc de considérer que, dans cette mesure, tout autre juge que le JEX devrait d'office relever son incompétence. Par ailleurs, des dispositions éparses, nichées dans des Codes ou dans des lois particulières, font référence au JEX. Dès lors que l'intervention du JEX s'inscrira dans le cadre général posé par l'article L. 213-6 du COJ, on pourra penser qu'il dispose alors d'une compétence exclusive d'ordre public renforcée.

§ 1
Pouvoir modérateur relatif aux accessoires de la créance

212.181 **Notion.** L'expression de pouvoir modérateur, empruntée à M. Normand, traduit bien la dimension humaine de l'activité du JEX. La finalité de l'exécution n'est pas de mettre en difficulté le débiteur, mais de garantir au créancier l'exécution du titre ou la conservation de ses droits. Les dispositions évoquées ci-après permettent au JEX de veiller à l'équilibre des situations des parties et de préserver leurs intérêts légitimes.

212.182 **Recouvrement des frais.** Selon l'article L. 111-8 C. pr. exéc., les frais de l'exécution forcée sont à la charge du débiteur[5], sauf s'il est manifeste qu'ils n'étaient pas nécessaires[6] au moment où ils ont été exposés. Le texte fait écho à l'article L. 121-2 C. pr. exéc. dont il a été question plus haut qui autorise le juge à sanctionner le caractère inutile ou abusif d'une mesure. Le deuxième alinéa de l'article L. 111-8 précise que les contestations relatives aux frais d'exécution sont tranchées par le JEX. Un avis de la Cour de cassation, rendu le 11 mars 1994, précise qu'il résulte de la combinaison des articles 52 C. pr. civ., L. 311-12-1 du COJ, alors applicable, et de l'article L. 111-8 C. pr. exéc., que la compétence du JEX se limite aux frais de l'exécution forcée proprement dite dont ce juge peut, en cas de contestation, déterminer la charge et fixer le montant[7]. Il n'est dès lors pas compétent pour statuer sur les contestations relatives aux dépens de l'instance ayant donné lieu à la délivrance du titre, qui relèvent de la procédure de taxe[8]. Au visa de l'article L. 111-8 C. pr. exéc., la Cour de cassation a jugé qu'une cour d'appel, qui avait constaté la nullité de la signification de procès-verbaux de contrainte émis par l'Urssaf, ne pouvait condamner le débiteur au paiement des frais d'huissiers de justice afférents à ces significations[9]. Toutefois, l'article R. 221-55 C. pr. exéc. dispose que le juge qui annule la saisie peut laisser à la charge du débiteur tout ou partie des frais qu'elle a occasionnés si le débiteur s'est abstenu de demander la nullité en temps utile. S'agissant des frais des mesures conservatoires, l'article L. 512-2 C. pr. exéc. les met à la charge du débiteur, sauf disposition contraire du juge à l'issue de la procédure.

1. Civ. 2e, 20 nov. 2003, no 01-17.579, *Bull. civ.* II, no 352.
2. Civ. 2e, 18 févr. 1999, no 96-21.045, *Bull. civ.* II, no 35.
3. Versailles, 5 juin 2008, RG no 08/01820, NP.
4. Civ. 2e, 3 juin 1999, no 97-19.448, NP – Com. 3 oct. 2006, no 04-14.611, *Bull. civ.* IV, no 203 – Civ. 2e, 23 nov. 2006, no 06-11.200, NP.
5. Civ. 2e, 21 nov. 2002, no 01-03.196, NP.
6. Civ. 2e, 28 juin 2001, no 99-20.953, NP.
7. Cass., avis, 11 mars 1994, no 09-40.001, *Bull. avis,* no 8.
8. Civ. 2e, 8 juill. 2004, no 02-14.189, NP – Douai, 4 juin 2009, RG no 08/03423, NP.
9. Civ. 2e, 21 févr. 2008, no 07-11.568, *Bull. civ.* II, no 44.

212.183 Réduction de la majoration du taux d'intérêt légal. L'article 91 de la loi du 9 juillet 1991, (non repris par ord. de codification du C. pr. exéc.), inséré au second alinéa de l'article L. 313-3 du Code monétaire et financier, permet au JEX, à la demande du débiteur mais aussi du créancier, en considération de la situation du débiteur, d'exonérer celui-ci de la majoration de cinq points du taux d'intérêt légal, deux mois après qu'une décision de justice est devenue exécutoire, ou quatre mois après le prononcé d'un jugement d'adjudication, prévue au premier alinéa du texte, ou d'en réduire le montant. Ce texte est applicable aux dettes d'aliments, faute d'exclusion expresse, à la différence de l'article 1244-1 du Code civil qui exclut son application aux dettes d'aliments[1]. Lorsqu'il fait application de cette disposition, le JEX n'a pas à distinguer selon que les intérêts sont dus pour la période antérieure ou postérieure à la décision de ce juge[2].

§ 2 Demandes urgentes ou provisoires

212.191 Appréhension sur injonction. Les articles R. 222-11 à R. 222-16 C. pr. exéc. régissent la procédure de saisie-appréhension des biens meubles corporels sur injonction du juge. Saisi par voie de requête, le juge peut, en l'absence de titre exécutoire, faire injonction au débiteur d'avoir à délivrer ou restituer un bien meuble déterminé. La finalité de cette procédure est indiscutablement conservatoire, même si elle ne constitue pas à proprement parler une mesure conservatoire. Le détenteur du bien peut faire opposition et saisir le juge du fond compétent, à défaut de quoi le requérant peut faire apposer la formule exécutoire sur l'ordonnance qui a les effets d'un jugement contradictoire en dernier ressort et permet la mise en œuvre d'une saisie-appréhension sur la base d'un titre, qui est alors une mesure d'exécution.

212.192 « Référé-provision ». Selon l'article L. 211-5 C. pr. exéc., en cas de contestation d'une mesure de saisie-attribution, le paiement par le tiers saisi est différé sauf si le juge l'autorise pour la somme qu'il détermine. Le deuxième alinéa de l'article R. 211-12 C. pr. exéc. précise que s'il apparaît que ni le montant de la créance du saisissant ni la dette du tiers ne sont sérieusement contestables, le JEX peut ordonner provisionnellement le paiement d'une somme qu'il détermine en prescrivant, le cas échéant, des garanties. La décision du juge n'a pas, aux termes du troisième alinéa de l'article R. 211-12 C. pr. exéc., autorité de chose jugée au principal. On voit combien cette disposition particulière emprunte à la procédure de référé.

212.193 Levée des mesures d'immobilisation. Les articles L. 223-2 et R. 223-9 et suivants C. pr. exéc. précisent les conditions dans lesquelles le juge peut ordonner la mainlevée de mesures d'immobilisation des véhicules terrestres à moteur.

212.194 Pouvoir de consignation et de séquestre. Le JEX dispose de la possibilité d'ordonner la consignation ou le séquestre de sommes et ce en vertu des articles L. 512-1, R. 522-4 et R. 523-2 C. pr. exéc., en matière de saisie conservatoire, ou des articles R. 211-2 et R. 211-16 C. pr. exéc., en matière de saisie-attribution, R. 221-19, R. 221-20 et R. 221-28 C. pr. exéc pour la saisie-vente, R. 221-59 C. pr. exéc. pour la saisie des récoltes, et R. 224-5 et R. 224-11 C. pr. exéc. pour les biens placés dans un coffre-fort.

§ 3 Surveillance et contrôle de la mesure d'exécution

212.201 Demandes d'autorisation. L'huissier de justice peut, en application des articles L. 122-1 et R. 122-1 C. pr. exéc., en référer au JEX s'il l'estime nécessaire, lorsque la mesure lui paraît revêtir un caractère illicite ou si le montant des frais paraît manifestement susceptible de dépasser le montant de la créance, sauf pour les condamnations symboliques. L'article L. 122-2 C. pr. exéc. lui permet encore de demander au juge de donner les autorisations requises ou de prescrire les mesures nécessaires. Ainsi pour pénétrer dans les lieux occupés par un tiers (L. 9 juill. 1991, art. 21, al. 3 [abr. par ord. de codification du C. pr. exéc.]), effectuer une mesure d'exécution un dimanche ou un jour férié ou avant six heures et après vingt-et-une heures (C. pr. exéc., art. L. 141-1), autoriser la saisie-vente et la saisie-appréhension de biens détenus par un tiers dans ses locaux d'habitation (C. pr. exéc., art. L. 221-1 et L. 222-1), la mise en vente des meubles après expulsion (C. pr. exéc., art. L. 433-2), ou encore autoriser la personne qui a requis la mesure d'assister aux opérations (C. pr. exéc., art. R. 141-3).

212.202 Difficultés d'exécution. L'alinéa 2 de l'article R. 151-3 C. pr. exéc. a institué une procédure originale qui permet à l'huissier de justice qui rencontre une difficulté dans l'exécution, d'en dresser procès-verbal et de faire trancher cette difficulté par le JEX. Les articles L. 131-2 et suivants C. pr. exéc. réglementent cette procédure, l'ordon-

1. Civ. 2e, 22 mars 2012, n° 11-13.915, *Bull. civ.* II, n° 56.
2. Civ. 2e, 6 juin 2013, n° 12-20.119, *Bull. civ.* II, n° 112; *Procédures* août-sept. 2013, n° 239, note Perrot.

nance du juge n'ayant pas en ce domaine autorité de chose jugée au principal. Ainsi, confronté à une incertitude, relativement au recouvrement d'un arriéré de pension alimentaire, sur la portée rétroactive de l'ordonnance d'un conseiller de la mise en état assortissant de l'exécution provisoire la décision de première instance qui avait omis de l'ordonner, l'huissier de justice est tenu soit de s'abstenir de procéder à ce recouvrement, soit de soumettre la difficulté au JEX[1].

212.203 Mainlevée de mesure inutile ou abusive. On se bornera à renvoyer aux dispositions des articles L. 111-7 et L. 121-2 C. pr. exéc., le juge exerçant ici des compétences qui se rattachent à celles qu'il tient de l'article L. 213-6 du COJ (v. s[s] n°s 212.11 s).

212.204 Subsidiarité dans la saisie-vente. Selon les articles L. 221-2, R. 221-2 et R. 221-3 C. pr. exéc., la saisie-vente dans un local servant à l'habitation du débiteur[2], lorsqu'elle tend au recouvrement d'une créance autre qu'alimentaire d'un montant inférieur à 535 euros, ne peut être pratiquée, sauf autorisation du JEX, que si ce recouvrement n'est pas possible par voie de saisie d'un compte ou de rémunérations[3].

212.205 Cantonnement. L'article R. 532-9 C. pr. exéc. permet au JEX de cantonner les effets d'une sûreté judiciaire, lorsque la valeur des biens grevés est manifestement supérieure au montant des sommes garanties, si le débiteur justifie que les biens demeurant grevés ont une valeur double du montant de ces sommes.

§ 4
Dispositions particulières attribuant compétence au juge de l'exécution

212.211 Dispositions codifiées attribuant compétence au juge de l'exécution.

Mesures de la compétence du JEX	Sources codifiées
Cession des actifs du débiteur en liquidation judiciaire et contestations sur la répartition du produit de la vente	**C. com.**, art. L. 642-18
Contentieux de la régularité des mesures conservatoires	**C. douanes**, art. 349
Contentieux de la régularité formelle de l'acte de poursuite pour le recouvrement d'une créance territoriale	**CGCT**, art. L. 1617-5
Contentieux du recouvrement portant sur la régularité en la forme de l'acte	**LPF**, art. L. 281 et R. 281-5
Contestation des oppositions motivées pour le recouvrement des cotisations et créances des régimes de protection sociale des professions agricoles	**C. rur.**, art. L. 725-12
Demande en revendication d'objets saisis	**LPF**, art. L. 283
Exonération ou réduction de la majoration du taux d'intérêt légal	**C. mon. fin.**, art. L. 313-3
Opposition des tiers détenteurs	**CSS**, art. L. 652-3
Procédure de paiement direct	**C. pr. exéc.**, art. R. 213-6
Reproduction des articles R. 112-5, R. 213-10 et R. 162-2 à R. 162-8 C. pr. exéc.	**C. mon. fin.**, art. R. 312-4
Saisie des biens des banques centrales étrangères	**C. mon. fin.**, art. L. 153-1
Saisie des navires transports	**C. transp.**, art. L. 5114-21
Saisie conservatoire des aéronefs	**C. transp.**, art. L. 6123-2
Validité, mainlevée, réduction ou cantonnement des saisies douanières	**C. douanes**, art. 341-*bis* (L. n° 2011-1862, 13 déc. 2011, art. 8, 3°)
Vente des meubles – interdiction d'habiter	**CCH**, art. L. 542-3

212.212 Autres dispositions non codifiées attribuant compétence au juge de l'exécution.

Mesures de la compétence du JEX	Sources non codifiées
Publicité foncière, inscription d'hypothèque judiciaire conservatoire	**Décr. n° 55-1350,** 4 janv. 1955, art. 57-2
Recouvrement des amendes, demande de titre exécutoire par le comptable public	**Décr. n° 64-1333,** 22 déc. 1964, art. 6-1, IV
Ressources des associations syndicales de propriétaires	**Décr. n° 2006-504,** 3 mai 2006, art. 54

212.213 Saisie de licence d'exploitation d'un débit de boissons. On signalera enfin un avis rendu le 8 février 1999 par la Cour de cassation qui, en l'absence de texte de portée générale ou de dispositions spécifiques, transpose, sous réserve des adaptations nécessaires, les dispositions applicables aux saisies de droits d'associés et de valeurs mobilières aux saisies de licence d'exploitation d'un débit de boissons[4].

SECTION 3
COMPÉTENCES PARTAGÉES ET CONCURRENTES

212.221 Partagées ou concurrentes ? Il est des compétences qui sont **partagées**, au sens où la com-

1. Civ. 1re, 22 mars 2012, n° 10-25.811, *Bull. civ.* I, n° 65.
2. Qu'elle soit principale ou secondaire : Civ. 2e, 18 juin 2009, n° 08-18.379, *Bull. civ.* II, n° 169.
3. Cass., avis, 8 déc. 1995, n° 09-50.013, *Bull. avis,* n° 15.
4. Cass., avis, 8 févr. 1999, n° 09-80.015, *Bull. avis,* n° 1.

pétence est répartie, en certaines matières, entre plusieurs juges, en fonction de critères définis par la loi. En considération de ces critères, chacun doit donc y retrouver son juge. Tel est le cas de la liquidation d'une astreinte ou encore de l'octroi de délais de grâce, qu'il convient de solliciter, selon les circonstances, du JEX ou d'un autre juge.

D'autres compétences s'exercent **concurremment.** Ainsi en est-il des mesures conservatoires en matière de créance commerciale, ou de la fixation d'une astreinte, qui peuvent être demandées au président du tribunal de commerce ou au juge de l'injonction, mais aussi au JEX. De même, si l'opposition à une saisie-appréhension sur injonction du juge, autorisée par le JEX, doit en principe être portée devant le juge du fond, rien ne paraît exclure qu'une contestation soit portée devant le JEX par le débiteur de l'obligation de délivrer ou de restituer.

L'intérêt de la distinction est mince mais il permet de conclure que lorsque les compétences sont partagées, le JEX peut relever son incompétence alors que tout autre juge doit relever la sienne. Quand les compétences sont concurrentes, elles sont, par hypothèse, non exclusives, de sorte que le juge ne peut, qu'il soit saisi d'une demande en ce sens ou qu'il agisse d'office, se déclarer incompétent.

§ 1
Mesures conservatoires

212.231 Créance commerciale. Il résulte de l'article L. 511-3 C. pr. exéc. que si l'autorisation aux fins de pratiquer une mesure conservatoire est donnée par le JEX, elle peut être accordée par le président du tribunal de commerce lorsque, demandée avant tout procès, elle tend à la conservation d'une créance relevant de la compétence de la juridiction commerciale. Ce chef de compétence s'explique aisément par le rôle d'alerte du président du tribunal de commerce sur les difficultés financières des entreprises. Le requérant dispose, selon le texte même de l'article L. 511-3 C. pr. exéc., d'une option. Il peut saisir le président du tribunal de commerce mais aussi le JEX. Si donc aucun procès n'est engagé et si la créance relève de la compétence de la juridiction commerciale, le président du tribunal de commerce peut autoriser la mesure. À défaut de quoi, il doit d'office rejeter la requête.

Quel est le procès visé par l'article L. 511-3 C. pr. exéc. ? À notre sens, la loi ne vise qu'un **procès introduit devant la juridiction commerciale**, que celle-ci soit saisie au fond ou en référé. C'est la justification même du texte qui conduit à cette conclusion. La fonction d'alerte est en effet remplie lorsque le tribunal de commerce est par ailleurs saisi; elle ne l'est pas en revanche si le litige est porté devant une autre juridiction[1]. Après l'engagement d'un procès, le JEX retrouve naturellement sa compétence. Aux termes de l'article R. 511-2 C. pr. exéc., la demande est portée devant le président du tribunal de commerce du lieu où demeure le débiteur. Quant aux contestations, elles sont portées devant le président du tribunal de commerce qui a autorisé la mesure, par application de l'article R. 512-2 C. pr. exéc. du décret. Une règle équivalente est posée par l'article R. 222-18 C. pr. exéc. en matière de saisie-revendication de biens meubles corporels.

212.232 Publicité des sûretés judiciaires. L'article R. 533-6 C. pr. exéc. dispose que la publicité provisoire des sûretés judiciaires est caduque à défaut de confirmation dans les délais par une publicité définitive. Le JEX est compétent pour statuer sur cette caducité[2]. L'alinéa 2 de ce texte ajoute qu'en cas d'extinction de l'instance introduite par le créancier ou si sa demande est rejetée, la radiation est demandée au juge saisi au fond et, à défaut, elle est ordonnée par le JEX. On s'aperçoit que dans cette hypothèse, très spécifique, le **juge du fond** et le **JEX** exercent une **compétence concurrente** et peuvent être saisis l'un comme l'autre. En revanche, la radiation d une inscription d'hypothèque judiciaire définitive échappe à la compétence du JEX[3].

§ 2
Astreinte

212.241 Nature de l'astreinte. La matière de l'astreinte est régie par les articles L. 131-1 à L. 131-4 et R. 131-1 à R. 131-4 C. pr. exéc. L'astreinte n'est définie par l'article L. 131-1 C. pr. exéc. que par son but, qui est d'assurer l'exécution de la décision. Sa finalité est de contraindre le débiteur à l'exécution volontaire de l'injonction mise à sa charge. Les caractères de l'astreinte sont connus. Elle est **personnelle**[4], **accessoire** et en principe **provisoire.** Elle est **indépendante des dommages-intérêts** et n'a donc pas, sauf en matière d'expulsion[5], de caractère indemnitaire. Elle n'est enfin pas une mesure d'exécution forcée[6]. La réforme des procédures civiles d'exécution a pourtant fait du JEX le juge de l'astreinte. Sa compétence s'exerce concurremment

1. Lyon, 7 mars 1997, *JCP* 1997. IV. 2574.
2. Civ. 2e, 22 mars 2006, nº 04-12.701, NP.
3. Civ. 2e, 14 sept. 2006, nº 05-14.629, NP.
4. Civ. 2e, 14 sept. 2006, nº 05-17.118, *Bull. civ.* II, nº 218.
5. L. nº 49-972, 21 juill. 1949, art. 2 (devenu C. pr. exéc., art. L. 421-2), donnant le caractère comminatoire aux astreintes fixées par les tribunaux en matière d'expulsion, et en limitant le montant, *JO* 22 juill., p. 7183.
6. Civ. 2e, 17 déc. 1997, nº 96-13.568, *Bull. civ.* II, nº 319.

avec celle du juge de l'injonction pour la fixation de l'astreinte. Il la partage avec le juge qui a ordonné l'astreinte en matière de liquidation.

212.242 Fixation de l'astreinte. Selon l'article L. 131-1 C. pr. exéc., **tout juge** peut, même d'office, ordonner une astreinte pour assurer l'exécution de sa décision. La généralité des termes de la loi autorise donc le juge du fond comme le juge des référés, le juge de première instance comme le juge d'appel, les juridictions de droit commun et les juridictions spécialisées à ordonner une astreinte. Rien n'interdit non plus au JEX d'assortir d'astreinte ses propres injonctions, les textes le prévoyant parfois expressément.

Mais l'alinéa 2 de l'article L. 131-1 C. pr. exéc. donne aussi **compétence au JEX pour assortir d'une astreinte une décision rendue par un autre juge**, si les circonstances en font apparaître la nécessité. Le JEX dispose alors d'un pouvoir souverain, il lui suffit de motiver sa décision par les circonstances qui rendent nécessaire le prononcé d'une astreinte, tirées en particulier de la résistance du débiteur à l'exécution de l'obligation[1]. À ce titre, il a été jugé, avant l'abrogation de ce texte, qu'il pouvait assortir d'astreinte une ordonnance rendue en application de l'article 1441-4 C. pr. civ. ayant conféré force exécutoire à une transaction[2]. La Cour de cassation a précisé que le JEX ne pouvait cependant assortir d'astreinte que l'exécution d'une **obligation devenue exécutoire**, fût-ce provisoirement Ainsi une sentence arbitrale frappée d'un recours en annulation suspensif d'exécution ne peut donner lieu à fixation d'une astreinte par le JEX[3]. S'il rejette une demande tendant à assortir d'une astreinte la décision d'un autre juge, le JEX rend une décision dépourvue de l'autorité de la chose jugée[4]. La compétence ainsi reconnue au JEX ne fait pas obstacle à ce que le juge qui a rendu la décision, y compris le juge des référés, soit lui-même saisi en vue d'assortir d'une astreinte sa propre décision[5]. En cela, les **compétences** sont **concurrentes**, le créancier pouvant s'adresser indifféremment à l'un ou l'autre juge.

Le JEX ne peut toutefois pas, compte tenu du principe de séparation des autorités administratives et judiciaires, assortir d'astreinte une décision d'une juridiction administrative. Il ne peut pas non plus assortir d'astreinte une décision d'injonction prononcée par le Conseil de la concurrence ou par la cour d'appel de Paris, statuant dans le cadre de la procédure de recours formé contre cette décision, pour laquelle il existe un régime juridique de sanction spécifique et exclusif mis en œuvre par l'autorité administrative indépendante[6]. Enfin, il résulte de l'article 710 C. pr. pén. que le JEX n'est pas compétent pour fixer au lieu et place du juge pénal une astreinte pour garantir l'exécution d'une décision d'une juridiction répressive.

212.243 Liquidation de l'astreinte. Le JEX est, aux termes de l'article L. 131-3 C. pr. exéc., le juge de droit commun de la liquidation de l'astreinte[7]. Ce texte ne comporte que deux exceptions, lorsque le juge qui l'a ordonnée reste saisi de l'affaire ou s'il s'est expressément réservé la possibilité de la liquider[8]. Il en est ainsi par exemple de la liquidation d'une astreinte qu'un juge des référés s'est réservé le pouvoir de liquider[9] ou d'une astreinte ordonnée par un conseiller de la mise en état que celui-ci ou la cour d'appel, selon le cas, qui restent saisis de l'affaire, sont compétents pour liquider[10]. Il en irait de même pour une astreinte ordonnée par le bureau de conciliation d'un conseil de prud'hommes. Il appartient au JEX saisi d'une demande de liquidation de l'astreinte de déterminer les obligations assorties d'astreinte, au besoin en interprétant l'injonction[11]et de liquider le montant de l'astreinte en tenant compte du comportement du débiteur et des difficultés rencontrées. Il peut aussi supprimer l'astreinte en présence d'une cause étrangère. On se bornera ici à signaler que le JEX dispose d'un très large pouvoir d'appréciation, la jurisprudence lui reconnaissant un pouvoir souverain pour fixer le montant de l'astreinte liquidée[12] ou pour retenir l'existence d'une cause étrangère[13].

Lorsqu'un juge a été saisi à tort d'une demande de liquidation d'astreinte relevant des attributions du JEX, il doit, en application de l'article R. 131-2

1. Civ. 2e, 20 déc. 2001, no 00-16.474, *Bull. civ.* II, no 199.
2. Civ. 2e, 8 déc. 2005, no 04-10.444, NP.
3. Civ. 2e, 4 juill. 2007, no 05-16.605, *Bull. civ.* I, no 252.
4. Civ. 2e, 4 juin 2009, no 08-11.129, *Bull. civ.* II, no 139.
5. Civ. 2e, 18 févr. 1999, no 97-13.885, *Bull. civ.* II, no 32.
6. Com. 3 nov. 2004, no 00-19.247, *Bull. civ.* IV, no 189.
7. La circonstance que la loi du 9 juillet 1991 n'a abrogé ni l'article 137 ni l'article 491 C. pr. civ. est sans effet sur les compétences qui sont désormais celles du JEX – Pour l'exclusion de la compétence du JEX pour la liquidation d'une astreinte « conventionnelle » résultant d'un acte notarié : Colmar, 7 mai 2007, RG no 05/011546, NP.
8. Civ. 2e, 15 janv. 2009, no 07-20.955, *Bull. civ.* II, no 13; *Procédures* 2009, no 113, note Perrot.
9. Civ. 2e, 21 févr. 2008, no 07-17.160, *Bull. civ.* II, no 40 – Civ. 2e, 27 févr. 2014, no 13-12.493, *Bull. civ.* II, no 52, peu important que la décision de liquidation en référé serait provisoire puisque n'ayant pas autorité de chose jugée au principal.
10. Civ. 2e, 26 mars 1997, no 94-15.992, *Bull. civ.* II, no 91 – Civ. 2e, 16 déc. 2004, no 03-11.798, *Bull. civ.* II, no 527 – Civ. 2e, 21 févr. 2008, no 07-17.160, *Bull. civ.* II, no 40.
11. Civ. 2e, 5 avr. 2007, no 06-12.676, NP – Civ. 2e, 3 avr. 2008, no 07-10.949, NP.
12. Civ. 2e, 20 janv. 2005, no 02-21.350, NP.
13. Civ. 2e, 12 févr. 2004, no 02-13.016, *Bull. civ.* II, no 53.

C. pr. exéc. (anc[t] Décr. 31 juill. 1992, art. 52), relever d'office son incompétence[1].

§ 3
Délais de grâce et expulsion

A.
Délais de grâce

212.251 Délais de grâce : généralités. Conformément aux dispositions du deuxième alinéa de l'article R. 121-1 C. pr. exéc., le JEX a compétence pour accorder un délai de grâce, après signification du commandement ou de l'acte de saisie. Cette faculté est présentée par le texte comme une dérogation au principe énoncé immédiatement auparavant, selon lequel le JEX ne peut modifier le dispositif de la décision de justice qui sert de fondement aux poursuites ni en suspendre l'exécution. Pour autant, en accordant un délai, le JEX ne porte pas atteinte à l'intangibilité du titre dans la mesure où il n'en suspend pas sans limite l'exécution[2] et où la demande de délai ne tend pas à remettre en cause le bien-fondé de la décision servant de fondement aux poursuites[3].

Le délai de grâce évoque *en premier lieu* l'article 1244-1 du Code civil, dont la portée est générale et qui autorise le juge à reporter ou échelonner le paiement des sommes dues, dans la limite de deux années, en considération de la situation du débiteur et des besoins du créancier. Pour apprécier si des délais peuvent être accordés au débiteur, les **juges du fond disposent d'un pouvoir souverain**[4], **certains arrêts considérant même que l'octroi d'un délai relève de leur pouvoir discrétionnaire, lorsqu'il est accordé ou refusé par le juge de l'obligation**[5]. Le même article 1244-1 autorise encore le juge, par décision spéciale et motivée, à prescrire que les sommes correspondant aux échéances reportées porteront intérêt à un taux réduit qui ne peut être inférieur au taux légal, que les paiements s'imputeront d'abord sur le capital, ou à subordonner l'octroi de ces mesures à l'accomplissement par le débiteur d'actes propres à faciliter ou à garantir le paiement de la dette.

Par un arrêt du 14 octobre 2010, la deuxième chambre civile de la Cour de cassation a décidé qu'un délai de grâce ne pouvait être accordé en matière de recouvrement de dettes fiscales[6].

Pour une étude des hypothèses dans lesquelles le juge ne peut accorder de délai, v. s[s] n°s 154.11 s.

212.252 Compétence juridictionnelle pour l'octroi d'un délai de grâce. La compétence juridictionnelle pour l'octroi d'un délai de grâce est régie par l'article 510 C. pr. civ. Elle est partagée entre **au moins trois juges**. Selon le premier aliéna du texte, le délai de grâce ne peut en principe être accordé que par la décision dont il est destiné à différer l'exécution Le texte est aussitôt tempéré par les alinéas suivants qui prévoient qu'en cas d'urgence, la même faculté appartient au **juge des référés** et qu'après signification d'un commandement ou d'un acte de saisie, selon le cas, le **JEX** a compétence pour accorder un délai de grâce, la compétence appartenant au **juge d'instance** en matière de saisie des rémunérations.

La rédaction de ce texte, issue du décret n° 96-1130 du 18 décembre 1996, fait en définitive assez clairement le départ entre juges appelés à octroyer un délai. En cette **compétence** est en quelque sorte **chronologique**. C'est d'abord le **juge de l'obligation** qui peut accorder le délai[7], puis, en cas d'urgence, le **juge des référés** et enfin, après l'engagement d'une mesure d'exécution[8], mais seulement après l'engagement d'une mesure d'exécution[9], le **JEX.** À partir de là, la compétence du JEX est exclusive et tout juge autre que le JEX nous semble devoir relever d'office son incompétence, en dépit de la localisation de la compétence du JEX dans l'article R. 121-1 C. pr. exéc.

212.253 Particularismes. Il faut encore signaler quelques particularismes, selon la nature des mesures engagées. Ainsi, en matière de **saisie-attribution**, le JEX ne peut accorder de délai car cette mesure a pour effet de transmettre la propriété des fonds saisis au créancier[10]. En matière de **saisie-vente**, le juge ne peut suspendre les opérations en application de l'article R. 221-56 C. pr. exéc. que jusqu'à ce qu'il statue sur la demande en nullité de la vente[11]. En matière de **saisie immobilière**, enfin, la jurisprudence retenait sous l'empire des anciens textes que le JEX n'était plus compétent pour accor-

1. Civ. 1re, 17 déc. 1997, n° 95-14.189, *Bull. civ.* II, n° 318 – Civ. 1re, 21 mars 2000, n° 98-14.246, *Bull. civ.* I, n° 98 – Civ. 2e, 20 mars 2003, n° 00-13.429, NP.
2. Civ. 2e, 7 janv. 1998, n° 96-12.979, *Bull. civ.* II, n° 4.
3. Civ. 2e, 14 févr. 2008, n° 07-11.980, NP.
4. Civ. 2e, 3 juin 1999, n° 97-14.889, *Bull. civ.* II, n° 110.
5. Civ. 2e, 1er févr. 2001, n° 99-15.712, *Bull. civ.* II, n° 22 – Civ. 1re, 24 oct. 2006, n° 05-16.517, *Bull. civ.* I, n° 435.
6. Civ. 2e, 14 oct. 2010, n° 09-67.108, NP.
7. Pour l'incompétence du JEX pour accorder un délai lorsque l'administration est créancière en vertu du jugement d'un tribunal administratif : Douai, 6 déc. 2007, RG n° 06/02676, NP.
8. Civ. 2e, 3 juin 1999, n° 97-14.889, *Bull. civ.* II, n° 110 – Civ. 2e, 19 juill. 2001, n° 00-12.917, *Bull. civ.* II, n° 284 – Civ. 2e, 16 sept. 2003, n° 02-10.909, *Bull. civ.* II, n° 262.
9. Civ. 2e, 23 juin 2011, n° 10-18.396, NP.
10. Civ. 2e, 4 oct. 2001, n° 00-11.609, *Bull. civ.* II, n° 150.
11. Civ. 2e, 20 nov. 2003, n° 01-17.579, *Bull. civ.* II, n° 352.

der un sursis après la publication du commandement aux fins de saisie, sauf s'il avait été saisi avant cette date et s'il statuait avant que n'ait été fixée la date d'adjudication[1]. Il n'est pas douteux que la réforme de la saisie immobilière ayant confié la procédure au JEX, les modalités de l'octroi d'un délai de grâce devront être à nouveau définies par la jurisprudence[2].

212.254 **Premier président.** La question s'est enfin posée de savoir si le premier président, saisi d'une demande d'arrêt de l'exécution d'un jugement frappé d'appel, pouvait accorder un délai de grâce, le cas échéant concurremment avec le JEX. Sur le fondement de l'article 524 C. pr. civ., quelques premiers présidents avaient considéré qu'ils en avaient la faculté[3]. Mais, par un arrêt du 14 septembre 2006, la Cour de cassation a jugé que le premier président d'une cour d'appel, saisi sur le fondement de ce texte, n'avait pas le pouvoir d'accorder un délai de grâce[4].

B.
Expulsion

212.261 **Décision d'expulsion.** Le JEX n'est pas le juge qui décide de l'expulsion. Il ne peut délivrer un titre autorisant l'expulsion, sauf, désormais, en matière de saisie immobilière puisque, selon l'article L. 322-13 C. pr. exéc., le jugement d'adjudication constitue un titre d'expulsion à l'encontre du saisi[5]. Le JEX pourrait néanmoins, nous semble-t-il, trancher une éventuelle contestation qui s'élèverait à l'occasion de la mise à exécution d'une décision ayant suspendu les effets d'une clause résolutoire et subordonné l'expulsion au respect d'un échéancier de paiement et constater que la décision peut prendre effet[6], pourvu toutefois que sa saisine soit postérieure à l'engagement de la mesure.

212.262 **Mise en œuvre de l'expulsion.** Sont applicables en la matière les articles L. 411-1 à L. 451-1 et R. 411-1 à R. 451-4 C. pr. exéc. L'expulsion d'un immeuble ou d'un lieu habité ne peut en principe avoir lieu qu'en vertu d'une décision de justice[7], y compris si elle émane de la juridiction administrative[8] ou d'un procès-verbal de conciliation exécutoire, et après la signification d'un commandement d'avoir à libérer les locaux. Si l'expulsion porte sur un **local affecté à l'habitation principale**, elle ne peut avoir lieu qu'à l'expiration d'un **délai de deux mois** suivant le commandement. Le commandement doit être adressé en copie au préfet du département par l'huissier de justice en même temps que tous les renseignements utiles relatifs à la personne concernée par l'expulsion, ceci conformément à l'article R. 412-2 C. pr. exéc.[9]. C'est la délivrance du commandement d'avoir à libérer les locaux qui déclenche la compétence du JEX. L'article R. 412-4 C. pr. exéc. édicte en effet qu'à compter de la signification du commandement, toute demande de délais formée en application des articles L. 412-2 à L. 412-6 C. pr. exéc. ou en application des articles L. 412-3 à L. 412-4, L. 412-6, L. 412-7 et R. 412-3 C. pr. exéc. est portée devant le JEX.

212.263 **Expulsion et délais de grâce.** Le JEX peut donc être saisi d'une **demande de délais de grâce formée après la délivrance de ce commandement.** Ces délais sont ceux des articles L. 412-3 à L. 412-4 et R. 412-3 C. pr. exéc. Le juge peut octroyer des délais renouvelables aux occupants, chaque fois que le relogement des intéressés ne pourra avoir lieu dans des conditions normales, la durée de ces délais ne pouvant être inférieure à un mois ni supérieure à un an[10]. Il a été jugé que la demande peut être présentée en tout état de cause, y compris donc pour la première fois en cause d'appel sans qu'une telle demande ne soit affectée d'une irrecevabilité pour nouveauté[11]. L'exécution de la décision d'expulsion pendant le délibéré du JEX saisi d'une demande de délai peut constituer une faute engageant la responsabilité du bailleur[12]. On signalera enfin une décision importante de la Cour de cassation, qui met un terme à

1. Civ. 2e, 14 mai 1997, n° 95-12.946, *Bull. civ.* II, n° 145 – Civ. 2e, 11 mars 1998, n° 95-21.855, *Bull. civ.* II, n° 80.
2. Civ. 2e, 2 juill. 2009, n° 08-16.753, NP.
3. Aix-en-Provence, ord. 1er prés., 20 oct. 1981, *Bull. ch. avoués* 1982, n° 83, p. 9 – Paris, ord. 1er prés., 8 oct. 1987, *Bull. ch. avoués*, n° 104, p. 191 – Versailles, ord. 1er prés., 29 mars 1989, *Gaz. Pal.* 1989. Somm. 422.
4. Civ. 2e, 14 sept. 2006, n° 05-21.300, *Bull. civ.* II, n° 223.
5. Pour le régime ancien : Civ. 2e, 10 juill. 2003, n° 00-19.579, *Bull. civ.* II, n° 247.
6. Paris, 13 oct. 2005, RG n° 05/02701, NP – Paris, 8 juin 2007, RG n° 06/21507, NP.
7. Pour une ordonnance du juge administratif ordonnant l'expulsion d'une institutrice disposant d'un logement de fonction : Paris 7 févr. 2008, RG n° 07/10732, NP – Pour une ordonnance de non-conciliation qui ne constituerait pas un titre d'expulsion : Douai, 15 juill. 2008, RG n° 08/03585, NP – Pau, 8 déc. 2008, RG n° 08/00264, NP – V. CEP., Civ. 2e, 23 nov. 2000, n° 99-14.216, NP – Civ. 2e, 4 juill. 2007, n° 06-19.864, NP.
8. Paris, 7 févr. 2008, RG n° 07/10732, NP.
9. Civ. 3e, 19 mai 2010, n° 09-12.424, *Bull. civ.* III, n° 100; *D.* 2010. Actu. 1350.
10. La durée de ces délais a été réduite par l'article 57 de la loi n° 2009-223 du 25 mars 2009 de mobilisation pour le logement et la lutte contre l'exclusion. Selon la circulaire NOR LOGU0912581C du ministère du Logement du 28 mai 2009 – texte non paru au *JO* –, il s'agit de prendre en compte la situation de petits bailleurs privés qui n'ont parfois pas d'autres revenus que ceux issus des loyers.
11. Civ. 2e, 10 juill. 2008, n° 07-13.503, NP.
12. Civ. 3e, 28 sept. 2005, n° 04-14.882, *Bull. civ.* III, n° 176.

la question controversée, d'une importance pratique réelle, de savoir si le JEX est compétent pour surseoir à l'expulsion d'un locataire commerçant[1]. Selon cette jurisprudence, qui met fin à des divergences[2], le JEX tient des L. 412-3 à L. 412-4 et R. 412-3 C. pr. exéc., et de l'article R. 121-1 C. pr. exéc., le pouvoir d'accorder un délai de grâce à l'occupant commercial[3].

Par ailleurs, l'article L. 412-5 C. pr. exéc. prévoit qu'en statuant sur une demande de délai, le juge peut, même d'office, décider que sa décision sera transmise au préfet en vue de la prise en compte de la demande de relogement de l'occupant.

La compétence pour accorder des délais se trouve donc partagée entre plusieurs juges : le **juge qui a ordonné l'expulsion**, qui peut même d'office accorder de tels délais, le **juge des référés**, s'il est saisi avant la délivrance du commandement, et enfin le **JEX**[4], après la signification de cet acte. À partir de ce moment, nous pensons que tout juge autre que le JEX devrait d'office relever son incompétence, la demande de délai constituant une demande de délai de grâce entrant dans les pouvoirs exclusifs et renforcés du JEX.

Par ailleurs, le **délai de deux mois de l'article L. 412-2** C. pr. exéc. peut être **supprimé ou réduit**, par décision spéciale et motivée, notamment lorsque les personnes dont l'expulsion a été ordonnée sont entrées dans les locaux par voie de fait ou encore lorsque la procédure de relogement de l'article L. 442-4-1 du Code de la construction et de l'habitation n'a pas été suivie d'effet par le fait du locataire expulsé. **À l'inverse, le juge peut proroger ce délai** pour une durée n'excédant pas trois mois si l'expulsion devait avoir pour la personne concernée des conséquences d'une exceptionnelle dureté, notamment du fait de la période de l'année considérée ou des circonstances atmosphériques.

On s'est demandé si la **réduction ou la suppression du délai de deux mois pouvait être décidée par le JEX**, alors que l'article R. 412-4 C. pr. exéc. du décret ne se réfère qu'à l'article L. 412-2 C. pr. exéc. et que la faculté de réduire ou d'évincer le délai figure au premier alinéa du texte. Il nous semble que l'intention des auteurs du décret a bien été de ne permettre qu'au juge qui a ordonné l'expulsion de prendre une telle décision, les circonstances notamment visées par le premier alinéa pouvant être appréciées dès ce moment[5].

Enfin, le **JEX** est le **juge des difficultés relatives au titre d'expulsion** et des **contestations** pouvant s'élever à l'occasion de l'exécution forcée, conformément aux dispositions de l'article L. 213-6 du COJ. L'article R. 442-1 C. pr. exéc., qui concerne la compétence territoriale, précise à cet égard que les contestations relatives à l'application des dispositions réglementaires relatives à l'expulsion sont portées devant le **JEX du lieu de situation de l'immeuble**. Le JEX est ainsi compétent pour statuer sur le sort des meubles garnissant les lieux, dans les conditions prévues par les articles L. 433-1 et R. 433-3 à R. 433-6 C. pr. exéc., sans pouvoir toutefois se prononcer sur la propriété de ces meubles[6].

1. Civ. 2e, 4 juill. 2007, n° 061.14.601, *Bull. civ.* II, n° 202; *Dr. et proc. 2007,* n° 6, p. 353, obs. Bourdillat.
2. DANS LE MÊME SENS : TGI Paris, JEX, 9 nov. 1998, Sarl... c/ Snc..., RG n° 98/85379, et TGI Paris, JEX, 13 juill. 1999, Sarl... c/ A..., RG n° 99/82887 – Chron. Moussa, « Procédures civiles d'exécution », *Gaz. Pal.* 5-7 mars 2000, p. 27 – *CONTRA*, Paris, 8e ch., sect. B, 26 nov. 1998, *Gaz. Pal.* mars-avr. 2000, p. 499, chron. Moussa.
3. Montpellier, 11 juin 2009, RG n° 08/1561, NP.
4. Civ. 2e, 18 sept. 2003, n° 01-16.019, *Bull. civ.* II, n° 285.
5. En cas de réinstallation, l'article R. 441-1 C. pr. exéc. (anct Décr. 31 juill. 1992, art. 208) qualifie cette situation de voie de fait. Un arrêt a admis que le JEX constate cette voie de fait, ordonne l'expulsion des occupants et supprime le délai de deux mois devant suivre le commandement : Civ. 2e, 6 mai 1999, n° 96-21.081, NP.
6. Civ. 2e, 5 mars 2009, n° 07-20.677, *Bull. civ.* II, n° 67 – Sur l'impossibilité pour le JEX d'ordonner la réintégration de la personne expulsée, v. Paris, 22 janv. 2009, RG n° 08/08391, NP et Douai, 5 mars 2009, RG n° 08/01852, NP.

CHAPITRE

213. Compétence territoriale du juge de l'exécution

JEAN-MICHEL SOMMER
PRÉSIDENT DE CHAMBRE
À LA COUR D'APPEL DE VERSAILLES

SECTION 0 ORIENTEUR

213.00 Plan du chapitre.

Division. La compétence territoriale du juge de l'exécution (JEX) obéit à des règles complexes. Il existe un droit commun (sect. 1) auquel dérogent de très nombreuses dispositions (sect. 2). Deux situations particulières ont fait l'objet d'une attention spéciale des auteurs de la réforme (sect. 3).

213.01 Textes applicables.

C. pr. exéc., art. L. 162-1 s., L. 211-2, R. 121-2, R. 211-9, R. 211-12 et R. 213-6.

C. pr. civ., art. 42 et 93.

LPF, art. L. 263.

Sur les autres dispositions du décret de 1992, intégré dans la partie réglementaire du Code des procédures civiles d'exécution (v. s[s] n°s 213.21 s.).

213.03 Bibliographie indicative. (V. s[s] n° 210.03).

213.07 Territorialité des procédures civiles d'exécution. Le principe de territorialité, qui n'est qu'une des conséquences du principe de souveraineté et du monopole des États dans l'exercice de la contrainte, signifie que les **mesures d'exécution forcée** s'appliquent aux biens situés en France, sous le contrôle du juge français. La question est plus discutée pour les **mesures conservatoires** mais la tendance jurisprudentielle est de soumettre aussi ces mesures au principe de territorialité, sous réserve de l'application éventuelle des règles communautaires[1]. Le principe de territorialité implique également que les mesures d'exécution sont régies par la loi française, des adaptations pouvant néanmoins être prévues pour les collectivités territoriales[2]. On n'imagine guère en effet l'application, en France, des règles de contrainte fixées par la loi étrangère. Sur le territoire de la République donc, le JEX appliquera normalement la loi française aux mesures exécutées sur les biens situés en France. La question de la compétence territoriale du juge est alors celle de savoir quel juge le demandeur doit saisir sur le territoire relativement à une mesure mise en œuvre en France.

213.08 Ordre public. Selon l'article R. 121-4 C. pr. exéc., les règles de compétence prévues par le décret sont d'ordre public. Le texte visant le décret dans son ensemble, il faut en déduire que toutes les règles de compétence territoriale énoncées dans ce décret sont **impératives.** Elles sont par conséquent **exclusives** et il n'est pas possible d'y déroger par des conventions particulières. Il s'ensuit aussi que, conformément aux dispositions de l'article 93 C. pr. civ., le JEX, saisi en matière contentieuse en méconnaissance des règles de compétence, peut relever d'office son incompétence territoriale. S'il est saisi en matière gracieuse, on le sait, le juge peut toujours relever d'office l'incompétence territoriale. Dès lors que l'incompétence est soulevée, il appartient bien sûr à celui qui conteste la compétence d'établir que la juridiction est incompétente[3].

1. Civ. 2e, 30 janv. 2002, n° 99-21.278, NP – SUR CE POINT, V. PERROT et THÉRY, n°s 44 s.
2. Pour un exemple d'application du C. pr. civ. de la Polynésie française : Civ. 2e, 13 juill. 2005, n° 03-19.527, *Bull. civ.* II, n° 198.
3. Civ. 2e, 13 juill. 2006, n° 06-13.976, *Bull. civ.* II, n° 210.

SECTION 1
DROIT COMMUN DE LA COMPÉTENCE TERRITORIALE

213.11 Compétence de principe ? Il résulte des dispositions de l'article R. 121-2 C. pr. exéc. que le **JEX territorialement compétent** est, au choix du demandeur, **celui du lieu où demeure le débiteur** ou **celui du lieu d'exécution de la mesure.** Mais, selon le texte même, cette règle de principe ne s'applique qu'à moins qu'il n'en soit disposé autrement. La diversité des mesures d'exécution et la multiplicité des règles de compétence particulières fixées par le décret de 1992 sont telles que la **compétence de principe** énoncée par l'article R. 121-2 C. pr. exéc. n'est en réalité qu'une **compétence résiduelle.** Il s'agit en vérité d'une « disposition-balai » qui, bien que placée dans les articles liminaires du décret, vise à couvrir les hypothèses que les auteurs du décret n'auraient pas spécialement envisagées. Il est donc recommandé de se reporter aux **articles réglementaires relatifs à la mesure concernée**, afin de déterminer la règle de compétence pertinente, avant d'appliquer, le cas échéant, les dispositions supplétives ou subsidiaires de l'article R. 121-2 C. pr. exéc.

213.12 Compétence optionnelle. L'alinéa 1er de l'article R. 121-2 C. pr. exéc. offre au demandeur un choix entre le juge du lieu où celui-ci demeure et le juge du lieu d'exécution de la mesure. Deux observations peuvent être faites.

En premier lieu, même si le débiteur se trouve généralement en position de défendeur à l'instance principale, il est souvent l'auteur de la contestation de la mesure d'exécution. Mais s'il est demandeur à l'action devant le JEX, il reste défendeur à l'exécution. C'est pourquoi la compétence première du lieu où demeure le défendeur, consacrée par l'article 42 C. pr. civ., a été écartée en matière de procédure d'exécution.

En second lieu, le lieu de situation des biens saisis peut être éloigné du lieu où demeure le demandeur. Or la proximité du lieu où se trouvent les biens objets de la mesure peut faciliter le règlement de certains litiges. C'est pourquoi une option entre les deux chefs de compétence a été ouverte au demandeur. Et cette option bénéficie au demandeur, que celui-ci soit le débiteur, le créancier ou un tiers. L'option profite-t-elle aussi au créancier qui agit contre un tiers, par exemple contre le tiers saisi, pour obtenir de lui condamnation aux causes de la saisie, à des dommages-intérêts ou pour obtenir contre lui la délivrance d'un titre exécutoire en application de l'article R. 211-12 C. pr. exéc. ? On pourrait être tenté de répondre par la négative, dès lors que le débiteur est le plus souvent absent de cette instance qui est en quelque sorte parallèle à la saisie. Cela étant, la saisie-attribution est réalisée auprès du tiers saisi et on voit mal, alors que la loi ne distingue pas, ce qui justifierait une application de l'article 42 C. pr. civ. par dérogation aux prescriptions de l'article R. 121-2 C. pr. exéc.

Quel est le lieu où demeure le demandeur ? On appliquera à cet égard les solutions retenues pour l'application de l'article 43 C. pr. civ. Pour les personnes physiques, ce lieu est celui où la personne a son **domicile** ou, à défaut, sa **résidence.** Pour les personnes morales, c'est celui où la personne est établie, à savoir en principe son **siège social** ou, éventuellement, **une de ses succursales**, selon la théorie dite des gares principales, encore que la Cour de cassation ne paraisse pas utiliser cette expression[1].

213.13 Compétence alternative. Le premier alinéa de l'article R. 121-2 C. pr. exéc. a cru devoir apporter cette précision que lorsqu'une demande a été portée devant l'un des juges visés par l'option, elle ne peut l'être devant l'autre. Un peu obscure, la règle signifie que **l'option a un caractère alternatif**[2]. Il s'agirait de prévenir la manœuvre consistant pour le demandeur à saisir un second juge pour obtenir de lui ce que le premier aurait refusé. La portée du texte est incertaine. Il ne devrait pas, selon nous, priver un demandeur de saisir un autre juge après un désistement ou un retrait de sa requête. Il ne peut davantage avoir pour conséquence de conférer l'autorité de la chose jugée à une décision qui n'en serait pas pourvue, notamment en matière gracieuse ou d'ordonnance sur requête. Ce que veut, semble-t-il, éviter l'article R. 121-2 C. pr. exéc., c'est une saisine simultanée par le demandeur de deux juges destinée à multiplier ses chances de succès et empêcher ainsi les situations de litispendance.

SECTION 2
RÈGLES PROPRES À CERTAINES MESURES

213.21 Diversité des situations. Le décret du 31 juillet 1992 avait l'ambition de **fixer la compétence territoriale du juge en adéquation avec la spécificité de chaque mesure.** On appréciera si, au résultat, le choix qui a été fait, aux détriments de la simplicité et de la sécurité juridique, ne se justifie pas par la nécessaire adaptation des règles de compétence au déroulement des différentes procédures d'exécution. Pour certaines mesures, la nature de la contestation a conduit à privilégier plusieurs solu-

1. Civ. 2e, 22 mars 2006, no 05-12.569, *Bull. civ.* II, no 87 – Civ. 2e, 6 avr. 2006, no 04-17.849, *Bull. civ.* II, no 100.
2. PERROT et THÉRY, no 330.

tions. Ainsi pour la saisie conservatoire, sont compétents, selon le cas, le juge de la demeure ou du domicile du débiteur, celui qui a autorisé la mesure et celui du lieu de situation des biens. On présentera brièvement ici les règles de compétence par grand type de mesure.

213.22 Compétence territoriale du juge de l'exécution selon la spécificité de la mesure.

Mesures	JEX compétent	Sources
Astreinte	Pas de règle spécifique (v. s[s] n° 213.25)	C. pr. exéc., art. R. 121-2
Avis à tiers détenteur	Pas de règle spécifique (v. s[s] n° 213.24)	C. pr. exéc., art. R. 121-2
Distribution des deniers	JEX du lieu de la vente	C. pr. exéc., art. R. 251-8 et R. 251-11
Expulsion	JEX du lieu de situation des meubles	C. pr. exéc., art. L. 433-2
	JEX du lieu de situation de l'immeuble	C. pr. exéc., art. R. 412-4, R. 433-1, 4° et R. 442-1
Mesures conservatoires	JEX ou président du tribunal de commerce du lieu où demeure le débiteur	C. pr. exéc., art. R. 511-2
	JEX ou président du tribunal de commerce qui a autorisé la mesure ou du lieu où demeure le débiteur	C. pr. exéc., art. R. 512-2
	JEX du lieu de situation des biens saisis	C. pr. exéc., art. R. 512-3
	JEX du lieu où demeure le débiteur	C. pr. exéc., art. R. 523-9
	JEX du domicile du débiteur	C. pr. exéc., art. R. 524-2
Mesures d'exécution sur les véhicules	JEX du lieu où demeure le débiteur	C. pr. exéc., art. R. 223-3
	JEX du lieu d'immobilisation du véhicule	C. pr. exéc., art. R. 223-9, 4°
	JEX du lieu où demeure le débiteur ou du lieu d'immobilisation du véhicule	C. pr. exéc., art. R. 223-10, 4°
	JEX du lieu où demeure la personne tenue de la remise ou du lieu d'immobilisation du véhicule	C. pr. exéc., art. R. 223-12, 3° et R. 223-13, 5°
Saisie des biens placés dans un coffre-fort	JEX du lieu où sont situés les biens saisis	C. pr. exéc., art. R. 224-8, R. 224-10, 6° et R. 525-3
Saisie immobilière	JEX du TGI dans le ressort duquel est situé l'immeuble saisi	C. pr. exéc., art. R. 311-2
	JEX du tribunal dans le ressort duquel est situé l'immeuble saisi où demeure le débiteur ou, à défaut, dans le ressort duquel est situé l'un quelconque des immeubles (au cas de pluralité d'immeubles saisis)	C. pr. exéc., art. R. 311-3
Saisie-appréhension de meubles corporels	JEX du lieu où demeure le destinataire de l'acte	C. pr. exéc., art. R. 222-2, 4° et R. 222-7, 3°
	JEX du lieu où demeure celui auquel le bien est retiré	C. pr. exéc., art. R. 222-3
	JEX du lieu où demeure le tiers détenteur	C. pr. exéc., art. R. 222-8
Saisie-appréhension sur injonction	JEX du lieu où demeure le débiteur	C. pr. exéc., art. R. 222-11
	JEX qui a rendu l'ordonnance	C. pr. exéc., art. R. 222-13
Saisie-attribution et saisie des droits d'associés	JEX du lieu où demeure le débiteur[a] (lieu où il est domicilié, s'agissant de la saisie des droits d'associés) – V. aussi s[s] n° 213.23	C. pr. exéc., art. R. 211-10 et R. 232-6
Saisie-revendication	JEX qui a autorisé la saisie ou du lieu où demeure la personne tenue de délivrer ou de restituer le bien ou président du tribunal de commerce de ce même lieu	C. pr. exéc., art. R. 222-18
	JEX du lieu de situation des biens	C. pr. exéc., art. R. 222-19
	JEX du lieu où demeure le détenteur	C. pr. exéc., art. R. 222-24
Saisie-vente	JEX du lieu de la saisie	C. pr. exéc., art. R. 221-20 et R. 221-40
	JEX du lieu où demeure le tiers	C. pr. exéc., art. R. 221-29

a. TGI Paris, JEX, 20 avr. 1999, *Gaz. Pal.* mars-avr. 2000, p. 498, chron. Moussa.

213.23 Saisie-attribution et saisie des droits d'associés (précision). La Cour de cassation a retenu que la compétence devait être appréciée pour chaque débiteur. Elle a cassé un arrêt qui, pour rejeter une exception d'incompétence territoriale d'un JEX saisi par trois débiteurs d'une demande d'annulation des saisies-attributions pratiquées à leur préjudice, avait décidé, alors que deux des débiteurs ne résidaient pas dans le ressort du TGI, que les demandes de ces débiteurs tendaient aux mêmes fins, qu'elles étaient dirigées contre des actes d'exécution identiques et fondées sur le même titre exécutoire, qu'il existait entre elles une connexité qui commandait un examen unique de l'affaire[1].

213.24 Avis à tiers détenteur. En cette matière, les textes ne précisent pas quel est le juge territorialement compétent. L'effet attributif de cette mesure la rend comparable à la saisie-attribution, de sorte que la **deuxième chambre civile** avait cru pouvoir, par assimilation des deux mesures, étendre à l'avis à tiers détenteur les règles de compétence de la saisie-attribution[2]. Deux avis de la Cour de cassation l'encourageaient dans cette voie, un premier du 7 mars 1997[3], qui avait dit qu'il appartient au comptable public, lorsque le tiers mis en demeure par l'avis refuse de payer la dette ou ne répond pas, de saisir le JEX aux fins de délivrance d'un titre exécutoire contre le tiers, conformément à l'article R. 211-9 C. pr. exéc. Le 9 février 1998[4] ensuite, la Cour avait émis l'avis que la procédure d'ordonnance sur requête prévue à l'article R. 121-23 C. pr. exéc. ne pouvait être poursuivie pour obtenir un titre exécutoire, le comptable devant procéder par voie d'assignation. De son côté, la **chambre commerciale** jugeait que si l'article L. 263 du Livre des procédures fiscales et l'article 86 de la loi du 9 juillet 1991 (l'ancien article 86 étant désormais intégré à l'article L. 263 du Livre des procédures fiscales, qui renvoie aux articles L. 162-1 et L. 162-2 C. pr. exéc.) déclarent applicables à l'avis à tiers détenteur l'effet d'attribution institué par l'article L. 211-2 C. pr. exéc., en revanche, aucune disposition de celle-ci, ni du décret du 31 juillet 1992, n'a prévu, pour l'avis à tiers détenteur, une dérogation à la règle générale de compétence territoriale du JEX fixée par l'article 9 du décret de 1992[5] (devenu C. pr. exéc., art. R. 121-2). C'est à cette solution que paraît s'être ralliée une **chambre mixte** de la Cour de cassation, qui a écarté l'application de l'article 56 du décret (devenu C. pr. exéc., art. R. 211-1) à l'avis à tiers détenteur et a relevé qu'aucune disposition ne prévoyait l'application à l'avis à tiers détenteur des autres règles que l'effet d'attribution immédiate attaché à la saisie-attribution[6].

213.25 Astreinte. Le Code des procédures civiles d'exécution ne prévoit aucune règle spécifique en la matière. Il y a donc lieu de se référer, comme pour l'avis à tiers détenteur, aux dispositions générales de l'article R. 121-2 C. pr. exéc.[7]. Bien que l'astreinte ne soit pas une mesure d'exécution forcée, la Cour de cassation a décidé que le JEX territorialement compétent était, au choix du demandeur, soit celui où demeure le débiteur, soit celui du lieu d'exécution de la mesure, c'est-à-dire du lieu d'exécution de la disposition dont était assortie l'astreinte[8].

213.26 Procédure de paiement direct. Selon l'article R. 213-6 C. pr. exéc., les contestations relatives à la procédure de paiement direct de la pension alimentaire sont portées devant le JEX de la juridiction dans le ressort de laquelle est situé le domicile du débiteur de la pension.

SECTION 3
SITUATIONS PARTICULIÈRES

213.31 Débiteur demeurant à l'étranger ou dans un lieu inconnu. Le second alinéa de l'article R. 121-2 C. pr. exéc. énonce, dans ces deux situations, que le juge compétent est celui du **lieu d'exécution de la mesure.** On imagine aisément que toute solution retenant la compétence du juge du lieu où demeure le débiteur conduirait à une absence de juge. Il a donc été fait le choix d'une règle simple et unique, qui déroge aux diverses compétences attribuées par les textes spécifiques à chaque mesure d'exécution, à tout le moins à celles qui font référence à la demeure du débiteur. Ainsi la deuxième chambre a-t-elle jugé que la compétence attribuée au juge du domicile du débiteur par l'article 211 alinéa 1er du décret du 31 juillet 1992 (devenu C. pr. exéc., art. R. 511-2) n'était pas exclusive de l'application de l'alinéa 2 de l'article 9 du même décret (devenu C. pr. exéc., art. R. 121-2, al. 2), dont les dispositions d'ordre public donnent **compétence au JEX de la mesure** lorsque le débiteur demeure à l'étranger, en sorte que le juge, dans le ressort duquel est situé l'un des immeubles du débi-

1. Civ. 2e, 4 juill. 2007, no 06-13.840, *Bull. civ.* II, no 203; *Dr. et proc.* 2007. 300.
2. Civ. 2e, 1er févr. 2001, no 99-11.896, *Bull. civ.* II, no 21 – Civ. 2e, 17 mai 2001, no 99-13.351, NP – Civ. 2e, 5 juill. 2001, no 00-12.632, NP.
3. Cass., avis, 7 mars 1997, no 09-60.015, *Bull. avis,* no 3.
4. Cass., avis, 9 févr. 1998, no 09-70.013, *Bull. avis.,* no 2.
5. Com. 12 mars 2002, no 99-11.895, *Bull. civ.* IV, no 56.
6. Cass., ch. mixte, 26 janv. 2007, no 04-10.422, *Bull. ch. mixte,* no 1 – Versailles, 25 juin 2009, RG no 09/03979, NP.
7. Chambéry, 28 juin 2005, RG no 03/31622, NP.
8. Civ. 2e, 11 mai 2000, no 98-12.031, NP.

teur demeurant à l'étranger, était compétent pour autoriser des inscriptions d'hypothèques sur ses biens immeubles situés en dehors de son ressort[1]. En matière d'astreinte, elle a décidé que le JEX compétent pour liquider une astreinte, lorsque le débiteur demeure à l'étranger, était celui du lieu d'exécution de l'injonction[2]. Dans les deux cas visés par l'article 9 (devenu C. pr. exéc., art. R. 121-2), les auteurs du décret ont entendu écarter l'application de l'alinéa 2 de l'article 42 C. pr. civ. qui, lorsque le défendeur n'a ni domicile ni résidence connus, prévoit que le demandeur peut saisir la juridiction du lieu où il demeure ou celle de son choix s'il demeure à l'étranger. À la situation où le lieu où demeure le débiteur est inconnu, il y aurait lieu, selon certains, d'assimiler celle où le litige oppose non pas le créancier au débiteur mais le créancier et un tiers. En l'absence de débiteur, seul le lieu d'exécution de la mesure pourrait être retenu pour critère de compétence territoriale[3].

1. Civ. 2e, 9 nov. 2006, n° 04-19.138, *Bull. civ.* II, n° 310; obs. Perrot, *Procédures* 2007, n° 40, note Perrot – Nancy, 4 mai 2009, RG n° 09/00252, NP.
2. Civ. 2e, 6 nov. 2008, n° 07-17.445, *Bull. civ.* II, n° 232; *D.* 2009. 1168, obs. Leborgne; *Procédures* 2009, n° 13, note Perrot.
3. Paris, 18 déc. 1997, *Rev. huiss.* 1998. 685 – Paris, 20 juin 2002, n° 2001/20606, NP.

CHAPITRE

214. Procédure devant le juge de l'exécution

JEAN-MICHEL SOMMER
PRÉSIDENT DE CHAMBRE
À LA COUR D'APPEL DE VERSAILLES

SECTION 0 ORIENTEUR

214.00 Plan du chapitre.

Division. Le décret du 31 juillet 1992, désormais codifié au Code des procédures civiles d'exécution, définit des règles communes (sect. 1), organise ce qu'il appelle la procédure ordinaire (sect. 2) et décrit des procédures particulières, celle des ordonnances sur requête et la procédure sur difficultés d'exécution (sect. 3). Seront ensuite étudiées la décision du juge de l'exécution (sect. 4) et les voies de recours (sect. 5).

214.01 Textes applicables.

C. pr. exéc., art. L. 121-4, L. 211-5, R. 121-3 à R. 121-24, R. 131-4, R. 151-1 à R. 151-4, R. 211-12, R. 221-49, R. 221-55, R. 311-4, R. 321-3, R. 322-5, R. 322-17, R. 322-40, R. 332-2, R. 332-9, R. 442-2 à R. 442-4.

C. pr. civ., art. 15, 25 s., 32-1, 47, 56, 91, 114, 117, 416, 446-1, 473, 490, 493, 495, 496, 503, 537, 582 s., 593 s., 618, 677, 682, 696, 700, 812, 827, 828, 852, 901 s. et 950 s.

LPF, art. L. 281 et R. 281-1.

CGCT, art. L. 1617-5.

214.03 Bibliographie indicative. (V. s[s] n° 210.03).

SECTION 1 RÈGLES COMMUNES

§ 1 Application du droit commun

214.11 Applicabilité des dispositions procédurales communes à toutes les juridictions aux procédures devant le juge de l'exécution (C. pr. exéc., art. R. 121-5). Selon ce texte, sauf dispositions contraires, les dispositions communes du livre Ier C. pr. civ. sont applicables devant le juge de l'exécution (JEX) aux procédures civiles d'exécution, à l'exclusion des articles 484 à 492. Hormis les règles propres au référé, les dispositions procédurales communes à toutes les juridictions sont, en principe et sauf dérogation, directement applicables aux procédures devant le JEX.

Le renvoi au droit commun permet de constater qu'en dépit d'une volonté certaine de circonscrire à l'essentiel l'examen de la contestation portée devant le JEX, les auteurs de la réforme n'ont ni pu ni voulu renoncer à donner à la phase de l'exécution contentieuse les attributs d'une véritable instance. Il en résulte l'application à la **procédure devant le JEX** des principes directeurs du procès civil, en particulier du **principe d'impulsion**, du **principe du dispositif** et du **principe de la contradiction**. Le JEX ne peut se saisir d'office. Il est tenu par l'objet du litige, tel que déterminé par les parties. Enfin, il doit, en cette matière comme en toute autre, faire respecter et respecter lui-même le principe de la contradiction[1]. En outre, l'article R. 121-13 C. pr. exéc. fait écho à l'article 15 C. pr. civ. en précisant que le JEX s'assure qu'il s'est écoulé un temps suffisant entre la convocation ou l'assignation et l'audience pour que la partie défenderesse ait pu préparer sa défense. Les débats par ailleurs sont publics et il entre dans la mission du juge, le cas échéant, de concilier les parties. Le JEX peut encore ordonner des mesures d'instruction et les incidents d'instance survenant devant lui sont ceux de la procédure civile, à l'exception notable du sursis dans l'attente d'une décision pénale, l'article 4 du Code de procédure pénale ne concernant que l'action civile et non la poursuite d'une voie d'exécution (v. s[s] n° 212.166).

214.12 Exclusion des règles du référé. L'exclusion des règles du référé mérite un commentaire particulier. La procédure devant le JEX obéit à un impératif de célérité. Encore une fois, il n'était pas question pour le législateur de permettre aux parties d'engager une seconde fois le procès sur le fond. Toutefois les deux objectifs ne sont pas antinomiques : on a voulu doter la décision du JEX d'une autorité qui garantisse aux parties une plus grande sécurité juridique qu'auparavant dans le processus d'exécution du titre servant de fondement aux poursuites. L'ancienne procédure, parfois appelée « référé-exécution », a été dès lors clairement abandonnée et il n'en reste plus guère que la possibilité pour le juge d'accorder, dans certaines circonstances, une provision ou de statuer sur un procès-verbal de difficultés. Le JEX est devenu un véritable juge du principal, dont les décisions sont, pour la plupart, revêtues de l'autorité de la chose jugée.

214.13 Article 47 du Code de procédure civile. Ce texte, qui prévoit que « *lorsqu'un magistrat ou un auxiliaire de justice est partie à un litige qui relève de la compétence d'une juridiction dans le ressort de laquelle celui-ci exerce ses fonctions, le demandeur peut saisir une juridiction située dans un ressort limitrophe* », trouve en matière d'exécution un terrain d'élection, les situations dans lesquelles un huissier de justice est partie à la procédure n'étant pas exceptionnelles[2]. On rappellera à cet égard que le ressort territorial des huissiers de justice a été étendu au TGI par le décret n° 2007-813 du 11 mai 2007[3], entré en vigueur le 1er janvier 2009.

1. Civ. 2e, 2 oct. 2002, n° 01-04-131, *Bull. civ.* I, n° 228.
2. Pour deux exemples d'application de l'article 47 en matière d'exécution : Civ. 2e, 7 juin 2006, n° 04-18.525, *Bull. civ.* II, n° 145 – Civ. 2e, 7 juin 2006, n° 05-18.531, *Bull. civ.* II, n° 148.
3. Décr. n° 2007-813, 11 mai 2007, modifiant la compétence territoriale des huissiers de justice, *JO* 12 mai, p. 8712.

214.14 Droit au procès équitable et délai raisonnable. L'instance devant le JEX concerne des contestations portant sur des droits et obligations de caractère civil. Elle entre par conséquent dans le champ d'application de l'article 6 § 1 de la Convention de sauvegarde des droits de l'homme et des libertés fondamentales. Le procès devant le JEX est dès lors soumis à l'ensemble des exigences du procès équitable, notamment au principe d'égalité des armes ou au droit à être jugé dans un délai raisonnable. Le procès ayant bien souvent débuté pour les parties longtemps avant l'engagement de la procédure d'exécution forcée, il est d'autant plus important que le juge statue sans retard. Par un arrêt du 7 mai 2002[4], la Cour européenne des droits de l'homme a d'ailleurs considéré qu'un retard anormal dans l'exécution constituait pour le bénéficiaire d'une décision une atteinte au droit au respect de ses biens, garanti par l'article 1er du premier protocole additionnel à la Convention.

§ 2
Assistance et représentation des parties

214.21 Transposition des règles applicables devant le tribunal d'instance. Pour manifester son attachement à une procédure simple et rapide et pour tenir compte aussi, certainement, des possibilités de délégation au juge d'instance des fonctions de JEX, le législateur a prévu, aux termes de l'article L. 121-4 C. pr. exéc., que, devant le JEX, les parties ont la faculté de se faire assister ou représenter selon les règles applicables devant le tribunal d'instance. La loi réserve toutefois le cas de la **procédure de saisie immobilière**, pour laquelle a été conservé le principe de la **représentation obligatoire** (v. s[s] n° 214.22). L'article R. 121-6 C. pr. exéc. reproduit ainsi l'article 827 C. pr. civ. applicable devant le tribunal d'instance, qui dispose que « *les parties se défendent elles-mêmes. Elles ont la faculté de se faire assister ou représenter* ». De la même façon, l'article R. 121-7 C. pr. exéc., qui énumère les personnes habilitées à assister ou représenter les parties devant le JEX, est le décalque pur et simple de l'article 828 C. pr. civ. Les parties peuvent donc se faire assister par « *un avocat, leur conjoint, leur concubin ou la personne avec laquelle elles ont conclu un pacte civil de solidarité, leurs parents ou alliés en ligne directe, en ligne collatérale jusqu'au troisième degré inclus, les personnes exclusivement attachées à leur service personnel ou à leur entreprise* ». On observera que le texte ne permet pas au créancier de se faire représenter par l'huissier de justice qu'il a mandaté.

4. CEDH 7 mai 2002, Bourdov c/ Russie, req. n° 59498/00, *Dr. et proc.* sept.-oct. 2002, note Fricero.

« *L'État, les régions, les départements, les communes et leurs établissements publics peuvent se faire assister par un fonctionnaire ou un agent de leur administration* ». La règle vaut au moins pour tous les établissements publics rattachés à une collectivité. Le texte ajoute que le représentant doit justifier d'un pouvoir spécial, sauf bien sûr s'il est avocat, conformément aux dispositions de l'alinéa 2 de l'article 416 C. pr. civ. Toute personne éligible peut également bénéficier de l'assistance d'un avocat et de tous auxiliaires de justice nécessaires au titre de l'aide juridictionnelle, dans les conditions posées par la loi n° 91-647 du 10 juillet 1990 relative à l'aide juridique et son décret d'application n° 91-1266 du 19 décembre 1991.

214.22 **Saisie immobilière.** L'article L. 121-4 C. pr. exéc. renvoie aux dispositions particulières applicables à la vente forcée des immeubles pour la détermination des règles de représentation des parties.

Selon l'article R. 311-4 C. pr. exéc., « *les parties sont, sauf disposition contraire, tenues de constituer avocat* ». L'article R. 311-6 C. pr. exéc. énonce qu'« *à moins qu'il n'en soit disposé autrement, toute contestation ou demande incidente est formée par le dépôt au greffe de conclusions signées d'un avocat* ». L'article R. 321-3 C. pr. exéc. oblige le créancier poursuivant à constituer avocat. L'article R. 322-5, 7° C. pr. exéc., relatif aux mentions de l'assignation à comparaître du débiteur, comprend l'indication qu'« *à peine d'irrecevabilité, toute contestation ou demande incidente doit être déposée au greffe du juge de l'exécution par conclusions d'avocat* ». L'article R. 322-40 C. pr. exéc. dit enfin que « *les enchères sont portées par le ministère d'un avocat* », le texte apportant cette précision qu'il doit être « *inscrit au barreau du tribunal de grande instance devant lequel la vente est poursuivie* ».

De la combinaison de ces textes, il résulte que la représentation par ministère d'avocat est obligatoire devant le JEX, sauf les exceptions prévues par l'article R. 322-17 C. pr. exéc. pour la demande du débiteur aux fins de vente amiable ou tendant à la suspension de la poursuite pour cause de surendettement. Enfin, les parties sont tenues de constituer avocat dans la phase de distribution du prix, la saisie et la distribution constituant une procédure unique soumise aux règles générales. L'article R. 332-2 C. pr. exéc. précise seulement, dans la distribution amiable, que « *le décompte actualisé est produit par conclusions d'avocat* » et l'article R. 332-9 C. pr. exéc. dans la même phase, que « *les notifications et convocations [...] sont faites conformément aux règles applicables aux notifications entre avocats* » [1].

1. Sur la postulation dans la nouvelle procédure de saisie immobilière, v. Cass., avis, 16 mai 2008, n° 08-00.003, *Bull. avis*, n° 2.

§ 3
Oralité de la procédure

214.31 **Principe.** L'article R. 121-8 C. pr. exéc. énonce que « *la procédure devant le juge de l'exécution est orale* ». Transposé directement de l'article 843 C. pr. civ. applicable devant le tribunal d'instance, l'article R. 121-8 C. pr. exéc. emporte les conséquences attachées à l'oralité de la procédure. En particulier, les présomptions instituées par la jurisprudence selon lesquelles les moyens retenus par le juge sont présumés avoir été débattus contradictoirement par les parties et les pièces produites par elles sont réputées avoir été régulièrement communiquées peuvent être mises en œuvre, pourvu que le défendeur comparaisse à l'audience.

214.32 **Aménagements à l'oralité.** Le décret n° 2010-1165 du 1er octobre 2010 relatif à la conciliation et à la procédure orale en matière civile, commerciale et sociale [2], a inséré dans le Code de procédure civile les articles 446-1 à 446-4, qui mettent en place des dispositions propres à la procédure orale permettant notamment aux parties, lorsqu'une disposition particulière le prévoit, d'être autorisées à formuler leurs prétentions et leurs moyens par écrit, sans se présenter à l'audience, Il s'agit là d'un droit commun de la procédure orale, dont l'application est subordonnée à une disposition particulière. Le texte, manifestement inspiré de l'article 14 du décret du 31 juillet 1992 (devenu C. pr. exéc., art. R. 121-10) qui, dans sa rédaction issue du décret n° 96-1130 du 18 décembre 1996, avait déjà institué un dispositif original qui autorisait toute partie, en cours d'instance, à exposer ses moyens par lettre adressée au JEX, à condition de justifier que l'adversaire en ait eu connaissance avant l'audience par lettre recommandée avec demande d'avis de réception (LRAR) [3], est rendu applicable devant le JEX. L'alinéa 1er de l'article 14 (devenu C. pr. exéc., art. R. 121-10, al. 1er) est désormais complété par un second alinéa, qui dispose que la partie qui use de cette faculté peut ne pas se présenter à l'audience, conformément au second alinéa de l'article 446-1 C. pr. civ. Le jugement rendu dans ces conditions est contradictoire. Ceci ne dispense évidemment pas le juge de motiver sa décision [4]. L'article 446-1 C. pr. civ. précise encore que le juge a toujours la faculté d'ordonner que les parties se présentent devant lui. Le texte, qui ne distingue pas, profite

2. Décr. n° 2010-1165, 1er oct. 2010, relatif à la conciliation et à la procédure orale en matière civile, commerciale et sociale, *JC* 3 oct., p. 17986.
3. Civ. 2e, 9 nov. 2006, n° 04-04.189, NP – Civ. 2e, 23 nov. 2006, n° 05-04.049, NP.
4. Civ. 1re, 19 déc. 1996, n° 95-04-206, NP.

aussi bien au demandeur qu'au défendeur, au créancier qu'au débiteur ou même à un tiers qui serait partie à l'instance. Il faut donc considérer que le jugement ne sera contradictoire qu'à l'égard de la partie non comparante ayant usé de la faculté prévue par le texte et non à l'égard d'une partie défaillante. Il conviendra dans cette hypothèse de se référer aux règles habituelles de qualification des jugements. On observera ensuite que l'article 14 (devenu C. pr. exéc., art. R. 121-10) n'envisage cette possibilité qu'en cours de procédure. Elle ne concerne donc pas la demande introductive d'instance, qui obéit à des règles propres. Enfin, on constatera que la communication de l'écrit entre les parties est soumise à plus de formalisme que la production de l'écrit entre les mains du juge, aucune forme particulière n'étant ici requise. Par précaution, il apparaît préférable, pour la partie qui utiliserait cette possibilité, de se ménager la preuve de la production de l'exposé écrit de ses moyens en adressant au juge ce document par LRAR. Enfin le texte ne dispense pas de communiquer aux autres parties ses pièces en temps utile, conformément aux prescriptions de l'article 15 C. pr. civ.

Le même décret du 1er octobre 2010 a également inséré dans le décret du 31 juillet 1992 un article 13-1 (devenu C. pr. exéc., art. R. 121-9), qui prévoit que le JEX qui organise des échanges entre les parties comparantes peut dispenser une partie qui en fait la demande de se présenter à une audience ultérieure, conformément au second alinéa de l'article 446-1 C. pr. civ. En ce cas, la communication entre les parties est faite par LRAR ou par notification entre avocats et il en est justifié auprès de la juridiction dans le délai qu'elle impartit.

§ 4
Procédure gracieuse ou contentieuse ?

214.41 La matière de l'exécution est principalement litigieuse. Le JEX est avant tout le juge des difficultés et des contestations nées à l'occasion de l'exécution forcée. Il intervient lors de la mise en œuvre de la contrainte à l'égard du débiteur, de sorte que son rôle relève principalement de la matière contentieuse. Et cela, même lorsque le juge est saisi par voie de requête. Peu importe que la procédure échappe, au moins dans un premier temps, à l'exigence de la contradiction. C'est ainsi le cas, en règle générale, des mesures conservatoires, mais il en est ainsi de bien d'autres interventions du JEX. Ce n'est en définitive qu'exceptionnellement que le juge sera appelé à statuer dans des hypothèses relevant de la matière gracieuse. On peut songer, à titre d'exemple, aux autorisations données pour procéder à des actes au domicile de tiers, car aucun litige n'oppose ici *a priori* le tiers concerné et le créancier demandeur. Cette qualification de la matière soumise au juge devrait entraîner l'application des textes concernant la matière gracieuse, comme des articles 25 et suivants C. pr. civ., qui donnent de larges pouvoirs d'investigation au juge ou encore des articles 950 et suivants du même Code, qui régissent la procédure d'appel. Au reste, la question apparaît largement théorique, puisque les voies de recours ouvertes contre les ordonnances rendues sur requête sont les mêmes que celles qui peuvent être formées en matière gracieuse.

SECTION 2
PROCÉDURE ORDINAIRE

§ 1
Demande

214.51 Principe : l'assignation. Dans sa version d'origine, le décret du 31 juillet 1992 avait prévu que le JEX serait saisi, en toutes matières, de façon simplifiée. Il s'agissait, dans l'esprit du législateur, de ne pas priver les parties, singulièrement le débiteur, d'un accès au juge. Afin que le contentieux de l'exécution soit traité rapidement, sans frais inutiles, il était apparu préférable de ne pas recourir au mode de saisine plus dispendieux et plus solennel qu'est l'assignation. C'est pourquoi, sans exclure le recours à l'assignation, le texte prévoyait que le demandeur pouvait saisir le juge par LRAR ou par déclaration au greffe, à l'instar des modes de saisine simplifiés pratiqués devant d'autres juridictions d'exception. Dès 1996 cependant, l'argument tiré de la crainte de voir augmenter le nombre des demandes, en particulier lorsque le JEX délégué était déjà juge du surendettement, a convaincu le pouvoir réglementaire de généraliser l'assignation.

Ainsi l'article 15 du décret du 31 juillet 1992 (devenu C. pr. exéc., art. R. 121-11), qui inaugurait la section I du chapitre II du décret consacrée à la procédure ordinaire, énonce-t-il, dans sa rédaction issue du décret n° 96-61130 du 18 décembre 1996, que « *la demande est formée par assignation à la première audience utile du juge de l'exécution* ». Ce mode de saisine est exclusif de tout autre, notamment de la requête conjointe, de la présentation volontaire ou, naturellement, de la saisine par lettre ou de la déclaration au greffe auxquelles on a cru devoir renoncer.

Aucun texte ne prévoit un **délai** entre l'assignation et l'audience ni entre l'enrôlement et l'audience. On peut cependant penser que l'enrôlement postérieur à l'audience n'aurait pas d'effet utile. Il a aussi été jugé que l'assignation pour une date non utile constituait une irrégularité de forme et non un vice de fond. Par ailleurs, un avis du 15 juin 1998 [1] de la Cour de cassation a dit que la **date de saisine du JEX** était la délivrance de l'assignation et non la mise au rôle de celle-ci, la détermination de cette date étant parfois essentielle, notamment pour les contestations formées en matière de saisie-attribution. La solution suppose néanmoins que l'assignation soit effectivement enrôlée.

Inspiré de la procédure de référé de l'article 485 C. pr. civ., l'article R. 121-1 C. pr. exéc. organise, en cas d'urgence, une **procédure d'assignation d'heure à heure** ainsi que les jours fériés ou chômés, sur autorisation préalable du JEX. Dans tous les cas, le juge doit, conformément à la règle générale que reprend l'article R. 121-13 C. pr. exéc., s'assurer qu'il s'est écoulé un **temps suffisant entre l'assignation et l'audience** pour que la partie assignée ait pu préparer sa défense. Selon le second alinéa de l'article R. 121-11 C. pr. exéc., l'assignation doit contenir, outre les mentions prévues par l'article 56 C. pr. civ., la reproduction, à peine de nullité, des dispositions des articles R. 121-6 à R. 121-10 C. pr. exéc. relatives à l'assistance et à la représentation des parties ainsi que celles concernant l'oralité de la procédure.

Le régime des **nullités de l'assignation** obéit au droit commun des nullités des actes de procédure résultant des articles 114 et 117 C. pr. civ., la nullité pour irrégularité de forme ne pouvant être prononcée qu'à charge pour celui qui l'invoque de prouver le grief que lui cause l'irrégularité [2].

214.52 Dérogation en matière d'expulsion. À l'invitation précise du législateur, qui, à l'article 118 de la loi du 29 juillet 1998, relative à la lutte contre les exclusions, lui a fait injonction de prévoir la saisine du JEX, pour l'exécution des ordonnances et jugements autorisant l'expulsion, par lettre recommandée avec demande d'avis de réception ou par déclaration faite ou remise contre récépissé, le pouvoir réglementaire a, par un décret n° 98-965 du 30 octobre 1998 [3], rétabli en ce domaine le mode de saisine du JEX prévu à l'origine. L'article 17 du décret du 31 juillet 1992, devenu l'article R. 442-2 C. pr. exéc., prévoit désormais, à titre dérogatoire, que « *la demande relative à l'exécution d'une décision de justice ordonnant l'expulsion peut être formée au greffe du juge de l'exécution par lettre recommandée avec demande d'avis de réception ou par déclaration faite ou remise contre récépissé* ». Ce choix se justifie tout à la fois par la gravité de la mesure d'expulsion et la situation de détresse de certaines des personnes concernées, qui implique de libérer la saisine du juge de toute entrave, financière ou psychologique. Le choix s'explique aussi par la nature des demandes formées à cette occasion, qui tendent principalement à l'obtention de délais de grâce et ne nécessitent pas spécialement le recours à un professionnel qualifié. L'article R. 442-3 C. pr. exéc. dispose toutefois qu'« *à peine de nullité, la demande doit préciser son objet et indiquer les nom, prénoms, profession et adresse du demandeur ou, s'il s'agit d'une personne morale, sa dénomination et son siège social* ». Elle doit aussi contenir « *un exposé sommaire des motifs et mentionner le nom et l'adresse du défendeur ou, s'il s'agit d'une personne morale, sa dénomination et son siège social* ». La nullité encourue est une nullité pour vice de forme, qui ne peut être prononcée que si la preuve d'un grief est rapportée. Aux termes de l'article R. 442-4 C. pr. exéc., le greffe avise alors le demandeur de l'audience par LRAR, qui reproduit les dispositions des articles R. 121-6 à R. 121-10 C. pr. exéc. et lui envoie le même jour une copie par lettre simple. La convocation peut aussi être faite verbalement contre émargement.

Quant au défendeur, il est convoqué à son tour par LRAR, la lettre contenant une copie de la demande et l'avisant qu'il s'expose, en cas de défaillance, à être jugé sur les seuls éléments fournis par le demandeur. La lettre doit aussi reproduire les dispositions des articles R. 121-6 à R. 121-10 C. pr. exéc. Copie de cette lettre est encore envoyée par lettre simple. Comme pour le demandeur, la convocation peut être faite verbalement contre émargement. Le recours à la **saisine simplifiée** n'est, bien entendu, qu'une faculté et il est loisible au demandeur, s'il l'estime opportun, de saisir le JEX par voie d'assignation. Selon le dernier alinéa de l'article R. 442-4 C. pr. exéc., le demandeur est invité à procéder de la sorte en cas de retour au greffe de la convocation qui n'aurait pu être remise à son destinataire.

§ 2
Recours gracieux préalable

214.61 Créances de l'État. Pour le recouvrement des créances de l'État, qu'il s'agisse des créances fiscales (LPF, art. L. 281 et R. 281), des amendes ou produits assimilés (Décr. n° 64-1333, 22 déc. 1964, art. 9), des créances domaniales (C. dom. État, art. R. 161) ou des créances ordinaires (Décr. n° 92-1369, 29 déc 1992, art. 7), les textes organisent un **recours gracieux préalable et obligatoire** devant le supérieur hiérarchique du comptable poursuivant.

1. Cass., avis, 15 juin 1998, n° 09-80.004, *Bull. avis*, n° 8.
2. Versailles, 16 nov. 1994, *BICC* 15 juin 1995, n° 651.
3. Décr. n° 98-965, 30 oct. 1998, pris pour l'application de l'article 118 de la loi n° 98-657 du 29 juillet 1998 d'orientation relative à la lutte contre les exclusions et relatif à la saisine du juge de l'exécution en matière d'exécution des décisions d'expulsion, *JO* 31 oct., p. 16442.

Le recours doit être formé dans un délai déterminé à peine de forclusion du recours préalable, avant toute saisine du JEX. La réclamation préalable est exigée à peine d'irrecevabilité de la demande présentée au JEX[1].

Dans un avis du 14 mai 2001, la Cour de cassation a confirmé ce point en précisant toutefois que, s'agissant de titres exécutoires émis par l'État pour le recouvrement d'impôts, taxes, redevances visées par l'article L. 281 du Livre des procédures fiscales, si la contestation devant le JEX doit, à peine d'irrecevabilité, être précédée d'un recours gracieux devant l'administration fiscale, c'est sous réserve que le redevable ait été informé du délai de ce recours, de ses modalités et de son destinataire, ainsi que des dispositions de l'article R. 281-5 du même Livre qui interdit au demandeur de faire état d'autres pièces justificatives ou d'invoquer d'autres faits[2]. Cette réserve devrait être d'application générale à tous les recours gracieux préalables effectués auprès du supérieur d'un comptable du Trésor. La saisine du JEX ne peut donc intervenir avant la notification de la décision du chef de service ou l'expiration du délai donné à celui-ci pour prendre sa décision[3]. Elle doit être effectuée, sous la même sanction d'irrecevabilité de la réclamation, dans **un certain délai après la réponse expresse ou tacite de l'Administration.** L'action est dirigée alors contre le comptable chargé du recouvrement et non contre son supérieur hiérarchique ni contre l'ordonnateur de la recette. Le juge ne peut se prononcer qu'au vu des justifications présentées lors du recours gracieux : le débiteur ne peut se fonder sur des pièces et des faits qui n'auraient pas été soumis préalablement à l'Administration. Dans l'hypothèse particulière où l'Administration fiscale attrait le tiers détenteur devant le JEX, en matière d'avis à tiers détenteur, aux fins de délivrance d'un titre exécutoire aux motifs qu'il refuse de payer la dette ou ne répond pas à l'avis qui lui est adressé, la Cour de cassation a jugé que ce tiers n'était pas l'auteur d'une contestation au sens des articles L. 281 et R. 281-1 du Livre des procédures fiscales, de sorte que la recevabilité des moyens qu'il invoque n'est pas subordonnée à la présentation d'une réclamation préalable à l'administration[4].

La **rigueur de la règle du recours préalable à toute action judiciaire** a conduit certains plaideurs à soutenir qu'elle restreignait l'accès au juge dans des conditions qui ne seraient pas conformes aux exigences de la Convention de sauvegarde des droits de l'homme et des libertés fondamentales. La cour d'appel de Paris n'a pas admis l'objection : elle a relevé que le recours gracieux constituait pour l'Administration, en contrepartie de son droit de délivrer un titre exécutoire, la possibilité de revoir aussi sa position avant tout procès[5].

214.62 Créances des collectivités territoriales et de leurs établissements publics. Il n'existe pas de dispositions analogues s'agissant des créances des collectivités territoriales et des établissements rattachés[6]. Une distinction doit être ici opérée.

Lorsque le recouvrement est effectué sur le fondement des dispositions de l'article L. 281 du Livre des procédures fiscales, il convient, pour le redevable, de former un recours préalable, comme pour les créances de l'État.

Si, en revanche, la créance est assise et liquidée par la collectivité, l'article L. 1617-5, 2° du Code général des collectivités territoriales dispose que le débiteur peut contester directement devant le JEX la régularité formelle de l'acte de poursuite diligenté à son encontre, son action se prescrivant alors dans le délai de deux mois suivant la notification de l'acte contesté[7].

La Cour de cassation a ainsi décidé que la contestation du contribuable relative au recouvrement de la taxe d'habitation était soumise à l'exigence d'un recours gracieux préalable, mais que tel n'était pas le cas de la contestation portant sur la régularité formelle de l'acte de recouvrement d'une facture d'eau émise par une commune[8], quand bien même le recouvrement de ces deux créances serait effectué dans un même acte de poursuite délivré par un même comptable public.

SECTION 3 PROCÉDURES PARTICULIÈRES

§ 1 Ordonnances sur requête

214.71 Champ d'application. Deux articles du Code des procédures civiles d'exécution sont consacrés aux ordonnances sur requête et en délimitent le champ. **L'article** R. 121-23 C. pr. exéc. énonce que « *le juge de l'exécution statue par ordonnance sur requête dans les cas spécifiés par la loi ou lorsque les circonstances exigent qu'une mesure urgente ne soit pas prise contradictoirement* ». Cette disposition reproduit presque à l'identique l'article 812 C. pr. civ. qui régit les ordonnances sur requête rendues par le

1. Com. 12 mars 1996, n° 94-12.515, *Bull. civ.* IV, n° 81.
2. Cass., avis, 14 mai 2001, n° 01-00.002, *Bull. avis,* n° 3.
3. Com. 12 mars 1996, n° 94-16.102, *Bull. civ.* IV, n° 80.
4. Com. 2 déc. 2002, n° 00-20.505, *Bull. civ.* IV, n° 186.
5. Paris, 8e ch., 7 juin 2001, RG n° 2001/20745, NP.
6. Civ. 2e, 11 sept. 2003, n° 01-13.652, *Bull. civ.* II, n° 252.
7. Paris, 17 janv. 2008, RG n° 07/09111, NP.
8. Com. 14 déc. 2004, n° 02-15.617, *Bull. civ.* IV, n° 226.

président du TGI. Ceci ne surprend guère quand on se souvient que le JEX n'est autre que le président du TGI lui-même. Le texte renferme deux hypothèses.

214.72 Ordonnance sur requête en vertu d'une disposition spéciale. *En premier lieu,* le JEX statue par voie d'ordonnance sur requête lorsqu'une disposition le prévoit spécialement. Il en va ainsi par exemple lorsque l'acte envisagé est soumis à autorisation préalable, comme c'est le cas pour les mesures conservatoires ou pour les actes qui seraient de nature à mettre en cause les libertés individuelles, saisies de meubles chez un tiers ou hors des heures légales, ou encore saisie-vente opérée pour le recouvrement de sommes modiques. Plus largement, **l'article R.** 121-24 C. pr. exéc., qui édicte que l'huissier de justice est habilité, dans tous les cas où, pour exécuter l'opération dont il est chargé, il doit obtenir l'autorisation du juge, à saisir ce juge par voie de requête, institue un cas général d'intervention du juge prévu par la loi.

214.73 Ordonnance sur requête en cas d'urgence. *En second lieu,* le JEX peut toujours statuer par voie de requête lorsqu'une mesure d'urgence doit être prise, dès lors qu'il est justifié de circonstances fondant le requérant à ne pas appeler la partie adverse. Il peut ainsi autoriser un huissier de justice à constater d'éventuels manquements, avant toute demande de liquidation d'astreinte[1]. C'est la définition même de l'ordonnance sur requête, telle qu'elle résulte des dispositions de l'article 493 C. pr. civ. La jurisprudence fait une interprétation stricte du texte, la règle demeurant le respect du principe de la contradiction. Il importe aussi que le juge constate que la condition d'urgence est remplie. Ainsi, la Cour de cassation a-t-elle jugé que la voie de la requête ne pouvait être utilisée par un comptable public pour obtenir un titre contre le tiers détenteur, la procédure ordinaire par assignation devant être suivie[2]. De même, la procédure sur requête ne peut être utilisée pour obtenir le prononcé d'une astreinte, même en cas d'urgence[3].

214.74 Procédure. Selon le deuxième alinéa de l'article R. 121-23 C. pr. exéc., la requête est remise ou adressée au greffe par le requérant ou par tout mandataire. Ce texte n'est que la reprise de l'article 852 C. pr. civ. qui concerne les ordonnances sur requête devant le juge d'instance. Il met en œuvre l'article L. 121-4 C. pr. exéc., qui rend applicable devant le JEX les **règles d'assistance et de représentation applicables devant le tribunal d'instance.** Ceci exclut donc les modalités de représentation de l'article R. 121-7 C. pr. exéc. L'ordonnance du JEX obéit au régime général de l'ordonnance sur requête des articles 494 et suivants C. pr. civ. La **requête** doit être **motivée** et présentée en **double exemplaire** et doit comporter **l'indication précise des pièces invoquées. L'ordonnance** elle-même doit être **motivée.** Elle est exécutoire au seul vu de la minute.

Conformément aux dispositions de l'article 496 C. pr. civ., l'ordonnance est susceptible d'**appel**, dans les conditions prévues par ce texte, s'il n'est pas fait droit à la requête, et, s'il est fait droit à la requête, tout intéressé peut en référer au juge, qui peut modifier ou rétracter son ordonnance.

Le troisième et dernier alinéa de l'article R. 121-23 C. pr. exéc. rappelle opportunément que la décision de **rétractation d'une ordonnance sur requête** du JEX n'a pas autorité de chose jugée au principal. La solution conforme au droit commun, constitue une disposition particulière au regard de l'article R. 121-14 C. pr. exéc. qui pose en principe que le JEX statue comme juge du principal. Il est par conséquent toujours possible de remettre en cause la décision de rétractation. Ceci vaut tout spécialement pour les ordonnances autorisant les mesures conservatoires qui peuvent à nouveau être sollicitées sur d'autres éléments de preuve. La Cour de cassation a jugé qu'il n'entrait pas dans les pouvoirs du premier président de la cour d'appel de suspendre l'exécution d'une mesure judiciaire de sûreté autorisée, sur requête, par un JEX[4]. Il appartient donc au débiteur de contester l'ordonnance devant le JEX. Appel d'une ordonnance sur requête ne peut être interjeté que si celle-ci ne fait pas droit à la requête[5].

§ 2
Difficultés d'exécution

214.81 Champ d'application. La procédure de difficultés d'exécution est une procédure originale, régie par les articles R. 151-1 et suivants C. pr. exéc. Elle est l'héritière de l'ancien référé sur procès-verbal. Selon l'article R. 151-1, « *lorsque l'huissier de justice chargé de l'exécution d'un titre exécutoire se heurte à une difficulté qui entrave le cours de ses opérations, il en dresse procès-verbal et peut, à son initiative, saisir le juge de l'exécution* [...] ». C'est l'huissier de justice, en sa qualité d'officier ministériel chargé de mettre à exécution le titre et non en sa qualité de mandataire d'une partie, qui est ici demandeur exclusif à la procédure. Il demande au juge des instructions et lui fait trancher la difficulté à laquelle il

1. Civ. 2e, 27 nov. 1997, nº 95-20.593, *Bull. civ.* II, nº 286.
2. Cass., avis, 9 févr. 1998, nº 09-70.013, *Bull. avis,* nº 2 (préc. ss nos 212.156 et 213.24).
3. Paris, 25 mai 2000, RG nº 1999/21349, NP.
4. Civ. 2e, 8 juill. 2004, nº 02-14.573, *Bull. civ.* II, nº 372.
5. Civ. 2e, 3 nov. 2005, nº 03-20.714, NP.

se heurte. Les articles R. 151-1 à R. 151-4 C. pr. exéc. réglementent cette procédure. Curieusement, l'article R. 151-1 C. pr. exéc. n'envisage que le cas où l'huissier de justice chargé de l'exécution se heurte à une difficulté qui entraverait le cours de ses opérations. Cette précision, qui ne figure pas dans la loi, devrait à notre sens être interprétée sans trop de rigueur, l'entrave visée par le décret pouvant être aussi bien un **obstacle matériel que juridique**. Ainsi, pour ne pas voir engager sa responsabilité, l'huissier de justice pourrait-il, en cas de doute sérieux sur le sens ou la portée d'un texte, s'adresser au JEX[1].

214.82 Procédure. La procédure de difficultés d'exécution est soumise, selon le second alinéa de l'article R. 151-1 C. pr. exéc., aux **règles de la procédure ordinaire**, sous quelques réserves apportées par les articles R. 151-2 à R. 151-4 C. pr. exéc.

Aux termes de l'article R. 151-2 C. pr. exéc., le juge est saisi par déclaration écrite de l'huissier de justice au greffe, accompagnée de la présentation du titre, d'un exposé de la difficulté ayant entravé l'opération d'exécution et, s'il y a lieu, des pièces qui lui ont été communiquées.

L'article R. 151-3 C. pr. exéc. explique les modalités de mise en cause des parties intéressées, qui sont immédiatement informées de la difficulté rencontrée, des lieu, jour et heure de l'audience. Les informations sont données, soit par déclaration verbale consignée au procès-verbal, soit par lettre recommandée avec demande d'avis de réception. Elles valent assignation à comparaître. Les parties doivent encore être informées des dispositions des articles R. 121-6 à R. 121-10 C. pr. exéc. relatifs à l'assistance et à la représentation des parties devant le JEX. Si la lettre n'est pas remise personnellement à son destinataire, nous pensons qu'il y aurait lieu alors de procéder par voie d'assignation.

L'article R. 151-4 C. pr. exéc. énonce enfin que **la décision n'a pas autorité de chose jugée au principal.** Cette règle, qui déroge à l'article R. 121-14 C. pr. exéc., s'explique aisément par la nature de la procédure, qui s'apparente à certains égards au référé, et qui est destinée à lever un obstacle avec célérité, même si la condition d'urgence ne figure pas dans les textes. **La décision du juge, bien que rendue au provisoire, est susceptible d'appel**, conformément à l'article R. 121-19 C. pr. exéc., de la part des parties intéressées et aussi certainement de la part de l'huissier de justice qui, demandeur à l'instance, nous paraît avoir la qualité de partie, cette analyse étant cependant discutée[2].

1. Perrot et Théry, n° 359.
2. Perrot et Théry, n° 360.

SECTION 4
DÉCISION DU JUGE DE L'EXÉCUTION

214.91 Effet de la saisine. La saisine du JEX n'a par elle-même **aucun effet suspensif sur l'exécution des mesures contestées.**

Toutefois, en matière de **saisie-attribution**, les articles L. 211-5 et R. 211-12 C. pr. exéc. prévoient qu'en cas de contestation devant le JEX, le paiement est différé sauf si le juge autorise le paiement pour la somme qu'il détermine. Il s'ensuit que si la saisie-attribution emporte, à concurrence des sommes pour lesquelles elle est pratiquée, attribution immédiate au profit du saisissant de la créance saisie disponible entre les mains du tiers saisi ainsi que de tous ses accessoires, le paiement est différé en cas de contestation devant le JEX ou, sauf acquiescement, même pendant le délai de contestation[3].

Dans le domaine de la **saisie-vente**, l'article R. 221-49 C. pr. exéc. dispose que les demandes relatives à la propriété ou à la saisissabilité ne font pas obstacle à la saisie mais suspendent la procédure pour les biens saisis qui en sont l'objet. La vente ne peut donc avoir lieu jusqu'à ce que le JEX ait statué sur la demande. Si la contestation est rejetée, le créancier peut sans faute de sa part faire procéder à la vente, sauf décision du premier président prise en application de l'article R. 121-22 C. pr. exéc.[4]. En revanche, il résulte de l'article R. 221-55 C. pr. exéc. que la demande en nullité de la saisie, lorsqu'elle est fondée sur un autre motif que le défaut de propriété du débiteur saisi ou l'insaisissabilité des biens, ne suspend par les opérations de saisie, à moins que le juge n'en dispose autrement.

214.92 Nature de la décision. Selon l'article R. 121-14 C. pr. exéc., le JEX statue, sauf disposition contraire, comme **juge du principal** : il n'est pas juge du provisoire. Il s'ensuit que les décisions du JEX sont, en principe, des jugements et non des ordonnances. Ce n'est que lorsqu'il prend une décision provisoire, dans les cas prévus par la loi, que le JEX, juge unique, rend des ordonnances[5]. Il en va notamment ainsi lorsque le juge autorise une mesure conservatoire ou lorsqu'il tranche une difficulté d'exécution dont le saisit l'huissier de justice.

214.93 Autorité de chose jugée. Lorsqu'il statue comme juge du principal, le JEX rend des **jugements pourvus de l'autorité de la chose jugée au principal.** Devenue irrévocable, la décision du JEX ne peut

3. Civ. 2e, 24 janv. 2008, n° 07-16.857, *Bull. civ.* II, n° 22 ; *D.* 2008. Chron. 2e ch., 2383.
4. Civ. 2e, 27 avr. 2000, n° 98-16.187, *Bull. civ.* II, n° 69.
5. L. Cadiet et E. Jeuland, *Droit judiciaire privé*, 5e éd., « Manuel », LexisNexis/Litec, 2006, n° 698.

plus être remise en cause[1]. Le juge statue donc sur les dépens afférents à l'instance, en application de l'article 696 C. pr. civ.[2] Il peut allouer une indemnité de procédure sur le fondement de l'article 700 C. pr. civ., prononcer une amende civile, voire accorder des dommages-intérêts pour procédure abusive[3], dans les conditions prévues par l'article 32-1 C. pr. civ.

En revanche, **n'ont pas autorité de chose jugée** les **ordonnances rendues sur requête** ou **sur rétractation** par le JEX, les **ordonnances rendues sur difficultés d'exécution**, ou encore la décision qui ordonne le **paiement provisionnel d'une somme par le tiers saisi** en application de l'article R. 211-12 C. pr. exéc. On rappellera enfin que la disposition par laquelle est prononcée une **astreinte** ne tranche aucune contestation et n'a pas dès lors l'autorité de la chose jugée[4] et qu'il est de même de la décision du JEX qui rejette une demande tendant à assortir d'astreinte la décision d'un autre juge[5].

Si la décision du JEX, statuant en procédure ordinaire, bénéficie donc de l'autorité de la chose jugée dès son prononcé, un dispositif particulier et un peu complexe a été mis en place par l'article R. 121-18 C. pr. exéc. pour la **décision de mainlevée**. Selon ce texte, si une telle décision emporte, dans la limite de son objet, suspension des poursuites dès son prononcé, la suppression de tout effet d'indisponibilité est différée jusqu'à la notification de la décision. L'effet d'indisponibilité est donc maintenu pour préserver les droits du créancier et pour lui permettre, à la condition d'agir sans tarder, de relever appel et de demander un sursis à exécution de la décision de mainlevée. En raison de l'absence d'effet suspensif de l'appel, le débiteur pourrait en effet être tenté de faire disparaître les biens saisis dès la décision de mainlevée.

214.94 Notification. En procédure ordinaire, l'article R. 121-15 C. pr. exéc. prévoit que la décision du JEX est notifiée aux parties elles-mêmes, conformément au principe édicté par l'article 677 C. pr. civ. Cela exclut une notification à un mandataire ou à un domicile élu, même à l'égard du créancier qui, ayant remis son titre à un huissier de justice, aurait ainsi élu domicile en son étude en application de l'article R. 141-1 C. pr. exéc. Toutefois, l'article 682 C. pr. civ. devrait autoriser une **notification faite au domicile élu en France par la personne demeurant à l'étranger**. L'article R. 121-15 C. pr. exéc. dispose également, par souci de simplicité, que la notification est effectuée par le greffe par LRAR, une copie de la décision étant envoyée le même jour par lettre simple aux parties et à l'huissier de justice.

En application de l'article 680 C. pr. civ., l'acte de notification doit indiquer les voies de recours ainsi que les modalités du recours. Si la lettre de notification n'a pu être remise à son destinataire, c'est-à-dire à l'une quelconque des parties, le greffier doit en informer celles-ci afin qu'elles procèdent par voie de signification. La règle est la reprise de celle que pose l'article 670-1 C. pr. civ. On notera que l'alinéa 3 de l'article R. 121-15 C. pr. exéc. autorise toujours les parties à faire signifier directement la décision.

Enfin, l'alinéa 4 de l'article R. 121-15 C. pr. exéc. renferme une disposition originale qui permet à chacune des parties de faire connaître au greffe qu'elle renonce à ce que la décision lui soit notifiée. En ce cas, la décision est réputée notifiée à la date de son prononcé. À défaut de précision apportée par le texte, on peut penser que la renonciation peut intervenir non seulement après le prononcé du jugement mais qu'elle pourrait même être portée à la connaissance du greffe avant que la décision ne soit rendue.

214.95 Exécution de la décision. Le dernier alinéa de l'article L. 311-12-1 ancien du COJ, qui prévoyait que l'appel des décisions du JEX n'était pas suspensif, n'a pas été repris lors de la nouvelle codification des parties législative et réglementaire de ce Code. Il ne faut surtout pas en déduire un rétablissement d'un quelconque effet suspensif. La disposition, de nature réglementaire, ne relevait pas du droit de l'organisation judiciaire et elle figurait déjà à l'article 30 du décret du 31 juillet 1992 (devenu C. pr. exéc., art. R. 121-21). Selon ce dernier texte donc, **le délai d'appel et l'appel lui-même n'ont pas d'effet suspensif**. Il en résulte que la décision du JEX rendue dans la procédure ordinaire est de **plein droit exécutoire**. Et elle devient exécutable **dès sa notification** conformément à l'article 503 C. pr. civ. En cas de nécessité, l'article R. 121-17 C. pr. exéc. autorise même le juge à déclarer la décision exécutoire au seul vu de la minute.

En matière d'astreinte, la décision du juge est exécutoire par provision en application de l'article R. 131-4 C. pr. exéc. Cet article R. 131-4 C. pr.

1. Civ. 1re, 17 nov. 1999, n° 07-19.595, NP – Civ. 2e, 9 nov. 2000, n° 98-20.124, NP – Civ. 2e, 26 juin 2003, n° 01-12.675, NP – Civ. 2e, 27 mars 2006, n° 04-10.776, *Bull. civ.* II, n° 80 – La décision du JEX qui, tout en ordonnant la mainlevée d'une mesure d'exécution, déboute le débiteur de sa demande de nullité de l'engagement résultant d'un titre notarié au motif erroné qu'il serait incompétent pour en connaître, n'a cependant pas autorité de la chose jugée sur cette demande formulée à l'occasion de la mainlevée d'une nouvelle mesure d'exécution, Civ. 2e, 21 mars 2013, n° 11-28.840, *Bull. civ.* II, n° 53.
2. TGI Bastia, JEX, 16 avr. 1993, *BICC*, 15 sept. 1993, n° 1039 – Civ. 2e, 1er déc. 2005, n° 04-18.291, NP.
3. Civ. 2e, 18 déc. 2008, n° 07-21.165, NP.
4. Civ. 2e, 30 avr. 2002, n° 00-13.815, *Bull. civ.* II, n° 83.
5. Civ. 2e, 17 nov. 2005, n° 03-20.157, *Bull. civ.* II, n° 296 – Civ. 2e, 4 juin 2009, n° 08-11.129, *Bull. civ.* II, n° 139.

exéc. concerne au premier chef la décision du JEX qui liquide l'astreinte. Lorsque le JEX ordonne une astreinte, celle-ci court dès lors que la décision qu'elle assortit et dont elle est l'accessoire est elle-même exécutoire. Ce qui devrait concerner toutes les décisions de cette sorte prononcées par le JEX.

Les **ordonnances sur requête** sont **exécutoires au seul vu de la minute**, conformément à l'article 495 C. pr. civ.

Quant aux **décisions rendues sur difficultés d'exécution**, elles relèvent de la procédure ordinaire et sont à ce titre **exécutoires de plein droit**.

Par ailleurs, l'article R. 121-16 C. pr. exéc. permet au JEX de se réserver la possibilité de vérifier l'exécution de sa décision et de prescrire, à cette fin, les mesures nécessaires. Il ne faut pas voir dans cette disposition une entorse au principe de l'autorité de la chose jugée ou à celui du dessaisissement du juge résultant du jugement. Il n'est ici question que d'une faculté laissée au juge de **veiller à la bonne fin de son jugement**. À ce titre, il peut inviter les parties à lui rendre compte des suites de sa décision ou assortir sa décision d'astreinte, sans qu'il soit nécessaire pour le juge de se réserver la liquidation de l'astreinte, celle-ci relevant par principe du JEX. L'article R. 121-16 C. pr. exéc. constitue une innovation qui fait du JEX, s'il le souhaite, le maître d'œuvre de la procédure d'exécution dont il peut assurer le suivi.

SECTION 5
VOIES DE RECOURS

§ 1
Voies ordinaires de recours

214.101 **Opposition.** L'article 27 du décret du 31 juillet 1992 prévoyait expressément, dans sa version d'origine, que la décision du JEX rendue par défaut n'était pas susceptible d'opposition. La règle pouvait s'expliquer par l'intention des auteurs du décret d'éviter de retarder l'exécution, mais, dès lors que l'article 28 du décret (devenu C. pr. exéc., art. R. 121-19) précise que la décision peut toujours être frappée d'appel, ce dont il résulte qu'elle est rendue en premier ressort, on s'est interrogé sur sa portée au regard des dispositions de l'article 473 C. pr. civ. Aussi le décret n° 96-1130 du 18 décembre 1996 a-t-il abrogé l'article 27 du décret, ce qui, en pratique, ne devrait donc pas modifier l'état antérieur du droit en ce qui concerne la procédure ordinaire devant le JEX. Le jugement du JEX n'est par conséquent pas susceptible d'opposition.

Pour autant, l'arrêt de la cour d'appel qui statue en appel d'un jugement du JEX pourra quant à lui être rendu par défaut, si la citation n'a pas été délivrée à personne.

214.102 **Appel.** En procédure ordinaire, la décision du JEX peut toujours, selon l'article R. 121-19 C. pr. exéc., être frappée d'appel, à moins qu'il ne s'agisse d'une **mesure d'administration judiciaire**. La réserve des mesures d'administration judiciaire, qui ne fait que rappeler que ces mesures ne sont, en application de l'article 537 C. pr. civ., sujettes à aucun recours, ne s'imposait pas. On notera que les dispositions équivalentes qui figuraient au dernier alinéa de l'article L. 311-12-1 du COJ n'ont pas été reprises, lors de la dernière codification, dans la partie réglementaire du Code de l'organisation judiciaire. Pour le reste, l'utilisation énergique de l'adverbe « *toujours* » manifeste que la voie de l'appel est ouverte quel que soit l'intérêt en litige.

Dans le domaine de l'exécution, les difficultés rencontrées ou les contestations soulevées ne sont que peu souvent en relation avec le montant de la créance ou la valeur des biens saisis. C'est la raison pour laquelle le **droit à un recours effectif et général**, sans considération du taux du ressort, a été privilégié. La solution conduit aussi à centraliser les recours devant la cour d'appel, dès lors que la règle conduit à fermer la voie de l'opposition.

Toutefois, les dispositions du Code de procédure civile, qui prévoient l'**exercice différé de l'appel**, ou qui soumettent l'appel à l'**autorisation préalable du premier président**, comme en matière de sursis à statuer ou d'expertise, s'appliquent aux décisions du JEX. Ainsi l'appel formé contre un jugement qui sursoit à statuer et ordonne la consignation de sommes saisies attribuées n'est pas immédiatement recevable[1]. En revanche, le jugement du JEX qui sursoit à l'exécution d'un acte notarié et d'une saisie, seule demande dont il était saisi, met fin à l'instance et peut faire l'objet d'un appel[2].

Selon l'article R. 121-20 C. pr. exéc., le **délai d'appel** est de **quinze jours**. C'est le délai applicable aux ordonnances de référé en vertu de l'article 490 C. pr. civ. qui a été retenu, ici encore pour des raisons de célérité. Le délai d'appel court à compter de la notification, sauf si les parties y ont renoncé en application de l'article R. 121-15 C. pr. exéc. L'appel est formé au greffe de la cour d'appel, conformément aux articles 901 et suivants C. pr. civ. relatifs à la procédure ordinaire. Aux termes de l'article R. 121-21 C. pr. exéc., le délai d'appel et l'appel lui-même n'ont pas d'effet suspensif. Toutefois, l'article R. 121-22 C. pr. exéc. organise, **en cas**

1. Civ. 2e, 18 févr. 1999, n° 97-11.374, *Bull. civ.* II, n° 33.
2. Civ. 2e, 15 sept. 2005, n° 03-20.644, *Bull. civ.* II, n° 217.

d'appel, une **procédure de sursis à exécution des décisions du JEX**, dont les modalités seront étudiées au chapitre consacré à la juridiction du premier président.

Pour le même motif de célérité, le décret du 18 décembre 1996 a inséré un article 9-1 dans le décret du 31 juillet 1992 (devenu C. pr. exéc., art. R. 121-3) qui ferme la voie du **contredit** aux décisions du JEX statuant sur sa compétence. Seul l'appel est alors possible. Si la cour d'appel est saisie à tort par la voie du contredit, elle demeure néanmoins saisie, conformément aux dispositions de l'article 91 C. pr. civ., et elle statue alors en matière d'appel[1].

On signalera enfin l'article R. 131-2 C. pr. exéc. qui précise, en matière d'**astreinte**, que la décision du juge peut faire l'objet d'un contredit. Il ne faut pas se méprendre sur la portée de cette disposition qui, selon nous, ne vise, depuis le décret du 18 décembre 1991, que tout juge autre que le JEX qui se serait déclaré compétent pour liquider une astreinte au lieu et place du JEX[2]. L'article R. 121-3 C. pr. exéc. ne faisant aucune réserve, il nous paraît devoir s'appliquer à toutes les décisions du JEX, la matière de l'astreinte ne justifiant d'ailleurs pas un sort particulier.

§ 2
Voies extraordinaires de recours

214.111 **Tierce opposition.** Cette voie de recours, faute d'avoir été spécialement exclue, peut être exercée dans les conditions des articles 582 et suivants C. pr. civ.[3], conformément à l'article R. 121-5 C. pr. exéc. qui renvoie aux dispositions communes du livre I du Code de procédure civile.

214.112 **Révision.** La voie du recours en révision n'est pas envisagée par les textes mais, conformément à l'article R. 121-5 C. pr. exéc., ce recours extraordinaire devrait pouvoir être formé dans les cas et conditions prévus par les articles 593 et suivants C. pr. civ.

214.113 **Pourvoi en cassation.** En procédure ordinaire, les décisions du JEX pouvant toujours être frappées d'appel, le pourvoi en cassation n'est en principe pas ouvert directement contre elles, sauf dans l'hypothèse de **contrariété de décisions** visée à l'article 618 C. pr. civ. Certaines décisions du juge en matière de **saisie immobilière** ou encore les **décisions rectificatives**, lorsque la décision rectifiée est passée en force de chose jugée, peuvent aussi faire l'objet d'un pourvoi en cassation.

1. Civ. 2e, 10 févr. 2005, n° 03-15.324, *Bull. civ.* II, n° 26 – Civ. 2e, 31 mars 2011, n° 10-15.794, *Bull. civ.* II, n° 77; *Procédures* 2011, n° 199, note Perrot.
2. Aix-en-Provence, ord. CME, 6 juin 2008, RG n° 08/04975, NP – CONTRA, Versailles, ord. CME, 28 nov. 2006, RG n° 06/01851, NP – Montpellier, 22 mars 2007, RG n° 06/07391, NP.
3. Civ. 2e, 13 mars 2008, n° 06-20.589, NP – Civ. 2e, 19 mai 2005, n° 04-04.037, *Bull. civ.* II, n° 130.

TITRE

22. Les autres juridictions intervenant en matière d'exécution

SECTION 0
ORIENTEUR

220.00 **Plan du titre.**

Division. La réforme des procédures civiles d'exécution a concentré la plupart des compétences en matière d'exécution forcée entre les mains du juge de l'exécution. Toutefois, d'autres juridictions du premier degré ont conservé des compétences propres en ce domaine, le plus souvent en raison de la spécialité ou de la technicité de la matière traitée (chap. 221). Le premier président et la cour d'appel, d'une part, la Cour de cassation, d'autre part, interviennent aussi dans le contentieux de l'exécution (chap. 222).

220.03 **Bibliographie indicative.**

Actualisables. Rép. pr. civ., *v° Juge de l'exécution*, par C. Lefort, déc. 2011 [màj janv. 2013] – *J.-Cl. Pr. civ., v^is Juge de l'exécution : Qui est le juge de l'exécution ?*, fasc. 2030; *Compétence d'attribution*, fasc. 2040; *Compétence territoriale*, fasc. 2045; *Procédure*, fasc. 2050; *Décision – Voies de recours*, fasc 2060; *Ordonnances sur requête*, fasc. 2070; *Difficultés d'exécution*, fasc. 2080, par J. Normand – *Lamy Droit de l'exécution forcée, v° Contentieux de l'exécution*, par N. Fricero, avr. 2008, étude 480.

Ouvrages. C. Brenner, *Procédures civiles d'exécution*, 7e éd., « Cours », Dalloz, 2013 – G. Couchez, *Voies d'exécution*, 9e éd., « Sirey Université », Sirey, 2007 – R. Lauba et F. Ruellan, *Le contentieux de l'exécution*, 8e éd., vol. 1, ENM, 2002 – A. Leborgne, *Droit de l'exécution*, 2e éd., « Précis », Dalloz, 2014, p. 439-448, nos 931-961 – R. Perrot et P. Théry, *Procédures civiles d'exécution*, 3e éd., Dalloz, 2013.

CHAPITRE

221. Autres juridictions du premier degré

JEAN-MICHEL SOMMER
PRÉSIDENT DE CHAMBRE
À LA COUR D'APPEL DE VERSAILLES

SECTION 0
ORIENTEUR

221.00 **Plan du chapitre.**

Division. D'autres juridictions que le juge de l'exécution exercent, en première instance, des compétences en matière d'exécution. Ces compétences concernent l'exécution forcée (sect. 1) et les mesures conservatoires (sect. 2).

221.01 **Textes applicables.**

C. pr. exéc., art. R. 213-6.

COJ, art. L. 221-8, R. 212-8, 2° et R. 221-8.

C. pr. civ., art. 1948.

ACPC, art. 688.

C. trav., art. L. 3252-1 s. et R. 3252-1 s. (mentionnés au C. pr. exéc., art. L. 212-1 s.).

C. pr. pén., art. 710.

C. expr., art. L. 15-1 et R. 15-1.

C. com., art. L. 141-14, L. 143-1 s.

CPI, art. L. 332-1, L. 332-4, L. 521-6, L. 615-5, L. 615-17, L. 716-7 et R. 615-4 et R. 623-61.

C. civ., art. 257, 1961 s. et 2374, 4°.

C. douanes, art. 341 *bis*, 357 *bis* et 378.

221.03 **Bibliographie indicative.** (V. s[s] n° 220.03).

SECTION 1
MESURES RELATIVES À L'EXÉCUTION

221.11 **Reconnaissance et *exequatur*.** L'ancien article L. 311-11 du COJ, désormais codifié à l'article R. 212-8, 2°, attribue compétence au tribunal de grande instance (TGI), statuant à juge unique, pour connaître des demandes en reconnaissance et en *exequatur* des décisions judiciaires et actes publics étrangers ainsi que des sentences arbitrales françaises ou étrangères. Par ailleurs, le second alinéa de l'article 1498 C. pr. civ dispose que les sentences arbitrales sont déclarées exécutoires en France par le JEX. La contradiction entre ces textes n'est qu'apparente, le second résultant de dispositions antérieures à l'institution du JEX, de sorte qu'il convient de comprendre ici que le JEX désigné par l'article 1498 est le TGI siégeant à juge unique[1]. L'interprétation n'est guère discutable, la matière ne relevant pas, en vérité, du droit de l'exécution.

221.12 **Paiement direct et recouvrement public des pensions.** L'article 8 du décret n° 2009-1693 du 29 décembre 2009[2] a abrogé l'article R. 221-8 du COJ qui attribuait compétence au **juge d'instance** pour connaître des contestations relatives à la **procédure de paiement direct** prévue par la loi n° 73-5 du 2 janvier 1973. Le même texte a modifié l'article 5 du décret n° 73-216 du 1er mars 1973 (devenu C. pr. exéc., art. R. 213-6) pour donner désormais compétence en ce domaine au JEX. Pour les contestations relatives au **recouvrement public des pensions alimentaires**, l'article 4 de la loi n° 75-618 du 11 juillet 1975 attribue compétence au **président du TGI**, qui statue comme en matière de référé.

221.13 **Saisie des rémunérations.** La loi n° 2010-1609 du 22 décembre 2010, relative à l'exécution des décisions de justice, aux conditions d'exercice de certaines professions réglementées et aux experts judiciaires, a délibérément laissé au **juge d'instance** la compétence qu'il avait en matière de **saisie des rémunérations du travail**, en considération sans

1. Civ. 1re, 29 juin 1994, n° 92-18.084, *Bull. civ.* I, n° 224 (rendu toutefois sous l'empire de la législation antérieure à la loi du 9 juill. 1991) – Civ. 1re, 9 déc. 2003, n° 01-13.341, *Bull. civ.* I, n° 250.
2. Décr. n° 2009-1693, 29 déc. 2009, relatif à la répartition des compétences entre le tribunal de grande instance et le tribunal d'instance, *JO* 31 déc., p. 23109.

doute de l'expérience pratique acquise en cette matière par ce juge et aussi par le greffe, souvent doté déjà de logiciels de répartition des sommes saisies. L'article L. 221-8 du COJ énonce que, par dérogation aux dispositions de l'article L. 213-6, le juge du tribunal d'instance est compétent en matière de saisie des rémunérations et exerce les pouvoirs du JEX, conformément à l'article R. 3252-11 du Code du travail. Selon l'article R. 3252-7 du même code, **le juge d'instance compétent est celui du domicile du débiteur**. Si celui-ci réside à l'étranger ou n'a pas de domicile connu, la procédure est portée devant le juge d'instance du **lieu où demeure le tiers saisi**. La procédure de saisie des rémunérations est réglementée par les articles L. 3252-1 et suivants et R. 3252-1 et suivants du Code du travail (mentionnés au C. pr. exéc., art. L. 212-1 s.). On relèvera simplement ici que la saisie est précédée, à peine de nullité, d'une tentative de conciliation et que, selon l'article L. 3252-7 (mentionné au C. pr. exéc., art. L. 212-1 s.), les rémunérations ne peuvent faire l'objet d'une saisie conservatoire. Investi des pouvoirs du JEX, le juge d'instance doit notamment rechercher si le titre contient les éléments permettant l'évaluation de la créance et si le débiteur justifie des causes d'extinction de ses obligations[1]. Il lui appartient de trancher les incidents, y compris de fond, soulevés par le débiteur lors de la mise en œuvre de la saisie[2], sans pouvoir toutefois remettre en cause le titre qui sert de fondement aux poursuites[3].

(Sur toutes les questions de saisie et cession des rémunérations du travail, v. s^s n°s 940.04 à n°s 946.44).

221.14 Exécution des sentences pénales. On se bornera à rappeler qu'aux termes de l'article 710 C. pr. pén., tous incidents contentieux relatifs à l'exécution des sentences pénales sont portés devant le tribunal ou la cour qui a prononcé la sentence, cette juridiction pouvant également procéder à la rectification des erreurs purement matérielles contenues dans ses décisions. Les contestations qui s'élèvent à l'occasion de **l'exécution forcée des dispositions civiles statuant sur l'action civile** des décisions pénales relèvent toutefois des **compétences du JEX**, y compris, pensons-nous, la possibilité d'interpréter le titre exécutoire, fût-il prononcé par le juge pénal.

221.15 Expropriation. Le Code de l'expropriation réserve au juge de l'expropriation la connaissance des suites de ses décisions. Ainsi, l'article R. 15-1 prévoit-il que, sauf dans les cas où cette décision relève de la compétence du juge administratif, l'expulsion des occupants prévue à l'article L. 15-1 est ordonnée par le **juge de l'expropriation statuant dans la forme des référés**. Par ailleurs, l'article R.**13-39 énonce que lorsqu'il s'agit de statuer sur des difficultés relatives à l'exécution d'une décision relative à la fixation et au paiement des indemnités, la demande est portée devant le juge de l'expropriation qui statue là encore comme en matière de référé.

221.16 Anciennes saisies immobilières. Aux termes de l'article 168 du décret n° 2006-936 du 27 juillet 2006[4], maintenu en vigueur par l'article 9, 9° du décret de codification du 30 mai 2012, les procédures de saisie immobilière ayant donné lieu, avant le 1er janvier 2007, au dépôt du cahier des charges prévu à l'article 688 ACPC, demeurent régies par ce code et relèvent de la **compétence du TGI.**

SECTION 2
MESURES CONSERVATOIRES ET AUTRES MESURES PARTICULIÈRES

221.21 Opposition du syndic. L'opposition formée par le syndic de copropriété au versement des fonds lors de la mutation d'un lot est régie par l'article 20 de la loi n° 65-557 du 10 juillet 1965 dont les dispositions ont un caractère autonome et ne se combinent pas avec les dispositions de la loi du 9 juillet 1991[5]. On devrait en déduire que les contestations relatives à cette opposition, qui ne constitue pas une saisie-attribution[6], relèvent, comme les autres contestations en matière de copropriété, de la compétence du TGI du lieu de situation de l'immeuble, en application de l'article 62 du décret n° 67-223 du 17 mars 1967. La même solution a été adoptée pour l'opposition pratiquée sur le prix par un créancier se prévalant du privilège spécial immobilier des entrepreneurs de l'article 2374, 4° du Code civil[7].

221.22 Opposition sur le prix de vente d'un fonds de commerce. L'opposition au paiement du prix de vente d'un fonds de commerce, formée en application de l'article L. 141-14 du Code de commerce et les modalités de réalisation du gage et de purge des créances inscrites, qui sont régies par les

1. Civ. 2e, 8 déc. 2005, n° 04-14.785, *Bull. civ.* II, n° 314.
2. Cass., avis, 14 févr. 1997, n° 09-60.014, *Bull. avis*, n° 2 – Civ. 2e, 14 avr. 2005, n° 03-14.574, NP – Civ. 2e, 21 janv. 2010, n° 09-65.011, *Bull. civ.* II, n° 19.
3. Civ. 2e, 5 avr. 2001, n° 99-14.756, *Bull. civ.* II, n° 75 – Civ. 2e, 8 avr. 2004, n° 02-11.625, *Bull. civ.* II, n° 189 – Civ. 2e, 24 mars 2005, n° 03-14.378, NP.
4. Décr. n° 2006-936, 27 juill. 2006, relatif aux procédures de saisie immobilière et de distribution du prix d'un immeuble, *JO* 29 juill., p. 11316.
5. Civ. 2e, 6 mai 1999, n° 97-10.121, *Bull. civ.* II, n° 86.
6. Cass., avis 16 juin 1995, n° 09-50.007, *Bull. avis*, n° 8.
7. Paris, 11 mai 2007, RG n° 06/19756, NP.

articles L. 143-1 et suivants du même code, relèvent de la compétence du tribunal de commerce.

221.23 Séquestre. Les mesures de **séquestre judiciaire**, ordonnées sur le fondement des articles 1961 et suivants du Code civil, sont de la compétence du **juge du fond** ou du **juge des référés**. Il en va de même des contestations portant sur le **séquestre conventionnel**[1] conclu en application de l'article 1956 de ce code. Le JEX n'ordonne un séquestre que dans les cas prévus par le Code des procédures civiles d'exécution.

221.24 Saisie en matière de reproduction illicite d'une œuvre. Cette saisie, réglementée par l'article L. 332-1 du Code de la propriété intellectuelle, est effectuée, à la demande de l'auteur d'une œuvre protégée, et elle est autorisée et réalisée par les commissaires de police, les juges d'instance ou les présidents de TGI dans les conditions prévues par ce texte.

221.25 Saisie-contrefaçon. La saisie-contrefaçon est une mesure probatoire spécifique aux divers domaines de la propriété intellectuelle, c'est-à-dire de la propriété industrielle et de la propriété littéraire ou artistique. Plusieurs dispositions du Code de la propriété intellectuelle attribuent compétence au président du TGI dans le ressort duquel les opérations de saisie doivent être effectuées, à savoir les articles : L. 332-4 en matière de logiciels et de bases de données, L. 521-6 en matière de dessins et modèles, L. 615-5, R. 615-5 et R. 615-4 en matière de brevets d'invention, R. 623-51 en matière d'obtentions végétales et L. 716-7 en matière de marques. Au reste, l'article L. 615-17 du Code de la propriété intellectuelle donne compétence pour l'ensemble du contentieux aux TGI et aux cours d'appel auxquelles ils sont rattachés, dont la liste est déterminée par voie réglementaire.

221.26 Divorce. Les mesures conservatoires que peut ordonner le juge pour la garantie des droits d'un époux, sur le fondement du troisième alinéa de l'article 257 du Code civil, relèvent de la compétence du juge aux affaires familiales. En revanche, l'expulsion réalisée sur la base d'une ordonnance attribuant la jouissance du domicile familial à l'un des époux obéit en principe au droit commun de l'expulsion[2]. Il en résulte notamment que les modalités de l'expulsion doivent être respectées et que toute demande de délai postérieure à la délivrance du commandement d'avoir à libérer les locaux relève des attributions du JEX.

221.27 Saisie conservatoire en matière de douanes. Les dispositions de l'article 341 *bis* du Code des douanes ayant été modifiées par l'article 8 de la loi n° 2011-1862 du 13 décembre 2011 relative à la répartition des contentieux et à l'allègement de certaines procédures juridictionnelles, le JEX du lieu de rédaction du procès-verbal est désormais compétent pour connaître des mesures conservatoires à l'encontre des personnes responsables à l'effet de garantir les créances douanières[3]. Mais, selon l'article 357 *bis* du Code des douanes, modifié par le même texte, c'est à présent le tribunal de grande instance qui connaît des contestations concernant le paiement, la garantie ou le remboursement des créances de toute nature recouvrées par l'administration des douanes et des autres affaires de douane n'entrant pas dans la compétence des juridictions répressives. Enfin, les articles 378 et suivants du Code des douanes organisent les mesures propres à assurer l'exécution forcée des jugements en matière de douane.

221.28 Autres mesures conservatoires. De nombreux textes prévoient des mesures judiciaires qui peuvent s'apparenter à des mesures conservatoires. Notamment, sans prétendre à l'exhaustivité, celles qui sont présentées dans le tableau suivant :

221.28-1 Mesures judiciaires pouvant s'apparenter à des mesures conservatoires.

Mesures	Sources
Demandes d'autorisation de consignation de marchandises non conformes	C. consom., art. L. 215-8
Mesures conservatoires sur les biens d'une personne mise en examen	C. pr. pén., art. 706-103 et 706-166
Demandes d'autorisation de consignation des biens en cas d'atteinte à l'environnement	C. envir., art. L. 226-4 et L. 571-21
Demandes de mesures de consignation de produits dangereux	CSP, art. L. 5127-2
Autorisation des visites domiciliaires et des saisies effectuées par la direction générale des impôts	LPF, art. L. 16 B
Autorisation des visites domiciliaires et des saisies effectuées par les agents des douanes	C. douanes, art. 64
Autorisation des visites domiciliaires et des saisies effectuées par les agents de la direction générale de la consommation, de la concurrence et de la répression des fraudes	C. com., art. L. 450-4
Inscriptions provisoires d'une sûreté au livre foncier dans les trois départements du Bas-Rhin, du Haut-Rhin et de la Moselle	C. pr. exéc., art. R. 534-1

1. Paris, 3 déc. 1998, *Gaz. Pal.* mars-avr. 2000, p. 500, chron. Moussa.
2. Civ. 2e, 23 nov. 2000, n° 99-14.216, NP – Civ. 2e, 4 juill. 2007, n° 06-19.864, NP – V. CEP. Douai, 15 juill. 2008, RG n° 08/03585, NP – Pau, 8 déc. 2008, RG n° 08/00264, NP.
3. C'était auparavant le juge d'instance : Civ. 2e, 6 mai 1997, n° 95-11.249, *Bull. civ.* II, n° 134 – Civ. 2e, 6 avr. 2006, n° 04-14.855, *Bull. civ.* II, n° 107 ; obs. Salati ; *Dr. et proc.* 2006. 285.

CHAPITRE

222. Juridictions du second degré et Cour de cassation

JEAN-MICHEL SOMMER
PRÉSIDENT DE CHAMBRE
À LA COUR D'APPEL DE VERSAILLES

SECTION 0
ORIENTEUR

222.00 **Plan du chapitre.**

Division. Seront étudiées dans ce chapitre les attributions, en matière d'exécution, du premier président de la cour d'appel (sect. 1), de la formation collégiale de la cour d'appel (sect. 2) et de la Cour de cassation (sect. 3).

222.01 **Textes applicables.**

C. pr. exéc., art. R. 121-1, R. 121-20 et R. 121-22.

COJ, art. L. 213-6 et anc. art. L. 311-12, 1°.

C. pr. civ., art. 12, 79, 92, 96, 496, 524, 526, 561, 625, 900 à 930 et 950 à 953.

C. civ., art. 1244-1.

222.03 **Bibliographie indicative.** (V. s^s n° 220.03).

SECTION 1
JURIDICTION DU PREMIER PRÉSIDENT

222.11 **Demande de sursis à exécution.** On sait que la décision du JEX est exécutoire de plein droit. La dernière phrase du dernier alinéa de l'article L. 311-12, 1° de l'ancien COJ prévoyait que « *le premier président de la cour d'appel pouvait ordonner qu'il soit sursis à l'exécution de la mesure* ». Cette rédaction avait laissé perplexes un certain nombre de commentateurs, qui s'étaient demandé si ce n'était pas plutôt à l'exécution de la décision du juge de l'exécution (JEX) que le premier président pouvait décider qu'il soit sursis et non à celle de la mesure d'exécution. Cela d'autant que l'article R. 121-22 C. pr. exéc. énonce par ailleurs qu'en cas d'appel, un sursis à l'exécution des mesures ordonnées par le JEX peut être demandé au premier président. La dernière codification du Code de l'organisation judiciaire n'a pas repris le dernier alinéa de l'article L. 311-12, 1°, si bien que **le sursis à exécution vise désormais clairement la décision du juge et non la mesure d'exécution.**

Une autre question est celle de savoir quelles sont les décisions du juge qui peuvent faire l'objet d'un sursis, seulement celles qui accueillent la contestation ou aussi celles qui la rejettent ? Un arrêt du 18 décembre 1996 a levé le doute. Le sursis à exécution est applicable à toutes les décisions du JEX, y compris donc aux **décisions de rejet ou de débouté**, à l'exception toutefois, selon la Cour de cassation, de celles qui, dans les rapports entre créanciers et débiteurs, statuent sur les **demandes dépourvues d'effet suspensif**, à moins qu'elles n'ordonnent la mainlevée d'une mesure[1]. Il n'est en effet pas question que le premier président suspende les poursuites, ce que n'a pas voulu le législateur. Quant aux mesures qui ordonnent la **mainlevée d'une mesure**, la Cour de cassation considère qu'elles peuvent faire l'objet d'un sursis à exécution, afin de prévenir le risque de disparition des biens saisis avant que la cour d'appel ne statue.

L'article R. 121-22 C. pr. exéc. ne s'applique qu'en cas d'appel et il n'entre donc pas dans les pouvoirs du premier président de suspendre l'exécution des mesures judiciaires de sûreté autorisées sur requête par un JEX[2], qui peuvent être rétractées. La procédure sur requête devant le JEX figurant dans un chapitre autonome du Code des procédures civiles d'exécution et l'ordonnance autorisant la mesure étant soumise au recours de l'article 496 C. pr. civ., la jurisprudence considère même qu'il n'entre pas dans les pouvoirs du premier président

1. Civ. 2e, 18 déc. 1996, n° 95-12.602, *Bull. civ.* II, n° 305.
2. Civ. 8 juil. 2004, n° 02-14.573, *Bull. civ.* II, n° 372.

de la cour d'appel d'ordonner le sursis à exécution d'une décision donnant mainlevée d'une mesure judiciaire de sûreté, autorisée sur requête, puis rétractée par décision du JEX[1]. La même solution a été adoptée pour une demande de mainlevée d'une saisie conservatoire autorisée sur requête[2].

Enfin, le sursis ne devrait pas pouvoir être demandé à l'égard des décisions qui statuent sur une **demande de délai de grâce**, pour l'admettre ou pour la rejeter, car cela reviendrait, pour le premier président, à se substituer à la cour d'appel[3].

Sur le plan procédural, l'article R. 121-22 C. pr. exéc. prévoit que la demande est présentée par voie d'**assignation en référé** délivrée à la partie adverse. L'assignation est dénoncée, s'il y a lieu, au tiers entre les mains de qui la saisie a été pratiquée. La procédure est **sans assistance ni représentation obligatoire**.

222.12 Effet de la demande de sursis. Selon l'article R. 121-22 C. pr. exéc., la demande de sursis à exécution suspend les poursuites, jusqu'au jour du prononcé de l'ordonnance du premier président, si la décision attaquée a ordonné leur continuation. À l'inverse, elle proroge les effets attachés à la saisie et aux mesures conservatoires, si la décision attaquée a ordonné la mainlevée[4].

Le débiteur qui conteste la décision de rejet de sa contestation comme le créancier qui conteste la décision de mainlevée ordonnée par le JEX, ont donc intérêt à relever vite appel et à faire assigner en référé aux fins de sursis à exécution, faute de quoi, dans le premier cas, le débiteur pourra disposer des biens saisis et, dans le second, le créancier pourra mener à terme la mesure.

222.13 Exclusion des dispositions de l'article 524 du Code de procédure civile. Les décisions du JEX étant de plein droit exécutoires, la procédure de sursis à exécution de l'article R. 121-22 C. pr. exéc. est exclusive de celle de l'article 524 qui permet au premier président d'arrêter l'exécution provisoire ordonnée par le premier juge[5]. On sait que, depuis l'entrée en vigueur du décret n° 2004-936 du 20 août 2004, le premier président peut arrêter l'exécution provisoire attachée de droit à certaines décisions en cas de violation manifeste du principe de la contradiction ou de l'article 12 C. pr. civ., lorsque l'exécution risque d'entraîner des conséquences manifestement excessives.

Ces nouvelles dispositions sont-elles d'application cumulatives avec celles de l'article R. 121-22 C. pr. exéc. ? La Cour de cassation, à ce jour, n'a pas pris position. Il semble que l'article R. 121-22 C. pr. exéc., qui s'applique à des décisions exécutoires de plein droit, déroge au droit commun de l'arrêt de l'exécution provisoire de droit tel qu'il résulte du dernier alinéa de l'article 524. Seule la voie du sursis, accordé dans les conditions prévues par l'article R. 121-22 C. pr. exéc., nous paraît donc ouverte contre les décisions du JEX.

222.14 Cas particulier de l'astreinte. L'astreinte n'est pas une mesure d'exécution forcée. La Cour de cassation en tire la conséquence que, ni la décision qui ordonne une astreinte, ni celle qui liquide une astreinte précédemment ordonnée, ni celle qui en modifie la nature ou le taux, ne peuvent donner lieu à un sursis à exécution ordonné dans les conditions de l'article R. 121-22 C. pr. exéc.[6] La solution a été confirmée par un arrêt du 10 février 2011, qui a également jugé que l'article 524 C. pr. civ. relatif à l'arrêt de l'exécution provisoire n'était pas applicable aux demandes de sursis à exécution des décisions rendues par le JEX[7].

222.15 Décision de sursis à exécution. Dans sa rédaction d'origine, l'article 31 du décret du 31 juillet 1992 (devenu C. pr. exéc., art. R. 121-22) ne précisait pas les critères du sursis à l'exécution de la décision du JEX. Il s'en est suivi des hésitations qui portaient aussi bien sur les conditions mêmes de ce sursis que sur la motivation de l'ordonnance du premier président. Le décret n° 96-1130 du 18 décembre 1996 a mis un terme à la controverse, dans la ligne d'un arrêt rendu le 30 juin 1996 par la Cour de cassation.

Selon le troisième alinéa de l'article R. 121-22 C. pr. exéc., le sursis à exécution n'est accordé que s'il existe des **moyens sérieux d'annulation ou de réformation de la décision déférée à la cour d'appel**. Il n'y a donc pas lieu de se référer aux conséquences manifestement excessives que l'exécution de la décision pourrait entraîner, ce critère étant étranger au sursis de l'article R. 121-22 C. pr. exéc. Par ailleurs, la Cour de cassation juge désormais que le **premier président** dispose d'un **pouvoir souverain**

1. Civ. 2e, 11 avr. 2013, n° 12-18.255, *Bull. civ.* II, n° 78.
2. Versailles, ord. 1er prés., 2 oct. 2014, RG n° 14/00197.
3. V. CEP., mais en se fondant sur le principe d'efficacité des normes communautaires, Com. 20 oct. 1998, n° 96-19.277, *Bull. civ.* IV, n° 253.
4. Civ. 2e, 7 juill. 2005, n° 03-15.469, *Bull. civ.* II, n° 185.
5. Civ. 2e, 20 juin 1996, n° 93-19.320, *Bull. civ.* II, n° 177 – Civ. 2e, 10 févr. 2011, n° 10-14.424, *Bull. civ.* II, n° 29.
6. Cass., avis, 27 juin 1994, n° 09-40.008, *Bull. avis*, n° 18 – Civ. 2e, 25 juin 1997, n° 95-10.537, *Bull. civ.* II, n° 206 – Civ. 2e, 10 févr. 2000, n° 98-13.354, *Bull. civ.* II, n° 28.
7. Civ. 2e, 10 févr. 2011, n° 10-14.424, *Bull. civ.* II, n° 29; *Procédures* 2011, n° 128, note Perrot précité – V. AUSSI sur le sujet P. Gerbay, « Arrêt d'exécution provisoire ou sursis à exécution de l'astreinte liquidée », *Procédures* 2009. Étude 8.

d'appréciation[1], ce qui ne le dispense donc pas de motiver sa décision, qu'elle accueille ou qu'elle rejette la demande de sursis.

Pour prévenir toute demande de sursis à exécution manifestement abusive, le dernier alinéa de l'article R. 121-22 C. pr. exéc. autorise le premier président à prononcer une amende civile et à accorder, s'il y a lieu, des dommages-intérêts qui pourraient être réclamés. La décision doit caractériser l'abus manifeste[2].

On notera que le cinquième alinéa de l'article R. 121-22 C. pr. exéc., issu du décret n° 2014-1338 du 6 novembre 2014 relatif à la procédure civile applicable devant la Cour de cassation[3], prévoit désormais que la décision du premier président n'est pas susceptible de pourvoi. C'est donc à la jurisprudence des premiers présidents de cours d'appel ou de leur délégataire qu'il conviendra essentiellement de se reporter, la Cour de cassation ne pouvant plus être saisie que pour sanctionner un éventuel excès de pouvoir.

222.16 **Effet de la décision de sursis.** *Si la décision attaquée a prononcé l'annulation d'une mesure ou en a ordonné la mainlevée*, le sursis à exécution a pour effet d'autoriser la **reprise des poursuites**. La mesure continue ses effets, sous les réserves tenant aux effets attachés à la contestation elle-même, qui se poursuivent pendant la procédure d'appel.

Si, en revanche, la décision frappée d'appel a ordonné la continuation des poursuites, la demande de sursis n'est pas pour autant, comme il a pu être soutenu, dépourvue d'objet. Certes, la décision de sursis ne peut avoir pour effet de suspendre la mesure, le premier président, qui n'est pas juge d'appel du JEX, ne pouvant arrêter l'exécution de la décision servant de fondement aux poursuites. Mais le sursis à l'exécution de la décision de débouté de la contestation peut avoir pour conséquence de **différer l'exigibilité du paiement au créancier**, comme c'est le cas en matière de saisie-attribution, de sorte qu'une telle demande est bien recevable[4]. Si donc le premier président accueille une demande de sursis d'une décision de débouté, cela signifie que les effets attachés par la loi à la contestation perdurent. En particulier, dans l'hypothèse d'une saisie-attribution, le paiement des sommes saisies ne peut intervenir, malgré l'absence d'effet suspensif de l'appel. Toutefois, l'octroi du sursis ne peut remettre en cause les effets des actes d'exécution accomplis et les paiements effectués avant la décision[5].

222.17 **Radiation.** Aucune disposition n'exclut que la procédure de l'article 526 C. pr. civ., issue du décret n° 2005-1678 du 28 décembre 2005, puisse être mise en œuvre à l'occasion d'un appel formé contre une décision d'un JEX. En cas d'**appel d'une décision exécutoire**, ce texte autorise le **premier président** ou le **conseiller de la mise en état**, dès qu'il est saisi, à décider de la radiation du rôle de l'affaire lorsque l'appelant ne justifie pas avoir exécuté la décision frappée d'appel ou avoir procédé à la consignation mise à sa charge, à moins qu'il lui apparaisse que l'exécution serait de nature à entraîner des conséquences manifestement excessives ou que l'appelant est dans l'impossibilité d'exécuter la décision. Il n'est pas certain que la matière de l'exécution constitue un terrain d'élection privilégié de cette nouvelle procédure. La pratique confirmera ou infirmera cette appréciation.

SECTION 2

COUR D'APPEL

222.21 **Procédure.** On rappellera qu'en procédure ordinaire, les décisions du JEX peuvent toujours être frappées d'appel et que ni le délai d'appel, ni l'appel lui-même n'ont d'effet suspensif.

Le législateur de 1991 avait imaginé que l'appel serait porté devant une formation de la cour d'appel statuant à bref délai. Cette disposition figurait d'ailleurs au dernier alinéa de l'ancien article L. 311-12, 1° du COJ. On s'est interrogé, si ce n'était sur l'intention des auteurs du texte, à tout le moins sur le sens et la portée de la formulation. Une formation spécialement désignée de la cour devait-elle être constituée, comme le prévoient en d'autres domaines les articles L. 311-10 et suivants du COJ ou l'article L. 312-6 pour la chambre spéciale des mineurs ? La référence au bref délai constituait-elle une invitation à recourir aux procédures d'urgence et à jour fixe des articles 910 et 917 C. pr. civ.[6] ?

Le nouveau Code de l'organisation judiciaire n'a pas repris cette disposition. L'appel est jugé par une **formation ordinaire de la cour**, rien ne s'opposant toutefois à la mise en place dans les cours d'appel de formations spécialisées en droit de l'exécution ou n'interdisant de recourir aux procédures accélérées.

1. Civ. 2e, 6 déc. 2001, n° 00-13.402, *Bull. civ.* II, n° 185 – Civ. 2e, 20 déc. 2001, n° 00-17.029, *Bull. civ.* II, n° 201.
2. Civ. 2e, 18 déc. 2003, n° 01-16.617, *Bull. civ.* II, n° 402.
3. Décr. n° 2014-1338, 6 nov. 2014, relatif à la procédure civile applicable devant la Cour de cassation, *JO* 8 nov., p. 18901.
4. Civ. 2e, 25 mars 1999, n° 97-15.645, *Bull. civ.* II, n° 59.
5. Civ. 2e 31 janv. 2002, n° 00-11.88, *Bull. civ.* II, n° 11.
6. *J.-Cl. Pr. civ.*, *v° Juge de l'exécution : Décision. Voies de recours*, par J. Normand, fasc. 2060, nos 43 à 46.

Il résulte du second alinéa de l'article R. 121-20 C. pr. exéc. que l'appel est formé, instruit et jugé selon les règles applicables à la **procédure avec représentation obligatoire**. Le texte faisait à l'origine[1] le départ entre procédure avec et sans représentation obligatoire, en considération de la valeur du litige, c'est-à-dire du montant de la créance tel qu'il résultait du titre exécutoire ou de la requête. Le décret n° 96-1130 du 18 décembre 1996 a abandonné cette distinction complexe et a unifié la procédure applicable. L'extension ainsi réalisée de la procédure avec représentation obligatoire a suscité moins de réserves que la généralisation de l'assignation pour la saisine du JEX, le particularisme du procès d'appel pouvant justifier le recours à un professionnel du droit[2]. Pour une **description de la procédure applicable**, on se bornera à renvoyer aux articles 900 à 930 C. pr. civ. Selon nous, le renvoi sans réserve fait par l'article R. 121-20 C. pr. exéc. à la procédure avec représentation obligatoire exclut l'application devant la cour d'appel des dispositions de l'article R. 121-10 C. pr. exéc.[3] On signalera enfin qu'à défaut de texte particulier, l'appel est régi, en **matière gracieuse**, par les articles 950 à 953 C. pr. civ. Il en va de même en matière d'**ordonnance sur requête**, lorsqu'il n'est pas fait droit à la requête, conformément aux dispositions de l'article 496 C. pr. civ. qui renvoient à la procédure applicable à la matière gracieuse.

222.22 Rôle de la cour d'appel. Effet dévolutif. L'appel remet la chose jugée en question devant la cour d'appel pour qu'il soit à nouveau statué en fait et en droit. L'appel d'un jugement du JEX n'échappe pas à la dévolution telle que définie par l'article 561 C. pr. civ. Pourtant, l'étendue de l'effet dévolutif a donné lieu à des divergences de jurisprudence qui ont été aujourd'hui clarifiées.

222.23 Effet dévolutif : jurisprudences divergentes. Par analogie avec la juridiction des référés, à laquelle la juridiction de l'exécution emprunte des règles, certains avaient en effet considéré que la cour d'appel ne pouvait statuer en matière d'exécution qu'avec la même compétence que le JEX. Ils en déduisaient que la cour d'appel pouvait relever d'office son incompétence matérielle, en dépit des dispositions de l'article 92 C. pr. civ.

Dans un premier temps, la *deuxième chambre civile* de la Cour de cassation, s'était laissée convaincre par cette thèse. Elle avait jugé qu'une cour d'appel qui avait infirmé la décision d'un JEX en retenant l'incompétence de ce juge, excédait ses pouvoirs en se prononçant sur le fond[4]. Un autre arrêt avait rejeté un moyen pris de l'incompétence de la cour d'appel au seul motif que l'incompétence du JEX n'avait pas été soulevée en première instance[5]. La deuxième chambre toujours, en matière de sécurité sociale, avait approuvé une cour d'appel d'avoir refusé d'accorder des délais de paiement à une assurée, au motif que la créance n'avait donné lieu à la délivrance d'aucun commandement et qu'elle n'avait pas compétence pour accorder un délai sur le fondement des articles R. 121-1 C. pr. exéc. et 1244-1 du Code civil[6].

Enfin, un arrêt de la *troisième chambre civile*, rendu après avis de la deuxième chambre, avait cassé l'arrêt d'une cour d'appel statuant en matière d'exécution ayant ordonné la restitution de fruits perçus par le détenteur précaire d'une parcelle, en considérant que le JEX n'était pas compétent pour statuer sur telle demande de restitution car le détenteur n'avait pas été partie au procès en résiliation du bail[7].

De son côté, la *première chambre civile* avait en revanche retenu que si une demande en déchéance des intérêts sanctionnant une offre de prêt irrégulière excédait les attributions du JEX, la cour d'appel, juge de l'exécution et juge des litiges en matière de prêts immobiliers, était pour sa part compétente pour apprécier l'incidence de l'irrégularité invoquée par l'emprunteur[8]. La première chambre avait ainsi fait application, sans l'énoncer expressément, du premier alinéa de l'article 79 C. pr. civ., selon lequel si elle doit infirmer la décision du premier juge du chef de la compétence, la cour d'appel statue néanmoins sur le fond du litige si elle est juridiction d'appel relativement à la juridiction qu'elle estime compétente.

222.24 Effet dévolutif : état actuel de la jurisprudence. Depuis deux arrêts publiés du 8 avril 2004, la *deuxième chambre civile* s'est ralliée à la solution dégagée par la *première chambre civile*. Le premier arrêt a cassé, au visa de l'article 92 alinéa 2 C. pr. civ., l'arrêt d'une cour d'appel qui avait relevé d'office l'incompétence du JEX au motif que la contestation soulevée par le débiteur avait été élevée après la publication d'un commandement aux fins de saisie immobilière[9]. Le second arrêt a jugé qu'une cour d'appel, saisie de l'appel d'un jugement d'un JEX qui s'était à tort déclaré compétent pour statuer sur une demande d'indemnisation résultant d'un arrêt condamnant un employeur à une obligation

1. Art. 29 (mod. par Décr. n° 93-911, 15 juill. 1993, art. 2).
2. PERROT et THÉRY, n° 347.
3. Paris, 3 avr. 1996, *D.* 1996. Somm. 359, obs. Julien.
4. Civ. 2e, 24 sept. 1997, n° 95-13.386, *Bull. civ.* II, n° 233.
5. Civ. 2e, 3 mai 2001, n° 96-21.984, NP.
6. Civ. 2e, 16 sept. 2003, n° 02-10.909, *Bull. civ.* II, n° 262.
7. Civ. 3e, 3 juin 2004, n° 01-16.049, *Bull. civ.* III, n° 112.
8. Civ. 1re, 16 oct. 2001, n° 99-14.711, *Bull. civ.* I, n° 258.
9. Civ. 2e, 8 avr. 2004, n° 02-14.498, *Bull. civ.* II, n° 174 – V. AUSSI Civ. 2e, 18 nov. 2004, n° 02-20.519, NP.

de faire, n'excédait pas ses pouvoirs en se déclarant elle-même compétente pour statuer sur cette demande[1]. La deuxième chambre a considéré que, par l'effet dévolutif, la cour d'appel était saisie de l'entier litige et qu'elle était juridiction d'appel tant du JEX que du conseil de prud'hommes. C'est bien une application de l'article 79 C. pr. civ. qu'a fait ici la Cour de cassation, en consacrant la plénitude de juridiction de la cour d'appel, y compris lorsqu'elle est saisie de l'appel d'un jugement du JEX. La solution a depuis été confirmée par plusieurs arrêts[2]. La solution est encore confirmée par un arrêt du 26 juin 2014 qui a jugé que violait l'article L. 213-6 du COJ la cour d'appel ayant retenu qu'un JEX qui statue en l'absence de toute mesure d'exécution forcée commet un excès de pouvoir, alors que, ce juge étant incompétent pour statuer sur la demande, elle devait se prononcer sur le fond du litige en application de l'article 79 alinéa 1er C. pr. civ.[3].

Il convient toutefois d'apporter une précision en matière de **saisie immobilière.** L'économie et l'architecture de la nouvelle procédure consacrent l'existence d'une procédure unique conduite devant et sous l'autorité du JEX. Par un arrêt du 23 octobre 2008[4], la Cour de cassation a considéré qu'en cas d'infirmation d'un jugement d'orientation ayant rejeté la demande de vente amiable présentée par un débiteur, il appartient au seul JEX de suivre la procédure postérieure à l'autorisation de vente amiable. La même solution devrait valoir en cas d'infirmation d'un jugement ayant autorisé la vente amiable. En la matière, l'appel ne tend qu'à faire trancher un incident de la saisie et la dévolution est en quelque sorte limitée à l'examen de la question litigieuse.

222.25 Résumé : les pouvoirs de la cour d'appel de retenir son incompétence. La cour d'appel ne peut relever d'office son incompétence que si l'affaire ressortit de la compétence d'une juridiction répressive ou administrative ou si elle échappe à la connaissance d'une juridiction française. Par ailleurs, si elle infirme du chef de la compétence du JEX, elle doit néanmoins statuer sur le fond, mais seulement si elle est juridiction d'appel tant du JEX que de la juridiction normalement compétente. La règle ne vaut toutefois que si le JEX s'est déclaré compétent. La dévolution ne s'opère pas en effet lorsque la cour d'appel confirme un jugement par lequel le premier juge s'est déclaré incompétent, même si elle est juridiction d'appel relativement à la juridiction qu'elle estime compétente[5].

Ces solutions s'expliquent par le fait que **le JEX n'est pas, comme le juge des référés, un juge du provisoire. Il statue au principal.** Elles contribuent aussi au respect du délai raisonnable, en évitant un renvoi de l'affaire devant le premier juge compétent. Pour autant, si la cour d'appel n'est pas soumise aux mêmes règles de compétences que le JEX, elle ne peut, lorsqu'elle statue sur une demande relevant de ce juge, en excéder les pouvoirs. Le juge d'appel n'a ici pas plus de pouvoirs que le premier juge. Encore faut-il ne pas confondre **pouvoir** et **compétence** et il est bien des situations où les notions sont imbriquées. En particulier, la cour d'appel ne peut ni modifier le dispositif de la décision servant de fondement aux poursuites ni en suspendre l'exécution. L'article R. 121-1 C. pr. exéc. lui en fait expressément interdiction.

On soulignera enfin qu'en cas d'incompétence territoriale du JEX, il convient encore de faire application des dispositions de l'article 79 C. pr. civ. La cour d'appel statue sur le fond, si elle est juridiction d'appel relativement à la juridiction qu'elle estime compétente. À défaut, elle renvoie l'affaire devant la cour qui est juridiction d'appel relativement à la juridiction qui aurait été compétente en première instance. Cette désignation s'impose alors aux parties, en application de l'article 96 alinéa 2 C. pr. civ.[6]

SECTION 3
COUR DE CASSATION

222.31 Application des règles ordinaires. À vrai dire, la Cour de cassation n'est pas une juridiction intervenant en matière d'exécution. Les cas et conditions d'ouverture du pourvoi sont ceux du droit commun. Le plus souvent, la Cour de cassation est saisie d'arrêts de cours d'appel. En matière d'**astreinte,** on signalera simplement que la Cour a jugé que le pourvoi formé contre une décision qui ordonne une astreinte au motif d'une simple erreur sur le point de départ de l'astreinte est prématuré et, comme tel, irrecevable faute d'intérêt[7]. Néanmoins, une censure pourrait intervenir à l'occasion du pourvoi formé contre la décision ayant liquidé le montant de l'astreinte.

222.32 Portée de la cassation. Selon l'article 625 C. pr. civ., sur les points qu'elle atteint, la cassation replace les parties dans l'état où elles se trouvaient

1. Civ. 2e, 8 avr. 2004, no 01-17.557, *Bull. civ.* II, no 172 – Théry, *RTD civ.* 2004. 544, obs. Théry; *Procédures* 2004, no 142, note Perrot.
2. Civ. 3e, 25 janv. 2006, no 03-16.517, NP – Civ. 2e, 7 juin 2006, no 04-14.799, NP.
3. Civ. 2e, 26 juin 2014, no 13-15.932, *Bull. civ.* II, no 156.
4. Civ. 2e, 23 oct. 2008, no 08-13.404, *Bull. civ.* II, no 226.
5. Civ. 2e, 11 mai 2006, no 04-16.967, *Bull. civ.* II, no 123.
6. Civ. 2e, 7 janv. 1998, no 95-19.549, *Bull. civ.* II, no 2.
7. Civ. 2e, 23 oct. 2008, no 07-11.965, *Bull. civ.* II, no 219.

avant le jugement cassé. Elle entraîne, sans qu'il y ait lieu à une nouvelle décision, l'annulation par voie de conséquence de toute décision qui est la suite, l'application ou l'exécution du jugement cassé ou qui s'y rattache par un lien de dépendance nécessaire.

Il s'ensuit que les mesures conservatoires ou d'exécution opérées sur le fondement d'une décision de justice cassée doivent être annulées, de même que les décisions qui tranchent les contestations portant sur ces mesures[1]. En revanche, peuvent subsister les effets des mesures prises sur le fondement de la décision exécutoire du premier juge infirmée, s'ils perdurent encore. Ainsi, la cassation d'un arrêt infirmatif ayant donné mainlevée d'une mesure d'exécution ou conservatoire laisse-t-il subsister cette mesure, le jugement produisant ses effets jusqu'à l'intervention de l'arrêt de renvoi, sous réserve des effets éventuels d'un sursis à exécution ordonné par le premier président. Inversement, la cassation d'un arrêt confirmatif d'un jugement de mainlevée ne fait pas revivre la mesure dont le JEX avait donné mainlevée.

En matière d'astreinte, enfin, la réformation d'une décision assortie d'une astreinte entraîne de plein droits, pour perte de fondement juridique, l'anéantissement des décisions prises au titre de la liquidation de l'astreinte, fussent-elles passées en force de chose jugée et ouvre dès lors droit, s'il y a lieu, à restitution[2].

1. Civ. 2e, 11 mars 1999, n° 97-11.356, NP – Civ. 2e, 30 avr. 2002, n° 00-12.205, NP – Civ. 2e, 15 janv. 2004, n° 02-12.555, NP.

2. Civ. 2e, 28 sept. 2000, n° 98-16.175, *Bull. civ.* II, n° 134 – Civ. 2e, 6 janv. 2005, n° 02-15.954, *Bull. civ.* II, n° 1 – Civ. 2e, 18 oct. 2007, n° 06-18.605, NP – Civ. 2e, 19 nov. 2009, nos 08-17.652 et 08-17.162, NP.

TITRE

23. Le ministère public et la surveillance de l'exécution des titres exécutoires

SECTION 0
ORIENTEUR

230.00 Plan du titre.

CHAPITRE

231. Surveillance générale par le ministère public de l'exécution des titres exécutoires

FRÉDÉRIC ARBELLOT
CONSEILLER RÉFÉRENDAIRE
À LA COUR DE CASSATION

SECTION 0
ORIENTEUR

231.00 Plan du chapitre.

231.01 Textes applicables.

C. pr. exéc., art. L. 111-3, L. 121-5, L. 121-6, L. 122-2, L. 141-1, al. 1er, L. 153-1 et L. 221-2.

C. civ., art. 53, 99, 127, 354, 362 et 416.

C. pr. civ., art. 422, 425, 1°.

Conv. EDH, 4 nov. 1950, art. 6 § 1.

• **L. n° 95-125, 8 févr. 1995**, relative à l'organisation des juridictions et à la procédure civile, pénale et administrative, art. 34-1, *JO* 9 févr., p. 2175.

• **Décr. n° 47-1047, 12 juin 1947**, relatif à la formule exécutoire, art. 1er, *JO* 13 juin, p. 5487.

• **Ord. n° 45-1418, 28 juin 1945**, relative à la discipline des notaires et de certains officiers ministériels, art. 6, 6-1, 10, 32 et 33, *JO* 29 juin, p. 3926.

• **L. 20 avril 1810**, relative à l'organisation de l'ordre judiciaire et l'administration de la justice, art. 45 et 46.

231.02 Jurisprudence de référence.

• **CEDH 19 mars 1997, *Épx Hornsby c/Grèce*, req. n° 18357/91**, *Rec. CEDH*-II; *D.* 1998. 74, note Fricero.

* V. ss n° 231.05.

• **CEDH 31 mars 2005, *Matheus c/France*, req. n° 62740/00.**

* V. ss n° 231.05.

• **Cons. const. 29 juill. 1998, n° 98-403 DC**, sur la loi d'orientation relative à la lutte contre les exclusions, p. 276, spéct 46e considérant, *JO* 29 juill., p. 11714.

* V. ss n° 231.05.

231.03 Bibliographie indicative.

Actualisables. Rép. pr. civ., *v° Ministère public*, mars 2014, par Ph. Flores – *J.-Cl. Pr. civ., v° Ministère public*, par R. Genin-Meric, 1993, fasc. 2090, n° 20, p. 4.

Ouvrages. A. LEBORGNE, *Droit de l'exécution*, 2e éd., « Précis », Dalloz, 2014, [concours du ministère public] n° 284 s., p. 144 s., spéct n° 285-289, p. 145-148 – R. PERROT et P. THÉRY, *Procédures civiles d'exécution*, 3e éd., Dalloz, 2013, nos 362-366.

231.05 Mission traditionnelle du ministère public de veiller à l'exécution des jugements et titres exécutoires. Historiquement, il a toujours été dans les missions dévolues au ministère public de veiller à l'exécution des décisions de justice notamment en matière civile, car l'exécution du jugement, même si elle intervient d'abord dans le cadre de rapports de droit privé qui existent entre un créancier et son débiteur, ne saurait se limiter à ce cadre : « *Les procédures civiles d'exécution ne concernent pas seulement les intérêts privés d'un créancier et d'un débiteur. Dans un domaine où l'essentiel consiste à faire entrer le droit dans les faits, au besoin par la contrainte, afin que soit obéi l'ordre du juge et respectée la force exécutoire des titres, l'ordre public est nécessairement intéressé* »[1]. Pour des raisons évidentes tenant à l'ordre social, l'exécution des décisions de justice, et plus largement des titres exécutoires, est une question fondamentale pour l'État, car elle vise à assurer la crédibilité de ses institutions juridictionnelles à l'égard des justiciables et intéresse à ce titre nécessairement l'ordre public. En effet, lorsqu'un débiteur n'exécute pas son obligation, c'est la société toute entière qui s'en trouve affectée et, dans ce cas,

1. PERROT et THÉRY, n° 362, p. 366.

il est de la responsabilité de l'État que le créancier qui dispose d'un titre exécutoire puisse compter sur l'assistance de la puissance publique pour obtenir l'exécution forcée de son titre. C'est pour cela que lorsque l'État refuse le concours de la force publique à un justiciable afin d'exécuter un jugement ou tout autre titre exécutoire, il doit l'en indemniser en application de l'article L. 153-1 C. pr. exéc. selon lequel : « *L'État est tenu de prêter son concours à l'exécution des jugements et des autres titres exécutoires. Le refus de l'État de prêter son concours ouvre droit à réparation* »[1]. En outre, le ministère public, en tant que garant traditionnel de la bonne exécution des jugements, ne saurait se tenir à l'écart du droit à l'exécution des décisions de justice qui fait désormais partie intégrante, selon la Cour européenne des droits de l'homme, du droit au « *procès équitable* » reconnu par l'article 6 § 1 de la Convention européenne des droits de l'homme[2], tandis que le Conseil constitutionnel reconnaît de son côté que « *toute décision de justice a force exécutoire; qu'ainsi, tout jugement peut donner lieu à une exécution forcée* »[3].

1. Sur les régimes de responsabilité de l'État pour défaut de concours de la force publique en matière de voies d'exécution; sur la responsabilité sans faute de l'État pour rupture de l'égalité des citoyens devant les charges publiques, v. CE 30 nov. 1923, Couitéas, *Lebon* 789; *S.* 1923. 3. 57, concl. Rivet, note Hauriou; *DP* 1923. 3. 59, concl. Rivet; *RD publ.* 1924. 75 et 208, concl. Rivet, note Jèze; *GAJA*, 18e éd., 2011, no 40 – TA Paris, 16 déc. 1983, Sté Ballande-Vanuatu, *D.* 1984. 557, note Visconti et Agostini; *AFDI* 1984. 929 – Cons. const., 29 juill. 1998, no 98-403 DC, sur la loi d'orientation relative à la lutte contre les exclusions, spéct 46e considérant, *JO* 29 juill., p. 11714; *Rec. Cons. const.* 276; *D.* 1999. 269, note Sabete; *D.* 2000. Somm. 61, obs. Tremeau; *AJDA* 1998. 705, chron. Schoettl – Sur la responsabilité de l'État pour faute lourde, v. CE 29 sept. 1982, Min. Intérieur c/Ets Haute clair, *Gaz. Pal.* 1983. 2. Pan. 300 – CE 19 févr. 1986, Sté parisienne de construction immobilière, req. no 51157, NP; *Gaz. Pal.* 1986. 2. Pan. 489 – CE 2 déc. 1987, Sté SA Anodisation, req. no 58112, NP; *JCP* 1988. IV. 88; *JCP E* 1988. I. 16989.
2. CEDH 19 mars 1997, Épx Hornsby c/Grèce, req. no 18357/91, *Rec. CEDH* 1997-II, § 40; *D.* 1998. 74, note Fricero : « [...] *L'exécution d'un jugement ou arrêt, de quelque juridiction que ce soit, doit donc être considérée comme faisant partie intégrante du "procès" au sens de l'article 6 [de la Convention]* [...] »; *AJDA* 1997. 977, chron. Flauss; *RTD civ.* 1997. 1009 s., obs. Marguénaud, spéct 1010, sur l'exécution par la force publique des décisions des juridictions civiles – v. N. Fricero, « Le droit européen à l'exécution des jugements », *Rev. huiss.* 2001. 6 – v. AUSSI, CEDH 31 mars 2005, Matheus c/France, req. no 62740/00, § 56 : « *La Cour rappelle également que le droit à l'exécution d'une décision de justice est un des aspects du droit d'accès à un tribunal* [...] » – CEDH 11 juill. 2013, Sofiran et bda c/France, req. no 63684/09, § 48.
3. Cons. const. 29 juill. 1998, no 98-403 DC, considérant no 46 (préc. ss prést no).

SECTION 1

FONDEMENTS TEXTUELS

231.11 Historique des textes conférant mission au ministère public de veiller à l'exécution des jugements. Depuis longtemps, le ministère public a pour mission de « *tenir la main* » à l'exécution des jugements notamment en matière civile, c'est dire de s'assurer, le cas échéant, de leur bonne exécution par les parties concernées. Déjà, l'article 5 du titre VIII du décret des 16 et 24 août 1790 sur l'organisation judiciaire disposait que « *les commissaires du Roi* [sont] *chargés de tenir la main à l'exécution des jugements dans toutes dispositions qui intéressent l'ordre public; en ce qui concernera les particuliers ils pourront sur demande qui leur en sera faite soit enjoindre aux huissiers de prêter leur ministère, soit ordonner les ouvertures des portes, soit requérir main-forte lorsqu'elle sera nécessaire* »[4]. Puis, l'article 46 alinéa 2 de la loi du 20 avril 1810 sur l'organisation de l'ordre judiciaire et l'administration de la justice a repris le principe que le ministère public « *surveille l'exécution des lois, des arrêts et des jugements; il poursuit d'office cette exécution dans les dispositions qui intéresse l'ordre public* ». Enfin l'article L. 751-2 de l'ancien COJ disposait qu'« *en matière civile, le ministère public agit d'office dans les cas spécifiés par la loi. Il surveille l'application des lois, des arrêts et des jugements. Il poursuit d'office cette exécution dans les dispositions qui intéressent l'ordre public* »[5].

231.12 Droit positif : le Code des procédures civiles d'exécution issu de la loi du 9 juillet 1991. Reprenant la rédaction de l'article 3 de la loi no 91-650 du 9 juillet 1991 portant réforme des procédures civiles d'exécution, entrée en vigueur au 1er juin 2012, l'article L. 111-3 C. pr. exéc., confie au ministère public le rôle de veiller à l'exécution des jugements en élargissant au passage sa mission à l'exécution des autres titres exécutoires dont il donne une liste exhaustive : « *Seuls constituent des titres exécutoires : 1° Les décisions des juridictions de l'ordre judiciaire ou de l'ordre administratif ainsi que les accords auxquels ces juridictions ont conféré force exécutoire; 2° Les actes et les jugements étrangers ainsi que les sentences arbitrales déclarés exécutoires par une décision non susceptible d'un recours suspensif d'exécution; 3° Les extraits de procès-verbaux de conciliation signés par le juge et les parties; 4° Les actes notariés revêtus de la formule exécutoire; 5° Le titre délivré par l'huissier de justice en cas de non-paiement d'un chèque; 6° Les titres délivrés par les personnes morales de droit*

4. Abr. au 1er janv. 2007 par Ord. no 2006-673, 8 juin 2006, art. 10, *JO* 9 juin, p. 8710.
5. Abr. au 1er janv. 2007 par Ord. no 2006-673, 8 juin 2006, art. 1er.

public qualifiés comme tels par la loi, ou les décisions auxquelles la loi attache les effets d'un jugement ». D'ailleurs, il convient de souligner que les décisions de justice rendues par les juridictions de l'ordre judiciaire contiennent à ce sujet une formule exécutoire explicite, issue du décret du 12 juin 1947[1], qui rappelle le rôle du ministère public de tenir la main à l'exécution de celles-ci : « *En conséquence, la République française mande et ordonne à tous huissiers de justice, sur ce requis, de mettre ledit arrêt (ou ledit jugement, etc.) à exécution, aux procureurs généraux et aux procureurs de la République près les tribunaux de grande instance d'y tenir la main* [...] ». Ainsi, l'article L. 121-5 C. pr. exéc. dispose que : « *Le procureur de la République veille à l'exécution des jugements et des autres titres exécutoires* »[2]. Sa fonction de surveillance générale de l'exécution des titres exécutoires l'oblige uniquement à veiller à la bonne exécution de ceux-ci. En revanche, il ne lui est nullement demandé de venir se substituer au créancier lequel conserve bien évidemment le choix de poursuivre son débiteur et celui de la mesure d'exécution la plus appropriée pour y parvenir. Enfin, l'article L. 122-2 C. pr. exéc. précise que : « *L'huissier de justice chargé de l'exécution a la responsabilité de la conduite des opérations d'exécution. Il est habilité, lorsque la loi l'exige, à demander au juge de l'exécution ou au ministère public de donner les autorisations ou de prescrire les mesures nécessaires* ». Ce texte signifie probablement que le ministère public prend les mesures nécessaires à faciliter l'exécution de la décision, tandis que le juge de l'exécution se trouve compétent pour donner telle ou telle autorisation à l'huissier de justice (C. pr. exéc., art. L. 141-1, al. 1er, et L. 221-2) et d'une manière générale « *le juge de l'exécution exerce également les compétences particulières qui lui sont dévolues par le Code des procédures civiles d'exécution* » (COJ, art. L. 213-6, al. 5). En pratique, le procureur de la République pourra interroger l'huissier de justice sur telle ou telle difficulté survenue lors de l'exécution forcée de la décision judiciaire. Enfin, il convient d'ajouter que le législateur (L. n° 95-125, 8 févr. 1995[3], art. 34-1, dont la rédaction a été reprise à Ord. n° 2011-1895, 19 déc. 2011, art. 3) a décidé de confier une mission plus étendue au ministère public quant à l'exécution des décisions de justice relatives au déplacement illicite international d'enfants (v. ss n° 231.31).

1. Décr. n° 47-1047, 12 juin 1947, relatif à la formule exécutoire, art. 1er, *JO* 13 juin, p. 5487.
2. L. n° 91-650, 9 juill. 1991, art. 11 (mod. par L. n° 92-644, 13 juill. 1992), devenu C. pr. exéc., art. L. 121-5.
3. L. n° 95-125, 8 févr. 1995, relative à l'organisation des juridictions et à la procédure civile, pénale et administrative, *JO* 9 févr., p. 2175.

SECTION 2
POUVOIR D'INJONCTION

231.21 Pouvoir d'injonction aux huissiers de justice. Afin de mener à bien sa mission générale de veiller à l'exécution des titres exécutoires, l'article L. 121-6 alinéa 1er C. pr. exéc. dispose que : « *Le procureur de la République peut enjoindre à tous les huissiers de justice de son ressort de prêter leur ministère* »[4]. Ce pouvoir d'injonction sera mis en œuvre par le procureur de la République, lorsque l'huissier de justice refusera sans raison légitime de prêter son concours à une mesure d'exécution forcée d'un titre exécutoire. Il a un effet dissuasif important sur l'huissier récalcitrant dans la mesure où les huissiers de justice sont des officiers ministériels directement placés sous l'autorité hiérarchique du procureur de la République dans le ressort duquel ils exercent leurs fonctions de sorte que tout manquement de ces derniers sera susceptible d'entraîner, le cas échéant, des poursuites disciplinaires de la part de leur autorité de tutelle (Ord. 28 juin 1945, relative à la discipline des notaires et de certains officiers ministériels – v. aussi L. 20 avr. 1810, art. 45, toujours en vigueur : « [...] *ils [les procureurs généraux] auront la surveillance de tous les officiers de police judiciaire et officiers ministériels du ressort* »). Ainsi, si le procureur de la République a connaissance d'une faute susceptible d'une qualification disciplinaire, il pourra inviter le syndic de la chambre de discipline à saisir celle-ci (Ord. 28 juin 1945, art. 6). En cas de faits graves, il pourra saisir lui-même le tribunal de grande instance statuant en matière disciplinaire et exercer des voies de recours à l'encontre de cette décision (Ord. 28 juin 1945, art. 6-1, al. 2, et 10). Enfin, il peut faire prononcer par le tribunal de grande instance ou le juge des référés en cas d'urgence une mesure de suspension provisoire d'un huissier de justice faisant l'objet d'une poursuite disciplinaire (Ord. 28 juin 1945, art. 32 et 33).

SECTION 3
POUVOIR DE POURSUIVRE D'OFFICE

231.31 Pouvoir de poursuivre d'office l'exécution de certains jugements. L'article L. 121-6 alinéa 2 C. pr. exéc. (anct L. 9 juill. 1991, art. 12, al. 2) prévoit même que le procureur de la République « *poursuit d'office l'exécution des décisions de justice dans les cas spécifiés par la loi* ». En pratique, il n'est pas question ici pour le procureur de la République de procéder lui-même à l'exécution forcée de la

4. Cette disposition reprend l'article 5 du décret des 16-24 août 1790 sur l'organisation judiciaire.

décision judiciaire, mais plutôt en raison de l'intérêt que présente celle-ci au regard de l'ordre public de prendre une part active à son exécution en donnant des ordres ou des instructions à tel ou tel agent particulier (agent du greffe, *etc.*) relevant de son autorité en vue d'assurer son exécution effective. Il n'est pas aisé de recenser ces « *cas spécifiés par la loi* ». On peut penser en s'inspirant de la rédaction de l'ancien article L. 751-2 du COJ, désormais abrogé, qu'il s'agit de l'exécution des jugements et arrêts « *dans les dispositions qui intéressent l'ordre public* », même s'il est vrai que la rédaction de la loi de 1991 est plus large que celle de l'ancien article L. 751-2 comme de l'article 5 du décret du 16 et 24 août 1790, la référence expresse à l'ordre public n'étant pas formellement requise. Toutefois, il semble difficile d'admettre l'intervention d'office du procureur de la République dans l'exécution de jugements qui n'intéresserait pas l'ordre public, car, dans ce cas, son intervention ne peut relever que de son pouvoir d'injonction aux huissiers de justice prévu par l'article L. 121-6 alinéa 1er C. pr. exéc. (anct L. 9 juill. 1991, art. 12, al. 1er). Afin de déterminer les cas spécifiés par la loi, la doctrine songe essentiellement à l'obligation pesant sur le procureur de la République de tenir l'état civil (C. civ., art. 53), c'est-à-dire de vérifier l'état de ces registres pour obtenir, le cas échéant, une rectification judiciaire (C. civ., art. 99, al. 2 et 3) ou de veiller à l'inscription des décisions de justice tenues d'y figurer : il s'agit notamment des jugements d'adoption (C. civ., art. 354, pour l'adoption plénière; C. civ., art. 362, pour l'adoption simple), des jugements déclaratifs d'absence (C. civ., art. 127, al. 2). Pour un auteur, l'expression « *cas spécifiés par la loi* » prévus à l'article L. 121-6 alinéa 2 C. pr. exéc. concernerait également l'exécution des décisions de justice touchant à l'état des personnes qui doivent être transcrites sur le registre de l'état civil[1], alors que la loi n'en a pas chargé expressément le ministère public : il s'agit par exemple du cas d'un jugement déclaratif de décès (C. civ., art. 91). Concernant la détermination des « *cas spécifiés par la loi* », il est intéressant d'observer que la rédaction de l'article L. 121-6 alinéa 2 précité est proche de celle de l'article 422 C. pr. civ. qui, concernant son intervention en qualité de partie principale au procès civil, dispose que : « *Le ministère public agit d'office dans les cas spécifiés par la loi* ». Cette proximité de rédaction pourrait signifier que, dans tous ces cas, le parquet disposerait du pouvoir d'agir d'office pour faire exécuter les décisions de justice afférentes à ces instances[2]. Cependant, la poursuite d'office par le procureur de la République de l'exécution des décisions de justice en vertu de l'article L. 121-6 alinéa 2 précité ne semble pas se limiter aux cas prévoyant son action comme partie principale, mais concerne aussi l'exécution des décisions rendues à la suite de ses interventions comme partie jointe au procès civil. Il en est ainsi de son intervention en matière de déplacement illicite international d'enfant que l'article 425 (1°) C. pr. civ. (issu de Décr. n° 2012-98, 27 janv. 2012)[3] place dorénavant dans la catégorie des actions introduites par le parquet en qualité de partie jointe[4]. Concernant l'exécution des décisions de justice relatives au déplacement illicite international d'enfants, le législateur a assigné au ministère public une mission plus étendue que pour les autres décisions et titres exécutoires. À ce sujet, le droit positif résulte de l'article 34-1 de la loi n° 95-125 du 8 février 1995 relative à l'organisation des juridictions et à la procédure civile, pénale et administrative (v. titre II *bis* : « *Dispositions relatives à l'exécution des décisions rendues en matière de déplacement illicite international d'enfants* ») dans la mesure où l'article 12-1 de la loi du 9 juillet 1991, issu de la loi du 22 décembre 2010[5], a été sup-

1. R. Genin-Meric, *J.-Cl. Pr. civ.*, 1993, fasc. 2090, p. 4, n° 20.

2. Sur une énumération non exhaustive des instances dont la loi prévoit l'intervention du ministère public comme partie principale, v. F. Arbellot, « L'action d'office du ministère public prévue à l'article 423 du Code de procédure civile », *JCP* 2014. 1187, spéct n° 3, p. 1188 : « *Ces cas, qui sont rares et strictement énumérés par la loi, relèvent pour l'essentiel soit de matières civiles "substantielles" (nationalité des individus, rectification des actes de l'état civil, opposition ou nullité à mariage, présomption et déclaration d'absence, assistance éducative, protection des majeurs, autorité parentale), soit de matières liées à la discipline de certaines professions réglementées (notaires, greffiers des tribunaux de commerce, avocats, experts judiciaires, administrateurs et mandataires judiciaires, commissaires aux comptes), soit enfin de matières vouées à réguler l'économie comme les procédures collectives dans lesquelles le ministère public a souvent l'initiative de la procédure* ».
3. Décr. n° 2012-98, 27 janv. 2012, relatif à l'exécution par le procureur de la République des décisions de retour prises en application des instruments internationaux et européens relatifs au déplacement illicite international d'enfants, *JO* 28 janv., p. 1645 – C. pr. civ., art. 425, 1° : « *Le ministère public doit avoir communication : [...] des actions engagées sur le fondement des dispositions des instruments internationaux et européens relatives au déplacement illicite international d'enfants* ».
4. Il convient de préciser qu'avant le décret du 27 janv. 2012, le parquet pouvait intervenir comme partie principale en vertu de l'article 423 C. pr. civ. pour assurer le respect de la convention de La Haye du 25 oct. 1980 sur les aspects civils de l'enlèvement international d'enfant (EN CE SENS, v. Civ. 1re, 19 mars 2002, n° 00-17.692, *Bull. civ.* I, n° 100). Depuis le 29 janv. 2012, son intervention, dans ce cas, a changé de nature, celui-ci intervenant comme partie jointe en vertu de l'article 425, 1° C. pr. civ. précité.
5. L. n° 2010-1609, 22 déc. 2010, relative à l'exécution des décisions de justice, aux conditions d'exercice de certaines professions réglementées et aux experts judiciaires, *JO* 23 déc., p. 22552 – Travaux préparatoires, v. F. Zocchetto, Rapport Sénat n° *161 (2008-2009)* fait au nom de la com- ▶

primé dans la partie législative du Code des procédures civiles d'exécution avant d'être repris, dans la même rédaction, par l'article 3 de l'ordonnance n° 2011-1895 du 19 décembre 2011 puis inséré à l'article 34-1 précité. Ce texte (L. 8 févr. 1995, art. 34-1), dont la finalité est de lutter contre les déplacements internationaux d'enfants survenus dans le cadre familial, vise à s'assurer du respect des nombreux instruments internationaux de coopération ratifiés par la France au premier rang desquels figure la convention de La Haye du 25 octobre 1980 sur les aspects civils de l'enlèvement international d'enfants[1]. Concrètement, il s'agit pour le parquet de pallier les difficultés d'exécution en France de décisions rendues par des juridictions françaises et étrangères dont l'exécution simultanée s'avère impossible en raison de dispositions de celles-ci inconciliables entre elles. L'article 34-1 précité prévoit que : « *Le procureur de la République peut requérir directement la force publique pour faire exécuter les décisions rendues sur le fondement des instruments internationaux et européens relatives au déplacement illicite international d'enfants, dans des conditions définies par décret en Conseil d'État* ». En application de ce texte, le décret du 27 janvier 2012 a inséré dans la Code de procédure civile plusieurs articles (C. pr. civ., art. 1210-4 à 1210-9) qui renforcent les pouvoirs du procureur de la République quant à l'exécution des décisions de justice relatives au déplacement illicite international d'enfants. Ainsi, l'article 1210-6 de ce code dispose que : « *En l'absence d'exécution volontaire de la décision de retour, le procureur de la République compétent en application de l'article 12-1 de la loi n° 91-650 du 9 juillet 1991 {devenu l'article 34-1 de la loi n° 95-125 du 8 février 1995} pour requérir directement la force publique afin de faire exécuter la décision est celui près le tribunal de grande instance spécialement désigné en application de l'article L. 211-12 du Code de l'organisation judiciaire, dans le ressort duquel se trouve l'enfant. Il informe, s'il y a lieu, le procureur de la République près le tribunal de grande instance dans le ressort duquel se trouve l'enfant de son intention de requérir la force publique pour faire exécuter la décision de retour et peut recueillir de ce dernier toutes informations utiles, notamment au regard des risques que l'exécution de la décision pourrait entraîner* ». En outre, l'article 1210-8 du même code ajoute que, « *afin de déterminer les modalités d'exécution de la décision de retour les plus adaptées aux circonstances de l'espèce, le procureur de la République chargé de son exécution peut : – s'attacher les services de toute personne qualifiée aux fins de favoriser l'exécution amiable de la décision et de déterminer les modalités du retour de l'enfant; – requérir toute personne qualifiée afin de vérifier la situation matérielle, familiale et sociale de l'enfant faisant l'objet de la décision de retour; – faire procéder à tout examen médical, psychiatrique et psychologique de l'enfant qu'il estime nécessaire* ». Enfin, même si l'interprétation large de l'expression « *cas spécifiés par la loi* » prévue à l'article L. 121-6 alinéa 2 précité n'a pas encore reçu de consécration jurisprudentielle, si cela devait être le cas, il serait sans doute utile de s'interroger pour savoir si le procureur de la République ne disposerait pas aussi du pouvoir de poursuivre d'office l'exécution des décisions de justice en matière de protection des majeurs, dont il a obligatoirement connaissance (C. pr. civ., art. 425, 1°)[2] dans la mesure où l'article 416 alinéa 1er du Code civil, issu de la loi du 5 mars 2007[3] (applicable depuis le 1er janv. 2009), dispose désormais que : « *Le juge des tutelles et le procureur de la République exercent une surveillance générale des mesures de protection dans leur ressort* ».

► mission des lois, déposé le 14 janv. 2009, « *Article 6 (art. 12-1 nouveau de la loi n° 91-650 du 9 juillet 1991, portant réforme des procédures civiles d'exécution) – Déplacement illicite international de mineurs* ».

1. Entrée en vigueur en France au 1er décembre 1983, sur une application de l'article 13 b de cette convention, v. Civ. 1re, 13 févr. 2013, n° 11-28.424, *Bull. civ.* I, n° 12.

2. C. pr. civ., art. 425 (1°) : « *Le ministère public doit avoir communication : [...] Des affaires relatives [...] à l'ouverture ou à la modification des mesures judiciaires de protection juridique des majeurs* ».

3. L. n° 2007-308, 5 mars 2007, portant réforme de la protection juridique des majeurs, *JO* 7 mars, p. 4325.

CHAPITRE

232. Interventions spéciales du ministère public dans les procédures concernant l'exécution des titres exécutoires

FRÉDÉRIC ARBELLOT
CONSEILLER RÉFÉRENDAIRE
À LA COUR DE CASSATION

SECTION 0
ORIENTEUR

232.00 Plan du chapitre.

232.01 Textes applicables.

C. pr. civ., art. 421 à 427.

C. pr. exéc., art. L. 161-3.

COJ, art. L. 122-2 (*issu de Ord. n° 2006-673, 8 juin 2006*).

• **L. n° 75-618, 11 juill. 1975,** relative au recouvrement public des pensions alimentaires, applicable au 1er janv 1976, modifiée par l'ordonnance n° 2010-420 du 27 avr. 2010, art. 2, 3, 4, 9, 12 et 13, *JO* 12 juill., p. 7178.

• **Décr. n° 75-1339, 31 déc. 1975,** relatif aux modalités d'application de la loi n° 75-618 du 11 juillet 1975, relative au recouvrement public des pensions alimentaires, art. 1er, 2, 3, 8 et 9, *JO* 3 janv., p. 166.

232.02 Jurisprudence de référence.

> Sur la communication en application de l'article 427 C. pr. civ.

• **TGI Paris, 26 juill. 1984,** *Gaz. Pal.* 1985. 152.

• **Paris, 3e ch., sect. B, 17 janv. 2008,** RG n° 07/01401.

* V. s^s n° 232.21.

> Sur le défaut de la qualité de partie du procureur de la République dans la procédure de recouvrement public des pensions alimentaires.

• **Civ. 2e, 3 janv. 1979, n° 77-14.167,** *Bull. civ.* II, n° 4.

* V. s^s n° 232.31.

> Sur le pourvoi direct contre l'ordonnance du président du tribunal statuant sur la contestation relative à l'admission au recouvrement public.

• **Civ. 2e, 3 janv. 1979, n° 77-14.167,** *Bull. civ.* II, n° 4.

• **Civ. 2e, 9 févr. 1983, n° 81-15.051,** *Bull. civ.* II, n° 33.

• **Civ. 2e, 21 juill. 1986, n° 85-12.075,** *Bull. civ.* II, n° 120.

• **Civ. 1re, 11 févr. 2009, n° 07-16.993,** *Bull. civ.* I, n° 24.

* V. s^s n° 232.31.

232.03 Bibliographie indicative.

Actualisables. Rép. pr. civ., *v° Ministère public*, mars 2014, par Ph. Flores – Rép. pén., *v° Ministère public* (*matière civile*), mars 2014, spéc^t n°s 108-111, par F. Molins.

Ouvrage. R. PERROT et P. THÉRY, *Procédures civiles d'exécution*, 3e éd., Dalloz, 2013, n° 362, p. 366.

Article. D. Lochouarn, « Le rôle du ministère public dans les procédures civiles d'exécution », *Rev. huiss.* 1999. 3 s., spéc^t 4 et 5.

SECTION 1
MISSION DE DÉFENSE DE L'ORDRE PUBLIC

232.11 Mission de surveillance de l'exécution des titres exécutoires au nom de la défense de l'ordre public. Il résulte des dispositions du Code de l'organisation judiciaire que le procureur de République, qui est tenu d'assurer la défense de l'ordre public et la protection des intérêts de la société, peut en toute matière, notamment civile, exercer sa fonction de ministère public devant toutes les juridictions relevant de son ressort territorial (COJ, art. L. 122-2 - COJ, anc. art. L. 311-15). C'est pour cette raison que le ministère public peut intervenir comme partie, tant principale que jointe, dans le procès civil concernant l'exécution d'un titre exécutoire, notamment devant le juge de l'exécution dont la saisine constitue l'ultime recours pour le justiciable pour obtenir l'exécution de son titre. Le procureur de la République exerce ainsi à côté des compétences juridictionnelles attribuées au juge de l'exécution (COJ, art. L. 213-6) une mission complémentaire de surveillance de l'exécution des titres exécutoires : « *Cet allégement judiciaire* [du recours au juge de l'exécution] *implique que, de son côté, le ministère public exerce une vigilance accrue* [quant à l'exécution des titres exécutoires]. *Dans cette redistribution des rôles entre les deux organes-clés que forment le juge de l'exécution et le ministère public, l'esprit des nouveaux textes confère à ce dernier un rôle complémentaire d'autant plus important que le juge du siège sera sollicité de façon moins systématique qu'il ne l'était autrefois* »[1]. À titre exceptionnel, le ministère public a l'obligation de connaître de certaines procédures particulières concernant le recouvrement public des pensions alimentaires.

SECTION 2
INTERVENTION DU MINISTÈRE PUBLIC EN QUALITÉ DE PARTIE DANS LE PROCÈS CONCERNANT L'EXÉCUTION D'UN TITRE EXÉCUTOIRE

232.21 Ministère public intervenant en qualité de partie principale ou partie jointe. En principe, le droit de l'exécution des titres exécutoires, notamment de l'exécution forcée, ne prévoit pas l'intervention du ministère public dans les contentieux résultant d'une mesure d'exécution ou conservatoire. Cependant, comme cela a été expliqué précédemment (v. s^{s} n° 231.05), la défaillance dans l'exécution d'un titre exécutoire intéressant nécessairement l'ordre public, le ministère public peut toujours décider d'intervenir comme partie principale ou comme partie jointe dans un tel procès (C. pr. civ., art. 421). En dehors des cas spécifiés par la loi[2], le ministère public peut agir, c'est-à-dire intervenir comme partie principale, pour la défense de l'ordre public à l'occasion des faits qui portent atteinte à celui-ci (C. pr. civ., art. 423)[3]. À l'inverse, celui-ci peut aussi agir comme partie jointe lorsqu'il intervient pour faire connaître son avis sur l'application de la loi dans une affaire dont il a communication (C. pr. civ., art. 424). Dans certaines matières, cette communication sera **obligatoire**, c'est le cas des affaires relatives à la filiation, à l'organisation de la tutelle des mineurs, à l'ouverture ou à la modification des mesures judiciaires de protection juridique des majeurs, des procédures de sauvegarde, de redressement judiciaire et de liquidation judiciaire, des causes relatives à la responsabilité pécuniaire des dirigeants sociaux et des procédures de faillite personnelle ou relatives aux interdictions de gérer, ainsi que des actions engagées sur le fondement des dispositions des instruments internationaux et européens relatives au déplacement illicite international d'enfants (C. pr. civ., art. 425, 1° et 2°), alors même qu'il doit également avoir communication de toutes les affaires dans lesquelles la loi dispose qu'il doit faire connaître son avis. L'intervention du ministère public pourra être **facultative** s'il estime devoir intervenir après avoir pris communication du dossier (C. pr. civ., art. 426) ou obligatoire lorsque le juge décidera d'office de lui communiquer une affaire particulière (C. pr. civ.,

1. PERROT et THÉRY, n° 362, p. 366.

2. Sur l'énumération non exhaustive des instances dont la loi prévoit l'intervention du ministère public comme partie principale : nationalité des individus (C. civ., art. 29-3), rectification des actes de l'état civil (C. civ., art. 99), opposition ou nullité à mariage (C. civ., art. 175-1 et 184), présomption et déclaration d'absence (C. civ., art. 112, 117 et 122), assistance éducative (C. civ., art. 375), protection des majeurs (C. civ., art. 430), autorité parentale (C. civ., art. 373-2-8 et 373-2-13), discipline de certaines professions réglementées (Ord. 28 juin 1945, art. 10, 33 et 37; C. com., art. R. 743-8 : greffiers des tribunaux de commerce; L. 31 déc. 1971, art. 23 à 25 : avocats; Décr. 23 déc. 2004, art. 25 et 31 : experts judiciaires; C. com., art. L. 811-12 : administrateurs et mandataires judiciaires; C. com., art. L. 822-7 : commissaires aux comptes) et procédures collectives (C. com., art. L. 631-5 et L. 640-5 pour ouvrir un redressement ou une liquidation judiciaires; art. L. 651-3 pour agir en responsabilité pour insuffisance d'actif) – Rép. pr. civ., *v° Ministère public*, mars 2014, par Ph. Flores; Rép. pén., *v° Ministère public (matière civile)*, mars 2014, spéc^{t} n° 108-111, par F. Molins – V. AUSSI, J.-C. Marin, *Le rôle du ministère public dans les affaires civiles et commerciales*, 11e conférence annuelle de l'Association internationale des procureurs et poursuivants, Paris, 2006, spéc^{t} p. 3-4.
3. Litige concernant l'exécution en France de jugements étrangers validant une gestation pour le compte d'autrui prohibée en droit interne, v. Civ. 1re, 6 avr. 2011, n° 09-66.486, *Bull. civ.* I, n° 71 : « *Le ministère public contestait l'opposabilité en France, au regard de la conception française de l'ordre public international, des jugements étrangers validant une gestation pour le compte d'autrui, la cour d'appel en a exactement déduit qu'il justifiait d'un intérêt à agir pour la défense de l'ordre public, en application de l'article 423 du Code de procédure civile* »; v. F. Arbellot, « L'action d'office du ministère public prévue à l'article 423 du Code de procédure civile », *JCP* 2014. 1187, spéc^{t} n° 11, p. 1191-1192.

art. 427). On pourrait envisager que le juge de l'exécution le saisisse à l'occasion de l'exécution forcée d'un jugement d'expulsion ayant dégénéré et laissant apparaître des infractions disciplinaires ou pénales. En matière de refus d'exécution par un syndic, mandataire de justice d'une société en liquidation des biens, de l'exécution provisoire de plein droit attachée à une ordonnance de référé prud'homal, il a été ordonné en application de l'article 427 C. pr. civ. par le tribunal, la communication de ce dossier au procureur de la République comme garant de l'exécution de la justice[1].

SECTION 3

INTERVENTION DU MINISTÈRE PUBLIC EN QUALITÉ D'AUTORITÉ D'ADMISSION DU RECOUVREMENT PUBLIC DES PENSIONS ALIMENTAIRES

232.31 Pouvoir du procureur de la République d'admission des demandes de recouvrement public des pensions alimentaires. Il s'agit là d'une procédure d'exécution forcée très particulière prévue par la loi n° 75-618 du 11 juillet 1975[2], auquel renvoie purement et simplement l'article L. 161-3 C. pr. exéc.[3], par laquelle le procureur de la République, saisi par un créancier alimentaire, va admettre le recouvrement public de sa pension par les comptables publics (anciennement appelés « *comptables directs du Trésor* » ou encore « *agents du Trésor public* »), selon les procédures de droit public, qui se trouvent subrogés dans les droits et actions du créancier en raison de sa demande à charge de lui reverser les sommes ainsi perçues auprès du débiteur[4]. Il convient d'emblée de préciser que cette procédure complexe, qui n'a, en réalité, subi aucune modification substantielle depuis près de quarante ans, a cependant fait l'objet de quelques modifications sémantiques prévues par l'ordonnance n° 2010-420 du 27 avril 2010[5] qui a été prise à la suite de la fusion de la Direction générale des impôts et de la Direction générale de la comptabilité publique. L'article 122 de cette ordonnance prévoit ainsi de remplacer les expressions « *comptables "directs du Trésor"* » par « *comptables "publics compétents"* » et « *Trésor* » par « *service compétent de l'État* ». Dans cette procédure, l'intervention du procureur de la République « *constitue un utile relais de l'ordre public* »[6], car celui-ci a un rôle central dans la mise en place de la mesure d'exécution. Lorsqu'il intervient dans cette procédure spéciale ce n'est pas en qualité de partie (principale ou jointe), mais uniquement en qualité d'autorité chargé d'admettre le recouvrement public de la pension alimentaire. À ce titre, il a été jugé que le procureur de la République, n'étant pas partie à l'instance sur les contestations relatives au recouvrement public des pensions alimentaires, ne saurait être considéré comme défendeur au pourvoi formé contre l'ordonnance rendue sur ces contestations et doit d'office être mis hors de cause[7]. D'abord, la demande de recouvrement public des pensions alimentaires est adressée par le créancier au procureur de la République près le tribunal de grande instance dans le ressort duquel se trouve son domicile (L. 11 juill. 1975, art. 2, al. 1er[8]). Cette demande peut être présentée par le créancier soit par lettre recommandée avec demande d'avis de réception, soit même par un dépôt direct auprès du parquet qui va y apposer sans délai la date du dépôt. Elle doit comporter un certain nombre de renseignements sur le débiteur de la pension alimentaire (identité et profession du débiteur, situation de son patrimoine, identité et adresse de son employeur, source de ses revenus) et être assortie d'une attestation du greffe ou d'un huissier de justice justifiant qu'une procédure ordinaire d'exécution de droit privé a été vainement tentée pour essayer de recouvrer la pension impayée

1. TGI Paris, 26 juill. 1984, *Gaz. Pal.* 1985. 152 – Sur la communication d'un dossier par le juge-commissaire au procureur de la République en application de l'article 427 du [nouveau] Code de procédure civile avant de prononcer une astreinte sur le fondement de l'article 33 de la loi n° 91-650 du 9juillet 1991, V. AUSSI, Paris, 3e ch. sect. B, 17 janv. 2008, RG n° 07/01401.
2. L. n° 75-618, 11 juill. 1975, relative au recouvrement public des pensions alimentaires, applicable au 1er janvier 1976, *JO* 12 juill., p. 7178 – J. VINCENT et J. PRÉVAULT, *Voies d'exécution et procédures de distribution*, 19e éd., Dalloz, 1999, spéct n° 210 : ces auteurs définissent cette procédure atypique comme une « *sorte de saisie-exécution effectuée non pas selon les règles du droit privé, mais selon celles du droit administratif* ».
3. C. pr. exéc., art. L. 161-3 : « *Les sommes dues en exécution d'une décision judiciaire au titre des pensions alimentaires, des contributions aux charges du mariage prescrites par l'article 214 du Code civil, des rentes prévues par l'article 276 ou des subsides mentionnés à l'article 342 du même code peuvent être recouvrées pour le compte du créancier par les comptables publics compétents dans les conditions et selon les modalités prévues par la loi n° 75-618 du 11 juillet 1975 relative au recouvrement public des pensions alimentaires* ».
4. L. n° 75-618, 11 juill. 1975, art. 6 (préc. ss prést n°).
5. Ord. n° 2010-420, 27 avr. 2010, portant adaptation de dispositions résultant de la fusion de la direction générale des impôts et de la Direction générale de la comptabilité publique, *JO* 30 avr., p. 7839.
6. D. Lochouarn, « Le rôle du ministère public dans les procédures civiles d'exécution », *Rev. huiss.* 1999. 3 s., spéct 5.
7. Civ. 2e, 3 janv. 1979, n° 77-14.167, *Bull. civ.* II, n° 4; *D.* 1979. IR 236.
8. V. Décr. n° 75-1339, 31 déc. 1975, relatif aux modalités d'application de la loi n° 75-618 du 11 juill. 1975, relative au recouvrement public des pensions alimentaires, art. 1er, *JO* 3 janv., p. 166.

(L. 11 juill. 1975, art. 2, al. 2[1]). En outre, le créancier doit fournir une expédition, c'est-à-dire une copie certifiée conforme, du jugement fixant la pension alimentaire. Ensuite, le procureur de la République va devoir examiner la régularité de la demande, mais non son opportunité, avant de rendre sa décision de refus ou d'admission de celle-ci. En cas d'admission, le procureur de la République, qui établit un état exécutoire transmis au service compétent de l'État, c'est-à-dire au trésorier-payeur général (L. 11 juill. 1975, art. 3), doit notifier cette décision au débiteur par lettre recommandée avec accusé de réception, confirmée par lettre simple, en précisant que les sommes objet du recouvrement public et en lui faisant savoir qu'il ne peut plus se libérer de sa dette qu'entre les mains du comptable public compétent, c'est-à-dire du Trésor public (L. 11 juill. 1975, art. 9). Selon la nature de sa décision, il informe le créancier ou le débiteur de la possibilité de la contester par lettre simple à lui adresser. La contestation formée par le créancier ou le débiteur adressée au procureur de la République est transmise sans délai au président du tribunal de grande instance qui est compétent pour statuer, comme en matière de référé, sur celle-ci, après avoir convoqué le créancier et le débiteur (L. 11 juill. 1975, art. 4). Son ordonnance est transmise au procureur de la République qui la notifie aux parties et au Trésorier payeur général[2]. Elle n'est pas susceptible d'opposition ou d'appel, mais peut uniquement faire l'objet d'un pourvoi en cassation dans le délai de droit commun de deux mois à compter de sa notification aux parties par le procureur de la République[3]. Ce pourvoi n'est pas dispensé du ministère d'un avocat au Conseil d'État et à la Cour de cassation[4].

232.32 Pouvoirs du procureur de la République durant la phase d'exécution de la mesure de recouvrement public. Durant l'exécution la mesure de recouvrement public, le procureur de la République intervient de nouveau lorsque les modalités du recouvrement public doivent être modifiées. Ainsi, lorsque le montant de la pension alimentaire vient à être augmenté ou réduit, voire que la pension a été supprimée, il est tenu de modifier en conséquence l'état exécutoire soit de son propre chef, soit sur demande du créancier ou du débiteur (L. 11 juill. 1975, art. 3, al. 2). En outre, après avoir acquitté les arriérés de la créance pris en charge par le Trésor et versé pendant douze mois consécutifs le montant des termes courants de la pension à la caisse du comptable public compétent, le débiteur peut demander au procureur de la République de se libérer à l'avenir directement entre les mains de son créancier (L. 11 juill. 1975, art. 12). Si le procureur de la République décide d'y faire droit, il met fin à la procédure de recouvrement public et décharge le comptable public. En cas de refus, la décision du procureur peut être contestée devant le président du tribunal de grande instance. Enfin, dans le cas d'une nouvelle défaillance du débiteur dans le délai de deux ans après la cessation du recouvrement public, le créancier peut, dès lors que le retard dans le paiement est supérieur à un mois demander à nouveau au procureur de la République la mise en œuvre de la procédure de recouvrement public sans avoir à recourir préalablement à une voie d'exécution de droit privé. Si la nouvelle demande est admise, il est procédé au recouvrement de toutes les sommes dues depuis l'interruption du recouvrement public (L. 11 juill. 1975, art. 13).

1. V. Décr. n° 75-1339, 31 déc. 1975, art. 2 et 3 (préc. s[s] prés[t] n°) – Civ. 2e, 6. déc. 1991, n° 89-18.469, *Bull. civ.* II, n° 327 : le commandement de payer, qui ne constitue qu'une simple formalité préalable à l'exécution, n'est pas suffisant pour permettre au créancier d'une pension alimentaire demandant son recouvrement public de justifier qu'il a eu recours à une voie d'exécution de droit privé et que ce recours est resté infructueux.
2. V. Décr. n° 75-1339, 31 déc. 1975, art. 8 (préc. s[s] prés[t] n°).
3. V. Décr. n° 75-1339, 31 déc. 1975, art. 9 (préc. s[s] prés[t] n°) – Sur le pourvoi direct contre l'ordonnance du président du tribunal : Civ. 2e, 3 janv. 1979, n° 77-14.167 (préc. s[s] prés[t] n°) – Civ. 2e, 9 févr. 1983, n° 81-15.051, *Bull. civ.* II, n° 33 – Civ. 1re, 11 févr. 2009, n° 07-16.993, *Bull. civ.* I, n° 24; *D.* 2010. 1243, obs. Serra et Williatte-Pellitteri; *AJ fam.* 2009. 128, obs. David; *RTD civ.* 2009. 302, obs. Hauser.
4. Civ. 2e, 21 juill. 1986, n° 85-12.075, *Bull. civ.* II, n° 120.

TITRE

24. Le ministère public et la recherche des informations (avant la loi du 22 déc. 2010)

240.04 Abandon de la mission du ministère public de recherche des informations nécessaires à l'exécution des titres exécutoires au profit de l'huissier de justice. À compter du 24 décembre 2010, le procureur de la République perd son rôle de filtre en matière de recherche des informations nécessaires à l'exécution des titres exécutoires et il n'a plus désormais pour mission, comme cela a été le cas pendant près de vingt ans, de rechercher ces informations à charge de les restituer à l'huissier de justice, chargé de l'exécution du titre[1]. Désormais en application des articles L. 152-1 et L. 152-2 C. pr. exéc., qui a repris les dispositions de l'article 39 de la loi du 9 juillet 1991[2], dans sa rédaction issue de la loi du 22 décembre 2010[3] (art. 5, I), l'huissier de justice pourra lui-même accéder à ce type d'informations en questionnant directement les administrations de l'État, des régions, des départements et des communes, les entreprises concédées ou contrôlées par l'État, les régions, les départements et les communes, les établissements publics ou organismes contrôlés par l'autorité administrative, ainsi que les établissements habilités par la loi à tenir des comptes de dépôt. D'une part, l'article L. 152-1 C. pr. exéc. prévoit que : « *Sous réserve des dispositions de l'article 6 de la loi n° 51-711 du 7 juin 1951 sur l'obligation, la coordination et le secret en matière de statistiques, les administrations de l'État, des régions, des départements et des communes, les entreprises concédées ou contrôlées par l'État, les régions, les départements et les communes, les établissements publics ou organismes contrôlés par l'autorité administrative doivent communiquer à l'huissier de justice chargé de l'exécution, porteur d'un titre exécutoire, les renseignements qu'ils détiennent permettant de déterminer l'adresse du débiteur, l'identité et l'adresse de son employeur ou de tout tiers débiteur ou dépositaire de sommes liquides ou exigibles et la composition de son patrimoine immobilier, à l'exclusion de tout autre renseignement, sans pouvoir opposer le secret professionnel. Les établissements habilités par la loi à tenir des comptes de dépôt doivent indiquer à l'huissier de justice chargé de l'exécution, porteur d'un titre exécutoire, si un ou plusieurs comptes, comptes joints ou fusionnés sont ouverts au nom du débiteur ainsi que les lieux où sont tenus les comptes, à l'exclusion de tout autre renseignement, sans pouvoir opposer le secret professionnel* ». D'autre part, l'article L. 152-2 C. pr. exéc. dispose que : « *Les établissements habilités par la loi à tenir des comptes de dépôt doivent indiquer à l'huissier de justice chargé de l'exécution, porteur d'un titre exécutoire, si un ou plusieurs comptes, comptes joints ou fusionnés sont*

1. J.-C. Lautru, « Le ministère public à la recherche des informations », *LPA* 6 janv. 1993. 600 – A. Confino, « À propos d'une réforme : le parquet aux trousses des mauvais payeurs », *Gaz. Pal.* 1991. Doctr. 407.
2. L. n° 91-650, 9 juill. 1991, portant réforme des procédures civiles d'exécution, *JO* 14 juill., p. 9228.
3. L. n° 2010-1609, 22 déc. 2010, relative à l'exécution des décisions de justice, aux conditions d'exercice de certaines professions réglementées et aux experts judiciaires, art. 5, I, *JO* 23 déc., p. 22552 – Travaux préparatoires de la loi du 22 déc. 2010, v. Y. Nicolin, Rapport AN n° 2622, Commission des lois, 10 juin 2010, art. 4, « Accès des huissiers de justice aux informations nécessaires à l'exécution d'un titre exécutoire ».

ouverts au nom du débiteur ainsi que les lieux où sont tenus les comptes, à l'exclusion de tout autre renseignement, sans pouvoir opposer le secret professionnel ». Il convient d'ajouter que l'article 5, II de la loi du 22 décembre 2010 abroge, à compter du 24 décembre 2010, l'article 40 de la loi du 9 juillet 1991 qui définissait le rôle de filtre du ministère public en matière de recherche des informations nécessaires à l'exécution des titres exécutoires. L'abandon de cette mission de recherche des informations aux fins d'exécution des décisions civiles par le ministère public s'explique, d'une part, par le fait que l'activité des parquets ne leur permettait pas de se consacrer pleinement à cette mission particulière, de nombreuses requêtes adressées par les huissiers de justice n'étant pas traitées faute de temps, et, d'autre part, l'intérêt du filtre était limité dans la mesure où le contrôle opéré par l'autorité judiciaire ne portait que sur l'existence du titre exécutoire et non sur le contenu des renseignements transmis par le détenteur de l'information. Comme le souligne la doctrine, « *la loi du 22 décembre 2010, prenant acte de cette carence* [du ministère public dans la recherche des informations relatives au débiteur] *a finalement renoncé à solliciter le concours des parquets dans la recherche des informations* »[1].

1. Perrot et Théry, n° 364, p. 368.

TITRE

25. L'huissier de justice, principal agent d'exécution

SECTION 0
ORIENTEUR

250.00 **Plan du titre.**

Division. L'huissier de justice, officier public et ministériel, exerce une profession réglementée, dans un cadre libéral, il est un auxiliaire de justice chargé de fonctions d'authentification et d'exécution.

Aux termes de l'ordonnance du 2 novembre 1945 régissant son statut et de la loi du 9 juillet 1991 portant réforme des procédures d'exécution, désormais codifiée au Code des procédures civiles d'exécution, il demeure le principal agent d'exécution.

Seront examinés au sein de ce titre, sa qualité d'officier public et ministériel (v. s[s] n°s 250.05 s.), ses pouvoirs (chap. 251), ses devoirs (chap. 252), sa compétence territoriale (chap. 253), sa responsabilité civile (chap. 254) et les actions disciplinaires dont il peut faire l'objet (chap. 255).

250.05 **Officier ministériel et officier public.** L'huissier de justice est une personne titulaire d'un office conféré par l'État et nommée par décision d'un ministre. Il est officier public, en raison de son pouvoir d'authentifier des actes juridiques ou judiciaires et de procéder à l'exécution des décisions de justice

Il est chargé de signifier les actes de procédure, de procéder à l'exécution forcée des titres exécutoires et en particulier, des diverses opérations de saisie.

Il est l'héritier d'une longue histoire, née de la fusion des sergents du Châtelet chargés de la signification et de l'exécution avec les huissiers au Parlement chargés des services des audiences[1].

Dans une réponse à une question écrite, le garde des Sceaux, ministre de la Justice, a eu l'occasion de préciser que « *les huissiers de justice sont des officiers publics ou ministériels* ».

Ils sont « *officiers ministériels* » par le fait qu'ils demeurent titulaires d'un office et disposent à ce titre d'un droit de présenter leur successeur à l'agrément du garde des Sceaux, qui procède à leur nomination et leur retrait.

1. Sur ce point, v. T. Guinot, « Les fondements historiques de l'institution », *in Huissiers de justice, normes et valeurs*, EJT, 2004, p. 65 à 72.

À ce titre, ils demeurent soumis au régime légal et réglementaire qui définit leurs conditions d'aptitude, leurs attributions, leur compétences territoriales, les modalités d'exercice de leurs fonctions, leur régime disciplinaire, leur rémunération, ainsi que les mécanismes de garantie collective et d'assurance au profit de leur clientèle.

Les huissiers de justice ont également la qualité « *d'officier public* » en raison des prérogatives de puissance publique dont ils sont délégataires.

Ainsi, par jugement rendu le 19 décembre 1994, le tribunal de grande instance de Paris a retenu les imputations visant un huissier de justice comme « *consécutives d'une diffamation publique envers une personne dépositaire de l'autorité publique au sens de l'article 31 alinéa 1er de la loi du 29 juillet 1881* »[1].

En sa qualité d'officier ministériel, l'huissier de justice exerce une profession dite réglementée, profession qui fait l'objet actuellement d'un important projet de loi pour la croissance et l'activité[2], susceptible d'en modifier, si ce n'est l'économie, au moins l'organisation et les modalités pratiques d'exercice.

250.06 Le projet Macron. Circonstances de son élaboration et objectifs poursuivis. Ce projet de loi, déjà adopté par l'Assemblée nationale et dont le texte amendé par les députés a été déposé au Sénat le 19 février 2015, est en partie issu :

- d'un *rapport de l'Inspection générale des Finances de l'été 2014*, tenu secret, puis rendu public le 23 septembre 2014[3], sans doute pour préparer les esprits aux profondes évolutions envisagées par Bercy;

- d'un *avis de l'Autorité de la Concurrence*, saisie par Bercy, le 18 juin 2014, sur deux questions : quelle ligne de partage entre les activités qui relèvent de missions de service public et celles qui participent d'une logique économique ? Quels objectifs et quelles méthodes pour fixer et réviser les tarifs de ces professions ? Mais poser de telles questions à cette Autorité, n'était-ce pas déjà prendre parti sur la qualification des activités de ces professions ? N'était-ce pas considérer que les usagers du droit et du service public de la Justice sont d'abord des clients de ces professions, qu'il faut donc les ouvrir largement à la concurrence ?

L'avis a été rendu le 9 janvier 2015[4] : concernant la tarification, l'Autorité est favorable aux dispositions du projet de loi « croissance et activité » qui prévoient de nouvelles modalités de détermination des tarifs des officiers publics ministériels, des administrateurs et des mandataires judiciaires, de sorte que « *soit mieux pris en compte le coût des prestations des professionnels et que soit mieux assurée la transparence nécessaire des modalités de fixation des tarifs* ». Elle recommande une « *liberté d'installation régulée* » pour les notaires, huissiers de justice et commissaires-priseurs judiciaires, de permettre aux professionnels exerçant la profession constituant l'objet social de la SEL en dehors de celle-ci ou une autre profession juridique et judiciaire de détenir l'intégralité du capital et des droits de vote de la SEL et de permettre aux experts-comptables de détenir jusqu'à 49 % du capital et des droits de vote de la SEL, et moins d'un tiers des droits de vote.

Ce fut enfin le projet du ministre des Finances (M. Macron), « *croissance et activité* », enregistré le 11 décembre 2014 à l'Assemblée nationale (en procédure accélérée)[5], et donc déposé au Sénat, comme il vient d'être dit, le 19 février 2015. Ce projet a suscité l'opposition plus ou moins violente de la plupart des professions concernées[6] et les plus extrêmes réserves de la ministre de la Justice.

En parallèle, une mission d'information de l'Assemblée nationale a été mise en place à l'automne 2014 et a rendu son rapport en décembre[7], éclairée par le rapport du député Richard Ferrand remis à la garde des Sceaux le 4 novembre 2014.

250.07 Principales mesures communes à d'autres professions, déjà adoptées au 19 février 2015. Sont actés, à cette date, qui est celle du dépôt au Sénat du texte voté par l'Assemblée nationale :

- *Pour l'ensemble des professions réglementées*, l'ouverture, plus ou moins large, des capitaux des sociétés d'exercice libéral à d'autres professionnels (art. 22 du projet).

- *Pour six professions, dont les huissiers de justice* (les cinq autres étant les commissaires-priseurs judi-

1. Rép. min. n° 45573, *JOAN* Q 7 avr. 1997, p. 1806.
2. Projet de loi n° 2447 pour la croissance et l'activité, enregistré à l'Assemblée *nationale* le 11 déc. 2014.
3. D. Lecomte, *Gaz. Pal.* 30 nov. 2014, n° 334, p. 9.
4. http://www.autoritedelaconcurrence.fr/doc/synthese_avis_prof_regl_jan15.pdf
5. Exposé des motifs : « *La réforme des professions réglementées du droit introduit la liberté d'installation, tout en confirmant l'exclusivité de leurs missions. Elle renforce le maillage territorial de ces professions. Elle ouvre en outre entre professionnels du droit et de l'expertise-comptable l'accès au capital pour encourager l'investissement, rendre l'activité plus efficace et permettre l'interprofessionnalité. Elle rénove le mode de fixation des tarifs, afin qu'ils reflètent davantage les coûts réels. La loi prévoit également le regroupement des professions d'huissier de justice, de mandataire judiciaire et de commissaire-priseur judiciaire dans une profession unique de commissaire de justice, qui offrira plus de débouchés et de mobilité entre ces professions voisines* ».
6. À l'exception de Thierry Wickers qui souligne que la plupart des dispositions du projet sont la mise en œuvre des directives « services » et n° 2005/36/CE du 7 sept. 2005 sur la reconnaissance des qualifications professionnelles, *D.* 2015. 38.
7. Rapport d'information n° 2475, Documents d'information de l'Assemblée nationale, déc. 2014.

ciaires, les greffiers de tribunaux de commerce, les administrateurs judiciaires, les mandataires judiciaires et les notaires), **les tarifs réglementés** applicables à leurs prestations (art. 12-I du projet, *in* C. com., futurs art. L. 444-1 à L. 444-4 et modifications d'articles de ce code), seront revus par l'Autorité de la concurrence selon un principe de correspondance avec les coûts, et arrêtés par les ministres de la Justice et de l'Économie. Le dispositif du « corridor tarifaire » qui avait été introduit aux termes des travaux d'une commission spéciale de l'Assemble nationale a été abandonné et remplacé par un système d'encadrement des remises. **Les tarifs proportionnels** des transactions de moyenne importance pourront donner lieu à des remises. Ces derniers seront déterminés précisément par voie réglementaire. Ils seront révisés au moins tous les cinq ans sur proposition de l'Autorité de la concurrence. Selon le ministre de l'Économie, deux effets sur les prix sont escomptés de cette réforme : une révision générale qui conduira à des baisses et des remises possibles. Enfin, un fonds de péréquation entre professions sera créé afin de favoriser une solidarité interne aux professions et entre les professions du droit. Ce fonds pourra également participer à l'aide juridictionnelle, l'accès au droit et les maisons de justice et du droit.

– *Pour trois professions, dont les huissiers de justice* (les deux autres étant les commissaires-priseurs judiciaires et les notaires), article 13 *bis* du projet, la **quasi-suppression des charges sans indemnisation automatique** des actuels titulaires, en instaurant une liberté régulée d'installation des nouveaux arrivants, ce qui remet en cause le droit de présentation d'un successeur. En effet, cet article 13 *bis* énonce (§ I) que ces trois catégories de professionnels « *peuvent librement s'installer dans les zones où l'implantation d'offices apparaît utile pour renforcer la proximité ou l'offre de services. Ces zones sont déterminées par une carte établie conjointement par les ministres de la Justice et de l'Économie, sur proposition de l'Autorité de la Concurrence en application de l'article L. 462-10 du Code de commerce. Elles sont définies de manière détaillée au regard de critères précisés par décret, notamment sur la base d'une analyse démographique de l'évolution prévisible du nombre de professionnels installés. À cet effet, cette carte identifie les secteurs dans lesquels, pour renforcer la proximité ou l'offre de services, la création de nouveaux offices de notaire, d'huissier de justice ou de commissaire-priseur judiciaire apparaît utile. L'élaboration de cette carte garantit une augmentation progressive du nombre d'offices à créer, de manière à ne pas causer de préjudice anormal aux offices existants. Elle est assortie de recommandations sur le rythme d'installation compatible avec une augmentation progressive du nombre de professionnels dans la zone concernée. L'Autorité de la concurrence met les associations de défense des consommateurs agréées au niveau national pour ester en justice, les instances ordinales des professions concernées ainsi que toute personne remplissant les conditions requises pour être nommée en qualité de l'une de ces trois professions, en mesure de contribuer à l'élaboration de son avis en rendant publique l'ouverture d'une procédure de mise en œuvre de l'article L. 462-10 du Code de commerce dans les cinq jours ouvrables suivant la date de cette ouverture. Cette carte est rendue publique et révisée tous les deux ans* ». Le § II précise que dans ces zones, lorsque le demandeur remplit les conditions qui seront fixées par décret (nationalité, aptitude, honorabilité, expérience et assurance), le ministre de la Justice ne peut refuser une demande de création d'office. Si, dans un délai de six mois à compter de la publication de la carte de ces zones, le ministre constate un nombre insuffisant de demandes de créations d'office au regard des besoins identifiés, il procède, dans des conditions prévues par décret, à un appel à manifestation d'intérêt en vue d'une nomination dans un office ou de la création d'un bureau annexe par un officier titulaire. Si l'appel à manifestation d'intérêt est infructueux, le ministre confie la fourniture des services d'intérêt général en cause, selon le cas, à la chambre départementale des notaires, à la chambre départementale des huissiers de justice ou à la chambre des commissaires-priseurs judiciaires concernée. Le ministre précise, en fonction de l'insuffisance identifiée, le contenu et les modalités des services rendus. À cet effet, une permanence est mise en place dans une maison de justice et du droit. La chambre de la profession concernée répartit, entre les officiers publics ou ministériels de son ressort, les charges et sujétions résultant de ce § II. Le § III de cet article 13 poursuit que « *dans les zones, autres que celles mentionnées au § I, où l'implantation d'offices supplémentaires de notaire, d'huissier de justice ou de commissaire-priseur judiciaire serait de nature à porter atteinte à la continuité de l'exploitation des offices existants et à compromettre la qualité du service rendu, le ministre de la justice peut refuser une demande de création d'office, après avis de l'Autorité de la concurrence rendu dans un délai de deux mois après le dépôt de la demande de création d'office. Cet avis est rendu public. Le refus est motivé au regard, notamment, des caractéristiques de la zone et du niveau d'activité économique des professionnels concernés* ». Le § IV précise que « *lorsque la création d'un office porte atteinte à la valeur patrimoniale d'un office antérieurement créé, le titulaire de ce dernier est indemnisé, à sa demande, par le titulaire du nouvel office dont la création a causé ce préjudice. La valeur patrimoniale de l'office antérieurement créé correspond à celle du fonds libéral d'exercice de la profession avant la création du nouvel office. En cas de désaccord sur le montant ou sur la répartition de* *l'indemnisation, les parties peuvent saisir le juge de l'expropriation, qui fixe le montant de l'indemnité dans les conditions définies au chapitre III du titre Ier du code de l'expropriation pour cause d'utilité publique. La demande d'indemnisation doit être accompagnée d'une évaluation précise du préjudice et des pièces justificatives. La demande doit être introduite dans un délai de six ans après la création du nouvel office. Le juge peut prévoir un étalement dans le temps du versement de l'indemnité par le titulaire du nouvel office, dans la limite de dix ans. Si le titulaire du nouvel office cesse d'exercer ses fonctions avant l'expiration de ce délai, les indemnités sont dues par son successeur* ». Le § V énonce (futur C. com., art. L. 462-10) que « *l'Autorité de la Concurrence rend au ministre de la Justice, qui en est le garant, un avis sur la liberté d'installation des notaires, des huissiers de justice et des commissaires-priseurs judiciaires. Elle fait toutes recommandations en vue d'améliorer l'accès aux offices publics ou ministériels dans la perspective de renforcer la cohésion territoriale des prestations et d'augmenter de façon progressive le nombre d'offices sur le territoire. Elle fait également des recommandations afin de favoriser l'égal accès des femmes et des hommes aux offices publics ou ministériels, sur la base de données sexuées et d'une analyse de l'évolution démographique des femmes et des jeunes au sein des professions concernées. Ces recommandations sont rendues publiques au moins tous les deux ans. Elles sont assorties de la carte mentionnée au § I de cet article 13 bis. Lorsque l'Autorité de la Concurrence délibère au titre du présent article, son collège comprend deux personnalités qualifiées nommées par décret pour une durée de trois ans non renouvelable* ». Ces nouvelles dispositions ne s'appliquent pas dans les départements du Bas-Rhin, du Haut-Rhin et de la Moselle, mais, dans un délai de deux ans suivant la promulgation de la loi, le Gouvernement remet au Parlement un rapport sur l'opportunité d'étendre l'application du présent article à ces trois départements. Ces dispositions générales sont reprises pour chacune de ces trois professions dans les articles 14 (notaires), 15 (huissiers de justice) et 16 (commissaires-priseurs judiciaires) du projet (au 19 février 2015).

– *Pour deux professions, huissiers de justice et commissaires-priseurs judiciaires*, la fusion en une nouvelle profession de « commissaire de justice » (art. 20-II); celle avec les mandataires judiciaires est abandonnée, mais les huissiers de justice et les commissaires-priseurs judiciaires pourront exercer cette profession à titre habituel, sous certaines conditions. En effet (art. 20 *quater*), le projet habilite le Gouvernement à prendre par ordonnance, dans les dix mois de la promulgation de la loi, les mesures leur permettant d'être désignés en justice pour exercer certaines fonctions de mandataire judiciaire à titre habituel; le Gouvernement devra aussi déterminer, par ordonnance, les modalités de leur rémunération et d'exercice de cette profession; ces nominations ne pourraient intervenir que pour les procédures de liquidation judiciaire ou de rétablissement personnel et seraient exclues dès lors que le débiteur emploie un ou plusieurs salariés et que son chiffre d'affaires annuel est supérieur à 100 000 €.

250.08 Mesures propres aux huissiers de justice au 19 février 2015.

Pour être huissier, il faudra être âgé de moins de 70 ans (art. 15 du projet).

Pour l'exercice en tant qu'huissier salarié, déjà possible, le projet Macron prévoit qu'une personne physique titulaire d'un office d'huissier de justice ne peut pas employer plus de deux huissiers salariés et une personne morale titulaire d'un office ne peut pas employer un nombre d'huissiers salariés supérieur au double de celui des huissiers associés y exerçant la profession; le même projet interdit les clauses de non-concurrence à l'encontre de ces salariés (art. 18-II).

La compétence territoriale est étendue au niveau de la cour d'appel (art. 15 du projet), mais cette mesure ne deviendra effective qu'un an après la promulgation de la loi et ne concerne pas les activités visées à l'article 1er, alinéas 2 et dernier de cette ordonnance[1].

1. Déjà, comme il sera indiqué ss n° 253.12, le décret n° 2014-983 du 28 août a étendu cette compétence, lorsque plusieurs TGI sont implantés dans le département, à l'ensemble des ressorts de ces TGI (*in* art. 5-1 à 5-3, Décr. 29 févr. 1956).

CHAPITRE

251. Pouvoirs de l'huissier de justice

JEAN-YVES PINOY
VICE-PRÉSIDENT
DU TRIBUNAL D'INSTANCE DE SAINT-OUEN

SECTION 0
ORIENTEUR

251.00 **Plan du chapitre.**

Division. L'huissier de justice exerce un monopole (sect. 1) qu'il tient des dispositions de l'article 1er de l'ordonnance n° 45-2592 du 2 novembre 1945, modifié par la loi n° 2010-1609 du 22 décembre 2010, et des articles L. 122-1 et R. 122-1 C. pr. exéc. Toutefois, ce monopole se trouve encadré et limité (sect. 2) en application des articles L. 111-7 et L. 121-2 et suivants C. pr. exéc.

251.01 **Textes applicables.**

C. pr. exéc., art. L. 111-3, L. 111-7, L. 121-2, L. 121-3, L. 122-1, L. 152-1; R. 122-1 et R. 141-1.

LPF, art. L. 151 A.

• **L. n° 2015-177, 16 févr. 2015,** relative à la modernisation et à la simplification du droit et des procédures dans les domaines de la justice et des affaires intérieures, *JO* 17 févr., p. 2961.

• **L. n° 2010-1609, 22 déc. 2010,** relative à l'exécution des décisions de justice, aux conditions d'exercice de certaines professions réglementées et aux experts judiciaires, *JO* 23 déc., p. 22552.

Rép. min. n° 26545, *JOAN Q*, 15 déc. 2003, p. 9662.

251.03 **Bibliographie indicative.**

Ouvrages. *Bibliothèque des actes : procédures civiles d'exécution*, EJT, 1992 – F. Bénard, *L'huissier de justice aux XIXe et XXe siècles : fonctionnaire public ?*, 1998 – M. Chardon, *La mission de l'huissier dans la signification des actes de procédure civile*, l'auteur, 1991 – M. Donnier, *Voies d'exécution et procédures de distribution*, 4e éd., Litec, 1996 – P. Le Fur, *L'huissier de justice et les problèmes locatifs*, EJT, 1993; *L'Agent huissier du Trésor*, SAHT, 1991 – Ph. Goichot, *Voies d'exécution*, Paris, Les Cours de droit, 1994; *Les Guides de l'huissier de justice*, EJT, 1999; *L'Huissier du Trésor public*, Syndicat des huissiers du Trésor public, 1998; *Les procédures d'exécution mobilière,* Session nationale de formation permanente des magistrats, 4e éd., Bergeret, 1993 – T. Guinot, *L'huissier de justice, normes et valeurs*, EJT, 2004 – A. Mathieu-Fritz, *Les huissiers de justice*, PUF, 2005 – F. Ruellan, *Le tarif des huissiers de justice : régularité, utilité et coût des actes, contrôle et sanctions, statut de l'huissier de justice. Les procédures d'exécution mobilière*, 2e éd., Assoc. Études et de recherches de l'ENM, 1989 – J. Vincent, *Voies d'exécution et procédures de distribution,* 19e éd., « Précis », Dalloz, 1999 – J. Vincent et S. Guinchard, *Institutions judiciaires : organisation, juridictions, gens de justice*, 5e éd., Dalloz, 1999.

Articles. P. Bertin, « Les actes d'huissier », *Gaz. Pal.* 1976. Doctr. 350 – A. Djigo, « Brèves réflexions sur la lettre recommandée », *LPA* 1999, n° 42, p. 7 – Service d'études de la Cour de cassation, Communication, « La signification des actes de procédure par les huissiers de justice », *BICC* n° 672, 1er déc. 2007.

SECTION 1
MONOPOLE DE L'HUISSIER DE JUSTICE

251.11 **Pouvoirs propres à l'huissier de justice.** L'article 1er de l'ordonnance du 2 novembre 1945, relative au statut des huissiers de justice, dispose que ces derniers ont seuls qualité pour **signifier** les actes et les exploits, faire les **notifications** prescrites par les lois et règlements lorsque le mode de notification n'a pas été précisé et ramener à exécution les décisions de justice, ainsi que les actes ou titres en forme exécutoire.

L'huissier de justice ayant seul qualité pour procéder à l'exécution des décisions de justice, le mandat donné par un avocat n'exonère pas de sa responsabilité l'huissier qui accomplit seul sa mission[1].

1. Civ. 2e, 21 nov. 2002, n° 00-20.953, *Bull. civ.* II, n° 269; *D.* 2002. 3243; *JCP* 2003. IV. 1066; *Procédures* 2003. Comm. 19, note Croze.

L'article L. 151 A du Livre des procédures fiscales dispose qu'aux fins d'assurer l'exécution, l'huissier de justice peut obtenir l'adresse des organismes auprès desquels un compte est ouvert au nom du débiteur. Conformément aux dispositions de l'article L. 152-1 C. pr. exéc, les administrations fiscales doivent communiquer à l'huissier de justice chargé de l'exécution, les renseignements qu'elle détiennent permettant de déterminer l'adresse du débiteur, l'identité et l'adresse de son employeur ou de tout tiers débiteur ou dépositaire de sommes liquides ou exigibles et la composition de son patrimoine immobilier, à l'exclusion de tout autre renseignement, sans pouvoir opposer le secret professionnel (v. l'impact de la loi n° 2015-177 du 16 février 2015 sur ces articles, s^s n° 282.12).

Les huissiers de justice peuvent en outre procéder au recouvrement amiable ou judiciaire de toutes créances et, dans les lieux où il n'est pas établi de commissaires-priseurs judiciaires, aux prisées et ventes publiques, judiciaires ou volontaires de meubles et effets mobiliers corporels.

Il a été jugé sur ce point qu'il résulte de la combinaison des articles 29 de la loi du 10 juillet 2000 et 1er alinéa 2 de l'ordonnance du 2 novembre 1945, que l'interdiction faite aux huissiers de justice de procéder à des ventes dans les lieux où sont établis des commissaires-priseurs ne concerne que les ventes judiciaires qui sont celles prescrites par la loi ou par décision de justice[1].

De même, les ventes volontaires en litige réalisées par une société civile professionnelle d'huissiers de justice, ne peuvent avoir aucune incidence sur l'activité des commissaires-priseurs[2].

Ils peuvent encore, commis par justice ou à la requête des particuliers, effectuer des constatations purement matérielles, exclusives de tout avis sur les conséquences de fait ou de droit qui peuvent en résulter.

Un huissier de justice commis par un employeur excède toutefois ses pouvoirs en demandant à des salariés grévistes de décliner leur identité et d'enlever des véhicules gênants[3].

Ils peuvent également accomplir les mesures conservatoires après l'ouverture d'une succession, dans les conditions prévues par le Code de procédure civile.

Il a été jugé qu'étant exclusivement habilités à effectuer des constatations matérielles en vertu de ce texte, les huissiers de justice ne peuvent être commis pour procéder à des auditions de témoins qui relèvent de la procédure d'enquête prévue par les articles 204 et suivants du Code de procédure civile et qu'ils ne peuvent des lors recueillir des témoignages qu'aux seules fins d'éclairer leurs constatations matérielles[4].

L'article L. 122-1 C. pr. exéc. pose également comme principe l'obligation pour un huissier de justice de prêter son ministère ou son concours.

Ce monopole concernant les procédures civiles d'exécution n'est partagé qu'avec les inspecteurs des finances publiques chargés des fonctions d'huissiers[5], anciennement dénommés agents judiciaires du trésor.

L'huissier de justice peut également se trouver en concurrence avec d'autres professions pour procéder au recouvrement amiable des créances.

Enfin, les huissiers de justice peuvent accomplir des mesures conservatoires après l'ouverture d'une succession. Ils peuvent également, commis par justice ou à la requête des particuliers, effectuer des constatations matérielles. Sauf en matière pénale où elles ont valeur de simples renseignements, ces constatations font foi jusqu'à preuve du contraire[6].

SECTION 2
ENCADREMENT DU CHOIX DES PROCÉDURES CIVILES D'EXÉCUTION PAR L'HUISSIER DE JUSTICE

251.21 Limites des pouvoirs de l'huissier de justice. L'huissier de justice n'a toutefois pas le pouvoir, en dépit de son monopole, de se substituer au créancier pour décider de poursuivre ou non le débiteur, ou de lui accorder des délais[7], puisque l'article L. 111-7 C. pr. exéc. précise que le créancier a le choix des mesures propres à assurer l'exécution ou la conservation de sa créance.

De plus, l'exécution de ces mesures ne peut excéder ce qui se révèle nécessaire pour obtenir le paiement de l'obligation constatée par un titre exécutoire tel que défini à l'article L. 111-3 C. pr. exéc.

1. Civ. 1re, 29 nov. 2005, n° 03-17.623, *Bull. civ.* I, n° 450; *D.* 2006. 1658, note Mauger-Vielpeau; *Dr. et proc.* 2006. 210, obs. Putman.
2. Nancy, 11 mars 2008, *Dr. et proc.* 2008. 273, obs. Salati.
3. Soc. 2 mars 2004, n°s 01-44.644 et 01-44.645, *Bull. civ.* V, n° 69.
4. Civ. 1re, 7 mai 2008, n° 06-21.246, NP; *D.* 2008, Pan. 2826, obs. Delebecque, Bretzner et Vasseur.
5. Nouvelle dénomination issue de Décr. n° 2011-1501, 10 nov. 2011, relatif à l'exercice des poursuites par les agents de la direction générale des finances publiques pour le recouvrement des créances publiques, *JO* 13 nov., p. 19057.
6. Décr. n° 96-1112, 18 déc. 1996, et Ord. 2 nov. 2005, art. 1er, al. 2 – L. n° 2010-1609, 22 déc. 2010, relative à l'exécution des décisions de justice, aux conditions d'exercice de certaines professions réglementées et aux experts judiciaires, *JO* 23 déc., p. 22552 – L. Lauvergnat, « Renforcement de la force probante des constats d'huissier de justice », *Dr. et proc.* 2011. 59; « Nouvelles attributions des huissiers de justice en matière de successions », *Dr. et proc.* 2011. 61.
7. TGI Angoulême, 3 janv. 1994, *D.* 1994. Somm. 343, obs. Julien.

« *sans préjudice des dispositions du droit de l'Union européenne applicables* » (aj. L. n° 2015-177, 16 févr. 2015).

Le juge de l'exécution (JEX) a le pouvoir d'ordonner la mainlevée de toute mesure inutile ou abusive et de condamner le créancier à des dommages et intérêts en cas d'abus de saisie.

Sous réserve de l'appréciation souveraine des juridictions et dans la mesure où le produit de la saisie est affecté en priorité au paiement des frais nécessaires, une saisie portant sur des biens dont, manifestement, la valeur n'excède pas le montant prévisible de tels frais, doit être considérée comme inutile puisqu'elle ne permettra pas de recouvrer la créance. Sous cette même réserve, il appartient aux huissiers de justice d'apprécier si la consistance des biens qu'ils saisissent est suffisante pour assurer le paiement total ou partiel de la créance, et, dans le cas contraire, de constater que la mesure d'exécution est infructueuse[1].

Il ne suffit toutefois pas d'énoncer que le comportement du saisissant suite à la délivrance d'une saisie-attribution a été source de préjudice pour le tiers saisi, une cour d'appel ayant privé de base légale sa décision en se déterminant par cette seule affirmation sans caractériser l'abus commis dans l'exercice de la saisie[2].

Prive également sa décision de base légale l'arrêt d'une cour d'appel qui rejette la demande de paiement de dommages-intérêts pour saisie abusive, sans rechercher, comme il lui était demandé, si la saisie-vente d'un appartement était proportionnée au montant de la dette et alors qu'elle relevait que des mesures de saisie sur salaire étaient pratiquées par ailleurs[3].

A été jugée excessive une saisie immobilière pratiquée compte tenu de la modicité de la somme en recouvrement, de la possibilité de recourir à une saisie des sommes d'argent et du fait que l'adjudication, si elle était ordonnée, ne permettrait pas au syndicat poursuivant de récupérer sa créance, et jugeant qu'une telle saisie est à la fois inutile et abusive de sorte qu'il n'y a pas lieu d'ordonner la vente forcée de l'immeuble et qu'il convient d'appliquer l'article 22 de la loi du 9 juillet 1991[4] (devenu C. pr. exéc., art. L. 111-7 et L. 121-2).

Seul cependant le créancier peut être condamné par le JEX, sur le fondement de l'article 22 de la loi du 9 juillet 1991 (devenu C. pr. exéc., art. L. 111-7 et L. 121-2), le JEX demeurant incompétent pour connaître sur ce fondement des demandes tant de nullités des procès-verbaux de constat que de dommages et intérêts à l'encontre de l'huissier constatant[5].

L'article R. 141-1 C. pr. exéc., pose quant à lui le principe que la remise d'un titre à l'huissier de justice en vue de son exécution emporte élection de domicile en son étude pour toutes notifications relatives à cette exécution et complète ainsi les dispositions de l'article R. 141-1 C. pr. exéc. qui précise que la remise du jugement ou de l'acte à l'huissier de justice vaut pouvoir pour toute exécution pour laquelle il n'est pas exigé de pouvoir spécial.

L'article L. 121-3 C. pr. exéc. précise que le débiteur peut également et *a contrario*, être condamné à des dommages et intérêts par le JEX en cas de résistance abusive.

Une partie, débitrice d'une obligation, ne peut résister abusivement à l'exécution de celle-ci que si le jugement qui l'authentifie lui a été préalablement notifié[6].

Le JEX, statuant en matière d'astreinte, tient de l'article L. 121-3 C. pr. exéc. le pouvoir d'allouer des dommages et intérêts en cas de résistance abusive à l'exécution d'un titre exécutoire[7].

A ainsi été condamné à des dommages et intérêts un propriétaire qui ne pouvait ignorer la portée d'une ordonnance de référé dont il n'avait choisi d'exécuter que la partie susceptible d'entraîner des conséquences financières néfastes pour lui en adoptant une attitude dilatoire pour le reste et que ce refus créait en lui-même un préjudice pour l'acquéreur, caractérisant ainsi la faute et permettant de constater le préjudice en résultant[8].

1. Rép. min. n° 26545, *JOAN* Q, 15 déc. 2003, p. 9662.
2. Civ. 2e, 22 mars 2001, n° 99-14.941, NP; *Dr. et proc.* 2001-4. 255, obs. Putman.
3. Civ. 2e, 10 mai 2007, n° 05-13.628, NP; *D.* 2008. Pan. 1170, obs. Leborgne; *Procédures* 2007. Comm. 246, obs. Perrot.
4. Aix-en-Provence, 15 juin 2009, *Dr. et proc.* 2009. 289, note Scordopoulos.
5. TGI Paris, 13 avr. 1995, *BICC* 1er déc. 1995, n° 1255.
6. Civ. 2e, 28 oct. 1999, n° 97-12.734, *Bull. civ.* II, n° 161; *D.* 1999. 266; *Rev. huiss.* 2000. 370, note Bourdillat.
7. Civ. 2e, 11 févr. 2010, nos 08-21.787 et 08-21.788, *Bull. civ.* II, n° 30; *D.* 2010. 659, obs. Avena-Robardet; *D.* 2010. 1307, obs. Leborgne; *Dr. et proc.* 2010. 151, note Leborgne; *Procédures* 2010, n° 107, note Perrot.
8. Civ. 3e, 29 avr. 2009, n° 08-12.952, *Bull. civ.* III, n° 96; *D.* 2009. AJ 1424.

CHAPITRE

252. Devoirs de l'huissier de justice

JEAN-YVES PINOY
VICE-PRÉSIDENT
DU TRIBUNAL D'INSTANCE DE SAINT-OUEN

SECTION 0 ORIENTEUR

252.00 **Plan du chapitre.**

252.01 **Textes applicables.**

C. pr. exéc., art. L. 122-1, L. 122-2, L. 152-3 et R. 122-1.

C. pén., art. 226-13 et 226-21.

LPF, art. L. 81, L. 86, L. 262 et L. 263.

CGI, art. 100.

C. pr. civ., art. 680.

C. pr. pén., art. 56-1.

252.03 **Bibliographie indicative.**

Ouvrage. T. Guinot, *L'huissier de justice, normes et valeurs*, EJT, 2004.

Articles. P. Brunel, « La juridiction de l'exécution et la responsabilité de l'huissier : compétence et conditions de mise en œuvre », *D.* 1997. Chron. 370 – J. Fusil, « L'irrégularité des actes de procédure et la responsabilité des huissiers de justice », *Rev. huiss.* 1988. I. 925 – T. Guinot, « La loi du 22 décembre 2010 (aspects disciplinaires et déontologiques) », *Dr. et proc.* 2011. 66 – D. Lochouarn, « La responsabilité professionnelle des huissiers de justice », *Rev. huiss.* 1997. 745 – T. Moussa, *Gaz. Pal.* 11 févr. 1998, p. 9. – S. Piedelièvre, « Compétence et décret n° 2007-813 du 11 mai 2007 » *RD banc. fin.* 2007, n° 159.

252.05 **Division.** En sa qualité d'auxiliaire de justice, l'huissier a plusieurs obligations, celle de prêter son ministère ou son concours (sect. 1), celle de garder le secret professionnel portant sur certaines informations qu'il détient (sect. 2) et celle d'informer son client le débiteur ou des tiers (sect. 3).

SECTION 1 L'HUISSIER DE JUSTICE EST TENU DE PRÊTER SON MINISTÈRE OU SON CONCOURS

252.11 **Ministère ou concours.** L'article L. 122-1 C. pr. exéc. pose comme principe l'obligation pour un huissier de justice de prêter son ministère ou son concours.

Pour refuser son ministère, il devra respecter les dispositions des articles L. 122-1, alinéa 2, et R. 122-1 C. pr. exéc. : sous réserve d'en référer au juge de l'exécution s'il l'estime nécessaire, lorsque la mesure requise lui paraît revêtir un caractère illicite ou si le montant des frais lui paraît manifestement susceptible de dépasser le montant de la créance réclamée, à l'exception des condamnations symboliques que le débiteur refuserait d'exécuter.

Il s'agit là du principe du ministère forcé de l'huissier de justice [1].

En vertu du fait que l'huissier de justice a seul qualité pour procéder à l'exécution des décisions de justice, le mandat lui étant donné par un avocat ne l'exonère pas de sa responsabilité pour l'accomplissement seul de sa mission [2].

De même, en application des articles L. 122-1 et L. 122-2 C. pr. exéc., et sous réserve de la saisine préalable du juge de l'exécution ou du ministère public aux fins de lui donner les autorisations ou de prescrire les mesures nécessaires, il n'est nullement obligatoire pour l'huissier instrumentaire d'être accompagné d'un membre du Conseil de l'ordre pour pouvoir opérer une saisie chez un avocat, si une telle mesure ne lui a pas été prescrite. Le régime juridique lié à l'exécution et au recouvrement des

1. Civ. 15 nov. 1904, *S.* 1906. 1. 512.
2. Civ. 2e, 21 nov. 2002, n° 00-20.953, *Bull. civ.* II, n° 269; *D.* 2002. 3243; *JCP* 2003. IV. 1066; *Procédures* 2003, n° 19, note Croze.

créances à l'encontre d'un avocat se distingue en effet de celui des perquisitions de nature pénale ordonnées chez un avocat qui obéissent aux règles spéciales prescrites par l'article 56-1 C. pr. pén. et au cours desquelles la présence du Bâtonnier ou de son délégué est requise.

L'article L. 122-1 C. pr. exéc., qui dispose que seuls peuvent procéder à l'exécution forcée et aux saisies conservatoires les huissiers de justice chargés de l'exécution, ne peut servir de fondement à la nullité d'une saisie conservatoire effectuée par un clerc d'huissier de justice, dès lors que ce texte, dans sa section traitant des personnes chargées de l'exécution, ne règle pas la répartition possible des pouvoirs respectifs des huissiers et de leurs clercs[1].

A contrario, il a été jugé qu'un commandement de quitter les lieux constituant un procès-verbal d'exécution, sa signification par un clerc assermenté constituait une irrégularité de fond entachant l'acte de nullité sans nécessité d'alléguer un grief[2].

SECTION 2
L'HUISSIER DE JUSTICE EST TENU AU SECRET PROFESSIONNEL

252.21 Secret professionnel. Qu'il s'agisse du créancier ou du débiteur, des parties ou des tiers, pendant l'instance ou en dehors, l'huissier de justice doit conserver le secret professionnel.

L'article 226-13 du Code pénal prévoit que « *la révélation d'une information à caractère secret par une personne qui en est dépositaire soit par état ou par profession, soit en raison d'une fonction ou d'une mission temporaire, est punie d'un an d'emprisonnement et de 15 000 euros d'amende* ».

L'article 2 du règlement intérieur des chambres départementales (RICD) dispose que l'huissier de justice est tenu au secret professionnel. Ce secret couvre tout ce qui a été porté à la connaissance de l'huissier de justice dans l'exercice de sa profession. L'huissier de justice doit veiller à ce que tous ses collaborateurs soient instruits de cette obligation qui est la leur et la respectent.

Cette définition recouvre les pièces écrites, actes, correspondances, notes de dossier; les informations verbales données à l'huissier de justice, lors d'une entrevue ou téléphoniquement; les situations face auxquelles l'huissier de justice est confronté dans l'exercice de ses fonctions.

Le secret professionnel de l'huissier de justice est d'ordre public. Il comprend la confidentialité des informations dont il a connaissance dans l'exercice de ses fonctions et dans le cadre des dossiers et affaires qui lui sont confiés.

L'article L. 152-3 C. pr. exéc. précise que les renseignements obtenus par l'huissier de justice ne peuvent être utilisés que dans la seule mesure nécessaire à l'exécution du ou des titres pour lesquels ils ont été demandés. Ils ne peuvent en aucun cas être communiqués à des tiers, ni faire l'objet d'un fichier d'informations nominatives, toute violation de ces dispositions étant passible de l'article 226-21 du Code pénal.

Ceci implique que des informations ne pourront pas être utilisées deux fois pour un même débiteur, et qu'en cas de nouvelles poursuites qui seraient fondées sur un autre titre, il conviendra de requérir à nouveau ces informations, dans l'esprit de la loi n° 78-17 du 6 janvier 1978 relative à l'informatique, aux fichiers et aux libertés[3].

Lorsqu'il est détenteur d'informations qui lui ont été communiquées par le ministère public, l'huissier de justice ne peut les utiliser que dans la seule mesure nécessaire à l'exécution du ou des titres pour lesquels elles ont été demandées, celles-ci ne pouvant pas être communiquées à des tiers, ni faire l'objet d'un fichier d'informations nominatives, en application de l'article L. 152-3 alinéa 1er C. pr. exéc.

Un célèbre arrêt *Watelet* a rappelé « *qu'en imposant à certaines personnes, sous sanction pénale, l'obligation du secret comme un devoir de leur état, le législateur a entendu assurer la confiance qui s'impose dans l'exercice de certaines professions* »[4].

Le délit de violation du secret professionnel est institué quant à lui « *dans l'intérêt général pour assurer la confiance qui s'impose dans l'exercice de certaines professions, mais également dans l'intérêt des particuliers, pour garantir la sécurité de confidences que ceux-ci sont dans la nécessité de faire à certaines personnes du fait de leur état ou de leur profession* »[5].

Toute violation de ce secret demeure passible des peines encourues pour le délit prévu à l'article 226-21 du Code pénal (cinq ans d'emprisonnement et 300 000 euros d'amende), sans préjudice d'éventuelles poursuites disciplinaires et de condamnation à des dommages et intérêts en application de l'article L. 152-3 alinéa 2 C. pr. exéc.

252.22 Limites au secret professionnel face à l'administration fiscale. Le secret professionnel

1. Paris, 21 oct. 1999, RG n° 1999/05022, *BICC* 15 oct. 2000, n° 1178.
2. TGI Perpignan, JEX, 24 févr. 2003, *Dr. et proc.* 2003. 303, note crit. Bourdillat.
3. T. Guinot, *L'huissier de justice, normes et valeurs*, EJT, 2004.
4. Crim. 15 déc. 1885, *DP* 1886. 1. 347; *S.* 1886. 1. 86, rapp. Tanon.
5. Paris, 5 juill. 1996, *D.* 1998. Somm. 86, obs. Massis.

connaît certaines limites, en vertu des articles L. 81 et L. 86 du Livre des procédures fiscales tout d'abord, l'Administration dispose d'un **droit de communication** et peut demander à des tiers l'identité d'un client, le montant, la date et la forme du versement ainsi que toutes pièces annexes, le vocable de « *tiers* » incluant les huissiers de justice. L'article L. 86 A, ajouté par un décret n° 2000-478 du 2 juin 2000, précise toutefois que la nature des prestations fournies ne peut faire l'objet de demandes de renseignements de la part de l'administration des impôts lorsque le contribuable est lui-même membre d'une profession non commerciale soumise au secret professionnel en application des articles 226-13 et 226-14 du Code pénal.

L'administration fiscale peut encore interroger l'huissier de justice à propos de fonds qu'il est susceptible de détenir pour le compte d'un créancier, ceci en application des articles L. 262 et L. 263 du Livre des procédures fiscales. Dans tous les cas l'huissier de justice devra indiquer le montant des sommes qu'il détient ainsi que les conditions de leur exigibilité.

Enfin, en vertu de l'article 100 du Code général des impôts, les huissiers de justice doivent, à toute réquisition de l'Administration, présenter leurs livres registres, pièces de recettes, de dépense ou de comptabilité à l'appui des énonciations de leur déclaration et ne peuvent opposer le secret professionnel aux demandes d'éclaircissements, de justification ou de communication de documents concernant les indications de leur livre journal ou de leur comptabilité.

SECTION 3
L'HUISSIER DE JUSTICE EST TENU D'UN DEVOIR D'INFORMATION ENVERS SON CLIENT, LE DÉBITEUR OU DES TIERS

252.31 Devoir d'information. L'huissier de justice est tenu à l'égard du débiteur de l'obligation, de lui faire connaître ses obligations et de l'informer de ses droits, en application tant de la loi du 9 juillet 1991 que du décret du 31 juillet 1992, désormais codifiés au Code des procédures civiles d'exécution, entré en vigueur le 1er juin 2012.

L'huissier est tenu d'un devoir d'information général à l'égard des tiers, de son client et du débiteur. Ce devoir trouve son illustration dans la règle selon laquelle la signification d'un acte ou procès-verbal par un huissier de justice doit garantir la bonne information du destinataire de l'acte[1].

L'huissier de justice doit notamment informer tout tiers saisi de ses **devoirs** et des **risques** qu'il encourt s'il se soustrait à une saisie-attribution, de même en ce qui concerne le tiers entre les mains duquel une saisie-vente doit être opérée.

Une illustration du devoir d'information de l'huissier de justice est celle des **voies de recours**, de leurs délais et des modalités selon lesquelles un recours peut être exercé, lors de la signification des décisions de justice qu'il devra impérativement porter à l'attention du destinataire de l'acte, de manière très apparente dans l'acte de signification, en application de l'article 680 C. pr. civ.

Constitue notamment une modalité du recours au sens de l'article 680 C. pr. civ. le lieu où celui doit être exercé[2].

Toutefois, il a aussi été jugé qu'un acte de notification qui ne comporte pas les mentions relatives aux modalités des voies de recours et dont la nullité n'est pas acquise, à défaut de preuve de l'existence d'un grief, peut constituer une mesure préalable nécessaire à l'exécution forcée[3].

1. Soc. 4 oct. 1989, n° 88-40.307, *Bull. civ.* V, n° 566; *RTD civ.* 1990. 140, obs. Perrot.
2. Civ. 2e, 10 sept. 2009, n° 07-13.015, *Bull. civ.* II, n° 210; *R.* 2009. 425; *D.* 2009. AJ 2169; *Dalloz actualité*, 17 sept. 2009, obs. Dargent; *D.* 2010. Pan. 171, obs. Fricero.
3. Civ. 2e, 14 févr. 2008, n° 06-20.988, *Bull. civ.* II, n° 33; *RTD civ.* 2008, obs. Théry.

CHAPITRE

253. Compétence territoriale de l'huissier de justice

JEAN-YVES PINOY
VICE-PRÉSIDENT
DU TRIBUNAL D'INSTANCE DE SAINT-OUEN

SECTION 0
ORIENTEUR

253.00 Plan du chapitre.

253.01 Textes applicables.

• **Décr. n° 2014-983, 28 août 2014,** relatif à la compétence territoriale des huissiers de justice, *JO* 30 août, p. 14544.

• **Décr. n° 2007-813, 11 mai 2007,** modifiant la compétence territoriale des huissiers de justice, *JO* 12 mai, p. 8712.

• **Ord. n° 45-2592, 2 nov. 1945,** relative au statut des huissiers, *JO* 3 nov., p. 7163.

• **Règl. intérieur** de la chambre départementale des huissiers de justice de Paris (RICD Paris).

253.03 Bibliographie indicative.

Articles. Latour, *Gaz. Pal.* 1996. 1. Doctr. 305 – S. Piedelièvre, « Compétence et décret n° 2007-813 du 11 mai 2007 », *RD banc. fin.* 2007, n° 159 – Service d'études de la Cour de cassation, Communication, « la signification des actes de procédure par les huissiers de justice », *BICC* n° 672, 1er déc. 2007.

253.05 Principe. Les huissiers de justice sont soumis à une compétence territoriale pour l'exercice de leur mission relevant du monopole (signification des actes de justice et exécution des décisions rendues par les juridictions).

Cette compétence territoriale, en application du décret n° 2007-813 du 11 mai 2007[1], est actuellement celle du tribunal de grande instance (TGI), et cela depuis le 1er janvier 2009.

1. Décr. n° 2007-813, 11 mai 2007, modifiant la compétence territoriale des huissiers de justice, *JO* 12 mai, p. 8712.

SECTION 1
COMPÉTENCE DU TRIBUNAL DE GRANDE INSTANCE

253.11 Tribunal de grande instance. Depuis l'entrée en application le 1er janvier 2009, du décret n° 2007-813 du 11 mai 2007, ayant modifié la compétence territoriale des huissiers de justice, ces derniers peuvent désormais accomplir concurremment les actes relevant de leur ministère, dans le ressort du TGI du lieu de leur résidence. Il s'agit ainsi d'une règle générale[2].

Cette compétence territoriale vaut pour tous les actes que l'huissier doit signifier ou régulariser, sans dissociation des actes de nature civile ou des actes de nature pénale, contrairement à la règle qui prévalait avant l'entrée en vigueur du décret de 2007.

Au cas où il n'existe qu'un huissier de justice dans le ressort du TGI, le premier président de la cour d'appel peut, si l'intérêt des parties l'exige, autoriser un huissier de justice établi dans le ressort d'un tribunal voisin, dépendant territorialement de la même cour d'appel, à faire les actes prévus au premier et deuxième alinéa de l'article 1er de l'ordonnance du 2 novembre 1945. À défaut d'huissier de justice dans le ressort d'un TGI, lesdits actes sont faits par les huissiers de justice établis dans les ressorts des TGI limitrophes dépendant territorialement de la même cour d'appel[3].

2. V. N. Fricero, *D.* 2007. 2427 – L. Cadiet, *JCP* 2007. I. 200, spéc. n° 5 – S. Piedelièvre, « Compétence et décret n° 2007-813 du 11 mai 2007 », *RD banc. fin.* 2007, n° 159.
3. Décr. n° 56-222, 29 févr. 1956, nouv. art. 6 [réd. issue de Décr. n° 2007-813, 11 mai 2007].

253.12 Liberté de résidence des huissiers, compétence territoriale élargie lorsqu'il existe plusieurs tribunaux de grande instance dans le ressort. Le décret n° 2014-983 du 28 août 2014 aménage la compétence territoriale des huissiers de justice. Par principe, cette compétence demeure toujours fixée au ressort du TGI de résidence de l'huissier de justice. Cependant, lorsque plusieurs TGI sont implantés dans le département, sa compétence s'étend à l'ensemble des ressorts de ces tribunaux.

Par ailleurs, les huissiers de justice inspecteurs ne devront plus avoir leur résidence dans le ressort d'un TGI dont le siège est situé dans le département où se trouve l'étude inspectée. Ils disposent ainsi d'une liberté de résidence.

Cette réforme a entraîné la modification du décret n° 56-222 du 29 février 1956 pris pour l'application de l'ordonnance du 2 novembre 1945 relative au statut des huissiers de justice.

La date d'entrée en vigueur du décret a été fixée au 1er janvier 2015. Toutefois, dans le ressort des tribunaux de grande instance d'Angers, de Brive-la-Gaillarde, de Saumur, de Saint-Gaudens, de Toulouse et de Tulle, son entrée en vigueur a été fixée au 1er septembre 2014.

253.13 Projet Macron au 19 février 2015. À cette date, v. ss n° 250.08, le projet *Macron* qui prévoit l'extension de la compétence territoriale au niveau de la cour d'appel.

SECTION 2
CONTESTATIONS

253.21 Limites de la compétence territoriale de l'huissier de justice. La compétence territoriale des huissiers de justice a fait l'objet de nombreuses contestations, qui ont été tranchées d'abord par le juge de l'exécution puis par la cour d'appel de Paris[1].

L'article 4 du règlement intérieur de la chambre départementale des huissiers de justice (RICD) de Paris interdit notamment formellement toutes mentions relatives à une compétence territoriale de l'huissier de justice[2].

La compétence territoriale d'un clerc significateur est la même que celle du titulaire de l'office auquel il est attaché[3]; il peut suppléer tous autres huissiers sous la responsabilité de ces derniers[4]. La question s'est ainsi posée de la suppléance du clerc sur une autre compétence territoriale, puisque le texte a pour mention sibylline « *tous autres huissiers* », sans qu'il ne soit précisé s'il s'agit d'autres huissiers du même ressort. Toutefois, la prestation de serment du clerc se faisant devant le TGI dans le ressort duquel se trouve l'office où il exerce, il apparaît que cette limitation territoriale demeure implicite.

Concernant les constats d'huissiers établis sur commission de justice deux types de difficultés ont pu se présenter :

– un huissier de justice peut être audiencier près d'une juridiction possédant un ressort différent de sa compétence territoriale, lorsqu'il s'agit du TGI ou de la cour d'appel. Dans ce cas, la commission du juge emporte extension de la compétence territoriale et les huissiers audienciers de la cour d'appel peuvent être amenés à effectuer des constats sur commission de la cour, qui possède elle-même un ressort plus étendu que celui du TGI, sans pour autant encourir la nullité du procès-verbal;

– des constatations délocalisées peuvent encore être demandées à un huissier de justice. Il s'agit du cas où une juridiction commet un huissier de justice pour effectuer des constatations non seulement hors sa compétence territoriale, mais aussi en dehors du ressort de celle-ci. L'huissier de justice commis est alors considéré comme « constatant » plus que comme huissier de justice, le constat étant alors hors monopole, il échapperait à la règle de sa compétence territoriale.

Il peut cependant être fait observé que c'est pourtant bien es qualité d'huissier de justice que ce dernier a été commis par un juge et que des lors, sa désignation hors sa compétence territoriale habituelle comporte un risque de nullité.

1. Sur les contestations, v. Latour, *Gaz. Pal.* 1996. 1. Doctr. 305 – Paris, 6e ch. A, 16 avr. 1996, *Gaz. Pal.* 1996. 2. 355, concl. Gizardin.
2. RICD Paris, art. 4, al. 1er à 3.
3. RICD, art. 6, al. 3.
4. RICD, art. 6, al. 4.

CHAPITRE

254. Responsabilité civile de l'huissier de justice

JEAN-YVES PINOY
VICE-PRÉSIDENT
DU TRIBUNAL D'INSTANCE DE SAINT-OUEN

SECTION 0
ORIENTEUR

254.00 Plan du chapitre.

254.01 Textes applicables.

C. pr. exéc., art. L. 111-7, L. 121-2, L. 122-1, L. 122-2, R. 122-1 et R. 151-3.

C. civ., art. 224 s., 1991 et 1992.

COJ, art. L. 213-6.

C. pr. civ., art. 47, 461, 650 et 659.

254.03 Bibliographie indicative.

Ouvrages. M. Foucault, *Surveiller et punir*, Gallimard, 1975 – J.-F. Pillebout, *Recherches sur l'exception d'inexécution*, 1971, LGDJ.

Articles. P. Brunel, « La juridiction de l'exécution et la responsabilité de l'huissier : compétence et conditions de mise en œuvre », *D.* 1997. Chron. 370 – J. Fusil, « L'irrégularité des actes de procédure et la responsabilité des huissiers de justice », *Rev. huiss.* 1988. I. 925 – T. Guinot, « La loi du 22 décembre 2010 (aspects disciplinaires et déontologiques) », *Dr. et proc.* 2011. 66 – Ph. Le Tourneau, « Quelques aspects de responsabilité professionnelle », *Gaz. Pal.* 1986. Chron. 616 – D. Lochouarn, « La responsabilité professionnelle des huissiers de justice », *Rev. huiss.* 1997. 745 – A. Mathieu-Fritz, « L'huissier de justice, un juriste de proximité. Modalités et enjeux de l'inscription spatiale de l'activité professionnelle », *Espaces et sociétés* 2004, n° 118, p. 183-203 – T. Moussa, *Gaz. Pal.* 11 févr. 1998, p. 9.

254.05 Responsabilité civile de droit commun. Le Code des procédures civiles d'exécution inscrit le principe de la responsabilité de l'huissier de justice dans son article L. 122-2 : « *L'huissier de justice chargé de l'exécution a la responsabilité de la conduite des opérations d'exécution* ».

Il s'agit d'une responsabilité civile de droit commun, supposant la préexistence d'une faute, d'un dommage et d'un lien de causalité.

SECTION 1
FONDEMENTS

254.11 Fondement textuel. Les articles 1991 et 1992 du Code civil encadrent la responsabilité civile de l'huissier de justice intervenant dans le cadre d'un **mandat**.

254.12 Obligations de l'huissier de justice dans le cadre de son mandat. En sa qualité de mandataire, l'huissier de justice va répondre d'une **responsabilité contractuelle** et les dommages qu'il peut créer dans l'exécution du contrat peuvent être réparés sur le fondement des articles 1991 et 1992 du Code civil[1].

L'huissier de justice souscrit ainsi une obligation non pas de résultat, mais de moyen et doit dès lors mettre tout en œuvre pour aboutir à la réalisation de l'objet de son mandat.

L'huissier de justice dispose d'une faculté d'appréciation à propos des modalités d'exécution du mandat; sa responsabilité apparaît directement proportionnelle à cette faculté et c'est l'erreur dans le choix des moyens opérés, la faute dans l'exécution

1. TGI Seine, 17 juin 1965, *Gaz. Pal.* 1965. 2. 410.

du mandat[1], qui ouvriront le droit à réparation du mandant au titre du préjudice subi par ce dernier.

L'action engagée par une société à l'encontre de l'huissier de justice est fondée sur l'inexécution fautive du mandat qu'elle lui a donné[2].

Le mandant devra lui rapporter la preuve de la réalité de son préjudice[3].

L'huissier de justice va donc répondre des fautes qu'il commet et pécuniairement des conséquences dommageables de ses actes.

Si l'acte établi met en cause la responsabilité de l'huissier dans le cadre du mandat, il en va de même de l'abstention ou de l'omission d'un acte susceptible de causer un préjudice à son mandant[4]. À l'inverse, l'huissier de justice doit aussi veiller à ne pas mettre en œuvre une procédure qui, superfétatoire, inutile, ou dont le résultat serait déficitaire : les frais d'exécution forcée sont à la charge du débiteur, sauf s'il est manifeste qu'ils n'étaient pas nécessaires au moment où ils ont été exposés (C. pr. exéc., art. L. 111-8).

Ainsi, engagent la responsabilité civile de l'huissier de justice, le défaut de contrôle du placement d'une assignation dont il avait la charge[5]. Il appartient à l'huissier de justice chargé d'enrôler l'assignation, de s'assurer, dans la mesure où il ne déposait pas lui-même le second original, que cet acte envoyé par la Poste était bien parvenu au greffe[6].

La continuation de l'exercice de poursuites malgré des instructions contraires du créancier mandant[7].

L'huissier de justice doit répondre du manquement dans l'exercice de son mandat en cas de retard anormal dans les opérations de signification[8] ou d'exécution[9].

Ou encore, en raison d'un manque de vigilance dans la délivrance d'un acte pris à tort et faisant double emploi avec un acte précédent[10], de même que la négligence dans la réalisation d'opérations de saisies[11].

254.13 Obligations de l'huissier de justice dans le cadre de ses devoirs de conseil et d'information. La responsabilité de l'huissier de justice évolue vers une **obligation de conseil** qui découle de l'exercice même de sa profession. Une telle responsabilité repose sur un devoir de loyauté, tant dans l'exécution de son mandat que dans l'information de son mandataire.

Le devoir de conseil de l'huissier de justice au niveau juridique est général et demeure fondé sur son activité liée au partage du monopole de l'exercice du droit (L. n° 90-1259, 31 déc. 1990[12], art. 56) et son devoir d'appliquer les textes législatifs et réglementaires.

La Cour de cassation a relevé que les éventuels manquements d'un (notaire) à ses obligations professionnelles s'apprécient au regard du droit positif existant à l'époque de son intervention. Justifie légalement sa décision, la cour d'appel qui écarte sa responsabilité en énonçant qu'on ne pouvait reprocher à celui-ci de n'avoir pas prévu un revirement de jurisprudence[13].

Ont été jugés responsables *in solidum* un bailleur professionnel de l'immobilier et son mandataire, rédacteur de l'acte, pour n'avoir pas attiré l'attention du preneur sur l'irrégularité de la clause du bail régissant la forme du congé[14].

Les rédacteurs d'actes sont tenus d'une obligation de conseil envers toutes les parties en présence et doivent s'assurer de la validité et de l'efficacité des actes qu'ils confectionnent[15].

Il a été jugé qu'en concluant dans une consultation écrite, qu'une mise en location gérance d'un fonds de commerce, déliait le loueur de ses obligations d'employeur, mais en omettant de mentionner les incertitudes jurisprudentielles en la matière, l'huissier de justice a manqué à son devoir de conseil, engageant ainsi sa responsabilité professionnelle et doit dès lors supporter le coût des indemnités de rupture des contrats de travail[16].

Tout mandataire, salarié ou non, répond au regard de son mandant, et commet une faute s'il omet d'informer en temps utile le mandant d'une procédure collective, dont il connaissait l'ouverture à l'égard de la débitrice, et empêche ainsi le créancier, déchargé, quelles que soient ses compétences

1. Civ. 1re, 7 févr. 1995, n° 93-10.523, NP; *Rev. huiss.* 1995. 487.
2. Civ. 2e, 21 févr. 2008, n° 07-10.417, *Bull. civ.* II, n° 43; *D.* 2008, 2381, obs. Sommer et Nicoletis; *Procédures* 2008, n° 267, obs. crit. Perrot; *RTD civ.* 2008, 546, obs. crit. Théry.
3. TGI Paris, 16 janv. 1992, *Rev. huiss.* 1994. 567.
4. Soc. 30 nov. 1945, *D.* 1946. 155.
5. Civ. 1re, 3 déc. 1996, n° 94-17.671, *Bull. civ.* I, n° 435; *Rev. huiss.* 1998. 612, note Martin.
6. Civ. 1re, 3 déc. 1996, n° 94-17.671, P (préc. s^s prés^t n°).
7. TGI Paris, 25 janv. 1996, RG n° 4257/95.
8. Paris, 8 déc. 1995, Patrice Vivien c/SARL Parly Distribution, *Juris-Data* n° 765081.
9. Paris, 1re ch. B, 4 juill. 1997, RG n° 96-15029; *Gaz. Pal.* 23 janv. 1998.
10. TGI Paris, 19 mars 1997, RG n° 1544/96.
11. TGI Paris, 14 mai 1997, RG n° 21755/95.
12. L. n° 90-1259, 31 déc. 1990, portant réforme de certaines professions judiciaires et juridiques, *JO* 5 janv. 1991, p. 219.
13. Civ. 1re, 25 nov. 1997, n° 95-22.240, *Bull. civ.* I, n° 328; *Defrénois* 1998. 354, note Aubert; *Rev. huiss.* 1998. 569.
14. Civ. 3e, 13 janv. 1999, n° 96-22.241, *Bull. civ.* III, n° 9; *D.* 2000. Somm. 11, obs. Bénabent.
15. Civ. 1re, 14 janv. 1997, n° 94-16.769, *Bull. civ.* I, n° 18.
16. Paris, 27 mars 1995, RG n° 94-9548.

personnelles, de son obligation de surveiller la situation de son débiteur, de produire sa créance [1].

C'est au professionnel qu'il appartient de rapporter la preuve de l'exécution de son obligation de conseil, à défaut il y a présomption de faute; les huissiers de justice, légalement ou contractuellement tenus de conseiller leurs clients sur l'utilité et l'efficacité des actes qu'ils sont requis d'accomplir, doivent rapporter la preuve de l'exécution de cette obligation [2].

Un huissier de justice ne peut s'abriter derrière la prétendue responsabilité de son client fondée sur le fait d'autrui [3].

La combinaison des articles L. 122-2, R. 151-3, L. 111-7 et L. 121-2 C. pr. exéc. établit de nouvelles relations entre créancier et huissier de justice, l'un ayant le choix des mesures l'autre celui de la conduite des opérations. Toutefois, la responsabilité de l'huissier de justice ne s'en trouve pas amoindrie, son obligation de conseil pouvant s'entendre sur les mauvais choix de son mandant et sur lesquels il serait alors tenu de le mettre en garde.

254.14 Obligations de l'huissier de justice dans le cadre de la rédaction, de la signification ou de l'exécution des actes de procédure. L'huissier de justice met en jeu sa responsabilité professionnelle à l'occasion des actes qu'il rédige ou qu'il délivre.

Dans ce domaine, sa responsabilité n'est pas celle d'un mandataire ordinaire, dès lors que les articles L. 122-1 et R. 122-1 C. pr. exéc. lui imposent son intervention dans des termes stricts et impératifs.

Cette intervention spécifique de l'huissier de justice est en outre définie aux termes mêmes de son statut par l'article 1er de l'ordonnance n° 45-2592 du 2 novembre 1945 relative au statut des huissiers de justice, lequel précise que les huissiers de justice sont des officiers ministériels qui ont seuls qualité pour signifier les actes et les exploits, faire les notifications prescrites par les lois et règlements lorsque le mode de notification n'a pas été précisé et ramener à exécution les décisions de justice, ainsi que les actes ou titres en forme exécutoire.

254.15 Responsabilité de l'huissier au titre du secret professionnel. L'huissier de justice est tout d'abord tenu et de façon très large au secret professionnel. La Cour de cassation est venue préciser l'étendue du secret professionnel auquel l'huissier de justice est tenu et a notamment considéré qu'un huissier de justice restait tenu au secret professionnel même à l'égard du créancier qui l'avait requis [4]. Le non-respect d'une telle obligation engage sa responsabilité.

254.16 Responsabilité de l'huissier au titre de sa suppléance. Par ailleurs, l'article 6 de la loi du 27 décembre 1923, relative à la suppléance des huissiers blessés et à la création des clercs assermentés [5], prévoit que seuls les actes judiciaires et extrajudiciaires, à l'exception des procès-verbaux de constats et d'exécution et des ventes mobilières judiciaires ou volontaires, peuvent, à peine de nullité, être signifiés par huissiers ou par clercs assermentés.

Les procès-verbaux de constats et d'exécution et les ventes mobilières judiciaires ou volontaires restent ainsi de la compétence exclusive des huissiers.

Les clercs assermentés peuvent instrumenter dans le même ressort territorial que le titulaire de l'étude à laquelle ils sont attachés. Les clercs assermentés, quoique attachés à une étude, peuvent, avec l'assentiment de leurs patrons, suppléer tous autres huissiers sous la responsabilité de ces derniers. Les huissiers peuvent également se suppléer entre eux pour la délivrance des copies dans les limites et dans les formes applicables à la suppléance des clercs assermentés.

L'huissier de justice ne peut dès lors déléguer à un clerc assermenté que certains types d'actes et engage sa responsabilité à cet égard en cas de nullité prononcée.

La Cour de cassation est venue rappeler qu'un huissier pouvait parfaitement déléguer à un clerc assermenté le pouvoir de signifier une décision d'expulsion, dès lors que l'article 6 de la loi du 27 décembre 1923 prévoit que seuls les procès-verbaux d'exécution et les ventes mobilières judiciaires ou volontaires devront être signifiés uniquement par huissier et que la signification d'un jugement d'expulsion ne constitue pas un acte d'exécution [6].

Mais l'huissier de justice ne peut cependant pas déléguer à un clerc assermenté la signification à un tiers saisi d'un acte de conversion de saisie conservatoire de créance : l'acte de conversion d'une saisie conservatoire en saisie-attribution, emporte attribution immédiate de la créance saisie au créancier et constitue ainsi un acte d'exécution, relevant comme tel de la compétence exclusive de l'huissier de justice. L'acte de conversion de la saisie conservatoire en saisie-attribution effectuée par un clerc assermenté est nul et ainsi susceptible d'engager la responsabilité de l'huissier de justice délégant [7].

1. Civ. 1re, 8 avr. 2010, n° 09-12.824, *Bull. civ.* I, n° 85; *D.* 2010. Actu. 1019.
2. Civ. 1re, 15 déc. 1998, n° 96-15.321, *Bull. civ.* I, n° 364.
3. Civ. 1re, 28 mars 1984, n° 83-11.659, *Bull. civ.* I, n° 121; *Rev. huiss.* 1987. 712, note Lescaillon.
4. Civ. 1re, 22 mars 2012, n° 10-25.811, *Bull. civ.* I, n° 65.
5. L. 27 déc. 1923, relative à la suppléance des huissiers blessés et à la création des clercs assermentés, *JO* 29 déc., p. 12132.
6. Civ. 2e, 27 févr. 2014, n° 13-11.957, *Bull. civ.* II, n° 57.
7. Civ. 2e, 25 sept. 2014, n° 13-25.552, *Bull. civ.* II [à paraître].

254.17 Responsabilité de l'huissier au titre du devoir de conseil. La responsabilité de l'huissier de justice est accrue par son devoir de conseil et parce qu'il exerce un monopole de par son ministère obligatoire[1].

Ainsi, l'abus du droit d'agir en justice et l'article 650 C. pr. civ. peuvent être invoqués dans l'hypothèse d'une saisie excédant manifestement la valeur de la créance à recouvrer, l'huissier de justice devant mesure les modalités de la voie d'exécution choisie et le montant de la créance qui en constitue la cause. La mise en œuvre de procédures d'exécutions dont le coût apparaîtrait totalement disproportionné avec la cause pourraient ainsi être mises à la charge de l'huissier de justice tenu des frais inutiles vis-à-vis de son créancier (C. pr. exéc., art. L. 111-7 et L. 121-2).

La réparation n'est plus limitée à un dommage prévisible, mais à un dommage effectif, sur la base d'une « responsabilité autonome »[2], la faute du professionnel huissier de justice découlant de la nullité ou de l'inutilité de l'acte dressé en sa qualité d'officier ministériel[3].

254.18 Exemples de responsabilités encourues par l'huissier. La mise en œuvre de la responsabilité de l'huissier de justice suppose d'apporter la preuve d'un grief et d'un lien direct de causalité entre la nullité invoquée et la cause du grief.

Un huissier de justice en sa qualité de professionnel, a l'obligation de résultat de délivrer un acte de signification de jugement pleinement efficace. Manque à cette obligation l'huissier de justice qui délivre un acte de signification de jugement d'expulsion ultérieurement frappé de nullité, la faute de l'huissier ayant fait perdre au bailleur une chance sérieuse de mettre un jugement à exécution et de retrouver la libre disposition de son bien.

Commet une faute professionnelle, l'huissier de justice qui, lors d'une procédure de saisie immobilière, a irrégulièrement signifié le commandement aux fins de saisie et la sommation de prendre communication du cahier des charges. Il avait établi un procès-verbal de recherches infructueuses conformément à l'article 659 C. pr. civ., alors qu'il n'avait procédé à aucune recherche complémentaire. L'huissier de justice devant être déclaré responsable du dommage causé au saisi privé de son bien, la procédure d'adjudication est annulée[4].

Lorsque les saisies s'avèrent injustifiées, la demande en réparation contre l'huissier de justice est recevable. Le droit à dédommagement du demandeur doit s'apprécier en fonction du préjudice effectivement subi et non de la gravité de la faute imputable à l'huissier de justice[5].

Ainsi, l'huissier de justice qui, dans une galerie marchande, se trompe de lot et saisit une société autre que la débitrice, commet une faute, le fait que l'ancien gérant de la société débitrice « *était vendeur chez la victime de l'erreur ne dispensait pas l'huissier de justice des vérifications nécessaires* »[6].

L'huissier de justice qui n'a pas effectué les diligences nécessaires à l'identification précise du débiteur avant mise en œuvre d'une saisie-attribution, engage sa responsabilité. S'il existe une difficulté à ce titre, telle une absence d'adéquation entre le nom de la personne condamnée inscrit à la décision judiciaire et celui de la personne dont l'exécution est requise, l'huissier de justice ne peut se contenter de recevoir, sans en contrôler l'exactitude, les simples indications données à ce titre par l'avocat; en présence d'une dénomination imprécise, il lui appartenait de refuser en cet état l'exécution dont il est garant de la régularité et il lui est toujours possible, en application de l'article 461 C. pr. civ., de provoquer l'interprétation de la décision par le juge l'ayant rendue. La responsabilité de l'avocat du créancier est, en l'espèce, également engagée, l'avocat ne pouvant, compte tenu des faits, ignorer l'identité du débiteur. Il fait preuve d'un acharnement injustifié excédant l'exécution de son mandat[7].

Manque à son obligation de diligence, l'huissier de justice mandaté pour recouvrer une créance. Même s'il n'a pas été chargé de procéder à la déclaration de créance lors du redressement judiciaire du débiteur, il devait tout mettre en œuvre pour procéder à celle-ci, puisqu'il détenait les pièces nécessaires pour justifier la déclaration de créance[8].

Un huissier de justice est encore responsable en cas d'inexécution, de retard ou de mauvaise exécution de sa mission[9].

Un manque de vigilance et un défaut de diligence sont imputables à un huissier de justice qui, ayant reçu un courrier d'un avocat en vue de la signification de deux assignations contre un même organe de presse, n'a délivré que l'une d'entre elles avant l'expiration du délai de prescription[10].

En attendant plus de quatre mois avant de signifier l'ordonnance qui lui avait été transmise, l'huissier de justice a manifestement manqué à son obli-

1. J. Fusil, « L'irrégularité des actes de procédure et la responsabilité des huissiers de justice », *Rev. huiss.* 1988. I. 925.
2. D. Lochouarn, « La responsabilité professionnelle des huissiers de justice », *Rev. huiss.* 1997. 745.
3. Civ. 1re, 13 janv. 1987, no 84-15.493, *Bull. civ.* I, no 12.
4. TGI Paris, 10 avr. 1996, RG no 3965/95.
5. TGI Lyon, JEX, 9 janv. 1997, et TGI Lyon, JEX, 4 mars 1997, *Gaz. Pal.* 1988. 137.
6. Paris, 1re ch., 28 oct. 1991, inéd.
7. TGI Paris, 21 sept. 1995, RG no 13535/94.
8. Aix-en-Provence, 31 oct. 1996, RG no 93/11129.
9. TGI Créteil, 5 mai 1982, *JCP* 1983. IV. 260.
10. TGI Paris, 19 mars 1997, RG no 1544/96.

gation de diligence et commis, comme l'a décidé le tribunal, une faute de nature à engager sa responsabilité à l'égard de sa cliente [1].

De même, un huissier de justice qui a reçu mission de procéder à l'exécution d'une ordonnance de référé et qui n'a pas effectué toutes diligences requises pour parvenir au paiement de la créance qu'il avait en charge de recouvrer, en retardant anormalement les opérations de vente, engage sa responsabilité [2].

Un huissier de justice ne doit également pas outrepasser ses pouvoirs détenus de l'article 1er de l'ordonnance du 2 novembre 1945 [3] et le fait de ne pas se borner à de simples constatations matérielles constitue une faute de sa part [4].

Un huissier de justice qui se présente dans les locaux d'une partie saisie en dehors du ressort de sa compétence territoriale en violation des règles d'organisation judiciaire d'ordre public, engage sa responsabilité [5].

Un huissier de justice peut encore engager sa responsabilité vis-à-vis de ses confrères, notamment lorsqu'il s'entend avec un tiers, chargé, moyennant rétribution, d'effectuer des recouvrements ou encaissements d'effets de commerce et augmente ainsi sa clientèle au détriment de ses confrères [6].

La **responsabilité** peut aussi se trouver **partagée**, entre autres avec l'avocat, si celui-ci n'a pas pris la précaution de préciser l'extrême urgence d'une signification à effectuer [7], en cas de défaut de diligence lors d'une procédure de redressement judiciaire, ou bien en cas d'erreur dans l'identification d'un débiteur [8].

L'action en **responsabilité délictuelle ou extra contractuelle** contre un huissier de justice est soumise à une prescription quinquennale de droit commun en application des articles 224 et suivants du Code civil, dans leur rédaction issue de la loi n° 2008-561 du 17 juin 2008, le délai commençant à courir lorsque les conditions de l'action - la faute et le préjudice - sont réunies.

1. Paris, 8 déc. 1995, Patrice Vivien c/SARL Parly Distribution, *Juris-Data* n° 765081.
2. Paris, 1re ch. B, 4 juill. 1997, RG n° 96-15029; *Gaz. Pal.* 23 janv. 1998.
3. Ord. n° 45-2592, 2 nov. 1945, relative au statut des huissiers, *JO* 3 nov., p. 7163.
4. Civ. 1re, 20 mars 2014, n° 12-18.518, *Bull. civ.* I, n° 54; *D.* 2014. Actu. 784; *Procédures* 2014, n° 133, note Perrot.
5. Civ. 2e, 6 juin 2013, n° 12-17.771, *Bull. civ.* II, n° 114; *RTD civ.* 2013. 666, obs. Perrot; *Gaz. Pal.* 3 sept. 2013, p. 34, note Lauvergnat; *Dr. et proc.* 2013. 200, note Fricero.
6. Lyon, 22 févr. 1877, *DP* 1877. 2. 104.
7. Aix-en-Provence, 31 oct. 1996, RG n° 93/11129.
8. TGI Paris, 21 sept. 1995, RG n° 13535/94.

SECTION 2
MISE EN ŒUVRE

254.21 Faute, dommage, lien de causalité. La mise en œuvre de la responsabilité de l'huissier de justice suppose l'existence d'une faute dans l'exercice de ses fonctions, d'un dommage subi par une victime ainsi qu'un lien de causalité entre cette faute et le dommage subi.

254.22 Limites de la compétence générale du juge de l'exécution. L'article L. 213-6 du COJ attribue au JEX compétence pour connaître des demandes en réparation fondées sur l'exécution ou l'inexécution dommageables des mesures d'exécution forcée ou des mesures conservatoires.

Toutefois, la Cour de cassation a estimé que le JEX ne pouvait pas connaître de la responsabilité de l'huissier de justice envers son client, laquelle relèverait de de la compétence des seuls juges du fond [9].

Cet arrêt va à l'encontre de l'opinion exprimée par une partie de la doctrine qui considère pour sa part que la compétence que le JEX tient de l'article L. 213-6 du COJ est générale, exclusive et d'ordre public [10].

254.23 Compétence particulière du tribunal de grande instance. Les dispositions de l'article L. 213-6 du COJ, si elles attribuent compétence au JEX pour statuer sur la responsabilité du créancier ou du débiteur dans le cadre de la mise en œuvre des procédures civiles d'exécution, ne lui donnent pas compétence pour connaître de la responsabilité contractuelle de l'huissier de justice envers son mandant, y compris dans le cadre d'un appel en garantie [11].

Il a été jugé que la juridiction du JEX est une juridiction d'exécution qui n'est pas adaptée, par la nature de la procédure orale, à protéger l'huissier de

9. Civ. 2e, 21 févr. 2008, n° 07-10.417, *Bull. civ.* II, n° 43.
10. J. Beaux Lamotte, « Le juge de l'exécution », *Gaz. Pal.* 1993. 1, doctr. 282 – F. Brunel, « La juridiction de l'exécution et la responsabilité de l'huissier : compétence et conditions de mise en œuvre », *D.* 1997, chron. 370. – H. Croze, « La loi n° 91-650 du 9 juillet 1991 portant réforme des procédures civiles d'exécution : le nouveau droit commun de l'exécution forcée », *JCP* 1992. I. 3555, n° 29 – P. Hoonakker, « Le juge de l'exécution », *Gaz. Pal.* 1993, 1, doctr. 321 – F. Kamara, « Agents de l'exécution », *J.-Cl. Proc. Civ.* Fasc. 2180, 120 s. – J. Normand, *RTD civ.* n° spécial hors-série, consacré à la réforme des procédures civiles d'exécution, 1993, p. 36, n° 14 – T. Moussa, note ss TGI Lyon, JEX, 9 janv. et 4 mars 1997, Colletta c/SCP X et TGI Lyon, JEX, 1er avr. 1997, Meyerie c/SCP X, *Gaz. Pal.* 1998, 1, p. 136.
11. Civ. 2e, 21 févr. 2008, n° 07-10.417, *Bull. civ.* II, n° 43; *D.* 2008. 2381, obs. Sommer et Nicoletis; *Procédures* 2008, n° 267, obs. crit. Perrot; *RTD civ.* 2008, 546, obs. crit. Théry

justice qui demeure confronté au risque de contestations [1].

Ainsi la partie lésée peut soit agir en responsabilité selon la procédure de droit commun devant le tribunal de grande instance dans le ressort duquel l'huissier de justice exerce ses fonctions, en application de l'article 65 de l'ordonnance du 28 juin 1945, soit devant le JEX en application de l'article L. 213-6 du COJ.

Toutefois, la compétence du tribunal de grande instance dans le ressort duquel l'huissier de justice exerce ses fonctions peut faire l'objet d'une demande de délocalisation de l'instance en application de l'article 47 C. pr. civ. Il a ainsi été jugé qu'un huissier de justice frappé d'une mesure de suspension provisoire, assigné en référé-provision par un créancier devant le tribunal de grande instance, pouvait demander la délocalisation en vertu de l'article 47 C. pr. civ. [2]

254.24 Garanties de la Chambre nationale des huissiers de justice. La responsabilité professionnelle de l'huissier de justice, fait l'objet d'une garantie par la Chambre nationale, en application de l'article 74 du décret du 29 février 1956 et de l'article 10 du décret n° 94-299 du 12 avril 1994.

Cette garantie trouve sa source dans un contrat souscrit collectivement auprès d'une compagnie d'assurances, les cotisations étant appelées auprès de chaque professionnel par leurs chambres départementales.

Le contrat d'assurance garantit la responsabilité civile de l'huissier de justice, tant dans l'exercice de ses fonctions principales que celles de ses activités complémentaires ou accessoires, ainsi qu'il résulte des dispositions des articles 2 alinéa 4 de l'ordonnance n° 45-2592 du 2 novembre 1945 et 55 du décret n° 56-222 du 29 février 1956.

Qu'il s'agisse d'une réclamation amiable ou judiciaire, de la part d'un client de l'huissier ou de toute autre personne, par suite d'une faute ou erreur de fait ou de droit commise par l'huissier de justice ou par toute personne, salariée ou non, dont il serait civilement responsable, en cas de perte, vol ou destruction de tous titres ou documents qui lui auraient été confiés, ou du fait de toute procédure ou activité contentieuse.

La garantie ne s'applique pas à tout fait intentionnel de l'huissier de justice, de même qu'à des activités étrangères à sa profession ou à des actions relatives à ses frais et honoraires.

Sont donc garanties les activités principales de l'huissier de justice bénéficiant de son monopole (signification, exécution), les activités principales non monopolistiques (constats, prisées et vente publique de meubles et effets mobiliers corporels, recouvrement de créances), ainsi que les activités accessoires autorisées (administrateur d'immeubles, agent d'assurances).

Les activités exercées par l'huissier de justice en dehors de ce cadre échappent à la garantie collective souscrite.

Il a été jugé que même la bonne foi d'un client qui aurait cru à la légalité de l'intervention d'un huissier de justice, ne lui permettrait pas de mettre en cause sa garantie collective. La Cour de cassation en a décidé ainsi à propos d'une vente d'immeuble négociée par un huissier de justice au mépris de l'article 21 du décret du 29 février 1956 lui interdisant tout acte de négociation lorsqu'il rédige des actes sous seing privé [3].

1. TGI Paris, JEX, 13 févr. 1995, *BICC* 1er déc. 1995, n° 2255.
2. TGI Fontainebleau, réf., 23 nov. 1993, *JCP* 1994. II. 22196, note Martin.
3. Civ. 1re, 16 mai 1977, n° 75-15.761, *Bull. civ.* I, n° 232.

CHAPITRE

255. Actions disciplinaires à l'encontre des huissiers de justice

JEAN-YVES PINOY
VICE-PRÉSIDENT
DU TRIBUNAL D'INSTANCE DE SAINT-OUEN

SECTION 0

ORIENTEUR

255.00 Plan du chapitre.

255.01 Textes applicables.

• **Décr. n° 73-1202, 28 déc. 1973**, relatif à la discipline, art. 18, *JO* 30 déc., p. 14153.

• **Ord. n° 45-1418, 28 juin 1945,** relative à la discipline des notaires et de certains officiers ministériels, *JO* 29 juin, p. 3926.

• **Règl. intérieur de la chambre départementale des huissiers de justice de Paris** (RICD Paris).

Rép. min. n° 87138, *JOAN Q* 26 oct. 2010, p. 117.

Rép. min. n° 15717, *JOAN Q* 8 août 1994, p. 4066.

255.03 Bibliographie indicative.

Actualisable. Rép. pr. civ., *V° Huissier de justice*, par S. Abbou et B. Nicod, sept. 2004 [màj juin 2014], n°s 163 à 236.

Ouvrages. T. Guinot, *L'huissier de justice, normes et valeurs*, EJT, 2004 – G. Leclercq, « Morale et casuistique », *in* Universitas, Philosophie, Théologie, lettres, Histoire, Questions d'aujourd'hui, *Mél. de science religieuse*, Facultés catholiques de Lille, Lille, 1977 – F. Ruellan, *Le tarif des huissiers de justice : régularité, utilité et coût des actes, contrôle et sanctions, statut de l'huissier de justice*, Assoc. Études et de recherches de l'ENM, 1989.

255.05 Fondement textuel. L'article 2 de l'ordonnance du 28 juin 1945 relative à la discipline des notaires et de certains officiers ministériels, prévoit que « *toute contravention aux lois et règlements, toute infraction aux règles professionnelles, tout fait contraire à la probité à l'honneur ou à la délicatesse, commis par un officier public ou ministériel, même se rapportant à des faits extra-professionnels, donne lieu à des sanctions disciplinaires* »[1].

L'article 1er de cette ordonnance précise que ses dispositions demeurent applicables aux huissiers de justice.

C'est donc sur le fondement de ce texte que des poursuites disciplinaires peuvent être mises en œuvre à l'encontre d'un huissier de justice.

SECTION 1

RÉCLAMATIONS, PLAINTES ET SANCTIONS DISCIPLINAIRES

255.11 Présentation. Toute prestation d'un huissier de justice, indépendamment de la mise en jeu de sa responsabilité professionnelle, peut donner lieu à réclamation ou plainte, susceptible d'aboutir à des poursuites disciplinaires à son encontre.

Les « réclamations » concernent des faits dénoncés par un ou des tiers à la chambre départementale contre un huissier de justice de son ressort, les « plaintes » des signalements de faits effectués par un ou des tiers directement au parquet. Ces deux terminologies recouvrent cependant des demandes identiques et le règlement intérieur de la chambre départementale de Paris (RICD) les traite d'ailleurs au sein d'un même article : « *Les réclamations adres-*

1. Ord. n° 45-1418, 28 juin 1945.

sées par un tiers à la chambre départementale contre un huissier de justice du ressort sont examinées après les explications que l'intéressé doit fournir dans le délai maximum de quinze jours.

Ces réclamations sont consignées dans un document tenu par la chambre.

La chambre départementale informe le tiers dans les délais les plus brefs et tente de trouver une solution amiable.

Les réclamations contre les huissiers de justice, transmises par les services du Parquet et les demandes d'explications de ceux-ci doivent être satisfaites à la diligence de la chambre départementale dans un délai de quinze jours.

Dans les deux cas, si la chambre estime que l'une des conditions précisées à l'article 2 de l'ordonnance n° 45-1418 du 28 juin 1945 est remplie, des poursuites disciplinaires peuvent être entreprises.

Pour le cas où ces réclamations entraînent une procédure en responsabilité, l'huissier de justice mis en cause est tenu de fournir sans délai, par le canal de sa chambre départementale, un dossier complet au service concerné de la chambre nationale ou à son délégataire. »[1]

255.12 Instruction des plaintes et des réclamations. Qu'il s'agisse d'une réclamation ou d'une plainte, celle-ci est transmise à l'huissier de justice mis en cause et demeure assortie d'une demande d'explications à laquelle il doit déférer.

La réponse de l'huissier de justice est ensuite communiquée au plaignant, ainsi qu'au procureur de la république s'il s'agit d'une plainte, lequel avise de la suite qu'il convient de donner à celle-ci.

Il peut également s'engager une discussion, s'il s'agit d'une réclamation, entre le demandeur et l'huissier de justice qui en fait l'objet, laquelle pourra faire l'objet d'un procès-verbal de conciliation si un accord amiable est trouvé.

L'article 61 du décret du 29 février 1956 (dans sa version en vigueur modifiée par Décr. n° 2011-1172, 23 sept. 2011[2], art. 10) portant règlement d'administration publique pour l'application de l'ordonnance du 2 novembre 1945 relative au statut des huissiers de justice, prévoit que la chambre connaît des plaintes et réclamations des tiers après avoir informé la chambre régionale et entendu ou dûment appelé les huissiers de justice intéressés, ainsi que les plaignants qui veulent être entendus et qui peuvent se faire assister par un huissier de justice ou un avocat[3].

Dans l'hypothèse d'une absence de conciliation, la chambre départementale prend une délibération notifiée aux intéressés et transmise au procureur de la république s'il s'agit d'une plainte directement déposée entre ses mains et transmise par lui-même à la chambre[4].

255.13 Distinction des actions pénales et disciplinaires. La matière disciplinaire est une branche autonome du droit civil, elle obéit en cela à des principes et à des règles qui lui sont propres et qui sont reprises dans le Code de procédure civile.

La présence du procureur de la République dans la procédure disciplinaire peut entretenir une certaine confusion avec la matière du droit pénal dont elle doit pourtant être absolument distinguée, l'une pouvant s'avérer être le complément de l'autre mais demeurant totalement distinctes et autonomes.

Contrairement au principe de légalité des délits et des peines applicable en droit pénal et exprimé par l'adage « *nullum crimen, nulla poena sine lege* »[5], la discipline ne connaît pas de liste prédéfinie de fautes disciplinaires, et il ne peut donc pas exister de correspondance entre celles-ci et des peines disciplinaires.

En matière pénale, le juge ne peut ainsi appliquer qu'une peine prévue par la loi pour une infraction déterminée. Or, en matière disciplinaire, si la nature des peines demeure bien exhaustivement prévue par la loi[6], la définition des fautes disciplinaires ne l'est en revanche qu'en termes généraux repris à l'article 2 de l'ordonnance du 28 juin 1945, lesquelles s'apprécient au cas par cas à la seule lumière de ce texte.

L'huissier de justice, officier ministériel, qui est aussi un citoyen comme les autres et peut de ce fait être soumis aux dispositions pénales devant les juridictions répressives en cas de commission d'une infraction, peut ainsi se voir poursuivi conjointement devant les juridictions disciplinaires, auquel cas, une sanction disciplinaire pourra alors s'ajouter à une condamnation pénale.

L'action pénale a pour finalité de prévenir et réprimer des infractions, alors que l'action disciplinaire est destinée à contrôler et sanctionner le mauvais exercice d'une activité réglementée, fait par l'huissier de justice. Les deux actions sont autonomes et peuvent être exercées simultanément devant les juridictions compétentes pour en connaître.

Les règles de prescriptions de l'action publique spécifiques à la nature des infractions pénales ne sont pas non plus applicables en matière discipli-

1. RICD Paris, art. 43.
2. Décr. n° 2011-1172, 23 sept. 2011, relatif à l'organisation professionnelle des huissiers de justice, *JO* 25 sept., p. 16073.
3. Décr. n° 56-22, 29 févr. 1956, art. 61.
4. Décr. n° 56-22, 29 févr. 1956, art. 61.
5. DDH, art. 8.
6. Ord. n° 45-1418, 28 juin 1945, art. 3.

naire, dont la prescription de l'action est de trente ans[1].

Lors de l'audience disciplinaire devant la chambre de discipline (de la chambre départementale), le tiers réclamant ou plaignant n'est pas présent et n'a pas à intervenir. Son rôle demeure limité à la dénonciation du fait générateur à l'origine de la procédure disciplinaire.

En revanche, devant le tribunal de grande instance statuant en matière disciplinaire, lorsqu'elle n'a pas elle-même exercé l'action disciplinaire, toute personne qui se prétend lésée par les agissements de l'huissier de justice disciplinairement poursuivi, peut intervenir à l'instance. Dans tous les cas elle peut demander l'allocation de dommages-intérêts[2].

Ainsi, la procédure disciplinaire devant le tribunal de grande instance instituée par l'article 10 de l'ordonnance du 28 juin 1945 est ouverte à toute personne se prétendant lésée à condition que l'origine du dommage puisse se trouver dans les agissements accomplis dans l'exercice ou à l'occasion de l'exercice de la profession[3].

La décision disciplinaire rendue par la chambre de discipline ne fait pas l'objet de mesure de publicité. Tandis que le juge pénal statue publiquement, le juge civil statuant en matière disciplinaire, doit lire sa décision en audience publique, bien que toute la procédure disciplinaire ait été tenue en chambre du conseil[4].

La sanction disciplinaire rendue par la seule chambre de discipline ne sera donc pas communiquée au plaignant, lequel sera tout au plus seulement averti que des « *mesures nécessaires ont bien été mises en œuvre* », les délibérations disciplinaires de la chambre n'étant pas soumises à publicité. Il en va différemment des décisions disciplinaires rendues par le tribunal de grande instance notifiées à l'ensemble des parties.

255.14 Notion de faute disciplinaire. La faute disciplinaire commise par un huissier de justice doit s'interpréter à l'aune de l'article 2 de l'ordonnance du 28 juin 1945 :

La notion de faute disciplinaire est ainsi posée par l'article 2 et demeure applicable à l'huissier de justice dont la démission a été acceptée, « *si les faits qui lui sont reprochés ont été commis pendant l'exercice de ses fonctions* ».

De même, ce texte prévoit que « *des faits extraprofessionnels* » sont susceptibles de sanctions disciplinaires s'ils sont constitutifs d'une faute. Il en résulte qu'un huissier de justice peut être poursuivi disciplinairement y compris pour des faits étrangers à sa profession, et ce alors même qu'il ne serait plus en exercice, pourvu que ces faits aient été commis alors qu'il était encore en exercice.

Ainsi, la discipline professionnelle d'un officier public et ministériel n'exclut pas la prise en considération d'éléments de vie privée, eu égard à la portée sociale et d'intérêt public des fonctions qu'ils exercent[5].

Un tel statut en apparence sévère, peut tout autant s'avérer protecteur de l'huissier de justice. Il a ainsi pu être retenu les imputations visant un huissier de justice comme consécutives d'une diffamation publique envers une personne dépositaire de l'autorité publique au sens de l'article 31 alinéa 1er de la loi du 29 juillet 1881[6].

La faute disciplinaire commise par un officier public ou ministériel, au sens de cet article 2, n'implique pas une intention de nuire ou un comportement inexcusable. Il suffit que soient caractérisées des négligences graves, des erreurs grossières ou une méconnaissance de règles professionnelles.

Ainsi, constituent des manquements à la probité et à l'honneur, passibles d'une sanction disciplinaire en vertu des dispositions précitées, par leur gravité et leur répétition, par leur caractère convergent et leurs conséquences dommageables, les fautes commises par l'officier public ou ministériel, qui a manqué à son devoir de prudence et de diligence, en ne s'opposant pas à l'accomplissement d'opérations suspectes au détriment des intérêts de ses clients[7].

La non-observation par un huissier de justice des dispositions issues de la loi n° 78-17 du 6 janvier 1978 relative à l'informatique, aux fichiers et aux libertés, et ce, alors que ces dernières ont été rappelées par la CNIL qui est chargée d'en assurer le respect, est de nature à constituer un fait entrant dans les prescriptions de l'article 2 et susceptibles de donner lieu à des sanctions disciplinaires[8].

255.15 Peines disciplinaires personnelles à l'huissier de justice. Les peines disciplinaires sont limitativement prévues et énumérées à l'article 3 de l'ordonnance du 28 juin 1945, et classées par ordre croissant de gravité. Il s'agit du rappel à l'ordre, de la censure simple, de la censure devant la chambre assemblée, de la défense de récidiver, de l'interdiction temporaire et de la destitution.

1. Ord. n° 45-1418, 28 juin 1945, art. 47.
2. Ord. n° 45-1418, 28 juin 1945, art. 10.
3. Basse-Terre, 18 juin 2001, *BICC* 2001, n° 1130.
4. Décr. n° 73-1202, 28 déc. 1973, art. 18.
5. Civ. 1re, 10 juill. 2002, n° 99-20.485, *Bull. civ.* I, n° 193; *D.* 2003. 1540; *JCP* 2002. IV. 2524.
6. TGI Paris, 19 déc. 1994, inéd.
7. Nîmes, 21 mars 2002, *BICC* 2004, n° 453.
8. Rép. min. n° 87138, *JOAN* Q 26 oct. 2010, p. 117; *Procédures* 2010. Veille 46.

Il a pu être jugé que la sanction la plus grave de la destitution prononcée contre un huissier de justice, telle que prévue à l'article 3 de l'ordonnance du 28 juin 1945, ne méconnaît ni l'article 8 de la Déclaration des droits de l'homme, ni l'article 1er du premier protocole additionnel à la Convention européenne des droits de l'homme.

Les quatre premières peines peuvent en outre être assorties de la peine complémentaire de l'inéligibilité temporaire pendant dix ans ou plus, aux chambres, organismes et conseils professionnels[1].

Pour les raisons exposées, il apparaît difficile de présenter une liste de fautes susceptibles d'entraîner telle ou telle de ces six sanctions, toutefois un huissier de justice a proposé une hiérarchie des fautes disciplinaires susceptibles de relever des trois premières sanctions relevant de la compétence de la chambre de discipline[2] :

- le « rappel à l'ordre », correspondrait à une attitude incompatible avec la fonction d'huissier de justice telles que des injures ou critiques trop véhémentes à l'encontre de professionnels ou magistrats;

- la « censure simple » concernerait une attitude similaire mais davantage répréhensible telle que de l'irrespect ou de la calomnie, ou encore un abus de droit dans l'exercice de ses fonctions ou la pratique de négociation prohibée;

- la « censure devant la chambre assemblée » concernerait des fautes graves susceptibles de jeter le discrédit sur les fonctions d'huissier de justice[3]. Une telle classification proposée n'est toutefois que purement indicative et non exhaustive.

255.16 Recours à la suspension provisoire de l'huissier de justice. Une mention particulière doit être faite à propos de la suspension provisoire de l'huissier de justice prévue par les articles 32 à 35 de l'ordonnance n° 45-1418 du 28 juin 1945 et 30 à 34 du décret n° 1202 du 28 décembre 1973.

La mesure de suspension provisoire ne constitue pas une sanction disciplinaire, mais une mesure conservatoire prise à l'encontre de l'huissier de justice.

Il s'agit d'une mise à l'écart provisoire du titulaire de l'office, motivée soit par des poursuites pénales ou disciplinaires en cours, soit par une vérification ou inspection laissant apparaître des risques pour les fonds, effets ou valeurs confiés à l'officier public ou ministériel à raison de ses fonctions[4].

La suspension provisoire de l'huissier de justice peut donc intervenir sans attendre le résultat des poursuites engagées au pénal et ou au disciplinaire à son encontre.

Elle est prononcée par le tribunal de grande instance, en référé en cas d'urgence, à la requête du procureur de la république ou du président de la chambre de discipline agissant au nom de celle-ci[5].

La décision prononçant la suspension provisoire est susceptible d'appel, mais les recours exercés à son encontre n'ont pas d'effet suspensif[6].

En pratique, c'est une assignation à jour fixe qui va être délivrée à l'huissier de justice. Lorsque l'action est engagée par le procureur de la République, ce dernier en informe le président de la chambre départementale, lorsqu'elle est engagée par le président de la chambre, il notifie au procureur de la République copie de l'assignation qu'il a fait délivrer.

L'audience a lieu en chambre du conseil et la juridiction statue après réquisitions du ministère public, l'huissier de justice préalablement appelé ou entendu.

La suspension provisoire cesse sur décision du tribunal de grande instance à la requête du procureur de la République ou du professionnel suspendu. Elle cesse de plein droit dès l'extinction de l'action pénale ou disciplinaire, ou un mois à compter de son prononcé si aucune poursuite n'a été engagée[7].

Les tribunaux conservent leur plein pouvoir d'appréciation sur la nécessité ou non de voir prononcer la suspension provisoire de l'officier public ou ministériel faisant l'objet d'une poursuite pénale ou disciplinaire. Il a été jugé que dès lors que des disparitions de fonds ne sauraient être admises de la part d'un officier ministériel dont la fonction se justifie justement par la garantie qu'il donne aux clients de pouvoir recouvrer les sommes qui leur sont dues et qui ont été récupérées par ledit officier ministériel, il y a là le constat (fondé en l'espèce sur des aveux même partiels mais sans équivoque quant à la réalité des faits admis), d'une incompétence dont il convient de prémunir encore et toujours l'usager par le maintien d'une mesure de salubrité même provisoire sans attendre sa réelle qualification pénale ou disciplinaire et leurs sanctions, et en tout cas pendant la durée des poursuites engagées[8].

1. Ord. n° 45-1418, 28 juin 1945, relative à la discipline, art. 4.
2. Décr. n° 73-1202, 28 déc. 1973, relatif à la discipline, art. 9, *JO* 30 déc., p. 14153.
3. Rép. pr. civ., *v° Huissier de justice*, par S. Abbou et B. Nicod, sept. 2004 [màj juin 2014].
4. Ord. n° 45-1418, 28 juin 1945, art. 32.
5. Ord. n° 45-1418, 28 juin 1945, art. 33.
6. Ord. n° 45-1418, 28 juin 1945, art. 36.
7. Ord. n° 45-1418, 28 juin 1945, art. 35.
8. Civ. 1re, 21 oct. 2003, n° 00-20.656, *Bull. civ.* I, n° 206; *D.* 2003. 2729; *JCP* 2003. IV. 2944.

255.17 Rôle du garde des Sceaux, ministre de la Justice dans la procédure disciplinaire. L'activité d'huissier de justice est une activité réglementée, ce dernier tient sa nomination de son agrément ou non par le garde des Sceaux, ministre de la Justice, qui apprécie s'il réunit les qualités exigées par la loi [1].

Les officiers publics et ministériels étant nommés par arrêté du garde des Sceaux, ministre de la Justice, il apparaît cohérent que celui-ci exerce un contrôle de l'activité des huissiers en exerçant un droit de regard sur leur discipline.

C'est plus précisément au sein de la Direction des Affaires civiles et du Sceau, au bureau des officiers ministériels et de la déontologie que ce contrôle va s'exercer en pratique.

Ce bureau :

- instruit les dossiers et élabore les arrêtés de nomination des officiers publics ou ministériels à titre individuel, salarié ou d'associé de sociétés civiles professionnelles ou de sociétés d'exercice libéral ainsi que les dossiers et arrêtés d'agrément des sociétés de participation financière de professions libérales d'officiers ministériels;
- définit la localisation des offices ministériels (création, transfert, suppression, transformation de bureaux annexes en offices distincts);
- contrôle le suivi des procédures disciplinaires relatives aux officiers publics ou ministériels;
- instruit les plaintes déposées par des particuliers contre les professionnels concernés.

Il coordonne son action en concertation avec les parquets généraux.

Plus particulièrement, le bureau des officiers ministériels et de la déontologie suit la situation individuelle des professionnels relevant de la sous-direction des professions judiciaires et juridiques, à savoir, les officiers publics ou ministériels :

- les notaires;
- les huissiers de justice;
- les commissaires-priseurs judiciaires (CPJ);
- les greffiers des tribunaux de commerce (GTC);
- les avocats aux Conseil d'État et à la Cour de cassation.

S'agissant de ces officiers publics ou ministériels, le bureau :

- instruit les dossiers et prépare les arrêtés de nomination et de démission des intéressés après vérification :
  - des conditions d'accès à la profession, notamment de titre et de moralité,
  - de la régularité juridique des conventions passées entre cédant et cessionnaire (traité de cession d'office ou de parts de sociétés, actes portant constitution, fusion ou scission de sociétés),
  - et de la solvabilité du cessionnaire au regard des engagements financiers contractés;
- détermine, en fonction des besoins du service public et des évolutions économiques et démographiques locales, l'implantation des offices (créations, transferts, suppressions d'offices et transformation de bureaux annexes en offices distincts);
- s'assure du contrôle de l'activité des professionnels par :
  - le suivi des procédures pénales et l'orientation des procédures disciplinaires diligentées à leur encontre, ainsi que leurs conséquences sur le sort des offices,
  - l'exploitation des rapports annuels d'inspection et de vérification de la comptabilité des offices, ainsi que des poursuites disciplinaires qui peuvent en découler.

SECTION 2

EXERCICE DES POURSUITES DEVANT LES JURIDICTIONS DISCIPLINAIRES

255.21 Fondement textuel. Les poursuites disciplinaires interviennent lorsque la réclamation ou la plainte initiale mérite que lui soit donnée une suite disciplinaire. Il faut au préalable qu'une faute disciplinaire au sens de l'article 2 de l'ordonnance du 28 juin 1945 ait pu être caractérisée.

Ce sont les dispositions des articles 5 à 15 de l'ordonnance du 28 juin 1945 qui ont désormais vocation à s'appliquer, ainsi que les articles 4 à 19 du décret n° 73-1202 du 28 décembre 1973.

L'officier public ou ministériel est poursuivi disciplinairement, soit devant la chambre de discipline, soit devant le tribunal de grande instance.

255.22 Poursuites devant la chambre de discipline. L'action disciplinaire devant la chambre départementale des huissiers de justice, prise en sa qualité de « chambre de discipline », est exercée par le syndic qui dénonce à la chambre les faits relatifs à la discipline, soit d'office, soit sur invitation du procureur de la République, soit sur demande d'un membre de la chambre ou des parties intéressées [2].

D'un point de vue formel l'officier public et ministériel est convoqué devant la chambre par lettre recommandée avec accusé de réception, l'officier public ou ministériel comparaît en personne; il peut se faire assister soit d'un avocat, soit d'un officier public ou ministériel de la même profession [3].

1. L. 28 avr. 1816, sur les finances, art. 91.

2. Ord. n° 45-1418, 28 juin 1945, art. 6.
3. Décr. n° 73-1202, 28 déc. 1973, art. 8.

Deux possibilités sont ouvertes à ce stade :

– soit la chambre a été saisie à la demande du procureur de la république, ce dernier doit alors être informé des poursuites par lettre simple;

– soit la chambre a été saisie par une autre personne disposant de cette faculté, tel le tiers lésé, le syndic doit alors notifier au procureur de la République copie de la convocation par lettre recommandée avec demande d'avis de réception.

Le procureur de la République peut ensuite décider de faire citer l'huissier de justice devant la tribunal de grande instance et il doit notifier cette décision au syndic dans les quinze jours de la réception de la lettre recommandée, soit il retient la compétence de la chambre de discipline et l'en informe.

Si elle n'est pas dessaisie, la chambre procède à l'instruction de l'affaire et peut charger un de ses membres d'établir un rapport.

Le règlement intérieur de la chambre départementale de Paris précise : « *À moins que les faits reprochés ne soient patents ou reconnus, la chambre départementale prescrit l'instruction de l'affaire par les soins de son rapporteur qui prend toutes mesures utiles pour entendre la ou les parties ainsi que le cas échéant, les témoins ou sachants* ».

Lorsque le débat intervient, le président et les membres de la chambre de discipline ont déjà eu connaissance du rapport concernant l'affaire leur étant soumise, ils recueillent auprès de l'huissier de justice mis en cause tous les éléments nécessaires à leur compréhension.

Immédiatement après avoir interrogé l'huissier de justice mis en cause, la chambre passe à l'audition de la défense. Elle ne peut valablement statuer que si les trois quarts de ses membres sont présents, la décision est prise à la majorité des voix et doit être motivée.

La chambre ne peut prononcer que l'une des peines énumérées à l'article 3 de l'ordonnance du 28 juin 1945 et limitées aux trois premières (« *rappel à l'ordre* », « *censure simple* » ou « *censure devant la chambre assemblée* ») [1].

À cet égard, le principe de légalité s'applique, seules peuvent être prononcées les peines disciplinaires prévues par les lois et règlements [2].

De plus, la sanction ne peut être assortie du sursis, en l'absence de texte prévoyant cette faculté [3].

Si la chambre de discipline estime que les faits justifient une sanction plus grave que les trois premières peines énumérées à l'article 3 de l'ordonnance du 28 juin 1945 mises à sa disposition, elle peut charger son président de citer directement l'huissier de justice devant le tribunal de grande instance, ou s'en remettre au procureur de la République qui jugera lui-même de l'opportunité des poursuites et prendra la cas échéant leur initiative [4].

Les décisions disciplinaires de la chambre revêtent un caractère relatif, car outre les voies de recours habituelles, une singularité procédurale ouverte par l'article 11 de l'ordonnance du 28 juin 1945 prévoit que « *la citation devant le tribunal de grande instance peut être motivée par les faits mêmes qui avaient donné lieu à poursuite devant la chambre de discipline, que celle-ci n'ait pas statué, ait prononcé la relaxe ou l'une des peines de sa compétence* ».

Il résulte ainsi de ce texte une double possibilité d'action qui introduit un degré supplémentaire dans la procédure dans la mesure où la décision rendue par le tribunal de grande instance sera elle-même susceptible d'appel, ce qui relativise l'autorité décisionnelle de la décision rendue par la chambre de discipline.

255.23 Poursuites devant le tribunal de grande instance. L'action disciplinaire devant le tribunal de grande instance est exercée par le procureur de la république, elle peut également être exercée par le président de la chambre de discipline agissant au nom de celle-ci, ainsi que par toute personne qui se prétend lésée par l'officier public ou ministériel, auquel cas le procureur de la République est obligatoirement entendu [5].

Le tribunal compétent est celui dans le ressort duquel est établi l'office dont l'huissier de justice est titulaire [6].

La procédure spéciale instituée en matière disciplinaire à l'égard notamment des huissiers de justice tant par l'ordonnance n° 45-1418 du 28 juin 1945 que par le décret n° 73-1202 du 28 décembre 1973 échappe par nature aux dispositions de l'article 47 du Code de procédure civile permettant à un auxiliaire de justice partie à un litige relevant de la compétence d'une juridiction dans le ressort de laquelle celui-ci exerce ses fonctions, de saisir une juridiction située dans un ressort limitrophe [7].

L'huissier de justice mis en cause peut prendre connaissance au secrétariat greffe des pièces du dossier et comparaît en personne, mais peut se faire assister d'un avocat ou d'un autre huissier de justice [8].

1. Ord. n° 45-1418, 28 juin 1945, art. 9.
2. Civ. 1re, 31 mai 2007, n° 06-15.504, *Bull. civ.* I, n° 213; *D.* 2007. AJ 1735.
3. Civ. 1re, 31 mai 2007, n° 06-15.504, P (préc. s^s prés^t n°).
4. Ord. n° 45-1418, 28 juin 1945, art. 10.
5. Ord. n° 45-1418, 28 juin 1945, art. 10.
6. Décr. n° 73-1202, 28 déc. 1973, relatif à la discipline, art. 3.
7. Civ. 2e, 16 oct. 2003, n° 01-13.770, *Bull. civ.* II, n° 307; *D.* 2003. 2665; *JCP* 2003. IV. 2906.
8. Décr. n° 73-1202, 28 déc. 1973, art. 14.

Les débats ont lieu en chambre du Conseil, le ministère public entendu. Le président de la chambre ou membre de la chambre délégué à cette fin présente ses observations. Toutefois, le président de la chambre de discipline ne peut présenter ses observations par l'intermédiaire d'un avocat développant en son nom oralement les conclusions qu'il a déposées [1].

Le tribunal peut également entendre, sans formalisme particulier, l'auteur de la plainte, ainsi que toutes autres personnes et peut ordonner toutes mesures d'instruction qu'il juge utile [2].

La peine prononcée par le tribunal de grande instance est l'une de celles prévues sous les numéros 1 à 6 de l'article 3 de l'ordonnance du 28 juin 1945 (*« rappel à l'ordre », « censure simple » ou « censure devant la chambre assemblée », « défense de récidiver », « interdiction temporaire », « destitution »)* [3].

Le principe de légalité s'applique également et seules les peines prévues par la loi peuvent être prononcées [4].

Le dispositif du jugement est lu en audience publique, la décision est exécutoire par provision, sur minute si elle est contradictoire, ou de sa signification à l'huissier de justice si elle a été rendue par défaut [5].

L'exécution par provision des jugements rendus en matière disciplinaire est un principe général d'exécution posé par l'article 18 du décret n° 73-1202 du 28 décembre 1973 [6].

Lorsque le tribunal prononce une peine d'interdiction temporaire, contre un officier public ou ministériel qui a fait l'objet d'une mesure de suspension provisoire en application de l'article 32 de l'ordonnance du 28 juin 1945, il peut décider que tout ou partie du temps de suspension provisoire sera déduit de la durée de la peine [7].

255.24 Voies de recours en matière disciplinaire. L'appel interjeté contre les décisions de la chambre ou du tribunal de grande instance statuant en matière disciplinaire ou en matière de suspension provisoire est formé par simple déclaration au secrétariat greffe de la cour d'appel [8].

En l'absence de dispositions particulières de l'ordonnance n° 45-1418 du 28 juin 1945 relative à la discipline des officiers publics ou ministériels et du décret n° 73-1202 du 28 décembre 1973, l'appel interjeté contre une décision rendue en matière disciplinaire, régie par les règles de la procédure sans représentation obligatoire, peut être formé par déclaration adressée au greffe par pli recommandé, la notification de l'appel aux autres parties n'est pas prescrite à peine d'irrecevabilité [9].

L'appel est formé dans le délai d'un mois mais ce délai est réduit à quinze jours en ce qui concerne les décisions rendues en matière de suspension provisoire.

Le délai d'appel commence à courir à l'égard du procureur de la République, du jour où la décision a été rendue par le tribunal de grande instance ou le juge des référés, ou du jour de la notification qui lui est faite s'il s'agit d'une décision de la chambre.

Le délai de recours contre une décision rendue en matière disciplinaire, en présence de l'intéressé, par une chambre de discipline court du jour de son prononcé, la notification de la décision n'ayant pas pour effet de faire courir un nouveau délai de recours [10].

À l'égard de l'huissier, le délai d'appel court du jour de la décision si elle est rendue en sa présence ou en présence de son défenseur, dans le cas contraire du jour de la notification qui lui est faite.

À l'égard du président de la chambre et de la partie lésée, si l'appel leur est ouvert, à compter du jour de la signification du jugement.

En cas d'appel d'une partie, un délai de huit jours supplémentaires est accordé à l'autre partie pour interjeter appel incident [11].

Il est ensuite procédé devant la cour d'appel comme devant le tribunal de grande instance statuant disciplinairement. Les parties sont convoquées pour l'audience par le secrétariat-greffe au moins huit jours à l'avance [12].

1. Civ. 1re, 15 nov. 2005, n° 04-19.483, *Bull. civ.* I, n° 414; *D.* 2005. 3037 – Civ. 1re, 30 mai 2006, n° 05-12.719, *Bull. civ.* I, n° 272.
2. Décr. n° 73-1202, 28 déc. 1973, art. 16.
3. Ord. n° 45-1418, 28 juin 1945, art. 15.
4. Civ. 1re, 31 mai 2007, n° 06-15.504, *Bull. civ.* I, n° 213; *D.* 2007. AJ 1735.
5. Décr. n° 73-1202, 28 déc. 1973, art. 18.
6. Civ. 1re, 12 mars 2002, n° 99-11.008, *Bull. civ.* I, n° 91; *D.* 2002. 1178.
7. Décr. n° 73-1202, 28 déc. 1973, art. 17.
8. Décr. n° 73-1202, 28 déc. 1973, art. 35.
9. Civ. 1re, 2 nov. 2005, n° 03-20.573, *Bull. civ.* I, n° 396; *D.* 2005. 2825.
10. Civ. 2e, 5 févr. 2009, n° 08-11.076, *Bull. civ.* II, n° 36.
11. Décr. n° 73-1202, 28 déc. 1973, art. 36.
12. Décr. n° 73-1202, 28 déc. 1973, art. 37.

TITRE

26. Les autres agents d'exécution

SECTION 0
ORIENTEUR

260.00 **Plan du titre.**

260.05 **Division.** Les personnes habilitées à procéder à l'exécution forcée et aux saisies conservatoires sont déterminées par les articles L. 122-1 et L. 122-3 C. pr. exéc.

Aux côtés de l'huissier de justice, officier public et ministériel, peut également agir l'inspecteur des finances publiques auquel sont attribuées les fonctions d'huissier chargé de procéder aux poursuites nécessaires au recouvrement des créances publiques et, de manière accessoire, dans le domaine du recouvrement contentieux (chap. 261). Sera examiné ensuite le cas particulier de l'ouverture forcée des portes (chap. 262).

CHAPITRE

261. Inspecteur en charge des fonctions d'huissier des finances publiques

JEAN-YVES PINOY
VICE-PRÉSIDENT
DU TRIBUNAL D'INSTANCE DE SAINT-OUEN

SECTION 0
ORIENTEUR

261.00 Plan du chapitre.

261.01 Textes applicables.

C. pr. exéc., art. R. 122-2.

LPF, art. L. 258 A.

CGCT, art. L. 2122-5.

261.03 Bibliographie indicative.

Ouvrages. *L'huissier du Trésor public,* Syndicat des huissiers du Trésor public, 1998 – *L'agent huissier du trésor*, Syndicat des huissiers du Trésor public, 1991.

Article. M.-C. Gauthier, « Les titres exécutoires délivrés par l'État », *Procédures* mars 1998, p. 4.

SECTION 1
EXERCICE DES POURSUITES PAR LES INSPECTEURS DES FINANCES PUBLIQUES

261.11 Missions des inspecteurs des finances publiques. Un premier décret du 27 février 2007, puis un second du 10 novembre 2011[1], ont mis fin au corps des huissiers du Trésor public. Cependant une « pirouette » administrative les a simplement reversés dans celui des inspecteurs « *chargés des fonctions d'huissiers des finances publiques* ».

Les inspecteurs des finances publiques auxquels les fonctions d'huissier sont attribuées en application de l'article 4 du décret n° 2010-986 du 26 août 2010[2], sont chargés de procéder aux poursuites nécessaires au recouvrement des créances publiques dans les conditions prévues par l'article L. 258 A du Livre des procédures fiscales[3].

À cet effet, ils sont habilités à effectuer toutes les formalités, significations d'actes et assignations nécessaires au recouvrement des créances publiques et peuvent se voir confier, à titre accessoire, d'autres activités liées à ce recouvrement[4].

Les inspecteurs des finances publiques chargés des fonctions d'huissier sont commissionnés par le préfet du département de leur résidence administrative, devant lequel ils prêtent serment préalablement à leur entrée en fonction[5].

1. Décr. n° 2007-260, 27 févr. 2007, relatif à l'exercice des poursuites par les agents du Trésor public pour le recouvrement des créances publiques, *JO* 28 févr. ; abrog. par Décr. n° 2011-1501, 10 nov. 2011, relatif à l'exercice des poursuites par les agents de la direction générale des finances publiques pour le recouvrement des créances publiques, *JO* 13 nov., p. 19057.
2. Décr. n° 2010-986, 26 août 2010, portant statut particulier des personnels de catégorie A de la direction générale des finances publiques, *JO* 28 août, texte n° 45.
3. Décr. 26 août 2010, art. 1er.
4. Décr. 26 août 2010, art. 1er.
5. Décr. 26 août 2010, art. 3.

Ils jurent de loyalement remplir leurs fonctions avec exactitude et probité et d'observer en tout les devoirs qu'elles leur imposent[1].

Ces agents exercent leurs fonctions sous l'autorité du directeur départemental des finances publiques[2].

Ils informent les comptables pour le compte desquels ils instrumentent de la réalisation de leurs actions. Ils peuvent apporter une assistance juridique à l'ensemble des comptables du département[3].

L'inspecteur des finances publiques assume désormais à la fois la **représentation** devant les juridictions judiciaires, comme le prévoit le décret du 10 novembre 2011, mais également les **poursuites** pour l'exécution des titres; ils informent les comptables de la résiliation de leurs actions.

Jusqu'à récemment, les anciens agents judiciaires du Trésor ne poursuivaient pas l'exécution des titres et assumaient seulement la représentation devant les juridictions judiciaires.

Lorsque les nécessités du service l'imposent, le directeur départemental des finances publiques peut confier à des contrôleurs des finances publiques, à titre temporaire, l'exercice des poursuites nécessaires au recouvrement des créances publiques[4].

Pour recouvrer leurs créances ordinaires, les personnes publiques n'ont ainsi nullement besoin de recourir préalablement à une décision d'un juge. En présence d'un débiteur récalcitrant, elles ont le privilège de se délivrer à elles-mêmes un titre exécutoire (qui doit toutefois être précédé d'un commandement de payer) et sur le fondement duquel les voies d'exécution pourront être directement mises en œuvre[5].

SECTION 2
EXÉCUTION FORCÉE DES CRÉANCES PUBLIQUES

261.21 Habilitation pour l'exécution forcée et les mesures conservatoires des créances publiques. L'article R. 122-2 C. pr. exéc. précise la liste des personnes habilitées à procéder à une exécution forcée et aux mesures conservatoires au même titre que les huissiers de justice.

Ainsi, outre les huissiers de justice, les personnes chargées de mesures d'exécution forcée et des mesures conservatoires nécessaires au recouvrement des créances de l'État, des collectivités territoriales et des établissements publics dotés d'un comptable public, sont les agents des services du Trésor public, habilités en application de l'article L. 258 du Livre des procédures fiscales.

L'article L. 258 du Livre des procédures fiscales précise que les poursuites sont effectuées dans les formes prévues par le Code de procédure civile pour le recouvrement des créances. Elles sont opérées par huissier de justice ou par tout agent de l'Administration habilité à exercer des poursuites au nom du comptable[6].

Ainsi, c'est en application des articles L. 258 du Livre des procédures fiscales et 2 de l'ancien décret n° 97-658 du 31 mai 1997[7], et pour la nécessité du recouvrement des créances de l'État, que les inspecteurs des finances publiques (anciennement huissiers du Trésor public) sont habilités à délivrer, au même titre que l'huissier de justice, l'acte extrajudiciaire d'opposition au paiement du prix de vente d'un fonds de commerce[8].

Une telle habilitation a été consacrée par la Cour de cassation[9].

Les anciennes incompatibilités électives entre les fonctions de maire ou d'adjoint et celles d'agent des administrations financières ayant à connaître de la comptabilité communale, de l'assiette, du recouvrement ou du contrôle de tous impôts et taxes, ont été supprimées par l'ordonnance n° 2009-1530 du 10 décembre 2009 et l'article L. 2122-5 du Code général des collectivités territoriales modifié en conséquence.

1. Décr. 26 août 2010, art. 3.
2. Décr. 26 août 2010, art. 2.
3. Décr. 26 août 2010, art. 2.
4. Décr. 26 août 2010, art. 5.
5. M.-C. Gauthier, « Les titres exécutoires délivrés par l'État », *Procédures* mars 1998, p. 4.
6. LPF, art. L. 258 (mod. par Décr. n° 2008-295, 1er avr. 2008).
7. Abr. par Décr. n° 2007-258, 27 févr. 2007, lui-même abrogé par Décr. n° 2011-1501, 10 nov. 2011.
8. C. com., art. L. 141-14.
9. Com. 6 mai 2002, n° 00-14.655, *Bull. civ.* IV, n° 80; *D.* 2002. 2126; *Dr. et proc.* 2002. 312, obs. Bourdillat.

CHAPITRE

262. Ouverture forcée des portes

JEAN-YVES PINOY
VICE-PRÉSIDENT
DU TRIBUNAL D'INSTANCE DE SAINT-OUEN

SECTION 0
ORIENTEUR

262.00 **Plan du chapitre.**

262.01 **Textes applicables.**

C. pr. exéc., art. L. 121-2, L. 141-1, L. 142-1, L. 142-3, L. 143-1, L. 411-1, L. 412-1, L. 412-3, L. 431-1 et L. 451-1, R. 221-50, R. 412-2 et R. 412-3.

CCH, art. L. 111-6-6 et L. 613-5.

Rép. min. n° 24906, *JOAN* 16 sept. 2008.

262.03 **Bibliographie indicative.**

Ouvrage. H., L. et J. Mazeaud et M. de Juglart, *Leçons de droit civil*, 5e éd., Montchrestien, 1972, n° 567.

Rapport. Rapp. n° 1202, 2 avr. 1990, par N. Catala, *JOAN* 2 avr. 1990, p. 55.

Articles. J.-J. Daigre, « L'ouverture des portes : la hiérarchie des témoins de l'article 21 de la loi du 9 juillet 1991 est-elle d'ordre public ? », *Rev. huiss.* 1997. 148 – M. Dymant, « De la saisie des meubles en général et du domicile en particulier », *Gaz. Pal.* 1996. 2. Doctr. 894 – F. Lechait-Georget, « L'incidence de la loi du 21 janvier 1995 sur l'assistance prêtée aux huissiers lors des ouvertures des portes », *Rev. huiss.* 1999. 637 – Y. Rouquet, « Loi d'exécution des décisions de justice et rapports locatifs », *Dalloz actualité*, 5 janv. 2011 – R. Soulard, « La distinction entre l'ouverture des portes et le concours de la force publique », *Rev. huiss.* 1993. 1075.

262.05 **Annonce.** Les articles L. 142-3 et L. 142-1 C. pr. exéc. fixent les conditions et facultés pour l'huissier de justice de pénétrer dans un lieu servant à l'habitation.

262.06 **Renvoi.** (Sur l'expulsion et l'ouverture forcée des portes, v. ss nos 522.13 et 522.31).

SECTION 1
AUTORISATION DE PÉNÉTRER DANS UN LIEU SERVANT À L'HABITATION

262.11 **Modalités de pénétration dans un local affecté à l'habitation.** L'article L. 142-3 C. pr. exéc. précise qu'à l'expiration d'un délai de huit jours à compter d'un commandement de payer signifié par un huissier de justice et resté sans effet, celui-ci peut, sur justification du titre exécutoire, pénétrer dans un lieu servant à l'habitation et, le cas échéant, faire procéder à l'ouverture des portes et des meubles.

La **notion de domicile** est extrêmement importante dans le cadre du droit processuel; elle a été complétée par celle de résidence, d'habitation, de logement et enfin de local d'habitation[1].

En effet, les textes opèrent désormais une distinction entre la notion de « *local* » et celle de « *local affecté à l'habitation* »[2].

L'habitation reste définie par rapport à la résidence, comme lieu où la personne vit effectivement, même de manière occasionnelle[3].

L'article L. 142-1 C. pr. exéc. précise qu'en l'absence de l'occupant du local ou si ce dernier refuse l'accès, l'huissier de justice chargé de l'exécution ne peut y pénétrer qu'en présence du maire de la commune, d'un conseiller municipal délégué par le maire à cette fin, d'une autorité de police ou de gendarmerie, requis pour assister au déroulement des opérations ou, à défaut, de deux témoins

1. M. Dymant, *Gaz. Pal.* 1996. 2. Doctr. 894 (de la saisie des meubles en général et du domicile en particulier).
2. F. Lechait-Georget, « L'incidence de la loi du 21 janvier 1995 sur l'assistance prêtée aux huissiers lors des ouvertures des portes », *Rev. huiss.* 1999. 637.
3. H., L. et J. Mazeaud et M. de Juglart, *Leçons de droit civil*, 5e éd., Montchrestien, 1972, n° 567.

majeurs qui ne sont au service ni du créancier, ni de l'huissier de justice chargé de l'exécution.

Le recours aux témoins de l'article L. 142-1 C. pr. exéc. ne se conçoit qu'en l'absence du débiteur après que l'accès à son domicile a été autorisé par une employée de maison présente sur les lieux, laquelle peut contrôler les opérations d'exécution auxquelles elle assiste[1].

Les vacations versées aux différentes personnes prévues par l'article L. 142-1 C. pr. exéc. donnent lieu à remboursement, selon les termes de l'article 20-4 du décret tarifaire.

La Cour de cassation a statué en estimant que la régularité et l'importance des concours apportés par des tiers dans le cadre de l'article 21 de la loi du 9 juillet 1991 (devenu C. pr. exéc., art. L. 142-1) n'impliquaient pas que les avantages leur ayant été consentis avaient été accordés aux intéressés en contrepartie ou à l'occasion d'un travail effectué dans un lien de subordination excluant ainsi l'application de l'article L. 311-2 du Code de la sécurité sociale au régime indemnitaire des témoins[2].

L'URSSAF de Paris s'est également rangée à cette analyse en relevant que les témoins visés par l'article 21 de la loi du 9 juillet 1991 (devenu C. pr. exéc., art. L. 142-1) ne pouvaient être qualifiés de salariés et ne rentraient pas dans le cadre de l'article L. 311-2 du Code de la sécurité sociale[3].

Il convient encore de distinguer le recours à la force publique (v. titre 28, s^s^ n°s 280.00 s.) de celui de l'assistance de témoins privilégiés dont la présence est requise pour l'ouverture des portes[4].

Cependant, un fonctionnaire de police hors service a pu servir de témoin à un huissier de justice dans le cadre d'une assistance prévue par l'article 21 (devenu C. pr. exéc., art. L. 142-1), dès lors que cette assistance ne fait l'objet d'aucune rétribution[5].

En outre, une mention particulière doit être faite à propos de l'accès des huissiers de justice aux parties communes des immeubles, afin de pénétrer dans un local d'habitation.

L'article L. 111-6-6 du Code de la construction et de l'habitation prévoit expressément que le propriétaire ou, en cas de copropriété, le syndicat des copropriétaires représenté par le syndic permet aux huissiers de justice d'accéder, pour l'accomplissement de leurs missions de signification ou d'exécution, aux parties communes des immeubles d'habitation[6].

Le champ d'application de l'article L. 142-1 C. pr. exéc. a une portée générale et demeure applicable à l'ouverture des meubles situés dans le local où l'huissier de justice se trouve[7].

SECTION 2
CONTRÔLE DE L'ACCÈS À UN LOCAL D'HABITATION

262.21 Principe de l'inviolabilité du domicile et encadrement de ses exceptions. Les auteurs de la réforme des voies d'exécution ont entendu mettre en place de véritables garanties au regard des « *principes de l'inviolabilité du domicile et du respect de la vie privée qui ont valeur constitutionnelle et qui ne peuvent être mis en échec qu'avec l'autorisation et sous le contrôle de l'autorité judiciaire* »[8].

Le principe de l'inviolabilité du domicile à une valeur constitutionnelle et ne peut être transgressé qu'avec l'autorisation et le contrôle de l'autorité judiciaire.

L'article R. 221-50 C. pr. exéc. dispose que le débiteur peut demander la nullité d'une saisie portant sur un bien dont il n'est pas propriétaire. Cependant, si un concubin est débiteur et qu'il ne prouve pas à qui le bien saisi appartient, celui-ci sera réputé indivis.

Quelle que soit l'utilisation qui en est faite par un locataire, le caractère d'une location est déterminé par la destination que les parties ont entendu lui donner. La destination à usage d'habitation et professionnel n'implique pas, par elle-même, l'obligation d'utiliser les lieux loués à chacun des usages prévus par la convention[9].

Une procédure d'expulsion portant sur des locaux faisant l'objet d'un bail commercial au profit d'une société mais aussi affectés à l'habitation principale, d'une personne physique, doit ainsi respecter dans le commandement de quitter les lieux les mentions afférentes tant aux articles L. 412-1 et R. 412-2 C. pr. exéc. que celles des articles L. 412-3 et R. 412-3 C. pr. exéc. et L. 613-5 du Code de la construction et de l'habitation (désormais abrogé)[10].

1. Paris, 30 sept. 1999, *Rev. huiss.* 2000. 237, note Bourdillat.
2. Soc. 16 déc. 1999, n° 98-13.017, NP.
3. Recours amiable n° 417, 30 avr. 2002, inéd.
4. R. Soulard, « La distinction entre l'ouverture des portes et le concours de la force publique », *Rev. huiss.* 1993. 1075.
5. Rép. min. n° 24906, *JOAN* 16 sept. 2008; *Dr. et proc.* 2008. 355.
6. SUR CE POINT, v. Choquet, *Dr. et proc.* 2011. 62 (consécration d'un véritable accès aux parties communes) – N. Damas, *D.* 2011. Pan. 1181 – Y. Rouquet, « Loi d'exécution des décisions de justice et rapports locatifs », *Dalloz actualité*, 5 janv. 2011.
7. J.-J. Daigre, « L'ouverture des portes : la hiérarchie des témoins de l'article 21 de la loi du 9 juillet 1991 est-elle d'ordre public ? », *Rev. huiss.* 1997. 148.
8. Rapport n° 1202, 2 avr. 1990, par N. Catala, *JOAN* 2 avr. 1990, p. 55.
9. Civ. 3e, 15 janv. 1992, n° 90-12.815, *Bull. civ.* III, n° 11; *D.* 1992. 424, note Aubert.
10. TGI Paris, JEX, 8 juill. 1997, SARL Peter Pan c/Jean Gabriel X, inéd.

D'une manière générale, le juge de l'exécution conserve le pouvoir d'ordonner la mainlevée de toute mesure inutile ou abusive et de condamner le créancier à des dommages et intérêts en cas d'abus de saisie, en application de l'article L. 121-2 C. pr. exéc.

L'article L. 141-1 C. pr. exéc. précise qu'aucune mesure d'exécution ne peut être commencée avant six heures et après vingt-et-une heures; aucune dérogation à ce principe n'est accordée s'agissant des locaux à usage d'habitation.

L'article L. 431-1 C. pr. exéc. précise que les dispositions des articles L. 142-1 et L. 142-3 du même code ne s'appliquent pas en matière d'expulsion, sous réserve des dispositions de l'article L. 451-1 qui permettent à l'huissier de justice chargé de l'exécution de la mesure d'expulsion de procéder comme il est dit à l'article L. 142-1 pour constater que la personne expulsée et les occupants de son chef ont volontairement libéré les locaux postérieurement à la signification du commandement prévu à l'article L. 411-1 et pour procéder à la reprise des lieux.

La loi n° 89-462 du 6 juillet 1989 [1] précise en son article 14-1, complété par la loi n° 2010-1609 du 22 décembre 2010 [2], que, lorsque des éléments laissent supposer que le logement est abandonné par ses occupants, le bailleur peut mettre en demeure le locataire de justifier qu'il occupe le logement. Cette mise en demeure faite par un acte d'huissier peut être contenue dans un des commandements visés aux articles 7 et 24 de loi du 6 juillet 1989.

S'il n'a pas été déféré à cette mise en demeure un mois après signification, l'huissier de justice peut procéder comme il est dit à l'article 142-1 C. pr. exéc. pour constater l'état d'abandon du logement. Pour établir l'état d'abandon du logement en vue de voir constater par le juge la résiliation du bail, l'huissier de justice dresse un procès-verbal des opérations. Si le logement lui semble abandonné, ce procès-verbal contient un inventaire des biens laissés sur place, avec l'indication qu'ils paraissent ou non avoir valeur marchande.

La résiliation du bail est alors constatée par le juge dans des conditions prévues par voie réglementaire.

Il a été jugé que dans le cadre légal de son intervention, l'huissier de justice peut procéder à l'expulsion d'un local à usage d'habitation sans le concours de la force publique. Conformément aux dispositions des articles L. 142-1, L. 431-1 et L. 451-1 C. pr. exéc., cette exigence n'est conditionnée qu'à la présence sur les lieux de l'occupant du local et son assentiment à l'accès de l'officier ministériel chargé d'instrumenter. Il incombe à l'huissier de justice de relater très exactement et précisément, dans son procès-verbal, de quelle manière il est entré dans les lieux et comment s'est déroulée d'une façon effective la mesure d'expulsion [3].

La protection de la personne chez qui l'huissier de justice intervient en application de la loi a été précisée par la Cour de cassation à propos d'un arrêt de cour d'appel qui avait déclaré faux deux procès-verbaux de saisie-vente dressés par un huissier de justice dans les locaux d'une station-service exploitée par une société dotée de la personnalité morale, alors que l'huissier de justice avait pu accéder librement dans les lieux en raison de la présence d'une personne et y procéder à l'exécution d'un titre portant sur une obligation pécuniaire. Les deux procès-verbaux d'exécution que l'officier public et ministériel avait établis portaient pourtant la mention qu'il avait procédé aux opérations assisté de deux témoins. Pour la société débitrice saisie, l'huissier de justice avait alors rédigé un faux en écritures. La Cour de cassation indique que la rédaction du faux est établie par les juges qui ont notamment constaté que les deux témoins n'avaient pas assisté l'huissier par une présence effective à ses côtés tout au long des opérations. L'huissier de justice ayant porté dans ses procès-verbaux des mentions s'avérant inexactes et ne reflétant pas la réalité des diligences et formalités décrites, le faux est établi sans même qu'il soit nécessaire de rechercher si la saisie était valide et la présence des témoins nécessaire [4].

1. L. n° 89-462, 6 juill. 1989, tendant à améliorer les rapports locatifs et portant modification de la loi n° 86-1290 du 23 décembre 1986, *JO* 8 juill., p. 8541.
2. L. n° 2010-1609, 22 déc. 2010, relative à l'exécution des décisions de justice, aux conditions d'exercice de certaines professions réglementées et aux experts judiciaires, *JO* 23 déc., p. 2010.
3. TGI Béthune, JEX, 13 juill. 1999, *Rev. huiss.* 2000. 234, note Bourdillat.
4. Civ. 1re, 7 mars 2006, n° 04-11.542, *Bull. civ.* I, n° 134.

TITRE

27. L'avocat

SECTION 0
ORIENTEUR

270.00 **Plan du titre.**

270.06 **Introduction.** L'avocat est un auxiliaire de justice qui exerce une profession libérale et indépendante[1].

Cette profession ancienne issue d'une longue évolution, a vu naître la fusion des professions judiciaires et juridiques avec l'entrée en vigueur de la loi n° 71-1130 du 31 décembre 1971[2], réunissant les anciens avocats, les anciens avoués près les tribunaux de première instance et les agréées près les tribunaux de commerce.

Puis, la loi n° 90-1259 du 31 décembre 1990[3] a été à l'origine d'une nouvelle profession née de la fusion de l'avocat et des anciens conseils juridiques.

Plus récemment la loi n° 2004-130 du 11 février 2004[4] est à nouveau venue modifier la profession d'avocat en intégrant une directive européenne du 16 février 1998 ayant entraîné la réforme de la formation de l'élève avocat, introduit la formation continue et modifié le système disciplinaire en créant un conseil de discipline dans le ressort de chaque cour d'appel.

Cette loi a également accordé un pouvoir normatif au Conseil national des barreaux, qui en a fait usage en publiant un règlement intérieur national.

Le règlement intérieur national (RIN) n° 2005-003 actuellement en vigueur est directement applicable à tous les avocats sans transposition dans les règlements intérieurs des barreaux.

Les décrets n° 2005-531 du 24 mai 2005, n° 2005-790 du 12 juillet 2005 et n° 2005-1381 du 4 novembre 2005[5] sont venus compléter la réforme de 2004 en réorganisant l'administration de la discipline du barreau et le fonctionnement de la juri-

1. A. Damien et H. Ader, Dalloz action *Les règles de la profession d'avocat*, 2013/2014 – R. Martin, *Déontologie de l'avocat*, 10e éd., Litec, 2008.
2. L. n° 71-1130, 31 déc. 1971, portant réforme de certaines professions judiciaires et juridiques, *JO* 5 janv. 1972, p. 131.
3. L. n° 90-1259, 31 déc. 1990, portant réforme de certaines professions judiciaires et juridiques, *JO* 5 janv. 1991, p. 219.
4. L. n° 2004-130, 11 févr. 2004, réformant le statut de certaines professions judiciaires ou juridiques, des experts judiciaires, des conseils en propriété industrielle et des experts en ventes aux enchères publiques, *JO* 12 févr., p. 2847.
5. Décr. n° 2005-531, 24 mai 2005, modifiant le décret n° 91-1197 du 27 novembre 1991 organisant la profession d'avocat et relatif à la discipline, *JO* 26 mai, p. 9107 – Décr. n° 2005-790, 12 juill. 2005, relatif aux règles de déontologie de la profession d'avocat, *JO* 16 juill., p. 11688 – Décr. n° 2005-1381, 4 nov. 2005, modifiant l'article 98 du décret n° 91-1197 du 27 novembre 1991 organisant la profession d'avocat, *JO* 6 nov., p. 17473.

diction disciplinaire, les règles déontologiques de la profession d'avocat et l'ouverture de la profession d'avocat au juriste salarié.

Enfin, la loi n° 2011-94 du 25 janvier 2011 portant réforme de la représentation devant les cours d'appel et son décret d'application n° 2011-451 du 22 avril 2011[1], ont permis aux anciens avoués près les cours d'appel d'intégrer directement la profession d'avocat.

Il découle de l'ensemble de ces fusions, que le champ d'activité de la profession d'avocat s'est élargi, celui-ci étant désormais multiple et varié[2].

1. L. n° 2011-94, 25 janv. 2011, portant réforme de la représentation devant les cours d'appel, *JO* 26 janv., p. 1544 – Décr. n° 2011-451, 22 avr. 2011, *JO* 24 avr., p. 7328.
2. R. Martin, « La fusion éclatée », *JCP* 1996. I. 3932.

CHAPITRE

271. Activités judiciaires de l'avocat

JEAN-YVES PINOY
VICE-PRÉSIDENT
DU TRIBUNAL D'INSTANCE DE SAINT-OUEN

SECTION 0
ORIENTEUR

271.00 Plan du chapitre.

271.01 Textes applicables.

C. pr. exéc., art. L. 111-3, L. 121-4 et R. 321-1 s.

C. pr. civ., art. 828 et 852.

271.03 Bibliographie indicative.

Ouvrage. A. Damien et J. Hamelin, Dalloz action *Les règles de la profession d'avocat*, 2013/2014, 14e éd., Dalloz.

Articles. M. Boitelle-Coussau, « Les principaux délais concernant les mesures conservatoires et sûretés judiciaires », *Gaz. Pal.* 17 oct. 1993 – A. Leborgne, « Deux ans de saisie immobilière », *Procédures* 2009. Chron. 1 – S. Piedelièvre, « Le décret du 12 février 2009 modifiant le décret du 27 juillet 2006 », *RD banc. fin.* 2009, n° 65 – J.-C. Woog, « L'inscription d'une hypothèque conservatoire en l'absence d'une décision judiciaire », *Gaz. Pal.* 30 sept. 1994.

SECTION 1
ASSISTANCE ET REPRÉSENTATION DES PARTIES

271.11 Champ d'intervention de l'avocat. La plaidoirie de l'avocat consister à aider le justiciable dans sa défense en justice en présentant des explications orales reprenant le plus souvent des conclusions écrites établies en son nom. C'est l'acte caractérisant l'assistance de l'avocat.

La plaidoirie est un exposé oral et un développement verbal des prétentions des justiciables, la discussion des moyens adverses et des objections légales, le développement des arguments justificatifs d'un plaignant ou d'un inculpé[1].

Devant le juge de l'exécution, et en application de l'article L. 121-4 C. pr. exéc., l'avocat n'est pas obligatoire, ni la postulation, cet article reprenant les règles de représentation applicables devant le tribunal d'instance par les articles 828 et 852 C. pr. civ.

Toutefois, ces règles ne sont pas applicables à la saisie des immeubles, navires, aéronefs et bateaux de navigation intérieure d'un tonnage égal ou supérieur à vingt tonnes qui relèvent de dispositions particulières, en application de la loi n° 2010-1609 du 22 décembre 2010, dont l'article 13 est entré en application le 1er septembre 2011.

L'avocat plaide sans limitation territoriale, mais doit postuler devant le tribunal de grande instance dont relève le barreau au sein duquel il est inscrit. S'il veut plaider dans un autre tribunal de grande instance, il doit alors demander à l'un de ses confrères inscrits dans le barreau relevant de cet autre tribunal de postuler pour lui. Cela signifie qu'aujourd'hui si l'avocat peut représenter son client devant « son » TGI et, en appel, devant la cour, il ne peut représenter quiconque devant un autre TGI du ressort de la même cour. Principe aujourd'hui contesté; déjà, la commission Darrois (avril 2009) avait préconisé de s'orienter vers la suppression du monopole territorial des avocats à l'horizon du 31 décembre 2014. Au 19 février 2015, le projet Macron prévoit (art. 13), plus modestement, d'étendre la postulation à tous les TGI situés dans le ressort d'une même cour d'appel, mais cette mesure ne deviendra effective qu'un an après la promulgation de la loi et, par exception à ce principe, les activités suivantes continueraient de relever du régime de la postulation au ressort du

1. Colloque Bordeaux, 22 sept. 1989, *Gaz. Pal.* 22 déc. 1989, p. 24 s. – P. Estoup, « La plaidoirie au-delà du colloque », *Gaz. Pal.* 26 déc. 1989, chron.; « La plaidoirie discussion », *Gaz. Pal.* 17 sept. 1991, chron.

TGI : les procédures de **saisies immobilières**, de **partage** et de **licitation**, l'aide judiciaire et les instances dans lesquelles l'avocat ne serait pas maître de l'affaire chargé également d'assurer la plaidoirie.

La représentation, à la différence de l'assistance, consiste à ce que l'avocat se substitue à son client. Ainsi, non seulement il plaide et conclut dans l'intérêt de ce dernier, mais l'engage comme s'il était le client lui-même. L'activité de représentation s'exerce ainsi devant les juridictions où la présence d'un avocat territorialement compétent est requise, par la postulation, pour la validité de la procédure.

SECTION 2
L'AVOCAT DANS LES VOIES D'EXÉCUTION

271.21 Contribution de l'avocat au titre des procédures d'exécution. Pour l'obtention des **titres exécutoires** énumérés par l'article L. 111-3 C. pr. exéc., les créanciers feront le plus souvent appel au ministère d'avocat.

Il demeure à cet égard le partenaire privilégié de l'huissier de justice qui n'exerce aucun monopole, sauf dans le domaine des saisies conservatoires[1].

En matière de **mesures conservatoires et de sûretés**, l'avocat demeure le maître d'œuvre[2].

En matière de **saisie immobilière et de distribution du prix** de vente de l'immeuble[3], et dans le cadre des procédures de saisies immobilières, l'avocat a un rôle prépondérant.

Ainsi, pour le compte du créancier poursuivant et saisissant, il va diriger la procédure dans sa globalité, puisque, dès le commandement de payer valant saisie, un avocat doit se constituer, même si ce n'est pas lui qui, exceptionnellement, rédige le commandement aux fins de saisie immobilière prévu par les articles R. 321-1 et suivants C. pr. exéc.

Pour le surplus de la procédure, l'avocat demeure le seul auxiliaire de justice qui, mieux que quiconque, peut représenter et le cas échéant défendre les intérêts des autres parties, allant de la procédure de saisie elle-même à la distribution finale du prix de vente de l'immeuble[4].

Le décret n° 2009-160 du 12 février 2009, pris pour l'application de l'ordonnance n° 2008-1345 du 18 décembre 2008 portant réforme des entreprises en difficultés[5], a également modifié les procédures de saisie immobilière et de distribution du prix d'un immeuble, venant ainsi renforcer davantage le rôle de l'avocat en matière de saisie immobilière ou de distribution du prix.

271.22 Rémunération des frais de postulation. Principe et exception dans le projet Macron. Alors que les frais de postulation étaient traditionnellement tarifés, le projet de loi Macron, au 19 février 2015 (art. 13-I), les soumet au régime des honoraires des autres prestations fournies par l'avocat. À l'entrée en vigueur de ce projet (futur nouvel article 10, al. 1 à 5, L. 1971) : les honoraires de postulation, de consultation, d'assistance, de conseil, de rédaction d'actes juridiques sous seing privé et de plaidoirie seront fixés en accord avec le client (al. 1), mais, **en matière de saisie immobilière et de sûretés judiciaires**, les droits et émoluments de l'avocat seront fixés sur la base d'un tarif déterminé selon des modalités prévues par décret (al. 2).

1. P. Barbet, *LPA* 6 janv. 1993, p. 14 s.
2. J.-C. Woog, « L'inscription d'une hypothèque conservatoire en l'absence d'une décision judiciaire », *Gaz. Pal.* 1994, 30 sept. 1994 – M. Boitelle-Coussau, « Les principaux délais concernant les mesures conservatoires et sûretés judiciaires », *Gaz. Pal.* 17 oct. 1993.
3. Ord. n° 2006-461, 21 avr. 2006, réformant la saisie immobilière, *JO* 22 avr., p. 6072 ; complétée par Décr. n° 2006-936, 27 juill. 2006, relatif aux procédures de saisie immobilière et de distribution du prix d'un immeuble, *JO* 29 juill., p. 11316.
4. A. Leborgne, « Deux ans de saisie immobilière », *Procédures* 2009. Chron. 1.
5. S. Piedelièvre, « Décret du 12 février 2009 modifiant le décret du 27 juillet 2006 », *RD banc. fin.* 2009. Comm. 65.

CHAPITRE

272. Activités juridiques de l'avocat

Jean-Yves PINOY
Vice-président
du tribunal d'instance de Saint-Ouen

SECTION 0
ORIENTEUR

272.00 **Plan du chapitre.**

272.01 **Textes applicables.**

• **L. n° 2011-331, 28 mars 2011,** portant modernisation des professions judiciaires et de certaines professions réglementées, *JO* 29 mars 2011, p. 5447.

• **L. n° 97-308, 7 avr. 1997,** modifiant les articles 54, 62, 63 et 66-5 de la loi n° 71-1130 du 31 décembre 1971 portant réforme de certaines professions judiciaires et juridiques, *JO* 8 avr., p. 5323.

• **L. n° 90-1259, 31 déc. 1990,** portant réforme de certaines professions judiciaires et juridiques, *JO* 5 janv. 1991, p. 219.

272.03 **Bibliographie indicative.**

Ouvrage. O. Favereau, *Les avocats, entre ordre professionnel et ordre marchand*, Lextenso, 2010.

Articles. A. Bénabent, « La réglementation de l'exercice du droit », *JCP* 1991. I. 3490 – Bâtonnier Duluc, « La déontologie de l'avocat dans le domaine juridique », *Vie jud.* 5 août 1990, p. 1 – P. Fronton, « Quelle responsabilité au titre de l'obligation de conseil pour le clerc d'avocat, rédacteur d'actes à titre gratuit ou de façon occasionnelle ? », *LPA* 14 oct. 1999, p. 5.

272.05 **Division.** Il résulte des dispositions de l'article 1er, I, alinéa 2 de la loi n° 71-1130 du 31 décembre 1971 portant réforme de certaines professions judiciaires et juridiques[1], que l'avocat peut établir tous les actes juridiques qui lui sont demandés, quelle qu'en soit la nature, sous réserve des restrictions légales ou réglementaires concernant notamment les actes réservés à d'autres professions déterminées.

Dans le cadre de son activité juridique, l'avocat rédacteur a essentiellement une obligation de conseil (sect. 1), dont il partage le monopole avec d'autres professionnels du droit (sect. 2).

SECTION 1
OBLIGATION DE CONSEIL DE L'AVOCAT DANS LE CADRE DE SON ACTIVITÉ JURIDIQUE

272.11 **Devoir de conseil, confidentialité et indépendance de l'avocat.** L'avocat ne peut pas s'écarter des règles de dignité et de délicatesse exigées de tout avocat (v. ss nos 273.05 s., sur la discipline des avocats) et, notamment, aucun rédacteur ne peut, sauf accord exceptionnel du bâtonnier, plaider sur la validité ou l'interprétation d'un acte rédigé par un avocat[2].

L'avocat rédacteur d'actes est tenu, afin d'assurer l'efficacité des conventions qu'il prépare, à l'égard de toutes les parties, d'un **devoir de conseil** dont la mesure et la portée dépendent des circonstances[3].

« *Le rédacteur est plus qu'un rédacteur, il ne tient pas seulement la plume, il doit également s'assurer de la validité et de l'efficacité de l'acte qu'il confectionne; il garantit aux parties, aux deux parties, au profit desquelles il est censé œuvrer, la valeur juridique de l'acte dont elles lui ont confié l'établissement. De là l'obligation pour le rédacteur, de faire preuve d'initiative, de poser des questions, d'interroger le droit positif, voire de l'interpréter, afin de remplir correctement son office* ».

Un avocat ayant exercé une activité d'intermédiaire, et ayant commis des fautes à l'occasion de cette mission se rattachant à l'exercice d'activités

1. L. n° 71-1130, 31 déc. 1971, portant réforme de certaines professions judiciaires et juridiques, *JO* 5 janv. 1972, p. 131.

2. Lyon, 8 janv. 1986, *Gaz. Pal.* 1986. 1. 285.

3. Civ. 24 mars 1987, *JCP* 1987. IV. 189.

autorisées, peut être déclaré responsable de ses fautes et son assureur tenu à le garantir[1].

Un avocat peut être celui de deux parties contractantes, à la condition de rester indépendant vis-à-vis de chacune d'elles et ne peut rédiger un acte juridique pour deux parties dont l'une est son client, s'il n'a avisé l'autre de la possibilité de se faire assister par un autre avocat[2].

Dans le cadre de sa mission de conseil, l'avocat peut agir soit par voie de consultation, soit par voie de rédaction d'actes sous seing privé[3].

Il résulte des dispositions de l'article 7 de la loi n° 97-308 du 7 avril 1997[4] qu'en toutes matières, que ce soit dans le domaine du conseil ou dans celui de la défense, les consultations adressées par un avocat à son client ou destinées à celui-ci, les correspondances échangées entre le client et son avocat, entre l'avocat et ses confrères, les notes d'entretien et plus généralement toutes les pièces du dossier, sont couvertes par le secret professionnel.

La Cour de cassation est venue rappeler le caractère absolu du secret professionnel de l'avocat en matière juridique, comme en matière judiciaire[5].

La correspondance entre un avocat et son client est donc protégée par cette confidentialité, y compris en matière juridique et couvre toute correspondance échangée.

Toutefois, la protection établie au titre de la confidentialité des communications entre clients et avocats ne s'applique que dans la mesure où ces avocats sont indépendants, c'est-à-dire non liés par un rapport d'emploi. Il s'ensuit que sont expressément exclues du principe de la confidentialité les communications avec les juristes d'entreprise[6].

L'exigence relative à la qualité d'avocat indépendant procède d'une conception du rôle de ce dernier considéré comme collaborateur de la justice appelé à fournir, en toute indépendance et dans l'intérêt supérieur de la justice, l'assistance légale dont le client a besoin. Il en découle que l'exigence d'indépendance implique l'absence de tout rapport d'emploi entre l'avocat et son client, si bien que la protection au titre du principe de la confidentialité ne s'entend pas aux échanges au sein d'une entreprise ou d'un groupe avec des avocats internes[7].

SECTION 2

PARTAGE DU MONOPOLE DE L'ACTIVITÉ DE CONSEIL

272.21 Délimitation de l'activité de conseil de l'avocat. Depuis la loi n° 90-1259 du 31 décembre 1990[8], l'avocat partage le monopole de l'activité de conseil avec d'autres professionnels du droit.

La consultation juridique n'est plus libre et demeure désormais confiée à un nombre restreint de professions réglementées[9].

L'article 54 de la loi du 31 décembre 1990 édicte les dispositions générales relatives à la réglementation de la consultation en matière juridique et à la rédaction d'actes sous seing privé[10].

L'article 58 de la loi du 31 décembre 1990, fait référence aux juristes d'entreprise qui peuvent, dans l'exercice de leurs fonctions et au profit exclusif de l'entreprise qui les emploie, donner des consultations et rédiger des actes sous seing privé relevant de l'activité de l'entreprise.

L'article 59 de la loi du 31 décembre 1990 fait référence aux personnes exerçant une activité réglementée qui peuvent, dans les limites autorisées par la réglementation qui leur est applicable, donner des consultations juridiques relevant de leur activité principale et rédiger des actes sous seing privé constituant l'accessoire direct de la prestation fournie.

Il a été jugé qu'un expert-comptable, qui accepte dans le cadre de ses activités juridiques accessoires d'établir un acte sous seing privé pour le compte d'autrui, est tenu, en sa qualité de rédacteur, d'informer et d'éclairer de

1. Civ. 1re, 5 févr. 1991, n° 89-13.528, *Bull. civ.* I, n° 46; *JCP* 1991. IV. 126.
2. Bâtonnier Duluc, « La déontologie de l'avocat dans le domaine juridique », *Vie jud.* 5 août 1990, p. 1 s.
3. P. Fronton, « Quelle responsabilité au titre de l'obligation de conseil pour le clerc d'avocat, rédacteur d'actes à titre gratuit ou de façon occasionnelle ? », *LPA* 14 oct. 1999, p. 5 s.
4. L. n° 97-308, 7 avr. 1997, modifiant les articles 54, 62, 63 et 66-5 de la loi n° 71-1130 du 31 décembre 1971 portant réforme de certaines professions judiciaires et juridiques, *JO* 8 avr., p. 5323.
5. Com. 5 mai 1998, n° 96-30.116, *Bull. civ.* IV, n° 147; *JCP* 1998. 18, note Martin.
6. TPICE 17 sept. 2007, Akzo Nobel Chemicals et Akros Nobel Chemicals Ltd. c/Commission, aff. 155/79 – V. AUSSI : J.-M. Delas « Absence de confidentialité des avis juridiques des juristes internes à l'entreprise », *Gaz. Pal.* 2010. Doctr. 3284.
7. CJUE 14 sept. 2010, Akzo Nobel Chemicals et Akros Nobel chemicals Ltd. c/Commission, aff. C-550-07, *Dalloz actualité*, 24 sept. 2010, obs. Avena-Robardet; *D.* 2010. 2149, obs. ndlr; *D.* 2010. 552, obs. Blanchard; *AJDA* 2010. 2305, obs. Aubert, Broussy et Donant; *RTD civ.* 2010. 814, obs. Théry; *RTD eur.* 2011. 173, chron. Coutron; *Gaz. Pal.* 21 sept. 2010, p. 16, note Repiquet; *JCP* 2010. 954, note Picod; *JCP* 2010.1068, obs. Jamin.
8. L. n° 90-1259, 31 déc. 1990, portant réforme de certaines professions judiciaires et juridiques, *JO* 5 janv. 1991, p. 219.
9. A. Bénabent, « La réglementation de l'exercice du droit », *JCP* 1991. I. 3490.
10. Sur ces dispositions générales, v. O. Favereau (dir.), *Les avocats, entre ordre professionnel et ordre marchand*, *Gaz. Pal.*/Lextenso, 2010.

manière complète les parties sur les effets de l'opération projetée, notamment sur ses incidences fiscales[1].

L'article 60 de la loi du 31 décembre 1990, indique encore que les personnes exerçant une activité professionnelle non réglementée pour laquelle elles justifient d'une qualification reconnue par l'État ou attestée par un organisme professionnel agréé peuvent, dans les limites de cette qualification, donner des consultations juridiques relevant directement de leur activité principale et rédiger des actes sous seing privé constituant l'accessoire nécessaire à cette activité.

Il a ainsi été jugé qu'une société exerçant une activité professionnelle non réglementée, pour laquelle elle justifie d'une qualification reconnue par un organisme public, n'est par suite habilitée par les dispositions de l'article 60 précité qu'à la pratique du droit accessoire de son activité principale, et ne peut dès lors, sans méconnaître ces dispositions légales, être candidate à l'attribution d'un marché public ayant pour objet principal des prestations de consultation juridique[2].

Enfin, l'article 63 de la loi du 31 décembre 1990, dispose que les associations reconnues d'utilité publique, ou dont la mission est reconnue d'utilité publique, les fondations reconnues d'utilité publique, les associations agréées de consommateurs, les associations agréées exerçant leur activité dans les domaines de la protection de la nature et de l'environnement et de l'amélioration du cadre de vie et du logement, les associations habilitées par la loi à exercer les droits de la partie civile devant la juridiction pénale, les associations familiales et les unions d'associations familiales régies par le Code de l'aide sociale et de la famille, les groupements mutualistes régis par le Code de la mutualité peuvent donner à leurs membres des consultations juridiques relatives aux questions se rapportant directement à leur objet.

Il a été jugé qu'une association d'aide aux victimes d'accidents corporels, qui ne remplissait pas les conditions édictées par l'article 63 précité, ne pouvait donner de consultations juridiques relatives aux questions se rapportant directement à son objet[3].

La loi n° 2011-331 du 28 mars 2011, portant modernisation des professions judiciaires et de certaines professions réglementées[4], est venue renforcer les pouvoirs juridictionnels de l'avocat par la création de l'acte contresigné. La création de l'acte contresigné constitue l'une des préconisations majeures d'un rapport de la commission Darrois[5]. En effet, de nombreux contrats, parfois complexes, sont effectués dans des conditions qui ne permettent pas d'assurer une sécurité juridique suffisante. Or, l'avocat, en tant que professionnel du droit pratiquant une activité contentieuse, est le mieux placé pour anticiper les difficultés d'application et d'exécution d'un acte, ce qui lui confère une expérience et une compétence particulières. Tirant les conséquences de la place renforcée du droit dans notre société, la loi du 28 mars 2011 instaure donc un acte contresigné par avocat. La signature de l'avocat sur l'acte atteste que les personnes qu'il aura conseillées ont reçu l'assistance juridique d'un avocat. S'agissant de leur signature et de leur écriture, il a une force probante renforcée. C'est un outil qui permet d'encourager un recours plus fréquent à des professionnels du droit tenus d'informer les parties à un contrat sur les conséquences de leur engagement. C'est en même temps un acte qui engage l'avocat : en contresignant, il engage en effet sa responsabilité.

1. Civ. 1re, 9 nov. 2004, n° 02-12.415, *Bull. civ.* I, n° 256; *D.* 2004. 3193, obs. ndlr; *JCP* 2004. IV. 3446; *Bull. Joly* 2005. 220, note Barbieri.
2. CAA Nancy, 23 mars 2009, req. n° 08NC00594, Sté SVP, venant en confirmation de TA Besançon, 28 févr. 2008, *AJDA* 2008. 1050; *JCP* 2008. I. 140, n° 18, obs. Lévy.
3. Civ. 1re, 21 juin 2005, n° 03-13.633, NP.
4. L. n° 2011-331, 28 mars 2011, portant modernisation des professions judiciaires et de certaines professions réglementées, *JO* 29 mars 2011, p. 5447.
5. Rapport à Monsieur le président de la République sur les professions du droit sous la présidence de M. Jean-Michel Darrois, mars 2009.

CHAPITRE

273. Actions en responsabilité professionnelle et actions disciplinaires à l'encontre des avocats

JEAN-YVES PINOY
VICE-PRÉSIDENT
DU TRIBUNAL D'INSTANCE DE SAINT-OUEN

SECTION 0
ORIENTEUR

273.00 **Plan du chapitre.**

273.01 **Textes applicables.**

• **Décr. n° 91-1197, 27 nov. 1991,** organisant la profession d'avocat, *JO* 28 nov., p. 15502.

C. pr. pén., art. 63-4.

273.03 **Bibliographie indicative.**

Article. V.-C. Ramaget et P. Lafarge, « La responsabilité de l'avocat au regard de la fluctuation de la jurisprudence », *Gaz. Pal.* 1995. 1. Doctr. 137.

273.05 **Division.** Il convient de distinguer l'action en responsabilité professionnelle à l'encontre d'un avocat, susceptible d'être exercée pour toute faute commise par celui-ci à l'occasion de son intervention professionnelle, de l'action disciplinaire pouvant être exercée par leurs ordres soit en raison de poursuites pénales dont il est ou a pu faire l'objet, soit en raison d'infractions aux règles professionnelles auxquelles il est soumis.

Ces deux types d'actions demeurent distincts et autonomes, n'obéissent pas au même régime de mise en œuvre et ne doivent pas être confondus sous peine de ne pas parvenir au résultat escompté.

Nous verrons le régime de la responsabilité professionnelle de l'avocat (sect. 1), puis celui de la discipline des avocats (sect. 2).

SECTION 1
RESPONSABILITÉ PROFESSIONNELLE DE L'AVOCAT

273.11 **Manquements professionnels, fautes ou négligences.** L'avocat peut voir engagée sa responsabilité civile professionnelle en raison de ses manquements professionnels, fautes ou négligences à l'égard de son client envers lequel il demeure plus généralement tenu d'un devoir de conseil et d'information[1].

Ainsi, il a été jugé que la mission d'assistance en justice emporte pouvoir et devoir de conseiller la partie : manque à son devoir de conseil, l'avocat qui omet d'informer son client sur les moyens de défense, quelles qu'aient été les instructions reçues[2].

Si l'avocat est civilement responsable des actes professionnels accomplis pour son compte par un collaborateur, cette responsabilité n'est pas exclu-

1. V. C. Ramaget et P. Lafarge, *Gaz. Pal.* 1995. 1. Doctr. 137 (la responsabilité de l'avocat au regard de la fluctuation de la jurisprudence).
2. Civ. 1re, 9 mai 1996, n° 94-14.022, *Bull. civ.* I, n° 191.

sive de celle qui est alors également encourue par son collaborateur avocat[1].

Il appartient à l'avocat de recueillir de sa propre initiative auprès de son client les éléments d'information et documents propres à lui permettre d'assurer au mieux la défense de ses intérêts[2].

L'avocat doit rapporter la preuve qu'il a exécuté son obligation professionnelle particulière d'information et de conseil[3].

Les instances en responsabilité civile contre les avocats suivent les règles ordinaires de procédure[4] :

Ainsi, si le justiciable estime devoir engager la responsabilité civile professionnelle de son avocat à qui il impute une faute et lui demander réparation, il doit alors saisir le tribunal de grande instance dans le ressort duquel exerce cet avocat et être lui-même représenté dans la procédure par un autre avocat en raison des règles de postulation obligatoires devant cette juridiction.

Afin que soit assurée la représentation d'un justiciable agissant en responsabilité civile contre son précédent conseil et en cas de refus généralisé de représentation de tous les avocats d'un barreau, il a été considéré qu'il appartient audit justiciable de solliciter l'intervention du bâtonnier pour obtenir la désignation d'un avocat. Il peut aussi faire le choix d'être assisté d'un avocat dépendant d'un autre barreau, qui, dans cette hypothèse, devra avoir recours à un avocat postulant[5].

Il doit être justifié, soit par le barreau, soit collectivement ou personnellement par les avocats, soit à la fois par le barreau et par les avocats, d'une assurance garantissant la responsabilité civile professionnelle de chaque avocat membre du barreau, en raison des négligences et fautes commises dans l'exercice de ses fonctions[6].

Il doit également être justifié d'une assurance « *au profit de qui il appartiendra* » contractée par le barreau ou d'une garantie affectée au remboursement des fonds, effets ou valeurs reçus.

Le bâtonnier doit informer le procureur général des garanties ainsi constituées.

Toutefois, en dépit de cette obligation, n'a pas la qualité d'assuré l'ordre des avocats seulement souscripteur de l'assurance « *pour le compte de qui il appartiendra* » contractée en vue de garantir « *la représentation de fonds* »[7].

1. Civ. 1re, 17 mars 2011, n° 10-30.283, *Bull. civ.* I; *D.* 2011. 959, obs. Tahri; *D.* 2011. 1483, note Dondero.
2. Civ. 1re, 1er mars 2005, n° 03-16.329, *Bull. civ.* I, n° 98.
3. Civ. 1re, 29 avr. 1997, n° 94-21.217, *Bull. civ.* I, n° 132; *R.* 294; *JCP* 1997. II. 22948, note Martin; *CCC* 1997, n° 111, note Leveneur; *LPA* 15 août 1997, note M.-H. et Maleville; *RCA* 1997. Comm. 231, Chron. 19, par Groutel.
4. L. n° 71-1130, 31 déc. 1971, portant réforme de certaines professions judiciaires et juridiques, *JO* 5 janv. 1972, p. 131, art. 26.
5. Rép. min. Justice n° 11187, *JOAN Q*, 29 janv. 2008, p. 840; *Procédures* 2008. Veille 10.
6. L. 31 déc. 1971, art. 27.

SECTION 2

DISCIPLINE DES AVOCATS

273.21 Procédure disciplinaire et notions de fautes disciplinaires. Un avocat est également soumis à la juridiction disciplinaire de son ordre devant laquelle il peut être attrait, soit en raison de poursuites pénales dont il est ou a été l'objet, soit en raison d'infractions aux règles professionnelles auxquelles il est soumis.

L'action disciplinaire est soumise aux règles de la procédure civile et non à celles de la procédure pénale[8].

De même l'action disciplinaire à l'encontre de l'avocat est indépendante de l'action pénale et de l'action civile en responsabilité professionnelle. Aussi l'exercice de poursuites disciplinaires ne fait pas obstacle aux poursuites que le ministère public ou tout justiciable pourrait intenter devant les tribunaux répressifs ou les juridictions civiles.

A contrario, l'action disciplinaire à l'encontre de l'avocat étant autonome de l'action publique et reposant sur des critères différents, la juridiction disciplinaire compétente peut, en l'absence de toute poursuite pénale, sanctionner disciplinairement un avocat pour des actes qu'il aurait commis et qui seraient contraires à ses obligations professionnelles[9].

L'article 183 du décret n° 91-1197 du 27 novembre 1991[10] organisant la profession d'avocat précise que « *toute contravention aux lois et règlements, toute infraction aux règles professionnelles, tout manquement à la probité, à l'honneur ou à la délicatesse, même se rapportant à des faits extraprofessionnels, expose l'avocat qui en est l'auteur à des sanctions disciplinaires* ».

Certains auteurs ont dès lors considéré qu'une définition aussi large de la faute disciplinaire soumettait l'avocat à un régime d'infraction indéterminée[11].

Des exemples jurisprudentiels de faits commis par un avocat permettent de caractériser des fautes disciplinaires :

Il a notamment été jugé que le défaut de réponse aux interrogations du bâtonnier constituait un manquement

7. Civ. 2e, 15 avr. 2010, *Gaz. Pal.* 13-17 août 2010, p. 30, note Leducq; *RGDA* 2010. 673, note Mayaux.
8. Civ. 7 mars 1949, *D.* 1949.457.
9. Civ. 14 juin 1988, *JCP* 1988. IV. 294.
10. Décr. n° 91-1197, 27 nov. 1991, organisant la profession d'avocat, *JO* 28 nov., p. 15502.
11. J. Hamelin et A. Damien (dir), *Les règles de la profession d'avocat*, 9e éd., Dalloz, 2000.

au devoir de l'avocat à l'égard de son ordre et à ses obligations professionnelles [1].

De même il a été retenu que : « *Constituait un manquement à l'honneur, à la délicatesse et la modération, le fait pour un avocat de critiquer le fonctionnement de la Justice et le comportement de magistrats, en dépassant sa liberté d'expression qui n'est pas absolue, car sujette à des restrictions qu'impliquent notamment la protection de la réputation ou des droits d'autrui et la garantie de l'autorité et de l'impartialité du pouvoir judiciaire, et ne s'étend pas aux propos violents qui expriment une animosité qui, dirigée personnellement contre le magistrat concerné, mis en cause dans son intégralité morale et non pas contesté pour ses prises de position critiquables, constituent un manquement au principe essentiel de délicatesse qui s'impose à l'avocat en toutes circonstances* » [2].

Le fait pour un avocat d'exercer son activité professionnelle, même ponctuellement, tout en percevant des revenus de substitution versés par des organismes sociaux en cas d'interruption de l'activité, constitue un manquement à l'honneur et à la probité [3].

Manque à la loyauté, à la délicatesse et à la probité, l'avocat qui conseille à son client une opération de lotissement au seul profit d'une société dont il est le dirigeant et sans révéler à son client qu'il était personnellement intéressé à l'affaire par société interposée [4].

Le refus délibéré d'un avocat d'exécuter une décision de justice définitive prononcée à son encontre, notamment en s'opposant à toute saisie en déclarant que le bureau et le matériel de son cabinet d'avocat lui étaient loués par un confrère et qu'il habitait chez une amie, constitue à lui seul un manquement caractérisé à l'honneur et à la profession d'avocat [5].

Le non-respect de l'article 63-4 du Code de procédure pénale faisant interdiction à l'avocat pendant la durée de la garde à vue de faire état de son entretien avec la personne gardée à vue caractérise la violation du secret professionnel et doit donner lieu à sanction disciplinaire de l'avocat [6].

Les peines disciplinaires qui peuvent être prononcées à l'encontre de l'avocat à la suite d'une faute disciplinaire sont l'avertissement, le blâme, l'interdiction temporaire, qui ne peut excéder trois années, la radiation du tableau des avocats ou le retrait de l'honorariat.

L'avertissement, le blâme et l'interdiction temporaire peuvent comporter la privation, par la décision qui prononce la peine disciplinaire, du droit de faire partie du conseil de l'ordre, du Conseil national des barreaux, des autres organismes ou conseils professionnels ainsi que d'exercer les fonctions de bâtonnier pendant une durée n'excédant pas dix ans.

L'audience disciplinaire peut en outre, à titre de sanction accessoire, ordonner la publicité de toute peine disciplinaire.

Seule la peine de l'interdiction temporaire peut être assortie du sursis.

Il n'existe pas de sursis sans texte, d'où la nécessité d'un texte spécial prévoyant la possibilité du sursis en matière disciplinaire [7].

De même, les sanctions pénales et disciplinaires de suspension d'activité étant de nature différente; elles ne peuvent donc s'imputer l'une sur l'autre et doivent être exécutées successivement [8].

L'avocat radié ne peut plus être inscrit au tableau d'aucun autre barreau [9] et la réhabilitation demeure sans effet sur la radiation [10].

La procédure disciplinaire débute par une enquête déontologique faite par le bâtonnier, qui peut, soit de sa propre initiative, soit à la demande du procureur général, soit sur la plainte de toute personne intéressée, procéder à une enquête sur le comportement d'un avocat de son barreau. Il peut désigner à cette fin un délégué, parmi les membres ou anciens membres du conseil de l'ordre. Lorsqu'il décide de ne pas procéder à une enquête, il en avise l'auteur de la demande ou de la plainte.

Le bâtonnier qui tient de l'article 189 du décret du 27 novembre 1991 le pouvoir d'apprécier les suites à donner à l'enquête à laquelle il procède lui-même ou dont il charge un rapporteur en décidant soit du renvoi de l'affaire devant le conseil de l'ordre, soit du classement de l'affaire, ne peut, eu égard à cette attribution particulière, ni présider la formation disciplinaire ni participer au délibéré [11].

L'exigence d'impartialité s'impose aux rapporteurs qui ont pour mission de procéder à une instruction objective et contradictoire de l'affaire et dont le rapport, obligatoire, est déterminant du sort ultérieurement réservé aux poursuites de la formation de jugement [12].

1. Lyon, 6 déc. 1993, *Gaz. Pal.* 12 mai 1994, note Damien.
2. Civ. 1re, 4 mai 2012, n° 11-30.193, P.
3. Civ. 1re, 16 oct. 2008, n° 07-11.810, *Bull. civ.* I, n° 225; *D.* 2008. 2727; *JCP* 2009. II. 10022, note Marino.
4. Civ. 1re, 6 déc. 2007, n° 05-14.238, *Bull. civ.* I, n° 377; *RTD civ.* 2008. 431, obs. Jacques; *JCP* 2008. I. 123, obs. Martin.
5. Paris, 22 sept. 1993, *D.* 1995. Somm. 165, obs. Brunois.
6. Paris, 12 mai 2004, *Gaz. Pal.* 2-3 juill. 2004, p. 8, note J.-G. M.
7. Civ. 1re, 23 oct. 1984, n° 83-14.806, *Bull. civ.* I, n° 273.
8. Civ. 1re, 17 mai 1989, *Gaz. Pal.* 1989. 491, note Flécheux.
9. Décr. 27 nov. 1991, art. 185.
10. Paris, 28 janv. 1987, *Gaz. Pal.* 1987. 207, note Damien.
11. Civ. 1re, 9 avr. 2002, *D.* 2002. 1730.
12. Civ. 1re, 2 avr. 2009, n° 08-12.246, *Bull. civ.* I, n° 71; *D.* 2009. 1135, obs. Avena-Robardet; *JCP* 2009. Actu. 212, obs. Salati; *JCP* 2009. II. 10090, note Putman; *Gaz. Pal.* 17-18 juin 2009, note Douville et Rachel; *D.* 2009. 2011, note Roux; *JCP* 2009. I. 295, n° 13, obs. Bortoluzzi.

En cas de faute disciplinaire, directement ou après enquête déontologique, le bâtonnier dont relève l'avocat mis en cause, ou le procureur général, saisit l'instance disciplinaire par un acte motivé.

Le défaut d'information préalable du bâtonnier est une cause d'irrégularité susceptible de causer un préjudice à l'avocat, le représentant de l'ordre ayant ainsi été privé de ce fait de toute marge de manœuvre et ainsi fait perdre à l'avocat une chance d'échapper aux poursuites disciplinaires[1].

Lorsque le conseil de l'ordre est saisi directement par le procureur général, le bâtonnier qui n'a pas l'initiative des poursuites, ne peut procéder à une enquête préalable[2].

Les dispositions de l'article 6 § 1er de la Convention européenne des droits de l'homme ne sont pas applicables devant le conseil de l'ordre dans l'exercice de ses attributions administratives, dès lors que satisfait aux exigences du procès équitable le recours de pleine juridiction qui peut être exercé devant la cour d'appel contre les décisions ordinales[3].

Le conseil de l'ordre dont relève l'avocat poursuivi désigne l'un de ses membres pour procéder à l'instruction de l'affaire.

Le principe d'impartialité s'impose à ce rapporteur, qui a pour mission de procéder à une instruction objective et contradictoire de l'affaire et dont le rapport obligatoire est déterminant du sort ultérieurement réservé aux poursuites par la formation de jugement[4].

Le rapporteur procède ensuite à toute mesure d'instruction nécessaire et transmet ensuite son rapport d'instruction au président du conseil de discipline et, à Paris, au doyen des présidents des formations disciplinaires du conseil de l'ordre, au plus tard dans les quatre mois de sa désignation (prorogeable dans la limite de deux mois par décision motivée).

Aucune peine disciplinaire ne peut être prononcée sans que l'avocat mis en cause ait été entendu ou appelé au moins huit jours à l'avance, sa convocation devant comporter, à peine de nullité, l'indication précise des faits à l'origine des poursuites ainsi que la référence aux dispositions législatives ou réglementaires précisant les obligations auxquelles il est reproché à l'avocat poursuivi d'avoir contrevenu.

Une juridiction ne peut statuer sur des faits qui ne sont pas précisés dans la citation délivrée à l'avocat mis en cause[5].

L'audience se tient dans la commune où siège la cour d'appel. L'avocat poursuivi comparaît en personne et peut se faire assister d'un avocat, les débats sont publics, sauf demande de l'une des parties.

L'instance disciplinaire doit avoir statué dans les huit mois de sa saisine, à défaut de quoi la demande sera réputée rejetée, l'autorité qui a engagé l'action disciplinaire pouvant alors saisir la cour d'appel à l'expiration de ce délai.

L'avocat qui fait l'objet d'une décision en matière disciplinaire, le procureur général et le bâtonnier peuvent former un recours contre la décision.

Le procureur général assure et surveille l'exécution des peines disciplinaires.

1. Civ. 1re, 17 févr. 2011, no 10-30.334, NP; *JCP* 2011. 468, no 17, obs. Pillet.
2. Civ. 1re, 16 janv. 2001, nos 98-10.355 et 98-10.722, *Bull. civ.* I, no 2; *JCP* 2001. I. 348, no 31, obs. Martin.
3. Civ. 1re, 8 nov. 2007, no 06-15.916, *Bull. civ.* I, no 346, *D.* 2008. 95; *JCP* 2008. I. 140, no 13, obs. Jamin et Bortolluzzi; *ibid.* 123, obs. Martin.
4. Civ. 1re, 2 avr. 2009, no 09-00.347, *Gaz. Pal.* 6-8 juin 2010, p. 9, note Richard.
5. Civ. 1re, 17 juill. 1996, no 94-18.742, *Bull. civ.* I, no 325; *D.* 1996. 209.

TITRE

28. L'État

SECTION 0

ORIENTEUR

280.00 Plan du titre.

CHAPITRE

281. L'État, partie intervenante

JEAN-YVES PINOY
VICE-PRÉSIDENT
DU TRIBUNAL D'INSTANCE DE SAINT-OUEN

SECTION 0
ORIENTEUR

281.00 **Plan du chapitre.**

281.01 **Textes applicables.**

C. pr. exéc., art. L. 142-1, L. 142-3, L. 153-1 et R. 153-1.

281.03 **Bibliographie indicative.**

Ouvrages. – T. Guinot, *L'huissier de justice, normes et valeurs*, EJT, 2004, p. 380 – M. Guyomar et B. Seiller, *Contentieux administratif*, « Hypercours », Dalloz, 2011.

Article. J.-J. Daigre, « L'ouverture forcée des portes : la hiérarchie des témoins de l'article 21 de la loi du 9 juillet 1991 est-elle d'ordre public ? », *Rev. huiss.* 1997. 148.

281.05 **Prérogative de puissance publique et effectivité des décisions de justice.** « *Saisir le juge serait dépourvu d'intérêt si la décision qu'il est tenu de rendre pour trancher le litige restait lettre morte* »[1]. Ce principe illustre la nécessité de pouvoir faire intervenir l'État, dans certaines hypothèses, pour prêter main forte à l'huissier de justice en charge de l'exécution des décisions de justice, lorsque celui-ci n'y parvient pas.

En raison du **pouvoir coercitif** qui est le sien, l'État « puissance publique » dispose seul du concours de la force publique. Le droit de force publique constitue le premier des droits régaliens, il est l'un des attributs de la souveraineté déléguée par les citoyens à l'organe exécutif de l'État.

L'État peut dès lors seul user du droit d'employer la force dans l'intérêt social, afin de pouvoir garantir le maintien de l'ordre, mais aussi assurer l'exécution des lois, des jugements, et de toutes les dispositions réglementaires.

La Cour européenne des droits de l'homme a expressément rappelé que **l'effectivité des décisions de justice** fait corps avec le droit de toute personne à ce que « *sa cause soit entendue, afin que si l'Administration refuse ou omet de s'exécuter, ou encore tarde à le faire, les garanties* [...] *dont a bénéficié le requérant pendant la phase judiciaire du procès perdraient toute raison d'être* »[2].

SECTION 1
PRINCIPES DIRECTEURS DU CONCOURS DE LA FORCE PUBLIQUE

281.11 **Garantir l'exécution.** Les circonstances pour utiliser la force publique sont nombreuses : expulsion, recouvrement de créances... et s'inscrivent toujours dans le cadre de **l'exécution d'un jugement ou d'un titre exécutoire.**

Afin de garantir l'autorité de la chose jugée, il peut en effet être nécessaire de recourir à des moyens de coercition permettant de rendre effectif le jugement.

Aux termes de l'article L. 153-1 C. pr. exéc. : « *L'État est tenu de prêter son concours à l'exécution des jugements et des autres titres exécutoires. Le refus de l'État de prêter son concours ouvre droit à réparation* ».

1. M. Guyomar et B. Seiller, *Contentieux administratif*, « Hyper Cours », Dalloz, 2011.

2. CEDH 19 mars 1997, *Ép*^{x} *Hornsby c/Grèce*, req. n° 18357/91, *Rec. CEDH* 1997-II; *AJDA* 1997. 979, chron. Flauss; *D.* 1998. 74, note Fricero; *RTD civ.* 1997. 1009, obs. Marguénaud.

Aux termes de l'article R. 153-1 C. pr. exéc. : « *Si l'huissier de justice est dans l'obligation de requérir le concours de la force publique, il s'adresse au préfet* [...] ».

L'huissier de justice peut donc être tenu de requérir le concours de la force publique et se trouve dans l'obligation de le faire si ce concours s'avère nécessaire.

Mais, l'Administration est en droit de refuser de recourir à la force, si son exécution est susceptible de porter un trouble grave à l'ordre public [1].

Ce refus est cependant susceptible d'engager la responsabilité de l'État et d'ouvrir ainsi droit à réparation.

En pratique, c'est l'huissier qui, en possession d'une décision de justice, procède à la saisie des biens ou à l'expulsion. Le concours de la force publique s'opère cependant de manière différente selon qu'il s'agit de surmonter une difficulté matérielle d'exécution ou bien de requérir l'intervention d'une autorité de police ou de gendarmerie pour assister au déroulement des opérations faites par l'huissier de justice.

SECTION 2
DISTINCTION DU « RECOURS GÉNÉRAL À LA FORCE PUBLIQUE » ET DU « RECOURS SPÉCIAL DE L'ASSISTANCE D'UNE AUTORITÉ DE POLICE OU DE GENDARMERIE »

281.21 Distinction des deux recours. Il convient cependant de ne pas confondre le **recours général** à la force publique en vue de l'exécution d'un titre, avec le **recours spécial** à l'assistance d'une autorité de police ou de gendarmerie en vue de pénétrer dans un local d'habitation en l'absence de son occupant.

281.22 Recours général à la force publique. Le recours général à la force publique est prévu par l'article R. 153-1 C. pr. exéc. alors que le recours spécial à une autorité de police ou de gendarmerie est lui prévu par l'article L. 142-3 C. pr. exéc. et ces deux concours de la force publique relèvent ainsi de régimes juridiques distincts [2].

Le recours général à la force publique ne peut s'exercer que lorsque l'huissier de justice chargé de l'exécution d'un titre se heurte à une difficulté matérielle qu'il ne peut seul surmonter par ses propres moyens. L'huissier adresse alors une réquisition au préfet, en sa qualité de représentant de l'État. Il s'agit pour lui de se faire prêter main forte.

Le recours général à la force publique doit toujours être précédé d'une tentative infructueuse relatée dans un procès-verbal, préalable nécessaire à la réquisition sollicitée.

Lorsque la mesure d'exécution est susceptible d'atteindre une personne ou un domaine affectant l'ordre public, le préfet peut alors refuser l'assistance, son défaut de réponse dans un délai de deux mois suivant la réquisition de l'huissier, équivalant à un refus ouvrant droit à réparation de la partie lésée [3].

281.23 Recours spécial à l'assistance d'une autorité de police ou de gendarmerie. Le recours spécial à l'assistance d'une autorité de police ou de gendarmerie s'impose quant à lui à l'huissier qui doit pénétrer dans un lieu constitutif d'une habitation et en l'absence de son occupant. Dans ce cas, le concours de la force publique ne consiste plus à lui prêter main forte comme dans le cas du recours général de l'article R. 153-1 C. pr. exéc., mais à lui **servir de témoin**, l'autorité de police ou de gendarmerie en constituant l'un des niveaux prévus à l'article L. 142-1 C. pr. exéc.

La demande d'assistance de la force publique prévue à l'article L. 142-3 C. pr. exéc., n'obéit pas au même formalisme, même si dans les faits les demandes d'assistance ne doivent cependant pas être présentées par l'huissier de façon comminatoire, ni au dernier moment, les autorités de police et de gendarmerie étant tenues par d'autres fonctions générant aussi pour elles des contraintes d'organisation.

1. ARRÊTS DE PRINCIPE : CE 30 nov. 1923, Couitéas, *Lebon* 789 ; *DP* 1923. 3. 59, concl. Rivet ; *S.* 1923. 3. 57, concl. Rivet, note Hauriou ; *RD publ.* 1924. 75, concl. Rivet, note Jèze ; *RD publ.* 1924. 208, note Jèze ; *GAJA*, 17e éd., Dalloz, 2009, no 253 – CE, ass., 3 juin 1938, Sté Cartonnerie Saint-Charles, *Lebon* 529 ; *D.* 1938. 3. 65, note Appleton ; *RD publ.* 1938. 375, note Jèze ; *S.* 1939. 3. 9, concl. Dayras.

2. Rép. min. no 6353, *JOAN Q*, 17 janv. 1994, p. 271 ; *JCP* 1994. V. 29.

3. T. Guinot, *L'huissier de justice, normes et valeurs*, EJT, 2004, p. 38C.

CHAPITRE

282. L'État, partie informatrice

JEAN-YVES PINOY
VICE-PRÉSIDENT
DU TRIBUNAL D'INSTANCE DE SAINT-OUEN

SECTION 0
ORIENTEUR

282.00 Plan du chapitre.

282.01 Textes applicables.

C. pr. exéc., art. L. 152-1 et L. 152-2, L. 223-1 et L. 223-2.

LPF, art. L. 151 A.

• **L. n° 2015-177, 16 févr. 2015**, relative à la modernisation et à la simplification du droit et des procédures dans les domaines de la justice et des affaires intérieures, *JO* 17 févr., p. 2961.

• **L. n° 2010-1609, 22 déc. 2010**, relative à l'exécution des décisions de justice, aux conditions d'exercice de certaines professions réglementées et aux experts judiciaires, art. 5, *JO* 23 déc., p. 22552.

282.03 Bibliographie indicative.

Articles.

> **Sur la loi du 22 décembre 2010.** L. Choquet, *Dr. et proc.* 2011. 63 – S. Valory, *RJPF* 2010-2/30.

SECTION 1
ACCÈS AUX INFORMATIONS PAR L'ÉTAT OU L'ADMINISTRATION

282.11 Suppression de la transmission des informations demandées au ministère public. L'accès à certaines informations nécessaires à l'accomplissement de la mission des huissiers de justice a été simplifié par la loi du 22 décembre 2010, relative à l'exécution des décisions de justice et aux conditions d'exercice de certaines professions réglementées, qui a abrogé l'alinéa 1er de l'article 40 de la loi du 9 juillet 1991 (sur cette évolution, v. ss n° 240.04). Désormais, les huissiers de justice ne sont plus tenus de passer au préalable par le procureur de la République lorsqu'ils requièrent des informations détenues par l'État ou des collectivités territoriales et peuvent s'adresser directement à celles-ci.

L'article 40 de la loi du 9 juillet 1991, dans sa rédaction antérieure, posait pour principe celui de l'obligation pour les administrations de transmettre les informations qui leur étaient demandées au ministère public, lorsqu'elles leur étaient soumises par l'huissier de justice, ce qui ralentissait, voire anéantissait, l'efficacité des demandes d'information faites par l'huissier de justice en charge de l'exécution.

282.12 Procédure d'information directe. Clarification par la loi n° 2015-177 du 16 février 2015. Désormais, et en application des articles L. 152-1 et L. 152-2 C. pr. exéc., les administrations de l'État et des collectivités territoriales, les établissements publics ou organismes contrôlés par l'autorité administrative ainsi que les entreprises concédées ou contrôlées par l'État ou les collectivités territoriales, doivent communiquer directement à l'huissier de justice les renseignements à leur disposition permettant de déterminer :

– l'adresse du débiteur;

– l'identité et l'adresse de son employeur ou de tout tiers débiteur ou dépositaire de sommes liquides ou exigibles;

– la composition de son patrimoine immobilier;

à l'exclusion de tout autre renseignement, sans pouvoir opposer le secret professionnel[1].

La **loi n° 2015-177 du 16 février 2015** apporte, en son article 11-III, une clarification utile en sup-

1. Sur la loi du 22 décembre 2010 : L. Choquet, *Dr. et proc.* 2011. 63 (un accès aux informations élargi) – S. Valory, *RJPF* 2010-2/30.

primant dans les articles L. 152-1 et L. 152-2 C. pr. exéc. et l'article L. 151 A du Livre des procédures fiscales, l'exigence que l'huissier soit « *porteur d'un titre exécutoire* ». En effet, cette notion était diversement appréciée par les administrations concernées : certaines exigeaient la **production du titre**, alors que d'autres se contentaient de sa **mention dans la demande** à elles adressées par l'huissier. Par ailleurs, l'article L. 151 A, distinguait entre l'accès au fichier des comptes bancaires (= le FICOBA), qui ne reprenait pas l'exigence que l'huissier soit « *porteur du titre exécutoire* » (§ I de cet article), et l'accès par toute autre voie qui reprenait cette exigence au § II de cet article; l'article 11-III de la loi précitée du 16 février 2015 maintient la distinction des deux voies, mais supprime dans le § II toute référence à cette exigence. Au-delà de cette harmonisation des usages et des textes, la suppression de cette exigence s'explique aussi, selon le rapport présenté au Sénat (rapport n° 288), par deux autres raisons : les difficultés pratiques à produire un titre parfois très volumineux et le fait que « *cette obligation pouvait entraîner la divulgation auprès d'organismes bancaires ou d'administrations d'informations privées concernant le débiteur et son patrimoine, qui n'avaient pas vocation à être portées à la connaissance de tiers à la procédure* ».

SECTION 2
UTILITÉ DE LA PROCÉDURE D'INFORMATION DIRECTE

282.21 En matière de véhicules terrestres à moteur. L'information directe de l'huissier de justice en charge de l'exécution, faite par l'État ou l'administration s'avère très utile en pratique, car le préfet a notamment accès à des données efficientes concernant les véhicules terrestres à moteur, dès lors que certaines formalités administratives, comme l'établissement des **certificats d'immatriculation**, se font en préfecture. Or les véhicules terrestres à moteurs constituent des éléments importants du patrimoine des débiteurs, utiles à appréhender par l'huissier de justice en charge de l'exécution.

Le préfet a ainsi accès au système d'immatriculation des véhicules qui recense tous les véhicules en circulation pour lesquels une immatriculation est nécessaire. Ce système recense l'enregistrement des demandes d'immatriculation, les caractéristiques des véhicules, la gestion et la délivrance des certificats d'immatriculation, la gestion et la délivrance d'une nouvelle carte grise en cas de perte, de vol ou de modifications concernant le véhicule ou son propriétaire, le contrôle des véhicules immatriculés, la collecte des informations concernant les véhicules volés ou placés sous surveillance.

L'accès à ce système par le préfet va ainsi permettre à l'huissier de pouvoir connaître à tout moment la situation administrative et juridique d'un véhicule en identifiant son propriétaire, la date de mise en circulation du véhicule permettant d'apprécier si une saisie sera opportune ou pas. Les fichiers départementaux contiennent l'état civil du titulaire de la carte grise, son adresse, la disponibilité du véhicule (inscription de gage, radiation d'inscription de gage, déclaration de vol, prescription d'immobilisation, prononcé d'une saisie, déclaration de destruction et date de chacun de ces événements).

Sont inscrits dans le système d'immatriculation des véhicules tous les véhicules pour lesquels une demande de certificat d'immatriculation a été effectuée.

Une fois les informations requises obtenues, l'huissier de justice, peut, en application des dispositions de l'article L. 223-1 C. pr. exéc., « *faire une déclaration, dont la notification au débiteur produit tous les effets d'une saisie, auprès de l'autorité administrative compétente* »[1], dont les services de la préfecture où est immatriculé le véhicule du débiteur. Il peut également, en application des dispositions de l'article L. 223-2 C. pr. exéc., saisir le véhicule du débiteur en l'immobilisant. L'huissier de justice a le choix entre l'immobilisation du véhicule ou son transport pour être mis en dépôt[2].

1. Décr. n° 2009-397, 10 avr. 2009, relatif notamment aux conditions de remise en circulation des véhicules endommagés, art. 2, *JO* 12 avr., p. 6403.
2. Civ. 2e, 7 juin 2006, n° 04-19.001, *Bull. civ.* II, n° 152; *Dr. et proc.* 2006. 357, note Lefort.

CHAPITRE

283. L'État, partie débitrice

Jean-Yves Pinoy
Vice-président
du tribunal d'instance de Saint-Ouen

Section 0
Orienteur

283.00 Plan du chapitre.

283.01 Textes applicables.

• **L. n° 80-539, 16 juill. 1980,** relative aux astreintes prononcées en matière administrative et à l'exécution des jugements par les personnes morales de droit public, art. 1er, 6, 7, *JO* 17 juill., p. 1799.

• **Décr. n° 2008-479, 20 mai 2008,** relatif à l'exécution des condamnations pécuniaires prononcées à l'encontre des collectivités publiques, *JO* 23 mai, p. 8380.

CJA, art. L. 911-1, L. 911-2, L. 911-5 à L. 911-8, R. 911-1 et R. 921-1.

283.03 Bibliographie indicative.

Ouvrage. M. Hauriou, *Principes de droit public*, « Bibliothèque Dalloz », Dalloz, 2010.

Articles. V. Ducos-Ader, « Le principe de l'insaisissabilité : un principe autonome et général du droit applicable à tous les établissements publics industriels et commerciaux », *Gaz. Pal.* 1986. Doctr. 475 – D. Talon et L. Le Guisquet, « La notion d'immunité dans le cadre des voies d'exécution », *LPA* 20 juill. 2010, p. 14.

283.04 Renvoi. (Sur les voies d'exécution forcée administratives, v. ss nos 1642.05 s.).

283.05 Régime d'exécution exclusif. Il arrive que l'État ou l'Administration soient condamnés à payer une somme d'argent, le régime applicable trouve son contenu dans la loi n° 80-539 du 16 juillet 1980, dans le décret n° 2008-479 du 20 mai 2008, ainsi qu'aux articles L. 911-1, L. 911-2, L. 911-5 à L. 911-8 et R. 911-1 du Code de justice administrative. Dans cette hypothèse l'État se trouve partie débitrice et le régime pour procéder à l'exécution à son encontre demeure exclusif de tout autre.

À titre liminaire, il convient de préciser que la loi du 16 juillet 1980 vise en son article 1er, toutes les décisions juridictionnelles : « *Lorsqu'une décision juridictionnelle* [...] ». De ce fait, la procédure du mandatement d'office est applicable tant aux **décisions judiciaires** qu'**administratives,** dès lors que l'État ou une administration a fait l'objet d'une condamnation.

Ensuite, il faut, outre une condamnation pécuniaire, que la décision soit « *passée en force de chose jugée* ».

Étant acquis « *que la décision d'une juridiction qui a statué en dernier ressort présente, même si elle peut faire l'objet ou est effectivement l'objet d'un pourvoi en cassation, le caractère d'une décision passée en force de chose jugée* »[1].

Section 1
Distinction entre l'État ou les collectivités territoriales

283.11 État débiteur. Lorsqu'une décision juridictionnelle passée en force de chose jugée a condamné l'État au paiement d'une somme d'argent dont le montant est fixé par la décision elle-même, cette somme doit être **ordonnancée dans un délai de deux mois** à compter de la notification de la décision de justice.

Si la dépense est imputable sur des crédits limitatifs qui se révèlent insuffisants, l'ordonnancement

1. CE, ass., 27 oct. 1995, Min. Logement c/Mattio, req. n° 150703, *Lebon; AJDA* 1996. 57, concl. Arrighi de Casanova; *RDI* 1996. 99, obs. Heugas-Darraspen et Schaufelberger – CAA Lyon, 31 mai 2011, req. n° 10LY01585, NP.

est fait dans la limite des crédits disponibles. Les ressources nécessaires pour les compléter sont dégagées dans les conditions prévues par l'ordonnance n° 59-2 du 2 janvier 1959 portant loi organique relative aux lois de finances[1]. Dans ce cas, l'ordonnancement complémentaire doit être fait dans un délai de quatre mois à compter de la notification.

À défaut d'ordonnancement dans les délais mentionnés aux alinéas ci-dessus, le comptable assignataire de la dépense doit, à la demande du créancier, et sur présentation de la décision de justice, procéder au paiement.

283.12 Collectivité territoriale ou établissement public débiteur. Lorsqu'une décision juridictionnelle passée en force de chose jugée a condamné une collectivité locale ou un établissement public au paiement d'une somme d'argent dont le montant est fixé par la décision elle-même, cette somme doit être **mandatée ou ordonnancée dans un délai de deux mois** à compter de la notification de la décision de justice. À défaut de mandatement ou d'ordonnancement dans ce délai, le représentant de l'État dans le département ou l'autorité de tutelle procède au **mandatement d'office**.

En cas d'insuffisance de crédits, le représentant de l'État dans le département ou l'autorité de tutelle adresse à la collectivité ou à l'établissement une mise en demeure de créer les ressources nécessaires; si l'organe délibérant de la collectivité ou de l'établissement n'a pas dégagé ou créé ces ressources, le représentant de l'État dans le département ou l'autorité de tutelle y pourvoit et procède, s'il y a lieu, au mandatement d'office.

SECTION 2

DÉLAIS DU MANDATEMENT OU DE L'ORDONNANCEMENT

283.21 Procédures de mandatement et d'ordonnancement. Le délai de mandatement ou d'ordonnancement est de **deux mois à compter de la notification** du jugement : « *L'ordonnance ou le mandat de paiement de la somme qu'une collectivité territoriale ou un établissement public a été condamné à payer par décision de justice dans les conditions prévues par le II de l'article 1er de la loi du 16 juillet 1980 est émis dans un délai de deux mois à compter de la notification de la décision à cette collectivité ou cet établissement* »[2].

La date de l'ordonnancement ou du mandatement est portée, le jour même, à la connaissance du créancier par lettre recommandée avec demande d'avis de réception. La même lettre comporte la désignation du comptable assignataire de la dépense.

Dans le cas d'insuffisance de crédits mentionné au deuxième alinéa du II de l'article 1er de la loi du 16 juillet 1980 susvisée, l'ordonnateur de la dépense avise le créancier, par lettre recommandée avec demande d'avis de réception, avant l'expiration du délai de deux mois mentionné à l'article 6 de la même loi (devenu CJA, art. L. 911-5[3]), du montant de la somme due qui fera l'objet d'une ordonnance ou d'un mandat de paiement ultérieur.

Une copie des lettres adressées au créancier de la collectivité territoriale ou de l'établissement public en application des articles 6 (devenu CJA, art. L. 911-5) et 7 de la loi du 16 juillet 1980, est transmise au représentant de l'État ou à l'autorité chargée de la tutelle.

Le créancier d'une collectivité territoriale ou d'un établissement public qui n'aurait pas reçu la lettre prévue à l'article 6 (devenu CJA, art. L. 911-5) ou à l'article 7 dans un délai de deux mois à compter de la notification qui lui a été faite de la décision de justice peut saisir le représentant de l'État ou l'autorité chargée de la tutelle d'une demande de paiement de la somme due, sur présentation d'une expédition de la décision revêtue de la formule exécutoire.

Le représentant de l'État ou l'autorité chargée de la tutelle dispose d'un délai d'un mois à compter de sa saisine pour vérifier l'existence, au budget de la collectivité territoriale ou de l'établissement public, de crédits suffisants et procéder au mandatement d'office prévu au premier alinéa du II de l'article 1er de la loi du 16 juillet 1980 susvisée ou, le cas échéant, pour effectuer la mise en demeure prévue au second alinéa du II dudit article.

La collectivité territoriale ou l'établissement public dispose, pour se conformer à la mise en demeure mentionnée à l'article 1, IV d'un délai d'un mois qui doit être rappelé dans l'acte qui la notifie. Ce délai est porté à deux mois lorsque la dette est égale ou supérieure à cinq pour cent du montant de la section de fonctionnement du budget de la collectivité territoriale ou de l'établissement public.

Lorsque la mise en demeure est restée sans effet à l'expiration de ces délais, le représentant de l'État

1. Ord. n° 59-2, 2 janv. 1959, organique relative aux lois de finances, *JO* 3 janv., p. 180.

2. Décr. n° 2008-479, 20 mai 2008, relatif à l'exécution des condamnations pécuniaires prononcées à l'encontre des collectivités publiques, art. 6, *JO* 23 mai, p. 8380.

3. Ord. n° 2000-387, 4 mai 2000, relative à la partie législative du Code de justice administrative, *JO* 7 mai, p. 6904.

ou l'autorité chargée de la tutelle procède à l'inscription de la dépense au budget de la collectivité ou de l'établissement public défaillant. Il dégage, le cas échéant, les ressources nécessaires soit en réduisant des crédits affectés à d'autres dépenses et encore libres d'emploi, soit en augmentant les ressources.

Si, dans le délai de huit jours après la notification de l'inscription du crédit, la collectivité territoriale ou l'établissement public n'a pas procédé au mandatement de la somme due, le représentant de l'État ou l'autorité chargée de la tutelle y procède d'office dans le délai d'un mois.

Pour l'État, si la somme n'est pas ordonnancée dans les deux mois, le comptable doit, sur demande du créancier procéder au paiement.

Pour la collectivité et les établissement publics, le créancier impayé peut saisir le représentant de l'État en joignant la décision de justice. Le préfet procède ainsi à l'inscription au crédit, si la collectivité ne le fait pas le représentant de l'État procède au mandatement d'office.

Le cas échéant, si la collectivité ou l'établissement ne dispose pas de ressources suffisantes, il doit créer les ressources nécessaires. Dans le cas contraire, c'est une nouvelle fois le représentant qui le fait, s'il y a lieu au mandatement d'office.

Enfin, la demande tendant à ce qu'un tribunal administratif prescrive les mesures nécessaires à l'exécution d'un jugement définitif de ce tribunal, en assortissant, le cas échéant, ces prescriptions d'une astreinte, ne peut être présentée, sauf décision explicite de refus d'exécution opposée par l'autorité administrative, avant l'expiration d'un délai de trois mois à compter de la notification de ce jugement. Toutefois, en ce qui concerne les décisions ordonnant une mesure d'urgence, la demande peut être présentée sans délai (CJA, art. R. 921-1).

Dans le cas où le tribunal a, dans le jugement dont l'exécution est poursuivie, déterminé un délai dans lequel l'administration doit prendre les mesures d'exécution qu'il a prescrites, la demande ne peut être présentée qu'à l'expiration de ce délai.

Les mêmes conditions de délai s'appliquent à la demande présentée à la cour administrative d'appel soit pour l'exécution d'un arrêt de cette cour, soit pour l'exécution d'un jugement rendu par un tribunal administratif situé dans le ressort de la cour et qui est frappé d'appel devant celle-ci.

CHAPITRE

284. Administration et pouvoirs

JEAN-YVES PINOY
VICE-PRÉSIDENT
DU TRIBUNAL D'INSTANCE DE SAINT-OUEN

SECTION 0
ORIENTEUR

284.00 **Plan du chapitre.**

284.01 **Textes applicables.**
C. pr. exéc., art. L. 111-1 et L. 153-1.

284.03 **Bibliographie indicative.**
Actualisable. *J.-Cl. Pr. civ.*, *v° Concours de la force publique*, par J. Barrère, fasc. 2110.

Ouvrages. M. Hauriou, *Principes de droit Public*, « Bibliothèque Dalloz », Dalloz, 2010; *Droit administratif, Mél. Chapus*, Montchrestien, 1992 – J.-F. Lachaume, H. Pauliat, S. Braconnier, G.-C. Deffigier et D. Truchet, *Droit administratif, Les grandes décisions de la jurisprudence*, 15e éd., « Thémis », PUF, 2010.

Articles. D. Talon et L. Le Guisquet, « La notion d'immunité dans le cadre des voies d'exécution », *LPA* 20 juill. 2010. 14 – V. Ducos-Ader, « Le principe de l'insaisissabilité : un principe autonome et général du droit applicable à tous les établissements publics industriels et commerciaux », *Gaz. Pal.* 1986. Doctr. 475.

284.04 **Renvoi.** (V. ss nos 1641.11 s.).

SECTION 1
PRINCIPE DE SOUVERAINETÉ DE L'ÉTAT DANS LES VOIES D'EXÉCUTION

284.11 **Distinction entre « institution politique » et « institution administrative ».** L'étude des institutions publiques conduit d'une part à l'analyse des régimes politiques, qui sont autant d'organismes et mécanismes créateurs de normes, de droits et d'obligations, et qui se trouvent au sommet de la hiérarchie des normes, avec les lois et décrets. Elle conduit ensuite à l'analyse des régimes administratifs, qui sont eux des organismes et mécanismes d'application de ces normes nationales sur l'ensemble d'un territoire.

« *L'action administrative peut se définir comme l'ensemble des activités prises directement en charge par l'État, les régions, départements, communes et leurs groupements ou assurées sous leur contrôle par des personnes privées et ayant pour but la satisfaction des besoins d'intérêt général et le maintien de l'ordre public au sens large du terme. La France connaissant le système dit de l'État de droit, il s'ensuit que l'action administrative doit se développer dans le respect d'un ensemble de règles juridiques qui, à la fois, fondent, facilitent, canalisent et limitent cette action* »[1].

284.12 **Principe de subordination de l'Administration par l'État.** L'institution politique de l'État est représentée par son Gouvernement.

Le Gouvernement détermine et conduit la politique de la Nation. Il dispose de l'Administration et de la force armée[2]. Le pouvoir de l'Administration reste donc largement soumis à celui du pouvoir politique.

284.13 **« Puissance publique » attribut de la souveraineté de l'État.** L'État est non seulement une organisation des institutions publiques, mais également une organisation des moyens coercitifs mis à sa disposition pour contrôler ses relations publiques[3].

La notion de puissance publique traduit au niveau administratif, la réalité politique que consti-

1. J.-F. Lachaume, H. Pauliat, S. Braconnier, C. Deffigier et D. Truchet, *Droit administratif. Les grandes décisions de la jurisprudence*, 15e éd., « Thémis », PUF, 2010.
2. Const. 4 oct. 1958, art. 20.
3. M. Hauriou, *Principes de droit Public*, « Bibliothèque Dalloz », Dalloz, 2010.

tue le pouvoir. Cette notion renvoie au pouvoir de coercition de l'État et aux moyens d'action dont dispose l'Administration pour établir sa suprématie sur la société. Ainsi, la puissance publique dispose de moyens pour agir, ce sont ses prérogatives de puissance publique.

Ces prérogatives sont les divers moyens d'action ou de protection, propres à la puissance publique[1]. Ses fonctions principales, fonction normative et fonction de prestation, impliquent qu'elle puisse user à la fois du droit privé et du droit public, et ainsi disposer de prérogatives exorbitantes du droit commun afin de satisfaire à l'intérêt général.

De telles prérogatives sont nécessaires pour appuyer la puissance publique dans l'exercice de ses fonctions, en particulier sa fonction de service public. L'objectif de servir l'intérêt général par l'intermédiaire des services publics constitue aussi la limite du principe des prérogatives de la puissance publique.

284.14 Usage de la puissance publique dans les voies d'exécution. L'État est tenu de prêter son concours à l'exécution des jugements et des autres titres exécutoires (C. pr. exéc., art. L. 153-1). L'État s'impose ainsi à lui-même une obligation dans l'exercice de sa propre souveraineté[2].

Le refus de l'État de prêter son concours ouvre droit à réparation.

Ces dispositions sont l'émanation du pouvoir coercitif de l'État, puissance publique, pouvant user seul de la force publique en cas de difficultés d'exécution.

Le refus de prêter le concours de la force publique, ne pourrait se justifier qu'au regard d'un risque manifeste de trouble à l'ordre public[3].

La responsabilité de l'État née du refus de prêter le concours de la force publique pour assurer l'exécution d'une décision de justice ne pourra être engagée par la suite qu'à l'égard de la personne au profit de laquelle a été rendue cette décision ou de la personne investie ultérieurement de ses droits[4].

Le concours de la force publique obtenu, la responsabilité de l'État pour intervention tardive n'est engagée qu'à partir du quinzième jour suivant les diligences matérielles accomplies par l'huissier de justice[5].

SECTION 2
IMMUNITÉ D'EXÉCUTION DE L'ÉTAT DANS LES VOIES D'EXÉCUTION

284.21 Notion d'immunité dans le cadre des voies d'exécution. Toujours en vertu des prérogatives exorbitantes du droit commun qui sont les siennes, l'État, s'il peut prêter main forte et apporter son concours pour faciliter les voies d'exécution, peut, *a contrario* et en vertu des mêmes prérogatives, opposer une immunité d'exécution à l'égard de certaines mesures ou actions qui lui seraient défavorables, ou à ses administrations *largo sensu*[6].

L'exécution forcée et les mesures conservatoires ne sont ainsi pas applicables aux personnes qui bénéficient d'une immunité d'exécution (C. pr. exéc., art. L. 111-1).

284.22 Bénéficiaires de l'immunité d'exécution. D'une manière générale, bénéficient de l'immunité d'exécution, toutes les personnes morales de droit public.

Reconnaître la personnalité morale revient à en faire un sujet de droit titulaire d'un patrimoine, de droits et d'obligations. Cependant, on ne peut assimiler totalement les personnes morales de droit public aux personnes physiques : les personnes morales obéissent à un principe de spécialité, elles ne peuvent, en application de ce principe, agir que dans le but pour lequel elles ont été crées. Ensuite, elles bénéficient d'une pérennité, leur durée n'étant pas subordonnée par la mort naturelle.

Pour autant, toutes les autorités administratives ne sont pas des personnes morales, il doit s'agir de personnes morales soumises au droit public. Les personnes morales de droit public sont créées par l'autorité publique et agissent toujours dans l'intérêt public.

La qualification de personne publique a en principe pour conséquence qu'elle ne peut pas faire l'objet de voies d'exécution.

Toutefois, les tribunaux s'attachent à dégager des critères pour encadrer la notion d'immunité d'exécution.

284.23 Critère recherché de la nature réelle de l'activité de la personne morale de droit public. Les tribunaux saisis de la question de l'immunité, s'attachent toujours à rechercher la nature réelle de l'activité exercée par la personne morale de droit public qui revendique l'immunité d'exécution, aux

1. V. *Droit administratif*, *Mél. Chapus*, Montchrestien, 1992.
2. V. *J.-Cl. Pr. Civ.*, *v° Concours de la force publique,* fasc. 2110, par J. Barrère.
3. TA Melun, 2 juill. 2008, req. n° 080417/4, *Dr et proc.* 2009. 335, note Léon.
4. CE 2 sept. 2009, req. n° 299478, *Lebon* T.; *AJDA* 2009. 1582; *AJDA* 2010. 239 (2e esp.), obs. de la Vaissière; *Dr. et proc.* 2010. 24, note Bourdillat.
5. CE 27 janv. 2010, req. n° 320642, *Lebon* T.; *Dr. et proc.* 2010. 181, obs. Léon; *Gaz. Pal.* 25 févr. 2010. 32, obs. Graveleau; *LPA* 19 avr. 2010. 11, note Rouault.
6. D. Talon et L. Le Guisquet, « La notion d'immunité dans le cadre des voies d'exécution », *LPA* 20 juill. 2010. 14.

fins de vérifier si elle peut ou non bénéficier de l'immunité revendiquée.

L'immunité d'exécution peut ainsi être écartée lorsque le bien saisi a été affecté à une activité économique ou commerciale relevant du droit privé qui donne lieu à la demande en justice[1].

Ou encore, lorsque le bien saisi se rattache, non à l'exercice d'une activité de souveraineté, mais à une opération économique, commerciale ou civile relevant du droit privé, comme par exemple l'acquisition par un État de biens immobiliers en France, même affectés au logement du personnel diplomatique[2].

Ont également été jugées saisissables les sommes collectées par un débiteur pour le compte de la puissance publique ou d'un organisme parapublic[3].

284.24 Critère recherché de la nature juridique de la personne morale. Les tribunaux vont également toujours s'attacher à rechercher selon leurs natures, quelles entités juridiques peuvent ou non bénéficier de l'immunité d'exécution :

Les établissements publics à caractère industriel et commercial bénéficient de l'immunité accordée aux personnes morales de droit public[4].

En revanche, une société d'économie mixte est une société soumise aux voies d'exécution de droit commun : elle ne peut s'opposer aux saisies arrêts exercées contre elle[5].

284.25 Critère des États et personnes morales étrangères. L'article L. 111-1 C. pr. exéc. prend en considération les conventions et traités internationaux, destinés à préserver la souveraineté des États signataires.

Ainsi, l'immunité d'exécution dont jouissent les États étrangers est de principe en raison des règles du droit international privé[6].

Cependant, une organisation intergouvernementale, qui n'est pas un État, mais une entité séparée d'un État, ne peut bénéficier de la présomption d'affectation publique de ses biens[7].

284.26 Critère tiré de l'article 6 § 1 de la Convention européenne des droits de l'homme. Lorsqu'il n'existe pas de règle alternative à l'immunité d'exécution dont peut bénéficier une organisation internationale, offrant des voies de recours en cas d'inexécution des décisions rendues contre elle, la règle du droit au procès équitable consacrée par l'article 6 § 1 de la Convention européenne des droits de l'homme, conduit à écarter cette immunité et la règle du procès équitable doit donc primer sur celle de l'immunité[8].

1. Civ. 1re, 14 mars 1984, n° 82-12.462, *Bull. civ.* I, n° 98; *JCP* 1984. II. 20205, concl. Gulphe et note Synvet – Civ. 1re, 20 mars 1989, nos 86-18.701, 86-18.797, *Bull. civ.* I, n° 128; *Gaz. Pal.* 1989. 892, note Piedelièvre.
2. Civ. 1re, 25 janv. 2005, n° 03-18.176, *Bull. civ.* I, n° 39, *D.* 2005. 616, avis Sainte-Rose – Civ. 1re, 19 nov. 2008, n° 07-10.570, *Bull. civ.* I, n° 266.
3. Civ. 3e, 15 févr. 1983, n° 81-15.794, *Bull. civ.* III, n° 46; *RTD civ.* 1983. 601, obs. Perrot.
4. Soc. 9 juil. 1951, *D.* 1952. 1. 141; *S.* 1952. 1. 125, note Drago – TGI Paris, 1er févr. 1984, *JCP* 1984. II. 20294, note Prévault – V. AUSSI : Ducos-Ader, « Le principe de l'insaisissabilité : un principe autonome et général du droit applicable à tous établissements publics industriels et commerciaux », *Gaz. Pal.* 1986. Doctr. 475.
5. Versailles, 2 juin 1986, *D.* 1987. 86, note Prévault.
6. Paris, 20 déc. 1937, *Gaz. Pal.* 1938. 1. 167.
7. Paris, 6 sept. 2001, *Dr. et proc.* 2002. 110, note Putman.
8. Bruxelles, 4 mars 2003, *Gaz. Pal.* 16-17 avr. 2004. 8, note Pingel.

LIVRE

3. LES FRAIS DE L'EXÉCUTION MOBILIÈRE

SECTION 0 ORIENTEUR

300.00 **Plan du livre.**

300.03 **Bibliographie indicative.**

Actualisable. Rép. pr. civ., *V° Frais et dépens,* par M. Redon, mars 2013 [màj oct. 2014].

Ouvrages. J. Bailly, P. Jacquet et A. Nowak, *Frais et dépens en matière civile et commerciale*, Sofiac, 1998 – R. Lauba et F. Ruellan, *Le contentieux de l'exécution*, 8e éd., vol. 2, *Les frais de l'exécution*, ENM, doc. Pratique, 2002.

Chroniques. F. Arbellot, « Réflexions sur la procédure de vérification et de recouvrement des dépens », *Procédures* juin 2004, p. 13; « Procédure de vérification des dépens et éléments de calcul des dépens tarifaires », *BICC* 15 nov. 2004, p. 3 et 6 – A. Sinigaglia, « Les frais afférents aux actes et procédures d'exécution en matière prud'homale », *Dr. et proc.* 2006. 139 – G. Taormina, « Réflexions sur la difficile coexistence des textes en matière de charge et de recouvrement forcé des dépens de l'exécution (à propos de Civ. 2e, 6 mars 2003) », *D.* 2004. 1929.

300.04 **Division – Objectifs du législateur.** L'exécution forcée est inévitablement onéreuse car elle nécessite des recherches et des démarches rémunérées. Aussi, la réforme des voies d'exécution opérée en 1991 a eu pour objectif de limiter le coût par une stricte définition des actes nécessaires à chaque procédure d'exécution, y compris d'expulsion. L'esprit et la lettre de la loi du 9 juillet 1991 se retrouvent désormais dans la partie législative du Code des procédures civiles d'exécution qui en a repris les dispositions. Le code énonce également quelques principes généraux en désignant celui qui doit supporter le coût de l'exécution forcée et dans que les limites. Il détermine par ailleurs la juridiction compétente pour connaître des contestations qui s'élèvent de ce chef et envisage l'hypothèse des frais de recouvrement engagés sans titre exécutoire. C'est l'ensemble de ces éléments qui sont étudiés dans cette troisième partie en distinguant selon que les frais sont entrepris avec ou sans titre exécutoire et sans aborder dans le détail la rémunération de l'huissier[1]. Il convient cependant de souligner qu'il existe une interaction étroite entre le tarif des huissiers et le Code des procédures civiles d'exécution. En effet, le décret du 12 décembre 1996 portant réforme du tarif renvoie expressément à de nombreuses reprises, y compris sous forme de tableaux, aux dispositions légales et réglementaires relatives aux voies d exécution. Il est donc nécessaire, pour apprécier

1. Sur cette question, R. Lauba, *Le contentieux de l'exécution*, LexisNexis, 2012, 3e partie.

l'utilité d'un acte d'exécution, de se référer à ces textes, ne serait-ce que pour souligner les difficultés résultant de leurs éventuelles contradictions. Pour ce faire, un rappel des principes régissant la rémunération des huissiers s'impose.

300.05 Coût de l'exécution : un enjeu non négligeable. Depuis 1978, la loi pose le principe de la gratuité de l'accès au juge (L. n° 77-1468, 30 déc. 1977[1] - Décr. n° 78-62, 20 janv. 1978[2]), mais cela signifie seulement que le service public rendu par le tribunal et par les greffes sous forme de jugements et ordonnances n'est pas rémunéré par le justiciable. Il n'en va pas de même pour la mise en œuvre des actes du procès (assignation par exemple) et ceux de l'exécution de la décision de justice, sauf bénéfice de l'aide juridictionnelle.

À cet égard, l'exécution forcée requiert l'office de l'huissier de justice, officier ministériel exerçant une profession libérale réglementée, titulaire d'une charge patrimoniale et bénéficiant d'un monopole légal pour la délivrance des actes qui permettront au titulaire d'un titre exécutoire d'en obtenir la mise en œuvre à défaut d'exécution spontanée par le débiteur.

L'exécution forcée a donc un coût puisqu'il convient de rémunérer les actes indispensables accomplis par l'huissier de justice dans le cadre de son ministère à l'Occasion de la mise en œuvre d'une voie d'exécution telle que définie par le Code des procédures civiles d'exécution. Ce coût peut s'avérer élevé si la résistance du débiteur est importante ou si le créancier manque de discernement dans l'usage des mesures mises à sa disposition par la loi. Il est de toute façon incompressible lorsque la mesure d'exécution est menée à son terme, faute d'exécution volontaire ou si des difficultés apparaissent.

1. L. n° 77-1468, 30 déc. 1977, instituant la gratuité des actes de justice devant les juridictions civiles et administratives, *JO* 31 déc., p. 6359.
2. Décr. n° 78-62, 20 janv. 1978, portant application de la loi n° 77-1468 du 30 décembre 1977 instituant la gratuité des actes de justice devant les juridictions civiles et administratives, *JO* 24 janv., p. 473.

CHAPITRE

311. Rémunération des huissiers

RENÉ LAUBA
MAGISTRAT HONORAIRE

SECTION 0
ORIENTEUR

311.00 Plan du chapitre.

311.01 Textes applicables.

C. pr. exéc., art. L. 111-3, L. 111-8, L. 124-1 et L. 311-3.
C. pr. civ., art. 650 et 695 à 721.
CJA, art. R. 761-3.
C. trav., art. R. 1423-53, R. 1454-13, R. 1454-20 et R. 1454-26.
CGI, art. **396-C Ann. II, 415 et** 416 Ann. III et 1912.
C. pens. mil., art. R. 66.
C. expr., art. R. 13-55.
C. consom., art. L. 141-6, R. 331-10 et R. 333-5.
LPF, art. 258 A.
• **Décr. n° 96-1080, 12 déc. 1996,** portant fixation du tarif des huissiers de justice en matière civile et commerciale, *JO* 13 déc., p. 18248, modifié par,
• **Décr. n° 2014-673, 25 juin 2014,** *JO* 26 juin, p. 10481.

311.03 Bibliographie indicative. (V. s^s n° 300.03).

311.05 Principe de la tarification. Dans notre système juridique, l'huissier de justice n'est pas un fonctionnaire rémunéré par l'État. C'est un **officier ministériel** titulaire d'une charge dont la légitime rétribution est immanquablement à l'origine d'un alourdissement de la dette du débiteur déjà tenu au paiement du principal et des intérêts. Elle peut aussi, lorsqu'elle donne lieu à une demande de provision élevée, dissuader les créanciers modestes de poursuivre le recouvrement forcé de leur créance, surtout s'ils ne sont pas certains, en raison de l'impécuniosité de leurs débiteurs, d'être intégralement désintéressés. La rémunération des huissiers de justice est donc encadrée et plafonnée en vertu du décret n° 96-1080 du 12 décembre 1996 portant tarif des huissiers. En raison des sanctions qu'il comporte, il s'agit d'un texte d'ordre public. Le tarif des huissiers s'applique principalement, selon l'article 1er du décret du 12 décembre 1996 [1], en matière civile et commerciale. Mais son domaine est étendu, par l'article R. 761-3 du Code de justice administrative, aux significations des décisions rendues en la matière. Ce texte dispose en effet que : « *Dans tous les cas où une partie fait signifier une décision par un huissier de justice, celui-ci a droit aux émoluments qui lui sont attribués par la tarification en vigueur devant les tribunaux de grande instance* ».

311.06 Intérêt et limites de la tarification. Le barème adopté par le décret du 12 décembre 1996 est incontestablement plus clair et d'utilisation plus commode que celui qui résultait du décret du 5 janvier 1967, aujourd'hui abrogé. Il détermine la rémunération de l'huissier en fonction de la nature et de la complexité de ses interventions et répertorie dans deux tableaux annexes, plus de cent cinquante actes, formalités et diligences, en indiquant pour chacun d'eux les bases de calculs de son coût. Ce système a l'avantage de réduire le champ des contestations, de faciliter le repérage des procédures inutiles ou sur-tarifées et de permettre aux créanciers de prévoir le coût moyen des mesures conservatoires ou d'exécution qu'ils envisagent d'engager. Il

1. Décr. n° 96-1080, 12 déc. 1996, portant fixation du tarif des huissiers de justice en matière civile et commerciale, *JO* 13 déc., p. 18248.

a cependant l'inconvénient de favoriser en les tarifant, l'émergence d'actes non requis par les textes, voire même implicitement écartés par eux, de donner le statut d'actes rémunérés à des démarches ou formalités consistant en l'envoi de simples courriers et enfin, d'adopter pour l'ouverture du droit aux honoraires libres en sus des émoluments tarifés, des critères trop flous tirés de l'urgence de la situation ou de difficultés particulières. Il faut en effet relever que le législateur de 1991 a délibérément prévu que de nombreuses diligences devaient s'effectuer selon un formalisme simplifié et gratuit excluant le recours aux exploits d'huissiers.

Le décret modificatif n° 2014-673 du 25 juin 2014 qui a étendu le domaine de l'honoraire libre à réduit la sécurité garantie par l'encadrement résultant de la tarification.

SECTION 1
Modes de rémunération de l'huissier

311.11 Catégories de rémunérations. L'huissier est rémunéré différemment selon la nature de ses activités. La délivrance des actes de procédure et le recouvrement forcé des créances sont encadrés, en ce qui concerne leur rétribution, par le décret du 12 décembre 1996. D'autres activités sont tarifées par des textes différents. Certaines activités ne sont pas tarifées.

§ 1
Principaux modes de rémunération fixés par le décret de 1996

311.21 Activités tarifées. Il s'agit de la délivrance des actes de procédure, du recouvrement des créances et de la gestion des dossiers s'y rapportant. Il faut y ajouter, depuis la loi n° 2010-1609 du 22 décembre 2010 et le décret n° 2011-1043 du 1er septembre 2011, les mesures conservatoires prises après l'ouverture d'une succession [1]. Ce sont les principales activités de l'huissier qui donnent lieu à **différents modes de rémunération.**

A.
Droit fixe

311.31 Rémunération des formalités et des actes par un droit fixe. L'accomplissement des formalités et la délivrance des actes en relation avec les instances en justice (assignations et significations) et avec les mesures conservatoires ou d'exécution (commandements, procès-verbaux, dénonciation, *etc.*) sont rémunérés par un **droit fixe exprimé en taux de base** (un taux de base est égal à 1,60 euros jusqu'au décret n° 2007-774 du 10 mai 2007 [2]; puis à 2,20 euros à compter de ce texte).

Le nombre de taux de base prévu pour chaque acte, requête ou formalité, est indiqué dans deux tableaux annexés au décret (Décr. n° 96-1080, 12 déc. 1996, art. 6). Le droit fixe ainsi obtenu peut être affecté d'un **coefficient variable** selon le montant de la créance lorsque l'acte se rapporte à une obligation pécuniaire déterminée (Décr. 12 déc. 1996, art. 7). Toutefois, ce coefficient qui augmente ou diminue le montant du droit fixe ne s'applique pas lorsque l'acte ou la formalité ne tend pas à **l'exécution d'une obligation chiffrée.** Ainsi, les démarches ayant pour objet l'expulsion d'un occupant (procès-verbal d'expulsion, commandement de quitter les lieux, notification de ce commandement au préfet) ne peuvent justifier la mise en œuvre du coefficient variateur même si cette expulsion a pour origine un impayé de loyer. Par conséquent, seuls les actes qui ont pour finalité le recouvrement de la dette locative, tels le commandement de payer visant la clause résolutoire ou l'assignation aux fins de résiliation du bail ou la notification au représentant de l'État de cet acte, peuvent se voir appliquer le coefficient multiplicateur de l'article 7 du décret du 12 décembre 1996 [3].

Chaque acte, formalité ou diligence, a donc un coût dont le droit fixe, qui en est l'élément essentiel, couvre forfaitairement, sauf exception, l'ensemble des travaux et diligences effectués par l'huissier, ainsi que l'ensemble des frais supportés par ce dernier (Décr. 12 déc. 1996, art. 4).

B.
Droit proportionnel

311.41 Rémunération du recouvrement par un droit proportionnel. Le service rendu dans le cadre d'un **mandat de recouvrement ou d'encaissement**

1. L. n° 2010-1609, 22 déc. 2010, relative à l'exécution des décisions de justice, aux conditions d'exercice de certaines professions réglementées et aux experts judiciaires, art. 14, *JO* 23 déc., p. 22552 – Ord. n° 45-2592, 2 nov. 1945, relative au statut des huissiers, art. 1er, *JO* 3 nov., p. 7163 – Décr. n° 2011-1043, 1er sept. 2011, relatif aux mesures conservatoires prises après l'ouverture d'une succession et à la procédure en la forme des référés, art. 1er s., *JO* 2 sept., p. 14884 – C. pr. civ., art. 1304 s. – Décr. n° 96-1080, 12 déc. 1996, tableau I.

2. Décr. n° 2007-774, 10 mai 2007, modifiant le décret n° 96-1080 du 12 décembre 1996 portant fixation du tarif des huissiers de justice, *JO* 11 mai, n° 109, p. 8489.
3. Cass., avis, 7 mars 2011, n° 00-00.010, *Bull. avis; BICC* 1er mai 2011, p. 5, rapp. Sommer, obs. Marotte.

judiciaire ou amiable est rémunéré par un intéressement aux acomptes perçus. Cet intéressement prend la forme d'un droit proportionnel **dégressif plafonné et exclusif** de **l'honoraire libre** qui représente un certain pourcentage des sommes effectivement recouvrées au titre du principal (Décr. 12 déc. 1996, art. 8 et 10).

Lorsque le mandat est donné en vertu d'une décision de justice, d'un acte ou d'un titre en forme exécutoire, le droit proportionnel est à la charge du débiteur et du créancier (Décr. 12 déc. 1996, art. 8 et 10). Lorsqu'il s'agit d'un mandat d'encaissement ou de recouvrement amiable, le droit est supporté par le seul créancier. Le droit incombant au créancier est plus élevé que celui perçu sur le débiteur et peut se cumuler avec lui (Décr. 12 déc. 1996, art. 10).

311.42 Droit proportionnel à la charge du débiteur. Le droit proportionnel de l'article 8 du tarif qui est à la charge du débiteur est perçu lorsque le mandat d'encaisser ou de recouvrer porte sur des sommes dues en vertu d'une décision de justice, d'un acte ou d'un titre en forme exécutoire. Il est calculé selon des tranches et des pourcentages appliqués aux sommes encaissées ou recouvrées au titre du principal de la créance ou du montant de la condamnation à l'exclusion des dépens. Ces pourcentages sont doublés lorsque le titre constate une créance alimentaire (Décr. 12 déc. 1996, art. 8, I).

En cas de paiement par acomptes successifs, le droit est calculé sur la totalité de ces acomptes et non sur chacun d'eux (Décr. 12 déc. 1996, art. 9).

311.43 Droit proportionnel à la charge du créancier. Ce droit est en principe perçu sur le seul créancier, que le recouvrement ou l'encaissement soit effectué amiablement ou en vertu d'un titre exécutoire. Il est perçu en sus du droit proportionnel visé à l'article 8 du tarif et se calcule selon des modalités analogues à l'exception des pourcentages qui sont plus élevés (Décr. 12 déc. 1996, art. 10).

Exceptionnellement, ce droit incombe au débiteur en cas de condamnation pour contrefaçon (Décr. 12 déc. 1996, art. 10-1) ou pour défaut de respect de la législation sur la protection des consommateurs (C. consom., art. L. 141-6).

Les dispositions relatives au droit proportionnel mis à la charge du créancier (Décr. 12 déc. 1996, art. 10, 11 et 12) avaient été annulées pour illégalité par le Conseil d'État[1], au motif qu'elles contrevenaient aux dispositions légales (L. 9 juill. 1991, art. 32 [devenu C. pr. exéc., art. L. 111-8 et L. 124-1]) selon lesquelles les frais de l'exécution forcée sont supportés par le débiteur.

En effet, l'article 10 du décret de 1996 prévoyait que ce droit proportionnel incombait au créancier, non seulement dans le cadre d'un recouvrement amiable, mais également à l'occasion d'un recouvrement en vertu d'un titre exécutoire.

Toutefois, le Parlement a adopté, le 22 novembre 1999 une loi n° 99-957[2] modifiant le premier alinéa de l'article 32 (devenu C. pr. exéc., art. L. 111-8, al. 1er) aux fins d'autoriser, à titre exceptionnel, la perception d'un droit proportionnel de recouvrement ou d'encaissement à la charge du créancier même en cas de mandat de recouvrement sur titre exécutoire. Cette même loi a également réglé les difficultés liées aux restitutions consécutives à l'annulation des trois articles précités.

En application de l'article 32 de la loi du 9 juillet 1991 (devenu C. pr. exéc., art. L. 111-8 et L. 124-1), un décret n° 2001-212 du 8 mars 2001[3] a rétabli les articles 10, 11 et 12 du tarif, dont le contenu a cependant été modifié pour exonérer du droit proportionnel, les créanciers fiscaux, sociaux et alimentaires, ainsi que les personnes titulaires de créances nées d'un contrat de travail. La Cour de cassation estime toutefois que l'exonération du droit proportionnel ne peut bénéficier qu'au salarié et au créancier alimentaire mais non aux caisses de retraite même si les sommes qu'elle recouvre qui résultent d'une obligation légale, peuvent avoir une certaine relation avec l'exécution d'un contrat de travail[4].

La notion de **créance née de l'inexécution d'un contrat** de travail est entendue restrictivement par la Haute juridiction. Ainsi, la créance de cotisations détenue par une caisse de congés payés à l'encontre d'un employeur trouve son origine, non dans l'inexécution du contrat de travail auquel elle n'est pas partie, mais dans une obligation d'adhésion imposée par la loi. Le recouvrement de ces cotisations effectué en vertu d'un titre exécutoire ne bénéficie donc pas de l'exonération du droit proportionnel[5]. Une cour d'appel a jugé qu'en raison de son caractère mixte, alimentaire et indemnitaire, une prestation compensatoire ne pouvait bénéficier

1. CE 5 mai 1999, req. nos 185494 et 185524, *Lebon* T.; *Gaz. Pal.* 1999. Somm. 14.

2. L. n° 99-957, 22 nov. 1999, portant sur diverses professions relevant du ministère de la Justice, la procédure civile et le droit comptable, *JO* 23 nov., p. 17351.

3. Décr. n° 2001-212, 8 mars 2001, modifiant le décret n° 96-1080 du 12 décembre 1996 portant fixation du tarif des huissiers de justice en matière civile et commerciale et relatif à la détermination du droit proportionnel de recouvrement ou d'encaissement mis à la charge des créanciers, *JO* 9 mars, p. 3771.

4. Civ. 2e, 13 oct. 2005, n° 04-12.551, NP; *Rev. huiss.* 2006. 59 – A. Sinigaglia, « Les frais afférents aux actes et procédures d'exécution en matière prud'homale », *Dr. et proc.* 2006. 139.

5. Civ. 2e, 8 juill. 2004, n° 02-17.080, *Bull. civ.* II, n° 370; *Rev. huiss.* 2004. 324, obs. Menut.

de l'exonération prévue par l'article 11 du décret du 12 décembre 1996[1]. Il n'est toutefois pas certain que la Haute juridiction confirme cette jurisprudence et retienne que ce texte ne doive bénéficier qu'aux seules créances strictement alimentaires car elle a tendance à privilégier le caractère alimentaire de la prestation compensatoire.

L'extension au bénéfice d'autres créanciers des exceptions à la règle posée par l'article 10 du décret de 1996 ne semble pas être à l'ordre du jour. En effet, le garde des Sceaux a déclaré, dans une réponse publiée au *Journal officiel* du 24 mai 2011, que le gouvernement n'envisageait pas de déposer un projet de loi tendant à exclure du champ d'application de ce texte les créanciers détenteurs d'un titre exécutoire délivré à la suite d'un chèque sans provision[2].

L'huissier peut prétendre à la rémunération prévue par l'article 10 du décret du 12 décembre 1996, que les sommes encaissées ou recouvrées aient été versées entre ses mains ou entre celles du créancier ou d'un autre mandataire de celui-ci. Il suffit que les diligences effectuées auprès du débiteur en vertu de son mandat de recouvrement ou d'encaissement aient provoqué le paiement pour que le droit lui soit acquis, même s'il n'a pas perçu personnellement la somme acquittée[3]. Il en est de même lorsque les diligences de l'huissier (une saisie-attribution pratiquée au préjudice du débiteur) ont été à l'origine d'un paiement effectué par un tiers (un codébiteur non poursuivi par l'huissier). L'officier ministériel demeure fondé à recevoir le droit proportionnel de recouvrement ou d'encaissement[4].

La perception du droit proportionnel de l'article 10 du tarif est exclue lorsque l'huissier qui encaisse ou recouvre des sommes dues en vertu de l'un des titres exécutoires visés à l'article L. 111-3 C. pr. exéc., peut prétendre au paiement d'un honoraire librement négocié avec son mandant (Décr. 12 déc. 1996, art. 16, I, 4). Ces honoraires ne peuvent être inférieurs au droit proportionnel de l'article 10 du tarif (v. s^s n° 311.71). La contestation relative au droit proportionnel de l'article 10 du décret du 12 décembre 1996 doit préalablement être précédée de la procédure de vérification par le greffier de la juridiction prévue par les articles 704 et suivants C. pr. civ. À défaut, la saisine du juge taxateur ou du tribunal n'est pas recevable[5].

1. Colmar, 23 sept. 2010, *Dr. et proc.* 2011. 43, note Menut.
2. Rép. min. n° 95988, *JOAN Q* 24 mai 2011, p. 5525; *Procédures* 2011, n° 41.
3. Civ. 2e, 6 oct. 2005, n° 03-17.832, *Bull. civ.* II, n° 237 – Civ. 2e, 14 juin 2006, n° 05-12.811, NP; *Dr. et proc.* 2006. 298.
4. Civ. 2e, 29 sept. 2011, n° 10-23.875, NP; *Dr. et proc.* nov. 2011. 271.
5. Civ. 2e, 8 févr. 2007, n° 05-20.428, *Bull. civ.* II, n° 23; *Rev. huiss.* 2007. 175.

C.
Droit d'engagement de poursuites

311.51 Perception d'une avance sur le droit proportionnel à l'occasion de certains actes. Il est dû à l'huissier à l'occasion de la délivrance de certains actes spécialement et limitativement répertoriés dans le tableau I annexé au décret, s'ils sont relatifs à l'exécution d'une obligation pécuniaire déterminée. Ce droit est dégressif. Il est calculé en pourcentage et par tranches sur le montant des sommes dues (Décr. 12 déc. 1996, art. 13).

Il ne peut être perçu qu'une seule fois dans le cadre du recouvrement amiable ou judiciaire de la même créance. Il est à la charge du débiteur ou du créancier, selon que l'acte au titre duquel il est alloué incombe à l'un ou à l'autre.

Il reste acquis à l'huissier quel que soit le résultat de la tentative de recouvrement et s'impute, soit sur le droit proportionnel mis à la charge du débiteur, soit sur celui incombant au créancier (Décr. 12 déc. 1996, art. 14).

D.
Droit pour frais de gestion de dossier

311.61 Attribution d'une somme forfaitaire en compensation de la gestion des acomptes. En cas de délais de paiement accordés à un débiteur poursuivi en vertu d'un titre exécutoire, il est alloué à l'huissier chargé de gérer le dossier une somme forfaitaire de 3 taux de base par acompte versé. Cette somme qui est à la charge du débiteur n'est due qu'à l'issue d'un délai de 6 mois suivant le premier versement effectué après la délivrance du titre. Son montant total ne peut excéder 15 taux de base (Décr. 12 déc. 1996, art. 15).

E.
Honoraires exceptionnels

311.71 Rémunération de certaines diligences par un honoraire libre. À l'occasion de la délivrance de certains actes limitativement désignés dans le tableau I annexé au décret, l'huissier peut demander en sus du montant tarifé, s'il est confronté à une situation d'urgence ou à une difficulté particulière, des honoraires fixés d'un commun accord avec son mandant ou, a défaut, par le juge taxateur selon les critères définis par les articles 720 et 721 C. pr. civ. (nature et importance de la mission, difficultés rencontrées et responsabilité engagée). Ces honoraires demeurent à la charge du mandant (Décr. 12 déc. 1996, art. 16).

L'huissier peut également percevoir des honoraires en cas de recouvrement ou d'encaissement des sommes dues en vertu d'un titre exécutoire tel que défini par l'article L. 311-3 C. pr. exéc., sauf pour les créances alimentaires ou nées de l'exécution d'un contrat de travail. Ces honoraires sont alors exclusifs du droit proportionnel visé à l'article 10 du décret de 1996 sans pouvoir lui être inférieur (Décr. 12 déc. 1996, art. 16, I, 4).

L'huissier doit au préalable et par tout moyen, avertir son mandant du caractère onéreux de la prestation de service et du montant estimé ou du mode de calcul de la rémunération à prévoir. Cet avertissement préalable est obligatoire et l'huissier ne peut en être dispensé qu'en cas d'impossibilité majeure soumise à l'appréciation du magistrat taxateur (Décr. 12 déc. 1996, art. 17). La preuve de l'accomplissement de cette formalité incombe à l'huissier de justice[1]. Toutefois s'il n'a pas fourni cette information, il ne perd pas son droit à perception des honoraires; mais il appartient alors au juge taxateur de tenir compte de ce manquement pour en déterminer le montant[2]. En l'absence d'une convention écrite, le versement préalable d'une provision ne permet pas de présumer qu'un accord est intervenu sur le montant ou le mode de calcul des honoraires. Dans une telle hypothèse le juge n'est pas dispensé de vérifier que l'huissier justifie que son mandant a donné un tel accord[3]. L'obligation d'avertir préalablement le client s'applique à tous les honoraires libres y compris ceux afférents aux activités non tarifées (v. s^s n°s 311.82 et 312.15).

Il convient cependant de relever que dans le cas visé à l'article 16, I, 4 du tarif autorisant la perception d'honoraires lors du recouvrement ou de l'encaissement de sommes dues en vertu de titres exécutoires, l'avertissement préalable et l'accord du mandant sont réputés formalisés :

– soit par le versement de la provision, sous réserve que la demande de versement de cette provision en fasse état;

– soit par la signature d'une convention conforme à un contrat cadre arrêté par la chambre nationale des huissiers stipulant que les honoraires sont dus, que le paiement soit fait à l'huissier ou au créancier et par le débiteur lui-même ou par un tiers (Décr. 12 déc. 1996 *in fine*).

1. Cass., avis, nº 7, 10 juill. 2000, nº 02-02.000, *Bull. avis*, nº 5; *Rev. huiss.* 2001. 107, obs. Bourdillat.
2. Cass., avis, 10 juill. 2000, nº 02-02.000, *Bull. avis*, nº 5.
3. Civ. 2e, 8 avr. 2004, nº 02-13.537, *Bull. civ.* II, nº 179; *Rev. huiss.* 2004. 234.

§ 2
Autres modes de rémunération

311.81 Activités rémunérées par d'autres tarifs. Lorsque les huissiers sont autorisés à exercer des activités dont la rémunération est fixée par un tarif propre à une autre catégorie d'auxiliaires de justice ou d'officiers publics ou ministériels, leur rémunération est arrêtée conformément aux règles de ces tarifs (Décr. 12 déc. 1996, art. 5). Ainsi, lorsque l'huissier procède lui-même à la vente forcée des meubles corporels objets d'une saisie-vente, c'est le tarif des commissaires-priseurs qui est applicable.

311.82 Activités non tarifées. Il s'agit de missions accessoires variées permises par le statut de l'huissier, telles que la consultation juridique, la rédaction d'actes sous seing privé, l'assistance ou la représentation en justice, le recouvrement amiable des créances pour le compte d'autrui, l'établissement de constats non locatifs, de sommations interpellatives et plus généralement, d'actes non tarifés (Décr. 12 déc. 1996, art. 16). On doit y ajouter les activités de vente volontaire de meubles aux enchères publiques pour lesquelles les huissiers peuvent fixer librement des honoraires (Décr. 12 déc. 1996, mod. par Décr. 18 févr. 2002, art. 16-1). Ces activités donnent lieu à la perception d'honoraires librement négociés avec le mandant et, à défaut, fixés par le juge taxateur qui statue selon les critères définis par les articles 720 et 721 C. pr. civ. (nature et importance de la mission, difficultés rencontrées et responsabilité engagée). Le client doit être averti du caractère onéreux de la prestation ainsi que du montant ou des modalités de calcul des honoraires. C'est sur l'huissier de justice que pèse la charge de la preuve de cette formalité (v. s^s nº 311.71).

SECTION 2
RÉMUNÉRATIONS PARTICULIÈRES

311.91 En matière prud'homale. En vertu de l'article R. 1423-53 du Code du travail, les émoluments de l'huissier sont divisés par deux lorsqu'il instrumente dans le cadre d'un contentieux prud'homal. La Cour de cassation interprète restrictivement les dispositions de ce texte en estimant qu'elles ne s'appliquent pas aux émoluments dus pour les actes et procédures d'exécution des décisions de justice en matière prud'homale. Seules bénéficient de la réduction tarifaire, les diligences accomplies par l'huissier dans le cadre de l'instance devant le conseil en vertu, notamment des articles R. 1454-13 (al. 3), R. 1454-20 (al. 2) et R. 1454-26 (al. 1er) du Code du travail[1]. La Haute juridiction exclut par ailleurs les caisses de retraite du bénéfice de l'exonération du droit proportionnel prévu à l'article 11-2 du décret du 12 décembre 1996[2].

311.92 En matière d'aide juridictionnelle. En cas d'aide juridictionnelle totale, la rétribution versée par l'État aux huissiers de justice est fixée selon la nature des actes et diligences, par un barème spécial figurant à l'article 94 du décret n° 91-1266 du 19 décembre 1991, relative à l'aide juridique.

Lorsque l'aide juridictionnelle est partielle, la part contributive de l'État correspond, selon les tranches de revenus fixées à l'article 98 du décret susvisé, à un certain pourcentage du montant des actes tel qu'il est déterminé pour l'aide juridictionnelle totale.

L'article 100 du décret du 19 décembre 1991 précise que les émoluments mis à la charge du bénéficiaire de l'aide juridictionnelle partielle, sont calculés selon le tarif de droit commun minoré selon les tranches de ressources prévues par l'article 98, de 50 %, 45 %, 40 %, 35 %, 30 % ou 25 %, déductions faites de la rétribution versée par l'État.

311.93 En matière de créances publiques. Les actes délivrés par les agents de la Direction générales des finances dans les conditions de l'article 258 A du Livre des procédures fiscales font l'objet d'une tarification spéciale définie par le Code général des impôts (CGI, art. 1912, 396-C, ann. II, 415 et 416, ann. III). Selon ce barème, le montant des frais est proportionnel à celui des sommes dues. Il est calculé par application d'un pourcentage qui ne peut excéder 5 % du montant total des créances dont le paiement est réclamé, dans la limite de 500 euros (CGI, art. 1912). Ce tarif est fixé, par catégorie d'actes avec un minimum de 7,50 euros pour les commandements et de 15 euros pour les autres actes (CGI, art. 396-C, ann. II). En cas d'interruption de la saisie par un versement immédiat ou de libération un jour franc après celle-ci, les frais sont ramenés à 1 %.

Les frais accessoires non spécialement tarifés sont énoncés dans l'article 415 annexe III du Code général des impôts. Ceux qui concernent le transport de l'huissier, le salaire des afficheurs et l'insertion dans les journaux, sont supportés par le Trésor, les communes et les établissements publics au profit desquels les poursuites sont exercées (CGI, art. 416, ann. III).

311.94 En matière de surendettement. L'article 98 de la loi n° 98-657 du 29 juillet 1998 relative à la lutte contre les exclusions[3] dispose que la personne reconnue en situation de surendettement par la commission bénéficie d'une réduction de la tarification des rémunérations dues aux huissiers de justice, à charge pour la personne concernée d'en informer l'huissier. Un décret en Conseil d'État détermine les conditions d'application de cette mesure.

Selon ce décret, l'information de l'huissier est effectuée par l'envoi à celui-ci, par lettre recommandée avec avis de réception, d'une copie de la notification de la décision de recevabilité prévue au premier alinéa de l'article R. 331-10 du Code de la consommation et ce, dès la réception par le débiteur de cette notification. Dans ce cas les émoluments supportés par le débiteur sont égaux à la moitié de ceux prévus pour des actes de même nature par le tarif des huissiers (C. consom., art. R. 333-5).

311.95 En matière de pensions militaires. Il est alloué à l'huissier, pour chaque citation et chaque signification, la moitié de l'émolument prévu par le tarif (C. pens. mil. d'invalidité, art. R. 66).

311.96 En matière d'expropriation. Les actes d'huissiers accomplis en matière d'expropriation pour cause de nullité publique donne lieu à des émoluments égaux à la moitié de ceux fixés par le tarif (C. expr., art. R. 13-55).

SECTION 3
AVANCE, RECOUVREMENT ET JUSTIFICATION DE LA RÉMUNÉRATION

311.101 Avance de la rémunération par le créancier. Les huissiers doivent, avant de prêter leur ministère, demander à la partie qui les requiert une provision suffisante pour couvrir leur rémunération et les frais correspondants. Le versement de cette provision est un préalable aux poursuites et il ne peut être reproché à l'huissier qui l'a demandée, d'avoir différé l'engagement des opérations jusqu'à son règlement et ce, même s'il n'a pas expressément indiqué qu'il en faisait la condition de son intervention[4]. Toutefois, afin d'éviter les réclamations dissuasives ou anticipant à l'excès l'étendue

1. Cass., avis, 4 oct. 2004, n° 04-00.002, *Bull. avis*, n° 4; *BICC* 15 déc. 2004, rapp. Vigneau, obs. Benmakhlouf, p. 16 à 24.
2. Civ. 2e, 13 oct. 2005, n° 04-12.551, NP; *Rev. huiss.* 2006. 59.
3. L. n° 98-657, 29 juill. 1998, relative à la lutte contre les exclusions, *JO* 31 juill., p. 11679.
4. Civ. 1re, 12 oct. 2004, n° 01-12.578, NP; *Rev. huiss.* 2005. 52.

de la mission, la provision est enfermée dans certaines limites. Elle doit correspondre aux actes et formalités qui doivent être immédiatement diligentés L'obligation de demander une provision ne s'applique pas en cas d'urgence ou d'impossibilité tenant notamment aux ressources du créancier. Elle ne s'applique pas non plus dans les cas prévus à l'article 11 du tarif, c'est-à-dire pour le recouvrement ou l'encaissement des sommes dues en vertu d'un titre exécutoire constatant une créance alimentaire, une créance résultant d'un contrat de travail ou une créance appartenant à une personne publique ou assimilée (Décr. 12 déc. 1996, art. 21.). L'huissier bénéficie également d'un droit de rétention sur les documents et sommes appartenant à son mandant pour garantir le paiement de sa rémunération (Décr. 12 déc. 1996, art. 22). Les dispositions relatives à la provision et au droit de rétention ne s'appliquent pas lorsque l'huissier instrumente pour un comptable public ou un créancier alimentaire (Décr. 12 déc. 1996, art. 23).

Lorsqu'elle n'est pas réglementée par le tarif, la rémunération de l'huissier doit s'inscrire dans un cadre contractuel. Le mandant doit être averti, par tout moyen, du caractère onéreux de la prestation de service et du mode de calcul de la rémunération à percevoir. La preuve de cette information incombe à l'huissier de justice qui ne peut en être dispensé qu'en cas d'impossibilité majeure soumise à l'appréciation du magistrat taxateur. Celui-ci fixe le montant des honoraires en cas de désaccord entre les deux parties (Décr. 12 déc. 1996, art. 16 et 17 - v. s[s] n°s 311.71, 311.82 et 312.15).

S'agissant des rémunérations réglementées, l'huissier ne peut demander ou percevoir des sommes autres que celles définies par le tarif adopté par le décret du 12 décembre 1996. En cas de non-respect de cette règle, il doit restituer l'excédent ou demander le complément normalement dû. Cette dernière disposition concerne les conventions d'exécution « à forfait » qui peuvent être imposées par certains créanciers institutionnels (Décr. 12 déc. 1996, art. 24).

311.102 Recouvrement de la rémunération sur le débiteur. Le titre exécutoire fondant les poursuites permet le recouvrement direct contre le débiteur des frais de l'exécution qui constituent des dépens énumérés par l'article 695 C. pr. civ. L'huissier n'est pas préalablement tenu de les faire vérifier par le greffe. La Cour de cassation estime que c'est au débiteur qui conteste le montant des frais de prendre l'initiative de demander un contrôle (v. s[s] n° 312.11). La condamnation aux dépens constitue, pour la partie gagnante, un titre exécutoire autorisant leur recouvrement contre le perdant et ce, même si la distraction a été ordonnée au profit de son avoué[1]. En cas de contestation, le recouvrement se fera en vertu d'un certificat de vérification du greffier et, s'il y a recours, d'une ordonnance de taxe du président de la juridiction (v. s[s] n° 314.12). Ce recours peut être exercé avant même que le certificat de vérification n'ait été notifié. La recevabilité de la contestation de celui auquel le certificat est opposé n'est pas subordonnée à sa notification préalable[2].

Toute somme remise à l'huissier par le débiteur en paiement d'une créance doit être reversée au créancier dans un délai maximum de trois semaines si le règlement est effectué en espèces et de six semaines dans les autres cas. Dans l'hypothèse où le débiteur se libère par acomptes successifs, ces délais sont respectivement portés à six semaines et à trois mois (Décr. 12 déc. 1996, art. 25). Tout versement en espèces doit donner lieu à la délivrance d'un reçu (Décr. 12 déc. 1996, art. 29).

311.103 Information des parties. Le décret du 12 décembre 1996 contient plusieurs dispositions destinées à assurer l'information du créancier et du débiteur sur le calcul de la rémunération de l'huissier, la nature de ses débours et, plus généralement, sur le montant des sommes qu'il perçoit (Décr. 12 déc. 1996, art. 26 à 31). Ainsi, chaque acte ou formalité doit comporter l'indication de son coût, rubrique par rubrique et avec l'indication de l'article du tarif concerné. Chaque huissier doit d'ailleurs tenir ce tarif à la disposition de toute personne en faisant la demande.

Les parties peuvent se faire également remettre un compte détaillé des sommes dont elles sont redevables. Ce compte doit faire ressortir distinctement et sans abréviation, les rémunérations tarifées, les débours et les frais de déplacement ainsi que les honoraires convenus. Les pièces justificatives des dépenses doivent être remises, si elles le requièrent, aux personnes pour le compte desquelles elles ont été engagées.

1. Civ. 2e, 31 mars 2011, n° 09-17.376, *Bull. civ.* II, n° 78; *BICC* 15 juill. 2011, n° 932, 2°.
2. Civ. 2e, 21 mars 2013, n° 12-16.962, *Bull. civ.* II, n° 55; *Procédures* 2013, n° 136, note Perrot.

CHAPITRE

312. Frais d'exécution entrepris en vertu d'un titre exécutoire

RENÉ LAUBA
MAGISTRAT HONORAIRE

SECTION 0
ORIENTEUR

312.00 **Plan du chapitre.**

312.01 **Textes applicables.**

C. pr. exéc., art. L. 111-7, L. 111-8, L. 121-2, L. 122-1, L. 152-1, L. 152-2, L. 222-2, L. 512-2; R. 122-1, R. 211-6, R. 211-7, R. 221-4, R. 221-5, R. 221-8, R. 221-16, R. 221-32, R. 221-35, R. 221-36, R. 221-47, R. 222-2, R. 222-9, R. 222-10, R. 222-11, R. 222-17, R. 224-3, R. 432-1, R. 433-1 et R. 433-5.

C. pr. civ., art. 695 à 721, 1309, 1428 et 1438.

CGI, art. 302 *bis* Y.

• **Décr. n° 96-1080, 12 déc. 1996,** portant fixation du tarif des huissiers de justice en matière civile et commerciale, art. 16, 17 et 20, *JO* 13 déc., p. 18248.

312.03 **Bibliographie indicative.** (V. s^s n° 300.03).

SECTION 1
NOTION DE FRAIS D'EXÉCUTION

312.11 **Catégorie juridique des frais de l'exécution forcée.** Il importe au préalable de définir le statut juridique des frais d'exécution. Il convient, à cet égard, de se référer à l'article 695 C. pr. civ. qui les inclut dans les dépens dès lors qu'ils sont relatifs aux « *procédures d'exécution* ». Ce statut leur confère un caractère légal particulièrement protégé par les dispositions du Code de procédure civile en ses articles 695 à 698. C'est ainsi que l'huissier de justice peut être personnellement condamné aux dépens afférents aux actes et procédures d'exécution accomplis en dehors des limites de son mandat et lorsque ces dépens s'avèrent injustifiés.

On doit en outre relever que le **recouvrement des frais de l'exécution forcée** fait l'objet d'un traitement privilégié par la Cour de cassation. Celle-ci estime en effet que le titre exécutoire fondant les poursuites permet leur recouvrement direct contre le débiteur tenu d'en assumer la charge, sans que l'huissier soit contraint de faire procéder au préalable, à leur vérification par le greffe. Elle considère que c'est au débiteur qui en conteste le montant, de prendre l'initiative de demander un contrôle[1].

La partie contestante doit faire vérifier le compte par le secrétaire-greffier qui délivre un certificat susceptible de recours devant le président de la juridiction ou le magistrat qu'il s'est substitué à cet effet (C. pr. civ., art. 704 à 718). Le magistrat taxateur contrôle principalement la conformité du compte au tarif. Il peut, à titre incident, se prononcer sur le caractère injustifié des frais d'exécution et mettre ceux-ci à la charge de l'huissier[2]. Lorsque la demande de vérification est faite à l'occasion d'une difficulté d'exécution portée devant le juge de l'exécution (JEX), celui-ci est compétent pour en connaître[3] même si cette contestation concerne la tarification des actes.

1. Civ. 2e, 6 mars 2003, n° 01-02.745, *Bull. civ.* II, n° 56; *D.* 2003. IR 863, ndlr; *D.* 2004. Somm. 1478, obs. Taormina; *D.* 2004. 1929, note Taormina – Civ. 2e, 7 juill. 2005, n° 03-20.553, *Bull. civ.* II, n° 186; *D.* 2005. IR 22178.
2. Civ. 2e, 5 mai 2011, n° 10-15.977, NP; *Procédures* 2011, n° 224, note Perrot.
3. Cass., avis, 11 mars 1994, n° 09-40.001, *Bull. avis,* n° 8.

Lorsque c'est l'utilité des frais d'exécution qui est mise en cause, il a seul le pouvoir de la trancher (C. pr. exéc., art. L. 111-8).

312.12 Frais de l'exécution et autres dépens. Il y a lieu de bien distinguer les frais de l'exécution des autres dépens qui sont constitués du coût de l'assignation, de la signification, des frais fiscaux ou de greffe (droits, taxes, émoluments, redevances), ainsi que des indemnités des témoins et des rémunérations des experts ayant apporté leur concours au procès. Entrent également dans la liste des dépens, les émoluments des officiers publics ou ministériels et la rémunération des avocats dans la mesure où elle est réglementée. Il faut y ajouter les frais de traduction des actes, lorsque celle-ci est rendue nécessaire par la loi, par un engagement international ou par une mesure d'instruction effectuée à l'étranger dans le cadre du règlement CEE relatif à la coopération entre les juridictions, ainsi que les frais occasionnés par la notification d'un acte à l'étranger (C. pr. civ., art. 695).

Le recouvrement des dépens du procès au moyen d'une mesure d'exécution forcée ne peut avoir lieu que sur présentation d'un certificat de vérification ou d'une ordonnance de taxe obtenu dans les conditions des articles 704 à 718 C. pr. civ., même s'il s'agit de débours tarifés et déterminables[1].

312.13 Frais de l'exécution et frais irrépétibles. Il convient aussi de différencier les frais de l'exécution des autres frais susceptibles de naître à l'occasion d'une instance judiciaire, notamment les frais irrépétibles qui sont les frais non compris dans les dépens et que le justiciable ne peut répéter contre la partie perdante, sauf décision du juge qui fixe une somme au titre de ces frais à sa charge en tenant compte et de sa situation économique et de l'équité (**C. pr. civ., art. 700**). Ces frais peuvent être payés à l'avocat du bénéficiaire de l'aide juridictionnelle partielle ou totale. Dans ce cas, le juge détermine une somme au titre des honoraires et des frais que ce bénéficiaire aurait exposés s'il n'avait pas obtenu cette aide (C. pr. civ., art. 700, 2°).

On inclut généralement dans la catégorie des frais irrépétibles le coût de fonctionnement des cabinets d'avocats et leurs honoraires ainsi que les dépenses invisibles induites par la gestion d'un contentieux (appels téléphoniques, temps passé en rendez-vous, courriers divers, déplacements, *etc.*). Ce qui explique que ces frais ne sont jamais soumis à la TVA. Le coût des constats produits par les parties en cours d'instance entre dans la catégorie des frais irrépétibles et non dans celle des dépens de l'article 695 C. pr. civ., dès lors que l'huissier qui les a établis n'a pas été désigné par une décision de justice[2].

Les frais de procès non compris dans les dépens ne constituent pas un préjudice réparable par l'allocation de dommages-intérêts et leur remboursement ne peut avoir lieu que sur le fondement de l'article 700 C. pr. civ.[3].

En aucun cas, ils ne rentrent dans la catégorie des frais de l'exécution. Néanmoins ils peuvent être recouvrés, pour le montant déjà arbitré par le juge, dans le cadre d'une exécution forcée. En tout état de cause, ils sont antérieurs à la mise en œuvre des voies d'exécution. Mais des frais irrépétibles pourront à nouveau être sollicités dans le cadre d'une contestation élevée devant le JEX. Il faut préciser que les dépends et les frais irrépétibles mis à la charge du débiteur trouvent leur origine dans la décision qui statue sur leur sort de telle sorte qu'ils n'ont pas à être déclarés à la procédure collective si cette décision est rendue après le jugement d'ouverture[4].

312.14 Frais de l'exécution et débours. Les débours sont des frais nécessairement engagés par l'huissier de justice en raison de circonstances indépendantes de la tarification définie par le décret de 1996 mais qui ont vocation à être supportés par le débiteur dans le cadre de l'exécution car ils sont inévitables.

L'article 20 du décret du 12 décembre 1996 en donne la liste limitative :

– le remboursement des droits fiscaux de toute nature :

Il s'agit d'une taxe forfaitaire de 9,15 euros payable à l'encaissement pour tout acte d'huissier (CGI, art. 302 *bis* Y). En sont exonérés les actes délivrés pour le compte d'une partie bénéficiant de l'aide juridictionnelle totale ou partielle, les actes en matière mobilière accomplis à la requête d'un comptable public, d'un organisme de Sécurité sociale ou d'un groupement mutualiste régi par le Code de la mutualité, les actes portant sur une somme dont le montant n'excède pas 530 euros et qui ne se rattachent pas, directement, à une procédure d'exécution, les inventaires de meubles, titres et papiers, les prisées de meubles, procès-verbaux d'adjudication aux enchères publiques de biens meubles ou corporels, ou toute autre vente des mêmes biens faite avec publicité ou concurrence;

1. Civ. 2e, 3 mai 2007, n° 06-12.485, *Bull. civ.* II, n° 120; *Rev. huiss.* 2007. 240; *JCP* 2007. IV, n° 2132; *D.* 2007. AJ 1511.

2. Civ. 3e, 17 mars 2004, n° 00-22.522, *Bull. civ.* III, n° 56.
3. Civ. 2e, 8 juill. 2004, n° 03-15.155, *Bull. civ.* II, n° 365; *D.* 2004. IR 2195; *JCP* 2004. IV. 288; *Dr. et proc.* 2005. 29, note Vinkel.
4. Com. 11 juin 2002, n° 00-12.289, *Bull. civ.* IV, n° 104; *Rev. huiss.* 2002. 300, note Douchy; *Procédures* 2002, n° 187, note C. L.

– les frais d'affranchissement des lettres qui constituent des formalités obligatoires de procédure :

Il faut vérifier à cette occasion que les sommes sollicitées correspondent effectivement à des courriers indispensables à la mise en œuvre d'une procédure d'exécution;

– les frais de serrurier, de déménagement, de garagiste et de garde-meubles :

Ces frais sont pour la plupart engagés lors d'une procédure de saisie-vente, d'expulsion, de saisie-appréhension d'un véhicule terrestre à moteur. Ils font toujours l'objet d'une facture que l'huissier doit pouvoir verser aux débats en cas de contestation de la charge des frais.

L'assistance d'une entreprise de déménagement et l'intervention d'un serrurier pour la mise en œuvre d'une procédure d'expulsion, constituent des débours tarifés (Décr. 12 déc. 1996, art. 20, 3) au sens de l'article 695, 5° C. pr. civ. et entrent ainsi dans les dépens mis à la charge de la partie perdante. Ils doivent donc incomber à la personne expulsée dès lors qu'elle ne soutient ni ne justifie, que ces débours ont été exposés sans nécessité ou que leur montant est excessif[1]. Ils doivent être une conséquence inévitable de l'expulsion prononcée et leur montant ne doit pas dépasser les prix habituellement pratiqués[2];

– les indemnités versées aux conseillers municipaux, fonctionnaires municipaux, autorités de gendarmerie ou témoins requis au titre du concours de la force publique pour pénétrer dans un lieu servant à l'habitation, en l'absence de l'occupant ou si ce dernier en refuse l'accès;

– les indemnités versées aux fonctionnaires de la police municipale dans les mêmes conditions;

– toute somme due à des tiers à l'occasion de l'activité professionnelle de l'huissier et qu'il est amené à leur payer directement :

Ces sommes doivent figurer sur des reçus et doivent être justifiées par l'huissier en cas de demande ou de contestation de la charge des frais (rappelons que tout paiement en espèces effectué par l'huissier donne lieu au dressé d'un reçu);

– les frais engagés pour la recherche des informations auprès du fichier des comptes bancaires et des organismes visés aux articles L. 152-1 et L. 152-2 C. pr. exéc., c'est-à-dire des administrations, des entreprises publiques et des établissements teneurs de comptes. Ces renseignements doivent permettre à l'huissier d'engager une saisie conservatoire, une saisie-attribution ou une mesure de paiement direct de pension alimentaire;

– les indemnités versées aux mêmes conseillers municipaux, fonctionnaires, gendarmes et témoins requis en application de l'article 1309 C. pr. civ., c'est-à-dire **pour pénétrer dans des locaux fermés lors de l'apposition des scellés** après décès (dont le montant et le produit sont déterminés comme en matière de saisie et d'expulsion).

Il convient d'ajouter à cette liste la **TVA** qui s'applique à tous les actes d'huissier, à l'exception de l'affranchissement postal (Décr. n° 94-757, 26 août 1994[3], art. 1er).

312.15 Frais de l'exécution et honoraires libres. Cette catégorie vise la rémunération librement fixée entre l'huissier et son mandant et comprend différentes formalités et prestations qui ne constituent pas toutes des frais de l'exécution. On peut distinguer trois grands ensembles :

• Le tableau I annexé au décret du 12 décembre 1996 nomenclature **plusieurs actes tarifés** pour lesquels l'huissier est autorisé à solliciter de son mandant en sus de leur coût, la perception d'honoraires libres chaque fois qu'il « *est confronté, dans l'exercice de sa mission, à une situation d'urgence ou à des difficultés particulières* ». Ces honoraires libres demeurent, en toute hypothèse, à la charge du mandant qui doit être averti, par tout moyen, de leur montant ou de leurs modalités de calcul (Décr. 12 déc. 1996, art. 16, II et 17 – v. ss n° 311.71).

Voici la liste des actes tarifés ouvrant droit à ces honoraires :

– délivrance d'une assignation;

– délivrance d'une signification de décision de justice;

– saisie des récoltes sur pied;

– saisie des droits d'associés et des valeurs mobilières;

– saisie conservatoire des droits d'associés et des valeurs mobilières;

– saisie des aéronefs et des navires de créance et autres droits incorporels ou de créance donnée en gage;

– sommation de prendre connaissance du cahier des conditions de la vente de la saisie immobilière;

– sommation de prendre connaissance du cahier des charges de la vente du fonds de commerce;

– sommation de prendre connaissance du cahier des charges du nantissement du fonds de commerce;

1. Civ. 2e, *2 mars 2000*, n° 97-21.101, *Bull. civ.* II, n° 39; *D.* 2000. IR 107.
2. Civ. 2e, 28 sept. 2000, n° 98-17.831, NP; *Rev. huiss.* 2001. 34, obs. Desdevises.
3. Décr. n° 94-757, 26 août 1994, relatif aux tarifs des officiers publics et ministériels et des auxiliaires de justice, *JO* 2 sept., p. 12718.

– acte de vérification et d'enlèvement dans le cadre de la saisie-vente;

– acte d'inventaire et d'enlèvement des biens placés dans un coffre-fort;

– procès-verbal d'inventaire dans le cadre d'une expulsion;

– procès-verbal d'inventaire dans le cadre d'un congé avec offre de renouvellement du bail d'habitation;

– procès-verbal d'inventaire dans le cadre d'un congé avec offre de renouvellement du bail rural;

– procès-verbal d'inventaire dans le cadre d'un congé avec offre de renouvellement du bail commercial;

– description d'immeuble à saisir;

– opposition à mariage.

On observera que certains des actes ci-dessus énumérés n'ont trait à aucune mesure d'exécution (opposition à mariage, délivrance d'une assignation, procès-verbal d'inventaire dans le cadre d'un congé avec offre de renouvellement du bail d'habitation, rural ou commercial, notamment).

• La deuxième catégorie d'honoraires libres est constituée par les actes tels que **sommations interpellatives** et **constats autres que locatifs**. Il s'agit de démarches unilatérales réalisées à la requête d'une partie, en dehors de tout contentieux de fond ou d'exécution, et qui ne peuvent être assimilées qu'à des frais irrépétibles. À ce titre, ils ne constituent jamais des actes nécessaires à l'exécution[1] (c'est le cas d'un constat d'adultère[2]).

Il est important de relever qu'en tout état de cause, les honoraires libres, même convenus dans le cadre d'une procédure d'exécution entre l'huissier et son mandant, ne peuvent jamais être mis à la charge du débiteur (Décr. 12 déc. 1996, art. 16 II).

• Une troisième catégorie est constituée par des activités compatibles avec le statut des huissiers de justice, telles que les **consultations juridiques**, la **rédaction d'actes sous-seing privé** ou le recouvrement des créances pour le compte d'autrui (Décr. 12 déc. 1996, art. 16, I, 3), le recouvrement des sommes dues en vertu d'un titre exécutoire (Décr. 12 déc. 1996, art. 16, I, 4), l'assistance ou la représentation des parties devant certaines juridictions et les ventes volontaires de meubles aux enchères publiques (Décr. 12 déc. 1996, art. 16-1).

Il appartient à l'huissier, en toute hypothèse, d'avertir préalablement son mandant du caractère onéreux et du montant de sa prestation. La preuve de l'accomplissement de cette formalité lui incombe et le juge taxateur doit tenir compte du manquement à cette obligation (v. s[s] n° 311.71).

312.16 Charge des frais de l'exécution forcée. Corollaire de l'article 696 C. pr. civ. qui, sauf exception motivée, met les dépens à la charge de la partie qui succombe, l'article L. 111-8 C. pr. exéc. détermine que ces frais « *sont à la charge du débiteur, sauf s'il est manifeste qu'ils n'étaient pas nécessaires au moment où ils étaient exposés* ». Il est en effet de bonne justice que la partie qui succombe et qui n'exécute pas spontanément supporte la charge du coût des voies d'exécution contre elle dirigées.

On observera, *mutatis mutandis*, que l'article L. 512-2 C. pr. exéc. met à la charge du débiteur les frais occasionnés par une mesure conservatoire, sauf décision contraire du juge à l'issue de la procédure s'il s'avère que celle-ci a été abusive, inutile ou injustifiée.

312.17 Notion de frais nécessaires. Le Code des procédures civiles d'exécution pose quelques principes généraux qui sous-tendent la démarche du créancier, de l'huissier instrumentant et du juge saisi d'une difficulté née de l'appréciation de ce concept.

Au premier chef, si le créancier a le choix des mesures propres à assurer l'exécution ou la conservation de sa créance, il ne peut engager des mesures qui excéderaient ce qui se révèle nécessaire pour obtenir le paiement de l'obligation (C. pr. exéc., art. L. 111-7 et L. 121-2). Il y a là un principe de modération qui trouve sa traduction concrète dans la mise en œuvre du principe de subsidiarité tel que défini par l'article L. 221-2 C. pr. exéc. (v. s[s] n°s 143.31 s.). Il appartient au débiteur qui poursuit la mainlevée d'une mesure d'exécution au motif qu'elle serait disproportionnée d'établir qu'elle excède ce qui se révèle nécessaire pour obtenir le paiement de l'obligation. La seule constatation d'une différence significative entre le montant de la créance réclamée et la valeur de l'immeuble saisi (4 416,58 euros en principal et accessoires et 50 000 euros) ne suffit pas à démontrer cette disproportion ainsi que la mauvaise foi du saisissant dès lors qu'aucune autre mesure d'exécution forcée ne pouvait être utilement envisagée en présence d'un solde bancaire insaisissable et dans l'ignorance que le débiteur percevait des loyers[3].

En second lieu, l'huissier de justice peut refuser son ministère lorsqu'il estime que le montant des frais paraît manifestement susceptible de dépasser le montant de la créance à recouvrer (C. pr. exéc., art. L. 122-1 et R. 122-1). On doit y voir là encore

1. Toulouse, ord. taxe 1er prés., 28 juin 1996, n° 128/96, Del Moral c/ Curvale, NP.
2. TGI Albertville, juge tax., 17 févr. 1994, *D.* 1994. 427.
3. Civ. 2e, 15 mai 2014, n° 13-16.016, *Bull. civ.* II, n° 113; *JCP* 2014. 1335, note Lauvergnat; *Dr. et proc.* 2014, 117, obs. Dorol.

le souci du législateur de limiter les excès de l'exécution par un devoir de conseil et l'affirmation d'une forme de clause de conscience au profit de l'huissier qui peut d'ailleurs en référer au juge s'il l'estime nécessaire.

Enfin, et ce n'est pas le moindre des mérites du Code des procédures civiles d'exécution, celle-ci tente de simplifier, chaque fois que cela est possible, les procédures d'exécution en regroupant des actes qui au préalable étaient systématiquement dressés séparément et en incitant l'huissier à établir un acte unique pour l'accomplissement de formalités multiples découlant d'une même opération.

Tel est le cas du procès-verbal d'expulsion contenant sommation d'enlever les meubles délaissés dans le délai d'un mois et de les déposer dans un local approprié et qui vaut assignation à comparaître par devant le JEX pour voir statuer sur leur sort (C. pr. exéc., art. R. 433-1).

Il en va de même pour le commandement de payer précédant le procès-verbal de saisie-vente ou du commandement aux fins de saisie-appréhension en vertu d'un titre exécutoire qui peuvent être délivrés dans l'acte de signification du jugement (C. pr. exéc., art. R. 221-4 et R. 222-2).

Également, l'inventaire complémentaire dressé par un créancier opposant dans le cadre d'une saisie-vente est signifié au créancier premier saisissant en même temps que l'acte d'opposition (C. pr. exéc., art. R. 432-1).

On relèvera aussi que le commandement de payer contenant dénonciation de l'acte de saisie des biens placés dans un coffre-fort, peut être signifié dans le même acte que la signification du jugement (C. pr. exéc., art. R. 224-3, al. 1er).

312.18 Distinction des frais nécessaires et des mesures d'exécution nécessaires. Une distinction entre l'appréciation de l'utilité d'une procédure d'exécution et d'un acte d'exécution s'impose, même si elle ne résulte pas formellement de la loi.

Dans la première hypothèse, c'est l'ensemble des frais qui est mis à la charge du débiteur si la mesure s'avère utile et ne revêt pas un caractère abusif (C. pr. exéc., art. L. 111-7 et L. 121-2).

À cet égard, la notion de saisie abusive a été étudiée dans la première partie de l'ouvrage à laquelle nous renvoyons (v. ss nos 143.41 s.). De même, ne sera pas, à nouveau, évoqué le principe de subsidiarité de la saisie-vente (v. ss nos 143.34 s.) qui démontre explicitement la volonté du législateur de limiter les frais de l'exécution lorsque le montant principal de la créance à recouvrer est inférieur à 535 euros selon le décret n° 2001-373 du 27 avril 2001[1] (Décr. 27 avr. 2001, art. 3, IV). Il revient alors au juge de vérifier l'opportunité de la procédure engagée et le coût des actes délivrés.

Dans le second cas, il convient d'apprécier l'utilité de l'acte au regard de sa nécessité telle qu'elle s'évince du contenu des procédures définies par le Code des procédures civiles d'exécution. Nous ne reviendrons pas en détail sur le contenu des voies d'exécution et les actes nécessaires à leur accomplissement, analysés dans les chapitres spécifiques de l'ouvrage. La liste des actes est donnée avec précision par les textes réglementant chaque saisie, ce qui devrait éviter toute contestation.

Il est toutefois possible de relever quelques actes dont la délivrance, dans certaines circonstances, peut s'avérer frustratoire ou dont l'utilité ou la nécessité n'est pas exigée par la réforme des voies d'exécution. Certains de ces actes font néanmoins l'objet d'une tarification par le décret du 12 décembre 1996 portant réforme du tarif des huissiers, ce qui pourrait faire croire qu'ils sont dus de ce seul fait.

Il convient d'examiner successivement ces catégories d'actes en insistant sur le fait que les jurisprudences en cette matière sont rares et que la prudence s'impose dans l'analyse, en dehors de toute référence normative autre que la volonté affichée par la réforme de 1991 de simplifier et de codifier les voies d'exécution en mettant fin à l'archaïsme et à l'anarchie procédurale antérieure. Une importante liberté d'appréciation est donc laissée au juge dans la définition des frais manifestement non nécessaires au moment où ils ont été exposés et il conviendra de porter une attention toute particulière sur les développements jurisprudentiels qui permettront d'enrichir et de préciser ce concept.

En tout état de cause, la notion de **frais frustratoires** relève de l'appréciation souveraine du juge dès lors qu'il qualifie le caractère non nécessaire ou encore inutile, des frais engagés (v. ss nos 143.41 s.). Tel sera le cas du procès-verbal de saisie des droits d'associés réalisé pour cinq créanciers poursuivants qui, bien que n'emportant pas indivisibilité des créances et des procédures, fait néanmoins l'objet de cinq dénonciations. Dans cette hypothèse, l'équité et la logique conduisent à exiger la délivrance d'un seul acte de dénonciation pour tous[2].

312.19 Actes contenus dans le Code des procédures civiles d'exécution et susceptibles d'être laissés à la charge du créancier. Sont répertoriés dans ce paragraphe des actes dont il apparaît que dans certaines circonstances, leur coût peut être laissé à la charge du créancier s'ils ne s'avèrent pas

1. Décr. n° 2001-373, 27 avr. 2001, portant adaptation de la valeur en euros de certains montants exprimés en francs (dispositions réglementaires issues de décrets en Conseil d'État : justice), *JO* 29 avr., p. 6837.
2. TGI Albertville, JEX, 11 avr. 1996, *Rev. huiss.* 1996. 1483.

indispensables à l'accomplissement de la procédure d'exécution.

SECTION 2
SAISIE-REVENDICATION

312.21 Requête au juge de l'exécution d'avoir à délivrer ou restituer un bien meuble (C. pr. exéc., art. L. 222-2 et R. 222-17 - Décr. 12 déc. 1992, n° 17, T II annexé). Il convient de relever qu'aucune disposition n'impose au créancier de recourir à l'huissier de justice pour présenter une telle requête. Il s'agit d'un acte de pur confort qui, s'il justifie la rémunération de l'huissier, devrait néanmoins, ne pas être mis à la charge du débiteur, s'agissant d'une formalité facultative. La jurisprudence de la Cour de cassation, excluant des dépens mis à la charge du perdant les émoluments tarifés se rapportant à une procédure sans représentation obligatoire, devrait recevoir application en l'occurrence [1].

SECTION 3
SAISIE-ATTRIBUTION

312.31 Signification au tiers saisi de l'acquiescement du débiteur (C. pr. exéc., art. R. 211-6, al. 2 - Décr. 12 déc. 1992, n° 6 T I annexé). Cette démarche n'est pas exigée par les dispositions législatives et réglementaires du Code des procédures civiles d'exécution. Elle n'est sanctionnée par aucune nullité formelle et peut être réalisée par voie de lettre recommandée avec accusé de réception. Au demeurant, l'acquiescement peut être donné sur la copie de l'acte de dénonciation ou sur un document distinct. En l'absence de toute forme, le créancier peut présenter lui-même au tiers le document sur lequel son débiteur a déclaré accepter la saisie. Rien n'interdit à l'huissier de dresser à cette occasion un acte, désormais tarifé par le décret du 12 décembre 1996. Mais cela ne justifie pas que son coût soit supporté par le débiteur puisqu'il n'est nullement indispensable qu'il fasse l'objet d'un formalisme particulier.

312.32 Requête au greffe du juge de l'exécution aux fins de délivrance d'un certificat de non-contestation (C. pr. exéc., art. R. 211-6 - Décr. 12 déc. 1992, n° 3 T II annexé). Il s'agit en réalité d'un simple courrier adressé au greffe par l'huissier sans qu'un quelconque formalisme soit imposé dans cette hypothèse. Cette démarche ne requiert d'ailleurs pas le concours d'un officier ministériel de telle sorte que le certificat peut être directement délivré au saisissant sur sa demande sans qu'une requête établie par un mandataire soit nécessaire. Son coût paraît donc devoir être supporté par le créancier lorsque l'huissier en fait usage.

312.33 Signification au tiers saisi du certificat de non-contestation (C. pr. exéc., art. R. 211-6, al. 2 - Décr. 12 déc. 1992, n° 7 T I annexé). Aucune disposition de la loi de 1991 et de son décret d'application, désormais codifiés au Code des procédures civiles d'exécution, n'impose une telle démarche puisque le tiers saisi procède au paiement sur présentation du certificat de non-contestation, le terme présentation n'impliquant aucun formalisme de signification préalable. Le créancier semble pouvoir présenter lui-même au tiers le certificat de non-contestation sans passer par l'intermédiaire de l'huissier. Il n'apparaît donc pas que le coût d'un tel acte doive être mis à la charge du débiteur.

312.34 Mainlevée quittance au tiers saisi (C. pr. exéc., art. R. 211-7 - Décr. 12 déc. 1992, n° 94 T I annexé). Il ne peut nullement s'agir d'une démarche nécessaire puisque la saisie cesse de plein droit ses effets par le paiement du créancier. Il s'agit en fait d'un simple reçu sans effet juridique pour le tiers saisi et dont le coût ne devrait pas être supporté par le débiteur.

SECTION 4
SAISIE-VENTE

312.41 Commandement de payer aux fins de saisie-vente. Il se périme à l'issue d'un délai de deux ans si aucun procès-verbal de saisie n'est délivré entre-temps. Il doit alors être réitéré (C. pr. exéc., art. R. 221-5 et R. 221-8). Dans cette hypothèse, s'il est établi que la réitération est le fait du créancier ensuite de sa négligence, le coût de l'acte pourra être mis à sa charge. Ce ne sera pas le cas lorsque le créancier prouve que des délais de paiement ont été accordés au débiteur postérieurement à la délivrance du premier commandement mais n'ont pas été respectés.

312.42 Acte de vérification de la consistance des biens saisis et d'enlèvement (C. pr. exéc., art. R. 221-36). Il a pour finalité de contrôler que les objets saisis sont tous présents et en bon état le jour de la vente. Il ne peut donc être établi prématurément au risque de ne pas faire ressortir d'éventuels détournements entre sa date de dressé et celle de la vente. Une attention particulière doit être portée à ce type d'acte.

1. Civ. 2e, 2 déc. 1987, n° 86-12.784, *Bull. civ.* II, n° 258 – Soc. 14 nov. 1985, n° 84-42.282, *Bull. civ.* V, n° 537.

312.43 Procès-verbal de réception de deniers (C. pr. exéc., art. R. 221-16 - Décr. 12 déc. 1992, n° 51 T I annexé). Cet acte n'est pas répertorié par les textes régissant la procédure de saisie-vente. Il correspond à une pratique des huissiers qui, lorsque le débiteur fait des offres de paiement et verse un acompte, renoncent *proprio motu* à la saisie en dressant de façon tout à fait prétorienne un acte intitulé « *procès-verbal de renonciation à la saisie* », désormais intitulé « *procès-verbal de réception de deniers* » par le décret du 12 décembre 1996. Or, cet acte se contente de constater la remise de deniers. S'il est loisible au mandataire du créancier d'en dresser procès-verbal, on voit mal ce qui justifie qu'il soit mis à la charge du débiteur qui fait offre de paiement tout en versant un acompte, eu égard au coût déjà élevé de la procédure de saisie-vente. Un simple reçu sur papier libre suffirait et ce, d'autant plus que le règlement est le plus souvent effectué par chèque ou par virement bancaire.

312.44 Signification de la date de vente au débiteur (C. pr. exéc., art. R. 221-35 - Décr. 12 déc. 1992, n° 12 T II annexé). La réforme des voies d'exécution prévoit effectivement que l'huissier de justice avise le débiteur des lieu, jour et heure de la vente. Toutefois, le Code des procédures civiles d'exécution précise que cet avis est effectué par « *lettre simple ou par tout autre moyen* ». Il est donc manifeste que le législateur a voulu limiter le coût de cette diligence, au demeurant non-sanctionnée par une quelconque nullité. S'il est donc loisible à l'huissier de recourir à un formalisme particulier par rédaction d'un acte de signification, il n'apparaît pas que le débiteur ait à en supporter le coût, sauf justification spéciale de son caractère nécessaire.

312.45 Mainlevée de saisie-vente et mainlevée d'opposition jonction (C. pr. exéc., art. R. 221-47 - Décr. 12 déc. 1992, n° 95, T I annexé). L'acte qui consiste à constater l'accord des créanciers pour lever une saisie ou une opposition n'est aucunement considéré comme indispensable par les dispositions législatives et réglementaires du Code des procédures civiles d'exécution, puisqu'il peut être dressé sur papier libre. Sa tarification par le décret de 1996 ne le rend donc pas *ipso facto* dû par le débiteur.

312.46 Acte de consignation et mainlevée totale ou partielle de saisie-vente (après vente amiable par le débiteur; C. pr. exéc., art. R. 221-32 - Décr. 12 déc. 1992, n° 96 T II annexé). Cet acte n'a pas été prévu par la réforme des voies d'exécution. Le décret de 1996 rémunère en fait un acte qui consiste simplement pour l'huissier à recevoir des fonds, ce qui fait partie de l'exercice normal de son ministère, tout en constatant que la vente forcée de tout ou partie des meubles du débiteur ne s'impose plus. On peut s'interroger sur le caractère nécessaire d'une telle diligence.

SECTION 5
ACTES DE LA SAISIE-APPRÉHENSION EN VERTU D'UN TITRE EXÉCUTOIRE

312.51 Requête au juge de l'exécution aux fins d'une autorisation spéciale d'appréhension dans des locaux servant à l'habitation d'un tiers (C. pr. exéc., art. R. 222-9 et R. 222-10 - Décr. 12 déc. 1992, n° 14 T II annexé). Le dépôt d'une telle requête ne relève pas du monopole de l'huissier et en faire supporter le coût par le débiteur est discutable (v. s[s] n° 312.21).

SECTION 6
ACTES DE LA SAISIE-APPRÉHENSION SUR INJONCTION DU JUGE

312.61 Liste des actes. Les mêmes observations que celles faites pour la procédure de saisie-appréhension peuvent être formulées en ce qui concerne cette procédure. Voici la liste des actes dont la tarification par le décret du 12 décembre 1996 n'apparaît pas justifiée au regard de leur caractère non indispensable :

- requête au JEX aux fins d'injonction d'avoir à délivrer ou restituer un bien meuble (C. pr. exéc., art. R. 222-11 - Décr. 12 déc. 1992, n° 16 T II annexé) ;
- requête au JEX aux fins d'une autorisation spéciale d'appréhension dans les locaux servant à l'habitation d'un tiers (C. pr. exéc., art. R. 222-9 et R. 222-10 - Décr. 12 déc. 1992, n° 14, T II annexé).

SECTION 7
ACTES DE L'EXPULSION

312.71 Procès-verbal de consignation du produit de la vente (C. pr. civ., art. 1438 - Décr. 12 déc. 1992, n° 99 T I annexé). Il est rémunéré par 17,5 taux de base alors que l'article R. 433-5 C. pr. exéc. ne prévoit pas que cette formalité donne lieu à dressé d'un procès-verbal. La référence par le tableau annexé au tarif à l'article 1428 C. pr. civ. qui a trait à la procédure d'offres réelles, est erronée. En effet, cette procédure ne s'applique que dans l'hypothèse où le créancier refuse le paiement par le débiteur. Celui-ci peut alors se libérer en consignant la somme par procès-verbal. Tel n'est pas le cas de la consignation du produit de la vente dont l'existence est portée à la connaissance du débiteur par lettre recommandée avec accusé de réception. Cet acte n'étant pas considéré comme indispensable par le Code des procédures civiles d'exécution, il est loisible au JEX de l'écarter dès lors qu'aucune circonstance n'établit que son dressé s'imposait.

CHAPITRE

313. Frais du recouvrement entrepris sans titre exécutoire

RENÉ LAUBA
MAGISTRAT HONORAIRE

SECTION 0 ORIENTEUR

313.00 Plan du chapitre.

313.01 Textes applicables.

C. pr. exéc., art. L. 111-8, L. 124-1 et R. 124-1 à R. 124-7.

C. pr. civ., art. 1407.

C. mon. fin., art. L. 511-9.

• **Décr. nº 96-1080, 12 déc. 1996,** portant fixation du tarif des huissiers de justice en matière civile et commerciale, art. 8, *JO* 13 déc., p. 18248.

• **Décr. nº 96-1112, 18 déc. 1996,** portant réglementation de l'activité des personnes procédant au recouvrement amiable des créances pour le compte d'autrui, art. 2 à 7, *JO* 20 déc., p. 18810.

• **L. nº 2006-872, 13 juill. 2006,** portant engagement national pour le logement, dite loi ENL, *JO* 16 juill., p. 10662.

• **Décr. nº 2007-285, 1er mars 2007,** mod. Décr. nº 67-223, 17 mars 1967 pris pour l'application de la loi nº 65-557 du 10 juillet 1965 fixant le statut de la copropriété des immeubles bâtis, art. 64 et 65, *JO* 3 mars, p. 4061.

313.03 Bibliographie indicative. (V. ss nº 300.03).

SECTION 1 PRINCIPE

313.11 La loi fait supporter au créancier les frais du recouvrement entrepris sans titre exécutoire. L'article L. 111-8 alinéa 2 C. pr. exéc. dispose que les frais de recouvrement entrepris sans titre exécutoire restent à la charge du créancier, sauf s'ils concernent un acte dont l'accomplissement est prescrit par la loi, toute stipulation contraire étant réputée non écrite.

Se trouve ainsi dénuée de toute valeur, la clause d'un règlement de copropriété mettant à la charge des copropriétaires défaillants, les frais de relances et de contentieux engagés pour le recouvrement des charges impayées. Ces frais ne peuvent être mis au compte d'un copropriétaire débiteur que s'il s'agit de frais exposés dans le cadre d'une exécution forcée[1].

Cette jurisprudence apparaît remise en cause par l'article 10-1 de la loi du 10 juillet 1965 dans sa rédaction issue de la loi ENL du 13 juillet 2006 (v. ss nº 313.21).

SECTION 2 EXCEPTION

313.21 Le juge peut mettre à la charge du débiteur les frais de recouvrement qui se sont avérés nécessaires. Tel n'est pas le cas de la lettre recommandée adressée à un débiteur par une société de recouvrement[2]. Le créancier qui justifie du caractère nécessaire des démarches entreprises pour recouvrer sa créance peut demander au juge de l'exécution

1. Civ. 3e, 15 déc. 1999, nº 97-20.655, *Bull. civ.* III, nº 246; *D.* 2000. IR 32.
2. Civ. 2e, 20 mai 2010, nº 09-67.591, *Bull. civ.* II, nº 99; *Procédures* août-sept. 2010. 15, note Perrot; *D.* 2010. 2107; *CCC* 2010, nº 264, note Raymond.

(JEX) de laisser tout ou partie des frais ainsi exposés à la charge du débiteur de mauvaise foi.

L'article 10-1 de la loi n° 65-557 du 10 juillet 1965 portant statut de la copropriété met en œuvre ce principe en disposant que les **frais nécessaires exposés par le syndicat** à compter de la mise en demeure, pour le recouvrement d'une **créance justifiée à l'encontre d'un copropriétaire,** sont imputables à ce seul copropriétaire. Ce texte introduit dans la loi de 1965 par la loi n° 2000-1208 du 13 décembre 2000, dispense cependant le syndicat de saisir le JEX d'une demande en ce sens. Il peut donc inscrire d'office au compte du copropriétaire défaillant, les frais de mise en demeure et de contentieux exposés sans titre exécutoire, sauf pour ce copropriétaire à élever une contestation devant le juge, s'il entend remettre en cause leur caractère nécessaire. Néanmoins, pour qu'un contrôle puisse être exercé, il faut que le syndicat présente un compte indiquant précisément les frais de recouvrement exposés. Il appartient à la juridiction saisie de rechercher quels sont les frais nécessaires pouvant être mis à la charge du débiteur ainsi que la période à laquelle ils doivent être imputés. Elle ne peut ainsi, sans indiquer en quoi ils étaient nécessaires, condamner un copropriétaire défaillant à supporter le coût d'une enquête de solvabilité, des frais de suivi contentieux et des actes concernant une autre procédure[1].

La loi n° 2006-872 du 13 juillet 2006, portant engagement national pour le logement, dite loi ENL, a remanié l'article 10-1 afin de préciser ce que sont les **frais imputables au copropriétaire débiteur.** Il s'agit, notamment, des frais de mise en demeure, de relance, de prise d'hypothèque, des droits et émoluments afférents aux actes des huissiers et du droit de recouvrement ou d'encaissement à la charge du débiteur (celui de l'art. 8 du décret du 12 déc. 1996). La mise en demeure peut être effectuée, non seulement par une lettre recommandée avec accusé de réception (LRAR), mais encore par une télécopie avec récépissé si le débiteur a accepté ce mode de transmission. Celle prévue par l'article 19 de la loi de 1965 relatif à l'inscription de l'hypothèque du syndicat doit être faite par acte d'huissier (Décr. n° 67-223, 17 mars 1967, mod. par Décr. n° 2007-285, 1er mars 2007[2], art. 64 et 65). Il faut toutefois que la créance du syndicat soit justifiée (résultant d'une provision impayée ou d'un solde négatif) pour que les frais s'y rapportant aient été utilement engagés. Cette **condition d'utilité** exclut notamment les démarches multiples réitérées sans nécessité et retardant le moment de l'obtention du titre exécutoire indispensable au recouvrement forcé. Ne devraient pas non plus constituer des frais imputables au copropriétaire défaillant, l'intervention initiale du syndicat dans la gestion courante de l'immeuble. Mais constituent des frais prescrits par la loi au sens de l'article précité susceptibles d'être inscrits au compte des charges du copropriétaire défaillant, **l'assignation et les frais relatifs à une opposition-vente** pratiquée en vertu de l'article 20 de la loi n° 65-557 du 10 juillet 1965[3]. Il convient de rappeler que la Cour de cassation juge que la juridiction saisie de la contestation doit rechercher, lorsque le syndicat n'a fourni aucun élément sur les débours qu'il réclame au copropriétaire débiteur, la nature précise et le caractère nécessaire de ces frais, ainsi que la période à laquelle ils se rapportent[4].

SECTION 3
CAS PARTICULIER DES PROFESSIONNELS DU RECOUVREMENT

313.31 Réglementation de l'activité de l'agent privé de recouvrement. Depuis la réforme des voies d'exécution, l'activité des personnes physiques ou morales non soumises à un statut professionnel qui, de manière occasionnelle ou habituelle, procèdent, même à titre accessoire, au recouvrement amiable des créances pour le compte d'autrui, fait l'objet d'une réglementation par décret en Conseil d'État (C. pr. exéc., art. L. 124-1).

Ce décret en date du 18 décembre 1996[5] a été incorporé dans la partie réglementaire du Code des procédures civiles d'exécution. Les articles R. 124-1 et suivants de ce code soumettent ces professionnels à une obligation d'assurance les garantissant contre les conséquences pécuniaires de leur responsabilité civile professionnelle. Ils exigent qu'elles justifient de l'ouverture d'un compte bancaire professionnel dans un établissement agréé mentionné à l'article L. 511-9 du Code monétaire et financier. Ce compte doit être exclusivement affecté à la réception des fonds encaissés pour le compte des créanciers. Ils doivent déclarer leur activité en y joi-

1. Civ. 3e, 7 oct. 2009, n° 08-19.001, *Bull. civ.* III, n° 214; *D.* 2009. 2491; *Rev. huiss.* 2010. 36 – Civ. 3e, 30 nov. 2010, n° 09-17.219, NP; *Loyers et copr.* févr. 2011. 26, note Vigneron.
2. Décr. n° 2007-285, 1er mars 2007, modifiant le décret n° 67-223 du 17 mars 1967 pris pour l'application de la loi n° 65-557 du 10 juillet 1965 fixant le statut de la copropriété des immeubles bâtis, *JO* 3 mars, p. 4061.
3. Civ. 3e, 16 mai 2001, n° 99-18.024, *Bull. civ.* III, n° 64; *D.* 2001. IR 1772.
4. Civ. 3e, 7 oct. 2009, n° 08-19.001 (préc. ss prést n°).
5. Décr. n° 96-1112, 18 déc. 1996, portant réglementation de l'activité des personnes procédant au recouvrement amiable des créances pour le compte d'autrui, *JO* 20 déc., p. 18810.

gnant les justificatifs susvisés au procureur de la République du tribunal de grande instance dans le ressort duquel ils ont le siège de leur activité (C. pr. exéc., art. R. 124-2).

Une convention écrite doit toujours être signée avec le créancier avant tout recouvrement amiable. Elle doit contenir mandat de recevoir pour son compte, exposer le fondement et le montant des sommes dues, avec l'indication distincte des différents éléments de la ou des créances à recouvrer sur le débiteur, rappeler la garantie financière du professionnel, fixer les conditions de détermination de la rémunération à la charge du créancier et les conditions de reversement des fonds encaissés pour son compte (C. pr. exéc., art. R. 124-3).

De même, le Code des procédures civiles d'exécution réglemente la forme des correspondances adressées par le professionnel du recouvrement au débiteur. Il impose le rappel de la dénomination complète de son identité et de son objet social, l'indication du nom et de la domiciliation du créancier, le fondement et le montant de la somme due en principal, intérêts et autres accessoires, en distinguant les différents éléments de la dette, à l'exclusion des frais qui restent à la charge du créancier lorsque le recouvrement est entrepris sans titre exécutoire, l'indication d'avoir à payer la somme due et ses modalités de règlement. La correspondance doit reproduire les deuxième et troisième de l'article L. 111-8 C. pr. exéc. (débiteur de mauvaise foi et réglementation de la profession). Tout nouveau courrier doit reproduire les références de la première lettre adressée au débiteur (C. pr. exéc., art. R. 124-4).

Tout paiement doit être quittancé et les fonds remis au professionnel du recouvrement par le débiteur doivent, sauf convention contraire, être adressés au créancier dans le délai d'un mois à compter de leur encaissement effectif. Le mandataire doit, lorsqu'il a obtenu un paiement même partiel, en informer les créanciers, dès lors que ce paiement ne résulte pas de l'exécution d'un accord de paiement échelonné déjà connu du créancier. Toute proposition du débiteur tendant à s'acquitter de son obligation par un autre moyen que le paiement immédiat de la somme réclamée doit être porté à la connaissance du créancier, sauf convention contraire (C. pr. exéc., art. R. 124-5 et R. 124-6).

Des peines de police sanctionnent le non-respect de ces prescriptions (C. pr. exéc., art. R. 124-7).

313.32 Pouvoir et rémunération de l'agent privé de recouvrement. Le mandat passé avec le client autorise l'agent de recouvrement à adresser des mises en demeure au débiteur et à recevoir des paiements de celui-ci. Il ne peut toutefois, en cas d'échec de ces démarches amiables, engager et suivre devant les tribunaux, les actions tendant au recouvrement judiciaire des créances d'autrui[1]. Mais il peut déposer une requête aux fins d'injonction de payer au nom du créancier dès lors que celui-ci peut effectuer cette formalité qui n'engage aucune instance, par tout mandataire de son choix en vertu de l'article 1407 C. pr. civ.[2]

Les honoraires versés par le créancier à l'agent de recouvrement auquel il a confié son dossier ne sont pas répétibles sur le débiteur dès lors qu'ils ont été exposés sans titre exécutoire et qu'aucun texte n'impose le recours à cet intermédiaire. La Cour de cassation considère même, sur le fondement du troisième alinéa de l'article L. 111-8 alinéa 2 C. pr. exéc., qu'une société de recouvrement ne peut réclamer les frais d'envoi d'une lettre recommandée à un débiteur[3].

1. Civ. 1re, 7 avr. 1999, n° 97-10.656, *Bull. civ.* I, n° 120; *D.* 1999. IR 119; *RTD civ.* 1999. 698, obs. Perrot – Civ. 1re, 21 janv. 2003, n° 01-14.383, *Bull. civ.* I, n° 17; *D.* 2003. IR 600, ndlr.
2. Civ. 2e, 27 juin 2002, n° 98-17.028, *Bull. civ.* II, n° 147; *D.* 2002. IR 2381, ndlr.
3. Civ. 2e, 20 mai 2010, n° 09-67.591, *Bull. civ.* II, n° 99 (préc. ss n° 313.21).

CHAPITRE

314. Contestations relatives aux frais d'exécution

RENÉ LAUBA
MAGISTRAT HONORAIRE

SECTION 0
ORIENTEUR

314.00 **Plan du chapitre.**

314.01 **Textes applicables.**

C. pr. exéc., art. L. 111-8 et L. 152-3.

C. pr. civ., art. 47, 52, 650, 695, 697, 698, 704 s., 711, 720 et 721.

C. civ., art. 1234, 2224, 2225, 2247 à 2249, 2274 et 2275.

C. com., art. L. 321-17.

COJ, art. L. 213-6 et L. 221-8.

C. trav., art. R. 3252-7 et R. 3252-8.

314.03 **Bibliographie indicative.** (V. s^s n° 300.03).

SECTION 1
COMPÉTENCE OU JUGE COMPÉTENT

314.11 **Étendue de la compétence du juge de l'exécution.** Les contestations relatives aux frais de l'exécution sont tranchées par le juge de l'exécution (JEX) (C. pr. exéc., art. L. 111-8, al. 1er *in fine*). Cela signifie que lorsqu'un contentieux naît du chef de la charge des frais de recouvrement ou d'exécution, de leur utilité, de leur caractère abusif ou de la résistance injustifiée du débiteur, c'est devant ce magistrat qu'il convient de porter le litige. Si la contestation s'élève à l'occasion d'une procédure de saisie des rémunérations, c'est le juge d'instance exerçant les fonctions de JEX en cette matière qui sera compétent (C. trav., art. R. 3252-7 et R. 3252-8 – COJ, art. L. 221-8) [1].

Dans un avis du 11 mars 1994, la Cour de cassation considère que par application combinée des articles 52 C. pr. civ., de l'ancien article L. 311-12-1 du COJ [2] et L. 111-8 C. pr. exéc., le JEX a compétence, non seulement pour déterminer la charge des frais, mais aussi pour en fixer le montant [3].

Cet avis a été suivi par la jurisprudence [4]. Certes, lorsque le JEX statue sur le montant des **frais de l'exécution**, il détermine aussi le montant des **dépens** qui comprennent les débours tarifés et les émoluments des huissiers. Or, ce contentieux spécifique qui est régi par les articles 704 et suivants C. pr. civ., relève normalement des attributions du greffier vérificateur et du juge taxateur. Il n'en demeure pas moins qu'aucun texte n'attribue une compétence exclusive au juge de la taxe pour statuer de ce chef. Dès lors, rien n'interdit à l'un ou à l'autre de ces magistrats d'apprécier le coût des actes qui leur sont soumis dans le cadre d'une contestation relative à leur charge et à leur nécessité. Cette solution obéit d'ailleurs à une règle de principe de la procédure civile dont l'objet est de simplifier le règlement des litiges et non de le complexifier. Cette possibilité offerte au JEX ne remet au demeurant nullement en cause le pouvoir propre de vérification des dépens d'exécution contestés en dehors de toute instance par la juridiction de la taxe. Elle est simplement offerte aux parties dans le cadre d'une gestion rationnelle et économique de leur contentieux. Aussi, l'avis de la Cour de cassation du 11 mars 1994 doit-il être pleinement approuvé.

Il convient de relever que, dans la même perspective, la Haute juridiction reconnaît au juge taxateur le pouvoir de laisser à la charge de l'huissier qui les

1. Cass., avis, 14 févr. 1997, n° 09-60.014, *Bull. avis*, n° 2.
2. COMP. COJ, art. L. 213-6.
3. Cass., avis, 11 mars 1994, n° 09-40.001, *Bull. avis*, n° 8.
4. Bordeaux, 21 mars 1996 et Bordeaux, 28 mars 1996, *Rev. huiss.* 1997. 1474 s.

a délivrés le coût des actes d'exécution injustifiés (v. s[s] n° 314.21).

314.12 Distinction quant à la compétence relative au coût des actes. Les principes ci-dessus énoncés conduisent à créer une compétence concurrente partielle au profit du JEX avec les juridictions spécifiquement chargées de statuer sur le coût des actes de procédure d'exécution. En effet, les frais relatifs aux procédures d'exécution étant compris dans les dépens (C. pr. civ., art. 695), ils peuvent faire l'objet d'une contestation portant uniquement sur leur conformité au tarif fixé par le décret du 12 décembre 1996.

À cet égard, il convient de distinguer selon la nature de la procédure et le montant des frais :

- lorsque la contestation porte sur des frais, émoluments et débours afférents à une **instance** et exposés devant une juridiction, elle relève de la **compétence de cette juridiction** (C. pr. civ., art. 52, al. 1er);

- lorsque la contestation porte sur le montant des frais tarifés exposés par l'huissier dans le cadre de la **procédure de recouvrement forcé**, c'est le **tribunal d'instance** qui est compétent jusqu'à un chiffre de réclamation de 10 000 euros. Au-delà, le contentieux relève du **tribunal de grande instance** (C. pr. civ., art. 52, al. 2)[1];

- lorsque la contestation concerne les **honoraires libres de l'huissier de justice**, celle-ci est portée directement devant le **juge chargé de la taxation** du tribunal d'instance ou du tribunal de grande instance selon le montant du litige (C. pr. civ., art. 52, 720 et 721; Décr. n° 96-1080, 12 déc. 1996, art. 16).

Dans les deux premiers cas, il convient de suivre la **procédure de vérification des dépens** telle que définie par les articles 704 et suivants C. pr. civ. Selon ces textes, la vérification du montant des frais est effectuée au préalable par le secrétaire de la juridiction compétente qui peut être le directeur de greffe ou le greffier agissant sous l'autorité de celui-ci[2]. La contestation de cette vérification doit être portée devant le président de la juridiction dont l'ordonnance de taxe est susceptible de recours devant le premier président de la cour d'appel. Le recours à la procédure de vérification par le greffe est une étape obligatoire. La saisine directe du juge taxateur est irrecevable[3].

Rappelons toutefois que le JEX ne peut vérifier le montant des frais que dans l'hypothèse où il est saisi d'une contestation sur leur caractère nécessaire. Lorsque le débat ne porte que sur le coût des actes, il doit être examiné dans le cadre de la procédure de vérification des dépens.

SECTION 2

RESPONSABILITÉ DE L'HUISSIER

314.21 Responsabilité en matière de frais inutiles. Dans le cadre des rapports entre créancier et débiteur, c'est au créancier au nom duquel les actes ou les procédures injustifiés ont été effectués, d'assumer la charge de leur coût. Mais dans les rapports entre créancier et mandataire, c'est à l'huissier que doit incomber ce coût. L'article 650 C. pr. civ. dispose d'ailleurs que les frais afférents aux actes inutiles sont à la charge des huissiers de justice qui les ont faits, sans préjudice des dommages et intérêts qui seraient réclamés. Il en est de même des frais afférents aux actes nuls par l'effet de leur faute.

On relève à cet égard une très intéressante décision du premier président de la cour d'appel de Lyon[4]. Statuant sur appel d'une ordonnance d'un juge taxateur, il énonce que la vérification des frais afférents à des actes d'huissiers de justice et de leur conformité avec le tarif (C. pr. civ., art. 711), n'exclut pas que soit appréciée leur utilité au sens de l'article 650 C. pr. civ. Il observe que dans l'espèce qui lui est soumise, l'huissier, chargé de recouvrer une créance à peine supérieure à 1 000 francs (soit 152,45 euros), a saisi au domicile du débiteur au chômage et aux très faibles revenus, un magnétoscope, deux étagères et un canapé-lit ne représentant qu'une valeur négligeable. Il n'en a pas moins poursuivi la procédure d'exécution (placards, publicité de la saisie-vente, récolement et enlèvement, intervention d'un commissaire de police, d'un serrurier, d'un déménageur) pour un coût bien supérieur à la dette initiale. Ces frais frustratoires ont été, à juste titre, retirés de la taxe. La Cour de cassation a confirmé le pouvoir du juge taxateur de mettre à la charge de l'huissier qui les a faits les actes injustifiés dont il contrôle la conformité au tarif (en l'espèce un commandement aux fins de saisie-vente et un procès-verbal de carence délivrés pour le recouvrement d'une somme inférieure à 535 euros). La Haute juridiction s'est toutefois prononcée, non au visa de l'article 650 C. pr. civ., mais à celui de l'article 698 du même code[5].

Plus généralement, les articles 697 et 698 C. pr. civ. prévoient que les auxiliaires de justice (avocats,

1. Cass., avis, 4 oct. 2004, n° 04-00.002, *Bull. avis,* n° 4; *BICC* 15 déc. 2004, rapp. Vigneau, obs. Benmakhlouf, p. 16 à 24.
2. Civ. 2e, 9 oct. 2008, n° 07-13.295, *Bull. civ.* II, n° 208; *D.* 2009. 763.
3. Civ. 2e, 2 juill. 2009, n° 08-16.268, *Bull. civ.* II, n° 181; *Dr. et proc.* 2009. 302.
4. Lyon, 10 déc. 1996, *Gaz. Pal.* 20 mars 1998, p. 11, obs. Vray.
5. Civ. 2e, 5 mai 2011, n° 10-15.977, NP; *Procédures* 2011, n° 224, note Perrot.

avoués et huissiers) peuvent être personnellement condamnés aux dépens afférents aux instances, actes et procédures d'exécution accomplis en dehors des limites de leur mandat, injustifiés ou nuls par l'effet de leur faute. Les juges peuvent appliquer ces textes même en l'absence des parties[1]. Notamment, la condamnation d'un auxiliaire de justice aux dépens, sur le fondement de l'article 698 C. pr. civ. ne nécessite pas, contrairement à sa condamnation en paiement de dommages et intérêts, sa mise en cause à titre personnel[2].

L'auxiliaire de justice qui n'est pas partie à l'instance à l'occasion de laquelle les dépens ou les frais ont été exposés, ne peut se prévaloir de l'article 47 C. pr. civ. lui permettant de demander le renvoi de l'affaire devant une juridiction limitrophe de celle où il exerce ses fonctions[3].

Plus particulièrement, l'article 698 C. pr. civ. qui a pour objet de dissuader les actes ne trouvant pas leur justification dans les besoins de la procédure et d'assurer le bon fonctionnement du service public de la justice, ne méconnaît pas, selon le Conseil d'État, les stipulations de l'article 6 § 1 de la Convention de sauvegarde des droits de l'homme. Celui-ci a ainsi refusé d'annuler ce texte en relevant qu'il ne porte atteinte ni au droit au recours, ni aux prérogatives de la défense dès lors que seuls peuvent être mis à la charge des auxiliaires de justice, les frais que l'exercice normalement diligent, attentif et loyal de leur profession les aurait conduits à ne pas engager[4].

314.22 Responsabilité en matière de dépassement de tarif. Les articles 705 et 711 C. pr. civ. permettent au greffier vérificateur et au juge taxateur de procéder, même d'office, à tous les redressements nécessaires afin de rendre le compte des frais, émoluments et débours conformes au tarif. L'huissier peut, dans ce cas, engager sa responsabilité disciplinaire. L'article 24 du décret du 12 décembre 1996 lui interdit de réclamer ou de percevoir une rémunération autre que celle définie par le tarif sous peine des sanctions disciplinaires prévues par l'article 3 de l'ordonnance n° 45-1418 du 28 juin 1945. Il doit restituer l'excédent perçu ou demander le complément normalement dû.

La vérification de la conformité des actes d'huissier au tarif édicté par le décret du 12 décembre 1996, n'exclut pas que soit appréciée, par le juge taxateur, leur utilité au regard de l'article 650 C. pr. civ. (v. s^s n° 314.21).

Les demandes en taxe et les actions en restitution des frais dus aux huissiers pour les actes de leur ministère se prescrivent par **cinq ans** (anc. deux ans) à compter du paiement ou du règlement par compte arrêté, reconnaissance de dette ou obligation (L. 24 déc. 1897, art. 2).

314.23 Demandes en réparation contre les huissiers de justice. Par un arrêt de principe du 24 juin 1998, la Cour de cassation énonce que le JEX n'est pas seulement compétent pour se prononcer sur la responsabilité du créancier ou du débiteur du chef d'une demande en réparation fondée sur l'exécution ou l'inexécution des mesures d'exécution forcée ou des mesures conservatoires[5]. Il est aussi compétent pour statuer à cette occasion sur la responsabilité de l'huissier de justice[6]. Il convient à cet égard de relever que l'article L. 213-6 du COJ (COJ, anc. art. L. 311-12-1), en vertu duquel le JEX connaît des demandes en réparation fondées sur l'exécution ou l'inexécution dommageables des mesures d'exécution forcée ou conservatoires, ne distingue pas selon que l'action est engagée contre le créancier, le débiteur ou l'huissier instrumentaire. Le JEX demeure compétent même si la mesure d'exécution à l'occasion de laquelle la responsabilité de l'huissier est recherchée n'est plus en cours au moment où il est saisi[7]. La compétence de principe du JEX en cette matière s'applique même si la mesure critiquée échappe à sa compétence[8]. Cependant, la Cour de cassation exclut la compétence du JEX au motif que la demande est fondée sur l'inexécution d'un mandat, lorsqu'elle est engagée par le créancier à l'encontre de son propre huissier qui l'a appelé en garantie dans le cadre d'un litige l'opposant à son débiteur. Cette distinction entre l'action directe du débiteur pour laquelle le JEX est compétent et l'action en garantie du créancier, sur laquelle il n'est pas autorisé à se prononcer, ne fait pas l'unanimité.

Sur le plan général, les huissiers sont responsables de la rédaction de leurs actes sauf si ceux-ci ont été préparés par un autre officier ministériel pour les indications matérielles qu'ils n'ont pas pu eux-mêmes vérifier. La Chambre nationale garantit cette

1. Civ. 2e, 28 mai 2003, n° 01-14.296, *Bull. civ.* II, n° 164; *D.* 2003. IR 1604, ndlr; *JCP* 2003. I. 1117, n° 29, obs. Martin; *Procédures* 2003, n° 191, note Perrot; *Gaz. Pal.* 7-8 avr. 2004, p. 17, obs. du Rusquec.
2. Civ. 2e, 23 juin 2011, n° 09-15.572, *Bull. civ.* II, n° 139.
3. Civ. 2e, 7 déc. 2000, n° 97-13.172, *Bull. civ.* II, n° 164; *D.* 2001. IR 179; *JCP* 2001. I. 311, n° 13, obs. Cadiet.
4. CE 25 mai 2005, req. n° 265719, *Lebon; Gaz. Pal.* 3-4 juin 2005, p. 4, concl. comm. gouv. Aguila.
5. Civ. 2e, 24 juin 1998, n° 96-22.851, *Bull. civ.* II, n° 222; *JCP* 1998. IV. 2878; *RTD civ.* 1998. 753, obs. Perrot.
6. Sur cette question *J.-Cl. Pr. civ.*, par Normand, fasc. 2040, n° 309 – H. Croze, *JCP* 1992. I. 3555, n° 29.
7. Civ. 2e, 2 fév. 2014, n° 13-11.788, *Bull. civ.* II, n° 54; *Procédures* 2014, n° 140, note Perrot.
8. Civ. 2e, 2 déc. 2010, n° 09-65.951, *Bull. civ.* II, n° 194; *D.* 2011. 1509, obs. Leborgne; *Procédures* févr. 2011, p. 24, note Perrot; *Dr. et proc.* 2011, p. 702, obs. Lefort.

responsabilité professionnelle y compris pour celles encourues en raison des activités accessoires que leur statut les autorise à exercer (Ord. n° 45-2592, 2 nov. 1945, art. 2, al. 3). L'huissier est en outre tenu, à l'égard des tiers, au secret professionnel qui couvre les renseignements obtenus par lui en vue de l'exécution du ou des titres qui lui ont été confiés. Ce secret est également opposable au créancier qui l'a mandaté, la Cour de cassation considérant que celui-ci demeure un tiers au sens de l'article 41 de la loi du 9 juillet 1991 (devenu C. pr. exéc., art. L. 152-3) [1]. (V. s^s n°s 252.21 et 252.22).

Par ailleurs, la Haute juridiction rappelle que les huissiers de justice sont garants de la légalité des poursuites. Ils doivent ainsi vérifier que le titre provisoire, en vertu duquel ils pratiquent une saisie aux risques du créancier mandant, reste exécutoire au jour de l'acte d'exécution [2]. Ils sont en outre tenus, légalement ou contractuellement, de conseiller leurs clients sur l'utilité et l'efficacité des actes qu'ils sont requis d'accomplir. Dans ce cadre, il leur appartient de rapporter la preuve de l'exécution de cette obligation [3]. C'est en revanche à celui qui poursuit l'huissier en responsabilité de démontrer l'existence d'un lien de causalité entre la faute commise et le préjudice allégué [4]. Ainsi, même si l'huissier a commis une faute dans l'exécution de sa mission et dès lors qu'il a respecté les formes prescrites, il n'est tenu de réparer que le seul dommage résultant directement du manquement reproché. Tel n'est pas le cas lorsque l'ex-époux victime d'une procédure de paiement direct irrégulière allègue que cette mesure a été à l'origine, non de difficultés avec son employeur, mais de la divulgation, auprès de sa hiérarchie et de ses collègues de travail, de ses difficultés familiales et du défaut de respect de son obligation alimentaire [5]. Lorsque la responsabilité de l'huissier est recherchée à la suite de la signification tardive d'un acte et de la déchéance consécutive d'une voie de recours, l'existence d'un préjudice ne peut être retenue que si cette voie avait des chances d'aboutir [6]. Quoi qu'il en soit, la perte de chance née de la faute d'un professionnel du droit demeure certaine, dès lors que cette faute est établie, même si la victime disposer, contre un tiers, d'une action consécutive à la situation dommageable née de la faute de ce professionnel [7].

1. Civ. 1re, 22 mars 2012, n° 10-25.811, *Bull. civ.* I, n° 65; *JCP* 2012. Actu. 402.
2. Civ. 1re, 13 mai 2014, n° 12-25.511, *Bull. civ.* I, n° 84; *Procédures* 2014, n° 204, note Perrot.
3. Civ. 1re, 15 déc. 1998, n° 96-15.321, *Bull. civ.* I, n° 364.
4. Civ. 1re, 26 oct. 2004, n° 01-16.523, NP; *Rev. huiss.* 2005. 53.
5. Civ. 1re., 22 mars 2012, n° 10-25.811 (préc. s^s prés^t n°).
6. Civ. 1re, 16 janv. 2007, n° 06-10.120, *Bull. civ.* I, n° 20.

D'une manière générale, l'action en responsabilité dirigée contre les personnes ayant assisté ou représenté les parties en justice, y compris à raison de la perte ou la destruction des documents qui leur sont remis se prescrit dans un délai de cinq ans à compter de la fin de leur mission (C. civ., art. 2225).

Plus particulièrement, l'action en responsabilité contre les huissiers pour la perte ou la destruction des pièces qui leur sont confiées dans l'exécution d'une commission ou l'exécution d'un acte se prescrit par deux ans (Ord. n° 45-2592, 2 nov. 1945, art. 2 *bis*).

Enfin, lorsque l'huissier procède lui-même à la prisée et à la vente des biens saisis, l'action en responsabilité civile découlant des fautes commises dans le cadre de ces opérations, se prescrit à l'expiration d'un délai de cinq ans (anc^t dix ans) en application de l'article L. 321-17 du Code de commerce réglementant la responsabilité des officiers ministériels compétents pour procéder aux ventes volontaires et judiciaires de meubles.

SECTION 3
PRESCRIPTION DE L'ACTION EN PAIEMENT DES FRAIS

314.31 Prescription des frais de l'exécution. La contestation des frais d'exécution peut prendre la forme d'une exception de prescription. Cette prescription est désormais de **cinq ans** en application de l'article 2224 du Code civil fixant à cette durée le délai de droit commun [8].

À l'origine, selon l'alinéa 2 de l'ancien article 2272 du Code civil, aujourd'hui abrogé, l'action des huissiers pour le salaire des actes qu'ils signifiaient et des missions qu'ils exécutaient, se prescrivait par un an. L'action visée par ce texte était celle de l'huissier contre son mandant et non les poursuites qu'il exerçait au nom de celui-ci à l'encontre du débiteur, pour le recouvrement des dépens et des frais d'exécution. Il s'agissait d'une prescription présomptive de paiement et non d'une prescription libératoire, de telle sorte qu'à l'expiration du délai, c'était à l'officier ministériel de démontrer que son client ne s'était pas acquitté des émoluments et honoraires dont il était redevable. Son cours était interrompu par les causes prévues à l'ancien article 2274 du Code civil et notamment par une reconnaissance de dette chiffrée qui avait en outre pour effet de provoquer l'interversion des prescrip-

7. Civ. 1re, 19 déc. 2013, n° 13-11.807, *Bull. civ.* I [à paraître]; *D.* 2014. 256.
8. L. n° 2008-561 du 17 juin 2008, portant réforme de la prescription civile, art. 1er, *JO* 18 juin, p. 9856.

tions, c'est-à-dire de substituer le délai de droit commun au bref délai d'un an[1]. À partir du moment où elle ne s'analysait qu'en une présomption de paiement, la prescription acquise pouvait être combattue en déférant le serment au débiteur qui s'en prévalait ou en lui opposant son propre aveu exprès ou implicite de non-paiement (C. civ., anc. art. 2275)[2]. Ne pouvait constituer un aveu implicite le fait pour un débiteur d'avoir contesté à titre subsidiaire, après avoir soulevé la brève prescription, le bien-fondé ou le montant de la créance de l'officier ministériel[3]. Lorsque le créancier détenait, dès l'origine, un titre émanant du débiteur et contenant reconnaissance de sa dette, seule la prescription de droit commun pouvait être invoquée.

Depuis la **réforme opérée par la loi nº 2008-561 du 17 juin 2008**[4] qui a supprimé du Code civil les brèves prescriptions à caractère présomptif, l'action des huissiers de justice pour le recouvrement de leurs frais, émoluments et débours, qui constitue une action personnelle ou mobilière, se prescrit selon le délai de droit commun dont l'expiration produit désormais un effet extinctif (C. civ., art. 1234 *in fine* et 2224). Toutefois si le débiteur a effectué un paiement en vue d'éteindre sa dette, il ne peut être répété au seul motif que le délai de prescription était déjà expiré (C. civ., art. 2249). Ce délai court à compter du jour où l'huissier a connu ou aurait dû connaître les faits lui permettant d'exercer son droit au recouvrement de sa créance. La prescription a lieu bien qu'il y ait eu continuation d'actes de son ministère par l'huissier de justice. Elle ne cesse de courir que s'il y a eu compte arrêté, reconnaissance, obligation ou signification de taxe (L. 24 déc. 1897, art. 1er, al. 3 et 4). Ces causes d'interruption font courir un nouveau délai de cinq ans à l'exception de l'ordonnance de taxe qui vaut titre exécutoire et qui lui substitue le délai de dix ans prévu par l'article L. 111-4 C. pr. exéc. pour l'exécution des décisions de justice. Cependant, le certificat de vérification du greffier ou du secrétaire de la juridiction, qui est un acte administratif, n'opère pas le même effet interruptif.

Par ailleurs, les demandes en taxes et les actions en restitution de frais dus aux huissiers, pour les actes de leur ministère, se prescrivent également par cinq ans du jour du paiement ou du règlement par compte arrêté, reconnaissance ou obligation (L. 24 déc. 1897, art. 2).

C'est à celui qui se prévaut de la prescription d'invoquer cette exception devant le juge qui ne peut y suppléer d'office (C. civ., art. 2247). Elle peut être opposée en tout état de cause, même devant la cour d'appel (C. civ., art. 2248).

1. Civ. 1re, 5 févr. 1991, nº 89-14.738, *Bull. civ.* I, nº 52.
2. Civ. 1re, 21 juin 1989, nº 87-12.507, *Bull. civ.* I, nº 251; *RTD civ.* 1990. 286, obs. Mestre – Civ. 1re, 8 janv. 1991, nº 88-20.401, *Bull. civ.* I, nº 13; *RTD civ.* 1991. 245, obs. Mestre – Civ. 1re, 9 janv. 1967, *Bull. civ.* I, nº 11.
3. Cass., ass. plén., 29 mai 2009, nº 07-20.913, *Bull. ass. plén.*, nº 6; *D.* 2009. 1618; 2714, obs. Delebecque, Bretzner et Vasseur; *Gaz. Pal.* 31 juill.-4 août 2009, p. 12.
4. L. nº 2008-561, 17 juin 2008, portant réforme de la prescription en matière civile, *JO* 18 juin, p. 9856.

LIVRE

4. LES ASTREINTES

SECTION 0
ORIENTEUR

400.00 Plan du livre.

400.03 Bibliographie indicative.

Actualisables. Rép. pr. civ., *v° Astreintes*, par F. Guerchoun, juin 2012 – *J.-Cl. Pr. civ.*, *v^is Astreintes, Introduction,* fasc. 2120; *Prononcé*, fasc. 2130; *Liquidation*, fasc. 2140, par Y. Desdevises, ref. N. Gerbay – *J.-Cl. Voies d'exécution.*, *v^is Astreintes, Généralités*, fasc. 220; *Régime juridique*, fasc. 221; *Formules*, fasc. 221-1, par N. Casal.

Ouvrages. C. BRENNER, *Voies d'exécution*, Dalloz, 2011 – G. COUCHEZ, *Voies d'exécution*, Dalloz, 2010 – J.-B. ET M. DONNIER, *Voies d'exécution et procédures de distribution*, Litec, 2009 – Ph. HOONAKKER, *Procédures civiles d'exécution*, Éd. Paradigme, 2010 – A. LEBORGNE, *Droit de l'exécution*, 2e éd., « Précis », 2014, nos 716-735 – R. PERROT et Ph. THÉRY, *Procédures civiles d'exécution,* 3e éd., Dalloz, 2013 – S. PIEDELIÈVRE, *Droit de l'exécution*, « Thémis », PUF, 2009.

Articles. L. Boré, « La liquidation de l'astreinte comminatoire », *D.* 1966. Chron. 159 – J. Buffet, « La réforme de l'astreinte, premières applications », *R.* 1997, Doc. fr., 1998, p. 67 – F. Chabas, « La réforme de l'astreinte », *D.* 1972. Chron. 27; *D.* 1992. Chron. 300 – P. Esmein, « Les astreintes », *Gaz. Pal.* 1941. 1. Doctr. 8 – B. Louvel, « Une préposition qui change tout : on ne condamne pas à une astreinte mais sous astreinte », *Gaz. Pal.* 1999. 2. Doctr. 1263 – R. Meurisse, « L'astreinte non comminatoire », *Gaz. Pal.* 1948. 2. Doctr. 11 – R. Perrot, « L'astreinte, ses aspects nouveaux », *Gaz. Pal.* 1991. 2. Doctr. 801 – M.-L. Rassat, « L'astreinte définitive », *JCP* 1967. I. 2069 – M.-H. Renaut, « Astreinte et injonction en matière judiciaire et administrative, une histoire mouvementée », *Rev. huiss.* 1998. 385 – R. Savatier, « L'exécution des condamnations au paiement d'une astreinte », *D.* 1951. Chron. 27 – D. Talon, « L'astreinte », *Gaz. Pal.* 1992. 2. 474 – P. Théry, « *Judex gladii* », *Mél. Perrot*, Dalloz, 1996, p. 482.

Mémoire. T. Sena, *Le rôle du juge de l'exécution en matière d'astreinte*, mémoire DESS, Aix-Marseille III, 1995, 124 p.

400.05 Définitions légales ou doctrinales. Création prétorienne du début du XIXe siècle, l'astreinte n'a jamais bénéficié d'une présentation législative complète et cohérente[1].

Examinée du point de vue de son **fonctionnement,** l'astreinte est une menace de condamnation pécuniaire, qui se concrétise en cas d'inexécution ou d'exécution tardive d'une décision de justice et qui s'ajoute alors à la condamnation principale.

Cette définition ne permet pas de déterminer la **nature** de l'astreinte (menace, peine privée, réparation ou voie d'exécution), donc sa place dans le dispositif procédural. Longtemps, les saisies ont été réglementées de façon éclatée, les mesures conservatoires étaient assimilées aux sûretés conventionnelles et la bonne exécution du titre n'était pas au rang des libertés individuelles. Alors, la nature juridique de l'astreinte pouvait être discutée à l'envi.

Ces débats sont passablement dépassés depuis la loi du 9 juillet 1991, désormais codifiée dans le Code des procédures civiles d'exécution, qui a délibérément inclus l'astreinte dans le champ des mesures d'exécution. En outre, deux arrêts essen-

1. Sur les aspects historiques, v. chron. Perrot, *Gaz. Pal.* 1991. 2. Doctr. 801.

tiels, l'un du Conseil d'État[1], l'autre de la Cour européenne des droits de l'homme[2], font de l'exécution de la décision de justice (en l'espèce contre les personnes publiques) un principe général du droit et une composante du « *procès équitable* ».

Il est désormais possible d'écarter l'idée, assez incongrue dans un état de droit, de peine privée. L'astreinte comporte une dimension réparatrice classique, au titre d'une **atteinte à des droits fondamentaux.**

Positivement, l'astreinte peut désormais être définie par ses finalités : elle est un des moyens de contraindre un débiteur défaillant à exécuter ses obligations (selon les termes propres de C. pr. exéc., art. L. 111-1, al. 1er) et dans le même temps de respecter la foi due aux décisions de justice.

Elle concerne à ce titre d'abord l'État : un auteur[3] évoque une « *mesure administrative plus que juridictionnelle* » et l'on verra que le juge peut l'ordonner d'office et qu'il en contrôle en tout cas la mise en œuvre. Mais l'astreinte intéresse bien entendu aussi le créancier, dont les droits fondamentaux, au-delà du préjudice économique, sont atteints.

L'astreinte est ainsi assimilée par la loi à une procédure civile d'exécution mais n'est pas placée au rang d'une mesure d'exécution forcée (C. pr. exéc., art. L. 152-1 s.) : le paiement de l'astreinte ne fait pas disparaître l'obligation principale qu'elle assortit et la résistance du débiteur de l'astreinte à son paiement peut au contraire nécessiter une saisie. L'astreinte se rapproche davantage des mesures conservatoires, elles aussi organisées en deux temps, et utilisées bien souvent comme menace plutôt que pour leur phase exécutoire.

400.06 Jurisprudence. La Cour de cassation utilise diverses formulations pour définir l'astreinte, sans s'inscrire en faux contre les évolutions décrites ci-dessus.

Elle énonce par exemple que l'astreinte est une **mesure de contrainte à caractère personnel :** elle n'ouvre pas droit à un recours en garantie[4]. On notera cependant que le caractère personnel de l'astreinte ne s'oppose pas à ce que sa liquidation, qui tend à une condamnation pécuniaire, puisse être poursuivie contre les héritiers du débiteur pour la période antérieure à son décès[5] (sur d'autres conséquences de cette caractéristique, v. ss nos 411.101, 412.06 et 412.24).

La Cour de cassation dénie à l'astreinte un caractère réparateur : elle est indépendante des dommages-intérêts[6] (sur la distinction, subséquente, entre astreinte et clause pénale[7]; sur la distinction d'avec les dommages-intérêts et la conséquence qui en est tirée quant au paiement de l'astreinte par un assureur, v. ss nos 411.83 et 412.24).

Il est dit encore que l'astreinte a pour nature de contraindre à exécuter ses obligations, consacrées dans une décision judiciaire. Ceci implique qu'elle dépend de l'**obligation principale** assortie d'astreinte et disparaît avec elle (v. ss no 412.23)[8] (ainsi, n'est pas recevable devant la cour d'appel de renvoi après cassation la demande de suppression ou de modification d'une astreinte assortissant une injonction faite à un débiteur par un arrêt qui a fait l'objet d'une cassation partielle n'affectant pas cette injonction[9] – v. ss nos 411.93, 411.102 et 412.12).

La Cour a aussi précisé que **l'astreinte n'est pas une mesure d'exécution forcée :** le cours de l'astreinte qui assortit un jugement d'expulsion d'un locataire n'est pas suspendu par la « *trêve hivernale* » prévue aux articles L. 412-3 et R. 412-3 C. pr. exéc. (CCH, anc. art. L. 613-1)[10].

Mais l'astreinte est dans la jurisprudence un acte de poursuite, par exemple au sens de la législation sur les rapatriés[11].

1. CE 10 mai 1974, req. nos 85132 et 85149, Barre, *Lebon; RTD civ.* 1975. 353; *AJDA* 1974. 525, note Franc; *AJDA* 1974. 545, note Boyon – *Adde,* CE 3 janv. 1975, req. no 88512, Sieur Barre Jean-Marc, Lebon; *JCP* 1976. II. 18229, note Couchez; *RTD civ.* 1976. 397, note Perrot.
2. CEDH 19 mars 1997, req. no 18357/91, aff. Épx Hornsby c/ Grèce, *Rec. CEDH* – II; *Dr. adm.* 1997, no 185; *JCP* 1997. II. 22949, note Sudre et Dugrip; *D.* 1998. 74, note Fricero.
3. *Gaz. Pal.* 1991. 2. Doctr. 801, note Perrot.
4. Civ. 2e, 14 sept. 2006, no 05-17.118, *Bull. civ.* II, no 218, citant comme précédents : Civ. 2e, 30 avr. 2002, no 00-13.815, *Bull. civ.* II, no 83 et Civ. 1re, 3 avr. 2002, no 00-10.893, *Bull. civ.* I, no 104.
5. Civ. 2e, 18 déc. 2008, no 07-20.562, *Bull. civ.* II, no 271.
6. C. pr. exéc, art. L. 131-1 à L. 131-4 – Pour une application : Civ. 2e, 17 avr. 2008, no 07-10.065, *Bull. civ.* II, no 88 (premier moyen), citant comme précédents : Soc. 20 janv. 1993, no 90-42.345, *Bull. civ.* V, no 20, et Civ. 2e, 9 déc. 1997, no 95-20.144, *Bull. civ.* II, no 307.
7. Com. 29 juin 2010, no 09-14.123, NP; *Rev. contrats* janv. 2011. 47, note Laithier.
8. Civ. 2e, 6 janv. 2005, no 02-15.954, *Bull. civ.* II, no 1.
9. Plus récemment, et *a contrario :* Civ. 2e, 14 oct. 2010, nos 09-14.938 et 09-66.944, *Bull. civ.* II, no 169.
10. Civ. 2e, 4 juill. 2007, no 05-15.382, *Bull. civ.* II, no 183.
11. Civ. 2e, 13 janv. 2005, no 02-21.138, *Bull. civ.* II, no 8.

TITRE

41. L'astreinte des juridictions civiles

SECTION 0

ORIENTEUR

410.00 **Plan du titre.**

410.05 **Division – Définition de l'astreinte.** Ainsi qu'il a été dit en introduction, l'astreinte est une menace de condamnation pecuniaire, qui se concrétise en cas d'inexécution ou d'exécution tardive d'une décision de justice et qui s'ajoute alors à la condamnation principale. L'astreinte présente donc deux caractéristiques : elle comporte une phase de mise en place (chap. 411), qui peut suffire, et une phase de condamnation ferme si la menace n'a pas suffi (chap. 412). Cette condamnation peut donner lieu par surcroît à une nouvelle astreinte, dite définitive. En outre, l'astreinte est obligatoirement l'accessoire d'une obligation principale.

CHAPITRE

411. Phase provisoire

THIERRY FOSSIER
CONSEILLER À LA COUR DE CASSATION

SECTION 0
ORIENTEUR

411.00 **Plan du chapitre.**

411.01 **Textes applicables.**

C. pr. exéc., art. L. 131-1 à L. 131-4, L. 412-3, L. 421-1, L. 511-1; R. 121-21, R. 131-1, R. 131-3, R. 131-4, R. 131-22, R. 412-3, R. 511-2, R. 511-4.

C. pr. civ., art. 134, 139,142, 491.

C. civ., art. 1843-3.

C. consom., art. L. 421-2, L. 421-6.

C. com., art. L. 145-30, L. 228-2, L. 238-1, L. 464-2, L. 622-17, L. 622-21.

C. mon. fin., art. L. 621-13.

CPI, art. L. 331-1-2, L. 343-2, L. 521-6, L. 716-6.

C. trav., art. L. 2313-2, L. 2326-2, L. 3134-15, L. 3326-2, L. 4732-1 et L. 4732-2, R. 1454-14.

CSS, art. L. 436-1, R. 436-5.

C. douanes, art. 65, 350, 431.

• **Règl. CE n° 3666/93, 15 déc. 1993,** en vue de la mise en œuvre des règles de concurrence établies dans l'accord sur l'Espace économique européen, *JOCE,* n° L 336, 31 déc., p. 0001-0072.

411.03 **Bibliographie indicative.** (V. s^s n° 400.03).

SECTION 1
DÉCISIONS DE JUSTICE CONCERNÉES

411.11 **Toute décision de justice encore susceptible d'exécution.** L'article L. 131-1 C. pr. exéc. pose en règle que tout juge peut ordonner une astreinte pour assurer l'exécution de sa décision. Cette règle ne connaît pratiquement pas d'exception (v. s^s n° 411.71).

En revanche, seules les décisions de justice peuvent être assorties d'une astreinte, et non pas les autres titres exécutoires (v. s^s n°s 121.05 s.), non plus que les obligations qui n'ont été consacrées par aucun jugement (en ce sens, est refusée une astreinte destinée à vaincre le refus du receleur de dénoncer le voleur[1]).

Dans la même suite logique de la définition légale de l'astreinte, l'exécution anticipée des obligations consacrées par la décision de justice interdit le prononcé de l'astreinte. Notamment, lorsqu'une provision dûment payée recouvre la totalité de la condamnation définitive et de ses accessoires, l'astreinte n'est pas seulement inopportune ou sans effet : elle ne doit pas être prononcée.

Enfin, l'astreinte doit avoir une finalité : obtenir l'exécution de la décision de justice. Si cette exécution est impossible, l'astreinte ne doit pas être prononcée ou, l'ayant été sans besoin, ne doit pas être liquidée. Ainsi, lorsqu'une décision de justice sanctionne une faute dès à présent commise et insusceptible de se répéter, l'astreinte n'a pas de sens (il

1. NOTE CRIT. Colombini s^s Nancy, ch. corr., 17 déc. 1947, *JCP* 1948. II. 4450.

est en jugé ainsi pour la production de pièces relatives à un immeuble qui n'intéresse plus les parties[1]). La voie des dommages-intérêts paraît alors, seule possible pour le créancier (sur la liberté du juge saisi aux fins d'astreinte de tenir compte de ces éléments, v. s[s] n° 411.81).

411.12 Effets de la réformation ou de l'annulation de la décision. L'infirmation ou l'annulation d'une décision de justice, notamment par voie d'appel ou de cassation, anéantit l'astreinte qui assortissait cette décision : les sommes payées en exécution de cette astreinte doivent être restituées[2]. Par suite, tout appel interjeté de la condamnation principale s'étend, implicitement mais nécessairement, à l'astreinte qui l'assortit. Mais l'inverse n'est évidemment pas exact : l'appel peut ne porter que sur l'astreinte et non sur le principal (sur les autres aspects de l'appel, v. s[s] n° 411.102).

La réformation, terme ordinairement réservé à la modification d'une partie du jugement de première instance ou à la révision d'un chiffrage, n'emporterait anéantissement de l'astreinte que si celle-ci assortissait le chef de jugement qui donne lieu à une modification par la cour.

SECTION 2
OBLIGATIONS CONCERNÉES

411.20 Généralités. Toutes les obligations que consacrent les jugements, sentences et arrêts sont susceptibles d'être assorties d'une astreinte. L'astreinte, qui vise à l'exécution d'un acte de l'autorité publique, se cumule sans contradiction avec les sanctions prévues contractuellement entre les parties : intérêts moratoires[3], clause pénale[4]. En revanche, le fait que l'obligation soit solidaire conduira à préciser le(s)quel(s) des débiteurs sera (ou seront) tenu(s) de l'astreinte; en effet, celle-ci sera liquidée en fonction du comportement strictement individuel de chaque débiteur (v. s[s] n° 412.21)[5].

§ 1
Obligations de faire ou de ne pas faire

411.21 Droit des personnes et de la famille. L'astreinte peut assortir l'organisation d'un droit de visite et d'hébergement[6], ou réciproquement la fixation du lieu de résidence principale d'un enfant[7]. Elle peut assortir aussi une obligation de restituer des meubles propres à une épouse séparée[8]. Une astreinte est également possible pour obtenir que cesse après divorce, l'usage du patronyme marital par la femme[9].

Mais dans le domaine du droit des personnes, l'inviolabilité du corps humain et le respect des libertés individuelles conduisent à refuser le prononcé d'une astreinte contre une épouse qui refuse de réintégrer le domicile familial[10] ou encore contre un homme qui refuse un examen comparé des sangs dans le cadre d'une recherche de paternité[11].

411.22 Procédure civile. Les articles 134, 139 et 142 C. pr. civ. prévoient expressément le prononcé d'une astreinte pour obtenir la communication des pièces respectivement entre les parties, la production d'une pièce par l'une des parties ou par un tiers. La question se pose de savoir si le juge, notamment le juge de la mise en état, peut ordonner d'office l'astreinte prévue par ces textes. Un auteur[12] fait observer à juste titre que les trois articles du Code de procédure civile font référence à une « *demande* » d'une des parties. Il faut en déduire que même si l'astreinte peut être prononcée d'office en matière de procédure civile, le juge ne devra user de la communication forcée de pièces que dans un esprit d'égalité des armes, plutôt que dans un souci de recherche de la vérité à tout prix; il en ira de même dans le prononcé de l'astreinte. Cette position peut se réclamer, plus largement, du respect du principe dispositif[13].

411.23 Relations de travail – Louage d'ouvrage. Les applications sont très fréquentes notamment dans le contexte des élections dans l'entreprise ou encore après rupture du contrat de travail. Il ne semble pas que l'employeur ou le salarié puissent se réfugier derrière leur liberté de conscience pour se dérober à l'astreinte. Celle-ci est donc possible :

1. Req. 11 mai 1898, *DP* 1899. 1. 310, obs. Anon.
2. Com. 3 mai 2006, n° 04-15.262, *Bull. civ.* IV, n° 106.
3. Com. 3 déc. 1985, n° 83-16.475, *Bull. civ.* IV, n° 286; *RTD civ.* 1986. 745, note Mestre – Soc. 29 mai 1990, n° 87-40.182, *Bull. civ.* V, n° 244; *JCP* 1990. IV. 285.
4. Civ. 1re, 12 févr. 1964, *Bull. civ.* I, n° 82.
5. EN CE SENS, Paris, 1er avr. 1999, *D.* 1999. 438, note Prévault.
6. Paris, 12 janv. 1994, *D.* 1994. Somm. 338, obs. Julien; *Rev. huiss.* 1994. 904; *Ann. loyers* 1994. 1309.
7. Civ. 18 mars 1878, *DP* 1878. 1. 201.
8. Aix-en-Provence, 16 mai 1990, cité dans *J.-Cl. Pr. civ.*, *v° Astreinte*, par S. Cimamonti.
9. Civ. 8 juin 1859, *DP* 1859. 1. 248, obs. Anon.
10. TGI Brest, 9 juill. 1974, *D.* 1975. 418, note Prévault – Aix-en-Provence, 21 juin 1978, *D.* 1979. 192, note Prévault.
11. Paris, 24 nov. 1981, *D.* 1982. 35, note Massip; *RTD civ.* 1982. 203, note Perrot – Sur les conséquences au fond d'un tel refus, Civ. 1re, 5 mai 1982, n° 81-12.080, NP; *D.* 1982. 389.
12. S. Guinchard (dir.), Dalloz action *Droit et pratique de procédure civile*, 2014/2015, n°s 341.42 et 341.51, par J.-P. Lacroix-Andrivet.
13. S. Guinchard (dir.), Dalloz action *Droit et pratique de la procédure civile*, 2014/2015, n° 221.94, par G. Bolard.

– contre un employeur qui refuse de remettre le certificat de travail[1];

– contre un employeur qui refuse de rectifier des fiches de paye[2];

– contre un employeur qui refuse de négocier un accord préélectoral[3];

– contre un employeur qui refuse de réintégrer un salarié selon les vœux du juge prud'homal[4].

L'astreinte serait certainement possible contre un salarié qui refuse d'effectuer sa tâche; mais un tel refus est, hors le cas de grève licite, justiciable en pratique, soit de l'amende prévue par le règlement intérieur, soit du licenciement; les tribunaux n'ont donc guère eu l'occasion de consacrer la solution en matière de salariat[5] (sur l'astreinte particulière en matière de sécurité du travail, v. s^s n° 411.42).

411.24 Droit patrimonial. Les obligations de faire ou de ne pas faire sont souvent assorties d'astreinte par les tribunaux dans le domaine de la propriété, des contrats ou des successions. Ainsi :

– pour le respect des servitudes[6];

– pour obtenir des démolitions d'ouvrages mal plantés[7];

– pour faire cesser une nuisance[8];

– pour faire déguerpir un occupant sans titre[9] (sur les astreintes spéciales en matière de baux d'habitation et de baux commerciaux, v. s^s n°s 411.44 et 411.45);

– pour faire exécuter une promesse de signer un acte authentique[10];

– pour obtenir d'un bailleur la jouissance paisible ou les grosses réparations[11] ou encore la délivrance de quittances de loyer;

– pour obtenir d'un copropriétaire le respect de ses obligations[12];

– pour obtenir les éléments nécessaires à l'établissement d'un compte[13] ou ce compte lui-même[14] ou la preuve écrite d'une démarche[15].

411.25 Protection des consommateurs. L'article L. 421-2 du Code de la consommation autorise les associations de consommateurs agréées à faire ordonner par le juge civil, sous astreinte, « *toute mesure destinée à faire cesser des agissements illicites* ». La même possibilité est offerte pour faire supprimer une clause illicite dans un contrat ou dans un type de contrat (même article), ainsi que pour faire supprimer une clause abusive dans des contrats-types (C. consom., art. L. 421-6). Cette astreinte ne présente pas de particularité quant à sa mise en œuvre ni quant à sa liquidation; la détermination des mesures assorties d'astreinte est seulement très ardue; le montant de l'astreinte dépendra souvent du profit retiré de l'abus ou de l'illicéité des clauses litigieuses.

411.26 Transparence et démocratie dans les sociétés. Dans un souci somme toute comparable de protection des plus faibles, le droit des sociétés contient, depuis la loi n° 2001-420 du 15 mai 2001, sur les nouvelles régulations économiques, dite loi NRE[16], des dispositions qui prévoient expressément le référé aux fins d'astreinte pour permettre une transparence maximale ou une démocratie dans la vie des sociétés civiles ou commerciales (C. civ., art. 1843-3 – C. com., art. L. 228-2, L. 238-1, al. 1 et al. 2 [réd. Ord. n° 2004-274, 25 mars 2004, portant simplification du droit et des formalités pour les entreprises[17]]).

411.27 Concurrence déloyale – Vie des marchés financiers. L'astreinte est extrêmement fréquente pour faire cesser une concurrence déloyale ou faire respecter une clause de non-réinstallation et cette solution a été approuvée de longue date par la Cour de cassation[18], lors même qu'elle n'est pas prévue par un texte spécial[19].

1. Soc. 29 juin 1966, *Bull. civ.* IV, n° 641.
2. Soc. 17 avr. 1986, n° 83-41.445, *Bull. civ.* V, n° 151.
3. Soc. 27 nov. 1980, n° 79-60.261, *Bull. civ.* V, n° 851; *JCP* 1981. IV. 36.
4. Soc. 6 nov. 1974, n° 73-13.079, *Bull. civ.* V, n° 524; *JCP* 1975. II. 18188, note Berra; *RTD civ.* 1976. 605, obs. Normand.
5. Contre un sociétaire de la Comédie française violant une clause d'exclusivité : Civ. 21 avr. 1896, *S.* 1897. 2. 9; *DP* 1897. 2. 177, note Pic – À propos d'un groupe de danseuses nues, exonérées d'astreinte pour des raisons morales : TGI Paris, 8 nov. 1973, *D.* 1975. 401, note Puech.
6. Bourges, 24 avr. 1912, *Gaz. Pal.* 1912. 1. 35 – Civ. 2e, 12 juin 1991, n° 89-17.764, *Bull. civ.* II, n° 180; *Gaz. Pal.* 1991. 2. Somm. 228.
7. Civ. 14 mars 1927, *S.* 1927. 1. 231 – TGI Marseille, 7 févr. 1968, *JCP* 1968. II. 15600, note Pierron.
8. Arras, 30 janv. 1930, *Gaz. Pal.* 1930. 1. 609 – Montpellier, 10 févr. 1934, *DH* 1934. 275 – Civ. 1re, 5 déc. 1973, n° 72-11.931, *Bull. civ.* I, n° 339; *JCP* 1975. II. 18115.
9. Civ. 3e, 20 avr. 1982, n° 80-15.828, *Bull. civ.* III, n° 96.
10. Req. 23 juill. 1889, *DP* 1891. 1. 31 – Req. 27 juin 1939, *DH* 1939. 478 – Com. 1er juin 1970, n° 68-11.831, *Bull. civ.* IV, n° 182; *D.* 1971. Somm. 16 – Riom, 24 mai 2007, RG n° 2006/01756.
11. Civ. 3e, 5 juin 1970, *Bull. civ.* III, n° 386; *JCP* 1970. IV. 196 – Civ. 1re, 17 mars 1965, *Bull. civ.* I, n° 195.
12. P. Capoulade, « La Cour de cassation et la copropriété à l'aube du XXIe siècle », *AJDI* 2002. 675.
13. Civ. 5 juill. 1933, *DH* 1933. 425.
14. Req. 18 déc. 1886, *S.* 1887. 1. 112.
15. Req. 11 mai 1898, *DP* 1899. 1. 310.
16. L. n° 2001-420, 15 mai 2001, relative aux nouvelles régulations économiques, *JO* 16 mai, p. 7776.
17. Ord. n° 2004-274, 25 mars 2004, portant simplification du droit et des formalités pour les entreprises, JO 27 mars, p. 5871.
18. Com. 19 oct. 1999, n° 97-18.490, *Bull. civ.* IV, n° 175.
19. C. com., art. 430-8-IV, 2.

Parmi les pouvoirs de l'Autorité des marchés financiers (AMF) figure celui de saisir le président du tribunal de grande instance (TGI) de Paris pour « *astreindre* » en référé toute personne mise en cause par l'AMF à consigner une somme d'argent (C. mon. fin., art. L. 621-13, réd. L. n° 2003-706, 1er août 2003, sur la sécurité financière[1]).

411.28 Droit pénal – Droit administratif. Les astreintes prononcées à titre répressif par le juge pénal (urbanisme, environnement, contrefaçon, consommation, ...) et les astreintes de droit administratif (droit opposable au logement, ...) font appel à des mécanismes étrangers au présent ouvrage[2]. Les astreintes prononcées par le juge pénal sur la demande et au profit de la partie civile sont examinées distinctement (v. ss nos 421.11 s).

§ 2
Obligations de donner ou de payer

411.31 Livraisons. Des astreintes sont fréquemment ordonnées pour obtenir la livraison d'une fourniture (électricité[3]) ou celle d'une marchandise[4] ou la livraison d'un appartement à son acquéreur[5] ou le rétablissement d'un service indûment supprimé[6].

411.32 Paiements. S'agissant des obligations de paiement, une astreinte peut parfaitement les assortir. La jurisprudence estime l'astreinte compatible avec les intérêts moratoires ou avec une éventuelle clause pénale (v. ss n° 411.83).

§ 3
Régimes particuliers

411.41 Exclusivité. Des lois spéciales ont créé des régimes particuliers d'astreintes civiles pour certaines obligations considérées comme fondamentales. Ces régimes spéciaux sont exclusifs du régime de droit commun : toutes les astreintes ont un même objet, le créancier de l'obligation principale ne saurait bénéficier cumulativement de deux astreintes.

411.42 Sécurité du travail et droits fondamentaux du travailleur. Les articles L. 4732-1 et L. 4732-2 du Code du travail prévoient un dispositif selon lequel, si un chantier présente des risques sérieux pour l'intégrité physique des travailleurs, l'inspecteur du travail peut saisir le juge des référés qui prononce toutes mesures propres à faire cesser le risque et peut les assortir d'une astreinte qui est liquidée au profit du Trésor public.

Dans le même domaine, mais hors du champ de la prévention, l'article L. 436-1 du Code de la sécurité sociale dispose que tout retard injustifié apporté au paiement, soit de l'indemnité journalière, soit de l'indemnité en capital, soit des rentes dues à la suite d'un accident du travail, ouvre aux créanciers droit à une astreinte provisoire par la juridiction compétente dans des conditions fixées par décret en Conseil d'État[7]. Cette astreinte, précise l'article R. 436-5 du même code, est versée à partir du huitième jour de l'échéance de l'indemnité journalière, de l'indemnité en capital ou de la rente. Elle est quotidienne et égale au montant des sommes non payées. La liquidation de cette astreinte particulière ressortit à la compétence exclusive du tribunal des affaires de sécurité sociale[8].

De manière plus générale encore, l'article L. 2313-2 du Code du travail prévoit que le conseil des prud'hommes, saisi par un délégué du personnel ou par un salarié, peut, sous astreinte, mettre fin aux atteintes aux droits personnels, à la santé, aux libertés individuelles ou aux mesures discriminatoires dans divers domaines, dont seraient victimes un ou plusieurs travailleurs de l'entreprise.

411.43 Participation des salariés aux résultats de l'entreprise – Rythmes de travail. L'article L. 3326-2 du Code du travail qui régit la participation des salariés aux résultats de l'entreprise prévoit que des astreintes peuvent être prononcées par les juridictions civiles contre les entreprises qui n'exécutent pas leurs obligations, en la matière. Le demandeur peut être un salarié mais aussi le procureur de la République. Dans la liquidation, il est tenu compte du préjudice effectivement causé : cette règle, dépassée par l'aspect moderne de l'astreinte, est en outre difficile à appliquer puisqu'il faut évaluer le manque à gagner du salarié privé de participation, au regard par conséquent des résultats de l'entreprise.

S'agissant des rythmes de travail, singulièrement du repos hebdomadaire, l'article L. 3134-15 du Code du travail prévoit la saisine du juge judiciaire

1. L. n° 2003-706, 1er août 2003, sur la sécurité financière, *JO* 2 août, p. 13220.
2. SUR le droit pénal, par ex., T. Fossier, « Les astreintes prononcées par les juridictions pénales : occasions manquées », *JCP* 1998, n° 15, p. 641-645, Étude 126 – Sur le droit public, R. Bonnefont, « Délai raisonnable de jugement et d'exécution : mieux vaut prévenir que guérir », *LPA* 15 oct. 2010, n° 206, p. 5-13.
3. Req. 1er avr. 1897, *DP* 1898. 1. 289, note Planiol; *S.* 1899. 1. 299.
4. Req. 4 août 1947, *Gaz. Pal.* 1947. 2. Somm. 30.
5. Civ. 1re, 12 févr. 1964, *Bull. civ.* I, n° 82.
6. Com. 31 mai 1976, n° 75-14.625, *Bull. civ.* IV, n° 186.
7. Soc. 11 mars 1987, n° 85-12.980, *Bull. civ.* V, n° 129; *D.* 1988. Somm. 29, obs. Prétot.
8. Civ. 2e, 22 juin 2004, n° 03-30.031, NP.

en urgence pour qu'il mette fin, sous astreinte au besoin, aux comportements illicites de l'employeur.

411.44 Délaissement d'une habitation donnée à bail. L'article L. 421-1 C. pr. exéc. dispose que les astreintes fixées pour obliger l'occupant d'un local à quitter les lieux ont toujours un caractère comminatoire et doivent être révisées et liquidées par le juge une fois la décision d'expulsion réalisée. Le montant de l'astreinte ne peut excéder la somme compensatrice du préjudice effectivement causé et il doit être tenu compte pour sa fixation des difficultés que le débiteur aura rencontrées pour s'exécuter. Enfin, l'astreinte n'est pas maintenue, si l'occupant démontre l'existence d'une cause étrangère qui ne lui est pas imputable et a pu retarder ou empêcher l'exécution de la décision. Cette disposition, ancienne mais spéciale par rapport aux articles L. 131-1 et suivants C. pr. exéc., survit donc et a conservé à l'astreinte un caractère purement indemnitaire.

411.45 Baux commerciaux. L'article L. 145-30 du Code de commerce dispose que si le locataire évincé d'un immeuble commercial ne remet pas les clés à la date fixée et après mise en demeure, le séquestre retiendra 1 % par jour de retard sur le montant de l'indemnité et restituera cette retenue au bailleur sur sa seule quittance. Il s'agit d'une pénalité qui s'ajoute à l'indemnisation du préjudice et est prévue par la loi; en ce sens, l'assimilation à l'astreinte est recevable. On observe cependant qu'elle échappe au pouvoir modérateur des tribunaux : elle ne peut faire l'objet d'un délai de grâce et ne peut faire l'objet d'une révision judiciaire[1]. Elle suppose l'existence d'une mise en demeure préalable[2]. Celle-ci n'est soumise à aucune forme dès lors qu'elle est explicite. Une simple lettre recommandée suffit donc. Elle doit être opérée à la diligence et sous la responsabilité du séquestre[3].

411.46 Police de la concurrence européenne. L'exécution des décisions prises par les autorités de l'Union européenne peut être assurée par le prononcé d'une astreinte. L'article 17 du règlement du 6 février 1962 dispose que lorsque la Commission est amenée à statuer sur l'application des articles 101 et 102 du Traité sur le fonctionnement de l'Union européenne (premier Traité de Lisbonne) concernant les ententes illicites et abus de position dominante, elle peut infliger aux contrevenants des astreintes à raison de 50 pour mille unités de compte par jour de retard à compter de la date qu'elle fixe, pour les contraindre à mettre fin à leurs agissements, à fournir les renseignements qu'elle demande ou à se soumettre à la vérification qu'elle ordonne (Règl. CE n° 3666/93, 15 déc. 1993[4]). Cette disposition a été transposée en droit interne (C. com., art. L. 464-2, II). Es astreintes sont des mesures conservatoires ou préventives. Il en résulte que le juge de l'exécution (JEX) n'est pas compétent pour assortir d'une astreinte une décision d'injonction prononcée par le Conseil (devenu Autorité) de la concurrence (ou, sur recours, par la cour d'appel de Paris), pour laquelle il existe un régime juridique de sanction spécifique et exclusif mis en œuvre par cette autorité administrative indépendante[5].

411.47 Services douaniers. Quelques textes en matière douanière qualifient d'astreintes certaines pénalités de retard dont le caractère est progressif (par ex., C. douanes, art. 431). Dans ce cas, la sanction émane de l'Administration et non du juge : celui-ci ne fixe pas le taux de l'astreinte (par ex., C. douanes, art. 350) et ne fait qu'autoriser la liquidation sans y procéder lui-même. Il s'agit donc bien davantage d'une amende administrative que d'une astreinte proprement dite. La qualification d'astreinte utilisée par les textes tend seulement à exprimer le caractère progressif et contraignant de la sanction qu'ils édictent.

SECTION 3
PERSONNES CONCERNÉES

§ 1
Bénéficiaire de l'astreinte

411.51 État. Le premier bénéficiaire de l'astreinte devrait être l'État, qui a un intérêt majeur à l'exécution des décisions de justice (v. s^{s} n° 400.05). Il serait donc normal qu'à l'instar des amendes civiles ou des astreintes du droit public et du droit pénal (v. s^{s} n° 411.28), le produit de l'astreinte civile soit encaissé en tout ou partie par le Trésor public. Le projet qui a débouché sur la loi du 9 juillet 1991, désormais codifiée au Code des procédures civiles d'exécution, prévoyait ainsi un partage du produit entre le Fonds national d'action sociale et le créancier poursuivant. Certains parlementaires ont évoqué un reversement aux conseils départementaux d'aide juridique, dont l'Assemblée nationale consa-

1. Com. 21 janv. 1963, *Rev. loyers* 1963. 354 – Civ. 3e, 4 janv. 1977, n° 75-13.392, *Bull. civ.* III, n° 2.
2. Com. 12 oct. 1964, *Bull. civ.* III, n° 417.
3. Com. 7 févr. 1966, *Bull. civ.* III, n° 73.
4. Règl. CE n° 3666/93, 15 déc. 1993, en vue de la mise en œuvre des règles de concurrence établies dans l'accord sur l'Espace économique européen, *JOCE*, n° L 336, 31 déc., p. 0001-0072.
5. Com. 3 nov. 2004, n° 00-19.247, *Bull. civ.* IV, n° 189; *D.* 2004. 3064, obs. Chevrier; *RTD civ.* 2005. 175-176, obs. Théry.

crait la création au même moment (L. n° 91-647, 10 juill. 1991, relative à l'aide juridique).

Puis cette voie a été totalement abandonnée : l'astreinte civile est prononcée puis liquidée et payée au profit exclusif du créancier de l'obligation principale que cette astreinte assortit (v. s[s] n° 411.101).

411.52 Créanciers. Toutes les personnes juridiques peuvent être bénéficiaires de l'astreinte, sans exclusive : physique ou morale, de droit privé ou de droit public, française ou étrangère. Il est notamment possible que ce bénéficiaire soit une personne publique, demanderesse en matière civile (expulsions, impôts indirects, dommages subis par les fonctionnaires, *etc.*) ou partie civile devant le tribunal de police (infractions causant un dommage au domaine public) ou encore requérante devant le tribunal administratif (atteintes environnementales commises dans le domaine public, résistance injustifiée d'une entreprise chargée d'une mission de service public, contraventions de grande voirie, celles-ci donnant assez souvent lieu au prononcé d'astreintes en référé[1]). Le Conseil d'État semble cependant estimer que l'administration ne doit solliciter d'astreinte contre une personne privée que si le droit public n'offre pas d'autres moyens de contrainte[2].

§ 2
Défendeur à l'astreinte

411.61 Personnes publiques, personnes privées. Toutes les personnes juridiques peuvent être soumises à une astreinte, sans immunité : physique ou morale, de droit privé ou de droit public, française ou étrangère, *in bonis* ou en redressement judiciaire.

Une astreinte civile peut être prononcée contre une personne publique, indépendamment des astreintes prononcées par les juridictions administratives, examinées dans les ouvrages spécialisés. Les juridictions civiles peuvent en effet avoir à connaître du vaste domaine de la gestion privée des personnes publiques (ainsi, en matière de baux d'habitation[3]).

Cette première immixtion du juge judiciaire dans les affaires administratives a suffisamment inquiété pour que le Tribunal des conflits soit finalement saisi. Mais cette instance, stigmatisant le retard de l'État à payer des dommages et intérêts dus à la victime du fonctionnement défectueux des services de l'état civil des étrangers, donc dans une hypothèse pure de service public administratif, a admis derechef le prononcé d'une astreinte par le juge judiciaire contre l'État[4].

411.62 Sauvegarde, redressement et liquidation judiciaires. L'ouverture du redressement judiciaire ne devrait pas interdire à une juridiction d'ordonner une astreinte contre le débiteur ou l'un des organes de la procédure collective, puisque l'astreinte n'est pas une condamnation à un paiement ni une voie d'exécution forcée (ainsi pour la délivrance de lots[5] ou pour la délivrance de documents[6]). La chambre commerciale de la Cour de cassation ne partage pas cette approche théorique et estime que l'action en fixation d'une astreinte pour contraindre à l'exécution d'une obligation de faire née antérieurement à l'ouverture de la procédure collective est une action en paiement; elle en déduit qu'une telle action en prononcé d'astreinte sur une obligation antérieure au redressement ou à la liquidation est soumise à la suspension des poursuites individuelles qu'impose l'article L. 622-21 du Code de commerce[7] (réd. L. n° 2005-845, 26 juill. 2005 - Ord. n° 2008-1345, 18 déc. 2008[8] - sur les modalités de la liquidation, quand l'astreinte a été licitement décidée, et le régime de la créance dans la procédure collective, v. s[s] n° 412.16).

Le juge-commissaire lui-même peut prononcer des astreintes dans les strictes limites de sa compétence spéciale (v. s[s] n° 411.73).

411.63 Facteur d'extranéité. S'agissant des défendeurs étrangers ou résidant à l'étranger, il ne sera pas rare qu'un tribunal étranger soit intéressé. Les règles du droit international privé en matière de

1. Par ex., CE 30 janv. 1980, req. n°s 00561 et 00627, Richaud, *Lebon*; *AJDA* 1980. 426, note Lemasurier; *D.* 1980. 300, note Delvolvé – CE 24 juill. 1987, req. n° 44897, *Lebon*; *AJDA* 1987. 666, concl. Marimbert; *D.* 1987. 188 – D. Guihal, *Droit répressif de l'environnement*, Economica, 2008, n° 18.424.
2. CE 13 juill. 1956, *RD publ.* 1957. 296, note Waline; *RTD civ.* 1956. 270, note Mazeaud; *Gaz. Pal.* 1956. 2. 148, obs. Anon.
3. V. Le Berre, « Les pouvoirs d'injonction et d'astreinte du juge judiciaire à l'égard de l'administration », *AJDA* 1979. 14 – Le point dans Lachaud, note s[s] CAA Marseille, 1re ch., 5 mars 2002, *Gaz. Pal.* 2002. 2. Doctr. 1660 – Pour une application, TGI Lyon, JEX, 28 mars 1994, *Gaz. Pal.* 1994. 1. 243, note Petit.
4. T. confl. 19 mars 2007, n° 07-03.497, Préfet de la Haute-Vienne, *Bull. T. confl.*, n° 8.
5. Com. 28 mars 1995, n° 92-17.805, *Bull. civ.* IV, n° 103; *D.* 1995. 107.
6. Soc. 17 oct. 1989, n° 87-45.033, *Bull. civ.* V, n° 594.
7. Com. 21 janv. 2003, n° 01-01.761, *Bull. civ.* IV, n° 10 (2e branche du moyen); *Act. proc. coll.* 2003, n° 5, p. 1, note Voinot; *Rev. loyers* 2003. 237, obs. Gallet – Plus récemment : Com. 22 mars 2011, n° 09-71.983, NP.
8. L. n° 2005-845, 26 juill. 2005, de sauvegarde des entreprises, *JO* 27 juill., p. 12187 – Ord. n° 2008-1345, 18 déc. 2008, portant réforme du droit des entreprises en difficulté, *JO* 19 déc., p. 19462.

procédures civiles d'exécution sont exposées à la fin du présent ouvrage (v. s^s n°s 1700.00 s.). L'astreinte n'est régie spécialement que dans le périmètre de l'Union européenne, par le règlement communautaire du 22 décembre 2000, qui reprend la convention internationale de Bruxelles du 27 septembre 1968. Celle-ci préconisait la compétence du juge du domicile du défendeur (Conv. Bruxelles, 27 sept. 1968, art. 2 – v. cep. les règles importantes dérogatoires en matière contractuelle, délictuelle et alimentaire, Conv. Bruxelles, 27 sept. 1968, art. 5). L'article 43 de la même convention disposait que les décisions étrangères condamnant à une astreinte ne sont exécutoires dans l'État requis que si le montant en a été définitivement fixé par les tribunaux de l'État d'origine. L'article 49 du règlement du 22 décembre 2000 reproduit cette disposition (sur la compétence pour liquider, v. s^s n° 412.13).

SECTION 4
PROCÉDURE

§ 1
Juges compétents

411.71 Compétence de principe du juge qui consacre l'obligation, ou du juge de l'exécution. S'agissant d'un dispositif de soutien à la force exécutoire des jugements, l'astreinte peut être prononcée par tout juge, sans restriction, comme l'énonce l'article L. 131-1 alinéa 1er C. pr. exéc. : juges professionnels, prud'homaux, consulaires ou échevinaux, dès lors qu'ils consacrent une obligation principale à exécuter. La Cour de cassation admet même que l'astreinte assortisse, non pas la décision qui consacre l'obligation et fulmine l'injonction, mais une décision qui interprète ultérieurement le contenu de cette obligation et de cette injonction [1]. Cette généralité des termes doit pourtant être éclaircie à propos de certaines juridictions du premier ou du second degré (v. s^s n°s 411.73 s.).

En outre, le juge ordonne une astreinte pour assurer l'exécution de sa propre décision; s'il ne l'a pas fait, le JEX peut être saisi, selon l'alinéa 2 du même article L. 131-1 C. pr. exéc., et apparaît donc comme le juge de droit commun en matière d'astreinte. Il n'est pas rare en effet que la résistance du débiteur à s'exécuter n'apparaisse pas lors de l'instance au fond mais plus tard. La compétence du JEX se substitue à la pratique ancienne du référé aux fins d'astreinte, qui se trouve écartée par la loi nouvelle [2]. Cette compétence n'est plus exclusive de celle du juge dont la décision doit être assortie d'une astreinte depuis un arrêt de la deuxième chambre civile de la Cour de cassation du 18 février 1999 [3]; il en est de même pour liquider l'astreinte, cas dans lequel la compétence du JEX peut à nouveau être concurrencée par celle du juge de l'obligation principale (v. s^s n° 411.95).

Bien entendu, il ne faudrait pas, sous couvert de demande d'astreinte, étendre la compétence du JEX à des questions nouvelles qui touchent au fond. Ainsi, une indexation de pension alimentaire n'est pas une astreinte et doit être sollicitée du juge aux affaires familiales [4]. De même, la mainlevée de la consignation du prix de vente d'un immeuble commun après divorce relève du juge qui l'a ordonnée [5]. Dans le même esprit de prudence, le JEX exigera parfois des parties qu'elles fassent interpréter le jugement fixant l'obligation principale, avant d'assortir celle-ci d'une astreinte.

Au-delà de cette recommandation de circonspection, la compétence conférée au JEX pour assortir d'une astreinte une décision rendue par un autre juge reçoit d'abord exception en certaines matières particulières (v. s^s n°s 411.41 s.).

La compétence de principe du JEX, en outre, ne fait pas obstacle à ce que le juge qui a rendu la décision consacrant l'obligation à exécuter puisse être saisi une deuxième fois en vue d'assortir d'une astreinte sa décision (ainsi, en faveur du juge des référés [6]), à la condition de ne pas outrepasser les limites de sa compétence lorsqu'elle est d'exception (ainsi, en défaveur d'un juge-commissaire [7]).

Si le juge qui a rendu la décision à assortir d'une astreinte reçoit ainsi une compétence concurrente de celle du JEX, en revanche aucun autre juge, tel que celui des référés comme cela se pratiquait ordinairement avant la réforme de 1991, ou celui de la mise en état [8], ne peut prétendre au même pouvoir : la Cour de cassation s'est montrée ferme et impose que l'incompétence soit relevée d'office par tout juge indûment saisi [9]. On notera enfin que la compétence du juge du fond pour prononcer l'astreinte s'étend aux modifications des bases d'une astreinte déjà prononcée (v. s^s n° 411.104 – Sur la compétence particulière du président du TGI de Paris en

1. Civ. 2e, 15 nov. 2012, n°s 08-11.165 et 08-11.061, *Bull. civ.* II, n° 187; *Gaz. Pal.* 2012, n° 344-346, p. 18 à 20, avis Azibert.

2. TGI Pointe-à-Pitre, réf., 23 avr. 1993, *BICC* 1993, n° 823.
3. Civ. 2e, 18 févr. 1999, n° 97-13.885, *Bull. civ.* II, n° 32; *D.* 1999. Somm. 218, obs. approb. Julien; *RTD civ.* 1999. 465; *Procédures* 1999, n° 88, obs. approb. Perrot.
4. TGI Lyon, JEX, 2 nov. 1993, *BICC* 1994, n° 163.
5. TGI Lyon, JEX, 7 févr. 1995, *RTD civ.* 1996. 135, note Hauser.
6. Civ. 2e, 18 févr. 1999 n° 97-13.885 (préc. s^s prés^t n°).
7. Com. 28 avr. 1998, n° 95-18.132, *Bull. civ.* IV, n° 134; *RTD civ.* 1999. 465, obs. Perrot.
8. Sur cette seconde hypothèse, TGI Pontoise, JEX, 10 mars 1998, *Gaz. Pal.* 1999. 1. 113.
9. Civ. 2e, 17 déc. 1997, n° 95-14.189, *Bull. civ.* II, n° 318.

matière de marchés financiers, C. mon. fin., art. L. 621-13, v. s[s] n° 411.27).

411.72 Juge étranger. V. ce qui en a été dit à propos du défendeur étranger (v. s[s] n° 411.63).

411.73 Juges du provisoire. Leur compétence pour prononcer une astreinte afin d'obtenir l'exécution de leurs propres décisions ne fait plus aucun doute.

La règle a été posée pour le **juge des référés** (C. pr. civ., art. 491) [1]. Il arrive même que le juge des référés soit compétent, semble-t-il à l'exclusion du JEX, pour ordonner une astreinte; ainsi, en droit de la propriété intellectuelle (CPI, art. L. 331-1-2, L. 343-2, L. 521-6, L. 716-6...); ainsi encore en droit des sociétés, qui contient, depuis la loi n° 2001-420 du 15 mai 2001, dite loi NRE, des dispositions qui prévoient expressément le référé aux fins d'astreinte pour permettre une transparence maximale de la vie sociale (C. civ., art. 1843-3 - C. com., art. L. 228-2, L. 238-1 - v. s[s] n° 411.25). On notera que si le juge des référés s'est reconnu compétent pour ordonner l'astreinte et s'en est réservé la liquidation, il ne pourra, à ce second stade (sur lequel, v. s[s] n° 412.11), décliner sa compétence au motif d'une « *difficulté sérieuse* » [2].

Elle a été étendue au **juge de la mise en état** [3] **et au juge-commissaire** dans les procédures collectives [4] (v. s[s] n°s 411.71 et 411.62).

Un décret a consacré ce même pouvoir au profit des bureaux de conciliation des conseils de prud'hommes (C. trav., art. R. 1454-14). Ce bureau peut liquider ses astreintes à titre provisoire (C. trav., art. R. 1454-14, av.-dern. al.). Le procédé est spécialement utile pour la production de pièces (sur l'hypothèse dans laquelle le bureau de conciliation a omis de se réserver la liquidation de l'astreinte, v. s[s] n° 412.11). Il a été jugé cependant que le procès-verbal de conciliation du conseil de prud'hommes est un titre exécutoire mais non une « *décision de justice* », ce qui empêche de l'assortir d'une astreinte [5].

Inversement, si le juge statue en matière gracieuse, sur requête, il ne nous paraît pas qu'il puisse assortir ses prescriptions d'une astreinte, aucun motif de se dispenser du débat contradictoire - condition de l'article 493 C. pr. civ. - n'étant plausible ici [6].

Si un juge « *du provisoire* » a refusé de prononcer une astreinte ou que le JEX a refusé d'assortir une décision provisoire d'une astreinte, rien n'interdit de solliciter la même mesure auprès du juge du fond [7].

411.74 Juge d'instance. La difficulté ici tient au taux limité de compétence (v. COJ, art. L. 221-4) en contentieux général, sachant que l'astreinte peut être liquidée par le juge qui l'a prononcée et que les sommes atteintes sont parfois très considérables. La jurisprudence estime depuis longtemps que malgré le caractère indéterminé de son montant, l'astreinte peut être prononcée par le juge d'instance [8].

411.75 Juge pénal. Lorsqu'elle satisfait à l'action publique, l'astreinte est purement pénale et obéit à un régime particulier (v. s[s] n° 411.28 et le renvoi). Il en est ainsi, même lorsque l'astreinte s'impose à un tiers à l'action publique, dès lors qu'il ne s'agit pas d'une partie civile (ainsi jugé sur la réclamation d'une société dont le dirigeant avait seul été condamné, en tant que personne physique, à une démolition sous astreinte [9]).

Lorsqu'elle est prononcée au soutien de l'action de la partie civile, l'astreinte suit le droit commun ici examiné [10]. Cette hypothèse de l'astreinte civile prononcée par le juge pénal est expressément prévue en droit de la consommation (v. s[s] n° 411.25). Il sera vivement conseillé au juge pénal de se réserver la liquidation de l'astreinte, de sorte que le JEX n'ait pas à entrer dans les détails de la culpabilité.

411.76 Arbitres - Bâtonnier. Depuis très longtemps, la jurisprudence reconnaît aux arbitres le droit de prononcer une astreinte pour garantir l'exécution de leur sentence [11]. Le JEX, chargé de l'*exequatur* de la sentence, n'exerce qu'un contrôle limité; il ne pourrait pas écarter l'astreinte [12] (sur l'interdiction qui est faite en revanche aux arbitres de se réserver la liquidation de leurs astreintes, v. s[s] n° 412.11).

Le bâtonnier de l'ordre des avocats auprès de chaque TGI n'est pas seulement un arbitre entre ses confrères et une instance disciplinaire soumise comme telle au droit public; il dispose d'une juridiction qui s'étend aux personnes étrangères au

1. Civ. 2e, 18 oct. 1978, n° 77-11.008, *Bull. civ.* II, n° 210; *Gaz. Pal.* 1979. 1. 121, note Viatte; *RTD civ.* 1979. 428, obs. Normand; *JCP* 1980. II. 19299, note Boyer.
2. Civ. 2e, 21 févr. 2008, n° 06-43.046, *Bull. civ.* II, n° 41.
3. *Gaz. Pal.* 1991. 2. Doctr. 801, n° 5, note Perrot – Rouen, 6 août 1996, *BICC* 1996, n° 1181 – Civ. 2e, 26 mars 1997, n° 94-15.992, *Bull. civ.* II, n° 91; *Gaz. Pal.* 1998. 1. 139; *JCP* 1997. IV. 1068.
4. V. chron. Derrida, « Incidence des nouvelles procédures civiles d'exécution sur le redressement et la liquidation judiciaire des entreprises », *LPA* 6 janv. 1993.
5. TGI Lyon, JEX, 23 févr. 1999, Robert c/THM, NP.
6. EN CE SENS, Douai, 7 déc. 2006, RG n° 2006/03212, Sarl CEP c/Sarl Idelec, NP.
7. Civ. 2e, 17 nov. 2005, n° 03-20.157, *Bull. civ.* II, n° 296.
8. Paris, 3 févr. 1962, *D.* 1962. Somm. 72.
9. Civ. 2e, 27 mai 2004, n° 02-20.215, *Bull. civ.* II, n° 244.
10. Crim. 19 janv. 1938, *S.* 1939. 1. 118; *Gaz. Pal.* 1938. 1. 702, avec obs. Anon et réf. plus anciennes.
11. Civ. 25 juill. 1882, *DP* 1883. 1. 243; *S.* 1883. 1. 345 – Plus récemment : Paris, 11 oct. 1991, *D.* 1991. 277.
12. Sur le principe d'intangibilité, Civ. 1re, 14 déc. 1983, n° 82-14.089, *Bull. civ.* I, n° 295.

Barreau, spécialement en matière de contestation des honoraires et peut, sur ce terrain, prononcer des astreintes[1].

411.77 Cour d'appel. La cour d'appel connaît bien entendu des appels interjetés contre des décisions assorties d'astreinte. L'appel contre une décision ordonnant une astreinte est en effet toujours possible (v. s[s] n° 411.102). L'appel peut d'ailleurs ne porter que sur l'astreinte (sur les effets d'une réformation ou d'une confirmation sur le cours de l'astreinte, v. s[s] n° 411.93).

Mais la cour d'appel à qui serait déférée une décision dénuée d'astreinte peut parfaitement en assortir les condamnations qu'elle prononce à son tour, et ceci qu'elle infirme, qu'elle réforme ou qu'elle confirme le jugement de première instance. Cette règle ne contrarie pas la prohibition des demandes nouvelles, puisque le pouvoir de prononcer l'astreinte appartient aux juges, même d'office[2] (sur la liquidation des astreintes prononcées par la cour, v. s[s] n° 411.95).

411.78 Juge de l'exécution. Le JEX peut, comme tout autre juge, assortir d'astreinte ses propres décisions. La pratique en est même fréquente puisque, par postulat, sa saisine traduit des retards dans l'exécution (sur la compétence de ce magistrat pour assortir d'astreinte des décisions qui ne sont pas les siennes, v. s[s] n° 411.71).

§ 2
Prononcé d'office ou sur demande

411.81 Liberté du juge. Le juge qui statue sur l'astreinte dispose d'une liberté totale. D'une part, et selon la lettre de l'article L. 131-1 C. pr. exéc., le juge saisi aux fins de prononcer une astreinte n'y est jamais contraint[3]. D'autre part, il peut prononcer une astreinte même d'office (C. pr. exéc., art. L. 131-1, al. 1er), sans provoquer avant-dire-droit les explications des parties[4]. Il peut retenir un taux inférieur ou même supérieur à celui qui est demandé[5].

On a même avancé que, sauf par un attachement exceptionnel aux principes généraux de la procédure, le juge ne serait pas tenu de motiver le prononcé d'une astreinte[6], alors qu'il sera tenu de motiver les modalités de la liquidation (v. s[s] n° 412.22). Cette vision quasi discrétionnaire du pouvoir du juge, outre qu'elle ne correspond plus à l'attente de l'usager du service public judiciaire ni, sans doute, aux exigences de la Convention européenne de sauvegarde des droits de l'homme, n'est pas en harmonie avec la prudence dont les juges doivent faire preuve en la matière.

411.82 Motivations. Le juge se fondera sur les risques de dérobade du débiteur de l'obligation principale que la décision à assortir d'astreinte constate ou établit. L'attitude récalcitrante du débiteur jusqu'alors, les tensions anormales existant entre les parties, l'insolvabilité manifeste dudit débiteur, sont les éléments les plus souvent invoqués. Il appartient naturellement au demandeur à l'astreinte de justifier de ces risques, et non pas au défendeur à l'astreinte de prouver ses bonnes intentions. Cette exigence de preuve n'est pas à négliger : même si l'astreinte va faire l'objet d'un réexamen en vue de sa liquidation et de sa reconduction (v. s[s] n° 412.05), des mesures conservatoires sont possibles (v. s[s] n° 411.101), peut-être l'octroi d'une provision (v. s[s] n° 411.105), de sorte que le seul prononcé initial de l'astreinte n'est pas bénin.

411.83 Cumul avec une voie d'exécution ou des dommages intérêts. En revanche, aucun texte n'exige que le créancier de l'obligation principale justifie que l'astreinte serait préférable à d'autres moyens de pression ou même à l'exécution forcée pure et simple ou encore à l'obtention de dommages-intérêts en lieu et place de la bonne exécution de la décision : l'astreinte (pour une définition, v. s[s] n° 410.05) veut mettre fin à un désordre ou le prévenir et non pas seulement obtenir un recouvrement ou réparer un dommage. Il en résulte que le cumul du prononcé d'une astreinte avec une voie d'exécution, en cours ou projetée, ou avec une demande de dommages et intérêts, n'a rien d'illicite. Il peut simplement conduire le juge de l'astreinte à user de son pouvoir modérateur ultérieurement (v. s[s] n° 412.21).

§ 3
Taux, durée, point de départ, détermination de la compétence pour liquider

411.91 Taux. Le taux de l'astreinte provisoire est librement fixé par le juge (v. s[s] n° 411.81), qui n'a même pas à s'expliquer à ce sujet. On observera cependant que ce taux n'est, pas plus que celui de sa liquidation (v. s[s] n°s 412.21 s.), fonction du préjudice subi par le créancier, mais uniquement relatif à la résistance du débiteur de l'obligation. En d'autres termes, le taux de l'astreinte doit être tel qu'il coûterait plus cher au débiteur de résister que

1. V. Villacèque, « La juridiction du bâtonnier, une charge publique à parachever », *D.* 1997. Chron. 305.
2. Bourges, 16 mai 1948, *Gaz. Pal.* 1948. 1. 240.
3. Com. 17 févr. 1956, *JCP* 1956. II. 9330, note Veilleux.
4. Civ. 2e, 21 mars 1979, n° 77-15.052, *Bull. civ.* II, n° 89; *D.* 1979. 449, note Santa-Croce.
5. Soc. 10 janv. 1980, n° 78-41.250, *Bull. civ.* V, n° 36; *D.* 1980. 463, obs. Julien.
6. Civ. 1re, 17 févr. 1976, n° 74-12.562, *Bull. civ.* I, n° 72.

de s'exécuter. La pratique de la liquidation des astreintes conduit à la prudence : les taux retenus par les juges de l'obligation principale sont fréquemment prohibitifs, ce qui pourrait discréditer l'institution.

Le taux s'exprime le plus souvent, pour les mêmes raisons dissuasives, en euros par jour de retard. Mais d'autres modalités sont possibles : en euros par infraction constatée[1]; en euros par heure de retard[2]; en somme forfaitaire[3].

411.92 Durée – Point de départ et terme. L'astreinte prend effet à la date fixée par le juge. La liberté de ce dernier trouve donc ici une limite : il doit déterminer le point de départ du cours de l'astreinte. Pour éviter le contentieux ultérieur lors de l'instance en liquidation, le juge sera précis. Généralement, il retient la date de notification de la décision fixant l'obligation principale[4], et y ajoute un nombre de jours suffisant pour permettre à un débiteur de bonne foi de procéder à l'exécution (modalité facultative[5]). Mais il peut exiger une formalité spécifique (ainsi pour une signification par huissier en matière de baux ruraux où elle n'a habituellement pas cours[6]).

La date retenue ne peut pas être antérieure au jour où la décision portant obligation est devenue exécutoire[7]. Si le caractère exécutoire dépend d'une notification régulière, l'astreinte ne saurait courir tant que cette formalité n'a pas été accomplie (il en est jugé ainsi à propos d'une notification d'ordonnance de référé par le greffe[8]; de même à propos d'une signification d'ordonnance de référé par huissier de justice[9]; ou à propos d'une ordonnance de conseiller de la mise en état[10]).

Toutefois, elle peut prendre effet dès le jour de son prononcé si elle assortit une décision qui est déjà exécutoire (C. pr. exéc., art. R. 131-1).

Il ne serait pas permis de refuser de liquider une astreinte au motif qu'elle procède d'une décision non signifiée, alors que cette décision a été confirmée par un arrêt signifié[11].

Si le juge fait erreur sur le point de départ, par exemple en omettant de le repousser jusqu'à une notification nécessaire, cette circonstance ne fait pas grief au débiteur ni au créancier de l'astreinte avant sa liquidation; en cette attente, le moyen serait irrecevable[12]. Si le juge omet purement et simplement de donner un point de départ, la notification de la décision constituera le « *dies ad quem* »[13].

Quant au terme, le juge est totalement libre de limiter dans le temps le cours de l'astreinte provisoire[14]. Il le fera lorsqu'il craint que le créancier de l'obligation puisse tirer profit de l'inexécution ou lorsque l'exécution n'a d'intérêt qu'avant une certaine date ou encore lorsque le juge pense préférable, par le biais d'une saisine à nouveau, de contrôler de toute façon l'exécution.

Lorsque son terme n'est pas fixé, l'astreinte pour obtenir la production de pièces dans un procès ne saurait de toute façon poursuivre son cours au-delà de l'instance au cours de laquelle elle a été ordonnée[15].

Précisons enfin que le cours de l'astreinte qui assortit un jugement d'expulsion d'un locataire n'est pas suspendu par la « *trêve hivernale* » prévue aux articles L. 412-3 et R. 412-3 C. pr. exéc. (CCH, anc. art. L. 613-1)[16].

411.93 Effets d'un appel sur le point de départ : obligation principale assortie de l'exécution provisoire. C'est implicitement que l'article R. 131-1 C. pr. exéc.[17] règle les effets, sur le point de départ de l'astreinte, de l'appel contre la décision de première instance qui en est assortie (sur l'astreinte nouvelle en cause d'appel, v. s^s n° 411.77).

Si la décision fixant l'obligation principale et prononçant l'astreinte est exécutoire par provision (astreintes des juges des référés, des conseils de prud'hommes, du JEX, du juge de la mise en état, d'autres juges s'ils le décident), l'appel est sans effet sur le cours de l'astreinte et sa liquidation pourra même être sollicitée avant que l'obligation principale soit examinée par la Cour. Cette liquidation est, selon la Cour de cassation, de la compétence du juge qui a prononcé l'astreinte (v. s^s n° 412.16).

1. Com. 31 mars 1965, *Bull. civ.* III, n° 243 – Paris, 8e ch. B, 19 oct. 2000, *BICC* 15 avr. 2001, n° 429.
2. TGI Paris, 25 mars 1982, *Rev. huiss.* 1982. 843.
3. Civ. 5 juill. 1933, *S.* 1934. 1. 337.
4. Civ. 2e, 5 mai 1993, n° 91-20.286, *Bull. civ.* II, n° 158; *Ann. loyers* 1994, n° 21580 – Civ. 2e, 1er mars 1995, n° 93-12.690, *Bull. civ.* II, n° 67; *Ann. loyers* 1996, n° 22608.
5. Civ. 2e, 18 déc. 1996, n° 95-13.292, NP; *Procédures* 1997, n° 51, note Perrot.
6. Aix-en-Provence, 24 mai 1996, *Gaz. Pal.* 1997. 2. 502.
7. Pour une application, Civ. 2e, 18 déc. 1996, n° 95-13.292 (préc. s^s prés^t n°) – Civ. 2e, 23 juin 2005, n° 03-16.627, *Bull. civ.* II, n° 170.
8. Soc. 9 févr. 1999, n° 97-44.535, NP; *Procédures* 1999, n° 123, obs. Sportouch.
9. Civ. 2e, 8 avr. 2004, n° 02-15.144, *Bull. civ.* II, n° 168.
10. Civ. 2e, 14 sept. 2006, n° 05-15.370, *Bull. civ.* II, n° 219.
11. Civ. 2e, 26 juin 2014, n° 13-16.899, *Bull. civ.* II [à paraître].
12. Civ. 2e, 23 oct. 2008, n° 07-11.965, *Bull. civ.* II, n° 219.
13. Civ. 2e, 23 juin 2005, n° 03-16.851, *Bull. civ.* II, n° 171.
14. Civ. 2e, 20 mai 1972, *Bull. civ.* II, n° 325.
15. Agen, 29 janv. 2007, RG n° 2005/0001782.
16. Civ. 2e, 4 juill. 2007, n° 05-15.382, *Bull. civ.* II, n° 183.
17. Décr. n° 92-755, 31 juill. 1992, instituant de nouvelles règles relatives aux procédures civiles d'exécution pour l'application de la L. n° 91-650 du 9 juillet 1991, portant réforme des procédures civiles d'exécution, *JO* 5 août, p. 10530.

Compte tenu de cette règle, la saisine du premier président pour suspendre le cours de l'astreinte – et dans le même temps, pour suspendre l'exécution provisoire de l'obligation principale qui en est assortie – a été envisagée par la pratique. La question a reçu une réponse négative quant à la suspension de l'astreinte (v. s^s n° 411.103). Il demeure que l'obligation principale, quant à elle, peut faire l'objet d'un sursis du premier président si la décision qui la consacre a été frappée d'appel.

Jugé, pour cette hypothèse, que si le premier président subordonne l'exécution provisoire de l'obligation principale et de l'astreinte à une consignation de sommes, alors l'astreinte court normalement depuis la signification du jugement qui l'ordonne jusqu'à la décision du premier président, puis de nouveau à partir du paiement de la consignation[1].

Ultérieurement, si l'arrêt intervenu sur le fond est confirmatif, l'astreinte aura couru du jour de la notification de la décision de première instance[2]. Au contraire, un arrêt qui réforme quant à l'astreinte, à plus forte raison un arrêt infirmatif, entraînera de plein droit, pour perte de fondement juridique, l'anéantissement de la décision emportant astreinte et ouvrira droit à restitution si cette astreinte avait déjà donné lieu à un paiement (ainsi jugé à propos d'une astreinte définitive, mais le raisonnement ne saurait s'en trouver affaibli, v. s^s n° 412.25). Enfin, si l'arrêt confirme le principe de l'astreinte mais en modifie la nature ou le montant à compter d'une date antérieure à l'arrêt, alors le débiteur de cette astreinte la doit selon les nouvelles modalités mais dès la date choisie par la cour[3]; évidemment, cette règle sévère n'est applicable que si la modification ordonnée par la cour a quelque substance (il en est jugé ainsi dans un cas où il ne s'était agi que de modifier le lieu d'une consignation[4]).

411.94 Effets d'un appel sur le point de départ : obligation principale non assortie de l'exécution provisoire. Si l'obligation principale n'est pas exécutoire par provision, la lettre de l'article R. 131-1 C. pr. exéc. conduit à repousser le cours de l'astreinte au jour où la décision de justice devient exécutoire, c'est-à-dire au jour de signification de l'arrêt de la Cour confirmant l'obligation et l'astreinte de première instance[5]. Avant la réforme, la solution contraire s'imposait selon le droit commun de l'effet rétroactif des arrêts confirmatifs[6].

Puisque le cours de l'astreinte est suspendu à la purge de l'appel, la radiation de droit commun (C. pr. civ., art. 381) de l'instance d'appel n'a pas pour effet de faire courir l'astreinte[7]. L'astreinte commencera en revanche son cours si la radiation emporte expressément cessation de l'effet suspensif (cas de C. pr. civ., art. 915)[8] ou si l'appelant se désiste de son recours[9] (l'astreinte court alors dès le désistement, sans avoir à attendre la signification de l'arrêt qui le constate[10]) ou encore si, après cassation avec renvoi, la cour de renvoi n'est pas saisie dans le délai de la loi[11].

411.95 Détermination de la compétence pour liquider. Le juge qui prononce l'astreinte doit enfin se déterminer sur la compétence future en cas de demande de liquidation. L'astreinte est liquidée par le JEX, sauf si le juge qui l'a ordonnée reste saisi de l'affaire ou s'en est expressément réservé le pouvoir (C. pr. exéc., art. L. 131-3). Cette règle (examinée s^s n° 412.11) nécessite bien, même si la pratique tend à l'omettre, que le juge qui ordonne l'astreinte se prononce expressément s'il entend s'en réserver la liquidation. S'il ne s'exprime pas sur ce point, attitude la plus fréquente en pratique, le JEX deviendra par principe compétent.

§ 4
Régime de la décision

411.101 Caractère partiellement exécutoire d'une condamnation. L'article R. 131-3 C. pr. exéc. dispose : « *Aucune astreinte ne peut donner lieu à une mesure d'exécution forcée avant sa liquidation. La décision qui ordonne une astreinte non encore liquidée permet de prendre une mesure conservatoire pour une somme provisoirement évaluée par le juge compétent pour la liquidation* ». La prohibition des mesures d'exécution forcée se comprend aisément, en raison du caractère non liquide de la créance d'astreinte tant que le juge n'a pas vérifié l'inexécution ni

1. Civ. 2e, 8 avr. 1999, n° 96-20.775, NP; *Procédures* 1999, n° 147, note approb. Perrot.
2. Civ. 2e, 20 juin 1996, n° 94-14.012, *Bull. civ.* II, n° 168; *Procédures* 1997, n° 51, note Perrot; *RTD civ.* 1997. 507, obs. Perrot.
3. Civ. 2e, 8 juill. 2004, n° 02-20.368, *Bull. civ.* II, n° 355; *RTD civ.* 2004. 777, obs. Perrot.
4. Civ. 2e, 13 oct. 2005, n° 03-18.054, NP.
5. Civ. 2e, 11 juin 1997, n° 95-13.961, *Bull. civ.* II, n° 170; *D.* 1997. 536, 2e arrêt, note Julien; *JCP* 1997. IV. 1621; *Procédures* 1997, n° 173, note approb. Perrot; *Rev. huiss.* 1998. 504; *Gaz. Pal.* 1998. 1. 133, note Moussa – Civ. 2e, 9 déc. 1997, n° 95-20.144, *Bull. civ.* II, n° 307; *JCP* 1998. IV. 1185 – Civ. 2e, 22 mars 2001, n° 98-21.560, *Bull. civ.* II, n° 58; *D.* 2001. 1213; *JCP* 2001. IV. 1924; *RTD civ.* 2001. 661, obs. Perrot.
6. Civ. 2e, 23 avr. 1986, n° 84-14.442, *Bull. civ.* II, n° 59; *Gaz. Pal.* 1987. Somm. 46, note Guinchard et Moussa; *D.* 1986. 221, note Julien.
7. TGI Bobigny, JEX, 16 janv. 1997, *Gaz. Pal.* 1998. 1. 133, note Moussa.
8. EN CE SENS, note Moussa (préc. s^s prés^t n°).
9. TGI Bobigny, JEX, 14 oct. 1997, *Gaz. Pal.* 1998. 1. 133, note Moussa.
10. Civ. 2e, 8 juill. 2004, n° 02-15.921, *Bull. civ.* II, n° 354.
11. Civ. 2e, 16 mars 2000, n° 98-13.128, *Bull. civ.* II, n° 46; *JCP* 2000. IV. 1784; *RTD civ.* 2000. 402, obs. Perrot.

retenu le taux finalement applicable[1]. Il n'est même pas possible de débuter une mesure d'exécution forcée sur le fondement d'un simple prononcé d'astreinte et d'engager parallèlement une action en liquidation qui régulariserait la voie d'exécution[2]. Rappelons en outre que la prohibition des mesures d'exécution forcée avant liquidation est reprise dans l'article 43 de la convention de Bruxelles et du règlement qui fait suite (v. s^s n° 411.63), qui dispose que les décisions étrangères condamnant à une astreinte ne sont exécutoires dans l'État requis que si le montant en a été définitivement fixé par les tribunaux de l'État d'origine (v. s^s n° 411.61).

Des mesures conservatoires sont néanmoins possibles sur le fondement d'une décision ordonnant une astreinte provisoire, puisque ces mesures sont licites en droit commun pour les créances non liquides (C. pr. exéc., art. L. 511-1 - v. s^s n°s 600.05 à 632.52). On observera à la lecture attentive de l'article R. 131-3 C. pr. exéc. que la mesure conservatoire est précédée d'une autorisation préalable particulière : le juge compétent est celui qui liquidera l'astreinte, c'est-à-dire soit celui qui l'a prononcée soit le JEX (sur la compétence pour liquider, v. s^s n° 412.11); ce juge n'a pas à apprécier le bien-fondé de la mesure conservatoire envisagée ni à fixer l'assiette de la mesure (comp., C. pr. exéc., art. R. 511-2 et R. 511-4) mais uniquement à évaluer la somme qui fondera la mesure conservatoire, exercice périlleux puisque chacun ignore la vitesse à laquelle le débiteur compte s'exécuter. Il ne nous semble pas, en conséquence, que ce juge puisse exiger la preuve d'une menace sur le recouvrement. Il ne paraît pas non plus que la mesure conservatoire doive être suivie d'une procédure au fond. Mais la jurisprudence n'est pas établie sur ces points.

Le caractère exécutoire limité de l'astreinte provisoire semble permettre d'en obtenir une liquidation provisionnelle (v. s^s n° 411.105). Des mesures d'exécution forcée sont alors possibles, mais aux risques et périls du créancier poursuivant, conformément au droit commun des mesures provisoires.

L'astreinte est une mesure de contrainte à caractère personnel (v. s^s n° 400.06). Dès lors, la condamnation que détermine le jugement de liquidation de l'astreinte ne peut pas être garantie par une autre partie[3]. Le débiteur de l'astreinte, réciproquement, n'est pas tenu s'il s'est exécuté quant à lui et si c'est un tiers, serait-il son codébiteur solidaire, qui a commis de nouvelles infractions[4].

411.102 Voies de recours contre les condamnations ou les refus de condamner. La décision consacrant une obligation assortie d'astreinte peut faire l'objet d'un appel; en pareil cas, la cour d'appel devra, pour statuer sur ladite obligation, préserver le droit du créancier de l'astreinte d'en demander séparément la liquidation[5]; le point de départ de l'astreinte qui est susceptible de soulever des difficultés pour le juge qui statuera sur la liquidation (v. s^s n° 411.93).

Mais il arrive que l'astreinte elle-même, isolément de l'obligation qu'elle assortit, soit frappée de recours. Le principe est en effet qu'une décision ordonnant une astreinte provisoire est toujours susceptible d'appel. La jurisprudence en décide ainsi même lorsque l'obligation principale qu'assortit l'astreinte ne peut pas être soumise à la Cour (ainsi pour une mesure d'instruction[6], ou pour un jugement rendu en dernier ressort[7]) ou encore lorsque le débiteur de l'obligation principale n'entend pas la quereller[8].

411.103 Impossibilité d'un sursis. Selon l'article R. 121-21 C. pr. exéc., l'appel des décisions du JEX n'est pas suspensif.

Selon l'article R. 131-22 C. pr. exéc., le sursis à l'exécution n'est accordé par le premier président, saisi en référé, que s'il existe des moyens sérieux d'annulation ou de réformation du jugement. Il a ainsi été jugé[9] que les dispositions de l'(ancien) article L. 311-12-1 alinéa 5 du COJ et de l'article R. 131-22 C. pr. exéc., relatives aux sursis à l'exécution des décisions du JEX, ne sont pas applicables lorsque ce dernier statue en matière d'astreinte, soit

1. Applications en matière de saisie immobilière : Civ. 2e, 7 févr. 1985, n° 83-15.819, *Bull. civ.* II, n° 34; *Gaz. Pal.* 1985. Pan. 142, obs. Véron – Civ. 2e, 27 nov. 1985, n° 84-14.862, *Bull. civ.* II, n° 180; *D.* 1986. 169, note Prévault; *Gaz. Pal.* 1986. Somm. 424, note Véron; *RTD civ.* 1987. 187, obs. Perrot.
2. Civ. 2e, 2 avr. 1990, n° 89-11.516, *Bull. civ.* II, n° 70; *RTD civ.* 1990. 556, obs. Normand.
3. Civ. 3e, 24 févr. 1999, n° 96-21.968, *Bull. civ.* III, n° 50; *JCP* 1999. IV. 1695 – Civ. 2e, 30 avr. 2002, n° 00-13.815, *Bull. civ.* II, n° 83; *D.* 2002. 1595; *RTD civ.* 2003. 144, obs. Perrot – Civ. 1re, 3 avr. 2002, n° 00-10.893, *Bull. civ.* I, n° 104; *D.* 2002. 1464; *RTD civ.* 2003. 144, obs. Perrot.
4. Paris, 8e ch. B, 1er avr. 1999, *D.* 1999. 438, note Prévault.
5. Les juges d'appel peuvent confirmer une injonction assortie d'une astreinte, cette injonction fût-elle devenue sans objet au jour où ils statuent, dès lors que subsiste le droit pour le bénéficiaire de l'astreinte d'en demander, s'il y a lieu, la liquidation : Civ. 2e, 9 juill. 2009, n° 08-18.212, *Bull. civ.* II, n° 190 – Sur les conditions nécessaires à la condamnation à une astreinte, postérieurement à l'exécution de l'injonction : Civ. 3°, 24 nov. 1999, n° 97-10.672, *Bull. civ.* III, n° 220 (cassation partielle).
6. Civ. 2e, 20 avr. 1983, n° 82-10.195, *Bull. civ.* II, n° 96.
7. Soc. 16 mars 1961, *JCP* 1961. II. 12090, note R. L.; *RTD civ.* 1961. 557, obs. Raynaud.
8. COMP. sur l'exécution provisoire, les explications de Raynaud : *RTD civ.* 1957. 182; *RTD civ.* 1964. 604.
9. Civ. 2e, 10 févr. 2000, n° 98-13.354, *Bull. civ.* II, n° 28 – DANS LE MÊME SENS : Civ. 2e, 17 oct. 2002, n° 01-02.054, *Bull. civ.* II, n° 225.

pour assortir une décision d'une astreinte, soit pour liquider une astreinte précédemment ordonnée, soit pour en modifier le taux ou la nature et jugé aussi[1] que le prononcé d'une astreinte ne peut donner lieu à un sursis à exécution.

En cas d'appel spécifique contre l'astreinte, alors que l'obligation assortie est, elle, définitive, la question s'est posée des pouvoirs du premier président de suspendre, sur le fondement de droit commun applicable en cas d'appel (C. pr. civ., art. 524), le cours de l'astreinte qui, par postulat, aura commencé à courir. Un auteur avait soutenu qu'un premier président ne pouvait pas se fonder sur les « *conséquences manifestement excessives* » de l'article 524 C. pr. civ. pour ordonner une telle suspension[2], parce que toute astreinte suit le régime de l'obligation qu'elle assortit.

Cette opinion a été vite adoptée par la Cour de cassation, qui a jugé que l'article 524 C. pr. civ. n'est pas applicable aux demandes de sursis à exécution des mesures ordonnées par le JEX[3]. Mais cet arrêt a été rendu antérieurement à la modification de l'article 524 C. pr. civ. par le décret du 20 août 2004, lequel en son dernier alinéa, autorise l'arrêt de l'exécution provisoire de droit en cas de violation manifeste du principe du contradictoire ou de violation de l'article 12 du Code civil et de conséquences manifestement excessives. La Cour de cassation a donc réitéré sa position hostile au sursis, dans un arrêt remarqué[4] : l'article 524 C. pr. civ. n'est pas applicable aux demandes de sursis à exécution des décisions rendues par le JEX. Au passage, la solution établie sur le fondement de l'article R. 131-22 C. pr. exéc. est également rappelée; le premier président, qui n'avait pas à répondre à un moyen inopérant, a exactement retenu que le prononcé d'une astreinte ne pouvait donner lieu à un sursis à exécution sur le fondement de l'article R. 131-22 C. pr. exéc.

411.104 Autorité de chose jugée – Modification de l'astreinte provisoire pour l'avenir. La décision du JEX, rejetant une demande tendant à assortir d'une astreinte la décision d'un autre juge, n'a pas l'autorité de la chose jugée[5].

Identiquement, une condamnation à l'astreinte provisoire n'a pas autorité de chose jugée au principal ni même au provisoire[6]. Ainsi jugé que le garant n'est pas tenu de garantir le débiteur du paiement d'une astreinte[7].

Par conséquent, sans avoir à démontrer l'existence d'un fait nouveau, l'une des parties, ou même le juge d'office[8], peuvent remettre en cause l'opportunité de l'astreinte provisoire, son taux[9], sa durée[10], son point de départ[11], en faire suspendre le cours ou changer les conditions d'exécution (par ex. pour une autorisation de faire des travaux aux frais avancés du créancier[12]).

Le pouvoir de modifier l'astreinte provisoire pour l'avenir n'appartient-il qu'au juge qui a prononcé cette astreinte ? En ce sens, on soutient que le JEX n'a pas ici de compétence de droit commun[13]. Mais cette solution repose sur l'idée, dont la doctrine précitée a démontré la fausseté, selon laquelle l'astreinte provisoire bénéficie de l'autorité de chose jugée. Il s'ajoute que le juge de la liquidation n'est pas qu'un comptable pour le passé : il est, souvent aussi bien ou mieux que le juge de l'obligation principale, en mesure d'examiner si l'astreinte a ou n'a pas produit les effets qu'on en attendait (v. s^s^ n° 412.31). La Cour de cassation n'a abordé la question que sous un angle particulier, celui des pouvoirs, naturellement restreints, d'une juridiction désignée après cassation[14].

La suppression pure et simple de l'astreinte provisoire relève en toute hypothèse d'une décision définitive (examinée s^s^ n° 412.23).

Le sursis à exécution ne peut être sollicité du premier président sur une décision de modification de nature ou de taux de l'astreinte[15].

411.105 Liquidation provisionnelle. Sans faire liquider, reconduire ou modifier l'astreinte provisoire dont il bénéficie, le créancier paraît pouvoir demander une provision à valoir sur les sommes qui seront dues au titre de la liquidation future; il la restituera si l'instance en liquidation révèle finale-

1. Civ. 2e, 12 juin 2003, n° 01-13.670, *Bull. civ.* II, n° 183.
2. B. Louvel, « Une préposition qui change tout : on ne condamne pas à une astreinte mais sous astreinte », *Gaz. Pal.* 1999. 2. Doctr. 1263, n° 3102.
3. Civ. 2e, 20 déc. 2001, n° 00-17.029, *Bull. civ.* II, n° 201.
4. Civ. 2e, 10 févr. 2011, n° 10-14.424, *Bull. civ.* II, n° 29; *Procédures* 2011, n° 128, p. 25, note Perrot (absence de sursis à exécution).
5. Civ. 2e, 4 juin 2009, n° 08-11.129, *Bull. civ.* II, n° 139 – Civ. 2e, 17 nov. 2005, n° 03-20.157, *Bull. civ.* II, n° 296 (cassation).
6. EN CE SENS, note Hébraud, *RTD civ.* 1951. 284.
7. Civ. 2e, 30 avr. 2002, n° 00-13.815, *Bull. civ.* II, n° 83; *Procédures* 2002, n° 113, note Perrot.
8. Com. 14 juin 1988, n° 86-18.087, *Bull. civ.* IV, n° 198; *JCP* 1988. IV. 294.
9. Req. 8 juin 1896, *DP* 1897. 1. 463 – Paris, 16 févr. 1961, *JCP* 1961. II. 12146, note Mazeaud – Com. 14 juin 1988, n° 86-18.087 (préc. s^s^ prés^t^ n°).
10. Civ. 20 mars 1889, *S.* 1892. 1. 565.
11. *CONTRA,* curieusement, Aix-en-Provence, 24 mai 1996, *Gaz. Pal.* 1997. 2. 502, note crit. Debeaurain.
12. TGI Bastia, JEX, 16 avr. 1993, *Ann. loyers* 1993. 959.
13. EN CE SENS : Rép. pr. civ., *v° Astreintes,* par Guerchoun, juin 2012 – *CONTRA :* TGI Pointe-à-Pitre, réf., 23 avr. 1993, *D.* 1994. Somm. 338, obs. Julien.
14. Civ. 2e, 14 oct. 2010, n°s 09-14.938 et 09-66.944, *Bull. civ.* II, n° 169.
15. Civ. 2e, 10 févr. 2000, n° 98-13.354, *Bull. civ.* II, n° 28.

ment que le débiteur de l'obligation principale s'est exécuté convenablement. Ce dispositif est de peu d'intérêt pratique, il est vrai : le créancier de l'astreinte provisoire peut aussi bien, s'il dispose des preuves de l'inexécution, demander une liquidation de l'astreinte provisoire avec reconduction ou transformation en astreinte définitive. L'article R. 131-3 C. pr. exéc. prévoit que, pour accorder le bénéfice d'une mesure conservatoire, le juge va évaluer provisoirement la créance de liquidation : la démarche serait la même pour le juge qui ordonnerait le paiement d'une provision. On observera aussi que le juge des référés se voit accorder le pouvoir de liquider sous réserve que le juge du principal décide autrement[1]. Surtout, dans un arrêt du 15 février 2001, la deuxième chambre civile de la Cour de cassation a reproché à une cour d'appel d'avoir accordé une telle provision sur liquidation, uniquement parce que cette cour avait statué sur appel d'une ordonnance de référé dont l'auteur ne s'était pas réservé la compétence pour liquider : la Haute juridiction ne condamne nullement le procédé de la provision sur liquidation, elle impose seulement la compétence du juge qui pouvait liquider l'astreinte provisoire – celui qui l'a édictée – s'il a pris soin de se réserver compétence; à défaut, le JEX[2].

1. Soc. 28 mars 1950, *D.* 1950. 377, concl. Lacoste – CONTRA : Rép. pr. civ., *v° Astreintes,* par Chabas et Deiss, 1998, n°s 123 et 124, qui estime que l'octroi d'une provision dans ce domaine nécessite les mêmes vérifications que pour une liquidation définitive.
2. Civ. 2e, 15 févr. 2001, n° 99-13.102, *Bull. civ.* II, n° 27; *D.* 2001. 904; *Procédures* 2001, n° 103, note Perrot.

CHAPITRE

412. Instance en liquidation ou suppression et astreinte définitive

THIERRY FOSSIER
CONSEILLER À LA COUR DE CASSATION

SECTION 0
ORIENTEUR

412.00 **Plan du chapitre.**

412.01 **Textes applicables.**

C. pr. exéc., art. L. 131-1 à L. 131-4; R. 121-22, R. 131-2, R. 131-3, R. 131-4.

C. com., art. L. 622-17.

C. trav., art. L. 3253-14.

C. pr. civ., art. 524.

COJ, art. L. 213-6.

412.03 **Bibliographie indicative.** (V. s^s n° 400.03).

412.05 **Division – Préliminaire.** Lorsque l'astreinte provisoire a suivi son cours, le créancier de l'obligation principale en demandera le fruit. Le créancier peut d'ailleurs agir en liquidation alors que l'exécution complète de l'obligation assortie d'astreinte n'est pas encore acquise. En pratique, cette demande de liquidation et paiement s'accompagnera d'une demande de modification des termes de l'astreinte initiale (v. s^s n° 411.104), qui n'aura pas fait la preuve de sa suffisante efficacité.

Il s'agit d'une demande en justice et le juge qui a prononcé l'astreinte ne peut pas, le juge de l'exécution (JEX) moins encore, liquider d'office l'astreinte provisoire. Cette liquidation requiert cependant du juge une appréciation du retard du débiteur à s'exécuter, que résume la locution « astreinte provisoire ».

Si la liquidation a lieu à titre intermédiaire, avant que le débiteur se soit complètement libéré, il est possible de prolonger l'astreinte provisoire (v. s^s n° 412.31), et de conserver de la sorte un pouvoir d'appréciation au juge lors d'une deuxième liquidation ultérieure; mais le créancier demandera souvent, ou le juge utilisera d'office, une astreinte dite « *définitive* » (v. s^s n° 412.42), en ce que sa liquidation ultérieure échappera à toute nouvelle appréciation judiciaire; ce dangereux caractère d'automaticité doit en principe conduire le débiteur à davantage de diligence.

Si le juge qui avait prononcé initialement l'astreinte n'est pas resté saisi (v. s^s n° 411.95), le demandeur à la liquidation devra engager une nouvelle procédure selon les modalités applicables à la juridiction concernée. Rien n'interdit que ce demandeur à la liquidation soit le débiteur de l'exécution, soit qu'il espère la suppression de l'astreinte (v. s^s n° 412.23), soit qu'il souhaite se libérer de toute menace après s'être exécuté.

On notera que si le demandeur à l'astreinte devait se munir d'une autorisation pour agir à cette fin (droit des tutelles, droit des sociétés, indivision, copropriété, *etc.*), cette autorisation n'englobe pas nécessairement l'action en liquidation (il en est ainsi jugé en matière de copropriété[1]).

412.06 **Parties à l'instance.** Le créancier de l'obligation assortie d'astreinte (v. s^s n°s 411.51 s.) est normalement demandeur principal. Il peut être demandeur reconventionnel si le débiteur de l'obligation (v. s^s n°s 411.61 s.) a pris l'initiative de l'action en justice, pour solliciter la suppression de l'astreinte.

Le débiteur de l'obligation cherchera très normalement à se dérober à la liquidation de l'astreinte, aux dépens d'un débiteur substitué. Mais l'astreinte est une mesure à caractère personnel (v. s^s n° 400.06 et les renvois), ce qui ne permet pas de mettre en

1. Civ. 2e, 11 mars 1999, n° 96-22.211, NP; *Gaz. Pal.* 2000. 1. Somm. 867, obs. Moussa – Civ. 3e, 20 déc. 2000, n° 99-15.236, *Bull. civ.* III, n° 197.

œuvre un recours en garantie. Jugé néanmoins que la liquidation, qui tend à une condamnation pécuniaire, peut être poursuivie contre les héritiers du débiteur pour la période antérieure à son décès [1].

SECTION 1
COMPÉTENCE

412.11 Compétence du juge de l'exécution ou du juge qui a prononcé. L'astreinte est liquidée par le JEX, sauf si le juge qui l'a ordonnée reste saisi de l'affaire ou s'est expressément réservé le pouvoir de liquider l'astreinte (C. pr. exéc., art. L. 131-3). Cette disposition a été jugée conforme à l'article 6 de la Convention européenne de sauvegarde des droits de l'homme (Conv. EDH) [2]. La raison d'être de la règle est claire : il faut éviter que le juge de l'obligation principale perde son objectivité devant l'irrespect de ses prescriptions. Le mécanisme n'est pas moins limpide :

– **le juge qui a prononcé l'astreinte peut s'en réserver la liquidation, auquel cas une demande présentée au JEX est considérée par la Cour de cassation comme irrecevable** [3]; ainsi fera-t-il lorsqu'il veut éviter au JEX de s'imprégner des faits de la cause (ex., voisinage, maîtrise d'œuvre, *etc.*) ou lorsqu'il pense appréhender au mieux le contexte humain (ex., prud'hommes); cette faculté est interdite aux arbitres [4]; le juge des référés, pour sa part, peut se réserver de liquider ses astreintes, mais encore doit-il le faire clairement [5] et n'aura-t-il qu'un pouvoir de liquider au provisoire, c'est-à-dire sous réserve de ce que décidera la juridiction éventuellement saisie au fond [6] et uniquement si ce juge du fond n'est toujours pas saisi [7]; en revanche, si le juge des référés s'est reconnu compétent pour ordonner l'astreinte et s'en est réservé la liquidation, il ne pourra, à ce second stade, décliner sa compétence au motif d'une « *difficulté sérieuse* » [8]; le juge de la mise en état (JME) est dans la même position que le juge des référés [9] (en cas d'appel sur l'obligation principale assortie de l'astreinte, v. s[s] n° 412.12 – au cas où le juge du fond n'est pas saisi après le juge du provisoire, v. s[s] n° 412.46);

– **le juge qui a prononcé l'astreinte peut être contraint de connaître de la liquidation**, même s'il ne l'a pas prévu; ainsi en est-il des juges qui ne sont pas dessaisis par leur décision, par exception à l'article 481 C. pr. civ. (JME, juridictions sans mise en état mais qui n'ont pas encore tranché au fond, juges des enfants, *etc.*); s'agissant des bureaux de conciliation de conseils de prud'hommes, l'achèvement de leur tâche les dessaisit et nous sommes d'avis que, s'ils ne se sont pas réservé le pouvoir de liquider leurs astreintes, cette liquidation échoit au JEX et non pas au conseil des prud'hommes;

– **dans tous les autres cas, le JEX est seul compétent.** Les autres juges doivent relever d'office leur incompétence (C. pr. exéc., art. R. 131-2 [10], le contredit étant alors recevable (C. pr. exéc., art. R. 131-2; la fermeté du texte est indispensable pour lutter contre la faveur persistante du juge des référés, compétent antérieurement à 1991. Réciproquement, le JEX dûment saisi ne peut se déclarer incompétent au profit du juge qui a prononcé l'astreinte mais ne s'en est pas réservé la liquidation [11]. Le JEX se trouve ainsi en position, implicite dans la loi mais nécessaire, d'interpréter la décision qui a ordonné l'astreinte, notamment pour expliciter les injonctions ou interdictions qui l'assortissent (v. s[s] n° 412.21). La règle de l'article R. 131-2 C. pr. exéc. est applicable à la cour d'appel : les astreintes provisoires qu'elle prononce pour la première fois ou bien dont elle confirme le prononcé en première instance, sont liquidées par le JEX sauf si la cour s'est réservé ce droit ou reste saisie du litige, auxquels cas le débiteur de l'astreinte perdra le bénéfice d'un degré de juridiction [12]. La cour d'appel liquidera aussi les astreintes prononcées par le conseiller de la mise en état [13].

La compétence pour supprimer une astreinte provisoire (v. s[s] n° 412.23) est la même que pour la

1. Civ. 2e, 18 déc. 2008, n° 07-20.562, *Bull. civ.* II, n° 271.
2. Civ. 2e, 8 avr. 1998, n° 96-13.845, *Bull. civ.* II, n° 122; *D. Affaires* 1998. 908, obs. S. P.; *Rev. huiss.* 1998. 1145.
3. Civ. 2e, 27 févr. 2014, n° 13-12.493, *Bull. civ.* II, n° 52.
4. Paris, 11 oct. 1991, *D.* 1991. 277 – CONTRA, mais manifestement erroné, Paris, ch. 1-2, 3 oct. 2013, RG n° 12-04088, *Gaz. Pal.* 16 janv. 2014, p. 10, note Bensaude.
5. Le juge des référés n'est compétent pour liquider une astreinte que lorsqu'il reste saisi de l'affaire ou s'il s'en est expressément réservé le pouvoir. Le juge des référés s'étant borné à dire qu'il lui serait référé de toutes les difficultés ne s'est pas expressément réservé le pouvoir de liquider l'astreinte qu'il avait ordonnée. En conséquence, le JEX est seul compétent pour la liquider : Civ. 2e, 15 janv. 2009, n° 07-20.955, *Bull. civ.* II, n° 13.
6. Soc. 28 mars 1950, *D.* 1950. 377, concl. Lacoste – Civ. 2e, 6 déc. 1991, n° 90-11.739, *Bull. civ.* II, n° 331; *Gaz. Pal.* 1991. 1. Pan. 148; *JCP* 1992. II. 21842, note Lévy; *RTD civ.* 1991. 796, obs. Normand – Civ. 2e, 27 nov. 1985, n° 84-14.862, *Bull. civ.* II, n° 180; *D.* 1986. 169, note Prévault – Après la réforme, Aix-en-Provence, 19 nov. 1996, *RTD civ.* 1996. 710, obs. Perrot.
7. Civ. 2e, 26 mars 1997, n° 94-15.992, *Bull. civ.* II, n° 91.
8. Civ. 2e, 21 févr. 2008, n° 06-43.046, *Bull. civ.* II, n° 41.
9. Civ. 2e, 26 mars 1997, n° 94-15.992 (préc. s[s] prés[t] n°).
10. Pour une application, Limoges, ch. soc., 5 févr. 2002, *D.* 2002. 936.
11. Civ. 1re, 21 mars 2000, n° 98-14.246, *Bull. civ.* I, n° 98; *D.* 2000. 111. *JCP* 2000. IV. 1817.
12. Paris, 14e ch., 30 sept. 1994 – Paris, 19e ch., 4 juill. 1995, *Bull. avoués* 1995, n° 84 – Montpellier, 1re ch., 16 juin 1998, *D.* 1999. 100, note approb. Prévault.
13. Civ. 2e, 26 mars 1997, n° 94-15.992, *Bull. civ.* II, n° 91.

liquider, telle qu'elle vient d'être examinée : c'est à l'occasion d'une demande de liquidation que le débiteur défendeur pourrait solliciter la suppression, ou c'est à l'occasion d'une demande de suppression que le créancier défendeur pourrait solliciter la liquidation. Aussi, un même texte de la loi (C. pr. exéc., art. L. 131-4) réunit-il les deux actions (respectivement C. pr. exéc., art. L. 131-4, al. 1er et 3).

412.12 Compétence éventuelle de la cour d'appel. S'agissant des astreintes provisoires prononcées en premier degré et frappées d'appel dès leur prononcé, la compétence pour les liquider ou les supprimer ne peut pas être déterminée sans tenir compte d'impératifs contradictoires (sur la compétence pour examiner le bien-fondé du prononcé de l'astreinte, v. ss nos 411.93 et 411.94).

Il faut éliminer d'emblée l'hypothèse dans laquelle la décision qui prononce l'astreinte n'était pas assortie de l'exécution provisoire : la liquidation est exclue, sinon peut-être à titre provisionnel (v. ss nos 411.101 et 411.105). Il s'agit d'une application simple de l'effet suspensif du recours.

Mais si la décision de première instance bénéficie de l'exécution provisoire (v. ss no 411.93), l'effet suspensif ne joue plus et la liquidation devient une hypothèse admissible. Au nom de l'effet dévolutif de l'appel[1], on peut être conduit à déférer au juge d'appel toute la connaissance du litige, en ce compris les faits survenus au cours de l'instance d'appel et depuis le jugement, sauf s'ils modifient la demande primitive ou introduisent des demandes nouvelles. Dans cette analyse, l'exécution provisoire de la décision frappée d'appel ne conserve pas sa compétence au juge de premier degré pour modifier sa décision en raison de faits nouveaux. Il faudrait en déduire que la cour d'appel est compétente pour liquider, avant qu'elle ait pu aborder le principal, les astreintes provisoires qui assortissent les décisions de première instance exécutoires qui lui sont déférées. Si la Cour est amenée à réformer la décision qui accordait l'astreinte, les paiements faits en exécution de l'arrêt antérieur liquidant cette même astreinte seraient restituables. Cette solution a l'avantage de la simplicité : la Cour, de toute façon amenée à trancher au fond, est la mieux placée, intellectuellement et pratiquement, pour départager les parties sur l'astreinte.

Mais la Cour de cassation ne semble pas devoir s'orienter en ce sens, sinon dans l'hypothèse simple où la cour d'appel est directement saisie sur le principe de l'astreinte (ainsi, confirmant le jugement d'un JEX en ses dispositions ayant assorti d'une astreinte une obligation dont elle retient qu'elle n'a pas été exécutée, la cour d'appel, investie des pouvoirs du JEX, peut liquider cette astreinte[2]).

Dans un premier cas[3], elle estime que l'article R. 131-3 C. pr. exéc. désigne exhaustivement certaines juridictions, et qu'une cour d'appel ne peut liquider une astreinte provisoire incluse dans une ordonnance de référé dont elle était saisie; il est vrai que cette cour d'appel était aussi saisie en liquidation d'une autre astreinte, celle-ci fulminée par son conseiller de la mise en état et relevant effectivement (v. ss no 412.11) de la compétence du juge du second degré. Dans un autre arrêt de la même formation[4], la Cour de cassation rappelle que, dans un cas où le TGI avait liquidé une astreinte jusqu'à la date de l'assignation qui le saisissait, et le JEX ayant liquidé quant à lui pour la période postérieure à ladite assignation, la cour d'appel, à qui n'était déférée que la première des deux décisions, ne pouvait se substituer au JEX pour statuer sur toute la liquidation, en ce compris la période la plus récente. Dans le troisième arrêt, du 15 février 2001[5], la Cour de cassation rappelle que, saisie d'une décision d'un juge des référés qui ne s'était pas réservé la liquidation de l'astreinte dont il assortissait sa condamnation, la cour d'appel devait laisser au JEX la compétence qu'il tient par principe de l'article R. 131-3 C. pr. exéc.[6] Enfin, il a été jugé qu'une cour d'appel désignée sur renvoi, qui n'a ni prononcé l'astreinte provisoire, ni à connaître de l'obligation assortie d'astreinte en raison des pouvoirs limités que lui confère la cassation seulement partielle, ne saurait supprimer cette astreinte[7].

412.13 Compétence territoriale – Facteur d'extranéité (Sur les conventions ou règlements applicables, v. ss no 411.63). Par application, le juge français ne pourra pas liquider les astreintes prononcées à l'étranger; il pourra simplement donner son *exequatur* sur les liquidations faites à l'étranger. Inversement, les astreintes prévues par le juge français devront être liquidées par lui avant toute exécution forcée à l'étranger. Le juge français ne pourra pas non plus assortir d'une astreinte son ordonnance d'*exequatur* d'une condamnation principale prononcée à l'étranger.

En revanche, le juge compétent pour liquider une astreinte, lorsque le débiteur demeure à l'étranger, étant celui du lieu d'exécution de l'injonction, un JEX d'un TGI français est compétent pour se prononcer sur la demande en liquidation d'une astreinte

1. S. Guinchard (dir.), Dalloz Action *Droit et pratique de la procédure civile,* 2014/2015, nos 543.21 s., par J. Pellerin.

2. Civ. 2e, 10 févr. 2011, no 09-16.499, *Bull. civ.* II, no 30.
3. Civ. 2e, 26 mars 1997, no 94-15.992, *Bull. civ.* II, no 91.
4. Civ. 2e, 25 juin 1997, no 94-19.974, *Bull. civ.* II, no 202; *Rev. huiss.* 1998. 477, note Dahan.
5. Civ. 2e, 15 févr. 2001, no 99-13.102, *Bull. civ.* II, no 27; *D.* 2001. 904; *Procédures* 2001, no 103, note Perrot.
6. ULTÉRIEUREMENT ET DANS LE MÊME SENS, Civ. 2e, 21 mars 2002, no 00-17.279, NP; *Procédures* 2002, no 135, obs. Perrot.
7. Civ. 2e, 14 oct. 2010, nos 09-14.938 et 09-66.944, *Bull. civ.* II, no 169.

assortissant une injonction de mettre fin à l'adresse d'un site internet situé à l'étranger mais accessible depuis le territoire français[1].

412.14 Demandeur à l'action en liquidation. Le demandeur à l'action en liquidation est normalement la personne au profit de qui cette astreinte a été prononcée. Lorsque l'obligation assortie d'astreinte porte sur un bien cessible (par ex. travaux à réaliser sur un immeuble), le vendeur reste titulaire de l'action pour la période courant jusqu'à la vente, l'acquéreur le devient pour la période postérieure à la vente jusqu'à l'exécution de l'obligation[2]. Il n'en irait différemment que si l'action avait été cédée en même temps que le bien, y compris pour la période antérieure au transfert de propriété.

412.15 Défendeur à l'action en liquidation : sociétés. Dès lors que la condamnation à une astreinte a été prononcée contre une personne en qualité de gérant d'une SARL, le juge chargé de la liquidation ne peut considérer que l'obligation assortie d'astreinte, en l'occurrence celle de transférer le siège social de la société, a été imposée personnellement[3].

412.16 Défendeur à l'action en liquidation : débiteur de l'astreinte soumis à une procédure collective. L'astreinte étant parfois significative de difficultés graves dans les affaires du débiteur, il n'est pas rare que la sauvegarde, le redressement ou la liquidation judiciaire interviennent entre le prononcé de l'astreinte et sa liquidation (sur la possibilité de demander le prononcé d'une astreinte contre un tel débiteur, v. s^s^ nº 411.62). Il a été jugé que la dette qui naît ainsi relève de l'article L. 622-17 du Code de commerce (réd. L. nº 2005-845, 26 juill. 2005 [anc^t^ L. 25 janv. 1985, art. 40]). Cette solution n'est acceptable que pour l'astreinte qui assortit une obligation née après l'ouverture de la procédure collective. Au contraire, dans les cas où l'astreinte dont il s'agit a couru contre le débiteur avant l'ouverture de la procédure collective, l'action en liquidation d'une astreinte est considérée par la Cour de cassation comme une action en paiement, donc soumise à la suspension des poursuites individuelles, y compris pour la partie du cours de cette astreinte postérieure au jugement d'ouverture.

Autrement dit, il y a lieu de produire au passif, et l'instance en liquidation ne peut plus être introduite ou, si elle a débuté antérieurement à la procédure collective, se trouve interrompue[4].

SECTION 2

POUVOIRS DU JUGE

§ 1

Liquidation ou suppression de l'astreinte provisoire

412.21 Éléments d'évaluation. Le montant de l'astreinte provisoire est liquidé en tenant compte du comportement de celui à qui l'injonction a été adressée et des difficultés qu'il a rencontrées pour l'exécuter. Ce comportement ou ces difficultés s'apprécient à compter du prononcé du jugement fixant l'injonction assortie d'astreinte, et non pas seulement à compter de la date où ce jugement devient exécutoire[5] : de la sorte, les débiteurs les plus diligents peuvent faire valoir toutes les circonstances survenues dès que le délibéré a été connu. L'astreinte provisoire est supprimée en tout ou partie s'il est établi que l'inexécution ou le retard dans l'exécution de l'injonction du juge provient, en tout ou partie, d une cause étrangère (C. pr. exéc., art. L. 131-4, al. 1er et 3). Selon le texte, le juge dispose donc d'une option : liquider ou supprimer l'astreinte.

Dans cette tâche, il est inévitable que le juge interprète les injonctions ou interdictions assorties d'astreinte; la Cour de cassation lui en reconnaît le pouvoir et le devoir, sans avoir à surseoir à statuer[6].

La liquidation se fera selon les prévisions du jugement qui ordonne l'astreinte, c'est-à-dire le plus souvent en multipliant le nombre de jours effectifs de retard par le taux journalier prévu. Mais, et telle est la caractéristique de l'astreinte provisoire par rapport à l'astreinte définitive, le juge peut conserver le taux multiplicateur[7], diminuer le taux multiplicateur (jusqu'à l'anéantir[8]) Contrairement à certaines opinions, il n'est pas possible de l'augmen-

1. Civ. 2e, 6 nov. 2008, nº 07-17.445, *Bull. civ.* II, nº 232; rendu au visa exprès des articles 38 et 39 du règlement (CE) nº 44/2001 du 22 décembre 2000.
2. Civ. 2e, 6 déc. 2012, nº 11-21.517, NP; *RTD civ.* 2013. 176, obs. Perrot.
3. Civ. 2e, 27 juin 2013, nº 12-30.159, NP; *Procédures* 2013, nº 10, p. 27, obs. Perrot.
4. Civ. 2e, 11 mai 2006, nº 04-15.918, *Bull. civ.* II, nº 126 – Com. 26 mars 2013, nº 06-10.602, NP; *Bull. Joly* 2013, nº 4, p. 238, note Benilsi.
5. Civ. 2e, 9 janv. 2014, nº 12-25297, *Bull.civ.* II, nº 3.
6. Civ. 2e, 26 mars 1997, nº 94-21.590, *Bull. civ.* II, nº 95; *Gaz. Pal.* 1998. 1. 139; *JCP* 1997. IV. 1069 – PLUS RÉCEMMENT, Civ. 2e, 2 juill. 2009, nº 08-17.335, *Bull. civ.* II, nº 178 – Civ. 2e, 11 mars 2010, nº 09-13.636, *Bull. civ.* II, nº 51; *Procédures* 2010, nº 174, note Perrot (« Astreinte »).
7. Civ. 1re, 22 nov. 1988, nº 86-18.845, *Bull. civ.* I, nº 323 – Civ. 3e, 14 nov. 1996, nº 94-19.900, *Bull. civ.* III, nº 214.
8. Civ. 3e, 18 mars 1987, nº 85-17.847, *Bull. civ.* III, nº 53; *Gaz. Pal.* 1987. 2. Pan. 147.

ter[1]. Il est possible de liquider une astreinte à l'euro symbolique[2].

Le juge, pour décider sur ce point, ne prend pas en compte le préjudice matériel subi par le créancier du fait de l'inexécution ou du retard dans l'exécution, puisque le principe indemnitaire a disparu dans l'astreinte de droit commun (sur le cumul avec les dommages-intérêts, v. s^s n°s 400.06, 411.83 et 412.24). Il n'en est autrement que pour certaines astreintes particulières (examinées s^s n°s 411.42 à 411.44) dans lesquelles les *damnum emergens* et *lucrum cessans* fondent la décision de liquidation. Pour l'astreinte ordinaire, le critère de la liquidation est, selon la lettre de l'article 36, le comportement du débiteur de l'exécution, son souci de respecter l'autorité du jugement. Si le débiteur a fait diligence mais s'est heurté à divers impondérables qui ont retardé malgré lui l'exécution, le juge lui épargnera tout ou partie du paiement de l'astreinte (ainsi pour le déménagement d'un locataire chargé de famille avec deux mois de retard[3]). Inversement, le débiteur de l'exécution ne peut se réfugier derrière des prétextes fallacieux[4].

Le « *comportement* » dont le juge de la liquidation tient compte est celui du débiteur de l'astreinte, qui n'est responsable que de lui-même. Ce débiteur n'est pas tenu s'il s'est exécuté quant à lui et si c'est un tiers, serait-il son codébiteur solidaire, qui a commis de nouvelles infractions[5] (sur le fait du tiers, qui peut parfois conduire à la suppression pure et simple de l'astreinte, v. s^s n° 412.23). En revanche, s'il s'est exécuté incomplètement ou pas du tout, sa bonne foi est indifférente[6].

Lorsque la liquidation d'astreinte sanctionne une interdiction de faire plutôt qu'un retard à s'exécuter, elle se fait généralement en fonction du nombre d'infractions constatées, ce qui inclut tous les actes positifs ou d'omission, sans que puisse être prises en compte la durée de leurs effets ou leur permanence (il en est jugé ainsi en matière de contrefaçon de marque[7] et en matière d'interdiction de publier un texte[8]).

Lorsque son terme n'est pas fixé, l'astreinte pour obtenir la production de pièces dans un procès ne saurait de toute façon poursuivre son cours au-delà de l'instance au cours de laquelle elle a été ordonnée[9].

412.22 Preuves et motivation. Le pouvoir modérateur du juge pose deux problèmes juridiques : son étendue et la charge de la preuve.

En premier lieu, **le pouvoir du juge est souverain, mais non discrétionnaire**; le juge doit donc motiver l'exercice de son pouvoir[10] (un arrêt de 2001 donne un éclairage historique sur la question de cette obligation lorsque le juge liquide l'astreinte à un taux plus réduit que prévu dans la décision qui la prononçait[11]). Naturellement, sa décision ne doit pas souffrir de contradiction : le juge du fond ne peut pas à la fois constater un certain retard dans l'exécution et dispenser complètement le débiteur de l'astreinte de toute liquidation[12].

Réciproquement, le débiteur de l'astreinte qui ne s'est pas exécuté ne peut pas échapper à la liquidation par le seul écoulement du temps (ainsi jugé qu'une partie au procès condamnée à produire des pièces sous astreinte, ne peut échapper au paiement de celle-ci au seul motif que le litige au fond a, entre temps, trouvé sa solution, laquelle aura nécessairement été imparfaite[13]).

En second lieu, **la preuve de l'exécution des obligations de faire, de payer ou de donner incombe au débiteur de l'obligation**[14]; la preuve de l'irrespect d'une obligation de ne pas faire incombe au contraire au créancier de cette obligation[15] (la preuve devient difficile lorsqu'il faut démontrer que le débiteur de l'astreinte a été de mauvaise volonté[16]). Le JEX peut, avant même toute demande de liquidation, ordonner sur requête la désignation d'un huissier de justice pour constater les éventuels manquements[17].

1. Déclarations de N. Catala, *JOAN* 1990, rapp. p. 76 – Civ. 2e, 11 mai 2006, n° 05-17.402, *Bull. civ.* II, n° 124.
2. Com. 8 déc. 1998, n° 96-17.793, *Bull. civ.* IV, n° 294; *JCP* 1999. IV. 1169.
3. TGI Tarascon, JEX, 13 janv. 1995, *Ann. loyers* 1995. 1037.
4. À propos d'un jugement qui laissait au débiteur toute liberté dans les modalités pour s'exécuter : Soc. 10 mai 1995, n° 92-42.569, NP; *Juris-Data* n° 001263 – *Adde*, Civ. 2e, 10 nov. 2010, n° 09-71.415, NP; *Procédures* janv. 2011. 11, note Perrot.
5. Paris, 8e ch. B, 1er avr. 1999, *D.* 1999. 438, note Prévault.
6. Civ. 2e, 7 mai 2008, n° 03-16.080, *Bull. civ.* II, n° 102.
7. Paris, 8e ch. B, 19 févr. 1998, *Gaz. Pal.* 1999. 1. 109, note crit. Moussa.
8. Paris, 8e ch. B, 19 oct. 2000, *BICC* 15 avr. 2001, n° 429.
9. Agen, 29 janv. 2007, RG n° 2005/0001782.
10. Civ. 2e, 3 juill. 1996, n° 94-17.168, *Bull. civ.* II, n° 193; *D.* 1997. 231, obs. Boré.
11. Civ. 2e, 20 déc. 2001, n° 98-23.102, *Bull. civ.* II, n° 200; *D.* 2002. 253; *RTD civ.* 2002. 360, obs. Perrot.
12. Civ. 2e, 8 déc. 2005, n° 03-19.743, *Bull. civ.* II, n° 307; *BICC* 2006, n° 452.
13. Agen, 29 janv. 2007, RG n° 05-0001782 (préc. s^s n° 412.21).
14. Civ. 3e, 8 oct. 1997, n° 95-19.892, NP; *JCP* 1997. IV. 2250 – Com. 2 oct. 2001, n° 00-10.337, NP; *Procédures* 2001, n° 226, obs. Perrot; qui rappelle la jurisprudence des autres chambres de la Cour de cassation sur la charge inversée de la preuve.
15. Soc. 13 nov. 1990, n° 87-40.890, *Bull. civ.* V, n° 547; *JCP* 1991. IV. 11; *RTD civ.* 1991. 534, obs. Mestre – Civ. 2e, 11 janv. 1995, n° 93-14.926, *Bull. civ.* II, n° 5; *Ann. loyers* 1995, n° 22278.
16. Civ. 2e, 18 févr. 1999, n° 97-15.088, NP.
17. Civ. 2e, 27 nov. 1997, n° 95-20.593, *Bull. civ.* II, n° 286; *Procédures* 1998, n° 32, obs. Perrot; *JCP* 1998. II. 10078, note Rusquec; *Rev. huiss.* 1998. 414, note Martin.

La pertinence des preuves produites est examinée par le juge du fond en son pouvoir souverain [1].

412.23 Suppression. Le juge n'a plus de pouvoir modérateur mais l'obligation de supprimer l'astreinte dans trois cas :

- s'il est établi que l'obligation principale, assortie d'astreinte, n'existe plus (ainsi pour une obligation de cesser la contrefaçon d'une marque parallèlement annulée [2], ou pour une obligation de faire cesser les nuisances en cas de vente de l'immeuble [3], ou pour une injonction de respecter un arrêté de fermeture hebdomadaire finalement annulé [4]) puisque l'astreinte n'est qu'un accessoire; cette hypothèse est à distinguer du cas où le temps a résolu le litige, sans effort du débiteur de l'astreinte (v. s^s n° 412.22);

- si l'exécution a eu lieu en stricte conformité avec ce qu'avait imposé le juge [5];

- s'il est établi que l'inexécution ou le retard dans l'exécution de l'injonction du juge provient, en tout ou partie, d'une cause étrangère. Le juge doit alors supprimer l'astreinte, au moins en partie, selon la lettre de l'article L. 131-4 C. pr. exéc. La notion de « *cause étrangère* » est issue du droit de la responsabilité contractuelle et recouvre ici la force majeure, le fait du tiers, la faute de la victime, la perte de la chose par cas fortuit, le fait du prince, qui doivent en principe être insurmontables et imprévisibles.

Cette cause étrangère est laissée à l'appréciation souveraine du juge du fond [6] (ainsi pour un cas de faute de la victime [7]; pour une hypothèse de perte matérielle de l'objet de l'obligation [8]; pour une hypothèse de difficultés prévisibles, donc non exonératoires [9]; pour un cas de difficultés matérielles assez importantes pour équivaloir à une impossibilité d'exécution [10]; pour une inexécution excusée par des difficultés techniques révélées lors d'une expertise « *de bonne fin* » [11]). Mais ces juges doivent procéder, s'ils y sont invités, à l'examen des difficultés et vérifier qu'elles ne sont pas constitutives de la cause étrangère [12].

Mais, sachant que le juge peut réduire le taux de l'astreinte jusqu'à l'anéantir (v. s^s n° 412.21) dès lors que le débiteur a fait diligence, l'obligation de suppression ici évoquée est inusitée en pratique, du moins pour l'astreinte provisoire. Il n'en va pas de même pour l'astreinte définitive (v. s^s n° 412.46).

L'appréciation de la cause étrangère sera naturellement restrictive. Ainsi, la victime de l'inexécution ne perdrait pas en droit à liquidation d'astreinte au seul motif que son injonction au débiteur serait imprécise et ne rappellerait pas telle obligation légale de fournir un document [13]. De même, pour échapper à la liquidation de l'astreinte, il ne suffit pas que la prescription du tribunal assortie d'astreinte aboutisse à des résultats fâcheux, ni que les débiteurs de l'astreinte soient de bonne foi [14].

La liquidation de l'astreinte n'a pas lieu, bien entendu, si l'exécution de l'injonction du juge en temps voulu est avérée [15]. Enfin, la suppression de l'astreinte ne saurait être l'occasion de remettre en cause l'autorité de chose jugée des décisions qui, antérieurement, ont pu procéder à des liquidations partielles et successives [16].

412.24 Dommages-intérêts : distinction, cumul. L'astreinte est indépendante des dommages-intérêts (C. pr. exéc. art. L. 131-2, al. 1er) [17]. Cette règle déjà ancienne permet au créancier de cumuler le bénéfice de l'astreinte avec des dommages-intérêts en réparation du préjudice matériel né de l'inexécution ou du retard dans l'exécution (v. s^s n° 411.83). La cause des deux chefs de condamnation n'est pas la même : l'atteinte aux droits fondamentaux et au respect de la loi dans le cas de l'astreinte (v. s^s n° 411.83), la faute du débiteur dans le cas des réparations civiles (COJ, art. L. 213-6). Plusieurs conséquences découlent de cette différence de nature des deux créances :

1. Civ. 2e, 3 juill. 1996, n° 94-17.168, *Bull. civ.* II, n° 193; *D.* 1997. 231, note Boré.
2. Civ. 2e, 6 janv. 2005, n° 02-15.954, *Bull. civ.* II, n° 1.
3. Chambéry, 8 juill. 2008, RG n° 2007/02556.
4. Civ. 2e, 10 juin 2010, n° 06-17.827, *Bull. civ.* II, n° 109.
5. CONTRA : Civ. 2e, 8 déc. 2005, n° 03-19.743, *Bull. civ.* II, n° 307; *BICC* 2006, n° 453.
6. Civ. 2e, 25 juin 1997, n° 94-19.974, *Bull. civ.* II, n° 202; *Rev. huiss.* 1998. 477, note Dahan – Com. 8 déc. 1998, n° 96-17.331, NP; *JCP* 1999. IV. 1169 – Sur la notion de cause étrangère en général, v. note Prévault s^s TGI Tulle, 6 avr. 1993, *D.* 1993. 353.
7. TGI Paris, JEX, 22 janv. 1997, *BICC* 1997, n° 987.
8. Civ. 2e, 14 oct. 1999, n° 98-10.990, NP; *RTD civ.* 2000. 163, obs. Perrot.
9. Lyon, 2 juin 1993, *BICC* 1er déc. 1993, n° 1324.
10. Civ. 2e, 12 févr. 2004, n° 02-13.016, *Bull. civ.* II, n° 53.
11. Nîmes, 29 janv. 2008, RG n° 2006/01863.
12. Civ. 2e, 6 janv. 2005, n° 02-16.133, NP.
13. Soc. 27 mai 1999, n° 97-41.283, *Bull. civ.* V, n° 240; *D.* 1999. 167.
14. Civ. 2e, 7 mai 2008, n° 03-16.080, *Bull. civ.* II, n° 102; citant comme précédent Civ. 2e, 18 sept. 2003, n° 01-17.769, *Bull. civ.* II, n° 278.
15. Civ. 2e, 9 juill. 1997, n° 95-19.100, NP; *Procédures* 1997, n° 231, note Perrot.
16. EN CE SENS, Civ. 2e, 1er mars 1995, n° 93-12.701, *Bull. civ.* II, n° 63.
17. Pour un rappel de la règle, Soc. 14 mai 2002, n° 01-42.324, NP; *TPS* 2002, n° 282, obs. Boubli (v. s^s n° 400.06) – Pour une application : Civ. 2e, 17 avr. 2008, n° 07-10.065, *Bull. civ.* II, n° 88 (1er moyen,), citant comme précédents : Soc. 20 janv. 1993, n° 90-42.345, *Bull. civ.* V, n° 20 – Civ. 2, 9 déc. 1997, n° 95-20.144, *Bull. civ.* II, n° 307.

– le mode d'évaluation n'est pas le même : en matière de dommages-intérêts, il ne saurait s'agir d'un forfait ou d'une pénalité à tant par jour, mais uniquement de réparations évaluées en fonction du préjudice démontré par le créancier;

– l'instance aux fins d'obtention de dommages-intérêts peut être distincte de l'instance en liquidation de l'astreinte [1];

– les assurances de responsabilité peuvent garantir la condamnation à des dommages-intérêts, jamais celle à une astreinte s'il n'y a une clause contraire dans la convention des parties [2];

– de même, l'Association pour la garantie des salaires (AGS – C. trav., art. L. 3253-14) [3] ne garantit que la créance salariale et ses accessoires, notamment les indemnités liées à la rupture du contrat de travail; l'astreinte n'étant pas une indemnité, l'AGS n'en garantit pas le paiement [4];

– l'astreinte peut se cumuler avec les dommages-intérêts forfaitaires que constituent les clauses pénales ou les indemnités d'occupation [5] ou, s'agissant d'une obligation de payer, les intérêts moratoires au taux légal ou au taux contractuel [6];

– le montant de la liquidation de l'astreinte ne saurait être diminué au motif que des dommages-intérêts sont accordés par ailleurs [7]. Réciproquement, les dommages et intérêts ne sauraient être refusés au motif que l'astreinte suffit à réparer le préjudice né du retard à exécuter [8]. De même, l'absence de préjudice économique ou financier du créancier de l'astreinte ne saurait être invoquée pour le priver du bénéfice de la liquidation [9].

412.25 Autorité de chose jugée : recours et exécution forcée. La décision de liquidation, et il en serait de même pour la décision déboutant le créancier de l'astreinte, voire supprimant l'astreinte, a autorité de chose jugée [10].

Dès lors et d'abord, cette décision est susceptible de recours comme toute autre décision relative à un paiement. Ensuite et par conséquent, la liquidation d'astreinte provisoire est susceptible d'exécution forcée, comme toute autre condamnation à paiement exécutoire.

Cependant, l'article R. 131-4 C. pr. exéc. précise à propos de la liquidation (apparemment pour tous les juges liquidateurs) que « *la décision de liquidation est exécutoire de plein droit par provision* », alors que ce dispositif ne bénéficie évidemment pas à la décision qui prévoit l'astreinte. Dès lors, la question du sursis ordonné par le premier président sur le fondement de l'article R. 121-22 C. pr. exéc., et même celle de sa suspension sur le fondement de « *droit commun* » de l'article 524 C. pr. civ. s'est posée mais a été résolue par la négative contre l'avis de certains auteurs, en matière d'astreinte liquidée [11]. Le raisonnement est le même que pour le prononcé initial de l'astreinte (v. s^s n° 411.103) ou sa modification (v. s^s n° 411.104).

Il a de même été précisé, s'agissant du dernier alinéa de l'article 524 C. pr. civ. (cas de violation de l'article 12 C. pr. civ., autrement dit de violation de la règle de droit par le juge de première instance), que le JME liquidant une astreinte reste saisi et que le premier président n'a pas de pouvoirs sur le fondement de l'article 524 [12].

Si la Cour est amenée à réformer la décision qui accordait l'astreinte, les paiements faits en exécution de l'arrêt antérieur liquidant cette même astreinte seront restituables [13] (sur la situation du créancier de l'astreinte liquidée, en cas de redressement ou liquidation judiciaires, v. s^s n° 411.62).

412.26 Intérêts légaux. Les intérêts légaux sont dus à compter du jour de la décision [14] (un arrêt a

1. Civ. 1re, 28 févr. 1989, n° 85-16.973, *Bull. civ.* I, n° 97; *D.* 1990. Somm. 117, obs. Bénabent; *RTD civ.* 1991. 534, obs. Mestre.
2. Civ. 1re, 20 mars 1989, n° 87-13.774, *Bull. civ.* I, n° 122 – Civ. 2e, 17 avr. 2008, n° 07-10.065, *Bull. civ.* II, n° 88 (1er moyen).
3. *JCP E* 2002. 1242, note Boulmier.
4. Soc. 7 nov. 1990, n°s 88-44.098, 89-43.895 (2 esp.), *Bull. civ.* V, n° 522; *D.* 1990. 285.
5. Civ. 2e, 6 déc. 1989, n° 88-18.849, *Bull. civ.* II, n° 215; *D.* 1990. Somm. 312.
6. Soc. 29 mai 1990, n° 87-16.139, NP; *JCP* 1990. IV. 285; *RTD civ.* 1991. 534, obs. Mestre.
7. Civ. 2e, 28 oct. 1999, n° 98-14.432, NP; *RTD civ.* 2000. 162, obs. Perrot – Civ. 2e, 20 nov. 1991, n° 90-16.967, *Bull. civ.* II, n° 307; *D.* 1992. Somm. 277, obs. Penneau – Soc. 2 avr. 1996, n° 93-42.777, NP; *Procédures* 1996, n° 178, note Perrot.
8. Civ. 2e, 2 déc. 1992, n° 91-16.618, *Bull. civ.* II, n° 289; *D.* 1993. 1 – Civ. 1re, 13 déc. 2012, n° 11-26.019, NP; *Procédures* 2013, n° 2, p. 11, obs. Perrot.
9. Civ. 2e, 18 sept. 2003, n° 01-17.769, *Bull. civ.* II, n° 278 – RAPPR. Soc. 27 mai 1999, n° 97-41.283, *Bull. civ.* V, n° 240.
10. Il en est déduit que lorsqu'une demande de liquidation d'astreinte est rejetée en raison de l'exécution de l'obligation, constatée dans le dispositif, une nouvelle demande de liquidation se heurte à l'autorité de chose jugée attachée à la première décision : Civ. 2e, 25 févr. 2010, n° 08-21.718, *Bull. civ.* II, n° 44.
11. Civ. 2e, 25 juin 1997, n° 94-19.974, *Bull. civ.* II, n° 202; *D.* 1997. 536, 2e arrêt, note approb. Julien; *Rev. huiss.* 1997. 1511; *Rev. huiss.* 1998. 60; *JCP* 1997. IV. 1815 – AUPARAVANT EN MÊME SENS, Cass., avis, 27 juin 1994, n° 09-40.008, *Bull. avis*, n° 18; *Ann. loyers* 1994, n° 21996 – Favorable au sursis, v. C. Atias, « La défense à exécution provisoire de l'astreinte liquidée », *D.* 1995. 272.
12. Civ. 2e, 21 fév. 2008, n° 07-17.160, *Bull. civ.* II, n° 40.
13. Civ. 2e, 28 sept. 2000, n° 98-16.175, *Bull. civ.* II, n° 134; *RTD civ.* 2000. 893, obs. Perrot; *D.* 2000. 254; *JCP* 2001. II. 10591, note du Rusquec – *CONTRA* : Versailles, 14e ch., 16 sept. 1998, *D.* 1999. 1.
14. Com. 19 mars 1991, n° 89-15.606, *Bull. civ.* IV, n° 109; *RTD civ.* 1991. 534, note Mestre.

tranché en faveur du jour de la notification ou de la signification de la décision, selon la procédure applicable à la juridiction qui a liquidé[1] – à propos du pouvoir d'appréciation du juge sur ce point, v. J. Normand[2]).

§ 2
Reconduction de l'astreinte provisoire

412.31 **Énoncé.** La liquidation de l'astreinte provisoire ne postule pas que l'exécution est enfin complète. Mais, confronté à une inexécution persistante, le juge dispose d'une option : reconduire l'astreinte en la forme provisoire ou fulminer une astreinte définitive.

Il n'est pas rare que le juge, craignant les effets puissants de l'astreinte définitive (v. s^s^ n° 412.46), préfère maintenir une pression sur le débiteur de l'obligation principale en prolongeant encore l'astreinte provisoire, nonobstant la demande du créancier de prononcer une astreinte définitive. Le juge dispose alors des mêmes droits et obligations que lors du prononcé initial (v. s^s^ n° 411.81) mais n'est pas pour autant tenu de reproduire exactement les mêmes prévisions (v. s^s^ n° 411.104). Nous sommes d'avis que si le juge, comme il arrive souvent, prolonge l'astreinte sans préciser qu'il fulmine pour l'avenir une astreinte définitive, alors il s'agit d'une reconduction en astreinte provisoire.

Cette reconduction de l'astreinte provisoire peut donc être préférée et sollicitée par le créancier lui-même, à l'occasion d'une demande de liquidation. On notera que la liquidation de l'astreinte provisoire reconduite constituera une procédure distincte de la précédente : ainsi jugé que l'avocat chargé de faire liquider une astreinte et dont le mandat a pris fin avec la procédure ayant abouti à une liquidation, ne peut engager une seconde procédure sans nouveau mandat[3].

Il peut se produire que le juge ne se prononce pas du tout sur la **reconduction de l'astreinte**. Or, cette mesure ne saurait se présumer : le taux, la durée, le point de départ, la compétence pour liquider ne seraient pas nécessairement ceux de la première astreinte et il ne faut pas laisser le soin aux parties de deviner ce qu'a voulu le juge. Dès lors, deux partis s'offrent[4] : si la liquidation avait lieu après l'exécution, ou après l'expiration du délai pour lequel l'astreinte avait été fixée, ou encore lorsque l'exécution ne pourrait plus avoir lieu, alors il faut considérer que l'astreinte n'a nullement été reconduite; dans tout autre cas, il faut estimer qu'elle a été implicitement reconduite, en sa forme provisoire et dans les termes précédemment énoncés, toute liquidation d'astreinte provisoire n'ayant autorité de chose jugée que relativement à la période d'inexécution sur laquelle elle a statué[5].

§ 3
Prononcé d'une astreinte définitive

412.41 **Conditions.** « *Une astreinte définitive ne peut être ordonnée qu'après le prononcé d'une astreinte provisoire* » (C. pr. exéc., art. L. 131-2, al. 3). Si le demandeur sollicite d'emblée une astreinte définitive sans avoir obtenu au préalable une astreinte provisoire, le juge analysera de lui-même l'action en demande d'astreinte provisoire. Si un juge, sur demande ou d'office, prononce d'emblée une astreinte définitive sans qu'ait couru auparavant une astreinte provisoire, le juge chargé de la liquidation opérera comme en matière d'astreinte provisoire (C. pr. exéc., art. L. 131-2 *in fine*)[6].

L'astreinte provisoire est le seul préalable exigé explicitement par la loi; sous cette réserve, l'astreinte définitive est toujours possible. Il n'en est autrement que pour certaines astreintes civiles spéciales, qui ne sont jamais que provisoires (en matière de baux d'habitation, v. s^s^ n° 411.44).

D'autres **conditions implicites** s'imposent avant le prononcé d'une astreinte définitive (sur le cas particulier du prononcé d'une astreinte définitive contre un débiteur soumis à une procédure collective, v. s^s^ n° 411.62) :

– l'existence d'une **décision de justice valable** (la suppression de l'astreinte provisoire par la cour d'appel interdirait de prononcer une astreinte définitive), **exécutoire** (l'appel suspendant, sauf exécution provisoire, la liquidation de l'astreinte provisoire – l'astreinte définitive n'est pas possible avant que la cour ait tranché, v. s^s^ n° 411.102), non encore exécutée malgré le cours de l'astreinte provisoire (condition générale applicable aussi à l'astreinte provisoire, v. s^s^ n° 412.21);

– l'existence d'une **obligation principale éligible à l'astreinte**; cette condition est en principe vérifiée lors du prononcé de l'astreinte provisoire (v. s^s^ n° 411.20); mais si le juge qui est saisi aux fins d'astreinte définitive n'est pas celui qui avait prononcé l'astreinte provisoire, il procédera à nouveau à cette vérification.

1. Civ. 1re, 18 oct. 1983, n° 82-11.687, *Bull. civ.* I, n° 234.
2. *RTD civ.* 1991. 395, chron. Normand.
3. Civ. 1re, 17 mars 2011, n° 10-11.969, P.
4. Clairement exposées *in* note crit. Moussa sous TGI Grenoble, JEX, 26 janv. 1998, *Gaz. Pal.* 1999. 1. 109.
5. EN CE SENS, Civ. 2e, 22 mars 2006, n° 04-13.933, *Bull. civ.* II, n° 78; *BICC* 1er juill. 2006, n° 1355.
6. Pour une application, Civ. 3e, 3 avr. 1996, n° 94-16.647, *Bull. civ.* III, n° 90; *Procédures* 1996, n° 179, note Perrot.

412.42 Juges compétents. « *Tout juge peut, même d'office, ordonner une astreinte pour assurer l'exécution de sa décision. Le juge de l'exécution peut assortir d'une astreinte une décision rendue par un autre juge si les circonstances en font apparaître la nécessité* ». Ces deux règles sont énoncées par l'article L. 131-1 C. pr. exéc. sans distinction entre astreinte provisoire et astreinte définitive. L'analyse en a donc été faite (v. s[s] n° 411.71). On a pu hésiter à conférer au juge des référés le pouvoir de prononcer des astreintes définitives[1], mais la généralité des termes de l'article L. 131-1 C. pr. exéc. met, à notre avis, fin au doute. On notera que le texte ne réserve pas au juge qui a prononcé l'astreinte provisoire, ni même à celui qui la liquide, le droit de prononcer une astreinte définitive : le JEX dispose encore d'une compétence de droit commun.

412.43 Taux, durée et point de départ. La liberté dont le juge dispose en matière d'astreinte provisoire (v. s[s] n° 411.91) se retrouve en matière d'astreinte définitive. L'article L. 131-2 alinéa 3 C. pr. exéc. pose cependant une condition spécifique à l'astreinte définitive : le juge doit en déterminer la durée (comp., en matière d'astreinte provisoire, avec n° 411.92), en raison évidemment des effets draconiens de l'astreinte définitive. Cette exigence n'empêche pas le créancier qui ne serait pas rempli de ses droits de demander la liquidation intermédiaire de l'astreinte définitive au terme prévu par le juge et d'en solliciter en outre la reconduction pour une nouvelle période (v. s[s] n° 412.47). Une astreinte définitive qui n'aurait pas de terme défini serait liquidée comme astreinte provisoire (C. pr. exéc., art. L. 131-2 *in fine*).

412.44 Caractère exécutoire – Modifications. Le caractère exécutoire du prononcé de l'astreinte définitive ne se confond pas avec le caractère exécutoire de la liquidation de l'astreinte provisoire, même si les deux dispositions figurent en général dans le même jugement. Le caractère exécutoire du prononcé de l'astreinte définitive n'est pas régi autrement que celui de l'astreinte provisoire (v. s[s] n° 411.101); notamment, l'article R. 131-3 C. pr. exéc., qui n'autorise, sur les jugements de prononcé d'astreinte, que les mesures conservatoires et non les mesures d'exécution forcée, est ici applicable; il en est de même du droit de solliciter une provision (v. s[s] n° 411.105), ou de l'effet des voies de recours ou encore de la possibilité de faire modifier les éléments de l'astreinte (spécifiquement pour une astreinte définitive[2]).

1. V. Viatte, « Les pouvoirs du juge des référés », *Gaz. Pal.* 1976. 2. Doctr. 711.
2. Civ. 2e, 10 mai 1962, *Bull. civ.* II, n° 425; *Gaz. Pal.* 1962. 2. 131; *RTD civ.* 1962. 107, note Tunc.

412.45 Compétence pour liquider. Les règles de compétence exprimées à l'article L. 131-3 C. pr. exéc. sont valables tant en matière d'astreinte provisoire qu'en matière d'astreinte définitive (v. s[s] n°s 411.95, 412.11 et 412.12).

412.46 Liquidation ou suppression – Dommages-intérêts. La liquidation de l'astreinte définitive ne peut pas être faite *proprio motu* par le créancier; une instance en liquidation est nécessaire (C. pr. exéc., art. L. 131-3). Au cours de cette instance, le juge ne peut pas modifier le taux de l'astreinte (C. pr. exéc., art. L. 131-4, al. 2); là réside la différence essentielle entre l'astreinte provisoire et l'astreinte définitive.

Mais le juge chargé de liquider l'astreinte définitive peut supprimer celle-ci en tout ou partie, s'il est établi que l'inexécution ou le retard dans l'exécution de l'injonction du juge provient, en tout ou partie, d'une cause étrangère (C. pr. exéc., art. L. 131-4, al. 3). Cette disposition, de peu d'utilité en matière d'astreinte provisoire (v. s[s] n° 412.23), restitue tout son pouvoir d'appréciation au juge dans le domaine de l'astreinte définitive et explique qu'une instance soit nécessaire (sur la notion de cause étrangère et sur le pouvoir souverain du juge du fond, v. sources préc. s[s] n° 412.23).

En outre, si l'astreinte définitive a été prononcée et liquidée par un juge du « *provisoire* », notamment le juge des référés ou le JME, le juge du principal intervenant ultérieurement pourra modifier le montant provisoirement accordé (v. s[s] n° 412.11). Si ce juge du principal n'est pas saisi, alors la compétence pour liquider revient au JEX. (Sur le droit de solliciter une provision à valoir sur le montant d'une liquidation repoussée à plus tard, v. s[s] n° 411.105; s'agissant d'une astreinte définitive, l'obtention d'une provision peut présenter plus d'intérêt concret qu'en matière d'astreinte provisoire).

Les pouvoirs du juge de modérer, voire supprimer, l'astreinte, s'analysent comme en matière d'astreinte provisoire (v. s[s] n°s 412.22 et 412.23). Le cumul de dommages-intérêts et la liquidation de l'astreinte s'analysent aussi comme en matière d'astreinte provisoire (v. s[s] n° 412.24). On observera cependant qu'assez généralement, le juge considérera que l'inexécution a été plus longue qu'en cas de liquidation d'astreinte provisoire et que le débiteur de l'astreinte sera plus acharné à démontrer en droit la force majeure (v. s[s] n° 412.23) qu'en matière de liquidation de l'astreinte provisoire, où d'autres voies plus faciles (v. s[s] n° 412.21) s'offrent à lui (sur le cas particulier de la liquidation d'une astreinte définitive contre un débiteur soumis à une procédure collective, v. s[s] n° 412.16).

412.47 Reconduction. L'article L. 131-2 alinéa 3 C. pr. exéc. pose une condition spécifique à l'astreinte définitive : le juge doit en déterminer la durée (v. s^{s} n° 412.43). Dès lors, s'il est saisi aux fins de liquidation de l'astreinte définitive alors que le débiteur de l'obligation principale ne s'est toujours pas libéré, le juge peut reconduire l'astreinte définitive, selon les mêmes modalités qu'antérieurement ou bien en en modifiant les termes, pour une période dont il devra, là encore, déterminer la durée. Ce pouvoir appartient au juge même d'office. Il est une application pure et simple de l'article L. 131-1 alinéa 1er C. pr. exéc.

SECTION 3
RÉGIME DE LA CONDAMNATION LIQUIDANT L'ASTREINTE DÉFINITIVE

412.51 **Caractère exécutoire.** Le caractère exécutoire de la décision liquidant l'astreinte définitive ne présente pas de particularités comparativement aux autres condamnations à paiement, notamment aux liquidations d'astreintes provisoires. De même, et toujours comme en matière de liquidation d'une astreinte provisoire, les intérêts légaux sont dus (v. s^{s} n° 412.26) et les voies d'exécution sont possibles, sans restriction.

412.52 **Voies de recours.** La condamnation liquidant l'astreinte définitive est susceptible de recours comme toute autre condamnation à paiement. Cependant, l'article R. 131-4 C. pr. exéc. précise (apparemment pour tous les juges-liquidateurs) que « *la décision* [de liquidation] *du juge est exécutoire de plein droit par provision* ». Ces règles sont les mêmes qu'en matière de liquidation d'astreinte provisoire et s'analysent de même (v. s^{s} n° 412.25).

412.53 **Liquidation à nouveau.** Tant que l'inexécution perdure, le juge peut être saisi à nouveau, période après période, pour liquider l'astreinte. Il a ainsi été jugé que l'autorité de chose jugée attachée à une première liquidation ne fait pas obstacle à la présentation d'une nouvelle demande de liquidation pour une période postérieure[1]. Cette nouvelle demande constitue une procédure distincte de la précédente ainsi jugé que l'avocat chargé de faire liquider une astreinte et dont le mandat a pris fin avec la procédure ayant abouti à une liquidation (en l'espèce, à titre provisoire), ne peut engager une seconde procédure sans nouveau mandat[2].

1. Civ. 2e, 22 mars 2006, n° 04-13.933, *Bull. civ.* II, n° 78 (1er moyen).
2. Civ. 1re, 17 mars 2011, n° 10-11.969, *Bull. civ.* I, n° 55.

TITRE

42. L'astreinte civile des juridictions pénales

SECTION 0

ORIENTEUR

420.00 Plan du titre.

CHAPITRE

421. Prononcé de l'astreinte

THIERRY FOSSIER
CONSEILLER À LA COUR DE CASSATION

421.01 **Textes applicables.**
C. pén., art. 132-67.
C. pr. pén., art. 569.
C. urb., art. L. 480-5.
C. envir., art. L. 173-5.
C. consom., art. L. 421-3.

421.11 **Prononcé de l'astreinte.** Une injonction assortie d'une astreinte peut être délivrée par le juge répressif dans de nombreux domaines, soit en application des dispositions générales du Code pénal (C. pén., art. 132-67), soit en vertu de dispositions spéciales du droit de l'urbanisme (C. urb., art. L. 480-5), du droit de l'environnement (C. envir., art. L. 173-5), du droit de la consommation (C. consom., art. L. 421-3). Le droit de la propriété intellectuelle oriente le plaideur vers le juge des référés (CPI, art. L. 331-1-2, L. 343-2, L. 521-6, L. 716-6...). En pratique, seul le droit pénal de l'urbanisme, dans lequel la remise en état des lieux sous astreinte constitue l'essentiel de la répression et de la réparation, utilise les ressources offertes par le législateur.

Le prononcé de l'astreinte au titre de l'action civile est admis par la jurisprudence. Ainsi, en droit de l'urbanisme, indépendamment de l'article L. 480-5 du Code de l'urbanisme, la démolition ou la mise en conformité peut être ordonnée au titre de la réparation sollicitée par la partie civile, que celle-ci soit un particulier[1], une association agréée[2] ou une commune[3].

Le prononcé de l'injonction avec astreinte au titre des intérêts civils présente de nombreux avantages sur son prononcé au titre de l'action publique : lorsque la démolition ou la mise en conformité est sollicitée par la partie civile, l'avis préalable du maire n'est pas requis, ce qui constitue un avantage procédural indéniable pour la partie civile si elle n'est le maire[4]. De plus, conformément à l'article 569 du Code de procédure pénale, lorsque la mesure de mise en conformité des lieux a été prononcée à titre de condamnation civile, il n'est pas sursis à son exécution jusqu'à ce que la décision soit définitive[5]. Enfin, le juge répressif n'est pas limité au taux (75 euros par jour jusqu'à la réforme par la loi ALUR en mars 2014, 500 euros depuis) plutôt clément du texte du Code de l'urbanisme. Seul le Trésor public a une préférence naturelle pour l'astreinte répressive plutôt que réparatrice : le produit de sa liquidation lui revient dans le premier cas, pas dans le second.

1. Crim. 15 janv. 1997, n° 96-82.264, *Bull. crim.* n° 11.
2. Crim. 9 avr. 2002, n° 01-81.142, *Bull. crim.* n° 82.
3. Crim. 9 avr. 2002, n° 01-82.687, *Bull. crim.* n° 81.
4. Crim. 9 sept. 2008, n° 07-88.699, *Bull. crim.* n° 178; *JCP N* 2008. Actu. 671; *RDI* 2008. 504; *Ét. fonc.* janv.-févr. 2009 – Crim. 9 avr. 2002, n° 01-81.142, préc. s[s] prés[t] n° – Crim. 3 nov. 2010, n° 10-80.752, *Bull. crim.* n° 172; *R.*, p. 450 – Crim. 2 nov. 2011, n° 11-80.377, NP.
5. Crim. 3 nov. 2009, n° 08-88.178, *Bull. crim.* n° 184; *R.*, p. 439.

CHAPITRE

422. Instance en liquidation ou suppression et astreinte définitive

THIERRY FOSSIER
CONSEILLER À LA COUR DE CASSATION

422.01 Textes applicables.

C. urb., art. L. 480-8.

C. pr. pén., art. 710.

422.05 Division. La question de la liquidation de l'astreinte prononcée par le juge pénal au titre de l'action civile se démultiplie : quel juge compétent ? quel droit applicable ? quelle procédure applicable ?

422.11 Juge compétent. La première des interrogations a été résolue de manière assez péremptoire par le Tribunal des conflits, dont les décisions s'imposent à toutes les juridictions. La créance d'une commune, du chef de l'établissement d'états exécutoires émis par le maire pour liquider le produit d'une astreinte assortissant l'arrêt de la chambre correctionnelle d'une cour d'appel condamnant un prévenu à une amende pour infraction aux règles de l'urbanisme et lui ordonnant la démolition des ouvrages édifiés irrégulièrement, trouve son fondement dans la condamnation prononcée par la juridiction répressive. S'il a été procédé à la liquidation de l'astreinte par le maire suite à une délibération du conseil municipal abrogeant une précédente délibération dispensant l'intéressé de l'astreinte en exécution d'un accord intervenu, ces circonstances n'ont pu modifier ni la nature du litige ni la détermination de la compétence, le contentieux du recouvrement de l'astreinte prononcée ressortissant ainsi aux juridictions répressives[1]. Cette décision statuait dans un cas où le maire s'était délivré un titre exécutoire (C. urb., art. L. 480-8); mais le Tribunal des conflits ne nuance pas sa proposition de renvoi au juge pénal, pas plus qu'il ne fait la distinction entre les condamnations pénales et les condamnations civiles dudit juge répressif; mais il crée, conformément au rôle de cette juridiction mixte, un « bloc de compétence ». Le juge de l'exécution n'a pas de compétence en la matière.

422.12 Droit applicable. L'astreinte répressive est normalement liquidée, selon l'article L. 480-8 du Code de l'urbanisme, non par le juge qui l'a ordonnée mais par l'État pour le compte de la ou des communes aux caisses desquelles sont reversées les sommes perçues, après prélèvement de divers frais. Les juridictions civiles refuseront de se substituer au maire pour la liquidation de l'astreinte répressive[2].

Mais une partie civile qui avait demandé et obtenu le prononcé d'une astreinte pour assortir la réparation (démolition, par ex.) qui lui est accordée, ne trouve aucune place dans le dispositif de l'article L. 480-8 du Code de l'urbanisme et ceux, comparables du Code pénal, du Code de l'environnement...

Il faut en déduire que le juge répressif appliquera donc le Code des procédures civiles d'exécution. Pour inhabituel qu'il soit, cet exercice ne saurait conduire le juge à décliner sa compétence.

La deuxième chambre civile semble avoir admis, par implicite, la compétence du juge de l'exécution dans un arrêt laconique[3]. Elle avait pourtant énoncé

1. T. confl. 18 déc. 2000, n° 00-03.200, Lambert et C^{ne} de Domme, *Bull. T. confl.*, n° 25.

2. T. confl. 25 avr. 1994, n° 09-42.717, Poujol, *Bull. T. confl.*, n° 6; *Dr. adm.* 1994. Comm. 325; *LPA* 9 nov. 1994, comm. Morand-Deviller et Moréno.

3. Civ. 2e, 16 mai 2012, n° 11-17.267, NP.

douze ans avant : « *Le recouvrement au profit de l'État des astreintes assortissant les condamnations pénales pour infractions à la réglementation de l'urbanisme est soumis, en vertu de l'article R. 480-5 du Code de l'urbanisme, aux dispositions du décret du 29 décembre 1992 relatives au recouvrement des créances de l'État mentionnées à l'article 80 du décret du 29 décembre 1962 portant règlement général sur la comptabilité publique* »[1]. La troisième chambre civile a énoncé, devançant le Tribunal des conflits : « *La demande tendant à remettre en cause une astreinte assortissant une remise en état des lieux procède d'une décision prise par la juridiction répressive et la juridiction civile n'a pas à en connaître* »[2].

422.13 Procédure applicable. La troisième et dernière interrogation touche à la procédure : comment une partie civile peut-elle saisir le juge répressif en liquidation ? Il est admissible qu'elle procède par le parquet, sur le fondement de l'article 710 du C. pr. pén. (incidents d'exécution d'un jugement rendu par un tribunal répressif, y compris sur les intérêts civils).

1. Civ. 2e, 21 déc. 2000, no 99-15.231, NP.

2. Civ. 3e, 11 janv. 1995, no 92-21.796, *Bull. civ.* III, no 11.

LIVRE

5. LES MESURES D'EXPULSION

SECTION 0
ORIENTEUR

500.00 **Plan du livre.**

500.03 **Bibliographie indicative.**

Actualisables. *Rép. pr. civ.*, *v° Expulsion*, par A. Gaonac'h – *J.-Cl. Encyclopédie des huissiers de justice*, *v° Expulsion,* par C. Blondel-Angebault et L. Liahi, fasc. 10 – *J.-Cl. Pr. civ.*, *v° Expulsion*, par M. Douchy-Odot, fasc. 2400 – *J.-Cl. Voies d'exécution*, *v° Expulsion,* par C. Martel-Emmerich, fasc. 1015.

Ouvrages. A. Leborgne, *Droit de l'exécution,* « Précis », 2e éd., Dalloz, 2014, [expulsion], nos 2612-2690 – R. Perrot et P. Théry, *Procédures civiles d'exécution,* 3e éd., Dalloz, 2013, nos 1075-1118.

Articles. F. Andrieux, « État et expulsions : Don Quichotte ou l'impossible rêve », *Dr. et proc.* 2009. 75 – J. Beauchard, « Le logement et les procédures civiles d'exécution », *RTD civ.* 1993, n° spéc., *La réforme des procédures civiles d'exécution*, p. 109 s. – A. Boukris, « Les nouvelles règles applicables en matière d'expulsion », *JCP N* 1993. 58 – J.-J. Bourdillat, « De l'expulsion du conjoint violent dans et après la réforme du divorce », *Dr. et proc.* 2003. 18 – S. Deygas, « La nouvelle procédure contentieuse relative au stationnement des gens du voyage », *Procédures* 2007, n° 204 – L. Gay, « La possibilité de disposer d'un logement, entre normes constitutionnelles et normes européennes », *RDSS* 2006. 395 – E.-P. Guiselin, « L'accès à un logement décent et le droit de propriété : ni vainqueur, ni vaincu », *LPA* 13 mars 2000, n° 51, p. 6 – Y. Landau-Toutain, « Limiter les expulsions en protégeant à la fois locataires et propriétaires », *Gaz. Pal.* 1991. Doctr. 395 – P. Le Fur, « L'expulsion », *Rev. huiss.* 1993. 217-256 – T. Moussa et J.-J. Bourdillat, « L'expulsion d'un époux du domicile conjugal : des procédures civiles d'exécution au droit pénal », *Procédures* 2002. Chron. 9 – E. Putman, « La réforme des procédures civiles d'exécution et l'expulsion des occupants d'immeubles », *LPA* 21 sept. 1994, n° 113.

500.04 **Définition.** D'après *le Petit Larousse*, l'expulsion est la « *procédure qui a pour but de libérer des locaux occupés sans droit ni titre ou sans droit au maintien dans les lieux* ». Cette définition est un peu restrictive au sens où il n'est pas nécessairement question de locaux. L'expulsion pourrait ainsi plutôt être définie comme étant l'« *action de faire sortir une personne, au besoin par la force, d'un lieu où elle se trouve sans droit* »[1]. Ajoutons qu'il ne s'agit pas seulement de faire sortir une personne, mais de libérer totalement les lieux de ses occupants et biens. Ainsi est-il possible également de proposer la définition retenue par MM. Perrot et Théry : « *L'expulsion est une mesure qui a pour objet de libérer un local* [remplaçons ici par "un lieu"] *des personnes qui*

1. G. Cornu, *Vocabulaire juridique*, 9e éd., Puf, 2010.

l'occupent et des biens qui s'y trouvent, au besoin par la force »[1].

500.05 Origine de l'occupation. Le texte de l'article L. 411-1 du Code des procédures civiles d'exécution (C. pr. exéc.)[2] est très large puisqu'il vise l'expulsion d'un **immeuble** ou d'un **lieu habité.** Il peut donc s'agir de l'expulsion d'un terrain, d'un local fermé, voire d'une caravane[3].

La mesure d'expulsion étant destinée à faire sortir une personne et ses meubles d'un local qu'elle occupe sans droit, la situation peut se présenter de diverses manières. Il se peut que l'occupant soit entré dans les lieux sans titre et n'ait donc aucun titre d'occupation depuis l'origine, ou bien, cas plus fréquent, que l'occupant, qui bénéficiait d'un titre d'occupation, ait perdu le bénéfice de celui-ci par l'effet de la résiliation, l'annulation ou le transfert de celui-ci.

Ainsi, l'expulsion peut porter aussi bien sur des locaux, servant à l'habitation ou à l'exercice d'une activité professionnelle ou commerciale, que sur des terrains, privés ou publics. Elle peut aussi bien concerner des *squatters*, introduits par voie de fait dans des lieux clos, voire sur un terrain, ou encore des grévistes, occupant une usine, que des locataires, des bénéficiaires d'autorisation d'occupation du domaine public, des gens du voyage qui s'établissent sur des terrains mis à leur disposition ou non, ou encore des époux, des enfants ou beaux-enfants qui se maintiennent dans des lieux dont ils ont pu bénéficier de la mise à disposition auparavant.

500.06 Enjeux. La mesure d'expulsion est une « *mesure extrême* »[4], irréversible ou presque, comme nous le verrons, qui prive, dans un grand nombre de cas, les personnes de leur logement. La réforme de 1991 a d'ailleurs été conçue en tenant essentiellement compte de l'expulsion du logement[5]. Elle peut également priver l'expulsé de son lieu de travail, et a, dans tous les cas, de **graves conséquences** pour l'individu. Même si la Cour de cassation a pu exclure l'expulsion du champ des voies d'exécution sur les meubles et les immeubles, il n'apparaît pas qu'elle puisse être qualifiée de mesure d'exécution contre une personne en ce sens qu'« *elle ne touche pas à sa liberté* »[6], comme le faisait autrefois la contrainte par corps. Certains ont pu néanmoins considérer qu'elle s'apparentait quand même à une contrainte sur la personne même de l'expulsé. Quelle que soit l'analyse retenue sur la nature même de l'expulsion, il est indéniable qu'elle présente de graves conséquences.

Elle est néanmoins nécessaire à plusieurs titres. Tout d'abord pour que ne soit pas remise en cause la force exécutoire des décisions de justice; pour ensuite que le droit des contrats soit préservé, en ce sens qu'il faut qu'un manquement contractuel soit effectivement sanctionné[7]; également pour que le marché locatif ne s'asphyxie pas en dissuadant les investisseurs de mettre des logements en location en raison des trop grandes difficultés qu'ils rencontreraient dans l'expulsion d'un cocontractant non respectueux des termes du contrat[8]; pour enfin que le droit de propriété soit sauvegardé. Et c'est là la particularité de cette voie d'exécution qu'est l'expulsion. En effet, elle se trouve au point de croisement de plusieurs droits antagonistes, d'inégale valeur, mais entre lesquels le fossé ne cesse de s'amoindrir. Car face à ces droits à l'exécution, au respect du contrat, de propriété, se trouvent le droit au logement, la liberté d'aller et venir, la liberté d'entreprendre, ou encore le droit de grève.

Pour une très grande majorité des expulsions, le duel aura lieu entre le **droit de propriété**, qui bénéficie d'une protection constitutionnelle ancienne[9], et d'une protection internationale[10] et le **droit au**

1. Perrot et Théry, n° 1075.
2. Ord. n° 2011-1895, 19 déc. 2011, relative à la partie législative du Code des procédures civiles d'exécution, *JO* 20 déc., p. 21464 (*applicable au 1er juin 2012*).
3. Civ. 3e, 4 avr. 2001, n° 98-15.231, NP – CEDH 17 oct. 2013, req. n° 27013/07, *JCP A* 2013. Actu. 865; *Loyers et copr.* 2013. Repère 10; *JCP* 2013. 1144, expulsion en raison d'un non-respect du plan d'occupation des sols, condamnation de la France pour non-respect de la vie privée.
4. Perrot et Théry, n° 1075.
5. En ce sens : v. E. Putman, « La réforme des procédures civiles d'exécution et l'expulsion des occupants d'immeubles », *LPA* 21 sept. 1994, n° 113.
6. Note Salati ss Civ. 2e, 13 juill. 2005, *Dr. et proc.* 2006. 47.
7. F. Andrieux, « État et expulsions : Don Quichotte ou l'impossible rêve », *Dr. et proc.* 2009. 75.
8. Sur ce point, v. conclusions du rapport Attali du 15 oct. 2010, qui proposait pour ce faire d'assouplir les procédures d'expulsion, avec en contrepartie les systèmes de droit au logement opposable et de garantie contre les risques locatifs, *JCP N* 2010. Actu. 757.
9. V. DDH, art. 2 : « *Le but de toute association politique est la conservation des droits naturels et imprescriptibles de l'homme. Ces droits sont la liberté, la propriété, la sûreté et la résistance à l'oppression* ». La propriété « *étant un droit inviolable et sacré, nul ne peut en être privé, si ce n'est lorsque la nécessité publique, légalement constatée, l'exige évidemment, et sous la condition d'une juste et préalable indemnité* » – Cons. const. 16 janv. 1982, n° 81-132 DC, considérant 16 : « *les principes mêmes énoncés par la Déclaration des droits de l'homme ont pleine valeur constitutionnelle tant en ce qui concerne le caractère fondamental du droit de propriété dont la conservation constitue l'un des buts de la société politique et qui est mis au même rang que la liberté, la sûreté et la résistance à l'oppression, qu'en ce qui concerne les garanties données aux titulaires de ce droit et les prérogatives de la puissance publique* ».
10. V. DUDH, art. 17 : « *Toute personne, aussi bien seule qu'en collectivité, a droit à la propriété* ».

logement, objectif de valeur constitutionnelle[1] qui tend à limiter le premier de manière de plus en plus importante[2]. Car ce droit au logement, dont il est précisé qu'il doit être décent, est par ailleurs reconnu de diverses manières par des textes européens et internationaux[3], mais aussi en droit interne par l'effet de plusieurs lois[4], qui l'ont même rendu « opposable » à l'État qui se doit de rechercher des solutions de relogement pour les personnes en difficulté. Il est admis des entorses au droit de propriété, en ce sens que le propriétaire ne peut plus jouir de son bien comme bon lui semble, au nom de ce droit au logement, et parfois même de manière très importante. Ainsi, la Cour européenne des droits de l'homme a-t-elle pu valider le principe d'une loi italienne prévoyant un moratoire sur les expulsions, sous certaines exceptions[5]. Le droit au logement, ces dernières années, a connu un essor certain, essentiellement d'ailleurs avec la loi du 5 mars 2007 prévoyant le droit au logement opposable[6]. Dernièrement, la question a d'ailleurs été posée par la Cour de cassation au Conseil constitutionnel, par la voie d'une question prioritaire de constitutionnalité, en ces termes : « *Les dispositions de l'article 544 du Code civil, telles qu'interprétées de façon constante par la Cour de cassation, portent-elles atteinte aux droits et libertés que la Constitution garantit, et notamment au principe à valeur constitutionnelle de sauvegarde de la dignité de la personne contre toute forme d'asservissement ou de dégradation, au droit de mener une vie familiale normale et à l'objectif à valeur constitutionnelle que constitue le droit au logement ?* ». Cette question a été considérée comme suffisamment sérieuse par la Cour de cassation pour qu'elle en saisisse le Conseil constitutionnel[7]. La question était en réalité de savoir si le fait que la Cour de cassation considère régulièrement que l'occupation sans droit ni titre d'un bien appartenant à autrui constitue un trouble manifestement illicite au sens des dispositions de l'article 809 C. pr. civ., est conforme à l'objectif à valeur constitutionnelle que constitue le droit au logement. Sans surprise, dans la mesure où la question était posée par le prisme de l'interprétation donnée à la loi par la jurisprudence, le Conseil constitutionnel a répondu que les dispositions de l'article 544 du Code civil elles-mêmes n'étaient pas contraires à la Constitution[8].

La protection de ce dernier droit est passée également par une politique importante de **prévention des expulsions**[9], passant par une information précoce des services sociaux, en amont de la procédure, avec la transmission du commandement de payer visant la clause résolutoire en certains cas[10] aux commissions de coordination des actions de prévention des expulsions locatives (CCAPEX), de l'assignation au représentant de l'État dans le département, en vue de la réalisation d'une enquête sociale, celle du commandement de quitter les lieux, ou encore les décisions d'octroi de délais de paiement ou pour quitter les lieux à ce même représentant. L'idée est de limiter au maximum les expulsions effectives, notamment aux ménages de mauvaise foi[11], par la mise en place d'aides financières, telles que le fonds de solidarité logement, par des garanties apportées aux propriétaires, telles les garanties contre les risques locatifs, par des conventions passées entre les bailleurs sociaux et les locataires en situation d'impayés pour tenter d'assainir la situation avant toute procédure d'expulsion. Tout cela passe par des délais de procédure difficilement compressibles que le propriétaire doit respecter, prévus par le livre IV du Code des procédures civiles d'exécution

500.07 L'expulsion est une procédure civile d'exécution. L'expulsion consiste comme nous l'avons vu, pour le propriétaire, à reprendre possession des

1. Cons. const. 19 janv. 1995, n° 94-359 DC, sur la loi relative à la diversité de l'habitat, *JO* 21 janv., p. 1166.
2. SUR CETTE OPPOSITION, v. l'étude réalisée par le service de documentation, d'études et du rapport, bureau du contentieux de la troisième chambre civile de la Cour de cassation, « Confrontation du droit de propriété et du droit au logement », *Communication, BICC* 15 mars 2010. 6-13 – E.-P. Guiselin, « L'accès à un logement décent et le droit de propriété : ni vainqueur, ni vaincu », *LPA* 13 mars 2000, n° 51, p. 6.
3. V. DUDH, art. 25 – Charte UE, art. 34.
4. Loi « Quillot », n° 82-526, 22 juin 1982, relative aux droits et obligations des locataires et des bailleurs – L. n° 89-462, 6 juill. 1989, tendant à améliorer les rapports locatifs et portant modification de la loi n° 86-1290 du 23 déc. 1986 – L. n° 90-449, 31 mai 1990, visant à la mise en œuvre du droit au logement – L. n° 2007-290, 5 mars 2007, instituant le droit au logement opposable et portant diverses mesures en faveur de la cohésion sociale.
5. CEDH 28 sept. 1995, req. n° 19133/91, Scollo c/Italie, *RTD civ.* 1996. 1021, note Marguénaud, « De la protection européenne des bailleurs nécessiteux contre les locataires entêtés ».
6. L. n° 2007-290, 5 mars 2007, instituant le droit au logement opposable et portant diverses mesures en faveur de la cohésion sociale, *JO* 6 mars, p. 4190.
7. Civ. 3e, 30 juin 2011, n° 11-40.018, NP; *D.* 2011. 1898, obs. Forest.
8. Cons. const. 30 sept. 2011, n° 2011-169 QPC, *JO* 1er oct., p. 16527; *AJDI* 2011. 885, obs. Le Rudulier.
9. V. PAR EX. : QE, AN n° 83213, *JOAN Q* 19 oct. 2010, p. 11447 – QE, AN n° 68976, *JOAN Q* 25 janv. 2011.
10. V. L. n° 89-462, 6 juill. 1989, tendant à améliorer les rapports locatifs et portant modification de la loi n° 86-1290 du 23 décembre 1986, art. 24, mod. par L. n° 2014-366, 24 mars 2014, pour l'accès au logement et un urbanisme rénové : le préfet fixe le montant au-delà duquel les commandements sont envoyés à la CCAPEX.
11. V. Circ. 15 mai 2005, relative à la prévention des expulsions locatives, *BOMJ*, n° 99.

lieux sans l'accord de l'occupant qui peut être parti sans juridiquement ni matériellement libérer les lieux. Il est en effet toujours possible que, malgré une procédure d'expulsion et un jugement contraignant, l'occupant décide de partir de lui-même et restitue les lieux en bonne et due forme au propriétaire, incité qu'il peut être par une astreinte prononcée à son encontre par exemple, astreinte prévue par l'article L. 421-2 C. pr. exéc. qui peut se cumuler avec l'indemnité d'occupation. Il s'agit donc bien de mettre à exécution une décision de justice et ce de manière forcée. Avant, en l'absence de quasi toute réglementation de la matière, puisque seule la période hivernale empêchait l'expulsion, la pratique s'était calée sur les procédures d'exécution existantes et avait prévu la délivrance d'un commandement pour prévenir de l'expulsion imminente, à l'instar du commandement préalable à une saisie-exécution. Le législateur, en 1991, a d'ailleurs intégré cette pratique dans la loi relative aux procédures civiles d'exécution, en ses articles 61 à 66 (devenus C. pr. exéc., art. L. 411-1, L. 412-1 à L. 412-2, L. 412-5, L. 433-1 à L. 433-2 et R. 411-3). Comme toute procédure civile d'exécution, elle nécessite donc qu'un titre exécutoire soit délivré et qu'il ait prononcé l'expulsion; elle doit être exécutée par un huissier de justice, aux heures légales prévues par la loi. Depuis 2007, il existe toutefois deux exceptions à ce principe, puisqu'il est possible de procéder à l'évacuation forcée d'un bien, sans titre exécutoire au sens de la loi de 1991, et sans même le concours d'un huissier de justice. En effet, l'article 9 de la loi n° 2000-614 du 5 juillet 2000 relative à l'accueil et à l'habitat des gens du voyage[1] prévoit que, dans certains cas, le maire peut mettre en demeure l'occupant d'un terrain de quitter les lieux sous vingt-quatre heures, faute de quoi il peut procéder à l'évacuation forcée des résidences mobiles s'y trouvant. Cette disposition, en ce qu'elle prévoit un recours au juge administratif, a été jugée conforme à la Constitution par le Conseil constitutionnel à l'occasion d'une question prioritaire de constitutionnalité[2]. L'article 38 de la loi n° 2007-290 du 5 mars 2007, instituant le droit au logement opposable et portant diverses mesures en faveur de la cohésion sociale[3], prévoit par ailleurs une procédure similaire en cas de squat d'un domicile.

Désormais, et en raison de cette contradiction entre les droits en présence, l'État « *est donc contraint d'occuper simultanément trois positions. Il doit se trouver tout à la fois face à l'expulsion, contre l'expulsion tout en prenant part à la procédure d'expulsion* »[4].

1. L. n° 2000-614, 5 juill. 2000, relative à l'accueil et à l'habitat des gens du voyage, *JO* 6 juill., p. 10189.
2. Cons. const. 9 juill. 2010, n° 2010-13 QPC, *JO* 10 juill., p. 12841 – Comm. par E. Aubin, « L'évacuation forcée des gens du voyage : une décision QPC tombant de Charybde en Scylla », *AJDA* 2010. 2324.
3. L. n° 2007-290, 5 mars 2007, instituant le droit au logement opposable et portant diverses mesures en faveur de la cohésion sociale, *JO* 6 mars, p. 4190.
4. F. Andrieux (art. préc. s^s n° 500.06).

TITRE

51. Les conditions de l'expulsion

SECTION 0
ORIENTEUR

510.00 **Plan du titre.**

510.05 **Droit antérieur.** Avant la loi n° 91-650 du 9 juillet 1991 [1] et son décret d'application n° 92-755 du 31 juillet 1992[2], qui a intégré l'expulsion dans le corps des règles relatives aux procédures civiles d'exécution, à la section 8 du chapitre III relatif aux *Dispositions spécifiques aux mesures d'exécution forcée* (L. 9 juill. 1991, art. 61 à 66 [devenus C. pr. exéc., art. L. 411-1, L. 412-1 à L. 412-2, L. 412-5, L. 433-1 à L. 433-2 et R. 411-3] - Décr. 31 juill. 1992, art. 194 à 209 [devenus C. pr. exéc., art. R. 411-1, R. 411-2 et R. 412-1 à R. 442-1 [3]]), il n'existait pour ainsi dire aucune réglementation en la matière. D'aucuns ont d'ailleurs pu parler de « *bricolage improvisé* » dans un domaine « *aussi grave que l'expulsion* »[4]. C'est la pratique, puis la jurisprudence qui en ont défini les contours, contours repris par la suite par la loi. Ainsi, de fil en aiguille, les huissiers de justice ont été requis pour procéder aux expulsions, puis ceux-ci ont raisonné par analogie avec la théorie générale de l'exécution forcée en appliquant des recettes qu'ils connaissaient, à savoir un commandement préalable notamment. Puis la jurisprudence essentiellement criminelle en ce qu'elle a pu considérer qu'une violation de cette pratique pouvait entraîner une violation de domicile, a entériné celle-ci. La loi du 9 juillet 1991 (désormais codifiée au Code des procédures civiles d'exécution) a donc consacré cette qualification de voie d'exécution et en a encadré les contours afin de garantir à la personne expulsée un certain nombre de garanties contre l'arbitraire du propriétaire.

510.06 **Mise en place d'une procédure protectrice.** La mesure d'expulsion doit désormais remplir un certain nombre de conditions formelles pour être valable, faute de quoi le propriétaire s'expose à différentes sanctions. Il doit bénéficier d'un titre exécutoire, délivrer un commandement de libérer les locaux, avertir de la date à laquelle l'expulsion pourra être entreprise, respecter des périodes de suspension qui ont diverses origines, tout cela sans compter sur les garanties procédurales offertes à certains locataires dans le cadre de la procédure en résiliation de bail qui l'a précédée. Certains ont pu parler, eu égard à toutes ces formalités[5] que le pro-

1. L. n° 91-650, 9 juill. 1991, portant réforme des procédures civiles d'exécution, *JO* 14 juill., p. 9228.
2. Décr. n° 92-755, 31 juill. 1992, instituant de nouvelles règles relatives aux procédures civiles d'exécution pour l'application de la loi n° 91-650 du 9 juillet 1991 portant réforme des procédures civiles d'exécution, *JO* 5 août, p. 10530.
3. Décr. n° 2012-783, 30 mai 2012, relatif à la partie réglementaire du Code des procédures civiles d'exécution, *JO* 31 mai, p. 9375 (*applicable au 1er juin 2012*).
4. Perrot et Théry, n° 1078.
5. Pour un aperçu de la liste de ces formalités, v. B. Menut, « Le coefficient multiplicateur de la théorie de la relativité au big-bang, à propos de l'avis de la Cour de cassation du 7 mars 2011 », *Dr. et proc.* 2011. 138 s. et not. p. 142.

priétaire doit respecter, de « *droit de la non-expulsion, peut-être même un non-droit de l'expulsion* »[1]. À cela s'ajoute que les formalités ont un coût, coût qui, en application des dispositions de l'article L. 111-8 C. pr. exéc., doit en principe rester à la charge de la personne expulsée, sauf abus[2], mais qui est néanmoins avancé par le propriétaire. Et il s'agit fort souvent d'une avance sans espoir de remboursement, eu égard à l'impécuniosité fréquente des personnes expulsées. La Cour de cassation a récemment limité ces frais en répondant à une demande d'avis qui lui était faite, que le coefficient multiplicateur de l'article 7 du décret n° 96-1080 du 12 décembre 1996 portant fixation du tarif des huissiers de justice en matière civile et commerciale[3] ne s'appliquait pas aux actes et formalités n'ayant pas également pour finalité le recouvrement de la dette, ce qui signifie que le commandement d'avoir à libérer les locaux ou encore le procès-verbal d'expulsion ne sont pas soumis à l'application de ce coefficient[4]. Néanmoins, de telles garanties sont nécessaires afin d'assurer à l'expulsé un départ dans les meilleures conditions possibles pour tous.

1. E. Putman, « La réforme des procédures civiles d'exécution et l'expulsion des occupants d'immeubles », *LPA* 21 sept. 1994, n° 113.
2. SUR CE POINT, V. PAR EX. : Civ. 2e, 28 juin 2006, n° 04-19.165, NP; *Procédures* 2006, n° 234, note Perrot – Ou de la personne condamnée aux dépens, V. SUR CE POINT : Civ. 2e, 2 mars 2000, n° 97-21.101, *Gaz. Pal.* 8 juill. 2000, n° 190, p. 9 – Civ. 2e, 28 sept. 2000, n° 98-17.831, NP.
3. Décr. n° 96-1080, 12 déc. 1996, portant fixation du tarif des huissiers de justice en matière civile et commerciale, *JO* 13 déc., p. 18248.
4. Cass., avis, 7 mars 2011, n° 10-00.010, *Bull. avis*, n° 3; *D.* 2011. 818; *BICC* 1er mai 2011; *Dr. et proc.* 2011. 138, note Menut – EN CE SENS : Angers, 10 juin 2008, *Juris-Data* n° 371732.

CHAPITRE

511. Titre exécutoire permettant l'expulsion

ANNE-GAËLLE DUMAS
MAGISTRAT

SECTION 0
ORIENTEUR

511.00 Plan du chapitre.

511.01 Textes applicables.

C. pr. exéc., art. L. 111-3, L. 111-11, L. 121-2, L. 153-1, L. 321-4, L. 322-6, L. 322-13, L. 411-1, L. 412-1, R. 121-1, R. 412-1, R. 441-1, R. 442-1 et R. 322-64.

C. pr. civ., art. 21, 130, 131, 462, 478, 500, 501, 503, 625, 659, 677, 1113, 1441-4 et 1487.

COJ, art. L. 213-6.

C. civ., art. 220-1, 1253 à 1256, 1289, 1690 et 1751.

CJA, art. L. 521-2 et L. 521-3.

CCH, art. L. 511-1 s. et L. 542-1.

C. expr., art. L. 15-1 et R. 15-1.

CSP, art. L. 1331-1 s.

C. com., art. L. 145-41 et L. 611-1.

C. pén., art. 226-4, 226-4-2 et 432-8.

511.02 Bibliographie indicative. (V. s[s] n° 500.03).

Ouvrages. A. LEBORGNE, *Droit de l'exécution*, « Précis », 2e éd., Dalloz, 2014, [conditions de l'expulsion], n°s 2622-2639 – R. PERROT et Ph. THÉRY, *Procédures civiles d'exécution*, 3e éd., Dalloz, 2013, [conditions de l'expulsion], n°s 1080-1085.

Articles. J.-J. Bourdillat, « Le titre exécutoire notarié : le consensus exécutoire », *Rev. huiss.* 1994. 679; « De l'expulsion du conjoint violent dans et après la réforme du divorce », *Dr. et proc.* 2003. 18 – M. Dagot, « La force exécutoire de l'acte notarié », *LPA* 6 janv. 1993, n° 3, p. 23 – A. Dorange, « La gestion procédurale du squat : la protection du domicile contre l'occupation sans droit ni titre », *RSC* 2011. 371 – G. Huchet, « Retour sur l'article 1441-4 C. pr. civ. », *Gaz. Pal.* 11 déc. 2007, n° 345, p. 6 – L. Isidro, « La grève des travailleurs sans papiers, réflexions sur l'occupation », *RDT* 2011. 363 – A. Leborgne, « Saisie immobilière et expulsion des occupants », *Procédures* 2009. Alerte 1 – L. Leveneur, « Le sort du logement après la rupture », *Gaz. Pal.* 20 sept. 2007, n° 263, p. 18 – T. Moussa et J.-J. Bourdillat, « L'expulsion d'un époux du domicile conjugal : des procédures civiles d'exécution au droit pénal », *Procédures* 2002. Chron. 9 – C. Puigelier, « La réintégration d'un époux au domicile conjugal lors d'une procédure de divorce devant la Cour de cassation », *Gaz. Pal.* 4 déc. 1993. Doctr. 1331 – M.-H. Renaut, « L'huissier de justice face au droit pénal » *Gaz. Pal.* 12 oct. 2002, n° 285, p. 3.

SECTION 1
LISTE RESTRICTIVE ET LIMITATIVE DES TITRES PERMETTANT L'EXPULSION

§ 1
Typologie des titres permettant l'expulsion

A.
Principe

511.11 Principe. La mesure d'expulsion étant, comme nous l'avons vu, une procédure civile d'exécution, elle implique que l'expulsant soit en possession d'un titre exécutoire. Néanmoins, si l'article L. 111-3 C. pr. exéc. précise la liste des titres exécutoires permettant toute mesure d'exécution, à savoir : « 1° *Les décisions des juridictions de l'ordre judiciaire ou de l'ordre administratif lorsqu'elles ont force exécutoire, ainsi que les accords auxquels ces juridictions ont conféré force exécutoire;* 2° *Les actes et les jugements étrangers ainsi que les sentences arbitrales déclarées exécutoires par une décision non susceptible d'un recours suspensif d'exécution;* 3° *Les extraits de procès-verbaux de conciliation signés par le juge et les parties;* 4° *Les actes notariés revêtus de la formule exécutoire;* 5° *Le titre délivré par l'huissier de justice en cas de non-paiement d'un chèque;* 6° *Les titres délivrés par les personnes morales de droit public qualifiés comme tels par la loi, ou les décisions auxquelles la loi attache les effets d'un jugement* », l'article L. 411-1 C. pr. exéc. limite les titres qui permettent la réalisation d'une expulsion. Il dispose ainsi que : « *Sauf disposition spéciale, l'expulsion d'un immeuble ou d'un lieu habité ne peut être poursuivie qu'en vertu d'une décision de justice ou d'un procès-verbal de conciliation exécutoire* [...] ». Ce dernier article, qui pose donc le principe de la nécessité même de disposer d'un titre exécutoire pour pouvoir procéder à une mesure d'expulsion, limite par ailleurs les types de titres le permettant, et prévoit une dérogation légale possible. À noter que l'article évoquait, avant la loi n° 2014-366 du 24 mars 2014 pour l'accès au logement et un urbanisme rénové, non seulement l'expulsion, mais aussi l'« évacuation » qui semblait avoir un sens très proche de sorte que le législateur a supprimé cette référence à l'évacuation. La définition de ce mot est extrêmement large puisqu'il s'agit d'une action tendant à faire sortir, transporter quelqu'un dans un autre endroit.

B.
Titres permettant l'expulsion

511.21 Procès-verbal de conciliation exécutoire. En application des dispositions de l'article 130 C. pr. civ., le procès-verbal de conciliation est le **procès-verbal signé du juge et des parties.** L'article 131 du même code précise que des extraits du procès-verbal peuvent être délivrés. Ils valent alors titre exécutoire. Le procès-verbal qui est ici visé est donc bien celui issu de la conciliation menée par le juge lui-même. Il a ainsi pu s'assurer, tout au long du processus d'élaboration de l'accord que celui-ci recueillait l'accord des parties, à l'inverse de la simple homologation d'une transaction (v. s^{s} n° 511.32). Par ailleurs, sont exclus des titres exécutoires permettant l'expulsion les constats d'accord dressés par le conciliateur de justice, y compris sur délégation du juge, même s'ils ont été homologués par celui-ci. En effet, le législateur a pris le soin de ne retenir que les procès-verbaux de conciliation, à l'exclusion des constats d'accord, qui peuvent pourtant constituer par ailleurs des titres exécutoires, afin de s'assurer, dans une matière aussi grave que l'expulsion, que les parties ont pris la mesure de ce à quoi elles consentaient.

Peuvent ainsi être à l'origine d'une mesure d'expulsion, le procès-verbal de conciliation passé devant le tribunal d'instance en matière locative, le bureau de conciliation du conseil de prud'hommes, le juge aux affaires familiales, ou encore tout juge puisque par l'effet des dispositions de l'article 21 C. pr. civ., il a pour mission de concilier les parties. Il est important ici que le procès-verbal soit rédigé de manière très claire pour permettre une exécution sans difficulté, sans avoir besoin d'interprétation, de ses dispositions. À noter par ailleurs que pour être **opposable** à une partie, le procès-verbal doit bien entendu être **signé** par celle-ci[1].

511.22 Décisions de justice. Sans grande surprise en revanche, la loi rappelle que l'expulsion peut résulter d'une décision de justice, ce qui renvoie aux décisions des juridictions de l'ordre judiciaire ou de l'ordre administratif de l'article L. 111-3 C. pr. exéc. ci-dessus reproduit. Il existe une multitude de décisions de justice qui peuvent fonder une mesure d'expulsion mais il est vrai que la délivrance d'un titre d'expulsion est le « *royaume des référés* »[2], civil ou administratif, même si d'autres modalités de saisine du juge sont envisageables et pratiquées également.

Et celles-ci interviennent dans de nombreux domaines extrêmement variés.

Il peut y avoir un titre à l'origine de l'occupation, titre de propriété, bail, d'habitation, commercial, rural, prêt à usage, convention d'occupation précaire, devoir de secours dans le sein familial par exemple, ou bien n'y en avoir pas, avec l'occupation sans titre de locaux en vue de leur habitation, ou bien de soutenir des revendications professionnelles.

Ainsi, au premier rang des mesures d'expulsion, on trouve les **expulsions locatives**, et notamment faisant suite à une résiliation de bail d'habitation, essentiellement d'ailleurs à la suite d'une acquisition de clause résolutoire prévue au bail pour défaut de paiement du loyer.

Mais on trouve de nombreux autres exemples. Il existe beaucoup de **décisions relatives à des occupations d'usines** notamment, **ou de lieux de travail**, par des salariés en grève ou faisant valoir une revendication. Ainsi, dès 1938, le Conseil d'État avait eu à se pencher sur la question pour indiquer

1. PAR EX. : Civ. 3e, 24 juin 1992, n° 91-10.506, NP.
2. E. Putman (art. préc. s^{s} n° 510.06).

que la force publique se devait d'intervenir pour l'expulsion de grévistes[1]. Et c'est là un domaine où le référé est la règle[2]. Il y a souvent urgence à voir les locaux libérés car les occupations ne permettant souvent pas aux non-grévistes de se rendre sur leur lieu de travail, ou empêchent l'entreprise de fonctionner. Il faut alors faire cesser le trouble manifestement illicite ainsi constitué. Néanmoins, la jurisprudence, qui tend à considérer l'occupation du lieu de travail comme une modalité d'expression du droit de grève[3] a pu refuser de considérer une occupation d'usine comme un trouble manifestement illicite dès lors qu'il n'y avait pas de fait de dégradation, de violence, séquestration ou autre comportement dangereux à l'égard des personnels, alors même que l'employeur avait lui, fermé une unité de production sans information ni consultation préalable des institutions représentatives du personnel, interdisant aux salariés l'accès à leur lieu de travail en leur notifiant sans autre explication leur mise en disponibilité[4]. Et c'est aussi en ce domaine que l'on trouve des exemples de décisions d'expulsion rendues sur requête lorsque les occupants ne sont pas identifiables (sur ce point, v. *infra*).

On peut également signaler les décisions relatives aux **expulsions de personnes qui tiennent leur titre d'occupation de leur contrat de travail**. Il peut s'agir d'occupation de domaine privé, avec des contentieux relatifs par exemple aux contrats de travail de gardiens d'immeubles. À ce titre il convient de noter que la décision peut être rendue soit par les conseils de prud'hommes lorsque la validité même du licenciement est en cause[5], soit par le juge des référés de droit commun en matière d'expulsion d'occupants sans droit ni titre, c'est-à-dire, depuis 2009, le juge du tribunal d'instance, lorsque le salarié se maintient dans les lieux malgré un licenciement, fut-il sans cause réelle et sérieuse. Il peut également s'agir d'une occupation du domaine public, avec alors des décisions du juge des référés administratif[6].

C'est d'ailleurs tout un autre pan des expulsions qui est constitué par l'**occupation sans titre du domaine public.** Ces décisions, souvent rendues en référé au visa de l'article L. 521-3 du Code de justice administrative qui prévoit qu'une décision peut être rendue en référé lorsqu'il y a urgence et que la mesure demandée est utile, concernent également des cas assez variés. Ainsi, ont pu être ordonnées, à titre d'exemples, l'expulsion ou l'évacuation :

- d'élus qui occupaient irrégulièrement des locaux administratifs[7],
- d'une société occupant une case d'usage à l'entrepôt du marché d'intérêt national de Strasbourg, en raison du refus de renouvellement de son contrat de concession[8],
- d'une société occupante sans aucun titre de locaux dans l'enceinte d'un hôpital pour les besoins de l'exploitation d'une cafétéria[9],
- d'une particulière qui, ayant refusé de signer une convention portant autorisation d'occupation du domaine public portuaire pour son bateau, est occupante sans droit ni titre d'un anneau d'amarrage[10],
- ou encore d'une personne dont l'autorisation d'occupation du domaine public portuaire n'ayant pas été renouvelée, s'était retrouvée occupante sans droit ni titre d'un poste d'amarrage[11],
- ou enfin d'une association qui, alors que l'autorisation d'occupation des installations d'un aérodrome n'avait pas été renouvelée, et ayant alors évacué les hangars, mais en transportant certains aéronefs sur une piste de l'aérodrome, s'était retrouvée occupante sans droit ni titre de celle-ci[12].

Avant la loi n° 2007-297 du 5 mars 2007 relative à la prévention de la délinquance[13], qui a modifié les articles 9 et 9-1 de la loi n° 2000-614 du 5 juillet 2000 relative à l'accueil et à l'habitat des gens du voyage[14], ces articles prévoyaient, alors même qu'il pouvait s'agir d'une occupation du domaine public, que c'était le président du tribunal de grande instance, et donc une juridiction de l'ordre judiciaire, qui était compétente pour connaître de l'évacuation des résidences mobiles établies sur des terrains communaux. Ce texte concer-

1. CE, ass., 3 juin 1938, S^té^ Cartonnerie Saint-Charles, *Lebon* T. 529 – V. AUSSI, pour des exemples ultérieurs : CE 6 mai 1991, S^té^ Automobiles Citroën, *Lebon* T. 172 – CE 25 nov. 1994, *C^ne^ de Colombes*, req. n° 134213, *LPA* 28 mars 1995, n° 25.
2. Pour un exemple récent de litige en liquidation d'astreinte suite à une ordonnance de référés ordonnant l'évacuation de grévistes, v. Civ. 2e, 23 juin 2011, n° 10-21.329, NP.
3. SUR CE POINT : L. Isidro, « La grève des travailleurs sans-papiers, réflexions sur l'occupation », *RDT* 2011. 363.
4. Soc. 9 mars 2011, n° 10-11.588, *Bull. civ.* V, n° 68; *JCP S* 2011. 1330.
5. Soc. 29 mai 2001, n° 99-17.101, NP.
6. POUR UN EX. : expulsion d'un maître d'internat suite à un arrêté mettant fin à ses fonctions, CE 22 juill. 2011, req. n° 345040, NP.
7. CE 24 nov. 2004, req. n° 274123, NP; *Gaz. Pal.* 31 mai 205, n° 151, p. 14.
8. CE 16 mai 2003, req. n° 249880, *Lebon* T., *D.* 2003. 1482.
9. CE 28 mai 2001, S^té^ Codiam, req. n° 230692, *Gaz. Pal.* 21 mars 2002, n° 80, p. 11.
10. CE 3 févr. 2010, req. n° 330184, NP.
11. CAA Marseille, 7e ch., 10 juin 2011, req. n° 09MA02779, NP.
12. CE 8 juin 2011, req. n° 341682.
13. L. n° 2007-297, 5 mars 2007, relative à la prévention de la délinquance, *JO* 7 mars, p. 4297.
14. L. n° 2000-614, 5 juill. 2000, relative à l'accueil et à l'habitat des gens du voyage, *JO* 6 juill., p. 10189.

nait en effet aussi bien des terrains de la commune que des terrains privés sur le ressort de la commune et le législateur avait alors créé un bloc de compétence uniforme, ce qui avait été confirmé par la jurisprudence à de nombreuses reprises[1]. Depuis lors, le maire peut même se passer de toute procédure judiciaire puisqu'il lui suffit de mettre en demeure les occupants de quitter les lieux dans un délai ne pouvant être inférieur à vingt-quatre heures pour pouvoir procéder à l'évacuation forcée du terrain. C'est désormais devant le juge administratif que sont portées les contestations, et il s'agit d'un contentieux inversé puisque c'est à l'occupant de contester la mise en demeure qui lui est adressée.

Dans un tout autre registre que le domaine public, et pourrait-on dire, à son opposé, se trouve le **domaine très privé de la famille,** qui donne également lieu à décisions d'expulsion de diverses manières. Ainsi, la **rupture d'un couple** est source de beaucoup de frictions qui peuvent aboutir à l'éviction de l'un du logement familial et ce, depuis l'été 2010, que le couple soit marié ou non. Ainsi, par exemple, lorsque le juge aux affaires familiales statue tout d'abord sur les mesures provisoires dans le cadre d'une demande en divorce, il peut attribuer la jouissance du domicile familial à l'un des époux et dans ce cadre, ordonner, pour assurer l'efficacité de sa décision, l'expulsion de l'autre[2]. Une telle mesure peut également être prise dans le cadre d'une ordonnance de protection. Depuis la loi n° 2004-439 du 26 mai 2004 relative au divorce[3], l'article 220-1 du Code civil prévoyait la possibilité d'obtenir devant le juge aux affaires familiales l'expulsion de l'époux violent. L'époux demandeur devait ensuite demander le divorce dans les quatre mois, faute de quoi la mesure devenait caduque[4]. La loi n° 2010-769 du 9 juillet 2010[5] relative aux violences faites spécifiquement aux femmes, aux violences au sein des couples et incidences de ces dernières sur les enfants[6] a renforcé et élargi le dispositif. Elle crée un titre XIV dans le livre Ier C. civ. relatif aux personnes, qui traite spécifiquement des mesures de protection des victimes de violences. Désormais, le juge aux affaires familiales peut statuer en urgence lorsque des **violences** sont **commises par l'époux ou l'épouse**, mais également par **l'ex-époux ou épouse**, ou encore par **le concubin**, le **partenaire lié par un pacte civil de solidarité** ou **l'ancien concubin ou partenaire**. Tous les couples sont désormais protégés. Dans ce cadre, le juge rend une ordonnance de protection et peut ainsi prononcer un certain nombre d'injonctions à l'encontre de la personne violente, qui encourt, en cas de non-respect de celles-ci, des sanctions pénales. Il peut notamment attribuer le domicile familial à l'un des époux et donc ordonner l'expulsion de la personne violente. Ces mesures sont prises pour une durée de quatre mois maximum, sauf à ce qu'une requête en divorce soit déposée dans ce délai, auquel cas la durée est prolongée. La différence de traitement entre les mesures provisoires classiques et celles concernant l'époux violent réside dans les règles applicables à l'expulsion (v. s^s^ n°s 521.21, 521.32 *in fine*, 521.52 et 523.05). On voit bien ici que la frontière est mince entre **droit de la famille** et **droit pénal,** l'exécution des décisions du juge aux affaires familiales impliquant plus, au stade de l'exécution, une intervention pénale que civile[7]. Mais l'expulsion peut aussi être prononcée en amont du divorce. Ainsi par exemple lorsqu'un époux, marié sous le régime de la séparation de biens, occupe un immeuble appartenant en propre à l'autre. Dès lors qu'il ne pourra pas obtenir, dans le cadre de la liquidation, l'attribution de ce bien, l'époux propriétaire peut engager une action en expulsion avant même le prononcé du divorce et la liquidation du régime matrimonial[8]. La décision peut enfin être rendue après que le divorce eut été prononcé[9]. Mais la matière familiale offre d'autres exemples de décisions d'expulsion, plus rares, qui tendent à l'éviction d'un autre membre de la famille.

1. PAR EX. : CE 8 juin 2007, req. n° 298467, *AJDA* 2007. 1549.
2. PAR EX. : Paris, 1re ch. A, 26 juill. 2000, RG n° 1999/16355, *D.* 2000. 263 – Civ. 2e, 18 déc. 1996, n° 95-11.003, *Bull. civ.* II, n° 294 – Dans cette dernière espèce, cassation de l'arrêt qui prononce l'expulsion de la femme du logement du mari dont elle avait la jouissance au titre des mesures provisoires alors qu'un pourvoi était en cours contre le jugement de divorce qui avait finalement attribué le bien à l'époux, en raison de l'effet suspensif de celui-ci – Sur une difficulté posée par un pourvoi contre un jugement refusant le divorce : C. Puigelier, « La réintégration d'un époux au domicile conjugal lors d'une procédure de divorce devant la Cour de cassation (ou l'histoire d'un désert judiciaire) », *Gaz. Pal.* 4 déc. 1993, doctr. 1331.
3. L. n° 2004-439, 26 mai 2004 relative au divorce, *JO* 27 mai, p. 9319.
4. SUR CE POINT : J.-J. Bourdillat, « De l'expulsion du conjoint violent dans et après la réforme du divorce », *Dr. et proc.* 2005. 18.
5. L. n° 2010-769, 9 juill. 2010, relative aux violences faites spécifiquement aux femmes, aux violences au sein des couples et aux incidences de ces dernières sur les enfants, *JO* 10 juill., p. 12762.
6. POUR UN COMMENTAIRE DE LA LOI : V. Larribau-Terneyre, « Premiers échanges sur l'application de la loi du 9 juillet 2010 dans le temps et au fond », *Dr. fam.* 2011, n° 51 – E. Bazin, « Les nouveaux pouvoirs du juge aux affaires familiales en matière de violence au sein du couple », *JCP* 2010. 957.
7. SUR LA QUESTION DU LIEN AVEC LE DROIT PÉNAL : T. Moussa et J.-J. Bourdillat, « L'expulsion d'un époux du domicile conjugal : des procédures civiles d'exécution au droit pénal », *Procédures* 2002. Chron. 9.
8. Civ. 1re, 23 janv. 2007, n° 05-14.311, *Bull. civ.* I, n° 38.
9. PAR EX. : Civ. 1re, 9 oct. 1991, n° 90-15.073, *Bull. civ.* I, n° 260.

Ainsi en est-il, par exemple, de la belle-fille qui se maintient dans le logement prêté par ses beaux-parents après la rupture du couple[1], ou encore du fils de quarante-quatre ans qui tarde à quitter le nid familial[2], ou encore de la concubine occupante du logement commun avec le *de cujus*, qui l'a pourtant instituée légataire universelle par un testament qui ne pouvait s'appliquer au détriment des droits de la mère et de la sœur de celui-ci[3].

L'occupation initiale peut également résulter d'un **titre de propriété** qui est **remis en question**, soit par l'effet d'une simple **vente**[4], **soit par l'effet d'une saisie immobilière** (v. s[s] n°s 511.41 et 511.42), soit encore par l'effet d'une **expropriation**. Dans ce dernier cas, l'article L. 15-1 du Code de l'expropriation pour cause d'utilité publique, tel que modifié par la loi n° 2013-431 du 28 mai 2013 portant diverses dispositions en matière d'infrastructures et de services de transports, dispose que « *dans le délai d'un mois, soit du paiement de l'indemnité, ou en cas d'obstacle au paiement ou de refus de recevoir, de sa consignation, soit de l'acceptation ou de la validation de l'offre d'un local de remplacement, les détenteurs sont tenus d'abandonner les lieux. Passé ce délai qui ne peut, en aucun cas, être modifié, même par autorité de justice, il peut être procédé à l'expulsion des occupants* ». L'article R. 15-1 issu du décret n° 2005-467 du 13 mai 2005[5] prévoit par ailleurs que : « *Sauf dans les cas où cette décision relève de la compétence du juge administratif, l'expulsion prévue à l'article L. 15-1 est ordonnée par le juge de l'expropriation statuant dans la forme des référés* ». S'il est donc possible d'obtenir un titre d'expulsion dans le cadre de la procédure d'expropriation, en revanche, les règles de la partie législative du Code des procédures civiles d'exécution, et notamment celles relatives aux délais ne sont pas applicables à la mesure d'expulsion qui sera pratiquée[6] (sur ce point, v. s[s] n°s 511.62 et 521.06).

Une dernière question peut être abordée qui est celle de la **nature de la décision de justice**. En effet, on a vu que le législateur avait pris la peine de limiter les titres exécutoires en vertu desquels l'expulsion peut être poursuivie pour ne retenir que ceux ayant fait l'objet d'un passage devant le juge et permis à celui-ci de s'assurer de la portée de sa décision. Nous l'avons vu, la matière appelle souvent le prononcé d'**ordonnances de référé**, au civil comme à l'administratif, mais la question peut se poser de la possibilité de pratiquer une expulsion sur le fondement d'une **décision rendue sur requête**. La pratique s'est développée tout d'abord en matière d'expulsions de grévistes dans la mesure où les personnes occupant les lieux ne sont pas toujours identifiables. Étant dans l'impossibilité de nommer dans un acte introductif d'instance les défendeurs à la procédure, il arrive que les décisions d'expulsion soient rendues en l'absence de toute autre partie que le requérant, dans le cadre d'une procédure sur requête sur le fondement des articles 495 et 812 C. pr. civ. La cour de cassation, qui en admet le principe, considérant qu'il n'y a pas là violation de l'article 6 de la convention européenne des droits de l'homme et donc du droit au procès équitable à ce titre[7], exige toutefois que la dérogation au respect du contradictoire soit strictement délimitée, à savoir notamment qu'il n'y ait pas de représentants syndicaux identifiables aptes à présenter des moyens de défense communs à tout le personnel, et qu'il y ait urgence[8]. La question a également pu se poser en matière d'expulsion de gens du voyage. Une occupation sans titre de terrain d'une centrale thermique, alors que les occupants refusaient de donner leur identité à l'huissier venu constater l'état d'occupation, et dans la mesure où cette occupation présentait un danger pour les occupants, a permis au requérant d'obtenir un titre sur requête[9]. La possibilité a également été admise pour l'expulsion de squatters qui refusaient de donner leur identité[10]. Enfin, s'est posée la question pour les locaux abandonnés. Dans ce cadre, il est en effet délicat de nier que le contradicteur est plus que difficile à trouver. La question s'est trouvée en partie résolue par le décret n° 2011-945 du 10 août 2011 relatif aux procédures de résiliation de baux d'habitation et de reprise des lieux en cas d'abandon[11] (v. s[s]

1. Civ. 1re, 3 févr. 1993, n° 89-18.467, *Bull. civ.* I, n° 62, avec cette particularité que la demande d'expulsion avait été rejetée au motif que le prêt à usage n'avait pas été limité dans le temps, que les beaux-parents n'avaient pas besoin de le reprendre, tandis que la belle-fille et les enfants, auxquels le prêt avait également été accordé, en avaient, eux, encore besoin – Pour un commentaire, v. L. Leveneur, « Le sort du logement après la rupture », *Gaz. Pal.* 20 sept. 2007, n° 263, p. 18.
2. Pau, 2e ch., 1re sect., 29 oct. 2001, RG n° 00/01855, *LPA* 30 janv. 2002, n° 22, p. 16, note Lucas.
3. Paris, 20 juin 2013, RG n° 11/20197, *Dr. fam.* 2013, n° 134, note Binet.
4. PAR EX : Civ. 1re, 23 juin 2011, n° 10-20.189, NP : l'arrêt porte sur un problème de prescription, mais il s'agit de l'expulsion de propriétaires qui se croyaient encore propriétaires de leur lot suite à une vente et qui ont tenté d'engager la responsabilité du notaire.
5. Décr. n° 2005-467, 13 mai 2005, portant modification du Code de l'expropriation pour cause d'utilité publique, *JO* 12 août, p. 8449.
6. Chambéry, 1re ch., 22 mars 2011, RG n° 09/02804.
7. Civ. 2e, 22 janv. 1997, n° 95.12-654, *Bull. civ.* II, n° 19 – À noter également dans le sens de l'admission de ce type de titres, P. Le Fur, « L'expulsion », *Rev. huiss.* 1993. 225.
8. Civ. 2e, 17 janv. 2011, n° 10-16.737, NP.
9. Paris, 6 mai 2002, RG n° 2002/14126.
10. Chambéry, 18 sept. 2007, RG n° 07/01038, *Loyers et copr.* 2008, n° 3, note Vial-Pedroletti.
11. Décr. n° 2011-945, 10 août 2011, relatif aux procédures de résiliation de baux d'habitation et de reprise des lieux en cas d'abandon, *JO* 12 août, p. 13848.

n°s 532.21 et 532.22) qui prévoit une procédure de reprise sur requête dans le cas de locaux d'habitation abandonnés.

C.
Titres ne permettant pas l'expulsion

511.31 Acte notarié[1]. Sans aucune ambiguïté[2], le législateur a exclu de la liste des titres exécutoires permettant l'expulsion l'acte notarié. Celui-ci est en effet une simple convention entre les parties, un acte dressé aux termes d'une négociation[3], et pour lequel le consentement des parties est vérifié par l'officier public et ministériel qu'est le notaire. À ce titre il ne remplit pas le souhait du législateur de voir l'expulsion prononcée par un juge, afin que celui-ci puisse vérifier que les conditions de la résiliation du bail sont bien remplies et qu'il puisse éventuellement accorder des délais de paiement[4].

511.32 Transaction. Là non plus, il n'existe aucune ambiguïté sur l'impossibilité de procéder à une mesure d'expulsion sur le fondement d'une transaction rendue exécutoire par le président du tribunal de grande instance sur le fondement des dispositions de l'article 1441-4 C. pr. civ. En effet, saisie pour avis de la question, la Cour de cassation, dans une décision du 20 octobre 2000 a clairement énoncé que « *l'expulsion ne peut pas être poursuivie en vertu d'une transaction rendue exécutoire par ordonnance du président du tribunal de grande instance, ce titre ne constituant aucun des deux titres exécutoires limitativement énumérés par l'article 61 de la loi du 9 juillet 1991* »[5]. Ce faisant, elle confirme ce que le texte lui-même laissait pressentir par la forme négative de l'article 61 (devenu C. pr. exéc., art. L. 411-1), à savoir qu'il s'agit d'une liste limitative. D'aucuns auraient pu penser qu'il pourrait s'apparenter à un procès-verbal de conciliation exécutoire, mais à l'instar du constat d'accord conclu devant un conciliateur, la transaction nécessite un **accord des parties hors la présence du juge**, ce qu'a voulu proscrire le législateur. Par ailleurs, la force exécutoire de la transaction est acquise au terme d'une **procédure sur requête**, donc non contradictoire, qui ne permet donc pas au juge de s'assurer du libre consentement des parties alors même que la matière est grave.

511.33 Sentence arbitrale. Une expulsion peut-elle être poursuivie sur le fondement d'une sentence arbitrale et une sentence arbitrale prévoyant une expulsion pourrait-elle bénéficier de l'*exequatur ?* À l'évidence non et pour les mêmes raisons qui commandent d'exclure des titres permettant l'expulsion la transaction exécutoire. Si la Cour de cassation n'a pas eu à se pencher sur cette question, le juge de l'exécution du tribunal de grande instance de Paris s'est en revanche prononcé sur celle-ci et a répondu par la négative de manière très claire[6]. En effet, là encore, il s'agit d'une **procédure qui résulte de l'unique volonté des parties** et qui, pour que la sentence puisse être mise à exécution, nécessite un passage devant le président du tribunal de grande instance. Et si cela n'apparaissait pas clairement auparavant dans le texte de l'article 1477 C. pr. civ., depuis le décret n° 2011-48 du 13 janvier 2011 portant réforme de l'arbitrage[7], l'article 1487 C. pr. civ. énonce que l'*exequatur* résulte d'une procédure non contradictoire. Là encore, et sous les réserves émises concernant les ordonnances sur requêtes dans certains cas particuliers, la mesure d'expulsion nécessite que le juge ait pu apprécier la situation par la voie d'une procédure qui lui permet de rencontrer les deux parties.

D.
Cas particulier du jugement d'adjudication

511.41 Procès-verbal ou jugement d'adjudication. Titre ne permettant pas l'expulsion avant la réforme de 2006. L'expulsion d'un occupant peut aussi résulter de la perte pour celui-ci de son droit de propriété, soit par l'effet d'une vente volontaire, soit par l'effet d'un transfert forcé de la propriété, expropriation (v. s[s] n° 511.22) ou adjudication à la suite d'une procédure de saisie immobilière. Dans tous les cas, il s'agit purement et simplement d'un transfert de propriété, constaté dans une conven-

1. POUR UNE ÉTUDE GÉNÉRALE DE L'ACTE NOTARIÉ : M. Dagot, « La force exécutoire de l'acte notarié », *LPA* 6 janv. 1993, n° 3, p. 23.
2. POUR UN AVIS CONTRAIRE CEP. : v. P. Le Fur, p. 217-256 et not. p. 223 (art. préc. s[s] n° 511.22) – L'auteur considérait en effet, au moment de l'entrée en vigueur de la réforme du 9 juillet 1991 que le bail authentique était inclus dans le « *sauf dispositions spéciales* » de l'article 61. Il indiquait en effet que « *le bail authentique prévoyant l'expulsion à l'expiration des délais légaux du commandement de quitter les lieux* "sans aucune autre formalité" *paraît satisfaire aux conditions du texte* ».
3. J.-J. Bourdillat, « Le titre exécutoire notarié : le consensus exécutoire »*; Rev. huiss.* 1994. 679.
4. PERROT et THÉRY, n° 1081.
5. Cass., avis, 20 oct. 2000, n° 02-00.013, *Bull. avis*, n° 9; *Dr. et proc.* 2001. 123, note Bourdillat; *RTD civ.* 2001. 213; *JCP* 2001. II. 10479, note Desdevises; *D.* 2000. IR 296 – Et plus généralement sur la TRANSACTION EXÉCUTOIRE : G. Huchet, « Transaction, retour sur l'article 1441-4 du Code de procédure civile », *Gaz. Pal.* 11 déc. 2007, n° 345, p. 6.
6. TGI Paris, JEX, 30 janv. 1997, RG n°s 97/80061 à 97/80064, *Rev. huiss.* 1997. 1002.
7. Décr. n° 2011-48, 13 janv. 2011, portant réforme de l'arbitrage, *JO* 14 janv., p. 777.

tion par acte authentique ou dans un « *contrat judiciaire* »[1]. Pourtant, la question s'est posée à de nombreuses reprises de la possibilité de pratiquer une mesure d'expulsion sur le fondement d'un jugement d'adjudication. Et la Cour de cassation répondit sans réserve à cette question que « *la décision de justice en vertu de laquelle l'expulsion est poursuivie doit avoir ordonné ou autorisé l'expulsion et* [...] *tel n'est pas le cas d'un jugement d'adjudication, qui n'a aucun caractère contentieux* »[2]. Il n'était donc pas possible de procéder à une expulsion sur le seul fondement du jugement d'adjudication, à moins, comme cela a pu être jugé, qu'il n'ait statué sur un éventuel incident lié au maintien du saisi dans les lieux[3]. En indiquant que ce jugement n'a aucun caractère contentieux, la Cour de cassation rappelle ainsi qu'il ne s'agit que d'un simple contrat judiciaire qui entraîne transfert de propriété. Les juges du fond ont suivi cette jurisprudence sans difficulté[4]. Et les juridictions administratives, dans le cadre du contentieux de l'octroi du concours de la force publique, ont également appliqué cette règle[5].

Il faut pourtant bien que la personne occupant les lieux puisse être expulsée afin que le nouveau propriétaire puisse entrer effectivement en possession du bien dont il a été déclaré adjudicataire. Il a toujours été admis que le **juge des référés**, là encore, était le juge qui pouvait le plus naturellement prononcer l'expulsion en raison du trouble manifestement illicite que l'occupation représentait[6], et ce même si une action en annulation du jugement d'adjudication était poursuivie par l'occupante, cette action n'ayant aucun caractère suspensif[7].

Certains avaient pu considérer que le **juge de l'exécution** (JEX) était également bien placé pour délivrer un titre d'expulsion à la suite d'un jugement d'adjudication dans la mesure où il s'agirait d'une difficulté d'exécution relative au titre exécutoire que constituerait le jugement d'adjudication.

1. TGI Lyon, JEX, ord., 11 oct. 1994, *Gaz. Pal.* 1995. Somm. 210.
2. Civ. 2e, 7 mars 2002, n° 99-15.782, *Bull. civ.* II, n° 28; *D.* 2002. IR 116; *RTD civ.* 2002. 364, note Perrot.
3. V. jugement du TGI Lyon, JEX, ord., 11 oct. 1994 (préc. ss n° 511.41).
4. PAR EX. : Lyon, 6e ch. civ., 20 janv. 2004, RG n° 02/03682 – Grenoble, ch. des urgences, 14 févr. 2007, RG n° 05/04816.
5. CAA Nantes, 2e ch., 21 déc. 2004, Menut, req. n° 02NT00699, *Gaz. Pal.* 19 nov. 2005, n° 323, p. 29 – CE 29 oct. 2007, req. n° 279147, *Gaz. Pal.* 3 avr. 2008, n° 94, p. 34.
6. PAR EX. : Civ. 2e, 11 avr. 1986, n° 84-17.210, *Bull. civ.* II, n° 50 – Civ. 2e, 30 sept. 1999, n° 97-13.008, *Bull. civ.* II, n° 144 – Civ. 2e, 15 févr. 2001, n° 99-13.829, NPT; *Dr. et proc.* 2001. Actu. 206 – Angers, 1re ch., 3 juill. 2007, RG n° 06/01856.
7. Civ. 2e, 27 juin 2007, n° 06-15.893, *Bull. civ.* II, n° 117.

Une telle interprétation a été fermement rejetée par la Cour de cassation qui a indiqué qu'« *il n'entre pas dans les pouvoirs du juge de l'exécution de délivrer un titre autorisant une expulsion* »[8]. Si le JEX connaît en effet, de manière exclusive, en application des dispositions de l'article L. 213-6 du COJ, « *des difficultés relatives aux titres exécutoires et des contestations qui s'élèvent à l'occasion de l'exécution forcée* », il n'est en principe pas le juge auquel on s'adresse pour obtenir un titre exécutoire impliquant ensuite une mesure d'exécution forcée, sauf à lui demander de liquider une astreinte ou de prononcer une condamnation à des dommages et intérêts. Le prononcé d'une expulsion ne constitue pas seulement une difficulté d'exécution puisqu'aucune mesure contraignante n'a été prononcée contre l'occupant par le jugement d'adjudication. Le raisonnement de ceux qui acceptaient la compétence du JEX était sans doute fondé sur l'ancienne compétence reconnue au président du tribunal de grande instance qui statuait sur les difficultés d'exécution en application des dispositions de l'article 811 de l'ancien C. pr. civ., et qui pouvait prononcer l'expulsion[9].

À noter toutefois que la deuxième chambre civile de la Cour de cassation avait laissé entendre, dans un arrêt du 6 mai 1999[10], que le JEX aurait le pouvoir d'ordonner l'expulsion sur le fondement de la voie de fait.

En effet, dans cette affaire, des occupants d'un bien ayant fait l'objet d'une saisie immobilière et d'un jugement d'adjudication avaient réintégré les lieux après leur expulsion, qui semble-t-il avait eu lieu sur le seul fondement du jugement d'adjudication. La Cour de cassation avait admis alors que le JEX délivre un titre d'expulsion sur le fondement des articles R. 441-1 et R. 442-1 C. pr. exéc., c'est-à-dire sur le fondement des articles qui pour le premier qualifie la réintégration de la personne expulsée de voie de fait et prévoit que le commandement de quitter les lieux continue alors de produire effet, et pour le second, donne compétence au juge de l'exécution du lieu de situation de l'immeuble pour trancher les contestations relatives à l'expulsion.

L'arrêt précité du 10 juillet 2003 ayant énoncé clairement que le JEX ne pouvait délivrer un titre d'expulsion postérieurement, une telle jurisprudence est fort certainement remise en question.

Mais pour pouvoir obtenir ce titre d'expulsion auprès du juge des référés, il faut avant tout avoir signifié le jugement d'adjudication à l'occupant que l'on envisage de faire expulser, à peine d'irrecevabi-

8. Civ. 2e, 10 juill. 2003, n° 00-19.579, *Bull. civ.* II, n° 247; *D.* 2003. IR 2053; *Dr. et proc.* 2003. 379.
9. Civ. 2e, 11 févr. 1987, n° 85-16.533, *Bull. civ.* II, n° 44; *Gaz. Pal.* 1987. Somm. 488, note Guinchard et Moussa.
10. Civ. 2e, 6 mai 1999, n° 96-21.081, NP; *Procédures* 1999, n° 175, note Perrot; *Procédures* 1999, n° 199, note Junillon.

lité de la demande d'expulsion [1], mais aussi, de voir différer le point de départ des indemnités d'occupation [2]. Toutefois, l'absence de formule exécutoire sur le jugement d'adjudication qui est signifié n'entraîne pas nécessairement la nullité de la signification et par voie de conséquence pas l'irrecevabilité de la demande d'expulsion [3]. Les décisions en ce sens sont rendues au visa de l'article 503 C. pr. civ. qui prévoit que « *les jugements ne peuvent être exécutés contre ceux auxquels ils sont opposés qu'après leur avoir été notifiés* ». Ce qui était singulier, c'est qu'en cas d'adjudication sur saisie immobilière, il fallait donc une double signification, du jugement d'adjudication translatif de propriété, qui avertissait l'occupant qu'il était sans droit ni titre, puis du jugement d'expulsion qui lui enjoignait de quitter les lieux. Fort de ce constat d'inutilité de doubler les procédures, le législateur a remédié à cette situation en 2006.

511.42 Titre qui permet désormais l'expulsion : le jugement d'adjudication après la réforme de 2006. L'ordonnance n° 2006-461 du 21 avril 2006 réformant la saisie immobilière [4] et le décret n° 2006-936 du 27 juillet 2006 relatif aux procédures de saisie immobilière et de distribution du prix d'un immeuble ont profondément réformé la procédure de saisie immobilière. Sans entrer dans le détail de celle-ci (v. s^s n°s 1360.11 s.), l'article L. 322-13 C. pr. exéc. prévoit que : « *Le jugement d'adjudication constitue un titre d'expulsion à l'encontre du saisi* » [5]. L'article R. 322-64 C. pr. exéc.) prévoit quant à lui que « *sauf si le cahier des conditions de vente prévoit le maintien dans les lieux du débiteur saisi, l'adjudicataire peut mettre à exécution le titre d'expulsion dont il dispose à l'encontre du saisi et de tout occupant de son chef n'ayant aucun droit qui lui soit opposable à compter de la consignation du prix et du paiement des frais taxés* ». Sauf donc à ce que l'adjudicataire ait été préalablement averti qu'il allait tenter d'acquérir un bien qui resterait occupé dans le cahier des conditions de vente, il peut poursuivre l'expulsion des occupants du bien acheté sur la base du jugement constatant le transfert de propriété. Mais il y a des conditions. Tout d'abord, il ne peut pas expulser tout le monde : seuls les occupants sans droit ni titre sont expulsables, à l'exclusion des locataires. Par ailleurs, il doit avoir payé la totalité du prix et des frais taxés. Ces nouvelles dispositions amènent quelques questions toutefois. Le jugement doit-il prononcer expressément l'expulsion ? Rien ne l'indique puisqu'il constitue, en soi, un titre d'expulsion. Néanmoins, pour éviter toute difficulté d'exécution et notamment que le nouveau propriétaire se voit opposer un refus de concours de la force publique, il est préférable de l'indiquer clairement, ce d'autant plus que le cahier des conditions de vente peut prévoir que le saisi restera dans les lieux. Par ailleurs, et puisqu'il faut attendre le versement du prix, à quel moment le jugement d'adjudication constitue-t-il un titre d'expulsion lorsque faute d'enchérisseurs, le jugement a déclaré adjudicataire le créancier poursuivant, en application de l'article 2206 du Code civil (devenu C. pr. exéc., art. L. 322-6) ? En effet, il n'est prévu aucune dérogation le concernant. Y aura-t-il consignation du prix de vente ? Une très ancienne jurisprudence sur ce point avait précisé que l'adjudicataire ne pouvait en principe pas compenser avec le débiteur propriétaire du bien vendu. Certains en ont déduit qu'il s'agissait simplement d'une interdiction en l'absence de créanciers de rang supérieur, et d'autres y ont vu une interdiction absolue, le prix de vente n'étant pas à proprement parler exigible par le débiteur tant qu'il y a des créanciers inscrits. Il est toutefois fréquent de trouver une clause dans le cahier des conditions de vente qui prévoit que le créancier poursuivant de premier rang devenu acquéreur, sous réserve des droits des créanciers privilégiés pouvant le primer, aura la faculté, par déclaration au séquestre désigné et aux partis, d'opposer sa créance en compensation légale totale ou partielle du prix, à ses risques et périls, dans les conditions de l'article 1289 du Code civil. Si tel est le cas, alors l'adjudicataire n'aura pas à effectuer un versement pour pouvoir procéder à l'expulsion.

Il convient de préciser que les règles classiques de l'expulsion qui seront exposées ci-dessous sont ensuite applicables à l'exécution de ce titre [6].

E.
Dérogations

511.51 Dérogations à la nécessité d'un titre exécutoire. Après avoir dressé cette liste des titres

1. Civ. 2e, 11 avr. 1986, n° 84-17.210, *Bull. civ.* II, n° 50 – Civ. 2e, 10 mars 2004, n° 02-17.292, NP; *Dr. et proc.* 2004. 178 – Civ. 2e, 3 mai 2007, n° 06-10.332, NP – Mais aussi, faute de signification du jugement d'adjudication et du titre d'expulsion, à peine d'être sanctionné pour une voie de fait : Civ. 2e, 7 juin 2007, n° 07-10.601, *Bull. civ.* II, n° 146 – *CONTRA :* Civ. 2e, 6 mai 1998, n° 98-13.621, NP.
2. Civ. 2e, 1er mars 1995, n° 93-16.007, *Bull. civ.* II, n° 62 – Civ. 2e, 14 juin 2001, n° 99-19.353, NP; *Dr. et proc.* 2001. 339.
3. Civ. 2e, 11 févr. 2010, n° 09-65.404, *Bull. civ.* II, n° 31; *D.* 2011. 265, obs. Fricero.
4. Ratifiée dernièrement par L. n° 2010-1609, 22 déc. 2010, relative à l'exécution des décisions de justice, aux conditions d'exercice de certaines professions réglementées et aux experts judiciaires, *JO* 23 déc., p. 22552.
5. A. Leborgne, « Saisie immobilière et expulsion des occupants », *Procédures* 2009. Alerte 1.
6. Rép. QE, AN n° 15650, *JOAN Q* 26 août 2008, p. 7419.

exécutoires permettant l'expulsion et de ceux ne la permettant pas, il convient de s'interroger sur la dérogation expresse qui se situe en tête de l'article L. 411-1 C. pr. exéc. Il est en effet indiqué que l'expulsion ne peut avoir lieu sans titre exécutoire, « *sauf disposition spéciale* ». Au lendemain de l'entrée en vigueur de la réforme de 1991, d'aucuns ont pu considérer que le bail authentique pouvait être la disposition spéciale visée par le texte[1], ce qui est plus que contestable et n'a d'ailleurs pas été retenu par la jurisprudence (v. s^s n° 511.31). D'autres y ont vu l'occupation illicite du domaine public, l'occupation d'un lieu habité à la suite d'une violation de domicile à condition que la notion de flagrant délit soit établie, ou encore l'occupation d'une partie commune d'un immeuble telle que cage d'escalier, cour commune, etc. Si le premier et le dernier cas retenus par cet auteur sont finalement à exclure puisque l'occupation du domaine public donne lieu à des décisions en référé (v. s^s n° 511.22), et qu'aucune disposition ne permet de dispenser un propriétaire d'un titre pour pouvoir procéder à l'expulsion dans les parties communes par exemple, l'auteur avait quelque peu anticipé la volonté du législateur pour le second cas. En effet, il existe, depuis 2007, **deux nouveaux cas de dispense de titre exécutoire pour pouvoir procéder à une expulsion ou à une évacuation.**

Il existe en effet des cas où l'expulsion peut faire suite à une simple mise en demeure de quitter les lieux (v. s^s n°s 500.06 et 511.22).

– L'article 9 de la loi n° 2000-614 du 5 juillet 2000 relative à l'accueil et à l'habitat des gens du voyage, dans sa rédaction issue de la loi n° 2007-297 du 5 mars 2007 relative à la prévention de la délinquance, dispose que le maire ou le préfet peut, sous certaines conditions, délivrer une **mise en demeure de quitter les lieux aux occupants d'un terrain de la commune, voire d'un terrain privé**, et ce dans un délai de vingt-quatre heures minimum. À l'issue de ce délai et sauf recours devant le juge administratif contre cette mise en demeure, le préfet peut procéder à l'évacuation forcée.

– L'article 38 de la loi n° 2007-290 du 5 mars 2007 instituant le droit au logement opposable et portant diverses mesures en faveur de la cohésion sociale prévoit par ailleurs une **procédure similaire en cas de squat d'un domicile**[2] (on notera que cette procédure n'est quasiment pas utilisée car le squat d'un domicile est rare).

En réalité, ces exceptions sont même plus larges que la simple dérogation à la nécessité d'avoir un titre exécutoire précis pour procéder à une expulsion. En effet **c'est ici le préfet qui procède à l'évacuation forcée** directement, sans que le propriétaire n'ait à demander le concours d'un huissier de justice. Ces mesures sont hors du champ des procédures civiles d'exécution puisqu'il s'agit de **procédures purement administratives.**

Mais à l'origine, quelle a été l'intention du législateur lorsqu'il a prévu cette dérogation ? Ce sont les débats parlementaires qui nous apprennent celle-ci. Cette disposition renvoyait d'après eux à l'arrêté de péril. La matière ayant beaucoup évolué depuis 1991, il faut ici distinguer les différentes situations possibles. Il existe en réalité **l'arrêté de péril simple**, imminent, avec ou sans interdiction temporaire ou définitive d'habiter (CCH, art. L. 511-1 s.) mais aussi **la déclaration d'insalubrité** (CSP, art. L. 1331-1 s.). Dans tous les cas, sauf peut-être le tout premier, l'évacuation des lieux pourra être réalisée par le préfet dès lors que la décision prévoira celle-ci. Par ailleurs, le propriétaire et à défaut le préfet, devront trouver des solutions de relogement si toutefois les occupants sont de bonne foi. Il ne s'agit que d'une évacuation provisoire lorsque les occupants ont un titre à l'origine de leur occupation. Dans ce cas en effet, si ceux-ci refusent trois offres de relogement, ils pourront être expulsés, et non plus seulement évacués, en ce sens qu'il n'y aura pas de retour possible dans les lieux, sur décision du juge qui constatera la résiliation du bail. Dans tous les cas où l'évacuation a été poursuivie d'office par le préfet, il est même prévu un dispositif semblable à celui prévu en matière d'expulsion pour qu'il soit statué sur le sort des meubles laissés sur place (CCH, art. L. 542-1).

§ 2
Dispositif du titre

511.61 L'expulsion doit avoir été prononcée explicitement. C'est à l'occasion de l'arrêt relatif à la valeur du jugement d'adjudication que le principe a été posé de manière très solennelle par la Cour de cassation (v. s^s n° 511.41) dans son arrêt du 7 mars 2002 : « *La décision de justice en vertu de laquelle l'expulsion est poursuivie, doit avoir ordonné ou autorisé l'expulsion* ». Le dispositif de la décision doit donc être extrêmement clair. Comme cela a pu être dit, « *la gravité d'une telle mesure suppose un ordre du juge : on ne peut pas procéder à une expulsion, sans qu'un juge l'ait formellement dit* »[3]. Il ne suffit

1. P. Le fur (art. préc. s^s n° 511.22).
2. Sur cette procédure et plus généralement la PROBLÉMATIQUE DU SQUAT : v. A. Dorange, « La gestion procédurale du squat : la protection du domicile contre l'occupation sans droit ni titre », *RSC* 2011. 371.
3. Note Perrot s^s Civ. 2e, 7 mars 2002, n° 99-15.782, *RTD civ.* 2002 364.

pas par exemple de prononcer la résiliation du bail ni même de dire que les occupants devront quitter les lieux ou « *délaisser l'immeuble* »[1]. Il doit être précisé que s'ils ne le font pas, une mesure d'expulsion pourra être mise en œuvre à leur encontre. Bien entendu, le juge ne peut le faire que si l'expulsion a été demandée par les parties faute de quoi il statuerait *ultra petita*. Cette précision a son importance notamment dans les litiges familiaux car une certaine réserve peut parfois être observée sur ce point par certains époux qui, de peur d'attiser le contentieux, ne tirent pas nécessairement les conséquences de leur demande d'attribution du logement par exemple et sont, au stade de l'exécution, fort embêtés par le titre incomplet dont ils disposent. Il est donc important, pour que la partie adverse sache également exactement à quoi s'attendre une fois la décision rendue et puisse ainsi se défendre utilement, de demander clairement l'expulsion et que celle-ci soit tout aussi clairement prononcée.

En l'absence d'une telle condamnation, l'huissier de justice ne peut procéder à l'expulsion et s'il le faisait, le concours de la force publique lui serait refusé et la validité des actes pourrait être remise en cause. Si toutefois la demande avait été faite et que le juge n'avait pas statué dessus, il est toujours possible de le saisir en omission de statuer sur le fondement de l'article 462 C. pr. civ. Dans l'hypothèse où l'expulsion n'aura pas été demandée, le propriétaire n'aura pour seule option que de saisir le juge pour qu'il prononce l'expulsion en raison de l'absence de titre de l'occupant.

511.62 Existe-t-il des dérogations à ce principe de clarté ? Tout d'abord, une décision surprenante de la cour d'appel de Toulouse du 27 mars 2007[2] mérite d'être signalée. Celle-ci indique que « *la décision de justice en vertu de laquelle l'expulsion est poursuivie doit avoir ordonné ou autorisé l'expulsion. Cette autorisation est implicitement, mais suffisamment, donnée lorsque le tribunal condamne l'occupant à libérer les lieux sous astreinte* ». Cette analyse semble directement contraire à la jurisprudence de la Cour de cassation précitée, dans la mesure où l'on imagine mal un ordre implicite du juge. Ce d'autant que l'ordre d'expulsion s'adresse non seulement à l'occupant, qui doit effectivement quitter les lieux volontairement, faute de quoi il est averti que la force publique pourra être requise pour procéder à son expulsion forcée, mais aussi et surtout au préfet qui, lorsqu'il va lui être demandé de prêter assistance à l'huissier de justice pour procéder à l'expulsion, doit être sûr que l'ordre a bien été donné de procéder à cette expulsion. Or, l'astreinte qui est ordonnée n'est destinée qu'à l'occupant, en vue de l'inciter à quitter les lieux volontairement. Il n'apparaît donc pas ici qu'il y ait matière à dérogation.

En revanche, on peut s'interroger sur la nécessité de prononcer expressément l'expulsion lorsque la loi elle-même prévoit que le titre vaut titre d'expulsion. Ainsi, par exemple, l'article L. 322-13 C. pr. exéc. prévoyant que le jugement d'adjudication constitue un titre d'expulsion, il est permis de se demander s'il est nécessaire que l'expulsion soit prononcée. Cela est préférable dans la mesure où le cahier des conditions de vente peut prévoir le maintien dans les lieux du saisi, mais aussi où tout juge qui prononce une expulsion a la faculté d'accorder des délais (v. s^s n° 511.42). Par ailleurs, l'article R. 15-1 du Code de l'expropriation pour cause d'utilité publique prévoit, depuis 2005, quel est le juge compétent pour « ordonner » l'expulsion et selon quelle procédure, à la suite d'une ordonnance d'expropriation. Il est donc clair qu'il faut un ordre du juge pour procéder à l'expulsion à la suite d'une procédure d'expropriation. Néanmoins, auparavant la question avait pu se poser de savoir si le fait que l'article L. 15-1 du même code qui prévoit qu'il « *peut être procédé à l'expulsion des occupants* » passé le délai d'un mois suivant le paiement de l'indemnité, permettait de dire que l'ordonnance d'expropriation constituait un titre d'expulsion en soi, et si donc il était nécessaire que l'expulsion fut prononcée.

En réalité, c'est **devant le Conseil d'État**, dans le cadre d'un contentieux relatif à l'octroi de la force publique que celle-ci s'était posée. Le rapporteur tendait à répondre par la négative en indiquant qu'il était nécessaire qu'il y ait un ordre du juge car c'est à lui d'apprécier la validité du paiement de l'indemnité et s'il souhaite octroyer des délais supplémentaires[3]. Le Conseil d'État, par arrêt du 18 mai 1990, n'avait pas suivi son rapporteur et avait considéré que l'ordonnance d'expropriation pouvait constituer, en soi, un titre d'expulsion. En revanche, la pratique judiciaire était bien de délivrer des titres d'expulsion en référé[4]. C'est la pratique qui a prévalu avec le décret du 13 mai 2005 précité qui a

1. CE 29 oct. 2007, req. n° 279147, *Gaz. Pal.* 3 avr. 2008, n° 94, p. 34 – V. AUSSI : Grenoble, ch. des urgences, 14 févr. 2007, RG n° 05/04816 : dans cet arrêt, la Cour rappelle que le jugement d'adjudication ne constitue pas un titre autorisant l'expulsion, mais ajoute « *lorsqu'il n'a pas statué sur la situation de maintien ou non de l'occupant* ». On pourrait plutôt dire : « *lorsqu'il n'a pas ordonné l'expulsion* » car dans l'espèce soumise au Conseil d'État (arrêt du 29 oct. 2007), le juge s'était bien prononcé sur le maintien ou non dans les lieux.
2. Toulouse, 1re ch., 3e sect., 27 mars 2007, RG n° 05/05583.
3. M. Fornacciari, « L'ordonnance d'expropriation vaut-elle jugement d'expulsion des occupants se maintenant dans les lieux ? », concl. sur CE 18 mai 1990, Ville de Nice c/ M. Ferrari, *RFDA* 1991. 271.
4. PAR EX. : Civ. 3e, 17 janv. 1990, n° 88-70.369, NP – Civ. 3e, 18 juin 2003, n° 02-70.061, NP.

créé l'article R. 15-1 du Code de l'expropriation (v. s[s] n° 511.22).

Enfin, la question se pose de manière renouvelée avec le décret n° 2011-945 du 10 août 2011, relatif aux procédures de résiliation de baux d'habitation et de reprise des lieux en cas d'abandon, puisqu'il prévoit que la décision de reprise constitue bien un titre d'expulsion. *A priori*, le juge n'aura qu'à prononcer la reprise et cela aura pour effet de permettre de mettre en œuvre une procédure d'expulsion allégée, mais aussi, en cas d'occupation postérieure au titre, une expulsion complète (v. s[s] n°s 532.21 et 532.22).

511.63 D'autres mentions sont-elles nécessaires ? Le dispositif de la décision d'expulsion se doit d'être le plus clair et précis possible pour permettre à l'huissier de justice de procéder à l'expulsion, et au préfet d'apprécier la nécessité ou non d'accorder l'octroi du concours de la force publique. Ainsi, il est préférable d'indiquer clairement de quel bien il s'agit précisément, même s'il a pu être jugé qu'il n'était pas nécessaire de mentionner les références cadastrales du bien expulsé[1]. Dans certains cas, cela est toutefois nécessaire, et parfois même pas suffisant[2]. En revanche, une fois l'expulsion prononcée, cela va avoir des conséquences procédurales prévues par la loi, sur lesquelles le juge qui ordonne l'expulsion n'a pas de prise. La procédure d'expulsion devra être suivie, avec la délivrance du commandement d'avoir à libérer les locaux, la suspension de certaines expulsions en période hivernale, et le concours de la force publique si nécessaire. Si cela rend le dispositif plus clair, il n'est donc pas indispensable d'indiquer que le sort des meubles sera réglé conformément aux dispositions des articles 65 et 66 de la loi du 9 juillet 1991 (devenus C. pr. exéc., art. L. 433-1 et L. 433-2), ni que la force publique devra prêter son concours, qui ne sont que des rappels des effets légalement prévus de la décision.

511.64 Parties au litige. Les précisions devront évidemment porter également sur les personnes concernées par la procédure d'expulsion, propriétaire titulaire du titre d'expulsion et personnes susceptibles d'être expulsées, comme n'importe quel titre exécutoire, avec toutefois quelques particularités côté titulaire du titre comme côté défendeur au titre ou personne visée par l'expulsion.

1. Saint-Denis de la Réunion, 1re ch. civ., 14 nov. 2008, RG n° 07/01099.
2. Civ. 2e, 14 oct. 2010, n° 09-16.492, NP : les références cadastrales étaient précisément indiquées, mais pas les lots. Or, le titre portait uniquement sur des locaux à usage industriel et pas à ceux à usage d'habitation. La Cour a admis la limitation des effets du commandement.

511.65 Titulaire du titre ou problématique de la transmission du bénéfice de celui-ci. Le titulaire du titre est le demandeur dans le cadre de la procédure tendant à son obtention et c'est en principe lui qui pourra mettre en œuvre la procédure d'expulsion subséquente. Néanmoins, il existe des cas où le titre pourra être transmis en même temps que la propriété du bien et il est important de déterminer en ce cas qui pourra procéder à l'expulsion, dédommager la personne expulsée en cas de difficulté, ou requérir la force publique par exemple. Ainsi, il a été jugé que le fait de diligenter une procédure d'expulsion est une action personnelle[3] et qu'elle ne se transmet donc pas automatiquement avec la vente du bien. En conséquence, il faut pour le nouveau propriétaire notifier à l'occupant une cession du titre exécutoire dans les formes prévues à l'article 1690 du Code civil. Cependant, contrairement à ce qu'avait pu juger la cour d'appel de Paris dans une affaire où elle avait affirmé cette nature personnelle de l'action, et qui avait retenu comme valable le commandement de quitter les lieux délivrés par l'acquéreur dans la mesure où la notification avait eu lieu en cours de procédure devant elle[4], la Cour de cassation a indiqué que la cession du titre devait avoir été notifiée préalablement à la délivrance du commandement[5]. Ce qui n'implique d'ailleurs pas que l'acte de vente ait déjà été publié[6]. Il faut donc, au préalable bien sûr, que les parties à l'acte de vente se soient mises d'accord sur la cession du titre exécutoire et la poursuite de l'expulsion. Ce qui a d'ailleurs pu poser difficulté dans une affaire où une expropriation avait eu lieu, avec un délai pour quitter les lieux prévu au bénéfice de l'exproprié, qui indiquait quant à lui faire son affaire de la libération effective des lieux alors que s'y trouvaient des occupants sans droit ni titre. L'exproprié avait obtenu, préalablement à l'accord, un titre d'expulsion mais s'était déjà vu refuser le concours de la force publique. Il n'a pu ensuite poursuivre la mesure d'expulsion puisqu'il n'était plus propriétaire des locaux. Il a tenté de faire annuler son obligation de libérer les lieux avant la date fixée et l'avait obtenu en instance d'appel, dans la mesure où il avait été considéré que, simple particulier, il ne pouvait avoir conscience que, dès le jour de

3. Paris, 8e ch. B, 23 janv. 2003, RG n° 2002/15532, *Dr. et proc.* 2003. 254 – Nancy, 5 nov. 2007, RG n° 06/02709 – Avec REJET DU POURVOI à son encontre : Civ. 3e, 12 mai 2009, n° 08-12.845, NP : dans cette espèce, il s'agissait d'une donation et la Cour de cassation ne s'est pas occupée de la notification à la personne expulsée.
4. Paris, 8e ch. B, 23 janv. 2003, RG n° 2002/15532, *Dr. et proc.* 2003. 254.
5. Civ. 3e, 29 juin 2005, n° 06-14.163, *Bull. civ.* III, n° 147.
6. Civ. 3e, 4 mai 2000, n° 98-20.136, *Bull. civ.* III, n° 98; *Gaz. Pal.* 8 août 2000, n° 221, p. 17.

l'acte de transfert de propriété, il ne pourrait plus poursuivre l'expulsion. La Cour de cassation a cassé cet arrêt au motif que l'exproprié devait avoir conscience de ce à quoi il s'engageait[1]. Il a donc dû régler les indemnités d'occupation auxquelles il était tenu en vertu de l'accord. Par ailleurs, dans le cas où il n'y a tout simplement pas transfert de propriété, il est certain que le titre d'expulsion n'est pas transmis[2].

La question de la transmission du titre exécutoire a pu également se poser en matière de **demande de concours de la force publique** et de **responsabilité de l'État.** Dès 1989, le Conseil d'État a considéré qu'un acte de vente de la propriété objet de l'occupation sans titre « *subroge exclusivement l'acquéreur aux droits du vendeur dans l'action que ce dernier pouvait engager contre* [l'occupant]; *qu'ainsi, le refus de faire droit à la demande de concours de la force publique présentée par le précédent propriétaire, n'a fait naître aucun droit à indemnisation contre l'État, au profit de l'acquéreur* »[3]. Autrement dit, l'acquéreur doit en principe renouveler la demande de concours de la force publique pour son propre compte. À noter que le Conseil d'État ne semblait pas exiger que l'acte ait expressément subrogé l'acquéreur, ni qu'un tel transfert ait été notifié à l'occupant. Il a ensuite clairement énoncé le principe selon lequel : « *La responsabilité de l'État née du refus de prêter le concours de la force publique pour assurer l'exécution d'une décision de justice ne peut être engagée qu'à l'égard de la personne au profit de laquelle a été rendue cette décision* »[4].

Dans cette espèce, l'exploitant d'installations se trouvant sur le terrain du titulaire du titre d'expulsion et donc du propriétaire des lieux, n'a donc pas pu procéder à l'expulsion des occupants sans titre de son exploitation.

Mais le Conseil d'État a récemment semblé assouplir sa jurisprudence sur ce point puisqu'en 2008, elle a admis que le nouveau propriétaire puisse bénéficier d'une demande de concours de la force publique faite par le précédent propriétaire. Mais la chose fut admise dans le cadre d'une fusion de sociétés qui implique une transmission universelle du patrimoine, contrairement à une vente[5]. Une telle solution devrait pouvoir ainsi s'appliquer également en cas de décès et de reprise de la procédure par les ayants droit du propriétaire. Toutefois, il confirma cette tendance à simplifier la tâche des nouveaux propriétaires en énonçant récemment, dans un considérant de principe repris dans deux arrêts du 2 septembre 2009 que « *la responsabilité de l'État née du refus de prêter le concours de la force publique pour assurer l'exécution d'une décision de justice ne peut être engagée qu'à l'égard de la personne au profit de laquelle a été rendue cette décision ou de la personne investie ultérieurement de ses droits* »[6]. Cela signifie que le nouveau propriétaire doit pouvoir bénéficier des effets de la demande de concours de la force publique de l'ancien propriétaire.

À noter que dans les deux espèces ayant donné lieu à ces arrêts, le bénéfice de ce principe a été refusé. Dans le premier cas en effet, c'est l'ancien propriétaire qui a obtenu le titre exécutoire à un moment où il n'était déjà plus propriétaire et le Conseil d'État a refusé l'indemnisation du nouveau propriétaire qui n'avait engagé aucune démarche en vue de l'expulsion. Dans le second cas, les titulaires de la totalité des parts d'une SCI en liquidation ont tenté d'obtenir une indemnisation pour le refus de concours de la force publique qui avait été opposé à la SCI, indemnisation qui a été refusée. Mais, si l'on regarde la jurisprudence ultérieure, il faut que la transmission soit prévue expressément, par une **clause de subrogation dans l'acte de vente** par exemple[7]. Plus récemment et sur la base de ce même attendu de principe, le Conseil d'État a jugé que l'emphytéose investit le preneur des droits que le propriétaire tire d'une décision d'expulsion et que le refus de concours de la force publique opposée au propriétaire engage la responsabilité de l'État vis-à-vis de l'emphytéote[8].

Quant aux conséquences d'une annulation du titre d'expulsion (v. s^s n°s 511.81 à 511.83) en cas de transfert de propriété en cours de procédure, une décision de la troisième chambre civile de la Cour de cassation du 11 janvier 2006 mérite ici d'être évoquée[9].

Dans cette affaire, un propriétaire de locaux commerciaux avait délivré un congé portant refus de renouvellement du bail commercial à son locataire. Il lui devait donc une indemnité d'éviction et, dans l'attente du paiement, maintien dans les lieux. Un litige sur le montant de l'indemnité étant en cours, et un arrêt ayant à ce titre condamné le propriétaire au paiement de l'indemnité et prononcé l'expulsion du locataire, le bien a été vendu. Le nouveau propriétaire a réglé l'indemnité d'éviction et a fait procéder à l'expulsion. Mais l'arrêt ayant prononcé

1. Civ. 1re, 29 nov. 2005, n° 03-13.574, NP.
2. EN CE SENS : Civ. 3e, 23 juin 1981, n° 79-17.108, *Bull. civ.* III, n° 132 : dans ce cas, ce sont les locataires qui avaient diligenté la procédure d'expulsion contre les sous-locataires et le propriétaire tentait de s'en prévaloir.
3. CE 21 juill. 1989, req. n° 73430, NP.
4. CE 16 févr. 2000, Gonzales, req. n° 147948, *Gaz Pal.* 28 déc. 2000, n° 363, p. 42.
5. CE 28 nov. 2008, req. n° 301548, *AJDA* 2009. 278.
6. CE 2 sept. 2009, req. nos 297126 et 299478, *AJDA* 2010. 344, note Donier.
7. CE 12 janv. 2011, req. n° 338305, NP.
8. CE 10 oct. 2012, req. n° 352770, Paris Habitat OPH, *Lebon*; *AJDA* 2013. 85; *JCP N* 2012. Actu. 932.
9. Civ. 3e, 11 janv. 2006, n° 04-20.791, *Bull. civ.* III, n° 8; *D.* 2006. 369, obs. Rouquet; *Dr. et proc.* 2006. 42, obs. Schütz.

l'expulsion a été cassé et le locataire a donc demandé à l'ancienne propriétaire des dommages et intérêts pour le préjudice né de la violation de son droit au maintien dans les lieux. La Cour de cassation, validant ici le raisonnement de la cour d'appel, a décidé que l'action était mal dirigée puisque c'était le nouveau propriétaire qui avait poursuivi l'expulsion. Les demandes relatives aux conséquences dommageables d'une expulsion sont donc à diriger contre celui qui a fait procéder à l'expulsion.

511.66 Personne à expulser. Notion d'« occupant du chef de... ». Le titre exécutoire à l'origine de l'expulsion vise en général des personnes nommées, occupantes sans droit ni titre d'un local ou d'un terrain. Souvent on trouve également la formule « *ordonne l'expulsion de M. X et de tout occupant de son chef* » dans le dispositif des décisions fondant une expulsion.

Le **Conseil d'État** a d'ailleurs récemment jugé qu'il n'était pas besoin d'une mention en ce sens dans le dispositif de la décision, l'expulsion des occupants du chef de la personne à expulser étant sous-entendue[1].

On peut s'interroger sur une telle jurisprudence si on la lit en parallèle de celle de la **Cour de cassation** exigeant à juste titre que les choses soient clairement dites en matière d'expulsion.

Quoi qu'il en soit, la notion apparaît par ailleurs à l'article R. 412-1 C. pr. exéc. en ce qu'il contraint le propriétaire à délivrer un commandement comprenant certaines mentions spécifiques aux locaux d'habitation à « *la personne expulsée ou* [...] *tout occupant de son chef* », ou encore l'article L. 412-1 C. pr. exéc. qui prévoit des délais spécifiques lorsque le local expulsé constitue l'habitation principale de la personne expulsée ou des occupants de son chef. Elle apparaît également à l'article R. 322-64 C. pr. exéc. qui prévoit que le jugement d'adjudication constitue un titre d'expulsion à l'encontre du saisi et de tout occupant de son chef. Si, sous réserve que le dispositif soit bien sûr suffisamment explicite sur l'identité des défendeurs, par exemple sur les prénoms et noms d'une épouse, la lecture de la décision est aisée en ce qui concerne le défendeur au titre, reste à savoir ce que recouvre la notion d'occupant de son chef qui peut être expulsé sur le fondement d'un titre rendu à l'encontre du seul titulaire du droit d'occupation ou d'un seul des occupants. La question s'est posée sous divers angles, au stade de la délivrance du commandement de quitter les lieux, ou encore au stade du concours de la force publique, dans le cadre de sous-locations notamment, et de contentieux familiaux.

C'est avant tout dans le cadre d'**expulsions d'hôtels** que la problématique s'est posée et que la Cour de cassation a clairement tranché la question. L'occupant du chef de la personne expulsée est celui qui tient ses droits d'occupation de celle-ci[2]. La Cour de cassation a réaffirmé clairement ce principe dans l'hypothèse d'une tierce opposition des sous-locataires, tierce opposition dont ils ont donc été déboutés[3]. Le fait que le bailleur ait non seulement connaissance, mais même agréé le sous-locataire est indifférent. Il n'a pas à signifier la décision à ceux-ci[4], ni même d'ailleurs à les attraire à la procédure d'expulsion[5], et peut faire procéder à leur expulsion sur le fondement du titre rendu à l'encontre du locataire principal.

Dès lors, ne peut être considéré comme occupant du chef de la société expulsée le cessionnaire d'actif de l'occupante en redressement judiciaire, qui se maintient dans les lieux, le bail résilié ne pouvant avoir été transmis puisque résilié[6].

En **matière familiale**, l'époux ne peut bien sûr pas être considéré comme occupant du chef de l'autre dans la mesure où il a un droit d'occupation personnel opposable au bailleur en vertu de l'article 1751 du Code civil qui dispose que « *le droit au bail du local, sans caractère professionnel ou commercial, qui sert effectivement d'habitation de deux époux est, quel que soit leur régime matrimonial et nonobstant toute convention contraire, et même si le bail a été conclu avant le mariage, réputé appartenir à l'un et à l'autre des époux.* [...] » (à noter toutefois que la cotitularité du bail ne s'applique pas lorsque les locaux sont prêtés[7]).

La question avait déjà été jugée par la cour d'appel administrative de Paris le 20 février 1992, qui indiquait alors que le jugement d'expulsion rendu en l'absence de l'un des époux est inopposable à celui-ci, ce qui fait que si la force publique pouvait être octroyée pour l'expulsion de l'un, elle ne pouvait l'être pour l'autre. Dès lors que celui-ci se maintenant dans les lieux, le préjudice lié à l'occupation des lieux pour le bailleur aurait continué, il ne peut y avoir de préjudice lié à un refus de concours de la force publique en ce cas. En conséquence, l'État ne peut être tenu responsable pour n'avoir pas accordé le concours de la force publique pour l'époux à l'encontre duquel la décision avait été rendue[8]. Le Conseil d'État a

1. CE 22 juin 2011, req. n° 340614 – CE 25 juill. 2013, req. n° 34745, *Dr. et proc.* 2013. 249.

2. Civ. 3e, 4 mai 1994, n° 92-16.071, *Bull. civ.* III, n° 83; *Rev. huiss.* 1994. 1144.
3. Civ. 3e, 4 déc. 2003, n° 02-10.387, *Bull. civ.* III, n° 366; *D.* 2004. IR 252; *Gaz. Pal.* 27 mars 2004, n° 87, p. 13.
4. Civ 3e, 30 nov. 2005, n° 04-18.686, *Bull. civ.* III, n° 229; *AJDI* 2006. 371, note de La Vaissière; *Dr. et proc.* 2006. 228, obs. Salati.
5. Civ. 3e, 15 janv. 2003, n° 01-02.677, NP.
6. CE 22 oct. 2010, req. n° 328721, *AJDA* 2010. 2510; *Gaz. Pal.* 4 nov. 2010, n° 308, p. 30.
7. Civ. 3e, 13 mars 2002, n° 00-17.707, *Bull. civ.* III, n° 60; *D.* 2003. Somm. 735, note Damas.
8. CAA Paris, 1re ch., 20 févr. 1992, req. n° 90PA00673, *Lebon* T.

confirmé cette analyse. On ne peut expulser l'épouse sur le fondement d'un titre exécutoire rendu contre l'époux[1].

Et nombre de décisions rappellent que la procédure d'expulsion elle-même doit être menée contre les deux époux[2]. Il faut toutefois faire le lien entre cette dernière affirmation et les dispositions de l'article 9-1 de la loi n° 89-462 du 6 juillet 1989 tendant à améliorer les rapports locatifs et portant modification de la loi n° 86-1290 du 23 décembre 1986[3] qui dispose que : « *Nonobstant les dispositions des articles 515-4 et 1751 du Code civil, les notifications ou significations faites en application du présent titre par le bailleur sont de plein droit opposables au partenaire lié par un pacte civil de solidarité au locataire ou au conjoint du locataire si l'existence de ce partenaire ou de ce conjoint n'a pas été préalablement portée à la connaissance du bailleur* ». Les époux doivent donc informer le bailleur de l'existence du lien juridique qui unit les parties présentes dans le local pour qu'il puisse utilement diriger sa procédure, faute de quoi elle sera réputée avoir été valablement menée à l'encontre d'un seul des membres du couple. À noter que le partenaire lié par un pacte civil de solidarité est également visé. Deux intéressants arrêts méritent ici d'être signalés.

La Cour de cassation a récemment précisé que les dispositions de l'article 1751 du Code civil bénéficient également au nouveau conjoint. Dans les espèces en question, un couple avait pris à bail un local d'habitation puis avait divorcé. Monsieur s'était remarié et le bailleur ignorant cela avait dirigé la procédure d'expulsion contre le couple originel. La Cour de cassation, notant que le bailleur ne s'était pas prévalu des dispositions de l'article 9-1 de la loi du 6 juillet 1989 susmentionnée, ce qu'il aurait pu faire puisqu'il ignorait tout du remariage, a considéré que la procédure d'expulsion n'était pas valable contre la nouvelle épouse[4].

Dans le cadre familial, en revanche, sont bien occupants du chef de la personne expulsée ses enfants[5].

Peut se poser la question ensuite de **l'occupation par un squatter lorsque le locataire a quitté les lieux sans rendre les clefs**. Celui-là est-il occupant du chef de celui-ci ?

La Cour de cassation a considéré que l'introduction de squatters dans le logement que le locataire avait quitté avant la fin du congé qu'il avait donné, mais sans rendre les clefs, pouvait être analysée en un cas de force majeure le dispensant du paiement des loyers après la date d'effet de son congé[6]. Il n'a donc pas été considéré dans ce cadre que les squatters étaient des occupants du chef du locataire. Il est probable que cette jurisprudence soit applicable en cas d'expulsion dans la mesure où les squatters ne tiennent aucun droit d'occupation de la personne expulsée mais l'ont en quelque sorte pris.

Dans le cadre de la **saisie immobilière**, l'article R. 322-64 C. pr. exéc. pose la question de la **notion d'occupant du chef du saisi**.

En effet, ici, la jurisprudence de la Cour de cassation ne s'applique pas puisque celui qui a un droit d'occupation opposable au saisi ne peut être expulsé par l'adjudicataire sur le fondement du jugement d'adjudication qui constitue pourtant un titre d'expulsion. Le locataire n'est donc pas occupant du chef du propriétaire saisi. Néanmoins, l'article L. 321-4 C. pr. exéc. précise que ne sont pas opposables à l'acquéreur les baux conclus après la saisie, et donc le commandement. La jurisprudence postérieure à la réforme, mais portant sur des saisies antérieures à la réforme, a pu préciser que le bail étant inopposable au propriétaire lorsqu'il est conclu après le commandement, les locataires sont occupants sans droit ni titre et doivent être expulsés en raison du trouble manifestement illicite que cela cause à l'acquéreur[7]. Une jurisprudence surprenante a toutefois considéré, pour une saisie antérieure à celle-ci, que le bail conclu après le commandement mais avant l'adjudication était opposable à l'adjudicataire[8].

Cette **notion d'occupant du chef de la personne expulsée** aura par ailleurs d'autres incidences, financières cette fois-ci puisque la personne expulsée restera tenue au paiement des indemnités d'occupation mais aussi à une éventuelle pénalité de retard en cas de non-renouvellement d'un bail commercial si des occupants se maintiennent dans les locaux de son chef[9].

SECTION 2
SIGNIFICATION DU TITRE ET CARACTÈRE EXÉCUTOIRE

511.71 Nécessité d'une signification. En application des dispositions de l'article 503 C. pr. civ. qui dispose que : « *Les jugements ne peuvent être exé-*

1. CE 30 août 2006, req. n° 277760, *AJDA* 2006. 1581; *Gaz. Pal.* 6 févr. 2007, n° 37, p. 18; *Dr. et proc.* 2007. 39, obs. Bourdillat.
2. PAR EX. : principe général d'inopposabilité dans le cadre de tierces oppositions : Civ. 3e, 20 janv. 1988, n° 85-17.248, *Bull. civ.* III, n° 12 (congé et procédure non dirigée contre l'épouse) – Civ. 2e, 21 sept. 2000, n° 97-21.905, *Bull. civ.* II, n° 132; *D.* 2001. 2934, obs. Nicod – Paris, 23 oct. 1991, RG n° 90/9938 – Le commandement de payer visant la clause résolutoire doit être délivré aux deux époux : Bordeaux, 3 août 1999, RG n° 97/03600.
3. L. n° 89-462, 6 juill. 1989, tendant à améliorer les rapports locatifs et portant modification de la loi n° 86-1290 du 23 décembre 1986, *JO* 8 juill., p. 8541.
4. Civ. 3e, 9 nov. 2011, n° 11-12.034, NP; *Juris-data* n° 024588 – Civ. 3e, 9 nov. 2011, n° 10-20.287, *Bull. civ.* III, n° 188; *JCP N* 2012. 1212, obs. Mauger-Vielpeau.
5. CE 18 mai 2009, req. n° 308735, *Gaz. Pal.* 22 déc. 2009, n° 356, p. 30.
6. Civ. 3e, 9 janv. 2008, n° 07-11.379, *Bull. civ.* III, n° 3; *Loyers et copr.* 2008-3, n° 48.
7. Civ. 3e, 16. sept. 2008, nos 07-19.675 et 07-19.963, NP; *Dr. et proc.* 2009. 40, obs. Leborgne.
8. Civ. 3e, 23 mars 2011, n° 10-10.804, *Bull. civ.* III, n° 43; *D.* 2011. 1596, note Juillet.
9. Civ. 3e, 28 mai 1997, n° 95-18.158, *Bull. civ.* III, n° 119; *RDI* 1997. 500, note Collart-Dutilleul et Derruppé.

cutés contre ceux auxquels ils sont opposés qu'après leur avoir été notifiés, à moins que l'exécution n'en soit volontaire. En cas d'exécution au seul vu de la minute, la présentation de celle-ci vaut notification », il est nécessaire de faire signifier le titre d'expulsion préalablement à toute mesure d'expulsion. En l'absence d'une telle signification, l'expulsant s'expose à l'annulation de la procédure d'expulsion[1]. La nullité n'est en revanche pas systématiquement encourue si la formule exécutoire manque sur la copie du jugement signifiée au locataire[2]. Il faut alors pour la personne expulsée démontrer un grief. Enfin, la signification ne constituant pas, en soi, un acte d'exécution, celle-ci peut être faite par un clerc[3].

511.72 Destinataire de la signification. D'après l'article 503 C. pr. civ., la signification doit être adressée à ceux auxquels le titre est opposé, donc en principe à ceux à l'encontre desquels la décision va être exécutée. On pourrait alors penser que, si le bailleur a connaissance d'occupants du chef de la personne à expulser, la décision d'expulsion doit leur être signifiée. Ce n'est pourtant pas en ce sens qu'a tranché la Cour de cassation dans l'arrêt précité du 30 novembre 2005.

En effet, le bailleur avait ici signifié l'ordonnance à la locataire, puis un commandement de quitter les lieux à l'occupant de son chef, à savoir le sous-locataire, et avait procédé à l'expulsion. Le sous-locataire arguait de la nullité de la procédure d'expulsion dans la mesure où, alors que le contrat de sous-location avait été agréé par le bailleur, l'ordonnance d'expulsion ne lui avait pas été signifiée. La cour d'appel avait retenu cette argumentation et fut cassée par la Cour de cassation au double visa des articles 503 et 677 C. pr. civ.[4]. Le second de ces textes prévoit en effet que « *les jugements sont notifiés aux parties elles-mêmes* », ce qui exclut donc les occupants du chef d'une partie.

S'il y a ensuite plusieurs destinataires et donc parties au titre, la signification doit être faite à chacun d'entre eux distinctement et il n'est donc pas possible de dresser un procès-verbal unique de signification[5].

Enfin, comme toute signification, celle-ci doit en principe être faite à personne, mais peut en cas d'impossibilité, être délivrée à domicile, à étude ou selon les modalités prévues à l'article 659 C. pr. civ. en l'absence de possibilité d'atteindre le destinataire de la signification. L'on imagine mal, sauf les cas sus-évoqués d'impossibilité même d'identifier les personnes à expulser, qu'une procédure aux fins d'expulsion puisse être menée dans son intégralité selon les modalités du procès-verbal de recherche infructueuse. Cela a pu toutefois arriver pour une société exploitant un restaurant qui était fermé depuis plusieurs semaines. La Cour de cassation a jugé que le bailleur n'était alors pas tenu de signifier à l'adresse personnelle du gérant[6]. Elle avait déjà décidé en ce sens en 2001[7], mais avait pourtant exigé des diligences au domicile du représentant légal en 2004[8].

Pour pouvoir donner lieu à exécution, le titre doit avoir été signifié et être exécutoire.

511.73 Caractère exécutoire du titre. Toute décision d'expulsion doit, pour pouvoir être mise à exécution, être exécutoire, c'est-à-dire, soit être passée en **force de chose jugée**, et donc insusceptible d'un recours suspensif, à moins que le débiteur ne bénéficie d'un délai de grâce, soit bénéficier de **l'exécution provisoire** (C. pr. civ., art. 500 et 501). Rien n'interdit au créancier, contrairement à ce qui est prévu en matière de saisie immobilière au stade de la vente forcée, de poursuivre une expulsion sur le fondement d'une décision exécutoire par provision. C'est d'ailleurs la majeure partie des cas puisque, comme nous l'avons vu, nombre de décisions d'expulsion sont rendues en référé.

Par ailleurs, dans le cas de l'expulsion, notamment locative, il est extrêmement fréquent que les locataires bénéficient de **délais de paiement** qui suspendent non seulement l'exigibilité de la dette locative, mais également les effets d'une clause résolutoire ou d'une résiliation. Ainsi, par exemple, l'article 24 de la loi du 6 juillet 1989 prévoit que le juge peut accorder des délais de paiement qui suspendent les effets de la clause résolutoire du bail d'habitation. En matière de baux commerciaux, l'article L. 145-41 du Code de commerce prévoit également que le juge peut accorder des délais qui suspendent la résiliation du bail. En ce cas, il faudra s'assurer que les délais de paiement n'ont pas été respectés avant de poursuivre l'expulsion, faute de quoi la procédure d'expulsion pourra être annu-

1. Civ. 2e, 29 janv. 2004, no 02-15.219, *Bull. civ.* II, no 33; *Gaz. Pal.* 18 mai 2004, no 139, p. 17; *Gaz. Pal.* 15 mars 2005, no 74, p. 14.
2. Civ. 2e, 11 févr. 2010, no 09-65.404, *Bull. civ.* II, no 31; *Gaz. Pal.* 4 mars 2010, no 63, p. 25; *Procédures* 2010, no 116, note Perrot.
3. Civ. 2e, 27 févr. 2014, nos 13-11.957, *Bull. civ.* II, no 57; *Procédures* 2014, no 139.
4. Civ. 3e, 30 nov. 2005, no 04-18.686, *Bull. civ.* III, no 229; *AJDI* 2006. 371, note de La Vaissière; *Dr. et proc.* 2006. 228, obs. Salati.
5. V. DÉJÀ : Civ. 2e, 8 nov. 2001, no 97-10.767, NP; *Dr. et proc.* 2002. 106, note Menut – Et pour une application à un JUGEMENT D'EXPULSION RENDU À L'ENCONTRE DE DEUX ÉPOUX : Civ. 2e, 15 janv. 2009, no 07-20.472, *Bull. civ.* II, no 18; *Procédures* 2009, no 78, note Perrot.
6. Civ. 2e, 11 mars 2010, no 09-65.498, *Bull. civ.* II, no 52; *Loyers et copr.* 2010, no 138, note Chavance.
7. Civ. 2e, 8 mars 2001, no 99-13.674, NP; *Procédures* 2001. Chron. 14, note Fradin.
8. Civ. 2e, 14 oct. 2004, no 02-18.540, *Bull. civ.* II, no 460; *Procédures* 2005, no 6.

lée[1]. L'expulsion peut également être poursuivie en cas de non-respect des délais alors même que le jugement prononçant l'expulsion n'aurait pas prévu de sanction en ce cas et donc prévu une sorte de clause de déchéance du terme[2]. Celle-ci est sous-entendue puisqu'elle est prévue par la loi. Il n'est question en effet que de suspendre les effets d'une résiliation et celle-ci reprend donc plein effet si les délais ne sont pas respectés. Dans un souci didactique et de clarté notamment à l'attention du débiteur de l'obligation, il est toutefois préférable que les choses apparaissent clairement dans la décision. Mais le simple non-respect des délais de paiement n'emporte pas mécaniquement le caractère exécutoire de la décision comme a pu le décider la Cour de cassation dans une affaire récente.

En effet, le locataire avait mis en place un virement automatique au profit du bailleur pour respecter les échéances fixées par le jugement pour le règlement de l'arriéré de loyer, et ainsi éviter l'expulsion. Or, la banque avait eu un problème informatique ayant entraîné pour le locataire un retard de paiement. Le bailleur avait alors fait délivrer un commandement de quitter les lieux et celui-ci fut annulé, le retard étant uniquement imputable à la banque et constituant un cas de force majeure pour le locataire[3].

On peut d'ailleurs se poser la question dans le cadre d'une expulsion d'un local d'habitation lorsque le débiteur bénéficie, ou bénéficiait d'une allocation logement ou d'une aide personnalisée au logement (APL). Lorsqu'il est prévu dans le dispositif des délais de paiement consistant au paiement du loyer courant plus une certaine somme au titre de l'arriéré de loyer, le locataire peut-il être expulsé s'il y a un retard de paiement de l'APL ? En attendant parfois la remise en place de l'APL qui avait été suspendu en raison des impayés de loyers, le locataire doit-il supporter seul le paiement de l'intégralité du loyer courant ou peut-il être considéré en défaut s'il ne paie que le reste à charge ? *A priori* oui, sauf à ce que le jugement précise que les délais de paiement consisteront dans le paiement de l'arriéré et du reste à charge. Nombre de décisions conditionnent d'ailleurs la suspension au paiement de l'arriéré et du loyer courant. Mais la résiliation ne peut en réalité être acquise que sur la base d'arriérés de loyer.

Pourtant, la Cour de cassation semble avoir admis une telle pratique[4]. Le calcul est en ce cas plus simple car si le locataire ne règle pas le loyer courant plus la somme fixée par le tribunal, il est en défaut et l'expulsion peut être poursuivie. En revanche, si la clause résolutoire ne reprend son plein effet qu'en cas de non-paiement des échéances fixées pour apurement de l'arriéré, il faudra s'interroger, si le locataire fait un règlement qui ne couvre pas à la fois le montant du loyer courant et de l'arriéré, si le versement effectué s'impute d'abord sur le paiement du loyer courant ou sur l'arriéré. Il faut alors se référer aux règles de l'imputation des paiements prévues aux articles 1253 à 1256 du Code civil[5]. Cela doit inciter à un maximum de clarté dans la rédaction du dispositif de la décision d'expulsion pour éviter toute ambiguïté au stade de l'exécution. À ce titre, il est également en général préférable de prévoir que les versements de l'arriéré se feront à une date qui soit identique à celle du paiement du loyer prévue par le bail.

Enfin, en cas de **non-respect des délais de paiement**, est-il possible d'obtenir de **nouveaux délais suspensifs ?**

La **Cour de cassation**, dans des hypothèses variées, répond invariablement non à cette question. Notamment, certains locataires qui avaient été condamnés en référé, ont tenté d'obtenir de nouveaux délais suspendant les effets de la résiliation devant les juges du fond. La Haute juridiction répond sur ce point qu'une fois que les délais n'ont pas été respectés, la résiliation est acquise et les juges du fond ne peuvent plus accorder de nouveaux délais[6]. D'autres ont tenté d'obtenir de nouveaux délais dans le cadre de la procédure de conciliation prévue par l'article L. 611-1 du Code de commerce dans le cadre de la réglementation relative à la prévention des difficultés des entreprises. La même réponse fut apportée par la Cour de cassation[7].

Dans un registre similaire, la **cour d'appel de Paris** a répondu de manière très surprenante à la question du pouvoir du juge de l'exécution en la matière. Elle a ordonné la mainlevée d'un commandement de quitter les lieux qui avait été délivré à un locataire n'ayant mathématiquement et objectivement pas respecté les délais de paiement (vingt-six jours, onze jours, douze jours de retard) sur le fondement de l'article L. 121-2

1. PAR EX. : Paris, 8e ch. B, 6 sept. 2007, RG no 06/20763 : dans cette espèce, il s'agissait d'une erreur de calcul du créancier et qui n'a donc pas donné lieu à octroi de dommages et intérêts en sus.
2. Civ. 3e, 14 mai 2008, no 07-17.121, NP; *Loyers et copr.* 2008, no 222, note Brault.
3. Civ. 3e, 17 févr. 2010, no 08-20.943, *Bull. civ.* III, no 47; *D.* 2010. 653; *Gaz. Pal.* 11 mars 2010, no 70, p. 26.
4. Civ. 3e, 18 mars 2009, no 08-10.256, NP; *AJDI* 2009. 714, obs. de La Vaissière.
5. Sur cette question, v. Grenoble, 28 févr. 2012, *Loyers et copr.* 2012, no 322, qui considère que les règles du Code de la construction et de l'habitation dérogent aux règles d'imputation du Code civil, les APL devant s'imputer sur les loyers correspondant aux périodes pour lesquelles elles ont été versées.
6. Civ. 3e, 2 avr. 2003, no 01-16.834, *Bull. civ.* III, no 77; *LPA* 30 déc. 2003, no 260, p. 20, note Keita – Civ. 3e, 15 oct. 2008, no 07-16.725, *Bull. civ.* III, no 152; *D.* 2008. 2719, obs. Rouquet; *AJDI* 2009. 194, obs. Dumont-Lefrand; *RTD com.* 2009. 81, obs. Kendérian; *Dr. et proc.* 2009. 52.
7. Civ. 3e, 10 déc. 2008, no 07-19.899, *Bull. civ.* III, no 199; *Gaz. Pal.* 28 avr. 2009, no 118, p. 8, note Le Corre.

C. pr. exéc., c'est-à-dire en considérant que la mesure d'expulsion était abusive. Elle a écarté les objections soulevées par le bailleur qui, lui, considérait que cela équivaudrait pour le juge de l'exécution à modifier le dispositif de la décision, ce que lui interdit l'article R. 121-1 C. pr. exéc.

SECTION 3
SANCTION EN L'ABSENCE DE TITRE

511.80 Absence de titre régulier dès l'origine ou disparition du titre. En l'absence de titre exécutoire régulier, hors les cas bien sûr où la loi en dispose autrement (v. s^s n° 511.51), il est prévu des sanctions civiles et pénales (§ 1). Mais le problème peut se poser de manière moins évidente lorsque le créancier exécute la mesure d'expulsion sur le fondement d'un titre qui disparaît par la suite (§ 2).

§ 1
Sanctions en cas d'expulsion sans titre exécutoire

511.81 Nullité de la procédure : réintégration ou dommages et intérêts ? À proprement parler, il y a rarement nullité de la procédure d'expulsion dans l'hypothèse où le propriétaire agit sans titre puisque s'il le fait, il ne suit en général pas la procédure d'expulsion qui s'ensuit. On ne peut annuler ce qui n'existe pas. Néanmoins, il se peut que la procédure d'expulsion soit suivie sur la foi d'un titre que le propriétaire pensait valable, parce que rendu à son profit, parce que signifié valablement par exemple, alors que tel n'était pas le cas. En ce cas, la sanction est la nullité de la procédure d'expulsion subséquente, mais une nullité particulière puisqu'elle entraîne fort souvent une indemnisation de la personne expulsée plutôt qu'une réintégration, au demeurant fort difficile à mettre en œuvre notamment si de nouveaux occupants ont été installés par le bailleur dans les lieux. Il n'y a donc pas à proprement parler de remise des parties en l'état antérieur. Si une telle sanction est parfois prononcée[1], c'est plutôt rare notamment parce qu'il est considéré en ce cas que les occupants sont bien sans droit ni titre et qu'ils ne peuvent donc obtenir que des dommages et intérêts[2].

511.82 Voie de fait et dommages et intérêts. En l'absence de titre exécutoire, le fondement retenu pour sanctionner le bailleur est bien plus souvent la voie de fait car il se dispense alors souvent de toute procédure d'expulsion et opère par la force. Ainsi, par exemple, constitue une voie de fait et doit donner lieu à dommages et intérêts :

– le fait pour un propriétaire de changer les serrures alors que le locataire est absent[3], tout en transportant ses meubles sur le parking extérieur de l'immeuble[4];

– le fait pour une commune, propriétaire des lieux, de changer les serrures des locaux loués[5], après être entré par effraction dans les lieux et avoir enlevé les meubles[6] même s'il s'agit de l'expulsion de biens stockés dans une crypte[7];

– le fait pour un employeur de déplacer le local syndical sans autorisation judiciaire, ce qui porte atteinte à la liberté syndicale[8], ce qui dans ces cas-là donne souvent lieu à réintégration, ou « remise en état »;

– ou encore le fait pour d'anciens occupants, en l'espèce des radiologues dont le titre d'occupation avait été résilié, et qui avaient dû quitter des locaux dans une clinique, résiliation qui fut par la suite annulée, d'avoir expulsé les nouveaux occupants sans titre d'expulsion[9].

Hormis le cas du local syndical, toutes ces décisions ont donné lieu à condamnation à des dommages et intérêts.

511.83 Violation de domicile. Le droit pénal n'est pas étranger à la sanction que le propriétaire encourt s'il reprend des lieux loués sans titre d'expulsion. L'article 226-4 du Code pénal dispose que : « *L'introduction ou le maintien dans le domicile d'autrui à l'aide de manœuvres, menaces, voie de fait ou contraintes, hors les cas où la loi le permet, est puni d'un an d'emprisonnement et de 15 000 euros d'amende* ». La loi n° 2014-366 du 24 mars 2014, pour l'accès au logement et un urbanisme rénové, dite loi Alur, a ajouté un article 226-4-2 à sa suite, qui précise que : « *Le fait de forcer un tiers à quitter le lieu qu'il habite sans avoir obtenu le concours de l'État dans les conditions prévues à l'article L. 153-1 du Code des procédures civiles d'exécution, à l'aide de manœuvres,*

1. PAR EX. : Paris, 6 sept. 2007, 8e ch. B, RG n° 07/08697 – Civ. 2e, 14 oct. 2010, nos 09-16.695 et 09-16.696, NP, qui portaient sur l'expulsion de caravanes sur un terrain.
2. Com. 16 déc. 1997, n° 95-18.998, NP.
3. Lyon, 10e ch., 16 janv. 2008, *Juris-Data* n° 358685; *Loyers et copr.* 2008, n° 123, note Vial-Pedroletti.
4. Amiens, 1re ch., 1re sect., 25 sept. 2008, RG n° 07/02293.
5. Civ. 1re, 30 mars 1999, n° 97-15.603, *Bull. civ.* I, n° 117; D. 1999. 121.
6. Civ. 1re, 6 juill. 2011, n° 10-24.827, NP.
7. Civ. 3e, 22 nov. 1995, n° 14-11.156, *Bull. civ.* III, n° 241; *D.* 1996. 11.
8. Soc. 26 sept. 2007, n° 06-13.810, *Bull. civ.* V, n° 143 – Soc. 13 janv. 2010, n° 08-19.917, *Bull. civ.* V, n° 11; *RDT* 2010. 178, note Grévy; *Procédures* 2010, n° 75, note Bugada.
9. Civ. 2e, 7 mai 2002, n° 00-15.318, *Bull. civ.* II, n° 95; *Gaz. Pal.* 12 sept. 2002, n° 255, p. 17.

menaces, voies de fait ou contraintes, est puni de trois ans d'emprisonnement et de 30 000 euros d'amende. » Il y a dans ce dernier cas bien un titre, mais expulsion forcée sans le concours de la force publique. L'article 432-8 du même code dispose par ailleurs que : « *Le fait, par une personne dépositaire de l'autorité publique ou chargée d'une mission de service public, agissant dans l'exercice ou à l'occasion de l'exercice de ses fonctions ou de sa mission, de s'introduire ou de tenter de s'introduire dans le domicile d'autrui contre le gré de celui-ci hors les cas prévus par la loi est puni de deux ans d'emprisonnement et de 30 000 euros d'amende* ». Dès lors qu'il s'agit du domicile de la personne, au sens du droit pénal, c'est-à-dire du lieu où une personne a le droit de se dire chez elle, il y a violation de domicile si le propriétaire s'introduit dans les lieux sans titre exécutoire pour procéder à une reprise de ceux-ci, notamment en changeant les serrures[1].

§ 2
Problème de la disparition du titre postérieurement à la réalisation de l'expulsion

511.91 Cas de disparition du titre. Réintégration ou dommages et intérêts ? La question de l'annulation du titre exécutoire fondant une expulsion, que celle-ci ait effectivement eu lieu ou que l'occupant ait quitté les lieux volontairement, pose le problème de la réintégration éventuelle de celui-ci. Doit-on considérer que le propriétaire avait agi dès le départ sans titre exécutoire ? Cela n'est pas le cas car, au moment où il agissait, il le faisait en exécution d'un ordre ou d'une autorisation donnée par un juge. La question se pose quelque peu différemment selon qu'il s'agit d'une infirmation, d'une cassation, ou éventuellement d'une caducité.

511.92 1°) Infirmation de la décision d'expulsion. L'hypothèse visée ici est celle du jugement assorti de l'exécution provisoire, de plein droit s'il s'agit d'une ordonnance de référé, ou ordonnée s'il s'agit d'un jugement sur le fond. En ce cas, d'une manière générale, il est acquis que l'exécution d'une décision frappée d'appel n'a lieu qu'aux risques et périls de celui qui la poursuit, à charge pour lui de réparer, en cas d'infirmation de la décision, le préjudice qui a pu être causé par cette exécution. Par ailleurs, la jurisprudence a pu juger que l'arrêt infirmatif entraînait de plein droit obligation de rembourser[2], voire qu'il ouvrait « droit à restitution » et constituait un titre exécutoire à cette fin[3].

Peut-on en déduire qu'il constitue en soi un titre de réintégration lorsque le titre exécutoire fondant l'expulsion est infirmé ? La jurisprudence ne semble pas du tout admettre cela et est plutôt rétive à ordonner la restitution en nature et donc la réintégration dans les lieux. Elle le présente parfois comme un principe. Ainsi, à l'occasion de l'instance au fond ayant abouti à l'infirmation, elle a pu préciser qu'en cas d'annulation d'un congé délivré frauduleusement, la loi ne prévoit pas la possibilité de prononcer la réintégration[4], ou simplement, alors que la réintégration ne lui était pas même demandée, énoncer que « *la reconnaissance a posteriori du caractère frauduleux de la reprise pour habiter ne permet pas l'annulation de l'expulsion et la réintégration du locataire* »[5]. D'autres la refusent simplement parce qu'elle n'est pas opportune[6] ou encore « *parce qu'aucun élément postérieur à l'expulsion, relatif à la situation de droit et de fait du logement, n'étant soumis à l'appréciation de la cour, celle-ci ne peut ordonner une mesure éventuellement insusceptible d'exécution* »[7]. À noter toutefois que dans ces deux derniers cas, elle en admet le principe de manière claire, la seconde décision indiquant qu'« *en l'absence d'acquisition de la clause résolutoire, le locataire est fondé à se prévaloir de la poursuite des relations contractuelles pour obtenir sa réintégration* ». Certaines décisions vont même jusqu'à admettre cette réintégration et à l'ordonner[8]. Dans tous les cas, il n'a jamais été considéré que l'arrêt infirmatif vaille en soi titre de restitution en nature.

Mais dans les cas où la réintégration est ordonnée, il faut ensuite que la décision puisse être exécutée si le débiteur de l'obligation tarde à remettre volontairement les locaux à disposition de la personne expulsée. Soit la cour d'appel saisie au fond aura prononcé une astreinte elle-même, soit la personne expulsée pourra saisir le juge de l'exécution à cette fin. Mais dans ce cadre, il ne lui appartient pas de substituer à l'obligation de restitution en nature prononcée par la cour d'appel l'octroi de dommages et intérêts[9]. D'autres ont vu dans le juge des référés une voie pour faire respecter la décision des juges

1. Paris, 11e ch. A, 9 sept. 1997, *Juris-Data* n° 022193.
2. Civ. 3e, 19 févr. 2002, n° 00-20.665, NP; *Procédures* 2002, n° 86, note Perrot.
3. Civ. 2e, 10 juill. 2008, n° 07-16.802, *Bull. civ.* II, n° 183; *D.* 2008. AJ 2226; *BICC* 15 déc. 2008, n° 1920.
4. Paris, 6e ch. A, 3 juill. 1991, RG n° 90/20179, *Loyers et copr.* 1991, n° 410.
5. Rouen, 1er mars 2005, RG n° 03/03762, *Loyers et copr.* 2005, n° 128, note Vial-Pedroletti.
6. Paris, 14 oct. 1997, RG n° 96/82124.
7. Paris, 2 déc. 2008, RG n° 06/15880, *AJDI* 2009. 443.
8. PAR EX. : Paris, 6e ch. C, 25 avr. 2006, RG n° 2004/17448 – Paris, 7 juill. 2006, RG n° 06/01911, *Loyers et copr.* 2006, n° 195, note Vial-Pedroletti – Civ. 3e, 23 mars 2005, n° 03-19.071, *Bull. civ.* III, n° 72; *Procédures* 2005, n° 129.
9. Civ. 3e, 23 mars 2005, n° 03-19.071, *Procédures* 2005, n° 129 (préc. ss prést n°).

du fond en le saisissant pour qu'il ordonne la remise des clefs sous astreinte[1].

511.93 2°) Cassation. L'hypothèse de la cassation d'un arrêt ayant ordonné l'expulsion est fort différente. En effet, l'article L. 111-11 C. pr. exéc., dispose que « *sauf dispositions contraires, le pourvoi en cassation en matière civile n'empêche pas l'exécution de la décision attaquée. Cette exécution ne pourra donner lieu qu'à restitution; elle ne pourra en aucun cas être imputée à faute* ». Par ailleurs, l'article 625 C. pr. civ. prévoit que : « *Sur les points qu'elle atteint, la cassation replace les parties dans l'état où elles se trouvaient avant le jugement cassé* ». Dans cette hypothèse, l'arrêt ayant prononcé ou confirmé l'expulsion a force de chose jugée et n'est pas seulement exécutoire. Il peut par principe être exécuté et on ne pourra reprocher aucune faute au créancier qui l'aura exécuté. Enfin, à la différence de la cour d'appel, la Cour de cassation ne pourra pas se prononcer sur une demande de restitution. C'est par l'effet du Code de procédure civile que la restitution s'opère automatiquement une fois l'arrêt rendu, ou plutôt, signifié à la partie à laquelle on l'oppose. Le principe est donc ici clairement, en cas d'annulation de la décision d'expulsion, la restitution en nature et donc la réintégration, sauf impossibilité, auquel cas la réintégration se fera par équivalent. Ainsi en est-il par exemple lorsque les preneurs ont refusé l'offre de réintégration[2], ou simplement parce que le bailleur n'exécutait pas volontairement[3]. Et la Cour de cassation a une interprétation large de la notion de restitution puisqu'elle admet que puisse être octroyée une indemnisation liée à la privation de jouissance du bien en matière de baux commerciaux et ruraux[4].

511.94 3°) Caducité et autres. Dans le cadre de certaines procédures, on peut s'interroger sur les effets d'une inaction des parties pouvant laisser « périmer » le titre d'expulsion. Ainsi, lorsque la décision réputée contradictoire n'a pas été signifiée dans les six mois de son prononcé, en vertu des dispositions de l'article 478 C. pr. civ., elle est non avenue. Par ailleurs, les mesures provisoires ordonnées par le juge aux affaires familiales sont caduques en l'absence d'introduction de l'instance en divorce dans les trente mois de l'ordonnance de non-conciliation (C. pr. civ., art. 1113). La difficulté s'est posée devant la cour d'appel de Paris, qui avait pour cette raison annulé la procédure d'expulsion et ordonné la réintégration de l'époux. Cette décision fut cassée par la Cour de cassation dans la mesure où la partie expulsée avait fait appel de la décision et avait donc renoncé à se prévaloir des dispositions de l'article 478 C. pr. civ. Par voie de conséquence, l'annulation de la procédure d'expulsion fut elle-même annulée[5]. Dans cette hypothèse, la « caducité » était acquise avant la réalisation de l'expulsion, ce qui équivalait à avoir procédé à celle-ci sans titre exécutoire. Mais quelle solution peut être apportée si la caducité intervient, pour diverses raisons, après la réalisation de l'expulsion ? La Cour de cassation juge d'une manière générale que « *la caducité d'un titre exécutoire ne le prive pas de son efficacité pour la période antérieure à la caducité* »[6]. Il ne devrait donc pas y avoir d'annulation de la procédure mais une simple possibilité de réintégration en raison de la renaissance du droit d'occupation qui avait été perdu par l'effet de ce titre. Mais la Cour de cassation juge au contraire que la caducité qui frappe la mesure conservatoire lorsqu'aucune procédure n'a été engagée dans les trois mois de celle-ci, a un effet rétroactif en ce sens que le tiers qui a manqué à ses obligations ne peut plus être condamné aux causes de la saisie[7]. Un auteur fait alors la distinction entre **la caducité qui résulte d'une inaction des parties** et qui est conçue comme une sanction, qui aurait alors un effet rétroactif, et **la caducité qui résulte d'une action positive des parties**, à savoir leur désistement, qui n'aurait un effet que pour l'avenir, ce qui expliquerait la différence de régime. Étant donné la formulation de la Cour de cassation, on peut également penser que le principe de l'absence de rétroactivité de la caducité d'un titre exécutoire a une portée générale. Elle n'est simplement pas la même chose que la caducité d'un acte.

1. Paris, 14e ch. B, 7 juill. 2006, RG n° 06/01911 (préc. s^s prés^t n°).
2. Civ. 3e, 13 mai 2009, n° 08-12.380, *Bull. civ.* III, n° 106; *Gaz. Pal.* 22 sept. 2009, n° 265, p. 13.
3. Versailles, 3 juill. 1997, RG n° 94/1262, *D. Affaires* 1997. Chron. 1065.
4. Civ. 3e, 11 janv. 2006, n° 04-20.791, *Bull. civ.* III, n° 8; *D.* 2006. 369, obs. Rouquet; *Dr. et proc.* 2006. 142 – Civ. 3e, 9 mars 2011, n° 10-30.603, *Bull. civ.* III, n° 33; *RD rur.* 2011, n° 89.
5. Paris, 8e ch. B, 27 juin 2002, *Dr. et proc.* 2002. Actu. 385 – Civ. 2e, 23 sept. 2004, n° 02-17.882, *Bull. civ.* II, n° 354 – Civ. 2e, 23 sept. 2004, n° 02-19.258, NP.
6. Civ. 2e, 6 mai 2004, n° 02-18.985, *Bull. civ.* II, n° 220; *RTD civ.* 2004. 559, obs. Perrot; *RD banc. fin.* 2005, n° 25, obs. Piedelièvre; *Gaz. Pal.* 2005. 1426, obs. Brenner – Civ. 1re, 9 févr. 2011, n° 09-72.653, *Bull. civ.* I, n° 26; *Dr. et proc.* 2011. 125, obs. Lefort.
7. Cass., avis, 21 juin 1999, n° 09-90.008, *Bull. avis*, n° 5; *JCP* 1999. II. 10160, note Croze et Moussa.

CHAPITRE

512. Commandement d'avoir à libérer les locaux ou commandement de quitter les lieux

Anne-Gaëlle DUMAS
Magistrat

SECTION 0 Orienteur

512.00 **Plan du chapitre.**

512.01 **Textes applicables.**
C. pr. exéc., art. L. 111-4, L. 111-9, L. 411-1, L. 412-1, L. 412-2, L. 412-5, R. 411-1 à R. 411-3, R. 412-1 et R. 412-2.
C. pr. civ., art. 114 et 117.

512.03 **Bibliographie indicative.** (V. s[s] n° 500.03).
Ouvrages. A. Leborgne, *Droit de l'exécution,* 2e éd., « Précis », Dalloz, 2014 [conditions de l'expulsion], n°s 2622-2639 – R. Perrot et P. Théry, *Procédures civiles d'exécution,* 3e éd., Dalloz, 2013 [conditions de l'expulsion], n°s 1080-1085.

Articles. J. Beauchard, « Le logement et les procédures civiles d'exécution », *RTD civ.* 1993. 109 s., n° spéc. : *La réforme des procédures civiles d'exécution* – Y. Landau-Toutain, « Limiter les expulsions en protégeant à la fois locataires et propriétaires », *Gaz. Pal.* 1991. Doctr. 395.

> Sur le commandement d'avoir à libérer les locaux. C. Watin-Drouin, « Le commandement d'avoir à libérer les locaux préalable à l'expulsion », *Rev. huiss.* 1996. 769.

512.04 **Nécessité d'un commandement spécifique à l'expulsion.** L'exigence d'un commandement préalable à l'expulsion est inscrite dans la loi. L'article L. 411-1 C. pr. exéc., qui exige un titre exécutoire pour pouvoir procéder à une expulsion, précise également que l'expulsion ne peut être poursuivie qu'« *après signification d'un commandement d'avoir à libérer les locaux* ». Autrement dit, l'expulsé doit être averti de la mesure qui l'attend, quel que soit le local occupé, puisqu'il s'agit aussi bien de l'expulsion d'un « immeuble » que d'un « lieu habité », et ce dans les formes prévues aux articles R. 411-1, R. 411-2, R. 412-1 et R. 412-2 C. pr. exéc. Étant précisé que deux de ces articles ne s'appliquent précisément qu'à l'expulsion des lieux habités. La partie législative du Code des procédures civiles d'exécution, en affirmant cette exigence, n'a fait que reprendre une pratique qui s'était développée, à l'instar de ce qui se faisait en matière de saisie-exécution, de délivrer une sommation ou un commandement de déguerpir ou de quitter les lieux. Cela étant, cette pratique n'était pas obligatoire puisqu'elle n'apparaissait dans aucun texte et l'expulsion n'était pas nécessairement invalidée en son absence[1].

Mais **le commandement doit être spécifique à l'expulsion.** En effet, dans la mesure où, dans une grande partie des cas la demande d'expulsion est accompagnée de demandes en paiement de loyers ou charges ou autre sommes dues en vertu du titre d'occupation, certains ont pu être tentés de poursuivre l'expulsion sur le fondement d'un simple commandement de payer aux fins de saisie-vente[2], voire commandement visant la clause réso-

1. Perrot et Théry, n° 1082.
2. Douai, 8e ch. civ., 10 mai 1994, RG n° 93/08555, *Rev. huiss.* 1994. 1421 ; *D.* 1994. Somm. 337.

lutoire[1]. D'autres ont pu penser que la présence des parties suppléerait utilement à cette formalité en délivrant une sommation de restituer les clefs du local et d'être présent ou représenté lors de l'état des lieux[2]. Invariablement, la jurisprudence a sanctionné ces pratiques.

À noter que s'agissant d'un acte préparatoire à la mesure d'exécution à proprement parler, il peut être délivré par un clerc assermenté[3]. On peut enfin se poser la question de la durée de validité de celui-ci dans la mesure où le texte n'en limite pas les effets à une certaine période à l'instar de ce qui existe pour le commandement aux fins de saisie-vente. Le bailleur peut-il délivrer un commandement de quitter les lieux puis attendre pendant dix ans parce que le locataire aura apuré la dette par un échéancier amiable scrupuleusement respecté, puis aura connu de nouvelles difficultés financières et cessé de payer à nouveau ce qui constitue donc des indemnités d'occupation ? Aucun texte n'indiquant qu'il perd ses effets, il ne pourra pas être considéré comme caduque. On peut se tourner vers l'éventuelle renonciation du bailleur à se prévaloir de l'acte, mais la jurisprudence est très ferme sur ce point et la renonciation souvent refusée (v. s^s n° 521.05) ou encore vers la prescription du titre exécutoire (C. pr. exéc., art. L. 111-4).

SECTION 1
REQUÉRANT ET DESTINATAIRE

§ 1
Requérant

512.11 Titulaire du titre exécutoire ou son ayant droit. Celui qui fera délivrer le commandement de quitter les lieux sera le titulaire du titre exécutoire ou celui qui bénéficie de la transmission de celui-ci (v. s^s n° 511.65).

512.12 Capacité et pouvoir. Le requérant doit par ailleurs avoir la capacité juridique pour pouvoir délivrer un tel acte. Rappelons que l'article L. 111-9 C. pr. exéc. prévoit que l'exercice d'une mesure d'exécution est considéré comme un **acte d'administration.** Ainsi, en principe, le mineur peut utilement être représenté par son tuteur sans besoin d'une autorisation du conseil de famille ou du juge des tutelles, de même que l'un seul de ses parents peut y procéder. De même, le majeur sous curatelle peut délivrer sans l'assistance de son curateur un tel commandement.

Néanmoins, il faut avoir une existence légale et être représenté par la bonne personne. Ainsi, a pu être annulé pour vice de fond, au visa donc de l'article 117 C. pr. civ. qui prévoit que le défaut de capacité ou de pouvoir constitue une cause de nullité de fond, un commandement de quitter les lieux délivré par une indivision, qui n'a pas la personnalité juridique[4].

§ 2
Destinataire

512.21 Occupant. L'article R. 411-1 C. pr. exéc. prévoit que le commandement est signifié « *à la personne expulsée* ». On peut s'interroger sur le fait de savoir s'il s'agit de la personne effectivement expulsée ou de celle qui est simplement visée principalement par le titre. Ainsi, l'occupant du chef de la partie au litige (sur cette notion, v. s^s n° 511.66) ayant abouti à l'expulsion doit-il être destinataire du commandement de quitter les lieux ?

Le juge de l'exécution (JEX) d'Angoulême peu de temps après l'entrée en vigueur de la réforme de 1991 et 1992, a considéré que le commandement de quitter les lieux devait être délivré aux personnes effectivement expulsées et donc aux occupants du chef du locataire[5]. En revanche, le JEX de Paris, plus récemment[6], a considéré, dans le cadre de l'expulsion d'une résidence hôtelière, que l'huissier ayant comme seul interlocuteur direct le locataire principal, il ne peut lui être imposé de délivrer un commandement de quitter les lieux aux occupants permanents. Implicitement, il a donc jugé que la « *personne expulsée* » était celle visée par le titre et non la personne effectivement expulsée. Il s'agit d'une interprétation littérale des articles L. 412-1 et R. 412-1 C. pr. exéc. qui précisent que des règles spécifiques doivent être observées lorsque le local constitue l'habitation principale « *de la personne expulsée ou de tout occupant de son chef* ». Il y a donc bien une distinction dans les termes de la loi entre la personne expulsée, qui serait celle destinataire du titre exécutoire et les occupants de son chef et l'on peut effectivement penser que lorsque la loi prévoit que le commandement est signifié à la personne expulsée, cela ne concerne que la personne qui était partie au procès en expulsion.

Pour résoudre cette difficulté, plusieurs voies sont possibles. On peut tout d'abord penser que le législateur a volontairement précisé que seule la personne expulsée dans le sens de « personne partie au

1. Douai, 8e ch. civ., 5 janv. 1995, *Juris-Data* n° 600310; *Rev. huiss.* 1995. 495.
2. Versailles, 14e ch., 1er juill. 2009, RG n° 09/03493, NP, consultable sur le site *legifrance.gouv.fr*
3. Paris, 8e ch. B, 12 juin 2008, RG n° 07/21263.
4. Civ. 2e, 9 juin 2011, n° 10-19.241, *Bull. civ.* II, n° 129.
5. TGI Angoulême, JEX, 4 oct. 1993, *D.* 1994. 337; *BICC* 1993, n° 1332.
6. TGI Paris, JEX, 6 avr. 2005, RG n° 05/80867 – V. DÉJÀ EN CE SENS : PERROT et THÉRY, p. 842, n° 1084, puisqu'ils parlent de signification du commandement « à partie ».

procès » devait être destinataire du commandement de quitter les lieux et que cela serait donc plus sécurisant pour le propriétaire et sa procédure d'expulsion[1]. La justification en serait, ce qui se comprend aisément, qu'on ne peut pas forcer le propriétaire à deviner qui se trouve dans les lieux. Néanmoins, il faut aussi éviter toute fraude. En effet, c'est bel et bien l'occupant effectif des lieux qui détermine, selon les termes des articles L. 412-1, L. 412-2, L. 412-5, R. 412-1 et R. 412-2 C. pr. exéc., le régime applicable à l'expulsion selon que les lieux constituent ou non son habitation principale. Le commandement doit, si c'est le cas, comporter des mentions spécifiques, notamment quant aux droits de l'occupant de demander des délais, le préfet doit être alerté et l'expulsion ne peut avoir lieu moins de deux mois après la délivrance du commandement. C'est donc bien l'occupant qu'on veut ici protéger et non la partie au procès. Ainsi, pour sauvegarder les droits de l'occupant qui doit être informé du délai de deux mois dont il bénéficie pour quitter les lieux et de la possibilité qui lui est offerte de demander des délais, il faut bien envisager que, dès lors que le propriétaire a connaissance de la présence d'occupants autres que son contradicteur, il signifie le commandement à ceux-ci. Autrement la protection de l'occupant serait illusoire, ce d'autant, rappelons-le, qu'il n'est pas destinataire de la signification du titre exécutoire (v. s[s] n° 511.72).

512.22 Modalités de la signification. Le commandement prend la forme d'un acte d'huissier signifié à la personne expulsée. Il est donc tout d'abord exclu de le faire par lettre, y compris recommandée avec avis de réception. Par ailleurs, et conformément aux règles générales en matière de signification, le commandement doit en principe être délivré à personne (C. pr. civ., art. 653 s.). Le texte a toutefois expressément prévu des règles particulières en la matière.

Tout d'abord, l'article R. 411-3 C. pr. exéc. (anc. L. 1991, art. 61, dern. al.) prévoit, après avoir énoncé l'exigence d'un titre exécutoire et d'un commandement, si l'expulsion vise des « *personnes non dénommées* » que « *l'acte est remis à parquet à toutes fins* ». Ces cas sont en principe voués à être rares, comme par exemple dans certains cas d'expulsions de grévistes, ou de squats lorsque les personnes refusent de donner leur identité. Cette règle, pragmatique, rend la signification quelque peu fictive car il n'est pas dit que le parquet doive accomplir des diligences particulières[2]. Une fois remise à parquet, la signification est en ce cas valablement faite. Un auteur s'était également posé la question de la portée de cette disposition qui apparaissait en fin d'article 61, dans une phrase distincte. Il en concluait que cette modalité de signification ne concernait pas seulement le commandement de quitter les lieux mais également la signification du titre d'expulsion[3]. La cour d'appel de Chambéry a jugé en ce sens que l'assignation même pouvait être remise à Parquet en cas d'expulsion de squatters, sur le fondement de l'article 61 de la loi[4]. Cette deuxième partie d'article 61, déclassée en partie réglementaire du Code des procédures civiles d'exécution, est désormais devenue l'article R. 411-3 de celui-ci, dans un chapitre relatif aux dispositions générales et dans un titre relatif aux conditions de l'expulsion. Certes, le titre en question ne comprend, en partie réglementaire, que des dispositions relatives au commandement de quitter les locaux, mais en partie législative, il est question à la fois du titre exécutoire et du commandement dans ce même chapitre. On peut en déduire que cette disposition s'applique bien à tout acte délivré dans le cadre d'une procédure d'expulsion et donc y compris à la signification du titre lui-même.

L'article R. 411-2 C. pr. exéc. énonce ensuite que « *le commandement d'avoir à libérer les locaux ne peut être signifié à domicile élu* ». L'élection de domicile dans un contrat tend entre autres à faciliter la signification des actes en cas de litige. Elle peut d'ailleurs faire partie de la négociation dudit contrat puisque les significations qui sont faites au domicile contractuellement élu y seront valablement faites (C. civ., art. 111). Néanmoins, il est important, dans une matière ayant de graves conséquences, que l'huissier tente à tout prix d'atteindre son destinataire pour lui remettre l'acte qui alerte de l'imminence de la mesure à personne.

512.23 Signification groupée. L'article R. 411-1 C. pr. exéc. prévoit que le « *commandement peut être délivré dans l'acte de signification du jugement* ». Il est donc possible de procéder en principe à la signification simultanée du titre fondant l'expulsion et du commandement de quitter les lieux, ce qui peut avoir le mérite de faire le lien entre la décision d'expulsion et le fait qu'il va falloir quitter les lieux, et de limiter les frais puisque la délivrance d'un seul acte pour deux se fait nécessairement à moindre coût, pour le propriétaire dans un premier temps, et pour la personne expulsée *in fine*. On peut signaler que cette possibilité pourtant offerte par la loi n'a pas reçu l'approbation de tous. En effet, il a pu être conseillé de ne pas user de ce type de double signification, voire triple dans le cas où elle est encore

1. EN CE SENS : note Choquet sous CE 25 juill. 2013, *Dr. et proc.* 2013. 249.
2. SUR CE POINT, v. E. Putman, « La réforme des procédures civiles d'exécution et l'expulsion des occupants d'immeubles », *LPA* 21 sept. 1994, n° 113.
3. P. Le Fur, « L'expulsion », *Rev. huiss.* 1993. 225.
4. Chambéry, 18 sept. 2007, RG n° 07/01038, *Loyers et copr.* 2008, n° 3, note Vial-Pedroletti.

couplée avec un commandement aux fins de saisie-vente, pour deux raisons. La première est le manque de lisibilité. La seconde est le risque de voir annuler deux actes de procédure en même temps et par exemple, de devoir délivrer à nouveau une signification du jugement en faisant courir de nouveaux délais de recours, en raison d'une nullité affectant la partie commandement de l'acte[1]. Par ailleurs, cette modalité de signification ne peut se concevoir en principe que lorsque la décision bénéficie de l'exécution provisoire. En effet, il semble difficile d'admettre la signification d'un jugement non encore exécutoire en même temps qu'un commandement qui ne peut être délivré qu'une fois la décision exécutoire[2].

SECTION 2 CONTENU

§ 1 Mentions

512.31 Mentions communes à tous les commandements. L'article R. 411-1 C. pr. exéc. dispose que : « *Le commandement d'avoir à libérer les locaux prend la forme d'un acte d'huissier de justice signifié à la personne expulsée et contient, à peine de nullité :*

1° l'indication du titre exécutoire en vertu duquel l'expulsion est poursuivie;

2° la désignation de la juridiction devant laquelle peuvent être portées les demandes de délais et toutes contestations relatives à l'exécution des opérations d'expulsion;

3° l'indication de la date à partir de laquelle les locaux devront être libérés;

4° L'avertissement qu'à compter de cette date il pourra être procédé à l'expulsion forcée du débiteur ainsi qu'à celle de tout occupant de son chef [...] ».

Le souci du législateur est là encore la clarté maximale pour que la personne expulsée soit avertie au mieux des conséquences de son abstention, **le mot expulsion devant apparaître** tout aussi clairement qu'il devait également le faire dans le titre exécutoire. Pour faire le lien avec ce titre, il faut bien sûr le mentionner puisque c'est ce qui justifie et valide l'intervention de l'huissier de justice et le concours éventuel de la force publique. Par ailleurs, pour permettre au débiteur de faire valoir ses droits au plus vite, et, puisque comme nous l'avons vu et le reverrons il est fort difficile d'obtenir sa réintégration, il faut lui **indiquer devant quel juge il doit porter ses contestations**, si possible avant la réalisation effective de l'expulsion. L'indication doit être, en ce sens, suffisamment précise[3].

Enfin, il faut que le commandement, puisqu'il a pour objet de faire commandement à la personne de partir des lieux, sous-entendu volontairement, doit préciser **la date précise**, et non pas seulement un délai, à partir de laquelle l'expulsion pourra être mise en œuvre et donc le délai dans lequel il doit s'exécuter et la sanction encourue. Hormis le cas des locaux d'habitation pour lesquels il existe un délai légal, comme nous le verrons, il n'existe pas de délai minimal prévu par la loi. Certains ont d'ailleurs vu cela comme une possibilité de prévoir un départ « sans délai », ou encore « sans délai et immédiatement ». Or, la jurisprudence a tendance à considérer que cette formule est quelque peu contraire à l'esprit de la loi. Il a ainsi pu être jugé qu'une telle mention ne constituait nullement une indication de date et que cela ne correspondait pas à l'exigence du texte[4]. Par ailleurs, il a été précisé que **ce délai est soumis à l'appréciation du juge** et qu'il doit être suffisant pour que l'occupant puisse organiser son départ volontaire[5].

§ 2 Sanction

512.41 Nullité. L'article R. 411-1 C. pr. exéc. lui-même prévoit que les mentions qu'il indique sont prescrites à peine de nullité. Certains arguant du fait que certaines mentions étant fondamentales, leur omission constituait l'omission d'un acte, ou les dispensait de justifier d'un grief, il a régulièrement été jugé que la nullité prévue à l'article R. 411-1 est une nullité de forme soumise comme telle aux dispositions de l'article 114 C. pr. civ., et ne pouvant donc prospérer que par la démonstration d'un grief.

Ainsi, il a pu être jugé que l'omission de l'indication de la juridiction compétente et des mentions de l'article R. 412-1 C. pr. exéc. (v. s[s] n° 512.61)[6], voire de ces dernières mentions uniquement[7], constituaient un vice de forme et nécessitaient la démonstration d'un grief, non faite dans ces espèces, les personnes expulsées

1. S. Guinchard et T. Moussa (dir.), Dalloz action *Droit et pratique des voies d'exécution*, 2010/2011, n°s 511.43 et 511.44, par J.-J. Bourdillat.
2. EN CE SENS : PERROT et THÉRY, n° 1084.
3. EX. D'ANNULATION D'UN PROCÈS-VERBAL D'EXPULSION qui indiquait que la juridiction compétente était celle du lieu de situation de l'immeuble alors qu'il aurait dû préciser le siège de la juridiction (solution transposable au commandement) : Grenoble, 7 mars 2000, RG n° 99/00442.
4. Paris, 8e ch. B, 25 mars 1999, RG n° 1998/10356, *Gaz. Pal.* 7 mars 2000, n° 67, p. 2.
5. Paris, 21 févr. 2001, RG n° 2001/12656, *Dr. et proc.* 2002. Actu. 195.
6. Civ. 2e, 13 juill. 2006, n° 04-13.248, *Bull. civ.* II, n° 212; *Dr. et proc.* 2006. 369.
7. Civ. 3e, 30 sept. 2009, n° 08-15.203, *Bull. civ.* III, n° 208; *Procédures* 2009, n° 395, note Perrot; *Loyers et copr.* 2009, n° 247, note Vial-Pedroletti.

ayant formé une contestation ou demandé des délais devant le juge de l'exécution compétent dans les temps. Mais, alors qu'il avait pu être considéré, eu égard à l'importance de cette mention d'alerte, que l'omission de la mention de la date à laquelle les locaux devront être libérés cause nécessairement un grief, qui est donc en quelque sorte présumé, l'absence de cette mention « *ne permettant pas à la personne expulsée de partir avant d'y être contrainte par la force et d'éviter ainsi l'humiliation d'une telle expulsion* »[1], la Cour de cassation a rappelé qu'une telle omission constituait bien aussi un vice de forme, mais qu'il fallait pour la personne expulsée démontrer un grief, ce qui n'est pas le cas lorsque la personne a bénéficié d'un délai suffisant entre le commandement et l'expulsion effective[2].

512.42 Réintégration ou dommages et intérêts. Là encore, le prononcé de réintégration est rare et la nullité du commandement se résout fort souvent par l'octroi de dommages et intérêts. Mais contrairement à la problématique de l'absence de titre exécutoire, le motif du refus de réintégration est énoncé plus clairement : l'occupant, malgré une irrégularité de la procédure, est occupant sans droit ni titre et il serait curieux d'ordonner la réintégration d'une personne sans droit[3]. La réintégration a toutefois pu être ordonnée en référé, sur le fondement d'un **trouble manifestement illicite**, lorsque la procédure d'expulsion avait été menée en l'absence de commandement de quitter les lieux[4]. A pu également être prononcée, parce que c'était simplement ce qui était demandé, la restitution des meubles aux frais du propriétaire[5].

SECTION 3
RÈGLES SPÉCIFIQUES AU COMMANDEMENT DE QUITTER L'HABITATION

§ 1
Champ d'application : le « local affecté à l'habitation principale »

512.51 Notion d'habitation principale. Les articles L. 412-1, L. 412-2, L. 412-5, R. 412-1 et R. 412-2 C. pr. exéc. prévoient des règles spécifiques pour les expulsions portant sur les locaux affectés à l'habitation principale de la partie expulsée ou de tout occupant de son chef. N'est protégée ici que l'habitation effective de la personne, afin d'éviter qu'elle ne se retrouve sans aucun logement. Ainsi, le local commercial ne bénéficie pas de la protection prévue par ces articles[6]. En revanche, en cas de bail mixte, ladite protection s'applique[7]. Néanmoins, la Cour de cassation a précisé que le simple fait qu'il y ait un bail d'habitation accessoire ne suffisait pas, il faut en sus que les locataires y résident effectivement[8]. L'habitation n'est donc pas conçue comme la destination des lieux qui résulte de la volonté contractuelle des parties, mais comme l'habitation effective et réelle de la personne qui doit bénéficier de la protection[9].

La troisième chambre civile avait toutefois déjà clairement statué en ce sens lorsqu'elle avait refusé de casser un arrêt qui avait validé un commandement de quitter des locaux d'habitation ne respectant pas les prescriptions des articles L. 412-1, L. 412-2, L. 412-5, R. 412-1 et R. 412-2 C. pr. exéc., motif pris de ce qu'il était démontré que le local ne constituait pas l'habitation effective des personnes expulsées, le commandement ayant notamment été signifié à personne à une adresse différente de celle des locaux loués[10].

À noter qu'aussi bien pour la trêve hivernale que pour le sursis judiciaire (v. s[s] n°s 521.06, 521.23, 521.30 s.) et le délai de deux mois prévu à l'article L. 412-1 C. pr. exéc., la jurisprudence tend à considérer que la caravane n'est pas une habitation au sens de ces textes, dans la mesure où elle peut être déplacée sans porter atteinte au logement des intéressés. Il ne s'agit pas à proprement parler de l'expulsion d'une habitation mais d'un terrain sur lequel des personnes ont établi leur habitation[11].

Par ailleurs, l'habitation qui est protégée est celle de l'occupant, quel qu'il soit. Ainsi, l'époux expulsé en raison de l'attribution du domicile conjugal à l'autre bénéficie de la protection[12], sauf dans certaines hypothèses que nous verrons (v. s[s] n° 521.21). La protection bénéficie également à l'occupant du chef de la personne expulsée, qui peut elle-même avoir été liée au propriétaire par un bail commercial[13]. De

1. Paris, 8e ch. B, 25 mars 1999, RG n° 1998/10356, *Gaz. Pal.* 7 mars 2000. Doctr. 2, n° 67.
2. Civ. 2e, 8 févr. 2007, n° 05-20.936, *Bull. civ.* II, n° 25; *Dr. et proc.* 2007. 225 – Civ. 2e, 2 juill. 2009, n° 07-19.474, NP.
3. TGI Paris, JEX, 29 mai 1995, RG n° 95/82489.
4. Versailles, 14e ch., 1er juill. 2009, RG n° 09/03493, NP, consultable sur le site *legifrance.gouv.fr*
5. Paris, 21 févr. 2001, RG n° 2001/12656, *Dr. et proc.* 2002. Actu. 195.
6. Civ. 2e, 20 janv. 2005, n° 03-13.138, *Bull. civ.* II, n° 18; *D.* 2005. IR 389; *Procédures* 2005, n° 185, note Perrot; *Loyers et copr.* 2005, n° 46, obs. Vial-Pedroletti; *Dr. et proc.* 2005. 177, obs. Leborgne – Paris, 21 févr. 2002, RG n° 2001/12656, *Dr. et proc.* 2002. Actu. 195.
7. Paris, 23 mars 2000, RG n° 99/11934 – Civ. 2e, 20 janv. 2005, n° 03-13.138 (préc. s[s] prés[t] n°).
8. Civ. 2e, 23 juin 2011, n° 10-18.551, *Bull. civ.* II, n° 143.
9. AVIS EN SENS CONTRAIRE lors de l'entrée en vigueur de la loi, v. A. Boukris, « Les nouvelles règles applicables en matière d'expulsion », *JCP N* 1993. I. 58.
10. Civ. 3e, 27 mai 1998, n° 96-17.437, NP.
11. Lyon, 10 mai 2011, RG n° 10/07971, *D.* 2011. 1411.
12. Civ. 2e, 23 nov. 2000, n° 99-14.216, NP; *Dr. et proc.* 2002. 37, obs. Bourdillat – Civ. 2e, 4 juill. 2007, n° 06-19.864, NP; *Defrénois* 2008. 2405, obs. Randoux.
13. TGI Paris, JEX, 6 avr. 2005, RG n° 05/80867 – Aix-en-Provence, 5 mai 2004, RG n° 00/17025.

la même manière, il convient de respecter les formalités protectrices du logement y compris lorsque le locataire est une SCI, dans la mesure où l'objectif et de préserver le logement des occupants [1].

La jurisprudence administrative tend parfois à considérer que cette protection, et plus généralement la protection offerte par le Code des procédures civiles d'exécution en matière d'expulsion, ne s'applique pas à l'expulsion du domaine public [2].

512.52 Formalités concernées. La notion d'habitation principale va induire l'application de certaines règles spécifiques. Sans aucun doute possible, la protection est assurée par le délai spécifique de deux mois après commandement prévu au à l'article L. 412-1 C. pr. exéc., et les mentions spécifiques que le commandement doit comporter qui se rapportent précisément aux délais et dont les occupants peuvent bénéficier (C. pr. exéc., art. R. 412-1). Il n'y a ici pas d'ambiguïté dans la mesure où les textes eux-mêmes exigent le respect des règles qu'ils édictent pour le « *local affecté à l'habitation principale* ».

La question a pu en revanche se poser pour les dispositions de l'article R. 412-2, al. 2 et 3 C. pr. exéc., qui prévoient la dénonciation au préfet du commandement sans préciser si cette formalité s'applique uniquement aux locaux affectés à l'habitation principale. La Cour de cassation, dans un arrêt du 20 janvier 2005, a répondu que ledit article ne s'appliquait « *qu'en cas d'expulsion d'une personne de son habitation principale* » [3]. La lecture de cet article doit donc se faire en lien avec celle des dispositions du quatrième alinéa de l'article L. 412-5 C. pr. exéc., qui prévoyait cette transmission au préfet également, « *en vue de la prise en compte de la demande de relogement de l'occupant dans le cadre du plan départemental d'action pour le logement des personnes défavorisées* » et depuis 2014, pour que le préfet informe la CCAPEX de la procédure d'expulsion, et l'occupant de la possibilité qu'il a de saisir la commission de médiation en vue d'une demande au titre du droit au logement opposable. L'article R. 412-2, al. 2 et 3 C. pr. exéc. n'en est donc qu'une application et le champ de l'article L. 412-1 C. pr. exéc. se limite sans difficulté aux expulsions d'habitations.

1. Rouen, 24 févr. 2005, RG n° 03/04021, *Rev. loyers* 2005. 125.
2. CAA Bordeaux, 5 avr. 2007, req. n° 03BX01307 – CAA Marseille, 11 oct. 2011, req. n° 09MA02584, consultables sur lexisnexis.
3. Civ. 2e, 20 janv. 2005, n° 03-13.138 (préc. s^s n° 512.51) – EN CE SENS DÉJÀ : Paris, 8e ch. B, 27 juin 2002, *Dr. et proc.* 2002. 385.

§ 2 Mentions spécifiques

512.61 Contenu. L'article R. 412-1 C. pr. exéc. dispose que le commandement doit contenir, à peine de nullité « *en plus des mentions prévues à l'article R. 411-1, la reproduction des articles L. 412-1 à L. 412-6* ». L'information porte sur les délais applicables. Le délai de prévenance tout d'abord qui est de deux mois pour les locaux d'habitation. Ainsi, la personne aura une double information : au titre de l'article R. 412-1 C. pr. exéc., le délai applicable, et au titre de l'article R. 411-1 C. pr. exéc., la date à laquelle il devra quitter les lieux, ce qui lui permettra de confronter les deux et d'apprécier si ses droits ont été respectés. Les délais facultatifs qui peuvent être demandés au juge et la période de trêve hivernale ensuite, et qui ont pourtant un champ d'application plus large que l'habitation (v. ss nos 521.30 s.). Seul l'occupant d'un local à usage d'habitation en est cependant averti.

À noter que la jurisprudence exige là aussi la démonstration d'un grief pour que la nullité puisse être poursuivie en cas d'absence de ces mentions [4].

§ 3 Notification au préfet

512.71 Objectif et forme. L'article R. 412-2, al. 2 et 3 C. pr. exéc. prévoit que « *l'huissier de justice envoie au préfet du département du lieu de situation de l'immeuble, par lettre recommandée avec demande d'avis de réception, copie du commandement d'avoir à libérer les locaux. Dans toute la mesure du possible, il communique tous renseignements relatifs à l'occupant dont l'expulsion est poursuivie ainsi qu'aux personnes vivant habituellement avec lui* ». L'article L. 412-5 C. pr. exéc., dans sa rédaction issue de la loi n° 2014-366 du 24 mars 2014, pour l'accès au logement et un urbanisme rénové, dont on vient de voir qu'il s'agissait de l'application, ce qui est désormais expressément indiqué à l'article R. 412-2 alinéa 2 C. pr. exéc., prévoit quant à lui que : « *Dès le commandement d'avoir à libérer les locaux, l'huissier de justice chargé de l'exécution de la mesure d'expulsion en saisit le représentant de l'État dans le département afin que celui-ci en informe la commission de coordination des actions de prévention des expulsions locatives prévue à l'article 7-2 de la loi n° 90-449 du 31 mai 1990 visant à la mise en œuvre du droit au logement et qu'il informe le ménage locataire de la possibilité de saisir la commission de médiation en vue d'une demande de*

4. Civ. 2e, 13. juill. 2006, n° 04-13.248, *Bull. civ.* II, n° 212; *Dr. et proc.* 2006. 369.

relogement au titre du droit au logement opposable. À défaut, le délai avant l'expiration duquel l'expulsion ne peut avoir lieu est suspendu ». Toute la **politique de prévention des expulsions** passe par l'information le plus en amont possible du représentant de l'État dans le département car celui-ci est au cœur des procédures d'expulsion. Il est averti des procédures d'expulsions locatives **dès l'assignation**, voire du commandement visant la clause résolutoire, et fait déjà diligenter dans ce cadre des enquêtes sociales de nature à prévenir l'expulsion. Il est ensuite averti, et il s'agit bien d'une formalité différente de la précédente et impérative[1], **au stade du commandement de quitter les lieux** afin qu'il informe la CCAPEX de la procédure et le ménage des possibilités offertes par le droit au logement opposable. Depuis la loi n° 2007-290 du 5 mars 2007 instituant le droit au logement opposable[2], il est averti qu'il pourra être actionné en vue du relogement de la personne et qu'il devra verser des indemnités s'il ne le fait pas. Conscient de l'importance du rôle de l'État dans la prévention des expulsions, le Conseil d'État a d'ailleurs récemment refusé de renvoyer au Conseil constitutionnel une question prioritaire de constitutionnalité qui lui était posée sur la constitutionnalité des dispositions de l'article L. 412-5 C. pr. exéc. Il était argué du fait que la transmission systématique du commandement de quitter les lieux au préfet violait le principe de séparation des pouvoirs, raisonnement qui n'a pas été suivi par le Conseil d'État[3]. Notons que la loi du 24 mars 2014 n'évoque que l'information des ménages « locataires », ce qui semble restreindre le champ de l'article aux expulsions suite à la résiliation d'un bail uniquement, alors que l'occupation pourrait résulter d'un autre type de convention voire n'exister que de fait. Néanmoins, dès lors qu'on ne peut en principe plus parler de locataire à ce stade puisque le bail aura nécessairement été résilié pour pouvoir procéder à une expulsion, il doit s'agir d'une simple maladresse de la loi.

La **dénonciation** consiste en un courrier recommandé avec demande d'avis de réception[4], dont la justification devra être produite en cas de contestation. Il s'agit d'une formalité tarifée dans le décret n° 96-1080 du 12 décembre 1996 portant fixation du tarif des huissiers de justice en matière civile et commerciale[5]. À l'instar de ce qui a pu être récemment tranché par la Cour de cassation en matière de commandement visant la clause résolutoire, le coût de cette formalité, dans son intégralité[6], c'est-à-dire pas seulement celui de la lettre recommandée avec demande d'avis de réception, est en principe à la charge du débiteur.

512.72 Destinataire. La notification doit être faite au préfet du département à l'exception de tout autre.

Ainsi, bien que le préfet lui-même ait invité les huissiers de justice du département à adresser les commandements au service logement de la direction départementale des affaires sanitaires et sociales, tel ne peut pas être le cas. Le commandement se trouverait annulé de ce fait[7]. On peut toutefois s'interroger sur le grief qui peut en résulter pour la personne expulsée puisque la dénonciation est finalement adressée au service le plus à même d'agir.

512.73 Sanctions. Deux sanctions sont prévues en cas d'omission de cette formalité :

– *la première*, qui résulte d'un arrêt de principe de la Cour de cassation du 25 juin 1998, est **l'annulation de la procédure d'expulsion pour omission d'un acte**[8]. La dénonciation au préfet est un acte à part entière de la procédure d'expulsion dont on ne peut se dispenser, alors même que le texte du quatrième alinéa de l'article L. 412-5 C. pr. exéc. prévoit une sanction d'un tout autre genre. L'importance de la prévention des expulsions et du relogement des personnes implique cependant qu'une telle sanction soit attachée à l'absence complète de l'acte.

Mais que se passerait-il si la **dénonciation** était **simplement irrégulière**, parce que faite par lettre simple par exemple ou mal dirigée ? S'agirait-il alors d'une nullité de forme alors même que le texte ne le prévoit pas ? La décision susvisée de la cour d'appel de Lyon (v. s^s n° 512.72) avait de ce fait annulé la procédure d'expulsion et n'avait exigé la démonstration d'aucun grief.

– *la seconde sanction*, que la jurisprudence avait pu anticiper en octroyant des délais judiciaires facultatifs à l'occupant en cas de manquement à

1. Civ. 3e, 19 mai 2010, n° 09-12.424, *Bull. civ.* II, n° 100; *Loyers et copr.* 2010, n° 213, note Vial-Pedroletti; *D.* 2010. 1350; *Gaz. Pal.* 3 juin 2010, n° 154, p. 28.
2. L. n° 2007-290, 5 mars 2007, instituant le droit au logement opposable et portant diverses mesures en faveur de la cohésion sociale, *JO* 6 mars, p. 4190.
3. CE 22 févr. 2012, req. n° 352254, *Dr. et proc.* avr. 2012. A31.
4. À noter : CE 12 déc. 2008, req. n° 314523 – CE 14 août 2008, req. n° 296859, qui considèrent que l'important est la preuve de la réception et que la demande peut donc être faite dans d'autres formes que la seule lettre recommandée avec demande d'avis de réception.
5. Décr. n° 96-1080, 12 déc. 1996, portant fixation du tarif des huissiers de justice en matière civile et commerciale, *JO* 13 déc., p. 18248.
6. Cass., avis, 7 mars 2011, n° 10-00.010, *Bull. avis*, n° 3; *D.* 2011. 818; *BICC* 1er mai 2011; *Dr. et proc.* 2011. 138, note Menut.
7. Lyon, 6e ch., 6 janv. 2005, *Dr. et proc.* 2005. 350, obs. Bourdillat.
8. Civ. 2e, 25 juin 1998, n° 95-10.000, *Bull. civ.* II, n° 229; *D.* 1998. IR 185; *Rev. huiss.* 2000. 153.

cette formalité[1], a été ajoutée par la loi nº 98-657 du 29 juillet 1998 d'orientation relative à la lutte contre les exclusions[2]. Elle consiste en la **suspension du délai à l'issue duquel il ne peut être procédé à l'expulsion.** Autrement dit, le délai de deux mois avant l'issue duquel il ne peut être procédé à l'expulsion ne commence à courir qu'à compter de cette formalité. L'idée est toujours de prévenir les expulsions alors que l'État ne sera pas mis en mesure d'y remédier. Cela implique donc que si l'expulsion est pratiquée pendant ce délai, elle est irrégulière, mais également que la demande de concours de la force publique pendant ce délai prolongé sera irrecevable comme prématurée[3].

1. Toulouse, 15 avr. 1993, *Juris-Data* nº 043418; *Rev. huiss.* 1994. 650.
2. L. nº 98-657, 29 juill. 1998, d'orientation relative à la lutte contre les exclusions, *JO* 31 juill., p. 11679.
3. CE 5 mai 2010, req. nº 324272, NP; *D.* 2011. 1509, obs. Leborgne, cas où le propriétaire n'avait pas pu apporter la preuve de cette dénonciation, qui était simplement visée dans le commandement.

TITRE

52. Les opérations d'expulsion

SECTION 0
ORIENTEUR

520.00 **Plan du titre.**

520.01 **Période, autorités en charge de la mesure, et reprise effective des lieux.** Les opérations d'expulsion ne peuvent être menées à tout moment, en tout cas pour certaines d'entre elles et de nombreux délais, qui peuvent se cumuler et coexister sur un même local doivent être respectés, plus spécialement pour les locaux d'habitation. La conduite des opérations se fait sous la responsabilité de l'huissier de justice et avec le concours très fréquent, pour ne pas dire quasi systématique, de la force publique en cette matière. Enfin, l'huissier de justice est tenu de diligenter les opérations de sorte qu'à l'issue, le propriétaire retrouve la pleine jouissance de son bien, ce qui implique qu'il prenne soin également de respecter la procédure prévue pour faire évacuer les biens se trouvant éventuellement encore sur place.

CHAPITRE

521. Moment de l'expulsion

Anne-Gaëlle Dumas
Magistrat

Section 0 Orienteur

521.00 Plan du chapitre.

521.01 Textes applicables.

C. civ., art. 1244-1.

C. pr. exéc., art. L. 141-1, L. 412-1 à L. 412-8 et R. 412-1 à R. 412-4.

C. pr. civ., art. 501, 508, 524 et 590.

CCH, art. L. 353-15-2 et anc. art. L. 613-1 à L. 613-5.

C. trav., art. L. 332-6, L. 7212-1 et R. 7212-1.

C. expr., art. 15-1.

C. com., art. L. 322-14, L. 622-13 à L. 622-15, L. 622-15 et L. 642-18.

C. consom., art. L. 331-3-2, L. 331-7-3 et R. 331-9-3.

• **L. n° 2014-366, 24 mars 2014,** pour l'accès au logement et un urbanisme rénové, *JO* 26 mars, p. 5809.

• **L. n° 2010-737, 1er juill. 2010,** portant réforme du crédit à la consommation, *JO* 2 juill., texte n° 1.

• **L. n° 2009-323, 25 mars 2009,** de mobilisation pour le logement et de lutte contre l'exclusion, *JO* 27 mars, p. 5408.

521.03 Bibliographie indicative. (V. ss n° 500.03).

Ouvrages. A. Leborgne, *Droit de l'exécution*, « Précis », 2e éd., Dalloz, 2014, [délais de l'expulsion], nos 2641-2650 – P.-M. Le Corre, Dalloz action *Droit et pratique des procédures collectives*, 2013/2014, p. 1600-1601, nos 622.41 à 622.42 – R. Perrot et Ph. Théry, *Procédures civiles d'exécution*, 3e éd., Dalloz, 2013, [moment de l'expulsion] nos 1086-1097.

Articles. E. Bazin, « Les nouveaux pouvoirs du juge aux affaires familiales en matière de violences au sein du couple », *JCP* 2010. 957 – J. Bourdillat, « De l'expulsion du conjoint violent dans et après la réforme du divorce », *Dr. et proc.* 2005. 18 – M. Douchy-Oudot, « Quelle protection contre les violences au sein des couples ? », *Procédures* 2002. Étude 9, n° 12 – F. Ekollo, « Pour l'effectivité des délais de grâce en matière locative », *Gaz. Pal.* 18 avr. 1996. Doctr. 353 – Y. Landau-Toutain, « Limiter les expulsions en protégeant à la fois locataires et propriétaires », *Gaz. Pal.* 1991. Doctr. 395 – V. Larribau-Terneyre, « Premiers éclairages sur l'application de la loi du 9 juillet 2010 dans le temps et au fond », *Dr. fam.* 2011, n° 51 – J.-J. Massip, « La protection des victimes de violence au sein des couples », *LPA* 8 nov. 2010, n° 222, p. 10 – T. Moussa et J.-J. Bourdillat, « L'expulsion d'un époux du domicile conjugal : des procédures civiles d'exécution au droit pénal », *Procédures* 2002. Chron. 9.

> **Sur la réforme du surendettement.** V. Avena-Robardet, « Fiche pratique : suspension des mesures d'expulsion », *AJ fam.* 2011. 28 – E. Russo, « La réforme de la procédure de surendettement des particuliers dans la loi du 1er juillet 2010 », *LPA* 5 juill. 2010, n° 132, p. 3 – V. Vigneau, « Logement et surendettement », *Loyers et copr.* 2011. Étude 1 – Étude générale : *RD banc. fin.* 2011. Dossiers 34 s.; *RD banc. fin.* 2012. Dossiers 17 s., not. L. Pellizza, « L'impact

de la législation relative au surendettement sur la pratique des voies d'exécution », Dossier 21.

> **Sur les procédures collectives.** G. Teboul, « Comment déjouer les pièges de la procédure collective du locataire », *LPA* 3 avr. 2003, n° 67, p. 3 – J. Varoclier, « Le bailleur, mal-aimé des procédures collectives », *Gaz. Pal.* 2 avr. 2011, n° 92, p. 4.

521.05 Suspension de l'expulsion. Motifs et cas. Le propriétaire est tenu de respecter des délais, légaux ou judiciaires, pour pouvoir expulser, faute de quoi il s'expose à devoir payer des dommages et intérêts à la personne qui occupe sans droit son bien. Ces délais résultent essentiellement d'une volonté du législateur de protéger le logement de la personne expulsée, afin qu'elle ne se retrouve pas sans toit et ne se désocialise pas. S'appliquent aussi des délais légaux non spécifiques à l'expulsion et ainsi, une expulsion ne peut, comme toute procédure civile d'exécution, avoir lieu qu'entre six heures et vingt et une heures (C. pr. civ., art. 508 - C. pr. exéc., art. L. 141-1).

Mais à ces **délais prévus par la loi** peuvent s'ajouter des **délais qui résultent de la volonté des parties** et que ceux-ci doivent respecter. Ainsi, dans le cadre de la politique de prévention des expulsions, des conventions tripartites sont passées entre l'État, les bailleurs sociaux et les locataires, qui tendent pour le locataire à reprendre le paiement du loyer courant et apurer l'arriéré par des mensualités raisonnables, en contrepartie d'une suspension volontaire de la procédure d'expulsion par le bailleur tant que le plan d'apurement est respecté, le locataire bénéficiant d'un titre d'occupation par l'effet de cette convention, et d'un engagement de l'État à tout faire pour mobiliser les aides auxquelles le locataire a droit, et ce même si les bailleurs disposent d'un titre exécutoire (CCH, art. L. 353-15-2, réd. L. n° 2005-32, 18 janv. 2005 [1]). Si un tel protocole est signé entre les parties, « *l'organisme bailleur manifeste sa volonté de renoncer à faire procéder à l'expulsion du logement* » [2], l'objectif étant ici de régulariser un nouveau bail. L'expulsion ne peut pas être poursuivie, et donc le concours de la force publique demandé, ou la responsabilité de l'État engagée en cas de refus de concours [3], pendant cette période de suspension volontaire des parties. Le bailleur doit alors, si l'accord n'est pas respecté, envoyer au préfet la dénonciation de cet accord et cela vaudra nouvelle demande de concours de la force publique. D'une manière générale, les parties peuvent toujours prendre des accords sur les modalités d'exécution d'une décision et le bailleur peut toujours accorder des délais supplémentaires au locataire et suspendre les effets de la décision d'expulsion de ce fait. Cela doit se faire de manière expresse et claire [4]. Il peut également renoncer purement et simplement au bénéfice du titre d'expulsion, ce qui peut être le cas dans le cadre de l'octroi du paiement d'un arriéré de loyer par le fonds de solidarité logement [5]. Une telle renonciation doit être expresse ou non équivoque, ce que n'est pas un long délai mis à exécuter une décision d'expulsion [6], ni même la remise à l'occupant d'appels d'échéances de « loyers » avec délivrance d'un nouveau commandement visant la clause résolutoire peu de temps avant la délivrance du commandement de quitter les lieux [7].

Le délai peut ensuite résulter d'une **décision judiciaire qui suspend le caractère exécutoire de la décision.** En dehors de l'hypothèse des délais de grâce suspendant les effets d'une clause résolutoire, il est aussi possible, par l'effet des dispositions de l'article 524 C. pr. civ., d'obtenir la suspension de l'exécution provisoire, ordonnée ou même de droit depuis 2004, en cas d'appel contre la décision d'expulsion. Même si l'on pourrait penser que l'expulsion, une fois réalisée, a nécessairement des conséquences manifestement excessives, en réalité, les premiers présidents apprécient au cas par cas [8]. Ils ont parfois pu l'octroyer, avant même la réforme de 2004, lorsque le juge ayant rendu la décision d'expulsion commettait une grossière erreur de droit [9], commettant parfois à leur tour une erreur de ce genre [10]. L'exécution peut également être stoppée en application des dispositions de l'article 590 C. pr. civ., c'est-à-dire par le juge qui est saisi de la tierce opposition à la décision d'expulsion. Le cas a pu se présenter devant le juge de l'exécution de Paris. Une tierce opposition avait été formée par les occupants du chef du locataire expulsé, qui considéraient que la décision ne leur était pas opposable. Le juge saisi de celle-ci avait effectivement suspendu les effets de ladite décision puis avait accueilli la tierce

1. L. n° 2005-32, 18 janv. 2005, de programmation pour la cohésion sociale, *JO* 19 janv., p. 864.
2. CE 16 avr. 2008, req. n° 300268, *Lebon* T.; *AJDA* 2008. 839; *Gaz. Pal.* 23 oct. 2008, n° 297, p. 26; *Loyers et copr.* 2008, n° 7, note Vial-Pedroletti – CE 15 mai 2009, req. n° 316626, NP. – CE 8 juill. 2009, req. n° 316763, NP.
3. CE 27 janv. 2010, req. n° 316576, *Lebon* T.; *AJDA* 2010. 182.
4. EX. D'UN REFUS D'ADMETTRE DES DÉLAIS SUPPLÉMENTAIRES IMPLICITES : Civ. 2e, 22 mars 2001, n° 99-14.295, NP.
5. Civ. 2e, 13 sept. 2007, n° 06-16.648, NP.
6. Civ. 3e, 19 mars 2008, n° 07-11.194, *Bull. civ.* III, n° 53; *Loyers et copr.* 2008, n° 108, note Brault; *Gaz. Pal.* 8 juill. 2008, n° 190, p. 23, note Brault; *Dr. et proc.* 2008. 267, obs. Putman.
7. Civ. 3e, 4 avr. 2001, n° 99-12.915, NP.
8. EXEMPLE DE REFUS : Civ. 2e, 5 juill. 2001, n° 99-19.773, NP.
9. Montpellier, 29 oct. 1997, *D.* 1999. 380, note Bourdillat.
10. Civ. 2e, 7 juin 2007, n° 07-10.826, *Gaz. Pal.* 13 janv. 2009, n° 13, p. 36.

opposition. Mais cette dernière décision fut cassée. Interrogé sur la question, le juge de l'exécution répondit que la décision ayant stoppé l'exécution provisoire produisait toujours effet tant qu'il n'avait pas été statué de manière définitive sur la tierce opposition[1].

La décision judiciaire peut-elle enfin être fondée sur les dispositions de l'article 1244-1 du Code civil ? *A priori* non puisque des délais spécifiques sont applicables en matière d'expulsion avec des critères précis d'octroi et surtout une durée bien différente de ceux-là[2]. L'article L. 613-1 du Code de la construction et de l'habitation précisait d'ailleurs qu'il s'agissait d'une dérogation aux dispositions de cet article. L'article L. 412-3 C. pr. exéc., qui le recodifie, ne précise plus cette dérogation. Mais pour ceux auxquels aucun des délais prévus ne s'applique, est-il possible d'octroyer des délais pour quitter les lieux sur le fondement de ces dispositions ? Certains ont pu le penser dans la mesure où rien ne l'interdit[3]. Il est toutefois délicat d'appliquer ces articles à l'expulsion dans la mesure où il est question de report ou d'échelonnement du paiement d'une somme. C'est d'ailleurs pour cela que le législateur a supprimé la référence à ces articles dans l'article L. 412-3 C. pr. exéc.

521.06 **Cumul et calcul des délais.** Tous ces délais et périodes de suspension se cumulent-ils ? Quel en est le point de départ, et l'issue ? La question s'est posée dès l'origine et il a été considéré alors que le délai de deux mois et la trêve hivernale ne s'ajoutaient pas mais se confondaient tandis que les délais accordés judiciairement s'ajoutaient aux deux premiers[4]. D'autres ont parlé de « *juxtaposition* »[5] des délais, eu égard à la formulation du premier alinéa de l'article L. 412-1 C. pr. exéc. qui prévoit, « *sans préjudice des dispositions des articles L. 412-3 à L. 412-7* », c'est-à-dire des délais judiciairement accordés et de la trêve hivernale, un délai de prévenance de deux mois applicable aux locaux d'habitation. Le cumul, dans le sens où certains peuvent bénéficier à la suite de tous ces délais, est certain. Un cumul existe d'ailleurs également avec le délai prévu par le Code du travail dont bénéficie l'employé d'immeuble pour quitter un logement de fonction[6]. En revanche, il a été jugé de manière constante que le délai d'un mois spécifique à l'expropriation, prévu à l'article L. 15-1 du Code de l'expropriation ne se cumule pas avec ceux de l'expulsion légaux ou judiciaires[7]. Les termes mêmes dudit article, qui interdisent à l'autorité de justice d'en modifier la durée, explique sans difficulté cette jurisprudence.

Mais se confondent-ils lorsqu'ils couvrent une même période ? Concrètement donc, il existe un délai légal de deux mois pour les locaux d'habitation, une trêve hivernale et éventuellement des délais accordés judiciairement. Ainsi par exemple, si le délai légal de deux mois prend fin pendant la trêve hivernale, il se cumule avec celle-ci dans la mesure où l'expulsion peut reprendre à l'issue de la trêve. Il n'est en revanche nullement suspendu par elle. Si l'on considère que le commandement de quitter les lieux peut être délivré pendant la trêve hivernale (sur ce point, v. s[s] n° 521.41), la période de deux mois courra bien du commandement et ne sera pas suspendue par l'effet de la trêve. Quel cumul possible ensuite entre le sursis judiciaire prononcé sur le fondement de l'article L. 412-3 C. pr. exéc. et la trêve hivernale également ? Depuis 2009, le juge était limité à un an de délai. Depuis la loi du 24 mars 2014, ce délai est passé à trois ans. Doit-on décompter le délai de deux mois ou la trêve hivernale, voire les périodes ou rien n'est décidé par le juge et qui bénéficient de fait à l'occupant ou ne doit-on additionner que les suspensions ordonnées par le juge ? *A priori* c'est cette dernière solution qui prévaut eu égard à la rédaction des dispositions des articles L. 613-1 (devenu C. pr. exéc., art. L. 412-3) et L. 613-2 (devenu C. pr. exéc., art. L. 412-4) du même code. C'est bien la durée de ces délais accordés judiciairement qui ne doit pas dépasser un an (trois désormais)[8]. Mais alors si le juge accorde un délai de trois mois dont deux pendant la trêve hivernale. Peut-il encore accorder deux ans et neuf mois de délai ou huit seulement ? *A priori* neuf, car l'un ne suspend tout de même pas l'autre.

Ensuite, quel est le point de départ de ces délais ? Pour la trêve hivernale et le délai de deux mois, la réponse est aisée puisque pour le premier la période est de date à date, et pour la seconde, il s'agit de prolonger un délai qui court, selon le cas à compter du commandement de quitter les lieux ou de la dénonciation au préfet si celle-ci a tardé. Pour les délais judiciairement accordés, le texte ne prévoit

1. TGI Paris, JEX, 23 avr. 2003, *Dr. et proc.* 2003. 359, obs. Bourdillat.
2. EN CE SENS : PERROT et THÉRY, n° 1093.
3. EN CE SENS : J.-J. Bourdillat, « De l'expulsion du conjoint violent dans et après la réforme du divorce », *Dr. et proc.* 2005. 18.
4. J. Beauchard, « Le logement et les procédures civiles d'exécution », *RTD civ.* 1993, n° spéc., p. 120, *La réforme des procédures civiles d'exécution*, p. 109 s.
5. PERROT et THÉRY, p. 853, n° 1097.
6. Paris, 26 mars 2008, RG n° 07/14837.
7. Civ. 3e, 17 déc. 1980, n° 79-12.807, *Bull. civ.* III, n° 196; *JCP* 1981. IV. 87 – TGI Nanterre, JEX, 9 déc. 1993, RG n° 93/13304, *BICC* 15 avr. 1994, n° 48; *D.* 1994. Somm. 337; *D.* 1996. Somm. 309 – TGI Lyon, JEX, 20 déc. 2004, *Juris-Data* n° 052923 – *CONTRA* : Versailles, 14 nov. 2000, *Gaz. Pal.* 2 févr. 2002, n° 33, p. 14, note Bernard – Civ. 3e, 19 juin 2012, n° 11-19.443, NP.
8. EN CE SENS : Versailles, 31 janv. 1997, *Rev. huiss.* 1997. 729.

rien mais la pratique veut que les délais partent du jour où le juge statue, même si le précédent délai s'est terminé bien avant le jugement[1]. En réalité, on doit pouvoir se référer aux dispositions de l'article 511 C. pr. civ. qui prévoit que le délai de grâce, car il s'agit bien de cela, court du jugement lorsqu'il est contradictoire ou de la signification de la décision dans les autres cas. Toutefois, il a pu être également jugé que le point de départ du délai était la décision prononçant l'expulsion elle-même[2]. Enfin, bien sûr, si le juge peut être saisi plusieurs fois aux fins de délais, s'il les a refusés une fois et qu'il n'y a pas de nouvel élément, sa décision a autorité de la chose jugée[3].

SECTION 1
DÉLAI DE PRÉVENANCE

§ 1
Absence de délai de prévenance commun à tous les locaux

521.11 **Simple avertissement.** La loi ne prévoit pas, d'une manière générale, de délai de prévenance minimal entre le moment où la décision est rendue, le commandement délivré et le moment où l'expulsion a effectivement lieu. Néanmoins, comme nous l'avons vu, la personne expulsée doit être avertie de la date à laquelle l'expulsion pourra être poursuivie et la jurisprudence n'est pas très friande de l'expulsion « sans délai », même si, comme nous le verrons, le juge peut réduire ou « supprimer » le délai de deux mois entre le commandement et l'expulsion d'un local d'habitation (v. s^s^ n°s 512.31 et 521.22).

§ 2
Délai de prévenance pour les locaux d'habitation

521.21 **Champ d'application.** L'article L. 412-1 C. pr. exéc. dispose que : « *Si l'expulsion porte sur un local affecté à l'habitation principale de la personne expulsée ou de tout occupant de son chef, elle ne peut avoir lieu qu'à l'expiration d'un délai de* ***deux mois*** *qui suit le commandement, sans préjudice des dispositions des articles L. 412-3 à L. 412-7* ».

Il existe donc un délai de prévenance spécifique aux locaux à usage d'habitation principale pour permettre aux occupants d'organiser leur départ, en prenant contact avec les services sociaux, en recherchant un nouveau logement, et en organisant le déménagement des meubles, notamment. Ce délai s'applique donc uniquement aux habitations principales, notion dont les contours ont été délimités par la jurisprudence (v. s^s^ n° 512.51), étant précisé qu'il s'applique également aux occupants qui se sont introduits illégalement dans les lieux et ne doit pas en ce cas être systématiquement supprimé ou réduit, pouvant même être allongé s'il le faut[4]. Fort curieusement, une décision isolée a pu en revanche considérer que ce délai de deux mois ne s'appliquait pas dans le cadre d'une expulsion faisant suite à une vente par adjudication sur saisie immobilière, le saisi étant d'ores et déjà informé de la précarité de sa possession par le commandement aux fins de saisie[5]. On peut penser qu'une telle jurisprudence n'est pas conforme aux textes et à l'esprit de ceux-ci qui l'appliquent même à des occupations illicites de terrains.

La loi a cependant exclu du bénéfice de ce délai tout d'abord le **conjoint violent**, puis plus largement, le **partenaire ou ex-partenaire violent**. En effet, par l'effet de la loi n° 2004-439 du 26 mai 2004 relative au divorce, un article 220-1 du Code civil permettait au juge aux affaires familiales d'ordonner l'expulsion urgente du conjoint violent. Dès cette date, un article 66-1 était ajouté dans la loi du 9 juillet 1991 (devenu, pour ce qui concerne les délais, C. pr. exéc., art. L. 412-8), tendant à exclure le conjoint ainsi expulsé du bénéfice du délai susmentionné notamment. En effet, comme il a pu être écrit, cette procédure tend, contrairement à la procédure d'expulsion qui « *tend à l'évacuation d'un bien,* [...] *plus* [...] *à l'éviction d'une personne physique* »[6]. La loi n° 2010-769 du 9 juillet 2010[7] relative aux violences faites spécifiquement aux femmes, aux violences au sein des couples et aux incidences de ces dernières sur les enfants[8] a élargi ces dispositions à tous les couples ou ex-couples et le juge aux affaires familiales peut délivrer une

1. POUR UN EX. : Aix-en-Provence, JEX, 24 avr. 2008, *Dr. et proc.* 2008. 284, obs. Scordopoulos.
2. Paris, 8e ch. D, 3 mars 1999, *Gaz. Pal.* 7 mars 2000, n° 67, p. 2.
3. Civ. 2e, 26 mai 2011, n° 10-14.582, NP.
4. Montpellier, 15 mars 1995, *Juris-Data* n° 600509, *Rev. huiss.* 1995. 587, obs Bourdillat.
5. Reims, 20 déc. 2000, RG n° 99/01891.
6. J.-J. Bourdillat, « De l'expulsion du conjoint violent dans et après la réforme du divorce », (préc. s^s^ n° 521.05).
7. L. n° 2010-769, 9 juill. 2010, relative aux violences faites spécifiquement aux femmes, aux violences au sein des couples et aux incidences de ces dernières sur les enfants, *JO* 10 juill., p. 12762.
8. M. Douchy-Oudot, « Quelle protection contre les violences au sein des couples ? », *Procédures* 2002. Étude 9 – J. Massip, « La protection des victimes de violence au sein des couples », *LPA* 8 nov. 2010, n° 222, p. 10.

ordonnance de protection permettant entre autres, l'expulsion du partenaire ou ex-partenaire violent, la décision ayant une durée de quatre mois maximum. L'article L. 412-8 C. pr. exéc. a été modifié en conséquence et prévoit là encore que la personne en question ne peut pas bénéficier de délais pour quitter les lieux. Certains ont pu considérer que puisque ces délais n'y sont pas applicables, une demande de délais sur le fondement de l'article 1244-1 du Code civil serait recevable, faute d'être vraisemblablement fondée, devant un juge des référés (v. s[s] n° 521.06).

À noter également qu'il existe un délai spécifique pour l'expulsion d'un logement de fonction pour les employés d'immeubles, qui est de trois mois et est prévu par les dispositions des articles L. 7212-1 et R. 7212-1 du Code du travail (v. s[s] n° 521.06).

521.22 Suppression, allongement, prorogation. L'article L. 412-1 C. pr. exéc. précise, après avoir posé le principe de ce délai que « *le juge peut, notamment lorsque les personnes dont l'expulsion a été ordonnée sont entrées dans les locaux par voie de fait ou lorsque la procédure de relogement effectuée en application de l'article L. 442-4-1 du Code de la construction et de l'habitation n'a pas été suivie d'effet du fait du locataire, réduire ou supprimer ce délai* ». Malgré l'importance que la protection du logement a dans toutes les dispositions protectrices, il a été ménagé une marge de manœuvre aux propriétaires pour pouvoir demander au juge la réduction ou suppression du délai de deux mois. Le souci du législateur est ici de protéger le propriétaire contre des occupations illicites, parfois même intervenues violemment[1], ou contre les locataires difficiles qui n'usent pas paisiblement des lieux loués et auxquels le propriétaire aura fait une offre de relogement. En certains cas d'introduction fautive dans les lieux, la suppression du délai résulte d'ailleurs de la loi elle-même. Ainsi en est-il désormais de l'expulsion de squatters d'un logement qui constitue le domicile d'une autre personne ou encore d'un terrain sur le sol d'une commune puisque le délai de prévenance est ici de vingt-quatre heures minimum et la procédure d'expulsion elle-même écartée (v. s[s] n° 511.51). Mais l'article L. 412-1 C. pr. exéc. use de l'adverbe « notamment » qui laisse à penser qu'il peut y avoir d'autres cas. D'après certains, il serait cependant conforme à l'esprit du texte d'en limiter l'application aux seuls cas où une faute caractérisée serait relevée à la charge de la personne expulsée[2]. La jurisprudence a pu juger en ce sens, avec par exemple un locataire ayant une attitude violente vis-à-vis des voisins[3]. Mais elle semble avoir une vision plus large des choses puisqu'elle admet aussi une suppression du délai pour des raisons qui échappent à la volonté des occupants. Ainsi lorsque l'occupation est dangereuse pour les personnes puisque les lieux avaient fait l'objet d'un arrêté de péril[4], ou encore parce que l'occupation empêchait la restructuration de logements sociaux[5].

L'article L. 412-2 C. pr. exéc. prévoit ensuite une dérogation dans l'autre sens en indiquant que : « *Lorsque l'expulsion aurait pour la personne concernée des conséquences d'une exceptionnelle dureté, notamment du fait de la période de l'année considérée ou des circonstances atmosphériques, le délai prévu à l'article L. 412-1 peut être prorogé par le juge pour une durée n'excédant pas trois mois* ». Les contours de **l'exceptionnelle dureté** sont difficiles à cerner, mais l'on comprend, étant donné la courte durée des délais que le juge peut ici prononcer – trois mois – que la difficulté doit être ponctuelle, immédiate et urgente. On peut imaginer un hiver particulièrement rigoureux, mais aussi pourquoi pas, le « notamment » le permettant, du fait de circonstances personnelles particulières telles que décès, accouchement récent, poursuite des études malgré abandon par la famille[6], *etc.* Mais les décisions rendues sur ce fondement ne sont pas légion. Si un délai est toutefois accordé, là encore dans un souci de prévention de l'expulsion et de relogement de l'intéressé, depuis 1998, la décision peut être transmise, sur décision du juge, au préfet du département (C. pr. exéc., art. R. 412-2, al. 1er). Notons enfin que l'article R. 412-4 C. pr. exéc. précise qu'à compter de la signification du commandement de quitter les lieux, c'est le juge de l'exécution du lieu de situation de l'immeuble qui est exclusivement compétent pour accorder un délai supplémentaire sur ce fondement. Cela signifie en creux qu'avant cela, le juge du fond, prononçant l'expulsion ou non, a la compétence pour accorder un tel délai[7]. Cela semble également signifier, étant donné que l'article R. 412-4 n'a renvoyé qu'aux dispositions de l'article L. 412-2, que le juge de l'exécution n'a pas compétence pour réduire ou supprimer ce délai. Étant donné toutefois la brièveté de celui-ci et malgré une souvent grande rapidité des juges de l'exécution à audiencer, il est tou-

1. Dans cette même optique, voir les propositions de loi n° 2022, portant sur la lutte contre l'occupation illicite de logements par des squatters, déposée à l'Assemblée nationale le 5 novembre 2009, et n° 3058, tendant à équilibrer les rapports entre propriétaires et locataires, déposée à l'Assemblée nationale le 20 décembre 2010, qui tendent toutes deux à la suppression de tout délai dans le cas d'une occupation par des squatters.
2. PERROT et THÉRY, n° 1088 (préc. s[s] n° 521.06).
3. Rennes, 8 févr. 2001, RG n° 99/05513 – *CONTRA :* Paris, 14e ch. A, 26 mars 2008, RG n° 07/14835.
4. Paris, 14e ch. B, 24 nov. 1995, RG n° 95/20289.
5. Paris, 9 avr. 2004, 14e ch. B, RG n° 2004/00692, *JCP* 2004. IV. 2445.
6. Versailles, 30 mars 2011, RG n° 10/04117.
7. Paris, 13 oct. 1993, *D.* 1994. 337.

tefois peu probable que la question se présente en pratique.

Enfin, le délai prévu à l'article L. 412-1 C. pr. exéc. peut être, comme nous l'avons vu, à titre de sanction du défaut de dénonciation du commandement de quitter les lieux au préfet, prorogé jusqu'à ce qu'il soit justifié de l'accomplissement de cette formalité (v. s[s] n°s 512.71 et 512.73).

521.23 **Effets.** En principe, le délai prévu au premier alinéa de l'article L. 412-1, qu'il soit tel quel, prolongé ou réduit, court à compter du commandement de quitter les lieux qui peut donc bien être délivré. Mais les effets de celui-ci sont en quelque sorte suspendus et le propriétaire doit attendre l'issue du délai pour procéder à l'expulsion. Le Conseil d'État a jugé que la demande de concours de la force publique pendant le cours de ce délai était prématurée et ainsi irrecevable[1]. L'huissier de justice semblait donc devoir attendre l'expiration de ce délai pour demander le concours de la force publique, ce qui peut poser difficultés lorsque l'issue de ce délai se situe peu avant le début de la trêve hivernale. Si à première lecture une telle décision peut surprendre puisque la Haute juridiction a jugé en 2007 que la demande de concours de la force publique était recevable en période de trêve hivernale (v. s[s] n° 521.41), elle s'explique en réalité par la différence de régime et d'objectif de ces délais. Le délai de deux mois doit permettre au locataire de quitter les lieux volontairement et l'huissier de justice ne peut rien tenter pendant ce temps-là. Il ne pourra donc pas expliquer en quoi le concours de la force publique est nécessaire puisqu'il ne peut en principe pas savoir si la personne est encore là ou non et si elle entend partir à l'issue du délai qui lui est laissé. Cette jurisprudence a, peu de temps après, été appliquée au cas où le délai avait été prorogé du fait de l'absence de dénonciation au préfet du commandement[2]. Néanmoins, récemment, le Conseil d'État semble avoir assoupli sa jurisprudence en considérant que si le préfet pouvait rejeter la demande de concours de la force publique pendant le cours de ce délai, la demande étant prématurée, s'il ne le fait pas, il est réputé avoir été saisi valablement à la fin de ce délai et a donc deux mois pour répondre à partir de cette date[3]. L'huissier de justice n'a donc pas à renouveler sa demande.

En cas de suppression du délai, rappelons que le commandement doit indiquer la date à laquelle la personne doit quitter les lieux et que la mention d'un départ « sans délai », même si conforme en ce cas à la décision du juge, est difficilement admise par la jurisprudence (v. s[s] n° 512.31).

521.24 **Sanctions en cas de non-respect.** Dès lors qu'avant même la jurisprudence récente du Conseil d'État sur ce point, aucun propriétaire ne se voyait accorder le concours de la force publique pendant le cours de ce délai, il n'y a pour ainsi dire pas de jurisprudence publiée sur ce point. Aussi peut-on simplement noter une décision du juge de l'exécution de Lyon du 25 mai 1993 qui a de ce fait annulé la procédure d'expulsion[4].

SECTION 2
PÉRIODE DE L'ANNÉE OU TRÊVE HIVERNALE

521.30 **Principe.** L'article L. 412-6 C. pr. exéc., dans sa rédaction issue de la loi n° 2014-366 du 24 mars 2014, dispose que : « *Nonobstant toute décision d'expulsion passée en force de chose jugée et malgré l'expiration des délais accordés en vertu de l'article L. 412-3, il est sursis à toute mesure d'expulsion non exécutée à la date du 1er novembre de chaque année jusqu'au 31 mars de l'année suivante, à moins que le relogement des intéressés soit assuré dans des conditions suffisantes respectant l'unité et les besoins de la famille* [...] ».

Avant la loi du 24 mars 2014, la trêve s'étendait du 1er novembre au 15 mars. Toutefois, à deux reprises, le ministère de l'Intérieur a, de fait, prolongé cette trêve par des instructions aux préfets d'attendre le 1er ou le 2 avril pour octroyer de nouveau le concours de la force publique[5].

§ 1
Champ d'application

521.31 **« Toute mesure d'expulsion » ?** L'article L. 412-6 C. pr. exéc. vise le sursis à « toute mesure d'expulsion » mais précise ensuite qu'il n'a plus vocation à s'appliquer lorsque le relogement est assuré dans des conditions suffisantes. L'utilisation des termes « toute mesure d'expulsion » ne doit pas tromper. Sont en principe visées les habitations puisqu'il s'agit finalement d'assurer le relogement des intéressés et que la disposition se situait

1. CE 18 févr. 2010, req. n° 316987, *Lebon* T.; *Gaz. Pal.* 4 mars 2010, n° 63, p. 31; *Procédures* 2010, n° 268, note Perrot; *AJDA* 2010. 857, rapp. Thiellay – CE 25 juill. 2013, req. n° 347456, *Dr. et proc.* 2013. 211.
2. CE 5 mai 2010, req. n° 324272, *D.* 2011. Pan. 1509, obs. Leborgne.
3. CE 18 déc. 2013, req. n° 363126, *JCP A* 2014. Actu. 44.
4. TGI Lyon, JEX, 25 mai 1993, RG n° 93/00308.
5. Ainsi en fut-il en 2013 en raison de l'hiver rigoureux (instr. n° INTK1300206J, 13 mars 2013, *BOMI* 1er mai 2013, n° 2013-04) et en 2014 en raison de l'entrée en vigueur imminente de la loi pour l'accès au logement et un urbanisme rénové (instr. n° INTK1400251J, 11 mars 2014, *BOMI* 11 avr. 2014, n° 2014-04).

dans le Code de la construction et de l'habitation. Ainsi, il a été jugé que cet article n'avait pas vocation à s'appliquer aux résidences mobiles[1] qui, si elles peuvent constituer le logement de la personne, n'est pas une habitation justifiant la protection puisque qu'elles peuvent être déplacées. Il est donc clair que l'objectif est bien la protection du logement en ce sens qu'il ne faut pas que l'occupant se retrouve sans rien.

Néanmoins, on peut se poser la question puisque la jurisprudence a admis l'application du sursis judiciaire aux locaux commerciaux. L'article L. 412-3 sur le sursis judiciaire évoque cependant le cas des locaux professionnels, ce qui n'est pas le cas de l'article L. 412-6 sur la trêve hivernale.

L'article L. 613-5 (abrogé par l'ordonnance de codification du Code des procédures civiles d'exécution) précisait par ailleurs que les dispositions de cet article et de l'entier chapitre, qui regroupait également celles relatives au sursis judiciaire, s'appliquaient aux occupants de locaux meublés non situés dans un hôtel de tourisme homologué, qui remplissaient les conditions prévues à l'article de l'ordonnance n° 58-1008 du 24 octobre 1958 modifiant la loi n° 49-458 du 2 mars 1949 accordant le bénéfice du maintien dans les lieux à certains clients des hôtels. Cette précision était curieuse puisque le texte initial sur la trêve hivernale (L. n° 56-1223, 3 déc. 1956) visait les articles 1, 2 et 3 de la loi de 1949, ce qui impliquait que l'occupant avait respecté ses obligations, exercé une activité professionnelle ou fait ses études dans le local et y avait sa résidence principale. Or, l'article 1er de l'ordonnance de 1958 a modifié les articles 1er à 6 de la loi de 1949 et il est donc difficile de savoir à quoi cela renvoyait ce d'autant que l'article premier de celle-ci a épuisé ses effets. Par ailleurs, pourquoi avoir prévu cette précision car si le meublé constitue l'habitation de la personne à expulser, il est bien entendu qu'on appliquera les règles spécifiques en la matière, en ce compris la trêve hivernale. C'est pour ces raisons que l'article a été abrogé dans le cadre de la codification des textes relatifs aux procédures civiles d'exécution.

À noter enfin que la jurisprudence administrative a rappelé que la trêve s'appliquait également au cas des époux[2], sauf dérogation légale expresse ci-dessous étudiée.

521.32 Dérogations. L'article L. 412-6 C. pr. exéc. prévoit tout d'abord qu'on n'est pas obligé de respecter la trêve lorsque le relogement des intéressés a eu lieu dans de bonnes conditions. Remarquons toutefois que la jurisprudence a admis, dès lors qu'il ne reste plus que quelques meubles sur place et qu'il est donc manifeste que les lieux sont abandonnés, qu'il peut être dérogé à la trêve[3]. On peut comprendre cette jurisprudence comme considérant qu'en cas d'abandon, les lieux ne constituant plus l'habitation de la personne expulsée, la protection ne s'applique plus, ou bien que le relogement est en quelque sorte présumé avoir eu lieu dans de bonnes conditions. La première interprétation est la plus vraisemblable.

Cet article prévoyait ensuite que ces dispositions n'étaient pas applicables « *lorsque les personnes dont l'expulsion a été ordonnée sont entrées par voie de fait ou lorsque ceux-ci sont situés dans un immeuble ayant fait l'objet d'un arrêté de péril* ». Que l'occupant soit à l'origine d'un trouble ou qu'il en subisse un, la trêve n'était pas applicable. Ainsi, le concours de la force publique pouvait être requis en période hivernale pour des occupants entrés par voie de fait[4], ce qui d'après une décision récente du Conseil d'État, recouvre le simple fait d'être entré dans les lieux sans avoir jamais eu l'accord du propriétaire et sans titre[5]. La loi n° 2014-366 du 24 mars 2014 a toutefois modifié la logique de cet article. Elle a tout d'abord supprimé la référence à l'arrêté de péril et la trêve s'applique donc bien désormais en ce cas. En outre, l'alinéa 2 de cet article prévoit désormais que « *le juge peut supprimer le bénéfice du sursis prévu au premier alinéa lorsque les personnes dont l'expulsion a été ordonnée sont entrées dans les locaux par voie de fait* ». Par principe donc, ces personnes bénéficient désormais de la trêve hivernale et seul le juge peut y déroger, celui ayant prononcé l'expulsion ou le juge de l'exécution selon le stade de la procédure auquel la demande est faite.

Par ailleurs, l'article L. 412-7 C. pr. exéc. prévoit que ces dispositions ne sont pas applicables aux occupants de locaux spécialement destinés au **logement d'étudiants** lorsque les intéressés cessent de satisfaire aux conditions en raison desquelles le logement a été mis à leur disposition, autrement dit lorsqu'ils cessent d'être étudiants.

Enfin, l'article L. 412-8 C. pr. exéc. prévoit désormais que la trêve hivernale ne s'applique pas au **partenaire violent** qui fait l'objet d'une procé-

1. Civ. 2e, 14 oct. 2010, n° 09-13.800, NP; *Dr. et proc.* 2010. 334.
2. CE 16 mai 2007, req. n° 286847, *Gaz. Pal.* 3 nov. 2007, n° 307, p. 25.
3. Civ. 3e, 20 nov. 1991, n° 90-12.491, *Bull. civ.* III, n° 279; *Rev. huiss.* 1992. 277 – POUR UNE APPLICATION RÉCENTE EN SAISIE IMMOBILIÈRE, V. Nîmes, 30 janv. 2014, *Juris-Data* n° 006415
4. CE 29 mars 2002, req. n° 243338, *AJDA* 2003. 345; *Gaz. Pal.* 29 avr. 2003, n° 119, p. 9; *D.* 2003. 1115; *JCP* 2002. II. 10179; *Dr. et proc.* 2002. 320.
5. CE 27 janv. 2010, req. n° 320642, *Gaz. Pal.* 25 févr. 2010, n° 56, p. 32.

dure d'expulsion sur le fondement d'une ordonnance de protection (v. s[s] n° 521.21).

La trêve ne s'applique enfin pas aux expulsions du domaine public[1].

§ 2
Effets

521.41 Impossibilité de procéder à l'expulsion. L'expulsion ne peut être réalisée en période de trêve hivernale. En conséquence, le concours de la force publique ne pourra pas être accordé. Il pourra toutefois être valablement demandé[2] et le préfet aura alors deux mois pour répondre. On peut s'interroger sur la possibilité matérielle pour le préfet d'apprécier la nécessité d'octroyer le concours de la force publique alors que les occupants quitteront peut-être les lieux avant la fin de celle-ci. Par ailleurs, l'huissier ne peut en principe rien tenter pendant cette période et il sera donc difficile pour lui de donner des éléments objectifs au préfet sur les difficultés rencontrées. Elles pourront l'avoir été éventuellement avant le début de la période avec une tentative d'expulsion juste avant celle-ci. En revanche, le concours effectif, en cas d'octroi, est reporté à la date du 16 mars suivant et la période de responsabilité de l'État ne court donc qu'à compter de cette date. De la même manière, il a été décidé qu'il n'y avait pas lieu à référés pour statuer sur le rejet d'un préfet d'accorder le concours de la force publique pendant le cours de cette trêve[3].

Puisqu'il est interdit de procéder à l'expulsion, *a priori* on pourrait penser qu'il est interdit de tenter de le faire également car, si tout se passe bien sur place, cela devient vite une véritable expulsion. C'est en ce sens qu'avait répondu le ministre de la justice par une réponse à une question écrite le 29 avril 2008 en indiquant qu'« *un huissier de justice ne peut procéder à une tentative d'expulsion, et dresser le procès-verbal y afférent, que lorsque cette mesure d'exécution forcée peut valablement être poursuivie* »[4]. Le Conseil d'État a toutefois rendu une décision qui laisse à penser qu'une tentative serait possible en cette période. Un huissier de justice avait « *constaté la persistance de l'occupation irrégulière* » le 9 février puis requis la force publique le 12. Le préfet avait alors refusé le concours de la force publique puisque l'huissier avait effectué les démarches en cours de trêve hivernale, et qu'il ne pouvait donc justifier des difficultés effectives rencontrées pour l'expulsion des personnes présentes. Le Conseil d'État décide qu'il n'appartient pas à l'autorité administrative de porter une appréciation sur l'opportunité de saisir celle-ci d'une demande de concours[5]. Ainsi, le concours de la force publique pourrait être accordé alors même que l'huissier de justice aura tenté d'expulser en cours de période hivernale.

521.42 Possibilité d'inciter le locataire à partir de lui-même. Enfin, la trêve, à l'inverse du délai judiciairement accordé ou encore du délai de deux mois, ne dispense pas l'occupant de partir[6]. Il doit en principe quitter les lieux. En conséquence, il a été jugé que la trêve n'empêche nullement le juge de prononcer l'expulsion et d'ordonner la libération des lieux, au besoin sous astreinte[7].

SECTION 3
DÉLAIS JUDICIAIRES FACULTATIFS

§ 1
Champ d'application et durée

521.51 Local d'habitation ou professionnel. L'article L. 412-3 C. pr. exéc. prévoit que le juge peut « *accorder des délais renouvelables aux occupants de locaux d'habitation ou à usage professionnel, dont l'expulsion a été ordonnée judiciairement* [...] ».

Sur la **notion de local d'habitation**, il est possible de transposer sans difficulté la jurisprudence qui s'est développée sur le fondement de l'article L. 412-1 C. pr. exéc. et de l'article R. 412-1 C. pr. exéc. (v. s[s] n° 512.51). À noter que l'occupation d'un terrain par des résidences mobiles est exclue du champ de ces dispositions dans la mesure où elles peuvent être déplacées sans porter atteinte à l'habitation même[8]. Par ailleurs, alors même que la doctrine a

1. QE, AN n° 14795, Rép. *JO Sénat Q* 2 déc. 2010, p. 3165 – CAA Nantes, 28 févr. 2002, req. n° 98NT01384 – *CONTRA* : TA Strasbourg, 4 mars 2010, req. n° 0904631.
2. CE 27 avr. 2007, req. n° 291410, *Procédures* 2007, n° 248, note Perrot – DÉJÀ EN CE SENS : CAA Paris, 16 mai 1989, req. n° 89PA00058, *Lebon* T.
3. CE 13 nov. 2002, req. n° 251611, *Gaz. Pal.* 29 avr. 2003, n° 119, p. 9.
4. QE, AN n° 18682, Rép. *JOAN Q* 29 avr. 2008, p. 3669; *Dr. et proc.* 2008. 236.
5. CE 25 nov. 2009, req. n° 323359, *AJDA* 2009. 2257; *AJDA* 2011. 294; *Dr. et proc.* 2010. 126, obs. Leborgne; *LPA* 14 mai 2010, n° 96, p. 8, concl. rapporteur public, Thiellay.
6. V. SUR CE POINT : concl. du rapporteur public Thiellay pour CE 25 nov. 2009, req. n° 323359 (préc. s[s] n° 521.41) – concl. du même rapporteur pour CE 18 févr. 2010, req. n° 316987, *D.* 2007. 2236. Chron. Vigneau (préc. s[s] n° 521.23).
7. Civ. 2e, 4 juill. 2007, n° 05-15.382, *Bull. civ.* II, n° 183; *Dr. et proc.* 2007. 355, obs. Bourdillat; *Gaz. Pal.* 26 avr. 2008, n° 117, p. 19.
8. Civ. 3e, 4 avr. 2001, n° 98-15.231, NP – Lyon, 10 mai 2011, RG n° 10/07971, *D.* 2011. 1411.

pu considérer comme antinomique le fait que les squatters, pour lesquels il est prévu la possibilité de réduire voire supprimer le délai de prévenance de deux mois puissent bénéficier d'un délai supplémentaire[1], plusieurs cours d'appel ont jugé que le sursis judiciaire leur était applicable[2].

Sur la **notion de local professionnel**, si l'idée du législateur est toujours et encore la protection du logement, il a ici pris soin de viser également les locaux professionnels ou plus précisément à usage professionnel. On aurait donc pu penser que les délais ne pouvaient être accordés qu'aux titulaires de baux professionnels et donc de professionnels libéraux notamment. Mais pour quelle raison faire une telle distinction ? Si des délais peuvent être accordés à un médecin, pourquoi pas à un bar restaurant, qui peut également avoir besoin de temps pour libérer les lieux. La Cour de cassation a clairement tranché la question par un arrêt de sa deuxième chambre civile du 4 juillet 2007 qui énonce que « *le juge de l'exécution tient des articles L. 613-1 et L. 613-2 du Code de la construction et de l'habitation* [devenus C. pr. exéc., art. L. 412-3 et L. 412-4] *et de l'article 8 du décret du 31 juillet 1992* [devenu C. pr. exéc., art. R. 121-1] *le pouvoir d'accorder un délai de grâce à l'occupant d'un local à usage commercial* »[3]. La Cour de cassation a donc compris le champ de ces dispositions de manière large. Toute destination professionnelle, y compris commerciale du local permet l'application de ces dispositions. Il avait d'ailleurs été fait, de manière intéressante, par le juge de l'exécution de Paris, un raisonnement par analogie avec d'autres textes qui incluaient de manière expresse les locaux commerciaux dans la notion de locaux à usage professionnel[4].

521.52 Exclusions. Le Code des procédures civiles d'exécution comprend lui-même des exclusions. Ainsi, ne peuvent demander des délais sur ce fondement les locataires dont le propriétaire exerce son **droit de reprise** dans les conditions prévues à l'article 19 de la loi n° 48-1360 du 1er septembre 1948 portant modification et codification de la législation relative aux rapports des bailleurs et locataires ou occupants de locaux d'habitation ou à usage professionnel et instituant des allocations de logement. Il exclut également les locataires par le fait desquels la procédure de relogement prévue à l'article L. 442-4-1 n'a pas été suivie d'effet. Pour ces derniers, il y a donc un parallélisme entre la réduction ou suppression des délais (v. ss n° 521.22), pour lesquels ce même cas est visé, et l'impossibilité pour eux de demander des délais supplémentaires. Ce qui n'est pas le cas des squatters, comme nous l'avons vu ci-dessus (v. ss n° 521.51).

Par ailleurs, dans le même article que pour la trêve hivernale (v. ss n° 521.32), il est précisé que les délais ne sont pas applicables aux occupants de **logements étudiants**. De la même manière, à l'article L. 412-8 C. pr. exéc., il est prévu une exclusive à l'égard du **partenaire violent** qui a fait l'objet d'une ordonnance de protection ordonnant son expulsion, qui ne peut par ailleurs pas non plus bénéficier de la période de trêve hivernale (v. ss nos 521.21 et 521.32).

La jurisprudence a ajouté également une exception qui n'apparaît pas dans le texte, à savoir l'inapplicabilité de ces délais aux **occupants du domaine public**[5].

521.53 Durée. La durée des délais qui peuvent être accordés a récemment été modifiée par la loi n° 2009-323 du 25 mars 2009 de mobilisation pour le logement et la lutte contre l'exclusion puis par la loi n° 2014-366 du 24 mars 2014, pour l'accès au logement et un urbanisme rénové. Le juge pouvait en effet auparavant octroyer des délais allant de trois mois à trois ans, et ils prenaient ainsi en quelque sorte le relais du délai prévu au deuxième alinéa de l'article L. 412-2 C. pr. exéc. Ces délais ont été ensuite réduits et pouvaient être d'un mois à un an. La réduction était justifiée dans le projet par la nécessité d'accélérer les procédures d'expulsion pour améliorer l'offre de relogement, étant donné, en parallèle, que la prévention des expulsions était améliorée par la création des commissions départementales de prévention des expulsions et le développement de la garantie des risques locatifs et compte tenu de la récente procédure de droit au logement opposable. La loi du 24 mars 2014 a finalement rétabli l'ancienne version du texte avec des délais allant de trois mois à trois ans. Ces délais sont **renouvelables** et se **cumulent** entre eux (v. ss n° 521.06).

§ 2
Juge compétent et effets

521.61 Juge prononçant l'expulsion, juge des référés ou juge de l'exécution. L'article L. 613-1 du

1. PERROT et THÉRY, n° 1095 (préc. ss n° 521.06) – Ou encore, DANS LE MÊME SENS POUR LA PROROGATION DU DÉLAI DE DEUX MOIS : A. Boukris, « Les nouvelles règles applicables en matière d'expulsion », *JCP N* 1993. I. 58.
2. Montpellier, 15 mars 1995, *Juris-Data* n° 600509; *Rev. huiss.* 1995. 587, obs. Bourdillat – Montpellier, 23 nov. 2006, RG n° 05/06475 – Paris, 2 mars 2000, RG n° 1999/20790, *D.* 2000. IR 103.
3. Civ. 2e, 4 juill. 2007, n° 06-14.601, *Bull. civ.* II, n° 202; *Dr. et proc.* 2007. 353, obs. Bourdillat; *Gaz. Pal.* 29 déc. 2007, n° 363, p. 9, note Brault; *Rev. huiss.* 1997. 1466, obs. Martin.
4. TGI Paris, JEX, 13 juill. 1999, RG n° 99/82887, *Gaz. Pal.* 7 mars 2000, n° 67, p. 2.
5. CAA Paris, 4e ch., 21 févr. 1995, req. n° 94PA01884, *Lebon T.* 784; *Dr. adm.* 2001, n° 481.

Code de la construction et de l'habitation indiquait le juge compétent pour prononcer ces délais. Il s'était construit par petites strates. Ainsi, dès 1980, il était prévu que c'était le juge des référés qui était compétent, ce qui était somme tout logique puisque c'était également lui qui était susceptible de connaître des difficultés d'exécution. En 1990, il a été précisé que le juge qui prononce l'expulsion peut lui-même, *ab initio*, prononcer ces délais. Avec la consécration du juge de l'exécution, celui-ci a été ajouté à la liste en 1991.

Cet article, désormais recodifié à l'article L. 412-3 C. pr. exéc., ne comprend plus la précision du juge compétent. En réalité, les juges naturellement compétents en raison des règles du COJ sont bien toujours les mêmes.

Ainsi, trois juges sont susceptibles d'accorder ces délais. Le juge qui prononce l'expulsion, car en effet, pourquoi attendre et passer devant un autre juge si l'on sait avec certitude dès le départ que la situation du locataire justifie l'octroi de délais. **Le juge des référés**, une fois que la décision a été rendue mais avant qu'un commandement de quitter les lieux ne soit délivré. Mais surtout, et c'est souvent devant lui que la demande est présentée, parfois à titre subsidiaire d'une annulation pure et simple de la procédure d'expulsion, **le juge de l'exécution.** Il a été rappelé, dans l'article R. 412-4 C. pr. exéc. le concernant qu'une fois le commandement de quitter les lieux délivré, il avait compétence pour les accorder, puisqu'alors il s'agit d'une difficulté d'exécution liée à un titre en lien avec une procédure d'exécution, compétence qui est, au regard des règles du Code de l'organisation judiciaire relatives au juge de l'exécution, exclusive[1]. Une fois le commandement délivré, le juge du fond ne peut donc plus statuer sur une demande de délais. Signalons qu'un récent arrêt a considéré que si le juge des référés avait déjà accordé un délai, le juge de l'exécution ne pouvait le modifier une fois le commandement de quitter les lieux délivré, sans remettre en cause la décision servant de fondement aux poursuites en l'absence d'éléments nouveaux[2].

521.62 Aspects procéduraux et effets de la demande sur l'expulsion (suspension ?). Pour les aspects purement procéduraux tout d'abord, à noter que la demande de délais peut être ordonnée et donc demandée en tout état de cause[3]. Ainsi, s'il n'est pas rare que les délais soient sollicités subsidiairement à une demande en annulation de la procédure d'expulsion, ils peuvent également être demandés en cause d'appel contre une décision ayant rejeté une demande d'annulation de celle-ci. La demande doit ensuite être portée devant le juge du lieu de situation de l'immeuble. En outre, celui-ci peut décider, depuis 1998, de transmettre sa décision au préfet en vue de la prise en compte de la demande de relogement de la personne expulsée (C. pr. exéc., art. R. 412-2, al. 1er). Il est précisé que c'est la décision qui statue sur une demande de délais si bien que le juge peut décider de transmettre un refus, pour alerter le préfet de l'urgence de la situation. Par ailleurs, une telle transmission ne peut être faite que par le juge ayant prononcé l'expulsion ou celui qui est saisi postérieurement mais avant la délivrance du commandement, ce qui en principe, exclut les décisions du juge de l'exécution. En effet, le commandement de quitter les lieux étant en principe, pour les locaux d'habitation à tout le moins, dénoncé au préfet, il sera alors alerté de l'urgence de la situation par l'effet du commandement, qui doit indiquer la date à laquelle les locaux doivent être libérés et donc l'issue des délais judiciairement accordés. La loi du 24 mars 2014 a enfin apporté une précision afin d'assurer une meilleure articulation entre ces délais et le mécanisme du droit au logement opposable. Ainsi, l'article L. 441-2-3 du Code de la construction et de l'habitation prévoit désormais que « *lorsque la commission de médiation reconnaît un demandeur prioritaire auquel un logement doit être attribué en urgence et que celui-ci fait l'objet d'une décision de justice prononçant l'expulsion de son logement, elle peut saisir le juge afin que celui-ci accorde des délais dans les conditions prévues aux articles L. 412-3 et L. 412-4 du Code des procédures civiles d'exécution* ».

Aucun texte ne prévoit ensuite que la demande aux fins de sursis judiciaire est suspensive d'exécution et la jurisprudence ne le dit d'ailleurs pas comme cela. Néanmoins, la Cour de cassation a, dans un arrêt du 28 septembre 2005, indiqué que le bailleur qui procède à l'expulsion en cours de délibéré du juge de l'exécution saisi d'une demande de délais, et sans avoir averti celui-ci de l'imminence de l'expulsion effective, commet une faute de nature à ouvrir droit à réparation à la personne expulsée[4]. À noter que le bailleur a également été condamné dans cette affaire à une amende civile. On pouvait toutefois se demander si la solution aurait été différente si le bailleur avait pris soin de prévenir le juge de l'exécution avant la date à laquelle l'octroi de la force publique avait été prévu, lui permettant ainsi de fixer en conséquence sa date de délibéré. Par un

1. Civ. 2e, 18 sept. 2003, no 01-16.019, *Bull. civ.* II, no 285; *D.* 2003. IR 2409; *JCP* 2003. IV. 2732.
2. Rennes, 19 avr. 2013, RG nos 13/00776, 13/01646.
3. Civ. 2e, 10 juill. 2008, no 07-13.503, *Bull. civ.* II, no 182; *Gaz. Pal.* 11 avr. 2009, no 101, p. 22; *Procédures* 2008, no 266, obs. Perrot.
4. Civ. 3e, 28 sept. 2005, no 04-14.882, *Bull. civ.* III, no 176; *AJDI* 2006. 193, note de La Vaissière; *Gaz. Pal.* 4 juill. 2006, no 185, p. 9.

jugement, récent, le juge de l'exécution de Nanterre en a décidé autrement puisqu'il a également condamné le bailleur à des dommages et intérêts et à une amende civile alors que celui-ci avait averti le juge de l'imminence de l'expulsion, ce qui, comme le fait remarquer le commentateur de ce jugement, peut surprendre puisque le juge aurait pu aussi bien statuer sur le siège ou approcher la date de son délibéré en conséquence, la période hivernale approchant à grands pas[1]. Et dans ces décisions, il est question de dommages et intérêts et non de réintégration[2], pourtant demandée, puisqu'au moment où le bailleur procède à l'expulsion, en l'absence d'effet suspensif de la saisine du juge, il dispose bien d'un titre exécutoire. C'est ici une sorte de déloyauté procédurale du bailleur que l'on sanctionne.

521.63 **Effets.** Le délai ainsi accordé interdit bien sûr de procéder à l'expulsion. S'agissant de délais de grâce, ils suspendent en principe le caractère exécutoire du jugement[3] si l'on se réfère à l'article 501 C. pr. civ. Sur cette analyse, il a pu ainsi être jugé qu'aucun commandement de quitter les lieux ne pouvait être délivré pendant le cours de ces délais et devait être annulé de ce fait[4]. Ils suspendent également l'obligation même de partir du locataire et le Conseil d'État juge régulièrement que la demande de concours de la force publique faite avant l'expiration des délais judiciairement accordés ne saisit pas valablement l'administration et doit être réitérée à l'issue desdits délais[5]. De même, l'octroi de ces délais suspend assez logiquement la période de responsabilité de l'État[6]. La solution retenue par la jurisprudence administrative est donc ici différente de celle qu'elle applique à la trêve hivernale, qui, elle ne suspend pas l'obligation du locataire de quitter les lieux et le caractère exécutoire de la décision.

§ 3
Critères d'octroi

521.71 **Critères.** L'article L. 412-3 C. pr. exéc. lui-même fixe tout d'abord une condition : « *le relogement des intéressés ne peut avoir lieu dans des conditions normales* ». On est loin ici de l'exceptionnelle dureté de l'article L. 412-2 C. pr. exéc. Qu'est-ce qu'un relogement dans des conditions normales ? *A priori*, le simple fait d'avoir retrouvé un logement pour sa famille, dans un bien salubre et pour un loyer tenable sans doute.

L'article L. 412-4 C. pr. exéc. fixe ensuite un certain nombre de critères ou faisceau d'indices permettant non seulement d'apprécier de l'opportunité d'octroyer ces délais, mais aussi d'en moduler la durée : « [...] *Pour la fixation de ces délais, il est tenu compte de la bonne ou mauvaise volonté manifestée par l'occupant dans l'exécution de ses obligations, des situations respectives du propriétaire et de l'occupant, notamment en ce qui concerne l'âge, l'état de santé, la qualité de sinistré par faits de guerre, la situation de famille ou de fortune de chacun d'eux, les circonstances atmosphériques, ainsi que des diligences que l'occupant justifie avoir faites en vue de son relogement* ». La loi du 24 mars 2014 a ajouté qu'« *il est également tenu compte du droit à un logement décent et indépendant, des délais liés aux recours engagés selon les modalités prévues aux articles L. 441-2-3 et L. 441-2-3-1 du code de la construction et de l'habitation et du délai prévisible de relogement des intéressés* ».

521.72 **Exemples d'octroi de délais.** Sur le fondement de ces critères, il a pu être octroyé des délais à :

– l'occupant qui bénéficie du revenu minimum d'insertion et de l'assistance de l'UDAF et a fourni un effort supérieur à sa capacité de remboursement et au plan d'apurement conventionnel consenti par le bailleur, apurant ainsi partiellement sa dette locative. Le délai accordé était de trois ans[7], soit le maximum prévu alors par la loi. Le juge espérait sans doute ici que la poursuite des paiements permette l'apurement de la dette et la renonciation du bailleur à se prévaloir du titre d'expulsion;

– l'occupant ayant de graves problèmes de santé (insuffisance rénale grave), qui a entraîné une perte de revenus expliquant l'arriéré locatif et rend son relogement très difficile. L'absence de démarches accomplies en vue d'un relogement ne peut être assimilable à de la mauvaise foi, au regard de la situation décrite[8]. Le délai octroyé était de cinq mois et se terminait le jour du début de la trêve hivernale. L'un des critères (respect des obligations) est ici compensé par l'autre (état de santé);

– l'occupante, sans droit, puisqu'il s'agissait de la sœur et des enfants du locataire qui les avait installés là en quittant le logement, qui vit seule avec trois enfants en bas âge n'ayant d'autres revenus que le RMI et les prestations familiales, malgré la dette importante (2 530 euros) de loyers et le fait que le bailleur souhaitait récupérer le logement

1. TGI Nanterre, JEX, 6 avr. 2010, RG n° 10/02339, *AJDI* 2011. 225, note de La Vaissière.
2. DANS LE SENS D'UNE RÉINTÉGRATION POURTANT, v. Versailles, 31 janv. 1997, *Rev. huiss.* 1997. 729.
3. SUR CE POINT : concl. rapporteur public Thiellay sur CE 25 nov. 2009 (préc. s^s n° 521.41) – concl. même rapporteur sur CE 18 févr. 2010 (préc. s^s n° 521.23).
4. TGI Paris, JEX, 7 avr. 1999, RG n° 99/81240, *Gaz. Pal.* 7 mars 2000, n° 67, p. 2.
5. CE 16 déc. 1966, *Lebon* T. 666 – CE 30 mai 1986, req. n° 53625, NP.
6. CE 29 juill. 1983, req. n° 38413, *Juris-Data* n° 042253.
7. Metz, 2 juill. 2008, RG n° 06/00779.
8. Montpellier, 2 oct. 2008, RG n° 08/00401.

pour y loger sa fille[1]. Le délai accordé était alors de trois mois et s'achevait le 15 décembre, soit en cours de période hivernale. La situation est ici mise en balance, comme l'exige le texte, entre le propriétaire et l'occupant. La situation du bailleur n'est en revanche pas très détaillée et l'on ne sait pas si sa propre fille est elle-même en situation précaire par exemple;

- aux occupants de quatre-vingt-seize et quatre-vingt-neuf ans souffrant de pathologies graves, évolutives et invalidantes nécessitant des soins médicaux très réguliers et rendant le déménagement impossible. Le délai accordé fut d'un an alors même que le juge ayant prononcé l'expulsion leur avait octroyé six mois précédemment[2];

- ou encore, malgré le fait qu'elle avait pénétré dans les lieux après le départ d'un précédent locataire, une occupante qui élevait trois enfants, dont un handicapé, et justifiait avoir multiplié les démarches avec plus de dix demandes de logements auprès des services sociaux depuis des années[3];

- ou enfin, l'occupant ayant un état de santé précaire, malgré une absence de recherche de relogement et même un refus d'un nouveau logement proposé par le bailleur, et ce sans explication. Un délai de trois mois a été accordé[4].

521.73 Exemples de refus. Sur le fondement de ces mêmes critères, il a pu être refusé des délais à :

- l'époux qui n'a déposé une demande de relogement que le jour de l'introduction de la demande de délais, soit huit mois après la décision d'expulsion et qu'il avait, de fait, d'ores et déjà bénéficié de délais suffisant. Le juge souligne même ici que le juge de l'exécution risquerait d'apporter, en octroyant des délais, une modification aux mesures provisoires prononcées par le juge aux affaires familiales[5];

- l'occupant qui argue d'une charge de famille comprenant mère épouse et trois enfants alors que la carte de séjour de la mère était périmée, que la carte de résident de l'épouse mentionnait une autre adresse, qu'il n'était pas justifié de la scolarisation des enfants dans les environs, et qu'il n'était justifié ni d'une recherche de logement, ni des revenus du couple[6];

- l'occupante dont le comportement est incompatible avec la jouissance paisible des lieux puisque, postérieurement au jugement prononçant son expulsion, elle a persisté à injurier ses voisins et manifester de la méchanceté[7];

- l'occupant qui refuse une offre de relogement normale alors qu'elle ne verse par ailleurs pas les indemnités d'occupation et a déjà bénéficié de fait, de longs délais puisqu'elle les occupe sans titre depuis six ans, bien que le début de la procédure en expulsion n'ait débuté que quatre ans après[8];

- l'occupante qui n'a entamé des démarches de relogement que tardivement, soit plus de quatre mois après le commandement, alors qu'elle indique vivre avec sept enfants, et posséder des chevaux et des bovins, ce qui aurait justifié des recherches plus sérieuses. À vrai dire, la décision indique qu'elle refuse les délais mais en octroie un pour un mois avec notification de la décision au préfet[9];

- l'occupant qui ne justifie ni même n'argue de quelconques difficultés ne serait-ce que financières, ce qui a été considéré ici comme un détournement de procédure tendant à contourner le caractère non suspensif du pourvoi en cassation[10];

- les occupants qui ne justifient pas des problèmes de santé dont ils arguent, et qui produisent même des pièces laissant à penser que ces problèmes de santé sont bien pris en charge[11];

- ou encore, l'occupant d'un centre d'accueil pour demandeurs d'asile, disposant d'un titre de séjour lui permettant de travailler en France, le maintien de son occupation privant d'autres réfugiés de bénéficier de cet accueil[12];

- ou enfin, la personne qui ne se trouve plus dans les lieux[13].

SECTION 4
SUSPENSION DE L'EXPULSION EN RAISON DE LA SITUATION PATRIMONIALE DU DÉBITEUR

§ 1
Occupant en situation de surendettement

A.
Avant 2007

521.81 La procédure de surendettement n'a aucun effet sur la procédure d'expulsion. Ou presque. L'idée initiale du législateur de 1989, qui a mis en place la procédure de surendettement était sim-

1. TGI Aix-en-Provence, JEX, 13 sept. 2007, *Dr. et proc.* 2008. 37, obs. Scordopoulos.
2. Paris, 29 mars 2011, RG n° 08/04634.
3. Montpellier, 23 nov. 2006, RG n° 05/6475.
4. Paris, 4 juin 2013, RG n° 11/23166.
5. TGI Bobigny, JEX, 24 juin 1997, *Rev. huiss.* 1998. 1208.
6. Paris, 8e ch. B, 18 janv. 2007, RG n° 06/11705.
7. Grenoble, 5 mars 2002, RG n° 01/01215.
8. Paris, 1er mars 2011, RG n° 09/15877.
9. TGI Toulouse, JEX, 3 juill. 2001, RG n° 2001/01614.
10. Paris, 8 févr. 2007, *Dr. et proc.* 2007. 282, obs. Bourdillat.
11. Orléans, 23 mars 2011, RG n° 10/01772.
12. Amiens, 18 avr. 2014, *Juris-Data* n° 010874.
13. Nancy, 9 sept. 2013, RG n° 12/03085.

plement d'instaurer une sorte de procédure collective pour les non-professionnels en vue d'assurer l'apurement des dettes dans les meilleures conditions pour les créanciers et le débiteur.

Dès 1991, la jurisprudence avait considéré que la saisine de la commission en vue d'une procédure de surendettement n'entraînait pas en elle-même suspension des poursuites [1], ce surtout si la demande avait été rejetée par ladite commission [2].

Néanmoins, la procédure de surendettement se poursuivant, un plan conventionnel pouvait tout d'abord être mis en place. En ce cas, comme tout accord exprès de paiement, il suspendait l'exigibilité de la dette et donc l'exécutabilité d'une éventuelle décision rendue préalablement à l'encontre du débiteur. L'article L. 331-9 du Code de la consommation précisait par ailleurs que les créanciers auxquels les mesures recommandées étaient opposables ne pouvaient plus exercer de procédures d'exécution « *à l'encontre des biens du débiteur* » pendant toute la durée d'exécution des mesures. Et l'on comprend aisément cette disposition car la procédure n'aurait eu que peu d'intérêt si le créancier qui arguait d'un refus des mesures pouvait procéder à des mesures d'exécution. Même imposé, l'échelonnement avait un effet suspensif. La Cour de cassation a alors rappelé de manière claire que les échelonnements prévus par les mesures prises dans ce cadre avaient pour effet de suspendre l'exigibilité des dettes et donc les procédures d'exécution « *tendant au recouvrement de la dette* » [3], ce que n'est pas l'expulsion, puisque cette mesure tend à l'exécution d'une obligation de faire qui est la restitution du local occupé sans titre.

Par ailleurs, l'article L. 331-5 du Code de la consommation, qui était en substance l'article L. 332-3 avant la réforme de 1995, prévoyait que le juge pouvait être saisi aux fins de suspension des procédures d'exécution pendant le cours de cette procédure. Or, là encore, la Cour de cassation a indiqué dans un attendu de principe au visa de ce second texte, que « *l'ouverture d'une procédure de traitement d'une situation de surendettement ne rend possible que la suspension des procédures d'exécution portant sur les dettes* » [4].

Néanmoins, en amont de la procédure d'exécution d'une décision ordonnant l'expulsion, lorsque celle-ci était fondée sur l'acquisition d'une clause résolutoire incluse dans le bail, la procédure de surendettement pouvait avoir un effet sur la résiliation même du bail. En effet, la suspension de l'exigibilité des dettes résultant d'un échelonnement ou d'un moratoire ne pouvait pas avoir pour effet de suspendre les effets d'une clause résolutoire acquise. Donc, si le moratoire intervenait après l'expiration du délai de deux mois suivant le commandement visant la clause résolutoire du bail d'habitation (L. 6 juill. 1989, art. 24 [5]), elle n'avait aucun effet sur le bail [6]. En revanche, si la décision intervenait avant, *a contrario*, elle en suspendait les effets et empêchait son acquisition et par conséquent la procédure d'expulsion qui s'ensuivait.

Par ailleurs, le Conseil d'État a jugé récemment une affaire, postérieurement à l'entrée en vigueur de la loi du 1er juillet 2010 [7], mais pour une procédure de surendettement soumise aux anciennes règles. Et, s'il a considéré, en lien avec la jurisprudence de la Cour de cassation, que la signature d'un plan conventionnel dans ce cadre ne valait pas en soi renonciation du propriétaire à sa demande de concours de la force publique, en revanche, une clause expresse pouvait prévoir le contraire dans le plan ou une clause « *valant, eu égard à son contenu, renonciation à cette demande* » [8]. Et, dans cette décision, il a considéré que le fait que le plan prévoit non seulement l'échelonnement de la dette de loyer, mais aussi le paiement du loyer courant, valait renonciation. Or, ce type de montage dans les plans est pour le moins classique puisqu'il est pratiquement toujours indiqué dans le plan que le paiement du loyer courant doit être fait à bonne date faute de quoi le plan pourra être déclaré caduque.

B.
De 2007 à 2010

521.91 La saisine du juge aux fins de rétablissement personnel suspend les mesures d'expulsion. Puis l'idée a fait son chemin que « *la perte du logement est souvent le premier maillon de la chaîne vers l'exclusion* » puisque « *de fait, l'expulsé non relogé et sa famille sont exclus de l'accès aux services publics et au monde du travail, ainsi que de l'exercice effectif de la*

1. Civ. 1re, 19 nov. 1991, n° 90-15.724, *Bull. civ.* I, n° 321.
2. Civ. 2e, 22 mars 2001, n° 99-18.721, *Bull. civ.* II, n° 60; *RTD com.* 2001. 782, obs. Paisant.
3. Civ. 1re, 30 mai 1995, n° 93-04.189, *Bull. civ.* I, n° 228; *RTD com.* 1995. 656, obs. Paisant – Civ. 1re, 28 nov. 1995, n° 94-04.017, *Bull. civ.* I, n° 441 – Civ. 3e, 4 avr. 2001, n° 98-15.231, NP.
4. Civ. 1re, 22 janv. 2002, n° 99-16.752, *Bull. civ.* I, n° 26.
5. L. n° 89-462, 6 juill. 1989, tendant à améliorer les rapports locatifs et portant modification de la loi n° 86-1290 du 23 décembre 1986, *JO* 8 juill., p. 8541.
6. Civ. 2e, 13 juill. 2005, n° 03-18.293, *Bull. civ.* II, n° 205; *Dr. et proc.* 2006. 47, obs. Salati; *Defrénois* 2005. 1987, note Coutant-Lapalus.
7. L. n° 2010-737, 1er juill. 2010, portant réforme du crédit à la consommation, *JO* 2 juill., p. 12001.
8. CE 17 janv. 2011, req. n° 325663, *Lebon* T.; *AJDA* 2011. 133; *RD banc. fin.* 2011, n° 109, note Piedelièvre; *CCC* 2011, n° 129, note Raymond.

citoyenneté »[1]. Et la procédure de surendettement a été conçue de plus en plus comme le moyen d'éviter cette exclusion et une procédure tendant à lutter contre celle-ci dans son ensemble. Un premier pas en ce sens, dans la mesure où elle a lié procédure de surendettement et expulsion, a été fait par la loi n° 2007-290 du 5 mars 2007, instituant le droit au logement opposable, et portant diverses mesures en faveur de la cohésion sociale, qui a créé un article L. 331-3-1 dans le Code de la consommation. Cet article disposait que « *la saisine du juge aux fins de rétablissement personnel emporte suspension des voies d'exécution, y compris des mesures d'expulsion du logement du débiteur, jusqu'au jugement d'ouverture* »[2]. La seule saisine du juge de l'exécution emportait suspension, ce qui posait la question de l'exécution par le créancier qui ignorait encore la saisine. Par ailleurs, le débiteur, qui pouvait saisir directement le juge en certains cas, aux fins de rétablissement personnel, pouvait être tenté de le saisir aux seules fins de faire échec à une procédure d'expulsion imminente. À noter que la suspension ne concernait que l'expulsion du logement bien sûr.

On peut signaler ici une décision du Conseil d'État qui a considéré que la période de responsabilité de l'État pour refus de concours de la force publique n'était pas suspendue par l'effet de la suspension des mesures d'expulsion résultant de la procédure de rétablissement personnel, la décision de refus de concours étant intervenue avant la saisine du juge de l'exécution et celle-ci étant indépendante de la volonté du propriétaire[3].

C.
Depuis 2010

521.101 Effet sur le bail résilié. Suspension sur décision du juge et suspension automatique par l'effet de la loi. Chemin faisant, cette vision des choses a pris de l'ampleur puisque désormais, la procédure de surendettement a sans conteste un effet sur la procédure d'expulsion. Mais le législateur a maintenu la dichotomie entre procédure d'exécution tendant au recouvrement d'une créance et procédure d'expulsion qui sont traitées de manière différente.

Ainsi, la loi n° 2010-737 du 1er juillet 2010[4] portant réforme du crédit à la consommation[5] a refondu les règles applicables en matière de **surendettement** et prévu notamment que la décision de recevabilité suspend les mesures d'exécution. À noter que la suspension peut également avoir lieu sur décision du juge antérieurement à la décision sur la recevabilité si la situation le justifie.

En revanche, pour **l'expulsion**, il faut une décision expresse du juge, et elle ne peut intervenir qu'après décision de recevabilité. L'article L. 331-3-2 du Code de la consommation, dans sa rédaction issue de la loi n° 2013-672 du 26 juillet 2013 de séparation et de régulation des activités bancaires, prévoit en effet que « *si la commission déclare le dossier du débiteur recevable, elle peut saisir le juge du tribunal d'instance aux fins de suspension des mesures d'expulsion du logement du débiteur. En cas d'urgence, la saisine du juge peut intervenir à l'initiative du président de la commission, du délégué de ce dernier, du représentant local de la Banque de France ou du débiteur. La commission est informée de cette saisine. Si la situation du débiteur l'exige, le juge prononce la suspension provisoire des mesures d'expulsion de son logement, à l'exception de celles fondées sur un jugement d'adjudication rendu en matière de saisie immobilière et de celles ordonnées sur le fondement du troisième alinéa de l'article 2198 du Code civil* [devenu C. pr. exéc., art. L. 321-2]. *Cette suspension est acquise, pour une période maximale de deux ans et, selon les cas, jusqu'à l'approbation du plan conventionnel de redressement prévu à l'article L. 331-6, jusqu'à la décision imposant les mesures prévues par l'article L. 331-7, jusqu'à l'homologation par le juge des mesures recommandées en application des articles L. 331-7-1, L. 331-7-2 et L. 332-5 ou jusqu'au jugement prononçant un redressement personnel sans liquidation ou jusqu'au jugement d'ouverture d'une procédure de rétablissement personnel avec liquidation judiciaire* »[6]. La Cour de cassation a considéré que ce dispositif ne portait pas atteinte au droit de propriété et refusé de transmettre une question prioritaire de constitutionnalité relative à cet article[7].

Sont **exclues du champ de cette suspension**, les expulsions qui font suite à une vente sur adjudication suite à une saisie immobilière, ou, en cours de

1. F. Barkat, « Le maintien dans un logement », *RDSS* 1999. 205.
2. SUR CETTE RÉFORME : v. G. Paisant, « Les retouches au droit du surendettement par la loi du 5 mars 2007 sur le droit au logement opposable », *RTD com.* 2007. 611.
3. CE 24 avr. 2012, req. n° 338777, Duquesne, *Lebon*; *AJDA* 2012. 916.
4. L. n° 2010-737, 1er juill. 2010, portant réforme du crédit à la consommation, *JO* 2 juill., p. 12001.
5. SUR CETTE RÉFORME : v. V. Avena-Robardet, « Fiche pratique : suspension des mesures d'expulsion », *AJ fam.* 2011. 28; V. Vigneau, « Logement et surendettement », *Loyers et copr.* 2011. Étude 1; E. Russo, « La réforme de la procédure de surendettement des particuliers dans la loi du 1er juillet 2010 », *LPA* 5 juill. 2010, n° 132, p. 3 – Étude générale : *RD banc. fin.* 2011. Dossiers 34 s.; *RD banc. fin.* 2012. Dossiers 17 s., not. L. Pellizza, « L'impact de la législation relative au surendettement sur la pratique des voies d'exécution », Dossier 21.
6. POUR UN EXEMPLE D'APPLICATION : Dijon, 10 janv. 2012, 1re ch., RG n° 11/01266.
7. Civ. 3e, 11 juill. 2012, n° 12-40.043, *Bull. civ.* III, n° 109; *D.* 2012. 1950; *AJDI* 2013. 56, obs. de La Vaissière.

procédure de saisie, lorsque l'expulsion du débiteur est poursuivie pour cause grave.

Par ailleurs, la **fin de la suspension** est à double détente : elle a une durée maximum d'un an, et doit donc pouvoir *a contrario* avoir une durée moindre, éventuellement sur décision du juge. Elle se termine avant si l'un des événements suivants se produit avant l'issue du délai précédent :

- homologation des mesures recommandées de rééchelonnement,
- homologation de rétablissement personnel sans liquidation,
- ou jugement prononçant un redressement personnel sans liquidation ou d'ouverture d'un rétablissement personnel avec liquidation.

Dans le premier des trois cas, que se passe-t-il si **la recommandation est contestée ?** On peut soit comprendre du texte qu'il faut assimiler la décision du juge qui met lui-même en place des mesures sur cette contestation ou qui rejette une contestation sur l'orientation à une homologation au sens de ce texte, ou bien que la suspension se poursuit pendant le délai de deux ans ou fixé par le juge quoi qu'il en soit. Cette seconde voie n'est sans doute pas très conforme à l'esprit du texte, qui veut que le logement soit protégé dans l'attente de mesures propres à rassurer le propriétaire, ou à tout le moins le fixer sur le sort de sa créance de loyers, mais est conforme à la lettre de celui-ci.

Quid par ailleurs si **le juge statue avant le délai de deux ans** et **valide une procédure de rétablissement personnel sans liquidation ?** On peut considérer, selon la lettre du texte, mais sans que cela n'en soit l'esprit, que la suspension dure alors deux ans malgré l'effacement des dettes et le fait que la procédure de surendettement soit terminée. Dans le troisième cas, la suspension se poursuit en réalité par l'effet des dispositions de l'article L. 332-6 et la problématique est différente.

On peut également se poser la question du **point de départ de cette suspension.** En effet, sous l'empire de l'ancienne législation, la Cour de cassation avait décidé, pour ce qui est de la suspension des procédures d'exécution, que celle-ci n'était pas opposable au créancier auquel la décision n'avait pas encore été notifiée, sur le fondement de l'article 503 C. pr. civ.[1]. Cette jurisprudence peut être transposée sans difficulté à la décision de la suspension des procédures d'expulsion.

Enfin, le texte ne le prévoyant pas, en principe **la saisine du juge aux fins de suspension des procédures d'expulsion n'interdit pas les mesures d'expulsion.** Ce n'est que la décision du juge qui aura cet effet. Toutefois, on peut s'interroger sur l'application de la jurisprudence de la Cour de cassation condamnant le propriétaire ayant pratiqué une mesure d'expulsion pendant le cours du délibéré à ce cas de saisine du juge aux fins de suspension des mesures d'expulsion (v. s[s] n° 521.62). Rien ne s'y oppose *a priori*.

On peut donner quelques exemples d'octrois de la suspension notamment en raison d'une situation familiale délicate et de revenus qui devraient augmenter[2], ou de refus du fait de délais déjà octroyés par le juge ayant prononcé l'expulsion[3], ou encore d'absence de perspective permettant d'envisager un apurement de la dette[4].

Plus tard dans la procédure, lorsque la commission décide de l'orientation du dossier en procédure de rétablissement personnel avec liquidation judiciaire, l'article L. 332-6 prévoit par ailleurs que « *le jugement d'ouverture entraîne, jusqu'au jugement de clôture, la suspension et l'interdiction des procédures d'exécution diligentées à l'encontre des biens du débiteur ainsi que des cessions de rémunération consenties par celui-ci et portant sur les dettes autres qu'alimentaires. Il entraîne également la suspension des mesures d'expulsion du logement du débiteur, à l'exception de celles fondées sur un jugement d'adjudication rendu en matière de saisie immobilière ainsi que de celles ordonnées sur le fondement du troisième alinéa de l'article 2198 du Code civil* [devenu C. pr. exéc., art. L. 321-2] ». La suspension est ici automatique, mais ne part plus, comme avant, de la saisine du juge, mais du jugement d'ouverture. Une telle suspension n'est en revanche plus liée qu'au rétablissement personnel avec liquidation et non à celui sans liquidation. Notons que cette suspension n'aura pour effet que d'inciter le bailleur au maintien dans les lieux par la suite, mais qu'après clôture de la procédure, il pourra toujours poursuivre l'expulsion malgré l'effacement des dettes postérieures à l'acquisition de la clause résolutoire[5].

L'article L. 331-7-3 prévoit ensuite, dans l'hypothèse où le débiteur considère, en cours d'exécution d'un plan conventionnel que sa situation est devenue irrémédiablement compromise et saisit la commission d'une demande de procédure de rétablissement personnel, que la recommandation de rétablissement personnel sans liquidation ou la saisine du juge aux fins de rétablissement personnel avec liquidation qui s'ensuit emporte suspension et interdiction des procédures d'exécution et que la commission peut demander au juge qu'il suspende les procédures d'expulsion. La suspension dure deux ans maximum et jusqu'à l'homologation par le juge de

1. Cass., avis, 29 nov. 1993, n° 09-30.015, *Bull. avis*, n° 16.

2. Grenoble, 5 mars 2013, RG n° 12/04001.
3. Paris, 11 mars 2014, RG n° 13/00205.
4. Paris, 12 févr. 2013, RG n° 12/00097.
5. Rennes, 26 sept. 2013, RG n° 10/06459.

la recommandation ou au jugement d'ouverture. Ce délai était, avant la loi du 26 juillet 2013, d'un an.

521.102 Aspects procéduraux liés. Pour permettre une telle suspension, le décret d'application n° 2010-1304 du 29 octobre 2010[1] a prévu une **information de la commission et du juge**, d'une manière générale, sur les mesures d'expulsion atteignant le logement du débiteur - au stade du dépôt du dossier (C. consom., art. R. 331-8-1) ou encore de la demande de suspension des procédures d'exécution (C. consom., art. R. 331-11-1 et R. 331-11-2) - afin qu'ils aient une vision globale de la situation et puissent apprécier de la suite à donner à la demande, étant précisé notamment que c'est la commission qui saisit le juge aux fins de suspension des mesures d'expulsion. **Les créanciers sont ensuite informés,** lorsqu'un plan conventionnel a échoué, de la poursuite des suspensions prononcées et de l'issue de celles-ci (C. consom., art. R. 334-4). Enfin, **la saisine du juge aux fins de suspension des mesures d'expulsion est faite par la commission** et doit y être jointe **une copie du commandement de quitter les lieux ou de la décision ordonnant l'expulsion (C. consom., art. R. 331-12).**

On peut ici s'interroger sur la **volonté du législateur.** À quel moment le juge peut-il être saisi d'une demande de suspension des mesures d'expulsion ? On pourrait comprendre, et le fait que le juge de l'exécution était compétent pour s'occuper des procédures de surendettement plaiderait dans ce sens, que le juge ne peut être saisi que lorsqu'il y a eu un premier acte d'exécution, et donc la délivrance d'un commandement. En permettant de saisir le juge avec simplement la copie de la décision, a-t-il été question de simplifier la tâche des commissions, qui n'auront sans doute que cela dans le dossier, ou permettre une saisine du juge lorsque l'expulsion aura été ordonnée mais que le propriétaire n'aura engagé aucune démarche aux fins d'expulsion ? Il est délicat d'adhérer à cette seconde solution car sinon, étant donné qu'une grande partie des débiteurs surendettés a une dette de loyer et a souvent fait l'objet d'une procédure aux fins de résiliation de bail, cela risquerait d'aboutir à une saisine quasi-systématique des juges du surendettement aux fins d'interdire, et non pas d'ailleurs de suspendre, les mesures d'expulsion à venir.

Le texte ne le prévoyant pas, **la saisine du juge n'entraîne pas suspension des procédures d'expulsion.** On peut s'interroger sur une transposition de la jurisprudence relative aux sursis judiciaires (sur ce point, v. s[s] n° 521.62). Une fois saisi le juge va rendre sur cette question un jugement. Étant donné la gravité de la décision, pour le débiteur comme pour le propriétaire, même si le juge a la possibilité de statuer sans audience, sur simples observations, il est préférable qu'une audience se tienne. Ensuite de cela, il prendra une décision qui est susceptible d'appel. En cas d'appel, le premier président de la cour d'appel peut suspendre l'exécution de la décision, qui est exécutoire immédiatement, et sa saisine à cette fin entraîne suspension de l'exécution en elle-même. Il a toutefois été précisé par le décret n° 2011-741 du 28 juin 2011[2], à l'article R. 331-9-3 du Code de la consommation, que la suspension ne jouait alors pas pour une décision ayant suspendu la procédure d'expulsion car il ne faudrait pas que le propriétaire puisse profiter de ce court temps de procédure pour procéder à l'expulsion.

521.103 Effets sur le droit d'occupation non encore disparu du débiteur. Lorsque le bail n'a pas encore été résilié ou que la décision de résiliation n'est pas encore exécutoire, ou encore que le droit de propriété du débiteur n'a pas encore été transféré par l'effet d'une adjudication, il y a moyen d'éviter l'expulsion en amont. En effet, la suspension des voies d'exécution liée à la décision de recevabilité a un corollaire qui est l'interdiction de payer les créances antérieures à la décision de recevabilité. Si un commandement de payer visant la clause résolutoire a été délivré et que le délai de deux mois qui le suit n'est pas passé, cette interdiction ne pourra que bloquer les effets de la clause résolutoire puisque le débiteur ne sera pas en mesure de payer les causes de celui-ci. En revanche, d'après un auteur, rien n'empêchera le propriétaire de demander une résiliation du bail pour les défauts de paiement antérieurs à la recevabilité[3]. Ensuite, si un jugement constatant l'acquisition de la clause résolutoire a été rendu mais qu'il a accordé des délais et qu'il en a suspendu les effets, il faut en principe que le débiteur demande l'autorisation au juge du surendettement de payer les dettes antérieures pour pouvoir respecter l'échéancier fixé par le juge et il faut que la commission reprenne les délais fixés par le juge dans les mesures de rééchelonnement pour éviter que les effets de la clause ne soient acquis.

Par ailleurs, si le débiteur fait l'objet d'une procédure de saisie immobilière, en principe, tant qu'il n'y a pas eu une décision fixant la date d'adjudication, celle-ci est suspendue par l'effet de la suspension automatique des procédures d'exécution. Si en revanche la date d'adjudication est fixée, il ne peut

1. Décr. n° 2010-1304, 29 oct. 2010, relatif aux procédures de traitement des situations de surendettement des particuliers, *JO* 31 oct., p. 19604.

2. Décr. n° 2011-741, 28 juin 2011, relatif au transfert du contentieux du surendettement du juge de l'exécution au juge du tribunal d'instance, *JO* 29 juin, p. 10959.

3. SUR CE POINT : V. Vigneau, « Logement et surendettement », *Loyers et copr.* 2011. Étude 1.

y avoir report que sur décision du juge de la saisie, alerté par la commission.

D.
Cas particulier : désendettement des rapatriés

521.111 Problématique similaire. Depuis la décolonisation, les rapatriés d'outre-mer bénéficiaient de mesures protectrices. Il était notamment prévu une procédure d'aide au désendettement qui entraîne la suspension des poursuites à leur encontre. La Cour de cassation avait jugé que cette suspension ne pouvait pas avoir pour effet d'empêcher le prononcé de l'expulsion d'un débiteur ayant fait l'objet d'une procédure de saisie immobilière et dans laquelle l'adjudication avait eu lieu[1]. En raison du déséquilibre procédural important et notamment de la suspension sans limitation dans le temps, le Conseil constitutionnel a invalidé ce dispositif[2].

§ 2
Occupant en procédure collective

521.121 L'arrêt des poursuites et des voies d'exécution est sans effet sur les procédures d'expulsion ou presque. Lorsque le locataire fait l'objet d'une procédure collective, le jugement d'ouverture de celle-ci emporte continuation des contrats en cours (C. com., art. L. 622-13 à L. 622-15) qui ne peuvent être résiliés que dans certaines conditions, arrêt des poursuites individuelles et interdiction des voies d'exécution. Ainsi, l'article L. 622-21 du Code de commerce dispose que : « *Le jugement d'ouverture interrompt ou interdit toute action en justice de la part de tous les créanciers dont la créance n'est pas mentionnée au I de l'article L. 622-17 et tendant :*

1° À la condamnation du débiteur au paiement d'une somme d'argent; 2° À la résolution d'un contrat pour défaut de paiement d'une somme d'argent ». Il prévoit par ailleurs que le jugement d'ouverture « *arrête ou interdit également toute procédure d'exécution de la part de ces créanciers tant sur les meubles que sur les immeubles ainsi que toute procédure de distribution n'ayant pas produit un effet attributif avant le jugement d'ouverture* ». Les créanciers visés à l'article L. 622-17 sont ceux qu'on appelait auparavant les « créanciers postérieurs », c'est-à-dire dont « *les créances* (sont) *nées régulièrement après le jugement d'ouverture pour les besoins du déroulement de la procédure ou de la période d'observation, ou en contrepartie d'une prestation fournie au débiteur pendant cette période* ».

Il est ainsi de jurisprudence constante que le bail qui n'est pas résilié[3] par une décision passée en force de chose jugée[4], et non pas seulement exécutoire[5], au jour du jugement d'ouverture, continue avec interdiction pour le bailleur de poursuivre la procédure. Si toutefois le juge a accordé des délais, il est certain que si ceux-ci ne sont pas respectés avant même le jugement d'ouverture, l'expulsion peut être poursuivie[6], mais que se passe-t-il s'ils sont respectés et que le jugement d'ouverture intervient ? Peut-on considérer que la résiliation a été constatée par une décision passée en force de chose jugée ? La réponse à cette question est moins claire dans la mesure où, si la décision est bien passée en force de chose jugée, elle ne devient en revanche exécutoire qu'après le jugement d'ouverture. Les termes utilisés par la Cour de cassation dans certaines décisions laissent à penser qu'en effet, il faut non seulement que la décision soit passée en force de chose jugée mais également devenue exécutoire avant le jugement d'ouverture[7]. Concrètement, si on dit donc habituellement que la procédure collective n'a pas d'effet sur les procédures d'expulsion, pourtant, le créancier peut se retrouver avec un titre exécutoire prononçant une expulsion qu'il ne pourra pas poursuivre. Quoi qu'il en soit, ces interdictions ne valent que pour les créanciers d'impayés de loyers antérieurs au jugement d'ouverture. Un créancier de loyers impayés postérieurs au jugement d'ouverture peut poursuivre normalement la résiliation du bail et l'expulsion sous réserve de respecter un délai de trois mois après le jugement d'ouverture (C. com., art. L. 322-14).

Ensuite, une fois ce jugement d'expulsion obtenu et passé en force de chose jugée, l'interdiction des procédures d'exécution empêche-t-elle la mise à

1. Civ. 2e, 1er déc. 2005, n° 04-13.681, *Bull. civ.* II, n° 306; *Gaz. Pal.* 17 août 2006, n° 229, p. 24; *Dr. et proc.* 2006. 165, obs. Leborgne.
2. Cons. const. 27 janv. 2012, n° 2011-213 QPC, *D.* 2012. 1509, obs. Leborgne.
3. Com. 19 déc. 1989, n° 88-10.322, *Bull. civ.* IV, n° 320; *D.* 1990. 450, note Derrida – Civ. 3e, 21 févr. 1990, n° 88-13.644, *Bull. civ.* III, n° 52; *RDI* 1990. 419, obs. Brière de l'Isle et Derruppé; *RTD civ.* 1991. 115, obs. Mestre; *RTD com.* 1990. 478, obs. Chaput; *RTD com.* 1991. 569, obs. Pédamon.
4. Com. 12 juin 1990, n° 88-19.808, *Bull. civ.* IV, n° 172 – Com. 17 janv. 1995, n° 90-18.439, NP – Com. 3 juill. 2007, n° 05-20.519, NP; *JCP E* 2007. 221, note Réméry – Civ. 3e, 13 mai 1992, n° 90-18.399, *Bull. civ.* III, n° 146 – Civ. 3e, 27 juin 2006, n° 05-14.329, NP; *JCP E* 2007. 1523, n° 38, obs. Monéger – Com. 2 oct. 2012, n° 11-21.529, NP.
5. Com. 28 oct. 2008, n° 07-17.662, *Bull. civ.* IV, n° 184; *Procédures* 2009, n° 22, obs. Rolland.
6. Com. 12 mai 1992, n° 90-17.755, *Bull. civ.* IV, n° 183; *RDI* 1992. 550, obs. Brière de l'Isle et Derruppé; *RTD com.* 1993. 288, obs. Pédamon.
7. Civ. 3e, 4 nov. 1998, n° 96-18.554, NP; *Loyers et copr.* 1999, n° 187 – Civ. 3e, 8 déc. 1999, n° 98-15.025, *Bull. civ.* III, n° 235; *Loyers et copr.* 2000, n° 46.

exécution dudit jugement ? Là encore, la jurisprudence répond de manière constante que l'expulsion n'étant pas une mesure d'exécution sur les meubles et les immeubles, elle n'est pas interdite ni suspendue par l'effet du jugement d'ouverture [1].

Enfin, le débiteur en procédure collective, redressement judiciaire [2] ou liquidation judiciaire [3], s'il perd l'administration et la disposition de ses biens, est recevable à contester un jugement d'expulsion ou à demander des délais pour quitter les lieux.

À noter enfin qu'en cas de liquidation judiciaire et de cession d'un bien immobilier qui constitue à la fois le lieu de travail et l'habitation de l'agriculteur, l'article L. 642-18 du Code de commerce permet au tribunal de lui accorder des délais pour quitter les lieux.

1. Com. 3 déc. 2003, nº 02-13.371, NP; *Act. proc. coll.* 2004/2, nº 16.
2. Com. 22 févr. 1994, nº 91-20.652, *Bull. civ.* IV, nº 76; *LPA* 12 mai 1994, nº 38.
3. Com. 12 mai 2009, nº 08-12.053, NP; *Procédures* 2009, nº 281.

CHAPITRE

522. Conduite des opérations

ANNE-GAËLLE DUMAS
MAGISTRAT

SECTION 0
ORIENTEUR

522.00 **Plan du chapitre.**

522.01 **Textes applicables.**

C. pr. exéc., art. L. 111-6, L. 122-1, L. 122-2, L. 142-1 à L. 142-3, L. 153-1, L. 153-2, L. 412-1, L. 431-1, L. 433-1, L. 451-1, R. 153-1, R. 432-1, R. 432-2, R. 433-1 et R. 433-7.

CJA, art. L. 521-1 et L. 521-2.

C. pr. civ., art. 114.

522.03 **Bibliographie indicative.** (V. s[s] n° 500.03).

Ouvrages. A. LEBORGNE, *Voies d'exécution et procédures de distribution des deniers*, « Précis », 2e éd., Dalloz, 2014, [opérations d'expulsion], n°s 2651 s. – R. PERROT et P. THÉRY, *Procédures civiles d'exécution*, 3e éd., Dalloz, 2013, [opérations d'expulsion], n°s 1098-1112.

Articles. B. Magerand, « La surprenante subrogation de l'État dans les droits du bailleur en cas de refus d'expulsion des locataires », *LPA* 4 avr. 2002, n° 68, p. 4.

522.04 **Conduite des opérations sous la responsabilité de l'huissier de justice.** Tout d'abord, seul un huissier de justice peut procéder à une mesure d'expulsion en application des dispositions de l'article L. 122-1 C. pr. exéc., à l'exclusion du propriétaire seul, qui commettrait alors une voie de fait[1]. L'article L. 122-2 C. pr. exéc., qui est général et s'applique donc à l'expulsion également, prévoit que : « *L'huissier de justice chargé de l'exécution a la responsabilité de la conduite des opérations d'exécution* ». L'huissier de justice mandaté pour mener une expulsion est pleinement responsable de la réalisation de celle-ci et de sa bonne fin. Ainsi, la responsabilité de l'huissier de justice peut être engagée par exemple lorsqu'il a personnellement commis une faute :

– il n'a pas respecté le mandat qui lui était donné : ainsi lorsque les propriétaires l'ont mis en demeure de reprendre la procédure d'expulsion à l'issue de la trêve hivernale, ce qu'il n'a pas fait[2];

– il n'a pas respecté le formalisme de l'expulsion : ainsi lorsqu'il a délivré le commandement de payer à domicile élu et que l'expulsion a été annulée et les occupants réintégrés de ce fait[3];

– il a matériellement repris les lieux dans des conditions discutables : en présence d'un représentant du bailleur ou de maîtres-chiens[4];

– ou encore lorsqu'il s'abstient de réquisitionner la force publique, laisse persister la situation malgré les demandes et relances de son client et abandonne la procédure sans lui en référer pour établir un procès-verbal de tentative d'expulsion[5];

– ou même, lorsqu'un tiers requis pas lui a commis une faute : ainsi lorsque le déménageur a dégradé des meubles et les locaux[6].

Mais il est également le seul responsable. Ainsi, même s'il peut obtenir le concours de la force publique, c'est à lui de prendre les mesures nécessaires à

1. Crim. 22 juin 1957, *Bull. crim.* n° 68.
2. Paris, 8 févr. 1999, RG n° 1998/00679.
3. TGI Paris, 1re ch., 1re sect., 12 janv. 2000, RG n° 98/23234.
4. Paris, 8e ch. B, 7 févr. 2002, RG n°s 2001/06566, 2001/06789, *Dr. et proc.* 2002. 85, obs Menut; *BICC* 2002, n° 777; *BICC* 2003, n° 1176 – TGI Grasse, JEX, 3 mai 2005, RG n° 229/2005.
5. Paris, 13 déc. 2011, 1re ch., pôle 2, RG n° 10/11656.
6. Versailles, 1re ch., 1re sect., 8 juin 2006, RG n° 05/03430 (consultable sur *legifrance.gouv.fr*).

la libération des lieux, par exemple au déplacement de bovins du terrain expulsé[1], et d'apprécier de la nécessité de demander le concours de la force publique[2]. L'État ne sera responsable que de son fait si l'expulsion a lieu dans de mauvaises conditions du fait des policiers intervenant par exemple, mais n'est nullement responsable de la conduite même des opérations. La force publique n'est là que pour « *fournir ce qu'il faut de violence légitime si cela se révèle nécessaire* »[3].

522.05 Absence de départ volontaire des personnes expulsées. Mais l'huissier est responsable du déroulement des opérations si opérations il y a. Ainsi, l'objectif du commandement de quitter les lieux est le départ volontaire des occupants, qui peut avoir lieu avant l'issue du délai fixé ou pendant celui-ci. Ainsi, l'occupant peut remettre les clefs au propriétaire ou à son mandataire et déménager ses meubles, auquel cas il aura juridiquement et effectivement libéré les lieux. Une difficulté peut d'ailleurs se poser lorsque le propriétaire refuse de reprendre les clefs. Il a été jugé que la remise de celles-ci à un huissier mandaté par le locataire ne valait pas remise[4]. Il faut sans doute en ce cas que le locataire fasse constater le refus par un huissier[5].

Mais dans tous les autres cas, il faudra pour l'huissier procéder à l'expulsion elle-même, avec ou sans le concours de la force publique, et assurer la reprise effective des lieux, c'est-à-dire assurer au propriétaire la pleine jouissance de son bien à nouveau.

SECTION 1
ENTRÉE DANS LES LIEUX ET DÉROULEMENT DES OPÉRATIONS

§ 1
Pénétration dans les lieux par l'huissier de justice et déroulement matériel des opérations

522.11 Lorsque l'huissier se présente pour procéder à l'expulsion. Une fois le commandement d'avoir à libérer les locaux délivré avec une date butoir pour l'occupant qui doit alors avoir libéré les lieux, l'huissier de justice doit procéder à la **reprise effective des lieux** en procédant à l'expulsion proprement dite. Cela implique pour lui de se rendre sur place pour apprécier de la suite à donner à la procédure. Il peut se présenter alors plusieurs situations qui nécessiteront des réponses diverses.

1) Ainsi tout d'abord, comme nous l'avons vu, **les lieux peuvent avoir non seulement été libérés matériellement, de tout meuble et tout occupant, et le locataire avoir rendu les clefs au bailleur.** Il n'y a alors pas besoin de procès-verbal d'expulsion, ni même de reprise, puisque les lieux sont déjà libérés au profit du bailleur et l'exécution de la décision d'expulsion en a été volontaire. S'il y a eu, de surcroît, un état des lieux contradictoirement établi, pas de difficultés alors puisqu'en ce cas, propriétaire et locataire ont convenu que les locaux étaient libérés et dans tel état. Si le locataire est parti en remettant les clefs au bailleur simplement, il est vrai qu'il faudra s'assurer que les lieux ont bien été vidés mais un procès-verbal d'expulsion n'est pas forcément nécessaire.

2) Le locataire peut ensuite avoir remis les clefs au propriétaire sans avoir libéré matériellement les lieux, soit qu'il y ait des occupants dans les lieux, soit qu'il y ait des meubles. En ce cas, c'est la jurisprudence sur le congé donné par le locataire dans le contentieux locatif qui permet d'apporter un début de réponse.

Ainsi, si la ligne de la jurisprudence est que la remise des clefs au bailleur réalise la libération juridique des lieux[6], il faut en principe aussi une libération effective des lieux et donc un déménagement de tous les meubles, faute de quoi le locataire ou ses ayants-droit seront tenus du paiement d'indemnités d'occupation[7]. En effet, il a été considéré, dans ce dernier cas, que le fait que le fils de la locataire défunte rende les clefs n'était pas suffisant pour réaliser la libération des lieux et donc le dispenser de payer des indemnités d'occupation, dans la mesure où des biens avaient été laissés sur place. Dans cette affaire, l'huissier de justice avait dressé un procès-verbal de « reprise des lieux », qui est juridiquement bien un procès-verbal d'expulsion. En revanche, le concours de la force publique ne sera bien sûr pas nécessaire[8]. À noter que dans une affaire similaire, la troisième chambre civile a pourtant récemment considéré que le bail étant résilié de plein droit par l'effet du décès de la locataire dont le bail est soumis à la loi du 6 juillet 1989[9], le légataire universel

1. CE 5 mai 2006, req. n°s 277632 et 277633 – CE 5 mars 2008, req. n° 284662, *AJDA* 2008. 1119.
2. CE 25 nov. 2009, req. n° 323359, *AJDA* 2009. 2257; *AJDA* 2011. 294; *Dr. et proc.* 2010. 126, obs. Leborgne; *LPA* 14 mai 2010, n° 96, p. 8, concl. rapporteur public, Thiellay.
3. Paris, 7 févr. 2002 (préc. s^{s} n° 522.04).
4. Civ. 3e, 4 févr. 2009, n° 07-20.980, *Bull. civ.* III, n° 30; *Dr. et proc.* 2009. 143, obs. Savaux.
5. PAR EX. : Civ. 3e, 13 nov. 1997, n° 96-11.493, NP; *Loyers et copr.* 1998, n° 3, obs. Vial-Pedroletti.
6. PAR EX. : Civ. 3e, 13 nov. 1997, n° 96-11.493 (préc. s^{s} prés^{t} n°) – Civ. 3e, 17 déc. 2002, n° 02-10.142, NP; *AJDI* 2003. 272 – Civ. 3e, 15 juin 2004, n° 03-14.285, NP; *AJDI* 2005. 135, note Zalewski.
7. Civ. 3e, 5 févr. 2003, n° 01-15.982, NP.
8. CE 5 mai 2006, req. n° 276758.
9. L. n° 89-462, 6 juill. 1989, tendant à améliorer les rapports locatifs et portant modification de la loi n° 86-1290 du 23 décembre 1986, *JO* 8 juill., p. 8541.

n'est tenu d'aucun loyer ou indemnités d'occupation à compter de cette date, même si les lieux n'ont pas été vidés des meubles, puisqu'« *il appartenait au bailleur de prendre les mesures nécessaires pour faire libérer les lieux* »[1]. La motivation est quelque peu surprenante car elle implique que c'est au propriétaire de faire évacuer les meubles et reprendre son bien alors même que celui-ci est toujours occupé, certes par des meubles, par le légataire universel dont c'est la propriété.

3) L'occupant peut ensuite n'avoir pas remis les clefs, mais avoir manifestement abandonné les lieux. En ce cas, nous verrons que de nouvelles règles s'appliquent qui permettent une procédure accélérée de reprise, les délais légaux n'ayant plus à être respectés (v. s[s] n°s 532.11 et 532.21).

4) L'occupant peut ensuite être là lorsque l'huissier se présente pour procéder à l'expulsion. S'il accepte de libérer les lieux, l'expulsion a bien lieu, mais elle se fait sans difficultés. S'il s'oppose à partir, l'huissier peut requérir le concours de la force publique.

5) Enfin, les portes peuvent être closes. Ce sont les dispositions introduites par la loi n° 98-657 du 29 juillet 1998[2] qui a créé un article 21-1 dans la loi du 9 juillet 1991 (devenu C. pr. exéc., art. L. 431-1 et L. 451-1) qui permet de guider l'huissier de justice dans les modalités de pénétration dans les lieux pour assurer la reprise effective de ceux-ci.

522.12 Règles particulières à l'entrée dans les lieux. Articles L. 431-1 et L. 451-1 C. pr. exéc. Avant la loi du 9 juillet 1991, en l'absence de règles spécifiques à l'expulsion, la pratique avait utilisé les règles généralement applicables en matière de saisie-exécution. Néanmoins, elle refusait d'étendre à l'expulsion les dispositions qui concernaient l'ouverture des portes en cas d'absence ou de refus de l'occupant. Des doutes étaient permis sur les possibilités offertes à l'huissier de justice pour pénétrer dans les lieux. Devait-il être assisté, de témoins, ou de la force publique ? Ou bien pouvait-il pénétrer seul dans les lieux ? À cette question, la chambre criminelle, dans un arrêt du 3 février 1972 avait répondu qu'il ne pouvait pénétrer seul dans les lieux contre le gré de la personne[3]. Mais l'Assemblée plénière de la Cour de cassation a en revanche répondu par l'affirmative en rejetant un pourvoi contre un arrêt ayant relaxé un huissier de justice du chef de violation de domicile parce qu'il avait pénétré, seul, par la fenêtre, en l'absence de l'occupant dans les lieux, et qu'il avait fait déménager les meubles. La Cour de cassation avait considéré qu'en statuant ainsi, il avait « *accompli sa mission sans méconnaître les formalités expressément prescrites par la loi* »[4]. L'huissier de justice pouvait donc pénétrer seul dans les lieux en l'absence de la personne expulsée et y procéder, ce qui put être confirmé par la suite par d'autres décisions de la Cour de cassation[5].

La loi du 9 juillet 1991, qui a pourtant repris en partie les dispositions C. pr. civ. sur ce point, a précisé, dans les articles 20 et 21 (devenus C. pr. exéc., art. L. 142-1 et L. 142-3), les modalités de pénétration de l'huissier dans les locaux dans les dispositions générales. Il est ainsi prévu que l'huissier de justice peut pénétrer dans les lieux servant à l'habitation et le cas échéant, faire procéder à l'ouverture des portes et des meubles, « *À l'expiration d'un délai de huit jours à compter d'un commandement de payer* [...] ». Il est en revanche prévu qu'« *en l'absence de l'occupant du local ou si ce dernier en refuse l'accès* », l'huissier de justice ne peut pénétrer seul dans des locaux et doit être accompagné d'autorités ou de témoins. En l'absence d'exclusive relative aux procédures d'expulsion, et malgré la lettre de l'article L. 142-3 C. pr. exéc. qui parle de « commandement de payer », ces dispositions étaient appliquées et l'huissier pouvait donc pénétrer en l'absence de l occupant, dès lors qu'il était accompagné, éventuellement d'ailleurs par la fenêtre, par l'effet des dispositions de l'article L. 142-2 C. pr. exéc. (anc. L. 1991, art. 30) qui permet de pénétrer par n'importe quelle « issue ». Il était donc conclu à une remise en cause de la jurisprudence de l'assemblée plénière[6].

Mais le législateur a souhaité interdire qu'une expulsion puisse avoir lieu en l'absence de l'occupant, à tout le moins sans le concours de la force publique. C'est en tout cas ce qui ressort de la lecture des travaux parlementaires de la loi n° 98-657 du 29 juillet 1998 d'orientation relative à la lutte contre les exclusions, qui a ajouté un article 21-1 à la loi du 9 juillet 1991 (devenu C. pr. exéc., art. L. 431-1 et L. 451-1). Cet article, qui a légèrement évolué au cours des débats parlementaires, prévoyait alors que « *les dispositions des articles 20 et 21 ne s'appliquent pas en matière d'expulsion. Toutefois, l'huissier de justice chargé de l'exécution de la mesure d'expulsion peut procéder comme il est dit à l'article 21 pour constater que la personne expulsée et les occu-*

1. Civ. 3e, 10 déc. 2008, n° 07-19.320, *Bull. civ.* III, n° 203; *D.* 2010. 1168, obs. Damas; *AJDI* 2009. 545, obs. Zalewski.
2. L. n° 98-657, 29 juill. 1998, d'orientation relative à la lutte contre les exclusions, *JO* 31 juill., p. 11679.
3. Crim. 3 févr. 1972, n° 71-90.963, *Bull. crim.*, n° 46.
4. Ass. plén. 16 déc. 1974, n° 73-92.495, *Bull. ass. plén.*, n° 4; *JCP* 1975. II. 17962, note Lindon; *RTD civ.* 1975. 377.
5. Civ. 2e, 29 mars 1989, n° 88-11.151, NP; *Rev. huiss.* 1990. 452, obs. Lescaillon.
6. P. Le Fur, « L'expulsion », *Rev. huiss.* 1993. 237.

pants de son chef ont volontairement libéré les locaux postérieurement à la signification du commandement prévu à l'article 61 ». En 1997, le Gouvernement avait déjà proposé une telle disposition afin d'éviter que les expulsions puissent avoir lieu en l'absence des occupants. En effet, il arguait du fait que l'article L. 142-3 C. pr. exéc. (anc. L. 1991, art. 20), qui concerne clairement uniquement la saisie-vente, et l'article L. 142-1 C. pr. exéc. (anc. L. 1991, art. 21), qui lui faisait suite dans le texte de la loi de 1991 et était donc lié à celui-ci, n'avaient pas vocation à s'appliquer aux expulsions et pourtant l'étaient. Mais le Gouvernement avait alors prévu de régler la difficulté par voie de circulaire et dans le cadre d'un accord passé avec la profession des huissiers de justice. C'est sur initiative du rapporteur de la commission spéciale de l'Assemblée nationale, en première lecture du projet de texte, que cette disposition a été reprise[1]. L'idée était donc de durcir les modalités d'expulsion en ne permettant à l'huissier de justice de pénétrer dans les lieux accompagné des seuls témoins que pour constater que les lieux ont été libérés, et dans les autres cas, en filigrane, uniquement avec le concours de la force publique. Mais, comme l'indiquent certains auteurs, cette rédaction peut laisser perplexe dans la mesure où elle n'énonce pas clairement, et les débats parlementaires non plus d'ailleurs, cette nécessité de recourir systématiquement à la force publique. On pourrait donc penser que l'huissier peut pénétrer seul en force dans les locaux lorsque l'occupant est là tandis qu'il ne peut le faire qu'accompagné lorsqu'il s'agit simplement de s'assurer que les locaux ont été vidés[2]. Ces mêmes auteurs indiquent d'ailleurs que les débats parlementaires de la loi du 9 juillet 1991 avaient clairement exclu le recours systématique à la force publique pour procéder à une expulsion et en déduisent qu'il ne peut être retenu de cet article que le concours de la force publique doit être requis dès lors que l'occupant est absent ou refuse que l'on pénètre dans les lieux. Car il est admis que si la personne expulsée est présente et consent à ce que l'huissier pénètre dans les lieux, le concours de la force publique n'est ici pas nécessaire[3].

Pourtant, la jurisprudence tend bien à interpréter la volonté du législateur comme imposant à l'huissier de justice de demander le concours de la force publique lorsque l'occupant est absent, et *a fortiori* lorsqu'il est présent et s'oppose à son départ. L'huissier doit en ce cas **requérir le concours de la force publique**[4].

On peut alors s'interroger sur le **cas particulier de l'époux expulsé.** Le concours de la force publique sera-t-il nécessaire si l'autre est présent et consent à l'entrée dans les lieux ? *A priori* oui, si on suit la jurisprudence précitée, car la personne expulsée est bien absente et n'a pas consenti à cette pénétration dans les lieux. Il ne peut alors pas s'assurer que ses biens sont clairement identifiés notamment. Cet époux peut-il d'ailleurs être présent eu égard aux dispositions de l'article L. 111-6 C. pr. exéc. ? Là encore, et même au regard de la particularité de la matière et de la difficulté pour l'huissier à déterminer les meubles qui relèvent de la propriété de l'un ou de l'autre, il est préférable, étant donné qu'en cette matière, les risques de réactions violentes sont fortes, que l'époux demandeur ne soit pas présent. Dans certains cas graves de violence, il pourra toutefois être difficile d'imaginer exiger de cet époux qu'il soit absent. Il avait été suggéré, puisque le demandeur à l'exécution peut obtenir l'autorisation du juge de l'exécution d'être présent aux opérations d'exécution, que les époux obtiennent directement cette autorisation du juge aux affaires familiales, dans sa décision prononçant l'expulsion[5].

À noter enfin qu'il a été jugé que les articles L. 431-1 et L. 451-1 C. pr. exéc. s'appliquent à toutes les mesures d'expulsion et donc y compris aux expulsions de locaux commerciaux[6], alors même que la disposition était comprise, dans la loi de 1998, dans un chapitre prévoyant des « mesures relatives au maintien dans le logement » et que la volonté du législateur était clairement de protéger le domicile. Ainsi, par l'effet de l'insertion des dispositions de la loi de 1998 dans les dispositions générales de la loi de 1991, cette protection bénéficie aussi à des locaux qui pourraient aisément être expulsés en présence de simples témoins. Pourrait-on toutefois comprendre de l'article L. 451-1 C. pr. exéc., qui permet à l'huissier de pénétrer dans les lieux dans les conditions prévues à l'article L. 142-1 C. pr. exéc. pour constater l'abandon des lieux, que celui-ci peut systématiquement se présenter sur les lieux avec seulement deux témoins, ouvrir la porte « pour voir », et la refermer s'il y a bien des traces

1. Rapp. Comm. spéc., t. III, « dispositions concernant le logement », par M. Alain Cacheux, n° 856, enregistré à la présidence de l'Assemblée nationale le 23 avril 1998.
2. PERROT et THÉRY, n° 1100.
3. TGI Béthune, JEX, 13 juill. 1999, *Rev. huiss.* 2000. 234, obs. Bourdillat.
4. Montpellier, 5e ch. A, 24 juill. 2002, RG n° 02/01978, *Dr. et proc.* 2002. 87, obs. Bourdillat – Paris, 8e ch. B, 12 oct. 2006, RG n° 05/24024 – Versailles, 14 nov. 2013, RG n° 12/06749 – V. AUSSI : Civ. 2e, 16 mai 2012, n° 09-71.793, NP, qui indique la remise des clefs par l'occupant permet à l'huissier de justice de procéder sans le concours de la force publique.
5. J.-J. Bourdillat, « De l'expulsion du conjoint violent dans et après la réforme du divorce », *Dr. et proc.* 2005. 18.
6. Montpellier, 24 juill. 2002 – Paris, 12 oct. 2006 (préc. ss prést n°).

d'une occupation ? Rien n'est moins sûr. À notre sens, il faut pour l'huissier avoir des éléments lui laissant penser que les locaux sont abandonnés pour pouvoir procéder de la sorte (v. s[s] n°s 530.00 s.).

522.13 **Une fois sur place.** L'huissier doit ensuite assurer la reprise effective des lieux, dans les meilleures conditions possibles. Pour ce faire, il ne doit tout d'abord pas venir accompagné du propriétaire ou de l'un de ses représentants[1], en application des dispositions de l'article L. 111-6 C. pr. exéc., qui est d'application générale. Ensuite, il peut et doit se faire assister de personnes dont le concours paraît nécessaire tel un serrurier ou un déménageur. Il procède ensuite aux diligences prévues par les textes – procès-verbal d'expulsion avec ou sans inventaire, remise à la personne expulsée d'une copie du procès-verbal si elle est présente – et fait quitter les lieux à la personne expulsée. Si l'article L. 142-2 C. pr. exéc. prévoit que l'huissier doit assurer la fermeture de l'issue par laquelle il a pénétré, il n'était pas certain là non plus que cet article s'appliquait à l'expulsion dans la mesure où il était question de « saisie » et où il faisait écho aux articles L. 142-1 et L. 142-3 C. pr. exéc. qui permettent une ouverture forcée des portes. Néanmoins, l'huissier de justice est responsable de la reprise effective des lieux et doit donc procéder à toute mesure de nature à éviter que les lieux soient de nouveau occupés, par un changement de serrure notamment lorsque les locaux sont fermés, la condamnation des accès si le local n'est pas fermé par une serrure, ou encore par la mise en place d'une clôture lorsqu'il s'agit d'un terrain par exemple. Les nouvelles place et rédaction de l'article 30 de la loi de 1991 dans le Code des procédures civiles d'exécution, devenu C. pr. exéc. art. L. 142-2, dans une section contenant les dispositions générales d'un chapitre relatif aux opérations d'exécution dans des locaux, avec suppression du terme « saisie » laissent à penser que cet article s'applique désormais bien en matière d'expulsion.

§ 2
Concours de la force publique

522.21 **À quel moment faut-il requérir la force publique ?** Comme nous l'avons vu, la matière de l'expulsion ne permet pas à l'huissier de justice de pénétrer dans les lieux sans l'assentiment de la personne expulsée ni hors de sa présence (v. s[s] n° 522.12). En ces cas, il doit demander le concours de la force publique. Il ne peut toutefois le faire, comme nous l'avons vu également, que lorsque la période le lui permet. Ainsi, il peut effectuer la demande pendant le cours de la période hivernale (v. s[s] n° 521.41) ou avant l'issue du délai de deux mois en cas d'expulsion d'un local d'habitation notamment mais avec un effet reporté à l'issue de ce délai (v. s[s] n° 521.23), mais ne peut la présenter si le propriétaire a accordé des délais de paiement, renonçant ainsi à la procédure d'expulsion, seul ou dans le cadre d'une procédure de surendettement (v. s[s] n°s 521.05 et 521.81 s.). Il ne peut par ailleurs le faire que s'il a d'abord tenté d'expulser lui-même et donc vérifié que la personne expulsée, présente, n'avait pas l'intention de quitter les lieux. Puisque les articles L. 431-1 et L. 451-1 C. pr. exéc. considèrent désormais que la simple absence est bien une difficulté d'exécution, il doit en effet dresser un procès-verbal de tentative d'exécution et donc ici d'expulsion, qui est d'ailleurs prévu par le tarif des huissiers de justice et exigé de l'administration préfectorale pour l'octroi de la force publique.

Pour donner une idée de l'importance du nombre de demandes, à titre d'exemple, en 2005, il y a eu 54 471 commandements de quitter les lieux délivrés et 42 000 réquisitions, avec une moyenne d'octroi de celle-ci de moitié[2]. Et en dix ans, soit depuis 2001, les demandes de concours de la force publique ont augmenté de 47 %[3].

522.22 **Forme de la demande et de la décision du préfet.** L'article L. 153-2 C. pr. exéc. prévoit que l'huissier de justice peut directement requérir le concours de la force publique. Il n'a pas besoin de passer par une autre autorité telle le procureur de la République notamment. Le Conseil d'État a récemment précisé que le créancier n'était pas même tenu de passer par un huissier de justice pour requérir le concours de la force publique[4]. À noter que dans certains cas, le maire ou le préfet peuvent également la requérir directement en matière d'urbanisme notamment[5].

L'article R. 153-1 C. pr. exéc. précise ensuite que « *si l'huissier de justice est dans l'obligation de requérir le concours de la force publique, il s'adresse au préfet. La réquisition contient une copie du dispositif du titre exécutoire. Elle est accompagnée d'un exposé des diligences auxquelles l'huissier de justice a procédé et des difficultés d'exécution* [...] ». **L'huissier de justice s'adresse donc bien au préfet,** qui est le service de l'État désigné par le décret, et non directement au

1. TGI Grasse, JEX, 3 mai 2005, RG n° 229/2005.

2. Concl. du rapporteur public, Thiellay, sur CE 18 févr. 2010 (préc. s[s] n° 521.23).
3. F. Zitouni, « Logement social et droit au logement – chronique de jurisprudence 2010 », *AJDI* 2011. 421, citant le rapport de la fondation Abbé-Pierre sur l'« État du mal logement en France », 2011.
4. CE 10 févr. 2014, req. n° 350265, *Dr. et proc.* 2014. 90; *Procédures* 2014, n° 202.
5. Rép. min. n° 05617, *JO Sénat Q* 29 août 13, p. 2511.

commissaire de police par exemple, comme cela se pratique parfois, quelques fois même en sus de la demande au préfet. Cette pratique s'explique sans doute par le fait qu'avant la loi de 1991, la requête transitait effectivement par les services de police ou de gendarmerie. Rien n'interdit cela dit de doubler la réquisition au préfet d'une demande au commissariat si cela est organisé de la sorte, comme c'est le cas à Paris, mais en ce cas bien sûr, il ne peut être décompté qu'un seul acte. Il adresse en principe une copie uniquement du dispositif, mais rien n'empêche de joindre copie de la décision complète, qui peut parfois révéler, d'ores et déjà un contexte particulier et éclairer la lecture du dispositif. Enfin, l'huissier doit exposer les diligences auxquelles il a procédé. Il va joindre en pratique le procès-verbal de tentative d'expulsion, qui relatera ces diligences, qui n'auront souvent consisté que dans le fait de se présenter sur les lieux de l'expulsion pour constater que la porte était close. Néanmoins, il n'est pas obligé de le faire, ni même, si l'on en croit la jurisprudence du Conseil d'État, de dresser ce procès-verbal. En effet, celui-ci a récemment assoupli les conditions d'application de cet article en énonçant que « *l'existence d'une tentative matérielle d'exécution du jugement d'expulsion de la part de l'huissier à l'issue du délai donné par le commandement de quitter les locaux aux occupants n'est pas une condition légale de l'octroi de la force publique* » et que « *l'absence de mention des diligences faites par l'huissier dans la demande de concours de la force publique pour obtenir le départ des occupants* [...] *n'a pas pour effet de rendre irrégulière la réquisition* »[1]. Il est toutefois rappelé que l'objectif de cette exigence d'accompagner la réquisition d'un exposé des diligences accomplies était d'« *éclairer le préfet le cas échéant sur la situation et sur les risques de troubles que l'expulsion peut comporter* »[2]. Il faut donc relativiser cette jurisprudence, car il est important que le préfet dispose d'éléments suffisants pour pouvoir apprécier de l'opportunité du concours et des conditions dans lesquelles celui-ci doit intervenir.

Le préfet a ensuite deux mois pour répondre, faute de quoi il est réputé avoir refusé et la responsabilité de l'État peut être engagée. La décision de refus doit toutefois être motivée, ce qui n'est nécessairement pas formellement le cas lorsque la décision de refus est implicite, mais le préfet doit être en mesure de donner ses motifs s'il y a une contestation. La décision de refus est ensuite portée à la connaissance du procureur de la République et du créancier par l'huissier de justice. À noter que le préfet peut revenir sur sa décision de refus à tout moment car une telle décision ne crée pas pour l'occupant un droit à se maintenir dans les lieux[3]. Le préfet vérifie, par la voie d'une enquête, que les conditions légales de l'expulsion sont remplies, et notamment qu'il n'y a pas de période de suspension en cours, et doit en principe accorder le concours sauf pour des motifs tenant à l'ordre public. Il doit, depuis la loi n° 2014-366 du 24 mars 2014, informer la CCAPEX de toute décision d'octroi (L. n° 90-449, 31 mai 1990, visant la mise en œuvre du droit au logement, art. 7-2).

522.23 Obligation d'intervention. L'article L. 153-1 C. pr. exéc. pose le principe de **l'obligation pour l'État de prêter son concours pour l'exécution des décisions de justice** et de l'indemnisation automatique en cas de refus, principe qui avait déjà été posé par la jurisprudence *Couitéas* du Conseil d'État le 30 novembre 1923[4]. Cet article est le reflet d'une tendance plus large à l'affirmation, en droit interne et européen, d'un véritable droit à l'exécution[5] que l'État est tenu d'assurer, ainsi que d'une protection du droit de propriété, qui a pris le caractère d'une liberté fondamentale.

En effet, tout d'abord, **la Cour européenne des droits de l'homme** affirme de manière répétée que le protocole n° 1 de la convention, qui garantit le droit de propriété, implique que les États ne doivent y apporter de limitation, notamment en refusant le concours de la force publique, que pour des motifs d'intérêt général, et tout en garantissant un juste équilibre entre celui-ci et les droits fondamentaux, ici le droit de propriété, de l'individu[6]. La France a d'ailleurs elle-même été condamnée de ce fait.

Elle a tout d'abord été condamnée pour une atteinte portée au droit de propriété, alors que le refus de concours de la force publique avait duré seize ans, sans réel motif d'ordre public ou social. Dans cette affaire *Matheus*, congé fut donné sur des terrains agricoles appartenant au requérant et l'expulsion fut ordonnée en 1988. L'occupation se poursuivit, sans paiement d'aucun loyer et une maison y fut même édifiée par les occupants, soit le locataire, son épouse, ses quatre enfants, le petit-fils et la grand-mère. En 2004, le propriétaire, face aux refus répétés de l'administration de prêter son concours à l'exécution de la décision d'expul-

1. CE 14 nov. 2011, req. n° 343908, *Dr. et proc.* 2012. 91, note Chaquet et Léon.
2. SUR cette formule, v. aussi : CE 25 nov. 2009, req. n°s 323359 et 323411.
3. CE 5 déc. 2005, req. n° 280050, *AJDA* 2006. 277.
4. CE 30 nov. 1923, req. n° 38284, Couiteas, *Lebon*; *GAJA*, 18e éd., 2011, n° 40.
5. Sur le principe du droit à l'exécution, qui procède du droit au procès équitable prévu par l'article 6 §1 de la Conv. EDH : CEDH 19 mars 1997, req. n° 18357/91, Hornsby c/Grèce, *D.* 1996. 74, obs. Fricero; *JCP* 1997. II. 22949, note Dugrip et Sudre.
6. CEDH 11 janv. 2001, req. n° 21463/93, P.M. Lunari c/Italie, *Dr. et proc.* 2001. 170, obs. Marguénaud – CEDH 15 nov. 2002, req. n° 34819/97, Cau c/Italie, *Dr. et proc.* 2003. 87, obs. Fricero et Menut.

sion, vendit alors le terrain au locataire mais la France fut condamnée pour son inaction[1]. Elle a également été condamnée non seulement pour une atteinte au droit de propriété, mais également au droit à l'exécution des décisions de justice pour un refus qui avait duré deux ans depuis la décision de justice ordonnant l'expulsion, mais depuis bien plus longtemps en réalité puisque l'installation sur le terrain se produisit plus de dix ans auparavant, dans un contexte de grande tension puisque le domicile personnel des propriétaires subit un attentat. La Cour a ainsi condamné la France qui avait refusé l'octroi de la force publique, au départ pour de vrais motifs d'ordre public, mais sans chercher par la suite de solution pour régler la situation, laissant ainsi s'installer un climat de crainte et d'insécurité non propice au retour des requérants sur leurs terres[2].

Ensuite, **le Conseil d'État** a également affirmé clairement le principe de l'obligation d'intervention et de l'atteinte portée à la « liberté fondamentale » que constitue le droit de propriété en cas de refus de l'administration de porter son concours à l'exécution d'une décision d'expulsion. Cette qualification permet donc l'application des dispositions de l'article L. 521-2 du CJA et justifie ainsi les pouvoirs du juge des référés en la matière[3]. Il faut donc, d'après cette décision du 29 mars 2002, justifier d'un trouble grave à l'ordre public qui risque d'être causé par la décision pour que le concours de la force public puisse être refusé.

Ainsi, il a par exemple été jugé qu'est justifié le refus de concours de la force publique en raison d'un risque de grave trouble à l'ordre public, au motif que la personne expulsée qui présente une situation sociale et financière d'une grande détresse, possède une arme, s'est signalée par un comportement violent et a menacé de commettre des actes graves, y compris contre lui-même pour s'opposer à l'expulsion[4]. Les conflits sociaux donnent également des exemples fréquents de risques de troubles à l'ordre public[5]. Ainsi, alors que plusieurs usines sont occupées et que des négociations sont sur le point d'aboutir avec la direction de celles-ci, une intervention de la force publique pourrait provoquer des troubles encore plus graves[6]. Le préfet peut ensuite invoquer le risque de troubles liés aux réactions de salariés de la société, dont l'emploi pourrait se trouver compromis par l'exécution de la mesure d'expulsion[7].

Ne constituent en revanche pas de justes motifs de refus, fondés sur l'atteinte à l'ordre public par exemple l'intérêt porté aux habitants du quartier par les spectacles organisés par les occupants sans titre[8], le courant de sympathie suscité par la présence d'ateliers d'artistes[9] ou encore la notoriété d'un établissement[10], voire le caractère revendicatif de la démarche d'occupation par des squatters obligeant propriétaires et locataires à agir de concert[11]. Le refus d'octroi de la force publique est également injustifié lorsque l'expulsion est prononcée au profit d'une femme de quatre-vingt-cinq ans, majeure protégée, qui a besoin de vendre sa maison pour régler ses frais de maison de retraite, à l'encontre de son fils de 52 ans, disposant de faibles ressources et malade, alors que le père de celui-ci propose de l'héberger[12].

Si par ailleurs le relogement des personnes expulsées, et donc le droit au logement, ne peut être un motif de refus en soi[13], ce qu'a d'ailleurs affirmé **le Conseil constitutionnel**, dans une décision du 29 juillet 1998 concernant la loi relative à la lutte contre les exclusions qui subordonnait l'octroi du concours de la force publique au relogement des intéressés, disposition invalidée comme étant contraire au principe de séparation des pouvoirs[14], il a pu être considéré que l'absence de relogement pouvait être une composante du trouble à l'ordre public, lorsque par exemple quatre-vingt-quatre personnes et quarante et un enfants dont certains en bas âge se sont installés dans les lieux et n'ont aucune solution de relogement[15]. Faisant par ailleurs le lien avec le droit au logement opposable mis en place par la loi du 5 mars 2007, le Conseil d'État a récemment jugé que l'octroi du concours de la force publique n'était pas entaché d'illégalité même si les

1. CEDH 31 mars 2005, req. n° 62740/00, Matheus c/France, *AJDI* 2005. 928, note Raynaud; *AJDA* 2005. 1886, obs. Flauss.
2. CEDH 21 janv. 2010, req. n° 13829/03, Barret et Sirjean c/ France, *Procédures* 2010, n° 71, note Fricero; *AJDA* 2010. 125.
3. CE 29 mars 2002, req. n° 243338, Stephaur, *AJDA* 2003. 345, note Grosieux; *Gaz. Pal.* 29 avr. 2003, n° 119, p. 9; *D.* 2003. 1115; *JCP* 2002. II. 10179; *Dr. et proc.* 2002. 320.
4. CE 15 oct. 2004, req. n° 272934, *Gaz. Pal.* 31 mai 2005, n° 151, p. 14.
5. SUR CE POINT : v. Rép. min., n° 74628, *JOAN Q* 21 sept. 2010 – V. AUSSI : CEDH 11 juill. 2013, req. n° 63684/09.
6. CE 8 juill. 1992, req. n° 92566, *D.* 1992. 144, note Bon et Terneyre.
7. CE 27 juin 2002, req. n° 247973, *Gaz. Pal.* 29 avr. 2003, n° 119, p. 9.
8. CE 27 nov. 2002, req. n° 251898, *Gaz. Pal.* 5 févr. 2004, n° 36, p. 4.
9. CE 21 nov. 2002, req. n° 251726, *Gaz. Pal.* 29 avr. 2003, n° 119, p. 9.
10. TA Caen 15 mai 2008, req. n° 0801196, *AJDA* 2008. 1911.
11. CE 29 mars 2002, req. n° 243338, Stephaur (préc. s[s] n° 522.23).
12. CE 19 oct. 2007, req. n° 310067, *Gaz. Pal.* 17 mai 2008, n° 138, p. 23.
13. CE 27 nov. 2002, req. n° 251898 (préc. s[s] n° 522.23) – CE 30 juin 2010, req. n° 332259, *AJDA* 2010. 1344, *Gaz. Pal.* 22 juill. 2010, n° 203, p. 29 – Avant cela, V. PAR EX. : CAA Paris, 4e ch., 7 nov. 2000, req. n° 97PA01786, *Gaz. Pal.* 4 déc. 2001, n° 338, p. 8.
14. Cons. const. 29 juill. 1998, n° 98-403 DC, loi d'orientation relative à la lutte contre les exclusions, *JO* 31 juill., p. 11710; *LPA* 31 juill. 1998, n° 91, p. 3.
15. CE 29 oct. 2003, req. n° 259361, *Gaz. Pal.* 9 sept. 2004, n° 253, p. 1[-] : dans ce cas, l'immeuble avait été frappé par un arrêté d'insalubrité, ce qui n'empêchait pas en soi le refus de concours – POUR UN AUTRE EX. : CE 21 nov. 2002, req. n° 251726 (préc. s[s] n° 522.23).

personnes expulsées avaient été reconnues prioritaires par la commission départementale de médiation[1]. Le droit au logement n'est donc pas en soi un motif de refus de concours de la force publique.

Pourtant, la jurisprudence, tant interne qu'européenne, tend à assouplir des conditions de refus de concours de la force publique puisque les motifs d'ordres humanitaires ou sociaux peuvent être désormais invoqués pour justifier un refus de concours de la force publique. Ainsi, dès 2005, **la Cour européenne des droits de l'homme,** malgré la condamnation prononcée contre la France, a ouvert une porte en permettant le refus de concours de la force publique pour des « *considérations sérieuses d'ordre public ou social* »[2]. Elle l'appliqua d'ailleurs récemment dans une affaire dirigée contre la France et refusa ainsi de la condamner alors qu'elle avait refusé le concours de la force publique pour l'expulsion de plusieurs familles, parmi lesquelles se trouvaient majoritairement des enfants, ce d'autant que cette occupation s'inscrivait dans le cadre d'une action militante à visée médiatique et que de surcroît, « *les occupants se trouvaient en situation de précarité et de fragilité et apparaissaient mériter, à ce titre, une protection renforcée* »[3]. La jurisprudence administrative admet également ce critère[4].

522.24 **Délais et modalités d'intervention.** Une fois la décision du préfet rendue, lorsqu'elle est positive, il prévoit une date à partir de laquelle le concours est accordé. Il appartient à l'huissier de justice, responsable de l'organisation matérielle des opérations, de prendre contact avec l'autorité de police pour fixer la date de l'expulsion. À compter de cette date, les autorités saisies ont **quinze jours** pour procéder à l'exécution de la décision du préfet et ce depuis une décision du Conseil d'État du 27 janvier 2010[5]. Avant cela il était considéré que l'État disposait d'un délai de **deux mois** à compter de la saisine du préfet pour assurer l'exécution de la décision[6], ce qui recouvrait en réalité seulement la prise de décision. Ce délai correspondait au délai maximal fixé au préfet pour répondre et la période de responsabilité de l'État courait à compter de la décision ou de l'issue du délai de deux mois suivant la saisine du préfet. Désormais, la période de responsabilité commence à courir **quinze jours** après que l'huissier de justice ait pris contact avec les services de police pour l'exécution de la décision du préfet.

522.25 **Contestations des décisions du préfet et responsabilité de l'État.** La décision du préfet, qu'elle octroie[7] ou non la force publique, peut être contestée devant le tribunal administratif, après recours gracieux, et ce éventuellement selon la procédure de référés prévue par l'article L. 521-1 du Code de justice administrative, puisqu'il peut y avoir atteinte à la liberté fondamentale que constitue le droit de propriété. Il faut néanmoins toujours en ce cas justifier d'une urgence[8]. Le tribunal peut alors enjoindre au préfet d'octroyer la force publique ou annuler sa décision d'octroi.

Ensuite, en cas de décision de refus, le propriétaire peut engager une action devant le tribunal administratif pour obtenir réparation. L'État est en effet responsable, sans faute, pour un refus d'octroi de la force publique, ce qui est expressément prévu par l'article L. 153-1 C. pr. exéc., mais résulte également d'une rupture d'égalité devant les charges publiques. Il peut en outre être considéré comme fautif lorsque le refus n'est pas fondé, auquel cas il supportera définitivement l'indemnité fixée par le tribunal. L'occupant n'a pas à être partie à ce litige purement indemnitaire qui ne concerne que la relation entre le propriétaire et l'État[9]. L'État sera en revanche, en cas de responsabilité sans faute, subrogé dans les droits du propriétaire contre le locataire[10], selon une formule fréquente des arrêts

1. CE 11 févr. 2010, req. n° 329927, cité par F. Zitouni, « Logement social et droit au logement – chronique de jurisprudence 2010 », *AJDI* 2011. 421.
2. CEDH 31 mars 2005, req. n° 62740/00, Matheus c/France (préc. s[s] n° 522.23).
3. CEDH 12 oct. 2010, req. n° 23516/08, *AJDI* 2011. 153, note Raynaud; *D.* 2010. 2843, obs. de Gaudemont.
4. CAA Versailles, 2e ch., 21 sept. 2006, req. n° 04VE00056, NP; *Procédures* 2006, n° 280, note Deygas – CE 23 avr. 2008, req. n° 309685, *AJDA* 2008. 1511; *Gaz. Pal.* 4 déc. 2008, n° 339, p. 16 (affaire ayant donné lieu à l'arrêt de la CEDH du 12 oct. 2010, req. n° 23516/08, préc. s[s] prés[t] n°) – *CONTRA* : TA Toulouse, 23 oct. 2009, *AJDA* 2010. 448, note Bioy.
5. CE 27 janv. 2010, req. n° 320642, *Gaz. Pal.* 25 févr. 2010, n° 56, p. 32.
6. CE 27 sept. 2006, req. n° 285279, *Gaz. Pal.* 10 févr. 2007, n° 41, p. 24 – POUR UNE JURISPRUDENCE ANTÉRIEURE À LA LOI DU 9 JUILLET 1991 : CAA Bordeaux, 22 mai 1990, req. n° 89BX00474, *Lebon* T.
7. CE 30 juin 2010, req. n° 332259, *AJDA* 2010. 1344; *Gaz. Pal.* 22 juill. 2010, n° 203, p. 29 – DÉJÀ EN CE SENS : CE 9 sept. 1994, req. n°s 133682, 135669 et 135670, *LPA* 28 mars 1995, n° 25, obs. Moreno (dans cette décision était également affirmée la compétence de la juridiction administrative bien qu'il se soit agide mettre à exécution une décision judiciaire).
8. CE, ord., 3 janv. 2003, req. n° 253001, *AJDA* 2003. 342, note Gilli (le nouveau propriétaire connaissait ici la présence de squatters avant son acquisition) – CE 27 nov. 2008, req. n° 322432, *Gaz. Pal.* 2 juill. 2009, n° 183, p. 20 (la procédure avait duré un certain temps).
9. CE 12 mai 2003, req. n° 229448, *Gaz. Pal.* 20 mars 2004, n° 80, p. 16; *D.* 2004. 1630.
10. POUR UN EXEMPLE D'APPLICATION : Com. 11 sept. 2012, n° 11-22.020, NP; *Loyers et copr.* 2012, n° 323, qui admet le recours de l'État contre un occupant malgré l'absence de condamnation expresse à payer une indemnité d'occupation dans le jugement d'expulsion.

de condamnation qui subordonne le versement des indemnités à la subrogation par le propriétaire dans ses droits vis-à-vis de l'occupant[1].

Le préjudice qui découle directement du refus de concours de la force publique[2], sur la période de responsabilité retenue, qui court, comme nous l'avons vu, depuis la décision de refus ou quinze jours après l'inexécution de cette décision, jusqu'à la libération avec le concours de la force publique[3], se résout en dommages et intérêts équivalents, en général, au montant de l'indemnité d'occupation qui n'a pas été payée par l'occupant. Ainsi, si le propriétaire a transigé avec l'occupant et renoncé à percevoir toute somme de sa part, l'État n'est tenu d'aucune indemnité[4]. Mais l'indemnité peut également être calculée, par exemple, sur la base du coût de l'immobilisation d'un bien devenu invendable en raison de son occupation par des squatters[5]. Le préjudice doit également résulter directement du refus de concours et il a pu être jugé qu'une explosion liée à une fuite de gaz dont l'origine est indéterminée n'est pas directement imputable à ce refus[6].

La responsabilité de l'État peut également être engagée en cas de concours accordé et de réalisation des opérations dans des conditions dommageables. Il s'agit alors d'une responsabilité pour faute lourde. Ainsi, par exemple, n'est pas fautif le fait de ne pas prévenir avant la réalisation de l'expulsion dès lors qu'un comité avait été créé pour soutenir l'intéressée dans sa résistance, mais l'est le fait d'agir avec « *excès de précipitation et défaut de précautions que ni la nécessité d'une action rapide ni la personnalité de la requérante ne justifiaient* »[7]. De même, constitue une faute lourde, le fait, pour un commissaire de police, condamné pour prise illégale d'intérêts de ce fait, d'avoir appuyé une demande de concours de la force publique pour une SCI dans laquelle il avait des parts, et la précipitation particulière avec des moyens disproportionnés dans la mise en œuvre de l'expulsion, ayant abouti à la chute mortelle d'un des occupants[8].

1. SUR CETTE QUESTION : B. Magerand, « La surprenante subrogation de l'État dans les droits du bailleur en cas de refus d'expulsion des locataires », *LPA* 4 avr. 2002, n° 68, p. 4.
2. Sauf s'il apparaît finalement que l'occupant n'était pas dépourvu de droit ou de titre suite à un recours en révision contre l'arrêt ayant prononcé l'expulsion : CE 21 juin 2013, req. n° 356515, Min. Intérieur, outre-mer, collectivités territoriales et immigration c/JPPS (SCI), *Lebon*; *AJDA* 2013. 1302.
3. Cette période d'indemnisation n'est pas suspendue par l'octroi de délais de grâce judiciaires, indépendants de la volonté du propriétaire et postérieurs au refus de concours : CE 11 avr. 2014, req. n° 359575, Min. Intérieur, *Lebon*; *AJDA* 2014. 824; *JCP A* 2014. Actu. 352.
4. CE 29 sept. 2003, req. n° 228051, *Lebon* T.
5. CE 25 juill. 2007, req. n° 293377, *Gaz. Pal.* 6 mars 2008, n° 66, p. 28.
6. TA Amiens, 12 oct. 2006, req. n° 0402910, *AJDA* 2006. 2358.
7. CE 16 oct. 1987, req. n° 51152, *Lebon* T.

SECTION 2
FORMALISME DE LA REPRISE : PROCÈS-VERBAL D'EXPULSION

§ 1
Mentions

522.31 Informations contenues dans tout procès-verbal d'expulsion. L'article R. 432-1 C. pr. exéc. prévoit que : « *L'huissier de justice dresse un procès-verbal des opérations d'expulsion qui contient, à peine de nullité :*

1° la description des opérations auxquelles il a été procédé et l'identité des personnes dont le concours a été nécessaire ;

2° la désignation de la juridiction compétente pour statuer sur les contestations relatives aux opérations d'expulsion.

Le procès-verbal est signé par toutes les personnes mentionnées au 1°. En cas de refus de signer, il en est fait mention ».

La **description des opérations** comprend les modalités d'entrée dans les lieux, les opérations pour assurer la reprise effective du bien, avec l'éventuelle fermeture des portes à la sortie, *etc.* Elle doit bien entendu être complète pour vérifier que l'huissier de justice a respecté les prescriptions légales. Il a néanmoins été jugé que la mention de l'ouverture forcée des portes n'était pas exigée, ce qui est discutable car il est important que toutes les diligences entreprises apparaissent sur le procès-verbal[9].

L'identité des personnes dont le concours a été nécessaire et la signature de ces personnes doivent également apparaître sur l'acte. Les personnes dont le concours a été nécessaire sont par exemple le serrurier, le déménageur, ou tout autre prestataire qui permet d'assurer la reprise effective des lieux (pour évacuer du bétail, murer un terrain, etc.). Par ailleurs, il s'agit des personnes dont le concours a été nécessaire, parce que légalement exigé, pour pouvoir pénétrer dans les lieux. Avant 1998, étant donné que les dispositions de l'article L. 142-1 C. pr. exéc. étaient appliquées à l'expulsion, étaient requises les mentions et signature des témoins visés par cet article. Depuis lors, les articles L. 431-1 et L. 451-1 C. pr. exéc. ne laissant à l'huissier de justice que l'option entre être seul ou accompagné de

8. CE 2 juin 2010, req. n° 307772, *Procédures* 2010, n° 331.
9. Paris, 8e ch. B, 6 sept. 2001, RG n° 2000/22968.

la force publique, apparaissent uniquement à ce titre les forces de l'ordre présentes sur les lieux pour l'assister, sauf à ce que l'huissier procède à une reprise des locaux abandonnés, auquel cas les témoins devront également apparaître. Néanmoins, il a été jugé que la mention des témoins, avant 1998 donc, et du remisier pendant toute la durée de l'inventaire n'était pas requise[1]. De même, si l'acte fait suite à une interruption des opérations de déménagement, il a été considéré que le fait qu'il relate leur poursuite avec les mêmes personnes était suffisant, sans besoin à nouveau de la signature de ces personnes[2]. Il a enfin été considéré que le défaut de signature de l'ensemble des personnes ayant assisté aux opérations, par exemple des 18 gardiens de la paix dont le recours a été requis, s'agissant d'auxiliaires, n'était pas de nature à entraîner la nullité du procès-verbal, les signatures du commissaire de police et du serrurier requis étant suffisantes, mais nécessaires[3].

Le procès-verbal doit ensuite indiquer la **juridiction compétente pour connaître des contestations.** L'expulsion est chose trop importante et lourde de conséquences pour la personne expulsée. Elle doit donc immédiatement être en mesure d'identifier la juridiction auprès de laquelle elle peut former un recours. C'est dans cette optique qu'il a pu être décidé que la mention de la juridiction devait être suffisamment précise en ce sens qu'il ne suffit pas d'indiquer qu'il faut s'adresser à la juridiction dans le ressort de laquelle se trouve le bien, mais, *a minima*, le siège de celle-ci[4]. Dans cette affaire, la cour d'appel de Grenoble a même considéré qu'il s'agissait d'une irrégularité de fond.

Outre les mentions exigées par l'article R. 432-1 précité, s'agissant d'un acte d'huissier de justice, celui-ci doit en outre comprendre, à peine de nullité, les **mentions prévues par l'article 649 C. pr. civ.**, à savoir sa date, l'identité complète du requérant, de l'huissier de justice qui a instrumenté personnellement - y compris s'il travaille dans une SCP[5], et l'identité du destinataire. Ainsi, l'absence de mention du représentant légal de la société requérante sur le procès-verbal d'expulsion est une irrégularité de forme[6]. À noter que le procès-verbal d'expulsion délivré à la requête d'une société par son gérant alors que la société est en liquidation judiciaire et qu'un mandataire liquidateur a été désigné est nul[7], s'agissant d'un défaut de capacité à mener la procédure d'expulsion.

522.32 Informations contenues dans le procès-verbal d'expulsion lorsqu'il reste sur place des meubles : les actes préparatoires à l'évacuation des meubles. Les articles R. 433-1 et R. 433-7 C. pr. exéc. prévoient des mentions supplémentaires lorsqu'il reste des biens sur place. Dans le cas particulier des biens qui font l'objet d'une saisie antérieure, il est prévu un **inventaire des biens** et le transport de ceux-ci chez un **séquestre** notamment. Pour les autres biens, il est prévu un inventaire des biens avec l'indication qu'ils paraissent ou non avoir de la valeur marchande, le lieu où les biens ont été transportés et les conditions d'accès au local, **sommation** d'avoir à retirer ces meubles dans le **délai d'un mois**, et convocation devant le juge de l'exécution pour qu'il soit statué sur le sort des meubles non retirés dans le délai.

Tout d'abord donc, afin de permettre de régler ensuite le sort des meubles laissés sur place, l'huissier de justice doit dresser un **inventaire** de ces biens.

Avant toute chose, cette mention du procès-verbal est fondamentale à un double titre. Tout d'abord, l'huissier est ici le garant, en sa qualité d'officier public et ministériel, du bon déroulement de l'expulsion, qui passe par une absence d'atteinte injustifiée à la propriété de l'expulsé, ou d'ailleurs d'un tiers pour le compte duquel il détient des meubles comme nous le verrons, puisqu'il s'agit avant tout d'une expulsion, et donc de l'évacuation d'un bien, et non d'une expropriation au bon vouloir du propriétaire des lieux. Ensuite parce que cette indication renseigne sur le fait qu'il y a des meubles sur place et cela va conditionner non seulement le contenu du procès-verbal lui-même, mais aussi la suite de la procédure. Il est donc important que l'huissier indique bien s'il reste des meubles sur place, même en faible nombre et même dépourvus de valeur marchande (sur la problématique des locaux abandonnés, v. s^s^ n°s 530.00 s.). Car si l'huissier mentionne qu'il n'y avait aucun meuble, cette affirmation ne pourra être contestée que par la procédure d'inscription de faux[8]. L'inventaire doit par ailleurs exister, un album photographique ne pouvant suppléer à la réalisation d'un inventaire précis même si l'état des lieux ne s'y prête pas en raison de l'état de « clochardisation » des locaux, faute de quoi le procès-verbal pourra être annulé. En ce cas, il a en effet été considéré que l'absence d'inventaire précis causait nécessairement un grief à la personne expulsée[9]. Il est toutefois possible d'adjoindre au procès-verbal des photogra-

1. Paris, 13 févr. 1997, RG n° 95/015944.
2. Paris, 8e ch. B, 16 déc. 2004, RG n° 04/02643.
3. Paris, 8e ch. B, 10 nov. 1998, RG n° 1996/81513, *Gaz. Pal.* 7 mars 2000, n° 67, p. 2 – Paris, 2 sept. 2004, RG n° 04/01847.
4. Grenoble, ch. des urgences, 7 mars 2000, RG n° 99/00442.
5. D'UNE MANIÈRE GÉNÉRALE : Civ. 2e, 6 nov. 2002, n° 01-00.379, *Bull. civ.* II, n° 245 ; *Dr. et proc.* 2003. 85, obs. Honakker.
6. Paris, 6 sept. 2001 (préc. ss prést n°).
7. Aix-en-Provence, 15e ch. A, 8 juin 2005, RG n° 02/18051.
8. Paris, 14e ch. B, 24 mai 1996, RG n° 95/013234.
9. Aix-en-Provence, 15e ch. A, 6 mai 2005, RG n° 04/08282.

phies des meubles pour illustrer l'inventaire, surtout si ceux-ci ont une grande valeur. Comme a pu l'indiquer un auteur, en indiquant à l'article L. 433-1 C. pr. exéc. que les biens devaient être « décrits avec précision », le législateur a en effet voulu combattre les mentions telles que « *les biens sans valeur marchande ni caractère personnel ont été détruits; les autres transportés dans un garde-meubles* » qui pouvaient être pratiquées auparavant. Il ajoute que le législateur n'a pas voulu non plus imposer à l'huissier de passer des heures à compter le nombre de petites cuillers et propose ce qu'il considère être un juste milieu[1]. Si on peut adhérer à ce raisonnement, l'huissier devra être fort prudent et dresser **un procès-verbal aussi précis que possible**, avec une description permettant une identification des biens[2], car il est important que la personne expulsée puisse vérifier que ses biens ont été sauvegardés lors des opérations d'expulsion, et ce qui semble n'avoir pas de valeur objective peut en avoir pour la personne qui se retrouve sans domicile. Il doit également être **complet**, faute de quoi l'huissier de justice pourra voir sa responsabilité engagée[3].

Notons que l'huissier de justice devra être prudent et préparer autant que possible son intervention lorsque les locaux ont été loués meublés ou en location-gérance par exemple. En ces cas, le propriétaire devra indiquer avec précision à celui-ci les biens qui étaient compris dans la location.

L'objectif de cet inventaire est de permettre au juge de l'exécution d'apprécier si les biens doivent être vendus ou déclarés abandonnés mais aussi, de permettre à la personne expulsée de vérifier que tous ses biens sont bien visés, faute de quoi il pourrait y avoir soupçon de distraction.

L'inventaire doit en outre, dans cette même optique, renseigner le lecteur sur le fait de savoir si le bien apparaît avoir une **valeur marchande** ou non. Là encore, il s'agit d'une mention qui permettra au juge de se prononcer sur le sort à réserver à ces meubles. La jurisprudence semble toutefois être étonnamment souple sur cette mention dans la mesure où elle a pu considérer que l'huissier de justice n'a pas l'obligation de cocher la case sur la valeur marchande des biens dans le procès-verbal d'expulsion, ce d'autant que les biens n'avaient pas été vendus[4], ou encore que le fait que l'huissier de justice ait pu se tromper sur la valeur marchande des biens n'entraînait pas la nullité du procès-verbal ce d'autant que la personne expulsée n'avait pas retiré les meubles et ne s'était pas présenté à l'audience du juge de l'exécution statuant sur le sort des meubles. Le juge avait donc pu valablement ordonner l'abandon[5]. L'on peut d'ailleurs s'interroger sur le fait de savoir si l'huissier doit simplement indiquer que les biens ont une valeur ou si, comme l'ont proposé certains, il doit mentionner une valeur indicative[6]. La pratique semble généralement avoir opté pour la première solution et le texte ne l'interdit pas, même si cela limite le pouvoir d'appréciation du juge de l'exécution.

Le procès-verbal doit ensuite indiquer, puisque la personne expulsée, comme nous le verrons, a un mois pour récupérer ses meubles, et qu'il lui est fait sommation de le faire, **le lieu où les meubles se trouvent et les conditions d'accès au local**. S'il peut donc être utile de l'indiquer dans un souci de précision qui ne peut qu'être encouragé en la matière, il n'est donc pas prévu que l'huissier doive indiquer pour quelle raison certains meubles ont été transportés hors du local et d'autres non. La nullité n'est pas encourue de ce fait[7]. La **mention du garde-meuble** doit en revanche être suffisamment précise pour permettre à la personne expulsée de reprendre ses biens dans les meilleurs délais et dans les meilleures conditions possibles car il est difficile de demander à une personne qui a fait l'objet d'une expulsion et se retrouve dans la quasi-totalité des cas en situation de grande précarité, de devoir faire un grand nombre de démarches pour pouvoir récupérer ses meubles, ce qui constitue, comme nous le verrons, un droit pour elle. On peut alors être surpris qu'il ait pu être considéré que la mention de l'adresse de l'entrepôt, sans mention du nom du garde-meuble ni de son numéro de téléphone, ait été jugée suffisante[8]. Nous adhérons plutôt à l'analyse d'un auteur qui considérait même que devaient être indiqués précisément les horaires d'ouverture précis du garde-meuble[9].

Le procès-verbal comprend en outre une **convocation devant le juge de l'exécution** pour qu'il soit statué sur le sort des meubles ainsi désignés.

Le procès-verbal est donc à la fois **l'acte de procédure qui matérialise la reprise des lieux** et décrit avec précision l'intégralité des diligences réalisées par l'huissier de justice, mais il ouvre également une autre phase éventuelle de la procédure, à savoir les modalités d'évacuation des meubles laissés sur place.

1. P. Le Fur, « L'expulsion », *Rev. huiss.* 1993. 247.
2. Civ. 1re, 13 juill. 2004, n° 02-14.061, NP.
3. Civ. 2e, 14 mai 2009, n° 08-13.848, NP, dans cette affaire, les personnes expulsées avaient procédé à la reprise avec un autre huissier de justice qui avait compté plus de meubles que dans le procès-verbal.
4. Paris, 8e ch. B, 2 sept. 2004, RG n° 04/01847.
5. Paris, 8e ch. E, 27 juin 2002, RG n° 2001/21012 – *CONTRA* : Aix-en-Provence, 20 déc. 2013, RG n° 11/19683 : le procès-verbal est irrégulier pour défaut de mention de la valeur marchande de biens qui en avaient manifestement.
6. PERROT et THÉRY, n° 1109.
7. Paris, 8e ch. E, 13 févr. 1997, RG n° 95/015944.
8. Paris, 8e ch. E, 16 déc. 2004, RG n° 04/02643.
9. P. Le Fur, spéc. p. 249 (art. préc. ss prést n°).

§ 2
Signification

522.41 Signification à la personne expulsée. L'article R. 432-2 C. pr. exéc. prévoit ensuite que le procès-verbal doit être remis ou signifié à la personne expulsée. Remis lorsqu'elle est présente lors des opérations d'expulsion; signifié dans les autres cas. Évidemment, dans ce dernier cas, il est extrêmement fréquent, pour ne pas dire systématique que le procès-verbal soit signifié selon les modalités prévues à l'article 659 C. pr. civ. car au moment de la signification, le débiteur n'a plus d'adresse connue. En effet, si on peut imaginer que la personne alors absente a en réalité quitté les lieux en organisant un véritable déménagement, avec changement d'adresse et en prévenant les voisins, auquel cas une signification à personne ou à domicile est envisageable, dans la majeure partie des cas, même si l'huissier est tenu d'effectuer des recherches en vue d'une signification à personne, il ne trouvera aucune adresse à laquelle signifier utilement et il procédera donc quelque peu fictivement, mais sans autre choix, à une signification à l'adresse des locaux expulsés. Il doit néanmoins, bien sûr, procéder à toute diligence pour rechercher la nouvelle adresse[1].

L'utilité de cette signification est triple. Elle peut permettre de s'apercevoir que l'occupant a finalement une nouvelle adresse, ce qui permettra éventuellement une exécution contre lui en cas d'arriéré de loyers, elle permet, même fictivement, de donner connaissance à la personne expulsée des diligences qui ont été accomplies et lui permet ainsi de contester le déroulement des opérations, et elle constitue enfin, en cas de meubles laissés sur place, une convocation en justice pour qu'il soit statué sur le sort de ceux-ci.

§ 3
Sanctions

522.51 Nullité du procès-verbal : réintégration ou dommages et intérêts ? Les articles R. 432-1 et R. 433-1 C. pr. exéc. prévoient que les mentions qu'ils indiquent sont prescrites à peine de nullité. Il est régulièrement rappelé qu'il s'agit d'une **nullité de forme** et que la partie qui conteste le procès-verbal doit donc justifier d'un grief, conformément aux dispositions de l'article 114 C. pr. civ. Néanmoins, des décisions ont pu sanctionner l'absence de certaines mentions par une **nullité de fond**, comme par exemple l'absence de signature du commissaire de police et du serrurier, le procès-verbal ne comprenant que la signature de l'huissier de justice alors même que dix-huit gardiens de la paix avaient été mobilisés pour procéder à l'expulsion[2], ou encore le manque de précision quant à la désignation de la juridiction compétente pour connaître des contestations[3]. D'autres ont considéré que le grief pouvait être présumé en certains cas. Ainsi par exemple lorsque le procès-verbal ne contient aucun inventaire et est remplacé par des photographies[4].

La question se pose ensuite des **effets** d'une telle annulation lorsqu'elle est prononcée. En effet, comme il a pu être noté par certains auteurs lors de la réforme de 1991, il serait paradoxal d'ordonner la réintégration de la personne expulsée pour ensuite recommencer la procédure et la réexpulser quelques semaines plus tard[5]. Il n'y a pas de ligne claire en jurisprudence relativement aux critères retenus pour décider d'une réintégration ou de dommages et intérêts, ce d'autant que la réintégration n'est pas toujours demandée. Ainsi, pour les décisions qui avaient retenu que l'absence ou l'imprécision de certaines mentions constituaient des irrégularités de fond et avaient donc considéré qu'il s'agissait d'omissions graves, certains ont ordonné une réintégration, et d'autres condamné à des dommages et intérêts[6].

Les irrégularités de fond, telles que l'expulsion sans titre exécutoire, en période hivernale ou dans le délai de l'article L. 412-1 C. pr. exéc. ont pu donner lieu plus facilement, encore qu'avec réticence, à réintégration (v. s^s n°s 511.81 et 521.62). Les irrégularités de forme étant peu souvent retenues en raison de l'absence de grief, il y a peu de décisions sur ce point. On peut imaginer de moduler la sanction en fonction du préjudice subi, de la gravité du manquement constaté, de la possibilité matérielle de réintégrer, de la nécessité de le faire, ou encore de la période de l'année considérée. Il a pu toutefois

1. Civ. 2e, 10 janv. 2013, n° 11-23.151, *Bull. civ.* II, n° 5; *Loyers et copr.* 2013, n° 70; *JCP* 2013. 142.

2. Paris, 8e ch. B, 10 nov. 1998, RG n° 1996/81513, *Gaz. Pal.* 7 mars 2000, n° 67, p. 2.
3. Grenoble, ch. des urgences, 7 mars 2000, RG n° 99/00442.
4. Aix-en-Provence, 6 mai 2005 (préc. s^s n° 522.32).
5. J. Beauchard, « Le logement et les procédures civiles d'exécution », *RTD civ.* 1993, n° spéc., *La réforme des procédures civiles d'exécution*, p. 109 s. – V. AUSSI : A. Boukris, « Les nouvelles règles applicables en matière d'expulsion », article précité, tous deux doutant du fait qu'une personne expulsée puisse arguer d'un grief du seul fait de l'omission d'une mention dans le procès-verbal d'expulsion si le reste de la procédure a par ailleurs été respecté.
6. AINSI PAR EX. : Grenoble, 7 mars 2000 (préc. s^s prés^t n°) : le JEX avait ordonné la réintégration suite au manque de précision sur le juge compétent. Si la décision est infirmée sur ce point c'est uniquement parce que les personnes expulsées ont trouvé à se reloger – Paris, 10 nov. 1998 (préc. s^s prés^t n°) : seuls des dommages et intérêts ont été accordés, s'agissant de l'absence de signature du commissaire de police et du serrurier.

être considéré de manière surprenante que malgré l'absence d'inventaire dans le procès-verbal, qui a nécessairement causé un grief à la personne expulsée, le juge de l'exécution avait pu valablement déclarer les biens abandonnés, ce qui n'avait causé aucun préjudice à la personne expulsée. La demande de dommages et intérêts qui était formulée a donc été rejetée [1].

522.52 **Objectif de reprise effective des lieux.** L'objectif de cette procédure d'expulsion est, comme nous l'avons vu, la reprise effective par le propriétaire de son bien. Cela implique donc que l'huissier procède à toutes sortes de diligences une fois sur place pour assurer le départ de la personne expulsée, et les relate dans le procès-verbal, mais aussi qu'il assure l'évacuation des biens de tout meuble, car fréquemment, soit que les lieux aient été quittés par le locataire, soit qu'il soit expulsé par la force, il reste des biens sur place, qui sont la propriété de l'expulsé et le restent, et sur le sort desquels il faut se pencher.

1. Aix-en-en-Provence, 6 mai 2005 (préc. s[s] n° 522.32).

CHAPITRE

523. Sort des meubles laissés sur place

ANNE-GAËLLE DUMAS
MAGISTRAT

SECTION 0
ORIENTEUR

523.00 **Plan du chapitre.**

523.01 **Textes applicables.**
C. pr. exéc., art. L. 433-1 à L. 433-3, R. 121-15, R. 433-1 à R. 433-7 et R. 442-1.
COJ, art. L. 213-6.

523.03 **Bibliographie indicative.** (V. s^s n° 500.03).

Ouvrages. A. LEBORGNE, *Droit de l'exécution*, « Précis », 2e éd., Dalloz, 2014, [opérations d'expulsion], nos 2651 s. – R. PERROT et P. THÉRY, *Procédures civiles d'exécution*, 3e éd., Dalloz, 2013, [enlèvement des biens], nos 1106-1112.

Articles. J.-J. Bourdillat, « Du sort des meubles dans les mesures d'expulsion », *Rev. huiss.* 2001. 355.

523.04 **Principes posés par le Code des procédures civiles d'exécution.** Avant la loi du 9 juillet 1991, aucun texte ne régissait la matière, pas plus que l'expulsion en général d'ailleurs. Néanmoins, à l'époque et aujourd'hui encore, il est fréquent que l'huissier de justice trouve sur place des meubles appartenant ou non à la personne expulsée, et la reprise effective des lieux nécessite que le sort de ces meubles soit tranché. Non pour tenter de désintéresser le propriétaire qui aurait une créance envers l'occupant, mais avant tout pour assurer la libération effective des lieux. Avant la réforme de 1991, la reprise devait être concomitante au procès-verbal et les meubles étaient donc souvent transportés dans un garde-meuble, sans aucune certitude sur le sort des meubles ainsi distraits. Parfois même sous le constat d'un confrère, l'huissier de justice jetait, sous sa responsabilité, les biens qu'ils estimaient sans valeur marchande ni caractère personnel[1]. La difficulté est que l'expulsion permet au propriétaire de reprendre les locaux lui appartenant, mais en revanche, il n'est pas question *a priori* d'une expropriation, et une telle décision ne peut appartenir qu'à un juge. La loi du 9 juillet 1991 (codifiée au Code des procédures civiles d'exécution) a simplifié, ou à tout le moins clarifié, la tâche des huissiers de justice en prévoyant une procédure permettant d'évacuer y compris les meubles encore présents sur place, avec l'intervention du juge naturellement compétent en matière d'exécution, à savoir le juge de l'exécution, qui est celui qui tranche le sort à réserver à ces meubles (sauf certains cas de locaux abandonnés – v. ss nos 530.00 s.).

Ainsi, les articles L. 433-1 et L. 433-2 C. pr. exéc. (anc. L. 1991, art. 65 et 66) ont prévu que s'enclenche un dispositif supplémentaire à compter du procès-verbal d'expulsion, s'il s'avère que des meubles sont encore sur place ce jour-là. Et c'est bien de meubles dont il s'agit même si, comme le fait remarquer un auteur, le décret ne parle que de « *biens* »[2]. Et tous les meubles sont concernés : meubles appartenant au débiteur ou simplement présents sur les lieux, qu'ils soient sous sa responsabilité ou non, biens disponibles et indisponibles, même si des règles particulières s'appliquent dans ce dernier cas. L'idée du dispositif est de permettre à la personne expulsée de reprendre ces biens dans un certain délai, faute de quoi le propriétaire pourra en disposer selon la décision qui sera rendue par le juge de l'exécution sur leur sort.

1. P. Le Fur, spéc. p. 245 (préc. ss n° 522.32).
2. J.-J. Bourdillat, « Du sort des meubles dans les mesures d'expulsion », *Dr. et proc.* 2001. 355.

523.05 **Dérogation. Cas du partenaire violent.** Ont été exclues du champ d'application de ces dispositions, en application de l'article L. 433-3 C. pr. exéc., les personnes expulsées sur le fondement d'une ordonnance de protection prise par le juge aux affaires familiales (v. s[s] n° 521.21). Avant la loi du 9 juillet 2010[1], et depuis 2004, cette exclusion valait pour les **époux violents** uniquement et elle a été étendue à tous les **partenaires ou ex-partenaires violents.** Ainsi, l'huissier de justice qui se présente pour expulser un partenaire violent sur le fondement d'une ordonnance de protection n'a pas à se préoccuper du sort des meubles de celui-ci. L'idée en effet est que le but de l'opération est l'éviction d'une personne violente et non la reprise d'un local. On ne peut que conseiller, à l'instar d'un auteur, si toutefois cela est possible eu égard au déroulement matériel de l'expulsion, de laisser la personne expulsée partir avec un minimum d'affaires et d'effets personnels pour qu'il puisse trouver à se reloger dans des conditions normales, et qu'il soit moins tenté, au motif qu'il ne disposerait pas d'affaires suffisantes, de revenir sur les lieux[2].

Mais le problème du **sort des meubles** se pose d'une manière plus générale en cas d'**expulsion d'un époux dont le domicile conjugal a été attribué à l'autre dans le cadre d'un divorce.** En ce cas, l'exclusion n'est pas prévue et les règles de l'expulsion s'appliquent. Néanmoins, comment faire pour déterminer à qui appartient tel meuble ? Surtout alors que le régime matrimonial n'est pas liquidé et qu'il peut y avoir litige sur la propriété de tel ou tel bien. Permettre à l'époux expulsé de partir avec trop est tout aussi gênant que laisser dans les lieux un époux avec tout. Une piste peut être d'**inventorier tout ce qui se trouve sur place,** à charge pour les époux de s'expliquer devant le juge de l'exécution. Mais, comme nous le verrons, celui-ci n'a pas à se soucier de la propriété des biens et liquider le régime matrimonial ne relève pas de ses compétences. Une autre est de demander à ce que l'époux requérant soit autorisé à être présent lors des opérations et qu'il puisse indiquer contradictoirement qu'est-ce qui appartient à qui. Mais là encore, il peut y avoir des débats sans fin sur la propriété des meubles. L'huissier pourra dresser un **procès-verbal de difficultés** pour en saisir le juge de l'exécution, qui ne pourra alors qu'attendre pour statuer la liquidation en question. Quoi qu'il en soit, l'urgence à statuer sur le sort des meubles est ici sans intérêt et une exclusion de la matière aurait pu être faite en général par le législateur puisque là aussi, l'idée et essentiellement d'expulser une personne et non ses meubles.

1. L. n° 2010-769, 9 juill. 2010, relative aux violences faites spécifiquement aux femmes, aux violences au sein des couples et aux incidences de ces dernières sur les enfants, *JO* 10 juill., p. 12762.
2. J.-J. Bourdillat, « De l'expulsion du conjoint violent dans et après la réforme du divorce », *Dr. et proc.* 2005. 18.

SECTION 1
STOCKAGE DES MEUBLES ET DÉLAI POUR LES REPRENDRE

523.11 **Cas particulier des biens indisponibles par l'effet d'une saisie antérieure.** Tout d'abord, il convient d'évoquer le cas particulier des biens indisponibles, qui est prévu par les dispositions de l'article R. 433-7 C. pr. exéc., car pour ceux-ci, la procédure est particulière puisque les biens ne pourront être vendus par le propriétaire des locaux et le débiteur, qui n'a plus, par définition, la disposition de ces biens, ne pourra pas les récupérer. En conséquence, il est prévu que l'huissier remet les biens « *à un séquestre, à moins que la personne expulsée n'indique le lieu où ils seront transportés* ». Le saisi est en effet gardien des biens saisis et c'est donc en principe à lui de désigner le lieu où ils seront transportés. Il en dresse un **inventaire dans le procès-verbal d'expulsion** avec l'indication du lieu où ils se trouvent et dénonce celui-ci au créancier saisissant. Il peut dans le même acte faire une opposition entre les mains de ce créancier pour se joindre à la saisie.

À noter que cette hypothèse ne concerne que la saisie pratiquée par un autre créancier que le propriétaire des lieux. Dans cette dernière hypothèse, la saisie peut avoir été pratiquée avant ou pendant l'expulsion Dans ce cas, les biens saisis seront indisponibles et la personne expulsée ne pourra pas les récupérer. Il n'est toutefois pas prévu de dérogation à la procédure de sort des meubles et tout se déroule alors comme prévu ci-dessous.

Ensuite, il est évident que **l'indisponibilité doit être effective** et non seulement menaçante. Ainsi, la menace de saisie par le Trésor public n'empêche pas le déroulement normal de la procédure de détermination du sort des meubles dans le cadre de la procédure d'expulsion[3]. Une fois les biens séquestrés ou transportés selon les indications du débiteur, les biens seront vendus non selon la procédure ci-dessous décrite, mais dans le cadre de la procédure de saisie-vente préalablement diligentée. Il se peut cependant qu'une partie seulement des biens ait été saisie auquel cas il faut pour l'huissier parvenir à distinguer les biens saisis, ce qui est une mis-

3. Paris, 8e ch. B, 17 janv. 2002, RG n° 2001/09537 (à noter que dans cette affaire, la personne expulsée avait d'ailleurs été condamnée à une amende civile).

sion ardue en pratique. Car en effet, comment savoir qu'il y a eu une saisie antérieure ? Soit la personne expulsée n'est pas présente et, à moins que l'huissier de justice n'ait lui-même pratiqué une saisie-vente pour le compte d'un autre créancier, il ne peut savoir qu'il y en a une; soit la personne est présente et l'information ne sera pas toujours donnée, par rétention d'information ou parce que le débiteur lui-même, parfois surendetté, sera incapable de savoir si des biens sont saisis et par qui. En pratique donc, la situation se présente fort peu.

523.12 Actes préparatoires : inventaire et sommation de reprendre les biens. Comme nous l'avons vu, la **présence de biens sur place lors des opérations d'expulsion** déclenche une procédure supplémentaire pour qu'il soit statué sur le sort de ceux-ci. Ainsi, dès le procès-verbal d'expulsion, l'huissier de justice doit procéder à des diligences additionnelles et les indiquer sur ledit procès-verbal. Il doit tout d'abord dresser un **inventaire précis des biens restés sur place,** comme le prévoient les articles L. 433-1 et R. 433-1 C. pr. exéc. (v. s[s] n° 522.32). Dans ce même procès-verbal, il est fait « *sommation à la personne expulsée, en caractères très apparents, d'avoir à les retirer dans le délai d'un mois non renouvelable à compter de la signification de l'acte, faute de quoi les biens qui n'auront pas été retirés pourront être, sur décision du juge, vendus aux enchères publiques ou déclarés abandonnés selon le cas* ». La personne est donc clairement avertie de ses droits et devoirs. Elle doit retirer les meubles dans un **délai d'un mois** (C. pr. exéc., art. R. 433-2). Elle risque, si elle ne le fait pas, de voir ceux-ci vendus ou déclarés abandonnés sur décision du juge. Et la convocation devant le juge suit dans l'acte puisqu'il lui est indiqué ensuite qu'elle doit comparaître devant le juge de l'exécution à telle date pour qu'il soit statué sur le sort des biens qui n'auraient pas été retirés avant le jour de l'audience. Et l'on voit déjà un hiatus dans le texte puisqu'il est question des biens non repris dans le délai d'un mois dans le premier cas et de ceux non repris avant l'audience du juge de l'exécution dans le deuxième item.

523.13 Transport et stockage des meubles. L'article L. 433-1 C. pr. exéc. prévoit que « *Les meubles se trouvant sur les lieux sont remis, aux frais de la personne expulsée, en un lieu que celle-ci désigne. À défaut, ils sont laissés sur place ou entreposés en un autre lieu approprié et décrits avec précision par l'huissier de justice chargé de l'exécution avec sommation à la personne expulsée d'avoir à les retirer dans un délai fixé par voie réglementaire* ». Plusieurs hypothèses sont donc possibles.

Soit la personne expulsée est présente, et elle est prête et en mesure de déménager ses meubles et elle le fait, soit elle sait où elle veut faire transporter ses meubles, mais n'a pas organisé matériellement ce transport, auquel cas elle peut indiquer à l'huissier de justice qu'elle souhaite que les meubles soient transportés en ce lieu. Mais cela implique pour elle de régler les frais du déménagement et éventuellement du garde-meuble, faute de quoi l'huissier pourra bien évidemment refuser le transport dans le lieu désigné. Cette première option est la possibilité offerte à la personne expulsée de récupérer immédiatement ses biens le jour même de l'expulsion. Si cette situation se présente, en réalité, la problématique du sort des meubles est résolue et la procédure s'arrête là. L'huissier de justice n'a pas même à dresser un inventaire des biens, puisque le local sera bien vidé et les meubles repris par la personne expulsée à l'issue des opérations. L'article R. 433-1 C. pr. exéc., qui prévoit des mentions supplémentaires dans le procès-verbal d'expulsion, ne vise en effet logiquement pas cette situation.

Soit la personne expulsée est présente mais n'a pas les moyens de faire déménager ses meubles, soit elle est absente. En ces cas, c'est l'huissier de justice qui choisit le lieu où les biens seront entreposés durant le délai de reprise d'un mois. À vrai dire, la question s'est posée durant les débats parlementaires sur le fait de savoir si le créancier devait donner son accord dans ce choix mais cette idée a été abandonnée en raison du mandat qui lie l'huissier de justice au propriétaire. Si l'huissier a le moindre doute sur l'exécution du mandat qui le lie à celui-ci, il pourra utilement l'interroger sur ce point en effet. L'option qui s'offre à l'huissier de justice est la suivante. Soit il laisse les meubles sur place, soit il les fait transporter dans un lieu approprié.

Tout d'abord, en l'absence de l'occupant, l'huissier de justice n'a pas à rechercher par tout moyen si la personne expulsée souhaite que ses biens soient transportés dans un lieu désigné à ses frais, comme il est prévu à la première phrase de l'article L. 433-1 C. pr. exéc., puisque c'est dès la délivrance du commandement de quitter les lieux que la personne expulsée doit en réalité s'organiser pour libérer les lieux[1]. Ensuite, la Cour de cassation a, dans une décision du 13 juillet 2006[2], indiqué qu'aucune disposition légale n'imposait à l'huissier de justice de procéder au retrait des meubles en une seule fois. Dans cette espèce, l'huissier avait dressé un premier procès-verbal d'expulsion le 16 octobre, puis, ayant « oublié » la cave à vin, un second acte intitulé « *procès-verbal d'enlèvement complémentaire au procès-verbal d'expulsion en date du 16 octobre* ». Or, il ne ressort pas de la lecture de la décision que ce second acte ait donné lieu à signification, ou encore qu'il ait comporté les mentions prévues à l'article R. 433-1 C. pr.

1. Civ. 3e, 2 juin 1999, n° 97-13.776, NP.
2. Civ. 2e, 13 juill. 2006, n° 04-19.322, NP; *Dr. et proc.* 2007. 37, obs. Bourdillat.

exéc. Si on ne peut qu'être d'accord avec le principe énoncé par cette décision, qui permet à l'huissier de procéder en plusieurs fois, surtout si les locaux sont vastes et encombrés, en revanche, on peut émettre une réserve si l'acte ne remplit pas les conditions de forme du procès-verbal d'expulsion. Ainsi, le tout doit à notre sens être correctement signifié à la personne expulsée et le juge de l'exécution être saisi du sort de l'intégralité des biens ainsi désignés. On peut également remarquer que rien n'impose à l'huissier de justice de se déplacer avec les meubles. Il doit simplement organiser leur transfert et indiquer le lieu où ils sont transportés[1]. Se pose ensuite la question de savoir ce qu'est un lieu approprié. En effet, l'article L. 433-1 C. pr. exéc. considère tout d'abord que le local expulsé est un lieu approprié[2] puisqu'il indique que les biens sont laissés sur place ou entreposés en « un autre lieu approprié ». En pratique, les biens sont souvent transportés dans un garde-meuble ou dans un local dont le propriétaire dispose à cette fin, notamment les bailleurs sociaux. Il a pu être considéré que le garde-meuble ne constituait pas un lieu approprié au sens de ce texte, ou plutôt dans l'esprit de ce texte, en raison de son caractère onéreux[3].

523.14 Coût et charge des frais afférents au transport et au stockage. En application des dispositions générales de l'article L. 111-8 C. pr. exéc., les frais de transport et de gardiennage sont à la charge de la personne expulsée, sous réserve que ceux-ci soient justifiés, ce qui n'est pas le cas si le propriétaire refuse indûment la restitution des meubles[4].

523.15 Droit et devoir de l'expulsé de reprendre ses biens dans le délai d'un mois. Cette période de stockage a pour finalité la reprise des biens par la personne expulsée. En effet, il est prévu par les articles L. 433-1 et L. 433-2 C. pr. exéc. que la personne expulsée a un délai pour reprendre les meubles, faute de quoi, sur autorisation du juge de l'exécution, ils pourront être vendus, ou déclarés abandonnés. L'article R. 433-2 C. pr. exéc. fixe ce **délai à un mois non renouvelable à compter de la signification du procès-verbal d'expulsion.** En effet, les biens restant sur place restent la pleine et entière propriété de leur propriétaire, personne expulsée ou non, et le procès-verbal d'expulsion n'a nullement pour effet de les rendre indisponibles, ni même d'en transférer la propriété à la personne procédant à l'expulsion. À moins qu'ils ne soient rendus indisponibles par l'effet d'une saisie-vente ou conservatoire pratiquée par le bailleur ou un autre créancier, la personne expulsée doit donc pouvoir reprendre ces biens.

Et la jurisprudence est très claire à ce sujet : il s'agit d'un droit pour elle auquel le propriétaire ne peut pas déroger, directement ou indirectement. Ainsi, peu de temps après l'entrée en vigueur de la loi du 9 juillet 1991, il était décidé par les juridictions du fond que l'huissier de justice commettait une faute s'il dissimulait le lieu où les meubles étaient entreposés[5] et que la personne expulsée avait un véritable droit à reprendre ses meubles[6]. Et la Cour de cassation a eu l'occasion de l'affirmer à son tour, dans un arrêt du 9 juillet 2003, qui énonce que le propriétaire, qui invoquait un droit de rétention en raison de l'arriéré de loyers, « *n'était pas fondé, après avoir fait sommation à (la locataire) de retirer ses meubles et objets personnels, à prétendre simultanément lui interdire l'accès aux locaux pour récupérer des objets restants y compris ses souvenirs personnels* »[7]. Il ne peut non plus indirectement priver la personne expulsée de cet accès aux locaux, par exemple en transportant les meubles dans un local situé à plus de cent cinquante km du lieu de l'expulsion, alors même, note l'arrêt, qu'il existait plus de quarante-huit entreprises de garde-meuble à moins de vingt-cinq km de ce lieu. En raison des très faibles ressources de la personne expulsée, qui a très clairement manifesté son souhait de reprendre ses biens, cette distance a empêché celle-ci de le faire[8]. Avant ces décisions, il avait pu être décidé que le propriétaire des locaux pouvait opposer un droit de rétention sur les meubles tant que la personne expulsée n'avait pas acquitté les frais de garde-meuble[9]. Une telle décision, qui était déjà discutable eu égard à la définition du droit de rétention, est remise en cause à double titre : par la jurisprudence très claire de la Cour de cassation précitée en ce qu'elle crée un droit de la personne expulsée à reprendre les meubles et une obligation pour le bailleur d'assurer cette reprise, et par les dispositions de l'article 2286 modifié du Code civil, dans sa rédaction issue de la réforme des sûretés, qui délimite la notion de droit de rétention auquel le propriétaire ayant réglé les frais de déménagement ne répond nullement.

Mais la personne expulsée a-t-elle également un **devoir de reprendre ses meubles dans le délai d'un mois ?** Autrement posée la question est la suivante :

1. P. Le Fur, « L'expulsion », *Rev. huiss.* 1993. 247.
2. Sur une critique de cette possibilité considérée comme « ubuesque » par l'auteur, qui considère que laisser les biens dans les lieux que l'on vient d'expulser constitue une dangereuse fiction qui peut inciter la personne expulsée à se réinstaller dans ceux-ci : J.-J. Bourdillat, « Du sort des meubles dans les mesures d'expulsion », spéc. p. 359-360 (préc. s^s^ n° 523.04).
3. Perrot et Théry, n° 1108.
4. Civ. 2e, 28 juin 2006, n° 04-19.165, NP; *Procédures* 2006, n° 234, obs. Perrot – V. aussi, pour un exemple de frais de garde-meubles injustifiés : Paris, 8e ch. B, 29 mars 2007, RG n° 06/15113.
5. Versailles, 14e ch. civ., 20 mai 1994, *Juris-Data* n° 606412, *Gaz. Pal.* 1994. Somm. 767.
6. TGI Paris, JEX, 26 juin 1995, RG n° 95/945, *BICC* 1er févr. 1996, n° 1314.
7. Civ. 3e, 9 juill. 2003, n° 01-11.709, NP; *Dr. et proc.* 2004. 33, obs. Bourdillat – V. aussi : Civ. 2e, 11 avr. 2013, n°s 12-15.948 et 12-21.898, *Bull. civ.* II, n° 80, pour des effets personnels qui avaient fait l'objet de saisies mobilières.
8. Paris, 29 mars 2007, 8e ch. B, RG n° 06/15113.
9. Bourges, 29 août 2000, RG n° 99/01454.

le propriétaire et donc l'huissier de justice peut-il s'opposer à ce que la personne expulsée vienne reprendre ses meubles au-delà de ce délai, voire d'ailleurs après la décision du juge de l'exécution statuant sur leur sort, mais non encore exécutée ? On peut en douter. En effet, le texte des articles L. 433-1 et L. 433-2 C. pr. exéc., qui évoquent ce délai, ne parle nullement d'un éventuel transfert de propriété automatique, ni indisponibilité des meubles. Ils sont certes gardés par le propriétaire des locaux mais il n'a aucun droit sur eux, sauf à avoir pratiqué une saisie dessus. Les textes eux-mêmes étaient ambigus sur ce point puisque l'article 66 (devenu C. pr. exéc., art. L. 433-2), indiquait qu'à l'issue du délai, les biens étaient mis en vente sur autorisation du juge. Pour ceux des biens qui n'auraient pas de valeur, le juge pouvait, simple faculté, les déclarer abandonnés. Que se passait-t-il s'il ne le faisait pas ? Et pourquoi cette option ? L'article 201 du décret de 1992 (devenu C. pr. exéc., art. R. 433-1) permettait également quelques hésitations dans la mesure où il était fait sommation à la personne expulsée d'avoir à retirer ses meubles dans le délai d'un mois « *faute de quoi les biens qui n'auront pas été retirés seront* [formule impérative], *sur décision du juge, vendus aux enchères ou déclarés abandonnés* », tandis qu'elle est convoquée pour qu'il soit statué sur le sort des meubles « *qui n'auraient pas été retirés avant le jour de l'audience* ». Or, il se peut que l'audience se tienne plus d'un mois après signification du procès-verbal. Mais alors pourquoi avoir indiqué que le délai était non renouvelable ? À l'occasion de la codification des textes relatifs aux procédures civiles d'exécution et plus particulièrement de ces dispositions, les textes ont légèrement été clarifiés puisque, désormais, l'article R. 433-1 prévoit que les meubles non retirés « *pourront être* » vendus, ce qui est plus conforme au texte de la loi. Le juge a une marge de manœuvre et les parties aussi. À notre sens, la personne expulsée peut en réalité retirer ses meubles tant qu'ils n'ont pas été déclarés abandonnés ou effectivement vendus puisque dans le premier cas, il s'agit d'une sorte d'expropriation prononcée par le juge, et dans le second cas, la vente étant simplement autorisée et les biens restant disponibles, seule la vente opérera transfert de propriété[1].

En pratique, si la personne expulsée souhaite reprendre les meubles, elle devra se rendre sur le lieu de stockage des meubles si ceux-ci ont été transportés hors du local expulsé ou bien prendre contact avec l'huissier pour déménager ses meubles si ceux-ci se trouvent encore dans ce local. C'est bien entendu à elle d'organiser ce déménagement et l'huissier de justice doit lui permettre, si les biens sont restés sur place, d'accéder à ceux-ci. Si la présence de l'huissier de justice n'est pas prévue par les textes et qu'aucun acte spécifique n'est prévu à ce titre, celle-ci pourra être utile, notamment dans des cas conflictuels ou en cas de risque de réinstallation de la personne expulsée dans les lieux.

1. SUR CE SUJET, v. P. Le Fur, spéct. p. 249 (préc. s[s] n° 523.13) : l'auteur considère que la personne expulsée peut reprendre les biens tant qu'ils ne sont pas effectivement jetés ou vendus.

SECTION 2
SORT DES MEUBLES : ABANDON OU VENTE DÉCIDÉ PAR LE JUGE DE L'EXÉCUTION

§ 1
Systématisation du passage devant le juge de l'exécution

523.21 Obligation d'obtenir une décision judiciaire sur le sort des meubles. Comme nous l'avons vu, avant la loi du 9 juillet 1991 (codifiée au Code des procédures civiles d'exécution), l'huissier de justice procédait souvent, sous sa seule responsabilité au débarras des meubles, sans intervention judiciaire. Depuis ladite loi, le passage devant le juge est systématisé dès lors qu'il y a sur place des meubles. Ainsi, il est prévu à l'article L. 433-2 C. pr. exéc. que « *sur autorisation du juge* », les biens peuvent être vendus. C'est également lui qui « *peut déclarer abandonnés les biens qui ne sont pas susceptibles d'être vendus* ». Ainsi l'huissier ne peut pas se passer d'une autorisation judiciaire pour débarrasser les meubles en les emmenant à la décharge publique, sous prétexte qu'ils étaient en très mauvais état[2].

523.22 Compétence du juge de l'exécution. C'était, selon le texte de l'article 66 de la loi du 9 juillet 1991 (devenu C. pr. exéc., art. L. 433-2), non seulement le **juge de l'exécution,** mais celui **de situation des meubles**, qui était compétent pour statuer sur le sort de ceux-ci. L'article R. 433-1 C. pr. exéc. (anc. Décr. 1992, art. 201) parle quant à lui du juge de l'exécution du lieu de situation de l'immeuble, appliquant ici le critère de compétence posé par l'article R. 442-1 C. pr. exéc. (anc. Décr. 1992, art. 209) qui prévoit qu'en matière d'expulsion, c'est le juge de situation de l'immeuble qui est compétent. Cette divergence dans les textes ne posait en général pas difficulté puisque les meubles sont souvent laissés sur place ou remisés dans un

2. Bordeaux, 8 févr. 2000, RG n° 97/01890.

lieu proche, qui reste dans le ressort du même tribunal. Mais on peut imaginer que les biens sont transportés dans un ressort limitrophe, voire qu'une partie des biens est transportée dans ce ressort limitrophe et le reste laissé sur place et cela compliquait quelque peu la détermination de la juridiction territorialement compétente. L'article 66 de la loi de 1991, désormais codifié à l'article L. 433-2 C. pr. exéc. a été modifié pour réparer cette erreur et clarifier les choses. Tout d'abord, il n'est plus question de JEX car, lorsqu'on est dans le cadre d'une mesure d'expulsion, c'est nécessairement lui qui est compétent sur le fondement des dispositions de l'article L. 213-6 du COJ. Et la compétence territoriale, qui relève au demeurant du domaine réglementaire, n'est plus précisée. On retombe donc bien sur le droit commun de l'expulsion, à savoir la compétence du JEX du lieu de situation de l'immeuble (v. s[s] n° 541.21).

523.23 Convocation devant le juge de l'exécution. Afin d'assurer la systématisation du passage devant le juge de l'exécution et éviter la délivrance de nombreux actes, voire d'assurer sa remise à personne, dans une procédure où il sera difficile de le faire une fois la personne expulsée, l'article R. 433-1, 4° C. pr. exéc. prévoit que le procès-verbal qui est signifié à la personne expulsée contient « *convocation de la personne expulsée d'avoir à comparaître devant le juge de l'exécution du lieu de la situation de l'immeuble à une date déterminée qui ne peut être antérieure à l'expiration du délai imparti au 3° afin qu'il soit statué sur le sort des biens qui n'auraient pas été retirés avant le jour de l'audience* [...] ». Le procès-verbal vaut donc convocation. Et le juge est ensuite saisi par le dépôt au greffe d'une copie dudit procès-verbal (C. pr. exéc., art. R. 433-3).

523.24 Déroulement de l'audience. Tout d'abord, il est prévu que « *si tous les biens ont été retirés avant le jour prévu pour la date de l'audience, le propriétaire du local est tenu d'en informer le juge par tout moyen écrit ou par déclaration au greffe* ». Le propriétaire peut donc et doit donc en quelque sorte se désister de sa demande avant l'audience lorsque les biens ont été retirés. Il n'est prévu aucune sanction à cette obligation, qui a vraisemblablement été prévue pour inciter les propriétaires à éviter qu'une décision ne soit prise qui ne pourra plus être exécutée. Car il n'est pas dit ce que le juge en fait. Il faut bien qu'il se dessaisisse. Par une décision de caducité ? De désistement ? En ce cas, il le fera à l'audience alors pourquoi imposer à l'huissier de le faire avant ?

Si la personne expulsée n'a pas retiré ses meubles avant l'audience, celle-ci se déroule donc, en général avec simplement un représentant du propriétaire puisque le procès-verbal d'expulsion est souvent signifié par procès-verbal de recherches infructueuses. Le juge peut toutefois décider d'entendre l'huissier de justice (C. pr. exéc., art. R. 433-3), notamment s'il a un doute sur la valeur des biens.

À l'issue, il n'est pas rare que la décision soit rendue sur le siège, ou à bref délai.

§ 2
Contenu de la décision du juge de l'exécution

523.31 Appréciation de la valeur marchande des biens : autorisation de vente ou déclaration d'abandon. Le juge peut décider soit d'autoriser la vente aux enchères des biens si ceux-ci sont susceptibles d'être vendus ou les déclarer abandonnés dans le cas contraire. Il faut donc déterminer si les biens sont « *susceptibles d'être vendus* », ou, ce qui semble être équivalent dans le décret, s'ils ont une « *valeur marchande* ». Sur ce point, le contenu de l'inventaire est important puisque c'est lui qui indique au juge ce qui semble avoir de la valeur marchande ou pas (v. s[s] n° 522.32). Le juge peut également entendre l'huissier s'il a besoin de précisions. Il lui revient *in fine* de déterminer ce qui a de la valeur marchande, et c'est une appréciation qui appartient souverainement aux juges du fond. La Cour de cassation a pu toutefois décider, dans un arrêt du 4 octobre 2007 qu'il peut être considéré que des biens sont dépourvus de valeur marchande lorsque ceux-ci n'ont pas une valeur suffisante pour couvrir les frais d'une vente publique[1]. C'est d'ailleurs sans doute l'esprit de la loi qui ne parle pas de « *valeur marchande* » mais de biens « *susceptibles d'être vendus* ».

523.32 Le juge ne statue pas sur la propriété des biens. Puisque les biens se trouvant sur place n'appartiennent pas forcément à l'occupant, qui peut les détenir à plusieurs titres, mais qui doit quoiqu'il en soit les retirer des lieux pour assurer la libération effective de ceux-ci, s'est posée la question de savoir si le juge de l'exécution pouvait statuer sur la propriété des biens et donc faire éventuellement droit à une revendication exercée par un tiers. À cette question la Cour de cassation a répondu par un arrêt du 5 mars 2009, qu'il ne lui appartient pas de trancher la question de la propriété des meubles[2]. Autrement dit, le juge de l'exécution peut ordonner la vente de biens dont il est

1. Civ. 2e, 4 oct. 2007, n° 06-16.685, *Bull. civ.* II, n° 224; *Procédures* 2008, n° 10, note Perrot; *Gaz. Pal.* 30 sept. 2008, n° 274, p. 18.
2. Civ. 2e, 5 mars 2009, n° 07-20.677, *Dr. et proc.* 2009. 221, obs. Vinckel; *Procédures* 2009-5, n° 147, obs. Perrot; *Gaz. Pal.* 15 oct. 2009, n° 288, p. 17.

argué qu'ils ne sont pas la propriété de la personne expulsée. Et ce parce que le propriétaire des lieux a le droit d'obtenir exécution de la décision qui lui permet de reprendre son bien libre de toute occupation. Il appartient à l'occupant, qui détient ces biens, éventuellement pour autrui, d'en assurer la reprise effective.

523.33 Octroi de délais supplémentaires à la personne expulsée ? Ou que se passe-t-il à l'issue du délai d'un mois ? Là encore, la différence de vocabulaire entre la loi et le décret permettait de douter des limites de l'intervention du juge de l'exécution. En effet, l'article 66 de la loi de 1991 (devenu C. pr. exéc., art. L. 433-2) indiquait : « *il est procédé* » à la vente forcée des biens, sur « *autorisation* » du juge. Celui-ci pouvait par ailleurs déclarer abandonnés les biens qui n'étaient pas susceptibles d'être vendus. L'article 206 du décret (devenu C. pr. exéc., art. R. 433-5) était quant à lui plus directif puisqu'il disposait que « *si les biens laissés sur place ou déposés en un lieu approprié ont une valeur marchande, le juge décide qu'ils seront mis en vente aux enchères publiques* ». L'article 207 du décret susmentionné (devenu C. pr. exéc., art. R. 433-6) également en ce qu'il prévoyait que « *les biens n'ayant aucune valeur marchande sont déclarés abandonnés* ». Dans la loi, le juge semblait avoir une simple faculté et d'autoriser la vente et de déclarer les biens abandonnés, tandis que dans le décret, la sanction était automatique : dès lors qu'il constatait que les biens avaient de la valeur, il décidait leur vente, ce qui ressemblait fortement à un ordre, et dans le cas contraire, il les déclarait abandonnés. La souplesse prévue par la loi n'existait pas dans le décret, ce qui n'aurait pas eu d'importance, car, que décider d'autre, si certaines personnes ne demandaient des délais supplémentaires pour retirer leurs meubles. Certaines décisions en accordent[1] et, étant donné qu'il semble que le législateur ait voulu en réalité laisser à la personne expulsée jusqu'à assez tard dans la procédure pour reprendre les meubles (v. s[s] n° 523.15), de telles décisions apparaissent possibles, si on fait abstraction bien sûr les termes de l'article R. 433-2 C. pr. exéc. qui prévoit un délai d'un mois « non renouvelable » pour reprendre les meubles. À l'occasion de la codification des textes relatifs aux procédures civiles d'exécution, les termes de la partie législative et de la partie réglementaire ont été mis en cohérence sur ce point. Ainsi, désormais, les articles R. 433-5 et R. 433-6 C. pr. exéc. ne donnent plus un ordre au juge mais lui permettent simplement de décider de l'abandon, de la vente, voire de prendre une autre décision.

1. PAR EX., Paris, 8e ch. B, 29 mars 2007, RG n° 06/15113.

§ 3
Effets de la décision du juge de l'exécution

523.41 Signification préalable. Comme toute décision du juge de l'exécution, celle-ci est en principe notifiée par le greffe (C. pr. exéc., art. R. 121-15), mais en la matière, puisque la personne expulsée n'a en général plus d'adresse connue, il est fréquent que la décision soit finalement signifiée par le propriétaire, avant d'être mise à exécution. La décision est susceptible d'appel dans les **quinze jours** de sa notification, là encore comme toute décision du juge de l'exécution malgré son caractère immédiatement exécutoire puisque l'appel n'est pas suspensif, sauf à demander au premier président de la cour d'appel un sursis à exécution s'il existe des moyens sérieux d'annulation ou de réformation.

Le juge va dans sa décision décider soit de la vente forcée des biens, soit de leur abandon, avec un sort particulier réservé aux papiers et documents de nature personnelle.

523.42 Vente forcée. S'il décide de la vente forcée, il ne fait en principe, et c'est ici le principe posé par la loi (sur ce point, v. s[s] n° 523.15) que l'autoriser, ce qui ne signifie pas que le propriétaire peut librement user des meubles ou les débarrasser et que l'exécution n'est qu'optionnelle, mais à notre sens que, la personne expulsée n'ayant pas perdu la propriété ni la disponibilité de ces meubles, peut entendre les reprendre même après la décision du juge, auquel cas la vente n'aura plus lieu d'être.

Si elle ne le fait pas, l'article R. 433-5 C. pr. exéc. prévoit les modalités de cette vente. Il est renvoyé aux règles de la vente forcée sur saisie-vente (v. s[s] n°s 716.05 s.) Néanmoins, puisque l'objectif premier de cette vente n'est pas le désintéressement du propriétaire des lieux de son éventuelle créance contre l'occupant, mais la libération effective et définitive des lieux, il n'est tout d'abord pas prévu que l'occupant puisse demander une vente amiable. Soit il reprend les biens, soit ils sont vendus aux enchères. Ensuite, il est expressément prévu que même les biens qui sont insaisissables par leur nature peuvent être vendus. Et pour cause, puisqu'ils ne sont pas saisis-vendus, mais vendus pour un autre motif. Tout bien est ainsi « *expulsable* »[2], sauf s'il a préalablement été saisi, auquel cas il est indisponible (v. s[s] n° 523.11). Avant la vente, l'huissier dressera un nouvel inventaire, de récolement.

L'article L. 433-2 C. pr. exéc. prévoit ensuite que « *Le produit de la vente est remis à la personne expulsée après déduction des frais et de la créance du bailleur* ». L'article R. 433-5 C. pr. exéc. ajoute que

2. J.-J. Bourdillat, « Du sort des meubles dans les mesures d'expulsion » (préc. s[s] n° 523.04).

« le produit de la vente, après déduction des frais et s'il y a lieu du montant de la créance du bailleur, est consigné auprès de la Caisse des dépôts et consignations au profit de la personne expulsée qui en est informée par l'officier ministériel chargé de la vente au moyen d'une lettre recommandée avec demande d'avis de réception adressée à sa demeure actuelle ou, si celle-ci est inconnue, au lieu de son dernier domicile ». Le produit de la vente sert donc tout d'abord à payer les frais de la procédure et à désintéresser le propriétaire du local s'il est également créancier de l'occupant, ne serait-ce que d'indemnités d'occupation. Ce n'est que s'il reste quelque chose que les fonds reviennent à l'occupant, qui sera ainsi indemnisé de la perte de ses biens ou, en quelque sorte, de ceux d'autrui, à charge alors pour lui de reverser cette somme aux propriétaires des meubles ainsi vendus. Si le décret prévoit une procédure de nature à prévenir la personne expulsée de la consignation à la Caisse des dépôts et consignations, des fonds lui revenant, il n'est pas prévu de délai maximal dans lequel la personne expulsée peut récupérer les fonds. On peut donc s'interroger sur la fin d'une telle consignation sachant que la question est purement théorique puisque dans la grande majorité des cas, les biens sont sans grande valeur et les arriérés de loyers et d'indemnités d'occupation d'un montant bien supérieur.

523.43 Déclaration d'abandon. Le juge peut déclarer par ailleurs les biens non susceptibles d'être vendus, abandonnés. À noter que le juge ne constate pas leur abandon car il peut s'agir d'une fiction juridique puisque l'occupant peut souhaiter récupérer les biens mais n'avoir pas les moyens de leur déménagement. Mais quels sont les effets d'une telle déclaration ? D'après certains, les biens deviennent ainsi des *res derelictae* dont n'importe qui pourra se rendre propriétaire par occupation[1]. À partir de ce moment-là, on pourrait donc considérer que la personne expulsée ne peut plus les récupérer. Mais le propriétaire n'a pas nécessairement intérêt à s'y opposer puisqu'il a intérêt à ce que les locaux soient effectivement libérés, ou à ne plus régler d'éventuels frais de garde-meuble. Mais la question se pose tout de même puisqu'il ne faut pas oublier que des biens ayant une certaine valeur peuvent être déclarés abandonnés puisque le critère de répartition retenu par la Cour de cassation est l'absence de valeur suffisante pour faire face au coût d'une vente forcée. Ainsi, un téléviseur écran plat en bon état ne peut pas être vendu aux enchères, mais a une valeur vénale non négligeable. Le propriétaire pourra alors en théorie, mais cela est quelque peu choquant si l'occupant se manifeste, le conserver ou en faire cadeau. L'idée de cette déclaration d'abandon est que le propriétaire ne doit pas faire un profit sur ce bien en le vendant. Après, le texte est silencieux et ce silence a pu être remplacé un temps par une suggestion dans les décisions des juges de l'exécution de donner les biens à une association caritative par exemple. Mais celles-ci se déplaçant de moins en moins pour reprendre des meubles souvent en mauvais état, la suggestion n'est plus de mise. Le propriétaire pourra donc soit les jeter à la décharge, soit, comme nous l'avons vu, les conserver, soit, pour le cas où il en trouve une intéressée, donner les affaires à une association caritative.

523.44 Cas particulier des papiers et documents de nature personnelle. L'article R. 433-6 C. pr. exéc. prévoit toutefois une exception à cette déclaration d'abandon, qui n'a qu'un effet différé pour les « papiers et documents de nature personnelle », soit les relevés de banque, papiers d'identité, documents médicaux, correspondances, carnet secret, *etc.* Il est prévu que ces biens sont placés sous enveloppe scellée et conservés pendant deux ans par l'huissier de justice. Là encore, l'idée étant que la personne expulsée vienne les récupérer, la personne expulsée en est informée par lettre recommandée avec demande d'avis de réception à son adresse actuelle ou à sa dernière adresse connue. À noter qu'il ne s'agit pas d'une signification, même si l'on sait que la lettre va revenir avec la mention « *boîte non identifiable* ».

À l'issue de ce **délai de deux ans**, l'huissier de justice pourra détruire ces documents, mais il lui faudra dresser un procès-verbal faisant mention des documents officiels et des instruments bancaires, qui, rappelons-le, restent la propriété de leurs émetteurs.

1. PERROT et THÉRY, n° 1112.

TITRE

53. Cas particulier des locaux abandonnés

SECTION 0
ORIENTEUR

530.00 Plan du titre.

530.01 Textes applicables.
C. pr. exéc., art. L. 142-1, L. 411-1, L. 142-1, L. 431-1, L. 433-1, L. 433-2, L. 451-1, R. 412-4, R. 432-1, R. 441-1 et R. 451-1 à R. 451-4.

C. civ., art. 534.

530.02 Bibliographie indicative. (V. s^{s} n° 500.03).
Articles. J.-J. Bourdillat, « Expulsion d'un logement abandonné : à propos d'une réponse ministérielle », *Gaz. Pal.* 5 févr. 1998, p. 193 – L. Lauvergnat, « Huissiers de justice : à la recherche de l'efficacité perdue ! À propos de la loi du 22 décembre 2010 relative à l'exécution des décisions de justice, aux conditions d'exercice de certaines professions réglementées et aux experts judiciaires », *Gaz. Pal.* 11 janv. 2011, p. 11 ; « La procédure de reprise des locaux abandonnés de l'article 14-1 de la loi du 6 juillet 1989 : le temps des regrets ? », *Procédures* 2011. Étude 12. – A. Léon, « Aperçu de la loi n° 2010-1609 du 22 décembre 2010 relative à l'exécution des décisions de justice, aux conditions d'exercice de certaines professions réglementées et aux experts judiciaires », *Dr. et proc.* 2011. 58, spéc. p. 63 – J. Prigent, « Le droit immobilier et la loi du 22 décembre 2010 sur l'exécution des décisions de justice et l'exercice des professions réglementées », *Gaz. Pal.* 19 févr. 2011, n° 50, p. 31 – B. Vial-Pedroletti, « La loi du 22 décembre 2010 relative à l'exécution des décisions de justice, aux conditions d'exercice de certaines professions réglementées et aux experts judiciaires : incidences en matière de baux d'habitation », *Loyers et copr.* 2011. Alerte 1.

530.03 Situation fréquente. Sans que cela puisse être chiffré de manière précise, il suffit d'interroger quelques praticiens pour s'apercevoir que la situation d'abandon du logement n'est pas rare. Ainsi, lorsque l'huissier de justice, accompagné de la force publique ou de témoins, se présente sur place, il se trouve souvent devant des locaux manifestement abandonnés de leurs occupants qui, malgré un départ qui apparaît définitif, n'ont toutefois pas restitué les clefs, pour ceux qui les avaient bien sûr. Le législateur, conscient de la lourdeur de la procédure d'expulsion lorsqu'il n'y a plus personne à protéger, a souhaité faire la distinction entre cette situation de vacance des locaux, et les cas « réels » d'expulsion. Dès 1998, le législateur a donc inséré une distinction dans la loi de 1991 (désormais codifiée au Code des procédures civiles d'exécution) et en 2010, il est allé plus loin en créant une procédure *ad hoc* dans les cas où la situation d'abandon se produit dans le cadre de l'exécution d'un bail d'habitation.

CHAPITRE

531. Critères de l'abandon

ANNE-GAËLLE DUMAS
MAGISTRAT

SECTION 0
ORIENTEUR

531.00 Plan du chapitre.

531.01 Textes applicables.

C. pr. exéc., art. L. 142-1.

C. civ., art. 534.

• L. n° 2010-1609, 22 déc. 2010, relative à l'exécution des décisions de justice, aux conditions d'exercice de certaines professions réglementées et aux experts judiciaires, *JO* 23 déc., p. 22552.

531.03 Bibliographie indicative. (V. s^s n° 500.03 et 530.02).

SECTION 1
HYPOTHÈSE VISÉE

531.11 Absence de remise des clefs mais départ volontaire. Les locaux sont en principe juridiquement restitués lorsque le locataire remet les clefs au propriétaire des lieux ou à son mandataire (v. s^s n° 522.11). Lorsqu'il ne le fait pas, il peut néanmoins avoir décidé, sur le commandement qui lui a été fait d'avoir à libérer les locaux, ou avant cela, au stade de la procédure en vue de l'obtention du titre d'expulsion par exemple, de quitter les lieux. Mais plusieurs options sont alors envisageables : soit il a organisé son départ et déménagé l'intégralité de ses meubles, soit il n'a libéré les lieux que de sa personne et des occupants de son chef, en y laissant toutefois des meubles. Il faudra dans tous ces cas que l'huissier de justice assure la **reprise effective des lieux,** en changeant les serrures notamment, ou en prévoyant des mesures de nature à éviter la réintégration. Dans le second cas, il lui faudra aussi régler le sort des meubles laissés sur place.

À noter que, dans le cas de squats ou d'occupation de terrains, il ne peut pas y avoir de restitution des clefs, mais un départ volontaire malgré tout. Dans tous ces cas, il s'agira bien de reprendre des biens abandonnés et d'assurer le non-retour des occupants.

SECTION 2
MOMENT DE L'ABANDON ET CONSTAT DE CELUI-CI

531.21 Éléments laissant penser au propriétaire que la personne est partie préalablement au constat de l'abandon sur place. L'abandon peut avoir eu lieu à différents stades de la procédure sans qu'il soit possible de le savoir. En effet, le locataire peut avoir quitté les lieux en cours d'exécution du bail, avant[1] ou après un commandement de payer, après l'assignation aux fins d'expulsion, ou après signification du jugement, ou encore après délivrance du commandement de quitter les lieux ou enfin, après que la préfecture lorsqu'elle le fait, l'ait averti que le concours de la force publique avait été accordé pour telle date.

Si la loi permet des modalités de pénétration dans les lieux simplifiées en cas d'abandon du logement, encore faut-il pour le propriétaire détenir des éléments préalables au constat matériel d'abandon, lui laissant à penser que les occupants sont partis de manière définitive et ont donc bien abandonné les lieux. À quelle occasion et comment s'en apercevoir pour que l'huissier puisse ainsi procéder sans l'assistance de la force publique, comme nous le verrons ?

1. PAR EX. : Besançon, 28 mai 2014, RG n° 13/02558.

Souvent, c'est tout d'abord à l'occasion d'une **saisie, saisie-vente ou saisie conservatoire,** que l'huissier de justice, assisté de témoins, se sera rendu sur place et aura déjà constaté l'état d'abandon du logement. Cela implique que le propriétaire a une créance à l'encontre de la personne expulsée, ce qui est le cas dans la majorité des situations. Si tel n'est pas le cas, il lui faudra alors d'autres éléments de nature à lui laisser penser que l'occupant est parti sans laisser d'adresse, ou « *à la cloche de bois* ». Il peut s'en apercevoir également au stade de la procédure en vue de l'obtention d'un titre exécutoire. En effet, si toute la procédure est menée avec remise des actes par **procès-verbal de recherches infructueuses,** cela peut être un bon indice du départ de l'occupant. Le propriétaire peut également avoir été informé par le préfet que les lieux sont, d'après les éléments dont il dispose, abandonnés et qu'ils peuvent les reprendre sans assistance de la force publique[1].

SECTION 3
CRITÈRES OBJECTIFS DE L'ABANDON

531.31 Absence totale de meubles. L'hypothèse la plus simple, mais la moins fréquente est celle d'un **abandon total.** L'occupant a déménagé ses meubles et donc vidé les lieux totalement. En ce cas, dès lors que le propriétaire a des éléments lui laissant penser que c'est le cas, il pourra y envoyer l'huissier de justice qui procédera selon les modalités simplifiées de pénétration dans les lieux, sans le concours de la force publique et, une fois sur place, dressera un procès-verbal d'expulsion, dit de « reprise », que nous verrons ci-dessous, et la procédure s'arrêtera là.

531.32 Présence de meubles. Mais l'hypothèse la plus fréquente est celle d'un départ « *à la cloche de bois* », non organisé. En ce cas, il reste toujours sur place un certain nombre de meubles, plus ou moins de valeur, meublants ou non, et la jurisprudence a plutôt tendance à accepter la notion d'abandon lorsque des meubles sont encore sur place. Cette interprétation a été retenue, de manière pragmatique, pour que la loi n'ait pas un champ d'application sans intérêt, et dans un souci de protection des propriétaires, par le législateur et le pouvoir réglementaire dans la nouvelle procédure de reprise des locaux abandonnés.

Ainsi, avant 2011, et dès 1991, avant même l'entrée en vigueur de la loi du 9 juillet 1991, la Cour de cassation avait admis une expulsion en période de trêve hivernale lorsque les locaux étaient abandonnés et ce malgré la présence de quelques meubles vides et d'un lit démonté[2]. Elle a plus récemment admis qu'un procès-verbal de reprise soit dressé alors qu'il restait sur place des meubles et effets personnels[3].

Si la Cour de cassation semble avoir admis le principe même de la possibilité de considérer qu'un bien peut être abandonné malgré la présence de meubles, et y compris d'effets personnels, tant qu'il est démontré que les locataires ont eux-mêmes quitté les lieux, certaines juridictions du fond refusent cette analyse, considérant que, dès lors qu'il y a des biens sur place, il ne peut y avoir abandon[4]. Ainsi par exemple, la cour d'appel de Lyon a refusé la possibilité de procéder selon les modalités prévues à l'article L. 142-1 C. pr. exéc., alors qu'il y avait sur place, dans les locaux commerciaux expulsés, des « *meubles meublants* »[5].

Rappelons que les meubles meublants sont définis par l'article 534 du Code civil comme étant : « *les meubles destinés à l'usage et à l'ornement des appartements, comme tapisseries, lits, sièges, glaces, pendules, tables, porcelaines et autres objets de cette nature. Les tableaux et les statues* [...] *mais non les collections de tableaux qui peuvent être dans les galeries ou pièces particulières* » et les « *porcelaines* [...] *qui font partie de la décoration d'un appartement* [...] ». La Cour de cassation ne semble pas faire cette distinction quant à elle puisque dans la décision de 1991 précitée, il y avait bien un lit, certes démonté, dans la liste des biens laissés sur place, ce qui ne l'a pas empêchée de considérer que les locaux avaient été abandonnés. La loi du 22 décembre 2010 semble avoir tranché dans le sens de la Cour de cassation puisqu'il est prévu, dans le cas particulier de l'abandon du logement en cours de bail d'habitation, que l'huissier de justice peut, selon certaines modalités pénétrer dans les lieux pour constater l'état d'abandon du logement en dressant un procès-verbal des opérations, qui comprend un inventaire des biens laissés sur place avec indication qu'ils paraissent ou non avoir une valeur marchande.

On peut alors se poser la **question de l'abandon du logement** lorsqu'il y a sur place des **meubles de valeur.** *A priori*, rien ne s'oppose à ce qu'il y ait abandon du logement en présence de meubles de valeur, même si la situation est plus qu'hypothétique. La loi susmentionnée du 22 décembre 2010 semble là encore en avoir admis le principe puisque l'huissier qui constate l'état d'abandon dans certains cas, doit dresser un inventaire des biens laissés

1. Civ. 2e, 25 mars 2010, n° 09-10.843, NP.

2. Civ. 3e, 20 nov. 1991, n° 90-12.491, *Bull. civ.* III, n° 279; *Rev. huiss.* 1992. 277.
3. Civ. 2e, 25 mars 2010 (préc. s^s n° 531.21).
4. Paris, 26 nov. 1998, RG n° 1998/03681, *Gaz. Pal.* 7 mars 2000, n° 67, p. 2.
5. Lyon, 24 sept. 2009, RG n° 08/01929, NP, consultable sur le site *lexisnexis.fr*

sur place en indiquant s'ils ont ou non une valeur marchande. Il est donc possible qu'il y ait des biens de valeur dans les lieux. D'autres éléments doivent donc amener avec certitude à penser que les occupants ont bien quitté les lieux, sans volonté de retour.

Les **autres éléments** dont il doit être tenu compte peuvent être : la coupure de l'électricité et du gaz, l'absence totale de courrier dans la boîte aux lettres (mais en ce cas, on imagine que l'occupant a fait suivre son courrier et que l'huissier est donc à même de découvrir la nouvelle adresse, ce qui d'ailleurs est un bon signe de l'abandon du logement), ou au contraire une boîte aux lettres qui déborde de courrier, ou encore la présence de meubles totalement vides, par exemple. En revanche, s'il y a sur place des vêtements d'enfants, un lit d'enfant, une chaise d'enfants, un lot de couches et des produits de toilette, on peut penser, ce dont d'ailleurs ici la locataire avait justifié, que l'occupant est simplement parti en vacances[1].

Cette situation d'abandon ainsi présumée, et éventuellement déjà constatée, pourra permettre à l'huissier de justice de procéder selon une procédure d'expulsion assouplie.

1. Paris, 6e ch. B, 4 juin 1998, RG no 97/09112.

CHAPITRE

532. Procédure applicable à la reprise des locaux abandonnés

ANNE-GAËLLE DUMAS
MAGISTRAT

SECTION 0
ORIENTEUR

532.00 **Plan du chapitre.**

532.01 **Textes applicables.**
C. pr. exéc., art. L. 411-1, L. 142-1, L. 431-1, L. 433-1, L. 433-2, L. 451-1, R. 412-4, R. 432-1, R. 441-1 et R. 451-1 à R. 451-4.

• **L. n° 2010-1609, 22 déc. 2010,** relative à l'exécution des décisions de justice, aux conditions d'exercice de certaines professions réglementées et aux experts judiciaires, *JO* 23 déc., p. 22552.

532.03 **Bibliographie indicative.** (V. s^s n° 500.03).

SECTION 1
PRATIQUE ANTÉRIEURE À 2011 : LE PROCÈS-VERBAL DE REPRISE

532.11 **Procès-verbal d'expulsion dit « de reprise ».** Dès avant la loi du 9 juillet 1991, il était pratiqué des procès-verbaux dits de reprise, qui pouvaient intervenir en période de trêve hivernale notamment, puisque, ne s'agissant plus du logement de la personne « expulsée », il n'y avait pas lieu de respecter les dispositions destinées à la protection et au relogement de la personne. Mais comme nous l'avons vu, avant 1991, il n'y avait pas à proprement parler de procédure d'expulsion, si ce n'est empirique, et l'on pourrait arguer de cette absence de texte pour expliquer la liberté prise par la pratique. Néanmoins, la Cour de cassation avait validé cette manière de faire[1].

La loi du 9 juillet 1991 (codifiée à la partie législative du Code des procédures civiles d'exécution) n'a pas fait la distinction entre l'expulsion à proprement parler et la « reprise » puisque rien n'était prévu pour les modalités de pénétration de l'huissier de justice dans les locaux abandonnés, tout le monde appliquant le texte de l'article 21 de la loi (devenu C. pr. exéc., art. L. 142-1) qui permet d'entrer en l'absence de l'occupant en présence de deux témoins notamment. Et la pratique des procès-verbaux de reprise continuait donc. Le décret n° 96-1080 du 12 décembre 1996 portant fixation du tarif des huissiers de justice en matière civile et commerciale[2] consacra toutefois pour la première fois dans un texte l'existence de cet acte puisque celui-ci est tarifé depuis comme un procès-verbal d'expulsion. Et pour cause, il s'agit bien d'un procès-verbal d'expulsion puisqu'aucune règle dérogatoire n'est prévue sur la forme de l'acte et il convient, quoi qu'il en soit, de respecter les dispositions de l'article R. 432-1 C. pr. exéc. (anc. Décr. 1992, art. 199) notamment qui prévoit les mentions que doit comporter l'acte.

1. Civ. 3e, 20 nov. 1991, n° 90-12.491, *Bull. civ.* III, n° 279; *Rev. huiss.* 1992. 277.
2. Décr. n° 96-1080, 12 déc. 1996, portant fixation du tarif des huissiers de justice en matière civile et commerciale, *JO* 13 déc., p. 18248.

C'est la loi n° 98-657 du 29 juillet 1998 d'orientation relative à la lutte contre les exclusions[1] qui, en ajoutant un article 21-1 à la loi du 9 juillet 1991 (devenu C. pr. exéc., art. L. 431-1 et L. 451-1), a clairement énoncé qu'il devait y avoir une **différence de traitement** entre les **locaux occupés** et **ceux qui ne le sont plus**, même si elle n'est pas allée totalement au bout de la logique. En effet, puisque le nouvel article 21-1 de la loi de 1991 (devenu C. pr. exéc., art. L. 431-1 et L. 451-1) prévoyait, du moins sous-entendait (v. s[s] n° 522.12) que l'huissier ne pouvait pas pénétrer dans des locaux en l'absence de l'occupant sans le concours de la force publique, le législateur a pris le soin, pour ne pas pénaliser le propriétaire qui sait que les occupants sont partis, et ne pas mobiliser inutilement le concours de la force publique, de préciser que l'huissier de justice peut procéder selon les modalités prévues à l'article 21 (devenu C. pr. exéc., art. L. 142-1) « *pour constater que la personne expulsée et les occupants de son chef ont volontairement libéré les locaux postérieurement à la signification du commandement prévu à l'article L. 411-1 et pour procéder à la reprise des lieux* ». Il peut donc en ce cas pénétrer dans les lieux en l'absence de l'occupant, et pour cause puisqu'il n'y en n'a plus, mais en présence « *du maire de la commune, d'un conseiller municipal ou d'un fonctionnaire municipal délégué par le maire à cette fin, d'une autorité de police ou de gendarmerie, requis pour assister au déroulement des opérations ou, à défaut, de deux témoins majeurs qui ne sont au service ni du créancier, ni de l'huissier de justice chargé de l'exécution* ». Mais il n'était pas indiqué qu'il pouvait procéder à la reprise à proprement parler. L'huissier de justice dressait donc un procès-verbal d'expulsion qu'il intitulait « procès-verbal de reprise ».

Le **procès-verbal de reprise**, en l'absence de régime spécifique, était en effet bien un **procès-verbal d'expulsion** et devait donc respecter les règles qui lui sont applicables. La procédure de sort des meubles devait également être respectée. Néanmoins, **l'huissier de justice pouvait donc pénétrer dans les lieux de manière simplifiée** et, d'après la jurisprudence de la Cour de cassation précitée, le faire y compris pendant la période de trêve hivernale. Par ailleurs, même si la jurisprudence ne l'avait pas dit clairement[2], l'huissier de justice pouvait également **procéder à l'expulsion avant l'issue du délai de deux mois** suivant le commandement de quitter les lieux, dès lors que l'abandon du logement impliquait que les locaux ne constituaient plus l'habitation principale de l'occupant.

1. L. n° 98-657, 29 juill. 1998, d'orientation relative à la lutte contre les exclusions, *JO* 31 juill., p. 11679.
2. *A contrario :* v. Paris, 8e ch. B, 4 juin 1998, RG n° 97/09112.

SECTION 2

CONSÉCRATION DU PROCÈS-VERBAL DE REPRISE PAR LA LOI DU 22 DÉCEMBRE 2010 ET LE DÉCRET DU 10 AOÛT 2011

532.21 Locaux abandonnés en général. L'article 4 de la loi n° 2010-1609 du 22 décembre 2010 relative à l'exécution des décisions de justice, aux conditions d'exercice de certaines professions réglementées et aux experts judiciaires, outre qu'elle a créé une procédure spécifique de reprise des locaux abandonnés lorsqu'ils étaient occupés en vertu d'un contrat de bail d'habitation (v. s[s] n° 532.22), a tout d'abord qualifié la **procédure de reprise** de **procédure d'expulsion**. En effet, il a été ajouté, par cet article une partie de phrase à l'article 21-1 de la loi de 1991 (devenu C. pr. exéc., art. L. 431-1 et L. 451-1). Ceux-ci sont donc désormais rédigés de la sorte :

– **C. pr. exéc., art. L. 431-1 :** « *Les dispositions des articles L. 142-1 et L. 142-3 ne s'appliquent pas en matière d'expulsion, sous réserve des dispositions de l'article L. 451-1* »;

– **C. pr. exéc., art. L. 451-1 :** « *L'huissier de justice chargé de l'exécution de la mesure d'expulsion peut procéder comme il est dit à l'article L. 142-1 pour constater que la personne expulsée et les occupants de son chef ont volontairement libéré les locaux postérieurement à la signification du commandement prévu à l'article L. 411-1* ***et pour procéder à la reprise des lieux*** ». La reprise des lieux est donc clairement désormais visée dans le Code des procédures civiles d'exécution, ce qui avalise totalement la pratique du procès-verbal de reprise, mais elle est également nettement classée dans les mesures d'expulsion. Il ne s'agit pas d'une procédure *sui generis*, mais bel et bien d'une expulsion, même si elle est parfois purement juridique puisque matériellement, l'on expulsera parfois rien, mais souvent que des meubles.

Le décret n° 2011-945 du 10 août 2011, relatif aux procédures de résiliation de baux d'habitation et de reprise des lieux en cas d'abandon, a là encore non seulement précisé la procédure applicable devant le juge d'instance pour obtenir un titre de reprise dans le cas des locaux d'habitation loués, mais a également, tirant les conséquences de ce nouvel article 21-1 (devenu C. pr. exéc., art. L. 431-1 et L. 451-1), précisé la procédure de reprise effective des lieux et modifié la structure du décret de 1992 (désormais codifié à la partie réglementaire du C. pr. exéc.) en ce qu'il concerne les mesures d'expulsion. Le décret de codification des dispositions relatives aux procédures civiles d'exécution[3] a encore clarifié les choses.

3. Décr. n° 2012-783, 30 mai 2012, relatif à la partie réglementaire du Code des procédures civiles d'exécution, *JO* 31 mai, p. 9375.

Ainsi, désormais, les règles relatives à l'expulsion sont regroupées dans un livre IV et il comprend un titre V relatif à la reprise des locaux abandonnés, qui regroupe les articles R. 451-1 à R. 451-4 C. pr. exéc. (anc. Décr. 1992, art. 208-1 à 208-4) et qui s'appliquent pour certains à la reprise telle qu'elle était et reste prévue par l'article L. 451-1, c'est-à-dire lorsqu'on s'aperçoit de l'abandon en cours de procédure d'expulsion, et pour d'autres uniquement à la procédure spécifique de reprise en cas d'abandon du logement loué, tel que cela sera expliqué ci-dessous. Pour ce qui est de la reprise telle qu'elle existait déjà, le texte n'a fait que préciser ce qui se pratique déjà, à savoir que toutes les règles de l'expulsion s'appliquent. Toutes en effet car si l'article R. 451-3 C. pr. exéc. indique que l'expulsion peut avoir lieu avant l'issue du délai fixé dans le commandement de quitter les lieux et donc, pour les locaux d'habitation, des deux mois suivant celui-ci, c'est que ce délai de prévenance n'a plus lieu d'être puisque les lieux ont été volontairement quittés et qu'il ne s'agit que de le constater. Pour ce qui est du délai de deux mois, rappelons qu'il ne s'applique qu'aux locaux servant à l'habitation principale, ce qui n'est plus le cas du local abandonné. Nous sommes donc bien totalement en présence d'une procédure d'expulsion, mais le décret lui-même rappelle que les délais prévus par la loi n'ont plus lieu d'être respectés.

532.22 Cas des locaux abandonnés lorsque la convention d'occupation est un bail d'habitation soumis à la loi du 6 juillet 1989. L'article 4 de la loi n° 2010-1609 du 22 décembre 2010 a par ailleurs créé une nouvelle procédure de reprise des locaux abandonnés. Il a en effet créé un article 14-1 à la loi n° 89-462 du 6 juillet 1989 tendant à améliorer les rapports locatifs et portant modification de la loi n° 86-1290 du 23 décembre 1986[1]. Celui-ci prévoit la procédure applicable en vue de l'obtention d'un titre de « reprise » des lieux en cas d'abandon du logement soumis à la loi du 6 juillet 1989. En effet, l'article 14 de cette loi prévoit que le bail se trouve résilié par l'effet de l'abandon du locataire, sauf à ce qu'il existe des occupants qui peuvent prétendre à la poursuite du bail à leur profit. L'article 14-1 de la loi de 1989, tel que modifié par l'article 69 de la loi n° 2011-1862 du 13 décembre 2011, relative à la répartition des contentieux et à l'allègement de certaines procédures juridictionnelles[2], qui permet désormais au juge d'instance de statuer sur l'entier sort des meubles, prévoit une procédure simplifiée de reprise des lieux lorsqu'il est démontré qu'il n'y a plus aucun occupant, avec ou sans droit, dans les lieux. Il dispose ainsi que : « *Lorsque des éléments laissent supposer que le logement est abandonné par ses occupants, le bailleur peut mettre en demeure le locataire de justifier qu'il occupe le logement. Cette mise en demeure, faite par acte d'huissier de justice, peut être contenue dans un des commandements visés aux articles 7 et 24. S'il n'a pas été déféré à cette mise en demeure un mois après signification, l'huissier de justice peut procéder dans les conditions prévues aux articles L. 142-1 et L. 142-2 du Code des procédures civiles d'exécution à la constatation de l'état d'abandon du logement. Pour établir l'état d'abandon du logement en vue de voir constater par le juge la résiliation du bail, l'huissier de justice dresse un procès-verbal des opérations. Si le logement lui semble abandonné, ce procès-verbal contient un inventaire des biens laissés sur place, avec l'indication qu'ils paraissent ou non avoir valeur marchande. Le juge qui constate la résiliation du bail autorise, si nécessaire, la vente aux enchères des biens laissés sur place et peut déclarer abandonnés les biens non susceptibles d'être vendus. Un décret en Conseil d'État précise les conditions d'application de cet article* ». La loi n'organise donc que la procédure préalable à l'obtention du titre qui permettra la reprise des lieux. Elle est de nature à garantir que le locataire a bien quitté les lieux, et qu'il existe donc un motif de résiliation du bail, et permet pour ce faire à l'huissier de justice de pénétrer dans les lieux pour s'assurer qu'il n'y a plus d'occupants. Ainsi, il est délivré, par la voie d'un huissier de justice, éventuellement dans le commandement de payer visant la clause résolutoire ou le commandement d'avoir à justifier d'une assurance habitation, une mise en demeure au locataire de justifier qu'il occupe toujours le logement. À noter que ce n'est pas simplement parce qu'il ne l'occupe plus que le bail sera résilié de plein droit, étant donné les critères développés par la jurisprudence sur le fondement de l'article 14 de la loi du 6 juillet 1989, qui sont un abandon en principe brusque, imprévisible, bien que ces deux premières conditions aient été assouplies, et sans intention de retour[3]. Autrement dit, le simple fait de s'installer dans sa maison de campagne ne permet pas une résiliation du bail pour autant. Mais, si l'abandon est total, c'est-à-dire qu'il n'y a plus aucun occupant, en ce cas, si on peut et on doit exiger que le départ soit sans intention de retour, les conditions de brusquerie et d'imprévisibilité, qui ont été développées, rappelons-le à l'occasion de

1. L. n° 89-462, 6 juill. 1989, tendant à améliorer les rapports locatifs et portant modification de la loi n° 86-1290 du 23 décembre 1986, *JO* 8 juill., p. 8541.
2. L. n° 2011-1862, 13 déc. 2011, relative à la répartition des contentieux et à l'allègement de certaines procédures juridictionnelles, *JO* 14 déc., p. 21105.
3. Sur la jurisprudence sur ce point, v. Alioune Djigo, « L'abandon de domicile par le preneur : un départ définitif imposé au co-occupant », *Loyers et copr.* 2009. Étude 12.

litiges opposant des occupants arguant d'un droit d'occupation au propriétaire, n'auront plus à être vérifiées. Dans le cas prévu à l'article 14-1 de la loi de 1989, il n'y aura plus aucun occupant, peu important donc que le départ ait été brusque ou non. En général, il l'a été si le locataire n'a pas pris soin d'alerter le bailleur et de lui restituer les clefs du local. Un mois après cette mise en demeure, l'huissier de justice pourra pénétrer dans les lieux, sans autorisation préalable, accompagné des personnes mentionnées à l'article L. 142-1 C. pr. exéc. (commissaire de police, témoins, *etc.*), pour constater l'état d'abandon. Il le fait en dressant un procès-verbal qui contient, si le logement lui semble abandonné, et c'est là qu'interviennent les critères susvisés (v. s[s] n°s 531.11 s.), un inventaire des biens laissés sur place avec indication qu'ils paraissent ou non avoir une valeur marchande. Le juge peut ensuite constater la résiliation du bail. Notons ici que la loi considère donc expressément qu'il peut y avoir abandon s'il reste sur place des meubles.

Le décret n° 2011-945 du 10 août 2011 susmentionné précise la procédure applicable devant le juge d'instance compétent en la matière pour délivrer le titre, et de reprise effective des lieux une fois le titre obtenu.

Sans revenir sur le détail de ce texte quant à la partie qui concerne l'obtention du titre de reprise, plusieurs points importants peuvent être soulignés. Tout d'abord, le titre peut être obtenu, outre sur assignation classique, non contradictoirement par une procédure sur requête semblable à celle existant en matière d'injonction de payer. Dans ce cadre, le défendeur pourra d'ailleurs être condamné à payer des arriérés de loyer ou indemnités d'occupation. À noter également que la requête peut être déposée par « tout mandataire » et donc éventuellement par l'huissier de justice ayant procédé au constat d'abandon.

Le juge constate ensuite la résiliation, sur le fondement de l'article 14 de la loi du 6 juillet 1989, si l'abandon est matériellement, par la production du constat d'abandon établi par l'huissier de justice, et juridiquement, par des indices tels que l'inexécution par le locataire de ses obligations, démontré. Le juge ordonne alors la « reprise » des lieux et statue sur l'éventuelle demande en paiement. Il est important d'indiquer ici que l'article R. 451-4 C. pr. exéc. prévoit qu'en cas de réoccupation des lieux par le locataire ou tout occupant de son chef postérieurement à la décision, et sans qu'ils n'aient formé un recours contre celle-ci, il peut être procédé à leur expulsion, sans avoir à obtenir de « nouveau titre d'expulsion ». Le jugement de « reprise » est donc bien un jugement d'expulsion au sens de l'article L. 411-1 C. pr. exéc. puisque la reprise est bien une mesure d'expulsion et requiert donc bien un titre d'expulsion. Il sera donc à notre sens préférable que les décisions de reprise prononcent par ailleurs clairement l'expulsion ou rappellent à un moment ou à un autre qu'il s'agit bien d'une expulsion pour éviter toute ambiguïté. À noter que ce titre peut être frappé de caducité s'il n'est signifié dans les deux mois de son prononcé (Décr. 10 août 2011, art. 5), qu il n'est exécutoire qu'une fois le délai d'opposition d'un mois épuisé (Décr. 10 août 2011, art. 6), et qu'un relevé de forclusion peut être accordé au défendeur défaillant dans l'exercice de ces recours (Décr. 10 août 2011, art. 8). L'opposition peut être formée un mois après la signification de l'ordonnance, par le locataire ou l'occupant de son chef (Décr. 10 août 2011, art. 6).

Le juge statue également sur le sort des meubles. Le décret de 2011 ne lui permettait à l'origine que de statuer sur le sort de ceux sans valeur, ce qui recouvre la grande majeure partie des cas. Pour les meubles de valeur, s'il y en a, c'était le juge de l'exécution qui pouvait autoriser leur vente, une fois le procès-verbal de reprise signifié et passé le délai pour reprendre les meubles, conformément aux dispositions des articles L. 433-1 et L. 433-2 C. pr. exéc. Ce délai était toutefois réduit par le décret à quinze jours (C. pr. exéc., art. R. 451-4), étant donné que l'occupant avait déjà eu un mois à compter de la signification de l'ordonnance pour reprendre ses meubles (Décr. 10 août 2011, art. 5). La loi du 13 décembre 2011 précitée *supra* permettant désormais, ce que seule la loi peut faire s'agissant d'une atteinte au droit de propriété, au juge d'instance de statuer sur l'entier sort des meubles, le décret n° 2012-783 du 30 mai 2012, relatif à la partie réglementaire du Code des procédures civiles d'exécution, en a tiré les conséquences dans la mesure où il n'est plus prévu de délai spécifique pour la reprise des meubles et où seule la procédure de vente aux enchères, qui aura été autorisée par le juge d'instance, est précisée.

Pour ce qui est de la procédure de reprise, il est dérogé à l'ensemble des règles relatives au commandement de quitter les lieux puisqu'il n'est point besoin d'en délivrer un, les lieux étant abandonnés. Il est par ailleurs dérogé, et on le comprend aisément, à l'article R. 412-4 C. pr. exéc. qui prévoit la compétence territoriale du juge de l'exécution pour octroyer des délais pour quitter les lieux. *A priori*, il n'y a aucune chance pour qu'une demande de délais soit formée puisque les locaux sont vides. Il n'est en revanche pas dérogé aux dispositions de l'article R. 441-1 C. pr. exéc., mais celles-ci sont aménagées. En effet, cet article prévoit que si la personne expulsée se réinstalle dans les lieux, cela constitue une voie de fait et le commandement de quitter les lieux continue de produire effet. Or, dans l'hypothèse étudiée, il n'y aura pas eu de commandement de quitter les lieux. Par une disposition innovante, le nouvel article R. 451-4, 3° C. pr. exéc. prévoit que la signification de la décision de justice, qui doit par ailleurs être passée en force de chose jugée, vaut commandement de quitter les lieux. Ce qui, puisqu'alors il y aura à nouveau habitation, permet de faire partir le point de départ du délai de deux mois pour quitter les lieux, dès la signification du titre d'expulsion.

Enfin, si, lorsque l'huissier de justice se présente pour procéder à la reprise des lieux et qu'il apparaît que le locataire ou un occupant de son chef se sont réinstallés dans les lieux, cette fois-ci donc, avant réalisation de la mesure d'expulsion-reprise, l'huissier de justice doit procéder selon la procédure d'expulsion classique. Un commandement doit donc être délivré, le délai de deux mois respecté, *etc.*

TITRE

54. Les contestations et les difficultés d'exécution

SECTION 0

ORIENTEUR

540.00 Plan du titre.

CHAPITRE

541. Compétence du juge de l'exécution

ANNE-GAËLLE DUMAS
MAGISTRAT

SECTION 0
ORIENTEUR

541.00 **Plan du chapitre.**

541.01 **Textes applicables.**

C. pr. exéc., art. L. 412-1, R. 121-2, R. 412-4, R. 421-4, R. 433-1 et R. 442-1.

COJ, art. L. 213-6.

541.03 **Bibliographie indicative.** (V. s[s] n° 500.03).

SECTION 1
COMPÉTENCE MATÉRIELLE

541.11 **Compétence habituelle.** L'article L. 213-6 du COJ donne compétence au juge de l'exécution (JEX) pour connaître de manière exclusive notamment des difficultés relatives aux titres exécutoires et des contestations qui s'élèvent à l'occasion de l'exécution forcée. Il est donc naturellement compétent pour connaître de toutes les difficultés rencontrées au stade de l'exécution d'une décision d'expulsion. Il est ainsi compétent pour se prononcer sur la validité des actes délivrés dans le cadre de la mesure d'expulsion, ou accorder des délais et l'article R. 412-4 C. pr. exéc. précise en ce cas qu'il est compétent une fois le commandement de quitter les lieux signifié (v. s[s] n° 521.61). Une fois ce commandement délivré, il est également, en vertu de ce texte, compétent pour proroger le délai prévu à l'article L. 412-1 C. pr. exéc. (v. s[s] n° 521.22). Conformément aux dispositions de l'article L. 213-6 du COJ, cette compétence est alors exclusive de toute autre[1]. Il est également le juge compétent pour statuer sur le sort des meubles laissés sur place puisqu'il s'agit bien d'une difficulté dont on s'aperçoit une fois sur place, sauf le cas particulier des locaux abandonnés (v. s[s] n° 532.22). Dans ce dernier cas en effet, il est reconnu compétence au juge d'instance pour statuer sur le sort des meubles, car il ne s'agit plus là d'une difficulté d'exécution à proprement parler mais cela participe du constat d'abandon des lieux.

À noter toutefois, puisqu'il ne s'agit alors pas d'une difficulté liée à l'exécution forcée d'une décision d'expulsion, qu'il a été décidé que le JEX ne peut connaître d'une demande en restitution des fruits par le détenteur précaire qui n'était pas partie au procès en résiliation opposant le bailleur au preneur[2].

SECTION 2
COMPÉTENCE TERRITORIALE

541.21 **Une double compétence ?** L'article R. 121-2 C. pr. exéc. dispose : « *À moins qu'il n'en soit disposé autrement, le juge de l'exécution territorialement compétent, au choix du demandeur, est celui du lieu où demeure le débiteur ou celui du lieu d'exécution de la mesure. Lorsqu'une demande a été portée devant l'un de ces juges, elle ne peut l'être devant l'autre. Si le débiteur demeure à l'étranger ou si le lieu où il demeure est inconnu, le juge compétent est celui du lieu d'exécution de la mesure* ». Il existait, en, matière d'expulsion, trois règles spécifiques.

Tout d'abord, l'article R. 442-1 C. pr. exéc. prévoit que le JEX territorialement en matière d'expulsion, est celui du lieu de situation de l'immeuble. Il s'agit bien là d'une règle de compétence dérogatoire dans la mesure où, s'il s'agit en réalité d'une déclinaison du critère de lieu d'exécution de la mesure,

1. Civ. 2e, 18 sept. 2003, n° 01-16.019, *Bull. civ.* II, n° 285; *D.* 2003. IR 2409; *JCP* 2003. IV. 2732.
2. Civ. 3e, 3 juin 2004, n° 01-16.049, *Bull. civ.* III, n° 112; *Gaz. Pal.* 21 oct. 2004, n° 295, p. 17.

il est ici exclusif. Le demandeur ne peut en principe pas former sa demande devant le juge du lieu de son domicile. On pourrait objecter que le lieu du domicile coïncide souvent avec le lieu de situation de l'immeuble mais cela n'est vrai qu'en matière de baux d'habitation et il se peut, même en cette matière, que le locataire ait quitté les lieux et retrouvé un nouveau logement et qu'il conteste ladite mesure. En ces cas, il ne pourra saisir que le juge du lieu de situation de l'immeuble.

Par ailleurs, l'article R. 421-4 susmentionné prévoit en réalité plutôt une règle de compétence territoriale puisque celui qui est désigné par ce texte est le JEX « *du lieu de situation de l'immeuble* ». Il est une simple déclinaison de la règle générale posée à l'article R. 442-1 susvisé.

Enfin, l'article 66 de la loi de 1991 (devenu C. pr. exéc., art. L. 433-2) prévoyait que c'était le juge de l'exécution « *du lieu de situation des meubles* » qui statuait sur le sort de ceux restés dans les lieux expulsés. Néanmoins, l'article R. 433-1 C. pr. exéc. prévoit que le procès-verbal d'expulsion, lorsqu'il y a des meubles sur place, comporte convocation à comparaître pour qu'il soit statué sur le sort de ces meubles, devant le juge de l'exécution « *du lieu de la situation de l'immeuble* ». Il s'agissait vraisemblablement d'une erreur réparée par le codificateur des procédures civiles d'exécution. En effet, l'article L. 433-2 C. pr. exéc. (anc. L. 1991, art. 66) ne comporte plus la mention du juge territorialement compétent, règle qui relève au demeurant du pouvoir réglementaire.

Au final, les trois règles existantes se rejoignent désormais et le seul JEX compétent pour statuer sur les difficultés en matière d'expulsion est celui du **lieu de situation de l'immeuble**.

CHAPITRE

542. Saisine du juge de l'exécution

ANNE-GAËLLE DUMAS
MAGISTRAT

542.00 Plan du chapitre.

542.01 Textes applicables.

C. pr. exéc., art. R. 121-11 et R. 442-2 à R. 442-4.

C. pr. civ., art. 58, 665-1 et 670-1.

542.03 Bibliographie indicative. (V. s[s] n° 500.03).

Article. C. Lacoste, « Expulsion : dérogation au principe de la saisine du juge de l'exécution par voie d'assignation », *Procédures* févr. 1999.

SECTION 1 SAISINE DÉROGATOIRE

542.11 Absence de nécessité d'une assignation. L'article R. 442-2 C. pr. exéc., dans sa rédaction issue du décret n° 98-965 du 30 octobre 1998 pris pour l'application de l'article 118 de la loi n° 98-657 du 29 juillet 1998 d'orientation relative à la lutte contre les exclusions[1] et relatif à la saisine du juge de l'exécution en matière d'exécution des décisions d'expulsion, prévoit que « *par dérogation aux dispositions de l'article R. 121-11, la demande relative à l'exécution d'une décision de justice ordonnant l'expulsion peut être formée au greffe du juge de l'exécution par lettre recommandée avec demande d'avis de réception ou par déclaration faite ou remise contre récépissé* ». L'article 118 de la loi du 29 juillet 1998 prévoyait en effet que « *dans un délai de trois mois à compter de la publication de la présente loi, un décret en Conseil d'État précise les modalités selon lesquelles l'instance est engagée sur demande formée au secrétariat-greffe du juge de l'exécution, par lettre recommandée avec demande d'avis de réception ou par déclaration faite ou remise contre récépissé, sans le concours d'un officier ministériel, pour l'exécution des ordonnances et jugements autorisant l'expulsion* ». Le législateur lui-même a donc indiqué qu'il fallait que le juge de l'exécution (JEX) puisse être saisi de manière plus accessible dans cette matière délicate. La période durant laquelle les justiciables devaient saisir le juge par assignation en cette matière n'a été que de courte durée puisque c'est depuis un décret du 18 décembre 1996[2] que la règle générale de saisine du JEX par assignation a été posée.

Depuis 1998 donc, le JEX peut être saisi par lettre recommandée avec demande d'avis de réception ou par déclaration faite ou remise contre récépissé, et non par assignation dès lors qu'il s'agit d'expulsion. En effet la formulation est large puisqu'il est question de « *demande relative à l'exécution d'une décision de justice ordonnant l'expulsion* ». *A priori*, toute la matière de l'expulsion est bien visée ici, qu'il s'agisse de demander des délais pour quitter les lieux ou l'annulation du procès-verbal d'expulsion.

Pour faciliter les démarches du justiciable, qui est ici une personne expulsée, l'article R. 442-2 C. pr. exéc. prévoit par ailleurs que « *lorsque le juge de l'exécution exerce aussi les fonctions de juge d'instance et que la demande a été formée au greffe du tribunal de grande instance, celle-ci est réputée faite valablement et elle est immédiatement transmise au greffe du tribunal d'instance. Avis en est donné au demandeur par lettre simple* ». Une lettre mal dirigée sera donc redirigée correctement par le greffe sans autre démarche de la partie saisissante, qui ne sera pas nécessairement au fait des délégations rendues par le président du tribunal de grande instance en matière d'exécution.

1. L. n° 98-657, 29 juill. 1998, d'orientation relative à la lutte contre les exclusions, *JO* 31 juill., p. 11679.

2. Décr. n° 96-1130, 18 déc. 1996, modifiant le décret n° 92-755 du 31 juillet 1992, instituant de nouvelles règles relatives aux procédures civiles d'exécution pour l'application de la loi n° 91-650 du 9 juillet 1991, portant réforme des procédures civiles d'exécution, *JO* 26 déc., p. 19120.

542.12 Contenu de la demande et convocation. Les articles R. 442-3 et R. 442-4 C. pr. exéc. prévoient ensuite les règles applicables à cette saisine dérogatoire. Ainsi, il est précisé que la demande doit contenir les mentions relatives à l'identité des parties et à l'objet de la demande, c'est-à-dire celles prévues à l'article 58 C. pr. civ. Avant d'être codifié, l'article 18 du décret de 1992 semblait contenir une version allégée des mentions prévues à l'article 58 C. pr. civ., car il n'était pas question d'indiquer les date et lieu de naissance du demandeur. Dans un souci d'uniformisation et parce qu'il ne s'agit pas d'informations difficiles à obtenir pour le demandeur puisqu'elles le concernent, l'article R. 442-3 C. pr. exéc. renvoie désormais expressément aux dispositions de l'article 58 C. pr. civ. Par ailleurs, à l'instar de ce qui existe devant le tribunal d'instance et le juge de proximité, étant donné que la demande peut être formée sans le concours d'un professionnel du droit, il n'est exigé, à peine de nullité qu'un « exposé sommaire des motifs ».

Une fois la demande reçue, le greffe procède à la **convocation des parties**. Depuis le décret n° 2015-282 du 11 mars 2015 et dans un souci d'uniformisation des modes de convocation, le demandeur est convoqué par tout moyen, ce qui comprend la lettre simple ou la convocation verbale notamment. Le défendeur reste convoqué par lettre recommandée avec demande d'avis de réception mais qui n'est plus doublée d'une lettre simple.

Enfin, comme cela est prévu d'une manière générale pour toutes les convocations faites par le greffe par les dispositions de l'article 665-1 C. pr. civ., le défendeur est averti que, s'il ne comparaît pas, un jugement pourra être rendu en son absence sur les seuls éléments fournis par le demandeur.

Il est enfin prévu, là encore comme cela est le cas d'une manière générale lorsqu'une notification est faite par le greffe d'une juridiction, qu'en cas de retour au greffe de l'avis de réception non remis à son destinataire, celui-ci invite la partie demanderesse à procéder à la convocation par voie d'assignation conformément aux dispositions de l'article 670-1 C. pr. civ.

SECTION 2
PROCÉDURE DEVANT LE JUGE DE L'EXÉCUTION

542.21 Procédure habituelle. Une fois le juge saisi et les parties convoquées, la procédure applicable habituellement devant le JEX est suivie. Ainsi, la représentation n'est pas obligatoire par exemple, et la procédure y est orale.

À noter quelques décisions intéressantes en la matière toutefois. Il a été jugé par la Cour de cassation que l'action en contestation de la validité d'un commandement de quitter les lieux est de nature patrimoniale et peut donc être exercée par le majeur en curatelle sans l'assistance de son curateur[1]. Par ailleurs, une personne dont l'expulsion a été réalisée et qui ne conteste par la validité du procès-verbal d'expulsion, a bien un intérêt à contester la validité du commandement de quitter les lieux[2].

1. Civ. 1re, 9 déc. 2009, n° 08-16.835, *Bull. civ.* I, n° 243; *Gaz. Pal.* 22 mai 2010, n° 142, p. 17; *Dr. fam.* 2010, n° 50, obs. Maria; *Dr. fam.* 2010, n° 2, p. 4, obs. Gilles.
2. Civ. 2e, 13 févr. 2003, n° 01-03.272, *Bull. civ.* II, n° 34; *Gaz. Pal.* 11 oct. 2003, n° 284, p. 9.

TITRE

55. Les conséquences de la réalisation de l'expulsion

SECTION 0
ORIENTEUR

550.00 **Plan du titre.**

CHAPITRE

551. Effets pour le propriétaire

ANNE-GAËLLE DUMAS
MAGISTRAT

SECTION 0 ORIENTEUR

551.00 Plan du chapitre.

551.01 Textes applicables.
CGI, art. 1686 et 1687.

551.03 Bibliographie indicative. (V. s[s] n° 500.03).

SECTION 1 REPRISE JURIDIQUE DES LIEUX

551.11 Le propriétaire recouvre le plein usage de sa propriété. Une fois les locaux repris, juridiquement et matériellement, le propriétaire recouvre la pleine jouissance et la libre disposition de son bien, car il ne pouvait plus en jouir et en user dans la mesure où la présence d'un tiers s'opposait à son éventuelle mise en location ou occupation par le propriétaire, mais aussi il ne pouvait plus réellement en disposer lorsqu'on sait les difficultés à vendre un bien occupé par un occupant sans droit ni titre, ou à tout le moins les incidences sur l'éventuel prix de vente. L'huissier ne peut s'opposer à cette pleine reprise en refusant au propriétaire la remise des nouvelles clefs du local, faute d'avoir été payé de ses honoraires par celui-ci. Il verrait alors sa responsabilité professionnelle engagée[1].

C'est aussi à ce moment-là que les indemnités d'occupation cessent d'être dues par l'occupant puisqu'alors il n'occupe juridiquement plus les lieux. De même, l'astreinte éventuellement prononcée trouve en principe son terme à cette même date.

1. Paris, 1re ch. A, 16 juin 2004, *Gaz. Pal.* 14 oct. 2004, n° 288, p. 20.

SECTION 2 INCIDENCE FISCALE POUR LE PROPRIÉTAIRE

551.21 Taxe d'habitation. L'article 1686 du Code général des impôts dispose que : « *Les propriétaires et, à leur place, les principaux locataires, doivent, un mois avant l'époque du déménagement de leurs locataires, se faire représenter par ces derniers les quittances de leur taxe d'habitation. Lorsque les locataires ne représentent pas ces quittances, les propriétaires ou principaux locataires sont tenus, sous leur responsabilité personnelle, de donner, dans le délai d'un mois, avis du déménagement au comptable public chargé du recouvrement des impôts directs. Dans le cas de déménagement furtif, les propriétaires et, à leur place, les principaux locataires sont responsables des sommes dues au titre de la taxe d'habitation de leurs locataires s'ils n'ont pas, dans les trois mois, fait donner avis du déménagement au comptable public. Dans tous les cas, et nonobstant toute déclaration de leur part, les propriétaires ou principaux locataires sont responsables de la taxe d'habitation des personnes logées par eux en garni* ». Il résulte de ce texte que le bailleur doit informer le Trésor public de l'expulsion dans les trois mois de sa date, faute de quoi il sera tenu au paiement de la taxe d'habitation en lieu et place du locataire. Cette information est faite par l'huissier de justice qui en informe le comptable public chargé du recouvrement des impôts directs. Elle est d'ailleurs tarifée dans le décret du 12 décembre 1996[2], dans les formalités, requêtes et diligences,

2. Décr. n° 96-1080, 12 déc. 1996, portant fixation du tarif des huissiers de justice en matière civile et commerciale, *JO* 13 déc., p. 18248.

comme notification du procès-verbal d'expulsion au précepteur.

551.22 Cotisation foncière des entreprises. L'article 1687 du Code général des impôts dispose par ailleurs que : « *Les propriétaires et, à leur place, les principaux locataires qui n'ont pas, un mois avant le terme fixé par le bail ou par les conventions verbales, donné avis au comptable public chargé du recouvrement des impôts directs du déménagement de leurs locataires, sont responsables des sommes dues par ceux-ci pour la cotisation foncière des entreprises. Dans le cas où ce terme est devancé, comme dans le cas de déménagement furtif, les propriétaires et, à leur place, les principaux locataires deviennent responsables de la taxe de leurs locataires, s'ils n'ont pas, dans les trois mois, donné avis du déménagement au comptable public. La part de la taxe laissée à la charge des propriétaires ou principaux locataires par les premier et deuxième alinéas comprend seulement la fraction afférente à l'exercice de la profession au cours du mois précédent et du mois courant* ». De cet autre texte il résulte la même obligation pour le bailleur faute de quoi il sera tenu du paiement de la cotisation foncière des entreprises, qui a, en partie remplacé la taxe foncière depuis la loi de finances pour 2010 [1]. Là encore, la formalité est tarifée et incombe à l'huissier de justice.

1. L. n° 2009-1673, 30 déc. 2009, de finances pour 2010, *JO* 31 déc., p. 22856.

CHAPITRE

552. Effets pour la personne expulsée

ANNE-GAËLLE DUMAS
MAGISTRAT

SECTION 0
ORIENTEUR

552.00 **Plan du chapitre.**

552.01 **Textes applicables.**
C. pr. exéc., art. R. 441-1 et R. 451-4.

552.03 **Bibliographie indicative.** (V. s[s] n° 500.03).

SECTION 1
PROBLÈME DE LA RÉINSTALLATION DE LA PERSONNE EXPULSÉE

552.11 **Ré-expulsion facilitée.** La personne qui a été expulsée commettrait une voie de fait si elle décidait de pénétrer à nouveau dans les lieux une fois l'expulsion réalisée, sauf à bénéficier d'un nouveau titre d'occupation de la part du bailleur bien entendu. C'est ce que rappellent les dispositions de l'article R. 441-1 C. pr. exéc.[1]. En ce cas, la procédure pour procéder à la reprise des lieux est grandement simplifiée, ou plutôt, accélérée puisqu'alors il est prévu que le commandement d'avoir à libérer les locaux initialement signifié continue de produire effet. Ainsi, le délai qui y est fixé pour quitter les lieux, y compris si ce délai est légal, ne court pas à nouveau et l'expulsion peut avoir lieu immédiatement. Le préfet n'a pas non plus à être averti à nouveau de cette nouvelle expulsion. Ne pas quitter un local alors que la justice vous y a contraint est une chose. On peut avoir de nombreuses raisons de se maintenir dans des locaux et le législateur en a tenu compte en permettant l'octroi de délais notamment. En revanche, une fois toutes ces possibilités épuisées, lorsqu'on en arrive à une reprise forcée des locaux, l'occupant n'a plus aucune raison de bénéficier de protection puisque s'il pénètre à nouveau dans les lieux, il commet une voie de fait. Tenant compte de cette situation, le décret n° 2011-945 du 10 août 2011[2] est même allé plus loin dans le cas de la reprise des locaux abandonnés effectuée sur le fondement de l'article 14-1 de la loi du 6 juillet 1989[3]. Il est en effet prévu, à l'article R. 451-4 C. pr. exéc., que si l'occupant se réintroduit dans les lieux après reprise des lieux effectuée sur ce fondement, la signification de la décision de justice, passée en force de chose jugée, tient lieu de commandement. Rappelons en effet que dans cette procédure, il n'y a pas de délivrance d'un commandement de quitter les lieux. Pour les besoins de l'article R. 441-1 C. pr. exéc., il fallait donc un substitut à celui-ci pour pouvoir mettre fin au plus vite à la voie de fait.

SECTION 2
AUTRES EFFETS

552.21 **Effets divers.** Comme nous l'avons rappelé pour le propriétaire, l'expulsion marque également la fin de la période de liquidation de l'astreinte et celle de paiement de l'indemnité d'occupation, le préjudice résultant de l'occupation ayant cessé. Par ailleurs, une fois l'expulsion réalisée, les locaux ne constituent plus le domicile du locataire, si toutefois c'était le cas auparavant. Néanmoins, les

1. La jurisprudence décidait déjà en ce sens, auparavant : Civ. 1re, 28 juin 1989, n° 87-15.999, *Bull. civ.* I, n° 267.
2. Decr. n° 2011-945, 10 août 2011, relatif aux procédures de résiliation de baux d'habitation et de reprise des lieux en cas d'abandon, *JO* 12 août, p. 13848.
3. L. n° 89-462, 6 juill. 1989, tendant à améliorer les rapports locatifs et portant modification de la loi n° 86-1290 du 23 décembre 1986, *JO* 8 juill., p. 8541.

locaux ne sont pas non plus nécessairement devenus le domicile de quelqu'un d'autre et il n'y a donc pas nécessairement délit de violation de domicile lorsque la personne expulsée se réintroduit dans les lieux[1]. Enfin, l'une des conditions pour bénéficier du droit au logement opposable et être reconnu prioritaire par les commissions de médiation, est le fait d'être menacé d'expulsion sans solution de relogement ou d'être sans domicile. Le préfet, s'il ne peut pas conditionner l'octroi de la force publique à l'assurance que la personne a bien une solution de relogement (v. s[s] n° 522.23), saura derrière que l'État pourra être condamné à une astreinte s'il ne retrouve pas lui-même une solution de relogement adaptée à une personne expulsée. En effet, si une personne est reconnue prioritaire par une commission de médiation, le préfet a alors trois à six mois pour retrouver un logement à ladite personne, faute de quoi l'État pourra être condamné à lui verser une astreinte.

1. PAR EX. : Crim. 30 oct. 2006, n° 06-80.680, *Bull. crim.*, n° 261 ; *Gaz. Pal.* 5 juin 2007, n° 156, p. 25, où la Cour précise en effet que les dispositions de l'article 226-4 du Code pénal n'ont pas pour objet de garantir d'une manière générale les propriétés immobilières contre une usurpation. À noter que dans cette espèce, il s'agissait de l'occupation d'un terrain par une roulotte.

LIVRE

6. LES MESURES CONSERVATOIRES

SECTION 0

ORIENTEUR

600.00 Plan du livre.

Division. Seront étudiées, les règles communes à toutes les mesures conservatoires (titre 61), les règles spécifiques à chaque saisie conservatoire (titre 62) et les règles spécifiques à chaque sûreté judiciaire provisoire (titre 63).

600.01 Textes applicables.

C. pr. exéc., art. L. 162-1, L. 222-2, L. 511-1 à L. 511-4, L. 512-1 et L. 512-2, L. 521-1, L. 522-1, L. 523-1, L 523-2, L. 531-1; R. 162-1, R. 511-1 à R. 524-6, R. 531-1 à R. 533-6.

600.03 Bibliographie indicative.

Actualisables. Rép. pr. civ., *v° Saisies et mesures conservatoires*, par S. Piedelièvre et F. Guerchoun – *J.-Cl. Pr. civ.*, *v^is Saisies conservatoires,* fasc. 2430, 2002, M. Defossez; *Sûretés judiciaires*, par C. Giverdon, fasc. 2460, 1993; *Mesures conservatoires – Dispositions communes*, fasc. 2420, 1998, E. du Rusquec.

Ouvrages. G. COUCHEZ, *Voies d'exécution*, 9e éd., Sirey, 2007 – J.-B. et M. DONNIER, *Voies d'exécution et procédures de distribution*, 8e éd., « Manuel », LexisNexis/Litec, 2009 – P. JULIEN et G. TAORMINA, *Voies d'exécution et procédures de distribution*, « Manuel », LGDJ, 2000 – A. LEBORGNE, *Droit de l'exécution,* 2e éd., « Précis », Dalloz, 2014, nos 2700 s. – R. PERROT et Ph. THÉRY, *Procédures civiles d'exécution*, 3e éd., Dalloz, 2013, nos 1125 s.

Articles et chroniques. M. Boitelle-Coussau, « Les mesures conservatoires et voies d'exécution en France », *Gaz. Pal.* 1999. 1. Chron. 68; « Les mesures conservatoires en Angleterre et au Pays de Galles », *Gaz. Pal.* 1999. Chron. 645 – A. Crosio, « Les mesures conservatoires », *LPA* 2 mai 1994 – G. Dahan, « Les saisies conservatoires », *Rev. huiss.* 1994. 249 – P. Delebecque, « Les sûretés judiciaires », *LPA* 6 janv. 1993, p. 93 – C. Lefort, « Le sort d'une saisie conservatoire de créances pratiquée antérieurement au jugement d'ouverture d'une procédure collective », *Dr. et proc.* 2003. 204 et 259 – D. Legeais, « Les mesures conservatoires », *LPA* 6 janv. 1993, n° spéc. – R. Martin, « Bréviaire des mesures conservatoires », *Rev. huiss.* 1998. 2 – M. Santa-Croce, « Les mesures provisoires et conservatoires dans le contentieux international », *Gaz. Pal.* 2000. 1. Chron. 384 – B. Théry, « L'incidence d'une procédure collective sur les procédures civiles d'exécution », *Dr. et proc.* 2002. 140 – F. Vaccaro, « Le sort de la saisie conservatoire des créances dans le cadre de la procédure collective », *D. Affaires* 1997. 1409 – J.-

C. Woog et P. Lucet, D. Talon et M. Boitelle-Coussau, A. Provansal, « Les mesures conservatoires », *Gaz. Pal.* 1993. 1. Doctr. 270. 286 et 296.

600.05 Définition. L'adjectif « *conservatoire* » est si souvent utilisé par le droit positif qu'il était impossible au législateur de 1991 d'en donner une définition unique et cohérente : conserver, ce peut être alternativement ou cumulativement recueillir des preuves (ainsi en matière pénale ou dans le cadre de l'article 145 C. pr. civ.), faire cesser un comportement gênant (ainsi encore en matière pénale de référé ou dans le domaine possessoire), prendre des garanties réelles ou même personnelles (le cautionnement a une indéniable dimension conservatoire), éviter l'aggravation d'un dommage (ainsi en droit immobilier ou en droit de la consommation), prendre toute disposition urgente et non préjudiciable (on pense ici aux actes conservatoires qu'accomplissent diverses personnes habilitées par la loi) ou tout simplement attendre l'issue d'un litige et se ménager des facilités d'exécution. Quant à la « *mesure conservatoire* », qui sous-entend un acte juridique, une procédure judiciaire ou extrajudiciaire, elle est présentée très globalement en droit fondamental[1] comme la procédure de sauvegarde d'un bien ou d'un droit.

Finalement renvoyées à une litanie législative, la doctrine et la pratique considèrent comme mesures conservatoires, les saisies conservatoires et les sûretés judiciaires provisoires (C. pr. exéc., art. L. 511-1, al. 2). Sont exclues de cette liste les sûretés conventionnelles, dont l'intérêt a d'ailleurs faibli depuis le remaniement de la loi sur le redressement et la liquidation judiciaires (v. s^{s} n° 611.30) et des mesures diverses examinées ci-après (v. s^{s} n° 600.07). Ne sont pas non plus des mesures conservatoires les phases préparatoires des mesures d'exécution forcée (ainsi à propos de l'avis à tiers détenteur[2]) ni la phase conciliatoire de la saisie des rémunérations (v. s^{s} n° 612.43).

600.06 Place dans la réforme des procédures civiles d'exécution. Les mesures conservatoires sont au cœur du double objectif de la loi : valoriser le titre exécutoire et valoriser l'intervention judiciaire. Le titre exécutoire, s'il existe, se suffit à lui-même pour prendre des mesures conservatoires et aucune phase de validation n'est nécessaire; la loi y assimile même, sans crainte de dévaloriser à nouveau le concept de titre, divers défauts de paiement, ce qui autorise à parler de « *quasi-titres* »; mais à l'inverse, en l'absence d'un tel titre ou quasi-titre, il faudra que le créancier en requière un, à peine de caducité de la mesure conservatoire. Quant au juge, il n'intervient plus aussi systématiquement que dans le droit ancien; mais quand il doit intervenir, son accès est facilité par une information complète des parties, par une concentration presque totale des compétences et par le recours à la procédure orale.

600.07 Place des mesures conservatoires parmi les sûretés non conventionnelles. Le créancier, qui songe à diligenter une mesure conservatoire au sens de la loi du 9 juillet 1991, n'omettra pas d'en comparer les avantages avec :

- les mesures conservatoires prises après l'ouverture d'une succession et les scellés (C. pr. civ., art. 1304 s.)[3];
- les missions des administrateurs judiciaires (C. com., art. L. 811-1 à L. 814-13);
- les mesures utiles prises par le président du tribunal de commerce à, l'égard des biens de dirigeants ou de leurs représentants en application de l'article L. 651-4 alinéa 2 du Code de commerce[4];
- la consignation (C. pr. civ., art. 1426 - sur le rôle des Carpa, Décr. n° 91-1197, 27 nov. 1991, art. 236 s.);
- le séquestre judiciaire (C. civ., art. 1961[5]).

600.08 Choix du créancier. Le choix du créancier entre les mesures d'exécution forcée et les mesures conservatoires, son choix aussi parmi les différentes mesures conservatoires, dépendent :

- Avant tout de la possession d'un titre exécutoire : si le créancier ne dispose pas d'un tel titre, les voies d'exécution non provisoires lui sont interdites, notamment la saisie-attribution (C. pr. exéc., art. L. 211-1).

- Mais, même muni d'un titre exécutoire, le créancier peut trouver un intérêt à recourir à une mesure conservatoire, en règle générale lorsqu'il n'a aucun intérêt immédiat à accaparer un élément de patrimoine de son débiteur et cherche plutôt à intimider ou à attendre en toute sécurité[6]. Le recours aux mesures conservatoires peut parfois aussi per-

1. G. Cornu, *Vocabulaire juridique*, *v°* « *Conservatoire* », PUF, 1994.
2. Com. 16 juin 1998, n° 96-17.050, *Bull. civ.* IV, n° 200; *D. Affaires* 1998. 1272; *RTD com.* 1999. 199, obs. Martin-Serf; *Procédures* 1998, n° 246, obs. Croze; *Dr. et proc.* 1999. 120, obs. Putman.
3. Dans leur nouvelle rédaction, issue de Décr. n° 2011-1043, 1er sept. 2011, relatif aux mesures conservatoires prises après l'ouverture d'une succession et à la procédure en la forme des référés, *JO* 2 sept., p. 14884.
4. Com. 31 mai 2011, n° 10-18.472, *Bull. civ.* IV, n° 89; *D.* 2011. 1613, obs. Lienhard; 2687. Chron. Arbellot et Guillou; *Rev. sociétés* 2011. 522, obs. Roussel Galle.
5. Civ. 2e, 31 mars 2011, n° 10-30.542, NP.
6. Sur ces considérations, lire E. Regimbeau, « Quelques problèmes pratiques rencontrés par le juge de l'exécution », *Gaz. Pal.* 1999. 2. Chron. 1106, spéc. § 6-1 (*Adde :* jurisprudence préc. s^{s} n° 143.21).

mettre au créancier de bénéficier d'un effet de surprise dans la mesure où celles-ci peuvent être mises en œuvre, selon l'article L. 511-1 C. pr. exéc., sans commandement préalable (pour ce qui concerne la saisie conservatoire de biens meubles corporels, v. par ex. s[s] n° 622.20).

– Parmi les mesures conservatoires possibles, le choix se fera en fonction des disponibilités du débiteur, c'est-à-dire tout à la fois de la proportionnalité entre le montant de la créance et la valeur du bien ainsi que sur la difficulté occasionnée au débiteur récalcitrant. Il est loisible au créancier, si nécessaire, de cumuler plusieurs mesures conservatoires contre un même débiteur (v. s[s] n° 143.31, 611.64 et 621.45). La limite à cette réflexion « *tactique* » réside dans la notion d'abus de mesure conservatoire, c'est-à-dire de volonté de nuire (sur cette notion, v. s[s] n°s 143.33, 143.41 à 143.49, 611.52 et 613.45).

600.09 Droit international[1]. Le droit international (juge compétent, loi applicable, immunités diplomatiques d'exécution[2]) ne présente pas de réelles spécificités en matière de mesures conservatoires : on se reportera aux explications données *supra* sauf les rappels et adaptations ci-après.

Le **règlement communautaire n° 44-2001 du 22 décembre 2000**[3], entré en vigueur le 1er mars 2002, sur la compétence judiciaire et l'exécution des décisions civiles et commerciales, remplace l'ancienne convention de Bruxelles du 27 septembre 1968[4]. Il régit les relations entre États membres de l'Union européenne, opte pour la compétence du juge du domicile du défendeur (Règl. CE 22 déc. 2000, art. 2); il est possible de solliciter de ce juge toutes mesures conservatoires prévues par la loi de son État (Règl. CE 22 déc. 2000, art. 31), donc indépendamment du lieu de leur exécution.

Dans les cas où le règlement ne s'applique pas, il faut se reporter au droit commun : le juge du lieu où demeure le débiteur est compétent pour autoriser une mesure conservatoire (Décr. 31 juill. 1992, art. 211, al. 1[5] [devenu C. pr. exéc., art. R. 511-2]). Dans l'hypothèse où le débiteur demeure à l'étranger, le juge du lieu de l'exécution de la mesure devient compétent (Décr. 31 juill. 1992, art. 9, al. 2[6] [devenu C. pr. exéc., art. R. 121-2]).

Si, au terme de ces distinctions, le juge français est compétent, s'agissant de mesures conservatoires, il se borne à vérifier selon sa loi nationale (loi du for[7]) l'apparence de fondement de la créance et n'est pas autorisé à trancher un éventuel conflit de lois de fond qui permettra de fixer définitivement la créance[8]

En toute hypothèse, une fois la mesure autorisée par un juge, celui du lieu de la saisie est seul compétent pour en connaître les suites[9]. Ce monopole ne lui permet néanmoins pas de se substituer au juge normalement compétent pour évaluer la créance : par exemple, le juge de l'exécution français devant lequel est contestée une saisie conservatoire faite selon le droit français, devra surseoir à statuer si une instance est pendante à l'étranger pour déterminer la créance, ce sursis subsistera jusqu'à l'obtention de l'*exequatur* de la décision définitive; si la décision étrangère supprime finalement la créance qui avait justifié en apparence la mesure conservatoire, le juge de l'exécution français annulera celle-ci[10].

1. J.-P. Faget, « L'incidence en droit international privé de la saisie conservatoire française », *Rev. huiss.* 1996. 1169 – Civ. 1re, 22 févr. 2000, n° 96-20.567, *Bull. civ.* I, n° 51; *Rev. crit. DIP* 2000. 778, note Muir-Watt – M. Santacroce, « Les mesures provisoires et conservatoires dans le contentieux international », *Gaz. Pal.* 1er mars 2000. Doctr. 1.
2. Pour une application aux mesures conservatoires : Civ. 1re, 28 sept. 2011, n° 09-72.057, *Bull. civ.* I, n° 153; *D.* 2011. 2412.
3. Règl. CE, 22 déc. 2000, n° 44-2001, concernant la compétence judiciaire, la reconnaissance et l'exécution des décisions en matière civile et commerciale, *JOCE* L 12, 16 janv. 2001, p. 1-23; *D.* 2001. 440.
4. Celle-ci demeure néanmoins applicable au Danemark et aux membres de l'AELE : M.-L. Niboyet, « La révision de la convention de Bruxelles du 27 septembre 1968 par le règlement du 22 décembre 2000 », *Gaz. Pal.* 12 juin 2001. 10.
5. Pour une application : TGI Nîmes, JEX, 9 juin 1998, *D.* 1999. 301, note Cuniberti.
6. Pour des applications : Paris, 8e ch. B, 18 déc. 1997, *Rev. huiss.* 1998. 685, note Dahan – Paris, 14e ch., sect. A, 21 mars 2001, *BICC* 1er nov. 2001, n° 1077.
7. TGI Paris, JEX, 15 mars 1995, *JDI* 1997. 813, note Audit.
8. Civ. 1re, 16 avr. 1996, n° 94-15.531, *Bull. civ.* I, n° 183; *D.* 1996. 128; *JCP* 1996. IV. 1383; *Rev. crit. DIP* 1997. 716, note de Vareilles-Sommières; *RTD civ.* 1996. 717, obs. Perrot.
9. TGI Lyon, JEX, 4 mai 1993, *D.* 1994. 55, note Rémery.
10. Civ. 2e, 27 avr. 1988, n° 86-14.541, *Bull. civ.* II, n° 98; *Rev. crit. DIP* 1989. 521, note Kessedjian.

TITRE

61. Les règles communes à toutes les mesures conservatoires

SECTION 0

ORIENTEUR

610.00 Plan du titre.

CHAPITRE

611. Conditions d'emploi des mesures conservatoires

JEAN-MICHEL SOMMER
PRÉSIDENT DE CHAMBRE
À LA COUR D'APPEL DE VERSAILLES

SECTION 0 ORIENTEUR

611.00 Plan du chapitre.

Division. La lecture des textes applicables conduit d'elle-même à définir qui sont les parties à la mesure conservatoire, quelle créance peut fonder cette mesure et quels biens peuvent constituer son assiette.

611.01 Textes applicables.

C. pr. exéc., art. L. 111-2, L. 111-10, L. 112-1 à L. 112-4, L. 511-1, L. 511-2, L. 521-1, L. 531-1; R. 511-1, R. 511-4 et R. 511-7.

C. com., art. L. 622-8, L. 622-18 à L. 622-22, L. 622-24, L. 622-28, L. 622-30, L. 624-18, L. 626-22, L. 631-14, L. 632-1, L. 641-3, L. 642-20-1, L. 642-25, L. 643-2, R. 622-19, R. 642-22 à R. 642-37 et R. 662-3.

COJ, art. L. 213-6.

C. pr. pén., art. 81.

L'article L. 511-1 alinéa 1er C. pr. exéc. dispose : « *Toute personne dont la créance paraît fondée en son principe peut solliciter du juge l'autorisation de pratiquer une mesure conservatoire sur les biens de son débiteur, sans commandement préalable, si elle justifie de circonstances susceptibles d'en menacer le recouvrement* ».

SECTION 1 CRÉANCIER

611.11 Généralité de la loi. La nature de la créance qui suscite la mise en œuvre de la mesure conservatoire n'est pas détaillée par la loi. Ainsi qu'en témoigne l'expression « *tout créancier* » de l'article R. 511-1 C. pr. exéc., les créances contractuelles, les créances d'aliments, les droits de créance immobiliers, les créances délictuelles, les droits successoraux peuvent tour à tour fonder une telle mesure.

Les mesures conservatoires sont fondamentalement patrimoniales et non point principalement mesures d'intimidation : les mesures conservatoires de la loi du 9 juillet 1991, désormais codifiée au Code des procédures civiles d'exécution, sont ouvertes par voie oblique, comme les autres procédés de recouvrement, aux créanciers d'un créancier[1].

611.12 Action contre la caution. Même titulaire d'une créance non exigible, le créancier a la faculté de prendre une mesure conservatoire contre la caution, conformément aux dispositions de l'article L. 511-1 C. pr. exéc., qui ne subordonne la prise d'une saisie conservatoire ou d'une sûreté judiciaire, qu'à la justification d'une créance paraissant fondée en son principe et de circonstances susceptibles d'en menacer le recouvrement.

Cette possibilité a été clairement affirmée par la deuxième chambre civile de la Cour de cassation, pour une inscription d'hypothèque provisoire, dans un arrêt du 22 mai 1996 qui énonce que : « *les mesures conservatoires et les sûretés judiciaires peuvent être*

1. Paris, 31 mai 1990, *D.* 1990. 173; *RTD civ.* 1991. 738, obs. Mestre.

autorisées ou maintenues si la créance paraît fondée en son principe et si les circonstances sont susceptibles d'en menacer le recouvrement; qu'après avoir exactement retenu qu'il importait peu que la banque ne puisse se prévaloir de la déchéance du terme du prêt dans ses rapports avec l'emprunteur, c'est dans l'exercice de son pouvoir souverain d'appréciation que la cour d'appel a estimé, hors de toute violation des textes précités (L. 25 janv. 1985, art. 56, alors applicable - C. civ., art. 2013 [1] - C. pr. exéc., art. R. 511-1), *que la créance de celle-ci contre les cautions paraissait fondée, en son principe* »[2].

À cet effet, un auteur[3] observe que, « *dès l'instant du cautionnement, ou du moins dès l'instant où est née une obligation de règlement, la caution a la qualité de débitrice*[4]. *L'absence d'exigibilité de la dette et le caractère seulement éventuel du paiement, en raison de ce que la caution n'est qu'un débiteur accessoire, sont sans incidence sur cette qualité. Il en résulte que le créancier est en droit, selon les circonstances, de prendre des mesures conservatoires contre la caution* »[5]. Enfin, la Cour de cassation a jugé que l'absence de déchéance du terme en cas de redressement judiciaire n'interdisait pas l'inscription d'une hypothèque judiciaire provisoire[6], si le créancier justifie d'une créance paraissant fondée en son principe et de circonstances susceptibles d'en menacer le recouvrement.

611.13 Incapables. L'assimilation des mesures conservatoires du Code des procédures civiles d'exécution à des actes d'administration détermine les solutions applicables au mineur créancier, comme au majeur protégé créancier (v. s^s^ n°s 141.10 à 141.13, 141.24 et 141.25).

611.14 Mandataire. L'assimilation des mesures conservatoires du Code des procédures civiles d'exécution à des actes d'administration détermine les solutions applicables au mandat conventionnel (v. s^s^ n° 141.22).

611.15 Syndics de copropriété. Dans la copropriété des immeubles bâtis, le syndic a qualité pour agir en justice tant en demande qu'en défense, pour la sauvegarde des droits afférents à l'immeuble (L. 10 juill. 1965, art. 15). L'autorisation de l'assemblée générale est expressément facultative pour le syndic qui veut engager des mesures conservatoires (Décr. 17 mars 1967, art. 55).

611.16 Conjoints. L'assimilation des mesures conservatoires du Code des procédures civiles d'exécution à des actes d'administration détermine les solutions applicables au conjoint du créancier (v. s^s^ n°s 154.161 à 154.176).

611.17 Action *ut singuli*. La question s'est posée de savoir si les associés d'une société exerçant *ut singuli* une action sociale en responsabilité contre le gérant avaient qualité pour pratiquer une mesure conservatoire.

L'action sociale est celle qui vise à réparer le préjudice subi par une société en cas de faute commise par un ou plusieurs de ses dirigeants. Elle est, normalement, exercée par la société, représentée par ses dirigeants. Mais, comme il est à craindre que ces dernier négligent d'intenter cette action, dite *ut universali*, dirigée contre eux-mêmes, la doctrine et la jurisprudence, puis la loi, ont admis la possibilité pour les associés de l'exercer eux-mêmes individuellement[7]. Ainsi, l'article 1843-5 du Code civil, dans sa rédaction issue de la loi du 5 janvier 1988 qui a étendu à toutes les sociétés l'action *ut singuli* qui n'était prévue jusqu'alors que pour les sociétés anonymes, dispose : « *Outre l'action en réparation du préjudice subi personnellement, un ou plusieurs associés peuvent attenter l'action sociale en responsabilité contre les gérants. Les demandeurs sont habilités à poursuivre la réparation du préjudice subi par la société; en cas de condamnation, les dommages intérêts sont alloués à la société* ».

Ce mécanisme, qui constitue une exception à la règle selon laquelle nul ne plaide par procureur[8], en permettant aux actionnaires de se substituer aux organes sociaux défaillants en exerçant l'action sociale à leur place, est assez peu utilisé en pratique. Sa nature est très discutée en doctrine. Elle reste floue, pour ne pas dire mystérieuse[9]. Pour les professeurs Guyon et Constantin, l'action *ut singuli* peut être comparée à l'action oblique qui permet à un créancier d'agir à la place de son débiteur défaillant. Ainsi, de la même manière que les fonds récupérés à l'occasion de l'action oblique viennent augmenter le patrimoine du débiteur au bénéfice de l'ensemble des créanciers de ce dernier, les dommages-intérêts dus par le dirigeant social viennent reconstituer les fonds sociaux, au profit de l'ensemble des associés. Le professeur Schmidt considère pour sa part au contraire que l'associé agit directement, pour le compte de la société dont il repré-

1. Transféré par Ord. n° 2006-346, 23 mars 2006 (C. civ., art. 2290).
2. Civ. 2e, 22 mai 1996, n° 93-21.398, NP.
3. *J.-Cl. Civ.*, fasc. 40, art. 2011 à 2043, Simler.
4. Civ. 3e, 4 avr. 1973, n° 72-11.506, *Bull. civ.* III, n° 258 – Civ. 1re, 13 janv. 1993, n° 91-11.871, *Bull. civ.* I, n° 5.
5. V. AUSSI Rép. civ., *V° Cautionnement*, anc. éd., par Piette, n°s 117 et 145.
6. Civ. 2e, 22 mai 1996, n° 93-21.398, NP; *RD bancaire et bourse* 1997. 23, obs. Crédot et Gérard.
7. *Rev. sociétés* 2001. 325, note Constantin.
8. Y. Guyon, *Droit des Affaires*, 12e éd., Economica, t. I, 2003, n° 462, p. 506.
9. *Rev. sociétés* 2001. 325, note Constantin.

sente les intérêts[1]. Cette analyse est partagée par M. Guinchard et Mmes Ferrand et Chainais[2] qui considèrent que l'actionnaire dispose ainsi d'un droit propre à défendre l'intérêt d'autrui. Elle est en outre confortée par la jurisprudence de la chambre commerciale qui, dans un arrêt du 14 décembre 2004, a affirmé que les actionnaires disposaient du droit propre de présenter des demandes en réparation au profit de la société[3].

La deuxième chambre civile de la Cour de cassation a cependant considéré que les associés d'une société exerçant *ut singuli* une action sociale en responsabilité contre le dirigeant de celle-ci, ne peuvent faire pratiquer, en leur nom, une saisie conservatoire au préjudice de ce dernier[4]. Cette décision est logique. En effet, les articles L. 511-1 et R. 511-1 C. pr. exéc. subordonnent l'inscription d'une mesure conservatoire au fait que le demandeur dispose d'une créance paraissant fondée en son principe. Dès lors, faute de bénéficier *in fine* des dommages-intérêts auxquels le dirigeant de société pourrait être condamné, les actionnaires exerçant l'action *ut singuli* ne peuvent revendiquer à leur profit l'application de ces textes pour solliciter l'inscription d'une mesure conservatoire destinée à garantir une telle condamnation. Ainsi, faute de détenir personnellement une créance paraissant fondée en son principe contre le dirigeant de société, l'actionnaire agissant *ut singuli* ne remplit pas les conditions posées par ces textes[5].

SECTION 2
DÉBITEUR *IN BONIS*

611.21 Débiteurs représentés par autrui ou subrogés. La situation du conjoint du débiteur est examinée plus haut (v. ss nos 154.161 à 154.176), ainsi que celle du mineur ou majeur protégé débiteur (v. ss nos 141.10 s.). L'action oblique exercée directement contre le débiteur d'un débiteur a été évoquée (v. ss no 611.11), de même que celle exercée *ut singuli* contre le gérant d'une société (v. ss no 611.17).

Jugé qu'une mesure conservatoire – en l'occurrence un nantissement – peut être prise sur un bien appartenant à un mineur, sans autorisation judiciaire particulière[6].

Les indivisaires sont également des débiteurs potentiels, qui peuvent être représentés par l'un d'eux. La question est détaillée plus haut (v. ss nos 154.181 à 154.187).

SECTION 3
DÉBITEUR EN REDRESSEMENT OU LIQUIDATION JUDICIAIRES

611.30 Mesures initiées postérieurement au jugement de redressement sur le fondement d'une créance antérieure[7]. N'échappent au principe de suspension des poursuites individuelles que les salariés et les créanciers dont le titre est né postérieurement au jugement déclaratif. Leur situation n'est pas spécifique selon qu'ils engagent une mesure conservatoire ou bien une mesure d'exécution forcée; elle est examinée par conséquent dans les généralités (v. ss nos 154.111 à 154.115). Les explications données ci-après sont donc propres aux créances nées antérieurement au jugement d'ouverture de la procédure collective.

La présentation globale de la question, dont les termes n'ont pas été modifiés ni par l'entrée en vigueur de la loi de du 26 juillet 2005, de sauvegarde des entreprises[8], ni par l'ordonnance no 2008-1345 du 18 décembre 2008, portant réforme du droit des entreprises en difficulté[9], ni par l'ordonnance no 2014-326 du 12 mars 2014, portant réforme de la prévention des difficultés des entreprises et des procédures collectives[10], peut être la suivante (*adde*, ss no 154.181) : l'article L. 622-21, II du Code de commerce pour la sauvegarde, L. 631-14 alinéa 1er pour le redressement judiciaire, L. 641-3 pour la liquidation judiciaire, arrêtent ou interdisent le cas échéant, toute procédure d'exécution de la part des

1. Versailles, 29 mars 1978, *Rev. sociétés* 1978. 723, note Schmidt.
2. S. Guinchard, F. Ferrand et C. Chainais, *Procédure civile. Droit interne et droit de l'Union européenne*, 32e éd., « Précis », Dalloz, 2014, no 273.
3. Com. 14 déc. 2004, no 04-13.059, *Bull. civ.* IV, no 229; *D.* 2005. 432, obs. Lienhard; *Rev. sociétés* 2005. 448, note Bouloc – EN CE SENS : Crim. 12 déc. 2000, no 97-83.470, *Bull. crim.* no 372; *Rev. sociétés* 2001. 326, note Constantin – V. AUSSI : Com. 27 oct. 2009, no 08-20.473, NP.
4. Civ. 2e, 14 sept. 2006, no 05-16.266, *Bull. civ.* II, no 228; *RTD com.* 2007. 183, note Monsérié-Bon.
5. Pourtant, en SENS CONTRAIRE : Versailles, 29 mai 1978, *Rev. sociétés* 1978. 716, note Schmidt; *JCP* 1979. II. 19209, note Guyon; *D.* 1980. 118, note Guyenot.
6. Paris, 8e ch. D, 19 mai 1999, *Gaz. Pal.* 2000. 1. Somm. 867.
7. V. Vaccaro, « Le sort de la saisie conservatoire des créances dans le cadre de la procédure collective », *D. Affaires* 1997. 1409 – B. Théry, « L'incidence d'une procédure collective sur les procédures civiles d'exécution », *Dr. et proc.* 2002. 140.
8. L. no 2005-845, 26 juill. 2005, de sauvegarde des entreprises, *JO* 27 juill., p. 12187.
9. Ord. no 2008-1345, 18 déc. 2008, portant réforme du droit des entreprises en difficulté, *JO* 19 déc., p. 19462.
10. Ord. no 2014-326, 12 mars 2014, portant réforme de la prévention des difficultés des entreprises et des procédures collectives, *JO* 14 mars, p. 5249.

créanciers tant sur les meubles que sur les immeubles ainsi que toute procédure de distribution n'ayant pas produit un effet attributif avant le jugement d'ouverture.

L'ordonnance de 2008, en prescrivant **l'arrêt de toute procédure de distribution**, n'a fait que **consacrer la jurisprudence** et inscrire dans la partie législative du code la règle qui figure encore à l'article R. 622-19 du Code de commerce. La sanction de la règle est la nullité des actes contraires (C. com., art. L. 632-1). Les créanciers dont le titre est antérieur au jugement d'ouverture doivent donc se contenter des bons soins des organes de la procédure et des recours offerts par la loi (C. com., art. L. 622-20).

Il n'est pas d'exception, contrairement à ce qu'eût pu imaginer le législateur, en matière de mesure conservatoire : aucune ne peut être commencée contre le débiteur après le jugement d'ouverture de la procédure collective sur le fondement d'une créance antérieure (ainsi pour un nantissement provisoire[1] – ou pour une saisie conservatoire[2]). Autant que de besoin, l'article L. 622-30 du Code de commerce l'énonce pour les hypothèques de toutes sortes et les nantissements (par ex. pour une application aux dépens des créanciers du conjoint d'un « failli »)[3]. L'article L. 632-1, 5° et 7°, le confirme aussi pour les saisies conservatoires, parce qu'il vise toutes les mesures ayant un effet de consignation. En revanche, le privilège sur un fonds de commerce établi au profit du vendeur de ce fonds reste possible (C. com., art. L. 622-30 – C. com., art. L. 141-6[4]) : le vendeur du fonds aura donc toujours intérêt à préférer user de ce privilège spécial plutôt que de débuter un nantissement provisoire.

611.31 Mesures exercées contre la caution. On observera cependant que l'article L. 622-28 du Code de commerce, dont l'effet est en quelque sorte d'étendre la suspension des poursuites aux cautions personnes physiques du débiteur en redressement, permet pourtant, en son troisième alinéa, de prendre des mesures conservatoires contre ces mêmes cautions après le jugement d'ouverture de la procédure collective (sur la question des cautions, v. s^s^ n°s 611.12 et 611.34). Le sort de ces mesures conservatoires est néanmoins très aléatoire car, dans le cas majoritaire où les poursuites individuelles ne peuvent pas reprendre après la fin du redressement, alors la caducité de la mesure provisoire – faute pour le créancier d'avoir pu obtenir un titre exécutoire en temps voulu (v. s^s^ n° 612.71, not. sur le caractère préfix du délai de l'article R. 511-7 C. pr. exéc.) – est inévitable (pour une application à une inscription d'hypothèque judiciaire provisoire)[5].

611.32 Mesures initiées pendant la période suspecte.[6] L'article L. 632-1 du Code de commerce[7], cité au paragraphe précédent, ne serait pas indispensable s'il ne régissait spécialement le cas où la cessation des paiements est fixée antérieurement au jugement d'ouverture. La période suspecte ainsi distinguée par le tribunal suscite aussi la nullité des mesures conservatoires initiées pendant son cours. Une exception fondamentale est cependant admise, par la chambre commerciale de la Cour de cassation, au profit des créances nées antérieurement à ladite période et qui n'auront fait l'objet d'une mesure conservatoire que pendant cette période : la conversion ou consolidation d'une telle mesure est possible, à condition cependant qu'elle intervienne avant le jugement d'ouverture de la procédure collective[8].

611.33 Mesures conservatoires initiées antérieurement au jugement d'ouverture du redressement. Par hypothèse, nous n'examinerons ici que les mesures conservatoires converties ou consolidées après le jugement d'ouverture de la procédure collective : si la conversion ou la consolidation interviennent avant ledit jugement, alors la mesure est devenue une voie d'exécution ou une sûreté judiciaire définitive qui emporte affectation spéciale et privilège au profit du créancier saisissant. Il faut d'abord rappeler que les créances assorties de mesures conservatoires au jour du jugement d'ouverture

1. Com. 1er juill. 1997, n° 95-11.375, *Bull. civ.* IV, n° 212; *RTD civ.* 1998. 429, obs. Crocq; *RTD com.* 1999. 197, obs. Martin-Serf.
2. Com. 12 oct. 1999, n° 96-13.133, *Bull. civ.* IV, n° 166; *D.* 1999. 45, obs. Lienhard; *Procédures* 2000, n° 3, obs. Perrot; n° 14, obs. Laporte; *LPA* 8 févr. 2000. 20, note Courtier; *RTD com.* 2000. 459, obs. Martin-Serf; *JCP* 2000. I. 233, n° 12, obs. Cabrillac.
3. TGI Lyon, JEX, 20 sept. 1994, *Gaz. Pal.* 1994. 2. Somm. 813; *RDI* 1994. 685, note Simler et Delebecque; *Rev. huiss.* 1995. 241.
4. L. 17 mars 1909, anc. art. 2, al. 1er.
5. Civ. 2e, 30 avr. 2002, n° 00-20.372, *Bull. civ.* II, n° 85; *RTD com.* 2003. 163, obs. Martin-Serf; *Act. proc. coll.* 21 juin 2002. 1, OBS. CRIT. Pétel.
6. C. Lefort, « Le sort d'une saisie conservatoire de créances pratiquée antérieurement au jugement d'ouverture d'une procédure collective », *Dr. et proc.* 2003. 204 et 269, spéc. 270.
7. L. 25 janv. 1985, anc. art. 107.
8. Com. 12 nov. 1991, n° 89-19.454, *Bull. civ.* IV, n° 342; *D.* 1992. 183, note Honorat; *RTD com.* 1992. 668, obs. Bouloc; 691, obs. Martin-Serf – Com. 25 oct. 1994, n° 91-14.539, *Bull. civ.* IV, n° 314 – Puis de nouveau, après un épisode moins favorable ouvert par un arrêt du 12 oct. 1999 : Com. 10 déc. 2002, n° 99-16.603, *Bull. civ.* IV, n° 191; *D.* 2003. 68, NOTE APPROB. Lienhard; *D.* 2003. 1473, obs. Taormina; *RTD civ.* 2003. 147, obs. Perrot; *Act. proc. coll.* 2003, n° 20, obs. Regnault; *Dr. et proc.* 2003. 163, obs. Crocq; *JCP* 2003. I. 144, OBS. APPROB. Cabrillac; *Procédures* 2003, n° 41, obs. Laporte – Com. 29 avr. 2003, n° 00-11.912, *Bull. civ.* IV, n° 63; *D.* 2003. 1364, obs. Lienhard.

du redressement n'en sont pas moins soumises à l'obligation générale de déclaration dans un délai de deux mois à compter de la publication du jugement d'ouverture (C. com., art. L. 622-24); cependant, cette obligation ne court, pour les créanciers titulaires d'une sûreté publiée ou liés au débiteur par un contrat publié, qu'à compter du jour où ils sont avisés, personnellement ou à domicile élu, de la procédure collective.

Demeure la question de la conversion en voie d'exécution ou de la publicité définitive, après jugement d'ouverture du redressement judiciaire. En droit et en fait, la question se dédouble : est-il possible d'introduire, après l'ouverture de la procédure collective, donc malgré le principe de suspension des poursuites individuelles, une action en vue d'obtenir un titre exécutoire ? Est-il concevable qu'une mesure simplement conservatoire au jour où le mandataire de justice débute son œuvre, soit soudain dotée d'un effet attributif qui peut remettre en cause les opérations de redressement ou de liquidation ?

S'agissant des inscriptions provisoires de nantissement ou d'hypothèque, une jurisprudence jamais démentie autorise les consolidations en inscriptions définitives même après le jugement d'ouverture, à la fois en raison du caractère rétroactif des publicités définitives et en raison de leur caractère non pas d'attribution mais de simple indisponibilité[1]. Il n'est fait exception, évidemment, que si la publicité provisoire est ultérieurement annulée[2].

En revanche, un tel mécanisme de rétroactivité est difficilement concevable en matière de saisies conservatoires. En effet, il n'est guère contestable que la conversion constitue non pas la reprise d'une instance en cours au sens de l'article L. 622-22 du Code de commerce[3], mais bien une nouvelle poursuite individuelle distincte en droit de la mesure initiale[4]. Par conséquent, sauf à introduire une exception prétorienne au principe de suspension des poursuites individuelles, il n'est pas possible de délivrer un acte de conversion d'une saisie conservatoire de meubles corporels ou incorporels ou de créances après jugement d'ouverture de la procédure collective[5]. Il est moins possible encore – pour le cas où le créancier a fait une saisie conservatoire sans titre exécutoire –, d'engager une action en paiement comme le lui impose l'article R. 511-7 C. pr. exéc. (v. s^s n° 612.71). C'est pourquoi, consacrant une évolution jurisprudentielle globalement défavorable au créancier individuel qui s'est laissé surprendre par le redressement ou la liquidation de son débiteur, la Cour de cassation, dans ses deux formations les plus concernées, décide que l'ouverture de la procédure collective impose l'arrêt des voies d'exécution et la mainlevée des saisies conservatoires prises pour des créances antérieures au redressement ou à la liquidation, mais qui n'ont pas encore été converties[6]. Cet agencement juridique a été critiqué[7] mais semble maintenant solidement établi. Concrètement, il ne manque pas de poser difficulté lorsque la saisie conservatoire est à exécution successive (ex. : saisie conservatoire de loyers); alors que la jurisprudence s'est fixée clairement en faveur du créancier qui pratique une saisie attribution à exécution successive aux dépens des organes de la procédure collective[8], il est à craindre que la caducité de la mesure conservatoire faute d'avoir obtenu un titre exécutoire, la prive de ses effets rapidement après l'ouverture du redressement ou de la liquidation.

611.34 Mesures dirigées contre les cautions. Dans l'hypothèse où un créancier, après avoir fait

1. Com. 21 mai 1968, *Bull. civ.* IV, n° 163 – Com. 19 mai 1980, n° 78-14.307, *Bull. civ.* IV, n° 204; *D.* 1980. 476, obs. Honorat – Com. 17 nov. 1992, n° 90-22.058, *Bull. civ.* IV, n° 358; *D.* 1993. 96, note Derrida; *RDI* 1993. 249, obs. Delebecque et Simler; *RTD com.* 1993. 717, obs. Martin-Serf – Com. 11 avr. 1995, n° 92-21.563, NP; *Rev. huiss.* 1996. 964, note Martin – APPROB. : *J.-Cl. Com.*, fasc. 2720, n° 59, Amlon.
2. Com. 30 nov. 1965, *D.* 1966. 600, note Pirovano; *JCP* 1966. II. 14632.
3. L. 25 janv. 1985, anc. art. 48.
4. Com. 14 mars 1995, n° 93-10.927, *Bull. civ.* IV, n° 76; *RTD civ.* 1995. 969, obs. Perrot; *Juris-Data* n° 000563.
5. Civ. 2e, 14 sept. 2006, n° 05-16.584, *Bull. civ.* II, n° 227; *D.* 2006. 2418; 2007. 1380, obs. Julien.
6. Com. 22 avr. 1997, n° 94-16.979, *Bull. civ.* IV, n° 100; *Gaz. Pal.* 1998. 2. 141; *D.* 1997. 127; *Procédures* 1997, n° 156; *RTD com.* 1998. 208, obs. Martin-Serf; *JCP* 1997. II. 10013, note Grellière – Com. 2 févr. 1999, n° 96-17.517, *Bull. civ.* IV, n° 36; *D.* 1999. 63; *JCP* 1999. I. 177, obs. Pétel; *Gaz. Pal.* 1999. 1. Pan. 121; *Rev. huiss.* 1999. 821 – Civ. 2e, 19 mai 1999, n° 97-13.672, *Bull. civ.* II, n° 97; *D.* 1999. 549, note Prévault; *JCP* 1999. IV. 2288 – Com. 4 janv. 2000, n° 96-20.390, NP; *Procédures* 2000, n° 59, obs. Perrot – Com. 6 mars 2001, n° 98-12.266, *Bull. civ.* IV, n° 48; *D.* 2001. 1102, obs. Lienhard – Civ. 2e, 20 oct. 2005, n° 04-10.870, *Bull. civ.* II, n° 267; *D.* 2005. 2804, obs. Lienhard; 2006. 83 obs. Le Corre; *Dr. et proc.* 2006. 106 obs. Putman; *RD banc. fin.* 2006. 26, obs. Piedelièvre; *Dr. et patr.* 2006, chron. « Voies d'exécution », obs. Crocq et Lefort – Com. 3 nov. 2009, n° 08-20.418, NP.
7. C. Lefort, « Le sort d'une saisie conservatoire de créances pratiquée antérieurement au jugement d'ouverture d'une procédure collective », *Dr. et proc.* 2003. 204 et 269, spéc. § 25 à 31
8. Cass., ch. mixte, 22 nov. 2002, n° 99-13.935, *Bull. ch. mixte* n° 7; *BICC* 15 janv. 2003, rapp. Foulon, avis Viricelle; *D.* 2003. 445, note Larroumet; 2002. 3270, obs. Lienhard; 2003. 1472, obs. Taormina; *JCP* 2003. II. 10033, note Houtcieff; *Dr. et proc.* 2003. 120, obs. Putman; *RTD civ.* 2003. 146, obs. Perrot; 331, obs. Crocq; *RTD com.* 2003. 143, obs. Legeais; 367, obs. Martin-Serf – Com. 3 mai 2011, n° 10-16.155, NP.

diligenter une mesure conservatoire contre la caution, introduit son action en conversion ou en consolidation, cette action est suspendue par l'effet du jugement d'ouverture du redressement judiciaire du débiteur principal. Elle peut être reprise sans nouvelle assignation après le jugement arrêtant le plan de redressement ou prononçant la liquidation judiciaire[1]. L'ouverture de la procédure collective ou d'une procédure de sauvegarde ne suspend donc pas le délai de l'article R. 511-7 C. pr. exéc. et ne dispense pas le créancier d'engager son action dans le délai d'un mois qui suit l'exécution de la mesure conservatoire[2]. Seulement, il ne pourra être statué sur le bien-fondé de cette action qu'à compter du jugement arrêtant le plan de redressement ou prononçant la liquidation judiciaire du débiteur principal. La chambre commerciale précise à cet égard que cette action peut être reprise, sans nouvelle assignation, à compter du jugement arrêtant le plan de redressement ou prononçant sa liquidation[3]. S'agissant d'un plan de sauvegarde, l'exécution du titre exécutoire qui a pu être obtenu est suspendue pendant la durée du plan ou jusqu'à sa résolution[4].

611.35 Continuation des ventes forcées et ordres engagés avant le jugement d'ouverture. Quel que soit le stade auquel est parvenue la procédure civile d'exécution, elle est arrêtée par l'ouverture du redressement judiciaire, dès lors que le créancier n'a pas encore acquis un droit exclusif sur les sommes mises en distribution. Cette règle, applicable à toutes les saisies à fin d'attribution de fonds ou à fin de vente forcée, ne connaît pas de nuances selon qu'il y aurait eu mesure conservatoire à l'origine ou pas (la chambre commerciale de la Cour de cassation a ainsi jugé que « *dès lors qu'elle a retenu que la conversion en saisie-attribution d'une créance avait été effectuée avant le jugement d'ouverture de la procédure collective du débiteur, la cour d'appel, juge de l'exécution, qui a fait une exacte application de l'article 43, alinéa 2, de la loi du 9 juillet 1991* [devenu C. pr. exéc, art. L. 111-2, al. 2], *n'avait pas à se prononcer sur l'application de l'article L. 621-107, 7° du Code de commerce* »[5]).

Ainsi, le jugement de redressement judiciaire intervenu entre la déclaration de surenchère et l'adjudication définitive d'un immeuble suspend les poursuites individuelles à l'égard du saisi[6].

Même une prorogation de commandement, bien que simple mesure conservatoire évitant une péremption, n'est plus possible après le jugement ouvrant la procédure collective[7] (la solution serait différente dans l'hypothèse où le juge de l'exécution [JEX] déciderait, au cours d'une procédure de traitement de la situation de surendettement du débiteur, de suspendre les voies d'exécution à son égard[8]).

S'agissant de la procédure d'ordres, le droit exclusif du créancier sur les fonds à distribuer n'est établi que par les bordereaux de collocation. L'ordre ne peut donc continuer nonobstant le redressement judiciaire que si ces bordereaux ont été faits avant le jugement d'ouverture[9].

La reprise des procédures en cours se produira en cas de liquidation[10] (v. s^s n° 611.38).

611.36 Périodes d'observation ou continuation ou cession : initiatives du créancier gagiste ou inscrit. Certes, la saisie conservatoire emporte un effet de consignation ou de gage sans dépossession (v. s^s n°s 621.44, 622.71 et 628.31), tandis que la publicité provisoire constitue quant à elle une véritable sûreté. Mais l'attribution (C. civ., art. 2346[11]) des sommes ou du gage ou la vente forcée constitueraient évidemment une nouvelle poursuite individuelle, soumise donc au principe de suspension. L'attribution peut avoir lieu à l'initiative des organes de la procédure (C. com., art. L. 626-22 – v. s^s n° 611.37) et exclusivement de la sorte[12]. Le créancier saisis-

1. Civ. 2e, 30 avr. 2002, n° 00-20.372, *Bull. civ.* II, n° 85; *D.* 2002. 2260; *Act. proc. coll.* 21 juin 2002, p. 1, OBS. CRIT. Pétel; *RTD com.* 2003. 163, obs. Martin-Serf; *JCP E* 2002. 1380, obs. Pétel; *RD banc. fin.* 2002, n° 187, obs. Legeais – Com. 24 mai 2005, n° 00-19.721, *Bull. civ.* IV, n° 116; *D.* 2005. 2078, obs. Crocq; *Defrénois* 2005. 1937, note Gibirila.
2. Pour un débiteur principal bénéficiant d'un plan de sauvegarde : Com. 27 mai 2014, n° 13-18.018, *Bull. civ.* IV, n° 94.
3. Com. 24 mai 2005, n° 03-21.043, *Bull. civ.* IV, n° 117; *D.* 2005. 1632, obs. Lienhard; 2078, obs. Crocq.
4. Com. 27 mai 2014, n° 13-18.018, P, préc.
5. Com. 10 déc. 2002, n° 99-16.603, *Bull. civ.* IV, n° 191; *Gaz. Pal.* 5 sept. 2003, p. 11; *D.* 2003. 68, obs. Lienhard; 1473, obs. Taormina; *RTD civ.* 2003. 147, obs. Perrot; *RTD com.* 2005. 846, obs. Martin-Serf.
6. Civ. 2e, 24 mars 1993, n° 90-18.599, *Bull. civ.* II, n° 128; *RDI* 1993. 404, obs. Delebecque et Simler; *RDI* 1994. 91, obs. Delebecque et Simler.
7. Com. 23 mai 1989, n° 87-18.060, *Bull. civ.* IV, n° 161 – CONTRA : Civ. 2e, 23 oct. 1991, n° 90-12.457, *Bull. civ.* II, n° 283; *D.* 1992. 184, OBS. CRIT. Honorat; 1993. 282, obs. Julien; *RDI* 1992. 237, obs. Delebecque et Simler.
8. Civ. 2e, 25 juin 1997, n° 95-12.503, *Bull. civ.* II, n° 208; *Procédures* 1997, n° 233, note Perrot.
9. EN CE SENS : Com. 23 janv. 1996, n° 92-21.642, *Bull. civ.* IV, n° 25; *D.* 1996. 425, note Prévault – *Adde,* avant la réforme de 1994 : Com. 12 juill. 1994, n° 92-14.090, *Bull. civ.* IV, n° 262; *D.* 1994. 569, rapp. Rémery et note Honorat [qui expose les effets de la réforme]; *AJDI* 1995. 223, obs. Gallet.
10. Sur ces questions en marge du présent ouvrage, *J.-Cl. Com.*, fasc. 2355, Vallansan.
11. COMP. : C. civ., anc. art. 2078 (avant : Ord. n° 2006-346, 23 mars 2006).
12. Chambéry, 26 sept. 1994, *Gaz. Pal.* 1995. 1. Somm. 195 – Com. 6 mars 1990, n° 88-16.921, *Bull. civ.* IV, n° 72; *D.* 1990. 311, note Derrida.

sant ou nanti ne peut guère, s'il s'impatiente, que provoquer la liquidation judiciaire (C. com., art. L. 626-27). Il n'est d'exception qu'au profit du créancier nanti sur l'outillage ou le matériel, mais celui-ci n'est jamais concerné par le Code des procédures civiles d'exécution et par nos développements.

611.37 Périodes d'observation ou continuation ou cession : initiatives des organes du redressement. Ces initiatives sont régies par les articles L. 622-8 et L. 626-22 (vente d'un bien pendant la période d'observation ou dans le plan) ou L. 642-12 (cession de l'entreprise) du Code de commerce[1] (lire M. Cabrillac et P. Pételi[2]).

Dans le cas de la vente d'un bien grevé ou l'utilisation de sommes saisies, décidées par les organes du redressement judiciaire, le créancier peut accepter une garantie de substitution (C. com., art. L. 626-22). À défaut, la quote-part du prix de vente donne lieu à une consignation, qui n'est pas celle prévue par le décret du 31 juillet 1992, désormais codifié au Code des procédures civiles d'exécution, et par l'article 2350 du Code civil[3], mais celle, spéciale donc prévalente, de l'article L. 622-18 du Code de commerce. S'ouvre ensuite une procédure d'ordre régie par les articles L. 626-22 et R. 622-19 du Code de commerce. Le créancier saisissant ou nanti viendra en concours sur le solde disponible, après service des créanciers « *de l'article 40* » (L. 25 janv. 1985, art. 40, devenu C. com., art. L. 622-17) et autres assimilés; dans ce concours, le créancier saisissant ou inscrit prime évidemment les chirographaires, ce qui confère un certain intérêt aux mesures conservatoires[4].

Dans le cas de la cession, le prix offert par le repreneur étant global, il faut bien qu'une quote-part soit déterminée par le tribunal dans la masse cédée, pour chacun des biens grevés. Le droit de suite disparaît pour ne laisser survivre que le droit de préférence sur cette quote-part. Les règles de consignation et de distribution sont celles exposées pour le cas de vente.

Le créancier hypothécaire dispose en outre du droit, au cours de la procédure de purge, d'exiger la vente aux enchères puis prendre place dans l'ordre spécial susmentionné. Cependant, seule la radiation, qui dépend en partie de son bon vouloir, fait disparaître son droit de suite : un repreneur aura donc intérêt à négocier à ce sujet[5].

Bien entendu, le bénéficiaire d'une mesure conservatoire ne peut participer à la distribution du prix que si cette mesure est convertie ou consolidée. Dans l'attente, la consignation perdure.

611.38 Liquidation judiciaire. Lorsque la liquidation est décidée, l'article L. 642-18 du Code de commerce préconise en principe en matière d'immeubles la vente à la barre du tribunal, mais autorise aussi la vente amiable de l'immeuble grevé. La vente a lieu conformément aux dispositions des articles R. 642-22 à R. 642-37 du Code de commerce qui renvoient notamment au décret n° 2006-936 du 27 juillet 2006 relatif aux procédures de saisie immobilière et de distribution du prix d'un immeuble[6].

En matière de nantissement mobilier, l'article L. 642-25 du Code de commerce autorise l'attribution du bien au créancier. La demande est adressée au juge-commissaire.

En matière de nantissement mobilier, les conditions de retrait du gage sont désormais régies, depuis l'ordonnance du 18 décembre 2008, par les articles L. 641-3 et L. 642-20-1 du Code de commerce.

Dans toutes ces opérations, le titulaire d'une mesure conservatoire est en principe substitué par le liquidateur; mais il conserve un **droit de poursuite individuelle.** La loi du 10 juin 1994 a validé, dans le corps de l'article 161 de la loi du 25 janvier 1985, aujourd'hui codifié à l'article L. 643-2 du Code de commerce, les actes en vue de la vente d'immeuble hypothéqué lorsqu'ils ont été faits avant le jugement d'ouverture de liquidation[7].

Comme dans le redressement, le bénéficiaire d'une mesure conservatoire ne peut participer à ces procédures de vente forcée puis de distribution que si cette mesure est convertie ou consolidée. Dans l'attente, la consignation perdure.

611.39 Compétences juridictionnelles. L'article R. 662-3 du Code de commerce crée au profit du tribunal de la procédure collective et de son juge-commissaire un bloc de compétence exclusive (sur la répartition des rôles entre ces deux organes,

1. L. 25 janv. 1985, anc. art. 34, 78 et 93.
2. M. Cabrillac et P. Pételi, « Juin 94, le printemps des sûretés réelles », *D.* 1994. Chron. 244.
3. COMP. : C. civ., anc. art. 2075-1 (avant : Ord. n° 2006-346, 23 mars 2006).
4. TGI Le Mans, JEX, 12 avr. 1994, *Gaz. Pal.* 1996. 2. Somm. 437, note Vray – TGI Lyon, JEX, 20 févr. 1996, *D.* 1996. 188 – Com. 17 janv. 1995, n° 91-21.671, *Bull. civ.* IV, n° 17; *D.* 1995. 216, note Honorat – *Adde :* M. Cabrillac et P. Pételi (chron. préc. s^s prés^t n°), spéc. n°s 16 à 20.
5. F. Cherchève, « Purge et radiation des hypothèques grevant les immeubles cédés en application d'un plan de cession de l'entreprise », *Gaz. Pal.* 1992. 1. Doctr. 109.
6. Décr. n° 2006-936, 27 juill. 2006, relatif aux procédures de saisie immobilière et de distribution du prix d'un immeuble, art. 112 à 121, *JO* 29 juill., p. 11316.
7. M. Cabrillac et P. Pételi, « Juin 94, le printemps des sûretés réelles », *D.* 1994. Chron. 244 (préc. s^s n° 611.37).

v. C. com., art. L. 621-9[1] et C. com., art. R. 621-21). En raison même de la suspension des poursuites individuelles, la notion de difficultés d'exécution n'a plus guère de sens et le JEX, bien que disposant lui aussi d'une compétence exclusive, s'efface. À notre avis, le JEX ne reste compétent que pour juger les mesures engagées avant le jugement d'ouverture ou bien pour juger de la validité formelle des actes postérieurs à ce jugement d'ouverture, sous la condition expresse que le litige se serait posé exactement dans les mêmes termes s'il n'y avait eu une procédure collective. Ainsi à propos d'une distraction d'objets mis en vente par le liquidateur[2]. Le JEX interviendra aussi lors de la vente de biens immobiliers par voie d'adjudication judiciaire et du règlement des créanciers.

SECTION 4
CRÉANCE CAUSE DE LA SAISIE

611.40 **Plan.** Toute personne dont la créance paraît fondée en son principe peut solliciter du juge l'autorisation de pratiquer une mesure conservatoire sur les biens de son débiteur (C. pr. exéc., art. L. 511-1, al. 1er). Ainsi, et contrairement aux procédures d'exécution qui ne peuvent être pratiquées que sur le fondement d'un titre exécutoire, des mesures conservatoires peuvent être mises en œuvre en l'absence de titre à condition de justifier d'une créance apparemment fondée en son principe (§ 1). Cette condition est d'ailleurs légalement présumée satisfaite pour un certain nombre d'hypothèses énumérées à l'article L. 511-2 C. pr. exéc. dans lesquelles le créancier est dispensé d'obtenir au préalable l'autorisation judiciaire.

Dans tous les cas, le créancier doit justifier de circonstances susceptibles de menacer le recouvrement de la créance[3] (§ 2).

§ 1
Apparence de fondement

611.41 **Terminologie légale.** À l'instar de l'ancien article 48 ACPC, la loi du 9 juillet 1991, désormais codifiée au Code des procédures civiles d'exécution, recourt à la notion d'apparence de créance. La jurisprudence ancienne paraît transposable sans difficulté. Le concept de « *créance apparemment fondée* » est une exigence moindre que celle de « *créance certaine, liquide et exigible* ».

611.42 **Certitude.** L'apparence s'oppose d'abord à la notion juridique de certitude. Non seulement il n'est pas requis, pour mettre en œuvre une mesure conservatoire, que la créance soit certaine, mais le principe de créance lui-même peut être incertain[4]. Dans certains cas, énumérés à l'article L. 511-2 C. pr. exéc., cette apparence résulte de la loi elle-même; selon ce texte, certains créanciers, essentiellement les porteurs de titres ou de « *quasi-titres* » (v. ss nos 611.40 et 612.11)[5] sont dispensés d'obtenir une autorisation judiciaire préalable. Donc, les développements qui vont suivre concernent avant tout le cas où un juge doit être saisi pour autoriser la mesure conservatoire.

On observera d'abord que la certitude de la créance n'étant pas une condition d'emploi des mesures d'exécution forcée (v. ss no 142.26), elle ne saurait en être une pour l'emploi des mesures conservatoires. Ainsi, n'empêchent pas en elles-mêmes la mesure conservatoire, la condition résolutoire (arg. C. civ., art. 1180), ou la contestation avérée du futur saisi[6]. Des créances éventuelles ont même servi de fondement à des mesures conservatoires[7]. La loi, qui ne limite pas les mesures conservatoires aux seules créances d'origine contractuelle, permet aussi leur mise en œuvre pour des créances d'origine délictuelle dont le principe et l'étendue n'auraient pas encore été constatés par une décision juridictionnelle (par ex. pour une créance pouvant résulter d'une condamnation pénale)[8]. Jugé aussi que lorsque l'apparence de la créance dépend d'une question litigieuse entre les parties, le juge saisi pour autoriser la mesure conservatoire est compétent pour en apprécier le bien-fondé[9]. Lorsque le créancier présente un titre qui n'est pas exécutoire en France et qui est même frappé de pourvoi dans le pays où il a été rendu, le juge peut estimer que la dette a une apparence suffisante[10]. Il est aussi possible de considérer que la créance paraît fondée en son principe lorsqu'elle a été consacrée par un jugement frappé d'appel[11].

1. L. 25 janv. 1985, anc. art. 14.
2. Dijon, 4 oct. 1994, *JCP* 1995. IV. 35.
3. Civ. 2e, 2 févr. 2012, no 11-13.218, NP.
4. Civ. 1re, 2 févr. 1999, no 96-16.718, *Bull. civ.* I, no 37; *Procédures* 1999, no 61, comm. Perrot – MOINS PRÉCIS : Paris, 18 févr. 1999, *Juris-Data* no 22975.
5. Pour une application au profit du porteur d'un titre impayé : Paris, 8e ch. B, 28 janv. 1999, *Juris-Data* no 20430.
6. Civ. 3e, 27 juin 1978, no 77-12.418, *Bull. civ.* III, no 270 – Com. 22 mai 1979, no 78-11.782, *Bull. civ.* IV, no 171.
7. Dijon, 22 déc. 1959, *JCP* 1960. II. 11670, note Rameau – TGI Bayonne, 13 nov. 1971, *JCP* 1972. II. 16967, note R. B.
8. Civ. 2e, 20 nov. 2003, no 01-17.713, *Bull. civ.* II, no 350; *Rev. huiss.* 2004, obs. Leborgne; *RTD civ.* 2004, obs. Perrot – V. AUSSI : Paris, 8e ch. B, 26 nov. 1998, *Gaz. Pal.* 2000. 1. Somm. 867.
9. Civ. 2e, 19 déc. 2002, no 01-03.719, *Bull. civ.* II, no 294; *JCP* 2003. IV. 1292; *RTD civ.* 2003. 357, obs. Perrot.
10. Paris, 8e ch. B, 2 oct. 1997, *D.* 1997. 238.
11. Civ. 2e, 28 juin 2006, no 03-18.461, NP – *CONTRA* : Paris, 8e ch. B, 7 janv. 1999, *Gaz. Pal.* 2000. 1. Somm. 867.

L'expérience du contentieux général dont peut disposer le juge lui permettra, notamment en cas de procès probable, d'évaluer le degré d'incertitude : certaines actions alimentaires, la lésion ou la violence dans les contrats, la nullité de testament ou la révocation de donation pour ingratitude, la demande de salaire différé, pour ne citer qu'elles, introduisent un aléa bien connu des praticiens et qui rendra circonspect (pour une limitation de l'assiette de la mesure conservatoire au vu d'un cautionnement obscur) [1].

Mais en toute hypothèse, il faut insister sur ce point, le juge qui retiendrait, pour refuser d'autoriser une mesure conservatoire ou pour en ordonner la mainlevée, que le demandeur à la mesure ne justifie pas d'une créance fondée en son principe, s'expose à une censure certaine [2].

611.43 Créancier public. S'il est certain que l'article L. 213-6 du COJ fait interdiction au JEX de se prononcer sur toute question portant sur le fond du droit et qui ne relève pas de la compétence des juridictions de l'ordre judiciaire, ce texte n'a pas pour effet d'empêcher ce magistrat de statuer dans des matières dont le fond relèverait d'un autre ordre de juridiction, dès lors qu'il n'a pas besoin, pour ce faire, de se prononcer sur une question portant sur le fond du droit. La deuxième chambre civile de la Cour de cassation en a déduit à son tour, sous l'empire de la loi de 1991, que le JEX est compétent pour autoriser, en l'absence de titre exécutoire, une mesure conservatoire pour le recouvrement d'une créance dont le contentieux échappe à la compétence des juridictions de l'ordre judiciaire. Il est ainsi même si la créance dont il s'agit relève de la compétence des juridictions de l'ordre administratif [3]. En effet, juger qu'une partie justifie d'une créance paraissant fondée en son principe n'implique pas que l'on se prononce sur le fond du droit. Bien au contraire, cela implique que l'on se borne, par une décision qui n'a pas autorité de chose jugée au principal, à affirmer que la créance semble fondée au simple vu des apparences ou d'un ensemble d'indices concordant, ou, du moins, que son existence ne soulève aucune contestation sérieuse [4]. Ne se prononçant pas sur le fond du droit, le JEX, lorsqu'il recherche si le demandeur aux mesures conservatoires dispose d'une créance paraissant fondée en son principe, n'est donc pas affecté par la limite posée par l'article L. 213-6 du COJ. L'autorisation ainsi donnée par le JEX ne tendant pas à la fixation d'une créance et ne s'imposant pas au juge administratif, elle ne heurte pas le principe de la séparation des ordres juridictionnels.

611.44 Liquidité. Aux termes de l'article R. 511-4 C. pr. exéc., « *le juge détermine le montant des sommes pour la garantie desquelles la mesure conservatoire est autorisée* » : c'est assez dire que la liquidité de la créance n'est pas requise du créancier qui entend pratiquer une mesure conservatoire. La créance doit être exprimée en argent mais n'est pas soumise à davantage de précisions [5]. On peut cependant en déduire que les mesures conservatoires ne sont possibles que pour la conservation d'une obligation de payer et non de faire [6].

Il ne faut cependant pas que le juge qui autorise la mesure conservatoire se livre à une évaluation hâtive, au risque de gêner le juge du fond qui arrêtera le montant exact de la créance. La mise en garde vaut notamment en matière délictuelle, où l'appréciation de ce juge du fond est des plus libres.

611.45 Exigibilité. Il est parfaitement admis qu'une mesure conservatoire soit obtenue pour un terme non échu [7] ou même pour un redressement fiscal simplement notifié [8] ou bien en cours d'examen par un juge d'instruction [9]. À plus forte raison, le créancier n'a pas à produire un titre exécutoire puisque la possession d'un tel document crée une présomption (sur la notion d'apparence de fondement, v. s^s n° 611.41) et le dispense d'autorisation judiciaire.

611.46 Pouvoir souverain du juge. Le contrôle des limites du pouvoir du juge par la Cour de cassation s'exerce surtout lorsque le créancier qui a sollicité la mesure est éconduit et saisit une cour d'appel (v. s^s n° 612.33); en effet, s'il est fait droit à la requête, le débiteur déférera la mesure conservatoire au JEX lui-même (v. s^s n° 613.21) et le débat se déplacera sur les caractéristiques de la créance, non sur les pouvoirs du juge qui a autorisé.

La Cour de cassation juge de façon constante et régulière que dans son appréciation de l'apparence

1. Rennes, 18 nov. 1993, *BICC* 1er avr. 1994, n° 406.
2. Civ. 2e, 15 déc. 2009, n° 08-19.432, NP; *Procédures* 2010, n° 35, obs. Perrot.
3. Civ. 2e, 26 oct. 2006, n° 05-19.194, *Bull. civ.* II, n° 294; *Gaz. Pal.* 2007, n° 280, p. 15, note Brenner; *D.* 2007. 896, obs. Vigneau.
4. PERROT et THÉRY, n° 1128.
5. EN CE SENS : H. Croze, « La loi du 9 juillet 1991 : le nouveau droit de l'exécution », *JCP* 1992. I. 3585 et 3635, note 43 – Com. 14 déc. 1999, n° 97-14.500, *Bull. civ.* IV, n° 230; *JCP* 2000. IV. 1242; *RTD com.* 2000. 157, obs. Cabrillac; 372, obs. Champaud et Danet.
6. COUCHEZ, P. 184, N° 347 – LEBORGNE, n° 2718, p. 877.
7. Civ. 3e, 19 avr. 1977, n° 75-14.236, *Bull. civ.* III, n° 169.
8. Civ. 1re, 13 mai 1986, n° 85-10.669, *Bull. civ.* I, n° 129; *D.* 1986. 389, note Prévault.
9. Com. 10 nov. 1981, *Gaz. Pal.* 1982. 1. Pan. 156, note A. P.

de fondement, l'appréciation du juge était souveraine[1].

Dans la pratique, ce pouvoir s'exerce autant en considération de la créance elle-même que des objectifs explicitement ou implicitement poursuivis par le créancier : préparer de bonne foi une exécution conforme à la loi et à l'ordre public, ou au contraire pratiquer l'intimidation sans aucun avantage pour la bonne administration de la justice[2]. Ceci peut conduire à des autorisations étonnamment larges (ainsi pour l'appréciation d'une faute quasi délictuelle[3] – ou pour une autorisation donnée au titulaire de droits conditionnels dans un partage[4]).

§ 2
Menaces sur le recouvrement

611.51 Terminologie légale. Quoique cette exigence soit posée au seul soutien d'une demande d'autorisation judiciaire préalable, elle s'étend manifestement aux créanciers porteurs d'un titre ou dans une situation assimilée[5]. Ces derniers seraient en effet civilement sanctionnés s'ils engageaient une mesure conservatoire alors que le débiteur se libère normalement (arg. C. pr. exéc., art. L. 111-10, al. 2).

Tous les commentateurs ont noté l'abandon de l'ancienne notion « *d'urgence et de péril dans le recouvrement* » (ACPC, art. 48). Après un long débat doctrinal, les deux notions avaient fini par être considérées comme indissociables, voire synonymes[6] : était requise la preuve d'une insolvabilité, sinon organisée comme l'exigeait le droit allemand et alsacien[7], en tout cas imminente ou sérieusement à craindre.

La rénovation de la terminologie est généralement présentée comme une libéralisation du recours aux mesures conservatoires[8]. Toute référence au temps qui s'écoule est effacée. La menace de défaut de paiement peut être lointaine, ou encore le besoin d'argent du créancier peut être discutable : la probabilité du péril est suffisante.

611.52 Exemples. Le JEX pourra faire droit à la requête aux fins de mesure conservatoire soit qu'il ait des craintes sérieuses sur la situation objective du débiteur, soit qu'il tire des conséquences de l'attitude subjective de ce débiteur. Sont ici visés :

– D'une part, le défaut de paiement ou au moins l'insolvabilité[9] ou le déficit avéré[10] ou la faiblesse du fonds de roulement au regard de l'importance de la créance[11] ou les difficultés financières notoires d'un architecte débiteur de travaux[12] ou, s'agissant de saisir contre une banque caution, les difficultés financières qu'elle rencontre[13] (on y assimilera les manœuvres malhonnêtes caractérisées, aux dépens d'une personne âgée et de ses héritiers potentiels[14]); plus difficile à évaluer est le risque que présente dans une entreprise la faiblesse du capital social, ou la volatilité du patrimoine (dans le cas d'une holding où circulent aisément les participations croisées[15], ou une société civile immobilière dont la garantie consiste exclusivement en immeuble susceptible d'être vendu rapidement[16]).

– D'autre part, le silence du débiteur qui ne communique pas son bilan (ainsi pour une note non signée[17]) ou qui ne répond à aucun courrier[18], ni aux mises en demeure[19], hors le cas bien entendu où le créancier dissimule à l'huissier poursuivant la véritable adresse[20], ou qui contraint son créancier à des voies d'exécution sans obtenir tout son dû[21].

À l'inverse, le juge refusera la mesure sollicitée si le débiteur se libère normalement[22] ou présente

1. Civ. 2e, 10 déc. 1998, n° 96-21.730, *Bull. civ.* II, n° 298 – Civ. 2e, 20 nov. 2003, n° 01-17.713, *Bull. civ.* II, n° 350; *Rev. huiss.* 2004, obs. Leborgne; *RTD civ.* 2004, obs. Perrot – Civ. 2e, 18 déc. 2008, n° 07-18.013, NP – Civ. 2e, 7 janv. 2010, n° 08-21.441, NP – Civ. 2e, 22 févr. 2012, n° 11-10.254, NP.
2. T. Fossier et A. Gariazzo, « Requête et ordonnance du juge de l'exécution », *Rev. jur. Ouest, Voies d'exécution,* n° spéc., 1994.
3. Amiens, 18 nov. 1997, *Gaz. Pal.* 1998. 1. 141, NOTE CRIT. Moussa.
4. Paris, 18 févr. 1999, *Juris-Data* n° 22975.
5. EN CE SENS : H. Croze, « La loi [...] : le nouveau droit de l'exécution », n° 20 – TGI Bobigny, 27 sept. 1993, *Gaz. Pal.* 1994. 1. 22 – Paris, 8e ch. B, 7 mai 1998, *Rev. huiss.* 1999. 210, note Dahan – Civ. 1re, 12 mai 2011, n° 10-15.700, NP.
6. DONNIER, n° 402, p. 168.
7. M. Boitelle-Coussau et D. Talon, « Les mesures conservatoires », *Gaz. Pal.* 1993. 1. Doctr. 286.
8. H. Croze, « La loi : le nouveau droit de l'exécution » (préc. ss prést n°) – D. Legeais, « Les mesures conservatoires », *LPA*, n° spéc., 6 janv. 1993.
9. Com. 22 mai 1979, n° 78-11.782, *Bull. civ.* IV, n° 171 – Sous l'empire de la loi nouvelle : Douai, 18 nov. 1993, *Gaz. Pal.* 1994. 2. Somm. 814 – PLUS NUANCÉ : Douai, 8 juill. 1993, *Rev. huiss.* 1994. 1424 – TGI Arras, JEX, 4 mars 1993, *Rev. huiss.* 1994. 669.
10. Com. 14 déc. 1966, *Bull. civ.* IV, n° 482.
11. Com. 20 avr. 1982, n° 80-13.785, *Bull. civ.* IV, n° 132.
12. Paris, 11 févr. 1999, *Juris-Data* n° 20427.
13. Paris, 8e ch. B, 14 janv. 1999, *Juris-Data* n° 20192.
14. Aix-en-Provence, 24 févr. 1999, *Juris-Data* n° 40747.
15. TGI Lyon, JEX, 3 août 1999, Cibil c/ ICM, NP.
16. Lyon, 9 oct. 2007, NP.
17. Com. 21 oct. 1964, *Bull. civ.* II, n° 437; *D.* 1965. 239.
18. Colmar, 7 juin 1993, *BICC* 1er oct. 1993; *D.* 1994. 346, note Julien.
19. Paris, 8e ch., 28 avr. 1998, *Rev. huiss.* 1998. 890.
20. Civ. 2e, 21 déc. 2000, n° 98-23.430, NP; *Gaz. Pal.* 2001. 1. Somm. 137, obs. Véron.
21. Angers, 1re ch. A, 26 janv. 1998, *JCP* 1999. IV. 1373.
22. Caen, 10 déc. 1963, *JCP* 1964. II. 13716, note J. A.

manifestement toute garantie[1] ou ne manque ni de revenus ni de droits en capital[2]. De même, il n'y a pas lieu de présumer une intention d'organiser son insolvabilité de la part d'un débiteur à défaut de preuves *matérielles* préparatoires manifestant cette intention, d'autant que le patrimoine de ce débiteur serait suffisant pour permettre le paiement de la somme due[3]. Le plus souvent, ces éléments favorables au débiteur ne sont pas connus du juge, le créancier n'ayant aucun intérêt à les lui dévoiler : le juge va donc autoriser la mesure et c'est en fonction du débat que suscitera le débiteur injustement poursuivi, qu'apparaîtra l'exagération du créancier, voire son abus (v. s^{s} n° 613.45), qui sera d'autant plus sévèrement sanctionné (ex. pour le cas d'une banque qui, alors qu'elle venait d'accorder un moratoire et percevait les acomptes prévus, a néanmoins inscrit une hypothèque judiciaire provisoire sur les biens de son débiteur)[4].

611.53 Pouvoir souverain du juge. Le juge de la requête ne dispose pas, par postulat, du débat contradictoire pour exercer son appréciation. Cette dernière est, comme il se doit, souveraine[5]. Elle portera en pratique et le plus souvent sur les garanties de substitution que pourrait offrir le débiteur. Ainsi jugé, par exemple, que le salaire d'un fonctionnaire constitue (à propos d'une créance apparemment de faible montant) une garantie, exclusive de la menace[6].

Pour la Cour de cassation, l'existence de circonstances susceptibles de menacer le recouvrement de la créance relève de l'appréciation souveraine des juges du fond. Elle n'exerce donc pas de contrôle sur ce point[7].

SECTION 5
BIENS ASSIETTE DE LA MESURE

611.61 Généralités. Une saisie conservatoire peut porter sur tous les biens mobiliers, corporels ou incorporels, appartenant au débiteur[8] (C. pr. exéc., art. L. 521-1). On exceptera cependant les rémunérations du travail, car leur saisie ne comporte pas de phase conservatoire, les brevets et logiciels ou encore les navires, bateaux et aéronefs (v. s^{s} n°s 724.04 à 726.176), qui sont régis par des textes spéciaux.

Une sûreté judiciaire provisoire peut être constituée à titre conservatoire sur les immeubles, les fonds de commerce, les actions, parts sociales et valeurs mobilières (C. pr. exéc., art. L. 531-1). Il apparaît donc que certains biens peuvent faire l'objet d'une saisie conservatoire comme d'une sûreté judiciaire provisoire (les parts sociales et valeurs mobilières, les éléments corporels d'un fonds de commerce), tandis que les autres biens requièrent une mesure conservatoire à l'exclusion de toute autre.

L'examen détaillé des biens ainsi visés par la loi relève de l'étude de chaque mesure au chapitre suivant. Nous ne développerons ici que les notions communes.

611.62 Saisissabilité. Les articles L. 112-1 à L. 112-4 C. pr. exéc. sont d'application générale à toutes les saisies, y compris conservatoires. En revanche, les sûretés, insusceptibles de retirer son bien à la personne poursuivie, y échappent (v. s^{s} n°s 631.05 à 632.52).

611.63 Distraction et cantonnement. L'erreur sur la propriété du bien qui sert d'assiette à la mesure conservatoire conduit à une action en distraction, comme dans le droit antérieur à 1991. Cette action sera examinée mesure par mesure. Il en sera de même pour le cantonnement qui vise à réduire l'étendue de la saisie en libérant une partie des biens rendus indisponibles.

611.64 Concours de mesures. La question, déjà fort mal résolue sous l'empire du texte de 1955, n'est guère éclaircie par ceux de 1991 et 1992. Elle est abordée aux numéros 621.45 (saisie conservatoire de sommes d'argent), 622.80 et suivants (saisie conservatoire de meubles corporels), 628.40 et suivants (saisie conservatoire de droits incorporels), 631.24 (hypothèque judiciaire provisoire), 632.25 et 632.26 (nantissement judiciaire provisoire).

611.65 Bien bloqué par une juridiction d'instruction. En vertu des pouvoirs qui lui sont conférés par l'article 81 C. pr. pén., un juge d'instruction

1. Limoges, 15 févr. 1979, *Gaz. Pal.* 1979. 1. Somm. 265.
2. En l'occurrence, dans une SUCCESSION : Paris, 8e ch. D, 21 janv. 1999, *Gaz. Pal.* 2000. 1. Somm. 871.
3. Paris, 16 nov. 2000, *D.* 2001. 284 – Paris, 7 sept. 2000, *Dr. et proc.* 2001. 130, obs. Brenner.
4. Civ. 2e, 6 juill. 2000, n° 98-15.790, NP; *Dr. et proc.* 2001-2. 120, obs. Brenner.
5. Civ. 1re, 19 avr. 1967, *RTD civ.* 1967. 887, note Raynaud – Civ. 2e, 20 nov. 2003, n° 01-17.713, *Bull. civ.* II, n° 350; *Rev. huiss.* 2004, obs. Leborgne; *RTD civ.* 2004, obs. Perrot – Civ. 2e, 18 déc. 2003, n° 02-11.327, NP.
6. TGI Sarreguemines, JEX, 24 mai 1993, *Rev. huiss.* 1994. 667.
7. Com. 4 nov. 2008, n° 07-19.216, NP – Civ. 2e, 31 mars 2011, n° 10-10.303, NP – Civ. 2e, 7 juin 2012, n° 11-16.106, NP.
8. POUR LA SAISIE CONSERVATOIRE d'un crédit documentaire : Com. 16 déc. 2008, n° 07-18.729, *Bull. civ.* IV, n° 205; *D.* 2009. 161, obs. Delpech; *RTD com.* 2009. 192, obs. Legeais; 647, obs. Delebecque – POUR LA SAISIE de bons de capitalisation, considérés comme la saisie de sommes d'argent et non de valeurs mobilières : Civ. 2e, 10 juill. 2008, n° 07-14.658, *Bull. civ.* II, n° 181; *D.* 2009. 1044, obs. Martin et Synvet.

peut, par réquisition, interdire à une personne de se dessaisir des sommes, valeurs ou titres qu'il détient pour une autre. Mais aucune disposition n'interdit que ces biens puissent faire l'objet ensuite d'une procédure civile ou d'une mesure conservatoire et le détenteur engagerait sa responsabilité en refusant, négligeant ou omettant de tenir compte de la saisie. Certes, tant que la réquisition pénale reste en vigueur, il ne peut se dessaisir des biens saisis entre les mains du créancier saisissant[1], même avec l'autorisation du bien saisi. Mais la saisie n'en produit pas moins son effet d'indisponibilité et retrouve tous ses autres effets dès la mainlevée de la réquisition pénale.

C'est ainsi que, dans une affaire où un juge d'instruction, après avoir fait bloquer les comptes bancaires d'une personne mise en examen, avait autorisé ensuite la liquidation du compte titre et le versement à son titulaire du produit en résultant, la deuxième chambre civile de la Cour de cassation a jugé que la banque, qui n'avait pas informé le magistrat instructeur qu'entre-temps, le compte titre était devenu indisponible par l'effet d'une saisie conservatoire, avait commis une faute de nature à engager sa responsabilité[2].

1. Civ. 2e, 3 mai 2001, n° 98-23.118, *Bull. civ.* II, n° 88 – La défense faite au tiers saisi de se libérer des fonds saisis s'impose à toutes les parties à la saisie : Civ. 2e, 21 janv. 2010, nos 08-20.810 et 08-20.811, *Bull. civ.* II, n° 18; *Dr. et proc.* mai 2010, obs. Putman.

2. Civ. 2e, 23 nov. 2006, n° 05-10.933, *Bull. civ.* II, n° 328.

CHAPITRE

612. Mise en œuvre des mesures conservatoires

JEAN-MICHEL SOMMER
PRÉSIDENT DE CHAMBRE
À LA COUR D'APPEL DE VERSAILLES

SECTION 0 ORIENTEUR

612.00 **Plan du chapitre.**

612.01 **Textes applicables.**
C. pr. exéc., art. L. 111-3, L. 111-9, L. 121-4, L. 122-1, L. 511-1 à L. 511-4, L. 512-2, R. 121-1, R. 121-2, R. 121-23, R. 121-24, R. 122-1, R. 224-1, R. 511-1 à R. 511-8, R. 521-1, R. 522-1 à R. 522-3, R. 523-1, R. 523-3, R. 523-5, R. 524-1, R. 524-2 et R. 532-5.
C. civ., art. 220-1, 257 et 2314.
C. pr. civ., art. 493, 494, 495, 503, 696, 958 et 1476.
C. douanes, art. 341 *bis*.
C. com., art. L. 622-28.

SECTION 1 AUTORISATION PRÉALABLE

§ 1 Inutilité de l'autorisation en possession d'un titre ou face à certains défauts de paiement

612.11 **Titres et « *quasi-titres* ».** L'article L. 511-2 C. pr. exéc. dispose que l'autorisation préalable du juge n'est pas nécessaire lorsque le créancier se prévaut d'un titre exécutoire ou d'une décision de justice qui n'a pas encore force exécutoire. Il en est de même en cas de défaut de paiement d'une lettre de change acceptée, d'un billet à ordre, d'un chèque ou d'un loyer resté impayé dès lors qu'il résulte d'un contrat écrit de louage d'immeuble.

Ainsi, le Code des procédures civiles d'exécution assimile au titre ou au document cambiaire impayé le défaut de paiement de chèque ou du loyer. Cette assimilation, qui procède d'amendements parlementaires, a été critiquée[1] parce qu'elle fait perdre au titre exécutoire un peu de sa prééminence.

612.12 **Décisions de justice françaises.** La décision de justice est le premier des titres visés par le code (C. pr. exéc., art. L. 111-3 – v. s^s n°s 121.05 à 121.13). Bien entendu, il est loisible au porteur d'un titre exécutoire de pratiquer une mesure conservatoire (v. s^s n° 600.08). Mais l'article L. 511-2 C. pr. exéc. ne requiert pas que le titre soit exécutoire pour engager une mesure conservatoire sans autorisation judiciaire préalable : cette exigence est différée (v. s^s n°s 612.71 s.), de sorte que celui dont la créance est menacée peut agir sans subir les lenteurs éventuelles d'un procès au fond.

Sont donc **reçues toutes les décisions des juridictions des deux ordres**, même si ces décisions sont frappées de recours suspensif d'exécution ou sont encore susceptibles de l'être (ainsi pour un arrêt validant une saisie conservatoire pratiquée sans autorisation préalable sur la base d'un jugement frappé d'appel octroyant une prestation compensatoire[2] – De même pour un arrêt de divorce frappé de pourvoi, suspensif en la matière[3], ou encore pour

1. *RTD civ.* 1994. 688, chron. Perrot.
2. Civ. 2e, 17 oct. 2002, n° 01-00.495, *Bull. civ.* II, n° 230; *RTD civ.* 2003. 70, obs. Hauser; *Defrénois* 2003. 123, obs. Massip.
3. Paris, 8e ch. B, 4 juin 1998, *Rev. huiss.* 1999. 353, note Bourdillat.

une saisie pratiquée sur la base d'un arrêt de cassation qui constitue le tire exécutoire ouvrant droit à restitution des sommes versées en exécution de l'arrêt cassé[1]). En revanche, ne permettraient pas l'engagement d'une mesure conservatoire, un procès-verbal de conciliation non revêtu de la formule exécutoire; une décision de juge-commissaire arrêtant les honoraires d'un administrateur judiciaire[2]. On aurait pu penser que la production régulière et l'admission d'une créance au redressement judiciaire suffirait à pratiquer une mesure conservatoire sans autorisation judiciaire préalable. Pourtant, la Cour de cassation[3] paraît avoir admis le principe d'une autorisation, donc l'insuffisance de la production au passif.

La question pouvait aussi se poser à propos d'une **sentence arbitrale.** Émanant de juges privés, celle-ci peut-elle être considérée comme une décision de justice au sens de l'article L. 511-2 C. pr. exéc. ? La Cour de cassation l'a admis, même pour une décision arbitrale non exequaturée[4], la Haute juridiction considérant que l'expression « *décision de justice* » visée par ce texte était une dénomination générique désignant toute décision, émanant d'une juridiction étatique ou arbitrale. L'article 1476 C. pr. civ. dispose d'ailleurs que la sentence arbitrale a, dès qu'elle est rendue, l'autorité de la chose jugée relativement à la contestation qu'elle tranche.

Clôturant une controverse qui avait un temps opposé les juridictions du fond[5], la Cour de cassation est venue préciser qu'une saisie conservatoire ne peut être pratiquée sans autorisation judiciaire préalable sur le seul fondement d'une ordonnance d'injonction de payer non encore signifiée, une telle décision ne pouvant être assimilée à une décision de justice[6]. Autrement dit, l'acceptation de la requête portant injonction de payer par le juge d'instance ou le président du tribunal de commerce ne peut suppléer l'absence d'autorisation par le juge de l'exécution (JEX). Il est en revanche possible de faire pratiquer une mesure conservatoire sans autorisation judiciaire sur le fondement d'une ordonnance portant injonction de payer signifiée au débiteur, même si celle-ci n'est pas encore exécutoire. Par ailleurs, rien n'interdit à un créancier, après avoir obtenu l'autorisation du JEX de pratiquer une saisie conservatoire, de déposer une requête à fin d'injonction de payer[7].

612.13 Décisions de justice étrangères. La question de savoir s'il est possible de faire pratiquer une saisie conservatoire sur le fondement d'un jugement étranger sans autorisation préalable du JEX est délicate. S'il est indéniable qu'elle est possible lorsque le créancier dispose d'un jugement étranger revêtu de l'*exequatur*, puisqu'il s'agit, en ce cas, d'un titre exécutoire au sens de l'article L. 111-3 C. pr. exéc., la doctrine est plus partagée, en l'absence de jurisprudence, lorsque la décision n'est pas encore exequaturée. Majoritairement, les auteurs considèrent qu'une décision étrangère non encore revêtue de l'*exequatur* constitue à tout le moins une décision de justice qui n'a pas encore reçu force exécutoire au sens de l'article L. 511-2 C. pr. exéc., puisque c'est le propre de l'*exequatur* que de lui conférer cette qualité. Par conséquent, elle permet au créancier de faire procéder à des mesures conservatoires sans être autorisé préalablement par le juge[8]. Cette analyse ne fait cependant pas l'unanimité, certains auteurs considérant qu'elle est contraire au principe selon lequel les voies d'exécution ne peuvent avoir pour fondement qu'un titre émanant d'une autorité française[9] (v. aussi s^s^ n°s 1711.41 s.).

612.14 Actes notariés. S'ils sont revêtus de la formule exécutoire (ce qui est presque toujours le cas au moins en matière de bail, de prêt d'argent et de cautionnement), les actes notariés constituent des titres exécutoires (C. pr. exéc., art. L. 111-3, 4);

1. Civ. 2e, 17 févr. 2011, n° 09-72.964, NP.
2. TGI Senlis, JEX, 6 mai 1993, *D.* 1994. 346, obs. Julien.
3. Civ. 3e, 7 oct. 1998, n° 96-20.395, *Bull. civ.* III, n° 199.
4. Civ. 2e, 12 oct. 2006, n° 04-19.062, *Bull. civ.* II, n° 270; *D.* 2006. 3026, obs. Clay; *D.* 2007. 896, obs. Vigneau; *RTD civ.* 2007. 183, obs. Perrot; *RD banc. fin.* 2007. 118, obs. Piedelièvre; *Gaz. Pal.* 2007, n° 280, p. 16, note Brenner.
5. Chambéry, 23 nov. 2004, RG n° 2003/02109, cité par Perrot, « Injonction de payer et mesure conservatoire ou un accouplement inattendu », *Procédures* 2005. Étude 3 – TGI Meaux, JEX, 5 nov. 1999, *BICC* 15 oct. 2000, n° 1179, qui admettent la mesure sur le fondement d'une ordonnance d'injonction de payer non signifiée – Paris, 14e ch. A, 15 déc. 2004, comm. Perrot (préc. s^s^ prés^t^ n°); *D.* 2005. 342, note Strickler; *RD banc. fin.* 2005. Actu. 62, note Piedelièvre, au contraire qui la refusent.
6. Civ. 2e, 13 sept. 2007, n° 06-14.730, *Bull. civ.* II, n° 218; *RD banc. fin.* 2007. 227, note Piedelièvre; *D.* 2008. 648, chron. Sommer et Nicoletis; *JCP* 2008. I. 138 obs. Serinet; *RTD civ.* 2007. 813, note Perrot.
7. *RTD civ.* 2007. 813, note Perrot.
8. G. Cuniberti, « La mesure conservatoire pratiquée sur le fondement d'un jugement étranger : un nouveau défi pour l'huissier de justice », *Dr. et proc.* 2004. 190 – B. Audit, *Droit international privé,* 3e éd., Economica, 2000, n° 448 – P. Mayer et V. Heuzé, *Droit international privé,* 7e éd., Monchrestien, 2001, n° 454 – Rép. internat., *v° Voies d'exécution,* par Théry, n° 96 – G. Couchez, « Les incidences de la réforme des voies d'exécution sur le droit international privé », *Trav. Com. fr. DIP* 1995-1998, p. 123 s. – M. Muir-Watt, « Au pays des merveilles : le contentieux du provisoire dans l'ordre international », *Justices* 1997. 179 – Rép. internat., *v° Jugement étranger (matière civile et commerciale),* par Mauro, n° 61 – J.-P. Faget, « L'exécution de la saisie conservatoire des meubles corporels effectué sur la base des titres énumérés par l'article 68 de la loi de 1991 », *Rev. huiss.* 1994. 385 s.
9. R. Perrot et Ph. Théry, n° 1145.

donc, ils peuvent servir de fondement à des mesures conservatoires sans autorisation préalable (rappr. C. pr. civ., art. 502). La difficulté surgit lorsque l'acte notarié est ancien : l'évaluation de la créance par l'huissier poursuivant peut s'avérer aléatoire.

612.15 Impayés cambiaires. (V. s[s] n°s 111.12 et 111.24).

612.16 Chèque impayé. La question demeure posée de l'exigence du certificat de non-paiement avant que de pratiquer la mesure conservatoire sans autorisation judiciaire. Nous sommes d'avis que ce document n'est pas nécessaire.

612.17 Défaut de paiement des loyers. (V. s[s] n° 111.25).

§ 2
Nécessité d'une autorisation en droit commun

612.21 Juge de l'exécution, président du tribunal de commerce, juge d'instance, juge aux affaires familiales. Lorsque le créancier n'est pas dans les cas évoqués au (1°), l'autorisation de pratiquer une mesure conservatoire doit être sollicitée « *du juge* » (C. pr. exéc., art. L. 511-2, al. 1er). Il faut déterminer la compétence d'attribution et la compétence territoriale en la matière.

Les articles L. 511-3 et R. 511-2 C. pr. exéc. énoncent que l'autorisation est donnée par le JEX. Il s'agit d'une compétence exclusive d'ordre public, de sorte que toute clause contraire est réputée non avenue et que tout autre juge saisi doit relever d'office son incompétence (C. pr. exéc., art. R. 121-1 et R. 511-3). Ces textes prévoient cependant que l'autorisation peut aussi être accordée par le président du tribunal de commerce lorsque, demandée avant tout procès[1], elle tend à la conservation d'une créance relevant de la compétence de la juridiction commerciale. L'utilisation du verbe « *pouvoir* » implique qu'il ne s'agit que d'une possibilité offerte au créancier qui dispose toujours de la faculté de saisir le JEX et que celui-ci n'a pas à se déclarer incompétent au profit du président du tribunal de commerce.

612.22 Autres magistrats. Le juge d'instance a perdu la compétence qu'il avait en matière douanière depuis la modification de l'article 341 *bis* alinéa 2 du Code des douanes opérée par l'article 8, 3° de la loi n° 2011-862 du 13 décembre 2011 qui a donné désormais compétence au JEX[2]. De la même façon, le juge des référés (hors le cas de C. pr. pén., art. 5) ou encore le juge de la mise en état (v. s[s] n° 612.23) n'ont plus compétence pour autoriser une mesure conservatoire. Le premier président de la cour d'appel ne peut davantage se fonder sur les pouvoirs qu'il tient de l'article 958 C. pr. civ. en matière d'ordonnance sur requête pour autoriser une mesure conservatoire[3]. Le juge aux affaires familiales (JAF) a également perdu au profit du JEX la compétence que la jurisprudence lui reconnaissait d'autoriser des saisies conservatoires à titre de mesure d'urgence (C. civ., art. 220-1 et 257). Plusieurs raisons militent en ce sens, auxquelles la cour d'appel de Paris a fait droit[4] : la qualification d'acte d'administration que le Code des procédures civiles d'exécution donne aux saisies conservatoires (C. pr. exéc., art. L. 111-9) au lieu de celle d'acte conservatoire que visent restrictivement les articles 220-1 et 257 du Code civil; la compétence d'une juridiction d'exception, le juge aux affaires familiales, et non plus du président du tribunal de grande instance (L. 8 janv. 1993) pour autoriser les mesures urgentes; l'absence de recours contre les mesures urgentes prises par le JAF dans le cadre précis de l'article 257 du Code civil (C. pr. civ., art. 1107), inconvénient dont ne souffrent pas les ordonnances du JEX. Après l'ordonnance de non-conciliation, en revanche, le juge aux affaires familiales n'intervient plus que comme juge de la mise en état ou comme juge des référés, et ne pourrait plus être saisi sur requête (v. s[s] n° 612.23 – sur les conflits de compétence qui peuvent surgir entre le JEX et le JAF, à propos de mesures de nature conservatoire mais non régies par la loi du 9 juillet 1991, désormais codifié au Code des procédures civiles d'exécution, v. les observations de J. Hauser[5]). On signalera néanmoins les dispositions de la loi n° 2010-769 du 9 juillet 2010[6] qui autorise le juge aux affaires familiales à prendre les mesures de protection des victimes de violences prévues par le titre XIV du livre 1er du Code civil (C. civ., art. 515-9 s.).

612.23 Identification du juge de l'exécution. L'identification du JEX ne comporte pas de particularités par rapport au droit commun de l'exécution exposé plus haut (v. s[s] n°s 211.11 s., 211.22 et 211.81 s.). Cependant, la mesure conservatoire s'inscrivant souvent dans un contexte précontentieux puis contentieux des difficultés frontalières ont pu être soulevées, notamment par rapport au **juge de la mise**

1. Civ. 2e, 22 mars 2012, n° 10-24.778, NP.
2. Civ. 2e, 6 mai 1997, n° 95-11.249, *Bull. civ.* II, n° 134 – Civ. 2e, 6 avr. 2006, n° 04-14.855, *Bull. civ.* II, n° 107.
3. Versailles, req. 1er prés., 12 nov. 2014, Clos du M.
4. Paris, 1er fevr. 2001, *Dr. et proc.* 2001. 178, obs. Hoonakker – CONTRA : Lille, JEX, 19 oct. 1998, Moinot c/Moinot, NP.
5. *RTD civ.* 1996. 135, note Hauser.
6. L. n° 2010-769, 9 juill. 2010, relative aux violences faites spécifiquement aux femmes, aux violences au sein des couples et aux incidences de ces dernières sur les enfants, *JO* 28 juill., p. 13955.

en état (JME) et par rapport au **juge des référés.** Précisément, ces deux magistrats n'ont pas le pouvoir d'ordonner une mesure conservatoire au sens du Code des procédures civiles d'exécution (C. pr. civ., art. 771, 4°, pour le JME, v. C. Giverdon[1] – pour le juge des référés, v. N. Cayrol[2]) : les « *mesures conservatoires* » qui leur sont accessibles sont d'un autre ordre : séquestre, suspension de travaux ou de poursuites ou de grève...

Lorsqu'une instance est pendante entre poursuivant et poursuivi, la compétence d'ordre public du JEX s'impose au juge de la mise en état et au juge du fond[3].

612.24 Président du tribunal de commerce. Cette compétence est facultative et limitée par l'article L. 511-3 C. pr. exéc. (v. s^s^ n° 612.21) aux cas où la mesure, demandée avant tout procès, tend à la conservation d'une créance relevant de la compétence de la juridiction commerciale.

Mais il ne s'agit pas d'une compétence exclusive qui exclurait celle du JEX. Il s'ensuit que le JEX, devant qui est invoquée une créance commerciale, n'est pas fondé à relever son incompétence.

En outre, si un tribunal est déjà saisi pour juger la créance, le président de la juridiction consulaire devient incompétent, de sorte qu'il faut en revenir à la compétence de droit commun du JEX[4]. Il a été précisé à cet égard que la constitution de partie civile devant un juge d'instruction n'est pas une « *saisine de la juridiction* » et autorise donc le président du tribunal de commerce à statuer encore[5]. De même, le JEX a compétence, à l'exclusion du président du tribunal de commerce, pour autoriser une saisie conservatoire contre une caution assignée en justice, serait-elle assignée devant le tribunal de commerce[6].

En dernière part, et malgré certaines pressions de prêteurs à la consommation, la compétence consulaire a été restreinte par la loi nouvelle aux créances relevant de la compétence de la juridiction commerciale.

Sous ces réserves, la compétence du président du tribunal de commerce est loin d'être devenue résiduelle, tant en nombre qu'en importance économique[7].

612.25 Compétence territoriale (v. s^s^ n°s 213.07 s.). L'article R. 511-2 C. pr. exéc. énonce la règle de droit commun : le juge compétent pour autoriser une mesure conservatoire est le JEX du lieu où demeure le débiteur. L'article R. 511-3 C. pr. exéc. prescrit au juge de soulever d'office son incompétence, à la différence des règles de la saisie-attribution.

Le législateur met ainsi fin à la double possibilité des textes anciens : domicile du débiteur ou situation des biens à grever ou saisir. Il fuit aussi l'inutile complexité à laquelle il a succombé dans d'autres parties de la loi nouvelle[8]. Le lieu d'exécution de la mesure ne détermine plus la compétence que pour le débiteur dont la demeure est inconnue ou située à l'étranger (C. pr. exéc., art. R. 121-2). Toutefois, dans cette dernière hypothèse, le juge territorialement compétent est, en vertu du second alinéa de l'article R. 121-2, celui du lieu d'exécution de la mesure. Appliquant ce principe, la deuxième chambre civile en a déduit qu'une demande d'inscription judiciaire d'hypothèque devait être formée auprès du JEX du lieu de situation de l'immeuble. Si le débiteur possède plusieurs immeubles situés dans des circonscriptions judiciaires différentes, la Cour de cassation, adoptant le parti de la simplicité, considère que tout JEX dans le ressort duquel est situé l'un des immeubles du débiteur est compétent pour autoriser la mesure, même si certains des biens sur lesquels celle-ci va porter sont situés dans un autre ressort[9].

En cas de délégation des compétences du JEX par le président du TGI, ce dernier en fixe l'étendue territoriale (COJ, art. L. 213-5). Il n'est donc pas inconcevable qu'un juge d'un tribunal d'instance connaisse par délégation de mesures conservatoires qui toucheraient un débiteur ne demeurant pas dans le ressort de ce tribunal d'instance.

L'article R. 511-3 C. pr. exéc. énonce que toute clause contraire est réputée non avenue. Le juge saisi (à tort) doit relever d'office son incompétence.

§ 3
Requête

612.31 Textes applicables. L'article R. 511-1 C. pr. exéc. dispose que le demandeur à la mesure conservatoire doit saisir le juge par requête. La mesure

1. *J.-Cl. Pr. civ.,* fasc. 234, n° 9, Giverdon.
2. Rép. pr. civ., *v° Référé civil,* anc. éd., n°s 549 s.
3. EN CE SENS : D. Talon et M. Boitelle-Coussau, « Les mesures conservatoires », *Gaz. Pal.* 1993. 1. Doctr. 286 – TGI Chambéry, JEX, 15 juin 1993, *BICC,* n° 1171 ; *D.* 1994. 346, note Julien.
4. Paris, 7 sept. 2000, *Rev. huiss.* 2001. 130, obs. Brenner.
5. Lyon, 7 mars 1997, *JCP* 1997. IV. 2574.
6. Paris, 7 sept. 2000, *Dr. et proc.* 2001. 130, obs. Brenner.
7. P. Bénezra, « Les pouvoirs du président du tribunal de commerce en matière de mesures conservatoires », *Gaz. Pal.* 1993. 1. 616.
8. P. Hoonakker, « Le juge de l'exécution », *Gaz. Pal.* 1993. 1. Doctr. 321, § 39.
9. Civ. 2e, 9 nov. 2006, n° 04-19.138, *Bull. civ.* II, n° 310 ; *Procédures* 2007, n° 40, note Perrot ; *RTD civ.* 2007. 187, note Perrot ; *JCP* 2006. IV. 3362.

conservatoire est par excellence l'hypothèse dans laquelle le requérant est fondé à ne pas appeler la partie adverse, au sens de l'article 493 C. pr. civ. : avertir le débiteur peut suffire à compromettre l'efficacité de la saisie ou de la sûreté, voire à l'empêcher. L'exception au principe de la contradiction et au recours à l'assignation est donc largement justifiée. Telle était déjà naturellement la position du législateur en 1806 et en 1955.

612.32 **Auteur de la requête.** Le créancier peut présenter sa requête lui-même (arg. C. pr. exéc., art. L. 511-1 : « *Toute personne peut...* »). Le Code des procédures civiles d'exécution précise par ailleurs (C. pr. exéc., art. L. 121-4) que devant le JEX, les parties ont la faculté de se faire assister ou représenter selon les règles applicables devant le tribunal d'instance (C. pr. civ., art. 828 : essentiellement, avocat, conjoint, concubin, partenaire pacsé, parents et employés). Mais il faut étendre encore les possibilités de représentation par le jeu des articles R. 121-23 alinéa 2 et R. 121-24 C. pr. exéc. : ces textes agréent « *tout mandataire* », et expressément l'huissier de justice chargé de l'exécution.

En cas de saisine du président du tribunal de commerce, les règles de représentation sont celles du droit commun des requêtes devant cette juridiction (C. pr. civ., art. 853 à 874).

612.33 **Contenu.** La loi non plus que le décret ne donnent d'indications sur la présentation matérielle de la requête, moins encore sur son contenu. L'article 494 C. pr. civ. constitue en la matière un droit commun transposable[1].

Au titre de cette disposition, la requête doit être présentée en double exemplaire, dont l'un restera aux mains du greffe et l'autre est destiné à la signification du débiteur. Elle doit être motivée : sur les droits et obligations des parties, sur le principe de créance, sur son évaluation provisoire, sur la menace qui affecte le recouvrement, sur les risques de procès, sur les raisons et l'assiette de la mesure conservatoire demandée, en somme sur toutes les conditions de la mesure et sur toutes les circonstances éclairantes. L'exigence de motivation est d'autant plus forte que l'ordonnance va, très généralement, renvoyer par simple visa aux arguments du requérant (v. s[s] n° 612.42). Le requérant n'oubliera jamais que le contentieux n'est pas rare en la matière et que les énonciations de sa requête ne doivent pas être mensongères ou elliptiques, pour ne pas tourner ultérieurement à sa confusion.

La requête doit comporter l'indication précise des pièces invoquées. En effet, cette requête sera dénoncée au débiteur, avec l'ordonnance qui y satisfait : c'est par ce biais que le débiteur aura connaissance des documents qui sont invoqués contre lui (v. s[s] n° 612.54).

Diverses autres mentions formelles sont nécessaires. La requête doit indiquer la juridiction saisie lorsque le créancier, devançant les exigences de l'article R. 511-7 C. pr. exéc. du décret, a déjà déféré la question de fond à une juridiction. Bien que le texte ne le dise pas, la requête doit être signée et datée, et le mandataire, s'il en est un et qu'il ne soit pas avocat, doit joindre son mandat.

§ 4
Ordonnance

612.41 **Examen par le juge.** Le juge qui examine une requête aux fins de mesure conservatoire apprécie souverainement si la créance est fondée en son principe[2] et si le créancier justifie de circonstances de nature à en menacer le recouvrement[3]; cette référence à l'appréciation souveraine peut être étendue, nous semble-t-il, à tous les aspects du contrôle qu'exerce le juge sur la requête. Lorsqu'il examine la requête, le juge est rarement amené à la rejeter (sur l'esprit dans lequel le JEX examine la requête aux fins de mesure conservatoire, le lecteur se reportera s[s] n°s 611.46 et 611.53, sur le rôle du juge). La tradition et la raison commandent que s'établisse un dialogue avec le requérant, si le document et les pièces présentés au juge ne suffisent pas. Ce lien s'applique aux mesures conservatoires en particulier[4].

Si le rejet s'impose néanmoins, il doit être motivé, contrairement à certaines habitudes. Le rejet est susceptible d'appel dans les conditions de l'article 496 C. pr. civ., et non pas, là aussi contrairement à certaines habitudes, à un quelconque référé ou à une saisine du JEX. Le délai d'appel est de quinze jours.

612.42 **Motivation.** À la différence de la motivation de la requête, celle de l'ordonnance est régie spécialement par le décret du 31 juillet 1992, désor-

1. S. Guinchard (dir.), Dalloz action *Droit et pratique de la procédure civile,* 2014/2015, n°s 324.41 s., par P. Hoonakker.

2. Civ. 2e, 10 déc. 1998, n° 96-21.730, *Bull. civ.* II, n° 298; *JCP* 1999. IV. 1187 – Civ. 2e, 29 janv. 2004, n° 01-17.161, *Bull. civ.* II, n° 35; *D.* 2004. 296; *RTD civ.* 2004. 353, obs. Perrot; *RTD com.* 2004. 780, obs. Storck; *JCP* 2004. IV. 1565; *Procédures* 2004, n° 99, note Salati; *Dr. sociétés* 2004, n° 89, obs. Bonneau; *Dr. et proc.* 2004. 221, obs. Piedelièvre; *Gaz. Pal.* 21-22 juill. 2004. 30, obs. Brener; *Banque et Droit* sept.-oct. 2004. 71, obs. Storck – Civ. 2e, 8 déc. 2005, n° 04-13.629, NP.
3. Civ. 2e, 18 déc. 2003, n° 02-11.327, NP.
4. T. Fossier et A. Gariazzo, « Requête et ordonnance du juge de l'exécution », *Rev. jur. Ouest, Voies d'exécution,* n° spéc., 1994.

mais codifié au Code des procédures civiles d'exécution. L'article 495 C. pr. civ. constitue cependant un droit commun transposable et nécessaire[1]. En pratique, le JEX ou président du tribunal de commerce va renvoyer, par simple mention : « *Vu la requête qui précède et les pièces qui y sont jointes* », à la motivation de cette requête. La plupart des professionnels du droit préparent une ordonnance en conséquence, en laissant en blanc la somme, la date et le nom du signataire. Mais il est bien entendu loisible au juge de s'affranchir de ces coutumes, et notamment de motiver spécialement quand il n'avalise pas complètement les propositions du requérant (ex. : diminution de la somme pour laquelle la mesure conservatoire est prise).

Quant aux dispositions spéciales, elles exigent que le juge détermine le montant des sommes pour la garantie desquelles la mesure conservatoire est autorisée et précise les biens sur lesquels elle porte (C. pr. exéc., art. R. 511-4). Ainsi, s'il peut autoriser une mesure conservatoire par l'adoption des motifs de la requête qui le saisit, il doit déterminer lui-même le montant des sommes pour la garantie desquelles la saisie est adoptée, la simple référence à la requête ne suffisant pas à satisfaire aux exigences de l'article R. 511-4 C. pr. exéc.[2]

Les tiers chargés de l'exécution de la mesure conservatoire (banquier, conservateur des hypothèques, greffe du tribunal de commerce, *etc.*) ont absolument besoin de cette précision; le débiteur a droit aussi de savoir à quelle hauteur son patrimoine est atteint et quelles prétentions a le poursuivant; le juge, enfin, doit rapprocher les enjeux des risques de la mesure sollicitée. Ledit juge dispose bien entendu de tout pouvoir pour cantonner, même d'office, les prétentions du poursuivant (en ce sens à propos de l'autorisation préalable à l'ancienne saisie-arrêt, v. Glasson, Morel et Tissier[3], Garsonnet et Cézar-Bru[4])[5].

L'indication de la nature des biens est une exigence assez faible : le créancier poursuivant n'a pas nécessairement une idée précise des éléments de patrimoine dont il va découvrir l'existence. L'identification complète des comptes bancaires n'est certainement pas requise par le texte[6]. Le juge peut exiger davantage de précisions, à notre avis, lorsque la mesure conservatoire doit porter sur des éléments clairement identifiables : immeubles, droits d'associés, meubles précieux.

L'ordonnance doit être datée, à peine de nullité[7]. En revanche la signature du greffier est superflue[8].

612.43 **Débat contradictoire.** L'article R. 511-5 C. pr. exéc. prévoit qu'en autorisant la mesure conservatoire, le juge peut décider de réexaminer sa décision et les modalités de son exécution au vu d'un débat contradictoire.

Dans ce cas, le juge fixe la date de l'audience, sans préjudice du droit pour le débiteur de le saisir pour une date plus rapprochée (C. pr. exéc., art. R. 511-5, al. 1er et 2); le débiteur est assigné par le créancier, le cas échéant, dans l'acte qui dénonce la saisie (C. pr. exéc., art. R. 511-5, al. 3).

Le dispositif n'est pas réservé, contrairement à ce que laisserait penser la lettre du texte réglementaire (C. pr. exéc., art. R. 511-5, al. 3) aux saisies conservatoires; il est possible aussi pour les sûretés car l'article 69 de la loi vise toute mesure conservatoire.

612.44 **Mentions diverses.** Le JEX ou le président du tribunal de commerce ont, conformément à la doctrine en matière d'ordonnance sur requête (v. ss no 612.41, à propos de la détermination des sommes), toute latitude pour porter d'autres mentions dans l'ordonnance : conditions particulières de date ou de lieu de mise en œuvre, désignation d'un huissier de justice déterminé (sous réserve de compétence territoriale; on pense notamment au président de la chambre départementale pour des saisies très délicates), fixation de délais particuliers[9].

Le juge peut même prévoir à quelles conditions le débiteur pourra se libérer de la mesure conservatoire, notamment en offrant telle garantie ou en consignant telle somme (se prononcent en ce sens, Garsonnet et Cézar-Bru[10]; ainsi que Glasson, Tissier et Morel[11]. – E. du Rusquec, semble au contraire estimer que le législateur n'a manifestement pas entendu consacrer cette pratique pourtant connue[12]).

1. S. Guinchard (dir.), Dalloz action *Droit et pratique de la procédure civile*, 2014/2015, nos 412.141 s., par N. Fricero.
2. Civ. 2e, 10 juill. 2003, no 01-15.874, *Bull. civ.* II, no 246.
3. D. Glasson, R. Morel et A. Tissier, *Traité théorique et pratique d'organisation judiciaire, de compétence et de procédure civile*, Librairie Recueil Sirey, 1925, no 1094.
4. E. Garsonnet et C. Cézar-Bru, *Traité théorique et pratique de procédure civile et commerciale*, éd. GALA, MOML, 2013, no 185.
5. POUR une application après la réforme : TGI Lyon, JEX, 7 nov. 1995, *D.* 1996. 270, note Prévault.
6. *CONTRA* : TGI Bastia, JEX, 1er mars 1993, *BICC* 1er juill. 1993; *D.* 1994. 346, OBS. CRIT. Julien.
7. Civ. 2e, 8 juill. 2010, no 09-16.061, NP.
8. Civ. 1re, 17 juill. 1996, no 95-01.002, *Bull. civ.* I, no 328.
9. Paris, 3 oct. 1891, *S.* 1892. 2. 209.
10. E. Garsonnet et C. Cézar-Bru, *Traité théorique et pratique de procédure civile et commerciale*, éd. GALA, MOML, 2013, no 185.
11. D. Glasson, A. Tissier et R. Morel, *Traité théorique et pratique d'organisation judiciaire, de compétence et de procédure civile*, Librairie Recueil Sirey, 1925, no 1094.
12. *J.-Cl. Pr. civ., vo Mesures conservatoires – Dispositions communes*, no 146, par du Rusquec.

Enfin, le juge peut, toujours en vertu de la même liberté d'action propre à la requête, statuer d'avance sur les dépens; l'avance, en la matière, en sera inévitablement faite par le poursuivant; mais les articles 696 C. pr. civ. et L. 512-2 C. pr. exéc. les mettent normalement à la charge terminale du débiteur et l'ordonnance pourrait en décider autrement, à la seule condition d'énoncer clairement quels dépens il vise, le surplus étant laissé à la décision du juge du fond.

612.45 **Mesures conservatoires en matière douanière et présomption d'innocence.** La procédure engagée par l'administration des douanes qui, invoquant des infractions douanières, tend à obtenir d'un JEX l'autorisation de pratiquer des mesures conservatoires à l'encontre d'une personne, n'a pas pour objet de déterminer si celle-ci est coupable des infractions reprochées, ni même si l'administration dispose d'une créance fondée en son principe, mais seulement de rechercher si des mesures conservatoires peuvent être ordonnées au vu de l'apparence d'une telle créance. Par conséquent, la décision du JEX, qui n'a qu'un effet provisoire, ne tend pas à la fixation d'une créance et ne s'impose pas au juge pénal, ne heurte pas le principe du respect de la présomption d'innocence[1].

§ 5
Exécution de l'ordonnance

612.51 **Plan.** Afin de garantir, mieux encore que dans la législation antérieure, que la mesure conservatoire est un moyen de préparer l'exécution d'un titre et non pas de faire pression sans fin sur un débiteur, la loi exige que le créancier prenne rapidement position : il peut délaisser l'ordonnance rendue si elle ne satisfait pas exactement à ses attentes; mais, s'il l'utilise, il doit le faire vite et se munir dans les meilleurs délais d'un titre exécutoire.

612.52 **Exécution facultative.** L'exécution d'une ordonnance d'autorisation judiciaire n'est pas un devoir mais un droit. Cette règle, conséquence traditionnelle du principe dispositif, est surtout vraie en matière de requêtes et s'applique aussi en matière de mesures conservatoires : le créancier peut être payé au dernier moment, modifier sa tactique de recouvrement, trouver un accord avec le débiteur.

La question s'est cependant posée de savoir si le débiteur ou des tiers pouvaient se plaindre de l'inexécution d'une autorisation d'agir et obtenir une indemnité de ce chef. Pour le débiteur, l'hypothèse est peu vraisemblable; à supposer qu'il ait intérêt à subir telle mesure conservatoire, il lui serait opposé sa propre inertie dans le paiement. En revanche, des créanciers pourraient déplorer que leur débiteur, porteur d'une autorisation d'agir contre ses propres débiteurs, n'en use pas; il leur faudrait alors engager la mesure conservatoire par voie oblique, ce qui est parfaitement possible (v. s^s^ n° 611.11), faire attraire le créancier/débiteur intermédiaire à la cause pour lui réclamer des dommages-intérêts. Pourraient également s'inquiéter de l'immobilisme d'un créancier porteur d'une autorisation de mesure conservatoire les cautions du débiteur principal : l'article 2314 du Code civil, qui décharge la caution dans certains cas d'inertie du créancier, a trouvé une application lorsque l'autorisation de mesure conservatoire était d'origine conventionnelle[2], puisqu'en omettant ainsi de mettre en œuvre la mesure, le créancier commet une faute rendant impossible la subrogation des cautions dans cette garantie.

C'est ainsi qu'il a été jugé que le créancier qui, dans le même temps, se garantit par un cautionnement et constitue une sûreté provisoire, s'oblige envers la caution à rendre cette sûreté définitive[3].

En tout cas, s'il procède à l'exécution de l'ordonnance dont il est bénéficiaire, le créancier le fait sous sa seule responsabilité : l'État, du fait du juge, ne peut être poursuivi si cette exécution dégénère en préjudice illégitime. Et l'autorisation donnée par le juge de pratiquer la saisie n'exclut pas, par principe, la recherche, en fonction des circonstances, de la responsabilité du saisissant pour abus de saisie[4].

En revanche, le créancier, s'il exécute, doit le faire dans les termes stricts qui lui ont été réservés par le juge.

612.53 **Copie exécutoire ou minute.** S'il choisit d'utiliser l'ordonnance rendue, le créancier doit d'abord en demander la minute; celle-ci suffit à l'exécution sans apposition de la formule exécutoire par exception à l'article 503 alinéa 2 C. pr. civ. (C. pr. civ., art. 495, al. 2 – v. Hébraud[5] – Sur les avantages de l'exécution sur minute, v. s^s^ n° 121.25).

Au demeurant, il n'est pas interdit au poursuivant de pratiquer sa mesure conservatoire avec une

1. Civ. 2e, 20 nov. 2003, n° 01-17.713, *Bull. civ.* II, n° 350; *Rev. huiss.* 2004, obs. Leborgne; *RTD civ.* 2004. 143, obs. Perrot.

2. Civ. 1re, 9 mai 1994, n° 91-21.162, *Bull. civ.* I, n° 169; *RTD civ.* 1994. 906, obs. Brandac – POUR UNE SOLUTION SIMILAIRE sous le régime antérieur à la loi de 1991 : Civ. 1re, 24 févr. 1982, n° 81-10.163, *Bull. civ.* I, n° 89.
3. Cass., ch. mixte, 17 nov. 2006, n° 04-19.123, *Bull. ch. mixte*, n° 10; *D.* 2006. 2907, obs. Avena-Robardet; *RTD civ.* 2007. 157, note Crocq; *Defrénois* 2007. 688, note Piedelièvre; *RTD com.* 2007. 215, note Legeais.
4. A propos de la saisie conservatoire d'un navire : Com. 23 avr. 2013, n° 12-12.101, *Bull. civ.* IV, n° 67.
5. *RTD civ.* 1959. 159, note Hébraud.

« *grosse* » (copie revêtue de la formule exécutoire) conformément au droit commun des actes juridictionnels (C. pr. civ., art. 465 et 502).

612.54 Notification de l'autorisation. La notification de l'ordonnance qui autorise la mesure conservatoire n'est pas prévue de façon générale au profit du débiteur, par les textes spéciaux de 1991 et 1992. Elle est cependant exigée du créancier par les dispositions spécifiques à chaque type de mesures conservatoires : articles R. 522-1 à R. 522-3 C. pr. exéc. pour la saisie conservatoire sur les biens meubles corporels, article R. 523-3 C. pr. exéc. pour la saisie conservatoire de créance, article R. 524-2 C. pr. exéc. pour la saisie conservatoire des droits d'associés et de valeurs mobilières et l'article R. 532-5 C. pr. exéc. pour l'inscription judiciaire provisoire qui prévoient que l'acte par lequel la saisie conservatoire est portée à la connaissance du débiteur contient une copie de l'autorisation du juge.

Cette notification se fait soit au moment où s'exécute la mesure conservatoire, si elle porte sur un bien corporel [1] et se fait en présence du débiteur, soit, dans les autres cas, lors de la dénonciation de la mesure. Cette notification ne s'accomplit pas en dehors des règles de droit commun qui régissent les ordonnances sur requête, et notamment l'article 495 C. pr. civ. qui prévoit, en son troisième alinéa, qu'elle doit être, avec la requête, laissée à la personne à laquelle elle est opposée [2]. Par conséquent, le créancier saisissant est tenu, lorsqu'il signifie au débiteur saisi la décision du juge qui autorise la requête, de remettre aussi au débiteur une copie de cette requête. Ainsi, pour la Cour de cassation « *fait une exacte application des articles 236 du décret du 31 juillet 1992* [devenu C. pr. exéc., art. R. 523-3] *et 495 du nouveau Code de procédure civile la cour d'appel qui retient que le premier de ces textes n'exclut pas l'application du second et que l'omission par l'huissier de justice de signifier la requête en même temps que l'ordonnance du juge autorisant la saisie justifie l'annulation de la dénonciation de la saisie conservatoire* » [3].

Le créancier peut enfin être conduit à porter l'ordonnance à la connaissance des tiers : le détenteur d'un bien meuble (C. pr. exéc., art. R. 521-1), le banquier qui tient les comptes ou garde les valeurs mobilières, le conservateur des hypothèques, le greffier du tribunal de commerce, les créanciers concurrents, *etc.* Le détail de ces démarches complémentaires est décrit à propos de chaque saisie conservatoire ou sûreté judiciaire.

1. Si la saisie conservatoire est pratiquée avec un titre, la notification de ce titre n'est pas exigée. POUR UN EXEMPLE en matière de saisie conservatoire d'un navire : Com. 4 mars 2014, n° 13-10.092, *Bull. civ.* IV, n° 42.
2. POUR l'application de l'article 495 C. pr. civ. à la dénonciation d'inscriptions provisoires d'hypothèques provisoires : Civ. 2e, 4 juin 2009, n° 08-13.498, NP.
3. Civ. 2e, 6 déc. 2001, n° 99-19.894, *Bull. civ.* II, n° 184; *D.* 2002. 258; *RTD. civ.* 2002. 362, obs. Perrot; *Procédures 2002, n° 26, obs. Perrot; Dr. et proc.* 2002. 178, obs. Dymant – EN CE SENS MÊME SENS : Civ. 2e, 11 mai 2000, n° 98-17.890, NP – *A CONTRARIO* : Civ. 2e, 21 mars 2002, n° 00-14.676, NP.

SECTION 2
PROCÈS-VERBAL DE MESURE CONSERVATOIRE

612.61 Principe de spécialité. Exécuter une mesure conservatoire consiste successivement en la délivrance d'un acte, dans un délai déterminé s'il a fallu recourir à une autorisation judiciaire préalable, puis en la dénonciation de cet acte au débiteur réel ou prétendu.

L'acte dont il s'agit est en général un procès-verbal d'huissier de justice. Par exception, les sûretés judiciaires provisoires peuvent être inscrites par le créancier personnellement ou par un mandataire (C. pr. exéc., art. L. 122-1 et R. 122-1 – v. s^{s} n°s 631.11 et 632.11), sur un formulaire le plus souvent fourni par le tiers qui enregistre l'inscription. Le détail de cet énoncé figure dans les chapitres qui suivent.

Il nous semble que l'ordonnance d'autorisation n'est valable que pour une mesure ou série de mesures déterminées; si le poursuivant a commis une erreur sur les possibilités réelles de mesure conservatoire, il ne pourra pas réitérer la signification plus tard ou ailleurs et devra présenter une nouvelle requête mieux articulée [4].

La Cour de cassation admet cependant [5], qu'un simple changement de tiers saisi ne constitue pas une circonstance qui rendrait nécessaire une ordonnance nouvelle du JEX.

612.62 Mentions du procès-verbal ou bordereau – Nullités – Frais. Chaque mesure conservatoire est faite selon des modalités qui lui sont propres, qui se réfèrent d'ailleurs le plus souvent aux procès-verbaux de la mesure d'exécution correspondante, et qui seront détaillées par conséquent plus loin mesure par mesure. Il faut signaler cependant dès maintenant que les mentions de ces procès-verbaux sont exigées à peine de nullité (C. pr. exéc., art. R. 522-1, R. 523-1, R. 524-1 al. 2, et R. 224-1) en matière de saisies conservatoires; les sûretés judiciaires provisoires ne connaissent pas cette sanction (sur les frais des mesures conservatoires,

4. TGI Grenoble, JEX, 4 mai 1998, n° 98-1699, NP.
5. Civ. 2e, 6 juill. 2000, n° 98-22.997, *Bull. civ.* II, n° 118.

v. s[s] n°s 300.04 à 314.31). Un clerc a, selon la cour d'appel de Paris[1], compétence pour établir le procès-verbal de mesure conservatoire.

612.63 Délai d'exécution en cas d'ordonnance préalable. L'exécution de la mesure doit être effective dans les trois mois de l'ordonnance (C. pr. exéc., art. R. 511-6), à peine de caducité de celle-ci.

Par un arrêt du 22 mars 2012, la Cour de cassation, après avoir constaté qu'une cour d'appel n'était pas tenue de faire droit à une demande de rétractation d'une autorisation d'inscriptions d'hypothèques provisoires donnée par un président de tribunal de commerce incompétent, au motif que, saisie de l'entier litige par l'effet de la dévolution, cette cour d'appel était juridiction d'appel tant du juge de l'exécution que du président du tribunal de commerce, a considéré que la mesure conservatoire, bien qu'ordonnée par un juge incompétent, avait été exécutée dans le délai légal. La solution peut surprendre mais, dès lors qu'elle approuvait la cour d'appel de n'avoir ni rétracté l'ordonnance ni prononcé la caducité des mesures, la Cour de cassation a naturellement jugé que le délai de trois mois avait été respecté et qu'il n'y avait pas lieu, pour la cour d'appel, d'autoriser le créancier à inscrire de nouvelles hypothèques provisoires[2].

On notera que ce **délai de trois mois** court du jour de l'ordonnance, et non pas de sa signification : bien que la jurisprudence retarde dans ce genre d'hypothèses le point de départ des délais au jour de la remise effective de la copie par le greffe[3], le requérant ne devra pas tarder à lever la copie exécutoire (ou s'il préfère, la minute) auprès du JEX ou du président du tribunal de commerce (sur le cumul de ce délai avec celui d'assignation au fond, sur la computation et sur les avantages de la caducité sur la nullité, v. s[s] n° 612.77).

612.64 Dénonciation au débiteur. Le créancier devra sous huit jours, qu'il y ait eu ordonnance préalable ou pas, dénoncer l'exécution de la mesure conservatoire au débiteur[4] (C. pr. exéc., art. R. 523-3 et R. 524-2 - pour les sûretés, C. pr. exéc., art. R. 532-5).

Pour la délivrance de l'acte de dénonciation, les huissiers de justice retrouvent leur monopole (ex. : C. pr. exéc., art. R. 532-5). Cet acte se confond avec la signification d'ordonnance et avec l'acte de saisie lorsque cette dernière est faite entre les mains du débiteur lui-même (v. s[s] n° 612.54).

Le créancier peut aussi être contraint de signifier l'acte d'exécution à des tiers. Le même renvoi que dans le numéro précédent sera fait à chaque mesure.

SECTION 3

OBTENTION DU TITRE EXÉCUTOIRE

612.71 Nécessité et cas. Les articles L. 511-4 er R. 511-7 alinéa 1er énoncent que si ce n'est dans le cas où la mesure conservatoire a été pratiquée avec un titre exécutoire, le créancier doit, dans le mois qui suit l'exécution de la mesure, à peine de caducité, engager, poursuivre ou introduire une procédure ou accomplir les formalités nécessaires à l'obtention d'un titre exécutoire.

L'obtention d'un titre exécutoire s'impose au créancier qui a pratiqué la mesure sur ordonnance du juge[5] ou bien sur décision de justice non exécutoire, ou défaut de paiement. Seul celui qui avait un véritable titre exécutoire au sens de l'article L. 111-3 C. pr. exéc. est dispensé d'une procédure au fond. On signalera que, selon un arrêt rendu le 17 novembre 2004 par la troisième chambre civile de la Cour de cassation, une transaction non déclarée exécutoire par le juge ne constitue pas un titre exécutoire[6].

Bien entendu, le créancier qui a pratiqué la mesure avec une décision de justice non encore exécutoire doit simplement attendre que cette qualité soit acquise : une nouvelle instance au fond se heurterait à l'autorité de chose jugée. De même, si le créancier a déjà engagé une procédure en vue de l'obtention d'un titre avant d'avoir fait procéder à la saisie, il n'est pas tenu de réitérer son action dans le délai d'un mois. Il lui suffit de justifier dans ce délai de l'accomplissement des formalités accomplies pour l'obtention du titre[7]. Mais il a aussi été jugé que, si le même jour, le créancier pratique une mesure conservatoire entre les mains d'un tiers et accomplit les diligences nécessaires à l'obtention d'un titre exécutoire, il doit, dans les huit jours de leur date et à peine de caducité de la mesure, conformément aux dispositions de l'article 216 du décret du 31 juillet 1992 (devenu C. pr. exéc., art. R. 511-8 - v. s[s] n° 612.78), signifier au tiers une copie des actes attestant lesdites diligences[8].

1. Paris, 8e ch. B, 21 oct. 1999, *BICC* 15 oct. 2000, n° 1178.
2. Civ. 2e, 22 mars 2012, n° 10-24.778 (préc. s[s] n° 612.21).
3. Civ. 2e, 16 juill. 1992, n° 90-21.922, *Bull. civ.* II, n° 212; *D.* 1993. 186, note Julien; *RTD civ.* 1993. 194, obs. Perrot.
4. TGI Clermont-Ferrand, JEX, 1er avr. 1993, *Rev. huiss.* 1994. 670.
5. *CONTRA* (peut-être) : TGI Paris, JEX, 25 mars 1996, *BICC* 1996, n° 586.
6. Civ. 3e, 17 nov. 2004, n° 02-10.296, NP.
7. Civ. 2e, 8 déc. 2005, n° 04-14.526, NP.
8. Civ. 2e, 15 janv. 2009, n° 07-21.804, *Bull. civ.* II, n° 19; *Procédures* 2009, n° 80, obs. Perrot.

612.72 Rien dans la loi nouvelle n'interdit d'obtenir un titre par le biais :

- d'une ordonnance de référé : celle-ci suffira à la conversion ou à la consolidation de la mesure conservatoire. Cependant, dans l'hypothèse où le juge des référés considérerait finalement que la demande excède ses pouvoirs, la procédure n'en est pas moins validée et échappe à la caducité si le saisissant obtient par la suite du juge du fond un titre exécutoire; la Cour de cassation estime en effet que l'article R. 511-7 C. pr. exéc. vise seulement le délai dans lequel une procédure doit être introduite, et non celui dans lequel un titre exécutoire doit être obtenu[1];

- d'une décision d'arbitrage[2] ou un jugement étranger[3] même si de telles procédures requièrent en outre une instance ultérieure en *exequatur* (sur la possibilité de faire pratiquer une saisie conservatoire sans autorisation préalable sur le fondement d'un jugement étranger, v. s^s n° 612.13);

- d'une plainte avec constitution de partie civile, lorsqu'elle permet d'obtenir des dommages-intérêts[4], ce qui n'est pas le cas d'une plainte contre X...[5]. Jugé aussi que la plainte au procureur de la République, émanerait-elle du service des douanes, n'est pas la saisine d'une juridiction[6];

- d'une injonction de payer (exigeant cependant que la requête soit connue du débiteur dans le délai d'un mois, ce qui implique le rendu de l'ordonnance et sa signification dans ce même délai)[7]. Cette faculté est même expressément prévue par l'article R. 511-7 alinéa 2 C. pr. exéc.; en cas de rejet de la requête en injonction, le créancier dispose d'un mois supplémentaire pour saisir le juge par un autre moyen, mais il s'agit alors, non plus de l'obtention d'un titre, mais de l'obtention d'une décision de fond, selon la lettre du texte; il ne suffirait pas de saisir le juge des référés pour obtenir une provision[8];

- d'une vérification fiscale de comptabilité, considérée comme équivalente à une assignation[9];

- d'une notification de redressement fiscal, avec saisine de la commission *ad hoc*[10];

- du dépôt au greffe d'un procès-verbal de difficultés dressé par un notaire désigné pour procéder à la liquidation de droits patrimoniaux de deux époux[11];

- de l'introduction d'une procédure de confiscation d'un immeuble devant une autorité judiciaire étrangère[12].

612.73 Le titre recherché doit concerner directement et précisément la créance dont le simple principe fondait la mesure conservatoire. Ainsi, une assignation en divorce ne satisferait pas à l'exigence de l'article R. 511-7 C. pr. exéc. dans le cas où la créance fondant la mesure conservatoire aurait pour cause les droits patrimoniaux à liquider entre chaque époux[13].

A aussi été jugé que l'exercice d'une action paulienne n'introduit pas non plus une action en vue d'obtenir un titre exécutoire au sens de l'article 215 du décret du 31 juillet 1992 (désormais C. pr. exéc., art. R. 511-7)[14].

Toutefois, la condition posée par les articles L. 511-4 et R. 511-7 C. pr. exéc. est remplie par l'assignation, dans le délai prévu, aux fins de condamnation au paiement de la créance revendiquée à l'appui de la requête aux fins de mesure conservatoire, peu important que le fondement juridique de cette action diffère de celui invoqué dans la requête aux fins de mesure conservatoire[15].

612.74 *Quid* de l'hypothèse de saisine d'un juge incompétent ? Dans l'opinion dominante, cette saisine ne conservait pas le délai et la mesure conservatoire devenait caduque[16]. Mais la Cour de

1. Civ. 2e, 18 févr. 1999, n° 96-15.272, *Bull. civ.* II, n° 34; *D.* 1999. 218, OBS. APPROB. Julien; *D.* 2000. 813, NOTE APPROB. Hoonakker; *RTD civ.* 1999. 472, NOTE CRIT. Perrot – *CONTRA* : Paris, 17 févr. 1997, *D.* 1997. 464, NOTE CRIT. Hoonakker.
2. Com. 14 oct. 1997, n° 95-17.706, *Bull. civ.* IV, n° 259; *D.* 1997. 243; *RTD civ.* 1998. 483, obs. Perrot.
3. Paris, 2 oct. 1997, *D.* 1997. 238.
4. Civ. 2e, 30 mars 2000, n° 98-12.782, *Bull. civ.* II, n° 58; *D.* 2000. 154; *JCP* 2000. IV. 1871; *Gaz. Pal.* 8 déc. 2000. 21, obs. Véron; *Procédures* 2000, n° 114, obs. Perrot.
5. Civ. 2e, 21 nov. 2002, n° 01-02.705, *Bull. civ.* II, n° 267; *Procédures* 2003, nos 3, 61, p. 13-15, note Perrot – Civ. 2e, 30 mars 2000, n° 98-12.782, *Bull. civ.* II, n° 58; *JCP* 2003. IV. 1968; *Act. proc. coll.* 2003, n° 17, note Regnault.
6. Com. 27 juin 2000, n° 98-15.911, *Bull. civ.* IV, n° 131; *D.* 2000. 223.
7. TGI Carpentras, JEX, 20 janv. 1999, *Annonces de la Seine* 3 mai 1999, suppl. p. 16; *BICC* 15 juin 1999, n° 785.
8. Civ. 2e, 5 juill. 2001, n° 99-19.512, *Bull. civ.* II, n° 132; *D.* 2001. 2563; *RTD civ.* 2001. 960, obs. Perrot; *Dr. et proc.* 2002. 42, obs. Hoonakker; *JCP* 2002. II. 10110, note Gentili; *Procédures* 2001, n° 209, obs. Perrot.
9. Civ. 2e, 4 oct. 2001, n° 99-19.986, *Bull. civ.* II, n° 151; *D.* 2001. 3093; *JCP* 2001. II. 10023, note Croze et Masson.
10. Paris, 16 nov. 2000, *D.* 2001. 284.
11. Civ. 2e, 20 janv. 2011, n° 10-10.919, NP.
12. Civ. 2e, 4 juin 2009, n° 08-16.142, *Bull. civ.* II, n° 143; *D.* 2009. 2250, note Cutajar.
13. Cass., avis, 9 févr. 1998, n° 09-70.011, *Bull. avis*, n° 3; *Rev. huiss.* 1998. 571; *Gaz. Pal.* 1999. 1. Somm. 113, note approb. Moussa; *Procédures* 1998, n° 143, note Croze.
14. Montpellier, 15 déc. 2003, *Dr. et proc.* 2004. 169, obs. Lefort.
15. Civ. 2e, 26 sept. 2013, n° 12-23.234, *Bull. civ.* II, n° 183.
16. Talon, note ss TGI Paris, JEX, 25 sept. 1997, *Gaz. Pal.* 1998. 2. 369; *RTD civ.* 1999. 472, note Perrot, et les arrêts cités antérieurs à la réforme.

cassation[1] a résolu de prendre le parti inverse, rejoignant ainsi une thèse moins répandue[2] et une option d'un juge du fond[3] : satisfait aux exigences de l'article R. 511-7 C. pr. exéc. le créancier qui délivre une assignation dans les délais prévus par ce texte, même devant une juridiction incompétente. On rapprochera de cette hypothèse le cas où l'assignation au fond porte une date d'audience erronée et où il faut la refaire au-delà du délai d'un mois : nous sommes d'avis qu'un simple avenant à l'assignation d'origine permet de rectifier cette information, l'assignation d'origine conservant alors sa date et donc son effet interruptif.

612.75 ***Dies a quo.*** L'exécution de la mesure constitue le point de départ du délai d'un mois visé par les textes. La notion a été examinée (v. s^s n° 612.63) à propos de la caducité (sur le cumul de ce délai avec celui de l'exécution de la mesure, v. s^s n° 612.77).

612.76 ***Dies ad quem.*** Le Parlement a retenu un terme (« *engager ou poursuivre* ») que le texte réglementaire a tenté de préciser (« *introduire* »).

Il est certain que si la procédure au fond était déjà pendante au jour de l'exécution de la mesure conservatoire, il est superflu de réassigner et il suffit d'accomplir les diligences nécessaires au déroulement de la procédure commencée et de les porter à la connaissance des tiers[4] (dans le cas de procédure orale, la preuve de la reprise de la procédure au fond peut poser quelques difficultés matérielles - dans le cas de procédure écrite, la signification de conclusions démontre les diligences).

Dans tous les autres cas, engager une procédure signifie procéder à l'assignation de l'adversaire. Ainsi que voulait le suggérer la doctrine[5], l'enrôlement n'est pas exigé par la jurisprudence[6] (ainsi pour un créancier bénéficiant du privilège du préalable[7]), à l'instar d'ailleurs de ce qui est décidé en matière de saisie-attribution. De la sorte, le créancier, ou son avocat, peut récupérer posément le second original auprès de l'huissier de justice, et ne souffre pas des horaires des greffes, tandis que l'huissier dispose du temps nécessaire pour dénoncer l'assignation au tiers saisi.

Il va de soi que ce qui est exigé du créancier est l'introduction d'une procédure et non point l'obtention du titre, processus qui lui échappe[8].

612.77 **Cumul des délais, caractères, computation, sanction.** Le délai d'un mois pour engager une procédure ou accomplir les formalités en vue d'obtenir un titre exécutoire court dès l'exécution de la mesure conservatoire. Lorsque celle-ci a été autorisée au préalable par le JEX ou le président du tribunal de commerce, ce délai d'un mois n'est pas retardé jusqu'à l'épuisement de celui de trois mois dont dispose le créancier pour exécuter l'ordonnance d'autorisation.

La sanction du dépassement du délai d'un mois est non pas la nullité de la mesure conservatoire, moyennant la preuve d'un grief, mais sa caducité (C. pr. exéc., art. L. 511-4 et R. 511-7) qui prive rétroactivement la saisie conservatoire de tous ses effets[9]. La première conséquence de cette solution est favorable au débiteur, qui n'a pas à démontrer l'existence d'un grief du fait du dépassement du délai[10]. La seconde conséquence se développe en chaîne : la caducité de la mesure équivaut à l'inexécution en temps voulu de l'ordonnance d'autorisation, laquelle devient à son tour caduque. Par conséquent, elle ne peut plus servir de fondement à une nouvelle mesure conservatoire[11] (v. s^s n° 612.63).

Il reste possible au destinataire d'une mesure caduque de plaider plutôt la nullité si des motifs (pas de créance, pas de menace, procès-verbal défectueux) en existent. Les réparations éventuelles seront plus intéressantes qu'en cas de caducité.

La computation des délais est celle du droit commun (C. pr. civ., art. 640 à 647).

Le délai de l'article R. 511-7 C. pr. exéc. est un délai pour agir qui ne peut être suspendu. La Cour de cassation l'a rappelé de façon très ferme dans une matière où l'inverse aurait pu être légitimement soutenu. Selon le second alinéa de l'article L. 622-28 du Code de commerce, dans sa rédaction alors applicable, le jugement d'ouverture du redressement judiciaire du débiteur principal suspend jusqu'au jugement arrêtant le plan de redressement ou prononçant la liquidation toute action contre les cautions personnelles personnes physiques. Cer-

1. Civ. 2e, 3 avr. 2003, n° 01-12.032, *Bull. civ.* II, n° 97; *D.* 2003. 1138; *RTD civ.* 2003. 550, obs. Perrot.
2. Soulard, note s^s TGI Paris, JEX, 25 sept. 1997, *Rev. huiss.* 1999. 201.
3. Toulouse, JEX, 7 avr. 1993, *Rev. huiss.* 1994. 1014.
4. Rép. min. Justice, 4 avr. 1993, *JCP* 1993. V. 125 – *Adde :* à propos du processus comparable de la saisie-contrefaçon : Com. 26 oct. 1993, n° 91-18.049, *Bull. civ.* IV, n° 357; *PIBD* 1994. III. 22.
5. Civ. 3e, 23 juin 1993, n° 91-16.971, *Bull. civ.* III, n° 97; *RTD civ.* 1993. 885, note Perrot; *AJDI* 1994. 41, obs. Blatter; *RDI* 1994. 109, obs. Brière de l'Isle et Derruppé – Cass., avis, 15 juin 1998, n° 09-80.004, *Bull. avis,* n° 8; *RTD civ.* 1998. 751, note Perrot – CONTRA : Dahan, note s^s TGI Orléans, JEX, 10 oct. 1997, *Rev. huiss.* 1999. 37.
6. Civ. 2e, 4 févr. 1999, n° 96-21.244, *Bull. civ.* II, n° 24; *JCP* 1999. IV. 1582.
7. Civ. 2e, 4 févr. 1999, n° 96-21.244 (préc. s^s prés^t n°).
8. Civ. 2e, 18 févr. 1999, n° 96-15.272, NP.
9. Cass., avis, 21 juin 1999, n° 09-90.008, *Bull. avis,* n° 5; *D.* 1999. 206; *JCP* 2000. II. 10160, note Moussa.
10. TGI Clermont-Ferrand, JEX, 6 mai 1993, *Rev. huiss.* 1994. 668 et 1011.
11. TGI Nice, 20 avr. 1994, *D.* 1994. 347, obs. Julien; *RTD civ.* 1995. 197, obs. Perrot.

taines juridictions en avaient déduit que l'obligation d'engager une action en vue de l'obtention du titre exécutoire mise à la charge du créancier était suspendue jusqu'au jugement arrêtant le plan de redressement ou prononçant la liquidation judiciaire[1]. Une telle position est condamnée par la chambre commerciale de la Cour de cassation qui considère que c'est non pas le délai mais l'instance engagée par le créancier en vue d'obtenir un titre exécutoire qui est suspendue par l'effet du jugement d'ouverture et ce, jusqu'au jugement arrêtant le plan de redressement ou prononçant la liquidation judiciaire du débiteur principal[2] (la chambre commerciale a précisé une règle qui avait été jusque-là seulement esquissée par la deuxième chambre civile[3]). L'ouverture de la procédure collective ne suspend donc pas le délai de l'article R. 511-7 C. pr. exéc. et ne dispense pas le créancier d'engager son action dans le délai d'un mois qui suit l'exécution de la mesure conservatoire. Seulement, il ne pourra être statué sur le bien-fondé de cette action qu'à compter du jugement arrêtant le plan de redressement ou prononçant la liquidation judiciaire du débiteur principal. La chambre commerciale précise à cet égard que cette action peut être reprise, sans nouvelle assignation, à compter du jugement arrêtant le plan de redressement ou prononçant sa liquidation.

612.78 Dénonciation de la procédure au tiers. Dans les cas (nombreux) où la mesure conservatoire est faite entre les mains d'un tiers, ce dernier a un intérêt évident à être avisé de l'introduction de la demande au fond ou des diligences faites pour obtenir le titre, d'autant que le procès au fond peut être long; l'article R. 511-8 C. pr. exéc. prévoit donc une signification des actes introductifs d'instance et autres diligences dans les huit jours de leur date, à peine là encore de caducité de la mesure conservatoire[4]. La caducité de la saisie conservatoire, qui la prive de tous ses effets, s'oppose donc à ce que le créancier saisissant puisse faire condamner le tiers saisi sur le fondement de l'article R. 523-5 C. pr. exéc. au paiement des sommes pour lesquelles la saisie a été pratiquée dans l'hypothèse où celui-ci n'aurait pas satisfait à son obligation légale de renseignement[5] (ainsi pour une caducité provoquée par la mise en redressement judiciaire du débiteur avant la conversion de la saisie-attribution[6]). Une telle solution s'impose même lorsque le défaut de dénonciation de la saisie au débiteur a été provoqué par la déclaration inexacte de la banque tiers-saisie qui a faussement indiqué à l'huissier instrumentaire qu'elle ne possédait aucun compte au nom du débiteur, de sorte que le saisissant avait légitimement pu croire qu'il n'avait pas intérêt à poursuivre la mesure conservatoire[7]. On notera toutefois que, dans ce cas, le saisissant est bien fondé à rechercher la responsabilité du tiers saisi sur le fondement, non pas du premier, mais du second alinéa de l'article R. 523-5 C. pr. exéc.[8]

Le conservateur des hypothèques, le greffier du tribunal de commerce, ne sont pas des tiers à qui il faille dénoncer la continuation des poursuites[9] (v. s^s^ n°s 161.21 et 631.41 et 632.41).

612.79 Pouvoirs du juge saisi de l'instance au fond. La juridiction saisie de l'instance au fond a tout pouvoir pour confirmer la mesure conservatoire, ou au contraire en donner mainlevée à tous les stades de la procédure[10], notamment dans le jugement qui tranche le fond (v. s^s^ n° 613.54). Encore faut-il que cette juridiction soit saisie du sort de la mesure conservatoire. En effet, l'obtention du titre exécutoire va transformer la mesure conservatoire en voie d'exécution ou en inscription définitive. Les praticiens veilleront donc à ce que le jugement au fond valide ou convertisse expressément la mesure conservatoire prise antérieurement (sur les principes généraux de conversion, v. s^s^ n° 613.51). Sans constituer une quelconque nécessité de droit, puisque la conjonction de la mesure conservatoire et du titre exécutoire doit suffire, cette précaution évitera des contestations. En revanche,

1. TGI Saintes, 18 sept. 1998, *D. Affaires* 1999. 176, obs. A. L.; *Banque et droit* mai-juin 1999. 42, obs. Rontchvesky – Paris, 15e ch. A, 9 févr. 1999, *RTD com.* 2000. 723; *JCP* 2000. I. 209, n° 5, obs. Simler et Delebecque – DANS LE MÊME SENS : Rép. min. n° 572, *JO Sénat Q* 11 déc. 1997, p. 3477; *D. Affaires* 1998. 207.
2. Civ. 2e, 30 avr. 2002, n° 00-20.372, *Bull. civ.* II, n° 85; *D.* 2002. 2260; *Act. proc. coll.* 21 juin 2002. 1, OBS. CRIT. Pétel; *RTD com.* 2003. 163, obs. Martin-Serf; *JCP E* 2002. 1380, obs. Pétel; *RD banc. fin.* 2002, n° 187, obs. Legeais.
3. Com. 24 mai 2005, n° 03-21.043, *Bull. civ.* IV, n° 117; *D.* 2005. 1632, obs. Lienhard; 2078, obs. Crocq; *RD banc. fin.* 2005. Actu. 130, note Legeais.
4. Pour une application : TGI Béziers, JEX, 10 févr. 1994, *Rev. huiss.* 1994. 667 et 1014 – Pour une décision hostile à la caducité de la mesure conservatoire : TGI Paris, JEX, 14 déc. 1998, *Gaz. Pal.* 2000. 1. Somm. 873.
5. Cass., avis, 21 juin 1999, n° 09-90.008, *Bull. avis,* n° 5; *D.* 1999. 206; *JCP* 2000. II. 10160, note Moussa – Civ. 2e, 23 nov. 2000, n° 98-22.938, *Bull. civ.* II, n° 155; *Gaz. Pal.* 2001. Somm. 1373, obs. Véron; *RTD civ.* 2001. 667, obs. Véron – Civ. 2e, 14 sept. 2006, n° 05-16.584, *Bull. civ.* II, n° 227; *D.* 2007. 1380, obs. Julien.
6. Civ. 2e, 20 oct. 2005, n° 04-10.870, *Bull. civ.* II, n° 267; *D.* 2005. 2804, obs. Lienhard; 2006. 79, obs. Le Corre et Lucas.
7. Civ. 2e, 6 mai 2004, n° 02-12.484, *Bull. civ.* II, n° 217; *Gaz. Pal.* 2005. Somm. 3640, note Brenner.
8. *RTD civ.* 2001. 667, obs. Perrot – R. PERROT et PH. THÉRY, n° 1159 – Civ. 2e, 6 mai 2004, n° 02-12.484 (préc. s^s^ prés^t^ n°), note Brener.
9. Cass., avis, 24 janv. 1994, n° 09-30.020, *Bull. avis,* n° 4; *D.* 1994. 348, note Julien; *RTD civ.* 1994. 428, note Perrot.
10. Civ. 2e, 18 janv. 2001, n° 98-10.249, *Bull. civ.* II, n° 12.

l'assignation ne devra pas être intitulée « *assignation en validité* » selon l'ancienne coutume : la saisine du juge du fond a désormais plus d'ampleur.

Encore faut-il préciser que le juge du fond n'est compétent que pour apprécier le bien-fondé de la mesure au regard de l'existence de la créance. Il n'entre pas, en revanche, dans ses pouvoirs de contester la régularité des opérations de saisie conservatoires qui relèvent des seules attributions du JEX.

C'est ainsi que la deuxième chambre civile de la Cour de cassation a approuvé une cour d'appel qui avait déclaré irrecevable la contestation élevée devant le juge du fond par le saisi qui soutenait que la saisie conservatoire était irrégulière pour avoir été exercée sur des sommes insaisissables [1].

1. Civ. 2e, 12 oct. 2006, n° 05-16.986, *Bull. civ.* II, n° 269 – DANS UN SENS SIMILAIRE : Civ. 2e, 16 mai 2002, n° 00-11.589, *Bull. civ.* II, n° 99, qui énonce que « *la contestation relative à la mise en œuvre d'une saisie conservatoire relève de la compétence exclusive du juge de l'exécution* ».

CHAPITRE

613. Effets communs et contentieux des mesures conservatoires

JEAN-MICHEL SOMMER
PRÉSIDENT DE CHAMBRE
À LA COUR D'APPEL DE VERSAILLES

SECTION 0 ORIENTEUR

613.00 Plan du chapitre.

Division. L'**effet général** de toute mesure conservatoire est l'indisponibilité du bien saisi, parfois un simple droit de suite ou de préférence (sect. 1). Le **contentieux** des mesures conservatoires peut surgir devant la cour d'appel en cas de refus d'autorisation judiciaire préalable (v. s^s n° 612.41) ou devant le juge de l'exécution, soit à la demande du poursuivi ou d'un tiers (sect. 2) soit selon la prescription du juge qui a autorisé la mesure (sect. 3). Dans ces deux cas, la compétence et les pouvoirs du juge méritent quelques éclaircissements (sect. 4). À défaut de contentieux, ou après lui, la mesure conservatoire doit être **convertie** en droit d'exécution (sect. 5).

613.01 Textes applicables.

C. pr. exéc., art. L. 121-2, L. 511-1, L. 511-2, L. 512-1, L. 512-2, L. 521-1, L. 522-1, L. 523-1, L. 523-2, R. 121-6 à R. 121-14, R. 121-18, R. 121-20 s., R. 442-2 à R. 442-4, R. 511-5 à R. 512-3, R. 522-7, R. 523-7, R. 524-4, R. 532-1, R. 533-2 et R. 533-3.

C. pr. civ., art. 1, 481, 496, 513, 514 et 700.

SECTION 1 INDISPONIBILITÉ, SUITE ET PRÉFÉRENCE, EFFET INTERRUPTIF DE LA PRESCRIPTION

613.11 Indisponibilité. Le Code civil fixait comme suit jusqu'en 1991 les droits du débiteur saisi et du tiers détenteur du bien saisi : « *Les biens saisis sont indisponibles. Les baux consentis par le saisi sont, quelle que soit leur durée, inopposables aux créanciers poursuivants. Les mêmes règles sont applicables aux biens saisis, hypothéqués ou nantis à titre conservatoire* » (C. civ., anc. art. 2092-3) [1].

Mais ce texte a connu des avatars. Très vite, il a été décidé que la prohibition des baux n'obérait pas le droit pour le débiteur de percevoir les fruits [2].

L'indisponibilité a été réaménagée par la loi du 9 juillet 1991, désormais codifiée au Code des procédures civiles d'exécution, mesure par mesure. Dans un souci d'harmonisation avec les règles des sûretés conventionnelles, l'indisponibilité avait été limitée par la jurisprudence aux seules saisies conservatoires [3]. Cette jurisprudence est consacrée par le code (C. pr. exéc., art. L. 521-1). Encore cet effet est-il cantonné au montant pour lequel la saisie est pratiquée (ou autorisée, en cas d'ordonnance du juge) lorsqu'elle porte sur une créance ayant pour

1. Devenu C. civ., art. 2205 (Ord. n° 2006-346, 23 mars 2006), puis abrogé.
2. E. Garsonnet et C. Cézar-Bru, *Traité théorique et pratique de procédure civile et commerciale*, éd. GALA, MOML, 2013, n° 141.
3. Civ. 3e, 2 nov. 1983, n° 82-11.547, *Bull. civ.* III, n° 212; *JCP* 1985. II. 20354, note Joly; *RTD civ.* 1984. 174, note Perrot; *Defrénois* 1985, art. 33450, note Théry – COMP. : J. Lafond, « L'indisponibilité de l'immeuble grevé d'une inscription d'hypothèque judiciaire provisoire », *JCP N* 1979. I. 109.

objet une somme d'argent[1] (C. pr. exéc., art. L. 523-1 – la question est examinée : v. s[s] n°s 621.44 et 622.71).

Au contraire, les biens grevés d'une sûreté judiciaire conservatoire demeurent aliénables (C. pr. exéc., art. L. 531-2, al. 1er). Dans ce cas, seuls demeurent au profit du créancier un droit de préférence et un droit de suite (la question est examinée s[s] n°s 631.05 à 632.52).

Dans un cas comme dans l'autre, le droit de se faire attribuer la somme saisie ou de vendre de force le bien saisi n'apparaît qu'après la conversion de la saisie conservatoire en voie d'exécution ou après la substitution de l'inscription provisoire par une inscription définitive, grâce à l'obtention du titre. Ainsi jugé que la remise des sommes saisies par le tiers saisi au créancier avant cette conversion, ne libère pas ledit tiers[2] (sur la conversion, plus généralement, v. s[s] n°s 613.51 s.).

613.12 Droit de suite et de préférence. Les droits du créancier poursuivant sur les biens objets de la mesure conservatoire sont selon les cas des droits de paiement par préférence ou des droits de suite sur la chose, examinés plus loin au cas par cas. Ce sont ces droits qui garantissent à la mesure conservatoire son utilité économique.

613.13 Effet interruptif de la prescription. L'ordonnance n° 2011-1895 du 19 décembre 2011 a modifié l'article 2244 du Code civil en remplaçant l'ancien article 71 de la loi du 9 juillet 1991, qui prévoyait que la notification au débiteur de l'exécution de la mesure conservatoire interrompait la prescription de la créance cause de la saisie, par une disposition selon laquelle le délai de prescription ou de forclusion est également interrompu par une mesure conservatoire prise en application du Code des procédures civiles d'exécution ou par un acte d'exécution forcée. Ainsi que le précise le rapport au président de la République relatif à l'ordonnance, il s'agit ici de regrouper les règles relatives à l'interruption de la prescription en matière de procédures d'exécution et de mesures conservatoires et de calquer le régime des mesures conservatoires sur les **mesures d'exécution forcée** qui, depuis 2008, sont interruptives dès leur accomplissement. Rien n'expliquait en effet une différence de traitement entre les deux types de mesures car la mesure conservatoire manifeste bien en elle-même la volonté du créancier de recouvrer sa créance, sans qu'il soit besoin d'attendre une signification.

Tirant les conséquences de l'effet interruptif d'une mesure conservatoire, la Cour de cassation a jugé que la volonté d'un créancier disposant d'un titre notarié d'interrompre le délai de prescription ne saurait justifier, en elle-même, l'introduction d'une action en liquidation de sa créance, dès lors qu'il peut interrompre ce délai par l'engagement d'une mesure conservatoire[3].

SECTION 2
CONTENTIEUX DES MESURES CONSERVATOIRES ÉLEVÉ PAR UN ACTEUR DE LA PROCÉDURE

613.21 Processus et finalités. Les articles L. 512-1 et R. 512-1 et suivants régissent le contentieux de la mesure conservatoire. Ce contentieux peut être élevé par le saisi à tout moment[4] car la mesure conservatoire, à la différence de la voie d'exécution définitive, s'installe dans le temps : ce qui fonde la mesure conservatoire peut être admissible à sa date, contestable plus tard. Le recours est spécifique : ni la possibilité d'en référer au juge de la requête prévue par l'article 496 alinéa 2 C. pr. civ., ni l'appel[5] ne sont recevables, c'est le juge de l'exécution (JEX) qui examine seul l'opportunité et la régularité de la mesure conservatoire. Trois observations s'imposent.

En premier lieu, la saisine du juge est possible lors même que la mesure conservatoire a été prise sans qu'une autorisation judiciaire préalable ait été nécessaire (C. pr. exéc., art. L. 512-1, al. 1er, et R. 512-1, al. 1er). Cette prévision est la rançon normale de l'assouplissement des procédures de mesures conservatoires (v. s[s] n°s 612.11 s.).

En deuxième lieu, la saisine du juge peut avoir pour objet soit la mainlevée pure et simple de la mesure conservatoire « *s'il apparaît que les conditions prescrites par l'article 67* [devenu C. pr. exéc., art. L. 511-1] *ne sont pas réunies* » (C. pr. exéc., art. L. 512-1, al. 1er), soit la substitution de la mesure conservatoire par « *toute autre mesure propre à sauvegarder les intérêts des parties* » (C. pr. exéc., art. L. 512-1, al. 2). En toute hypothèse, le débiteur poursuivi sera le principal auteur de la saisine, sur le fondement de l'un ou l'autre de ces alinéas.

Le débiteur peut, dans le premier cas, se plaindre de l'absence de fondement de la créance ou de celle de menace sur le recouvrement ou soulever la caducité de la mesure (v. s[s] n° 612.78) ou l'imperfection du procès-verbal.

1. Civ. 2e, 30 avr. 2009, n° 08-13.219, NP – Civ. 1re, 9 juill. 2009, n° 08-18.908, NP.
2. TGI Lyon, JEX, 5 juill. 1994, *Gaz. Pal.* 1994. 2. Somm. 815; *Gaz. Pal.* 28 déc. 94, p. 24; *BICC* 1er oct. 94, n° 993.
3. Civ. 1re, 16 oct. 2013, n° 12-21.917, *Bull. civ.* I, n° 200; *JCP N* 1e nov. 2013, p. 8, note Brenner; *JCP* 9 déc. 2013, p. 2265, note Croze; O. Salati, « Titre exécutoire sur titre exécutoire ne vaut ? », *Dr. et proc.* déc. 2013, n° 4.
4. Civ. 2e, 6 oct. 2005, n° 04-12.063, *Bull. civ.* II, n° 240.
5. Basse-Terre, 4 janv. 1999, *Juris-Data* n° 40820.

Dans le second cas, il reconnaît le principe de créance et les risques d'impayé mais propose une autre garantie que celle choisie par le créancier.

Dans chacun des cas, le JEX apprécie le bien-fondé de la demande au jour où il statue et non au jour où la mesure a été initialement autorisée[1], ce qui peut le conduire à tenir compte de faits, survenus postérieurement à la mesure, qui seraient de nature à remettre en cause l'apparence de fondement de la créance en son principe ou l'existence des menaces sur le recouvrement.

Tel serait le cas, par exemple, d'une éventuelle compensation avec une créance du saisi sur le saisissant. Ainsi, la Cour de cassation a jugé que méconnaissait ses pouvoirs le JEX qui, saisi d'une demande de rétractation d'une ordonnance ayant autorisé une saisie conservatoire, refuse d'examiner le bien-fondé d'une exception de compensation soulevée par le débiteur[2].

En troisième lieu, la contestation du saisi n'a pas pour effet d'inverser la charge de la preuve. Bien que demandeur à l'action, le saisi demeure le débiteur présumé et, conformément au principe général, c'est au créancier de rapporter la preuve de l'obligation qu'il invoque. Autrement dit, c'est toujours à ce dernier qu'il appartient de prouver que les conditions de l'autorisation de procéder à la mesure conservatoire sont toujours réunies et non au débiteur, pourtant auteur de la contestation, de prouver qu'elles ne le sont pas. Comme l'opposition en matière d'injonction de payer, la contestation de la mesure conservatoire n'a pas pour effet d'élever une instance nouvelle, dont le contestant serait le demandeur, mais de conférer une dimension contradictoire à une instance initiée par le créancier.

La Cour de cassation en a déduit que violait l'article 217 du décret n° 92-755 du 31 juillet 1992 (devenu C. pr. exéc., art. R. 512-1), la cour d'appel qui rejetait la demande de mainlevée d'une inscription provisoire d'hypothèque judiciaire au motif que le débiteur ne rapportait pas la preuve d'un élément nouveau remettant en cause de manière évidente et sans contestation possible le principe de la créance, alors que l'inscription litigieuse avait été prise en vertu d'une autorisation judiciaire non contradictoire[3].

Il est imaginable que, comme en matière de saisie-attribution, le créancier agisse aussi, contre le tiers saisi, pour contester la sincérité de la déclaration de celui-ci[4].

Il ne nous paraît pas douteux qu'un tiers disposant d'un intérêt légitime à agir puisse aussi saisir le JEX; on pense notamment à une demande de distraction d'un objet saisi à titre conservatoire ou encore à l'inexistence de la créance saisie. Ainsi jugé qu'un débiteur peut encore agir même s'il n'est plus propriétaire du bien grevé d'une sûreté provisoire et s'assimile donc à un tiers[5] (sur les différentes possibilités qui s'offrent alors aux plaideurs et au juge, v. s^{s} n° 613.45). La Cour de cassation a également reconnu le droit du tiers saisi, assigné en paiement par le créancier, de soulever, à titre de moyen de défense, la nullité de la saisie conservatoire. Elle a même admis la recevabilité de l'action en nullité de la saisie conservatoire introduite par le tiers saisi contre lequel une demande en paiement avait été formée[6].

La procédure de saisine du juge n'est pas régie spécialement par l'article 72 de la loi : la procédure ordinaire (C. pr. exéc., art. R. 121-6 à R. 121-12 et R. 442-2 à R. 442-4 et R. 121-13) s'applique[7].

SECTION 3

CONTENTIEUX DES MESURES CONSERVATOIRES : RÉEXAMEN PAR LE JUGE DE LA REQUÊTE

613.31 Champ. Aux termes de l'article R. 511-5 C. pr. exéc. en autorisant la mesure conservatoire, le juge peut décider de réexaminer sa décision ou les modalités de son exécution à la suite d'un débat contradictoire.

Dans ce cas, le juge fixe la date de l'audience, sans préjudice du droit pour le débiteur de le saisir pour une date plus rapprochée (C. pr. exéc., art. R. 511-5, al. 2); le débiteur est assigné par le créancier, le cas échéant, dans l'acte qui dénonce la saisie (C. pr. exéc., art. R. 511-5, al. 3).

On a vu (v. s^{s} n° 612.43) que ce mécanisme, mis en œuvre *proprio motu* par le juge et donc sans aucune ressemblance avec un recours, fait manifestement exception aux articles 1 et 481 C. pr. civ., qui respectivement, prohibent la saisine d'office et cantonne la « *saisine à nouveau* » aux cas d'opposi-

1. Civ. 2e, 28 juin 2006, n° 04-18.598, NP.
2. Civ. 2e, 15 nov. 2007, n° 06-20.057, *Bull. civ.* II, n° 251; *D.* 2008. 648. Chron. Sommer et Nicoletis; *RD banc. fin.* 2008, n° 16, obs. Piedelièvre.
3. Civ. 2e, 6 oct. 2005, n° 04-12.063, *Bull. civ.* II, n° 240; *RD banc. fin.* 2005. 21, obs. Piedelièvre; *Dr. et patr.* 2006. Chron. « Voies d'exécution », obs. Crocq et Lefort.
4. Civ. 2e, 11 mars 1999, n°s 96-22.813, 96-20.046, 2 esp., *Bull. civ.* II, n°s 49, 50; *RTD civ.* 1999. 707, obs. Perrot; *RTD com.* 2000. 136, obs. Storck.
5. Civ. 2e, 27 nov. 1996, n° 94-16.353, NP; *Procédures* 1997, n° 26, note Perrot.
6. Civ. 2e, 12 oct. 2006, n° 04-19.062, *Bull. civ.* II, n° 270; *D.* 2006. 3026, obs. Clay; 2007. 896, chron. Vigneau; *RTD civ.* 2007. 183, obs. Perrot.
7. Pour une application à la faculté d'assistance dans les conditions de l'article 12 : Civ. 2e, 13 nov. 1996, n° 94-13.747, *Bull. civ.* II, n° 248.

tion (v. s[s] n° 613.21), d'interprétation ou de rectification.

Le dispositif n'est pas non plus réservé, contrairement à ce que laisserait penser la lettre du texte réglementaire (C. pr. exéc., art. R. 511-5, al. 3) aux saisies conservatoires; il est possible aussi pour les sûretés.

613.32 Organisation. Le juge fixe lui-même la date de l'audience (C. pr. exéc., art. R. 511-5); il s'agit d'une mention obligatoire de l'ordonnance qu'il rend et il ne nous paraît pas possible que la décision laisse le soin au créancier poursuivant de faire venir la cause à l'audience du JEX de son choix. De même, la dénonciation du procès-verbal de mesure conservatoire au débiteur poursuivi (v. s[s] n°s 612.64 et 621.24, 622.21, 622.52, 628.23, 631.15 et 632.14) peut contenir (C. pr. exéc., art. R. 511-5, al. 3), et contient en pratique le plus souvent, l'assignation à comparaître ordonnée par le juge; il faut évidemment que cette assignation donne la date d'audience.

Le débiteur, mais non le créancier, conserve le droit de saisir le juge (v. s[s] n° 613.21) à une date plus rapprochée (C. pr. exéc., art. R. 511-5, al. 2 - sur le déroulement du débat contradictoire, v. s[s] n° 612.43).

613.33 Objet du réexamen. Il s'agit de tirer profit du principe de la contradiction (C. pr. exéc., art. R. 511-5). L'article R. 511-5 C. pr. exéc. précise que le juge peut soit réexaminer sa décision, donc la mettre à néant ou en modifier l'un des éléments (v. s[s] n°s 612.41 s.); soit réexaminer les modalités d'exécution, notamment vérifier que le créancier a bien respecté telle prescription particulière de l'ordonnance d'autorisation en signifiant les actes. Les pouvoirs du juge sont donc en tous points comparables à ceux dont il dispose sur saisine du débiteur et seront examinés à ce titre (v. s[s] n° 613.44) à propos des pouvoirs du juge du contentieux.

SECTION 4
CONTENTIEUX DES MESURES CONSERVATOIRES : COMPÉTENCE ET POUVOIRS DU JUGE

613.41 Compétence d'attribution. L'article R. 511-5 C. pr. exéc. prescrit que le réexamen d'office de l'autorisation est l'œuvre de l'auteur de cette décision (adjectif « *sa* » décision). La demande de mainlevée formulée par le débiteur est également déférée, selon l'article R. 512-2 C. pr. exéc., « *au juge qui a autorisé la mesure* ». Il ne nous paraît pas douteux que la même règle s'étend aux demandes de substitution de garantie; c'est d'ailleurs le principe de droit commun (C. pr. civ., art. 496, al. 2 *in fine*), sur les justifications duquel nous ne reviendrons pas (v. s[s] n°s 212.231 et 212.232). En clair, le JEX ou le président du tribunal de commerce, auteurs de l'ordonnance sur requête, sont ici compétents au contentieux, à l'exclusion de tout autre (à l'exclusion notamment du juge des référés[1], même sous couvert d'obtenir une provision[2]). Il en est ainsi, s'agissant du président du tribunal de commerce, même si une instance au fond a été engagée entre l'autorisation donnée par ce magistrat et la demande de mainlevée qui lui est soumise[3]; même solution au profit du JEX[4].

Dans les cas fort rares où la mesure conservatoire a été autorisée par la cour d'appel (sur recours contre un refus du JEX), la demande de mainlevée est déférée à ladite cour[5].

Lorsqu'aucune autorisation judiciaire préalable n'a été délivrée, la compétence est naturellement partagée entre les deux mêmes magistrats : si la créance relève de la juridiction commerciale sans qu'aucun procès ne soit encore engagé, le président du tribunal de commerce est compétent[6]; dans les autres cas (créance civile et/ou procès en cours), le JEX est compétent.

Cette distribution des rôles s'articule dans le détail et se justifie dans le principe, ici comme à propos des pouvoirs d'autorisation[7].

Dans la pratique, les plaideurs ne seront pas certains de se trouver en présence physique du signataire de l'ordonnance sur requête. L'organisation la plus fréquente (un ou plusieurs juges de l'exécution pour chacun des trois domaines : requêtes, audiences, surendettement) y fait obstacle. S'agissant de mesures d'administration judiciaire, aucun recours ne semble possible (C. pr. civ., art. 537).

613.42 Redressement et liquidation judiciaires. Lorsque le JEX, ou le président du tribunal de commerce, est saisi, il peut être amené à surseoir malgré sa plénitude de compétence : la compétence pour juger des conséquences d'une procédure collective sur les mesures en cours appartient au tribunal de la procédure collective et non plus au JEX[8] (v. s[s] n° 611.39).

1. Civ. 2e, 8 juin 1995, n° 93-17.428, *Bull. civ.* II, n° 176; *D.* 1996. 206, note Piedelièvre.
2. Civ. 2e, 16 mai 2002, n° 00-11.589, *Bull. civ.* II, n° 99.
3. Civ. 2e, 26 févr. 1997, n° 94-11.931, NP; *RTD civ.* 1997. 520, obs. Perrot.
4. Dijon, 1re ch., 5 mars 1997, *Rev. huiss.* 1998. 697.
5. TGI Paris, JEX, 16 mars 1993, *Juris-Data*, n° 043730; *D.* 1994. 348, note Julien; *Rev. huiss.* 1994. 1015.
6. TGI Pointe-à-Pitre, JEX, 24 mars 1994, *D.* 1994. 347, note Julien – Civ. 2e, 26 févr. 1997, n° 94-11.931, NP; *Procédures* 1997, n° 84, note Perrot.
7. R. Bénezra, « Les pouvoirs du président du tribunal de commerce en matière de mesures conservatoires », *Gaz. Pal.* 1993. 1. 616.
8. EN CE SENS : F. Derrida, « Incidences des nouvelles procédures d'exécution sur le redressement et la liquidation judiciaires des entreprises », *LPA* 6 janv. 1993, § 5.

613.43 Compétence territoriale. Elle est celle du juge qui a rendu l'ordonnance d'autorisation lorsqu'il y en a eu une. Dans les autres cas, les règles sont un peu confuses, à la fois mêlées dans l'article R. 512-2 C. pr. exéc. avec les principes de compétence d'attribution, et prescrites dans l'article R. 512-3 C. pr. exéc., spécifique.

Si le débat porte sur la mainlevée de la mesure, il semble que la compétence territoriale soit celle du domicile du débiteur. Les autres contestations relèvent du juge du lieu où sont situés les biens saisis : il s'agit apparemment des cas où le débiteur demande autre chose que la mainlevée, et des cas où un tiers a intérêt à saisir le juge (notamment dans la phase d'exécution puis de conversion de la mesure conservatoire).

613.44 Pouvoir illimité du juge au contentieux. Il n'est pas aisé de cerner les pouvoirs exacts du juge saisi des mérites d'une mesure conservatoire et, après seize années d'application de la loi, il est encore plaidé à tort que ce juge serait juge du principal, comme le JEX dans les autres domaines de sa compétence (C. pr. exéc., art. R. 121-14). Le juge auquel est déféré une mesure conservatoire se place exactement dans la même position que le juge qui a autorisé cette mesure ou qui aurait pu le faire si cela avait été nécessaire (v. s^s n° 611.42). Autrement dit, il examine l'apparence du principe de créance, et non point la certitude, la liquidité, l'exigibilité ni le montant de cette créance. Il évalue la menace qui pèse sur le recouvrement, ce que ne fait pas le juge du fond de la créance. La jurisprudence est maintenant établie en ce sens[1]. Ces pouvoirs sont en eux-mêmes assez considérables; il est notamment permis au juge, lorsque l'apparence de la créance dépend d'une question litigieuse entre les parties, d'en apprécier le bien-fondé[2]. Et cela, y compris si la contestation porte sur le fond du droit, notamment dans l'hypothèse où la saisie conservatoire a été pratiquée sur le fondement d'un acte notarié[3]. Tel est d'ailleurs, à titre de comparaison, le droit commun du référé sur requête[4]. Il est seulement admis que le juge procède à l'examen des mérites de la mesure conservatoire au jour où il statue[5] (ainsi pour une transaction intervenue entre l'inscription d'une hypothèque et la saisine du juge en mainlevée[6]).

613.45 Possibilités offertes au juge. La conséquence de ce qui précède, que la loi consacre expressément (C. pr. exéc., art. L. 512-1), est que **le juge peut substituer une mesure conservatoire à une autre.** Il faudra cependant que l'une des parties (la loi désigne à ce sujet le débiteur; mais le créancier peut faire aussi des offres) lui suggère cette solution de remplacement; à notre avis, le juge ne peut pas agir d'office. Elle sera motivée comme toute autorisation de mesure conservatoire : apparence de principe de créance, menaces sur le recouvrement. Les délais pour exécuter cette mesure puis pour obtenir un titre exécutoire nous paraissent devoir être ceux des articles R. 511-6 et R. 511-7 C. pr. exéc. (v. s^s n°s 612.63 et 612.75), car l'instance en contestation a seulement interrompu ces délais.

La mesure conservatoire initiale pourra aussi être maintenue. Le débiteur pourra être débouté de sa contestation (ce qui n'empêchera pas le juge du fond, dont l'optique est différente, d'ordonner finalement la mainlevée de la saisie)[7], ou le juge dire qu'il n'avait finalement pas de raison de prévoir un débat contradictoire.

Le juge pourra aussi modifier un des éléments précis de la mesure : augmenter ou diminuer le montant des causes de la mesure, augmenter ou diminuer la liste des biens saisis ou grevés, modifier les dates des diligences restant à accomplir, *etc.* (v. s^s n°s 612.41 s.). Il lui est même loisible, quoique l'article 513 C. pr. civ. semble affirmer l'inverse, de suspendre les effets de la mesure conservatoire, et d'accorder des délais de paiement au débiteur[8].

La troisième solution est bien sûr le **retrait d'autorisation avec mainlevée immédiate de la mesure conservatoire.** Les motifs de ce retrait tiendront à l'absence de principe de créance, à l'absence de menace sur le recouvrement, à l'inexistence du titre ou de l'impayé qui permettait au créancier d'agir sans autorisation ou à l'irrespect d'une prescription de l'ordonnance ou des textes. Il est renvoyé à ces notions et à ces textes, par *a contrario*. L'article R. 512-1 C. pr. exéc. impute au créancier la charge des preuves nécessaires, ce qui est conforme aux principes du Code civil (en particulier C. civ., art. 1315) et du Code de procédure civile (C. pr. civ., art. 9).

1. Civ. 2e, 20 févr. 1991, n° 89-13.954, *Bull. civ.* II, n° 61; *RTD civ.* 1991. 605, note Perrot – Versailles, 4 mai 1994, *D.* 1994. 149 – COMP. : TGI Montluçon, 19 mai 1993, *Rev. huiss.* 1994. 579, obs. Bourdillat.
2. Civ. 2e, 19 déc. 2002, n° 01-02.858, *Bull. civ.* II, n° 297; *JCP* 2003. II. 1292.
3. Civ. 2e, 31 janv. 2013, n° 11-26.992, *Bull. civ.* II, n° 19; *D.* 2013. 1574, obs. Leborgne; *Procédures* avr. 2013, n° 103, note Perrot.
4. S. Guinchard (dir.), Dalloz action *Droit et pratique de la procédure civile,* 2014/2015, n°s 324.00 s., par P. Hoonakker.
5. Civ. 2e, 28 juin 2006, n° 04-18.598, NP.
6. Civ. 2e, 12 janv. 1994, n° 92-14.605, *Bull. civ.* II, n° 25; *JCP* 1994. IV. 674; *RTD civ.* 1994. 426, note Perrot.
7. Selon, Civ. 2e, 18 janv. 2001, n° 98-10.249, *Bull. civ.* II, n° 12 – et selon, Civ. 3e, 10 nov. 2009, n° 08-18.782, NP; le juge saisi de l'instance au fond ne serait pas tenu de statuer sur la demande de mainlevée.
8. Civ. 2e, 3 juin 1999, n° 97-14.889, *Bull. civ.* II, n° 110; *Gaz. Pal.* 2000. 1. Somm. 871, note approb. Véron.

La mainlevée interviendra aussi lorsqu'un tiers ou le débiteur démontreront au juge que le bien saisi appartient à autrui ou que le compte saisi est clôturé... (v. s^s n° 613.21).

Le juge peut prendre en compte des faits postérieurs à l'ordonnance ayant autorisé la mesure conservatoire[1].

L'article L. 512-2 C. pr. exéc. autorise le juge, mais à notre avis seulement sur demande du débiteur, à réparer le préjudice causé par une mesure conservatoire dont la mainlevée a été ordonnée. Cette action, qui relève de la compétence du JEX[2], peut être dirigée contre le créancier poursuivant mais aussi, à notre avis, contre le tiers saisi[3]. Contrairement au principe général posé au second alinéa de l'article L. 121-2 C. pr. exéc., selon lequel la condamnation du créancier nécessite la démonstration d'un abus dans l'exercice des voies d'exécution, l'obligation de réparer le préjudice causé par une mesure conservatoire dont la mainlevée a été ordonnée n'exige pas, pour son application, la constatation d'une faute[4]. Comme celui qui met à exécution une décision de justice provisoire[5], le créancier qui met en œuvre d'une mesure conservatoire le fait à ses risques et périls, à charge par lui d'en réparer les conséquences dommageables sans qu'il ne soit nécessaire de démontrer sa faute.

Jugé par ailleurs qu'une saisie conservatoire de compte bancaire peut causer un préjudice même si ce compte était en position débitrice[6] de même que la saisie-conservatoire de valeur mobilière à une période où les valeurs avaient subi une baisse générale, dans la mesure où l'indisponibilité qui en résultait a causé la perte d'une chance d'avoir pu limiter la diminution de la valeur du portefeuille par une gestion habile[7].

La **nullité pure et simple de la mesure conservatoire** constitue une quatrième et dernière solution, lorsque les conditions formelles n'en ont pas été respectées. Jugé qu'en pareille hypothèse, le tiers saisi qui n'avait pas fait sa déclaration « *affirmative* » se trouve conforté dans cette résistance et ne peut être condamné à payer personnellement les causes de la saisie[8].

La décision du JEX n'obère pas les pleins pouvoirs du juge de l'instance au fond (v. s^s n° 612.79), à ceci près que si le premier saisi de ces deux magistrats donne mainlevée de la mesure conservatoire, on voit mal que le second à se prononcer la rétablisse.

613.46 Exécution du jugement – Voies de recours – Dépens. L'exécution du jugement rendu nécessitera assez souvent un complément aux significations déjà faites ou aux inscriptions déjà prises, et ce dans les mêmes formes qu'initialement (sur les règles générales d'exécution de la mesure, v. s^s n° 612.51). Le juge aura tout intérêt à le prescrire, de façon détaillée au besoin, et à en imputer la charge financière très clairement.

Le jugement rendu sera susceptible d'appel selon le droit commun de l'exécution (C. pr. exéc., art. R. 121-20 s.). L'appel n'a pas d'effet suspensif (C. pr. exéc., art. R. 121-21). La question se pose donc, avec une particulière acuité, des pouvoirs éventuels d'un premier président de suspendre les effets de la décision du JEX statuant sur le sort d'une mesure conservatoire (COJ, art. L. 213-6, al. 4 [COJ, anc. art. L. 311-12-1] – C. pr. exéc., art. R. 121-22). La Cour de cassation l'a admis s'agissant d'une décision de mainlevée de la mesure conservatoire[9]; en effet, jusqu'au jour du prononcé de l'ordonnance par le premier président, la demande de sursis va suspendre les effets de la décision de première instance, donc va proroger les effets de la mesure conservatoire dont cette décision de première instance a ordonné la mainlevée, c'est-à-dire la cessation de l'indisponibilité des biens du débiteur dès la notification (C. pr. exéc., art. R. 121-18). Il existe

1. Civ. 2e, 12 janv. 1994, n° 92-14.605, *Bull. civ.* II, n° 25; *JCP* 1994. IV. 674; *RTD civ.* 1994. 426, note Perrot.
2. Civ. 2e, 29 janv. 2004, n° 01-17.161, *Bull. civ.* II, n° 35 – Civ. 2e, 12 oct. 2006, n° 04-11.561, *Bull. civ.* II, n° 268.
3. EN CE SENS : TGI Paris, JEX, 30 juin 1994, *Gaz. Pal.* 1994. 2. Somm. 812.
4. Civ. 2e, 29 janv. 2004, n° 01-17.161, *Bull. civ.* II, n° 35; *D.* 2004. 296; *RTD civ.* 2004. 353, obs. Perrot; *RTD com.* 2004. 780, obs. Storck; *JCP* 2004. IV. 1565; *Procédures* 2004, n° 99, note Salati; *Dr. sociétés* 2004, n° 89, obs. Bonneau; *Dr. et proc.* 2004. 221, obs. Piedelièvre; *Gaz. Pal.* 21-22 juill. 2004. 30, obs. Brenner; *Banque et Droit* sept.-oct. 2004. 71, obs. Storck – Solution maintenue ultérieurement : Civ. 2e, 7 juin 2006, n° 05-18.038, NP; *RTD civ.* 2006. 830, note Perrot – Malgré une solution divergente de la chambre commerciale, intervenue entre-temps : Com. 14 janv. 2004, n° 00-17.978, *Bull. civ.* IV, n° 9 – Civ. 3e, 21 oct. 2009, n° 08-12.687, *Bull. civ.* III, n° 230; *D.* 2010. 1307, obs. Leborgne; *Procédures* janv. 2010, obs. Perrot.
5. Civ. 2e, 8 déc. 1960, *Bull. civ.* II, n° 755 – Civ. 2e, 14 mars 1963, *Bull. civ.* II, n° 149 – Civ. 2e, 12 mai 1971, n° 70-11.191, *Bull. civ.* II, n° 173 – Civ. 1re, 6 juin 1990, n° 87-19.661, *Bull. civ.* I, n° 140 – Civ. 2e, 9 janv. 2003, n° 00-13.887, *Bull. civ.* II, n° 3; *D.* 2004. 2825, obs. Blanchard; 1495, obs. Taormina – Cass., ass. plén., 24 févr. 2006, n° 05-12.679, *Bull. ass. plén.*, n° 2.
6. TGI Paris, JEX, 23 juin 1994, *Gaz. Pal.* 1994. 2. Somm. 814.
7. Civ. 2e, 29 janv. 2004, n° 01-17.161, *Bull. civ.* II, n° 35; *D.* 2004. 296; *RTD civ.* 2004. 353, obs. Perrot; *RTD com.* 2004. 780, obs. Storck; *JCP* 2004. IV. 1565; *Procédures* 2004, n° 99, note Perrot; *Dr. sociétés* 2004, n° 89, obs. Bonneau; *Dr. et proc.* 2004. 221, obs. Piedelièvre; *Gaz. Pal.* 21-22 juill. 2004. 30, obs. Brenner; *Banque et Droit* sept.-oct. 2004. 71, obs. Storck.
8. Civ. 2e, 5 juill. 2000, n° 98-18.475, *Bull. civ.* II, n° 111; *D.* 2001. 714, chron. Perrot et Théry; *RTD civ.* 2000. 903, obs. Perrot – RAPPR. : Cass., avis, 21 juin 1999, n° 09-90.008, *Bull. avis*, n° 5; *D.* 1999. 206; *JCP* 2000. II. 10160, note Moussa – Civ. 2e, 6 mai 2004, n° 02-12.484, *Bull. civ.* II, n° 217.
9. Civ. 2e, 20 juin 1996, n°s 94-16.464 et 93-19.320, *Bull. civ.* II, n°s 176, 177; *RTD civ.* 1996. 989, obs. Perrot.

alors un intérêt majeur à ce que le chef de la cour d'appel se prononce très vite; il est inutile d'insister sur l'exigence, ici, d'une grande rapidité d'action (dans un cas où le créancier n'a manifestement pas fait assez vite[1]). En revanche, la Cour de cassation considère qu'il n'entre pas dans les pouvoirs du premier président de suspendre l'exécution des mesures judiciaires de sûretés autorisées sur requête, par le JEX. Par conséquent, il ne peut suspendre l'exécution de la décision, frappée d'appel, d'un JEX qui a autorisé, sur requête, une autorisation provisoire d'hypothèque judiciaire[2]. De même, un premier président a estimé[3] que si la décision de première instance est un refus de mainlevée, alors le sursis à exécution ne peut pas être demandé. L'inverse reviendrait à attribuer au premier président le pouvoir d'accorder un délai de grâce, pouvoir dont il est dépourvu[4].

En tout état de cause, ces dispositions sont propres au JEX et ne s'étendent pas, serait-ce par une regrettable omission du législateur, aux décisions du président du tribunal de commerce[5].

L'article L. 512-2 C. pr. exéc. met les dépens à la charge du débiteur, sauf décision contraire du juge à l'issue de la procédure. Le droit commun (C. pr. civ., art. 696) est donc décalqué ici. Le juge aura, là encore, intérêt à se montrer précis. Certes, il ne devra pas adopter la pratique douteuse qui pousse des juges du fond à liquider les dépens au mépris des attributions du chef de greffe, voire à statuer sur les dépens futurs éventuels. Mais le juge devra faire la liste des actes à inclure dans les dépens échus et en attribuer la charge.

Rien n'interdit au juge d'appliquer l'article 700 C. pr. civ.[6]

SECTION 5
PRINCIPES GÉNÉRAUX DE CONVERSION DES MESURES CONSERVATOIRES

613.51 Nécessité et principes. La conversion (ou, s'agissant des inscriptions de sûretés, la consolidation, selon un terme coutumier non repris par le législateur) de la mesure conservatoire est la suite primordiale de l'obtention du titre. Le droit de se faire attribuer la somme saisie ou de vendre de force le bien saisi n'apparaît qu'après la conversion de la saisie conservatoire en voie d'exécution; le droit de recevoir une part du prix de la vente éventuelle n'apparaît qu'après la substitution de l'inscription provisoire par une inscription définitive, grâce à l'obtention du titre exécutoire.

Ainsi jugé que la remise des sommes saisies par le tiers saisi au créancier avant cette conversion ne libère pas ledit tiers[7].

Le créancier après conversion ou consolidation peut exercer tous les droits que lui confère sa qualité de créancier muni d'un titre exécutoire : se faire attribuer les sommes saisies ou faire vendre les meubles saisis à titre conservatoire (C. pr. exéc., art. L. 522-1 et L. 523-2), mais aussi pratiquer d'autres saisies; exercer toutes les prérogatives du bénéficiaire d'un nantissement ou d'une hypothèque dotés de caractère définitif. Quelque importance qu'elle y attache, la loi n'a pas dégagé de principes généraux de conversion ou de consolidation. Il est vrai que les deux mécanismes sont, en pratique, assez dissemblables. La loi du 12 novembre 1955, qui connaissait aussi la conversion et la consolidation, n'avait pas non plus posé de tels principes. Quelques précisions peuvent cependant être données, dans trois hypothèses particulières.

613.52 Cas où le créancier dispose déjà d'un titre exécutoire. Il faut rappeler qu'une mesure conservatoire peut être choisie alors même que le créancier dispose déjà d'un titre exécutoire : dans cette stratégie particulière, le créancier n'en est pas moins obligé, au moment de son choix, de signifier un acte de conversion de sa mesure conservatoire en saisie ou inscription définitive, s'il veut obtenir un effet translatif et non plus seulement un effet d'indisponibilité. La liberté du créancier quant au moment de la conversion est totale; il devra simplement veiller au renouvellement des inscriptions provisoires, comme il sera dit aux chapitres concernés.

613.53 Cas où le créancier a pratiqué sans titre exécutoire ni autorisation préalable. Lorsque la mesure conservatoire est pratiquée sans titre exécutoire ni autorisation judiciaire préalable, mais avec l'un des « *quasi-titres* » visés à l'article L. 511-2 C. pr. exéc., l'obtention d'un titre exécutoire « *vrai* » est évidemment requise, puis la délivrance d'un acte de conversion.

1. Paris, ord., 23 sept. 1998, *Gaz. Pal.* 1999. 2. Somm. 326, note du Rusquec.
2. Civ. 2e, 8 juill. 2004, n° 02-14.573, *Bull. civ.* II, n° 372 – L'article 31 [devenu C. pr. exéc., art. R. 121-22] n'est pas non plus applicable lorsqu'une sûreté judiciaire autorisée sur requête a été rétractée entre-temps par ordonnance : Civ. 2e, 10 juill. 2008, n° 07-20.291, NP.
3. Versailles, 1er prés., 8 mars 2002, *D.* 2002. 2651, note approb. Julien.
4. Civ. 2e, 14 sept. 2006, n° 05-21.300, *Bull. civ.* II, n° 223; *D.* 2007. 1380, obs. Julien.
5. Aix-en-Provence, 16 oct. 1997, *Gaz. Pal.* 1998. 1. 146, note Moussa.
6. EN CE SENS : *J.-Cl. Pr. civ., v° Mesures conservatoires – Dispositions communes*, n° 221, du Rusquec.
7. TGI Lyon, JEX, 5 juill. 1994, *Gaz. Pal.* 1994. 2. Somm. 815; *BICC* 1er oct. 1994, n° 993 – Civ. 2e, 23 nov. 2000, n° 98-22.795, *Bull. civ.* II, n° 153.

613.54 **Cas où le créancier perd son procès au fond.** Lorsque le créancier était soumis à l'exigence d'obtenir un titre exécutoire, et qu'il n'y réussit pas, la question se pose du sort de la mesure conservatoire en cours. Il a été sagement jugé que tout jugement de débouté, avec mainlevée des mesures conservatoires prises antérieurement, est exécutoire de plein droit par provision sur ce chef, conformément aux articles 514 C. pr. civ. et R. 121-21 C. pr. exéc.[1]. Encore faut-il que le débiteur prétendu songe à demander, et que le juge du fond songe à ordonner, la mainlevée des mesures conservatoires prises par celui qui se disait créancier (v. s^s^ n° 612.79).

613.55 **Forme de l'acte de conversion.** La conversion ou la consolidation prend toujours la forme d'un acte pris dans la même forme (acte d'huissier ou bordereau, v. chaque mesure) que la mesure conservatoire elle-même. Cet acte comportera la mention (ou un extrait) du titre exécutoire obtenu, la mention de la mesure conservatoire antérieure, un commandement ou une demande d'avoir à se libérer et surtout le décompte précis et à jour des sommes dues en vertu du titre exécutoire (C. pr. exéc., art. R. 522-7, R. 523-7, R. 524-4 et R. 533-2 – qui renvoie not. à l'article 2428 du Code civil – et C. pr. exéc., art. R. 533-3, qui renvoie à C. pr. exéc., art. R. 532-1). Cet acte de conversion ou de consolidation peut, s'il s'agit d'un acte d'huissier de justice[2], se confondre avec la signification du titre exécutoire. Il comportera aussi des mentions spécifiques calquées sur la réglementation de la voie d'exécution précise qui se met en place (saisie-vente, saisie-attribution – v. s^s^ n°s 621.52 et 621.53; 631.41 à 631.44; 632.41 à 632.45).

1. TGI Paris, JEX, 21 juill. 1998, *Gaz. Pal.* 2000. 1. Somm. 870.

2. L'acte de conversion d'une saisie conservatoire en saisie-attribution, qui emporte attribution immédiate de la créance saisie au créancier, est un acte d'exécution relevant de la compétence d'un huissier de justice et non d'un clerc assermenté : Civ. 2e, 25 sept. 2014, n° 13-25.552, *Bull. civ.* II [à paraître].

TITRE

62. Les règles spécifiques à chaque saisie conservatoire

SECTION 0

ORIENTEUR

620.00 Plan du titre.

CHAPITRE

621. Règles spécifiques à la saisie conservatoire des créances de sommes d'argent

JEAN-MICHEL SOMMER
PRÉSIDENT DE CHAMBRE
À LA COUR D'APPEL DE VERSAILLES

SECTION 0 ORIENTEUR

621.00 Plan du chapitre.

621.01 Textes applicables.

C. pr. exéc., art. L. 111-7, L. 121-2, L. 141-2, L. 162-1, L. 162-2, L. 211-3, L. 212-1, L. 512-1, L. 521-1, L. 523-1, L. 523-2, R. 112-5, R. 162-2 à R. 162-9, R. 211-1 à R. 211-9, R. 211-14 à R. 211-17, R. 211-20 à R. 211-23, R. 213-10, R. 511-1 à R. 512-3, R. 521-1 et R. 523-1 à R. 523-10.

C. civ., art. 2333 et 2350.

C. pr. civ., art. 495 et 680.

C. trav., art. L. 3252-7.

C. assur., art. L. 131-1.

La saisie conservatoire des créances de sommes d'argent est régie par les articles L. 521-1, L. 523-1, L. 523-2 et R. 523-1 à R. 523-10 C. pr. exéc.

Certaines de ces dispositions régissent particulièrement la saisie conservatoire des créances de sommes d'argent déposées en compte auprès des établissements habilités (v. s[s] n° 621.31).

621.03 Bibliographie indicative. (V. s[s] n° 600.03).

Actualisables. Rép. pr. civ., *v° Saisies et mesures conservatoires*, par S. Piedelièvre et F. Guerchoun, sept. 2012 [màj oct. 2014] [saisies des créances de sommes d'argent], n°s 186 à 217] – *Dict. perm.* Recouvrement de créances et procédures d'exécution, *v° Saisie conservatoire de créances*, janv. 2010.

Articles. Peu d'études spécialisées portent sur la question : G. Dahan, « La saisie conservatoire des créances », *Rev. huiss.* 1994. 249 – P. Hoonakker, « La saisie conservatoire de compte bancaire », Actes du VIIIe colloque droit et procédures, *Dr. et proc.* 2010. 10; « Le RSA bancaire ou la mise à disposition automatique d'une somme à caractère alimentaire sur un compte saisi », *D.* 2010. 1890 s. – L. Lauvergnat, « Le décret n° 2009-1694 du 30 décembre 2009 relatif à la mise à disposition d'une somme à caractère alimentaire sur un compte saisi, les faux-semblants d'une clarification attendu », *Dr. et proc.* mars 2010. 76 s.

621.05 Définition et place. Lorsque la saisie conservatoire porte sur une créance ayant pour objet une somme d'argent, l'acte de saisie la rend indisponible pour le débiteur. La saisie emporte en outre au profit du créancier consignation, c'est-à-dire affectation spéciale et gage, des sommes saisies. Elle ne fait pas, en revanche, sortir la créance du patrimoine du débiteur, de sorte que d'autres mesures peuvent entrer ultérieurement en concours (sur cette question, v. s[s] n° 621.45). Une fois muni d'un titre exécutoire, le créancier peut demander le paiement de la somme saisie; cette demande emporte attribution immédiate de la créance saisie (C. pr. exéc., art. L. 523-1 et L. 523-2 – sur l'intérêt pratique, recouvrement, et surtout stratégique, intimidation, de cette saisie conservatoire, v. s[s] n° 600.08).

La saisie-attribution est une voie d'exécution très naturelle et fréquente, puisque les sommes d'argent sont une forme de richesse courante. De même, la saisie conservatoire des créances, qui prélude normalement à la saisie-attribution, est la plus simple des mesures conservatoires.

La créance de sommes d'argent s'entend exactement comme en matière de saisie-attribution (v. s[s] n°s 811.11 s. et 812.11 s.).

621.06 Saisie des rémunérations. L'article L. 3252-7 du Code du travail (mentionné au C. pr. exéc., art. L. 212-1) dispose que « *les rémunérations* *ne peuvent faire l'objet d'une saisie conservatoire* ». Ainsi, bien qu'elles entrent dans la catégorie des sommes d'argent, elles obéissent à un régime totalement dérogatoire (v. s[s] n° 941.12). Il convient toutefois de noter que ce texte vise « *les rémunérations* », c'est-à-dire la créance que détient le salarié sur son employeur. Il s'ensuit que lorsque celle-ci quitte les mains de l'employeur, notamment pour être versée sur le compte bancaire du salarié, elle cesse d'être une « *rémunération* » pour devenir une « *somme provenant d'une rémunération* », une créance du salarié à l'encontre de sa banque, saisissable, même à titre conservatoire, dans les conditions des articles R. 112-5 et R. 213-10 C. pr. exéc.[1] Les sommes provenant de la rémunération du travail bénéficient cependant d'un régime dérogatoire en ce qu'une partie d'entre elles sera exclue de l'assiette de la saisie (v. s[s] n° 621.31).

621.07 Bons de capitalisation. Contrairement au bon de caisse, qui est une valeur mobilière, le bon de capitalisation, produit d'assurance régi par l'article L. 131-1 du Code des assurances, constitue une créance de somme d'argent à l'égard d'une compagnie d'assurances, que le souscripteur ait choisi le règlement en espèce, en titre ou en part négociable[2]. Sa saisie conservatoire doit par conséquent être réalisée dans les conditions et sous les sanctions prévues pour la saisie de créances de sommes et non pour celles de valeurs mobilières[3].

SECTION 1
CONDITIONS DE FOND ET DE FORME

621.11 Conditions préalables de fond. La saisie conservatoire ne produit aucun effet attributif immédiat mais seulement un effet d'indisponibilité (C. pr. exéc., art. L. 521-1) et de consignation (C. pr. exéc., art. L. 521-1 et L. 523-1).

Il s'ensuit principalement que ses conditions d'engagement ne sont pas les mêmes que celles de la saisie-attribution; en règle générale, un titre exécutoire n'est pas nécessaire au créancier qui entend pratiquer une saisie conservatoire, mais seulement une autorisation sur requête, parfois même facultative. Cette nuance essentielle est étudiée avec les dispositions générales à toutes les mesures conservatoires (v. s[s] n° 611.40).

En revanche, l'assiette de la saisie (notion de créances de sommes d'argent; règles d'insaisissabilité) est la même qu'en saisie-attribution, qui constitue le débouché naturel de la saisie conservatoire (ainsi pour une application des règles d'insaisissabilité[4]). On opérera le même renvoi quant à l'identification des trois acteurs de la procédure (v. s[s] n°s 800.01 s.).

621.12 Contentieux. En raison de l'effet limité de la saisie conservatoire, le contentieux qui peut s'élever obéit à une procédure également différente de celle de la saisie-attribution : les règles sont celles du contentieux en matière de mesures conservatoires (v. s[s] n°s 611.01 à 613.55).

§ 1
Formes normales du procès-verbal et suites

621.21 Formes de la saisie conservatoire de créances en général. La saisie conservatoire de créances est précédée (C. pr. exéc., art. R. 521-1 – rappr. C. pr. exéc., art. R. 211-1, al. 2, 2°) de la présentation au tiers de l'autorisation du juge ou du titre en vertu duquel la loi permet la mesure. Il n'est pas inconcevable cependant que la saisie soit faite entre les mains du débiteur même.

Pour le surplus, les formes spéciales de l'acte de saisie-attribution sont appliquées aussi à la saisie conservatoire des créances de sommes d'argent; les articles R. 523-1 à R. 523-5 C. pr. exéc. reproduisent presque textuellement et respectivement les articles R. 211-1 à R. 211-5 du même code.

621.22 Procès-verbal et signification au tiers saisi. Le procès-verbal de saisie conservatoire établi en présence du tiers saisi et signifié à ce tiers comporte des mentions obligatoires étudiées à propos de la saisie-attribution et qu'il suffit de rappeler :

1° l'énonciation des nom et domicile du débiteur ou, s'il s'agit d'une personne morale, de sa dénomination et son siège social;

2° l'indication de l'autorisation ou du titre en vertu duquel la saisie est pratiquée. Ces pièces sont de toute façon présentées au tiers (v. s[s] n° 621.21);

3° le décompte des sommes pour lesquelles la saisie est pratiquée;

4° la défense faite au tiers de disposer des sommes réclamées dans la limite de ce qu'il doit au débiteur;

1. Civ. 2e, 24 juin 2004, n° 02-14.813, *Bull. civ.* II, n° 323; *RTD civ.* 2004. 780, obs. Perrot.
2. DANS CE SENS : *J.-Cl. Fisc.*, fasc. 228-6, n° 23 – *J.-Cl., v° Banque*, fasc. 221, n°s 20 à 30, Coquelet – T. Bonneau, *Le droit bancaire*, 7e éd., « Précis », Montchrestien, 2007, n° 757 – *Mémento Patrimoine*, « Mémento pratique », Francis Lefebvre, 2009, n° 30000 – *CONTRA* : Delebecque, *JCP* 1998. I. 103, n° 26 – Civ. 2e, 19 oct. 2006, n° 05-16.488, NP; *RGDA* 2007. 179, note Bigot.
3. Civ. 2e, 10 juill. 2008, n° 07-14.658, *Bull. civ.* II, n° 181; *D.* 2009. 1044, obs. Martin et Synvet.
4. Civ. 2e, 11 mai 2000, n° 98-11.696, *Bull. civ.* II, n° 78; *JCP* 2000. IV. 2135; *RTD civ.* 2000. 641, obs. Perrot.

5° la reproduction du troisième alinéa de l'article L. 141-2 et de l'article L. 211-3 C. pr. exéc.

La signification du procès-verbal de la saisie se fait en général en même temps et dans le même acte que la signification de l'ordonnance éventuelle d'autorisation de la mesure (v. s^s n° 621.21). S'il s'agit d'une saisie conservatoire pratiquée entre les mains d'un établissement de crédit, elle doit être faite au lieu de son siège social ou de sa succursale qui tient les comptes du débiteur saisi. Par conséquent, une signification faite dans un autre lieu, comme celui d'un service de gestion d'une catégorie précise et limitée d'opérations parmi lesquelles ne figure pas la tenue des comptes, n'est pas valable[1].

621.23 Déclaration du tiers. Le tiers saisi est tenu de déclarer au créancier l'étendue de ses obligations à l'égard du débiteur ainsi que les modalités qui pourraient les affecter et, s'il y a lieu, les cessions de créances, délégations ou saisies antérieures (C. pr. exéc., art. R. 523-4 et L. 211-3). Cette règle, applicable à la saisie-attribution, est examinée plus haut (v. ss nos 162.11 s., 162.31 s.). Le tiers doit en outre remettre à l'huissier de justice toutes pièces justificatives; les renseignements sont mentionnés sur l'acte de saisie (C. pr. exéc., art. R. 523-4, al. 2). Bien que l'article R. 523-4 C. pr. exéc. (anct Décr. 31 juill. 1992, art. 237) ne le précise pas expressément comme le fait l'article R. 211-4 C. pr. exéc. (anct Décr. 31 juill. 1992, art. 59) applicable à la saisie-attribution, la Cour de cassation considère que le tiers saisi doit, sauf motif légitime, s'exécuter sur-le-champ[2], de sorte qu'il ne peut se borner à indiquer qu'il indiquera ultérieurement les sommes qu'il peut éventuellement devoir au saisi[3]. Bien entendu, si l'acte d'huissier de justice lui a été signifié dans les formes prévues à l'article 656 C. pr. civ. (c'est-à-dire, jusqu'au décret du 23 décembre 2006[4], en mairie, et à l'étude de l'huissier, depuis) le tiers saisi ne saurait être sanctionné pour n'avoir pas donné immédiatement les renseignements qu'attendait le créancier poursuivant[5].

Aux termes de l'article R. 523-5 C. pr. exéc., « *le tiers saisi qui, sans motif légitime, ne fournit pas les renseignements prévus, s'expose à devoir payer les sommes pour lesquelles la saisie a été pratiquée si le débiteur est condamné et sauf son recours contre ce dernier* »[6]. Cette règle est l'adaptation à la saisie-conservatoire du principe énoncé à propos de la saisie attribution (v. ss n° 162.32) dans l'article R. 211-5 C. pr. exéc. Simplement, alors que la saisie attribution est faite pour le recouvrement d'une créance dont on connaît l'exact montant, qui sera aussi la limite de ce que le tiers saisi récalcitrant pourrait avoir à régler, la saisie conservatoire ne repose en général pas sur une condamnation du débiteur, laquelle reste à faire prononcer : le tiers saisi qui n'a pas collaboré ne saura qu'ultérieurement ce qu'il risquait; il ne saurait d'ailleurs être assigné par le créancier alors que la dette qui fondait la saisie conservatoire n'est pas encore jugée[7] ou si, faute d'avoir obtenu un titre exécutoire, le créancier n'a pu convertir la saisie conservatoire en saisie attribution (ainsi pour la mise en redressement judiciaire du débiteur avant la conversion de la saisie-attribution[8]).

Toujours selon l'article R. 523-5 C. pr. exéc., ce tiers saisi, là encore à l'instar de ce qu'énonce l'article R. 211-5 C. pr. exéc. pour la saisie attribution, peut aussi être condamné à des dommages-intérêts en cas de négligence fautive ou de déclaration inexacte ou mensongère : *a contrario*, la condamnation personnelle du tiers saisi à payer les « *causes* » de la saisie est encourue même en l'absence de négligence fautive ou de déclaration fallacieuse, circonstances qui ouvriront droit à des dommages et intérêts supplémentaires; il a même été jugé que la négligence fautive ou la déclaration inexacte ou mensongère n'étaient justiciables que des dommages et intérêts et jamais de la condamnation du tiers saisi au paiement personnel des causes de la saisie, sanction réservée à l'omission de fournir les renseignements[9]. Une déclaration fallacieuse n'ouvrira

1. Civ. 2e, 22 mars 2006, n° 05-12.569, *Bull. civ.* II, n° 87.
2. Civ. 2e, 7 nov. 2002, n° 99-16.322, *Bull. civ.* II, n° 249; *D.* 2003. 1474, note Taormina; *Gaz. Pal.* 2003. 1. Somm. 1272, obs. Brenner; *Gaz. Pal.* 5 sept. 2003. 10, note documentée; *Dr. et proc.* 2003. 118, obs. Hoonakker; *Procédures* 2003, n° 9, obs. Perrot.
3. Civ. 2e, 1er févr. 2006, n° 04-11.693, *Bull. civ.* II, n° 7 – OBS. APPROB. : B. Beignier et L. Miniato, « Actualité jurisprudentielle de la procédure civile et des voies d'exécution », *RLDC* n° 28, p. 59 s.
4. Décr. n° 2006-1805, 23 déc. 2006, relatif à la procédure en matière successorale et modifiant certaines dispositions de procédure civile, *JO* 31 déc., p. 20370.
5. Civ. 2e, 13 juin 2002, n° 00-22.021, *Bull. civ.* II, n° 128.
6. À NOTER que le liquidateur d'une société débitrice a la qualité de tiers saisi et doit faire sur le champ la déclaration à l'huissier de justice : Civ. 2e, 10 nov. 2010, n° 09-71.609, *Bull. civ.* II, n° 185; *D.* 2010. 2849, obs. Avena-Robardet; 2011. 1509, obs. Leborgne; *Rev. sociétés* 2010. 568, obs. Lienhard; *RTD com.* 2011. 135, obs. Dondero et Le Cannu; *Procédures* janv. 2011, obs. Perrot; *Dr. et proc.* 2011. 47, obs. Salati.
7. Paris, 7 sept. 2000, *Dr. et proc.* 2001. 44, note Bourdillat.
8. Civ. 2e, 20 oct. 2005, n° 04-10.870, *Bull. civ.* II, n° 267; *D.* 2005. 2804, obs. Lienhard; *D.* 2006. 79, obs. Le Corre et Lucas; *Procédures* 2005, n° 276 – Civ. 2e, 14 sept. 2006, n° 05-16.584, *Bull. civ.* II, n° 227; *D.* 2007. 1380, obs. Julien.
9. Civ. 2e, 26 mai 2011, n° 10-16.343, *Bull. civ.* II, n° 119; *D.* 2011. 2150, chron. Sommer, Leroy-Gissinger, Adida-Canac et Bouvier – Versailles, 14 mars 1997, *BICC*, n° 1125; *Rev. huiss.* 1997. 1512; *D.* 2007. 1380, obs. Julien.

droit à des dommages-intérêts que sur la preuve convaincante d'une faute[1], d'un préjudice et d'un lien de causalité entre la faute retenue et le préjudice allégué[2]. Par exemple, lorsqu'un créancier, mal renseigné par le tiers saisi, abandonne un temps l'obtention d'un titre exécutoire puis reprend la poursuite, mais sans succès parce qu'une procédure collective a finalement été ouverte contre le débiteur, la saisie conservatoire manquée avait bien peu de chance de produire le moindre effet[3].

Une nuance dans le déroulement même de la saisie conservatoire par rapport à la saisie-attribution tient à la rédaction de l'article R. 523-6 C. pr. exéc. : à défaut de contestation avant l'acte de conversion (examiné ci-après), la déclaration du tiers (saisi) est réputée exacte pour les seuls besoins de la saisie. Cette disposition est heureuse car elle fixe au tiers saisi une limite de temps pour compléter ou rectifier sa déclaration auprès du créancier saisissant. Une telle disposition eût pu être imaginée avec bonheur en matière de saisie-attribution. Il s'ensuit que le tiers saisi n'est plus recevable à contester les termes de sa déclaration après avoir reçu signification de l'acte de conversion. C'est ainsi que viole l'article R. 523-6 C. pr. exéc. une cour d'appel qui, pour refuser de condamner le tiers-saisi au montant de sa déclaration, se fonde sur ses déclarations, intervenues postérieurement à la dénonciation de l'acte de conversion, dans lesquelles il soutenait que sa première déclaration était erronée et qu'il n'était pas débiteur envers le saisi[4]. Cependant, ce texte ne concerne que la contestation par le tiers saisi de sa déclaration après conversion de la saisie conservatoire, si bien qu'il ne limite pas dans le temps le droit, pour le créancier saisissant, de former une demande en paiement sur le fondement de l'article R. 523-5 C. pr. exéc.[5] Il ne concerne pas non plus les tiers à la saisie, auxquels la présomption n'est pas opposable. Ainsi à l'égard de l'épouse qui conteste le droit pour un organisme bancaire de poursuivre, sur le produit de la vente d'un bien commun, le recouvrement de sa créance résultant d'une dette contractée par son époux au titre d'un engagement de caution sans son consentement[6].

Il faut enfin préciser que la condamnation personnelle d'un tiers saisi défaillant au paiement des causes de la saisie n'est possible que si la saisie est valable ou n'est pas frappée de caducité[7]. La condamnation n'est pas non plus possible si, faute d'avoir obtenu un titre exécutoire, le créancier n'a pu convertir la saisie conservatoire en saisie attribution (ainsi pour la mise en redressement judiciaire du débiteur avant la conversion de la saisie-attribution[8] – sur l'étendue des obligations du tiers saisi en cas de caducité de la saisie, v. s[s] n° 612.78). Il en résulte que le tiers a un intérêt à se prévaloir des causes d'inefficacité (nullité, caducité) de la saisie conservatoire (sur la condamnation personnelle du tiers saisi en cas d'annulation de la saisie, v. s[s] n° 613.45) et qu'il est donc recevable à engager une action en nullité de la saisie.

En revanche, le tiers saisi n'est pas fondé à invoquer la caducité d'une mesure conservatoire, pour méconnaissance des articles R. 511-7 et R. 511-8 C. pr. exéc., dès lors qu'il a reçu en temps voulu la signification de l'acte de conversion[9].

621.24 Dénonciation au débiteur. Aux termes de l'article R. 523-3 C. pr. exéc., dans un délai de huit jours, à peine de caducité, la saisie conservatoire est portée à la connaissance du débiteur par acte d'huissier de justice. Cet acte contient, à peine de nullité :

1° une copie de l'autorisation du juge ou du titre en venu duquel la saisie a été pratiquée. Toutefois, s'il s'agit d'une obligation notariée ou d'une créance de l'État des collectivités territoriales ou de leurs établissements publics, il est seulement fait mention de la date, de la nature du titre ainsi que du montant de la dette;

2° une copie du procès-verbal de saisie;

3° la mention, en caractères très apparents, du droit qui appartient au débiteur, si les conditions de validité de la saisie ne sont pas réunies, d'en demander la mainlevée au juge de l'exécution du lieu de son domicile;

1. Civ. 2e, 7 nov. 2002, n° 99-16.322, *Bull. civ.* II, n° 249; *D.* 2003. 1474, note Taormina; *Gaz. Pal.* 2003. 1. Somm. 1272, obs. Brenner; *Dr. et proc.* 2003. 118, obs. Hoonakker; *Procédures* 2003, n° 9, obs. Perrot – *Adde :* Civ. 2e, 4 oct. 2001, n° 99-16.322, *Bull. civ.* II, n° 151 – Civ. 2e, 30 mai 2002, n° 00-21.675, NP; *Procédures* 2002, n° 204, obs. Perrot – Civ. 2e, 13 févr. 2003, n° 01-00.543, *Bull. civ.* II, n° 40.
2. Civ. 2e, 10 sept. 2009, n° 08-18.590, *Bull. civ.* II, n° 211; *D.* 2010. 1307, obs. Leborgne; *Procédures* 2009, n° 357, obs. Perrot.
3. Sur une hypothèse de ce type : Civ. 2e, 21 déc. 2000, n° 99-11.770, NP; *JCP* 2001. IV. 1325 – RAPPR. : Lyon, 6e ch., 25 oct. 2000, *BICC* 1er nov. 2001, n° 1078.
4. Civ. 2e, 8 déc. 2005, n° 04-12.954, *Bull. civ.* II, n° 313.
5. Civ. 2e, 8 déc. 2011, n° 07-13.167, *Bull. civ.* II, n° 224.
6. Civ. 2e, 27 sept. 2012, n° 11-22.570, *Bull. civ.* II, n° 157.
7. Cass., avis, 21 juin 1999, n° 09-90.008, *Bull. avis,* n° 5; *D.* 1999. 206; *JCP* 2000. II. 10160, note Moussa – Civ. 2e, 23 nov. 2000, n° 98-22.938, *Bull. civ.* II, n° 155; *Gaz. Pal.* 2001. Somm. 1373, obs. Véron; *RTD civ.* 2001. 667, obs. Véron – Civ. 2e, 6 mai 2004, n° 02-12.484, *Bull. civ.* II, n° 217; *Gaz. Pal.* 2005. Somm. 3640, note Brenner – Civ. 2e, 22 mars 2006, n° 05-12.569, *Bull. civ.* II, n° 87.
8. Civ. 2e, 20 oct. 2005, n° 04-10.870, *Bull. civ.* II, n° 267; *D.* 2005. 2804, obs. Lienhard; *D.* 2006. 79, obs. Le Corre et Lucas; *Procédures* 2005, n° 276.
9. Civ. 2e, 10 déc. 1998, n° 96-14.862, *Bull. civ.* II, n° 299; *D.* 1999. 216, obs. Julien; *JCP* 1999. IV. 1188.

4° la désignation de la juridiction devant laquelle seront portées les autres contestations, notamment celles relatives à l'exécution de la saisie;

5° la reproduction des articles R. 511-1 à R. 512-3 C. pr. exéc.;

6° l'indication, en cas de saisie de compte, que le titulaire du compte peut demander au tiers saisi, dans les quinze jours suivant la saisie, la mise à disposition d'une somme d'un montant au plus égal au revenu minimum d'insertion pour un allocataire, dans la limite du solde créditeur du compte au jour de la réception de la demande (ajouté par Décr. n° 2002-1150, 11 sept. 2002, art. 14).

Une erreur dans la désignation de l'auteur de la dénonciation constitue un vice de forme, de sorte que l'acte ne peut être annulé qu'à charge pour celui qui l'invoque de prouver le grief que lui cause l'irrégularité[1].

S'agissant de l'obligation de remettre une copie de l'autorisation du juge en vertu de laquelle la saisie a été pratiquée, il convient de signaler que la jurisprudence considère que l'article 236 du décret (devenu C. pr. exéc., art. R. 523-3) n'exclut pas l'application des dispositions de l'article 495 C. pr. civ. Il résulte par conséquent de la combinaison de ces deux textes que le créancier saisissant est tenu, lorsqu'il signifie au débiteur saisi la décision du juge qui autorise la requête, de remettre aussi une copie de cette requête. Par conséquent, l'omission par l'huissier de justice de signifier la requête en même temps que l'ordonnance du juge autorisant la saisie justifie l'annulation de la dénonciation de la saisie conservatoire[2].

§ 2
Particularités

621.31 Formes particulières de la saisie conservatoire de comptes de dépôt. L'article L. 162-1 C. pr. exéc. soumet aux mêmes règles la saisie conservatoire et la saisie-attribution. Cette assimilation, outre ses avantages pratiques, tient à la philosophie générale de la saisie des comptes : le tiers saisi est ici pris en considération comme déterminant les modalités de la saisie et précisément, il est le même en saisie-attribution et en saisie conservatoire.

Principalement, les obligations de déclaration qui pèsent sur le tiers saisi (C. pr. exéc., art. L. 162-1, al. 1er, et R. 211-20) sont transposables en totalité à la saisie conservatoire.

Il en est de même des règles d'ajustement des soldes saisis (C. pr. exéc., art. L. 162-1). Cet ajustement ne peut être reporté au moment de la conversion, qui peut survenir très tardivement et dont le moment est en tout cas laissé au choix du créancier. L'affectation des sommes saisies par les effets en circulation et retraits en liquide a donc lieu dans les quinze jours qui suivent l'acte de saisie conservatoire. S'agissant comme on l'a dit d'une saisie de sommes et non de comptes, ces contre-passations seront opérées, quelque difficulté que cela pose en pratique bancaire, sur le compte spécial de consignation qui sera décrit plus loin (v. s^s n° 621.44).

Désormais donc, les anciens articles 47 et 47-1 de la loi du 9 juillet 1991 (devenus C. pr. exéc., art. L. 162-1 et L. 162-2), qui, jusqu'à présent, figuraient dans la partie relative aux saisies-attribution alors que, par leur nature, elles avaient vocation à régir toutes les procédures portant sur des comptes bancaires, ont été déplacées dans des dispositions générales au chapitre II du titre VI du livre I du Code des procédures civiles d'exécution.

Les aménagements des articles R. 211-21 à R. 211-23 C. pr. exéc. nous semblent également transposables à la saisie conservatoire : cantonnement de la saisie-attribution à certains comptes, garantie de substitution, priorité de la saisie sur les comptes à vue, sort des comptes joints[3], mise à disposition d'un minimum vital.

Doivent aussi s'appliquer aux saisies conservatoires de compte bancaire les dispositions des articles R. 112-5, R. 213-10 et R. 162-2 à R. 162-9 C. pr. exéc. relatifs aux créances insaisissables, en particulier :

– **l'article R.** 112-5 C. pr. exéc. qui dispose que « *lorsqu'un compte est crédité du montant d'une créance insaisissable en tout ou partie, l'insaisissabilité se reporte à due concurrence sur le solde du compte* »;

– **l'article R.** 162-2 C. pr. exéc., qui prévoit la mise à disposition du débiteur personne physique, par le tiers, d'office et dans la limite du solde créditeur au jour de la saisie, d'une somme à caractère alimentaire d'un montant égal au montant forfaitaire, pour un allocataire seul, mentionné à l'article L. 262-2 du Code de l'action sociale et des familles (revenu de solidarité active [RSA]);

– et **l'article R.** 162-4 C. pr. exéc., qui précise que « *lorsque les sommes insaisissables proviennent de créances à échéance périodique, telles que rémunérations du travail, pensions de retraite, sommes payées à titre d'allocations familiales ou d'indemnités de chômage, le titulaire du compte peut en demander la mise*

1. Civ. 2e, 12 juill. 2012, n° 11-21.370, NP.
2. Civ. 2e, 6 déc. 2001, n° 99-19.894, *Bull. civ.* II, n° 184; *RTD civ.* 2002. 362, note Perrot.
3. Sur ce dernier point : TGI Nanterre, JEX, 8 sept. 1994, *Rev. huiss.* 1995. 114 – Paris, 5 oct. 2000, *BICC* 1er mars 2001, n° 261.

à disposition immédiate, déduction faite des opérations venues en débit du compte depuis le dernier versement de la créance insaisissable ».

Interprétant la combinaison de ces textes – qui ne sont certes pas d'une clarté saisissante – sur le point de savoir si l'insaisissabilité est définitivement acquise, quelle que soit la date du versement opéré sur le compte, ou si elle est limitée en fonction de cette date, la Cour de cassation juge que l'insaisissabilité porte sur la totalité du solde créditeur et non sur la dernière échéance[1]. Cette analyse est critiquée par la doctrine, et l'a été notamment le professeur Perrot qui estimait qu'elle aboutit en fin de compte à donner la possibilité au débiteur, en capitalisant des salaires qui, de ce fait ont perdu leur caractère alimentaire, de se constituer au fil des mois un magot insaisissable[2]. Sensible probablement à ces critiques, la deuxième chambre civile a ultérieurement précisé que c'était au débiteur de rapporter la preuve que son compte était composé de sommes insaisissables[3].

(Pour toutes ces questions, v. les développements relatifs aux saisies-attribution de compte bancaire, v. s^s n°s 921.11 à 923.134).

621.32 Formes particulières de la saisie conservatoire de créances à exécution successive. Le Code des procédures civiles d'exécution organise spécialement le mode de libération du tiers saisi après la saisie-attribution de créances à exécution successive (C. pr. exéc., art. R. 211-14 à R. 211-17). Ces dispositions ne concernent pas la saisie conservatoire, qui n'emporte pas immédiatement paiement. Le tiers doit simplement conserver les sommes dues à chaque échéance (v. cep. à propos des suites de la conversion s^s n° 621.52).

621.33 Droit de l'Union européenne. Le Conseil de l'Union européenne et la Parlement ont adopté le 15 mai 2014 le règlement (UE) n° 655/2014, portant création d'une ordonnance européenne de saisie conservatoire des comptes bancaires, destiné à faciliter le recouvrement transfrontière de créances en matière civile et commerciale[4]. Ce texte instaure une procédure permettant la délivrance d'une ordonnance européenne de saisie conservatoire de comptes, bénéficiant aux particuliers comme aux entreprises, mais uniquement dans les relations transfrontières. Seront notamment exclues de ce dispositif les créances relatives aux régimes matrimoniaux, aux testaments et successions, aux procédures collectives, à la sécurité sociale ou à l'arbitrage. Le créancier pourra obtenir, sous sa responsabilité, une ordonnance avant d'avoir obtenu un jugement ou après avoir obtenu un titre sur le fond. Il pourra également obtenir des informations sur l'existence de comptes dans un État membre. L'ordonnance sera rendue de façon non contradictoire et sera reconnue et exécutoire dans les États membres, Des voies de recours sont organisées par le texte. Toute question procédurale non réglée par le règlement le sera par le droit national. Le règlement sera applicable trente mois à compter du vingtième jour suivant sa publication, soit le 18 janvier 2017 (v. aussi s^s n° 1711.161 s.).

SECTION 2
EFFETS

621.41 Définition. Selon l'article L. 523-1 C. pr. exéc., lorsque la saisie porte sur une créance ayant pour objet une somme d'argent, l'acte de saisie la rend indisponible à concurrence du montant autorisé par le juge ou, lorsque cette autorisation n'est pas nécessaire, à concurrence du montant pour lequel elle est pratiquée. Elle emporte de plein droit consignation des sommes indisponibles et produit les effets prévus à l'article 2075-1 du Code civil (devenu C. civ., art. 2350).

Ce dernier texte, qui renvoie à l'article 2333 du Code civil, attribue au créancier qui a fait pratiquer la saisie conservatoire les mêmes droits que le créancier gagiste : celui de se faire payer sur la chose qui en est l'objet, par privilège et préférence aux autres créanciers.

621.42 Cantonnement automatique. La saisie conservatoire des créances diffère sur un point important de la saisie-attribution : la saisie conservatoire, parce que l'indisponibilité n'y est pas limitée dans le temps (à propos de la conversion et paiement, v. s^s n° 621.52), connaît un cantonnement automatique.

Ce cantonnement est pratiqué par le tiers saisi, soit à concurrence du montant qui figure dans l'ordonnance sur requête autorisant la saisie, soit, lorsqu'une telle autorisation n'est pas nécessaire

1. Civ. 2e, 11 mai 2000, n° 98-11.696, *Bull. civ.* II, n° 78; *RTD civ.* 2000. 641, NOTE CRIT. Perrot – Civ. 2e, 27 juin 2002, n° 00-17.578, *Bull. civ.* II, n° 150; *RTD civ.* 2002. 566, note Perrot; *Procédures* 2002, n° 158; *Dr. et proc.* 2003. 35, note Putman – Civ. 2e, 24 juin 2004, n° 02-14.813, *Bull. civ.* II, n° 323; *RTD civ.* 2004. 780, note Perrot; *Procédures* 2004, n° 208, note Perrot; *JCP* 2004. IV. 2742; *RD banc. fin.* 2004, n° 258, obs. Piedelièvre.
2. *RTD civ.* 2000. 641, note Perrot.
3. Civ. 2e, 24 mars 2005, n° 03-12.836, *Bull. civ.* II, n° 80.
4. Règl. (UE) n° 655/2014 du Parlement et du Conseil, 15 mai 2014, portant création d'une procédure d'ordonnance européenne de saisie conservatoire des comptes bancaires, destinée à faciliter le recouvrement transfrontière de créances en matière civile et commerciale, *JOUE*, n° L. 189, p. 59.

(ex. : existence d'un titre exécutoire, recouvrement de loyers impayés, *etc.*) à concurrence du montant visé par le créancier dans l'acte de saisie conservatoire (C. pr. exéc., art. L. 523-1).

621.43 Cantonnement sur requête – Garanties de substitution. Le cantonnement automatique conduit à décider que le cantonnement sur requête de l'huissier ou sur demande du débiteur (C. pr. exéc., art. L. 111-7 et L. 121-2) n'est pas autorisé (arg. C. pr. exéc., art. L. 162-1 : « *Toutes les sommes laissées au compte sont indisponibles* » – sur l'initiative du créancier, v. s^{s} n° 621.31).

En revanche, rien ne semble interdire la recherche d'une garantie de substitution (C. pr. exéc., art. L. 512-1, al. 2 – v. s^{s} n° 613.21) tandis que la mise à disposition immédiate des sommes insaisissables s'impose purement et simplement, comme en matière de saisie-attribution.

621.44 Indisponibilité des sommes et consignation. On l'a vu (v. s^{s} n° 621.42), l'indisponibilité (sur les éléments historiques, v. s^{s} n° 613.11) ne frappe pas la créance de sommes d'argent dans sa globalité, mais elle joue à concurrence de la créance à recouvrer. Par conséquent, le Code des procédures civiles d'exécution (C. pr. exéc., art. L. 512-1, al. 1er) prévoit que la saisie emporte de plein droit consignation des sommes indisponibles.

S'agissant de **saisie conservatoire de comptes bancaires**, la consignation a d'abord une dimension matérielle d'affectation spéciale, de façon à permettre le fonctionnement normal des comptes du débiteur : les sommes rendues indisponibles sont simplement mises à l'abri au fur et à mesure des poursuites. Le virement des sommes saisies sur un compte *ad hoc*, vivement conseillé en cas de saisie-attribution, devient ici indispensable et sera réalisé à l'issue du délai de quinze jours pendant lequel la créance saisie est indisponible dans sa totalité pour permettre à l'établissement de procéder aux ajustements prévus par l'article L. 162-1 C. pr. exéc. (v. s^{s} n° 621.31).

Il faut cependant préciser que, selon la chambre commerciale de la Cour de cassation, il ne s'agit pas d'un véritable compte, au sens bancaire du terme, mais d'un « *simple cadre comptable* [...] *dépourvu de caractère contractuel et donc d'autonomie* ». Par conséquent, si la saisie conservatoire n'est pas ensuite convertie, son solde créditeur peut se compenser avec le solde débiteur du compte saisi dont il n'est qu'une simple émanation[1].

La consignation est en outre un mécanisme juridique précis qui confère un privilège (v. s^{s} n° 621.46).

1. Com. 4 oct. 2005, n° 04-16.356, NP; *Dr. et patr.* 2006, chron. « Voies d'exécution », note Lefort.

621.45 Concours de saisies. L'indisponibilité est un empêchement qui s'impose au débiteur saisi et au tiers qui détient les sommes. Mais, contrairement à la saisie-attribution, qui a un effet attributif immédiat sur les sommes saisies, la saisie conservatoire n'a pour conséquence, tant qu'elle n'est pas convertie, que de rendre les sommes indisponibles par le tiers saisi. L'indisponibilité des sommes que la saisie produit constitue un empêchement qui ne s'impose qu'au débiteur saisi et au tiers qui détient les sommes. Elle n'intéresse pas les autres créanciers et ne suffit donc pas à prohiber le concours de saisies, sous réserve du droit de préférence conférée au premier saisissant[2]. L'indisponibilité dont fait l'objet la créance n'a pas pour effet, comme en matière de saisie-attribution, d'empêcher un autre créancier de faire diligenter une autre voie d'exécution. Toutefois, celle-ci n'aura d'effet que dans l'hypothèse d'une absence de conversion de la première.

621.46 Fonctionnement du gage. L'article 2350 du Code civil[3] dispose que la consignation de sommes à titre conservatoire emporte affectation spéciale et privilège de l'article 2333[4], c'est-à-dire le droit de se faire payer sur ces sommes par privilège et préférence aux autres créanciers. Ce droit de préférence ne pose pas de difficultés lorsque le créancier second saisissant est un chirographaire, même s'il est muni d'un titre exécutoire : il ne pourrait saisir qu'une créance déjà gagée et son seul espoir serait que la saisie antérieure soit finalement levée amiablement ou judiciairement.

En revanche, le second saisissant peut se prévaloir d'un privilège qui lui soit personnel et de bons rangs et qui concurrencerait le gage légal du premier saisissant; on pense notamment au Trésor public, au bailleur, au créancier d'aliments, à l'ex-salarié, *etc.* Face à une telle concurrence, le gagiste dispose en droit commun de la consignation, d'une action spéciale en attribution judiciaire (C. civ., art. 2346[5]), qui lui confère une préférence absolue même sur le fisc[6]. En saisie conservatoire, il faut admettre que l'action en conversion de l'article L. 523-2 C. pr. exéc. (sur la conversion et le paiement, v. s^{s} n° 621.52) emporte implicitement mais

2. Civ. 2e, 28 févr. 2006, n° 04-16.396, *Bull. civ.* II, n° 59.
3. COMP. : C. civ., anc. art. 2075-1 (avant Ord. n° 2006-346, 23 mars 2006).
4. COMP. C. civ., anc. art. 2073 (avant Ord. n° 2006-346, 23 mars 2006).
5. COMP. C. civ., anc. art. 2078 (avant Ord. n° 2006-346, 23 mars 2006).
6. Cass., ass. plén., 26 oct. 1984, n° 83-10.055, *Bull. ass. plén.*, n° 6; *D.* 1985. 33, concl. Cabannes et note Derrida; *JCP* 1985. II. 20432, rapp. Viennois et note Corlay; *Gaz. Pal.* 1985. 1. 236, note Chartier.

nécessairement les effets de l'article 2346[1] du Code civil[2]. Encore faut-il cependant que cette conversion intervienne avant l'intervention du second saisissant privilégié. En effet, l'article L. 523-1, qui renvoie à l'article 2350 du Code civil, lequel renvoie à l'article 2333, ne confère au créancier qu'un privilège, à l'exclusion du droit de se faire attribuer judiciairement la créance. Par conséquent, si, postérieurement à la saisie conservatoire, il est confronté à un créancier dont le rang est supérieur au sien, tel le Trésor public, il est nécessairement primé par ce dernier[3].

La Cour de cassation a ainsi approuvé une cour d'appel qui, ayant relevé qu'un créancier avait fait procéder à la conversion d'une saisie conservatoire après la notification d'un avis à tiers détenteur, en a déduit que le droit de préférence du créancier saisissant ne pouvait être invoqué à l'égard du trésorier dont la créance fiscale bénéficiait du privilège de l'article 1920 du Code général des impôts[4].

Ces mécanismes n'ont lieu d'être que si les saisies concurrentes se succèdent dans le temps. Si elles sont de même date, une répartition des sommes saisies au marc-le-franc s'impose, sans qu'il y ait lieu de prendre en compte d'éventuels privilèges comme en matière de saisie-attribution[5].

621.47 Concours avec une procédure collective commerciale. La question est traitée au sein des dispositions applicables à toutes les mesures conservatoires (v. s^s n°s 611.30 s.).

621.48 Séquestre. Aux termes de l'article R. 523-2 C. pr. exéc., tout intéressé peut demander que les sommes saisies soient consignées entre les mains d'un séquestre désigné, à défaut d'accord amiable, sur requête par le juge de l'exécution.

La remise des fonds au séquestre arrête le cours des intérêts dus par le tiers saisi. Ce dispositif permet au tiers saisi qui devrait des intérêts tant que les sommes sont entre ses mains (ex., compte bancaire rémunéré), donc tant que la saisie reste purement conservatoire, de se libérer.

621.49 Créances croisées ou réciproques. Dans la mesure où la saisie conservatoire n'a pas pour effet, avant conversion, de sortir la créance du patrimoine du saisi, rien n'empêche ce dernier, en cas de créances croisées ou réciproques, de faire consacrer sa créance à l'encontre de son débiteur et obtenir un titre à son encontre, même si celui-ci est par ailleurs son saisissant[6].

SECTION 3
ISSUE

621.51 Mainlevée ou substitution de garantie. La mainlevée amiable de saisie conservatoire n'est pas une rareté, les mesures conservatoires étant parfois utilisées comme menace plutôt que pour recouvrer. En outre, la mainlevée peut toujours intervenir sur déclaration écrite du débiteur qu'il ne conteste pas[7] (comp., en saisie-attribution, C. pr. exéc., art. R. 211-6, al. 2). La mainlevée judiciaire, quant à elle, n'obéit pas à des causes ou des formes différentes de celles des mesures conservatoires en général ou bien de la saisie-attribution.

621.52 Conversion. Le créancier, muni d'un titre exécutoire, peut en demander le paiement. Cette demande emporte attribution immédiate de la créance saisie conservatoirement, jusqu'à concurrence du montant de la condamnation obtenue et des sommes dont le tiers saisi s'est reconnu ou a été déclaré débiteur (C. pr. exéc., art. L. 523-2)[8].

Sont ainsi évidemment écartées du champ de la saisie conservatoire les règles de paiement propres à la saisie-attribution à l'issue du ou des délais de régularisations comptables. Un tel paiement ne peut pas intervenir tant que la saisie conservatoire n'a pas été convertie (v. s^s n° 613.51). Par suite, et dans le cas particulier de la saisie de créances à exécution successive, le tiers saisi aura conservé les créances au fur et à mesure de leur échéance antérieurement à la conversion; puis, après l'acte de conversion, le tiers paiera en un seul versement les échéances accumulées et paiera les créances futures au fur et à mesure de leur échéance (C. pr. exéc., art. R. 211-15 et R. 523-10 cumulés – sur la situation en cas de redressement judiciaire, v. s^s n°s 611.30 et 611.33[9]).

621.53 Formes, contentieux et paiement. Les articles R. 523-7 à R. 523-9 C. pr. exéc. disposent :

Le créancier qui obtient un titre exécutoire constatant l'existence de sa créance est tenu de

1. COMP. : C. civ., anc. art. 2078 (avant Ord. n° 2006-346, 23 mars 2006).
2. EN CE SENS : *J.-Cl. Pr. civ., V° Saisies conservatoires*, fasc. 2430, n° 28, Defossez.
3. PERROT et THÉRY, n°s 1204 s. – Du même avis : G. COUCHEZ, n° 350.
4. Civ. 2e, 18 janv. 2007, n° 06-10.598, *Bull. civ.* II, n° 14; *D.* 2007. 2336, obs. Vigneau; *JCP E* 2008. 1036, obs. Simler; *RD banc. fin.* 2007. 74, obs. Piedelièvre.
5. Cass., avis, 24 mai 1996, n° 09-60.004, *Bull. avis*, n° 5 – TGI Saint-Étienne, JEX, 16 juin 1994, *D.* 1995. 233, note approb. Prévault.
6. Civ. 2e, 4 juill. 2007, n° 06-14.825, *Bull. civ.* II, n° 201; *D.* 2008. 648, chron. Sommer et Nicoletis.
7. Cass., avis, 24 mai 1996, n° 09-60.003, *Bull. avis*, n° 6.
8. Civ. 2e, 23 nov. 2000, n° 98-22.795, *Bull. civ.* II, n° 153.
9. NOT. : Civ. 2e, 19 mai 1999, n° 97-13.672, *Bull. civ.* II, n° 97; *D.* 1999. 549, note Prévault.

signifier au tiers saisi un acte de conversion. C'est à compter de cette signification que la saisie produit son effet attributif[1].

L'acte de signification au tiers saisi contient, à peine de nullité :

1° la référence au procès-verbal de saisie conservatoire;

2° l'énonciation du titre exécutoire;

3° le décompte distinct des sommes dues en vertu du titre exécutoire, en principal, frais et intérêts échus ainsi que l'indication du taux des intérêts;

4° une demande de paiement des sommes précédemment indiquées à concurrence de celles dont le tiers s'est reconnu ou a été déclaré débiteur.

L'acte informe le tiers que, dans cette limite, la demande entraîne attribution immédiate de la créance saisie au profit du créancier.

La copie de l'acte de conversion doit être ensuite signifiée au débiteur (C. pr. exéc., art. R. 523-8). La deuxième chambre civile a jugé que cette signification ne constituait pas la notification d'un jugement, de sorte que les dispositions de l'article 680 C. pr. civ. n'étaient pas applicables[2]. Elle n'est pas non plus soumise au délai de huit jours prévu, à peine de caducité, par l'article R. 211-3 C. pr. exéc. en matière de saisie-attribution[3].

À compter de la signification, le débiteur dispose d'un délai de quinze jours pour contester l'acte de conversion devant le juge de l'exécution du lieu où il demeure. Depuis le décret n° 2005-1678 du 28 décembre 2005 relatif à la procédure civile, à certaines procédures d'exécution et à la procédure de changement de nom[4], ce délai de quinze jours est prescrit à peine d'irrecevabilité de la contestation. Sous la même sanction, le saisi doit dénoncer le même jour, par lettre recommandée avec demande d'avis de réception, sa contestation à l'huissier de justice qui a procédé à la saisie.

Le troisième alinéa de l'article R. 523-9 C. pr. exéc. prévoit que l'auteur de la contestation doit en informer aussi le tiers saisi par lettre simple, mais sans toutefois prévoir de sanction.

En l'absence de contestation, le tiers effectue le paiement sur présentation d'un certificat du greffe ou, depuis le décret du 28 décembre 2005, de l'huissier de justice qui a procédé à la saisie, attestant l'absence de contestation dans le délai de quinze jours suivant la dénonciation de l'acte de conversion. Le paiement peut intervenir avant l'expiration de ce délai si le débiteur a déclaré ne pas contester l'acte de conversion. Cette déclaration doit être constatée par écrit.

Le paiement intervient dans les conditions de la saisie-attribution (C. pr. exéc., art. R. 211-7 à R. 211-9 et R. 211-12), auxquels renvoie l'article R. 523-10 du même code : obligation de quittancement, conservation des actions postérieures, condamnation du tiers saisi récalcitrant, possibilité de provision en cas de contentieux.

Le tiers saisi n'est libéré de sa dette à l'égard du débiteur qu'après paiement au créancier saisissant des sommes dont il s'est reconnu ou dont il a été jugé débiteur[5].

La Cour de cassation a considéré, dans une affaire qui se présentait dans une configuration originale, qu'une banque, tiers saisie, qui avait reconnu détenir pour le compte du débiteur une créance libellée en monnaie étrangère, au cas d'espèce en dollars US, correspondant à la contre-valeur de la somme en euros pour laquelle la saisie avait été autorisée, était tenue au paiement de cette dernière somme, peu important la fluctuation du cours du change dont le tiers saisi devait alors supporter le risque[6].

S'agissant de la saisie conservatoire de comptes, à ce délai de quinze jours pour permettre au saisi de contester s'ajoutera un délai de quinze jours de régularisation comptable prévu à l'article L. 162-1 C. pr. exéc. pour permettre d'affecter au crédit du compte les remises faites antérieurement, en vue de leur encaissement, de chèques ou d'effets de commerce non encore portées au compte, et à son débit l'imputation des chèques remis à l'encaissement ou portés au crédit du compte antérieurement à la saisie et revenus impayés, les retraits par billetterie effectués antérieurement à la saisie et les paiements par carte, dès lors que leurs bénéficiaires ont été effectivement crédités antérieurement à la saisie. Cependant, les effets de commerce remis à l'escompte et non payés à leur présentation ou à leur échéance, lorsqu'elle est postérieure à la saisie, peuvent être contre-passés dans le délai d'un mois qui suit la saisie.

Encore ces deux délais cumulés se greffent-ils en général sur le temps nécessaire à l'obtention d'un titre exécutoire pour le créancier qui en est démuni.

Le tiers saisi dispose de certains droits de contester la saisie. Selon un avis de la Cour de cassa-

1. Civ. 2e, 23 nov. 2000, n° 98-22.795, *Bull. civ.* II, n° 153; *D.* 2001. 284 (préc. s[s] n° 621.52).
2. Civ. 2e, 8 sept. 2011, n° 10-23.003, *Bull. civ.* II, n° 165.
3. Com. 2 mars 2010, n° 08-19.898, *Bull. civ.* IV, n° 45; *D.* 2011. 1509, obs. Leborgne; *RTD civ.* 2010. 619, obs. Perrot; *Dr. et proc.* juin 2010. 186, obs. Hoonakker.
4. Décr. n° 2005-1678, 28 déc. 2005, relatif à la procédure civile, à certaines procédures d'exécution et à la procédure de changement de nom, *JO* 29 déc., p. 20350.
5. Civ. 2e, 23 nov. 2000, n° 98-22.795, *Bull. civ.* II, n° 153; *D.* 2001. 284.
6. Civ. 2e, 31 mars 2011, n° 10-12.269, *Bull. civ.* II, n° 79; *Dr. et proc.* juill.-août 2011. 182, obs. Putman; *D.* 2011. 2150, chron. Sommer, Leroy-Gissinger, Adida-Canac et Bouvier; *RTD civ.* 2011. 392, obs. Perrot.

tion[1], la condamnation personnelle d'un tiers saisi défaillant n'est possible que si la saisie est valable (v. s^s n° 613.45). Il en résulte que le tiers a un intérêt à se prévaloir des causes d'inefficacité (nullité, caducité) de la saisie conservatoire. En revanche, le tiers saisi n'est pas fondé à invoquer la caducité d'une mesure conservatoire, pour méconnaissance des articles R. 511-7 et R. 511-8 C. pr. exéc., dès lors qu'il a reçu en temps voulu la signification de l'acte de conversion[2].

1. Cass., avis, 21 juin 1999, n° 09-90.008, *Bull. avis*, n° 5; *D.* 1999. 206; *JCP* 2000. II. 10160, note Moussa – Civ. 2e, 5 juill. 2000, n° 98-18.475, *Bull. civ.* II, n° 111; *D.* 2001. 714, chron. Perrot et Théry; *RTD civ.* 2000. 903, obs. Perrot.

2. Civ. 2e, 10 déc. 1998, n° 96-14.862, *Bull. civ.* II, n° 299; *D.* 1999. 216, obs. Julien; *JCP* 1999. IV. 1188.

CHAPITRE

622. Règles spécifiques à la saisie conservatoire de meubles corporels

JEAN-MICHEL SOMMER
PRÉSIDENT DE CHAMBRE
À LA COUR D'APPEL DE VERSAILLES

SECTION 0
ORIENTEUR

622.00 Plan du chapitre.

622.01 Textes applicables.

C. pr. exéc., art. L. 112-1, L. 142-3, L. 153-1, L. 221-1, L. 221-5, L. 221-6, L. 223-2, L. 511-1, L. 512-1, L. 521-1, L. 522-1, R. 121-23, R. 153-1, R. 211-13, R. 221-2, R. 221-6, R. 221-12 à R. 221-14, R. 221-19, R. 221-21 à R. 221-32, R. 221-36, R. 221-41 à R. 221-56, R. 224-1 à R. 224-12, R. 233-3 à R. 233-9, R. 251-1 à R. 251-11, R. 511-1 à R. 512-3, R. 522-1 à R. 522-14, R. 522-25, R. 525-2 à R. 525-5.

C. pén., art. 314-6.

La saisie conservatoire des meubles corporels est régie par les articles L. 521-1 et R. 522-1 à R. 522-14 C. pr. exéc.

622.03 Bibliographie indicative. (V. s^s n° 600.03).

Actualisable. Rép. pr. civ., *V° Saisies et mesures conservatoires*, par S. Piedelièvre et F. Guerchoun, sept. 2012 [màj oct. 2014] [saisies des meubles corporels, n°s 150 à 185].

Article. J.-P. Faget, « L'exécution de la saisie conservatoire des meubles corporels effectuée sur la base des titres énumérés par l'article 68 de la loi du 9 juillet 1991 », *Rev. huiss.* 1994. 385.

622.05 Définition et place. La saisie conservatoire peut porter sur tous les biens mobiliers corporels appartenant au débiteur. Elle les rend indisponibles (C. pr. exéc., art. L. 521-1). Après obtention d'un titre exécutoire, le créancier peut faire procéder à la vente de ces biens (C. pr. exéc., art. L. 522-1). Ainsi présentée, la saisie conservatoire des meubles corporels apparaît comme le prélude normal à la saisie-vente, en l'attente d'un titre exécutoire. Cependant, comme en saisie-vente, un bien peut faire l'objet de plusieurs saisies conservatoires (C. pr. exéc., art. L. 521-1) et la loi ne confère ni gage ni préférence au créancier qui se sera manifesté le premier sur le mode conservatoire. Dès lors, cette saisie conservatoire des meubles corporels n'a d'intérêt réel que si elle est rapidement convertie à fin de recouvrement. Elle est parfois utilisée comme stratégie d'intimidation. Elle est surtout utile contre un débiteur qui s'appauvrit rapidement ou, grâce à l'effet de surprise en l'absence de commandement préalable, contre un débiteur qui pourrait dissimuler facilement ses meubles.

SECTION 1
CONDITIONS DE FOND ET CONTENTIEUX

622.11 Inutilité d'un titre exécutoire. La saisie conservatoire ne procure aucun droit de vendre mais seulement un effet d'indisponibilité (C. pr. exéc., art. L. 521-1).

Il s'ensuit principalement que ses conditions d'engagement ne sont pas les mêmes que celles de la saisie-vente; en règle générale, un titre exécutoire n'est pas nécessaire au créancier qui entend pratiquer une saisie conservatoire, mais seulement une autorisation sur requête, parfois même facultative. Cette nuance essentielle est étudiée plus haut à propos des dispositions générales (v. s[s] n° 612.11).

L'article R. 221-2 C. pr. exéc. soumet à autorisation préalable la saisie-vente à domicile, pour une créance autre qu'alimentaire inférieure à 535 euros. Cette restriction n'est pas applicable en matière de saisie conservatoire : les articles R. 522-1 à R. 522-14 C. pr. exéc. n'y renvoient pas[1].

622.12 **Notion de meuble corporel saisissable – Saisie-revendication (renvoi).** L'assiette de la saisie (notion de meubles corporels; règles d'insaisissabilité) est la même qu'en saisie-vente puisque celle-ci constitue le débouché naturel de la saisie conservatoire de meubles corporels (v. s[s] n°s 711.05 s.).

La saisie conservatoire dont il est ici question porte sur les meubles appartenant au débiteur. Lorsque les meubles saisis conservatoirement auraient dû être délivrés ou restitués au créancier, seule la saisie-revendication trouve à s'appliquer (v. s[s] n°s 1031.04 à 1031.63). La conversion de la saisie-revendication ne se fait pas sous forme de saisie-vente mais sous forme de saisie-appréhension.

Enfin, on notera que certains meubles corporels (automobiles, meubles corporels composant un fonds de commerce, sommes d'argent) sont également traités comme en saisie-vente (v. s[s] n° 622.23).

622.13 **Contentieux.** En raison de l'effet limité de la saisie conservatoire, le contentieux qui peut s'élever obéit à une procédure également différente de celle de la saisie-vente : les règles sont celles du contentieux en matière de mesures conservatoires, examinées (v. s[s] n°s 613.11 s.). L'article R. 522-6 C. pr. exéc. autorise en outre l'utilisation des règles propres au contentieux de la saisie-vente, contenues dans les articles R. 221-49 à R. 221-56 C. pr. exéc. Ainsi, les articles R. 511-5, R. 512-1 à R. 512-3 C. pr. exéc. régissent le contentieux qui eut pu naître à propos de toute mesure conservatoire : audience convoquée d'office par le juge, substitution de garantie, mainlevée et nullité, caducité, contrôle de l'exécution et dommages-intérêts. Les articles R. 221-49 à R. 221-56 C. pr. exéc. régissent le contentieux propre à la saisie de meubles corporels : propriété et saisissabilité des biens (ainsi par exemple à propos de la distraction[2]).

SECTION 2

RÈGLES DE FORME EN CAS DE SAISIE ENTRE LES MAINS DU DÉBITEUR

622.20 **Absence de commandement préalable.** L'article L. 511-1 C. pr. exéc., qui présente l'ensemble des mesures conservatoires, précise notamment que le commandement préalable, exigé en matière de saisie-vente, n'est pas requis pour la saisie conservatoire (§ 2). L'article R. 521-1 C. pr. exéc. prescrit seulement à l'huissier de justice de présenter l'autorisation de saisie conservatoire des meubles ou le titre (exécutoire ou « *article 68* » [devenu C. pr. exéc., art. R. 211-13]) en vertu duquel il pratique la saisie (§ 1). Cette présentation se confond en pratique avec la signification de l'ordonnance d'autorisation de la saisie ou même celle du titre exécutoire s'il existe (§ 3).

§ 1

Contenu du procès-verbal

622.21 **Textes.** Le déroulement de la saisie entre les mains du débiteur et le contenu du procès-verbal sont décrits par l'article R. 522-1 C. pr. exéc.

Après avoir rappelé au débiteur qu'il est tenu de lui indiquer les biens qui auraient fait l'objet d'une saisie antérieure et de lui en communiquer le procès-verbal, l'huissier de justice dresse un acte de saisie.

Cet acte contient, à peine de nullité :

1° La mention de l'autorisation du juge ou du titre en vertu duquel la saisie est pratiquée; ces documents sont annexés à l'acte; toutefois, s'il s'agit d'une obligation notariée ou d'une créance de l'État, des collectivités territoriales ou de leurs établissements publics, il est seulement fait mention de la date, de la nature du titre, ainsi que du montant de la dette;

2° La désignation détaillée des biens saisis;

3° Si le débiteur est présent, sa déclaration au sujet d'une éventuelle saisie antérieure sur les mêmes biens;

4° La mention, en caractères très apparents, que les biens saisis sont indisponibles, qu'ils sont placés sous la garde du débiteur, qu'ils ne peuvent être ni aliénés, ni déplacés, si ce n'est dans le cas prévu au deuxième alinéa de l'article R. 221-13 C. pr. exéc., sous peine des sanctions prévues à l'article 314-6 du Code pénal, et que le débiteur est tenu de faire

1. EN CE SENS : *J.-Cl. Pr. civ., V° Saisies conservatoires*, fasc. 2430, n°s 14 et 15, Defossez.

2. Limoges, 26 mai 1997, *Rev. huiss.* 1998. 60.

connaître la présente saisie à tout créancier qui procéderait à une nouvelle saisie sur les mêmes biens;

5° La mention, en caractères très apparents, du droit qui appartient au débiteur, si les conditions de validité de la saisie ne sont pas réunies, d'en demander la mainlevée au juge de l'exécution du lieu de son domicile;

6° La désignation de la juridiction devant laquelle seront portées les autres contestations, notamment celles relatives à l'exécution de la saisie;

7° L'indication, le cas échéant, des nom, prénom et qualité des personnes qui ont assisté aux opérations de saisie, lesquelles doivent apposer leur signature sur l'original et les copies; en cas de refus, il en est fait mention dans l'acte;

8° (mod. par Décr. 20 août 2004). La reproduction de l'article 314-6 du Code pénal et celle des articles R. 511-1 à R. 512-3 C. pr. exéc.

Il peut être fait application des dispositions de l'article R. 221-12 C. pr. exéc. Cet article R. 221-12 C. pr. exéc. autorise l'huissier de justice à photographier les biens qu'il saisit (notamment) en vue de la vérification de ces biens (sur les opérations de vérification, v. s[s] n° 622.122).

622.22 Carence. Si aucun bien n'est susceptible d'être saisi, l'huissier de justice dresse un procès-verbal de carence. Il en est de même si, manifestement, aucun bien n'a de valeur marchande (C. pr. exéc., art. R. 522-4 et R. 221-14). Cette règle, valable aussi pour la saisie-vente, est examinée à son propos dans le chapitre qui lui est consacré.

622.23 Sort des meubles particuliers. Il n'est pas rare que l'huissier de justice découvre parmi les meubles corporels qu'il entend saisir des objets qui obéissent à des règles particulières : une automobile, des éléments corporels d'un fonds de commerce, des sommes d'argent. Bien que l'article R. 522-1 C. pr. exéc. n'en dise rien, les dispositions applicables en pareils cas en matière de saisie-vente sont transposables. Ainsi pour les sommes liquides (v. s[s] n° 711.32); pour les éléments d'un fonds de commerce (v. s[s] n° 711.41).

S'agissant des automobiles, l'article R. 522-4 C. pr. exéc. renvoie expressément à l'article R. 221-19 C. pr. exéc., lequel renvoie à son tour à l'article L. 223-2 C. pr. exéc. Du tout il résulte que l'huissier de justice qui, dans le cours d'une saisie conservatoire de meubles corporels, trouve un véhicule terrestre à moteur, peut l'immobiliser selon le procédé mécanique habituel. Le créancier poursuivant dispose ainsi par exception des prérogatives, en pratique redoutables, du porteur de titre exécutoire. Mais il ne s'agit que d'une faculté et la saisie conservatoire des meubles corporels est applicable aussi aux véhicules.

§ 2
Entrée forcée dans les lieux

622.31 Possibilité. En matière de saisie-vente, l'article L. 142-3 C. pr. exéc. permet à l'huissier de justice, grâce à la possession d'un titre exécutoire et grâce au commandement préalable, de pénétrer dans les habitations. En matière de saisie conservatoire des meubles corporels, où n'existe pas de commandement préalable et, en général, pas de titre exécutoire, cette règle n'est pas transposable. Mais l'inviolabilité de l'habitation est transgressée si la mesure a été précédée d'une autorisation judiciaire préalable : celle-ci, avec la garantie de l'instance qui peut lui faire suite aisément, constitue une autorisation préalable implicite entrant à notre avis dans les pouvoirs du juge statuant sur requête (C. pr. exéc., art. R. 121-23). Dans ce cas, l'identification des témoins de la saisie et leur qualité (v. s[s] n° 622.21) revêtent une importance toute particulière.

L'entrée dans les lieux d'habitation, lorsqu'elle est possible, peut nécessiter en outre le concours de la force publique. Ce concours est réservé par la loi aux porteurs d'un titre exécutoire (C. pr. exéc., art. L. 153-1 et R. 153-1). Il n'est donc possible, en matière de saisie conservatoire des meubles corporels, que si le créancier dispose d'un tel titre, ce qui n'exclut certes pas le recours à une voie seulement conservatoire (v. s[s] n° 622.11). Dans les autres cas, même une autorisation judiciaire préalable (C. pr. exéc., art. R. 121-23) ne permettrait pas, à notre avis, de mobiliser la force publique.

§ 3
Présence ou absence du débiteur aux opérations de saisie

622.41 Débiteur présent. Si le débiteur est présent aux opérations de saisie, l'huissier de justice lui rappelle verbalement le contenu des mentions des 4° et 5° de l'article R. 522-1 C. pr. exéc. Une copie de l'acte portant les mêmes signatures que l'original lui est immédiatement remise; cette remise vaut signification (C. pr. exéc., art. R. 522-2).

622.42 Débiteur absent. L'hypothèse est celle d'une saisie faite entre les mains (c'est-à-dire au domicile) du débiteur mais en l'absence de celui-ci et ne se confond pas avec le cas où la saisie est faite auprès d'un tiers, le plus souvent aussi en l'absence du débiteur (v. s[s] n° 622.50). Lorsque le débiteur n'a pas assisté aux opérations de saisie, une copie de l'acte lui est signifiée, en lui impartissant un délai de huit jours pour qu'il porte à la connaissance de l'huissier de justice toute information relative à l'existence d'une éventuelle saisie antérieure et qu'il lui en communique le procès-verbal (C. pr. exéc., art. R. 522-3).

SECTION 3
RÈGLES DE FORME EN CAS DE SAISIE ENTRE LES MAINS D'UN TIERS

622.50 Droit de saisir entre les mains d'un tiers. Les saisies sont possibles alors même que les biens du débiteur seraient détenus par des tiers (C. pr. exéc., art. L. 112-1, al. 1er). Ce droit est réaffirmé par le Code des procédures civiles d'exécution (C. pr. exéc., art. R. 521-1) (§ 1). Compte tenu de l'effet de surprise ici recherché, la saisie conservatoire des meubles corporels fait volontiers usage du procédé (§ 2). La notion de détention précaire par un tiers ne diffère pas de ce qu'elle est en saisie-vente; on s'y reportera. Il en est de même des dispositions à prendre en cas d'absence du tiers détenteur des meubles.

§ 1
Cas général

622.51 Signification et procès-verbal. Les opérations de saisie entre les mains d'un tiers débutent nécessairement et réglementairement (C. pr. exéc., art. R. 521-1) par la présentation de l'autorisation judiciaire de saisir ou par celle du titre (exécutoire ou « *article 68* » [devenu C. pr. exéc., art. R. 211-13]) en vertu duquel va être pratiquée la saisie. Cette signification équivaut à la présentation du commandement prévue par l'article R. 221-21 alinéa 1er C. pr. exéc. en matière de saisie-vente. Elle se fait en général en même temps et dans le même acte que la signification de la saisie elle-même.

Aux termes de l'article R. 522-5 alinéa 1er C. pr. exéc., le procès-verbal de saisie obéit aux règles prescrites pour la saisie-vente (C. pr. exéc., art. R. 221-21 à R. 221-29), sauf ce qui touche au commandement préalable (C. pr. exéc., art. R. 221-21, al. 1er) et à la phase de vente amiable (C. pr. exéc., art. R. 221-26 - cette phase n'est déclenchée qu'après conversion) : déclaration affirmative du tiers saisi, inventaire, mention des droits du tiers, gardiennage, séquestre et revendication par le tiers saisi obéissent aux règles vues lors de l'étude de la saisie-vente.

622.52 Dénonciation au débiteur. L'acte de saisie est signifié au débiteur dans un délai de huit jours. Il contient en outre, à peine de nullité :

1° une copie de l'autorisation du juge ou du titre, selon le cas, en vertu duquel la saisie a été pratiquée;

2° la mention, en caractères très apparents, du droit qui appartient au débiteur si les conditions de validité de la saisie ne sont pas réunies, d'en demander la nullité au juge de l'exécution du lieu de son propre domicile;

3° la reproduction des articles R. 511-1 à R. 512-3 C. pr. exéc. (C. pr. exéc., art. R. 522-5, al. 2).

§ 2
Saisie de biens placés dans un coffre-fort

622.61 Adaptation des règles de la saisie-vente. La saisie conservatoire de biens meubles corporels déposés dans un coffre-fort obéit au même schéma d'ensemble que la saisie-vente de tels meubles : la saisie consiste premièrement en une interdiction pour le débiteur d'accéder au coffre-fort, ensuite en une opération contradictoire d'ouverture du coffre suivie d'inventaire. Après obtention d'un titre exécutoire, la conversion consiste en une saisie-vente, de droit commun si les biens ont été retirés du coffre ou selon des règles particulières si les biens sont toujours au coffre. Cependant, pour tenir compte tout à la fois de l'absence de commandement préalable et du droit du débiteur de résilier la location du coffre-fort, les articles R. 525-2 à R. 525-5 C. pr. exéc. énoncent quelques règles particulières.

Un acte d'huissier de justice est signifié au débiteur le premier jour ouvrable suivant l'acte de saisie prévu à l'article R. 224-1 C. pr. exéc. Cet acte contient, à peine de nullité :

1° la dénonciation de l'acte de saisie;

2° la mention de l'autorisation du juge ou du titre en vertu duquel la saisie est pratiquée; ces documents sont annexés à l'acte; toutefois, s'il s'agit d'une obligation notariée ou d'une créance de l'État, des collectivités territoriales ou de leurs établissements publics, il est seulement fait mention de la date, de la nature du titre, ainsi que du montant de la dette;

3° l'indication que l'accès au coffre lui est interdit, si ce n'est, sur sa demande, en présence de l'huissier de justice;

4° la mention, en caractères très apparents, du droit qui appartient au débiteur, si les conditions de validité de la saisie ne sont pas réunies, d'en demander la mainlevée au juge de l'exécution du lieu de son domicile;

5° la reproduction des articles R. 511-1 à R. 511-7 C. pr. exéc.

À tout moment, le débiteur peut demander l'ouverture du coffre en présence de l'huissier de justice. Ce dernier procède alors à l'inventaire détaillé des biens qui sont saisis à titre conservatoire ou appréhendés au titre d'une saisie-revendication. Ces biens sont immédiatement enlevés pour être placés sous la garde de l'huissier de justice ou d'un séquestre désigné, à défaut d'accord amiable, sur requête par le juge de l'exécution du lieu de la saisie. Le cas échéant, l'huissier de justice peut photographier les objets retirés du coffre, dans les conditions prescrites par l'article R. 221-12 C. pr. exéc.

Une copie de l'acte de saisie est remise ou signifiée au débiteur, avec la désignation, à peine de nullité, du juge de l'exécution du lieu de la saisie devant lequel seront portées les contestations relatives aux opérations de saisie. Il est procédé ensuite comme il est dit en matière de saisie conservatoire des meubles ou en matière de saisie-revendication, selon le cas.

En cas de résiliation du contrat de location du coffre, le propriétaire de celui-ci en informe immédiatement l'huissier de justice. Ce dernier signifie au débiteur une sommation d'être présent aux lieu, jour et heure indiqués, en personne ou par tout mandataire, pour qu'il soit procédé à l'ouverture du coffre, avec l'avertissement que, en cas d'absence ou de refus d'ouverture, elle aura lieu par la force et à ses frais. L'ouverture du coffre ne peut intervenir avant l'expiration d'un délai de quinze jours à compter de la signification de la sommation, sauf au débiteur à demander que cette ouverture ait lieu à une date plus rapprochée.

Il est fait application des dispositions des deuxième et troisième alinéas de l'article R. 224-4 et des articles R. 224-5 à R. 224-7 C. pr. exéc.

Le créancier qui obtient un titre exécutoire à un moment où les biens ont déjà été retirés du coffre, procède comme il est dit aux articles R. 522-7 à R. 522-14 C. pr. exéc., si le titre constate l'existence d'une créance, ou conformément aux dispositions de l'article R. 222-25 C. pr. exéc., si le titre prescrit la délivrance ou la restitution du bien saisi. Mais si le coffre n'a pas encore été ouvert, il est fait application des dispositions des articles R. 224-3 à R. 224-9 C. pr. exéc. ou R. 224-10 à R. 224-12 du même code selon le cas.

SECTION 4
EFFETS – INDISPONIBILITÉ

622.71 **Énoncé.** La saisie conservatoire des meubles corporels rend ceux-ci indisponibles (C. pr. exéc., art. L. 521-1). Cette règle, générale à toutes les saisies conservatoires (sur les aspects historiques de l'indisponibilité et ses effets, v. s^s n°s 613.11 s.), est aménagée en matière de meubles corporels par les articles R. 221-13 alinéa 2 et R. 221-19 C. pr. exéc., eux-mêmes édictés pour la saisie-vente mais auxquels renvoient les articles R. 522-1 alinéa 2, 4° et R. 522-4 C. pr. exéc., propres à la saisie conservatoire. Ainsi le déplacement d'objet saisi à la requête du gardien, le droit d'usage des objets saisis laissés au débiteur, la possibilité dérogatoire de séquestre ou, pour les véhicules, d'immobilisation, sont exactement les mêmes que dans la saisie-vente. Il en est de même du droit de revendication des tiers (v. s^s n° 1012.24)[1].

SECTION 5
CONCOURS DE SAISIES

622.80 **Absence de gage.** L'indisponibilité est le seul effet immédiat de la saisie conservatoire de meubles corporels : celle-ci n'emporte ni gage ni *a fortiori* transfert de propriété. Dès lors, le concours de saisies qui auraient le même type d'effets limités sur les mêmes meubles peut se produire sans que l'antériorité en date confère un quelconque avantage (§ 1). La question est plus complexe lorsque les différentes saisies n'ont pas les mêmes effets, c'est-à-dire lorsqu'une saisie-vente ou bien une procédure commerciale collective concurrencent une saisie conservatoire (§ 2). En cas de concours entre une saisie conservatoire et une autre saisie, quel qu'en soit le type, une collaboration des co-saisissants est exigée par les textes (§ 3 et § 4).

§ 1
Concours de saisies conservatoires

622.81 **Plan.** L'hypothèse est expressément admise par les articles L. 521-1 et R. 521-1 C. pr. exéc. Elle donne lieu à une communication forcée entre co-saisissants (C. pr. exéc., art. R. 522-11 à R. 522-14 – v. s^s n° 622.101) puis à une participation à la vente et à la distribution des deniers (C. pr. exéc., art. L. 221-5 et L. 221-6). Le concours ici examiné ne concerne que des saisies conservatoires : si l'une d'elles est faite postérieurement à la conversion d'une autre, il s'agira d'un concours entre une saisie conservatoire et une saisie-vente (examiné s^s n°s 622.92 s.) et réglé aux dépens de la mesure conservatoire.

622.82 **Significations supplémentaires.** L'huissier de justice qui procède à une saisie conservatoire sur des biens rendus indisponibles par une ou plusieurs saisies conservatoires antérieures signifie une

1. POUR UNE APPLICATION PRATIQUE : Com. 26 nov. 2002, n° 01-03.980, *Bull. civ.* IV, n° 176; *RTD civ.* 2003. 316, obs. Revet; *RTD com.* 2003. 570, obs. Martin-Serf; *Gaz. Pal.* 5 sept. 2003, p. 9, avec note documentée.

copie du procès-verbal de saisie à chacun des créanciers dont les diligences sont antérieures aux siennes. De même, l'acte de conversion d'une saisie conservatoire en saisie-vente doit être signifié aux créanciers qui, avant cette conversion, ont saisi les mêmes biens à titre conservatoire (C. pr. exéc., art. R. 522-11 et R. 522-12, al. 2).

622.83 **Distribution des deniers.** Les saisies conservatoires concurrentes, dûment converties, permettent de faire valoir des droits sur le prix de la vente, amiable ou forcée, exactement dans les mêmes conditions qu'en cas de concours de saisies-ventes entre elles (arg. C. pr. exéc., art. L. 221-5). L'agent chargé de la vente propose une répartition amiable (C. pr. exéc., art. L. 221-6) : il ne tient aucun compte de l'antériorité d'une saisie conservatoire par rapport à une autre mais tient évidemment compte des privilèges et sûretés qui affecteraient certains des meubles saisis.

§ 2 Concours d'une saisie conservatoire avec d'autres procédures civiles d'exécution

622.91 **Antériorité nécessaire de la saisie conservatoire.** Si un même meuble peut faire l'objet de plusieurs saisies, c'est à la condition expresse (C. pr. exéc., art. L. 521-1, R. 221-6 et R. 521-1) que la saisie conservatoire soit antérieure à toute autre. Une solution différente anéantirait l'avantage du titre exécutoire.

On rappellera d'ailleurs que les procès-verbaux des saisies-ventes ultérieures doivent mentionner les saisies conservatoires antérieures.

Une saisie conservatoire sur des meubles corporels qui auraient auparavant fait l'objet d'une saisie-vente n'est pas nulle mais ne produirait effet qu'en cas de mainlevée de cette première saisie-vente. Pour obtenir la mainlevée, le créancier second saisissant dispose d'une action oblique à partir du moment du moins où sa créance aura acquis les caractères de certitude, de liquidité et d'exigibilité requis pour une telle action [1].

Cette hypothèse, assez rare, montre combien l'antériorité de la saisie conservatoire est précieuse; mais l'antériorité s'apprécie selon une chronologie complexe : le procès-verbal de chaque saisie, la date de l'acte de conversion de saisie conservatoire en saisie-vente, enfin la date de vérification des biens saisis, entrent en ligne de compte.

1. EN CE SENS : *J.-Cl. Pr. civ., v° Saisies conservatoires*, fasc. 2430, n° 49, Defossez.

622.92 **Conversion avant la saisie-vente.** Si le procès-verbal de saisie conservatoire puis l'acte de sa conversion sont antérieurs au procès-verbal de saisie-vente, il s'agit d'un concours de saisies-ventes, réglé dans les formes particulières de l'opposition (C. pr. exéc., art. L. 221-1, al. 2, et R. 221-41 à R. 221-48) et examiné comme tel plus loin (v. s^s^ n°s 710.04 s.).

622.93 **Conversion entre la saisie-vente et la vérification.** L'article R. 522-12 alinéa 1er C. pr. exéc. envisage expressément ce cas, pour imposer à l'auteur de la saisie-vente de « *signifier son procès-verbal aux créanciers qui ont antérieurement pratiqué les saisies conservatoires* ». Quant au créancier qui avait saisi conservatoirement et qui convertit ensuite, il doit à notre avis procéder à une opposition, malgré l'imprécision de l'article R. 221-41 C. pr. exéc.; mais, à notre avis encore, son antériorité ne lui donne pas la maîtrise de la vente, car il n'est pas « *premier saisissant* » au sens de l'article R. 221-42 alinéa 3 C. pr. exéc. Ainsi autorisée, l'opposition se traduit par un droit à la distribution des deniers après la vente forcée : l'article L. 221-5 C. pr. exéc. l'énonce.

622.94 **Conversion après la vérification.** Si la conversion de la saisie conservatoire intervient après la vérification sur saisie-vente en vue de la vente forcée (C. pr. exéc., art. R. 221-36), l'opposition n'est plus ouverte à l'auteur de la saisie conservatoire convertie (C. pr. exéc., art. R. 221-41, al. 2). Nonobstant, l'article L. 221-5 C. pr. exéc. accepte que ce saisissant participe sur le prix de la vente, à la condition bien entendu d'avoir converti.

§ 3 Communication forcée entre co-saisissants jusqu'à la vente

622.101 **Nécessité et contenu.** Lorsque le concours est admis, les articles R. 522-13 et R. 522-14 C. pr. exéc. exigent que les créanciers co-saisissants collaborent jusque et y compris la vente. Si le débiteur présente des propositions de vente amiable, le créancier saisissant qui les accepte en communique la teneur, par lettre recommandée avec demande d'avis de réception, aux créanciers qui ont saisi les mêmes biens à titre conservatoire, soit avant l'acte de saisie, soit avant l'acte de conversion, selon le cas. À peine de nullité, l'acte reproduit en caractères très apparents les alinéas 2, 3 et 4 de l'article R. 522-13 C. pr. exéc., à savoir :

« *Chaque créancier doit, dans un délai de quinze jours à compter de la réception de l'acte, prendre parti sur les propositions de vente amiable et faire connaître au créancier saisissant la nature et le montant de sa créance. À défaut de réponse dans le délai imparti, le créancier est réputé avoir accepté les propositions de vente. Si, dans le même délai, il ne fournit aucune indication sur la nature et le montant de sa créance, il perd le droit de concourir à la distribution des deniers résultant de la vente amiable, sauf à faire valoir ses droits sur un solde éventuel après la répartition.* »

Le créancier saisissant qui fait procéder à l'enlèvement des biens en vue de leur vente forcée doit en informer, par lettre recommandée avec demande d'avis de réception, les créanciers qui ont pratiqué une saisie conservatoire sur les mêmes biens avant l'acte de saisie ou l'acte de conversion selon le cas. À peine de nullité, cette lettre indique le nom et l'adresse de l'officier ministériel chargé de la vente et reproduit en caractères très apparents l'alinéa qui suit : « *Chaque créancier doit, dans un délai de quinze jours à compter de la réception de la lettre, faire connaître à l'officier ministériel chargé de la vente, la nature et le montant de sa créance au jour de l'enlèvement. À défaut de réponse dans le délai imparti, il perd le droit de concourir à la distribution des deniers résultant de la vente forcée, sauf à faire valoir ses droits sur un solde éventuel après répartition* ».

§ 4
Concours d'une saisie conservatoire de meubles corporels avec une procédure de redressement ou de liquidation judiciaires

622.111 **Renvoi.** (V. s[s] n°s 611.30 s.)

SECTION 6
ISSUE

622.121 **Mainlevée et garanties de substitution.** La mainlevée amiable de saisie conservatoire de meubles corporels n'est pas très fréquente pour les raisons exposées (v. s[s] n° 622.05). La mainlevée judiciaire, quant à elle, n'obéit pas à des causes ou des formes différentes de celles des mesures conservatoires en général ou bien de la saisie-vente (ainsi pour un cas de distraction d'objets saisis[1]). Quant aux garanties de substitution que pourrait offrir le débiteur pour recouvrer la disposition des biens saisis, elles ne font pas l'objet de dispositions spécifiques (comp., saisie conservatoire des créances et saisie conservatoire des droits incorporels) : l'article L. 512-1 alinéa 2 C. pr. exéc. est cependant d'application générale (v. s[s] n° 613.21).

1. Limoges, 26 mai 1997, *BICC* 1997, n° 1406.

622.122 **Conversion en saisie-vente et vérification.** Le créancier qui a obtenu ou possède un titre exécutoire constatant une créance liquide et exigible peut faire procéder à la vente des biens qui ont été rendus indisponibles jusqu'à concurrence du montant de sa créance (C. pr. exéc., art. L. 522-1).

Les articles R. 522-7 à R. 522-9 C. pr. exéc. prescrivent : le créancier qui obtient un titre exécutoire constatant l'existence de sa créance signifie au débiteur un acte de conversion qui contient, à peine de nullité :

1° la référence au procès-verbal de saisie conservatoire;

2° l'énonciation du titre exécutoire;

3° le décompte distinct des sommes à payer, en principal, frais et intérêts échus, ainsi que l'indication du taux des intérêts;

4° un commandement d'avoir à payer cette somme dans un délai de huit jours, faute de quoi il sera procédé à la vente des biens saisis.

La conversion peut être signifiée dans le même acte que le jugement.

Si la saisie a été effectuée entre les mains d'un tiers, une copie de l'acte de conversion est dénoncée à ce dernier.

À l'expiration d'un délai de huit jours à compter de la date de l'acte de conversion, l'huissier de justice procède à la vérification des biens saisis. Il est dressé acte des biens manquants ou dégradés.

Dans cet acte, il est donné connaissance au débiteur qu'il dispose d'un délai d'un mois pour vendre à l'amiable les biens saisis dans les conditions prescrites aux articles R. 221-30 à R. 221-32 C. pr. exéc. qui sont reproduits.

Si les biens ne se retrouvent plus au lieu où ils avaient été saisis, l'huissier de justice fait injonction au débiteur de l'informer dans un délai de huit jours du lieu où ils se trouvent et, s'ils ont fait l'objet d'une saisie-vente, de lui communiquer le nom et l'adresse, soit de l'huissier de justice qui y a procédé, soit du créancier pour le compte de qui elle a été diligentée.

À défaut de réponse, le créancier saisit le juge de l'exécution qui peut ordonner la remise de ces informations sous astreinte le tout sans préjudice d'une action pénale pour détournement de biens saisis.

622.123 **Vente.** La vente est effectuée selon les modalités fixées aux articles R. 233-3 à R. 233-9 C. pr. exéc. (C. pr. exéc., art. R. 522-10). Ces modalités sont étudiées s[s] n°s 710.01 s. à 719.109.

622.124 **Distribution du prix.** Le débouché naturel de la saisie-vente est la distribution dans les conditions des articles R. 251-1 à R. 251-11 C. pr. exéc.

CHAPITRE

623. Saisie conservatoire des navires : droit applicable

Cyril BLOCH
Professeur de droit privé
à l'Université d'Aix-Marseille – CDE EA n° 4224
Directeur du Centre de droit maritime et des transports

SECTION 0
ORIENTEUR

623.00 Plan du chapitre.

Division en quatre chapitres. Inscrit dans un contexte le plus souvent international, l'exercice d'une saisie conservatoire de navire est soumis à la question préalable de la détermination du droit sur le fondement duquel la saisie est pratiquée (chap. 623). Les conditions de fond de la saisie découlent de la réponse donnée à cette question (chap. 624). La procédure de saisie (chap. 625) est en revanche régie par le droit national, ainsi que ses effets (chap. 626).

623.01 Présentation et évolution des textes applicables. Dans les rapports de son propriétaire ou de son exploitant avec ses créanciers, le navire représente à la fois l'élément essentiel, sinon unique de leur droit de gage, mais aussi un élément particulièrement fuyant de ce gage, en ce qu'il est très souvent affecté à un commerce international, l'amenant à naviguer dans des eaux ne relevant de la souveraineté d'aucun État ou des eaux étrangères.

Le recouvrement des créances contre les armateurs est donc difficile et incertain en raison de la nature physique et de la fonction du navire.

Des obstacles d'ordre plus juridique au recouvrement contre les armateurs sont en outre apparus avec les pavillons de libre immatriculation (dits de complaisance), qui regroupent aujourd'hui la majeure partie de la flotte commerciale internationale.

Cette apparition a en effet eu pour corollaire le développement des *single ship companies* (sociétés d'un seul navire), permettant au propriétaire de scinder son patrimoine en autant de sociétés qu'il possède de navires, chaque société possédant une participation dans plusieurs autres sociétés, de sorte que le gage des créanciers se trouve réduit au navire auquel se rapporte la créance[1].

Il était donc nécessaire de munir les créanciers de moyens d'exécuter et surtout de garantir le recouvrement de leurs créances contre les exploitants de navire.

Pendant longtemps, la pratique s'est satisfaite des dispositions générales de l'ancien Code de procédure civile sur la saisie conservatoire. Mais, avec le développement du commerce international, il est apparu nécessaire à la communauté maritime internationale, qui ne connaissait pas encore le phénomène de la complaisance, de se doter d'une convention internationale unifiant les règles en matière de saisie conservatoire. Cette unification a donc été réalisée, sous l'impulsion du Comité maritime international (CMI), avec la convention de Bruxelles du 10 mai 1952 (Décr. n° 58-14, 4 janv. 1958[2]).

Plus récemment, la conférence diplomatique des Nations Unies et de l'Organisation maritime internationale (OMI) a adopté à Genève une nouvelle convention internationale, le 12 mars 1999 (**Conv. CNUCED, 12 mars 1999**)[3], réformant

1. Pour un bon exemple, v. la description faite dans le roman de Tom Wolfe, *Un homme un vrai,* Laffont, 1999, p. 60.
2. Décr. n° 58-14, 4 janv. 1958, portant publication de la Convention internationale pour l'unification de certaines règles sur la saisie conservatoire des navires de mer et de la Convention internationale pour l'unification de certaines règles relatives à la compétence civile en matière d'abordage, signées à Bruxelles le 10 mai 1952 *JO* 14 janv., p. 515.
3. Conv. CNUCED, 12 mars 1999, Doc. A/CONF. 188/L. 2; *DMF* 1999. 418.

la convention de Bruxelles du 10 mai 1952. Cette convention est **entrée en vigueur le 14 septembre 2011,** l'Albanie y ayant adhéré le 14 mars 2011, devenant ainsi le dixième État à avoir exprimé son consentement à être lié par elle. La France n'étant ni signataire ni partie à la convention, nous ne lui consacrerons dans cette édition, compte tenu de sa portée pratique limitée en France, que quelques développements succincts. En revanche, il est intéressant de relever que la convention de Genève, ratifiée par des États dotés de pavillons maritimes de premier plan comme le Libéria et la Norvège, voit sa portée pratique très réduite, car aucun État portuaire d'importance majeure ne l'a ratifiée [1].

Le législateur français a entrepris dans les années 60 une refonte complète des textes du droit maritime, pratiquement inchangés depuis l'ordonnance de la Marine d'août 1681.

Celui-ci a néanmoins manifesté peu d'intérêt pour les saisies conservatoires de navires, ne leur consacrant que deux articles dans le **décret n° 67-967 du 27 octobre 1967** [2] et aucun dans la **loi n° 67-5 du 3 janvier 1967** [3] portant statut des navires et autres bâtiments de mer, alors que la saisie-exécution, pourtant aussi rare en pratique que la saisie conservatoire est fréquente, faisait l'objet d'une réglementation détaillée dans le décret du 27 octobre 1967.

Les textes internes ont fait l'objet d'une recodification par l'**ordonnance n° 2010-1307 du 28 octobre 2010** [4], laquelle a abrogé la loi du 3 janvier 1967, à l'exception des articles 2 et 4, et un certain nombre d'articles du décret du 27 octobre 1967, et reclassé les dispositions réglementaires issues du décret de 1967 dans la partie législative du **nouveau Code des transports, cinquième partie, livre premier, titre premier** sur le statut des navires.

Récapitulatif des textes applicables.

> TEXTES DE DROIT INTERNE

• **L. n° 67-5, 3 janv. 1967,** portant statut des navires et autres bâtiments de mer, *JO* 4 janv., p. 106.

• **Décr. n° 67-967, 27 oct. 1967,** d'application de la loi n° 67-5 du 3 janvier 1967, *JO* 4 nov., p. 10836.

• **Ord. n° 2010-1307, 28 oct. 2010,** relative à la partie législative du Code des transports, *JO* 3 nov., p. 19645.

Cette ordonnance abroge la loi du 3 janv. 1967, à l'exception des articles 2 à 4, ainsi qu'un certain nombre d'articles du décret du 27 oct. 1967; les dispositions concernant la saisie issues de ce décret sont reclassées à la partie législative du Code des transports.

• **L. n° 2010-1609, 22 déc. 2010,** dite loi Béteille, relative à l'exécution des décisions de justice [...], *JO* 23 déc., p. 22552.

Cette loi modifie les articles 120 à 131 du Code du domaine public fluvial.

De nombreux articles du Code du domaine public fluvial ont aussi été abrogés par l'ordonnance du 28 octobre 2010 mais maintenus en vigueur jusqu'à publication des dispositions réglementaires du Code des transports. La plupart de ces dispositions ont été adoptées depuis par le décret n° 2013-253 du 25 mars 2013 relatif aux dispositions de la quatrième partie réglementaire du Code des transports, publié au JO du 27 mars 2013.

• **C. transp.,** art. L. 5000-1 à L. 5114-50.

> TEXTES DE DROIT INTERNATIONAL

• **Conv. CNUCED, 12 mars 1999,** réformant la convention de Bruxelles du 10 mai 1952.

• **Conv. Bruxelles, 10 mai 1952,** convention internationale pour l'unification de certaines règles sur la saisie conservatoire des navires de mer.

• **Conv. Nations Unies, 2 déc. 2004,** sur l'immunité juridictionnelle des États et de leurs biens.

623.03 Bibliographie indicative.

Actualisable. Rép. pr. civ., *v° Saisie des bateaux, navires et aéronefs*, par J.-B. Racine, janv. 2008 [màj juin 2013], n°s 39 à 156.

Ouvrages. J.-P. Beurier (dir.), Dalloz action *Droits maritimes,* 2014/2015, n°s 323.00 s. – P. Bonassies et C. Scapel, *Traité de droit maritime*, 2e éd., LGDJ, 2010 [3e éd. à paraître], n°s 589 s. – Ph. Delebecque, *Droit maritime*, 1re éd., « Précis », Dalloz, 2014, n°s 239 s. – A. LEBORGNE, *Droit de l'exécution*. 2e éd., « Précis », Dalloz, 2014, p. 1042 s., n°s 2953-2985.

623.04 La saisie conçue comme un moyen de pression. L'effet recherché par le créancier est d'imposer une contrainte sur son débiteur afin que celui-ci s'acquitte immédiatement de sa dette ou lui octroie une sûreté personnelle garantissant l'exécution du titre exécutoire qu'il doit poursuivre en assignant le débiteur au fond dans un délai d'un mois suivant la saisie (v. s^{s} n° 612.71).

L'immobilisation de son instrument d'exploitation entraîne pour l'armateur des conséquences très dommageables d'un point de vue commercial qui font de la saisie conservatoire un formidable instrument de pression pour les créanciers.

En immobilisant le navire et en le rendant temporairement inexploitable pour son propriétaire ou son exploitant, le saisissant espère ainsi contraindre son débiteur à s'acquitter de sa dette.

Lorsque l'immobilisation ne risque pas d'entraîner la perte ou la dépréciation de la marchandise (marchandises périssables), la saisie compromet l'exécution par son exploitant de ses obligations envers les chargeurs et/ou affréteurs. Ainsi, l'armateur peut être tenu envers le chargeur de réparer les conséquences dommageables du retard à la livraison des marchandises. Une telle saisie peut en outre entraîner pour l'affréteur le droit de résilier la charte lorsque le navire n'est pas prêt (apte à la navigation) au moment prévu par la charte partie,

1. Sur la convention du 12 mars 1999, v. Berlingieri, « Analyse de la convention du 12 mars 1999 sur la saisie conservatoire des navires », *DMF* 1999. 403; *CMI newsletter* 1999, n° 1.
2. Décr. n° 67-967, 27 oct. 1967, d'application de la loi 67-5 du 3 janvier 1967, *JO* 4 nov., p. 10836.
3. L. n° 67-5, 3 janv. 1967, portant statut des navires et autres bâtiments de mer, *JO* 4 janv., p. 106.
4. Ord. n° 2010-1307, 28 oct. 2010, relative à la partie législative du Code des transport, *JO* 3 nov., p. 3.

entraînant ainsi une perte de fret précieuse pour le fréteur.

Ainsi, dans la plupart des litiges relatifs à des créances de fournisseurs du navire ou aux rémunérations des marins ou des auxiliaires terrestres de l'armateur, la saisie conservatoire s'avère décisive en provoquant le paiement avant même qu'une action au fond ne soit intentée ou en mettant le créancier saisissant en position de force pour contraindre son débiteur à transiger.

En revanche, dans les litiges relatifs, notamment à des événements de mer, à des droits réels sur le navire ou à des contrats de transport ou d'affrètement, l'exploitant donnera à son créancier la garantie que celui-ci exige, le plus souvent sous la forme d'une garantie bancaire à première demande délivrée par une banque de premier rang de l'État dans lequel la mesure conservatoire est pratiquée, dont la réalisation est soumise à la présentation d'un jugement exécutoire sur le fond de la créance.

Le débiteur saisi peut aussi saisir le juge ayant rendu l'ordonnance autorisant la saisie afin qu'il rétracte son ordonnance, s'il estime que la saisie a été pratiquée en vertu d'une créance contestable dans son principe ou, lorsque la saisie a été autorisée sur le fondement de la convention de Bruxelles du 10 mai 1952, en vertu d'une créance non maritime (v. s[s] n°s 625.91 s.).

623.05 Caractère non exclusif de la saisie conservatoire des navires. Si la convention de Bruxelles du 10 mai 1952 exclut sans conteste la possibilité de recourir à d'autres mesures conservatoires que la saisie conservatoire qu'elle institue (arg. Conv. 10 mai 1952, art. 2), la question se révèle plus délicate en droit interne depuis que l'ordonnance du 28 octobre 2010, relative à la partie législative du Code des transports, a abrogé l'article 70 de la loi du 3 janvier 1967 qui précisait que « *la saisie des navires est réglée par des dispositions réglementaires particulières* », excluant ainsi formellement l'application de mesures conservatoires de droit commun aux navires. L'article L. 5114-20 du Code des transports se contente désormais d'énoncer que « *la saisie des navires est régie par les dispositions de la présente section* ». Bien que la formule soit moins catégorique que la précédente, le principe de neutralité de la codification à droit constant devrait conduire à l'interpréter dans le même sens. Cela n'a pourtant pas empêché la Cour de cassation d'admettre qu'un navire puisse faire l'objet d'une saisie-revendication de droit commun, motifs pris que « *si des dispositions spéciales régissent la saisie conservatoire et la saisie-exécution des navires, aucune n'exclut la possibilité de leur saisie-revendication dans les conditions du droit commun* »[1].

623.06 Pluralité de sources d'inspirations différentes. Les saisies conservatoires de navires pratiquées dans des ports français sont soumises, quant au fond, à une dualité de régimes d'inspirations différentes selon que le navire est saisi sur le fondement du droit interne ou du droit international.

La saisie conservatoire de navire en droit français interne, réglementée de manière très incomplète par le Code des transports (un seul article) et le décret n° 67-967 du 27 octobre 1967 (deux articles initialement, dont un abrogé en 2010), s'inscrit dans la logique patrimoniale et personnaliste des voies d'exécution héritée de la tradition juridique continentale.

Ainsi, la saisie conservatoire, prolongement du droit de gage général de l'article 2284 du Code civil, permet au créancier justifiant d'une créance « *paraissant fondée dans son principe* », de quelque nature que ce soit, « *terrestre* » ou « *maritime* », de saisir à titre conservatoire tous navires appartenant à son débiteur.

Le droit international, d'inspiration plus anglo-saxonne, a consacré une logique *in rem*, tendant à donner la qualité de débiteur au navire et non plus à son propriétaire ou exploitant, dont l'identité devient une question secondaire. La convention du 10 mai 1952 limite son champ d'application aux droits réels sur le navire ou aux créances nées de l'exploitation du navire, mais est plus favorable pour le créancier lorsque sa créance s'inscrit parmi les cas limitativement énumérés par la convention. Il n'a plus alors qu'à alléguer de l'existence d'une créance énumérée dans la convention du 10 mai 1952 pour saisir un navire dont son débiteur était propriétaire au moment où la créance maritime est née, ou le navire auquel se rapporte la créance lorsque le créancier entend faire valoir un droit réel sur le navire (Conv. Bruxelles, 10 mai 1952, art. 3, 1).

623.07 Critères de détermination du droit applicable. Liée à une activité particulièrement internationale, la détermination du droit applicable à une saisie conservatoire pratiquée en France se fait par référence à la convention de Bruxelles du 10 mai 1952, ratifiée par soixante-dix États, parmi lesquels figurent les principales nations maritimes, à l'exception, remarquable, de la plupart des pavillons de complaisance et des États-Unis d'Amérique.

Le droit français n'est donc que d'application résiduelle par rapport à la convention.

1. Com. 16 sept. 2014, n° 13-17.892, navire Lamera, NP; *DMF* 2015. 766, obs. Bonassies. – DANS LE MÊME SENS QUE PRÉCÉDEMMENT : Bordeaux, 4 déc. 2013, RG n° 13/05060, navire Shangï Belle IV, *DMF* 2014. 755, OBS. CRIT. Bonassies; *DMF* 2014, suppl. « Le droit maritime français en 2014 », n° 18, OBS. APPROB. Delebecque.

Division. La convention détermine elle-même limitativement son champ d'application matériel (sect. 1), précise de manière généreuse les hypothèses de son application selon la nationalité du saisi (sect. 2), renvoie à la *lex fori* s'agissant des règles de procédure applicables à la saisie et de la responsabilité du saisissant (sect. 3). À défaut d'application de la convention, la loi applicable sera déterminée par référence aux règles classiques de conflits de lois (sect. 4).

SECTION 1
CHAMP D'APPLICATION MATÉRIEL DE LA CONVENTION DE BRUXELLES DU 10 MAI 1952

623.11 Limitation aux créances maritimes et au statut réel du navire. La convention de Bruxelles du 10 mai 1952 définit son champ d'application matériel en son article 1er par une liste exhaustive de dix-sept types de créances : 1 a) à 1 q) comprenant des créances de nature personnelle (lettres a à n) et des droits réels de propriété, copropriété, hypothèque maritime et *mortgage,* c'est-à-dire emprunt hypothécaire (lettres o, p et q – v. ss nos 624.31 s.).

623.12 Limitation aux saisies conservatoires pratiquées par des personnes de droit privé. La convention précise qu'elle ne s'applique qu'aux saisies conservatoires, excluant expressément de son champ d'application la saisie-exécution (Conv. Bruxelles, 10 mai 1952, art. 1er, 2).

La convention exclut en outre de son champ d'application les détentions de navires par les États, autorités portuaires ou publiques, en précisant qu'elle n'a pas pour effet d'étendre ou de restreindre leurs droits de saisir ou détenir le navire.

En effet, de telles détentions sont, en droit français, soumises à l'autorisation du juge administratif, le plus souvent dans le cadre de contraventions de grande voirie dressées par le Préfet en cas de dommage aux installations portuaires ou au domaine public.

623.13 Compétence résiduelle du droit français. Lorsqu'il existe un ou plusieurs éléments d'extranéité, la loi française s'applique par défaut lorsque la créance n'est pas une créance maritime ou une créance permettant la saisie au sens de l'article 8 (2) de la convention (v. ss nos 623.31 s.).

623.14 Convention de Genève du 12 mars 1999. Comme la convention de Bruxelles, la convention de Genève, en vigueur mais non encore ratifiée par la France, s'applique aux créances maritimes (Conv. Genève, art. 2, 1). La convention exclut expressément de son champ d'application les « *navires de guerre, navires de guerre auxiliaires, et autres navires appartenant ou à un État ou exploités par lui et exclusivement affectés, jusqu'à nouvel ordre, à un service public non commercial* » (Conv. Genève, art. 8, 2), ainsi que les détentions de navires effectuées par les États, administrations, établissements publics et autorités portuaires (Conv. Genève, art. 8, 4).

SECTION 2
CHAMP D'APPLICATION EN FONCTION DE LA NATIONALITÉ DU DÉBITEUR

623.20 Critère de la nationalité du navire. La convention pose un principe d'évidence (§ 1) : elle a vocation à s'appliquer lorsque le navire saisi dans un état contractant bat lui-même le pavillon d'un état contractant (Conv. Bruxelles, 10 mai 1952, art. 8, 1). La même évidence conduit à se demander quel est le droit applicable à la saisie dans un état contractant d'un navire battant pavillon d'un État non-signataire de la convention (§ 2).

§ 1
Saisie d'un navire battant pavillon d'un État contractant

623.21 Principe – Application de la convention du 10 mai 1952. Lorsque le navire que le créancier maritime envisage de saisir bat le pavillon d'un État partie à la convention de Bruxelles du 10 mai 1952, il peut bien sûr le faire sur le fondement de la convention.

623.22 Exclusion – Personne n'ayant pas sa résidence habituelle ou son principal établissement dans un état contractant (Conv. Bruxelles, 10 mai 1952, art. 8, 3). La convention du 10 mai 1952 comporte une disposition particulière par laquelle les États contractants peuvent refuser tout ou partie des avantages de la convention à toute personne qui n'a pas, au jour de la saisie, sa résidence habituelle ou son principal établissement dans un État contractant.

Cette disposition comporte une ambiguïté. Il n'est en effet pas possible, à la lecture du texte, de déterminer si la partie qui peut se voir refuser les avantages de la convention est le créancier saisissant ou le débiteur saisi, de sorte que plusieurs interprétations sont possibles.

Ainsi, cette disposition peut signifier que les avantages de la convention peuvent être refusés à tout créancier saisissant, ressortissant d'un État non contractant, qui saisirait un navire battant pavillon d'un État contractant dans un port situé dans un État contractant.

Cependant, il doit être souligné que, dans l'hypothèse où le débiteur saisi, ressortissant d'un État contractant, revendiquerait l'application de la convention, dans le cadre d'une voie de recours exercée contre l'ordonnance autorisant la saisie, l'État contractant dans lequel la saisie est pratiquée ne saurait lui refuser, ou serait alors en violation du traité.

Selon une autre interprétation, l'État contractant dans lequel la saisie est pratiquée pourrait refuser l'application de la convention au débiteur saisi lorsque le navire ne bat pas le pavillon d'un État contractant.

Cette interprétation neutraliserait alors l'option offerte au créancier et au juge dans l'article 8 (2) de la convention du 10 mai 1952, entre l'application à la saisie d'un navire battant pavillon d'un État non contractant, du droit international ou du droit interne. La saisie ne pourrait alors être pratiquée que sur le fondement du droit français.

Quelle que soit l'interprétation retenue, cette possibilité de refus n'est offerte, selon la lettre du texte, qu'aux États, et non au juge.

Les dispositions relatives à l'article 8 (3) de la convention ne figurant pas parmi les réserves de l'article 10, les États contractants devraient donc pouvoir intégrer à tout moment des dispositions dans leur législation mettant en œuvre cette possibilité.

La France n'en a jamais usé. C'est ce qu'a rappelé la chambre commerciale de la Cour de cassation dans son arrêt du 30 octobre 2000[1]. Le saisissant avait procédé à la saisie du navire *Sargasso*, battant pavillon panaméen, en garantie d'une créance qu'il détenait à l'encontre de l'affréteur coque nue du navire. La cour d'appel d'Aix-en-Provence, relevant que le Panama n'avait pas ratifié la convention du 10 mai 1952, avait rétracté la saisie sous le visa de l'ancien article 2092 du Code civil[2], qui limite aux seuls biens du débiteur le gage des créanciers, au motif que, bien que le saisissant justifiât d'une créance certaine à l'encontre de l'affréteur, il ne rapportait pas la preuve que le navire était la propriété du débiteur. La chambre commerciale de la Cour de cassation a cassé l'arrêt de la cour d'appel d'Aix-en-Provence sous le visa de l'article 8 (3) de la convention du 10 mai 1952 au motif que le saisissant n'avait pas établi que les avantages de la convention sont refusés au Panama en vertu d'une disposition légale ou réglementaire.

Il était tout à fait surprenant de parler d'avantage puisqu'en l'espèce, l'application de la convention de Bruxelles du 10 mai 1952 permettait précisément au créancier de maintenir la saisie du navire panaméen. En effet, l'article 3 (1) de la convention de Bruxelles du 10 mai 1952, relatif aux saisies de navires affrétés selon la charte partie coque nue pour dettes de l'affréteur, autorise la saisie du navire auquel se rapporte la créance, même si celui-ci n'appartient pas au débiteur, dès lors que la créance est maritime. En fait d'avantage, il s'agissait plutôt d'un inconvénient pour le débiteur et pour l'État du Panama. Sans surprise, la cour d'appel de renvoi, soulignant que la France n'avait pas exclu l'application de la convention à l'égard des navires battant pavillon panaméen, a confirmé la saisie au motif que « *la condition nécessaire et suffisante pour saisir un navire affrété coque nue est de pouvoir invoquer une créance relative au navire figurant dans la liste des créances permettant la saisie sur le fondement de la convention du 10 mai 1952* »[3].

623.23 Exclusion – Défaut d'extranéité (Conv. Bruxelles, 10 mai 1952, art. 8, 4). La convention exclut son application à une saisie pratiquée dans un État contractant sur un navire battant le pavillon du même État. Ainsi, un français souhaitant saisir à titre conservatoire un navire battant pavillon français ne peut le faire que sur le fondement du droit français interne.

623.24 Tiers ressortissant d'un État non-contractant bénéficiant d'une créance maritime par l'effet d'une subrogation ou d'une cession. L'article 8 (5) de la convention dispose que ce tiers sera réputé avoir la même résidence habituelle ou le même établissement principal que son auteur. Une personne subrogée dans les droits du ressortissant d'un État contractant peut donc revendiquer les mêmes droits que ceux que son auteur détient en vertu de la convention de Bruxelles.

623.25 Convention de Genève du 12 mars 1999. La convention de Genève, qui n'est pas encore en application en France, étend expressément son application « *à tout navire relevant de la juridiction d'un État partie* [...] *battant pavillon ou non d'un État partie* » (Conv. Genève, art. 8, 1), empêchant ainsi le panachage du droit interne et du droit international permis par la rédaction de l'article 8 (2) de la convention de Bruxelles (v. s[s] n°s 623.31 s.).

§ 2
Saisie d'un navire battant pavillon d'un État non-contractant

623.31 Option du créancier saisissant. La convention comporte une disposition controversée (Conv.

1. Com. 30 oct. 2000, n° 98-10.500, navire Sargasso, *Bull. civ.* IV, n° 168; *DMF* 2000. 1012, obs. Rémery.
2. Devenu C. civ., art. 2284 (Ord. n° 2006-346, 23 mars 2006, *JO* 24 mars, p. 4475).
3. Montpellier, 1er déc. 2003, navire Sargasso, *DMF* 2004. 435, obs. Esnard et Rémery; *DMF* 2005. HS, 60, obs. Bonassies.

Bruxelles, 10 mai 1952, art. 8, 2) permettant au créancier saisissant dans un état contractant, quelle que soit la nature de la créance, et au juge auquel la mesure est demandée, de choisir d'appliquer à la saisie les règles de la convention internationale ou celles du droit français interne.

623.32 Exercice de l'option. Le choix du droit applicable s'effectue en considération de critères stratégiques.

Ainsi, le créancier maritime aura plutôt intérêt à choisir de fonder sa demande de saisie conservatoire sur le fondement du droit international si le principe de la créance n'apparaît pas évident.

Le choix du créancier dépendra en outre du navire que celui-ci entend saisir. Ainsi, si le créancier entend saisir un autre navire, appartenant à son débiteur, que celui auquel se rapporte la créance, le créancier pourra bénéficier d'un droit de gage en principe plus étendu en droit français interne plutôt que sur le fondement de la convention, qui limite les possibilités de saisir un navire autre que celui auquel la créance se rapporte.

En revanche, lorsque le navire dont la saisie est envisagée est celui auquel se rapporte la créance, et lorsque la créance fait partie des créances énumérées à l'article 1er de la convention de Bruxelles du 10 mai 1952, le créancier aura intérêt à fonder sa requête sur la convention qui se désintéresse de la question du propriétaire du navire, contrairement au droit français, où le créancier a un droit de gage général sur le patrimoine de son débiteur, mais limité à ce patrimoine[1].

623.33 Application cumulative de la convention et du droit français. Surtout, l'article 8 (2) de la convention du 10 mai 1952 permet au créancier ressortissant d'un État contractant d'effectuer un véritable « panachage » entre le droit français et la convention lorsque le navire qu'il envisage de saisir bat le pavillon d'un État non contractant.

La cour d'appel de Douai a ainsi décidé de maintenir la saisie d'un navire battant pavillon chypriote, Chypre n'étant pas partie à la convention, pratiquée par un armateur invoquant le préjudice qui lui avait été causé par l'inexécution d'une promesse de vente, créance non maritime, alors même que le navire, objet de la promesse de vente avait été vendu[2].

Dans cette espèce, les juges ont appliqué cumulativement le droit français, autorisant la saisie d'un navire pour une créance non maritime, et la convention de Bruxelles, permettant de saisir le navire auquel se rapporte la créance, même si celui-ci a été vendu (v. ss nos 624.111 s.). Cette interprétation de l'article 8 (2) de la convention a été confirmée par la chambre commerciale de la Cour de cassation[3].

Cette disposition s'avère être une arme redoutable des créanciers ressortissants d'États contractants de la convention du 10 mai 1952 contre les débiteurs dont les navires sont immatriculés sous des pavillons de complaisance, très peu de ces États étant partie à la convention de Bruxelles.

SECTION 3
APPLICATION DE LA LOI DU FOR À LA RESPONSABILITÉ DU SAISISSANT ET AUX RÈGLES DE FORME ENCADRANT LA SAISIE

623.41 Responsabilité du saisissant. La convention de Bruxelles du 10 mai 1952 (Conv. Bruxelles, 10 mai 1952, art. 6, al. 1er) dispose que les contestations relatives à la responsabilité du saisissant pour les dommages causés à la suite de la saisie seront réglées par la loi du for, au sens de loi du lieu d'exécution de la mesure.

623.42 Règles de procédure. De même, la convention du 10 mai 1952 dispose (Conv. Bruxelles, 10 mai 1952, art. 6, al. 2) que les règles de procédure relatives à la saisie d'un navire, à l'obtention de l'autorisation visée à l'article 4 et à tous autres incidents de procédure qu'une saisie peut soulever sont régies par la *lex fori*.

S'agissant des règles de forme, la solution est évidente. Le juge français, rendant la Justice au nom de la souveraineté française, ne saurait en effet déterminer sa compétence par référence à une loi étrangère ou statuer selon des règles de procédure étrangères.

SECTION 4
LOI APPLICABLE, À DÉFAUT DE LA CONVENTION DU 10 MAI 1952, À LA DÉTERMINATION DU BIEN SAISISSABLE ET DE LA CRÉANCE EN VERTU DE LAQUELLE LA SAISIE PEUT ÊTRE PRATIQUÉE

623.51 Unilatéralisme de la convention. Hors le cas des règles de procédure réglé par référence à la

1. V. obs. Rémery sur : Com. 30 oct. 2000, n° 98-10.500, navire Sargasso, *Bull. civ.* IV, n° 168; *DMF* 2000. 1012.
2. Douai, navire River Asab, *DMF* 1997. 36, obs. Gauthier; *DMF* 1998. 46.
3. Com. 30 oct. 2000, n° 98-10.500, navire Sargasso, *Bull. civ.* IV, n° 168; *DMF* 2000. 1012, obs. Rémery; *BTL* 2000. 799; *DMF* 2001. HS, 43, obs. Bonassies – *CONTRA* : Com. 26 oct. 1999, n° 97-18.679, navire Mediterranea, NP; *DMF* 2000. 709, rapp. Rémery, obs. Vialard; cet arrêt a cependant été rendu à propos d'une situation particulièrement complexe.

souveraineté étatique attachée à la fonction de rendre la justice, il est très rare d'avoir à s'interroger sur une telle hypothèse en raison de l'unilatéralisme de la convention.

Il a été évoqué (v. s[s] n°s 623.31 et 623.32) que la convention prévoit elle-même qu'elle peut être applicable à la saisie de navires battant pavillons d'États non contractants, même lorsque la créance invoquée ne fait pas partie de la liste de l'article 1er (1) de la convention et que la jurisprudence a considéré qu'il pouvait être fait une application distributive à la fois du droit français interne et de la convention internationale à la saisie d'un navire battant pavillon d'un État non contractant. Il est dès lors très peu probable que des juges français se prononcent pour l'application d'une loi étrangère.

623.52 Défaut d'application de la convention. Néanmoins, si la convention est écartée, le juge saisi dispose de trois rattachements possibles :

- la loi du lieu de naissance de la créance (*lex causae*) : la loi d'autonomie, la loi du lieu d'exécution de l'obligation conventionnelle s'il s'agit d'une créance de nature contractuelle, la *lex loci delicti*, s'il s'agit d'une créance de nature délictuelle;

- la loi du pavillon;

- la loi du juge auquel la mesure conservatoire est demandée (*lex fori*).

La jurisprudence applique presque toujours la convention ou la loi française lorsque le navire saisi bat pavillon d'un État non contractant. Mais cette application systématique n'a pas été exempte de critiques. Il convient donc d'analyser brièvement les autres facteurs de rattachement, ainsi que les arguments en leur faveur.

623.53 *Lex causae.* Si elle permet d'appliquer une loi unique au régime du contrat international[1], elle est cependant inappropriée, en ce qu'elle peut conduire à appliquer une loi qui ne serait ni la loi nationale du créancier, ni celle du débiteur, si la créance est née dans un pays tiers.

623.54 Loi du pavillon. La loi du pavillon a elle aussi ses partisans[2].

Son application s'imposerait, selon ses partisans, pour des questions de simplicité, en ce qu'elle créerait les conditions d'une prévisibilité et d'une unité de la loi applicable, celle du pavillon, quel que soit le lieu où la saisie est pratiquée. Ainsi l'application de la loi du pavillon empêcherait les créanciers d'avoir recours au *forum shopping* afin d'appliquer à la saisie conservatoire un droit qui leur serait plus favorable. Enfin, la saisie conservatoire, réglementée en France par l'article L. 5114-22 du Code des transports et l'article 30 du décret du 27 octobre 1967, portant statut des navires, participerait du statut réel du navire, soumis à la loi du pavillon.

S'agissant de la détermination du navire saisissable, le tribunal de grande instance de Brest a considéré, à propos de la saisie-exécution du navire-école *Sedov* pendant la manifestation nautique « Brest 2000 », que la loi compétente pour déterminer le caractère saisissable d'un navire n'est pas la loi du for, mais la loi du statut réel du navire, la loi du pavillon[3]. Dans cette espèce, le juge brestois avait accordé la mainlevée la saisie en se fondant sur la loi russe, laquelle déclare insaisissable les biens affectés à une personne morale sous la forme d'un droit de gestion économique ou de direction opérationnelle[4]. La cour d'appel de Rennes, saisie de cette affaire, a rendu un arrêt confirmatif dont la motivation mérite être saluée. Après avoir rappelé qu'« *en vertu du principe de territorialité de l'exécution, la détermination des biens saisis appartient à la loi française lorsque les biens sont situés en France* », elle a, pour déterminer le problème de l'appartenance du navire *Sedov*, fait application de la loi du pavillon, loi réelle du navire « seule apte pour rechercher dans quel patrimoine se trouve le *Sedov* ». Or le droit russe admet la constitution d'un patrimoine d'affectation au profit de personnes morales (en l'espèce l'Université de Murmansk), qu'elle a reconnu conforme à l'ordre public international[5]. Elle ne fait donc application de la loi du pavillon que pour déterminer l'appartenance du bien saisi lorsque cette question constitue un préalable nécessaire à l'examen de la validité de la saisie, question qui ne pouvait se poser, devant les tribunaux français, que dans l'hypothèse d'une saisie sur le fondement des dispositions internes, et non de la convention du 10 mai 1952. L'arrêt de la cour d'appel de Rennes renforce ainsi la solution classique du recours à la loi du for.

623.55 *Lex fori.* Son application découlerait en premier lieu du principe de territorialité de l'exécution (v. s[s] n°s 1711.04 s.) qui commande l'application de la loi du lieu de la situation effective du bien, à l'exclusion de tout autre droit, notamment celui du pavillon (v. s[s] n° 1711.11).

Le principe de territorialité peut ainsi amener à autoriser le juge français à saisir un navire insaisissable à l'épreuve du droit régissant le statut réel du

1. R. Rodière, *Traité de Droit Maritime*, t. I, *Le navire*, Dalloz, 1980, n° 195.
2. Rép. internat., *V° Navire*, par Cordier, t. II, n°s 50 s. – A. Vialard, « La saisie conservatoire du navire pour dettes de l'affréteur à temps », *DMF* 1985. 586.
3. TGI Brest, 27 juill. 2000, *DMF* 2001. HS, 46, n° 45 *bis*, obs. Bonassies.
4. OBS. CRIT. Bonassies, *DMF* 2001. HS, 46.
5. Rennes, 27 juin 2002, navire Sedov, *DMF* 2002. 734.

navire, dès lors qu'aucune disposition interne ou internationale intégrée dans l'ordre juridique du for ne s'y oppose expressément.

Cette solution est d'ailleurs confirmée par l'interprétation de la convention par référence au texte anglais, du reste conforme à l'esprit de la convention[1]. Celui-ci désigne en effet expressément l'État contractant comme étant le substantif auquel se réfère le pronom « cet » du texte français : « *Un navire battant le pavillon d'un État non contractant peut être saisi dans l'un des États contractants en vertu d'une des créances énumérées à l'article premier, ou de toute autre créance permettant la saisie d'après la loi de* ***cet*** *État* ». [« *A ship flying the flag of a non contracting state may be arrested in the jurisdiction of any contracting State in respect of any of the maritime claims enumerated in Article 1 or of any other claim for which* ***the law of the contracting state*** *permits the arrest* »].

Certains auteurs se sont attachés à donner une assise doctrinale à la solution de la *lex fori*. Ils ont notamment considéré que la loi du pavillon tendait à devenir un rattachement artificiel avec le développement des pavillons de complaisance[2]. Ainsi, aux partisans de l'application de la loi du pavillon pour éviter le « *forum shopping* des créanciers », ceux de la *lex fori* opposent les inconvénients d'un *forum shopping* inversé pratiqués par les armateurs par le choix d'un statut réel du navire plus favorable leur permettant de faire échapper le navire à ses futurs créanciers.

Les partisans de l'application de la loi du pavillon ne remettent d'ailleurs pas en question la détermination de la procédure applicable par référence à la loi du for, solution qui s'impose pour les raisons évoquées plus haut. Le *forum shopping* est cependant là encore inévitable. Ainsi, le créancier peut décider, s'il en a le choix, d'attendre de saisir un navire en France, où la seule contrainte est de présenter une requête devant le président du tribunal de commerce, plutôt qu'à sa précédente escale en Espagne, où le juge autorisant la saisie conditionne la délivrance du titre exécutoire à la remise par le créancier saisissant d'une garantie bancaire émise par une banque espagnole de premier rang à hauteur d'une somme que le juge détermine et pouvant atteindre 100 % du montant pour lequel la saisie est pratiquée, pour prévenir les dommages éventuels causés au saisi, dans l'hypothèse où la saisie serait déclarée abusive.

1. F. Berlingieri, *Arrest of ship*, Lloyd's of London Press, 1992, p. 21-22.

2. P. Bonassies, *Cours de DESS*, Aix-en-Provence – P. Pestel-Debord et P. Garo, *La saisie conservatoire de navires*, chap. 1, *Les textes applicables*, Pratic-Export, 1994, p. 8.

CHAPITRE

624. Saisie conservatoire des navires : conditions de fond

CYRIL BLOCH
PROFESSEUR DE DROIT PRIVÉ
À L'UNIVERSITÉ D'AIX-MARSEILLE – CDE EA N° 4224
DIRECTEUR DU CENTRE DE DROIT MARITIME ET DES TRANSPORTS

SECTION 0
ORIENTEUR

624.00 Plan du chapitre.

Division. Les conditions de fond sont de deux ordres. Certaines se rapportent à la nature de la créance ou à la personne du créancier (sect. 1), les autres concernent la détermination des navires saisissables (sect. 2).

624.01 Textes applicables.

> TEXTES DE DROIT INTERNE

(Pour l'historique, v. s^s n° 623.01, le récapitulatif des textes applicables.)

C. pr. exéc., art. L. 512-2 et R. 112-2.

C. transp., art. L. 5114-1 à L. 5114-22.

> TEXTES DE DROIT INTERNATIONAL

(V. s^s n° 623.01, récapitulatif des textes applicables.)

Conv. Genève, 12 mars 1999 *(non ratifiée par la France).*

624.03 Bibliographie indicative. (V. s^s n° 623.03).

SECTION 1
CONDITIONS RELATIVES À LA CRÉANCE

624.11 Probabilité de la créance. S'agissant d'une mesure conservatoire qui ne préjudicie pas au fond, le premier effet recherché est l'efficacité, dont le corollaire est la rapidité. Aussi, ni le droit international, ni le droit interne, depuis le décret du 24 février 1971, ayant réformé l'ancien article 29 du décret de 1967 (devenu C. transp., art. L. 5114-22[1]), n'imposent au créancier de faire valoir une créance certaine liquide et exigible. Une créance simplement probable suffit, ce que la jurisprudence a affirmé avec force[2].

1. Ord. n° 2010-1307, 28 oct. 2010, *JO* 3 nov., p. 3.
2. SUR LA CERTITUDE DE LA CRÉANCE : Com. 26 mai 1987, n° 86-11.400, navire African Star, *Bull. civ.* IV, n° 123; *DMF* 1987. 645 – Com. 12 janv. 1988, n° 85-17.890, navire Nora, *Bull. civ.* IV, n° 15; *DMF* 1992. 134 – Aix-en-Provence, navire Friday Star, *DMF* 1997. 591, obs. Tassel; *DMF* 1998. 47, n° 63, obs. Bonassies – SUR LE CARACTÈRE LIQUIDE ET EXIGIBLE DE LA CRÉANCE : T. mixte Nouméa, 17 nov. 1979, *DMF* 1980. 223 – T. com. Rouen, ord. réf., 11 janv. 1991, navire Noblesse, *DMF* 1993. 58 – Rouen, 12 juin 1992, navire Maipo et navire Roman, *Juris-Data* n° 050824.

L'autorisation judiciaire de la saisie conservatoire est nécessaire même lorsque le créancier dispose d'un titre exécutoire [1]. Le créancier peut donc pratiquer une saisie conservatoire sans notification préalable de son titre exécutoire [2].

624.12 Exclusion de la condition de menaces sur le recouvrement des textes sur la saisie conservatoire des navires. À l'instar du droit commun des mesures conservatoires (v. s^s^ n° 611.51), les textes sur la saisie conservatoire des navires n'imposent pas au créancier saisissant de démontrer une urgence. En outre, ni le droit international, ni le législateur interne n'imposent au créancier de démontrer que sa créance est en péril pour obtenir la mesure qu'il demande, à la différence du droit commun qui en fait une condition.

La menace sur le recouvrement est en fait présumée, en raison du risque constant que fait peser sur le droit du créancier le caractère itinérant du navire, élément de gage principal, sinon unique du créancier [3].

La jurisprudence a rappelé fermement que l'urgence et les menaces de recouvrement ne sont pas des conditions de la saisie [4].

624.13 Créances causes de la saisie – Droit interne et droit international. Les critères retenus en droit interne et en droit international diffèrent radicalement. Alors que la convention de Bruxelles du 10 mai 1952 dresse une liste exhaustive des créances autorisant la saisie, dont il suffit d'alléguer l'existence (§ 1), le droit interne l'autorise quelle que soit la nature de la créance mais conditionne l'autorisation de saisir à la démonstration d'une créance paraissant fondée en son principe (§ 2).

§ 1
Droit international

624.20 Une allégation de créance maritime. L'article 1er de la convention de 1952 définit la notion de créance autorisant la saisie, dans sa consistance et son contenu : « *l'allégation d'un droit ou d'une créance ayant l'une des causes suivantes* ». S'ensuit une énumération de créances de a) à q).

A.
Allégation d'un droit ou d'une créance

624.21 Notion : apparence de réalité ou de vraisemblance. La notion d'allégation, extrêmement souple, permet au créancier saisissant, dès lors que la créance qu'il allègue entre dans la liste exhaustive de l'article 1er de la convention, de saisir sur le fondement d'une apparence de réalité et ouvre très largement le droit de pratiquer une saisie conservatoire [5].

La Cour de cassation a jugé que l'allégation prévue par la convention du 10 mai 1952 se distingue de la condition de créance paraissant fondée en son principe en ce qu'elle comporte un degré moindre de probabilité [6].

Les juges rennais avaient tenté de définir l'allégation de créance en référence à un critère de vraisemblance. Ainsi, le juge de la saisie ne devait donc refuser d'autoriser la saisie qu'en l'absence d'éléments de preuve rendant vraisemblable l'existence de la créance [7]. Par exemple, la cour d'appel de Rouen avait refusé de donner mainlevée d'une saisie conservatoire pratiquée à la requête d'assureurs facultés au motif qu'une juridiction arbitrale les avait déclarés prescrits en leur action au fond contre le transporteur contractuel [8].

Dans son dernier état, la jurisprudence de la chambre commerciale de la Cour de cassation va cependant bien plus loin. La Cour de cassation indique en effet que l'office du juge est limité à la constatation que la créance est une créance énumérée par l'article 1er de la convention de Bruxelles du 10 mai 1952. Dans cette espèce, la chambre commerciale de la Cour de cassation a, sous le visa de

1. Com. 1er oct. 1997, n° 95-15.499, navire *Secil Angola*, *Bull. civ.* IV, n° 234.
2. Com. 4 mars 2014, n° 13-10.092, navires Cayenne-Géraldine et Yutaku-Manu 35, *Bull. civ.* IV, n° 42; *DMF* 2014. 759, rapp. Remery.
3. V. la position intéressante du juge Anversois : T. com. Anvers, 29 mars 1988, *Jurispr. du Port d'Anvers* 1988. 119.
4. Prononcé sous le visa de l'article 29 du décret du 27 octobre 1967 : Civ. 1re, 18 nov. 1986, n° 85-11.324, *Bull. civ.* I, n° 269; *DMF* 1987. 697, note Jarosson et Rémond-Gouilloud; *JCP* 1987. IV. 37; *Rev. crit. DIP* 1987. 760, note Audit; *JDI* 1987. 125, note Gaillard – Faisant application de la convention de Bruxelles du 10 mai 1952 : Aix-en-Provence, 26 janv. 1990, navire Mont Blanc Maru, *DMF* 1992. 354, note Achard et Aix-en-Provence, 24 sept. 1992, navire Hassi R'Mel, *Rev. Scapel* 1992. 89.
5. Aix-en-Provence, 24 sept. 1992, navire Hassi R'Mel, *Rev. Scapel* 1992. 89, n° 22.
6. Com. 26 mai 1987, n° 86-11.400, navire African Star, *Bull. civ.* IV, n° 123; *DMF* 1987. 645; *DMF* 1988. 86, obs. Bonassies.
7. Caen, 9 oct. 2003, navire Clipper Cheyenne, *DMF* 2006. 131, obs. Rossi. – POUR UNE AUTRE ILLUSTRATION : Aix-en-Provence, 16 oct. 2014, navire Martha Ann, *DMF* 2015. 766, obs. Lootgieter : « *L'allégation c'est-à-dire l'affirmation d'une créance signifie que les éléments fournis par le prétendu créancier doivent rendre vraisemblable celle-ci, mais sans qu'elle ait besoin d'être formellement établie* ».
8. Rouen, 2 avr. 1992, navire Repubblica-di-Amalfi, *DMF* 1993. 245, note Tassel; *DMF* 1994. 84, obs. Bonassies – *CONTRA* : Com. 7 mars 2006, n° 05-15.906, navire Larbi Ben M'Hidi, *Bull. civ.* IV, n° 57; *RTD com.* 2006. 518, obs. Delebecque; dans cette espèce, la prescription n'avait cependant pas fait l'objet d'une adjudication au fond.

l'article 2 de la convention de Bruxelles du 10 mai 1952, cassé un arrêt de la cour d'appel d'Aix-en-Provence ayant retenu que la demande au fond était prescrite lorsque les créanciers ont présenté leur requête aux fins de saisie conservatoire au motif que les demandeurs alléguaient une créance maritime[1].

Allant dans le même sens, dans une espèce dans laquelle la créance alléguée correspondant à la partie impayée d'un prêt garanti par un *mortgage* et était indisponible du fait d'une saisie par un tiers, la chambre commerciale de la Cour de cassation a affirmé que « *ni l'indisponibilité de la créance cause de la saisie, ni l'absence de circonstances susceptibles d'en menacer le recouvrement ne font obstacle à la saisie conservatoire d'un navire* »[2].

624.22 Palliatif et sanction. Une telle souplesse n'est permise qu'accompagnée de palliatifs et de menaces de sanction.

Ainsi, le saisi est-il investi de la possibilité de saisir de nouveau le juge ayant rendu l'ordonnance autorisant la saisie, statuant en référé, selon la procédure d'heure à heure, pour obtenir mainlevée de la saisie (v. s^s n°s 626.12 s.).

En outre, le saisi peut, dans le cadre de l'instance au fond, demander de lourds dommages-intérêts pour le dommage que lui a causé la saisie pratiquée abusivement (C. pr. exéc., art. L. 512-2).

B.
Une créance maritime

624.31 Catégories de créances. Trois groupes de créances peuvent être dégagés de l'énumération de l'article 1er de la convention :

– les droits et créances de nature délictuelle :

a) dommages causés par un navire soit par abordage, soit autrement;

b) pertes de vies humaines ou dommages corporels causés par un navire ou provenant de l'exploitation d'un navire;

g) avaries communes.

– les droits et créances de nature contractuelle :

c) assistance et sauvetage;

d) contrats relatifs à l'utilisation ou à la location d'un navire par charte-partie ou autrement;

e) contrats relatifs au transport des marchandises par un navire en vertu d'une charte-partie, d'un connaissement ou autrement;

f) pertes ou dommages aux marchandises et bagages transportés par un navire;

h) prêt à la grosse;

i) remorquage;

j) pilotage;

k) fournitures, quel qu'en soit le lieu, de produits ou de matériel, faites à un navire en vue de son exploitation ou de son entretien;

l) construction, réparations, équipement d'un navire ou frais de cale;

m) salaires des capitaines, officiers et hommes d'équipage;

n) débours du capitaine et ceux effectués par les chargeurs, les affréteurs ou les agents pour le compte du navire ou de son propriétaire.

– les droits réels sur le navire :

o) la propriété contestée d'un navire;

p) la copropriété contestée d'un navire ou sa possession, ou son exploitation, ou les droits aux produits d'exploitation d'un navire en copropriété;

q) toute hypothèque maritime et tout *mortgage* (crédit hypothécaire).

624.32 Exhaustivité de la liste. La question s'est posée de savoir si la liste de l'article 1er de la convention était indicative ou exhaustive. Les travaux préparatoires à la convention[3] et la jurisprudence[4], se sont très clairement prononcés en faveur de l'exhaustivité.

624.33 Difficultés d'interprétation. Plusieurs cas ont donné lieu à des interprétations prétoriennes à partir du texte de la convention.

La question s'est notamment posée à propos des frais de récupération engagés par la Marine nationale, de conteneurs renfermant des produits toxiques, transportés à bord d'un navire marocain et tombés en mer au large d'Ouessant. La cour d'appel de Rennes[5] a considéré qu'il s'agissait de « *dommages causés par un navire* » (Conv. Bruxelles, 10 mai 1952, art. 1er, a).

De même, les **créances** suivantes ont été jugées être **de nature maritime :**

– une créance de courtage sur un contrat d'affrètement à temps pouvait être rattachée à l'article 1er de la convention en tant que « *contrat relatif à l'uti-*

1. Com. 7 mars 2006, n° 05-15.906, navire Larbi Ben M'Hidi (préc. s^s prés^t n°).
2. Com. 5 oct. 2010, n° 09-13.092, navire Blue Shadow, *Bull. civ.* IV, n° 148; *DMF* 2010. 917, obs. Bonassies; *JCP* 2011. 147, note Lauvergnat.
3. *CMI Bulletin,* n° 105, p. 5.
4. Poitiers, 13 nov. 1985, navire African Star, *DMF* 1987. note Vialard – Rouen, 15 avr. 1982, navire GME Atlantico, *DMF* 1982. 744, note Marguet – Aix-en-Provence, 26 oct. 2001, navire Canmar Supreme 30, *DMF* 2002. 20 et 265, obs. Rémery; *DMF* 2003. HS, 48, obs. Bonassies – Aix-en-Provence, 30 oct. 2002, navires Tablat et Tlemcen, *DMF* 2003. 78, obs. Pestel-Debord.
5. Rennes, 23 sept. 1992, navire Azizal, *DMF* 1995. 301, note Tantin; *DMF* 1996. obs. Bonassies.

lisation ou la location d'un navire par charte-partie ou autrement »[1];

– la livraison par le transporteur au destinataire des marchandises, payées au moyen d'un crédit documentaire, sans remise des connaissements, autorise la banque porteur des connaissements, disposant d'une créance relative « *au transport des marchandises par un navire en vertu d'un connaissement* » à saisir le navire à titre conservatoire[2];

– l'impossibilité pour le transporteur maritime de délivrer une marchandise de même nature que celle décrite au connaissement équivaut à une perte de marchandise, cas visé expressément à l'article 1er (1) e de la convention : « contrats relatifs au transport des marchandises par un navire en vertu [...] d'un connaissement »;

– la créance d'un armateur en remboursement du solde d'un compte d'escale à l'encontre de son agent maritime entrait dans la catégorie des « *débours du capitaine et ceux effectués par les chargeurs, les affréteurs ou les agents pour le compte du navire ou de son propriétaire* »[3]. *À cet égard, le tribunal de commerce de Marseille a poussé la logique plus loin en jugeant que la créance née du* « *risque d'impossibilité de régler les fournisseurs* », en l'espèce une créance déjà exigible de l'entreprise de manutention tombait à la charge de l'agent comme un débours de l'article 1 (n) de la convention du 10 mai 1952[4];

– la notion de salaires des capitaines, officiers et hommes d'équipage, qui se rattache au fonctionnement et à l'exploitation du navire, doit s'entendre comme un terme générique couvrant l'ensemble des créances liées au contrat d'engagement. Dès lors les accessoires du salaire des capitaines, officiers ou hommes d'équipages, ainsi que les indemnités liées à la rupture du contrat d'engagement sont des créances maritimes au même titre que les salaires[5];

– les dépenses d'entretien destinées au maintien de la sécurité et de l'amarrage d'un navire échoué et renfloué en vue de son remorquage, ont été liées à l'exploitation ultérieure du navire et partant, constituent des créances maritimes[6];

– la créance ayant pour cause un contrat de location d'un navire de compétition sportive[7];

– la créance des liquidateurs du fonds spéculatif de Bernard Madoff envers un chantier de construction navale portant sur des sommes ayant servi à l'acquisition d'un *yatch*, s'agissant d'une créance ayant pour cause la propriété contestée du navire (Conv. Bruxelles, 10 mai 1952, art. 1er, 1, o)[8];

– la créance pour fourniture de gasoil à un navire en vue de son exploitation[9];

– la créance née de la défaillance alléguée du débiteur d'une obligation contenue dans un accord intitulé « *sale agreement* » de faire construire un *yatch* conformément à certaines spécifications a été qualifiée de créance relative à la construction d'un navire maritime en application de l'article 1er, 1, l) de la convention de Bruxelles, et non de créance relative à l'exécution d'un contrat de vente, non prévue dans l'énumération des créances maritimes par les rédacteurs du texte[10];

– la créance de dommages et intérêts due en raison des dommages provoqués par une explosion survenue à bord d'un navire à la suite d'un transbordement de marchandises explosives à partir d'un navire pétrolier (application de l'article 1er, 1, a)[11].

Lorsque la **créance** n'est que **partiellement maritime**, la jurisprudence accorde au créancier le **bénéfice de la convention du 10 mai 1952**. Ainsi, la saisie pratiquée par un maître d'œuvre en garantie du recouvrement de sa rémunération de maître d'œuvre, qui n'est pas une créance maritime au sens de la convention, et du prix de fournitures faites au navire (Conv. Bruxelles, 10 mai 1952, art. 1er, 1, k), a été autorisée pour la totalité de la créance[12]. En revanche, dans une espèce dans laquelle plusieurs postes de la créance invoquée n'avaient pas le caractère de créances maritimes, le tribunal de commerce de Marseille a autorisé la mainlevée contre remise d'une garantie cantonnée à un montant équivalent à la somme des créances maritimes[13].

1. T. com. Ajaccio, 19 oct. 1999, navire Islandbreeze, *DMF* 2000. 32, obs. Gauthier.
2. Com. 3 févr. 1998, n° 95-20.474, navire Yildiran, NP; *DMF* 1998. 255, rapp. Remery – SUR POURVOI contre Montpellier, 1er juin 1995, *DMF* 1995. 918, obs. Tassel.
3. Com. 10 mai 1989, n° 87-11.779, *Bull. civ.* IV, n° 146; *DMF* 1989. 704, note Bonassies.
4. T. com. Marseille, 4 juin 2003, navire Peljasper, *Rev. Scapel* 2003. 108; *DMF* 2004. HS, 49 et 50, obs. Bonassies.
5. Aix-en-Provence, 13 avr. 2004, navire Wedge One, *DMF* 2004. 1012, note Chaumette; *DMF* 2005. HS, 60, obs. Bonassies.
6. Caen, 9 oct. 2003, navire Clipper Cheyenne, *DMF* 2006. 131, obs. Rossi.
7. Rouen, 8 avr. 2004, navire Spirit of Race, *DMF* 2005. 124, note Ndende.
8. Aix-en-Provence, 27 mai 2010, navire Bull, *DMF* 2011. 340, obs. Tassel; *DMF* 2011. HS, 58, obs. Bonassies.
9. Aix-en-Provence, 8e ch. A, 16 juin 2011, RG n° 10/09500, M. Pipolo c/ Sarl Fioul 83, *DMF* 2012, suppl. « Le droit positif français en 2011 », n° 16.
10. Aix-en-Provence, 29 janv. 2008, navire I'm no Lady, *DMF* 2008. 734, note Vialard; *DMF* 2009. HS, 54, obs. Bonassies.
11. Douai, 2e ch., 15 mars 2012, navires *Don Rodrigo* et *Bourbon Opale*, *DMF* 2013. 341, obs. crit. Rémond-Gouilloud; *DMF* 2013, suppl. « Le droit positif français en 2012 », n° 17, obs. approb. Delebecque.
12. Com. 3 févr. 1998, n° 96-11.744, navire Vendredi 13, *Bull. civ.* IV n° 50; *DMF* 1998. 258, rapp. Rémery et obs. Bonassies; *DMF* 1999. HS, 43 et 44, obs. Bonassies.
13. T. com. Marseille, 4 juin 2003, navire Peljasper, *DMF* 2004. 47, obs. Rémery; *DMF* 2005. HS, 61, obs. Bonassies.

624.34 Créances maritimes n'entrant pas dans le champ d'application de la convention. Malgré l'exhaustivité de la liste de l'article 1er de la convention, des créanciers maritimes du navire se trouvent exclus du bénéfice de la convention.

Il en est ainsi notamment des créances nées d'une inexécution du contrat de vente du navire[1], du contrat de construction du navire[2], de la rupture des pourparlers pour la vente d'un navire[3], d'un contrat de crédit[4], des actes de baraterie du capitaine[5], d'une créance née de la location de conteneurs[6], du non-paiement de primes d'assurances[7], de la résiliation d'un contrat d'agence maritime[8] ou bien encore de créances nées de l'exécution d'un contrat de réservation d'un certain nombre de places pour un ou plusieurs voyages sur un paquebot, un tel contrat ne pouvant s'analyser comme un contrat relatif à l'utilisation ou à la location d'un navire par charte-partie ou autrement au sens de l'article 1er, d de la convention de Bruxelles de 1952[9].

De même, le droit d'action directe de l'assureur, s'étant engagé à payer l'indemnité d'assistance à une société de remorquage, contre le tiers responsable de l'événement de mer ayant donné lieu à l'assistance des remorqueurs, ne constitue pas, pour la chambre commerciale de la Cour de cassation, une créance maritime entrant dans le champ d'application de la convention[10].

624.35 Convention de Genève du 12 mars 1999. La convention de Genève du 12 mars 1999, que la France n'a ni signée, ni ratifiée, élargit la liste à cinq types d'autres créances relatives au navire non comprises dans cette liste.

Ainsi, la convention a modifié la liste et ajouté, parmi les créances autorisant la saisie :

- **alinéa d)** : « *dommages causés ou risquant d'être causés par le navire au milieu, au littoral ou à des intérêts connexes; mesures prises pour prévenir, réduire ou éliminer ces dommages; indemnisation de ces dommages; coût des mesures raisonnables de remise en état du milieu qui ont été effectivement prises ou qui le seront; pertes subies ou risquant d'être subies par des tiers en rapport avec ces dommages; et dommages, coûts ou pertes de nature similaire à ceux qui sont indiqués dans le présent alinéa d* »;
- **alinéa e)** : « *frais et dépenses relatifs au relèvement, à l'enlèvement, à la récupération, à la destruction ou à la neutralisation d'un navire coulé, naufragé, échoué ou abandonné, y compris tout ce qui se trouve ou se trouvait à bord de ce navire, et frais et dépenses relatifs à la conservation d'un navire abandonné et à l'entretien de son équipage* »;
- **alinéa q)** : « *primes d'assurance* [y compris cotisations d'assurance mutuelle] *en relation avec le navire, payables par le propriétaire du navire ou par l'affréteur en dévolution ou pour leur compte* »;
- **alinéa r)** : « *frais d'agence ou commissions de courtage ou autres en relation avec le navire, payables par le propriétaire du navire ou par l'affréteur en dévolution ou pour leur compte* »;
- **alinéa v)** : « *tout litige découlant d'un contrat de vente du navire* » (Conv. Genève, 12 mars 1999, art. 1er).

§ 2
Droit interne

624.41 Conception personnaliste. À la différence du droit international, le droit français autorise la saisie conservatoire, quelle que soit la nature de la créance et sur tous les biens du débiteur.

Ainsi, un navire peut être saisi sur le fondement des textes internes, non seulement pour les créances « maritimes » exclues du champ d'application de la convention du 10 mai 1952[11], mais aussi pour toute créance, quelle que soit sa nature.

En outre, en application de l'article 2284 du Code civil, le droit français permet au créancier de saisir n'importe quel navire appartenant à son débiteur, à

1. Com. 9 mai 1990, n° 88-17.137, *Bull. civ.* IV, n° 138; *JCP* 1990. IV. 258; *Gaz. Pal.* 1990. Pan. 173 – Sur pourvoi contre Rouen, 4 août 1988, *DMF* 1989. 586 – Rouen, 15 avr. 1982, navire GME Atlantico, *DMF* 1982. 744, note Marguet – Aix-en-Provence, 22 mai 1997, navire Mediterranea, *DMF* 1998. 692, note Bourayne; *DMF* 1999. HS n° 3, 43, n° 50, obs. Bonassies – T. com. Antibes, 27 nov. 1998, navire Turquoise, *DMF* 1999. 917.
2. Aix-en-Provence, 3 oct. 2014, Navire Jabberwocky, *DMF* 2015. 766, obs. Lootgieter (vente en l'état futur d'achèvement).
3. Douai, 12 sept. 1996, navire River Asab, *DMF* 1997. 36, obs. Gauthier.
4. Aix-en-Provence, 20 avr. 1990, *Juris-Data* n° 051696 – Aix-en-Provence, 14 nov. 1996, navire Zamoura, *DMF* 1997. 608, obs. Tassel; *DMF* 1998. 48, n° 63, obs. Bonassies – Aix-en-Provence, 26 oct. 2001, navire Canmar Supreme 30, *DMF* 2002. 20 et 265, obs. Rémery; *DMF* 2003. HS, 48, obs. Bonassies.
5. Com. 21 juin 1983, n° 82-10.418, *Bull. civ.* IV, n° 179; *DMF* 1985. 154.
6. Aix-en-Provence, 30 oct. 2002, navires Tablat et Tlemcen, *DMF* 2003. 78, obs. Pestel-Debord; *DMF* 2004. HS, 50 et 51, obs. Bonassies.
7. T. com. Le Havre, 4 mars 1981, navire Aifanourios, *DMF* 1981. 740.
8. T. com. Marseille, 4 juin 2003, navire Peljasper, *Rev. Scapel* 2003. 108; *DMF* 2004. HS, 49 et 50, obs. Bonassies.
9. T. com. Marseille, 5 févr. 2013, navire Princess Danaé, *DMF* 2013. 753, obs. S. Goulet.
10. Com. 23 nov. 1993, n° 91-17.258, navire Heidberg, *Bull. civ.* IV, n° 418; *JCP* 1994. IV. 274; *D.* 1994. IR 11; *DMF* 1994. 23, obs. Bonassies – T. com. Bordeaux, 23 sept. 1993, *DMF* 1993. 95, obs. Bonassies.
11. Pour une application du droit français à une de ces créances : Paris, 21 oct. 1994, *DMF* 1995. 833.

condition de démontrer l'existence d'une créance paraissant fondée en son principe (C. transp., art. L. 5114-22).

624.42 Une créance paraissant fondée en son principe. En revanche, le droit français se montre plus restrictif quant au degré de probabilité requis pour que le créancier soit autorisé à pratiquer la saisie.

Ainsi, à l'instar du droit commun des mesures conservatoires, le demandeur doit-il démontrer qu'il détient une créance paraissant fondée en son principe (C. transp., art. L. 5114-22 - sur cette notion, v. s[s] n°s 611.41 à 611.46).

Le Code des transports est cependant plus souple que la loi du 9 juillet 1991, désormais codifiée au Code des procédures civiles d'exécution, en ce qu'il n'impose pas au créancier de démontrer l'existence de menaces sur le recouvrement de la créance.

SECTION 2
CONDITIONS RELATIVES AU BIEN OBJET DE LA SAISIE

624.50 Navires saisissables. La convention de Bruxelles du 10 mai 1952 et les textes internes sont exclusivement applicables aux navires, à l'exclusion de tout autre engin flottant (§ 1), mais diffèrent dans leur mise en œuvre selon la personne du débiteur (§ 2).

§ 1
Détermination des biens saisissables suivant le régime spécifique institué par la convention du 10 mai 1952, et la loi et le décret de 1967 portant statut des navires

624.51 Distinction du navire et des autres engins flottants. Le législateur définit le navire comme « *tout engin flottant, construit et équipé pour la navigation maritime de commerce, de pêche ou de plaisance, et affecté à celle-ci* » (C. transp., art. L. 5000-2, I, 1°); et aux « *engins flottants construits et équipés pour la navigation maritime, affectés à des services publics à caractère administratif ou industriel et commercial* » (C. transp., art. L. 5000-2, I, 1°), mais exclut les navires de guerre français et étrangers (C. transp., art. L. 5000-2, II).

La convention de Bruxelles du 10 mai 1952 s'intitule quant à elle « *Convention internationale pour l'unification de certaines règles sur la saisie conservatoire des navires de mer, signée à Bruxelles* ».

Cette définition exclut donc d'emblée du champ d'application des règles faisant l'objet du présent chapitre les bateaux de rivières, soumis à une réglementation spécifique (v. s[s] n°s 627.11 s.).

Selon le critère de l'affectation à une navigation maritime, doivent être exclus de la qualification de navire et, partant, des biens saisissables au sens de la convention de Bruxelles et des textes internes portant statut du navire, les engins flottants tels que plates-formes pétrolières, pontons fixes, chalands[1], usines ou hôtels flottants, etc. L'exercice d'une mesure conservatoire sur ces biens est soumis au droit commun.

En revanche, l'affectation du navire et son tonnage importent peu. Il peut s'agir, selon la définition retenue par le législateur et la jurisprudence, d'un navire de commerce, de pêche, de plaisance, et « *de navigation sportive ou scientifique* »[2]. Pour mémoire, la chambre commerciale de la Cour de cassation a affirmé qu'en cas d'abordage en eaux fluviales entre deux jet skis, est seule applicable la loi du 5 juillet 1934 relative à l'abordage en navigation intérieure, à l'exclusion de l'article 1384-1 du Code civil[3] La conclusion logique de la qualification de bateau d'un jet-ski en eau douce est celle de navire en eau salée.

624.52 Insaisissabilité du navire instrument de travail (navires de pêche). L'article R. 112-2 C. pr. exéc. déclare insaisissables « *les instruments de travail nécessaires à l'exercice personnel de l'activité professionnelle* ». En se fondant sur cette disposition, les tribunaux ont considéré que les navires affectés à l'exercice de l'activité professionnelle des personnes physiques et des artisans, sont insaisissables[4]. Le navire n'est en revanche déclaré insaisissable que si le saisi démontre que le navire est indispensable à son activité professionnelle. Cette disposition et son interprétation jurisprudentielle visent ainsi surtout les artisans pêcheurs, les promenades en mer, les navires des ostréiculteurs ou encore les voiliers des écoles de voiles.

624.53 Navire devenu épave. Le navire abandonné et devenu épave perd la qualification de navire et retombe ainsi dans le giron du droit commun.

624.54 Navire prêt à faire voile. La convention du 10 mai 1952 précise, en son article 3 que le navire est saisissable, alors même qu'il est prêt à

1. T. com. Arles, 14 déc. 2004, *DMF* 2006. 134.
2. E. du Pontavice, *Le statut des navires,* Litec, 1976, n° 304.
3. Com. 5 nov. 2003, n° 00-19.521, NP; *DMF* 2004. 331, rapp. de Monteynard, obs. Bonassies.
4. TGI Lyon, JEX, 14 juin 1994, *BICC* 15 sept. 1994, p. 51 – Aix-en-Provence, 19 févr. 1982, *JCP* 1984. II. 20174, note Prévault.

faire voile, ce que le Code de commerce interdisait jadis (C. com., anc. art. 215, abrogé par la réforme de 1967). Il faut entendre par « *navire prêt à faire voile* » celui qui a « *reçu ses expéditions pour le départ, congé, patente de santé* »[1], c'est-à-dire que le navire est prêt à appareiller.

624.55 Insaisissabilité des navires d'État. La convention de Bruxelles du 10 avril 1926 pose un principe d'immunité dès lors que le navire « *est affecté exclusivement, au moment de la naissance de la créance, à un service gouvernemental et non commercial* », mais cette convention n'a vocation à s'appliquer qu'entre États et ne concerne pas les particuliers.

L'application des principes du droit international public conduit à la même solution, le privilège de juridiction de l'article 14 ne s'appliquant pas aux rapports entre les ressortissants français et les États étrangers, qui bénéficient d'une immunité d'exécution.

Mais la jurisprudence a admis que les émanations des États n'ont pas d'immunité lorsqu'elles se prêtent à des activités commerciales[2].

Dans les rapports entre les ressortissants français et l'État français, aucune voie d'exécution et aucune mesure de contrainte ne peut être exercée contre l'État, et partant contre les navires dont il est propriétaire, excluant ainsi notamment toute la flotte militaire.

624.56 Contenu et accessoires du navire. La question s'est posée de la détermination du régime applicable à la saisie de la marchandise et des soutes.

La saisie de la marchandise et des créances de fret demeure soumise, selon la jurisprudence, au droit commun[3].

En revanche, s'agissant de la saisie des soutes, la chambre commerciale de la Cour de cassation a, dans son arrêt du 13 janvier 1998, considéré que les soutes sont un élément du navire et obéissent donc au même régime que la saisie conservatoire du navire lui-même[4].

1. R. Rodière, *Droit maritime,* Traité, t. I, *Le navire,* Dalloz, 1980, n° 190.
2. Rouen, 16 juin 1988, navire Filaret, *DMF* 1988. 604, obs. Achard – Civ. 1re, 4 févr 1986, n° 84-16.453, navire Ghat, *Bull. civ.* I, n° 7; *Rev. crit. DIP* 1986. 718, note Mayer; *DMF* 1986. 346 – Sur pourvoi contre Aix-en-Provence, 20 sept. 1984, *Rev. crit. DIP* 1985. 358, note Rémond-Gouilloud; *DMF* 1986. 16, obs. Bonassies – Rennes, 29 nov. 1995, navire Secil Angola, *DMF* 1996. 298, note Morin; *DMF* 1997. 25, obs. Bonassies – V. AUSSI l'affaire du navire *Sedov,* J.-P. Rémery, « Pour une insaisissabilité temporaires des navires invités à une manifestation nautique », *DMF* 2001. 3 – Rennes, 27 juin 2002, navire Sedov, *DMF* 2002. 734.
3. Com. *13 janv. 1998,* n° 95-15.497, navire Saint Pierre, *Bull. civ.* IV, n° 16; *DMF* 1998. 823 et 771, note Ndende; *DMF* 1999. 51, obs. Bonassies – Sur pourvoi contre Rouen, 24 mai 1995, *DMF* 1996. 717, obs. Tassel.

§ 2
La saisie analysée, à l'épreuve de la personne du débiteur et du navire sur lequel elle est pratiquée

624.60 Créance maritime ou lien. Le droit français, de conception personnaliste, confère au créancier un droit de gage général sur tout le patrimoine de son débiteur. Ainsi, le créancier peut, si le débiteur est propriétaire d'une flotte de navire, saisir indifféremment l'un ou l'autre navire la composant. En revanche, si le navire passe en d'autres mains, le créancier ne pourra plus le saisir, à moins qu'il ne justifie d'un privilège assorti d'un droit de suite.

Le droit international a intégré la conception *in rem* inspirée du droit anglais, qui tend à personnifier le navire au point de donner à son créancier un droit personnel contre lui, peu importent les mains entre lesquelles il se trouve.

Ainsi, la saisie doit être analysée à la fois à l'épreuve du navire sur lequel elle est pratiquée et de la personne du débiteur.

La saisie peut donc être pratiquée sur le navire auquel se rapporte la créance, pour obtenir sûreté et garantie d'une créance détenue contre son propriétaire, sur le fondement du droit français ou du droit international (A).

Elle peut être pratiquée sur tout autre navire appartenant au débiteur, quelle que soit la nature de la créance invoquée, sur le fondement du droit français et, selon certaines conditions, sur le fondement du droit international (B).

La saisie peut aussi être pratiquée sur le navire auquel se rapporte la créance, passé entre-temps en d'autres mains (C), lorsque le créancier dispose d'un droit réel sur le navire ou d'un privilège assorti d'un droit de suite.

A.
Saisie du navire, propriété du débiteur et cause de la créance

624.61 Fondements possibles. Cette hypothèse est la plus simple. Le débiteur peut alors saisir à la fois sur le fondement du droit international et du droit français.

4. Com. 13 janv. 1998, n° 95-15.497, *Bull. civ.* IV, n° 16 (préc. ss prést n°).

B.
Saisie de l'un des navires appartenant au débiteur

624.71 Saisie possible sur le fondement du droit français. En raison de la théorie du patrimoine, le créancier peut saisir n'importe quel bien appartenant à son débiteur, pour obtenir sûreté et garantie d'une créance paraissant fondée en son principe. Le créancier peut donc saisir indifféremment n'importe quel navire appartenant à son débiteur si celui-ci exploite une flotte de navires.

624.72 Saisie sur le fondement du droit international. La convention de Bruxelles contient une disposition conférant un vrai droit de suite aux créanciers chirographaires : « *Sans préjudice des dispositions du paragraphe 4, tout demandeur peut saisir soit le navire auquel la créance se rapporte, soit tout autre navire appartenant à celui qui était, au moment où est née la créance maritime, propriétaire du navire auquel cette créance se rapporte, mais aucun navire ne pourra être saisi pour une créance prévue aux alinéas o), p) ou q) de l'article premier à l'exception du navire même que concerne la réclamation* ».

Le créancier peut donc saisir, à l'instar du droit français, n'importe quel navire appartenant à son débiteur, pour une créance maritime, mais lorsque sa créance repose sur un droit réel sur le navire, son gage est réduit au navire sur lequel il peut exercer ce droit[1].

Ainsi, le créancier hypothécaire bénéficie certes sur le navire objet de la créance d'un privilège assorti d'un droit de suite, mais son droit de gage sera limité au navire objet de la saisie.

C.
Saisie du navire appartenant à un tiers

624.81 Droit français et droit international. Le droit français s'oppose en principe à la saisie d'un bien qui n'appartient pas au débiteur, sauf si le créancier bénéficie d'un privilège assorti d'un droit de suite. À l'opposé, le droit international privilégie l'exercice d'une action contre le navire objet de la créance, même s'il n'appartient pas au débiteur.

624.82 Hypothèses d'application. La saisie d'un navire appartenant à un tiers se conçoit en droit interne si le créancier bénéficie d'un privilège sur le navire, en droit international lorsque la dette a été contractée par l'affréteur du navire, ou lorsque le navire objet de la créance a été cédé à un tiers, ou encore, lorsque, derrière la personne morale propriétaire du navire dont on envisage la saisie, se dissimule en fait le débiteur.

1°
Saisie du navire appartenant à un tiers en vertu d'un privilège maritime

624.91 Liste des privilèges. L'article L. 5114-8 du Code des transports définit les privilèges des créanciers non seulement sur le navire, mais aussi sur le fret du voyage pendant lequel est née la créance privilégiée et sur les accessoires du navire et du fret acquis depuis le début du voyage définis à l'article L. 5114-10 du Code des transports.

Ainsi, sont privilégiés :

1) les frais de justice exposés pour parvenir à la vente du navire et à la distribution de son prix;

2) les droits de tonnage ou de port et les autres taxes et impôts publics de mêmes espèces, les frais de pilotage, les frais de garde et de conservation depuis l'entrée du navire dans le dernier port;

3) les créances nées du contrat d'engagement du capitaine, de l'équipage et du contrat de travail des autres personnes employées à bord;

4) les rémunérations dues pour sauvetage et assistance et la contribution du navire aux avaries communes;

5) les indemnités pour abordage ou autres accidents de navigation, ou pour dommages causés aux ouvrages d'art des ports et des voies navigables, les indemnités pour lésions corporelles aux passagers et aux équipages, les indemnités pour pertes et avaries de cargaison ou de bagages;

6) les créances provenant de contrats passés ou d'opérations effectuées par le capitaine hors du port d'attache, en vertu de ses pouvoirs légaux, pour les besoins de la conservation du navire ou de la continuation du voyage, sans distinguer si le capitaine est ou non en même temps propriétaire du navire et s'il s'agit de sa créance ou de celles de fournisseurs, réparateurs, prêteurs ou autres contractants. Il en est de même pour les créances que font naître contre l'armateur les actes du consignataire, lorsqu'il pourvoit aux besoins normaux du navire au lieu et place du capitaine.

Ces différents privilèges sont d'interprétation stricte[2].

1. Pour des ex. d'application de l'article 3 (1) : Com. 10 mai 1989, n° 87-11.779, navire Tébessa, *Bull. civ.* IV, n° 146; *DMF* 1989. 704, obs. Bonassies – Aix-en-Provence, 11 mars 1988, navires Hakki-Morgul er Morgul, *DMF* 1989. 367 – Rennes, 21 juin 1989, navires Brave Mother et Brave Themis, *DMF* 1989. 649 – Douai, 8 févr. 1990, navire Gallia, *DMF* 1992. 359.

2. V. PAR EX., à propos de la preuve de l'engagement des dépenses par le capitaine du navire : Nouméa 14 oct. 2010, navire *King Tamato, DMF* 2011. 721, obs. Delebecque – T. com. Marseille, 4 avr. 2013, n° 2013R00161, navire Princess Danaé, *DMF* 2014. 754, obs. Goulet.

624.92 Force des privilèges maritimes. L'article L. 5114-13 du Code des transports dispose que les créanciers privilégiés de l'article L. 5114-8 priment les créanciers bénéficiaires d'une hypothèque maritime, qui priment eux-mêmes les créanciers bénéficiant de privilèges de droit commun sur le navire (C. transp., art. L. 5114-14).

624.93 Droit de suite. L'article L. 5114-18 du Code des transports dispose que les privilèges prévus à l'article L. 5114-8 suivent le navire en quelques mains qu'il passe.

624.94 Extinction des privilèges. Les privilèges sur le navire ont cependant une durée de vie relativement courte. En effet, si ces privilèges naissent sans formalisme particulier, ils s'éteignent automatiquement à l'expiration d'un délai d'un an pour les privilèges énoncés aux alinéas 1 à 5 de l'article L. 5114-8 du Code des transports, et dans un délai de six mois pour les privilèges garantissant les créances visées à l'alinéa 6 (C. transp., art. L. 5114-17).

De même, les privilèges de l'article L. 5114-8 du Code des transports s'éteignent par la confiscation du navire pour infraction aux lois de douane, de police ou de sûreté, par la vente du navire en justice, y compris en vertu d'une décision de justice étrangère indépendamment d'une vérification de la régularité internationale du jugement étranger par la procédure de reconnaissance ou d'*exequatur*[1] ou, en cas de transfert volontaire du navire, deux mois après la publication de l'acte de transfert (C. transp., art. L. 5114-19).

En revanche, s'agissant du privilège sur le fret et les accessoires, l'article L. 5114-9 du Code des transports dispose que le privilège peut être exercé tant que le fret est encore dû ou que le montant du fret se trouve entre les mains du capitaine ou de l'agent du propriétaire.

624.95 Application aux navires exploités par une personne autre que son propriétaire. L'article L. 5114-7 du Code des transports étend les privilèges aux navires exploités par un armateur non-propriétaire (affréteur coque nue ou *manager* du navire), par un affréteur principal (affréteur à temps); mais exclut le bénéfice des privilèges lorsque le propriétaire s'est trouvé dessaisi de son navire par un acte illicite et que le créancier est de mauvaise foi.

2°
Saisie du navire affrété pour dette de l'affréteur

624.101 Droit français – Refus de la saisie. Le droit français refusant l'idée d'un patrimoine d'affectation, une telle saisie n'est en principe pas possible, dès lors que l'affrètement n'est pas un contrat translatif de propriété, sauf lorsque le créancier bénéficie d'un privilège sur le navire.

624.102 Droit international. La convention de Bruxelles du 10 mai 1952 précise en son article 3 quels navires peuvent être saisis.

Elle dispose notamment (Conv. Bruxelles, 10 mai 1952, art. 3, 1) que « *tout demandeur peut saisir* [...] *le navire auquel la créance se rapporte* ». Dès lors, il importe peu, lorsque la saisie est pratiquée sur le navire qui se rapporte à la créance, que la dette ait été contractée par une personne autre que le propriétaire, en l'occurrence l'affréteur. Ainsi, par l'effet de cette disposition, le créancier bénéficie en principe d'un droit personnel contre le navire, qualifié de « maritime lien ».

La convention précise en outre en son article 3 (4) alinéa 1er que le créancier de l'affréteur coque nue du navire « *peut saisir ce navire* » (c'est-à-dire, celui auquel se rapporte la créance), et l'article 3 (4) alinéa 2 ajoute que cette règle « *s'applique également à tous les cas où une personne autre que le propriétaire est tenu d'une créance maritime* ».

624.103 Position du problème. L'affrètement est le mode de transfert d'exploitation consacré du navire. Son économie est très variable selon que l'on est en présence d'un contrat d'affrètement coque nue, qui est un contrat de location, d'un contrat d'affrètement à temps ou d'un contrat d'affrètement au voyage.

Souvent, le véritable exploitant du navire, ou armateur non-propriétaire, est un affréteur soit coque nue, soit à temps (encore qu'il faille ici distinguer l'exploitation nautique, que le fréteur à temps conserve, de l'exploitation commerciale du navire, qui est dévolue à l'affréteur à temps), l'affréteur coque nue pouvant d'ailleurs lui-même fréter le navire à temps ou au voyage à un sous-affréteur.

En sa qualité d'exploitant, l'affréteur conclut des contrats de transport pour son compte. Pour le chargeur, le débiteur est alors le transporteur contractuel, affréteur du navire.

La convention de Bruxelles, en mentionnant les litiges nés de contrats de transports et d'affrètement dans la liste des créances maritimes et en précisant que « *tout demandeur peut saisir* [...] *le navire auquel la créance se rapporte* », a ainsi voulu permettre au créancier de saisir l'instrument d'exploitation de son débiteur, peu importe que celui-ci en soit propriétaire ou non.

624.104 Contrats d'affrètement coque nue. S'agissant des dettes contractées par l'affréteur, la convention établit une distinction importante : « *Dans le cas d'un affrètement d'un navire avec remise*

1. À CET ÉGARD : v. Com. 4 oct. 2005, n° 02-18.201, navire R One, *Bull. civ.* IV, n° 189; *DMF* 2006. 47, rapp. de Monteynard, obs. Bonassies.

de la gestion nautique, lorsque l'affréteur répond, seul, d'une créance maritime relative à ce navire, le demandeur peut saisir ce navire ou tel autre appartenant à l'affréteur, en observant les dispositions de la présente convention, mais nul autre navire appartenant au propriétaire ne peut être saisi en vertu de cette créance maritime » (Conv. Bruxelles, 10 mai 1952, art. 3, 4).

Cette limite ne concerne que les contrats d'affrètements coque nue, dont l'économie est celle d'un contrat de location. Cette précision est importante en ce que toutes les créances visées à l'article 1er (1) de la loi, à l'exception des alinéas (e) et (f) qui concernent la gestion commerciale, se réfèrent à la gestion nautique du navire, que conserve le fréteur dans les contrats d'affrètement au voyage et à temps, mais qu'il cède lorsqu'il frète son navire coque nue.

Ainsi, lorsque la dette a été contractée par l'affréteur coque nue, le créancier pourra saisir le navire objet de la créance, propriété d'un tiers, mais dont l'affréteur supporte seul le risque d'exploitation[1]. Cette possibilité n'a cependant pas pour effet de rendre le propriétaire du navire saisi personnellement débiteur du créancier saisissant sur la seule allégation d'une créance maritime relative au navire saisi, sauf si la créance alléguée était privilégiée sur le navire[2].

Le créancier peut aussi saisir un autre navire appartenant à l'affréteur coque nue, ce qui est conforme aussi bien à la théorie du patrimoine du droit français qu'à l'article 3 (1) de la convention du 10 mai 1952.

En revanche, le créancier ne pourra pas saisir un autre navire appartenant au propriétaire du navire, celui-ci étant totalement étranger à la créance.

624.105 Autres types d'affrètement. L'article 3 (4) de la convention du 10 mai 1952 dispose en outre que la règle selon laquelle le demandeur peut saisir le navire frété coque nue pour une dette de l'affréteur relative à « *ce navire* [...] *s'applique également à tous les cas où une personne autre que le propriétaire est tenu d'une créance maritime* ». Cette disposition concerne principalement les autres modes de transfert d'exploitation du navire, notamment les autres formes d'affrètement.

La saisie du navire affrété pour une dette de l'affréteur à temps est donc possible, mais à la condition que la créance soit maritime et relative au navire saisi.

S'agissant de l'**affrètement à temps**, la saisie apparaît complètement justifiée lorsque le saisissant invoque une créance maritime à l'encontre de l'affréteur, dès lors qu'en principe, une telle saisie ne nuit pas aux intérêts du fréteur qui continue à percevoir le fret alors que l'affréteur subit une perte d'exploitation du fait de l'immobilisation du navire.

L'hypothèse d'une saisie du **navire affrété au voyage** en garantie d'une créance maritime de l'affréteur au voyage relative au navire est une hypothèse d'école dès lors qu'un tel affrètement se rapproche dans son économie d'un contrat de transport : l'affréteur au voyage n'exploite pas le navire, ni d'un point de vue nautique ni d'un point de vue commercial ; il ne fait que disposer d'une capacité de chargement sur le navire commercialement exploité par le fréteur.

624.106 Saisies d'autres navires pour des dettes de l'affréteur. L'article 3 (4) de la convention du 10 mai 1952 prévoit que le créancier maritime de l'affréteur peut saisir « *ce navire ou tel autre appartenant à l'affréteur* ».

Ainsi, le créancier peut saisir d'autres navires pour obtenir sûreté et garantie de créances qu'il détient contre l'affréteur, mais à la seule condition que ces autres navires soient eux-mêmes la propriété de l'affréteur.

Doivent donc être exclues les saisies sur d'autres navires frétés au même affréteur.

624.107 Saisie du navire pour une dette de l'affréteur après l'expiration de la charte. La possibilité de pratiquer une telle saisie est liée à l'existence d'un privilège du créancier sur le navire, lui conférant un droit de suite[3]. Dans son arrêt du 28 février 1996, la cour d'appel d'Aix-en-Provence a visé l'article 9 de la convention de Bruxelles du 10 mai 1952 qui dispose : « *Rien dans cette convention ne doit être considéré comme créant un droit ou une action qui, en dehors des stipulations de cette convention, n'existerait pas d'après la loi à appliquer par le tribunal saisi du litige.*

La présente convention ne confère aux demandeurs aucun droit de suite, autre que celui accordé par cette dernière loi ou par la convention internationale sur les

1. Montpellier, 1er déc. 2003, navire Sargasso, *DMF* 2004. 435, obs. Esnard et Rémery ; *DMF* 2005. HS, 60, obs. Bonassies.
2. Rouen, 22 mai 2003, navire Skaufast, *DMF* 2003. 737, obs. Pestel-Debord.

3. Aix-en-Provence, 28 févr. 1996, navire Cordigliera, *Rev. Scapel* 1996. 154 ; *DMF* 1997. 594, obs. Tassel – V. AUSSI : T. com. Nantes, 3 sept. 1991, navire Trident Beauty, *DMF* 1991. 726, note Tassel ; *DMF* 1992. 86, obs. Bonassies – Rouen, 22 mai 2003, navire Skaufast, *DMF* 2003. 737, obs. Pestel-Debord – Saint-Denis de La Réunion, 9 août 2012, navire Komodo, *DMF* 2013. 746, obs. Delebecque – POUR UN EX. D'ARRÊT AYANT JUGÉ QUE LA SAISIE N'EST PAS POSSIBLE : Montpellier, 17 mai 1992, navire Linden, *BTL* 1992. 671, obs. Guérin ; *DMF* 1993. 79, obs. Bonassies.

privilèges et hypothèques maritimes, si celle-ci est applicable ».

Se fondant sur ces dispositions, la cour d'appel d'Aix-en-Provence a décidé :

« *Il découle de ces dispositions qui renvoient à la loi à mettre en œuvre par la juridiction saisie, que la saisie conservatoire d'un navire pour une dette de l'affréteur, après redélivraison ne peut être autorisée que si le saisissant se prévaut d'une créance privilégiée au sens de la loi applicable, en l'occurrence la loi française* ».

Ainsi, la saisie du navire redélivré à son propriétaire pour dettes de l'affréteur n'est possible que si le créancier dispose d'un privilège sur le navire assorti d'un droit de suite. Telle est du moins la position la plus communément admise tant par la jurisprudence précitée que par la doctrine[1]. Elle ne fait cependant pas l'unanimité[2], ce qui conduit certaines juridictions à admettre la saisie du navire en l'absence de créance privilégiée, motifs pris que l'article 3.4 de la convention ne limite pas la possibilité de saisir le navire affrété à la seule période de l'affrètement et que l'article 9 concerne uniquement l'aliénation du navire et la faculté de saisir entre les mains de l'acquéreur[3].

624.108 Droit interne. S'agissant des navires battant pavillon français, la charte-partie coque nue, comme élément relatif au statut réel du navire, doit être publiée (C. transp., art. L. 5114-1). Dans une espèce concernant un navire francisé, la chambre commerciale de la Cour de cassation a, considéré que, en l'absence de publication de la charte, celle-ci était inopposable au créancier, en l'espèce un vendeur de soute, privilégié en application de l'article 31, 6° de la loi du 3 janvier 1967 (devenu C. transp., art. L. 5114-8). Celui-ci a donc été autorisé à saisir le navire pour obtenir garantie de sa créance, bien qu'il ait contracté avec l'affréteur coque nue[4].

Dans un arrêt du 24 septembre 1998, la cour d'appel de Douai a cependant autorisé la saisie d'un navire pour dettes de l'affréteur après redélivraison au fréteur, au profit d'un fournisseur de soutes, sans référence à l'existence d'un privilège, ce qui est un danger considérable pour le propriétaire et, éventuellement pour le nouvel affréteur du navire, qui subiraient ainsi, seuls, les conséquences de la saisie[5].

624.109 Convention de Genève du 12 mars 1999. La convention de Genève du 12 mars 1999, que la France n'a pas ratifiée, contient un article 3 intitulé « exercice du droit de saisie », lequel, après avoir affirmé que le navire peut être saisi en garantie d'une créance contre son propriétaire (Conv. Genève, 12 mars 1999, art. 3 (1), al. a), dispose en un alinéa b) que le navire peut être saisi en garantie d'une créance contre l'affréteur coque nue, mais renvoie quant aux conditions d'une telle saisie au paragraphe 3 qui dispose que « *la saisie d'un navire qui n'est pas propriété d'une personne prétendument obligée à raison de la créance ne peut être autorisée que si, selon la loi de l'État où la saisie est demandée, un jugement rendu en vertu de cette créance peut être exécuté contre ce navire par une vente judiciaire ou forcée de ce navire* ». Ainsi, le navire ne peut être saisi à titre conservatoire que si une saisie-exécution est possible contre le navire, redonnant ainsi à la saisie du navire qui n'appartient pas au débiteur un caractère exceptionnel.

L'article 3 (1) alinéa e) précise cependant que, la saisie conservatoire est possible, sans qu'il soit nécessaire de satisfaire aux conditions du paragraphe 3 précité, lorsque le créancier dispose d'une créance contre le propriétaire, l'affréteur coque nue, l'armateur gérant ou l'exploitant du navire garantie par un privilège maritime accordé ou applicable en vertu de la législation de l'État dans lequel la saisie est demandée.

Enfin, la convention ajoute, dans un paragraphe 2, que le créancier peut être autorisé à saisir à titre conservatoire :

« *Tout autre navire ou tous autres navires qui, au moment où la saisie est pratiquée est, ou sont propriété de la personne qui est obligée à raison de la créance maritime et qui, au moment où la créance est née, était :* [...]

b) affréteur en dévolution (coque nue), affréteur à temps ou affréteur au voyage du navire auquel la créance se rapporte.

Cette disposition ne s'applique pas aux créances relatives à la propriété ou à la possession d'un navire ».

Ainsi, la convention du 12 mars 1999 reprend, de manière moins claire les dispositions de la convention du 10 mai 1952, qui donnaient un droit de gage au créancier sur tous les navires appartenant à l'affréteur pour obtenir garantie d'une créance contractée contre celui-ci alors qu'il n'était

1. P. Bonassies et C. Scapel, *Traité de droit maritime*, 2e éd., LGDJ, 2010, n° 606 – A. Vialard, « La saisie conservatoire des navires affrétés », *DMF* 1994. 305.
2. Sur la question, v. Ph. Delebecque, *DMF* 2013. 746, obs. s^s Saint-Denis de La Réunion, 9 août 2012, et Rennes, 25 sept. 2012.
3. Rennes, 25 sept. 2012, navire Pioneer Atlantic, *DMF* 2013. 746, obs. Ph. Delebecque – *Adde* : Rouen 19 juin 1984, *DMF* 1985. 167, obs. Achard – Douai 24 nov. 1998, *DMF* 1998. 1049, obs. Favarel-Veidig.
4. Com. 28 avr. 1998, n° 97-11.795, navire Trident V, *Bull. civ.* IV, n° 140; *Rev. Scapel* 1998. 51, obs. Rémery.
5. Douai, 24 sept. 1998, navire Épic, *DMF* 1998. obs. Favarel-Veigig; *DMF* 1999. 46, obs. Bonassies.

qu'affréteur du navire auquel la créance maritime se rapporte.

3°
Saisie du navire vendu

624.111 Interdiction de principe en droit français interne. S'agissant d'un bien n'appartenant pas au débiteur, une objection de principe s'oppose à la saisie.

Ainsi, à l'instar de la saisie pour une créance contre l'affréteur après redélivraison, le droit du créancier de pratiquer une telle saisie est conditionné par l'existence d'un privilège assorti d'un droit de suite. Et la saisie d'un navire vendu par un créancier ne bénéficiant pas d'un droit de suite est sanctionnée par des dommages-intérêts pour saisie abusive[1].

624.112 Autorisation de principe par le droit international et tempéraments. En se fondant sur les dispositions précitées de l'article 3 (1) de la convention du 10 mai 1952 (v. s^s n° 624.72), des décisions ont autorisé la saisie du navire passé en d'autres mains que celles du débiteur[2].

La jurisprudence, influencée par certains auteurs[3], a cependant jugé utile d'apporter des correctifs à cette autorisation de principe, en se référant notamment à l'article 9 de la convention qui prévoit que « *rien dans cette convention ne doit être considéré comme créant un droit à une action qui, en dehors des stipulations de cette convention, n'existerait pas d'après la loi à appliquer par le tribunal saisi du litige. La présente convention ne confère au demandeur aucun droit de suite, autre que celui accordé par cette dernière loi ou par la convention internationale sur les privilèges et hypothèques maritimes, si celle-ci est applicable* » et a décidé que le droit du créancier saisissant ne subsiste en cas de vente du navire que si celui-ci se prévaut d'une créance privilégiée au sens de la loi du for, c'est-à-dire, s'agissant de la France, d'un privilège maritime reconnu par le droit français[4].

624.113 Convention de Genève du 12 mars 1999. Non ratifiée par la France, elle restreint les droits du créancier à la saisie d'un navire appartenant à son débiteur (Conv. Genève, 12 mars 1999, art. 3, 1, a.), ou au navire auquel se rapporte la créance si le créancier dispose d'une hypothèque, d'un « mort gage » ou un autre droit réel sur le navire (Conv. Genève, 12 mars 1999, art. 3, 1, al. c) ou si la créance est relative ou à la propriété ou à la possession du navire (Conv. Genève, 12 mars 1999, art. 3, 1, al. d) ou encore si le créancier dispose d'un privilège maritime applicable ou reconnu par l'État dans lequel la saisie est pratiquée (Conv. Genève, 12 mars 1999, art. 3, 1, al. e).

En outre, la convention de Genève prévoit que le créancier peut saisir tout navire appartenant à son débiteur qui était propriété du navire objet de la créance au moment de la naissance de celle-ci, à l'exception des créances relatives à la propriété ou la possession du navire.

4°
Saisie des navires apparentés

624.121 Navires apparentés. Il a été ajouté dans l'article 3 de la convention de Bruxelles du 10 mai 1952 un alinéa (2) censé expliciter les dispositions de l'article 3 (1) sur la notion de propriétaire du navire : « *Des navires seront réputés avoir le même propriétaire lorsque toutes les parts de propriété appartiendront à une même ou aux mêmes personnes* ».

Face à la complexité croissante des montages adoptés par les armateurs pour échapper à leurs créanciers, consistant à scinder la propriété des flottes de navire en plusieurs compagnies, en règle générale implantées dans des paradis fiscaux, n'exploitant qu'un seul navire (*single ship companies*), « *l'ensemble de la flotte étant regroupé sous la direction d'une société de management qui gère les navires appartenant à différents propriétaires, en conservant ainsi les avantages de la collectivité de la flotte, tout en évitant les inconvénients de l'unité de patrimoine* »[5], l'article 3 (2) s'est avéré précieux pour les créanciers pour rétablir leurs droits rendus inefficaces

624.122 Intérêt du recours à l'article 3 (2). À travers cette disposition, les créanciers ont cherché à atteindre les navires qui sont la propriété de sociétés distinctes du propriétaire du navire objet de la créance, mais qui présentent entre elles des liens très étroits, en ayant recours à la théorie de l'apparence.

Les créanciers et la jurisprudence se sont ainsi engagés dans la brèche ouverte par la convention dans le flanc des montages de sociétés d'armateurs et des pavillons de complaisance.

1. Paris, 2 juill. 2008, navire Petunia, *DMF* 2009. 160, obs. Sana-Chaillé de Néré.
2. Com. 31 mars 1992, n° 90-17.337, navire Earl Saphir ex-Costa Rica, *Bull. civ.* IV, n° 137; *DMF* 1992. 321, obs. Tassel.
3. F. Berlingieri, *Arrest of ship,* Lloyd's of London Press, p. 67 – *DMF* 1993. 78, obs. Bonassies.
4. Com. 4 oct. 2005, n° 02-18.201, navire R One, *Bull. civ.* IV, n° 189; *DMF* 2006. 47, rapp. de Monteynard, obs. Rémery – Montpellier, 31 juill. 1996, navire Zaher, *DMF* 1997. 31, obs. Arnaud; *DMF* 1998. 49, obs. Bonassies – EN CE SENS : Aix-en-Provence, 15 mai 1996, navire Taabo, *DMF* 1997. 598, obs. Tassel.
5. T. com. Dunkerque, 24 mai 1982, *DMF* 1988. 499.

624.123 Frénésie de saisie. Il s'en est suivi un mouvement qualifié de « frénésie de saisie »[1].

La jurisprudence a ainsi eu recours de façon généreuse à la fois à la **théorie de l'apparence et de la fictivité** afin de faire tomber les écrans existant entre la société propriétaire du navire objet de la créance et une autre *single ship company* dont on soupçonne l'apparentement avec la première, le lien entre les différentes *single ship companies* et le véritable exploitant des navires étant le plus souvent le gestionnaire technique de la flotte (*manager*).

624.124 Apparence. S'agissant de l'apparence, deux critères déterminants ont été dégagés par la jurisprudence : une **unité financière de gestion entre la société débitrice et la société propriétaire du navire** dont la saisie est demandée, ayant entraîné une apparence de confusion[2].

Pour déterminer les conditions de l'apparence, la jurisprudence s'est référée à un faisceau d'indices[3], portant sur le navire (même armateur gérant, même pavillon, noms similaires), sur les relations entre l'armateur du navire objet de la créance et celui du navire que l'on envisage de saisir (actionnaires communs, sièges sociaux à la même adresse, lignes téléphoniques et télex communs, mêmes dirigeants, même administrateur gérant, même avocat, même nom commercial) et sur les actionnaires de ces sociétés (même adresse postale des actionnaires, actionnaires majoritaires membres d'une même famille, majorité des actions détenues par les mêmes personnes majoritaires au sein du conseil d'administration).

L'utilisation du critère de l'apparence avait donc conduit à une véritable présomption de fraude dès lors que le débiteur était une *single ship company*, de sorte qu'il a fallu démontrer qu'en plus de la confusion apparente, les différentes sociétés étaient en outre fictives.

624.125 Fictivité. Un recours extensif a été fait à la notion de fictivité des sociétés. À la différence de l'apparence, qui conduit à envisager la situation en se plaçant dans la perspective que peut avoir le créancier, la fictivité est centrée sur le débiteur. Il s'agit de « *démontrer la confusion réelle entre deux personnes morales, soit parce qu'il s'établit que l'une est purement fictive, n'offre qu'une façade juridique, soit parce qu'il est constaté que l'autre détient à elle seule tout le pouvoir de contrôle et de direction sur l'ensemble* ».

Ce recours à la notion de fictivité pour déjouer ainsi le gage des créanciers a été encouragé par la Cour de cassation[4].

S'agissant de dépasser le stade des apparences pour apprécier la réalité des liens existants entre les différentes sociétés, la notion est plus lourde à manier, de sorte que la référence à la fictivité dans les décisions ayant autorisé la saisie prenait bien souvent la forme d'affirmations velléitaires, laissant augurer un mouvement de modération[5].

624.126 Modération et apaisement. Le mouvement est venu de la nécessité de préciser le contour de la notion de fictivité des sociétés, avec l'arrêt *Osiris I*[6].

La chambre commerciale de la Cour de cassation a ainsi défini la fictivité : « *La fictivité des sociétés se déduit du défaut d'*affectio societatis *que caractérise un ensemble d'indices : absence de participation aux bénéfices et aux pertes de la société, associés ayant la qualité de salarié d'une société elle-même fictive, répartition très inégalitaire du capital social, aveu de l'actionnaire massivement majoritaire* »[7].

La Cour de cassation a renforcé cette nouvelle position en affirmant que la preuve simple d'une communauté d'intérêts, non accompagnée de la démonstration de la fictivité des sociétés ne suffit plus pour remplir le critère de l'article 3 de la convention de Bruxelles du 10 mai 1952[8]. Dans cette dernière espèce, la Cour de cassation a affirmé

1. J.-S. Rohart, « Faut-il se méfier de l'apparence ou la saisie conservatoire de navires apparentés ? », *DMF* 1988. 499 – T. com. Nantes, 22 mai 1984, navire Achillet, *DMF* 1988. 564 – T. com. Cherbourg, 24 nov. 1986, navire Sandy-Trader, *DMF* 1988. 562 – Caen, 26 déc. 1985, navire Achilles, *DMF* 1987. 654 – Rennes, 21 juin 1989, navires Brave Mother et Brave Thémis, *DMF* 1989. 649; *DMF* 1990. 60, obs. Bonassies – CONFIRMÉ PAR : Com. 12 févr. 1991, n° 89-16.771, NP; *DMF* 1991. 315; *DMF* 1992. 84, obs. Bonassies – Bordeaux, 13 juin 1990, navire Osiris I, *DMF* 1991. 174, note Vialard – CONFIRMÉ PAR : Com. 27 nov. 1991, n° 90-16.214, *Bull. civ.* IV, n° 359; *DMF* 1992. 488, note Pestel-Debord – Bordeaux, 2 juillet 1992, *DMF* 1992. 510 et 623, note Vialard.
2. Rouen, 26 mars 1992, navire Christel, *DMF* 1992. 574, note Tassel – DANS LE MÊME SENS : Rouen, 6 janv. 1994, navires Eurojoy et Trovatore, *DMF* 1994. 559, note Tassel.
3. T. com. Saint Nazaire, 31 oct. 1985, navire Baltic Mermaid, *DMF* 1988. 558 – Anvers, 14 mai 1985, *JPA* 1989-1990. 308.
4. Com. 15 oct. 1991, n° 89-21.972, navire Ore Stream, NP; *DMF* 1992. 512; *BTL* 1992. 103.
5. Pour des ex. de décisions ayant reconnu la fictivité : Com. 27 nov. 1991, n° 90-16.214, navire Osiris I, *Bull. civ.* IV, n° 359; *DMF* 1992. 488, note Pestel-Debord – SUR RENVOI, Bordeaux, 2 juill. 1992, *DMF* 1992. 510, 623, note Vialard – Paris, 1er juin 1987, navire El Jumbo, *DMF* 1989. note Achard.
6. Rouen, 15 nov. 1994, *DMF* 1995. 135, rapp. Nicot, obs. Tassel.
7. Com. 30 juin 1998, n° 96-20.536, NP; *DMF* 1998. 1035, obs. Pestel-Debord et obs. Tassel; *DMF* 1999. HS, n° 3, 44, obs. Bonassies.
8. Com. 21 janv. 1997, n° 94-19.585, navire Cast Husky, NP; *DMF* 1997. 612, obs. Vialard; *DMF* 1998. 48, obs. Bonassies – Com. 15 oct. 2002, n° 99-17.236, navires Taganroga et Razna, NP; *DMF* 2003. 756, obs. Simon.

que la circonstance que les sociétés propriétaires des navires soient des filiales à 100 % du vendeur/affréteur coque nue et de ne pas justifier de la réalité du paiement du prix de vente sont des motifs impropres à caractériser la fictivité.

La cour de Rouen a en outre durci les conditions nécessaires pour démontrer l'unité de gestion : « *La communauté d'intérêt qui découle d'une activité complémentaire et l'existence d'administrateurs communs en partie ne suffisent pas à démontrer l'unité de gestion* »[1].

Il semble que les juges du fond aient maintenant parfaitement assimilé les critères posés par la Cour de cassation, ce qui ne manquera certainement pas d'apaiser le mouvement et d'éviter des abus. Ainsi, la cour d'appel de Rouen, caractérisant une dépendance financière entre deux sociétés « *telle qu'elles n'ont qu'un seul patrimoine et forment une seule entité* », et relevant une absence d'autonomie financière et commerciale et un défaut d'*affectio societatis,* a déclaré fictives deux sociétés et confirmé une ordonnance autorisant la saisie d'un navire appartenant à l'une d'entre les deux pour une dette de l'autre entité[2]. De même, la cour d'appel de Versailles, ayant à statuer sur la validité d'ordonnances ordonnant des saisies conservatoires sur les comptes d'une société française, filiale d'un groupe chinois, a considéré que la filiale n'avait aucune autonomie par rapport à la société mère en se fondant sur un faisceau d'indices pour le moins probant : les statuts de la société avaient été écrits et signés en Chine, au siège du groupe, la société comptait seulement deux actionnaires lesquels étaient des entités du groupe, qui détenaient l'intégralité du capital social, les parts ne pouvaient être librement cédées à des tiers, le gérant était une personne de nationalité chinoise domiciliée à Shangaï, les transactions étaient faites au nom du groupe, le journal des ventes et achats révélait un mouvement constant de fonds avec le groupe et enfin, la modestie des effectifs ne paraissait pas correspondre au volume d'affaires[3]. C'est encore à un faisceau d'indices que la cour d'appel de Rennes a eu recours pour admettre la fictivité de la société tierce, propriétaire apparent d'un navire saisi, et refuser ainsi la mainlevée de la mesure, évoquant notamment : l'absence de réalité physique à défaut d'autre adresse qu'une boîte postale ou celle du gérant technique du navire; l'absence d'indépendance de direction puisque les dirigeants étaient communs avec l'autre société; l'absence d'indépendance financière puisque l'acquisition du navire s'est opérée avec les denier de l'autre société et que celle-ci exerce ses droits sur le navire par l'intermédiaire d'une troisième société[4].

La Cour de cassation a cependant, en même temps qu'elle condamnait définitivement la théorie de l'émanation de l'État, redonné une lecture plus conforme à la lettre du texte de l'article 3 (2) de la convention de Bruxelles, qui ne visait que les navires en copropriété, à l'exclusion des navires en société. Elle a ainsi jugé que la détention de l'intégralité du capital d'une société d'armement n'équivaut pas à la détention de l'ensemble des parts de copropriété d'un navire. Certains auteurs ont ainsi considéré que le créancier dont la saisie serait levée, conserverait la faculté de plaider la fictivité des sociétés en cause[5].

624.127 Immunités d'exécution – L'émanation maritime. Un raisonnement comparable a été tenu à propos des navires affectés au commerce, appartenant à une flotte étatique.

Les navires appartenant à un État étranger sont en principe insaisissables (v. s[s] n° 624.55), lorsqu'ils sont affectés à un service public « *gouvernemental et non commercial* » (Conv. Bruxelles, 10 avr. 1926, pour l'unification de certaines règles concernant les immunités des navires d'État, art. 3). *A contrario,* cette disposition a permis de saisir les navires affectés à une activité commerciale d'un État et interdit aux sociétés privées émanant de cet État d'invoquer l'immunité d'exécution dont bénéficie celui-ci pour échapper à la saisie.

La jurisprudence, ayant eu à se prononcer sur le caractère saisissable des navires composant les flottes commerciales des États socialistes a consacré la théorie de l'émanation d'État.

Cette doctrine repose sur un argument empruntant à la théorie politique des États socialistes, postulant la propriété collective de l'ensemble des biens et moyens de production, parmi lesquels les navires de commerce. Ainsi, les sociétés commerciales exploitant les navires battant pavillon d'un État socialiste ne pouvaient être que des émanations de l'État.

Le premier arrêt marquant a été rendu par la cour d'appel de Rouen le 23 décembre 1985[6].

Dans cette espèce, une société panaméenne avait fait saisir un navire roumain dans le port de Rouen, en garantie d'une créance contre une autre société

1. Rouen, 3 nov. 1998, navire Pom Thule, *DMF* 1999. 123, obs. Tassel.
2. Rouen, 14 sept. 2000, navire Oradana, *DMF* 2001. 1928, obs. Marguet; *DMF* 2002. HS, 10, obs. Bonassies.
3. Versailles, 19 févr. 2003, navire Arti, *DMF* 2003. 763, obs. Nicolas.
4. Rennes, 4 févr. 2014, navire AG Vartholomeos, *DMF* 2014. 759, obs. Piette.
5. Com. 23 nov. 1999, n° 97-18.916, navire Karelya, *Bull. civ.* IV, n° 204; *DMF* 2000. 719, note Molfessis; *DMF* 2001. HS, 47, n° 46, obs. Bonassies.
6. Rouen, 23 déc. 1985, navire Filaret, *DMF* 1986. 349; *DMF* 1986. 333; *DMF* 1987. 68, obs. Bonassies.

roumaine étrangère à la personne du propriétaire du navire, la société Navrom.

La cour d'appel de Rouen, saisie par l'armateur d'une demande de rétractation, a décidé de maintenir la saisie au motif que, pour le monde extérieur, les navires battant pavillon roumain sont la propriété de l'État, celui-ci étant, comme tous les États socialistes, propriétaire de tous les moyens de production.

Par un arrêt du 6 juillet 1988, la chambre commerciale de la Cour de cassation a cassé cet arrêt pour manque de base légale, sur visa de l'ancien article 2092 du Code civil (devenu C. civ., art. 2284[1]), en précisant que le créancier n'avait pas démontré que la société débitrice n'avait pas de patrimoine propre[2].

Les juges du fond ont ensuite tenté de se référer à la théorie de l'apparence[3] puis à la propriété des sociétés[4] pour justifier de telles saisies.

La Cour de cassation, dans le même temps qu'elle appelait à la modération s'agissant des navires apparentés, a posé des critères restreignant la possibilité de saisir les navires des États socialistes.

Ainsi a-t-elle décidé que le créancier devait démontrer que la société ne disposait pas d'un patrimoine propre[5]. Elle a ajouté que « *le contrôle d'un État sur une personne morale, ainsi que la mission de service public qui lui est dévolue, ne suffisent pas à la faire considérer comme une émanation de l'État impliquant son assimilation à celui-ci et aux autres organismes placés dans la même situation qu'elle par rapport à cet État* »[6].

La Cour de cassation a réaffirmé que c'est l'inexistence d'un patrimoine propre qui justifie le critère de l'émanation, et que la simple démonstration de l'existence d'un tel patrimoine implique nécessairement que la société propriétaire du navire que l'on entend saisir n'est pas fictive[7]. En ce sens, dans un litige relatif à une saisie attribution, la cour d'appel de Paris a refusé d'admettre la qualité d'émanation de l'État à une société de droit privé dans le patrimoine de laquelle un État avait une participation minoritaire. Les juges du fond ont relevé que la participation de cet État, qui ne disposait d'aucun pouvoir propre pour imposer ses décisions, ne portait pas atteinte à l'indépendance juridique de la société ainsi qu'à sa capacité à être titulaire de droits et d'obligations propres[8].

Ces restrictions sont justifiées, car de nombreux abus ont été commis. Ainsi, un navire appartenant à une société chypriote, a été saisi en garantie de créances détenues contre des sociétés de nationalités cubaines au motif que toutes ces sociétés seraient en réalité fictives et ne seraient que des émanations de l'État cubain. Saisie de cette affaire, la cour d'appel de Rennes, relevant que la Constitution cubaine et de nombreux articles du Code civil et du Code de commerce de cet État reconnaissaient l'autonomie de la personne morale de sociétés privées, que toutes les sociétés prétendument débitrices et le propriétaire du navire étaient dotées d'un patrimoine propre et d'une existence réelle, a confirmé l'ordonnance ordonnant la mainlevée de la saisie au motif que les sociétés créancières, n'étant créancières ni de l'État cubain ni du propriétaire, ne pouvaient saisir le navire[9].

La saisie pratiquée sur le navire *Sedov* pendant l'été 2000 a fait resurgir la question des émanations de l'État dans le cadre des manifestations nautiques[10].

Dans le cadre de la manifestation nautique « Brest 2000 », une société suisse créancière de l'État russe en vertu d'une sentence arbitrale exécutoire en France, a fait pratiquer la saisie-exécution du navire *Sedov*.

Le juge de l'exécution du tribunal de grande instance de Brest a jugé que le bien, appartenant à la fédération de Russie, qui en avait confié la gestion économique et la direction opérationnelle à l'Université de Murmansk, émanation de l'État russe, échappait à l'immunité d'exécution, au motif que l'État russe avait, en acceptant de participer à un arbitrage commercial, refusé à se prévaloir de son immunité d'exécution.

Le juge de l'exécution a cependant ordonné la mainlevée de la saisie en se fondant sur l'article 126 § 1 du Code civil russe qui dispose que « *la Fédération de Russie, les sujets de la Fédération de Russie, les municipalités, répondent de leurs obligations sur les biens dont ils sont propriétaires, à l'exception des biens affectés sous forme d'un droit de gestion économique ou de direction opérationnelle au profit de personnes morales qu'ils ont constituées* ».

1. Ord. n° 2006-346, 23 mars 2006, *JO* 23 mars, p. 4475.
2. Civ. 1re, 6 juill. 1988, n° 86-11.153, navire Filaret, *Bull. civ.* I, n° 227; *DMF* 1988. 595, note Warot.
3. Rouen, 28 nov. 1991, navire Yumuri, *DMF* 1991. 689.
4. Aix-en-Provence, 20 mars 2002, navire Morgol, *DMF* 1992. 693; *DMF* 1993. 22, obs. Bonassies.
5. Civ. 1re, 6 juill. 1988, n° 86-11.153, navire Filaret (préc. ss prést n°).
6. Com. 1er oct. 1997, n° 95-15.499, navire Secil Angola, *Bull. civ.* IV, n° 234; *Rev. crit. DIP* 1997. 751, rapp. Rémery; *JCP* 1998. I. 103, obs. Delebecque; *Rev. Scapel* 1997. 186.
7. Com. 23 nov. 1999, n° 97-18.916, navire Kareliya, *Bull. civ.* IV, n° 204; *DMF* 2000. 719, note Molfessis; *DMF* 2001. HS, 33, n° 24, obs. Bonassies.
8. Paris, 23 mai 2002, *DMF* 2002. 711, obs. Dibas-Franck.
9. Rennes, 24 avr. 2002, navire Leo T, *DMF* 2003. 747, obs. Navarre-Laroche.
10. J.-P. Rémery, « Pour une insaisissabilité temporaire des navires invités à une manifestation nautique », *DMF* 2001. 611.

La cour d'appel de Rennes, confirmant le jugement du juge de l'exécution, lui a cependant donné un fondement plus solide. En effet, le premier juge avait eu recours à la loi russe afin de déterminer si le navire était saisissable, ce qui est contraire à la solution classique selon laquelle cette question est réglée par référence à la loi du for (v. s[s] n° 623.54). Ainsi, les juges rennais ont jugé, en se référant au droit russe que l'attribution d'un droit de direction opérationnelle, réglée par le Code civil russe, opérait transfert de propriété au profit de l'Université de Murmansk. Déclarant que ce transfert de propriété n'était pas contraire à l'ordre public international, la cour d'appel de Rennes a confirmé la mainlevée ordonnée par le juge de l'exécution[1].

624.128 Immunités d'exécution – La convention des Nations Unies sur l'immunité juridictionnelle des États et de leurs biens. La récente ratification par la France[2] de la convention des Nations Unies sur l'immunité juridictionnelle des États et de leurs biens[3] devrait avoir pour effet de considérablement clarifier la question des navires appartenant à des États ou exploités par eux. En effet, la convention prévoit « *qu'un État propriétaire ou exploitant d'un navire ne peut invoquer l'immunité de juridiction devant un tribunal d'un autre État, compétent en l'espèce, dans une procédure se rapportant à l'exploitation du navire si, au moment du fait qui a donné lieu à l'action, le navire était utilisé autrement qu'à des fins de service public non commerciales* » (Conv. sur l'immunité juridictionnelle des États et de leurs biens, 2 déc. 2004, art. 16, 1). La convention adopte la même règle aux procédures se rapportant au transport d'une cargaison « *à bord d'un navire dont un État est le propriétaire ou l'exploitant si, au moment du fait qui a donné lieu à l'action, le navire était utilisé autrement qu'à des fins de service public non commerciales* » (Conv. sur l'immunité juridictionnelle des États et de leurs biens, 2 déc. 2004, art. 16, 3). En logeant tous les États, y compris socialistes, à la même enseigne, la nouvelle convention devrait conforter la position de la Cour de cassation en dispensant les juges du fond de rechercher si le propriétaire ou l'exploitant ne disposait pas d'un patrimoine propre. En revanche, l'exception est limitée, s'agissant des créances touchant au navire même, à celles se rapportant à l'exploitation du navire, c'est-à-dire que les créances se rapportant à la propriété du navire ou à sa construction seraient écartées de l'exception et devraient être couvertes par l'immunité juridictionnelle.

1. Rennes, 27 juin 2002, navire Sedov, *DMF* 2002. 734.
2. L. n° 2011-734, 28 juin 2011, autorisant la ratification de la convention des Nations unies sur les immunités juridictionnelles des États et de leurs biens, *JO* 29 juin, p. 10953.
3. Conv. Nations unies sur les immunités juridictionnelles des États et de leurs biens, 2 déc. 2004, Annexe, UN-Doc. A/RES/59/38.

CHAPITRE

625. Saisie conservatoire des navires : procédure

CYRIL BLOCH
PROFESSEUR DE DROIT PRIVÉ
À L'UNIVERSITÉ D'AIX-MARSEILLE – CDE EA N° 4224
DIRECTEUR DU CENTRE DE DROIT MARITIME ET DES TRANSPORTS

SECTION 0
ORIENTEUR

625.00 Plan du chapitre.

Division. Il sera renvoyé donc à la partie du présent ouvrage sur les règles de forme applicables aux mesures conservatoires pour ne s'attacher qu'aux spécificités de la saisie conservatoire des navires, notamment quant aux règles de compétence en ce qui concerne la saisie et ses suites, à la mise en œuvre de la saisie et aux voies de recours offertes au demandeur contre l'ordonnance refusant la saisie et surtout au saisi contre l'ordonnance ayant autorisé la saisie.

625.01 Textes applicables.

> TEXTES DE DROIT INTERNE

(Pour l'historique, v. s[s] n° 623.01, le récapitulatif des textes applicables.)

C. pr. exéc., art. L. 123-1, L. 511-1, L. 511-3, L. 512-1; R. 121-2, R. 511-2, R. 511-3, R. 511-5, R. 511-7, R. 512-2.

C. transp., art. L. 5114-1 à L. 5114-22.

> TEXTES DE DROIT INTERNATIONAL

(V. s[s] n° 623.01, récapitulatif des textes applicables).

Conv. Genève, 12 mars 1999 *(non ratifiée par la France)*.

625.03 Bibliographie indicative. (V. s[s] n° 623.03).

625.04 Convention internationale du 10 mai 1952. La convention de Bruxelles du 10 mai 1952 ne pose que très peu de conditions de forme. Elle se contente de poser qu'« *un navire ne peut être saisi qu'avec l'autorisation d'un tribunal ou de toute autre autorité judiciaire compétente de l'État contractant dans lequel la saisie est pratiquée* ». Elle donne, en outre, compétence aux autorités judiciaire des États contractants pour autoriser la mainlevée si une garantie est donnée par le débiteur (Conv. Bruxelles, 10 mai 1952, art. 5) et pour statuer sur toutes contestations relatives à la responsabilité du demandeur.

625.05 Application des règles de procédure de la loi de l'État contractant dans lequel la saisie est pratiquée ou demandée. La convention dispose (Conv. Bruxelles, 10 mai 1952, art. 6) que les règles de la procédure relatives à la saisie d'un navire, à l'autorisation nécessaire et tous autres incidents de procédure que la saisie peut soulever, sont régies par la loi de l'État contractant dans lequel la saisie est pratiquée ou demandée. La convention de Genève du 12 mars 1999, qui n'est pas encore applicable, comporte une disposition semblable (Conv. Genève, 12 mars 1999, art. 2, par. 4).

625.06 Compétence des tribunaux de l'État contractant pour statuer sur le fond. Enfin, la convention détermine les conditions dans lesquelles les tribunaux de l'État dans lequel la saisie a été pratiquée sont compétents (Conv. Bruxelles, 10 mai 1952, art. 7).

625.07 **Textes internes applicables.** La procédure de saisie conservatoire est donc soumise au droit français. Le particularisme du droit maritime conduit tout d'abord à se référer aux textes propres à la matière. Le décret n° 67-967 du 27 octobre 1967[1], dans ce qu'il en reste, et le Code des transports ne contiennent respectivement qu'un article encadrant la saisie conservatoire. Dans le silence du texte, la procédure est régie par les textes de droit commun sur les procédures civiles d'exécution.

SECTION 1
COMPÉTENCE D'ATTRIBUTION POUR ORDONNER LA SAISIE

625.11 **Option de compétence entre le juge de l'exécution et le président du tribunal de commerce.** L'ancien article 29 du décret du 27 octobre 1967 prévoyait que : « *La saisie conservatoire est autorisée par ordonnance rendue sur requête par le président du tribunal de commerce* ». Ainsi, sous l'empire des anciens textes, la compétence pour ordonner la saisie revenait au président du tribunal de commerce dans ses attributions de juge des requêtes, ou, à défaut, au juge d'instance, qui n'intervenait qu'à titre subsidiaire, lorsqu'il n'existait pas de tribunal de commerce dans le ressort du port dans lequel la saisie était pratiquée. La solution a été bouleversée à l'occasion de la codification du droit des transports de 2010. L'ordonnance n° 2010-1307 du 28 octobre 2010, relative à la partie législative du Code des transports[2], a abrogé l'article 29 du décret du 27 octobre 1967. Quant au Code des transports, son article L. 5114-22[3] se contente d'énoncer que le créancier « *dont la créance paraît fondée en son principe peut solliciter du juge l'autorisation de pratiquer une saisie conservatoire d'un navire* », visant ainsi « *le juge* » sans plus de précision. La jurisprudence n'a pas tardé à en déduire que la saisie conservatoire des navires obéissait désormais aux règles de compétence de droit commun applicables aux saisies conservatoires de biens meubles[4].

Dorénavant, la compétence pour ordonner une mesure conservatoire revient donc concurremment au juge de l'exécution et, avant tout procès, au président du tribunal de commerce lorsque la créance dont la conservation est recherchée relève de la compétence de la juridiction commerciale (C. pr. exéc., art. L. 511-3 et R. 511-5 et C. com., art. L. 721-7, créé par L. n° 2010-1609, 22 déc. 2010). Cette évolution n'est pas sans susciter la critique. Le passage de la compétence générale du président du tribunal de commerce au JEX ne joue pas en faveur de la célérité de la procédure en raison de l'encombrement fréquent des rôles des JEX[5]. Quant à la compétence concurrente du président du tribunal de commerce en cas de créance commerciale et « *avant tout procès* » (C. com., art. L. 721-7)[6], elle risque de favoriser les « *manœuvres procédurières* »[7] : un saisissant peu scrupuleux pourrait aller au même moment devant le JEX et devant le tribunal de commerce présenter la même requête afin de multiplier ses chances d'obtenir gain de cause.

625.12 **Clause compromissoire.** La compétence du président du juge de l'exécution ou du président du tribunal de commerce n'est pas déjouée par l'existence d'une clause compromissoire, par exemple dans une charte-partie, dont l'effet est circonscrit au fond du litige et n'empêche pas, même après la saisine de la juridiction arbitrale, d'exercer une mesure conservatoire dans les conditions requises par la loi du lieu de la saisie. En revanche, le président du tribunal de commerce, dont la saisine n'est possible qu'« *avant tout procès* », voit sa compétence cesser d'être une option au moment de la saisine de la juridiction arbitrale.

Il a cependant été rappelé par la jurisprudence que la compétence pour autoriser la saisie ne permet pas au juge de se prononcer sur le montant de la créance du saisissant, qui n'est qu'un élément d'appréciation du montant de la caution que le saisi pourra verser pour obtenir mainlevée[8].

1. Décr. n° 67-967, 27 oct. 1967, d'application de la loi 67-5 du 3 janvier 1967, *JO* 4 nov., p. 10836.
2. Ord. n° 2010-1307, 28 oct. 2010, relative à la partie législative du Code des transport, *JO* 3 nov., p. 3.
3. L. n° 2010-1609, 22 déc. 2010, relative à l'exécution des décisions de justice, aux conditions d'exercice de certaines professions réglementées et aux experts judiciaires, dite loi Béteille, *JO* 23 déc., p. 22552.
4. Aix-en-Provence, 11 oct. 2012, navire Nomade, *DMF* 2013. 746, obs. Lootgieter; *DMF* 2013, suppl. « Le droit positif français en 2012 », n° 17, obs. Delebecque (admettant néanmoins, au visa de l'article 218 du décret du 31 juill. 1992, le maintien de la compétence du président du tribunal de commerce pour statuer sur une demande de mainlevée de la saisie conservatoire qu'il avait précédemment autorisée sous l'empire de l'article 29 du décret du 27 oct. 1967).
5. S. Lootgieter obs. s[5] Aix-en-Provence, 11 oct. 2012, préc.
6. L'Association française de droit maritime (AFDM) préconise *a minima* la suppression de cette restriction qui empêche inopportunément le Président du tribunal de commerce de statuer sitôt qu'une action au fond a été engagée (*DMF* 2011. 725) – V. AUSSI : Ph. Delebecque, *Droit maritime*, *op. cit.*, p. 167, note subpaginale n° 5.
7. S. Lootgieter, obs. préc.
8. Rouen, 27 avr. 1990, *DMF* 1992. 363, note Achard.

SECTION 2
COMPÉTENCE TERRITORIALE POUR ORDONNER LA SAISIE

625.21 Absence de disposition spéciale. Les textes spécifiques sur les saisies de navires ne comportent aucune disposition relative à la compétence territoriale. Il convient donc de se reporter sur ce point au droit commun.

625.22 Difficultés d'interprétation. L'article R. 511-2 C. pr. exéc. prévoit que « *le juge compétent pour autoriser une mesure conservatoire est celui du lieu où demeure le débiteur* » et l'article R. 511-3 C. pr. exéc. que « *toute clause contraire aux articles L. 511-3 ou R. 511-2 est réputée non avenue. Le juge saisi doit relever d'office son incompétence* ».

Cette disposition n'a pas empêché la chambre commerciale de la Cour de cassation, à propos de la saisie des soutes du navire, de trancher en faveur de la compétence du président du tribunal de commerce du lieu de la saisie, en se fondant sur les dispositions combinées de l'article R. 121-2 C. pr. exéc. qui autorise à saisir le juge de l'exécution du lieu de la mesure d'exécution lorsque le débiteur réside à l'étranger, et les articles R. 511-2 et R. 511-3 C. pr. exéc. précités [1].

La chambre commerciale a confirmé sa position très pragmatique dans un arrêt du 5 janvier 1999 [2]. La Cour de cassation s'est fondée sur les articles 4 et 5 de la convention de Bruxelles du 10 mai 1952, qui attribuent compétence à l'autorité judiciaire française pour autoriser dans un port français la saisie conservatoire d'un navire ou en ordonner la mainlevée, même si le débiteur demeure à l'étranger.

Mais la règle ci-dessus énoncée ne concerne que les saisies pratiquées sur le fondement de la convention du 10 mai 1952. En droit français interne, la règle de l'article R. 511-2 C. pr. exéc. rappelée par le tribunal de grande instance de Nîmes [3] demeure.

625.23 Clause attributive de juridiction. À l'instar de la clause compromissoire, une telle clause ne concerne que le fond du litige et ne saurait déjouer la compétence du tribunal du lieu de la saisie [4].

SECTION 3
COMPÉTENCE POUR ORDONNER LA MAINLEVÉE DE LA SAISIE

625.31 Compétence concurrente du juge ayant prononcé la saisie et des juges du fond. Lorsque le saisi entend rétablir la contradiction, il peut former opposition. S'agissant d'une voie de recours en rétractation contre une ordonnance de requête ayant autorisé la saisie, le juge compétent est bien évidemment celui qui a autorisé la mesure (C. pr. exéc., art. R. 512-2), peu importe que le juge du fond ait été saisi [5].

Ce principe est on ne peut plus logique, dès lors que la procédure de requête utilisée est non contradictoire. Aussi, la voie de recours naturelle contre une décision non contradictoire est une voie de rétractation, c'est-à-dire devant le juge qui a autorisé la saisie.

Mais le juge de la saisie étant en règle générale saisi en référés, sa décision n'a pas autorité de la chose jugée au fond et n'empêche pas les juges du fond, lorsque ceux-ci considèrent que la créance n'est pas fondée, de prononcer très logiquement la mainlevée de la saisie [6].

Conformément à l'article 33.1 du règlement (CE) n° 44/2001 [7], la décision de mainlevée d'une saisie prise dans un État de l'Union européenne s'impose dans les autres États membres, en sorte que le juge français ne peut faire droit à une demande de saisie qui a été refusée ou dont la mainlevée a été prononcée par le juge d'un autre État membre, à moins que soit établi un fait nouveau [8].

SECTION 4
COMPÉTENCE DU JUGE DE LA SAISIE POUR STATUER SUR LE FOND

625.41 Convention du 10 mai 1952. La convention de Bruxelles du 10 mai 1952 prévoit en son article 7, 1 que le juge ayant ordonné la saisie peut être compétent pour statuer sur le fond dans plusieurs cas :

1. Com. 13 janv. 1998, n° 95-15.497, *Bull. civ.* IV, n° 16.
2. Com. 5 janv. 1999, n° 93-19.688, navire Gure Maiden, *Bull. civ.* IV, n° 2; *DMF* 1999. 130, rapp. Rémery, note Vialard – V. AUSSI : Aix-en-Provence, 29 janv. 2008, navire I'm no Lady, *DMF* 2008. 734, obs. Vialard; *DMF* 2009. HS, obs. Bonassies.
3. TGI Nîmes, *DMF* 2000. 804, obs. Pestel-Debord; *DMF* 2001. HS, 50, obs. Bonassies.
4. Civ. 2e, 8 juin 1995, n° 93-11.446, navire Hassi R'Mel, *Bull. civ.* II, n° 170.
5. Civ. 2e, 26 févr. 1997, n° 94-18.899, NP; *RGDP* 1998. 152, obs. Putman; *Procédures* 1997, n° 84, obs. Perrot; *RTD civ.* 1997. 520, obs. Perrot – Com. 7 juin 1994, n° 92-15.108, navire Heidberg, *Bull. civ.* IV, n° 206; *D.* 1994. 179.
6. Civ. 2e, 18 janv. 2001, n° 98-10.249, *Bull. civ.* II, n° 12.
7. Règl. CE n° 44/2001 du Conseil, 22 déc. 2000, concernant la compétence judiciaire, la reconnaissance et l'exécution des décisions en matière civile et commerciale, *JOCE*, n° L. 12.
8. Com. 8 mars 2011, navire Mastrogiorgis, *DMF* 2011. 629, rapp. Potocki, obs. de Corbière.

a) si le demandeur a sa résidence habituelle ou son principal établissement dans l'État dans lequel la saisie a été pratiquée;

b) si la créance maritime est elle-même née dans l'État contractant dont dépend le lieu de la saisie;

c) si la créance maritime est née au cours d'un voyage pendant lequel la saisie a été faite;

d) si la créance provient d'un abordage ou de circonstances visées par l'article 13 de la convention internationale pour l'unification de certaines règles en matière d'abordage, signée à Bruxelles le 23 septembre 1910;

e) si la créance est née d'une assistance ou d'un sauvetage;

f) si la créance est garantie par une hypothèque maritime ou un *mortgage* sur le navire saisi.

625.42 Abandon du *forum arresti*. Outre les cas définis par la convention de Bruxelles, le droit positif français a pendant longtemps reconnu au créancier étranger la possibilité de donner compétence au juge français pour statuer sur le fond par l'effet de la saisie conservatoire.

Par un arrêt du 17 janvier 1995, la Cour de cassation a fermement condamné ce forum de compétence : « *Si les juridictions françaises sont seules compétentes pour statuer sur la validité d'une saisie pratiquée en France et apprécier, à cette occasion, le principe de la créance, elles ne peuvent se prononcer sur le fond de cette créance que si leur compétence est fondée sur une autre règle* »[1].

La jurisprudence a cependant été amenée à donner des précisions, dont certaines ont nuancé la position exprimée par la Cour de cassation le 17 janvier 1995.

Ainsi, la cour d'appel de Rennes a rappelé que « *si les juridictions françaises sont seules compétentes pour statuer sur la validité d'une saisie de navire pratiquée en France et apprécier, à cette occasion, le principe de la créance, elles ne peuvent se fonder sur le fond de cette créance que si leur compétence est fondée sur une autre règle* »[2].

Dans cette espèce, une société réclamait à un armateur roumain le paiement de factures de fournitures de lubrifiant, dont une partie avait été fournie au port de Dunkerque à un autre navire exploité par l'armateur. La cour d'appel de Rennes a relevé qu'une partie de la créance était née en France, ce qui justifierait la compétence du juge français pour connaître du fond.

1. Civ. 1re, 17 janv. 1995, n° 92-10.165, navire Ganvié, *Bull. civ.* I, n° 34; *JCP* 1995. II. 22430, note Muir-Watt; *DMF* 1996. 119, obs. Bonassies; *DMF* 1996. 815 – M. Rémond-Gouilloud, « *Forum arresti,* le jusant », *DMF* 1996. 787.
2. Rennes, 8 juill. 1998, navire Oscar Jupiter, *DMF* 1999. 437.

625.43 Créances nées du contrat d'engagement et créances nées au cours du voyage. La cour d'appel de Rennes, saisie du problème de la compétence du juge français pour statuer sur des créances salariales de marins se fondant sur la présence du navire dans le port de Nantes, à la suite d'une saisie pratiquée à la requête de créanciers ayant fourni des lubrifiants au port de Dunkerque, pour tenter de justifier la compétence au fond du tribunal du port dans lequel le navire se trouve immobilisé, a suivi la jurisprudence de la Cour de cassation en rappelant que la seule présence d'un navire étranger dans un port français, fût-il l'objet d'une saisie, ne suffit pas à donner compétence aux juridictions françaises pour connaître les litiges nés de son exploitation[3].

Les marins ont alors fait procéder personnellement à la saisie du navire sur le fondement de la convention du 10 mai 1952 et ont assigné l'armateur au fond devant le tribunal du lieu de la saisie qui leur a opposé l'autorité de la chose jugée de l'arrêt du 21 octobre 1998. La cour d'appel de Rennes, saisie par les marins, a évoqué l'affaire au fond, en se fondant sur les dispositions de l'article 7-1 de la convention de Bruxelles du 10 mai 1952 qui donne compétence aux tribunaux de l'État dans lequel la saisie d'un navire a été opérée pour statuer sur le fond du procès, lorsque la créance maritime est née au cours du voyage pendant lequel la saisie a été pratiquée. Elle justifiait cette évocation par le fait que les marins, dont au moins une partie des salaires impayés étaient échus au cours du voyage pendant lequel la saisie a été pratiquée, avaient fait personnellement procéder à la saisie.

La Cour de cassation a confirmé cette tendance jurisprudentielle en décidant, sous le visa de l'article 7-1 de la convention de Bruxelles que « *les tribunaux de l'État dans lequel la saisie a été opérée sont compétents pour statuer sur le fond du procès lorsque la créance maritime est née au cours du voyage pendant lequel la saisie a été faite* »[4]. Plusieurs cours d'appel, dont bien entendu la cour de renvoi de l'arrêt de la Cour de cassation du 7 décembre 2004, ont suivi le mouvement[5].

3. Rennes, 21 oct. 1998, navire Oscar Jupiter, *DMF* 1999. 438, obs. Chaumette.
4. Concernant une CRÉANCE SALARIALE : Civ. 1re, 18 juill. 2000, n° 97-22.448, navire Obo Basak, *Bull. civ.* I, n° 218; *DMF* 2000. 607, obs. Tassel – Concernant une ACTION FONDÉE SUR UNE AVARIE SURVENUE EN COURS DE TRANSPORT MARITIME : Com. 7 déc. 2004, n° 02-19.825, navire Jerba, *Bull. civ.* IV, n° 215; *DMF* 2005. 133, obs. Rémery.
5. Angers, 11 sept. 2007, navire Jerba, *DMF* 2008. 627, obs. Tassel – Concernant une CRÉANCE SALARIALE : Aix-en-Provence, 13 avr. 2004, navire Wedge One, *DMF* 2004. 1012, obs. Chaumette, et Rennes, 30 nov. 2004, navire Zamoura of Zermatt, *DMF* 2005. 151, obs. Chaumette.

625.44 Créances non salariales nées au cours du voyage. S'agissant de créances non salariales nées au cours du voyage, la cour d'appel d'Angers a jugé qu'une créance aux fins d'indemnisation de marchandises endommagées au cours du voyage justifiait la compétence du tribunal du lieu de la saisie en application de l'article 7-1 de la convention de Bruxelles du 10 mai 1952, et ce alors même que le demandeur au fond, l'assureur subrogé dans les droits du destinataire, n'était pas le saisissant (le chargeur) [1].

625.45 Convention de Genève du 12 mars 1999. La convention du 12 mars 1999, que la France n'a pas encore ratifiée, rétablit le *forum arresti*, reconnu au demeurant dans de nombreux états signataires de la convention du 10 mai 1952 comme critère de compétence des juges nationaux pour statuer sur le fond.

SECTION 5
COMPÉTENCE DU JUGE DE L'EXÉCUTION POUR DONNER UNE AUTORISATION DE VOYAGE

625.51 Autorisation de voyage. Les anciens articles 26 et 27 du décret du 27 octobre 1967 (devenus C. transp., art. L. 5114-21) prévoyaient une mesure d'aménagement des effets de la saisie permettant au saisi de demander une autorisation d'effectuer un ou plusieurs voyages. Une telle demande est désormais de la compétence exclusive du juge de l'exécution. Ce droit est ouvert à tout intéressé, et non pas seulement au saisi, à la condition qu'une garantie suffisante soit fournie. Il est à cet égard important de noter que l'immobilisation forcée d'un navire dans un port peut entraîner des encombrements pour celui-ci, voire une congestion.

La cour d'appel de Papeete avait à cet égard rejeté une demande du port de Papeete, dans lequel deux paquebots appartenant à une société d'armement en liquidation judiciaire, visant à obtenir l'autorisation de déplacer les navires dans un port moins encombré, fondée, non sur les anciens articles 26 et 27 du décret du 27 octobre 1967, mais sur l'ancien article 403-1 du C. pr. civ. de la Polynésie française, qui reprend les dispositions de l'article 809 C. pr. civ. La Cour a rejeté cette demande au motif que le port n'établissait pas le péril imminent dont il se prévalait, et que le déplacement des deux navires dans un port moins sûr et moins bien équipé mettrait en danger les navires, et partant, les intérêts des saisissants en même temps qu'il entraînerait un surcoût important, rompant ainsi l'équilibre des intérêts en présence [2]. La question demeure entière de savoir s'il appartient alors au port de justifier d'une garantie suffisante ou si le saisi doit fournir une telle garantie pour permettre un déplacement effectué pour les besoins de désencombrement du port a la requête de celui-ci.

1. Angers, 11 sept. 2007, navire Jerba, *DMF* 2008. 627, obs. Tassel.
2. Papeete, 28 déc. 2001, navires R2 et R3, *DMF* 2002. 371, obs. Michel; *DMF* 2003. HS, 50, obs. Bonassies.

SECTION 6
MISE EN ŒUVRE DE LA SAISIE CONSERVATOIRE

625.61 Renvoi au droit commun. La procédure de mise en œuvre de la saisie est régie par le droit commun des mesures conservatoires. Nous renvoyons donc le lecteur au chapitre du présent ouvrage sur la mise en œuvre des mesures conservatoires (v. s^{s} n°s 612.11 s.).

625.62 Signification de l'autorisation de saisir aux autorités portuaires. La saisie ayant pour effet d'immobiliser le navire dans le port, il apparaît donc logique de la notifier non seulement au capitaine du navire saisi mais également aux autorités portuaires. L'ancien article 26 du décret du 27 octobre 1967 posait que, lorsqu'il était avisé d'une saisie par la notification de la décision qui l'a autorisée, le service du port refusait le départ du navire. La notification se faisait dans la pratique entre les mains du commandant de port à la capitainerie. Sous l'empire des nouveaux textes recodifiés dans le Code des transports, les autorités portuaires doivent être considérées comme des tiers concourant à l'exécution et au recouvrement des créances qui doivent apporter leur concours lorsqu'ils en sont légalement requis (C. pr. exéc., art. L. 123-1) et peuvent le cas échéant faire l'objet de sanctions pouvant aller jusqu'au paiement des causes de la saisie.

SECTION 7
VOIES DE RECOURS ET AMÉNAGEMENTS

625.70 Débiteur saisi et créancier saisissant. Une distinction doit être faite entre les voies de recours offertes au saisissant lorsque la saisie lui est refusée et celles qui sont accordées au débiteur saisi.

§ 1
Recours du demandeur en cas de refus d'autorisation de saisir

625.71 Appel de l'ordonnance de requête. Lorsque le juge saisi de la demande d'autorisation refuse d'accorder la saisie, le demandeur dispose, conformément à l'article 496 C. pr. civ. d'un délai de quinze jours à compter de la notification de l'ordonnance par le secrétaire de la juridiction pour interjeter appel par déclaration auprès de la juridiction qui a rendu la décision.

La saisie conservatoire du navire étant une question d'urgence et la décision de rejet de la requête étant dépourvue de l'autorité de la chose jugée, le demandeur préférera se représenter devant le juge des requêtes avec de nouvelles pièces le cas échéant, plutôt que d'interjeter un appel.

§ 2
Recours du débiteur saisi contre l'ordonnance ayant autorisé la saisie

625.80 Option du débiteur saisi. Lorsque le navire est saisi, le débiteur a le choix entre plusieurs attitudes :

- Dans la situation la plus simple, le débiteur peut décider d'acquiescer purement et simplement à la saisie et payer sa dette entre les mains de son créancier qui, à la réception des fonds ou sur présentation d'une preuve qu'il juge suffisante pour garantir le paiement, donne mainlevée de la saisie en adressant une notification au capitaine du navire et au service du port, qui autorise le départ du navire.

- Le débiteur peut aussi choisir de donner à son créancier une garantie, le plus souvent sous la forme d'une lettre de garantie d'une banque française de premier rang exécutoire à première demande sur présentation d'une décision exécutoire.

- Le débiteur peut décider de saisir le juge ayant rendu la saisie afin de substituer une mesure propre à sauvegarder les intérêts des parties à la saisie conservatoire ou mettre en place une caution irrévocable, ainsi que le lui permet l'article L. 512-1 alinéa 3 C. pr. exéc., ou de demander la mainlevée au juge de l'exécution, conformément à l'article L. 512-1 alinéa 1er du même code.

- Le débiteur peut aussi demander à bénéficier d'aménagements de la mesure conservatoire, ce qui est d'une grande utilité pratique pour le débiteur lorsque son navire est saisi sur le fondement d'un des droits réels mentionnés aux alinéas o, p et q de l'article 1er (1) de la convention du 10 mai 1952.

A.
Mainlevée accordée par le juge contre substitution d'une mesure propre à sauvegarder les intérêts du créancier ou remise d'une caution irrévocable

625.81 Substitution d'« *une mesure propre à sauvegarder les intérêts des parties* ». L'article L. 512-1 C. pr. exéc. prévoit la possibilité pour le débiteur de demander la mainlevée de la saisie contre la substitution d'une mesure propre à sauvegarder les intérêts des parties. Ainsi, le débiteur peut par exemple saisir le juge de l'exécution pour demander à substituer à la saisie la consignation de la somme demandée entre les mains d'un tiers désigné en qualité de séquestre. Si le juge estime que la garantie proposée par le débiteur est suffisante, et après avoir entendu le créancier, il accorde la mainlevée.

625.82 Mise en place d'une caution irrévocable conforme à la mesure sollicitée dans la saisie (C. pr. exéc., art. L. 512-1). Le juge ne dispose en revanche plus d'aucun pouvoir d'appréciation lorsque le débiteur met en place une caution irrévocable pour le montant figurant dans l'ordonnance ordonnant la saisie. Il est alors obligé de donner mainlevée de la saisie, sous l'unique réserve de la constatation que le créancier ait engagé ou poursuivi une procédure demandant d'obtenir un titre exécutoire s'il n'en possède pas un. La convention du 10 mai 1952 contient une disposition analogue. En revanche, elle l'exclut lorsque la saisie a été pratiquée en vertu d'un droit réel du créancier sur le navire (Conv. Bruxelles, 10 mai 1952, art. 5).

Ainsi, il a été jugé, sur le fondement de l'article 5 de la convention du 10 mai 1952, que le juge était dans l'obligation d'ordonner la mainlevée lorsque le débiteur fournit une caution[1], la constitution d'une consignation[2] ou la constitution d'un fonds de limitation[3] à la condition qu'il ait été constitué dans l'un des ports mentionnés à l'article 13 de la convention de Londres de 1976[4].

625.83 Nature de la décision exigée pour réaliser la garantie. De même que l'article R. 511-7 C. pr. exéc. prévoit qu'il suffit d'exercer une procédure tendant à l'obtention d'un titre exécutoire pour que la saisie soit validée, une décision simplement exécutoire, mais non définitive, et encore moins irrévocable, permet d'obtenir la réalisation de la garantie[5].

1. Poitiers, 23 sept. 1992, Sté Selico Lines c/Sté Azov shipping, cité dans *J.-Cl. Com.*, fasc. 1128, Tassel.
2. T. com. Nanterre, 9 mai 1994, Collardo c/Assoc. Amis de Jeudi Dimanche, *Juris-Data* n° 043739.
3. Com. 23 nov. 1993, n° 91-17.258, navire Heidberg, *Bull. civ.* IV, n° 418; *DMF* 1994. 36.
4. Com. 5 janv. 1999, n° 93-19.688, navire Gure Maiden, *Bull. civ.* IV, n° 2; *DMF* 1999. 130, rapp. Rémery, obs. Vialard.
5. Com. 27 oct. 1998, n° 96-11.339, *Bull. civ.* IV, n° 257; *DMF* 1999. 51, obs. Rémery, obs. Tassel – SUR POURVOI contre : Saint-Denis de la Réunion, 17 oct. 1995, *DMF* 1996. 494, obs. Tassel – Rouen, 22 juin 1994, navire Motru, *DMF* 1995. 465, obs. Tassel – Aix-en-Provence, 7 mai 1997, navire Klim Voroshilov, *DMF* 1998. 29, obs. Nicolas; *DMF* 1999. 49, obs. Bonassies – T. com. Marseille, 11 sept. 1998, navire Zulfikar, *Rev. Scapel* 1998. 161; *DMF* 1999. 49, obs. Bonassies.

625.84 Montant de la garantie. Le montant de la garantie est en principe fonction du montant de la créance en vertu de laquelle la saisie est pratiquée.

Il faut cependant réserver l'hypothèse de la constitution d'un fonds de limitation de responsabilité par le propriétaire du navire, conformément à la convention de Londres de 1976. Si le fonds de limitation est opposable au créancier et inférieur au montant de la créance, la garantie devra être plafonnée à cette somme.

En revanche, si la créance excède la valeur du bien saisi, il a été jugé que le montant de la garantie est fixé par référence à la valeur de la saisie[1].

625.85 Effets de la garantie sur la compétence du juge pour statuer sur le fond de la créance. La lettre de garantie émise désigne souvent la juridiction compétente pour statuer sur le fond du litige. Or, lorsque le litige est relatif à un transport sous connaissement, un conflit risque de se poser entre la désignation de la juridiction compétente dans la lettre de garantie et la clause attributive de compétence figurant au connaissement.

La Cour de cassation a une position classique. La clause attributive de compétence figurant dans la lettre de garantie émise par le garant au profit du créancier du transporteur maritime, elle est inopposable à ce dernier car elle se trouve dans une convention distincte[2].

Deux cours d'appel ont cependant adopté une position divergente. Ainsi, la cour d'appel de Rouen a fait prévaloir la clause contenue dans la lettre de garantie sur celle du connaissement au motif que le garant avait reçu « *instruction irrévocable des propriétaires et/ou armateurs du navire d'accepter de soumettre le litige au tribunal de commerce de Rouen* »[3]. La cour d'appel de Paris a statué dans le même sens en relevant que la lettre de garantie est délivrée dans l'intérêt et sur instructions de l'armement, peu important qu'il n'en soit pas le signataire, dès lors que le garant s'est engagé en son nom à accepter la compétence de la juridiction désignée dans la garantie[4]. Cette position est éminemment critiquable, dès lors qu'elle tend à faire du garant un représentant de l'armateur dans la conclusion de la sûreté personnelle. Or seul le garant est engagé par la sûreté.

B.
Référé rétractation

625.91 Fondements. L'article L. 512-1 C. pr. exéc. dispose « *même lorsqu'une autorisation préalable n'est pas requise, le juge peut donner mainlevée de la mesure conservatoire s'il apparaît que les conditions prescrites par l'article L. 511-1 ne sont pas réunies* ».

En outre, l'article 496 alinéa 2 C. pr. civ. prévoit : « *S'il est fait droit à la requête, tout intéressé peut en référer au juge qui a rendu l'ordonnance* ».

625.92 Application. La saisie étant autorisée, soit par le juge de l'exécution, soit par le président du tribunal de commerce statuant dans le cadre de sa juridiction de juge des requêtes et avant tout procès, de manière non contradictoire, la voie de recours ouverte contre son ordonnance est le référé rétractation de l'article 496 C. pr. civ.

Dans une espèce de 2009, la cour d'appel d'Aix-en-Provence a jugé que l'article L. 512-1 C. pr. exéc., droit spécial par rapport à l'article 496 alinéa 2 C. pr. civ., ne dérogeait pas au droit commun et ne l'excluait pas[5]. Dans cette espèce, liée au recouvrement des dettes de Bernard Madoff, un *yatch* appartenant à l'épouse de M. Madoff avait été saisi successivement par un investisseur floué et par les liquidateurs du fonds spéculatif. Prétendant tirer avantage de l'article L. 512-1 C. pr. exéc., l'épouse avait soutenu que les liquidateurs étaient irrecevables à agir, invoquant l'exclusivité de l'article 72 de la loi du 9 juillet 1991 par rapport à l'article 496 alinéa 2 C. pr. civ. Si elle avait été retenue, cette interprétation aurait eu pour effet de limiter l'action en rétractation au profit du seul débiteur, c'est-à-dire le propriétaire de navire. La cour d'Aix-en-Provence, relevant que la contestation de la saisie par le débiteur avait un tout autre fondement que la contestation d'un tiers auquel la saisie peut porter grief, a jugé que les textes n'étaient pas exclusifs l'un de l'autre et validé la saisie pratiquée par les liquidateurs en application de l'article 496 alinéa 2 C. pr. civ.

625.93 Office du juge. Le régime de la saisie relève, non de l'article L. 511-1 C. pr. exéc., mais de l'article L. 5114-22 du Code des transports, lorsque la saisie a été pratiquée sur le fondement du droit français, et des articles 1 et 2 de la convention du 10 mai 1952, lorsque la saisie est pratiquée sur le fondement du droit international.

Ainsi, l'office du juge est de vérifier que les conditions posées par le texte autorisant la saisie sont remplies.

Lorsque la saisie a été pratiquée sur le fondement du Code des transports, le juge doit vérifier qu'il a été justifié d'une créance paraissant fondée en son principe. En revanche, l'article L. 5114-22 du Code

1. Rouen, 28 janv. 1992, navire Alkmini, *Juris-Data* n° 040657.
2. Com. 13 nov. 2002, n° 00-19.340, NP; *BTL* 2002. 340.
3. Rouen, 17 janv. 2002, *BTL* 2002. 241.
4. Paris, 19 mars 2003, *BTL* 2003. 291, obs. Tilche; *DMF* 2003. 597, obs. Coste.
5. Aix-en-Provence, 10 déc. 2009, navire Bull, *DMF* 2010. 128, obs. Rémond-Gouilloud; *DMF* 2010. HS 54, obs. Bonassies.

des transports n'ayant pas repris la condition des circonstances susceptibles de menacer le recouvrement de la créance, le juge n'aura pas à examiner cette condition.

La détermination de l'office du juge ayant à statuer lorsqu'il est saisi en référé pour rétracter son ordonnance de saisie est en revanche plus difficile lorsque la saisie a été pratiquée sur le fondement de la convention de Bruxelles du 10 mai 1952.

L'office du juge consiste-t-il uniquement à vérifier que la créance alléguée est une créance maritime faisant partie de la liste de l'article 1er (1) ou le juge doit-il apprécier le principe de la créance.

La chambre commerciale de la Cour de cassation vient de trancher dans son arrêt du 7 mars 2006 en se fondant sur l'article 2 de la convention de Bruxelles du 10 mai 1952 qui autorise la saisie sur le fondement d'une allégation de créance maritime énumérée en son article 1er. L'office du juge est donc limité à la constatation que la créance entre dans la liste des créances maritimes figurant à l'article 1er de la convention de Bruxelles du 10 mai 1952[1].

625.94 **Procédure.** Le référé rétractation est soumis aux règles de la procédure du référé, mais la charge de la preuve pèse sur le saisissant, c'est-à-dire le défendeur à l'opposition, auquel il appartient d'établir le bien fondé de la mesure contestée[2].

En raison de l'urgence particulière pour le saisi, dont l'instrument d'exploitation est immobilisé, les demandes de référé rétractation sont le plus souvent formées selon la procédure de l'article 485 C. pr. civ. autorisant le demandeur à assigner d'heure à heure[3]. Dans ce cas, en application de l'article 858 C. pr. civ., il n'est théoriquement même pas nécessaire, en cas d'urgence ou lorsque l'une des parties n'est pas domiciliée, d'obtenir l'autorisation du président du tribunal afin d'assigner d'heure à heure. Pratiquement, il est cependant préférable de présenter une requête au président du tribunal, pour des motifs évidents d'emploi du temps.

Dans l'hypothèse d'une ordonnance confirmant la saisie, le débiteur saisi peut bien entendu interjeter appel ou solliciter du premier président de la cour d'appel l'arrêt de l'exécution provisoire de droit en cas de violation manifeste du principe du contradictoire ou lorsque l'exécution risque d'entraîner des conséquences manifestement excessives en application de l'article 524 C. pr. civ. modifié par le décret du 20 août 2004[4].

La possibilité de solliciter l'arrêt de l'exécution provisoire de droit semble cependant être une arme encore plus efficace pour le créancier saisissant dans l'hypothèse où l'ordonnance autorisant la saisie est rétractée. En effet, l'exécution de l'ordonnance de rétractation conduit à relâcher le navire si celui-ci est toujours immobilisé ou à restituer la garantie donnée afin d'obtenir la mainlevée de la saisie. Une telle application est lourde de conséquence en présence d'un débiteur de nationalité étrangère le plus souvent établi dans un paradis fiscal. Il peut alors être opportun de solliciter l'arrêt de l'exécution provisoire de droit de l'ordonnance de rétractation en arguant du risque réel de conséquences manifestement excessives consistant à priver le créancier saisissant de la possibilité d'exécuter à l'encontre du débiteur en même temps qu'un appel est interjeté contre l'ordonnance de rétractation.

C.

Autorisation de voyage du navire saisi

625.101 **Textes.** Cette possibilité d'aménagement est prévue par la convention du 10 mai 1952, uniquement lorsque la saisie est la conséquence de l'exercice d'un des droits réels mentionnés aux alinéas o, p et q de la convention, pour lesquels la mainlevée est exclue.

Le Code des transports aménage aussi cette possibilité (C. transp., art. L. 5114-21). La demande doit être formée devant le juge de l'exécution, qui l'accorde contre remise d'une garantie suffisante et fixe le délai dans lequel le navire devra regagner le port de la saisie.

625.102 **Intérêt.** Cette possibilité n'a bien évidemment d'intérêt, ainsi que le précise la convention du 10 mai 1952, que lorsque la mainlevée n'est pas possible contre remise d'une garantie. Il serait en effet tout à fait surprenant qu'un débiteur dont le navire est saisi sur le fondement d'un droit personnel préfère demander une autorisation de voyage contre remise d'une garantie plutôt que la mainlevée de la saisie contre remise de la même garantie.

1. Com. 7 mars 2006, n° 05-15.906, navire Larbi Ben M'Hidi, *Bull. civ.* IV, n° 57.
2. Civ. 2e, 21 oct. 1987, n° 86-14.978, *Bull. civ.* II, n° 209 – Civ. 2e, 9 déc. 1987, n° 86-18.139, *Bull. civ.* II, n° 262 – Civ. 2e, 9 mai 1988, n° 87-12.495, *Bull. civ.* II, n° 113.
3. T. com. Marseille, 16 nov. 1990, *DMF* 1992. 129, note Arnaud.
4. Décr. n° 2004-836, 20 août 2004, portant modification de la procédure civile, *JO* 22 août, p. 15032; *D.* 2004. 2199.

CHAPITRE

626. Saisie conservatoire des navires : effets de la saisie

CYRIL BLOCH
PROFESSEUR DE DROIT PRIVÉ
À L'UNIVERSITÉ D'AIX-MARSEILLE – CDE EA N° 4224
DIRECTEUR DU CENTRE DE DROIT MARITIME ET DES TRANSPORTS

SECTION 0
ORIENTEUR

626.00 **Plan du chapitre.**

626.01 **Textes applicables.**

> TEXTES DE DROIT INTERNE

(Pour l'historique, v. s[s] n° 623.01, le récapitulatif des textes applicables.)

C. pr. exéc., art. L. 121-2, L. 512-2, L. 521-1; R. 221-19, R. 511-7.

C. transp., art. L. 5114-1 à L. 5114-22.

> TEXTES DE DROIT INTERNATIONAL

V. s[s] n° 623.01, récapitulatif des textes applicables.

626.03 **Bibliographie indicative.** (V. s[s] n° 623.03).

SECTION 1
EFFETS DE LA SAISIE EN ELLE-MÊME

626.11 **Effet principal : immobilisation du navire.** L'article 30 du décret du 27 octobre 1967 définit l'effet de la saisie conservatoire : elle empêche le départ du navire, mais ne porte aucune atteinte aux droits du propriétaire. C'est l'effet recherché par le créancier dans le but de faire pression sur le débiteur, dans l'espoir qu'il s'acquitte de sa dette ou lui donne une garantie. En disposant que la saisie empêche le départ du navire, la rédaction de l'article contrevient aux dispositions générales sur les procédures civiles d'exécution. Ainsi, l'article L. 521-1 C. pr. exéc. énonce que la saisie « *rend indisponibles* » les biens saisis et l'article R. 221-19 C. pr. exéc. dispose que « *le débiteur conserve l'usage des biens rendus indisponibles par la saisie* ». Dans un arrêt du 3 septembre 2002, la chambre criminelle de la Cour de cassation a fait prévaloir les dispositions générales. Dans cette espèce, le gérant de la société d'armement, qui avait été constitué gardien du navire, avait continué à exploiter le navire en eaux locales. La chambre criminelle de la Cour de cassation a cassé l'arrêt de la cour d'appel de Basse-Terre le condamnant pour détournement d'objet saisi au motif que la saisie conservatoire, si elle rend l'objet saisi indisponible, n'en interdit pas l'usage[1]. Il est cependant probable que la portée de cet arrêt soit limitée aux circonstances de l'espèce, dans lesquelles le navire s'était borné à quelques excursions en eaux locales, de sorte que la Cour de cassation, cassant pour manque de bases légales, a relevé que les juges du fond n'avaient pas caractérisé que les déplacements effectués étaient de nature à faire échec à la représentation du navire, de sorte que l'élément moral de l'infraction faisait défaut.

Afin de ne pas nuire à l'activité portuaire, le commandant du port peut néanmoins, dans le cadre de son pouvoir de police, autoriser les mouvements du navire à l'intérieur du port. Le plus souvent, afin d'éviter d'être tenu responsable si le navire venait à s'enfuir pendant les mouvements portuaires, le commandant du port sollicite une autorisation *ad hoc* du président du tribunal de commerce.

626.12 **Effet recherché : l'exécution du débiteur ou la délivrance d'une garantie.** Le créancier saisissant espère le plus souvent que son débiteur, après un rapide calcul coût/avantage, s'acquittera de sa dette afin de pouvoir faire repartir le navire

1. Crim. 3 sept. 2002, n° 01-86.798, navire Lynndy, NP; *DMF* 2003. 82, obs. Rémery; *DMF* 2004. HS, 55, obs. Bonassies.

sans que l'immobilisation ne lui ait coûté d'autres frais que l'acquittement de sa dette envers le créancier saisissant.

S'agissant d'une saisie exercée à titre conservatoire, l'effet atteint par la saisie est le plus souvent la mise en place d'une garantie personnelle émise par un tiers. Au navire, élément mobile et soumis aux périls de la mer, se substitue ainsi une banque ou un *P & I Club* (mutuelle d'armateurs) tenus personnellement envers le créancier saisissant en vertu d'une lettre de garantie exécutoire à première demande.

626.13 Épuisement du droit de saisir. L'article 3.3 de la convention de Bruxelles du 10 mai 1952 interdit au créancier saisissant de pratiquer plusieurs saisies pour obtenir garantie de la même créance. La convention précise en outre que, dans l'hypothèse où une telle saisie viendrait à être pratiquée, celle-ci serait levée par le tribunal saisi d'une demande de rétractation, à moins que le créancier ne démontre que la garantie obtenue à l'issue de la première saisie n'ait été libérée avant que la saisie subséquente soit pratiquée ou qu'il y ait une autre raison valable pour la maintenir.

À cet égard, il a été jugé que, une saisie ayant déjà été pratiquée pour garantir une créance en principal et intérêts, une autre saisie ne peut pas être pratiquée pour obtenir une garantie complémentaire destinée à couvrir les intérêts moratoires de l'obligation[1].

De même, la cour d'appel de Rouen, faisant prévaloir l'interprétation du texte anglais sur celui du texte français, a proclamé que l'article 3 (3) de la convention de Bruxelles doit être compris comme prohibant une seconde saisie conservatoire pour une même créance lorsqu'une première saisie a déjà été pratiquée ou qu'une offre ou proposition de garantie a été formulée à la suite de cette première saisie conservatoire[2].

En revanche, l'interdiction des saisies multiples ne concerne que la situation où les saisies sont pratiquées dans des États contractants de la convention de 1952, en sorte que la saisie d'un navire battant pavillon d'un État contractant pratiquée dans un État non contractant n'empêche pas la juridiction d'un État contractant de pratiquer une autre saisie sur le même navire, pour la même créance et par le même demandeur[3].

Un arrêt de 2009 rendu sous le visa de l'article 33-1 du règlement (CE) n° 44/2001 du Conseil de l'Union européenne du 22 décembre 2000[4] devrait inciter les créanciers à la prudence dans l'espace judiciaire européen. Dans cette espèce la cour d'appel de Rouen a infirmé une ordonnance autorisant une saisie dans le port de Rouen pour avoir ignoré une précédente saisie en Grèce, laquelle avait fait l'objet d'une mainlevée. La cour, rappelant que le règlement CE, qui prévoit que les décisions rendues dans un État membre de l'Union européenne sont reconnues dans les autres États membres sans qu'il soit nécessaire de recourir à aucune procédure, a précisé fort justement que le règlement CE ne vise pas à unifier les règles des États contractants, mais simplement à assurer le fonctionnement harmonieux de la justice dans la communauté. En conséquence, elle a jugé indifférent que les conditions de la saisie conservatoire en droit grec diffèrent de celles existant en droit français et ainsi invalidé la seconde saisie[5].

626.14 Détournement d'objet saisi. Bien que la saisie des navires soit régie par des textes spéciaux, son encadrement pénal, à l'exception des navires de pêches[6], est régi par le droit commun, et notamment par l'article 314-6 du Code pénal réprimant le détournement d'objet saisi de trois ans d'emprisonnement et de 375 000 euros d'amende[7].

SECTION 2
CADUCITÉ DE LA SAISIE

626.21 Effets de l'inaction du créancier après la saisie : caducité de la saisie. (Sur cette question, v. s^s^ n°s 612.71 s.).

La jurisprudence a établi une distinction en matière de saisie pratiquée sur le fondement de la convention du 10 mai 1952. Ainsi, après avoir énoncé que la règle posée par l'article R. 511-7 C. pr. exéc. selon laquelle, après une saisie conservatoire, l'action doit

1. Rouen, 2 avr. 1992, navire Repubblidi Amalfi, *DMF* 1993. 245, obs. Tassel.
2. Rouen, 19 mai 2000, navire Dunlin, *DMF* 2001. 379; note Humann; *DMF* 2001. 371.
3. Com. 8 mars 2011, n° 10-11.958, navire Indian Empress, *Bull. civ.* IV, n° 32; *DMF* 2011. 424, rapport Potocki, obs. Tassel; *RD transp.* 2011, n° 84, obs. Ndendé; *JDI* 2011. 631, note Cuniberti – Rejetant le pourvoi dirigé contre Aix-en-Provence, 12 nov. 2009, navire Indian Empress, *DMF* 2010. 52, obs. Rémond-Gouilloud; *DMF* 2010. HS, 56, obs. Bonassies.
4. Règl. CE n° 44/2001 du Conseil, 22 déc. 2000, concernant la compétence judiciaire, la reconnaissance et l'exécution des décisions en matière civile et commerciale, *JOCE*, n° L. 12.
5. Rouen, 24 mars 2009, navire Mastrogiorgis, *DMF* 2009. 884, obs. Rémond Gouilloud.
6. L. n° 83-582, 5 juill. 1983, relative au régime de la saisie et complétant la liste des agents habilités à constater les infractions dans le domaine des pêches maritimes, art. 9, devenu C. rur., art. L. 945-1 (deux ans d'emprisonnement et 375 000 euros d'amende).
7. POUR UNE APPLICATION, Aix-en-Provence, 17 févr. 2009, navire Magia, *DMF* 2009. 725, obs. Bernié; *DMF* 2010. HS, 56.

être exercée dans le délai d'un mois, s'appliquait à la saisie des navires[1], la Cour de cassation en a exclu son application pour une saisie pratiquée sur le fondement de la convention du 10 mai 1952, sous le visa de l'article 7 paragraphe 3 de la convention précitée, lequel prévoit que le juge de la saisie « *pourra fixer un délai dans lequel le demandeur devra engager son action au fond* ». Dans cette espèce, la cour d'appel d'Aix-en-Provence avait déclaré prescrit le privilège dont se prévalait le saisissant au motif que l'assignation n'avait pas été délivrée dans le délai d'un mois suivant la saisie, et que la déclaration de créance du créancier était elle aussi intervenue plus d'un mois après la saisie. La Cour de cassation, relevant que la convention des parties contenait une clause attributive de compétence à une autre juridiction que le tribunal dans le ressort duquel le navire a été saisi, a censuré l'arrêt des juges du fond, qui auraient dû rechercher si « *l'autorité judiciaire qui avait autorisé cette saisie, avait fixé un délai dans lequel la société Hallmark devait engager son action au fond, et si, dans ce cas, le défendeur avait demandé et obtenu la mainlevée de cette saisie en raison du non-respect de ce délai* »[2]. Dans l'hypothèse où le saisissant a procédé à la saisie d'un navire afin d'obtenir garantie d'une créance à l'encontre de l'affréteur du navire, la cour d'appel de Montpellier a précisé qu'il n'est pas nécessaire d'engager une action au fond à l'encontre de l'armateur propriétaire pour éviter la caducité de la saisie[3]. Dans cette espèce, le créancier saisissant avait initié une instance arbitrale à l'encontre de l'affréteur avant de pratiquer la saisie. Devant la cour d'appel de renvoi, l'armateur propriétaire du navire a invoqué la caducité de la saisie au motif qu'il n'avait pas été assigné au fond dans un délai d'un mois suivant la saisie. La cour d'appel de Montpellier a jugé que le créancier saisissant n'est pas tenu d'assigner au fond l'armateur du navire dès lors que le saisissant a déjà engagé, ou engage dans le mois suivant la saisie, une action au fond à l'encontre du débiteur de la créance en vertu de laquelle la saisie est pratiquée.

Dans une espèce plus récente, la cour d'appel de Douai a, au motif de la prééminence des dispositions de la convention de Bruxelles du 10 mai 1952, écarté l'application de l'article R. 511-7 C. pr. exéc. et appliqué l'article 7 paragraphe 2 de la convention, lequel prévoit que l'autorité judiciaire qui autorise la saisie doit fixer le délai à l'intérieur duquel le demandeur devra introduire une action devant le tribunal compétent[4].

Dans cette espèce, le litige concernait un navire battant pavillon polonais et un réceptionnaire de marchandises français pour une cargaison livrée à Dunkerque. La France et la Pologne étant toutes deux signataires de la convention de Bruxelles du 10 mai 1952, son application était dès lors impérative. Or, le demandeur avait demandé la saisie sous le seul visa des articles 29 et suivants du décret du 27 octobre 1967, que l'ordonnance avait repris, sans mentionner de délai pour l'introduction de l'action au fond. Constatant que l'ordonnance avait été rendue sous un visa erroné, la cour d'appel a très justement décidé qu'en l'absence d'un délai pour introduire l'action au fond dans l'ordonnance autorisant la saisie, et alors que la juridiction du fond avait été saisie moins d'un an après la saisie conservatoire, « *la caducité non prévue par le texte international n'est pas encourue* ».

626.22 Effet de la mainlevée préalable à la constitution d'une sûreté personnelle. La caducité ne peut être invoquée que pour faire échec à une sûreté consentie sous la pression de la saisie. C'est ce qu'a affirmé la Cour de cassation dans une espèce dans laquelle une banque française avait accordé un cautionnement quatorze jours après la mainlevée d'une saisie autorisée contre remise d'une lettre de garantie par l'assureur en responsabilité de l'armateur. La banque ayant consenti le cautionnement avait invoqué la caducité de la saisie pour obtenir sa libération. Très justement, la chambre commerciale de la Cour de cassation a jugé le moyen inopérant, relevant que la mainlevée avait été autorisée contre remise d'une garantie distincte[5].

SECTION 3
GARDE DU NAVIRE

626.31 Garde du navire saisi. Le navire étant immobilisé dans le port pendant la saisie, on a pu s'interroger afin de savoir qui en a la garde. Cette question conditionne en effet la détermination de la personne responsable des dommages que peut causer le navire, par exemple en cas de dommages causés aux installations portuaires pendant l'immobilisation du navire à quai, ou de la personne responsable en cas de dommage causé au navire.

En l'absence de constitution d'un gardien, le Conseil d'État a exclu que l'autorité portuaire puisse être qualifié de gardien de la chose[6].

1. Com. 14 oct. 1997, n° 95-17.706, navire Marine Évangeline, *Bull. civ.* IV, n° 259; *DMF* 1998. 24, rapp. Rémery.
2. Com. 17 sept. 2002, n° 00-11.024, navire Regent Spirit, *Bull. civ.* IV, n° 124; *DMF* 2002. 975; *DMF* 2003. HS, 50.
3. Montpellier, 1er déc. 2003, navire Sargasso, *DMF* 2004. 435, obs. Esnard et Rémery.
4. Douai, 29 sept. 2005, navire Lublin II, *DMF* 2007. 517, obs. Pestel-Debord.
5. Com. 11 déc. 2007, n° 06-14.923, navire Lublin II, NP; *DMF* 2008. 260, obs. Rémery.
6. CE 20 janv. 1989, req. n° 60269, Alonzo, *Lebon*; *D.* 1989. 619, note Grellois.

Un arrêt de la Cour de cassation[1] a considéré que le propriétaire du navire « *est dessaisi de la possession de son bâtiment* », donnant ainsi une part de responsabilité au créancier saisissant[2].

SECTION 4
SAISIE ABUSIVE

626.41 Effets de la saisie abusive. L'article 6 alinéa 1er de la convention du 10 mai 1952 renvoie à l'application de la *lex fori* pour toutes contestations relatives à la responsabilité du demandeur pour les dommages causés à la suite de la saisie du navire ou pour frais de caution ou de garantie fournies en vue de le libérer ou d'en empêcher la saisie.

Les textes du droit maritime français ne comportent aucune disposition sur ce point.

L'éventuelle responsabilité du saisissant sera donc réglée par application du droit commun. On pourra donc se reporter à l'article L. 121-2 C. pr. exéc., rédigé en termes très généraux et qui pourrait, semble-t-il, justifier une compétence très générale du juge de l'exécution pour ordonner « *la mainlevée de toute mesure inutile ou abusive et de condamner le créancier à des dommages-intérêts en cas d'abus de saisie* », et à l'article L. 512-2 C. pr. exéc. qui prévoit que, lorsque la mainlevée a été accordée par le juge, le créancier peut être condamné à réparer le préjudice causé par la mesure conservatoire.

Ainsi, le juge saisi par la voie du référé rétractation peut, lorsqu'il lui apparaît que la créance n'est manifestement pas fondée dans son principe et que le créancier saisissant a été de mauvaise foi ou a fait preuve de légèreté blâmable, condamner le créancier saisissant à payer au saisi des dommages-intérêts pour abus du droit de saisir[3]. Au demeurant, l'autorisation donnée par le juge de maintenir la saisie conservatoire d'un navire n'exclut pas la recherche de la responsabilité du saisissant pour abus du droit de saisir[4]. Le créancier qui saisit un navire peut cependant être condamné à payer des dommages-intérêts pour saisie abusive indépendamment de la question de savoir si sa créance était fondée en son principe. C'est notamment ce qui a été décidé par la cour d'appel d'Aix-en-Provence le 10 mars 1987, sur le fondement de la notion de détournement de procédure et de l'obligation de bonne foi. Dans cette espèce, un navire en partance pour l'Algérie avec 1 500 passagers à son bord avait été saisi dans les minutes précédant le départ. La cour d'Aix-en-Provence a jugé qu'il s'agissait d'un détournement de procédure, le débiteur saisi n'ayant d'autre choix que de verser immédiatement la somme demandée pour obtenir mainlevée de la saisie. Le créancier saisissant a donc été condamné, sous astreinte, à restituer à son débiteur les sommes perçues[5]. Dans cette espèce, les parties étaient en pourparlers quant à l'émission d'une garantie. Ceux-ci n'aboutissant pas, le créancier a procédé à la saisie du navire. Le saisi a invoqué le caractère abusif de la saisie au motif de sa solvabilité alléguée et de la rupture des pourparlers par le créancier. La cour d'appel, relevant que le saisi avait fourni une garantie dans les deux jours, a refusé l'appel à la théorie de l'abus de droit au motif que la circonstance que le saisi ait pu débloquer une garantie dans les deux jours suivant la saisie démontrait qu'il aurait pu le faire dès l'origine. Ainsi, la disparition de l'article 215 du Code de commerce qui interdisait la saisie d'un navire prêt à faire voile est-il tempéré par la loyauté contractuelle.

La Cour de cassation a par ailleurs jugé, au visa du principe « compétence-compétence », que le tribunal arbitral ayant compétence pour se prononcer sur un litige opposant les parties à un contrat de vente est également compétent pour se prononcer sur les conséquences préjudiciables pour le vendeur de la saisie conservatoire du navire et de la cargaison entreprise par l'acheteur[6].

La question de l'abus du droit de saisir a fait l'objet d'un développement sur le droit commun dans le présent ouvrage auquel nous renvoyons (v. ss nos 143.41 s.).

1. Civ. 2e, 11 févr. 1987, no 85-17.763, *Bull. civ.* II, no 46; *JCP* 1987. IV. 131.
2. V. CEP. la position crit. de M. Tassel, *J.-Cl. Com.*, fasc. 1128, no 103.
3. Bordeaux, 1er févr. 2000, navire J.-B. Salcantay, *DMF* 2000. 442, obs. Vialard; *DMF* 2001. HS, 49, obs. Bonassies – Civ. 2e, 19 mars 1997, no 95-10.771, *Bull. civ.* II, no 85; *DMF* 1998. 1024, obs. Bourayne – Com. 19 mars 1996, navire Alexandre III, *DMF* 1996. 503, obs. Vialard – Aix-en-Provence, 21 sept. 2011, navire *Scandinavia*, *DMF* 2012. 807, obs. Lootgieter; *DMF* 2013, suppl. « Le droit positif français en 2012 », no 17, obs. Delebecque (la faute du créancier consistait ici à ne pas s'être assuré de l'identité du propriétaire du navire, ce qui est sévère en l'absence de mauvaise foi de sa part) – Douai, 8 nov. 2011, navire Berling Wind, *DMF* 2012. 813, obs. Lecat; *DMF* 2013, suppl. « Le droit positif français en 2012 », no 17, obs. Delebecque; *BTL* 2011. 700 et 691, obs. Tilche.
4. Com. 23 avr. 2013, no 12-12.101, navire Bering Wind, *Bull. civ.* IV, no 67; *DMF* 2014. 132, rapp. Rémery, obs. Rémond-Gouilloud; *DMF* 2014, suppl. « Le droit maritime français en 2013 », no 18, obs. Delebecque; *RD transp.* 2013, no 20, obs. Ndendé; *RLDC* 2013. 106, obs. J.-Ph. B.
5. Aix-en-Provence, 10 mars 1987, 2 arrêts, navire Tipasa, *DMF* 1988. 545, note Tassy – V. AUSSI : navire Tebessa, *DMF* 1988. 549, note Tassy – *CONTRA :* Rouen, 24 oct. 2002, navire Tanabata, *DMF* 2003. 770, obs. Navarre-Laroche.
6. Com. 23 avr. 2013, no 12-12.101, navire Bering Wind, *Bull. civ.* IV, no 67; *DMF* 2014. 132, rapp. Rémery, obs. Rémond-Gouilloud; *DMF* 2014, suppl. « Le droit maritime français en 2013 », no 18, obs. Delebecque; *RD transp.* 2013, no 20, obs. Ndendé; *RLDC* 2013. 106, obs. J.-Ph. B.

SECTION 5
EFFETS DE LA MAINLEVÉE

626.51 Mainlevée contre remise d'une garantie. La mainlevée de la saisie a pour effet de libérer le navire qui est alors libre de reprendre la mer, le saisi ayant dû fournir au créancier saisissant une garantie autonome ou un acte de cautionnement émis le plus souvent par une banque ou par un *P & I club* (mutuelle d'armateurs).

626.52 Rétractation de la saisie. La rétractation de la saisie ordonnée par le juge ayant rendu l'ordonnance de saisie a pour effet de lever les effets de la saisie, sans que le débiteur n'ait à fournir une quelconque garantie au créancier saisissant. Il en va différemment s'il est fait appel de l'ordonnance du juge des référés ayant maintenu la saisie, et que la cour d'appel infirme sa décision. L'ordonnance étant assortie de l'exécution provisoire de droit, le débiteur saisi peut avoir fourni une garantie au créancier saisissant pour obtenir l'autorisation de faire partir le navire. La décision de la cour d'appel a alors pour effet d'anéantir les effets de la garantie ainsi émise.

CHAPITRE

627. Saisies conservatoires des bateaux

CYRIL BLOCH
PROFESSEUR DE DROIT PRIVÉ
À L'UNIVERSITÉ D'AIX-MARSEILLE – CDE EA N° 4224
DIRECTEUR DU CENTRE DE DROIT MARITIME ET DES TRANSPORTS

SECTION 0
ORIENTEUR

627.00 Plan du chapitre.

627.01 Textes applicables.
C. transp., art. L. 4122-15, L. 4122-16, L. 4123-1 et R. 4123-1.
Conv. Genève, 25 janv. 1965, et protocole n° 2.

627.03 Bibliographie indicative. (V. s^s n° 623.03).

SECTION 1
RÉGIME JURIDIQUE

627.11 Textes applicables. En règle générale, le transport fluvial est national et effectué par des ressortissants nationaux. Le droit majoritairement applicable à la saisie des bateaux est donc le droit français interne. Le droit fluvial est régi par le Code des transports, lequel ne consacre qu'un article à la saisie civile des bateaux (C. transp., art. L. 4123-1). En revanche, la saisie par les voies navigables de France pour les infractions commises lors de navigation fluviale (C. transp., art. L. 4472-3 à L. 4472-8) fait l'objet d'une réglementation plus étoffée. La saisie conservatoire des bateaux ne fait l'objet d'aucune réglementation particulière dans la partie législative du Code des transports. C'est donc le droit commun des mesures conservatoires qui a vocation à s'appliquer dans l'hypothèse de la saisie conservatoire de bateaux, et non la réglementation sur la saisie conservatoire de navires[1]. La solution a été expressément consacrée à l'occasion de la publication de la partie réglementaire du Code des transports : sous réserve de l'application des conventions internationales, les modalités selon lesquelles les bateaux peuvent faire l'objet de mesures conservatoires sont régies par le Code des procédures civiles d'exécution (C. transp., art. R. 4123-1).

Mais la France a ratifié en 1970 la convention de Genève du 25 janvier 1965 relative à l'immatriculation des bateaux de navigation intérieure et ses protocoles, qui n'est entrée en vigueur à l'égard de la France que le 24 juin 1982[2].

Cette convention comporte un protocole n° 2 consacré à la saisie conservatoire et à l'exécution forcée concernant les bateaux de navigation intérieure.

Ce protocole prévoit son application à « *la saisie conservatoire et à l'exécution forcée concernant tout bateau de navigation intérieure, même en construction, échoué ou coulé, qui est immatriculé sur un registre d'une partie contractante* » (Conv. protocole n° 2, art. 2).

À la différence de la convention de Bruxelles du 10 mai 1952 sur la saisie conservatoire des navires, la convention de Genève n'exclut pas son application en cas d'absence d'élément d'extranéité. On peut donc parfaitement concevoir que les règles du protocole n° 2 s'appliquent à la saisie en France d'un bateau immatriculé en France par un créancier français.

1. TGI Paris, ord. réf., 19 janv. 1990, *Juris-Data* n° 040153.
2. Publiée par Décr. n° 83-209, 10 mars 1983, portant publication de la convention relative à l'immatriculation des bateaux de navigation intérieure, ensemble deux protocoles annexes, faite à Genève le 25 janvier 1965, *JO* 10 mars, p. 326.

SECTION 2
CONTENU DE LA CONVENTION

627.21 Renvoi. Les règles applicables à la saisie conservatoire des bateaux étant très proches de celles relatives à la saisie conservatoire des navires, il convient de consulter les développements traitant de ce point (v. s[s] n°s 623.01 s.). Ne seront développés que certains points précis caractéristiques de la saisie des bateaux.

SECTION 3
DISPOSITIONS GÉNÉRALES RELATIVES AUX VOIES D'EXÉCUTION PRATIQUÉES SUR LES BATEAUX

627.31 Le protocole n° 2 comporte un premier chapitre intitulé « Dispositions générales ». Il est notamment prévu à l'article 5 de ce chapitre que la saisie conservatoire doit faire l'objet d'une inscription au registre d'immatriculation du navire, de même que la mainlevée de la saisie. Le requérant et les bénéficiaires d'inscriptions antérieures doivent être informés de cette inscription. Lorsque le navire saisi est immatriculé dans un État contractant autre que celui sur le territoire duquel la saisie est pratiquée, l'officier ministériel ayant effectué la saisie doit demander que cette inscription soit effectuée.

Le protocole prévoit que la saisie conservatoire ne confère aucun droit réel au saisissant sur le bateau et que les droits inscrits postérieurement à l'inscription de la saisie ne sont pas opposables au saisissant (Conv. protocole n° 2, art. 6).

La convention dispose qu'un droit de rétention sur le navire ne fait pas obstacle à la saisie.

SECTION 4
DISPOSITIONS SPÉCIALES À LA SAISIE CONSERVATOIRE DES BATEAUX

627.41 Le chapitre 2 du protocole n° 2, comportant neuf articles, est exclusivement consacré à la saisie conservatoire des bateaux. Sur le plan international, le protocole prévoit (Conv. protocole n° 2, art. 9) la reconnaissance par tous les États contractants des saisies pratiquées dans un État contractant, sauf lorsque la saisie est pratiquée postérieurement à une décision passée en force de chose jugée constatant l'inexistence du droit fondement de la saisie.

Le protocole prévoit que la saisie ne peut être pratiquée qu'en vertu d'une autorisation judiciaire (Conv. protocole n° 2, art. 10), le juge de la saisie ayant à apprécier la vraisemblance de la créance alléguée (Conv. protocole n° 2, art. 11) et devant indiquer le montant pour lequel la saisie est autorisée dans son ordonnance (Conv. protocole n° 2, art. 12).

Les « *cas, conditions et délais dans lequel le requérant doit faire valoir son droit en justice* » sont déterminés par la législation du pays dans lequel la saisie est pratiquée (Conv. protocole n° 2, art. 13), de même que la procédure de mainlevée (Conv. protocole n° 2, art. 14).

Le protocole prévoit que le juge donne mainlevée de la saisie lorsqu'une caution ou garantie qu'il estime suffisante a été fournie (Conv. protocole n° 2, art. 15). Pour être suffisante, la caution ou garantie doit être au moins égale au montant de la limitation de responsabilité que pourrait invoquer le débiteur.

L'exercice d'une saisie vaut épuisement du droit de pratiquer une nouvelle saisie pour obtenir garantie du droit fondement de la première saisie sur tout le patrimoine du débiteur (Conv. protocole n° 2, art. 16) sauf s'il est estimé par le juge du fond que la saisie n'a pas ou plus l'efficacité qu'elle avait au moment où elle a été autorisée par le juge d'un autre État contractant.

La fourniture d'une garantie ne vaut pas reconnaissance de responsabilité (Conv. protocole n° 2, art. 17) et le juge de la saisie peut autoriser le propriétaire à exploiter son bateau, contre remise d'une garantie qu'il détermine, sans pour autant lever la saisie (Conv. protocole n° 2, art. 18).

627.42 Ordre des privilèges en application des articles L. 4122-15 et L. 4122-16 du Code des transports. Les seules dispositions spéciales applicables aux saisies pratiquées en application du droit commun interne concerne l'ordre des privilèges. Ainsi, l'article L. 4122-15 du Code des transports[1] prévoit que « *sous réserve des dispositions de l'article L. 4122-16, les créances sont privilégiées dans l'ordre fixé par les articles 2331 à 2332-3 du Code civil. Toutefois, les privilèges mentionnés aux articles 2331 à 2332-3 du Code civil ne prennent rang avant l'hypothèque que si les faits constitutifs de la créance sont antérieurs à l'inscription de l'hypothèque et si le créancier est en possession du bateau ou l'a fait saisir à titre conservatoire, avant cette inscription* ». La mise en œuvre d'une saisie conservatoire sur un bateau permet ainsi à un créancier privilégié de primer un créancier hypothécaire si les faits constitutifs de la créance privilégiée sont antérieurs à l'inscription de l'hypothèque.

Quant à l'article L. 4122-16 du Code des transports, il fournit la liste des créances dont le privilège prime sur celui des créances mentionnées aux articles 2331 et 2332 du Code civil :

1. C. transp., art. L. 4122-15, issu de Ord. n° 2010-1307, 28 oct. 2010 (C. dom. publ. fluv., anc. art. 91).

1°) En cas de saisie, les frais de conservation depuis la saisie;

2°) Les créances résultant du contrat d'engagement du conducteur, des membres d'équipage et des autres personnes engagées par le propriétaire ou par le conducteur pour le service du bord, pour une durée de six mois au plus en ce qui concerne les traitements, salaires ou rémunérations;

3°) Les rémunérations dues pour sauvetage et assistance, ainsi que la contribution du bateau aux avaries communes;

4°) Les taxes de navigation, les droits de port et de pilotage;

5°) Les indemnités dues pour dommages causés par abordage ou autre accident de navigation à des navires ou bateaux, à des personnes ou biens autres que les personnes ou biens se trouvant à bord du bateau, y compris les dommages causés aux ouvrages et installations des ports et du domaine public fluvial, à condition que les faits constitutifs de ces créances soient antérieurs à l'inscription de l'hypothèque.

CHAPITRE

628. Règles spécifiques à la saisie conservatoire des droits incorporels

JEAN-MICHEL SOMMER
PRÉSIDENT DE CHAMBRE
À LA COUR D'APPEL DE VERSAILLES

SECTION 0 ORIENTEUR

628.00 Plan du chapitre.

628.01 Textes applicables.

C. pr. exéc., art. L. 211-3, L. 221-5, L. 221-6, L. 521-1, L. 522-1, L. 523-1, L. 523-2, R. 221-30 à R. 221-32, R. 232-1 à R. 232-8, R. 233-2 à R. 233-9, R. 251-1 à R. 251-11, R. 511-1 à R. 512-3, R. 521-1, R. 522-1 à R. 522-14, R. 523-9 et R. 524-1 à R. 524-6.

C. mon. fin., art. L. 211-2.

La saisie conservatoire des droits incorporels est traitée aux articles L. 523-1 à L. 523-2 et art. R. 523-1 à R. 524-6 C. pr. exéc. Le chapitre IV du titre II du livre 5 du code intitulé « La saisie conservatoire des droits d'associé et des valeurs mobilières » ne comprend pas de dispositions législatives.

628.03 Bibliographie indicative. (V. s^s^ n° 600.03).

Ouvrage. J.-M. DELECCI, *La réforme des procédures civiles d'exécution, son application aux opérations de banque*, 2e éd., Éd. Banque, 1997.

Actualisables. Rép. pr. civ., *v° Saisies et mesures conservatoires* [saisies des valeurs mobilières et des droits d'associé, n°s 218 à 239], par S. Piedelièvre et F. Guerchoun, sept. 2012 [màj oct. 2014] – *J.-Cl. Banque-Crédit-Bourse*, fasc. 2121, M. Jeantin.

Articles. G. Dahan, « La saisie des droits incorporels n'est pas un long fleuve tranquille... », *Ann. loyers* 2001. 528 – F.-X. Lucas, « La nécessaire distinction entre une mesure de séquestre (C. civ., art. 1961) et une saisie, conservatoire ou attributive, d'actions », *Bull. Joly* 2000, n° 452.

628.04 Utilité. Comme en saisie conservatoire des meubles corporels, un bien peut faire l'objet de plusieurs saisies conservatoires (C. pr. exéc., art. L. 521-1) et la loi ne confère ni gage ni préférence au créancier qui se sera manifesté le premier sur le mode conservatoire. Dès lors, cette saisie conservatoire n'a d'intérêt réel que si elle est rapidement convertie à fin de recouvrement et n'est guère utilisée comme stratégie d'intimidation : elle est utile notamment contre un débiteur qui s'appauvrit rapidement ou qui userait de mauvaise foi des facilités du droit des sociétés.

628.05 Définition et place – Ampleur théorique. La saisie conservatoire peut porter sur tous les biens mobiliers, même incorporels, qui appartiennent au débiteur (C. pr. exéc., art. L. 521-1). Ces droits incorporels regroupent théoriquement :

– les créances de sommes d'argent, en ce compris les effets de commerce;

– les parts de sociétés (commerciales, civiles immobilières, civiles professionnelles) et plus généralement tous les droits d'associés qui ne sont pas représentés par des titres négociables;

- les valeurs mobilières (admises ou pas à une cote officielle; pour un descriptif exhaustif[1]);

- les droits de propriété intellectuelle ou industrielle (dès lors du moins qu'ils représentent une valeur patrimoniale) : marques et dessins, logiciels, brevets;

- les éléments incorporels des fonds de commerce : droit au bail, licences, enseigne, clientèle, droits de propriété industrielle ci-dessus cités pour peu qu'ils appartiennent à un fonds de commerce;

- les démembrements de ces divers droits et les revenus que procurent ces démembrements.

628.06 Restriction aux droits d'associés et valeurs mobilières. Il faut indiquer d'emblée qu'après obtention d'un titre exécutoire, le créancier peut faire procéder à la vente des biens saisis de façon conservatoire (C. pr. exéc., art. L. 522-1). Par conséquent, la saisie conservatoire des droits incorporels apparaît comme le prélude normal à une saisie-vente, en l'attente d'un titre exécutoire. Il en résulte que la saisie conservatoire des droits incorporels ne concerne finalement que les droits d'associés et les valeurs mobilières et leurs démembrements (usufruit, nue-propriété). Les valeurs mobilières sont définies par l'article 1er de la loi n° 88-1201 du 23 décembre 1988, article abrogé et codifié à l'article L. 211-2 du Code monétaire et financier.

Ainsi en décident les articles R. 524-1 à R. 524-6 C. pr. exéc., qui n'évoquent aucun des autres droits incorporels.

S'agissant de certains de ces autres droits (ex., créances de sommes d'argent, bons de caisse laissés en dépôt à la banque émettrice, avantages cessibles du plan épargne logement, revenus des valeurs mobilières et parts sociales, *etc.*), la forme de la saisie conservatoire de créances s'impose, car la vente forcée n'aurait aucun sens.

Inversement, certains droits incorporels ne peuvent légalement faire l'objet d'aucune mesure conservatoire, notamment pas d'une saisie conservatoire : ainsi en est-il des brevets, régis par des dispositions particulières (CPI, art. L. 613-21) qui n'admettent pas de phase conservatoire[2]; ou encore, des effets de commerce, insaisissables (C. com., art. L. 511-31 et L. 512-3 - C. mon. fin., art. L. 131-61 s.). Il est généralement proposé d'étendre le raisonnement aux marques (CPI, art. R. 714-4)[3].

De manière intermédiaire, les éléments, notamment incorporels, du fonds de commerce peuvent faire l'objet d'une adjudication forcée, laquelle comporte bien une phase conservatoire, mais régie par d'autres textes que ceux qui vont être analysés (pour les créanciers, C. com., art. L. 143-3 à L. 143-7 - pour le tribunal agissant d'office, C. com., art. L. 143-8 - C. com., art. L. 143-10, autorisant la saisie d'éléments séparés). Cette procédure est inusitée depuis la réorganisation des procédures collectives[4].

Une fois éliminées ces diverses pistes, le créancier est démuni. Il en est même ainsi lorsque le bien incorporel convoité fait partie d'un fonds; la doctrine ancienne[5] ou plus récente[6] considère que la saisie, entre autres conservatoire, ne peut pas frapper isolément un des éléments incorporels d'un fonds de commerce, qui tire précisément sa valeur de l'unicité de ces éléments. Un jugement unique[7] avait pourtant admis la saisissabilité de la propriété commerciale (droit au bail). Assez hardiment, la Cour de cassation a admis, dans un simple avis cependant[8], que la licence numéro IV d'un débit de boissons était assimilable aux droits d'associés et valeurs mobilières des articles R. 232-5 à R. 232-8 C. pr. exéc. (anct Décr 31 juill. 1992, art. 182 à 184), lesquels ne diffèrent pas de ceux qui nous occupent ici.

En réparation de ces disparités ou restrictions, la saisie conservatoire n'est pas la seule mesure conservatoire possible en matière de droits incorporels. Ainsi, recoupant en bonne part le champ de la saisie conservatoire ici étudiée, des sûretés judiciaires provisoires sont possibles, la finalité n'étant plus la vente forcée mais un privilège sur le prix en cas de vente : sur des parts sociales, sur des valeurs mobilières ou sur un fonds de commerce, en ce compris ses éléments incorporels (marques, enseignes, brevets, bail, *etc.* - v. ss nos 632.05 s.).

SECTION 1

CONDITIONS DE FOND ET CONTENTIEUX

628.11 Inutilité d'un titre exécutoire. La saisie conservatoire ne procure aucun droit de vendre mais seulement un effet d'indisponibilité (C. pr. exéc., art. L. 521-1).

Il s'ensuit principalement que ses conditions d'engagement ne sont pas les mêmes que celles de

1. DELECCI, nos 401 à 420.
2. TGI Paris, JEX, 10 nov. 1994, *Rev. huiss.* 1995. 732, note Faget.
3. J.-P. Faget, « La saisie des marques », *Rev. huiss.* 1997. 70.
4. EN CE SENS : G. Ripert et R. Roblot, *Traité élémentaire de droit commercial,* t. I, 10e éd., LGDJ, 1980, n° 649.
5. RIPERT et ROBLOT (préc. ss prést n°).
6. *JCP E,* fasc. 3230, nos 39 à 41, Bouttier.
7. T. civ. Versailles, 27 avr. 1964, *JCP* 1965. II. 14299, note Raynaud.
8. Cass., avis, 8 févr. 1999, n° 98-00.015, *Bull. avis,* n° 1; *D.* 1999. 287, NOTE APPROB. Brenner; *Rev. huiss.* 1999. 454, chron. approb. 301 et 454.

la saisie-vente; en règle générale, un titre exécutoire n'est pas nécessaire au créancier qui entend pratiquer une saisie conservatoire, mais seulement une autorisation sur requête, parfois même facultative. Cette nuance essentielle est étudiée à propos des dispositions générales (v. s^s n°s 612.11 s.).

628.12 Insaisissabilités de droit. Des règles d'insaisissabilité, outre celles qui s'appliquent à toutes les saisies (v. s^s n°s 611.21 s., consacrés au débiteur), sont propres aux droits d'associés : il s'agit notamment de certains éléments constitutifs des clientèles libérales. Inversement, certaines valeurs mobilières, qui sont juridiquement des indivisions (fonds communs de placement, fonds communs de créances), sont néanmoins saisissables par les créanciers de l'un des indivisaires seulement (C. mon. fin., art. L. 214-8).

628.13 Insaisissabilités de fait ? La saisie conservatoire des droits incorporels, comme la saisie-vente de ces mêmes biens, s'opère auprès de la société ou de la personne morale émettrice (v. s^s n° 628.21). Ce mécanisme est très difficilement adapté aux valeurs mobilières émises à l'étranger.

Il en est de même quant aux valeurs mobilières non dématérialisées. La dématérialisation est générale, depuis la loi de finances pour 1982 (Décr. 2 mai 1983, d'application), mais certains titres n'ont pas encore subi cette opération; il faut alors suggérer le recours à la saisie conservatoire des meubles corporels[1].

628.14 Contentieux. En raison de l'effet limité de la saisie conservatoire, le contentieux qui peut s'élever obéit à une procédure différente de celle de la saisie-vente : les règles sont celles du contentieux en matière de mesures conservatoires (v. s^s n°s 613.11 s.). L'article R. 524-3 C. pr. exéc. autorise en outre la substitution de garantie (v. s^s n° 628.81), comme en matière de saisie-vente de droits incorporels (C. pr. exéc., art. R. 232-8) mais ne précise pas de règles procédurales. Par suite, les articles R. 511-5 et R. 512-1 à R. 512-3 C. pr. exéc. régissent tout le contentieux qui eut pu naître à propos de toute mesure conservatoire (audience convoquée d'office par le juge, substitution de garantie, mainlevée et nullité, caducité, contrôle de l'exécution et de la conversion et dommages-intérêts) mais aussi (à la différence de la saisie conservatoire des meubles corporels) le contentieux propre à la saisie de droits incorporels (propriété et saisissabilité des biens). Celui-ci échappe de la sorte au délai d'un mois de l'article R. 232-6 alinéa 2, 4° C. pr. exéc.

SECTION 2
CONDITIONS DE FORME

628.21 Procès-verbal. L'article R. 524-1 C. pr. exéc. dispose : le créancier procède à la saisie par la signification d'un acte à l'une des personnes mentionnées aux articles R. 232-1 à R. 232-4 C. pr. exéc. selon le cas. Cet acte contient, à peine de nullité :

1° les nom et domicile du débiteur ou, s'il s'agit d'une personne morale, sa dénomination et son siège social;

2° l'indication de l'autorisation ou du titre en vertu duquel la saisie est pratique;

3° le décompte des sommes pour lesquelles la saisie est pratiquée;

4° l'indication que la saisie rend indisponibles les droits pécuniaires attachés à l'intégralité des parts ou valeurs mobilières dont le débiteur est titulaire;

5° la sommation de faire connaître l'existence d'éventuels nantissements ou saisies.

Ce texte, qui reproduit à peu près l'article R. 232-5 C. pr. exéc. sur la saisie-vente des droits incorporels, est manifestement bâti à l'imitation de l'article R. 523-1 C. pr. exéc. sur la saisie conservatoire des créances entre les mains d'un tiers (v. s^s n° 621.22). Seules les obligations d'information du tiers sont différentes, l'article L. 211-3 C. pr. exéc., applicable pour les créances, étant plus large que l'article R. 524-1, 5° C. pr. exéc. susvisé.

En revanche, le procès-verbal de saisie conservatoire de droits incorporels est assez différent de celui qui est prescrit pour les meubles corporels (C. pr. exéc., art. R. 522-1) : aucune mention sur le détournement des biens saisis, aucune mention sur le gardiennage de ces biens (C. pr. exéc., art. R. 522-1, al. 2, 4°, 5°, 6°) n'est ici prescrite, puisque les droits incorporels ne risquent rien jusqu'à leur vente. Les règles du contentieux n'apparaissent que sur la dénonciation au débiteur (v. s^s n° 628.23), ce qui est regrettable (comp., C. pr. exéc., art. R. 522-1, al. 2, 8°).

628.22 Identification et rôle du tiers saisi. Les articles R. 232-1 à R. 232-4 C. pr. exéc. sur l'identification du tiers saisi, auxquels renvoie l'article R. 524-1 C. pr. exéc. sont d'application complexe. Ils font l'objet d'une étude détaillée (v. s^s n°s 730.05 à 734.41). Quant au rôle de ce tiers saisi en matière de saisie conservatoire des droits d'associés et des valeurs mobilières, il est très réduit; sa seule obligation énoncée par les textes est de faire connaître

1. EN CE SENS : DELECCI, n° 427 – Sur le cas particulier des titres de créances négociables : DELECCI, n°s 419 et 426 – Sur celui des instruments financiers, au sens de la loi du 2 juillet 1996 : DELECCI, n° 420 *bis*.

d'éventuels nantissements ou saisies (v. s[s] n° 628.42). Mais ce tiers n'est tenu d'aucune autre sorte d'information au saisissant[1].

628.23 Dénonciation du procès-verbal au débiteur. Dans un délai de huit jours, à peine de caducité, la saisie conservatoire est portée à la connaissance du débiteur par acte d'huissier de justice. Cet acte contient à peine de nullité :

1° une copie de l'autorisation du juge ou du titre en vertu duquel la saisie a été pratiquée; toutefois, s'il s'agit d'une obligation notariée ou d'une créance de l'État des collectivités territoriales ou de leurs établissements publics, il est seulement fait mention de la date, de la nature du titre ainsi que du montant de la dette;

2° une copie du procès-verbal de saisie;

3° la mention, en caractères très apparents, du droit qui appartient au débiteur, si les conditions de validité de la saisie ne sont pas réunies, d'en demander la mainlevée au juge de l'exécution du lieu de son domicile;

4° la désignation de la juridiction devant laquelle seront portées les autres contestations, notamment celles relatives à l'exécution de la saisie;

5° la reproduction des articles R. 511-1 à R. 512-3 C. pr. exéc. (C. pr. exéc., art. R. 524-2).

SECTION 3
EFFETS – INDISPONIBILITÉ

628.31 Énoncé. La saisie conservatoire des droits incorporels rend ceux-ci indisponibles (C. pr. exéc., art. L. 521-1). Cette règle, générale à toutes les saisies conservatoires (sur les aspects historiques de l'indisponibilité et ses effets, v. s[s] n° 613.11), est aménagée en matière de droits incorporels par les articles R. 524-3 et R. 232-8 alinéa 1er C. pr. exéc. L'indisponibilité laisse au saisi le droit à l'information sociale (C. com., art. L. 225-117) et l'exercice de ses droits de vote. Elle préserve aussi pour le saisi, à moins que la mesure conservatoire ne les englobe expressément, la jouissance attachée aux parts (cas des SCI). En revanche, en vertu de l'article R. 232-8 C. pr. exéc., la saisie rend indisponibles les droits pécuniaires du débiteur. Ces droits pécuniaires comprennent non seulement la valeur patrimoniale des droits d'associé, mais aussi, selon la Cour de cassation[2], les dividendes auxquels ils donnent droit; selon nous, aussi le droit de céder les parts ou valeurs et celui de les nantir conventionnellement[3]. Les droits personnels de souscription ou d'option sont en général purement personnels et potestatifs : ils échappent, bien que manifestement pécuniaires, à la saisie (pour de plus amples informations, v. s[s] n°s 730.05 s.).

SECTION 4
CONCOURS DE SAISIES

628.40 Absence de gage. L'indisponibilité est le seul effet immédiat de la saisie conservatoire de droits incorporels : celle-ci n'emporte ni gage ni *a fortiori* transfert de propriété. Dès lors, le concours de saisies qui auraient le même type d'effets limités sur les mêmes biens peut se produire sans que l'antériorité en date confère un quelconque avantage (§ 1). La question est plus complexe lorsque les différentes saisies n'ont pas les mêmes effets, c'est-à-dire lorsqu'une saisie-vente (§ 2) ou bien une procédure commerciale collective concurrencent une saisie conservatoire (§ 3); ou encore lorsque la saisie concourt avec une sûreté (§ 4). On notera qu'en cas de concours entre une saisie conservatoire et une autre saisie, quel qu'en soit le type, aucune collaboration des co-saisissants n'est exigée par les textes, contrairement au cas de la saisie conservatoire de meubles corporels (C. pr. exéc., art. R. 522-11 à R. 522-14); en effet, la saisie conservatoire de droits incorporels se fait nécessairement entre les mains d'un tiers, toujours le même, qui maîtrise ainsi naturellement la situation et concentre toutes les informations, qu'il a d'ailleurs obligation de donner aux concurrents (v. s[s] n° 628.21).

§ 1
Concours de saisies conservatoires

628.41 Plan. L'hypothèse est expressément admise par l'article L. 521-1 alinéa 2 et R. 521-1 C. pr. exéc. Elle donne lieu à une participation à la vente et à la distribution des deniers (C. pr. exéc., art. L. 221-5, L. 221-6 et R. 233-2, al. 2). Le concours ici examiné ne concerne que des saisies conservatoires : si l'une d'elles est faite postérieurement à la conversion d'une autre, il s'agira d'un concours entre une saisie conservatoire et une saisie-vente (v. s[s] n°s 628.51 s.) et réglé aux dépens de la mesure conservatoire.

1. Paris, 28 oct. 1999, *D.* 2000. 281 – Paris, 7 sept. 2000, *D.* 2000. 270.
2. Civ. 2e, 21 juin 2007, n° 06-13.386, *Bull. civ.* III, n° 170; *D.* 2008. 1167, obs. Leborgne – Civ. 2e, 21 oct. 2010, n° 09-69.867, NP; *Rev. sociétés* 2011. 356, note Barbièri; *RTD com.* 2011. 377, obs. Monsèrié-Bon.
3. COMP. pour un nantissement judiciaire : Civ. 2e, 30 mai 2002, n° 99-21.597, NP; *Procédures* 2002, n° 160, obs. Perrot.

628.42 Obligations d'informations pesant sur le tiers saisi. Dans le procès-verbal qui lui est remis, le tiers est sommé de faire connaître l'existence d'éventuels nantissements ou saisies (C. pr. exéc., art. R. 524-1, al. 2, 5°). Le dispositif est plus sommaire qu'en matière de meubles corporels puisqu'il n'opère qu'à la saisie, et non pas lors de la conversion et qu'en outre, il ne requiert pas de dénonciation du procès-verbal aux autres saisissants (v. s^s n° 622.82).

628.43 Distribution des deniers. Les saisies conservatoires concurrentes, dûment converties, permettent de faire valoir des droits sur le prix de la vente, amiable ou forcée, exactement dans les mêmes conditions qu'en cas de concours de saisies-ventes entre elles (arg. C. pr. exéc., art. L. 221-5). L'agent chargé de la vente propose une répartition amiable (C. pr. exéc., art. L. 221-6) : il ne tient aucun compte de l'antériorité d'une saisie conservatoire par rapport à une autre, mais tient évidemment compte des privilèges et sûretés qui affecteraient certains des meubles saisis (v. s^s n°s 724.04 s.).

§ 2
Concours d'une saisie conservatoire avec d'autres procédures civiles d'exécution

628.51 Antériorité nécessaire de la saisie conservatoire. Si un même meuble peut faire l'objet de plusieurs saisies, c'est à la condition expresse (C. pr. exéc., art. L. 521-1 et R. 521-1) que la saisie conservatoire soit antérieure à toute autre. Une solution différente anéantirait l'avantage du titre exécutoire.

Une saisie conservatoire sur des droits incorporels qui auraient auparavant fait l'objet d'une saisie-vente n'est pas nulle mais ne produirait effet qu'en cas de mainlevée de cette première saisie-vente. Pour obtenir la mainlevée, le créancier second saisissant dispose d'une action oblique à partir du moment du moins où sa créance aura acquis les caractères de certitude, de liquidité et d'exigibilité requis pour une telle action : la même règle est applicable en matière de meubles corporels (v. s^s n° 622.91).

Cette hypothèse, assez rare, montre combien l'antériorité de la saisie conservatoire est précieuse; l'antériorité s'apprécie selon une chronologie moins complexe qu'en matière de meubles corporels puisque les droits incorporels ne nécessitent pas de phase de vérification : le procès-verbal de chaque saisie, la date de l'acte de conversion de saisie conservatoire en saisie-vente, entrent seuls en ligne de compte.

628.52 Conversion avant la saisie-vente. Si le procès-verbal de saisie conservatoire puis l'acte de sa conversion sont antérieurs au procès-verbal de saisie-vente, il s'agit d'un concours de saisies-ventes, examiné comme tel dans la saisie-vente des droits incorporels.

628.53 Conversion après la saisie-vente. L'article R. 233-2 alinéa 2 C. pr. exéc. prévoit que le créancier qui opère une saisie conservatoire de droits incorporels avant une saisie-vente sur les mêmes biens, prend part à la distribution du prix mais les sommes qui lui reviennent sont consignées jusqu'à ce qu'il ait obtenu un titre exécutoire. La consignation a lieu bien évidemment entre les mains du tiers saisi, qui offre toute garantie. La consignation présente un double avantage : elle permet de servir sans attendre les créanciers qui avaient déjà un titre; elle permet de protéger l'auteur de la saisie conservatoire.

628.54 Paiement des saisies-ventes. La consignation est faite à la hauteur visée dans l'autorisation judiciaire de saisie conservatoire ou énoncée par le quasi-titre dont se prévaudrait le saisissant; lorsque le titre exécutoire aura été obtenu, un ajustement sera opéré et le surplus éventuel sera restitué au débiteur saisi. Une difficulté survient lorsque le produit de la saisie est inférieur au total des créances des divers saisissants : la répartition au marc-le-franc sera faite en fonction des montants prévisionnels et devra être si possible revue après obtention des titres exécutoires.

§ 3
Concours d'une saisie conservatoire de droits incorporels avec une procédure de redressement ou de liquidation judiciaires

628.61 Renvoi. (V. s^s n°s 611.30 s.).

§ 4
Concours entre une saisie conservatoire de droits incorporels et une sûreté judiciaire provisoire sur les mêmes droits

628.71 Énoncé. La saisie conservatoire se produit sur le bien en l'état où il se trouve. Si le bien est nanti, le créancier saisissant en sera nécessairement avisé (v. s^s n° 628.42). Inversement, un nantissement ne saurait être inscrit sur un bien rendu indisponible par une saisie antérieure, serait-elle conservatoire[1].

1. Civ. 2e, 30 mai 2002, n° 99-21.597, NP; *Procédures* 2002, n° 160, obs. Perrot.

SECTION 5
ISSUE

628.81 **Mainlevée.** La mainlevée amiable de saisie conservatoire de meubles incorporels est sans doute plus fréquente qu'en matière de meubles corporels, les débiteurs étant ici le plus souvent des hommes d'affaires conscients des risques de l'impayé. La mainlevée judiciaire, quant à elle, n'obéit pas à des causes ou des formes différentes de celles des mesures conservatoires en général ou bien de la saisie-vente. La mainlevée peut être le résultat d'une simple substitution de garantie : l'article R. 524-3 C. pr. exéc. renvoie à ce sujet à l'article R. 232-8 C. pr. exéc. : le débiteur saisi doit offrir, amiablement ou à défaut devant le juge qui a autorisé la mesure ou devant le juge de l'exécution, une somme suffisante pour désintéresser le créancier; cette somme est spécialement affectée au profit du créancier saisissant. Ce mécanisme est le même qu'en saisie-vente des droits incorporels et transpose une règle générale à toutes les mesures conservatoires (C. pr. exéc., art. L. 512-1, al. 2 – v. s[s] n° 613.21).

628.82 **Conversion en saisie-vente.** Le créancier qui a obtenu ou possède un titre exécutoire constatant une créance liquide et exigible peut faire procéder à la vente des biens qui ont été rendus indisponibles jusqu'à concurrence du montant de sa créance (C. pr. exéc., art. L. 522-1).

Aux termes des articles R. 524-4 et R. 524-5 C. pr. exéc., le créancier qui obtient un titre exécutoire constituant l'existence de sa créance signifie au débiteur un acte de conversion qui contient à peine de nullité :

1° la référence au procès-verbal de saisie conservatoire;

2° l'énonciation du titre exécutoire;

3° le décompte distinct des sommes à payer en principal frais et intérêts échus, ainsi que l'indication du taux des intérêts[1];

4° un commandement d'avoir à payer cette somme, faute de quoi il sera procédé à la vente des biens saisis : on observera à ce sujet qu'aucun délai de huitaine n'est ici prescrit, comme en d'autres saisies;

5° l'indication, en caractères très apparents, que le débiteur dispose d'un délai d'un mois pour procéder à la vente amiable des valeurs saisies dans les conditions prescrites soit à l'article R. 233-3 C. pr. exéc., soit, s'il s'agit de droits d'associés ou de valeurs mobilières non admises à la cote officielle ou à celle du second marché, aux articles R. 221-30 à R. 221-32 C. pr. exéc.;

6° si la saisie porte sur des valeurs mobilières cotées, l'indication qu'il peut, en cas de vente forcée et jusqu'à la réalisation de celle-ci, faire connaître au tiers saisi l'ordre dans lequel elles devront être vendues;

7° la reproduction des articles R. 221-30 à R. 221-32 et R. 233-3 C. pr. exéc. Une copie de l'acte de conversion est signifiée au tiers saisi.

628.83 **Vente.** La vente est effectuée selon les modalités fixées aux articles R. 233-3 à R. 233-9 C. pr. exéc. (C. pr. exéc., art. R. 524-6 – ces modalités sont étudiées s[s] n°s 730.05 s.). La vente n'est évidemment pas précédée d'une vérification des biens saisis conservatoirement, leur dégradation ou leur disparition étant une hypothèse absurde.

628.84 **Distribution du prix.** Le législateur aurait pu concevoir de renvoyer à l'attribution du prix de la vente (comp. C. pr. exéc., art. R. 523-9), mais il a opté, s'agissant du débouché naturel de la saisie-vente, pour une distribution dans les conditions des articles R. 251-1 à R. 251-11 C. pr. exéc. La question est examinée plus loin (v. s[s] n°s 730.05 s.).

1. Sur l'exigence seulement d'un décompte : Civ. 2e, 26 juin 2008, n° 07-16.199, NP.

TITRE

63. Les règles spécifiques à chaque sûreté judiciaire provisoire

SECTION 0
ORIENTEUR

630.00 **Plan du titre.**

CHAPITRE

631. Règles spécifiques à l'inscription d'hypothèque judiciaire provisoire

Jean-Michel SOMMER
Président de chambre
à la cour d'appel de Versailles

SECTION 0
Orienteur

631.00 Plan du chapitre.

631.01 Textes applicables.
C. pr. exéc., art. L. 122-1, L. 511-1 à L. 511-4, L. 512-1 et L. 512-2, L. 531-1, L. 531-2, L. 532-1 et L. 533-1; R. 511-7, R. 511-8, R. 512-1, R. 512-2, R. 531-1, R. 532-1, R. 532-5, R. 532-7, R. 532-8, R. 532-9 et R. 533-1 à R. 533-6.

C. civ., art. 2481, 2397, 2412, 2434, 2440 à 2245 et 2448.

• **Décr. n° 55-22, 4 janv. 1955,** portant réforme de la publicité foncière, *JO* 7 janv., p. 346, mod. par Décr. n° 98-516, 23 juin 1998 et Ord. n° 2006-346, 23 mars 2006.

• **Décr. n° 55-1350, 14 oct. 1955,** pris pour l'application du décret n° 55-22 du 4 janvier 1955 portant réforme de la publicité foncière, *JO* 25 oct., p. 10125.

631.03 Bibliographie indicative. (V. s[s] n° 600.03).

Actualisable. *J.-Cl. Civ.*, art. 2123, G. Légier, 1997.

Ouvrages. C. Mouly, M. Cabrillac et P. Pétel, *Droit des sûretés*, 8e éd., « Manuels », LexisNexis/Litec, 2007 – J.-L. Vivier, *Les sûretés judiciaires en matière immobilière*, 1995.

Articles et chroniques. P. Chevalier, « La dispense de publicité définitive au profit du créancier hypothécaire inscrit provisoirement sur un immeuble, dans le cadre d'une procédure d'ordre judiciaire », *D.* 1998. Chron. 425 – P. Coudert, M. Dagot et X. Daverat, *JCP N* 1994. Prat. 2670, 3052, 2953 – P. Delebecque et P. Simler, « Hypothèque judiciaire conservatoire, réforme », *RDI* 1992. 236 et 532 – J. Delga, « Disponibilité d'un immeuble grevé d'une hypothèque judiciaire provisoire », *Gaz. Pal.* 1994. 1. Doctr. 154 – J.-L. Meunier, « L'inscription provisoire d'hypothèque », *Defrénois* 1994, art. 35688 – J.-C. Woog, « L'inscription d'une hypothèque provisoire en l'absence de décision judiciaire, ou : pourquoi faire simple quand on peut faire compliqué ? », *Gaz. Pal.* 1994. 2. Doctr. 1091.

631.05 Définition. Une sûreté judiciaire peut être constituée à titre conservatoire sur les immeubles (C. pr. exéc., art. L. 531-1 et R. 531-1). Elle prend la forme d'une publicité provisoire à la conservation des hypothèques (C. pr. exéc., art. R. 532-1), notifiée ensuite au débiteur (C. pr. exéc., art. R. 532-5) et confirmée enfin par une publicité définitive (C. pr. exéc., art. R. 533-1). Les biens grevés d'une sûreté judiciaire demeurent aliénables (C. pr. exéc., art. L. 531-2). Les créanciers ayant hypothèque inscrite sur un immeuble le suivent en quelques mains qu'il passe, pour être colloqués et payés suivant l'ordre de leur inscription (C. civ., art. 2461); ils peuvent aussi poursuivre l'expropriation forcée (C. pr. exéc., art. L. 311-2 et L. 311-4) sous la forme exclusive de saisie immobilière.

631.06 Cumul possible avec les autres hypothèques judiciaires. Une première hypothèque judiciaire résulte des jugements ou des décisions arbitrales exécutoires (C. civ., art. 2412). Elle ne peut donc être prise qu'au vu d'un jugement passé en force de chose jugée, alors que cette exigence ne s'impose pas pour l'inscription conservatoire. On voit mal dans quel cas le créancier qui pourrait se réclamer de l'article 2412, préférerait l'inscription provisoire; réciproquement, celui qui n'a pu prendre qu'une hypothèque provisoire la consolidera selon l'article R. 533-1 C. pr. exéc. après obtention du titre exécutoire, plutôt que de recourir à l'hypothèque judiciaire. Mais le cumul n'est pas interdit par la loi. L'hypothèque provisoire ne doit cependant jamais être confondue avec l'hypothèque judiciaire, qui est en réalité une hypothèque légale attachée de plein droit à tout jugement de condamnation et qui n'est pas soumise aux dispositions du Code des procédures civiles d'exécution[1].

Les textes prévoient d'autres hypothèques ordonnées par les juges (C. civ., art. 2402 à 2408, entre époux, pour le paiement des sommes qu'ils pourraient se devoir l'un à l'autre – C. civ., art. 2409, en matière de tutelle – C. pr. exéc., art. L. 512-1, al. 2 pour les garanties de substitution des mesures d'exécution, *etc.*); ces hypothèques, qui demeurent à notre avis de nature conventionnelle, ne sont pas incompatibles avec une inscription provisoire mais ne les priment d'aucune manière et réciproquement : chacune prend rang à sa date (v. s[s] n° 631.24).

631.07 Immeubles concernés. Sont seuls susceptibles d'hypothèque les biens immobiliers qui sont dans le commerce, et leurs accessoires réputés immeubles (C. civ., art. 2397). Est également « *grevable* » l'usufruit des mêmes biens et accessoires, pendant le temps de sa durée (C. civ., art. 2397). À noter que l'article L. 526-1 du Code de commerce, d'interprétation stricte, interdit la saisie du bien objet de la déclaration d'insaisissabilité, mais non l'inscription d'une hypothèque judiciaire à titre conservatoire sur ce bien[2]. L'hypothèque ayant comme issue normale la saisie immobilière, la notion d'immeubles et accessoires est commune aux deux institutions.

Le juge qui autorise la mesure veillera à ne pas l'étendre sans nécessité par une formule trop générale (« *tous les immeubles du débiteur* »), qui ne manquerait pas de susciter du contentieux, il devra indiquer avec précision les immeubles concernés (dans la même perspective, v. s[s] n° 631.33, à propos du cantonnement).

631.08 Droit international. Le lieu de situation de l'immeuble étant sans importance aux termes du Code des procédures civiles d'exécution, le droit international ne diffère pas ici de ce qu'il est pour toutes les mesures conservatoires (v. s[s] n° 600.09).

SECTION 1
FORMALITÉS DE PUBLICITÉ PROVISOIRE ET SIGNIFICATION

631.11 Mentions principales. La publicité provisoire ne relève pas du monopole des huissiers de justice, n'étant pas un acte d'exécution (C. pr. exéc., art. L. 122-1 – v. s[s] n° 612.61, dispositions applicables à toutes les mesures conservatoires).

L'article R. 532-1 C. pr. exéc. énonce : « *L'inscription provisoire d'hypothèque est opérée par le dépôt au service de la publicité foncière de deux bordereaux dans les conditions prévues par l'article 2428 du Code civil. Elle contient, en outre, l'indication du capital de la créance et de ses accessoires* ».

631.12 Mentions complémentaires. L'article R. 532-1 C. pr. exéc. ne se contente pas des indications susdites dans les termes habituels pour d'autres mesures conservatoires; il renvoie aux conditions de l'article 2428 du Code civil. Ces dispositions très formalistes sont manifestement inadaptées au contexte précontentieux ou contentieux de la sûreté judiciaire. L'identité des parties doit être fournie selon le décret du 4 janvier 1955 : pour les personnes physiques (Décr. 4 janv. 1955, art. 5), nom, prénoms dans l'ordre de l'état civil, date et lieu de naissance, domicile, profession, nom du conjoint; pour les personnes morales (Décr. 4 janv. 1955, art. 6), dénomination, forme sociale exacte, siège, numéro d'immatriculation au registre du commerce (ou date et lieu de la déclaration pour une association ou du dépôt des statuts pour un syndicat). Ces renseignements doivent en outre être certifiés par un officier ministériel, avocat, administrateur judiciaire, liquidateur ou représentant de créanciers ou par une autorité administrative. À défaut de toutes ces indications, le dépôt du bordereau est refusé (C. civ., art. 2428, al. 5).

La désignation de l'immeuble grevé doit être individuelle, avec indication de la commune de situation (C. civ., art. 2428). Le décret du 4 janvier 1955 (Décr. 4 janv. 1955, art. 7, al. 1er) est plus exigeant encore : nature, situation, contenance, désignation cadastrale (section, numéro du plan et lieudit ou rue et numéro); en cas d'hypothèque sur une partie seulement d'un immeuble ou sur une partie d'un lot dûment identifié dans un immeuble, désignation des fractions grevées selon un état descriptif de division (Décr. 4 janv. 1955, art. 7, al. 3).

Si les manquements passent provisoirement inaperçus, une faculté de régularisation est ouverte (C. civ., art. 2428, al. 6).

1. Civ. 3e, 17 juin 2009, n° 08-17.065, *Bull. civ.* III, n° 152 – Civ. 3e, 17 juin 2009, n° 08-10.641, *Bull. civ.* III, n° 151.
2. Com. 11 juin 2014, n° 13-13.643, *Bull. civ.* IV, n° 106; *D.* 2014. 1613, note Crocq; *Gaz. Pal.* 13-17 juill. 2014, p. 10 à 12, note Mignot.

Enfin, le bordereau est obligatoirement établi sur un formulaire de l'administration, à peine de rejet du dépôt (C. civ., art. 2428, al. 2 et 7).

631.13 Exigences jurisprudentielles. La Cour de cassation a rappelé qu'aucune publicité provisoire ne peut avoir lieu si, avant cette formalité, le titre de propriété du débiteur sur l'immeuble convoité n'a pas été publié[1]. Cette décision étend à l'inscription d'hypothèque judiciaire provisoire le principe dit de l'« effet relatif » (Décr. 4 janv. 1955, art. 3 - Décr. 14 oct. 1955, art. 32) : un immeuble ne peut être grevé qu'autant qu'il appartient bien au débiteur et que le fichier immobilier en porte la preuve. Elle contraint le créancier poursuivant à s'assurer de la publication du titre de propriété du débiteur.

631.14 Contentieux du rejet. En cas de refus de dépôt ou de rejet d'une formalité de publicité, un recours contre la décision du conservateur est possible. Il est porté devant le président du tribunal de grande instance, qui statue comme en matière de référé[2], sans exécution provisoire (Décr. 4 janv. 1955, art. 26). Si le refus ou le rejet est annulé, la publicité prend rang à la date de son dépôt initial. À défaut de précision contraire, cette disposition est applicable en matière d'hypothèque judiciaire provisoire. Le juge de l'exécution n'a ici aucune compétence.

631.15 Signification au débiteur. L'huissier de justice retrouve ici un monopole d'action, et l'article 648 C. pr. civ. trouve à s'appliquer.

À peine de caducité, huit jours au plus tard après le dépôt des bordereaux d'inscription, le débiteur en est informé par acte d'huissier de justice. Cet acte contient, à peine de nullité :

1° Une copie de l'ordonnance du juge ou du titre en vertu duquel la sûreté a été prise; toutefois s'il s'agit d'une obligation notariée ou d'une créance de l'État, des collectivités territoriales ou de leurs établissements publics, il n'est fait mention que de la date, de la nature du titre et du montant de la dette (conformément aux dispositions de l'article 495 C. pr. civ., doit aussi être remis au saisi une copie de la requête comportant l'indication précise des pièces invoquées de façon à faire respecter le principe de la contradiction[3]);

2° L'indication, en caractères très apparents, que le débiteur peut demander la mainlevée de la sûreté comme il est dit à l'article R. 512-1 C. pr. exéc.;

3° La reproduction des articles R. 511-1 à R. 512-3 et R. 532-6 C. pr. exéc. (C. pr. exéc., art. R. 532-5).

Cette règle est prescrite à peine de caducité de la publicité provisoire[4].

Par un arrêt du 2 février 2012, la deuxième chambre civile de la Cour de cassation a jugé que, si l'acte de signification au débiteur de l'ordonnance autorisant l'inscription ne mentionne pas que le créancier a procédé à l'inscription provisoire, la caducité de l'inscription est encourue en raison du défaut d'information du débiteur sur l'existence de l'inscription, de sorte qu'il y a lieu de donner mainlevée de la mesure[5].

La Cour de cassation combine ces exigences de forme avec celles résultant de l'article 495 alinéa 2 C. pr. civ. Elle en déduit que la dénonciation au débiteur de l'inscription provisoire d'hypothèque doit comporter également la copie de la requête comportant l'indication précise des pièces invoquées[6].

631.16 Péremption et renouvellement. À la différence notable des saisies conservatoires, les sûretés se périment et il faut donc les renouveler (C. pr. exéc., art. L. 533-1)[7]. L'article 2434 du Code civil retient en principe un délai de dix années, qui n'a pas pu être transposé à l'hypothèque provisoire. Désormais, la publicité provisoire conserve la sûreté pendant trois ans; elle peut être renouvelée dans la même forme et pour la même durée (C. pr. exéc., art. R. 532-7). Le renouvellement s'opère selon les modalités de l'article 61 du décret du 14 octobre 1955.

Cependant, dès que l'inscription provisoire a produit son effet légal, son renouvellement n'est pas nécessaire, en particulier lorsque le prix de vente du bien donné en garantie a été consigné[8].

SECTION 2

EFFETS DE L'INSCRIPTION D'HYPOTHÈQUE JUDICIAIRE PROVISOIRE

631.21 Aliénabilité du bien grevé. Déjà posée par la jurisprudence avant la réforme de 1991, la règle est édictée par l'article L. 531-2 C. pr. exéc.

1. Civ. 3e, 13 mai 1987, n° 85-13.572, *Bull. civ.* III, n° 103; *Gaz. Pal.* 1988. 1. 100, note Piedelièvre – SUR RENVOI : Limoges, 14 mars 1990, *D.* 1991. 161, note Piedelièvre.
2. Sur cette procédure, v. S. Guinchard (dir.), Dalloz action *Droit et pratique de la procédure civile*, 2014/2015, par A. Lacabarats, nos 323.00 s.
3. Civ. 2e, 13 juill. 2006, n° 05-13.976, *Bull. civ.* II, n° 210; *D.* 2007. 1380, obs. Julien.
4. TGI Nancy, JEX, 10 janv. 1994, *Rev. huiss.* 1994. 669.
5. Civ. 2e, 2 févr. 2012, n° 11-12.308, *Bull. civ.* II, n° 21.
6. Civ. 2e, 13 juill. 2006, n° 05-13.976 (préc. ss prést n°).
7. Sur l'absence de responsabilité d'un avocat qui avait omis de faire procéder au renouvellement d'une inscription initiale prise au nom d'une société inexistante : Civ. 1re, 16 sept. 2010, n° 09-65.909, *Bull. civ.* I, n° 172; *Rev. sociétés* 2011. 159, note Saintourens.
8. Civ. 1re, 22 mars 2012, n° 11-11.081, *Bull. civ.* I, n° 64; *JCP* 2012. 1029, note Simler.

Si le bien est vendu avant que la publicité définitive ait été accomplie, le créancier titulaire de la sûreté judiciaire jouit des mêmes droits que le titulaire d'une sûreté conventionnelle ou légale. Toutefois, la part qui lui revient dans la distribution du prix est consignée (C. pr. exéc., art. R. 532-8, al. 1er).

Ainsi, en cas de vente, la sûreté opère théoriquement le même effet de consignation que la saisie conservatoire (v. ss n° 621.46, *Saisies conservatoires des créances, fonctionnement du gage*)[1]. Cette consignation dure tant que le créancier n'a pas justifié de l'accomplissement de la publicité définitive; à défaut de cette suite, la somme provenant de la vente est remise aux autres créanciers en ordre de la recevoir ou au débiteur (C. pr. exéc., art. R. 532-8, al. 2).

À vrai dire, dans le cas particulier de l'hypothèque judiciaire provisoire, la consignation est de toute façon prévue : le mécanisme de la purge (C. civ., art. 2475 s.)[2], qui vise à la fois à libérer l'immeuble de la sûreté réelle, à permettre aux créanciers inscrits de requérir la vente aux enchères si le prix amiable paraît trop faible, enfin d'être payés sur le prix de la vente dans l'ordre de la loi, comporte une phase de consignation au moins lorsque plusieurs créanciers concourent (C. civ., art. 2481 *in fine*), alors même que la purge ne serait pas faite, selon une pratique assez courante[3], le notaire qui instrumente la vente séquestrera les fonds, qui seront nantis au profit des créanciers hypothécaires pour n'être pas saisissables par saisie-attribution d'autres créanciers; puis il servira les créanciers hypothécaires[4].

La vente après la publicité provisoire rend évidemment sans intérêt la mise en œuvre de la publicité définitive. Si après la vente du bien, le prix en a été régulièrement consigné pour être distribué, la publicité définitive est remplacée par la signification du titre du créancier à la personne chargée de la répartition du prix, dans le délai de deux mois prévu à l'article R. 533-4 C. pr. exéc. (C. pr. exéc., art. R. 533-5).

631.22 Date d'opposabilité. Les sûretés judiciaires sont opposables aux tiers du jour de l'accomplissement des formalités de publicité (C. pr. exéc., art. L. 532-1).

631.23 Concours avec une procédure commerciale collective. V. ss n° 611.30, les dispositions applicables à toutes les mesures conservatoires.

1. Exposé par J. Delga, « Disponibilité d'un immeuble grevé d'une hypothèque judiciaire provisoire », *Gaz. Pal.* 1994. 1. Doctr. 154, § II-B.
2. MOULY, CABRILLAC et PÉTEL, n° 1011.
3. MOULY, CABRILLAC et PÉTEL, n° 1021.
4. Autorisant cette pratique : Civ. 3e, 17 janv. 1978, n° 76-12.442, *Bull. civ.* III, n° 38; *D.* 1978. 605, note Souleau; *RDI* 1979. 366, note Dagot – Civ. 3e, 8 janv. 1980, n° 78-13.257, *Bull. civ.* III, n° 7; *D.* 1980. 368, concl. Franck; *RDI* 1980. 193, note Dagot.

631.24 Concours avec une autre inscription d'hypothèque. Les créanciers hypothécaires sont colloqués et payés suivant l'ordre de leur inscription (C. civ., art. 2461). L'inscription d'hypothèque judiciaire provisoire prend rang à la date de la formalité initiale, sous réserve d'être confirmée par une publicité définitive (C. pr. exéc., art. R. 533-1), examinée ci-après.

Contrairement à ce qui était prévu dans le régime de la saisie immobilière antérieure au décret du 27 juillet 2006 (not. ACPC, art. 686, al. 2), les créanciers qui ont inscrit leur sûreté sur l'immeuble après la publication d'un commandement valant saisie mais avant la publication de la vente, peuvent intervenir dans la procédure en déclarant leur créance, arrêtée en principal frais et intérêts échus au jour de la déclaration.

À peine d'irrecevabilité, la déclaration est faite par acte d'avocat déposé au greffe du juge de l'exécution dans un délai de quinze jours suivant l'inscription et est accompagnée d'une copie du titre de créance, du bordereau d'inscription et d'un état hypothécaire levé à la date de l'inscription. La déclaration est dénoncée, dans les mêmes formes, le même jour ou le premier jour ouvrable suivant, au créancier poursuivant et au débiteur (C. pr. exéc., art. R. 322-13).

SECTION 3
ISSUE DE LA PUBLICITÉ PROVISOIRE : AMÉNAGEMENTS OU DISPARITION

631.31 Compétence. La compétence du juge qui a autorisé la mesure conservatoire ou à défaut du juge de l'exécution (C. pr. exéc., art. R. 512-2) ne reçoit pas ici exception. La plénitude de juridiction du juge de l'exécution ne doit pas tromper : il se contentera d'examiner si les conditions des mesures conservatoires en général, et celles de l'inscription d'hypothèque judiciaire en particulier, sont réunies; il n'aura pas l'occasion d'approfondir les questions de propriété immobilière. Il est un cas, enfin, où le juge qui a ordonné la mesure ne sera pas celui qui en ordonnerait la radiation : le juge saisi du fond a en effet compétence à cette fin, lorsqu'il a examiné la créance qui fondait l'hypothèque provisoire (v. ss n° 631.34).

631.32 Mainlevée, substitution. La **mainlevée amiable** de l'hypothèque judiciaire provisoire n'est pas rare : la menace est sérieuse et conduit fréquemment le débiteur à se libérer dès que possible. Cette mainlevée, qui n'appelle pas de commentaires juridiques pose des difficultés bien connues des praticiens : le créancier tarde volontiers à accomplir la radiation (C. civ., art. 2440 et 2441 – Décr. 4 janv. 1955, art. 5, 6 et 7).

La **mainlevée judiciaire**, quant à elle, n'obéit pas à des causes ou des formes différentes de celles des mesures conservatoires en général. Les juges devront être extrêmement précis dans leur dispositif; non seulement ils devront ordonner expressément la radiation, car il y a là une exception au droit commun de l'article 2440[1] du Code civil, mais ils devront le faire de façon que le conservateur des hypothèques trouve dans le jugement même tous les renseignements utiles et ne rejette pas la formalité. Les parties devront donc donner ces renseignements dans leurs pièces de procédure. La formalité ne peut en outre être engagée qu'en vertu d'un jugement rendu en dernier ressort ou passé en force de chose jugée[2].

Quant aux garanties de substitution que pourrait offrir le débiteur pour recouvrer la disposition des biens saisis, elles ne font pas l'objet de dispositions spécifiques (comp. saisie conservatoire des créances et saisie conservatoire des droits incorporels) : l'article L. 512-1 alinéa 2 C. pr. exéc. est d'application générale (sur ces questions, v. s[s] n° 613.21).

631.33 Cantonnement. L'article R. 532-9 C. pr. exéc. dispose que lorsque la valeur des biens grevés est manifestement supérieure au montant des sommes garanties, le débiteur peut faire limiter par le juge les effets de la sûreté provisoire s'il justifie que les biens demeurant grevés ont une valeur double du montant de ces sommes.

Cette disposition s'inspire largement de l'article 2444 du Code civil, mais ne se réfère pas à l'article 2442 quant à la compétence. L'interprétation de l'article R. 532-9 C. pr. exéc. s'enrichit aussi en se référant à l'article 2445 du Code civil, relatif aux créances originellement indéterminées. Mais les juges doivent indiquer pourquoi la sûreté est excessive et s'expliquer sur les éléments de fait qui permettent leur estimation[3]. Ils doivent également s'assurer que la valeur des biens grevés représente bien le double du montant des sommes inscrites pour lequel la mesure avait été autorisée et non le double du montant de la créance résultant du titre exécutoire obtenu[4].

631.34 Caducité. Contrairement aux saisies conservatoires, les inscriptions d'hypothèque provisoire sont frappées de caducité dans certains cas. La caducité de la publicité provisoire intervient dans deux hypothèses : le défaut de renouvellement avant la fin de la troisième année (v. s[s] n° 631.16) et le défaut de publicité définitive (en principe, dans un délai de deux mois après obtention du titre exécutoire, v. s[s] n° 631.42). À défaut de confirmation dans le délai, la publicité provisoire est caduque et sa radiation peut être demandée au juge de l'exécution (C. pr. exéc., art. R. 533-6).

En cas d'extinction de l'instance introduite par le créancier ou si sa demande est rejetée, la radiation est demandée au juge saisi du fond; à défaut, elle est ordonnée par le juge de l'exécution. La radiation est effectuée sur présentation de la décision passée en force de chose jugée. Les frais sont supportés par le créancier.

Si la part du créancier titulaire de la sûreté provisoire a été consignée, elle est remise, selon le cas, aux créanciers en ordre de la recevoir ou au débiteur.

SECTION 4
ISSUE DE LA PUBLICITÉ PROVISOIRE : CONSOLIDATION EN PUBLICITÉ DÉFINITIVE

631.41 Obtention du titre exécutoire et signification. Si ce n'est dans le cas où l'inscription d'hypothèque judiciaire provisoire a été pratiquée avec un titre exécutoire, le créancier doit, dans le mois qui suit la publicité provisoire, à peine de caducité, introduire une procédure ou accomplir les formalités nécessaires à l'obtention d'un titre exécutoire (C pr. exéc., art. R. 511-7). Cette disposition, générale à toutes les mesures conservatoires, mais source de difficultés notoires, a déjà été examinée (v. s[s] n°s 612.71 à 612.78). On se bornera ici à rappeler qu'une transaction non déclarée exécutoire par le juge ne permet pas de prendre une inscription définitive[5].

La signification du titre exécutoire, prévue par l'article R. 511-8 C. pr. exéc., n'est destinée qu'aux personnes qui se trouvent dans un rapport de droit avec le débiteur et à qui la mesure conservatoire pratiquée impose des obligations. Le conservateur des hypothèques n'en fait pas partie[6].

631.42 Délai de la publicité définitive. Le texte de l'article R. 533-4 C. pr. exéc. distingue trois situations.

Si la **publicité provisoire** a été prise **sans titre exécutoire** (donc sur autorisation du juge ou avec l'un des quasi-titres de l'article 68 de la loi), ou encore avec un titre exécutoire provisoire, la publicité définitive doit être effectuée dans un délai de deux mois du jour où le titre constatant définitive-

1. EN CE SENS : MOULY, CABRILLAC et PÉTEL, n° 905.
2. Civ. 3e, 15 mai 1974, n° 73-11.349, *Bull. civ.* III, n° 199; *D.* 1975. 147, note Franck.
3. Civ. 2e, 15 juin 1973, n° 72-11.048, *Bull. civ.* II, n° 195; *Gaz. Pal.* 1973. 2. Somm. 185.
4. Civ. 2e, 21 mars 2013, n° 12-15.071, *Bull. civ.* II, n° 56.
5. Civ. 3e, 17 nov. 2004, n° 02-10.296, NP.
6. Cass., avis, 24 janv. 1994, n° 09-30.020, *Bull. avis*, n° 4; *D.* 1994. 347, obs. Julien; *JCP* 1995. II. 22392, note Dagot et Malbosc-Cantegril; *RTD civ.* 1994. 428, obs. Perrot.

ment les droits du créancier est passé en force de chose jugée[1].

Si la **publicité provisoire** a été prise avec un **titre dont le caractère exécutoire est subordonné à une procédure d'*exequatur***, la publicité définitive doit être effectuée dans un délai de deux mois du jour où la décision d'*exequatur* est passée en force de chose jugée.

Enfin, si la **publicité provisoire** a été mise en œuvre avec un **titre exécutoire définitif**, la publicité définitive doit être effectuée un mois au moins après la signification de la publicité provisoire au débiteur (qui dispose ainsi d'un délai minimal pour réagir) et trois mois au plus après cette signification.

On notera avec soin la nuance, qui ne se retrouve pas en matière de saisies conservatoires, entre titre exécutoire et titre bénéficiant de la force de chose jugée (C. pr. civ., art. 501). Notamment, si le jugement qui profite au créancier est frappé d'appel suspensif, la publicité définitive peut être considérablement retardée[2] et la péremption de la publicité provisoire (v. s^s^ n° 631.16) devient un risque réel[3]. Inversement, si le débiteur bénéficie de délais de paiement aux termes d'un jugement définitif, celui-ci n'est pas exécutoire immédiatement et il faudra pourtant bien procéder à la publicité définitive sans attendre le terme prévu par les juges.

Si le titre est constitué par un arrêt de cour d'appel, et sauf dans les cas où le pourvoi en cassation est suspensif, le délai court à compter du prononcé de l'arrêt[4].

Si le titre est constitué par un jugement correctionnel statuant sur l'action civile, le délai court à compter du jour où ce jugement est devenu irrévocable en ses dispositions civiles, soit, s'il s'agit d'un jugement contradictoire, dix jours après son prononcé[5].

En raison du caractère contraignant de ces délais, le débiteur ne peut pas retarder la publicité définitive une fois que le titre est obtenu. Ainsi jugé qu'en cas de publicité provisoire sur un immeuble appartenant à une succession, le bénéfice d'inventaire imposé par les héritiers n'empêchait pas la publicité définitive[6].

Il ne sert à rien, pour éviter ces divers périls, de prendre une inscription définitive avec un titre encore susceptible de recours au fond : une telle inscription précoce ne se substituerait pas rétroactivement à une inscription provisoire antérieure[7]. Il n'est même pas possible de pratiquer avec un titre disposant de la force exécutoire provisoire mais non encore de la force de chose jugée[8].

631.43 Formes de la publicité définitive. L'inscription d'hypothèque judiciaire définitive est opérée conformément à l'article 2428 du Code civil[9] (C. pr. exéc., art. R. 533-2). Les formalités sont donc exactement de même teneur et de même complexité que celles examinées à propos de la publicité provisoire (v. s^s^ n°s 631.11 s.).

631.44 Effet de la publicité définitive. La publicité définitive donne rang à la publicité provisoire à la date de la formalité initiale, dans la limite des sommes conservées par cette dernière (C. pr. exéc., art. R. 533-1). Tel est le seul effet de la publicité définitive : l'aliénabilité de l'immeuble, l'opposabilité de l'hypothèque, les concours avec d'autres poursuites, s'analysent par rapport à la publicité provisoire, dûment consolidée. La mainlevée de l'hypothèque définitive, sa substitution par d'autres garanties, sa péremption, sont régies comme pour toute hypothèque définitive[10]. Notamment, le juge de l'exécution n'a plus aucune compétence à partir de la publicité définitive[11].

Une inscription définitive qui interviendrait au-delà du délai examiné (v. s^s^ n° 631.42) serait valable mais ne prendrait rang qu'à sa date, et non à celle de l'inscription provisoire devenue caduque[12].

SECTION 5

ISSUE DE LA PUBLICITÉ PROVISOIRE : RÉALISATION DE LA SÛRETÉ

631.51 Renvoi. La question est examinée dans les chapitres consacrés à la saisie immobilière (v. s^s^ n°s 1300.11 s.). Cette saisie ne présentera pas de particularités au motif que l'hypothèque qui la précède aura été une hypothèque judiciaire provisoire.

1. Civ. 3e, 16 janv. 2008, n° 07-10.084, *Bull. civ.* III, n° 10.
2. Civ. 3e, 3 janv. 1979, n° 77-13.175, *Bull. civ.* III, n° 2; *D.* 1979. 213, note Franck – Civ. 3e, 10 mars 1981, n° 79-13.168, *Bull. civ.* III, n° 53; *JCP* 1982. II. 19719, obs. Thuillier.
3. Retenant la responsabilité de l'avocat : Civ. 1re, 22 févr. 1968, *RTD civ.* 1968. 588, obs. Raynaud.
4. Civ. 2e, 12 oct. 2006, n° 05-10.511, *Bull. civ.* II, n° 271; *JCP E* 2006. 2824, obs. Simler et Delebecque.
5. Civ. 2e, 6 mai 2004, n° 02-17.180, *Bull. civ.* II, n° 212.
6. Civ. 2e, 30 juin 1993, n° 91-11.787, *Bull. civ.* II, n° 242; *Gaz. Pal.* 1994. 1. Pan. 16.
7. En matière de nantissement, mais transposable à l'hypothèque : Com. 27 mai 1997, n° 94-15.838, *Bull. civ.* IV, n° 158; *RTD com.* 1997. 628, obs. Derruppé; *RTD com.* 1998. 194, obs. Bouloc.
8. Civ. 2e, 24 juin 1998, n° 96-14.579, NP; *RTD civ.* 1999. 210, obs. Perrot – TGI Lyon, JEX, 18 mai 1999, NP – *CONTRA*, *RTD civ.* 1997. 755, note Perrot.
9. C. civ., anc. art. 2148 (mod. par Ord. n° 2006-346, 23 mars 2006).
10. CABRILLAC, MOULY et PÉTEL, *Droit des sûretés*, 9e éd., « Manuels », LexisNexis/Litec, 2010, n°s 964 s.
11. Civ. 2e, 5 juin 1996, n° 94-17.089, NP; *Procédures* 1996, n° 216, note Perrot.
12. Dans une affaire où était recherchée la responsabilité d'un notaire : Civ. 1re, 23 juin 2011, n° 10-17.244, NP.

CHAPITRE

632. Règles spécifiques à l'inscription de nantissement judiciaire provisoire

JEAN-MICHEL SOMMER
PRÉSIDENT DE CHAMBRE
À LA COUR D'APPEL DE VERSAILLES

SECTION 0
ORIENTEUR

632.00 **Plan du chapitre.**

632.01 **Textes applicables.**

C. pr. exéc., art. L. 122-1, L. 511-1 à L. 511-4, L. 512-1 et L. 512-2, L. 531-1, L. 531-2, L. 532-1 et L. 533-1; R. 232-1 à R. 232-4, R. 511-1 à R. 512-3, R. 531-1, R. 532-2 à R. 533-6.

C. civ., art. 2333 à 2350, 2355 à 2366.

C. com., art. L. 141-5 à L. 143-23.

632.03 **Bibliographie indicative.** V. bibliographie indicative sur les dispositions applicables à toutes les mesures conservatoires s^s^ n° 600.03.

Actualisables. *J.-Cl. Banque-Crédit-Bourse,* fasc. 2121, M. Jeantin – *JCP E*, fasc. 230, F. Bouttier.

Ouvrages. J.-M. DELECCI, *La réforme des procédures civiles d'exécution, son application aux opérations de banque*, 2e éd., Éd. Banque, 1997 – C. MOULY, M. CABRILLAC et P. PÉTEL, *Droit des sûretés*, 8e éd., « Manuels », LexisNexis/Litec, 2007.

Articles. D. Baraderie, « Le nantissement de droits d'associés et de valeurs mobilières », *Gaz. Pal.* 1993. 2. Doctr. 910 – H. Symet, « Le nantissement de biens incorporels », *Dr. et patr.* sept. 2007. 75.

632.04 **Intérêt pratique.** Le nantissement judiciaire provisoire de fonds de commerce souffre certainement du privilège du Trésor public sur les créanciers nantis[1]. Les autres nantissements, créés par la loi du 9 juillet 1991, paraissent recueillir davantage l'adhésion.

632.05 **Définition.** Une sûreté judiciaire peut être constituée à titre conservatoire sur les fonds de commerce, les actions, les parts sociales et valeurs mobilières (C. pr. exéc., art. L. 531-1 et R. 531-1). Elle prend la forme d'une publicité provisoire selon le cas, au tribunal de commerce, à la société émettrice des parts ou auprès des mandataires et intermédiaires agréés (C. pr. exéc., art. R. 532-2 à R. 532-4) notifiée ensuite au débiteur (C. pr. exéc., art. R. 532-5) et confirmée enfin par une publicité définitive (C. pr. exéc., art. R. 533-1). Les biens grevés d'une sûreté judiciaire demeurent aliénables (C. pr. exéc., art. L. 531-2).

Avant l'ordonnance du 23 mars 2006, les effets du nantissement étaient ceux du gage dont il était une forme spécifique appliqué à des meubles incorporels.

L'ordonnance du 23 mars 2006 réserve désormais le terme de gage aux seules sûretés portant sur des biens corporels (C. civ., art. 2333) et le nantissement fait l'objet de règles qui lui sont spécifiques aux articles 2355 à 2366 du Code civil. Cependant, lorsqu'il porte sur un bien autre qu'une créance, et c'est le cas lorsqu'il est effectué à titre conservatoire, il obéit, à défaut de dispositions spéciales, aux règles prévues pour le gage de meubles corporels, auxquelles s'ajoutent celles prévues par les disposi-

1. Com. 26 oct. 1971, n° 69-10.826, *Bull. civ.* IV, n° 255; *D.* 1972. 61, note Derrida.

tions applicables aux voies d'exécution lorsqu'il est judiciaire (C. civ., art. 2355).

632.06 Cumul possible avec les autres mesures conservatoires. Nonobstant son faible champ d'application, la saisie conservatoire est aussi possible sur certains droits incorporels. La finalité est alors la vente forcée et non pas, comme en matière de nantissements, un privilège sur le prix en cas de vente : la saisie conservatoire est admise sur les parts sociales, sur des valeurs mobilières, mais non sur un fonds de commerce, sinon pour ses éléments corporels (v. s[s] n° 622.23).

632.07 Biens concernés. Les nantissements judiciaires provisoires concernent, aux termes légèrement divergents des articles L. 531-1 et R. 531-1 C. pr. exéc., les fonds de commerce, les actions, les parts sociales et les valeurs mobilières. La formulation vise :

- les **parts de sociétés** (commerciales, civiles immobilières, civiles professionnelles) et plus généralement tous les droits d'associés qui ne sont pas représentés par des titres négociables;

- les **valeurs mobilières** (admises ou pas à une cote officielle - la définition en est donnée par L. n° 88-1201, 23 déc. 1988, art. 1er, codif. à C. mon. fin., art. L. 211-2); il ne semble pas que la notion plus large d'instruments financiers, retenue par la loi du 2 juillet 1996, puisse se substituer dans la loi du 9 juillet 1991, codifiée au Code des procédures civiles d'exécution, à celle de valeurs mobilières[1]; nous verrons cependant que les formalités de gage conventionnel des instruments financiers sont en partie applicables au nantissement qui nous occupe ici;

- les **éléments des fonds de commerce**; une première difficulté surgit à propos des marchandises, traditionnellement exclues des nantissements[2] à la différence des autres éléments corporels (matériels, mobilier) - pour les immeubles, la seule sûreté judiciaire provisoire admissible est l'hypothèque - une autre difficulté tient au régime des éléments incorporels relevant de la propriété industrielle, car l'Institut national de la propriété industrielle (Inpi) est ici chargé des formalités, à l'exclusion des greffes. Pourtant, le nantissement judiciaire provisoire ne peut pas frapper isolément un des éléments incorporels d'un fonds de commerce, qui tire précisément sa valeur de l'unicité de ces éléments. Nous verrons quelles conséquences en tirer sur le plan des formalités, malgré le silence des textes de 1991 et 1992, codifiés au Code des procédures civiles d'exécution;

- enfin les **démembrements de ces divers droits.**

1. MOULY, CABRILLAC et PÉTEL, n°s 779 s.
2. Paris, 18 oct. 1990, *Juris-Data* n° 026076.

SECTION 1
FORMALITÉS DE PUBLICITÉ PROVISOIRE ET SIGNIFICATION

632.11 Mentions principales. La publicité provisoire ne relève pas du monopole des huissiers de justice, n'étant pas un acte d'exécution (C. pr. exéc., art. L. 122-1 - v. s[s] n° 612.61).

L'inscription provisoire de nantissement sur un fonds de commerce est opérée par le dépôt au greffe du tribunal de commerce de deux bordereaux sur papier libre contenant :

- **1°** La désignation du créancier, son élection de domicile dans le ressort du tribunal de commerce où se trouve situé le fonds et la désignation du débiteur;

- **2°** L'indication de l'autorisation ou du titre en vertu duquel l'inscription est requise;

- **3°** L'indication du capital de la créance et de ses accessoires (C. pr. exéc., art. R. 532-2).

On remarquera que la désignation précise du fonds, requise en matière de nantissement conventionnel (C. com., art. R. 143-9[3]), ne l'est pas en matière de nantissement judiciaire provisoire; cette exigence ne réapparaît qu'au stade de la publicité définitive (v. s[s] n° 632.43).

Le nantissement des parts sociales est opéré par la signification à la société d'un acte contenant :

1° La désignation du créancier et celle du débiteur;

2° L'indication de l'autorisation ou du titre en vertu duquel la sûreté est requise[4];

3° L'indication du capital de la créance et de ses accessoires.

En outre, s'il s'agit d'une société civile immatriculée, l'acte de nantissement est publié au registre du commerce et des sociétés.

Le nantissement grève l'ensemble des parts à moins qu'il ne soit autrement précisé dans l'acte (C. pr. exéc., art. R. 532-3).

En matière de sociétés civiles, les modalités formelles de transcription du nantissement sont celles de l'article 1866 du Code civil et du décret n° 78-704 du 3 juillet 1978 (Décr. 3 juill. 1978, art. 53 à 57); il n'existe pas de texte comparable pour les sociétés commerciales : les praticiens suggèrent

3. Anc. Décr. 28 août 1909, art. 1er.
4. Le nantissement étant une mesure de sûreté judiciaire et non une saisie, les dispositions statutaires prévoyant l'agrément des associés en cas de cession des parts nanties ne peuvent entraver la prise de cette sûreté : Civ. 2e, 2 déc. 2010, n° 09-17.495, *Bull. civ.* II, n° 199; *D.* 2011. 1509, obs. Leborgne; *Rev. sociétés* 2011. 44, obs. Lienhard; *RTD com.* 2011. 377, obs. Monsèrié-Bon; *Procédures* 2011, n° 56, obs. Perrot.

généralement d'opérer comme en matière de sociétés civiles.

Le nantissement des valeurs mobilières est opéré par la signification d'une déclaration à l'une des personnes mentionnées aux articles R. 232-1 à R. 232-4 C. pr. exéc. selon le cas.

Cette déclaration contient :

1° La désignation du créancier et du débiteur;

2° L'indication de l'autorisation ou du titre en venu duquel la sûreté est requise;

3° L'indication du capital de la créance et de ses accessoires.

Le nantissement grève l'ensemble des valeurs mobilières à moins qu'il ne soit autrement précisé dans l'acte.

Le nantissement prend la forme d'un compte spécial ouvert au nom du débiteur et tenu par le tiers détenteur dans les conditions prévues à l'article L. 211-20 du Code monétaire et financier[1].

632.12 Formalités complémentaires – Cas particulier des droits de propriété industrielle. Sur production du certificat du greffier qui aura reçu l'acte de nantissement du fonds de commerce, l'Inpi devra être avisé conformément à l'article L. 143-17 du Code de commerce, transposable à notre avis du nantissement conventionnel au nantissement judiciaire. Malheureusement, bien souvent, le créancier n'aura pas les éléments requis par l'Inpi et le nantissement sur les éléments du fonds tels que brevets, marques, dessins, risque de rester lettre morte.

632.13 Contentieux du rejet. En matière de fonds de commerce, le rejet de la formalité est en principe une hypothèse d'école, le greffier n'ayant aucun droit de retarder ou refuser les inscriptions[2]. Mais dans les autres cas, le réceptionnaire de la publicité provisoire est un tiers, dont l'attitude peut être récalcitrante. En toute hypothèse, le contentieux est porté devant le juge de l'exécution (cep. en cas de difficulté née d'une procédure collective, v. s^{s} n°s 611.30 s.).

632.14 Signification au débiteur. L'huissier de justice retrouve ici un monopole d'action, et l'article 648 C. pr. civ. trouve à s'appliquer.

À peine de caducité, huit jours au plus tard après le dépôt des bordereaux d'inscription ou la signification du nantissement, le débiteur en est informé par acte d'huissier de justice. Cet acte contient, à peine de nullité :

1° une copie de l'ordonnance du juge ou du titre en venu duquel la sûreté a été prise; toutefois s'il s'agit d'une obligation notariée ou d'une créance de l'État, des collectivités territoriales ou de leurs établissements publics, il n'est fait mention que de la date, de la nature du titre et du montant de la dette;

2° l'indication, en caractères très apparents, que le débiteur peut demander la mainlevée de la sûreté comme il est dit à l'article R. 512-1 C. pr. exéc.;

3° la reproduction des articles R. 511-1 à R. 512-3 et R. 532-6 C. pr. exéc. (C. pr. exéc., art. R. 532-5).

632.15 Péremption et renouvellement. À la différence notable des saisies conservatoires, les sûretés se périment et il faut donc les renouveler (C. pr. exéc., art. L. 533-1). La publicité provisoire conserve la sûreté pendant trois ans; elle peut être renouvelée dans la même forme et pour la même durée (C. pr. exéc., art. R. 532-7).

SECTION 2

EFFETS DE L'INSCRIPTION DE NANTISSEMENT JUDICIAIRE PROVISOIRE

632.21 Aliénabilité du bien grevé. Déjà posée par la jurisprudence avant la réforme de 1991 (v. s^{s} n° 613.11), la règle est édictée par l'article L. 531-2 C. pr. exéc.

Si le bien est vendu avant que la publicité définitive ait été accomplie, le créancier titulaire de la sûreté judiciaire jouit des mêmes droits que le titulaire d'une sûreté conventionnelle ou légale. Toutefois, la part qui lui revient dans la distribution du prix est consignée (C. pr. exéc., art. R. 532-8, al. 1er).

Ainsi, en cas de vente, la sûreté opère théoriquement le même effet de consignation que la saisie conservatoire. Cette consignation dure tant que le créancier n'a pas justifié de l'accomplissement de la publicité définitive; à défaut de cette suite, la somme provenant de la vente est remise aux autres créanciers en ordre de la recevoir ou au débiteur (C. pr. exéc., art. R. 532-8, al. 2).

La vente après la publicité provisoire rend évidemment sans intérêt la mise en œuvre de la publicité définitive. Si après la vente du bien, le prix en a été régulièrement consigné pour être distribué, la publicité définitive est remplacée par la signification du titre du créancier à la personne chargée de la répartition du prix, dans le délai de deux mois prévu à l'article R. 533-4 C. pr. exéc. (C. pr. exéc., art. R. 533-5).

632.22 Conservation des droits de vote. Les droits de vote ne sont pas obérés par le nantissement des parts sociales ou des valeurs mobilières (comp., en matière de saisie conservatoire, avec la

1. Mod. par Ord. n° 2009-15, 8 janv. 2009, relative aux instruments financiers, *JO* 9 janv., p. 570.
2. L. 17 mars 1909, anc. art. 33, al. 1er, abrogé à compter de l'entrée en vigueur de la partie réglementaire du Code de commerce.

saisie conservatoire des droits incorporels, v. s[s] n° 628.31).

632.23 Date d'opposabilité. Les sûretés judiciaires sont opposables aux tiers du jour de l'accomplissement des formalités de publicité (C. pr. exéc., art. L. 532-1 – sur l'effet rétroactif de la publicité définitive, v. s[s] n° 632.45).

632.24 Concours avec une procédure commerciale collective. (V. s[s] n°s 611.30 s.).

632.25 Concours avec un autre nantissement. Les créanciers nantis sont colloqués et payés suivant l'ordre de leur inscription (application combinée de C. pr. exéc., art. R. 532-8, et C. civ., art. 2340, al. 1er, et 2355, al. 5). L'inscription d'un nantissement judiciaire provisoire prend rang à la date de la formalité initiale, sous réserve d'être confirmée par une publicité définitive, examinée ci-après. On notera que la date d'effet du nantissement judiciaire de valeurs mobilières est celle de signification au tiers, alors que celle du nantissement conventionnel est celle de la déclaration de constitution de gage[1].

632.26 Concours avec une saisie. La saisie, qu'elle soit conservatoire ou acte d'exécution à fin de vente forcée, se produit sur le bien en l'état où il se trouve. Si le bien est nanti, le créancier saisissant en sera nécessairement avisé. Inversement, un nantissement ne saurait être inscrit sur un bien rendu indisponible par une saisie antérieure, serait-elle conservatoire. La question est détaillée aux chapitres susdits.

SECTION 3

ISSUE DE L'INSCRIPTION DE NANTISSEMENT JUDICIAIRE PROVISOIRE : AMÉNAGEMENTS OU DISPARITION

632.31 Compétence. La compétence du juge qui a autorisé la mesure conservatoire ou à défaut du juge de l'exécution (C. pr. exéc., art. R. 512-2) ne reçoit pas ici exception. La plénitude de juridiction du juge de l'exécution ne doit pas tromper : il se contentera d'examiner si les conditions des mesures conservatoires en général, et celles du nantissement judiciaire en particulier, sont réunies. Il est un cas, enfin, où le juge qui a ordonné la mesure ne sera pas celui qui en ordonnerait la radiation : le juge saisi au fond a en effet compétence à cette fin, lorsqu'il a examiné la créance qui fondait le nantissement provisoire (v. s[s] n° 632.34).

632.32 Mainlevée, substitution. La **mainlevée amiable** de nantissement judiciaire provisoire n'est pas rare : la menace est sérieuse et conduit fréquemment le débiteur à se libérer dès que possible. Cette mainlevée n'appelle pas de commentaires juridiques.

La **mainlevée judiciaire**, quant à elle, n'obéit pas à des causes ou des formes différentes de celles des mesures conservatoires en général. Les juges devront être extrêmement précis dans leur dispositif, de façon que le tiers y trouve tous les renseignements utiles et ne rejette pas la demande de radiation.

Quant aux **garanties de substitution** que pourrait offrir le débiteur pour recouvrer la disposition des biens saisis, elles ne font pas l'objet de dispositions spécifiques (comp. saisie conservatoire des créances et saisie conservatoire des droits incorporels) : l'article L. 512-1 alinéa 2 C. pr. exéc. est cependant d'application générale (sur ces questions, v. s[s] n° 613.21).

632.33 Cantonnement. L'article R. 532-9 C. pr. exéc. dispose que lorsque la valeur des biens grevés est manifestement supérieure au montant des sommes garanties, le débiteur peut faire limiter par le juge les effets de la sûreté provisoire s'il justifie que les biens demeurant grevés ont une valeur double du montant de ces sommes.

Les juges doivent indiquer pourquoi la sûreté est excessive et s'expliquer sur les éléments de fait qui permettent leur estimation[2].

632.34 Caducité. Contrairement aux saisies conservatoires, les inscriptions de nantissement provisoire sont frappées de caducité dans certains cas. La caducité de la publicité provisoire intervient dans deux hypothèses : le défaut de renouvellement avant la fin de la troisième année (v. s[s] n° 632.15) et le défaut de publicité définitive (en principe, dans un délai de deux mois après obtention du titre exécutoire – v. s[s] n° 632.42).

À défaut de confirmation dans le délai, la publicité provisoire est caduque et sa radiation peut être demandée au juge de l'exécution (C. pr. exéc., art. R. 533-6).

En cas d'extinction de l'instance introduite par le créancier ou si sa demande est rejetée, la radiation est demandée au juge saisi du fond; à défaut, elle est ordonnée par le juge de l'exécution. La radiation est effectuée sur présentation de la décision passée en force de chose jugée. Les frais sont supportés par le créancier.

1. DELECCI, n° 556.

2. À propos d'une hypothèque mais transposable sans difficultés aux nantissements : Civ. 2e, 15 juin 1973, n° 72-11.048, *Bull. civ.* II, n° 195; *Gaz. Pal.* 1973. 2. Somm. 185.

Si la part du créancier titulaire de la sûreté provisoire a été consignée, elle est remise, selon le cas, aux créanciers en ordre de la recevoir ou au débiteur.

Contrairement à une thèse soutenue avant la réforme de 1991, il n'est pas possible de procéder valablement à une publicité définitive alors que la publicité provisoire est caduque, même en ne réclamant d'effets face aux tiers qu'à la date de la publicité définitive.

SECTION 4 ISSUE DE L'INSCRIPTION DE NANTISSEMENT JUDICIAIRE PROVISOIRE : CONSOLIDATION EN PUBLICITÉ DÉFINITIVE

632.41 Obtention du titre exécutoire et signification. Si ce n'est dans le cas où l'inscription de nantissement judiciaire provisoire a été pratiquée avec un titre exécutoire, le créancier doit, dans le mois qui suit la publicité provisoire, à peine de caducité, introduire une procédure ou accomplir les formalités nécessaires à l'obtention d'un titre exécutoire (C. pr. exéc., art. R. 511-7). Cette disposition, générale à toutes les mesures conservatoires, mais source de difficultés notoires, est examinée plus haut (v. s[s] n°s 612.71 s.).

La signification du titre exécutoire, prévue par l'article R. 511-8 C. pr. exéc., n'est destinée qu'aux personnes qui se trouvent dans un rapport de droit avec le débiteur et à qui la mesure conservatoire pratiquée impose des obligations. Il a été dit que le conservateur des hypothèques n'en fait pas partie[1] et cet avis semble transposable sans difficultés aux tiers chargés de répertorier les différents nantissements ici examinés.

632.42 Délai de la publicité définitive. Le texte de l'article R. 533-4 C. pr. exéc. distingue trois situations.

Si la **publicité provisoire** a été prise **sans titre exécutoire** (donc sur autorisation du juge ou avec l'un des quasi-titres de l'article L. 511-2 C. pr. civ.), ou encore avec un titre exécutoire provisoire, la publicité définitive doit être effectuée dans un délai de deux mois du jour où le titre constatant définitivement les droits du créancier est passé en force de chose jugée.

Si la **publicité provisoire** a été prise avec un **titre dont le caractère exécutoire est subordonné à une procédure d'*exequatur***, la publicité définitive doit être effectuée dans un délai de deux mois du jour où la décision d'*exequatur* est passée en force de chose jugée.

Enfin, si la **publicité provisoire** a été mise en œuvre avec un **titre exécutoire définitif**, la publicité définitive doit être effectuée un mois au moins après la signification de la publicité provisoire au débiteur (qui dispose ainsi d'un délai minimal pour réagir) et trois mois au plus après cette signification.

On notera avec soin la nuance, qui ne se retrouve pas en matière de saisies conservatoires, entre titre exécutoire et titre bénéficiant de la force de chose jugée (C. pr. civ., art. 501). Notamment, si le jugement qui profite au créancier est frappé d'appel, la publicité définitive peut être considérablement retardée[2] et la péremption de la publicité provisoire (v. s[s] n° 632.15) devient un risque réel[3].

En raison du caractère contraignant de ces délais, le débiteur ne peut pas retarder la publicité définitive une fois que le titre est obtenu. Ainsi jugé qu'en cas de publicité provisoire sur un immeuble appartenant à une succession, le bénéfice d'inventaire imposé par les héritiers n'empêchait pas la publicité définitive[4].

Le délai ne semble pas préfix; il nous semble qu'il faille permettre les relevés de forclusion.

Il ne sert à rien, pour éviter ces divers périls, de prendre une inscription définitive avec un titre encore susceptible de recours au fond : une telle inscription précoce ne se substituerait pas rétroactivement à une inscription provisoire antérieure[5]. Il n'est même pas possible de pratiquer avec un titre disposant de la force exécutoire provisoire mais non encore de la force de chose jugée[6].

632.43 Formes de la publicité définitive. L'inscription de nantissement judiciaire définitive sur un fonds de commerce est opérée conformément à l'article 24 de la loi du 17 mars 1909, devenu l'article L. 143-17 du Code de commerce (C. pr. exéc., art. R. 533-2). Les formalités sont donc sensiblement de même teneur que celles examinées à propos de la publicité provisoire (v. s[s] n°s 632.11 s.); la désignation du fonds se fera cependant plus précise au niveau de la publicité définitive.

1. Cass., avis, 24 janv. 1994, n° 09-30.020, *Bull. avis*, n° 4; *D.* 1994. 347, obs. Julien; *JCP* 1995. II. 22392, note Dagot et Malbosc-Cantegril; *RTD civ.* 1994. 428, obs. Perrot.

2. Civ. 3e, 3 janv. 1979, n° 77-13.175, *Bull. civ.* III, n° 2; *D.* 1979. 213, note Franck – Civ. 3e, 10 mars 1981, n° 79-13.168, *Bull. civ.* III, n° 53; *JCP* 1982. II. 19719, obs. Thuillier.
3. Retenant la responsabilité de l'avocat : Civ. 1re, 22 févr. 1963, *RTD civ.* 1968. 588, obs. Raynaud.
4. Civ. 2e, 30 juin 1993, n° 91-11.787, *Bull. civ.* II, n° 242; *Gaz. Pal.* 1994. 1. Pan. 16.
5. Com. 27 mai 1997, n° 94-15.838, *Bull. civ.* IV, n° 158; *RTD com.* 1997. 628, obs. Derruppé; *RTD civ.* 1997. 755, note Perrot; *RTD com.* 1998. 194, obs. Bouloc.
6. Civ. 2e, 24 juin 1998, n° 96-14.318, *Bull. civ.* II, n° 223 – TGI Lyon, JEX, 18 mai 1999, NP – CONTRA, *RTD civ.* 1997. 755, note Perrot.

L'article R. 533-3 C. pr. exéc. indique le même parallélisme des formes pour les autres types de nantissements. Ce qui a été dit du rôle de l'Inpi se transpose également.

632.44 **Agrément.** Dans tous les cas où le nantissement conventionnel nécessiterait un agrément, la publicité définitive est l'occasion de requérir cet agrément en matière de nantissement judiciaire. L'article R. 533-3 alinéa 2 C. pr. exéc. le précise. C'est en effet nécessaire pour le cas où le créancier poursuivant deviendrait associé en remplacement du débiteur défaillant. La formalité est commune à tous les cas de vente forcée de parts sociales et ne peut remettre en cause les droits du poursuivant (pour les SARL, C. com., art. L. 223-15 - pour les SA, C. com., art. L. 228-26 - pour les sociétés civiles, C. civ., art. 1867).

632.45 **Effet de la publicité définitive.** La publicité définitive donne rang à la publicité provisoire à la date de la formalité initiale, dans la limite des sommes conservées par cette dernière (C. pr. exéc., art. R. 533-1). Tel est le seul effet de la publicité définitive : l'aliénabilité de l'immeuble, l'opposabilité du nantissement, les concours avec d'autres poursuites, s'analysent par rapport à la publicité provisoire, dûment consolidée. La mainlevée du nantissement définitif, sa substitution par d'autres garanties, sa péremption, sont régies comme pour tout autre nantissement[1]. Notamment, le juge de l'exécution n'a plus aucune compétence à partir de la publicité définitive[2].

Une inscription définitive qui interviendrait au-delà du délai examiné (v. s^s n° 632.42) serait valable mais ne prendrait rang qu'à sa date, et non à celle de l'inscription provisoire devenue caduque.

SECTION 5
ISSUE DE L'INSCRIPTION DE NANTISSEMENT JUDICIAIRE PROVISOIRE : RÉALISATION DE LA SÛRETÉ

632.51 **Attribution.** L'article 2347 du Code civil[3] permet, en règle générale, l'attribution du bien nanti au créancier poursuivant. Cette disposition est transposable à tous les nantissements judiciaires provisoires, dûment consolidés en publicité définitive, à l'exception notable du nantissement de fonds de commerce (C. com., art. L. 142-1). Au demeurant, l'attribution intéresse rarement le créancier.

632.52 **Vente forcée.** Les nantissements sont des sûretés qui confèrent un droit de préférence sur le prix. Ils ne débouchent pas, par un quelconque mécanisme de conversion, sur une vente forcée. Le créancier nanti devra donc, s'il entend faire vendre, procéder à une saisie-vente. Par postulat, s'il a obtenu la publicité définitive de son nantissement, c'est qu'il dispose du titre nécessaire pour cette voie d'exécution. On rappellera que dans le cas du fonds de commerce, la saisie prend une forme très particulière (C. com., art. L. 143-3 à L. 143-15).

1. MOULY, CABRILLAC et PÉTEL, n°s 766 s.
2. À propos d'une hypothèque, mais transposable sans difficultés : Civ. 2e, 5 juin 1996, n° 94-17.089, NP; *Juris-Data* n° 00231 – Civ. 2e, 19 oct. 2000, n° 98-22.328, *Bull. civ.* II, n° 142; *Gaz. Pal.* 2001. 1. Somm. 1374, obs. Véron.
3. Une règle équivalente était édictée, avant l'ordonnance du 23 mars 2006 à l'article 2078 du Code civil.

LIVRE

7. LES SAISIES MOBILIÈRES À FIN DE VENTE DU BIEN

SECTION 0 ORIENTEUR

700.00 **Plan du livre.**

Division. La saisie de droit commun applicable aux meubles corporels est en principe la saisie-vente. Les règles de celle-ci s'appliquent également, sous réserve de certaines dispositions particulières, à des biens mobiliers ayant une certaine spécificité, tels que les récoltes sur pied, les objets placés dans un coffre-fort et les véhicules terrestres à moteur.

Mais d'une manière générale, la saisie des meubles corporels d'une certaine importance est soumise, par l'article 531 du Code civil, à des formes particulières. Il en est ainsi de la saisie des navires, bateaux et aéronefs.

Il convient de distinguer, d'une part, la saisie de meubles corporels de droit commun (titre 71) et les saisies de meubles corporels spécifiques (titre 72), et d'autre part, les saisies de droits incorporels (titre 73).

TITRE

71. La saisie-vente de meubles corporels de droit commun

SECTION 0
ORIENTEUR

710.00 Plan du titre.

Division. La saisie de droit commun applicable aux meubles corporels est en principe la saisie-vente. Les règles de celle-ci s'appliquent également, sous réserve de certaines dispositions particulières, à des biens mobiliers ayant une certaine spécificité, tels que les récoltes sur pied, les objets placés dans un coffre-fort et les véhicules terrestres à moteur.

Mais d'une manière générale, la saisie des meubles corporels d'une certaine importance est soumise, par l'article 531 du Code civil, à des formes particulières. Il en est ainsi de la saisie des navires, bateaux et aéronefs.

710.01 **Textes applicables.**

C. pr. exéc., art. L. 221-1 à L. 221-6; R. 221-1 à R. 221-61.

710.03 **Bibliographie indicative.**

Ouvrages. A. Leborgne, *Droit de l'exécution*, 2e éd., « Précis », Dalloz, 2014, [saisie-vente de meubles corporels], nos 1372-1474 – R. Perrot et Ph. Théry, *Procédures civiles d'exécution*, 3e éd., Dalloz, 2013, [mesures d'exécution forcée sur les biens soumis à une vente : saisie-vente], nos 617-686.

710.04 **Intérêt pratique.** À l'origine, la saisie des meubles corporels était considérée comme la mesure d'exécution mobilière la plus intéressante pour les créanciers. C'était à une époque où les meubles corporels, qui constituaient une partie importante des patrimoines, conservaient une valeur relativement stable. Mais à partir des temps modernes, la composition des patrimoines s'est profondément modifiée, les créances et les valeurs mobilières prenant une place prépondérante, tandis que les meubles corporels, qui ont changé de nature, se sont rapidement dépréciés sous les effets conjugués de l'usure, de l'obsolescence et des caprices de la mode.

Aujourd'hui, la saisie-vente s'avère être d'un rapport aléatoire. Elle n'est efficace que si elle porte sur des biens de valeur (objets d'art, meubles anciens, voitures de luxe) ce qui est rarement le cas, la plupart des débiteurs ne possédant que des meubles de qualité ordinaire qui sont, au moment de la saisie, fréquemment usagés ou déclassés par l'évolution des techniques. Il s'agit le plus souvent en effet, de véhicules courants ou d'appareils ménagers ou audiovisuels. La saisie-vente a par ailleurs l'inconvénient d'être assez longue à porter ses fruits, puisque le créancier ne peut espérer être désintéressé qu'à l'issue d'une procédure complexe qui ne se dénoue que par la vente amiable ou aux enchères publiques des biens saisis. Elle peut s'avérer très onéreuse car elle nécessite la délivrance et l'accomplissement d'actes et de formalités nombreux et tarifés à un coût élevé. Il faut en outre relever que le créancier qui a recours à une saisie-vente ne bénéficie pas, comme c'est le cas pour celui qui pratique une saisie-attribution, du privilège du premier saisissant. Il peut donc subir la loi du concours et être contraint, en cas de survenance d'un ou plusieurs créanciers opposants, de partager avec eux le produit de la vente et ce, à l'issue d'une procédure de répartition des deniers relativement lourde.

En fait, cette mesure est plutôt utilisée comme un moyen de pression. L'objectif recherché n'est pas la vente, mais l'obtention d'un paiement volontaire, chaque acte pouvant provoquer le versement d'un acompte. Cependant, en cas d'insolvabilité du débiteur, cette méthode devient une source de frais inutiles. C'est une des raisons pour lesquelles le législateur a préféré faire de la saisie-vente, lorsqu'elle vise au recouvrement d'une petite créance, une mesure d'exécution subsidiaire qui ne peut être pratiquée qu'après l'échec d'une tentative de saisie-attribution sur un compte bancaire ou d'une saisie des rémunérations du travail.

La saisie-vente conserve néanmoins tout son intérêt et mérite d'être poursuivie jusqu'à son terme, lorsque le patrimoine du débiteur comprend des meubles corporels d'une certaine valeur.

710.05 **Définition.** La saisie-vente est la procédure par laquelle un créancier muni d'un titre exécutoire constatant une créance liquide et exigible, met sous main de justice les biens meubles corporels de son débiteur, même s'ils sont détenus par un tiers, afin de les faire vendre amiablement ou aux enchères publiques et de se payer sur le prix obtenu. Elle a pour effet de dessaisir le débiteur jusqu'à la vente en le privant du droit de disposer et, sur décision du juge, de se servir des objets saisis, puis de l'exproprier par l'effet de leur réalisation.

Avant la réforme opérée par la loi du 9 juillet 1991, elle était désignée sous le nom générique de saisie-exécution et était réglementée par les articles 583 à 625 ACPC. Il n'existe pas de différences fondamentales entre la saisie-vente et la saisie-exécution, car toutes deux ne peuvent être pratiquées qu'en vertu d'un titre exécutoire et sur les seuls meubles corporels, les immeubles et les créances étant exclus de leur champ d'application. Elles débutent l'une et l'autre par un commandement de payer et débouchent sur une vente des objets saisis. Les différences essentielles tiennent au fait que la saisie-exécution, contrairement à la saisie-vente, ne pouvait être pratiquée entre les mains d'un tiers et ne prévoyait pas, au bénéfice du débiteur, la faculté de vendre amiablement des objets saisis. Enfin, la saisie-exécution était de droit pour le créancier, quel que soit le montant de la somme qui lui restait due, tandis que la saisie-vente est, en principe, exclue pour le recouvrement des créances modiques, lorsqu'elle doit être pratiquée dans un local d'habitation. Ces innovations ont été inspirées par soucis d'efficacité, d'humanité et d'économie.

Il est essentiel de souligner les similitudes entre l'ancienne saisie-exécution et la saisie-vente, car un bon nombre de solutions doctrinales et jurisprudentielles demeurent transposables de l'une à l'autre.

CHAPITRE

711. Domaine d'application de la saisie-vente

RENÉ LAUBA
MAGISTRAT HONORAIRE

SECTION 0
ORIENTEUR

711.00 **Plan du chapitre.**

711.01 **Textes applicables.**

C. pr. exéc., art. L. 112-2 et L. 112-3, L. 221-1, L. 231-1 s., L. 321-3, R. 112-2, R. 112-3, R. 221-6, R. 221-20, R. 221-57 à R. 221-61, R. 231-1 s., R. 232-5 à R. 232-8, R. 233-5 à R. 233-8, R. 522-12 à R. 522-14.

C. civ., art. 520, 521, 524, 525, 529, 532, 815-17, 877, 1106, 1166, 1411, 1538 et 2276.

C. pr. civ., art. 659.

C. com., art. L. 143-3 et L. 143-10.

C. envir., art. L. 431-3, 431-6 et L. 431-7.

CPI, art. L. 613-21, R. 714-4.

C. pr. pén., art. R. 15-33-66-1.

711.03 **Bibliographie indicative.**

Actualisables. Rép. pr. civ., *v° Saisie-vente*, par N. Fricero, déc. 2011 [màj juin 2012], n°s 15 à 31 – *J.-Cl. Not. Form.*, *v° Saisie-vente*, fasc. 10, Domaine. Conditions, par J. Beauchard – *J.-Cl. Pr. civ.*, *v° Saisie-vente*, fasc. 2320, Conditions, par N. Casal.

Ouvrages. A. LEBORGNE, *Droit de l'exécution*, 2e éd., « Précis », Dalloz, 2014, [saisie-vente de meubles corporels : domaine d'application], n°s 1377-1388 – R. PERROT et Ph. THÉRY, *Procédures civiles d'exécution*, 3e éd., Dalloz, 2013, [saisie-vente : domaine d'application], n°s 618-620.

711.05 **Biens susceptibles de saisie-vente.** Le domaine d'application de la saisie-vente est déterminé par l'article L. 221-1 C. pr. exéc. rédigé comme suit :

« *Tout créancier muni d'un titre exécutoire constatant une créance liquide et exigible peut, après signification d'un commandement, faire procéder à la saisie et à la vente des biens meubles corporels appartenant à son débiteur, qu'ils soient ou non détenus par ce dernier* ».

Il résulte de ce texte que la saisie-vente ne peut porter que sur les meubles corporels, les immeubles et les meubles incorporels faisant l'objet de procédures particulières, la saisie immobilière, la saisie-attribution et la saisie des droits d'associé et des valeurs mobilières.

Les biens meubles placés sous main de justice dans le cadre de poursuites pénales sont, quant à eux vendus selon des modalités spécifiques prévues par le décret n° 2009-511 du 5 mai 2009 relatif à la vente des biens meubles saisis au cours des enquêtes[1].

Seuls les biens du débiteur peuvent en principe être saisis et ce, où qu'ils se trouvent.

Certains meubles corporels saisissables par voie de saisie-vente, sont soumis à des formalités particulières qui seront exposées ultérieurement. Il s'agit, des récoltes sur pied (v. s^s^ n°s 721.05 s.), des véhicules terrestres à moteur (v. s^s^ n°s 723.04 s.) et des biens placés dans un coffre-fort (v. s^s^ n°s 722.04 s.).

711.10 **Notion de meubles.** Seuls les meubles peuvent être l'objet d'une saisie-vente, les bâtiments et les fonds de terre étant exclus du champ d'application de cette mesure d'exécution. Le critère

1. Décr. n° 2009-511, 5 mai 2009, relatif à la vente des biens meubles saisis au cours des enquêtes, *JO* 7 mai, p. 7761.

de distinction adopté par l'article 528 du Code civil, le transport d'un lieu à un autre, est d'ordre public. Seule la loi détermine la nature mobilière ou immobilière d'un bien et la convention des parties n'a pas d'incidence à cet égard[1]. Toutefois, le critère général de distinction, la mobilité, est parfois écarté par le législateur qui prend en compte, dans une certaine mesure, la volonté humaine. Certains meubles par nature peuvent être immobilisés en raison de la destination que leur a donnée leur propriétaire, tandis que certains immeubles par nature sont mobilisés par anticipation par l'effet de l'accord des parties à un contrat. La saisie-vente peut être pratiquée sur cette dernière catégorie de biens. Mais pour les meubles incorporels, qui sont des meubles par détermination de la loi en vertu de l'article 529 du Code civil, le législateur a envisagé d'autres mesures d'exécution. Cette exclusion des créances s'étend, en principe aux titres qui les constatent, sauf si elles se trouvent incorporées dans ceux-ci.

SECTION 1
EXCLUSION DE CERTAINS MEUBLES CORPORELS

711.11 Meubles immobilisés en raison de leur destination. L'exclusion des immeubles s'étend aux immeubles par destination, bien qu'il s'agisse de meubles dont l'immobilisation est purement fictive. Ils ne peuvent être saisis, selon l'article L. 112-3 C. pr. exéc. indépendamment de l'immeuble auquel ils se rattachent, sauf pour le paiement de leur prix. Dans cette hypothèse, la saisie-vente bénéficie au seul vendeur. Le fabricant impayé paraît pouvoir être assimilé au vendeur puisqu'il est créancier du prix du bien lui-même. En revanche celui qui a prêté de l'argent pour l'acquisition d'un meuble devenu immeuble par destination ou celui qui l'a réparé, ne peut le saisir isolément par voie de saisie-vente. En effet, cette faculté leur était expressément réservée, avant le décret modificatif du 24 mars 1977, par les dispositions combinées des articles 592-1° et 593 ACPC, aujourd'hui abrogés. Le texte actuel, l'article L. 112-3 C. pr. exéc., n'a pas repris l'expression « *si ce n'est pour paiement des sommes dues* [...] *à celui qui aura prêté pour les acheter, fabriquer ou réparer* » que l'on ne retrouve que dans l'article R. 112-3 du code précité relatif aux exceptions à l'insaisissabilité des biens nécessaires à la vie et au travail du débiteur.

L'immobilisation par destination est la mise en application de la maxime « *l'accessoire suit le principal* », au terme de laquelle le bien accessoire emprunte la condition juridique de celui à l'utilité duquel il est affecté. La loi distingue deux rapports de destination : le placement au service d'un fonds et l'attachement à celui-ci à perpétuelle demeure, rapports qui doivent être pris en considération pour déterminer le champ de la saisie-vente.

711.12 Placement pour le service et l'exploitation d'un fonds par son propriétaire. Il est envisagé par l'article 524 du Code civil, lequel dispose que les biens que le propriétaire a placés pour le service et l'exploitation d'un fonds sont immeubles par destination. Le texte précise que les animaux que le propriétaire a placés aux mêmes fins, sont soumis au statut des immeubles. Cet article contient en outre une liste non limitative des biens susceptibles d'affectation.

Il s'agit des instruments aratoires, des semences données au fermier ou au colon partiaire, des ruches à miel, des poissons des eaux non visés à l'article L. 431-3 du Code de l'environnement et des plans d'eau visés aux articles L. 431-6 et L. 431-7 du même code, des pressoirs, chaudières, alambics, cuves et tonnes, des ustensiles nécessaires à l'exploitation des forges, papeteries et autres usines, des pailles et engrais.

Le but recherché est le maintien de l'unité économique de l'entreprise. Le texte vise essentiellement les fonds ruraux et plus accessoirement les fonds industriels. Mais son application aux fonds de commerce n'est pas exclue[2].

Ont été considérés comme des immeubles par destination : de la terre de bruyère mise dans des serres ou dans des bacs placés au service d'un fonds horticole[3], le mobilier et le matériel d'un hôtel[4], des emballages et récipients (tonneaux d'une brasserie) dès lors que les produits ne pourraient sortir de l'usine sans eux[5], les serres affectées au service d'un fonds rural[6], les sacs d'une usine de phosphates ou d'une cimenterie[7], sauf s'ils sont facturés au client[8]. Mais l'immobilisation n'a pas été retenue pour le stock de bouteilles de cognac d'un domaine viticole destiné à être vendu[9].

711.13 Attachement du bien à un fonds à perpétuelle demeure. Ce rapport de destination est

1. Civ. 3e, 26 juin 1991, n° 89-18.638, *Bull. civ.* III, n° 197; *D.* 1993. 93, note Freij-Dalloz.
2. Civ. 27 juin 1944, *DP* 1944. 1. 93, note A. C. – Com. 30 juin 1966, *Bull. civ.* III, n° 334.
3. Civ. 3e, 5 mai 1981, n° 79-15.966, *Bull. civ.* III, n° 89; *RTD civ.* 1982. 164, obs. Giverdon.
4. Civ. 3e, 29 oct. 1984, n° 82-14.037, *Bull. civ.* III, n° 177; *RTD civ.* 1985. 79, obs. Giverdon et Salvage-Gerest.
5. Civ. 24 janv. 1912, *DP* 1913. 1. 337, note F. P.
6. Civ. 3e, 23 mai 1984, n° 83-10.313, *Bull. civ.* III, n° 104.
7. Chambéry, 19 janv. 1904, *DP* 1907. 2. 361, note Poncet.
8. Civ. 8 févr. 1926, *DH* 1926. 162.
9. Civ. 1re, 1er déc. 1976, n° 75-14.882, *Bull. civ.* I, n° 382; *JCP* 1977. II. 18735, concl. Gulphe.

prévu par l'article 524 dernier alinéa du Code civil. L'article 525 du Code civil précise dans quelles conditions le propriétaire du fonds est censé y avoir attaché des effets à perpétuelle demeure.

Il faut qu'ils y soient scellés en plâtre, à chaux ou à ciment, ou qu'ils ne puissent être détachés sans être fracturés et détériorés ou sans briser ou détériorer la partie du fonds à laquelle ils sont attachés. Le texte précise qu'indépendamment de ces marques « *les glaces d'un appartement sont censées mises à perpétuelle demeure, lorsque le parquet sur lequel elles sont attachées fait corps avec la boiserie. Il en est de même des tableaux et autres ornements. Quant aux statues, elles sont immeubles, lorsqu'elles sont placées dans une niche pratiquée exprès pour les recevoir, encore qu'elles puissent être enlevées sans fracture ou détérioration* ».

La jurisprudence apporte quelques précisions sur la condition de liaison matérielle avec l'immeuble ou d'aménagement spécial. Ne sont pas attachées à perpétuelle demeure, des boiseries qui n'adhèrent pas au mur et sont simplement posées sur le sol, même si par endroit elles sont unies au gros œuvre par de simples clous, dès lors qu'elles peuvent être arrachées sans dommage ni pour elles ni pour l'immeuble[1]. Solution inverse pour une importante bibliothèque construite aux dimensions exactes de la pièce et fixée à l'immeuble où elle a été placée[2]. Des vases non scellés et posés seulement sur des socles, mais destinés à former avec ceux-ci un ensemble ornemental pour la décoration du parc d'un château ont été considérés comme des immeubles par destination, de même que des plaques de cheminées qui ont pu être enlevées sans détérioration des murs sur lesquels elles étaient scellées, mais pas un trumeau posé à une époque récente sur un emplacement jusqu'alors recouvert de papier peint et seulement fixé au mur par quelques pitons[3]. Des éléments préfabriqués de cuisines n'ont pas été compris parmi les meubles attachés à perpétuelle demeure, même s'ils ont été fixés par des crampons dans un mur, car celui qui les emporte peut aisément, sans altérer la substance de l'immeuble, les détacher en effectuant, au besoin, de légers travaux de replâtrage sur le mur auquel ils étaient accrochés[4].

En revanche, des bas-reliefs en marbre ont le caractère d'immeuble par nature et non d'immeuble par destination, dès lors qu'ils forment avec le bâtiment auquel ils ont été, dès l'origine, intimement et spécialement incorporés, un tout indivisible. En conséquence, le classement comme monument historique du château dans lequel ils se trouvent s'étend à ses bas-reliefs[5].

711.14 Conditions de l'immobilisation. L'immobilisation des objets énumérés par l'article 524 ne se produit que s'il est établi que le propriétaire a réellement eu l'intention de leur conférer le caractère d'immeuble par destination[6]. Toutefois peut seul conférer à des objets mobiliers le caractère d'immeuble par destination, celui qui est à la fois propriétaire de ces objets et de l'immeuble au service duquel il les a placés[7]. Cependant, la volonté du propriétaire est impuissante, à elle seule, à créer arbitrairement des immeubles par destination[8]. Il faut en effet que les biens au service du fonds soient absolument indispensables et directement affectés à son exploitation[9] (toutefois, des matériels industriels mis en place pour l'amélioration de la productivité et des conditions de travail ont été jugés immeubles par destination comme faisant partie intrinsèque de l'exploitation par l'effet de la volonté du propriétaire, bien que n'étant pas indispensables à cette exploitation[10]).

Comme pour le placement au service du fonds, la volonté du propriétaire est requise pour les biens visés à l'article 525 du Code civil[11]. Cette intention d'en faire des accessoires de l'immeuble peut résulter de la manière dont les objets sont agencés et fixés dans les locaux (pour une installation sanitaire et de chauffage central)[12]. L'unicité de propriétaire est également exigée. Par suite, il ne peut y avoir immobilisation lorsque la personne qui a procédé à des aménagements (scellement de casiers dans un magasin) n'a pu être identifiée et qu'on ignore donc s'ils ont été faits par le propriétaire ou par le locataire[13]. Ainsi, les créanciers (autres que le propriétaire) du locataire d'un immeuble peuvent saisir par voie de saisie-vente (l'accession ne se produisant qu'à l'expiration du bail) les objets installés par celui-ci à perpétuelle demeure.

711.15 Cessation de l'immobilisation. Les immeubles par destination deviennent saisissables

1. Civ. 2e, 5 avr. 1965, *JCP* 1965. II. 14233.
2. Civ. 1re, 5 mars 1991, n° 89-14.626, *Bull. civ.* I, n° 81; *D.* 1991. IR 86; *Defrénois* 1991. 735, obs. Souleau.
3. Poitiers, 23 avr. 1968, *JCP* 1969. II. 15857.
4. TI Lille, 7 mars 1975, *Gaz. Pal.* 1975. 2. 579, note Raymond – Civ. 3e, 8 juin 1982, *Gaz. Pal.* 1982. 2. Pan. 351, obs. A. P.
5. CE 24 févr. 1999, req. n° 191317, *Lebon*; *JCP* 1999. IV. 2008, obs. Périnet-Marquet.
6. Civ. 1re, 3 juin 1958, *Bull. civ.* I, n° 283 – Civ. 1re, 18 mars 1968, *Bull. civ.* I, n° 101.
7. Civ. 3e, 5 mars 1980, n° 78-15.535, *Bull. civ.* III, n° 51; *D.* 1980. IR 477, obs. Robert – À propos d'une véranda, TI Pau, 3 oct. 1996, *D.* 1998. Somm. 55, obs. Robert.
8. Civ. 27 juin 1944, *DP* 1944. 1. 93, note A. C.
9. Req. 23 mars 1926, *DP* 1928. 1. 22.
10. Agen, 1er déc. 1988, *Defrénois* 1989. 1213, note Vialard.
11. Paris, 27 mars 1963, *D.* 1964. 27.
12. Civ. 1re, 19 mars 1957, *Bull. civ.* I, n° 145.
13. Reims, 1er déc. 1975, *JCP N* 1977. II. 154.

par voie de saisie-vente lorsque leur immobilisation a disparu. L'immobilisation ne peut cesser par la seule volonté du propriétaire. Il y faut, soit séparation effective entre l'immeuble par nature et l'immeuble par destination, soit aliénation de l'un ou de l'autre[1]. Perd ainsi le caractère d'immeuble par destination, l'installation frigorifique mise en place par le propriétaire d'un fonds de commerce exploité dans un immeuble lui appartenant, lorsqu'il vend l'immeuble et le fonds comprenant cette installation, à des acquéreurs différents[2]. Il en est également ainsi, lorsqu'une bête faisant partie du cheptel vif d'une ferme a été séparée de celui-ci pour être vendue comme animal de boucherie. Toutefois, en l'absence d'enlèvement effectivement réalisé, l'immobilisation de machines industrielles ne cesse qu'après leur vente séparée[3].

711.16 Fruits immobilisés par l'effet d'une saisie immobilière. Selon l'article L. 321-3 C. pr. exéc., « *la saisie d'un immeuble emporte saisie de ses fruits, sauf l'effet d'une saisie antérieure* ». Le commandement de payer valant saisie immobilière doit comporter l'indication qu'il vaut également saisie des fruits et que le débiteur ou le tiers détenteur en est séquestre (C. pr. exéc., art. R. 321-3, 7° et R. 321-32). L'immobilisation se produit à compter de la signification de cet acte au débiteur. Les fruits sont distribués avec le prix de l'immeuble et selon le même ordre que celui-ci (C. pr. exéc., art. R. 321-16).

Avant la réforme opérée par l'ordonnance du 21 avril 2006 et le décret du 27 juillet 2006, l'immobilisation des fruits, leur vente et la distribution de leur prix, étaient réglementées par l'article 682 ACPC.

Le créancier saisissant peut autoriser le débiteur à vendre les fruits à l'amiable ou faire procéder lui-même sur autorisation du juge de l'exécution (JEX), à leur coupe et à leur vente aux enchères ou par tout autre moyen, dans le délai fixé par le magistrat. Le prix obtenu est déposé entre les mains du séquestre désigné par le créancier poursuivant ou à la Caisse des dépôts et consignations (C. pr. exéc., art. R. 321-17).

Il faut préciser que l'immobilisation des fruits est inopposable au créancier ayant pratiqué une saisie antérieure (C. pr. exéc., art. L. 321-3). Cette saisie peut être une saisie-vente de droit commun, si cette mesure porte sur des fruits déjà détachés du sol, ou une saisie-vente des récoltes sur pied réglementée par les articles R. 221-57 à R. 221-61 C. pr. exéc. L'inopposabilité de l'immobilisation ne profite au créancier auteur d'une saisie-vente que si cette mesure est antérieure à la publication au bureau des hypothèques, du commandement valant saisie immobilière. Les effets de cet acte concernant l'indisponibilité du bien, la saisie de ses fruits, et la réduction des droits du débiteur ne courent, à l'égard des tiers, qu'à compter de l'accomplissement de cette formalité de publicité (C. pr. exéc., art. L. 321-13).

711.17 Biens meubles saisis au cours d'une enquête pénale. La loi n° 2010-768 du 9 juillet 2010, visant à faciliter la saisie et la confiscation en matière pénale[4], étend la saisissabilité des biens confiscables à tous les stades de l'enquête pénale[5]. Elle crée une procédure de saisie pénale aux fins de confiscation, qui a vocation à s'appliquer à l'ensemble des procédures, y compris celles mises en œuvre dans le cadre de la coopération judiciaire européenne et internationale. Elle institue un nouvel établissement public administratif chargé de gérer, sur mandat de la justice, les biens saisis, l'**Agence de gestion et de recouvrement des biens saisis et confisqués.**

La vente des effets mobiliers placés sous main de justice à l'occasion d'une enquête pénale obéit à des règles particulières contenues dans les articles R. 15-33-66-1 et suivants C. pr. pén. Ils sont réunis, sur autorisation de juge des libertés et de la détention, à l'agence de gestion et de recouvrement qui procède à leur aliénation selon les formes prévues pour le mobilier de l'État. Le produit de la vente est consigné à la Caisse des dépôts et consignations au profit du propriétaire qui doit être informé de son droit par le procureur de la République qui a dirigé l'enquête (en cas de classement) ou par celui de la juridiction saisie des poursuites (en cas d'acquittement, de relaxe ou de condamnation). Ce droit à restitution doit être exercé dans les deux mois de la réception de la notification faite par le procureur. Les fonds déposés et les intérêts qu'ils ont produits sont versés au propriétaire des biens, sur autorisation du parquet.

SECTION 2
INCLUSION DE CERTAINS IMMEUBLES

711.21 Immeubles mobilisés par anticipation. Exceptionnellement, certains biens immobiliers

1. Civ. 27 juin 1944, *DP* 1944. 1. 93, note A. C.
2. Civ. 1re, 4 juin 1962, *Bull. civ.* I, n° 284.
3. V. AUSSI, à propos de la détermination de l'officier ministériel compétent pour la vente de machines devant être détachées de l'usine à laquelle elles étaient affectées : Civ. 1re, 7 avr. 1998, n° 95-20.504, *Bull. civ.* I, n° 143; *Gaz. Pal.* 1998. Pan. 243.
4. L. n° 2010-768, 9 juill. 2010 visant à faciliter la saisie et la confiscation en matière pénale, *JO* 10 juill., p. 12753.
5. C. Cutajar, « Commentaire des dispositions de droit interne de la loi du 9 juillet 2010 visant à faciliter la saisie et la confiscation en matière pénale », *D.* 2010. 2305.

peuvent être l'objet d'une saisie-vente. Il s'agit des immeubles mobilisés par anticipation. Pour l'utilité des affaires, on écarte le caractère immobilier actuel d'un bien pour ne considérer que son état futur de meuble.

711.22 Arbres, récoltes et matériaux vendus avant d'être séparés du sol. D'une manière générale, la mobilisation anticipée des immeubles résulte de leur vente en vu d'être séparés du sol auquel ils sont encore attachés. Ces biens passent donc, par l'effet du transfert de propriété, dans le patrimoine de leur acheteur, de telle sorte que les créanciers de celui-ci peuvent les saisir par voie de saisie-vente. Il en est ainsi des récoltes sur pied, des coupes de bois et des matériaux à extraire ou de démolition qui, en vertu des articles 520, 521 et 532 du Code civil, ne deviennent des meubles qu'après avoir été détachés. Ils sont considérés comme des meubles par anticipation après leur vente, alors même qu'ils sont encore solidaires du sol (sable et gravier d'une carrière, lorsque le droit d'exploitation a été cédé[1]; herbe d'une prairie[2]; arbres vendus en vue de leur abattage[3]).

Il convient par ailleurs de préciser qu'indépendamment de toute vente, les récoltes sur pied qui arrivent à maturité, deviennent des meubles par anticipation alors même qu'elles sont encore rattachées au sol par les branches ou par les racines et qu'elles sont des immeubles en vertu de l'article 520 du Code civil. Leur saisie et leur vente sont spécialement réglementées par les articles R. 221-57 à R. 221-61 C. pr. exéc. (v. ss nos 721.05 s.).

711.23 Immeubles dont la démolition a été ordonnée. L'immeuble construit sur le terrain d'autrui et dont la démolition a été ordonnée par une décision irrévocable (insusceptible de pourvoi en cassation ou dont le pourvoi a été rejeté), a été longtemps considéré par la Cour de cassation comme un amoncellement de matériaux constituant intellectuellement des meubles pouvant faire l'objet, non d'une saisie immobilière, mais d'une saisie-exécution. Il en était de même pour un bâtiment vendu en vue de sa démolition[4].

Mais la Haute juridiction est revenue sur cette jurisprudence en 1981, en affirmant que les pierres d'un bâtiment ne deviennent meubles et ne peuvent être l'objet d'une saisie-exécution (saisie-vente), qu'à partir de sa démolition effective[5]. Cependant, en l'absence de décisions ultérieures dans le même sens et compte tenu du caractère décousu de la jurisprudence en la matière, certains commentateurs ont pensé qu'il ne s'agissait pas d'un véritable revirement mais d'un simple cas d'espèce. Certains ont pensé que la Cour de cassation admettait que l'anticipation était toujours opposable entre les parties mais qu'à l'égard des tiers, la mobilisation anticipée devait être normalement attendue et prévisible par tous.

Quoi qu'il en soit, les matériaux provenant de la démolition de l'édifice et ceux assemblés pour en construire un nouveau, restent meubles, jusqu'à ce qu'ils soient employés dans une autre construction, conformément à l'article 532 du Code civil.

À noter qu'un cabanon susceptible d'être détaché du sol par de puissants moyens modernes, soit en un seul tenant, soit en éléments importants, a été considéré comme un meuble par anticipation[6].

1. Civ. 3e, 30 mai 1969, *JCP* 1970. II. 16173, note Hubrecht.
2. Riom, 21 mars 1988, *Gaz. Pal.* 1989. 2. 537, note Prévault.
3. Com. 24 nov. 1981, no 80-13.395, *Bull. civ.* IV, no 408.
4. Civ. 25 janv. 1886, *DP* 1886. 5. 39.
5. Civ. 3e, 10 juin 1981, no 79-15.907, *Bull. civ.* III, no 119; *Gaz. Pal.* 1981. 2. Pan. 383, note A. P.; *RTD civ.* 1982. 164, obs. Giverdon.
6. Aix-en-Provence, 12 févr. 1985, *Gaz. Pal.* 1985. 2. 442, note Dubreuil.

SECTION 3
INCLUSION DE CERTAINS MEUBLES INCORPORELS

711.31 En présence de créances incorporées dans le titre qui les constate. Les meubles incorporels absolus qui sont détachés de tout support matériel, comme les créances ou les valeurs mobilières, ne sont des meubles que par la pure détermination de la loi. Ils ne peuvent faire l'objet d'une saisie-vente, le législateur ayant prévu d'autres modalités d'appréhension. L'exclusion des créances s'étend aux titres qui les constatent.

Seuls les titres dans lesquels la créance se trouve incorporée peuvent être saisis par voie de saisie-vente.

711.32 Billets de banque. Ils sont saisissables lorsqu'ils sont découverts à l'occasion d'une saisie-vente pratiquée dans les locaux du saisi. Cependant, leur nature particulière rend leur vente sans intérêt. Ils sont en effet remis au saisissant à concurrence du montant de sa créance.

Dans l'hypothèse où des sommes en espèces sont découvertes, l'article R. 221-20 C. pr. exéc. prévoit des modalités particulières de saisie et de contestation (v. ss nos 714.111 s.).

711.33 Titres au porteur. Les titres au porteur qui comportent les mêmes caractéristiques que les espèces, peuvent également être l'objet d'une saisie-vente. Ils ont en effet la nature de meubles corporels et leur transmission s'opère par simple tradition.

Cependant, leur dématérialisation par l'article 94-II de la loi de finances n° 81-1160 du 30 décembre 1981[1] et par son décret d'application n° 83-359 du 2 mai 1983[2], a très sensiblement réduit le domaine de cette catégorie particulière de meubles corporels. Ces textes imposent en effet, depuis le 3 mai 1984, leur inscription en compte chez l'émetteur ou chez l'intermédiaire habilité, inscription qui constitue désormais leur seul mode de détention. Leur transmission s'effectue donc par virement de compte à compte sans tradition manuelle.

Les titres non dématérialisés constituent un domaine résiduel comprenant notamment, certaines obligations émises avant l'entrée en vigueur du décret de 1983 (Décr. 2 mai 1983, art. 20). On cite également les bons du Trésor, souvent détenus à leur domicile par leurs titulaires et les bons de caisse émis par les banques pour des placements à court terme.

711.34 Connaissement et lettre de voiture. Le connaissement délivré par le capitaine d'un navire pour attester du chargement à son bord, représente les marchandises qui y sont décrites. Sa remise peut valoir dépôt à titre de gage ou transmission de la propriété desdites marchandises (C. transp., art. L. 5422-3). Il semble donc constituer un titre au porteur susceptible de saisie-vente indépendamment de la cargaison qu'il représente. Le transporteur maritime ne peut d'ailleurs remettre les marchandises que sur présentation de l'original du connaissement même lorsque celui-ci est à personne dénommée et dépourvu de mention à ordre, sauf convention contraire des parties[3]. Il devrait en être de même pour les lettres de voiture qui peuvent être aussi au porteur et remises en gage ou à titre de transfert de propriété. À noter que la saisie conservatoire des créances de fret n'est pas réglementée par le décret n° 67-967 du 27 octobre 1967 portant statut des navires[4].

711.35 En l'absence de procédure adéquate. Il peut arriver qu'il n'existe aucune procédure de saisie adaptée à la nature de certains biens. Le juge peut alors suppléer l'absence de mesure adéquate.

711.36 Droit au bail. Ainsi un tribunal a pu ordonner la vente aux enchères publiques d'un droit au bail (librement cessible) alors qu'une telle procédure d'exception n'était envisagée par aucun texte particulier et que, s'agissant d'un droit incorporel qui n'était pas une créance, aucune des voies d'exécution spéciales prévues par l'ancien Code de procédure civile ne s'appliquait à une telle appréhension[5]. Le commentateur de la décision estime que la saisie-exécution (en vigueur à l'époque) est envisageable pour la vente d'un droit de bail pris isolément. On peut cependant se demander si, depuis la réforme des voies d'exécution, la Cour de cassation et le commentateur auraient opté pour les règles de la saisie-vente.

711.37 Marque. Dans le même esprit, par une décision constatant, d'une part, que l'autorisation de saisir et de vendre les droits incorporels du débiteur est érigée en principe général par l'article 59 de la loi du 9 juillet 1991 (devenu C. pr. exéc., art. L. 231-1) et, d'autre part, que cette mesure d'exécution n'a été spécialement organisée que pour les parts d'associés et les valeurs mobilières par le titre VIII du décret du 31 juillet 1992 (devenu C. pr. exéc., livre II, titre III, art. R. 231-1 s. et L. 231-1 s.), une juridiction du fond[6] a estimé que le meuble incorporel que constitue la marque ne pouvait être saisi et vendu que selon les modalités prévues par le titre V du même décret consacré à la saisie-vente des meubles corporels.

Cette décision a été critiquée au motif qu'elle méconnaît les dispositions de l'article R. 714-4 du Code de la propriété intellectuelle qui permet la saisie isolée de la marque selon une procédure originale et dérogatoire, qui n'a pas été abrogée par la réforme des voix d'exécution[7]. Il s'agit, selon l'expression du commentateur, d'une procédure *sui generis* qui a une certaine ressemblance avec l'ancienne saisie-arrêt et qui ne se rattache à aucune des mesures organisées par les nouveaux textes. Elle comporte en effet une phase conservatoire et une phase d'exécution et débute par un acte de saisie qui doit être publié à l'Institut national de la propriété industrielle (Inpi) et suivi d'une instance en validité devant le TGI. La décision validant la saisie (qui vaut titre exécutoire) ou en donnant mainlevée doit être également inscrite à l'Inpi.

On est cependant frappé par le laconisme de l'article R. 714-4 qui ébauche, plus qu'il n'organise, la saisie et la vente forcée de la marque. Le *modus operandi* devrait alors être déterminé par analogie avec l'article L. 613-21 du même code réglementant la saisie des brevets d'invention, qui prévoit une procédure manifestement identique dont il décrit avec plus de détails la mise en œuvre et les effets

1. L. n° 81-1160, 30 déc. 1981, de finances pour 1982, *JO* 31 déc., p. 3539.
2. Décr. n° 83-359, 2 mai 1983, relatif au régime des valeurs mobilières, *JO* 3 mai, p. 1359.
3. Com. 19 juin 2007, n° 05-19.646, *Bull. civ.* IV, n° 171 ; *JCP* 2007. II. 10165.
4. Com. 13 janv. 1998, n° 95-15.497, *Bull. civ.* IV, n° 16 ; *D.* 1998. IR 43 ; *JCP* 1998. IV. 1487.
5. T. civ. Versailles, 27 avr. 1964, *JCP* 1965. II. 14299, note Raynaud.
6. TGI Paris, 20 sept. 1994, *Rev. huiss.* 1995. 234.
7. J.-P. Faget, « La saisie des marques », *Rev. huiss.* 1998. 70.

(saisie par acte extrajudiciaire signifiée au propriétaire du brevet, à l'Inpi et aux personnes possédant des droits sur le brevet, inopposabilité au créancier saisissant de toute modification ultérieure des droits attachés au brevet, action en validité et aux fins de mise en vente dans le délai prescrit à peine de nullité)[1].

Il est en l'état, difficile de prévoir qu'elle pourrait être la position de la Cour de cassation. Il est cependant indispensable que les praticiens soient fixés rapidement sur la mesure appropriée à la saisie de la marque, meuble incorporel qui, tout en garantissant aux tiers consommateurs l'origine d'un produit ou d'un service, constitue aussi, même pris isolément, un gage substantiel pour les créanciers de l'entreprise industrielle ou commerciale.

On constate en effet que si le Code de la propriété intellectuelle autorise la cession et la mise en gage des marques par les entreprises qui les exploitent (CPI, art. L. 714-1), il envisage leur saisie, ou plus exactement celle des produits et services frauduleusement imités, essentiellement sous l'angle de leur protection contre les contrefacteurs (CPI, art. L. 716-7 et L. 716-8-1).

711.38 Quote-part d'indivision. Dans le régime de l'indivision conventionnelle, les créanciers d'un indivisaire sont autorisés, s'ils ne peuvent agir en partage, à poursuivre la saisie et la vente de la quote-part de leur débiteur dans l'indivision (C. civ., art. 1873-15 – v. s^s n°s 711.60 s.). Ils détiennent dans ce cas une créance contre l'indivision qui constitue un meuble incorporel même si, au moment du partage, c'est un meuble corporel qui échoit à l'indivisaire débiteur. Cependant, à la différence des marques et des brevets, il n'existe aucune procédure réglementant spécialement, même d'une manière embryonnaire, la saisie et la vente des quotes-parts indivises. L'article L. 231-1 C. pr. exéc. érigeant la saisie et la vente des meubles incorporels en principe général, n'a pas été complété sur ce point par les dispositions réglementaires qui n'ont envisagé que le cas des droits d'associés et des valeurs mobilières.

711.39 Licence d'un débit de boissons. La Cour de cassation est d'avis que la licence d'exploitation d'un débit de boissons de 4e catégorie est un meuble incorporel. Mais en l'absence de texte réglementaire de portée générale applicable à la saisie des droits de cette nature, la Haute juridiction écarte les règles de la saisie-vente au profit de celles de la saisie des droits d'associés et des valeurs mobilières. Elle estime en effet qu'il est possible, sous réserve des adaptations nécessaires, de transposer la procédure définie aux articles 182 à 184 du décret du 31 juillet 1992 (devenus C. pr. exéc., art. R. 232-5 à R. 232-8), pour les opérations de saisie, et celle prévue aux articles 189 à 192 du décret (devenus C. pr. exéc., art. R. 233-5 à R. 233-8), pour la vente forcée[2]. La Haute juridiction tire de cette nature particulière la conséquence que la licence de débit de boissons de 4e catégorie n'est pas susceptible de possession[3].

Ce régime prétorien adopté avant la codification de 2012 demeure en vigueur dès lors que le Code des procédures civiles d'exécution ne réglemente toujours pas, d'une manière spécifique, la saisie de la licence IV[4].

SECTION 4
CAS PARTICULIERS DES ÉLÉMENTS CORPORELS D'UN FONDS DE COMMERCE

711.41 Meubles compris dans un fonds de commerce. Le matériel et les marchandises constituant les éléments corporels d'un fonds de commerce sont en principe saisissables par voie de saisie-vente. C'est ce qui résulte des dispositions relatives à la vente et au nantissement des fonds de commerce des articles L. 143-3 et L. 143-10 du Code de commerce[5].

Cependant, le fonds de commerce peut faire l'objet d'une procédure d'exécution particulière, la vente globale, qui fait alors obstacle à la saisie séparée des meubles corporels qui le composent. Il s'agit d'éviter une dissociation des différents éléments du fonds susceptibles d'entraîner sa dépréciation.

Il n'y a pas lieu ici d'examiner la procédure de vente globale du fonds de commerce (sur la *saisie du fonds de commerce,* v. s^s n°s 734.05 s.) mais seulement de préciser en quoi elle peut avoir une incidence sur la saisie séparée de ses éléments corporels.

Ainsi, tout créancier qui exerce des poursuites de saisie-exécution (aujourd'hui de saisie-vente) peut demander devant le tribunal de commerce la conversion de la saisie en vente globale du fonds avec son matériel et ses marchandises (C. com., art. L. 143-3[6]). Cette conversion peut également être

1. TGI Paris, JEX, 10 nov. 1994, *Rev. huiss.* 1995. 732, obs. Faget.
2. Cass., avis, 8 févr. 1999, n° 98-00.015, *Bull. avis,* n° 1; *Gaz. Pal.* 5-7 mars 2000, p. 3 – J.-J. Daigre, « La saisie d'une licence de débit de boissons est admise par la Cour de cassation », *Rev. huiss.* 1999. 301.
3. Com. 7 mars 2006, n° 04-13.569, *Bull. civ.* IV, n° 62; *JCP* 2006. IV. 1759.
4. O. Blanchet, « Acte de saisie d'une autorisation fiscale et administrative de débit de boissons », *Procédures* 2013. 31.
5. L. 17 mars 1909, relative à la vente et au nantissement des fonds de commerce, anc. art. 15 et 20.
6. L. 17 mars 1909, anc. art. 15.

demandée par le débiteur lui-même. Celui-ci doit, dans ce cas, procéder à la vente dans le délai imparti par le tribunal faute de quoi, les poursuites par voie de saisie-vente peuvent reprendre leur cours sur les derniers errements.

Les comptables compétents de la direction générale publique peuvent aussi faire ordonner la vente globale par le président du TGI (LPF, art. L. 268).

Il convient de relever que lorsque le fonds est grevé d'inscription, la vente séparée de ses éléments corporels ne peut avoir lieu que dix jours au plus tôt après la notification de la poursuite aux créanciers inscrits depuis quinze jours au moins et ce, afin de leur permettre de demander la conversion en vente globale (C. com., art. L. 143-10[1]).

À noter que la vente globale est opposable même en cas de saisie par un créancier nanti sur le matériel d'équipement[2].

SECTION 5
MEUBLES APPARTENANT AU DÉBITEUR

711.51 Meubles dont le débiteur est propriétaire. La saisie-vente est l'un des procédés permettant la mise en œuvre effective du droit de gage général dont dispose le créancier sur tous les biens de son débiteur. Il peut donc les appréhender même s'ils sont détenus par un tiers ou saisis conservatoirement et même après le décès du débiteur. La saisie-vente ne peut porter, en principe, que sur les meubles corporels dont le débiteur est propriétaire; mais exceptionnellement, le créancier peut saisir des biens appartenant à une autre personne.

711.52 Meubles détenus par un tiers. Tous les biens meubles corporels du débiteur peuvent être appréhendés dans le cadre d'une saisie-vente même s'ils sont détenus par un tiers (C. pr. exéc., art. L. 221-1 et R. 221-9). Il s'agit d'une innovation de la réforme des voies d'exécution. S'ils se trouvent dans les locaux d'habitation de celui-ci, l'obtention préalable d'une autorisation de la part du JEX sera nécessaire (v. s^s n°s 714.120 s.). Le tiers visé par les textes est donc un détenteur précaire et non un possesseur susceptible de se prévaloir de la présomption de l'article 2276 du Code civil [anc. art. 2279], pour s'opposer à une revendication autant qu'à une saisie. Ce tiers détenteur tenu d'une obligation de restituer un bien qui n'est pas sorti du patrimoine du débiteur peut être un locataire, un dépositaire, un commodataire ou encore un gagiste.

711.53 Meubles déjà saisis conservatoirement. Tous les biens mobiliers corporels saisissables appartenant au débiteur peuvent faire l'objet d'une saisie-vente, y compris ceux qui ont été saisis antérieurement à titre conservatoire. Dans ce dernier cas, il est fait application des articles R. 522-12 à R. 522-14 C. pr. exéc. (C. pr. exéc., art. R. 221-6). L'huissier est notamment tenu de signifier le procès-verbal de saisie-vente aux créanciers qui ont pratiqué les saisies conservatoires, de leur communiquer par lettre recommandée avec demande d'avis de réception, les propositions de vente amiable du débiteur si elles sont acceptées et de les informer, également par lettre recommandée avec avis de réception, de l'enlèvement des biens en vue de la vente avec indication du nom et de l'adresse de l'officier ministériel chargé de celle-ci.

En retour, le créancier qui a pratiqué la saisie-vente doit recevoir signification des actes de conversion des saisies conservatoires en saisie-vente et être informé, dans les quinze jours de la réception de sa lettre recommandée, de la nature et du montant au jour de l'enlèvement, des créances causes des saisies conservatoires et ce, à peine de déchéance du droit de concourir à la distribution des deniers (sur la saisie conservatoire des meubles corporels, v. s^s n°s 622.05 s. – sur la procédure de distribution, v. s^s n°s 1541.11 s.).

711.54 Meubles compris dans la succession du débiteur. Les meubles corporels du débiteur décédé peuvent être saisis par voie de saisie-vente entre les mains de ses héritiers. L'article 877 du Code civil dispose en effet que les titres exécutoires contre le défunt le sont aussi contre l'héritier personnellement. Le créancier ne peut cependant en poursuivre l'exécution que huit jours après leur signification à l'héritier. À l'origine, le texte exigeait que cette signification soit effectuée au domicile de la personne ou au domicile de l'héritier. La Cour de cassation considère que la signification selon un procès-verbal de recherche infructueuse dressé conformément à l'article 659 C. pr. civ. ne constitue pas un mode de signification efficace faisant obstacle à la faculté de renonciation à la succession ouverte à l'héritier[3]. Elle estime par ailleurs que lorsque le défunt est décédé au cours de l'instance d'appel, concernant le titre rendu contre lui et un autre co-débiteur, ce décès a eu pour effet de rendre son recours sans objet s'il n'a pas été repris par sa succession. Elle considère, en conséquence, que le jugement critiqué n'a pas été anéanti par l'arrêt confirmatif rendu contre l'autre codébiteur et

1. L. 17 mars 1909, anc. art. 20.
2. Com. 3 nov. 1970, n° 68-11.793, *Bull. civ.* IV, n° 287; *RTD com.* 1971. 654, obs. Jauffret.
3. Civ. 1re, 1er févr. 2012, n° 10-25.578, *Bull. civ.* I, n° 22; *Dr. et proc.* 2012. 102, obs. Salati; *D.* 2012. 436; *JCP* 13 févr. 2012, n° 163, p. 297.

constitue bien un titre opposable à la succession du co-débiteur décédé[1]. Le créancier peut demander, en vertu de l'article 878 du Code civil, contre les créanciers personnels de l'héritier, la séparation de son patrimoine d'avec celui du défunt, sauf en cas d'acceptation sous bénéfice d'inventaire qui fait obstacle de plein droit à la confusion des patrimoines.

En cas d'indivision, les créanciers successoraux peuvent poursuivre la saisie et la vente des biens indivis (C. civ., art. 815-17).

SECTION 6
MEUBLES EN INDIVISION

711.60 Meubles compris dans une indivision. Il convient de distinguer selon les différents types d'indivision.

711.61 Indivision ou copropriété ordinaire. Elle résulte, soit d'un défaut de partage successoral ou matrimonial, soit de l'acquisition en commun d'un ou de plusieurs biens ou des règles de l'accession mobilière. Elle résulte aussi de l'application de l'article 1538 du Code civil selon lequel les biens sur lesquels aucun des époux séparés de bien ne peut justifier d'une propriété exclusive sont réputés leur appartenir indivisément (C. civ., art. 1538, al. 3). Elle ne peut se maintenir que du consentement de tous les indivisaires.

Les créanciers qui auraient pu agir sur les biens indivis avant qu'il y eût indivision et ceux dont la créance résulte de la conservation ou de la gestion de ces biens peuvent poursuivre leur saisie et leur vente. Il s'agit des créanciers qui avaient un droit de gage général sur le patrimoine d'où est issue l'indivision (créanciers du défunt ou de la communauté dissoute) et de ceux dont la créance a pris naissance après celle-ci, à la suite de son fonctionnement (gérant ou administrateur des immeubles indivis). L'indivisaire lui-même, quoique copropriétaire de la masse indivise, peut également devenir créancier de l'indivision s'il acquitte de ses deniers personnels, une dette afférente à la conservation d'un bien indivis. Il est alors en droit de pratiquer une saisie sur le patrimoine de l'indivision sans être tenu d'attendre le partage[2].

Les biens de l'indivision sur lesquels ils peuvent exercer leurs poursuites pour la totalité de leur créance sont, non seulement ceux compris dans la masse indivise, mais également les fruits que ces biens ont produits (C. civ., art. 815-10). L'indivision n'ayant pas la personnalité juridique, la saisie doit être dirigée contre chacun des indivisaires[3].

Cependant, les créanciers personnels d'un indivisaire ne peuvent saisir sa part dans les biens indivis meubles ou immeubles. Ils ont seulement la faculté de provoquer le partage au nom de leur débiteur ou d'intervenir dans le partage provoqué par lui (C. civ., art. 815-17). Ces créanciers ne sont même pas autorisés à rendre les biens indivis, tels que des meubles meublants appartenant à des époux, indisponibles par une saisie conservatoire[4].

La sanction de la violation de l'article 815-17 du Code civil est la nullité de la saisie[5].

711.62 Indivision conventionnelle. Les indivisaires peuvent décider de structurer l'indivision en lui donnant des organes de gestion et de représentation et en renonçant au partage pour une durée déterminée. En la matière l'article 815-17 précité est applicable aux créanciers de l'indivision et aux créanciers personnels des indivisaires. Toutefois, ces derniers ne peuvent provoquer le partage que dans les cas où leur débiteur pourrait lui-même le provoquer. Dans les autres cas, ils peuvent poursuivre la saisie et la vente de la quote-part de celui-ci dans l'indivision (C. civ., art. 1873-15). La quote-part indivise s'analyse en une créance sur l'indivision et a une nature mobilière. Sa saisie et sa vente devraient pouvoir être poursuivies, en l'absence de texte particulier, selon les règles de la saisie-vente. Les parts indivises ont cependant une mauvaise valeur marchande en raison des aléas du partage.

711.63 Communauté légale. Le paiement des dettes dont chaque époux est tenu pour quelque cause que ce soit pendant la communauté, peut toujours être poursuivi sur les biens communs, sauf en cas de fraude de l'époux débiteur et de mauvaise foi du créancier (C. civ., art. 1413) ou en cas de cautionnement ou d'emprunt contracté sans le consentement express de l'autre conjoint (C. civ., art. 1415). L'article 1415 du Code civil est applicable à la communauté universelle[6].

1. Civ. 2e, 8 déc. 2011, n° 10-25.719, *Bull. civ.* II, n° 223; *Nouv. Journ. huiss.* janv.-févr. 2012, p. 50, note. Périnet; *Dr. et proc.* 2012. 54.
2. Civ. 1re, 20 févr. 2001, n° 98-13.006, *Bull. civ.* I, n° 41; *D.* 2001. 906.
3. Bourges, 5 mars 1986, *Juris-Data* n° 043255.
4. Civ. 2e, 4 oct. 2001, n° 00-11.126, NP; *Rev. huiss.* 2002. 59.
5. Civ. 1re, 15 juill. 1999, n° 97-14.361, *Bull. civ.* I, n° 243; *Gaz. Pal.* 1999. Pan. 264 – Civ. 1re, 1er déc. 1999, n° 97-20.965, *Bull. civ.* I, n° 331; *D.* 2000. IR 6; *JCP* 2000. IV. 1099; *Gaz. Pal.* 2000. Pan. 26.
6. Civ. 1re, 3 mai 2000, n° 97-21.592, *Bull. civ.* I, n° 125; *D.* 2000. 546, note Thierry.

SECTION 7
MEUBLES N'APPARTENANT PAS AU DÉBITEUR

711.71 Meubles appartenant au débiteur du débiteur. Sur le fondement de l'action oblique de l'article 1166 du Code civil, un créancier doit pouvoir saisir les biens corporels appartenant au débiteur de son débiteur si ce dernier fait preuve d'inertie. La jurisprudence en vigueur sous l'empire de l'ancienne réglementation des voies d'exécution autorisait le créancier à procéder ainsi sans avoir obtenu préalablement une subrogation judiciaire dans les droits de son débiteur[1]. L'article 1166 du Code civil ne prescrit pas que le créancier qui veut exercer les droits et actions de son débiteur soit muni d'un titre exécutoire[2].

L'article 1166 du Code civil, en autorisant expressément les créanciers à exercer les droits et actions de leur débiteur négligent, les subroge de plein droit et leur permet de recourir directement à toutes voies d'exécution aux lieu et place de celui-ci, dans le but de recouvrer toute somme devant lui revenir[3]. Ainsi l'article 1166 n'autorise pas que l'exercice direct des actions en justice *stricto sensu*. On considère que le débiteur qui fait preuve d'immobilisme n'est plus juge de l'opportunité de pratiquer une saisie, de telle sorte que ses créanciers, s'ils souffrent de cette inertie, ont le droit de se substituer à lui. Mais si le créancier saisissant peut, pour se substituer à son débiteur, se passer de titre exécutoire dans ses rapports avec celui-ci, il faut néanmoins qu'un tel titre ait été pris par ce dernier (ou en son nom), à l'encontre de son propre débiteur.

711.72 Meubles confondus dans un autre patrimoine. Lorsque les meubles du débiteur sont confondus dans un autre patrimoine, ses créanciers peuvent être autorisés à saisir tous les biens qui s'y trouvent compris.

Le cas est expressément prévu par l'article 1411 du Code civil au profit des créanciers personnels de l'un des époux au titre des dettes contractées avant la célébration du mariage ou grevant les successions et les libéralités qui lui échoient pendant celui-ci, lorsque son mobilier propre sur lequel ils peuvent seuls poursuivre leur paiement, a été confondu dans le patrimoine commun et ne peut être identifié selon les règles de l'article 1106 du même code. Ils sont alors autorisés à saisir les meubles de la communauté.

La jurisprudence a, dans des circonstances de confusion de patrimoine très particulières, validé une saisie-vente pratiquée sur des biens appartenant à un tiers[4]. Il s'agissait d'une saisie faite sur le mobilier d'une société par les créanciers personnels de son dirigeant. Cette société exerçait son activité sous une enseigne qui était à l'origine, celle de son gérant lequel, frappé d'une interdiction bancaire, se servait de son compte courant dans la société pour acquitter ses propres dettes. La décision a considéré que la personne morale n'était qu'une fiction juridique utilisée par le débiteur pour poursuivre son activité personnelle.

SECTION 8
CAS ÉCHAPPANT À LA SAISIE-VENTE

711.81 Meubles abandonnés. Lorsque des effets mobiliers ont été abandonnés chez des professionnels de l'hébergement, du dépôt, de la réparation ou du nettoyage, les créances nées des prestations de service ou des impenses de ces professionnels peuvent être recouvrées, sans saisie préalable, selon des procédures de vente simplifiées réglementées par des textes spéciaux tels que les lois du 31 mars 1896 et du 31 décembre 1903 (v. s^s n°s 1100.04 s., 1121.05 s. et 1122.05 s.). Il n'est donc pas nécessaire de recourir à la saisie vente dans cette circonstance.

711.82 Meubles insaisissables. L'article R. 221-6 C. pr. exéc. précise que les meubles du débiteur peuvent être l'objet d'une saisie-vente dès lors qu'ils sont saisissables.

Il convient à cet égard de rappeler que plusieurs catégories de meubles corporels sont insaisissables. Il s'agit notamment des objets nécessaires aux handicapés, à la vie familiale et au travail personnel du saisi. La liste complète en est donnée par les articles L. 112-2, L. 112-3 et R. 112-2 C. pr. exéc. (sur ce point, v. s^s n°s 151.05 s.).

1. T. civ. Seine, 25 avr. 1899, *Journ. avoués* C. CXXIV, p. 290.
2. Req. 8 juill. 1901, *DP* 1901. 1. 498.
3. Civ. 25 sept. 1940, *DC* 1943. 133, 1re esp., note Carbonnier.
4. Fort-de-France, 30 juin 1995, *Juris-Data* n° 042619.

CHAPITRE

712. Conditions d'ouverture de la saisie-vente

René LAUBA
Magistrat honoraire

SECTION 0
Orienteur

712.00 Plan du chapitre.

712.01 Textes applicables.

C. pr. exéc., art. L. 111-3, L. 111-7, L. 111-8, L. 111-10, L. 121-2, L. 122-1, L. 152-1, L. 152-2, L. 213-1, L. 221-1, L. 221-2, L. 221-4, R. 121-23, R. 121-24, R. 221-2 et R. 221-3.

C. pr. civ., art. 502 et 700.

C. civ., art. 214, 276, 342, 410, 558 et 1251.

LPF, art. L. 252 A.

C. mon. fin., art. L. 131-73.

712.03 Bibliographie indicative.

Actualisables. Rép. pr. civ., *v° Saisie-vente*, par N. Fricero, déc. 2011 [màj juin 2012], n°s 7 à 63 – *J.-Cl. Not. Form.*, *v° Saisie-vente*, fasc. 10, Domaine. Conditions, par J. Beauchard – *J.-Cl. Pr. civ.*, *v° Saisie-vente*, fasc. 2320, Conditions, par N. Casal.

Ouvrages. A. Leborgne, *Droit de l'exécution*, 2e éd., « Précis », Dalloz, 2014, [saisie-vente de meubles corporels : domaine d'application], n°s 1377-1388 – R. Perrot et Ph. Théry, *Procédures civiles d'exécution*, 3e éd., Dalloz, 2013, [saisie-vente : conditions], n°s 618-620.

SECTION 1
Titres autorisant la saisie-vente

712.11 Titres exécutoires en général. L'article L. 221-1 alinéa 1er C. pr. exéc. dispose que la saisie-vente peut être engagée par tout créancier muni d'un titre exécutoire. Il s'agit d'une condition indispensable, la saisie-vente étant une mesure d'exécution forcée dont la mise en œuvre porte atteinte à des droits fondamentaux comme l'inviolabilité du domicile ou la propriété privée. Le titre exécutoire garantit en principe, que l'existence, l'exigibilité et le montant de la créance ont été vérifiés, au moins provisoirement, par l'autorité habilitée à le délivrer.

On reconnaît le titre exécutoire à la formule solennelle qui le termine. La présence de la formule exécutoire est exigée par l'article 502 C. pr. civ. lequel dispose que « *nul jugement, nul acte ne peut être mis à exécution que sur présentation d'une expédition revêtue de la formule exécutoire, à moins que la loi n'en dispose autrement* ». Ces expéditions sont les copies intégrales et certifiées conformes des contrats en la forme authentique, des procès-verbaux de conciliation et des décisions de justice détenues en minute, par les notaires et les greffiers des tribunaux de l'ordre judiciaire. Les jugements des tribunaux administratifs et les arrêts des cours administratives d'appel doivent également être revêtus de la formule exécutoire (CJA, art. R. 751-1 [1] – Ord. n° 45-1708, 31 juill. 1945 [2], art. 70). Les personnes publiques et les organismes parapublics peuvent émettre eux-mêmes des titres exécutoires en vertu du privilège du préalable qui les dispense de faire liquider leurs créances par un organe juridictionnel pour procéder à leur recouvrement forcé. Ces titres particuliers (rôles des impôts directs, avis de mise en recouvrement des contributions indirectes, ordres de recette et états exécutoires des créances de l'État non fiscales ou des produits des collectivités locales et de leurs établissements publics, contraintes des organismes de sécurité

1. CJA, anc. art. R. 209.
2. Ord. n° 45-1708, 31 juill. 1945, le Conseil d'État, *JO* 1er août, p. 4770.

sociale), n'ont pas besoin d'être revêtus de la formule exécutoire, en raison du privilège d'exécution d'office dont bénéficie l'administration.

La liste limitative des différents titres exécutoires est contenue dans l'article L. 111-3 C. pr. exéc. L'article L. 252 A du Livre des procédures fiscales énumère plus spécialement ceux qui permettent le recouvrement des créances publiques.

Le titre exécutoire est la condition nécessaire mais suffisante de l'exécution forcée puisqu'il permet l'exercice direct des voies d'exécution, sans formalités ni autorisation préalable. Le créancier doit détenir un titre exécutoire à l'égard de la personne même qui est tenue d'exécuter. Le titre délivré à l'encontre d'une société n'emporte pas le droit de saisir les biens des associés même tenus indivisément et solidairement des dettes sociales, à défaut de titre exécutoire pris contre eux[1].

Toutefois, en cas de cession de créance, le titre exécutoire détenu par le cédant à l'encontre d'une caution peut être invoqué par le cessionnaire pour saisir les biens de celle-ci. La subrogation résultant de cette opération transfère, non seulement la créance et le cautionnement qui en est l'accessoire, mais encore le titre exécutoire obtenu contre la caution qui constitue lui-même un accessoire de cette garantie[2]. De même, le codébiteur solidaire, subrogé de plein droit dans les droits du créancier en application de l'article 1251, 3° du Code civil, peut agir en recouvrement forcé contre ses codébiteurs, sur le fondement de la décision ayant prononcé la condamnation solidaire[3]. Il n'y a pas lieu, ici, de rappeler les caractéristiques des différents titres exécutoires déjà exposés dans la première partie de cet ouvrage à laquelle il convient de se reporter (v. s^{s} n°s 101.11 à 126.131).

712.12 Titre exécutoire à titre provisoire. Il est cependant utile de rappeler que, selon l'article L. 111-10 C. pr. exéc., l'exécution forcée peut être poursuivie jusqu'à son terme en vertu d'un titre exécutoire à titre provisoire. Le texte précise, dans son alinéa 2, que le créancier agit à ses risques et péril. Si le titre est ultérieurement modifié, il devra restituer le débiteur dans ses droits, en nature ou par équivalent. Ces dispositions revêtent une importance toute particulière en matière de saisie-vente où le terme de l'exécution est l'aliénation des objets saisis. Si elle n'a pas encore eu lieu, le créancier devra les rendre au saisi. S'ils ont été vendus, il devra lui verser, non seulement le prix obtenu, mais également une indemnité représentant la différence entre leur valeur réelle et le produit de la cession amiable ou de l'adjudication aux enchères. La Cour de cassation l'a constamment jugé à propos de la saisie-exécution[4]. Toutefois, la réparation du préjudice causé demeure subordonnée à la démonstration d'une faute dans l'exécution de la décision, étant précisé que la propre faute de la partie saisie est susceptible de réduire ou d'exclure son droit à indemnisation[5].

Il incombe à l'huissier, garant de la légalité des poursuites, de vérifier que le titre provisoire, en vertu duquel il a pratiqué la saisie aux risques du créancier mandant, restait exécutoire au jour de l'acte de saisie[6].

L'article L. 111-10 C. pr. exéc. (anc^{t} L. 9 juill. 1991, art. 31) ne distinguant pas selon que le titre est une ordonnance de référé ou un jugement sur le fond exécutoire par provision, il a été jugé, qu'une demande en annulation d'un commandement aux fins de saisie-vente fondé sur le caractère provisoire de l'ordonnance de référé, était injustifiée[7]. Le fait que l'ordonnance de référé ne bénéficie pas, au principal, de l'autorité de la chose jugée, est sans incidence sur le droit pour le créancier d'engager une procédure de saisie-vente.

La Cour de cassation estime que doit être débouté de sa contestation, le débiteur qui, au soutien de son opposition à un commandement aux fins de saisie-vente, relève que l'ordonnance de référé ayant accordé une provision à son créancier n'a pas autorité de la chose jugée au fond[8].

Il faut cependant préciser que, si l'ordonnance est ultérieurement réformée, le créancier qui a manifesté l'intention de s'en prévaloir en la faisant signifier, doit assumer le risque résultant de cette démarche dès lors qu'elle a provoqué l'exécution et ce, même en l'absence de toute saisie[9].

SECTION 2
CRÉANCES AUTORISANT LA SAISIE-VENTE

712.21 Créance liquide et exigible inférieure à 535 euros. Selon les dispositions combinées des

1. Civ. 2e, 19 mai 1998, n° 96-12.944, *Bull. civ.* II, n° 161; *D.* 1998. 405, concl. Tatu.
2. Com. 27 mars 2007, n° 05-20.696, *Bull. civ.* IV, n° 99; *Procédures* 2007, n° 167, note Perrot.
3. Civ. 2e, 2 déc. 2010, n° 09-17.194, *Bull. civ.* II, n° 198; *Dr. et proc.* 2011. 53.
4. Civ. 30 août 1870, *DP* 1871. 1. 45 – Civ. 30 août 1882, *DP* 1883. 1. 244 – Paris, 9 déc. 1932, *S.* 1933. 2. 118.
5. Civ. 2e, 23 oct. 2008, n° 07-17.937, *Rev. huiss.* 2009. 56.
6. Civ. 1re, 13 mai 2014, n° 12-25.511, *Bull. civ.* I, n° 84; *Procédures* 2014. 204, note Perrot.
7. TGI Lyon, 15 juin 1993, *Rev. huiss.* 1993. 1438, note Prévault.
8. Civ. 2e, 28 janv. 1998, n° 96-10.290, NP; *Gaz. Pal.* 1998. 2. Pan. 183.
9. Cass., ass. plén., 24 févr. 2006, n° 05-12.679, *Bull. ass. plén.*, n° 2; *JCP* 2006. II. 10063, note Croze.

articles L. 221-1 et L. 221-2 C. pr. exéc., seuls peuvent engager une saisie-vente les créanciers titulaires d'une créance liquide et exigible supérieure à une somme fixée par décret (535 euros).

Il n'y a pas lieu de s'étendre sur les conditions de liquidité et d'exigibilité qui ont déjà été examinées dans la première partie de cet ouvrage (v. s[s] n°s 142.11 à 142.26). Seule est étudiée ici la condition relative au montant de la créance qui est spécifique à la saisie-vente et qui constitue l'une des principales innovations de la loi du 9 juillet 1991, désormais codifiée dans le Code des procédures civiles d'exécution (v. s[s] n°s 712.30 s.).

SECTION 3
SUBSIDIARITÉ DE CERTAINES SAISIES-VENTES : DOMAINE

712.30 Exposé du principe de subsidiarité. L'article L. 221-2 C. pr. exéc. dispose que « *la saisie-vente dans un local servant à l'habitation du débiteur, lorsqu'elle tend au recouvrement d'une créance autre qu'alimentaire, inférieure à un montant fixé par décret, ne peut être pratiquée, sauf autorisation du juge de l'exécution donnée sur requête, que si ce recouvrement n'est pas possible par voie de saisie d'un compte de dépôt ou des rémunérations du travail* ».

L'article R. 221-2 C. pr. exéc. fixe à 535 euros le chiffre au-dessus duquel la saisie-vente est ouverte sans restriction, ni autorisation.

Le législateur a ainsi décidé que pour le recouvrement des créances d'un faible montant, la saisie-vente ne doit être qu'une mesure d'exécution subsidiaire. Cette subsidiarité est fondée sur le souci d'éviter, compte tenu de la modicité de l'enjeu financier, de traumatiser le débiteur par une pénétration dans son habitation et d'engager des frais hors de proportion avec le montant de la somme réclamée. Il tend à inciter le créancier à opter pour des mesures jugées moins brutales, moins onéreuses et souvent plus efficaces (v. s[s] n°s 712.51 s.).

La portée de ce principe est cependant sensiblement atténuée en raison du domaine étroit qui a été imparti à la subsidiarité.

712.31 Local d'habitation. Seul le mobilier situé dans le local servant à l'habitation du débiteur ne peut être l'objet d'une saisie-vente. Celui qui se trouve dans des locaux annexes à l'intérieur desquels on peut accéder sans pénétrer dans l'habitation (garage, remise, grange) paraît de prime abord susceptible d'être saisi. Il en irait de même pour les objets que le débiteur a déposés dans un jardin, dans une cour ou sur la voie publique (meubles d'extérieur, véhicules, remorques, *etc.*). Cependant, leur situation de dépendance à l'égard de l'habitation, conduit le plus souvent l'huissier de justice à pénétrer dans le logement pour rencontrer le débiteur.

Selon certains commentateurs[1], seul le mobilier garnissant l'habitation principale serait insaisissable par voie de saisie-vente. Celui qui se trouve dans une résidence secondaire pourrait en revanche en être l'objet. La Cour de cassation estime toutefois que l'article 51 alinéa 1er de la loi du 9 juillet 1991 (devenu C. pr. exéc., art. L. 221-2) vise tout local servant à l'habitation, que celle-ci soit principale ou secondaire. Ce texte qui n'opère aucune distinction prend en compte **l'affectation et non l'utilisation effective des lieux** ou la saisie peut être pratiquée[2].

Mais la subsidiarité ne s'applique pas lorsque la saisie doit être pratiquée dans l'habitation d'un tiers sous réserve de l'autorisation prévue par l'article L. 221-4 *in fine* C. pr. exéc., ce qui paraît pour le moins paradoxal, la sphère d'intimité du tiers étranger à l'affaire étant moins bien protégée que celle du débiteur.

712.32 Créances non alimentaires. Seules les créances non alimentaires inférieures à 535 euros sont insusceptibles d'être recouvrées par voie de saisie-vente. Les créanciers d'aliments peuvent donc pratiquer cette mesure d'exécution sans restriction ni autorisation préalable, même dans le local d'habitation de leur débiteur.

Il s'agit assurément des créanciers visés par l'article 1er de la loi du 2 janvier 1973 relative au paiement direct des pensions alimentaires (devenu C. pr. exéc., art. L. 213-1), c'est-à-dire de ceux qui bénéficient d'une pension alimentaire *stricto sensu*, de la contribution aux charges du ménage de l'article 214 du Code civil, de la prestation compensatoire sous forme de rente de l'article 276 et des subsides de l'article 342 du même code. La jurisprudence assimile d'ailleurs la prestation compensatoire à la pension alimentaire en ce qui concerne l'insaisissabilité[3]. Mais on peut légitimement se demander, compte tenu du caractère très large de l'expression « créances alimentaires », si l'exception ne doit pas également bénéficier aux salariés ou aux victimes d'un dommage corporel ayant obtenu une indemnité compensatrice de la rémunération perdue.

1. *J.-Cl. Pr. civ.*, fasc. 2320, p. 8, n° 23, par Goichot.
2. Civ. 2e, 18 juin 2009, n° 08-18.379, *Bull. civ.* II, n° 169; *Dr. et proc.* 2009. 353, obs. Vinckel; *D.* 2009. 1769, note Avana-Robardet; *Procédures* 2009, n° 274, note Perrot; *Gaz. Pal.* 4-5 sept. 2009, p. 25, note Lavergnat.
3. Civ. 2e, 27 juin 1985, n° 84-14.663, *Bull. civ.* II, n° 131; *D.* 1986. 230, note Philippe.

712.33 Créances inférieures à 535 euros. Il s'agit du montant de la créance en principal. Les accessoires tels que les frais, les intérêts moratoires échus et les majorations ou pénalités de retard, ne peuvent être pris en compte. Il doit en être de même pour les dépens.

Il a été jugé que l'indemnité allouée au titre des frais irrépétibles, ne peut également être prise en considération pour la détermination du montant de la créance, car elle est traditionnellement assimilée aux dépens par la Cour de cassation[1]. Celle-ci estime que la demande fondée sur l'article 700 C. pr. civ. ne constitue pas une prétention dont la valeur est susceptible de s'ajouter à celle de la demande principale pour la détermination du taux du ressort[2]. Elle estime encore que les articles 410 et 558 C. pr. civ. respectivement relatifs à l'acquiescement et à la renonciation implicites, ne sont pas applicables en cas d'exécution des condamnations aux dépens et aux sommes allouées en vertu de l'article 700[3].

Le montant en principal de la créance qui doit être pris en compte n'est pas celui qui est initialement mentionné sur le titre exécutoire mais celui qui reste à recouvrer après déduction des acomptes versés ultérieurement[4]. Il faut préciser que pour le calcul du seuil de 535 euros en principal, la Haute juridiction considère qu'il faut appliquer les modalités d'imputation des acomptes versés par le débiteur. Ainsi, lorsque celui-ci est poursuivi pour le recouvrement d'une créance augmentée de divers accessoires, les règlements partiels doivent d'abord être déduits des frais d'huissier avant de pouvoir entamer le capital[5]. Bien entendu, les frais accessoires sur lesquels s'imputent prioritairement les acomptes sont ceux qui ont été exposés avant l'engagement de la procédure par la signification du commandement. En définitive, ce n'est pas le montant initial de la créance qui doit être pris en considération, pour déterminer le seuil de 535 euros, mais celui qui reste dû par le débiteur après la déduction des versements qu'il a effectués. Si la procédure est engagée alors que le solde est inférieur à ce seuil, celle-ci est irrégulière et les actes injustifiés, comme le commandement de payer et le procès-verbal de carence subséquents, sont mis à la charge de l'huissier qui les a faits[6].

1. Paris, 7 déc. 1995, *D.* 1996. 203, note Prévault.
2. Civ. 3e, 6 janv. 1981, n° 79-10.651, *Bull. civ.* III, n° 4.
3. Civ. 2e, 26 févr. 1997, n° 95-13.876, *Bull. civ.* II, n° 57; *BICC* 15 mai 1997, n° 569.
4. Civ. 2e, 18 juin 2009, n° 08-18.379 (préc. ss n° 712.31).
5. Civ. 2e, 19 févr. 2009, n° 08-10.004, *Procédures* 2009, n° 149, note Perrot.
6. Civ. 2e, 5 mai 2011, n° 10-15.977, NP; *Procédures* 2011, n° 224, note Perrot.

712.34 Autorisation du juge. Exceptionnellement, une autorisation du juge de l'exécution (JEX) donnée sur requête dans les conditions prévues aux articles R. 121-23 et R. 121-24 C. pr. exéc., permet l'engagement immédiat d'une saisie-vente pour le recouvrement d'une créance non alimentaire dont le montant ne dépasse pas 535 euros[7] en principal et ce, même si la mesure doit être pratiquée dans l'habitation du débiteur (C. pr. exéc., art. L. 221-2).

L'article L. 221-2 C. pr. exéc. ne précise pas sur quels critères le juge donne son accord. Mais on peut imaginer que les besoins du créancier, les atermoiements du débiteur ou son refus de déférer à un commandement signifié à personne, pourraient justifier sa décision d'autoriser la saisie-vente. On a également cité le risque, pour le salarié d'une petite entreprise au service comptabilité rudimentaire, d'être licencié par un employeur peu disposé à voir compliquer sa gestion des salaires par une saisie des rémunérations[8]. On peut surtout subodorer, en présence d'un débiteur chômeur de longue durée, que son compte bancaire est exclusivement alimenté par des sommes insaisissables (RSA [revenu de solidarité active], prestations familiales) et, par conséquent, qu'une saisie-attribution sera sans doute infructueuse. Le juge pourra, dans ce cas, autoriser le passage immédiat à la saisie-vente.

Il est cependant certain que, s'il est d'ores et déjà établi que le recouvrement s'avère impossible par voie de saisie d'un compte de dépôt ou des rémunérations, le créancier n'a besoin d'aucune autorisation pour pratiquer une saisie-vente.

SECTION 4
SUBSIDIARITÉ DE CERTAINES SAISIES-VENTES : MISE EN ŒUVRE

712.41 Impossibilité d'une saisie bancaire ou salariale. La saisie-vente peut être engagée d'emblée s'il est impossible d'effectuer un recouvrement par voie de saisie sur les comptes ou sur les rémunérations du débiteur.

Il en est ainsi lorsque celui-ci n'a pas de compte en banque (ce qui se produit encore parfois) ou n'a pas d'employeur (artisan, commerçant, membre d'une profession libérale, demandeur d'emploi), lorsque la créance à recouvrer est le montant d'un chèque sans provision (ce qui condamne d'avance à l'echec une tentative de saisie bancaire), lorsqu'une précédente saisie sur comptes ou sur rémunérations s'est révélée infructueuse (compte au solde débi-

7. Anc. 3 500 F.
8. M. Dymant, « De la saisie des meubles en général et du domicile en particulier », *Gaz. Pal.* 1996. 2. Doctr. 894.

teur, dérisoire ou insaisissable, défaut d'employeur, quotité disponible insuffisante ou absorbée par des créanciers privilégiés).

L'échec d'une première tentative caractérise l'impossibilité envisagée par l'article L. 221-2 C. pr. exéc., même si elle visait au recouvrement d'une autre créance, et même si elle émanait d'un autre créancier ayant le même huissier que le poursuivant. Il suffit qu'elle soit récente et révèle effectivement l'inutilité d'une nouvelle tentative par d'autres voies que la saisie-vente. Cette circonstance peut, en tout cas, justifier l'autorisation du JEX.

712.42 Sanctions du recours injustifié à la saisie-vente. La saisie-vente pratiquée alors même que celle du compte de dépôt ou des rémunérations du débiteur était possible, est fondamentalement nulle pour violation d'une interdiction légale d'ordre public[1].

Il appartient au créancier qui veut éviter d'être sanctionné, de rapporter la preuve de l'impossibilité d'engager une de ces mesures[2]. Lorsque la saisie-vente est pratiquée pour le recouvrement d'une créance de l'État, la contestation fondée sur la violation des articles L. 221-2 et R. 221-2 C. pr. exéc. porte sur la régularité de la procédure d'exécution et relève de l'opposition à poursuite qui ressortit, sous réserve de l'exercice préalable du recours gracieux devant l'administration fiscale, à la compétence du JEX[3].

Le recours à la saisie-vente peut aussi être déclaré abusif lorsque le moyen de paiement utilisé pour régler un acompte informait suffisamment le créancier sur l'existence d'un compte et sur l'adresse principale du débiteur en permettant ainsi l'engagement d'une mesure d'exécution respectueuse des principes et propre à éviter des frais dont la disproportion évidente était prévisible[4].

Le contrôle juridictionnel s'effectue *a posteriori*, à l'occasion de la contestation élevée par le débiteur. Le créancier doit alors justifier qu'en dépit de ses recherches auprès des administrations et des organismes sociaux en consultant les fichiers FICOBA (le cas échéant par l'intermédiaire du parquet), il n'a pu identifier la banque ou l'employeur de son débiteur[5]. Il pourra également produire les actes de procédure établissant qu'il a préalablement tenté une saisie-attribution ou une saisie des rémunérations qui s'est révélée infructueuse. Il pourra aussi démontrer, avec le concours de son huissier, que ces mesures étaient d'avance vouées à l'échec, puisqu'un autre créancier les avait engagées sans succès à une époque récente.

À titre d'exemple, il a été jugé qu'un commandement délivré en vertu des articles 82 et 83 du décret du 31 juillet 1992 (devenus C. pr. exéc., art. R. 221-2 et R. 221-3), signifié en mairie mais n'ayant pas été réitéré alors même que le débiteur, médecin, pouvait aisément être touché à personne pendant les heures de consultation, ne peut permettre au créancier de se prévaloir de l'impossibilité de saisir le compte bancaire[6]. Le créancier ne peut par conséquent poursuivre la procédure de saisie-vente, sans avoir au préalable tenté d'obtenir des administrations et des établissements habilités par la loi à tenir des comptes, les informations lui permettant d'identifier l'employeur et les comptes ouverts au nom du débiteur comme l'y autorisent les articles L. 152-1 et L. 152-2 C. pr. exéc. Avant la réforme résultant de la loi n° 2010-1609 du 22 décembre 2010, l'huissier ne pouvait accéder à ces informations qu'en passant par l'intermédiaire de l'administration fiscale et à défaut, par celui du procureur de la République.

712.43 Commandement-injonction. Afin de faciliter l'application du principe de subsidiarité, l'article R. 221-3 C. pr. exéc. dispose que le créancier doit, préalablement à l'exécution, délivrer un commandement contenant injonction au débiteur de communiquer, dans les huit jours, les nom et adresse de son employeur et les références de ses comptes bancaires ou l'un de ces éléments seulement. Cette alternative permet au débiteur, s'il accepte de collaborer à la saisie, d'opter pour la mesure qui lui causera le moins de désagrément.

Cette injonction doit également figurer dans le commandement délivré pour le recouvrement d'une créance publique d'un montant ne dépassant pas 535 euros (C. pr. exéc., art. R. 221-7, III, 3°). Elle devait également apparaître dans la notification ou la signification au tireur d'un chèque sans provision n'excédant pas la même somme, du certificat de non-paiement valant commandement de payer conformément à l'article L. 131-73 du Code monétaire et financier[7]. Toutefois, l'article 298 du décret du 31 juillet 1992 qui prévoyait cette injonction n'a pas été repris dans le décret relatif à la partie réglementaire du Code des procédures civiles d'exécution; il est possible qu'elle réapparaisse ultérieurement dans le Code monétaire et financier.

712.44 Silence du débiteur. Lorsque le débiteur gardait le silence sur les références de ses comptes ou

1. TGI Troyes, JEX, 20 oct. 2004, *Rev. huiss.* 2005. 101, obs. Leborgne.
2. Douai, 22 déc. 1994, *Rev. huiss.* 1995. 593, note Dahan.
3. Cass., avis, 14 mai 2001, n° 01-00.002, *Bull. avis,* n° 3; *BICC* n° 539, *concl.* Kessous, rapp. Serre.
4. Civ. 2e, 18 juin 2009, n° 08-18.379 (préc. s^s n° 712.31).
5. Douai, 22 déc. 1994, préc. ss prést n°.
6. Douai, 22 déc. 1994, *Rev. huiss.* 1995. 593, obs. Dahan.
7. Décr.-L. 30 oct. 1935, anc. art. 65-3.

de son employeur, le dernier alinéa de l'article 51 de la loi du 9 juillet 1991, abrogé depuis la loi du 22 décembre 2010, invitait l'huissier de justice à s'adresser au procureur de la République pour qu'il demande ces renseignements aux administrations et aux organismes bancaires. Il pouvait toutefois interroger directement l'administration des impôts pour obtenir l'adresse des organismes auprès desquels un compte était ouvert au nom du débiteur. Si l'administration fiscale ne possédait pas ces informations, le procureur de la République entreprenait alors, à la requête de l'huissier porteur du titre exécutoire et de la réponse négative du fisc, les diligences nécessaires pour connaître ces organismes. En revanche, lorsque les renseignements recherchés tendaient à l'engagement d'une saisie des rémunérations, l'huissier était tenu de passer systématiquement par l'entremise du ministère public. À l'issue d'un délai de trois mois, l'absence de réponse du procureur valait réquisition infructueuse.

Depuis la réforme opérée par la loi du 22 décembre 2010, l'huissier peut interroger directement les administrations de l'État et des collectivités territoriales, les établissements publics et les organismes contrôlés par l'autorité administrative pour connaître l'adresse du débiteur, l'identité et l'adresse de son employeur ou de tout tiers débiteur ou dépositaire de sommes liquides ou exigibles à l'exclusion de tout autre renseignement et sans que l'on puisse lui opposer le secret professionnel. Il peut aussi s'adresser directement aux établissements teneurs de comptes de dépôt pour qu'ils lui indiquent si un ou plusieurs comptes, comptes joints ou fusionnés, sont ouverts au nom du débiteur ainsi que les lieux où ils sont tenus, à l'exclusion de tout autre renseignement, sans se voir opposer le secret professionnel (L. 22 déc. 2010, art. 39 mod.).

La question se pose de savoir si toutes ces démarches et recherches destinées à favoriser une saisie bancaire ou salariale, constituent une étape obligatoire avant l'engagement de la saisie-vente alors même que le débiteur, qui ne défère pas à l'injonction de communiquer les références de ses comptes ou de son employeur, fait délibérément obstacle aux mesures d'exécution que la législation a voulu privilégier. En d'autres termes, le mutisme du débiteur fait-il perdre à la saisie-vente son caractère subsidiaire ou, en tout cas, démontre-t-il l'impossibilité de pratiquer une saisie sur compte ou sur rémunération ? Deux grands courants d'opinion opposés ont divisé doctrine et jurisprudence. Un avis de la Cour de cassation a consacré l'un d'eux pour l'essentiel.

712.45 Opinions doctrinales. *Un premier courant* a soutenu que le silence du débiteur, tenu à un devoir de collaboration, devait être sanctionné par l'engagement immédiat de la saisie-vente à son domicile et ce, sans avoir besoin de rechercher ces renseignements, ni demander l'autorisation au juge. Pour les tenants de cette thèse, le silence révélait, non seulement la mauvaise foi du débiteur ou, en tout cas, son intention de renoncer à la subsidiarité, mais encore l'impossibilité absolue de pratiquer une saisie-attribution ou des rémunérations. Ils ont considéré en outre que le recours au procureur de la République pour rechercher les informations dissimulées n'était pas obligatoire, l'article 51 de la loi du 9 juillet 1991, dans sa rédaction antérieure à la loi du 22 décembre 2010, utilisant dans son troisième aliéna (aujourd'hui abrogé) le mot « peut » et non « doit » à propos de la saisine du ministère public[1].

Un second courant d'opinion a estimé que le silence du débiteur ne caractérisait pas l'impossibilité de saisir ses comptes ou ses salaires, le créancier pouvant, par l'intermédiaire de son huissier, soit effectuer les recherches pour obtenir les renseignements relatifs à son employeur ou à ses comptes bancaires, soit solliciter une autorisation spéciale du JEX. Les tenants de cette thèse ont observé que le texte de l'article 51 ne prévoyait pas que le mutisme du débiteur permettait d'engager directement la saisie-vente et ont relevé que, s'il en était ainsi, le renvoi par son troisième alinéa au service du Parquet comme l'autorisation du juge, n'auraient aucun sens. Ils ont considéré que l'intention du législateur exprimée par le principe de subsidiarité était d'écarter la pénétration dans les locaux d'habitation du débiteur pour le recouvrement des petites créances[2].

712.46 Jurisprudence. Il semble acquis aujourd'hui que le défaut de réponse du débiteur à l'injonction de l'huissier, ne suffit pas à lui seul à caractériser l'impossibilité de procéder à une saisie sur compte bancaire ou sur rémunération du travail et que, dans cette hypothèse, la saisie-vente pratiquée sans rechercher les informations nécessaires à l'engagement de ces mesures ou sans autorisation du juge doit être annulée en principe.

Plusieurs juridictions se sont prononcées dans ce sens sous l'empire de l'article 51 de la loi de 1991

1. J.-J. Daigre, « À propos de l'exception de subsidiarité de la saisie-vente », *Rev. huiss.* 1992. 1041 – H. Croze, « Commentaire du décret du 31 juillet 1992 », *JCP* 1992. I. 3635 – J.-P. Faget et D.-R. Martin, « Subsidiarité de la saisie-vente et carence du débiteur saisi », *JCP* 1993. I. 3711.
2. Y. Desdevises, « L'influence du silence du débiteur sur la subsidiarité de certaines saisies-ventes », *D.* 1993. Chron. 160 – J. Beauchard, « Le logement et les procédures civiles d'exécution », *RTD civ.* 1994, n° spécial, n°s 27 à 32 – *J.-Cl. Pr. civ.*, v° *Saisie-vente*, vol. 9, fasc. 2320, n°s 21 s., par Goichot – R. Perrot, « La réforme des procédures civiles d'exécution », *RTD civ.* 1993, n° spécial, présentation, p. IX.

(devenu C. pr. exéc., art. L. 221-2) dans sa rédaction antérieure à celle du 22 décembre 2010[1].

La Cour de cassation a confirmé cette analyse dans un avis du 8 décembre 1995 abondamment et diversement commenté[2].

La Haute juridiction a observé dans ses motivations, que l'absence de réponse du débiteur à l'injonction qui lui été faite dans le commandement de communiquer les renseignements utiles à l'exercice d'une saisie sur ses comptes de dépôt ou sur ses rémunérations du travail, ne faisait pas échec au principe de subsidiarité posé par l'article 51 de la loi du 9 juillet 1991 (devenu C. pr. exéc., art. L. 221-2) et n'avait pour effet, si le recours au procureur de la République s'avérait nécessaire pour connaître l'employeur du débiteur ou les établissements où celui-ci avait ses comptes, que de dispenser l'huissier de justice de justifier des recherches infructueuses. Selon l'avis de la Haute juridiction, le silence du débiteur ne rendait pas possible, de ce seul fait, la saisie-vente. Il permettait à l'huissier de justice de s'adresser immédiatement et sans autre formalité, au procureur de la République en vue d'obtenir l'identification de l'employeur ou des comptes de dépôt du débiteur. La portée de cet avis n'a pas été remise en cause par la loi du 22 décembre 2010 qui a permis aux huissiers de justice de s'adresser directement aux administrations et aux organismes bancaires pour identifier l'employeur du débiteur ou localiser ses comptes bancaires. Il appartient à l'huissier de justifier du caractère infructueux de ses recherches en produisant, en cas de contestation, tout document établissant que le débiteur n'a pas d'employeur connu ou de compte dont le solde est susceptible d'être saisi.

Il est également logique de considérer que le créancier peut se passer d'effectuer des recherches auprès des administrations ou des organismes teneurs de comptes lorsqu'il a d'ores et déjà tous les éléments lui permettant de conclure à l'impossibilité de pratiquer une saisie bancaire ou salariale (v. s[s] n° 712.41).

1. Douai, 22 déc. 1994, *Rev. huiss.* 1995. 593 – Rennes, 2 juin 1995, *BICC* 1er févr. 1996, n° 129 – Besançon, 12 sept. 1995, *Rev. huiss.* 1996. 1287 – TOUTEFOIS, EN SENS CONTRAIRE : Angers, 11 juill. 1995, *Rev. huiss.* 1996. 610, note Daigre.
2. J.-J. Bourdillat, « La subsidiarité de certaines saisies-ventes : quand la loi est inique… », *Gaz. Pal.* 1996. 2. Doctr. 900 – J.-J. Daigre, « Subsidiarité de la saisie-vente : la carence du débiteur récompensée ? », *Rev. huiss.* 1996. 257 – P. Przemyski-Zajac et P. Przemyski, « Saisie-vente : la subsidiarité ? », *Rev. huiss.* 1996. 897 – R. Perrot et Ph. Théry, « La subsidiarité de la saisie-vente », *D.* 1996. Chron. 169 – F. Ruellan et R. Lauba, note s[s] Cass., avis, 8 déc. 1995, n° 09-50.013, *Bull. avis,* n° 15; *D.* 1997. 130.

Il va également de soi, bien que la Cour de cassation ne le précise pas, que le créancier qui n'obtient aucune réponse du débiteur, notamment s'il a été personnellement touché par le commandement injonction, peut solliciter du juge l'autorisation de pratiquer immédiatement la saisie-vente (v. s[s] n° 712.34).

On observe que les renseignements fournis ne sont pas une panacée en l'absence de transparence patrimoniale, puisqu'ils permettent seulement d'identifier des sources de revenus, sans toutefois garantir que le compte bancaire est approvisionné ou que la quotité saisissable est suffisante ou non absorbée par des créanciers privilégiés. Il convient cependant de relever que la même incertitude existe lors de l'engagement direct d'une saisie-vente, puisque le poursuivant ne sait pas à l'avance, si les meubles sont saisissables, s'ils ont une valeur suffisante, s'ils sont déjà saisis ou encore s'ils appartiennent bien au débiteur.

SECTION 5
SUBSIDIARITÉ DE CERTAINES SAISIES-VENTES : FINALITÉS ET PORTÉE

712.51 Éviter le traumatisme de l'introduction dans le logement familial. C'est le motif le plus souvent avancé pour expliquer l'adoption du principe de subsidiarité. « *Il est inutile de forcer les portes pour récupérer une somme inférieure à 3 000 francs* » (soit 457,35 euros) déclarait le rapporteur de la commission des lois du Sénat au cours des travaux parlementaires. À cet égard, ce n'est peut-être pas une sur-valorisation de la notion de domicile privé qui a motivé le législateur, mais plutôt la conscience aiguë que cette intrusion, certes légale et le plus souvent justifiée, peut exacerber les réactions de justiciables fréquemment plongés dans la précarité ou en situation de détresse sociale. La pénétration peut être alors mal vécue même si la saisie consiste, dans l'immédiat, en un simple inventaire des meubles dont l'enlèvement est différé jusqu'à la vente.

Cependant, l'intrusion dans la sphère familiale ne justifie pas à elle seule, la subsidiarité de la saisie-vente.

712.52 Orienter vers les mesures les plus idoines. En dépit des apparences, la subsidiarité n'est sans doute pas une faveur exceptionnelle accordée au débiteur. Elle pourrait bien apparaître, selon l'analyse de Y. Desdevises, comme l'expression d'un principe non écrit de hiérarchie des voies d'exécution implicitement contenu dans la loi du 9 juillet 1991, aujourd'hui incorporée dans la partie législative du Code des procédures civiles d'exécution.

712.53 **Hiérarchie des voies d'exécution.** Il est certain que l'objectif du réformateur était la revalorisation des titres exécutoires, notamment par l'adoption de mesures d'exécution mieux adaptées à la composition actuelle des patrimoines. Dans cette optique, les notions de frais inutiles ou de procédures injustifiées jouent un rôle manifestement incitateur, orientant les créanciers vers les mesures les plus efficaces et les moins onéreuses.

C'est dans ce cadre qu'il faut apprécier l'émergence légale du principe de subsidiarité.

À cet égard, les dispositions législatives du Code des procédures civiles d'exécution précisent (C. pr. exéc., art. L. 111-7 et L. 121-2) que si le créancier a le choix des mesures propres à assurer l'exécution ou la conservation de sa créance, l'exécution de ces mesures ne doit pas excéder ce qui se révèle nécessaire pour le paiement de l'obligation. Elles précisent également (C. pr. exéc., art. L. 122-1) que l'huissier chargé du recouvrement peut refuser de prêter son ministère lorsque la mesure requise lui paraît illicite ou devoir engendrer des frais susceptibles de dépasser le montant de la créance réclamée. Elles ajoutent enfin (C. pr. exéc., art. L. 111-8, al. 1er) que les frais de l'exécution forcée sont à la charge du débiteur, sauf s'il est manifeste qu'ils n'étaient pas nécessaires au moment où ils ont été engagés. Toutes ces règles figurent dans le livre Ier consacré aux dispositions générales lequel est naturellement suivi du livre II concernant les dispositions spécifiques aux mesures d'exécution forcée. Or, ce livre II énonce les diverses mesures dans un ordre particulier (saisie-attribution, saisie des rémunérations, paiement direct des PAL, saisie-vente), qui est fidèlement repris par le décret de codification et qui ne doit manifestement rien au hasard car il laisse transparaître l'intention d'établir une certaine hiérarchie des voies d'exécution.

On devine ainsi la préférence du législateur pour les saisies les plus rapides, les plus économiques et les mieux adaptées à l'immatérialisation constante des fortunes.

712.54 **Place occupée par la saisie-vente.** Or, nul n'ignore combien la saisie-vente est longue à porter ses fruits, peu rentable et très aléatoire, le créancier ne pouvant espérer être désintéressé qu'à l'issue d'une procédure assez complexe et à condition d'avoir saisi des biens de valeur.

Elle est relativement onéreuse puisqu'elle nécessite de nombreux actes et formalités tarifés : commandement de payer, procès-verbal de saisie, publicité par affichage et voie de presse, acte de vérification des objets manquants ou dégradés, acte de vente, frais de transport, parfois de serrurier et de garde-meuble, indemnité aux fonctionnaires municipaux ou de police.

Le créancier peut, en outre, subir la loi du concours et être ainsi contraint de partager avec les créanciers opposants le maigre produit de la vente, après une procédure de distribution des deniers relativement lourde. Le patrimoine de la plupart des débiteurs se composant de meubles de qualité courante, souvent démodés, d'appareils ménagers ou audiovisuels usagés, sinon obsolètes, le rapport de la saisie-vente est bien souvent décevant au regard du coût global de la procédure.

En réalité, la saisie-vente est plutôt utilisée comme moyen de pression. L'objectif de l'huissier n'est pas la vente, mais l'obtention d'un paiement total ou partiel, sous forme d'acompte à la délivrance de chaque acte, quitte à suspendre puis reprendre la procédure au gré du respect des engagements du débiteur. Si cette technique de recouvrement peut être admise, on doit relever qu'elle a l'inconvénient d'aboutir en pratique, à une multiplication des actes souvent réitérés inutilement. On constate ainsi qu'en cas d'insolvabilité du débiteur, cette méthode devient une source de frais excessifs sinon frustratoires, qui restent à la charge définitive du créancier. Or s'il est juste de prémunir les créanciers de sommes modiques contre les risques d'impayés systématiques, encore faut-il ne pas les leurrer en diligentant en leur nom une voie d'exécution dont le coût risque rapidement de dépasser le principal dû et de rester finalement à leur charge en présence de débiteurs impécunieux.

Certains commentateurs ont pu relever avec une certaine pertinence que la pratique consistant à se servir de l'indisponibilité des biens saisis comme d'un gage de bonne fin de l'exécution, pouvait aboutir à vider complètement la saisie-vente de sa substance. En effet, dans la mesure où le créancier n'a pas véritablement l'intention de vendre, il empêche cette mesure de déboucher sur le résultat qui lui a été assigné par la loi, à savoir l'exécution forcée[1].

On comprend dès lors que, sans interdire l'usage de la saisie-vente, le législateur ait tenu à restreindre celui-ci pour les créances d'un faible montant.

Il n'a fait que prendre en compte l'évolution du patrimoine de nos concitoyens constitué de plus en plus souvent de salaires, de dépôts en banque et de valeurs mobilières. À cet égard, le Code des procédures civiles d'exécution fait de la saisie-attribution un instrument de recouvrement particulièrement rapide et efficace puisqu'aucune vente n'est nécessaire, que le procès-verbal emporte attribution immédiate des sommes interceptées au créancier

1. N. Monachon-Duchêne, « Les limites de la saisie-vente », *JCP* 1997. I. 4044.

qui ne subit pas la loi du concours, même en cas de procédure collective ultérieure. Le législateur considère, en outre que la saisie des rémunérations peut, en dépit de l'insaisissabilité partielle des salaires, s'avérer intéressante pour les petites créances en raison de sa gratuité et de la durée raisonnable du recouvrement.

Ainsi, contrairement à ce qu'a relevé un commentateur[1], l'avis de la Cour de cassation, en explicitant le principe de subsidiarité, ne privilégie pas l'analyse politique et sociologique de la réforme au détriment de l'analyse économique. Il fait en réalité coïncider ces deux pôles.

On a toutefois relevé que si la relégation de la saisie-vente au second plan pouvait se justifier par la création de mesures plus efficaces, comme les saisies bancaire et salariale, l'évolution législative et jurisprudentielle a rendu celles-ci moins opérantes de telle sorte que le principe de subsidiarité devait être repensé[2].

712.55 Portée réelle de la subsidiarité. L'affirmation du principe de subsidiarité n'aboutit pas à interdire le recours à la saisie-vente. Il ne fait que différer sa mise en œuvre.

Par ailleurs, l'usage de la faculté de saisir le JEX par requête pour obtenir son accord à l'engagement à procéder d'emblée à une saisie-vente devrait favoriser l'émergence d'une jurisprudence relative aux cas d'autorisation.

Quoi qu'il en soit, on constate que si le législateur a estimé que dans la société actuelle, les meubles corporels représentent de moins en moins un gage de bon aloi, il n'est cependant pas allé au bout de cette conclusion en érigeant la subsidiarité de la saisie-vente en principe général. Il a en effet opté pour une réforme limitée, restreignant la subsidiarité aux recouvrements des seules créances modiques. Or, la faible rentabilité de la saisie-vente, qui fonde essentiellement l'adoption du principe de subsidiarité, est une caractéristique permanente qui ne dépend, ni du montant, ni de la nature de la créance, ni même du lieu où la mesure est pratiquée.

1. J.-J. Bourdillat, « La subsidiarité de certaines saisies-ventes : quand la loi est inique... », *Gaz. Pal.* 1996. 2. Doctr. 900.
2. L. Lauvergnat, « La subsidiarité de la saisie-vente : chronique d'un principe anachronique », *Dr. et proc.* 2010. 223.

CHAPITRE

713. Formalité préalable à la saisie : commandement de payer

René LAUBA
Magistrat honoraire

SECTION 0 Orienteur

713.00 **Plan du chapitre.**

713.01 **Textes applicables.**

C. pr. exéc., art. L. 111-8, L. 141-2, L. 142-3, L. 152-1, L. 152-2, L. 221-1, L. 221-2, R. 121-1, R. 122-2, R. 141-1, R. 141-2, R. 152-1, R. 211-3, R. 221-1 à R. 221-5, R. 221-7, R. 221-8, R. 221-10, R. 221-11, R. 221-40, R. 221-41 s., R. 222-1, R. 223-10 et R. 224-3.

C. pr. civ., art. 510, 641 à 644, 648, 651, 680, 659, 695 et 703 à 719.

C. civ., art. 1153, 1244 et 2244.

COJ, art. L. 213-6.

C. com., art. L. 145-41.

LPF, art. L. 252 A, L. 257-0 A, L. 257-0 B, L. 258 A, L. 260, L. 277, L. 281, R.*256-6, R.*256-7, R. 257-0 A-1, R.*257-0 B-1, R.*277-7 et R.*281-1 à R.*281-5; anc. art. L. 255 à L. 259.

CGCT, art. L. 1617-5.

CGPPP, art. L. 2323-2 s.

C. mon. fin., art. L. 131-73 et L. 313-3.

CGI, art. 396 C Annexe II, 415 et 416 Annexe III, 1663 et 1912.

CSP, art. L. 6145-9.

713.03 **Bibliographie indicative.**

Actualisables. Rép. pr. civ., *v° Saisie-vente*, par N. Fricero, déc. 2011 [màj juin 2012], nos 36 à 54 – *J.-Cl. Not. Form.*, *v° Saisie-vente*, fasc. 10, Domaine. Conditions, par J. Beauchard; fasc. 20, Opérations de saisie – *J.-Cl. Pr. civ.*, *v° Saisie-vente*, fasc. 2320, Procédure, par N. Casal.

Ouvrages. A. LEBORGNE, *Droit de l'exécution*, 2e éd., « Précis », Dalloz, 2014, [saisie-vente : commandement de payer], nos 1391-1396 – R. PERROT et PH. THÉRY, *Procédures civiles d'exécution*, 3e éd., Dalloz, 2013, [saisie-vente : commandement de payer], nos 622-624.

713.05 Définition. Le commandement de payer est l'ultime coup de semonce qui doit précéder toute saisie-vente. Il a pour objectif de provoquer, de la part du débiteur qui veut éviter les inconvénients et les frais engendrés par la saisie, un paiement total ou partiel ou, tout au moins, une offre de paiement échelonnée.

SECTION 1
CARACTÉRISTIQUES DU COMMANDEMENT

§ 1
Caractère obligatoire

713.11 Principe du commandement préalable. Le commandement est requis par l'article L. 221-1 alinéa 1er C. pr. exéc. ainsi rédigé : « *Tout créancier muni d'un titre exécutoire constatant une créance liquide et exigible peut, après signification d'un commandement, faire procéder à la saisie et à la vente des biens meubles corporels appartenant à son débiteur, qu'ils soient ou non détenus par ce dernier* ». Cette obligation est rappelée par les articles R. 221-1, R. 221-3 et R. 221-7 C. pr. exéc.

L'exigence d'un commandement préalable n'est que l'application en matière de saisie-vente, du principe général posé par l'article L. 142-3 C. pr. exéc. selon lequel : « *À l'expiration d'un délai de huit jours à compter d'un commandement de payer signifié par un huissier de justice et resté sans effet, celui-ci peut, sur justification du titre exécutoire, pénétrer dans un lieu servant à l'habitation et, le cas échéant, faire procéder à l'ouverture des portes et des meubles* ».

On peut cependant relever que le domaine de l'article 50 est plus large que celui de l'article L. 142-3 C. pr. exéc. puisqu'il prévoit la délivrance d'un commandement quel que soit le lieu où la mesure doit être pratiquée, sans limiter cette formalité à la seule saisie dans un local d'habitation.

La saisie qui serait pratiquée en l'absence de commandement serait nulle.

713.12 Sanction du défaut de commandement. La saisie-vente qui n'est pas précédée d'un commandement contenant, à peine de nullité, diverses indications et invitant le débiteur à se libérer dans un délai de huit jours, est nulle. Aucun texte ne dispense l'État et les établissements publics de respecter les dispositions de l'article R. 221-1 C. pr. exéc. Il ne s'agit pas d'une nullité de forme mais de fond[1].

La production de l'original du commandement ne peut être valablement remplacée par celle de l'état collectif des poursuites par voie de commandement dressé par le percepteur[2].

713.13 Dispense légale en cas d'opposition-jonction. Il semble que le commandement n'est pas exigé par les articles L. 221-1 et R. 221-41 s. C. pr. exéc., lorsque le créancier entend se joindre à une saisie déjà pratiquée par un prédécesseur en faisant opposition au prix de la vente, ou étendre cette saisie à de nouveaux biens, au moyen d'un inventaire complémentaire (v. ss no 718.27).

713.14 Impossibilité d'une dispense judiciaire. On a relevé que le commandement a l'inconvénient d'alerter le débiteur qui peut tenter de dissimuler ou de dilapider son patrimoine mobilier. À cet égard certains auteurs[3], avaient souhaité que l'on profite de la réforme en cours pour ouvrir au créancier, à l'instar de ce qui existait en matière de saisie-gagerie (ACPC, art. 819), la faculté de se faire dispenser par le juge, en présence d'un débiteur retord, de délivrer préalablement commandement de payer. La loi du 9 juillet 1991 et son décret d'application, constituant aujourd'hui les parties législative et réglementaire du Code des procédures civiles d'exécution, n'ont cependant pas adopté cette solution.

Le juge de l'exécution (JEX) n'a donc pas le pouvoir d'autoriser le créancier à ne pas remplir cette formalité substantielle.

Toutefois, dans les cas où le risque de disparition est le plus grand, soit parce que le bien est précieux (objet placé dans un coffre-fort), soit parce qu'il peut être facilement déplacé (véhicule terrestre à moteur), le législateur permet au créancier de délivrer commandement après l'acte de saisie et de profiter ainsi de l'effet d'indisponibilité qu'il a produit (C. pr. exéc., art. R. 224-3 et R. 223-10 – v. ss nos 722.41 s. et 723.101 s.). Quoi qu'il en soit, la pratique démontre que les cas de fraude sont plutôt rares. Certains commentateurs[4] ont relevé que le créancier pouvait se ménager un effet de surprise en pratiquant d'abord une saisie conservatoire, mesure pour laquelle aucun commandement préalable n'est requis, ni aucune autorisation judiciaire si le saisissant est titulaire d'un titre exécutoire. Le débiteur institué gardien des objets saisis serait ainsi dans l'incapacité de les soustraire et ce, jusqu'à ce qu'ils fassent l'objet d'une saisie-vente, ce qui est

1. TGI Toulon, JEX, 12 oct. 1994, *Rev. huiss.* 1996. 118 – TGI Albertville, JEX, 23 mai 1995, *Gaz. Pal.* 1996. 1. 136, note Véron.
2. Com. 16 févr. 1967, *JCP A* 1967. IV. 5064.
3. J. Vincent, *Voies d'exécution*, 14e éd., « Précis », Dalloz, 1981, no 51.
4. *J.-Cl. Pr. civ.*, vol. 9, fasc. 2320, p. 12, no 66, par Goichot.

possible en vertu de l'article R. 221-11 C. pr. exéc., ou d'un acte de conversion en saisie-vente.

713.15 Impossibilité de suppléer par un commandement aux fins de saisie-exécution. Il ne pourrait être suppléé à l'absence d'un commandement conforme à l'article R. 221-1 C. pr. exéc., par un commandement aux fins de saisie-exécution délivré en vertu de l'article 583 ACPC.

La Cour de cassation est en effet d'avis qu'un commandement de payer aux fins de saisie-exécution délivré antérieurement au 1er janvier 1993 (date d'entrée en vigueur de la réforme) ne constituant pas une mesure d'exécution forcée, seul un commandement répondant aux conditions de forme exigées par le décret du 31 juillet 1992 peut engager la nouvelle procédure de la saisie-vente[1]. Le décalage entre les formalités de l'ancien Code de procédure civile et celle du décret du 31 juillet 1992 est tel, que cela reviendrait, selon l'expression d'un commentateur, « *à marier la carpe et le lapin* »[2].

Compte tenu du temps écoulé depuis l'entrée en vigueur de la réforme, ce problème de droit transitoire est aujourd'hui dépassé. Cependant, les commentaires précités conservent tout leur intérêt en ce qui concerne la nature et la place du commandement aux fins de saisie-vente.

§ 2
Nature et place du commandement

713.21 Le commandement n'est pas un acte d'exécution. Traditionnellement le commandement de payer qui doit précéder la saisie des meubles corporels, n'est pas considéré comme un acte d'exécution car il n'implique par lui-même aucune indisponibilité. Il n'est d'ailleurs pas systématiquement suivi d'une saisie et produit des effets indépendants de celle-ci (mise en demeure, interruption de la prescription).

Il s'analyse en une simple mise en demeure, en un acte préparatoire. Il peut donc être fait dans l'exploit portant signification du jugement dont l'exécution est poursuivie[3].

La Cour de cassation a eu l'occasion de rappeler cette analyse en précisant que l'interdiction des voies d'exécution de la part des créanciers dont la créance est née antérieurement au jugement d'ouverture d'une procédure collective, n'a pas pour effet d'entraîner l'annulation d'un commandement à fin de saisie-exécution, quand bien même celle-ci ne pourrait être poursuivie après ledit jugement[4].

Bien que se rapportant à l'ancienne saisie-exécution ces arrêts sont parfaitement valables pour le commandement aux fins de saisie-vente.

Plus récemment, la Haute juridiction a rappelé que la demande en répétition d'un paiement indu effectué à la suite d'un commandement n'était pas formulée à l'occasion de l'exécution forcée d'un titre exécutoire et ne pouvait donc relever de la compétence du JEX[5].

713.22 Le commandement engage la procédure. Bien que ne constituant pas, en lui-même un acte d'exécution, le commandement n'est pas une formalité extérieure à la procédure de saisie. En effet, la saisie ne peut exister valablement sans lui. Il engage donc la procédure de saisie-vente dont il est indissociable[6].

Il convient de relever que dans l'esprit des rédacteurs du décret n° 96-1130 du 18 décembre 1996 qui a modifié le texte des articles 8 de l'ancien décret du 31 juillet 1992 (devenu C. pr. exéc., art. R. 121-1) et 510 C. pr. civ., le commandement fait partie intégrante de la procédure de saisie-vente, puisque sa délivrance permet au débiteur de saisir le JEX afin d'obtenir un délai de paiement qui va suspendre le processus de saisie qui commençait à s'amorcer. Plus généralement, la Cour de cassation admet que la délivrance du commandement permet la saisine du JEX aux fins de trancher une difficulté d'exécution[7].

SECTION 2
NOTIFICATION DU COMMANDEMENT

713.31 Forme de la notification. Selon les articles L. 221-1 et R. 221-1 C. pr. exéc., le créancier peut faire procéder à la saisie-vente, après « *signification* » d'un commandement de payer. Le

1. Cass., avis, 14 juin 1993, nos 09-30.003 et 09-30.008, *Bull. avis*, n° 8 ; *D.* 1993. 394, note Ménabé ; *D.* 1993. Somm. 283, obs. Julien ; *RTD civ.* 1993. 892, obs. Perrot – Ph. Théry, « Saisie sur saisie ne vaut », *D.* 1993. Chron. 213.
2. Ph. Théry, préc.
3. Civ. 2 mai 1854, *DP* 1854. 1. 227 – Civ. 1re, 14 nov. 1984, n° 83-13.333, *Bull. civ.* I, n° 304 – Civ. 1re, 10 juill. 1996, n° 94-17.141, *Bull. civ.* I, n° 308.
4. Com. 14 mars 1995, n° 93-10.927, *Bull. civ.* IV, n° 76 ; *D.* 1995. IR 112 ; *RTD civ.* 1995. 969, note Perrot.
5. Civ. 2e, 11 déc. 2008, n° 07-19.411, *Bull. civ.* II, n° 264 ; *Procédures* févr. 2009, p. 15, note Perrot.
6. Cass., avis, 14 juin 1993, nos 09-30.003 et 09-30.008, *Bull. avis*, n° 8 ; *D.* 1993. 394, note Ménabé ; *D.* 1993. Somm. 283, obs. Julien ; *RTD civ.* 1993. 892, obs. Perrot (v. ss n° 713.15) – Civ. 2e, 16 déc. 1998, n° 96-18.255, *Bull. civ.* II, n° 301 ; *D.* 1999. Somm. 221, obs. crit. Julien.
7. Civ. 2e, 16 déc. 1998, n° 96-18.255, *Bull. civ.* II, n° 301 – Civ. 2e, 3 juin 1999, n° 97-14.889, *Bull. civ.* II, n° 110 ; *Gaz. Pal.* 1999. Pan. 249.

commandement est donc, conformément à l'article 651 C. pr. civ., notifié par un acte d'huissier qui doit contenir les mentions communes à tous les exploits, mentions qui sont prescrites par l'article 648 du même code.

Toutefois, lorsque le recouvrement est effectué par un comptable public, le commandement peut prendre la forme d'une mise en demeure qui en tient lieu et qui est notifiée selon les modalités prévues par les articles L. 257-0 A, L. 257-0 B, R. 257-0 A-1 et R. 256-6 du Livre des procédures fiscales, pour les créances de l'État, L. 1617-5 du Code général des collectivités territoriales et L. 2323-2 et suivants du Code général de la propriété des personnes publiques, pour les produits du domaine public, les créances des collectivités territoriales et de leurs établissements publics, ainsi que des créances des autres personnes morales de droit public dotées d'un comptable (C. pr. exéc., art. R. 221-7).

La mise en demeure est alors notifiée par voie postale à la diligence du comptable chargé du recouvrement. Dans ce cas, la mise en demeure de payer n'est pas soumise aux conditions générales de validité des actes d'huissier (LPF, art. R. 257-0 A-1 et R. 256-6; CGCT, art. L. 1617-5, 5°).

En matière de chèque impayé, la notification du certificat de non-paiement au tireur vaut commandement (Décr.-L. 30 oct. 1935, art. 65-3, devenu C. mon. fin., art. L. 131-73 - v. s[s] n°s 713.101 et 713.102).

713.32 Lieu de notification. Selon l'article R. 221-4 C. pr. exéc., « *le commandement ne peut être signifié à domicile élu* ». C'est au domicile réel ou au lieu de travail du débiteur qu'il doit être signifié. À cet égard, le lieu de travail n'est pas considéré comme un domicile élu[1]. Si l'acte ne peut être délivré à personne, à domicile ou à mairie, l'huissier doit procéder selon les modalités prévues à l'article 659 C. pr. civ. et dresser un procès-verbal de recherche. Si en dépit de ses investigations infructueuses, il entend toujours poursuivre la procédure de saisie engagée, il peut effectuer les recherches auprès des administrations, des entreprises publiques et des organismes de sécurité sociale pour retrouver l'adresse du débiteur conformément aux articles L. 152-1, L. 152-2 et R. 152-1 C. pr. exéc.

Les formalités prescrites par l'article 659 C. pr. civ. sont applicables même si le débiteur est une personne morale qui n'a plus d'établissement connu au lieu indiqué comme siège social par le registre du commerce et des sociétés.

713.33 Moment de la notification. Le commandement se situe, dans le processus d'exécution, entre la signification du titre et l'acte de saisie qu'il doit précéder d'au moins huit jours. Exceptionnellement le commandement peut être délivré après le procès-verbal de saisie : c'est dans l'hypothèse de la saisie-vente des véhicules terrestres à moteur (C. pr. exéc., art. R. 223-10) et dans celle des biens placés dans un coffre-fort (C. pr. exéc., art. R. 224-3).

713.34 Signification préalable de la décision. Le commandement de payer doit être délivré, si le titre exécutoire fondant la poursuite est une décision judiciaire, après la signification de celle-ci (C. pr. exéc., art. R. 221-4 – C. pr. civ., art. 503). Cette formalité est obligatoire même si la décision mise à exécution est passée en force de chose jugée[2]. Le créancier n'est dispensé de signifier la décision de justice que si le débiteur y a acquiescé, soit expressément, soit implicitement en exécutant volontairement la condamnation (C. pr. civ., art. 503).

Toutefois, si c'est le commandement qui provoque le paiement de la créance, ce paiement n'est pas considéré comme un acte volontaire et par conséquent, comme un acquiescement du débiteur à la décision servant de base à la poursuite. Il n'empêche donc pas celui-ci de contester l'absence de signification de la décision fondant la saisie-vente et la régularité de toute la procédure[3].

Il convient de relever que l'article R. 221-4 C. pr. exéc. précise cependant, *in fine*, que le commandement peut être délivré dans l'acte de signification du jugement. Cette faculté s'explique par le fait que le commandement n'est pas un acte d'exécution, mais une simple mise en demeure préparatoire. La Cour de cassation a eu l'occasion de se prononcer en ce sens sous l'empire des dispositions de l'ancien Code de procédure civile relatives à la saisie-exécution[4].

La faculté d'accomplir deux formalités substantielles dans un seul et même exploit offre l'avantage de gagner du temps et de réduire les frais de la procédure d'exécution.

Dans cette hypothèse l'acte doit contenir, non seulement les mentions requises pour le commandement, mais encore celles exigées par l'article 680 C. pr. civ. pour la notification des jugements à partie. Il doit également, en cas de procédure avec représentation obligatoire, avoir été préalablement notifié au représentant du débiteur par acte d'avocat à avocat (C. pr. civ., art. 678). À défaut, la notification à la partie et, partant, le commandement

1. TGI Paris, JEX, 16 mars 1995, *Rev. huiss.* 1996. 366.

2. Civ. 2e, 25 févr. 1998, n° 96-12.438, *Bull. civ.* II, n° 60; *Rev. huiss.* 1998. 951.
3. Civ. 2e, 9 sept. 2010, n° 09-15.728, *Bull. civ.* II, n° 153; *Dr. et proc.* 2010. 330, obs. Lefort; *Procédures* 2010, n° 404, note Perrot.
4. Civ. 1re, 14 nov. 1984, n° 83-13.333, *Bull. civ.* I, n° 304.

qu'elle contient, sont entachés de nullité. Cette sanction est prononcée sans qu'il y ait lieu de rechercher si l'omission a causé un grief puisqu'il s'agit de l'omission d'un acte et non de vice de forme[1].

Lorsque le titre exécutoire a été émis par une personne morale de droit public, il doit avoir été préalablement notifié au débiteur par une lettre précisant les modalités de recours. La preuve de cette formalité incombe à l'administration qui, si elle ne peut en justifier, voit sa saisie annulée[2].

Selon une jurisprudence antérieure à la réforme des voies d'exécution[3], la Cour de cassation estimait que l'article 583 ACPC n'exigeait pas, lorsque le titre avait déjà été notifié, que le commandement contienne mention de cette notification. Cette solution est transposable en matière de saisie-vente, dès lors que les articles 81 et 83 du décret du 31 juillet 1992 (devenus C. pr. exéc., art. R. 221-1 et R. 221-3) qui énumèrent le contenu du commandement, ne prescrivent pas que celui-ci doit comporter, en sus du titre exécutoire en vertu duquel les poursuites sont exercées, mention de la signification de ce titre.

713.35 Délai de huit jours. Le commandement doit être délivré au moins huit jours avant la saisie. L'article R. 221-10 C. pr. exéc. précise à cet égard que « *les opérations de saisie ne peuvent commencer qu'à l'expiration d'un délai de huit jours à compter de la signification du commandement de payer* ».

C'est le délai accordé au débiteur par les articles R. 221-1 et R. 221-3 C. pr. exéc. pour payer sa dette. La saisie-vente pratiquée prématurément est nulle car elle fait grief au débiteur qui n'a pas bénéficié de tout le temps nécessaire pour s'exécuter volontairement.

Sous l'empire de l'ancienne saisie-exécution, le créancier ne devait attendre qu'un jour, ce qui était insuffisant pour que le débiteur concrétise un paiement ou une offre.

Le délai de huit jours doit être calculé conformément aux dispositions des articles 641 et 642 C. pr. civ. Le jour de la signification de l'exploit ne s'y trouve pas compris. Le délai expire le huitième jour suivant la signification, à minuit. Lorsque le dernier jour est un samedi, un dimanche ou un jour férié ou chômé, le délai est prorogé jusqu'au premier jour ouvrable suivant. Il semble que les prorogations en raison de la distance prévue par les articles 643 et 644 du code précité, sont inapplicables, même lorsque créancier et débiteur ne résident pas tous deux en France métropolitaine, car ces textes ne concernent que les délais de comparution et de recours.

1. Civ. 3e, 6 déc. 1978, no 77-12.650, *Bull. civ.* III, no 365; *RTD civ.* 1979. 835, obs. Perrot – Civ. 2e, 15 févr. 1995, no 93-15.459, *Bull. civ.* II, no 52; *JCP* 1995. II. 22506, note du Rusquec.
2. Civ. 2e, 1er juill. 1999, no 97-13.255, *Bull. civ.* I, no 130; *Gaz. Pal.* 1999. Pan. 264 s.
3. Civ. 2e, 28 mars 1973, no 72-10.661, *Bull. civ.* II, no 120; *JCP* 1973. IV. 190.

SECTION 3
CONTENU DU COMMANDEMENT

§ 1
Mentions communes

713.41 Mentions obligatoires. L'article R. 221-1 C. pr. exéc. précise que le commandement doit contenir à peine de nullité :

« *1o Mention du titre exécutoire en vertu duquel les poursuites sont exercées, avec le décompte distinct des sommes réclamées en principal, frais et intérêts échus ainsi que l'indication du taux des intérêts;*

2o Commandement d'avoir à payer la dette dans un délai de huit jours, faute de quoi il pourra y être contraint par la vente forcée de ses biens meubles ».

713.42 Mention de la signification-commandement. Avant de revenir en détail sur les mentions précitées, il apparaît utile de rappeler que lorsque le commandement et la décision fondant les poursuites sont notifiés dans le même exploit, ce dernier doit en outre comporter les mentions requises par l'article 680 C. pr. civ.

Il doit également avoir été préalablement notifié, si la décision a été rendue dans le cadre d'une procédure avec représentation obligatoire, au conseil du débiteur dans la forme des notifications entre avocats et ce, à peine de nullité (C. pr. civ., art. 678). Il convient de relever que mention de cette formalité doit être portée dans l'acte de notification destinée à la partie, donc dans le commandement de payer. Faute de mention dans la notification à partie, de la notification préalable à l'avocat, la preuve de cette notification et de son caractère préalable incombe à la partie qui a notifié[4].

713.43 Mention du titre exécutoire. Le terme « mention » permet de conclure que le commandement n'a pas à reproduire le titre. Il doit seulement indiquer tous les éléments permettant l'identification de celui-ci, comme sa date et sa nature (acte notarié, décision de justice, procès-verbal de conciliation, rôle des impôts directs, avis de mise en

4. Civ. 2e, 4 juill. 1984, no 83-12.362, *Bull. civ.* II, no 129; *Gaz. Pal.* 1984. 2. Pan. 291, obs. Guinchard; *RTD civ.* 1985. 214, obs. Perrot.

recouvrement d'une contribution indirecte, état ou titre de perception exécutoire relatif aux recettes étrangères à l'impôt, contraintes des organismes de sécurité sociale). La Cour de cassation estime néanmoins qu'en cas de pluralité de titres visés dans le même acte (dix avis de mise en recouvrement et quatre mises en demeure), ces mentions doivent être suffisamment précises (date et numéro des pièces) pour permettre au débiteur de savoir en vertu de quels titres exécutoires il est poursuivi et d'identifier les créances réclamées en vertu de ces derniers. La Cour considère que l'insuffisance des mentions constitue une irrégularité qui cause grief en ce qu'elle prive le débiteur de faire des offres de paiement ou d'exercer les voies de recours utiles [1].

Le défaut de toute référence au titre exécutoire constitue l'absence d'une condition de validité au fond de l'exercice des poursuites qui justifie l'annulation du commandement [2]. S'agissant d'une nullité de fond, l'allégation d'un grief n'est pas requise. Toutefois si le commandement vise un état exécutoire émis par l'administration fiscale sans en préciser les références, il est seulement entaché d'un vice de forme nécessitant la justification d'un préjudice [3].

Il convient de relever que, lorsque le commandement est délivré en vertu d'une décision de justice, l'acte doit également viser, s'il tend au recouvrement des dépens du procès, ainsi que des frais et actes d'exécutions ultérieurs, le certificat de vérification valant titre exécutoire, établi par le secrétaire de la juridiction dans les conditions des articles 703 à 707 C. pr. civ. ou l'ordonnance de taxe délivrée en vertu des articles 708 à 718 du même code. Il en va de même pour le recouvrement de frais exposés en dehors de toute instance, l'article 719 C. pr. civ. renvoyant aux règles prévues aux articles 704 à 718, pour les frais, émoluments et débours qui ne sont pas compris dans les dépens mentionnés à l'article 695 C. pr. civ. Il faut toutefois préciser que le titre exécutoire fondant les poursuites permet le recouvrement direct des frais de l'exécution qui constituent les dépens énumérés par l'article 695 C. pr. civ. L'huissier n'est pas préalablement tenu de les faire vérifier par le greffe. La Cour de cassation estime que c'est au débiteur qui constate le montant des frais de prendre l'initiative de demander un contrôle (v. s^s n° 713.47).

Il suffit que le commandement mentionne le titre exécutoire. L'article R. 221-1 C. pr. exéc. n'exige pas qu'il indique, s'il s'agit d'une décision de justice préalablement notifiée, que cette notification a été effectuée. La Cour de cassation avait estimé, à propos de l'ancienne saisie-exécution, que lorsque le titre exécutoire a déjà été notifié, l'article 583 ACPC n'exigeait pas que le commandement contienne mention de cette notification [4]. Certains auteurs estiment toutefois que la référence à l'acte de signification du jugement est nécessaire [5]. Il convient de préciser que le commandement de payer doit viser le titre exécutoire idoine, ce qui n'est pas toujours chose aisée lorsque la créance réclamée est la restitution d'une somme versée en exécution d'une décision judiciaire ultérieurement réformée ou cassée. Il faut déterminer avec certitude qu'elle est, parmi toutes les décisions successivement rendues (jugement de première instance, arrêt d'appel, arrêt de cessation ou arrêt sur renvoi) celle qui ouvre droit à restitution [6].

713.44 Décompte distinct des sommes réclamées. Cette exigence s'explique par le fait que la saisie-vente ne peut être pratiquée que pour le recouvrement d'une créance liquide et exigible. Elle s'explique aussi par la nécessité de permettre au débiteur d'exercer un contrôle effectif sur les sommes réclamées. Il est certain que la réclamation d'une somme globale incluant le principal et les accessoires, ne permettrait aucun contrôle. Une telle présentation du compte de la créance est donc désormais prohibée.

713.45 Principal. Si le principal est constitué par les échéances d'un prêt, par des loyers ou des fermages, par les arrérages d'une rente ou d'une pension alimentaire, l'acte doit donc nécessairement préciser la date, le montant et le nombre des échéances impayées, ainsi que le mode d'imputation des acomptes [7].

Le commandement ne justifie pas, à lui seul, de la réalité de la créance réclamée. La Cour de cassation a ainsi jugé que le propriétaire qui délivre à son locataire un commandement de payer doit justifier du montant des sommes réclamées [8]. Si les rensei-

1. À PROPOS de l'annulation des actes d'une saisie-exécution : Com. 4 févr. 1997, n° 95-12.179, NP; *Rev. huiss.* 1998. 122.
2. Civ. 2e, 22 janv. 1997, n° 94-19.021, *Bull. civ.* II, n° 16; *Gaz. Pal.* 1997. 2. Pan. 229.
3. Com. 3 oct. 2006, n° 01-03.515, *Bull. civ.* IV, n° 199; *Procédures* 2007, n° 25, note Pierre.
4. Civ. 2e, 28 mars 1973, n° 72-10.661, *Bull. civ.* II, n° 120; *JCP* 1973. IV. 190.
5. *J.-Cl. Form. anal. Pr. civ., v° Saisie-vente*, fasc. 10, n° 14, par Beauchard – *J.-Cl. Pr. civ.*, fasc. 2320, n° 62, par Goichot.
6. Civ. 2e, 11 sept. 2003, n° 01-16.703, *Bull. civ.* II, n° 257; *D.* 2004. Somm. 1497, doctr. Taormina; *Procédures* déc. 2003, n° 10, note Perrot.
7. POUR une pension alimentaire : Douai, 23 déc. 1993, *Rev. huiss.* 1994. 1422.
8. Civ. 3e, 23 juin 1981, n° 79-14.605, *Bull. civ.* III, n° 131; *Rev. huiss.* 1982. 679, note Lescaillon.

gnements joints au commandement de payer ne permettent ni d'identifier le bénéficiaire des soins, ni d'en connaître la date, la haute juridiction estime que la preuve de l'obligation de rembourser alléguée par un hôpital n'est pas rapportée[1].

713.46 Intérêts. En ce qui concerne les intérêts, l'acte doit faire référence à leur mode de calcul (assiette, point de départ taux) avec indication des conditions dans lesquelles les acomptes ont été imputés. S'il s'agit des intérêts légaux, l'acte doit faire ressortir le taux simple et le cas échéant, le taux majoré, année par année, avec indication du point de départ de la majoration de cinq points prévue par l'article L. 313-3 du Code monétaire et financier[2].

À noter que le commandement de payer une créance publique doit mentionner les pénalités éventuelles (C. pr. exéc., art. R. 221-7, II et III).

Le commandement de payer qui omet de mentionner le taux des intérêts est nul au terme de l'article R. 221-1 C. pr. exéc. (anc[t] Décr. 31 juill. 1992, art. 81)[3]. La jurisprudence a appliqué cette sanction à propos d'un procès-verbal de saisie des droits d'associés et valeurs mobilières par une décision qui est transposable au commandement aux fins de saisie-vente.[4]. Lorsque le commandement ne mentionne pas les intérêts, la saisie pratiquée pour le recouvrement de ceux-ci est nulle[5]. Il en va de même lorsque le point de départ et les taux successifs des intérêts ne sont pas spécifiés[6] ou lorsque leur assiette ainsi que les autres éléments permettant leur vérification ne figurent pas dans le commandement[7].

La Cour de cassation estime que, pour pouvoir être recouvrés par voie d'exécution, les dommages-intérêts prévus par l'article 1153 du Code civil (c'est-à-dire les intérêts dus en raison du retard) doivent faire l'objet d'une disposition spéciale du titre en vertu duquel est exercée la poursuite[8].

Il convient de relever que la mention des intérêts et de leur taux, notamment de la majoration de 5 % applicable au taux légal, apparaît d'autant plus nécessaire que le débiteur a la possibilité de demander au JEX, en application de l'article L. 313-3 alinéa 2 du Code monétaire et financier, la réduction ou l'exonération de cette majoration au regard de sa situation personnelle. Cette réduction ou cette exonération des intérêts résultant de la majoration peut porter sur la période antérieure, comme la période postérieure à la décision du JEX[9].

713.47 Frais. Quant aux frais, ils ne peuvent être valablement réclamés que dans la mesure où ils ont été liquidés, soit dans le jugement, soit dans un titre exécutoire distinct établi par le secrétaire de la juridiction dans les conditions des articles 702 et 703 C. pr. civ., ou dans celles des articles 704 à 707 du même code. Le jugement qui se borne à prononcer condamnation aux dépens sans en fixer le montant, ne peut à lui seul fonder une procédure d'exécution forcée relative à ces dépens; il constate en ce qui les concerne, une créance certaine et exigible, mais qui n'est pas liquide. Il a ainsi été jugé qu'à défaut de vérification des dépens d'un avocat, il n'existait pas de titre exécutoire autorisant la réclamation du paiement forcé des débours et droits de plaidoirie. La procédure de saisie-vente ainsi engagée par le commandement a été déclarée nulle et non avenue[10]. Même si le recouvrement forcé porte sur les dépens d'appel correspondant à des débours tarifés et déterminables, la Haute juridiction exige la présentation d'un certificat de vérification ou d'une ordonnance de taxe exécutoire. À défaut, le commandement aux fins de saisie-vente et le procès-verbal d'indisponibilité de carte grise ne peuvent tendre qu'au paiement du principal à l'exclusion des dépens[11]. Il convient toutefois de relever que la Cour de cassation admet que le titre servant de fondement aux poursuites autorise le recouvrement direct des frais de l'exécution forcée, lesquels sont à la charge du débiteur en vertu de l'article L. 111-8 alinéa 1er C. pr. exéc. (anc[t] L. 9 juill. 1991, art. 32, al. 1er), sans que l'huissier soit préalablement obligé d'en faire vérifier le montant par le greffier. La Haute juridiction considère que c'est au débiteur qui entend contester ce montant de prendre l'initiative de saisir le juge[12].

Naturellement les frais exposés et les intérêts échus au jour du commandement ne peuvent faire l'objet d'une mention pour mémoire.

713.48 Plus pétition (demande excessive). La question se pose de savoir quelle est la validité d'un commandement contenant une plus pétition, c'est-à-dire réclamant une somme excessive. Sous

1. Soc. 27 mars 1997, n° 95-17.025, *Bull. civ.* V, n° 128.
2. L. 11 juill. 1975, anc. art. 3.
3. TI Sarreguemines, 25 févr. 1993, *Juris-Data* n° 042422; *Rev. huiss.* 1994. 662.
4. Civ. 2e, 31 mai 2001, *Rev. huiss.* 2001. 341.
5. Versailles, JEX, 24 févr. 1994, *Rev. huiss.* 1994. 662, réf. 94-585.
6. Douai, 22 déc. 1994, *Rev. huiss.* 1995. 502.
7. Paris, 8 janv. 1998, *Rev. huiss.* 1998. 377.
8. Civ. 1re, 10 mars 1998, n° 95-21.817, *Bull. civ.* I, n° 100; *Gaz. Pal.* 1998. 2. Pan. 216.
9. Civ. 2e, 6 juin 2013, n° 12-20.129, *Bull. civ.* II, n° 112; *D.* 2013. 1486.
10. Angers, 23 mars 1994, *JCP* 1995. IV. 2466.
11. Civ. 2e, 3 mai 2007, n° 06-12.485, *Bull. civ.* II, n° 20; *Rev. huiss.* 2007. 240; *D.* 2007. AJ 1511; *JCP* 2007. IV. 2132.
12. Civ. 2e, 6 mars 2003, n° 01-02.745, *Bull. civ.* II, n° 56; *D.* 2003. IR 863, ndlr.

l'empire des dispositions réglementant l'ancienne saisie-exécution, la Cour de cassation estimait depuis toujours que la plus pétition n'était pas, en principe, une cause de nullité du commandement de payer; il y avait seulement lieu, pour le juge, d'en limiter les effets et l'exécution au montant des sommes dues[1]. La Haute juridiction continue à se prononcer dans ce sens en matière de clause résolutoire contractuelle[2], ainsi qu'en matière de saisie-vente[3]. La Cour énonce dans ce dernier arrêt que « *le commandement fait pour une somme supérieure au montant de la dette demeure valable à concurrence de ce montant* ». La Haute juridiction précise, dans un autre arrêt[4] que le commandement délivré en vertu d'un contrat exécutoire reste valable pour la partie non contestable de la dette, dès lors qu'il vise la clause résolutoire.

Toutefois, cette jurisprudence est critiquable dans l'hypothèse d'une saisie-vente, dans la mesure où les articles 81 et 83 du décret du 31 juillet 1992 (devenus C. pr. exéc., art. R. 221-1 et R. 221-3) exigent, à peine de nullité, la mention du détail des sommes réclamées. Cette mention n'est pas requise dans les commandements, aux fins de saisie-exécution et dans ceux destinés à faire jouer une clause résolutoire. Il va de soi qu'il ne peut s'agir que de l'indication de sommes justes et vérifiables, faute de quoi le contrôle du débiteur serait illusoire. Une telle irrégularité fait nécessairement grief, puisque le débiteur risque de payer plus qu'il ne doit s'il veut éviter la saisie. Il est, en tout cas, immanquablement contraint, faute de pouvoir vérifier le bien-fondé de la réclamation, d'élever une contestation devant le JEX. Plusieurs juridictions du fond ont statué dans le sens de l'annulation du commandement fait pour une somme supérieure à la créance (le calcul inexact porte grief au débiteur[5]; le décompte erroné en raison de l'omission d'une compensation entraîne la nullité du commandement[6]).

713.49 Commandement de payer dans les huit jours. L'acte doit contenir commandement de payer la dette dans un délai de huit jours, faute de quoi le débiteur sera contraint par la vente de ses biens meubles. Cette mention essentielle (v. s^{s} n° 713.35) doit être clairement portée dans l'acte.

1. Civ. 18 mai 1903, *DP* 1904. 1. 239 – Soc. 31 juill. 1949, *D.* 1950. Somm. 16 – Civ. 3e, 29 mai 1985, *JCP* 1985. IV. 279.
2. Civ. 1re, 2 juill. 1996, n° 94-17.530, *Bull. civ.* I, n° 283.
3. Civ. 3e, 6 mai 1998, n° 96-14.339, *Bull. civ.* III, n° 92; *D.* 1999. 172, NOTE CRIT. Ruellan et Lauba.
4. Civ. 1re, 4 mai 1999, n° 97-14.803, *Bull. civ.* I, n° 145; *Rev. huiss.* 2000. 118.
5. Douai, 19 mai 1994, *Rev. huiss.* 1994. 1424.
6. Paris, JEX, 16 juin 1994, *Rev. huiss.* 1994. 1294.

Est nul l'acte intitulé commandement aux fins de saisie-vente qui manifeste de nombreuses incohérences quant aux délais de paiement mentionnés (évocation en même temps d'un délai de vingt-quatre heures, d'un délai de huit jours et de l'obligation de payer immédiatement et sans délai[7] – sur le délai d'un jour particulier au recouvrement des créances publiques, v. s^{s} n°s 713.72 et 713.73).

§ 2
Mentions particulières aux créances modiques

713.51 Subsidiarité. Il convient de rappeler, que selon les articles L. 221-2 et R. 221-2 C. pr. exéc., la saisie-vente dans un local servant à l'habitation du débiteur, lorsqu'elle tend au recouvrement d'une créance autre qu'alimentaire inférieure à 535 euros[8], ne peut être pratiquée, sauf autorisation du JEX, que si ce recouvrement n'est pas possible par voie de saisie d'un compte de dépôt ou des rémunérations du travail.

713.52 Commandement-injonction. Pour les créances de cette nature, le commandement doit comporter des mentions complémentaires prescrites par l'article R. 221-3, 2° et 3°, C. pr. exéc. Ces mentions supplémentaires, qui sont requises à peine de nullité, sont :

– l'avertissement qu'à défaut de paiement et si aucune saisie sur un compte de dépôt ou sur les rémunérations du travail n'est possible, le débiteur pourra être contraint au paiement par la vente forcée de ses biens meubles;

– l'injonction de communiquer à l'huissier du poursuivant dans un délai de huit jours, les noms et adresse de son employeur et les références de ses comptes bancaires, ou l'un de ces deux éléments seulement.

L'article R. 221-7, III du code précité prescrit que le commandement délivré pour le recouvrement d'une **créance publique inférieure à 535 euros** doit comporter des mentions analogue, à savoir :

– commandement de payer dans un délai de huit jours les sommes indiquées, avec l'avertissement qu'à défaut de paiement et si aucune saisie sur un compte de dépôt ou sur les rémunérations n'est possible le redevable pourra y être contraint par la vente forcée de ses biens meubles;

– injonction au redevable de communiquer, dans un délai de huit jours, au comptable poursuivant les nom, adresse de l'employeur et les références de

7. TGI Lille, 21 avr. 1993, *Rev. huiss.* 1993. 1443.
8. Anc. 3 500 F.

ses comptes bancaires ou postaux, ou l'un de ces éléments seulement.

713.53 Silence du débiteur. Le silence gardé par le débiteur en dépit de cette injonction, ne rend pas possible de ce seul fait, la saisie-vente. Il permet à l'huissier de s'adresser immédiatement et sans autres formalités aux administrations et organismes bancaires en vue de l'identification de l'employeur ou des comptes de dépôt du débiteur.

C'est la mise en œuvre du principe de subsidiarité adopté par la réforme des procédures civiles d'exécution (v. s[s] n°s 712.30 s.).

§ 3
Mentions particulières aux créances publiques

713.60 Observations liminaires. La loi de finances rectificative n° 2010-1658 du 29 décembre 2010 a sensiblement modifié le régime du recouvrement des créances publiques en unifiant celui-ci pour toutes les créances de nature fiscale. Elle prévoit, pour les produits des collectivités territoriales et des établissements publics locaux et de santé, un mode de recouvrement légèrement différent de celui des créances de l'État. Dans tous les cas, les poursuites sont effectuées par un comptable public et le commandement préalable peut être remplacé par une mise en demeure qui tient lieu de commandement aux fins de saisie-vente. Les anciennes dispositions sont demeurées en vigueur jusqu'au 1er octobre 2011, pour les créances de l'État de nature fiscale, et jusqu'au 31 décembre 2012, pour les créances de l'État étrangères à l'impôt ainsi que pour les produits des collectivités territoriales et des établissements publics locaux.

Les nouvelles dispositions doivent s'appliquer aux procédures postérieures, selon les cas au 1er octobre 2011 et au 31 décembre 2012[1].

A.
Déroulement de la procédure

713.61 Procédure préalable au commandement ou à la mise en demeure en tenant lieu. En cette matière, les huissiers de justice n'ont pas le monopole de l'exercice des poursuites. L'article R. 122-2 C. pr. exéc. dispose en effet, dans sa rédaction issue du décret du 14 octobre 2011[2] : « *Outre les huissiers de justice, les personnes chargées des mesures d'exécution forcée et des mesures conservatoires nécessaires au recouvrement des créances de l'État, des collectivités territoriales et des établissements publics dotés d'un comptable public, sont les agents de la direction générale des finances publiques chargés de procéder aux poursuites nécessaires au recouvrement des créances publiques dans les conditions prévues par l'article L. 258 A du Livre des procédures fiscales* ». Selon ce dernier texte, les poursuites sont exercées par huissier de justice ou par tout agent de l'administration habilité à exercer des poursuites au nom du comptable. Elles sont effectuées dans les formes prévues par le Code des procédures civiles d'exécution pour le recouvrement des créances, étant précisé que la notification de la mise en demeure tient lieu de commandement aux fins de saisie-vente.

713.62 Émission du titre exécutoire. Les poursuites s'effectuent en vertu de titres aux dénominations diverses (rôles, avis de mise en recouvrement, arrêtés, états, titres de perception ou de recette, contraintes), qui sont qualifiés d'exécutoires par l'article 98 de la loi de finances rectificative pour 1992 du 31 décembre 1992 (L. n° 92-1476, 31 déc. 1992) et l'article L. 252 A du Livre des procédures fiscales.

Ces titres sont émis directement par les personnes morales de droit public et certains organismes parapublics en vertu du privilège du préalable, qui les dispense de faire liquider leurs créances par un organe juridictionnel, pour procéder à leur recouvrement forcé (v. s[s] n°s 126.06 s.). Ces titres doivent néanmoins être notifiés aux redevables avant l'engagement des mesures d'exécution forcée. Cette notification préalable doit indiquer les modalités de recours. C'est à l'organisme public créancier de justifier de l'envoi et du contenu de la lettre de notification sous peine de voir sa procédure annulée[3].

713.63 Phase du recouvrement amiable. Les poursuites étaient précédées par une phase de recouvrement amiable qui débutait, selon l'ancienne procédure (en vigueur jusqu'au 1er octobre 2011, pour les créances fiscales, ou jusqu'au 31 décembre 2012, pour les créances de l'État étrangères à l'impôt et pour les produits des collectivités et des établissements publics locaux), par l'envoi d'une lettre de rappel (recouvrement des impôts directs par les comptables du Trésor) ou par une lettre recommandée avec demande d'avis de réception (recouvrement des contributions indirectes par les comptables de la Direction générale des impôts, la DGI), adressée au moins vingt jours à l'avance (LPF, anc. art. L. 255, L. 257 et L. 258). Selon la nouvelle pro-

1. L. n° 2010-1658, art. 55.
2. Décr. n° 2011-1302, 14 oct. 2011, portant modification de certaines dispositions relatives aux procédures de recouvrement mises en œuvre par la direction générale des finances publiques, art. 15, *JO* 15 oct., p. 17413.
3. Civ. 2e, 1er juill. 1999, n° 97-13.255, *Bull. civ.* II, n° 130; *Gaz. Pal.* 5-7 déc. 1999. Pan. 264.

cédure, cette phase amiable commence par une lettre de relance envoyée trente jours à l'avance ou pour les produits des collectivités territoriales et de leurs établissements publics par une tentative de recouvrement comminatoire confié à un huissier de justice (LPF, art. L. 257-0 B – CGCT, art. L. 1617-5, 5°). À défaut de paiement dans le délai ou en l'absence d'une réclamation assortie d'une demande de sursis avec, pour les créances fiscales supérieures à 4 500 euros, une constitution de garantie, les poursuites sont engagées par la notification du premier acte donnant lieu à des frais (LPF, art. L. 277 et R. 277-7).

B. Dispositions en vigueur jusqu'au 1er octobre 2011 ou jusqu'au 31 décembre 2012

713.71 **Forme du commandement.** La forme du commandement diffère selon que le recouvrement est effectué comme en matière d'impôts directs (par un comptable du Trésor, d'une collectivité territoriale ou d'un établissement public local) ou comme en matière de contributions et droits indirects (comptable de la Direction générale des impôts ou de la Direction générale des douanes).

713.72 **Recouvrement comme en matière de contributions directes.** Le premier acte de poursuite donnant lieu à des frais est le commandement de payer délivré vingt jours après l'envoi de la lettre de rappel (LPF, anc. art. L. 258) et huit jours avant la saisie.

L'envoi de la lettre de rappel est indispensable. À défaut de justification de l'accomplissement de cette formalité le caractère exigible de la créance n'est pas établi et la saisie ne peut être valablement pratiquée[1]. Si la lettre de rappel a été adressée avant que le redevable n'ait élevé une réclamation et bénéficié d'un sursis de paiement, elle doit être réitérée dès que la juridiction administrative a rejeté le recours et mis fin au sursis. En effet, le sursis de paiement rend caducs la lettre de rappel et les actes de poursuite qui l'ont précédée. Si une nouvelle lettre n'est pas adressée au redevable, le commandement aux fins de saisie-vente et le procès-verbal de saisie signifié à celui-ci après l'échec de sa réclamation son entachés de nullité[2].

Toutefois, lorsqu'une majoration ou des intérêts de retard ont été appliqués au contribuable pour défaut de déclaration de ses revenus (ou pour déclaration tardive ou insuffisante), le comptable est dispensé d'envoyer la lettre de rappel et peut faire notifier le commandement, dès lors qu'à sa date d'exigibilité, l'imposition n'est pas payée (LPF, anc. art. L. 260). Dans ce cas, la saisie peut être faite un jour après le commandement (LPF, anc. art. L. 260).

Par ailleurs, pour les créances de l'État recouvrées par les comptables du Trésor et pour les créances des collectivités territoriales et des établissements publics locaux dotés d'un comptable public, le commandement précédant la saisie-vente peut être notifié conformément aux dispositions de l'article L. 259 du Livre des procédures fiscales qui, bien qu'abrogé par la loi de finances rectificative n° 2010-1658 du 29 décembre 2010, reste en vigueur jusqu'au 31 décembre 2012 (Décr. 31 juill. 1992, art. 296, I [réd. antérieure au Décr. 14 oct. 2011]).

Ce texte dispose tout d'abord que si le commandement est effectué par un acte d'huissier, la lettre simple prévue par l'article 658 C. pr. civ. n'est obligatoire que lorsqu'il y a dépôt de l'acte en mairie. Lorsque la copie de l'acte est remise à un voisin, il est laissé un avis de passage mentionnant la nature de l'acte et précisant l'identité de ce voisin. Les dispositions de ce texte du Livre des procédures fiscales doivent être relues à la lumière des modifications procédurales apportées par l'article 54 du décret n° 2005-1678 du 28 décembre 2005[3] qui a remplacé le dépôt en mairie par le dépôt à l'étude de l'huissier et supprimé la remise au gardien et au voisin pour ne laisser subsister que la remise à la personne présente au domicile si elle accepte de recevoir l'acte.

Ce texte dispose également que les commandements peuvent être notifiés par la poste. Dans ce cas, ces actes de poursuite échappent aux conditions générales de validité des exploits d'huissier, telles qu'elles sont tracées par le Code de procédure civile (il s'agit notamment des conditions prévues à l'article 648 C. pr. civ.).

Il semble toutefois que la Cour de cassation exige que le commandement soit signé quel que soit son mode de notification. En effet, dans un arrêt de sa chambre commerciale[4], la Haute juridiction estime que le commandement non signé viole les dispositions de l'ancien article L. 259 du Livre des procédures fiscales et n'a aucune valeur procédurale. Il ne constitue pas un commandement de telle sorte que le destinataire qui en demande la nullité n'a pas à alléguer de grief. Toutefois, le défaut de mention des noms, prénoms et qualité de l'auteur du

1. Civ. 2e, 8 oct. 1997, n° 95-18.005, *Bull. civ.* II, n° 246; *D.* 1988. 476, note Ruellan et Lauba.
2. Com. 3 oct. 2006, n° 01-03.515, *Bull. civ.* IV, n° 199; *Procédures* 2007, n° 25, note Pierre.
3. Décr. n° 2005-1678, 28 déc. 2005, relatif à la procédure civile, à certaines procédures d'exécution et à la procédure de changement de nom, *JO* 29 déc., p. 20350.
4. Com. 26 nov. 1996, n° 94-21.236, *Bull. civ.* IV, n° 288; *Gaz. Pal.* 1996. 2. Somm. 461.

commandement ainsi que le caractère illisible de sa signature n'entraînent pas nécessairement l'inexistence ou la nullité de l'acte, dès lors que l'adresse du trésorier en cause y est indiquée et que la signature critiquée a été apposée sous l'intitulé « le comptable du Trésor ». Il appartient au juge de rechercher si ces précisions ne permettaient pas au contribuable d'identifier le signataire et de vérifier sa compétence. Un tel commandement ne constitue pas une décision administrative au sens de l'article 4 alinéa 2 de la loi n° 2000-321 du 12 avril 2000, relative aux droits des citoyens dans leurs relations avec les administrations, de telle sorte qu'il ne peut être annulé, sur le fondement de ce texte, pour absence d'identification de son auteur[1].

713.73 Recouvrement comme en matière de contributions et droits indirects. Lorsque le recouvrement est effectué par un comptable de la Direction générale des impôts ou de la Direction générale des douanes, la mise en demeure prévue par l'article L. 257 (qui demeure en vigueur jusqu'au 31 décembre 2012) par lettre recommandée tient lieu de commandement de payer (LPF, anc. art. L. 261). La saisie-vente peut être engagée vingt jours après sans autre formalité.

Cette mise en demeure comporte tous les éléments permettant l'identification du ou des avis de mise en recouvrement (titres exécutoires en matière d'impôts indirects) dont elle procède ainsi que l'indication du montant total des sommes restant dues (LPF, art. R.*257-1, al. 1er [devenu LPF, art. R.*257-0 A-1, al. 1er]).

Elle doit être notifiée selon la procédure prévue à l'article R.*256-6 du Livre des procédures fiscales pour les avis de mise en recouvrement, c'est-à-dire : être notifiée au redevable, soit au lieu de son domicile, de sa résidence ou de son siège, soit à l'adresse qu'il a lui-même fait connaître au service des impôts ou au service des douanes compétent.

Au cas où la lettre recommandée ne pourrait, pour quelque cause que ce soit, être remise au redevable destinataire ou à son fondé de pouvoir, il doit être demandé à la poste de renvoyer au service expéditeur le pli non distribué annoté :

- d'une part de la date de sa première présentation à l'adresse indiquée à la souscription ou s'il y a lieu à la nouvelle adresse connue de la poste;

- d'autre part du motif de sa non-délivrance.

Dans cette éventualité, la lettre recommandée reste déposée à la recette des impôts ou des douanes chargée du recouvrement, où il peut être délivré copie à tout moment et sans frais au redevable ou à son fondé de pouvoir.

1. Com. 17 janv. 2006, n° 03-13.643, *Bull. civ.* IV, n° 10; *D.* 2006. IR 396; *JCP* 2006. IV. 1311.

La notification peut également être effectuée par le ministère d'un huissier. Elle est alors soumise aux règles de signification des actes d'huissier.

Est nulle la notification faite à une adresse erronée[2]. La mise en demeure produit ses effets dans les conditions prévues à l'article R.*256-7 du Livre des procédures fiscales.

Elle est réputée avoir été notifiée :

- dans le cas où elle a été effectivement remise au redevable ou à son fondé de pouvoir par les services postaux, le jour même de cette remise;

- lorsque la lettre recommandée n'a pu être distribuée du fait du redevable, le jour où en a été faite la première présentation.

713.74 Mentions du commandement. Le commandement fait sommation au redevable de payer sa dette et mentionne la désignation du titre fondant la poursuite, le montant de la somme due et l'ordre de la payer sous peine de contrainte par toute voie de droit (LPF, anc. art. L. 258).

Il doit également mentionner, lorsqu'un titre est remis en vue de son exécution à l'un des agents mentionnés à l'article 294 du décret du 31 juillet 1992 (devenu C. pr. exéc., art. R. 122-2), que les notifications relatives à son exécution sont faites au comptable chargé du recouvrement (Décr. 31 juill. 1992, art. 295 [devenu C. pr. exéc., art. R. 141-2]). Il s'agit d'une dérogation aux dispositions générales de l'article 2 du décret (devenu C. pr. exéc., art. R. 141-1), selon lesquelles la remise du titre à l'huissier en vue de son exécution emporte élection de domicile en son étude pour toutes les notifications relatives à cette exécution.

Il doit cependant comporter, avec quelques légères différences, les mentions prescrites, selon le cas, par les articles 81 et 83 du décret du 31 juillet 1992 (devenus C. pr. exéc., art. R. 221-1 et R. 221-3). Il doit ainsi comporter à peine de nullité, les mentions prévues par les paragraphes II et III de l'article 296 (devenu C. pr. exéc., art. R. 221-7, II et III).

C.
Règles applicables depuis le 1er octobre 2011 ou le 31 décembre 2012

1°
Règles communes à toutes les créances publiques

713.80 Notification d'un commandement ou d'une mise en demeure. Pour les créances de l'État recouvrées par les comptables de la direction générale des finances publiques et pour les créances des collectivités territoriales, de leurs établissements

2. Com. 26 janv. 1993, n° 91-14.934, NP; *RJF* 1993. 600.

publics et des autres personnes morales de droit public dotées d'un comptable public, selon l'article R. 221-7, I, C. pr. exéc. la saisie-vente doit être précédée d'un commandement de payer ou d'une mise en demeure en tenant lieu.

Si le comptable public opte pour la notification d'un commandement, celui-ci doit comporter, à peine de nullité, les mentions prescrites par les paragraphes II et III de l'article R. 221-7 C. pr. exéc. qui reprennent, avec quelques légères différences, celles prévues pour l'exécution des titres de droit commun (C. pr. exéc., art. R. 221-1 et R. 221-3) :

– **pour le recouvrement des créances supérieures à 535 euros :**

• mention du titre exécutoire en vertu duquel les poursuites sont exercées avec le décompte distinct des sommes réclamées en principal, frais et intérêts échus, ainsi que l'indication du taux des intérêts et des pénalités éventuelles. Cette dernière information relative aux pénalités n'a pas à figurer dans les commandements ordinaires;

• commandement d'avoir à payer la dette dans un délai de huit jours, faute de quoi le redevable pourra y être contraint par la vente forcée de ses biens meubles;

– **pour le recouvrement des créances d'un montant inférieur ou égal à 535 euros, outre les précisions susmentionnées :**

• avertissement que le redevable sera contraint au paiement par la vente forcée de ses meubles, si aucune saisie sur un compte de dépôt ou sur les rémunérations n'est possible;

• injonction au redevable de communiquer, dans un délai de huit jours au comptable poursuivant, les noms, adresse de son employeur et les références de ses comptes bancaires ou postaux ou l'un de ces éléments seulement.

Si le comptable choisit de faire précéder la saisie-vente d'une mise en demeure de payer valant commandement, les formalités à accomplir sont différentes selon que le recouvrement concerne une créance de l'État ou une créances d'une collectivité territoriale ou d'un établissement public local.

En vertu de l'article R. 141-2 C. pr. exéc., le commandement et la mise en demeure doivent préciser que les notifications relatives à l'exécution des titres exécutoires des personnes morales de droit public sont faites au comptable chargé du recouvrement.

2°
Règles applicables au recouvrement des créances de l'État

713.81 Notification d'une mise en demeure de payer. Cette procédure concerne toutes les créances de l'État, qu'elles soient de nature fiscale ou étrangères à l'impôt, y compris les créances domaniales. Elle est en vigueur depuis le 1er octobre 2011 pour les contributions directes et indirectes et le 31 décembre 2012 pour les créances non fiscales et non domaniales.

À défaut de règlement des sommes mentionnées sur l'avis d'imposition à la date limite de paiement ou de celles mentionnées sur l'avis de mise en recouvrement et en l'absence d'une réclamation assortie d'une demande de sursis de paiement formulée dans les conditions prévues au premier alinéa de l'article L. 277 et R.*277-7 du Livre des procédures fiscales (c'est-à-dire avec offre de garantie au-delà de 4 500 euros), le comptable public compétent adresse au contribuable une mise en demeure de payer avant la notification du premier acte de poursuite devant donner lieu à des frais au sens de l'article 1912 du Code général des impôts (LPF, art. L. 257-0 A; CGPPP, art. L. 2323-2 et L. 2323-4-1). Ces frais sont tarifés aux articles 396 C annexe II ainsi qu'aux articles 415 et 416 annexe III du Code général des impôts. Lorsque la mise en demeure n'a pas été suivie d'un paiement ou d'une demande de sursis, le comptable public compétent peut engager des poursuites à l'expiration d'un délai de trente jours suivant sa notification.

Lorsque ces poursuites prennent la forme d'une saisie-vente, la mise en demeure tient lieu de commandement préalable (LPF, art. L. 258 A, 2°).

La mise en demeure peut être contestée dans les conditions prévues à l'article L. 281 du Livre des procédures fiscales. Ce texte prévoit, lorsque la contestation porte sur la régularité en la forme de l'acte, un recours administratif préalable à la saisine du JEX.

713.82 Modalités de la notification de la mise en demeure. L'article R.*257-0 A-1 du Livre des procédures fiscales détermine les modalités selon lesquelles la mise en demeure doit être notifiée. Lorsque cette notification doit être faite par LRAR, le texte précité renvoie aux formalités prévues par l'article R.*256-6 du même livre.

Ainsi la notification doit être effectuée soit au lieu du domicile, de la résidence ou du siège du redevable, soit à l'adresse qu'il a lui-même fait connaître au service compétent de la direction générale des finances publiques ou des douanes et droits indirects.

Au cas où la lettre recommandée ne pourrait, pour quelque cause que ce soit, être remise au redevable destinataire ou à son fondé de pouvoir, il doit être demandé à la Poste de renvoyer au service expéditeur le pli non distribué annoté :

– d'une part, de la date de sa première présentation à l'adresse indiquée à la souscription ou, s'il y a lieu, à la nouvelle adresse connue de la Poste;

– d'autre part, du motif de sa non-délivrance.

Dans cette éventualité, la mise en demeure renvoyée reste déposée au service compétent de la direction générale des finances publiques ou à la recette des douanes et droits indirects chargé du recouvrement où elle peut être remise, à tout moment, au redevable lui-même ou à son fondé de pouvoir.

La notification peut également être effectuée par le ministère d'un huissier. En effet, l'expression « *lorsque la mise en demeure est notifiée par LRAR* » qui est retenue par l'article R.*257-0 A-1 laisse penser que la notification peut être effectuée selon d'autres modalités. Elle devrait alors être soumise aux règles de signification des actes d'huissier.

Il convient de préciser que la notification à une adresse erronée est nulle qu'elle ait été faite par LRAR ou par exploit[1].

L'article R.*257-0 A-1 précise que la notification de la mise en demeure produit ses effets dans les conditions prévues à l'article R.*256-7 du Livre des procédures fiscales relatif à l'avis de mise en recouvrement.

Selon ce dernier texte, la mise en demeure est réputée avoir été notifiée :

– le jour même de sa remise dans le cas où elle a été effectivement délivrée au redevable ou à son fondé de pouvoir par les services postaux;

– le jour de sa première présentation lorsque la lettre recommandée n'a pu être distribuée du fait du redevable.

713.83 Mention de la mise en demeure valant commandement. Selon l'article R.*257-0 A-1 du Livre des procédures fiscales, la mise en demeure de payer indique les références du ou des avis de mise en recouvrement et rôles dont elle procède ainsi que le montant des sommes restant dues. Elle doit également indiquer que lorsqu'un titre est remis en vue de son exécution à l'un des agents de la direction générale des finances publiques, les notifications relatives à son exécution sont faites au comptable chargé du recouvrement (C. pr. exéc., art. R. 141-2, al. 2).

Dès lors que la mise en demeure de payer tient lieu de commandement aux fins de saisie-vente, il était logique de penser qu'elle devait contenir toutes les mentions d'information prévues par les dispositions générales du Code des procédures civiles d'exécution réglementant tous les commandements. Toutefois, l'article R. 221-7 C. pr. exéc., relatif aux créances de l'État, des collectivités territoriales et des établissements publics locaux, ne prévoit ces mentions que lorsque la saisie-vente est précédée d'un commandement de payer de type classique et non par une mise en demeure en tenant lieu.

713.84 Envoi d'une lettre de relance. La mise en demeure de payer est précédée d'une lettre de relance lorsqu'aucune autre défaillance n'a été constatée pour un même contribuable au titre d'une même catégorie d'impositions au cours des trois années précédant la date limite de paiement ou la date de mise en recouvrement de l'imposition dont le recouvrement est poursuivi. Selon l'article R.*257-0 B-1, constitue une même catégorie d'impositions :

– l'impôt sur le revenu, les prélèvements sociaux recouvrés comme en matière d'impôt sur le revenu, la taxe d'habitation, les taxes foncières sur les propriétés bâties et non bâties, les impositions recouvrées comme les impositions précitées ainsi que l'impôt de solidarité sur la fortune;

– les droits d'enregistrement, la taxe de publicité foncière et les droits de timbre;

– les autres impositions.

Le comptable est dispensé d'envoyer la lettre de relance lorsque les impositions recouvrées résultent d'une procédure de rectification ou d'imposition d'office, lorsqu'il s'agit de créances supérieures à 15 000 euros ou nées postérieurement au jugement d'ouverture d'une procédure collective ainsi que pour les créances des entreprises tenues de souscrire leurs déclarations de résultats auprès du service chargé des grandes entreprises. Lorsque cette lettre n'a pas été suivie d'un versement et en l'absence d'une réclamation assortie d'une demande de sursis de paiement, le comptable public peut, à l'expiration d'un délai de trente jours, adresser la mise en demeure de payer. Dans ce cas, les poursuites peuvent être engagées dans un délai de huit jours suivant la notification de celle-ci (LPF, art. L. 257-0 B-1).

Il convient de relever que les jurisprudences concernant la lettre de rappel et le commandement de payer devraient être transposables à la lettre de relance et à la mise en demeure (v. s[s] n° 713.72).

713.85 Effets de la mise en demeure valant commandement. La mise en demeure de payer permet l'engagement direct de la saisie-vente. En effet, l'article L. 258 A du Livre des procédures fiscales retient que lorsque le comptable public veut engager les poursuites par voie de saisie-vente, la mise en demeure de payer tient lieu de commandement préalable. La saisie peut être pratiquée sans autre formalité à l'expiration d'un délai de trente jours si la mise en demeure n'a pas été précédée d'une lettre de relance ou de huit jours si une telle lettre a été envoyée au redevable (LPF, art. L. 258 A, 2°). Les poursuites sont effectuées dans les formes prévues par le Code des procédures civiles d'exécution et

1. Com. 26 janv. 1993, n° 91-14.934, NP; *RJF* 1993. 600.

notamment par son article R. 221-7, pour le recouvrement des créances. Ces poursuites sont opérées par huissier de justice ou par tout agent de l'administration habilité à exercer des poursuites au nom du comptable (LPF, art. L. 258 A).

La mise en demeure interrompt la prescription de l'action en recouvrement du comptable public qui est de quatre ans (LPF, art. L. 257-0 A, 3°).

713.86 Cas particuliers des impositions, contributions et taxes immédiatement exigibles. L'article L. 260 du Livre des procédures fiscales dispose que dans les cas mentionnés au 2° de l'article 1663 du Code général des impôts, le comptable public compétent peut faire signifier (ce qui suppose le recours à un exploit d'huissier) une mise en demeure de payer au contribuable dès l'exigibilité de l'impôt sur le revenu, des contributions sociales recouvrées comme en matière d'impôt sur le revenu, de la taxe d'habitation, des taxes foncières sur les propriétés bâties et non bâties et des impositions recouvrées comme les impositions précitées. La saisie peut alors être pratiquée un jour franc après la signification de la mise en demeure de payer. Il s'agit d'un régime dérogatoire au droit commun de la saisie-vente qui prévoit que cette mesure d'exécution ne peut être pratiquée que huit jours après le commandement de payer.

Le terme « signification » employé par l'article L. 260 précité laisse penser que la mise en demeure doit être notifiée par un acte d'huissier. Le 2° de l'article 1663 du Code général des impôts, auquel fait référence l'article L. 260 du Livre des procédures fiscales, retient que le délai de trente jours prévu pour le paiement des impositions, contributions et taxes susmentionnées est supprimé lorsque le contribuable a déménagé hors du ressort du service chargé du recouvrement sans lui avoir signalé son nouveau domicile, lorsqu'il y a eu vente volontaire ou forcée de ses biens ou encore, lorsqu'il s'est vu appliquer une majoration pour non-déclaration ou déclaration tardive ou insuffisante des revenus et bénéfices imposables.

3°
Règles applicables au recouvrement des produits des collectivités territoriales et des établissements publics locaux et de santé

713.91 Champ d'application. La procédure concernant le recouvrement des produits des collectivités territoriales et des établissements publics locaux est prévue par l'article L. 1617-5 du Code général des collectivités territoriales. Ce texte s'applique également au recouvrement des créances des établissements publics de santé (CSP, art. L. 6145-9), aux produits et redevances du domaine des collectivités locales (CGPPP, art. L. 2323-5), aux recettes des groupements de coopération sociale ou médico-sociale (CASF, art. L. 312-7, 3°), aux créances des associations syndicales de propriétaires (Ord. 1er juill. 2004, art. 34) et aux recettes des groupements d'intérêt public dans le capital desquels les collectivités territoriales et leurs établissements publics détiennent la majorité (L. 29 déc. 2010, art. 55, I, i). Il prévoit la notification d'une mise en demeure tenant lieu de commandement aux fins de saisie-vente qui peut être précédée soit par une lettre de relance, soit par une phase comminatoire confiée à un huissier de justice.

713.92 Mise en demeure valant commandement. En l'absence de contestation, le titre de recettes individuel ou collectif émis par une collectivité territoriale ou un établissement public permet l'exécution forcée d'office contre le débiteur après la notification d'une mise en demeure de payer. Lorsque cette mise en demeure n'a pas été suivie de paiement, le comptable public compétent peut, à l'expiration d'un délai de trente jours suivant sa notification, engager des poursuites devant donner lieu à des frais mis à la charge du redevable dans les conditions fixées à l'article 1912 du Code général des impôts. L'envoi de la mise en demeure tient lieu du commandement prescrit par le Code des procédures civiles d'exécution préalablement à une saisie-vente. Dans ce cas, la mise en demeure n'est pas soumise aux modalités générales de validités des actes des huissiers de justice (CGCT, art. L. 1617-5, 5°).

La mise en demeure interrompt la prescription de l'action en recouvrement du comptable qui est de quatre ans (CGCT, art. L. 1617-5, 3°).

713.93 Lettre de relance ou phase comminatoire. Pour les créances d'un montant inférieur à 15 000 euros, la mise en demeure de payer est précédée d'une lettre de relance adressée par le comptable public compétent ou d'une phase comminatoire, par laquelle il demande à un huissier de justice d'obtenir qu'il s'acquitte auprès de lui du montant de sa dette. Les frais de recouvrement sont versés directement par le redevable à l'huissier de justice.

Lorsque la lettre de relance ou la phase comminatoire n'a pas été suivie de paiement, le comptable public compétent peut notifier immédiatement la mise en demeure. Dans ce cas, l'exécution forcée des poursuites donnant lieu à des frais, notamment par voie de saisie-vente, peut être engagée à l'expiration d'un délai de huit jours suivant cette notification (CGCT, art. L. 1617-5, 6°).

713.94 Notification et contenu de la mise en demeure. L'article 1617-5 du Code général des collectivités territoriales n'indique pas les modalités de la notification ainsi que le contenu de la mise en demeure et de la lettre de relance. Il convient de rappeler, qu'en application de l'article L. 141-2 alinéa 2 C. pr. exéc., la mise en demeure doit indiquer que les notifications relatives à la mise à exécution d'un titre concernant une créance publique doivent être faites au comptable chargé de son recouvrement.

§ 4
Mentions particulières en cas de chèque impayé

713.101 Notification ou signification du certificat de non-paiement valant commandement. La loi n° 91-1382 du 30 décembre 1991, qui a modifié l'article 65-3 du décret-loi du 30 octobre 1935 devenu l'article L. 131-73 du Code monétaire et financier, a rendu inutile l'engagement d'une procédure judiciaire pour se procurer un titre exécutoire en cas de défaut de paiement d'un chèque. Désormais, lorsque le chèque n'est pas réglé dans un délai de trente jours suivant sa première présentation ou à défaut de constitution de sa provision dans le même délai et après une nouvelle présentation, le tiré adresse un certificat de non-paiement au porteur du chèque qui en fait la demande. Le certificat est alors notifié par lettre recommandée avec avis de réception ou signifié par exploit d'huissier. Cette notification ou signification vaut commandement de payer. À défaut de règlement du montant du chèque augmenté des frais, dans un délai de quinze jours à compter de la réception, l'huissier délivre sans autre formalité un titre exécutoire.

713.102 Mention de la notification ou de la signification. La notification ou la signification au tireur, du certificat de non-paiement valant commandement de payer devait, lorsqu'elle était faite en vue de pratiquer une mesure d'exécution forcée, comporter les mentions requises par l'ancien article 298 du décret du 31 juillet 1992 pour la mesure envisagée. Si cette mesure était une saisie-vente, la notification ou la signification devait donc énoncer les mentions prévues par l'article 81 (devenu C. pr. exéc., art. R. 221-1) relativement au titre exécutoire, à la créance réclamée et au risque de vente en cas de non-paiement[1]. Si la somme à recouvrer ne dépassait pas 535 euros, il fallait ajouter les informations prescrites par l'article 83 (devenu C. pr. exéc., art. R. 221-3), notamment l'injonction au débiteur de communiquer les références de ses comptes ou de son employeur (v. s^s n° 712.43).

Lors de l'incorporation du décret du 31 juillet 1992 dans la partie réglementaire du Code des procédures civiles d'exécution, l'article 298 précité n'a pas été repris, de telle sorte, qu'en l'état des textes en vigueur, la notification ou la signification du certificat de non-paiement valant commandement ne comporte aucune mention particulière. Il est possible qu'une disposition spécifique du Code monétaire et financier vienne ultérieurement préciser le contenu de cette notification ou de cette signification.

SECTION 4
EFFETS DU COMMANDEMENT

§ 1
Énoncé des effets

713.111 Effets comme acte de la procédure de saisie-vente. Le commandement ne produit, par lui-même, aucun effet d'indisponibilité. Son principal effet est de permettre la saisie-vente huit jours après sa délivrance. Il « *engage la procédure* » selon l'expression de la Cour de cassation dans ses deux avis du 14 juin 1993 (cités s^s n° 713.15). Bien que ne s'analysant pas en un acte d'exécution, il ne constitue pas moins une étape essentielle et incontournable de la procédure de la saisie-vente.

En matière de recouvrement des créances publiques, la mise en demeure de payer prévue par les articles L. 258 A du Livre des procédures fiscales et L. 1617-5 du Code général des collectivités territoriales qui tient lieu de recouvrement préalable à la saisie-vente permet également l'engagement de celle-ci à l'expiration d'un délai de huit jours ou de trente jours, selon que cette mise en demeure a ou non été précédée d'une lettre de relance.

713.112 Effets propres. Il fait courir les intérêts moratoires si, avant sa délivrance, aucune mise en demeure n'a été notifiée au débiteur par lettre recommandée ou par exploit d'huissier (C. civ., art. 1153). Il peut en être ainsi lorsque le titre fondant les poursuites est un procès-verbal de conciliation ou un acte notarié en forme exécutoire.

Peut-on considérer qu'il interrompt le cours de la prescription comme le prévoyait l'ancien article 2244 du Code civil ? Il faut en effet relever que le nouvel article 2244, issu de la réforme opérée par la loi n° 2008-561 du 17 juin 2008[2], ne vise plus le

1. SUR CE POINT, v. note Julien s^s Paris, 5 juill. 2001, *D.* 2001. 3308.

2. L. n° 2008-561, 17 juin 2008, portant réforme de la prescription en matière civile, *JO* 18 juin, p. 9856.

« commandement » ou la « saisie » mais « l'acte d'exécution forcée ». Or, même s'il engage la saisie-vente dont il est indissociable, le commandement n'est pas un acte d'exécution puisqu'il n'a pas pour conséquence de rendre indisponible les biens du débiteur. On peut toutefois considérer que cet effet interruptif de prescription lui est implicitement conféré par les articles R. 221-5 et R. 221-8 C. pr. exéc., selon lesquels cet effet demeure même si le commandement est périmé faute d'engagement d'une mesure d'exécution dans les deux ans de sa délivrance. Cette analyse ne vaut que si l'on considère que les textes précités qui sont d'origine réglementaire n'ont pas été tacitement abrogés par la suppression, par la loi du 17 juin 2008, du commandement dans la liste des actes interruptifs de prescription contenue dans l'article 2244 du Code civil. Il convient toutefois de relever que lors de l'adoption de la partie réglementaire du Code des procédures civiles d'exécution, par le décret n° 2012-783 du 30 mai 2012, les dispositions relatives à la persistance de l'effet interruptif de prescription produit par le commandement frappé de caducité ont été reprises dans les articles R. 221-5 et R. 221-8 de ce code.

L'examen des travaux préparatoires de la loi du 13 juin 2008 donne d'ailleurs à penser que la suppression du mot « commandement » dans le nouvel article 2244 du Code civil a été dictée, non par la volonté de dénier à cet acte tout effet interruptif, mais par le souci de simplification et de clarification sémantique, le commandement étant assimilé à l'acte de saisie dont il est indissociable. À cet égard, le terme « commandement » n'est pas dépourvu d'ambiguïté car le législateur l'emploie pour désigner, non seulement les mises en demeure conditionnant l'engagement des voies d'exécution, mais encore de simples sommations comme les commandements déclenchant le jeu des clauses résolutoires contenues dans les contrats de location. Ces pseudo-commandements, qui ne sont pas fondés sur un titre exécutoire, ne sont pas interruptifs de prescription[1]. De surcroît, le commandement aux fins de saisie immobilière vaut saisie et rend le bien indisponible dès la signification au débiteur et à l'égard des tiers, dès sa publication au fichier immobilier (C. pr. exéc., art. 321-13)[2].

Quoi qu'il en soit, lorsque la poursuite d'exécution porte sur une créance publique, les articles L. 257-0 A du Livre des procédures fiscales et L. 1617-5, 5° du Code général des collectivités territoriales disposent expressément que la mise en demeure tenant lieu de commandement aux fins de saisie-vente interrompt le cours du délai par lequel se prescrit l'action en recouvrement du comptable. Ce délai qui est de quatre ans, court à partir de la mise en recouvrement du rôle ou de l'envoi de l'avis de mise en recouvrement pour les créances de l'État (LPF, art. L. 274)[3] et de la prise en charge du titre de recette pour les produits des collectivités territoriales et de leurs établissements publics (CGCT, art. L. 1617-5, 3°).

L'article L. 257-0 A du Livre des procédures fiscales est entré en vigueur le 1er octobre 2011 pour les créances fiscales de l'État. Son application a toutefois été différée jusqu'au 1er janvier 2013 pour ses autres créances. Le 5° de l'article L. 1617-5 du CGCT dans sa rédaction issue de la loi de finances rectificative du 29 décembre 2010 est également entré en vigueur le 1er janvier 2013 pour les créances des collectivités territoriales et de leurs établissements publics.

§ 2
Durée des effets

713.121 Caducité du commandement. Le commandement de payer se trouve frappé de caducité si, à l'expiration d'un délai de deux ans suivant sa signification, aucun acte d'exécution n'est intervenu. Le commandement périmé n'autorise plus la saisie-vente et les poursuites ne peuvent être engagées que par un nouveau commandement (C. pr. exéc., art. R. 221-5). L'expression « *aucun acte d'exécution* » est très large et ne vise pas seulement le procès-verbal de saisie-vente. Elle recouvre aussi tout autre acte de saisie tel qu'un procès-verbal de saisie-attribution par exemple.

On présume que le créancier qui a fait preuve d'inertie pendant deux ans n'avait pas sérieusement l'intention de pratiquer une saisie. Toutefois, l'attentisme du créancier peut s'expliquer par un accord de règlement de longue durée, en vertu duquel le débiteur a versé des acomptes avec plus ou moins de régularité. Il peut aussi avoir pour cause la disparition du débiteur après réception du commandement.

713.122 Caducité en matière de créance publique. En vertu de l'article R. 221-8 alinéa 1er C. pr. exéc., la même caducité frappe, à l'expiration du même délai de deux ans, le commandement ou la mise en demeure en tenant lieu délivré pour le recouvrement d'une créance de l'État, des collecti-

1. Civ. 3e, 25 mai 2013, n° 12-10.157, *Bull. civ.* III, n° 64; *D.* 2013. 1356.
2. L. Lauvergnat, « L'effet interruptif du commandement de payer aux fins de saisie-vente », *Gaz. Pal.* 2013. Doctr. 14.
3. SUR L'EFFET INTERRUPTIF du commandement irrégulier ou mal fondé, v. note Ayrault ss CE, 9e et 10e ss sect., 30 déc. 2009, req. n° 308242, *Procédures* 2010, n° 105.

vités territoriales et des établissements publics locaux dotés d'un comptable public. Ce texte substitue à l'expression « *si aucun acte d'exécution n'est intervenu* », retenue par l'article R. 221-5 C. pr. exéc. pour le commandement de droit commun, celle de « *si aucun acte de poursuite quel qu'il soit ou règlement partiel n'est intervenu* ». Ainsi, les créanciers publics bénéficient d'une cause d'interruption du délai de péremption, le paiement partiel, que les créanciers ordinaires ne peuvent invoquer.

713.123 Limites de la caducité. La caducité est cependant limitée. Elle ne remet pas en cause les effets propres au commandement, à savoir l'interruption de la prescription (C. pr. exéc., art. R. 221-5, al. 2, et R. 221-8, al. 2 [anc^t Décr. 31 juill. 1992, art. 85, *in fine*, et 297, al. 2]). La Haute juridiction rappelle que cette sanction de l'inertie du créancier n'est pas assimilable à une péremption. Par conséquent, la procédure de saisie-vente peut être réengagée par la signification d'un nouveau commandement ou pour les créances publiques, d'une nouvelle mise en demeure, pourvu que cette formalité ne se heurte pas à une prescription qui pourrait être acquise entre-temps. Le créancier qui s'est abstenu pendant plus de deux ans, n'est donc pas présumé avoir définitivement renoncé aux poursuites, la renonciation à un droit ne se déduisant pas de l'inaction ou du silence de son titulaire [1].

SECTION 5
OPPOSITION À COMMANDEMENT

§ 1
Poursuites par une personne privée

713.131 Notion et effet. L'expression « opposition à commandement » recouvre toutes les contestations auxquelles donnent lieu le commandement de payer et, notamment, les demandes en nullité pour irrégularité de forme ou de fond (v. s^s n°s 719.80 s.) et les demandes de délai de grâce.

L'acte intitulé ainsi n'a cependant aucun effet s'il ne contient pas assignation du créancier à comparaître devant la juridiction compétente pour trancher la contestation. Mais l'opposition à commandement portant assignation a pour seule conséquence d'investir le juge du pouvoir de trancher la difficulté portée devant lui. Elle n'a pas pour conséquence d'interrompre le cours de la procédure et, notamment, d'interdire au créancier de pratiquer la saisie à l'expiration du délai de huit jours, puis d'engager les formalités requises pour la vente forcée à l'expiration du délai d'un mois dont dispose le débiteur pour proposer un acheteur. Seul le juge peut décider la suspension de la procédure (C. pr. exéc., art. R. 221-56 – v. s^s n° 719.102).

713.132 Recevabilité. L'action en nullité du commandement n'est enfermée dans aucun délai de forclusion. On ne peut considérer que le délai de huit jours est imparti au débiteur non seulement pour payer sa dette, mais encore pour faire opposition au commandement. La Cour de cassation s'était prononcée en ce sens sous l'empire de l'article 583 ACPC, qui stipulait que le commandement précédant la saisie-exécution devait impartir au débiteur un délai d'un jour pour acquitter la somme due [2]. Cette solution est transposable aux articles R. 221-1, 2° et R. 211-3, 2° C. pr. exéc., relatifs au commandement aux fins de saisie-vente. La nullité du commandement entraînant obligatoirement celle de la saisie subséquente, il semble que les dispositions de l'article R. 221-54 du même code, selon lesquelles la nullité de la saisie pour un vice de forme ou de fond peut être demandée jusqu'à la vente, est applicable à la contestation portant sur la validité du commandement (sur les conséquences de l'annulation prononcée après la vente, v. s^s n°s 719.105 s.). Quoi qu'il en soit, la demande en nullité du commandement doit être formée contre le créancier lui-même [3].

713.133 Juge compétent. Le juge compétent pour connaître de la validité du commandement est le JEX. En effet au terme de l'article L. 213-6 du COJ (CCJ, anc. art. L. 311-12-1), le JEX connaît des contestations qui s'élèvent à l'occasion de l'exécution forcée. À cet égard, le commandement visé aux articles 81 et 83 du décret du 31 juillet 1992 (devenus C. pr. exéc., art. R. 221-1 et R. 221-3) est la première étape de la mesure d'exécution qu'est la saisie-vente [4]. Le commandement de payer « *engage* » la saisie-vente, selon l'expression de la Cour de cassation dans ses avis du 14 juin 1993 déjà cités (v. s^s n° 713.15) et, partant, fait indissociablement corps avec elle.

La Haute juridiction estime à cet égard que la signification du commandement engageant la procédure de saisie-vente, elle autorise du même coup la saisine du JEX aux fins de trancher une difficulté élevée à l'occasion de sa délivrance [5].

1. Civ. 1re, 4 oct. 2005, n° 03-13.375, *Bull. civ.* I, n° 350; *Procédures* 2005, n° 278, note Perrot.

2. Civ. 2e, 7 mars 1985, *D.* 1985. 345, note Prévault; *Gaz. Pal.* 1985. 2. Pan. 218, obs. Véron.
3. Civ. 2e, 18 avr. 1980, n° 77-13.207, NP; *Gaz. Pal.* 1980. 2. 524.
4. Angers, 1re ch., 2 mars 1994, *JCP* 1995. IV. 2466.
5. Civ. 2e, 16 déc. 1998, n° 96-18.255, *Bull. civ.* II, n° 301 – Civ. 2e, 3 juin 1999, n° 97-14.889, *Bull. civ.* II, n° 110; *Gaz. Pal.* 1999. Pan. 249.

On peut enfin relever que depuis la réforme procédurale entreprise par le décret n° 96-1130 du 18 décembre 1996, le JEX est désormais compétent pour accorder un délai de grâce, dès la signification d'un commandement (Décr. 31 juill. 1992, art. 8, al. 2 [devenu C. pr. exéc., art. R. 121-1, al. 2] - et C. pr. civ., art. 510). Cette réforme tend à corroborer le principe général selon lequel c'est la délivrance du commandement qui détermine la compétence matérielle du JEX[1]. À noter qu'en matière de saisie-vente, le JEX est reconnu compétent pour accorder un délai de grâce sur le fondement de l'article 1244-1 du Code civil, même lorsque le créancier est un organisme de sécurité sociale[2].

Cependant, toutes les oppositions à commandement ne relèvent pas de la compétence du JEX. En effet, de nombreux actes qui sont qualifiés de « *commandement de payer* » n'ont pas pour objet l'engagement d'une saisie-vente. Ce sont les commandements qui tendent à faire produire leurs effets aux clauses résolutoires contractuelles. Ils ne nécessitent pas toujours la préexistence d'un titre exécutoire et s'assimilent en réalité à des sommations[3]. Ces commandements sont prévus par toutes les dispositions régissant les différentes catégories de baux, notamment par l'article L. 145-41 du Code de commerce concernant le bail commercial[4].

En ce qui concerne la compétence territoriale, l'article R. 221-40 C. pr. exéc. dispose que « *les contestations relatives à la saisie-vente sont portées devant le juge de l'exécution du lieu de la saisie* ».

713.134 Pouvoir du juge de l'exécution. Il faut relever que le JEX saisi d'une opposition à commandement ne peut ni modifier le dispositif de la décision de justice servant de fondement aux poursuites, ni en suspendre l'exécution sans violer les articles L. 213-6 du COJ et R. 121-1 alinéa 2 C. pr. exéc.

Il ne peut donc refuser d'annuler un commandement aux fins de saisie-vente réclamant au vendeur d'un véhicule, non seulement le remboursement de son prix, mais encore celui de ses frais de gardiennage dès lors que la décision ayant prononcé la résiliation du contrat pour vice caché, n'avait pas statué sur la charge de ces frais. L'acte portant sur une créance non visée dans le titre exécutoire était nécessairement irrégulier et le juge ne pouvait, sous prétexte que la résiliation était imputable au vendeur, se substituer au juge du fond et s'abstenir de l'annuler[5].

1. EN CE SENS, Civ. 2e, 3 juin 1999, n° 97-14.889, *Bull. civ.* II, n° 110; *Rev. huiss.* 2000. 185.
2. Soc. 19 juill. 2001, n° 00-12.917, *Bull. civ.* V, n° 284; *D.* 2001. IR 2461.
3. TI Moutiers, 13 août 1997, et TGI Albertville, JEX, 13 mai 1997; *Procédures* 1997, n° 234, note Croze.
4. À PROPOS d'un commandement délivré en vertu du Décr. n° 53-960, 30 sept. 1953, art. 25, devenu C. com., art. L. 145-41, TGI Tarascon, JEX, 12 mai 1995, *Rev. huiss.* 1996. 245.

§ 2
Poursuites par une personne publique

713.141 Créances publiques. Dans ce domaine, l'opposition à commandement, ou à mise en demeure depuis la réforme opérée par la loi de finances rectificative du 29 décembre 2010, s'inscrit dans le cadre des oppositions à poursuites qui sont ouvertes à tous les redevables de sommes recouvrées par les comptables publics. Bien qu'organisées selon un schéma globalement identique ces contestations présentent néanmoins des différences selon que le recouvrement porte sur des contributions directes ou indirectes, des créances de l'État non assimilables à l'impôt ou des produits des collectivités territoriales et des établissements publics locaux et de santé. Quelle que soit la nature de la créance publique, la demande en annulation du commandement ou de la mise en demeure en tenant lieu ne relève de la compétence du JEX que si elle est fondée sur une irrégularité de forme de cet acte. La Haute juridiction s'est ainsi prononcée en ce sens à propos d'un commandement délivré par le receveur général des finances à un fils au titre de sa participation aux frais de séjour de sa mère admise au titre de l'Aide sociale dans une maison de retraite[6].

713.142 Impôts, taxes et redevances (LPF, art. L. 281, R.*281-1 à R.*281-5). Les contestations relatives aux impôts, taxes, redevances et sommes quelconques dont la perception incombe aux comptables publics, ne peuvent porter que :

- soit sur la régularité en la forme de l'acte (du commandement ou de la mise en demeure en tenant lieu);

- soit sur l'existence de l'obligation de payer, sur le montant ou l'exigibilité de la dette ou sur tout autre motif ne remettant pas en cause l'assiette et le calcul de l'impôt.

Elles doivent être tout d'abord adressées au chef du service du département ou de la région dans lesquels est effectuée la poursuite (au directeur départemental des finances publiques ou le responsable du service à compétence nationale si le recouvrement incombe à un comptable de la direction générale des finances publiques; au directeur régional des douanes et droits indirects si le recouvrement

5. Civ. 2e, 13 sept. 2007, n° 06-13.672, *Bull. civ.* II, n° 219; *D.* 2007. 2395, note Avena-Robardet.
6. Civ. 1re, 30 juin 1998, n° 96-13.069, *Bull. civ.* I, n° 232; *D.* 1998. IR 189.

incombe à un comptable de la direction générale des douanes et droits indirects).

Les recours contre les décisions prises par ces administrations relèvent de la compétence du JEX si les contestations portent sur la forme des actes et du juge de l'impôt (tribunal administratif pour les contributions directes et TGI pour les impôts indirects), si les contestations portent sur l'obligation de payer, le montant ou l'exigibilité de la dette. La contestation d'un commandement de payer une dette d'impôt sur le revenu motivé par le défaut d'envoi préalable de la lettre de rappel visée à l'ancien article L. 255 du Livre des procédures fiscales porte sur la régularité ou la forme d'un acte de poursuite et relève de la compétence de la juridiction judiciaire : le JEX[1]. Cette jurisprudence est transposable à la mise en demeure de payer valant commandement lorsqu'elle doit être précédée par une lettre de relance. L'article L. 257-0 A du Livre des procédures fiscales, issu de l'article 55 de la loi de finances rectificative du 29 décembre 2010, dispose d'ailleurs que cette mise en demeure peut être contestée dans les conditions prévues à l'article L. 281 du même code.

En revanche, en matière d'impôts directs, la contestation par laquelle le redevable fait valoir que le comptable ne justifie pas de l'envoi de l'extrait de rôle a trait, non à la régularité en la forme de l'acte de poursuite, mais à l'exigibilité de l'impôt[2].

Le recours gracieux devant l'administration fiscale est un préalable obligatoire dont l'inobservation est sanctionnée par l'irrecevabilité du recours contentieux sous réserve que le justiciable ait été informé du délai, des modalités d'exercice et du destinataire de l'opposition, ainsi que des dispositions de l'article R.*281-5 du Livre des procédures fiscales lui prescrivant de ne présenter au juge que les seuls éléments de fait et pièces justificatives invoqués au soutien du mémoire transmis au chef de service[3]. Il convient de se reporter, pour les délais et la procédure applicable, aux explications contenues dans le livre 2 de cet ouvrage (v. s^s^ n°s 214.11 s.).

713.143 Créances de l'État non fiscales (Décr. n° 2012-1246, 7 nov. 2012[4], art. 117 à 119). Les contestations relatives au recouvrement des créances de l'État étrangères à l'impôt, aux recettes domaniales et aux amendes peuvent prendre la forme d'une opposition à exécution lorsqu'elle porte sur l'existence, le montant ou l'exigibilité de la créance ou d'une opposition à poursuites lorsqu'elles portent sur la validité en la forme du commandement.

Elles ont pour effet de suspendre le recouvrement.

Le redevable doit d'abord adresser sa réclamation au comptable qui a pris en charge l'ordre de recette.

La décision prise par le comptable peut être contestée devant la juridiction compétente (juridiction civile ou administrative selon que la créance litigieuse trouve sa source dans un rapport de droit privé ou de droit public; JEX si la contestation concerne la régularité en la forme de l'acte).

La demande en annulation d'un commandement au motif que le titre de recette n'indique pas les bases de la liquidation de la créance porte, non sur la régularité en la forme de l'acte, mais sur l'existence même du titre exécutoire fondant la poursuite. Elle constitue une opposition à exécution relevant de la juridiction du fond qui peut être le tribunal administratif si la créance est de cette nature[5]. L'action en annulation d'un commandement aux fins de saisie-vente au motif que le comptable public ayant engagé les poursuites serait territorialement incompétent ne remet en cause ni l'existence, ni le montant, ni l'exigibilité de la créance de l'État. Une telle opposition à poursuite porte sur la régularité en la forme de l'acte litigieux et, par conséquent, relève de la compétence du JEX[6]. Ces jurisprudences sont transposables à la mise en demeure de payer valant commandement aux fins de saisie-vente.

Il y a lieu de se reporter aux explications du livre 2 de cet ouvrage pour les délais et la procédure applicable (v. s^s^ n°s 214.11 s.).

713.144 Produits des collectivités et des établissements publics locaux (CGCT, art. L. 1617-5, 1° et 2° – CSP, art. L. 6145-9). Les contestations relatives au recouvrement des produits des collectivités territoriales et des établissements publics locaux et de santé peuvent prendre la forme soit d'une action portant sur le bien-fondé de la créance, soit d'une action relative à la régularité formelle de l'acte de poursuite.

L'action en contestation ayant pour objet le bien-fondé de la créance suspend la force exécutoire du titre. Elle est portée directement devant la juridiction compétente (civile si la créance trouve son origine dans un rapport de droit privé, ou administrative si elle a sa source dans un rapport de puissance publique) et se prescrit par deux mois à

1. CE, 9e et 10e s^s^-sect., 13 janv. 2006, req. n° 250332, NP; *Procédures* 2006, n° 171, note Pierre.
2. Com. 19 janv. 2010, n° 09-12.370, *Bull. civ.* IV, n° 11; *JCP* 15 févr. 2010, p. 352.
3. Cass., avis, 14 mai 2001, n° 01-00.002, *Bull. avis,* n° 3; *BICC,* n° 539, concl. Kessous, rapp. Serre.
4. Décr. n° 2012-1246, 7 nov. 2012, relatif à la gestion budgétaire et comptable publique, *JO* 10 nov., p. 17713.
5. Com. 26 mai 2009, n° 08-16.286, *Bull. civ.* IV, n° 70.
6. T. confl. 23 févr. 2004, req. n° 04-03.336, *Bull. civ.*, n° 6.

compter de la réception du titre exécutoire ou du premier acte procédant de lui.

L'action en contestation ayant pour objet la régularité formelle de l'acte de poursuite suspend les effets de celui-ci. Elle est portée directement devant le JEX et se prescrit dans les deux mois suivant la notification de l'acte contesté. La possibilité de s'adresser d'emblée au JEX exclut la procédure du mémoire préalable devant le chef de service qui est obligatoire pour les autres créances publiques. La contestation élevée directement devant le JEX est donc recevable, même si l'acte de poursuite critiqué tend au recouvrement, non seulement des produits d'une collectivité locale (des factures d'eau émises par une commune), mais encore d'une créance fiscale[1].

Seul le juge judiciaire peut connaître de la validité en la forme d'un commandement de payer ou d'une mise en demeure en tenant lieu. Cependant, le juge administratif est seul compétent dès lors que la créance invoquée est de nature administrative et que la contestation met en cause, non pas la validité en la forme du commandement mais le bien-fondé de la créance administrative elle-même. La Haute juridiction s'est prononcée en ce sens à propos d'une redevance due au Port autonome de Paris pour le stationnement d'un bateau[2].

Lorsque la créance à recouvrer (un rappel de consommation d'eau) trouve son origine dans des relations locatives de droit privé (résultant d'un bail conclu avec l'office de l'habitat), l'opposition à commandement ou à la mise en demeure en tenant lieu est de la compétence des tribunaux judiciaires, quel que soit le mode de recouvrement de cette créance (par le Trésor public pour le compte de l'office)[3]. C'est toutefois le tribunal d'instance et non le JEX qui doit connaître du litige si l'opposition à la mise en demeure valant commandement a pour cause une contestation relative au fond et non à la forme de l'acte.

1. Com. 14 déc. 2004, n° 02-15.617, *Bull. civ.* IV, n° 226; *JCP* 2005. IV. 1262.

2. Civ. 1re, 14 nov. 1984, n° 83-13.333, *Bull. civ.* I, n° 304; *JCP* 1985. IV. 30.

3. T. confl. 25 mai 1998, req. n° 98-03.096, NP; *D.* 1998. IR 182.

CHAPITRE

714. Opérations de saisie

René LAUBA
Magistrat honoraire

SECTION 0 ORIENTEUR

714.00 Plan du chapitre.

714.01 Textes applicables.

C. pr. exéc., art. L. 111-7, L. 121-2, L. 122-1, L. 122-2, L. 141-1, L. 141-2, L. 142-1 à L. 142-3; L. 221-1 à L. 221-2, L. 221-3, L. 223-2, R. 121-24, R. 141-4, R. 213-3 à R. 213-6, R. 221-9 à R. 221-29, R. 221-2 à R. 221-32, R. 221-41 à R. 221-48 et R. 223-9.

C. pr. civ., art. 642, 650, 680, 698 et 708 à 721.

C. civ., art. 1948, 2276, 2285, 2286 et 2340.

C. pén., art. 314-6.

Les opérations de saisie-vente ne sont pas réglementées par les articles L. 221-1 à L. 221-6 C. pr. exéc. spécialement consacrés à cette mesure d'exécution. Elles sont régies par les articles art. L. 142-3, L. 142-1, L. 141-1 à L. 141-2 et art. L. 142-2 du même code en ce qui concerne l'ouverture des portes, les jours et heures pendant lesquelles la pénétration au domicile est autorisée, les effets de la saisie et la fermeture des locaux en l'absence du débiteur. Les articles R. 221-9 à R. 221-29 C. pr. exéc. déterminent plus particulièrement la rédaction du procès-verbal, la garde des objets saisis et les opérations entre les mains d'un tiers

714.03 Bibliographie indicative.

Actualisables. Rép. pr. civ., *v° Saisie-vente*, par N. Fricero, déc. 201[illegible] [màj juin 2012], n°s 64 à 115 – *J.-Cl. Not. Form.*, *v° Saisie-vente*, fasc. 20, Opérations de saisie, par J. Beauchard – *J.-Cl. Fr. civ.*, *v° Saisie-vente*, fasc. 2330, Procédure, par N. Casal.

Ouvrages. A. Leborgne, *Droit de l'exécution*, 2e éd., « Précis », Dalloz, 2014, [saisie-vente : opérations de saisie], n°s 1397-1430 – R. Perrot et Ph. Théry, *Procédures civiles d'exécution*, 3e éd., Dalloz, 2013, [saisie-vente : opérations de saisie], n°s 625-638.

SECTION 1
DISPOSITIONS COMMUNES

§ 1
Conditions d'exécution de la saisie

A.
Conditions de temps

714.11 Moment de la saisie. L'huissier ne peut instrumenter immédiatement après la délivrance du commandement. Il ne peut non plus intervenir en dehors des jours et des heures autorisés par la loi.

714.12 Délai de huit jours. Selon l'article R. 221-10 C. pr. exéc., « *les opérations de saisie ne peuvent commencer qu'à l'expiration d'un délai de 8 jours à compter de la signification du commandement de payer* ». Il s'agit de laisser au débiteur le temps de réunir les fonds nécessaires s'il entend s'exécuter volontairement en tout ou en partie ou, en tout cas, de formuler des offres de règlements. Il est certain que l'obligation de mentionner ce délai dans le commandement, à peine de nullité de cet acte, révèle la volonté du législateur de faire respecter ce temps de répit. La mesure d'exécution pratiquée prématurément est nulle. Il s'agit d'une nullité de fond car l'irrégularité réside, non dans la forme de l'acte de saisie, mais dans la violation d'une interdiction légale. Elle atteint directement la saisie elle-même. Le débiteur peut donc invoquer la sanction sans avoir à justifier d'un grief. Le délai de huit jours peut être prorogé jusqu'au premier jour ouvrable suivant, s'il expire un samedi, un dimanche ou un jour férié ou chômé.

Cette prorogation résulte de l'article 642 C. pr. civ. qui est d'application générale. Elle pourrait aussi s'induire des dispositions de l'article L. 141-1 C. pr. exéc. qui interdit toute mesure d'exécution le dimanche ou un jour férié. Mais ce texte est plus restrictif que l'article 642 précité, puisqu'il ne comprend ni le samedi ni les jours chômés et prévoit l'autorisation du juge de l'exécution (JEX).

714.13 Dimanche et jours fériés. Quoi qu'il en soit, aucune mesure d'exécution ne peut être effectuée un dimanche ou un jour férié, si ce n'est en cas de nécessité et en vertu d'une autorisation spéciale du juge (C. pr. exéc., art. L. 141-1, al. 1er). Cette autorisation vaut même pour une saisie dans un local d'habitation sous réserve du respect des heures légales.

714.14 Heures légales. Le texte de l'article L. 141-1 alinéa 2 C. pr. exéc. précise qu'aucune mesure d'exécution ne peut être commencée avant 6 heures et après 21 heures, sauf en cas de nécessité et avec l'autorisation du juge et seulement dans les lieux qui ne servent pas à l'habitation. Aucune dérogation n'est donc possible en ce qui concerne le domicile. Il ressort *a contrario* du texte de l'article L. 141-1 C. pr. exéc., qu'une saisie commencée à l'intérieur de l'horaire légal, peut se poursuivre après vingt et une heures si elle n'a pas été terminée avant.

714.15 Délai de caducité du commandement. À l'expiration du délai de caducité du commandement qui est de deux ans, la saisie qui n'a pas été pratiquée dans ce délai ne peut plus l'être sans un nouveau commandement (v. ss nos 713.121 s.).

B.
Conditions de lieu

714.21 Lieu de la saisie. « *La saisie peut être faite en tout lieu où se trouvent les biens mobiliers appartenant au débiteur, même s'ils sont détenus par un tiers* » (C. pr. exéc., art. R. 221-9).

Les effets mobiliers du débiteur peuvent se trouver le plus souvent, dans des locaux ou sur un terrain dont il est propriétaire. Ils peuvent aussi avoir été placés en un endroit dont il est locataire et dont il dispose seul des clés, tels qu'un appartement, un hangar, un entrepôt, un garage ou un stand d'exposition. Dans ce cas, la saisie-vente devra respecter les formes prévues par les articles R. 221-15 à R. 221-20 C. pr. exéc. pour les opérations entre les mains du débiteur, le bailleur n'apparaissant pas comme un tiers dépositaire tenu d'une obligation de restitution à l'égard du débiteur locataire, pour les objets remisés ou exposés (v. ss nos 714.81 s. et 714.120).

Si les biens doivent être saisis dans des locaux occupés par un tiers détenteur débiteur de leur restitution, il faut alors opérer selon les modalités prévues aux articles R. 221-21 à R. 221-29 C. pr. exéc. (v. ss nos 714.120 s.).

L'expression « *en tout lieu* » retenue par l'article R. 221-9 du même code autorise la saisie des biens du débiteur même s'ils se trouvent sur la voie publique. Le législateur a envisagé cette hypothèse à propos de la saisie des véhicules terrestres à moteur (C. pr. exéc., art. R. 223-9, 3°). Le principe posé par l'article R. 221-9 C. pr. exéc. comporte cependant des restrictions lorsque les biens se situent dans un local d'habitation.

714.22 Local d'habitation. Si la saisie-vente est pratiquée en vue du recouvrement d'une créance non alimentaire inférieure ou égale à 535 euros (selon Décr. n° 2001-373, 27 avr. 2001, art. 3, IV), elle ne peut être diligentée dans le local d'habitation du débiteur que si le recouvrement n'est pas possible sur les rémunérations ou sur les comptes de celui-ci, sauf autorisation du JEX (C. pr. exéc., art. L. 221-2 et R. 221-2 – v. s[s] n°s 712.30 s.).

Si la saisie doit être pratiquée dans les locaux d'habitation d'un tiers, elle doit être préalablement autorisée par le JEX (C. pr. exéc., art. L. 221-1).

714.23 Pénétration dans les lieux. L'huissier peut commencer à instrumenter à l'expiration du délai de huit jours suivant la signification du commandement de payer resté infructueux. Il est autorisé à pénétrer dans un lieu servant à l'habitation et, le cas échéant, à faire procéder à l'ouverture des portes et des meubles par un serrurier (C. pr. exéc., art. L. 142-3). En l'absence de l'occupant du local ou si celui-ci en refuse l'accès, l'huissier ne peut y entrer seul. Cette interdiction vaut même si les portes (ou d'autres issues comme les fenêtres) sont ouvertes, s'agissant d'un local d'habitation, dès lors que l'occupant n'est pas là ou qu'il refuse verbalement de laisser entrer l'huissier. L'article L. 142-1 alinéa 1er C. pr. exéc. vise l'absence ou l'opposition de l'occupant et non du débiteur. L'huissier peut donc entrer seul dès lors qu'une personne présente (co-locataire, concubin, membre de la famille, employé de maison, *etc.*) lui ouvre volontairement la porte[1].

Les personnes dont la présence doit être requise pour assister aux opérations sont le maire de la commune, un conseiller municipal ou un fonctionnaire municipal délégué à cette fin, une autorité de police ou de gendarmerie. À défaut, on peut recourir à deux témoins majeurs qui ne sont au service ni du créancier ni de l'huissier.

Le texte de l'article L. 142-1 alinéa 1er C. pr. exéc. ne détermine pas d'ordre de priorité entre ces intervenants, sauf pour les témoins. Le serrurier ou le déménageur accompagnant l'huissier ne devraient cependant pas pouvoir remplir cette dernière fonction en raison du lien existant avec l'officier ministériel[2].

Il peut être procédé à l'ouverture des meubles dans les mêmes conditions que l'ouverture des portes (C. pr. exéc., art. L. 142-1, al. 2). Les autorités ou les personnes susmentionnées doivent assister à toutes les opérations de saisie puisqu'elles sont tenues de signer le procès-verbal. Leurs nom, prénom et qualité doivent également être mentionnés dans l'acte, avec, le cas échéant, indication de leur refus de signer (C. pr. exéc., art. R. 221-16, 7° et R. 221-23, 9°). Cette mention doit permettre de les identifier et de les entendre en cas de contestation sur la régularité des opérations. Les deux témoins doivent assister l'huissier par une présence effective à ses côtés. Si un seul d'entre eux était présent, l'autre étant resté à l'extérieur du lieu où se déroulait la saisie, la mention de l'acte contraire à cette réalité peut être déclarée fausse, même si cette mention n'était pas nécessaire[3] (v. s[s] n°s 262.11 s.).

714.24 Local non affecté à l'habitation. Lorsque la saisie doit être pratiquée dans un local qui n'est pas affecté à l'habitation, les dispositions des articles L. 142-3 et L. 142-1 alinéas 1er et 2 C. pr. exéc. ne paraissent pas applicables. En effet, ces deux textes semblent, à première lecture, constituer un ensemble cohérent réglementant la pénétration dans les seuls locaux d'habitation, en présence de l'occupant pour le premier et en l'absence de celui-ci pour le second. Dès lors qu'il trouve les portes ouvertes, l'officier ministériel devrait pouvoir entrer dans les lieux non affectés à l'habitation, même en l'absence de l'occupant. La solution admise sous l'empire des textes réglementant l'ancienne saisie-exécution devrait alors être maintenue. Ainsi, une cour d'appel avait déclaré valable une saisie pratiquée dans les locaux d'un groupement syndical de producteurs de fruits dont les portes étaient ouvertes et qui étaient vides de tout occupant[4]. L'introduction de l'huissier par une fenêtre ouverte, en l'absence d'un locataire frappé d'expulsion, n'avait pas été considérée comme une violation de domicile[5].

Mais une telle solution ne vaut pas si l'on considère que les articles L. 142-3 et L. 142-1 alinéas 1 et 2 C. pr. exéc. sont dissociables, le premier se rapportant spécialement aux locaux d'habitation et le second concernant tous les locaux quelle que soit leur affectation. Il est à cet égard certain que dans l'article L. 142-1 alinéa 1er du même code il n'est question que « *du local* » sans autre précision, d'où la tendance de certains à reconnaître une portée générale aux formalités qu'il prescrit (v. s[s] n° 262.21). La Chancellerie estime pour sa part que l'article précité ne s'applique que pour la pénétration dans les locaux servant à l'habitation car il a pour seul objet de prévoir les modalités d'application de l'article L. 142-3 en cas de refus ou d'absence de l'occupant de ce type de locaux[6].

714.25 Nécessité de pénétrer dans les lieux. La pénétration de l'huissier à l'intérieur du lieu où la

1. Paris, 30 sept. 1999, *Rev. huiss.* 2000. 237.
2. SUR LES AVANTAGES ET INCONVÉNIENTS du recours à l'une ou l'autre des personnes visées à l'article 21, v. F. Leghait-Georget, « L'incidence de la loi du 21 janvier 1995 sur l'assistance prêtée aux huissiers lors des ouvertures des portes », *Rev. huiss.* 1999. 637.
3. Versailles, 20 nov. 2003, *Dr. et proc.* 2004. 235 – Civ. 1re, 7 mars 2006, n° 04-11.542, *Bull. civ.* I, n° 134; *D.* 2006. IR 947.
4. Nîmes, 9 avr. 1975, *Rev. huiss.* 1976. 27, note Faget.
5. Cass. ass. plén., 16 déc. 1974, n° 73-92.495, *Bull. ass. plén.* n° 369; *JCP* 1975. II. 17962, note Lindon.
6. Rép. min. *JOAN* 1er mars 1999, p. 1269.

saisie va être pratiquée est indispensable car il doit pouvoir apprécier la nature, l'état et la valeur des objets découverts sur place. Il doit aussi pouvoir vérifier leur saisissabilité, notamment au regard de leur multiplicité. Cette nécessité rend critiquable la pratique consistant à opérer la saisie, par la simple énumération sur le procès-verbal, des biens aperçus à travers la vitre du local. Cette manière de procéder, certes plus douce puisqu'elle respecte l'inviolabilité du domicile, ne paraît cependant pas compatible avec l'établissement d'un inventaire fiable. Elle ne peut que susciter les contestations les plus diverses car l'huissier instrumentaire n'a pas été en mesure de se rendre compte du mérite ou de la régularité de la saisie envisagée[1].

En toute hypothèse, lorsque la saisie est diligentée en l'absence du débiteur ou de toute personne se trouvant dans les lieux, l'huissier assure la fermeture de la porte ou de l'issue par laquelle il y est entré (C. pr. exéc., art. L. 142-2)[2].

C. Cas particuliers

714.31 Objets portés sur la personne du débiteur. La question se pose de savoir si les objets que le débiteur, présent aux opérations porte sur lui, peuvent être saisis. Les décisions à ce sujet sont rares et anciennes. Il a notamment été jugé que s'il n'est pas permis à l'huissier saisissant de fouiller le débiteur en raison des inconvénients, luttes et violences auxquels ce procédé pourrait donner lieu, cependant un bijou ou d'autres objets précieux peuvent être valablement saisis lorsqu'ils sont ostensiblement portés par celui-ci[3]. Il suffit que l'huissier qui aperçoit l'objet le mentionne dans l'inventaire. Si, au moment de la vente, le débiteur refuse de s'en dessaisir, il pourra encourir les sanctions prévues pour le détournement d'objets saisis.

714.32 Assistance aux opérations. Le créancier n'est pas autorisé à assister aux opérations, qu'elles aient pour objet une mesure conservatoire ou d'exécution. On peut craindre en effet que sa présence n'exaspère le débiteur et ne provoque des réactions d'hostilité. Il peut cependant être autorisé à venir sur place si les modalités de l'appréhension l'exigent (C. pr. exéc., art. R. 213-4). Il peut arriver que sa présence soit techniquement nécessaire (saisie par le vendeur d'un logiciel impayé).

1. TGI Périgueux, JEX, 17 févr. 1994, *D.* 1994. Somm. 344, obs. Julien.
2. Bibl. Soulard, *Rev. huiss.* 1993. 1075 : ouvertures des portes.
3. Toulouse, 17 avr. 1874, *DP* 1876. 5. 391.

§ 2 Formalités préalables à la saisie

714.41 Communication des autorisations requises. Selon l'article R. 221-11 C. pr. exéc., lorsqu'une autorisation du juge doit être obtenue avant la saisie, l'huissier doit la porter à la connaissance du débiteur ou au tiers détenteur de ses biens (saisie dans un local d'habitation du débiteur pour une créance modique et non alimentaire, saisie dans le local d'habitation d'un tiers, saisie en dehors des jours ou des heures légaux). Il doit en conséquence lui présenter l'ordonnance sur requête obtenue en vertu des articles L. 122-2 et R. 121-24 C. pr. exéc. Il doit l'annexer, à la fin des opérations, au procès-verbal de saisie. La rédaction de l'article R. 221-11 du même code laisse supposer qu'il s'agit de l'original de l'ordonnance d'autorisation. Si un jugement doit être produit au tiers, seul le dispositif peut lui être communiqué (C. pr. exéc., art. R. 213-3).

714.42 Obligation d'information incombant au débiteur et au tiers. Le débiteur dont les biens ont déjà été saisis est tenu de faire connaître à tout nouveau créancier saisissant les mêmes biens, l'existence d'une précédente saisie et l'identité de celui qui l'a pratiquée. Il doit également produire l'acte de saisie. La même obligation s'impose au tiers qui détient des biens pour le compte du débiteur. Le créancier ainsi informé, doit communiquer à ses prédécesseurs tous actes et informations que la loi lui fait obligation de leur communiquer (C. pr. exéc., art. R. 213-6). Cette obligation doit leur être rappelée par une mention spéciale de l'acte de saisie (C. pr. exéc., art. R. 221-16, 4° et R. 221-23, 5°). L'huissier doit en outre les inviter verbalement s'ils sont présents aux opérations (C. pr. exéc., art. R. 221-15 et R. 221-21, al. 2) ou dans la signification du procès-verbal s'ils sont absents (C. pr. exéc., art. R. 221-18 et R. 221-25), à déclarer toute saisie antérieure éventuelle.

§ 3 Mise en œuvre de la saisie

714.51 Procès-verbal de carence. Selon l'article R. 221-14 C. pr. exéc., l'huissier doit dresser un procès-verbal de carence si, au moment d'instrumenter, il se rend compte qu'aucun bien n'est susceptible d'être saisi. Il en est de même si, manifestement, aucun bien n'a de valeur marchande en raison de son état d'usure, de son caractère démodé ou obsolète, du peu d'amateurs susceptibles de vouloir l'acquérir, ou de toute autre cause.

714.52 Caractère obligatoire. L'officier ministériel ne peut donc saisir des biens insaisissables, même s'il n'a pas l'intention de les vendre, la saisie étant alors conçue comme un moyen de pression. Il ne peut non plus engager une mesure d'exécution sur des effets dont le prix de cession suffirait à peine à couvrir le coût de la procédure, du transport et de la vente. Cette disposition qui tend à éviter les frais inutiles, est à rapprocher de l'article L. 122-1 C. pr. exéc. qui permet à l'huissier de refuser de prêter son ministère si le montant des frais paraît manifestement susceptible de dépasser celui de la créance réclamée et des articles L. 111-7 et L. 121-2 du même code donnant au JEX le pouvoir d'ordonner la mainlevée de toute mesure inutile ou abusive. L'huissier qui ne dresserait pas un procès-verbal de carence en présence de biens insaisissables ou sans valeur, engagerait sa responsabilité personnelle à l'égard du débiteur dans le premier cas et à celui du créancier dans le second. Il a en effet la responsabilité de la conduite des opérations (C. pr. exéc., art. L. 122-2). Il devrait également supporter personnellement la charge des frais exposés inutilement en vertu des articles 650 et 698 C. pr. civ.

714.53 Intérêt pratique. Par ailleurs l'établissement du procès-verbal de carence est destiné à permettre à l'huissier de prouver à son mandant qu'il a tenté de pratiquer la saisie. Il dégage sa responsabilité tout en lui permettant d'être rétribué pour ses démarches. Le procès-verbal de carence fait l'objet d'une tarification dans le tableau I (acte n° 52) annexé au décret du 12 décembre 1996 portant tarif des huissiers de justice. Il est moins coûteux que le procès-verbal de saisie (9,5 taux de base au lieu de 17,5 taux de base).

Le procès-verbal de carence n'est pas à proprement parler un acte d'exécution car il rend compte de la tentative d'une mesure impossible. Il n'y a rien à saisir et donc rien à vendre. Il a cependant un effet juridique. Il permet l'engagement d'autres poursuites qui ne peuvent avoir lieu qu'après l'échec d'une poursuite sur les meubles du débiteur. Ainsi, ce n'est qu'à défaut de mobilier que les créanciers privilégiés sur la généralité des immeubles, peuvent primer les autres créanciers privilégiés avec lesquels ils sont en concours sur le prix d'un immeuble (C. civ., art. 2376)[1]. De même, les immeubles d'un mineur, même émancipé, ou d'un majeur protégé ne peuvent être mis en vente avant la discussion du mobilier (C. pr. exéc., art. L. 311-8 [anc^{t} C. civ., art. 2197])[2]. Il en est de même pour le recouvrement public des pensions alimentaires par l'intermédiaire des comptables directs du Trésor, qui ne peut avoir lieu que si son recouvrement total ou partiel n'a pu se faire par l'une des voies d'exécution du droit privé (L. 11 juill. 1975, art. 1er).

En pratique, le procès-verbal de carence est dressé par conversion du procès-verbal de saisie établi à l'avance. Il comporte donc les mêmes mentions que celui-ci hormis l'indication qu'aucun bien saisissable ou ayant quelque valeur, n'a pu être appréhendé.

714.54 Procès-verbal de saisie. L'acte de saisie est un inventaire des objets que l'huissier dresse au fur et à mesure qu'il les découvre. Il en donne une description suffisante pour permettre leur identification. Il peut compléter cette description par des photographies (v. s^{s} n° 714.55). L'inventaire comporte également des mentions d'information qui varient selon que la saisie est pratiquée entre les mains du débiteur ou entre celles d'un tiers détenteur (v. s^{s} n°s 714.93 s. et 714.133 s.).

Les articles R. 221-16, 2° et R. 221-23, 4° C. pr. exéc. qui prévoient cet inventaire, se bornent à indiquer qu'il doit contenir la désignation détaillée des objets saisis, sans toutefois fournir de précision sur la méthode d'identification à employer. Il en était autrement sous l'empire des dispositions de l'ancien Code de procédure civile qui réglementaient la saisie-exécution. Les articles 588 à 590, aujourd'hui abrogés, prévoyaient que les marchandises devaient être pesées, mesurées ou jaugées selon leur nature, l'argenterie spécifiée par pièce et poinçon et les deniers comptants mentionnés selon le nombre et la qualité des espèces. Il semble que si le réformateur n'a pas insisté sur les modalités d'identification, c'est en raison de la possibilité de compléter l'inventaire par des photographies (v. s^{s} n° 714.55).

Il faut cependant que la liste des objets saisis les désigne et les décrive avec un minimum de précision, afin de faciliter la vérification, au moment de la vente, des éventuels manquants, substitutions ou détériorations. Les détournements et les dégradations engageront la responsabilité civile et pénale du saisi ou du gardien. Il a été jugé à propos de l'ancienne saisie-exécution que le défaut de désignation précise de quelques objets ne viciait pas l'ensemble du procès-verbal mais les soustrayait à la vente[3].

Sous l'empire de la nouvelle législation, il a été jugé[4] que les biens saisis ayant été désignés par lots et le lot étant une quantité imprécise, la saisie ne répond pas aux exigences du 2° de l'article R. 221-16 C. pr. exéc. et, en conséquence, est frappée de nullité.

1. C. civ., anc. art. 2105 (Ord. n° 2006-346, 23 mars 2006).
2. C. civ., anc. art. 2206 (Ord. n° 2006-461, 21 avr. 2006).
3. T. civ. Grenoble, 27 déc. 1881, *Journ. avoués* 1882, n° 5804, p. 493.
4. TGI Lyon, ord., 2 nov. 1993, *Gaz. Pal.* 1994. 1. Somm. 235.

La simple mention, sur le procès-verbal, de la saisie d'une collection de livres comportant cinq cents unités, ne constitue pas une description détaillée au sens de l'article R. 221-16 C. pr. exéc. et justifie l'annulation de la mesure[1].

En revanche la mention des numéros d'immatriculation des véhicules saisis suffit à leur identification par le débiteur professionnel de l'automobile[2].

714.55 Photographies. L'huissier peut utilement compléter son inventaire par les photographies des biens saisis (C. pr. exéc., art. R. 221-12). Ces photographies sont conservées par l'huissier en vue de la vérification des biens avant leur vente. Les objets manquants ou détériorés doivent être mentionnés dans un acte (C. pr. exéc., art. R. 221-36). Il est en effet certain que les descriptions figurant sur le procès-verbal, qui ne peuvent être que sommaires, ne peuvent prévenir des substitutions d'objets. Certaines descriptions sont susceptibles de s'appliquer à des effets de même nature et d'aspect semblable, mais de valeur très différente en raison du matériau, de l'ancienneté ou de leur réalisateur. Les photographies permettent aussi de fixer l'état du mobilier au jour de la saisie et de déterminer les responsabilités en cas de dégradation ultérieure, selon qu'elles surviennent au domicile du débiteur ou du tiers, s'ils sont restés gardiens, dans les locaux du garde-meuble, ou au dépôt de l'étude s'ils y ont été transportés.

L'huissier ne peut communiquer les photographies qu'à l'occasion d'une contestation portée devant le juge (C. pr. exéc., art. R. 221-12). Il faut donc que la contestation soit formalisée par la saisine de la juridiction.

§ 4
Effets de la saisie

A.
Conséquences et obligations

714.61 Indisponibilité des biens saisis. Cette conséquence est logique puisque les biens saisis ne sont pas enlevés immédiatement en raison du délai d'un mois prévu pour leur vente amiable. Elle résulte de l'article L. 142-2 alinéa 1er C. pr. exéc., texte applicable à toutes les mesures d'exécution, qui dispose : « *L'acte de saisie rend indisponibles les biens qui en sont l'objet* ». Le texte précise que si la saisie porte sur des biens corporels, le débiteur ou le tiers détenteur est réputé gardien des objets appréhendés sous les sanctions prévues par l'article 314-6 du Code pénal. L'indisponibilité est rappelée, en ce qui concerne la saisie-vente, par l'article R. 221-13 alinéa 1er C. pr. exéc.

Il s'ensuit, *a contrario*, que le débiteur conserve la propriété des effets mobiliers mis sous main de justice et ce, jusqu'à la vente qui consomme son expropriation. Jusque-là il continue à en assumer les risques (C. civ., art. 1138). Mais il perd certains attributs de son droit.

714.62 Perte du droit d'aliénation. Le débiteur ne peut ni détruire, ni aliéner les objets saisis, même s'il en est le gardien. Si la vente amiable reste possible pour le débiteur qui a trouvé un acheteur, elle ne peut être conclue qu'avec l'accord exprès ou implicite du créancier et selon les formes prévues aux articles R. 221-30 à R. 221-32 C. pr. exéc. (v. ss nos 715.04 s.). La vente consentie irrégulièrement est inopposable au créancier. Elle reste cependant valable entre le débiteur et l'acquéreur et peut donc produire ses effets en cas de mainlevée ultérieure de la saisie. Toutefois, si la vente a été suivie de la délivrance du bien à l'acheteur, la revendication du saisissant va se heurter aux dispositions de l'article 2276 du Code civil. Il faut que le tiers acquéreur soit de bonne foi. Celle-ci est toujours présumée (C. civ., art. 2274) et ce, d'autant plus qu'il n'existe aucun système de publication des saisies susceptibles d'avertir l'acheteur. S'il connaissait l'existence de la saisie, il est réputé de mauvaise foi, puisqu'il ne peut sérieusement prétendre avoir pleinement et entièrement cru au droit de son vendeur au moment de l'aliénation. Il devra restituer le bien délivré, sans pouvoir en répéter le prix auprès du créancier (sur la bonne foi, v. ss no 719.48). L'interdiction d'aliéner doit être rappelée verbalement par l'huissier au débiteur ou au tiers, s'il est présent aux opérations (C. pr. exéc., art. R. 221-17 à R. 221-25). L'acte de saisie doit également la mentionner en caractères très apparents (C. pr. exéc., art. R. 221-16, 4° et R. 221-23, 2°).

714.63 Prise de la qualité de gardien. Le débiteur ou le tiers saisi est réputé gardien des objets saisis. Il doit veiller à leur conservation et s'abstenir de tout détournement ou destruction sous peine des sanctions prévues par l'article 314-6 du Code pénal (trois ans d'emprisonnement et une amende de 375 000 euros [selon Ord. no 2000-916, 19 sept. 2000]). La tentative de détournement est également punie. L'huissier doit leur rappeler verbalement, s'ils sont présents à la saisie, que les objets appréhendés sont placés sous leur garde (C. pr. exéc., art. R. 221-17 à R. 221-24). L'acte de saisie le mentionne en

1. Civ. 2e, 30 sept. 1999, no 97-18.424, *Bull. civ.* II, no 146; *D.* 1999. IR 249; *Procédures* 1999, no 246, note Perrot.
2. Civ. 2e, 30 sept. 1999, no 97-21.908, *Bull. civ.* II, no 148; *D.* 1999. IR 249; *Gaz. Pal.* 24-25 mars 2000. Somm. 27, note Véron.

outre et en caractères très apparents (C. pr. exéc., art. R. 221-16, 4° et R. 221-23, 5°).

Cette solution évite la recherche d'un candidat, souvent difficile, et le surcoût entraîné par sa rémunération. Le nouveau tarif des huissiers (Décr. n° 96-1080, 12 déc. 1996) ne réglemente d'ailleurs plus la rémunération du gardien. Le tiers a cependant la faculté de refuser la charge de gardien. Dans ce cas, l'huissier doit pourvoir à son remplacement (v. s[s] n° 714.140).

714.64 Perte partielle ou réduction du droit d'usage et de déplacement. Selon l'article R. 221-19 C. pr. exéc., le débiteur conserve, en principe, l'usage des objets rendus indisponibles par la saisie.

Il ne bénéficie cependant pas de ce droit s'il s'agit de biens consomptibles, si le JEX a ordonné sur requête leur remise à un séquestre ou enfin, si la mesure a porté sur un véhicule terrestre à moteur que l'huissier a jugé bon d'immobiliser par l'un des procédés autorisés par la loi (v. s[s] n°s 714.102 à 714.104).

D'autre part, le débiteur ne peut déplacer librement les objets mis sous main de justice dont il a le droit de se servir. Il doit justifier d'une cause légitime rendant ce déplacement nécessaire et en informer préalablement le créancier en lui indiquant le lieu où les objets seront placés (C. pr. exéc., art. R. 221-13, al. 1er). Peut constituer une cause légitime de déplacement le déménagement du débiteur ou du tiers saisi, le transport d'un objet chez un réparateur ou encore, la nécessité d'enlever les biens d'un local sinistré ou menacé de l'être, pour les installer dans un lieu où ils seront en sécurité. C'est toutefois au créancier qui conteste la légitimité du déplacement porté à sa connaissance, de saisir le JEX pour qu'il interdise le transport ou ordonne la réintégration des biens dans leur local d'origine.

L'huissier doit rappeler verbalement au débiteur ou au tiers, s'il est présent, les conditions dans lesquelles les biens peuvent être déplacés et les sanctions encourues en cas de déplacement irrégulier (C. pr. exéc., art. R. 221-17 à R. 221-24). L'acte de saisie les mentionne en caractères très apparents (C. pr. exéc., art. R. 221-16, 4° et R. 221-23, 5°).

714.65 Séquestre ou gardien judiciaire. La remise des biens saisis à un séquestre est une mesure complémentaire qui, lorsqu'elle est ordonnée en vertu de l'article R. 221-19 alinéa 2 C. pr. exéc., apporte au droit du débiteur, par l'effet du transfert de la détention au tiers séquestre, une restriction sérieuse. L'article 97 ne fait d'ailleurs que reprendre les dispositions de l'article 1961 du Code civil selon lesquelles la justice peut ordonner le séquestre des meubles saisis sur un débiteur.

Le gardien choisi par l'huissier en vertu de l'article R. 221-27 C. pr. exéc. pour remplacer le tiers saisi qui a refusé la garde est considéré comme un séquestre judiciaire (C. civ., art. 1962). Le texte le qualifie de « *gardien judiciaire* ».

714.66 Personnes pouvant être nommées. Les textes ne précisent rien à ce sujet. Le séquestre peut être, selon la nature des biens, l'huissier lui-même s'il dispose de locaux appropriés, un garde-meuble, un garagiste, un établissement bancaire louant des coffres-fort ou toute personne solvable et digne de confiance susceptible de conserver les objets séquestrés dans de bonnes conditions. En dépit de l'abrogation de l'article 598 de l'ancien Code de procédure civile (ACPC) qui interdisait au saisissant ou aux membres de sa famille d'être gardiens, il ne semble pas psychologiquement opportun de désigner le créancier comme séquestre ou gardien judiciaire.

L'établissement d'un gardien judiciaire produit entre le saisissant et le gardien des obligations réciproques.

714.67 Obligations du gardien. Il doit tout d'abord apporter à la conservation des effets saisis les soins d'un bon père de famille (C. civ., art. 1962, al. 1er). Il doit notamment les surveiller pour éviter leur détournement. Un huissier nommé séquestre de marchandises saisies a été déclaré responsable du préjudice résultant de leur enlèvement par le saisi qui avait toujours accès à son entrepôt. La Cour a écarté dans ce cas la force majeure exonératoire[1]. Il appartient au gardien ou au séquestre judiciaire de faire constater l'état des biens saisis au moment où il les reçoit. À défaut de cette précaution, il risque d'être tenu pour responsable de leur détérioration faute de pouvoir démontrer que celle-ci existait déjà au moment où ils lui ont été confiés.

C'est ainsi que le gérant d'un chai dans lequel du vin avait été saisi a été déclaré responsable, en sa qualité de gardien, de ce que ce vin était piqué et ce, faute d'avoir pu établir qu'il n'était pas de qualité loyale et marchande au moment où il l'avait reçu[2].

Le séquestre ou gardien judiciaire doit enfin représenter les biens qui lui ont été confiés, soit à la décharge du saisissant (ou de son mandataire) en vue de la vente, soit à celle de la partie contre laquelle l'exécution a été faite, en cas de mainlevée (C. civ., art. 1962, al. 2). Dans ce dernier cas, la décision doit lui être produite (sur la responsabilité civile du gardien, v. s[s] n° 716.51).

714.68 Obligations du saisissant. L'obligation du saisissant consiste à payer au séquestre ou au gardien le salaire fixé par la loi. L'ancien tarif des huissiers (Décr. 5 janv. 1965) prévoyait les conditions de rémunération du gardien. Mais le nouveau

1. Civ. 2e, 16 juin 1982, *D.* 1983. 237, note Desdevises.
2. Civ. 1re, 15 mai 2008, n° 07-11.250, *Bull. civ.* I, n° 138; *JCP* 2008. IV. 2079.

tarif résultant du décret du 12 décembre 1996 n'a pas envisagé cette rémunération. Celle-ci doit donc être taxée. La jurisprudence estime à cet égard qu'un séquestre judiciaire a, à titre occasionnel, la qualité d'auxiliaire de justice au sens de l'article 719 C. pr. civ. et que les règles relatives à la taxe posées par les articles 708 à 718 du même code doivent lui être appliquées[1]. Lorsque ces honoraires ne sont pas déterminés par une disposition réglementaire, le juge doit statuer selon la nature et l'importance des activités, des difficultés qu'elles présentent et de la responsabilité qu'elles peuvent entraîner (C. pr. civ., art. 720 et 721). Aucun texte n'interdit au juge d'allouer une provision à un séquestre[2], provision que le juge doit mentionner lors de la taxe (C. pr. civ., art. 721 *in fine*). Le séquestre a également droit au remboursement des frais qu'il a avancés pour la conservation des biens. En cas de contestation, le juge est souverain pour apprécier s'ils ont été nécessaires à la conservation de la chose[3]. Lorsque le séquestre ou gardien judiciaire est un professionnel (garagiste, garde-meuble), sa facture ne devrait pas excéder le prix habituellement pratiqué[4], à propos de l'intervention d'une entreprise de déménagement. Le tiers détenteur entre les mains duquel une saisie est pratiquée ne semble pas pouvoir être assimilé à un séquestre judiciaire et pouvoir ainsi prétendre à une rémunération. Il est en effet un gardien légal qui n'est pas complètement étranger à la situation litigieuse et pour lequel l'article 1962 du Code civil n'a prévu aucune rétribution[5]. Si la garde lui cause une gêne, il peut demander à en être déchargé (v. s[s] n° 714.140).

La Cour de cassation reconnaît au séquestre, sur le fondement de l'article 1948 du Code civil, le même droit de rétention que le dépositaire pour obtenir paiement de ses frais et salaires[6]. Si l'huissier a fait l'avance de frais de séquestre ou de garde (transport, garde-meuble, garagiste), il peut en obtenir le remboursement en vertu de l'article 20 (3° et 6°) du décret du 12 décembre 1996.

B.
Effets non produits par la saisie

714.70 Effets que la saisie-vente ne produit pas. La saisie-vente ne crée aucun privilège sur le prix de la vente, au bénéfice du créancier qui se présente le premier. Elle ne produit pas par elle-même l'expropriation du débiteur.

714.71 Absence de privilège du premier saisissant. Contrairement à ce qui se produit en matière de saisie-attribution (sauf dans l'hypothèse où plusieurs saisies sont pratiquées le même jour), le créancier qui a recours à la saisie-vente doit subir la loi du concours avec les créanciers opposants qui se sont manifestés après lui. L'article L. 221-1 C. pr. exéc. permet en effet à tout autre créancier de se joindre aux opérations de saisie par voie d'opposition sur le prix et selon des formes définies par les articles R. 221-41 à R. 221-48 C. pr. exéc. Ce droit d'intervention leur est ouvert jusqu'à la vérification de la nature et de la consistance des biens qui doit précéder la vente (C. pr. exéc., art. L. 221-5 et R. 221-41, al. 2). Sa qualité de premier saisissant ne lui donne aucun privilège sur le prix obtenu. Elle ne lui donne que le droit de poursuivre seul la vente pour le compte de tous (C. pr. exéc., art. R. 221-42, al. 3).

C'est l'application à la saisie-vente, du **principe général d'égalité** entre les créanciers qui résulte de l'article 2285 du Code civil[7]. Le créancier saisissant et les créanciers opposants ayant des droits égaux sur les biens compris dans la saisie, il s'ensuit que si le prix de vente est insuffisant pour les désintéresser tous intégralement, ce prix doit se partager entre eux au marc-le-franc, c'est-à-dire au prorata de leurs créances respectives, le premier saisissant étant traité de la même manière que les opposants. Chaque créancier chirographaire devra subir proportionnellement la même perte. Mais s'il existe parmi eux des créanciers privilégiés, ils primeront les autres selon leur rang, au risque de ne rien leur laisser si le prix obtenu est trop faible. La distribution du prix se fera dans le cadre d'une procédure comportant une phase amiable et, à défaut d'accord, une phase contentieuse devant le JEX (v. s[s] n°s 1500.00 s.).

Exceptionnellement cependant, le créancier qui saisit des sommes en espèces paraît bénéficier d'un droit exclusif au versement de celles-ci, jusqu'à concurrence de ce qui lui est dû. L'article R. 221-20 C. pr. exéc. dispose en effet qu'à défaut de contestation du débiteur dans le mois de la signification du procès-verbal, ces sommes lui sont immédiatement versées. Il en est de même lorsque la contestation est tranchée en sa faveur (v. s[s] n°s 714.111 s.). L'hypothèse d'un concours entre créanciers paraît donc exclue en ce qui concerne les sommes en espèces, les oppositions ne portant que sur le prix de la vente. Il en était autrement dans l'ancienne saisie-exécution où les deniers devaient être remis à

1. Civ. 2e, 3 févr. 1983, n° 81-16.758, *Bull. civ.* II, n° 32.
2. Civ. 2e, 3 févr. 1983, n° 81-16.758 (préc. s[s] prés[t] n°).
3. Civ. 1re, 20 nov. 1961, *Bull. civ.* I, n° 536.
4. Civ. 2e, 28 sept. 2000, n° 98-17.831, NP; *Rev. huiss.* 2001. 34, obs. Desdevises.
5. À PROPOS D'UNE SAISIE REVENDICATION entre les mains d'un tiers, v. Orléans, 3 mai 2001, *RJDA* juill. 2001, n° 809.
6. Civ. 1re, 22 mai 1962, *Bull. civ.* I, n° 258; *D.* 1965. 58, note Rodière.

7. C. civ., anc. art. 2093.

la Caisse des dépôts et consignations ou en un lieu choisi d'un commun accord par le saisissant, la partie saisie et les opposants éventuels (ACPC, art. 590).

714.72 Absence d'expropriation du débiteur. L'acte de saisie-vente n'emporte pas expropriation du débiteur. Celui-ci conserve la propriété des biens appréhendés jusqu'à leur vente. Il continue donc à supporter la charge des risques, sauf son recours si les biens périssent du fait du séquestre ou du tiers gardien. Il s'ensuit qu'en cas d'ouverture d'une procédure collective avant la vente, la saisie est paralysée par l'article L. 622-21 du Code de commerce[1]. En matière de vente amiable le transfert de propriété et la délivrance s'opèrent dès la consignation du prix entre les mains de l'huissier du créancier (C. pr. exéc., art. R. 221-32, al. 2 et L. 221-3). En cas de vente forcée le transfert de propriété se produit le jour des enchères, par l'effet de l'adjudication au plus offrant suivie du paiement comptant (R. 221-38). Sa date est celle du procès-verbal dressé par l'officier public vendeur en vertu de l'article R. 221-39 C. pr. exéc.

SECTION 2
OPÉRATIONS DE SAISIE ENTRE LES MAINS DU DÉBITEUR

§ 1
Formalités applicables à tous les meubles corporels

A.
Formalités préalables

714.81 Réitération de la demande de paiement. Avant de commencer ses opérations l'huissier doit, si le débiteur est présent, réitérer verbalement la demande de paiement (C. pr. exéc., art. R. 221-15). Cette formalité est requise dès lors que le débiteur est sur place, quel que soit le lieu où est effectuée la saisie. Elle a pour finalité d'inciter celui-ci, s'il veut éviter l'appréhension de son mobilier, à payer sa dette ou, à tout le moins, à verser un acompte substantiel, voire à proposer à l'huissier un plan d'apurement satisfaisant.

La réitération de la demande de paiement appelée en pratique « *itératif commandement* », doit être effectuée verbalement. Il n'est pas requis de l'huissier, qu'il dresse un acte particulier, distinct du procès-verbal de saisie, pour constater son accomplissement. Un tel acte serait inutile et devrait rester à sa charge en vertu de l'article 650 C. pr. civ. Il peut simplement mentionner, en tête de l'exploit de saisie, que cette formalité a été accomplie. Quoi qu'il en soit, le défaut d'itératif commandement n'est pas sanctionné par la nullité de la saisie, pas plus d'ailleurs que l'absence de mention de cette formalité dans le procès-verbal. Cette irrégularité « *dans le cas très invraisemblable où elle causerait préjudice au saisi, ouvrirait seulement à son profit une action en dommages-intérêts contre l'huissier* »[2].

L'usage s'est instauré de rappeler dans le procès-verbal, ensuite de la mention relative à l'itératif commandement, le montant actualisé de la créance réclamée, afin de prendre en considération les acomptes ainsi que les intérêts et les frais postérieurs au commandement initial. Cette précision non requise est néanmoins utile au saisi s'il veut bien faire offre de paiement.

714.82 Rappel au débiteur de son obligation de faire connaître les précédentes saisies. Avant de procéder à la saisie, l'huissier doit également informer oralement le débiteur qu'il est tenu de lui faire connaître les biens qui auraient fait l'objet d'une saisie antérieure (C. pr. exéc., art. R. 221-15). Il s'agit de rappeler expressément à celui-ci l'obligation que lui impose l'article R. 141-4 C. pr. exéc. au terme duquel le débiteur dont les biens ont déjà été saisis doit faire connaître à tout nouveau créancier saisissant les mêmes biens, l'existence de la précédente saisie et l'identité de celui qui y a procédé, tout en produisant l'acte de saisie dressé à cette occasion. L'existence de ce devoir a, en principe, déjà été indiquée en caractères très apparents, en application de l'article R. 221-16, 4° C. pr. exéc., dans le procès-verbal établi au cours de la saisie originaire. Il est cependant utile de rappeler cette obligation juridique très spécifique avec laquelle le débiteur n'est pas familiarisé et qu'il peut avoir tendance à oublier. Sa déclaration au sujet d'une éventuelle saisie antérieure doit être mentionnée, à peine de nullité, dans le procès-verbal dressé par l'huissier (C. pr. exéc., art. R. 221-16, 3°) et ce, quelle que soit sa réponse. Si une saisie antérieure est signalée, le créancier ainsi informé doit porter à la connaissance de ses prédécesseurs, tous actes et informations que la loi lui impose de leur communiquer (C. pr. exéc., art. R. 141-4, al. 3).

B.
Acte de saisie

714.91 Acte ou procès-verbal de saisie. Il se présente sous la forme d'un inventaire des biens mis

1. L. 25 janv. 1985, anc. art. 159, devenu C. com., anc. art. L. 621-40.

2. J. Vincent et J. Prévault, *Voies d'exécution*, 14e éd., « Précis », Dalloz, 1981, p. 87.

sous main de justice qui contient en outre, à peine de nullité plusieurs mentions d'information relatives aux droits et aux devoirs du débiteur.

714.92 Inventaire des biens. L'article R. 221-16, 2° C. pr. exéc. qui le prévoit indique qu'il doit contenir la désignation détaillée des objets saisis. Il s'agit d'une description sommaire mais suffisamment précise qui peut être complétée par des photographies (v. s^s n°s 714.54 et 714.55).

714.93 Mentions obligatoires à peine de nullité. Elles sont destinées à informer pleinement le débiteur sur ses obligations, notamment en ce qui concerne la garde et le déplacement des biens saisis, sur les sanctions encourues en cas de manquement à ses devoirs et enfin sur ses droits en matière de vente amiable et de contestation. Ces mentions sont complétées par la reproduction des articles incriminant et réprimant le détournement d'objets saisis et de ceux exposant les modalités de la vente amiable. Il convient de reproduire les dispositions de l'article R. 221-16 C. pr. exéc. :

« *L'acte de saisie contient, à peine de nullité :*

1° la référence au titre en vertu duquel la saisie est pratiquée;

2° l'inventaire des biens saisis comportant une désignation détaillée de ceux-ci;

3° si le débiteur est présent, la déclaration de celui-ci au sujet d'une éventuelle saisie antérieure des mêmes biens;

4° la mention, en caractères très apparents, que les biens saisis sont indisponibles, qu'ils sont placés sous la garde du débiteur, qu'ils ne peuvent être ni aliénés ni déplacés, si ce n'est dans le cas prévu au deuxième alinéa de l'article R. 221-13, sous peine des sanctions prévues à l'article 314-6 du Code pénal et que le débiteur est tenu de faire connaître la présente saisie à tout créancier qui procéderait à une nouvelle saisie des mêmes biens;

5° l'indication, en caractères très apparents, que le débiteur dispose d'un délai d'un mois pour procéder à la vente amiable des biens saisis dans les conditions prescrites aux articles R. 221-30 à R. 221-32;

6° la désignation de la juridiction devant laquelle seront portées les contestations relatives à la saisie-vente;

7° l'indication, le cas échéant, des nom, prénom et qualité des personnes qui ont assisté aux opérations de saisie, lesquelles doivent apposer leur signature sur l'original et les copies; en cas de refus, il en est fait mention dans l'acte;

8° la reproduction des dispositions de l'article 314-6 du Code pénal et celles des articles R. 221-30 à R. 221-32 ».

Lorsque le procès-verbal comporte la mention et la signature de deux témoins, il faut que ceux-ci aient effectivement assisté aux opérations. Si un seul d'entre eux était présent, l'autre étant resté à l'extérieur du lieu de la saisie, l'acte contenant des énonciations contraires à la réalité peut être déclaré entaché de faux et ce, même si l'assistance de ces témoins n'était pas nécessaire[1].

714.94 Mentions non sanctionnées par la nullité. L'acte doit enfin contenir mention de la déclaration verbale de l'huissier au débiteur présent à la clôture des opérations, lui rappelant le contenu du 4° de l'article R. 221-16, 4° C. pr. exéc. et la faculté de procéder à la vente amiable dans les conditions prescrites aux articles R. 221-30 à R. 221-32 C. pr. exéc. (C. pr. exéc., art. R. 221-17). L'huissier est ainsi appelé à faire preuve de pédagogie en attirant l'attention du débiteur sur ses devoirs et sur le risque encouru en cas de manquement à ceux-ci, ainsi que sur la faculté qui lui est ouverte par la loi, de proposer un acquéreur dans le mois de la saisie. L'omission de cette déclaration orale ou de sa mention dans l'exploit de saisie n'est pas sanctionnée par la nullité. Elle peut cependant justifier une action en responsabilité contre l'officier ministériel, si le saisi établit que le défaut d'explications lui a causé un préjudice.

714.95 Mentions non requises. Le procès-verbal n'a pas à viser le commandement préalable, les articles R. 221-15 et suivants C. pr. exéc. (anc^t Décr. 31 juill. 1992, art. 93 s.) n'exigeant pas ce visa. La Cour de cassation s'était déjà prononcée dans ce sens à propos des articles 585 et suivants de l'ACPC relatifs au procès-verbal de saisie-exécution[2]. Il a été jugé[3] que l'article 94 (devenu C. pr. exéc., art. R. 221-16) est applicable en cas de saisie-vente pratiquée par l'administration des impôts, en l'absence d'une disposition particulière du Livre des procédures fiscales. Dans ce cas, l'acte de saisie doit indiquer aussi que, préalablement à la saisine du JEX, le débiteur devait soumettre sa contestation à l'administration. Il a également été jugé qu'un procès-verbal portant la mention (ancienne) « saisie-exécution » et ne comportant pas l'indication du délai pour procéder à la vente amiable ni celle de la juridiction devant laquelle doivent être portées les contestations, la nullité de l'acte doit être prononcée[4].

714.96 Signification du procès-verbal. Une copie de l'acte de saisie portant les mêmes signatures que

1. Versailles, 20 nov. 2003, *Rev. huiss.* 2004. 235 – Civ. 1re, 7 mars 2006, n° 04-11.542, *Bull. civ.* I, n° 134; *D.* 2006. IR 947; *D.* 2007. Pan. 1387. 5, note Julien.
2. Civ. 2e, 3 juill. 1974, n° 73-11.483, *Bull. civ.* II, n° 212.
3. TGI Lyon, JEX, 7 déc. 1993, *BICC* 1994, n° 742.
4. TGI Paris, JEX, 23 mars 1993, *D.* 1994. Somm. 344, obs. Julien.

l'original, est remise immédiatement au débiteur présent lors de sa clôture. Cette remise vaut signification (C. pr. exéc., art. R. 221-17 *in fine*).

Lorsque le débiteur n'était pas sur place, l'acte de saisie doit lui être signifié. Cette signification doit lui impartir un délai de huit jours pour faire connaître à l'huissier l'existence d'une saisie antérieure sur les mêmes biens. Il doit en outre lui communiquer dans le même délai, le procès-verbal dressé à l'occasion de cette mesure. Cet acte doit être délivré conformément aux règles du droit commun de la signification des actes d'huissier. Il a été jugé[1] que le non-respect de cette formalité constitue un vice de forme qui n'entraîne la nullité de l'acte de saisie que si le saisi établit avoir subi un grief. Cette décision paraît discutable car le défaut de signification de la copie contenant injonction de signaler une saisie antérieure, équivaut à l'absence totale de signification de l'acte de saisie qui n'a pu être remis au débiteur absent, ce qui constitue une irrégularité de fond.

Il convient de relever que, selon la Cour de cassation, les dispositions de l'article 680 C. pr. civ. prescrivant l'indication des délais et des voies de recours ne s'appliquent qu'à la notification des jugements et non à celle des mesures d'exécution[2].

C.
Effets sur les biens

714.101 **Usage des objets saisis.** L'acte de saisie rend indisponibles les biens qui en sont l'objet et le débiteur entre les mains duquel ils sont saisis en est réputé gardien (C. pr. exéc., art. L. 141-2). Celui-ci ne peut les déplacer sans cause légitime et sans en avoir informé le créancier et lui avoir indiqué le lieu où ils seront placés (C. pr. exéc., art. R. 221-13 – v. s[s] n° 714.64). Il en conserve cependant l'usage jusqu'à leur enlèvement en vue de leur vente (C. pr. exéc., art. R. 221-19, al. 1er). Le droit d'usage conservé par le saisi doit, en principe, être entendu comme un droit de jouissance personnel qui lui interdit de consentir à des tiers des droits nouveaux sur les objets saisis, par un prêt ou par une location. Seuls les biens précisément destinés à être loués, pourraient faire exception.

Ce droit de continuer à utiliser les objets saisis est exclu ou peut être retiré dans trois hypothèses :

714.102 **Biens consomptibles.** L'article R. 221-19 C. pr. exéc. exclut toute possibilité pour le débiteur de se servir des biens consomptibles par l'usage, ce qui est logique puisque cet usage aboutit à la disparition du gage du créancier.

714.103 **Biens sous séquestre.** Lorsque le créancier justifie qu'il a de bonnes raisons de soupçonner le débiteur d'un détournement ou, tout simplement, si les biens saisis, sans être consomptibles, vont se déprécier rapidement par l'usage, ou encore, si cet usage les expose à des risques de détérioration, il peut demander au JEX d'ordonner, sur requête, leur remise à un séquestre qu'il désigne (C. pr. exéc., art. R. 221-19, al. 2). Il peut présenter cette requête **à tout moment,** même avant les opérations de saisie. Il peut aussi la présenter postérieurement si l'évolution des circonstances justifie que les biens soient mis à l'abri (sur le séquestre ou gardien judiciaire, choix et obligations v. s[s] n°s 714.65 s. – sur la responsabilité civile et pénale, v. s[s] n°s 716.51 s.).

714.104 **Véhicule terrestre à moteur.** Si parmi les biens se trouve un tel véhicule, celui-ci peut être **immobilisé** jusqu'à son enlèvement en vue de la vente, par l'un des procédés prévus pour l'application des articles L. 223-2 et R. 221-19 alinéa 3 C. pr. exéc. Il est certain que la mise en place d'un « sabot de Denver » a pour effet de priver le débiteur de son droit d'usage. L'huissier peut ainsi estimer, si le véhicule a quelque valeur, que son maintien en circulation peut précipiter sa dépréciation et l'exposer inutilement à des risques d'accident. L'huissier peut recourir à l'un des procédés d'immobilisation sans avoir besoin de solliciter l'autorisation du juge (v. s[s] n°s 723.71 s.).

§ 2
Formalités particulières à certains meubles

714.111 **Sommes en espèce.** Les sommes en espèces découvertes sur les lieux, dans un meuble ou dans un tiroir-caisse ou dans un coffre appartenant au débiteur, peuvent être saisies dans le cadre de la saisie-vente. C'est la conséquence logique du principe selon lequel les créances, lorsqu'elles sont incorporées dans le titre qui les constate, sont saisissables selon les mêmes modalités que les meubles corporels. Ces sommes peuvent être saisies à concurrence du montant de la créance du saisissant et sont provisoirement consignées entre les mains de l'huissier. Le débiteur en perd nécessairement l'usage qui aboutirait à leur disparition.

714.112 **Contestation.** L'acte de saisie doit mentionner les sommes en espèce et indiquer, à peine de nullité, que le débiteur dispose d'un délai d'un mois à compter de la signification de l'acte, pour élever une contestation devant le JEX du lieu de la saisie. L'exploit doit également désigner ce juge sous peine de la même sanction. Le débiteur

1. TGI Lyon, 7 déc. 1993, *BICC* 1994, n° 742; *RTD civ.* 1995. 195, obs. crit. Perrot.
2. Civ. 2e, 8 sept. 2011, n° 10-23.003, *Bull. civ.* II, n° 165; *Procédures* nov. 2011, p. 14.

peut notamment prétendre que les espèces saisies ne lui appartiennent pas parce qu'il les a reçues en dépôt ou en gage, soit en qualité de créancier, soit en celle de tiers convenu.

En cas de contestation le juge peut ordonner, soit le versement des sommes au créancier si les motifs invoqués ne lui paraissent pas fondés, soit leur restitution au débiteur s'il admet ses arguments. Il peut aussi ordonner leur consignation s'il ne s'estime pas en mesure de trancher immédiatement la contestation ou compétent pour en connaître. À défaut de contestation dans le délai imparti, les sommes en espèces sont immédiatement versées au créancier et viennent en déduction de ce qu'il a réclamé.

714.113 Privilège. Il semble résulter des observations qui précédent que les sommes en espèces sont nécessairement acquises au saisissant, soit à l'expiration du délai de contestation si le débiteur n'en élève aucune, soit à l'issue de l'instance en contestation si celle-ci est tranchée en faveur du créancier. Elles échappent ainsi à la loi du concours, de telle sorte que l'on pourrait considérer qu'en ce qui les concerne, la saisie-vente crée un privilège au bénéfice du premier saisissant. L'opposition d'un nouveau créancier n'est d'ailleurs possible que sur le prix de la vente, seul visé par l'article L. 221-1 C. pr. exéc., mais pas sur les sommes en espèce saisies au cours des opérations.

La consignation des sommes saisies paraît n'être envisagée que pour les besoins de la contestation du saisi. Le réformateur n'a pas repris les dispositions antérieures (ACPC, art. 590) prévoyant la consignation des deniers saisis jusqu'à la vente en un lieu choisi, le cas échéant, d'un commun accord avec les créanciers opposants.

714.114 Véhicule terrestre à moteur. Si parmi les biens se trouve un véhicule terrestre à moteur (automobile, motocyclette, engin de travaux publics, machine agricole, *etc.*) celui-ci peut être immobilisé jusqu'à son enlèvement en vue de la vente par l'un des procédés prévus pour l'application de l'article L. 223-2 C. pr. exéc. (C. pr. exéc., art. R. 221-19, al. 3). Cette immobilisation peut se faire par tout moyen n'entraînant aucune détérioration (C. pr. exéc., art. L. 223-2). L'article R. 223-6 du code précité précise les mentions que doit porter l'appareil utilisé (empreinte officielle et numéro de téléphone de l'huissier). Si l'immobilisation a lieu à l'occasion d'une saisie-vente pratiquée dans les locaux du débiteur ou entre les mains d'un tiers détenteur, il est procédé selon les modalités prévues pour cette mesure d'exécution particulière (v. s[s] n°s 723.71 s. et 723.81 s.). L'immobilisation à laquelle l'huissier peut recourir pour éviter l'usure du véhicule et le risque d'accident a pour effet de priver le débiteur saisi du droit d'usage que lui réserve l'article R. 221-19 alinéa 1er C. pr. exéc. Celui-ci a donc la possibilité, en vertu de l'article L. 223-2 alinéa 2 du même code, de demander au JEX de lever l'immobilisation. Il doit justifier d'un motif sérieux tel que le transport sur son lieu de travail.

SECTION 3

OPÉRATIONS ENTRE LES MAINS D'UN TIERS

714.120 Notion de tiers. La saisie-vente peut être pratiquée sur tous les biens mobiliers du débiteur, où qu'ils se trouvent et « *même s'ils sont détenus par un tiers* » (C. pr. exéc., art. R. 221-9). Le terme « détenus » retenu par les rédacteurs du texte de l'article 87, permet de cerner avec précision la notion de tiers. C'est un simple détenteur précaire et non un possesseur de bonne foi susceptible de faire échec à la saisie en invoquant la présomption édictée par l'article 2276 du Code civil. Le tiers détenteur est donc tenu d'une obligation de restitution à l'égard du débiteur dans le patrimoine duquel le bien détenu est toujours demeuré. Ce tiers qui détient le bien en vertu d'un pouvoir propre résultant d'un contrat, peut être un réparateur, un vendeur qui n'a pas encore délivré la chose, un locataire, un dépositaire, un commodataire ou encore, un créancier gagiste. Il pourra, le cas échéant, se prévaloir d'un droit d'usage consenti par le débiteur ou de rétention garantissant sa propre créance contre celui-ci (v. s[s] n°s 714.141 et 714.142 s.). N'est donc pas un tiers le bailleur qui se borne à mettre à la disposition du débiteur un local, un emplacement ou un endroit quelconque pour y déposer ou y exposer ses effets mobiliers, car il n'est personnellement tenu d'aucune obligation de remise ou de restitution. Dans cette hypothèse, ce sont les formalités édictées pour la saisie entre les mains du débiteur par les articles R. 221-15 à R. 221-20 C. pr. exéc. (anc[t] Décr. 31 juill. 1992, art. 93 à 98), qui devront être respectées. La jurisprudence s'est déterminée en ce sens, sous l'empire de l'ancienne législation en écartant la saisie-arrêt des meubles corporels au profit de la saisie-exécution, à propos des valeurs placés dans le coffre-fort d'une banque dont le débiteur avait la clé[1] et des véhicules garés dans un box ou sur un emplacement réservé dont le débiteur saisi détenait seul la clé[2].

Une controverse en grande partie dépassée depuis la réforme des voies d'exécution, avait longtemps

1. Civ. 1re, 21 mai 1957, *JCP A* 1957. IV. 97.
2. T. civ. Seine, 15 janv. 1951, *JCP* 1951. II. 6549, note Joly – Paris, 9 juill. 1952, *JCP* 1952. II. 7137, note Joly.

divisé la doctrine sur le point de savoir si, dans ces hypothèses, le bailleur était un tiers ou un dépositaire[1]. Elle conserve cependant un certain intérêt pour le choix des formalités prescrites, selon que la mesure est faite entre les mains du débiteur ou d'un tiers.

§ 1
Formalités et mise en œuvre

A.
Formalités préalables

714.121 Autorisation préalable. Elle doit être donnée, sur requête, par le JEX lorsque la saisie doit porter sur des biens détenus dans les locaux d'habitation du tiers (L C. pr. exéc., art. L. 221-1). Si la permission du juge doit être obtenue avant de pratiquer la saisie, elle peut cependant l'être après la délivrance du commandement de payer au débiteur. L'ordonnance d'autorisation doit être portée à la connaissance du tiers et annexée à l'acte de saisie (C. pr. exéc., art. R. 221-11). La saisie-vente pratiquée sans autorisation préalable est nécessairement nulle, la formalité omise étant substantielle (sur la notion de local d'habitation, v. s[s] n° 712.31).

714.122 Présentation du commandement. Dès qu'il se trouve en présence du tiers, l'huissier lui présente le commandement de payer délivré au débiteur huit jours auparavant (C. pr. exéc., art. R. 221-21, al. 1er). Il s'agit d'une formalité purement matérielle qui ne requiert pas une signification.

714.123 Interrogation du tiers. Le tiers n'étant qu'un détenteur précaire tenu d'une obligation de restitution à plus ou moins long terme, l'huissier a intérêt à vérifier que les biens appartenant au débiteur sont toujours en sa possession. Il doit donc l'inviter à déclarer les objets qu'il détient pour le compte de celui-ci et, parmi ces objets, ceux qui auraient déjà été saisis (C. pr. exéc., art. R. 221-21). Cette demande est formulée verbalement. Toutefois, la réponse est consignée par écrit, dans le procès-verbal de saisie si elle est positive (C. pr. exéc., art. R. 221-23, 3°) ou dans un acte spécial si elle est négative ou inexistante (C. pr. exéc., art. R. 221-22).

En cas de refus de déclaration ou de déclaration inexacte ou mensongère, le tiers s'expose à être condamné au paiement des causes de la saisie et à des dommages-intérêts. Cette sanction doit lui être rappelée dans le procès-verbal de saisie (C. pr. exéc., art. R. 221-23, 3°). Le tiers conserve cependant un recours contre le débiteur pour le remboursement de ce qu'il a dû payer à sa place au titre de la créance (C. pr. exéc., art. R. 221-21 *in fine* [anc[t] Décr. 31 juill. 1992, art. 99 *in fine*]). Mais les dommages-intérêts doivent, en principe, rester à sa charge définitive, car ils trouvent leur cause dans une faute qui lui est personnelle. On ne peut toutefois reprocher à une personne ou à un tiers de n'avoir pas formulé une déclaration sur l'existence d'une saisie antérieure, si cette obligation ne lui a pas été rappelée par l'huissier[2].

714.124 Acte constatant l'absence de biens à saisir. Lorsque le débiteur déclare ne détenir aucun bien appartenant au débiteur ou refuse de répondre, l'huissier doit en dresser acte. Celui-ci indique en caractères très apparents, les sanctions édictées par l'article R. 221-21 C. pr. exéc. Il est remis au tiers (s'il est présent) ou lui est signifié (C. pr. exéc., art. R. 221-22). Cet acte s'analyse en fait en un procès-verbal de carence constatant que rien n'a pu être saisi. Il doit être tarifé comme tel (Décr. 12 déc. 1996, Tableau I acte n° 52 – v. s[s] n°s 714.51 à 714.53).

B.
Acte de saisie

714.131 Acte de saisie. Selon l'article R. 221-23 C. pr. exéc., si le tiers déclare détenir des biens pour le compte du débiteur, il est dressé un inventaire qui contient, à peine de nullité, plusieurs mentions destinées à informer le tiers de ses obligations et de ses droits.

714.132 Inventaire des biens. Il contient la désignation détaillée des objets saisis (C. pr. exéc., art. R. 221-23, 4° – v. s[s] n° 714.54).

714.133 Mentions obligatoires à peine de nullité. Ce sont en grande partie, les mêmes que celles requises pour la saisie entre les mains du débiteur. Mais certaines sont spécifiques et portent essentiellement sur les droits particuliers du tiers (possibilité de refuser la garde ou d'invoquer un droit de rétention ou d'usage).

« *L'acte de saisie doit donc contenir :*

1° La référence au titre en vertu duquel la saisie est pratiquée.

2° La mention des nom et domicile du tiers.

3° La déclaration du tiers et, en caractères très apparents, l'indication que toute déclaration inexacte ou mensongère l'expose à être déclaré garant des sommes réclamées au débiteur sans préjudice d'une condamnation à des dommages-intérêts.

1. J. Vincent, *Voies d'exécution*, 14e éd., « Précis », Dalloz, 1981, n° 104 *bis*.

2. TGI Toulon, JEX, 30 juin 1993, *Rev. huiss.* 1996. 119.

4° L'inventaire des biens saisis comportant la désignation détaillée de ceux-ci.

5° La mention, en caractère très apparents, que les objets saisis sont indisponibles, qu'ils sont placés sous la garde du tiers, qu'ils ne peuvent être ni aliénés, ni déplacés, si ce n'est dans le cas prévu au deuxième alinéa de l'article R. 221-13, sous peine des sanctions prévues à l'article 314-6 du Code pénal et que le tiers est tenu de faire connaître la présente saisie à tout créancier qui procéderait à une saisie sur les mêmes biens.

6° La mention que le tiers peut se prévaloir des dispositions de l'article R. 221-27 qui est reproduit dans l'acte.

7° L'indication que le tiers peut faire valoir ses droits sur les biens saisis, par déclaration ou par lettre recommandée avec demande d'avis de réception adressée à l'huissier de justice et du créancier saisissant.

8° La désignation de la juridiction devant laquelle seront portées les contestations relatives à la saisie-vente.

9° L'indication, le cas échéant, des nom, prénom et qualité des personnes qui ont assisté aux opérations de saisie, lesquelles doivent apposer leur signature sur l'original et sur les copies; en cas de refus, il en est fait mention dans l'acte.

10° La reproduction des dispositions du troisième alinéa de l'article 314-6 du Code pénal ».

714.134 Mentions non sanctionnées par la nullité. L'acte doit également contenir mention de la déclaration verbale de l'huissier au tiers présent à la clôture des opérations, lui rappelant la teneur des 3°, 5° et 6° de l'article R. 221-23, 3°, 5° et 6° (C. pr. exéc., art. R. 221-24).

714.135 Signification du procès-verbal. L'acte de saisie doit être remis ou signifié au tiers ainsi qu'au débiteur.

714.136 Signification au tiers. Si le tiers est présent à la clôture des opérations, une copie de l'acte de saisie portant les mêmes signatures que l'original lui est immédiatement remise. Cette remise vaut signification (C. pr. exéc., art. R. 221-24).

Lorsque le tiers n'a pas assisté aux opérations, la copie de l'acte lui est signifiée en lui impartissant un délai de huit jours pour qu'il porte à la connaissance de l'huissier l'existence d'une éventuelle saisie antérieure sur les mêmes biens et qu'il lui en communique le procès-verbal (C. pr. exéc., art. R. 221-25).

714.137 Signification au débiteur. La saisie-vente entre les mains du tiers est ignorée du débiteur à l'insu duquel elle a été pratiquée. Il faut donc la porter à sa connaissance en lui indiquant ses droits et devoirs. Une copie de l'acte de saisie doit lui être signifiée huit jours au plus tard après la saisie, par un acte mentionnant, à peine de nullité, qu'il dispose d'un délai d'un mois pour recourir à la vente amiable dans les conditions prévues par les articles R. 221-30 à R. 221-32 C. pr. exéc. Ces textes doivent, sous la même sanction, être reproduits (C. pr. exéc., art. R. 221-26). Le texte ne précise pas la sanction du défaut de signification au débiteur dans les huit jours. L'expression « *au plus tard* » donne cependant à penser que cette sanction doit être la caducité de la saisie signifiée tardivement.

Il convient de relever que, selon la Cour de cassation, les dispositions de l'article 680 C. pr. civ. prescrivant l'indication des délais et des voies de recours ne s'appliquent qu'à la notification des jugements et non à celle des mesures d'exécution [1].

§ 2
Respect des droits du tiers

714.140 Droit de refuser la garde. Selon l'article L. 141-2 C. pr. exéc., le tiers détenteur entre les mains duquel la saisie est pratiquée est, en principe, réputé gardien des biens meubles corporels qu'elle a rendus indisponibles. Cette charge et les obligations qu'elle entraîne, lui sont rappelées en caractères très apparents dans le procès-verbal (C. pr. exéc., art. R. 221-23, 5°). Le tiers peut cependant refuser d'être gardien dès le jour de la saisie. Il peut notifier verbalement son refus à l'huissier. Même s'il a accepté cette mission au départ, il peut demander, à tout moment, à en être déchargé soit en écrivant à l'huissier, soit en cas d'inertie de ce dernier, en saisissant le JEX. Cette faculté lui est rappelée dans le procès-verbal de saisie (C. pr. exéc., art. R. 221-23, 6°). L'huissier doit alors pourvoir à la nomination d'un nouveau gardien et à l'enlèvement des biens saisis pour être transportés chez ce dernier (C. pr. exéc., art. R. 221-27).

Même si le tiers se déclare disposé à accepter la garde, le saisissant peut toujours faire ordonner, sur requête, la remise d'un ou plusieurs objets à un séquestre désigné par le JEX. Cette désignation peut intervenir à tout moment, même avant la saisie si le tiers n'apparaît pas digne de confiance (C. pr. exéc., art. R. 221-28). L'huissier peut aussi immobiliser le bien, si c'est un véhicule, pour empêcher son utilisation (C. pr. exéc., art. R. 221-28).

714.141 Droit d'usage. Le saisissant peut parfois être contraint de tenir compte du droit d'usage consenti par son débiteur au tiers détenteur. L'article R. 221-28 C. pr. exéc. dispose en effet que

1. Civ. 2e, 8 sept. 2011, no 10-23.003, *Bull. civ.* II, no 165; *Procédures* nov. 2011, p. 14.

si les biens saisis peuvent être remis à un séquestre sur décision du JEX, c'est sous réserve du droit d'usage dont le tiers serait titulaire.

Ce droit d'usage peut résulter d'un usufruit (qui peut être institué sur un meuble en vertu de C. civ., art. 581), d'un prêt à usage ou d'un contrat de location. Le créancier qui ne peut avoir plus de droit que son débiteur est tenu de respecter ces conventions jusqu'au terme prévu (C. civ., art. 617, 1709 et 1888). Il pourra, cependant, sur le fondement de l'action oblique (C. civ., art. 1166), exercer le droit du débiteur de demander la résiliation du contrat pour abus de jouissance de l'usufruitier (C. civ., art. 618), pour besoin imprévu et pressant de la chose prêtée (C. civ., art. 1889) ou pour manquement du locataire à ses obligations (C. civ., art. 1184). Il pourra aussi, si l'usufruit, le bail ou le commodat a été conclu en fraude de ses droits, attaquer ces actes sur le fondement de l'action paulienne de l'article 1167 du Code civil. Le droit d'usage du tiers fait obstacle à l'immobilisation du véhicule saisi au moyen de l'un des procédés prévus aux articles L. 223-2 et R. 221-28 C. pr. exéc.[1].

Si le séquestre a été ordonné en dépit de son droit d'usage, le tiers peut toujours se pourvoir devant le JEX en rétractation de sa décision.

714.142 Droit de rétention. Le saisissant peut se voir opposer par le tiers, un droit de rétention susceptible de contestation dans un délai d'un mois.

714.143 Définition. « *Le droit de rétention est le droit reconnu dans certains cas à un créancier détenteur d'une chose qu'il est tenu de rendre, de refuser sa restitution aussi longtemps qu'il n'est pas payé* »[2]. Il constitue un moyen de pression sur le débiteur et, en cas de saisie-vente, sur ses autres créanciers, de nature à les inciter à payer le rétenteur pour qu'il accepte de se dessaisir.

Avant la réforme résultant de l'ordonnance n° 2006-346 du 23 mars 2006 relative aux sûretés, le Code civil n'édictait aucune disposition de principe concernant le droit de rétention. Il en prévoyait seulement quelques cas d'application dispersés. La jurisprudence avait généralisé le droit de rétention en le reconnaissant, en l'absence de tout texte, dans des circonstances déterminées. Elle exigeait la justification d'un lien de connexité juridique ou matériel entre la chose retenue et la créance réclamée. Désormais l'article 2286 du Code civil détermine trois grandes catégories de situations dans lesquelles un droit de rétention est reconnu au créancier (ces différentes hypothèses sont examinées s[s] n° 714.144).

Le droit de rétention peut exister à l'état pur ou comme élément d'une sûreté réelle avec ou sans dépossession, telle qu'un gage ordinaire ou sur véhicule. Dans ce cas, il renforce, selon l'opinion de Jacques Mestre, le droit de préférence du gagiste « *dont il améliore sensiblement le rang* », notamment face au Trésor[3].

La Haute juridiction estime, quant à elle, qu'il s'agit d'un droit réel opposable à tous, y compris aux tiers non tenus à la dette, notamment au sous-acquéreur de bonne foi qui a payé le prix au vendeur intermédiaire et ce, même si celui-ci est en liquidation judiciaire[4].

714.144 Principaux cas de rétention. Il apparaît utile d'énumérer les principales hypothèses dans lesquelles le créancier pratiquant une saisie-vente risque de se voir opposer par le tiers un droit de rétention. Selon l'article 2286 du Code civil :

« *Peut se prévaloir d'un droit de rétention sur la chose :*

1° Celui à qui la chose a été remise jusqu'au paiement de sa créance;

2° Celui dont la créance impayée résulte du contrat qui l'oblige à la livrer;

3° Celui dont la créance impayée est née à l'occasion de la détention de la chose;

4° Celui qui bénéficie d'un gage sans dépossession [...] ».

Ce quatrième cas résulte de la loi n° 2008-776 du 4 août 2008 de modernisation des entreprises[5] qui est venue compléter les trois hypothèses initialement retenues par l'article 2286 du Code civil, lesquelles étaient fondées sur trois formes de lien de connexité volontaire, juridique et matérielle.

Ces trois catégories de situations recouvrent en réalité l'ensemble des hypothèses dans lesquelles des textes spéciaux et la jurisprudence ont reconnu au créancier le droit de retenir le bien qu'il était tenu de restituer ou de livrer. Peuvent ainsi se prévaloir d'un droit de rétention, le vendeur au comptant d'une chose mobilière pour le paiement de son prix (C. civ., art. 1612), le dépositaire pour ce qui lui est dû en vertu du dépôt comme ses impenses ou ses salaires (C. civ., art. 1948), l'acquéreur de bonne foi d'un meuble perdu ou volé, acheté dans une foire ou sur un marché, pour le remboursement de son

1. Sur l'attribution d'un véhicule en jouissance au bénéfice de l'un des conjoints par un jugement de divorce, Paris, 23 nov. 1995, *Rev. huiss.* 1996. 986.
2. *J.-Cl. Civ.*, n°s 2092 à 2094, fasc. 10, n° 2, par Mestre.
3. *J.-Cl. Civ.*, n°s 2092 à 2094, fasc. 10, n° 32.
4. Civ. 1re, 24 sept. 2009, n° 08-10.152, *Bull. civ.* I, n° 178; *JCP* 26 oct. 2009, p. 380, note Aynès; *CCC* déc. 2009, n° 284, note Leveneur; V. ÉGAL. : Ph. Simler et Ph. Delebecque, *JCP* 23 nov. 2009, p. 43.
5. L n° 2008-776, 4 août 2008, de modernisation des entreprises, *JO* 5 août, p. 12471.

prix d'achat par le propriétaire revendiquant (C. civ., art. 2277), l'artisan ou l'ouvrier spécificateur qui a façonné une chose d'une nouvelle espèce avec une matière fournie par son client, pour le remboursement du prix de la main-d'œuvre (C. civ., art. 570 - et C. trav., anc. art. L. 143-12), le créancier gagiste pour la dette en garantie de laquelle le gage a été donné (C. civ., art. 2339) [1], le cohéritier tenu de rapporter un bien en nature à la succession, pour le remboursement de ses impenses ou améliorations (C. civ., art. 862).

La jurisprudence reconnaît un droit de rétention au séquestre qui a engagé des frais pour la conservation de la chose[2], au réparateur ou au façonnier[3], au transporteur de marchandises[4], au garagiste pour ses frais de réparation, d'entretien ou de garage[5].

Le droit de rétention porte sur toutes sortes de biens corporels (marchandises, colis, meubles, véhicules). Il peut aussi porter sur des documents[6] et même sur un fichier sur bandes magnétiques[7].

Lorsque le droit de rétention porte sur des documents administratifs et plus spécialement sur des cartes grises, il ne s'étend cependant pas aux véhicules auxquels ces documents se rapportent et au produit de la vente de ces véhicules[8]; il ne permet donc pas d'exiger leur remise ni le paiement du prix obtenu. Le droit de rétention d'une chose est en effet, la conséquence de sa détention matérielle ou fictive (résultant d'une inscription), si ce mode de détention est permis. Or le certificat d'immatriculation détenu par le rétenteur, même s'il lui a été remis à titre de garantie de paiement, demeure un document administratif qui ne représente pas le véhicule qu'il concerne comme le ferait un connaissement pour les marchandises qui y sont inscrites[9].

714.145 Conditions. Il faut justifier d'une créance certaine, c'est-à-dire d'une créance non sérieusement contestée[10], exigible[11] et rendue liquide par la décision validant le droit de rétention. L'exigence de la liquidité avait suscité des critiques, le droit de rétention devant justement servir à attendre la liquidation de la créance. La Cour de cassation a finalement estimé que le droit pouvait être exercé jusqu'à la fixation du montant de la créance[12]. Selon le commentateur de cet arrêt, le droit de rétention ne peut cependant être réduit à un simple moyen d'attendre la liquidation car il demeure avant tout un procédé permettant d'obtenir le paiement.

Le rétenteur ne doit pas avoir commis de faute[13]. Il faut qu'il existe, entre la chose retenue et la créance du rétenteur, un lien de connexité matériel (lorsque la créance prend naissance à propos de la chose comme une impense) ou bien purement juridique (lorsque la créance et la détention de la chose procèdent du même contrat).

714.146 Mise en œuvre. Le droit de rétention n'a pas besoin, pour être opposé, d'une procédure judiciaire. Son régime ressemble à celui de l'exception d'inexécution. C'est la raison pour laquelle l'article R. 221-29 C. pr. exéc. dispose que le tiers qui se prévaut d'un tel droit peut se borner à en informer l'huissier par une simple déclaration au moment de la saisie ou, s'il n'était pas présent aux opérations, par une lettre recommandée avec demande d'avis de réception. C'est au créancier qui conteste le droit de rétention d'engager une procédure dans laquelle le rétenteur occupe la place de défendeur.

Toutefois, il appartient au rétenteur de se prévaloir de son droit devant le juge qui n'est pas tenu de se prononcer d'office sur la légitimité d'un tel droit[14].

714.147 Contestation. Le fait que le droit de rétention ne soit pas soumis à une autorisation judiciaire préalable ne le soustrait cependant pas à tout contrôle. Le saisissant qui soutient que le rétenteur ne remplit pas les conditions requises, peut élever une contestation devant le JEX du lieu où demeure le tiers. Cette contestation doit être formée dans un délai d'un mois (à compter de la saisie ou de la réception de la lettre recommandée). À défaut, la prétention du tiers est réputée fondée pour les besoins de la saisie. Cela signifie que le droit de rétention n'est reconnu qu'à l'égard du saisissant mais pas à l'égard du débiteur ou des tiers qui peuvent encore contester ce droit. En cas de contestation, le bien demeure indisponible durant l'instance. Le juge se prononcera après avoir vérifié les conditions d'exercice du droit.

1. C. civ., anc. art. 2082 (mod. par Ord. n° 2006-346, 23 mars 2006).
2. Civ. 1re, 22 mai 1962, *D.* 1965. 58, note Rodière.
3. Com. 29 janv. 1974, *D.* 1974. 245.
4. Civ. 9 mai 1944, *JCP* 1944. II. 2728, note P. L. P.
5. Civ. 1re, 6 févr. 1974, n° 72-13.823, *Bull. civ.* I, n° 47.
6. Com. 14 avr. 1992, n° 90-14.002, *Bull. civ.* IV, n° 164; *JCP* 1992. I. 3623, n° 20.
7. Com. 8 févr. 1994, n° 92-14.484, *Bull. civ.* IV, n° 56; *JCP* 1994. IV. 973.
8. Com. 23 avr. 2013, n° 12-13.690, *Bull. civ.* IV, n° 66; *BICC* 2013. 1116; *D.* 2013. 1129.
9. Com. 11 juill. 2000, n° 97-12.374, *Bull. civ.* IV, n° 142; *D.* 2000. IR 251; *JCP* 2000. I. 259 – Ph. Simler et Ph. Delebecque, *Droit des sûretés. Publicité foncière*, 5e éd., « Précis », Dalloz, 2009, n° 146; *D.* 2001. 441, note Piedelièvre.
10. Com. 14 juin 1988, n° 86-15.640, *Bull. civ.* IV, n° 199.
11. Com. 7 janv. 1992, n° 89-20.968, *Bull. civ.* IV, n° 10; *JCP* 1993. I. 3680, n° 19, obs. Simler et Delebecque.
12. Civ. 3e, 12 mars 1985, n° 83-16.548, *Bull. civ.* III, n° 50; *RTD civ.* 1986. 377, obs. Salvage-Gerest.
13. Civ. 3e, 20 nov. 1970, n° 69-11.312, *Bull. civ.* III, n° 624.
14. Civ. 1re, 9 juin 2011, n° 10-14.414, NP; *JCP* 14 nov. 2011, p. 2267 note Delebecque.

714.148 **Effets.** À défaut de contestation ou si celle-ci est déclarée mal fondée, le droit produit tous ses effets.

Le rétenteur peut donc refuser la restitution. Toute l'efficacité du droit réside dans son inertie. Le droit de rétention est indivisible et peut, en conséquence, être opposé quelle que soit la valeur respective de la chose retenue et de la créance garantie. Le rétenteur peut ainsi continuer à retenir le bien même s'il reçoit un paiement partiel. Il peut refuser de le rendre même si sa créance est minime, sans commettre un abus de droit[1]. Toutefois, en cas de disproportion flagrante, il peut y avoir abus[2]. Cette analyse pourrait être renforcée par la loi de modernisation des entreprises du 4 août 2008 qui est venue compléter l'énumération des hypothèses dans lesquelles un droit de rétention peut être invoqué en y ajoutant le gage sans dépossession.

Le droit de rétention est opposable aux créanciers du débiteur qui doivent composer avec son titulaire. Il ne fait pas obstacle à la saisie et à la vente, mais le rétenteur n'est pas tenu de délaisser le bien au profit de l'adjudicataire tant qu'il n'est pas désintéressé. Si les créanciers veulent poursuivre la vente, ils ne peuvent donc que l'autoriser à prélever sur le prix, le montant de sa créance.

Cette opposabilité a un caractère quasi général et peut être invoquée à l'encontre des créanciers chirographaires et privilégiés. Le droit peut ainsi être opposé au fisc[3] ou à un créancier gagiste. La Cour de cassation a notamment fait prévaloir le droit de rétention du réparateur d'un véhicule sur celui d'un créancier titulaire d'un gage sans dépossession sur le même véhicule, la détention matérielle ayant été préférée à la détention fictive[4]. La portée de cette jurisprudence sera peut-être reconsidérée au regard des dispositions de l'article 2340 alinéa 2 du Code civil, issu de la loi n° 2006-346 du 23 mars 2006[5], selon lesquelles le gage sans dépossession régulièrement publié prévaut sur le gage avec dépossession constitué ultérieurement sur le même bien et ce, nonobstant le droit de rétention du créancier gagiste postérieur. Certains auteurs estiment toutefois que la solution traditionnelle sera maintenue dans l'hypothèse où le bien objet du gage sans dépossession serait, postérieurement à la constitution de celui-ci, régulièrement et effectivement détenu par un autre créancier, tel qu'un réparateur ou un dépositaire[6].

1. Civ. 1re, 17 juin 1969, *JCP* 1970. II. 16162, note Catala.
2. Com. 8 janv. 1974, *RTD com.* 1975. 175, obs. Hémard.
3. Aix, 31 janv. 1952, *D.* 1952. Somm. 67.
4. Com. 11 juin 1969, *D.* 1970. 244, note Bihr.
5. Ord. n° 2006-346, 23 mars 2006, relative aux sûretés, *JO* 24 mars, p. 4475.

Le droit de rétention confère donc un véritable droit de préférence à son titulaire tout au moins s'il n'a pas pris l'initiative de la vente, car il est reporté sur le prix obtenu[7]. Le principe de ce report a été légalement consacré en cas de réalisation forcée par le liquidateur judiciaire (C. com, art. L. 642-20-1 [anc. art. L. 642-25][8]).

Le rétenteur est enfin tenu de prendre soin de la chose[9].

Le droit de rétention à l'état pur, c'est-à-dire qui n'est pas la conséquence d'une sûreté réelle, n'est pas assimilable au gage et, par conséquent, ne permet pas au rétenteur d'invoquer l'article 2347 du Code civil[10] pour demander l'attribution de la propriété de la chose retenue[11].

714.149 **Perte.** Si le rétenteur se dessaisit volontairement du bien, il perd le droit de le reprendre ultérieurement (C. civ., art. 2286 *in fine*). La jurisprudence assimile à un abandon volontaire, l'initiative du rétenteur de saisir la chose[12]. À noter cependant que lorsque la rétention résulte d'un gage, l'engagement des procédures tendant à la vente des objets retenus ne s'analyse pas en une renonciation au droit de rétention[13].

Certains auteurs considèrent à juste titre, que si le rétenteur, dûment informé par les mentions de l'acte de saisie, ne se prévaut pas de son droit auprès de l'huissier du saisissant, il perd le bénéfice de celui-ci. « *La perte doit alors se situer au jour de la vente, l'acquéreur ne pouvant se voir opposer un droit de rétention dont il n'a pas eu connaissance* »[14].

En l'absence de délai prévu par l'article R. 221-29 C. pr. exéc., on doit admettre que le tiers peut faire valoir son droit jusqu'à la vente ou, plus exactement, jusqu'à l'enlèvement des biens qui lui fera perdre la détention réelle. S'il laisse l'enlèvement s'opérer sans se prévaloir de son droit selon les formes requises, il perd définitivement celui-ci.

6. S. Piedelièvre, « Le nouvel article 2286, 4°, du Code civil », *D* 2008. 2950.
7. Com. 4 juill. 1962, *JCP* 1962. II. 12885, note Nectoux.
8. C. com., anc. art. L. 622-21 – L. 25 janv. 1985, anc. art. 159, al. 4 – V. Ph. Simler et Ph. Delebecque, « Droit des sûretés », *JCP* 2009. I. 150, n° 21.
9. Civ. 1re, 4 juin 1971, n° 69-14.278, *Bull. civ.* I, n° 178; *JCP* 1971. II. 16913, note Durand et Le Tourneau.
10. C. civ., anc. art. 2078.
11. Com. 20 mai 1997, n° 95-11.915, *Bull. civ.* IV, n° 141; *D.* 1998. Somm. 115, obs. Libchabert – Com. 9 juin 1998, n° 96-12.719, *Bull. civ.* IV, n° 181; *JCP* 1999. I. 116, obs. Simler et Delebecque.
12. Com. 19 févr. 1958, *Bull. civ.* III, n° 82 – Civ. 1re, 6 oct. 1962, *JCP* 1962. II. 12926, note J. A.
13. Com. 18 déc. 1990, n° 89-16.260, *Bull. civ.* IV, n° 329; *RTD com.* 1992. 465, obs. Martin-Serf.
14. *J.-Cl. Civ.*, nos 2092 à 2094, fasc. 10, n° 2, par Mestre.

CHAPITRE

715. Opérations de vente amiable

RENÉ LAUBA
MAGISTRAT HONORAIRE

SECTION 0
ORIENTEUR

715.00 Plan du chapitre.

715.01 Textes applicables.
C. pr. exéc., art. L. 221-3, R. 121-13, R. 151-1 à R. 151-4, R. 221-13, R. 221-30 à R. 221-32, R. 221-45, R. 221-49, R. 442-4 et R. 522-13.

C. civ., art. 1641, 1649 et 1684.

C. pr. civ., art. 668 et 670-1.

715.03 Bibliographie indicative.
Actualisables. Rép. pr. civ., *v° Saisie-vente*, par N. Fricero, déc. 2011 [màj juin 2012], n°s 118 à 133 – *J.-Cl. Not. Form.*, *v° Saisie-vente*, fasc. 30, Vente amiable, par J. Beauchard – *J.-Cl. Pr. civ.*, *v° Saisie-vente*, fasc. 2340, Vente, par N. Casal.

Ouvrages. A. LEBORGNE, *Droit de l'exécution*, 2e éd., « Précis », Dalloz, 2014, [saisie-vente : vente amiable], n°s 1432-1437 – R. PERROT et PH. THÉRY, *Procédures civiles d'exécution*, 3e éd., Dalloz, 2013, [saisie-vente : vente amiable], n°s 640-642.

715.04 Principe et intérêt pratique. Le principe selon lequel le débiteur a le droit de vendre volontairement les biens saisis, est posé par l'article L. 221-3 alinéa 1er C. pr. exéc. ainsi rédigé :

« *La vente forcée des biens a lieu aux enchères publiques après un délai d'un mois à compter du jour de la saisie pendant lequel le débiteur peut procéder à une vente amiable dans les conditions prévues au présent article* ».

Le prix de cette vente volontaire est destiné à être affecté au paiement des créanciers qui peuvent refuser l'offre s'ils établissent qu'elle est insuffisante.

Cette faculté accordée au débiteur, qui n'existait pas dans l'ancienne saisie-exécution, constitue l'une des principales innovations de la réforme opérée par la loi du 9 juillet 1991[1] (désormais codifiée dans le Code des procédures civiles d'exécution). Elle prend en compte les résultats décevants de la vente aux enchères publiques qui avait progressivement conduit les huissiers à renoncer à poursuivre la vente et à utiliser la saisie comme un moyen de pression destiné à obtenir le paiement d'acomptes. Le législateur a ainsi estimé que les offres amiables seraient plus intéressantes pour les créanciers et aussi pour le débiteur, que le prix obtenu dans le cadre d'une adjudication aux enchères. Il apparaît cependant, que depuis l'entrée en vigueur de la réforme (1er janv. 1993), les débiteurs ont fort peu utilisé la faculté de vendre amiablement les objets saisis et ce, en dépit des informations sur ses modalités d'exercice, contenues dans l'acte de saisie.

SECTION 1
EXERCICE DE LA FACULTÉ DE VENTE AMIABLE

§ 1
Conditions

715.11 Information du débiteur. Le débiteur doit être informé de l'existence et des modalités d'exercice, de la faculté de vendre amiablement les biens saisis.

715.12 En cas de saisie entre ses mains. S'il assiste aux opérations, l'huissier doit lui rappeler verbalement qu'il a la possibilité de rechercher lui-

1. L. n° 91-650, 9 juill. 1991, portant réforme des procédures civiles d'exécution, *JO* 14 juill., p. 9228.

même un acquéreur, ainsi que les conditions pour le faire (C. pr. exéc., art. R. 221-17). L'exécution de cette formalité est rappelée dans l'acte de saisie. L'omission de cette déclaration ou celle de sa mention dans l'acte, n'est pas sanctionnée par la nullité.

En toute hypothèse (que le débiteur soit présent ou absent), la copie du procès-verbal qui lui est remise ou signifiée selon le cas, contient à peine de nullité, l'indication en caractères très apparents qu'il dispose d'un délai d'un mois pour procéder à la vente amiable des objets saisis dans les conditions des articles R. 221-30 à R. 221-32 C. pr. exéc. dont le texte est reproduit dans l'acte (C. pr. exéc., art. R. 221-16).

715.13 En cas de saisie entre les mains d'un tiers. L'acte de signification au débiteur, de la copie du procès-verbal de saisie, doit mentionner la faculté de vente amiable et reproduire les articles R. 221-30 à R. 221-32 C. pr. exéc. (C. pr. exéc., art. R. 221-26).

715.14 Délai pour procéder à la vente. Le débiteur dispose d'un délai d'un mois à compter de la notification de l'acte de saisie pour procéder lui-même à la vente (C. pr. exéc., art. R. 221-30). S'agissant d'une faculté, il n'est pas tenu de mettre à profit ce laps de temps pour rechercher un acquéreur. Mais s'il entend le faire, il lui appartient de conclure la vente et de la notifier à l'huissier du saisissant, avant l'expiration du délai. L'huissier doit impérativement attendre cette expiration, avant de procéder à la vente forcée faute de cession amiable.

715.15 Point de départ. Le point de départ du délai sera, selon que le débiteur aura ou non, assisté aux opérations, le jour de l'établissement du procès-verbal dont une copie doit être immédiatement remise au saisi, ou le jour de la signification de cette copie (C. pr. exéc., art. R. 221-17 et R. 221-18). Il expire le jour du mois suivant portant le même quantième, selon le cas, que l'acte de saisie ou que l'acte de signification de celui-ci. Il est prolongé jusqu'au premier jour ouvrable suivant lorsqu'il expire un dimanche ou un jour férié ou chômé (C. pr. civ., art. 642). Mais l'augmentation des délais en raison des distances instituée par l'article 643 C. pr. civ., est seulement applicable à des délais de comparution ou de recours et non aux délais fixés dans le cadre de la procédure de saisie-vente pour l'exercice de la faculté de vente amiable[1].

715.16 Suspension. Le cours du délai est suspendu par une éventuelle contestation sur la propriété ou sur la saisissabilité des effets saisis, l'article R. 221-49 C. pr. exéc. disposant qu'une telle contestation, si elle ne fait pas obstacle à la mesure, suspend la procédure pour ceux des biens qui en sont l'objet.

Il est certain que la faculté de rechercher un acquéreur ne peut être exercée tant qu'il n'a pas été statué sur la revendication ou la saisissabilité. En revanche, la demande en nullité pour vice de forme ou de fond, ne suspend pas les opérations de saisie, sauf décision contraire du juge (C. pr. exéc., art. R. 221-56).

1. Blois, JEX, 15 mars 1994, *Rev. huiss.* 1994. 662.

715.17 Cumul de délais. En cas d'extension de la saisie initiale à d'autres biens par l'effet d'un ou plusieurs inventaires complémentaires, il n'est procédé à la vente forcée sur l'ensemble des biens saisis, qu'à l'expiration de tous les délais impartis pour leur vente amiable (C. pr. exéc., art. R. 221-45, al. 1er). Les délais doivent donc s'ajouter en principe. Toutefois il peut être procédé à la vente forcée immédiate de ceux des biens pour lesquels le délai imparti est expiré, avec l'accord du débiteur ou l'autorisation du juge de l'exécution (JEX) et même sans accord ni autorisation, si les formalités de publicité avaient déjà été effectuées au moment de l'opposition du nouveau créancier.

§ 2
Mise en œuvre

715.21 Vente amiable. Elle reste une vente effectuée dans le cadre d'une saisie. Le débiteur ne dispose pas d'une marge de manœuvre totale pour la négocier en raison du droit de regard des créanciers qui peuvent refuser les propositions de l'acheteur.

715.22 Modalités de la vente. La vente peut porter sur tous les objets saisis ou sur certains d'entre eux. Plusieurs acquéreurs peuvent se présenter. Ils doivent être informés de ce que la vente est conclue sous la double condition de la consignation du prix dans un certain délai et de l'acceptation du ou des créanciers. La vente n'est soumise à aucune forme particulière de telle sorte qu'elle peut être conclue verbalement. Mais un écrit apparaît souhaitable pour en fixer clairement les éléments essentiels (identification de la chose, montant du prix et époque de sa consignation). L'acheteur peut proposer un paiement échelonné, ce qui ne serait pas possible en cas de vente aux enchères.

715.23 Effet de la vente. Toutefois, l'accord de volontés entre le saisi vendeur et le tiers acquéreur n'emporte pas, par lui-même, transfert de propriété et obligation de délivrance. L'un et l'autre sont subordonnés à la consignation du prix dans le délai proposé et à l'accord des créanciers qui disposent d'un délai de quinze jours pour se prononcer. La vente amiable n'est donc pas parfaite par le seul échange des consentements; elle est conclue sous les deux conditions suspensives susmentionnées.

715.24 Garantie des vices cachés. On peut se demander si le vendeur doit la garantie des vices cachés. En effet, l'article 1649 du Code civil dispose que cette garantie n'a pas lieu dans les ventes faites par autorité de justice. Les décisions relatives à l'application de ce texte sont rares; elles ne concernent d'ailleurs que les ventes sur adjudication et tendent à l'exonération du créancier poursuivant. Il n'existe pas, à notre connaissance, d'arrêts de cassation appliquant l'article 1649 précité à la vente volontaire; mais on peut lui transposer la jurisprudence concernant l'interprétation de l'article 1684 excluant la rescision pour lésion en faveur du vendeur, dans les ventes immobilières judiciaires. La Cour de cassation estime à cet égard, que la conversion en vente volontaire ne retire pas à une vente sur saisie immobilière son caractère de vente forcée par autorité de justice et, par conséquent, n'est pas rescindable pour lésion de plus des sept douzièmes[1]. La Cour considère que, même dans ce cas, le débiteur n'est pas libre de céder son bien car il n'est pas en position de s'opposer au principe de la cession.

Après des hésitations[2], la Haute juridiction décide, en matière de liquidation judiciaire, que la vente des immeubles du débiteur par le liquidateur, fût-elle de gré à gré, est une vente qui ne peut être faite que d'autorité de justice et qui n'est donc pas susceptible de rescision pour lésion[3]. On peut ainsi légitimement penser que la garantie des vices cachés doit être exclue en cas de cession amiable dans le cadre d'une saisie-vente. Toutefois, si le créancier a donné mainlevée de la saisie-vente, la vente amiable qui n'a plus véritablement lieu par autorité de justice, devrait pouvoir entrer dans le champ de l'article 1641 du Code civil.

La Haute juridiction en a décidé ainsi à propos de la rescision pour lésion d'une vente amiable d'un immeuble effectué avec l'accord du créancier qui avait ultérieurement demandé la radiation de la saisie après avoir donné mainlevée du commandement[4].

§ 3 Effets

715.31 Maintien de l'indisponibilité. Selon l'article R. 221-30 alinéa 2 C. pr. exéc., « *les biens saisis restent indisponibles sous la responsabilité du gardien. En aucun cas ils ne peuvent être déplacés avant la consignation du prix* ». Le transfert de propriété et la délivrance sont en outre subordonnés, non seulement à l'agrément du saisissant et des opposants, mais également à cette consignation entre les mains de l'huissier (C. pr. exéc., art. L. 221-3, al. 3 et R. 221-32).

L'interdiction de déplacement édictée par l'article R. 221-30 C. pr. exéc., ne devrait être strictement entendue que pour la mise en possession de l'acheteur. Elle ne semble pas viser le déplacement pour cause légitime (risque de destruction ou nécessité d'une réparation), autorisée par l'article R. 221-13 alinéa 2 du même code, faute de quoi elle se retournerait contre les créanciers qui risqueraient de voir leur gage disparaître ou se déprécier. Le JEX pourrait, en tout cas, être saisi pour contrôler le motif de déplacement allégué.

715.32 Information des créanciers. Celle-ci est assurée par l'intermédiaire de l'huissier chargé de l'exécution qui retransmet aux créanciers la proposition d'achat.

715.33 Communication de l'offre à l'huissier. Le débiteur informe l'huissier par écrit des propositions qui lui sont faites par le (ou les) acheteur(s), en indiquant son nom et son adresse ainsi que le délai dans lequel il offre de consigner le prix (C. pr. exéc., art. L. 221-3, al. 3 et R. 221-31, al. 1er). Cet écrit peut être adressé par la poste, par lettre simple ou recommandée, ou remis en main propre à l'huissier avant l'expiration du délai d'un mois.

Celui-ci communique ces indications aux créanciers saisissants et opposants, par lettre recommandée avec demande d'avis de réception afin de les informer et de les inviter à prendre parti.

Ainsi, le débiteur n'a pas une marge de manœuvre totale. Elle est limitée à la négociation des conditions de la vente (montant et modalités de paiement du prix).

715.34 Transmission de l'offre aux créanciers. L'huissier communique les indications relatives à l'offre d'achat aux créanciers saisissants et opposants, par lettre recommandée avec demande d'avis de réception. Ceux-ci disposent d'un délai de quinze jours pour prendre parti, le défaut de réponse valant acceptation tacite (C. pr. exéc., art. R. 221-31). Il convient de relever que le créancier saisissant qui accepte les propositions du débiteur doit en communiquer la teneur, par lettre recommandée avec demande d'avis de réception, aux créanciers qui ont saisi les mêmes biens à titre conservatoire, soit avant l'acte de saisi, soit avant l'acte de conversion selon le cas. Chaque créancier doit prendre parti dans un délai de quinze jours à compter de la réception de la lettre, faute de quoi il est réputé avoir accepté les propositions de vente.

1. Civ. 1re, 27 avr. 1964, *D.* 1964. 413.
2. Com. 8 juill. 1980, n° 77-13.164, *Bull. civ.* IV, n° 290; *D.* 1981. 24, note Derrida.
3. Com. 16 juin 2004, n° 01-17.185, *Bull. civ.* IV, n° 125; *JCP* 2004. II. 1173, note Rakotovahiny.
4. Civ. 3e, 4 juin 2008, n° 07-13.479, *Bull. civ.* III, n° 102; *D.* 2008. 2480, note Mauger-Vielpeau.

Il convient de noter que la communication aux créanciers des propositions de vente amiable est une diligence tarifée par les décrets du 12 décembre 1996 (dix taux de base, formalités n° 10 du tableau II).

715.35 Délai pour prendre parti. Le point de départ du délai de quinze jours est la date de la réception de la lettre recommandée, conformément aux dispositions de l'article 668 C. pr. civ. La date de la réception comme point de départ du délai, est d'ailleurs expressément retenue par l'article R. 522-13 alinéa 2 C. pr. exéc. relatif à la réponse des créanciers ayant pratiqué une saisie conservatoire. Par conséquent, s'il existe plusieurs créanciers saisissants et opposants, le délai aura plusieurs points de départ si les accusés de réception des lettres recommandées adressées à chacun d'eux sont signés à des dates différentes. Le délai a donc un caractère individuel et court pour chaque créancier séparément, du jour où il a reçu personnellement la lettre lui transmettant les propositions du débiteur et non du jour de la dernière communication de ces informations. On peut transposer ici la jurisprudence adoptée par la Cour de cassation à propos du délai de quarante jours imparti aux créanciers par l'article 754 ACPC, pour produire à un ordre[1].

Lorsque la lettre recommandée n'a pu être remise à son destinataire ou à une personne habilitée par lui, il est impossible de déterminer le point de départ du délai qui est normalement (C. pr. civ., art. 669, al. 3) la date apposée par l'administration des postes lors de la remise de la lettre recommandée. Le seul moyen de le faire courir est de procéder selon les modalités prévues par l'article 670-1 du même code, c'est-à-dire par voie de signification, ce qui a pour effet d'alourdir les frais de la procédure.

SECTION 2
DROIT DE REFUS DES CRÉANCIERS

715.41 Acceptation de l'offre. L'acceptation des créanciers peut être expresse ou implicite. En effet, en l'absence de réponse dans le délai de quinze jours, ils sont réputés avoir accepté la proposition (C. pr. exéc., art. R. 221-31). Il a également été jugé[2] que les créanciers sont réputés avoir accepté la proposition de vente amiable, s'il apparaît que l'huissier n'a pas communiqué à tous ceux qui sont en concours sur les biens saisis, les indications du débiteur quant à une offre d'achat et qu'il n'a pas respecté le délai de quinze jours qui lui est imparti pour faire connaître leur position.

Si le créancier saisissant accepte les propositions de vente amiable, il doit en communiquer la teneur, par lettre recommandée avec demande d'avis de réception, aux créanciers qui ont saisi les mêmes biens à titre conservatoire, soit avant l'acte de saisie, soit avant l'acte de conversion selon le cas. Cette lettre doit reproduire à peine de nullité, le texte de trois alinéas de l'article R. 522-13 C. pr. exéc. qui est le suivant :

« *Chaque créancier, dans un délai de quinze jours à compter de la réception de la lettre, prend parti sur les propositions de vente amiable et fait connaître au créancier saisissant la nature et le montant de sa créance.*

À défaut de réponse dans le délai imparti le créancier est réputé avoir accepté les propositions de vente.

Si, dans le même délai, il ne fournit aucune indication sur la nature et le montant de sa créance, il perd le droit de se concourir à la distribution des deniers résultant de la vente amiable, sauf à faire valoir ses droits sur un solde éventuel après la répartition ».

Il résulte de l'ensemble des dispositions relatives à l'acceptation de la vente amiable, que la proposition du débiteur doit recevoir l'agrément de tous les créanciers. Si un seul d'entre eux la refuse, la procédure de la vente forcée doit être mise en œuvre.

715.42 Refus de l'offre. Il fait obstacle à la vente amiable et autorise l'enlèvement immédiat des biens saisis en vue de leur vente forcée. Il doit être exprès et formulé avant l'expiration du délai de quinze jours. Le refus manifesté postérieurement est inopérant.

La décision du créancier doit être motivée. Il lui faut établir que la proposition est insuffisante.

715.43 Forme du refus. Le silence du créancier valant acceptation, son refus doit être nécessairement exprès. Il peut théoriquement être verbal mais pour des raisons de preuves, il devra être exprimé par écrit, de préférence par lettre recommandée.

715.44 Motif du refus. Le droit d'opposition n'est pas discrétionnaire. Le créancier doit établir que les propositions du débiteur sont « *insuffisantes* » (C. pr. exéc., art. L. 221-3, al. 3 [anc[t] L. 9 juill. 1991, art. 52, al. 3]). L'insuffisance s'apprécie au regard du délai de consignation qui peut être jugé trop long. Lorsque celui-ci n'est pas indiqué, les créanciers peuvent légitimement refuser la proposition[3]. Elle s'apprécie également en considération du prix d'achat.

L'insuffisance du prix peut être examinée en considération de la ou des créances. La proposition est suffisante lorsqu'elle couvre le montant des

1. Civ. 30 avr. 1890, *DP* 1890. 1. 461.
2. TGI Paris, JEX, 9 févr. 1995, *BICC* 1995, n° 1201.
3 Châlons-sur-Marne, JEX, 23 nov. 1993, *Rev. huiss.* 1994. 663.

créances en principal et accessoire même si elle est inférieure à la valeur du bien. Elle est insuffisante lorsqu'elle ne permet pas aux créanciers d'être remplis de leurs droits, même si elle correspond à la valeur vénale du bien. Il suffit de constater, par un simple rapprochement de la somme offerte avec le montant des créances, que le prix est inférieur à celles-ci, pour s'opposer valablement à la vente amiable. Mais dans ce cas, le créancier n'est pas véritablement astreint à démontrer l'insuffisance de la proposition, contrairement à ce que laisse entendre l'expression « *si le créancier établi que ces propositions sont insuffisantes* » employée par l'article L. 221-3 alinéa 3 C. pr. exéc. Ce critère a par ailleurs l'inconvénient d'empêcher la plupart des ventes amiables, car rares sont les acheteurs disposés à payer un prix déterminé par la seule référence au montant d'une ou de plusieurs créances, sans aucune considération pour la valeur du bien. L'insuffisance du prix peut être examinée en considération de la valeur vénale du ou des biens. Il paraît cependant difficile d'exiger du créancier qu'il apporte la preuve manifeste que la somme proposée est inférieure à ce que pourrait rapporter une vente de gré à gré. Plusieurs auteurs [1] ont relevé qu'en l'absence de mercuriales ou de cotes officielles pour la plupart des biens, il serait contraint de recourir à une estimation à dire d'expert, ce qui paraît incompatible avec l'esprit de la loi qui tend à simplifier et à accélérer la procédure, tout en limitant les frais.

C'est vers une comparaison avec ce que pourrait produire une vente aux enchères publiques qu'il faut s'orienter, en se référant à une « *valeur relative et très approximative du bien dont chacun peut se faire une idée* » selon la formule de J. Beauchard [2].

715.45 Contestation du refus. En l'absence d'organisation d'une procédure spécifique par les articles R. 221-30 à R. 221-32 C. pr. exéc., le débiteur ou le créancier ayant accepté la proposition d'achat qui entend contester le bien-fondé du refus, doit saisir directement le JEX selon la procédure de droit commun des articles R. 442-4 et R. 121-13 C. pr. exéc. (assignation à la première audience utile ou à heure fixe en cas d'urgence). Le débiteur et le créancier acceptant doivent être informés par l'huissier, de l'opposition et du motif de celle-ci. Ils peuvent aussi, notamment les créanciers acceptants, porter la difficulté devant l'huissier qui saisira le JEX, dans le cadre des articles R. 151-1 à R. 151-4 C. pr. exéc. (dépôt d'une déclaration écrite au greffe) pour qu'il tranche le litige qui entrave le cours de ses opérations. Il semble que l'huissier puisse, de son propre chef, ne pas tenir compte d'un refus non motivé.

L'acquéreur qui justifie d'un intérêt légitime à voir reconnaître la validité de son offre devrait pouvoir saisir le juge, sauf à considérer qu'il lui appartient de réitérer sa proposition dans le cadre de la vente aux enchères.

Il semble bien que l'instance en contestation suspende le cours des opérations car tant que le juge ne s'est pas prononcé, le créancier n'a pas établi que les propositions sont insuffisantes. Or, ce n'est que s'il établit cette insuffisance que la personne chargée de l'exécution peut, selon l'article L. 221-3 alinéa 3 C. pr. exéc., procéder à l'enlèvement des biens en vue de leur vente aux enchères.

SECTION 3
CONSÉQUENCE DE L'ABSENCE OU DE L'EXISTENCE D'UNE VENTE AMIABLE

715.51 Conséquence de l'absence de vente amiable. Cette situation peut résulter soit du défaut d'offre d'achat, soit du refus dûment motivé de cette proposition.

715.52 Défaut d'offre d'achat. Lorsque le débiteur ne transmet pas de proposition d'achat à l'huissier, l'alinéa R. 221-31 alinéa 4 C. pr. exéc. dispose qu'il ne peut être procédé à la vente forcée qu'après l'expiration du délai d'un mois prévu à l'article R. 221-30 C. pr. exéc. pour rechercher un acquéreur.

L'article R. 221-45 C. pr. exéc. précise qu'en cas d'extension de la saisie initiale par une ou plusieurs saisies complémentaires, il n'est procédé à la vente forcée sur l'ensemble des biens, qu'après l'expiration de tous les délais impartis pour leur vente amiable. Toutefois ceux des biens pour lesquels ce délai est déjà expiré peuvent être vendus immédiatement si le débiteur ou, à défaut, le JEX l'autorise ou bien si les formalités de publicité étaient déjà effectuées lors de l'opposition du nouveau créancier.

Il résulte de l'ensemble de ces dispositions que le délai d'un mois imparti pour la vente amiable n'est pas susceptible d'une renonciation de la part du débiteur qui ne peut autoriser préalablement l'huissier à engager prématurément la vente forcée.

715.53 Refus de l'offre d'achat. Dans ce cas, l'article R. 221-31 alinéa 4 dispose qu'« *il ne peut être procédé à la vente forcée qu'après l'expiration du délai d'un mois* ».

Lorsque l'offre d'achat rejetée a été remise à l'huissier le dernier jour du délai d'un mois, il faut attendre, s'il y a plusieurs créanciers ayant reçu la

1. *J.-Cl. Pr. civ.*, vol. 9, fasc. 2340, n° 55, par Goichot.
2. *J.-Cl. Form. anal. Pr. civ., v° Saisie-vente*, fasc. 30, n° 30.

notification de la proposition à une date différente, l'expiration du délai de quinze jours imparti au créancier informé le dernier.

715.54 Responsabilité du créancier qui a refusé l'offre. Selon l'article L. 221-3 alinéa 4 C. pr. exéc., « *sauf si le refus d'autoriser la vente est inspiré par l'intention de nuire au débiteur, la responsabilité du créancier ne peut être recherchée* ». Il s'ensuit que s'il s'avère que le produit de la vente aux enchères est inférieur au prix offert par l'acheteur amiable, le créancier qui s'est opposé à la vente ne peut être condamné à des dommages-intérêts. Seule la démonstration, difficile, de l'intention de nuire permet de rechercher sa responsabilité.

715.55 Effet de la vente amiable. Lorsque les créanciers ont accepté expressément ou implicitement l'offre d'achat, la vente ne devient cependant parfaite qu'après paiement du prix par l'acheteur. Le transfert de la propriété et la délivrance sont en effet suspendus à ce paiement (C. pr. exéc., art. R. 221-32, al. 2). À défaut, il est procédé à la vente forcée.

715.56 Paiement du prix. Il doit être effectué entre les mains de l'huissier du créancier saisissant, sous la forme de dépôt d'espèces ou de la remise, sous réserve d'encaissement, d'un chèque bancaire ou postal. Il opère transfert de propriété au bénéfice de l'acheteur et autorise le gardien à lui délivrer le ou les biens vendus, sur présentation du reçu délivré par l'huissier. Le gardien peut aussi avoir été directement informé du paiement par une lettre de l'huissier. Le paiement du prix emporte distraction du bien vendu de l'assiette de la saisie et les créanciers qui ne s'étaient pas manifestés avant celle-ci ne devraient pas pouvoir participer à la distribution du prix.

L'article R. 221-32 C. pr. exéc. ne prévoit l'établissement d'aucun acte à l'occasion du paiement. Si un acte est néanmoins dressé, le décret du 12 décembre 1996 portant tarif des huissiers, le qualifie « *d'acte de consignation* [de paiement] *et mainlevée totale ou partielle de saisie-vente* [après vente amiable par le débiteur] » et en fixe le coût à 17,5 taux de base (acte n° 96 du tableau I).

Cependant ces conséquences du paiement peuvent être remises en question, si celui-ci intervient trop tôt, par le refus d'un créancier opposant dont le délai d'opposition n'est pas encore expiré (garantie des vices cachés : application éventuelle de C. civ., art. 1649 – v. s[s] n° 715.24).

715.57 Défaut de paiement du prix. Le dernier alinéa de l'article R. 221-32 C. pr. exéc. dispose : « *À défaut de paiement dans le délai convenu, il est procédé à la vente forcée* ». Ce texte vise donc aussi bien l'absence totale de paiement que le paiement tardif, mais dans cette dernière hypothèse, les créanciers saisissants et opposants peuvent toujours accepter que le paiement produise ses effets, s'ils estiment que cela est conforme à leur intérêt commun.

Ce défaut de paiement fait ainsi obstacle à la réalisation de la vente amiable et ce, bien que l'offre d'achat ait été acceptée par le débiteur.

Lorsque l'acquéreur éventuel a offert de payer immédiatement le prix de vente, il doit y procéder à l'expiration du délai d'un mois prévu à l'article R. 221-30 C. pr. exéc. augmenté du délai de quinze jours imparti aux créanciers pour prendre parti, sans attendre la dénonciation d'une absence d'opposition de leur part. À défaut, il n'y a pas transfert de la propriété et il peut être procédé à la vente forcée[1].

L'acquéreur qui n'a pas payé ou qui a payé tardivement peut voir sa responsabilité engagée à l'initiative du débiteur ou des créanciers, s'il apparaît que le produit de l'adjudication aux enchères est inférieur au prix de la vente amiable devenue caduque par sa faute.

1. Civ. 2e, 21 janv. 1999, n° 96-19.047, *Bull. civ.* II, n° 17; *D.* 1999. IR 41; *Gaz. Pal.* 1999. Pan. 120.

CHAPITRE

716. Opérations de vente forcée

René LAUBA
Magistrat honoraire

SECTION 0
ORIENTEUR

716.00 Plan du chapitre.

716.01 Textes applicables.
C. pr. exéc., art. L. 122-1, L. 122-2, L. 142-1, L. 142-3, L. 211-7, L. 221-1, L. 221-3 à L. 221-5, R. 121-16, R. 122-1, R. 122-2, R. 122-12, R. 151-3, R. 221-12, R. 221-16, R. 221-19, R. 221-23, R. 221-31 à R. 221-39, R. 223-4 et R. 522-14.

C. pr. civ., art. 114.

C. civ., art. 1382.

C. pén., art. 314-4,314-5 et 314-6.

C. com., art. L. 622-1 et R. 622-19.

716.03 Bibliographie indicative.
Actualisables. Rép. pr. civ., *v° Saisie-vente*, par N. Fricero, déc. 2011 [màj juin 2012], n°s 134 à 162 – *J.-Cl. Form.*, *v° Saisie-vente*, fasc. 40, Vente forcée, par J. Beauchard – *J.-Cl. Pr. civ.*, *v° Saisie-vente*, fasc. 2340, Vente, par N. Casal.

Ouvrages. A. Leborgne, *Droit de l'exécution*, 2e éd., « Précis », Dalloz, 2014, [saisie-vente : vente forcée], n°s 1438-1451 – R. Perrot et Ph. Théry, *Procédures civiles d'exécution*, 3e éd., Dalloz, 2013, [saisie-vente : vente forcée], n°s 643-649.

716.05 Caractère d'ordre public. À défaut de vente amiable, la vente forcée des biens saisis a lieu aux enchères publiques (C. pr. exéc., art. L. 221-3, al. 1er et 3). La vente forcée aux enchères publiques est une voie légale d'exécution qui s'impose au créancier en raison de son caractère d'ordre public. Celui-ci ne peut donc convenir qu'il deviendra propriétaire des biens de son débiteur par suite du défaut de paiement ou encore, qu'il pourra le faire vendre sans respecter les formes prescrites.

Le **pacte commissoire** est toutefois autorisé pour les biens gagés (C. civ., art. 2348 – et C. com., art. L. 521-3, al. 1er), sauf en matière de crédit à la consommation (C. consom., art. L. 311-23) et après l'ouverture d'une procédure collective (C. com., art. L. 622-7).

En revanche la **clause de voie parée** demeure interdite, la vente du gage devant avoir lieu selon les modalités prévues par les procédures civiles d'exécution sans que la convention puisse y déroger (C. civ., art. 2346) ou s'effectuer aux enchères publiques (C. com., art. L. 521-3, *in fine*). Ces dispositions ont pour but d'éviter, d'une part, une expropriation expéditive et, d'autre part, une vente à vil prix par un créancier peu soucieux de céder le bien au meilleur prix et ce, au détriment du débiteur et de ses autres créanciers.

À noter que lorsque des biens meubles ont été saisis pour le recouvrement d'une créance publique, leur vente ne peut avoir lieu qu'après autorisation du directeur départemental des finances publiques (LPF, art. R.*260 A-1).

SECTION 1
MOMENT DE LA VENTE FORCÉE

716.11 Expiration des délais relatifs à la vente amiable. Les formalités qui conduisent à la vente aux enchères, notamment la publicité, ne peuvent commencer avant l'expiration du délai d'un mois, prévu pour la vente amiable augmenté, le cas échéant, du délai de quinze jours imparti aux créanciers pour accepter ou refuser celle-ci (C. pr. exéc., art. R. 221-34, al. 2). Ces délais doivent être impérativement respectés par le créancier poursuivant. Une juridiction du fond a pu ainsi décider[1] que doit être annulée une signification de vente notifiant une date d'enchères ne respectant pas ce délai. Le défaut de respect du délai d'un mois pour la vente amiable doit être relevé d'office par le juge[2].

La date de la vente doit nécessairement être arrêtée avant l'accomplissement des formalités de publicité qui doivent annoncer le jour et l'heure de celles-ci. La vente proprement dite ne peut avoir lieu que huit jours après toutes ces formalités (affichage et avis au débiteur).

716.12 **Fixation de la date de la vente.** Les textes ne déterminent pas de délai maximum dans lequel la vente forcée doit être effectuée. Mais les circonstances peuvent commander que les opérations soient rapidement menées. Dans ce cas, l'inertie de l'huissier ou du créancier poursuivant peut être sanctionnée.

716.13 **Carence de l'huissier.** Une fois les divers délais expirés, il appartient à l'huissier de fixer rapidement en accord avec le créancier poursuivant, les jour, heure et lieu de la vente. S'il tarde trop, notamment lorsque la situation du débiteur saisi est très compromise, il risque de se heurter à une suspension des poursuites consécutive à l'ouverture d'une procédure collective et de voir sa responsabilité engagée à l'égard du saisissant. Il a ainsi été jugé à propos d'une saisie-exécution, qu'en omettant de fixer la date de la vente dans le procès-verbal (ce que prévoyait l'ACPC, art. 595, en l'absence de faculté de vente amiable), un huissier commet une faute professionnelle et ses atermoiements contraires aux instructions reçues de ses clients, constituent autant de négligences graves dont il est responsable lorsque la liquidation des biens du débiteur, ultérieurement prononcée, est venue suspendre toutes poursuites individuelles[3]. Commet également une faute par manque de diligence qui engage sa responsabilité, l'huissier qui en modifiant la date de la vente, rend celle-ci ultérieurement impossible, du fait de l'admission du débiteur, quelques jours plus tard, au bénéfice de la suspension des poursuites[4].

L'huissier ne peut donc surseoir à la poursuite des opérations ou interrompre celles-ci que s'il survient une cause légitime. Ne peut s'exonérer de sa responsabilité, l'huissier qui, sans en avoir préalablement informé son client, n'a pas donné suite aux opérations de vente prévues pour une certaine date[5].

716.14 **Carence du créancier.** À défaut par le créancier premier saisissant, d'avoir fait procéder aux formalités de la mise en vente forcée à l'expiration des délais prévus, tout créancier opposant peut lui faire sommation d'y procéder dans les huit jours. À défaut, il lui est subrogé de plein droit et doit se voir remettre les pièces utiles (C. pr. exéc., art. R. 221-46). Si l'inertie du premier saisissant est à l'origine d'un préjudice pour les autres créanciers, il peut être condamné à des dommages-intérêts dans les mêmes conditions que l'huissier.

716.15 **Péremption de la saisie ?** Un commentateur a soutenu avec une certaine sagacité que les dispositions combinées des articles L. 221-1 et L. 221-3 C. pr. exéc. imposent la vente forcée dans un laps de temps impérativement fixé. À l'expiration de tous les délais prévus pour la vente amiable, la saisie devrait avoir obligatoirement abouti faute de quoi, elle serait frappée de péremption. Ainsi, à l'expiration du délai d'un mois et, le cas échéant, du délai de quinze jours, l'huissier devrait vérifier l'état et la consistance des biens, faire publier la vente et enfin, huit jours après ces formalités, procéder aux enchères publiques[6].

Ce commentateur tire argument des dispositions prévoyant expressément la péremption du commandement de payer (C. pr. exéc., art. R. 221-5) et de la saisie par déclaration à la préfecture relative aux véhicules (C. pr. exéc., art. R. 223-4). Il relève que par là, le législateur manifeste sa défaveur pour les procédures qui traînent en longueur sans déboucher sur le résultat qui leur est assigné par la loi, à savoir l'exécution forcée. La péremption a ainsi le mérite de mettre fin aux saisies pratiquées sans intention réelle de vendre qui perdurent indéfiniment pendant que les biens rendus indisponibles se déprécient progressivement par l'usage et l'obsolescence en faisant perdre chaque jour de son intérêt à la vente.

Sans partager totalement cette analyse, car les textes n'imposent pas un délai butoir pour la vente forcée, on doit effectivement considérer que la saisie doit rapidement atteindre, si elle mérite d'être poursuivie, l'objectif pour lequel elle a été conçue.

716.16 **Causes légitimes de suspension.** Certains événements de fait ou juridiques peuvent justifier ou imposer la suspension du cours des opérations.

716.17 **Offre de paiement.** Les poursuites ne sont pas interrompues en cas d'offre de paiement faite à l'huissier, sauf si les sommes proposées sont

1. TGI Paris, JEX, 30 mars 1995, *Rev. huiss.* 1996. 727, note Dahan.
2. Nancy, JEX, 29 janv. 1993, *D.* 1994. Somm. 343, obs. Julien.
3. TGI Lille, 22 déc. 1970, *JCP A* 1971. IV. 5919.
4. Civ. 1re, 9 juill. 1985, n° 83-12.012, *Bull. civ.* I, n° 219; *D.* 1986. 118, note Prévault; *JCP* 1985. IV. 326; *Gaz. Pal.* 1986. Somm. 86, obs. Guinchard et Moussa.
5. Paris, 4 juill. 1997, *Gaz. Pal.* 1998. 1. Somm. 12.
6. N. Monachon-Duchêne, « Les limites de la saisie-vente », *JCP* 1997. I. 4044.

à la disposition immédiate du créancier[1]. Mais si la somme proposée est insuffisante, l'huissier ne peut différer la poursuite des opérations qu'avec l'accord du créancier qui peut consentir un délai pour le règlement du solde. En toute hypothèse, même si l'article L. 122-2 et R. 151-3 C. pr. exéc. précise que l'huissier a la responsabilité de la conduite des opérations d'exécution, cette responsabilité n'implique pas qu'il puisse se substituer au créancier dans le choix de poursuivre ou non le débiteur, de lui accorder ou non des délais de paiement. L'huissier qui agit à l'encontre de son mandant peut être condamné à des dommages-intérêts sur le fondement de l'article 22 de la loi du 9 juillet 1991[2] (devenu C. pr. exéc., art. L. 211-7 et L. 121-2).

716.18 Contestations du débiteur ou des tiers. Le créancier poursuivant doit également attendre, s'il y a lieu, que le juge de l'exécution (JEX) ait statué sur les contestations relatives à la propriété ou la saisissabilité des biens, ces incidents suspendant la procédure pour ceux qui en sont l'objet (C. pr. exéc., art. R. 221-49). Cependant les contestations relatives à la nullité ne suspendent le cours des opérations que si le JEX le décide (C. pr. exéc., art. R. 221-56). La demande de délai de grâce n'a, par elle-même, aucun effet suspensif.

716.19 Délai de grâce. Il faut également différer les formalités de ventes pendant le délai de grâce éventuellement obtenu par le débiteur après la saisie, l'article 1244-2 du Code civil disposant que la décision du juge suspend les procédures d'exécution qui auraient été engagées par le créancier. Les opérations de vente forcée ne peuvent reprendre leur cours que si le débiteur est défaillant et perd le bénéfice du terme de grâce par l'effet, soit d'une déchéance automatique prévue par le jugement ayant accordé ce délai, soit d'une décision ultérieure.

L'ouverture d'une procédure collective ou d'une procédure de surendettement à l'égard du débiteur entraîne également la suspension des mesures d'exécution en cours.

SECTION 2
PRÉPARATION À LA VENTE

§ 1
Lieu de la vente

716.21 Lieu de la vente. Le choix du lieu de la vente appartient au créancier sous réserve du monopole des commissaires-priseurs et de la compétence territoriale de l'officier ministériel chargé d'y procéder (C. pr. exéc., art. R. 221-33, al. 2). Elle peut être effectuée soit au lieu où se trouvent les objets saisis, soit dans une salle des ventes, soit enfin, sur un marché public dont la situation géographique est la plus appropriée pour solliciter la concurrence à moindre frais (C. pr. exéc., art. R. 221-33, al. 1er).

716.22 Vente sur place. C'est la formule la plus économique puisque les biens saisis, qui sont, en principe, restés sous la garde du débiteur ou du tiers saisi, n'ont pas besoin d'être transportés. Elle est cependant difficilement envisageable au domicile d'un particulier en raison, notamment, de l'inadaptation des locaux et de l'atteinte qui serait portée à sa réputation. Elle est, en revanche, parfaitement concevable si les biens saisis se trouvent dans des bâtiments à usage professionnel (entrepôt, magasin).

716.23 Vente en salle des ventes. Elle est adaptée aux agglomérations d'une certaine importance qui, généralement, disposent d'une telle salle.

716.24 Vente sur marché public. Elle convient aux zones rurales où les marchés hebdomadaires et les foires attirent de nombreux chalands.

§ 2
Publicité

716.31 Information des amateurs. Les candidats acquéreurs sont avisés des enchères par une publicité obligatoire qui peut être complétée par une publicité facultative. L'huissier doit certifier l'accomplissement de ces formalités.

716.32 Publicité obligatoire. Elle est effectuée par voie d'affiches annonçant les jour, lieu et heure de la vente ainsi que la nature des biens saisis. Aucune autre précision n'est requise, notamment en ce qui concerne l'identité du débiteur ou des créanciers. Aucun formalisme n'est imposé quant aux formes ou à la présentation des affiches.

Celles-ci doivent être apposées en deux endroits : à la mairie de la commune où demeure le débiteur et au lieu de la vente. Cette publicité obligatoire ne peut être faite qu'à l'expiration du délai prévu au dernier alinéa de l'article R. 221-31 C. pr. exéc. (un mois et quinze jours – v. s^{s} n°s 715.14 s. et 715.35) et huit jours au moins avant la vente.

716.33 Publicité facultative. Elle peut être effectuée par voie de presse (C. pr. exéc., art. R. 221-34, al. 3) afin de rabattre le maximum d'amateurs. Elle sera fonction de la valeur des biens mis en vente qui seule peut justifier l'engagement de frais supplé-

1. T. civ. Seine, 24 janv. 1952, *Gaz. Pal.* 1952. 1. 170.
2. TGI Angoulême, 3 janv. 1994, *Rev. huiss.* 1994. 660.

mentaires. La nature de certains biens peut nécessiter une insertion dans des revues spécialisées afin de toucher certaines catégories d'acheteurs potentiels. Le coût de cette publicité facultative doit être à la charge du saisissant sauf à justifier qu'elle a été utile (C. pr. exéc., art. L. 111-8 et L. 124-1).

716.34 Certificat de l'huissier. L'huissier doit certifier qu'il a accompli les formalités de publicité. L'article R. 221-34 alinéa 4 C. pr. exéc. n'impose aucune forme particulière. L'huissier peut établir un simple certificat ou dresser un procès-verbal. Cette certification est tarifée par le décret du 12 décembre 1996 (17,5 taux de base, acte n° 85 du tableau I). Selon une jurisprudence ancienne mais qui demeure valable, l'apposition des placards (des affiches selon la nouvelle terminologie) est constatée par l'huissier alors même que c'est un autre officier ministériel (commissaire-priseur par exemple) qui procède à la vente [1].

Toutefois, le défaut d'accomplissement des formalités de publicité n'est pas sanctionné par la nullité mais par l'octroi d'une indemnité au débiteur ou aux créanciers opposants, s'ils justifient que leur inobservation n'a pas permis de vendre les biens saisis dans de bonnes conditions [2].

Plus récemment, la Haute juridiction a rappelé que la publicité préalable à la vente n'étant pas prescrite à peine de nullité, il appartient au juge qui entend prononcer cette sanction, de rechercher en quoi son défaut d'accomplissement constitue la violation d'une formalité substantielle ou d'ordre public au sens de l'article 114 C. pr. civ. À défaut, celui-ci ne peut annuler le procès-verbal d'enlèvement des meubles saisis et ordonner la restitution de ces derniers [3]. En fait, si l'accomplissement de la publicité obligatoire est indiscutablement une formalité substantielle qui conditionne la validité de la vente, rien dans les dispositions du décret du 31 juillet 1992 n'impose qu'elle soit effectuée avant, plutôt qu'après, l'enlèvement des biens en vu de leur adjudication. Ce qui est essentiel, c'est que la publicité ait été faite 8 jours au moins avant les enchères, peu important qu'elle ait précédé ou suivi l'enlèvement dont elle n'est pas une condition préalable. Il faut cependant observer, comme le relève le professeur Perrot dans le commentaire de l'arrêt précité, que l'enlèvement prématuré des meubles sans avoir l'intention sérieuse de procéder rapidement à leur vente mais dans le seul but de provoquer un paiement, serait contraire à l'esprit des articles 97 et 113 du décret de 1992 (devenus C. pr. exéc., art. R. 221-19 et R. 221-36) et pourrait être jugé abusif.

716.35 Information du débiteur. Le débiteur doit être avisé par l'huissier ayant pratiqué la saisie, au moins huit jours à l'avance, des lieu, jour et heure de la vente. Cette formalité est destinée à lui permettre de faire une ultime offre de paiement pour éviter la vente ou, en tout cas, d'assister à celle-ci et de se porter lui-même enchérisseur. Ces informations peuvent être communiquées par lettre simple ou par tout moyen approprié, c'est-à-dire même verbalement. Cette absence de formalisme a l'avantage de limiter les frais, surtout lorsque, par suite d'une ou plusieurs suspensions successives provoquées par des incidents devant le JEX, l'avis initial périmé doit être réitéré une ou plusieurs fois. L'avis par lettre simple fait d'ailleurs l'objet d'une tarification réduite dans le décret du 12 décembre 1996 (7 taux de base, acte n° 11 du tableau II). Sa signification par exploit d'huissier est également envisagée par le tarif, même si l'article R. 221-35 C. pr. exéc. ne le prévoit pas (9,5 taux de base, acte n° 12 du tableau I). Mais la délivrance d'un tel acte n'est utile que dans l'hypothèse où le débiteur ne peut être touché, ni par lettre, ni oralement, afin de pouvoir dresser un procès-verbal de recherches infructueuses. L'huissier doit mentionner que le débiteur a été effectivement avisé, dans le certificat attestant de l'accomplissement des formalités de publicité (C. pr. exéc., art. R. 221-35).

Le défaut d'avis ou l'avis notifié moins de huit jours avant la vente devrait entraîner sa nullité et la responsabilité du créancier poursuivant, car il est susceptible de faire grief au débiteur. Mais la question reste théorique car en l'absence de formalisme obligatoire, le saisi pourra difficilement prouver contre le certificat attestant qu'il a été avisé. Seul le défaut de mention de l'accomplissement de cette formalité dans le certificat pourrait renverser en sa faveur, la charge de la preuve.

Quoi qu'il en soit, si la notification est faite par un acte d'huissier, celui-ci doit comporter, à peine de nullité, le lieu, le jour et l'heure de la vente. La seule indication de la date est insuffisante [4].

§ 3
Vérification

716.41 Vérification des biens. Avant la vente, l'officier ministériel chargé de celle-ci vérifie la nature et la consistance des biens saisis et dresse un acte

1. Req. 23 juin 1852, *DP* 1854. 1. 360.
2. Req. 13 avr. 1943, *DA* 1943. 51 – Paris, 19 mars 1952, *D.* 1952. 326.
3. Civ. 2e, 30 avr. 2002, n° 99-17.111, *Bull. civ.* II, n° 86; *D.* 2002. IR 1734; *Procédures* 2002, n° 161, note Perrot.
4. TGI Lyon, 17 oct. 1995, *Rev. huiss.* 1996. 475, note Dahan.

constatant cette opération (C. pr. exéc., art. R. 221-36, al. 1er).

716.42 Qualité du vérificateur. Cette mission incombe désormais, non plus à la personne chargée de l'exécution, mais à l'agent chargé de la vente (c'est parfois le même officier ministériel, si l'huissier du poursuivant procède lui-même aux enchères). La question se pose, en pratique, de savoir si l'agent chargé de la vente peut, lorsqu'il n'est pas l'huissier qui procède à la saisie, pénétrer seul au domicile du saisi ou du tiers pour procéder à la vérification et à l'enlèvement des meubles.

L'application combinée des dispositions des articles L. 142-3 et R. 221-36 C. pr. exéc. conduit à distinguer entre la vérification proprement dite et l'ouverture forcée des portes[1]. La vérification des biens ne relève de l'huissier que s'il procède ensuite à la vente, dès lors que cette opération incombe, en vertu de l'article R. 221-36 C. pr. exéc., à tout officier ministériel chargé de la vente et notamment, au commissaire-priseur. Cependant, lorsqu'à l'occasion de cette vérification, l'officier n'obtient pas le consentement du saisi pour pénétrer dans les lieux, soit parce qu'il est absent, soit parce qu'il en refuse l'accès, l'ouverture forcée de la porte ou la réduction de la résistance du saisi ne peut être que du ressort de l'huissier de justice. Il existe cependant à Paris un usage en vertu duquel les commissaires-priseurs procèdent eux-mêmes à l'enlèvement des biens saisis ainsi qu'à la réquisition d'un serrurier si nécessaire, pratique tout à fait critiquable lorsque le débiteur refuse l'entrée de son domicile[2].

Le JEX du TGI de Paris a annulé à juste titre un procès-verbal de vérification et un procès-verbal d'enlèvement en relevant, entre autres irrégularités, que le commissaire-priseur ne pouvait pénétrer par la force au domicile d'un saisi pour y exercer son ministère[3].

Ainsi le commissaire-priseur qui se heurte au double principe de l'inviolabilité du domicile et du respect de la vie privée ne peut se prévaloir de la qualité de personne chargée de l'exécution au sens des articles L. 122-1 et R. 122-1, L. 122-2 et R. 151-3, L 142-1, L. 142-3 et R. 122-2 C. pr. exéc., pour s'introduire par la contrainte chez le débiteur saisi ou chez un tiers. Seul l'huissier de justice peut requérir le concours de la force publique pour ouvrir les portes d'un local en l'absence ou contre le gré de l'occupant.

1. J.-P. Faget, « Le régime du procès-verbal de vérification des biens saisis », *Rev. huiss.* 1995. 1153.
2. V. J.-P. Faget, « Le régime du procès-verbal de vérification des biens saisis », *Rev. huiss.* 1995. 1153.
3. TGI Paris, JEX, 7 janv. 2000, *D.* 2000. 751, note Bourdillat.

716.43 Modalités de la vérification. La vérification consiste à s'assurer que tous les objets mentionnés dans l'inventaire dressé lors de la saisie, sont présentés par le gardien. L'agent chargé de la vente vérifie que leur nature, leur aspect et leur état correspondent bien à la dénomination et à la description qui sont données par le procès-verbal. Il peut s'aider des photographies éventuellement prises par l'huissier en vertu de l'article R. 221-12 C. pr. exéc. que celui-ci devrait pouvoir lui remettre afin de faciliter sa tâche. Certes, l'article R. 221-12 C. pr. exéc. prévoit que ces photographies ne peuvent être communiquées qu'à l'occasion d'une contestation devant le JEX. Mais cette interdiction ne vise manifestement que la communication au débiteur ou au tiers. Il serait en effet absurde de considérer qu'elle s'applique aussi au commissaire-priseur alors que, comme l'huissier chargé de l'exécution, il concourt aux opérations dans l'intérêt de leur mandant commun, le créancier saisissant. Cette opération pourra ainsi mettre en évidence des disparitions, substitutions ou dégradations commises par le gardien. L'officier vendeur pourra lui-même prendre des photographies pour fixer l'état des biens avant la vente (C. pr. exéc., art. R. 221-36, al. 2).

716.44 Acte de vérification. Il est imposé par l'article R. 221-36 alinéa 1er C. pr. exéc.et ne doit mentionner que les biens manquants ou dégradés. Cet article qui régit la rédaction de l'acte de vérification n'exige aucune mention particulière à peine de nullité. Celui qui demande son annulation doit donc démontrer le grief que lui cause l'irrégularité dont il fait état[4].

Bien que l'article R. 221-36 C. pr. exéc. ne le précise pas, il paraît aller de soit que l'acte de vérification établi par l'officier vendeur (huissier, notaire ou commissaire-priseur), doit être porté à la connaissance de la personne qui assume les fonctions de gardien (débiteur, tiers saisi ou séquestre), car les mentions qu'il comporte peuvent avoir une incidence sur ses obligations et sa responsabilité. Cette notification devrait pouvoir se faire en la forme ordinaire, soit par simple remise contre émargement ou récépissé si le destinataire est présent, soit par voie postale, par lettre recommandée avec demande d'avis de réception, s'il est absent. Elle devrait contenir les indications prescrites par l'article 665 C. pr. civ. (identité et adresse de la personne dont elle émane ainsi que du destinataire), auxquelles il faudrait ajouter, en raison de la nature particulière de l'acte notifié (C. pr. civ., art. 666) et

4. Civ. 2e, 20 nov. 2003, no 01-17.579, *Bull. civ.* II, no 352; *D.* 2004. 1492, obs. Taormina; *Dr. et proc.* 2004. 160, obs. Salvati.

à l'instar de ce qui est prévu pour l'information des créanciers ayant pratiqué une saisie conservatoire (C. pr. exéc., art. R. 121-16), les références de l'officier vendeur, du titre exécutoire fondant la poursuite et du procès-verbal de saisie vente. Certains auteurs estiment que la notification de l'acte de vérification ne pourrait être effectuée, la signification étant le mode normal de notification en l'absence de précision, que par un exploit d'huissier comportant les mentions prescrites par l'article 648 C. pr. civ., sauf à les adapter lorsqu'il n'a pas été établi par un huissier, ainsi que celles requises pour tous les actes se rattachant à une mesure d'exécution [1].

L'acte de vérification a pour effet, s'il ne constate aucune disparition ou détérioration, de mettre fin aux fonctions du gardien et de le décharger de sa responsabilité.

Dans le cas contraire, le gardien peut être poursuivi pénalement sur le fondement des articles 314-4 et 314-5 du Code pénal et civilement, sur celui de l'article 1382 du Code civil. Sur le plan pénal, l'officier chargé de la vente doit transmettre le procès-verbal au parquet.

Compte tenu de ses conséquences, l'acte doit être dressé à un moment aussi proche que possible de la vente, soit au moment de l'enlèvement du mobilier, soit le jour même des enchères. À noter que le tarif de l'huissier qualifie l'exploit d'« *acte de vérification et d'enlèvement* » et en fixe le coût à 26,5 taux de base (Décr. 12 déc. 1996, Tableau I, acte n° 86).

Les pertes ou dégradations qui surviendraient entre la vérification et la vente engageraient la responsabilité de l'officier ministériel chargé de celle-ci, tant à l'égard des créanciers que du saisi.

716.45 Effets. Le procès-verbal de vérification fait obstacle à l'intervention de nouveaux créanciers et limite ainsi les hypothèses de concours. Seuls les créanciers saisissants et opposants qui se sont manifestés avant la vérification des biens et ceux qui, avant la saisie, ont procédé à une mesure conservatoire sur les mêmes biens, sont autorisés à faire valoir leurs droits sur le prix de la vente (C. pr. exéc., art. L. 221-5).

La vérification qui serait effectuée sans intention sérieuse de vendre mais dans le seul but d'empêcher toute nouvelle saisie ou opposition, serait constitutive d'un abus de droit [2].

Le procès-verbal de vérification prévu par l'article L. 221-5 C. pr. exéc. n'a pour effet que la détermination des créanciers admis à concourir sur le prix de la vente, laquelle marque seule le terme de la procédure de saisie. Celle-ci ne s'achève qu'avec la vente effective qui fait sortir les biens saisis du patrimoine du débiteur. La règle de l'arrêt des poursuites individuelles s'applique donc tant que la procédure d'exécution n'a pas, par la vente, produit son effet [3].

716.46 Information des créanciers ayant pratiqué une saisie conservatoire. Le créancier saisissant qui fait procéder à l'enlèvement des biens en vue de leur vente forcée doit en informer, par lettre recommandée avec demande d'avis de réception, les créanciers qui ont pratiqué une saisie conservatoire sur les mêmes biens avant l'acte de saisie ou l'acte de conversion (C. pr. exéc., art. R. 522-14). Cette lettre doit indiquer, à peine de nullité, le nom et l'adresse de l'officier ministériel chargé de la vente et reproduire en caractères très apparents le texte suivant : « *Chaque créancier, dans un délai de quinze jours à compter de la réception de la lettre, fait connaître à l'officier ministériel chargé de la vente, la nature et le montant de sa créance au jour de l'enlèvement. À défaut de réponse dans le délai imparti, il perd le droit de concourir à la distribution des deniers résultant de la vente forcée, sauf à faire valoir ses droits sur un solde éventuel après répartition* ».

§ 4
Responsabilité

716.51 Responsabilité civile du gardien. Sous l'empire de l'ancien Code de procédure civile le gardien était considéré comme un séquestre judiciaire et sa responsabilité était appréciée au regard de l'article 1962 du Code civil, le gardien étant tenu, pour la conservation des effets saisis, des soins d'un bon père de famille [4]. Cette solution paraît devoir être transposée en matière de saisie-vente. Le gardien répond de sa faute [5] mais non de la force majeure [6], sous réserve que l'événement était imprévisible et irrésistible [7] (tel n'est pas le cas d'une tempête ayant détruit un navire lorsqu'elle a été annoncée). En cas de détérioration, le gardien peut s'exonérer en établissant que celle-ci résulte de l'usure normale et par conséquent, qu'il s'est servi des biens saisis (dont il a conservé l'usage en vertu de l'article R. 221-19 C. pr. exéc.) en bon père de famille. Viole les articles 1962 alinéa 2 et 1382 du Code civil, la cour d'appel qui, pour retenir la res-

1. V. Bourdillat, note s^s TGI Paris, JEX, 7 janv. 2000, *D.* 2000. 751.
2. J.-P. Faget, « Le régime du procès-verbal de vérification des biens saisis », *Rev. huiss.* 1995. 1153.
3. Civ. 2e, 19 mai 1998, n° 96-12.944, *Bull. civ.* II, n° 161 ; *D.* 1998. 405, concl. Tatu.
4. Civ. 2e, 16 juin 1982, *D.* 1983. 237, note Desdevises ; *Gaz. Pal.* 1983. Pan. 21, obs. Véron ; *RTD civ.* 1983. 797, obs. Perrot.
5. Req. 9 juin 1902, *DP* 1902. 1. 300.
6. Poitiers, 25 oct. 1965, *JCP* 1966. II. 14507, note J. A.
7. Com. 6 mars 1973, *D.* 1973. 544.

ponsabilité d'un séquestre, énonce que celui-ci est responsable du fait de la disparition des objets saisis sauf cas de force majeure, alors qu'il peut se dégager par la seule preuve de son absence de faute[1]. En cas d'exercice de l'action civile devant le tribunal correctionnel le préjudice résultant du délit ne se confond pas avec la créance préexistante que garantissait la saisie[2]. (Pour les obligations et la rémunération du séquestre ou gardien judiciaire, v. s[s] n°s 714.65 s.)

716.52 **Responsabilité pénale du gardien.** Selon l'article 314-6 du Code pénal : « *Le fait, par le saisi, de détruire ou de détourner un objet saisi entre ses mains en garantie des droits d'un créancier et confié à sa garde ou à celle d'un tiers est puni de trois ans d'emprisonnement et de 375 000 euros d'amende. La tentative de l'infraction prévue au présent article est punie des mêmes peines* ».

Ce n'est cependant pas ce texte qui est visé dans les articles 94, 4° et 8°, et 101, 5° et 10° du décret du 31 juillet 1992 (devenus C. pr. exéc., art. R. 221-16, 4° et 8°, et R. 221-23, 5° et 10°) déterminant le contenu des procès-verbaux de saisie entre les mains du débiteur et d'un tiers. Ceux-ci se réfèrent aux articles 400 et 406 de l'ancien Code de procédure pénale relatifs, le premier à l'incrimination et le second aux sanctions, qui étaient encore en vigueur lors de la promulgation de la réforme des voies d'exécution. Ils sont remplacés depuis le 1er mars 1994, par l'article 314-6 reproduit ci-dessus. La Cour de cassation considère que l'article 400 de l'ancien Code pénal (C. pén., art. 314-6) est applicable en cas de séquestre judiciaire[3].

716.53 **Responsabilité pénale et nullité de la saisie.** Pour que l'infraction soit constituée, il faut qu'une saisie existe au moment de la destruction ou du détournement. La saisie n'est à cet égard accomplie qu'à partir du moment où le procès-verbal contenant l'inventaire des biens et les diverses mentions obligatoires est dressé par l'huissier de justice (C. pr. exéc., art. R. 221-16 et R. 221-23). L'officier ministériel qui effectue une saisie purement orale, accomplit un acte sans valeur juridique[4]. Mais si l'existence d'une saisie est nécessaire, en revanche sa validité importe peu. À cet égard, l'article 314-6 du Code pénal est applicable, même lorsque le débiteur qui a détruit ou détourné les biens saisis soutient que la mesure est entachée de nullité et partant, qu'il a conservé son droit de disposition. Le délit est ainsi consommé alors même que les formalités de procédure exigées par la loi pour que l'acte produise tous ses effets, n'ont pas été accomplies[5]. Il suffit que l'acte ait donné au prévenu pleinement connaissance de la décision du juge autorisant la saisie[6], les effets de cette saisie devant être maintenus tant que le tribunal n'en a pas prononcé la nullité[7]. Le délit existe du seul fait de la dissimulation des objets saisis, peu importe que la mesure ait été annulée ultérieurement par une décision de justice[8].

La position de la Cour de cassation est constante. Elle rappelle ainsi, dans un arrêt du 6 mai 1998, que l'indisponibilité des biens saisis se poursuivant tant qu'une décision n'a pas prononcé la nullité de la mainlevée de la mesure, il suffit, pour que le délit soit caractérisé, que le détournement ait été commis en connaissance de cause par le débiteur, après un acte de saisie dressé selon les formes prescrites par la loi[9].

716.54 **Personnes susceptibles d'être pénalement poursuivies.** L'article 314-6 du Code pénal est applicable au saisi lui-même, qu'il ait été institué gardien ou que cette fonction ait été confiée à un tiers. Il est également applicable à son complice, notamment à l'acquéreur de mauvaise foi.

Le tiers saisi peut également être poursuivi pour détournement, l'article R. 221-23 C. pr. exéc. relatif au procès-verbal de saisie entre les mains d'un tiers, renvoyant aux dispositions de l'article 314-6.

Lorsque le saisi est une société, seul le mandataire peut être poursuivi comme auteur principal[10]. Ne peut donc posséder la qualité de saisi, le simple préposé d'une société qui n'a reçu copie du procès-verbal qu'en tant que représentant local de ladite société dont il n'était ni l'administrateur, ni le gérant[11]. Mais le représentant qui détourne des marchandises pour le compte de la société en sachant qu'elles sont saisies, se rend coupable du délit[12]. De même pour le gérant d'une société qui a détourné des marchandises dont le séquestre a été ordonné[13].

716.55 **Élément matériel de l'infraction.** La rétention ou le refus de représenter des biens ne

1. Civ. 2e, 2 juill. 1997, n° 95-20.154, *Bull. civ.* II, n° 213; *Gaz. Pal.* 1998. 1. Pan. 107.
2. Crim. 13 nov. 1969, *JCP* 1969. IV. 304 – Crim. 11 oct. 1972, n° 70-93.022, *Bull. crim.* n° 280; *JCP* 1972. IV. 257 – Crim. 9 juin 1980, n° 79-91.758, *Bull. crim.* n° 179; *Rev. huiss.* 1982. 210, note Lescaillon.
3. Crim. 6 nov. 1956, *Bull. crim.* n° 711; *D.* 1957. 38 – Crim. 14 avr. 1961, *Bull. crim.* n° 197.
4. Montpellier, 13 juin 1960, *Gaz. Pal.* 2, *v° Saisie-conservatoire*, n°s 24 à 27.
5. Crim. 8 nov. 1894, *DP* 1896. 1. 55.
6. Crim. 4 nov. 1921, *DP* 1922. 1. 21.
7. Crim. 18 avr. 1961, *Bull. crim.* n° 209.
8. T. corr. Saint-Pôl, 7 sept. 1934, *DH* 1934. 584.
9. Crim. 6 mai 1998, n° 97-82.940, *Bull. crim.* n° 156, *D.* 1998. IR 185.
10. Crim. 7 nov. 1973, n° 72-91.463, *Bull. crim.* n° 406; *D.* 1974. 456, note Robert.
11. Crim. 10 oct. 1974, *Gaz. Pal.* 1975. 1. Somm. 97.
12. Crim. 16 avr. 1980, n° 79-90.615, *Bull. crim.* n° 106.
13. Crim. 19 févr. 1958, *Bull. crim.* n° 170.

suffit pas à caractériser le délit lorsque la saisie ou la nomination du séquestre est postérieure à l'enlèvement de ces objets[1].

Le délit est constitué dès qu'une résistance non motivée et persistante est opposée[2]. Il l'est également, même en l'absence de dissipation lorsque le saisi a déplacé l'objet et s'est opposé à sa représentation afin de faire échec à l'adjudication[3]. Mais le déplacement matériel n'est pas indispensable[4].

716.56 Intention frauduleuse. Le caractère frauduleux du détournement doit être constaté, le saisi devant avoir été de mauvaise foi[5]. L'intention frauduleuse est caractérisée dès lors que le prévenu savait que l'objet détourné par lui avait été placé sous main de justice[6]. Justifient ainsi leur décision, les juges qui relèvent que le prévenu a autorisé le fournisseur d'un mobilier saisi et confié à sa garde, à le reprendre en s'abstenant volontairement de lui faire connaître l'existence de la saisie dont il était frappé[7]. À noter que le paiement postérieur au détournement ne fait pas disparaître le délit ni le préjudice en résultant lequel ne se confond pas avec la créance préexistante. Cette solution adoptée à propos du gage est transposable aux biens saisis[8].

SECTION 3
VENTE AUX ENCHÈRES

§ 1
Acteurs de la vente

716.61 Agent chargé de la vente. C'est un officier ministériel habilité par son statut à procéder à des ventes aux enchères publiques de meubles corporels et, dans les cas prévus par la loi, un courtier assermenté (C. pr. exéc., art. R. 221-37 et R. 221-38). Les officiers ministériels habilités sont les commissaires-priseurs, les huissiers de justice et les notaires.

Le choix du lieu de la vente et par conséquent, de l'officier auquel elle est confiée appartient au créancier, sous réserve des conditions prescrites par l'article 3 de l'ordonnance du 26 juin 1816 instituant les commissaires-priseurs et de la compétence territoriale de l'officier ministériel (C. pr. exéc., art. R. 221-33). À noter que lorsque l'officier ministériel a été désigné dans le dispositif de la décision ordonnant la vente, le JEX ne peut lui substituer un autre officier ministériel[9].

L'agent chargé de la vente ne peut se rendre adjudicataire, sous peine de nullité de la vente, ni par lui-même ni par personne interposée (C. civ., art. 1596).

La loi n° 2000-642 du 10 juillet 2000[10] sépare désormais nettement les ventes volontaires de meubles aux enchères publiques qui sont organisées et réalisées par des opérateurs exerçant à titre individuel ou sous la forme juridique de leur choix (C. com., art. L. 321-2[11]), des prisées et ventes judiciaires aux enchères publiques qui relèvent exclusivement des commissaires priseurs judiciaires dont le statut est fixé par l'ordonnance n° 45-2593 du 2 novembre 1945[12], ainsi que des autres officiers publics ou ministériels et des personnes légalement habilitées (L. 10 juill. 2000, art. 29, non codifié).

Sont considérés comme judiciaires, les ventes de meubles aux enchères publiques prescrites par la loi ou par décision de justice, ainsi que les inventaires et prisées correspondants (L. 10 juill. 2000, art. 29).

Les officiers publics ou ministériels compétents pour procéder aux ventes judiciaires de meubles engagent leur responsabilité au cours ou à l'occasion de ces ventes, conformément aux règles applicables à celles-ci. Les clauses qui visent à écarter ou à limiter cette responsabilité sont interdites et réputées non écrites. Les actions en responsabilité civile précitées se prescrivent par cinq ans à compter de l'adjudication ou de la prisée (C. com., art. L. 321-17[13]). Les actions en cours à la date de la promulgation de la loi du 10 juillet 2000 se prescrivent par dix ans à compter de cette date, à moins que la prescription ne soit acquise, selon les règles applicables antérieurement, avant le délai précité (L. 10 juill. 2000, art. 52).

716.62 Commissaires-priseurs judiciaires. Les commissaires-priseurs peuvent exercer leurs fonctions sur tout le territoire national à l'exception des villes où il réside un mont-de-piété, des départements du Bas-Rhin, du Haut-Rhin et de la Moselle, des territoires d'outre-mer et les collectivités terri-

1. T. corr. Seine, 4 juill. 1946, *D.* 1946. 355.
2. Crim. 6 nov. 1956, *Bull. crim.* n° 711.
3. Crim. 20 juin 1963, *Bull. crim.* n° 218.
4. À propos des éléments d'un fonds de commerce vendus avec celui-ci à l'insu du créancier : Crim. 1er avr. 1954, *Bull. crim.* n° 137.
5. Crim. 15 avr. 1930, *Bull. crim.* n° 128 – Crim. 17 juill. 1931, *Bull. crim.* n° 206.
6. Crim. 28 avr. 1982, n° 81-90.839, *Bull. crim.* n° 107.
7. Crim. 10 oct. 1973, *Gaz. Pal.* 1974. 1. 8.
8. Crim. 16 mai 2001, n° 00-84.780, *Bull. crim.* n° 125.
9. Paris, 17 oct. 1995, *Rev. huiss.* 1996. 375.
10. L. n° 2000-642, 10 juill. 2000, portant réglementation des ventes volontaires de meubles aux enchères publiques, *JO* 11 juill., p. 10474.
11. L. 10 juill. 2000, anc. art. 2.
12. Ord. n° 45-2593, 2 nov. 1945, statut des commissaires-priseurs, *JO* 3 nov., p. 7164.
13. L. 10 juill. 2000, anc. art. 30.

toriales de Mayotte et de Saint-Pierre-et-Miquelon (Ord. 26 juin 1816, art. 3, al. 1er).

Dans les villes où il existe des monts-de-piété, des commissaires-priseurs spécialement choisis parmi ceux résidant dans ces villes, par les administrateurs de ces établissements publics, sont exclusivement chargés de toutes les opérations de prisées et de ventes (Ord. 26 juin 1816, art. 5, al. 1er).

La compétence générale sur le territoire national est toutefois limitée aux ventes occasionnelles. Les commissaires-priseurs ne peuvent procéder à titre habituel, à des ventes publiques aux enchères de meubles en dehors du siège de leur office et, le cas échéant, d'un bureau annexe attaché à celui-ci.

Les autres officiers publics ou ministériels habilités, peuvent procéder à de telles ventes dans leur ressort d'instrumentation, à l'exception des communes où est établi un office de commissaire-priseur (Ord. 26 juin 1816, art. 3, al. 2 et 3).

716.63 Huissiers. Les huissiers de justice peuvent procéder aux prisées et aux ventes publiques de meubles en vertu de l'article 19 du décret du 29 février 1956. Ils doivent alors se conformer aux lois et règlements relatifs aux commissaires priseurs, mais sous le contrôle de la Chambre départementale des huissiers (Décr. 29 févr. 1956, art. 19). Le droit de se livrer à cette activité concurremment entre eux, ne leur est ouvert que dans les lieux où il n'est pas établi de commissaire-priseur (Ord. 2 nov. 1945, art. 1er) et dans les limites de leur ressort territorial qui était celui du tribunal d'instance jusqu'au 31 décembre 2008, et qui est désormais celui du TGI depuis le 1er janvier 2009 (Décr. 29 févr. 1956, art. 5, mod. par Décr. 11 mai 2007[1]).

Les huissiers ne peuvent prétendre à l'encontre des notaires au monopole exclusif des ventes sur saisie-exécution[2].

716.64 Notaires. Ils peuvent procéder à des ventes de meubles dans les communes où il n'existe pas de commissaire-priseur. Ils sont en effet compétents, comme tous les autres officiers ministériels, pour procéder aux ventes publiques de meubles (CGI, art. 871). La jurisprudence leur reconnaît également compétence pour les ventes publiques forcées en excluant, en la matière, tout monopole des huissiers de justice[3].

716.65 Courtiers de commerce. Les courtiers assermentés peuvent être désignés pour procéder aux ventes publiques aux enchères de marchandises en gros ayant fait l'objet d'une saisie administrative ou judiciaire (Décr. 29 avr. 1964, art. 17). Ils sont compétents sur tout le territoire national, dans la branche d'activité correspondant à leur spécialité professionnelle (Décr. 29 avr. 1964, art. 9 et 14).

La loi n° 2000-642 du 10 juillet 2000 portant réforme des ventes aux enchères publiques, n'a pas remis en cause la compétence particulière des courtiers assermentés (L. 10 juill. 2000, art. 58), notamment pour la réalisation des biens gagés (C. com., art. L. 521-3).

§ 2
Déroulement des enchères

716.71 Modalités de la vente. Les textes ne prévoient aucun formalisme particulier pour le déroulement des enchères. La vente publique est ouverte à tout enchérisseur, lequel doit avoir libre accès au local où elle se déroule.

716.72 Organisation des enchères. L'officier public vendeur a toute liberté pour déterminer l'ordre dans lequel les objets doivent être proposés, fixer leur mise à prix, apprécier le temps pendant lequel une enchère peut rester sans être couverte. Aucun système de chronométrage n'est imposé. L'officier vendeur assure la police et liberté des enchères. Il doit aussi garantir la régularité de la vente, notamment en obtenant les certificats de conformité exigés par la réglementation applicable à la commercialisation du bien concerné et ce, même si elle a été ordonnée par autorité de justice[4].

716.73 Adjudication. Il n'est pas nécessaire de passer par l'intermédiaire d'un avocat pour se porter enchérisseur. Les intéressés peuvent enchérir directement, verbalement ou par geste (hochement de la tête).

L'agent chargé de la vente, s'il ne peut enchérir pour lui-même, est autorisé à le faire pour le compte d'autrui. Chaque offre nouvelle anéantit l'offre inférieure qui ne peut plus renaître. L'adjudication est faite au plus offrant, après trois criées (C. pr. exéc., art. R. 221-38). C'est celui qui a porté la dernière enchère qui est déclaré adjudicataire et toute offre, même supérieure, formulée après cette déclaration est inopérante. À noter que la dernière enchère n'est pas, à elle seule, translative de propriété; c'est le mot « adjugé » qui opère ce transfert.

716.74 Paiement du prix. Le prix est payable comptant (C. pr. exéc., art. R. 221-38), ce qui suppose un règlement en espèces ou par carte bancaire.

1. Décr. n° 2007-813, 11 mai 2007, modifiant la compétence territoriale des huissiers de justice, *JO* 12 mai, n° 110, p. 8712.
2. Poitiers, 9 janv. 1911, *DP* 1913. 2. 110.
3. Poitiers, 9 janv. 1911, préc.
4. Com. 9 janv. 2001, n° 97-17.599, *Bull. civ.* IV, n° 2; *D.* 2001. 3071, note Crevel.

La remise d'un chèque ne vaut pas paiement immédiat et son acceptation par l'officier vendeur est à ses risques et périls. Il devra payer le prix de ses propres deniers si l'effet n'est pas provisionné, puisqu'il est responsable de la représentation du prix (C. pr. exéc., art. L. 221-4, al. 2).

À noter que la délivrance de la chose à l'adjudicataire fait présumer le paiement et prive le commissaire-priseur de l'action en paiement[1].

716.75 Folle enchère. Faute de paiement, l'objet est revendu à la folle enchère de l'adjudicataire (C. pr. exéc., art. R. 221-37 et R. 221-38). Il s'agit d'une résolution de plein droit. Le bien est aussitôt remis en vente, la mise à prix étant du montant de la folle enchère. Si celui-ci est revendu pour une somme inférieure, le premier adjudicataire ayant refusé de payer comptant est redevable de la différence à titre de dommages-intérêts[2]. Le commissaire-priseur n'est pas responsable de cette différence de prix[3].

716.76 Arrêt de la vente. L'agent habilité à procéder à la vente arrête les opérations lorsque le prix des biens vendus atteint un montant suffisant pour payer en principal, intérêts et frais, les créanciers saisissants et opposants (C. pr. exéc., art. L. 221-4). Il est en effet inutile et préjudiciable au débiteur de vendre plus que nécessaire.

C'est au commissaire-priseur de décider du moment où les opérations doivent être arrêtées en comptabilisant les sommes dues aux créanciers saisissants (et opposants qui se sont manifestés avant la vérification des biens). La jurisprudence antérieure à la réforme estimait qu'il avait une marge d'appréciation de la valeur des biens saisis. Elle retenait une marge d'un tiers du produit de la saisie sur ses causes[4].

716.77 Procès-verbal de vente. L'officier ministériel doit dresser un acte de vente qui contient la désignation des biens vendus, le montant de l'adjudication et l'énonciation déclarée du nom et prénom des adjudicataires (C. pr. exéc., art. R. 221-39).

716.78 Indication de l'identité de l'acquéreur. Elle permet à chaque adjudicataire de justifier de son droit de propriété sur le bien et, le cas échéant, d'exercer son droit de rétention en cas de revendication par l'ancien propriétaire dépossédé par la perte ou le vol.

À noter que les dispositions légales et réglementaires ne font pas obligation au commissaire-priseur de vérifier l'identité de l'acheteur et la mention du nom de celui-ci sur le procès-verbal d'adjudication ne vaut pas jusqu'à inscription de faux. Il s'ensuit que la partie poursuivie pour être inscrite comme adjudicataire sur l'acte peut prouver par tout moyen qu'elle n'a pas manifesté sa volonté d'acquérir[5].

716.79 Indication de la nature du bien et du montant de l'adjudication. Elle facilite la détermination, lors de la distribution des deniers, des sommes sur lesquelles devront s'exercer les privilèges invoqués par certains créanciers (gagiste, vendeur d'effets mobiliers impayés, bailleur, Trésor, aubergiste, voiturier, *etc.*)[6].

SECTION 4
CONSÉQUENCES DE LA VENTE

716.81 Représentation du prix par l'officier vendeur. Il est responsable de la représentation du prix de la vente (C. pr. exéc., art. L. 221-4, al. 2). Il peut donc être tenu, sur le fondement de ce texte, d'indemniser les créanciers lorsqu'il a accepté de consentir un délai à l'adjudicataire pour le paiement du prix, ou de recevoir un chèque sans provision. Il a été jugé que le commissaire-priseur ne peut s'exonérer qu'en rapportant la preuve que les délais de paiement ont été accordés à l'adjudicataire à la demande expresse du vendeur et sous sa seule responsabilité[7]. En l'absence d'une telle demande, il le fait à ses risques et périls même si l'acheteur est connu de lui[8]. En cas de défaut de versement par l'acquéreur, l'action du créancier vendeur contre le commissaire-priseur doit prendre la forme d'une demande en paiement de dommages-intérêts et non en paiement du prix non réglé, le procès-verbal d'adjudication n'ayant pas eu pour effet de mettre à sa charge une obligation de nature contractuelle[9]. La prescription de l'action en responsabilité est de dix ans à compter de l'adjudication (v. s[s] n° 716.61).

716.82 Transfert de propriété. L'adjudicataire devient propriétaire du bien. L'annulation posté-

1. Civ. 1re, 4 nov. 1970, n° 69-13.044, *Bull. civ.* I, n° 297.
2. Civ. 19 mai 1886, *S.* 1886. 1. 263 – Civ. 2e, 12 juin 2003, n° 01-13.069, *Bull. civ.* II, n° 193; *D.* 2003. IR 2054, ndlr.
3. TGI Paris, 3 juin 1982, *Journ. commissaires-priseurs* 1982. 177.
4. Civ. 2e, 3 juill. 1953, *Bull. civ.* II, n° 228.
5. Civ. 1re, 10 févr. 1998, n° 96-11.868, *Bull. civ.* I, n° 54; *JCP* 1998. IV. 1713.
6. Sur la responsabilité civile du commissaire-priseur en cas d'erreur sur la description des objets mis en vente : S. Crevel, « Le commissaire-priseur face à ses responsabilités », *Rev. huiss.* 1998. 1153.
7. Paris, 26 mai 1937, *DH* 1937. 369.
8. Versailles, 22 oct. 1984, *Gaz. Pal.* 1985. 1. 13, note Damien.
9. Civ. 1re, 30 juin 1998, n° 96-19.631, *Bull. civ.* I, n° 230; *Gaz. Pal.* 1998. Pan. 308.

rieure de la saisie n'a pas pour effet de remettre en question le transfert de la propriété, le débiteur pouvant seulement réclamer la restitution du produit de la vente (C. pr. exéc., art. R. 221-54, al. 2). L'adjudicataire ne peut être évincé, s'il est entré en possession, que par un propriétaire victime d'un vol ou d'une perte, à condition que celui-ci lui rembourse le prix que le bien lui a coûté. Il en est ainsi même si le revendiquant est un bailleur d'immeuble invoquant le privilège que lui accorde l'article 2332 du Code civil[1], sur les meubles déplacés sans son consentement (C. civ., art. 2277, al. 1er et 2 [anc. art. 2280]). Il peut cependant opposer au propriétaire originaire son droit de rétention jusqu'au remboursement du prix.

La procédure de saisie s'achève par la vente des biens saisis qui fait sortir ceux-ci du patrimoine du débiteur. C'est la vente effective et non le procès-verbal de vérification des biens qui marque le terme de la mesure d'exécution[2]. Par conséquent, tant que la vente n'est pas consommée, la règle de la suspension des poursuites individuelles doit s'appliquer en cas de survenance d'une procédure collective[3]. Par la vente du bien, la saisie produit un effet attributif qui, s'il intervient avant le jugement d'ouverture, fait obstacle à la règle de l'arrêt des voies d'exécution et celle de la caducité des procédures de distribution n'ayant pas produit cet effet attributif antérieurement à la décision de sauvegarde ou de redressement tels que prévus par les articles L. 622-21 (II) et R. 622-19 (al. 1) du Code de commerce[4].

1. C. civ., anc. art. 2102 (mod. par Ord. n° 2006-346, 23 mars 2006).

2. Civ. 2e, 19 mai 1998, n° 96-12.944, *Bull. civ.* II, n° 161; *D.* 1998. 405, concl. Tatu.
3. V. AUSSI : Com. 2 févr. 1999, n° 96-17.517, *Bull. civ.* IV, n° 36; *D.* 1999. IR 63.
4. Com. 27 mars 2012, n° 11-18.585, *Bull. civ.* IV, n° 69; *D.* 2012. 942, obs. Lienhard; *Dict. perm. diff. entreprises, Bull.* n° 336, obs. Bémery; *Act. pr. coll.* 2012, p. 141, obs. Cagnoli.

CHAPITRE

717. Distribution du prix des opérations de la vente amiable ou forcée

RENÉ LAUBA
MAGISTRAT HONORAIRE

SECTION 0 ORIENTEUR

717.00 Plan du chapitre.

717.01 Textes applicables.
C. pr. exéc., art. L. 221-4 à L. 221-6.

717.03 Bibliographie indicative.
Actualisable. Rép. pr. civ., *v° Saisie-vente*, par N. Fricero, déc. 2011 [màj juin 2012], n°s 116 à 162.
Ouvrages. A. LEBORGNE, *Droit de l'exécution*, 2e éd., « Précis », Dalloz, 2014, [distribution du produit de la vente d'un bien meuble], n°s 1728-1754 – R. PERROT et PH. THÉRY, *Procédures civiles d'exécution*, 3e éd., Dalloz, 2013, [répartition des deniers], n°s 751-763.

SECTION 1 INSAISISSABILITÉ DU PRIX

717.11 Sauf disposition contraire, il ne peut être procédé à aucune saisie sur le prix de la vente (C. pr. exéc., art. L. 221-4, al. 2). Il s'agit d'éviter qu'un *outsider* procédant par voie de saisie-attribution ou d'avis à tiers détenteur, ne se fasse attribuer le produit de la vente amiable ou de l'adjudication, en ruinant ainsi les efforts de ceux qui, jusque-là, ne pouvaient compter que sur les meubles corporels pour recouvrer leur créance. Il faut toutefois préciser que le produit de la vente peut être distrait au profit d'un tiers qui justifie être propriétaire du bien vendu si sa demande est formée avant sa distribution aux créanciers (v. s^{s} n° 719.46).

SECTION 2 RÉPARTITION DU PRIX

717.21 Personnes admises à participer à la distribution du prix. Seuls sont admis à faire valoir leurs droits sur le prix de la vente, les créanciers saisissants ou opposants qui se sont manifestés avant la vérification des biens et ceux qui, avant la saisie, ont procédé à une mesure conservatoire sur les mêmes biens (C. pr. exéc., art. L. 221-5). En cas de vente amiable, seuls les créanciers qui ont réagi avant la consignation du prix qui opère transfert de propriété et distraction du bien de l'assiette de la saisie, devraient pouvoir participer à la distribution du prix.

En cas de concours entre les créanciers, l'agent chargé de la vente propose une répartition amiable entre eux. À défaut d'accord, il consigne les fonds et saisit le juge de l'exécution à l'effet de procéder à la répartition du prix (C. pr. exéc., art. L. 221-6).

Ces dispositions s'appliquent lorsque le produit de l'adjudication est insuffisant pour les désintéresser tous. Ils doivent alors contribuer à la perte, chacun à proportion du montant de sa créance, sauf à invoquer une cause légitime de privilège (v. s^{s} n°s 1500.00 s.).

CHAPITRE

718. Incidents de saisie : opposition des créanciers

René LAUBA
Magistrat honoraire

SECTION 0 Orienteur

718.00 **Plan du chapitre.**

718.01 **Textes applicables.**
C. pr. exéc., art. L. 111-7, L. 121-2, L. 142-3, L. 221-1 à L. 221-5, R. 141-4, R. 221-1 à R. 221-3, R. 221-12, R. 221-16, R. 221-23, R. 221-31, R. 221-41 à R. 221-48.

718.03 **Bibliographie indicative.**
Actualisables. Rép. pr. civ., *v° Saisie-vente*, par N. Fricero, déc. 2011 [màj juin 2012], n°s 166 à 183 – *J.-Cl. Form.*, *v° Saisie-vente*, fasc. 50, Incidents, par J. Beauchard – *J.-Cl. Pr. civ.*, *v° Saisie-vente*, fasc. 2350, Incidents.

Ouvrages. A. Leborgne, *Droit de l'exécution*, 2e éd., « Précis », Dalloz, 2014, [incidents de la saisie-vente : opposition-jonction des créanciers], n°s 1452-1463 – R. Perrot et Ph. Théry, *Procédures civiles d'exécution*, 3e éd., Dalloz, 2013, [incidents de la saisie-vente : opposition des créanciers], n°s 651-657.

718.04 **Nature et compétence.** La saisie-vente ne crée aucun privilège au profit du créancier premier-saisissant (v. s^s n° 714.71). Il est donc permis aux créanciers postérieurs de se joindre à la saisie déjà faite pour participer aux fruits qu'elle aura produits et même de l'enrichir, en y ajoutant d'autres biens. Les rapports entre ces créanciers concurrents qui peuvent parfois se trouver en opposition d'intérêts, sont réglementés dans la partie réglementaire du Code des procédures civiles d'exécution. Toutefois, cette concurrence ne retarde pas le cours des opérations car le règlement des conflits éventuels, le plus souvent nés de l'invocation d'un privilège, est différé jusqu'à la distribution des deniers, l'opposition donnant seulement à l'intervenant le droit de surveiller la procédure.

SECTION 1 Généralités

718.11 **Saisie sur saisie ne vaut.** Cet adage signifie que les biens saisis ne peuvent l'être une seconde fois par une saisie distincte. Le nouveau créancier ou le créancier originaire qui veut recouvrer une nouvelle créance, peut seulement se joindre à la première saisie par une opposition qui lui permet de participer à la distribution du prix de la vente[1]. Mais l'adage ne fait pas obstacle à l'extension de l'assiette de la saisie initiale à des biens qui n'y étaient pas compris, par l'établissement d'un inventaire complémentaire.

718.12 **Auteur de l'opposition.** L'opposition peut émaner d'un nouveau créancier qui se présente pour saisir les mêmes biens que ceux objet de la saisie originaire. Il peut en profiter pour y ajouter de nouveaux biens que son prédécesseur n'avait pas découverts ou qui ne se trouvaient pas encore dans le patrimoine du débiteur lors de la première mesure. Il n'y a pas d'abus pour un nouveau créancier, à saisir des meubles déjà rendus indisponibles par un prédécesseur[2].

Elle peut aussi émaner du créancier premier saisissant s'il veut assurer le recouvrement d'une nouvelle créance, non visée par le commandement rela-

1. Paris, JEX, 15 janv. 1996, *Juris-Data* n° 042636.
2. TGI Rennes, JEX, 21 juin 1994, *Rev. huiss.* 1995. 1270.

tif à la mesure initiale ou étendre l'assiette de celle-ci à d'autres biens.

718.13 Information de l'opposant. L'article R. 141-4 C. pr. exéc. met à la charge du débiteur dont les biens sont déjà saisis, un devoir général d'information qui l'oblige à faire connaître à tout nouveau créancier saisissant les mêmes biens, l'existence d'une saisie antérieure ainsi que l'identité de celui qui y a procédé. Il est également tenu de lui communiquer l'acte de saisie. Ce devoir d'information qui pèse également sur le tiers, doit être rappelé aux intéressés par l'huissier qui pratique une saisie-vente, verbalement s'ils sont présents aux opérations (C. pr. exéc., art. R. 221-15 et R. 221-21) et par écrit dans l'acte leur signifiant la saisie, s'ils sont absents (C. pr. exéc., art. R. 221-18 et R. 221-25). C'est donc le plus souvent à l'occasion d'une tentative de saisie que les nouveaux créanciers apprendront l'existence d'une saisie antérieure. Dans cette hypothèse, qui sera la plus fréquente, l'article R. 221-44 C. pr. exéc. prévoit que le créancier auquel le débiteur présente l'acte établi lors de la précédente saisie procède par voie d'opposition et peut pratiquer sur-le-champ une saisie complémentaire. Il doit concrètement convertir en acte d'opposition le procès-verbal préparé à l'avance.

En pratique rares seront les cas dans lesquels un nouveau créancier saura à l'avance qu'il devra procéder par voie d'opposition et préparer, *ab initio*, un projet d'acte comportant les mentions particulières prévues par l'article R. 221-42 C. pr. exéc. Il pourra notamment connaître l'existence de la première mesure s'il a recours au même huissier que le créancier originaire.

S'il s'avère que le débiteur garde le silence et laisse le nouveau créancier saisir des biens précédemment appréhendés, le procès-verbal dressé à cette occasion ne devrait pas être nul mais vaudrait comme acte d'opposition et, le cas échéant, comme inventaire complémentaire.

SECTION 2
CONDITIONS ET FORMALITÉS

718.21 Condition de recevabilité. Aucune opposition ne peut être reçue après la vérification des biens (C. pr. exéc., art. R. 221-41, al. 2). Le créancier saisissant ou opposant qui se manifeste après l'acte de vérification n'est pas admis à faire valoir ces droits sur le prix de la vente (C. pr. exéc., art. L. 221-5).

718.22 Condition de fonds. Selon l'article R. 221-41 alinéa 1er C. pr. exéc., tout créancier réunissant les conditions prescrites par l'article L. 221-1 du même code, peut se joindre à une saisie déjà pratiquée au moyen d'une opposition, en procédant au besoin à une saisie complémentaire.

718.23 Titre exécutoire constatant une créance liquide et exigible. La référence à l'article L. 221-1 C. pr. exéc. suppose donc que le créancier opposant doit détenir un titre exécutoire constatant une créance liquide et exigible. Elle exclut par conséquent, toute possibilité pour celui qui ne justifie pas d'un tel titre, de faire opposition même à titre conservatoire. Seul le créancier qui aurait pratiqué une saisie conservatoire avant le procès-verbal de saisie-vente du premier saisissant, pourra participer à la distribution des deniers (C. pr. exéc., art. L. 221-4).

718.24 Subsidiarité. Bien que l'article R. 221-41 C. pr. exéc. ne fasse pas référence à l'article L. 221-2 du même code, on doit considérer que l'opposition (ou la saisie complémentaire), pour le recouvrement d'une créance autre qu'alimentaire inférieure à 535 euros[1] (selon Décr. n° 2001-373, 27 avr. 2001, art. 3 IV) ne peut être pratiquée, dans un local servant à l'habitation du débiteur, qu'avec l'autorisation préalable du juge de l'exécution (JEX) ou que si aucune mesure d'exécution n'est possible sur les salaires ou sur les comptes bancaires du débiteur.

Le principe de subsidiarité adopté par l'article L. 221-2 C. pr. exéc. a une portée générale et s'applique aussi bien à la saisie initiale qu'à la saisie complémentaire.

718.25 Formalités préalables. (v. ss nos 718.26 et 718.27).

718.26 Commandement. La référence aux conditions prescrites par l'article L. 221-1 C. pr. exéc. peut donner à penser de prime abord, que l'acte d'opposition doit être précédé d'un commandement délivré huit jours à l'avance et comportant les mentions requises par l'article R. 221-1 C. pr. exéc. Cependant, la lecture de l'article R. 221-42 du même code énumérant les mentions obligatoires de l'acte d'opposition pourrait laisser penser le contraire. Ces mentions sont justement celles prescrites pour le commandement de payer, notamment l'indication du décompte détaillé de la créance en principal et accessoires, y compris le taux d'intérêt appliqué. Ces informations qui ne sont pas exigées par les articles R. 221-16 et R. 221-23 C. pr. exéc. pour l'acte de saisie-vente initial, n'auraient pas besoin de figurer dans l'acte d'opposition si celui-ci devait être précédé par un commandement de payer.

Il convient en outre de relever que lorsque l'opposition émane du créancier originaire qui

1. Anc. 3 500 F.

entend augmenter, en saisissant de nouveaux biens, ses chances de recouvrer les sommes réclamées dans le commandement afférent à la saisie initiale, on voit mal l'intérêt de le contraindre à réitérer celui-ci et ce, alors même qu'il a une durée de validité de deux ans.

En fait, le commandement de payer préalable, qui a pour seul objet de ménager au débiteur une ultime chance d'éviter la saisie par un règlement immédiat total ou partiel, deviendrait inutile lorsque cette saisie est déjà pratiquée. C'est un constat du même ordre qui a conduit le législateur, en matière de saisie des rémunérations, à limiter la tentative de conciliation devant le juge d'instance à la seule saisie initiale, en l'excluant en cas d'intervention ultérieure (C. trav., art. R. 3252-30).

Quoi qu'il en soit, la question présente un intérêt limité en pratique car la plupart des créanciers opposants auront déjà délivré leur commandement lorsqu'ils apprendront l'existence de la saisie antérieure (sauf à le convertir en acte d'opposition en cas de découverte de la première saisie à ce stade).

Il reste cependant que l'article L. 142-3 C. pr. exéc. dont la portée est générale, dispose que la pénétration dans un lieu servant à l'habitation ne peut se faire qu'à l'expiration d'un délai de huit jours à compter d'un commandement de payer. Certains commentateurs pensent d'ailleurs que la référence à l'article L. 221-1 C. pr. exéc. oblige le créancier opposant à délivrer ce commandement au débiteur, avec toutes les mentions d'informations obligatoires requises par l'article R. 221-1 C. pr. exéc. Il considère que cette formalité est notamment indispensable lorsqu'il s'agit d'ajouter une nouvelle créance à celle déjà garantie par la saisie initiale. Elle le serait tout autant lorsque l'opposition vise à étendre la mesure à d'autres biens, car il s'agit en fait d'une nouvelle saisie.

Quoi qu'il en soit, si la nouvelle créance est inférieure à 535 euros, il faudra sans doute délivrer, dans le cadre de la mise en œuvre du principe de subsidiarité, le commandement-injonction prévu par l'article R. 221-3.

718.27 Autorisation de pénétrer dans l'habitation d'un tiers. Il faudra également solliciter au préalable, l'autorisation du JEX si la mesure doit être pratiquée dans le local d'habitation d'un tiers. En effet, l'opposition-jonction comme l'inventaire complémentaire vont nécessairement le troubler à nouveau dans l'intimité de sa vie privée et ce, de la même manière que l'avait fait la saisie initiale. Il n'y a donc pas de raison, alors qu'il est étranger aux relations existant entre le créancier opposant et le débiteur, de supprimer en l'occurrence l'autorisation préalable du JEX.

SECTION 3
MISE EN ŒUVRE

718.31 Opposition-jonction. Elle consiste à se joindre à une saisie déjà faite.

718.32 Forme et mentions. L'opposition est formée par un acte d'huissier qui contient à peine de nullité, l'indication du titre exécutoire en vertu duquel elle est formée, le décompte distinct des sommes réclamées en capital, frais et intérêts échus, avec mention du taux appliqué (C. pr. exéc., art. R. 221-42, al. 1er).

L'huissier n'a donc pas à dresser un nouvel inventaire des biens déjà saisis avant son intervention. Toutefois, l'inventaire précédemment établi doit avoir été dressé à l'occasion d'une saisie-vente et non d'une procédure collective. Ainsi, un procès-verbal de récolement établi à partir d'un inventaire dressé dans le cadre d'une procédure collective a été jugé irrégulier dès lors que ce procès-verbal ne se référait pas à un acte de saisie antérieure[1].

718.33 Signification au premier saisissant. Cette formalité est nécessaire car le créancier premier saisissant a intérêt à connaître l'intervention du nouveau créancier afin de pouvoir en tenir compte lors de la distribution du prix. Il doit aussi être informé de l'opposition-jonction de ce concurrent pour pouvoir vérifier sa régularité et demander, le cas échéant, son annulation au JEX. Le créancier premier saisissant peut ainsi contester la validité de l'acte d'opposition au motif qu'il ne mentionne pas les références précises des titres exécutoires (numéros d'articles et date de mise en recouvrement des rôles d'imposition) fondant les poursuites engagées par le Trésor public. Toutefois, cette irrégularité peut être couverte par la production de ces titres en cours d'instance, dès lors que ceux-ci indiquent la base, la nature, le montant de chaque imposition ainsi que la date de sa mise en recouvrement[2]. Bien évidemment, cette information est sans objet si l'opposition émane du premier saisissant qui entend ajouter une nouvelle créance ou saisir de nouveaux biens (C. pr. exéc., art. R. 221-42, al. 2).

718.34 Signification au débiteur. Celui-ci a également intérêt à être informé pour le cas où il aurait des motifs de contestation à faire valoir (C. pr. exéc., art. R. 221-42, al. 2).

718.35 Extension de la saisie initiale. Tout créancier opposant peut étendre la saisie initiale à

1. TGI Périgueux, JEX, 17 févr. 1994, *D.* 1994. Somm. 344, obs. Julien.
2. Com. 3 mars 2004, n° 01-12.450, NP; *Dr. et proc.* 2004. 178.

d'autres biens qui n'y étaient pas compris. Ces derniers peuvent avoir été omis dans l'inventaire dressé par le premier saisissant en raison, soit de leur dissimulation par le débiteur, soit de leur entrée dans son patrimoine à une date ultérieure. C'est par l'examen de l'inventaire initial remis par le débiteur que l'huissier peut déterminer les nouveaux effets mobiliers à saisir.

718.36 Inventaire complémentaire. L'extension de la saisie initiale prend la forme d'un inventaire complémentaire dressé dans les conditions des articles R. 221-12, R. 221-16, R. 221-R. 221-43 C. pr. exéc.

Cet inventaire vient s'ajouter à l'acte d'opposition relatif aux biens déjà saisis. Il convient de se reporter à la section relative aux opérations de saisie (v. ss nos 714.01 s. et 714.54) [1].

718.37 Signification de l'inventaire. L'inventaire complémentaire doit être signifié au débiteur et au créancier premier saisissant (C. pr. exéc., art. R. 221-43, al. 2). Mais cette formalité est sans objet si c'est le premier saisissant qui a étendu sa saisie initiale à d'autres biens. L'acte d'opposition et l'inventaire complémentaire seront signifiés séparément s'ils sont établis à des dates différentes. Ils devront l'être en même temps et dans le même exploit, s'ils sont contemporains. L'article R. 221-44 C. pr. exéc. le prévoit d'ailleurs expressément lorsque, à l'occasion d'une saisie, le débiteur présente au créancier l'acte établi lors d'une précédente saisie.

SECTION 4
CONSÉQUENCES DE L'OPPOSITION

718.41 Poursuite de la vente par le seul premier saisissant. L'opposition n'a pas de conséquence fondamentale sur la suite des opérations. « *Le créancier premier saisissant poursuit seul la vente* » (C. pr. exéc., art. R. 221-43 *in fine*). Il s'agit d'une mesure d'ordre et de simplification qui dispense les créanciers opposants de procéder aux formalités préparatoires. Ils peuvent se contenter d'attendre de pouvoir participer à la distribution des deniers tout en surveillant le bon déroulement de la suite des opérations. L'huissier du premier saisissant doit leur communiquer les propositions de vente amiable du débiteur (C. pr. exéc., art. R. 221-31).

718.42 Vente de l'ensemble ou vente séparée. En cas d'extension de la saisie initiale, le créancier premier saisissant procède à la vente de l'ensemble des biens saisis par lui-même et les opposants. Toutefois, la vente forcée de l'ensemble de ces objets ne peut avoir lieu qu'à l'expiration de tous les délais impartis pour leur vente amiable (C. pr. exéc., art. R. 221-45, al. 1er). Le défaut de respect de l'article 122 et notamment, l'enlèvement des biens le jour même de la saisie complémentaire, justifie la restitution de ceux-ci au débiteur [2]. Afin d'éviter des contretemps trop importants, l'article R. 221-45 C. pr. exéc. permet la vente séparée et immédiate, de ceux des biens pour lesquels les délais de vente amiable sont expirés avec l'accord du débiteur ou avec l'autorisation du JEX. Cet accord ou cette autorisation ne sont pas nécessaires si les formalités de publicité avaient déjà été effectuées au moment de l'opposition. Il est en effet normal de ne pas multiplier les débours et d'éviter de faire déplacer inutilement les amateurs déjà avertis par les affiches et annonces.

718.43 Substitution d'un créancier opposant. Lorsque, à l'expiration des délais prévus le créancier premier saisissant fait preuve d'inertie dans la poursuite des opérations, tout créancier opposant peut le sommer de procéder aux formalités de publicité requise et, en cas de persistance, se substituer à lui (C. pr. exéc., art. R. 221-46). Une telle attitude peut être observée lorsque le créancier originaire se rend compte qu'il sera privé par un ou plusieurs créanciers ultérieurs bénéficiant d'un privilège. Le manque de zèle peut aussi s'expliquer par un accord de règlement avec le débiteur qui ne profite pas aux créanciers opposants, lesquels pâtissent, au contraire, du délai octroyé.

718.44 Sommation. Le créancier qui entend être substitué dans les poursuites doit délivrer au premier saisissant une sommation de procéder, dans un délai de huit jours, aux formalités de la mise en vente forcée. À défaut de déférer à cette mise en demeure, l'opposant lui est subrogé de plein droit.

718.45 Remise de pièces. La substitution a pour effet de décharger le créancier originaire de ses obligations et d'investir l'opposant de la conduite des opérations. Le premier saisissant doit mettre les pièces utiles à sa disposition.

SECTION 5
RELATIONS INTER-SAISIES

718.51 Mainlevée et nullité, notions respectives. Il apparaît utile de définir les notions respectives de « mainlevée » et de « nullité », les rédacteurs

1. POUR UNE APPLICATION de ces dispositions, TGI Dijon, 1er févr. 1994, *Rev. huiss.* 1994. 700, obs. Dahan.

2. TGI Dijon, JEX, 15 mars 1994, *Rev. huiss.* 1994. 664.

du décret de 1992 ayant pris soin de réglementer dans deux articles distincts, les conséquences produites par l'une et par l'autre.

La nullité est la sanction d'un vice de forme ou de fond qui fait disparaître rétroactivement l'acte judiciaire ne remplissant pas les conditions requises pour sa validité, tandis que la mainlevée est une conséquence de la volonté du créancier ou de l'ordre du juge qui arrête les effets d'une saisie ou d'une opposition, indépendamment de toute irrégularité formelle ou de toute absence de fondement.

718.52 **Mainlevée de la saisie-vente.** Elle ne peut résulter que d'une décision du juge ou de l'accord du créancier saisissant et des créanciers opposants (C. pr. exéc., art. R. 221-47)[1].

En employant le terme « saisie-vente » et non l'expression « première saisie » comme il l'a fait dans l'article R. 221-48 C. pr. exéc. relatif à la nullité, le réformateur a entendu montrer que la saisie-vente constitue un tout, un ensemble solidaire comportant la saisie initiale, les oppositions et les saisies complémentaires. Sa mainlevée ne peut donc être que globale.

718.53 **Mainlevée judiciaire.** D'une manière générale, la mainlevée ordonnée par le juge est fondée sur la constatation d'un paiement postérieur à la saisie qui rend celle-ci sans objet. Quoique régulière et fondée au moment où elle a été pratiquée, le créancier qui a reçu un paiement intégral ultérieur, n'a plus aucune raison de la laisser persister.

Elle peut être également fondée sur le caractère inutile ou abusif de la saisie (C. pr. exéc., art. L. 111-7 et L 121-2).

Le juge estime que même régulière en la forme et fondée sur un titre exécutoire constatant une créance liquide et exigible, la mesure pratiquée ne peut être maintenue parce qu'elle est superflue ou préjudiciable au débiteur sans intérêt sérieux (saisie de bien sans valeur marchande ou dont la valeur excède de beaucoup le montant de la créance réclamée). S'il est fréquent qu'après avoir annulé une saisie le juge en donne mainlevée, cette disposition apparaît surabondante, la saisie irrégulière ou mal fondée disparaissant, avec tous ses effets, du seul fait de son annulation[2]. Si la cause de mainlevée ne se retrouve que dans la seule saisie initiale, le juge ne doit prononcer qu'une mainlevée partielle laissant subsister la saisie-vente au profit des créanciers opposants qui peuvent la poursuivre jusqu'à son terme.

718.54 **Mainlevée amiable.** Le créancier premier saisissant peut, pour des raisons très diverses (réception d'un paiement postérieur à la saisie, accord de règlement avec le débiteur, reconnaissance de l'irrégularité soulevée par le saisi), accepter de donner mainlevée de la mesure sans attendre la saisine ou la décision du JEX. Cette mainlevée suppose l'accord du créancier saisissant et des créanciers opposants. En effet, le premier saisissant chargé de conduire la suite des opérations pour le compte de tous n'est plus libre de disposer de sa propre saisie. Il peut seulement renoncer à se prévaloir des effets qu'elle a produits à son égard. Mais, il ne peut en donner mainlevée si les autres créanciers déclarent vouloir en profiter. La procédure revêt ainsi un caractère collectif souligné par la plupart des commentateurs. L'accord de l'ensemble des créanciers saisissants et opposants fait donc disparaître la saisie-vente toute entière, saisie initiale, oppositions et saisies complémentaires.

La mainlevée ne se présume pas. Elle doit être formulée d'une manière expresse qu'elle résulte d'une décision unilatérale du saisissant ou d'un accord transactionnel entre le saisissant, les opposants et le débiteur. L'acte de mainlevée n'est cependant soumis à aucune forme de telle sorte que le recours à l'exploit d'huissier n'est pas obligatoire. L'intervention d'un huissier peut s'avérer utile si la situation est complexe (pluralité de créanciers, présence d'un tiers-saisi).

718.55 **Nullité de la saisie initiale.** La saisie-vente devient commune à tous les créanciers qui s'y sont joints par voie d'opposition. Par conséquent, les oppositions qui ne s'expliquent que par la saisie initiale devraient suivre le sort de la mesure principale sur laquelle elles reposent, lorsque celle-ci est annulée. Toutefois pour éviter qu'ils ne pâtissent d'un vice trouvant son origine en dehors de la procédure elle-même, l'article R. 221-48 C. pr. exéc. dispose que « *la nullité de la première saisie n'entraîne pas la caducité des oppositions si ce n'est lorsqu'elle résulte d'une irrégularité dans le déroulement des opérations de saisie* ». Par conséquent si la saisie initiale est annulée pour une cause tenant à l'absence de droits du créancier premier saisissant (parce qu'il a été intégralement réglé par suite d'une compensation ou de la déduction d'un acompte originairement omis, ou parce que son titre exécutoire à titre provisoire a été réformé), les oppositions peuvent lui survivre, la plus ancienne d'entre elles se substituant à la saisie initiale.

En revanche, lorsque l'irrégularité trouve sa source dans le déroulement des opérations de saisie

1. SUR LA NOTION, LA FORME ET LES EFFETS DE LA MAINLEVÉE, v. D. Lebeau, « La mainlevée », *Rev. huiss.* 2004. 249.
2. Civ. 2e, 21 janv. 1998, n° 95-20.114, *Bull. civ.* II, n° 24; *D.* 1999. 233, note Bourdillat; *RTD civ.* 1998. 484, obs. Perrot.

(nullité du procès-verbal pour vice de forme tel que l'absence d'une mention obligatoire, défaut d'accomplissement d'une formalité prescrite, insaisissabilité ou appartenance à un tiers des biens saisis), l'annulation de la première saisie entraîne la caducité des oppositions.

Le commandement de payer n'est pas inclus dans la section II du chapitre I du titre II du Code des procédures civiles d'exécution, dans les opérations de saisie. Dans ces conditions, les irrégularités susceptibles de l'affecter ne peuvent avoir de retentissement sur la validité des oppositions.

Quoi qu il en soit, que la nullité trouve son origine dans la créance du premier saisissant ou dans le déroulement des opérations, elle est dépourvue de conséquences sur la saisie complémentaire à laquelle l'article R. 221-48 alinéa 2 C. pr. exéc. reconnaît un caractère autonome.

CHAPITRE

719. Incidents de saisie : contestation du débiteur ou des tiers

RENÉ LAUBA
MAGISTRAT HONORAIRE

SECTION 0 ORIENTEUR

719.00 **Plan du chapitre.**

719.01 **Textes applicables.**

C. pr. exéc., art. L. 112-2, L. 112-3, L. 122-1; R. 112-2, R. 121-2 à R. 121-5, R. 121-13, R. 121-22, R. 151-1 à R. 151-4, R. 221-1, R. 221-3, R. 221-5, R. 221-16, R. 221-23, R. 221-40, R. 221-48 à R. 221-56, R. 251-1 et R. 442-4.

C. civ., art. 544, 815-17, 1315, 1402, 1538, 1873-3 s., 1873-15, 2276, 2277, 2279 et 2332.

C. pr. civ., art. 112 à 121, 643, 648, 654 s., 788 à 792 et 811.

LPF, art. L. 281-1, L. 283, R.*281-1, R.*281-4, R.*281-5 et R.*283-1.

C. com., art. L. 642-19.

719.03 **Bibliographie indicative.**

Actualisables. Rép. pr. civ., *v° Saisie-vente*, par N. Fricero, déc. 2011 [màj juin 2012], n°s 184 à 200 – *J.-Cl. Not. Form.*, *v° Saisie-vente*, fasc. 50, Incidents, par J. Beauchard – *J.-Cl. Pr. civ.*, *v° Saisie-vente*, fasc. 2350, Incidents, par N. Casal.

Ouvrages. A. LEBORGNE, *Droit de l'exécution*, 2e éd., « Précis », Dalloz, 2014, [incidents de la saisie-vente : contestations], n°s 1464-1474 – R. PERROT et Ph. THÉRY, *Procédures civiles d'exécution*, 3e éd., Dalloz, 2013, [incidents de la saisie-vente : contestations du débiteur ou des tiers], n°s 658-665.

719.04 **Nature et compétence.** Même si le créancier saisissant détient un titre exécutoire, il n'est pas à l'abri des contestations que pourrait élever le débiteur ou des tiers, relativement à la propriété ou à la saisissabilité des biens mis sous main de justice ou encore la régularité formelle de la procédure de saisie. Ces incidents qui entravent parfois le cours des opérations sont également réglementés par le Code des procédures civiles d'exécution. Le débiteur peut en outre solliciter un délai de grâce devant le JEX qui est compétent pour connaître d'une telle demande (C. civ., art. 1244-1 s.; C. pr. exéc., art. R. 121-1, al. 2 - C. mon. fin., art. L. 313-3). Il peut également demander à ce magistrat de réduire ou de l'exonérer de la majoration de 5 % applicable aux intérêts légaux. Le JEX n'a cependant pas le pouvoir d'aménager l'exécution de la décision fondant la poursuite en autorisant la consignation des sommes dues entre les mains d'un séquestre dans l'attente du résultat d'un pourvoi en cassation[1] (v. s^{s} n°s 154.11 s.). Il convient de relever que la vente aux enchères publiques ordonnée

1. Civ. 2e, 16 oct. 2003, n° 01-02.245, *Bull. civ.* II, n° 308.

par le juge-commissaire ne constitue pas une mesure d'exécution forcée dont les contestations relèvent de la compétence du JEX, mais une opération de liquidation des biens du débiteur, prise en application de l'article L. 642-19 du Code de commerce, dans sa rédaction issue de l'ordonnance du 18 décembre 2008 [1].

Selon l'article R. 221-40 C. pr. exéc., la juridiction compétente pour connaître de toutes ces difficultés est le juge de l'exécution (JEX) du lieu de la saisie. Ce texte déroge aux dispositions de l'article R. 121-2 C. pr. exéc. qui permet au demandeur de choisir entre le juge du lieu où demeure le débiteur et celui du lieu d'exécution de la mesure. Il s'agit d'une règle de compétence d'ordre public (C. pr. exéc., art. R. 121-4).

719.05 Objet de la contestation. La contestation peut porter sur la propriété des biens saisis qui peut être déniée par le débiteur ou revendiquée par un tiers. Elle peut porter sur leur saisissabilité, le débiteur invoquant une immunité réelle fondée sur leur affectation, leur nature ou leur utilité professionnelle. Elle peut également concerner la validité de la mesure dont on prétend qu'elle est entachée d'un vice de forme ou de fond. Elle peut enfin avoir pour objet l'obtention d'un délai de paiement. Cette dernière contestation qui est traitée aux n°s 154.11 et suivants ne sera pas examinée ici.

719.06 Effet suspensif. La contestation peut dans certains cas et sous certaines conditions suspendre le cours de la saisie.

719.07 • ***En cas de contestation relative aux biens.*** Selon l'article R. 221-49 C. pr. exéc., les demandes relatives à la propriété ou à la saisissabilité ne font pas obstacle à la saisie, mais suspendent la procédure pour les biens qui en sont l'objet.

Cet effet suspensif qui se produit de plein droit dès l'assignation devant le JEX, a donc une portée limitée. Il ne remet pas en cause la saisie qui poursuit son cours pour les biens non concernés par la contestation et n'empêche pas les nouveaux créanciers de faire opposition. En revanche la demande suspend la procédure pour les biens qui en sont l'objet au stade d'avancement où elle se trouve et fait obstacle, soit à la publicité si elle n'a pas encore été faite, soit à l'enlèvement des biens ou à la vente forcée. Elle suspend aussi le cours du délai prévu par l'article R. 221-23 C. pr. exéc. pour la vente amiable, ainsi que les formalités qui s'y rapportent si elle a été proposée.

C'est la délivrance de l'assignation à la première audience utile, et non son dépôt au greffe, qui suspend la procédure, à charge pour le créancier saisissant qui reçoit cet exploit, d'informer immédiatement l'huissier chargé de l'exécution ou l'officier ministériel chargé de la vente. La vente faite en dépit de cet effet suspensif est entachée de nullité, sous réserve du cas où la demande a été formée *in extremis*.

En cas de saisie pratiquée pour le recouvrement d'une créance d'impôt, la demande du tiers revendiquant suspend également de plein droit les poursuites sur les biens saisis, mais seulement à partir de son dépôt auprès de l'administration fiscale (LPF, art. R.*283-1).

Les demandes relatives à la propriété des biens saisis ne suspendent les opérations que jusqu'à ce que le JEX ait statué. S'il rejette la demande, le créancier est fondé à poursuivre la vente forcée même en cas de recours. En effet, le délai d'appel et l'appel lui-même ne sont pas suspensifs en matière de jugement d'exécution. Seule une décision du premier président prise en vertu de l'article R. 121-22 C. pr. exéc. (anc^t^ Décr. 31 juill. 1992, art. 31) peut produire un tel effet [2].

719.08 • ***En cas de contestation relative à la validité de la saisie.*** Selon l'article R. 221-56 C. pr. exéc., la demande en nullité ne suspend pas les opérations de saisie, à moins que le juge n'en dispose autrement. Le JEX peut ordonner cette suspension si la complexité de l'instance ne lui permet pas de retenir l'affaire immédiatement et s'il lui apparaît, compte tenu des éléments d'ores et déjà fournis que la contestation a des chances d'aboutir. L'article R. 221-56 C. pr. exéc. n'autorise le juge à suspendre les opérations de saisie que jusqu'à ce qu'il statue sur la demande en nullité. Dès lors qu'il s'est prononcé sur cette demande en la rejetant, la suspension devient sans objet et n'a plus à être ordonnée [3].

En revanche, lorsque la saisie est pratiquée par un comptable public, les contestations élevées dans les délais prévus, peuvent avoir des effets suspensifs.

Ainsi l'instance en contestation portant sur le bien-fondé, le montant ou l'exigibilité de la créance (dite opposition à exécution) emporte suspension du recouvrement (créance de l'État non assimilable à l'impôt, Décr. n° 92-1369, 29 déc. 1992, art. 6) ou la force exécutoire du titre (créance des collectivités territoriales ou des établissements publics locaux ou de santé, CGCT, art. L. 1617-5 – et CSP, art. L. 6145-9).

1. Com. 11 févr. 2014, n° 12-26.208, *Bull. civ.* IV, n° 35.

2. Civ. 2e, 27 avr. 2000, n° 98-16.187, *Bull. civ.* II, n° 69; *D.* 2000. IR 158; *JCP* 2000. IV. 1962.
3. Civ. 2e, 20 nov. 2003, n° 01-17.579, *Bull. civ.* II, n° 352; *D.* 2004. 1492, obs. Taormina; *Rev. huiss.* 2004. 160, obs. Salvati.

L'instance ayant pour objet la contestation de la régularité ou de la validité en la forme d'un acte de poursuite (dite opposition à poursuite) suspend le recouvrement (pour les créances de l'État non assimilables à l'impôt, Décr. 29 déc. 1992, art. 6) ou l'effet de l'acte (CGCT, art. L. 1617-5 - et CSP, art. L. 6145-9 - v. s[s] n°s 126.100 s.).

SECTION 1
CONTESTATION RELATIVE À LA PROPRIÉTÉ

719.10 Présentation. Les actions en contestation portant sur la propriété des biens saisis obéissent au même régime en ce qui concerne la preuve du droit de propriété. La procédure à mettre en œuvre est en revanche différente selon que la contestation émane du saisi qui dénie sa qualité de propriétaire ou d'un tiers qui revendique cette qualité. Elle diffère aussi selon que la mesure a été pratiquée par un créancier privé ou par le Trésor public.

§ 1
Preuve de la propriété

A.
Principe et présomptions légales

719.11 Mode de preuve. En matière de propriété mobilière, la preuve est libre. Elle est facilitée par des présomptions légales.

719.12 Principe de la liberté de la preuve. Il est admis d'une manière constante que celui qui se prétend propriétaire d'objets saisis et en demande la distraction, peut administrer la preuve de son droit par tous les moyens, lesquels sont abandonnés à l'appréciation des juges du fond[1].

En l'absence de texte de portée générale, la Cour de cassation a tout d'abord fondé le principe de la liberté de la preuve de la propriété mobilière sur les dispositions de l'article 1315 du Code civil relatives à la preuve des obligations et du paiement, lequel ne privilégie aucun mode particulier[2]. Cependant, la référence à ce texte semblait suggérer qu'il ne pouvait y avoir de propriété mobilière sans paiement. La Haute juridiction a donc récemment abandonné tout renvoi à l'article 1315 du Code civil pour ne viser que l'article 544 du même code qui fonde traditionnellement l'absolutisme du droit de propriété et qui vient aujourd'hui corroborer la liberté de sa preuve[3]. Comme le relève la commentatrice de cette décision, l'article 544 du Code civil est parfaitement muet sur cette question; mais par le renvoi à ce texte, la Cour suprême entend clairement dissocier la preuve du droit de propriété de celles des moyens (actes translatifs ou faits de possession) ayant permis de l'obtenir.

Tous les procédés probatoires sont ainsi admissibles. Compte tenu de la diversité des modes d'acquisition de la propriété mobilière (vente, échange, donation, legs, *etc.*) les moyens de preuve dont dispose le revendiquant sont nécessairement très variés (acte d'achat, testament, possession, présomption de l'homme). Mais il ne peut exister aucune hiérarchie entre ces différents procédés (hiérarchie au sommet de laquelle se trouverait le titre), car il appartient au juge de retenir, dans chaque espèce, celui qui lui apparaît le plus probant.

La loi a cependant mis en relief un mode de preuve particulier qui joue un rôle primordial dans les litiges relatifs à la propriété des meubles corporels saisis.

719.13 Rôle de la possession. « *En fait de meubles, la possession vaut titre.* » Cette maxime contenue dans l'article 2276 alinéa 1er du Code civil, a deux fonctions selon que le revendiquant est un tiers ou l'auteur du possesseur.

719.14 Fonction acquisitive. En matière mobilière, la possession vaut titre de propriété et le possesseur est regardé comme le propriétaire légitime. Il s'ensuit que celui qui a reçu un meuble corporel d'un non-propriétaire en devient cependant propriétaire, le véritable titulaire du droit n'étant pas autorisé à rapporter la preuve contraire. La possession fait ainsi acquérir la propriété et interdit en principe l'action en revendication contre l'acquéreur de bonne foi qui est entré en possession réelle.

La règle ne reçoit d'exception que dans deux cas :

- lorsque le possesseur est de mauvaise foi c'est-à-dire s'il savait que celui qui lui a remis la chose n'en était pas le propriétaire mais un simple détenteur précaire (locataire, dépositaire, emprunteur);
- lorsque le véritable propriétaire a perdu involontairement sa possession à la suite d'une perte ou d'un vol. Il doit agir dans les trois ans de cet événement (C. civ., art. 2276, al. 2 et 2279 [anc. art. 2279, al. 2 et 2280]).

Les points de détail de l'action en revendication sont examinés à propos de la revendication contre

1. Civ. 3e, 20 déc. 1977, n° 76-11.369, *Bull. civ.* III, n° 460; *JCP* 1978. IV. 60 – Civ. 1re, 14 janv. 1959, *JCP* 1959. IV. 23 – SUR L'APPRÉCIATION DES PREUVES PRODUITES : Paris, 8 févr. 1996, *Rev. huiss.* 1996. 501.
2. Civ. 1re, 20 juin 1995, n° 93-15.371, *Bull. civ.* I, n° 271; *D.* 1997. Somm. 21, obs. Robert.
3. Civ. 1re, 11 janv. 2000, n° 97-15.406, *Bull. civ.* I, n° 5; *D.* 2001. 890, note Donnier.

l'acheteur amiable ou l'adjudicataire (v. s[s] n°s 719.47 s. – v. aussi, s[s] n°s 1012.05 s.).

719.15 Fonction probatoire. La maxime signifie également que la possession fait présumer jusqu'à preuve contraire, l'acquisition régulière de la propriété par le possesseur. Cette présomption est opposable au propriétaire (ou aux héritiers de celui-ci) de qui le possesseur prétend tenir son droit. Le revendiquant est autorisé à démontrer que la possession est viciée, notamment par l'équivoque, ou précaire et résulte d'une remise à titre de gage, de dépôt ou de prêt à usage.

C'est surtout cette fonction probatoire qui joue un rôle dans les actions en nullité ou en distraction des biens saisis.

719.16 Rôle des autres présomptions. Outre celle de l'article 2276, le Code civil prévoit d'autres présomptions, notamment en matière de régimes matrimoniaux (C. civ., art. 1538 et 1411) qui peuvent être invoquées par un époux, à l'occasion des contestations relatives à la propriété des biens saisis par les créanciers personnels de son conjoint.

B.
Charge de la preuve

719.20 Charge de la preuve. Elle est induite par la présomption de l'article 2276 et varie selon que les objets litigieux sont ou non entre les mains du tiers qui prétend en être propriétaire et selon que celui-ci cohabite ou non avec le saisi. Ce qui constitue essentiellement le nœud du conflit, c'est la cause en vertu de laquelle le bien se trouve entre les mains du possesseur.

719.21 Biens entre les mains du tiers qui s'en prétend propriétaire. Le tiers qui est en possession des meubles corporels saisis bénéficie de la présomption de l'article 2276, à condition que sa possession soit utile (de bonne foi [1]) et exempte de vice (non équivoque [2]).

Il appartient au créancier de prouver le vice ou la précarité de la possession [3].

Ainsi, le possesseur qui prétend avoir reçu une chose à titre de don manuel bénéficie d'une présomption. C'est donc au créancier qui veut saisir cette chose en prétendant qu'elle appartient au débiteur, de rapporter la preuve de l'absence d'un tel don ou de démontrer que la possession du détenteur ne réunit pas les conditions légales pour être efficace [4]. C'est au jour du prétendu don manuel qu'il convient de se placer pour déterminer si les qualités de la possession permettent de présumer son existence [5].

Il faut notamment que la possession invoquée par le tiers soit exercée à titre de propriétaire, ce qui n'est pas le cas lorsque la détention d'un objet par une personne résulte de ses fonctions salariées [6]. Il y a également détention précaire lorsque le tiers saisi qui se prétend propriétaire exerce une profession dont les usages font présumer la précarité de la remise [7].

719.22 Biens entre les mains du débiteur. Lorsque les biens saisis sont en possession du débiteur parce qu'ils se trouvent dans un local ou sur un terrain lui appartenant ou occupé par lui, il appartient à celui qui en demande la distraction, ou au débiteur lui-même s'il prétend ne pas en être propriétaire, de faire tomber la présomption édictée par l'article 2276 du Code civil. Il doit prouver le vice ou la précarité de la possession, en produisant notamment le contrat de prêt, de location, de dépôt ou de mandat à l'origine de la remise du bien ou encore, le contrat de vente expliquant la perte de la propriété et l'obligation de délivrer.

C'est au tiers qui se prétend propriétaire (ou au débiteur qui dénie cette qualité malgré les apparences), qu'incombe la charge de faire tomber la présomption [3].

La démonstration de la précarité peut être faite par tout moyen. Ainsi, un acte de dépôt produit par le revendiquant peut constituer en lui-même, un élément de preuve de la propriété du mobilier (et de la cause de sa remise), même s'il n'a pas date certaine au jour du procès-verbal de saisie. Il a en a été ainsi à propos d'un inventaire dressé entre le saisi et les revendiquants, n'ayant acquis date certaine que postérieurement au titre exécutoire et d'un document constatant la remise d'une somme au saisi en contrepartie d'une vente, dès lors que celui-ci est dépourvu de date certaine et a été rédigé et signé par les demandeurs à la contestation eux-mêmes [9].

Une collusion frauduleuse est cependant toujours possible entre le débiteur et le revendiquant.

Ainsi, bien que justifiant de son acquisition par la production d'un procès-verbal établi par un commis-

1. Civ. 2e, 18 févr. 1976, n° 74-10.915, *Bull. civ.* II, n° 61.
2. Civ. 2e, 29 janv. 1986, n° 83-16.232, *Bull. civ.* II, n° 3; *D.* 1986. IR 396.
3. Civ. 1re, 8 déc. 1987, n° 86-12.124, *Bull. civ.* I, n° 338.
4. Civ. 1re, 28 avr. 1986, n° 82-16.347, *Bull. civ.* I, n° 106 – Civ. 1re, 30 mars 1999, n° 97-11.948, *Bull. civ.* I, n° 112; *D.* 1999. IR 124.
5. Civ. 1re, 4 avr. 1984, n° 83-10.635, *Bull. civ.* I, n° 130.
6. Soc. 3 janv. 1964, *Bull. civ.* IV, n° 9.
7. POUR DES OBJETS PRÉCIEUX remis à un orfèvre ou à un bijoutier, Com. 25 févr. 1981, n° 79-11.644, *Bull. civ.* IV, n° 107.
8. Paris, 3 oct. 1990, *Gaz. Pal.* 1991. 1. 113, note Frémond.
9. Civ. 1re, 4 nov. 1987, *Gaz. Pal.* 1998. 1. Somm., *v° Saisie*, obs. Véron – *CONTRA* : Limoges, 26 mai 1997, *Rev. huiss.* 1998. 60.

saire-priseur, un revendiquant a été considéré comme étant de collusion avec l'ancien propriétaire, débiteur saisi, dans la mesure où il était resté sans demander la délivrance pendant plus de dix ans en laissant le bien à la disposition du saisi, lequel n'avait jamais cessé de le détenir pour son propre compte[1].

A également été écarté en raison de son caractère suspect, un acte constatant la dation en paiement de divers meubles enregistrée avant la saisie mais après l'émission du titre exécutoire, au motif que les meubles étaient restés en la possession du saisi qui les avait cédés à sa sœur, laquelle ne demeurait pas avec lui[2].

Il faut préciser que, même si le tiers établit son droit de propriété, notamment en produisant un contrat contenant une clause de réserve de propriété, sa demande en distraction peut se heurter au privilège du saisissant si celui-ci est le bailleur de l'immeuble occupé par le débiteur. En effet, le bailleur bénéficie, en vertu de l'article 2332, 1° du Code civil, d'un privilège qui porte sur tous les biens garnissant les lieux loués même s'ils appartiennent à un tiers, sauf s'il connaissait l'origine de ceux-ci lorsqu'ils ont été introduits dans les locaux[3].

719.23 Hypothèse de la cohabitation. Il est fréquent que le saisi cohabite avec un conjoint, un concubin, un parent ou un ami susceptible d'être propriétaire de tout ou partie des meubles appréhendés. Dans ce cas, la possession est rarement exclusive les meubles étant le plus souvent d'usage commun. Cette promiscuité rend la possession équivoque et empêche celui qui l'invoque de l'opposer efficacement[4]. L'article 2276 est inapplicable même si la cohabitation a cessé, s'il est établi que le bail et la taxe d'habitation étaient au nom du saisi[5]. C'est souverainement que les juges du fond retiennent que la possession est équivoque du fait de la cohabitation du revendiquant avec le débiteur[6].

A ainsi été écartée la demande en distraction de la mère du saisi, bien que propriétaire de l'immeuble dans lequel la mesure avait été pratiquée, dès lors qu'elle cohabitait avec le débiteur[7]. Même solution en cas de cohabitation d'un gendre avec sa belle-mère[8].

En revanche, la revendication d'une épouse séparée de biens a été admise, même pour les biens pour lesquels elle ne pouvait produire de factures, dès lors que son mari invalide de guerre et totalement incapable de travailler n'avait aucun revenu[9]. Il faut alors produire les factures d'achat, inventaires successoraux ou actes de partage établissant le droit de propriété sur le ou les biens dont la distraction est demandée.

La production d'une facture d'achat au nom du revendiquant suffit à faire la preuve de sa propriété exclusive. Il n'est pas en outre tenu de justifier qu'il a effectivement payé les meubles saisis[10]. Décider le contraire reviendrait à affirmer qu'il ne peut y avoir de propriété sans paiement et à priver le bénéficiaire d'une donation de la qualité de propriétaire.

Dans ce contexte certaines présomptions résultant des règles des régimes matrimoniaux peuvent être invoquées.

719.24 Époux séparés de biens. Lorsque les meubles saisis garnissent le logement de deux époux séparés de biens dont un seul est débiteur, le conjoint en la personne duquel la dette n'est pas née est fondé à prouver par tout moyen au tiers créancier, qu'il a la propriété exclusive d'un ou de plusieurs de ces biens (C. civ., art. 1538). Il lui appartient de produire la facture d'achat, l'inventaire successoral ou le contrat de partage démontrant que le bien revendiqué est bien sa propriété. Les biens sur lesquels aucun des époux ne peut justifier d'une propriété exclusive sont réputés leur appartenir indivisément.

Cependant la vie commune entre époux séparés de biens entraîne inévitablement une certaine confusion des meubles corporels composant leur patrimoine ainsi qu'une déperdition des documents susceptibles d'établir leur provenance. Les époux peuvent donc régler à l'avance ce problème de preuve en stipulant, dans leur contrat de mariage, des présomptions conventionnelles de propriété (par ex., en disposant que les meubles sont réputés appartenir à l'époux propriétaire de l'immeuble dans lequel ils se trouvent ou encore, que les ustensiles de cuisine et les meubles meublant sont présumés appartenir à l'épouse). Dans cette hypothèse, les présomptions de propriété énoncées au contrat de mariage ont effet à l'égard des tiers aussi bien que dans les rapports entre époux (C. civ., art. 1538, al. 2). La saisie-vente peut ainsi être annulée si le débiteur séparé de biens rapporte la preuve que les objets saisis appartiennent à son conjoint[11]. Certaines juri-

1. Paris, 18 déc. 1981, *Gaz. Pal.* 1982. 1. Somm. 105 – V. AUSSI : TGI Chalon-sur-Saône, 3 juin 1980, *Rev. huiss.* 1983. 14, note Faget.
2. Dijon, JEX, 1er févr. 1994, *Rev. huiss.* 1994. 700, note Dahan.
3. Civ. 3e, 24 juin 2009, n° 08-14.357, *Bull. civ.* III, n° 154; *D.* 2009. AJ 1888, ndlr, Prégent – Com. 16 nov. 2010, n° 09-70.765, *Bull. civ.* IV, n° 178; L. Lauvergnat, « Le privilege d'exécution du bailleur d'immeuble », *Procédures* août-sept. 2011, p. 5.
4. Civ. 2e, 29 janv. 1986, n° 83-16.232, *Bull. civ.* II, n° 3; *D.* 1986. IR 396.
5. Paris, 1re ch. B, 28 juin 1988, *D.* 1988. IR 232.
6. Civ. 2e, 10 nov. 1998, n° 96-18.740, *Bull. civ.* II, n° 270; *Rev. huiss.* 1999. 438.
7. Montpellier, 20 févr. 1952, *Gaz. Pal.* 1952. 1. 305.
8. Civ. 2e, 29 janv. 1986, n° 83-16.232, *Bull. civ.* II, n° 3; *Gaz. Pal.* 1986. 1. Somm. 422, obs. Véron.
9. Civ. 28 janv. 1953, *Gaz. Pal.* 1953. 1. 218.
10. À PROPOS DE LA REVENDICATION D'UNE CONCUBINE : v. Civ. 1re, 11 janv. 2000, n° 97-15.406, *Bull. civ.* I, n° 5; *D.* 2001. 890, note Donnier; *D.* 2000. IR 39; *JCP* 2000. I. 265, obs. Périnet-Marquet.
11. Toulouse, 26 mars 1996, *Juris-Data* n° 042203.

dictions du fond[1] ont estimé que ces présomptions pouvaient s'avérer insuffisantes pour justifier la demande en revendication du conjoint du saisi, dès lors qu'aucun inventaire n'avait été dressé dans le contrat de mariage.

La preuve contraire étant cependant de droit, les créanciers peuvent par la voie oblique, tenter par tous moyens, d'établir que les biens saisis n'appartiennent pas à celui que la présomption désigne si c'est l'époux non débiteur. Ils peuvent aussi se prévaloir de la présomption adoptée par le contrat de mariage, si c'est le conjoint débiteur qu'elle désigne comme propriétaire.

La Cour de cassation estime que la production d'une facture est de nature à démontrer, sauf preuve contraire, l'acquisition d'un bien par celui au nom duquel elle est établie[2]. À noter que sous le régime de la séparation de biens, un époux qui acquiert un bien à son nom (un véhicule par ex.) en devient propriétaire même s'il l'a acheté avec des deniers appartenant à l'autre[3].

La présomption de propriété résultant du contrat de mariage pouvait être renversée en invoquant l'article 2276 du Code civil, si la possession dont l'époux se prévalait était exempte de vices[4]. Mais la haute juridiction estime désormais que les règles de preuve de l'article 1538 excluent l'application de l'article 2276 du Code civil[5].

La Cour de cassation considère par ailleurs que dans l'exercice de leur pouvoir souverain d'appréciation des pièces produites, les juges du fond peuvent estimer que la confusion des patrimoines des époux fait tomber les présomptions inscrites au contrat de mariage[6]. Dans ces hypothèses la confusion des patrimoines est caractérisée par le fait que les biens ou les titres acquis au nom d'un conjoint ont été payés avec des fonds provenant des comptes de l'autre. Les biens sont alors réputés indivis.

Les biens sur lesquels aucun des époux séparés de biens ne peut justifier d'une propriété exclusive sont réputés leur appartenir indivisément (C. civ., art. 1538, al. 3). Dans ce cas, ils obéissent au régime des biens indivis et ne peuvent être saisis par les créanciers personnels de l'un des époux coïndivisaires qu'après le partage s'ils sont mis dans son lot (v. s[s] n° 719.26). La présomption légale de propriété indivise ne joue que si la preuve de la propriété exclusive n'a pu être rapportée par tous moyens[7]. Mais la saisie des biens présumés indivis ne peut prospérer[8].

719.25 Époux communs en biens. Lorsque le débiteur est marié sous le régime légal, ses créanciers personnels, au titre des dettes antérieures au mariage ou grevant les successions qui lui échoient pendant celui-ci, ne peuvent saisir que ses biens propres à l'exclusion des biens communs et des biens propres de son conjoint (C. civ., art. 1410 et 1411). Si ces derniers ont néanmoins été mis sous main de justice, l'époux non débiteur peut en demander la distraction en se prévalant de l'article 1402 du Code civil selon lequel tout bien meuble ou immeuble est présumé acquêt de communauté si l'on ne prouve qu'il est propre par application de la loi, l'appartenance personnelle du bien ne portant ni preuve ni marque de son origine devant être établie par écrit.

À défaut d'inventaire ou d'autre preuve préconstituée, le juge peut prendre en considération tout écrit, notamment titre de famille, registres et papiers domestiques, documents de banque et factures. Il peut même admettre la preuve par témoignage ou présomption, si l'époux a été dans l'impossibilité matérielle ou morale de se procurer un écrit.

Toutefois, les créanciers personnels de l'époux débiteur peuvent aussi saisir les biens communs, quand le mobilier lui appartenant au jour du mariage ou qui lui est échu par succession ou libéralité pendant celui-ci, a été confondu dans le patrimoine commun et ne peut plus être identifié selon les règles de l'article 1402 du Code civil (C. civ., art. 1411, al. 2).

C'est au créancier qui entend se prévaloir de cette exception d'apporter la preuve de la confusion[9].

Cependant, lorsqu'un procès-verbal établi au jour du mariage a dressé l'inventaire du seul patrimoine de l'épouse et que le mari débiteur n'a pas démontré l'existence d'un mobilier qui lui fût pro-

1. Paris, 3 juin 1981, *D.* 1982. IR 108.
2. Civ. 1re, 10 mars 1993, n° 91-13.923, *Bull. civ.* I, n° 107; *RTD civ.* 1993. 872, obs. Lucet et Vareille; *JCP* 1994. I. 3733, n° 22, obs. Storck.
3. Civ. 1re, 17 déc. 1991, n° 89-20.219, *Bull. civ.* I, n° 362; *D.* 1993. 580, note Courtine; *JCP N* 1992. II. 213, n° 19, obs. M. S. – Civ. 1re, 9 oct. 1991, n° 90-15.073, *Bull. civ.* I, n° 260; *Defrénois* 1992. 1558, obs. Champenois.
4. Civ. 1re, 2 mars 1976, n° 74-11.618, *Bull. civ.* I, n° 89; *D.* 1977. 353, note Donnier.
5. Civ. 1re, 7 nov. 1995, n° 92-10.051, *Bull. civ.* I, n° 395; *JCP* 1996. I. 3908, n° 16, obs. Storck; *Defrénois* 1996. 409, obs. Champenois – Civ. 1re, 27 nov. 2001, n° 99-10.633, *Bull. civ.* I, n° 297; *D.* 2002. 119, note Chartier – Civ. 1re, 8 oct. 2014, n° 13-22.938, NP; *D.* 2014. 2047.
6. Civ. 1re, 30 nov. 1976, n° 76-10.105, *Bull. civ.* I, n° 377 – Civ. 1re, 21 juin 1983, n° 82-13.542, *Bull. civ.* I, n° 180 – Civ. 1re, 5 oct. 1994, n° 92-19.169, *Bull. civ.* I, n° 273; *JCP N* 1995. II. 698, obs. Storck.
7. Civ. 1re, 10 mars 1993, n° 91-13.923 (préc. s[s] prés[t] n°).
8. Civ. 1re, 1er déc. 1999, n° 97-20.965, *Bull. civ.* I, n° 331; *D.* 2000. IR 6; *JCP* 2000. IV. 1099; *Gaz. Pal.* 2000. Pan. 26.
9. Lyon, 16 oct. 1975, *Defrénois* 1977. 1579, note crit. Champenois.

pre, la Cour de cassation estime que son créancier est fondé à saisir le véhicule immatriculé au nom des deux conjoints[1].

Seul le recouvrement des dettes personnelles nées avant la célébration ou grevant les successions et libéralités échues à l'époux au cours du mariage, est limité à ses biens propres. En revanche, le paiement des dettes dont chaque époux est tenu, pour quelque cause que ce soit, pendant la communauté, peut toujours être poursuivi sur les biens communs, à moins qu'il n'y ait fraude du conjoint débiteur et mauvaise foi du créancier (C. civ., art. 1413). Par conséquent, la saisie-vente pratiquée par le créancier d'un époux est valable, sans que l'on puisse opposer à ce créancier le caractère indivis des effets appréhendés[2].

719.26 Biens en copropriété. Le débiteur peut demander la nullité de la saisie lorsque les biens saisis ne sont pas sa propriété exclusive, mais font partie d'une indivision. Tout indivisaire peut également revendiquer ce bien. L'indivision ou copropriété ordinaire résulte soit d'un défaut de partage successoral ou matrimonial, soit de l'acquisition de biens en communs, soit de l'application des règles de l'accession mobilière. Elle ne peut se maintenir que du consentement de tous les indivisaires.

Selon l'article 815-17 du Code civil, relatif à l'indivision successorale mais étendue à toutes les indivisions inorganisées, y compris les indivisions post-communautaires et celles qui résultent de la présomption de l'article 1538 troisième alinéa du Code civil (C. civ., art. 1542), les créanciers personnels d'un indivisaire ne peuvent saisir sa part dans les biens indivis meubles ou immeubles et, *a fortiori*, les biens indivis eux-mêmes. Ils peuvent seulement provoquer le partage ou intervenir dans celui provoqué par leur débiteur. Ils pourront alors saisir les biens mis dans son lot.

Si le bien est compris dans une indivision conventionnelle conclue par écrit avec indication de sa durée, des biens indivis et de la quote-part de chacun des co-indivisaires, l'article 1873-15 du Code civil prévoit que les créanciers personnels du co-indivisaire ne peuvent provoquer le partage que dans le cas où leur débiteur pourrait lui-même le faire. En effet, si dans l'indivision inorganisée, tout co-indivisaire peut exiger le partage en vertu du principe selon lequel « *nul n'est tenu de rester dans l'indivision* », en revanche dans l'indivision conventionnelle, le partage ne peut être demandé que dans les cas et conditions prévues par le contrat et dans les limites définies par les articles 1873-3 et suivants du Code civil. Dans les autres cas, les créanciers peuvent saisir et faire vendre la quote-part de leur débiteur dans les biens indivis en suivant les formes prévues par le Code de procédure civile.

Une ancienne jurisprudence décidait que le créancier d'un copropriétaire de meubles pouvait, pendant l'indivision, faire saisir ces derniers afin de prévenir la disparition du gage de sa créance; mais tant que durait l'indivision, il ne pouvait faire procéder à la vente[3]. Mais depuis la réforme de l'indivision résultant de la loi du 31 décembre 1976, cette jurisprudence ne devrait plus avoir cours. Désormais en l'absence de partage, les créanciers personnels de l'indivisaire ne peuvent saisir les biens indivis[4].

À noter que la contestation relative à des biens indivis peut s'analyser, aussi bien en une contestation sur la propriété que sur la saisissabilité.

§ 2
Nullité demandée par le débiteur

719.31 Nullité demandée par le débiteur non-propriétaire. Le débiteur peut demander la nullité de la saisie portant sur un bien dont il n'est pas propriétaire (C. pr. exéc., art. R. 221-50). Il peut avoir intérêt à le faire lorsqu'il vient de les vendre et qu'il ne les a pas encore livrés. La saisie l'empêche d'exécuter, à l'égard de l'acheteur, son obligation de délivrance. Il a également intérêt à agir sans attendre la réaction du propriétaire, s'il détient les biens saisis à titre précaire, en qualité de locataire, de dépositaire ou d'emprunteur, car la mesure d'exécution met obstacle à leur restitution.

Il convient de préciser que lorsque la saisie-vente a été pratiquée par un comptable public pour le recouvrement d'une créance d'impôt, le Livre des procédures fiscales n'envisage que l'action en revendication du tiers qui se prétend propriétaire et ne fait aucune référence à l'action en nullité du débiteur qui affirme n'avoir aucun droit sur les biens appréhendés (v. s[s] n°s 719.46 s.). La Cour de cassation estime cependant qu'en cette matière, l'action en nullité est ouverte au saisi qui dénie sa qualité de propriétaire. Elle précise que sa contestation relève du contentieux du recouvrement régit par le Livre des procédures fiscales (LPF, art. L. 281 à L. 283 et R.*281-1 à R.*283-1) et s'analyse en une opposition à poursuite entrant dans le champ

1. Civ. 1re, 16 mai 2000, n° 98-17.409, *Bull. civ.* I, n° 141; *D.* 2000. IR 174; *JCP* 2000. IV. 2170.
2. Civ. 2e, 10 mars 2004, n° 02-18.612, NP; *Rev. huiss.* 2004. 179.
3. Civ. 29 mars 1887, *DP* 1887. 1. 454 – Paris, 31 mai 1979, *Rev. huiss.* 1979. 416, note Decheix.
4. Dôle, JEX, 18 janv. 1994, *Rev. huiss.* 1994. 663 – SUR LE CARACTÈRE INDIVIS D'UN VÉHICULE : TGI Blois, JEX, 20 oct. 1995, *Rev. huiss.* 1996. 860.

de l'article L. 281, 1° de ce même code[1]. Le redevable saisi qui critique ainsi la régularité du procès-verbal doit alors se conformer aux formalités spécifiques au contentieux du recouvrement fiscal en saisissant d'abord le chef de service du comptable ayant pratiqué la mesure. C'est la phase dite « gracieuse » ou « du mémoire préalable » qui s'impose au redevable en raison de son caractère d'ordre public. La saisine prématurée du JEX, qui ne peut intervenir qu'après l'échec de cette première demande, est frappée d'irrecevabilité. Il faut toutefois, pour que cette fin de non-recevoir puisse lui être opposée, qu'il ait été informé du délai de recours, de ses modalités, de son destinataire ainsi que des dispositions de l'article R.*281-5 du Livre des procédures fiscales[2].

719.32 Régime de la demande en nullité. L'article R. 221-50 C. pr. exéc. se borne à ouvrir l'action en nullité au débiteur non-propriétaire, sans toutefois préciser le régime de cette action. Celle-ci qui a pour cause un vice fondamental, l'absence de tout droit réel sur le ou les objets saisis, est nécessairement réglementée par les articles R. 221-54 et suivants C. pr. exéc. relatifs à toutes les nullités, à l'exception de l'effet suspensif de la demande qui résulte des dispositions particulières de l'article R. 221-49 du même code.

719.33 Recevabilité et modalités. Le débiteur peut réagir au moment même de la saisie et soulever la difficulté devant l'huissier, lequel a la faculté de la porter devant le JEX (L C. pr. exéc., art. L. 122-2); en le saisissant selon les modalités prévues aux articles R. 151-1 à R. 151-4 C. pr. exéc. Mais si l'huissier ne bouge pas, le débiteur peut toujours assigner le créancier saisissant conformément aux articles R. 151-1 à R. 151-4 C. pr. exéc., et ce jusqu'à la vente (C. pr. exéc., art. R. 221-54).

719.34 Contenu de la demande. L'article R. 221-50 C. pr. exéc. n'exige pas que le débiteur qui agit en nullité précise, dans sa demande, les éléments établissant qu'il n'est pas propriétaire, contrairement à ce qui est requis à peine d'irrecevabilité par l'article R. 221-51 C. pr. exéc., pour la demande en distraction formée par le tiers.

En effet, le débiteur ne détient pas toujours, au moment où il introduit sa demande, notamment s'il est emprunteur ou dépositaire de biens appartenant à des amis ou à des parents, les éléments et documents fondant le droit de propriété du tiers. Ces preuves pourront être fournies en cours d'instance avec le concours du véritable propriétaire s'il intervient aux débats.

719.35 Mises en cause. Le créancier saisissant met en cause les créanciers opposants (C. pr. exéc., art. R. 221-54) : il n'est pas exigé que le propriétaire prétendu soit entendu ou appelé. Mais toute partie peut estimer utile de l'assigner en intervention forcée. Il peut aussi intervenir spontanément à la procédure car il y est directement intéressé.

Si le débiteur établit que les biens saisis ou certains d'entre eux, ne lui appartiennent pas, la saisie doit être totalement ou partiellement annulée.

La décision de nullité met fin de plein droit à l'indisponibilité, à moins que celle-ci ne soit, en cas d'appel, prorogée par le premier président sur le fondement de l'article R. 121-22 C. pr. exéc.

Le juge qui annule la saisie peut laisser à la charge du débiteur tout ou partie des frais qu'elle a occasionnés s'il s'est abstenu de demander la nullité en temps utile (C. pr. exéc., art. R. 221-55).

§ 3
Distraction demandée par un tiers

719.40 Titulaire de l'action en distraction. L'article R. 221-51 C. pr. exéc. prévoit que le tiers qui se prétend propriétaire d'un bien peut demander au JEX d'en ordonner la distraction, c'est-à-dire sa mise à l'écart de la procédure, son exclusion de l'assiette de la saisie. Cette action particulière ne fait pas double emploi avec l'action en nullité appartenant au débiteur, car, elle permet au tiers, en cas d'inertie de ce dernier, de saisir lui-même le juge.

Le tiers peut, d'ailleurs, prendre l'initiative de cette saisine dès le jour de la saisie, si celle-ci est pratiquée entre ses mains.

L'action en distraction n'appartient qu'au tiers et ne peut être exercée par le débiteur[3]. Il faut préciser que l'action prévue par l'article R. 221-51 C. pr. exéc. (anc. Décr. 31 juill. 1992, art. 128) ne peut porter que sur la propriété des biens saisis. Par conséquent, le tiers est irrecevable à agir sur le fondement de ce texte pour soulever la prescription de la créance cause de la saisie. Seul le débiteur est recevable à invoquer ce moyen[4]. De même, le tiers qui exerce l'action en distraction est seulement autorisé à s'opposer à la vente des biens et à réclamer leur restitution, sans pouvoir remettre en cause la validité de la mesure[5].

1. Com. 4 juin 2002, n° 98-19.342, *Bull. civ.* IV, n° 100; *D.* 2002. IR 2101; *Rev. huiss.* 2002. 377, obs. Bourdillat.
2. Cass., avis, 14 mai 2001, n° 01-00.002, *Bull. avis,* n° 3; *Rev. huiss.* 2001, n° 5 A 138, p. 340.
3. Orléans, JEX, 20 oct. 1993, *Rev. huiss.* 1994. 660.
4. Civ. 2e, 25 oct. 2007, n° 06-19.071, *Bull. civ.* II, n° 243; *JCP* 2007. IV. 3119; *D.* 2007. 2281; *Procédures* 2008, n° 13, note Perrot; *Dr. et proc.* 2008. 53.
5. Com. 12 juin 2012, n° 11-10.624, *Bull. civ.* IV, n° 118.

Le droit de propriété invoqué par le tiers peut porter sur des objets ou sur des marchandises déposés, prêtés, loués ou vendus avec réserve de propriété. Toutefois le droit de propriété du tiers, y compris lorsqu'il résulte d'une clause de réserve de propriété, est inopposable au créancier saisissant lorsque celui-ci est un bailleur d'immeuble invoquant le privilège dont il bénéficie sur tous les biens mobiliers garnissant les lieux loués. La Cour de cassation considère que ce privilège a pour assiette l'ensemble des effets mobiliers contenus dans les locaux, même s'ils appartiennent à un tiers, sauf s'il est établi que le bailleur connaissait leur origine[1].

719.41 Faculté de choisir entre les actions en distraction et en nullité. Sous le régime de l'ancienne saisie-exécution, la jurisprudence admettait que le tiers pouvait, lorsque les biens saisis étaient en sa possession, exercer l'action en nullité au motif qu'il ne pouvait être soumis à une procédure qui l'obligerait à établir son droit de propriété alors que cette preuve est réputée faite, aux termes de l'article 2276 (anc. art. 2279) du Code civil[2]. En revanche, lorsque le revendiquant cohabitait avec le saisi, il devait exercer, nécessairement, l'action en distraction[3].

Il n'est pas certain que cette jurisprudence puisse être transposée, dans la mesure où le réformateur a maintenu, en les différenciant nettement, deux actions distinctes selon l'auteur et la nature de la demande. On doit surtout relever qu'à la différence de l'article 608 de l'ancien Code de procédure civile, l'article R. 221-51 C. pr. exéc. n'exige pas l'énonciation des preuves de la propriété, mais requiert seulement que la demande précise les éléments sur lesquels se fonde le droit invoqué (parmi lesquels peut figurer la présomption de l'article 2276 C. civ.).

À noter que le bénéfice de l'action en distraction a été refusé au débiteur au motif implicite qu'il dispose de l'action en nullité[4].

719.42 Mode de saisine. La demande en distraction est formée par une assignation délivrée au créancier saisissant. Mais l'huissier de celui-ci est également habilité à constater cet incident dans son procès-verbal, lorsqu'il est formé par le tiers entre les mains duquel la saisie est pratiquée, et à le faire trancher par le juge dans le cadre de la procédure sur difficulté d'exécution. La jurisprudence antérieure à la réforme permettait d'ailleurs de recourir au référé sur difficulté d'exécution organisé par l'article 811 C. pr. civ., aujourd'hui abrogé, plutôt que de s'adresser au tribunal[5].

719.43 Mises en cause. Le créancier saisissant doit mettre en cause les créanciers opposants afin qu'ils puissent faire valoir leurs droits. Il doit aussi informer l'huissier chargé de l'exécution ou l'agent chargé de la vente pour qu'il puisse suspendre les opérations. Le débiteur est entendu ou appelé (C. pr. exéc., art. R. 221-51, al. 2). C'est logiquement au tiers d'assigner le débiteur en intervention forcée. Il peut le faire dans le même exploit que celui délivré au créancier ou dans un acte séparé ultérieur. Rien n'empêche cependant le créancier d'appeler lui-même en cause le débiteur qui peut toujours comparaître volontairement, l'article R. 221-54 C. pr. exéc. employant l'expression « *entendu ou appelé* ».

La présence du saisi à la procédure en distraction était jugée nécessaire, comme constituant une condition substantielle de sa validité, sous l'empire de l'ancienne saisie-exécution[6]. Mais il était également jugé que l'omission de l'assignation de la partie saisie, dès lors que celle-ci était présente aux débats, ne constituait que l'inobservation d'une formalité de procédure susceptible de régularisation au sens de l'article 116 C. pr. civ.[7]

Aujourd'hui la procédure est valable, dès lors que le débiteur comparaît, volontairement sur assignation, ou, s'il est absent, dès lors qu'il a été assigné.

719.44 Motivation de l'assignation. À peine d'irrecevabilité (et non plus de nullité comme c'était le cas sous l'empire de ACPC, art. 608), la demande doit préciser les éléments sur lesquels se fonde le droit de propriété invoqué (C. pr. exéc., art. R. 221-51, al. 2). Cette fin de non-recevoir peut être relevée d'office par le juge, la matière des voies d'exécution étant d'ordre public (C. pr. civ., art. 125). Le tiers peut, cependant, se contenter d'énoncer dans sa demande, les titres, pièces ou circonstances susceptibles de justifier sa qualité de propriétaire. Il n'est pas astreint à fournir dans l'exploit, la preuve complète de son droit[8]. Il a été

1. Civ. 3e, 24 juin 2009, no 08-14.357, *Bull. civ.* III, no 154; *D.* 2009. AJ 1888, ndlr – Com. 16 nov. 2010, no 09-70.765, *Bull. civ.* IV, no 178; *Dr. et proc.* 2011. 25.
2. Civ. 31 janv. 1900, *DP* 1900. 1. 281, note Poncet – Montpellier, 17 mars 1949, *JCP A* 1949. IV. 1232, obs. Madray – *CONTRA :* Civ. 23 mai 1945, *RTD civ.* 1947. 226, obs. Raynaud.
3. TGI Paris, 19 nov. 1980, *Rev. huiss.* 1982. 352, note Sevestre – Paris, 3 juin 1981, *D.* 1982. IR 108.
4. TGI Orléans, JEX, 20 oct. 1993, *Rev. huiss.* 1994. 660.
5. Paris, 19 juin 1985, *D.* 1985. IR 434.
6. Req. 13 août 1878, *DP* 1879. 1. 359 – Paris, 24 févr. 1983, *D.* 1983. IR 296.
7. Civ. 2e, 16 nov. 1983, no 82-12.900, *Bull. civ.* II, no 181; *D.* 1984. 370, obs. crit. Julien – Paris, 16 janv. 1983, *Rev. huiss.* 1987. 535, note Faget.
8. Req. 28 avr. 1938, *S.* 1938. 1. 220 – Req. 13 déc. 1943, *S.* 1944. 1. 109, note Batiffol – Com. 12 juill. 1948, *S.* 1949. 1. 19 – Montpellier, 20 févr. 1952, *JCP A* 1952. IV. 10888, obs. Madray; *RTD civ.* 1952. 418, obs. Mazeaud.

jugé, à l'époque de l'ancienne saisie-exécution, que la motivation n'est pas nécessaire lorsque les meubles revendiqués sont en la possession du revendiquant qui bénéficie de la présomption de l'article 2276[1] (anc. art. 2279).

719.45 Recevabilité de l'action. L'action en distraction cesse d'être recevable après la vente des biens saisis (C. pr. exéc., art. R. 221-52). La demande peut donc être formée le jour même de la vente, quelques instants avant la consignation du prix (vente amiable) ou l'adjudication (vente forcée). Toutefois, pour l'interrompre efficacement, la demande *in extremis* doit être dénoncée concomitamment à l'officier ministériel chargé, selon le cas, de coordonner la vente amiable ou de procéder à la vente forcée.

Si la vente a pu être suspendue par la demande et le droit de propriété du tiers finalement reconnu, le ou les biens lui appartenant sont distraits de la saisie et laissés (ou remis s'ils avaient été enlevés) à sa disposition ou à celle du débiteur s'il en était détenteur à un titre quelconque.

719.46 Distraction du prix. Lorsque l'action en distraction engagée *in extremis* n'a pu être portée en temps utile à la connaissance de l'officier ministériel, celui-ci n'a pas été en mesure de suspendre la vente amiable ou forcée relativement aux biens réclamés par le tiers. Si celui-ci en est, par la suite, reconnu propriétaire, il ne peut plus en obtenir la distraction en nature, bien que sa demande ait été jugée tout à la fois recevable (car engagée avant la vente) et bien fondée (car reposant sur un droit de propriété démontré). Il peut cependant distraire le produit de la vente non diminué des frais, à condition, que la distribution des deniers aux créanciers n'ait pas encore été effectuée (C. pr. exéc., art. R. 221-52, al. 2). Il convient de relever que lorsqu'il n'existe qu'un seul créancier, l'article R. 251-1 C. pr. exéc. (anc[t] Décr. 31 juill. 1992, art. 283) prévoit que le produit de la vente lui est remis dans la limite du montant de la créance et dans un délai d'un mois, au plus tard, à compter de l'adjudication. La Cour de cassation juge que la demande en distraction du prix formé après l'expiration de ce délai demeure recevable si le créancier n'a pas encore perçu la somme lui revenant[2]. Cette décision a été rendue à propos de l'action en distraction exercée par un organisme de financement subrogé dans une clause de réserve de propriété. Il semble que ce droit de préférence sur le prix de la vente puisse profiter au tiers ayant agit après celle-ci, mais ayant été reconnu propriétaire avant la répartition.

Quoi qu'il en soit, l'action en distraction du prix est recevable tant que sa distribution n'a pas été réalisée même s'il n'existe qu'un seul créancier et même si le délai d'un mois prévu par l'article R. 251-1 C. pr. exéc. pour la remise des fonds se trouve expiré lors de l'engagement de cette action. Si les sommes produites par la vente ont déjà été distribuées, elles restent acquises aux créanciers et il appartient au tiers d'exercer l'action en revendication et de se retourner contre le débiteur ou le saisissant, s'il peut établir à l'encontre de l'un ou de l'autre, une faute à l'origine de sa perte. Il pourra, également, si le prix qu'il a pu distraire est inférieur à la valeur du ou des objets vendus, agir contre eux en paiement de la différence. Il aura enfin la faculté, si parmi ces biens se trouvait un objet auquel il attachait une valeur affective particulière (tableau, souvenir de famille), de demander des dommages-intérêts au titre de son préjudice moral.

719.47 Revendication. L'action en distraction engagée après la vente étant irrecevable, seule l'action en revendication peut être exercée (C. pr. exéc., art. R. 221-52, al. 1er). En effet, la distraction avait pour objet de rétablir le tiers dans sa possession perdue par l'effet d'indisponibilité attaché à la saisie. Mais la vente a abouti à son expropriation au profit de l'adjudicataire ou de l'acheteur amiable qui a consigné le prix et est entré en possession. Il lui faut, désormais, s'il est également trop tard pour distraire le prix, tenter de recouvrer sa propriété par la revendication dans les conditions du droit commun. La mise en cause du saisi ou sa présence à la barre, n'est requise par l'article R. 221-51 C. pr. exéc. (anc[t] Décr. 31 juill. 1992, art. 128) que pour l'action en distraction et non pour l'action en revendication. Cette solution était déjà admise sous l'empire de l'article 608 ACPC[3].

La revendication du ou des biens vendus est pratiquement impossible en vertu des dispositions combinées des articles 2276 et 2279 du Code civil qui garantissent le droit acquis par l'acheteur ou l'adjudicataire de bonne foi qui est entré en possession.

719.48 Mauvaise foi du possesseur. La revendication n'est efficace qu'à l'encontre de l'acquéreur de mauvaise foi[4], c'est-à-dire qui savait que le saisi n'était pas propriétaire ou qui pouvait sérieusement douter de son droit. La bonne foi est toujours présumée et relève de l'appréciation souveraine des

1. Civ. 31 janv. 1900, *DP* 1900. 1. 281, note Poncet.
2. Civ. 2e, 8 avr. 2004, n° 02-16.842, *Bull. civ.* II, n° 188; *Rev. huiss.* 2004. 238 et 276, obs. Putman; *Gaz. Pal.* 11-13 sept. 2005. Somm. 18.
3. Req. 23 mai 1938, *DH* 1938. 438.
4. Req. 21 nov. 1927, *DP* 1928. 1. 172, rapp. Bricou – Civ. 1re, 7 févr. 1989, n° 85-17.531, *Bull. civ.* I, n° 57; *RTD civ.* 1990. 109, obs. Zénati (à propos d'un vol de luzerne).

juges du fond[1]. L'existence de la bonne foi de l'acquéreur *a non domino* s'apprécie au jour où il entre effectivement en possession et non à celui où il donne son consentement[2]. Lorsque l'acquéreur est de mauvaise foi, la revendication peut s'exercer sur toutes les catégories de choses (même non perdues ou non volées) et sans condition de délai[3].

719.49 Perte ou vol. La revendication est également admise en cas de perte ou de vol, dans les trois ans de cet événement (C. civ., art. 2276, al. 2). Il s'agit d'un délai préfix insusceptible de suspension ou d'interruption[4].

Le revendiquant victime de la perte ou du vol n'est pas astreint à prouver que la possession de celui qui détient le bien est entachée de vice[5].

L'article 2276 alinéa 2 ne s'applique pas en cas d'abus de confiance[6] et d'escroquerie[7] car dans ces hypothèses, le revendiquant s'est dessaisi volontairement de sa chose.

Mais lorsque la chose perdue ou volée a été acquise dans une vente aux enchères, le propriétaire originaire ne peut se la faire rendre qu'en remboursant au possesseur le prix qu'elle lui a coûté (C. civ., art. 2277). L'acquéreur justifie ainsi, selon l'expression du professeur Carbonnier, d'« *une bonne foi renforcée* », les circonstances de la vente étant de nature à laisser croire à la provenance régulière du bien acheté. Compte tenu de ce fondement, l'article 2277 du Code civil qui s'applique aussi en cas d'acquisition sur un marché, dans une foire ou chez un commerçant vendant des choses identiques, devrait également bénéficier à l'acheteur amiable présenté par le saisi sous réserve de démontrer qu'il avait connaissance de l'origine frauduleuse du bien.

S'il n'a pas pu se faire remettre son bien ou s'il a dû en rembourser le prix d'achat, le revendiquant ne peut se retourner que contre le saisissant, s'il a commis une faute ou contre le saisi, s'il a omis ou négligé de faire annuler la saisie ou de le prévenir de celle-ci. Le tiers peut aussi recouvrer son bien si la vente a été annulée (sur les détails de la revendication mobilière, v. ss nos 1012.05 s.).

1. Civ. 1re, 23 mars 1965, *Bull. civ.* I, n° 206.
2. Civ. 1re, 27 nov. 2001, n° 99-18.335, *Bull. civ.* I, n° 295; *D.* 2002. 671, note Gridel.
3. Civ. 1re, 15 janv. 1965, *Bull. civ.* I, n° 30 – Paris, 22 mars 1983, *Gaz. Pal.* 1983. 1. Somm. 207.
4. Crim. 30 oct. 1969, *JCP* 1970. II. 16333, note Goubeaux.
5. Civ. 10 mai 1950, *D.* 1950. 429 – Civ. 1re, 1er juin 1977, n° 99-18.335, *Bull. civ.* I, n° 261.
6. Civ. 1re, 9 janv. 1996, n° 93-16.700, *Bull. civ.* I, n° 22.
7. Civ. 19 janv. 1928, *DP* 1929. 1. 45.

§ 4
Revendication d'objets saisis par l'administration fiscale

719.50 Procédure dérogatoire. « *Lorsqu'il a été procédé, en vue du recouvrement de l'impôt, à une saisie mobilière et que la propriété de tout ou partie des biens saisis est revendiquée par une tierce personne, celle-ci peut s'opposer à la vente de ces biens en demandant leur restitution. À défaut de décision de l'administration sur cette demande ou si la décision rendue ne donne pas satisfaction au demandeur, celui-ci peut assigner devant le juge de l'exécution, le comptable qui a fait procéder à la saisie* » (LPF, art. L. 283).

Il existe ainsi, lorsque la saisie vise au recouvrement de l'impôt, une procédure particulière pour régler les incidents portant sur la propriété des biens saisis. La saisine du JEX doit être précédée du dépôt d'un mémoire préalable devant le chef de service concerné. Elle est soumise à des délais particuliers. L'action en revendication n'est pas recevable à défaut de mémoire préalable au directeur des services fiscaux[8] ou au trésorier-payeur général[9].

Le terme revendication employé par le Livre des procédures fiscales recouvre à la fois les notions de distraction et de revendication.

A.
Demande adressée à l'Administration

719.51 Autorité compétente. Selon l'article R.*283-1 du Livre des procédures fiscales, la demande en revendication d'objets saisis prévue par l'article L. 283 du même code est adressée, suivant le cas :

- au directeur départemental des finances publiques ou au responsable du service à compétence nationale pour le recouvrement des impôts directs ou des taxes assimilées;

- au directeur régional des douanes et droits indirects pour le recouvrement des contributions indirectes, des droits taxes et redevances assimilées.

Elle est adressée, le cas échéant, au directeur régional des douanes et droits indirects de la région dans laquelle a été pratiquée la saisie (LPF, art. R.*283-1).

Le mémoire mal dirigé doit être transmis, par celui qui l'a reçu, au chef de service compétent.

8. Com. 11 juin 1981, n° 80-12.081, *Bull. civ.* IV, n° 266 – TGI Angoulême, 14 juin 1993, *BICC* 15 janv. 1994, n° 78.
9. Civ. 2e, 15 juin 1973, n° 70-13.476, *Bull. civ.* II, n° 197 – CE 3 déc. 1986, req. n° 50058, NP; *RJF* 1987. 144 – Versailles, JEX, 24 févr. 1994, *Rev. huiss.* 1994. 662.

719.52 **Délai de la demande.** La demande doit, sous peine de nullité, être présentée dans un délai de deux mois à partir de la date à laquelle le revendiquant a eu connaissance de la saisie (LPF, art. R.*283-1).

719.53 **Effet de la demande.** La demande reçoit une suite dans les conditions prévues aux articles R.*281-4 et R.*281-5 du Livre des procédures fiscales.

Son dépôt suspend de plein droit les poursuites sur les biens saisis dont la propriété est discutée (LPF, art. R.*283-1). La saisie-vente peut suivre son cours pour les autres.

Le tiers qui exerce l'action en distraction est seulement autorisé à s'opposer à la vente des biens et à réclamer leur restitution, sans pouvoir remettre en cause la validité de la mesure [1].

719.54 **Instruction de la demande.** Le chef de service compétent se prononce dans un délai de deux mois à partir du dépôt de la demande dont il doit accuser réception.

Si aucune décision n'a été prise dans ce délai ou si la décision rendue ne lui donne pas satisfaction, le redevable doit, à peine de forclusion, porter l'affaire devant le juge compétent (LPF, art. R.*281-4).

B.
Contestation devant le juge de l'exécution

719.61 **Délai.** Le redevable doit porter l'affaire devant le JEX dans un délai de deux mois à partir :

- soit de la notification de la décision du chef de service si elle ne lui donne pas satisfaction;
- soit de l'expiration du délai de deux mois accordé au chef de service pour prendre sa décision.

La procédure ne peut, à peine d'irrecevabilité, être engagée avant ces dates (LPF, art. R.*281-4).

Le défaut de respect de ces délais est sanctionné par la Cour de cassation [2].

719.62 **Demande tardive.** L'action judiciaire est irrecevable même à défaut de décision expresse sur la demande préalable, dès lors que le comptable n'a pas été assigné dans le délai d'un mois (aujourd'hui deux mois) suivant l'expiration de celui qui lui est imparti pour se prononcer [3].

L'irrégularité d'une notification ultérieure de la décision du chef de service, à la supposer établie, est sans influence sur la recevabilité de l'action (même arrêt). Le revendiquant ne peut échapper à la forclusion prévue à l'article R.*281-4, en invoquant comme constitutives de la force majeure, des circonstances personnelles au saisi auquel il avait donné mandat d'engager la procédure [4]. Il convient de relever que, même engagée dans un délai de deux mois, l'action en revendication devant le JEX est irrecevable, dès lors que la demande préalable à l'administration fiscale est nulle pour avoir été présentée tardivement [5] (v. s^s^ n° 719.52).

719.63 **Demande prématurée.** Doit être rejetée comme prématurée la requête introduite par le contribuable en l'absence de réponse du chef de service et avant l'expiration du délai de deux mois imparti à celui-ci pour statuer [6].

719.64 **Défendeur à la revendication.** La procédure doit être dirigée contre le comptable chargé du recouvrement (LPF, art. R.*281-4 *in fine*) auquel l'assignation doit être délivrée.

L'action mal dirigée est irrecevable, seul le comptable chargé du recouvrement de l'imposition en cause ayant légalement qualité pour y défendre. Ainsi l'assignation délivrée contre le receveur général des finances de Paris et non contre le trésorier principal d'un arrondissement de la même ville qui recouvrait une taxe foncière, a été déclaré irrecevable [7]. Il en a été de même à propos d'un trésorier-payeur général assigné à tort à la place du comptable poursuivant [8]. L'autorité assignée à tort n'est pas tenue de transmettre l'exploit au comptable ayant qualité pour défendre à l'action, dans la mesure où l'assignation en justice n'est pas assimilable à une simple demande adressée à l'administration. Une telle transmission serait, au surplus, inopérante [9].

Le fait que l'action judiciaire du revendiquant soit subordonnée à une décision implicite ou explicite de rejet de sa demande préalable au chef de service, ne confère pas à ce revendiquant la qualité de défendeur à une action engagée contre lui [10]. Il s'ensuit qu'il ne peut bénéficier des délais spéciaux prévus par l'article 643 C. pr. civ., concernant les personnes résidant à l'étranger.

719.65 **Procédure.** La demande est formée par voie d'assignation (LPF, art. L. 283). Elle est instruite en suivant les règles de la procédure à jour fixe (LPF, art. R.*281-5 *in fine*).

1. Com. 12 juin 2012, n° 11-10.624, *Bull. civ.* IV, n° 118.
2. Com. 18 déc. 1986, n° 85-13.242, *Bull. civ.* IV, n° 250.
3. Com. 2 déc. 1986, n° 85-12.189, *Bull. civ.* IV, n° 231.
4. Com. 10 oct. 1989, *RJF* 1989. 742.
5. Com. 4 févr. 2004, n° 01-02.160, *Bull. civ.* IV, n° 22; *D.* 2004. IR 540.
6. CE 12 févr. 1990, req. n° 57.658, *RJF* 1990. 295.
7. Com. 28 juin 1988, n° 86-17.360, *Bull. civ.* IV, n° 223.
8. Com. 16 juin 1998, n° 96-18.113, *Bull. civ.* IV, n° 199; *JCP* 1998. IV. 2303.
9. Com. 28 juin 1988, n° 86-17.360 (préc. s^s^ prés^t^ n°).
10. Com. 18 déc. 1986, n° 85-13.242, *Bull. civ.* IV, n° 250.

Ce texte ne peut que renvoyer, pour la détermination des jours, heure, lieu et organisation de l'audience, aux dispositions des articles R. 121-13 et suivants C. pr. exéc. qui sont spécifiques à la procédure devant le JEX. En revanche le contenu de la requête et de l'assignation, ainsi que les modalités de communication des pièces devraient être réglementées par les articles 788 et 789 C. pr. civ., sauf à considérer que ces textes relatifs à la procédure contentieuse en vigueur devant le tribunal de grande instance, sont sans objet et inapplicables devant le JEX. En effet, selon l'article R. 121-5 du code précité, seules les dispositions communes du livre premier du Code de procédure civile sont applicables devant le JEX. Or, les articles 788 à 792 relatifs à la procédure à jour fixe ne font pas partie de ce livre premier de telle sorte que leur application devant le JEX est douteuse.

La revendication d'objets saisis, lorsqu'elle est portée devant le tribunal de grande instance (aujourd'hui le JEX) obéit nécessairement aux règles de la procédure civile et notamment aux dispositions des articles R. 221-51 et R. 221-52 C. pr. exéc. (ACPC, art. 608, puis Décr. 31 juill. 1992, art. 128 et 129) prescrites à peine d'irrecevabilité (autrefois de nullité) [1].

719.66 Pièces justificatives. Le juge se prononce exclusivement au vu des justifications qui ont été présentées au chef de service. Les redevables qui l'ont saisi ne peuvent, ni lui soumettre des pièces autres que celles qu'ils ont déjà produites à l'appui de leurs mémoires, ni invoquer des faits autres que ceux exposés dans ces documents (LPF, art. R.*281-5).

L'obligation de respecter cette règle est constamment rappelée par la Cour de cassation. Il a ainsi été jugé que le juge ne peut, à l'appui de sa décision, faire état de pièces justificatives non produites par les revendiquants dans le mémoire préalable [2].

Viole l'article L. 283 du Livre des procédures fiscales (anc^{t} CGI, art. 1910) la juridiction (cour d'appel) qui énonce que ce texte n'exige pas que les pièces justificatives soient annexées au mémoire préalable et que l'administration avait eu connaissance, en temps utile, du document invoqué par le revendiquant, non joint à ce mémoire [3].

La Cour de cassation estime que le litige porté devant le tribunal (aujourd'hui le JEX) est délimité par le contenu de la demande préalable adressée à l'administration et, par conséquent, que la juridiction appelée à statuer sur la validité de la décision administrative intervenue sur cette demande, ne peut accueillir un moyen de droit nouveau qui n'a pas été soumis à l'administration [4].

719.67 Responsabilité de l'administration fiscale. Il incombe au comptable public de vérifier que les biens qu'il saisit appartiennent effectivement à son débiteur. S'il ne pouvait ignorer qu'ils étaient la propriété d'un tiers, il s'expose à une condamnation à des dommages-intérêts. Il en est notamment ainsi lorsqu'un trésorier appréhende dans les locaux de son débiteur, locataire-gérant, des effets mobiliers appartenant au bailleur alors que, par un examen de l'inventaire annexé au contrat de location-gérance publié au registre du commerce et enregistré à la recette principale des impôts, il aurait pu se rendre compte de son erreur et éviter une vente préjudiciable au véritable propriétaire [5].

SECTION 2
CONTESTATIONS RELATIVES À LA SAISISSABILITÉ

719.71 Biens insaisissables. Les contestations relatives à la saisissabilité des meubles corporels relèvent de la compétence du JEX (C. pr. exéc., art. R. 221-53, al. 1er) et nécessitent pour être tranchées, la mise en œuvre des dispositions des articles L. 112-2, L. 112-3 et R. 112-2 C. pr. exéc. qui déterminent la liste des biens insaisissables et les conditions de cette insaisissabilité (v. s^{s} n°s 151.11 à 151.92). Seules sont examinées dans cette étude, les règles de procédure particulières aux contestations qui s'élèvent à l'occasion d'une saisie-vente.

719.72 Contestation élevée par l'huissier. Si au moment de la saisie ou quelques jours après, l'huissier de justice a connaissance d'une contestation qui lui paraît sérieuse, il peut porter celle-ci devant le juge en agissant comme en matière de difficulté d'exécution (C. pr. exéc., art. R. 221-53, al. 1er) : cette faculté appartient tant à l'huissier du créancier premier saisissant qu'à celui de l'opposant qui a pratiqué une saisie complémentaire étendant l'assiette de la saisie originaire à de nouveaux biens.

Dans cette hypothèse, la contestation n'est enfermée dans aucun délai, l'huissier ayant intérêt à agir au plus vite. Il doit saisir le juge en déposant au greffe une déclaration écrite accompagnée de la présentation du titre et d'un exposé de la difficulté, ainsi que des pièces qui ont été éventuellement communiquées (C. pr. exéc., art. R. 151-1). Il met en cause les parties intéressées en les informant de la

1. Paris, 1re ch. B, 23 juin 1988, *D.* 1988. IR 232.
2. Com. 25 janv. 1972, n° 70-12.031, *Bull. civ.* IV, n° 33 – Com. 6 mars 1985, n° 83-14.765, *Bull. civ.* IV, n° 89.
3. Com. 6 mars 1985, n° 83-14.765 (préc. s^{s} prés^{t} n°).
4. Com. 31 janv. 1989, n° 87-16.182, *Bull. civ.* IV, n° 43.
5. Civ. 2e, 23 sept. 2004, n° 02-21.141, *Bull. civ.* II, n° 409; *JCP* 2004. IV. 3060; *Rev. huiss.* 2005. 33, obs. Fricero.

difficulté rencontrée, des jour, heure et lieu de l'audience, soit par une déclaration verbale consignée au procès-verbal, soit par lettre recommandée avec demande d'avis de réception. Ces informations valent assignation à comparaître (C. pr. exéc., art. R. 151-3).

719.73 Contestation élevée par le débiteur. Si l'huissier ne prend pas en compte l'insaisissabilité invoquée ou s'il n'est pas informé de celle-ci, le débiteur peut lui-même saisir le juge (C. pr. exéc., art. R. 221-53, al. 2). Il doit le faire par voie d'assignation à la prochaine audience utile (C. pr. exéc., art. R. 442-4).

719.74 Délai de contestation. Lorsque l'insaisissabilité est invoquée par le débiteur, la procédure doit être introduite dans le délai d'un mois à compter de la signification de l'acte de saisie (C. pr. exéc., art. R. 221-53, al. 2). Cette signification se fait par la remise immédiate de la copie du procès-verbal si le débiteur est présent aux opérations (C. pr. exéc., art. R. 221-17 *in fine*) ou par la notification de cette copie par un exploit distinct, si celui-ci n'était pas sur place (C. pr. exéc., art. R. 221-18) ou si la saisie a été pratiquée entre les mains d'un tiers (C. pr. exéc., art. R. 221-26).

La contestation élevée par le débiteur relativement à la saisissabilité des biens saisis est exclusivement réglementée par les dispositions de l'article R. 221-53 C. pr. exéc., de telle sorte que sa demande doit, à peine d'irrecevabilité, être obligatoirement introduite dans le mois de la signification de l'acte de saisie[1].

719.75 Fondement et caractère d'ordre public. Ce délai de forclusion a été adopté pour éviter les contestations purement dilatoires. Le débiteur qui n'agit pas dans le mois de la signification de la saisie est réputé avoir renoncé à se prévaloir de la cause d'insaisissabilité dont il ne fait pas cas. S'il se manifeste après l'expiration de ce délai, ce ne peut être que pour retarder le cours des opérations.

Le juge devra relever d'office la fin de non-recevoir tirée de l'introduction tardive de la contestation, toute la matière des voies d'exécution étant d'ordre public (C. pr. civ., art. 125).

Est notamment bien fondée à déclarer la contestation irrecevable, la juridiction qui constate qu'elle a été élevée plus d'un an après la signification du procès-verbal[2]. Cependant, l'irrecevabilité de la contestation relative à la saisissabilité ne peut être opposée au débiteur que s'il a été informé par l'acte de saisie des modalités et du délai du recours qui lui est ouvert devant le JEX[3]. En exigeant cette information, la Haute juridiction ne fait qu'expliciter les dispositions des articles R. 221-16, 6° et R. 221-23, 8° C. pr. exéc. selon lesquelles l'acte de saisi contient la désignation de la juridiction devant laquelle sont portées les contestations à la saisie-vente.

719.76 Parties à la contestation. Le débiteur est nécessairement partie à l'instance en qualité de demandeur, même si ce n'est pas lui qui saisi le juge mais l'huissier agissant comme en matière de difficulté d'exécution. En effet, c'est lui qui, dans tous les cas, est à l'origine de l'incident. Il doit rapporter la preuve de la cause d'insaisissabilité. Toutefois le problème peut se poser différemment lorsque l'incident est initié par l'huissier qui estime, en dépit des instructions de son mandant, devoir refuser de prêter son concours à une saisie manifestement illicite en raison de l'insaisissabilité évidente des biens du débiteur (C. pr. exéc., art. L. 122-1).

Le créancier doit être « *entendu ou appelé* » (C. pr. exéc., art. R. 221-53, al. 3). Il suffit donc qu'il soit présent à l'instance ou, s'il ne comparait pas, qu'il ait été mis en mesure d'y faire valoir ses arguments. En revanche, l'article R. 221-53 C. pr. exéc. n'exige pas que les créanciers opposants soient mis en cause.

719.77 Conséquence de l'insaisissabilité. La décision du juge qui constate l'insaisissabilité de certains biens doit prononcer la nullité de la saisie en ce qui les concerne. L'insaisissabilité constitue en effet un vice de fond qui entraîne la nullité de la mesure (C. pr. exéc., art. R. 221-54). La décision fait recouvrer au débiteur ou au tiers saisi la libre disposition du ou des objets déclarés insaisissables.

719.78 Cas particulier de la saisie par l'administration fiscale. La contestation portant sur la saisissabilité des biens saisis à la requête d'un comptable public qui ne remet pas en cause l'existence, le montant ou l'exigibilité de la créance fondant cette mesure d'exécution, s'analyse en une opposition à poursuite régie par les articles L. 281, 1° et R.*281-1 du Livre des procédures fiscales. La contestation doit donc être préalablement portée, à peine d'irrecevabilité, devant le chef de service compétent. Ce n'est que si sa décision ne donne pas satisfaction que le JEX peut être valablement saisi[4].

1. Civ. 2e, 24 juin 2004, no 02-20.764, *Bull. civ.* II, no 322; *BICC* 2004, no 1615; *JCP* 2004. IV. 2743.
2. Civ. 2e, 30 sept. 1999, no 97-17.180, *Bull. civ.* II, no 149; *D.* 1999. IR 249.
3. Civ. 2e, 16 déc. 2004, no 03-12.430, *Bull. civ.* II, no 534; *D.* 2005. IR 246, ndlr.
4. Civ. 2e, 10 juin 2004, no 03-11.003, *Bull. civ.* II, no 283; *JCP* 2004. IV. 2620; *Gaz. Pal.* 11-13 sept. 2005. Somm. 18.

SECTION 3

CONTESTATION RELATIVE À LA VALIDITÉ DE LA SAISIE : CAUSES DE NULLITÉ

719.80 Réglementation applicable. L'article R. 221-54 C. pr. exéc. envisage la nullité pour vice de forme et de fond. Ces deux causes de nullité obéissent à des régimes différents (notamment en ce qui concerne l'exigence d'un grief) qui résultent des articles 112 à 116 (irrégularité de forme) et 117 à 121 C. pr. civ. (irrégularités de fond) relatifs à la nullité des actes de procédure et applicables aux exploits d'huissier de justice en vertu de l'article 649 du même code. Ce texte précise expressément que leur nullité est régie par les dispositions qui gouvernent la nullité des actes de procédure. La doctrine et la jurisprudence s'accordent d'ailleurs à reconnaître que le régime résultant des articles 112 à 121 précités concerne également les actes d'exécution des décisions de justice [1].

La Cour de cassation applique également la théorie des nullités contenue dans les articles 112 et suivants aux actes de procédure fiscale chaque fois qu'un texte fiscal particulier n'en dispose pas autrement [2]. La Haute juridiction reconnaît au juge saisi d'une demande en nullité le pouvoir de rechercher le régime juridique de celle-ci et de vérifier l'absence ou la réunion de ses conditions d'application. Il peut le faire sans être obligé d'inviter les parties à présenter leurs observations [3]. Il convient de préciser que depuis la réforme de la prescription instituée par la loi n° 2008-561 du 17 juin 2008 [4], la demande en justice interrompt le cours de la prescription même si elle est annulée à la suite d'un vice de procédure, qu'il soit de forme ou de fond (C. civ., art. 2241) [5].

§ 1

Nullité pour irrégularité de forme

719.81 Vice de forme. La nullité pour vice de forme atteint l'acte qui contrevient aux dispositions régissant sa rédaction ou sa délivrance.

La forme des actes d'huissier est réglementée par l'article 648 C. pr. civ. qui énumère les mentions obligatoires communes à tous les exploits. Les modalités de leur délivrance sont déterminées par les articles 654 et suivants du même code. Cependant, en matière d'exécution, les exploits doivent comporter des précisions supplémentaires, spécifiques à chacun d'eux selon leur nature. C'est le texte qui prévoit l'acte ou la formalité, qui en détermine le contenu particulier (par ex., C. pr. exéc., art. R. 221-23 [anc^t^ Décr. 31 juill. 1992, art. 101], pour le procès-verbal de saisie-vente entre les mains d'un tiers). Il convient de préciser que tout exploit d'huissier devant être signifié à plusieurs personnes est un acte unique comportant autant de copies qu'il y a de destinataires. L'huissier doit délivrer une copie à chacun d'eux en constatant les modalités de cette remise, soit sur deux procès-verbaux distincts, soit sur un seul procès-verbal mentionnant pour chaque destinataire les conditions de la remise [6].

719.82 Domaine de l'irrégularité de forme. La Cour de cassation estime que les articles 112 à 116 C. pr. civ. ne concernent que les nullités de formes des actes effectivement accomplis et sont sans application lorsque l'acte a été omis [7]. Il a cependant été jugé que l'omission par le demandeur en distraction d'assigner le saisi ne constitue, dès lors que celui-ci est présent aux débats, que le défaut d'accomplissement d'une formalité de procédure au sens de l'article 116 C. pr. civ. [8]

719.83 Initiative de la demande. Celui à la requête duquel l'acte irrégulier a été fait ne peut en invoquer la nullité à titre principal ou d'exception [9].

Le juge lui-même ne peut relever d'office l'exception de nullité tiré de l'irrégularité d'un acte [10].

719.84 Nécessité d'un texte prévoyant la nullité. Selon l'article 114 C. pr. civ., « *aucun acte de procédure ne peut être déclaré nul pour vice de forme si la nullité n'en est pas expressément prévue par la loi* ». Le vice de forme ne suffit donc pas à lui seul à

1. Civ. 2e, 16 nov. 1983, n° 82-12.900, *Bull. civ.* II, n° 181; *D.* 1984. 370, obs. Julien – Civ. 2e, 14 janv. 1987, n° 85-15.200, *Bull. civ.* II, n° 4; *D.* 1987. Somm. 363, obs. Julien.
2. Com. 1er déc. 1987, n° 86-12.729, *Bull. civ.* IV, n° 254.
3. Civ. 2e, 17 nov. 2005, n° 04-10.741, *Bull. civ.* II, n° 297; *BICC* 1er mars 2006, n° 396.
4. L. n° 2008-561, 17 juin 2008, portant réforme de la prescription en matière civile, *JO* 18 juin, p. 9856.
5. J.-P. Chazal, « Prescription et vices de procédure : contrariété entre le Code civil et le Code de procédure civile », *Procédures* nov. 2009, p. 2.
6. Civ. 2e, 15 janv. 2009, n° 07-20.472, *Bull. civ.* II, n° 18; *Procédures* 2009. Comm. 78, note Perrot; *Dr. et proc.* 2009. 157, note Douchy-Oudot; *Gaz. Pal.* 17-18 juin 2009, p. 20, note Lauvergnat – Civ. 2e, 31 mars 2011, n° 09-17.376, *Bull. civ.* I, n° 78; *Procédures* juin 2011, p. 3, note Lauvergnat.
7. Civ. 2e, 12 mai 1976, n° 75-10.413, *Bull. civ.* II, n° 154; *RTD civ.* 1976. 825, obs. Perrot.
8. Civ. 2e, 16 nov. 1983, n° 82-12.900, *Bull. civ.* II, n° 181; *D.* 1984. 370, obs. Julien; *RTD civ.* 1984. 570, obs. Perrot.
9. Civ. 2e, 3 mai 1990, n° 88-20.484, *Bull. civ.* II, n° 87; *JCP* 1990. IV. 244.
10. Civ. 2e, 21 juill. 1986, n° 84-16.110, *Bull. civ.* II, n° 132; *D.* 1987. Somm. 359, obs. Julien – Civ. 2e, 23 oct. 1991, n° 90-14.334, *Bull. civ.* II, n° 276.

entraîner la nullité de l'acte. Il faut qu'elle ait été prévue par un texte approprié. En ce qui concerne le contenu et les modalités de signification communes à tous les exploits d'huissier, la sanction des irrégularités commises est prévue par les articles 648 et 693 C. pr. civ. Pour ce qui concerne les mentions particulières aux voies d'exécution, la sanction de leur omission est spécialement prévue pour chaque acte, par le décret du 31 juillet 1992 (ex., Décr. 31 juill. 1992, art. 81 et 83 [devenus C. pr. exéc., art. R. 221-1 et R. 221-3], pour le commandement de payer – Décr. 31 juill. 1992, art. 94 et 101 [devenus C. pr. exéc., art. R. 221-16 et R. 221-23], pour l'acte de saisie-vente). Constituent ainsi un vice de forme entraînant la nullité de l'exploit, le défaut de signature par l'huissier instrumentaire de la copie de l'acte de signification[1] ou sur le procès-verbal de saisie-vente[2] l'absence de date sur un acte d'huissier[3], le défaut de mention dans la signification à domicile ou en mairie, des diligences de l'huissier pour remettre la copie de l'acte à la personne de son destinataire[4]; le défaut d'indication dans l'acte de saisie, du taux des intérêts réclamés[5]. Plus généralement, l'irrégularité de la notification d'un acte, notamment d'un commandement de payer, constitue un vice de forme[6].

Toutefois, l'article 114 C. pr. civ. prévoit à titre exceptionnel que même en l'absence de texte, l'omission d'une formalité peut entraîner la nullité de l'acte. Il faut qu'elle revête un caractère substantiel ou d'ordre public. La formalité substantielle est celle qui donne à l'acte sa nature, ses caractères, qui en constitue la raison d'être[7]. Ainsi, l'omission de la formule exécutoire sur la copie d'un jugement signifié constitue, dès lors que le caractère exécutoire de cette décision n'est pas contesté, un vice de forme entraînant la nullité de l'acte de signification sous réserve de la justification d'un grief[8].

1. Civ. 2e, 19 janv. 1977, no 75-40.578, *Bull. civ.* II, no 13; *Gaz. Pal.* 1977. 1. 348 note Viatte.
2. Civ. 2e, 15 janv. 2009, no 08-11.446, *Procédures* 2009, no 79, note Perrot.
3. Civ. 2e, 9 févr. 1983, no 81-16.047, *Bull. civ.* II, no 36; *Gaz. Pal.* 1983. 1. Pan. 177, obs. Guinchard – Civ. 2e, 12 déc. 1990, no 89-18.876, *Bull. civ.* II, no 267; *Gaz. Pal.* 1991. 1. Pan. 107.
4. Civ. 1re, 12 janv. 1988, no 86-16.473, *Bull. civ.* I, no 3; *Gaz. Pal.* 1988. 2. Somm. 318, obs. Guinchard et Moussa.
5. Civ. 2e, 31 mai 2001, no 99-20.170, NP; *Rev. huiss.* 2001. 340.
6. Civ. 2e, 17 nov. 2005, no 04-10.741, *Bull. civ.* II, no 297; *BICC* 1er mars 2006, no 396.
7. S. Guinchard et F. Ferrand, *Procédure civile. Droit interne et droit communautaire*, 29e éd., « Précis », Dalloz, 2008, nos 810 s. – Civ. 2e, 3 mars 1955, *JCP* 1955. II. 8654.
8. Civ. 2e, 11 févr. 2010, no 09-65.404, *Bull. civ.* II, no 31; *Procédures* 2010, no 116, note Perrot; *Dr. et proc.* 2009. 174.

N'est pas substantiel le défaut de paraphe d'une mention marginale contenue dans un exploit d'huissier et qui fait partie du corps même de l'exploit[9].

719.85 Existence d'un grief. Quelle que soit la gravité de l'irrégularité commise, celui qui l'invoque doit justifier d'un grief (C. pr. civ., art. 114, al. 2). La Cour de cassation censure les décisions qui prononcent la nullité d'un acte pour vice de forme sans rechercher en quoi l'irrégularité constatée a causé un grief[10]. La notion de grief se confond avec celle de préjudice et relève de l'appréciation souveraine du juge du fond[11]. Il y a grief lorsque celui qui allègue l'irrégularité a été empêché d'invoquer un droit (droit d'usage ou de rétention du tiers saisi, droit du débiteur de proposer la vente amiable). La Cour de cassation a estimé que l'imprécision des mentions relatives aux titres visés dans des actes relatifs à une saisie-exécution et aux créances réclamées en vertu de ces titres (dix avis à tiers détenteur et quatre mises en demeure) causait grief comme privant le débiteur de la possibilité de faire toute offre de paiement ou d'exercer les voies de recours utiles[12]. Le dommage justifiant l'annulation peut résulter en cas d'absence ou d'inexactitude de la mention relative au domicile de l'appelant dans l'acte d'appel, de l'impossibilité d'exécuter le jugement déféré à la Cour[13]. Il n'y a pas de grief lorsqu'en dépit de l'irrégularité de l'acte, le destinataire a pu, de lui-même, en corriger les mentions erronées[14], lorsque l'erreur ne pouvait échapper à son attention[15], ne pouvait prêter à confusion[16] ou se trouvait rectifiée par le contexte[17]. Ainsi, lorsque la signification d'un jugement mentionne par erreur que celui-ci n'est pas susceptible d'appel, la nullité de l acte n'est pas prononcée, faute de grief, lorsque son destinataire savait, dès l'origine, que la décision rendue était susceptible d'appel et n'avait pas exercé ce recours[18]. L'irrégularité tenant à

9. Civ. 2e, 1er oct. 1989, no 88-15.552, *Bull. civ.* II, no 172.
10. Civ. 2e, 22 nov. 1989, *Gaz. Pal.* 1990. 2. Somm. 360, obs. Guinchard et Moussa.
11. Civ. 2e, 21 oct. 1982, no 81-13.543, *Bull. civ.* II, no 129; *D.* 1983. IR 139, obs. Julien.
12. Com. 4 févr. 1997, no 95-12.179, NP; *Rev. huiss.* 1998. 122.
13. Civ. 2e, 14 juin 2001, no 99-16.582, *Bull. civ.* II, no 117; *D.* 2001. 3075, note Cholet.
14. Soc. 22 avr. 1982, no 80-40.073, *Bull. civ.* V, no 260.
15. Civ. 2e, 20 nov. 1985, no 84-13.239, *Bull. civ.* II, no 175; *Gaz. Pal.* 1986. 2. Somm. 322, obs. Guinchard et Moussa.
16. Soc. 18 févr. 1982, no 81-60.823, *Bull. civ.* V, no 116; *JCP* 1982. IV. 160.
17. Paris, 3 oct. 1986, *D.* 1987. Somm. 357, obs. Julien.
18. Civ. 2e, 20 mars 2014, no 13-14.053, NP; *Dr. et proc.* 2014. 123.

l'omission de la formule exécutoire sur la copie du jugement signifiée au débiteur ne constitue un vice de forme que si elle lui a causé un grief. Tel n'est pas le cas lorsque le caractère exécutoire du jugement n'est pas contesté par celui-ci[1].

Le juge peut relever d'office l'absence de grief. Ce faisant, il ne soulève pas un moyen de droit au sens de l'article 16 alinéa 3 C. pr. civ.[2]. On ne peut lui reprocher d'écarter l'exception de nullité, lorsque la partie qui l'oppose ne soutient pas dans ses conclusions, que l'irrégularité lui a causé grief[3]. Le juge ne peut se substituer à celui qui agit en nullité et relever d'office le grief causé au destinataire d'un acte irrégulier, dès lors que celui-ci n'invoque aucun préjudice[4]. Il ne peut non plus retenir d'office un grief non invoqué[5].

Ont été considérés comme faisant grief, l'absence d'un compte détaillé des sommes réclamées dans un commandement aux fins de saisie-vente[6], ainsi que le calcul inexact des intérêts moratoires[7] ou encore, le défaut d'indication de leur assiette et de leurs modalités de calcul[8].

719.86 Couverture de la nullité. La nullité est couverte par la régularisation ultérieure de l'acte si aucune forclusion n'est intervenue et s'il ne subsiste aucun grief (C. pr. civ., art. 115). La régularisation agit rétroactivement en faisant perdre tout intérêt au débat sur l'irrégularité.

Il appartient au créancier de compléter la mention omise dans un acte ultérieur ou de réitérer l'acte irrégulier. La procédure peut alors reprendre son cours. Mais pour qu'un nouveau procès-verbal de saisie puisse remplacer celui qui est entaché d'un vice de forme, encore faut-il que celui-ci soit dressé avant que le commandement préalable, dont la validité est de deux ans (C. pr. exéc., art. R. 221-5), ne soit pas devenu caduc entre-temps. Dans le cas contraire, il faut reprendre toute la procédure depuis son point de départ.

N'est pas non plus une formalité substantielle, l'indication du nom du représentant légal d'une personne morale dans une assignation[9].

1. Civ. 2e, 11 févr. 2010, n° 09-65.404, *Bull. civ.* II, n° 31; *D.* 2010. 589; *D.* 2011. 265, obs. Fricero.
2. Civ. 2e, 16 oct. 1974, n° 73-11.484, *Bull. civ.* II, n° 269; *RTD civ.* 1975. 365, obs. Perrot.
3. Civ. 2e, 16 juill. 1982, n° 81-11.174, *Bull. civ.* II, n° 107; *D.* 1983. IR 139, obs. Julien.
4. Civ. 3e, 22 mars 1995, n° 93-18.111, *Bull. civ.* III, n° 82; *Rev. huiss.* 1995. 821, obs. Martin.
5. Civ. 3e, 9 mars 1994, n° 91-16.941, *Bull. civ.* III, n° 49.
6. TGI Verdun, JEX, 9 sept. 1993, *Rev. huiss.* 1994. 661.
7. Douai, 19 mai 1994, *Rev. huiss.* 1994. 1424.
8. Paris, 8 janv. 1998, *Rev. huiss.* 1998. 377.
9. Civ. 3e, 6 mai 1998, n° 96-15.696, *Bull. civ.* III, n° 96; *JCP* 1998. IV. 2429.

§ 2 Nullité pour irrégularité de fond

719.91 Vice de fond. L'article 117 C. pr. civ. précise les hypothèses constitutives d'irrégularité de fond susceptibles d'atteindre la validité de l'acte. Ces hypothèses sont en principe limitativement énumérées. Cependant, en matière de voie d'exécution la notion de vice de fond est entendue plus largement et comprend les irrégularités portant atteinte à des droits fondamentaux. Dans ce cas c'est la saisie elle-même et non pas seulement l'acte qui en constitue le support, qui se trouve viciée.

719.92 Cas prévus par l'article 117 du Code de procédure civile. « *Constituent des irrégularités de fond affectant la validité de l'acte :*

Le défaut de capacité d'ester en justice; le défaut de pouvoir d'une partie ou d'une personne figurant au procès comme représentant soit d'une personne morale, soit d'une personne atteinte d'une incapacité d'exercice; le défaut de capacité ou de pouvoir d'une personne assurant la représentation d'une partie en justice. »

L'examen détaillé des exemples tirés de l'application pratique de ce texte relève de l'étude de la procédure civile. Il convient de citer ici les décisions pouvant avoir une incidence sur les procédures d'exécution.

Ainsi, le commandement de payer délivré par une société au nom d'une autre, qu'elle n'avait pas le pouvoir de représenter, est entaché d'une nullité de fond insusceptible de régularisation[10]. De même, le commandement de payer signifié à la requête d'une personne morale dont le représentant était décédé à la date de délivrance de l'acte, est affecté d'une irrégularité de fond qui n'est pas susceptible d'être couverte et entraîne la nullité de tous les actes subséquents[11]. En outre, est entaché d'une nullité de fond l'acte signifié par un huissier instrumentant hors de son ressort territorial sans habilitation spéciale ou par un clerc non assermenté ou incompétent pour l'acte considéré[12].

La jurisprudence estime que dans ces hypothèses il est fait violation d'une règle d'organisation judiciaire enlevant à l'acte son caractère authentique. Il convient de préciser à cet égard que si l'acte de saisie doit être impérativement dressé par l'huissier de justice, sa remise en mairie dans les conditions de l'article 656 C. pr. civ. dans sa rédaction antérieure

10. Civ. 3e, 29 oct. 2008, n° 07-14.242, *BICC* 1er mars 2009. 271.
11. Civ. 2e, 21 mars 2013, n° 12-17.107, *Bull. civ.* II [à paraître]; *BICC* 2013. 1053; *RJDA* 2013. 469.
12. Civ. 2e, 20 mai 1976, n° 75-11.401, *Bull. civ.* II, n° 168; *JCP* 1976. IV. 6635, p. 305, obs. J. A.; *D.* 1977. 125, note Cornu; *Gaz. Pal.* 1977. 1. 182, note Viatte; *RTD civ.* 1976. 618, obs. Perrot – Aix-en-Provence, 22 nov. 1989 et TI Menton, 12 juin 1990, *D.* 1990. Somm. 339, obs. Julien.

au décret du 28 décembre 2005, peut être effectuée par un clerc assermenté sans que la validité de l'exploit soit affectée. En effet, cette formalité ne constitue pas un acte d'exécution et son accomplissement ne nécessite pas le concours de l'officier ministériel lui-même. Il suffit qu'il ait procédé à la saisie et établi le procès-verbal pour que la mesure soit régulière [1].

Selon une décision plus discutable, la Haute juridiction considère que l'omission de la signature de l'huissier de justice sur le procès-verbal de saisie-vente constitue, non un vice de fond, mais une irrégularité de forme dont la sanction suppose la démonstration d'un grief. En effet, la signature de l'acte permet d'authentifier son auteur et de vérifier ainsi qu'il avait bien qualité pour le dresser. Selon la formule du professeur Perrot dans son commentaire très critique, « *à travers le défaut de signature se profile un défaut de pouvoir* » qui aurait dû inciter la Cour de cassation à annuler l'exploit sur le fondement de l'article 117 C. pr. civ [2].

La Cour de cassation interprète restrictivement l'article 117 C. pr. civ. en énonçant que seules affectent la validité d'un acte indépendamment du grief qu'elles ont pu causer, les irrégularités de fond limitativement énumérées par ce texte [3].

719.93 Cas particuliers aux voies d'exécution. En cette matière l'irrégularité de fond s'entend aussi de l'atteinte portée à des droits fondamentaux particulièrement protégés tels que la propriété ou l'inviolabilité du domicile. L'article R. 221-54 C. pr. exéc. vise expressément l'insaisissabilité des biens compris dans la saisie (pour préciser qu'elle ne peut être invoquée jusqu'à la vente). Mais il existe plusieurs situations dans lesquelles la mesure peut être annulée pour violation d'une règle de fond telle que l'absence de titre exécutoire ou de créance liquide et exigible, la saisie de biens appartenant à un tiers ou la pénétration au domicile du débiteur pour le recouvrement d'une créance non alimentaire inférieure à 535 euros (selon Décr. n° 2001-373, 27 avr. 2001, art. 3 IV). La nullité atteint directement la saisie elle-même indépendamment de l'acte qui lui sert de support. Il faut préciser que la réformation ultérieure du titre en vertu duquel la saisie a été pratiquée invalide celle-ci rétroactivement. Ainsi la cassation de l'arrêt sur lequel sont fondés les actes d'une saisie-vente emporte annulation de ces actes pour défaut de titre et ce, même si la décision de première instance confirmée par l'arrêt est assortie de l'exécution provisoire [4].

719.94 Absence d'exigence d'un texte et d'un grief. La nullité pour vice de fond doit être accueillie sans que celui qui l'invoque ait à justifier d'un grief et alors même que la nullité ne résulte d'aucune disposition expresse (C. pr. civ., art. 119).

719.95 Sanction de l'intention dilatoire. La nullité pour irrégularité de fond peut être proposée en tout état de cause, sauf la possibilité pour le juge de condamner à des dommages-intérêts celui qui se sera abstenu, dans une intention dilatoire de la soulever plus tôt (C. pr. civ., art. 118).

En matière de saisie-vente, la demande en nullité est recevable jusqu'à la vente, sauf si elle est fondée sur l'insaisissabilité des biens saisis (dans cette dernière hypothèse la nullité ne peut être demandée que dans le mois de la signification de la mesure – C. pr. exéc., art. R. 221-54 et R. 221-53 – v. s[s] n° 719.74).

Les dispositions de l'article 118 C. pr. civ. relatives aux dommages-intérêts sont manifestement applicables lorsque l'irrégularité de fond est invoquée *in extremis* et doivent être rapprochées de celles de l'article R. 221-55 C. pr. exéc. prévoyant la condamnation du débiteur dont la contestation est accueillie, à supporter les frais de la saisie annulée s'il s'est abstenu d'agir en temps utile. Le seul fait de demander tardivement la nullité ne suffit pas. Il faut établir l'intention de retarder l'issue de la procédure.

719.96 Initiative du moyen. Le JEX saisi d'une demande en nullité pour vice de forme a l'obligation tout en déclarant ce moyen inopérant, de relever d'office une irrégularité de fond non soulevée par le débiteur. En effet l'article 120 C. pr. civ. dispose que « *les exceptions de nullité fondées sur l'inobservation des règles de fond relatives aux actes de procédure doivent être relevées d'office lorsqu'elles ont un caractère d'ordre public* ».

Ainsi est entaché d'une nullité d'ordre public qui aurait dû être relevée d'office par le juge, l'avis d'audience adressé par un huissier à un défendeur demeurant hors du canton dans lequel il est territorialement compétent [5].

Le juge a, par ailleurs, la faculté et non l'obligation, de relever d'office la nullité pour défaut de capacité d'ester en justice.

1. Civ. 2e, 4 oct. 2007, n° 06-17.879, *Bull. civ.* II, n° 225; *JCP* 2007. IV. 2976.
2. Civ. 2e, 15 janv. 2009, n° 08-11.446, NP; *D.* 2010. 1307, obs. Leborgne; *Procédures* 2009, n° 79, note Perrot.
3. Civ. 2e, 15 mars 1989, n° 87-19.599, *Bull. civ.* II, n° 72; *D.* 1989. Somm. 275, obs. Julien; *RTD civ.* 1990. 140, obs. Perrot – Civ. 3e, 3 oct. 1991, n° 89-12.943, *Bull. civ.* III, n° 227; *JCP* 1991. IV. 416 – Civ. 2e, 30 nov. 1977, n° 76-12.305, *Bull. civ.* II, n° 225; *Gaz. Pal.* 1978. 1. 291, note Viatte.
4. Civ. 2e, 11 juill. 2002, n° 01-00.269, *Bull. civ.* II, n° 162; *Rev. huiss.* 2002. 366, obs. Douchy.
5. Paris, 13 juin 1986, *Gaz. Pal.* 1986. 2. 450, note Paire – Paris, 29 nov. 1995, *Rev. huiss.* 1996. 225.

719.97 Couverture de la nullité. « *Dans le cas où elle est susceptible d'être couverte, la nullité ne sera pas prononcée si sa cause a disparu au moment où le juge statue* » (C. pr. civ., art. 121). Ce texte n'exige pas que la régularisation ne laisse subsister aucun grief comme en matière de vice de forme.

La nullité ne peut plus être couverte lorsque l'acte a été fait par une personne physique décédée ou une personne morale absorbée[1], lorsqu'une prescription est intervenue[2], ou lorsque le juge a statué[3].

La réitération du commandement de payer irrégulier n'est pas possible si la saisie-vente a déjà été faite. Elle n'empêche pas le procès-verbal d'être frappé par la nullité puisqu'au moment où il a été dressé, aucun commandement valable délivré dans le délai minimum de huit jours, ne l'avait précédé.

SECTION 4
CONTESTATION RELATIVE À LA VALIDITÉ DE LA SAISIE : PROCÉDURE DE NULLITÉ

719.101 Recevabilité de la demande. Le débiteur peut demander la nullité de la saisie pour vice de forme ou de fond autre que l'insaisissabilité des biens qui y sont compris, jusqu'à la vente c'est-à-dire, jusqu'à ce qu'elle soit consommée par la consignation du prix (vente amiable) ou par l'adjudication au plus offrant (vente forcée). Le juge doit relever d'office la fin de non-recevoir tirée de la demande en nullité tardive, toute la matière des voies d'exécution étant d'ordre public (C. pr. civ., art. 125).

La nullité de la saisie pour vice de forme ou de fond ne peut être demandée que par le débiteur lui-même. La personne qui cohabite avec lui est tiers aux poursuites et n'est donc pas recevable à invoquer cette nullité[4].

719.102 Absence d'effet suspensif. Il convient de rappeler que la demande en nullité ne suspend pas, de plein droit, les opérations de saisie (C. pr. exéc., art. R. 221-56). Il s'agit d'éviter les contretemps liés à la réitération, à l'occasion de chaque étape de la procédure, des incidents de nullité.

Cependant, le JEX peut, si le motif d'annulation lui paraît sérieux, ordonner la suspension des opérations. Cette demande peut être formée, en cas d'urgence, par une assignation spéciale délivrée selon les modalités prévues par l'article R. 121-13 C. pr. exéc. pour la procédure à heure fixe. Elle peut aussi être formée, dans le cadre de la procédure ordinaire, dans l'exploit introductif d'instance ou dans des conclusions ultérieures développées verbalement ou par écrit. Elle donne lieu à une décision distincte du jugement qui sera rendu sur la contestation.

L'huissier peut aussi prendre l'initiative d'interrompre la poursuite de la procédure.

719.103 Mises en cause. L'assignation est délivrée au créancier saisissant qui doit mettre en cause les créanciers opposants en raison des conséquences que peut avoir une annulation éventuelle (C. pr. exéc., art. R. 221-54).

719.104 Conséquence de la nullité. Quelle que soit la gravité de l'irrégularité affectant l'acte, la sanction prononcée ne peut être qu'une nullité de forme ou de fond. La notion jurisprudentielle d'inexistence de l'acte vicié a été abandonnée par la Cour de cassation qui estime qu'une assignation délivrée pour une date erronée (un jour férié) ne peut être affectée que d'une irrégularité de forme nécessitant la preuve d'un grief[5]. De même, l'omission de la formule exécutoire dans la copie d'un jugement signifié n'entraîne pas l'inexistence de l'acte de signification mais sa nullité pour vice de forme sous réserve de démontrer un préjudice[6].

La nullité remet en cause la validité des actes postérieurs à l'exploit irrégulier mais pas celle des actes qui l'ont précédée. Elle n'a pas d'incidence sur la vente et n'affecte que la distribution du prix. Elle peut être à l'origine d'une condamnation à des dommages-intérêts et aux frais de la procédure.

719.105 Conséquence sur les actes postérieurs à l'acte nul. L'annulation d'un acte entraîne celle de tous les actes subséquents qui prennent appui sur lui. Ainsi, l'annulation du commandement, qui engage la procédure de saisie-vente, entraîne celle de la saisie ultérieure. La décision annulant le procès-verbal de saisie remet en question toute la procédure de saisie.

En vertu de l'article R. 221-48 C. pr. exéc., la nullité de la première saisie n'entraîne la caducité des oppositions que lorsqu'elle résulte d'une irrégu-

1. Civ. 2e, 13 janv. 1993, no 91-17.175, *Bull. civ.* II, no 15; *D.* 1993. Somm. 181 – Com. 7 déc. 1993, no 91-19.339, *Bull. civ.* IV, no 462; *JCP* 1994. IV. 418.
2. Civ. 3e, 14 févr. 1990, no 88-18.422, *Bull. civ.* III, no 50.
3. Jurisprudence divergente sur la RÉGULARISATION EN CAUSE D'APPEL : EN CE SENS : Civ. 3e, 10 mai 1991, no 89-16.057, *Bull. civ.* III, no 132 – *CONTRA* : Com. 7 déc. 1993, no 91-19.339, *Bull. civ.* IV, no 462; *JCP* 1994. II. 22285, note Putman.
4. Civ. 2e, 10 nov. 1998, no 96-18.740, *Bull. civ.* II, no 270; *Rev. huiss.* 1999. 438.
5. Cass., ch. mixte, 7 juill. 2006, no 03-20.026, *Bull. ch. mixte,* no 6; *JCP* 2006. Actu. 1434.
6. Civ. 2e, 11 févr. 2010, no 09-65.404, *Bull. civ.* II, no 31; *D.* 2011. 265, obs. Fricero; *Procédures* 2010, no 116, note Perrot.

larité dans le déroulement des opérations de saisie et n'a, de toutes façons, aucune incidence sur les saisies complémentaires (v. s[s] n° 718.55).

719.106 Conséquence sur les actes antérieurs à l'acte nul. L'annulation d'un acte n'a aucun retentissement sur les actes antérieurs qui ne reposent pas sur lui. Ceux-ci restent valables et continuent à produire leurs effets. À noter cependant que si le procès-verbal annulé est réitéré après le délai de péremption du commandement qui est de deux ans, ce commandement doit également être réitéré (v. s[s] n°s 713.121 s.).

719.107 Conséquence sur la vente. Selon l'article R. 221-54 C. pr. exéc., « *si la saisie est déclarée nulle après la vente, mais avant la distribution du prix, le débiteur peut demander la restitution du produit de la vente* ».

Cela signifie que si la décision prononçant la nullité de la saisie n'a aucune incidence sur la validité de la vente et ce, même si la demande a été introduite avant celle-ci. Le débiteur ne peut plus prétendre à une restitution en nature mais à une restitution en deniers.

Si la décision du juge intervient avant la distribution des sommes qu'elle a produites, sa notification à l'officier ministériel vendeur permet au débiteur de les récupérer sans être obligé d'engager une procédure particulière. Si la décision intervient trop tard, celui-ci doit s'adresser directement aux créanciers auxquels le prix a été distribué, le cas échéant en les assignant en paiement.

719.108 Dommages-intérêts. Le créancier responsable de l'irrégularité à l'origine de la décision d'annulation, peut être condamné à des dommages-intérêts, notamment si le prix récupéré par le débiteur est inférieur à la valeur du bien vendu ou si celui-ci avait une valeur affective. Si la nullité incombe plus particulièrement à l'huissier, celui-ci peut être condamné sur le fondement des articles 650 et 698 C. pr. civ.

719.109 Charge des frais. Il appartient en principe au créancier qui est à l'origine de la nullité de supporter les frais afférents aux actes nuls. Si les actes sont nuls par l'effet de la faute de l'huissier, c'est à lui que doit incomber la charge définitive des dépens y afférent (C. pr. civ., art. 650 et 698).

Exceptionnellement, le juge qui annule la saisie peut laisser le débiteur supporter tout ou partie des frais qu'elle a occasionnés, s'il s'est abstenu de demander la nullité en temps utile (C. pr. exéc., art. R. 221-55).

Cette disposition est la mise en œuvre en matière de voies d'exécution, du principe général de procédure civile selon lequel les moyens de nullité doivent être soulevés au fur et à mesure de l'accomplissement des actes et ce, dans l'intérêt de toutes les parties.

Il est normal que le débiteur qui a tardé à invoquer une irrégularité remontant aux origines de la procédure, assume la charge des frais se rapportant aux actes et aux formalités qu'il a laissé s'accomplir sans rien dire. Les dispositions de l'article R. 221-55 C. pr. exéc. sont à rapprocher de celles de l'article 118 C. pr civ., permettant au juge qui accueille une nullité pour vice de fond, de condamner à des dommages-intérêts celui qui s'est abstenu, dans une intention dilatoire, de la soulever plus tôt (sur le particularisme des demandes en nullité contre les saisies pratiquées par un comptable public, v. s[s] n°s 126.06 s.).

TITRE

72. Les saisies-ventes de meubles corporels spécifiques

SECTION 0
ORIENTEUR

710.00 Plan du titre.

CHAPITRE

721. Saisie-vente des récoltes sur pied

RENÉ LAUBA
MAGISTRAT HONORAIRE

SECTION 0 ORIENTEUR

721.00 Plan du chapitre.

721.01 Textes applicables.

C. pr. exéc., art. L. 111-8, L. 124-1, L. 221-1 à L. 221-3, L. 321-3; R. 112-2, R. 221-1 s., R. 221-16 à R. 221-18, R. 221-30 à R. 221-32 et R. 221-57 à R. 221-61.

C. civ., art. 520, 593, 1591 et 1873-15.

721.03 Bibliographie indicative.

Actualisables. Rép. pr. civ., *v° Saisie des récoltes sur pieds*, par S. Vanuxem, sept. 2013 – *J.-Cl. Not. Form., v° Saisie-vente*, fasc. 60, Saisie des récoltes sur pied, par J. Beauchard – *J.-Cl. Pr. civ., v° Saisie-vente*, fasc. 2360, Récoltes sur pied, par N. Casal.

Ouvrages. A. LEBORGNE, *Droit de l'exécution*, 2e éd., « Précis », Dalloz, 2014, [saisie-vente des récoltes sur pied], nos 1485-1490 – R. PERROT et Ph. THÉRY, *Procédures civiles d'exécution*, 3e éd., Dalloz, 2013 [saisie des récoltes sur pied], nos 666-668.

721.05 Définition et spécificité. La saisie des récoltes sur pied s'entend de celle des fruits proches de la maturité non encore récoltés et adhérant toujours à la terre, soit directement par leur racine, soit indirectement par les branches des arbres qui les ont produits. Cette définition donnée par J. Vincent à propos de l'ancienne saisie-brandon[1] reste toujours valable, la réforme des procédures civiles d'exécution n'ayant pas, au-delà du changement de terminologie, fondamentalement transformé les règles de cette mesure particulière.

Selon l'article 520 du Code civil, les récoltes pendantes par les racines et les fruits non encore cueillis sont des immeubles par nature. Ils ne deviennent des meubles qu'après avoir été détachés du sol. Par conséquent, les récoltes sur pied devraient être saisies avec le terrain sur lequel elles ont poussé, selon les formes requises pour la saisie immobilière. Il s'agit pourtant d'une saisie mobilière qui repose sur une fiction, la mobilisation anticipée des récoltes quelques semaines avant leur maturité. À l'instar de la vente sur pied, la saisie les convertit en meubles en anticipant leur coupe et leur cueillette.

La saisie des récoltes sur pied est une variété particulière de la saisie-vente. Elle est, en effet, réglementée dans le chapitre V du titre V du décret du 31 juillet 1992 entièrement consacré à la saisie-vente, désormais codifié dans la partie réglementaire du Code des procédures civiles d'exécution (livre II, titre II, chapitre I, section V). Elle obéit donc à toutes les conditions générales compatibles avec les dispositions spéciales inspirées par son particularisme. Les règles nouvelles adoptées par les articles R. 221-57 à R. 221-61 C. pr. exéc. sont très voisines de celles établies par les articles 626 à 635 de l'ancien Code de procédure civile (ACPC), de telle sorte que la jurisprudence antérieure est, pour l'essentiel, transposable. La plupart des commentateurs de la réforme ont relevé que la saisie des récoltes sur pied n'était pas très utilisée de nos jours, les créanciers préférant saisir le prix de leur vente par voie de saisie-attribution.

1. J. Vincent, *Voies d'exécution*, « Précis », 14e éd., Dalloz, n° 69.

SECTION 1
CONDITIONS GÉNÉRALES D'OUVERTURE

721.11 Conditions identiques à celles de la saisie-vente. Ce sont celles de la saisie-vente (L. 9 juill. 1991[1], art. 50 [devenu C. pr. exéc., art. L. 221-1] – et Décr. 31 juill. 1992, art. 81 s. [devenus C. pr. exéc., art. R. 221-1 s.]). Le créancier doit détenir un titre exécutoire constatant une créance liquide et exigible[2] et délivrer huit jours au moins avant la saisie, un commandement de payer comportant les mentions requises par l'article R. 221-1 C. pr. exéc. (v. s^s n°s 713.05 s. et 713.41 s.). La mesure n'étant pas pratiquée dans un local d'habitation, le principe de subsidiarité adopté par les articles L. 221-2 et R. 221-2 C. pr. exéc. et mis en œuvre par l'article R. 221-3 du même code, n'a pas lieu de s'appliquer en principe.

SECTION 2
CONDITIONS SPÉCIALES D'OUVERTURE QUANT AU DÉBITEUR SAISI

721.21 Détermination du propriétaire des récoltes. Selon l'article R. 221-57 C. pr. exéc, les récoltes sur pied « *appartenant au débiteur* » peuvent être saisies. Le saisi est donc toute personne ayant un droit sur la récolte, que ce soit à titre de propriétaire du fonds, d'usufruitier, de fermier ou d'acquéreur.

721.22 Propriétaire exploitant. Les récoltes appartiennent au propriétaire du terrain sur lequel elles prennent racine si celui-ci en est l'exploitant. Ses créanciers peuvent donc les saisir, à moins qu'elles n'aient été vendues à un tiers auquel cas ils peuvent en saisir le prix entre ses mains.

721.23 Usufruitier. Selon l'article 585 du Code civil, « *les fruits naturels ou industriels, pendants par branches ou par racines au moment où l'usufruit est ouvert, appartiennent à l'usufruitier. Ceux qui sont dans le même état au moment où finit l'usufruit appartiennent à l'usufruitier au propriétaire* ». Entre ces deux périodes les créanciers de l'usufruitier peuvent les saisir. En revanche, ceux du nu-propriétaire ne le peuvent pas et ce, jusqu'à la fin de l'usufruit.

721.24 Acquéreur. Les récoltes vendues sur pied appartiennent à celui qui les a achetées et ce, dès l'échange des consentements. Les créanciers de l'acquéreur sont ainsi en droit de les saisir. Toutefois, ils peuvent se heurter au droit de rétention du vendeur si celui-ci n'a pas été payé.

721.25 Fermier. Il est titulaire du droit d'exploiter et partant, propriétaire de la récolte. Ses créanciers peuvent la saisir sauf s'il l'a vendue à un tiers. Ceux du bailleur qui n'ont aucun droit sur la récolte, ne peuvent l'appréhender.

721.26 Métayer. Le débiteur métayer est propriétaire de sa part de récolte. La récolte elle-même, tant qu'elle est sur pied, appartient indivisément au propriétaire et au métayer. En application de l'article 815-17 alinéa 1er du Code civil, seuls les créanciers dont la créance résulterait de sa conservation ou de sa gestion, pourraient la saisir (fournisseur d'engrais, salarié de l'exploitation). Quant aux créanciers personnels du métayer (ou ceux du propriétaire) ils ne peuvent saisir sa quote-part de la récolte indivise en vertu du deuxième alinéa du même texte.

721.27 Indivisaires ordinaires. L'indivision ordinaire (ou copropriété ordinaire) résulte le plus souvent du décès du propriétaire qui laisse plusieurs héritiers, ou de l'achat d'un bien en commun par plusieurs personnes. Elle est caractérisée par le fait que chaque indivisaire peut y mettre fin à tout moment en réclamant le partage (C. civ., art. 815). Lorsque la récolte sur pied appartient à des indivisaires ordinaires, elle n'est saisissable que par les créanciers de l'indivision, c'est-à-dire, par ceux qui auraient pu agir sur les biens indivis avant celle-ci et ceux dont la créance résulte de la conservation ou de la gestion de ces biens indivis (C. civ., art. 815-17, al. 1er). Mais les créanciers personnels d'un indivisaire ne peuvent saisir sa part dans les biens indivis. Ils ont seulement la faculté de provoquer le partage au nom de leur débiteur ou d'intervenir dans celui provoqué par lui (C. civ., art. 815-17, al. 2 et 3).

721.28 Indivisaires conventionnels. Les indivisaires peuvent structurer l'indivision en lui donnant des organes de gestion et de représentation et en renonçant au droit de demander le partage pour une durée déterminée. L'article 1873-15 alinéa 1er du Code civil dispose que l'article 815-17 est applicable aux créanciers de l'indivision ainsi qu'aux créanciers personnels des indivisaires. Mais l'alinéa 2 du même texte précise que les créanciers personnels dont le droit de provoquer le partage se trouve ainsi limité au cas où leur débiteur pourrait lui-même le provoquer, sont autorisés, dans les autres cas, à saisir et à vendre sa quote-part dans l'indivision.

1. L. n° 91-650, 9 juill. 1991, portant réforme des procédures civiles d'exécution, *JO* 14 juill., p. 9228.
2. Civ. 4 janv. 1961, *JCP* 1961. IV. 23.

SECTION 3

CONDITIONS SPÉCIALES D'OUVERTURE QUANT AUX BIENS SAISIS

721.31 Fruits naturels et industriels. Le terme « récolte sur pied » évoque les fruits de la terre renouvelables suivant une périodicité régulière. Il s'agit, selon la distinction de l'article 583 du Code civil, des fruits naturels issus spontanément du sol et des fruits industriels obtenus par la culture d'un fonds. On envisage immédiatement les céréales des champs, les fruits des vergers ou les légumes des jardins maraîchers. Mais la notion de récolte peut être étendue à tous les produits de la terre susceptibles d'être mobilisés par anticipation en raison de leur maturité prochaine (champignons, baies sauvages).

721.32 Herbe à faucher. L'herbe destinée à être fauchée, qui peut faire l'objet d'une vente sur pied peut ainsi être saisie selon les modalités prévues aux articles R. 221-57 à R. 221-61 C. pr. exéc. À noter que les ventes d'herbes successives peuvent constituer une utilisation répétée du fonds justifiant l'application du statut du fermage[1].

721.33 Arbres à abattre. Les arbres à abattre compris dans les bois, taillis et futaies mises en coupe réglée, peuvent être mobilisés par anticipation[2] et par conséquent, sont saisissables selon les modalités de la saisie des récoltes sur pied. La mobilisation périodique à un certain stade de développement ou la mise en coupe réglée annuellement par zone déterminée, permet de fixer le point de départ du délai de six mois précédant l'époque de la maturité.

721.34 Produits. Les produits qui épuisent la substance du sol d'où ils sont extraits, tels que les pierres d'une carrière ou les minerais, ne peuvent entrer dans le champ d'application de la saisie des récoltes. Leur nature se prête d'ailleurs mal aux conditions et modalités prévues par les articles R. 221-57 à R. 221-61 C. pr. exéc.

721.35 Récoltes saisies immobilièrement. La saisie immobilière de l'immeuble portant les récoltes sur pied incorpore celles-ci dans son assiette et fait obstacle à leur saisie ultérieure dans les conditions des articles R. 221-57 à R. 221-61 C. pr. exéc. Elle emporte d'ailleurs, à l'égard des tiers, immobilisation des fruits naturels et industriels recueillis après le dépôt du commandement aux fins de publicité (C. pr. exéc., art. L. 321-3). En revanche, la saisie des récoltes sur pied demeure valable, si elle a été pratiquée avant que le commandement de saisie immobilière ait été transcrit[3].

721.36 Récoltes vendues sur pied. La vente de récoltes sur pied opère au profit de l'acheteur, transfert de leur propriété dès l'accord des parties sur la chose et sur le prix. L'acquéreur ne peut se contenter de produire un document, même enregistré, qui ne comporte pas un prix déterminé ou déterminable au sens de l'article 1591 du Code civil[4]. Les créanciers du vendeur propriétaire originaire, ne peuvent donc plus les saisir. Il faut cependant qu'il y ait eu individualisation des fruits dès le jour de la vente, par exemple par leur cession en bloc et en totalité, pour que l'acquéreur puisse se prévaloir de la création d'un droit réel à son profit[5].

721.37 Récoltes coupées. Une fois détachés ou coupés, même non encore enlevés, les fruits, récoltes et bois deviennent des meubles par nature (C. civ., art. 520 et 521). Ils ne peuvent donc être saisis que selon les modalités prévues pour la saisie-vente de droit commun. Ceux qui sont immobilisés par destination (semences et pailles, C. civ., art. 524) ou par l'effet d'une saisie immobilière (C. civ., art. 2194[6] [devenu C. pr. exéc., art. L. 321-3]) ne peuvent être appréhendés qu'avec l'immeuble qui les a produits (ainsi pour les foins et aliments pour animaux[7]).

721.38 Poissons des étangs. Les anciens auteurs admettaient qu'ils pouvaient constituer des fruits susceptibles de pouvoir faire l'objet d'une saisie-brandon[8]. Cependant, la nouvelle terminologie employée rend désormais difficile leur rattachement à la nouvelle procédure.

721.39 Denrées alimentaires. Selon l'article R. 112-2 C. pr. exéc, sont insaisissables les denrées nécessaires à l'alimentation du saisi et de sa famille, ainsi que des animaux destinés à leur subsistance. Par conséquent, une fraction des fruits récoltés peut-être frappée d'insaisissabilité dès lors qu'elle doit assurer la nourriture du débiteur et des bêtes élevées pour sa subsistance.

1. Civ. 3e, 2 juin 1993, n° 91-14.521, *Bull. civ.* III, n° 77.
2. Com. 24 nov. 1981, n° 80-13.395, *Bull. civ.* IV, n° 408.
3. Civ., 23 févr 1892, *DP* 1893. 1. 425.
4. Civ. 1re, 30 nov. 1982, NP; *D.* 1983. IR 399, obs. Julien.
5. Civ. 25 févr. 1896, deux arrêts, *DP* 1897. 1. 69 – CONTRA : Montpellier, 23 juin 1927, *DH* 1927. 472.
6. Inséré dans le Code civil, par Ord. n° 2006-461, 21 avr. 2006 [entrée en vigueur par Décr. 27 juill. 2006, art. 25] – Abrogation de ACPC, art. 682, par la même ordonnance [entrée en vigueur par le même décret].
7. Rennes, JEX, 30 mars 1993, *Rev. huiss.* 1994. 661.
8. E. Garsonnet et C. Cézar-Bru, *Traité théorique et pratique de procédure civile et commerciale, en justice de paix et devant les conseils de prud'hommes*, 3e éd., 1912-1925, Sirey, t. IV, n° 164.

SECTION 4
CONDITIONS SPÉCIALES D'OUVERTURE QUANT AU DÉLAI

721.41 Durée du délai. Les récoltes sur pied peuvent être saisies dans les six semaines qui précèdent l'époque habituelle de la maturité (C. pr. exéc., art. R. 221-57).

721.42 Époque de la maturité. L'époque habituelle de la maturité varie selon les diverses espèces de fruits, les techniques agricoles et les conditions climatiques. Les usages locaux prennent en compte tous ces éléments pour déterminer, pour certains végétaux, une durée théorique de la maturité.

C'est le juge qui, en cas de litige, doit fixer souverainement le point de départ du délai, en tenant compte des conditions culturales locales (sur la détermination de l'époque de la maturité, v. D. Lochouarn [1]).

721.43 Sanction. La saisie ne peut intervenir trop longtemps à l'avance car elle risque d'inciter le débiteur à négliger la récolte dont il va être privé. Il est en outre difficile d'obtenir un prix convenable lorsque la récolte est vendue prématurément. La solution adoptée sous l'empire de l'article 626 ACPC, était que l'observation du délai de six semaines était prescrite à peine de nullité [2]. L'article R. 221-57 (anc^{t} Décr. 31 juill. 1992, art. 134) reprenant, pour l'essentiel, le texte de l'article 626, on peut considérer encore aujourd'hui, que la saisie faite avant les six semaines précédant la maturité des récoltes est entachée de nullité. Le saisi devrait pouvoir, comme par le passé, renoncer à invoquer cette nullité, expressément ou tacitement par des actes révélant cette intention avec certitude [3].

Le commandement de payer qui engage la procédure de saisie mais qui ne constitue pas un acte d'exécution, peut être signifié avant le délai de six semaines.

SECTION 5
MISE EN ŒUVRE

721.51 Procès-verbal. À peine de nullité, le procès-verbal de saisie doit être établi conformément aux dispositions de l'article R. 221-16 C. pr. exéc., à l'exception de celles relatives à la désignation des biens saisis. Cette désignation est remplacée par la description du terrain où sont situées les récoltes avec sa contenance, sa situation et l'indication de la nature des fruits (C. pr. exéc., art. R. 221-58). Cette disposition doit permettre l'identification précise des parcelles et comporter, afin d'éviter les erreurs, leurs références cadastrales.

721.52 Autres formalités. La saisie des récoltes sur pied n'étant qu'une variété de saisie-vente, toutes les formalités compatibles avec la spécificité de cette mesure sont applicables. Ainsi, la copie du procès-verbal de saisie doit être remise au débiteur s'il est présent aux opérations, ou doit lui être signifiée (C. pr. exéc., art. R. 221-17 et R. 221-18). L'huissier doit lui rappeler ses droits et ses obligations. Il convient de se reporter aux développements relatifs à la saisie-vente de droit commun (v. s^{s} n°s 714.41 s.).

À noter que dans le tarif des huissiers (Décr. n° 96-1080, 12 déc. 1996) le coût du procès-verbal de saisie des récoltes sur pied est plus élevé que celui de l'acte de saisie-vente (36,5 au lieu de 17,5 taux de base [TB], actes n°s 51 et 54 du tableau I : 1 TB = 10,50 francs).

721.53 Gardien. Les récoltes sont placées sous la garde du débiteur qui en est constitué gardien (C. pr. exéc., art. R. 221-59). Il ne peut plus en disposer en les vendant ou en user pour lui-même, s'agissant de biens consomptibles. Il est tenu d'en prendre soin jusqu'à la vente sous peine d'engager sa responsabilité civile. S'il ne peut être tenu pour responsable de la destruction des fruits due aux intempéries [4], il est cependant en faute s'il a négligé de les assurer ou de payer les primes les garantissant contre les risques de grêle ou de tempête.

721.54 Gérant à l'exploitation. À la demande du créancier, le juge de l'exécution peut désigner un gérant à l'exploitation (C. pr. exéc., art. R. 221-59, al. 2). Cette mesure peut s'avérer indispensable lorsque le débiteur néglige d'apporter les soins nécessaires ou se révèle incapable de le faire (par ex., pour des raisons de santé). Le débiteur est entendu ou appelé à l'audience. La décision devant avoir pour conséquence d'augmenter les frais et de confier la récolte aux soins d'un tiers, il a intérêt à donner son avis sur l'opportunité de la mesure et sur le choix du gérant. Le gérant à l'exploitation pourra être un agriculteur voisin, un professionnel de l'agriculture, ou encore un membre de la famille du saisi vivant sur l'exploitation (s'il est remplacé pour des raisons de santé). Le gérant à l'exploitation devra assurer la récolte et son transport sur le lieu de la vente, si celle-ci n'est pas faite sur place. Il devra être rémunéré.

1. D. Lochouarn, « La saisie des récoltes sur pieds », *Rev. huiss.* 1998. 200.
2. Civ. 29 août 1853, *DP* 1853. 1. 258.
3. Montpellier, 17 janv. 1924, *DH* 1924. 253.
4. Dijon, 28 déc. 1891, *DP* 1892. 2. 119.

SECTION 6
OPÉRATIONS DE VENTE

721.61 Vente amiable. La saisie des récoltes sur pied étant une variété de la saisie-vente, le débiteur bénéficie de la faculté de vente amiable prévue par les articles L. 221-3 et R. 221-30 à R. 221-32 C. pr. exéc. L'article 135 du décret relatif à l'établissement du procès-verbal, renvoie d'ailleurs aux dispositions de l'article R. 221-16 du même code réglementant l'acte de saisie-vente, lequel doit reproduire le texte des articles R. 221-30 à R. 221-32 C. pr. exéc. Le débiteur dispose donc d'un délai d'un mois pour proposer un acquéreur, auquel peut s'ajouter, si une offre est faite dans ce délai, celui de quinze jours imparti aux créanciers saisissant et opposant pour prendre parti, étant précisé que la vente forcée ne peut avoir lieu qu'après l'expiration de tous les délais.

On a relevé la difficulté de concilier, en pratique, ces délais avec celui de six semaines prévu par l'article R. 221-57 C. pr. exéc.[1]. Le commentateur précité a fait ressortir les problèmes de calendrier et de computation soulevés par le fait que ces délais sont exprimés selon le cas, en jours, en semaines ou en mois. Leur addition qui nécessite une conversion au plus petit dénominateur commun (le jour), aboutit à un total de soixante-deux jours (délai de commandement et de publicité compris). Selon la date de la saisie et la présence ou non d'une proposition d'achat valable, le temps nécessaire à l'organisation de la vente aux enchères risque d'être très réduit, l'époque de la maturité des récoltes pouvant même être dépassée. Dans cette dernière hypothèse, le juge de l'exécution devrait pouvoir être saisi de la difficulté afin qu'il autorise la cueillette, la vendange ou la moisson, avant que la récolte ne pourrisse sur pied et qu'il ordonne son stockage, le cas échéant entre les mains d'un séquestre, jusqu'à ce qu'il ait été pris parti sur la proposition amiable. Mais des pertes peuvent difficilement être évitées si les fruits sont rapidement périssables.

721.62 Vente forcée. Celle-ci obéit aux règles applicables en matière de saisie-vente. Elle ne peut avoir lieu qu'après l'expiration des délais de vente amiable. Elle est effectuée aux enchères publiques par un officier ministériel habilité (v. s^{s} n°s 716.05 s. et 716.61 s.). Sont seules examinées, ici, les dispositions particulières aux récoltes sur pied.

721.63 Publicité. La vente est annoncée par des affiches apposées à la mairie et au marché le plus proche du lieu où se trouvent les récoltes (C. pr. exéc., art. R. 221-60, al. 1er). Celles-ci doivent mentionner les jour, heure et lieu de la vente et indiquer le terrain où sont situées les récoltes, sa contenance et la nature des fruits (C. pr. exéc., art. R. 221-60, al. 2). L'huissier certifie l'accomplissement de cette formalité (C. pr. exéc., art. R. 221-60, al. 3). La publicité facultative, notamment par des insertions dans des journaux, n'est pas envisagée expressément. Elle est possible aux frais du saisissant qui n'y est pas obligé, sauf pour celui-ci à justifier qu'elle a été utile (L C. pr. exéc., art. L. 111-8 et L. 124-1).

721.64 Lieu de la vente. Selon l'article R. 221-61 C. pr. exéc, la vente est faite sur le terrain où se trouvent les récoltes (si elles sont encore sur pied) ou au marché le plus voisin (si elles ont été coupées).

721.65 Enlèvement. En cas de vente sur place c'est l'adjudicataire qui achète la récolte sur pied qui se charge de la coupe ou de la cueillette et du transport. En cas de vente sur le marché, la récolte et son acheminement peuvent être effectués par le saisi (sous la direction de l'huissier), s'il dispose du matériel approprié. À défaut, ces opérations peuvent être assurées par une entreprise de battage au frais du saisi.

SECTION 7
INCIDENTS

721.71 Inventaire complémentaire. L'époque habituelle de la maturité pouvant être différente selon les espèces de fruits, il est certain que le créancier devra s'y reprendre à plusieurs fois pour saisir les récoltes d'une même exploitation. Il pourra procéder à des inventaires complémentaires afin d'étendre l'assiette de sa saisie initiale à d'autres récoltes devenues saisissables entre-temps (C. pr. exéc., art. R. 221-43). Ces inventaires devront être dressés suivant les dispositions combinées des articles R. 221-16 et R. 221-58 C. pr. exéc.

721.72 Distraction. Un tiers acquéreur de la récolte peut toujours intenter une action en distraction, si la vente est antérieure à la saisie; mais il doit produire un acte établissant que la vente est parfaite, c'est-à-dire qu'elle comporte un prix déterminé ou déterminable au sens de l'article 1591 du Code civil. Une simple attestation, même enregistrée, est insuffisante si elle ne comporte pas ces éléments[2].

721.73 Autres incidents. Il convient de se reporter aux règles relatives aux incidents de la saisie-

1. V. R. Martin, « La saisie impossible des récoltes sur pied », *Rev. huiss.* 1993. 1142.

2. Civ. 1re, 30 nov. 1982, NP; *D.* 1983. IR 399, obs. Julien.

vente (v. s[s] n°s 718.04 s.). Il convient cependant de relever que le jugement sur incident peut intervenir après la maturité des fruits. Le juge devrait donc pouvoir autoriser leur vente immédiate, si ceux-ci sont rapidement périssables et ce, en dépit de l'effet suspensif de certaines contestations. Il pourrait ordonner la consignation du prix au bénéfice de qui il appartiendra. Il faut souligner qu'en matière de saisie de récoltes sur pied, la vente prématurée est moins lourde de conséquence qu'en matière de saisie-vente ordinaire. Les récoltes ont en effet vocation à être vendues et à entrer dans le circuit économique, ce qui n'est pas le cas des meubles saisis chez les particuliers ou du matériel saisi au détriment des professionnels. Le préjudice n'existe en général que si la vente est effectuée en dessous du cours.

CHAPITRE

722. Saisie-vente des biens placés dans un coffre-fort

René LAUBA
Magistrat honoraire

SECTION 0 Orienteur

722.00 Plan du chapitre.

722.01 Textes applicables.

C. pr. exéc., art. L. 111-8, L. 124-1, L. 141-1, L. 142-1, L. 142-3, L. 221-1, L. 221-2; R. 213-4, R. 221-2, R. 221-3, R. 221-12, R. 221-30 à R. 221-56 et R. 224-1 à R. 224-9.

C. civ., art. 1962.

722.03 Bibliographie indicative.

Actualisables. Rép. pr. civ., *v° Saisie des biens placés dans un coffre-fort*, par N. Fricero, mars 2010 [màj juin 2012], n°s 15 à 34 – *J.-Cl. Not. Form., v° Saisie des biens placés dans un coffre-fort*, fasc. 10, Commentaires, par C. Laporte – *J.-Cl. Pr. civ., v^is^ Saisie des biens placés dans un coffre-fort*, fasc. 2410, Exécution forcée. Saisie conservatoire, par P. Julien.

Ouvrages. A. Leborgne, *Droit de l'exécution*, 2e éd., « Précis », Dalloz, 2014, [saisie-vente des biens placés dans un coffre-fort], n°s 1491-1509 – R. Perrot et Ph. Théry, *Procédures civiles d'exécution*, 3e éd., Dalloz, 2013 [saisie des biens placés dans un coffre-fort], n°s 1067-1074.

722.04 Intérêt pratique. Jusqu'à la réforme des voies d'exécution, cette mesure n'était pas réglementée par un texte particulier. Cette lacune importante avait été à l'origine d'une longue controverse doctrinale et jurisprudentielle qui portait, non sur le droit de saisir les valeurs enfermées dans un coffre-fort, mais sur la procédure à employer pour les mettre sous main de justice.

Une partie importante de la doctrine[1] soutenait que le banquier apparaissait comme un tiers dépositaire, tenu d'une obligation de surveillance et partant, de restitution à l'égard du client, de telle sorte que l'ancienne saisie-arrêt qui pouvait porter sur des meubles corporels était seule envisageable. D'autres auteurs[2], considéraient que le banquier était un bailleur qui se bornait à mettre un coffre à la disposition du client sans être débiteur à son égard d'une obligation de restitution. Il ne pouvait donc avoir la qualité de tiers et par conséquent, la saisie-exécution qui ne pouvait être pratiquée qu'entre les mains du client débiteur, apparaissait comme étant la seule mesure idoine. L'enjeu était important car seule la saisie-exécution devait être précédée d'un commandement qui était susceptible d'alerter le débiteur. La saisie-arrêt qui en était dispensée, avait l'avantage de ménager un effet de surprise et d'éviter la disparition des valeurs avant la saisie.

La réforme a rendu la controverse sans objet en permettant la saisie-vente entre les mains des tiers et surtout, en autorisant le créancier, dans le cas particulier de la saisie du contenu d'un coffre-fort, à délivrer le commandement de payer le lendemain du procès-verbal (C. pr. exéc., art. R. 224-1 et R. 224-3). La saisie a pour effet immédiat d'interdire tout accès au coffre (C. pr. exéc., art. R. 224-2).

1. P. Esmein, « La location de coffre-fort et la saisie des objets qu'ils contiennent », *RTD civ.* 1992. 347 – A. Tunc, *Le contrat de garde*, th. Paris, 1942, p. 24 s. – A. Robert, « Le contrat dit de coffre-fort », *JCP* 1959. I. 1507.
2. R. Ripert et G. Roblot, *Traité élémentaire de droit commercial*, 8e éd., LGDJ, 1974 – R. Rodière et J.-L. Rives-Lange, *Droit bancaire*, 2e éd., Dalloz, 1975, n° 392 et la jurisprudence *Rabat* 29 avr. 1955, *Banque* 1955. 794 – Civ. 21 mai 1957, *JCP* 1957. IV. 97.

Une autre particularité réside dans le fait que l'inventaire des biens n'est pas effectué en même temps que l'acte de saisie mais plusieurs jours après (C. pr. exéc., art. R. 224-5 et R. 224-6).

L'acte de saisie comporte les mêmes mentions et les mêmes effets quelle que soit la mesure envisagée par le créancier (saisie-vente, saisie-appréhension ou saisie conservatoire).

SECTION 1
CONDITIONS GÉNÉRALES D'OUVERTURE

722.11 Application des règles de la saisie-vente. La saisie-vente des biens placés dans un coffre-fort obéit aux conditions d'ouverture de la saisie-vente de droit commun (détention d'un titre exécutoire constatant une créance liquide et exigible). Il convient de se reporter sur ce point aux développements antérieurs (v. s[s] n°s 712.11 s.).

SECTION 2
CONDITIONS PARTICULIÈRES D'OUVERTURE

722.21 Spécificités tenant au propriétaire du coffre. Les dispositions spéciales des articles R. 224-1 à R. 224-9 C. pr. exéc. s'appliquent à la saisie des biens placés dans un coffre-fort appartenant à un tiers (C. pr. exéc., art. R. 224-1). Ce tiers peut être un banquier (ou un établissement assimilé) ou l'exploitant d'un hôtel.

Les objets contenus dans un coffre situé dans les locaux du débiteur sont saisissables selon les modalités prévues pour la saisie-vente ordinaire, sauf pour l'huissier à faire procéder à l'ouverture dans les conditions des articles L. 142-3, L. 142-1 alinéas 1er et 2 C. pr. exéc. La saisie étant pratiquée dans les locaux d'un tiers et non du débiteur, le principe de subsidiarité adopté par les articles L. 221-2, R. 221-2 et R. 221-3 C. pr. exéc. n'a pas lieu de s'appliquer. Ces locaux ne servant pas à l'habitation du tiers propriétaire du coffre, l'autorisation préalable du JEX requise par l'article L. 221-1 du même code, n'a pas besoin d'être sollicité.

SECTION 3
MISE EN ŒUVRE

722.31 Acte de saisie. La saisie n'est pas précédée d'un commandement. Elle s'effectue par un acte d'huissier signifié au tiers propriétaire du coffre (C. pr. exéc., art. R. 224-1).

722.32 Mentions obligatoires. Selon l'article R. 224-1 C. pr. exéc., cet acte mentionne à peine de nullité :

« 1° *Les nom et domicile du débiteur et, s'il s'agit d'une personne morale, sa dénomination et son siège social.*

2° *La référence au titre en vertu duquel la saisie est pratiquée.*

3° *Une injonction d'interdire tout accès au coffre, si ce n'est en présence de l'huissier de justice* ».

722.33 Effets. Toute saisie a pour effet immédiat d'interdire l'accès au coffre sans la présence de l'huissier (C. pr. exéc., art. R. 224-1, 3° et R. 224-2). Cette disposition permet de prévenir tout risque de détournement. Le débiteur sera en effet, rapidement avisé de la mesure prise contre lui par le commandement de payer qui doit lui être signifié le premier jour ouvrable suivant l'acte de saisie. La tentation de venir retirer les valeurs contenues dans le coffre sera grande.

Le débiteur ne pourra donc accéder seul au coffre. Toutefois, s'il a besoin d'y prendre ou d'y consulter certains documents, il pourra le faire sous le contrôle de l'huissier.

Il faut considérer que l'acte prévu par l'article R. 224-1 C. pr. exéc. opère une saisie provisoire (ou préventive) de tout le contenu du coffre sans distinguer selon que les biens qui le composent ont ou non une valeur marchande ou sont ou non saisissables. La saisie définitive aura lieu lors de l'ouverture du coffre qui ne pourra intervenir avant l'expiration d'un délai de quinze jours suivant la signification du commandement (C. pr. exéc., art. R. 224-4) et qui permettra de retenir dans l'inventaire les seuls biens susceptibles d'être saisis ou méritant d'être enlevés (C. pr. exéc., art. R. 224-5). Ce sera donc l'inventaire qui tiendra lieu d'acte de saisie définitif. L'article R. 224-3, 3° C. pr. exéc. le laisse d'ailleurs entendre puisqu'il dispose que le commandement doit impartir au débiteur, soit de payer sa dette avant la date prévue pour l'ouverture du coffre, soit d'assister à cette ouverture « *aux fins de saisie des biens qui s'y trouvent* ».

722.34 Scellés. L'huissier peut, si nécessaire, apposer des scellés sur le coffre (C. pr. exéc., art. R. 224-2 *in fine*).

722.35 Obligation du tiers. Le tiers reçoit injonction d'interdire l'accès au coffre hors de la présence de l'huissier. Il est ainsi investi d'un rôle de gardien.

Le tiers est également tenu de fournir à l'huissier les éléments d'identification du coffre, sans pouvoir lui opposer le secret professionnel. Ces éléments doivent être mentionnés dans l'acte de saisie (C. pr. exéc., art. R. 224-1).

SECTION 4
DÉNONCIATION DE LA SAISIE AVEC COMMANDEMENT DE PAYER

722.41 Commandement. Lorsque la procédure tend à la vente des biens, un commandement de payer est signifié au débiteur le premier jour ouvrable suivant l'acte de saisie.

722.42 Délai du commandement. Cet acte vaut sommation de payer mais aussi dénonciation au débiteur de la mesure pratiquée à son insu. La brièveté du délai révèle l'attachement du législateur à l'information du débiteur. On peut donc considérer sous réserve de ce que décidera la Cour de cassation que, bien qu'aucune sanction n'ait été expressément prévue, la saisie non dénoncée dans le délai devrait être frappée de caducité.

722.43 Signification. Le commandement peut être signifié dans l'acte de signification du jugement.

722.44 Mentions obligatoires. Selon l'article R. 224-3 C. pr. exéc., le commandement doit contenir à peine de nullité :

« *1° La dénonciation de l'acte de saisie.*

2° La mention du titre exécutoire en vertu duquel les poursuites sont exercées.

3° Le décompte distinct des sommes réclamées en principal, frais et intérêts échus, ainsi que l'indication du taux des intérêts.

4° Un commandement d'avoir à payer la dette avant la date fixée pour l'ouverture du coffre ou d'assister, en personne ou par mandataire, à son ouverture aux fins de saisie des biens qui s'y trouvent, avec l'avertissement qu'en cas d'absence ou de refus d'ouverture, le coffre sera ouvert par la force et à ses frais.

5° L'indication des lieu, jour et heure fixés pour l'ouverture du coffre.

6° La désignation du juge de l'exécution du lieu où sont situés les biens saisis devant lequel seront portées les contestations ».

(Sur le régime général du commandement, v. la saisie-vente de droit commun s^s n°s 713.05 s., les mentions requises et sanctions de leur omission s^s n°s 713.41 s., l'opposition à commandement s^s n° 713.131).

SECTION 5
FORMALITÉS D'OUVERTURE DU COFFRE

722.51 Ouverture du coffre. C'est cette opération qui va permettre de mesurer l'intérêt du contenu du coffre et de sélectionner les objets qui sont saisissables ou qui valent la peine d'être enlevés.

722.52 Délai. L'ouverture du coffre ne peut intervenir avant l'expiration d'un délai de quinze jours à compter de la signification du commandement de payer (C. pr. exéc., art. R. 224-4). Cette disposition déroge au droit commun de la saisie-vente qui prévoit un délai de huit jours.

Le débiteur qui est avisé des jour, heure et lieu de l'ouverture dans le commandement (C. pr. exéc., art. R. 224-3, 5°), peut toutefois demander que celle-ci ait lieu à une date plus rapprochée (C. pr. exéc., art. R. 224-4).

722.53 Personnes présentes. La présence du débiteur est éminemment souhaitable car elle facilitera l'ouverture du coffre dont il détient les clefs. Il est invité à y assister, soit en personne, soit par mandataire, par l'article R. 224-3, 4° C. pr. exéc., à défaut d'avoir réglé sa dette.

En son absence, l'ouverture forcée ne peut intervenir qu'en présence du propriétaire du coffre ou de son préposé dûment mandaté (C. pr. exéc., art. R. 224-4, al. 2). Il remplace les deux témoins majeurs mentionnés dans l'article L. 142-1 C. pr. exéc.

La présence du créancier n'est pas nécessaire. Elle est même interdite en vertu de l'article R. 213-4 C. pr. exéc. selon lequel la personne qui a requis l'exécution forcée ne peut assister aux opérations, sauf si les modalités de l'appréhension l'exigent. Il est donc représenté par son huissier dont la présence est indispensable pour tout accès au coffre (C. pr. exéc., art. R. 224-1 3° et R. 224-2).

722.54 Frais. Les frais de l'ouverture du coffre sont avancés par le créancier. Ces frais seront exposés si, en l'absence du débiteur, il est nécessaire de recourir à un spécialiste pour forcer le coffre. Ils devront, en définitive, être assumés par le débiteur comme frais de l'exécution (C. pr. exéc., art. R. 224-3, 4°, L. 111-8 et L. 124-1).

722.55 Carence. Si à l'ouverture du coffre il apparaît qu'aucun bien n'est saisissable ou n'a de valeur marchande, l'huissier devra convertir l'acte de saisie initial en procès-verbal de carence (C. pr. exéc., art. R. 221-14). Cette disposition de droit commun doit s'appliquer même si les textes particuliers à la saisie des meubles placés dans un coffre-fort n'y font pas expressément référence (v. s^s n°s 714.51 s.).

SECTION 6
FORMALITÉS D'ENLÈVEMENT DES BIENS

722.61 Inventaire. Au jour fixé il doit être procédé à l'inventaire des biens qui doivent être décrits de façon détaillée.

Il semble bien que c'est cet inventaire qui opère après leur sélection, saisie définitive des objets méritant d'être appréhendés ou pouvant l'être.

722.62 Inventaire en présence du débiteur. Si le débiteur est sur place, l'inventaire peut se limiter aux seuls biens saisis. Tout le contenu du coffre n'est pas forcément digne d'intérêt. Il peut aussi arriver que, compte tenu du montant de la dette, l'appréhension de quelques valeurs suffise à désintéresser le créancier.

Les biens sont immédiatement enlevés pour être placés sous la garde de l'huissier (disposition dérogatoire à C. pr. exéc., art. L. 141-1) ou d'un séquestre désigné, à défaut d'accord amiable, sur requête par le JEX (C. pr. exéc., art. R. 224-5, al. 2). Dans cette hypothèse les obligations du séquestre sont celles de l'article 1962 du Code civil.

722.63 Inventaire en l'absence du débiteur. Si le débiteur est absent il est dressé un inventaire de tous les biens contenus dans le coffre. Bien que le texte de l'article R. 224-5 C. pr. exéc. ne le précise pas, il paraît indispensable que l'inventaire distingue clairement les objets saisis de ceux qui ne le sont pas.

Ceux qui sont saisis sont enlevés immédiatement par l'huissier. Les autres sont remis au tiers qui a la garde du coffre ou à un séquestre désigné sur requête par le JEX, à charge de les représenter sur simple réquisition du débiteur (C. pr. exéc., art. R. 224-5, al. 3).

722.64 Photographies. L'huissier peut, s'il l'estime nécessaire, photographier les objets retirés du coffre dans les conditions prévues aux articles R. 221-12 et R. 224-5 alinéa 4 C. pr. exéc. Il doit ainsi conserver les photographies en vue de la vérification des objets saisis qui doit précéder la vente. Il ne peut les communiquer qu'en cas de contestation portée devant le juge (C. pr. exéc., art. R. 221-12 - v. s^{s} n°s 714.55 et 716.43).

722.65 Acte des opérations. Il est dressé un acte des opérations qui contient à peine de nullité, les nom, prénom et qualité des personnes qui y ont assisté et de celles entre les mains de qui les objets ont été remis. Ces personnes doivent apposer leur signature sur l'original et les copies de l'acte qui doit mentionner, le cas échéant leur refus de signer (C. pr. exéc., art. R. 224-6).

722.66 Signification de l'acte. Une copie de l'inventaire est remise au débiteur s'il est présent, ou lui est signifiée s'il est absent. Les personnes auxquelles des biens ont été remis doivent également recevoir une copie (C. pr. exéc., art. R. 224-7).

La copie destinée au débiteur doit mentionner à peine de nullité :

- le lieu où les biens saisis sont déposés;

- en caractères très apparents, le délai d'un mois dont il dispose pour procéder à leur vente amiable dans les conditions prévues aux articles R. 221-30 à R. 221-32 C. pr. exéc. dont le texte est reproduit;

- la date à partir de laquelle, à défaut de vente amiable, il pourra être procédé à la vente forcée.

722.67 Recouvrement du libre accès au coffre. Du jour de l'enlèvement des biens, le débiteur recouvre libre accès au coffre (C. pr. exéc., art. R. 224-9).

SECTION 7

VENTE DES BIENS ET CONTESTATION DE LA SAISIE

722.71 Vente. La saisie des meubles placés dans un coffre-fort étant une variante de la saisie-vente, il doit être fait application des articles R. 221-30 à R. 221-32 C. pr. exéc. relatifs à la vente amiable (auxquels fait référence le C. pr. exéc., art. R. 224-7, al. 2) et, à défaut, des articles R. 221-33 à R. 221-39 du même code (auxquels renvoie le C. pr. exéc., art. R. 224-8). Il convient de se reporter sur ces deux points, aux observations concernant la saisie-vente de droit commun (v. s^{s} n°s 715.04 s. et 716.05 s.).

722.72 Incidents. Pour la même raison, l'article R. 224-8 C. pr. exéc. renvoie aux dispositions des articles R. 221-40 à R. 221-56 du même code pour le règlement des incidents (v. s^{s} n°s 718.04 s.).

CHAPITRE

723. Saisie-vente des véhicules terrestres à moteur

René LAUBA
Magistrat honoraire

SECTION 0
ORIENTEUR

723.00 **Plan du chapitre.**

723.01 **Textes applicables.**

C. pr. exéc., art. L. 111-7, L. 112-2, L. 121-2, L. 141-2, L. 221-1, L. 223-1 et L. 223-2, R. 112-2, R. 221-12 s., R. 221-28, R. 221-30 à R. 221-32, R. 221-41 s. et R. 223-1 à R. 223-13.

C. civ., art. 2351 et 2352.

723.03 **Bibliographie indicative.**

Actualisable. Rép. pr. civ., *v° Saisie des véhicules terrestres à moteur*, par F.-J. Pansier, janv. 2010 [màj juin 2012].

Ouvrages. A. Leborgne, *Droit de l'exécution*, 2e éd., « Précis », Dalloz, 2014, [mesures d'exécution sur les véhicules terrestres à moteur], nos 1520-1555 – R. Perrot et Ph. Théry, *Procédures civiles d'exécution*, 3e éd., Dalloz, 2013 [saisie-vente des véhicules terrestres à moteur], nos 1051-1066.

723.04 **Spécificité.** La saisie-vente des véhicules terrestre à moteur a ceci de particulier qu'elle s'accompagne de mesures complémentaires, adaptées à la nature particulière de ces biens, qui en favorisent ou facilitent l'exercice. Ces mesures originales sont entièrement nouvelles, aucun précédent n'existant dans la législation antérieure à la réforme des voies d'exécution. Elles sont d'ailleurs communes à la saisie-vente et à la saisie-appréhension et sont qualifiées par le législateur de « mesures d'exécution ». Elles peuvent d'ailleurs être utilisées d'une manière autonome, à titre de moyen de pression sur le débiteur, puisqu'elles ne tendent par elles-mêmes, ni à la vente, ni à l'appréhension.

Ces mesures visent à rendre le véhicule indisponible soit juridiquement en empêchant sa vente, soit matériellement en faisant obstacle à son utilisation. Elles peuvent soit précéder la saisie-vente en facilitant son engagement, soit être pratiquées en même temps qu'elle pour en compléter l'efficacité[1].

SECTION 1
DOMAINE D'APPLICATION

723.11 **Notion de véhicule terrestre à moteur.** Le Code des procédures civiles d'exécution ne précise pas ce que recouvre la notion de véhicules terrestres à moteur. Cependant ceux-ci peuvent être définis comme les engins motorisés se déplaçant

1. Doctrine : F. Chapuisat, « Les voies d'exécution : les véhicules terrestres à moteur », *Rev. huiss.* 1996. 129 – J.-J. Bourdillat, « Les mesures d'exécution sur les véhicules terrestres à moteur », *Rev. huiss.* 1993. 297 – P. Le Fur, « L'exécution forcée sur les véhicules terrestres à moteur », *Nouv. journ. huiss.* sept.-oct. 1995, p. A à J – G. Dahan, « La saisie des véhicules terrestres à moteur : une mesure parfois délicate à mettre en œuvre », *Rev. huiss.* 1999. 516 – G. Eid, « Mesures d'exécution sur les véhicules terrestres à moteur : Moyen de protection du créancier », *Rev. huiss.* 2001. 73.

par eux-mêmes sur la terre ferme. Cette définition permet ainsi d'embrasser tout à la fois les voitures de tourisme, les camions et camionnettes, les fourgons et fourgonnettes, les cyclomoteurs, vélomoteurs et motocyclettes, les tracteurs routiers et agricoles, les engins de travaux publics et agricoles de toute nature (pelles mécaniques, excavatrices, bulldozers, moissonneuses) dès lors qu'ils peuvent circuler par leurs propres moyens. On peut y ajouter les chariots élévateurs et certains motoculteurs conçus pour véhiculer leur utilisateur. Cette liste recoupe en partie celle de l'ancien article 1er du décret n° 53-968 du 30 septembre 1953 relatif à la vente à crédit des véhicules automobiles [1]. Mais elle est à la fois plus large, dans la mesure où elle n'est pas limitée aux seuls véhicules assujettis à la déclaration de mise en circulation et à l'immatriculation et plus restrictive, puisqu'elle ne prend pas en compte les remorques tractées ou semi-portées qui ne sont pas équipées d'un moteur.

723.12 Remorques. Encore que l'on puisse sérieusement se demander au vu de la jurisprudence adoptée par la Cour de cassation en matière d'accidents de la circulation [2], si les remorques attelées à leurs tracteurs ne sont pas saisissables au même titre et en même temps que ceux-ci, selon les modalités particulières adoptées par la réforme des voies d'exécution. Certains auteurs défendent cette position en raisonnant par analogie avec les solutions dégagées à propos de la loi du 5 juillet 1985 [3]. Seules les remorques non attelées seraient exclues du champ de la saisie des véhicules terrestres à moteur. Ce rapprochement doit cependant être effectué avec prudence, les lois des 5 juillet 1985 et le Code des procédures civiles d'exécution poursuivant des objectifs très différents.

Quoi qu'il en soit, il est certain que les remorques ou les caravanes non accrochées sont insusceptibles d'être saisies selon les modalités particulières des articles L. 223-1 et L. 223-2 C. pr. exéc.

À noter cependant que si les véhicules non immatriculés sont susceptibles d'une saisie par immobilisation, ils ne peuvent être, en revanche, l'objet d'une saisie par déclaration auprès de l'autorité administrative qui vise à faire obstacle à la mutation de la carte grise.

723.13 Véhicules saisissables. Compte tenu des importants services qu'ils rendent aux particuliers et aux entreprises, les véhicules terrestres à moteur sont parmi les meubles corporels, ceux dont on invoque le plus souvent l'insaisissabilité sur le fondement des L. 112-2, 5° et R. 112-2, 16° C. pr. exéc. (anct L. 9 juill. 1991, art. 14, 4°; Décr. 31 juill. 1992, art. 39, dern. al.). La Haute juridiction considère que la détermination du caractère saisissable ou insaisissable d'un véhicule est une question de fait relevant de l'appréciation souveraine des juges du fond [4]. Cette appréciation est très variable selon les cas d'espèces et il s'avère difficile de déterminer des critères généraux. On ne peut que fournir des exemples particuliers tirés de la jurisprudence. Ainsi, dès lors qu'un médecin n'a pas allégué que ses règles déontologiques l'obligent à se rendre au domicile de ses patients, ni que cette obligation implique qu'il dispose d'un véhicule, une cour d'appel a pu estimer souverainement que celui-ci n'était pas un bien nécessaire à son travail [5].

La jurisprudence antérieure et postérieure à la réforme tend à considérer que le véhicule automobile d'un artisan constitue un instrument de travail insaisissable. Ainsi pour la voiture d'un chauffeur de taxi [6] ou pour le véhicule professionnel d'un artisan [7].

Mais l'insaisissabilité a été écartée en raison du caractère luxueux d'un véhicule utilisé par un non artisan [8] (il en est jugé ainsi à propos d'un représentant de commerce [9]) ou de ce qu'il constituait un élément corporel d'un fonds de commerce (une décision de la cour d'appel de Grenoble a limité l'insaisissabilité au bénéfice des seuls professionnels de la route [10]).

Certaines décisions retiennent une conception extensive de la notion d'instrument de travail insaisissable, notamment lorsque le véhicule sert à effectuer le trajet pour se rendre sur le lieu de travail (par ex. lorsqu'il est utilisé pour des permanences de nuit [11]). Cependant, ne peut constituer un outil de travail, un véhicule servant à des trajets quotidiens sur une voie où d'autres moyens de transport sont à la disposition du saisi [12]. A également été considéré comme ne constituant pas un instrument

1. Décr. n° 53-968, 30 sept. 1953, nouvelle réglementation de la vente à crédit des véhicules automobiles, *JO* 1er oct., p. 4628.
2. Civ. 2e, 7 juin 1989, n° 88-14.121, *Bull. civ.* II, n° 121; *D.* 1990. 116, note Legier.
3. *J.-Cl. Form. anal. Pr. civ.*, partie alphabétique, fasc. 10, n° 15, par Delebecque.
4. Civ. 2e, 15 déc. 2005, n° 04-14.600, *Bull. civ.* II, n° 332; *JCP* 2006. IV. 1117; *Dr. et proc.* 2006. 170, obs. Splati.
5. Civ. 2e, 15 déc. 2005, n° 04-14.600, préc.
6. Lyon, 16 oct. 1968, *D.* 1969. 549, note Prévault.
7. TGI Dôle, 8 févr. 1994, *Rev. huiss.* 1994. 661.
8. Civ. 2e, 18 févr. 1981, n° 79-12.369, *Bull. civ.* II, n° 37; *Gaz. Pal.* 1981. 1. 396, note Viatte.
9. TGI Fontainebleau, 4 déc. 1978, *Rev. huiss.* 1979. 134, note Lescaillon.
10. Grenoble, 10 juill. 1995, *Rev. huiss.* 1995. 127.
11. TGI Poitiers, 30 mars 1995, *Nouv. journ. huiss.* juill.-août 1995, p. 28.
12. Rennes, 9 juin 1994, *Rev. huiss.* 1995. 233 – Amiens, 31 janv. 1995, *Rev. huiss.* 1995. 1396.

de travail, en dépit de sa commodité, le véhicule d'un agent d'assurance[1].

723.14 Exclusion des véhicules abandonnés. Il convient de préciser que lorsque le véhicule a été abandonné depuis plus de six mois chez un professionnel de l'automobile auquel il a été confié en dépôt ou en vu d'être réparé, la créance née de cette prestation de service peut être recouvrée sans saisie préalable, selon une procédure de vente simplifiée réglementée par la loi du 31 décembre 1903 (v. s[s] n°s 1122.05 s.). Cette procédure spéciale rend inutile l'engagement d'une saisie vente ou d'une mesure d'immobilisation ou d'opposition à mutation de carte grise.

SECTION 2

SAISIE PAR DÉCLARATION AUPRÈS DE L'AUTORITÉ ADMINISTRATIVE : NATURE ET INTÉRÊT PRATIQUE

723.21 Nature juridique. Cette mesure est instituée par l'article L. 223-1 C. pr. exéc. et réglementée par les articles R. 223-2 à R. 223-5 du même code. Bien que la loi lui fasse produire tous les effets d'une saisie (C. pr. exéc., art. L. 223-1) et même d'une saisie d'exécution, puisqu'elle ne peut être pratiquée qu'en vertu d'un titre exécutoire, elle ne débouche pas directement sur la vente ou sur l'appréhension du véhicule qui en est l'objet, mais a seulement pour conséquence d'interdire la délivrance par l'autorité administrative d'un nouveau certificat d'immatriculation (C. pr. exéc., art. R. 223-4) et, partant, de paralyser toute aliénation à titre onéreux ou gratuit, ainsi que toute constitution de gage.

Plusieurs auteurs considèrent donc qu'elle s'analyse en réalité en une **mesure de sûreté par inscription**[2] ou en **une mesure conservatoire** destinée à préparer une future saisie-vente ou appréhension[3].

Quoi qu'il en soit, elle provoque l'immutabilité de la carte grise et tend à rendre le véhicule indisponible pour le saisi et inutilisable pour son acquéreur qui ne peut circuler dans des conditions régulières.

En tout cas, la saisie par déclaration à la préfecture ne paraît pas avoir été conçue comme une sûreté à l'origine d'un droit de préférence pour le saisissant puisqu'elle ne peut préjudicier au créancier gagiste régulièrement inscrit (C. pr. exéc., art. R. 223-5). Cependant, en pratique, le déclarant risque de « monnayer » la mainlevée de la mesure contre un paiement préférentiel, lorsque d'autres créanciers ont pratiqué des saisies-ventes ou appréhensions sur le même véhicule (v. s[s] n° 723.64).

Elle peut être rapprochée du droit de rétention admis par la jurisprudence sur les documents administratifs nécessaires à la circulation des véhicules.

C'est toutefois le **caractère conservatoire** de cette saisie qui semble devoir être retenu car elle ne tend ni à l'indisponibilité matérielle, ni à la réalisation du véhicule. Si celui-ci devient juridiquement indisponible, c'est indirectement par l'effet de l'immutabilité administrative de sa carte grise sans laquelle il ne peut régulièrement circuler. Par ailleurs, comme toutes les mesures conservatoires, la saisie par déclaration auprès de l'autorité administrative n'a pas vocation à perdurer car, soit elle s'éteint d'elle-même lorsqu'elle n'est pas renouvelée à l'expiration d'un délai de deux ans, soit elle est relayée par une mesure d'exécution forcée telle qu'une saisie-vente ou une saisie-appréhension[4]. En l'état, les juridictions du fond tendent à consacrer ce caractère conservatoire, notamment à l'occasion des demandes de suspension des voies d'exécution formées au cours des procédures de surendettement.

723.22 Intérêt pratique. On peut se demander quel est l'intérêt pour le créancier titulaire d'un titre exécutoire d'opter pour la saisie par déclaration à l'autorité administrative plutôt que pour une saisie par immobilisation qui empêche toute utilisation, même de la part du saisi, ou une saisie-vente ou appréhension de type classique. En effet, cette mesure n'empêche pas le saisi de continuer à se servir du véhicule et, par conséquent de l'user et de l'exposer aux risques de la circulation. Elle n'aboutit directement ni à la réalisation, ni à la mise en possession.

Elle a en fait pour intérêt de rendre le véhicule indisponible alors même qu'il ne peut être matériellement immobilisé ou appréhendé, du fait du débiteur qui le dissimule et refuse de révéler le lieu où il est garé. Elle cause ainsi une gêne certaine pour le débiteur qui serait tenté de mettre à profit la longueur des recherches entreprises par son créancier, pour disposer du bien à son insu et avant l'engagement d'une véritable mesure d'exécution. Elle présente ainsi une utilité toute particulière pour le créancier qui envisage de pratiquer une saisie-vente ou une saisie-appréhension sur un gage qu'il entend réaliser. Elle s'analyse donc en une véritable mesure conservatoire qui lui permet d'attendre que le véhicule réapparaisse et puisse être matériellement saisi. Elle perd une grande partie de son inté-

1. TGI Grenoble, JEX, 12 déc. 1994, *Rev. huiss.* 1995. 1270.
2. J.-J. Bourdillat, « Les mesures d'exécution sur les véhicules terrestres à moteur », *Rev. huiss.* 1993. 297.
3. *J.-Cl. Form. anal. Pr. civ.*, partie alphabétique, fasc. 10, par Delebecque.
4. L. Lauvergnat, « La qualification de la saisie par déclaration : pour une approche finaliste », *Rev. huiss.* 2008. 255.

rêt lorsque le bien est localisé et peut donc d'emblée, soit être immobilisé, soit être l'objet d'une saisie-vente ou d'une saisie appréhension.

SECTION 3

SAISIE PAR DÉCLARATION AUPRÈS DE L'AUTORITÉ ADMINISTRATIVE : CONDITIONS D'OUVERTURE

723.31 Titre exécutoire. Selon l'article L. 223-1 C. pr. exéc., la saisie par déclaration à l'autorité administrative est ouverte au créancier détenteur d'un titre exécutoire. Ce texte ne précise pas, délibérément d'ailleurs, s'il s'agit d'un titre constatant une créance liquide et exigible ou prescrivant la remise du véhicule visé par la déclaration. La mesure est donc envisageable, aussi bien pour préparer une saisie-vente qu'une saisie-appréhension (sur les différents titres exécutoires, v. s^{s} n°s 120.04 à 126.131).

723.32 Véhicule appartenant au débiteur. Pour être l'objet d'une saisie par déclaration auprès de l'autorité administrative, le véhicule doit être la propriété du débiteur. Seul le débiteur titulaire d'un droit de propriété sur ce bien est en mesure d'en disposer en l'aliénant ou en le constituant en gage.

C'est en principe, au nom de celui-ci que le véhicule est immatriculé. Afin de faciliter les recherches et les vérifications du créancier, l'article R. 223-1 C. pr. exéc. dispose que l'autorité administrative doit communiquer à l'huissier qui en fait la demande les mentions portées sur le registre prévu à l'article 2 du décret n° 53-968 du 30 septembre 1953 relatif à la vente à crédit et au gage des véhicules terrestres à moteur. Il s'agit non seulement des mentions portées sur le registre des inscriptions de gage mais encore, de « *tous renseignements relatifs aux droits du débiteur sur le véhicule* ». La saisie par déclaration est donc exclue contre le crédit-preneur, la carte grise mentionnant l'identité du crédit-bailleur auquel cette mesure est inopposable. Elle est également inopposable au vendeur bénéficiant d'une clause de réserve de propriété ou au prêteur subrogé dans celle-ci. Il faut cependant que la clause soit valable, c'est-à-dire constatée dans un écrit quelconque établi au plus tard au moment de la livraison (v. s^{s} n°s 1011.41 s.).

La saisie par déclaration est, en outre, exclue contre le propriétaire apparent. Or, si d'une manière générale les véhicules sont immatriculés au nom de leur propriétaire, il peut cependant arriver qu'il n'y ait pas toujours coïncidence parfaite entre titulaire de la carte grise et titulaire du véhicule. Il peut en être ainsi lorsque le véhicule est un bien de communauté et se trouve immatriculé au nom du conjoint contre lequel le titre n'a pas été délivré.

Le bien peut également appartenir à des co-indivisaires mais n'être immatriculé que sous le nom d'un seul, celui contre lequel le titre détenu par le créancier a été établi.

Il faut rappeler ici que le certificat d'immatriculation qui n'est qu'un simple document administratif ne fait pas la preuve de la propriété. Il constitue seulement un indice permettant de présumer que celui au nom duquel il est établi est vraisemblablement le propriétaire du véhicule.

Il est donc possible de démontrer qu'en dépit de l'apparence créée par ce document, son titulaire n'a aucun droit sur le bien immatriculé. Cette preuve contraire peut être rapportée par tout moyen : inventaire, contrat de partage, facture, certificat de vente, contrat de prêt...

SECTION 4

SAISIE PAR DÉCLARATION AUPRÈS DE L'AUTORITÉ ADMINISTRATIVE : MISE EN ŒUVRE

723.41 Absence de commandement préalable. Les textes n'exigent pas que la mesure soit précédée d'un commandement de payer.

723.42 Déclaration valant saisie. La déclaration prend la forme d'un acte d'huissier signifié à l'autorité administrative du département dans lequel le véhicule est immatriculé (C. pr. exéc., art. R. 223-2 *in fine*).

Selon l'article R. 223-2 C. pr. exéc., elle contient, à peine de nullité :

« *1° Les nom et adresse du débiteur ou, s'il s'agit d'une personne morale, sa dénomination et son siège social.*

2° Le numéro d'immatriculation et la marque du véhicule saisi.

3° La mention du titre exécutoire dont se prévaut le créancier.

4° Le décompte distinct des sommes réclamées, en principal, frais et intérêts échus ».

Le cinquième alinéa de cet article (4°) est appelé à disparaître à compter de la publication de l'arrêté du garde des Sceaux définissant les garanties que doivent présenter les procédés utilisés par les huissiers de justice pour **signifier les actes par voie** électronique, (Décr. n° 2012-783, 30 mai 2012, art. 13, 4° et 5°). Cet arrêté est paru le 28 août 2012[1] et la

1. Arr. 28 août 2012, portant application des dispositions du titre XXI du livre Ier du Code de procédure civile aux huissiers de justice, *JO* 31 août, p. 14049.

signification électronique est entrée en vigueur le 1er septembre 2012.

À noter que le numéro d'immatriculation et la nature du véhicule peuvent être connus du créancier par un simple examen du véhicule ou de sa carte grise. Mais pour la plupart des créanciers qui sont le plus souvent des gagistes, des assureurs ou des garagistes, ces renseignements leur sont fournis par le contrat de prêt, la police d'assurance ou la fiche de réparation.

Le titre exécutoire doit être simplement mentionné, terme qui exclut l'existence de la reproduction du titre dans la déclaration ou son annexion à celle-ci. Le préfet ne peut d'ailleurs exercer aucun autre contrôle que la vérification de la présence des mentions requises.

Quant au décompte des sommes dues en principal et accessoires, il n'est utile que pour le débiteur auquel la copie de la déclaration doit également être signifiée.

723.43 Signification au débiteur. Selon l'article R. 223-3 C. pr. exéc., une copie de la déclaration est signifiée au débiteur dans les huit jours qui suivent, afin de porter à sa connaissance la mesure qui a été pratiquée à son insu.

La conséquence de la saisie par déclaration, à savoir l'impossibilité d'obtenir la délivrance d'un nouveau certificat d'immatriculation, lui est à cet égard indiquée par la reproduction de l'article R. 223-4 du code précité dans l'acte de signification.

Cette signification a également pour objectif de l'inciter au paiement s'il veut éviter de subir les effets de la déclaration. C'est la raison pour laquelle la déclaration dont la copie est signifiée, doit mentionner le décompte détaillé des sommes réclamées. À partir du 1er septembre 2012, cet acte doit également contenir le décompte distinct des sommes réclamées, en principal, frais et intérêts échus, cette mention étant supprimée de la déclaration valant saisie faite à l'autorité administrative (Décr. n° 2012-783, 30 mai 2012, art. 13, 4° et 5° – v. Arr. 28 août 2012, cité s^s n° 723.42).

La signification au débiteur a enfin pour but de lui fournir les informations lui permettant d'élever une éventuelle contestation. Elle indique en caractères très apparents que les contestations peuvent être portées devant le JEX du lieu où il demeure.

Bien que le texte ne précise pas que ces mentions sont requises à peine de nullité, il va de soi que leur omission constitue une irrégularité de forme qui est susceptible de causer un grief. Ces mentions ont en effet, notamment celle relative au droit de contestation devant le JEX, un caractère substantiel ou d'ordre public, au sens de l'article 114 C. pr. civ.

Quant à la non-observation du délai de huit jours, elle ne paraît pas devoir entraîner une sanction. Le texte de l'article R. 223-3 C. pr. exéc. ne prévoit pas la caducité de la mesure et ne comporte même pas l'expression « *au plus tard* », que l'on rencontre souvent dans le Code des procédures civiles d'exécution, notamment aux articles R. 221-26 et R. 222-22 alinéa 2.

Le terme « *signification* » implique la délivrance d'un exploit d'huissier. Toutefois, pour le recouvrement des amendes forfaitaires majorées, il peut être dérogé aux dispositions de l'article R. 223-3 C. pr. exéc. (anct Décr. 31 juill. 1992, art. 166). Le comptable du Trésor peut notifier au débiteur, par lettre recommandée avec demande d'avis de réception, la copie de la déclaration valant saisie du véhicule (Décr. n° 64-1333, 25 déc. 1964[1]).

SECTION 5

SAISIE PAR DÉCLARATION AUPRÈS DE L'AUTORITÉ ADMINISTRATIVE : EFFETS

723.51 Point de départ des effets. La déclaration vaut saisie. Le Code des procédures civiles d'exécution le précise (C. pr. exéc., art. L. 223-1 et R. 223-2). Ces textes sont toutefois en contradiction sur le point de départ de cette saisie. Cette contradiction a été relevée par plusieurs auteurs[2].

L'article L. 223-1 du code précité est clair : « *La notification au débiteur produit tous les effets d'une saisie* ». C'est donc la notification au débiteur qui, selon la loi rend la saisie effective.

L'article R. 223-2 (anct Décr. 31 juill. 1992, art. 165) laisse néanmoins entendre que la déclaration vaut saisie par elle-même, indépendamment de sa signification au débiteur, puisqu'il utilise, à propos des mentions qu'elle doit contenir, l'expression « *la déclaration valant saisie prévue à l'article 57 de la loi du 9 juillet 1991* ». Cette idée paraît corroborée par le premier alinéa de l'article R. 223-4 C. pr. exéc. qui dispose que c'est à partir de la signification de la déclaration (qui ne peut être faite qu'auprès de l'autorité administrative, le débiteur n'ayant droit qu'à la signification d'une copie, C. pr. exéc., art. R. 223-3) qu'aucun certificat d'immatriculation ne peut plus être délivré. On voit d'ailleurs mal comment le refus de délivrance d'une nouvelle carte grise qui ne relève que des pouvoirs de l'autorité administrative, pourrait être mis en œuvre à partir de la signification de la copie au débiteur, alors même que les textes ne prévoient pas que

1. Mod. par Décr. 20 nov. 1996, art. 6, al. dern.
2. J.-J. Bourdillat, « Les mesures d'exécution sur les véhicules terrestres à moteur », *Rev. huiss.* 1993. 297 – *J.-Cl. Form. anal. Pr. civ.*, partie alphabétique, fasc. 10, par Delebecque.

l'accomplissement de cette formalité soit porté à la connaissance de l'administration.

Il n'en reste cependant pas moins que l'article L. 223-1 C. pr. exéc. existe et qu'il est hiérarchiquement supérieur aux dispositions réglementaires qui lui sont contraires. Le seul moyen de résoudre la contradiction est de considérer que la signification de la déclaration à l'autorité administrative produit un effet d'indisponibilité immédiat mais provisoire. Elle investit d'emblée celle-ci de la mission de s'opposer à toute mutation de la carte grise. Mais la déclaration ne vaut saisie qu'à compter de la signification de sa copie au débiteur, formalité qui confirme l'obligation faite à l'Administration, de refuser toute nouvelle délivrance.

À défaut d'accomplissement de cette formalité, l'effet provisoire produit par la déclaration à l'autorité administrative disparaît et il appartient au débiteur de s'en prévaloir devant le JEX afin qu'il prenne une décision de mainlevée.

723.52 Nature des effets. L'effet ostensible de la déclaration auprès de l'autorité administrative est d'empêcher, à compter de sa signification, la délivrance de tout certificat d'immatriculation, sauf mainlevée donnée par le créancier ou ordonnée par le juge (C. pr. exéc., art. R. 223-4).

723.53 En ce qui concerne la mutation du certificat d'immatriculation. Cette mesure constitue ainsi un obstacle sérieux à toute transaction sur le véhicule dont le certificat d'immatriculation est considéré comme un accessoire indispensable au sens de l'article 1615 du Code civil, qui doit être impérativement délivré à l'acheteur[1] ou au créancier gagiste, notamment lorsque la dépossession porte sur les documents administratifs.

Elle empêche aussi la constitution d'un gage sans dépossession dans les conditions des articles 2351 à 2353 du Code civil, qui ont partiellement repris les dispositions du décret du 30 septembre 1953 dont l'article 2 demeure seul en vigueur. L'inscription sur le registre à souche doit se faire à la préfecture qui a délivré la carte grise (Décr. 30 sept. 1953, art. 2; C. pr. exéc., art. 223-1).

723.54 En ce qui concerne l'indisponibilité du véhicule. Peut-on considérer qu'elle produit d'autres conséquences, dès lors qu'elle vaut saisie à partir de sa dénonciation au débiteur ? Comme toute saisie, elle devrait normalement, en vertu des dispositions générales de l'article L. 141-2 C. pr. exéc., rendre le véhicule indisponible, non seulement administrativement, mais aussi juridiquement en interdisant au débiteur de constituer de nouveaux droits sur le véhicule en le vendant (à un tiers qui accepte le risque de circuler sans carte grise) ou en le louant.

La reproduction de l'article R. 223-4 du code précité fournit au débiteur une information suffisamment claire. Il tombe sous le sens que par l'opposition à la mutation de la carte grise on vise à en empêcher la vente.

723.55 En ce qui concerne la garde. La déclaration valant saisie à compter de sa signification au débiteur, on doit considérer que cette saisie est pratiquée entre les mains de celui-ci. Le débiteur devrait donc, en vertu de l'article L. 141-2 alinéa 2 C. pr. exéc. applicable à toutes les saisies, être réputé gardien du véhicule sous les sanctions prévues à l'article 314-6 du Code pénal. Ces dispositions apparaissent cependant difficiles à mettre en application dans le cas particulier de la saisie par déclaration, car les textes n'ont pas prévu, comme pour les autres saisies, l'information du débiteur sur ses obligations et sur les sanctions encourues.

723.56 En ce qui concerne l'usage. Le débiteur peut continuer à se servir de son véhicule. Il peut le déplacer librement sans avoir besoin d'avertir son créancier et de lui indiquer le nouveau lieu où le véhicule est remisé.

723.57 Durée des effets. L'indisponibilité produite par la déclaration a une durée limitée dans le temps. La déclaration cesse de produire effet à l'expiration d'un délai de deux ans suivant sa notification (C. pr. exéc., art. R. 223-4, al. 2). Elle peut cependant être renouvelée dans les formes de la déclaration initiale (même art.).

S'agissant en réalité d'une nouvelle déclaration, sa copie devrait être signifiée au débiteur et sa durée limitée à deux ans.

L'article R. 223-4 C. pr. exéc. n'interdit pas plusieurs renouvellements successifs.

SECTION 6

SAISIE PAR DÉCLARATION AUPRÈS DE L'AUTORITÉ ADMINISTRATIVE : INCIDENTS

723.61 Mainlevée. La mainlevée de la saisie par déclaration peut être amiable ou judiciaire (C. pr. exéc., art. R. 223-4, al. 1er).

723.62 Mainlevée amiable. Le créancier peut donner mainlevée de la déclaration valant saisie, s'il est désintéressé par le débiteur ou si celui-ci a pris des engagements. Le décompte des sommes réclamées mentionné dans la déclaration et dans la copie signifiée au débiteur a pour finalité de favoriser un tel règlement.

1. Com. 8 nov. 1972, n° 71-14.334, *Bull. civ.* IV, n° 277 – Civ. 1re, 22 janv. 1991, n° 89-12.593, *Bull. civ.* I, n° 23.

723.63 Mainlevée judiciaire. Le débiteur peut demander au JEX de donner mainlevée de la saisie par déclaration. Cette mainlevée peut être la conséquence d'une nullité de forme (absence des mentions requises) ou de fond, (insaisissabilité du véhicule, appartenance de celui-ci à un tiers) ou d'un abus de saisie. La mainlevée peut aussi être demandée lorsque la déclaration a été faite en vertu d'un titre exécutoire à titre provisoire ultérieurement annulé ou réformé.

723.64 Conflit avec un créancier gagiste. La saisie par déclaration n'est pas une sûreté et ne confère au saisissant aucun privilège particulier. L'article R. 223-5 C. pr. exéc. précise à cet égard que les effets de la déclaration ne préjudicient pas au créancier titulaire d'un gage régulièrement inscrit conformément aux dispositions du décret du 30 septembre 1953 partiellement reprises dans les articles 2351 à 2353 du Code civil.

Ces textes organisent au profit des vendeurs, cessionnaires de créance, escompteurs et prêteurs de deniers pour l'achat de véhicules automobiles assujettis à la déclaration de mise en circulation et à l'immatriculation, un gage sans dépossession ou plus exactement, avec dépossession fictive, celle-ci résultant d'une mention sur un registre spécial à souches ouvert dans toutes les préfectures. Cette mention qui rappelle la constitution de gage dont le véhicule est l'objet ainsi que le nom de l'acheteur, celui du créancier et la date d'enregistrement du contrat, donne lieu à la délivrance d'un reçu par laquelle le créancier gagiste est réputé avoir conservé le bien en sa possession. La déclaration conserve le gage pendant cinq ans et peut être renouvelée une seule fois pour la même durée (Décr. 30 sept. 1953, art. 2).

Le droit du créancier gagiste n'est opposable aux tiers qu'à compter de l'inscription de gage (C. civ, art. 2351 *in fine*). Lorsque le créancier gagiste n'a pas inscrit la sûreté dont il bénéficie, il ne peut plus se prévaloir, à l'égard des tiers et notamment du créancier qui a pratiqué une saisie par déclaration, des avantages qu'elle lui confère tels que son droit de rétention et son privilège (v. s^s n°s 1024.111 s.). Les cas de non-inscription ne sont pas rares. Par conséquent, l'immutabilité du certificat d'immatriculation pourra être opposée au gagiste au moment de la réalisation du véhicule sauf à ce qu'il accepte que le créancier déclarant participe à la distribution du prix. La déclaration joue en fait, dans cette hypothèse, le rôle d'un droit de rétention, le déclarant n'acceptant d'en donner mainlevée que s'il est désintéressé.

723.65 Pluralité de saisie. En l'absence d'interdiction particulière, la saisie par déclaration auprès de l'autorité administrative n'empêche pas l'engagement d'autres procédures de saisie.

723.66 Concours de saisie par déclaration. Plusieurs créanciers peuvent pratiquer en même temps ou successivement, des saisies par déclaration sur le même véhicule. On peut même concevoir que le créancier originaire procède à une seconde saisie par déclaration en se prévalant d'une nouvelle créance. Rien n'y fait obstacle dès lors que la mesure ne vise pas la vente Une procédure d'opposition analogue à celle prévue par les articles R. 221-41 et suivants C. pr. exéc. en matière de saisie-vente, n'est donc pas envisageable, puisque l'opposition ne peut avoir lieu que sur un prix de vente.

723.67 Cumul d'une saisie par déclaration et d'une saisie par immobilisation. Le cumul par le même créancier d'une saisie par déclaration et d'une saisie par immobilisation est possible en théorie, mais inutile en pratique. Si l'emplacement du véhicule est connu dès l'origine, il suffit de l'immobiliser ce qui empêchera tout à la fois, son utilisation par le saisi et sa cession ou sa constitution en garantie au profit d'un tiers.

723.68 Concours d'une saisie par déclaration et d'une saisie-vente ou appréhension. Même si la saisie par déclaration ne paraît pas avoir été conçue comme une sûreté créatrice d'un privilège, il n'en reste pas moins qu'en pratique elle risque d'être utilisée par le déclarant, si le véhicule fait également l'objet d'une saisie-vente ou d'une saisie-appréhension, comme un moyen d'obtenir un paiement préférentiel.

En effet, la vente amiable ou forcée, ou bien la remise au revendiquant, ne peuvent avoir lieu que si le déclarant accepte de donner mainlevée de la mesure d'immutabilité de la carte grise. Si les créanciers veulent obtenir cette mainlevée ils doivent, soit accepter de désintéresser le déclarant, soit saisir le JEX directement ou par l'intermédiaire du débiteur, pour qu'il déclare le procédé abusif ou, tout au moins contraire aux articles R. 223-2 à R. 223-5 C. pr. exéc., si tant est d'ailleurs que ces textes excluent bien toute idée de privilège.

SECTION 7

SAISIE PAR IMMOBILISATION : NATURE, CONDITIONS ET MISE EN ŒUVRE

723.71 Nature et utilité. La saisie par immobilisation est instituée par l'article L. 223-2 C. pr. exéc. et réglementée par les articles R. 223-6 à R. 223-13 du même code.

Elle s'analyse en une mesure d'exécution puisqu'elle ne peut être engagée sans titre exécutoire et qu'elle débouche directement, soit sur la réalisation du véhicule au profit du créancier d'une somme d'argent, soit sur sa remise au créancier de sa délivrance ou de sa restitution.

Elle complète ou prépare efficacement la saisie-vente puisqu'elle empêche, par l'installation d'un dispositif approprié, l'utilisation matérielle du véhicule en vue de prévenir son détournement ou sa détérioration. Cette immobilisation peut avoir lieu n'importe où, même sur la voie publique.

La mesure peut être pratiquée à l'occasion d'une saisie-vente dans des locaux appartenant au débiteur ou entre les mains d'un tiers détenteur. Elle peut aussi être mise en œuvre à titre autonome, afin de faire pression sur le débiteur et en cas d'échec, aboutir à la saisie-vente. Dans cette hypothèse, la saisie n'est pas précédée d'un commandement préalable ce qui permet de ménager un effet de surprise. Le commandement requis par la loi est délivré *a posteriori*, une fois le véhicule immobilisé (C. pr. exéc., art. R. 223-10).

723.72 Titre exécutoire. L'huissier chargé de l'exécution muni d'un titre exécutoire peut saisir le véhicule du débiteur en l'immobilisant (C. pr. exéc., art. L. 223-2).

Si cette mesure est destinée à se combiner avec une saisie-vente, il ne peut s'agir que d'un titre exécutoire constatant une créance liquide et exigible comme l'exige l'article L. 221-1 C. pr. exéc. pour la saisie-vente de droit commun (v. s[s] n°s 120.04 à 126.131, et n° 712.11).

723.73 Subsidiarité et autorisation préalable. Le véhicule objet de l'immobilisation se trouvant soit dans un garage, soit sur la voie publique, c'est-à-dire hors de l'habitation du débiteur ou du tiers détenteur, l'engagement préalable d'une saisie bancaire ou des rémunérations (recouvrement des créances modiques) ou l'obtention d'une autorisation spéciale du juge (saisie entre les mains d'un tiers) n'est pas exigé en principe, sauf si le garage est attenant à l'habitation (v. s[s] n°s 712.31 et 714.21 s.).

Toutefois, le principe de proportionnalité adopté par les articles L. 111-7 et L. 121-2 C. pr. exéc. est de nature à faire obstacle à l'engagement d'une saisie par immobilisation pour le recouvrement d'une somme modique, cette saisie pouvant, selon les circonstances, être jugée abusive.

723.74 Procédé d'immobilisation. L'article L. 223-2 C. pr. exéc. dispose que l'huissier peut immobiliser le véhicule « *par tout moyen n'entraînant aucune détérioration* ». Certains auteurs estiment que le démontage d'une pièce, telle qu'une roue ou une source d'alimentation[1] peut constituer l'un des moyens visés par l'article 58.

L'article R. 223-6 C. pr. exéc. (anc[t] Décr. 31 juill. 1992, art. 170) fait implicitement référence au « sabot de Denver »[2]. L'appareil employé doit indiquer de façon très apparente le numéro de téléphone de l'huissier et comporter une empreinte officielle dont les caractéristiques sont déterminées par un arrêté du garde des Sceaux[3].

723.75 Lieu de l'immobilisation. Le véhicule peut être immobilisé « *en quelque lieu qu'il se trouve* » (C. pr. exéc., art. L. 223-2), même s'il se trouve sur la voie publique (C. pr. exéc., art. R. 223-9). Mais dans ce cas l'immobilisation soulève des problèmes spécifiques liés au stationnement payant ou à la fourrière. L'article R. 223-8, 3° C. pr. exéc. permet de pallier cette difficulté par l'enlèvement du véhicule et son transport chez un dépositaire. À noter que la mise en fourrière d'un véhicule a le caractère d'une opération de police judiciaire en vertu des articles L. 325-1 et R. 325-12 du Code de la route et ne procède pas d'une voie d'exécution forcée. Elle ne relève donc pas de la compétence du juge de l'exécution[4].

723.76 Enlèvement. Il s'impose dans les quarante-huit heures lorsque le véhicule a été immobilisé sur la voie publique et ce, pour des raisons de police (C. pr. exéc., art. R. 223-9, 3°). En dehors de cette hypothèse, le véhicule peut être enlevé dans un délai que l'huissier détermine librement selon les circonstances. La Cour de cassation considère qu'il a le choix entre l'immobilisation et le transport immédiat[5]. Le véhicule enlevé est mis en dépôt jusqu'à l'expiration des délais prévus pour les propositions de vente amiable.

Toutefois, lorsque l'immobilisation a lieu à l'occasion des opérations d'une saisie-vente déjà engagée, les articles R. 221-19 et R. 221-28 C. pr. exéc. paraissent n'autoriser que l'enlèvement en vue de la vente.

723.77 Photographies. L'article R. 223-6 *in fine* C. pr. exéc. précise qu'il peut être fait application des dispositions de l'article R. 221-12 du même code qui autorise l'huissier à photographier les biens saisis, précaution qui peut s'avérer utile en cas de contes-

1. M. Donnier, *Voies d'exécution et procédures de distribution*, 3e éd., Litec, 1993, n° 1258.
2. F. Puyatrer, « Le sabot de Denver : un sabot au-dessus de tout soupçon », *Nouv. journ. huiss.* sept. 1992, p. A à L.
3. Pour les huissiers, Arr. 23 déc. 1992, *JO* 6 janv. 1993 – Pour les agents de poursuite du Trésor, Arr. 5 avr. 1994, *JO* 22 avr.
4. Civ. 2e, 11 juin 1997, n° 95-13.433, *Bull. civ.* II, n° 184; *Rev. huiss.* 1997. 1512; *Gaz. Pal.* 1998. 1. Pan. 42.
5. Civ. 2e, 7 juin 2006, n° 04-19.001, *Bull. civ.* II, n° 152; *D.* 2006. IR 1638; *Procédures* 2006, n° 180; *Dr. et proc.* 2006. 300; *JCP* 2006. IV. 2460.

tation sur l'état du véhicule (v. s^s n°s 714.55 et 716.43).

SECTION 8
SAISIE PAR IMMOBILISATION À L'OCCASION D'UNE SAISIE-VENTE

723.81 **Absence de formalités spécifiques.** « *Si le véhicule est immobilisé à l'occasion des opérations d'une saisie-vente pratiquée dans les locaux occupés par le débiteur ou entre les mains d'un tiers qui le détient pour le compte de ce dernier, il est procédé comme en matière de saisie-vente* » (C. pr. exéc., art. R. 223-7). L'expression « à l'occasion des opérations de saisie-vente » laisse penser que le commandement de payer a déjà été signifié et que le délai minimum de huit jours est expiré au moment de l'immobilisation. Ainsi, hormis l'installation du dispositif d'immobilisation, rien ne diffère de la procédure de saisie-vente sur les biens ordinaires. Notamment le procès-verbal d'immobilisation prévu par l'article R. 223-8 C. pr. exéc. n'a pas lieu d'être dressé. C'est un procès-verbal de saisie-vente répondant aux exigences, selon le cas, de l'article R. 221-16 du même code (saisie entre les mains du débiteur) ou R. 221-23 (saisie entre les mains d'un tiers) qui doit être établi. L'immobilisation apparaît comme une précaution supplémentaire destinée à éviter un éventuel détournement ou les risques d'usure ou d'accident liés à l'utilisation du véhicule.

723.82 **Immobilisation dans les locaux du débiteur.** En vertu de l'article R. 221-19 C. pr. exéc., le débiteur conserve l'usage des biens saisis et par conséquent, celui de son véhicule s'il est compris dans la saisie. Ce texte prévoit cependant que le véhicule peut être immobilisé selon l'un des procédés envisagés à l'article L. 223-2 dudit code. Cette mesure complémentaire est facultative et le créancier saisissant peut ne pas vouloir en faire usage.

À noter que l'article R. 221-19 C. pr. exéc. précise que le véhicule peut être immobilisé jusqu'à son enlèvement en vue de la vente, ce qui paraît exclure son enlèvement le jour même de la saisie.

723.83 **Immobilisation entre les mains d'un tiers.** Selon l'article R. 221-28 C. pr. exéc., le créancier saisissant doit respecter le droit d'usage dont le tiers bénéficie sur les biens saisis. Ce droit peut résulter d'un contrat de location, d'un usufruit ou d'un prêt à usage. Dans une telle hypothèse, l'immobilisation du véhicule n'est pas envisageable car elle entraverait l'exercice de ce droit. Le créancier saisissant ne peut en effet avoir sur le véhicule saisi, plus de droit que le saisi lui-même (v. s^s n°s 714.140 s. et 714.142 s.).

L'article R. 221-28 *in fine* du code précité, prend d'ailleurs soin de réserver le droit du tiers. Lorsque le débiteur n'a pas constitué de droit d'usage sur le véhicule, son immobilisation est possible si le créancier juge bon de recourir à cette mesure. Il peut notamment en être ainsi lorsque le tiers est un dépositaire à titre onéreux ou gratuit (propriétaire d'un garage ou d'un emplacement loué au débiteur, propriétaire d'un parking de supermarché ou d'aéroport).

SECTION 9
SAISIE PAR IMMOBILISATION PRÉALABLE À UNE SAISIE-VENTE

§ 1
Procédure d'immobilisation

723.91 **Combinaison avec la saisie-vente.** L'immobilisation matérielle du véhicule peut être utilisée comme une mesure autonome destinée à faire pression sur le débiteur en vue de provoquer un paiement total ou partiel ou encore une offre de règlement échelonné ou la substitution d'une autre garantie.

Mais lorsque cette menace s'avère inefficace, le créancier d'une somme d'argent peut la combiner avec une procédure de saisie-vente qui relaye l'immobilisation tout en profitant de ses effets.

Le procès-verbal d'immobilisation qui vaut saisie, n'est pas un procès-verbal de saisie-vente même s'il en tient lieu. Celle-ci n'est donc pas précédée, dans cette hypothèse, du commandement préalable requis par l'article L. 221-1 C. pr. exéc. Cet acte est néanmoins délivré au débiteur, mais *a posteriori*, après que l'huissier a rendu préventivement et par surprise, le véhicule inutilisable.

Il faut insister sur le fait que la saisie par immobilisation est au départ une procédure bien distincte de la saisie-vente avec laquelle elle ne peut être confondue.

En effet, le véhicule objet d'une saisie par immobilisation et d'un procès-verbal d'enlèvement en vue du recouvrement d'une somme d'argent est seulement rendu indisponible par le créancier. Les deux procédures ne se rejoignent qu'au moment de la vente forcée pour laquelle il est fait renvoi aux règles de la saisie-vente par les dispositions relatives à la saisie par immobilisation. Par conséquent, un véhicule immobilisé et enlevé peut faire l'objet d'un acte de saisie-vente entre les mains du gardien auquel il a été remis en dépôt, soit de la part du créancier originaire s'il se prévaut d'un titre exécutoire constatant une créance supplémentaire, soit de la part d'un autre créancier. Dans ce cas, il n'y aura pas lieu de dresser un procès-verbal d'opposition-jonction qui suppose une saisie-vente antérieure, mais un véritable procès-verbal de saisie-vente[1].

723.92 Procès-verbal. Une fois le véhicule immobilisé, l'huissier dresse un procès-verbal constatant cette opération. Cet acte est dressé lorsque la saisie-vente n'est pas encore engagée. Il l'est également lorsque celle-ci est en cours si elle n'est pratiquée, ni dans les locaux occupés par le débiteur, ni entre les mains d'un tiers c'est-à-dire si le véhicule se trouve sur la voie publique.

723.93 Mentions. Selon l'article R. 223-8 C. pr. exéc., le procès-verbal contient à peine de nullité :

« *1° La mention du titre exécutoire en vertu duquel le véhicule a été immobilisé.*

2° La date et l'heure de l'immobilisation du véhicule.

3° L'indication du lieu où il a été immobilisé et, le cas échéant, de celui où il a été transporté pour être mis en dépôt.

4° La description sommaire du véhicule, avec notamment l'indication de son numéro minéralogique, de sa marque, de sa couleur et, éventuellement, de son contenu apparent et de ses détériorations visibles.

5° La mention de l'absence ou de la présence du débiteur ».

Ces mentions d'information ne suscitent pas de commentaires particuliers. Il convient seulement d'insister sur l'intérêt de la description de l'état du véhicule en cas de contestation. Le nombre de kilomètres enregistré au compteur, qui n'est pas exigé par l'article R. 223-8 du même code, pourrait cependant être indiqué utilement.

723.94 Information du débiteur présent. Le texte de l'article R. 223-8 C. pr. exéc. ne prévoit pas que le procès-verbal d'immobilisation doit être remis au débiteur s'il est présent. Comment les diverses mentions figurant sur cet exploit peuvent-elles être portées à sa connaissance ? Certaines sont essentielles comme le lieu où le véhicule a été mis en dépôt, s'il a été enlevé ou encore l'indication que l'immobilisation vaut saisie sous la garde du propriétaire.

Il faut considérer que toutes ces informations doivent être indiquées verbalement par l'huissier au débiteur qui se trouve sur place. L'absence totale de formalisme de l'information du débiteur absent (par une lettre simple adressée ou seulement déposée au lieu où il demeure) permet de présumer que le législateur a entendu alléger au maximum les formalités d'immobilisation. Il faut dire que dans les huit jours suivant celle-ci, copie du procès-verbal est notifiée au débiteur dans le commandement ou dans l'injonction qui doit lui être délivré par l'huissier, selon que la mesure se combine avec une saisie-vente ou une saisie-appréhension.

723.95 Information du débiteur absent. Le procès-verbal doit mentionner sa présence ou son absence (C. pr. exéc., art. R. 223-8, 5°). Si le véhicule est immobilisé en son absence, l'huissier l'en informe le jour même, par une lettre simple adressée ou déposée (dans la boîte aux lettres, voire glissée sous la porte) au lieu où il demeure (C. pr. exéc., art. R. 223-9).

Selon l'article R. 223-9 C. pr. exéc., cette lettre contient :

« *1° La mention du titre exécutoire en vertu duquel le véhicule a été immobilisé.*

2° L'indication du lieu où il a été immobilisé et, le cas échéant, de celui où il a été transporté pour être mis en dépôt.

3° L'avertissement que l'immobilisation vaut saisie et que, si le véhicule a été immobilisé sur la voie publique, il pourra être procédé à son enlèvement dans un délai de quarante-huit heures à compter de son immobilisation pour être transporté en un lieu qui doit être indiqué.

4° La mention, en caractères très apparents, que, pour obtenir une éventuelle mainlevée de l'immobilisation, le destinataire peut soit s'adresser à l'huissier de justice dont le nom, l'adresse et le numéro de téléphone sont indiqués, soit contester la mesure devant le juge de l'exécution du lieu d'immobilisation du véhicule dont le siège est indiqué avec l'adresse de son secrétariat-greffe ».

Cette lettre communiquée de manière très informelle, paraît avoir pour objectif essentiel d'inciter le débiteur à prendre contact avec l'huissier pour lui faire des propositions de règlement amiable.

Elle vise également l'information du débiteur sur les modalités de contestation de la saisie lorsque celle-ci ne tend pas à se combiner ultérieurement avec une saisie-vente ou avec une saisie-appréhension.

Aucune sanction n'est prévue pour le défaut de respect de l'article R. 223-9 C. pr. exéc. (anc[t] Décr. 31 juill. 1992, art. 170) qui ne semble pas exiger une formalité substantielle. Compte tenu du mode de notification retenu par cet article, on voit difficilement d'ailleurs comment on pourrait exiger de l'huissier qu'il se ménage une preuve de l'accomplissement de cette notification. Ainsi, une juridiction du fond a estimé que les mentions prévues dans la lettre simple envoyée par l'huissier par l'article précité, notamment celles du titre exécutoire justifiant l'immobilisation, ne sont pas pres-

1. Civ. 2e, 20 nov. 2003, n° 01-15.192, *Bull. civ.* II, n° 353; *Rev. huiss.* 2004. 162, obs. Bourdillat.

crites à peine de nullité (absence de référence à l'ordonnance exécutoire du juge de l'exécution[1]).

723.96 Effets. L'immobilisation vaut saisie sous la garde du propriétaire du véhicule ou après son enlèvement, sous la garde de celui qui l'a reçu en dépôt (C. pr. exéc., art. R. 223-8 *in fine*).

723.97 Garde. L'article R. 223-8 C. pr. exéc. substitue, en ce qui concerne le gardien légal, la notion de propriétaire à celle de saisi ou de tiers retenue par l'article L. 141-2 du même code. En cas d'immobilisation en vue d'une saisie-vente, la notion de propriétaire recouvre nécessairement celle de débiteur saisi. Cela dispense donc le tiers détenteur de l'obligation de garde, lorsque la mesure a été pratiquée entre ses mains. Cette disposition qui fait du propriétaire le gardien du véhicule est particulièrement opportune lorsque le tiers saisi n'est pas aisément joignable et, de surcroît, en mesure d'assurer une surveillance effective (immobilisation sur le parking d'un supermarché). Le seul tiers susceptible d'être gardien est le dépositaire chez lequel le véhicule a été transporté en cas d'enlèvement immédiat. Ce dépositaire est généralement un garagiste professionnel qui, s'il se fait rémunérer, assumera les obligations d'un dépositaire salarié ou d'un gardien judiciaire (v. s^{s} n°s 714.65 s., 714.140, 716.51 et 716.52).

723.98 Indisponibilité. L'immobilisation rend le véhicule, non seulement matériellement inutilisable, mais encore juridiquement indisponible (C. pr. exéc., art. L. 141-2 et R. 221-13). Elle rend d'ailleurs concrètement difficile la disposition juridique autant que la disposition matérielle impliquant un déplacement. Le débiteur ne peut donc ni s'en servir ou le dissimuler, ni le vendre, ni le constituer en gage, ni même le prêter ou le louer.

§ 2
Procédure de saisie-vente

723.101 Commandement. L'immobilisation ayant produit son effet préventif, la suite de la procédure va se dérouler comme en matière de saisie-vente. L'article R. 223-10 alinéa 1er C. pr. exéc. dispose à cet égard que si le véhicule a été immobilisé pour obtenir le paiement d'une somme d'argent, l'huissier signifie au débiteur, huit jours au plus tard après l'immobilisation, un commandement de payer contenant diverses mentions et notamment, copie du procès-verbal prévu à l'article R. 223-8 du même code. Ces informations regroupent la plupart de celles qui doivent figurer dans un commandement et un procès-verbal aux fins de saisie-vente de droit commun (v. s^{s} n°s 713.05 s., not. s^{s} n°s 713.41 s. et 713.131 s).

723.102 Mentions. Selon l'article R. 223-10 C. pr. exéc., l'acte contient à peine de nullité :

« *1° La copie du procès-verbal d'immobilisation.*

2° Un décompte distinct des sommes réclamées en principal, frais et intérêts échus, ainsi que l'indication du taux des intérêts.

3° L'avertissement qu'à défaut de paiement, et passé le délai d'un mois pour vendre le véhicule à l'amiable conformément aux dispositions des articles R. 221-30 à R. 221-32, celui-ci sera vendu aux enchères publiques.

4° L'indication que les contestations doivent être portées, au choix du débiteur, devant le juge de l'exécution du lieu où il demeure ou du lieu d'immobilisation du véhicule.

5° La reproduction des articles R. 221-30 à R. 221-32 ».

723.103 Délai de huit jours. Le commandement doit être délivré huit jours au plus tard après l'immobilisation. L'article R. 223-10 C. pr. exéc. ne prévoit pas expressément que le commandement tardif est frappé de caducité. Cependant, les mots « *au plus tard* » permettent de penser que c'est cette sanction qui doit être prononcée.

723.104 Vente. L'article R. 223-11 C. pr. exéc. précise que le véhicule est vendu « *comme il est dit en matière de saisie-vente* ».

Le débiteur bénéfice donc de la faculté de vendre amiablement le véhicule dans un délai d'un mois augmenté des délais accordés aux créanciers pour prendre partie. Le commandement prévu à l'article R. 223-11 C. pr. exéc. contient des mentions destinées à l'informer de cette faculté et reproduit les articles R. 221-30 à R. 221-32 du même code relatifs aux modalités de la vente amiable.

À défaut de proposition d'un acheteur ou en cas de refus de l'offre de celui-ci par le ou les créanciers, le véhicule est vendu aux enchères publiques (pour la vente amiable, v. s^{s} n°s 715.04 s. – pour la vente forcée, v. s^{s} n°s 716.05 s.).

723.105 Vente en présence d'un créancier gagiste. Lorsqu'un gage a été inscrit sur le véhicule, l'huissier du saisissant informe le créancier gagiste, selon le cas, des propositions de vente amiable qui lui sont faites ou de la mise en vente forcée (C. pr. exéc., art. R. 223-11, al. 2).

Il s'agit de donner au créancier gagiste dont la créance devient exigible du fait de la saisie, l'occasion de se prévaloir de son privilège, privilège qui s'impose au saisissant s'il ne peut invoquer une cause de préférence de meilleur rang.

1. Lyon, 20 déc. 1995, *D.* 1996. Somm. 349, obs. Julien.

La prise en compte des droits du créancier gagiste suppose que son gage ait été inscrit dans les conditions des articles 2351 et 2352 du Code civil ainsi que de l'article 2 du décret du 30 septembre 1953. À défaut, la dépossession fictive du débiteur n'a pas pu avoir lieu, de telle sorte que la sûreté est inopposable au tiers et notamment au saisissant (C. civ., art. 2351[1] - v. s^{s} n°s 1024.101 s., 1024.114 et 1024.115). La preuve de ce que le gagiste a conservé la possession résulte de la production du récépissé de déclaration remis par la préfecture qui a délivré la carte grise (C. civ., art. 2352[2]). L'inscription qui conserve le gage pendant cinq ans doit avoir été renouvelée au-delà de ce délai.

Seule la formalité de l'inscription entraîne la mise en possession fictive du créancier gagiste et lui permet l'exercice du droit de rétention découlant de cette détention. En revanche, le droit de rétention résultant de la remise de la carte grise à titre de garantie de paiement, ne porte que sur ce document et ne s'étend pas au véhicule auquel il se rapporte. Le certificat d'immatriculation ne représente pas le véhicule correspondant et ne permet pas au créancier qui le détient de se faire remettre ce bien en vue de sa réalisation[3].

De son côté le créancier gagiste doit tenir compte de la saisie et respecter la faculté de vente amiable du débiteur. Il est d'ailleurs dépossédé du pouvoir de réaliser lui-même le véhicule donné en garantie puisque c'est au créancier saisissant qu'est confiée cette mission par l'article R. 223-11 C. pr. exéc. C'est bien là le sens de ce texte et la Cour de cassation est venue confirmer que les dispositions de l'ancien l'article 3 du décret du 30 septembre 1953, qui renvoyaient aux formalités expéditives de l'article 93 alinéa 1er devenu l'article L. 521-3 du Code de commerce, ont été implicitement abrogées du fait des nouvelles dispositions du décret du 31 juillet 1992 intégré dans la partie réglementaire du Code des procédures civiles d'exécution instaurant, avant toute vente forcée, une faculté de vente amiable pour le débiteur[4].

723.106 **Incidents de saisie.** Il convient de se reporter aux explications relatives à la saisie-vente de droit commun (v. s^{s} n°s 718.04 s.).

1. Décr. n° 53-968, 30 sept. 1953, anc. art. 5.
2. Décr. 30 sept. 1953, anc. art. 2.
3. Com. 11 juill. 2000, n° 97-12.374, *Bull. civ.* IV, n° 142; *D.* 2000. IR 251; *JCP* 2000. I. 259, obs. Simler et Delebecque – V. AUSSI, E. Le Corre-Broly, « Le droit de rétention sur documents d'immatriculation », *D. Affaires* 1998. 1802 et 1838.
4. Cass., avis, 5 mai 1995, n° 09-50.004, *Bull. avis,* n° 4; *D.* 1995. 618, note Morgan de Rivery-Guillaud; *JCP* 1995. II. 22488, note Croze et Moussa.

CHAPITRE

724. Saisie-exécution des navires

CYRIL BLOCH
PROFESSEUR DE DROIT PRIVÉ
À L'UNIVERSITÉ D'AIX-MARSEILLE – CDE EA N° 4224
DIRECTEUR DU CENTRE DE DROIT MARITIME
ET DES TRANSPORTS

SECTION 0
ORIENTEUR

724.00 Plan du chapitre.

Division. Les textes sur la saisie-exécution, à la différence de la convention de Bruxelles du 10 mai 1952, ne posent qu'une condition de fond : un titre exécutoire (sect. 1). En revanche, le décret du 27 octobre 1967 pose de nombreuses conditions de forme (sect. 2 à 6).

724.01 Textes applicables.

• **L. n° 67-5, 3 janv. 1967,** portant statut des navires et autres bâtiments de mer, *JO* 4 janv., p. 106.

• **Décr. n° 67-967, 27 oct. 1967,** d'application de la loi n° 67-5 du 3 janvier 1967, *JO* 4 nov., art. 31 à 58, p. 10836.

• **Ord. n° 2010-1307, 28 oct. 2010,** relative à la partie législative du Code des transports, *JO* 3 nov., p. 19645.

Cette ordonnance abroge la loi du 3 janvier 1967, à l'exception des articles 2 à 4, ainsi qu'un certain nombre d'articles du décret du 27 octobre 1967; certaines dispositions concernant la saisie issues de ce décret (art. 26 à 30) sont reclassées à la partie législative du Code des transports. L'ensemble de la réglementation devrait prochainement faire l'objet d'un nouveau décret et être intégrée dans la partie réglementaire du Code des transports (partie V), ce qui permettra, on l'espère, de combler les vides juridiques, parfois déconcertants, laissés par l'abrogation pure et simple de certaines dispositions du décret n° 67-967 du 27 octobre 1967[1].

• **L. n° 2010-1609, 22 déc. 2010,** dite loi Béteille, relative à l'exécution des décisions de justice [...], art. 10, *JO* 23 déc., p. 22552.

Cette loi modifie les articles 120 à 131 du Code du domaine public fluvial.

Certains articles du Code du domaine public fluvial sont aussi abrogés par l'ordonnance du 28 octobre 2010 mais maintenus en vigueur jusqu'à publication des dispositions réglementaires du Code des transports.

• **L. n° 2011-94, 25 janv. 2011,** portant réforme de la représentation devant les cours d'appel, art. 31 et 32, *JO* 26 janv., p. 1544.

C. dom. publ. fluv., art. 120 à 131.

C. transp., art. L. 5114-1 à L. 5114-29.

C. pr. exéc., art. L. 121-1 et L. 241-1.

Le droit international ne réglemente pas la saisie-exécution, la convention de Bruxelles du 10 mai 1952 excluant elle-même son application aux saisies pratiquées en exécution d'un titre exécutoire (Conv. Bruxelles, 10 mai 1952, art. 2). On se limitera donc à l'analyse des textes internes.

La saisie-exécution des navires est réglementée aux articles L. 5114-23 à L. 5114-29 du Code des transports, par les dispositions non abrogées du décret du 27 octobre 1967, et par le droit commun des voies d'exécution dans le silence des textes spéciaux (Code de procédures civiles d'exécution).

724.03 Bibliographie indicative.

Actualisable. Rép. pr. civ., *v° Saisie des bateaux, navires et aéronefs*, par J.-B. Racine, janv. 2008, n°s 157 à 172 – C. Brenner et P. Crocq (dir.), *Lamy Droit de l'exécution forcée*, « Saisies des navires, bateaux et aéronefs », étude 445, par M. Douchy-Oudot.

Ouvrages. J.-P. Beurier (dir.), Dalloz action *Droits maritimes*, 2014/2015, n°s 323.00 s. – P. Bonassies et C. Scapel, *Traité de droit maritime*, 2e éd., LGDJ, 2010 [3e éd. à paraître],

1. À ce sujet, v. L. Lauvergnat, « La saisie-exécution des navires : les eaux troubles de la codification », *Procédures* 2013. Étude 4.

n°s 589 s. – Ph. Delebecque, *Droit maritime*, 1re éd., « Précis », Dalloz, 2014, n°s 239 s. – A. Leborgne, *Droit de l'exécution. Voies d'exécution et procédures de distribution*, 2e éd., « Précis », Dalloz, 2014, [saisie-exécution des navires], p. 703-721, n°s 1771-1844.

724.04 **Intérêt pratique.** La saisie-exécution des navires est exceptionnelle dans la pratique, contrairement à la saisie conservatoire.

Il faut rechercher une des raisons de la désaffection des créanciers pour l'exercice de la saisie-exécution dans l'intérêt pratique de la saisie conservatoire, qui permet, lorsqu'elle n'aboutit pas au paiement de la dette de l'armateur du navire, de substituer une sûreté personnelle autonome au droit de gage du créancier sur le patrimoine de son débiteur, dont le navire est bien souvent l'unique élément.

Mais alors que la saisie conservatoire est soumise à une procédure assez sommaire et des conditions de fond peu contraignantes, la saisie-exécution, dont l'objet est la vente du navire, est une procédure lourde, se rapprochant à de nombreux égards de la saisie immobilière et qui ne peut être pratiquée que contre un débiteur insolvable.

724.05 **Champ d'application.** Si les textes sur la saisie conservatoire ne visent que les navires, les textes sur la saisie-exécution utilisent aussi le terme de « *bâtiment* », ce qui englobe aussi les engins de servitude des ports, auxquels les dispositions spéciales de droit international et de droit interne sont inapplicables, s'agissant des saisies conservatoires. L'article 37 du décret du 27 octobre 1967, fait aussi référence aux navires non francisés, ce qui englobe les navires n'ayant pas vocation à l'être (les navires étrangers), mais aussi les navires qui ne le sont pas encore (navires en construction).

SECTION 1
CONDITIONS DE LA SAISIE-EXÉCUTION

724.11 **Titre exécutoire.** L'article 34 du décret du 27 octobre 1967 énonce les conditions de validité du procès-verbal de l'huissier qui procède à la saisie. La principale condition de fond est celle de la mention du titre exécutoire en vertu duquel l'huissier procède (ainsi, une ordonnance de référé-provision, même non passée en force de chose jugée, a été considérée comme un titre suffisant pour engager la procédure d'adjudication d'un navire) [1].

L'autre condition de fond procède de la saisissabilité du navire, de la qualité de propriétaire du navire du débiteur, ou la démonstration de l'existence d'un droit de suite sur le navire, le titre exécutoire ne comportant en effet aucune indication à cet égard. Le lecteur se référera sur ces points aux développements sur les saisies conservatoires pratiquées en application du droit français interne (v. s^{s} n°s 624.50 s.).

SECTION 2
PROCÉDURE : FORMALITÉ PRÉALABLE, LE COMMANDEMENT DE PAYER

724.21 **Nécessité d'un commandement de payer.** L'article L. 5114-23 C. transp. dispose que la saisie-exécution d'un navire est précédée de la signification d'un commandement de payer. L'ordonnance n° 2010-1307 du 28 octobre 2010 a abrogé l'article 31 du décret du 27 octobre 1967 prévoyant l'observance d'un délai de vingt-quatre heures à compter du commandement avant de pratiquer la saisie. Est-ce à dire que la saisie peut désormais être pratiquée immédiatement après la signification du commandement, comme c'est le cas en matière de saisie immobilière ? Il y a tout lieu de le penser. D'autant que la solution aurait le mérite de renforcer l'efficacité de la saisie en évitant le risque d'un départ précipité du navire. Mais il pourrait aussi être soutenu que, dans le silence des textes spéciaux, il y a lieu de se reporter aux dispositions de droit commun applicable à la saisie mobilière qui prévoient pour leur part un délai de huit jours, ce qui ne serait guère opportun; mais on ne serait guère étonné que les praticiens privilégient cette solution, ne serait-ce que parce qu'elle présente moins de risque pour leur responsabilité civile professionnelle.

Quoi qu'il en soit, il convient de rester prudent avant d'enterrer définitivement l'ancien article 31 du décret du 27 octobre 1967, car le décret n° 2013-253 du 25 mars 2013, relatif aux dispositions de la quatrième partie réglementaire du Code des transports [2], a maintenu cette exigence d'un délai de vingt-quatre heures entre la signification du commandement de payer et la saisie en matière fluviale (C. transp., art. R. 4123-3). Comme il serait étonnant que la saisie de navire se démarque sur ce point de la saisie de bateaux, il faut donc s'attendre à ce que le décret qui portera prochainement publication de la cinquième partie de la partie réglementaire du Code des transports ressuscite le

1. TGI Nice, 28 févr. 2008, navire Elephant Walk, *DMF* 2008. 813, obs. Coste.

2. Décr. n° 2013-253, 25 mars 2013, relatif aux dispositions de la quatrième partie réglementaire du Code des transports (décrets en Conseil d'État et décrets simples), *JO* 27 mars, p. 5151.

délai de vingt-quatre heures de l'ancien article 31 du décret du 27 octobre 1967[1]. À suivre donc...

724.22 Signification. La signification est effectuée à personne ou à domicile, mais il est permis par un décret du 19 juin 1969 relatif à l'armement que la signification destinée à l'armateur soit délivrée au capitaine du navire (Décr. n° 69-679, 19 juin 1969, art. 10[2]).

724.23 Péremption du commandement. Le commandement (Décr. 27 oct. 1967, art. 33) est périmé au bout de dix jours; si la saisie n'est pas opérée dans ce délai, le commandement doit être recommencé[3].

724.24 Avis officieux aux autorités portuaires. Normalement, même s'il est avisé par l'huissier de justice de la prochaine signification du commandement de payer au capitaine du navire et du risque de voir ce dernier appareiller avant délivrance, le commandant du port n'a pas légalement le droit de retarder le départ. Il semblerait cependant que les usages de certains ports permettent à l'autorité portuaire de s'opposer à l'appareillage, non en droit formel mais en fait[4].

SECTION 3
PROCÉDURE : SAISIE

724.31 Procès-verbal de saisie – Mentions obligatoires. Les énonciations qu'il doit contenir (Décr. 27 oct. 1967, art. 34) comportent notamment :

1° les mentions requises pour la validité de tout exploit d'huissier : nom et qualité de l'officier ministériel, jour, heure, opérations successives (à bord du bateau), personnes rencontrées s'il échoit, *etc.;*

2° l'identification complète du créancier saisissant;

3° la mention du titre exécutoire et décompte des sommes dues;

4° la date du commandement de payer;

5° l'indication du tribunal devant lequel se fera la vente, avec élection de domicile au siège du tribunal et au lieu où le navire est amarré;

6° l'identification du propriétaire du navire;

7° le nom et les principales caractéristiques du navire saisi (nom, immatriculation, type, tonnage, *etc.*);

8° l'énumération et la désignation des chaloupes, canaux, agrès et autres apparaux du navire, provisions et soutes.

Un important arrêt de la chambre commerciale de la Cour de cassation sanctionne la saisie-exécution pratiquée, non par un huissier de justice, non par un clerc assermenté, d'une nullité de fond en application des articles 6 de la loi du 27 décembre 1923 (relative à la suppléance des huissiers blessés et à la création des clercs assermentés) et 117 C. pr. civ.[5].

724.32 Gardiennage. À la différence de la saisie conservatoire, la désignation d'un gardien par l'huissier procédant à la saisie est obligatoire dans une saisie-exécution (Décr. n° 67-967, 27 oct. 1967, art. 34). En pratique, l'huissier désigne souvent le capitaine du navire s'il est présent (ce qui est généralement le cas s'agissant des navires de commerce) et, à défaut, le commandant du port. Le décret de 1967 n'exigeant pas formellement la signature du procès-verbal par le gardien, la nullité du procès-verbal de saisie ne peut cependant pas être prononcée pour défaut de signature du gardien[6]. Cette solution sera probablement amenée à évoluer avec la publication du volet maritime (partie V) de la partie réglementaire du Code des transports (arg. C. transp., art. R. 4123-4, *in fine*, exigeant, en matière fluviale, la signature du gardien à peine de nullité).

724.33 Juge compétent. Les dispositions du décret du 27 octobre 1967 donnant compétence au tribunal de grande instance du lieu de la saisie ayant été abrogées, le juge compétent pour ordonner la saisie est désormais le juge de l'exécution (JEX) en application des dispositions combinées des articles L. 5114-20 et suivants C. transp. Bien que les articles L. 5114-23 et suivants réglementant la saisie-exécution ne fasse mention que du « *juge* », l'article L. 5114-21, seul article dans la sous-section consacrée aux dispositions communes à la saisie conservatoire et à la saisie d'exécution, lequel désigne le JEX pour autoriser un ou plusieurs voyages du navire saisi. De surcroît, en l'absence de textes spéciaux autres que l'article L. 5114-21, la compétence du JEX est confirmée par les textes de droit

1. Ce retour au traditionnel délai de vingt-quatre heures est aussi anticipé par un auteur particulièrement averti des travaux préparatoires du futur décret : Ph. Delebecque, *Droit maritime*, 1re éd., « Précis », Dalloz, 2014, p. 174, n° 258.
2. Décr. n° 69-679, 19 juin 1969, *JO* 22 juin, p. 6318.
3. Rouen, 20 oct. 1983, *Juris-Data* n° 043597.
4. Sur les nombreuses contraintes qu'impose la saisie du navire à l'autorité portuaire, v. R. Rezenthel, « La saisie des navires et la défense des intérêts portuaires », *DMF* 2010. 715.
5. Com. 17 déc. 2003, n° 02-14.840, navire Amour des Îles II, *Bull. civ.* IV, n° 207; *DMF* 2004. 145, obs. Rémery.
6. Bordeaux, 5e ch. civ., 15 déc. 2010, navire Topaze, RG n° 09-1158, *DMF* 2012, suppl. « Le droit maritime français en 2011 », n° 16, obs. Delebecque; *RD transp.* 2011, n° 63, obs. Ndendé.

commun, soit les articles L. 213-6 du COJ, modifié par la loi n° 2010-1609 du 22 décembre 2010, dite loi Béteille[1], et L. 121-1 C. pr. exéc.

724.34 Notification aux services du port et au Consul de l'État dont le navire bat pavillon. L'article 35 du décret du 27 octobre 1967 impose la notification au service du port et au Consul de l'État dont le navire bat pavillon.

La notification à l'autorité portuaire, simple faculté dans la saisie conservatoire, est obligatoire s'agissant d'une saisie-exécution. Elle doit être faite au commandant du port et entraîne pour ce dernier l'obligation d'empêcher le départ du navire saisi (C. transp., art. L. 5114-21).

Comme pour la saisie conservatoire, le commandant du port peut cependant décider d'ordonner un mouvement du navire dans le port pour libérer le bassin où il se trouve, ou l'amarrer en un lieu moins gênant pour le trafic du port (v. ss nos 626.11 s.).

724.35 Publicité de la saisie. Lorsque le navire est francisé (Décr. 27 oct. 1967, art. 37), le procès-verbal de saisie est inscrit sur le registre spécial tenu par le conservateur des hypothèques maritimes dans la circonscription duquel ce navire est inscrit; s'il s'agit d'un navire en construction déjà francisé, l'inscription doit être portée dans le registre tenu par le conservateur du lieu de construction, lequel délivre un état des inscriptions[2].

Si le navire n'est pas français, la même notification est adressée, pour mentions sur le fichier des inscriptions, au service des douanes du port d'attache ou, si le navire est en construction, au service des douanes compétent du lieu de la construction.

Cette inscription doit être effectuée dans un délai de sept jours, augmenté de vingt jours si le lieu de la saisie et le tribunal compétent pour en connaître ne se trouvent pas l'un et l'autre en France métropolitaine ou dans un même département ou territoire d'Outre-mer.

La loi ne prévoit pas l'effet sur le procès-verbal de saisie de l'absence d'inscription, de sorte qu'il ne s'agit que d'un formalisme d'opposabilité[3].

724.36 Dénonciation de la saisie au propriétaire du navire et citation devant le tribunal saisi. L'ancien article 36 du décret du 27 octobre 1967 imposait au saisissant, dans un délai variant de trois à vingt jours (selon le lieu de résidence du propriétaire) à compter de l'inscription au registre, de notifier au propriétaire copie du procès-verbal de saisie et le faire citer à l'audience du tribunal du lieu de saisie statuant sur les conditions de vente forcée du bien. La notification pouvait être donnée au capitaine si le propriétaire n'était pas domicilié dans le ressort du tribunal. Cette disposition pourtant essentielle a été purement et simplement abrogée par l'ordonnance du 28 octobre 2010. Il n'y a donc plus actuellement de délai à respecter pour assigner le propriétaire, ce qui ne laisse pas d'étonner. Il convient une fois encore de rester prudent, car l'exigence d'un délai de trois jours pour notifier au propriétaire copie du procès-verbal de saisie et le faire citer devant le juge de l'exécution a en revanche été maintenue en matière fluviale par le décret n° 2013-253 du 25 mars 2013 (C. transp., art. R. 4123-3). On ne serait donc pas surpris de voir réapparaître cette exigence au moment de la parution du volet maritime (partie V) de la partie réglementaire du Code des transports.

724.37 Dénonciation aux créanciers inscrits. Pour les navires francisés, la saisie doit être dénoncée aux créanciers inscrits sur le registre spécial dans un délai de sept jours à compter de l'inscription au registre des hypothèques, augmenté de vingt jours dans les mêmes conditions que l'inscription sur le registre spécial et la fiche matricule du navire (Décr. 27 oct. 1967, art. 38). Cette dénonciation doit en outre indiquer aux créanciers la date de comparution devant le tribunal. Le délai de comparution, de quinze jours au moins conformément au droit commun, peut être majoré de vingt jours à raison des distances, si le domicile élu et le siège du tribunal de grande instance se situent, l'un en France métropolitaine, l'autre outre-mer (Décr. 27 oct. 1967, art. 38). L'irrégularité de la dénonciation aux créanciers ne comportant pas l'indication du jour de la comparution devant le tribunal peut être régularisée, dès lors qu'il est impossible pour le créancier saisissant de connaître cette date au moment où la saisie est réalisée[4].

Si le navire n'est pas français, la dénonciation est adressée au consul de l'État dont le navire bat pavillon. Le délai de comparution est de trente à soixante jours après cette dénonciation (Décr. 27 oct. 1967, art. 39, al. 2 et 3).

724.38 Effets de la saisie sur le statut du navire – Effets attachés à la saisie. Dès la signification du

1. L. n° 2010-1609, 22 déc. 2010, *JO* 23 déc., p. 22552.
2. POUR UN EX. de falsification de l'état des hypothèques par le dirigeant de la société propriétaire du navire saisi, constitutive de faux et usage de faux : Crim. 17 mai 2006, n° 05-85.913, navire Aldona, NP; *DMF* 2006. 710, obs. Rémery.
3. PAR EX., Bordeaux, 5e ch. civ., 15 déc. 2010, navire Topaze, RG n° 09-1158, *DMF* 2012, suppl. « Le droit maritime français en 2011 », n° 16, obs. Delebecque; *RD transp.* 2011, n° 63, obs. Ndendé.
4. Bordeaux, 5e ch. civ., 15 déc. 2010, navire Topaze, RG n° 09-1158, *DMF* 2012, suppl. « Le droit maritime français en 2011 », n° 16, obs. Delebecque; *RD transp.* 2011, n° 63, obs. Ndendé.

procès-verbal de saisie, l'armateur perd la disponibilité du navire en même temps que la garde en est confiée à un gardien.

724.39 Effets attachés à la publicité. À compter de la publicité de la saisie prescrite par les articles 37 et 38 du décret du 27 octobre 1967, le débiteur saisi ne peut plus effectuer d'acte de disposition sur son navire. Le créancier ne peut pas non plus fréter son navire.

Le navire peut en revanche être autorisé par le juge de l'exécution du lieu de la saisie à entreprendre un ou plusieurs voyages contre remise d'une garantie que le tribunal détermine (C. transp., art. L. 5114-21 - v. s[s] n°s 625.101 s.).

SECTION 4
PROCÉDURE : VENTE FORCÉE

724.40 Deux jugements. La vente des biens saisis est ordonnée par un jugement du juge de l'exécution qui fixe la mise à prix et les conditions de la vente (C. transp., art. L. 5114-24) (§ 1). Après accomplissement des formalités de publicité de cette décision, l'adjudication intervient aux enchères publiques, à l'audience du juge, qui peut néanmoins ordonner que la vente soit faite devant une autre juridiction, soit en l'étude et par le ministère d'un notaire, soit par un courtier, soit en tout autre lieu du port où se trouve le navire saisi (C. transp., art. L. 5114-25), ou devant un autre tribunal, un notaire ou un courtier interprète et conducteur de navire que le tribunal de grande instance désigne dans son jugement préparatoire à la vente (§ 2).

§ 1
Jugement fixant les modalités de la vente

724.41 Jugement de vérification de la régularité des inscriptions. L'office du juge est avant tout de vérifier la régularité de la procédure suivie jusqu'au jugement préalable aux enchères et notamment de vérifier l'existence et la régularité du titre exécutoire. À cet égard, l'article 34 du décret du 27 octobre 1967 se contente d'évoquer un titre exécutoire et non une décision au fond définitive et passée en force de chose jugée. Ainsi, deux jugements ont-ils décidé que la mise en vente du navire saisi pouvait, en application de l'article 31 de la loi du 9 juillet 1991 (devenu C. pr. exéc., art. L. 111-10), être poursuivie sur la base d'une simple ordonnance de référé-provision[1] ou d'une ordonnance d'injonction de payer[2].

Le juge doit en outre s'assurer que la publicité exigée par les articles 37 et 38 du décret du 27 octobre 1967 a bien été effectuée.

Ce jugement prépare la vente. Il en fixe le jour, le lieu et les modalités. Le juge de l'exécution établit en outre le cahier des charges de la vente.

724.42 Signification. Le jugement est signifié selon les règles présentées pour la signification du procès-verbal de saisie (selon un arrêt ancien[3]).

724.43 Voie de recours. Le jugement est en outre susceptible d'appel.

724.44 Incidents de procédure. Un seul incident est expressément prévu par les textes : la demande en distraction. Ainsi, l'article L. 5114-27 C. transp.[4] prévoit qu'une fois le bien adjugé, les demandes en distraction sont converties de plein droit en opposition à la délivrance des sommes provenant de l'adjudication.

L'article 45 du décret du 27 octobre 1967 prévoit que le demandeur en distraction ou l'opposant ont trois jours pour fournir leurs moyens. Le défendeur, le saisissant disposent alors de trois jours pour répondre.

Le jugement rendu sur demande de distraction ou opposition contre le jugement d'adjudication est susceptible d'appel dans les dix jours à compter de la signification du jugement (Décr. 27 oct. 1967, art. 53)

Pour les autres incidents (demande en radiation de saisie, demande en nullité, demande de conversion en saisie volontaire), il convient de se reporter aux incidents en matière de saisie immobilière (v. s[s] n°s 1330.05 s.).

724.45 Publicité préalable à la vente. Préalablement aux enchères, la vente doit faire l'objet d'une publicité réglementée par les articles 42 et 43 du décret du 27 octobre 1967.

Cette publicité est effectuée au moyen d'affiches apposées sur le navire et sur la porte principale du tribunal, sur le quai du port où le navire est amarré, à la chambre de commerce, au bureau des douanes et à la circonscription maritime. (Décr. 27 oct. 1967, art. 42).

L'article 43 du décret de 1967 précise le contenu des affiches. Celles-ci doivent indiquer :

- les nom, profession et demeure du poursuivant;
- les titres en vertu desquels il agit;
- le montant de la somme qui lui est due;

1. TGI Nice, 28 févr. 2008, navire Elephant Walk, *DMF* 2008. 813, obs. Coste.
2. TGI Aix-en-Provence, 25 mars 2004, *Rev. huiss.* 2006. 42.
3. Madagascar, 13 sept. 1906, *Gaz. Pal.* 1907. 2. 390.
4. C. transp., art. L. 5114-27 (Décr. 27 oct. 1967, anc. art. 44).

– l'élection de domicile par lui faite dans le lieu où siège le tribunal de grande instance et dans le lieu où se trouve le bâtiment;

– les nom, profession et domicile du propriétaire du bâtiment saisi;

– le nom du bâtiment et, s'il est armé ou en armement, le nom du capitaine ainsi que la puissance motrice en cas de propulsion mécanique;

– le lieu où il se trouve;

– la mise à prix et les conditions de la vente;

– les jour, lieu et heure de l'adjudication.

§ 2
Enchères – Jugement d'adjudication

724.51 Application des règles de la saisie immobilière. Il est admis que, dès lors que le décret du 27 octobre 1967 ne contient aucune disposition spécifique relative aux enchères et à l'adjudication, en matière de vente de navire, il y a lieu de faire application des règles de la saisie immobilière, auxquelles il convient de se reporter (v. s[s] n°s 1311.00 à 1373.195).

724.52 Dérogations aux règles de la saisie immobilière. Une dérogation essentielle est cependant à noter : la surenchère n'est pas admise (Décr. 27 oct. 1967, art. 47).

724.53 Jugement d'adjudication. En tant qu'il est un jugement gracieux et administratif, le jugement d'adjudication est dépourvu de l'autorité de la chose jugée et n'est pas soumis aux voies de recours ordinaires. En revanche, s'il tranche un incident, il a sur ce point l'autorité de la chose jugée et peut être attaqué selon les voies de recours ouvertes contre tout jugement contentieux.

Le jugement ne peut être frappé d'appel qu'à partir du moment où il tranche une contestation (par ex., portant sur la validité des enchères).

SECTION 5
PROCÉDURE : EFFETS DE L'ADJUDICATION

724.61 Cessation des fonctions du capitaine. L'adjudication du navire fait cesser les fonctions du capitaine, sauf à lui à se pourvoir en dédommagement contre qui de droit (C. transp., art. L. 5114-26).

724.62 Conversion des demandes de distraction en opposition à la délivrance des sommes provenant de l'adjudication. Une fois le bien adjugé, les demandes en distraction sont converties de plein droit en opposition à la délivrance des sommes provenant de l'adjudication.

724.63 Transfert de propriété. L'adjudication vaut transfert de propriété. L'adjudicataire devient régulièrement propriétaire du navire. L'adjudicataire ne bénéficie cependant pas de la garantie d'éviction et de la garantie des vices cachés.

724.64 Purge des hypothèques. L'adjudication vaut purge des privilèges et hypothèques. Aucune inscription n'est désormais possible, pas même pour le créancier s'étant fait consentir une hypothèque ou un privilège sur le navire avant la saisie, mais qui a négligé d'effectuer les mesures de publicité en temps utile.

724.65 Effet sur les contrats en cours concernant l'exploitation du navire. L'adjudication met fin aux contrats en cours relatifs à l'exploitation du navire. Il en est ainsi de l'affrètement, mais la pratique tolère que le navire affrété termine le voyage en cours. L'adjudication met en outre fin au contrat d'engagement du capitaine, à charge pour l'armateur de lui verser une indemnité, si son contrat n'est pas cédé au nouveau propriétaire.

Quant à l'équipage, il se déduit des articles L. 1224-1 et L. 1224-2 du Code du travail, que les contrats de travail continuent, ceux-ci étant cédés de droit à l'adjudicataire.

724.66 Versement du prix – Folle enchère. L'article L. 5114-28 C. transp.[1] dispose que l'adjudicataire « *consigne le prix, sans frais, à la Caisse des dépôts et consignations* ».

À défaut de paiement, « *la vente est résolue de plein droit* ». Les adjudicataires défaillants supportent le déficit des prix, les dommages, les intérêts et les frais.

Selon la doctrine, la folle enchère devrait comporter un commandement de consigner signifié à l'adjudicataire défaillant, la nouvelle adjudication résout rétroactivement le droit du premier adjudicataire, la différence va au débiteur saisi et à ses créanciers.

724.67 Obligations de l'adjudicataire. L'adjudicataire, après avoir versé ou consigné le prix à la Caisse des dépôts et consignations, doit faire signifier le jugement d'adjudication au saisi, à personne ou à domicile, avec mise en demeure de lui délivrer le navire, y compris les accessoires et agrès mentionnés sur le procès-verbal de saisie, ainsi que les documents de bord (certificat d'inspection, de navigabilité, etc.) nécessaires à son exploitation. Le transfert de propriété est immédiat[2]. L'adjudicataire peut au besoin avoir recours à la force publique pour obtenir la délivrance du navire.

1. C. transp., art. L. 5114-28 (Décr. 27 oct. 1967, anc. art. 48).
2. Aix-en-Provence, 7 juill. 1969, *Gaz. Pal.* 1969. 2. 307.

724.68 Publicité. Afin d'être opposable aux créanciers inscrits postérieurement à sa date d'effet, la vente doit faire l'objet d'une publicité à la conservation des hypothèques maritimes, ainsi qu'au fichier des navires tenus par le service des douanes (Décr. 27 oct. 1967, art. 82 s.). L'adjudicataire devra en outre procéder à la régularisation des titres de navigation que le bâtiment doit toujours avoir à son bord, et de la situation sur tous les plans (fiscal, douanier, *etc.*). D'autre part, les autorités maritimes pourront vérifier si l'acte de francisation demeure bon et valable, compte tenu du changement de propriétaire.

Lorsque le navire est étranger, la publicité sera réalisée dans le pays où le navire est inscrit, selon la loi locale, avec information au consul de l'État dont le navire a la nationalité.

724.69 Effets à l'égard des créanciers. Oppositions – Forclusion. Les droits des créanciers, dont le patrimoine du saisi constitue le gage, sont reportés sur le prix de l'adjudication. Seuls sont dispensés d'opposition les créanciers figurant sur l'état délivré par le conservateur des hypothèques maritimes.

Tous les autres créanciers doivent faire opposition, pendant le délai de trois jours, courant de l'adjudication (Décr. 27 oct. 1967, art. 46) ; le délai est prescrit à peine de forclusion.

SECTION 6
PROCÉDURE : DISTRIBUTION DES DENIERS

724.71 Délai de comparution. Le délai de comparution pour les oppositions à la délivrance du prix de vente est de quinze jours, sans augmentation à raison des distances (Décr. 27 oct. 1967, art. 50).

724.72 Production des créances. Les créanciers sont tenus de produire au greffe leurs titres de créances, dans les trois jours de la sommation qui leur est faite « *par le créancier poursuivant, ou le tiers saisi* » (Décr. 27 oct. 1967, art. 30) ; à défaut de production, ils ne participent pas à la procédure de distribution.

724.73 Mise en œuvre du règlement judiciaire. Lorsque la tentative de distribution amiable échoue, le juge-commissaire dresse un procès-verbal énonçant les prétentions et contredits des créanciers produisant, au vu duquel, dans le délai de huitaine, chacun des créanciers aura déposé au greffe une demande en allocation, appuyée de ses titres et assortie d'une constitution d'avocat. Ainsi débute la procédure de règlement judiciaire réglée par les articles 52 et suivants du décret du 27 octobre 1967. La question de savoir s'il s'agit d'un délai de forclusion a été tranchée par la doctrine et la Cour de cassation (par un arrêt ancien[1]) dans le sens de l'affirmative (exclusion des productions tardives de la répartition).

724.74 Saisine du tribunal. Le créancier le plus diligent convoque devant le tribunal de grande instance tous les créanciers produisant ainsi que les créanciers hypothécaires, privilégiés et opposants, par acte d'avocat à avocat, ou aux domiciles réels et élus en l'absence de constitution d'avocat, ainsi que l'adjudicataire.

724.75 Procédure de l'ordre à l'audience. Le tribunal établit lui-même l'ordre à l'audience, et son jugement énonce donc la répartition du prix d'adjudication, forclusions, rejets de collocations, admissions des collocations jusqu'à épuisement des deniers consignés à la Caisse des dépôts.

724.76 Recours. L'opposition n'est pas recevable.

L'appel se déroule comme en matière d'ordre (v. rubrique « Ordre », anc. C. pr. civ., art. 764[2]). Compte tenu de l'abrogation de cet article par l'ordonnance n° 2006-461 du 21 avril 2006 et des dispositions de droit transitoire, contenues dans le décret n° 2006-936 du 27 juillet 2006[3], les actes régulièrement accomplis antérieurement à l'entrée en vigueur du décret n° 2006-936 demeurent soumis à l'ancien régime abrogé (v. s^{s} n°s 1511.11 à 1511.14), alors que les procédures commencées après le 1er janvier 2007 sont soumises au nouveau régime (v. s^{s} n°s 1513.11 à 1513.101).

724.77 Ordonnance du juge-commissaire. En exécution du jugement et en tenant compte, s'il échoit, de l'arrêt rendu en appel, le juge-commissaire précédemment chargé du règlement amiable infructueux, dressera, dans un délai de huitaine, l'état des créances colloquées en principal, intérêts et frais (les intérêts cessent désormais de courir, Décr. 27 oct. 1967, art. 54), et prescrira la délivrance, par le greffe, au profit des créances colloquées, des bordereaux de paiement exécutoires, sur les fonds consignés.

S'il subsiste un reliquat, il sera réparti au marc-le-franc entre les créanciers chirographaires non-opposant.

Les dépens des contestations ne peuvent être pris sur les deniers à distribuer, sauf les frais de l'avocat le plus ancien (Décr. 27 oct. 1967, art. 56).

1. Civ. 28 avr. 1934, *DP* 1934. 1. 313.
2. Art. abr. par Ord. n° 2006-461, 21 avr. 2006, réformant la saisie immobilière, *JO* 22 avr., p. 6072.
3. Décr. n° 2006-936, 27 juill. 2006, relatif aux procédures de saisie immobilière et de distribution du prix d'un immeuble, *JO* 29 juill., p. 11316.

CHAPITRE

725. Saisie-exécution des bateaux

Cyril BLOCH
Professeur de droit privé
à l'Université d'Aix-Marseille – CDE EA n° 4224
Directeur du Centre de droit maritime
et des transports

SECTION 0 ORIENTEUR

725.00 Plan du chapitre.

725.01 Textes applicables. Depuis la promulgation du décret n° 2013-253 du 25 mars 2013, relatif aux dispositions de la quatrième partie réglementaire du Code des transports[1], la saisie-exécution et la vente forcée des bateaux sont régies par les articles R. 4123-2 à R. 4123-27 C. transp., qui ont remplacé les anciens articles 118 à 136 du chapitre V du livre 2 du Code du domaine public fluvial et de la navigation intérieure. La saisie est aussi réglementée par le protocole n° 2 de la convention de Genève du 25 janvier 1965[2] aux articles 19 et suivants qui règlent la reconnaissance et l'exécution de l'exécution forcée sur le territoire d'un État partie à la convention sur un navire immatriculé dans un autre État contractant.

Le régime de la saisie-exécution des bateaux est calqué sur celui de la saisie des navires. Le lecteur se référera donc aux développements consacrés au navire dans le présent ouvrage pour un exposé plus complet (v. s^s n°s 724.04 à 724.77). Il convient néanmoins d'observer qu'en attendant la publication du volet maritime de la partie réglementaire du Code des transports, la saisie-exécution des bateaux bénéficie d'une réglementation plus complète que celle applicable aux navires.

1. Décr. n° 2013-253, 25 mars 2013, relatif aux dispositions de la quatrième partie réglementaire du Code des transports (décrets en Conseil d'État et décrets simples, *JO* 27 mars, p. 5151.
2. Ratifiée par la France par la loi n° 70-961, 23 oct. 1970, et publiée par le décret n° 83-209, 10 mars 1983, *JO* 20 mars, p. 826.

725.03 Bibliographie indicative.

Actualisable. Rép. pr. civ., *v° Saisie des bateaux, navires et aéronefs*, par J.-B. Racine, janv. 2008, n°s 186 à 193 – C. Brenner et P. Crocq (dir.), *Lamy Droit de l'exécution forcée*, « Saisies des navires, bateaux et aéronefs », étude 445, par M. Douchy-Oudot.

Ouvrage. A. Leborgne, *Droit de l'exécution. Voies d'exécution et procédures de distribution*, 2e éd., « Précis », Dalloz, 2014, [saisie-exécution des bateaux], p. 721-731, n°s 1845-1883-6.

SECTION 1 CONDITIONS DE LA SAISIE

725.11 Condition de fond. La convention de Genève du 25 janvier 1965 précise que la saisie ne peut être pratiquée qu'en vertu d'un titre exécutoire émanant d'une juridiction de l'ordre judiciaire, à l'exclusion des titres émanant d'une autorité administrative habilitée à délivrer un tel titre (il en est jugé ainsi à propos d'un titre délivré par un port autonome[3]).

725.12 Bateaux saisissables. On entend par bateau « *toute construction flottante destinée à la navigation intérieure* » (C. transp., art. L. 4100-3). Les dispositions spéciales du Code des transports sur la saisie et la vente forcée des bateaux ne s'appliquent qu'aux bateaux de navigation intérieure d'un tonnage supérieur ou égal à vingt tonnes tels que définis à l'article L. 4111-1 C. transp. Pour les bateaux de plus faibles tonnages, la saisie sera donc pratiquée sur le fondement du droit commun de la saisie-vente des biens mobiliers.

3. Civ. 1re, 14 nov. 1984, n° 83-13.333, *Bull. civ.* I, n° 304.

SECTION 2
PROCÉDURE DE SAISIE

725.21 Condition préalable : commandement de payer. Comme pour les navires, la saisie doit être précédée par un commandement de payer. Celui-ci contient, à peine de nullité : 1° mention du titre exécutoire en vertu duquel les poursuites sont exercées, avec le décompte distinct des sommes réclamées en principal, frais et intérêts échus ainsi que l'indication du taux des intérêts; 2° commandement d'avoir à payer la dette dans un délai de vingt-quatre heures, faute de quoi il pourra y être contraint par la vente forcée de son bateau; 3° indication de l'heure à laquelle le commandement est signifié (C. transp., art. R. 4123-3).

725.22 Procès-verbal de saisie. La saisie ne peut être pratiquée avant qu'un délai de vingt-quatre heures ne se soit écoulé après la signification du commandement (C. transp., art. R. 4123-3, al. 1er). Le décret n° 2013-253 du 25 mars 2013 a ainsi maintenu l'exigence d'un délai d'attente entre le commandement de payer et la saisie, qui semble en revanche avoir disparu (mais pour combien de temps ?) en matière maritime.

Le procès-verbal de saisie contient, « *à peine de nullité* » précise désormais l'article R. 4123-4 C. transp., les mentions suivantes :

« *1° Les nom, prénoms et domicile du créancier pour qui il est agi;*

2° Le titre exécutoire en vertu duquel il est procédé;

3° La somme en principal, intérêts et frais, dont il est poursuivi le paiement;

4° L'élection de domicile faite par le créancier dans le lieu où siège le juge de l'exécution devant lequel la vente doit être poursuivie et dans le lieu où le bateau saisi est amarré;

5° Le nom du propriétaire;

6° Le nom et la devise, le type, le port en lourd du bateau, le numéro et le lieu de son immatriculation. »

Le procès-verbal fait par ailleurs « *l'énonciation et la description des agrès, batelets, ustensiles et approvisionnements* ».

Enfin, « *il est établi un gardien, qui signe le procès-verbal, à peine de nullité* ».

725.23 Gardiennage. L'établissement d'un gardien par l'huissier procédant à la saisie est obligatoire dans une saisie-exécution. Le gardien signe le procès-verbal à peine de nullité (C. transp., art. R. 4123-4, *in fine*).

725.24 Notification de la saisie et citation devant le juge de l'exécution. Dans les trois jours suivant la saisie, le créancier saisissant doit, à peine de caducité, faire notifier au propriétaire du bateau la copie du procès-verbal de saisie et le fait citer devant le JEX du lieu de la saisie pour « *voir dire qu'il sera procédé à la vente des choses saisies* » (C. transp., art. R. 4123-5). L'ancien article 121 du Code du domaine public fluvial et de la navigation intérieure portait ce délai à huit jours si le propriétaire n'était pas domicilié dans l'arrondissement dans lequel la saisie était pratiquée mais avait son siège social dans le département, et à quinze jours s'il était domicilié en France hors du département. Cet aménagement du délai n'a pas été repris par le décret n° 2013-253 du 25 mars 2013. En revanche, si le propriétaire est domicilié à l'étranger et qu'il n'est pas représenté, l'article R. 4123-5 alinéa 2 C. transp. renvoie aux articles 683 et 688 C. pr. civ.

725.25 Juge compétent. En application de l'article R. 4123-5 C. transp., le juge compétent est le JEX du lieu de la saisie du navire, et non plus le tribunal de grande instance. Ce transfert de compétence procède de l'adoption par la loi n° 2010-1609, du 22 décembre 2010, des préconisations du rapport Guinchard, qui avait suggéré, par souci de cohérence, de procéder à une extension du bloc de compétence du JEX du tribunal de grande instance[1].

725.26 Délais de comparution. Le délai de comparution est aussi de trois, huit ou quinze jours selon la distance entre le lieu où le bateau est immatriculé et le lieu où siège la juridiction dans le ressort duquel la saisie a été pratiquée (C. dom. publ. fluv., art. 122, al. 3).

725.27 Publicité de la saisie. Le procès-verbal de saisie est transcrit dans un délai de trois jours au greffe du tribunal de commerce du lieu de l'immatriculation ou dans le ressort duquel se situe l'autorité compétente pour recevoir la déclaration prévue à l'article R. 4122-1 C. transp. lorsque le bateau est en construction. Cette transcription rend le bien indisponible (C. transp., art. R. 4123-6, al. 2).

Le greffe du tribunal de commerce doit délivrer un état des inscriptions dans les huit jours de la transcription du procès-verbal de saisie et, dans les trois jours qui suivent, dénoncer la saisie aux créanciers inscrits, avec l'indication des date, heure et lieu de l'audience du juge de l'exécution. Cette dénonciation, qui doit être faite au moins trois jours avant l'audience, vaut assignation (C. transp., art. R. 4123-6).

Lorsque le bateau est immatriculé à l'étranger dans un des pays signataires de la convention de Genève du 9 décembre 1930 relative à l'immatriculation des bateaux de navigation intérieure, les

1. V. *Rapport de la commission Guinchard sur la répartition des contentieux : l'ambition raisonnée d'une justice apaisée*, Doc. fr., août 2008, p. 215 s.

droits réels sur ces bateaux et autres matières connexes, la saisie est dénoncée aux créanciers inscrits par lettre recommandée avec accusé de réception un mois avant le jour de la comparution devant le tribunal de grande instance. Ils doivent en outre être informés dans le même délai et dans les mêmes formes, de la date de la vente, qui doit faire l'objet d'une publicité dans le délai d'un mois au lieu d'immatriculation du navire (C. dom. pub. fluv., art. 123, non abr.).

725.28 Subrogation. À compter de la transcription du procès-verbal de saisie, les créanciers inscrits et les créanciers privilégiés peuvent demander au JEX leur subrogation dans les droits du poursuivant (C. transp., art. R. 4123-7).

725.29 Péremption. L'article L. 4123-6 alinéa 3 du Code des transports précise désormais que le procès-verbal de saisie cesse de plein droit de produire ses effets si, dans les deux ans de sa transcription, aucun jugement constatant la vente du bateau n'a été mentionné en marge de ladite transcription.

SECTION 3
PROCÉDURE DE VENTE FORCÉE

725.31 Jugement préparatoire, publicité et vente forcée. Le JEX rend un jugement préparatoire à la vente dans lequel il fixe la mise à prix et les conditions de vente du bateau (C. transp., art. R. 4123-8 [anc[t] C. dom. publ. fluv., art. 124]).

Les modalités et la date de la vente doivent faire l'objet d'une publicité, d'une part, par voie d'insertions dans un journal d'annonces légales du ressort du tribunal de grande instance du lieu de la vente et dans un journal spécial de navigation intérieure, et d'autre part, par voie d'affichages sur le bateau, sur la porte principale du tribunal de grande instance devant lequel il doit être procédé à la vente, sur le quai d'amarrage du bateau, ainsi qu'à la porte du bureau d'immatriculation (C. transp., art. R. 4123-9 [anc[t] C. dom. publ. fluv., art. 125 et 126]).

Le contenu de ces annonces et affiches est fixé par l'article R. 4123-11 C. transp. (anc[t] C. dom. publ. fluv., art. 127) :

- les noms, prénom, profession et domicile du poursuivant et de son avocat;
- le titre exécutoire en vertu duquel il agit;
- l'élection de domicile par lui faite au lieu où siège le JEX et au lieu où le bateau saisi est amarré;
- le nom du propriétaire du bateau saisi;
- les caractéristiques du bateau portées au certificat d'immatriculation;
- le nom du capitaine ou patron;
- le lieu où se trouve le bateau;
- la mise à prix et les conditions de la vente, les jour, lieu et heure de l'adjudication;
- l'indication que les enchères ne peuvent être portées que par un avocat inscrit au barreau du tribunal de grande instance du lieu de la vente.

La vente se fait en principe à l'audience du JEX quinze jours après l'affichage obligatoire et la publication dans les journaux d'annonces légales, mais « *le juge peut ordonner que la vente soit faite ou devant un autre juge de l'exécution ou en l'étude et par le ministère soit d'un notaire, soit d'un autre officier public, au lieu où se trouve le bateau saisi* » (C. transp., art. R. 4123-9 [anc[t] C. dom. publ. fluv., art. 125]).

Les enchères sont soumises aux modalités de la vente forcée immobilière, auxquelles l'article R. 4123-12 du Code des transports renvoie expressément. Ainsi, elles sont portées par le ministère d'un avocat inscrit au barreau du tribunal de grande instance devant lequel la vente est poursuivie qui ne peut être porteur que d'un seul mandat (C. pr. exéc., art. R. 322-40).

L'adjudicataire doit verser le prix de vente à la Caisse des dépôts et consignations dans un délai de vingt-quatre heures suivant l'adjudication, à peine de folle enchère (C. transp., art. R. 4123-14).

725.32 Prix à distribuer. Les frais de justice engagés dans l'intérêt commun des créanciers pour parvenir à la vente et à la distribution du prix, y compris les frais de garde, sont déduits du prix d'adjudication (C. transp., art. L. 4122-21 et R. 4123-15 [anc[t] C. dom. publ. fluv., art. 129]).

725.33 Distribution du prix en cas de créancier unique. Lorsqu'il n'existe qu'un créancier concourant à la distribution, celui-ci adresse à la Caisse des dépôts et consignations une demande de paiement de sa créance par lettre recommandée avec demande d'avis de réception, dans un délai de deux mois suivant la transcription du titre de vente. La demande doit être motivée et accompagnée d'un certain nombre de pièces énumérées à l'article R. 4123-16 C. transp.

Dans le mois de la demande, la Caisse des dépôts et consignations procède au paiement et informe le saisi du montant versé au créancier et, le cas échéant, lui remet le solde. À l'expiration de ce délai, les sommes dues portent intérêt au taux légal.

La Caisse des dépôts et consignations ne peut refuser le paiement que si les documents produits démontrent l'existence d'un autre créancier pouvant concourir à la distribution du prix. Les contestations sont de la compétence du JEX (C. transp., art. R. 4123-16).

725.34 Distribution du prix en cas de pluralité de créancier. Lorsque plusieurs créanciers concourent à la distribution du prix, la partie poursuivante saisit le juge de l'exécution d'une demande de distribution amiable du prix de vente (C. transp., art. R. 4123-18 [anc[t] C. dom. publ. fluv., art. 128, al. 1er et 2]).

Le juge notifie une demande de déclaration de créances aux créanciers inscrits ainsi qu'aux créanciers privilégiés, si le créancier poursuivant l'a informé de leur existence. Le décompte est produit par conclusions d'avocat, dans les quinze jours suivant la demande qui en est faite. À défaut, le créancier est déchu du bénéfice de sa sûreté pour la distribution du prix de vente, ce qui ne l'empêche pas de prétendre à la répartition du solde éventuel (C. transp., art. R. 4123-19).

Le juge élabore un projet de distribution par ordonnance, qui est notifié aux créanciers (C. transp., art. R. 4123-20).

À défaut de contestation dans les quinze jours suivant la réception de la notification, la partie poursuivante ou, à défaut, toute partie au projet de distribution, sollicite du greffe du JEX l'apposition de la formule exécutoire sur le projet de distribution (C. transp., art. R. 4123-21).

En cas de contestation, la distribution opère par voie judiciaire : le JEX convoque les parties à une audience, statue sur les contestations et établit l'état des répartitions, tout en statuant sur les frais de la distribution. L'appel contre ce jugement a un effet suspensif (C. transp., art. R. 4123-22).

La Caisse des dépôts et consignations procède au paiement des créanciers et le cas échéant du débiteur, dans le mois de la notification qui lui est faite d'une copie revêtue de la formule exécutoire de la décision arrêtant l'état des répartitions (C. transp., art. R. 4123-23).

725.35 Radiation des inscriptions. Sur requête de l'adjudicataire, le juge de l'exécution constate la purge des hypothèques et privilèges pris sur le bateau du chef du débiteur et ordonne la radiation des inscriptions correspondantes (C. transp., art. R. 4123-24).

SECTION 4
RÉGLEMENTATION INTERNATIONALE DE LA SAISIE DES BATEAUX

725.41 Saisie d'un navire immatriculé dans un État contractant de la convention de Genève du 25 janvier 1965. La convention de Genève prévoit un principe de reconnaissance des effets de l'exécution forcée dans un État contractant par les autres États signataires (Conv. Genève, 25 janv. 1965, art. 19, al 1, protocole n° 2).

Elle exclut en revanche la reconnaissance par les autres États contractants dans l'hypothèse où une décision passée en force de chose jugée aurait constaté l'inexistence du droit fondement de la saisie (Conv. Genève, art. 19, al. 2).

La convention prévoit que le titre exécutoire doit satisfaire aux conditions de l'État dans lequel il est recouru à l'exécution forcée (Conv. Genève, art. 20).

La convention impose en outre une publication dans le pays dans lequel l'exécution est poursuivie et dans celui où le bateau est immatriculé, de la date et du lieu de la vente ainsi que du délai imparti aux intéressés pour faire valoir des droits qui ne sont pas d'office pris en considération (Conv. Genève, art. 21, al. 1 a). Cette publication doit être communiquée aux bénéficiaires d'inscriptions au registre d'immatriculation et aux autres intéressés connus (Conv. Genève, art. 21, al. 1 b).

Sur requête de l'autorité ou de l'officier ministériel que désigne la législation du pays de l'exécution, Le bureau d'immatriculation du bateau doit procéder dans son pays à la publication prévue à l'article 121 alinéa 1 a et la notifier aux bénéficiaires d'une inscription au registre (Conv. Genève, art. 121, al. 2 a et b).

Enfin, le bureau d'immatriculation doit transcrire, sur le registre d'immatriculation, les modifications et radiations suivant l'acte d'adjudication et en informer les bénéficiaires d'inscriptions ainsi modifiées ou radiées (Conv. Genève, art. 22).

CHAPITRE

726. Saisie-vente des aéronefs

CYRIL BLOCH
PROFESSEUR DE DROIT PRIVÉ
À L'UNIVERSITÉ D'AIX-MARSEILLE – CDE EA N° 4224
DIRECTEUR DU CENTRE DE DROIT MARITIME
ET DES TRANSPORTS

SECTION 0
ORIENTEUR

726.00 Plan du chapitre.

726.01 Textes applicables.

C. transp., art. L. 6111-1 s.

C. aviat., art. R. 123-1 à R. 123-9, ces dispositions devraient prochainement être abrogées et intégrées dans la partie réglementaire du Code des transports.

C. pr. exéc., art. L. 121-4, L. 221-3, L. 511-3, L. 521-1, L. 521-3, R. 121-2, R. 121-4, R. 121-15, R. 221-10, R. 221-16, R. 221-31 à R. 221-39, R. 442-2, R. 511-2, R. 511-3, R. 512-2, R. 522-1, R. 522-7, R. 522-8, R. 522-10 et R. 522-16.

• **L. n° 2010-1609, 22 déc. 2010,** relative à l'exécution des décisions de justice, aux conditions d'exercice de certaines professions réglementées et aux experts judiciaires, *JO* 23 déc., p. 22552.

726.03 Bibliographie indicative.

Actualisables. Rép. pr. civ., *v° Saisie des bateaux, navires et aéronefs*, par J.-B. Racine, janv. 2008 [màj juin 2013], n°s 194 s. – C. Brenner et P. Crocq (dir.), *Lamy Droit de l'exécution forcée*, « Saisies des navires, bateaux et aéronefs » [saisies exécutoires], étude 445, par M. Douchy-Oudot.

Ouvrages. A. LEBORGNE, *Droit de l'exécution*, 2e éd., « Précis », Dalloz, 2014, [saisie-vente de l'aéronef], p. 732 à 741, n°s 1884-1921; [saisie conservatoire de l'aéronef], p. 1054-1061, n°s 2986-3009. – R. PERROT et Ph. THÉRY, *Procédures civiles d'exécution*, 3e éd., Dalloz, 2013 [saisie conservatoire de l'aéronef] n°s 1305 à 1310, p. 1006 à 1010; [saisie-vente de l'aéronef] n°s 682 à 686, p. 598 à 601.

726.04 Liminaire. À l'image du navire, l'aéronef est soumis à un régime juridique exorbitant du droit commun applicable aux biens meubles. Ainsi, la cession de propriété est constatée par écrit et ne produit d'effet à l'égard des tiers que par son inscription au registre français d'immatriculation (C. transp., art. L. 6121-2 [anc^t C. aviat., L. 121-11]). Pour être opposable aux tiers, tout acte portant création ou transfert de droits réels sur l'aéronef doit être inscrit sur le registre d'immatriculation de l'aéronef. L'aéronef échappe ainsi à la règle « *en fait de meubles possession vaut titre* » de l'article 2276 du Code civil. Seule l'inscription au registre vaut ici titre de propriété (C. transp., art. L. 6121-1 [anc^t C. aviat., art. L. 121-10]). Il échappe aussi à l'article 2398 du Code civil selon lequel « *les meubles n'ont pas de suite par hypothèque* ». Comme les navires et les bateaux, les aéronefs peuvent en effet faire l'objet d'hypothèques (C. transp., art. L. 6122-1 s., et Conv. Genève, 19 juin 1948, relative à la reconnaissance internationale des droits sur les aéronefs [1]). Ils font par ailleurs l'objet de privilèges spécifiques (C. transp., art. L. 6122-16, et Conv. Genève, 19 juin 1948).

On ne s'étonnera donc pas que les saisies d'aéronefs soient également soumises à un régime juridique particulier.

Les problèmes posés par la saisie des aéronefs doivent en outre être examinés dans le cadre particulier de la spécificité de la matière :

- la nécessité d'une réglementation internationale imposée par le survol du territoire d'États étrangers, exerçant leur souveraineté sur un espace aérien déterminé;
- l'encombrement des aéroports et des couloirs aériens, contraignant à des partages de trafic, du respect de créneaux horaires et à l'utilisation de couloirs et à une discipline de la navigation aérienne;
- l'obligation d'une internationalisation de certains services communs tels que la météorologie, le contrôle des itinéraires, la sécurité, la lutte contre le terrorisme, *etc.*, l'exigence de compétence et de capacité à l'endroit des personnels navigants, le rôle déterminant reconnu au commandant de bord;
- l'aménagement d'aéroports permettant un accès assuré aux appareils, un ravitaillement correct, des services efficaces pour les opérations d'escale;
- l'importance des enjeux financiers, notamment en ce qui concerne les saisies d'aéronefs au long cours, le coût élevé de leur immobilisation, les difficultés de les vendre tant en raison de l'énormité de leur valeur marchande que du petit nombre d'acquéreurs éventuels.

Ces difficultés sont moindres lorsqu'il s'agit de petits appareils de tourisme, d'aéro-club, dont le marché est beaucoup plus ouvert.

726.05 Définition. L'article L. 6100-1 C. transp. définit l'aéronef comme « *tout appareil capable de s'élever ou de circuler dans les airs* ». Cette large définition englobe en conséquence les avions, hydravions, hélicoptères, autogires, ultra légers motorisés (ULM), planeurs, ballons dirigeables. L'article 16 de la convention de Genève du 19 juin 1948 relative à la reconnaissance des droits sur aéronef précise que l'aéronef comprend « *la cellule, les moteurs, hélices, appareils de radio et toutes pièces destinées au service de l'aéronef, qu'elles fassent corps avec lui ou en soient temporairement séparées* ».

Tout aéronef doit être immatriculé sur le registre d'immatriculation d'un (et d'un seul) État, dont il acquiert ainsi la nationalité et dont les lois régissent tant l'immatriculation que l'inscription de tous les privilèges, hypothèques et les actes portant transfert de droits réels (C. transp., art. L. 6111-2 - Conv. Chicago, 7 déc. 1944 [2], art. 17 s.). En France, ce registre est tenu par le Bureau d'immatriculation des aéronefs dépendant de la Direction générale de l'Aviation civile à Paris (50 rue Henry Farman, 75 720 Paris cedex 15).

726.06 Sources. En droit interne, les dispositions particulières intéressant les saisies des aéronefs se trouvent actuellement réparties entre la partie législative du Code des transports (art. L. 6123-1 à L. 6123-3) et la partie réglementaire du Code de l'aviation civile (art. R. 123-1 à R. 123-9). Ces dernières dispositions ont prochainement vocation à être intégrées dans la partie réglementaire du Code des transports.

726.07 Exclusion des aéronefs militaires ou appartenant à l'État français. Les aéronefs militaires et ceux appartenant à l'État français, s'ils sont « *exclusivement affectés à un service public* », ne sont pas soumis aux règles édictées par le Code des transports et le Code de l'aviation civile, à l'exception de celles relatives à la responsabilité du propriétaire ou de l'exploitant (C. transp., art. L. 6100-1, al. 2 [anc^{t} C. aviat., art. L. 110-2]). Il s'ensuit que ces aéronefs ne peuvent faire l'objet de saisie en France.

726.08 Saisie d'aéronef et saisie de carburant. La saisie du carburant d'un aéronef revient-elle à saisir celui-ci ou s'agit-il d'une mesure distincte ? L'affaire *Flash Airlines*, du nom de la compagnie ayant affrété l'avion qui s'est écrasé en Égypte peu après son décollage de Sham-el-Sheir a été l'occasion pratique de ce débat. Pour comprendre l'enjeu de la discussion, il importe de préciser qu'il est techniquement impossible de vider les réservoirs d'un avion à l'arrêt.

Pour le juge des référés du tribunal de commerce de Bobigny, statuant au premier degré, la saisie du carburant est une voie d'exécution indépendante de la procédure spécifique de saisie-vente des aéronefs. Le raisonnement suivi est le suivant. L'article

1. Décr. nº 64-318, 11 août 1964, portant publication de la convention relative a la reconnaissance internationale des droits sur les aéronefs du 19 juin 1948, *JO* 16 août 1964, p. 3420.

2. Décr. nº 47-974, 31 mai 1947, portant publication de la convention relative a l'aviation civile internationale signée à Chicago le 7 décembre 1944, ratifiée par la France le 13 novembre 1946 et entrée en vigueur le 25 mars 1947, en ce qui concerne la France, *JO* 3 juin, p. 5091.

L. 123-2 du Code de l'aviation civile (devenu C. transp., art. L. 6123-1) prévoit que la saisie d'un aéronef n'est possible que si « *la créance porte sur les sommes dues par le propriétaire à raison de l'acquisition de ces aéronefs* ». Cette définition restrictive ne peut en aucun cas être étendue à la saisie du carburant d'un aéronef, laquelle ne saurait être assimilée à la saisie de l'aéronef lui-même. Le carburant relevant de la stricte propriété et gestion de l'exploitant constitue un poste distinct de l'aéronef. Les soutes, remplies de combustibles liquides, sont fournies par l'affréteur; elles sont par conséquent un bien lui appartenant et à ce titre peuvent faire l'objet d'une saisie conservatoire en toute indépendance. Aucun texte, aucune jurisprudence constante ne permet d'affirmer que la saisie du carburant d'un aéronef revient à saisir l'aéronef lui-même, bien que cette saisie immobilise pour le moment l'aéronef. Le juge des référés du tribunal de commerce de Bobigny a décidé que « *si l'utilisation de l'aéronef est essentielle à la vie de l'entreprise, cette dernière ne pourra obtenir la mainlevée contre consignation de la somme de 360 000 euros pour laquelle la saisie a été accordée ou, alternativement, que contre délivrance d'une garantie bancaire d'une banque de premier rang établie en France, à hauteur de ce même montant de 360 000 euros, l'une ou l'autre de ces garanties étant susceptible de garantir la créance et les droits de la société défenderesse* »[1].

Statuant sur appel, la cour de Paris a posé la solution diamétralement opposée, observant que permettre la saisie des carburants revient, de fait, à immobiliser l'aéronef : « [...] *au regard du but de sauvegarde des droits du créancier que poursuit la saisie, la disproportion manifeste existant entre la créance, d'un montant particulièrement important, et la valeur du carburant révèle que la seule garantie utile pour la société créancière est l'immobilisation de l'avion lui-même et que la saisie du carburant ne présente pour elle aucun autre intérêt que cette immobilisation. L'effet d'immobilisation recherché est d'autant plus évident en l'espèce que la société appelante a été constituée par l'huissier poursuivant gardien des biens saisis, avec l'interdiction corrélative de tout déplacement de ces biens* »[2]. Ces circonstances établissent, non seulement que le créancier a cherché à garantir sa créance par une mesure affectant l'avion lui-même, mais aussi qu'il existe un lien de dépendance, pour l'exploitation de l'appareil, entre l'avion et son carburant. Ce lien est d'autant plus évident qu'aucun élément de la procédure ne permet de contredire l'analyse d'un expert consulté par l'appelante indiquant qu'une vidange de carburant ne peut en principe être effectuée, compte tenu des risques encourus pour la sécurité de l'appareil et de ses utilisateurs, sur un avion en exploitation normale. Il apparaît ainsi que, contrairement à ce qu'a retenu le juge des référés, le carburant est un accessoire nécessaire au fonctionnement de l'aéronef et appartient à la catégorie des éléments qui lui confèrent son aptitude à circuler. Le carburant étant l'une des composantes de la même unité juridique, sa saisie devait dès lors relever des mêmes règles que la saisie de l'aéronef lui-même. Les conditions de celle-ci n'étant pas réunies dans cette affaire, la demande de mainlevée doit être accueillie, sans qu'il y ait lieu pour autant d'assortir cette décision d'une astreinte.

1. T. com. Bobigny, ord. réf., 29 avr. 2003, *Gaz. Pal.* Rec. 2003. 3018.
2. Paris, 14e ch. A, 7 mai 2003, *Gaz. Pal.* 2003. 2. 3020, note Brenner.

SECTION 1
SAISIE CONSERVATOIRE

726.11 **Textes.** Sur le plan international, la saisie conservatoire des aéronefs a fait l'objet de la convention de Rome le 29 mai 1933 tendant à l'unification de certaines règles relatives à la saisie conservatoire des aéronefs. Cette convention n'a cependant été ratifiée que par une vingtaine d'États dont la France ne fait pas partie.

En France, les règles applicables à la saisie conservatoire des aéronefs sont donc de pur droit interne. Les dispositions qui y sont spécialement consacrées se résument à trois articles : l'article L. 6123-1 C. transp. et les articles R. 123-8 et R. 123-9 du Code de l'aviation civile. Il convient pour le reste d'appliquer le droit commun des saisies conservatoires.

726.12 **Saisie administrative.** En marge de la saisie conservatoire générale des aéronefs dont il sera seule question dans les développements qui suivent, l'article L. 6123-2 C. transp. organise une procédure spéciale de saisie aéroportuaire en vue du paiement d'un certain nombre de redevances et amendes en lien avec l'utilisation des aérodromes.

Cette saisie conservatoire très spécifique peut être diligentée par : 1°) l'exploitant d'aérodrome pour le paiement des redevances aéroportuaires; 2°) le ministre des Transports pour le paiement de la redevance de route ou de la redevance pour services terminaux de la circulation aérienne ou pour la restitution d'une aide d'État ayant fait l'objet d'une décision de récupération de la part des autorités de l'Union européenne; 3°) l'Autorité de contrôle des nuisances aéroportuaires pour le paiement des amendes administratives qu'elle prononce.

Après mise en demeure infructueuse du redevable, l'autorité administrative créancière requiert la saisie conservatoire auprès du juge de l'exécution du lieu où se trouve l'aéronef.

La mise en œuvre de la saisie est simplifiée : l'ordonnance de saisie est transmise aux autorités en charge de la circulation aérienne de l'aérodrome aux fins d'immobilisation de l'aéronef. Elle est parallèlement notifiée au redevable et au propriétaire de l'aéronef.

Les frais entraînés par la saisie sont à la charge du redevable.

Le paiement des sommes dues entraîne la mainlevée de la saisie conservatoire.

Relevant d'une procédure spéciale, la saisie conservatoire de l'article L. 6123-2 C. transp. n'est pas soumise aux restrictions de l'article L. 6123-1 C. transp., en sorte qu'elle peut être pratiquée sur des aéronefs affectés à des transports publics.

726.13 Retenue forcée au sol. L'article R. 123-9 alinéa 3 du Code de l'aviation civile prévoit par ailleurs qu'en cas de dommages causés à la surface par la chute d'un aéronef étranger ou dont le propriétaire est domicilié à l'étranger, les agents publics visées à l'article L. 6142-1 C. transp. (anc^{t} C. aviat., art. L. 150-13), et spécialement le maire de la commune d'atterrissage, peuvent faire appel à la force publique pour retenir l'aéronef pendant quarante-huit heures, afin de permettre au juge compétent de se rendre sur les lieux et d'arbitrer le montant des dommages causés. Cette retenue forcée au sol vise en pratique à ménager aux victimes le temps nécessaire pour requérir la saisie conservatoire de l'aéronef, si tant est qu'une telle saisie soit possible au regard de l'article L. 6123-1 C. transp....

§ 1
Restrictions à la saisie conservatoire des aéronefs

726.21 Aéronefs affectés à des transports publics ou à un service d'État. La possibilité de pratiquer une saisie conservatoire sur un aéronef est considérablement limitée par l'article L. 6123-1 C. transp. (anc^{t} C. aviat., art. L. 123-2) qui, s'agissant des aéronefs français et étrangers, affectés à un service d'État ou à des transports publics, cantonne la saisie conservatoire aux créances portant sur les sommes dues par le propriétaire à raison de l'acquisition de ces aéronefs ou de contrats de formation ou de maintenance liés à leur exploitation.

726.22 Justification de la restriction. Cette disposition, issue de la loi n° 87-424 du 19 juin 1987[1], fut adoptée à la suite de plusieurs saisies conservatoires qui ont valu de délicats problèmes diplomatiques à la France, telles que la saisie en 1983 d'un Boeing 727 d'Air Algérie à Orly avec 120 passagers à son bord[2] ou la saisie en 1984 d'un DC-10 d'Air Zaïre à Nice, avec le président Mobutu à son bord[3]. Elle se justifie, au-delà, par les besoins de fluidité du trafic aérien.

La solution n'est d'ailleurs pas sans rappeler celle retenue par la convention de Rome du 29 mai 1933 pour l'unification de certaines règles relatives à la saisie conservatoire des aéronefs, non ratifiée par la France, qui exempte de saisie conservatoire les aéronefs dont l'immobilisation risquerait d'entraver le trafic aérien ou l'exécution d'un service d'État (Conv. Rome, 29 mai 1933, art. 3).

726.23 Objet de la créance. À la différence de la convention de Rome du 29 mai 1933 qui exclut toute possibilité de saisir ce type d'aéronefs, le droit français se contente d'en restreindre l'accès aux détenteurs de certaines créances en lien direct avec l'exploitation de l'aéronef. La restriction n'en est pas moins drastique puisque seules les créances se rapportant au financement de l'appareil, à la formation de son personnel de bord ou à sa maintenance peuvent justifier une saisie conservatoire[4].

726.24 Indifférence de la nationalité de l'aéronef. La restriction de l'article L. 6123-1 C. transp. s'applique aussi bien aux aéronefs français qu'étrangers. Il n'y a pas lieu de tenir compte ici de l'article R. 123-9 alinéa 1er du Code de l'aviation civile qui continue pour sa part d'énoncer de façon trop générale que : « *Lorsque le propriétaire de l'aéronef n'est pas domicilié en France ou que l'aéronef est de nationalité étrangère, tout créancier a le droit de pratiquer une saisie conservatoire avec l'autorisation du juge d'instance du lieu où l'appareil a atterri* ». En raison de la hiérarchie voulue au sein du Code de l'aviation civile (qui n'est pas un code « compilation » mais une codification réfléchie), il est logique de décider que l'article R. 123-9, prenant place dans la partie réglementaire, ne déroge pas à la restriction générale édictée par l'article L. 123-2 (devenu C. transp., art. L. 6123-1). C'est cette solution qui a été retenue par la cour d'appel de Paris, dans l'affaire dite « Crossair » : « *L'article R 123-9 ne déroge pas à la restriction édictée par*

1. L. n° 87-424, 19 juin 1947, relative a la saisie conservatoire des aéronefs, *JO* 20 juin, p. 6650.
2. L'affaire s'était soldée un mois plus tard par une rétractation de l'ordonnance de saisie par la cour d'appel : Civ. 1re, 13 mars 1985, n° 83-14.004, *Bull. civ.* I, n° 95, rejetant le pourvoi dirigé contre l'arrêt d'appel.
3. Ass. nat., Seconde session ordinaire de 1986-1987, compte rendu de la 2e séance du 15 juin 1987, *JOAN CR*, n° 39, p. 2406.
4. PAR EX. Paris, 8e ch. D, 4 avr. 2002, RG n° 2002/01613, S^{té} Holco c/S^{té} Crossair, *D.* 2002. IR 1533.

l'article L. 123-2 du Code de l'aviation civile [devenu C. transp., art. 6123-1]; *il résulte* [donc] *de la combinaison de ces deux articles que la saisie conservatoire d'un aéronef affecté à un service de l'État ou à des transports publics, dont le propriétaire est de nationalité étrangère ou quel que soit le propriétaire si l'aéronef est de nationalité étrangère, n'est possible que si le créancier saisissant est détenteur d'une créance garantie par l'aéronef* »[1].

726.25 Objet de l'affectation de l'aéronef. La restriction de l'article L. 6123-1 C. transp. s'applique aux aéronefs « *affectés à un service d'État ou à des transports publics* ».

L'exclusion des aéronefs affectés à un service d'État n'appelle pas de longs développements puisqu'elle ne fait que formaliser le principe d'immunité d'exécution dont bénéficient les États étrangers.

Beaucoup plus originale est la protection offerte à la seconde catégorie d'aéronefs, ceux affectés à un transport public, qui couvre l'ensemble des aéronefs embarquant des passagers, des marchandises ou du courrier à titre onéreux[2].

La jurisprudence en retient une interprétation large : la restriction bénéficie ainsi aux avions affectés au transport pour le compte d'autrui, même s'ils se trouvent en visite de maintenance ou d'entretien au moment de la saisie. C'est ce que la Cour de cassation a jugé à propos de la saisie conservatoire d'un Boeing 747 de la compagnie Air Gabon qui se trouvait, lors de la saisie, dans les hangars de l'aéroport d'Orly Sud, pour subir une opération de grande visite, dite « grand entretien D 2 ». La société Air Gabon avait demandé la mainlevée de la saisie conservatoire. Le 13 janvier 1998, un arrêt de la cour d'appel de Paris[3] annula la saisie conservatoire motifs pris que l'opération de maintenance était temporaire et que l'avion devait ensuite reprendre ses vols à destination du Gabon, en sorte que le fait de subir une « grande visite » n'avait pas fait perdre à l'appareil son affectation aux transports publics. L'analyse de la cour de Paris fut approuvée par la Cour de cassation[4].

Il en va différemment d'un appareil en attente de livraison à son nouveau propriétaire[5] ou de celui destiné au transport public mais dépourvu des autorisations de circulation nécessaires[6].

§ 2
Juridictions compétentes

726.31 Compétence d'attribution. Lorsque le propriétaire de l'aéronef n'est pas domicilié en France ou que l'aéronef est de nationalité étrangère, l'article R. 123-9 alinéa 1er du Code de l'aviation civile, toujours en vigueur, donne compétence au tribunal d'instance du lieu où l'appareil a atterri. Cette compétence d'attribution au profit du tribunal d'instance est devenue anachronique et sera très probablement amendée à l'occasion de la migration de la partie réglementaire du Code de l'aviation civile vers le Code des transports. En attendant, peut-on considérer qu'elle a été tacitement abrogée par la création du juge de l'exécution postérieurement à la loi de 1967 où puise l'article R. 123-9 ? Il est permis de le penser[7]. Sans aller jusque-là, la jurisprudence semble en tout cas encline à appliquer concurremment les règles de compétence de droit commun[8].

On retiendra donc que la saisie conservatoire d'un aéronef peut être ordonnée par le juge de l'exécution et, concurremment : par le président du tribunal de commerce lorsque la créance est commerciale (C. pr. exéc., art. L. 511-3, et C. com., art. L. 721-7) ou par le tribunal d'instance lorsque le propriétaire de l'aéronef n'est pas domicilié en France ou que l'aéronef est de nationalité étrangère (C. aviat., art. R. 123-9).

Le juge ayant autorisé la saisie est compétent pour connaître des demandes de rétractation ou pour ordonner la mainlevée de la saisie (C. pr. exéc., art. R. 512-2). En revanche, seul le juge de l'exécution est compétent pour statuer sur une demande de nullité de la saisie (C. pr. exéc., art. R. 512-3).

726.32 Compétence géographique. La question de la compétence territoriale n'est spécifiquement abordée que lorsque le propriétaire de l'aéronef n'est pas domicilié en France ou que l'aéronef est de nationalité étrangère. L'article R. 123-9 alinéa 1er du Code de l'aviation civile, toujours en vigueur, attribue alors compétence au tribunal d'instance du lieu où l'appareil a atterri.

Cette compétence territoriale au profit du juge du lieu d'exécution de la mesure mériterait de notre point de vue de déborder le champ étroit de cette

1. Paris, 8e ch. D, 4 avr. 2002, préc.
2. *JOAN CR*, no 39, p. 2406, préc.
3. Paris, 6e ch., sect. D, 13 janv. 1998,NP.
4. Civ. 2e, 25 nov. 1999, no 98-12.758, NP; *Gaz. Pal.* 3 août 2000, p. 24.
5. Paris, 14e ch. B, 5 oct. 2001, RG no 2001-08497, SA Kamair c/Babel, *Juris-Data* no 176614.
6. Montpellier, 2e ch. B, 20 févr. 2001, RG no 00/03703, Ardennes alpha Ltd c/Air Méditerrannée, *Juris-Data* no 144816.
7. V. Perrot et Théry, no 1308, p. 1009.
8. par ex., Montpellier, 2e ch., 6 janv. 2004, RG no 03/05282, Stirling air services Ltd c/Aeroparts middle east FZCO, *Juris-Data* no 244288.

disposition. Le Code des procédures civiles d'exécution n'est cependant pas sur cette ligne, qui renvoie, s'agissant des mesures conservatoires, au lieu où demeure le débiteur (C. pr. exéc., art. R. 511-2), à moins que le débiteur demeure à l'étranger ou que le lieu où il demeure est inconnu (C. pr. exéc., art. R. 121-2, al. 2 - arg. s^s^ n° 625.22) [1].

726.33 Caractère d'ordre public. Les règles de compétence, en matière de saisie, sont d'ordre public et appliquées d'office (C. pr. exéc., art. R. 121-4).

726.34 Compétence de l'officier ministériel. Seul peut procéder à la saisie conservatoire (et à l'exécution forcée) l'huissier de justice dont la compétence territoriale est déterminée par le lieu d'exécution (C. pr. exéc., art. L. 121-4).

§ 3
Conditions de validité

726.41 Créance. Sous l'importante réserve des restrictions applicables aux aéronefs affectés à un transport public (v. s^s^ n°s 726.21 s.), la saisie conservatoire d'un aéronef est ouverte à tout créancier pouvant justifier d'une apparence de créance et d'une menace dans le recouvrement, conformément aux exigences du droit commun (C. pr. exéc., art. L. 511-1) [2]. Le juge qui autorise la saisie a le pouvoir souverain, conféré par la loi, d'apprécier si la créance invoquée paraît fondée en son principe [3].

726.42 Absence de titre exécutoire. Naturellement, la saisie conservatoire est autorisée par le juge, qui n'exigera pas un titre exécutoire, puisqu'il s'agit de permettre une mesure provisoire, c'est-à-dire d'empêcher la disparition - le départ à l'étranger - d'un aéronef, qui dispose d'une mobilité difficile à prévenir et à maîtriser.

726.43 Présence de titre exécutoire. L'article L. 6123-1 C. transp. subordonnant la saisie conservatoire des aéronefs à une ordonnance de saisie, il s'ensuit que le créancier saisissant doit obtenir l'autorisation du juge même s'il est muni d'un titre exécutoire [4]. Le droit aérien déroge ici à l'article L. 511-2 C. pr. exéc.

1. V. PERROT et THÉRY, n° 1308, p. 1007.
2. V. PAR EX. : Paris, 1re ch. A, 23 juin 2003, *Gaz. Pal.* 2003. 2. 3007 (saisie conservatoire pratiquée à l'initiative de l'avocat de l'exploitant de l'aéronef en vue du paiement de ses honoraires).
3. Civ. 2e, 10 déc. 1998, n° 96-21.730, *Bull. civ.* II, n° 298; *Gaz. Pal.* 1999. 1 84; *JCP* 1999. IV. 1187 – Civ. 1re, 2 févr. 1999, n° 96-16.718, *Bull. civ.* I, n° 37; *Gaz. Pal.* 1999. 1. 120; *JCP* 1999. IV. 1578.
4. Civ. 2e, 25 nov. 1999, n° 98-12.758, préc. s^s^ n° 726.25; *Gaz. Pal.* 3 août 2000, p. 24.

§ 4
Procédure préalable par requête ou ordonnance d'autorisation

726.51 Requête aux fins de saisie conservatoire. La procédure n'est pas contradictoire; elle doit être discrète. Le requérant se gardera donc bien de convoquer la partie adverse (qui ainsi avertie aurait le temps de faire disparaître l'aéronef).

L'identification de l'aéronef peut poser problème, si l'on n'arrive pas à déterminer les dates de son passage à l'aéroport français. Il est admis que l'on puisse viser plusieurs types d'avions utilisés par la compagnie aérienne, en citant les vols et les dates (par ex., Boeing, Airbus de la Cie X, qui fera escale tels et tels jours de la semaine, pour assurer les vols entre les villes Y et Z).

La procédure devant le tribunal de commerce est régie par les articles 853 et suivants C. pr. civ., qui autorisent les parties à se faire représenter par une personne de leur choix, munie d'un pouvoir spécial. Seuls les avocats peuvent toutefois le faire à titre habituel [5].

Dans le cas où c'est le président du tribunal de grande instance qui doit être saisi en tant que juge de l'exécution, les parties peuvent se faire représenter ou assister comme prévu par l'article 828 C. pr. civ., auquel renvoie l'article L. 121-4 C. pr. exéc.

726.52 Ordonnance d'autorisation. L'ordonnance sur requête portant autorisation n'est pas contradictoire, puisque le débiteur saisi n'a pas reçu signification de la requête, ni été convoqué. Elle est en principe motivée.

L'autorisation mentionnera les types d'appareils à saisir, les jours et heures des saisies, celles-ci étant effectuées selon les événements et circonstances, aux risques et périls du saisissant.

Si elle est fondée sur un titre exécutoire, elle en fera mention. Un tel titre n'est nullement obligatoire. Dans le cas où au contraire le juge considère que la créance n'est pas certaine, faute de titre exécutoire ou de décision ayant acquis l'autorité de la chose jugée, il évaluera le montant provisoire de la créance apparente et impartira au créancier un délai, pour saisir d'une demande en paiement de la créance le juge compétent.

726.53 Mentions de l'ordonnance d'autorisation (C. pr. exéc., art. R. 522-1). L'ordonnance indiquera que, si cette saisine n'a pas été opérée dans ledit délai, l'autorisation de saisie sera nulle et non avenue; dans le cas contraire, la procédure de

5. Civ. 1re, 7 avr. 1999, n° 97-10.656, *Bull. civ.* I, n° 120; *D.* 1999. IR 119; *Gaz. Pal.* 1999. 2. 163; *JCP* 1999. II. 10107, note Martin.

saisie se poursuivra, mais la vente ne pourra avoir lieu avant la fixation du montant de la créance par une décision judiciaire définitive. L'ordonnance indiquera également, par anticipation, que mainlevée de la saisie sera obligatoirement donnée en cas de paiement de la créance, de caution ou de garantie bancaire, d'un montant égal à celui de la créance. L'ordonnance réservera encore aux parties le droit d'en référer en cas de difficultés (ce qui est nécessaire, aucun débat contradictoire n'ayant eu lieu). Elle est exécutoire sur minute (elle est d'ailleurs revêtue de la formule exécutoire).

§ 5
Immobilisation de l'aéronef

726.61 Immobilisation des aéronefs. La grande mobilité des aéronefs donne pour finalité essentielle à la saisie conservatoire l'immobilisation de l'appareil, d'ailleurs indispensable pour la réalisation de la vente forcée qui permettra de payer la créance. En pratique, l'huissier réalisant une saisie procède à deux interventions :

– d'une part, il demande à ce que l'aéronef soit placé de telle façon à ce que la tête de l'appareil soit face à un bâtiment; en effet, les appareils aéronautiques ne disposent pas de marche arrière; afin de quitter illicitement le territoire français et pour décoller, l'aéronef nécessite une machine qui le tractera en arrière jusqu'à ce qu'il puisse s'engager sur le tarmac en marche avant;

– d'autre part, l'huissier notifie la saisie à l'autorité aéroportuaire (afin d'éviter que celle-ci ne fournisse à l'appareil une machine pouvant le tracter en arrière et lui permettre de décoller) et aux autorités de l'aviation civile (afin d'éviter que la tour de contrôle ne puisse accorder une autorisation de décoller), auxquelles il déclarera que l'appareil est placé sous main de justice, qu'il doit être mis obstacle à son envol, qu'il doit être garé en un lieu ne permettant pas un départ clandestin, et, au besoin, qu'il convient d'enlever et de garder en lieu sûr une pièce indispensable à sa navigation (autrement dit, un « blocage » de l'avion).

C'est surtout la première des sécurités qui est la plus efficace : on a vu un aéronef décoller en « empruntant » l'identité d'un autre aéronef non saisi; sur les grands aéroports, les aiguilleurs du ciel n'ont pas la possibilité de vérifier *de visu* la concordance de l'appareil sollicitant l'autorisation de décoller avec la réalité de l'appareil réellement engagé sur la piste. Aussi, les huissiers spécialistes de cette saisie pratiquent-ils en faisant positionner l'appareil saisi face à un bâtiment et en interdisant à l'autorité aéroportuaire la fourniture de tout moyen de tractation arrière.

La saisie et la vente forcée des aéronefs qui portent sur des appareils en stationnement sur le territoire français, c'est-à-dire des aérodromes, doivent donc respecter la réglementation des aérodromes nationaux, qui figure notamment au livre II du Code de l'aviation civile, mais aussi dans des textes non codifiés (sécurité, lutte contre le terrorisme, restriction des nuisances dues au bruit, *etc.*). L'huissier instrumentaire pour éviter toute surprise doit demeurer en contact avec la direction de l'aéroport et lui notifier les actes de procédure relatifs à l'immobilisation de l'appareil.

726.62 Désignation d'un gardien. Le gardien voit sa tâche facilitée par la sanction pénale encourue en cas de détournement d'objet saisi (C. pén., art. 314-5 : trois ans d'emprisonnement et 375 000 euros).

Le gardien sera choisi par l'officier ministériel, qui indiquera son identité sur le procès-verbal de saisie, dont copie sera remise au gardien, et qui mentionnera l'acceptation de ses fonctions par celui-ci.

La rétribution éventuelle du gardien fera partie des frais de saisie.

§ 6
Notification de la saisie conservatoire au débiteur

726.71 Nécessité de la notification. La notification de la saisie est bien entendu indispensable, puisque, jusqu'à cette notification, le propriétaire de l'aéronef n'a théoriquement pas été informé de la saisie, et surtout elle obligera le débiteur à contester la saisie, s'il le juge opportun.

L'article R. 121-15 C. pr. exéc. énonce que l'ordonnance est notifiée par le greffe au moyen d'une lettre recommandée avec avis de réception (LRAR), aux parties, et que simultanément une copie est adressée par lettre simple tant aux parties qu'à l'huissier de justice chargé de l'exécution forcée; si cette lettre ne parvient pas aux destinataires, il appartient aux parties, informées par le greffe, de procéder par voie de signification.

726.72 Recours à un débat contradictoire. L'article L. 511-3 C. pr. exéc. permet au juge, lorsqu'il autorise la saisie, à titre provisoire, de décider que l'affaire sera réexaminée, tant sur le bienfondé de l'autorisation que sur les modalités d'exécution, au cours d'une audience comportant un débat contradictoire.

Il lui est également loisible de mentionner dans son ordonnance qu'il lui en sera référé en cas de difficulté (l'initiative du débat contradictoire est en ce cas laissée aux parties).

§ 7
Exercice des recours

726.81 **Rôle du ministère public.** La procédure ayant en cette matière un caractère d'ordre public, le procureur de la République a la possibilité d'intervenir, non seulement en tant que partie jointe, mais aussi, comme le prévoit l'article 423 C. pr. civ., en qualité de partie principale, par exemple en usant du référé.

726.82 **Recours du débiteur saisi.** Ils seront émis par la voie de demandes en rétractation, ou en utilisant celle du référé, et tendent à la mainlevée totale, ou partielle de la saisie; ils sont fondés sur deux moyens principaux.

La contestation peut être basée en premier lieu sur un moyen de nullité de la saisie, au motif que la créance invoquée ne satisfait pas aux exigences légales, comme par exemple à la lourde restriction posée par l'article **L. 6123-1 C. transp.** L'action en nullité relève de la seule compétence du juge de l'exécution.

Ou bien le propriétaire de l'aéronef, dont il désire recouvrer la disposition, fait signifier des offres réelles de paiement, consistant dans la consignation d'une somme égale au montant de la créance, une inscription hypothécaire, un cautionnement, une garantie bancaire.

Enfin, le juge peut accorder la mainlevée d'une saisie abusive. Les abus de saisie sont sanctionnés comme en droit commun (notamment si le montant de la créance est disproportionné avec le préjudice occasionné par l'immobilisation de l'aéronef). Sur les conditions de la mainlevée d'une saisie conservatoire portant sur un *Boeing* au Bourget : si le *Boeing*, objet de la saisie, est la propriété d'une société, intimement liée d'intérêts au débiteur qui ne méconnaît pas en être le principal actionnaire, si le principe de la créance n'est pas contesté, mais son montant l'est de telle façon qu'il n'appartient pas à la juridiction saisie, en l'état, d'en évaluer le montant pour déterminer la somme à consigner afin de garantir les causes de la saisie, dans ces conditions, c'est à bon droit que le premier juge a dit n'y avoir lieu à mainlevée de la saisie conservatoire[1].

Quant à la revendication par un tiers du droit de propriété sur l'appareil saisi, elle s'exercera par une action dirigée tant contre le poursuivant que contre le saisi.

Aux termes de l'article L. 121-10 du Code de l'aviation civile, l'inscription au registre d'immatriculation vaut titre et il s'agit d'un registre public dont « *toute personne peut obtenir copie conforme* ». Si un aéronef a été immatriculé au nom de la société débitrice puis au nom de son président et principal actionnaire sans que celui-ci produise aucun document sur la vente ou la cession à son profit de l'avion litigieux et alors qu'il résulte des pièces communiquées qu'il existe une confusion d'intérêts entre l'une et l'autre, il y a lieu de dire que le propriétaire apparent est la société et de maintenir la saisie. Il n'y a pas lieu d'imposer au créancier, même s'il avait envisagé un moment de le faire, d'accepter une caution bancaire aux lieu et place d'une consignation. Ces deux arguments ne suffisent pas pour permettre la mainlevée de la saisie[2].

726.83 **Mainlevée de l'article R. 123-9 du Code de l'aviation civile.** Le créancier a le droit de pratiquer une saisie conservatoire sur un aéronef qui se trouve sur le territoire français, dès lors qu'il a obtenu l'autorisation du juge d'instance, même si le propriétaire de l'appareil n'est pas domicilié en France, et même si l'appareil est de nationalité étrangère. La mainlevée de cette saisie peut être ordonnée par le juge saisi (celui du lieu où l'appareil a atterri) s'il est versé un cautionnement à la Caisse des dépôts et consignations, d'un montant égal à celui de la créance. En cas de contestation, ce montant est arbitré par le juge.

726.84 **Appel.** L'appel est recevable dans les conditions ordinaires, mais offre peu d'intérêt dans la pratique, en ce sens qu'en la matière les ordonnances sont généralement exécutoires par provision sur minute.

§ 3
Effets de la saisie conservatoire

726.91 **Effet conservatoire.** Les biens saisis (aéronefs et accessoires), sauf mainlevée de la saisie conservatoire, sont indisponibles entre les mains du débiteur, qui en conserve la jouissance limitée (C. pr. exéc., art. L. 521-1 et R. 522-1).

726.92 **Moyen de pression.** Le blocage de l'aéronef constitue, eu égard aux frais qui en résultent (perte de recettes, alors que continuent à courir les salaires, l'amortissement des capitaux, des frais généraux et l'atteinte à la notoriété de la compagnie), un moyen de pression très efficace,

1. Paris, 21 juill. 1982, *D.* 1982. IR 429; *Rev. huiss.* 1983. 502 – et Paris, 7 déc. 1982, *Gaz. Pal.* 1983. 245, note Bertin; P. Bertin, « Le Boeing du pharaon, variations sur le problème du cautionnement de la saisie conservatoire », *Gaz. Pal.* 1983. Doctr. 15.

2. Paris, 20 janv. 1983, *D.* 1984. IR 243, note Julien; *Gaz. Pal.* 1983. 246, note Bertin.

qui aboutit presque toujours, si du moins le débiteur est solvable, au paiement de la dette sans qu'il soit besoin de recourir à la vente forcée aux enchères.

SECTION 2
SAISIE-VENTE DES AÉRONEFS

726.101 Définition. La vente forcée de l'aéronef permet au créancier, muni d'un titre exécutoire, de faire placer l'aéronef, qui garantit le paiement de sa créance, sous main de justice et de le faire vendre aux enchères publiques, afin d'être payé sur le prix. Il est utile de signaler la différence qui existe entre un gros porteur, qui ne trouvera que peu d'acquéreurs potentiels, disposant des capitaux nécessaires et des possibilités d'utilisation indispensables pour effectuer un tel achat, et les petits appareils, à usage privé, de sport, de tourisme... qui trouveront plus facilement des débouchés.

726.102 Sources internationales. Convention de Genève du 19 juin 1948. La convention de Genève du 19 juin 1948, relative à la reconnaissance internationale des droits sur les aéronefs, ratifiée par la France en 1964, consacre quelques dispositions à la saisie vente des aéronefs.

Les procédures de vente forcée d'un aéronef sont celles prévues par la loi de l'État contractant où la vente est effectuée (art. 7, 2, 1°). La saisie vente de l'aéronef se doit néanmoins de respecter un certain nombre de règles, à peine de nullité. Ainsi, la date et le lieu de la vente doivent être fixés six semaines au moins à l'avance (art. 7, 2, *a*). En outre, le créancier saisissant doit remettre au tribunal ou à toute autre autorité compétente un extrait certifié conforme des inscriptions concernant l'aéronef et doit en faire l'annonce au lieu où l'aéronef est immatriculé un mois au moins avant le jour fixé pour la vente et prévenir, par lettre recommandée, le propriétaire ainsi que les titulaires de droits ou de créances privilégiées mentionnées au registre (art. 7, 2, *b*).

Par ailleurs, aucune vente forcée ne peut être effectuée si les droits dont il est justifié devant l'autorité compétente et qui sont préférables, en vertu de la Convention, à ceux du créancier saisissant ne peuvent être éteints grâce au prix de la vente ou ne sont pris à charge par l'acquéreur (art. 7, 2, 4°). Une exception est cependant prévue à cette règle dite de l'enchère minimum pour les dommages causés à la surface par un aéronef grevé d'hypothèque (art. 7, 2, 5°).

Les frais légalement exigibles selon la loi de l'État contractant où la vente est effectuée, et exposés au cours de la procédure d'exécution en vue de la vente et dans l'intérêt commun des créanciers, sont remboursés sur le prix avant toutes autres créances (art. 7, 2, 6°).

Enfin, l'article 8 de la convention précise que la vente forcée transfère la propriété de l'aéronef libre de tous droits non repris par l'acquéreur.

726.103 Sources internes. Dans l'attente du transfert de la partie réglementaire du Code de l'aviation civile vers la partie réglementaire du Code des transports, la saisie-vente des aéronefs est régie par les articles R. 123-1 à R. 123-7 et D. 123-1 et D. 123-12 du Code de l'aviation civile. La partie législative du Code des transports ne consacre pour sa part qu'une seule disposition à la saisie vente des aéronefs, à l'article L. 6123-3. Le droit commun a naturellement vocation à combler les lacunes du dispositif.

726.104 Juridiction compétente. En attendant l'achèvement du processus de codification de la partie réglementaire du Code des transports qui donnera compétence au juge de l'exécution, la saisie-vente des aéronefs relève toujours de la compétence du tribunal de grande instance (C. aviat., art. R. 123-1 et R. 123-3 à R. 123-7).

726.105 Les restrictions de l'article L. 6123-1 du Code des transports s'appliquent-elles à la saisie-vente ? Comme nous l'avons vu, l'article L. 6123-1 C. transp. définit de façon extrêmement étroite les créances susceptibles de donner lieu à la saisie conservatoire des aéronefs affectés au transport pour le compte d'autrui (v. s^{s} n°s 726.21 s.). Cette disposition prévue pour la saisie conservatoire est-elle transposable à la saisie-vente de l'aéronef ? Ni la lettre ni l'esprit du texte ne permettent de le penser[1] : outre que seule la saisie conservatoire est visée par le texte, les enjeux de la saisie-vente ne sont pas comparables à ceux de la saisie conservatoire : il ne s'agit plus ici de forcer la mauvaise volonté d'un débiteur mais, plus radicalement, de pallier son insolvabilité sur le reste d'actifs que compte son patrimoine[2].

Cela n'empêche pas d'observer que les lourdes restrictions dont l'article L. 6123-1 C. transp. assortit la saisie conservatoire des aéronefs compliquent en pratique la réalisation d'une saisie-vente sur les aéronefs qui en bénéficient, puisqu'elles contraignent le créancier à notifier au préalable un commandement de payer, et donc à dévoiler ses intentions à son débiteur, avant que l'aéronef soit immobilisé.

1. V. CEP. EN SENS CONTRAIRE : M. Douchy-Oudot, *Lamy Droit de l'exécution forcée*, n° 445-65.
2. LEBORGNE, n° 1892.

726.110 **Plan.** On examinera successivement la procédure de saisie (§ 1) puis la procédure de vente et de distribution du prix (§ 2).

§ 1
Procédure de la saisie

A.
Saisie-vente par la conversion d'une saisie conservatoire

726.111 **Acte de conversion.** La conversion en saisie-vente, de la saisie conservatoire, se réfère aux articles R. 522-7 et suivants C. pr. exéc.; mais il faut tenir compte des incidences, d'une part, des caractères particuliers de la saisie conservatoire, et, d'autre part, de l'immatriculation de l'aéronef.

Aux termes de l'article R. 522-7 C. pr. exéc., l'acte de conversion de la saisie conservatoire en saisie vente doit contenir à peine de nullité :

- la référence du procès-verbal de la saisie conservatoire;
- l'énonciation du titre exécutoire qui, s'il n'a pas déjà été notifié au débiteur, le sera en même temps que l'acte de conversion;
- le décompte exact de la créance;
- un commandement de payer cette somme dans un délai de huit jours.

Copie de cet acte de conversion sera adressée aux autorités de l'aéroport et au commandant de bord.

726.112 **Titre exécutoire – Vérification des objets saisis.** La saisie conservatoire est éventuellement autorisée au vu d'une créance présentant des apparences de certitude, ainsi qu'il a été ci-dessus exposé.

Au stade de la saisie-vente, le créancier devra produire un titre exécutoire (décision judiciaire devenue définitive, acte authentique revêtu de la formule exécutoire), soit qu'il l'ait possédé dès l'origine, soit qu'il l'ait obtenu sur l'injonction à lui faite, par l'ordonnance d'autorisation de saisie, d'assigner son débiteur. L'acte de conversion énoncera en conséquence, après les références de la saisie conservatoire, un décompte détaillé des sommes à payer, ainsi que le titre exécutoire.

L'huissier indiquera où se trouve l'aéronef saisi et s'assurera de son état (C. pr. exéc., art. R. 522-8).

726.113 **Notification.** Comme en droit commun (C. pr. exéc., art. R. 522-7 s.), la procédure initiale comprend donc la notification d'un acte de conversion, au propriétaire de l'aéronef, à personne ou à domicile, et le récolement pour procès-verbal des objets placés sous main de justice, hors de la saisie conservatoire.

B.
Saisie-vente directe

726.121 **Nécessité d'un commandement de payer préalable.** La notification préalable de ce commandement de payer est exigée tant par le Code de l'aviation civile (C. aviat., art. R. 123-2, al. 1er) que par le Code des procédures civiles d'exécution (C. pr. exéc., art. R. 221-16). Le Code de l'aviation civile ne fixe aucun délai minimum entre la notification du commandement et la saisie. Est-ce à dire que la saisie peut intervenir immédiatement après le commandement ou doit-on se reporter au délai de droit commun de huit jours applicable aux saisies-ventes de biens meubles (C. pr. exéc., art. R. 221-10) ? La jurisprudence ne semble pas s'être clairement prononcée sur la question. On observera simplement que l'application du délai de huit jours risquerait en pratique de priver la saisie-vente de toute efficacité (hors le cas où l'aéronef se trouve immobilisé pour des réparations ou en construction), puisque le propriétaire de l'aéronef, ainsi averti de la prochaine saisie, disposerait de la possibilité de faire sortir l'avion du territoire français. Il est en conséquence recommandé de recourir à une saisie conservatoire, qui a l'avantage d'immobiliser immédiatement et définitivement l'aéronef.

726.122 **Procès-verbal de saisie.** Le procès-verbal de saisie mentionnera notamment le titre exécutoire, un décompte de la somme à payer, et indiquera le tribunal devant lequel aura lieu la vente, avec élection de domicile du créancier poursuivant au lieu où siège le tribunal. Il sera procédé bien entendu à la dénonciation de la saisie aux autorités de l'aéroport (police de l'air), et au propriétaire de l'aéronef (s'il n'est pas présent aux opérations de saisie), et s'il n'est pas domicilié en France, au commandant de bord; une copie du procès-verbal sera remise au gardien désigné.

L'article R. 123-2 du Code de l'aviation civile énonce les mentions que doit comporter le procès-verbal de saisie :

- les nom, prénoms, domicile du créancier saisissant;
- le titre exécutoire en vertu duquel l'huissier procède;
- la somme dont il poursuit le paiement;
- le tribunal devant lequel aura lieu la vente, avec élection de domicile du créancier au siège de ce tribunal;
- l'identification de l'aéronef, son type, son immatriculation, la description de ses principaux équipements et accessoires;
- le nom de son propriétaire;
- enfin, l'huissier désigne un gardien.

C.
Publication de la saisie d'aéronefs français

726.131 Notification de la saisie au propriétaire de l'aéronef et citation devant le tribunal de grande instance compétent. Le créancier saisissant doit dans un délai de cinq jours francs augmenté des délais de distance, notifier au propriétaire copie du procès-verbal de saisie et le faire citer devant le tribunal de grande instance du lieu où la vente est poursuivie, pour dire qu'il sera procédé à la vente. Si le propriétaire n'est pas domicilié en France et n'y a pas de représentant habilité, les significations et citations peuvent être délivrées en la personne du commandant de bord (C. aviat., art. R. 123-3).

726.132 Notification au bureau d'immatriculation des aéronefs et transcription de la saisie sur le registre d'immatriculation. À la différence de la saisie-vente des biens corporels mobiliers, la saisie-vente des aéronefs s'intègre dans le système de la publicité des hypothèques, privilèges, mutations, cessions, organisé par le Code de l'aviation civile, qu'il n'est pas possible d'exposer dans le cadre du présent ouvrage.

Le procès-verbal de saisie doit en conséquence être notifié, dans le délai de cinq jours (majoré s'il y a lieu des délais de distance), au bureau chargé de la tenue du registre d'immatriculation (C. aviat., art. R. 123-4, al. 1er). Le Bureau d'immatriculation en assure la publicité, toute personne pouvant le consulter et en obtenir copie conforme (C. aviat., art. L. 121-10) et le rend donc opposable *erga omnes*.

726.133 Dénonciation aux créanciers inscrits et saisine du tribunal. Dans la huitaine suivant la transcription au registre, le fonctionnaire chargé de la tenue du registre, adressera, « *sur demande écrite du requérant* », un état des inscriptions (C. aviat., art. R. 123-4, al. 2).

Dans les trois jours qui suivent, le créancier poursuivant dénoncera la saisie, par ministère d'huissier ou par lettre recommandée avec demande d'avis de réception, aux créanciers inscrits, aux domiciles qu'ils ont élu lors de leur inscription. Cette dénonciation indiquera le jour de la comparution devant le tribunal de grande instance, qui ne peut avoir lieu, si le propriétaire de l'aéronef est domicilié en France, qu'après écoulement d'« *un délai de huit jours* ». Si le propriétaire n'est pas domicilié en France, un délai plus long est accordé par les articles 644 et 645 C. pr. civ.

D.
Publication de la saisie d'aéronefs étrangers

726.141 Publication de la saisie. Elle est opérée, lorsque l'aéronef est immatriculé à l'étranger, conformément à la procédure légale en vigueur dans l'État d'immatriculation, et la purge des inscriptions devra être réalisée en se conformant à la réglementation locale (Conv. Chicago, 7 déc. 1944, art. 19). La convention de Genève du 19 juin 1948 régit la tenue des livres d'immatriculation sur le plan international et énonce que « *les procédures de vente forcée d'un aéronef sont celles prévues par la loi de l'État contractant où la vente est effectuée* » (Conv. Genève, 19 juin 1948, art. 7). La date et le lieu de la vente sont fixés six semaines au moins à l'avance. Elle prévoit, en outre, un certain nombre de mesures tendant à sauvegarder les droits des créanciers.

§ 2
Vente et distribution du prix

A.
Possibilité de vente volontaire

726.151 Option. Comme prévu au décret du 31 juillet 1992, le propriétaire de l'aéronef peut proposer de procéder à une vente volontaire, solution qui ne sera pas exposée ici, en raison des problèmes qu'elle pose, notamment du fait que les clauses et conditions de la vente sont soumises à l'agrément des créanciers privilégiés et hypothécaires inscrits, dont les droits vont être purgés. Cette procédure est rendue complexe par le fait que, bien souvent, l'acquéreur de l'appareil contracte, pour payer le prix d'achat, un prêt hypothécaire, qu'il faudra mentionner dans l'acte de vente amiable, après la purge des créanciers inscrits (ou le maintien des inscriptions, s'il échoit), le tout devant être publié au bureau d'immatriculation de l'aéronef.

La possibilité donnée au saisi, dans le délai d'un mois courant de la notification de la saisie, d'éviter la vente aux enchères en procédant à l'amiable à une vente volontaire, prévue en droit commun des saisies mobilières (C. pr. exéc., art. L. 221-3 et R. 221-31 à R. 221-39) est rarement utilisé, notamment du fait des formalités impératives imposées aux ventes et cessions, des obligations d'immatriculation et de l'existence de créanciers privilégiés ou hypothécaires inscrits, dont les droits doivent être purgés.

B.
Vente aux enchères

726.161 Jugement du tribunal de grande instance. Aux termes de l'article R. 123-5 du Code de l'aviation civile, « *le tribunal de grande instance fixe,* *par son jugement, le prix et les conditions de la vente* », qui a lieu à l'audience des criées après l'expiration d'un délai de trois semaines (minimum) courant :

– de l'apposition d'affiches effectuée à la porte principale du tribunal de grande instance, au lieu où se trouve l'aéronef et à la porte du bureau d'immatriculation;

– de la parution de cette affiche dans un journal d'annonces légales et au *Bulletin officiel des annonces civiles et commerciales (Bodacc)*.

Le tribunal a la possibilité d'adapter la vente à la spécificité de la saisie, en fixant le lieu des criées dans un autre tribunal, ou en l'étude d'un notaire ou d'un autre officier ministériel, soit même au lieu où est immobilisé l'appareil.

S'agissant d'attirer les enchérisseurs potentiels, qui sont des professionnels ou des pratiquants habituels de l'aviation, le tribunal dispose de la faculté d'ordonner la publicité complémentaire la plus opportune.

Le jugement fixe la mise à prix en fonction de l'état du marché; toutefois, lorsqu'il s'agit d'appareils commerciaux de fort tonnage, pour l'achat desquels se présentent peu de candidats, il faut prévoir le cas d'absence d'offre, c'est-à-dire fixer une nouvelle date de criées avec baisse de la mise à prix, et, s'il y a lieu, publicité complémentaire.

726.162 Publicité. L'article R. 223-6 du Code de l'aviation civile énumère les mentions que doivent porter les affiches et annonces publicitaires et qui figurent au cahier des charges de la vente :

1° identité du créancier poursuivant, domicile élu par lui au siège du tribunal et au lieu où se trouve immobilisé l'aéronef;

2° identité du propriétaire de l'appareil saisi, identification de celui-ci, lieu où il se trouve;

3° jour, heure et conditions de la vente.

Il y a lieu d'indiquer, notamment, d'une part les renseignements indispensables quant à l'état de l'appareil (date d'entrée en service, modifications apportées aux aménagements initiaux fournis par le constructeur, dernières opérations d'entretien, obtention des documents nécessaires à la navigation aérienne), d'autre part, les possibilités offertes de procéder à une visite, souvent comme en matière ordinaire grâce à l'huissier, et même à un examen technique de l'appareil.

726.163 Adjudication – Règle de l'enchère minimum. La vente aux enchères et l'adjudication sont soumises aux mêmes règles que celles du droit commun, auxquelles il convient de se reporter, en observant toutefois que, lorsque l'aéronef saisi est un appareil gros porteur, le nombre d'enchérisseurs solvables est forcément très limité.

D'autre part, la règle de l'enchère minimum, qui figure dans la convention de Genève du 19 juin 1948 (Conv. Genève, art. 7, 4) et qui est applicable en France (C. transp., art. L. 6123-3, al. 1er [anct C. aviat., art. L. 123-1]), ne permet pas d'admettre un prix d'adjudication inférieur au montant des créances inscrites jouissant d'un droit de préférence primant la créance du poursuivant au regard de la convention de Genève (art. 1er [hypothèque]; art. 4 [privilèges aériens]), à moins que l'acquéreur n'accepte de prendre en charge leur règlement. Cette acceptation permet de poursuivre les criées sans tenir compte de la règle de l'enchère minimum, si elle est donnée avant la vente, ou instituée dans le jugement.

La règle de l'enchère minimum s'efface lorsque l'aéronef cause un dommage aux tiers à la surface sur le territoire français : les dispositions du premier alinéa de l'article L. 6123-3 C. transp. sont en effet inopposables aux victimes ou à leurs ayants droit saisissant l'aéronef cause du dommage ou tout autre aéronef appartenant au même propriétaire (C. transp., art. L. 6123-3, al. 2).

726.164 Paiement du prix – Folle enchère. L'article R. 123-6 du Code de l'aviation civile prévoit que l'adjudicataire doit verser le prix, sans frais, à la Caisse des dépôts et consignations, dans les trois jours de l'adjudication, à peine de folle enchère (régie par les règles du droit commun des saisies immobilières). Le transfert de propriété est subordonné à ce paiement.

C. Distribution du prix aux créanciers

726.171 Distribution amiable. L'article R. 123-6 du Code de l'aviation civile organise une tentative de distribution amiable, destinée à obtenir le consentement unanime des créanciers sur la répartition du prix d'adjudication, au moyen d'une réunion des créanciers tenue par un juge que l'adjudicataire doit faire désigner par une requête présentée au président du tribunal de grande instance, dans les cinq jours suivant le versement du prix à la Caisse des dépôts et consignations.

Les créanciers inscrits, ou opposants, sont convoqués, sous délai de quinzaine, sans augmentation à raison des distances, par significations notifiées aux domiciles élus. L'acte de convocation est affiché dans l'auditoire du tribunal de grande instance et publié tant dans les journaux d'annonces légales qu'au *Bodacc*.

726.172 Réunion des créanciers. Contredits (C. aviat., art. R. 123-6 s.). L'accord des créanciers est constaté par une ordonnance du juge chargé de la distribution, au vu de laquelle il sera procédé au paiement des collocations par la Caisse des dépôts et consignations et à la radiation des inscriptions des créanciers sur le registre des immatriculations. Cet accord unanime ne peut plus, en effet, être remis en cause.

En cas de désaccord, il est dressé un procès-verbal de constat, et, dans la huitaine, chacun des contestataires pourra déposer au greffe du tribunal de grande instance, avec constitution d'avocat, une demande de collocation. Les autres créanciers seront appelés à l'instance par acte d'avocat à avocat. Le jugement, qui réglera le contredit, sera signifié dans les trente jours, par acte d'avocat aux présents, et à domicile élu pour les défaillants. Il n'est pas susceptible d'opposition, mais peut être frappé d'appel. La procédure d'appel est régie par les articles 761 et suivants de l'ancien Code de procédure civile, relatifs aux incidents et contestations en matière d'ordre. Il n'est recevable que si la décision attaquée n'a pas été rendue en dernier ressort (ACPC, art. 762, al. dern.).

726.173 Distribution judiciaire. Le juge commis dresse un état des collocations :

1° au vu du procès-verbal constatant l'accord unanime des créanciers (non susceptible d'appel);

2° s'il y a été formé contredit au vu du jugement qui tranche, dans les huit jours de l'expiration du délai d'appel, qui rend le jugement définitif;

3° lorsqu'il a été fait appel, dans les huit jours de la signification de l'arrêt.

Le greffier exécutera cette ordonnance (comme d'ailleurs prévu en matière d'ordre, ACPC, art. 770) en délivrant aux créanciers un bordereau de collocation exécutoire, contre la Caisse des dépôts et consignations, représentant le montant dû en principal, intérêts (qui cessent de courir à compter de cette ordonnance) et frais, et à l'adjudicataire, une expédition de l'ordonnance qui autorise la radiation des inscriptions des créances sur le registre des immatriculations. Il appartiendra à l'adjudicataire de demander au fonctionnaire chargé de la tenue du registre, de procéder à cette radiation, au vu des quittances délivrées par les créanciers lors du paiement de leurs collocations.

726.174 Paiement des créanciers. Les créanciers retenus, soit par le juge de la distribution amiable, soit par la décision judiciaire devenue définitive, dont les inscriptions sont purgées de plein droit par le jugement d'adjudication, vont être mentionnés, en suivant le rang de préférence de leurs créances, sur un état de collocation, délivré par le juge commis, sous la forme d'une ordonnance, qui, d'une part, prescrit au greffier de délivrer, à chacun des créanciers, pour le montant de la créance principale, intérêts et frais, un bordereau de collocation, exécutoire entre la Caisse des dépôts et consignations, détentrice du prix, et, d'autre part, autorise la radiation des créances non colloquées, qui est effectuée sur présentation de l'ordonnance par « *toute partie intéressée* », au conservateur des hypothèques.

La radiation des créances non colloquées, les deniers à distribuer étant épuisés, est assortie de la réserve à leurs titulaires de la faculté de procéder au recouvrement de l'impayé par toute voie de droit qu'ils aviseront, notamment sur d'autres biens de leur débiteur.

Quant aux inscriptions des créances colloquées, le conservateur les radie au vu des quittances constatant le paiement des bordereaux de collocation.

726.175 Créances privilégiées. Le régime spécifique des hypothèques et privilèges sur les aéronefs est déterminé par les articles L. 6122-1 à L. 6122-20 C. transp. (anc^{t} C. aviat., art. L. 122-1 à L. 122-18). Il faut noter en particulier :

- en principe, l'hypothèque n'a d'effet à l'égard des tiers qu'à compter de son inscription sur le registre des immatriculations (C. transp., art. L. 6122-8);

- l'ordre de préférence, déterminé par l'ordre des dates d'inscription (C. transp., art. L. 6122-10);

- les privilèges spécifiques de l'article L. 6122-16, C. transp. : frais de justice, rémunérations dues pour sauvetage de l'aéronef, frais indispensables engagés pour sa conservation.

En ce qui concerne le super-privilège des salariés, certains soutiennent que « *l'article L. 143-10 du Code du travail pose le principe du paiement du super-privilège nonobstant toute autre créance privilégiée* »[1] (auj. C. trav., art. L. 3253-2 et L. 3253-3). Il semble qu'au contraire, ce texte légal doive être écarté dès lors que la distribution des deniers n'a lieu que sur saisie d'un élément du patrimoine du débiteur, et non pas, comme dans la liquidation judiciaire, sur la totalité dudit patrimoine[2].

726.176 Publication. Le jugement d'adjudication, une fois définitif, doit être publié – inscrit sur le registre – ce qui le rendra opposable *erga omnes*, par l'envoi d'une expédition au bureau d'immatriculation de l'aéronef (si celui-ci est étranger, en se référant à la procédure locale suivie dans l'État d'immatriculation).

1. T. com. Pointe-à-Pitre, 20 févr. 1981, *JCP* 1981. II. 19598, obs. Le Gall.
2. T. com. Le Puy, 21 nov. 1986, *JCP* 1987. II. 20756, note Le Gall.

TITRE

73. Les saisies des droits incorporels

SECTION 0 ORIENTEUR

730.00 Plan du titre.

730.05 Biens saisissables. Dès lors que « *tout créancier muni d'un titre exécutoire constatant une créance liquide et exigible peut faire procéder à la saisie et à la vente des droits incorporels, autres que les créances de sommes d'argent, dont son débiteur est titulaire* » (C. pr. exéc., art. L. 231-1), le champ des voies d'exécution englobe l'immatériel. Cette allusion à l'incorporalité est prolongée dans l'article L. 521-1 selon lequel « *la saisie conservatoire peut porter sur tous les biens mobiliers, corporels ou incorporels, appartenant au débiteur* ». Que l'incorporel fasse l'objet de procédures d'exécution n'est jamais qu'une conséquence particulière de l'existence du droit de gage général des créanciers sur le patrimoine de leurs débiteurs, et constitué de « *tous ses biens mobiliers* » ainsi que le dit l'article 2284 du Code civil. Au sein de cette catégorie des droits incorporels – que le Code des procédures civiles d'exécution met en évidence en intitulant « La saisie des droits incorporels » les titres III de ses parties législative et réglementaire au sein des livres sur « Les procédures d'exécution mobilière » –, on présente successivement les modalités de saisie-vente des droits d'associé et des valeurs mobilières (chap. 731), la saisie des licences d'exploitation (chap. 732), la saisie des droits de propriété intellectuelle (chap. 733) et la saisie du fonds de commerce (chap. 734).

CHAPITRE

731. Saisie-vente des droits d'associé et des valeurs mobilières

Xavier Daverat
Professeur à l'université de Bordeaux

Section 0 Orienteur

731.00 **Plan du chapitre.**

731.01 **Textes applicables.**

C. com., art. L. 622-21.

COJ, art. L. 311-12-1.

C. pr. exéc., art. L. 111-7, L. 122-1, L. 122-6, L. 123-1, L. 141-2, L. 211-1, L. 211-3, L. 221-5, L. 231-1, L. 233-1, R. 211-11, R. 221-30 à R. 221-35, R. 221-38, R. 232-1 à R. 232-8, R. 233-1 à R. 233-9, R. 523-4.

731.03 **Bibliographie indicative.**

Actualisable. Rép. sociétés, *v° Saisie de droits sociaux et de valeurs mobilières*, par Ph. Théry, juin 2014.

Ouvrages. T. Bonneau et F. Drummond, *Droit des marchés financiers*, 3e éd., Economica, 2010 – C. Brenner, *Procédures civiles d'exécution*, 7e éd., « Cours », Dalloz, 2013 – N. Cayrol, *Droit de l'exécution*, « Domat droit privé », LGDJ, 2013 – A. Leborgne, *Droit de l'exécution. Voies d'exécution et procédures de distribution*, 2e éd., « Précis », Dalloz, 2014 – R. Perrot et Ph. Théry, *Procédures civiles d'exécution*, 3e éd., Dalloz, 2013.

Articles. C. Brenner, « La vente des droits d'associé et des valeurs mobilières », *in* dossier « La saisie des biens de l'entreprise », *Dr. et patr.* 2009, n° 177, p. 52 – J. Guyénot, « Aspects juridiques et pratiques du régime des saisies de valeurs mobilières », *Rev. huiss.* 1978. I. 1030; « La saisie des valeurs mobilières », *LPA* 1979, n° 63, 1979 – Ph. Hoonakker, « La saisie des droits d'associé et des valeurs mobilières », *Dr. et patr.* 2009, n° 177, p. 64 – P. Le Cannu, « Saisie des valeurs mobilières : vers des techniques autonomes ? », *Bull. Joly* 1991. 779; « Saisie-vente des valeurs mobilières : les règles nouvelles », *Bull. Joly* 1992. 1169; « Saisie-vente des droits d'associé et des valeurs mobilières non cotées », *Bull. Joly* 1992. 1275; « Les saisies portant sur les droits d'associé et les valeurs mobilières », *LPA* 6 janv. 1993 – E. Putman, « La saisie des droits d'associés et des valeurs mobilières », *JCP* 1993. I. 3689 – Ph. Théry, « La saisie des valeurs mobilières et des droits d'associés », *JCP E* 1993, n° 239; « La saisie des droits de l'associé d'une société civile professionnelle », *RJDA* 2012. 211.

731.05 **Indépendance de la saisie des droits d'associé et des valeurs mobilières.** La réforme de 1991-1992 a tenu compte de l'évolution de la structure des patrimoines. La diversification des avoirs bancaires s'est développée et les établissements de crédit offraient de plus en plus de formules de placement adaptées aux particuliers : comptes d'épargne par actions, fonds communs de placements, *etc.* Auparavant, on passait par l'ancienne saisie-arrêt, en admettant avec quelque hardiesse que l'associé, qui a vocation à percevoir des dividendes, était titulaire d'un droit de créance sur la société[1]. On dispose donc, depuis la réforme, d'une procédure autonome, la saisie des créances relevant de la saisie-attribution, et on ne peut passer par cette dernière pour saisir indifféremment tous les avoirs bancaires. La saisie-attribution peut néanmoins conserver quelques avantages périphériques, par exemple, en permettant d'intervenir sur les sommes perçues suite à une cession d'action, objet d'une action en nullité, le produit de la vente étant mis séquestre[2]. Les droits d'associé et les valeurs mobilières constituent bien des droits incorporels visés par l'article L. 231-1 C. pr. exéc. La procédure se greffe sur celle de la saisie-vente, qui vise les biens meubles corporels, dont elle constitue une variante mais dont elle est distincte, ce qui n'a pas toujours empêché les confusions[3]. Comme pour cette dernière, la saisie des droits d'associés et des valeurs mobilières implique trois intervenants : le débiteur, le créancier saisissant et le tiers saisi puisque les biens « *sont saisis auprès de la société ou de la personne morale émettrice* » (C. pr. exéc., art. R. 232-1).

731.06 Articulation avec les mesures conservatoires. Il faut rappeler que les droits d'associé et les valeurs mobilières peuvent faire l'objet d'une saisie conservatoire (v. s^s^ n° 628.06), qui permet de rendre indisponibles les droits pécuniaires de l'associé débiteur[4]. Cette dernière constitue le préalable à la saisie-vente en l'attente de la possession d'un titre exécutoire. On procède alors à la conversion de la saisie conservatoire en saisie-vente (v. s^s^ n° 628.82). D'autre part, il existe un nantissement judiciaire des actions, parts sociales et valeurs mobilières, sûreté qui, à la différence de la saisie conservatoire, n'entraîne pas l'indisponibilité des parts sociales ou valeurs mobilières visées[5] mais institue, au profit du créancier, un droit de suite et un droit de préférence en cas de cession des titres nantis.

731.07 Monopole de l'huissier. Selon l'article L. 122-1 C. pr. exéc., « *seuls peuvent procéder à l'exécution forcée et aux mesures conservatoires les huissiers de justice chargés de l'exécution* ». C'est donc un monopole qui est organisé en faveur de la profession tant pour les mesures conservatoires que pour les mesures d'exécution forcée. Cette disposition est la confirmation d'une réalité déjà inscrite dans l'ordonnance n° 45-2592 du 2 novembre 1945 fixant le statut des huissiers[6], selon laquelle les huissiers ont seuls qualité pour ramener à exécution [...] les actes exécutoires. L'huissier de justice intervient pour le compte du créancier poursuivant; à ce titre, il a une fonction d'assistance et de représentation de son client, et il agit en qualité de mandataire de ce dernier. Toutefois, il a été jugé que la saisie pratiquée par l'huissier au siège d'une société civile immobilière sans rencontrer le gérant, pouvait être suivie de la remise ultérieure de l'acte par un clerc assermenté[7].

SECTION 1
OBJET DES MESURES D'EXÉCUTION

§ 1
Droits d'associé

A.
Notion de droit d'associé

731.11 Définition. Il n'y a pas de définition générale des droits d'associé dans le Code des procédures civiles d'exécution. On considère que les droits d'associé désignent les parts sociales[8]. Dès lors, constituent les droits d'associé les parts sociales émises par des sociétés civiles et commerciales autres que les sociétés par actions[9]. Sont donc visées, au titre des sociétés civiles, les sociétés civiles immobilières (SCI), les groupements fonciers agricoles (GFA) et les groupements agricoles d'exploitation en commun (GAEC). La seule exception vise les sociétés civiles professionnelles (SCP), ainsi qu'il est dit ci-après (v. s^s^ n° 731.21). Au titre des sociétés commerciales, les mesures pourront viser les parts des sociétés à responsabilité limitée, y compris dans le cas d'une société unipersonnelle, des sociétés en nom collectif, des sociétés d'exercice libéral, des sociétés en commandite simple ainsi

1. E. Putman, « Les saisies des droits d'associé et des valeurs mobilières », *JCP E* 1998. I. 3689.
2. Civ. 2e, 3 oct. 2002, n° 01-02.159, *Bull. civ.* II, n° 207; *D.* 2003. 1471, obs. Taormina.
3. Civ. 1re, 4 nov. 2003, n° 99-13.965, *Bull. civ.* I, n° 222; *Dr. et proc.* 2003. 105, obs. Hoonakker; *D.* 2004. 521, note Taormina.
4. Civ. 2e, 21 juin 2007, n° 06-13.386, *Bull. civ.* II, n° 170; *D.* 2007. 1972; *D.* 2008. 1167, obs. Leborgne; *Dr. et proc.* 2007. 350, obs. Lefort.
5. Civ. 2e, 2 déc. 2010, n° 09-17.495, *Bull. civ.* II, n° 199; *D.* 2011. 1509, obs. Leborgne; *Rev. sociétés* 2011. 44, obs. Lienhard; *RTD com.* 2011. 377, obs. Monsérié-Bon; *Dr. rur.* 2011, n° 61, obs. Tauran.
6. Ord. n° 45-2592, 2 nov. 1945, relative au statut des huissiers, *JO* 3 nov., p. 7163, mod. par Décr. n° 55-604, 20 mai 1955, relatif aux officiers publics ou ministériels et à certains auxiliaires de justice.
7. Civ. 2e, 4 oct. 2007, n° 06-17.879, *Bull. civ.* II, n° 225; *D.* 2007. 2677; *Dr. et proc.* 2008. 42, obs. Lefort.
8. P. Le Cannu, « Saisie-vente des droits d'associé et des valeurs mobilières non cotées », *Bull. Joly* 1992. 1275, § 410.
9. *J.-Cl. Banque-Crédit-Bourse*, fasc. 2121, par M.-L. Coquelet et F. Moulière – *J.-Cl. Pr. civ.*, fasc. 2390, par M. Jeantin.

que les parts des commandités dans les sociétés en commandite par actions.

731.12 Sociétés en participation et sociétés non immatriculées. En l'absence de personnalité morale et de patrimoine, il n'y a normalement pas de parts sociales attachées aux sociétés en participation, et donc pas de saisie possible des droits d'associés. Mais certains considèrent que l'existence de parts est possible dans une société en participation [1]... Le contrat de société étant formé même en l'absence d'immatriculation, une saisie des droits d'associés est possible à défaut d'immatriculation, comme il a été jugé à propos de biens immobiliers acquis en indivision sans immatriculation d'une société immobilière [2]. Cette solution, en ce qu'elle valide une saisie en l'absence de personnalité morale, peut être étendue aux sociétés en participation (mais l'absence de connaissance des accords peut être un obstacle à l'engagement d'une procédure). Néanmoins, on remarque que, selon l'article R. 232-1 C. pr. exéc., « *les droits d'associé et les valeurs mobilières dont le débiteur est titulaire sont saisis auprès de la société ou de la personne morale émettrice* ». Viser expressément la société ou la personne morale paraît exiger une immatriculation [3], sauf à considérer que l'alternative introduite par la conjonction « *ou* » autorise à agir contre la société, même non immatriculée et donc dépourvue de personnalité morale...

731.13 Défaut d'accomplissement des formalités de publication des cessions de parts. La jurisprudence a considéré que la saisie des parts sociales demeure valable quand un associé a cédé antérieurement celles-ci mais n'a pas fait publication de la cession au Registre du commerce et des sociétés [4]; de même, est valable une mesure visant des parts cédées antérieurement à une saisie et enregistrée auprès de l'administration fiscale avant l'intervention de la procédure dès lors qu'il n'y a pas eu publication de cette cession [5].

B. Cas particuliers

731.21 Sociétés civiles professionnelles réglementées. Une série de décrets intervenus en 1992 a visé les sociétés civiles de notaires [6], d'huissiers [7], de commissaires-priseurs [8] et d'avocats [9], posant à l'identique le principe selon lequel les parts sociales des sociétés civiles professionnelles visées « *ne peuvent être ni données en nantissement, ni vendues aux enchères publiques* » (Décr. 20 janv. 1992 et 27 févr. 1992, art. 14; Décr. 20 juill. 1992, art. 13). Antérieurement à l'intervention de ces dispositions, il avait été jugé que la saisie des parts d'une société civile professionnelle titulaire d'un office notarial était possible [10]. Désormais, il demeure acquis que les parts de ces sociétés ne sont pas par principe insaisissables; néanmoins, la saisie-vente est incompatible avec l'agrément préalable du cessionnaire des titres d'une société civile professionnelle titulaire d'un office notarial par le garde des Sceaux [11] : puisque la saisie des droits d'associé entraîne l'adjudication des parts, il n'est pas possible de recourir à cette forme de saisie-vente qui débouche sur une cession forcée [12]. Ce régime applicable aux sociétés civiles professionnelles réglementées peut être critiqué de différents points de vue. Elle fait d'abord échapper une part importante de patrimoine à l'action des créanciers ce qui, en soit, n'a pas vraiment de justification. Elle crée ensuite une discrimination entre professions libérales. Elle est, enfin, illogique dans la mesure où, pour les professions concernées, s'il y a constitution de sociétés d'exer-

1. Rép. sociétés, *v° Saisie de droits sociaux et de valeurs mobilières*, par Ph. Théry, juin 2014, n°s 29 s. – Niant la possibilité d'existence de parts sociales : P. Le Cannu, préc. s^{s} n° 731.11; Rép. pr. civ.; c'était également la position de R. Martin, *v° Saisie des droits incorporels (Saisie-vente des droits d'associé et des valeurs mobilières)*, avant la refonte par L. Raschel, sept. 2012, qui, lui-même n'évoque pas les sociétés en participation dans l'objet de la saisie. – CONTRA : *Mesures d'exécution forcée sur les valeurs mobilières et droits d'associé, J.-Cl. Pr. civ.*, fasc. 2390, par M. Jeantin.
2. Aix-en-Provence, 15e ch. A, 16 avr. 2004, *Juris-Data* n° 242279.
3. P. Le Cannu, préc. s^{s} n°s 731.11 et 731.12.
4. Paris, 3e ch. C, 10 nov. 1995, *Rev. huiss.* 1996. 1003, note Daigre.
5. Papeete, ch. civ., 16 déc. 2004, *Juris-Data* n° 262902.
6. Décr. n° 92-64, 20 janv. 1992, modifiant le décret n° 67-868 du 2 octobre 1967 pris pour l'application à la profession de notaire de la loi n° 66-879 du 29 novembre 1966 relative aux sociétés civiles professionnelles, *JO* 21 janv., p. 976.
7. Décr. n° 92-65, 20 janv. 1992, modifiant le décret n° 69-1274 du 31 décembre 1969 pris pour l'application à la profession d'huissier de justice de la loi n° 66-879 du 29 novembre 1966 relative aux sociétés civiles professionnelles, *JO* 21 janv., p. 978.
8. Décr. n° 92-194, 27 févr. 1992, modifiant le décret n° 69-763 du 24 juillet 1969 pris pour l'application à la profession de commissaire-priseur de la loi n° 66-879 du 29 novembre 1966 relative aux sociétés civiles professionnelles, *JO* 1er mars, p. 3154.
9. Décr. n° 92-680, 20 juill. 1992, pris pour l'application à la profession d'avocat de la loi n° 66-879 du 29 novembre 1966 relative aux sociétés civiles professionnelles, *JO* 22 juill., p. 9799.
10. TGI Grasse, 26 déc. 1990, *JCP* 1991. II. 21733, note Prévault; *RTD com.* 1992. 400, obs. Alfandari et Jeantin; *Dr. sociétés* 1991, n° 474.
11. L. 28 avr. 1816, sur les finances.
12. Civ. 1re, 4 nov. 2003, n° 99-13.965, *Bull. civ.* I, n° 222; *Bull. Joly* 2004. 282, note Daigre; *RD banc. fin.* 2004, n° 40, p. 35, obs. Delleci; *Dr. et proc.* 2003. 105, obs. Hoonakker; *D.* 2004. 521, note Taormina.

cice libéral, les parts de ces dernières peuvent être saisies...

731.22 Groupements d'intérêt économique. Une incertitude demeure concernant les droits des membres d'un groupement d'intérêt économique (GIE). Ils ne sont certes pas désignés comme associés par le Code de commerce et la jurisprudence n'admet pas à leur égard la transposition des dispositions relatives aux sociétés[1]. Certains commentateurs excluent donc purement et simplement de la procédure de saisie-vente les droits des membres d'un GIE et considèrent que seuls les bénéfices que tirent les membres de leur participation au GIE seront saisissables[2]. En effet, dans la mesure où le but du GIE « *n'est pas de réaliser des bénéfices pour lui-même* » (C. com., art. L. 251-1, al. 2), les bénéfices éventuels reviennent aux membres du groupement et on peut envisager le recours à une saisie-attribution.

731.23 Présence d'une résidence principale dans une société civile immobilière. La loi du 1er août 2003 a prévu une possibilité d'insaisissabilité de la résidence principale de l'entrepreneur individuel[3]. Selon une réponse ministérielle, les associés titulaires de parts sociales de société civile immobilière ne peuvent se prévaloir de ces dispositions pour empêcher que celles-ci soient saisies, les parts sociales ne conférant aucun droit de propriété sur l'immeuble composant l'actif social[4].

§ 2
Valeurs mobilières

731.31 Définition. La notion de valeur mobilière est apparue expressément dans la loi n° 66-537 du 24 juillet 1966[5], puis a été redéfinie par la loi n° 88-1201 du 23 décembre 1988[6]. L'ordonnance n° 2004-604 du 24 juin 2004[7] a divisé les textes applicables entre le Code de commerce et le Code monétaire et financier. Il faut donc se référer à deux articles qui, depuis l'ordonnance du 8 janvier 2009[8], s'établissent comme suit. D'un côté, selon l'article L. 228-1 alinéa 2 du Code de commerce, « *les valeurs mobilières sont des titres financiers au sens de l'article L. 211-1 du Code monétaire et financier, qui confèrent des droits identiques par catégorie* ». D'un autre côté, l'article L. 211-1, II du Code monétaire et financier dispose que « *les titres financiers sont : 1. Les titres de capital émis par les sociétés par actions; 2. Les titres de créances, à l'exclusion des effets de commerce et des bons de caisse; 3. Les parts ou actions d'organismes de placement collectif* ». À la différence des dispositions antérieures à l'ordonnance du 8 janvier 2009, ces deux textes renvoient à la catégorie générale des titres financiers sans donner de définition précise[9].

A.
Valeurs mobilières saisissables

731.41 Actions. Sont saisissables les actions émises par les sociétés anonymes (SA), les sociétés en commandite par actions (SCA), les sociétés d'exercice libéral à forme anonyme (SELAFA) et les sociétés d'investissement à capital variable (SICAV). Les actions de préférence, créées par l'ordonnance du 24 juin 2004, quels que soient les droits qui leur sont attachés, sont également saisissables[10].

1. Crim. 27 janv. 1986, n° 84-95.750, *Bull. crim.* n° 34; *Rev. sociétés* 1986. 273, note Bouloc.
2. Rép. sociétés, *v° Saisie de droits sociaux et de valeurs mobilières*, par Ph. Théry, juin 2014, n° 22.
3. L. n° 2003-721, 1er août 2003, pour l'initiative économique, *JO* 5 août, p. 13449, rect. 20 sept., p. 16127 – Rép. pr. civ., *v° Saisie (protection du débiteur)*, par X. Daverat, sept. 2013 [màj mars 2014], nos 15 s. – M. Germain, « La loi n° 2003-721 du 1er août 2003 pour l'initiative économique », *JCP* 2003. Actu. 401 – S. Piedelièvre, « L'insaisissabilité de la résidence principale de l'entrepreneur individuel », *JCP* 2003. I. 165.
4. Rép. min. Justice n° 52819, *JOAN Q*, 5 avr. 2005.
5. L. n° 66-537, 24 juill. 1966, sur les sociétés commerciales, *JO* 26 juill., p. 6402.
6. L. n° 88-1201, 23 déc. 1988, relative aux organismes de placement collectif en valeurs mobilières et portant création des fonds communs de créances, *JO* 31 déc., p. 16736, abr. par Ord. n° 2000-1223, 14 déc. 2000, relative à la partie législative du Code monétaire et financier, *JO* 16 déc., p. 20004.
7. Ord. n° 2004-604, 24 juin 2004, portant réforme du régime des valeurs mobilières émises par les sociétés commerciales et extension à l'outre-mer de dispositions ayant modifié la législation commerciale, *JO* 26 juin.
8. Ord. n° 2009-15, 8 janv. 2009, relative aux instruments financiers, *JO* 9 janv., p. 570 – V. T. Bonneau, « L'ordonnance n° 2009-15 du 8 janvier 2009 relative aux instruments financiers », *Dr. sociétés* 2009. Étude 3.
9. L'article L. 211-2 ancien du Code monétaire et financier et l'article 1er de la loi du 23 décembre 1988 abrogée disaient à l'identique que « *constituent des valeurs mobilières, les titres émis par des personnes morales, publiques ou privées, transmissibles par inscription en compte ou tradition, qui confèrent des droits identiques par catégorie et donnent accès, directement ou indirectement, à une quotité du capital de la personne morale émettrice ou à un droit de créance général sur son patrimoine* ». Le premier des deux textes y ajoutait la précision selon laquelle les parts de fonds communs de placement, les parts de fonds de placement immobilier et de fonds communs de titrisation faisaient partie des valeurs mobilières.
10. Depuis la création des actions de préférence, les certificats d'investissement, les actions de priorité et les actions à dividende prioritaire sans droit de vote ne peuvent plus être émis. Ceux qui existaient auparavant sont demeurés et sont des valeurs mobilières saisissables.

731.42 Valeurs mobilières donnant accès au capital. Les « *valeurs mobilières donnant accès au capital* » (C. com., art. L. 228-91), réservées aux sociétés par actions, entrent dans le champ de la procédure : actions à bons de souscription d'actions (ABSA), actions à bons de souscription d'obligations convertibles en actions (ABSOC), actions à bons de souscription d'actions avec faculté de rachat (ABSAR). Il en va de même pour les bons autonomes de souscription d'actions (BSA) qui, comme leur nom l'indique et à la différence des autres valeurs signalées, ne sont pas attachés à une valeur mobilière.

731.43 Obligations ordinaires. Les obligations ordinaires font partie des valeurs mobilières saisissables. La question a été débattue dans la mesure où celles-ci attribuent à l'obligataire les droits d'un créancier sur la personne morale émettrice. Aussi a-t-il pu être avancé que leur saisie relèverait de la procédure de saisie-attribution. Cette solution aurait des conséquences non négligeables dans la mesure où l'effet d'attribution immédiate qui s'attache à la saisie-attribution, si cette dernière est intervenue avant l'ouverture d'une procédure de sauvegarde, de redressement ou de liquidation judiciaire, conserverait son plein effet. Or, bien que la loi ne le précise pas, il est évident que le législateur a souhaité que la procédure spécifique de saisie-vente s'applique à l'ensemble des valeurs mobilières. Plusieurs arguments militent d'ailleurs en faveur de cette solution. D'une part, la dématérialisation des valeurs mobilières [1] a accueilli les obligations dans une conception globale de l'incorporalité. D'autre part, les obligations ordinaires ne sont peut-être pas des créances au sens des dispositions relatives aux procédures civiles d'exécution (« *créances* [...] *portant sur une somme d'argent* », selon l'article L. 211-1 C. pr. exéc.); en se référant aux définitions données par le règlement de la Société interprofessionnelle pour la compensation des valeurs mobilières (SICOVAM) [2] et la loi sur la « titrisation » [3], elles ne constituent que des titres « *conférant* » ou « *donnant accès* » à un droit de créance sur le patrimoine de la personne morale émettrice; n'étant pas directement une créance, on explique encore qu'elles échappent au domaine d'application de la saisie-exécution [4]. Enfin, il n'est pas contestable que la généralité des termes de l'article L. 228-1 alinéa 2 du Code de commerce englobe les obligations.

731.44 Obligations de type particulier. Font partie des valeurs mobilières saisissables les obligations avec bons de souscription d'actions (OBSA) qui permettent de souscrire à une future augmentation de capital, les obligations remboursables en actions (ORA) dont le remboursement se fait par attribution d'actions et passent par une augmentation du capital social, les obligations convertibles en actions qui peuvent se voir substituer des actions pendant une période déterminée, les obligations échangeables en actions auxquelles peuvent être substituées des actions d'autres sociétés que la société émettrice détiendrait en portefeuille.

731.45 Titres divers. Sont encore considérés comme relevant de la procédure de saisie des valeurs mobilières les titres participatifs, créés par la loi du 3 janvier 1983 [5], dont l'émission est réservée aux sociétés par actions appartenant au secteur public, aux sociétés coopératives ayant la forme de sociétés anonymes ou de sociétés à responsabilité limitée (C. com., art. L. 228-36). Entrent encore dans le champ les titres subordonnés, d'une nature qui les rapproche des obligations, et dont le remboursement n'est pas prioritaire en cas de procédure collective (d'où leur nom, puisque leur remboursement est subordonné à l'action de créanciers prioritaires). Ils sont de deux sortes : les titres subordonnés remboursables (TSR) ayant une date d'échéance et les titres subordonnés à durée indéterminée (TSDI) n'ayant pas, comme leur nom l'indique, de date d'échéance et dont le remboursement n'est pas prévu, intervenant le cas échéant au bon vouloir de l'émetteur (on les désigne parfois comme des « *obligations perpétuelles* »). Les obligations que peuvent émettre les associations qui exercent une activité économique effective depuis au moins deux années (C. com., art. L. 213-8) peuvent également faire l'objet d'une saisie.

B.
Valeurs mobilières insaisissables

731.51 *Warrants.* Les *warrants* sont des instruments financiers émis par les établissements de crédit négociés en bourse et permettant d'acheter ou de vendre des actifs (actions, devises, produits...) à un prix prédéterminé ou jusqu'à un terme fixé

1. L. n° 81-1160, 30 déc. 1981, de finances pour 1982, *JO* 31 déc., p. 3539, art. 94, II.
2. V. Arr. 24 mai 1984, portant approbation du règlement de la société interprofessionnelle pour la compensation des valeurs mobilières, *JO* 19 juin, p. 5281.
3. L. n° 88-1201, 23 déc. 1988, relative aux organismes de placement collectif en valeurs mobilières et portant création des fonds communs de créances, *JO* 31 déc., p. 16736.
4. V. P. Le Cannu, « Saisie des valeurs mobilières : vers des techniques autonomes ? », *Bull. Joly* 1991. 783, n° 10.
5. L. n° 83-1, 3 janv. 1983, sur le développement des investissements et la protection de l'épargne, *JO* 4 janv., p. 162, rect. 8 mars.

(souvent deux ans). Le but est de spéculer, sans être acquéreur des actifs, sur la différence de prix du *warrant* et celui de l'actif, le premier étant inférieur au second. Il est généralement considéré que les *warrants* ne sont pas des valeurs mobilières[1], et qu'ils ne relèvent pas de la procédure spéciale décrite ici, mais que l'on peut les saisir au moyen d'une saisie-attribution[2].

731.52 Bons de caisse. Les bons de caisse sont des effets à court terme émis par les établissements de crédit (créés par le décret-loi du 25 août 1937). Ce sont des effets négociables et non des valeurs mobilières[3]. À ce titre, ils ne relèvent pas de la procédure spéciale de saisie des droits d'associé ou des valeurs mobilières; mais, dans la mesure où ils génèrent une obligation portant sur une somme d'argent, on peut considérer qu'ils constituent une créance de somme d'argent et peuvent faire l'objet d'une saisie-attribution (C. pr. exéc., art. L. 211-1).

731.53 Titres de créance négociables. Les billets de trésorerie, les certificats de dépôt négociables et les bons des institutions financières sont des effets de commerce et non des valeurs mobilières[4], de sorte qu'ils ne relèvent pas de la procédure visée ici; mais la saisie-attribution peut être utilisée car ils visent une créance de somme d'argent (C. pr. exéc., art. L. 211-1). La nature exacte des bons à moyen terme créés en 1992[5], est plus incertaine[6]. Ils ne constituent *a priori* pas des valeurs mobilières et la procédure spéciale pour les droits d'associés et valeurs mobilières ne leur est, par principe, pas applicable; il faut, une nouvelle fois, recourir à la saisie-attribution. En revanche, certains d'entre eux, dans des variantes qui les rapprochent des obligations, pourraient faire l'objet d'une saisie en tant que valeurs mobilières.

731.54 Certificats de valeur garantie. Les certificats de valeur garantie (CVG) sont des titres financiers émis par une société cotée dans le cadre d'offres publiques qui ont pour but de garantir les porteurs de titres d'une société absorbée contre une éventuelle baisse de valeur de ces derniers. De création empirique[7], leur nature est discutée. Leur entrée dans le champ de la procédure est incertaine : la doctrine est divisée sur le point de savoir s'ils constituent ou non des valeurs mobilières[8]. La pratique n'est pas plus d'un grand secours. En effet, les CVG sont cotés en bourse dans la catégorie des bons de souscription d'actions. Mais on ne peut pas en déduire qu'ils sont saisissables dans les conditions de ces derniers (v. s^s n° 731.44) dans la mesure où, à la différence de ceux-ci, ils ne débouchent pas sur une souscription d'actions de la société émettrice, mais seulement sur le versement éventuel d'une somme égale à la différence entre le prix fixé par l'émetteur et un cours de référence (si cette différence existe).

731.55 Parts de fonds communs de placement. Les fonds communs de placement sont des organismes qui effectuent des placements collectifs. Ils n'ont pas de personnalité juridique et reposent sur la copropriété des valeurs mobilières. Du fait de l'ancien article L. 211-2 du Code monétaire et financier, qui l'imposait, ils étaient considérés comme des valeurs mobilières. L'ordonnance du 8 janvier 2009 (v. s^s n° 731.31) a mis fin à cette situation, critiquée précisément du fait de l'absence de personnalité. Les parts des fonds communs de placement ne peuvent donc pas faire l'objet d'une saisie des valeurs mobilières.

731.56 Parts des fonds communs de titrisation. Les parts émises par les fonds communs de titrisation (appellation des anciens fonds communs de créances depuis l'ordonnance du 8 janvier 2009) étaient, comme les parts des fonds communs de placement, considérées comme valeurs mobilières par l'article L. 211-2 du Code monétaire et financier, solution abandonnée (v. s^s n° 731.55), échappant à la saisie des valeurs mobilières.

SECTION 2
PROCÉDURE DE SAISIE

731.61 Titre exécutoire. La saisie des droits d'associé et des valeurs mobilières étant une procé-

1. J. Devèze, A. Couret et G. Hirigoyen, *Droit du financement*, Lamy, 2013, n° 2457.
2. C. Perot-Reboul, « L'exécution forcée des instruments financiers », *D.* 2000. Chron. 353.
3. Rép. com., *v° Bon de caisse*, par A. Lecourt, juin 2014, n°s 6 s. – V. AUSSI, *J.-Cl. Sociétés*, *v° Bons de caisse*, fasc. 1950, § 10 s., par H. Hovasse et N. Martial-Braz.
4. Rép. sociétés, *v° Titres de créances négociables*, par T. Bonneau, août 1997 [màj déc. 2010], n°s 13 s.
5. Décr. n° 92-137, 13 févr. 1992, relatif aux titres de créances négociables, *JO* 14 févr., p. 2374.
6. A. Couret, « L'élargissement de la catégorie des titres de créances négociables : les bons à moyen terme négociables », *Bull. Joly* 1992. 256.
7. Lors de l'OPA de Besnard et Cie sur la Financière de Rosario en 1994.
8. Favorables à la qualification de valeurs mobilières : G. Decocq, « Une nouvelle forme de valeurs mobilières : les certificats de valeur garantie », *JCP E* 1997. I. 650 – A. Descleves, « Certificat de valeur garantie : une valeur mobilière multiforme », *Banque* 1997. 50 – B. Le Bars, « Pour une approche juridique du CVG », *Bull. Joly Bourse* 1998. 811 – Défavorables à cette qualification : Rép. sociétés, *v° Valeurs mobilières*, par D. Ohl, sept. 2005 [màj juin 2014], n° 12 – F.-G. Trébulle, « De la nature des certificats de valeur garantie », *JCP E* 1999. 115.

dure d'exécution forcée, le créancier saisissant doit être muni d'un titre exécutoire constatant une créance liquide et exigible comme l'exige l'article L. 231-1 C. pr. exéc. (v. s^{s} n° 143.11). Il en découle que, même lorsque les associés sont tenus indéfiniment des dettes sociales, un titre délivré contre la société ne permet pas d'entamer une action à l'encontre de ces derniers : il faut un titre exécutoire spécifique[1].

731.62 Détermination du tiers saisi. La saisie des droits d'associé s'effectue auprès de la société à laquelle correspondent ceux-ci et celle des valeurs mobilières auprès de la personne morale émettrice (C. pr. exéc., art. R. 232-1).

731.63 Gestion des valeurs mobilières par un mandataire. Lorsque les valeurs mobilières sont gérées par un mandataire de la personne morale émettrice (établissement financier, société d'investissement, expert-comptable, avocat...), la saisie s'effectue auprès de celui-ci. La société est alors tenue d'indiquer à l'huissier le nom du mandataire (C. pr. exéc., art. R. 232-2)[2]. En cas de défaut d'information de l'huissier sans motif légitime, la sanction générale prévue par l'article L. 123-1 C. pr. exéc. s'applique et le tiers saisi peut être condamné au paiement des causes de la saisie et à des dommages-intérêts. Si les valeurs mobilières nominatives sont gérées par un mandataire du débiteur saisi, la saisie doit être effectuée auprès de ce dernier (C. pr. exéc., art. R. 232-3, al. 2) : c'est l'hypothèse habituelle des comptes-titres associés aux comptes de dépôt au sein d'un établissement bancaire; la coordination entre la saisie des valeurs mobilières et la saisie-attribution des comptes de dépôt s'en trouve facilitée, en cas de besoin pour désintéresser le créancier. La saisie peut même être opérée auprès d'un intermédiaire pour l'ensemble des valeurs mobilières inscrites en compte au nom du débiteur (C. pr. exéc., art. R. 232-4).

731.64 Valeurs mobilières au porteur. Les valeurs mobilières au porteur sont saisies auprès de l'intermédiaire chargé de leur gestion (C. pr. exéc., art. R. 232-3, al. 1er).

1. Com. 3 mai 2006, n° 03-15.462, *Bull. civ.* IV, n° 112; *D.* 2006. 1532, obs. Lienhard; *Rev. sociétés* 2007. 88, note Moury; *Bull. Joly* 2006. 1177, note Serlooten – Com. 20 mars 2012, n° 10-27.340, *Bull. civ.* IV, n° 61; *Bull. Joly* 2012. 388, note Barbiéri; *Rev. sociétés* 2012. 577, note Dexant-de Bailliencourt; *RJDA* 2012, n° 599, obs. Gibirila; *D.* 2012. 874, obs. Lienhard; *RJDA* 2012, n° 684.
2. Les coordonnées du mandataire sont, en outre, publiées au *Bulletin des annonces légales obligatoires* (C. mon. fin., art. R. 211-3).

§ 1
Mise en œuvre de la saisie

A.
Réalisation de la saisie

731.71 Signification au tiers saisi. La procédure passe par la signification d'un acte de saisie dont les mentions sont fixées (C. pr. exéc., art. R. 232-5). Cinq mentions sont obligatoires, à peine de nullité :

1° Les nom et domicile du débiteur (ou la dénomination et le siège social d'une personne morale).

2° L'indication du titre exécutoire en vertu duquel la saisie est pratiquée.

3° Le décompte des sommes réclamées en principal, frais et intérêts échus. Il est à noter que, « *l'indication du taux des intérêts pratiqués* [est] *exigée à peine de nullité* »[3].

4° L'indication selon laquelle la saisie rend indisponibles les droits pécuniaires attachés à l'intégralité des parts ou valeurs mobilières dont le débiteur est titulaire. On note bien que « l'intégralité » du portefeuille est visée; en cas de saisie plus importante qu'il n'est nécessaire pour désintéresser le créancier saisissant, le débiteur pourra consigner la somme nécessaire (v. s^{s} n° 731.83).

5° La sommation de faire connaître, le cas échéant, l'existence de mesures déjà engagées (nantissement ou saisie). À défaut d'y procéder, le tiers peut être condamné à des dommages-intérêts.

731.72 Absence d'obligation d'information pesant sur le tiers saisi. Alors que, en matière de mesures relatives aux créances de sommes d'argent, pèse sur le tiers saisie une obligation d'information relative à l'étendue des droits du débiteur (C. pr. exéc., art. R. 523-4 pour la saisie conservatoire; C. pr. exéc., art. L. 211-3 pour la saisie-attribution), aucune contrainte du même type n'est imposée aux sociétés et personnes morales émettrices en position de tiers saisis. Celles-ci ne sont donc soumises qu'aux dispositions générales de l'article L. 123-1 C. pr. exéc., qui interdit aux tiers de faire obstacle aux procédures et les oblige à y apporter leur concours lorsqu'ils en sont légalement requis (v. s^{s} n° 162.58). Selon la Cour de cassation, ces dispositions ne peuvent faire peser une obligation d'information sur le tiers saisi : « *Aucune disposition ne fait obligation au tiers saisi entre les mains duquel est pratiquée une saisie-attribution de déclarer au saisissant l'étendue des droits d'associés et des valeurs mobilières dont le débiteur est titulaire* »[4] (mais cette

3. Civ. 2e, 31 mai 2001, n° 99-20.170, NP; *Dr. sociétés* 2002. Comm. 13, obs. Lucas; *Dr. et proc.* 2001. Actu. 340.
4. Civ. 2e, 1er févr. 2001, n° 99-11.151, *Bull. civ.* II, n° 23; *D.* 2001. 678; *RD banc. fin.* 2001. Comm. 124, note Delleci; *Dr. et proc.* 2001. 258, obs. Putman.

solution n'était, auparavant, pas évidente[1]). Toutefois, le juge de l'exécution a la possibilité de faire injonction au tiers saisi de donner les informations sur les titres faisant l'objet d'une mesure de saisie : la deuxième chambre civile, constatant l'absence de dispositions légales obligeant la société ou la personne morale émettrice saisie à fournir des informations, confirme que cette dernière ne peut être condamnée « *à moins qu'ayant reçu une injonction du juge de l'exécution à cet effet, elle n'y ait pas déféré* »[2]; la cour de Paris a indiqué à cet égard que ni l'obligation de déclarer au créancier saisissant l'étendue de ses obligations à l'égard du débiteur, qui vise la saisie-attribution, ni les dispositions relatives à la saisie conservatoire des créances ne peuvent être appliquées à la saisie des droits d'associés et des valeurs mobilières[3]. Mais, la sanction d'un manquement du tiers saisi à son obligation suite à l'injonction du juge est moins sévère que celles prévues par l'article L. 123-1 C. pr. exéc. : « *Dans le cadre d'une saisie des droits d'associé et des valeurs mobilières, le tiers saisi, qui ne défère pas à la sommation de faire connaître l'existence d'éventuels nantissements des parts sociales ou saisies ne s'expose, s'il y a lieu, qu'à une condamnation à des dommages-intérêts* »[4]; le tiers ne peut donc être condamné au paiement des causes de la saisie.

731.73 Information du débiteur. Il n'est pas exigé d'adresser un commandement de payer au débiteur[5], l'absence d'avertissement préalable étant justifiée par l'efficacité de la mesure. L'intervention de la saisie sera donc portée à la connaissance du débiteur après qu'elle ait été effectuée entre les mains du tiers saisi au moyen d'une dénonciation de l'acte de saisie. Cette dénonciation intervient par acte d'huissier dans un délai de huit jours à compter de la signification au tiers saisi (C. pr. exéc., art. R. 232-6).

L'acte d'huissier comprend six mentions obligatoires (C. pr. exéc., art. R. 232-6) :

1. Civ. 2e, 1er juill. 1999, no 96-19.108, *Bull. civ.* II, no 129; *D.* 1999. 210.
2. Civ. 2e, 8 avr. 1999, no 97-14-742, *Bull. civ.* II, no 69; *JCP* 1999. II. 10123, note Bonneau; *Procédures* 1999. Comm. 181, note Croze; *RD bancaire et bourse* 1999. 101, obs. Germain et Frison-Roche; *Dr. sociétés* 1999. Comm. 105, note Hovasse; *Bull. Joly* 1999. 1037, § 242, note Le Cannu; *RJ com.* 2000. 231, note Lucas; *D.* 1999. 153, note Martin; *RTD com.* 2000. 136, obs. Storck; *JCP E* 1999. 1005, note Vidal – Dans le même sens : Civ. 2e, 17 mai 2011, no 99-11.505, NP; *Dr. sociétés* 2002. Comm. 12, obs. Lucas.
3. Paris, 8e ch. sect. B, 28 oct. 1999, RG no 1999/05382, *Bull. Joly* 2000. 233.
4. Civ. 2e, 3 mai 2001, no 99-18.265, *Bull. civ.* II, no 90; *Bull. Joly* 2001. 1168, § 268, note Daigre – Paris, 8e ch. B, 21 avr. 2005, *Juris-Data* no 277003.
5. TGI Lyon, JEX, 15 mai 2001, *Dr. et proc.* 2002. 40, obs. Brenner.

1° La copie du procès-verbal de saisie.

2° L'indication que les contestations doivent être soulevées, à peine d'irrecevabilité, dans le délai d'un mois qui suit la signification de l'acte; ces mentions doivent apparaître en caractères très apparents. L'article R. 232-7 C. pr. exéc. ajoute que la contestation doit intervenir par lettre recommandée avec demande d'avis de réception adressée à l'huissier instrumentaire et que le tiers saisi doit en être averti par lettre simple.

3° La désignation du juge de l'exécution compétent pour statuer sur la contestation (celui du ressort dans lequel se trouve le domicile du débiteur).

4° L'indication que le débiteur dispose d'un délai d'un mois pour procéder à la vente amiable des valeurs saisies, soit dans les conditions prévues à l'article R. 233-3 C. pr. exéc. s'il s'agit de valeurs cotées, soit dans les conditions prévues aux articles R. 221-30 à R. 221-32 C. pr. exéc. s'il s'agit de droits d'associé ou de valeurs mobilières non cotées; le tout doit encore être indiqué en caractères très apparents.

5° L'indication que le débiteur peut, si la saisie porte sur des valeurs mobilières cotées, faire connaître au tiers saisi l'ordre dans lequel celles-ci seront vendues en cas de vente forcée, et ce jusqu'à la réalisation de la vente. Ainsi, le débiteur aura-t-il la possibilité de choisir quelles valeurs demeureraient en sa possession dans l'hypothèse où la vente de l'intégralité de son portefeuille ne serait pas nécessaire pour désintéresser le créancier.

6° La reproduction des articles R. 221-30 à R. 221-32 et R. 233-3.

731.74 Sanction du non-respect des règles de procédure. Le non-respect du délai de huit jours pour procéder à la dénonciation, ainsi que le défaut d'une mention obligatoire dans l'acte de dénonciation, entraînent la caducité de la mesure de saisie.

731.75 Contestation. Le débiteur dispose du délai d'un mois à compter de la dénonciation de l'acte de saisie pour contester cette dernière (C. pr. exéc., art. R. 211-11, al. 1er). Dans ce cadre, s'applique pleinement la disposition de l'article L. 311-12-1 alinéa 1er du Code de l'organisation judiciaire selon laquelle « *le juge de l'exécution connaît des difficultés relatives aux titres exécutoires et des contestations qui s'élèvent à l'occasion de l'exécution forcée, même si elles portent sur le fond du droit* ».

B. Effets de la saisie

731.81 Principe d'indisponibilité. La saisie des droits d'associés et valeurs mobilières rend les biens visés indisponibles. C'est la conséquence d'un principe général des procédures civiles d'exécution (C. pr. exéc., art. L. 141-2) qui, dans le cadre de la procédure en matière de droits d'associé et de valeurs mobilières, est répercuté dans l'article R. 232-8 alinéa 1er C. pr. exéc. : « *L'acte de saisie rend indisponibles les droits pécuniaires du débiteur* ». Toute cession de droits d'associé et de valeurs mobilières en cours de procédure est donc exclue[1].

731.82 Champ d'application. Les dividendes entrent dans « *les droits pécuniaires* » visés par l'article R. 232-8 alinéa 1er C. pr. exéc.[2], de même que les intérêts perçus par l'obligataire; ces revenus sont retenus par la personne morale émettrice ou l'intermédiaire habilité et c'est par le biais d'une saisie-attribution que le créancier peut en demander le versement à son profit. À l'inverse, les droits non pécuniaires attachés à la qualité d'associé ne sont pas visés par l'indisponibilité. Il en va ainsi du droit de vote et du droit à l'information due à l'associé. Toutefois, il avait été jugé, antérieurement à la réforme de 1991-92, qu'un créancier pouvait demander la désignation d'un séquestre pour éviter la prise de décision contraire aux intérêts en cause[3]. Une incertitude, en revanche, demeure à propos du droit préférentiel de souscription du fait de sa double nature pécuniaire et individuelle. Il a été avancé que l'indisponibilité devrait viser la cession à titre onéreux ou la renonciation individuelle mais pas la suppression du droit par une assemblée générale extraordinaire[4].

731.83 Mainlevée. Le débiteur peut demander la mainlevée de la mesure au juge de l'exécution en consignant une somme suffisante pour désintéresser le créancier auprès de la Caisse des dépôts et consignations (C. pr. exéc., art. R. 232-8, al. 2). Cette affectation spéciale conserve les effets propres à une saisie et évite le concours d'autres créanciers.

731.84 Interférence d'une procédure collective. Les procédures de redressement et de liquidation judiciaires ont une incidence[5]. L'article L. 622-21, II du Code de commerce dispose que le jugement d'ouverture « *arrête ou interdit également toute procédure d'exécution de la part de ces créanciers tant sur les meubles que sur les immeubles ainsi que toute procédure de distribution n'ayant pas produit un effet attributif avant le jugement d'ouverture* ». La saisie des droits d'associés et valeurs mobilières est ainsi arrêtée par le jugement d'ouverture d'un redressement judiciaire[6]; en revanche, la procédure de saisie n'est pas visée s'il a été procédé à la vente avant le jugement d'ouverture[7]. Il est à noter que la consignation aboutissant à la mainlevée constitue une affectation qui ne peut être remise en cause par une procédure collective dès lors qu'elle est intervenue antérieurement au jugement d'ouverture.

§ 2
Réalisation de la vente

A.
Parts sociales et valeurs mobilières non cotées en bourse

731.91 Cadre général. Une première procédure vise les droits d'associé et des valeurs mobilières non admises à la cote officielle ou à celle du second marché. Le principe rejoint celui édicté par l'article L. 233-1 C. pr. exéc., en prévoyant la possibilité de substituer une vente amiable à une vente forcée.

1°
Vente amiable

731.101 Réalisation de la vente amiable. Le débiteur dispose d'un délai d'un mois à compter de la notification de l'acte de saisie pour réaliser la vente amiable (le juge peut relever d'office le dépassement du délai[8]). Il doit informer par écrit l'huissier instrumentaire des propositions d'achat qu'il reçoit et lui communiquer le nom et l'adresse de l'acquéreur ainsi que le délai dans lequel ce dernier propose de consigner le montant de la vente. L'huissier communique ces informations au créancier saisissant par lettre recommandée avec demande d'avis de réception. Le créancier dispose alors de quinze jours pour prendre parti sur la vente amiable; à défaut de réponse dans ce délai, il est réputé l'avoir acceptée (C. pr. exéc., art. R. 221-31). Dans le cas où les statuts de la société contiendraient une clause d'agrément, celle-ci conserve son plein effet; mais il faut réaliser la vente dans le délai d'un mois, et donc consigner le prix en attente de l'agrément.

1. Metz, 4e ch. civ., 14 févr. 2006, *Juris-Data* n° 303353.
2. Civ. 2e, 21 oct. 2010, n° 09-69.867, NP; *Rev. sociétés* 2011. 356, note Barbiéri.
3. Civ. 2e, 22 avr. 1977, *Bull. Joly* 1977. 633.
4. *J.-Cl. Banque-Crédit-Bourse*, fasc. 2121, § 48, par M.-L. Coquelet et F. Moulière.
5. Rép. pr. civ., *v° Saisie (protection du débiteur)*, par X. Daverat, sept. 2013 [màj mars 2014], nos 106 s. – F. Derrida, « Incidences des nouvelles procédures civiles d'exécution sur le redressement et la liquidation judiciaires des entreprises », *LPA* 6 janv. 1993, p. 26.
6. Paris, 28 févr. 2002, *Juris-Data* n° 194927; *RGDA* 2002. 369, obs. Bigot.
7. Dijon, ch. civ. B, 27 déc. 2005, *Juris-Data* n° 291187.
8. Nancy, JEX, 29 janv. 1993, *D.* 1994. Somm. 343, obs. Julien.

731.102 **Consignation du prix et distribution des deniers.** Les sommes perçues du fait de la vente amiable sont consignées entre les mains de l'huissier instrumentaire (C. pr. exéc., art. R. 221-32, al. 1er); le transfert de propriété et la délivrance des biens sont subordonnés au paiement du prix (C. pr. exéc., art. R. 221-32, al. 2). À défaut de paiement dans le délai convenu, il est procédé à la vente forcée (C. pr. exéc., art. R. 221-32, al. 3). En cas de pluralité de saisies, le produit de la vente est réparti entre les créanciers qui ont procédé à une saisie avant la vente (C. pr. exéc., art. R. 233-2, al. 1er). En présence de créanciers ayant pratiqué une saisie conservatoire avant la saisie qui a conduit à la vente, ceux-ci prennent part à la distribution du prix mais les sommes qui leur reviennent sont consignées auprès de la Caisse des dépôts et consignations jusqu'à ce qu'ils aient obtenu un titre exécutoire (C. pr. exéc., art. R. 233-2, al. 2).

731.103 **Absence ou échec de vente amiable.** À défaut de vente amiable, il ne peut être procédé à la vente forcée qu'après l'expiration du délai d'un mois prévu à l'article R. 221-30, augmenté s'il y a lieu du délai de quinze jours imparti aux créanciers pour donner leur réponse (C. pr. exéc., art. R. 221-31, al. 4). On se dirige donc vers l'adjudication quand le débiteur n'a pas fait procéder à une vente amiable, quand aucun acheteur potentiel ne s'est présenté ou quand les propositions d'achat ont été refusées par le créancier saisissant.

2°
Vente forcée

731.111 **Cahier des charges préalable.** La vente est précédée par l'élaboration d'un cahier des charges. Selon l'article R. 233-6 alinéa 1er C. pr. exéc., celui-ci comprend :

- un rappel de la procédure antérieure;
- les statuts de la société;
- tout document nécessaire à l'appréciation de la consistance et de la valeur des droits mis en vente (ce qui suppose la mise à disposition des bilans).

L'alinéa 2 du même texte dispose que « *les conventions instituant un agrément ou créant un droit de préférence au profit des associés ne s'imposent à l'adjudicataire que si elles figurent dans le cahier des charges* ». Le cahier des charges fait ensuite l'objet d'une publicité. Il est d'abord notifié à la société, à charge pour elle d'informer les associés (C. pr. exéc., art. R. 233-7, al. 1er), sans que la procédure d'information de ces derniers ne soit envisagée par les textes; le mode d'information est propre à la société (ce sont en général les représentants des associés qui en ont la charge), mais les dispositions font de cette information une exigence. Le même jour que la notification à la société, sommation est faite aux éventuels créanciers opposants d'avoir à prendre connaissance du cahier des charges chez la personne chargée de la vente (C. pr. exéc., art. R. 233-7, al. 2); si ceux-ci ne prennent pas effectivement connaissance des éléments du cahier des charges, la publicité est réputée effectuée. À compter de la notification prévue à l'alinéa 1er (et donc de la sommation qui est effectuée le même jour), court un délai de deux mois permettant à tout intéressé de formuler auprès de la personne chargée de la vente des observations sur le contenu du cahier des charges (C. pr. exéc., art. R. 233-7, al. 3). Enfin, les associés qui entendent se prévaloir des dispositions de l'article 1868 alinéa 2 du Code civil en informent la personne chargée de la vente (C. pr. exéc., art. R. 233-7, al. 4). Ce dernier article offre aux associés d'une société civile deux options : la première consiste à décider la dissolution de la société, ce qui aboutit à la consignation au profit des créanciers de la part d'actif net correspondant aux parts; la seconde leur permet d'acquérir les parts saisies, application étant alors faite des articles 1862 et 1863 du Code civil (en particulier, selon le premier texte, si plusieurs associés souhaitent acquérir des parts, ils sont, sauf clause ou convention contraire, réputés acquéreurs à proportion du nombre de parts qu'ils détenaient antérieurement et, à défaut d'associés intéressés par l'achat de parts, la société peut faire acquérir celles-ci par un tiers désigné à l'unanimité des autres associés ou suivant les modalités prévues par les statuts, voire procéder au rachat des parts en vue de leur annulation).

731.112 **Publicité relative à la vente.** Une publicité est effectuée par voie de presse et, si nécessaire, par voie d'affiches, avec indication des jour, heure et lieu de la vente (C. pr. exéc., art. R. 233-8, al. 1er); on relève une différence avec les dispositions générales qui ne prévoient que la publicité au moyen d'un affichage (C. pr. exéc., art. R. 221-34). La publicité doit avoir lieu un mois au plus et quinze jours au moins avant la date fixée pour la vente (C. pr. exéc., art. R. 233-8, al. 2). Le débiteur, la société et les éventuels créanciers opposants sont informés de la date de la vente par voie de notification (C. pr. exéc., art. R. 233-8, al. 3); cette fois encore, les dispositions spéciales relatives à la saisie des droits d'associés et des valeurs mobilières s'écartent du cadre général dans lequel le débiteur est avisé par l'huissier des lieu, jour et heure de la vente, huit jours au moins avant sa date, par lettre simple ou par tout moyen approprié (C. pr. exéc., art. R. 221-35).

731.113 **Adjudication.** La vente forcée prend la forme d'une adjudication. On applique les dispositions générales relatives à la saisie-vente : les enchères publiques sont organisées, soit au lieu où se trouvent les objets saisis, soit en une salle des ventes ou tout autre lieu ouvert au public dont la situation géographique est la plus appropriée (C. pr. exéc., art. R. 221-33). L'adjudication est faite au plus offrant, après trois criées. Le prix est payable comptant. Faute de paiement par l'adjudicataire, l'objet est revendu sur réitération des enchères (C. pr. exéc., art. R. 221-38). On dresse un procès-verbal de la vente qui est signifié à la société par l'adjudicataire.

731.114 Agrément, préemption, préférence, substitution. Selon l'article R. 233-9 C. pr. exéc., « *les procédures légales et conventionnelles d'agrément, de préemption ou de substitution sont mises en œuvre conformément aux dispositions propres à chacune d'elles* ». Ainsi, l'adjudicataire devra-t-il obtenir son agrément et, en cas d'existence d'un droit de préemption ou de substitution, les bénéficiaires peuvent en user au détriment de l'adjudicataire. Ces mécanismes sont importants dans les sociétés non cotées où se développe un fort *affectio societatis*.

731.115 Répartition du prix. Seuls sont admis à faire valoir leurs droits sur le prix de la vente les créanciers saisissants ou opposants qui se sont manifestés avant la vérification des biens saisis et ceux qui, avant la saisie, ont procédé à une mesure conservatoire sur les mêmes biens (C. pr. exéc., art. L. 221-5). Il est précisé que le créancier qui a fait procéder à une saisie conservatoire avant la saisie ayant conduit à la vente prend part à la distribution du prix mais les sommes qui lui reviennent sont consignées auprès de la Caisse des dépôts et consignations jusqu'à ce qu'il ait obtenu un titre exécutoire (C. pr. exéc., art. R. 233-2). Selon l'article L. 122-6 C. pr. exéc., en cas de concours entre les créanciers, l'agent chargé de la vente propose une répartition amiable (al. 1er) et, si un accord ne peut être trouvé, on consigne les fonds auprès de la Caisse des dépôts et consignations; le juge de l'exécution est alors saisi pour procéder à la répartition du prix (al. 2).

B.
Valeurs mobilières cotées en bourse

1°
Vente amiable

731.121 Ordre de vente. Le débiteur peut choisir de procéder à une vente amiable. Il en est averti en cours de procédure par acte d'huissier (C. pr. exéc., art. R. 232-6). En particulier, le délai d'un mois pour procéder à la vente amiable lui est indiqué, avec renvoi aux conditions prévues à l'article R. 233-3 C. pr. exéc. s'il s'agit de valeurs cotées (C. pr. exéc., art. R. 233-3, 4°, relatif aux mentions obligatoires). La vente amiable prend la forme d'un ordre de vente : « *Le débiteur peut, dans le mois de la signification qui lui a été faite, donner l'ordre de vendre les valeurs mobilières saisies* » (C. pr. exéc., art. R. 233-3, al. 1er). Le produit de la vente est indisponible et affecté au désintéressement du créancier (C. pr. exéc., art. R. 233-3, al. 1er). Dès que les sommes provenant de la vente suffisent à désintéresser le ou les créanciers, l'indisponibilité cesse pour le surplus des valeurs mobilières saisies (C. pr. exéc., art. R. 233-3, al. 3), ce qui est une application d'un principe plus général selon lequel des mesures d'exécution ne peuvent excéder ce qui se révèle nécessaire pour obtenir le paiement de l'obligation (C. pr. exéc., art. L. 111-7 – v. ss n° 212.142).

2°
Vente forcée

731.131 Vente en bourse. En l'absence de vente amiable dans le mois suivant la signification de l'acte de saisie, on procède à la vente forcée. Celle-ci intervient à la demande du créancier sur présentation d'un certificat délivré par le greffe ou établi par l'huissier instrumentaire attestant qu'aucune contestation n'a été formée dans le mois suivant la dénonciation de la saisie ou, le cas échéant, d'un jugement rejetant la contestation soulevée par le débiteur (C. pr. exéc., art. R. 233-1). La vente forcée prend la forme d'une vente en bourse, sur le marché auquel les titres sont attachés, sans adjudication (et donc sans passer par l'élaboration d'un cahier des charges et une publicité préalable). L'acquéreur devient purement et simplement propriétaire des titres sans qu'il y ait besoin d'une procédure particulière.

731.132 Ordre dans lequel les titres sont vendus. Jusqu'à la réalisation de la vente forcée, le débiteur a la faculté d'indiquer au tiers saisi l'ordre dans lequel il souhaite que les valeurs mobilières soient vendues. À défaut, aucune contestation n'est recevable sur leur choix (C. pr. exéc., art. R. 233-4). Cette modalité particulière était indiquée au débiteur au moment de l'intervention de l'acte d'huissier (C. pr. exéc., art. R. 232-6, 5°, relatif aux mentions obligatoires). Toujours selon le principe édicté par l'article L. 111-7 C. pr. exéc., la vente forcée est limitée à ce qui est nécessaire pour désintéresser le créancier, de sorte que l'indication possible de l'ordre dans lequel les titres seraient vendus permet, le cas échéant, au débiteur de préserver certains titres qu'il voudrait conserver.

CHAPITRE

732. Saisie des licences d'exploitation

XAVIER DAVERAT
PROFESSEUR À L'UNIVERSITÉ DE BORDEAUX

SECTION 0
ORIENTEUR

732.00 **Plan du chapitre.**

732.01 **Textes applicables.**
C. pr. exéc., art. R. 231-1 à R. 233-9.

732.03 **Bibliographie indicative.**
Actualisable. J.-Cl. Civ. Annexe, *v° Débits de boissons*, par C. Laronde-Clérac.

732.05 **Activités réglementées.** Les autorisations d'exercer certaines activités professionnelles, constituent un élément important du patrimoine. Obtenues à titre onéreux, elles ont une valeur patrimoniale parfois élevée, rehaussée par le fait qu'elles sont délivrées en nombre limité, assurant à leurs détenteurs un monopole. La réforme de 1991-1992, qui est parfois précise sur certaines procédures particulières, ne les évoque pas. Il faut donc agir par analogie avec les dispositions plus générales et adapter les procédures de manière empirique. Il en va ainsi pour les exploitants de débits de boissons (sect. 1) et les chauffeurs de taxis (sect. 2).

SECTION 1
SAISIE DES LICENCES DE DÉBITS DE BOISSONS

§ 1
Saisissabilité de la licence

732.11 **Description et nature de la licence.** La licence est une autorisation d'exploiter un débit de boissons délivrée par l'Administration des contributions indirectes; il s'agit d'un titre fiscal qui doit être obligatoirement affiché dans l'établissement.

L'article L. 3321-1 du Code de la santé publique détermine cinq groupes de boissons :

« 1° *Boissons sans alcool : eaux minérales ou gazéifiées, jus de fruits ou de légumes non fermentés ou ne comportant pas, à la suite d'un début de fermentation, de traces d'alcool supérieures à 1,2 degré, limonades, sirops, infusions, lait, café, thé, chocolat;*

2° *Boissons fermentées non distillées : vin, bière, cidre, poiré, hydromel, auxquelles sont joints les vins doux naturels bénéficiant du régime fiscal des vins, ainsi que les crèmes de cassis et les jus de fruits ou de légumes fermentés comportant de 1,2 à 3 degrés d'alcool;*

3° *Vins doux naturels autres que ceux appartenant au groupe 2, vins de liqueur, apéritifs à base de vin et liqueurs de fraises, framboises, cassis ou cerises, ne titrant pas plus de 18 degrés d'alcool pur;*

4° *Rhums, tafias, alcools provenant de la distillation des vins, cidres, poirés ou fruits, et ne supportant aucune addition d'essence ainsi que liqueurs édulcorées au moyen de sucre, de glucose ou de miel à raison de 400 grammes minimum par litre pour les liqueurs anisées et de 200 grammes minimum par litre pour les autres liqueurs et ne contenant pas plus d'un demi-gramme d'essence par litre;*

5° *Toutes les autres boissons alcooliques* ».

Une licence est nécessaire à partir du deuxième groupe de boissons. Il existe trois formes de licences : la licence du deuxième groupe, la licence dite « restreinte » permettant le débit des boissons du troisième groupe, et la « grande licence » ou « licence de plein exercice » permettant le débit des boissons du troisième et du quatrième groupes à l'exception de celles qui sont interdites à la vente. Préalablement à l'ouverture de l'établissement, il est obligatoire de faire une déclaration à la mairie (ou à la préfecture de police à Paris) en indiquant notamment la catégorie du débit que l'on se propose d'ouvrir (CSP, art. L. 3332-3, 4°).

Une licence de débit de boissons est un bien meuble incorporel saisissable, ainsi que l'a confirmé un avis de la Cour de cassation [1].

732.12 Attachement de la licence au fonds de commerce. La licence est l'un des éléments du fonds de commerce. Elle est d'ailleurs transmise avec celui-ci, et cet attachement est logique dans la mesure où le fonds ne serait plus exploitable sans licence [2]; il a même été jugé que, un fonds ne pouvant être exploité sans licence, cette dernière entrait dans le champ d'un nantissement pris sur le fonds, même si aucune clause ne le prévoyait expressément [3]. Le propriétaire du fonds est d'ailleurs présumé être propriétaire de la licence [4]. Mais, la licence peut être détachée du fonds de commerce de débit de boissons, par exemple, en cas de location [5].

§ 2
Procédure de saisie

732.21 Recours à la saisie des droits incorporels. L'avis de la Cour de cassation du 8 février 1999 s'est également prononcé sur la procédure à suivre : « *En l'absence de texte réglementaire de portée générale applicable à la saisie des droits de cette nature, ou de dispositions spécifiques à la saisie de cette licence qui n'est pas une valeur mobilière, il est possible, sous réserve des adaptations nécessaires contrôlées par le juge de l'exécution de transposer, pour les opérations de saisie, la procédure définie aux articles 182 à 184 du décret du 31 juillet 1992, et, pour la vente, les dispositions des articles 189 à 192 du même texte* ». Sous la numérotation alors non codifiée, il s'agit de renvoyer purement et simplement à la procédure de saisie des droits incorporels (C. pr. exéc., art. R. 231-1 à R. 233-9), mais en remarquant bien que des adaptations seront nécessaires dans la pratique, sous le contrôle du juge de l'exécution.

1. Cass., ch. réun., avis., 8 févr. 1999, n° 98-00.015, *Bull. avis*, n° 1; *D.* 1999. 287, note Brenner; *Rev. huiss.* 1999. 301, obs. Daigre; *RTD com.* 1999. 631. obs. Derrupé.
2. Req. 14 juin 1926, *Gaz. Pal.* 1926. 2. 442 – Req. 7 mai 1935, *DH* 1935. 315 – Com. 29 mai 1953, *JCP* 1953. II. 7720, note Cohen – Civ. 3e, 2 déc. 1970, *JCP* 1971. IV. 227.
3. Paris, 16e ch., sect. A, 9 avr. 1996, *Juris-Data* n° 020735.
4. Req. 14 juin 1926, préc. ss prést n° – Req. 7 janv. 1936, *DH* 1936. 11 – Com. 5 janv. 1960, *Bull. civ.* IV, n° 7.
5. Com. 29 mai 1953, préc. ss n° 732.11 – Crim. 11 févr. 1958, *Bull. crim.* 1958, n° 143 – Civ. 3e, 2 déc. 1970, préc. ss prést n°.

SECTION 2
SAISIE DES LICENCES DE TAXIS

732.31 Réglementation de l'accès à la profession. L'activité de chauffeur de taxi fait l'objet de contraintes nombreuses et précises : incompatibilité avec certaines condamnations, obtention d'un certificat de capacité professionnelle qui permet la délivrance de la carte professionnelle et, bien sûr, la licence dont il est question ici.

732.32 Description et nature de la licence. La licence est en réalité une autorisation de stationnement (ADS). Généralement, on achète une ADS (de 30 000 à 80 000 euros en zone rurale; de 130 000 à 250 000 euros en Île-de-France). Il est également possible de recourir à une location-gérance qui met à disposition d'un chauffeur un véhicule équipé et une ADS. Enfin, mais de façon plus résiduelle, il est toujours possible, notamment en zone rurale, de faire une demande en mairie pour obtenir une ADS gratuite, selon une procédure qui suppose l'avis d'une commission départementale. Le régime de l'activité est fixé par voie réglementaire [6]. Les ADS peuvent être détenues par des personnes physiques ou morales, et l'on peut être titulaire d'une ou de plusieurs autorisations. Les autorisations de stationnement (assorties d'éléments relatifs aux horaires de début de service ou à la succession de conducteurs en cours de journée), avec les zones de prise en charge, sont délivrées par le maire. Il existe des listes d'attente et les nouvelles autorisations sont attribuées dans l'ordre chronologique d'enregistrement des demandes. L'indication de la commune ou du service commun de taxis de rattachement, ainsi que du numéro de l'autorisation de stationnement, est présentée sous forme d'une plaque fixée au véhicule et visible de l'extérieur. La délivrance de l'autorisation de stationnement doit donner lieu à son exploitation effective et continue.

732.33 Procédure de saisie. Faute de dispositions spécifiques, on a recours à la procédure utilisée en matière de saisie des droits d'associé et des valeurs mobilières [7], qu'il faut naturellement, comme pour les licences de débits de boisson, adapter.

6. Décr. n° 95-935, 17 août 1995, portant application de la loi n° 95-66 du 20 janvier 1995 relative à l'accès à l'activité de conducteur et à la profession d'exploitant de taxi, *JO* 24 août, p. 12596, mod. par Décr. n° 2009-1064, 28 août 2009, relatif à l'exercice de l'activité de taxi, *JO* 30 août, p. 14377.
7. TGI Lyon, JEX, 15 mai 2001, *Dr. et proc.* 2002. 40, obs. Brenner.

CHAPITRE

733. Saisie des droits de propriété intellectuelle

XAVIER DAVERAT
PROFESSEUR À L'UNIVERSITÉ DE BORDEAUX

SECTION 0
ORIENTEUR

733.00 Plan du chapitre.

733.01 Textes applicables.
CPI, art. L. 613-21, R. 613-51, R. 613-55, R. 714-4.
C. pr. exéc., art. L. 231-1, R. 233-5 s.

733.03 Bibliographie indicative.
Actualisables. J.-Cl. Not. Form., *v° Saisie des droits incorporels*, par E. Putman – J.-Cl. Pr. Form., *v° Saisie des droits de propriété intellectuelle*, par C. Tirvaudey-Bourdin.

733.05 Dispositions minimales. Visant de façon très large les droits incorporels, l'article L. 231-1 C. pr. exéc. englobe marques, dessins et modèles (sect. 1) ainsi que brevets (sect. 2). La réforme de 1991-1992 n'ayant rien prévu à cet égard, il faut se rabattre sur quelques dispositions embryonnaires du Code de la propriété intellectuelle puis revenir au « droit commun » des voies d'exécution.

SECTION 1
SAISIE DE MARQUES ET DE DESSINS ET MODÈLES

733.11 Saisissabilité. La saisie de marque n'est évoquée que par l'article R. 714-4 du Code de la propriété intellectuelle, aux termes duquel « *les actes modifiant la propriété d'une marque ou la jouissance des droits qui lui sont attachés, tels que cession, concession d'un droit d'exploitation, constitution ou cession d'un droit de gage ou renonciation à ce droit, saisie, validation et mainlevée de saisie, sont inscrits à la demande de l'une des parties à l'acte ou, s'il n'est pas partie à l'acte, du titulaire du dépôt au jour de la demande d'inscription* ». En ce qui concerne les dessins et modèles, il est acquis qu'ils soient saisissables même si, cette fois, aucun texte n'intervient, même furtivement, à cet égard.

733.12 Absence de procédure spécifique. En l'absence de textes, il faut respecter les dispositions générales relatives aux voies d'exécution. Il a ainsi été décidé qu'une marque peut faire l'objet d'une saisie sous réserve des adaptations rendues nécessaires du fait des règles de publicité en la matière[1]. C'est retrouver la logique émanant de l'avis de la Cour de cassation en matière de saisie d'une licence de débit de boissons, évoquée précédemment[2] (v. s[s] n° 732.11).

§ 1
Phase de la saisie

733.21 Acte de saisie. La saisie doit être signifié par huissier et répondre au formalisme prévu par le Code des procédures civiles d'exécution (v. s[s] n°s 111.11 s.). Une singularité intervient : cette signification ne peut se faire qu'auprès de l'Institut national de la propriété industrielle (INPI), qui est en position de tiers et tient le Registre national des marques et le Registre national des dessins et modèles; au demeurant, c'est bien ce qui est prévu par l'article L. 613-21 du Code de la propriété intellectuelle en matière de brevets (v. s[s] n° 733.51).

1. TGI Paris, JEX, 28 mai 2003, *Dr. et proc.* 2003. 373, note Chardon.
2. Cass., ch. réun., avis., 8 févr. 1999, n° 98-00.015, *Bull. avis*, n° 1; *D.* 1999. 287, note Brenner; *Rev. huiss.* 1999. 301, obs. Daigre; *RTD com.* 1999. 631. obs. Derrupé.

733.22 **Dénonciation de la saisie.** La saisie doit ensuite être dénoncée auprès du débiteur dans un délai de huit jours, à peine de caducité.

733.23 **Effets de la saisie.** La saisie entraîne l'indisponibilité des droits pécuniaires découlant de l'exploitation de la marque. La consignation d'une somme suffisante pour désintéresser le créancier conduit à prononcer la mainlevée de la saisie.

§ 2
Phase de la vente

733.31 **Déroulement de la vente.** Le débiteur peut recourir à une vente amiable dans le délai d'un mois à compter de la dénonciation de la saisie. Il y a ensuite vente forcée par adjudication. Il faut avoir, préalablement, élaboré un cahier des charges, sans oublier, dans ce cas précis, de le notifier à l'INPI.

SECTION 2
SAISIE DE BREVETS

733.41 **Saisissabilité.** Les brevets sont saisissables. Il faut juger de leur valeur, laquelle découle des possibilités de profit [1]. Il est impératif de vérifier si des droits réels (gage, licence...) n'ont pas été consentis à des tiers.

§ 1
Phase de la saisie

733.51 **Acte de saisie.** La procédure est décrite par l'article L. 613-21 du Code de la propriété intellectuelle, texte qui, en tant que loi spéciale, déroge au droit commun des voies d'exécution [2]. Selon l'alinéa 1er de ce texte, « *la saisie d'un brevet est effectuée par acte extrajudiciaire signifié au propriétaire du brevet, à l'Institut national de la propriété industrielle ainsi qu'aux personnes possédant des droits sur le brevet; elle rend inopposable au créancier saisissant toute modification ultérieure des droits attachés au brevet* ». Les « *personnes possédant des droits sur le brevet* » sont aisément repérables puisqu'elles doivent être inscrites au Registre national des brevets : « *Les actes modifiant la propriété d'une demande de brevet ou d'un brevet ou la jouissance des droits qui lui sont attachés, tels que cession, concession d'un droit d'exploitation, constitution ou cession d'un droit de gage ou renonciation à ce droit, saisie, validation et mainlevée de saisie, sont inscrits à la demande de l'une des parties à l'acte, ou, s'il n'est pas partie à l'acte, du titulaire du dépôt au jour de cette demande* » (CPI, art. R. 613-55).

733.52 **Action en validité.** À peine de nullité de la saisie, le créancier saisissant doit, dans le délai prescrit, se pourvoir devant le tribunal en validité de la saisie et aux fins de mise en vente du brevet (CPI, art. L. 613-21, al. 2), le délai étant de quinze jours à compter de la date de signification (CPI, art. R. 613-51).

733.53 **Inscription de la saisie.** Il faut procéder à l'inscription de la saisie au Registre national des brevets selon la procédure prévue par l'article R. 613-55 du Code de la propriété intellectuelle. Ce texte impose, en effet, l'inscription chaque fois qu'il y a modification de la propriété ou de la jouissance d'un brevet, ce qui est le cas dans l'hypothèse de « *validation et mainlevée de saisie* », ainsi qu'il est dit expressément. La saisie doit être inscrite à l'initiative du créancier ou du titulaire du dépôt au jour de cette demande, celle-ci comprenant :

1° Un bordereau de demande d'inscription;

2° Une copie ou un extrait de l'acte constatant la modification de la propriété ou de la jouissance;

3° La justification du paiement de la redevance prescrite;

4° S'il y a lieu, le pouvoir du mandataire, à moins qu'il n'ait la qualité de conseil en propriété industrielle ou d'avocat.

§ 2
Phase de la vente

733.61 **Droit applicable.** Aucun texte du Code de la propriété intellectuelle ne prévoyant la vente, on doit se référer aux dispositions des articles R. 233-5 et suivants du C. pr. exéc. [3] (v. ss no 151.101).

733.62 **Déroulement de la vente.** Le débiteur peut recourir à une vente amiable dans le délai d'un mois à compter de la dénonciation de la saisie. L'adjudication peut être réalisée par un notaire. Mais, une vente devant notaire ne peut apporter aucune restriction au cahier des charges dérogeant aux dispositions générales relatives aux voies d'exécutions, par exemple, en prévoyant une obligation de porter les enchères par le ministère d'avocat [4].

1. *CE* 16 mars 1990, no 41059, *Gaz. Pal.* 6 sept. 1990, concl. Liebert-Champagne.
2. TGI Paris, 10 nov. 1994, *Rev. huiss.* 1995. 732, obs. Faget – TGI Paris, 28 juin 1996, *PIBD* 1996. III. 609.
3. Paris, 8e ch. B, 8 mars 2001, RG no 2000/13688, http://france.globe24h.com/lex/judiciaire/006/069/06937/0006937348.shtml – Paris, 8 août 2001, *Juris-Data* no 161413.
4. *Ibid.*

CHAPITRE

734. Saisie du fonds de commerce

XAVIER DAVERAT
PROFESSEUR À L'UNIVERSITÉ DE BORDEAUX

SECTION 0
ORIENTEUR

734.00 Plan du chapitre.

734.01 Textes applicables.
C. com., art. L. 143-3 à L. 143-11.

734.03 Bibliographie indicative.
Actualisables. Rép. com., *v° Fonds de Commerce*, par J. Derruppé, sept. 1998 [màj juin 2014] – *J.-Cl. Huissiers de justice, v° Fonds de commerce*, fasc. 10, par S. Rezek.

734.05 Vente globale. La saisie et la vente globale du fonds de commerce a été prévue par la loi du 17 mars 1909[1], dont des dispositions, plusieurs fois modifiées, se retrouvent dans le Code de commerce. Le droit des procédures collectives est largement plus utilisé, et la saisie et la vente du fonds de commerce constituent aujourd'hui des voies quelque peu résiduelles, que l'on présente (sect. 1) avant d'envisager la procédure applicable (sect. 2).

SECTION 1
ACTIONS OUVERTES AUX CRÉANCIERS

§ 1
Procédures spéciales

734.11 Vente à la requête d'un créancier inscrit. La vente globale à la requête d'un créancier inscrit sur le fonds est prévue par l'article L. 143-5 du Code de commerce. Le vendeur et le créancier gagiste peuvent faire ordonner la vente du fonds, y compris en vertu d'un acte sous seing privé. Une sommation de payer faite au débiteur, et éventuellement au tiers détenteur, est obligatoire sous peine de nullité (la mise en demeure du tiers détenteur ne saurait remplacer la sommation[2]); cette sommation ne peut intervenir à l'encontre du débiteur soumis à une procédure collective[3]. La vente peut intervenir huit jours après une sommation restée sans effet, même s'il y a eu offre de paiement après le délai[4]. La demande est présentée au tribunal de commerce dont relève le fonds.

734.12 Vente à la requête d'un créancier chirographaire dont la créance se rattache à l'exploitation. La vente globale à la requête d'un créancier chirographaire dont la créance s'attache à l'exploitation du fonds est prévue par l'article L. 143-8 du Code de commerce. Cette procédure n'est évidemment possible que si le débiteur est propriétaire du fonds[5]. À l'occasion d'une demande de paiement présentée au tribunal de commerce, le créancier peut requérir une vente du fonds; le jugement de condamnation peut alors ordonner la vente et fixer un délai d'intervention de celle-ci à défaut de paiement. Il faut néanmoins que le créancier prouve l'avantage de la vente globale[6].

734.13 Vente à la requête d'un créancier inscrit en cas de vente d'éléments séparés. La vente globale à la requête d'un créancier inscrit est prévue par l'article L. 143-10 du Code de commerce. Elle

1. L. 17 mars 1909.

2. Paris, 3e ch., 14 juin 1988, *D.* 1988. IR 222.
3. Paris, 21 avr. 2000, *D. affaires* 2000. AJ 313, obs. Monéger-Dupuis et Pisoni.
4. Paris, 22 mai 1935, *Gaz. Pal.* 1935. 2. 272.
5. Req. 22 févr. 1939, *DP* 1940. 1. 5, note Ripert.
6. Paris, 21 nov. 1961, *D.* 1962. 30.

vise à éviter le démembrement du fonds. On sait que, notamment du fait d'une saisie-vente, des éléments séparés d'un fonds de commerce peuvent être vendus en respectant un délai de dix jours à compter de la notification de la mesure aux créanciers inscrits. Chacun de ces derniers peut, durant ce délai, demander la vente globale du fonds. La jurisprudence, certes ancienne, est tout de même divisée sur le fait de savoir si, quand le créancier saisissant a été désintéressé, les créanciers inscrits peuvent ou non poursuivre leur action[1].

734.14 Vente à la requête du Trésor public. L'article L. 268 du Livre des procédures fiscales permet au comptable public de demander la vente d'un fonds de commerce au président du tribunal de grande instance, qui exerce alors toutes les attributions confiées au tribunal par les articles 1272 et suivants C. pr. civ. Toute dette fiscale, même si elle n'est pas liée à l'exploitation du fonds, peut faire l'objet de cette procédure[2].

§ 2
Conversion d'une saisie-vente

734.21 Vente globale du fonds. Selon l'article L. 143-3 du Code de commerce, le créancier qui a engagé une saisie-vente sur du matériel ou des marchandises du fonds et son débiteur peuvent demander la vente globale de ce dernier. Le but est d'éviter une dépréciation par séparation des éléments; l'avantage d'une vente globale doit encore être présenté au tribunal, qui dispose d'un pouvoir souverain d'appréciation[3]. Cette possibilité est ouverte à tous les créanciers, y compris le Trésor Public. Le tribunal peut ordonner la vente du fonds à défaut de paiement par le débiteur dans le délai imparti, et en respectant les formalités prescrites par l'article L. 143-6 (v. s^s^ n°s 734.31 et 734.32). Le jugement ordonnant la vente du fonds suspend la saisie-vente[4]. S'il n'y a pas de demande de vente globale, le tribunal fixe le délai dans lequel la vente du fonds doit intervenir; si le débiteur ne fait pas procéder à la vente dans ce délai, la procédure de saisie-vente se poursuit.

SECTION 2
PROCÉDURE

§ 1
Formalités préalables à la vente

734.31 Préparation de la vente. Le tribunal fixe la mise à prix, arrête les principales conditions de vente et commet l'officier public qui rédige le cahier des charges (C. com., art. L. 143-4). Il nomme en cas de besoin un administrateur provisoire du fonds (C. com., art. R. 143-5). Le créancier poursuivant fait sommation au propriétaire du fonds et aux créanciers inscrits, quinze jours au moins avant la vente, de prendre connaissance du cahier des charges; ils peuvent formuler dires et observations (C. com., art. L. 143-6, al. 1er).

734.32 Publicité. La vente, dans les dix jours qui la précèdent au minimum, doit faire l'objet d'une apposition d'affiches dont les mentions sont précisées par les textes (C. com., art. L. 143-6, al. 2). L'affichage est prévu à la porte principale de l'immeuble et de la mairie de la commune où le fonds est situé, du tribunal de commerce dont dépend le fonds, et à la porte de l'étude de l'officier public (C. com., art. L. 143-6, al. 3). Dix jours avant la vente, l'affiche doit être publiée dans un journal d'annonces légales (C. com., art. L. 143-6, al. 4). Le constat de réalisation de la publicité est porté dans le procès-verbal de vente (C. com., art. L. 143-6, al. 5).

§ 2
Vente aux enchères

734.41 Droit commun. On applique les règles du droit commun régissant les ventes publiques de biens meubles, faute de dispositions spéciales. Il n'y a pas de surenchère possible quand les formes légales ont été respectées (C. com., art. L. 143-11). Une vente sur folle enchère est organisée si l'adjudicataire ne se conforme pas aux dispositions prévues pour la vente (C. com., art. L. 143-9, al. 2).

1. Défavorable à la poursuite : Paris, 21 avr. 1937, *Gaz. Pal.* 1937. 2. 290; *D.* 1937. 2. 87 – Favorable à la poursuite : Aix-en-Provence, 16 nov. 1937; *DH* 1938. 1. 150.
2. Amiens, 22 janv. 1952 – Lyon, 20 mai 1952, *JCP* 1954. I. 52406.
3. Req. 19 janv. 1938, *Gaz. Pal.* 1938. 1. 530.
4. Dans le cadre des anciennes procédures : T. com. Seine, 30 mai 1913, *Gaz. Pal.* 1913. 2. 295 – T. com. Seine, 20 mars 1920, *Gaz. Pal.* 1920. 1. 586.

LIVRE

8. LES SAISIES MOBILIÈRES À FIN D'ATTRIBUTION : DROIT COMMUN

SECTION 0 ORIENTEUR

800.00 **Plan du livre.**

Division. Ce livre 8 est consacré à la saisie-attribution de droit commun régie par le Code des procédures civiles d'exécution.

Le livre suivant (livre 9) est consacré à toutes les autres formes de saisies mobilières dont la finalité est l'attribution d'une créance de somme d'argent au créancier : saisie-attribution entre les mains d'une personne morale de droit public (titre 91); saisie-attribution des comptes bancaires et assimilés (titre 92); avis à tiers détenteur (titre 93); saisie, cession et avis à tiers détenteur des rémunérations du travail (titre 94), recouvrement des pensions alimentaires (titre 95), recouvrement des amendes et des condamnations pécuniaires par les comptables directs du Trésor (titre 96), oppositions à tiers détenteur (titre 97) et saisie à tiers détenteur (titre 98).

800.01 **Définition.** La saisie-attribution, saisie mobilière régie par les articles L. 162-1, L. 162-2 et L. 211-1 à L. 211-5 C. pr. exéc.[1] et par les articles R. 211-1 à R. 211.23 et R. 162-1 C. pr. exéc.[2], est une mesure d'exécution qui permet à un créancier muni d'un titre exécutoire, constatant une créance liquide et exigible, de saisir entre les mains d'un tiers les créances de son débiteur portant sur des sommes d'argent, pour en obtenir le paiement.

800.02 **Innovation majeure.** Considérée comme l'innovation majeure de la réforme des procédures civiles d'exécution[3], **la saisie-attribution était destinée à remplacer la saisie-arrêt** réglementée par les articles 557 à 579 ACPC. Elle s'en distingue cependant profondément par son domaine, sa mise en œuvre et ses effets.

800.03 **La saisie-attribution est exclusivement une saisie de créances de sommes d'argent,** alors qu'en vertu de l'article 557 ACPC, le créancier pouvait saisir-arrêter *les « effets appartenant à son débiteur, qui ne sont pas des immeubles par nature, ou s'opposer à leur remise ».*

La saisie des « *effets* », meubles corporels ou incorporels appartenant au débiteur, obéit à des règles dis-

1. Ord. n° 2011-1895, 19 déc. 2011, relative à la partie législative du Code des procédures civiles d'exécution, *JO* 20 déc., p. 21464.
2. Décr. n° 2012-783, 30 mai 2012, relatif à la partie réglementaire du Code des procédures civiles d'exécution, *JO* 31 mai, p. 9375.
3. Projet de loi AN, Doc. adm. n° 88 – P. Théry, « Le notaire et les procédures civiles d'exécution », *LPA* 11 août 1997, p. 9 – VINCENT et PRÉVAULT, n° 130 – PERROT et THÉRY, n° 369.

tinctes (saisies conservatoires et sûretés judiciaires d'une part, saisie-vente, mesures d'exécution sur les véhicules terrestres à moteur, saisies des droits d'associé et des valeurs mobilières, d'autre part).

800.04 La saisie-attribution n'est pas la seule voie d'exécution mobilière portant sur des créances de sommes d'argent. *En premier lieu*, l'article L. 211-2 C. pr. exéc. réserve des dispositions particulières à la **saisie des rémunérations** prévue par le Code du travail (C. trav., art. L. 3252-1 à L. 3252-13 et R. 3252-1 à R. 3252-44 – v. s[s] n°s 941.11 à 946.44), auquel renvoie désormais l'article L. 212-1 C. pr. exéc.

En deuxième lieu, à côté des procédures civiles d'exécution, il existe plusieurs **procédures d'exécution relevant du droit public.** L'Administration dispose d'abord de plusieurs procédures destinées au recouvrement de ses créances.

Le recouvrement public des créances garanties par le privilège du Trésor peut être opéré par **l'avis à tiers détenteur** (ATD; LPF, art. L. 262 et L. 263) qui comporte un effet attributif immédiat (LPF, art. L. 263), tout comme **la saisie-attribution de droit commun** (sur l'ATD, v. s[s] n°s 931.00 à 934.46).

Ce dispositif a en outre servi de modèle à plusieurs autres procédures d'exécution relevant du droit public : le recouvrement des amendes et condamnations pécuniaires, qui peut avoir lieu par voie d'**opposition administrative** (OA) (L. n° 2004-1485, 30 déc. 2004, art. 128 – Décr. n° 64-1333, 22 déc. 1964 – v. s[s] n° 963.11); l'**opposition à tiers détenteur** (OTD) (CGCT, art. L. 1617-5), destinée au recouvrement des créances publiques non fiscales des collectivités territoriales et établissements publics de santé (v. s[s] n°s 973.00 s.); enfin, **la saisie à tiers détenteur** (LPF, art. L. 273 A), pour le recouvrement des recettes de l'État, des collectivités territoriales et des établissements publics dotés d'un comptable public (v. s[s] n°s 980.00 s.).

De même, les cotisations sociales, les majorations et les pénalités de retard peuvent être recouvrées par une opposition à tiers détenteur qui bénéficie de l'effet attributif immédiat de la saisie-attribution (CSS, art. L. 652-3 et C. rur., art. L. 725-18; v. s[s] n°s 971.00 s.).

En troisième lieu, les **pensions alimentaires** peuvent être recouvrées par la procédure de paiement direct (C. pr. exéc., art. L. 213-1 à L. 213-6 – C. pr. exéc., art. R. 213-1 à R. 213-10 – v. s[s] n°s 950.04 à 952.142) ainsi que par la procédure de recouvrement public (L. n° 75-618, 11 juill. 1975[1] – Décr. n° 75-1339, 31 déc. 1975[2]).

800.05 La saisie-attribution ne peut être mise en œuvre que par un créancier muni d'un titre exécutoire Le législateur de 1991 a entendu « *revaloriser le titre exécutoire* » et, en matière de saisie-attribution notamment, éviter un recours systématique au juge. C'est ainsi qu'une telle mesure d'exécution ne peut pas être pratiquée sur autorisation du juge, comme le permettait l'article 558 ACPC, par un créancier qui ne dispose pas d'un titre exécutoire. Le créancier dénué de titre exécutoire ne peut que faire pratiquer une saisie conservatoire.

800.06 L'exigence d'un titre exécutoire constatant une créance liquide et exigible s'est accompagnée d'une simplification de la procédure. La procédure de saisie est engagée par la signification d'un procès-verbal de saisie-attribution au tiers saisi (C. pr. exéc., art. R. 211-1) qui doit, « *sur-le-champ* », déclarer à l'huissier poursuivant l'étendue de ses obligations à l'égard du débiteur saisi (C. pr. exéc., art. L. 211-3 – C. pr. exéc., art. R. 211-4).

Dans un délai de huit jours, à peine de caducité (C. pr. exéc., art. R. 211-3), la saisie est dénoncée au débiteur saisi qui dispose d'un délai d'un mois pour la contester (C. pr. exéc., art. L. 211-4 – C. pr. exéc., art. R. 211-11, al. 1er).

En l'absence de contestation, le créancier saisissant demande au tiers saisi le paiement, sur présentation d'un certificat de non-contestation, ou sur autorisation écrite du débiteur.

L'instance en validité, nécessaire pour faire « *valider* » une saisie-arrêt, même lorsque le créancier disposait d'un titre exécutoire, et l'instance en déclaration affirmative, prévues par les articles 564 ACPC et suivants étaient sources de lenteur. Le paiement ne pouvait intervenir qu'à l'issue de cette procédure, étant rappelé que les décisions pouvaient être frappées d'appel.

Au contraire, en matière de saisie-attribution, l'intervention judiciaire n'est qu'éventuelle, ce qui contribue à faire de cette saisie une mesure d'exécution rapide et simple. Ce n'est en effet qu'en cas de contestation que le juge de l'exécution intervient, en statuant par une décision susceptible d'appel (C. pr. exéc., art. R. 121-19).

800.07 La saisie-attribution est uniquement une mesure d'exécution forcée, alors que la saisie-arrêt comportait une phase conservatoire (« *arrêt* »), puis une phase d'exécution à la suite de l'instance en validité[3]. La modification de terminologie est sur ce point éclairante. Cette nouvelle voie d'exécution a

1. L. n° 75-618, 11 juill. 1975, relative au recouvrement public des pensions alimentaires, *JO* 12 juill., p. 7178.

2. Décr. n° 75-1339, 31 déc. 1975, relatif aux modalités d'application de la loi n° 75-618 du 11 juillet 1975, relative au recouvrement public des pensions alimentaires, *JO* 3 janv., p. 166.

3. DONNIER, n° 877, notes 1 (historique) et 879.

un effet original : c'est l'effet attributif immédiat de la créance saisie disponible entre les mains du tiers au profit du saisissant (C. pr. exéc., art. L. 211-2). La phase conservatoire de l'ancienne saisie-arrêt a disparu. Dès l'acte de saisie, le créancier saisissant se voit attribuer la créance de somme d'argent, qu'il ne pourra toutefois recevoir en paiement du tiers saisi qu'à l'expiration du délai de contestation, délai qui peut être abrégé par le débiteur lui-même (C. pr. exéc., art. R. 211-6, al. 2) ou allongé en cas de contestation (C. pr. exéc., art. L. 211-5)[1].

800.08 La saisie-attribution crée une « indisponibilité partielle » des sommes saisies. La saisie-arrêt rendait indisponible entre les mains du tiers saisi, sauf cantonnement, la totalité des sommes dues au saisi[2].

En matière de saisie-attribution, le législateur a opté pour une sorte d'**indisponibilité partielle** des sommes saisies. L'article L. 211-2 C. pr. exéc. dispose en effet que l'acte de saisie emporte, « *à concurrence des sommes pour lesquelles elle est pratiquée* », attribution immédiate de la créance saisie disponible entre les mains du tiers.

Cependant, lorsqu'une saisie-attribution est pratiquée entre les mains d'un établissement habilité à tenir des comptes de dépôt, la règle est celle de **l'indisponibilité totale,** limitée dans le temps (C. pr. exéc., art. L. 162-1 et R. 162-1 : l'acte de saisie rend « *indisponible l'ensemble des comptes du débiteur qui représentent des créances de sommes d'argent* » (C. pr. exéc., art. R. 211-19).

1. Sur la dissociation de l'effet attributif immédiat et du paiement ultérieur : Civ. 2e, 1er oct. 2009, no 08-19.051, *Bull. civ.* II, no 234; *D.* 2010. 1307, obs. Leborgne; *RTD civ.* 2010. 158, obs. Perrot; *RD banc. fin.* 2010. 72, obs. Piedelièvre : en l'absence d'acquiescement à une saisie-attribution dont le délai de contestation n'est pas expiré, cassation de l'ordonnance du premier président qui rejette comme dénuée d'objet une demande d'arrêt de l'exécution provisoire de la décision, ayant servi de fondement à la saisie-attribution.
2. PAR EX., Civ. 2e, 12 mai 1975, no 74-10.150, *Bull. civ.* II, no 143.

TITRE

81. Les conditions de la saisie-attribution

SECTION 0
ORIENTEUR

810.00 Plan du titre.

Division. La saisie-attribution met en présence trois personnes : le créancier saisissant, le débiteur saisi et le tiers saisi, débiteur du saisi.

Cette mesure d'exécution forcée exige que le saisissant dispose d'une créance constatée dans un titre exécutoire à l'encontre du débiteur saisi (chap. 811), et que celui-ci soit lui-même créancier (chap. 812) d'un « *tiers* », le tiers saisi (chap. 813).

810.03 Bibliographie indicative.

Actualisables. Rép. pr. civ., *v° Saisie-attribution (conditions)*, par C. Lefort, janv. 2007 [màj oct. 2014], n°s 14 s. – *J.-Cl. Not. Form.*, *v° Saisie-attribution*, (*conditions et procédure*), fasc. 10, par C. Tirvaudey-Bourdin – *J.-Cl. Pr. civ.*, *v^is* Saisie-attribution (cause de la saisie), fasc. 2241 ; Saisie-attribution (objet de la saisie), fasc. 2242, par N. Cayrol.

Ouvrages. G. Couchez, *Voies d'exécution*, 10e éd., Sirey, 2010 – M. et J.-B. Donnier, *Voies d'exécution et procédures de distribution*, 8e éd., « Manuel », LexisNexis/Litec, 2009 – A. Leborgne, *Droit de l'exécution*, 2e éd., « Précis », Dalloz, 2014, p. 456-462, n°s 998-1009 – R. Perrot et P. Théry, *Procédures civiles d'exécution*, 3e éd., Dalloz, 2013, p. 376-386, n°s 375-383 – J. Vincent et J. Prévault, *Voies d'exécution et procédures de distribution*, 19e éd., « Précis », Dalloz, 1999.

CHAPITRE

811. Créance du saisissant

ÉDOUARD DE LEIRIS
MAGISTRAT

SECTION 0 ORIENTEUR

811.00 Plan du chapitre.

811.01 Textes applicables.

C. pr. exéc., art. L. 111-3, L. 111-6, L. 111-10, L. 131-3, L. 211-1, L. 311-2, L. 311-4, L. 511-2, R. 131-3 et R. 131-4.

C. pr. civ., art. 504, 524, 525-1 et 1565 à 1567.

C. civ., art. 1244-1.

LPF, art. L. 252 A.

C. com., art. L. 611-4 s.

811.03 Bibliographie indicative. (V. s^s n° 810.03)

Ouvrages. A. LEBORGNE, *Droit de l'exécution*, 2e éd., « Précis », Dalloz, 2014, p. 185-225, n°s 411 à 468-20 – R. PERROT et P. THÉRY, *Procédures civiles d'exécution*, 3e éd., Dalloz, 2013, p. 139-184, n°s 129-169.

SECTION 1 TITRE EXÉCUTOIRE

811.11 Texte applicable. Aux termes de l'article L. 211-1 C. pr. exéc., « *tout créancier muni d'un titre exécutoire constatant une créance liquide et exigible peut, pour en obtenir le paiement, saisir entre les mains d'un tiers les créances de son débiteur portant sur une somme d'argent...* ».

L'exigence d'un titre exécutoire constatant une créance liquide et exigible est la condition commune à la saisie-vente (C. pr. exéc., art. L. 221-1), à la saisie des droits incorporels (C. pr. exéc., art. L. 231-1), à la saisie des rémunérations (C. trav., art. R. 3252-1), à la saisie immobilière (C. pr. exéc., art. L. 311-2 et L. 311-4) et de façon générale à toutes les saisies exécutoires tendant au recouvrement d'une créance.

Sous l'empire des textes antérieurs, le créancier qui ne disposait pas d'un titre exécutoire devait solliciter une autorisation du juge pour pratiquer une saisie-arrêt (ACPC, art. 558).

La saisie-attribution est une mesure d'exécution « *extrajudiciaire* »[1] qui nécessite pour être entreprise que le créancier dispose d'un des titres exécutoires énumérés par la loi.

811.12 Énumération. Aux termes de l'article L. 111-3 C. pr. exéc., « *seuls constituent des titres exécutoires :*

1° Les décisions des juridictions de l'ordre judiciaire ou de l'ordre administratif lorsqu'elles ont force exécutoire, ainsi que les accords auxquels ces juridictions ont conféré force exécutoire;

2° Les actes et les jugements étrangers ainsi que les sentences arbitrales déclarées exécutoires par une décision non susceptible d'un recours suspensif d'exécution;

3° Les extraits de procès-verbaux de conciliation signés par le juge et les parties;

4° Les actes notariés revêtus de la formule exécutoire;

5° Le titre délivré par l'huissier de justice en cas de non-paiement d'un chèque;

6° Les titres délivrés par les personnes morales de droit public qualifiés comme tels par la loi, ou les décisions auxquelles la loi attache les effets d'un jugement ».

811.13 Liste complémentaire. Dans le champ du 6° de l'article L. 111-3 C. pr. exéc., l'article L. 252 A du LPF, énonce que « *constituent des titres exécutoires les arrêtés, états, rôles, avis de mise en recouvrement, titres de perception ou de recettes que l'État, les collectivités territoriales ou les établissements*

1. PERROT et THÉRY, n° 369.

publics dotés d'un comptable public délivrent pour le recouvrement des recettes de toute nature qu'ils sont habilités à recevoir » (le titre exécutoire fait l'objet d'une étude détaillée, v. s[s] n°s 101.11 à 126.131).

Cependant, les difficultés n'ont pas pour autant entièrement disparu comme les exemples suivants le montrent.

811.14 Titre exécutoire à l'égard de la personne même qui doit exécuter. Selon la Cour de cassation, les poursuites ne peuvent être entreprises à l'encontre d'un débiteur qui n'est pas désigné par le titre exécutoire, même en cas de solidarité[1].

Dès lors, un créancier muni d'un titre exécutoire à l'encontre d'une société en nom collectif, d'une entreprise unipersonnelle à responsabilité limitée (EURL) ou d'un groupement d'intérêt économique ne peut procéder à l'exécution forcée contre un associé, serait-il unique, ou un membre du groupement que s'il est muni d'un titre exécutoire pris contre celui-ci[2].

La même solution a été retenue pour refuser le droit à un créancier, porteur d'un titre exécutoire délivré à l'encontre d'un époux en recouvrement d'une dette ayant pour objet l'entretien du ménage ou l'éducation des enfants, de saisir les biens du conjoint, en l'absence de titre exécutoire pris contre lui[3].

811.15 Injonction de payer. Une injonction de payer revêtue de la formule exécutoire autorise un créancier à pratiquer une saisie-attribution. L'opposition n'affecte pas la validité de la saisie pratiquée sur le fondement de l'injonction mais fait obstacle au paiement au créancier des sommes rendues indisponibles jusqu'à ce qu'il ait été statué sur les mérites de cette opposition par la juridiction compétente[4] (sur la question, v. s[s] n° 121.33).

811.16 Transmission du titre exécutoire. La créance, cause de la saisie, peut avoir été cédée et les poursuites peuvent être entreprises par le cessionnaire subrogé dans les droits du cédant.

Ainsi la Cour de cassation a-t-elle, par exemple, jugé que « *la cession de créance transfère au cessionnaire les droits et actions appartenant au cédant et attachés à la créance cédée, notamment le titre exécutoire obtenu par le cédant à l'encontre de la caution garantissant le paiement de la créance* »[5].

SECTION 2

TITRE PROVISOIRE

811.21 Titre provisoire. L'article L. 111-10 C. pr. exéc. précise que l'exécution forcée peut être poursuivie jusqu'à son terme en vertu d'un titre exécutoire à titre provisoire, seule la saisie immobilière faisant l'objet d'une législation plus restrictive (C. pr. exéc., art. L. 311-4).

811.22 Jugement susceptible de recours suspensif. Sauf à être assorti de l'exécution provisoire[6], le jugement susceptible de faire l'objet d'un appel ou d'une opposition ne permet pas au créancier de mettre en œuvre une mesure d'exécution, tant que le délai de recours est en cours, ainsi que, en cas d'exercice d'un tel recours, tant que celui-ci n'a pas été jugé. En revanche, un tel jugement peut servir de fondement à une saisie conservatoire sans autorisation du juge (C. pr. exéc., art. L. 511-2).

L'exécution du jugement assorti de l'exécution provisoire est menée aux risques du créancier (C. pr. exéc., art. L. 111-10). Il incombe à l'huissier de justice, en tant que garant de la légalité des poursuites, de vérifier que le titre provisoire en vertu duquel il pratique une saisie-attribution aux risques du créancier mandant reste exécutoire au jour de l'acte de saisie[7]. Si l'exécution provisoire est assortie d'une condition, comme par exemple, la production d'un cautionnement bancaire, le créancier ne peut mettre en œuvre une mesure d'exécution forcée tant que la condition n'est pas remplie[8].

S'il est fait droit, par le premier président en application de l'article 524 C. pr. civ., à une demande d'arrêt de l'exécution provisoire de la décision fondant les poursuites, cet arrêt interdit, pour l'avenir, de pratiquer des saisies-attributions. En revanche, il ne remet pas en cause les saisies antérieures ayant déjà produit leur effet attributif, sauf dans le cas de la saisie des créances à exécution successive, qui cesse

1. Civ. 2e, 19 mai 1998, n° 96-12.944, *Bull. civ.* II, n° 161; *D.* 1998. 405, concl. av. gén. Tatu; *RTD civ.* 1998. 750, obs. Perrot; *RTD civ.* 1998. 933, obs. Gautier; *RJDA* 1998, n° 1289.
2. Com. 26 oct. 1999, n° 97-17.823, NP; *RJDA* 2000, n° 85; *RTD civ.* 2000. 167, obs. Perrot – Civ. 2e, 15 janv. 2004, n° 02-14.547, *Bull. civ.* II, n° 9; *D.* 2004. IR 398; *JCP* 2004. IV. 1446; *Procédures* 2004, n° 101, obs. Perrot – Com. 29 avr. 2014, n° 12-29.757, NP (pour une EURL).
3. Civ. 2e, 28 oct. 1999, n° 97-20.071, *Bull. civ.* II, n° 163; *RTD civ.* 2000. 168, obs. Perrot.
4. Cass., avis, 8 mars 1996, n° 09-60.001, *Bull. avis*, n° 4 – TGI Quimper, JEX, 15 févr. 1996, *Rev. huiss.* 1996. 133.
5. Com. 5 févr. 2008, n° 06-17.029, *Bull. civ.* IV, n° 26; *RD banc. fin.* 2008, n° 37, obs. Legeais – v. DÉJÀ : Com. 27 mars 2007, n° 05-20.696, *Bull. civ.* IV, n° 99; *D.* 2007. AJ 1076, obs. Avena-Robardet; *JCP* 2007. I. 158, obs. Simler.
6. Civ. 2e, 4 janv. 1990, n° 88-17.841, *Bull. civ.* II, n° 4; *RTD civ.* 1990. 565, obs. Perrot; *D.* 1990. Somm. 345, obs. Julien; *Gaz. Pal.* 1990. 2. 362, obs. Véron; *Rev. huiss.* 1991. 466, obs. Lescaillon.
7. Civ. 1re, 13 mai 2014, n° 12-25-511, *Bull. civ.* I, n° 84.
8. Civ. 2e, 5 juin 2014, n° 12-29.134, NP – TGI Lyon, JEX, 25 avr. 2000, RG n° 99/15024, NP.

de produire ses effets à compter la décision arrêtant l'exécution provisoire, pour les sommes non échues au jour de cette décision (sur l'ensemble de la question, v. s[s] n° 831.63).

Enfin, l'exécution provisoire ordonnée *a posteriori*, en application de l'article 525-1 C. pr. civ., n'a pas d'effet rétroactif, de sorte que la saisie-attribution antérieurement pratiquée est nulle[1].

811.23 Ordonnance de référé. Elle permet de pratiquer une saisie-attribution dans les mêmes conditions que les décisions au fond assorties de l'exécution provisoire (sur la question, v. s[s] n° 121.24)[2]. Sous l'empire des textes antérieurs, une saisie-arrêt pouvait être pratiquée sur le fondement d'une telle ordonnance afin de rendre indisponibles les « *sommes et effets* » appartenant au débiteur. Cependant, le juge ne pouvait valider la saisie sans avoir déterminé, en tant que juge du fond, le montant de la créance. Le créancier pouvait rendre indisponibles les avoirs de son débiteur, mais ne pouvait obtenir, sans décision au fond, le transfert de la créance saisie[3].

SECTION 3
DISPARITION DU TITRE

811.31 Décision infirmative ou modificative. Un arrêt d'appel infirmant un jugement de condamnation revêtu de l'exécution par provision constitue un titre exécutoire permettant d'obtenir la restitution, au moyen d'une mesure d'exécution, des sommes versées au titre de cette exécution provisoire, même si l'arrêt ne condamne pas expressément à la restitution[4], voire se contente de débouter l'intimé de ses demandes[5] : « *L'obligation de rembourser résulte de plein droit de la réformation du jugement de première instance* »[6].

Une solution identique a pu être retenue dans le cas de l'ordonnance supprimant une pension alimentaire, ou en diminuant le montant, avec effet rétroactif, dont il a été estimé qu'elle permettait à celui qui a payé en vertu du titre précédent de pratiquer une saisie-attribution afin d'obtenir le remboursement des sommes versées en trop[7].

811.32 Décision cassée. L'arrêt de cassation constitue une décision de justice faisant naître un droit à restitution de la somme versée en exécution de la décision cassée[8]. Aussi convient-il de se fonder, pour récupérer les sommes versées, sur cet arrêt de cassation, à l'exclusion de l'arrêt de la cour d'appel de renvoi[9].

811.33 Conséquences : mainlevée. L'anéantissement du titre exécutoire emporte de plein droit mainlevée de la saisie-attribution, qui n'a pas encore produit son plein effet en l'absence de paiement par le tiers saisi[10].

À compter de la signification de la décision portant annulation du titre exécutoire, il appartient au créancier de donner mainlevée de la saisie-attribution auprès du tiers saisi, sauf à se voir reprocher une abstention fautive constitutive d'un abus de saisie[11].

SECTION 4
CARACTÈRE EXÉCUTOIRE DES JUGEMENTS

811.41 Absence de recours suspensif – Exécution provisoire. Selon l'article 504 C. pr. civ., la preuve du caractère exécutoire ressort du jugement lorsqu'il :

- n'est susceptible d'aucun recours suspensif;
- ou qu'il bénéficie de l'exécution provisoire.

Dans les autres cas, la preuve du caractère exécutoire résulte, soit de l'acquiescement de la partie condamnée, soit de la notification de la décision et d'un certificat établissant l'absence, dans le délai, d'une opposition, d'un appel ou d'un pourvoi en cassation lorsque le pourvoi est suspensif.

1. Civ. 2e, 22 oct. 2009, n° 08-19.559, *Bull. civ.* II, n° 249; *AJ fam.* 2010. 80, obs. Gallmeister; *Procédures* 2010, n° 4, obs. Perrot, dans le cas d'une procédure de paiement direct des pensions alimentaires.
2. POUR UNE ILLUSTRATION : Civ. 1re, 13 mai 2014, n° 12-25.511, *Bull. civ.* I, n° 84 (après avis de la deuxième chambre civile).
3. Civ. 2e, 27 nov. 1985, n° 84-14.862, *Bull. civ.* II, n° 180; *D.* 1986. 169, note Prévault; *RTD civ.* 1987. 155, obs. Perrot – Civ. 2e, 21 juill. 1986, n° 85-11.004, *Bull. civ.* II, n° 134; *RTD civ.* 1987. 155, obs. Perrot – Civ. 2e, 7 mars 1990, n° 89-11.144, *Bull. civ.* II, n° 58; *RTD civ.* 1991. 176, obs. Perrot – Civ. 3e, 25 juin 1991, n° 90-15.477, *Bull. civ.* III, n° 187; *D.* 1992. Somm. 126, obs. Julien; *Gaz. Pal.* 1992. 1. Somm. 160, obs. Véron.
4. Soc. 6 avr. 1951, *JCP A* 1951. IV, n° 1644, obs. Madray; *RTD civ.* 1951. 436, obs. Raynaud – Civ. 2e, 10 juill. 2008, n° 07-16.802, *Bull. civ.* II, n° 183 – Civ. 2e, 19 nov. 2008, n° 07-18.987, *Bull. civ.* II, n° 253.
5. Civ. 2e, 11 mars 2010, n° 09-13.320, NP; *Procédures* 2010, n° 168, obs. Perrot.
6. Civ. 2e, 8 mars 2007, n° 06-11.693, NP; *RTD civ.* 2007. 388, obs. Perrot – Com. 11 oct. 2011, n° 10-11.938, *Bull. civ.* IV, n° 155.
7. TGI Lyon, JEX, 6 oct. 1998, RG n° 98/09243, NP.
8. Civ. 2e, 18 déc. 2011, n° 10-11.904, *Bull. civ.* II, n° 17; *Procédures* 2011. Comm. 87, note Perrot.
9. Civ. 2e, 18 déc. 2003, n° 02-15.725, *Bull. civ.* II, n° 401; *Gaz. Pal.* 2004. Somm. 2723, note Brenner; *RTD civ.* 2004. 352, obs. Perrot.
10. Civ. 2e, 21 janv. 1998, n° 95-20.114, *Bull. civ.* II, n° 24; *RTD civ.* 1998. 484, obs. Perrot; *D.* 1999. 233, note Bourdillat.
11. Civ. 2e, 28 juin 2001, n° 99-17.972, *Bull. civ.* II, n° 125.

SECTION 5
NOTIFICATION DES JUGEMENTS

811.51 Nullité de la saisie. Principe de la notification préalable du titre. Quand elle est pratiquée en vertu d'un jugement, la saisie-attribution, comme toute autre mesure d'exécution, ne peut être mise en œuvre qu'après notification de celui-ci.

L'article 503 C. pr. civ. dispose en effet que les jugements ne peuvent être exécutés qu'après avoir été notifiés à moins que l'exécution n'en soit volontaire (v. s[s] n°s 121.11 s.). La saisie pratiquée en vertu d'un jugement non préalablement notifié est nulle[1]. En revanche, si la signification du jugement a été accomplie, l'irrégularité de forme qui l'affecte doit avoir causé un grief à la partie qui l'invoque pour entraîner la nullité de cette signification et, partant, la mainlevée de la saisie-attribution pratiquée sur son fondement[2].

Le principe de la notification préalable est rappelé régulièrement par la Cour de cassation, tant pour les titres émanant des juridictions[3] que pour les titres émis par une personne morale de droit public[4].

811.52 Validité de la saisie. Exception au principe de la notification préalable. Il est généralement admis que la notification préalable des actes notariés et des procès-verbaux de conciliation ne s'impose pas[5], ce qui peut se prévaloir de la seule référence faite par l'article 503 C. pr. civ. au jugement. Il a pu être retenu la même solution[6] pour les transactions auxquelles le président du tribunal de grande instance a conféré force exécutoire en application de l'ancien article 1441-4 C. pr. civ., dont le contenu figure désormais aux articles 1565 à 1567 de ce code, régissant tous les accords issus d'une médiation, d'une conciliation conventionnelle, d'une procédure participative ou d'une transaction. Quoique la Cour de cassation ne se soit pas prononcée sur la question, la solution est approuvée par la doctrine[7].

SECTION 6
CARACTÉRISTIQUES DE LA CRÉANCE

811.61 Liquide et exigible. Le titre exécutoire doit constater une créance liquide et exigible (v. s[s] n°s 112.00 s.).

811.62 La créance doit être liquide. Une créance est liquide lorsqu'elle est évaluée en argent ou lorsque le titre contient tous les éléments permettant son évaluation (C. pr. exéc., art. L. 111-6). Il n'est donc pas nécessaire que l'évaluation de la créance figure expressément dans le titre. Il suffit que le titre servant de fondement à la mesure d'exécution permette cette évaluation[8].

Un **bail notarié** qui se borne à indiquer que « *les charges locatives sont estimées à environ 70 francs par mètre carré et par an* » n'est pas un titre contenant les éléments suffisants pour liquider la créance et ne permet pas au bailleur de pratiquer une saisie-attribution[9].

Quant à l'**astreinte**, elle ne peut, avant sa liquidation, donner lieu à une mesure d'exécution (C. pr. exéc., art. R. 131-3, al. 1er). Il est donc nécessaire que le créancier qui dispose d'un titre ayant prononcé une astreinte demande au juge de l'exécution (JEX) ou à la juridiction qui l'a ordonnée (C. pr. exéc., art. L. 131-3), de la liquider. La décision du juge liquidant l'astreinte est exécutoire par provision (C. pr. exéc., art. R. 131-4 – v. s[s] n°s 400.05 s.).

811.63 La créance doit être exigible. Lorsque le débiteur a bénéficié de délais de grâce par application de l'article 1244-1 du Code civil, le créancier ne peut pratiquer une saisie-attribution, la créance qui lui sert de fondement n'étant pas exigible tant que les délais demeurent en cours[10].

1. Civ. 2e, 14 sept. 2006, n° 04-18.178, *Bull. civ.* II, n° 229 – V. ÉGAL. TGI Créteil, JEX, 20 janv. 1994, *Gaz. Pal.* 1994. 1. Somm. 355.
2. Civ. 2e, 1er févr. 2006, n° 05-13.350, NP – Civ. 2e, 11 févr. 2010, n° 09-65.404, *Bull. civ.* II, n° 31 (expulsion) – Civ. 2e, 2 nov. 2002, n° 01-00.379, *Bull. civ.* II, n° 245 (saisie immobilière) – COMP., pour l'irrespect des mentions prescrites par l'article 680 C. pr. civ., Civ. 2e, 14 févr. 2008, n° 06-20.988, *Bull. civ.* II, n° 33.
3. Civ. 2e, 15 mars 1995, n° 93-13.655, *Bull. civ.* II, n° 88 – Civ. 2e, 29 janv. 2004, n° 02-15.219, *Bull. civ.* II, n° 33.
4. Civ. 2e, 1er juill. 1999, n° 97-13.255, *Bull. civ.* II, n° 130; *Rev. huiss.* 2000. 315 – Civ. 1re, 18 mars 2003, n° 00-21.274, *Bull. civ.* I, n° 82; *D.* 2003. IR 1010; *Dr. et proc.* 2003. 315, obs. Caillé.
5. PERROT et THÉRY, n° 145 – Paris, 23 janv. 1991, *D.* 1991. IR 67 : le procès-verbal de conciliation n'a pas à être signifié.
6. TGI Lyon, JEX, 4 avr. 2000, RG n° 00/02719, NP – TOUTEFOIS, TGI Paris, 20 mars 2000, *Procédures* 2000, n° 145 : la décision donnant force exécutoire à une transaction doit être communiquée, au plus tard au moment de l'exécution, à celui-ci contre lequel l'exécution forcée est recherchée.
7. Y. Desdevise, « Le titre exécutoire requis », *Procédures* 2008. Dossier 3, « Le titre exécutoire et le recouvrement des créances », n° 25.
8. Civ. 2e, 8 juill. 2004, n° 02-20.213, *Bull. civ.* II, n° 399; *Procédures* 2004, n° 258, obs. Perrot – Civ. 2e, 22 mai 2008, n° 07-13.161, NP – Civ. 2e, 19 nov. 2008, n° 07-18.987, NP.
9. Civ. 2e, 8 juill. 2004, n° 02-20.213, *Bull. civ.* II, n° 399; *Procédures* 2004, n° 258, obs. Perrot – Civ. 2e, 22 mai 2008, n° 07-13.161, NP – Civ. 2e, 19 nov. 2008, n° 07-18.987, NP.
10. *J.-Cl. Pr. civ.*, *v° Saisie-attribution* (cause de la saisie), fasc. 2241, n° 53, par Cayrol.

Lorsque le créancier se prévaut d'une créance à termes périodiques (loyers, échéances d'un prêt), il ne peut, sur le fondement du titre exécutoire, pratiquer une saisie-attribution que pour les termes échus au jour de la saisie, et non pour les termes à échoir. Sauf clause d'exigibilité immédiate dans le titre, le créancier sera contraint de renouveler sa procédure, ce qui ne présente pas de difficultés s'il dispose d'un titre notarié constatant le bail ou le prêt, mais ce qui exigera, si ce n'est pas le cas, de recourir à justice pour obtenir un nouveau titre exécutoire.

811.64 **La créance contenue dans le titre exécutoire ne doit pas être éteinte, en particulier par l'effet de la compensation légale.** L'extinction de la créance dont le recouvrement est recherché peut être opposée par le débiteur, qui peut par exemple se prévaloir de versement ou d'une compensation légale intervenue avant la délivrance de la saisie-attribution[1].

Toutefois, lorsque le créancier saisissant fait l'objet d'une procédure collective, la compensation ne peut être opposée par le débiteur saisi qu'à la condition que la créance réciproque qu'il invoque ait été admise au passif du créancier saisissant; le JEX qui constate le caractère vraisemblable de cette créance réciproque doit donc surseoir sur la demande de mainlevée de la saisie-attribution, dans l'attente de la décision sur l'admission de la créance[2]. De même, la compensation légale ne peut jouer qu'à hauteur de la fraction saisissable du salaire[3] (v. s^s^ n°s 812.81 s., pour **l'exception de compensation opposée par le tiers saisi**).

811.65 **Cas particulier des procédures collectives et de surendettement.** Les procédures collectives et de surendettement, dès lors qu'elles débouchent sur le rééchelonnement de la créance contenue dans le titre exécutoire, remettent pareillement en cause l'exigibilité de cette créance.

Ainsi en va-t-il de **l'accord issu de la procédure de conciliation destinée à prévenir les difficultés des entreprises,** prévue par les articles L. 611-4 et suivants du Code de commerce : pendant la durée de son exécution, l'accord rendu exécutoire par le président du tribunal compétent qui le constate ou l'homologue arrête et interdit toute poursuite individuelle sur les biens du débiteur dans le but d'obtenir le paiement des créances qui en font l'objet; corrélativement, cet accord interrompt, pour la même durée, les délais impartis aux créanciers parties à l'accord, à peine de déchéance ou de résolution des droits afférents aux créances mentionnées par l'accord (C. com., art. L. 611-10). Le bénéfice de cette disposition est étendu aux personnes coobligées, à celles ayant consenti une sûreté personnelle ou encore ayant affecté ou cédé un bien en garantie (C. com., art. L. 611-10-2), de même que ces personnes bénéficient, depuis l'entrée en vigueur, le 1er juillet 2014, de l'ordonnance portant réforme de la prévention des difficultés des entreprises et des procédures collectives, des délais de paiement le cas échéant accordés au débiteur principal en cours de procédure de conciliation par le juge qui l'a ouverte[4]. Cette ordonnance a en outre instauré une procédure de rétablissement professionnel sans liquidation ouverte aux débiteurs, personnes physiques, n'employant pas de salarié et disposant d'un actif déclaré d'une valeur inférieure à 5 000 euros (C. com., art L. 645-1 et R. 645-1), pour laquelle, dans l'attente de sa clôture entraînant l'effacement des dettes déclarées, un juge commis peut ordonner, dans la limite de quatre mois, le report du paiement des sommes exigibles et la suspension des procédures d'exécution qui auraient été engagées (C. com., art. L. 645-6).

Le **plan de sauvegarde ou de redressement** emporte un effet d'arrêt et d'interdiction des poursuites individuelles pour les créanciers concernés (C. com., art L. 626-11 s., pour le plan de sauvegarde et art. L. 631-19, pour le plan de redressement)[5].

Enfin, **l'adoption de mesures de surendettement** interdit aux créanciers auxquels elles sont opposables l'exercice de procédures d'exécution à l'encontre des biens du débiteur pendant la durée d'exécution de ces mesures (C. consom., art. L. 331-8 et L. 331-9, mod. par L. n° 2010-737, 1er juill. 2010[6]).

1. Civ. 2e, 16 déc. 2004, n° 03-13.117, *Bull. civ.* II, n° 533.
2. Com. 21 févr. 2012, n° 11-18.027, *Bull. civ.* IV, n° 44; *D.* 2012. 678, note Lienhard.
3. Pour une application particulière : Civ. 2e, 27 sept. 2012, n° 11-21.926, *Bull. civ.* I, n° 158; *Procédures* 2012. Comm. 328, note Bugada.
4. Ord. n° 2014-326, 12 mars 2014, portant réforme de la prévention des difficultés des entreprises et des procédures collectives, *JO* 14 mars, p. 5249, art. 5 et 9; l'ordonnance n'est pas applicable aux procédures en cours au jour de son entrée en vigueur, le 1er juillet 2014 (art. 116).
5. SUR L'ENSEMBLE DE LA QUESTION : G. Ripert et R. Roblot, *Traité de droit commercial*, par P. Delebecque et M. Germain, vol. 2, 17e éd., LGDJ, 2004, n°s 3177 et 3184-1 s.
6. L. n° 2010-737, 1er juill. 2010, portant réforme du crédit à la consommation, *JO* 2 juill., p. 12001.

CHAPITRE

812. Créance saisie

ÉDOUARD DE LEIRIS
MAGISTRAT

SECTION 0 ORIENTEUR

812.00 **Plan du chapitre.**

812.01 **Textes applicables.**

C. pr. exéc., art. L. 112-2, L. 112-1 à L. 112-4, L. 123-1, L. 153-1, L. 162-2, L. 211-1 à L. 211-4, R. 112-1, R. 112-4, R. 112-5, R. 121-23, R. 121-24, R. 211-1 et R. 211-1 à R. 211-17.

C. civ., art. 1240, 1289, 1290, 1298 et 1690.

C. assur., art. L. 131-1.

C. com., art. L. 511-31, L. 662-1, L. 622-17, L. 622-21, L. 622-22, R. 621-4 et R. 622-15.

C. consom., art. L. 331-3-1, L. 331-6 s. et L. 332-3 s.

C. trav., art. L. 3252-1 s. et R. 3252-1 s.

C. pr. pén., art. 706-155.

C. mon. fin., art. L. 153-1 et L. 312-27.

L'article L. 112-1 alinéa 1er C. pr. exéc. dispose que les saisies peuvent porter sur les biens appartenant au débiteur, même détenus par un tiers.

Selon l'article L. 211-1 C. pr. exéc., le créancier muni d'un titre exécutoire peut « *saisir entre les mains d'un tiers les créances de son débiteur portant sur une somme d'argent* ».

L'article L. 211-2 C. pr. exéc. dispose que « *l'acte de saisie emporte, à concurrence des sommes pour lesquelles elle est pratiquée, attribution immédiate au profit du saisissant de la créance saisie disponible entre les mains du tiers...* ».

Textes applicables aux créances salariales. Toutefois, l'article L. 211-1 C. pr. exéc. (qui s'est substitué aux articles 42 de la loi du 9 juillet 1991 et 55 du décret du 31 juillet 1992) dispose que les **créances salariales,** créances à exécution successive, ne sont pas saisissables par le biais de la saisie-attribution, mais qu'elles le sont selon la procédure spéciale mise en place par les articles L. 3252-1 et suivants et R. 3252-1 et suivants du Code du travail (v. ss nos 940.04 à 946.44), que le contrat de travail soit ou non en cours d'exécution[1].

812.02 **Conditions.** La créance que le créancier veut saisir doit exister dans le patrimoine du débiteur saisi, au jour de la saisie et être saisissable.

1. Civ. 2e, 30 sept. 1999, no 97-19.732, *Bull. civ.* II, no 147; *D.* 1999. IR 150 – Cass., ass. plén., 9 juill. 2004, no 02-21.040, *Bull. ass. plén.*, no 11; *D.* 2004. 3161, note Bugada; *D.* 2004. IR 2273; *Procédures* 2004, no 208, obs. Perrot; *Dr. et proc.* 2004. 349, obs. Bourdillat; *JCP* 2005. II. 10047, note Donnier; *RD banc. fin.* 2004, no 221, obs. Piedelièvre.

Le caractère indisponible de la créance saisie n'interdit pas la saisie-attribution, mais prive celle-ci de son effet attributif (v. s[s] n°s 800.07 et 800.08).

812.03 **Bibliographie indicative.** (V. s[s] n° 810.03)

Ouvrages. A. LEBORGNE, *Droit de l'exécution*, 2e éd., « Précis », Dalloz, 2014, p. 457-462, n°s 999-1009 – R. PERROT et P. THÉRY, *Procédures civiles d'exécution*, 3e éd., Dalloz, 2013, p. 379-386, n°s 378-383.

SECTION 1
EXISTENCE DE LA CRÉANCE SAISIE

812.11 **Créance de somme d'argent – notion.** La saisie-attribution ne peut porter que sur une créance de sommes d'argent[1]. Il est généralement aisé de déterminer si la créance porte ou non sur une somme d'argent. Il suffit pour cela de s'attacher à l'objet de l'obligation du tiers saisi, débiteur de la créance.

Cette créance pourra être appréhendée par le moyen d'une saisie-attribution, si son débiteur est tenu de l'obligation de remettre une somme d'argent au créancier, y compris une somme libellée en monnaie étrangère, la Cour de cassation jugeant dans ce cas que cette somme d'argent est saisie à hauteur de sa contrevaleur en euros[2]. Dans le cas inverse il conviendra de recourir à une autre voie d'exécution appropriée (saisie de valeurs mobilières, *etc.*). La question est d'autant plus importante que ces autres mesures ne présentent pas toujours la même efficacité, telle la saisie de valeurs mobilières qui n'autorise pas la condamnation du tiers saisi aux causes de la saisie.

La détermination de l'objet de la créance peut poser des difficultés dans le cas de produits financiers. Pour les obligations émises par une personne morale, une doctrine est d'avis que ces valeurs mobilières, qui constituent des titres négociables, sont pour cette raison étrangères au domaine de la saisie-attribution[3]. Quant à des produits de capitalisation, constatant des créances dont l'exécution peut prendre des formes alternatives – remise de fonds ou de valeurs mobilières, au choix du bénéficiaire – la Cour de cassation a jugé qu'un bon de capitalisation émis par une compagnie d'assurance représentait une créance de somme d'argent, pouvait faire l'objet d'une saisie-attribution, en se fondant sur l'article L. 131-1 du Code des assurances, qui dispose que le titulaire de ces bons obtient le règlement en espèces, sauf pour lui à opter pour la remise de titres ou de parts[4]. La solution ne règle toutefois pas le cas où le choix appartiendrait au débiteur de l'obligation alternative, conformément au principe édicté par l'article 1190 du Code civil. En toute hypothèse, seule une analyse précise des rapports juridiques liant le débiteur saisi et le tiers saisi pourra permettre d'apprécier l'objet premier de la dette du tiers saisi.

812.12 **Diversité des créances susceptibles d'être saisies.** Alors que la créance, cause de la saisie, doit être constatée par un titre exécutoire, il n'en est pas de même de la créance, objet de la saisie.

À l'instar des règles qui étaient déjà admises pour la saisie-arrêt, le Code des procédures civiles d'exécution n'exige pas que la créance saisie soit constatée par un titre exécutoire[5], ni même qu'elle soit liquide ou exigible[6].

Cette souplesse profite évidemment au créancier poursuivant. Elle pose toutefois de délicates questions, tenant à l'appréciation de la naissance, voire de la disparition, des créances dont le débiteur saisi est titulaire à l'encontre du tiers saisi.

La saisie-attribution peut en effet porter sur une créance conditionnelle, à terme ou à exécution successive, pourvu qu'elle soit née et qu'elle figure et demeure dans le patrimoine du débiteur saisi.

812.13 **Preuve de l'existence de la créance saisie.** La créance saisie n'étant pas nécessairement contenue dans un titre exécutoire, son existence doit être établie en cas de contestation. Il appartient au créancier saisissant d'établir l'existence de la créance de son débiteur contre le tiers saisi[7]. Il s'agit d'un incident de la saisie, de sorte que le juge de l'exécution (JEX) est compétent pour apprécier ce point.

Cette solution, retenue par la Cour de cassation au visa de l'article 1315 du Code civil sur la charge

1. PERROT et THÉRY, n° 379, insistant sur le fait que la saisie ne porte pas sur une somme d'argent, mais sur une créance de somme d'argent.
2. Civ. 2e, 31 mars 2011, n° 10-12.269, *Bull. civ.* II, n° 79; *D.* 2011. 2150, chron. Sommer, Leroy-Gissinger, Adida-Canac et Bouvier; *RTD civ.* 2011. 392, obs. Perrot : publié dans le cas d'une saisie conservatoire.
3. *J.-Cl. Soc. Traité, v° Mesures d'exécution forcée sur valeurs mobilières et droits d'associés*, fasc. 2221, n° 14, par Coquelet (màj Moulière).
4. Civ. 2e, 10 juill. 2008, n° 07-14.658, *Bull. civ.* II, n° 181 (en matière de saisie conservatoire).
5. *J.-Cl. Pr. civ., v° Saisie-attribution* (objet de la saisie), fasc. 2242, n° 5, par Cayrol.
6. IMPLICITEMENT : Civ. 2e, 25 mars 1998, n° 96-14.706, *Bull. civ.* II, n° 109 – V. ÉGAL. Civ. 2e, 12 avr. 2012, n° 11-12.967, NP – POUR UNE CRÉANCE NON LIQUIDE : TGI Quimper, JEX, 2 févr. 1995, *Rev. huiss.* 1995. 1394.
7. Civ. 2e, 10 févr. 2011, n° 10-30.008, *Bull. civ.* II, n° 38; *D.* 2011. 1509, obs. Leborgne; *D.* 2011. 2150, chron. Sommer, Leroy-Gissinger, Adida-Canac et Bouvier; *Procédures* 2011, n° 169, obs. Perrot – DÉJÀ DANS CE SENS, Paris, 19 sept. 2001, *Dr. et proc.* 2001. 401; *RD banc. fin.* 2011. 146, obs. Piedelièvre.

de la preuve, est parfaitement logique et peut en effet s'appuyer sur la lettre de cette disposition, qui prévoit qu'il appartient à celui qui réclame l'exécution d'une obligation de la prouver. Au surplus, il ne saurait être attendu du tiers saisi qu'il établisse un fait négatif, à savoir l'absence de créance.

On relèvera toutefois qu'en application des articles L. 123-1 et L. 211-1 C. pr. exéc., le tiers saisi est tenu d'apporter son concours à la mesure d'exécution. À cette fin, il doit spontanément livrer une information exacte au créancier saisissant et ne saurait donc se retrancher derrière l'application de l'article 1315 du Code civil, qui ne peut donc jouer à son profit qu'à la condition qu'il ait pleinement respecté l'obligation de renseignement mise à sa charge par le Code des procédures civiles d'exécution sanctionnée par l'article R. 211-5 C. pr. exéc. (v. s[s] n° 821.51).

§ 1
Naissance de la créance

A.
Caractéristiques générales de la créance

812.21 Créance certaine et non créance éventuelle. La Cour de cassation exige que la créance saisie soit « *certaine* », notion qu'elle oppose à celle de « *créance éventuelle* »[1]. À la différence du droit antérieur, une saisie-attribution ne peut ainsi pas être pratiquée sur une créance simplement « *en germe* »[2].

Lorsqu'un « élément constitutif » de l'obligation fait défaut au jour de la saisie, la créance est éventuelle et ne peut faire l'objet d'une saisie. Ainsi en va-t-il notamment du consentement d'une partie à un contrat, par exemple dans l'hypothèse d'une promesse unilatérale de vente, tant que le bénéficiaire de la promesse n'a pas levé l'option[3], ou encore, lorsque l'élément légal d'un contrat fait défaut, tel l'agrément ministériel de la cession d'un office notarial, avant lequel la créance de prix de cession ne peut donc faire l'objet d'une saisie[4].

La distinction n'est toutefois pas toujours aisée, en particulier lorsqu'il convient de distinguer cet élément constitutif de la créance, d'une simple modalité l'affectant - terme, condition, voire exécution successive[5] - ou de déterminer l'événement précis qui donne naissance à la créance, serait-elle à exécution successive.

1°
Naissance de la créance

812.31 Événement donnant naissance de la créance. L'article 55 du décret du 31 juillet 1992 (abrogé par le décret de codification du Code des procédures civiles d'exécution) précisait qu'une saisie peut être pratiquée « *entre les mains de toute personne tenue **au jour de cette saisie**, d'une obligation portant sur une somme d'argent envers son débiteur* ».

Malgré la disparition de cette précision dans le Code des procédures civiles d'exécution, il ne fait pas de doute que la créance doit exister au jour de la saisie, dans le patrimoine du débiteur. Au demeurant, la Cour de cassation continue à évoquer cette exigence d'une créance du débiteur contre le tiers saisi « *au jour de la saisie* » chaque fois qu'elle est conduite à apprécier l'application de l'article R. 211-5 alinéa 1er du code, relatif à la condamnation du tiers saisi aux causes de la saisie[6] (v. s[s] n° 821.94).

Les illustrations de cette exigence sont nombreuses en jurisprudence.

812.32 Droit bancaire. En matière de **virement** bancaire, un banquier n'est pas débiteur d'une créance de restitution des fonds de son client tant

1. Civ. 2e, 11 mai 2000, n° 97-12.362, *Bull. civ.* II, n° 77; *D.* 2001. 1138, obs. Delebecque; *RJDA* 2000, n° 910, cassant un arrêt, au visa des articles 13, 42 et 43 de la loi du 9 juillet 1991, au motif que la saisie « *ne peut pas porter sur une créance éventuelle* ».
2. Civ. 2e, 25 mars 1998, n° 96-14.706, *Bull. civ.* II, n° 109; *Gaz. Pal.* 1998. 235, censurant une cour d'appel qui s'était bornée à constater que la créance existait en germe – V. AUSSI, à propos d'une assurance-vie : Civ. 1re, 2 juill. 2002, n° 99-14.819, *Bull. civ.* I, n° 179 – Sur la question, v. D. Jost et J.-M. Perez, « La saisie d'une créance en germe », *Defrénois* 2003. 746 s. – Sous l'empire de la saisie-arrêt, la Cour de cassation autorisait au contraire la saisie d'une créance éventuelle, dès lors que l'obligation du tiers saisi existait au jour de la saisie, au moins « en germe » : Civ. 2e, 31 oct. 1956, *Bull. civ.* II, n° 556 – Sur la créance « en germe », v. COUCHEZ, n° 247 – *J.-Cl. Proc. Form.*, *v° Saisie-attribution* (conditions et procédure), fasc. 10, n° 18, par Tirvaudey-Bourdin – PERROT et THÉRY, n° 380.
3. Com. 13 mars 2001, n° 98-12.700, *Bull. civ.* IV, n° 58; *RD banc. fin.* 2001, n° 163, obs. J.-M. D.; *Dr. et proc.* 2001. 250, obs. Bourdillat, concernant un avis à tiers détenteur fait entre les mains d'un notaire ayant établi une promesse unilatérale de cession d'un contrat de crédit-bail immobilier.
4. Civ. 2e, 11 mai 2000, n° 97-12.362, *Bull. civ.* II, n° 77 – DANS LE MÊME SENS : Civ. 2e, 9 oct. 1991, n° 90-14.635, *Bull. civ.* II, n° 236; *JCP* 1991. IV. 429 (à propos de l'opposition formée par une caisse de sécurité sociale portant sur une prime dépendant d'une décision préfectorale non encore prise).
5. E. Putman, « La formation des créances », th. Aix-en-Provence 1987, n°s 322 s. – C. Garreau, « La saisie-attribution, la procédure collective et la date de naissance des créances contractuelles », *RTD civ.* 2004. 413 – Com. 13 mars 2001, n° 98-12.700, *Bull. civ.* IV, n° 58; *Dr. et proc.* 2001. 251 s, obs. Bourdillat.
6. Civ. 2e, 10 janv. 2013, n° 11-26.316, NP.

qu'il n'a pas reçu ces fonds, du client ou d'un tiers : « *L'obligation de restitution de la banque, simple dépositaire* [...] *ne pouvait préexister au virement effectif des fonds* »[1]. La Cour de cassation est toutefois venue préciser que la saisie pouvait porter sur une créance résultant d'un virement, avant même que la somme ne soit effectivement inscrite au crédit du compte saisi, la créance prenant en effet naissance au moment du virement lui-même[2].

Le droit du **crédit** fournit également d'intéressantes illustrations.

A pu être considéré comme une créance certaine, et donc saisissable, un prêt accordé par une banque, même si son déblocage est progressif[3]. En revanche, en présence d'une simple promesse de prêt, le débiteur saisi ne dispose pas d'une créance de somme d'argent contre l'établissement de crédit : tel est le cas d'une autorisation de découvert consentie par une banque, tant que cette autorisation n'a pas été utilisée par le débiteur saisi[4].

812.33 Prix de vente entre les mains d'un notaire. Seule la remise du prix de vente au notaire chargé d'une vente peut faire naître une créance contre ce dernier au profit du vendeur, créance alors saisissable par un créancier de celui-ci[5]. Et encore, la Cour de cassation juge-t-elle que la seule réception des fonds par le notaire ne suffit pas à faire naître une créance au profit de l'acquéreur : en effet, le notaire qui reçoit les fonds de l'acquéreur avant la conclusion de la vente ne détient pas ces fonds pour le compte du vendeur, de sorte que celui-ci ne disposant pas encore d'une créance contre le notaire, un créancier du vendeur ne peut saisir cette créance entre ses mains[6].

812.34 Indivision. Avant tout partage de la masse indivise d'une succession, le débiteur coïndivisaire n'est pas encore titulaire de ce chef d'une créance de somme d'argent entre les mains du notaire en charge de la succession. Il s'ensuit que le créancier de ce coïndivisaire ne peut que provoquer le partage, à l'exclusion de toute saisie-attribution entre les mains du notaire[7].

812.35 Dividendes. Quant à la saisie d'une créance de dividendes, la Cour de cassation juge que : « *C'est la décision de l'assemblée générale de distribuer tout ou partie des bénéfices réalisés au cours de l'exercice qui confère à ceux-ci l'existence juridique* »[8]. Aussi en déduit-elle qu'une saisie-attribution ne peut être pratiquée entre les mains d'une société, sur les dividendes d'un associé, qu'exercice par exercice : « *La distribution, aux associés, des bénéfices éventuellement dégagés par la société à l'issue de l'exercice* [...] *ne pouvait intervenir qu'après clôture et décision prise en assemblée générale, après approbation des comptes* [...], *ce dont il résultait que la créance de dividendes n'avait pas d'existence juridique* »[9].

812.36 Fonds consignés judiciairement, « *pour le compte de qui il appartiendra* ». Dans l'hypothèse d'une somme litigieuse, consignée judiciairement sur un compte ouvert auprès d'une caisse autonome des règlements pécuniaires des avocats (Carpa), il a pu être jugé que la créance n'existait pas avec certitude tant qu'il n'avait pas été statué sur sa propriété[10]. Dès lors que la Carpa détenait la somme litigieuse entre le créancier et le débiteur « *pour le compte de qui il appartiendra* », le débiteur n'avait pas à son encontre de créance certaine[11]. Cette solution n'a toutefois pas à ce jour été consacrée

1. Civ. 2e, 13 mai 1987, no 86-10.836, *Bull. civ.* II, no 113; *JCP* 1988. II. 20923, note Delebecque et Putman.
2. Civ. 2e, 28 mai 2003, no 01-12.892, *Bull. civ.* II, no 166; *D.* 2004. 1490, obs. Taormina; *Procédures* 2003, no 169, obs. Perrot; *Dr. et proc.* 2003. 371, obs. Putman.
3. Colmar, 2 juin 1996, *JCP* 1996. IV. 2275.
4. Civ. 2e, 18 nov. 2004, no 00-19.693, *Bull. civ.* II, no 501; *D.* 2005. 213, obs. Avena-Robardet; *D.* 2005. 1604, obs. Taormina; *Dr. et proc.* 2005. 109, obs. Bourdillat; *RTD com.* 2005. 154, obs. Legeais; *RD banc. fin.* 2005, no 23, obs. Piedelièvre – V. AUSSI : O. Cuperlier, « Réflexions critiques sur l'insaisissabilité d'une ouverture de crédit », *RTD civ.* 2007. 485.
5. Civ. 2e, 7 juin 2006, no 04-16.937, NP; *JCP N* 2006, no 48, 1363, note Garçon – PERROT et THÉRY, no 380 (note), réservent toutefois l'hypothèse où le notaire a reçu mandat d'encaisser ce prix, en s'appuyant sur : Civ. 2e, 16 févr. 1978, no 76-14.367, *Bull. civ.* II, no 44; *JCP* 1979. II. 19055, note Stenner et Bost : encore faut-il préciser que dans cette espèce la vente avait été conclue avant la saisie-arrêt, seul le versement du prix étant intervenu postérieurement – V. ÉGAL., C. Guilloteau-Palisse, « Saisie du prix de vente entre les mains du notaire », *JCP N* 2013. Étude 1219 : indiquant que le vendeur dispose d'une créance conditionnelle à l'encontre de l'étude, pouvant faire l'objet d'une saisie, dans le cas, rare, où il a été stipulé dans l'avant-contrat que le prix sera payé par la comptabilité du notaire : celui-ci souscrit en effet lui-même un engagement – P. Théry, « Le notaire et les procédures civiles d'exécution », *LPA* no 96, 11 août 1997, p. 10.
6. Civ. 2e, 15 nov. 2012, no 11-23.883, NP; *Dr. et proc.* 2013. 40, note Vinckel.
7. Civ. 1re, 7 déc. 2011, no 10-16.857, NP.
8. Com. 23 oct. 1990, no 89-13.999, *Bull. civ.* IV, no 247; *D.* 1991. 173, note Reinhard; *RTD civ.* 1991. 361, obs. Zenati – Com. 28 nov. 2006, no 04-17.486, *Bull. civ.* IV, no 235 – Com. 4 févr. 2014, no 12-23.894, NP; *Dr. soc.* 2014. 373, comm. Reygrobellet.
9. Civ. 2e, 23 nov. 2006, no 05-20.255, NP; *RJDA* 2007, no 357 – V. AUSSI : Civ. 2e, 19 mars 2009, no 08-11.303, *Bull. civ.* I, no 78; *Dr. et proc.* 2009. 224, obs. Lefort, qui s'interroge sur le point de savoir si, dans ce cas d'espèce, il n'aurait pas convenu de retenir l'existence de la créance de dividende d'un associé unique (arrêt rendu dans le cadre de l'application de l'article 60 du décret du 31 juillet 1992 [devenu C. pr. exéc., art. R. 211-5]).
10. TGI Périgueux, JEX, 2 mars 1995, *Gaz. Pal.* 1995. 2. Somm. 603.
11. TGI Grenoble, JEX, 20 mars 1995, *Rev. huiss.* 1995. 1269.

par la Cour de cassation [1], et est critiquable : ainsi, N. Cayrol relève-t-il que la décision statuant sur la propriété de la créance ne conditionne pas l'existence du droit et que « *de la même manière qu'un droit litigieux peut être cédé* [C. civ., art. 1699], *il semble pouvoir être saisi* » [2]. En effet, ce n'est pas l'existence de la créance qui est incertaine, mais sa titularité qui est contestée. Or, dès lors qu'une créance saisie n'a pas à être constatée dans un titre exécutoire, seule l'efficacité de la saisie devrait se trouver affectée par l'existence d'une contestation sur cette titularité [3]. La solution serait alors comparable à d'autres cas de séquestre ou consignation, tel celui de la consignation du prix de vente d'un fonds de commerce, dans l'attente de l'expiration du délai légal d'opposition des créanciers [4].

812.37 Créances de dommages-intérêts, de restitution ou de répétition d'indu. Si les solutions dégagées en matière de procédures collectives, qui s'attachent également à apprécier la date de naissance d'une créance, ne peuvent pas nécessairement être transposées à la saisie-attribution, la comparaison des deux matières permet d'observer que la jurisprudence en matière de saisie-attribution est loin d'avoir réglé toutes les situations susceptibles d'advenir.

On peut notamment s'interroger sur la date de naissance d'une créance de dommages-intérêts, ou encore d'une créance de répétition d'un indu, de restitution consécutive à l'anéantissement d'un contrat, *etc.* Raisonnant sur le cas de la créance de dommages-intérêts, on pourrait estimer que c'est le jugement prononçant une condamnation qui donne naissance à la créance de dommages-intérêts [5]. Le même raisonnement pourrait être mené pour la créance de restitution après anéantissement d'un contrat, de même qu'il est jugé par la Cour de cassation que seule la décision d'infirmation ou de cassation constitue un titre exécutoire permettant le recouvrement de sommes versées en exécution de la décision infirmée ou cassée. Au contraire, dans le cas de la répétition de l'indu, la créance de restitution, que le jugement ne fait que constater, paraît naître du paiement indu lui-même.

2°

Créances à terme, sous condition ou à exécution successive

812.41 Créance à terme, conditionnelle. La saisie-attribution peut porter, selon l'article L. 112-1 alinéa 2 C. pr. exéc., sur des créances à terme ou conditionnelles.

Si l'efficacité de la saisie sur une créance affectée d'une **condition suspensive** est subordonnée à la réalisation de la condition, le débiteur de la créance s'est déjà définitivement obligé et sera donc tenu de s'exécuter si la condition se réalise (C. civ., art. 1181) [6]. De même la **condition résolutoire** affectant une créance ne peut-elle remettre en cause la saisie-attribution pratiquée antérieurement à la survenance de cette condition [7]. La situation ne doit pas être confondue avec le cas où la créance saisie est annulée. Ainsi, lorsque la créance saisie résultait d'un jugement ultérieurement infirmé, la Cour de cassation juge que le paiement par le tiers saisi au créancier saisissant perd tout fondement, de sorte que l'arrêt infirmatif impose au saisissant de restituer les sommes reçues sur le fondement de l'article 60 alinéa 1er du décret du 31 juillet 1992 (devenu C. pr. exéc., art. R. 211-5, al. 1er) [8].

Quant au **terme**, il ne fait que retarder l'exécution de la créance (C. civ., art. 1185). La saisie peut être immédiatement pratiquée, son dénouement étant simplement reporté au terme convenu. Encore faut-il observer que ce report ne joue que dans le cas où le terme porte sur l'exécution de la créance elle-même. Ainsi, la Cour de cassation juge-t-elle que « *le seul fait que les sommes versées sur un plan d'épargne-logement soient frappées par l'article R. 315-30 du Code de la construction et de l'habitation d'une indisponibilité relative ne saurait les faire échapper aux poursuites des créanciers du souscripteur, celui-ci pouvant toujours mettre fin à ce plan moyennant la perte des avantages financiers qui lui sont attachés, lorsqu'il est mené à terme* » [9]. Autrement dit, le fait que le bénéfice des avantages attachés au plan d'épargne logement ne puisse jouer

1. IMPLICITEMENT, EN SENS CONTRAIRE : Civ. 2e, 3 oct. 2002, n° 01-02.159, *Bull. civ.* II, n° 207, approuvant l'arrêt qui « *retient exactement que les actions n'appartenant pas* [à la débitrice saisie, qui les a cédées], *le séquestre qui était tenu de restituer à qui il appartiendra les fruits attachés auxdites actions, n'était, au jour de la saisie, tenu à aucune obligation à l'égard de la débitrice saisie* ».
2. *J.-Cl. Pr. civ.*, *V° Saisie-attribution* (objet de la saisie), fasc. 2242, n° 47, par Cayrol.
3. PERROT et THÉRY, n° 381.
4. Civ. 2e, 16 mars 2000, n° 98-14.725, *Bull. civ.* II, n° 49.
5. COMP. Civ. 2e, 25 sept. 2014, n° 13-20.561, *Bull. civ.* II [à paraître].
6. PERROT et THÉRY, n° 380 – *J.-Cl. Pr. civ.*, *V° Saisie-attribution* (objet de la saisie), fasc. 2242, n° 39, par Cayrol.
7. PERROT et THÉRY, n° 380.
8. Civ. 2e, 14 sept. 2006, n° 04-17.065, *Bull. civ.* II, n° 230.
9. Civ. 2e, 29 mai 1991, n° 90-11.714, *Bull. civ.* II, n° 170; *D.* 1993. 57, obs. Vasseur (sous l'empire de la saisie-arrêt) – Rejetant le pourvoi contre : Rennes, 31 oct. 1989, *D.* 1991. 39, note Martin, qui avait jugé que l'indisponibilité relative prévue par le Code de la construction et de l'habitation, frappant les sommes déposées sur un plan d'épargne-logement, « *ne saurait les faire échapper, même provisoirement, aux poursuites des créanciers* » – V. ÉGAL. Civ. 2e, 17 juin 1992, nos 90-21.430 et 90-21.431, *Bull. civ.* II, n° 169.

qu'au terme de ce plan n'interdit pas l'attribution immédiate de la créance de l'épargnant sur l'établissement bancaire. Cette solution, quoique dégagée à propos de la saisie-arrêt, s'applique également à la saisie-attribution d'un plan d'épargne logement[1].

812.42 Créances à exécution successive. En application de l'article L. 112-1 C. pr. exéc., la saisie peut porter sur une créance à exécution successive. La procédure de saisie-attribution de créances à exécution successive (autres que les rémunérations du travail), est régie par les articles R. 211-14 à R. 211-17 C. pr. exéc., l'article R. 211-14 C. pr. exéc. précisant que les dispositions générales des articles R. 211-1 à R. 211-13 C. pr. exéc. s'appliquent, sous réserve de ces dispositions particulières. En particulier, il suffira au créancier saisissant de faire signifier au tiers saisi un seul procès-verbal pour lui permettre de saisir une créance à exécution successive comme par exemple des loyers, au fur et à mesure des échéances (C. pr. exéc., art. R. 211-15, al. 2), sans avoir à renouveler l'acte de saisie : l'effet attributif de la saisie portant sur une créance à exécution successive s'étend aux sommes échues en vertu de cette créance depuis la signification de l'acte de saisie, ce jusqu'à ce que le créancier saisissant soit rempli de ses droits, dans la limite de ce que le tiers saisi doit au débiteur[2].

Les conditions de fond relatives à la créance saisie sont les mêmes que celles qui gouvernent la saisie-attribution d'une créance instantanée, la difficulté tenant à la définition de la notion de créance à exécution successive.

« *Il y a exécution successive lorsque les prestations se renouvellent dans le temps* »[3], comme dans le contrat de bail ou le contrat de travail : le principe de la créance est acté dès l'origine, mais son exigibilité est échelonnée dans le temps[4]. Il y a un principe unique de créance, découlant du même contrat[5].

Le cas le plus fréquent de créance à exécution successive est celui des loyers dus en vertu d'un contrat de bail. Ont également été pu être considérés comme des créances à exécution successive :

– **en matière de quotas laitiers, le contrat liant le producteur et l'acheteur**, comportant des obligations réciproques de production et de collecte échelonnées dans le temps, pendant une période de référence et portant sur des quantités de référence[6];

– **un marché d'étude, d'aménagement et de rénovation d'un ensemble immobilier**, résultant d'un acte juridique unique, dont l'exécution s'échelonne dans le temps, à un prix fixé à l'avance et payable par acomptes[7].

Quoique la situation soit plus rare, cette créance unique peut ne pas être contractuelle, telle l'hypothèse de la saisie d'une indemnité d'occupation résultant d'un jugement[8]. L'article 19-2 de la loi n° 65-557 du 10 juillet 1965[9] l'envisage d'ailleurs expressément, à titre d'illustration, au profit de la copropriété poursuivant le recouvrement de provisions de charges impayées (L. 10 juill. 1965, art. 19-2, al. 2).

En revanche, on doit distinguer la créance à exécution successive de « *la pluralité de créances naissant successivement d'actes juridiques qui, bien qu'intégrés dans un ensemble, sont indépendants les uns des autres* »[10]. Dans cette dernière hypothèse, correspondant à celle d'un contrat-cadre, le créancier sera contraint de réitérer des saisies, chacune de celles-ci ne lui permettant en effet d'appréhender que la créance déjà née contre le tiers saisi « *au jour de la saisie* » (Décr. 31 juill. 1992, art. 55 [abrogé par décr. de codification du C. pr. exéc.]).

Aussi convient-il de rechercher si la saisie correspond « *à une créance unique ou à des créances distinctes nées d'accords indépendants les uns des autres* »[11]. La qualification de créance à exécution

1. TGI Niort, JEX, 20 nov. 1995, *Rev. huiss.* 1996. 826, obs. Prévault – TGI Paris, JEX, 19 déc. 1995, NP, cité par J.-M. Delleci, *La réforme des procédures civiles d'exécution. Son application aux opérations de banque*, 2e éd., Banque, 1997, n° 395 *ter*, note 526 – TGI Nanterre, JEX, 30 janv. 1995, NP, cité par J.-M. Delleci, *La réforme des procédures civiles d'exécution. Son application aux opérations de banque*, 2e éd., Banque, 1997, n° 395 *ter*, note 527 – Versailles, 3 juill. 1996, *RD bancaire et bourse* 1997. 68 : « *Le terme contractuel d'un plan d'épargne-logement ne constitue pas une modalité d'indisponibilité des fonds déjà épargnés opposable par le tiers détenteur au créancier saisissant* » – CONTRA, mais isolé : TGI Quimper, JEX, 7 févr. 1994, *D.* 1994. Somm. 341, obs. Julien.
2. Civ. 1re, 13 mai 2014, n° 12-25.511, *Bull. civ.* I, n° 84 (après avis de la deuxième chambre civile).
3. A. Bénabent, *Les obligations,* 9e éd., Montchrestien, 2003, n° 21.
4. *J.-Cl. Pr. civ.*, *v° Saisie-attribution* (créances à exécution successive : règles spécifiques), fasc. 2295, n° 4, par Miguet.
5. PERROT et THÉRY, n° 403.
6. Civ. 2e, 8 mars 2001, n° 97-21.844, *Bull. civ.* II, n° 48; *D.* 2001. IR 1077; *RD banc. fin.* 2001, n° 195, obs. J.-M. D. : cassation au visa de l'article 1134 du Code civil.
7. TGI Lyon, JEX, 12 oct. 1999, RG n° 99/07604, NP.
8. Civ. 2e, 30 mai 2002, n° 00-18.146, *Bull. civ.* II, n° 113 : cette décision, rendue sur le fondement exprès de l'article 13 de la loi du 9 juillet 1991, doit toutefois être prise avec prudence, car semblant procéder d'une confusion entre la créance cause de la saisie (l'indemnité d'occupation) et la créance objet de cette saisie (le salaire).
9. L. n° 65-557, 10 juill. 1965, fixant le statut de la copropriété des immeubles bâtis, *JO* 11 juill., p. 5950.
10. *J.-Cl. Pr. civ.*, *v° Saisie-attribution* (créances à exécution successive : règles spécifiques), fasc. 2295, n° 4, par Miguet.
11. Civ. 2e, 20 mars 2003, n° 01-03.082, NP.

successive est donc exclue dans le cas où la naissance de la créance dépend d'un élément essentiel et postérieur au contrat liant les parties. N'ont pas été considérés comme donnant naissance à des créances à exécution successive :

- un contrat d'affacturage : « *Les créances naissent successivement d'actes juridiques indépendants les uns des autres* [...] *et aucun créancier de l'adhérent ne peut prétendre appréhender les sommes créditées postérieurement* [...] *à la saisie-attribution* »[1];

- une convention de tiers-payant entre un praticien et une Caisse primaire d'assurance-maladie (CPAM) : le praticien, subrogé dans les droits des assurés sociaux, dispose sur la CPAM d'une succession de créances distinctes nées des prestations fournies au fur et à mesure de leur accomplissement, et non d'une créance née d'un contrat unique à exécution successive[2].

(Sur la question de la saisie-attribution de créances à exécution successive en matière de procédure collective, v. s^s^ n° 831.91).

B.
Cas particulier de l'assurance-vie

812.51 **Assurance sur la vie.** L'abondante jurisprudence relative à la saisie des produits d'assurance sur la vie est le reflet des controverses doctrinales[3] et la conséquence, d'une part, de la multitude des placements présentés aux épargnants, notamment à des fins fiscales, d'autre part, du souci des créanciers (et notamment du Trésor) d'appréhender ce qu'ils estiment être une fraction du patrimoine de leurs débiteurs.

On distingue deux formes principales d'assurance-vie : l'assurance en cas de décès et l'assurance en cas de vie. En pratique, les assureurs proposent des contrats d'assurance mixtes, en particulier des contrats d'assurance en cas de vie, assortis d'une contre-assurance en cas de décès, garantissant au souscripteur en vie au terme du contrat ou au bénéficiaire, en cas de décès du souscripteur avant ce terme, un capital ou une rente. Ces assurances ayant une finalité d'épargne[4], il a été tenté, par des créanciers du souscripteur d'appréhender les sommes susceptibles d'être versées par l'assureur.

812.52 • **Le contrat d'assurance en cas de décès,** qui stipule qu'au décès du souscripteur, l'assureur versera à un bénéficiaire désigné un capital ou une rente, n'autorise, par conséquent, pas les créanciers du souscripteur à réclamer le paiement de ce capital ou de cette rente (C. assur., art. L. 132-12 et L. 132-14). Ce souscripteur ne dispose d'aucune créance contre l'assureur, seul le bénéficiaire désigné disposant d'une telle créance contre l'assureur[5].

Une réserve est faite cependant par l'article L. 132-14 du Code des assurances qui dispose que les créanciers du contractant peuvent réclamer le remboursement des primes manifestement exagérées (C. assur., art. L. 132-13), ou bien en cas de fraude (C. civ., art. 1167), ou enfin, sur le fondement de l'article L. 632-1 du Code de commerce[6], permettant l'annulation d'actes accomplis pendant la période suspecte[7].

812.53 • **Le contrat d'assurance en cas de vie du souscripteur, stipule** que l'assuré doit être en vie pour percevoir le fruit de son épargne. Il peut prévoir une « contre-assurance », selon laquelle, en cas de décès avant le terme du contrat, un capital ou une rente sera versé à un bénéficiaire désigné, ainsi qu'un « *droit de rachat* », au profit du souscripteur qui peut résilier unilatéralement le contrat et récupérer les primes versées et l'épargne acquise au jour du rachat[8].

812.54 • **Insaisissabilité des sommes susceptibles d'être restituées en exécution d'une faculté de rachat.** La Cour de cassation juge, au visa des articles L. 132-8, L. 132-9, L. 132-12 et L. 132-14 du

1. TGI Lyon, JEX, 17 déc. 1996, RG n° 96/12402NP.
2. Soc. 24 févr. 2000, n° 98-13.444, *Bull. civ.* V, n° 76 : rejetant le pourvoi formé contre Rennes, 7 janv. 1998, *BICC* 1998, n° 935; *Rev. huiss.* 1998. 1145; *Rev. proc. coll.* 1999, n° 108, obs. Canet – DANS LE MÊME SENS, Civ. 2e, 17 mai 2001, n° 99-13.711, *Bull. civ.* II, n° 99; *D.* 2001. IR 1851; *RD banc. fin.* 2001, n° 195, obs. Delleci; *Gaz. Pal.* 2002. Somm. 248, note Véron – Civ. 2e, 13 juin 2002, n° 00-20.844, *Bull. civ.* II, n° 129; *D.* 2003. 1469, obs. Taormina – Com. 17 déc. 2002, n°s 99-14.397 et 99-14.450, *Bull. civ.* IV, n° 196, retenant qu'un avis à tiers détenteur ne pouvait être pratiqué entre les mains d'une caisse de sécurité sociale, relativement à une créance due pour une prestation à un assuré social bénéficiaire du tiers payant, au motif que seule la facturation à l'assuré social faisait naître au bénéfice du prestataire une créance sur la caisse, et ce seulement lorsque l'assuré social avait subrogé le prestataire dans ses droits à remboursement par la caisse.
3. *J.-Cl. Civ. Annexes*, *v° Assurances terrestres* (assurances de personnes – assurance vie), fasc. 15-10, n°s 66 à 69, par Courtieu – M. Bigot, « Clair-obscur sur l'assurance-vie », *JCP* 1993. I. 3718 – H. Lécuyer, « Promesses jurisprudentielles d'une longue vie à l'assurance-vie », *Dr. fam.* 2005. Étude 6, n°s 10 à 14.
4. G. Courtieu, préc. s^s^ prés^t^ n°, n°s 15 à 46 – M. Bigot, « Clair-obscur sur l'assurance-vie », *JCP* 1993. I. 3718 – H. Lécuyer, « Promesses jurisprudentielles d'une longue vie à l'assurance-vie », *Dr. fam.* 2005. Étude 6, n°s 10 à 14.
5. Cass., ass. plén., 12 déc. 1986, n° 84-17.867, *Bull. ass. plén.*, n° 14; *D.* 1986. 269, note Ghestin; *JCP* 1987. II. 20760, note Boyer.
6. C. com., anc. art. L. 621-107 – L. 25 janv. 1985, anc. art. 107.
7. Colmar, 19 mars 1993, *JCP* 1996. II. 22595, note Bigot – Grenoble, 7 nov. 1995 – Toulouse, 24 oct. 1995.
8. *JCP* 1996. II. 22595, p. 107, note Bigot.

Code des assurances, « *que, tant que le contrat n'est pas dénoué, le souscripteur est seulement investi, sauf acceptation du bénéficiaire désigné, du droit personnel de faire racheter le contrat et de désigner ou de modifier le bénéficiaire de la prestation; que, dès lors, nul créancier du souscripteur n'est en droit de se faire attribuer immédiatement ce que ce dernier ne peut recevoir* »[1].

Cette jurisprudence, réitérée[2], a été approuvée, dès lors que la créance de rachat n'est en effet pas certaine, puisque dépendant d'une manifestation de volonté du souscripteur, purement éventuelle[3].

812.55 • **Quant à la créance contre l'assureur au terme du contrat,** la Cour de cassation ne s'est pas explicitement prononcée. Toutefois, les arrêts précités paraissent avoir condamné la saisie anticipée de la créance contre l'assureur dont est titulaire le souscripteur en vie au dénouement du contrat d'assurance-vie : quoique leur attendu de principe n'évoque que la faculté de rachat, ces arrêts ont interdit les saisies-attribution pratiquées entre les mains de l'assureur, de sorte que cette interdiction paraît s'étendre au capital (ou à la rente) promis au souscripteur, s'il demeure en vie au terme du contrat. La Cour de cassation a d'ailleurs censuré des décisions ayant retenu la qualification de créance à terme ou conditionnelle[4] pour autoriser une saisie-attribution[5].

Pourtant, ce capital pourrait s'apparenter à une créance à terme ou sous condition, qui est saisissable[6], analyse qu'avait d'ailleurs faite le ministre de l'Économie, des Finances et de l'Industrie répondant à une question parlementaire que « *cette indisponibilité temporaire n'empêche pas de procéder à une saisie en cours de contrat, l'assureur prenant acte de cet événement, ce qui permettrait l'appréhension des sommes lors du dénouement du contrat* »[7]. L'approche économique du contrat d'assurance-vie est d'ailleurs clairement dans le sens d'un placement d'épargne entrant dans le patrimoine du souscripteur. Celui-ci est ainsi appréhendé par le droit des sûretés, le contrat pouvant être donné en nantissement (C. assur., art. L. 132-10, issu de Ord. n° 2006-346, ayant réformé le droit des sûretés[8]).

Aussi, le législateur est-il venu contrer cette jurisprudence. Une première brèche a été créée par le droit pénal : l'article 706-155 alinéa 2 C. pr. pén., issu de la loi du 9 juillet 2010[9], visant à faciliter la saisie et la confiscation en matière pénale, dispose que : « *Lorsque la saisie porte sur une créance figurant sur un contrat d'assurance sur la vie, elle entraîne la suspension des facultés de rachat, de renonciation et de nantissement de ce contrat, dans l'attente du jugement définitif au fond. Cette saisie interdit également toute acceptation postérieure du bénéfice du contrat dans l'attente de ce jugement et l'assureur ne peut alors plus consentir d'avances au contractant. Cette saisie est notifiée au souscripteur ainsi qu'à l'assureur ou à l'organisme auprès duquel le contrat a été souscrit* » (L. n° 2010-768, 9 juill. 2010, art. 3)[10]. La saisie pénale fige en quelque sorte l'exécution du contrat d'assurance, garantissant qu'au terme de celui-ci la créance du souscripteur contre l'assureur pourra être appréhendée.

Ce texte, inséré dans un chapitre relatif aux biens et droits mobiliers incorporels, en faisant expressément référence à une « *créance figurant sur un contrat d'assurance-vie* », rendait possible, par cette qualification légale, une incidence excédant la matière pénale. C'est ainsi qu'une seconde exception, plus large encore, a été introduite par le législateur, au profit des mesures d'exécution relevant du droit public : la loi n° 2013-1117 du 6 décembre 2013 relative à la lutte contre la fraude fiscale et la grande délinquance économique et financière[11] a prévu que pouvaient faire l'objet d'un avis, d'une saisie et d'une opposition à tiers détenteur ou d'une opposition administrative « *les sommes versées par un redevable souscripteur ou adhérent d'un contrat d'assurance rachetable, y compris si la possibilité de rachat fait l'objet de limitations, dans la limite de la*

1. Civ. 1re, 28 avr. 1998, n° 96-10.333, *Bull. civ.* I, n° 153; *D. Affaires* 1998. 1173; *JCP* 1998. 849; *JCP* 1998. 10112, p. 1277, note Bigot; *JCP E* 1998. 775; *RJF* 1998, n° 726; *Banque* 1998, n° 595, 76, obs. Guillot; *Dr. fisc.* 1998. 1234; *R.* 1998, n° 367, obs. Courtieu; *Dr. et patr.* 1998, n° 2037, obs. Chabas; *Dr. fam.* 1998, n° 159 – V. AUSSI, S. Hovasse-Banget, « Insaisissabilité de la valeur de rachat d'un contrat d'assurance vie », *Defrénois* 1998. 861 – DANS LE MÊME SENS, Com. 15 juin 1999, n° 97-13.576, NP; *RJF* 1999, n° 1289 – Pour la jurisprudence des juges du fond : Grenoble, 7 nov. 1995, *JCP* 1996. II. 22595 – TGI Bordeaux, JEX, 20 sept. 1994, *RGAT* 1995. 416, note Bigot – Paris, 11 févr. 1997, *D.* 1997. IR 67 – Reims, 25 oct. 1996, *LPA* 22 oct. 1997, n° 127, p. 18 s., note Droin.
2. Civ. 1re, 27 mai 1998, n° 96-14614, NP – Civ. 1re, 20 oct. 1998, n° 96-14.851, NP – Com. 15 juin 1999, n° 97-13.576, NP (avis à tiers détenteur).
3. N. Cayrol, préc. ss n° 812.41.
4. Civ. 1re, 2 juill. 2002, n° 99-14.819, *Bull. civ.* I, n° 179; *RD banc. fin.* 2002, n° 194, obs. J.-M. D. (à propos d'un avis à tiers détenteur).
5. Paris, 30 nov. 2000, *Rev. huiss.* 2001. 183, obs. Andrieux.
6. EN FAVEUR DE LA SAISISSABILITE : DONNIER, n° 269.
7. Rép. min. n° 15507 à M. Deprez, *JOAN Q* 31 août 1998, p. 4803 – Rép. min. n° 8872 à M. Mathieu, *JO Sénat Q* 3 sept. 1998, p. 2289 – Instr. 18 déc. 1998, *BOI*, n° 12 C-6-98 – V. chron. « Droit des assurances », *JCP* 1999. I. 137, n° 28, obs. Eymard-Gauclin.
8. Ord. n° 2006-346, 23 mars 2006, relative aux sûretés, *JO* 24 mars, p. 4475.
9. L. n° 2010-768, 9 juill. 2010, visant à faciliter la saisie et la confiscation en matière pénale, *JO* 10 juill., p. 12753.
10. *Procédures* 2010. 152, note Buisson; *JCP* 2010. 1067, étude Robert.
11. L. n° 2013-1117, 6 déc. 2013, relative à la lutte contre la fraude fiscale et la grande délinquance économique et financière, *JO* 7 déc., p. 19941.

valeur de rachat des droits à la date de la notification » de la mesure (L. 6 déc. 2013, art. 41; v. s^{s} n° 931.63). La jurisprudence dégagée en 1998 est ainsi partiellement obsolète, ne demeurant que pour les créanciers procédant à une mesure d'exécution régie par le Code des procédures civiles d'exécution.

§ 2
Créances sorties du patrimoine du débiteur

A.
Inefficacité de la saisie portant sur une créance préalablement transmise à un tiers

812.61 Mesure inopérante. La créance que le créancier saisissant va tenter d'appréhender par la voie de la saisie-attribution doit exister au moment de la saisie. Or, par divers procédés, cette créance peut être sortie du patrimoine du débiteur avant la date de la saisie-attribution, ce qui rendra inopérante cette mesure d'exécution et pourra conduire le JEX à en ordonner la mainlevée.

La créance peut en effet avoir été transmise par une cession de créance classique ou selon les techniques simplifiées utilisées notamment dans les relations commerciales, pour pallier les lourdeurs de ce mécanisme, comme les bordereaux « *Dailly* », les effets de commerce, l'affacturage ou la délégation de créance.

812.62 Cession de créance. La créance, objet de la saisie, peut avoir été transférée par la technique de la cession de créance[1] qui opère changement de créancier.

Cette cession de créance peut avoir eu lieu selon le procédé de la cession de créance de type « *classique* ». En ce cas, si la **cession de créance a été signifiée régulièrement avant la saisie-attribution**, selon les modalités de l'article 1690 du Code civil, la saisie-attribution ne produira aucun effet, le tiers saisi n'étant plus tenu d'aucune obligation à l'égard du saisi, la signification de la cession rendant celle-ci opposable. La jurisprudence considère en outre que l'acceptation certaine et non équivoque de la cession par le débiteur peut se substituer à la signification prévue par l'article 1690 du Code civil[2]. Avant cette signification ou cette acceptation, le paiement fait par le tiers saisi au créancier saisissant dans l'ignorance de la cession le libérera de son obligation et, de façon plus générale, une telle cession sera inopposable au créancier saisissant[3]. *A fortiori*, lorsqu'elle est consentie postérieurement à la saisie-attribution, la cession de créance ne pourra pas prospérer, faute de porter sur une créance dont le saisi demeure titulaire. Encore faut-il réserver le cas d'une cession partielle portant sur le surplus de la créance, non saisi.

La question est plus délicate dans le cas où la cession de créance est signifiée le même jour que l'acte de saisie-attribution. L'article L. 211-3 alinéa 3 C. pr. exéc. règle la question de la pluralité de saisies notifiées le même jour : elles sont réputées pratiquées simultanément (v. s^{s} n° 831.71). Selon le professeur Miguet[4], « *il semble inévitable d'appliquer cette règle à la cession de créance* [...] *sinon il n'y aurait pas de solution au conflit* ». Il ne faudrait toutefois pas qu'une telle solution conduise à conclure une cession dans l'intention frauduleuse de faire échec à la saisie; c'est pourquoi, lorsque l'heure de ces mesures peut être prouvée – ce qui, à l'ère de l'informatique, devrait être fréquemment le cas –, il semble préférable, en droit comme en pratique, d'en rester à un principe strictement chronologique : si la signification de l'acte de saisie-attribution est postérieure à celle de la cession de créance, cette dernière l'emporte, et inversement lorsque la saisie-attribution est antérieure. On relèvera d'ailleurs dans un tel cas l'intérêt de la mention de l'heure de la signification de l'acte de saisie, prévue par l'article R. 211-1 C. pr. exéc., en son dernier alinéa. Cette mention sera utile de façon plus générale pour trancher le conflit que pourrait entraîner un paiement effectué par le tiers le jour de la saisie[5].

812.63 Cessions « *Dailly* ». À la différence de la cession de créance de droit commun, en matière de bordereau de cession de créance professionnelle, la question essentielle est celle de la date à laquelle la créance a été cédée à un tiers[6]. L'article L. 313-27 du Code monétaire et financier[7] précise en effet

1. Civ. 1re, 13 juill. 2004, n° 02-12.441, NP; *RD banc. fin.* 2004, n° 256, obs. Piédelièvre.
2. Civ. 1re, 19 sept. 2007, n° 06-11.814, *Bull. civ.* I, n° 276 – Civ. 1re, 22 mars 2012, n° 11-15.151, *Bull. civ.* I, n° 60 – Civ. 2e, 17 oct. 2013, n° 12-25.967, NP – V. Rép. civ., *v° Cession de créance*, par C. Ophèle, avr. 2008 [màj oct. 2014], n°s 167 et 168.
3. Civ. 2e, 23 nov. 2006, n° 05-11.531, NP – *J.-Cl. Voies d'ex., v° Saisie-attribution* (conflits avec les tiers), fasc. 715, n° 49, par Cayrol.
4. *J.-Cl. Pr. civ., v° Saisie-attribution* (opérations de saisie : acte de saisie et dénonciation), fasc. 2250, n° 105, par Miguet.
5. Perrot et Théry, n° 361.
6. H. Croze, « La loi n° 91-650 du 9 juillet 1991 portant réforme des procédures civiles d'exécution : les règles spécifiques aux différentes mesures d'exécution forcée et mesures conservatoires », *JCP* 1992. I. 3585, n° 7, note 14 – J.-M. Delleci, *La réforme des procédures civiles d'exécution. Son application aux opérations de banque*, 2e éd., 1997, Banque, n° 394 *ter* – J. Grillot et M. Saint-Cène, « La loi Dailly et la réforme des procédures civiles d'exécution », *Banque et droit* 1993, n° 29, p. 3 s.
7. L. 2 janv. 1998, anc. art. 4.

que la cession prend effet entre les parties et devient opposable aux tiers à la date portée sur le bordereau, de sorte que c'est à cette date que la créance cédée sort du patrimoine du débiteur pour entrer dans celui de l'établissement bancaire[1]. La Cour de cassation en déduit que la saisie-attribution pratiquée après la date apposée sur le bordereau de cession est inopérante[2].

A fortiori, la Cour de cassation a jugé, dans le cas de notification d'une cession de créances « *Dailly* » antérieure à la notification d'un avis à tiers détenteur que le débiteur cédé ne détenait plus de fonds pour le compte du cédant[3].

812.64 Lettre de change. Les solutions dégagées par la jurisprudence en matière de saisie-arrêt doivent être reconduites dans le cas de saisie-attribution.

Lorsque la lettre de change a été acceptée, la provision est sortie du patrimoine du tireur. Le tiré est tenu cambiairement à l'égard du porteur et les créanciers du tireur ne peuvent pas pratiquer une saisie-attribution sur la créance qu'il détenait contre le tiré; cette interdiction est une conséquence de l'article L. 511-31 du Code de commerce qui, en principe, n'admet pas d'opposition entre les mains du tiré[4] (sur l'insaisissabilité de la créance cambiaire, v. s[s] n° 812.92). De façon proche, si le porteur du titre fait une défense expresse au tiré de payer la provision, M. Cayrol explique qu'une saisie-attribution postérieure à cette défense sera inopposable au porteur[5].

En ce sens, un arrêt du 3 juin 2003[6], reprenant les solutions dégagées sous l'empire de la saisie-arrêt[7], retient que, même à défaut d'acceptation de la lettre de change, son porteur acquiert, lors de l'endossement du titre, un droit exclusif sur la provision dont le tiré est détenteur à l'échéance, de sorte qu'aucune saisie postérieure à l'acceptation de la lettre de change, à l'échéance de cette lettre ou à la connaissance par le tiré de l'émission de cette traite n'est de nature à priver le porteur du droit qu'il a acquis sur la provision. Le paiement fait au créancier saisissant en connaissance de l'émission de la lettre de change est ainsi inopposable au tiers porteur de cette lettre[8].

À l'inverse, il résulte de cet arrêt que la saisie-attribution pratiquée avant l'échéance de la lettre de change endossée, entre les mains d'un tiré qui n'avait ni accepté la lettre de change, ni connaissance de celle-ci, primera le droit éventuel du porteur de cette lettre de change.

812.65 Chèque. Dans les rapports entre tireur et bénéficiaire d'un chèque, le transfert de la propriété de la provision du chèque s'effectue par la remise du titre au bénéficiaire[9]. Cette remise, qui opère paiement de la créance, fait sortir du patrimoine du tiers saisi la créance du débiteur saisi, qui ne peut dès lors plus être saisie. Il faut préciser que c'est cette remise, et non la rédaction du chèque ou la date portée sur celui-ci, qui produit cet effet. La preuve de cette remise, qui constitue un simple fait, peut être apportée par tous moyens[10].

Dans les rapports entre bénéficiaire du chèque et banquier tiré, ce dernier doit réserver le paiement du montant de ce chèque au profit du créancier du bénéficiaire ayant pratiqué une saisie-arrêt entre ses mains. Toutefois, lorsque ce chèque a été préalablement endossé par le bénéficiaire au profit d'une autre banque, seule cette dernière, porteur du chèque, dispose d'un droit sur la provision. La Cour de cassation précise qu'il incombe à ce porteur d'établir l'antériorité de l'endossement[11].

812.66 Affacturage. Ce mécanisme, qui emprunte la technique de la subrogation et opère un changement de titulaire de la créance, suscite le même type de difficultés.

Le conflit entre l'affactureur et le créancier saisissant est réglé en ayant égard à la date du paiement subrogatoire : dès que la société d'affacturage a payé la créance, elle en devient seule titulaire, par l'effet du paiement subrogatoire. Il s'ensuit que cette créance est sortie, à compter de cette date, du patrimoine du client de la société d'affacturage et ne peut ainsi faire l'objet d'une saisie par un créan-

1. EN CE SENS, Croze, préc. s[s] prés[t] n°, n° 7, note 14.
2. Com. 26 nov. 2003, n° 01-03.685, *Bull. civ.* IV, n° 176; *D.* 2004. Somm. 1485, obs. Taormina; *RTD com.* 2004. 138, obs. Cabrillac, qui précise, au visa de l'article 1240 du Code civil, que le paiement au créancier saisissant par le débiteur cédé, en connaissance de la cession de créance, n'est pas opposable au cessionnaire, ce dont il peut se déduire en revanche que le paiement opéré par le tiers saisi dans l'ignorance de la cession est libératoire – V. ÉGAL., IMPLICITEMENT EN CE SENS : Com. 19 mai 1992, n° 90-15.342, *Bull. civ.* IV, n° 190.
3. Com. 13 févr. 1996, n° 93-21.192, NP; *Banque* 1996, n° 569, p. 91, comm. Guillot.
4. G. Ripert et R. Roblot, *Traité de droit commercial*, vol. 2, 17e éd. (par P. Delebecque et Germain), LGDJ, 2004, n° 1979-1, et la jur. citée.
5. *J.-Cl. Voies d'ex.*, *v° Saisie-attribution* (conflits avec les tiers), fasc. 715, n° 60, par Cayrol.
6. Com. 3 juin 2003, n° 00-11.348, NP.
7. Com. 20 mars 1984, n° 82-16.159, *Bull. civ.* IV, n° 108.
8. *J.-Cl. Voies d'ex.*, *v° Saisie-attribution* (conflits avec les tiers), fasc. 715, n°s 53 s., par Cayrol – G. Ripert et R. Roblot, préc. s[s] prés[t] n°, n° 1979-1.
9. Com. 7 déc. 1971, n° 70-14.182, *Bull. civ.* IV, n° 291; *D.* 1972. 555.
10. Com. 27 sept. 2005, n° 03-14.400, NP.
11. Com. 15 févr. 1994, n° 91-21.316, *Bull. civ.* IV, n° 61; *D.* 1994. Somm. 183, obs. Cabrillac (sous l'empire de la saisie-arrêt) – V. DÉJÀ : Com. 7 déc. 1971, n° 70-14.182, *Bull. civ.* IV, n° 291.

cier de ce client subrogeant[1]. Conformément aux règles régissant le paiement des créances, celui-ci résulte de l'inscription au crédit du compte de client subrogeant[2].

812.67 Délégation. La délégation peut être « parfaite » ou « imparfaite » (ou « simple ») (C. civ., art. 1275 et 1276).

812.68 La délégation parfaite a pour effet d'éteindre la dette du délégant envers le délégataire, le délégué demeurant le seul débiteur[3]. En conséquence, les créanciers du délégant ne peuvent pas pratiquer une saisie-attribution (ou notifier un avis à tiers détenteur), postérieurement à la délégation, entre les mains du délégué[4].

812.69 Lorsque la délégation est imparfaite (ou « simple »), il n'y a pas substitution, mais adjonction d'un débiteur à un autre[5].

Un créancier du délégant peut-il saisir la créance de celui-ci entre les mains du délégué ?

Après quelques hésitations[6], la Cour de cassation est venu retenir dans un arrêt du 14 février 2006 que : « *Si la créance du délégant sur le délégué s'éteint seulement par le fait de l'exécution de la délégation, ni le délégant ni ses créanciers ne peuvent, avant la défaillance du délégué envers le délégataire, exiger le paiement; qu'il en résulte que la saisie-attribution effectuée entre les mains du délégué par le créancier du délégant ne peut avoir pour effet de priver le délégataire, dès son acceptation, de son droit exclusif à un paiement immédiat par le délégué, sans concours avec le créancier saisissant;* [...] *les sommes dues par le délégué* [...] *au délégant* [...] *n'étaient pas saisissables par les créanciers du délégant dont le droit de créance qui demeure dans son patrimoine est indisponible à compter de l'acceptation du délégataire* »[7].

Si l'on peut discuter des termes utilisés, notamment dans l'emploi qui est fait des **notions d'indisponibilité et de saisissabilité**[8], la solution que cet arrêt retient n'en est pas moins venue opportunément clarifier l'état du droit : la délégation imparfaite (qui suppose l'accord des trois parties, déléguant, délégué et délégataire) a pour effet d'interdire la saisie de la créance qui en est l'objet par les créanciers du délégant; le terme d'insaisissabilité pourrait sembler exclure une simple privation temporaire d'effet de la saisie-attribution, dans l'attente du paiement ou non de la créance par le délégué; toutefois, le rappel par la chambre commerciale que la créance demeure dans le patrimoine du délégataire milite pour considérer que la saisie porte alors sur une créance conditionnelle, qui ne pourra opérer ses effets qu'en cas de défaut de paiement par le délégué entre les mains du délégataire.

B.
Effet du paiement par le tiers saisi dans l'ignorance de la transmission de la créance

812.71 Sort du paiement par le tiers saisi de la créance préalablement transférée à un tiers. Une contestation peut être formée à l'encontre d'une saisie-attribution pratiquée sur une créance préalablement transférée à un tiers. Cette contestation peut émaner à titre principal du débiteur. Elle peut également être le fait du tiers saisi, s'il a connaissance du transfert de créance : il souhaitera alors savoir quel créancier il doit payer pour ne pas être amené à acquitter deux fois la créance. Enfin, notamment dans le cas où le tiers saisi n'aura pas été informé du transfert de la créance, le tiers bénéficiaire de ce transfert aura également intérêt à contester la saisie-attribution.

Mais ce tiers auquel la créance a été transmise antérieurement à la saisie n'étant pas avisé de celle-ci, il risque de ne la découvrir que tardivement, lorsque le tiers saisi lui opposera le paiement opéré en exécution de la saisie-attribution. Dans une telle hypothèse, si le tiers saisi n'était pas informé du transfert de créance, son paiement est, en vertu de

1. Civ. 2e, 6 janv. 2005, n° 02-16.721, NP; *D.* 2005. Somm. 1606, obs. Taormina – Civ. 1re, 25 janv. 2005, n° 01-21.145, *Bull. civ.* I, n° 50.
2. Civ. 2e, 6 janv. 2005, n° 02-16.721, préc. ss prést n°.
3. A. Bénabent, *Les obligations,* 9e éd., « Domat », Montchrestien, 2003, n° 756.
4. Com. 24 juin 1986, n° 84-14.379, *Bull. civ.* IV, n° 141; *Dr. fisc.* 1987, n° 896; *RTD civ.* 1987. 550, obs. Mestre.
5. A. Bénabent, *Les obligations,* 9e éd., « Domat », Montchrestien, 2003, n° 756.
6. L'arrêt du 14 février 2006 reprend et précise les termes d'un arrêt du 16 avril 1996 (rendu sous l'empire de la saisie-arrêt), écartant ainsi la solution qui avait été retenue dans un arrêt du 29 avril 2002, jugé énigmatique par ses commentateurs : Com. 16 avr. 1996, n° 94-14.618, *Bull. civ.* IV, n° 120; *D.* 1996. 571, note Larroumet; *D.* 1996. 333, obs. Aynès; *D. Affaires* 1996. 677; *JCP* 1996. II. 22689, note Billiau; *Defrénois* 1996. 1019, n° 36381-104, obs. Mazeaud; *RTD civ.* 1997. 132, obs. Mestre – Opère un revirement par rapport à : Com. 29 avr. 2002, n° 99-15.072, *Bull. civ.* IV, n° 72; *D.* 2002. 2673, note Houtcieff; *D.* 2002. 1835, obs. F. B; *JCP* 2003. II. 10154, note Barthez; *RD banc. fin.* 2002, n° 152, obs. J.-M. D.; *RD banc. fin.* 2002, n° 135, obs. Cerles; *RJF* 2002, n° 1316; *Act. proc. coll.* 2002, n° 12, obs. Monsérié-Bon – V. AUSSI : S. Rezek, « Délégation de paiement et voies d'exécution », *JCP N* 2003, n° 896.
7. Com. 14 févr. 2006, n° 03-17.457, *Bull. civ.* IV, n° 37; *D.* 2006. 650, obs. Delpech; *D.* 2006. 2862, obs. Crocq; *Dr. et proc.* 2006. 228, obs. Putman; *JCP* 2006. II. 10145, comm. Roussille.
8. Comm. Roussille, préc. ss prést n°.

l'article 1240 du Code civil, libératoire[1] et il ne saurait dès lors être actionné par le tiers bénéficiaire du transfert de créance.

812.72 Recours du titulaire de la créance transmise en cas de paiement libératoire du tiers saisi. La question se pose de déterminer le recours dont le tiers bénéficiaire dispose une fois le paiement accompli par le tiers saisi.

Ce tiers bénéficiaire peut bien sûr se retourner contre le débiteur saisi. En revanche, la doctrine est divisée sur la question de savoir s'il peut également se tourner vers le créancier saisissant ayant perçu les sommes correspondant à la créance qui avait pourtant préalablement été transmise.

M. Cayrol[2] relève que la jurisprudence n'admet de façon générale pas la revendication des fonds entre les mains de l'*accipiens*, se prévalant notamment d'un arrêt non publié du 21 octobre 1997, cassant, au visa des articles 1235, 1376 et 1377 du Code civil, la décision ayant accueilli une demande en reversement de la somme reçue par un percepteur public en exécution d'un avis à tiers détenteur, portant sur une créance préalablement cédée, au motif « *que le percepteur réceptionnaire de la somme litigieuse ne l'a pas perçue indûment dès lors qu'il était créancier de son montant, et que celui qui a payé n'a pas commis d'erreur* »[3].

MM. Perrot et Théry font au contraire valoir que la créance ayant quitté le patrimoine du débiteur, elle ne pouvait être saisie par un créancier de ce débiteur, ouvrant nécessairement un recours au tiers bénéficiaire du transfert de créance contre le saisissant, sur le fondement de l'enrichissement sans cause. Insistant sur le fait que la saisie-attribution est un mécanisme de transmission légale de créance[4], ces auteurs se prévalent de la solution retenue en cas de pluralité de cessions d'une même créance[5], que la Cour de cassation apparaît en effet avoir appliquée, dans un arrêt du 26 novembre 2003, dans le cas d'un conflit entre le cessionnaire Dailly et le créancier ayant, postérieurement à la cession, pratiqué une saisie-attribution[6]. On peut en outre citer un autre arrêt en ce sens de la première chambre civile, approuvant une cour d'appel d'avoir accueilli l'action en répétition de l'indu exercé par un créancier subrogé contre le créancier saisissant payé par le tiers saisi, malgré l'antérieurité du paiement subrogatoire sur la saisie-attribution[7].

En tout état de cause, on ne peut qu'inciter le bénéficiaire d'un transfert de créance, qui veut sécuriser son paiement, à garantir l'opposabilité de ce transfert en en informant le débiteur cédé.

§ 3
Extinction de la créance saisie par compensation

812.81 Compensation légale. La créance saisie peut avoir disparu par l'effet du paiement de celle-ci, qui sera opposable au créancier saisissant chaque fois que ce paiement aura été accompli avant la saisie-attribution. Cette libération peut en outre résulter d'une compensation légale : le tiers saisi peut opposer au saisissant l'extinction de la créance du débiteur saisi à son égard, par l'effet de la compensation légale entre cette créance du débiteur saisi et une créance réciproque qu'il aurait à l'encontre de ce dernier. En effet, en application des articles 1289 et 1290 du Code civil, la compensation entre deux créances de sommes d'argent également exigibles s'opère de plein droit à concurrence de leur quotité respective. Le cas de la compensation légale ne pose pas de difficulté, et la situation est d'ailleurs similaire à celle du débiteur saisi opposant au créancier saisissant l'extinction de la créance cause de la saisie par l'effet d'une compensation légale avec sa propre créance contre le saisissant (v. s[s] n° 153.21). Ainsi, la jurisprudence apparaît-elle retenir que la compensation peut être opposée par le tiers saisi lorsque sa créance était déjà née et exigible à la date de la saisie[8].

Le cas particulier de la **saisie des comptes bancaires** mérite attention, lorsque certains présentent un solde débiteur et d'autre un solde créditeur. Dans ce cas, malgré le caractère liquide et exigible

1. Com. 26 nov. 2003, n° 01-03.685, préc. s[s] n° 812.63 (cassation sur la troisième branche du moyen unique) – PERROT et THÉRY, n° 382.
2. *J.-Cl. Pr. civ.*, *v° Saisie-attribution* (procédure : paiement), fasc. 2260, n° 61, par Cayrol.
3. Com. 21 oct. 1997, n° 95-15.626, NP; cassation sur un moyen relevé d'office.
4. PERROT et THÉRY, préc. s[s] n° 812.71 – V. AUSSI, LEBORGNE, n° 1087, précisant que cette action devra être portée devant le juge du fond, à l'exclusion du JEX.
5. Com. 19 mai 1992, n° 90-15.342, *Bull. civ.* IV, n° 190.
6. Com. 26 nov. 2003, n° 01-03.685, préc. s[s] n° 812.63 (rejet de la première branche du moyen unique).
7. Civ. 1re, 25 janv. 2005, n° 01-21.145, *Bull. civ.* I, n° 50.
8. POUR DES ILLUSTRATIONS : Civ. 2e, 14 sept. 2009, n° 04-19565, NP, qui casse, au visa de l'article 1291 C. civ. un arrêt ayant rejeté la condamnation du tiers saisi, motif pris d'une compensation, en énonçant qu'« *en* [retenant que du fait d'une compensation intervenue de plein droit entre leurs dettes respectives, le tiers saisi n'était plus débiteur envers le saisi], *alors qu'elle constatait que la créance du tiers saisi à l'encontre du saisi n'était pas encore liquide et exigible au jour de la saisie, la cour d'appel, qui n'a pas tiré les conséquences légales de ses propres constatations* » – V. AUSSI, Civ. 2e, 2 févr. 2012, n° 11-11.091, NP : « *Ayant* [...] *retenu que X ne démontrait pas avoir une créance qui viendrait en compensation des sommes réclamées, la cour d'appel* [...] *a légalement justifié sa décision* » – Civ. 2e, 12 avr. 2012, n° 11-12.967, NP (faisant état d'une créance hypothétique).

des créances réciproques que cette situation révèle, la jurisprudence connue semble n'accepter la compensation qu'en présence d'une convention de compensation entre les comptes bancaires (v. s^s n° 922.32), c'est-à-dire en vertu d'une compensation conventionnelle.

Mais la situation est plus complexe lorsque les conditions de la compensation légale, voire conventionnelle, entre la créance du tiers saisi et celle du débiteur saisi ne sont pas réunies.

Certes, lorsque la créance saisie est instantanée, l'effet attributif immédiat de la saisie ne permet au tiers saisi que d'opposer une compensation légale, ayant éteint, antérieurement à la saisie, la créance qui en était l'objet. Mais qu'en est-il de la **saisie d'une créance à terme ou sous condition**, lorsque la créance réciproque du tiers saisi devient elle-même exigible avant la survenance de ce terme ou de cette condition ? La question peut être pareillement posée pour la saisie des créances à exécution successive.

En application de l'article 1298 du Code civil, la compensation n'a pas lieu au préjudice des droits acquis à un tiers, cet article illustrant cette règle par un exemple tiré de la saisie-arrêt : « *Ainsi celui qui, étant débiteur, est devenu créancier depuis la saisie faite par un tiers entre ses mains, ne peut, au préjudice du saisissant, opposer la compensation* ».

Cette disposition, en forme de simple illustration de la règle posée et qui n'évoquait, jusqu'à l'ordonnance n° 2011-1895 du 19 décembre 2011, que la saisie-arrêt, vaut pour la saisie-attribution, ainsi que le confirme le remplacement dans cet article, des termes « saisie-arrêt » par celui de « saisie » (Ord. 19 déc. 2011, art. 3).

Aussi, si la créance du tiers saisi est née ou est devenue exigible après la délivrance d'un acte de saisie-attribution portant sur une créance à terme, sous condition ou à exécution successive, le tiers saisi ne semble pas pouvoir opposer la compensation, sous réserve de l'éventuel jeu de la compensation pour connexité.

812.82 Compensation pour connexité. En cas de saisie-attribution d'une créance déjà exigible, le tiers saisi peut-il opposer la compensation avec sa propre créance, non encore exigible, lorsqu'elle est unie par un lien de connexité avec la créance saisie ?

Sous l'empire de la saisie-arrêt, la jurisprudence avait admis que la compensation entre dettes respectives puisse intervenir dans le cas où existait une connexité entre celles-ci[1]. La question du maintien de cette dérogation jurisprudentielle se pose toutefois au regard de l'effet attributif immédiat de la *saisie-attribution*.

En l'absence de jurisprudence connue de la Cour de cassation sur ce point, la doctrine est partagée[2].

Si la créance du tiers saisi n'était pas encore née au jour de la saisie, il ne nous semble faire aucun doute que la compensation est exclue : la créance du saisi contre le tiers saisi a déjà été transférée dans le patrimoine du saisissant.

Qu'en est-il si la créance du tiers saisi était déjà née mais non encore exigible au jour de la saisie ?

La **compensation pour connexité** est une garantie essentielle pour la sécurité des relations contractuelles qui, sous cet angle, devrait pouvoir être invoquée par le tiers saisi, comme la jurisprudence l'a reconnu dans des situations proches[3], notamment en matière de procédure collective, avant que la loi ne consolide cette solution[4]. Relevons d'ailleurs l'inopportunité d'une autre solution, qui, par l'insécurité qu'elle créerait, ne pourrait qu'inciter le tiers saisi à pratiquer une saisie conservatoire pour paiement de sa propre créance réciproque entre ses mains, ce qui ne saurait être une solution satisfaisante (v. s^s n° 813.31).

Le maintien de la compensation pour connexité pourrait d'ailleurs s'appuyer sur la jurisprudence de la Cour de cassation qui considère que, s'agissant de créances connexes, l'effet extinctif de la compensation ordonnée est réputé s'être produit au jour de l'exigibilité de la première d'entre elles[5].

Si l'on suit ce critère, la compensation pour connexité devrait pouvoir jouer y compris dans le cas particulier de la saisie des comptes bancaires, nonobstant le fait que l'article L. 162-1 C. pr. exéc. détermine de façon limitative les opérations en cours au jour de la saisie des comptes bancaires susceptibles d'affecter l'assiette de cette saisie (v. s^s n° 923.30).

1. Civ. 1re, 25 oct. 1972, n° 70-12.163, *Bull. civ.* I, n° 220; *JCP* 1973. II. 17498, note Ghestin; *RTD civ.* 1973. 617, obs. Raynaud – Com. 19 mars 1991, n° 89-17.083, *Bull. civ.* IV, n° 105; *JCP* 1991. II. 21726, note Montredon; *JCP E* 1991. II. 174, note Legeais.
2. Considérant que la compensation pour connexité ne peut pas être opposée : *J.-Cl. Proc. Form.*, *v° Saisie-attribution* (effets – contestations), fasc. 20, n° 27, par Tirvaudey-Bourdin – S'APPUYANT SUR : Civ. 2e, 16 déc. 2004, n° 03-13.117, *Bull. civ.* II, n° 533; *D.* 2005. 1603, obs. Julien et Taormina, statuant toutefois sur le cas, différent, d'une compensation opposée par le débiteur principal, qui avait fait pratiquer une saisie entre ses mains – EN SENS INVERSE : *J.-Cl. Pr. civ.*, *v° Saisie-attribution* (conflit), fasc. 2270, n° 16, par Cayrol.
3. Com. 14 janv. 1997, n° 95-10.188, *Bull. civ.* IV, n° 16 – Civ. 2e, 12 oct. 2000, n° 98-21.085, *Bull. civ.* II, n° 138 (en matière de subrogation).
4. *J.-Cl. Pr. civ.*, *v° Saisie-attribution* (conflit), fasc. 2270, n° 16, par Cayrol.
5. Com. 20 févr. 2007, n° 05-19.858, *Bull. civ.* IV, n° 50; *D.* 2007. 737; *RTD civ.* 2007. 560, obs. Fages – Civ. 1re, 25 nov. 2009, n° 08-19.791, *Bull. civ.* I, n° 234 – Com. 23 sept. 2014, n° 13-20.399, *Bull. civ.* IV [à paraître].

812.83 Compensation pour dettes réciproques entre le saisissant et le tiers saisi. Lorsque le tiers saisi est lui-même créancier du saisissant, la compensation peut s'opérer au moment où le tiers saisi devient personnellement débiteur du saisissant au titre de la saisie-attribution, c'est-à-dire à l'expiration du délai de contestation ou, en cas de contestation, au moment où elle est tranchée. Dans ce cas, le tiers saisi doit pouvoir opposer la compensation légale au moment où le créancier saisissant lui réclame le paiement de la créance.

SECTION 2
SAISISSABILITÉ DE LA CRÉANCE

812.90 Créances insaisissables : généralités et distinction avec les créances indisponibles. Aux termes des articles L. 112-2 et L. 112-3 C. pr. exéc., ne peuvent être saisis les biens que la loi déclare insaisissables.

Cette règle est reprise par l'article R. 112-1 C. pr. exéc. (sur l'ensemble de la question, v. s^s n°s 150.04 à 154.181).

La créance, objet de la saisie, ne doit pas être insaisissable. Le JEX doit ordonner la mainlevée d'une saisie-attribution portant sur une créance insaisissable.

La situation de l'insaisissabilité de la créance doit en revanche être distinguée du cas où la créance est saisissable mais n'est pas disponible, que cette indisponibilité résulte, comme il sera étudié plus loin, d'une précédente mesure d'exécution dénuée d'effet attributif, d'une sûreté ou d'autres mécanismes similaires : dans ces hypothèses, la saisie-attribution est parfaitement valable, son effet attributif – et partant son efficacité – étant simplement reporté, voire conditionné, à la levée de l'indisponibilité, une fois que le tiers au profit duquel cette indisponibilité existe aura été rempli de ses droits (v. s^s n° 831.130).

L'insaisissabilité d'une créance porte le plus souvent sur la totalité de celle-ci (§ 1). Certaines créances peuvent toutefois n'être que partiellement insaisissables : les créances alimentaires (§ 2) et les créances salariales (§ 3).

§ 1
Créances insaisissables

812.91 Créances légalement insaisissables. Un grand nombre de dispositions législatives prévoit l'insaisissabilité de certaines créances, pour l'essentiel des prestations sociales ou des sommes au caractère alimentaire prononcé (sur l'ensemble de la question, v. s^s n°s 150.04 à 154.181).

812.92 Créance cambiaire. La jurisprudence déduit de l'article L. 511-31 du Code de commerce l'insaisissabilité de la créance cambiaire. Ce texte dispose qu'il n'est admis d'opposition au paiement d'une lettre de change qu'en cas de perte ou de redressement ou liquidation judiciaire du porteur. Sous l'empire de l'ancien article 140 de ce code, la jurisprudence avait admis que les créanciers du tireur ou d'un endosseur étaient irrecevables à pratiquer une saisie de la créance cambiaire[1].

Encore faut-il préciser que cette insaisissabilité ne vaut qu'en cas d'acception de la lettre de change ou, à défaut, à l'échéance de cette lettre. Dans le cas inverse, v. s^s n° 812.64.

À propos d'une saisie-attribution pratiquée sur une créance cambiaire résultant de billets à ordre (auquel l'article L. 512-3 du Code de commerce rend applicable l'article L. 511-31 précité), la Cour de cassation a cassé, au visa des articles 45 de la loi du 9 juillet 1991 (devenu C. pr. exéc., art. L. 211-4), 66 du décret du 31 juillet 1992 (devenu C. pr. exéc., art. R. 211-1), L. 512-3 et L. 511-31 du Code de commerce l'arrêt d'une cour d'appel qui avait déclaré que le tiers saisi n'avait pas qualité pour s'opposer au paiement de la créance cambiaire, alors que cette créance est, selon la Cour de cassation, « *par nature insaisissable* »[2]. N. Cayrol fait toutefois observer que la solution ne vaut pas dans le cas où ce billet à ordre est entre les mains du débiteur saisi qui l'a émis[3].

812.93 Avoirs d'une banque centrale étrangère. En application de l'article L. 153-1 du Code monétaire et financier, les avoirs d'une banque centrale étrangère ne peuvent, en France, être saisis, sauf au créancier saisissant muni d'un titre exécutoire, constatant une créance liquide et exigible à obtenir du JEX une autorisation spéciale, en démontrant que les biens détenus ou gérés pour son propre compte par la banque centrale étrangère font partie d'un patrimoine qu'elle affecte à une activité principale relevant du droit privé[4].

1. Com. 29 nov. 1982, n° 81-14.005, *Bull. civ.* IV, n° 374; *D.* 1983. IR 246, obs. Cabrillac – POUR UN BILLET À ORDRE : Com. 15 juin 1993, n° 91-14.201, *Bull. civ.* IV, n° 245; *D.* 1994. Somm. 181, obs. Cabrillac.
2. Com. 27 sept. 2005, n° 02-16.902, *Bull. civ.* IV, n° 182; *D.* 2005. 2672, note Delpech; *D.* 2006. 1614, note Boujeka; *RD banc. fin.* 2005, n° 215, obs. Piedelièvre; *RJDA* 2005, n° 1386; *RTD civ.* 2006. 382, obs. Perrot.
3. *J.-Cl. Pr. civ.*, *v° Saisie-attribution* (conflit), par Cayrol, fasc. 2270, n° 23.
4. N. Micaud, « L'article L. 153-1 du Code monétaire et financier sur l'immunité d'exécution des biens des banques centrales étrangères », *Dr. et proc.* 2006. 3. 128 – M. Dymant, « L'immunité d'exécution des biens des banques centrales étrangères : suite et fin ? », *Dr. et proc.* 2006. 5. 259.

Cette exigence d'une autorisation préalable du juge est originale[1]. Bien que la forme de la demande d'autorisation ne soit pas précisée, celle-ci apparaît devoir être sollicitée selon la procédure prévue par les articles R. 121-23 et R. 121-24 C. pr. exéc.[2]. Autre originalité, le critère posé par l'article L. 153-1 conduit en outre à limiter l'assiette de la saisie-attribution aux seuls avoirs répondant aux conditions fixées par cette disposition. Le texte ne précise pas si la requête et l'autorisation doivent ou non identifier spécialement les comptes visés. On relèvera que si la condition posée par l'article L. 153-1 apparaît logique au regard du principe d'immunité d'exécution qu'elle sous-tend, sa justification par le créancier préalablement à la saisie apparaît pour le moins difficile à établir[3].

Le défaut d'autorisation préalable devrait logiquement être sanctionné par la nullité de la saisie pratiquée, quoique la jurisprudence rendue en la matière ne soit pas venue le préciser à ce jour[4].

812.94 Renvoi. Sur l'insaisissabilité des sommes consignées dans le cadre d'une procédure collective, v. s[s] n° 812.126.

§ 2
Cas particulier des créances alimentaires

812.101 Paiement de créance alimentaire. La saisie-attribution des créances alimentaires fait l'objet d'un régime particulier. L'article L. 112-2, 2° C. pr. exéc., reprenant une règle qui figurait à l'article 2092-2, 2° du Code civil, dispose que ces créances sont insaisissables sauf pour avoir paiement d'une créance elle-même alimentaire.

Pour l'application de cette disposition en matière de saisie-attribution, l'article R. 112-4 C. pr. exéc. prévoit que le débiteur qui prétend que les sommes reçues par lui ont un caractère alimentaire peut saisir le JEX pour qu'il détermine si, et dans quelle mesure, ces sommes ont un caractère alimentaire. Cet article précise que, pour déterminer cette fraction insaisissable, « *en tant que de besoin, le juge fait application du barème prévu aux articles R. 3252-2 et R. 3252-3 du Code du travail* ».

Les cas d'application en jurisprudence de cette disposition sont rares. Il convient en effet de bien circonscrire le domaine d'application de ce pouvoir reconnu au juge pour déterminer une fraction insaisissable.

En premier lieu, compte tenu des termes mêmes de l'article L. 112-2, 2° C. pr. exéc., l'insaisissabilité de la créance porte sur l'ensemble de la partie alimentaire de celle-ci, de sorte que l'article R. 112-4 C. pr. exéc. ne peut concerner que des créances hybrides, partiellement alimentaires. Autrement dit, dès lors que la créance considérée est insaisissable dans son ensemble, en vertu de la loi (RSA « socle », prestation familiales, *etc.*) ou de la jurisprudence, le juge ne saurait disposer du pouvoir de porter atteinte à cette insaisissabilité par l'application du barème de saisie des rémunérations. Tel est par exemple le cas de la **prestation compensatoire.** Si la nature de cette prestation, et partant sa saisissabilité, a longtemps été discutée, la Cour de cassation juge désormais, au visa combiné des articles 14, 2° de la loi du 9 juillet 1991 (devenu C. pr. exéc., art. L. 112-2, 2°) et 43 du décret (devenu C. pr. exéc., art. R. 112-4), que la prestation compensatoire est insaisissable, de sorte que doit être cassé l'arrêt qui l'a déclarée partiellement saisissable[5]. Dans un tel cas, l'insaisissabilité de la créance est complète et perdure donc même dans le cas où celle-ci est versée sur un compte (C. pr. exéc., art. L. 112-4). À l'inverse, usant du pouvoir souverain d'appréciation qui leur est reconnu par la Cour de cassation[6], certains juges de l'exécution ont pu retenir le caractère en tout ou partie alimentaire d'une créance provenant de la réparation d'un préjudice corporel (v. s[s] n° 151.110).

En second lieu, cette disposition ne concerne pas, non plus, les créances ayant la nature de **rémunérations** ou de **revenus assimilés**. Celles-ci ne peuvent en effet faire l'objet que d'une saisie des rémunérations, à l'exclusion de toute saisie-attribution entre les mains de leur débiteur, et dans le cas où ces sommes sont versées sur un compte en banque, elles demeurent insaisissables, à hauteur du montant résultant de l'application du barème de saisie des rémunérations, par application de l'article R. 112-5 C. pr. exéc.[7]. La nuance entre le régime de l'article 43 du décret du 31 juillet 1992 et celui de l'article 44 (devenus C. pr. exéc., art. R. 112-4 et R. 112-5), dans le cas des rémunérations du travail, tenait au fait que le juge apparaissait disposer en

1. V. obs. crit. DONNIER, n° 274.
2. ANC[T] Décr. 31 juill. 1992, art. 32 et 33 – M. Dymant, préc. s[s] prés[t] n°, n°s 10 s., sur les difficultés posées par la procédure sur requête.
3. Paris, pôle 4, 8e ch., 17 sept. 2009, *RD banc. fin.* 2010. 3, note Crédot et Samin, et la doctrine citée par les auteurs.
4. Crédot et Samin, note préc. s[s] prés[t] n°.
5. Civ. 2e, 10 mars 2005, n° 02-14.268, *Bull. civ.* II, n° 66; *D.* 2005. 1604, obs. Taormina; *D.* 2005. 798, obs. Daleau; *Dr. et proc.* 2005. 243, obs. Lefort; *Procédures* 2005, n° 128, obs. Perrot.
6. Civ. 2e, 23 nov. 1983, n° 79-10.772, *Bull. civ.* II, n° 188, sous l'empire de l'ancien article 2092-2, 2° du Code civil, dont le contenu a été repris à l'article L. 112-2, 3° C. pr. exéc.
7. Civ. 2e, 24 juin 2004, n° 02-14.813, *Bull. civ.* II, n° 323; *RTD civ.* 2004. 780, obs. Perrot.

application de l'article 43 du décret du 31 juillet 1992 (devenu C. pr. exéc., art. R. 112-4), prévoyant qu'il « *se réfère en tant que de besoin au barème fixé pour déterminer l'insaisissabilité des rémunérations du travail* », d'un pouvoir souverain pour fixer la fraction insaisissable, le barème n'étant qu'un simple outil de référence, destiné à aider à la détermination de la part alimentaire de la créance saisie[1]. La rédaction du nouvel article R. 112-4 C. pr. exéc., qui dispose que le juge « *fait application* » du barème, apparaît plus directive et rapproche dès lors le régime de ces deux articles.

§ 3
Cas particulier des créances salariales et assimilées

812.111 • Saisie-attribution ou saisie des rémunérations. Les rémunérations du travail ne peuvent être saisies par une saisie-attribution. Il ne s'agit toutefois pas dans ce cas d'une insaisissabilité absolue, mais d'une **interdiction de saisir les créances en question par le moyen d'une saisie-attribution.** La saisie-attribution pratiquée sur des sommes ayant la nature d'une rémunération encourt l'annulation[2]. À cet égard, la saisie-attribution se distingue de l'avis à tiers détenteur et des autres mesures d'exécution instaurées au profit des personnes morales de droit public.

La frontière entre la saisie-attribution et la saisie des rémunérations pose principalement deux questions.

En premier lieu, les sommes versées par un employeur ne sont pas nécessairement des rémunérations. La jurisprudence de la Cour de cassation invite à rechercher si les sommes constituent la contrepartie du travail fourni par le salarié ou si elles se rattachent à la catégorie des dommages-intérêts. Ainsi a-t-elle jugé que l'indemnité de licenciement ne constituait pas la contrepartie d'un travail[3]. Il en va *a fortiori* de même des dommages-intérêts pour licenciement abusif ou dénué de cause réelle ou sérieuse. Ces sommes ne peuvent donc que faire l'objet d'une saisie-attribution. Au contraire, à titre d'illustrations, l'indemnité de rappel de salaire et de congés payés[4], de même l'indemnité de départ à la retraite versée au salarié qui quitte volontairement l'entreprise, n'ont pas pour objet de compenser un préjudice et constituent dès lors une rémunération[5].

En second lieu, de nombreux textes épars relatifs à des **revenus de substitution** les déclarent cessibles et saisissables dans les limites, voire les conditions prévues par le Code du travail pour la **saisie des rémunérations**. Il s'agit en particulier des **pensions de retraite.**

La réponse à la question relative à la procédure à suivre pour saisir ces sommes a été donnée en deux temps par la Cour de cassation, d'abord par un avis et ensuite par un arrêt.

La Cour a d'abord été d'avis que la saisie des pensions de vieillesse du **régime général** de la sécurité sociale ne peut être effectuée que par la procédure de saisie des rémunérations, désormais régie par les articles L. 3252-1 et suivants du Code du travail[6].

Puis elle en a jugé de même pour les pensions servies par les institutions de retraite complémentaire, soumises à l'article L. 355-2 du Code de la sécurité sociale en application, l'article L. 922-7 de ce code[7].

Sur la question voir également, v. s^s n°s 940.04 à 946.44.

812.112 • Salaires et pensions versés sur un compte en banque. En revanche, une fois les salaires et rémunérations assimilées versés sur un compte bancaire, il convient de recourir à une saisie-attribution, mais selon l'article R. 112-5 C. pr. exéc., l'insaisissabilité partielle se reporte sur le solde du compte[8] (sur la question, v. s^s n°s 921.51 s.).

SECTION 3
LE DÉBITEUR FAISANT L'OBJET D'UNE PROCÉDURE COLLECTIVE OU D'UNE PROCÉDURE DE SURENDETTEMENT

812.120 Position du problème. Si une saisie-attribution n'est en principe pas remise en cause par la survenance ultérieure d'une procédure collective ou d'une procédure de surendettement contre le débiteur saisi, du fait de son effet attributif immédiat (v. s^s n°s 831.81 s.), le point ici traité porte sur la question de savoir si et dans quelle mesure une saisie-attribution peut être pratiquée

1. PERROT et THÉRY, n° 223.
2. Soc. 30 janv. 2008, n° 06-17.531, *Bull. civ.* V, n° 29; *Dr. et proc.* 2008. 222, obs. Salati; *D.* 2008. AJ 490, obs. Ines; *Dr. et patr.* nov. 2008, p. 98, obs. Lefort.
3. Soc. 23 juin 1988, n° 85-44.158, *Bull. civ.* V, n° 383.
4. Civ. 2e, 30 sept. 1999, n° 97-19.732, *Bull. civ.* II, n° 147.
5. Soc. 30 janv. 2008, n° 06-17.531, préc. s^s prés^t n° – DANS LE MÊME SENS, Soc. 7 juill. 1988, n° 87-11.102, *Bull. civ.* V, n° 430.
6. Cass., avis, 21 juill. 1995, n° 09-50.010, *Bull. avis*, n° 9.
7. Civ. 2e, 16 mars 2000, n° 98-18.728, *Bull. civ.* II, n° 50; *D.* 2000. IR 105; *Gaz. Pal.* 2000. Somm. 1744 et 2724, obs. Véron.
8. Civ. 2e, 14 oct. 2004, n° 03-10.823, *Bull. civ.* II, n° 461 – Civ. 2e, 7 juin 2012, n° 11-19.622, *Bull. civ.* II, n° 103.

contre un débiteur faisant déjà l'objet d'une procédure collective (§ 1) ou d'une procédure de surendettement (§ 2).

§ 1
Sauvegarde, redressement judiciaire ou liquidation judiciaire

812.121 Distinction des créances antérieures ou postérieures au jugement d'ouverture. En la matière, on distinguait classiquement, pour leur réserver un sort différent, les créances nées antérieurement au jugement d'ouverture de la procédure de redressement ou de liquidation judiciaire et les créances nées régulièrement de la poursuite d'activité. Si le critère demeure valable, il doit désormais être combiné avec celui de l'utilité de la créance pour la procédure collective.

812.122 1° Interdiction des saisies-attribution pour le recouvrement de créances antérieures à l'ouverture de la procédure. L'article L. 622-21, II du Code de commerce[1] dispose que le jugement d'ouverture d'une procédure de sauvegarde arrête ou interdit toute procédure d'exécution de la part des créanciers dont la créance ne répond pas aux conditions posées par **l'article L. 622-17 du Code de commerce**[2], c'est-à-dire une créance née régulièrement après le jugement d'ouverture, pour les besoins du déroulement de la procédure ou en contrepartie d'une prestation fournie au débiteur. Ce double critère, cumulant conditions temporelle et fonctionnelle, est issu de la loi du 26 juillet 2005. Il a remplacé le critère jusqu'alors purement chronologique, tenant à une origine de la créance antérieure au jugement d'ouverture. La règle est identique pour les jugements d'ouverture d'une procédure de redressement ou de liquidation judiciaire (C. com., art. L. 631-14 et L. 641-3). Elle interdit toute saisie-attribution destinée au paiement d'une créance ne remplissant pas ces deux conditions.

812.123 Point de départ des effets du jugement d'ouverture de la procédure collective. Encore faut-il observer, quant à l'appréciation du critère chronologique, que le jugement d'ouverture d'une procédure collective produit ses effets de façon anticipée : l'article R. 621-4 alinéa 2 du Code de commerce dispose que le jugement d'ouverture prend effet à compter de sa date : « *Tous les effets du jugement d'ouverture devant s'appliquer à compter de sa date, laquelle est réputée se situer entre zéro et vingt-quatre heures le jour de la décision, est donc nul le virement effectué le jour du jugement* [...] »[3].

Une saisie-attribution signifiée au tiers saisi le jour du jugement d'ouverture devrait donc tomber sous le coup de l'article L. 622-21[4] aux termes duquel le jugement d'ouverture arrête ou interdit toute voie d'exécution de la part des créanciers[5].

Le **procès-verbal de saisie-attribution** doit ainsi, pour produire ses effets, être signifié au plus tard la veille du prononcé de la sauvegarde ou du redressement ou de la liquidation judiciaires[6].

On peut cependant citer un arrêt de cour d'appel qui, faisant une lecture rigoureuse des textes, a refusé l'annulation d'une saisie-attribution pratiquée le matin alors que le jugement d'ouverture a été prononcé l'après-midi[7]. Cette décision a fait valoir que le texte de l'article 43 de la loi du 9 juillet 1991 (devenu C. pr. exéc., art. L. 211-2) faisait état de la « *survenance* » du jugement de redressement ou de liquidation, et non de la prise d'effet du jugement.

812.124 2° Validité des saisies-attribution pour le recouvrement des créances postérieures à l'ouverture de la procédure. Si les créanciers antérieurs au jugement d'ouverture d'une procédure collective ne peuvent pratiquer de saisie-attribution à compter du jour de ce jugement, le principe est inverse pour les créanciers dont la créance est née régulièrement après le jugement d'ouverture.

En application de l'article L. 622-17 du Code de commerce[8], les créances nées régulièrement après le jugement d'ouverture d'une procédure de sauvegarde pour les besoins du déroulement de la procédure ou de la période d'observation, ou en contrepartie d'une prestation fournie au débiteur, sont payées à leur échéance. Ces dispositions sont applicables au redressement judiciaire (C. com., art. L. 631-14). Pour la liquidation judiciaire, la

1. C. com., anc. art. L. 621-40; L. 25 janv. 1985, anc. art. 47.
2. C. com., anc. art. L. 621-32; L. 25 janv. 1985, anc. art. 40 – Réd. Ord. n° 2008-1345, 18 déc. 2008, portant réforme du droit des entreprises en difficulté, *JO* 19 déc., p. 19462.
3. Limoges, 29 oct. 1991, *Dr. sociétés* 1992, n° 204, obs. Chaput.
4. C. com., anc. art. L. 621-40; L. n° 85-98, 25 janv. 1985, anc. art. 47.
5. TGI Marmande, JEX, 24 sept. 1993, *Rev. huiss.* 1994. 653 – DANS LE MÊME SENS : TGI Lyon, JEX, 30 mars 1999, RG n° 99/02012, NP – TOUTEFOIS, *CONTRA* : TGI Nantes, JEX, 31 mars 2008, *Dict. perm. recouvrement de créances et procédures d'exécution, Bull. d'actualité* n° 105, p. 7707, *in J.-Cl. Encyclopédie Huissiers de justice, V° Saisie-attribution* (effet contestation), fasc. 20, par Tirvaudey-Bourdin, jugeant qu'est valable une saisie-attribution pratiquée le même jour que le jugement d'ouverture d'une procédure de redressement judiciaire concernant le débiteur saisi.
6. F. Derrida, « Incidence des nouvelles procédures civiles d'exécution sur le redressement et la liquidation judiciaire des entreprises », *LPA* n° spéc., 6 janv. 1993, p. 26, n° 8.
7. Caen, 29 avr. 1997, *Rev. proc. coll.* 1997. 417, obs. Cadiou; *Rev. proc. coll.* 1998. 91, obs. Canet.
8. C. com., anc. art. L. 621-32; L. 25 janv. 1985, anc. art. 40 – Réd. Ord. n° 2008-1345, 18 déc. 2008.

protection des créances postérieures est également prévue : l'article L. 641-13, I du Code de commerce, dont le champ a été étendu par l'ordonnance n° 2014-326 du 12 mars 2014, prévoit en effet le paiement des créances postérieures dans trois hypothèses : si elles sont nées pour les besoins du déroulement de la procédure ou du maintien provisoire de l'activité autorisé par le tribunal; si elles sont nées en contrepartie d'une prestation fournie au débiteur pendant le maintien de l'activité ou en exécution d'un contrat en cours décidée par le liquidateur; ou, ajoute l'ordonnance précité, si elles sont nées des besoins de la vie courante du débiteur, personne physique, notion qui devra désormais être circonscrite par la jurisprudence.

La Cour de cassation a retenu que le droit d'être payé à l'échéance étant indissociable du droit d'exercer des poursuites, les créanciers bénéficiant de ces dispositions pouvaient pratiquer des mesures d'exécution sur les sommes détenues par les mandataires de justice[1].

Elle a approuvé une cour d'appel qui avait jugé que les créanciers peuvent exercer leurs poursuites individuelles, sans que l'ordre des paiements institué par ce texte puisse y mettre obstacle, non plus que l'établissement de la liste de ces créanciers prévue par l'article 61 du décret du 27 décembre 1985[2] (décret abrogé par le décret n° 2005-1677, 28 déc. 2005[3]). Cette liste des créances est prévue par l'article R. 622-15 du Code de commerce.

La Cour de cassation a estimé, d'une part, que l'exercice du droit de poursuite individuelle des créanciers de la période d'observation n'était pas subordonné à l'établissement de la liste des créances visées à l'article 40, et d'autre part, que le principe de la liberté des poursuites l'emportait sur le respect de l'ordre des paiements[4].

Dès lors, les sommes provenant du recouvrement de créances opéré par le mandataire, ou de la réalisation de l'actif d'un débiteur en liquidation judiciaire, affectées au désintéressement des créanciers selon les règles propres à la procédure collective, ne sont pas considérées comme indisponibles et peuvent être saisies par la voie de la saisie-attribution ou de l'avis à tiers détenteur.

Ces créances peuvent être saisies entre les mains :

– d'un notaire chargé par le liquidateur de la vente d'un fonds de commerce[5];

– d'un commissaire-priseur[6];

– des mandataires judiciaires, et non encore versées à la Caisse des dépôts et consignations;

– de l'adjudicataire de l'immeuble du débiteur placé en liquidation judiciaire, tenu au paiement du prix de vente, non encore versé au liquidateur judiciaire[7].

Par la voie de l'avis à tiers détenteur une créance de TVA, par exemple, due au titre de l'activité poursuivie, peut primer des créances de rang préférable (créances salariales, frais de justice, parmi lesquels la rémunération des mandataires visés par l'article L. 622-17 du Code de commerce – Sur la saisie d'un prix de vente, v. Garçon[8]).

812.125 Particularité procédurale de la saisie-attribution des créances postérieures : dénonciation aux organes de la procédure. Lorsqu'une telle saisie-attribution est pratiquée, la procédure doit être dénoncée aux organes de la procédure collective :

– dans le cas de la liquidation judiciaire, la saisie-attribution sera dénoncée au liquidateur[9]; la saisie-attribution et sa dénonciation pourront d'ailleurs être accomplies par un seul et même acte signifié au liquidateur si celui-ci ajoute, à sa qualité de représentation du débiteur, celle de tiers saisi, à savoir dans le cas où la saisie porte sur les sommes reçues au titre de la réalisation d'actifs[10];

– dans le cas de la procédure de sauvegarde et du redressement judiciaire, la saisie-attribution devra être dénoncée, non seulement au débiteur, mais également à l'administrateur judiciaire, investi par

1. Com. 25 juin 1996, n° 94-20.853, NP; *D.* 1996. 615, note Derrida (pour un avis à tiers détenteur) – Com. 22 avr. 1997, n° 94-21.412, *Bull. civ.* IV, n° 104.
2. Décr. n° 85-1388, 27 déc. 1985, relatif au redressement et à la liquidation judiciaires des entreprises, *JO* 29 déc., p. 15281.
3. Décr. n° 2005-1677, 28 déc. 2005, pris en application de la loi n° 2005-845 du 26 juillet 2005 de sauvegarde des entreprises, *JO* 29 déc., p. 20324.
4. Com. 11 févr. 1997, n° 94-21.784, *Bull. civ.* IV, n° 49; *D. Affaires* 1997. 35; *JCP E* 1997. I. 651, obs. Cabrillac; *RD bancaire et bourse* 1997. 78, obs. Campana et Calendini; *Rev. proc. coll.* 1997. 312, obs. Canet; *RTD com.* 1998. 210, obs. Martin-Serf.
5. Com 11 févr. 1997, n° 94-21.784, préc. s[s] prés[t] n°.
6. Com 3 juin 1997, n° 95-14.348, NP; *D. Affaires* 1997. 1082; *RTD com.* 1998. 211, obs. Martin-Serf.
7. Com. 26 avr. 2000, n° 97-16.953, *Bull. civ.* IV, n° 85; *RJDA* 2000, n° 1010; *JCP* 2000. I. 269, obs. crit. Pétel, faisant observer que le créancier ne peut acquérir plus de droits qu'il n'en aurait à l'égard du débiteur *in bonis*, sur le prix de vente d'un immeuble grevé d'hypothèques; la solution demeure toutefois pertinente en l'absence de telles inscriptions.
8. J.-P. Garçon, « La détention d'un prix de vente en présence de voies d'exécution mobilières diligentées à l'encontre du vendeur faisant l'objet d'une procédure collective », *JCP N* 1998. 998.
9. Com. 4 mars 2003, n° 00-13.020, *Bull. civ.* IV, n° 34.
10. Civ 2e, 5 avr. 2001, n° 98-14.107, *Bull. civ.* II, n° 73; *D.* 2001. 1467, obs. Lienhard; *RD banc. fin.* 2001, n° 160, obs. J.-M. D.; *Dr. et patr.* nov. 2001. 110, obs. Monsérié-Bon.

le tribunal d'une mission générale d'assistance du débiteur voire de représentation[1], ainsi, semble-t-il, qu'au mandataire judiciaire (C. com., art. L. 622-23 et L. 631-14), « *faute de quoi celui-ci ne serait pas en mesure de veiller au respect de l'ordre des paiements des créances de cet article* [relatif aux créances postérieures] *non payées à l'échéance* »[2].

812.126 Insaisissabilité des créances consignées, même au profit des créanciers postérieurs. Il est aujourd'hui acquis que les sommes consignées à la Caisse des dépôts et consignations dans le cadre d'une procédure collective sont insaisissables, y compris par les créanciers postérieurs.

La question de la saisissabilité d'une créance consignée à la Caisse des dépôts a été posée à de multiples reprises à propos des sommes encaissées par les mandataires judiciaires chargés de liquider l'actif d'un débiteur en état de liquidation judiciaire ou de réaliser les éléments d'actif dans le cadre d'un plan de cession. Du fait de l'annulation par le Conseil d'État de l'article 173 du décret n° 85-1388 du 27 décembre 1985[3], qui réglait la question mais présentait un caractère législatif, la question a divisé la doctrine et la jurisprudence[4], avant qu'elle ne soit définitivement réglée à l'occasion de la refonte du Code de commerce, résultant de l'ordonnance n° 2000-912 du 18 septembre 2000[5], reprenant dans la partie législative du code la règle du décret du 27 décembre 1985, désormais énoncée à l'article L. 662-1 depuis la loi n° 2005-845 du 26 juillet 2005 de sauvegarde des entreprises[6], qui dispose que : « *Aucune opposition ou procédure d'exécution de quelque nature qu'elle soit sur les sommes versées à la Caisse des dépôts et consignations n'est recevable* ».

L'insaisissabilité qui en résulte[7] est d'autant plus efficace au profit de la procédure collective que les mandataires de justice doivent immédiatement déposer à la Caisse des dépôts et consignations les fonds qu'ils perçoivent. Les créanciers du débiteur placé en procédure collective ne peuvent ainsi appréhender ces sommes consignées.

1. Paris, 14 sept. 1995, *Juris-Data* n° 0230098; *Rev. proc. coll.* 1996. 219, obs. Canet.
2. TGI Grenoble, JEX, 27 juin 1994, *JCP* 1995. II. 22417, note Martin; *Rev. proc. coll.* 1996. 219, obs. Canet.
3. Décr. n° 85-1388, 27 déc. 1985, relatif au redressement et à la liquidation judiciaires des entreprises, *JO* 29 déc., p. 15281.
4. Pour un historique complet, v. S. Guinchard et T. Moussa, Dalloz action *Droit et pratique des voies d'exécution,* 2010/2011, n°s 812.90 à 812.96, par J.-P. Vignal.
5. Ord. n° 2000-912, 18 sept. 2000, relative à la partie législative du Code de commerce, *JO* 21 sept. 2000, p. 14783.
6. L. n° 2005-845, 26 juill. 2005, de sauvegarde des entreprises, *JO* 27 juill., p. 12187.
7. PARMI UNE JURISPRUDENCE NOURRIE : Com. 5 mai 1998, n° 96-15.780, *Bull. civ.* IV, n° 143 – Com. 22 avr. 1997, n° 94-21.412, *Bull. civ.* IV, 104.

§ 2
Procédure de surendettement

812.131 Interdiction des procédures d'exécution. La procédure de surendettement peut également emporter des effets proches de ceux examinés pour les procédures collectives, plus encore depuis l'entrée en vigueur de la loi n° 2010-737 du 1er juillet 2010 portant réforme du crédit à la consommation, le 1er novembre 2010[8]. Le nouvel article L. 331-3-1 du Code de la consommation dispose : « *La décision déclarant la recevabilité de la demande emporte suspension et interdiction des procédures d'exécution diligentées à l'encontre des biens du débiteur ainsi que des cessions de rémunération consenties par celui-ci et portant sur les dettes autres qu'alimentaires* ».

Cette **interdiction** et cette **suspension** perdurent, pour une **durée maximale de deux ans**[9], selon le cas :

– **jusqu'à la date d'effet des mesures de surendettement prises en vertu de la procédure** (approbation du plan conventionnel de redressement prévu à l'article L. 331-6 du Code de la consommation, décision imposant les mesures prévues par l'article L. 331-7, homologation par le juge des mesures recommandées en application des articles L. 331-7-1, L. 331-7-2 et L. 332-5; bien que ce cas ne soit pas prévu, il en va nécessairement de même du jugement établissant, en application de l'article L. 332-3, des mesures de surendettement en cas de contestation); l'adoption de ces mesures ayant pour conséquence, soit de suspendre l'exigibilité des créances incluses dans la procédure, soit d'effacer partiellement ces dernières, leur adoption interdit toute nouvelle procédure d'exécution en vue de leur recouvrement forcé (C. consom., art. L. 331-9), prenant ainsi le relais de la décision de recevabilité;

– **jusqu'au jugement d'ouverture d'une procédure de rétablissement personnel avec liquidation judiciaire**, sachant que ce jugement emporte lui-même suspension et interdiction des procédures d'exécution (C. consom., art. L. 332-6) et que le rétablissement personnel débouche sur le paiement, par réalisation de l'actif, ou l'effacement de toutes les dettes non professionnelles du débiteur, ainsi que de la dette résultant de l'engagement que le

8. L. n° 2010-737, 1er juill. 2010, portant réforme du crédit à la consommation, *JO* 2 juill., p. 12001.
9. Le délai, précédemment fixé à un an, a été porté à deux ans par une loi du 26 juillet 2013, entrée en vigueur le 1er janv. 2014 et applicable aux procédures de traitement des situations de surendettement en cours à cette date (L. n° 2013-672, 26 juill. 2013, de séparation et de régulation des activités bancaires, *JO* 27 juill., p. 12530 art. 68, I, 14°, et II).

débiteur a donné de cautionner ou d'acquitter solidairement la dette d'un entrepreneur individuel ou d'une société; seule exception à cet effacement : les dettes dont le prix a été payé au lieu et place du débiteur par la caution ou le coobligé, personne physique.

812.132 Validité des procédures d'exécution en vue du recouvrement d'une créance postérieure à l'adoption des mesures de surendettement. La Cour de cassation précise toutefois que la suspension des poursuites pendant la durée d'exécution du plan de redressement n'est pas opposable au créancier qui poursuit le recouvrement forcé d'une créance née postérieurement aux mesures recommandées par la commission de surendettement et homologuées par décision du JEX, de sorte qu'une saisie-attribution peut être diligentée[1].

Cette solution rejoint la distinction des créances antérieures et postérieures à l'ouverture de la procédure collective. Elle a logiquement une portée valant pour toutes les mesures de surendettement.

1. Civ. 2e, 20 janv. 2011, no 09-72.828, *Bull. civ.* II, no 20; *CCC* 2011, no 130, obs. Raymond : en l'espèce, il s'agissait d'une saisie-attribution pratiquée par un syndicat des copropriétaires sur le fondement d'une décision de justice portant sur des charges postérieures aux recommandations de la commission homologuée.

CHAPITRE

813. Tiers saisi

ÉDOUARD DE LEIRIS
MAGISTRAT

SECTION 0
ORIENTEUR

813.00 **Plan du chapitre.**

813.01 **Textes applicables.**

C. pr. exéc., art. L. 111-2, L. 161-2, L. 162-1, L. 211-1, R. 112-5 à R. 162-9, R. 162-1, R. 211-5 et R. 211-18 à R. 211-23.

C. com., art. L. 622-21 et L. 622-22.

L'article L. 211-1 C. pr. exéc. dispose que tout créancier muni d'un titre exécutoire peut, pour obtenir paiement de sa créance, « *saisir entre les mains d'un tiers les créances de son débiteur portant sur une somme d'argent* ».

Le tiers saisi est à la fois débiteur du saisi (et l'étude de cette qualité ne nécessite pas de développements particuliers dès lors que la créance saisie, dette du tiers saisi, fait l'objet d'une étude; v. s[s] n°s 812.01 s.), et tiers par rapport au saisi.

Cependant, la jurisprudence a admis, sous l'empire des textes relatifs à la saisie-arrêt, la possibilité de cumuler les qualités de saisissant et de tiers saisi en autorisant la saisie sur soi-même.

Le cas dans lequel le tiers saisi fait l'objet d'une procédure collective appelle des observations particulières.

813.03 **Bibliographie indicative.** (V. s[s] n° 810.03)

Ouvrages. A. LEBORGNE, *Droit de l'exécution*, 2e éd., « Précis », Dalloz, *2014*, p. 458-461, n°s 1002-1007 – R. PERROT et P. THÉRY, *Procédures civiles d'exécution*, 3e éd., Dalloz, 2013, p. 386-390, n°s 384-386.

SECTION 1
LE TIERS SAISI : TIERS PAR RAPPORT AU SAISI

813.10 **Position du problème.** Sous la notion de tiers saisi, on embrasse en réalité deux questions tout à fait distinctes.

D'abord, d'un point de vue purement procédural, le tiers saisi n'est autre que celui qui est destinataire d'une saisie-attribution. La simple délivrance du procès-verbal de saisie-attribution fait naître des obligations à la charge de son destinataire – qui sera notamment tenu d'apporter les renseignement légaux à l'huissier instrumentaire – et lui accorde corrélativement des droits proceduraux – être informé des contestations de la mesure, voire avoir la qualité pour présenter un certain nombre de demandes au juge de l'exécution. Sous cet angle procédural, la qualité de tiers saisi ne pose pas de difficulté.

En revanche, les difficultés se présentent lorsque la qualité de tiers saisi est envisagée sous l'angle du droit substantiel. Le créancier qui entend saisir une créance de somme d'argent de son débiteur va devoir identifier le débiteur de cette créance, entre les mains duquel il pratiquera la saisie-attribution de cette créance. C'est ce sous-débiteur qui devra être le tiers saisi. Sous cet angle, préciser qui peut être le tiers saisi revient à devoir déterminer à l'encontre de qui le débiteur principal dispose d'une créance de somme d'argent.

Ainsi présentée, la question de la détermination du tiers saisi (lorsqu'elle ne se confond pas avec celle précédemment abordée de l'existence et de la titularité de la créance saisie), ne se pose que de façon relative, à l'effet d'identifier, parmi plusieurs personnes, celle entre les mains de laquelle devra être pratiquée la saisie-attribution : par exemple, s'agira-t-il de l'établissement teneur des comptes bancaires du débiteur ou du représentant légal du débiteur qui fait fonctionner ces comptes sous sa signature ? La question est essentielle dès lors que la saisie-attribution pratiquée entre les mains de celui qui n'est pas le débiteur du débiteur principal sera dénuée d'effet et risquera de faire perdre tout effet de surprise à une seconde saisie-attribution.

§ 1
Notion de tiers saisi

813.11 Définition. On définit traditionnellement le tiers saisi comme « *celui qui détient des sommes dues au débiteur saisi en vertu d'un pouvoir propre et indépendant, même s'il les détient pour le compte d'autrui* »[1].

Cette définition permet par exemple de retenir que n'est pas un tiers un préposé du débiteur saisi, en raison de l'existence du lien de subordination résultant du contrat de travail (sauf si le préposé est débiteur du saisi) ou une société gestionnaire ne pouvant faire fonctionner un compte bancaire qu'en vue d'exécuter les directives du titulaire de ce compte[2].

Cette définition paraît ainsi assez utile en pratique, de sorte qu'elle est fréquemment utilisée par les juridictions.

Elle n'est toutefois pas exacte. Ainsi que MM. Perrot et Théry le relèvent fort justement, le tiers saisi n'est à proprement parler pas celui qui détient une somme d'argent, mais celui qui doit une telle somme d'argent au débiteur saisi; cette solution s'explique logiquement par l'objet de la saisie-attribution, qui n'est pas une somme d'argent, mais une créance de somme d'argent[3]. La Cour de cassation, dans un avis rendu à propos de la saisie conservatoire, a ainsi souligné la nécessité d'un « *rapport de droit avec le débiteur* »[4]. D'ailleurs, comme l'observe M. Vinckler, l'existence d'un lien d'obligation constitue un critère plus précis que la simple détention : celui qui détient matériellement des fonds en qualité de préposé d'un établissement de crédit n'est pas le débiteur du débiteur saisi : l'établissement de crédit étant seul tenu d'une obligation de restitution à l'égard du débiteur saisi, il a seul cette qualité de tiers saisi[5].

813.12 Débiteur du saisi lui-même. Cette analyse permet d'expliquer l'**interdiction d'une saisie « oblique ».**

En effet, la saisie-attribution permet à un créancier de saisir entre les mains d'un tiers les créances de son débiteur (C. pr. exéc., art. L. 211-1). Ce schéma est appliqué strictement par la Cour de cassation, qui énonce que la saisie-attribution permet de saisir entre les mains d'un tiers les créances de son débiteur, mais non celles du débiteur de ce dernier[6].

Cette solution, conforme à la lettre de l'article L. 211-1 C pr. exéc., est seule à même de garantir la fiabilité du mécanisme : le tiers saisi ne pourrait, dans sa déclaration, se prononcer sur l'existence d'une dette de son propre créancier envers le débiteur principal, de sorte qu'un dispositif « *en cascade* », qui réaliserait une sorte d'action oblique extrajudiciaire, ne présenterait aucune fiabilité[7].

813.13 Cas du tiers saisi débiteur d'une entreprise individuelle à responsabilité limitée (EIRL). La loi n° 2010-658 du 15 juin 2010 relative à l'entrepreneur individuel à responsabilité limitée[8], entrée en vigueur le 1er janvier 2011, permet à une personne d'affecter spécialement par une déclaration certains de ses biens à un usage professionnel, conduisant à une partition de son patrimoine en deux (voire plusieurs) patrimoines affectés[9].

Tirant les conséquences de la constitution de patrimoines distincts, l'ordonnance n° 2010-1512 du 9 décembre 2010[10] portant adaptation du droit des entreprises en difficulté et des procédures de traitement des situations de surendettement à l'EIRL[11] a inséré dans la loi du 9 juillet 1991 l'article 22-2 (devenu C. pr. exéc., art. L. 161-2) disposant que : « *En cas de saisie à l'encontre d'un débiteur entrepreneur individuel à responsabilité limitée, celle-ci ne peut porter que sur le ou les biens sur lesquels le créancier a un droit de gage général tel que défini par*

1. COUCHEZ, n° 239 – V. AUSSI, DONNIER, n° 890 – VINCENT et PRÉVAULT, n°s 137 et 138 et la jurisprudence citée à propos de la saisie-arrêt.
2. Aix-en-Provence, 13 sept. 2013, RG n° 12/09456.
3. PERROT et THÉRY, n° 358.
4. Cass., avis, 24 janv. 1994, n° 09-30.020, *Bull. avis*, n° 4; *D.* 1994. 347, obs. Julien; *RTD civ.* 1994. 428, obs. Perrot; *JCP* 1995. II. 22392, note Dagot et Malbosc-Cantegril.
5. *J.-Cl. Pr. civ.*, fasc. 2200, n° 70, par Vinckler.
6. Civ. 2e, 10 mai 2010, n° 09-13.469, *Bull. civ.* II, n° 89; *Procédures* 2010, n° 269, obs. Perrot.
7. V. AUSSI, Perrot, obs. préc. ss prést n°, qui approuve la solution en relevant notamment, d'une part, que l'action oblique, à la différence de l'effet attributif, fait entrer le bien qui en est l'objet dans le patrimoine du débiteur et, d'autre part, que seules peuvent être poursuivies les personnes désignées ou désignables dans le titre exécutoire.
8. L. n° 2010-658, 15 juin 2010, relative à l'entrepreneur individuel à responsabilité limitée, *JO* 16 juin, p. 10984.
9. E. Dinh, « L'EIRL, un hybride en droit français », *JCP E* 2010. 1979.
10. Ord. n° 2010-1512, 9 déc. 2010, portant adaptation du droit des entreprises en difficulté et des procédures de traitement des situations de surendettement à l'entrepreneur individuel à responsabilité limitée, *JO* 10 déc., p. 21617.
11. B. Dondero, « EIRL – *Duo in carne una.* À propos de l'ordonnance du 9 décembre 2010 », aperçu rapide, *JCP* 2010. 1261 – « Adaptation du droit des entreprises en difficulté et des procédures de traitement des situations de surendettement à l'EIRL (Ord. n° 2010-1512, 9 déc. 2010) », *JCP E* 2010. Actu. 680, note Notté.

les dispositions de l'article L. 526-12 du Code de commerce ».

En application de cet article, les créanciers auxquels la déclaration d'affectation est opposable et dont les droits sont nés à l'occasion de l'activité professionnelle ont pour seul gage général le patrimoine dit « *affecté* » correspondant, tandis que les autres créanciers ont pour seul gage général le patrimoine « *non affecté* », sous réserve pour ces derniers d'un droit de gage général pouvant s'exercer, en cas d'insuffisance du patrimoine non affecté, sur le bénéfice réalisé par l'EIRL lors du dernier exercice clos. En dehors de cette exception, ces créanciers ne peuvent donc plus exercer de poursuite que sur les biens du patrimoine de leur débiteur qui leur sont affectés, sauf à démontrer une fraude de l'EIRL, répondant aux conditions définies à l'avant dernier alinéa de l'article L. 526-12 du Code de commerce. Cette **limitation du droit de poursuite** emporte des **conséquences importantes dans le cas de la saisie-attribution,** notamment dans les rapports avec le tiers saisi, qui seront exposés à chaque stade de l'examen de la procédure.

Les créanciers auxquels la déclaration d'affectation n'est pas opposable ne sont pas concernés par cette limitation et conservent un droit de gage sur l'ensemble des patrimoines de l'EIRL. Il s'agit, en substance, des créanciers antérieurs à la déclaration d'affectation, qui n'en ont pas été informés ou qui, malgré leur opposition à l'affectation, n'ont pas bénéficié de la constitution d'une garantie de substitution ou de l'acquittement de leur créance par le débiteur.

§ 2 Applications diverses

813.21 Diversité des tiers saisis reconnus par la jurisprudence. Dès lors qu'est retenu le critère du rapport d'obligation entre le débiteur et le tiers saisi, toute personne peut se voir qualifier de tiers saisi, quels que soient ses fonctions ou son statut, pourvu qu'elle soit bien débitrice, envers le débiteur saisi, d'une somme d'argent.

À titre d'illustrations, peuvent avoir la qualité de tiers saisi :

– **les établissements habilités par la loi à tenir des comptes de dépôts** (C. pr. exéc., art. L. 162-1 et R. 162-1 – C. pr. exéc., art. R. 112-5 à R. 162-9, R. 211-18 à R. 211-23 et R. 162-1 – v. s^s n°s 921.01 s.);

– **les comptables publics** (Décr. n° 93-977, 31 juill. 1993 [1] – v. s^s n°s 911.21 s.), de même que les **régisseurs d'avances et de recettes** [2];

– **les officiers publics et/ou ministériels**, tels les **notaires** [3], les avoués [4], les huissiers de justice; lorsque le notaire exerce dans le cadre d'une société civile professionnelle, seule celle-ci peut être tenue d'une obligation de paiement [5];

– **les mandataires de justice** : si la doctrine a pu être partagée sur la qualité de tiers saisi de ces mandataires [6], la jurisprudence leur a reconnu cette qualité : ainsi en va-t-il du liquidateur à la liquidation judiciaire [7], du commissaire à l'exécution du plan [8], de l'administrateur judiciaire [9]; ce mandataire peut être condamné personnellement, à la demande du créancier, à payer les sommes dues à celui-ci sur le fondement de l'article R. 211-5 C. pr. exéc. [10]; en revanche, la saisie-attribution doit être pratiquée entre les mains du mandataire, ès qualités, et non « *pris personnellement* » [11];

– tout autre **mandataire**, tel le **liquidateur amiable d'une société**, même s'il cumule cette qualité

1. Décr. n° 93-977, 31 juill. 1993, relatif aux saisies et cessions notifiées aux comptables publics et aux centres de chèques postaux ou de la Caisse nationale d'épargne, *JO* 5 août, p. 10998.
2. Lyon, 21 janv. 1998, RG n° 95/0449, NP – V. ÉGAL. TGI Lyon, JEX, 7 mars 2000, RG n° 2000/01504, NP.
3. Civ. 2e, 16 févr. 1978, n° 76-14.367, *Bull. civ.* II, n° 44; *JCP* 1979. II. 19055, note Stemmer et Bost.
4. Civ. 1re, 20 juill. 1965, *Bull. civ.* I, n° 491; *D.* 1965. 642, note A. B.; *JCP* 1965. II. 14381, note J. A.; *RTD civ.* 1966. 158, obs. Raynaud.
5. Civ. 2e, 21 oct. 2004, n° 03-10.131, *Bull. civ.* II, n° 473; *D.* 2004. IR 2974.
6. M. Canet, *Rev. proc. coll.* 1995. 279.
7. Com. 3 juin 1996, arrêt n° 1094, NP – Com. 22 avr. 1997, n° 94-21.412, *Bull. civ.* IV, n° 104; *D.* 1997. 371, note Derrida – Rejetant le pourvoi formé contre Poitiers, 8 mars 1995, *D.* 1996. 256, note Derrida; *JCP E* 1997. 681, n° 3, obs. Cabrillac; *RD bancaire et bourse* 1997. 135, n° 61, obs. Campana et Calendini; *Rev. proc. coll.* 1997. 312, obs. Canet; *RTD com.* 1998. 212, obs. Martin-Serf; *Gaz. Pal.* 1998. Somm. 1, p. 383, note Massoni – DANS LE MÊME SENS : Com. 5 mai 1998, n° 96-15.780, *Bull. civ.* IV, n° 143; *D. Affaires* 1998. 96, obs. A. L.; *JCP E* 1998. Pan. 1018 – Com. 8 déc. 1998, n° 96-15.150, *Bull. civ.* IV, n° 290; *D. Affaires* 1999. 131, obs. A. L. – V. AUSSI : Com. 17 nov. 1998, n° 96-21.157, NP; *Rev. proc. coll.* 1999. 111, obs. Canet; *RJDA* 1999, n° 72 – Com. 14 nov. 2000, n° 98-11.402, NP; *RJF* 2001, n° 699 – Com. 20 févr. 2001, *D.* 2001. AJ 921, obs. Lienhard – Com. 13 mai 2003, n° 98-22.741, *Bull. civ.* IV, n° 72; *Procédures* 2003, n° 168, obs. Perrot.
8. Com. 8 déc. 1998, n° 96-15.460, NP; *D. Affaires* 1999. 132, obs. A. L.; *RTD com.* 1999. 505, obs. Martin-Serf – DANS LE MÊME SENS : Rouen, 10 juin 1998, *Gaz. Pal.* 1998. 2. Somm. 707.
9. Com. 1er avr. 2003, n° 99-18.063, *Bull. civ.* IV, n° 53; *D.* 2003. AJ 1093, obs. Lienhard; *Dr. et proc.* 2003. 318, obs. Putman; *RD banc. fin.* 2003, n° 156, obs. J.-M. D.; *JCP E* 2003. I. 174, n° 17, obs. P. P.
10. Com. 1er avr. 2003, n° 99-18.063, préc. s^s prés^t n°.
11. Com. 3 févr. 1998, n° 96-15.773, *Bull. civ.* IV, n° 51; *D. Affaires* 1998. 338, obs. A. L.; *JCP E* 1998. 654 et 655, obs. Cabrillac et Pételt.

avec celle de représentant de la société[1] ou un mandataire *ad hoc*[2].

La jurisprudence paraît avoir également admis que le syndic de copropriété puisse être tiers saisi[3]. Toutefois, dès lors que la copropriété disposera d'un compte bancaire individualisé, on peut estimer que la saisie d'un tel compte devrait avoir lieu entre les mains de la banque elle-même, plutôt que du syndic de copropriété[4], à l'instar de la solution retenue pour une société gestionnaire, qui ne disposait de la signature sur les comptes bancaires ouverts au nom de son client qu'à l'effet d'exécuter les décisions prises par ce dernier[5]. Cette solution apparaît transposable aux représentants légaux des incapables.

813.22 Représentants légaux des incapables. Aucune jurisprudence récente n'est venue confirmer la qualité de tiers saisi aux tuteurs et administrateurs légaux des mineurs et des majeurs protégés.

Il apparaît nécessaire de distinguer.

Il est indiscutable que le **représentant d'un incapable** qui détient effectivement des **fonds** pour le compte de ce dernier a la qualité de tiers saisi, comme débiteur de l'obligation de restitution desdits fonds[6].

En revanche, cette qualité apparaît exclue pour les créances que ce représentant se contente d'administrer au nom et pour le compte de la personne protégée, créances qui n'entrent alors à aucun moment dans le patrimoine du représentant légal et pour lesquelles il ne peut donc être débiteur d'une obligation de restitution. Ainsi, dans le cas du **compte bancaire du majeur sous tutelle**, l'article 498 du Code civil dispose-t-il que les capitaux revenant à la personne protégée sont versés directement sur un compte ouvert à son seul nom et mentionnant la mesure de tutelle auprès d'un **établissement habilité à recevoir des fonds du public** (v. s[s] n° 921.25); dans ce cas, c'est donc cet établissement qui doit avoir la **qualité de tiers saisi**[7].

813.23 Avocat et Carpa. La Cour de cassation retient que seule **la Caisse des règlements pécuniaires des avocats** (Carpa) a la **qualité de tiers saisi**, et précise que la saisie n'a donc pas à être dénoncée à l'avocat[8]. La Cour se fonde en particulier sur le fait que l'avocat qui reçoit des fonds doit les déposer sur un compte ouvert auprès de la Carpa et que si chaque avocat est titulaire, auprès de la Carpa, d'un compte individuel et de sous-comptes-affaires, il ne dispose de la signature sur ce compte individuel qu'en qualité de mandataire du président de la Carpa. C'est dire que les sommes déposées sur les comptes n'entrent pas dans le patrimoine de l'avocat, qui n'est ainsi pas le débiteur de l'obligation de restitution des fonds.

Encore convient-il d'être précis et de ne pas saisir entre les mains de l'ordre des avocats, mais bien de la Carpa, qui dispose d'une personnalité juridique distincte du premier, en application de l'article 237 du décret du 27 novembre 1991[9].

SECTION 2
CUMUL DE LA QUALITÉ DE SAISISSANT ET DE TIERS SAISI : LA SAISIE SUR SOI-MÊME

813.31 Saisie sur soi-même. Une jurisprudence plus que centenaire a admis la possibilité pour un créancier de pratiquer une saisie-arrêt sur soi-même[10]. Par la saisie-arrêt sur soi-même, le créancier saisissant « *bloquait entre ses mains les sommes dont il était redevable envers le saisi, afin de se payer de ce que ce dernier lui devait* »[11].

Par un arrêt du 13 mai 2014, la Cour de cassation a confirmé l'application de cette jurisprudence à la saisie-attribution : « *Un créancier muni d'un titre exécutoire constatant une créance liquide et exigible dans les termes de l'article 42 de la loi n° 91-650*

1. Civ. 2e, 10 nov. 2010, n° 09-71.609, *Bull. civ.* II, n° 185; *D.* 2010. 2849, obs. Avena-Robardet; *D.* 2011. 1509, obs. Leborgne; *Rev. sociétés* 2010. 568, obs. Lienhard; *RTD com.* 2011. 135, obs. Dondero et Le Cannu.
2. Civ. 2e, 26 mai 2011, n° 10-16.343, *Bull. civ.* II, n° 119.
3. IMPLICITEMENT : Civ. 3e, 6 déc. 2006, n° 04-14.175, *Bull. civ.* III, n° 143 (le syndic, entre les mains duquel a été pratiquée la saisie, peut contester la mesure devant le JEX sans autorisation préalable du syndicat des copropriétaires).
4. COMP. : Civ. 2e, 15 mai 2014, n° 13-13.878, *Bull. civ.* II, n° 114 (le créancier d'un syndic peut saisir un compte bancaire de ce syndic qui n'est pas spécialement dédié au fonctionnement d'une copropriété déterminée).
5. Civ. 2e, 13 nov. 2014, n° 13-25.167, *Bull. civ.* II [à paraître], relevant que cette société gestionnaire n'étant ainsi « *tenue à aucune obligation de restitution* » à l'égard de sa cliente.
6. PERROT et THÉRY, n° 384.
7. Rouen, 25 févr. 2003, RG n° 01/04217, *Juris-Data* n° 221553, *RD banc. fin.* 2004, 36, comm. Delleci.
8. Civ 2e, 9 janv. 2003, n° 00-13.887, *Bull. civ.* II, n° 4; *D.* 2004. Somm. 1496, obs. Taormina; *D.* 2004. 2825, obs. Blanchard; *Procédures* 2003, n° 62, obs. Perrot; *RD banc. fin.* 2003, n° 84, obs. J.-M. D.; *Gaz. Pal.* 2003. 467, note Bonnet.
9. Décr. n° 91-1197, 27 nov. 1991, organisant la profession d'avocat, *JO* 28 nov., p. 15502 – Com. 12 avr. 2005, n° 03-19.293, *Bull. civ.* IV, n° 88.
10. Req. 27 juill. 1891, *DP* 1892. 1. 430; *S.* 1892. 1. 225, note Labbé – SUR LA QUESTION, VINCENT et PRÉVAULT, nos 140 s. – DONNIER, nos 899 s. – PERROT et THÉRY, n° 385 – *J.-Cl. Not. Form.*, v° *Saisie-attribution* (procédure), fasc. 20, nos 25 s., par Putman – H. Croze, « La loi n° 91-650 du 9 juillet 1991 portant réforme des procédures civiles d'exécution : les règles spécifiques aux différentes mesures d'exécution forcée et mesures conservatoires », *JCP* 1992. I. 3585, n° 6, note 9.
11. VINCENT ET PRÉVAULT, n° 140.

du 9 juillet 1991, devenu l'article L. 211-1 du Code des procédures civiles d'exécution, peut pratiquer une saisie-attribution entre ses propres mains, l'effet attributif prévu à l'article 43 de cette même loi, devenu l'article L. 211-2 du code précité, d'une telle saisie lorsqu'elle porte sur une créance à exécution successive s'étendant aux sommes échues en vertu de cette créance depuis la signification de l'acte de saisie, ce jusqu'à ce que le créancier saisissant soit rempli de ses droits et dans la limite de ce qu'il doit au débiteur en tant que tiers saisi »[1].

Cette façon de procéder présente une certaine utilité, notamment lorsque les conditions de la compensation légale n'étaient pas réunies : le saisissant et le saisi sont respectivement créancier et débiteur l'un de l'autre, mais la créance du saisissant n'est, par exemple, ni liquide ni exigible. Par ce procédé, le saisissant sur soi-même évitait de payer sa dette envers le saisi, par crainte de l'insolvabilité ultérieure de celui-ci, et attendait que sa créance soit consacrée par un titre exécutoire.

Si l'on peut relever, avec d'autres, que la saisie-attribution sur soi-même a perdu la plus grande partie de son intérêt[2] puisque la procédure actuelle de la saisie-attribution nécessite du créancier saisissant qu'il dispose d'un titre exécutoire constatant une créance liquide et exigible (C. pr. exéc., art. L. 111-2 et L. 211-1), il n'en demeure pas moins qu'afin de parvenir au même résultat que celui obtenu par la saisie-arrêt sur soi-même, le créancier à terme peut, par exemple, recourir à la saisie conservatoire sur soi-même[3].

SECTION 3
TIERS SAISI PLACÉ EN PROCÉDURE COLLECTIVE

813.41 Possibilité pour le débiteur en procédure collective d'être tiers saisi. À partir de la signification au tiers saisi de l'acte de saisie, celui-ci devient débiteur direct du créancier saisissant.

En cas d'ouverture d'une procédure collective contre le tiers saisi, une difficulté surgit du fait que le jugement d'ouverture emporte de plein droit interdiction de payer toute créance qui, en substance, est antérieure au jugement d'ouverture ou qui, quoique postérieure, ne contribue pas aux finalités de la procédure collective (v. s^s n° 812.124).

La Cour de cassation, faisant application des dispositions des articles L. 622-21 et L. 622-22 du Code de commerce[4], a jugé que le créancier saisissant, qui poursuivait la condamnation au paiement des causes de la saisie du tiers saisi, placé en redressement judiciaire après la signification de la saisie-attribution, était soumis au principe de la suspension des poursuites individuelles contre le tiers saisi, de sorte qu'il devait effectuer une déclaration de créance[5]. Lorsque la saisie-attribution est pratiquée entre les mains d'un tiers saisi déjà placé en procédure collective, pour avoir paiement d'une créance antérieure au jugement d'ouverture, le créancier saisissant ne saurait alors avoir plus de droit que le débiteur saisi.

En revanche, dans le cas où la créance est postérieure au jugement d'ouverture d'une procédure collective au bénéfice du tiers saisi et contribue aux finalités de cette procédure, le créancier saisissant ne devrait pas se heurter au principe de la suspension des poursuites individuelles et à l'obligation de déclarer sa créance. De même, **il n'est pas rare que soit entreprise la saisie-attribution d'un *boni* de liquidation, par le créancier d'un associé devant bénéficier de ce *boni***[6].

1. Civ. 1re, 13 mai 2014, n° 12-25.511, *Bull. civ.* I, n° 84 (après avis de la deuxième chambre civile) – V. DÉJÀ : Civ. 2e, 16 déc. 2004, n° 03-13.117, *Bull. civ.* II, n° 533; *Dr. et proc.* 2005. 175, obs. Putman; *D.* 2005. Somm. 1605, obs. Taormina.
2. *J.-Cl. Not. Form.*, *v° Saisie-attribution* (procédure), fasc. 20, n°s 66 et 67, par Putman – DONNIER, préc. s^s prés^t n°.
3. PERROT et THÉRY, n° 359.
4. C. com., anc. art. L. 621-40 et L. 621-41 – L. 25 janv. 1985, anc. art. 47 et 48.
5. Com. 11 juin 2002, n° 99-17.163, *Bull. civ.* IV, n° 106; *D.* 2002. AJ 2256, obs. Lienhard; *Act. proc. coll.* 2002, n° 161; *JCP* 2002. IV. 2347 – Com. 8 juill. 2003, n° 00-18.893, NP.
6. POUR UNE ILLUSTRATION : Civ. 2e, 26 sept. 2013, n° 12-17.804, NP.

TITRE

82. La procédure de la saisie-attribution

SECTION 0 ORIENTEUR

820.00 **Plan du titre.**

820.01 **Généralités** La saisie-attribution débute par la signification à un tiers d'un acte de saisie (chap. 821) et se poursuit par la dénonciation de l'acte au débiteur saisi qui est ainsi informé officiellement de la procédure d'exécution entreprise à son encontre (chap. 822).

820.03 **Bibliographie indicative.**

Actualisables. Rép. pr. civ., *v° Saisie-attribution (procédure)*, par C. Lefort, janv. 2007 [màj oct. 2014], n°s 139 s. – *J.-Cl. Not. Form.*, *v°* Saisie-attribution (condition et procédure), fasc. 10, par C. Tirvaudey-Bourdin – *J.-Cl. Pr. civ.*, *v°* Saisie-attribution (procédure : acte de saisie et dénonciation), fasc. 2250, par N. Cayrol.

Ouvrages. G. Couchez, *Voies d'exécution*, 9e éd., Sirey, 2007 – M. et J.-B. Donnier, *Voies d'exécution et procédures de distribution*, 8e éd., « Manuel », LexisNexis/Litec, 2009 – A. Leborgne, *Droit de l'exécution*, 2e éd., « Précis », Dalloz, 2014, p. 462-488, n°s 1010-1071 – R. Perrot et P. Théry, *Procédures civiles d'exécution*, 3e éd., Dalloz, 2013, p. 390-405, n°s 387-396 – J. Vincent et J. Prévault, *Voies d'exécution et procédures de distribution*, 19e éd., « Précis », Dalloz, 1999.

CHAPITRE

821. Acte de saisie-attribution

ÉDOUARD DE LEIRIS
MAGISTRAT

SECTION 0 ORIENTEUR

821.00 **Plan du chapitre.**

Division. Les caractéristiques de l'acte de saisie-attribution sont précisées par les dispositions du Code de procédure civile, s'agissant d'un acte d'huissier de justice, et du décret du 31 juillet 1992 (codifié à la partie réglementaire du Code des *procédures civiles d'exécution*). La signification de la saisie-attribution au tiers va mettre à la charge de celui-ci une obligation de déclaration destinée à informer le saisissant.

821.01 **Textes applicables.**

C. pr. exéc., art. L. 111-1, L. 111-9, L. 121-3, L. 122-1, L. 122-3, L. 123-1, L. 162-1, L. 211-2, L. 211-3, R. 121-5, R. 123-1, R. 162-1, R. 211-1, R. 211-4, R. 211-5, R. 211-11 et R. 223-5.

C. pr. civ., art. 112 s., 502, 648, 649, 689, 748-2 et 748-7.

821.03 **Bibliographie indicative.** (V. s[s] n° 820.03).

Ouvrages. A. LEBORGNE, *Voies d'exécution et procédures de distribution*, 2e éd., « Précis », Dalloz, 2014, p. 463-474, n°s 1011-1037 – R. PERROT et P. THÉRY, *Procédures civiles d'exécution*, 3e éd., Dalloz, 2013, p. 390-402, n°s 387-394.

SECTION 1 CARACTÉRISTIQUES DE L'ACTE DE SAISIE

§ 1 Forme de l'acte de saisie

821.11 **Acte d'huissier.** L'article R. 211-1 C. pr. exéc. dispose que « *le créancier procède à la saisie par acte d'huissier de justice signifié au tiers* ».

Comme tout acte d'huissier de justice, l'acte de saisie doit satisfaire aux règles générales édictées par l'article 648 C. pr. civ. : date, identité du saisissant, identité du tiers saisi, identité et signature de l'huissier de justice, mentions prescrites à peine de nullité (v. s[s] n°s 821.31 s.).

821.12 **Compétence territoriale – signification par voie électronique.** Les huissiers de justice compétents pour établir l'acte de saisie sont ceux dans le ressort desquels est situé le tiers saisi, destinataire de l'acte (C. pr. civ., art. 689 – Décr. n° 56-222, 29 févr. 1956[1], art. 5). Il s'agit donc en principe de celui dans le ressort duquel est situé le domicile ou le

1. Décr. n° 56-222, 29 févr. 1956, portant règlement d'administration publique relatif au statut des huissiers de justice, *JO* 3 mars, p. 2214.

siège du tiers saisi, voire l'établissement de ce tiers saisi entre les mains duquel est pratiquée la saisie (sur le cas des agences bancaires, v. s[s] n°s 922.13 s.). Pour mémoire, le ressort territorial de l'huissier de justice, qui correspond à celui du tribunal de grande instance, est étendu, à compter du 1er janvier 2015, à l'ensemble du département dans lequel il a sa résidence (Décr. 29 févr. 1956, réd. Décr. n° 2014-983, 28 août 2014[1]).

Une dérogation est toutefois apportée dans le cas où la signification est accomplie par la voie électronique, conformément aux nouvelles règles instaurées par le décret du 15 mars 2012 créant cette signification électronique[2]. Désormais, l'article 5-3 du décret du 29 février 1956 dispose : « *Les actes signifiés par voie électronique à un tiers dans le cadre d'une procédure d'exécution ou d'une mesure conservatoire au sens de l'article L. 111-1 du Code des procédures civiles d'exécution sont faits concurremment par les huissiers de justice du ressort du tribunal de grande instance où le débiteur a son domicile ou sa résidence sauf lorsque ceux-ci sont situés à l'étranger. Ces actes peuvent également être faits par tout huissier de justice ayant sa résidence dans le ressort d'un tribunal de grande instance dont le siège est situé dans le même département que le tribunal de grande instance dans le ressort duquel le débiteur a son domicile ou sa résidence* ». Lorsqu'elle a lieu par la voie électronique, la signification de l'acte de saisie ne peut donc être accomplie que par les huissiers de justice dans le ressort desquels demeure le ou l'un des débiteurs. Cette dérogation à la règle de compétence de droit commun, interdit à l'huissier de justice en résidence au lieu du tiers saisi de lui signifier une saisie attribution par voie électronique, à peine de nullité de la signification, de sorte qu'il ne pourrait accomplir qu'une signification par voie papier. La signification électronique est entrée en vigueur le 1er septembre 2012 (Décr. 15 mars 2012, art. 24) après la publication d'un arrêté technique[3]. Rappelons qu'elle suppose le consentement préalable du destinataire de l'acte, recueilli par la Chambre nationale des huissiers de justice (C. pr. civ., art. 748-2 – Décr. 29 févr. 1956, art. 73-1).

821.13 Acte d'administration et pouvoir de représentation. La Cour de cassation, se fondant sur les dispositions de l'article 26 de la loi du 9 juillet 1991 (devenu C. pr. exéc., art. L. 111-9), a jugé que l'exercice d'une mesure d'exécution est un acte d'administration et que le dirigeant d'une personne morale n'a pas à justifier d'un pouvoir spécial de représentation[4].

821.14 Compétence exclusive des huissiers de justice. Selon l'article L. 211-2 alinéa 1er C. pr. exéc., « *l'acte de saisie emporte, à concurrence des sommes pour lesquelles elle est pratiquée, attribution immédiate au profit du saisissant de la créance saisie disponible entre les mains du tiers ainsi que de tous ses accessoires* ».

Par l'effet de cet acte, la créance sort du patrimoine du débiteur. Le procès-verbal de saisie-attribution constitue donc un procès-verbal d'exécution.

L'article 6 alinéa 2 de la loi du 27 décembre 1923, relative notamment à la création des clercs assermentés, précise que « *les procès-verbaux de constats et d'exécution et les ventes mobilières judiciaires ou volontaires resteront de la compétence exclusive des huissiers* ».

L'article L. 122-1 alinéa 1er C. pr. exéc. dispose que « *seuls peuvent procéder à l'exécution forcée et aux saisies conservatoires les huissiers de justice chargés de l'exécution* ». L'article L. 122-3 C. pr. exéc. précise que « *la loi détermine les autres personnes habilités à procéder à l'exécution forcée et aux saisies conservatoires, au même titre que les huissiers de justice* ».

Les clercs assermentés ne sont habilités qu'à faire des actes énumérés par la loi, parmi lesquels figurent la signification des actes judiciaires et extrajudiciaires, à l'exclusion des procès d'exécution (L. 27 déc. 1923, art. 1er, al. 1er) et l'établissement de constats *à la requête des particuliers* (Ord. n° 45-2592, 2 nov. 1945, art. 1er *bis*).

C'est pourquoi, la Cour de cassation considère que la signification d'un acte de saisie-attribution par un clerc assermenté est nulle[5], les actes d'exécution forcée étant de la compétence exclusive des huissiers de justice[6]. Il en va autrement des autres

1. Décr. n° 2014-983, 28 août 2014, relatif à la compétence territoriale des huissiers de justice, *JO* 30 août, p. 14544.
2. Décr. n° 2012-366, 15 mars 2012, relatif à la signification des actes d'huissier de justice par voie électronique et aux notifications internationales, *JO* 17 mars, p. 4899 – T. Ghera, « Le décret n° 2012-366 du 15 mars 2012, entre équilibre et modernité, la sécurité juridique au cœur de la communication électronique judiciaire », *Dr. et proc.* 2012. Chron. 114; *JCP* 2012. 430, 3 questions à Me Jean-François Bauvin – L. Lauvergnat, « Le décret n° 2012-366 du 15 mars 2012 : un souffle nouveau en matière de notifications », *Procédures* 2012. Étude 3 – V. AUSSI, Rép. pr. civ., *v° Communication électronique*, par E. de Leiris, juin 2014.
3. Arr. 28 août 2012, portant application des dispositions du titre XXI du livre Ier du Code de procédure civile aux huissiers de justice, *JO* 31 août, p. 14049.
4. Civ. 2e, 15 janv. 2004, n° 01-17.920, *Bull. civ.* II, n° 8; *Dr. et proc.* 2004. 218, obs. Putman; *Gaz. Pal.* 2004. Somm. 2722, note Brenner.
5. Civ. 1re, 18 févr. 2003, n° 99-20.672, NP; *RD banc. fin.* 2003, n° 83, obs. J.-M. D.
6. Civ. 2e, 28 juin 2006, n° 04-17.514, *Bull. civ.* II, n° 178; *D.* 2006. 2055; *Dr. et proc.* 2006. 360, obs. Leborgne; *Procédures* 2006, n° 237, obs. Perrot; *D.* 2007. 1380, obs. Julien.

significations, qui ne constituent pas des actes d'exécution bien qu'elles soient accomplies au cours de la procédure de saisie-attribution, telle la signification de l'acte de dénonciation de la saisie au débiteur (v. s[s] n° 822.40).

La violation de ces dispositions est sanctionnée par la nullité, prononcée sans qu'il soit nécessaire d'invoquer un grief[1], ce qui rattache donc cette irrégularité à un vice de fond au sens de l'article 117 C. pr. civ.

§ 2
Contenu de l'acte de saisie

821.21 Mentions de l'acte de saisie. Le contenu de l'acte de saisie est déterminé par l'article R. 211-1 C. pr. exéc.

L'acte de saisie doit contenir, « *à peine de nullité* » cinq catégories de mentions.

821.22 L'indication des nom et domicile du débiteur ou, s'il s'agit d'une personne morale, de sa dénomination et de son siège social.

821.23 – L'énonciation du titre exécutoire en vertu duquel la saisie est pratiquée.

L'article 502 C. pr. civ. dispose que nul jugement, nul acte ne peut être mis à exécution que sur **présentation** d'une expédition revêtue de la formule exécutoire, à moins que la loi n'en dispose autrement.

L'article R. 123-1 C. pr. exéc. apporte une première atténuation au principe posé par l'article 502 C. pr. civ., en prévoyant que seul le dispositif du jugement est porté à la connaissance du tiers entre les mains duquel est pratiqué une saisie en vertu d'un jugement, dans un souci évident de discrétion. Ce texte, de portée générale, réserve toutefois l'hypothèse de dispositions contraires.

Tel est le cas de la saisie-attribution, pour laquelle l'article R. 211-1 C. pr. exéc. se borne à exiger que l'acte de saisie contienne l'**énonciation** du titre exécutoire[2].

L'huissier chargé de l'exécution n'est ainsi tenu de présenter ni le titre exécutoire ni même une simple photocopie de ce titre (ne comportant pas la formule exécutoire) lorsqu'il signifie l'acte de saisie-attribution au tiers saisi.

Cela ne signifie évidemment pas que l'huissier instrumentaire peut se dispenser de disposer d'un titre exécutoire, en particulier d'un jugement revêtu de la formule exécutoire, pour pratiquer une saisie-attribution. Il est simplement dispensé de présenter au tiers saisi le titre exécutoire en vertu duquel il agit. C'est pourquoi, il doit le désigner avec précision dans l'acte de saisie.

Lorsqu'une saisie-attribution est pratiquée sur le fondement d'un arrêt d'appel confirmatif frappé d'un pourvoi rejeté, l'acte signifié au tiers doit contenir l'énonciation de l'arrêt ayant confirmé le jugement, constituant le titre exécutoire, et non celle de l'arrêt ayant rejeté le pourvoi[3]. Sur la détermination du titre exécutoire, en cas d'infirmation ou de cassation, v. s[s] n° 811.31.

821.24 – Le décompte distinct des sommes réclamées en principal, frais et intérêts échus, majorées d'une provision pour les intérêts à échoir dans le délai d'un mois prévu pour élever une contestation. En tout état de cause, seule l'absence de décompte est susceptible d'entraîner l'annulation de l'acte (v. s[s] n° 821.31). Ainsi a-t-il été jugé que l'omission de la mention de la période pour laquelle les intérêts étaient réclamés, ainsi que du taux appliqué pour leur calcul, même variable, n'affectaient pas la validité de la saisie-attribution[4].

Le texte ne précise pas quels frais il vise et la Cour de cassation a jugé, dans le cas voisin d'une saisie-vente, que le titre qui sert de fondement aux poursuites permet le recouvrement des « *frais de l'exécution qui sont à la charge du débiteur* »[5]. En pratique, outre le montant des frais antérieurs à la saisie, le procès-verbal de saisie-attribution comporte le coût de l'acte mais également celui d'actes à faire, à commencer par la dénonciation. L'inclusion des actes « *à faire* » ou « *à prévoir* », tel le certificat de non-contestation, la signification de ce certificat ou la mainlevée à prévoir est plus discutable puisqu'ils présentent un caractère hypothétique.

S'agissant des intérêts moratoires dus par le débiteur saisi au créancier saisissant sur la partie de sa créance correspondant aux sommes saisies disponibles, ils continuent de courir jusqu'au paiement de ces sommes[6].

821.25 – L'indication que le tiers saisi est personnellement tenu envers le créancier saisissant et

1. Civ. 2e, 25 sept. 2014, n° 13-25.552, *Bull. civ.* II [à paraître] (acte de conversion d'une saisie conservatoire).
2. Civ. 2e, 4 oct. 2001, n° 00-12.336, NP; *RD banc. fin.* 2002, n° 24, obs. J.-M. D – Civ. 2e, 19 sept. 2002, n° 00-22.086, *Bull. civ.* II, n° 183; *D.* 2002. 2718; *Procédures* 2002, n° 203, obs. Perrot; *Gaz. Pal.* 2003. Somm. 1271, note Brenner.
3. Civ. 2e, 14 sept. 2006, n° 04-18.178, *Bull. civ.* II, n° 229; *D.* 2006. 2349; *RD banc. fin.* 2007, n° 26, obs. Piedelièvre; *Dr. et proc.* 2007. 41, obs. Poisson; *Gaz. Pal.* 2007. 3445, note Brenner.
4. Civ. 2e, 28 juin 2012, n° 10-13.885, NP.
5. Civ. 2e, 6 mars 2003, n° 01-02.745, *Bull. civ.* II, n° 56.
6. Civ. 2e, 7 juin 2006, n° 04-15.597, *Bull. civ.* II, n° 151; *RTD civ.* 2006. 830, obs. Perrot; *Procédures* 2006, n° 236, obs. Perrot.

qu'il lui est fait défense de disposer des sommes réclamées dans la limite de ce qu'il doit au débiteur.

821.26 – **La reproduction** des articles L. 211-2 alinéa 1er, L. 211-3 C. pr. exéc. et des articles R. 211-5 et R. 211-11 du même code.

Le dernier alinéa de l'article R. 211-1 C. pr. exéc. précise en outre que l'acte doit indiquer l'**heure** à laquelle il a été signifié. L'exigence de cette mention n'est pas prescrite à peine de nullité[1], mais l'inobservation de cette règle peut être source d'incertitudes qui nuiront au créancier saisissant (v. ss n° 831.71).

821.27 Saisie pratiquée contre une entreprise individuelle à responsabilité limitée (EIRL). Lorsque le débiteur est un entrepreneur individuel à responsabilité limitée, le créancier qui ne dispose d'un droit de gage que sur l'un des patrimoines de son débiteur ne peut procéder à la saisie des biens dépendant des autres patrimoines de ce débiteur, de sorte qu'il gagnera à préciser dans l'acte de saisie le ou les patrimoines du débiteur sur lesquels porte la saisie (v. ss n° 813.13).

En effet, dans ce cas, ce n'est pas tant la personne du débiteur qui importe que le patrimoine susceptible de faire l'objet d'une mesure d'exécution par le créancier considéré.

La précision dans l'acte de saisie du patrimoine concerné par la saisie ne constitue pas une obligation imposée par les textes. Toutefois, en l'absence de précision, le tiers saisi ne pourra pas distinguer le patrimoine concerné et pourra être amené à bloquer des créances dépendant d'un patrimoine n'entrant pas dans l'assiette du droit du gage du créancier saisissant. Pour éviter toute mise en cause de sa responsabilité civile, il ne saurait donc être trop recommandé à celui-ci d'apporter dans l'acte de saisie les informations dont il a connaissance.

§ 3
Sanction des irrégularités affectant l'acte de saisie

821.31 Nullité de l'acte de saisie. Selon l'article 649 C. pr. civ., la nullité des actes d'huissier est régie par les dispositions qui gouvernent la nullité des actes de procédure, c'est-à-dire les articles 112 et suivants C. pr. civ., contenus dans le livre Ier de ce code auquel renvoie l'article R. 121-5 C. pr. exéc.

Aux termes de l'article 114 C. pr. civ., aucun acte de procédure ne peut être déclaré nul pour vice de forme si la nullité n'en est pas expressément prévue par la loi, sauf en cas d'inobservation d'une formalité substantielle ou d'ordre public. En outre, l'article 115 C. pr. civ. envisage la possibilité d'une régularisation de l'acte vicié, avec effet rétroactif, si aucune forclusion n'est intervenue et s'il ne subsiste aucun grief.

Enfin, quant au décompte des sommes dues, par une formule maintes fois répétée, la Cour de cassation énonce que seule son absence est susceptible d'entraîner la nullité de l'acte[2]. La réclamation d'une somme supérieure à celle constatée par le titre exécutoire n'entraîne ainsi pas la nullité de la saisie[3], le juge de l'exécution (JEX) effectuant, dans ce cas, les redressements nécessaires[4].

821.32 Preuve d'un grief. Fréquemment, le débiteur saisi tente d'obtenir la nullité de l'acte de saisie en se fondant uniquement sur l'irrégularité affectant cet acte et en déduisant de l'irrégularité l'existence d'un grief.

Toutefois, en application de l'article 114 C. pr. civ., la nullité ne peut être prononcée qu'à charge pour celui qui l'invoque de prouver le **grief** que lui cause l'irrégularité, même s'il s'agit d'une formalité substantielle ou d'ordre public. Les juridictions rappellent régulièrement cette nécessité en la matière. Le grief a pu cependant parfois être déduit de la gravité même du vice : ainsi dans le cas de titres exécutoires multiples et non datés, qui ne permettent pas de déterminer la créance dont le recouvrement est poursuivi[5]. Les mentions exigées par le décret ne sont en effet pas d'égale importance :

– **omission de l'identité de l'huissier de justice :** l'omission de l'identité de l'huissier de justice, dans un acte établi par une SCP, constitue une irrégularité de forme qui n'est sanctionnée par la nullité de l'acte que s'il en résulte un grief[6];

– **omission de la qualité de représentant légal du créancier :** lorsque la saisie-attribution est pratiquée par un représentant légal, il a pu être jugé que l'omission de cette qualité était une irrégularité de forme qui n'entraînait pas l'annulation de l'acte en

1. TGI Paris, JEX, 2 déc. 1993, *D.* 1994. Somm. 341, obs. Julien; *BICC* 1994, n° 457.

2. Civ. 2e, 19 sept. 2002, n° 00-22.086, *Bull. civ.* II, n° 183; *D.* 2002. IR 2718; *Procédures* 2002, n° 203, obs. Perrot – Civ. 2e, 18 nov. 2004, n° 02-20.088, NP – Civ. 2e, 28 juin 2012, n° 10-13.885, NP.
3. Civ. 2e, 27 mai 2004, n° 02-20.160, *Bull. civ.* II, n° 249; *D.* 2004. 1860; *Dr. et proc.* 2004. 300 – V. ÉGAL., Civ. 2e, 18 oct. 2012, n° 11-21.857, NP : nonobstant un décompte erroné, le créancier ne commet aucune faute en poursuivant une procédure de saisie dès lors que la mesure était fondée dans son principe et que seule la somme effectivement due avait été saisie.
4. Obs. Perrot, *Procédures* 2002, n° 203.
5. TGI Quimper, JEX, 10 nov. 1993, *Rev. huiss.* 1994. 656.
6. Civ. 2e, 27 mai 2004, n° 02-20.160, préc. ss n° 821.31.

l'absence de démonstration d'un grief résultant d'une méprise sur l'identité du créancier[1];

– **mention du titre exécutoire** : s'il avait pu être jugé dans un premier temps que l'absence de mention du titre exécutoire dans le procès-verbal de saisie-attribution devait entraîner la nullité de la procédure[2], la Cour de cassation retient que la mention du titre exécutoire dans un acte d'exécution constitue un vice de forme nécessitant la démonstration d'un grief pour en entraîner l'annulation[3].

821.33 Autres mentions. L'acte de saisie n'a pas à contenir d'autres mentions que celles prévues par l'article R. 211-1 C. pr. exéc. Ainsi peut-on en particulier observer que le procès-verbal de saisie-attribution n'a pas à désigner la ou les créances du débiteur que le créancier saisissant espère saisir entre les mains du tiers saisi[4], ce qui permet d'ailleurs de comprendre l'étendue de l'obligation déclarative incombant au tiers saisi.

SECTION 2
DÉCLARATION DU TIERS SAISI

821.41 Obligations du tiers saisi. Selon l'article L. 123-1 C. pr. exéc., figurant dans les dispositions générales, les tiers doivent apporter leur concours aux mesures d'exécution lorsqu'ils en sont légalement requis.

Celui qui, sans motif légitime, se soustrait à ces obligations peut être contraint d'y satisfaire, au besoin à peine d'astreinte, et ses manquements peuvent être sanctionnés (« *paiement des causes de la saisie* », dommages-intérêts).

L'article L. 211-3 C. pr. exéc. impose au tiers saisi de déclarer au créancier « *l'étendue de ses obligations à l'égard du débiteur ainsi que les modalités qui pourraient les affecter et, s'il y a lieu, les cessions de créances, délégations ou saisies antérieures* ».

S'il est fréquent que l'huissier de justice fournisse dans son acte des éléments destinés à identifier la créance saisie, il a été jugé que le fait que l'acte de saisie fasse état de la situation de fait et de droit du tiers saisi à l'égard du débiteur n'exonérait pas le tiers saisi de son obligation de fournir les renseignements prévus[5]. Dans un tel cas, la déclaration du tiers saisi demeure nécessaire pour confirmer, démentir voire préciser la situation indiquée dans l'acte de saisie-attribution.

Lorsque la saisie-attribution est pratiquée entre les mains d'un établissement habilité à tenir des comptes de dépôt, le tiers saisi est en outre tenu d'obligations particulières (v. s^{s} n°s 922.21 s.).

L'article R. 211-4 C. pr. exéc. énonce que les renseignements doivent être fournis « *sur-le-champ* ».

Le tiers qui, « *sans motif légitime* », ne fournit pas les renseignements prévus est condamné à payer les sommes dues au créancier. Il peut être aussi condamné à des dommages-intérêts « *en cas de négligence fautive ou de déclaration inexacte ou mensongère* » (C. pr. exéc., art. R. 211-5).

Le tiers saisi doit être particulièrement vigilant dans sa déclaration : la Cour de cassation a pu en effet retenir que la reconnaissance par le tiers saisi de la créance, sans réserve, lui impose d'acquitter la créance, sans pouvoir opposer d'exception ultérieure. La solution, estimée injustifiable par MM. Perrot et Théry, qui rappellent que le tiers saisi doit pouvoir opposer au saisissant les moyens qu'il aurait pu opposer au débiteur[6], était d'autant plus rigoureuse dans le cas d'espèce, que le tiers saisi entendait opposer les fautes du débiteur saisi, sur le fondement d'une expertise intervenue après l'acte de saisie[7].

(Sur l'ensemble de la question, v. M. Séné[8]).

Certaines diligences peuvent en outre être attendues du tiers saisi sur le fondement du droit commun. Ainsi, par exemple, le tiers saisi qui, à la suite d'une mainlevée de la saisie, tarderait à rendre à nouveau disponibles pour le débiteur les sommes frappées par la saisie-attribution pourrait-il voir sa responsabilité civile engagée[9].

§ 1
Obligation de renseignement du tiers saisi

821.50 Simplification des règles. La déclaration du tiers saisi est faite à l'huissier instrumentaire

1. Civ. 2e, 10 févr. 2005, n° 03-11.802, *Bull. civ.* II, n° 29; *AJ fam.* 2005. 236, obs. Grimaldi; pour des saisies pratiquées par le préposé d'un établissement hospitalier, pour le compte de majeurs sous mesure de tutelle.
2. TI Briançon, 7 sept. 1993, *Rev. huiss.* 1994. 1296.
3. Civ. 2e, 27 sept. 2012, n° 11-18.770, NP – Pour un commandement aux fins de saisie immobilière : Civ. 2e, 30 avr. 2009, n° 08-12.105, *Bull. civ.* II, n° 111 – Pour un commandement de payer préalable à une saisie vente : Com. 3 oct. 2006, n° 01-03.515, *Bull. civ.* IV, n° 199.
4. V. PAR EX. : TGI Lyon, JEX, 11 oct. 1994, *Rev. huiss.* 1995. 371.
5. Civ. 2e, 18 oct. 2012, n° 11-24.502, NP.
6. PERROT et THÉRY, n° 399, II.
7. Civ. 2e, 8 juill. 2004, n° 02-20.655, *Bull. civ.* II, n° 382; *RD banc. fin.* 2004, n° 217, obs. Piedelièvre; *Gaz. Pal.* 11-13 sept. 2005, p. 16, note Brenner.
8. L. Séné, « La responsabilité du tiers saisi », *R.* 2002, Doc. fr., p. 259 s.
9. ILLUSTRATION : Com. 27 mars 2012, n° 11-13.536, NP (en l'espèce la Cour retient toutefois que le préjudice du débiteur n'a pas été suffisamment caractérisé par les juges du fond pour mettre en cause la responsabilité contractuelle du banquier tiers saisi).

lors de la signification de l'acte de saisie-attribution (A) et le tiers saisi est tenu de lui communiquer les pièces justificatives[1] (B).

Cette obligation de renseignement pèse sur tout tiers saisi, quel qu'il soit (Carpa, notaire, banquier, locataire du bailleur saisi, comptable public, *etc.*) (C).

A. Contenu de la déclaration

821.51 **Étendue des obligations du tiers saisi.** La formulation de l'article L. 211-3 C. pr. exéc. invite le tiers saisi à répondre à l'huissier poursuivant de façon **précise**[2]. Il devra indiquer, par exemple, le montant de la somme en principal et des intérêts qu'il doit au saisi, le montant hors charges ou charges comprises, d'un loyer, l'existence de marchés de travaux, les sommes payées et celles restant dues et préciser si la créance est affectée d'un terme ou d'une condition, si cette créance est ou non saisissable ou si une créance a fait l'objet d'une cession ou d'une saisie antérieure[3]. La Cour de cassation rappelle, au visa de ce texte, que « *l'existence d'un terme ou d'un litige ne* [dispense] *pas* [le tiers saisi] *de son obligation de déclarer aux créancières l'étendue de ses obligations à l'égard de la débitrice ainsi que les modalités qui pourraient les affecter* »[4]. Comme l'indique justement M. Piedelièvre, il n'appartient pas au tiers de saisi « de *se faire juge du différent qui peut exister; il est tenu de transmettre un fait brut* ». Au demeurant, le tiers saisi a tout intérêt à ne pas omettre les éléments (cession de créance, convention de fusion de comptes, *etc.*) susceptibles d'affecter l'obligation le liant au débiteur, s'il entend éviter d'être condamné au paiement des sommes dont il s'est reconnu débiteur dans sa déclaration[5].

Un banquier devra indiquer le solde des divers comptes ouverts par le saisi (v. ss nos 921.21 s.), préciser s'il existe une convention de fusion de comptes ou de compensation[6], mais lorsqu'une fusion de comptes a été convenue, il n'est tenu de déclarer que le solde de l'ensemble des comptes[7].

En revanche, le tiers saisi n'est pas tenu de faire connaître l'étendue des droits d'associés et des valeurs mobilières dont le débiteur est titulaire[8], puisque ceux-ci sont hors champ de la saisie-attribution.

La **jurisprudence** se montre **particulièrement** quant au contenu de la déclaration du tiers saisi. Outre le refus de répondre[9], voire le fait d'indiquer simplement « *prendre acte de la saisie* », sans autre précision[10], lui faisant encourir une condamnation aux causes de la saisie, le tiers saisi peut être condamné à des dommages-intérêts s'il se contente de donner au créancier une réponse par une « *formule vague et hésitante* »[11], ou se borne à une simple déclaration de principe imprécise[12], tel le fait d'indiquer détenir des fonds pour le compte du débiteur et de n'apporter de précision qu'ultérieurement[13].

De même, a-t-il pu être jugé que, le fait pour le tiers saisi, également représentant légal de la société débitrice, d'assigner en cette dernière qualité le créancier saisissant en contestation de la saisie, ne satisfait pas à l'obligation de déclaration, alors

1. Dans le droit antérieur, applicable à la saisie-arrêt, le tiers saisi avait une obligation de renseignement à deux stades de la procédure : lors de la signification de l'exploit de saisie-arrêt (ACPC, art. 559, al. 4) et lors de l'assignation en déclaration affirmative (ACPC, art. 573 et 574).
2. G. Dedessus-Le-Moustier, « L'obligation de renseignement du tiers saisi dans la saisie-attribution », *JCP* 1998. I. 106, p. 172, n° 6.
3. TGI Lille, JEX, 13 mai 1996, *Banque et droit* 1997, n° 56, p. 40 – Colmar, 27 oct. 1997, *Banque et droit* 1998, n° 58, p. 36, obs. Guillot.
4. Civ. 2e, 8 sept. 2011, n° 10-17.506, *Bull. civ.* II, n° 169; *RD banc. fin.* 2011, n° 207, obs. Piedelièvre.
5. Civ. 2e, 12 juin 2008, n° 07-17.356, NP.
6. Lyon, 3 déc. 1997, *D. Affaires* 1998. 155, obs. J. F.; *JCP* 1999. IV. 1438; *RGDP* 1998. 524, obs. Putman.
7. Civ. 2e, 5 juill. 2000, n° 97-22.287, *Bull. civ.* II, n° 113; *D.* 2000. IR 239; *RTD com.* 2000. 990, obs. Derruppé; *Ann. loyers* 2001. 549, obs. Martin; *RD banc. fin.* 2000. 305, obs. J.-M. D. – R. Perrot et P. Théry, « Saisie-attribution : la situation du tiers saisi (les arrêts du 5 juillet 2000) », *D.* 2001. 715.
8. Civ. 2e, 1er févr. 2001, n° 99-11.151, *Bull. civ.* II, n° 23; *D.* 2001. 678; *Dr. et proc.* 2001. 258, obs. Putman; *RD banc. fin.* 2001, n° 124, obs. J.-M. D.; *RJDA* 2001, n° 637.
9. TGI Lyon, JEX, 22 févr. 1994, *D.* 1994. IR 125; *D.* 1994. Somm. 341, obs. Julien – TGI Lyon, JEX, 13 juin 1995, *Rev. huiss.* 1996. 724, obs. Prévault; *Gaz. Pal.* 1995. 602 – TGI Lyon, JEX, 5 janv. 1999, RG n° 98/12131, Procureur c/ Apicil, NP.
10. TGI Lyon, JEX, 22 juill. 1997, RG n° 97/08149, NP.
11. TGI Grenoble, JEX, 12 janv. 1995, *Rev. huiss.* 1995. 1269 – V. AUSSI : Civ. 2e, 10 janv. 2013, n° 11-26.316, NP : la cassation d'un arrêt ayant condamné le tiers saisi aux causes de la saisie pour avoir seulement déclaré prendre acte de la saisie, intervient, non pas au motif (invoqué par la 1re branche du moyen de cassation) qu'une telle réponse ne ferait encourir qu'une condamnation à des dommages-intérêts, faute d'équivaloir à une absence de réponse, mais en raison (invoquée par la 3e branche du moyen) du fait que le tiers saisi avait ultérieurement indiqué, sans être contredit, n'être tenu à aucune obligation légale à l'égard du débiteur.
12. Paris, 29 juin 1995, *Juris-Data* n° 022190.
13. Civ. 2e, 26 mai 2011, n° 10-16.343, *Bull. civ.* II, n° 119 (en l'état d'une telle réponse imprécise, le tiers saisi n'encourt qu'une condamnation à des dommages-intérêts).

même que cette assignation contenait les informations attendues du tiers saisi[1].

B.
Communication des pièces justificatives

821.61 **Pièces justificatives.** L'article R. 211-4 C. pr. exéc., faisant une application particulière de l'obligation de concours des tiers à la mesure, posée par l'article L. 123-1 C. pr. exéc., impose au tiers saisi de communiquer à l'huissier poursuivant « *les pièces justificatives* », qui permettent en effet de vérifier la sincérité et l'exactitude de la déclaration du tiers saisi[2].

L'huissier peut exiger du tiers saisi la communication de tous documents utiles sans que le secret professionnel puisse lui être opposé (v. s^{s} n°s 821.63 et 921.23).

Il a été ainsi jugé :

- qu'une SCP de notaires, tiers saisi, était tenue de communiquer à l'huissier pratiquant une saisie-attribution à l'encontre de l'un des notaires, ses statuts ainsi que les accords entre ses membres relatifs à leur rémunération[3];

- qu'une banque devait communiquer une convention de fusion de comptes[4];

Dès lors que le tiers saisi a effectué une déclaration, le défaut de communication des pièces justificatives ne peut être sanctionné que par l'allocation de dommages-intérêts (v. s^{s} n° 821.81).

821.62 **Astreinte.** L'article L. 123-1 C. pr. exéc., qui impose aux tiers d'apporter leur concours aux mesures d'exécution lorsqu'ils en sont légalement requis, prévoit la possibilité pour le JEX, afin de contraindre le tiers saisi à respecter ses obligations, de prononcer une astreinte.

Ainsi a-t-il par exemple été jugé que : « *Le créancier saisissant peut, lorsqu'il existe une présomption de fraude, contester la déclaration du tiers saisi et requérir, au besoin sous astreinte, communication des documents lui permettant de vérifier la sincérité de cette déclaration* », dès lors qu'il ne s'agit pas de documents confidentiels[5].

821.63 **Secret professionnel.** Le secret professionnel est susceptible de constituer un motif légitime qu'un tiers peut opposer pour refuser de communiquer une information. Sont notamment tenus d'une telle obligation, les établissements de crédit (v. s^{s} n° 921.23) et les fonctionnaires (v. s^{s} n° 912.32), sauf dans des cas particuliers (C. mon. fin., art. L. 511-33 et L. 511-34 - L. n° 83-634, 13 juill. 1983, art. 26).

Toutefois, dans le cas de la saisie-attribution, le tiers saisi est tenu, en vertu des textes rappelés, d'une obligation de renseignement, de sorte qu'il ne peut se retrancher derrière le secret professionnel, voire le secret bancaire, pour refuser à l'huissier les renseignements nécessaires[6].

En revanche, le tiers saisi peut opposer le secret professionnel pour refuser de communiquer une information n'entrant pas dans le champ des prévisions de cet article. Ainsi, a-t-il été jugé que le tiers saisi pouvait opposer le secret bancaire au JEX qui exigeait la production d'un historique des comptes[7], car l'article 47 de la loi du 9 juillet 1991 (devenu C. pr. exéc., art. L. 162-1 et R. 162-1) ne prévoit que la communication du solde du ou des comptes du débiteur « *au jour de la saisie* »[8].

Le JEX ne peut contrôler la valeur et la sincérité de la déclaration du tiers saisi qu'au moment de la saisie. Il ne lui appartient pas « *de contrôler l'évolution des comptes du débiteur saisi au cours des années ayant précédé la saisie* »[9], et « *la demande de communication des relevés d'opérations bancaires pour une période de plus de quatre ans avant la saisie-attribution excède les obligations du tiers saisi* »[10].

1. Civ. 2e, 10 nov. 2010, n° 09-71.609, *Bull. civ.* II, n° 185; *D.* 2010. 2849, obs. Avena-Robardet; *D.* 2011. 1509, obs. Leborgne; *Rev. sociétés* 2010. 568, obs. Lienhard; *RTD com.* 2011. 135, obs. Dondero et Le Cannu; cet arrêt approuve la cour d'appel d'avoir « *justement retenu que l'assignation délivrée aux sociétés créancières par* [le liquidateur amiable] *en sa seule qualité de représentant légal de la débitrice, ne constituait pas la réponse du tiers saisi à l'huissier de justice prévue à l'article 59 du décret du 31 juillet 1992* ».
2. Montpellier, 10 janv. 2000, *RD banc. fin.* 2000. 179, obs. J-M. D.
3. Civ. 2e, 28 janv. 1998, n° 96-12.422, *Bull. civ.* II, n° 36; *D.* 1998. IR 68; *D. Affaires* 1998. 378; *Gaz. Pal.* 1999. 1. Somm. 121, note Véron; *JCP* 1998. IV. 1611 – ET SUR RENVOI : Angers, 4 juin 1999, RG n° 98/01135, arrêt n° 289.
4. Paris, 28 mai 1998, *Banque et droit* 1998, n° 61, p. 36.
5. Rennes, 13 oct. 1994, *Rev. huiss.* 1995. 575 – V. AUSSI : Paris, 29 juin 1995, *Juris-Data* n° 022190.
6. SUR CETTE QUESTION, *J.-Cl. Pr. civ., v° Saisie-attribution* (opérations de saisie : acte de saisie et dénonciation), fasc. 2250, n° 61, par Miguet – G. Dedessus-Le-Moustier, « L'obligation de renseignement du tiers saisi dans la saisie-attribution », *JCP* 1998. I. 106, p. 172, n° 6.
7. Civ. 2e, 11 mars 1999, n° 96-22.813, *Bull. civ.* II, n° 49; *D.* 1999. IR 104; *JCP E* 1999. 791 – CENSURANT : Versailles, 9 oct. 1996, *Rev. huiss.* 1997. 666.
8. Civ. 2e, 1er juill. 1999, n° 96-19.108, *Bull. civ.* II, n° 129; *D.* 1999. 210; *D. Affaires.* 1999. 1362, obs. J. F.; *Banque et droit* 2000, n° 71, p. 50; *RD banc. fin.* 2000. 26, obs. J.-M. D.; *Gaz. Pal.* 2000. 1. Somm. 341, note Véron.
9. Civ. 2e, 5 juill. 2000, n° 97-21.606, *Bull. civ.* II, n° 110; *Ann. loyers* 2001. 547, obs. Martin – R. Perrot et P. Théry, « Saisie-attribution : la situation du tiers saisi (les arrêts du 5 juillet 2000) », *D.* 2001. 715; *RD banc. fin.* 2000. 303, n° 202, obs. J-M. D.
10. Civ. 2e, 28 sept. 2000, n° 98-13.428, NP; *RD banc. fin.* 2001. 24, n° 24, obs. J-M. D. – R. Perrot et P. Théry, « Saisie-attribution : la situation du tiers saisi (les arrêts du 5 juillet 2000) », *D.* 2001. 716 – A. Leborgne, « L'obligation de concours des tiers saisis », *Rev. huiss.* 2001. 151, note crit. 23.

En outre, le tiers saisi, en l'absence de procès-verbal de saisie-attribution préalable, peut refuser de répondre en invoquant le secret professionnel[1].

C.
Moment de la déclaration du tiers saisi

821.71 **Déclaration sur-le-champ.** Les renseignements prévus par l'article L. 211-3 C. pr. exéc., doivent être fournis « *sur-le-champ* » à l'huissier qui procède à la signification du procès-verbal de saisie.

Par l'utilisation de la formule « *sur-le-champ* », les rédacteurs du texte ont voulu que la coopération du tiers saisi aux opérations d'exécution soit immédiate, afin, d'une part, de « *prévenir une éventuelle collusion frauduleuse entre le débiteur (du saisissant) et le tiers après la mise en place de la saisie* »[2], d'autre part de permettre au créancier saisissant d'apprécier l'opportunité de poursuivre cette voie d'exécution ou d'y renoncer notamment en cas de sommes insuffisantes détenues par le tiers, de solde débiteur ou d'absence d'obligation du tiers à l'égard du saisi.

« *Les termes* "sur-le-champ" *supposent une réponse immédiate et sont exclusifs de tout délai si raisonnable soit-il* »[3].

Malgré cette exigence textuelle, la jurisprudence révèle que les huissiers de justice sont souvent conduits à laisser au tiers saisi un délai pour accomplir sa déclaration. Dans ce cas, non seulement le tiers saisi dispose de ce délai pour satisfaire à son obligation, mais la Cour de cassation a pu retenir qu'il pouvait disposer d'un motif légitime pour répondre au-delà même du délai accordé (« *il résulte des procès-verbaux de saisie que l'huissier de justice chargé de l'exécution a indiqué* [au tiers saisi] *qu'à défaut de réponse immédiate, il lui était fait sommation d'avoir à répondre sous 48 heures; que la cour d'appel en a déduit, à bon droit* [...] *que les créancières avaient laissé* [au tiers saisi] *un délai de 48 heures pour répondre et a pu retenir que le retard dans la réponse au-delà de 48 heures avait un motif légitime dès lors qu'un délai avait été accepté au lieu d'une réponse sur-le-champ* »)[4].

En dehors de ce cas, les décisions révèlent également que la réponse du tiers saisi n'est bien souvent pas immédiate :

– soit parce que l'acte de saisie n'a pas été remis à la personne même du tiers saisi, à un représentant légal d'une personne morale, à un fondé de pouvoir ou à toute personne habilitée (cas de la signification en mairie[5], désormais signification remise en l'étude de l'huissier de justice), ou lorsque la saisie est pratiquée au siège social d'un établissement bancaire (v. s^s n°s 922.11 s.);

– soit parce que des recherches doivent être effectuées pour connaître avec précision l'étendue des obligations et rassembler les documents nécessaires[6].

En matière de saisie des comptes bancaires (v. s^s n°s 922.13 s), une pratique fréquente consiste, soit à ne rien déclarer « *sur-le-champ* » et à adresser une lettre le jour même (c'est le cas des centres financiers de La Poste), soit à faire immédiatement une déclaration partielle, comme par exemple, l'indication du solde des comptes, et à adresser une réponse ultérieure par courrier, soit le jour même, soit dans les 48 heures, pour compléter l'information donnée « *sur-le-champ* » (existence de saisies antérieures, d'une convention d'unité de compte, ou d'un compte en devises par ex.[7]).

La jurisprudence fait une application stricte du texte et sanctionne le tiers saisi qui répond tardivement à l'huissier instrumentaire sans motif légitime.

Ont été sanctionnés :

– un tiers saisi dans les locaux duquel l'huissier s'était présenté vainement à deux reprises et n'avait reçu des renseignements que le lendemain, sans qu'un motif légitime ait été démontré[8];

– un notaire qui avait attendu près de trois semaines après la signification de la saisie-attribution pour répondre à l'huissier poursuivant[9];

– une banque qui a communiqué onze jours après l'acte de saisie des informations incomplètes sur le montant du solde des comptes du débiteur au jour de la saisie[10].

1. Limoges, 3 févr. 2000, *Juris-Data* n° 110043; *RD banc. fin.* 2000, n° 74, obs. J-M. D. – Limoges, 28 févr. 2000, *D.* 2000. 264; *Rev. huiss.* 2001. 126, obs. Putman; *BICC* 15 févr. 2001, n° 213.
2. COUCHEZ, n° 264, p. 115.
3. TGI Roanne, JEX, 6 mai 1993, *Rev. huiss.* 1994. 656.
4. Civ. 2e, 8 sept. 2011, n° 10-17.506, *Bull. civ.* II, n° 169; *Procédures,* 2011, obs. Perrot; *RD banc. fin.* 2011, n° 207, obs. crit. Piedelièvre.
5. TGI Lyon, JEX, 9 févr. 1999, RG n° 99/00605, NP.
6. Civ. 2e, 28 janv. 1998, n° 95-18.340, *Bull. civ.* II, n° 35; *D.* 1998. IR 78; *D. Affaires* 1998. 422, obs. S. P.; *Gaz. Pal.* 1998. 2. Somm. 687; *RGDP* 1998. 524, obs. Putman – Paris, 7 avr. 1998, *D. Affaires* 1998. 842 – Paris, 23 sept. 1999, *Bull ch. avoués* 2000, n° 154, p. 68.
7. TGI Lyon, JEX, 14 mai 1998, RG n° 97/15386, NP.
8. Civ. 2e, 2 avr. 1997, n° 95-13.567, *Bull. civ.* II, n° 107; *D.* 1997. IR 120; *Rev. huiss.* 1997. 987 et 1479, obs. Daigre; *Procédures* 1997, n° 147, obs. Perrot; *RTD civ.* 1997. 752, obs. Perrot; *D.* 1998. 36, note Martin.
9. TGI Lyon, JEX, 16 mai 1995, *Rev. huiss.* 1996. 722, obs. Prévault; *Gaz. Pal.* 1995. Somm. 602.
10. TGI Lyon, JEX, 11 févr. 1997, RG n° 96/15376, cité dans *Banque et droit* 1997, n° 55, p. 40 – CONFIRMÉ PAR : Lyon, 13 janv. 1999, RG n° 97/01046.

821.72 Cas de la signification électronique. Une dérogation à l'obligation de déclaration sur-le-champ est en outre prévue dans le cas où la signification est accomplie par la voie électronique, conformément aux nouvelles règles instaurées par le décret du 15 mars 2012 créant cette signification électronique[1]. Rappelons que la signification par voie électronique répond à des conditions particulières et suppose en particulier le consentement préalable du destinataire de l'acte, recueilli par la chambre nationale des huissiers de justice (C. pr. civ., art. 748-2 - Décr. 29 févr. 1956, art. 73-1). Elle est entrée en vigueur après la publication d'un arrêté technique[2], le 1er septembre 2012 (Décr. 15 mars 2012, art. 24 - Décr. 30 mai 2012, art. 13).

Dès lors que l'immédiateté d'une déclaration « sur-le-champ » s'explique par le dialogue qu'autorise la signification faite à personne, il est nécessaire de prévoir une dérogation lorsque la saisie a lieu par la voie électronique. C'est pourquoi le décret du 30 mai 2012, relatif à la partie réglementaire du Code des procédures civiles d'exécution, codifiant les dispositions issues du décret 15 mars 2012, a inséré une disposition dérogatoire dans le cas d'une signification électronique de l'acte de saisie. Il est prévu que : « *Si l'acte de saisie est signifié par voie électronique, le tiers saisi est tenu de communiquer à l'huissier de justice les renseignements et pièces justificatives mentionnés au premier alinéa au plus tard le premier jour ouvré suivant la signification, par voie électronique, sous réserve des dispositions prévues à l'article 748-7 du Code de procédure civile* » (C. pr. exéc., art. R. 211-4 - Décr. n° 2012-783, 30 mai 2012, art. 13, 3°). Il résulte du renvoi fait à l'article 748-7 C. pr. civ. que lorsque le tiers saisi ne peut répondre par la voie électronique dans le délai qui lui est imparti, pour une cause qui lui est étrangère, le délai déjà accordé pour répondre est lui-même prorogé jusqu'au premier jour ouvrable suivant. Dans le cas particulier de la saisie-attribution, l'instauration de cette **prorogation du délai de réponse** n'épuise certainement pas les cas de motifs légitimes susceptibles de justifier un retard dans la réponse apportée par le tiers saisi suivant la voie électronique.

§ 2
Sanctions des obligations du tiers saisi

821.81 Règle. L'obligation de déclaration mise à la charge du tiers saisi est sanctionnée par l'article R. 211-5 C. pr. exéc. aux termes duquel : « *Le tiers saisi qui, sans motif légitime, ne fournit pas les renseignements prévus est condamné, à la demande du créancier, à payer les sommes dues à ce dernier sans préjudice de son recours contre le débiteur.*

Il peut être condamné à des dommages et intérêts en cas de négligence fautive ou de déclaration inexacte ou mensongère ».

Ce texte ne précise pas la sanction encourue par celui qui ne communique pas les pièces justificatives visées à l'article R. 211-4 C. pr. exéc. La Cour de cassation a censuré une cour d'appel qui a jugé que le défaut de fourniture des pièces justificatives, sans motif légitime, entraîne la condamnation du tiers saisi au paiement des sommes dues au créancier[3]. Le manquement à l'obligation de fournir les pièces justificatives ne peut donner lieu qu'au paiement, s'il y a lieu, de dommages-intérêts[4].

821.82 Rigueur des décisions. L'analyse de la jurisprudence révèle la rigueur des juridictions du fond à l'égard des tiers saisis qui manquent à leur obligation déclarative[5].

La Cour de cassation, qui rappelle que la déclaration doit être faite « *sur-le-champ* », et consciente des « *conséquences d'une rigueur excessive* » du texte, a suggéré de modifier l'article 59 du décret du 31 juillet 1992 (devenu C. pr. exéc., art. R. 211-4) et « *d'accorder au tiers saisi un bref délai* [...] *pour*

1. Décr. n° 2012-366, 15 mars 2012, relatif à la signification des actes d'huissier de justice par voie électronique et aux notifications internationales, *JO* 17 mars, p. 4899 – T. Ghera, « Le décret n° 2012-366 du 15 mars 2012, entre équilibre et modernité, la sécurité juridique au cœur de la communication électronique judiciaire », *Dr. et proc.* 2012. Chron. 114; *JCP* 2012. 430, 3 questions à Me Jean-François Bauvin – L. Lauvergnat, « Le décret n° 2012-366 du 15 mars 2012 : un souffle nouveau en matière de notifications », *Procédures* 2012. Étude 3 – V. AUSSI, Rép. pr. civ., *v° Communication électronique*, par E. de Leiris, juin 2014.
2. Arr. 28 août 2012, portant application des dispositions du titre XXI du livre Ier du Code de procédure civile aux huissiers de justice, *JO* 31 août, p. 14049.
3. Montpellier, 10 janv. 2000, *RD banc. fin.* 2000. 179, obs. crit. J.-M. D.
4. Civ. 2e, 20 déc. 2001, n° 00-12.798, *Bull. civ.* II, n° 205; *RD banc. fin.* 2002, n° 67, obs. J.-M. D.; *JCP* 2002. IV. 1214; *RTD civ.* 2002. 363, obs. Perrot; *Dr. et proc.* 2002. 181, obs. Putman – Civ. 2e, 6 mai 2004, n° 02-15.348, *Bull. civ.* II, n° 218; *D.* 2004. 866; *RTD civ.* 2004. 560, obs. Perrot; *RD banc. fin.* 2004, n° 181, obs. Piedelièvre.
5. G. Dedessus-Le-Moustier, « L'obligation de renseignement du tiers saisi dans la saisie-attribution », *JCP* 1998. I. 106, p. 172, n° 6 – C. Guien, « L'obligation de renseignement du tiers saisi en matière de saisie-attribution : une obligation à exécution instantanée », *Gaz. Pal.* 1998. Doctr. 1138 – M.-A. Mondolini, « L'obligation déclarative du tiers saisi dans la saisie-attribution », *RD bancaire et bourse* 1998, n° 68, p. 117; *JCP E* 1998. 1026 – J.-P. Morin et J. Ziegler, « Défense du banquier tiers saisi », *Banque et droit* 1999, n° 64, p. 6 – D. Santacru, « L'article 60 du décret du 31 juillet 1992 : un exemple de *transitivité juridique* », *Banque et droit* 1998, n° 60, p. 3.

adresser à l'huissier de justice les renseignements s'il n'a pas été en mesure de les fournir immédiatement »[1].

L'Association française des banques a demandé le remplacement des mots « *sur-le-champ* » par les mots « *dans un délai de deux jours ouvrés* ». Le Conseil d'État a rejeté la requête au motif que les auteurs du décret n'avaient pas édicté une formalité impossible dès lors que le JEX dispose du pouvoir souverain d'apprécier « *si les causes de retard invoquées par le tiers saisi qui n'a pas fourni sur-le-champ les renseignements demandés par l'huissier de justice procèdent d'un motif légitime* »[2].

821.83 Autonomie de régime de la déclaration inexistante ou tardive et de la déclaration incomplète, inexacte ou mensongère. La question s'est longtemps posée de savoir si le second alinéa de l'article 60 du décret (devenu C. pr. exéc., art. R. 211-5), qui prévoyait que le tiers saisi « *peut aussi être condamné à des dommages et intérêts en cas de négligence fautive ou de déclaration inexacte ou mensongère* », organisait une sanction autonome, ou bien s'il venait simplement sanctionner plus gravement celui qui avait fait preuve de négligence fautive, ou qui avait communiqué des informations inexactes ou mensongères, en ajoutant à sa condamnation au paiement des causes de la saisie, une condamnation à des dommages et intérêts.

Cette question de l'autonomie ou non du second alinéa de l'article 60 du décret du 31 juillet 1992 (devenu C. pr. exéc., art. R. 211-5), par rapport au premier alinéa, a divisé la doctrine[3], comme les juridictions du fond[4].

La Cour de cassation est venue affirmer l'autonomie de ces sanctions[5]. Une déclaration incomplète, inexacte ou mensongère ne peut donner lieu qu'à condamnation du tiers saisi au paiement des dommages et intérêts prévus par l'article 60 alinéa 2 (devenu C. pr. exéc., art. R. 211-5, al. 2)[6]. Il en découle par exemple que le juge ne peut faire d'office application du premier alinéa, alors que seul le second alinéa est dans la cause, sans inviter les parties à s'expliquer sur ce moyen relevé d'office[7].

La même solution a été adoptée en matière de saisie conservatoire, sur le fondement de l'article 238 du décret du 31 juillet 1992 (devenu C. pr. exéc., art. R. 523-5)[8].

La disparition de l'adverbe « aussi » dans l'article R. 211-5 C. pr. exéc., qui est venu remplacer l'article 60 du décret du 31 juillet 1992, conforte cette jurisprudence.

821.90 Plan. Il convient de distinguer selon que le tiers saisi s'est abstenu de toute déclaration, situation à laquelle est assimilé le cas de la déclaration tardive (A), ou qu'il a procédé à une déclaration inexacte, incomplète ou mensongère (B).

A. Sanction de l'absence de déclaration ou de la déclaration tardive

1° Conditions d'application de la sanction

821.91 Généralités. Le tiers saisi ne peut être condamné aux causes de la saisie que si celle-ci est valable, n'est pas atteinte par la caducité et porte sur une créance dont le tiers saisi est bien débiteur.

821.92 Validité de la saisie. La saisie ne doit pas être entachée de **nullité**[9].

1. *R.* 1999, p. 33, Doc. fr.
2. CE 9 juin 2000, req. n° 198088, *D.* 2000. IR 206; *Procédures* 2001, n° 35, p. 11, obs. Croze; *RD banc. fin.* 2000. 304, obs. J.-M. D.; *Gaz. Pal.* 2000. Doctr. 2192, obs. Dymant.
3. EN FAVEUR DE L'AUTONOMIE DU SECOND ALINÉA : DONNIER, n° 945 – COUCHEZ, n° 265, p. 115 – G. Dedessus-Le-Moustier, « L'obligation de renseignement du tiers saisi dans la saisie-attribution », *JCP* 1998. I. 106, p. 175, n° 23 – EN SENS INVERSE : *J.-Cl. Not. Form., v° Saisie-attribution (procédure),* fasc. 20, n° 64, par Putman – *J.-Cl. Pr. civ., v° Saisie-attribution* (opérations de saisie : acte de saisie et dénonciation), fasc. 2250, n° 66, par Miguet.
4. TGI Grenoble, JEX, 23 juin 1997, RG n° 97/02289, SNP – Versailles, 14 mars 1997, *Gaz. Pal.* 1997. 2. Somm. 349 – Lyon, 23 févr. 2000, RG n° 98/04392, NP.
5. Civ. 2e, 13 juill. 2005, n° 03-19.138, *Bull. civ.* II, n° 204 : « *Les alinéas premier et second de l'article 60 du décret du 31 juillet 1992 ne sont pas interdépendants* ».
6. Civ. 2e, 5 juill. 2000, n° 97-19.629, *Bull. civ.* II, n° 115; *JCP* 2000. IV. 2494; *RTD civ.* 2000. 903, obs. Perrot; *RTD com.* 2000. 990, obs. Cabrillac; *Procédures* 2000, n° 196, arrêt n° 3; *Ann. loyers* 2001. 550, obs. Martin; *RJDA* 2000, n° 1041 – R. Perrot et P. Théry, « Saisie-attribution : la situation du tiers saisi (les arrêts du 5 juillet 2000) », *D.* 2001. 717 – A. Leborgne, « L'obligation de concours des tiers saisis », *Rev. huiss.* 2001. 156 – Civ. 2e, 10 mars 2004, n° 02-17.011, *Bull. civ.* II, n° 116; *RD banc. fin.* 2004, n° 180, obs. Piedelièvre – Civ. 2e, 19 mars 2009, n° 08-11.303, *Bull. civ.* II, n° 78 – Civ. 2e, 10 sept. 2009, n° 08-18.590, *Bull. civ.* II, n° 211; *RD banc. fin.* 2009, n° 209, obs. crit. Piedelièvre; *Procédures* 2009, n° 357, obs. Perrot.
7. Civ. 2e, 13 juill. 2005, n° 03-18.895, NP : « *Les alinéas premier et second de l'article 60 du décret du 31 juillet 1992 ne sont pas interdépendants* ».
8. Civ. 2e, 21 déc. 2000, n° 98-21.990, *Bull. civ.* II, n° 179.
9. Civ. 2e, 5 juill. 2000, n° 98-18.475, *Bull. civ.* II, n° 111; *RTD civ.* 2000. 903, obs. Perrot; *Procédures* 2000, n° 196, arrêt n° 1, obs. Perrot; *Ann. loyers* 2001. 548, obs. Martin; *RJDA* 2000, n° 1040; *RD banc. fin.* 2000. 362, n° 236, obs. J-M. D – R. Perrot et P. Théry, « Saisie-attribution : la situation du tiers saisi (les arrêts du 5 juillet 2000) », *D.* 2001. 716 – V. AUSSI, Civ. 2e, 3 mai 2001, n° 99-13.592, *Bull. civ.* II, n° 89; *D.* 2001. IR 1671; *RTD civ.* 2001. 667, obs. Perrot; *RD banc. fin.* 2001, n° 162, obs. J.-M. D. – Civ. 2e, 10 mars 2004, n° 02-17.011, préc. ss n° 821.83 – Civ. 2e, 23 sept. 2004, n° 02-18.252, *Procédures* 2004, n° 257, obs. Perrot; *Dr. et proc.* 2005. 30, obs. Putman.

Ainsi, les tiers saisis poursuivis sur le fondement de l'article R. 211-5 C. pr. exéc. peuvent soulever les exceptions de caducité ou de nullité que le débiteur saisi n'aurait pas soulevées : nullité du procès-verbal de saisie établi par un clerc et non par un huissier de justice, insaisissabilité des créances, absence d'obligation à l'égard du saisi, inexistence de la dette[1].

821.93 **Saisie non atteinte par la caducité.** La Cour de cassation, s'agissant de la mise en œuvre de la responsabilité du tiers saisi sur le fondement de l'article 60 alinéa 1er du décret (devenu C. pr. exéc., art. R. 211-5, al. 1er), retient en outre que la saisie ne doit pas être atteinte de caducité. La **caducité** privant rétroactivement la saisie de tous ses effets, « *s'oppose à ce que le créancier saisissant puisse faire condamner le tiers saisi* [...] *au paiement des sommes pour lesquelles la saisie a été pratiquée, cette sanction de la méconnaissance par le tiers saisi de son obligation de renseignement s'inscrivant nécessairement dans le cadre d'une saisie valable* »[2]. Cet avis a été confirmé par un arrêt de la deuxième chambre civile[3], qui a cassé un arrêt de la cour d'appel de Lyon ayant jugé que la caducité n'a pas pour conséquence d'anéantir rétroactivement la saisie, mais seulement de lui supprimer tout effet pour l'avenir sans remettre en cause les actes passés et notamment la réponse donnée par le tiers saisi[4].

821.94 **Dette du tiers saisi.** Le tiers entre les mains duquel est pratiquée une saisie-attribution « *n'encourt, s'il n'est tenu, au jour de la saisie, à aucune obligation envers le débiteur, qu'une condamnation au paiement de dommages-intérêts prévue par l'article 24 de la loi* [...] »[5].

La jurisprudence exige ainsi que le tiers saisi ait une dette envers le débiteur principal au jour de la saisie.

Cette sanction est dès lors exclue lorsque le tiers saisi n'est pas débiteur du débiteur principal[6], ou ne l'est plus, au jour de la saisie, du fait qu'il a payé sa dette[7]. Tel est par exemple le cas, lorsque la créance que détenait le débiteur saisi sur le tiers saisi résultait d'un jugement, infirmé postérieurement à la saisie-attribution : dans cette hypothèse, le créancier saisissant est tenu de restituer la somme qu'il a reçue du tiers saisi sur le fondement de l'article 60 alinéa 1er du décret du 31 juillet 1992 (devenu C. pr. exéc., art. R. 211-5, al. 1er)[8].

À l'inverse, peu importe que la créance du saisissant sur le débiteur principal disparaisse, postérieurement à la saisie-attribution, faute de déclaration de créance à la procédure collective du débiteur principal, prononcée après la saisie-attribution : il suffit que le juge constate que le tiers saisi, débiteur au jour de la saisie, n'a pas satisfait à son obligation de renseignement, pour le condamner à payer au saisissant les sommes qu'il devait au débiteur principal[9].

821.95 **• La déclaration tardive du tiers saisi sans motif légitime est assimilée à un défaut de déclaration.** La Cour de cassation a assimilé la déclaration tardive au défaut de déclaration. Le tiers saisi qui, sans motif légitime, n'a pas déclaré sur-le-champ l'étendue de ses obligations à l'égard du débiteur, encourt la sanction de l'article R. 211-5 alinéa 1er du décret[10] (devenu C. pr. exéc., art. R. 211-5, al. 1er). Toutefois, la réponse tardive du tiers saisi ne permet de le condamner au paiement des causes de la saisie que si le débiteur saisi dis-

1. Civ. 2e, 10 mars 2004, no 02-17.011, préc. ss no 821.83 – Civ. 3e, 6 déc. 2006, no 04-14.776, *Bull. civ.* III, no 246.
2. Cass., avis, 21 juin 1999, no 09-90.008, *Bull. avis*, no 5; *D.* 1999. 206; *JCP* 1999, no 10160, note Croze et Moussa; *Dr. et patr.* nov. 2000. 105, obs. Théry; *D. Affaires* 1999. 1247, obs. V. A.-R. – V. AUSSI, Civ. 2e, 6 mai 2004, no 02-12.484, *Bull. civ.* II, no 217; *D.* 2004. 1646; *JCP* 2004. 10150, note Salati.
3. Civ. 2e, 23 nov. 2000, no 98-22.938, *Bull. civ.* II, no 155; *RD banc. fin.* 2001. 24, no 26, obs. J.-M. D; *RTD civ.* 2001. 667, obs. Perrot.
4. Lyon, 14 oct. 1998, *JCP* 1999. II. 10016, obs. Croze – V. AUSSI : Civ. 2e, 3 mai 2001, no 99-13.592, *Bull. civ.* II, no 89; *D.* 2001. IR 1671; *RTD civ.* 2001. 667, obs. Perrot; *Dr. et proc.* 2001. 328, obs. Bourdillat.
5. Civ. 2e, 5 juill. 2000, no 98-12.738, *Bull. civ.* II, no 114; *Ann. loyers* 2001. 549, obs. Martin; *Procédures* 2000, no 196, arrêt no 5, obs. Perrot; *RD banc. fin.* 2000. 360, obs. J.-M. D. – V. AUSSI, Civ. 2e, 7 déc. 2000, no 98-23.229, NP; *Rev. huiss.* 2001. 192, obs. Putman – Civ. 2e, 30 mai 2002, no 00-22.909, NP; *Procédures* 2002, no 204, obs. Perrot – Civ. 2e, 3 oct. 2002, no 01-02.159, *Bull. civ.* II, no 207; *D.* 2002. 2850; *RD banc. fin.* 2003, no 38, obs. J.-M. D. – Civ. 2e, 3 avr. 2003, no 01-14.118, NP; *D.* 2004. 1494, obs. Taormina.
6. Civ. 2e, 24 mars 2005, no 01-14.212, *Bull. civ.* II, no 81; *D.* 2005. 1114; *Procédures* 2005, no 133, p. 17; *Dr. et proc.* 2005. 244, obs. Salati.
7. Civ. 2e, 10 mars 2004, no 02-17.011, préc. ss no 821.83.
8. Civ. 2e, 14 sept. 2006, no 04-17.065, *Bull. civ.* II, no 230.
9. Com. 23 nov. 2004, no 02-11.992, *Bull. civ.* IV, no 202.
10. Civ. 2e, 5 juill. 2001, no 99-20.616, *Bull. civ.* II, no 133; *D.* 2001. 2562; *Procédures* 2001, no 168, obs. Perrot; *RTD civ.* 2001. 961, obs. Perrot; *RD banc. fin.* 2001, no 240, obs. J.-M. D.; *D.* 2002. 1304, note Daverat; *Ann. loyers* 2002. 1142, obs. Martin – Civ. 2e, 21 mars 2002, no 00-19.222, *Bull. civ.* II, no 53; *D.* 2002. 1325 – Civ. 2e, 9 juill. 2009, no 08-15.192, *Bull. civ.* II, no 195; *RD banc. fin.* 2009, no 168, obs. Piedelièvre; *Procédures* 2009, no 310, obs. Perrot – RAPPR. Civ. 2e, 2 avr. 1997, no 95-13.567, *Bull. civ.* II, no 107; *D.* 1997. 120; *Rev. huiss.* 1997. 987 et 1479, obs. Daigre; *Procédures* 1997, no 147, obs. Perrot; *RTD civ.* 1997. 752, obs. Perrot; *Justices* 1997, no 7, p. 207, obs. Putman; *D.* 1998. 36, note Martin.

posait d'une créance à son encontre au jour de la saisie[1].

2°
Exonération du tiers saisi en cas de motif légitime

821.101 **Motif légitime.** Afin d'échapper aux sanctions de l'article R. 211-5 C. pr. exéc., le tiers saisi qui étant bien débiteur d'une somme d'argent au jour de la saisie, ne dispose, d'après ce texte, que d'un seul moyen : établir qu'un « *motif légitime* » l'a empêché de respecter son obligation de déclaration.

La Cour de cassation rappelle que les renseignements prévus par l'article 44 de la loi du 9 juillet 1991 (devenu C. pr. exéc., art. L. 211-3), doivent être fournis « *sur-le-champ* ». Dans un premier temps, elle a jugé que le tiers saisi est tenu de satisfaire « *spontanément* » à son obligation de renseignement, sans interpellation préalable[2]. Dans un second temps, elle a mis à la charge de l'huissier instrumentaire l'obligation d'apporter « *un soin particulier dans la conduite de son interpellation* ». « *À défaut, le tiers saisi a un motif légitime de ne pas répondre ou de répondre avec retard* »[3].

Après avoir laissé le soin aux juridictions du fond d'apprécier souverainement si les causes du retard invoquées par le tiers saisi ne procèdent pas d'un motif légitime[4], la Cour de cassation procède désormais à un contrôle léger de l'appréciation faite par les juges du fond du motif légitime invoqué, sans toutefois le définir[5].

Elle a en outre énoncé qu'il n'appartient pas au juge de relever d'office le motif légitime et qu'il incombe donc au tiers saisi poursuivi de s'en prévaloir[6] et de l'établir[7].

Elle est venue enfin préciser qu'aucun texte n'exige que le tiers saisi donne sur-le-champ à l'huissier de justice qui l'interpelle le motif légitime l'autorisant à différer sa réponse[8].

821.102 **Notion de motif légitime.** Il est en pratique rare qu'une absence totale de réponse soit justifiée par un motif légitime et, le plus souvent dans une telle hypothèse, le tiers saisi tentera d'échapper à une condamnation en invoquant l'absence de toute créance du débiteur saisi à son encontre, situation dans laquelle le tiers saisi ne peut en effet être condamné aux causes de la saisie.

La difficulté pour apprécier l'existence d'un motif légitime se pose en réalité surtout dans le cas d'une réponse tardive apportée par le tiers saisi. En assimilant cette réponse tardive au défaut de réponse, la jurisprudence de la Cour de cassation conduit en effet à devoir apprécier si le retard du tiers saisi trouve sa cause exclusive dans une ou plusieurs circonstances caractérisant un motif légitime.

En jurisprudence, le motif légitime résulte habituellement de circonstances matérielles auxquelles le tiers saisi, normalement diligent, s'est heurté pour apporter son concours. Les auteurs s'accordent à retenir une conception subjective du motif légitime, qui « *identifie la notion de motif légitime à la bonne foi du tiers saisi* »[9]. Si la diligence, voire la « *bonne volonté* »[10], du tiers saisi est indubitablement prise en considération pour apprécier sa coopération[11], il faut toutefois observer que la Cour de cassation ne recourt pas à la notion de bonne foi, qu'elle ne contrôlerait d'ailleurs pas, de sorte que la lecture de sa jurisprudence met surtout en lumière les circonstances matérielles, souverainement relevées par les juridictions du fond, mais dont la Cour de cassation s'assure qu'elles sont, ou non, de nature à caractériser un motif légitime au profit du tiers saisi.

1. Jurisprudence préc. s^s prés^t n° – V. ÉGAL., Civ. 2e, 24 mars 2005, n° 01-14.212, *Bull. civ.* II, n° 81 – Civ. 2e, 14 sept. 2006, n° 04-17.065, *Bull. civ.* II, n° 230 – Civ. 2e, 5 avr. 2007, n° 05-14.593, *Bull. civ.* II, n° 88 – Civ. 3e, 6 déc. 2006, n° 04-14.776, *Bull. civ.* III, n° 246 – Civ. 2e, 10 janv. 2013, n° 11-26.316, NP.
2. Civ. 2e, 28 oct. 1999, n° 98-10.865, *Bull. civ.* II, n° 162; *Rev. huiss.* 2000. 315.
3. Civ. 2e, 4 oct. 2001, n° 99-20.653, *Bull. civ.* II, n° 152; *Procédures* 2001, n° 211, obs. Perrot; *RD banc. fin.* 2001, n° 240, obs. J.-M. D.; *RTD civ.* 2002. 152, obs. Perrot; *D.* 2002. IR 3022; *Ann. loyers* 2002. 1144, obs. Martin.
4. Civ. 2e, 2 avr. 1997, n° 95-13.567, préc. s^s n° 821.71.
5. Civ. 2e, 28 janv. 1998, n° 96-12.422, *Bull. civ.* II, n° 36; *R.* 1998, p. 291, Doc. fr. – V. AUSSI : Civ. 2e, 11 mars 1999, n° 96-20.046, *Bull. civ.* II, n° 50 – Civ. 2e, 8 nov. 2001, n° 00-15.803, NP; *RD banc. fin.* 2002, n° 65, obs. J.-M. D. – Civ. 2e, 21 mars 2002, n° 00-19.092, *Bull. civ.* II, n° 55; *D.* 2002. 1325; *RD banc. fin.* 2002, n° 150, obs. J.-M. D. – Civ. 2e, 19 sept. 2002, n° 00-10.779, NP; *Procédures* 2003, n° 6, obs. Perrot – Civ. 2e, 17 oct. 2002, n° 00-21.965, *Bull. civ.* II, n° 231 – Civ. 2e, 9 janv. 2003, n° 00-13.887, *Bull. civ.* II, n° 4; *D.* 2004. Somm. 1496, obs. Taormina; *D.* 2004. 2825, obs. Blanchard; *Procédures* 2003, n° 62, obs. Perrot; *RD banc. fin.* 2003, n° 84, obs. J.-M. D.; *Gaz. Pal.* 2003. 467, note Bonnet – Civ. 2e, 15 déc. 2005, n° 04-12.171, *Bull. civ.* II, n° 333 – Civ. 2e, 10 avr. 2014, n° 13-12.767, NP.
6. Civ. 2e, 24 juin 1998, n° 96-14.318, *Bull. civ.* II, n° 223; *D. Affaires* 1998. 1532, obs. V. A.-R.; *Gaz. Pal.* 1999. Somm. 174, note Véron.
7. Civ. 2e, 15 avr. 2010, n° 09-14.733, NP, au visa notamment de l'article 9 C. pr. civ.
8. Civ. 2e, 7 mars 2002, n° 00-12.054, *Bull. civ.* II, n° 36; *D.* 2002. 1117; *JCP* 2002. IV. 1671; *RD banc. fin.* 2002, n° 106, obs. J.-M. D.
9. DONNIER, n°s 942 s.
10. LEBORGNE, n° 1033.
11. Rép. pr. civ., *v° Saisie-attribution*, par C. Lefort, janv. 2007 [màj oct. 2014], n° 167.

On retient généralement que les circonstances justifiant le défaut de réponse ou la réponse tardive résulteront soit des conditions dans lesquelles l'acte de saisie a été délivré, soit des difficultés rencontrées par le tiers saisi pour apporter son concours[1].

S'agissant d'apprécier le retard pris par le tiers saisi, c'est le plus souvent de la combinaison de ces circonstances que pourra être déduite l'existence d'un motif légitime. Ainsi, si l'absence de signification à personne de la saisie-attribution peut être de nature à donner au tiers saisi un motif légitime pour fournir sa réponse avec un léger délai, tels vingt-quatre ou quarante-huit heures, il pourra convenir de relever d'autres circonstances, complémentaires, pour considérer qu'un délai plus long demeurera « raisonnable »[2].

Pour retenir le motif légitime comme cause d'exonération du tiers saisi, les juridictions ont ainsi tenu compte :

821.103 • Des modalités de délivrance de l'acte de saisie :

- signification délivrée en période estivale à une personne qui ne pouvait disposer de renseignements suffisants[3];

- signification du procès-verbal de saisie en mairie[4] (désormais par remise en l'étude de l'huissier de justice);

- signification du procès-verbal de saisie à un tiers « *dépourvu de toute connaissance juridique particulière* », à une « *hôtesse d'accueil* »[5], à la gardienne de l'immeuble[6];

- défaut d'interpellation ou interpellation insuffisante du tiers saisi par l'huissier poursuivant[7].

Il serait toutefois erroné de déduire de ces arrêts que le seul fait de ne pas signifier l'acte à personne ou, dans le cas d'une signification faite à personne morale, de remettre l'acte à un membre ne disposant pas des renseignements attendus par l'huissier de justice, donnerait au tiers saisi un blanc-seing, lui conférant un motif légitime de ne pas répondre ou de répondre avec retard.

En revanche, ces modalités de signification sont prises en considération par la jurisprudence dans le cadre de l'appréciation globale de l'existence ou non d'un motif légitime. Il est donc indispensable que les huissiers de justice apportent un soin particulier à la délivrance des procès-verbaux de saisie-attribution et à l'interpellation des tiers saisis, en particulier chaque fois qu'ils ne s'adressent pas à des « *professionnels* », par exemple lorsqu'ils pratiquent des saisies-attributions entre les mains de locataires, de régisseurs d'immeubles, d'artisans ou de commerçants insuffisamment informés des conséquences de leurs manquements, et qu'ils évitent de remettre les actes à une standardiste, ou une hôtesse d'accueil, par exemple[8].

De façon générale, la Cour de cassation a relevé dans son rapport annuel que l'exigence de réponse « *sur-le-champ* » s'avère « *irréaliste si la signification de l'acte n'a pas été faite entre les mains du destinataire de l'acte ou du possesseur de renseignements* »[9].

821.104 • Des recherches à effectuer ou des comptes à établir :

- compte tenu du faible montant de la créance par rapport au chiffre d'affaires du tiers saisi et du caractère récent de cette créance[10];

- existence d'un compte en devises[11];

- nécessité de procéder à un tri parmi de nombreux dossiers de financement, entrant dans le champ d'une convention-cadre entre une banque et un entrepreneur et ne donnant naissance à une obligation de la banque qu'une fois celle-ci en possession d'une attestation de fin de travaux du client de l'entrepreneur[12];

- interrogation du siège social d'une banque ou de l'agence détentrice du compte[13]; interrogation de l'avocat titulaire du compte individuel en cas de sai-

1. Donnier, préc. s^s prés^t n° – Leborgne, préc. s^s prés^t n° – Perrot et Théry, n° 393.
2. Civ. 2e, 28 févr. 2006, n° 04-16.396, *Bull. civ.* II, n° 59; *RD banc. fin.* 2006, n° 140, obs. Piedelièvre.
3. Civ. 2e, 15 déc. 2005, n° 04-12.171, *Bull. civ.* II, n° 333; *D.* 2006. 101; *Procédures* 2006, n° 29, p. 15, obs. Perrot.
4. Civ. 2e, 22 mars 2001, n° 99-14.941, NP; *Procédures* 2001, n° 105, obs. Perrot; *RD banc. fin.* 2001, n° 158, obs. J.-M. D.; *Gaz. Pal.* 2001. 1802, note Auduc – Civ. 2e, 13 juin 2002, n° 00-22.021, *Bull. civ.* II, n° 128; *D.* 2002. 2102.
5. Civ. 2e, 28 janv. 1998, n° 95-18.340, *Bull. civ.* II, n° 35; *D.* 1998. IR 278; *D. Affaires* 1998. 422; *Gaz. Pal.* 1998. 2. Somm. 687; *JCP* 1998. IV. 16190; *RGDP* 1998. 524, obs. Putman – Civ. 2e, 4 oct. 2001, n° 99-20.653, préc. s^s n° 821.101 – Civ. 2e, 17 oct. 2002, n° 00-21.965, *Bull. civ.* II, n° 231; *D.* 2003. 1470, obs. Taormina; *RD banc. fin.* 2003, n° 38, obs. J.-M. D. – en ce sens : TGI Lyon, JEX, 23 févr. 1999, RG n° 98/14167, NP – Paris, 21 sept. 2000, *RD banc. fin.* 2000. 360, n° 233, obs. J-M. D. – v. aussi, Civ. 2e, 15 déc. 2005, n° 04-12.171, préc. s^s n° 821.103.
6. Paris, 24 janv. 2008, *JCP* 2008. IV. 1444.
7. Civ. 2e, 4 oct. 2001, n° 99-20.653, préc. s^s n° 821.101 – en ce sens : Paris, 24 sept. 1998, *D. Affaires* 1998. 209, obs. V. A.-R.; *Rev. huiss.* 1999. 681, obs. Dahan – v. aussi : Paris, 10 sept. 1998, *D. Affaires* 1998. 1696; *Rev. huiss.* 2000. 57 – Versailles, 1er juill. 1999, *Gaz. Pal.* 2000. 1743.
8. Paris, 21 sept. 2000, préc.s^s n° 821.103.
9. *R.* 1999, p. 33, Doc. fr.
10. Civ. 2e, 15 déc. 2005, n° 04-12.171, préc. s^s n° 821.103.
11. TGI Lyon, JEX, 14 mai 1998, RG n° 97/15386, NP.
12. Civ. 2e, 10 avr. 2014, n° 13-12.767, NP.
13. TGI Roanne, JEX, 6 mai 1993, *Rev. huiss.* 1994. 656 – TGI Paris, JEX, 15 mars 1999, *Banque et droit* 1999, n° 67, p. 56, obs. Guillot.

sie portant sur des fonds déposés sur un compte Carpa[1];

- existence de différents établissements d'une multinationale[2];

- la nécessité pour le tiers saisi, simple particulier, de faire des comptes avec un entrepreneur auquel des malfaçons étaient imputables[3].

Il a en outre pu être jugé que les violences exercées contre le tiers saisi pouvaient être de nature à caractériser un motif légitime[4].

821.105 • D'un délai accordé par le créancier saisissant. L'huissier de justice ayant fait sommation de procéder à la déclaration dans un délai de quarante huit-heures, le retard dans la réponse au-delà de ces quarante-huit heures a pu être considéré comme fondé sur un motif légitime (v. s^s n° 821.71).

821.106 Motif légitime écarté. « *Le motif légitime apparaît comme une cause exonératoire qui n'est pas sans faire penser à la cause étrangère* »[5].

La jurisprudence refuse d'exonérer le tiers saisi notamment lorsqu'il répugne à apporter son concours à la mesure d'exécution ou lorsqu'il se prévaut de ses propres carences. À titre d'illustrations, notamment issues de décisions des juges du fond, n'ont pas été considérés comme un motif légitime :

- le fait que l'huissier ait été invité à s'adresser au directeur administratif et financier pour obtenir les renseignements, une telle réponse équivalant à une absence de renseignement, l'huissier ayant pour seule mission de remettre l'acte de saisie à une personne habilitée à le recevoir, sans avoir à chercher à obtenir les renseignements sollicités auprès d'une personne susceptible de les lui fournir[6];

- l'absence d'un notaire à l'étude lors de la signification d'un acte à une personne habilitée[7] (le tribunal de grande instance d'Évry a estimé que le silence du notaire pendant quelques jours n'avait causé au créancier saisissant aucun préjudice[8]);

- l'organisation interne d'une entreprise, dont deux services distincts gèrent les saisies-attributions et les cessions « *Dailly* »[9];

- le dysfonctionnement des services informatiques d'une banque[10]; cette solution est toutefois particulièrement rigoureuse, et on peut considérer que pour retenir ou non un motif légitime, il convient d'avoir égard à la diligence du tiers saisi pour remédier au dysfonctionnement;

- la nécessité d'établir des comptes entre une SCP de notaires et l'un des associés[11];

- l'absence de réponse par un banquier au motif que l'huissier ne lui avait pas communiqué les numéros de tous les comptes ouverts dans ses livres par le débiteur saisi[12];

- le fait que l'acte de saisie rappelait déjà les obligations du tiers saisi envers la débitrice[13], la déclaration du tiers saisi devant alors à tout le moins permettre dans un tel cas de confirmer ou non l'existence de la dette;

- la réponse fournie par un tiers saisi, en l'espèce une banque, ne dispensait pas l'autre tiers saisi (syndic de copropriété) de remplir ses propres obligations[14].

821.107 Convention européenne des droits de l'homme – Légalité de l'article R. 211-5 C. pr. exéc. Les banquiers « victimes » de l'article 60 du décret du 31 juillet 1992 (devenu C. pr. exéc., art. R. 211-5), ont tenté enfin d'échapper à la condam-

1. Civ. 2e, 9 janv. 2003, n° 00-13.887, *Bull. civ.* II, n° 4; *D.* 2004. 2825; *Procédures* 2003, n° 62, obs. Perrot; *Dr. et proc.* 2003. 251, obs. Putman; *JCP* 2004. I. 117, n° 17, obs. Martin.
2. Paris, 23 sept. 1999, *Bull. ch. avoués* 2000, n° 154, p. 68.
3. Civ. 2e, 28 janv. 1998, n° 95-18.340, *Bull. civ.* II, n° 35; *D.* 1998. 78.
4. Civ. 2e, 11 mars 1999, n° 96-20.046, *Bull. civ.* II, n° 50 (cassation au visa de L. 9 juill. 1991, art. 24 [devenu C. pr. exéc., art. L. 123-1], dans un cas légèrement différent de celui de l'absence de réponse du tiers saisi : la Cour de cassation reproche à la cour d'appel de ne pas avoir recherché si la remise des fonds saisis faite aux débiteurs saisis sous la contrainte ne pouvait constituer un motif légitime exonérant le tiers saisi de ses obligations légales).
5. R. Perrot et P. Théry, « Saisie-attribution : la situation du tiers saisi (les arrêts du 5 juillet 2000) », *D.* 2001. 719.
6. Civ. 2e, 20 mars 2014, n° 13-15.056, NP – Civ. 2e, 2 avr. 1997, n° 95-13.567, *Bull. civ.* II, n° 107; *D.* 1997. 120; *Rev. huiss.* 1997. 987 et 1479, obs. Daigre; *Procédures* 1997, n° 147, obs. Perrot; *RTD civ.* 1997. 752, obs. Perrot; *Justices* 1997, n° 7, p. 207, obs. Putman; *D.* 1998. 36, note Martin – V. ÉGAL. TGI Libourne, JEX, 17 févr. 1995, cité par Théry, « La saisie-attribution », *Rev. huiss.* 1995. 1174 : ne constitue pas un motif légitime le fait que le dossier du client de la banque est suivi par « *les affaires générales à Paris* ».
7. TGI Lyon, JEX, 16 mai 1995, *Rev. huiss.* 1996. 722, obs. Prévault; *Gaz. Pal.* 1995. Somm. 602 – TGI Lyon, JEX, 22 juill. 1997, préc. s^s n° 821.51.
8. TGI Évry, JEX, 18 févr. 1997, cité par Guillot, *Banque et droit* 1997 n° 54, p. 46.
9. TGI Lyon, JEX, 21 avr. 1998, RG n° 97/1938, NP.
10. Chambéry, 8 janv. 2002, *RD banc. fin.* 2002, n° 73, obs. J.-M. D.
11. Civ. 2e, 28 janv. 1998 – ARRÊT DE RENVOI : Angers, 4 juin 1999, RG n° 98/01135, arrêt n° 289.
12. TGI Cherbourg, JEX, 8 déc. 1993, *D.* 1994. 291, note Martin; *RTD civ.* 1994. 687, obs. Perrot; *Rev. huiss.* 1994. 1425 – COMP. Civ. 1re, 16 janv. 2013, n° 12-14.116, NP, rappelant qu'il incombe à l'établissement de crédit « *de fournir, spontanément et sur-le-champ, à l'huissier de justice procédant à la saisie-attribution l'ensemble des renseignements exigés et ce pour tous les comptes ouverts dans ses livres* ».
13. Civ. 2e, 18 oct. 2012, n° 11-24.502, NP.
14. TGI Bobigny, JEX, 30 sept. 1997, *Gaz. Pal.* 1998. 1. 141.

nation jugée par eux « automatique », en invoquant l'incompatibilité de l'article 60 avec l'article 6 § 1 de la Convention européenne des droits de l'homme[1].

Tant la Cour de cassation que le Conseil d'État[2] ont écarté cette argumentation. Pour ce faire, la Cour de cassation a en particulier approuvé une cour d'appel d'avoir retenu que le tiers saisi était légalement requis de fournir les renseignements utiles, qu'il pouvait être dispensé d'une condamnation en cas de motif légitime, qu'il disposait d'un recours contre le débiteur et que sa condamnation est adéquate au préjudice, permettant au créancier de remédier aux difficultés causées par l'absence fautive de coopération du tiers saisi[3].

3°
Nature des sanctions

821.111 Paiement des causes de la saisie. En application de l'article R. 211-5 alinéa 1er C. pr. exéc., le tiers saisi est condamné aux causes de la saisie, c'est-à-dire aux sommes dues au créancier saisissant[4], ce qui exclut donc de limiter cette condamnation aux sommes dont le tiers saisi est redevable envers le débiteur[5].

L'article R. 211-5 alinéa 1er C. pr. exéc. ouvre cependant un recours de droit commun au profit du tiers saisi à l'encontre du débiteur saisi, qui est toutefois le plus souvent illusoire, l'action du créancier contre le tiers saisi étant bien souvent motivée par la procédure collective venue frapper le débiteur principal.

À la différence de la condamnation venant sanctionner une déclaration incomplète, inexacte ou mensongère, la condamnation du tiers saisi au paiement des causes de la saisie sur le fondement de l'article R. 211-5 alinéa 1er C. pr. exéc. n'est pas subordonnée à la preuve d'un préjudice subi par le créancier saisissant, cette condamnation constituant en effet « *une réponse adéquate aux torts causés au créancier saisissant dans la mise en œuvre d'une procédure d'exécution* »[6].

B.
Sanction de la déclaration incomplète, inexacte ou mensongère

821.121 Dommages-intérêts sanctionnant la déclaration incomplète, inexacte ou mensongère. Le tiers saisi qui ne s'est pas abstenu de procéder à la déclaration requise mais qui a fourni des renseignements incomplets, inexacts ou mensongers encourt une condamnation au paiement de dommages-intérêts, sur le fondement de l'article R. 211-5 alinéa 2 C. pr. exéc.[7]. Cette sanction concerne notamment le cas dans lequel le tiers saisi « *fournit des renseignements incomplets* »[8]. Sont donc périmées les décisions qui ont condamné au paiement des causes de la saisie le tiers saisi qui, après une déclaration erronée, a fait une seconde déclaration rectificative[9].

La Cour de cassation retient que la déclaration par laquelle le tiers saisi se contente d'indiquer qu'il détient des sommes pour le débiteur dont il précisera le montant ultérieurement sans pour autant adresser de déclaration complémentaire ne peut être assimilé à une absence de déclaration et relève donc de l'application du second alinéa de l'article 60 du décret du 31 juillet 1992 (devenu C. pr. exéc., art. R. 211-5, al. 2)[10].

821.122 Conditions de la mise en œuvre de l'article R. 211-5 alinéa 2 C. pr. exéc. La mise en cause de la responsabilité du tiers saisi est subordonnée à la réunion de plusieurs exigences, qui diffèrent partiellement de celles conditionnant la mise en œuvre de l'article R. 211-5 alinéa 1er C. pr. exéc. Il convient de distinguer les conditions tenant à la

1. J.-P. Morin et J. Ziegler, « Défense du banquier tiers saisi », *Banque et droit* 1999, n° 64, p. 6, ces auteurs soutiennent que le JEX n'a aucun pouvoir de décision sur le *quantum* de la sanction, qu'il n'est qu'une « *chambre d'enregistrement* » et qu'il n'apparaît donc pas comme le tribunal qui décide au sens de l'article 6, § 1 susvisé.
2. CE 9 juin 2000, req. n° 198088, *D.* 2000. 206; *Procédures* 2001, n° 35, p. 11, obs. Croze; *RD banc. fin.* 2000. 304, obs. J.-M. D.; *Gaz. Pal.* 2000. Doctr. 2192, obs. Dymant.
3. Civ. 2e, 12 juill. 2001, n° 99-14.049, NP – Civ. 2e, 10 févr. 2011, n° 10-10.055, NP, rejetant la critique fondée sur l'article 1er du premier protocole additionnel à la Convention de sauvegarde des droits de l'homme et des libertés fondamentales, « *dès lors que le tiers saisi aurait pu, par une déclaration adaptée, échapper à cette condamnation* ».
4. Civ. 2e, 5 juill. 2001, n° 99-20.616, *Bull. civ.* II, n° 133.
5. TGI Lyon, JEX, 7 déc. 1993, *JCP E* 1994. Pan. 673.
6. Civ. 2e, 5 juill. 2001, n° 99-20.616, préc. ss prést n°.
7. Civ. 2e, 13 juill. 2005, n° 03-19.138, *Bull. civ.* II, n° 204; *RTD civ.* 2005. 828, obs. Perrot; *Procédures* 2005, n° 230; Civ. 2e, 16 mars 2013, n° 12-14.868, NP.
8. Civ. 2e, 5 juill. 2000, n° 97-22.407, *Bull. civ.* II, n° 116; *D.* 2000. 219; *JCP* 2000. IV. 2495; *Procédures* 2000, n° 196, arrêt n° 4, obs. Perrot; *Gaz. Pal.* 2000. Doctr. 2192, obs. Dymant – R. Perrot et P. Théry, « Saisie-attribution : la situation du tiers saisi (les arrêts du 5 juillet 2000) », *D.* 2001. 714; *RD banc. fin.* 2000. 303, obs. J.-M. D; *RJDA* 2000. 1041; *Ann. loyers* 2001. 550, obs. Martin; *Rev. huiss.* 2001. 194, obs. Martin – A. Leborgne, « L'obligation de concours des tiers saisis », *Rev. huiss.* 2001. 155.
9. R. Perrot et P. Théry, « Saisie-attribution : la situation du tiers saisi (les arrêts du 5 juillet 2000) », *D.* 2001. 718.
10. Civ. 2e, 26 mai 2011, n° 10-16.343, *Bull. civ.* II, n° 119 – V. DÉJÀ : Civ. 2e, 28 juin 2006, n° 04-17.834, NP.

saisie-attribution, de celles tenant à la responsabilité civile.

821.123 1) Conditions relatives à la saisie-attribution. À la différence de l'absence de déclaration, qui ne peut être sanctionnée que si le tiers saisi est lui-même débiteur du débiteur saisi, la Cour de cassation retient, pour l'application de l'article 60 alinéa 2 (devenu C. pr. exéc., art. R. 211-5, al. 2) que « *l'efficacité de la saisie n'est pas une condition d'application de l'alinéa 2 de l'article 60 du décret du 31 juillet 1992* »[1]. Ainsi, dans l'hypothèse ayant donné lieu à cette décision du 19 mars 2009, la Cour de cassation refuse d'examiner le moyen du tiers saisi qui invoquait le fait que la créance saisie était purement éventuelle. C'est dire que l'existence comme le montant de la créance saisie ne sont pas des conditions de la mise en cause de la responsabilité du tiers saisi qui a procédé à une déclaration erronée voire mensongère.

La portée de l'arrêt du 19 mars 2009 doit encore être précisée. Il reste généralement admis que la validité de la saisie-attribution constitue bien une condition d'application de cette disposition[2]. On observera d'ailleurs que dans ce cas en effet la déclaration erronée ou mensongère du tiers saisi n'apparaît pas de nature à causer un préjudice au saisissant.

En revanche, la portée de cet arrêt gagne à être explicitée quant à l'hypothèse de la caducité de la saisie-attribution. Si la Cour de cassation jugeait jusqu'alors que la caducité de la saisie-attribution s'oppose à ce que le créancier puisse faire condamner le tiers saisi au paiement de dommages et intérêts sur le fondement de l'article 60 alinéa 2 du décret[3] (devenu C. pr. exéc., art. R. 211-5, al. 2), l'arrêt du 19 mars 2009 pourrait constituer un revirement de jurisprudence[4], que certains auteurs appellent de leurs vœux[5]. En effet, si la caducité anéantit l'acte lui-même et opère donc rétroactivement, le défaut de dénonciation de la saisie-attribution, qui entraîne sa caducité, peut trouver sa cause dans la déclaration erronée ou mensongère du tiers saisi, justifiant alors, selon certaines juridictions du fond, l'action du saisissant sur le fondement du droit commun de la responsabilité[6].

821.124 2) Conditions relatives à la responsabilité civile. Lorsqu'il est reproché au tiers saisi une déclaration incomplète, inexacte ou mensongère, il s'expose à une condamnation à des dommages-intérêts à hauteur du préjudice subi par le saisissant, si son comportement a été fautif[7] et à condition que soit caractérisé le lien de causalité entre la faute et le préjudice[8]. La Cour de cassation considère toutefois qu'il suffit que le tiers saisi ait fait une déclaration inexacte ou mensongère pour qu'il soit considéré comme fautif[9]. En outre, conformément au droit commun de la responsabilité civile, le juge du fond apprécie souverainement le préjudice subi[10] et son lien de causalité avec la faute retenue[11].

1. Civ. 2e, 19 mars 2009, n° 08-11.303, *Bull. civ.* II, n° 78; *D.* 2010. 1307, obs. Leborgne; *RTD civ.* 2009. 371, obs. Perrot; *Procédures* 2009, n° 192, obs. Perrot; *RD banc. fin.* 2009, n° 102, obs. Piedelièvre; *Dr. et proc.* 2009. 224, obs. Lefort – L. Lauvergnat, « La responsabilité du tiers saisi en matière de saisie-attribution : conditions d'application », *LPA* 5 juin 2009, n° 112 – V. DÉJÀ IMPLICITEMENT : Civ. 2e, 3 juill. 2008, n° 07-13.915, *Bull. civ.* II, n° 164; *RTD civ.* 2008. 727, obs. Perrot; *RD banc. fin.* 2008, n° 146, obs. Piedelièvre; *Dr. et proc.* 2008. 339, obs. Lauvergnat – C. Paul-Loubière, « La responsabilité du tiers saisi, régime autonome ou de droit commun », *D.* 2008. 2700; *JCP* 2008. IV. 2416.
2. EN CE SENS : *RTD civ.*, obs. Perrot, préc. ss prést n° – A. Leborgne, « Droit de l'exécution, janvier 2009 à février 2010 », *D.* 2010. 1307.
3. Civ. 2e, 21 déc. 2006, n° 04-16.511, *Bull. civ.* II, n° 372; *D.* 2007. 314, obs. Avena-Robardet; *D.* 2008. 1173, obs. Leborgne; *RTD civ.* 2007. 180, obs. crit. Perrot; *Dr. et proc.* 2007. 161, obs. Lefort; *RD banc. fin.* 2007, n° 76, obs. Piedelièvre – Civ. 2e, 6 déc. 2007, nos 06-15.178 et 07-13.964, *Bull. civ.* II, n° 263; *RTD civ.* 2008. 162, obs. Perrot; *Dr. et proc.* 2008. 160, obs. Putman; *Dr. et patr.* nov. 2008, p. 97, obs. Lefort.
4. R. Perrot, *RTD civ.* 2009. 371, note ss Civ. 2e, 19 mars 2009, n° 03-11.303, *Bull. civ.* II, n° 78.
5. Rép. pr. civ., *v° Caducité*, par P. Callé, sept. 2010 [màj oct. 2013], n° 123.
6. TGI Lyon, JEX, 7 mars 2000, RG n° 99/14347, NP – CONFIRMÉ PAR : Lyon, 25 oct. 2000, *BICC*, n° 1078 – Nancy, 16 oct. 2000, *BICC* 1er mars 2001, n° 262 – V. AUSSI : R. Perrot et P. Théry, « Saisie-attribution : la situation du tiers saisi (les arrêts du 5 juillet 2000) », *D.* 2001. 717.
7. Civ. 2e, 5 juill. 2000, n° 97-21.606, *Bull. civ.* II, n° 110; *D.* 2000. IR 240; *JCP* 2000. IV. 2496; *Ann. loyers* 2001. 547, obs Martin – R. Perrot et P. Théry, « Saisie-attribution : la situation du tiers saisi (les arrêts du 5 juillet 2000) », *D.* 2001. 717 – Civ. 2e, 21 déc. 2000, n° 98-21.990, *Bull. civ.* II, n° 179 – Civ. 2e, 10 mars 2004, n° 02-17.011, préc. ss n° 821.83 – Et s'il existe un LIEN DE CAUSALITÉ ENTRE LA FAUTE COMMISE ET LE PRÉJUDICE : Civ. 2e, 5 juill. 2000, n° 98-17.542, NP; *D.* 2001. 714, obs. Perrot et Théry – arrêt n° 680, reproduit dans R. Perrot et Ph. Théry, « Saisie-attribution : la situation du tiers saisi (les arrêts du 5 juillet 2000) », *D.* 2001. 732; *RD banc. fin.* 2000. 361, n° 235, obs. J.-M. D.
8. Civ. 2e, 3 juill. 2008, n° 07-13.915, préc. ss n° 821.123 – ET POUR L'ANALYSE CONCLUANT À L'ABSENCE DE LIEN DE CAUSALITÉ, l'arrêt rendu sur renvoi après cassation : Rennes, 1re ch. B, 31 mars 2011, n° 222, RG n° 08/06720, NP – Civ. 2e, 10 sept. 2009, n° 08-18.590, préc. ss n° 821.83.
9. Civ. 2e, 19 mars 2009, n° 08-11.303, *Bull. civ.* II, n° 78; *D.* 2010. 1307, obs. Leborgne; *RTD civ.* 2009. 371, obs. Perrot; *Procédures* 2009, n° 192, obs. Perrot; *RD banc. fin.* 2009, n° 102, obs. Piedelièvre; *Dr. et proc.* 2009. 224, obs. Lefort – L. Lauvergnat, « La responsabilité du tiers saisi en matière de saisie-attribution : conditions d'application », *LPA* 5 juin 2009, n° 112.
10. Civ. 2e, 21 déc. 2000, n° 98-23.430, NP.
11. Civ. 2e, 23 nov. 2006, n° 05-20.225, NP.

CHAPITRE

822. Dénonciation de la saisie-attribution au débiteur saisi

ÉDOUARD DE LEIRIS
MAGISTRAT

SECTION 0
ORIENTEUR

822.00 **Plan du chapitre.**

Division. Aux termes de l'article R. 211-3 C. pr. exéc., la saisie est dénoncée au débiteur saisi, à peine de caducité, dans le délai de huit jours à compter de la signification de l'acte de saisie. Cet acte d'huissier doit contenir un certain nombre de mentions que cet article énumère.

822.01 **Texte applicable.**

C. pr. exéc., art. R. 211-3, R. 211-10 et R. 121-2.

C. pr. civ., art. 114, 640 à 645, 647-1, 648, 683 s., 684-1, 689 et 748-2, 1416.

C. com., art. L. 631-12.

822.03 **Bibliographie indicative.** (V. s[s] n° 820.03).

Ouvrages. A. LEBORGNE, *Droit de l'exécution*, 2e éd., « Précis », Dalloz, 2014, p. 474-480, n°s 1038-1051 – R. PERROT et P. THÉRY, *Procédures civiles d'exécution*, 3e éd., Dalloz, 2013, p. 402-405, n°s 394-395.

SECTION 1
OBJET ET EFFETS DE LA DÉNONCIATION

822.11 **Définition et objet.** La dénonciation au débiteur de la saisie-attribution est l'acte d'huissier de justice destiné à porter à la connaissance du débiteur la mesure d'exécution préalablement pratiquée à son encontre en les mains du tiers saisi. En effet, au cours de la phase de procédure précédemment étudiée, le débiteur saisi était absent. La procédure se déroulait entre le créancier saisissant et le tiers saisi, le débiteur saisi ignorant la mesure entreprise à son encontre. Aucun texte n'exige d'ailleurs la délivrance préalable d'une mise en demeure au débiteur[1]. Certes, en pratique, le débiteur est parfois informé directement par le tiers saisi, notamment lorsque la saisie a été pratiquée entre les mains d'un établissement habilité à tenir des comptes de dépôt (v. s[s] n° 921.61); toutefois, il ne sera officiellement informé de la saisie que par la dénonciation qui lui en sera faite.

1. Civ. 2e, 22 oct. 1997, n° 95-18.068, NP; *Juris-Data* n° 004246.

822.12 Effets substantiels de la dénonciation. Si la dénonciation ne constitue pas un acte d'exécution, le fait qu'il porte officiellement à la connaissance du débiteur la mesure pratiquée à son encontre a conduit à lui attacher certains effets découlant normalement de la mesure d'exécution forcée elle-même.

En premier lieu, il était considéré sous l'empire de l'ancien article 2244 du Code civil que seule la dénonciation de la saisie-attribution interrompait la prescription de la créance cause de la saisie, ainsi que les délais pour agir. La doctrine soutient, majoritairement, le maintien de cette solution sous l'empire de la réforme de la prescription. (Sur la question, v. s[s] n° 831.11).

En second lieu, la Cour de cassation a émis l'avis que le point de départ du délai pour former opposition à une ordonnance portant injonction de payer non signifiée à personne est la date de la dénonciation de cette mesure d'exécution au débiteur[1]. Cet avis, formulé notamment au visa du principe du respect des droits de la défense, s'est ainsi attaché à l'esprit plus qu'à la lettre de l'article 1416 C. pr. civ., qui fait courir le délai d'opposition du jour du premier acte signifié à personne ou ayant pour effet de rendre indisponibles les biens du débiteur.

822.13 Effets procéduraux de la dénonciation. Ayant pour objet de porter à la connaissance du débiteur la mesure pratiquée à son encontre, la dénonciation fait courir le délai ouvert au débiteur pour contester la mesure d'exécution.

Ces raisons expliquent le formalisme rigoureux de la dénonciation, qui doit avoir lieu dans les huit jours de l'acte de saisie, à peine caducité.

SECTION 2 ACCOMPLISSEMENT DE LA DÉNONCIATION

§ 1 Obligation de dénonciation dans les huit jours

822.21 Délai et computation. L'acte de saisie doit être dénoncé dans un délai de huit jours, à peine de caducité de la saisie.

Il est admis en doctrine[2] que les règles de computation des délais de procédure (C. pr. civ., art. 640 s.) sont applicables. Cette position est justifiée par la généralité des articles 640 à 642 C. pr. civ.

Ainsi, le délai de huit jours commence à courir le lendemain de l'acte de saisie et il expire le huitième jour à vingt-quatre heures.

En application du second alinéa de l'article 642, le délai qui expirerait normalement un samedi, un dimanche, un jour férié ou chômé est prorogé jusqu'au jour ouvrable suivant. Cette prorogation est en cohérence avec l'article 664 C. pr. civ., qui interdit les significations les dimanches et jours fériés.

Ainsi, si une saisie est pratiquée un vendredi 11 janvier, le délai de huit jours expire normalement le samedi 19. La dénonciation devra être faite au plus tard le lundi 21.

822.22 Augmentation des délais. (V. s[s] n° 822.61).

§ 2 Caducité de la saisie en cas de dépassement du délai de dénonciation

822.31 Caducité. L'article R. 211-3 C. pr. exéc. sanctionne la violation du délai par la caducité de la saisie, ce qui signifie que l'acte de saisie est privé de tout effet et que le saisi, informé par le tiers saisi de l'existence de cette mesure d'exécution, pourra en demander la mainlevée au juge de l'exécution (JEX).

On peut raisonnablement penser que le tiers saisi ne prendra pas l'initiative de la demande de mainlevée, encore qu'il pourrait le faire, ne serait-ce que parce qu'un autre créancier viendrait saisir les fonds détenus par le tiers.

Cette sanction présente l'avantage de la simplicité.

La caducité est un moyen de défense à caractère automatique qui dispense celui qui l'invoque de prouver le grief que lui cause l'irrégularité.

Elle a pour conséquence de contraindre le créancier à recommencer sa procédure, avec le risque qu'une saisie-attribution régulière ait été pratiquée entre-temps par un autre créancier. Elle libère, surtout, les sommes saisies.

La dénonciation de la saisie-attribution au débiteur saisi s'impose dans tous les cas, même si la déclaration du tiers saisi fait apparaître qu'il n'est pas débiteur du saisi.

Rappelons que pour la Cour de cassation, le défaut de dénonciation, sanctionné par la caducité, s'oppose à ce que le créancier saisissant puisse faire condamner le tiers saisi au paiement des

1. Cass., avis, 16 sept. 2002, n° 02-00.003, , *Bull. avis*, n° 4.
2. LEBORGNE, n° 1048 – *J.-Cl. Not. Form.*, *v° Saisie-attribution* (procédure), fasc. 20, n° 48, par Putman – *J.-Cl. Pr. civ.*, *v° Saisie-attribution* (opérations de saisie : acte de saisie et dénonciation), fasc. 2250, n° 115, par Miguet.

causes pour lesquelles la saisie a été pratiquée[1] (v. s^s n° 821.93).

SECTION 3
FORME DE LA DÉNONCIATION

822.40 **Acte d'huissier.** La saisie-attribution est dénoncée au débiteur saisi au moyen d'un acte d'huissier de justice (C. pr. exéc., art. R. 211-3). L'huissier de justice territorialement compétent est celui du lieu de la signification, qui est en principe le siège, le domicile ou la résidence du débiteur, voire tout huissier dans le ressort duquel est délivré la dénonciation, lorsqu'elle est faite à personne (C. pr. civ., art. 689 - Décr. n° 56-222, 29 févr. 1956[2], art. 5).

Un aménagement est toutefois prévu dans le cas où la signification est accomplie par la voie électronique, conformément aux nouvelles règles instaurées par le décret du 15 mars 2012 instaurant cette signification électronique[3]. Désormais, il résulte de l'article 5-2 du décret du 29 février 1956[4] que les actes signifiés par voie électronique peuvent également être faits par tout huissier de justice ayant sa résidence dans le département où l'un des destinataires a son domicile ou sa résidence et que la dénonciation par la voie électronique d'un acte peut être faite par l'huissier de justice compétent pour signifier ou établir l'acte. Ainsi, lorsqu'un acte doit être signifié ou dénoncé à plusieurs destinataires résidant dans des départements différents, le décret instaure une compétence concurrente entre les huissiers justice de chacun de ces départements. De même l'huissier de justice qui a établi l'acte de saisie est compétent pour le dénoncer au débiteur qui a consenti à recevoir ce type de signification par la voie électronique (C. pr. civ., art. 748-2 - Décr. 29 févr. 1956, art. 73-1). La signification électronique est entrée en vigueur, après la publication d'un arrêté technique[5], le 1er septembre 2012 (Décr. 15 mars 2012, art. 24).

Quant au contenu de l'acte lui-même, outre les mentions requises pour les actes d'huissier par l'article 648 C. pr. civ., doit contenir, à peine de nullité, trois séries de mentions (§ 1 et § 2). Il doit également contenir la copie de l'acte de saisie ainsi qu'une information du débiteur.

Cette dénonciation, contrairement à l'acte de saisie lui-même (v. s^s n° 821.14), peut être effectuée par un clerc assermenté puisqu'elle n'est pas un acte d'exécution au sens de l'article 6 alinéa 2 de la loi du 27 décembre 1923[6].

§ 1
Mentions exigées

822.41 **Mentions de l'acte de dénonciation.** L'acte de dénonciation doit contenir :

– en caractères très apparents, les modalités selon lesquelles la contestation doit être formée :

* d'une part, l'indication que les contestations doivent être soulevées, à peine d'irrecevabilité, dans le délai d'un mois qui suit la signification de l'acte, avec la précision de la date à laquelle expire ce délai,

1. Cass., avis, 21 juin 1999, n° 09-90.008, *Bull. avis*, n° 5; *D.* 1999. IR 206; *D. Affaires* 1999. 1247, obs. V. A.-R.; *JCP* 1999, n° 10160, note Croze et Moussa – Civ. 2e, 5 juill. 2000, n° 98-18.475, *Bull. civ.* II, n° 111; *Procédures* 2000, n° 196, obs. Perrot; *Ann. loyers* 2001. 548, obs. Martin; *RD banc. fin.* 2000. 362, obs. J-M. D. – Civ. 2e, 3 mai 2001, n° 99-13.592, *Bull. civ.* II, n° 89; *D.* 2001. IR 1671 – Civ. 2e, 21 déc. 2006, n° 04-16.511, *Bull. civ.* II, n° 372; *D.* 2007. AJ 315, obs. Avena-Robardet; *D.* 2008. Pan. 1172, obs. Leborgne; *Dr. et proc.* 2007. 164, obs. Lefort; *RD banc. fin.* 2007, n° 76, obs. Piedelièvre; *RTD civ.* 2007. 180, obs. Perrot – Civ. 2e, 6 déc. 2007, n°s 06-15.178, 07-13.964, *Bull. civ.* II, n° 263; *RTD civ.* 2008. 162, obs. Perrot; *Dr. et proc.* 2008. 160, obs. Putman – V. AUSSI : R. Perrot et P. Théry, « Saisie-attribution : la situation du tiers saisi », *D.* 2001. 716 – SUR LA QUESTION, v. s^s n° 821.106.
2. Décr. n° 56-222, 29 févr. 1956, portant règlement d'administration publique relatif au statut des huissiers de justice, *JO* 3 mars, p. 2214.
3. Décr. n° 2012-366, 15 mars 2012, relatif à la signification des actes d'huissier de justice par voie électronique et aux notifications internationales, *JO* 17 mars, p. 4899 – T. Ghera, « Le décret n° 2012-366 du 15 mars 2012, entre équilibre et modernité, la sécurité juridique au cœur de la communication électronique judiciaire », *Dr. et proc.* 2012. Chron. 114; *JCP* 2012. 430, 3 questions à Me Jean-François Bauvin – L. Lauvergnat, « Le décret n° 2012-366 du 15 mars 2012 : un souffle nouveau en matière de notifications », *Procédures* 2012. Étude 3 – ÉGAL. Rép. pr. civ., *v° Communication électronique*, par E. de Leiris, juin 2014.
4. Réd. Décr. n° 2014-983, 28 août 2014, relatif à la compétence territoriale des huissiers de justice, *JO* 30 août 2014, p. 14544, dont l'entrée en vigueur est fixée au 1er janvier 2015; la disposition, initialement prévue par le décret précité du 15 mars 2012 figurait à l'article 5-1 du décret de 1956, réécrit en vue d'étendre la compétence territoriale des huissiers de justice au département.
5. Arr. 28 août 2012, portant application des dispositions du titre XXI du livre Ier du Code de procédure civile aux huissiers de justice, *JO* 31 août, p. 14049.
6. Civ. 2e, 12 oct. 2006, n° 05-10.850, *Bull. civ.* II, n° 272; *Procédures* 2006, n° 41, obs. Perrot; *Dr. et proc.* 2007. 48, obs. Putman; *Dr. et patr.* nov. 2007, p. 89, obs. Lefort; *RLDC* 2007/37, p. 60, obs. Miniato – Civ. 2e, 14 févr. 2008, n° 05-14.494, *Bull. civ.* II, n° 35; *Procédures* 2008, n° 105, obs. Perrot – EN CE SENS : Civ. 2e, 4 oct. 2007, n° 06-17.879, *Bull. civ.* II, n° 225; *D.* 2007. AJ 2677; *RLDC* 2008/02, p. 57; *Dr. et proc.* 2008. 42, obs. Lefort – Civ. 2e, 14 févr. 2008, n° 05-14.494, *Bull. civ.* II, n° 35.

ce qui signifie que l'huissier doit procéder au calcul de ce délai[1];

* d'autre part, l'indication que l'assignation doit, également à peine d'irrecevabilité, être dénoncée par lettre recommandée avec demande d'avis de réception le même jour à l'huissier de justice ayant procédé à la saisie, mention à défaut de laquelle l'irrecevabilité ne peut être opposée au débiteur[2];

- la désignation de la juridiction devant laquelle les contestations pourront être portées, à savoir en la matière, le JEX du domicile du débiteur (C. pr. exéc., art. R. 211-10 - v. s^s n° 841.14);

- en cas de saisie de compte, le décret n° 2009-1694 du décembre 2009[3] a remplacé le rappel du droit de solliciter la mise à disposition d'une somme à caractère alimentaire par l'indication du montant laissé de plein droit à disposition du débiteur au titre du solde bancaire insaisissable, ainsi que le ou les comptes sur lesquels cette mise à disposition est opérée (v. s^s n° 922.22);

- le rappel au débiteur qu'il peut autoriser par écrit le créancier à se faire remettre sans délai par le tiers saisi les sommes qui lui sont dues, ce qui permet, en l'absence de contestation de la créance, d'éviter d'attendre inutilement l'expiration du délai d'un mois.

822.42 Copie du procès-verbal de saisie. L'acte doit contenir une copie du procès-verbal de saisie, c'est-à-dire le procès-verbal dans lequel le tiers saisi aura précisé l'étendue de ses obligations à l'égard du saisi, mais il ne semble pas que l'huissier soit tenu de joindre les pièces justificatives.

822.43 Renseignements fournis par le tiers en cas de signification électronique. Lorsque la saisie-attribution a lieu par la voie électronique, la réponse apportée par le tiers saisi ne figure pas dans l'acte de saisie lui-même, puisque il apporte sa réponse par la voie électronique, au plus tard le premier jour ouvré suivant la saisie (v. s^s n° 821.72).

C'est pourquoi, le 1° de l'article R. 211-3 C. pr. exéc. prévoit dans ce cas la mention supplémentaire de « *la reproduction des renseignements communiqués par le tiers saisi* » (sur l'entrée en vigueur différée de cette disposition, v. s^s n° 821.72).

Concrètement, cette exigence impose, dans le cas d'une signification électronique, d'attendre l'expiration du délai de réponse accordé au tiers saisi avant de dénoncer l'acte de saisie. La question se pose de l'absence de réponse du tiers saisi. Dans ce cas, dès l'expiration du délai imparti au tiers saisi pour répondre, l'huissier de justice devrait pouvoir satisfaire à son obligation de dénonciation en précisant simplement dans la dénonciation l'absence de renseignement transmis dans le délai prévu. On observera juste que le délai de réponse se trouve lui-même prorogé au premier jour ouvrable en cas d'impossibilité de communication de ces renseignements par la voie électronique du fait d'une cause étrangère (v s^s n° 821.72). Il serait donc plus prudent d'attendre l'expiration de cette prorogation avant de procéder à la dénonciation.

§ 2
Sanction des irrégularités

822.51 Sanction. Selon l'article R. 211-3 alinéa 2 C. pr. exéc., ces mentions sont prescrites à peine de nullité.

La nullité prévue pour les actes de procédure par les articles 112 et suivants C. pr. civ. s'applique aux actes d'exécution forcée, l'article 1er du décret précisant que « *sauf dispositions contraires, les dispositions communes du livre Ier du Code de procédure civile sont applicables devant le juge de l'exécution aux procédures civiles d'exécution* ».

Dès lors, la nullité ne sera encourue que si celui qui l'invoque justifie du grief que lui cause l'irrégularité : absence de signature de l'huissier[4], de mention d'une action en qualité de représentant légal du créancier[5] ou date erronée d'expiration du délai de contestation, dès lors que le recours a été formé dans le délai[6] (v. s^s n°s 821.31 et 821.32). Cependant, doit être déclaré nul l'acte de dénonciation mentionnant une date erronée quant à l'expiration du délai de contestation, l'irrégularité commise ayant eu nécessairement pour effet de persuader le débiteur saisi qu'il était forclos pour agir avant l'expiration du délai[7].

La nullité de la dénonciation (ou l'absence de dénonciation) conduit à la caducité de la saisie si

1. Civ. 2e, 10 sept. 2009, n° 08-16.828, NP, dans un cas où la dénonciation mentionnait par erreur comme date d'expiration un jour correspondant à un dimanche.
2. Civ. 2e, 10 mars 2004, n° 02-16.900, *Bull. civ.* II, n° 115, précisant que cette inopposabilité joue même au bénéfice d'un débiteur assisté d'un avocat.
3. Décr. n° 2009-1694, 30 déc. 2009, relatif à la mise à disposition automatique d'une somme à caractère alimentaire sur un compte saisi, *JO* 31 déc., p. 23110.
4. TGI Lyon, JEX, 30 sept. 1997, RG n° 97/08266, NP.
5. Civ. 2e, 10 févr. 2005, n° 03-11.802, *Bull. civ.* II, n° 29 : pour des saisies pratiquées par le préposé d'un établissement hospitalier, pour le compte de majeurs sous mesure de tutelle.
6. TGI Lyon, JEX, 30 sept. 1997, préc. s^s prés^t n° – OU ABSENCE D'INDICATION DU DÉLAI : Toulouse, 22 sept. 1993, *Rev. huiss.* 1994. 652.
7. Civ. 2e, 2 déc. 2004, n° 02-20.622, *Bull. civ.* II, n° 515; *Procédures* 2005, n° 38, note Perrot; *RD banc. fin.* 2005, n° 63, note Piedelièvre.

une dénonciation régulière n'a pu être réitérée dans le délai.

Au contraire, **le rappel de la faculté d'autoriser le créancier à se faire remettre les sommes dues**, qui figure dans un alinéa isolé de l'article R. 211-3 C. pr. exéc., n'est pas formellement sanctionné par la nullité. Or, ce rappel n'est certainement pas une formalité substantielle ou d'ordre public au sens de l'article 114 C. pr. civ., de sorte que son omission ne devrait pas pouvoir être sanctionnée par la nullité. On relèvera que le créancier a tout intérêt à délivrer cette information, susceptible d'accélérer le paiement de la créance. À cet égard, l'omission de cette mention ne pourrait, au plus, que fonder une demande de dommages-intérêts du débiteur invoquant le retardement du paiement libératoire, faute d'acquiescement anticipé.

SECTION 4 CAS PARTICULIER DE LA DÉNONCIATION DANS LE CONTEXTE ULTRA-MARIN OU INTERNATIONAL

§ 1 La question des prorogations de délai

822.61 Question de l'applicabilité des augmentations de délais. Les articles 643 et 644 C. pr. civ. prévoient une augmentation des délais de comparution ou de recours en raison de la distance, en cas de domiciliation à l'étranger, dans une collectivité d'outre-mer ou en Nouvelle Calédonie.

La Cour de cassation, dans un arrêt du 16 juin 1977, a estimé que les articles 643 et 644 C. pr. civ. étaient applicables en matière de **saisie-arrêt**, malgré les formules restrictives de ces deux articles qui visent « *les délais de comparution, d'appel, d'opposition, de recours en révision et de pourvoi en cassation* » car l'article 645 dudit code dispose que ces augmentations de délais s'appliquent « *dans tous les cas où il n'y est pas expressément dérogé* »[1].

Dans cette décision, la Cour de cassation considérait au surplus que le **délai de distance** devait être apprécié en ayant égard au lieu de signification de l'acte de saisie et en déduisait l'allongement du délai de dénonciation, alors que le créancier et le débiteur résidaient dans la même collectivité d'outre-mer, dès lors que le tiers saisi résidait en métropole. La solution est opportune puisque la dénonciation ne peut, dans une telle configuration, être faite par l'huissier instrumentaire (celui-ci doit recourir à une tierce personne, habilitée dans la collectivité considérée à pratiquer des significations et qui, selon la collectivité considérée, ne sera pas toujours un huissier de justice), ce qui peut rendre difficile le respect du délai de huitaine.

Plusieurs auteurs estiment que cette **jurisprudence** s'applique **à la saisie-attribution**[2].

La situation de la saisie-attribution est toutefois différente de la saisie-arrêt. La saisie-attribution n'introduit aucune instance, à la différence de la saisie-arrêt, dont la dénonciation comportait une assignation en validation, entrant bien dans le champ des articles 643 et 644, évoquant une demande portée devant une juridiction. En outre, l'application de ces articles au délai de dénonciation procéderait d'un contresens : ces articles prévoient un allongement du délai qu'un acte fait courir pour son destinataire, pas un allongement du délai dans lequel l'auteur de l'acte doit accomplir celui-ci.

C'est pourquoi, l'application de ces articles, qui était nécessaire pour préserver les droits du saisissant dans le silence des textes, gagne à être reconsidérée avec l'introduction dans le Code de procédure civile, par le décret du 28 décembre 2005[3], d'un article 647-1, qui prévoit désormais que la date de la notification d'un acte extrajudiciaire dans une collectivité d'outre-mer ou à l'étranger, notamment lorsqu'elle doit être accomplie dans un délai déterminé, est, à l'égard de celui qui y procède, la date de l'expédition par l'huissier de justice. Ainsi, le respect du **délai de huitaine** s'apprécie en fonction de la **date à laquelle l'huissier instrumentaire a expédié l'acte** aux fins de signification au débiteur résidant dans une collectivité d'outre-mer ou à l'étranger[4], de sorte que l'application des articles 643 et 644 ne paraît plus nécessaire.

§ 2 Spécificités de la dénonciation à un débiteur résidant à l'étranger

822.71 Position du problème de la signification internationale. Rompant avec le droit antérieur qui

1. Civ. 2e, 16 juin 1977, n° 76-10.824, *Bull. civ.* II, n° 156.

2. *J.-Cl. Pr. civ.*, *v° Saisie-attribution* (opérations de saisie : acte de saisie et dénonciation), fasc. 2250, n° 74, par Cayrol – LEBORGNE, n° 1048 – *J.-Cl. Not. Form.*, *v° Saisie-attribution* (condition et procédure), fasc. 20, n° 91, par Putman – CITANT Paris, 8e ch. B, 15 déc. 2005, *Juris-Data* n° 289914.

3. Décr. n° 2005-1678, 28 déc. 2005, relatif à la procédure civile, à certaines procédures d'exécution et à la procédure de changement de nom, *JO* 29 déc., p. 20350.

4. Civ. 2e, 17 oct. 2013, n° 12-10.235, NP : le moyen, tiré de l'application de l'article 647-1 C. pr. civ., critique à juste titre l'arrêt qui n'a pas recherché la date d'expédition de l'acte aux fins de signification internationale, constituant le point de départ d'un délai d'action.

reposait sur la « *fiction* » d'une signification réputée faite à parquet, le décret du 28 décembre 2005, modifiant les articles 683 et suivants C. pr. civ., prévoit désormais que lorsque le destinataire de l'acte réside à l'étranger, l'acte doit lui être notifié internationalement[1], soit selon les règles prévues par ces dispositions, soit suivant les règles posées par le règlement communautaire CE n° 1393/2007, du 13 novembre 2007[2], ou le traité ou la convention liant la France à l'État de destination[3].

Ainsi, l'huissier de justice prépare un **projet d'acte de dénonciation,** qu'il « *remet* » au parquet (le texte ne fait plus état d'une « *signification à parquet* ») ou transmet directement à une autorité étrangère, selon le cas. La **notification de la dénonciation** sera faite ultérieurement et résultera de sa **remise au destinataire par l'autorité compétente de l'État de destination**, conformément au droit applicable dans cet État, qui seule constitue une signification. À titre d'illustration, pour les notifications intracommunautaires, en application de l'article 9, 1° du règlement communautaire CE n° 1393/2007 du 13 novembre 2007, la date de la signification d'un acte effectuée en vertu du règlement est celle à laquelle l'acte a été signifié ou notifié conformément à la législation de l'État membre requis. Dans le champ de la convention de La Haye du 15 novembre 1965 relative à la signification internationale des actes judiciaires et extrajudiciaires, il a été jugé que la date de signification est, à l'égard de ce destinataire, celle à laquelle l'autorité étrangère compétente a remis l'acte à ce destinataire; dans le cas où l'autorité étrangère a fait diligence en vue de signifier l'acte à son destinataire, sans pour autant parvenir à le lui remettre, la signification est réputée faite à la date à laquelle l'autorité étrangère compétente a tenté de remettre cet acte ou, lorsque cette date n'est pas connue, à celle à laquelle l'autorité étrangère a avisé l'autorité française[4].

1. *J.-Cl. Int.*, v° Procédure civile et commerciale dans les rapports internationaux (notifications internationales – durée des délais de procédure), fasc. 583-10, n° 57, par Huet – F. Cornette, note s^s Civ. 1re, 23 juin 2011, n° 09-11.066, *Bull. civ.* I, n° 120; *Rev. crit. DIP* 2012. 102.
2. Règl. CE n° 1393/2007 du Parlement européen et du Conseil, 13 nov. 2007, relatif à la signification et à la notification dans les États membres des actes judiciaires et extrajudiciaires en matière civile ou commerciale (signification ou notification des actes), et abrogeant le règlement (CE) n° 1348/2000 du Conseil, *JOUE*, n° L 324, 10 oct., p. 0079/0120.
3. R. Perrot, « Décret n° 2005-1678 du 28 décembre 2005 », *Procédures* 2006, n° 9, p. 3, – Sur son site Internet, le ministère de la Justice détaille, pays par pays, les modalités de notification internationale : www.entraide-civile-internationale.justice.gouv.fr – V. Circ. CIV/20/05, 1er févr. 2006 (NOR : JUSC O5 20 961 C), mod. par Circ. CIV/11/08, 10 nov. 2008 (NOR : JUS C O8 23 97 C).

Ce processus complexe emporte plusieurs conséquences.

822.72 Mentions dans l'acte de dénonciation. L'exigence de la mention par l'huissier de justice dans l'acte de dénonciation de la date d'expiration du délai de contestation ne peut matériellement pas s'appliquer dans le cas d'une signification internationale, puisque le calcul de ce délai implique de connaître la date de notification, qui sera faite à une date ultérieure, inconnue de l'huissier de justice. En outre, le droit français ne peut imposer à une autorité étrangère d'accomplir une mission (le calcul et l'indication d'un délai) autre que la seule notification de l'acte lui-même, en vertu des instruments internationaux liant la France à l'État de destination. On devrait donc raisonnablement pouvoir considérer que la notification ne résultant pas dans ce cas d'un acte de l'huissier de justice lui-même, mais de celui d'une autorité étrangère, l'indication de la date à laquelle expire le délai n'est pas exigée, la simple mention, dans le projet d'acte établi par l'huissier de justice, de la **durée du délai de contestation, voire** des modalités de sa computation, devant suffire.

822.73 Respect du délai de huitaine pour dénoncer. Ainsi qu'il a été précédemment rappelé, en application de l'article 647-1 C. pr. civ., la date de l'acte à prendre en considération pour apprécier le respect du délai de huitaine pour dénoncer est celle de son expédition par l'huissier de justice en vue de sa notification internationale. À cet effet, l'huissier mentionne, dans l'acte qu'il dresse en vue de la dénonciation, la date à laquelle il s'en dessaisit, en application de l'article 648 C. pr. civ. Cet acte précise en outre les modalités de ce dessaisissement, conformément à l'article 684-1, créé par le décret n° 2012-366 du 15 mars 2012[5].

822.74 Délai de contestation – Point de départ et durée. Ainsi qu'il a été indiqué, la date de la dénonciation est en principe, à l'égard du destinataire, celle à laquelle l'acte lui est remis par l'autorité étrangère compétente. Cette date constitue le point de départ du délai de contestation.

Quoique le doute soit permis sur ce point, il serait souhaitable d'appliquer à ce délai pour agir ouvert au débiteur les articles 643, 644 et 645 C. pr. civ., même s'il ne constitue pas à strictement parler un « *délai de comparution, d'appel, d'opposition, de recours en révision* [ou] *de pourvoi en cassation* ». Le destinataire de l'acte qui réside à

4. Civ. 1re, 23 juin 2011, n° 09-11.066, *Bull. civ.* I, n° 120.
5. Décr. n° 2012-366, 15 mars 2012, relatif à la signification des actes d'huissier de justice par voie électronique et aux notifications internationales, *JO* 17 mars, p. 4899.

l'étranger devrait ainsi disposer d'un **délai effectif de trois mois pour former une contestation.** Cette solution apparaîtrait d'autant plus opportune que, contrairement au cas du débiteur résidant en France, qui porte sa contestation devant le JEX dans le ressort duquel il est domicilié (C. pr. exéc., art. R. 211-10), lorsque le débiteur réside à l'étranger, le JEX compétent est celui du lieu d'exécution de la mesure (C. pr. exéc., art. R. 121-2), c'est-à-dire celui où a été pratiquée la saisie-attribution (v. s^s^ n° 841.15).

SECTION 5
DÉNONCIATION DE LA SAISIE-ATTRIBUTION EN CAS DE PROCÉDURE COLLECTIVE

822.80 Position du problème. La saisie-attribution pratiquée entre les mains du tiers saisi produit immédiatement ses effets, qui ne sont en principe pas affectés par l'ouverture ultérieure d'une procédure collective au bénéfice du débiteur (v. s^s^ n° 831.81). Ainsi la dénonciation de cette saisie ne constitue-t-elle pas une mesure d'exécution et n'est donc pas visée par l'interdiction des procédures d'exécution à compter du jugement d'ouverture de la procédure collective (C. com., art. L. 622-21, pour la procédure de sauvegarde; C. com., art. L. 631-14 [1], pour le redressement judiciaire; C. com., art. L. 641-3, pour la liquidation judiciaire). En outre dans ce cas, le créancier saisissant n'a pas à déclarer sa créance au passif de la procédure collective du débiteur saisi pour pouvoir être payé par le tiers saisi [2].

En revanche, la survenance d'une procédure collective, pendant le délai de dénonciation de la saisie-attribution (§ 1) ou le délai ouvert au débiteur pour contester la mesure (§ 2), impose au créancier saisissant l'accomplissement de démarches complémentaires ou adaptées.

822.81 Saisie-attribution pratiquée postérieurement à l'ouverture de la procédure collective – Renvoi (v. s^s^ n° 812.124). Lorsqu'une saisie-attribution est pratiquée, postérieurement au jugement d'ouverture de la procédure collective, pour recouvrer une créance née régulièrement après ce jugement, la procédure doit être dénoncée aux organes de la procédure collective (C. com., art. L. 622-23).

1. C. com., anc. art. L. 621-40 – L. n° 85-98, 25 janv. 1985, anc. art. 47.
2. Com. 13 oct. 1998, n° 96-14.295, *Bull. civ.* IV, n° 237 – Com. 23 nov. 2004, n° 02-11.992, *Bull. civ.* IV, n° 202 – Com. 3 mai 2011, n° 10-16.155, NP.

§ 1
Survenance d'une procédure collective au cours du délai de dénonciation de la saisie-attribution

822.90 Ouverture de la procédure collective pendant le délai de dénonciation. Lorsqu'une **procédure de sauvegarde**, de redressement judiciaire ou de liquidation judiciaire est ouverte pour le débiteur après l'acte de saisie, pendant le délai de huit jours pour lui dénoncer cet acte, il convient de distinguer selon que la dénonciation est accomplie avant ou après le jugement d'ouverture.

A.
Dénonciation avant le jugement d'ouverture

822.91 Régularité de la dénonciation faite au débiteur avant le jugement d'ouverture. La deuxième chambre civile est venue préciser que n'encourait pas caducité la dénonciation faite dans le délai légal au débiteur à la tête de ses biens, alors même qu'un redressement judiciaire était ultérieurement ouvert dans le délai de dénonciation [3].

La formulation de l'arrêt, rendu à propos d'un redressement judiciaire, donne une portée générale à cette solution, qui vaut donc pareillement pour la procédure de sauvegarde et la liquidation judiciaire. Dans un tel cas de liquidation judiciaire, un arrêt de la chambre commerciale du 2 octobre 2012 [4] a en effet été considéré par ses commentateurs comme confirmant la jurisprudence de la deuxième chambre civile [5]. Comme il a toutefois été observé [6], une lecture *a contrario* de cet arrêt de la chambre commerciale, qui serait peu opportune selon M. Cagnoli, pourrait conditionner l'absence de caducité au défaut de prononcé d'une liquidation judiciaire dans le délai de huitaine, y compris donc dans le cas où la dénonciation au débiteur à la tête de ses biens aurait été préalablement accomplie.

Sous réserve de cette incertitude, cette jurisprudence constitue un fort encouragement à procéder

3. Civ. 2e, 8 déc. 2011, n° 10-24.420, *Bull. civ.* II, n° 225; *Act. proc. coll.* 2012. Alerte 37, veille Cagnoli; *Procédures* 2012, n° 167, obs. Perrot; *RD banc. fin.* 2012, n° 63, comm. Piedelièvre; *JCP* 2012. 207, note Lauvergnat.
4. Com. 2 oct. 2012, n° 11-22.387, *Bull. civ.* IV, n° 178; *D.* 2012. 2385, note Lienhard; *RTD civ.* 2013. 176, obs. Perrot; *JCP E* 2013. 1001, comm. Lebel; *Lettre d'actualité des Procédures collectives civiles et commerciales*, 2012. Alerte 255, obs. Cagnoli.
5. *RTD civ.* 2013. 176, obs. Perrot – A. Leborgne, « Droit de l'exécution », *D.* 2013. 1574.
6. V. obs. Lienhard et Cagnoli s^s^ Com. 2 oct. 2012, n° 11-22.387, préc. s^s^ prés^t^ n°.

au plus vite à la dénonciation, sans attendre la fin du délai de huitaine pour y procéder.

B. Dénonciation après le jugement d'ouverture

822.101 **Principe.** Lorsque la saisie-attribution n'a pas été dénoncée avant le jugement d'ouverture, la dénonciation doit être faite à la personne apte à recevoir cet acte qui sera, selon le cas, le débiteur et/ou le mandataire de justice compétent, selon la procédure ouverte.

822.102 **Procédure de sauvegarde et redressement judiciaire.** Dans les cas de procédure de sauvegarde ou de redressement judiciaire, il convient de vérifier qui, du débiteur ou de l'administrateur désigné par le tribunal, a qualité pour recevoir la dénonciation.

La Cour de cassation a ainsi cassé un arrêt pour ne pas avoir précisé « *si, en l'espèce, l'exercice du droit de recevoir la notification d'un acte de procédure n'était pas compris dans la mission de l'administrateur* [...] »[1]. La cour de renvoi, après avoir relevé que le tribunal avait donné aux administrateurs « *mission d'assurer seuls et entièrement l'administration de l'entreprise* », a déclaré caduques les deux saisies-attributions dénoncées au débiteur seul[2].

Pour le redressement judiciaire, il découle de l'article L. 631-12 du Code de commerce que la dénonciation doit être faite, à peine de caducité, à l'administrateur judiciaire seul, s'il a été investi d'une mission de représentation et à l'administrateur, conjointement avec le débiteur, lorsqu'il a reçu une mission d'assistance[3]. Dans le cas d'une procédure de sauvegarde, l'administration de l'entreprise est assurée par son dirigeant, l'administrateur éventuellement désigné ayant une mission de surveillance voire d'assistance pour l'accomplissement de certains actes (C. com., art. L. 622-1 et L. 622-3).

Si la question de la dénonciation de la saisie-attribution au mandataire judiciaire, représentant de l'intérêt collectif des créanciers, n'a en revanche pas été expressément tranchée par la Haute juridiction[4], l'arrêt précité du 19 février 2002 semble cependant avoir implicitement écarté une telle la dénonciation[5].

1. Lyon, 10 mai 1995, *Rev. proc. coll.* 1998. 90, obs. Canet.
2. Grenoble, 13 nov. 2001, *Dr. et proc.* 2002. 121, obs. Putman.
3. Com. 19 févr. 2002, n° 98-22.727, *Bull. civ.* IV, n° 37; *D.* 2002. 1070, obs. Avena-Robardet; *Procédures* 2002, n° 92, obs. Perrot; *RD banc. fin.* 2002, n° 105, obs. F.-X. L., et n° 109, obs. J.-M. D. – PERROT et THÉRY, n° 395 – P. Cagnoli, obs. s[s] Com. 2 oct. 2012, n° 11-22.387, préc. s[s] n° 822.91.

822.103 **Liquidation judiciaire.** Dans l'hypothèse d'une **liquidation judiciaire**, la signification devra être faite au liquidateur en raison du dessaisissement du débiteur (C. com., art. L. 641-9[6]), en sa qualité de représentant de ce dernier, même si le liquidateur judiciaire est en même temps tiers saisi[7] : « *La saisie doit être dénoncée dans le délai de huit jours, à peine de caducité, au débiteur à la tête de ses biens, ou, dès la liquidation judiciaire, à son liquidateur* »[8].

§ 2 Survenance d'une procédure collective au cours du délai de contestation de la saisie-attribution

822.111 **Ouverture de la procédure collective pendant le délai de contestation.** Si la liquidation est prononcée, après la dénonciation de la saisie au débiteur saisi, mais au cours du délai ouvert pour contester la saisie-attribution, le jugement interrompt ce délai, de sorte qu'un nouveau délai commence à courir.

Par un arrêt du 19 janvier 1999, la chambre commerciale a jugé que ce nouveau délai ne commençait à courir qu'à compter d'une nouvelle dénonciation, faite au liquidateur. Cette nouvelle dénonciation n'est pas enfermée dans un délai déterminé et son accomplissement, qui n'a d'autre objet que de faire courir le délai de contestation désormais ouvert au liquidateur, n'est pas prescrit à peine de caducité[9].

À la suite de l'arrêt précité du 12 octobre 2012, une incertitude a toutefois vu le jour quant à la question de savoir à quel moment ce nouveau délai

4. F. Aubert, « Interférences entre les procédures collectives et les procédures civiles d'exécution », *R.* 1999, p. 88, Doc. fr.
5. Lienhard obs. s[s] Com. 4 mars 2003, n° 00-13.020, *Bull. civ.* IV, n° 34; *D.* 2003. AJ 907.
6. C. com., anc. art. L. 622-9.
7. Civ. 2e, 5 avr. 2001, n° 98-14.107, *Bull. civ.* II, n° 73; *D.* 2001. 1467, obs. Lienhard; *RD banc. fin.* 2001, n° 160, obs. J.-M. D.; *Dr. et patr.* nov. 2001. 110, obs. Monsérié-Bon.
8. Com. 4 mars 2003, n° 00-13.020, *Bull. civ.* IV, n° 34; *D.* 2003. 907, obs. Lienhard; *JCP E* 2003. 815, note Delattre; *Procédures* 2003, n° 167, obs. Perrot; *RD banc. fin.* 2003, n° 118, obs. J.-M. D.; *Dr. et proc.* 2003. 306, obs. Putman; *JCP E* 2003. I. 174, n° 18, obs. P. P.
9. Com. 19 janv. 1999, n° 96-18.256, *Bull. civ.* IV, n° 17; *D.* 1999. 245, note Derrida; *LPA* 12 mai 1999. 26, note Derrida; *JCP E* 1999, p. 815, n° 14, obs. Pétel; *Defrénois* 2000. 45, obs. Sénéchal – P. Théry, « L'incidence d'une procédure collective sur les procédures civiles d'exécution », *Dr. et proc.* 2002. 144.

recommençait à courir. Plusieurs commentateurs de cet arrêt[1] en ont déduit l'abandon de l'exigence d'une nouvelle dénonciation au liquidateur, le nouveau délai courant, selon eux, de plein droit à compter du jugement d'ouverture de la liquidation judiciaire. Avec un auteur[2], on peut toutefois être enclin à penser que l'arrêt de la chambre commerciale du 2 octobre 2012 ne portait pas sur cette question, qu'il n'a pas expressément tranchée[3], de sorte qu'en l'état de la solution précédemment affirmée, la rigueur comme la prudence devraient plutôt conduire à continuer à dénoncer la saisie-attribution au liquidateur pour faire courir à son égard le délai de contestation de la mesure.

En cas d'ouverture d'une procédure de sauvegarde ou d'un **redressement judiciaire**, le délai de contestation se trouvera pareillement interrompu par la désignation d'un administrateur judiciaire chargé d'une mission d'assistance ou de représentation[4].

1. Com. 2 oct. 2012, n° 11-22.387, préc. s^s n° 822.91.
2. P. Cagnoli, note s^s Com. 2 oct. 2002 n° 11-22.387, préc. s^s n° 822.91.
3. Par cet arrêt, la chambre commerciale se contente de relever que la cour d'appel retenait que « *l'intervention d'un jugement de liquidation judiciaire au cours du délai d'un mois ouvert pour contester la saisie-attribution interrompt seulement ce délai au profit du liquidateur, cette interruption n'étant destinée qu'à permettre à ce dernier, désormais seul habilité à agir au lieu et place du débiteur, d'exercer, le cas échéant, une contestation au fond contre cette mesure* », et d'énoncer « *qu'en l'état de ses constatations et appréciations faisant ressortir que la saisie-attribution, qui a été régulièrement dénoncée par* [le créancier saisissant] *à la société* [débiteur saisi] *dans le délai de huit jours sans que la liquidation judiciaire de celle-ci n'intervienne dans ce délai, ne pouvait plus encourir la caducité prévue* [...] *à l'article R. 211-3 du Code des procédures civiles d'exécution, l'arrêt en a exactement déduit que le jugement de liquidation judiciaire intervenu après l'expiration, le délai de huit jours ne peut avoir pour effet de le faire renaître, ni d'imposer aux tiers de renouveler à l'égard du liquidateur dans les mêmes conditions de délai des diligences qu'ils avaient régulièrement accomplies à l'encontre du débiteur in bonis avant ce jugement* ».
4. A. Leborgne, « Panorama de droit de l'exécution », *D.* 2013. 1574 – J.-P. Garçon, comm. s^s Civ. 2e, 8 déc. 2011, n° 10-24.420, *Bull. civ.* II, n° 225; *JCP N* 2012. 1158.

TITRE

83. Les effets de la saisie-attribution

SECTION 0 ORIENTEUR

830.00 **Plan du titre.**

830.03 **Bibliographie indicative.**

Actualisables. Rép. pr. civ., *v° Saisie-attribution (effets)*, par C. Lefort, janv. 2007 [màj oct. 2014], n°s 216 s. – *J.-Cl. Not. Form.*, *v° Saisie-attribution (effets et contestations)*, fasc. 20, par C. Tirvaudey-Bourdin – *J.-Cl. Pr. civ.*, *v^{is} Saisie-attribution (procédure : acte de saisie et dénonciation)*, fasc. 2250; *Saisie-attribution (procédure : paiement)*, fasc. 2260; *Saisie-attribution (conflits avec les tiers)*, fasc. 2270, par N. Cayrol – *J.-Cl. Pr. civ.*, *v°* Opérations d'exécution (acte de saisie, fasc. 2230), par F. Vinckel.

Ouvrages. G. Couchez, *Voies d'exécution*, 9e éd., Sirey, 2007 – M. et J.-B. Donnier, *Voies d'exécution et procédures de distribution*, 8e éd., « Manuel », LexisNexis/Litec, 2009 – A. Leborgne, *Droit de l''exécution*, 2e éd., « Précis », Dalloz, 2014, p. 480-488, n°s 1052-1071 – R. Perrot et Ph. Théry, *Procédures civiles d'exécution*, 3e éd., Dalloz, 2013, p. 391-408, n°s 369-385 – J. Vincent et J. Prévault, *Voies d'exécution et procédures de distribution*, 19e éd., « Précis », Dalloz, 1999.

830.05 **Généralités.** La signification de l'acte de saisie au tiers saisi ainsi que la dénonciation de celle-ci au débiteur vont produire un certain nombre d'effets. Certains concernent le déroulement de cette procédure d'exécution : ainsi la dénonciation au saisi fait-elle courir le délai d'un mois pour contester la saisie (C. pr. exéc., art. L. 211-4 - C. pr. exéc., art. R. 211-1 - v. s^{s} n°s 841.31 et 841.33).

830.06 **Effets immédiats.** Parmi les autres effets, il convient d'abord de s'arrêter sur les effets immédiats de la saisie-attribution (chap. 831). Outre les effets communs à toute mesure d'exécution, le principal effet immédiat de la saisie-attribution est d'emporter attribution au profit du saisissant de la créance saisie disponible entre les mains du tiers saisi (C. pr. exéc., art. L. 211-2, al. 1er) et de rendre la créance saisie indisponible (C. pr. exéc., art. L. 141-2, al. 1er).

Le paiement du créancier, qui est le but de la saisie-attribution, n'intervient toutefois que dans un second temps (chap. 832).

CHAPITRE

831. Effets immédiats de la signification de l'acte de saisie-attribution

ÉDOUARD DE LEIRIS
MAGISTRAT

SECTION 0 ORIENTEUR

831.00 Plan du chapitre.

Division. La saisie-attribution s'accompagne des effets que toute mesure d'exécution produit, en particulier l'effet interruptif de la prescription, tant de la créance du créancier saisissant, que de la créance que celui-ci saisit.

Surtout, l'effet de la saisie-attribution est, comme le choix des termes le révèle, l'attribution de la créance saisie sur le tiers saisi au profit du saisissant, « *innovation essentielle* » de la réforme[1].

En outre, par application de l'article L. 141-2 alinéa 1er C. pr. exéc., « *l'acte de saisie rend indisponibles les biens qui en sont l'objet* ». La créance saisie est donc indisponible. Dans le cas particulier de la saisie-attribution pratiquée entre les mains d'un établissement habilité à tenir des comptes de dépôt, l'indisponibilité porte en outre sur la totalité des sommes figurant au crédit des comptes objets de la saisie, ainsi que l'indique l'article L. 162-1 alinéa 2 C. pr. exéc. (v. ss nos 921.21 s. et 923.11 s.).

831.01 Textes applicables.

C. pr. exéc., art. L. 111-4, L. 112-1, L. 141-2, L. 162-1, L. 211-1, L. 211-2, L. 321-3, L. 331-2, L. 523-2; R. 162-1, R. 211-2, R. 211-11, R. 211-15, R. 334-2 et R. 523-8.

C. civ., art. 796, 1166, 1244-1, 1956 et 2244.

C. pr. civ., art. 524.

C. com., art. L. 141-14, L. 621-108, L. 622-21, L. 632-1 et L. 632-2.

C. consom., art. L. 331-3-1 et L. 331-5.

C. assur., art. L. 121-13.

1. H. Croze, « La loi n° 91-650 du 9 juillet 1991 portant réforme des procédures civiles d'exécution : les règles spécifiques aux différentes mesures d'exécution forcée et mesures conservatoires », *JCP* 1992. I. 3585, n° 7.

831.03 **Bibliographie indicative.** (V. s^s n° 830.03).

Ouvrages. A. LEBORGNE, *Droit de l'exécution*, 2e éd., « Précis », Dalloz, 2014, p. 482-489, n°s 1058-1071 – R. PERROT et Ph. THÉRY, *Procédures civiles d'exécution*, 3e éd., Dalloz, 2013, p. 405-415, n°s 396-402.

Articles. L. Lauvergnat, « L'annulation de la saisie-attribution pratiquée en période suspecte », *Dr. et proc.* 2007. 254 – C. Lefort, « L'incidence d'une procédure collective sur une saisie conservatoire de créances pratiquée antérieurement au jugement d'ouverture », *Dr. et proc.* 2003. 204; « Le sort d'une saisie conservatoire de créances pratiquée antérieurement au jugement d'ouverture d'une procédure », *Dr. et proc.* 2003. 272.

SECTION 1
EFFETS COMMUNS AUX MESURES D'EXÉCUTION

§ 1
Interruption de la prescription

A.
Prescription de la créance cause de la saisie

831.11 **Détermination de l'acte interrompant la prescription au profit du créancier.** Le cours de la prescription de la créance dont le créancier poursuit le recouvrement est interrompu par l'effet de la saisie-attribution. Les textes du Code civil régissant cet effet interruptif ont toutefois été modifiés par la loi n° 2008-561 du 17 juin 2008 [1], dont la portée doit encore être précisée.

L'ancienne disposition exigeait « *un commandement ou une saisie, signifiés à celui qu'on veut empêcher de prescrire* », traduisant une approche subjective de l'interruption de la prescription, que la jurisprudence avait d'ailleurs retenue dans le cas de l'ancienne saisie-arrêt [2]. Le nouvel article 2244 du Code civil, issu de la loi du 17 juin 2008, ne fait plus référence à une signification au débiteur, mais prévoit simplement que le délai de prescription ou de forclusion est interrompu par un « *acte d'exécution forcée* ». Quoique cette rédaction paraisse ainsi privilégier une approche objective, s'attachant à l'existence d'une saisie, la doctrine continue majoritairement à pencher pour le maintien des solutions antérieures [3], sans que le débat ait encore été tranché par la Cour de cassation.

Pour être complet, on indiquera que l'interruption de la prescription sera non avenue en cas de nullité ou de caducité de l'acte de saisie, qui privent en effet rétroactivement la mesure de saisie de tout effet [4].

831.12 **Portée du délai décennal d'exécution des décisions de justice.** La réforme de la prescription gagne en outre à être explicitée par la jurisprudence, en particulier dans le cas où l'exécution concerne un jugement. Il convient d'apprécier la combinaison de l'article 2244 du Code civil avec l'article L. 111-4 C. pr. exéc., édictant un délai décennal pour exécuter les jugements. La question se posera en particulier à terme de la portée exacte de la disposition dérogeant au délai décennal d'exécution des jugements, lorsque les actions en recouvrement des créances constatées dans le jugement se prescrivent par un délai plus long. Cette exception ne concerne-t-elle que le cas, désormais rarissime, des créances dont le délai initial de prescription excède dix ans ? Ou s'étend-elle aux créances dont la prescription totale dépasse cette durée, par l'effet des suspensions et interruptions survenues depuis le jugement [5] ? À titre d'exemple, le titulaire d'une créance se prescrivant par cinq ans obtient la condamnation de son débiteur, puis pratique une première saisie-attribution dans les quatre ans du jugement, puis une seconde quatre ans plus tard : si l'on tient compte de l'effet interruptif de prescription de ces actes d'exécution, le créancier peut continuer à exécuter son titre pendant une durée de cinq ans suivant la seconde saisie-attribution, soit treize ans après le jugement et donc au-delà du délai décennal d'exécution de ce jugement. Il est clair que la prescription quinquennale étant désormais le principe, si cette interprétation devait être écartée, l'interruption de la prescription de la créance par un acte d'exécution forcée prévue par l'article 2244 du Code civil perdrait toute application dans le cas de l'exécution d'un jugement, ne pouvant être mise en œuvre que pendant le délai décennal. L'article 2244 du Code civil ne concernerait alors que l'exécution des titres extrajudiciaires, avec pour conséquence paradoxale de favoriser le

1. L. n° 2008-561, 17 juin 2008, portant réforme de la prescription en matière civile, *JO* 18 juin, p. 9856 – T. Moussa, « Prescription des titres exécutoires et prescriptions de l'action », *Dr. et proc.* 2011. 284.
2. Civ. 2e, 1er mars 1978, n° 76-12.498, *Bull. civ.* II, n° 52 – SUR LA QUESTION : *J.-Cl. Civ. Code*, v° Prescription (interruption de la prescription), art. 2240 à 2246 fasc. unique, n° 103, par Taisne.
3. V. TOUTEFOIS, C. Brenner et H. Lécuyer, « La réforme de la prescription », *JCP E* 2009. 1197, n° 27 – PERROT et THÉRY, n° 394, prônant le maintien des solutions antérieures.
4. V. EN MATIÈRE DE SAISIE IMMOBILIÈRE : Civ. 2e, 4 sept. 2014, n° 13-11.887, *Bull. civ.* II [à paraître] – Com. 8 déc. 2009, n° 08-20.680, NP (nullité) – V. ÉGAL. *J.-Cl. Huissier de justice*, v° Acte de saisie, n° 102, par Vinckel.
5. A.-G. Dumas, « Prescription et exécution : la limitation dans le temps de l'exécution forcée », *Rev. Justice actualités (ENM)*, 2014, n° 10, p. 74.

créancier non titulaire d'un jugement, qui peut en effet mettre à exécution son titre pendant vingt ans, à condition d'interrompre le délai de prescription par des actes d'exécution forcée. Cette considération pourrait ainsi militer dans le sens de la possibilité offerte au créancier de mettre à exécution le jugement pendant une durée excédant le délai décennal, dans le cas où le délai de prescription de la créance elle-même a été interrompu par des mesures d'exécution, portant ce délai à une durée supérieure à dix ans.

831.13 Point de départ de la prescription interrompue en cas de saisie d'une créance à exécution successive. L'interruption fait partir un nouveau délai de prescription (C. civ., art. 2231), qui court donc à compter de la date de l'acte d'exécution forcée. Quoique la Cour de cassation n'apparaisse pas s'être prononcée sur la question, lorsque la saisie-attribution porte sur une créance à exécution successive, il serait logique de retarder le point de départ de ce nouveau délai de prescription à l'issue de la durée d'exécution de la saisie-attribution (en ce sens, pour l'avis à tiers détenteur, v. s[s] n° 932.27).

B.
Prescription de la créance objet de la saisie

831.21 Interruption de la prescription de la créance saisie. L'article L. 141-2 alinéa 3 C. pr. exéc. prévoit que la saisie portant sur une créance en interrompt la prescription. Certains ont pu y voir un doublon de l'article 2244 du Code civil[1]. En réalité, cet article 2244 a trait au délai de prescription de la créance cause de la saisie (celle du saisissant sur le débiteur principal à l'encontre duquel « *on veut empêcher de prescrire* »), alors que l'article L. 141-2 alinéa 3 C. pr. exéc. concerne le délai de prescription de la créance objet de la saisie (celle du débiteur principal sur le tiers saisi).

Cet effet interruptif de la prescription de la créance saisie est en fait rendu indispensable en raison des perturbations que la saisie-attribution cause. Malgré l'effet attributif immédiat de la saisie, le tiers saisi n'acquittera la créance saisie entre les mains du créancier saisissant qu'ultérieurement, et à la condition qu'une contestation de la saisie ne débouche pas sur la mainlevée de celle-ci. Or, le débiteur saisi ne peut plus accomplir les diligences propres à interrompre la prescription, puisqu'une mesure d'exécution rend indisponible la créance qui en est l'objet. Il est donc indispensable d'interrompre le cours de la prescription de la créance saisie.

1. *J.-Cl. Pr. civ.,* *v° Saisie-attribution* (opérations de saisie : acte de saisie et dénonciation), fasc. 2250, n° 107, par Miguet – *J.-Cl. Pr. civ.,* *v°* Opérations d'exécution (acte de saisie), fasc. 2230, n° 57, par Vinckel.

§ 2
Indisponibilité de la créance saisie

831.31 Règle commune. L'article L. 141-2 alinéa 1er C. pr. exéc., inséré dans le chapitre intitulé « Dispositions générales », précise que « *l'acte de saisie rend indisponibles les biens qui en sont l'objet* ».

L'indisponibilité des biens est un effet commun aux différentes mesures d'exécution.

Toutefois, dans le cas de la saisie-attribution, l'effet attributif fait passer l'indisponibilité au second plan, voire, selon certains, l'exclut purement et simplement[2]. À certains égards, l'indisponibilité ne disparaît pas totalement. Ainsi est-il expressément prévu que lorsque la saisie-attribution est pratiquée entre les mains d'un établissement habilité à tenir des comptes de dépôt, l'indisponibilité est totale, l'acte de saisie rendant indisponible l'ensemble des comptes du débiteur (C. pr. exéc., art. R. 211-19), pendant un **délai de quinze jours** ouvrables suivant la signification de la saisie-attribution (C. pr. exéc., art. L. 162-1 et R. 162-1), « *afin de permettre le dénouement des opérations en cours* »[3]. Ce délai est porté à **un mois** en cas de remise d'effets de commerce (sur l'ensemble de la question, v. s[s] n°s 923.11 s.). De même, présente-t-elle un intérêt lorsque la saisie-attribution, pratiquée sur une créance déjà indisponible, se voit dénuer tout effet attributif immédiat[4].

Par facilité, on comprendra l'indisponibilité comme un effet particulier de l'attribution, sur lequel s'appuyer pour décrire les effets provisoires de la saisie-attribution sur la créance saisie, avant le dénouement de la mesure, par le paiement de la créance au créancier saisissant.

831.32 Mise sous séquestre de la créance indisponible. Tant que la créance demeure indisponible, le tiers saisi ne peut acquitter sa dette.

Le décret lui permet cependant de demander que les sommes saisies soient consignées « *entre les mains d'un séquestre désigné, à défaut d'accord amiable, sur requête par le juge de l'exécution* » (C. pr. exéc., art. R. 211-2). Cette possibilité de séquestre présente des avantages pour le tiers saisi qui souhaite se libérer au plus tôt de cette dette, étant précisé que la remise des fonds au séquestre arrête le cours des intérêts dus par le tiers saisi (C. pr. exéc., art. R. 211-2, al. 2).

2. Perrot et Théry, n° 372.
3. J.-M. Delleci, *La réforme des procédures civiles d'exécution. Son application aux opérations de banque*, 2e éd., Banque, 1997, n°s 370 s.
4. Leborgne, n° 1054.

831.33 **Demande de mise sous séquestre.** La demande de mise sous séquestre peut être formée par « *tout intéressé* », et plus particulièrement, par les parties à la saisie. En particulier le créancier saisissant qui redoute, par exemple, que le tiers saisi se rende insolvable. La pratique révèle en effet que certains tiers saisis sont plus « vulnérables », si l'on peut dire, que d'autres. Les locataires notamment, entre les mains desquels sont pratiquées des saisies-attributions de loyers, sont souvent incités par leur bailleur à continuer à les régler. Elle peut également être formée par tous ceux qui y auraient intérêt, tel un créancier du saisissant agissant par voie oblique sur le fondement de l'article 1166 du Code civil ou un créancier saisissant venant en concours.

La codification du décret du 31 juillet 1992 a été l'occasion pour le pouvoir réglementaire de préciser, à l'article R. 211-2 C. pr. exéc., que la demande de consignation devait être formée « *dans le délai prévu au premier alinéa de l'article R. 211-11* », qui fixe le délai de contestation de la saisie-attribution. Alors que la jurisprudence considère que le délai de contestation ne court pas à l'encontre du tiers saisi (v. s^{s} n° 841.75), l'exigence désormais posée par l'article R. 211-2 C. pr. exéc. semble imposer une solution inverse lorsque le tiers saisi poursuit la désignation d'un séquestre.

Il n'est ainsi plus totalement exact de considérer que la demande ne devrait être consécutive qu'à une contestation relative à la réalité des droits exercés par le saisi sur les sommes en cause[1]. En revanche, le séquestre ne pourra être utilisé pour paralyser les effets d'une saisie-attribution, en l'absence de contestation soulevée par le débiteur[2]. Ainsi avait-il été jugé, antérieurement à la réforme, **en matière fiscale**, que le tiers à qui un **avis à tiers détenteur** est délivré, ne peut pas solliciter la consignation des fonds, notamment lorsque la créance fiscale n'a pas été contestée « *dans son existence, son exigibilité, sa quotité ou son rang privilégié, dans les formes et délais prescrits par la loi fiscale...* »[3] : une telle solution paraît transposable à la saisie-attribution.

831.34 **Désignation du séquestre.** La désignation du séquestre intervient à l'amiable. À défaut d'accord, il est désigné par le juge de l'exécution (JEX).

Bien que la « *consignation* » soit en principe une activité monopolistique de la Caisse des dépôts et consignations, qui est d'ailleurs fréquemment désignée, l'article R. 211-2 C. pr. exéc. permet la désignation de tout séquestre. Aucune qualité particulière n'est requise de la part du séquestre, de sorte que sont également souvent désignés d'autres professionnels : notaires, Carpa, avocats, huissiers de justice...

Cette énumération n'est pas exhaustive et une doctrine a pu estimer que rien ne s'opposait à ce que le créancier saisissant lui-même soit désigné, cette remise ne pouvant toutefois dans ce cas être considérée comme un paiement[4]. Cependant, l'article 1956 du Code civil définissant le séquestre conventionnel comme le dépôt d'une chose contentieuse « *entre les mains d'un tiers* », le recours à une telle solution ne devrait être envisagé qu'avec prudence.

La désignation amiable doit pouvoir faire l'objet d'une réclamation devant le JEX.

1. J.-M. Delleci, « La saisie-attribution des comptes bancaires : portée de l'article 47 de la loi du 9 juillet 1991 », *Banque et droit* 1992, n° 25, p. 162.
2. TGI Lyon, JEX, 24 mars 1998, RG n° 98/01889, NP.
3. Com. 5 mai 1981, n° 79-15.545, *Bull. civ.* IV, n° 208; *Dr. fisc.* 1982, n° 16 – Com. 22 juill. 1986, n° 85-11.079, *Bull. civ.* IV, n° 179; *Dr. fisc.* 1987, n° 22, n° 1089.

SECTION 2
EFFET ATTRIBUTIF DE L'ACTE DE SAISIE-ATTRIBUTION

831.41 **Texte applicable.** Selon l'article L. 211-2 alinéa 1er C. pr. exéc. : « *L'acte de saisie emporte, à concurrence des sommes pour lesquelles elle est pratiquée, attribution immédiate au profit du saisissant de la créance saisie disponible entre les mains du tiers ainsi que de tous ses accessoires. Il rend le tiers personnellement débiteur des causes de la saisie dans la limite de son obligation* ».

Aux termes des alinéas 2 et 3 de cet article : « *La notification ultérieure d'autres saisies ou de toute autre mesure de prélèvement émanant de créanciers d'autres saisies, même émanant de créanciers privilégiés, ainsi que la survenance d'un jugement portant ouverture d'une procédure de sauvegarde, de redressement judiciaire ou de liquidation judiciaire, ne remettent pas en cause cette attribution.*

Toutefois, les actes de saisie notifiés au cours de la même journée entre les mains du même tiers sont réputés faits simultanément. Si les sommes disponibles ne permettent pas de désintéresser la totalité des créanciers ainsi saisissants, ceux-ci viennent en concours ».

§ 1
Attribution immédiate de la créance saisie disponible

831.51 **Notion d'effet attributif immédiat.** La saisie-attribution, par cet effet extrêmement important, se démarque ainsi de la saisie-arrêt (v. s^{s} n°s 800.02 s.).

4. *J.-Cl. Pr. civ.* v° *Saisie-attribution* (absence de contestation), fasc. 2260, n° 10, par Miguet.

La signification de l'acte de saisie au tiers saisi emporte attribution directe de la créance en « *pleine propriété* »[1]. Le créancier saisissant « *est investi d'un droit de propriété sur la créance saisie* »[2].

Les expressions utilisées par la doctrine révèlent l'originalité du mécanisme de l'attribution et son efficacité parmi les mesures d'exécution forcée. La créance saisie « *sort du patrimoine du débiteur* »[3]; elle quitte, à due concurrence, le patrimoine du saisi[4].

Cependant le saisissant ne dispose pas sur cette créance de toutes les prérogatives que confère le droit de propriété.

La notion de droit de propriété ne doit d'ailleurs pas prêter à confusion : par la saisie et avant le dénouement de celle-ci, le créancier saisissant ne devient pas propriétaire de sommes d'argent saisies, comme on peut l'écrire parfois par simple facilité, mais titulaire de la créance de sommes d'argent faisant l'objet de la saisie. L'attribution de la créance est certes immédiate, mais la propriété et le paiement des sommes qui en sont l'objet est différé. Ainsi le créancier saisissant ne peut-il pas utiliser les sommes, objet de la créance qui lui est attribuée. Le créancier saisissant pourrait-il céder la créance saisie ? La jurisprudence n'a pas eu l'occasion de statuer sur ce point, mais on peut relever que la créance, serait-elle attribuée au créancier saisissant, n'en est pas moins rendue indisponible par cette saisie.

831.52 L'attribution rend le tiers saisi personnellement débiteur du créancier saisissant. Sauf acquiescement du débiteur (v. s^s^ n°s 832.10 s.), le paiement de la créance par le tiers saisi ne peut intervenir qu'à l'expiration du délai d'un mois pour contester, sur présentation d'un certificat de non-contestation, ou jusqu'au règlement de la contestation par le JEX.

Entre-temps, le tiers saisi devient personnellement débiteur du créancier saisissant.

Aussi, le tiers saisi qui, malgré la saisie, réglerait le débiteur saisi ou toute autre personne que celui-ci aurait désignée pour recevoir les sommes objets de la créance saisie[5], s'exposerait-il à payer deux fois, le paiement qu'il aurait effectué à un non-créancier étant inopposable au créancier saisissant.

En outre, dans un tel cas, nonobstant la créance qu'il détient contre le tiers saisi, le créancier saisissant peut s'adresser directement au débiteur saisi aux fins d'obtenir restitution des sommes versées à celui-ci par le tiers saisi, en contravention avec la saisie-attribution préalablement pratiquée. La Cour de cassation a en effet admis que « *le fait que le saisissant dispose d'une action contre le tiers saisi ne s'oppose pas à ce qu'il exerce directement contre le débiteur saisi, à l'égard duquel il conserve ses droits, une action en restitution des fonds versés nonobstant la saisie-attribution* »[6].

De même, le tiers saisi qui est condamné à payer le créancier saisissant alors qu'il avait acquitté la créance entre les mains du débiteur dispose d'une action contre le débiteur, au titre de **l'enrichissement sans cause**. La Cour de cassation estime en effet que le fait d'avoir versé la créance saisie au débiteur et non au saisissant n'est pas constitutif d'une faute dont le débiteur puisse se prévaloir pour s'opposer au recours en garantie exercé contre lui[7].

831.53 Attribution à hauteur de la créance du saisissant contre le débiteur saisi. Puisqu'elle préfigure le paiement, l'attribution de la créance au créancier saisissant n'a lieu qu'à hauteur de la créance de ce dernier contre le débiteur saisi.

Ainsi la réforme a-t-elle mis fin à la procédure de cantonnement de la saisie, qui existait sous l'ancienne saisie-arrêt. En effet, celle-ci s'accompagnait d'une indisponibilité totale des sommes saisies-arrêtées[8].

Lorsque le montant de la créance saisie excède celui de la créance du créancier saisissant, l'attribution de la créance au profit de ce dernier n'est que partielle. Cet **effet attributif immédiat et partiel** de la créance saisie est source d'avantages. Non seulement pour le saisissant, mais également pour le débiteur saisi et ses autres créanciers - qui peuvent être payés si des fonds restent disponibles après l'attribution au saisissant - ainsi que pour le tiers saisi, qui n'est plus tenu de consigner la créance saisie[9].

Dans le cas où une saisie-attribution porte sur des loyers déjà frappés d'une précédente saisie-attribution, la nouvelle saisie-attribution n'en est ainsi pas moins valable, ses effets étant simplement reportés à l'extinction de la première saisie-attribution[10].

1. H. Croze, *JCP* 1992. I. 3585, n° 7, note 18, préc. s^s^ n° 831.00.
2. DONNIER, 7e éd., 2006, n° 979.
3. *J.-Cl. Pr. civ., v° Saisie-attribution* (opérations de saisie : acte de saisie et dénonciation), fasc. 2250, n° 82, par Miguet.
4. PERROT et THÉRY, n° 396.
5. Civ. 1re, 10 juill. 2013, n° 12-25.255, NP.
6. Civ. 2e, 11 mars 1998, n° 96-10.181, NP; *RTD civ.* 1998. 486, obs. Perrot.
7. Civ. 2e, 8 déc. 2011, n° 10-23.399, *Bull. civ.* II, n° 226.
8. Civ. 2e, 24 janv. 1973, n° 71-12.603, *Bull. civ.* II, n° 29; *D.* 1973. 421, note Prévault; *RTD civ.* 1973. 618, obs. Reynaud – Civ. 2e, 12 mai 1975, n° 74-10.150, *Bull. civ.* II, n° 143 – DONNIER, n° 988.
9. DONNIER, n° 989.
10. TGI Paris, JEX, 19 mai 2004.

831.54 Étendue de l'effet attributif aux accessoires de la créance exprimés en argent. Selon l'article L. 211-2 C. pr. exéc., l'acte de saisie emporte attribution de la créance saisie disponible « *ainsi que de tous ses accessoires* ».

Aucune précision n'est apportée ni par la loi ni par le décret sur les « *accessoires* » de la créance saisie.

La Cour de cassation a d'abord rappelé que la saisie-attribution portait sur toutes les sommes dues par le tiers saisi au débiteur saisi. Ainsi, la saisie comporte attribution des accessoires exprimés en argent et qui s'attachent habituellement à une dette comme les intérêts de retard, les pénalités contractuelles, ou même la TVA, pour le cas de loyers soumis à cette taxe[1].

En revanche, on pouvait s'interroger sur l'inclusion, dans ces accessoires, des droits non exprimés en argent, telle une sûreté.

831.55 Exclusion de l'effet attributif aux autres accessoires. Même si la saisie-attribution ne peut être assimilée à une cession de créance, on pouvait être tenté de faire référence aux textes applicables à ce mécanisme juridique, et notamment à l'article 1692 du Code civil aux termes duquel « *la vente ou la cession d'une créance comprend les accessoires de la créance, tels que caution, privilège et hypothèque* ». Ainsi, sous l'empire des textes relatifs à la saisie-arrêt, avait-on coutume de dire que le jugement de validité opérait comme une cession de créance, « *un transport-cession* » au profit du créancier saisissant[2].

Par un arrêt du 7 avril 2011, la Cour de cassation a statué dans le sens d'une stricte limitation « *aux accessoires exprimés en argent* », excluant ainsi, dans le cas qui lui était soumis, le transfert du privilège du prêteur de deniers qui était attaché à la créance[3]. Au terme de cette jurisprudence, **la saisie-attribution d'une créance ne s'étend donc pas aux sûretés réelles qui l'assortissent.**

Cette jurisprudence renforce l'autonomie de la saisie-attribution par rapport à la cession de créance : la saisie-attribution a pour objet le paiement d'une créance d'argent, pas la substitution dans un rapport contractuel, qui entraîne le transfert des attributs non monétaires de la créance. Ainsi qu'il a été relevé par un commentateur, si le créancier peut se faire payer sur la totalité de la créance saisie, « *il ne saurait être subrogé dans les droits du débiteur saisi pour l'exercice des garanties* »[4]. Autrement dit, cette jurisprudence résulte d'une lecture de la **notion d'accessoire**, évoquée à l'article 43 de la loi du 9 juillet 1991 (devenu C. pr. exéc., art. L. 211-2), en regard de l'objet de la saisie-attribution, à savoir une créance de somme d'argent, en application de l'article 42 de ladite loi[5] (devenu C. pr. exéc., art. L. 211-1).

Cette solution peut se prévaloir d'un certain réalisme : si dans le cas qui était jugé par la Cour de cassation le créancier saisissant connaissait l'existence de la sûreté (il s'agissait du notaire ayant établi l'acte de vente donnant lieu au privilège du prêteur de deniers), à la différence du cessionnaire, ce saisissant est un tiers au rapport contractuel qui ignorera donc le plus souvent l'existence de sûretés assortissant la créance saisie, d'autant que le tiers saisi n'est tenu d'aucune obligation déclarative sur ce point. Fondamentalement, ces accessoires, qui nécessitent, pour être « *utilisables* », d'être connus, se différencient ainsi des accessoires monétaires, qui viennent accroître de plein droit la dette du tiers saisi[6].

La solution donnée par la Cour de cassation a toutefois été critiquée[7]. Parmi les critiques formulées, on retiendra surtout la question du **sort des sûretés réelles** : dès lors que ces sûretés sont par essence l'accessoire de la créance, leur absence de transfert au créancier saisissant n'entraîne-t-elle pas leur disparition lorsque la créance est saisie en totalité[8] ? Telle a manifestement été le cas dans l'espèce jugée par la Cour de cassation. Il n'en irait autrement que pour la saisie-attribution d'une créance excédant le montant recouvré : dans ce cas l'attribution étant limitée à la hauteur des sommes dues au saisissant (C. pr. exéc., art. L. 211-2), le débiteur saisi devrait demeurer titulaire de la sûreté, en garantie du paiement de la partie de la créance non attribuée au créancier saisissant.

Par ailleurs, il faut bien circonscrire le recours à la **notion d'accessoire monétaire.** Ainsi, même s'il est exprimé en argent, le cautionnement **garantissant la créance saisie** n'en apparaît pas moins exclu

1. Civ. 2e, 4 avr. 2002, no 00-13.388, *Bull. civ.* II, no 70; *RD banc. fin.* 2002, no 149, obs. J.-M. D.; *RJF* 2002, no 1317.
2. *J.-Cl. Not. Form.*, *vo Saisie-attribution* (effets), fasc. 30, nos 32 s. et la jur. citée, par Putman.
3. Civ. 2e, 7 avr. 2011, no 10-15.969, *Bull. civ.* II, no 88; *D.* 2011. 1152, note Avena-Robardet – « L'étrange restriction de l'effet translatif de la saisie-attribution », *JCP* 2011, no 24, p. 683, obs. Juillet; *JCP E* 2011, no 1437, p. 37-39, note Mégret; *Procédures* 2011, no 263, obs. Perrot; *RD banc. fin.* 2011, no 145, Piedelièvre; *JCP N* 2011. 1272, comm. Garçon.
4. Note Avena-Robardet, préc. ss prést no.
5. V. TOUTEFOIS : Mégret, préc. ss prést no, critiquant cette distinction.
6. C. Juillet, préc. ss prést no, qui fait référence à la distinction doctrinale entre accessoires par affectation et accessoires par production, seuls ces derniers entrant dans l'assiette de la saisie.
7. V. commentaires préc. ss prést no.
8. EN CE SENS, C. Juillet, préc. ss prést no.

de l'assiette de la saisie. En effet, l'assiette de la saisie est limitée aux créances de sommes d'argent dont le tiers saisi est lui-même débiteur; or, le cautionnement constitue une autre créance, contre un autre tiers, la caution; c'est donc directement entre ses mains que le créancier saisissant qui entend se prévaloir de la créance de cautionnement doit, le cas échéant, pratiquer une saisie-attribution.

Cette jurisprudence peut en revanche trouver à s'appliquer au cas de l'**astreinte assortissant le paiement de la dette et conduire alors à retenir les orientations suivantes** : avant liquidation, l'astreinte ne constitue pas un accessoire exprimé en argent : son bénéficiaire n'est en effet titulaire que d'une créance éventuelle, qui ne sera concrétisée qu'avec la décision de liquidation; une fois cette liquidation intervenue, l'astreinte constitue un accessoire monétaire qui entre dans l'assiette de la saisie.

§ 2 Événements ne remettant pas en cause l'attribution

A. Perte ultérieure du caractère exécutoire du titre fondant la saisie-attribution

831.61 Généralités. L'effet attributif immédiat rend, dès sa date, inopérante toute demande de délai de grâce. Il en va de même de l'arrêt de l'exécution provisoire dont est assorti le titre fondant les poursuites, sous réserve du cas particulier de la saisie d'une créance à exécution successive.

831.62 Exclusion des délais de grâce. Cet effet attributif immédiat n'a pas toujours été bien perçu des débiteurs et de leurs conseils, et très souvent ceux-ci saisissent le JEX, non pas pour contester la procédure de saisie-attribution pour absence de titre exécutoire ou irrégularité de la procédure, par exemple, mais uniquement pour obtenir la mainlevée de la mesure et des délais de paiement sur le fondement de l'article 1244-1 du Code civil.

De façon générale, les juges du fond, se fondant sur l'effet attributif immédiat qui entraîne transfert instantané de la créance saisie disponible dans le patrimoine du saisissant, ont rejeté les demandes de délais de paiement[1] et jugé que dès lors que la somme saisie suffisait à désintéresser définitivement le créancier, la demande de délais était sans objet[2].

La Cour de cassation a approuvé une cour d'appel qui a retenu que le JEX ne pouvait accorder des délais de paiement, « *la saisie-attribution ayant pour effet de transmettre la propriété des fonds saisis au créancier* »[3]. Si cette solution n'interdit pas au redevable d'assortir la présentation d'une réclamation d'une demande de sursis de paiement, cette demande ne saurait toutefois remettre en cause l'attribution de la créance saisie[4].

En revanche, si la somme saisie ne suffit pas à désintéresser le créancier saisissant, le débiteur peut solliciter du JEX l'octroi de délais de paiement pour le solde subsistant de sa dette. Mais encore faut-il, bien sûr, que la créance dont le recouvrement est poursuivi puisse faire l'objet de délais de paiement[5].

831.63 Arrêt de l'exécution provisoire. Le pouvoir conféré par l'article 524 C. pr. civ. au premier président d'arrêter l'exécution provisoire de la décision fondant les poursuites est sans effet sur la saisie-attribution pratiquée antérieurement, en raison de **l'effet attributif immédiat** de cette voie d'exécution[6]. En effet, la Cour de cassation juge que l'arrêt de l'exécution provisoire ne peut remettre en cause les effets des actes d'exécution accomplis avant la décision arrêtant l'exécution provisoire[7]. C'est pourquoi, lorsque la décision fondant la saisie-attribution, assortie de l'exécution provisoire, est frappée d'appel, le JEX saisi d'une contestation sur la validité des opérations de saisie n'a pas à attendre la décision du premier président appelé à statuer sur une demande d'arrêt de l'exécution provisoire[8].

Dans le cas particulier de la **saisie-attribution d'une créance à exécution successive,** la Cour considère toutefois que l'arrêt de l'exécution provisoire interdit le versement des sommes échues après l'arrêt de l'exécution provisoire au titre de la

1. TGI Lyon, JEX, 24 oct. 1996, RG n° 96/10035, NP – V. AUSSI, TGI Versailles, JEX, 24 févr. 1994, *Rev. huiss.* 1994. 653.
2. TGI Amiens, JEX, 7 sept. 1995, *Rev. huiss.* 1995. 1395.
3. Civ. 2e, 4 oct. 2001, n° 00-11.609, *Bull. civ.* II, n° 150; *D.* 2002. 1658, note Soustelle; *Procédures* 2001, n° 207, obs. Perrot; *RD banc. fin.* 2002, n° 22, obs. J.-M. D.
4. Com. 11 juin 2013, n° 12-20.897, NP; *RD banc. fin.* 2013. Comm. 138, obs. Piedelièvre (approuvant une cour d'appel d'avoir retenu qu'une saisie conservatoire convertie en saisie-attribution avant réclamation assortie d'une demande de sursis de paiement avait définitivement produit son effet attributif).
5. Civ. 1re, 29 juin 2011, n° 10-16.096, *Bull. civ.* I, n° 128 : dans le cas d'une créance de prestation compensatoire, la Cour approuve la cour d'appel d'avoir « *exactement retenu que le caractère mixte de la prestation compensatoire, à la fois alimentaire et indemnitaire, faisait obstacle à l'octroi de délais de paiement sur le fondement de l'article 1244-1 du Code civil* ».
6. Limoges, 18 mars 2003, *BICC* 2003, n° 828.
7. Civ. 2e, 24 sept. 1997, n° 94-19.485, *Bull. civ.* II, n° 238; *RTD civ.* 1997. 994, obs. Perrot – Civ. 2e, 13 juin 2002, n° 00-15.852, *Bull. civ.* II, n° 132.
8. Civ. 2e, 10 févr. 2005, n° 03-15.067, *Bull. civ.* II, n° 28; *D.* 2005. 671; *RTD civ.* 2005. 456, obs. Perrot; *RD banc. fin.* 2005, n° 142, obs. S. P.

créance saisie[1]. La question peut être posée de l'extension de cette jurisprudence au cas de la **saisie d'une créance à terme**, dont l'échéance est postérieure à l'arrêt de l'exécution provisoire.

En outre, même dans le cas d'une créance instantanée, le débiteur n'en perd pas pour autant tout intérêt à solliciter l'arrêt de l'exécution provisoire.

En premier lieu, bien évidemment, le premier président dispose du pouvoir d'arrêter l'exécution provisoire à hauteur des sommes demeurant dues car excédant le montant de la créance saisie-attribuée[2].

En second lieu, la Cour de cassation retient que tant que le paiement faisant suite à la saisie-attribution est différé, le débiteur conserve un intérêt à solliciter du premier président l'arrêt de l'exécution provisoire de la décision servant de titre à la saisie-attribution. Ainsi en va-t-il pendant le délai de contestation, sauf acquiescement, et, en cas de contestation, jusqu'à ce qu'il ait été statué sur son mérite[3]. En effet, le débiteur a un intérêt légitime à solliciter l'arrêt de l'exécution provisoire dans l'hypothèse où une contestation serait accueillie, entraînant la mainlevée de la saisie-attribution.

831.64 Contestation du titre exécutoire. L'opposition formée devant le juge administratif à un titre de recette en vue de contester la créance constatée par ce titre n'a pas non plus pour effet de remettre en cause l'effet attributif immédiat. Cette opposition suspend simplement la force exécutoire du titre et la procédure d'exécution[4].

B.
Pluralité de saisies

831.71 Principe : exclusion de tout concours. En principe, la saisie-attribution exclut tout concours : elle emporte attribution immédiate de la créance disponible au profit du saisissant, sans que cette attribution ne soit remise en cause par la signification de saisies ultérieures ou de toute autre mesure de prélèvement, y compris au profit de créanciers disposant d'un privilège (C. pr. exéc., art. L. 211-2).

C'est dire que **la saisie-attribution confère un avantage décisif au créancier le plus rapide**, même s'il ne dispose d'aucune sûreté assortissant sa créance.

Sont considérées comme saisies ultérieures toutes les saisies-attributions, avis à tiers détenteur, demandes de prélèvement direct qui ne sont pas effectués le même jour.

Les **saisies ultérieures** ne sont toutefois pas pour autant nulles.

En premier lieu, **l'attribution immédiate n'opère qu'à hauteur des sommes pour lesquelles elle est pratiquée**; ainsi, lorsque les sommes réclamées laissent subsister un solde de créance, la saisie-attribution pratiquée ultérieurement emporte elle-même attribution de ce solde à hauteur du montant pour lequel elle est pratiquée. Une illustration particulière de cette hypothèse peut être donnée dans le cas de saisies portant sur une créance à exécution successive, notamment dans le cas de la saisie de loyers[5].

En second lieu, le quatrième alinéa de l'article L. 211-2 C. pr. exéc. précise que **lorsqu'une saisie-attribution se trouve privée d'effet, les saisies et prélèvements ultérieurs prennent effet à leur date.** Une saisie peut notamment se trouver priver d'effet du fait de sa mainlevée ordonnée par le JEX saisi d'une contestation et le second saisissant peut d'ailleurs être l'auteur d'une telle contestation. La déclaration, par le tiers saisi, de l'existence d'une saisie antérieure ne doit donc pas, par elle-même, conduire l'auteur d'une saisie-attribution à renoncer à la dénoncer au débiteur, puisqu'alors sa saisie serait atteinte par la caducité et ne pourrait ainsi retrouver ses effets en cas de mainlevée de la saisie antérieure.

831.72 Exception : saisies pratiquées le même jour. Par exception au principe purement chronologique de l'attribution au premier saisissant, l'article L. 211-2 C. pr. exéc. dispose, en son troisième alinéa, que les actes de saisie notifiés le même jour sont réputés faits simultanément et que les créanciers saisissants viennent en concours si les sommes disponibles ne permettent pas de tous les désintéresser

Cette disposition pose deux questions, d'abord quant à son champ et ensuite quant à son régime.

Quant à son champ, on pouvait s'interroger sur la question de savoir si elle règle le cas de **concours entre une saisie-attribution et une procédure administrative d'exécution**, notamment un **avis à tiers détenteur (ATD).** En effet, l'article 43 de la loi du

1. Civ. 2e, 31 janv. 2002, no 00-11.881, *Bull. civ.* II, no 11; *Procédures* 2002, no 91, obs. Perrot; *RD banc. fin.* 2002, no 108, obs. J.-M. D.
2. Paris, pôle 1, 5e ch., ord., 5 avr. 2011, RG no 11/02239, NP.
3. Civ. 2e, 23 oct. 1996, no 95-22.269, NP; *RTD civ.* 1997. 517, obs. Perrot – Civ. 24 janv. 2008, no 07-16.857, *Bull. civ.* II, no 22; *Gaz. Pal.* 28-30 sept. 2008, note Brenner; *JCP* 2008. IV. 1347; *RD banc. fin.* 2008, no 47, obs. Piedelièvre – Civ. 2e, 1er oct. 2009, no 08-19.051, *Bull. civ.* II, no 234; *D.* 2010. 1307, obs. Leborgne; *RTD civ.* 2010. 158, obs. Perrot; *Procédures* 2009, no 396, obs. Perrot; *JCP* 2009. 585, note Lauvergnat – V. AUSSI : Paris, pôle 1, 5e ch., ord., 6 avr. 2011, RG no 11/04088, NP : si le délai de contestation n'est pas expiré au jour des débats devant lui, le premier président peut statuer sur la demande d'arrêt de l'exécution provisoire.
4. Civ. 2e, 20 nov. 2003, no 01-15.231, *Bull. civ.* II, no 351.
5. TGI Paris, JEX, 19 mai 2004.

9 juillet 1991 faisait état de la « *signification* » d'actes, alors que l'ATD n'est pas signifié, mais simplement notifié par voie postale, de sorte qu'une lecture stricte de l'exception au principe chronologique de l'attribution au premier saisissant aurait pu conduire à écarter la règle du concours. Au surplus, les renvois par les textes en matière de recouvrement public à l'article 43 de la loi du 9 juillet 1991 (devenu C. pr. exéc., art. L. 211-2) se limitent à l'effet attributif prévu par cet article. Ainsi, c'est une lecture constructive du troisième alinéa de l'article 43 (devenu C. pr. exéc., art. L. 211-2, al. 3) qui a conduit la jurisprudence à inclure dans le champ de cet article, le cas du concours entre une saisie-attribution et un ATD ou une autre procédure d'exécution de droit public[1]. L'abandon, à l'article L. 211-2 C. pr. exéc., de la notion de signification au profit de celle de notification confirme cette jurisprudence.

Quant au régime de ce dispositif, la doctrine s'était demandé si la formule utilisée par l'article 43 (devenu C. pr. exéc., art. L. 211-2) signifiait « *l'abolition des privilèges* »[2]. Les auteurs étaient partagés sur la question[3].

Selon un avis de la Cour de cassation, le concours entre créanciers saisissants « *doit se régler au prorata des créances respectives, sans qu'il y ait lieu de prendre en compte l'existence d'éventuels privilèges* ». Un JEX a approuvé une banque d'avoir réparti les fonds qu'elle détenait, au marc-le-franc, entre la Recette des impôts, qui avait notifié un avis à tiers détenteur, et un créancier « ordinaire » qui avait pratiqué le même jour une saisie-attribution[4]. On ne peut toutefois manquer de s'interroger sur la persistance d'une telle solution, en particulier au regard de la jurisprudence ultérieure de la Cour de cassation rendue en cas de concours entre une saisie conservatoire convertie en saisie-attribution et un avis à tiers détenteur (v. s^s n° 933.23).

831.73 Saisie-attribution et saisie immobilière ultérieure. Lorsqu'une saisie-attribution est pratiquée sur des loyers (créance à exécution successive), quelle peut être la conséquence d'une saisie ultérieure de l'immeuble loué pratiquée à l'encontre du débiteur saisi, créancier de loyers ?

La question s'était posée sous l'empire de l'ACPC. En effet, si l'article 685 ACPC disposait que les loyers sont immobilisés à partir du dépôt du commandement immobilier au bureau des hypothèques pour être distribués avec le prix de l'immeuble, l'article 682 prévoyait l'immobilisation des fruits naturels et industriels recueillis postérieurement au dépôt du commandement, « *sauf l'effet d'une saisie antérieurement faite* [...] », de sorte qu'il avait pu être jugé que, faute d'extension de cette réserve aux fruits civils, l'immobilisation des loyers des fruits faisait obstacle à ce que la saisie-attribution continue à produire ses effets, dès lors qu'une telle mesure ne peut porter que sur une créance de somme d'argent[5].

La réforme de la saisie immobilière a mis un terme à ces interrogations : en application de l'article L. 321-3 C. pr. exéc., **la saisie immobilière emporte saisie de ses fruits, sauf l'effet d'une saisie antérieure**; la réforme ne distingue plus entre les fruits et réserve de façon générale les effets de la saisie immobilière à l'absence de saisie antérieure, en particulier de saisie-attribution, ce qui ne peut qu'être approuvé au regard de l'effet attributif.

C. Survenance d'une procédure collective ou d'une procédure de surendettement du débiteur saisi

1° Survenance d'une sauvegarde, d'un redressement ou d'une liquidation judiciaire

831.81 Principe : efficacité de la saisie-attribution antérieure au jugement d'ouverture de la procédure collective. Ainsi qu'il a été exposé, le débiteur, une fois placé en procédure collective, ne peut plus faire l'objet d'une saisie-attribution, sauf au profit de certains créanciers postérieurs au jugement (v. s^s n° 812.121).

En revanche, les effets de la saisie-attribution pratiquée alors que le débiteur était encore *in bonis* ne sont pas remis en cause par la survenance d'une procédure collective. L'article L. 211-2 C. pr. exéc. prévoit en effet que l'attribution de la créance saisie n'est pas remise en cause par la survenance d'un jugement portant ouverture d'une procédure de sauvegarde, d'un redressement ou d'une liquidation judiciaire[6]. Il s'ensuit que le saisissant n'est pas

1. Cass., avis, 24 mai 1996, n° 09-60.004, *Bull. avis*, n° 5 – V. AUSSI, Instr. compt. publ. n° 05-050-M0, 13 déc. 2005, § 4.1.1.1.
2. P. Théry, « La saisie-attribution », *Rev. huiss.* 1995. 1171.
3. SUR LA CONTROVERSE, V. P. Théry, préc. s^s prés^t n°, p. 1171 s. – PERROT et THÉRY, n° 399.
4. Cass., avis, 24 mai 1996, n° 09-60.004, *Bull. avis*, n° 5 – EN CE SENS, TGI Saint-Étienne, JEX, 16 juin 1994, *D.* 1995. 233, note Prévault.
5. TGI Lyon, JEX, 13 mars 1997, RG n° 96/12643, NP – CONFIRMÉ SUR CE POINT PAR : Lyon, 10 mars 1999, RG n° 97/02170, NP.
6. Pour une application de ce texte, Com. 13 oct. 1998, n° 96-14.295, *Bull. civ.* IV, n° 237; *D.* 1998. IR 250; *D. Affaires* 1998. 2018, note A. L.; *JCP E* 1998. 1856.

tenu de déclarer sa créance aux organes de la procédure collective[1].

Cet effet attributif joue y compris au profit du créancier saisissant une créance à exécution successive (a).

Cet article doit toutefois s'appliquer en tenant compte des textes régissant les procédures collectives. Ainsi, la saisie-attribution pratiquée pendant la période suspecte peut-elle être annulée (b). Pour mémoire, la survenance d'une procédure collective avant la dénonciation de la saisie-attribution au débiteur ou l'expiration du délai de contestation de la saisie impose au créancier saisissant l'accomplissement de démarches particulières (v. s^{s} n° 822.80).

Des solutions identiques sont données pour la conversion de la saisie conservatoire (c).

a)
Saisie d'une créance à exécution successive

831.91 Créances à exécution successive. L'article L. 112-1 alinéa 2 C. pr. exéc. dispose que les saisies peuvent porter sur des créances à exécution successive et l'article R. 211-15 C. pr. exéc. précise que le débiteur se libère entre les mains du créancier « *au fur et à mesure des échéances* ».

L'attribution immédiate de la créance saisie disponible n'est pas remise en cause par l'ouverture d'une procédure collective (C. pr. exéc., art. L. 211-2), mais aucune allusion n'est faite dans la loi sur les conséquences d'une procédure collective sur les créances à exécution successive.

La signification au tiers saisi d'un procès-verbal de saisie unique suffit; le créancier n'a pas à renouveler sa procédure pour saisir, par exemple, chaque échéance d'un loyer[2].

La question qui a été soumise aux juridictions est celle de l'application de ce principe lorsqu'une procédure collective intervient, postérieurement à l'acte de saisie-attribution, et que le créancier, qui a saisi une créance à exécution successive, n'a pas encore été désintéressé en totalité.

L'article L. 622-21 du Code de commerce[3], qui dispose que le jugement d'ouverture arrête ou interdit toute procédure d'exécution sur les biens du débiteur, est-il un obstacle à la poursuite des effets d'une saisie-attribution après l'ouverture de la procédure collective ?

Cette question a divisé la doctrine[4].

La Cour de cassation, dans un avis du 16 décembre 1994 puis un arrêt de la deuxième chambre civile du 10 juillet 1996, a tranché en retenant que : « *une saisie-attribution des créances à exécution successive pratiquée* [...] *antérieurement à la mise en liquidation judiciaire* [...] *sur les loyers d'un immeuble* [...] *poursuit ses effets sur les loyers échus après le jugement de liquidation* »[5].

La chambre commerciale ayant un temps retenu la solution inverse[6], la Cour de cassation, réunie en chambre mixte, a réaffirmé les termes de son avis du 16 décembre 1994 dans un arrêt du 22 novembre 2002[7]. La chambre commerciale s'est alignée fort logiquement sur cette solution[8] et la réforme des procédures collectives issue de la loi n° 2005-845 du 26 juillet 2005 de sauvegarde des entreprises n'est pas revenue sur cette jurisprudence.

Lors de la réforme de la procédure d'opposition à tiers détenteur applicable au recouvrement de cotisations sociales, de majorations et de pénalités de retard, le législateur lui-même a adopté cette solution (Décr. n° 99-1166, 29 déc. 1999, art. 16). Les textes, insérés dans le Code de la sécurité sociale et dans le Code rural et de la pêche maritime, rédigés en des termes identiques, énoncent : « *Une opposition à tiers détenteur sur des créances à exécution successive pratiquée à l'encontre d'un débiteur avant la survenance d'un jugement portant ouverture d'une procédure* [de sauvegarde] *de redressement judiciaire*

1. Com. 3 mai 2011, n° 10-16.155, NP.
2. P. Théry, « La saisie-attribution », *Rev. huiss.* 1995. 1168.
3. L. 25 janv. 1985, anc. art. 47.
4. P. Canet, « Les voies d'exécution issues de la loi du 9 juillet 1991 face au redressement et à la liquidation judiciaires », *Rev. proc. coll.* 1995. 268 s. – P. Théry, « La saisie-attribution », *Rev. huiss.* 1995. 1168.
5. Cass., avis, 16 déc. 1994, n° 09-40.021, *Bull. avis,* n° 24; *D.* 1995. 116, note Derrida; *D.* 2010. 1883, obs. Perrin; *RDT* 2010. 723, obs. Aubert-Monpeyssen; *JCP* 1995. II. 22409, note Grafmeyer; *JCP E* 1995. II. 686, note Martin *RTD civ.* 1995. 965, obs. Perrot; P. Théry, art. préc. s^{s} prés^{t} n°, p. 1168 – Civ. 2e, 10 juill. 1996, n° 94-19.551, *Bull. civ.* II, n° 209; *D.* 1996. 625, note Ancel; *JCP* 1996. II. 22723, note Putman; *RTD civ.* 1996. 717, obs. Perrot – V. AUSSI : Aix-en-Provence, 20 juill. 1994, *JCP* 1995. II. 22408, note Putman.
6. Com. 24 oct. 1995, n° 93-10.351, *Bull. civ.* IV, n° 255; *JCP* 1996. II. 22578, note Putman; *RTD civ.* 1996. 483, obs. Perrot; *D.* 1996. 155, note F. *D.; Rev. huiss.* 1996. 972, obs. Courtier (en matière d'ATD) – B. Soinne, « L'impossible poursuite après jugement de redressement ou de liquidation des effets d'une saisie-attribution opérée antérieurement », *LPA* 1er nov. 1996, p. 4 – V. AUSSI : Com. 26 avr 2000, n° 97-10.415, *Bull. civ.* IV, n° 84; *D.* 2000. 265, obs. Pisoni; *D.* 2000. 717, note Larroumet (en matière de cession de créance professionnelle).
7. Cass., ch. mixte, 22 nov. 2002, n° 99-13.935, *Bull. ch. mixte,* n° 7; *D.* 2002. 445, note Larroumet; *D.* 2002. 3270, obs. Lienhard; *D.* 2003. 1472, obs. Taormina; *JCP* 2003. 10033, note Houtcieff; *JCP E* 2003. 397, note Legeais *RTD com.* 2003. 148, obs. D.-L.; *RTD civ.* 2003. 146, obs. Perrot; *Gaz. Pal.* 2003. Somm. 1269, note Brenner; *RD banc. fin.* 2003, n° 37, obs. J.-M. D.; *RTD com.* 2003. 367, obs. Martin-Serf; *LPA* 2003, n° 118, p. 15, note Courtier.
8. Com. 8 juill. 2003, n° 00-15.262, NP; *D.* 2003. AJ 2094, obs. Lienhard – Com. 3 déc. 2003, n° 01-03.803, NP.

ou de liquidation judiciaire contre celui-ci produit ses effets sur les sommes échues en vertu de cette créance après ledit jugement »[1].

b)
Saisie-attribution après cessation des paiements

831.101 Incidence du report de la date de cessation des paiements – Nullité facultative de la saisie-attribution. Le tribunal fixe la date de cessation des paiements. À défaut, la cessation des paiements est réputée être intervenue à la date du jugement d'ouverture (C. com., art. L. 631-8[2]).

Selon cet article, la date de cessation des paiements peut être reportée sans pouvoir être antérieure de plus de **dix-huit mois** à la date du jugement constatant la cessation des paiements.

Le report de la date de cessation des paiements a-t-il une incidence sur une **saisie-attribution pratiquée avant le jugement d'ouverture,** mais en période suspecte du fait du report de cette date ?

Selon l'article L. 632-1, 7° du Code de commerce[3], est nulle « *toute mesure conservatoire, à moins que l'inscription ou l'acte de saisie ne soit antérieur à la date de cessation des paiements* ».

En outre, l'article L. 621-108 du Code de commerce, antérieurement à sa modification par la loi n° 2005-845 du 26 juillet 2005[4], disposait que « *les paiements pour dettes échues effectués à compter de la date de cessation des paiements et les actes à titre onéreux accomplis à compter de cette même date peuvent être annulés si ceux qui ont traité avec le débiteur ont eu connaissance de la cessation des paiements* ».

La loi susvisée a ajouté un deuxième alinéa à cet article, qui porte désormais le numéro L. 632-2, aux termes duquel « *tout avis à tiers détenteur, toute saisie-attribution ou toute opposition peut également être annulé lorsqu'il a été délivré ou pratiqué par un créancier à compter de la cessation des paiements et en connaissance de celle-ci* »[5].

• *Avant la réforme résultant de la loi du 26 juillet 2005*, **les juridictions** avaient fait une application restrictive des articles 107 et 108 (C. com., anc. art. L. 621-107 et L. 621-108) et **refusaient d'annuler les saisies-attributions pratiquées en période suspecte**[6].

• *Désormais*, **la saisie-attribution pratiquée en période suspecte,** si elle n'est pas nulle de plein droit, **est annulable si elle a été pratiquée en connaissance de la cessation des paiements**[7].

La constitutionnalité de cette disposition a été contestée. Pour dire n'y avoir lieu au renvoi d'une question prioritaire de constitutionnalité, faute de présenter un caractère sérieux, la Cour de cassation a relevé que cette prescription poursuivait un motif d'intérêt général « *tendant à reconstituer l'actif du débiteur en difficulté et à sanctionner un acte ayant rompu l'égalité entre les créanciers* » et « *que le moyen utilisé consistant en une nullité facultative ne pouvant être prononcée qu'à l'encontre d'un créancier ayant connaissance de la cessation des paiements du débiteur, n'éteint pas la créance de celui qui a traité avec ce dernier ou de celui qui a reçu un paiement, mais a pour effet de la soumettre à la procédure de déclaration de créance* »[8].

1. CSS, art. R. 652-8, al. 2 – C. rur., art. R. 725-18, al. 2 – En application de l'article 165 de la loi n° 2005-845 du 26 juillet 2005 de sauvegarde des entreprises : « *Dans tous les textes législatifs et réglementaires* [...], *les références faites au redressement judiciaire et au plan de redressement sont remplacées, respectivement, par des références aux procédures de sauvegarde ou de redressement judiciaire, et aux plans de sauvegarde ou de redressement* ».
2. C. com., anc. art. L. 621-7; L. 25 janv. 1985, anc. art. 9 – Réd. Ord. n° 2008-1345, 18 déc. 2008, portant réforme du droit des entreprises en difficulté, *JO* 19 déc., p. 19462.
3. C. com., anc. art. L. 621-107; L. 25 janv. 1985, anc. art. 107-7.
4. L. n° 2005-845, 26 juill. 2005, de sauvegarde des entreprises, *JO* 27 juill., p. 12187.
5. Réd. Ord. n° 2008-1345, 18 déc. 2008.
6. Com. 16 juin 1998, n° 96-17.050, *Bull. civ.* IV, n° 200; *D. Affaires* 1998. 1272, note A. L.; *JCP E* 1998. 2065, obs. Cabrillac; *Rev. proc. coll.* 1999. 106, obs. Canet; *Procédures* 1998, n° 246, obs. Croze; *RTD com.* 1999. 199, obs. Martin-Serf; *Dr. et patr.* 1999, n° 67, p. 95, obs. Théry – POUR LA SAISIE-ATTRIBUTION : Com. 29 avr. 2003, n° 00-11.912, *Bull. civ.* IV, n° 63; *D.* 2003. AJ 1364, obs. Lienhard; *RD banc. fin.* 2003, n° 158, obs. J.-M. D. – POUR LES DÉCISIONS DES JUGES DU FOND : TGI Clermont-Ferrand, JEX, 27 janv. 1994, *Rev. huiss.* 1994. 653 – DANS LE MÊME SENS : TGI Dijon, JEX, 1er févr. 1994, *Rev. huiss.* 1994. 653 – TGI Lyon, JEX, 2 avr. 1996, *D.* 1997. 43, note Prévault – TGI Quimper, JEX, 3 févr. 1994, *Rev. huiss.* 1994. 703, obs. Dahan – Amiens, 4 avr. 1997, *RJDA* 1997. 1275; *Rev. proc. coll.* 1998. 87, obs. Canet – Rennes, 3 mars 1995, *JCP E* 1995. I. 457, n° 10, obs. Cabrillac – V. AUSSI : Rouen, 26 juin 1996, *RJDA* 1997, n° 704; *Rev. proc. coll.* 1998. 87, obs. Canet.
7. SUR LA QUESTION, v. R. Perrot et P. Théry, « L'épée de Damoclès (à propos des mesures d'exécution pratiquées en période suspecte) », *D.* 2005. 1842 – G. Wicker, « La période suspecte après la loi de sauvegarde des entreprises », *Rev. proc. coll.* 2006. 12 – F. Vinckel, « Le nouveau régime de la période suspecte dans la loi n° 2005-845 du 26 juillet 2005 et le décret n° 2005-1677 du 28 décembre 2005 : une réforme en trompe l'œil », *JCP E* 2006, p. 133, n° 16 – *JCP N* 2005. 1598, note Piedelièvre – L. Lauvergnat, « L'annulation de la saisie-attribution pratiquée en période suspecte », *Dr. et proc.* 2007. 254 – V. ÉGAL., Dijon, 15 févr. 2007, *Act. proc. coll.* 2007, n° 75 – Paris, 13 déc. 2007, RG n° 06/19721.
8. Com. 26 mars 2013, n° 12-40.106, NP, jugeant non sérieuse la QPC dirigée contre l'article L. 632-2 du Code de commerce, motif pris d'une discrimination entre les créanciers, d'une atteinte à la liberté contractuelle, au droit de propriété, à l'égalité devant la loi, au respect de la garantie des droits et à la clarté et l'intelligibilité de la loi.

Sur le fond, la Cour de cassation, à l'occasion de la contestation d'un avis à tiers détenteur[1], a indiqué que le tribunal de commerce qui constate que les conditions de l'annulation sont réunies « *jouit de la faculté de prononcer ou non* » cette annulation de la saisie-attribution. Le juge dispose ainsi d'un pouvoir souverain pour prononcer cette nullité qui se range dans la catégorie des nullités facultatives. La Cour de cassation limite son contrôle à l'existence d'une motivation sans en contrôler le contenu.

Pour établir la preuve de cette connaissance, les liens étroits entretenus par le créancier et le débiteur constituent un indice essentiel[2].

c)

Conversion de la saisie conservatoire

831.111 Conversion de la saisie conservatoire. L'article L. 523-2 C. pr. exéc. dispose que si la saisie conservatoire porte sur une créance, le créancier muni d'un titre exécutoire peut en demander le paiement. Cette demande, qui prend la forme d'une signification d'un acte de conversion (C. pr. exéc., art. R. 523-7), emporte attribution immédiate de la créance saisie.

L'article L. 632-1, 7° du Code de commerce[3] déclare nulle « *toute mesure conservatoire, à moins que* [...] *l'acte de saisie ne soit antérieur à la date de cessation de paiements* ».

831.112 • Saisie conservatoire pratiquée pendant la période suspecte ou convertie avant le jugement d'ouverture. Après avoir jugé que la nullité est encourue même si la saisie conservatoire a été convertie en saisie-attribution avant le jugement d'ouverture du redressement ou de la liquidation judiciaires[4], **la chambre commerciale de la Cour de cassation a opéré un revirement** en reconnaissant la validité d'une saisie conservatoire pratiquée en période suspecte et convertie en saisie-attribution avant le jugement d'ouverture de la procédure collective[5].

La Cour précise d'ailleurs que l'acte de conversion signifié antérieurement au jugement d'ouverture rend irrecevables les contestations relatives à la saisie conservatoire[6]. Dans ce même arrêt, la Cour juge que la signification au débiteur, en application de l'article 241 du décret du 31 juillet 1992 (devenu C. pr. exéc., art. R. 523-8), de la copie de l'acte de conversion d'une saisie conservatoire en saisie-attribution, n'est pas soumise au délai de huit jours prévu, à peine de caducité, par l'article 58 de ce décret (devenu C. pr. exéc., art. R. 211-3).

831.113 • Saisie conservatoire pratiquée en dehors de la période suspecte. Quel est le sort de cette mesure lorsque la conversion en saisie-attribution n'a pas été réalisée avant le jugement d'ouverture ?

Si le créancier ne détient pas encore de titre exécutoire, il ne pourra pas en obtenir un, par application de l'article L. 622-21 du Code de commerce.

La Cour de cassation a jugé qu'une saisie conservatoire signifiée au tiers saisi avant la date de cessation des paiements qui n'a pas été convertie en saisie-attribution avant la date du jugement d'ouverture n'emporte plus, dès lors, affectation spéciale et privilège au profit du créancier saisissant[7].

Enfin, la saisie conservatoire non convertie en saisie-attribution lors du jugement d'ouverture du redressement judiciaire du saisi ne peut plus produire ses effets, de sorte que le créancier poursuivant ne peut faire condamner le tiers saisi qui

1. Com. 12 janv. 2010, n° 09-11.119, *Bull. civ.* IV, n° 5; *D.* 2010. 204, obs. Lienhard; *D.* 2010. 1820, obs. Lucas et Le Corre; *D.* 2011. 1509, obs. Leborgne; *RTD civ.* 2010. 102, obs. Fages; *RTD civ.* 2010. 376, obs. Perrot; *RTD com.* 2010. 426, obs. Martin-Serf; *Dr. et proc.* 2010. 129 à 132, note Lauvergnat; *RD banc. fin.* 2010, n° 67, note Piedelièvre; « Sauvegarde, redressement et liquidation judiciaires des entreprises », *JCP E* 2010. Chron. 1296, p. 25-31, spéc. n° 7, p. 27-28, note Cabrillac; *Rev. proc. coll.*, 2010. Alerte 61, Cagnoli; *Procédures* 2010, n° 175, obs. Perrot.
2. G. Blanc, « Connaissance de l'état de cessation des paiements : preuve », *Rev. proc. coll.* 2010. 27, et jur. comm.
3. C. com., anc. art. L. 621-107, 7.
4. Com. 12 oct. 1999, n° 96-13.133, *Bull. civ.* IV, n° 166; *JCP E* 2000. I. 129, n° 12, obs. Cabrillac; *Dr. fisc.* 2000, n° 359; *Procédures* 2000, n° 3, obs. Perrot; *D. Affaires* 2000. 46, obs. A. L.; *RTD com.* 2000. 459, obs. Martin-Serf; *LPA* 8 févr. 2000, n° 27, p. 20, note Courtier; *Rev. proc. coll.* 2002, n° 9, p. 279, obs. Blanc – ARRÊT CONFIRMÉ : Rennes, 24 janv. 1996, *Rev. proc. coll.* 1998. 85, obs. crit. Canet – CONTRA : Douai, 8 févr. 1996, *Juris-Data* n° 040740, obs. Canet; *Rev. proc. coll.* 1998, p. 86.
5. Com. 10 déc. 2002, n° 99-16.603, *Bull. civ.* IV, n° 191; *D.* 2002. 68, obs. Lienhard; *RTD civ.* 2003. 147, obs. Perrot; *Procédures* 2003, n° 41, obs. Laporte; *JCP E* 2003. I. 760, n° 9, obs. Cabrillac; *Act. proc. coll.* 2003, n° 20, obs. C. R.-M. – Com. 29 avr. 2003, n° 00-11.912, *Bull. civ.* IV, n° 63; *D.* 2003. 1364, obs. Lienhard; *RTD com.* 2005. 846, obs. Martin-Serf.
6. Com. 2 mars 2010, n° 08-19.898, *Bull. civ.* IV, n° 45; *D.* 2010. 705; *JCP* 2010. 761, note Lauvergnat; *RJDA* 2010, n° 677 – *Dr. et proc.* 2010. 186-188, note Hoonakker.
7. Com. 22 avr. 1997, n° 94-16.979, *Bull. civ.* IV, n° 100; *RD bancaire et bourse* 1997. 134, n° 61, obs. Campana et Calendini; *JCP E* 1997. I. 681, n° 16, obs. Cabrillac; *JCP E* 1997. II. 1013, note Grellière; *JCP E* 1998. I. 223, note Delebecque; *Rev. proc. coll.* 1997. 316, obs. Canet; *RTD com.* 1998. 208, obs. Martin-Serf – V. AUSSI : Civ. 2e, 19 mai 1999, n° 97-13.672, *Bull. civ.* II, n° 97; *Act. proc. coll.* 1999, n° 145 – PLUS RÉCEMMENT, Com. 3 nov. 2009, n° 08-20.418, NP; *RD banc. fin.* 2010. 69, note Piedelièvre.

n'avait pas satisfait à son obligation de renseignement[1].

(Sur l'ensemble de la question, v. s[s] n° 831.03, les articles de MM. Lefort et Lauvergnat).

2°
Survenance d'une procédure de surendettement

831.121 Effet de la demande de surendettement et de la décision de recevabilité. L'article L. 211-2 C. pr. exéc. n'envisage que l'hypothèse d'une procédure collective, à l'exclusion de celle d'une procédure de surendettement. Il ne fait toutefois aucun doute que les solutions dégagées par la jurisprudence en matière de procédure collective valent tout autant en matière de surendettement, *a fortiori* depuis l'entrée en vigueur de la loi n° 2010-737 du 1er juillet 2010 portant réforme du crédit à la consommation, le 1er novembre 2010. Le nouvel article L. 331-3-1 du Code de la consommation reprend en effet précisément les termes des textes régissant les procédure collectives : « *La décision déclarant la recevabilité de la demande emporte suspension et interdiction des procédures d'exécution diligentées à l'encontre des biens du débiteur ainsi que des cessions de rémunérations consenties par celui-ci et portant sur les dettes autres qu'alimentaires* ». La signification d'une saisie-attribution avant cette décision de recevabilité a d'ores et déjà produit son effet attributif immédiat, de sorte que la procédure de surendettement ne peut affecter cette procédure d'exécution.

Avant cette décision de recevabilité, l'article L. 331-5 nouveau du même code prévoit que : « *À la demande du débiteur, la commission peut saisir, avant la décision de recevabilité visée à l'article L. 331-3, le juge de l'exécution aux fins de suspension des procédures d'exécution diligentées à l'encontre des biens du débiteur ainsi que des cessions de rémunération consenties par celui-ci et portant sur les dettes autres qu'alimentaires* ». Il est généralement admis que cette disposition ne saurait autoriser le juge du surendettement à suspendre une saisie-attribution antérieurement signifiée, dès lors qu'elle a déjà épuisé son effet attributif[2].

En revanche, pour les **saisies-attribution pratiquées avant la décision de recevabilité mais** portant sur une créance **à exécution successive** concernée par la procédure de surendettement, la Cour de cassation a adopté une **position inverse de celle retenue en procédure collective.**

Se fondant sur le fait que « *le juge de l'exécution tient de l'article L. 331-5 du Code de la consommation le pouvoir de suspendre les mesures d'exécution en cours diligentées pour le recouvrement des dettes fiscales* », la Cour a jugé qu'un ATD portant sur une créance à exécution successive pouvait être suspendu par le JEX[3]. Cette solution vaut *a fortiori* pour la saisie-attribution. Ainsi la Cour de cassation a-t-elle jugé « *que le juge de l'exécution a le pouvoir, dans le cadre des mesures recommandées prévues par l'article L. 331-7 du Code de la consommation, de suspendre, seulement pendant la durée des mesures de redressement, les effets d'une saisie-attribution à exécution successive pratiquée à l'encontre du débiteur antérieurement à la saisine de la commission* »[4].

§ 3
Indisponibilité préalable de la créance faisant échec à l'effet attributif

831.130 Créance disponible. L'article L. 211-2 C. pr. exéc. précise que la créance saisie doit être « *disponible* » entre les mains du tiers saisi[5]. La créance indisponible n'en appartient pas moins au débiteur saisi, de sorte qu'elle reste saisissable; toutefois, la saisie est dépourvue de tout effet attributif immédiat tant que l'indisponibilité demeure[6].

L'indisponibilité de la créance peut résulter d'une disposition légale (A), d'une mesure d'exécution antérieure n'emportant pas d'effet attributif (B) ou d'une sûreté ou d'une opposition également antérieure (C).

A.
Indisponibilité prévue par une disposition légale

831.131 Indisponibilité au profit d'un tiers, bénéficiaire d'une action directe ? De nombreux textes accordent le bénéfice d'une action directe à

1. Civ. 2e, 14 sept. 2006, n° 05-16.584, *Bull. civ.* II, n° 227; *Dr. et proc.* 2007. 46, obs. Salati; *Gaz. Pal.* 2007. Somm. 3445, note Brenner – V. AUSSI : Civ. 2e, 20 oct. 2005, n° 04-10.870, *Bull. civ.* II, n° 267; *D.* 2005. 2804, obs. Lienhard; *D.* 2006. 79, obs. Le Corre et Lucas.
2. L. Pellizza, « L'impact de la législation relative au surendettement sur la pratique des voies d'exécution », *RD banc. fin.* 2012. Dossier 21.
3. Civ. 2e, 15 déc. 2005, n° 04-04.175, *Bull. civ.* II, n° 335; *D.* 2006. 297, obs. Avena-Robardet.
4. Civ. 1re, 14 mars 2000, n°s 99-04.026 et 98-04.071, *Bull. civ.* I, n° 94 (2e arrêt).
5. Civ. 2e, 25 mars 1998, n° 96-14.706, *Bull. civ.* II, n° 109; *Gaz. Pal.* 1998. Pan. 235.
6. Civ. 2e, 14 oct. 1999, n° 97-19.502, *Bull. civ.* II, n° 157; *D.* 1999. 249; *JCP* 1999. IV. 2959; *Procédures* 2000, n° 32; *RTD civ.* 2000. 169, obs. Perrot; *RD banc. fin.* 2000. 27, obs. Delleci; *RJDA* 2000, n° 207 – P. Soustelle, « La saisie-attribution peut être privée de son effet attributif », *D.* 2000. 754.

un créancier. On distingue traditionnellement entre les actions directes parfaites et imparfaites, ces dernières ne pouvant être opposées au sous-débiteur qu'à compter du moment où le bénéficiaire de l'action directe a informé le sous-débiteur de son intention d'exercer cette action directe[1]. Dans le cas de l'action directe parfaite, la créance étant, dès sa naissance, indisponible au profit du bénéficiaire de l'action directe, cette indisponibilité devrait nécessairement conduire le bénéficiaire de l'action directe, s'il entend exercer son droit, à primer sur le créancier saisissant. On classe essentiellement parmi les actions directes parfaites, celle du tiers lésé contre l'assureur de responsabilité[2] et celle de l'entrepreneur contre l'établissement de crédit finançant les travaux (C. civ., art. 1799-1)[3].

Les actions directes imparfaites sont beaucoup plus nombreuses. Elles ne font pas naître de droits directs avant que leurs bénéficiaires ne les mettent en œuvre, de sorte qu'elles ne devraient pas affecter la disponibilité de la créance qui en est l'objet.

Tel est le cas de l'action directe du sous-traitant dans le marché de droit privé, quoique certains de ses traits la rapprochent d'une action directe parfaite[4]. L'article 13-1 de la loi du 31 décembre 1971 relative à la sous-traitance interdit à l'entrepreneur principal, sauf cautionnement, de céder ou nantir les créances résultant du marché de travaux excédant ceux qu'il accomplit personnellement. Cette disposition rend ainsi la créance indisponible pour l'entrepreneur principal, en vue de garantir le paiement du sous-traitant, qui dispose, dans cette hypothèse, d'une action directe en paiement auprès du maître de l'ouvrage. La jurisprudence retient qu'une telle cession de créance est inopposable au sous-traitant bénéficiaire de l'action directe prévue par l'article 12 de cette loi, ce dont il a pu être déduit[5] que ce sous-traitant devrait également primer sur le créancier qui accomplit une saisie-attribution. Si l'indisponibilité de la créance pourrait fonder une telle solution, encore convient-il d'observer, en l'absence de jurisprudence sur cette question[6], que la saisie-attribution d'une créance susceptible de faire l'objet d'une action directe n'est pas irrégulière, à la différence de la cession d'une telle créance, faite par l'entrepreneur principal en violation de l'article 13-1 précité. En outre, avant d'être mis en demeure, le maître de l'ouvrage acquittera de bonne foi la créance entre les mains du saisissant; il n'en ira différemment, de façon certaine, qu'après réception par le maître de l'ouvrage de la mise en demeure prévue par l'article 12 de la loi 31 décembre 1975, par laquelle le sous-traitant met en œuvre son action directe.

831.132 Opposition sur la créance d'indemnité d'assurance. Selon l'article L. 121-13 du Code des assurances, les indemnités dues par suite d'assurance contre l'incendie, contre la grêle, contre la mortalité du bétail, ou contre les autres risques (notamment les risques locatifs) sont attribuées aux créanciers privilégiés ou hypothécaires, suivant leur rang.

Cet article confère à ces créanciers un droit personnel sur l'indemnité d'assurance, indemnité qui ne tombe pas dans le patrimoine du saisi assuré[7]. Ce texte a pour but d'éviter que l'indemnité « *ne fasse l'objet de la saisie de l'ensemble des créanciers, y compris chirographaires* »[8] (sur l'ensemble de la question, v. Rezek[9]).

Cette attribution a lieu au seul bénéfice de ces créanciers dont la créance est certaine, liquide et exigible, dans la limite de cette créance[10], mais à condition que le créancier intéressé en ait fait la demande auprès de l'assureur. La créance d'indemnité est ainsi rendue indisponible à hauteur de la créance dont le bénéficiaire s'est prévalu en vertu de l'article L. 121-13 du code précité; il n'en va autrement que dans le cas inverse, où la saisie-attribution a été pratiquée antérieurement à l'opposi-

1. *J.-Cl. Civ. Code App.*, art. 1166, fasc. unique, « Contrats et obligations (effets des conventions à l'égard des tiers, action directe) », n°s 107 s. et 130, par Dross.
2. C. assur., art. L. 124-3, disposant que l'assureur ne peut payer l'indemnité due au titre de la responsabilité de l'assuré à un autre que le tiers lésé, tant que celui-ci n'a pas été désintéressé des conséquences pécuniaires du fait dommageable.
3. Rép. civ., *v° Action directe*, par F. Gréau, janv. 2011 [màj oct. 2014], n° 105.
4. Dross, préc. s^{s} prés^{t} n°, n° 134.
5. *J.-Cl. Pr. civ., v° Saisie-attribution* (conflit), fasc. 2270, n° 83, par Cayrol.
6. V. TOUTEFOIS, dans le contexte particulier de dispositions (aujourd'hui abrogées) du droit local alsacien-moselle, Civ. 3e, 9 juin 1999, n° 97-19.274, *Bull. civ.* III, n° 134 : « *Ayant retenu que la créance* [...] *était, par l'effet de l'ordonnance de saisie-attribution, irrévocablement sortie du patrimoine du* [maître de l'ouvrage] *pour entrer dans celui* [du créancier saisissant] *à compter de la date de signification de l'ordonnance, la cour d'appel a pu en déduire* [...] *que la somme ayant fait l'objet de cette saisie devait être attribuée* [au créancier saisissant], *sans être incluse dans les montants détenus par le maître de l'ouvrage à répartir entre l'ensemble des sous-traitants exerçant l'action directe* ».
7. Com. 12 mai 1998, n° 95-17.757, *Bull. civ.* IV, n° 153; *D.* 1998. IR 151; *R.* 1998, n° 368.
8. *J.-Cl. Civ. Annexes, v°* Assurances de dommages, fasc. 10-2, n°s 18 à 36, par Asselain.
9. S. Rezek, « Avis à tiers détenteur et indemnité d'assurance », *JCP N* 1999. 1761.
10. Civ. 1re, 7 avr. 1992, n° 89-12.247, *Bull. civ.* I, n° 113; *R.* 1992, n° 284; *R.* 1992. Chron. 23, par Groutel; *RGAT* 1992. 508, note Maurice.

tion formée par un créancier privilégié : la saisie produit alors son effet attributif immédiat[1].

831.133 Intéressement et participation des salariés aux résultats de l'entreprise. Le Code du travail prévoit au profit des salariés un système d'intéressement et de participation aux résultats de l'entreprise (C. trav., art. L. 3312-11 s., L. 3321-1 s.).

Les sommes versées aux salariés en application d'un accord d'intéressement ou les droits constitués à leur profit au titre de la participation n'ont pas le caractère d'élément de salaire (C. trav., art. L. 3312-4, al. 3).

Déterminées pour chaque exercice, en fonction des résultats et des performances de l'entreprise, il a pu être jugé que ces créances pouvaient être saisies selon la procédure de la **saisie-attribution des créances à exécution successive**[2].

Les droits constitués au profit des salariés au titre de la participation sont négociables ou exigibles à l'expiration d'un délai de cinq ans à compter de l'ouverture de ces droits (C. trav., art. L. 3324-10). Ils ne peuvent être liquidés ou transférés, avant l'expiration de ce délai, que dans des cas limitativement énumérés : survenance d'événements familiaux, invalidité, décès, cessation du contrat de travail, création d'entreprise, acquisition ou agrandissement de la résidence principale, situation de surendettement (C. trav., art. R. 3324-22). Cette indisponibilité ne fait pas obstacle à toute saisie-attribution pendant le délai légal. Simplement, la saisie pratiquée demeure valable mais ne paraît pas pouvoir produire son plein effet avant l'arrivée du terme, lequel s'impose au saisissant (C. pr. exéc., art. L. 112-1, al. 2).

B.
Mesure d'exécution antérieure dénuée d'effet d'attributif

831.141 Saisie-attribution et saisies de nature conservatoire. Toute saisie a pour effet de rendre indisponibles les biens qui en sont l'objet (C. pr. exéc., art. L. 141-2).

Une saisie-attribution pratiquée sur une créance rendue indisponible par l'effet d'une saisie-arrêt antérieure, non encore validée au jour de la saisie-attribution, est seulement privée de son effet attributif par application de l'article L. 211-2 C. pr. exéc.[3]. Ainsi, le créancier viendra en concours avec celui qui a procédé à une saisie-arrêt non encore validée, soit par contribution « au marc-le-franc », soit selon son rang[4]. De façon proche, dans le cas où une saisie-attribution porte sur des loyers déjà frappés d'une précédente saisie-attribution, il a pu être jugé que la nouvelle saisie-attribution était valable, ses effets étant simplement reportés à l'extinction de la première saisie-attribution[5].

De même, la Cour de cassation a jugé qu'une saisie-attribution pouvait être pratiquée sur une créance rendue indisponible par l'effet d'une saisie conservatoire antérieure sous réserve du droit de préférence conféré au premier saisissant[6]. La même solution devrait prévaloir dans le cas de la saisie conservatoire de compte bancaire, instituée par un règlement communautaire du 15 mai 2014[7], qui dispose en effet que « *l'ordonnance de saisie conservatoire a le même rang, le cas échéant, qu'une ordonnance équivalente sur le plan national dans l'État membre d'exécution* » (art. 32) et que « *toute question procédurale non expressément réglée par le présent règlement est régie par le droit de l'État membre dans lequel la procédure se déroule* » (art. 46).

831.142 Saisie-attribution et saisie immobilière. Il résulte de l'article L. 331-2 C. pr. exéc. que le prix de vente sur saisie immobilière d'un immeuble est exclusivement affecté au créancier poursuivant et aux créanciers titulaires d'une sûreté réelle sur le bien. Cette **affectation spéciale** s'étend aux fruits qui entrent de plein droit dans l'assiette de la saisie (C. pr. exéc., art. L. 321-3). Une saisie-attribution ne peut donc être pratiquée entre les mains du séquestre ou de la Caisse des dépôts et consignations par un créancier du débiteur dont l'immeuble a été saisi que s'il existe, après désintéressement des créanciers participant à la distribution du prix de vente, un **reliquat restitué au débiteur** en application de l'article R. 334-2 C. pr. exéc. De même, un créancier de l'un des créanciers participant à la distribution doit pouvoir saisir les sommes revenant à ce dernier à l'issue des opérations de distribution.

1. Civ. 1re, 29 févr. 2000, n° 97-21.099, *Bull. civ.* I, n° 63; *R.* 2000, n° 171, obs. Groutel – Civ. 2e, 30 janv. 2002, n° 00-12.951, NP; *RD banc. fin.* 2002, n° 148, obs. J.-M. D.
2. EN CE SENS : TGI Saint-Omer, JEX, 27 janv. 1998, *Gaz. Pal.* 1999. 1. 119.
3. Civ. 2e, 14 oct. 1999, n° 97-19.502, préc. ss n° 831.130.
4. *RTD civ.* 2000. 169, note Perrot.
5. TGI Paris, JEX, 19 mai 2004.
6. Civ. 2e, 28 févr. 2006, n° 04-16.396, *Bull. civ.* II, n° 59; *RD banc. fin.* 2006, n° 140, obs. Piedelièvre.
7. Règl. UE n° 655/2014 du Parlement européen et du Conseil, 15 mai 2014, portant création d'une procédure d'ordonnance européenne de saisie conservatoire des comptes bancaires, destinée à faciliter le recouvrement transfrontière de créances en matière civile et commerciale, *JOUE*, 27 juin 2014, n° L 189, p. 59; *RD banc. fin.* 2014. Comm. 175, obs. Piedelièvre : ce règlement entre en application le 17 janvier 2017.

C. Sûreté et opposition antérieures

831.151 Saisie-attribution et nantissement. Quoique le Code civil ne le précise pas expressément, le nantissement d'un droit incorporel rend celui-ci indisponible, de sorte que le nantissement d'une créance de somme d'argent apparaît devoir faire échec à l'effet attributif d'une saisie-attribution portant sur les sommes données en nantissement[1].

Ainsi la pratique notariale insère-t-elle dans les contrats de vente d'un immeuble grevé d'une hypothèque une clause dite de « *nantissement séquestre* » aux termes de laquelle le prix de la vente est affecté au paiement des créanciers inscrits, dans l'ordre de leur privilège, en vue de purger leur inscriptions. Cette clause a pour effet de rendre indisponible le prix de vente, de sorte que la créance dont il est l'objet ne peut être saisie-attribuée[2].

831.152 Saisie-attribution et opposition du syndicat des copropriétaires. Le syndicat des copropriétaires, qui doit être avisé par le notaire de la mutation à titre onéreux d'un lot, pour lequel n'est pas fourni un certificat du syndic attestant de l'absence de dettes à l'égard de la copropriété, dispose de la faculté d'exercer une opposition entre les mains du notaire, valant mise en œuvre de son privilège immobilier spécial (L. n° 65-557, 10 juill. 1965[3], art. 19-1 et 20 - Décr. n° 67-223, 17 mars 1967[4], art. 5-1). Cette opposition rend ainsi indisponible le prix de vente, à hauteur du montant pour laquelle elle est pratiquée.

831.153 Saisie-attribution et opposition sur le prix de vente de fonds de commerce. Le prix de vente d'un fonds de commerce est rendu provisoirement indisponible par l'effet d'une opposition, simple « *acte conservatoire* », pratiquée en vertu de l'article L. 141-14 alinéa 4 du Code de commerce[5], qui ne fait pas obstacle à l'exercice sur ce prix d'une mesure d'exécution[6].

Il est possible de pratiquer entre les mains d'un tiers séquestre une saisie-attribution sur le prix de vente, la créance appartenant toujours au débiteur, mais faute pour la créance saisie d'être disponible, la saisie n'emporte aucun effet attributif immédiat au profit du créancier saisissant[7].

La Cour de cassation a rappelé que « *les créanciers opposants ne tiennent pas de la loi du 17 mars 1909 le droit d'être payés par préférence* » et que le créancier muni d'un titre exécutoire peut mettre en œuvre une mesure d'exécution, en l'espèce, une saisie-attribution sur le prix de vente non encore distribué[8].

La question demeure de savoir comment va se régler le concours entre le créancier saisissant et les créanciers opposants.

S'il a pu être décidé par certains juges du fond, que la saisie-attribution (ou un avis à tiers détenteur) ne pourrait retrouver son efficacité sur le solde du prix qu'après désintéressement des créanciers opposants[9], la doctrine considère au contraire qu'il y a lieu à concours entre les créanciers opposants et le créancier saisissant[10]. Cette solution est en effet en cohérence avec la jurisprudence rappelée en cas de saisie conservatoire précédant une saisie-attribution.

831.154 Saisie-attribution et opposition sur l'actif d'une succession acceptée sous bénéfice d'inventaire. Avant que la matière ne soit réformée,

1. M. Mignot, « L'indisponibilité de la créance nantie : une pièce manquante essentielle du dispositif législatif issu de l'ordonnance n° 2006-346 du 23 mars 2006 », *RD banc. fin.* 2010. Étude 2, n°s 17 et 18 et citant Paris, 8e ch., sect. B, 23 oct. 2008, *Juris-Data* n° 374999 – *J.-Cl. Pr. civ.*, v° *Saisie-attribution* (conflit), fasc. 2270, n°s 79 s., par Cayrol – V. ÉGAL., LEBORGNE, n° 1009.
2. C. Guilloteau-Palisse, « Saisie du prix de vente entre les mains du notaire », *JCP N* 2013. Étude 1219 – COMP. PERROT ET THÉRY, n° 400, estimant que le droit préférentiel du titulaire de l'hypothèque se reporte de plein droit sur le prix de vente.
3. L. n° 65-557, 10 juill. 1965, fixant le statut de la copropriété des immeubles bâtis, *JO* 11 juill., p. 5950.
4. Décr. n° 67-223, 17 mars 1967, portant rap pour l'application de la loi n° 65-557 du 10 juillet 1965 fixant le statut de la copropriéte des immeubles bâtis, *JO* 22 mars, p. 2742.
5. L. 17 mars 1909, anc. art. 3, al. 4 – Com. 16 juin 1998, n° 96-14.170, *Bull. civ.* IV, n° 194; *D. Affaires* 1998. 1207, note M. D.; *Procédures* 1998, n° 195, note crit. Perrot.
6. Civ. 2e, 6 juill. 2000, n° 98-20.286, *Bull. civ.* II, n° 119.
7. Civ. 2e, 16 mars 2000, n° 98-14.725, *Bull. civ.* II, n° 49; *D.* 2000. IR 131; *JCP* 2000. IV. 1788; *Procédures* 2000, n° 162; *RD banc. fin.* 2000, n° 167, obs. Delleci; *Gaz. Pal.* 2000. Somm. 1742 et 2722, obs. Véron; *RTD com.* 2000. 589, obs. Derruppé; *RJDA* 2000, n° 591 – V. AUSSI, TGI Dunkerque, JEX, 8 janv. 2003, *Dr. et proc.* 2003. 300, obs. Salati.
8. Civ. 2e, 6 juill. 2000, n° 98-20.286, *Bull. civ.* II, n° 119; *D.* 2000. 371, obs. Monéger-Dupuis; *D.* 2000. IR 239; *JCP* 2000. IV. 2493; *RTD com.* 2000. 850, obs. Derruppé; *Rev. huiss.* 2001. 41, obs. Bourdillat.
9. TGI Paris, JEX, 12 janv. 1995, *Rev. proc. coll.* 1996. 217, obs. Canet – TGI Lyon, JEX, 8 avr. 1997, RG n° 97/02257, NP – TGI Lyon, JEX, 21 juill. 1998, RG n° 98/07524, NP – POUR UNE SOLUTION IDENTIQUE dans le cas d'une indemnité d'éviction versée à la suite de l'expropriation d'un fonds de commerce, les parties ayant décidé d'étendre le champ d'application de la loi du 17 mars 1909 à cette indemnité : TGI Lyon, JEX, 18 mars 1997, RG n° 96/10677, NP – CONFIRMÉ PAR : Lyon, 27 janv. 1999, RG n° 97/02161.
10. PERROT et THÉRY, n° 400 – P. Théry, « Le notaire et les procédures civiles d'exécution », *LPA* 11 août 1997, n° 96, p. 11; *RTD com.* 2000. 850, obs. Derruppé – V. AUSSI : dans le sens d'un paiement par contribution, *J.-Cl. Pr. civ.*, v° *Saisie-attribution* (procédure : paiement), fasc. 2260, n° 63, par Cayrol.

il avait été jugé, en cas d'acceptation d'une succession sous bénéfice d'inventaire, que la connaissance par l'héritier de créanciers de la succession, qui suffisait à leur conférer la qualité d'opposants, rendait indisponible l'actif de la succession, en raison du fait que l'héritier ne pouvait alors payer les créanciers de la succession, en application de l'ancien article 808 du Code civil, que dans l'ordre fixé par le juge. La Cour de cassation en a déduit que la saisie-attribution du prix de vente de biens dépendant de la succession et pratiquée entre les mains d'un commissaire-priseur se trouvait privée d'effet [1].

Cette solution pourrait être maintenue, sous l'empire du nouveau droit, dès lors que l'article 796 du Code civil organise l'ordre selon lequel l'héritier ayant accepté la succession à concurrence de l'actif net règle les créanciers [2].

1. Civ. 2e, 18 oct. 2001, n° 00-12.369, *Bull. civ.* II, n° 159; *D.* 2002. Chron. 1769, obs. Brenner.
2. Leborgne, n° 1009 – Perrot et Théry, n° 400.

CHAPITRE

832. Effet différé : le paiement

ÉDOUARD DE LEIRIS
MAGISTRAT

SECTION 0 ORIENTEUR

832.00 Plan du chapitre.

Paiement différé ou anticipé. Le paiement du créancier, raison d'être de la saisie-attribution, est normalement différé. Cependant, il peut intervenir de façon anticipée.

832.01 Textes applicables.

C. pr. exéc., art. L. 112-1, L. 123-1, L. 211-1, L. 211-2, L. 211-4, R. 211-3 à R. 211-10, R. 211-15, R. 211-16 et R. 211-23.

C. pr. civ., art. 410, 640 à 642.

C. com., art. L. 622-7.

832.03 Bibliographie indicative. (V. s[s] n° 830.03)

Ouvrages. A. LEBORGNE, *Droit de l'exécution*, 2e éd., « Précis », Dalloz, 2014, p. 489-492, n°s 1072-1081 – R. PERROT et P. THÉRY, *Procédures civiles d'exécution*, 3e éd., Dalloz, 2013, p. 420-414, n°s 405-413.

SECTION 1 PAIEMENT IMMÉDIAT DU CRÉANCIER SAISISSANT EN CAS D'ACQUIESCEMENT DU DÉBITEUR

832.10 Plan. Le Code des procédures civiles d'exécution n'exclut pas le paiement anticipé du créancier saisissant (§ 1), ce qui peut être source de difficultés si plusieurs saisies ont été pratiquées le même jour (§ 2).

§ 1 Paiement anticipé du créancier saisissant

832.11 Autorisation écrite du débiteur. Deux articles du Code des procédures civiles d'exécution prévoient la possibilité pour le débiteur à qui est dénoncé un acte de saisie-attribution d'autoriser la remise des fonds au saisissant :

– l'article R. 211-3 C. pr. exéc., édicte que l'acte de dénonciation « *rappelle au débiteur qu'il peut autoriser par écrit le créancier à se faire remettre sans délai par le tiers saisi les sommes qui lui sont dues* »;

– l'article R. 211-6 alinéa 2 C. pr. exéc., précise que le paiement peut intervenir avant l'expiration du délai prévu pour contester, si le débiteur a déclaré par écrit ne pas contester la saisie. Le tarif des huissiers de justice (Décr. n° 96-1080, 12 déc. 1996, tableau I, acte n° 6) indique que cet « *acquiescement du débiteur* » est signifié au tiers saisi.

Si la jurisprudence a semblé dans un premier temps distinguer ces différentes notions[1], la Cour de cassation retient désormais, au terme d'un attendu maintes fois répété, que « *si l'acte de saisie-attribution emporte [...] attribution immédiate au profit du saisissant [...] le paiement est différé en cas de contestation devant le juge de l'exécution ou, sauf acquiescement, pendant le délai de contestation* »[2].

1. Cass., avis 24 mai 1996, n° 09-60.003, *Bull. avis,* n° 6; *JCP* 1996. V. 1579 : « *La notion d'acquiescement est sans application à la saisie conservatoire qui n'est ni une demande en justice, ni un jugement. Toutefois, le débiteur saisi peut donner son accord pour que le tiers saisi paie le créancier saisissant moyennant mainlevée de la saisie* ».
2. Civ. 2e, 8 juill. 2004, n° 02-20.655, *Bull. civ.* II, n° 382; *RD banc. fin.* 2004, obs. Piedelièvre; *Gaz. Pal.* 11-13 sept. 2005, p. 15, note Brenner – Civ. 2e, 24 janv. 2008, n° 07-16.857, *Bull. civ.* II, n° 22; *D.* 2008. 2373, Sommer et Nicoletis – Civ. 2e, 1er oct. 2009, n° 08-19.051, *Bull. civ.* II, n° 234; *D.* 2010. 1307, obs. Leborgne; *RTD civ.* 2010. 158, obs. Perrot.

Cette qualification d'acquiescement est susceptible d'emporter de nombreuses conséquences.

Rappelons en premier lieu que **l'acquiescement** n'est valablement fait qu'à la condition qu'il porte sur des **droits disponibles** et émane d'un **débiteur capable**.

En application de l'article 408 C. pr. civ., l'acquiescement à la demande emporte reconnaissance du bien-fondé des prétentions de l'adversaire et renonciation à l'action. Dès lors, bien que la Cour de cassation ait été, dans un premier temps, d'avis que l'acte de non-contestation ne rendait pas irrecevable une demande ultérieure en répétition de l'indu fondée sur l'article 45 alinéa 3 de la loi du 9 juillet 1991 (devenu C. pr. exéc., art. L. 211-4, al. 3)[1], il n'est pas sûr que cette position demeure d'actualité dès lors que l'acte s'analyse en un acquiescement.

En revanche, **l'acquiescement se distingue du paiement d'une dette**, ce qui emporte plusieurs conséquences.

Ainsi a-t-il pu en être déduit que l'acquiescement n'encourait pas l'annulation de plein droit affectant certains paiements accomplis pendant la période suspecte précédant le jugement ouvrant la procédure collective[2]. La solution est inverse dans le cas de la saisie conservatoire, tant qu'elle n'a pas été convertie en saisie-attribution[3]. En outre, si le jugement d'ouverture interdit en principe le paiement des créances antérieures, il n'interdit pas l'acquiescement à la saisie-attribution pratiquée antérieurement au jugement d'ouverture. Toutefois, on peut considérer que l'acquiescement ne constitue pas un acte de gestion courante que le débiteur ou l'administrateur judiciaire d'un débiteur en procédure collective peut accomplir seul, de sorte que cet acquiescement devrait être autorisé par le juge commissaire en application de l'article L. 622-7 du Code de commerce.

De même, lorsque la saisie porte, en tout ou partie, sur des sommes cessibles mais insaisissables, l'acquiescement ne devrait pas autoriser le saisissant à se faire remettre les sommes frappées d'insaisissabilité. La question se pose essentiellement en cas de saisie pratiquée sur un compte bancaire, pour les reports d'insaisissabilité et le solde bancaire insaisissable (v. s[s] n°s 921.52 et 923.70 s.).

Autre conséquence de la distinction entre acquiescement et paiement : l'acquiescement devrait pouvoir être **partiel**, c'est-à-dire limité à une partie des sommes pour lesquelles la saisie est pratiquée[4].

Dernière conséquence de la qualification d'acquiescement, celui-ci n'est, en application de l'article 410 C. pr. civ., soumis à **aucun formalisme particulier.** S'il doit, en application des articles R. 211-3 et R. 211-6 C. pr. exéc., être établi **par écrit**, cet écrit n'apparaît soumis à **aucune exigence de forme particulière.**

En revanche, conformément à la jurisprudence rendue sur le fondement de l'article 410 rappelé, l'acquiescement doit être **certain**. À cet égard, si un acquiescement n'est pas formellement conditionné à la dénonciation préalable de l'acte de saisie-attribution, il paraît hasardeux de solliciter du débiteur un acquiescement valant renonciation, sans avoir préalablement procédé à la dénonciation de la saisie.

832.12 Signification au tiers saisi de l'acquiescement. Il ressort de l'article R. 211-6 C. pr. exéc. que le paiement par le tiers saisi peut intervenir avant l'expiration du délai de contestation en cas d'acquiescement du débiteur, sans autre précision.

Quant au tarif des huissiers de justice, précédemment évoqué, il en découle que la demande de paiement résultera d'un acte de signification de l'acquiescement au tiers saisi.

§ 2
Paiement immédiat en cas de pluralité de créanciers saisissants

832.21 Paiement immédiat en cas de pluralité de saisies successives. Dès lors que chaque créancier dispose d'un délai de huit jours à compter de la signification de l'acte de saisie pour effectuer la dénonciation (C. pr. exéc., art. R. 211-3), le débiteur peut être informé en premier d'une saisie intervenue après qu'une précédente saisie ait été pratiquée. Dans une telle hypothèse, l'acquiescement du débiteur à la seconde saisie n'est pas de nature à remettre en cause la première saisie puisque celle-ci a rendu la créance indisponible pour le débiteur et a produit un effet attributif immédiat au profit du premier saisissant; à cet égard, l'acquiescement doit être distingué du paiement, pour lequel la règle est que le débiteur peut indiquer la créance qu'il entend payer en premier (C. civ., art. 1253). Le second créancier, par hypothèse informé de la première saisie par le tiers saisi, ne saurait d'ailleurs, sans faute, se prévaloir de cet acquiescement pour obtenir le paiement immédiat de la créance et le paiement par le tiers saisi du second créancier

1. Cass., avis, 11 mars 1994, n° 09-40.001, *Bull. avis*, n° 8.
2. Lyon, 3e ch., 25 juill. 2001, RG n° 2000/01884, *Juris-Data* n° 157540.
3. Com. 3 nov. 2009, n° 08-20.418, NP; *Rev. proc. coll.* 2010. 26, comm. Blanc.
4. EN CE SENS : *J.-Cl. Pr. civ.*, *v° Saisie-attribution* (procédure : paiement), fasc. 2260, n° 55, par Cayrol – Un tel ACQUIESCEMENT PARTIEL n'est toutefois pas sans ambiguïté : signifie-t-il que le débiteur n'autorise le paiement que si le saisissant abandonne le surplus de la saisie (sorte d'acquiescement sous condition) ou simplement qu'il se réserve de pouvoir contester le surplus de la saisie, dans le mois suivant la dénonciation ?

saisissant en connaissance de cause ne saurait être libératoire (C. civ., art. 1240).

L'acquiescement à la seconde saisie n'est pas pour autant nul : il produira ses effets si la première saisie laisse subsister un solde de créance (C. pr. exéc., art. L. 211-2, al. 1er). On peut en outre penser que si la première saisie est finalement privée d'effet, l'acquiescement retrouvera son plein effet (C. pr. exéc., art. L. 211-2, al. 4).

832.22 Paiement immédiat en cas de concours de saisies. Une difficulté peut également provenir de la signification de plusieurs saisies, le même jour, entre les mains du même tiers.

Aux termes de l'article L. 211-2 C. pr. exéc. « *les actes de saisie notifiés au cours de la même journée entre les mains du même tiers sont réputés faits simultanément. Si les sommes disponibles ne permettent pas de désintéresser la totalité des créanciers ainsi saisissants, ceux-ci viennent en concours* » (v. ss no 831.71).

Là encore, le débiteur saisi pourra être amené à autoriser le tiers saisi à payer le créancier qui aura procédé à la signification en premier.

Dans une telle hypothèse, on relèvera d'abord que le créancier saisissant en second sera normalement informé de la saisie pratiquée antérieurement (C. pr. exéc., art. L. 211-1), de sorte que, comme dans l'hypothèse antérieure, il ne pourrait, sans faute de sa part, solliciter le paiement intégral de sa créance. L'huissier de justice second saisissant devra, après avoir sollicité du tiers saisi les éléments lui permettant d'identifier le créancier venant en concours (C. pr. exéc., art. R. 211-4), prendre attache avec l'huissier de ce dernier pour calculer les droits respectifs des saisissants sur les sommes saisies et, en cas de difficulté, saisir le juge de l'exécution (JEX) pour qu'il tranche la question.

À défaut pour le créancier saisissant réclamant le paiement d'être informé de la saisie en concours, la question se posera au tiers saisi connaissant l'existence de plusieurs saisies, de savoir en les mains de quel créancier il devra se libérer des fonds. La prudence commanderait que le tiers saisi sollicite du JEX l'autorisation de consigner les fonds qu'il détient jusqu'à ce qu'une décision intervienne sur la détermination des droits des créanciers saisissants[1].

SECTION 2
PAIEMENT DIFFÉRÉ

832.31 Règle. L'article L. 211-4 C. pr. exéc. dispose qu'en l'absence de contestation élevée dans le délai d'un mois à compter de la dénonciation, le créancier requiert le paiement de la créance qui lui a été attribuée.

832.32 Paiement différé. En cas de contestation de la saisie-attribution (v. ss nos 840.05 s.), le paiement est différé sauf si le JEX autorise le paiement pour la somme qu'il détermine.

Dans les deux cas, le paiement est différé : il ne peut intervenir avant l'expiration du délai pour contester, et en cas de contestation, il est nécessaire d'attendre la décision du JEX.

Le créancier saisissant, en dehors des hypothèses évoquées (v. ss nos 832.10 s.), ne peut obtenir le paiement de sa créance par le tiers saisi qu'après l'expiration du délai d'un mois.

Ce délai de contestation court à compter de la dénonciation de la saisie au débiteur (C. pr. exéc., art. R. 211-11, al. 1er). Il est calculé conformément aux articles 640 à 642 C. pr. civ. (v. ss no 841.32).

832.33 Obtention d'un certificat de non-contestation. Dans la rédaction d'origine du décret, le créancier se faisait délivrer par le greffe du JEX désigné dans l'acte de dénonciation un certificat dit de « *non-contestation* », par lequel le greffe attestait qu'aucune contestation n'avait été formée dans le délai d'un mois.

La délivrance d'un tel certificat supposait que le greffe avait eu connaissance de l'existence d'une contestation dans ce délai (v. ss nos 840.05 s.) ; afin d'alléger la tâche des greffes et d'en permettre la délivrance dans des « *délais raisonnables* », le pouvoir réglementaire a donné également cette compétence à l'huissier poursuivant, par le décret no 96-1130 du 18 décembre 1996, qui a modifié l'article 61 du décret du 31 juillet 1992 (devenu C. pr. exéc., art. R. 211-6).

832.34 Signification du certificat de non-contestation. Le certificat de non-contestation est présenté au tiers saisi ou, le cas échéant, au séquestre des sommes.

Comme dans le cas de l'acquiescement, cette « *présentation* » (C. pr. exéc., art. R. 211-6) est faite au moyen d'une signification par huissier, avec mise en demeure du débiteur tiers saisi de payer. Cette signification fait partie de la liste des actes tarifés (tarif des huissiers de justice, tableau I, no 7), bien que le décret du 31 juillet 1992 et désormais le Code des procédures civiles d'exécution ne la prévoient pas[2].

1. TGI Lyon, JEX, 10 févr. 1998, arrêts nos 13445 et 14295, NP.

2. R. Lauba et F. Ruellan, « Le nouveau tarif des huissiers de justice en matière civile et commerciale », *Gaz. Pal.* 1997. 1. Doctr. 702

SECTION 3
RÈGLES COMMUNES AU PAIEMENT IMMÉDIAT ET DIFFÉRÉ

832.41 Paiement. Le tiers saisi ou le séquestre à la connaissance de qui a été porté le certificat de non-contestation ou l'acquiescement du débiteur, doit procéder au paiement entre les mains du saisissant. Il est personnellement débiteur des causes de la saisie dans la limite de son obligation dès lors qu'au moment de la saisie, il a déclaré devoir une certaine somme au saisi et n'a fait état d'aucune modalité affectant son obligation, ni aucune cession de créance, de délégations ou de saisies antérieures[1]. Par suite, il ne saurait être reproché au tiers saisi, qui n'est pas juge de la validité de la saisie, laquelle produit ses effets tant que la juridiction compétente n'en a pas prononcé l'annulation ou la mainlevée, d'acquitter les sommes dues en vertu de cette saisie[2].

Si la saisie-attribution porte sur **une créance à terme ou affectée d'une condition**, les sommes ne sont exigibles, selon le cas, qu'à la date de la survenance de ce terme ou une fois la condition remplie.

Si la saisie-attribution a visé des **créances à exécution successive,** le tiers saisi doit procéder au versement des sommes échues après la saisie, et il se libère « *au fur et à mesure des échéances entre les mains du saisi ou de son mandataire* » (C. pr. exéc., art. R. 211-15).

Aucune précision n'est apportée par les textes sur les **modalités** selon lesquelles ce **paiement** doit intervenir.

Il pourra en principe prendre n'importe quelle forme, au choix du tiers saisi : remise d'espèces ou d'un chèque, sous réserve d'encaissement, ordre de virement sur le compte désigné par l'huissier instrumentaire, sous réserve d'inscription au crédit de ce compte[3].

La question pourrait se poser de savoir si le tiers saisi pourrait imposer au saisissant des modalités particulières de paiement, convenues avec le débiteur : effet de commerce, délégation ou cession de créance, *etc.* : les termes de l'article L. 112-1 C. pr. exéc., qui dispose que les modalités propres aux créances s'imposent au créancier, apparaissent militer dans ce sens. En tout cas, il ne fait pas de doute que lorsque la créance est libellée en monnaie étrangère, le tiers saisi, s'il peut verser la contrevaleur en euros de la créance, doit également pouvoir acquitter sa dette dans la monnaie convenue[4].

Quittance du paiement est donnée au tiers saisi par celui qui l'a reçu, qui doit en informer le débiteur (C. pr. exéc., art. R. 211-10).

Le paiement éteint l'obligation du débiteur et celle du tiers saisi « *dans la limite des sommes versées* » (C. pr. exéc., art. R. 211-7, al. 2).

Il existe une règle spécifique à la saisie-attribution des comptes bancaires lorsque le débiteur est titulaire de plusieurs comptes : le paiement est effectué en prélevant en priorité les fonds disponibles à vue, à moins que le débiteur ne prescrive le paiement d'une autre manière (C. pr. exéc., art. R. 211-23 – V. s[s] n° 923.134).

832.42 Incidents relatifs au paiement. Le code envisage l'hypothèse de non-paiement par le tiers saisi malgré la connaissance qu'il a eu de l'absence de contestation par la signification du certificat.

Ce non-paiement peut provenir d'un refus de paiement, ou d'un défaut de paiement dû, par exemple, à l'insolvabilité du tiers saisi.

832.43 • Refus de paiement. Aux termes de l'article R. 211-9 C. pr. exéc., « *en cas de refus de paiement par le tiers saisi des sommes qu'il a reconnu devoir ou dont il a été jugé débiteur, la contestation est portée devant le juge de l'exécution qui peut délivrer un titre exécutoire contre le tiers saisi* ».

Cette procédure est efficace en ce qu'elle peut permettre un recouvrement forcé à l'encontre du tiers saisi de la créance du saisissant, à condition que le tiers saisi soit solvable.

Selon la Cour de cassation, toute demande de délivrance d'un titre exécutoire à l'encontre d'un tiers saisi « *doit être présentée selon les formes ordinaires de l'introduction de l'instance, c'est-à-dire par assignation...* »[5].

Dès lors, la délivrance d'un titre exécutoire ne peut intervenir qu'à l'issue d'une **procédure contradictoire** entreprise par le créancier saisissant qui doit faire assigner le tiers saisi devant le JEX.

Le texte de l'article R. 211-9 C. pr. exéc. envisage l'hypothèse du refus de paiement par le tiers saisi qui a reconnu être débiteur ou qui a été jugé débiteur. En effet, dans le cas où le tiers saisi s'est reconnu débiteur, il ne peut plus s'opposer au paie-

1. Civ. 2e, 8 juill. 2004, n° 02-20.655, *Bull. civ.* II, n° 382; *RD banc. fin.* 2004, n° 217; *Defrénois* 2006. 38317, obs. crit. Théry.
2. Civ. 1re, 10 juill. 2013, n° 12-25.255, NP.
3. Pour une description détaillée : *J.-Cl. Pr. civ., v° Saisie-attribution* (procédure : paiement), fasc. 2260, n°s 5 s., par Cayrol.
4. *J.-Cl. Pr. civ., v° Saisie-attribution* (procédure : paiement), fasc. 2260, n° 13, par Cayrol.
5. Cass., avis, 9 févr. 1998, n° 09-70.013, *Bull. avis*, n° 2; *Procédures* 1998, n° 81, obs. Croze; *Gaz. Pal.* 1999. 1. 114, obs. Moussa – V. DÉJÀ EN CE SENS, TGI Bobigny, JEX, 18 juin 1997, *Juris-Data* n° 021492; *RTD civ.* 1997. 1000, obs. Perrot – TGI Meaux, JEX, 14 nov. 1997, *Rev. huiss.* 1998. 546, obs. Martin.

ment de la créance[1]. Au contraire, dans le cas où le tiers saisi a contesté sa qualité de débiteur, ou n'a pu faire connaître sa réponse à l'huissier poursuivant, il appartient au créancier saisissant d'agir contre le tiers saisi sur le fondement de l'article R. 211-5 C. pr. exéc., pour autant bien évidemment que les conditions posées par cet article soient réunies (v. ss n° 821.81).

Au demeurant, les deux dispositions doivent être bien distinguées. À la différence de l'article R. 211-5 alinéa 1er C. pr. exéc., dans le cas de l'article R. 211-9 C. pr. exéc., le tiers saisi ne devient pas débiteur des causes de la saisie, mais simplement du montant de sa dette à l'égard du débiteur saisi[2].

Toutefois, la Cour de cassation a pu dans des circonstances exceptionnelles retenir qu'un motif légitime pouvait, sur le fondement de l'article 24 de la loi du 9 juillet 1991, devenu article L. 123-1 C. pr. exéc., exonérer le tiers saisi, qui s'était reconnu débiteur, de son obligation légale : en l'espèce, ce tiers avait été contraint par les débiteurs saisis, sous la violence, à acquitter la créance saisie[3].

832.44 • **Défaut de paiement.** Le créancier qui n'a pas obtenu le paiement par le tiers saisi « *conserve ses droits contre le débiteur* » (C. pr. exéc., art. R. 211-8).

Cette disposition traduit les limites de l'effet attributif à l'égard du débiteur saisi; celui-ci n'est pas libéré à l'égard du créancier saisissant qui pourra toujours mettre en œuvre une autre voie d'exécution[4]. « *La saisie-attribution n'opère aucune novation et [...] le saisissant conserve tous ses droits à l'égard du débiteur, dont en particulier celui de se faire payer* »[5].

Enfin, selon l'article R. 211-8 alinéa 2 C. pr. exéc., **si le défaut de paiement est imputable à la négligence du créancier**, « *celui-ci perd ses droits à concurrence des sommes dues par le tiers saisi* »; il conserve cependant ses droits contre le débiteur pour la différence entre le montant de sa créance et les sommes dues par le tiers saisi.

Pour la doctrine, la négligence pourrait consister à ne pas avoir mis en œuvre les dispositions de l'article 64 (devenu C. pr. exéc., art. R. 211-9) contre le tiers saisi[6], à ne pas avoir réclamé le paiement au tiers saisi qui était solvable mais qui a cessé de l'être avant que le saisissant lui réclame quoi que ce soit[7], résulter d'une carence avérée rendant la saisie-attribution inefficiente[8] ou n'avoir pas réclamé paiement à l'issue du délai au tiers qui ensuite a été déclaré en liquidation judiciaire, mais le seul fait de ne pas avoir demandé la consignation ne peut être considéré comme une négligence, sauf si le tiers saisi n'était pas « *fiable* »[9].

La Cour de cassation a considéré que la négligence d'un créancier saisissant était suffisamment caractérisée par le simple fait que la banque n'avait adressé aucun rappel aux locataires tiers saisis récalcitrants, qu'elle n'avait pas avisé la SCI débitrice des défauts de paiement et qu'elle n'avait pris aucune initiative pour mettre en œuvre une action contre les tiers saisis[10].

Cette énumération caractérise plus une **logique de faisceau d'indices** qu'une liste exhaustive de conditions cumulatives. Avec M. Cayrol[11], on relèvera que l'exigence de mise en demeure adressée au tiers saisi est certainement une condition nécessaire. En revanche, la jurisprudence récente de la Cour de cassation, retenant que la saisie-attribution ne transfère pas les sûretés attachées à la créance saisie devrait exclure de pouvoir reprocher au créancier saisissant de n'avoir pas mis en œuvre ces sûretés.

832.45 **Conséquence de l'ouverture d'une procédure de sauvegarde, de redressement ou de liquidation judiciaires sur le paiement des créances à exécution successive.** La survenance d'un jugement portant ouverture d'un redressement ou d'une liquidation judiciaire ne remet pas en cause l'attribution (v. ss nos 831.81 s.). La saisie-attribution d'une créance à exécution successive pratiquée avant la survenance d'un tel jugement « *poursuit ses effets sur les sommes échues en vertu de*

1. Civ. 2e, 8 juill. 2004, n° 02-20.655, *Bull. civ.* II, n° 382; *RD banc. fin.* 2004, n° 217, obs. Piedelièvre; *Gaz. Pal.* 11-13 sept. 2005, p. 16, note Brenner – COMP. : Civ. 2e, 24 mai 2007, n° 06-19.307, NP (approuvant le rejet d'une demande de délivrance de titre exécutoire, dans un cas où le tiers saisi avait simplement déclaré avoir été condamné à payer une certaine somme et avoir acquitté une partie de cette condamnation, dès lors que condamnation avait été ultérieurement réduite, de sorte que le tiers saisi n'avait plus de dette au jour de la saisie).
2. Civ. 2e, 25 févr. 2010, n° 09-11.308, NP : cassation d'un arrêt condamnant un locataire aux causes de la saisie, alors qu'il avait été, dans un premier jugement du JEX, reconnu débiteur simplement à hauteur de la seule TVA sur les loyers (du fait d'une cession préalable des loyers hors TVA).
3. Civ. 2e, 11 mars 1999, n° 96-20.046, *Bull. civ.* II, n° 50.
4. Com. 13 juill. 2010, n° 09-69.313, NP : dans un cas d'avis à un tiers détenteur présentant un risque d'insolvabilité, autorisant dès lors le comptable à délivrer d'autres ATD.
5. *RTD civ.* 1998. 487, obs. Perrot.
6. G. Taormina, *Le nouveau droit des procédures d'exécution et de distribution*, Éd. JNA, 1993, n° 261.
7. PERROT et THÉRY, n° 413.
8. *J.-Cl. Pr. civ.*, *V° Saisie-attribution* (procédure : paiement), fasc. 226C, n° 20, par Cayrol.
9. *J.-Cl. Pr. civ.*, *V° Saisie-attribution* (absence de contestation), fasc. 2260, n° 22, par Miguet [anc. éd.].
10. Civ. 2e, 21 oct. 2004, n° 02-16.740, *Bull. civ.* II, n° 474; *D.* 2004. IR 3118; *RTD civ.* 2005. 189, obs. Perrot; *Procédures* 2005, n° 37, note Perrot – V. AUSSI : Civ. 2e, 18 nov. 2004, n° 03-13.139, *Bull. civ.* II, n° 497; *RD banc. fin.* 2005, n° 22, obs. Piedelièvre.
11. *J.-Cl. Pr. civ.*, Cayrol, préc. ss prést n°.

cette créance après ledit jugement »[1], et dans ce cas, le tiers saisi se libère entre les mains du créancier saisissant, dans les conditions des articles R. 211-15 et R. 211-16 C. pr. exéc.

832.46 Conséquence de l'ouverture d'une procédure de surendettement sur le paiement des créances à exécution successive. Si la survenance d'une décision prononçant la recevabilité d'une demande de surendettement ne remet pas non plus en cause l'attribution d'une créance, la Cour de cassation a pu conférer au juge du surendettement le pouvoir de suspendre les effets de la saisie-attribution à exécution successive (v. s^s^ n° 831.121). Bien que la loi du 1er juillet 2010 n'ait pas expressément envisagé ce cas, l'effet de suspension automatique que cette réforme attache à la décision de recevabilité devrait conduire à maintenir cette solution.

1. Civ. 2e, 10 juill. 1996, n° 94-19.551, *Bull. civ.* II, n° 209; *D.* 1996. 625, note Ancel; *JCP* 1996. II. 22723, note Putman; *RTD civ.* 1996. 717, obs. Perrot – Cass., ch. mixte, 22 nov. 2002, n° 99-13.935, *Bull. ch. mixte,* n° 7; *D.* 2002. 445, note Larroumet; *D.* 2002. AJ 3270, obs. Lienhard; *D.* 2003. Somm. 1472, obs. Taormina; *JCP* 2003. 10033, note Houtcieff; *JCP E* 2003. 397, note Legeais; *RTD com.* 2003. 148, obs. D. L.; *RTD civ.* 2003. 146, obs. Perrot; *Gaz. Pal.* 2003. Somm. 1269, note Brenner; *RD banc. fin.* 2003, n° 37, obs. J.-M. D.; *RTD com.* 2003. 367, obs. Martin-Serf; *LPA* 2003, n° 118, p. 15, note Courtier – V. AUSSI, Com. 8 juill. 2003, n° 00-15.262, NP; *D.* 2003. AJ 2094, obs. Lienhard – Com. 3 déc. 2003, n° 01-03.803, NP; *D.* 2004. 1489, obs. Taormina.

TITRE

84. Les conséquences des contestations sur la saisie-attribution

SECTION 0

ORIENTEUR

840.00 **Plan du titre.**

840.03 **Bibliographie indicative.**

Actualisables. *J.-Cl. Not. Form.*, *v° Saisie-attribution (procédure)*, fasc. 20, par E. Putman.

Ouvrages. G. COUCHEZ, *Voies d'exécution*, 9e éd., Sirey, 2007 – M. et J.-B. DONNIER, *Voies d'exécution et procédures de distribution*, 8e éd., « Manuel », LexisNexis/Litec, 2009 – A. LEBORGNE, *Droit de l'exécution*, 2e éd, « Précis », Dalloz, 2014, p. 493-503, n°s 1082-1105 – R. PERROT et P. THÉRY, *Procédures civiles d'exécution*, 3e éd., Dalloz, 2013, p. 425-441, n°s 414-436 – J. VINCENT et J. PRÉVAULT, *Voies d'exécution et procédures de distribution*, 19e éd., « Précis », Dalloz, 1999.

840.05 **Contestations.** L'une des caractéristiques essentielles de la procédure de saisie-attribution est qu'elle constitue une mesure d'exécution qui se déroule en dehors de toute intervention judiciaire.

La procédure ne devient judiciaire que si une contestation est formée.

Les contestations de la saisie-attribution sont soumises aux dispositions des articles L. 211-4 et L. 211-51 C. pr. exéc. et des articles R. 211-10 à R. 211-13 et R. 211-16 C. pr. exéc.

Bien qu'une saisie-attribution nécessite, pour être pratiquée, un titre exécutoire, les motifs de saisine du juge de l'exécution (JEX) sont nombreux, et les contestations, qui peuvent porter aussi bien sur le fond que sur la forme, peuvent émaner aussi bien des parties à la saisie-attribution que des tiers[1].

840.06 **• Contestations émanant du débiteur (énumération non exhaustive) :**

- absence ou nullité d'un titre exécutoire[2];
- insaisissabilité de la créance;
- nullité pour violation des dispositions de l'article R. 211-1 C. pr. exéc. relatif aux mentions que doit contenir l'acte de saisie[3], ou caducité pour non-dénonciation dans le délai de huit jours (C. pr. exéc., art. R. 211-3);
- rectification d'un décompte (taux d'intérêt erroné, non-prise en compte de versements, compensation), voire demande en répétition de l'indu, en vue de faire les comptes entre les parties[4];
- existence d'une cause de suspension de poursuites (par ex., en matière de surendettement,

1. DONNIER, n°s 965 s.
2. Civ. 2e, 2[?] janv. 1998, n° 95-20.114, *Bull. civ.* II, n° 24; *JCP* 1998. IV. 1538; *RTD civ.* 1998. 484, obs. Perrot; *Gaz. Pal.* 1999. 1. Somm. 121, obs. Véron; *D.* 1999. 233, note Bourdillat; *RTD civ.* 1998. 484, obs. Perrot; *Dr. et patr.* 1999, n° 67, p. 96, note Théry – Civ. 2e, 28 juin 2001, n° 99-17 972, *Bull. civ.* II, n° 125; *D.* 2001. IR 2182; *RTD civ.* 2001. 963, note Perrot; *RD banc. fin.* 2001, n° 196, obs. J.-M D.
3. Civ. 2e, 19 sept. 2002, n° 00-22.086, *Bull. civ.* II, n° 183; *D.* 2002. IR 2718; *Procédures* 2002, n° 202, note Perrot.
4. Civ. 2e, 19 déc. 2002, n° 00-20.774, *Bull. civ.* II, n° 293 – COMP., dans le cas où la demande de répétition est formée à titre principal, s[s] n° 842.12.

C. consom. art. L. 331-5) [1], d'arrêt ou d'interdiction de poursuites (C. com., art. L. 622-21 [2]);

- cession de créance, prescription [3].

Par ailleurs, le fait que le débiteur cède sa créance ne lui fait pas perdre sa qualité de débiteur saisi et partant sa qualité à agir [4]. D'autres demandes ne sont pas des contestations de la saisie proprement dites. C'est le cas notamment lorsque le débiteur se borne à solliciter des délais de grâce (C. civ., art. 1244-1) ou des dommages intérêts pour abus de saisie (C. pr. exéc., art. L. 121-2).

840.07 • **Contestations émanant du saisissant.** Il s'agit d'incidents liés à la saisie [5] :

- condamnation du tiers saisi défaillant dans son obligation de renseignement (C. pr. exéc., art. R. 211-4 et R. 211-5);

- refus de paiement par le tiers saisi (C. pr. exéc., art. R. 211-9);

- demande en nullité d'une mainlevée de saisie obtenue sous la contrainte [6].

840.08 • **Contestations émanant du tiers saisi.** Le tiers saisi peut, en cette qualité, avoir intérêt à élever une contestation [7]. Il en va ainsi notamment dans les cas où le tiers saisi dénie sa qualité de débiteur du saisi, à qui ont été signifiées plusieurs saisies et qui demande au JEX de lui indiquer à qui il doit payer, qui soulève la nullité ou la caducité de la saisie. En revanche, le tiers saisi n'a pas nécessairement la qualité pour élever certaines contestations, qui n'appartiennent par exemple qu'au débiteur saisi ou au liquidateur à la liquidation judiciaire de celui-ci [8].

840.09 • **Contestations émanant d'un tiers**, qui se prévaut, par exemple, d'une cession de créance ou d'une saisie antérieure.

Cette énumération n'est pas exhaustive. Elle reflète cependant la variété du contentieux de la saisie-attribution soumis au JEX.

1. Civ. 2e, 22 mars 2001, nº 99-18.721, *Bull. civ.* II, nº 60; *RTD com.* 2001. 782, obs. Paisant.
2. C. com., anc. art. L. 621-40; L. 25 janv. 1985, anc. art. 47.
3. Civ. 2e, 19 oct. 2000, nº 98-17.687, *Bull. civ.* II, nº 144; *D.* 2000. IR 306; *Rev. huiss.* 2001. 128, obs. Putman; *JCP* 2000. IV. 2794.
4. Civ. 2e, 25 sept. 2014, nº 13-21.462, NP : le liquidateur du débiteur saisi poursuivait l'annulation de la saisie conservatoire, non convertie en saisie-attribution avant le jugement d'ouverture.
5. PAR EX., Civ. 2e, 26 nov. 1998, nº 96-18.530, *Bull. civ.* II, nº 284; *RTD civ.* 1999. 208, obs. Perrot; *Procédures* 1999, nº 92, obs. Perrot – Civ. 2e, 11 mars 1999, nº 96-22.813, *Bull. civ.* II, nº 49; *RTD civ.* 1999. 707, obs. Perrot.
6. Grenoble, 28 oct. 1997, *JCP* 1998. IV. 1499.
7. Civ. 1re, 28 mars 2013, nº 11-13.323, *Bull. civ.* I, nº 64 (3 arrêts).
8. PAR EX. : Com. 10 juin 2008, nº 06-13.054, NP; *Procédures* 2008, nº 268, obs. Perrot; *RTD civ.* 2008. 555, obs. Perrot; *RD banc. fin.* 2008, nº 178, obs. Piedelièvre : le tiers saisi n'a pas qualité pour se prévaloir de l'absence de dénonciation de la saisie au liquidateur du débiteur saisi, au cours du délai ouvert pour contester la saisie-attribution – V. ÉGAL. Com. 23 sept. 2013, nº 13-19.071, NP, pour la dénonciation au débiteur venant d'être placé en liquidation judiciaire, d'une saisie pratiquée avant le jugement d'ouverture.

CHAPITRE

841. Procédure de contestation

Édouard de Leiris
Magistrat

Section 0
Orienteur

841.00 Plan du chapitre.

Division. La procédure de contestation de la saisie-attribution est judiciaire. Elle se déroule à l'initiative de l'une des parties à la saisie-attribution ou d'un tiers et elle produit certains effets.

841.01 Textes applicables.

C. pr. exéc., art. L. 211-4, L. 211-5, R. 121-2, R. 121-4, R. 121-11, R. 143-1, R. 151-1 à R. 151-4, R. 211-2, R. 211-3, R. 211-5, R. 211-8 à R. 211-11, R. 211-13, R. 211-16, R. 442-4 et R. 511-2.

C. pr. civ., art. 53, 114, 125, 640 s., 651 et 680.

COJ, art. L. 213-6.

C. com., art. L. 622-21, L. 632-2 et R. 662-3.

841.03 Bibliographie indicative. (V. s[s] n° 840.03).

Ouvrages. A. Leborgne, *Droit de l'exécution*, 2e éd., « Précis », Dalloz, 2014, p. 496-501, n°s 1087-1097 – R. Perrot et Ph. Théry, *Procédures civiles d'exécution*, 3e éd., Dalloz, 2013, p. 426-427, n° 415.

Section 1
Le juge de l'exécution, juge de la contestation

841.11 Règle. « *Personnage central* » de la réforme des procédures civiles d'exécution[1], le juge de l'exécution (JEX) a compétence pour trancher les contestations élevées à l'occasion d'une saisie-attribution (C. pr. exéc., art. R. 211-10).

841.12 Compétence d'attribution exclusive. Aux termes de l'article R. 211-10 C. pr. exéc., les contestations sont portées devant le JEX du lieu où demeure le débiteur.

Les règles de compétence sont d'ordre public (C. pr. exéc., art. R. 121-4). Les dispositions de l'article L. 213-6 du COJ donnent compétence au JEX pour connaître « *de manière exclusive, des difficultés relatives aux titres exécutoires et des contestations qui s'élèvent à l'occasion de l'exécution forcée, même si elles portent sur le fond du droit, à moins qu'elles n'échappent à la compétence des juridictions de l'ordre judiciaire* ». Il doit surseoir à statuer lorsqu'une contestation doit être préalablement tranchée par une juridiction administrative[2].

Le JEX, saisi d'une contestation, est en outre compétent pour connaître de demandes reconventionnelles, pourvu qu'elles ne relèvent pas de la compétence exclusive d'une autre juridiction (C. pr. civ., art. 51). La jurisprudence fournit des illustrations : ainsi le créancier peut-il, à l'occasion de la contestation de la saisie-attribution pratiquée en vue du recouvrement d'une astreinte liquidée pour une période donnée, solliciter du JEX la liquidation de l'astreinte pour une période ultérieure[3].

1. P. Julien, « Le juge de l'exécution », *LPA* n° spéc., 6 janv. 1993, p. 45.
2. Civ. 2e, 14 oct. 1999, n° 97-19.189, *Bull. civ.* II, n° 156; *D.* 1999. IR 249; *JCP* 1999. IV. 2939.
3. Civ. 2e, 3 déc. 2011, n° 10-25.719, *Bull. civ.* II, n° 223; *Dr. et proc.* 2012. Comm. 42, Putman.

La compétence du JEX a été parfois déniée, sur le fondement de l'article 174 du décret du 27 décembre 1985 (devenu C. com., art. R. 662-3), au profit du tribunal qui a ouvert une procédure de redressement ou de liquidation judiciaires.

Le JEX est-il compétent pour apprécier si une saisie-attribution (ou un avis à tiers détenteur) tombe sous le coup de l'article L. 622-21 du Code de commerce[1] qui dispose que le jugement d'ouverture « *arrête ou interdit également toute procédure d'exécution* », ou pour connaître des actions en nullité de la période suspecte ? Ou encore de l'article L. 632-2, de ce code, qui permet d'annuler les saisies-attributions pratiquées pendant la période suspecte en connaissance de la cession des paiements ?

Il avait déjà été jugé, sous l'empire de la jurisprudence antérieure à la réforme de 1991, qu'il s'agissait d'un litige lié à la procédure collective, relevant donc de la compétence du tribunal qui avait ouvert la procédure collective[2].

Cette solution a été confirmée sous l'empire de la réforme de 1991[3].

Ainsi revient-il au tribunal de la procédure collective et non au JEX, de connaître des actions en nullité de la période suspecte[4]. Il en va de même de l'action fondée sur l'arrêt ou l'interdiction des procédures d'exécution du fait du jugement d'ouverture de la procédure collective[5].

Cependant, il est des hypothèses où le juge administratif se trouve compétent (v. s^s n°s 913.01 s.).

841.13 Compétence en matière d'actions nées d'une procédure collective. Le JEX n'est, en revanche, pas compétent pour les actions qui, bien qu'affectant la saisie-attribution, sont « *nées de la procédure collective* ». Seul le tribunal saisi de la procédure collective peut connaître de ces actions, conformément à l'article R. 662-3 du Code de commerce[6]. Ainsi, confirmant une jurisprudence déjà dégagée sous l'empire de l'article 174 du décret du 27 décembre 1985 (devenu C. com., art. R. 662-3)[7], la Cour de cassation retient[8] que les actions tendant à la mainlevée d'une saisie-attribution sur le fondement de l'article L. 622-21 du Code de commerce[9], qui dispose que le jugement d'ouverture « *arrête ou interdit également toute procédure d'exécution* », comme celles tendant à la nullité d'une telle saisie, en application de l'article L. 632-2 du même code, comme ayant été pratiquée pendant la période suspecte, relèvent du tribunal qui connaît de la procédure collective.

841.14 Compétence territoriale. Selon l'article R. 121-2 C. pr. exéc., le JEX territorialement compétent est, « *au choix du demandeur* », celui du lieu où demeure le débiteur ou celui du lieu d'exécution de la mesure, « *à moins qu'il n'en soit disposé autrement* ».

Or, pour chaque mesure d'exécution, le décret prévoit des règles spécifiques, impératives. Le choix du demandeur s'efface devant les règles de compétence qui, selon l'article R. 121-4 C. pr. exéc., sont d'ordre public.

Aux termes de l'article R. 211-10 C. pr. exéc., les contestations relatives à la saisie-attribution sont portées devant le JEX « *du lieu où demeure le débiteur* ».

Le lieu d'exécution de la mesure n'est ainsi pas en la matière un critère de compétence territoriale.

Cette règle exclusive de compétence, qui s'explique par le souci de regrouper le contentieux entre les mains d'un seul juge, est applicable aux contestations relatives aux saisies-attributions :

- de créances à exécution successive (C. pr. exéc., art. R. 211-10) ;
- pratiquées entre les mains des établissements habilités par la loi à tenir des comptes de dépôt (C. pr. exéc., art. R. 211-8) ;
- pratiquées entre les mains des comptables publics, des centres de chèques postaux ou de la Caisse nationale d'épargne (C. pr. exéc., art. R. 143-1).

Le décret n° 96-1130 du 18 décembre 1996, venu modifier certaines dispositions du décret du 31 juillet 1992, a précisé que le JEX pouvait soulever d'office son incompétence.

1. C. com., anc. art. L. 621-40 ; L. 25 janv. 1985, anc. art. 47.
2. Com. 15 mai 1984, n°s 82-16.664, 83-10.536, 83-11.507 et 83-12.815, *Bull. civ.* IV, n°s 158 à 161 – Com. 15 mai 1984, n° 83-11.507, *Bull. civ.* IV, n° 160, précisant que le tribunal de commerce n'avait pas le pouvoir d'ordonner la mainlevée d'un avis à tiers détenteur, mais seulement celui de le déclarer sans effet.
3. *J.-Cl. Not. Form.*, v° Cassation, avis à tiers détenteur, fasc. 10, n° 55, par Ancel – F. Derrida, « Incidences des nouvelles procédures civiles d'exécution sur le redressement et la liquidation judiciaires des entreprises », *LPA* n° spéc., 6 janv. 1993, n° 5, p. 26.
4. Limoges, 20 févr. 1996, *Rev. proc. coll.* 1997. 35 ; *Rev. proc. coll.* 1998. 89, obs. Canet – Paris, 20 déc. 2007, RG n° 07/14822, *D.* 2008. AJ 222 – Grenoble, 9 juill. 2008, RG n° 07/02393 – Solution identique en matière de MESURE CONSERVATOIRE : Com. 1er févr. 2000, n° 97-13.430, NP ; *RJDA* 2000, n° 554.
5. Sous l'empire de la loi n° 85-99 du 25 janvier 1985 : Versailles, 19 févr. 1999, RG n° 6362/96, arrêt n° 161, NP.
6. P.-M. Le Corre, Dalloz action *Droit et pratique des procédures collectives*, 2015/2016, n° 312.11 – V. ÉGAL., F. Derrida, « Incidences des nouvelles procédures civiles d'exécution sur le redressement et la liquidation judiciaires des entreprises », *LPA* n° spéc., 6 janv. 1993, n° 5, p. 26.
7. Com. 15 mai 1984, n°s 82-16.664, 83-10.536, 83-11.507 et 83-12.815, *Bull. civ.* IV, n°s 158 à 161 – Com. 15 mai 1984, n° 83-11.507, *Bull. civ.* IV, n° 160 – Solution identique en matière de MESURE CONSERVATOIRE : Com. 1er févr. 2000, n° 97-13.430, NP ; *RJDA* 2000, n° 554.
8. Com. 29 avr. 2014, n° 13-13.572, NP ; *Procédures* 2014. Comm. 203, obs. Perrot.
9. C. com., anc. art. L. 621-40 ; L. 25 janv. 1985, anc. art. 47.

Les risques de saisine d'un juge territorialement incompétent sont réduits puisque l'acte de dénonciation de la saisie au débiteur saisi doit mentionner, à peine de nullité, « *la désignation de la juridiction devant laquelle les contestations pourront être portées* » (C. pr. exéc., art. R. 211-3, 3°).

Cependant, en cas de **pluralité de débiteurs** demeurant **dans des ressorts différents,** en vertu d'un titre exécutoire unique, il ne peut être fait état d'une connexité pour saisir un seul juge. La Cour de cassation a rappelé que les contestations sont portées devant le JEX du lieu où demeure le débiteur et a cassé un arrêt d'une cour d'appel qui avait estimé que l'intérêt d'une bonne justice commandait un examen unique de l'affaire[1].

La Cour de cassation est toutefois venue juger que le champ de cette **compétence exclusive** ne concernait que les actions qu'elle qualifie de « *contestation* » au sens de l'article 66 du décret (devenu C. pr. exéc., art. R. 211-11, art. 66, al. 3 abrogé) et qui se trouvent enserrées dans le délai d'un mois prévu par cet article (v. s^s n°s 841.64 s.). Ainsi a-t-elle pu juger que cette compétence du juge du lieu du domicile du débiteur ne concernait pas les demandes dirigées contre le tiers saisi en condamnation des causes de la saisie (Décr. 31 juill. 1992, art. 60 [devenu C. pr. exéc., art. R. 211-5])[2]. Il semble que par sa généralité, cette jurisprudence concerne également les demandes formées par le créancier saisissant sollicitant la **condamnation du tiers saisi** sur le fondement de l'article R. 211-5 ou de l'article R. 211-9 C. pr. exéc., bien que ce texte qualifie expressément cette action de « *contestation* ».

841.15 Débiteur demeurant à l'étranger. Le décret, désormais codifié, réserve le cas du débiteur demeurant à l'étranger ou dont le domicile est inconnu. Le JEX territorialement compétent est celui du lieu d'exécution de la mesure (C. pr. exéc., art. R. 121-2, al. 2).

À propos de l'autorisation de pratiquer une saisie conservatoire, la Cour de cassation a jugé que la compétence attribuée au juge du domicile du débiteur par l'article 211 du décret du 31 juillet 1992 (devenu C. pr. exéc., art. R. 511-2) n'était pas exclusive de l'application de l'article 9 alinéa 2 dudit décret (devenu C. pr. exéc., art. R. 121-2, al. 2), dont les dispositions d'ordre public donnent compétence au JEX du lieu d'exécution de la mesure lorsque le débiteur demeure à l'étranger[3].

SECTION 2
AUTEUR DE LA CONTESTATION

841.20 Toute personne y ayant intérêt. À défaut d'indication dans les textes, la contestation peut être formée, bien évidemment par le débiteur saisi, ce qui est le cas le plus fréquent, mais aussi par d'autres qui y ont intérêt. Ainsi a-t-il été jugé, par une décision rendue en matière de saisie conservatoire, que la faculté de contester une telle mesure n'étant pas limitée au débiteur saisi, le tiers saisi a également qualité à solliciter, par voie d'action, la mainlevée de la saisie conservatoire; son intérêt à agir se déduit de l'existence d'un risque que ses paiements au profit du saisissant n'aient pas d'effet libératoire[4]. Tel pourra par exemple être le cas dans l'hypothèse où plusieurs saisies ont été signifiées au tiers saisi. La contestation pourra d'ailleurs être formée en vue de s'opposer à une demande de condamnation aux causes de la saisie sur le fondement de l'article R. 211-5 C. pr. exéc. D'autres tiers peuvent avoir intérêt à former une contestation, en particulier un créancier saisissant postérieur qui souhaiterait faire annuler la saisie précédente, ou un cessionnaire de créance[5].

L'article L. 211-4 C. pr. exéc. dispose que « *toute contestation relative à la saisie peut être élevée dans un délai d'un mois* » et l'article R. 211-11 C. pr. exéc.

1. Civ. 2e, 4 juill. 2007, n° 06-13.840, *Bull. civ.* II, n° 203; *Procédures* 2007, n° 251, obs. Perrot; *RTD civ.* 2007. 815, obs. Perrot.
2. Civ. 2e, 4 oct. 2001, n° 99-11.574, NP : « *Ne constitue pas une contestation de la saisie, au sens de l'article 66 dudit décret, la demande du créancier saisissant tendant à voir constater les manquements du tiers saisi à son obligation légale de renseignement; que dès lors, la cour d'appel a retenu à bon droit que la demande n'était pas tardive et a exactement relevé, par motifs adoptés, que les articles 65 et 66 du décret précité n'étant pas applicables, le saisissant avait pu saisir le juge de l'exécution du lieu de l'exécution de la mesure* ».
3. Civ. 2e, 9 nov. 2006, n° 04-19.138, *Bull. civ.* II, n° 310; *Procédures* 2007, n° 40, obs. Perrot.
4. Civ. 1re, 23 mars 2013, n° 10-25.938, *Bull. civ.* I, n° 62 – DÉJÀ EN CE SENS : Com. 27 sept. 2005, n° 02-16.902, *Bull. civ.* IV, n° 182; *D.* 2005. 2672, note Delpech; *JCP* 2006. IV. 3309 : le tiers saisi, souscripteur d'un billet à ordre, dispose d'un intérêt à agir pour s'opposer au paiement d'une créance cambiaire par nature insaisissable et dont il pourrait avoir à répondre – COMP. Civ. 1re, 24 févr. 1993, n° 91-15.032, *Bull. civ.* I, n° 89; *D.* 1993. 279, obs. Julien, jugeant en revanche que le tiers saisi, débiteur alimentaire du saisi, qui n'a pas contesté le montant de sa dette envers ce dernier, est sans intérêt et sans qualité pour invoquer un moyen fondé sur les atteintes qui auraient été portées aux droits de son créancier alimentaire (rendu en matière de saisie-arrêt).
5. H. Croze, « La loi n° 91-650 du 9 juillet 1991 portant réforme des procédures civiles d'exécution : les règles spécifiques aux différentes mesures d'exécution forcée et mesures conservatoires », *JCP* 1992. I. 3585, note 22 – POUR UNE ILLUSTRATION : contestation par une société d'affacturage, devenue titulaire de la créance antérieurement à la saisie : Com. 6 janv. 2005, n° 02-16.721, NP; *D.* 2005. 1606, obs. Taormina.

précise les obligations pesant sur l'auteur de la contestation (§ 1) et les sanctions en cas de non-respect de ces obligations (§ 2).

§ 1
Obligations de l'auteur de la contestation

841.30 **Délai et forme.** L'article R. 211-11 C. pr. exéc. prescrit à l'auteur de la contestation de former celle-ci dans le délai d'un mois à compter de la dénonciation de la saisie-attribution au débiteur (l'article L. 211-4 C. pr. exéc. indiquant que la contestation doit être « *élevée* » dans le délai d'un mois) (A). Cette contestation ne peut être formée que par voie d'assignation depuis la réforme résultant du décret du 18 décembre 1996 (C. pr. exéc., art. R. 442-4).

Le même texte impose à l'auteur de la contestation d'autres obligations informatives, en en particulier celle de la dénoncer à l'huissier de justice qui a procédé à la saisie et d'en aviser le tiers saisi (B).

A.
Délai pour contester

841.31 **Point de départ du délai.** Le **délai d'un mois** prévu par les articles L. 211-4 C. pr. exéc. et R. 211-11 alinéa 1er C. pr. exéc. court à compter de la **dénonciation de la saisie** au débiteur saisi.

L'information du saisi est assurée par la signification du procès-verbal de saisie. En effet, cet acte doit contenir, non seulement, « *en caractères très apparents, l'indication que les contestations doivent être soulevées, à peine d'irrecevabilité, dans le délai d'un mois qui suit la signification de l'acte* », mais encore « *la date à laquelle expire ce délai* » (C. pr. exéc., art. R. 211-3).

Si la Cour de cassation retient, de façon prétorienne, sur le fondement de l'article 680 C. pr. civ., que la notification d'un jugement ne précisant pas les modalités selon lesquelles un tel recours doit être formé ne fait pas courir le délai de recours, elle juge toutefois que cette règle ne s'applique pas à la notification d'une mesure d'exécution[1]. En revanche, par application des dispositions de l'article 114 C. pr. civ., la nullité, pour erreur par exemple dans l'indication de la date limite de contestation, pourra être prononcée, à charge pour celui qui s'en prévaut de rapporter la preuve d'un grief. En principe, les juges du fond apprécient souverainement le grief, au terme d'une analyse *in concreto*. Toutefois, la jurisprudence de la Cour de cassation a pu, dans le cas particulier où l'erreur porte sur le délai de contestation ouvert au débiteur saisi, contrôler indirectement le grief, qu'elle a apprécié en effet *in abstracto*, en retenant que l'irrégularité commise avait « *nécessairement pour effet de persuader* » le débiteur saisi qu'il était forclos pour agir[2]. La jurisprudence en la matière se rapproche ainsi de celle rendue sur le fondement de l'article 680 C. pr. civ.

841.32 **Nature du délai.** Le délai pour contester est considéré comme un **délai de procédure** au sens des articles 640 et suivants C. pr. civ., **et non comme un délai de prescription.** Il n'est donc pas susceptible d'être interrompu ou suspendu dans les conditions prévues pour les délais de prescription[3].

Mais ce délai de procédure peut être interrompu ou suspendu pour un motif prévu par les dispositions du Code de procédure civile. Ainsi, le délai d'un mois est **interrompu par l'ouverture de la liquidation judiciaire** et le mandataire dispose d'un nouveau délai d'un mois à compter de la dénonciation qui doit lui être faite[4]. Sur la suspension en cas de demande d'aide juridictionnelle, v. ss no 841.33.

Conformément à l'article 641 C. pr. civ., le délai expire le jour du mois suivant la dénonciation portant le même quantième que le jour de cette dénonciation, ou le dernier jour du mois à défaut de quantième identique; par application de l'article 642 C. pr. civ., le délai expire le dernier jour à vingt-quatre heures, et le délai qui expirerait normalement un samedi, un dimanche ou un jour férié ou chômé, est prorogé jusqu'au premier jour ouvrable suivant[5]. Le jour de l'expiration de ce délai doit apparaître dans l'acte de dénonciation (v. ss no 822.41).

Ainsi qu'il a été rappelé, on peut considérer que le délai se trouve augmenté de **deux mois au profit du débiteur résidant à l'étranger**, en application des articles 643 à 645 C. pr. civ. (v. ss no 822.74)[6].

841.33 **Aide juridictionnelle.** L'article 38 du décret no 91-1266 du 19 décembre 1991, modifié

1. Civ. 2e, 8 sept. 2011, no 10-23.003, *Bull. civ.* II, no 165.

2. Civ. 2e, 2 déc. 2004, no 02-20.622, *Bull. civ.* II, no 515; *Procédures* 2005, no 38, note Perrot; *RD banc. fin.* 2005, no 63, note Piedelièvre – Civ. 2e, 10 sept. 2009, no 08-16.828, NP.
3. V. sous l'empire des dispositions antérieures à la réforme de la prescription : Colmar, 30 mai 1994, *BICC* 1994, no 858; *Rev. huiss.* 1994. 116 – Reims, 7 juin 1996, *Gaz. Pal.* 1997. 1. Somm. 151 : jugeant que l'assignation en référé du saisissant par le débiteur qui conteste la saisie ne peut interrompre le délai.
4. Com. 19 janv. 1999, no 96-18.256, *Bull. civ.* IV, no 17; *D.* 1999. 50; *D.* 1999. 245, note Derrida; *LPA* 12 mai 1999, p. 26, note Derrida; *JCP E* 1999, p. 815, no 14, obs. Pétel; *Defrénois* 2000. 45, obs. Sénéchal – Perrot et Théry, no 428.
5. TGI Lyon, JEX, 28 avr. 1998, RG no 98/00032, NP.
6. *J.-Cl. Pr. civ., vo Saisie-attribution* (contestations), fasc. 2295, no 79, par Cayrol.

par le décret n° 2007-1142 du 26 juillet 2007[1], dispose que « *lorsqu'une action en justice doit être intentée avant l'expiration d'un délai devant la juridiction du premier degré [...] l'action est réputée avoir été intentée dans le délai si la demande d'aide juridictionnelle s'y rapportant est adressée au bureau d'aide juridictionnelle avant l'expiration dudit délai et si la demande en justice est introduite dans un nouveau délai de même durée à compter : a) de la notification de la décision d'admission provisoire, b) de la notification de la décision constatant la caducité de la demande, c) de la date à laquelle la décision d'admission ou de rejet de la demande est devenue définitive, d) ou, en cas d'admission, de la date, si elle est plus tardive, à laquelle un auxiliaire de justice a été désigné* ».

Il a été jugé, sous l'empire des textes relatifs à l'aide judiciaire, que le texte s'appliquait à tous les délais d'action, qu'ils soient des délais de procédure, de prescription ou préfix[2].

On a pu s'interroger sur l'applicabilité de cet article au cas de contestation portée devant le JEX, en considération du fait qu'il ne s'agirait pas d'introduire une action en justice.

Aucune décision de la Cour de cassation n'est venue, à notre connaissance, trancher la question, mais la Cour fait une large application de l'article 38 du décret du 19 décembre 1991, y compris, par exemple, à l'opposition à injonction de payer[3]. Aussi l'application du principe prévu par cet article apparaît-elle pouvoir être soutenue et plusieurs cours d'appel ont pu statuer en ce sens[4].

En effet, la contestation est formée par une assignation qui introduit une instance devant le JEX, ce qui caractérise bien une action en justice[5] au sens de l'article 38 sus-rappelé. Plus fondamentalement, dès lors que la contestation doit être formée par l'intermédiaire d'un huissier de justice, on relèvera que toute autre solution constituerait une entrave à l'accès à la justice pour les personnes aux ressources modestes, qui se heurterait à la jurisprudence rigoureuse rendue sur le fondement de l'article 6 § 1 de la Convention de sauvegarde des droits de l'homme et des libertés fondamentales.

B. Obligation d'information

1° Dénonciation à l'huissier instrumentaire

841.41 Obligation d'informer l'huissier instrumentaire. L'article R. 211-11 alinéa 2 C. pr. exéc. fait obligation à l'auteur de la contestation d'informer **l'huissier** qui a procédé à la saisie par lettre recommandée avec demande d'avis de réception.

Cette obligation introduite par le décret n° 96-1130 du 18 décembre 1996[6] découle du texte régissant la délivrance du certificat de non-contestation. En effet ce certificat, délivré à l'origine par le greffe, peut l'être, depuis l'entrée en vigueur du décret de 1996, par l'huissier de justice qui a pratiqué la saisie. Dès lors, il est indispensable que celui-ci soit informé de l'existence de la contestation.

841.42 Information de l'huissier qui a pratiqué la saisie. L'article R. 211-11 alinéa 1er C. pr. exéc. prévoit que la contestation doit, à peine d'irrecevabilité, être dénoncée, « *le même jour, par lettre recommandée avec demande d'avis de réception, à l'huissier de justice qui a procédé à la saisie* ». La Cour de cassation précise que le JEX qui constate l'inaccomplissement de cette formalité est tenu de relever d'office cette fin de non-recevoir. En revanche, elle juge que cette irrecevabilité ne peut être opposée au débiteur qui n'aurait pas été informé de cette obligation de contre-dénonciation dans l'acte lui dénonçant la saisie-attribution (v. ss n° 822.41). La dénonciation de l'assignation est habituellement accomplie par l'huissier de justice ayant délivré cette dernière, mais, le texte étant silencieux sur ce point, la question pourrait se poser de savoir si le débiteur lui-même ou son mandataire, notamment l'avocat qui le représente, pourrait procéder à cette dénonciation. Par prudence et au regard du nombre de décisions constatant une irrégularité affectant cette formalité, l'auteur de la contestation gagnera à confier cette dénonciation à un huissier de justice, auquel on ne pourra que recommander la plus grande attention au respect de cette exigence, dont l'inexécution est de nature à mettre en cause sa **responsabilité civile.**

1. Décr. n° 2007-1142, 26 juill. 2007, relatif à la modification des voies de recours en matière d'aide juridictionnelle et à la rétribution de l'avocat assistant une personne détenue faisant l'objet d'une mesure d'isolement, *JO* 28 juill., p. 12746.
2. Civ. 1re, 30 janv. 1979, n° 76-15.494, *Bull. civ.* I, n° 38; *D.* 1980. 65, note Laroche de Roussane.
3. PAR EX. pour l'opposition à injonction de payer : Civ. 2e, 19 NOV. 2009, n° 08-19.364, *Bull. civ.* II, n° 267.
4. Rennes, 1re ch. B, 17 févr. 2011, RG n° 08/06798, arrêt n° 118, NP – Pau, 2e ch., sect. 1, 18 mai 2011, arrêt n° 2333/11, RG n° 10/03334, qui précise que le délai ne recommence à courir qu'à compter de la décision « complétive » du président du BAJ désignant l'huissier de justice chargé de procéder à l'assignation en contestation.
5. *J.-Cl. Pr. civ., V° Saisie-attribution* (contestations, fasc. 2295, n° 51), par Cayrol.
6. Décr. n° 96-1130, 18 déc. 1996, modifiant le décret n° 92-755 du 31 juillet 1992 instituant de nouvelles règles relatives aux procédures civiles d'exécution pour l'application de la loi n° 91-650 du 9 juillet 1991 portant réforme des procédures civiles d'exécution, *JO* 26 déc., p. 19120.

841.43 Contenu de la dénonciation à l'huissier. Au terme de son avis du 15 juin 1998, la Cour de cassation considère que la dénonciation de la contestation prend la forme de l'envoi d'une copie de l'assignation par laquelle le débiteur conteste la saisie[1]. La Cour est toutefois venue préciser que l'article 66 du décret du 31 juillet 1992 (devenu C. pr. exéc., art. R. 211-11) n'exigeait pas que les modalités de signification de l'assignation portant contestation soient dénoncées à l'huissier de justice ayant procédé à la saisie. Cette solution, qui évite un trop grand formalisme, est en outre logique dès lors que les mentions figurant dans l'assignation, et notamment sa date, font foi et établissent donc qu'elle a été signifiée et qu'elle ne constitue donc pas un simple projet[2].

841.44 Modalités de la dénonciation. La formalité de la lettre recommandée est-elle impérative ou bien l'huissier peut-il être informé autrement : lettre simple, télécopie, délivrance de l'assignation à domicile élu chez lui ?

En premier lieu, il va sans dire que la dénonciation peut être faite par **signification**, conformément à l'article 651 C. pr. civ., qui dispose de façon générale, en son troisième alinéa que la notification peut toujours être faite par voie de signification alors même que la loi l'aurait prévue sous une autre forme.

En second lieu, la Cour de cassation a retenu que l'omission de la formalité n'entraînait pas l'irrecevabilité de la contestation lorsque l'huissier de justice qui a procédé à la saisie est informé de la contestation par **l'assignation délivrée à domicile élu en son étude**[3]. L'attendu de la Cour (« *la formalité prévue par l'article 66 du décret du 31 juillet 1992* [devenu C. pr. exéc., art. R. 211-11, al. 1er] *ayant pour seul objet d'informer l'huissier de justice ayant procédé à la saisie de l'existence d'une contestation, son omission n'entraîne pas l'irrecevabilité de celle-ci lorsque, comme en l'espèce, l'huissier de justice, informé de la contestation par l'assignation délivrée à domicile élu, est celui qui a procédé à la saisie* ») semble d'ailleurs procéder d'une approche très souple, susceptible d'ouvrir la voie à d'autres exceptions. Ainsi en va-t-il dans le cas où l'assignation est également dirigée contre l'huissier instrumentaire lui-même[4].

Toutefois, l'envoi d'un « *fax* » à l'huissier poursuivant n'a pas été considéré comme de nature à suppléer l'envoi d'une lettre recommandée avec avis de réception[5].

841.45 Moment de l'information. Selon l'article R. 211-11 alinéa 1er C. pr. exéc., la contestation est dénoncée « *le même jour par lettre recommandée avec demande d'avis de réception* ». Cette identité de délai évite que l'huissier de justice, qui ne serait pas informé de la contestation à l'issue du délai d'un mois, n'émette un certificat de non-contestation pour solliciter le paiement par le tiers saisi des sommes saisies.

On relèvera toutefois qu'ainsi qu'en a jugé la Cour de cassation, l'article 66 alinéa 1er du décret (devenu C. pr. exéc., art. R. 211-11, al. 1er) impose un **envoi de la lettre le jour de la contestation**[6]. Il n'y a donc pas lieu d'avoir égard à la date de réception de cette lettre recommandée, solution parfaitement logique mais qui affaiblit quelque peu l'objet de cette dénonciation, qui pourra parvenir à l'huissier instrumentaire après le délai d'un mois.

Nonobstant cette faiblesse du dispositif, les juridictions font une lecture rigoureuse de ce texte.

Ainsi, pour la Cour de cassation, la « *dénonciation* » faite à l'huissier de justice avant que la contestation ne soit portée devant le JEX, ne satisfait pas aux exigences légales[7]. Il en est de même de l'envoi d'une lettre simple à l'huissier trois jours après la délivrance de l'assignation au créancier[8].

De même, l'information de l'huissier poursuivant par le débiteur de son intention de contester la saisie-attribution ne saurait être considérée comme conforme au texte et la contestation doit être déclarée irrecevable[9].

L'envoi à l'huissier poursuivant d'un projet d'assignation, procédé relativement fréquent en pratique, n'a aucune valeur[10] et ne dispense pas le débiteur de dénoncer l'assignation selon les formes et délais de l'article 66 du décret du 31 juillet 1991 (devenu C. pr. exéc., art. R. 211-11)[11].

1. Cass., avis, 15 juin 1998, n° 09-80.004, *Bull. avis*, n° 8; *JCP E* 1998. 1116 – Civ. 2e, 3 nov. 2005, n° 04-11.756, *Bull. civ.* II, n° 279; *D.* 2006. 2826; *RTD civ.* 2006. 159, obs. Perrot; *Procédures* 2006, n° 30, obs. Perrot.
2. Civ. 2e, 25 mars 2010, n° 09-14.917, *Bull. civ.* II, n° 73; *D.* 2010. 2011. 1509, obs. Leborgne.
3. Civ. 2e, 31 mai 2001, n° 99-19.367, *Bull. civ.* II, n° 109; *D.* 2001. 1925 et 2717, obs. Julien; *Gaz. Pal.* 2002. Somm. 248, obs. Véron; *Ann. loyers* 2002. 1159, obs. Dahan; *Dr. et proc.* 2001. 387, obs. Putman.
4. Civ. 2e, 18 oct. 2012, n° 11-24.718, NP (statue par un motif erroné la cour d'appel retenant que le fait que la société d'huissier ait été attraite devant le JEX ne pouvait suppléer le défaut d'observation des prescriptions de l'article 66 du décret du 31 juillet 1992).
5. TGI Lyon, JEX, 20 juill. 1999, RG n° 99/07262, NP.
6. Civ. 2e, 3 nov. 2005, n° 04-11.756, préc. ss n° 841.43.
7. Civ. 2e, 20 mars 2003, n° 01-13.746, *Bull. civ.* II, n° 73; *RD banc. fin.* 2003, n° 119, obs. J.-M. D.; *Dr. et proc.* 2003. 316, obs. Hoonaker.
8. TGI Grenoble, JEX, 20 mai 1997, RG n° 97/01111, Marlot c/SA BNP, NP.
9. TGI Lyon, JEX, 27 janv. 1998, RG n° 97/13567, NP – Paris, 5 févr. 1998, cité par M. Dymant, « Délai de contestation de la saisie-attribution, suite… et fin ? », *Gaz. Pal.* 1998. 1. Doctr. 585.
10. J.-J. Bourdillat, « Le Noël du juge de l'exécution : un cadeau mérité », *Gaz. Pal.* 1997. Doctr. 1070.
11. EN CE SENS : TGI Lyon, JEX, 11 janv. 2000, RG n° 99/12669, NP.

La contestation est irrecevable lorsque l'huissier de justice n'a reçu la dénonciation de la saisie-attribution que le lendemain, même si celui-ci avait été destinataire d'un projet d'assignation avant la délivrance de celle-ci[1].

2°
Information du tiers saisi

841.51 **Contenu et sanction de l'information.** L'article 66 du décret du 31 juillet 1992 prévoyait, en son deuxième alinéa, l'obligation d'aviser le tiers saisi de la contestation. Cette information, accomplie par une lettre simple, n'était assortie d'aucune sanction particulière, une telle sanction n'apparaissant en effet pas indispensable pour la suite de la procédure, puisque l'huissier instrumentaire, auquel la contestation est dénoncée, ne pourra requérir le paiement de la créance au tiers saisi.

À la suite de la codification, le deuxième alinéa de l'article 66 du décret, devenu l'article R. 211-11 du code, a été complété de telle sorte qu'il est désormais prévu que « *l'auteur de la contestation en informe le tiers saisi par lettre simple et en remet une copie, à peine de caducité de l'assignation, au greffe du juge de l'exécution au plus tard le jour de l'audience* ». Ainsi qu'on le verra (v. s[s] n° 841.62), cette précision a pour effet qu'une copie de la contestation, formée par une assignation, sera remise au greffe, à peine de caducité[2]. Elle permet ainsi de remédier à une difficulté qui était posée par le défaut d'enrôlement de l'assignation au greffe : désormais, comme dans la plupart des instances introduites par cet acte, l'auteur de l'assignation doit, à peine de caducité de celle-ci, la remettre au greffe. Quoique la construction grammaticale de cette phrase, mettant en facteur commun la « contestation », paraisse laisser peu de doute sur le sens de cette prescription, la règle a toutefois pu être comprise comme imposant la remise au greffe de la copie de l'avis adressé au tiers saisi, à peine de caducité[3]. Au-delà même de la lettre de cette disposition, cette interprétation ne peut que surprendre au regard de l'absence d'intérêt d'une telle obligation (la remise de la copie de cet avis ne permet absolument pas d'établir son envoi, par lettre simple, au tiers saisi) et de la rigueur de la sanction qui viendrait pourtant la frapper. En l'absence de jurisprudence de la Cour de cassation, il sera toutefois prudent de remettre au greffe, tant la copie de l'assignation que celle de la lettre adressé au tiers saisi.

1. Civ. 2e, 16 oct. 2003, n° 01-16.766, *Bull. civ.* II, n° 312; *D.* 2004. 1486, obs. Taormina; *D.* 2004. IR 2670.
2. EN CE SENS, PERROT et THÉRY, n° 427, *in fine*.
3. LEBORGNE, n° 1093.

§ 2
Sanctions du non-respect des obligations

841.60 **Irrecevabilité.** Le non-respect du délai d'un mois ainsi que le défaut d'information de l'huissier de justice ayant pratiqué la saisie sont sanctionnés par l'irrecevabilité de la contestation[4] (A). Le JEX et, en cas d'appel, la cour d'appel ont l'obligation de prononcer cette irrecevabilité, si nécessaire en la relevant d'office[5]. Cette jurisprudence fait une application, qui doit être approuvée, de l'article 125 C. pr. civ., au terme duquel doivent être relevées d'office les fins de non-recevoir d'ordre public (B).

A.
Non-respect du délai d'un mois

1°
Sanction du non-respect

841.61 **Assignation.** En application de l'article R. 121-11 C. pr. exéc., la contestation doit être formée par une assignation. Pour apprécier si la contestation a été « *formée* » (C. pr. exéc., art. R. 211-11; v. égal. C. pr. exéc., art. L. 211-4, harmonisant la terminologie en substituant ce terme à celui d'« *élevée* », précédemment employé par L. 9 juill. 1991, art. 45) dans le délai d'un mois à compter de la dénonciation de la saisie au débiteur, faut-il prendre en considération la **date de la délivrance de l'assignation** ou celle **de la remise au greffe pour enrôlement,** étant rappelé que selon l'article 53 alinéa 2 C. pr. civ., l'assignation « *introduit* » l'instance ?

La question est d'importance car il est fréquent que des assignations, délivrées dans le délai d'un mois, ne soient déposées ou adressées au greffe pour mise au rôle qu'après l'expiration de ce délai.

La contestation est-elle alors recevable ?

Si un courant jurisprudentiel a pu retenir que la date à prendre en considération était celle du placement de l'assignation, la jurisprudence de la Cour de cassation est désormais clairement fixée en sens inverse : dans un avis du 15 juin 1998, suivi de deux arrêts en 2005, la Cour retient que **la contestation est recevable dès lors que l'assignation a été délivrée dans le délai d'un mois,** peu important que l'enrôlement de l'assignation n'intervienne qu'ulté-

4. POUR UN CAS D'IRRECEVABILITÉ, du fait d'une dénonciation faite par erreur à un autre huissier que celui ayant instrumenté : Versailles, 21 avr. 2005, *Procédures* 2005. 183, obs. Perrot.
5. Civ. 2e, 20 janv. 2011, n° 10-10.768, *Bull. civ.* II, n° 19.

rieurement[1]. Cette solution, qui s'inscrit pleinement dans la jurisprudence de la Cour de cassation[2] doit être approuvée : **le délai d'un mois est un délai pour agir** qui est donc interrompu par la délivrance d'une assignation, son enrôlement n'étant nécessaire qu'à l'effet de saisir la juridiction.

À l'instar du certificat de non-contestation susceptible d'être dressé par l'huissier de justice dans l'ignorance de la contestation, du fait du délai d'acheminement de la LRAR dénonçant la contestation, la prise en compte de la date de signification au détriment de celle de l'enrôlement, laisse subsister le risque de la délivrance d'un certificat de non-contestation par le greffe dans l'ignorance de la contestation. Dans un tel cas, il sera simplement rappelé que l'huissier instrumentaire ne pourra, sans faute, réclamer le paiement au tiers saisi des sommes dues ou les reverser à son mandant une fois qu'il aura été informé de la contestation. En outre, l'auteur de la contestation pourra demander au JEX de procéder à l'annulation du certificat de non-contestation.

841.62 Défaut d'enrôlement de l'assignation en contestation. Si seule la signification doit intervenir dans le délai d'un mois pour que la contestation soit recevable, l'enrôlement de l'assignation n'en demeure pas moins nécessaire pour saisir la juridiction de la contestation.

La Cour de cassation a été amenée à se pencher sur le cas de l'assignation non placée avant l'audience[3]. Rappelant les termes de son avis du 15 juin 1998[4], elle en tirait une conséquence qui a pu être critiquée[5] : dans le cas d'espèce l'assignation n'avait pas été enrôlée avant l'audience, de sorte que son auteur avait réassigné, après cette audience « *sur et aux fins de la précédente assignation* »; considérant que cette nouvelle assignation n'avait pu régulariser la première assignation dénuée d'effet juridique faute d'enrôlement, les juges du fond en avaient déduit l'irrecevabilité de la contestation, solution cassée par la Cour de cassation.

La position de la Cour de cassation permet d'éviter qu'un simple retard d'enrôlement ne vienne priver d'effet une contestation pourtant régulièrement formée. En outre, la cassation était inévitable dès lors que la **théorie de l'inexistence des actes de procédure** est fermement condamnée par la Cour de cassation[6], qui en tire comme conséquence qu'une assignation ne peut être considérée comme dénuée d'effet en dehors des cas prévus par la loi. Or, l'enrôlement devant le JEX n'était pas, jusqu'à l'entrée en vigueur du décret n° 2012-783 du 30 mai 2012, prescrit à peine de caducité et l'article 406 C. pr. civ. dispose que la citation n'est caduque que dans les cas et conditions déterminés par la loi[7].

La codification de la partie réglementaire du Code des procédures civiles d'exécution par le décret susmentionné est venue régler la question, l'article R. 211-11 de ce code disposant désormais que l'auteur de la contestation, à peine de caducité de l'assignation, en remet une copie au greffe du JEX, au plus tard au jour de l'audience. La Cour de cassation a jugé qu'une assignation déclarée caduque n'interrompait pas la prescription[8]. Il devrait *a fortiori* en aller de même pour le délai de contestation, qui constitue un délai de procédure en principe insusceptible d'interruption (v. s^s n° 841.32). Aussi, en cas de caducité de l'assignation non remise au greffe au plus tard le jour de l'audience, toute contestation ultérieure formée par une assignation délivrée au-delà du délai d'un mois suivant la dénonciation de la saisie-attribution se heurterait à une irrecevabilité.

841.63 Domaine d'application du délai. Toute contestation relative à la saisie-attribution doit, à peine d'irrecevabilité, être formée dans le délai d'un mois. Ce délai, qui court à compter de la dénonciation de la saisie au débiteur, s'applique-t-il à toutes les contestations ou à tous les incidents qui s'élèvent à l'occasion de la mise en œuvre de cette voie d'exécution ?

La loi et le décret n'ont donné aucune définition de la « *contestation* » visée aux articles L. 211-4 C. pr. exéc. et R. 211-11 C. pr. exéc. Ainsi, l'article R. 211-9

1. Cass., avis, 15 juin 1998, n° 09-80.004, *Bull. avis,* n° 8; *JCP E* 1998. 1116; *Gaz. Pal.* 5-6 févr. 1999, p. 17; *RTD civ.* 1998. 751, obs. Perrot – Civ. 2e, 3 nov. 2005, n° 04-11.756, préc. ss n° 841.43 – V. AUSSI : Civ. 2e, 15 déc. 2005, n° 04-14.415, *Bull. civ.* II, n° 332; *D.* 2006. IR 181.
2. POUR UNE ACTION DEVANT LE TRIBUNAL D'INSTANCE : Civ. 1re, 20 oct. 1998, n° 96-12.907, *Bull. civ.* I, n° 307; *D.* 1999. 219, obs. Julien; *RTD com.* 1999. 484, obs. Bouloc; *Rev. huiss.* 1999. 167, obs. Martin – POUR UNE ACTION EN DIVORCE : Cass., avis, 4 mai 2010, n° 10-00.002, *Bull. avis,* n° 2.
3. Civ. 2e, 3 nov. 2005, n° 04-11.756, *Bull. civ.* II, n° 279; *D.* 2006. IR 2826; *RTD civ.* 2006. 159, obs. Perrot; *Procédures* 2006, n° 30, obs. Perrot. – V. AUSSI : Civ. 2e, 15 déc. 2005, n° 04-14.415, *Bull. civ.* II, n° 332; *D.* 2006. IR 181.
4. Cass., avis, 15 juin 1998, n° 09-80.004, *Bull. avis,* n° 8.
5. NOT. : *RTD civ.* 2006. 159, obs. Perrot – V. AUSSI : *J.-Cl. Pr. civ., v° Saisie-attribution* (contestations), fasc. 2295, nos 105 s., par Cayrol.
6. Cass., ch. mixte, 7 juill. 2011, n° 03-20.026, *Bull. ch. mixte,* n° 6.
7. V. CEP., Croze et Fradin, « Veille », ss Civ. 1re, 26 mai 2011, n° 10-14.495, *Bull. civ.* I, n° 97; *JCP* Veille. 748, qui observent que cet arrêt, rendu en matière de saisie-contrefaçon, va en sens inverse de la solution retenue dans l'arrêt du 3 novembre 2005 (pour mémoire, la saisie-contrefaçon est une mesure conservatoire qui doit être suivie d'une action au fond devant le TGI; la première assignation au fond, délivrée dans les délais, n'avait pas en l'espèce été enrôlée, de sorte que le demandeur l'avait doublé d'une seconde assignation « *sur et aux fins de la première* »).
8. Cass., ass. plén., 3 avr. 1987, n° 86-11.536, *Bull. ass. plén.*, n° 2.

C. pr. exéc., qui n'est pas inséré dans la section relative aux contestations, qualifie de contestation le refus de paiement par le tiers saisi des sommes qu'il a reconnu devoir ou dont il a été jugé débiteur.

841.64 Contestations soumises au délai d'un mois. La Cour de cassation a énoncé que « *seules les contestations relatives à la saisie doivent à peine d'irrecevabilité être formées dans le délai d'un mois* » et a ajouté que « *la demande du créancier saisissant dirigée contre le tiers saisi sur le fondement de l'article 60 du décret du 31 juillet 1992 ne constitue* [devenu C. pr. exéc., art. R. 211-5] *pas une contestation de la saisie* »[1].

Ainsi, sont soumises au délai d'un mois les **contestations émanant du débiteur, qui mettent en cause la validité de la saisie ou son étendue**[2], comme par exemple, l'irrégularité des actes, l'extinction de la créance, la prescription...

En revanche, on peut estimer, avec un JEX[3], que le conjoint du débiteur saisi ne devrait pas pouvoir se voir opposer ce délai d'un mois.

2°
Incidents et contestations non soumis au délai d'un mois

841.71 • Annulation du titre exécutoire. La Cour de cassation a décidé que l'expiration du délai d'un mois ne peut être opposée au débiteur dans le cas où le titre exécutoire servant de fondement aux poursuites a été annulé postérieurement à la saisie. L'annulation du titre « *emporte de plein droit mainlevée de la saisie* »[4].

841.72 • Demande du créancier saisissant dirigée contre le tiers saisi sur le fondement de l'article R. 211-5 C. pr. exéc. La demande en paiement des causes de la saisie ne constitue pas une contestation de la saisie; le délai d'un mois ne lui est pas applicable[5].

841.73 • Demande formée par le créancier saisissant sur le fondement de l'article R. 211-9 C. pr. exéc. La demande de délivrance d'un titre exécutoire à l'encontre du tiers saisi ne constitue pas une contestation au sens de l'article R. 211-11 C. pr. exéc. et sa recevabilité n'est soumise à aucun délai particulier[6].

Selon le professeur Putman[7], il s'agit d'une difficulté d'exécution, et la possibilité devrait être donnée à l'huissier lui-même de saisir le JEX selon la procédure prévue aux articles 34 à 37 du décret du 31 juillet 1992 (devenus C. pr. exéc., art. R. 151-1 à R. 151-4)

841.74 • Contestation par le créancier de la déclaration du tiers saisi. La Cour de cassation a énoncé que le délai d'un mois ne s'appliquait pas à la contestation formée dans l'unique but d'élargir l'assiette de la saisie[8].

841.75 • Contestations émanant du tiers saisi. Le délai d'un mois imparti pour élever une contestation relative à la saisie-attribution ne court pas à l'encontre du tiers saisi[9]. Le tiers saisi poursuivi par le créancier saisissant en paiement des causes de la saisie, ou contre lequel est demandée au JEX la délivrance d'un titre exécutoire, peut invoquer comme moyen de défense la nullité ou la caducité de la saisie[10].

1. Civ. 2e, 26 nov. 1998, no 96-18.530, *Bull. civ.* II, no 284; *RTD civ.* 1999. 208, obs. Perrot – V. AUSSI : Civ. 2e, 5 juill. 2000, no 97-22.287, *Bull. civ.* II, no 113; *Ann. loyers* 2000. 549, obs. Martin; *RTD com.* 2000. 990, obs. Derruppé – Civ. 2e, 4 oct. 2001, no 99-11.574, NP – Civ. 2e, 8 nov. 2001, no 00-12.302, NP; *RD banc. fin.* 2002, no 69, obs. J.-M. D.
2. PERROT et THÉRY, no 422.
3. TGI Lyon, JEX, 2 juill. 1996, RG no 96/05465, NP.
4. Civ. 2e, 21 janv. 1998, no 95-20.114, *Bull. civ.* II, no 24; *D.* 1999. 233, note Bourdillat; *RTD civ.* 1998. 484, obs. Perrot; *JCP* 1998. IV. 1538; *RGDP* 1998. 519, note Putman; *Gaz. Pal.* 1999. 1. Somm. 121, note Véron; *Dr. et patr.* 1999, no 67, p. 96, note Théry – V. AUSSI, TGI Montpellier, JEX, 28 nov. 1994, *Rev. huiss.* 1995. 734, obs. Bourdillat, qui estime que le « *problème qui était soumis à la connaissance du juge de l'exécution apparaissait bien comme une seule difficulté d'exécution et non pas comme une contestation de saisie* ».
5. Civ. 2e, 26 nov. 1998, no 96-18.530, *Bull. civ.* II, no 284; *D.* 1999. 30; *JCP E* 1999, p. 54; *Procédures* 1999, no 92; *RTD civ.* 1999. 208, obs. Perrot; *Gaz. Pal.* 1999. 2. Somm. 597, note Véron – Civ. 2e, 5 juill. 2000, no 97-22.287, *Bull. civ.* II, no 113; *RTD com.* 2000. 990, obs. Cabrillac – Civ. 2e, 4 oct. 2001, no 99-20.653, *Bull. civ.* II, no 152; *RD banc. fin.* 2002, no 25, obs. J.-M. D. – EN CE SENS : Paris, 10 sept. 1998, *D.* 1999. IR 236; *D. Affaires* 1998. 1696, obs. J. F. – TGI Lyon, JEX, 15 juin 1999, RG no 99/02257, NP.
6. TGI Montluçon, JEX, 17 nov. 1993, *Rev. huiss.* 1994. 652 – TGI Lyon, JEX, 7 nov. 1995, RG no 95/00867, NP.
7. *J.-Cl. Not. Form.*, *Vo Saisie-attribution* (procédure), fasc. 20, no 89, par Putman.
8. Civ. 2e, 11 mars 1999, no 96-22.813, *Bull. civ.* II, no 49; *RTD civ.* 1999. 707, obs. crit. Perrot – V. AUSSI : Civ. 2e, 5 févr. 2000, no 97-22.287, *Bull. civ.* II, no 113; *D.* 2000. 239; *RTD com.* 2000. 990, obs. Cabrillac – Civ. 2e, 4 oct. 2001, no 99-11.574, NP; *RD banc. fin.* 2003, no 25, obs. Delleci – Civ. 2e, 8 nov. 2001, no 00-12.302, NP; *RD banc. fin.* 2002, no 69, obs. Delleci.
9. Civ. 2e, 5 juill. 2000, nos 98-17.707, 97-22.512, *Bull. civ.* II, no 112 (arrêts nos 1 et 2); *D.* 2000. 226; *Rev. huiss.* 2001. 43, obs. Bourdillat; *Ann. loyers* 2001. 548, obs. Martin; *Procédures* 2000, nos 196 et 197, obs. Perrot et Laporte – V. AUSSI : R. Perrot et P. Théry, « Saisie-attribution : la situation du tiers saisi (les arrêts du 5 juillet 2000) », *D.* 2001. 721 – Civ. 2e, 22 mars 2001, no 99-14.941, NP; *Rev. huiss.* 2001. 255, obs. Putman.
10. Cass., avis, 21 juin 1999, no 09-90.008, *Bull. avis*, no 5 – Civ. 2e, 23 nov. 2000, no 98-22.938, *Bull. civ.* II, no 155; *RD banc. fin.* 2001. 24, obs. J.-M. D.

B.
Violation de l'obligation d'information

841.81 Information de l'huissier qui a procédé à la saisie. L'obligation pesant sur l'auteur de la contestation à l'égard de l'huissier poursuivant impose que celui-ci ait été informé par lettre recommandée avec avis de réception, dans le même délai d'un mois.

Toutefois, comme il a été indiqué, la Cour de cassation s'attache à la date d'envoi de la lettre recommandée, et non à celle de sa réception (v. s^s^ n° 841.45).

La contestation est irrecevable dès lors que le débiteur ne prouve pas l'avoir dénoncée à l'huissier qui a pratiqué la saisie[1]. Toutefois, la Cour de cassation retient que le défaut d'indication dans l'acte de saisie-attribution de l'obligation de dénoncer le même jour toute contestation à l'huissier de justice poursuivant rend inopposable au débiteur, qui a formé cette contestation, l'irrecevabilité prévue à l'article 66 alinéa 1er du décret du 31 juillet 1992 (devenu C. pr. exéc., art. R. 211-11, al. 1er)[2].

Il a pu être jugé que la fin de non-recevoir tirée de la non-dénonciation de la contestation de la saisie à l'huissier poursuivant le même jour que celui de la délivrance de l'assignation au créancier n'était susceptible d'être régularisée que par le renouvellement des deux diligences à la même date, pour autant que le débiteur soit encore dans le délai utile[3].

841.82 Information du tiers saisi. Enfin, le défaut d'information par lettre simple du tiers saisi n'est pas, en tant que tel, sanctionné.

SECTION 3
EFFETS DE LA CONTESTATION

841.91 Règle. Aux termes de l'article L. 211-5 C. pr. exéc., en cas de contestation devant le JEX, **le paiement est différé** jusqu'à ce qu'il soit statué sur les mérites de cette contestation.

Lorsque le débiteur conteste la saisie-attribution au motif par exemple qu'il a saisi une autre juridiction d'une contestation de la créance, cette contestation a pour seule conséquence de suspendre la force exécutoire du titre la constatant et la procédure d'exécution[4].

En cas de décision rejetant en tout ou partie la contestation, ce n'est qu'après notification de cette décision aux parties que le tiers saisi paiera le créancier, sur présentation de la décision (C. pr. exéc., art. R. 211-13)[5]. Si la contestation est au contraire accueillie, la mainlevée de la saisie sera ordonnée.

841.92 Cas des créances à exécution successive. Le décret réserve un sort particulier aux créances à exécution successive. En effet, l'article R. 211-16 alinéa 1er C. pr. exéc. dispose qu'en cas de contestation, le tiers saisi « *s'acquitte des créances échues entre les mains d'un séquestre désigné, à défaut d'accord amiable, sur requête par le juge de l'exécution* ».

Cette **consignation** est **obligatoire**, alors que pour les autres créances, elle n'est que facultative (C. pr. exéc., art. R. 211-2).

L'article R. 211-16 alinéa 2 C. pr. exéc. précise que « *si les sommes consignées suffisent à désintéresser le créancier, le juge de l'exécution ordonne la mainlevée de la saisie* », et le greffe, par lettre recommandée avec demande d'avis de réception, « *en informe le tiers saisi* » qui pourra alors effectuer à nouveau les versements au profit du débiteur saisi. Cependant, il devra attendre la fin de la phase de contestation pour se libérer des fonds séquestrés, au profit du saisissant ou au profit du saisi.

En pratique, le JEX, en même temps qu'il validera la saisie ou qu'il en ordonnera la mainlevée (pour nullité par exemple), donnera l'ordre au séquestre de verser les fonds qu'il détient, soit entre les mains du saisissant, soit entre les mains du saisi.

1. Civ. 2e, 20 janv. 2011, n° 10-10.768, *Bull. civ.* II, n° 19.
2. Civ. 2e, 10 mars 2004, n° 02-16.900, *Bull. civ.* II, n° 115; *Gaz. Pal.* 2005. 1422, note Brenner.
3. TGI Brest, JEX, 5 avr. 2000, *BICC* 15 déc. 2000, n° 1410.
4. Civ. 2e, 20 nov. 2003, n° 01-15.231, *Bull. civ.* II, n° 351; *Gaz. Pal.* 2004. Somm. 2723, note Brenner; *RTD civ.* 2004. 144, obs. Perrot; *Dr. et proc.* 2004. 158, obs. Putman.
5. Civ. 2e, 19 sept. 2002, n° 00-20.190, *Bull. civ.* II, n° 184; *D.* 2002. IR 3246; *Gaz. Pal.* 2003. 1269, note Brenner.

CHAPITRE

842. Décisions sur la contestation

ÉDOUARD DE LEIRIS
MAGISTRAT

SECTION 0 ORIENTEUR

842.00 **Plan du chapitre.**

Division. Les décisions du juge de l'exécution en matière de saisie-attribution peuvent faire l'objet de voies de recours. Seront examinées successivement : les décisions du juge de l'exécution et les conséquences de l'exercice des voies de recours.

Renvoi. Sur les voies de recours, v. s^s^ n°s 214.01 à 214.113.

842.01 **Textes applicables.**
C. pr. exéc., art. L. 211-4, R. 121-9, R. 121-14, R. 121-18 à R. 121-22, R. 211-12 et R. 211-13.

842.03 **Bibliographie indicative.** (V. s^s^ n° 840.03).
Ouvrages. A. LEBORGNE, *Droit de l'exécution*, 2e éd., « Précis », Dalloz, 2014, p. 502-503, n°s 1104-1105 – R. PERROT et Ph. THÉRY, *Procédures civiles d'exécution*, 3e éd., Dalloz, 2013, p. 440-441, n°s 435-436.

SECTION 1 DÉCISIONS DU JUGE DE L'EXÉCUTION ET CONTESTATIONS DU DÉBITEUR

842.11 **Règle générale.** La décision du juge de l'exécution (JEX) est rendue après débats, sous la forme d'un jugement susceptible d'appel (C. pr. exéc., art. R. 121-19), et sauf disposition contraire, le JEX statue comme juge du principal[1] (C. pr. exéc., art. R. 121-14).

Sur l'étendue des pouvoirs du JEX, v. s^s^ n°s 212.11 à 212.263.

842.12 **• Contestation du débiteur : contestation déclarée irrecevable.** Le débiteur qui a formé une contestation tardive dispose encore d'un recours exercé suivant le droit commun, l'article L. 211-4 alinéa 3 C. pr. exéc. prévoyant qu'il peut agir, « *à ses frais, en répétition de l'indu devant le juge du fond compétent* ». Dès lors que cette action est exercée à titre principal, la Cour de cassation a été d'avis que le juge du fond visé par ce texte ne pouvait être le JEX[2].

842.13 **• Contestation du débiteur : contestation accueillie en totalité.** Si le JEX fait droit à la contestation, la saisie-attribution ne pourra aller jusqu'à son terme et il en ordonnera la mainlevée. « *La décision de mainlevée emporte, dans la limite de son objet, suspension des poursuites dès son prononcé et suppression de tout effet d'indisponibilité dès sa notification* » (C. pr. exéc., art. R. 121-18).

842.14 **• Contestation du débiteur : contestation accueillie partiellement.** Si le juge accueille partiellement la contestation (compensation, réduction des intérêts, suppression de frais d'huissier

1. Civ. 2e, 9 juin 2011, n° 10-16.754, NP : la Cour précise que la décision du JEX déclarant irrecevable la demande en annulation d'une saisie-attribution avait pour effet de valider celle-ci, de sorte que cette décision dispose de l'autorité de chose jugée; cette solution doit toutefois être prise avec prudence, car en principe l'irrecevabilité n'interdit pas d'agir à nouveau, pour autant que cette action ne soit pas forclose.
2. Cass., avis, 11 mars 1994, n° 09-40.001, *Bull. avis*, n° 8 – Civ. 2e, 19 déc. 2002, n° 00-20.774, *Bull. civ.* II, n° 293 – Civ. 2e, 8 févr. 2007, n° 06-10.895, NP – Civ. 1re, 20 mars 2013, n° 12-15.388, NP – ÉGAL. EN CE SENS : TGI Paris, JEX, 30 avr. 2003, *BICC* 15 sept. 2003, n° 1111.

injustifiés, prise en compte de versements, par exemple), il donnera effet à la saisie-attribution pour le montant qu'il déterminera.

842.15 • Contestation du débiteur : contestation rejetée. Si la contestation est rejetée (ou si elle n'est accueillie que partiellement), le tiers saisi paiera le créancier sur présentation de la décision du JEX (C. pr. exéc., art. R. 211-13 – v. s^s n° 841.91), décision préalablement notifiée aux parties[1].

La Cour de cassation est venue préciser que la décision du JEX déclarant irrecevable la demande en annulation d'une saisie-attribution avait pour effet de valider celle-ci, de sorte que cette décision dispose de l'autorité de chose jugée[2].

842.16 Combinaison avec la demande d'arrêt de l'exécution provisoire de la décision fondant les poursuites. Ainsi qu'il a été vu, le JEX peut statuer sans attendre la décision du premier président appelé à se prononcer sur une demande d'arrêt de l'exécution provisoire de la décision fondant les poursuites. La décision du JEX qui rejette la contestation rend d'ailleurs sans objet la demande d'arrêt de l'exécution provisoire, à hauteur du montant de la créance saisie (v. s^s n° 831.63).

842.17 Fraction non contestée de la dette. L'article R. 211-12 alinéa 1er C. pr. exéc. permet au JEX de donner effet à la saisie pour la fraction non contestée de la dette.

La décision est exécutoire sur minute et les dispositions de l'article R. 121-22 alinéa 2 C. pr. exéc. ne sont pas applicables, de sorte que la demande de sursis à exécution présentée devant le premier président de la cour d'appel ne suspendra pas les effets de cette décision.

842.18 Créance et dette non sérieusement contestables. Afin de ne pas retarder le paiement du créancier saisissant, l'article R. 211-12 alinéa 2 C. pr. exéc. a prévu une procédure comparable à celle du « *référé provision* ».

Selon ce texte, s'il apparaît que ni le montant de la créance du saisissant ni la dette du tiers saisi ne sont sérieusement contestables, le JEX peut ordonner provisionnellement le paiement d'une somme qu'il détermine en prescrivant, le cas échéant, des garanties[3].

Une telle disposition peut paraître surprenante, notamment en ce qui concerne la créance du saisissant qui, on le sait, ne peut résulter que d'un titre exécutoire. On a vu cependant que l'exigence d'un tel titre n'a pas fait disparaître toute contestation relative au montant de la créance.

Cette disposition peut toutefois présenter un intérêt s'agissant de la dette du tiers saisi à l'égard du débiteur saisi.

En l'absence de précision dans les textes sur la nature des garanties, on doit se référer aux dispositions des articles 517 et suivants C. pr. civ. relatifs à la constitution de garantie en matière d'exécution provisoire (garantie réelle ou personnelle).

Enfin, et c'est la conséquence logique d'une telle procédure, la décision du JEX n'a pas au principal l'autorité de la chose jugée (C. pr. exéc., art. R. 211-12, al. 3). On doit considérer que s'applique dans ce cas au JEX la jurisprudence, fondée sur l'article 6 § 1 de la Conv. EDH, interdisant au juge ayant ordonné en référé une provision au motif que la créance n'est pas sérieusement contestable de statuer ensuite sur le fond[4].

Les deux hypothèses visées par l'article R. 211-12 C. pr. exéc. se rencontrent rarement, notamment en raison de la rapidité des décisions prononcées par le JEX.

SECTION 2
CONSÉQUENCES DES VOIES DE RECOURS

§ 1
Règles communes

842.21 Renvoi aux règles communes. Les décisions du JEX peuvent toujours être frappées d'appel, sauf s'il s'agit de mesures d'administration judiciaire (C. pr. exéc., art. R. 121-19).

L'article R. 121-21 C. pr. exéc. énonce que le délai d'appel et l'appel lui-même n'ont pas d'effet suspensif, mais l'article R. 121-22 C. pr. exéc. rend possible, en cas d'appel, une **demande de sursis à exécution devant le premier président** de la cour d'appel.

Ces règles ne sont pas propres à la saisie-attribution (v. s^s n°s 214.101 s.).

Il faut cependant tenir compte des **particularités de la saisie-attribution** et des conséquences que peut avoir la décision finale du JEX :

1. Civ. 2e, 19 sept. 2002, n° 00-20.190, *Bull. civ.* II, n° 184; *D.* 2002. IR 3246; *Dr. et proc.* 2003. 46, obs. Hoonakker.
2. Civ. 2e, 9 juin 2011, n° 10-16.754, NP : cette solution doit toutefois être prise avec prudence, car en principe l'irrecevabilité n'interdit pas d'agir à nouveau, pour autant que les délais pour agir ne soient pas expirés.
3. Pour une application de ce texte : Douai, 17 mars 1994, *Rev. huiss.* 1994. 1423.
4. Cass., ass. plén., 6 nov. 1998, n° 94-17.709, *Bull. ass. plén.*, n° 5; *D.* 1999. 1, concl. Burgelin; *RTD civ.* 1999. 177 et 183, obs. Normand; 193, obs. Perrot; 494, obs. Marguénaud.

– **s'il rejette la contestation**, le créancier sera payé, en tout ou partie, bien avant que la cour d'appel n'ait statué, même si l'article R. 121-20 alinéa 3 C. pr. exéc.[1] prévoit que la Cour doit statuer « *à bref délai* »;

– **s'il ordonne la mainlevée de la saisie-attribution**, cette décision mettra fin à l'indisponibilité des sommes et le débiteur pourra en retrouver la libre disposition, comme par exemple, vider son compte bancaire.

Ces inconvénients sont atténués par les dispositions de l'article R. 121-22 C. pr. exéc. précité.

§ 2
Appel des décisions du juge de l'exécution

842.31 • **L'appel de la décision finale obéit aux règles générales de l'appel des décisions du juge de l'exécution :** délai d'appel de **quinze jours à compter de la notification du jugement** et **procédure avec représentation obligatoire** (C. pr. exéc., art. R. 121-20 – v. s^s n°s 214.102 et 222.21).

842.32 • **L'appel des décisions prises en cours d'instance :** les décisions intervenant au cours de l'instance principale en contestation peuvent-elles faire l'objet d'un recours immédiat, sans attendre la décision finale du JEX ?

– **Décision par laquelle le JEX donne effet à la saisie pour la fraction non contestée de la dette :** l'appel paraît possible, car la décision n'est pas une mesure d'administration judiciaire, même si un tel appel semble *a priori* être peu fréquent. Il se conçoit cependant en cas d'erreur d'appréciation du juge ou d'évaluation quant à la fraction non contestée, en cas de réserves de l'une des parties[2].

– **Décision accordant une provision :** l'appel immédiat paraît possible, sur le fondement de l'article R. 121-9 C. pr. exéc., car il ne s'agit pas d'une mesure d'administration judiciaire, mais également, par comparaison avec les textes qui s'appliquent en matière d'octroi d'une provision, par le juge des référés (C. pr. civ., art. 490) ou par le juge de la mise en état (C. pr. civ., art. 776).

– **L'appel immédiat d'une décision du JEX** ayant sursis à statuer sur la contestation et ordonné à titre conservatoire la consignation des fonds est considéré comme irrecevable par la Cour de cassation, qui s'appuie sur les dispositions générales du Code de procédure civile[3].

842.33 **Sursis à exécution.** L'article R. 121-22 C. pr. exéc. prévoit qu'en cas d'appel un sursis à exécution peut être demandé au premier président. Le décret du 18 décembre 1996 est venu préciser qu'il s'agissait d'un sursis à l'exécution « *des mesures ordonnées par le juge de l'exécution* ».

Cette précision a semblé nécessaire, la question s'étant posée de savoir si ce sursis concernait la mesure d'exécution elle-même ou la décision du juge[4].

La Cour de cassation a posé le principe que le premier président « *peut ordonner un sursis à l'exécution de toutes les décisions du juge de l'exécution* »[5], « *à l'exception de celles qui, dans les rapports entre créanciers et débiteurs, statuent sur des demandes dépourvues d'effet suspensif, à moins qu'elles n'ordonnent la mainlevée d'une mesure* »[6]. La rédaction de l'article R. 121-22 C. pr. exéc., remplaçant désormais l'article 31 du décret du 31 juillet 1992, est venue confirmer cette jurisprudence.

Ainsi, même lorsque le JEX rejette la contestation, comme dans l'espèce ayant donné lieu à l'arrêt précité, le sursis à exécution est possible.

La **demande de sursis** produit **deux effets** jusqu'à la décision du premier président :

– elle suspend les poursuites sauf si le jugement attaqué a ordonné leur continuation;

– elle proroge les effets attachés à la saisie (indisponibilité de la créance saisie) si la décision attaquée a ordonné la mainlevée.

L'article 31 alinéa 3 résultant du décret du 18 décembre 1996 précise que le sursis « *n'est accordé que s'il existe des moyens sérieux d'annulation ou de réformation de la décision déférée à la cour* », motifs bien différents de ceux de l'article 524 C. pr. civ. qui permettent l'arrêt de l'exécution provisoire notamment « *si elle risque d'entraîner des conséquences manifestement excessives* ».

L'article 524 C. pr. civ. n'est pas applicable aux demandes de sursis à exécution des mesures ordonnées par le JEX[7]. En effet, l'article 524 concerne l'appel contre les décisions exécutoires par provision; tel n'est pas le cas de la décision du JEX, contre laquelle l'appel est dénué d'effet suspensif. Aussi, l'article 31 du décret présente un caractère autonome et le premier président statuant en référé n'a

1. Al. aj. par Décr. n° 2008-522, 2 juin 2008, portant refonte de la partie réglementaire du Code de l'organisation judiciaire, art. 10, 2°, *JO* 4 juin, p. 184.
2. *J.-Cl. Pr. civ.*, fasc. 2270, n° 48, par Miguet.
3. Civ. 2e, 18 févr. 1999, n° 97-11.374, *Bull. civ.* II, n° 33; *D.* 1999. 73; *Rev. huiss.* 1999. 631.
4. *J.-Cl. Pr. civ.*, fasc. 2270, n° 54, par Miguet.
5. Civ. 2e, 18 déc. 1996, n° 95-12.602, *Bull. civ.* II, n° 305; *RTD civ.* 1997. 749, obs. Perrot.
6. Civ. 2e, 25 mars 1999, n° 97-15.645, *Bull. civ.* II, n° 59; *D.* 1999. 112; *RTD civ.* 1999. 471, obs. Perrot; *Rev. huiss.* 2000. 289, obs. Bourdillat.
7. Civ. 2e, 20 déc. 2001, n° 00-17.029, *Bull. civ.* II, n° 201; *D.* 2002. 622; *Dr. et proc.* 2002. 167, note Hoonakker.

pas à rechercher si l'exécution de ces mesures « *risquerait d'entraîner des conséquences manifestement excessives* »[1].

§ 3
Conséquences

842.41 • **Cas du rejet de la contestation.** Le JEX ayant rejeté la contestation et ordonné le paiement, l'octroi du sursis prorogera l'effet d'indisponibilité de la créance saisie et le tiers saisi ne pourra pas payer le créancier saisissant.

842.42 • **Cas de la contestation accueillie.** Le JEX ayant accueilli la contestation et ayant ordonné la mainlevée de la saisie, sa décision va se trouver paralysée par l'octroi du sursis jusqu'à la décision de la cour d'appel. Encore faut-il que la demande de sursis ait été formée avant l'exécution du jugement de mainlevée[2].

En revanche, si le sursis est refusé, la mainlevée deviendra effective; elle anéantira l'effet attributif, mettra fin à l'indisponibilité de la créance, et le débiteur retrouvera la libre disposition de ses fonds.

842.43 **Fraction non contestée de la dette.** Lorsque le juge a donné effet à la saisie pour une fraction non contestée de la dette, l'article R. 211-12 alinéa 1er C. pr. exéc. prévoit que sa décision est **exécutoire sur minute.**

Dans ce cas, ce texte indique que l'article R. 121-22 alinéa 2 C. pr. exéc. n'est pas applicable.

Ainsi en cas d'appel, la demande de sursis ne produit aucun effet. Seule l'ordonnance du premier président suspendra le cas échéant la mesure ordonnée par le JEX, s'il fait droit à la demande de sursis, ou permettra le paiement au saisissant de la fraction non contestée, si le sursis est refusé.

842.44 **Provision.** Dans l'hypothèse où le JEX accorde une provision, l'article R. 211-12 alinéa 2 C. pr. exéc. n'écarte pas les dispositions de l'article R. 121-22 C. pr. exéc., de sorte que la demande de sursis va suspendre le versement de la provision.

1. Civ. 2e, 6 déc. 2001, no 00-16.870, *Bull. civ.* II, no 185; *D.* 2001. 139; *RD banc. fin.* 2002, no 107, obs. J.-M. D; *Procédures* 2002, no 25, obs. Perrot.
2. Civ. 2e, 5 avr. 2001, no 99-13.975, *Bull. civ.* II, no 74; *Procédures* 2001, no 120, obs. Perrot.

LIVRE

9. LES SAISIES MOBILIÈRES À FIN D'ATTRIBUTION : RÉGIMES SPÉCIFIQUES

SECTION 0 ORIENTEUR

900.00 Plan du livre.

TITRE

91. La saisie-attribution entre les mains d'une personne morale de droit public

SECTION 0 ORIENTEUR

910.00 Plan du titre.

910.01 Textes applicables. Les personnes publiques tiers saisies, sont soumises d'une part, aux règles générales des procédures civiles d'exécution, et d'autre part à des règles spécifiques lorsqu'elles sont dotées d'un comptable public.

– Lorsque la saisie-attribution est pratiquée entre les mains d'une personne morale de droit public non pourvue d'un comptable public, les règles instituées par la loi du 9 juillet 1991 (codifiée au Code des procédures civiles d'exécution par l'ordonnance n° 2011-1895, du 19 décembre 2011 [1]) et par le décret du 31 juillet 1992 (codifié au Code des procédures civiles d'exécution par le décret n° 2012-783, 30 mai 2012 [2]) sont applicables.

– Lorsque la saisie-attribution est pratiquée entre les mains d'un **comptable public,** il est fait application des règles générales des procédures civiles d'exécution, le Code des procédures civiles d'exécution ayant en particulier codifié le décret n° 93-977 du 31 juillet 1993 « *relatif aux saisies et cessions notifiées aux comptables publics et aux centres de chèques postaux ou de la Caisse nationale d'épargne* » (C. pr. exéc., art. R. 143-1 à R. 143-4) et des textes anciens non abrogés ou encore partiellement en vigueur (L. 9 juill. 1836, art. 14 et 15 [devenus C. pr. exéc., art. L. 143-2 et L. 112-4] – L. 8 juill. 1837, art. 11 [devenu C. pr. exéc., art. L. 143-2] – Ord. 16 sept. 1837 – Décr. 10 mai 1940 – V. *Code de procédure civile*, Dalloz, 2015). (V. aussi présent ouvrage s^s n°s 912.11 à 912.32).

910.03 Bibliographie indicative.

Ouvrages. G. Couchez, *Voies d'exécution*, 9e éd., Sirey, 2007 – M. et J.-B. Donnier, *Voies d'exécution et procédures de distribution*, 8e éd., « Manuel », LexisNexis/Litec, 2009 – A. Leborgne, *Droit de l'exécution*, 2e éd., « Précis », Dalloz, 2014 – R. Perrot et Ph. Théry, *Procédures civiles d'exécution*, 3e éd., Dalloz, 2013 – J. Vincent et J. Prévault, *Voies d'exécution et procédures de distribution*, 19e éd., « Précis », Dalloz, 1999.

Articles. M. Dymant, « La saisie-attribution aux comptables publics, aux centres de chèques postaux ou de la Caisse nationale d'épargne : le décret du 31 juillet 1993 ou l'été du service public », *Rev. huiss.* 1993. 1208 – P. Flores, « La personne publique tiers saisie », *Courrier jur. fin.* mai 1996, n° 65 – A. Lescaillon, « Les saisies-arrêts pratiquées entre les mains des personnes morales de droit public », *Rev. huiss.* 1986. 337 – O. Salvat, « Les règles spéciales régissant la sai-

1. Ord. n° 2011-1895, 19 déc. 2011, relative à la partie législative du Code des procédures civiles d'exécution, *JO* 20 déc., p. 21464.

2. Décr. n° 2012-783, 30 mai 2012, relatif à la partie réglementaire du Code des procédures civiles d'exécution, *JO* 31 mai, p. 9375.

sie-arrêt entre les mains des comptables publics », *Gaz. Pal.* 1987. Doctr. 508.

910.07 Insaisissabilité des biens publics. Les personnes publiques bénéficient d'une immunité d'exécution qui conduit à l'insaisissabilité de leurs biens [1]. Sur l'ensemble de la question, v. s^{s} n°s 152.11 s.

En raison de ce principe, une saisie-arrêt (solution transposable à la saisie-attribution) ne peut être pratiquée à l'encontre d'une personne publique sur des fonds devant revenir à une autre personne publique [2].

910.08 Saisie entre les mains d'une personne publique. L'insaisissabilité des biens d'une personne morale de droit public n'est cependant pas un obstacle à ce qu'une saisie-attribution puisse être pratiquée sur des sommes dues par une personne publique à une personne privée [3]. En effet, les personnes morales de droit public (État, collectivités territoriales, établissements publics) peuvent se trouver détentrices de fonds devant revenir à l'un de leurs créanciers.

Le Conseil d'État a rappelé, à propos d'une saisie-arrêt pratiquée entre les mains d'un établissement public à caractère industriel et commercial (Epic), que tout créancier muni d'un titre exécutoire constatant une créance liquide et exigible, pouvait saisir entre les mains d'un tiers les créances de son débiteur [4].

Sont également saisissables les comptes d'un organisme de droit privé chargé de la gestion d'un service public [5].

1. Donnier, 6e éd., 2001, n°s 217 s. – Perrot et Théry, n°s 248 s.
2. Com. 9 juill. 1951, *JCP* 1951. I. 6437; *D.* 1952. 141, note Blaevoet; *S.* 1952. 1. 125, note Drago.
3. P. Flores, « La personne publique tiers-saisie », *Courrier jur. fin.* 1996, n° 65, p. 1.
4. CE, avis, 30 janv. 1992, req. n° 350083, *Lebon; GACE*, Dalloz, 1997, n° 36, obs. Claisse.
5. Civ. 2e, 15 nov. 1995, n° 93-13.262, *Bull. civ.* II, n° 284.

CHAPITRE

911. Conditions de fond de la saisie-attribution

ÉDOUARD DE LEIRIS
MAGISTRAT

SECTION 0
ORIENTEUR

911.00 **Plan du chapitre.**

911.01 **Textes applicables.**

C. pr. exéc., art. L. 112-1.

• Décr. n° 93-977, 31 juill. 1993, relatif aux saisies et cessions notifiées aux comptables publics et aux centres de chèques postaux ou de la Caisse nationale d'épargne, *JO* 5 août, p. 10998.

911.03 **Bibliographie indicative.** (V. s^s n° 910.03).

911.05 **Principe.** La saisie-attribution, mesure d'exécution forcée suppose que le saisissant dispose d'un titre exécutoire à l'encontre du débiteur saisi et que celui-ci soit créancier d'un tiers saisi dont la particularité est d'être une personne publique.

SECTION 1
CONDITIONS RELATIVES AUX CRÉANCES

911.11 **Créance du saisissant.** Le créancier saisissant ne peut pratiquer une saisie-attribution que s'il dispose d'un titre exécutoire constatant une créance liquide et exigible (v. s^s n°s 811.11 à 811.16).

911.12 **Créance saisie.** (Sur l'ensemble de la question, v. s^s n°s 812.01 s.). S'agissant de la saisie-attribution entre les mains d'une personne publique, le Conseil d'État a pu sembler être plus exigent quant aux caractéristiques de la créance, objet de la saisie.

En effet, il a précisé que « *lorsque les créances dont bénéficient les cocontractants de la Caisse centrale de coopération économique sont devenues liquides et exigibles, les fonds correspondants peuvent, quelle que soit leur origine, être saisis-arrêtés entre les mains de la Caisse par les créanciers des cocontractants de celle-ci* »[1].

Un auteur s'est demandé s'il fallait voir dans cette réponse « *une inadvertance de la Haute assemblée ou au contraire l'expression de la singularité des conditions de fond auxquelles sont soumises les saisies pratiquées entre les mains de personnes publiques* »[2].

Il a estimé que la difficulté pourrait survenir chaque fois que la personne publique est soumise aux règles de la comptabilité publique, dès lors qu'en la matière, il convient de distinguer entre l'engagement, la liquidation, l'ordonnancement et le paiement de la dépense, étant précisé que « *ce n'est qu'à partir du moment où la dette de la collectivité publique a été liquidée* [...] *que les deniers publics font l'objet d'une individualisation dans la caisse du comptable* »[3].

Compte tenu de cet avis (qui concernait un Epic), la créance sur une personne publique ne pourrait être saisie qu'après sa liquidation. Si la saisie est pratiquée après l'engagement de la dépense, l'efficacité de la saisie sera subordonnée à l'exigence du « *service fait* »[4].

Cette réflexion est certainement pertinente pour déterminer l'exigibilité de la créance saisie. On doit toutefois distinguer cette exigibilité de la créance, de sa saisissabilité : la saisie-attribution peut porter sur une créance à terme ou sous condition.

1. CE, avis, 30 janv. 1992, req. n° 350.083, *Lebon; GACE*, Dalloz, 1997, n° 36, obs. Claisse.
2. CE, avis, 30 janv. 1992, req. n° 350083 (préc. s^s prés^t n°).
3. Claisse, obs. s^s avis (préc. s^s prés^t n°).
4. PERROT et THÉRY, n° 612.

Au surplus la décision du Conseil d'État est antérieure à l'entrée en vigueur du décret n° 93-977 du 31 juillet 1993, intégré dans le Code des procédures civiles d'exécution et qui renvoie purement et simplement à l'application des règles relatives aux procédures civiles d'exécution, sous quelques réserves parmi lesquelles ne figurent pas la liquidation de la créance. Un juge de l'exécution (JEX) a d'ailleurs pu refuser d'annuler des saisies-attributions pratiquées entre les mains de comptables publics après avoir constaté le caractère certain des créances saisies, et relevé que l'article L. 112-1 alinéa 2 C. pr. exéc. n'exige pas qu'une créance soit liquide et exigible pour être saisie [1].

SECTION 2

CONDITIONS RELATIVES À LA PERSONNE PUBLIQUE TIERS SAISIE

911.21 **Tiers saisis.** Toutes les personnes morales de droit public peuvent être des tiers saisis : État, régions, départements, communes, établissements publics administratifs (hôpitaux, universités, grandes écoles, lycées, CNRS, Caisse des dépôts et consignations, *etc.*), établissements à caractère industriel et commercial, que ces personnes soient ou non dotées d'un comptable public.

911.22 **Ordonnateurs et comptables.** Un des principes fondamentaux de la comptabilité publique est celui de la séparation des ordonnateurs et des comptables exprimé par l'article 3 du décret n° 62-1587 du 29 décembre 1962 portant règlement général de la comptabilité publique [2] (RGCP).

– L'ordonnateur (ministre, président d'un conseil régional ou général, maire, président d'université, *etc.*) est chargé de prescrire l'exécution des recettes et des dépenses (RGCP, art. 5).

– Le comptable est seul chargé du paiement des dépenses, soit sur ordre émanant de l'ordonnateur, soit au vu des titres présentés par les créanciers (RGCP, art. 11).

C'est entre ses mains que « *toutes oppositions ou autres significations ayant pour objet d'arrêter un paiement doivent être faites* » (RGCP, art. 36).

911.23 **Continuité du service public.** Selon le Conseil d'État, l'établissement public reste fondé cependant à se prévaloir devant la juridiction « *de ce que* [...] *la validation de la saisie-arrêt serait* [...] *de nature à compromettre la régularité ou la continuité du service public* » [3].

En vertu de ce principe, les services publics doivent pouvoir fonctionner de manière ininterrompue afin de satisfaire aux exigences de l'intérêt général.

Il appartiendra à la personne publique d'établir que la saisie-attribution pratiquée entre ses mains est de nature à porter atteinte au fonctionnement du service public dont elle a la charge, « *sans que l'importance de la somme saisie soit un élément décisif* » [4].

1. TGI Lyon, JEX, 21 sept. 1999, RG n° 99/04705, NP.

2. Décr. n° 62-1587, 29 déc. 1962, portant règlement général sur la comptabilité publique, *JO* 30 déc., p. 12828.
3. CE, avis, 30 janv. 1992, req. n° 350083 (préc. s^{s} n° 911.12).
4. Claisse, *GACE*, Dalloz, 1997, n° 36, p. 348, obs. s^{s} CE, avis, 30 janv. 1992, req. n° 350.083 (préc. s^{s} n° 911.12).

CHAPITRE

912. Particularités de la procédure de la saisie-attribution entre les mains des comptables publics

ÉDOUARD DE LEIRIS
MAGISTRAT

SECTION 0
ORIENTEUR

912.00 Plan du chapitre.

912.01 Textes applicables.

C. pr. exéc., art. L. 123-1, L. 143-1, L. 211-1 et L. 211-3; R. 143-2 à R. 143-4, R. 211-1, R. 211-4, R. 211-5 et R. 211-11.

C. pr. civ., art. 114 et 117.

• **Décr. n° 93-977, 31 juill. 1993**, relatif aux saisies et cessions notifiées aux comptables publics et aux centres de chèques postaux ou de la Caisse nationale d'épargne, *JO* 5 août, p. 10998.

Les règles générales de la procédure de la saisie-attribution sont applicables aux saisies notifiées aux comptables publics (Décr. 31 juill. 1993, art. 2), sous réserve des dispositions des articles 3 à 5 dudit décret, qui imposent des obligations particulières au créancier saisissant et au tiers saisi.

912.03 Bibliographie indicative. (V. s^s n° 910.03).

SECTION 1
OBLIGATIONS INCOMBANT AU SAISISSANT

912.11 Signification de l'acte de saisie. Aux termes de l'article R. 143-3 C. pr. exéc. (Décr. 31 juill. 1993, art. 4 abrogé), l'acte de saisie doit être signifié, à peine de nullité, au comptable assignataire de la dépense, c'est-à-dire, le comptable auprès duquel l'ordonnateur est accrédité [1].

Cette sanction était déjà encourue sous l'empire des textes relatifs à la saisie-arrêt (L. 9 juill. 1836, art. 13 abrogé) [2] : « *La saisie-arrêt* [...] *n'est valable que si l'exploit est fait à la personne préposée pour la recevoir* [...]. *Les oppositions doivent être faites entre les mains des comptables publics assignataires de la dépense limitativement énumérés* » [3].

En raison de la multiplicité des catégories de comptables publics, et afin de faciliter la tâche des huissiers chargés de pratiquer une saisie-attribution à l'encontre d'un créancier d'une personne publique, le législateur de 1991 a prévu que l'agent d'exécution puisse obtenir de l'ordonnateur l'indication du comptable public assignataire de la dépense et tous les renseignements nécessaires à la mise en œuvre de la mesure d'exécution (C. pr. exéc., art. L. 143-1).

Un acte ne peut être signifié à un ordonnateur et l'irrégularité de la signification ne peut être couverte par une transmission au comptable assignataire, « *cette opération intérieure de trésorerie ne pou-*

1. F. Deruel et J. Buisson, *Finances publiques,* 13e éd., « Mémento », Dalloz, 2001, p. 107.
2. Civ. 7 janv. 1920, *D.* 1924. 1. 63; *Gaz. Pal.* 1920. 1. 247.
3. Civ. 2e, 10 juill. 1985, n° 83-17.439, *Bull. civ.* II, n° 137; *D.* 1985. 473, obs. Julien; *Gaz. Pal.* 1985. 2. Pan. 351, obs. Véron; *D.* 1986. 59, note Montagnier.

vant suppléer les formalités substantielles imposées par la loi aux intéressés »[1].

912.12 Contenu de l'acte de saisie. Il résulte des termes de l'article R. 143-1 **C. pr. exéc.** que les dispositions régissant le droit commun de la saisie-attribution sont applicables à l'acte de saisie entre les mains du comptables, à savoir les **mentions relatives à** l'identification du débiteur, à l'énonciation du titre exécutoire, au décompte des sommes réclamées, à l'indication que le tiers saisi est personnellement tenu envers le créancier, à la défense faite au tiers saisi de disposer des sommes réclamées dans la limite de son obligation, à la reproduction des articles L. 211-2 alinéa 1er, L. 211-3, R. 211-5 et R. 211-11 C. pr. exéc., et à l'heure de la signification de l'acte de saisie.

Il est recommandé au saisissant d'apporter le plus grand soin à désigner la partie saisie afin d'éviter toute équivoque provenant d'une homonymie. L'**article 1er** du décret du 18 août 1807 (abrogé) prescrivait d'ailleurs que la saisie « *exprimera clairement les noms et qualités de la partie saisie* »[2].

L'**article 2** du décret du 18 août 1807, qui exigeait que l'acte de saisie contienne « *une copie ou exploit en forme du titre du saisissant* » a été abrogé.

L'article R. 143-2 C. pr. exéc. impose au créancier saisissant une obligation supplémentaire, celle de la désignation de la créance saisie, à peine de nullité. Ce texte, modifié pour tenir compte du fait que la saisie-attribution ne peut porter que sur une créance de somme d'argent, n'est que la reprise d'une exigence formulée par l'article 1er du décret du 18 août 1807 qui imposait au saisissant de désigner « *l'objet saisi* ».

Selon un auteur, il s'agit d'une obligation particulière, loin d'être « *anodine* »[3], qui n'est pas de nature à faciliter l'action du créancier saisissant qui risque de se voir opposer la nullité prévue par ce texte dès lors qu'il ne pourra peut-être pas désigner avec précision la créance que détient son débiteur sur la personne publique, faute de connaître le contenu des rapports contractuels. Cette obligation spécifique risque de restreindre les possibilités d'utilisation de la saisie-attribution.

Dans certaines hypothèses toutefois, la désignation ne fera pas de difficulté, lorsqu'il s'agira par exemple de saisir des créances à exécution successive comme des loyers dont la personne publique est débitrice.

912.13 Renouvellement de l'acte de saisie. On sait que l'acte de saisie-attribution entraîne un effet attributif immédiat de la créance saisie et un effet d'indisponibilité partielle.

La réforme a laissé subsister notamment l'article 14 de la loi du 9 juillet 1836, codifié à l'article L. 143-2 C. pr. exéc. aux termes duquel : « *À l'exception des actes visant à céder ou saisir une rémunération, les oppositions et significations adressées à un comptable public n'ont d'effet que pendant cinq années à compter de leur date, si elles n'ont pas été renouvelées dans ce délai, quels que soient les actes ou jugements intervenus sur ces oppositions et significations* »[4].

Cette disposition n'a aucune incidence lorsque la saisie porte sur une créance « *à exécution instantanée* », mais peut avoir vocation à s'appliquer lorsque la saisie porte sur une créance à exécution successive, comme un loyer, ou bien lorsqu'une procédure de contestation de la saisie n'est pas terminée dans ce délai de cinq ans[5].

Le créancier saisissant devra penser à renouveler l'acte de saisie, la déchéance résultant du non-renouvellement étant d'ordre public[6].

912.14 Sanctions des irrégularités affectant l'acte de saisie. L'inobservation par le créancier de ses obligations générales résultant de l'article R. 211-1 C. pr. exéc. et de ses obligations spécifiques (désignation de la créance saisie, signification au comptable assignataire de la dépense) est sanctionnée par la nullité (C. pr. exéc., art. R. 211-1 – C. pr. exéc., art. R. 143-2 à R. 143-4).

Sous l'empire des textes anciens, la Cour de cassation, après avoir jugé que l'inobservation des règles relatives à la forme de l'acte de saisie et à sa signification pouvait être invoquée par les tiers dans leurs rapports entre eux[7], a considéré que les formalités ont été édictées dans le seul intérêt de l'Administration et que le débiteur saisi ne pouvait s'en prévaloir[8].

Les dispositions de l'article 114 C. pr. civ. relatives à la nullité des actes de procédure doivent pouvoir recevoir application en cas d'inobservation des obligations prescrites par l'article R. 211-1 C. pr. exéc. et par les articles R. 143-2 à R. 143-4 C. pr. exéc.

La notification de l'acte de saisie à un ordonnateur ou à un comptable incompétent (v. ss no 912.11)

1. Civ. 2e, 7 janv. 1920 (préc. ss prést no).
2. Versailles, 7 mai 1985, *Gaz. Pal.* 1986. 1. 48, note Salvat; *RTD civ.* 1986. 429, obs. Perrot.
3. M. Dymant, « La saisie-attribution aux comptables publics, aux centres de chèques postaux ou de la Caisse nationale d'épargne : le décret du 31 juillet 1993 ou l'été du service public », *Rev. huiss.* 1993. 1210.
4. P. Flores, « La personne publique tiers-saisie », *Courrier jur. fin.* 1996, no 65, p. 2.
5. *J.-Cl. Pr. civ.*, *vo Saisie-attribution* (procédure : paiement), fasc. 2260, no 31, par Cayrol.
6. Civ. 9 août 1892, *S.* 1893. 1. 201.
7. Civ. 7 janv. 1920, *D.* 1924. 1. 63; *Gaz. Pal.* 1920. 1. 247.
8. Civ. 2e, 21 avr. 1982, no 81-11.938, *Bull. civ.* II, no 63; *Gaz. Pal.* 1982. Pan. 310, obs. Véron.

constitue une irrégularité de fond affectant la validité de l'acte au sens de l'article 117 C. pr. civ.

(Sur la sanction des irrégularités affectant l'acte de saisie, v. s[s] n°s 821.31 s.).

SECTION 2
OBLIGATIONS INCOMBANT AU COMPTABLE PUBLIC

912.20 Plan. Le tiers saisi, aux termes de l'article L. 123-1 C. pr. exéc., est tenu d'apporter son concours aux mesures d'exécution, et les articles L. 211-3 et R. 211-4 C. pr. exéc. lui imposent de déclarer « *sur-le-champ* » l'étendue de ses obligations envers le saisi ainsi que les modalités pouvant les affecter (§ 1).

Le décret de 1993 ajoute une formalité supplémentaire à la charge du comptable public, et n'exige pas de celui-ci une réponse « *sur-le-champ* » (§ 2).

§ 1
Visa de l'acte de saisie

912.21 Visa. L'article R. 143-4 C. pr. exéc. impose au créancier saisissant de soumettre au visa du comptable public l'original de l'acte de saisie, visa que prévoyait le décret du 18 août 1807. Ce texte a fait disparaître la possibilité de faire viser l'acte par le procureur de la République en cas de refus de visa par le comptable public.

Sous l'empire du décret de 1807, il était admis que le comptable public ne peut « *se faire juge de la régularité intrinsèque de la créance, mais il peut en vérifier la validité formelle, et il pourrait par exemple refuser son visa si la créance saisie-arrêtée n'était pas suffisamment identifiée, ou s'il n'en était pas le comptable assignataire* »[1].

Le Conseil d'État a dénié au comptable public tout pouvoir de critique de la validité de l'acte de saisie et ce, quels que soient les motifs, de fond ou de forme : « *Le comptable public* [...] *est tenu d'opérer les retenues correspondant aux saisies-arrêts pratiquées entre ses mains sans pouvoir en apprécier la validité* »[2].

912.22 Sanction du défaut de visa. La formalité du visa n'est pas prescrite à peine de nullité. En l'absence de texte, la nullité ne serait encourue qu'à la double condition que la formalité puisse être considérée comme substantielle ou d'ordre public, ce qui n'est pas le cas, et qu'un grief ait été établi.

§ 2
Déclaration du comptable public

912.31 Déclaration du tiers saisi. Aux termes de l'article 5 du décret du 31 juillet 1993, le comptable public était tenu de fournir à l'huissier de justice les renseignements prévus par l'article L. 211-3 C. pr. exéc. et de lui communiquer les pièces justificatives, mais par dérogation à l'article R. 211-4 C. pr. exéc., il n'était pas tenu de fournir ces renseignements « *sur-le-champ* » et disposait d'un délai de vingt-quatre heures pour y procéder. Ces dispositions sont désormais codifiées, à l'identique, à l'article R. 211-4 C. pr. exéc.

Ce délai peut permettre la concertation entre l'ordonnateur et le comptable. Il ne s'agit pas d'une innovation. La loi du 12 juillet 1905 (*abrogée*) prévoyait un tel délai.

Elle précisait par ailleurs que le comptable public ne pouvait viser l'acte que vingt-quatre heures après la signification.

Ce délai s'explique par « *l'organisation de l'Administration, le souci de préserver les deniers publics, la séparation de l'ordonnateur et du comptable (juridiquement et souvent géographiquement)* »[3].

912.32 Sanctions de l'obligation de déclaration. L'obligation de déclaration mise à la charge du tiers saisi est sanctionnée par l'article R. 211-5 C. pr. exéc. qui distingue d'une part, le refus, sans motif légitime, de fournir les renseignements, d'autre part, la négligence fautive, la déclaration inexacte ou mensongère (v. s[s] n°s 821.81 s.).

Le tiers saisi qui, sans motif légitime, ne fournit pas les renseignements prévus par l'article L. 211-3 C. pr. exéc., est condamné à payer les sommes dues au créancier, sans préjudice de son recours contre le débiteur.

Le **secret professionnel** auquel sont astreints les fonctionnaires de l'État et des collectivités territoriales (L. n° 83-634, 13 juill. 1983, art. 26) n'est pas considéré comme un motif légitime.

Sous l'empire des textes anciens, la Cour de cassation a approuvé une juridiction d'avoir fait injonction à un directeur départemental des postes de communiquer l'adresse de son agent à un huissier chargé du recouvrement du montant d'une condamnation[4].

En outre, l'article L. 123-1 C. pr. exéc. prévoit que le tiers saisi peut être contraint de satisfaire à

1. Civ. 2e, 10 juill. 1985, n° 83-17.439, *Bull. civ.* II, n° 137; *D.* 1986. 59, note Montagnier.
2. CE 15 oct. 1969, Association « Caen-Demain », req. n° 73563, *Lebon; JCP A* 1969. IV. 5589.
3. V. Flores, « La personne publique tiers-saisie », *Courrier jur. fin.* 1996, n° 65, p. 3, II B.
4. Civ. 1re, 30 juin 1992, n° 90-18.458, *Bull. civ.* I, n° 213; *JCP* 1993. II. 22001, note Daverat.

ses obligations « *à peine d'astreinte, sans préjudice de dommages et intérêts* ».

Toutefois l'article R. 143-1 C. pr. exéc. précise expressément que les dispositions du Code des procédures civiles d'exécution sont applicables à la saisie-attribution pratiquée entre les mains d'un comptable public. Quoique la question soit débattue[1], on pourrait en déduire que la personne morale publique peut être condamnée sur le fondement de l'article R. 211-5 C. pr. exéc.

1. DONNIER, 8e éd., 2009, no 1183.

CHAPITRE

913. Compétence en cas de contestation

ÉDOUARD DE LEIRIS
MAGISTRAT

913.01 **Textes applicables.** Le législateur de 1991, en instituant le juge de l'exécution, a voulu mettre fin à l'éparpillement des compétences (Donnier[1]).

Aux termes de l'article L. 213-6 du Code de l'organisation judiciaire, le juge de l'exécution connaît notamment, et de manière exclusive :

– des contestations qui s'élèvent à l'occasion de l'exécution forcée, même si elles portent sur le fond du droit;

– des demandes en réparation fondées sur l'exécution ou l'inexécution dommageables des mesures d'exécution forcée et des mesures conservatoires.

Le texte précise que le juge de l'exécution ne peut connaître des contestations qui échappent à la compétence de l'ordre judiciaire.

C. pr. exéc., art. L. 123-1; R. 211-5 et R. 211-9.

COJ, art. L. 213-6.

C. civ., art. 1242.

913.11 **Compétence administrative ou judiciaire.** La compétence du juge de l'exécution (JEX), juge judiciaire, est limitée, comme celle des autres juridictions de cet ordre.

Dès lors, s'agissant des contestations élevées à l'occasion d'une saisie-attribution pratiquée entre les mains d'une personne morale de droit public, le JEX est-il toujours compétent, ou bien doit-il, dans certains cas, s'effacer devant le juge administratif ?

À cette question, il est parfois possible d'apporter une réponse certaine, mais la variété des situations et l'état de la jurisprudence ne permettent pas toujours une affirmation sans nuance.

913.12 **Fautes détachables ou non de la procédure d'exécution.** La jurisprudence a procédé à la répartition des compétences entre l'ordre administratif et l'ordre judiciaire en se fondant sur la théorie de la faute détachable ou non de la procédure d'exécution.

Pour le Tribunal des conflits, les fautes commises au cours d'une procédure d'exécution ne sont pas détachables de cette procédure et seul le juge judiciaire est compétent[2].

Le Conseil d'État a immédiatement tenu compte de cette décision en renvoyant au juge judiciaire la connaissance des fautes commises au cours d'une procédure d'exécution[3].

« *Le contentieux né de la procédure d'exécution* [...] *ne ressortit pas à la compétence de la juridiction administrative* » (il en est ainsi jugé par une décision se rapportant à une saisie-arrêt pratiquée sur une pension de retraite[4] – Une solution dans le même sens a été adoptée à propos de la régularité d'une saisie-arrêt pratiquée entre les mains d'un centre de chèques postaux[5]).

En matière de saisie-arrêt, la Cour de cassation a admis que « *la faute commise par un chef de centre de chèques postaux en se dessaisissant au profit du comptable du Trésor, sur le fondement d'un avis à tiers détenteur non notifié au débiteur, du solde d'un compte qui avait fait l'objet d'une saisie-arrêt antérieure, n'est pas détachable de cette procédure de saisie* »[6]. L'action engagée contre l'agent judiciaire du Trésor par le créancier sur le fondement de l'article 1242 du Code civil est de la compétence du juge judiciaire.

Le juge judiciaire, et donc le JEX, a compétence pour apprécier la régularité de la procédure d'exécution[7].

1. DONNIER, 6e éd., 2001, no 83.

2. T. confl. 22 févr. 1960, Sieur Bernard, *Lebon* 861; *JCP* 1961. II. 12093, note Bénoit.
3. CE 30 mars 1960, Duval, *Lebon* 240; *RPDA* 1960. 170.
4. CE 16 mars 1983, Frank, req. no 32250 – V. AUSSI : concernant égal. une saisie-arrêt pratiquée sur une pension de retraite, CE 11 oct. 1993, Thiney, req. no 132252, NP.
5. CE 9 sept. 1994, Meyer, req. no 130148, *Lebon* 857.
6. Civ. 1re, 10 févr. 1987, no 85-15.499, *Bull. civ.* I, no 48.
7. Claisse, obs. ss CE, avis, 30 janv. 1992, req. no 350083, *Lebon* – *GACE*, Dalloz, 1997, no 36.

Relevons que la compétence des juridictions judiciaires est pareillement retenue lorsque l'Administration, créancière, commet une erreur dans l'accomplissement d'une saisie-attribution (pour une erreur dans la personne du débiteur saisi du fait d'une homonymie [1]).

913.13 Condamnation sur le fondement de l'article R. 211-5 C. pr. exéc. La violation de l'obligation prévue par l'article R. 211-5 C. pr. exéc. pourrait entraîner la condamnation de la personne publique à payer au créancier les sommes qui lui sont dues, ou des dommages et intérêts en cas de négligence fautive, ou de déclaration inexacte ou mensongère (v. s^s n°s 821.81 s.).

Si les jurisprudences précitées du Conseil d'État et de la Cour de cassation paraissent militer en faveur de la compétence du JEX pour prononcer une telle condamnation, la question demeure incertaine en l'absence d'arrêt ayant tranché ce point. En tout état de cause, une telle compétence ne pourrait conduire le JEX à porter une appréciation sur le rapport d'obligation liant la personne publique au débiteur saisi (v. s^s n° 913.15).

913.14 Astreinte. Afin de contraindre le tiers saisi à satisfaire à ses obligations, la loi de 1991 (C. pr. exéc., art. L. 123-1) permet au créancier saisissant de demander au JEX de prononcer une astreinte.

La compétence du JEX n'a pas été explicitement affirmée. Elle pourrait se prévaloir d'un arrêt de la Cour de cassation ayant rejeté le pourvoi formé contre une décision d'un juge des référés qui avait enjoint sous astreinte au directeur départemental des Postes de communiquer l'adresse d'un de ses agents à l'huissier chargé de recouvrer le montant d'une condamnation [2].

913.15 Contestations touchant la créance saisie. Les auteurs s'accordent sur la compétence de la juridiction administrative lorsque la contestation porte sur l'obligation de la personne publique à l'égard du débiteur saisi : existence, montant de la créance, par exemple [3].

Le tribunal administratif de Grenoble s'est déclaré compétent pour apprécier la responsabilité d'une commune et d'un comptable public en raison de la communication au créancier saisissant d'informations inexactes, sans avoir effectué les vérifications nécessaires pour justifier de la dette de la commune à l'égard du saisi [4].

Cependant, lorsque l'obligation de la personne publique résulte d'un contrat soumis au droit privé [5] le juge judiciaire reste compétent.

La nature de la créance détermine la compétence. La solution est analogue à celle retenue en cas de contestation d'un état exécutoire [6].

913.16 Délivrance d'un titre exécutoire. On sait que lorsque le tiers saisi refuse de payer les sommes qu'il a reconnu devoir ou dont il a été jugé débiteur, la contestation est normalement portée devant le JEX qui peut délivrer un titre exécutoire contre le tiers saisi (C. pr. exéc., art. R. 211-9).

La question de la compétence du JEX n'a pas été tranchée dans le cas d'une saisie-attribution pratiquée entre les mains d'un comptable public. Toutefois, en matière de saisie-arrêt, le Conseil d'État avait jugé que le refus par un comptable public de payer les sommes frappées entre ses mains d'une saisie-arrêt, fondé sur la déchéance quadriennale, constituait une décision administrative pouvant être déférée devant la juridiction administrative [7]. La même juridiction a jugé qu'une banque est fondée à contester devant la juridiction administrative le refus de paiement par un comptable public d'une créance « *Dailly* » cédée antérieurement à la notification d'un avis à tiers détenteur et d'une saisie-arrêt, et à solliciter la condamnation de l'État [8].

1. TA Cergy-Pontoise, 2e ch., 30 juin 2010, M. Ikene, req. n° 0704952, *Juris-Data* n° 022788.
2. Civ. 1re, 30 juin 1992, n° 90-18.458, *Bull. civ.* I, n° 213; *JCP* 1993. II. 22001, note Daverat.
3. Claisse, note s^s CE, avis, 30 janv. 1992, req. n° 350083 (préc. s^s n° 913.12) – DONNIER, 8e éd., 2009, n° 1184.
4. TA Grenoble, 5 juill. 1996, Vinet, req. n° 953332, NP.
5. A. de Laubadère, J.-C. Venezia et Y. Gaudemet, *Traité de droit administratif*, t. I, 14e éd., LGDJ, 1996, n°s 999 s.
6. V. jurispr. citée par M.-C. Gauthier, « Le contentieux de l'opposition à titre », *Procédures* 1998. 3. II-A.
7. CE 25 oct. 1967, Min. Éco. et Fin. c/Dame Bonnafous, *Lebon* 393.
8. CE 17 févr. 1993, Crédit commercial de France, req. n° 115272, *Lebon T.*

TITRE

92. La saisie-attribution des comptes bancaires et assimilés

SECTION 0
ORIENTEUR

920.00 Plan du titre.

920.01 Textes applicables. La saisie-attribution des comptes bancaires et assimilés est régie par les articles L. 162-1 et 162-2 C. pr. exéc. et R. 112-5, R. 162-1 à R. 162-9, R. 211-18 à R. 211-23, R. 213-10 du même code, textes qui viennent compléter les règles générales de la saisie-attribution, les adapter à ce mécanisme particulier de la saisie de comptes, ou se substituer à eux.

C. pr. exéc., art. L. 162-1 et L. 162-2; R. 112-5, R. 162-1 à R. 162-9, R. 211-18 à R. 211-23 et R. 213-10.

920.03 Bibliographie indicative.

Actualisables. Rép. pr. civ., *v° Saisie-attribution,* janv. 2007 [màj oct. 2014], par C. Lefort, n°s 265 s. – *J.-Cl. Not. Form.*, v° *Saisie des comptes bancaires – Saisie-attribution*, fasc. 10, par H. Croze – *J.-Cl. Pr. civ.*, v° *Saisie-attribution (Comptes bancaires : règles spécifiques)*, fasc. 2280, par N. Cayrol.

Ouvrages. G. Couchez, *Voies d'exécution*, 9e éd., Sirey, 2007 – J.-M. Delleci, *La réforme des procédures civiles d'exécution. Son application aux opérations de banque*, 2e éd., Banque, 1997 – J.-B. et M. Donnier, *Voies d'exécution et procédures de distribution*, 8e éd., « Manuel », LexisNexis/Litec, 2009 – A. Leborgne, *Droit de l'exécution*, 2e éd., « Précis », Dalloz, 2014, p. 507 s., n°s 1116 s. – R. Perrot et Ph. Théry, *Procédures civiles d'exécution*, 3e éd., Dalloz, 2013, p. 441 s., n°s 437 s. – F. Ribay et J.-M. Delleci, *La banque et les nouvelles procédures de saisie*, AFB, 1993 – J. Vincent et J. Prévault, *Voies d'exécution et procédures de distribution*, 19e éd., « Précis », Dalloz, 1999.

Articles. M. Cabrillac et B. Teyssié, *RTD com.* 1991. 617 – J.-M. Calendini, « La saisie-attribution de comptes bancaires », *LPA* 9 févr. 1994. 13 – F.-J. Credot et Y. Gérard, « Aspects bancaires de la réforme des procédures civiles d'exécution », *RD bancaire et bourse* 1993, n° 35, p. 2 – H. Croze, « Saisie-attribution bancaire : les mystères de l'article 47 de la loi du 9 juillet 1991 », *LPA* 6 janv. 1993. 70, n° spéc. – O. Cuperlier, « Réflexions critiques sur l'insaisissabilité d'une ouverture de crédit », *RTD civ.* 2007. 485 – J.-M. Delleci, « La saisie-attribution de comptes bancaires : portée de l'article 47 de la loi du 9 juillet 1991 », *Banque et droit* 1992. 160 – F. François-Marsal, « La saisie-attribution et le banquier tiers saisi », *LPA* 6 janv. 1993. 74, n° spéc. – C. Mouly, « Procédures civiles d'exécution et droit bancaire », *RTD civ.* 1993. 65, n° spéc. – B. Saintourens, « La saisie des avoirs bancaires », [Actes du colloque Association Processualis et master II, univ. Dijon, 28 févr. 2008], *Procédures* 2008. 40.

920.04 Spécificité. Le particularisme de la saisie-attribution des comptes bancaires s'explique par la nature des biens saisis, créances versées sur des comptes dont le solde varie en permanence par le jeu des retraits ou des dépôts de monnaie fiduciaire ou scripturale et qui constituent parfois le seul élément d'actif du débiteur.

920.05 Voie d'exécution privilégiée. Dans une « *société massivement bancarisée* »[1], la saisie-attribution des comptes ouverts auprès d'un « *établissement habilité par la loi à tenir des comptes de dépôt* » (C. pr. exéc., art. L. 162-1) constitue une procédure d'exécution privilégiée par le législateur (alors qu'il subordonne la saisie-vente des meubles d'un logement à l'impossibilité de saisir un compte de dépôt ou des rémunérations, lorsque la créance, cause de la saisie, est inférieure à un certain montant, C. pr. exéc., art. L. 221-2), efficace (par l'indisponibilité totale des comptes du saisi, C. pr. exéc., art. R. 211-19) et facile à mettre en œuvre (absence de commandement préalable).

Ces considérations expliquent l'institution d'un « *solde bancaire insaisissable* » par une loi du 12 mai 2009[2], ayant complété par un article 47-1 les dispositions de la loi du 9 juillet 1991 (devenu C. pr. exéc., art. L. 162-2) relatives à la saisie-attribution (L. n° 2009-526, 12 mai 2009, art. 20-I).

1. C. Mouly, « Procédures civiles d'exécution et droit bancaire », *RTD civ.* 1993. 66, n° spéc.

2. L. n° 2009-526, 12 mai 2009, de simplification et de clarification du droit et d'allègement des procédures, *JO* 13 mai, p. 7920.

CHAPITRE

921. Domaine de la saisie-attribution

ÉDOUARD DE LEIRIS
MAGISTRAT

SECTION 0
ORIENTEUR

921.00 **Plan du chapitre.**

921.01 **Textes applicables.**

C. pr. exéc., art. L. 161-2, L. 162-1, L. 162-2, L. 211-4, R. 162-2, R. 162-3, R. 162-7 à R. 162-9, R. 211-4, R. 211-5, R. 211-19, R. 211-21, R. 211-22 et R. 213-10.

C. civ., art. 220, 1134, 1402, 1415 et 1538.

C. pr. civ., art. 640 s.

C. mon. fin., art. L. 311-1 et L. 511-9.

La loi du 9 juillet 1991 et le décret du 31 juillet 1992, codifiés au Code des procédures civiles d'exécution, prévoient des règles spéciales applicables à la saisie-attribution pratiquée entre les mains d'un établissement habilité à tenir des comptes de dépôt. En l'absence de précision dans les textes, il est nécessaire de déterminer d'une part quels sont les établissements concernés, d'autre part, quels sont les comptes visés, et enfin, le « *solde bancaire insaisissable* » échappant à la saisie.

921.03 **Bibliographie indicative.** (V. s^s n° 920.03).

SECTION 1
ÉTABLISSEMENTS CONCERNÉS

921.11 **Établissements habilités à tenir des comptes de dépôt.** La réglementation spécifique s'applique lorsque la saisie-attribution est pratiquée entre les mains d'un « *établissement habilité par la loi à tenir des comptes de dépôt* ».

Le Code monétaire et financier dispose en son article L. 511-9 alinéa 1er que les établissements de crédit sont agréés en qualité de banque, de banque mutualiste ou coopérative, de caisse de crédit municipal, de société financière ou d'institution financière spécialisée.

Sont seules habilitées d'une façon générale à recevoir des fonds du public et à tenir des comptes de dépôt, les **banques,** les **banques mutualistes ou coopératives,** les **caisses de crédit municipal** (C. mon. fin., art. L. 511-9, al. 2) et les **caisses d'épargne et de prévoyance** (C. mon. fin., art. L. 512-87 et L. 512-88).

La catégorie des établissements concernés par ces dispositions comprend d'autres organismes qui, bien que non soumis à certaines dispositions du Code monétaire et financier (C. mon. fin., art. L. 518-1), reçoivent des dépôts en compte [1].

C'est le cas des services financiers de **La Poste** (**La Banque postale –** L. n° 90-568, 2 juill. 1990 [2] – C. mon. fin., art. L. 518-25), de la **Banque de France** (C. mon. fin., art. L. 141-8 [3]), du **Trésor public** (Décr. n° 63-763, 25 juill. 1963), de **la Caisse des dépôts et consignations** (C. mon. fin., art. L. 518-1). La question peut se poser de savoir si certains organismes sont soumis aux dispositions spéciales de l'article L. 162-1 C. pr. exéc. qui précise l'obligation déclarative du tiers saisi ainsi que les opérations de débit et de crédit qui peuvent affecter le solde des comptes.

1. H. Croze, « La loi n° 91-650 du 9 juillet 1991 portant réforme des procédures civiles d'exécution : les règles spécifiques aux différentes mesures d'exécution forcée et mesures conservatoires », *JCP* 1992. I. 3585, n° 13, note 34.
2. Mod. par L. n° 2005-516, 20 mai 2005.
3. ANC^T L. n° 93-980, 4 août 1993, art. 17.

921.12 Caisse autonome de règlements pécuniaires des avocats (Carpa). Il a pu être affirmé que les règles édictées par l'article L. 162-1 C. pr. exéc. s'appliquaient aux caisses autonomes de règlements pécuniaires des avocats, dites « Carpa »[1].

Ce point de vue est désormais globalement écarté[2].

La terminologie de l'article L. 162-1 C. pr. exéc., qui détermine les opérations pouvant modifier l'assiette de la saisie-attribution (remises de chèques, d'effets de commerce, retraits par billetterie), et celle des articles R. 211-19 et suivants C. pr. exéc. qui visent la « *nature des comptes* », la saisie d'un « *compte joint* », les « *fonds disponibles à vue* », révèle par elle-même que seuls entrent dans le champ des dispositions spécifiques de l'article L. 162-1 C. pr. exéc. les établissements qui, de façon habituelle, reçoivent des fonds en dépôt du public, gèrent ces fonds, mettent à disposition de leurs clients des procédés de paiement ou de crédit, en application des dispositions de l'article L. 311-1 du Code monétaire et financier.

921.13 Société d'affacturage. L'article L. 162-1 C. pr. exéc. ne concernant que les saisies-attribution pratiquées entre les mains des établissements habilités par la loi à tenir des comptes de dépôt, la Cour de cassation a justement refusé d'appliquer à une société d'affacturage les obligations prescrites par cet article, cette société n'étant pas habilitée par la loi à tenir des comptes de dépôt[3].

SECTION 2
COMPTES ET CRÉANCES VISÉS PAR LA SAISIE-ATTRIBUTION

§ 1
Comptes visés par la saisie-attribution

921.21 Comptes du débiteur. L'article L. 162-1 C. pr. exéc. fait obligation à l'établissement bancaire « *de déclarer le solde du ou des comptes du débiteur au jour de la saisie* ».

1. Chain, « La saisie-attribution », *Gaz. Pal.* 1993. 1. Doctr. 306 – TGI Grenoble, JEX, 23 juin 1997, RG n° 97/02830, NP.
2. *J.-Cl. Pr. civ., v° Saisie-attribution (Comptes bancaires : règles spécifiques)*, fasc. 2280, n° 16, par Cayrol – *Encyclopédie des huissiers de justice, v° Saisies des* comptes bancaires, fasc. 10, n° 6, par Leipp.
3. Civ. 2e, 5 avr. 2007, n° 05-14.593, *Bull. civ.* II, n° 88; *D.* 2007. AJ 1278, obs. Avena-Robardet; *Dr. et proc.* 2007. 383, obs. Lefort; *RD banc. fin.* 2007, n° 160, obs. Piedelièvre; *Dr. et patr.* nov. 2007. 164, obs. Grocq; *Gaz. Pal.* 2007. Somm. 3442, note Brenner; *D.* 2008. Pan. 1172, obs. Leborgne – V. AUSSI : B. Saintourens, « La saisie des avoirs bancaires », *Procédures* 2008. 40.

L'article R. 211-19 C. pr. exéc. précise que l'acte de saisie rend indisponible « *l'ensemble des comptes du débiteur qui représentent des créances de sommes d'argent* ».

En raison de la formulation générale de la loi et du décret, la banque tiers saisie est tenue d'indiquer à l'huissier qui pratique la saisie, non seulement le ou les comptes de dépôt, ordinaires ou joints, comptes courants, mais également tous les comptes et livrets d'épargne (livret A, compte d'épargne-logement, livret de développement durable, *etc.*) dont le solde représente une somme d'argent, gage des créanciers[4].

Ainsi le banquier doit-il dresser la liste des comptes de dépôt à vue, ouverts en euros, en devises, ou des comptes à terme, des comptes d'épargne.

MM. Crédot et Gérard ont pu dresser une liste de comptes ainsi rendus indisponibles par la saisie-attribution, qui ne saurait toutefois bien sûr être exhaustive :

- comptes de dépôt et comptes courants, ordinaires ou joints, faisant ou non l'objet d'une lettre de fusion;
- comptes sur livret;
- Codevi (livret de développement durable);
- comptes à terme;
- comptes et plans d'épargne logement;
- plans d'épargne populaire;
- plans d'épargne d'entreprise;
- certificats de dépôt;
- partie liquide d'un plan d'épargne en actions;
- parties « espèces » d'un compte de gestion;
- bons de caisse nominatifs émis par la banque;
- bons au porteur émis par la banque lorsqu'ils sont en dépôt chez celle-ci uniquement.

921.22 Tous les comptes du débiteur. L'obligation de renseignement qui pèse sur le tiers saisi « *porte non sur les seuls comptes enregistrant des créances de sommes d'argent mais sur tout compte au sens générique du terme dont le débiteur est titulaire au jour de la saisie qu'il s'agisse de comptes d'espèces* [...] *tels des comptes courants ou de dépôt, rémunérés ou non, à terme ou à vue, individuels ou collectifs, des comptes de provision ou de gages espèces ou de comptes de titres portant placement de trésorerie tels des warrants financiers, bon de caisse et titres de créance négociables* »[5].

Cette obligation générale de déclaration permet au créancier de connaître avec précision la nature des comptes, le montant de leur solde, et ainsi de

4. F.-J. Crédot et Y. Gérard, « Aspect bancaire de la réforme des procédures civiles d'exécution », *RD bancaire et bourse* 1993, n° 35, p. 4 – V. AUSSI : PERROT et THÉRY, nos 440 s.
5. Paris, 27 juin 1996, *Juris-Data* n° 024109.

décider de limiter, comme le prévoit l'article R. 211-21 C. pr. exéc., l'effet de la saisie à certains d'entre eux.

L'huissier agissant pour le compte du créancier saisissant n'a pas à fournir au banquier les références précises des comptes détenus par le client de la banque. Même si l'acte de saisie ne vise qu'un seul compte, le banquier doit indiquer à l'huissier de justice la nature des différents comptes et leur solde au jour de la saisie [1].

L'obligation de renseignement porte sur l'ensemble des comptes ouverts dans les livres de la banque. La Cour de cassation a jugé que la banque peut être condamnée à fournir les relevés du ou des comptes de toute nature détenus par elle au nom du débiteur, « *au jour de la saisie* » [2] (sur les comptes détenus à l'étranger, v. s[s] n° 921.26).

921.23 Secret bancaire. Selon le même arrêt, l'obligation de renseignement de l'établissement de crédit découlant de la loi, celui-ci n'est pas fondé à opposer le secret bancaire à la demande du créancier tendant à connaître la nature et la position des comptes ouverts dans ses livres au nom du débiteur; encore faut-il que l'huissier ait signifié un acte de saisie-attribution et ne se soit pas contenté de présenter l'acte au banquier pour obtenir des renseignements [3].

L'huissier saisissant ne peut cependant pas prendre connaissance d'avoirs du débiteur non concernés par une saisie-attribution [4], comme par exemple un compte de titres ou un coffre-fort.

De même, le banquier n'a pas à déclarer, dans le cadre d'une procédure de saisie-attribution, les comptes-titres et les plans d'épargne en actions (à l'exception de la partie liquide de ces plans) ou l'existence de coffres dont la saisie obéit à des règles spécifiques (C. pr. exéc., art. L. 231-1 et L. 233-1 – C. pr. exéc., art. R. 232-1 s., R. 224-1 et R. 224-2), ni même les produits d'assurance [5].

En effet, le banquier tiers saisi n'est pas tenu *d'une « obligation d'information générale qui porte sur l'ensemble des comptes dont le débiteur est titulaire dans l'établissement, qu'il s'agisse de comptes de dépôts, de comptes d'épargne ou encore de comptes de titres* », contrairement à ce qu'un JEX avait pu juger [6].

Une telle déclaration pourrait au contraire être considérée comme violant le secret bancaire [7].

On ne peut, à notre avis, tirer argument d'un arrêt de la Cour de cassation qui a approuvé une cour d'appel d'avoir retenu que l'obligation de renseignement ne portait pas sur les seuls comptes de dépôt enregistrant des créances de sommes d'argent [8]. En effet, le pourvoi reprochait à la cour d'appel d'avoir décidé que l'obligation déclarative du tiers saisi ne portait pas sur les seuls comptes de dépôt enregistrant des sommes d'argent.

Enfin, la cour d'appel de Paris a jugé qu'il ne pesait sur le tiers saisi aucune obligation de divulguer des renseignements confidentiels sur ses relations juridiques avec le débiteur saisi [9].

921.24 Comptes d'un entrepreneur individuel à responsabilité limitée (EIRL). En application de l'article L. 161-2 C. pr. exéc., inséré par l'ordonnance du 9 décembre 2010 relative à l'entrepreneur individuel à responsabilité limitée [10] (Ord. n° 2010-1512, 9 déc. 2010, art. 11) : « *En cas de saisie à l'encontre d'un entrepreneur individuel à responsabilité limitée, celle-ci ne peut porter que sur le ou les biens sur lesquels le créancier a un droit de gage général tel que défini à l'article L. 526-12 du Code de commerce* ». Cette disposition est un simple rappel de la limite apportée par le Code de commerce au patrimoine sur lequel les créanciers bénéficiant d'un droit de gage général peuvent exécuter [11].

Dans le cas particulier de la saisie des comptes bancaires, cette « *grille de lecture* » n'est pas sans conséquence. En effet, en l'absence de précision dans l'acte de saisie, l'établissement teneur de compte ne pourrait que bloquer l'ensemble des comptes ouverts dans son établissement au nom du débiteur, alors même qu'ils n'entreraient pas dans

1. TGI Cherbourg, JEX, 8 déc. 1993, *D.* 1994. 291, note Martin; *RTD civ.* 1994. 687, obs. Perrot; *Rev. huiss.* 1994. 1425 – Caen, 21 févr. 1995, *Gaz. Pal.* 1995. 2. 449, note du Rusquec.
2. Civ. 2e, 1er juill. 1999, n° 96-19.108, *Bull. civ.* II, n° 129; *D.* 1999. 210; *D. Affaires* 1999. 1362, obs. J. F.; *Gaz. Pal.* 2000. 1. Somm. 341, note Véron; *Banque et droit* 2000, n° 71, p. 50; *RD banc. fin.* 2000. 26, obs. J.-M. D.; *RJDA* 2000. 86; *Rev. huiss.* 2000. 287, obs. Courtier, rejetant le pourvoi formé contre Paris, 27 juin 1996 (préc. s[s] prés[t] n°).
3. Limoges, 3 févr. 2000, *RD banc. fin.* 2000, n° 74, obs. J.-M. D. – Limoges 28 sept. 2000, *D.* 2000. 264; *Rev. huiss.* 2001. 126, obs. Putman; *BICC* 15 févr. 2001, n° 213.
4. Delleci, n° 360, p. 223.
5. Douai, 19 juin 1997, *Banque et droit* 1997, n° 56, p. 40.
6. TGI Grasse, JEX, 13 janv. 1998, *Banque et droit* 1998, n° 58, p. 36.
7. F.-J. Credot et Y. Gérard, « Aspect bancaire de la réforme des procédures civiles d'exécution », *RD bancaire et bourse* 1993, n° 35, p. 11 – J.-M. Calendini, « La saisie-attribution de comptes bancaires », *LPA* 9 févr. 1994, p. 15, n° 10.
8. Civ. 2e, 8 avr. 1999, n° 97-14.742, *Bull. civ.* II, n° 69; *Banque* 2000, n° 610, p. 90, obs. Guillot.
9. Paris, 18 déc. 1997, *Rev. huiss.* 1998. 1135, obs. Dahan.
10. Ord. n° 2010-1512, 9 déc. 2010, portant adaptation du droit des entreprises en difficulté et des procédures de traitement des situations de surendettement à l'entrepreneur individuel à responsabilité limitée, *JO* 10 déc., p. 21617.
11. Sur ce point, v. *Rapport au président de la République,* relatif à Ord. n° 2010-1512, 9 déc. 2010, portant adaptation du droit des entreprises en difficulté et des procédures de traitement des situations de surendettement à l'entrepreneur individuel à responsabilité limitée, *JO* 10 déc., p. 21617.

le champ du droit de gage du créancier saisissant. Le créancier qui voudra éviter de voir sa responsabilité mise en cause dans le cadre des opérations de saisie gagnera donc à identifier le patrimoine de l'entrepreneur individuel qui lui sert de gage (v. s^s n° 821.27).

921.25 Comptes accueillant des sommes n'appartenant pas à son titulaire. Les sommes déposées par le débiteur sur un compte peuvent ne pas lui appartenir. Toutefois, elles perdent toute individualité lorsqu'elles sont versées au crédit d'un compte accueillant également des sommes revenant au titulaire du compte. Aussi, les comptes ouverts au nom du débiteur saisi entrent-ils dans leur totalité dans l'assiette de la saisie, sauf, pour celui qui prétend que ce compte n'est abondé que de sommes en simple dépôt[1], à rapporter la preuve que ces sommes sont la propriété d'un tiers. Ainsi a-t-il été jugé, pour le compte ouvert par un syndic de copropriété, « *qu'ayant relevé que la convention de compte professionnel relative au compte bancaire sur lequel la saisie-attribution avait été pratiquée* [...] *ne comportait aucune mention relative à une détention de fonds pour le compte de la copropriété et constaté que* [le syndic] *n'établissait pas que le compte était exclusivement dédié à cette copropriété et n'avait fonctionné, en débit et en crédit, que pour le seul syndicat de copropriétaires de ladite copropriété et exactement retenu que les fonds déposés sur le compte pouvaient être saisis par les créanciers* [du syndic], *la cour d'appel a décidé, à bon droit, qu'il n'y avait pas lieu d'ordonner la mainlevée des saisies-attributions pratiquées* »[2].

Il en va autrement lorsqu'est ouvert un compte spécial. Tel a pu par exemple être le cas pour :

- un compte ouvert au nom d'un conseil juridique (antérieurement à la réforme de la profession : Décr. n° 72-671, 13 juill. 1972[3]) exclusivement affecté à la réception des fonds provenant de sa clientèle, de sorte que les sommes ne sont détenues par lui qu'à titre précaire et ne font pas partie de son patrimoine[4];

- un compte spécial ouvert par un agent immobilier en application de la loi du 2 janvier 1970 destiné à recevoir les fonds remis par ses clients à titre d'acomptes sur les opérations effectuées par son intermédiaire[5].

Le compte que le tuteur est tenu d'ouvrir au nom de la personne protégée devrait entrer dans cette même catégorie (v. s^s n° 813.22).

921.26 Étendue de la saisie aux comptes tenus par une succursale située à l'étranger. La Cour de cassation, s'appuyant sur le fait que la banque a seule la personnalité morale, a jugé que celle-ci est dépositaire des fonds détenus dans une succursale située à l'étranger de sorte que la circonstance que les fonds sont déposés dans une telle succursale est sans incidence sur l'effet d'attribution au profit du créancier saisissant de la créance de somme d'argent à la restitution de laquelle est tenue la banque tiers saisie en sa qualité de dépositaire[6]. Ainsi, la localisation de fonds à l'étranger, dans une succursale, est indifférente; une seule saisie-attribution effectuée au siège social en France suffit.

Déjà sous l'empire de **la saisie-arrêt**, la Cour de cassation avait jugé que la déclaration affirmative du tiers saisi devait inclure les sommes déposées par le saisi dans une succursale étrangère[7].

La banque est donc tenue de déclarer les fonds détenus par sa succursale étrangère.

Bien que critiquée comme constitutive d'une **extraterritorialité de la saisie-attribution**, cette solution se justifie pleinement par le fait que la saisie-attribution ne porte pas sur les fonds situés à l'étranger mais sur une créance dont la banque est personnellement débitrice lorsque les fonds figurent au crédit d'un compte ouvert dans une succursale étrangère ne disposant pas de la personnalité morale (v. s^s n° 813.11).

§ 2
Cas des comptes à titulaires multiples

921.31 Comptes à titulaires multiples. Lorsqu'un compte est ouvert au nom de plusieurs titulaires et que le nom du débiteur apparaît dans l'intitulé du compte, le tiers saisi doit le déclarer au saisissant. Dans un tel cas, le banquier devra apporter à l'huissier les renseignements les plus précis possibles en

1. Croze, note au *JCP* 1992. I. 3585, n° 16 (préc. s^s n° 921.31).
2. Civ. 2e, 15 mai 2014, n°s 13-13.878 et 13-13.879, *Bull. civ.* II, n° 114.
3. Décr. n° 72-671, 13 juill. 1972, relatif à l'obligation d'assurance et de garantie des personnes inscrites sur la liste des conseils juridiques, *JO* 18 juill., p. 7565.
4. Civ. 1re, 19 févr. 1985, n° 83-15.536, *Bull. civ.* I, n° 68; *D.* 1986. 316.
5. Com. 25 févr. 1992, n° 90-16.881, *Bull. civ.* IV, n° 92 (pour un avis à tiers détenteur) – Pour d'autres illustrations : TGI Blois, JEX, 12 mai 1995, *Rev. huiss.* 1996. 862, obs. Dahan (compte d'un agent commercial).
6. Civ. 2e, 14 févr. 2008, n° 05-16.167, *Bull. civ.* II, n° 36; *D.* 2008. AJ 686, obs. Avena-Robardet; *Procédures* 2008, n° 141, obs. Perrot; *RTD civ.* 2008. 357, obs. Perrot; *RD banc. fin.* 2008, n° 78, obs. Piedelièvre; *Gaz. Pal.* 28-30 sept. 2008. 22, note Brenner; *JCP E* 2009, n° 1037, note Huchet – V. déjà : Civ. 2e, 30 janv. 2002, n° 99-21.278, NP; *JCP E* 2003, n° 587, note Cuniberti.
7. Com. 30 mai 1985, Cie tunisienne de navigation, *Rev. crit. DIP* 1986. 329, note Battifol – POUR UNE ANALYSE CRITIQUE : DELLECI, n° 362.

indiquant par exemple, en quelle qualité apparaît le débiteur dans l'intitulé du compte : représentant légal, trésorier, cotitulaire, dépositaire de fonds.

Il n'appartient pas au tiers saisi de se faire juge des droits de chaque cotitulaire sur le compte saisi. Si l'information est connue de lui, il doit indiquer au créancier saisissant que tel compte a été ouvert par le saisi pour recevoir des fonds en simple dépôt, par exemple, de la part d'un avocat pour le compte d'un client, d'un agent d'assurances pour le compte de sa compagnie[1].

921.32 Compte joint. La saisie-attribution peut porter sur un compte joint, l'article R. 211-22 C. pr. exéc. faisant d'ailleurs dans ce cas obligation à l'huissier de justice d'accomplir une formalité supplémentaire : **dénoncer la saisie à chacun des titulaires du compte,** s'ils les connaissent (v. s[s] n° 922.52).

La technique même du compte bancaire joint rend toutefois difficile la preuve de la propriété du solde créditeur du compte joint, en tout cas pour le créancier saisissant, qui est un tiers au contrat de compte joint.

Dès lors, la charge de la **preuve de la propriété des fonds** revêt un caractère déterminant : cette charge pèse-t-elle sur le créancier saisissant, devant alors établir que son débiteur est propriétaire des fonds figurant au crédit du compte ? Ou sur le cotitulaire du compte, devant alors établir sa propriété sur ces fonds ?

Sous l'empire de **la saisie-arrêt**, la Cour de cassation a jugé qu'il appartenait au cotitulaire non concerné d'apporter la preuve de sa propriété sur tout ou partie des fonds[2]. Cette solution présente le mérite en pratique de faire peser la charge de la preuve sur le cotitulaire du compte qui seul dispose des éléments lui permettant d'établir l'origine du solde créditeur du compte joint. Elle permet ainsi de passer outre à la règle, récemment rappelée par la Cour de cassation[3], selon laquelle il incombe au saisissant de prouver que son débiteur est bien créancier du tiers saisi. On explique cette particularité par la solidarité passive entre les cotitulaires du compte : le banquier est fondé à ignorer le titulaire des comptes et à procéder au blocage de l'ensemble du solde du compte joint; le cotitulaire peut toutefois établir sa propriété, puisque la solidarité passive est un droit appartenant au banquier, tiers saisi, qui ne profite donc pas au créancier saisissant[4]. Pour le même motif, il est estimé que le banquier qui connaît la répartition conventionnelle des droits entre les titulaires du compte joint peut limiter la saisie à la seule quote-part revenant au débiteur saisi[5]. Toutefois, la solidarité passive ne se présume pas et doit donc résulter de la convention de compte ou de la qualité de commerçant.

921.33 Incidence du régime matrimonial. • Régime de communauté. Lorsque le créancier d'un débiteur commun en biens procède à la saisie-attribution d'un compte bancaire ouvert au nom de l'un des époux ou au nom des deux, la présomption de communauté de l'article 1402 du Code civil joue.

Lorsque le créancier de l'un des époux ou des deux époux est fondé à saisir les biens communs du couple, cette présomption ne pose évidemment aucune difficulté. En revanche, lorsqu'il n'est fondé qu'à saisir les biens propres de son débiteur, la présomption lui interdit de saisir ces biens communs. Ainsi en va-t-il, en application des articles 220 et 1415 dudit code, du cas de l'époux ayant contracté un cautionnement ou un emprunt, à moins que ceux-ci n'aient été contractés avec le consentement exprès de l'autre conjoint[6].

La Cour de cassation a approuvé, dans une telle hypothèse, une cour d'appel qui, après avoir relevé que le compte bancaire était alimenté par les revenus de chacun des époux, a décidé, « *à bon droit* », que faute pour le créancier d'identifier les revenus de l'époux débiteur, ce compte n'est pas saisissable[7] (sur cette nécessité d'identifier les revenus de

1. *J.-Cl. Not. Form.*, *v° Saisies des comptes bancaires*, fasc. 10, n° 15, par Fossier – H. Croze, « La loi n° 91-650 du 9 juillet 1991 portant réforme des procédures civiles d'exécution : les règles spécifiques aux différentes mesures d'exécution forcée et mesures conservatoires », *JCP* 1992. I. 3585, n° 16.
2. Civ. 2e, 24 avr. 1985, n° 84-11.234, *Bull. civ.* II, n° 87; *D.* 1986. 315, obs. Vasseur; *RTD civ.* 1986. 645, obs. Perrot – V. AUSSI : Paris, 5 juill. 2001, *D.* 2001. 3308, note Julien.
3. Civ. 2e, 10 févr. 2011, n° 10-30.008, *Bull. civ.* II, n° 38; *Procédures* 2011, n° 169, obs. Perrot.
4. V. TOUTEFOIS : PERROT et THÉRY, n° 193, fondant la solution sur la solidarité active, permettant à chaque titulaire du compte de le faire fonctionner sous sa seule signature; la solidarité active ne semble toutefois pas permettre d'expliquer le droit, pour le cotitulaire non débiteur, d'exciper de son droit de propriété.
5. G. Ripert et R. Roblot, *Traité élémentaire de droit commercial,* t. II, 17e éd., LGDJ, 2004, par Delebecque et Germain, n° 2494 – *J.-Cl. Banque-Crédit-Bourse*, *v° Comptes ayant plusieurs titulaires*, fasc. 240, n° 33, par Bouteiller.
6. TGI Lyon, JEX, 12 sept. 1995, *Dr. fam.* 1997, n° 35, p. 19, obs. crit. Beignier.
7. Civ. 1re, 3 avr. 2001, n° 99-13.733, *Bull. civ.* I, n° 92; *D.* 2001. 1365; *JCP* 2002. II. 10080, note Bourdaire; *RTD civ.* 2001. 943, obs. Vareille; *RD banc. fin.* 2001, n° 159, obs. J.-M. D.; *Gaz. Pal.* 2002. Somm. 245, note Véron – EN CE SENS : Civ. 1re, 17 févr. 2004, n° 02-11.039, *Bull. civ.* I, n° 45; *D.* 2004. Somm. 2260, obs. Brémond; *JCP* 2004. I. 188, n° 12, obs. Simler – Civ. 1re, 17 janv. 2006, n° 02-20.636, *Bull. civ.* I, n° 13; *D.* 2006. 1277, note Bonnet; *JCP* 2006. I. 193, n° 13, obs. Simler; *Dr. et proc.* 2006. 276, obs. Hoonakker; *RTD civ.* 2006. 359, obs. Vareille.

l'époux débiteur, v. plusieurs arrêts et commentaires ultérieurs [1]).

Un compte de dépôt, qui n'est alimenté que par les revenus de l'époux débiteur, est saisissable, tandis que ne le sont pas un plan d'épargne logement et un compte-titres, lesquels constituent des acquêts que le mari ne peut engager par un cautionnement contracté sans le consentement exprès de la femme [2].

921.34 • **Régime de séparation des biens.** Aux termes de l'article 1538 alinéa 3 du Code civil, les biens sur lesquels aucun des époux ne peut justifier d'une propriété exclusive sont réputés leur appartenir indivisément chacun pour moitié.

En matière de saisie-arrêt, la deuxième chambre civile a jugé, dans un arrêt du 10 juillet 1996, par application de ce texte, que les effets de la saisie devaient être limités à la moitié indivise des valeurs déposées sur le compte dont la preuve qu'elles fussent la propriété du débiteur n'avait pas été rapportée [3].

Dans un arrêt du 20 mai 2009 [4], statuant en matière de saisie-attribution, la première chambre civile a retenu qu'il appartenait au créancier saisissant d'« *identifier les fonds personnels de l'époux débiteur* », autrement dit de prouver que les fonds ne sont pas indivis mais constituent la propriété exclusive de l'époux débiteur, avant de casser l'arrêt déféré en ce qu'il avait dit que la saisie avait emporté l'attribution d'une somme au profit du créancier saisissant.

La lecture des commentaires laisse apparaître un certain doute sur la portée de cet arrêt et sa compatibilité avec celui de la deuxième chambre civile. Faut-il le comprendre comme étendant la jurisprudence rendue en matière de régime de communauté, de sorte que le créancier devrait nécessairement établir la propriété exclusive de son débiteur sur tout ou partie du solde du compte joint, faute de quoi la saisie serait nulle et le créancier se verrait contraint, pour la partie indivise du compte, de provoquer le partage, par application de l'article 815-17 du Code civil [5] ? Peut-on au contraire cantonner la portée de cette cassation à la seule question de la charge de la preuve et considérer que demeure applicable la solution dégagée par la deuxième chambre civile, à savoir que la saisie est valable mais voit ses effets cantonnés à hauteur de la seule moitié indivise des fonds saisis [6] ?

S'il a pu être relevé que la première solution serait juridiquement plus exacte [7], la deuxième solution est assurément plus pragmatique. Elle serait en outre plus équilibrée dès lors que la charge de la preuve pesant sur le saisissant a déjà pour conséquence de décharger le conjoint du débiteur, cotitulaire du compte, du fardeau de la preuve à concurrence de la moitié du solde du compte, alors que le saisissant, tiers au rapport contractuel liant la banque et les titulaires du compte ne sera en pratique jamais en capacité d'établir la propriété exclusive de son débiteur sur tout ou partie du solde du compte.

§ 3
Autres dettes de l'établissement bancaire

921.41 **Autres dettes de l'établissement de crédit.** La banque peut être personnellement débitrice de sommes d'argent envers son client. Ces sommes, pour autant qu'elles soient saisissables, entrent dans le champ d'une saisie-attribution pratiquée entre les mains d'une banque. Cette solution ne pose évidemment pas de difficulté lorsque ces créances sont inscrites au crédit d'un compte bancaire. Dans le cas contraire, on peut raisonnablement considérer que la saisie de ces créances n'entre pas dans le champ des prescriptions propres à la saisie des comptes bancaires (indisponibilité totale des comptes, solde bancaire insaisissable, *etc.*), de sorte qu'elle demeure régie par les seules règles générales applicables à la saisie-attribution [8].

921.42 **Ouvertures de crédit.** Une ouverture de crédit constitue simplement une promesse de prêt et ne donne donc naissance à un prêt qu'à concurrence des fonds effectivement utilisés par le

1. Civ. 1re, 18 févr. 2003, n° 00-21.362, *Bull. civ.* I, n° 48; *D.* 2003. 1864, obs. Brémond; *JCP* 2003. I. 158, n° 9, obs. Simler; *Dr. fam.* 2003, n° 49, note Beignier; *RTD civ.* 2003. 536, obs. Patarin – Civ. 1re, 17 janv. 2006, n° 02-20.636, *Bull. civ.* I, n° 13; *BICC* 15 avr. 2006, n° 733; *D.* 2006. 321 – Civ. 2e, 17 janv. 2006, n° 02-20.636, *Bull. civ.* II, n° 13; *D.* 2006. 1277, note Bonnet; *Dr. et proc.* 2006. 276, obs. Hoonakker.
2. Civ. 1re, 14 janv. 2003, n° 00-16.078, *Bull. civ.* I, n° 2; *RD banc. fin.* 2003, n° 64, obs. Legeais; *D.* 2007. 2792, note Barabé-Bouchard; *JCP* 2003. II. 10019, concl. Sainte-Rose; *RTD civ.* 2003. 534, obs. Vareille – V. AUSSI, Civ. 1re, 20 mai 2003, n° 01-12.436, *Bull. civ.* I, n° 118; *JCP* 2004. I. 129, n° 15, obs. Simler.
3. Civ. 2e, 10 juill. 1996, n° 94-16.837, NP; *RTD civ.* 1996. 990, obs. Perrot; *Procédures* 1996, n° 289, obs. Perrot; *JCP* 1997. I. 4008, n° 19, obs. Storck; *RD bancaire et bourse* 1997, n° 59, p. 25, obs. Credot et Gérard.
4. Civ. 1re, 20 mai 2009, n° 08-12.922, *Bull. civ.* I, n° 102; *JCP N* 2009, n° 1286, note Brémond; *JCP E* 2009. 2020, n° 13, obs. Salgueiro; *RD banc. fin.* n° 181, note Crédot et Samin, et n° 189, note Legeais; *JCP* 391, n° 27, note Storck.
5. EN CE SENS : Crédot et Samin, Storck (note préc. ss prést n°).
6. EN CE SENS : Salgueiro (note préc. ss prést n°).
7. Note Brémond (préc. ss prést n°).
8. *J.-Cl. Pr. civ., v° Saisie-attribution (Comptes bancaires : règles spécifiques)*, fasc. 2280, n° 42, par Cayrol.

client[1]. La Cour de cassation en déduit que la fraction inutilisée d'une ouverture de crédit n'est pas saisissable[2]. Cette solution, quoique rendue en matière de saisie-arrêt est, par sa généralité même, applicable à la saisie-attribution. Les ouvertures de crédit ou les autorisations de découvert ne peuvent pas être saisies, tant que l'autorisation n'a pas été utilisée par son bénéficiaire, car elles « *ne créent qu'un droit de tirage au profit du client* »[3], de sorte que celui-ci n'est bénéficiaire que d'une obligation de faire à son profit[4] (v. s^s n° 812.32 et la jurisprudence citée).

921.43 Crédit documentaire. Le règlement financier d'une opération commerciale le plus souvent internationale s'effectue fréquemment par le crédit documentaire, opération par laquelle un banquier, sur ordre d'un acheteur (donneur d'ordre), promet de payer le vendeur (bénéficiaire), contre remise de documents[5].

Le banquier du bénéficiaire doit déclarer l'existence d'un crédit documentaire qui peut donner naissance à une créance saisissable[6].

Cette solution s'impose dès lors qu'il est admis que le crédit donne naissance dans le patrimoine du bénéficiaire à une créance saisissable au profit d'un créancier de ce bénéficiaire[7].

La Cour de cassation, se fondant sur l'article 1134 du Code civil, n'a pas admis la saisie du crédit documentaire par le donneur d'ordre lui-même, créancier du bénéficiaire, alors qu'il s'agissait d'une saisie-arrêt, mesure conservatoire, estimant que la stipulation par laquelle le donneur d'ordre et le bénéficiaire conviennent du caractère irrévocable du crédit documentaire s'oppose à cette saisie[8].

Cette solution, retenue en premier lieu pour une créance liée au contrat de base du crédit documentaire, a été étendue au cas où le donneur d'ordre se prévaut d'une créance étrangère au contrat de base[9]. La Cour de cassation n'a pas eu l'occasion de se prononcer sur l'extension de cette solution à l'hypothèse d'une saisie-attribution[10].

921.44 Gage-espèces. La pratique bancaire utilise, sous diverses dénominations (provision, compte de garantie, compte bloqué), le nantissement d'espèces, ou gage-espèces[11] afin de garantir des crédits accordés.

Lors de la signification d'une saisie-attribution, le banquier, tenu de déclarer à l'huissier les modalités qui pourraient affecter le compte, sera amené à déclarer l'existence d'une telle garantie[12].

En effet, la somme versée en gage sur le compte a reçu une affectation spéciale; elle constitue un privilège pour la banque créancière et n'est donc pas une créance disponible[13], de sorte que sa saisie ne s'accompagne d'aucune attribution au profit du créancier (v. s^s n° 831.151). Toutefois, la dépossession réalisée par l'inscription d'un gage-espèces sur un compte spécial n'est pas opposable aux tiers en l'absence d'écrit ayant date certaine[14].

SECTION 3

SOMMES ÉCHAPPANT DE PLEIN DROIT À LA SAISIE : SOLDE BANCAIRE INSAISISSABLE

921.51 Historique. Un décret du 11 septembre 2002[15] est venu prévoir que lorsqu'un compte a fait l'objet d'une « *saisie* » (saisie conservatoire ou saisie-attribution), son titulaire pouvait demander au

1. Com. 21 janv. 2004, n° 01-01.129, *Bull. civ.* IV, n° 13; *D.* 2004. 498, obs. Avena-Robardet; *D.* 2004. 1149, note Jamin; *RTD com.* 2004. 352, obs. Legeais.
2. Civ. 2e, 18 nov. 2004, n° 00-19.693, *Bull. civ.* II, n° 501; *D.* 2005. 213, obs. Avena-Robardet; *D.* 2005. 1604, obs. Taormina; *Dr. et proc.* 2005. 109, obs. Bourdillat; *RTD com.* 2005. 154, obs. Legeais; *RD banc. fin.* 2005, n° 23, obs. Piedelièvre – V. AUSSI : O. Cuperlier, « Réflexions critiques sur l'insaisissabilité d'une ouverture de crédit », *RTD civ.* 2007. 485.
3. H. Croze, « La loi n° 91-650 du 9 juillet 1991 portant réforme des procédures civiles d'exécution : les règles spécifiques aux différentes mesures d'exécution forcée et mesures conservatoires », *JCP* 1992. I. 3585, n° 16.
4. *RTD civ.* 1985. 220, obs. Perrot.
5. C. Gavalda et J. Stoufflet, *Droit bancaire*, 3e éd., LexisNexis, 1997, n° 615, p. 312.
6. C. Gavalda et J. Stoufflet, n° 639 (préc. s^s prés^t n°) – G. Ripert et R. Roblot, *Traité élémentaire de droit commercial*, t. II, par P. Delebecque et M. Germain, 16e éd., LGDJ, 2000, n° 2426 – F. François-Marsal, « La saisie-attribution et le banquier tiers saisi », *LPA* 6 janv. 1993, n° spéc., p. 75, n° 2-a – C. Bontoux, « Saisie-arrêt et crédit documentaire », *Banque* 1985. Chron. 73.
7. Com. 5 juill. 1983, n° 81-12.371, *Bull. civ.* IV, n° 202; *Gaz. Pal.* 1984. 1. Pan. 12, obs. M. V.; *Banque* 1984. 245, obs. Rives-Lange.
8. Com. 14 oct. 1981, n° 80-12.336, *Bull. civ.* IV, n° 357; *D.* 1982. 309, note Vasseur; *JCP* 1982. II. 18815, note Gavalda et Stoufflet; *Banque* 1982. 524, obs. Martin.
9. Com. 18 mars 1986, n° 83-16.737, *Bull. civ.* IV, n° 47; *D.* 1986. 374, note Vasseur; *JCP* 1986. II. 20624, note Stoufflet – Com. 18 oct. 1988, n° 86-16.683, *Bull. civ.* IV, n° 278; *D.* 1989. 195, obs. Vasseur.
10. Pour une telle application, v. TGI Lyon, JEX, 22 juin 1993, *Gaz. Pal.* 1994. 1. Somm. 355.
11. C. Gavalda et J. Stoufflet, *Droit bancaire*, 3e éd., 1997, n° 668.
12. DELLECI, n° 357, p. 213.
13. TGI Lyon, JEX, 21 juin 1994, *Rev. huiss.* 1994. 245.
14. Com. 23 avr. 2003, n° 02-11.015, NP; *RD banc. fin.* 2003, n° 198, obs. J.-M. D; *JCP* 2003. II. 10140, note Schmidt et Delespaul – EN CE SENS : TGI Lyon, JEX, 10 déc. 2002, RG n° 02/05076, NP.
15. Décr. n° 2002-1150, 11 sept. 2002, instituant un dispositif d'accès urgent aux sommes à caractère alimentaire figurant sur un compte saisi et modifiant le décret n° 92-755 du 31 juillet 1992, *JO* 13 sept., p. 15133.

tiers saisi « *la mise à disposition immédiate d'une somme à caractère alimentaire* ».

Étaient visées toutes les catégories de débiteurs saisis dont les comptes sont crédités de créances, insaisissables ou non. Leur information était assurée par l'acte de dénonciation de la saisie[1]. La somme qui pouvait être sollicitée par le saisi était limitée à « *un montant au plus égal à celui du revenu minimum d'insertion pour un allocataire* », dans la limite du « *solde créditeur du compte au jour de réception de la demande* ».

La demande était présentée au moyen d'un formulaire, dont le modèle a été fixé par arrêté du 11 septembre 2002[2], dans les quinze jours suivant la saisie.

En cas de pluralité de comptes, la demande ne pouvait être présentée que sur un seul compte et en cas de pluralité de titulaires d'un compte, ceux-ci ne pouvaient faire qu'une seule demande. Une autre demande ne pouvait être formée en cas de nouvelle saisie qu'à l'expiration d'un délai d'un mois à compter de la précédente demande.

Ce dispositif extrajudiciaire était institué dans l'intérêt du débiteur, ce qui n'excluait donc pas une saisine directe du JEX pour faire constater le caractère alimentaire des sommes saisies et formuler sa demande de mise à disposition[3].

Toutefois, même ainsi conçu, le dispositif restait, semble-t-il, très peu utilisé[4].

921.52 Instauration d'un « *solde bancaire insaisissable* ». Pour assurer l'effectivité de ce maintien d'une somme à caractère alimentaire, la loi du 12 mai 2009[5] (L. n° 2009-526, 12 mai 2009, art. 20-I) a donc inséré, dans la loi du 9 juillet 1991, un article 47-1 (devenu C. pr. exéc., art. L. 162-2), dont le premier alinéa dispose : « *Le tiers saisi laisse à disposition du débiteur personne physique, dans la limite du solde créditeur du ou des comptes au jour de la saisie, une somme à caractère alimentaire d'un montant égal au montant forfaitaire, pour un allocataire seul, mentionné à l'article L. 262-2 du Code de l'action sociale et des familles* ».

Cet article est entré en vigueur le 1er août 2009[6].

Le dispositif, au cours des travaux parlementaires puis par la suite, a pu être qualifié de « *solde bancaire insaisissable* ». On l'a également désigné par le terme de « *RSA bancaire* ». Il a pu être relevé par les commentateurs que ces deux expressions, quoiqu'évocatrices, n'étaient pas tout à fait exactes[7], encore que la première expression nous semble assez conforme au dispositif instauré par la loi du 12 mai 2009 et son décret d'application, le décret n° 2009-1694 du 30 décembre 2009 relatif à la mise à disposition automatique d'une somme à caractère alimentaire sur un compte saisi[8], venu modifier notamment les articles R. 213-10 et R. 162-2 et suivants C. pr. exéc.

À l'occasion d'une question prioritaire de constitutionnalité, la Cour de cassation a retenu que par ce dispositif, poursuivant la mise en œuvre d'une politique de solidarité nationale en faveur des personnes défavorisées, le législateur a procédé à la conciliation entre les deux exigences constitutionnelles que sont, d'une part, le droit de propriété des créanciers, et, d'autre part, le droit d'obtenir des moyens convenables d'existence reconnu aux débiteurs par l'alinéa 11 du Préambule de la Constitution de 1946[9].

De façon générale, ce dispositif tend à garantir le maintien à disposition d'une somme égale au RSA mensuel « *socle* » ou « *de base* » sur les comptes bancaires du débiteur. Cette « *globalisation* » du solde de l'ensemble des comptes bancaires d'un débiteur est en pratique difficile à mettre en œuvre.

Il présente en effet la double caractéristique suivante : d'une part, la mise à disposition ne se calcule pas compte par compte, mais au regard de l'ensemble des comptes bancaires du débiteur, même ouverts auprès de banques différentes; d'autre part, elle ne se calcule pas saisie par saisie, mais sur une période mensuelle.

Pour y parvenir, le dispositif très détaillé, mis en place par le décret, repose sur un échange d'infor-

1. T. Moussa et L. de Mersseman, « Le nouveau dispositif d'accès urgent aux sommes à caractère alimentaire figurant sur un compte saisi », *Procédures* 2002, n° 7, p. 6.
2. Arr. 11 sept. 2002, fixant le modèle du formulaire de demande de mise à disposition de sommes à caractère alimentaire figurant sur un compte saisi, pris en application de l'article 46-1 du décret n° 92-755 du 31 juillet 1992, instituant de nouvelles règles relatives aux procédures civiles d'exécution, *JO* 13 sept., p. 15134.
3. Civ. 2e, 6 nov. 2008, n° 07-17.627, *Bull. civ.* II, n° 233.
4. P. Hoonakker, « RSA bancaire ou la mise à disposition automatique d'une somme à caractère alimentaire sur un compte saisi », *D.* 2010. 1890. 2, citant une étude du CREDOC évoquant entre 2 à 15 % de demande de mise à disposition.
5. L. n° 2009-526, 12 mai 2009, de simplification et de clarification du droit et d'allègement des procédures, *JO* 13 mai, p. 7920.
6. L. Lauvergnat, « Brèves remarques sur le déclenchement d'office du solde bancaire insaisissable », *Dr. et proc.* 2009. 188; *JCP* 2009. 288, note Notté.
7. V. PRINCIPALEMENT : P. Hoonakker, « RSA bancaire ou la mise à disposition automatique d'une somme à caractère alimentaire sur un compte saisi », *D.* 2010. 1890. 2 (préc. ss n° 921.51) – V. AUSSI SUR CE SUJET : L. Lauvergnat, « Le décret n° 2009-1694 du 30 décembre 2009, relatif à la mise à disposition automatique d'une somme à caractère alimentaire sur un compte saisi : les faux-semblants d'une clarification attendue », *Dr. et proc.* 2010. 76.
8. Décr. n° 2009-1694, 30 déc. 2009, relatif à la mise à disposition automatique d'une somme à caractère alimentaire sur un compte saisi, *JO* 31 déc., p. 23110.
9. Civ. 2e, 13 déc. 2012, n° 12-40.083, NP.

mations et met en avant la responsabilité civile du débiteur qui bénéficierait indûment de ce mécanisme protecteur.

921.53 Champ d'application du solde bancaire insaisissable. Quant à son champ d'application matériel, le dispositif, qui est inséré dans les dispositions générales du Code des procédures civiles d'exécution, concerne ainsi toutes les mesures d'exécution, forcées ou conservatoires, pratiquées sur des comptes bancaires. Il s'applique aux mesures régies par ce code, comme à celles relevant du droit public (LPF, art. L. 263 et L. 272 A, respectivement pour l'avis et la saisie à tiers détenteur; CGCT, art. L. 1617-5, pour l'opposition à tiers détenteur). Enfin, le dispositif s'étend également à la saisie conservatoire de compte bancaire instituée dans l'espace de l'Union européenne par le règlement communautaire du 15 mai 2014[1], par application de l'article 31 de ce règlement.

Quant au champ d'application personnel, à la différence du droit antérieur, le maintien à disposition ne concerne que les débiteurs personnes physiques, ce qui est logique s'agissant d'une somme à caractère alimentaire.

921.54 Cas particulier de l'entrepreneur individuel à responsabilité limitée (EIRL). Pour régler le cas particulier du débiteur EIRL, l'ordonnance n° 2010-1512 du 9 décembre 2010[2], en son article 11, 2°, est venue compléter l'article L. 162-2 C. pr. exéc., par un second alinéa disposant que : « *Lorsque le débiteur est entrepreneur individuel à responsabilité limitée, l'alinéa précédent ne s'applique qu'à la saisie des comptes afférents à son patrimoine non affecté* ».

Le solde bancaire insaisissable ne concerne donc que le patrimoine non professionnel de l'EIRL. Ainsi, la saisie pratiquée par un créancier disposant d'un droit de gage général sur le seul patrimoine de l'EIRL affecté à l'activité professionnelle de cet entrepreneur ne donne lieu à aucun maintien à disposition. C'est dire que, d'une certaine façon, pour l'application du solde bancaire insaisissable, le patrimoine affecté est assimilé à la constitution d'une personne morale, dont il est rappelé en effet qu'elle ne bénéficie pas du solde bancaire insaisissable.

Il s'ensuit que lorsque le créancier saisissant dispose d'un droit de gage sur plusieurs patrimoines du débiteur EIRL, le tiers saisi devra procéder comme s'il était face à une saisie-attribution pratiquée contre deux débiteurs, l'un correspondant au patrimoine non affecté à l'activité professionnelle, bénéficiant du solde bancaire insaisissable et l'autre non.

921.55 Mécanisme du maintien à disposition. L'article R. 162-2 C. pr. exéc. dispose que lorsqu'un compte fait l'objet d'une saisie, le tiers saisi laisse à la disposition du débiteur, sans qu'aucune demande soit nécessaire, et dans la limite du solde créditeur des comptes au jour de la saisie, une somme à caractère alimentaire d'un montant égal au montant forfaitaire, pour un allocataire seul, mentionné à l'article L. 262-2 du Code de l'action sociale et des familles, c'est-à-dire, au 1er janvier 2015, 513,88 euros[3].

L'article R. 162-2 C. pr. exéc. précise qu'en cas de pluralité de comptes, il est opéré une mise à disposition au regard de l'ensemble des soldes créditeurs. C'est dire que le maintien à disposition est calculé sur la totalité de l'assiette de la saisie, puisque la saisie-attribution des comptes porte sur l'ensemble des comptes ouverts dans les livres de l'établissement bancaire.

C'est une différence notable avec le dispositif antérieur, pour lequel la mise à disposition n'était opérée que sur un seul compte, au choix du débiteur, de sorte qu'en cas de pluralité de comptes dont aucun n'atteignait le montant du RSA, la mise à disposition était finalement inférieure à cette somme. Ainsi, à la globalisation des comptes saisis répond désormais la globalisation du solde à caractère alimentaire.

Cette nouveauté impose de préciser sur quel(s) compte(s) la somme à caractère alimentaire est maintenue à disposition. Le texte prévoit à cette fin que cette somme est imputée, en priorité, sur les fonds disponibles à vue, ce qui participe de la nature même du solde bancaire insaisissable, destiné à un usage alimentaire immédiat. Il sera ainsi opportun que le solde soit laissé à disposition sur les comptes auxquels sont adossés des moyens de paiement (carte bancaire, chéquier). Rien n'interdit à la convention bancaire de préciser, en cas de pluralités de comptes à vue, celui sur lequel sera prioritairement laissé à disposition le solde à caractère alimentaire.

1. Règl. UE n° 655/2014 du Parlement et du Conseil, 15 mai 2014, portant création d'une procédure d'ordonnance européenne de saisie conservatoire des comptes bancaires, destinée à faciliter le recouvrement transfrontière de créances en matière civile et commerciale, *JOUE*, n° L 189, p. 59; *RD banc. fin*. 2014. Comm. 175, obs. Piedelièvre. Ce règlement entre en application le 17 janvier 2017.
2. Ord. n° 2010-1512, 9 déc. 2010, portant adaptation du droit des entreprises en difficulté et des procédures de traitement des situations de surendettement à l'entrepreneur individuel à responsabilité limitée, art. 11, 2°, *JO* 10 déc., p. 21617.
3. Décr. n° 2014-1589, 23 déc. 2014, portant revalorisation du montant forfaitaire du revenu de solidarité active, *JO* 26 déc., p. 22292.

921.56 Mensualisation du solde bancaire insaisissable. En application de l'article R. 162-3 C. pr. exéc., la somme est maintenue à la disposition du débiteur pendant une durée d'un mois à compter de la saisie qui a déclenché ce mécanisme.

Ce maintien à disposition impose donc en pratique que la somme qu'elle concerne soit immédiatement isolée dans une ligne comptable dédiée, le cas échéant au sein de chaque compte sur lequel est opéré le maintien à disposition.

Pendant cette période d'un mois, cette somme ne sera affectée, à la baisse, que par les opérations accomplies par le débiteur lui-même, postérieurement à la date de la saisie.

921.57 Non-imputation sur le solde bancaire insaisissable des opérations de régularisation. Du fait même de son caractère immédiat, le maintien à disposition est opéré sur le solde bancaire au jour de la saisie, sans avoir égard aux opérations de régularisation, susceptibles d'intervenir dans les quinze jours suivant la saisie en application de l'article L. 162-1 C. pr. exéc. (v. s[s] n° 923.30).

Les régularisations susceptibles de diminuer le solde des comptes sont donc imputées sur les sommes rendues indisponibles par la saisie en vue de leur attribution au créancier, jusqu'à, le cas échéant, réduire à néant ces sommes indisponibles, si le montant final des opérations de régularisation dépasse celui de ces sommes indisponibles.

Sous l'angle de la tenue des comptes, en dehors du cas particulier d'une convention d'unité de compte (v. s[s] n° 922.32), chaque compte étant indépendant, la mise en débit d'un compte susceptible de résulter des opérations de régularisation sur ce compte ne devrait pas affecter le solde maintenu à la disposition du débiteur sur un autre compte. Seul le débiteur, qui demeure maître de l'usage des fonds laissés à disposition, peut transférer des fonds entre ces deux comptes pour éviter une situation débitrice résultant des opérations de régularisation.

Le choix par le banquier du compte à vue sur lequel est imputé le maintien à disposition n'est ainsi pas neutre et il gagnera à pouvoir anticiper, dans la mesure du possible, les opérations en cours pour choisir les comptes accueillant la mise à disposition, pour autant que son obligation de choisir ces comptes « *sans délai* » le lui permet en pratique.

921.58 Conséquence de la mensualisation du solde bancaire insaisissable en cas de pluralité de saisies. En prévoyant désormais un maintien à disposition mensuel, le dispositif se démarque du précédent de 2002, en étant à la fois plus complexe, mais également beaucoup plus équilibré que le précédent, qui pouvait conduire à mettre à disposition une nouvelle somme à caractère alimentaire pour chaque saisie pratiquée.

Désormais, lorsque dans le mois suivant la saisie ayant déclenché le dispositif une nouvelle saisie intervient, celle-ci ne portera pas sur le solde bancaire laissé à disposition du débiteur, mais sur le surplus du solde bancaire au jour de cette nouvelle saisie.

Au contraire, passé le délai d'un mois suivant la première saisie ayant déclenché la mise à disposition, toute nouvelle saisie donne lieu au déclenchement d'une nouvelle mise à disposition.

EXEMPLES

1° Une première saisie, pour avoir paiement de 400 euros, est pratiquée le 1er juin sur un compte dont le solde est créditeur de 1 500 euros; le débiteur bénéficie d'un maintien à disposition de 510 euros, sur lequel il a prélevé 200 euros, lorsqu'intervient une deuxième saisie, le 20 juin, pour une créance de 800 euros; si l'on ignore, pour les besoins de l'exemple, les opérations de régularisation, l'assiette des sommes saisissables lors de cette seconde saisie est de (1 500 – 400 – 510) = 590 euros, de sorte que le maintien à disposition – dont le solde est de (510 – 200) = 310 euros –interdira de désintéresser en totalité le second saisissant, qui se verra attribuer 590 euros sur les 800 euros dont le recouvrement était recherché.

2° Si, en reprenant les termes de l'exemple 1°, la seconde saisie est intervenue le 2 juillet, le solde du compte (pour lequel supposera, pour les besoins de l'exemple, l'absence d'opération) est de (1 500 – 400 – 200) = 900 euros, duquel doit être deduit le nouveau solde maintenu à disposition (510), de sorte que le second saisissant ne se verra attribuer que (900 – 510) = 390 euros.

On le voit, la mensualisation du solde bancaire insaisissable emporte des conséquences importantes pour les saisies pratiquées dans un deuxième temps.

D'où l'importance de déterminer les modalités exactes de calcul du délai d'un mois.

Si l'on considère que les règles de computation des délais du Code de procédure civile s'appliquent en matière d'exécution, ce délai d'un mois devrait être calculé conformément aux articles 640 et suivants, même si les termes de ces articles ne s'adaptent pas tout à fait au délai considéré. Le délai d'un mois expire donc à 24 h le jour du mois suivant la saisie portant le même quantième, ou, à défaut de quantième identique, le dernier jour de ce mois; le délai est prorogé au premier jour ouvrable suivant celui-ci, s'il s'agit d'un samedi, d'un dimanche ou d'un jour férié.

921.59 Cas particulier de saisies auprès d'établissements bancaires différents. La « *globalisation* » du solde bancaire insaisissable pose des difficultés spécifiques pour le cas de saisies pratiquées entre les mains d'établissements bancaires différents.

En effet, lorsque le tiers saisi est le même, celui-ci ayant dû isoler dans un compte spécial le montant maintenu à disposition du débiteur au titre de précédente saisie, il peut aisément exclure ce compte spécial du champ de la saisie si le délai d'un mois demeure en cours au moment de la nouvelle saisie.

Au contraire, la situation est nettement plus complexe dans le cas de saisies de comptes ouverts auprès d'établissements bancaires différents. Chaque établissement ignore alors l'existence d'une autre saisie pratiquée le même jour ou dans le mois précédent entre les mains d'un autre établissement. Chacun de ces établissements ne peut alors, dans un premier temps, que maintenir à disposition du débiteur la totalité du solde bancaire insaisissable.

Pour y remédier, l'article R. 162-2 C. pr. exéc. dispose qu'en cas de saisies de comptes ouverts auprès d'établissements différents, l'huissier de justice détermine le ou les tiers saisis chargés de laisser à disposition le solde bancaire insaisissable et en informe les tiers saisis.

Sur le principe, cette règle est parfaitement logique : le créancier poursuivant a le choix des mesures propres à assurer l'exécution de sa créance (C. pr. exéc., art. L. 111-7 et L. 121-2) et l'huissier de justice a la responsabilité de la conduite des opérations d'exécution (C. pr. exéc., art. L. 122-2). Le mécanisme est ainsi le pendant du droit ouvert au créancier de limiter l'effet de la saisie à certains comptes, au vu des renseignements fournis (C. pr. exéc., art. R. 211-21).

Le mécanisme ne pose pas de difficulté lorsque les saisies sont le fait du même créancier; dans ce cas, l'huissier de justice instrumentaire connaît l'existence de l'autre saisie et prendra nécessairement l'initiative de le mettre en œuvre dans l'intérêt de son mandant.

Dans ce cas, le texte précise que l'huissier de justice détermine les modalités de cette mise à disposition.

En pratique, l'huissier devrait désigner un seul établissement bancaire pour mettre à disposition le solde bancaire insaisissable, à moins que, dans le cas où l'un de ces établissements ne dispose pas des fonds suffisants pour assurer la totalité de cette mise à disposition, il préfère désigner conjointement celui-ci et l'autre établissement, de façon à n'avoir plus, pour la suite des opérations, qu'un seul interlocuteur tiers saisi.

Aux établissements désignés pour laisser à disposition tout ou partie du solde bancaire insaisissable, l'huissier de justice indique le montant correspondant. Il semble que sa compétence pour déterminer les modalités de la mise à disposition doive en outre le conduire à désigner les comptes sur lesquels doit être imputé le solde bancaire insaisissable. Toutefois, si cette analyse est exacte, elle n'en doit pas moins être combinée avec la compétence attribuée à l'établissement bancaire par l'article R. 162-2 C. pr. exéc. pour déterminer le ou les comptes sur lesquels le solde bancaire insaisissable est imputé; c'est donc seulement parmi ces comptes que l'huissier de justice pourrait choisir ceux sur lesquels sera imputé le solde bancaire insaisissable. À notre avis, rien n'interdit à l'huissier de justice de laisser à l'établissement bancaire le soin de déterminer lui-même, parmi ces comptes, ceux sur lesquels devraient être imputées les sommes au titre du solde bancaire insaisissable.

Ce dispositif ne peut toutefois être mis en œuvre dans le cas où deux créanciers auraient pratiqué dans le même mois des saisies-attribution exclusivement auprès d'établissements différents. En effet, dans une telle hypothèse, ni ces derniers, ni les huissiers instrumentaires ne seront spontanément informés de l'existence d'une autre saisie ayant déclenché un solde bancaire insaisissable et il est probable que l'obligation faite au débiteur par l'article R. 162-8 C. pr. exéc. de restitution du « *trop perçu* » ne sera pas mise en œuvre spontanément par celui-ci (v. s[s] n° 921.63).

Fort heureusement, on peut gager que si chaque créancier s'est cantonné à une saisie-attribution entre les mains d'un seul établissement bancaire, alors qu'il peut connaître l'existence des autres établissements bancaires du débiteur par le Fichier national des comptes bancaires et assimilés (FICOBA), c'est que sa seule saisie aura suffi à le désintéresser de la totalité de sa créance, de sorte que la dualité de soldes bancaires insaisissables sera demeuré sans conséquence.

921.60 Double obligation d'information pesant sur le banquier. Pour assurer l'effectivité du maintien à disposition, le banquier est tenu d'une double obligation d'information.

921.61 Information du débiteur. En premier lieu, le banquier avertit le débiteur « *aussitôt* » du maintien à disposition, de sorte que celui-ci sera probablement informé de la mesure d'exécution avant même la dénonciation de la saisie.

Cette chronologie impose une certaine précision dans l'information donnée, quoique le texte n'en détaille pas le contenu. Il importe que le client soit informé qu'une mesure d'exécution pratiquée sur ses comptes bancaires à telle date les a rendus indisponibles, sous réserve de telle somme, laissée à disposition pendant une durée d'un mois, conformément à la loi.

La délivrance de cette information n'est soumise à aucun formalisme, ni d'ailleurs à aucune sanction, de sorte que seule une éventuelle responsabilité du banquier apparaît pouvoir être envisagée.

Elle aura lieu par tout moyen, en pratique suivant les modalités de communication utilisées par la banque pour échanger avec son client, éventuellement stipulées dans la convention bancaire : lettre simple, courriel; le détail de l'information attendue semble en revanche peu compatible avec un simple SMS.

921.62 Information de l'huissier de justice. En second lieu, l'article R. 162-2 C. pr. exéc. prévoit que le banquier doit informer l'huissier de justice instrumentaire du montant laissé à disposition du titulaire du compte ainsi que du ou des comptes sur lesquels est opérée cette mise à disposition.

Cette information est délivrée « *sans délai* ». On peut considérer que, dans le cas de la saisie attribution, elle devra donc être donnée en même temps que l'information générale qu'il est déjà tenu de fournir « *sur le champ* » en application de l'article R. 211-4 C. pr. exéc. (v. s[s] n° 821.71).

En conséquence de cette obligation, les établissements bancaires, de même qu'ils doivent être en mesure de déterminer sur-le-champ le solde global des comptes saisis, doivent être en mesure de calculer concomitamment le montant du solde à caractère alimentaire.

Ce solde sera égal au RSA, à la condition bien évidemment que le solde total des comptes soit supérieur ou égal à ce RSA (dans le cas contraire, c'est d'ailleurs la saisie-attribution elle-même qui sera vouée à l'échec). Le solde bancaire insaisissable ne pourra être d'un montant inférieur au RSA que dans le cas où une précédente saisie aura été pratiquée dans le mois précédant la saisie considérée : dans ce cas, le banquier déclarera le solde bancaire insaisissable résiduel, c'est-à-dire déduction faite des sommes déjà utilisées par le débiteur.

Le décret du 30 décembre 2009 n'est pas venu préciser les sanctions attachées à la délivrance de l'information prévue par l'article R. 162-2 C. pr. exéc. Dans le cas de la saisie-attribution, les termes de l'article R. 211-5 C. pr. exéc., visant le tiers saisi qui ne fournit pas les renseignements prévus, fait preuve de négligence fautive ou procède à une déclaration inexacte ou mensongère, apparaissent suffisamment larges pour permettre de sanctionner par ce texte l'irrespect des obligations déclaratives prévues par l'article R. 162-2 C. pr. exéc.

921.63 Obligations pesant sur le débiteur. En application de l'article R. 162-8 C. pr. exéc. : « *Sans préjudice des sanctions pénales éventuellement encourues, le titulaire du compte qui se voit mettre à disposition une somme d'un montant supérieur à celui auquel il peut prétendre en application des articles du présent chapitre restitue au créancier les sommes indûment perçues ou mises à sa disposition. En cas de faute de sa part, il peut en outre être condamné, à la demande du créancier, à des dommages et intérêts* ».

Il semble que, passée une nécessaire période d'adaptation par les établissements bancaires à cette nouvelle obligation, les cas de mises à disposition indues devraient logiquement être rares et en tout cas cantonnés à l'hypothèse de saisies pratiquées entre les mains d'établissements bancaires différents. Or, dans cette hypothèse, la complexité du dispositif devrait exclure en pratique une restitution spontanée par le débiteur qui, rappelons-le, est une personne physique.

L'article R. 162-8 C. pr. exéc. permettra toutefois à l'huissier de justice s'il est informé de la situation, notamment dans l'hypothèse d'établissements multiples, de réclamer la restitution des trop perçus par le débiteur. S'il n'est pas déféré à cette demande de restitution, le créancier devra agir en répétition à l'encontre du débiteur.

La détermination du juge compétent pour connaître, sur le fondement de ce texte, d'une demande, selon le cas, en répétition ou en réparation, peut susciter l'interrogation dans le cas où cette action est introduite après le dénouement de la saisie. D'un côté, faute de mesure en cours, l'action en répétition doit normalement être intentée devant le juge du fond et non devant le JEX, à l'instar de ce que prévoit l'article L. 211-4 alinéa 3 C. pr. exéc.[1]; de l'autre, la Cour de cassation juge, pour la demande de réparation fondée sur l'exécution ou l'inexécution dommageable d'un mesure d'exécution, que le JEX en connaît sans qu'il y ait lieu de distinguer selon qu'elle est ou non encore en cours au jour où il est saisi[2]; au total, la compétence du JEX étant exclusive, on devrait estimer que s'il est présenté tant une demande en répétition de l'indu qu'une demande en réparation, seul le JEX devrait pouvoir connaître de ces deux demandes.

Quant aux sanctions pénales, en l'absence de références précises à une qualification, on peut penser que la fraude du débiteur peut être qualifiée de détournement d'objet saisi ou d'organisation frauduleuse d'insolvabilité[3].

En tout état de cause, il pourra être utile que le banquier, qui informe son client de la mise à disposition, lui rappelle la règle posée par l'article R. 162-8 C. pr. exéc.

1. Civ. 2e, 19 déc. 2002, n° 00-20.774, *Bull. civ.* II, n° 293 – Cass., avis, 11 mars 1994, n° 09-40.001, *Bull. avis*, n° 8; T. Moussa et L. de Mersseman, « Le nouveau dispositif d'accès urgent aux sommes à caractère alimentaire figurant sur un compte saisi », *Procédures* 2002. 6 – O. Salati, « Présentation du décret du 11 septembre 2002 instituant un dispositif d'accès urgent aux sommes à caractère alimentaire figurant sur un compte saisi », *Dr. et proc.* 2003. 6.
2. Civ. 2e, 27 févr. 2014, n° 13-11.788, *Bull. civ.* II, n° 54; *D.* 2014. 1466, obs. Leborgne; *D.* 2014. 1722, obs. Vasseur, Leiris et Adida-Canac.
3. T. Moussa et L. de Mersseman (art. préc. s[s] prés[t] n°).

921.64 Coordination avec les mises à disposition sur demande. Comme on le verra (v. s[s] n° 923.70), l'instauration du solde bancaire insaisissable n'a pas remis en cause les deux autres dispositifs de mise à disposition : celui ouvert au débiteur en vue de bénéficier du report de l'insaisissabilité de sommes versées au compte; celui ouvert au conjoint du débiteur sous régime de communauté, qui entend conserver l'usage de ses gains et salaires versés sur le compte.

Le caractère immédiat du solde bancaire insaisissable conduira nécessairement à en faire bénéficier le débiteur avant même que celui-ci ou son conjoint ne forme l'une ou l'autre des demandes de mise à disposition évoquées.

Dès lors se pose la question de la coordination de ces dispositifs.

921.65 Coordination avec le report d'insaisissabilité. Quant au report d'insaisissabilité, le solde bancaire insaisissable présente un caractère que l'on peut qualifier de **subsidiaire**, de sorte qu'en application de l'article R. 162-7 alinéa 2 C. pr. exéc. ce report vient en déduction du montant préalablement laissé au titre du solde bancaire insaisissable.

Autrement dit, le report d'insaisissabilité s'impute d'abord sur les sommes laissées à disposition au titre du solde bancaire insaisissable, avant d'entamer les sommes rendues indisponibles par la saisie des comptes.

Cette situation est logique dès lors que le solde bancaire insaisissable tend à laisser au débiteur un montant minimum de subsistance, qui ne peut donc jouer que dans la mesure où il ne dispose pas d'autres ressources bancaires plus importantes laissées à sa disposition.

C'est pourquoi en pratique le débiteur ne formera plus de demande de report d'insaisissabilité que dans les cas où la somme insaisissable susceptible d'être reportée sera d'un montant supérieur au solde bancaire insaisissable.

À noter que l'article R. 162-7 alinéa 1er C. pr. exéc. prévoit en outre le cas inverse, où le solde bancaire insaisissable intervient après que le débiteur a préalablement bénéficié d'un report d'insaisissabilité. La règle est dans ce cas la même : le solde bancaire insaisissable vient en déduction du report d'insaisissabilité préalablement obtenu par le débiteur. En pratique, cette situation apparaît toutefois difficilement concevable du fait du déclenchement automatique et immédiat du solde bancaire insaisissable.

921.66 Coordination avec la mise disposition des gains et salaires. L'époux commun de biens qui entend faire échapper de l'assiette de la saisie ses gains et salaires obtient, sur demande, leur mise à disposition. À la différence du précédent cas, aucune disposition ne règle la coordination de cette mise à disposition, prévue par l'article R. 162-9 C. pr. exéc., avec le solde bancaire insaisissable.

Il se déduit du silence de la loi que ces deux mises à disposition sont cumulatives, au détriment du montant rendu indisponible par la saisie. Cette règle apparaît d'ailleurs logique dès lors que ces mises à disposition ne profitent pas à la même personne : le solde bancaire insaisissable profite au débiteur, alors que les gains et salaires sont déduits de l'assiette de la saisie pour être mis à disposition de l'époux du débiteur.

CHAPITRE

922. Règles de procédure propres à la saisie-attribution de comptes bancaires

ÉDOUARD DE LEIRIS
MAGISTRAT

SECTION 0
ORIENTEUR

922.00 **Plan du chapitre.**

922.01 **Textes applicables.**

C. pr. exéc., art. L. 162-1, L. 211-3, R. 162-1, R. 211-3 à R. 211-5, R. 211-9, R. 211-19 à R. 211-23, R. 162-1, R. 162-9 et R. 211-22.

C. pr. civ., art. 748-7 et 960.

C. mon. fin., art. L. 518-25.

La procédure de saisie-attribution pratiquée entre les mains d'un établissement bancaire répond pour l'essentiel aux règles qui ont été présentées en matière de saisie-attribution de droit commun.

Le lieu de la saisie-attribution, les obligations déclaratives de l'établissement bancaire et la dénonciation de l'acte de saisi présentent toutefois quelques spécificités.

922.03 **Bibliographie indicative.** (V. s[s] n° 920.03).

SECTION 1
LIEU DE LA DÉLIVRANCE DE L'ACTE DE SAISIE

922.11 **Établissements tiers saisis visés par la réglementation.** En général, l'huissier de justice procède à la saisie-attribution entre les mains de l'agence détentrice des comptes du saisi, mais la saisie peut être effectuée auprès du siège social. La saisie entre les mains ou auprès d'une agence non-détentrice des comptes n'est pas régulière. En effet, pour la Cour de cassation, la saisie entre les mains d'un établissement de crédit n'est régulièrement effectuée qu'au siège social de cet établissement ou auprès de la succursale qui tient les comptes du débiteur saisi [1].

922.12 **• Saisie pratiquée auprès du siège social.** En application de l'article 690 C. pr. civ., les notifications aux personnes morales sont faites au lieu de leur établissement, c'est-à-dire là où elles ont leur siège social.

Dans le cas de la saisie des comptes bancaires, la délivrance de l'acte au siège social a pu poser la difficulté du délai de réponse de l'établissement bancaire à l'interpellation qui lui est faite.

Un tel délai a pu paraître admissible, en se fondant sur les connexions informatiques ne permettant pas toujours, surtout au sein des établissements bancaires d'importance nationale, de savoir

1. Civ. 2e, 22 mars 2006, n° 05-12.569, *Bull. civ.* II, n° 87; *Procédures* 2006, n° 135, obs. Perrot.

« *sur-le-champ* » si le débiteur est client de la banque. Le tiers saisi aurait alors un motif légitime de ne pas répondre ou de répondre avec retard à l'huissier de justice qui s'est présenté au siège social et non à l'agence qui tenait les comptes du débiteur.

Il ne fait pas de doute que le développement actuel des réseaux informatiques affaiblit un tel motif et que les services centraux d'un établissement bancaire se doivent de disposer d'un réseau informatique permettant de connaître « *en temps réel* » l'état exact des comptes d'un client.

Pour mémoire, la Cour de cassation juge également possible la signification à personne faite, en quelque lieu que ce soit, à tout membre de la personne morale habilitée à la recevoir[1].

922.13 • Saisie pratiquée auprès de l'agence détentrice des comptes : validité et modalités. Il a toujours été admis qu'une mesure d'exécution puisse être pratiquée auprès de l'agence bancaire détentrice des comptes du saisi[2].

Dans ce cas, l'informatisation des services bancaires doit permettre au tiers saisi de répondre à l'huissier « *sur-le-champ* », et de lui communiquer « *en temps réel* » les comptes au jour de la saisie, sous réserve des opérations en cours.

Souvent, l'huissier poursuivant n'obtient de l'employé de la banque, par interrogation informatique, que la liste des comptes et le montant de leur solde. Les modalités affectant les comptes (saisies antérieures, convention d'unité de comptes, nantissement d'espèces, *etc.*) n'apparaissent pas.

Aussi est-il habituel que la banque, tout en communiquant à l'huissier des renseignements chiffrés, « *bruts* », déclare à celui-ci qu'elle lui fournira une réponse écrite sous quarante-huit heures[3].

Sauf à pouvoir, au cas par cas, invoquer un motif légitime, cette pratique n'est toutefois pas conforme à la lettre du texte de l'article R. 211-4 C. pr. exéc. et le retard apporté par le banquier à communiquer les renseignements demandés peut être sanctionné sur le fondement de l'article R. 211-5 alinéa 1er C. pr. exéc.

Cette pratique est parfois favorisée par les huissiers eux-mêmes qui, par exemple en fin de semaine, déposent les procès-verbaux de saisie-attribution au guichet de la banque, celle-ci les leur retournant le lundi suivant après avoir mentionné les renseignements demandés. Dès lors que l'agence est ouverte et que l'huissier de justice a pu remettre l'acte à un préposé, une telle façon de procéder est critiquable et peut être source d'erreur, le tiers saisi déclarant le solde, non pas au jour de la saisie mais celui d'un jour suivant. En revanche, il a pu être jugé que le tiers saisi disposait d'un motif légitime pour différer sa réponse lorsque l'interpellation faite par l'huissier de justice accordait un tel délai.

Sur l'ensemble de la question, v. ss nos 821.71 s. et les jurisprudences citées.

922.14 • Saisie pratiquée auprès de l'agence détentrice des comptes : portée. Si la saisie-attribution est valablement faite entre les mains de l'agence détentrice des comptes, la question se pose alors de la portée de ses effets : il est évident que ces effets s'étendent à l'ensemble des comptes gérés par cette agence. Si des comptes sont ouverts auprès d'autres agences, les effets de la saisie délivrée au sein de cette agence s'étendent-ils à ces autres comptes ouverts auprès de l'établissement bancaire ?

À notre connaissance, la question n'a pas été tranchée par la Cour de cassation.

La doctrine est divisée sur ce point[4].

MM. Perrot et Théry, en faveur d'une limitation aux comptes tenus par l'agence, s'appuient sur une jurisprudence de cour d'appel, qui réglait la question de la saisie pratiquée au sein d'une agence ne détenant pas de compte du débiteur[5].

Il nous apparaît qu'il faut distinguer le lieu d'accomplissement de la mesure d'exécution, des effets de cette mesure dès lors qu'elle est régulièrement accomplie.

En effet, pour autoriser la délivrance de l'acte de saisie dans une succursale, la Cour de cassation s'appuie sur l'article 690 C. pr. civ.[6], qui autorise la notification à une personne morale au lieu de son établissement ou en quelque lieu que ce soit, pourvu qu'elle soit faite à une personne habile à recevoir l'acte. Si la signification de l'acte de saisie est jugée valable, alors ses effets sont régis par l'article L. 162-1 C. pr. exéc. et l'article R. 211-19 C. pr. exéc., dont il ressort que l'acte de saisie rend indisponible l'ensemble des comptes du débiteur ouverts dans les livres de l'établissement bancaire et non les seuls comptes gérés par l'agence.

Au demeurant, la limitation des effets d'une saisie aux seuls comptes détenus dans une succursale ne peut qu'être source de difficultés (*quid* en cas de convention de fusion de compte ? *Quid* en cas de pluralités de saisies, notamment pour les opéra-

1. Civ. 2e, 30 avr. 2009, no 07-15.582, *Bull. civ.* II, no 108 – Com. 20 nov. 2012, no 11-17.653, *Bull. civ.* IV, no 207.
2. *J.-Cl. Pr. civ.*, *v° Saisie-attribution (Comptes bancaires : règles spécifiques)*, fasc. 2280, no 42, par Cayrol.
3. Delleci, no 360.
4. En faveur d'une limitation : Delleci, no 361 – Perrot et Théry, no 447 – *contra :* Donnier, 2009, no 926, note 100 – Sur la question, v. aussi : *J.-Cl. Pr. civ.*, *v° Saisie-attribution (Comptes bancaires : règles spécifiques)*, fasc. 2280, nos 43 s. et les auteurs cités, par Cayrol.
5. Douai, 18 nov. 1993, *Rev. huiss.* 1994. 205, obs. Dahan; *D.* 1995. 271, note Martin; *Banque* 1994. 93, obs. Guillot.
6. Civ. 2e, 7 nov. 2002, no 01-02.308, *Bull. civ.* II, no 248.

tions de régularisation ?) et ne semble pas en phase avec l'évolution des technologies de la communication qui permettent à chaque établissement teneur de compte d'accéder à l'ensemble des autres comptes du dépositaire.

922.15 • **Saisie pratiquée auprès d'une agence non détentrice de compte du débiteur.** La Cour de cassation a jugé, en matière de saisie conservatoire, que celle-ci n'était régulièrement pratiquée entre les mains d'un établissement de crédit qu'au siège social de cet établissement ou auprès de sa succursale qui tient les comptes du débiteur saisi. Il s'ensuit que le banquier destinataire d'un tel acte d'exécution ne peut être condamné sur le fondement de l'article R. 211-5 C. pr. exéc.[1].

Cette jurisprudence s'applique évidemment en matière de saisie-attribution.

Le cas d'espèce, qui a successivement donné lieu à deux arrêts de cassation, était particulièrement intéressant : la saisie était pratiquée entre les mains d'un service d'une banque dont la fonction était « *cantonnée à la gestion d'une catégorie précise et limitée d'opérations parmi lesquelles ne figurait pas la tenue des comptes* » et qui était chargé de verser des commissions dues par la banque au débiteur saisi, commissions que le créancier avait été autorisé par le JEX à saisir à titre conservatoire.

Faut-il en déduire que la Cour de cassation exclurait la théorie des « *gares principales* » pour la saisie des créances ne résultant pas d'un solde créditeur de compte ? La prudence conduira en tout cas le créancier qui entend saisir des créances ne figurant pas sur des comptes, à pratiquer la saisie directement au siège de l'établissement bancaire.

922.16 **Cas particulier – La Banque postale.** L'article L. 518-25 du Code monétaire et financier prévoit que, pour proposer des services bancaires à ses clients, La Poste est amenée à créer des filiales ayant la qualité d'établissements de crédit. Les saisies pratiquées à l'encontre des titulaires de comptes ouverts auprès de l'un de ces établissements de crédit ne sont valablement notifiés qu'au siège social de cet établissement ou au lieu de domiciliation du compte du titulaire; ils ne peuvent être notifiés dans un bureau de poste (Décr. n° 2005-1068, 30 août 2005, art. 12).

SECTION 2
LES OBLIGATIONS DU TIERS SAISI

922.21 **Textes applicables.** On le sait, lorsque la saisie-attribution est pratiquée entre les mains d'un établissement habilité à tenir des comptes de dépôt, le tiers saisi est tenu des obligations générales prévues par les articles L. 211-3 C. pr. exéc. et article R. 211-4 C. pr. exéc. imposant à celui-ci de déclarer « *sur-le-champ* », « *l'étendue de ses obligations à l'égard du débiteur ainsi que les modalités qui pourraient les affecter et, s'il y a lieu, les cessions de créances, délégations ou saisies antérieures* » (v. s[s] n°s 821.41 s.).

Les articles L. 162-1 et R. 211-20 à R. 211-23 C. pr. exéc. font peser sur ces établissements des obligations particulières.

922.22 **Obligations du tiers saisi.** Le banquier tiers saisi doit :

– indiquer, « *la nature du ou des comptes du débiteur ainsi que leur solde au jour de la saisie* » (C. pr. exéc., art. L. 162-1 – C. pr. exéc., art. R. 211-20), et ce pour l'ensemble des comptes ouverts dans ses livres[2];

– informer les cotitulaires d'un compte joint de la saisie et du montant des sommes réclamées (C. pr. exéc., art. R. 211-22);

– lorsque le débiteur est une personne physique, informer aussitôt celui-ci du solde bancaire insaisissable laissé à disposition sur ses comptes et informer sans délai l'huissier de justice du montant laissé à disposition à ce titre, ainsi que du ou des comptes sur lesquels est opérée cette mise à disposition (C. pr. exéc., art. R. 162-2);

– communiquer au créancier saisissant, en cas de diminution des sommes rendues indisponibles, un relevé de toutes les opérations qui ont affecté le compte depuis le jour de la saisie inclusivement (C. pr. exéc., art. R. 162-1 – C. pr. exéc., art. R. 162-1).

§ 1
Indication de la nature et du solde des comptes

922.30 **Règle applicable.** L'article L. 162-1 C. pr. exéc. fait obligation au banquier de déclarer « *le solde du ou des comptes du débiteur au jour de la saisie* ». Il s'agit de « *l'ensemble des comptes du débiteur qui représentent des créances de sommes d'argent* » (C. pr. exéc., art. R. 211-19).

Quant à l'article L. 211-3 C. pr. exéc., il fait obligation à tout tiers saisi de déclarer l'étendue de ses obligations à l'égard du débiteur (A) ainsi que des modalités pouvant les affecter (B).

1. Civ. 2e, 22 mars 2006, n° 05-12.569, *Bull. civ.* II, n° 87.

2. V., tirant les conséquences quant à la responsabilité de l'huissier de justice à l'égard de son mandant : Civ. 1re, 16 janv. 2013, n° 12-14.105, NP.

règle n'a pas été étendue au cas où le solde des comptes bancaires, quoique positif, est inférieur au solde bancaire insaisissable, voire insuffisant pour couvrir le coût de l'acte.

922.42 Pièces justificatives. L'article R. 211-4 C. pr. exéc., applicable à tout tiers saisi, fait obligation à celui-ci de communiquer « *les pièces justificatives* » à l'huissier qui pratique la saisie. Une telle obligation à la charge du tiers saisi, existait sous l'empire de la législation antérieure (ACPC, art. 559, al. 3).

Cette disposition ne semble pas imposer au banquier de remettre un document particulier à l'huissier poursuivant.

La remise d'un extrait de compte ou d'un historique des comptes ferait apparaître des opérations diverses et des renseignements que le créancier n'a pas à connaître et pourrait constituer une violation du secret bancaire (C. mon. fin., art. L. 511-33 et L. 511-34 - V. s[s] n°s 821.63 et 921.23).

La pratique révèle que les huissiers n'exigent pas des banquiers la communication de pièces et se contentent des informations fournies[1], soit sur-le-champ, soit ultérieurement.

La Cour de cassation a cassé un arrêt ayant admis que le JEX puisse ordonner la production de l'historique des opérations effectuées sur les comptes dont le débiteur est titulaire pour vérifier la réalité et la cause de leur position débitrice au jour de la saisie-attribution, au motif que la mesure d'instruction ordonnée n'entrait pas dans les prévisions de l'article 47 de la loi du 9 juillet 1991[2] (devenu C. pr. exéc., art. L. 162-1), qui ne vise que la communication du solde du ou des comptes du débiteur « *au jour de la saisie* »[3].

En revanche, une cour d'appel a pu décider qu'en cas de présomption de fraude, le créancier peut contester la déclaration du tiers saisi et requérir, au besoin sous astreinte, du JEX, communication de documents lui permettant de vérifier la sincérité de la déclaration[4]. De même, la production des renseignements nécessaires peut être ordonnée afin d'apprécier si le tiers saisi a collaboré loyalement à la mesure d'exécution et pour éventuellement le sanctionner.

Ainsi, un JEX a-t-il pu sanctionner l'attitude restrictive de la banque dans la fourniture d'informations à l'huissier saisissant, estimant qu'il appartenait à celle-ci, « *sur la demande de justificatifs qui lui a été faite par l'huissier, de fournir à tout le moins la fiche informatique de position des divers comptes à la date de la saisie permettant de vérifier l'exactitude du solde fusionné déclaré* »[5].

Cependant, la production de pièces est indispensable si le solde saisi baisse ou disparaît et si le saisissant conteste le relevé des opérations ainsi que toute diminution par rapport au montant initialement déclaré[6], conformément au dernier alinéa de l'article R. 152-1 C. pr. exéc.

§ 2
Information du débiteur et des cotitulaires du compte

922.51 Information du saisi. Les textes ne font aucune obligation au tiers saisi d'informer son client, le débiteur saisi, de l'existence de la saisie-attribution.

Cependant, en pratique, dès la signification de l'acte de saisie, le banquier informe son client, verbalement ou par écrit, de la saisie effectuée. En outre, dans le cas du solde bancaire insaisissable, le banquier a désormais l'obligation d'informer son client du solde maintenu à disposition à cette fin (v. s[s] n°s 921.60 s.).

L'information écrite précise le plus souvent au débiteur les effets de la saisie (indisponibilité de l'ensemble des comptes, effet attributif immédiat) ainsi que la possibilité de demander la mise à disposition des fonds lorsque le compte est alimenté par des créances insaisissables en tout ou partie.

Certaines banques, lorsque la saisie porte sur un compte ouvert au nom d'époux, avisent le débiteur saisi et simultanément, par une autre lettre, infor-

► 12 décembre 1996 portant fixation du tarif des huissiers de justice en matière civile et commerciale, *JO* 26 juin, p. 10481, art. 15, créant une nouvelle rubrique, 50 *bis*, dans le tableau I des actes des huissiers de justice, annexé au décret n° 96-1080 du 12 décembre 1996 : l'acte s'élève dans un tel cas à 10 taux de base, contre 20,5 en principe. Matériellement, puisqu'il est tenu de mentionner le coût de l'acte sur celui-ci, l'huissier de justice devrait nécessairement être amené à indiquer sur l'acte son coût normal, avant d'en rectifier le montant dans ses décomptes postérieurs, si la réponse du tiers saisi fait apparaître l'absence de compte saisissable.

1. F.-J. Credot et Y. Gérard (art. préc. s[s] n° 922.41).
2. Cassation cour d'appel de Versailles : Civ. 2e, 11 mars 1999, n° 96-22.813, *Bull. civ.* II, n° 49; *D.* 1999. 104; *JCP E* 1999. 791 – Civ. 2e, 9 oct. 1996, n° 94-18.665, NP; *Rev. huiss.* 1997. 666.
3. Civ. 2e, 1er juill. 1999, n° 96-19.108, *Bull. civ.* II, n° 129; *D.* 1999. 210; *D. Affaires* 1999. 1362, obs. J. F.; *Banque et droit* 2000, n° 71, p. 50; *RD banc. fin.* 2000. 26, obs. J.-M. D; *Gaz. Pal.* 2000. 1. Somm. 341, note Véron – DÉJÀ EN CE SENS : Pau, 15 mai 1981, BNP c/Cancava, cité par Vasseur, dans note s[s] Com. 6 mai 1981, n° 79-16.090, *Bull. civ.* IV, n° 212; *JCP* 1982. II. 19708.
4. Rennes, 13 oct. 1994, *Rev. huiss.* 1994. 755.
5. TGI Lyon, JEX, 22 mai 1997, RG n° 97/02292, NP (préc. s[s] n° 921.25).
6. Civ. 2e, 6 mai 2004, n° 02-15.348, *Bull. civ.* II, n° 218; *RTD civ.* 2004. 560, obs. Perrot.

ment le **conjoint** commun en biens des termes de l'article R. 162-9 C. pr. exéc. et de la possibilité de demander la mise à disposition de sommes dans les conditions prévues par cet article.

La profession bancaire recommande, le cas échéant, d'informer le titulaire d'un plan d'**épargne-logement** des conséquences d'une saisie-attribution[1]. L'indisponibilité relative qui frappe les sommes versées sur ce type de compte n'est en effet pas un obstacle aux poursuites des créanciers.

922.52 **Compte joint.** L'article R. 211-22 C. pr. exéc. prévoit une information complémentaire à la charge de l'huissier poursuivant lorsque la saisie est pratiquée sur un compte joint.

La saisie doit être dénoncée à chacun des titulaires du compte. Si l'huissier ignore l'identité et l'adresse des cotitulaires, il demande à la banque de les informer elle-même de la saisie et du montant des sommes réclamées afin que ceux-ci puissent, le cas échéant, faire valoir leurs droits sur le compte.

Ce mode d'information par la banque est considéré comme un moyen de préserver l'intégrité du secret bancaire[2].

En l'absence de sanction spécialement prévue par l'article R. 211-22 C. pr. exéc., certains JEX ont pu sanctionner le défaut de dénonciation de la saisie-attribution au cotitulaire par la caducité de cette saisie, partant du principe que la dénonciation visée à cet article est celle-là même prévue et sanctionnée par l'article R. 211-3 C. pr. exéc. relatif à la dénonciation au débiteur[3], alors que d'autres jugeaient en sens inverse[4].

Par un arrêt du 7 juillet 2011, la Cour de cassation est venue trancher dans le sens de l'absence de caducité : « *Le défaut de dénonciation de la saisie-attribution au cotitulaire d'un compte joint sur lequel porte la mesure d'exécution n'est pas susceptible d'entraîner la caducité de celle-ci* »[5].

1. Ribay et Delleci, p. 15.
2. J.-M. Calendini, « La saisie-attribution de comptes bancaires », *LPA* 9 févr. 1994, p. 16 – F.-J. Credot et Y. Gérard, « Aspect bancaire de la réforme des procédures civiles d'exécution », *RD bancaire et bourse* 1993, n° 35, p. 4.
3. En ce sens : TGI Châlons s/Saône, JEX, 23 nov. 1993, *Rev. huiss.* 1994. 655 – TGI Lyon, 27 janv. 1994, *BICC*, 1994, n° 571 – TGI Paris, JEX, 27 janv. 1994, *Rev. huiss.* 1994. 868 – Lyon, 5 mai 1999, RG n° 97/07611, NP – v. aussi : TGI Perpignan, JEX, 8 avr. 2002, *Dr. et proc.* 2003. 308, obs. Bourdillat.
4. Lyon, 24 nov. 1999, RG n° 98/06285, NP – v. aussi : Lyon, 9 févr. 2000, *Juris-Data* n° 124450, pour une saisie-attribution – Paris, 7 nov. 2002, *Dr. et proc.* 2003. 167, obs. Caille – Paris, 4 oct. 2007, *JCP* 2007. IV. 3066.
5. Civ. 2e, 7 juill. 2011, n° 10-20.923, *Bull. civ.* II, n° 160; *Procédures* 2011, n° 366, obs. Perrot; *JCP E* 2011. 1855, note Mezen; *RD banc. fin.* 2011, n° 206, note Piedelièvre.

En toute logique, on devrait en déduire que l'article 58 du décret dans son ensemble n'est pas applicable à cette dénonciation, en particulier les mentions et le formalisme qu'il impose. On peut toutefois considérer que cette dénonciation devant être faite par l'huissier de justice, la jurisprudence de certains JEX, qui avaient retenu la nécessité d'une signification[6], ne devrait pas être remise en cause par l'arrêt du 7 juillet 2011.

Enfin, il serait hâtif de déduire de cette absence de caducité que l'huissier instrumentaire peut se dispenser d'accomplir cette formalité dès lors qu'il est en mesure de le faire. En effet, cette dénonciation est destinée à permettre au cotitulaire du compte joint de faire valoir ses droits (v. s^s n° 921.32), de sorte que son défaut pourrait entraîner la mise en cause de la responsabilité civile du créancier saisissant, comme de l'huissier de justice, voire du débiteur qui n'aura pas informé son cotitulaire. En outre, faute de notification, la contestation que le cotitulaire du compte joint pourra faire ne sera pas enfermée dans le délai de contestation d'un mois[7]. Il a d'ailleurs pu être soutenu la possibilité pour le cotitulaire non débiteur d'exercer, sur le fondement du droit commun, une action en revendication de sommes d'argent, en prouvant la propriété d'une partie des fonds saisis, soumise à une prescription ne courant qu'à compter du moment où le codébiteur aura été informé de la saisie[8].

§ 3
Évolution du solde

922.61 **Modification du solde.** Le tiers saisi est tenu d'une deuxième déclaration lorsque le solde du compte saisi peut être affecté par des opérations en cours. C'est le cas notamment du compte de dépôt à vue ou du compte courant.

L'article R. 162-1, dernier alinéa, C. pr. exéc. fait obligation au banquier, en cas de diminution des sommes rendues indisponibles, de fournir à l'huissier un relevé de toutes les opérations qui ont affecté les comptes depuis le jour de la saisie inclusivement (imputation de chèques remis à l'encaissement ou portés au crédit du compte antérieurement à la saisie et revenus impayés, retraits par billetterie effectués antérieurement à la saisie et paiements par carte, effets de commerce, sommes insaisissables, sommes laissées à la disposition d'un

6. TGI Bobigny, JEX, 17 mars 1999, *Juris-Data* n° 102991 – confirmé par : Paris, 6 janv. 2000, *Juris-Data* n° 102991.
7. Piedelièvre, note préc. s^s prés^t n°.
8. Mezen, note *op. cit.*

époux commun en biens lorsque le compte est alimenté par les gains et salaires de celui-ci, *etc.*).

Ce relevé d'opérations est adressé par lettre recommandée avec avis de réception au créancier saisissant au plus tard huit jours après l'expiration du délai de contre-passation (C. pr. exéc., art. R. 162-1).

Un régime particulier est prévu lorsque la signification de l'acte de saisie a eu lieu par la voie électronique, conformément aux nouvelles règles instaurées par le décret n° 2012-366 du 15 mars 2012 créant cette signification électronique[1] (v. s^s n° 821.72). Dans ce cas, en application du troisième alinéa de l'article R. 162-1 C. pr. exéc. : « *Sous réserve des dispositions de l'article 748-7 du Code de procédure civile, si l'acte de saisie est signifié par voie électronique, le tiers saisi communique le relevé par voie électronique dans ce même délai* » de huit jours suivant l'expiration du délai de contre-passation. Cette disposition est entrée en vigueur le 1er septembre 2012 (Décr. 15 mars 2012, art. 24 - Décr. 30 mai 2012, art. 13) après la publication d'un arrêté technique le 28 août 2012[2]. Il résulte du renvoi fait à l'article 748-7 du Code de procédure civile que lorsque le tiers saisi ne peut répondre par la voie électronique dans le délai qui lui est imparti, pour une cause qui lui est étrangère, le délai déjà accordé pour transmettre les pièces est prorogé jusqu'au premier jour ouvrable suivant.

La Cour de cassation a jugé que « *le seul manquement à l'obligation de fournir les pièces justificatives ne peut donner lieu qu'au paiement, s'il y a lieu, de dommages-et-intérêts* »[3].

Il est donc exclu que le banquier soit condamné au paiement des causes de la saisie en application de l'alinéa 1er de l'article R. 211-5 C. pr. exéc., ou au paiement du solde des comptes au jour de la saisie, en application de l'article R. 211-9 C. pr. exéc.

Dans cet arrêt, la Cour de cassation poursuit en jugeant « *qu'après avoir relevé que la banque avait fourni, après la saisie, un document relatant les opérations ayant affecté depuis celle-ci, le compte du débiteur saisi, la cour d'appel a exactement retenu que cet établissement avait satisfait à son obligation de fournir les pièces* ». Cet attendu est d'autant plus notable que l'auteur du pourvoi soutenait que la banque n'avait, dans le délai de huitaine, fourni qu'un document donnant le solde des comptes après les opérations de régularisation, complété, seulement au cours des débats devant le juge, par un relevé de compte détaillant les opérations en cause. Aussi, en se contentant de relever que l'information requise avait été fournie « *après la saisie* », la Cour de cassation semble donc se montrer volontairement souple quant à l'appréciation de l'accomplissement par la banque de son obligation.

1. Décr. n° 2012-366, 15 mars 2012, relatif à la signification des actes d'huissier de justice par voie électronique et aux notifications internationales, *JO* 17 mars, p. 4899 – T. Ghera, « Le décret n° 2012-366 du 15 mars 2012, entre équilibre et modernité, la sécurité juridique au cœur de la communication électronique judiciaire », *Dr. et proc.* 2012. Chron. 114 – *JCP* 2012. 430, trois questions à Me Jean-François Bauvin – L. Lauvergnat, « Le décret n° 2012-366 du 15 mars 2012 : un souffle nouveau en matière de notifications », *Procédures* 2012. Étude 3 – Rép. pr. civ., *V° Communication électronique*, juin 2014, par E. de Leiris.
2. Arr. 28 août 2012, portant application des dispositions du titre XXI du livre Ier du Code de procédure civile aux huissiers de justice, *JO* 31 août, p. 14049.
3. Civ. 2e, 6 mai 2004, n° 02-15.348, *Bull. civ.* II, n° 218; *RTD civ.* 2004. 560, obs. Perrot.

CHAPITRE

923. Effets de la saisie-attribution

ÉDOUARD DE LEIRIS
MAGISTRAT

SECTION 0 ORIENTEUR

923.00 **Plan du chapitre.**

Division. L'effet attributif immédiat de la saisie des comptes bancaires présente plusieurs particularités.

Pour assurer l'effectivité de l'attribution de l'ensemble des comptes ouverts dans les livres du tiers saisi, la saisie-attribution a pour effet de rendre provisoirement indisponibles l'ensemble de ces comptes frappés par la saisie, en vue de permettre la régularisation des opérations en cours (sect. 1).

Nonobstant cet effet attributif, le débiteur ou son époux commun de biens peuvent solliciter la mise à disposition de certaines sommes entrant dans l'assiette de la saisie (sect. 2).

Les spécificités de la saisie des comptes bancaires se retrouvent également au stade du paiement des sommes attribuées par le tiers saisi (sect. 3).

923.01 **Textes applicables**.

C. pr. exéc., art. L. 112-4, L. 162-1, L. 162-2, L. 211-2, R. 112-5, R. 162-2 à R. 162-9, R. 211-1, R. 211-11, R. 211-19, R. 211-21 et R. 211-23.

C. civ., art. 220 et 1414.

923.03 **Bibliographie indicative.** (V. s^s n° 920.03).

SECTION 1 INDISPONIBILITÉ TOTALE DES COMPTES SAISIS EN VUE DE LA RÉGULARISATION DES OPÉRATIONS EN COURS

§ 1 Indisponibilité totale des comptes saisis

A. Principe de l'indisponibilité totale

923.11 **Indisponibilité totale des comptes saisis.** En droit commun, l'indisponibilité n'est que partielle puisqu'elle est limitée au montant de la créance, cause de la saisie. L'article L. 211-2 C. pr. exéc. dispose en effet que l'acte de saisie emporte attribution immédiate de la créance saisie disponible « *à concurrence des sommes pour lesquelles elle est pratiquée* ».

Lorsque la saisie est pratiquée entre les mains d'une banque, l'indisponibilité est, dans un premier temps, totale.

923.12 Principe de l'indisponibilité. L'indisponibilité totale joue donc même si le montant de la créance cause de la saisie est inférieur au solde des comptes saisis.

La corrélation entre le montant des causes de la saisie et le montant des sommes indisponibles n'existe pas [1].

La différence entre la saisie de droit commun et la saisie pratiquée entre les mains d'un établissement bancaire s'explique par le fait que la créance, objet de la saisie, ne peut pas être déterminée avec précision au moment de la signification de l'acte de saisie, dès lors que le banquier tiers saisi a l'obligation de procéder à la liquidation des opérations en cours au jour de la saisie.

L'assiette de la saisie ne pourra être effectivement connue qu'après régularisation des opérations en cours, tant au débit qu'au crédit du compte saisi.

923.13 Étendue de l'indisponibilité. L'indisponibilité s'étend à l'ensemble des comptes du débiteur qui représentent des créances de sommes d'argent (C. pr. exéc., art. R. 211-19).

923.14 Durée de l'indisponibilité : délai de quinzaine. L'article L. 162-1 C. pr. exéc. limite la durée de l'indisponibilité totale des « *sommes laissées au compte* » à un « *délai de quinze jours ouvrables qui suit la saisie* ».

Pour la computation de ce délai de quinzaine, la formulation de l'article L. 162-1 C. pr. exéc. conduit à penser que le jour de la saisie ne doit pas être compté et que le délai expire le dernier jour ouvrable suivant. Pour le surplus, ce délai ne se calcule pas suivant les règles de computation des délais de procédure. En effet, le terme de jour « *ouvrable* » exclut la comptabilisation des dimanches et jours fériés ou chômés [2].

L'article R. 211-19 C. pr. exéc. dispose que l'acte de saisie rend indisponible l'ensemble des comptes du débiteur qui représentent des créances de sommes d'argent, de sorte qu'il a pu en être déduit que l'indisponibilité totale perdurait pendant tout le délai de contestation, ainsi qu'en cas de contestation formée, jusqu'à ce qu'elle soit tranchée. En réalité, l'article R. 211-19 C. pr. exéc. doit être compris à la lumière des articles L. 211-2 et L. 162-1 C. pr. exéc. : il a pour seul objet de préciser l'étendue des comptes rendus provisoirement indisponibles par la saisie-attribution [3].

À l'issue du délai de régularisation, l'indisponibilité totale fait donc place à l'effet attributif à concurrence des sommes pour lesquelles la saisie est pratiquée [4]. Conformément à la saisie attribution de droit commun, l'indisponibilité à hauteur de cette somme perdure alors jusqu'au paiement qui intervient, en l'absence de contestation, sur présentation d'un certificat de non-contestation à l'issue d'un délai d'un mois prévu à l'article R. 211-11 C. pr. exéc. et, en cas de contestation, à l'issue de la procédure devant le JEX, sur présentation de la décision.

923.15 Durée de l'indisponibilité : combinaison avec le délai d'un mois de contre-passation des effets de commerce impayés. Si le deuxième alinéa de l'article L. 162-1 C. pr. exéc. dispose que : « *Dans le délai de quinze jours ouvrables qui suit la saisie et pendant lequel les sommes laissées au compte sont indisponibles, ce solde peut être affecté à l'avantage ou au préjudice du saisissant par les opérations* [de régularisation] », le septième alinéa [5] prévoit que : « *Par dérogation aux dispositions prévues au deuxième alinéa, les effets de commerce remis à l'escompte et non payés à leur présentation ou à leur échéance lorsqu'elle est postérieure à la saisie peuvent être contrepassés dans le délai d'un mois qui suit la saisie* » (v. s^s n° 923.52).

La combinaison de ces dispositions est incertaine, ainsi que, par voie de conséquence, la prorogation du délai d'indisponibilité en cas d'effets de commerce remis à l'escompte. Le deuxième alinéa prévoyant tout à la fois la règle de la régularisation des opérations pendant un délai de quinzaine et celle de l'indisponibilité totale pendant ce même délai, la question se pose de la portée de l'exception apportée par le septième alinéa au deuxième alinéa : soit, le septième alinéa ne fait exception au deuxième qu'à l'effet d'allonger le délai de régularisation [6], soit, il fait exception également au délai d'indisponibilité, en le portant à un mois [7].

1. *J.-Cl. Pr. civ., v° Saisie-attribution (Comptes bancaires : règles spécifiques)*, fasc. 2280, n° 77, par Cayrol.
2. PERROT et THÉRY, n° 448 (note) – COMP. P. Julien, note s^s TGI Paris, 4 févr. 1993, Mondial VPC c/Groupe Mulit Média Marketing, *D.* 1993. 279, considérant que seuls les jours durant lesquels les guichets sont ouverts au public doivent être considérés comme des jours ouvrables.
3. LEBORGNE, n° 1135.
4. TGI Paris, 4 févr. 1993, préc. s^s prés^t n°.
5. Le septième alinéa de l'article L. 162-1 C. pr. exéc. est parfois qualifié par erreur de troisième alinéa (le deuxième alinéa étant alors entendu comme concernant les deuxième à sixième alinéas) – Sur les règles de comptabilisation des alinéas, v. *Guide de légistique*, 3.2.2. (consultable notamment sur le site Internet de Legifrance).
6. EN CE SENS : PERROT et THÉRY, n° 457 – LEBORGNE, n° 1139.
7. Penchant, avec prudence, pour une telle interprétation : *J.-Cl. Pr. civ., v° Saisie-attribution (Comptes bancaires : règles spécifiques)*, fasc. 2280, n° 80, par Cayrol.

Le septième alinéa se contentant d'évoquer un cas particulier de régularisation, on peut être tenté de considérer, en l'absence de jurisprudence, que l'exception qu'il apporte au deuxième alinéa ne concerne que ce point et n'allonge donc pas le délai d'indisponibilité. Une telle solution est toutefois délicate. En effet, si le débiteur, passé le délai de quinzaine, utilise le solde redevenu disponible de telle sorte qu'il n'est plus suffisant pour contrepasser un effet de commerce impayé, cette contre-passation s'opérera nécessairement au détriment des sommes attribuées au créancier saisissant. Ainsi que le relèvent MM. Perrot et Théry, il appartient au banquier de faire le nécessaire pour pouvoir être payé[1].

Quelle que soit la solution retenue, le délai d'un mois n'est pas exprimé en jours ouvrables, de sorte qu'il se calcule de quantième à quantième.

B. Aménagements à la règle de l'indisponibilité totale

923.21 Nécessité d'aménagements à la règle de l'indisponibilité. Compte tenu des conséquences gênantes dues à l'indisponibilité affectant l'ensemble des comptes du débiteur[2] et de l'absence de cantonnement automatique[3], le pouvoir réglementaire et la pratique bancaire ont apporté des aménagements destinés à rendre la règle moins contraignante.

923.22 Ouverture d'un compte spécial. Bien que la saisie-attribution porte sur des créances de sommes d'argent et non sur un compte, en pratique, dès la notification de la saisie-attribution au tiers saisi, celui-ci isole sur un compte d'attente ou compte *bis* le solde du compte courant ou de dépôt à vue rendu indisponible.

Les autres comptes (comptes d'épargne notamment), rendus également indisponibles par la saisie, restent « *bloqués* ».

Ainsi, les opérations postérieures à l'acte de saisie-attribution et les opérations antérieures non visées par l'article L. 162-1 alinéa 2 C. pr. exéc. (agios, prélèvements automatiques, échéances de prêt, frais bancaires de saisie) sont enregistrées au crédit ou au débit du compte, afin de ne pas les mêler à celles qui entrent dans le champ d'application de la saisie[4].

Les remises créditrices (autres que celles résultant des opérations en cours) constituent ce que la pratique bancaire appelle « *l'argent frais* ». *Cet* « *argent frais* » n'entre pas dans l'assiette de la saisie, de sorte qu'il est disponible pour le débiteur.

923.23 Cantonnement. Aux termes de l'article R. 211-21 C. pr. exéc., le créancier peut limiter l'effet de la saisie à certains comptes « *au vu des renseignements fournis par le tiers saisi* ».

Le créancier peut, de sa propre initiative, après avoir pris connaissance des déclarations du tiers saisi à l'huissier poursuivant et sans attendre une quelconque contestation du débiteur, décider de ne faire porter la saisie que sur certains comptes, comme par exemple, ceux pour lesquels les risques de fluctuation du solde sont moins importants (comptes d'épargne, par ex.).

Cette décision est prise unilatéralement par le saisissant[5].

Cependant, M. Croze estime « *curieux que cette limitation soit présentée comme un effet de sa bonté* »[6]. Cet auteur se demande si le créancier ne pourrait pas être sanctionné, s'il refusait cette limitation, sur le fondement de l'article 22 alinéa 2 de la loi du 9 juillet 1991 (devenu C. pr. exéc., art. L. 121-2).

Relevons en effet que selon cet article, si le créancier a le choix des mesures propres à assurer l'exécution ou la conservation de sa créance, « *l'exécution de ces mesures ne peut excéder ce qui se révèle nécessaire pour obtenir le paiement de l'obligation* » et le JEX peut ordonner la mainlevée de toute mesure inutile, et en cas d'abus, condamner le créancier à des dommages et intérêts.

Toutefois, selon M. et J.-B. Donnier, « *en pratiquant une saisie-attribution qui a bloqué tous les comptes du débiteur, le créancier saisissant n'a rien excédé puisque c'est la loi elle-même qui impose l'indisponibilité totale* »[7]. En outre, tant que des opérations sont en cours, elles risquent d'affecter l'assiette de la saisie, de sorte que le cantonnement pourrait empêcher le désintéressement du créancier. L'huissier de justice qui n'aurait pas attiré l'attention de son mandant sur ce point pourrait voir sa responsabilité mise en cause.

Cette disposition du décret n'a donné lieu, à notre connaissance, à aucune jurisprudence publiée.

1. Perrot et Théry, n° 457 – Sur les moyens dont dispose le banquier pour se garantir : *J.-Cl. Pr. civ.*, n° 62, par Cayrol (préc. s^s prés^t n°).
2. Donnier, 8e éd., 2009, n° 1030.
3. H. Croze, « Saisie-attribution bancaire : les mystères de l'article 47 de la loi du 9 juillet 1991 », *LPA* 6 janv. 1993, n° spéc., p. 71, n° 8.
4. J.-M. Calendini, « La saisie-attribution de comptes bancaires », *LPA* 9 févr. 1994, p. 16, n° 15.
5. *J.-Cl. Pr. civ.*, *v° Saisie-attribution (Comptes bancaires : règles spécifiques)*, fasc. 2280, n° 84, par Cayrol.
6. H. Croze, « Saisie-attribution bancaire : les mystères de l'article 47 de la loi du 9 juillet 1991 », *LPA* 6 janv. 1993, n° spéc., p. 71, n° 8.
7. Donnier, 8e éd., 2009, n° 1029.

Le cantonnement peut être parfois dû à l'initiative du banquier tiers saisi qui, en accord avec son client et en fonction des montants créditeurs des divers comptes du saisi, « *aménage* » la règle de l'indisponibilité totale, en ne bloquant que la somme strictement nécessaire au désintéressement du créancier saisissant. Lorsqu'une saisie-attribution est pratiquée au préjudice d'une entreprise, un tel procédé facilite à l'évidence le fonctionnement de celle-ci, mais le débiteur saisi renonce de la sorte au bénéfice des dispositions relatives aux opérations en cours.

923.24 Constitution d'une garantie. L'article R. 211-21 alinéa 2 C. pr. exéc. prévoit la possibilité de mettre fin à l'indisponibilité des comptes par la constitution d'une garantie irrévocable à concurrence des sommes réclamées. Cette garantie pourra consister, en pratique, soit en un cautionnement bancaire ou une sûreté réelle[1], soit en la consignation d'une somme, soit en l'affectation d'un compte non susceptible d'être diminué par des opérations en cours ou des retraits (plan d'épargne-logement, plan d'épargne populaire).

Une mesure de séquestre a également pu être jugée suffisante pour donner au créancier « *une garantie totale* »[2].

La mise en œuvre d'une telle disposition nécessite un « *accord commun* » entre les parties (saisi, tiers saisi, saisissant) ou une décision du JEX, ce qui peut demander du temps (mais la procédure dite « *d'heure à heure* », prévue par l'article R. 121-12 C. pr. exéc., permet en cas d'urgence d'obtenir rapidement une décision).

La possibilité de constituer une garantie est contestée par une partie de la doctrine[3] qui estime que le décret vient réduire à néant l'article L. 162-1 C. pr. exéc. et s'interroge sur la légalité d'une telle disposition[4].

Ce procédé peut cependant présenter un avantage pour le créancier puisque la garantie irrévocable est égale « *au montant des sommes réclamées* », alors que le solde saisi-attribué n'est que provisoire, susceptible de modifications pouvant diminuer l'assiette de la saisie. Cette garantie conférera au créancier « *un droit de paiement certain* »[5].

1. C. Mouly, « Procédures civiles d'exécution et droit bancaire », *RTD civ.* 1993. 38, note 34.
2. TGI Bobigny, JEX, 12 févr. 1993, *D.* 1993. 279, obs. crit. Julien.
3. J.-M. Delleci, « La saisie-attribution de comptes bancaires : portée de l'article 47 de la loi du 9 juillet 1991 », *Banque et droit* 1992, n° 25, p. 163.
4. Ribay et Delleci, p. 16.
5. H. Croze, « Saisie-attribution bancaire : les mystères de l'article 47 de la loi du 9 juillet 1991 », *LPA* 6 janv. 1993, n° spéc., p. 71, n° 8.

§ 2
Opérations en cours affectant l'attribution

923.30 Règle. L'article L. 162-1 C. pr. exéc. prévoit l'indisponibilité de l'ensemble des comptes du débiteur et prend en considération les droits de certains créanciers dès lors qu'il est établi que certaines opérations sont antérieures à l'acte de saisie-attribution (A).

« *Appliquée sans nuance aux comptes bancaires, l'attribution immédiate pourrait avoir des effets destructeurs et aboutir à une véritable spoliation des droits de certains créanciers* [...] *alors même que leur créance est née antérieurement à l'acte de saisie* »[6].

Les diverses opérations que le Code des procédures civiles d'exécution énumère et que la pratique qualifie d'« *opérations en cours* » ne sont prises en compte que pendant un délai de quinze jours ouvrables qui suit la saisie-attribution (B).

Quant aux effets de commerce, remis à l'escompte et non payés à leur présentation ou à leur échéance lorsqu'elle est postérieure à la saisie, ils peuvent être contrepassés dans le délai d'un mois qui suit la saisie-attribution (C) (C. pr. exéc., art. L. 162-1, al. 2 et 3). Passés ces délais, aucune modification ne peut être apportée au solde du compte (D).

A.
Antériorité des opérations concernées

923.31 Notion d'opérations en cours. Les opérations, énumérées par l'article L. 162-1 alinéa 2 C. pr. exéc., peuvent affecter l'assiette de la saisie au profit ou au détriment du saisissant, « *dès lors qu'il est prouvé que leur date est antérieure à la saisie* »[7].

L'antériorité devrait pouvoir être facilement établie pour les opérations pratiquées dans les jours qui ont précédé la saisie. Celle-ci résulte en effet des documents entre les mains de l'établissement bancaire (bordereau de remise de chèque, ordre de virement, *etc.*)

Lorsque les opérations sont du jour même de la saisie, il n'existe aucune règle similaire à celle réputant simultanées les saisies pratiquées le même jour. Si l'article R. 211-1 C. pr. exéc. impose l'« *horodatage* » de l'acte de saisie, il n'en va pas nécessairement de même des opérations bancaires. Ainsi, les bordereaux de remise de chèques ne sont-ils pas systématiquement « *horodatés* ». La règle est alors qu'en l'absence d'un « *horodatage* » ou d'une attestation du banquier mentionnant l'heure de la saisie

6. Delleci, n° 364, p. 229.
7. Par ex. : TGI Lyon, JEX, 25 mars 1997, RG n° 97/01579, Me Walczak, liquidateur de la SARL Axelbat c/SA Crédit lyonnais, NP.

informatique de la remise[1], qui n'est pas forcément l'heure à laquelle la remise a été effectuée, l'opération ne peut être considérée comme antérieure[2].

B. Opérations créditrices en cours

923.41 Opérations créditrices. Seront portées au crédit du compte, « *les remises faites antérieurement, en vue de leur encaissement, de chèques ou d'effets de commerce, non encore portées au compte* » [du client de la banque].

Le texte ne vise que les remises à l'encaissement, mais des auteurs ont pu estimer qu'il concernait également les remises à l'escompte[3].

En outre, les virements créditeurs, bien qu'ils ne soient pas mentionnés par l'article L. 162-1 C. pr. exéc., sont considérés comme des opérations en cours venant affecter l'assiette de la saisie, à l'avantage du saisissant[4].

C'est ainsi que la Cour de cassation, rappelant qu'une saisie-attribution peut porter sur des créances conditionnelles ou à terme, a admis qu'un virement effectué au bénéfice du débiteur, avant la saisie, pouvait affecter l'assiette de la saisie au profit du créancier saisissant, même si la somme n'avait pas encore été inscrite au compte[5].

Les remises postérieures à la saisie-attribution constituent ce que la pratique appelle « *l'argent frais* » disponible pour le débiteur. Cet « *argent frais* » sert ainsi de gage aux autres créanciers ou au créancier saisissant qui pratiquerait une seconde saisie-attribution.

C. Opérations débitrices en cours

923.51 Opérations débitrices incluses. Seront portés au débit du compte :

– Les chèques émis par le débiteur et remis à l'encaissement par leur bénéficiaire avant la saisie. La date d'émission du chèque importe peu; seule compte la date de la remise qui doit être antérieure à la saisie[6].

La Cour de cassation a précisé que la remise de chèques à l'encaissement « *s'entend de la remise des chèques faite à l'établissement bancaire et non au bénéficiaire desdits chèques* »[7], et ce malgré la règle de transfert de plein droit de la propriété de la provision du chèque dès son encaissement prévue par l'article L. 131-20 du Code monétaire et financier[8] (v. s^s n° 921.13).

Dans une espèce où des chèques ont été émis par le débiteur et remis à l'encaissement par leur bénéficiaire auprès d'une banque de Hong-Kong avant la saisie, mais entrés dans le système bancaire français après la saisie, il a été admis, par référence aux Règles uniformes de la Chambre de commerce internationale relatives aux encaissements, que ces remises devaient être considérées comme postérieures à la saisie[9].

– Les chèques remis par le saisi à l'encaissement avant la saisie et revenus impayés après la saisie. Ces chèques doivent être contrepassés dans le délai de quinze jours après la saisie.

– Les retraits par billetterie effectués antérieurement à la saisie. L'horodatage de ces retraits et celui de la saisie-attribution devraient éviter toute contestation.

– Les paiements par carte, à condition que leurs bénéficiaires aient été effectivement crédités antérieurement à la saisie[10].

923.52 Contre-passation des effets de commerce impayés. La loi réserve un sort particulier aux « *effets de commerce* » impayés. Selon l'article L. 162-1 alinéa 7 C. pr. exéc. « *les effets de commerce remis à l'escompte et non payés à leur présentation ou à leur échéance lorsqu'elle est postérieure à la saisie peuvent être contrepassés dans le mois qui suit la saisie* ».

Cette disposition pose plusieurs difficultés.

En premier lieu, elle a pu être contestée dans son principe par la doctrine, qui y voit un « *droit préférentiel* lato sensu » accordé au banquier jugé discutable[11].

En deuxième lieu, cette règle pose la question de savoir si cette faculté de contre-passation dans le

1. Ribay et Delleci, p. 19.
2. TGI Lyon, JEX, 13 nov. 1997, RG n° 97/09140, SARL SOXO c/Banque populaire de Lyon, NP.
3. Ribay et Delleci, p. 19 – F.-J. Credot et Y. Gérard, « Aspect bancaire de la réforme des procédures civiles d'exécution », *RD bancaire et bourse* 1993, n° 35, p. 7.
4. F.-J. Credot et Y. Gérard, « Aspect bancaire de la réforme des procédures civiles d'exécution », *RD bancaire et bourse* 1993, n° 35, p. 8 – C. Mouly, « Procédures civiles d'exécution et droit bancaire », *RTD civ.* 1993. 77 – Perrot et Théry, n° 454 – Rép. pr. civ., *v° Saisie-attribution*, janv. 2007 [màj oct. 2014], par C. Lefort, n° 313.
5. Civ. 2e, 28 mai 2003, n° 01-12.892, *Bull. civ.* II, n° 166; *Procédures* 2003, n° 169, obs. Perrot; *Dr. et proc.* 2003. 371, obs. Putman; *D.* 2004. Somm. 1490, obs. Taormina.
6. TGI Dijon, JEX, 5 oct. 1993, *Rev. huiss.* 1994. 707, obs. Dahan – TGI Roanne, JEX, 8 déc. 1994, RG n° 94/01150, NP – TGI Quimper, JEX, 4 mai 1995, *Rev. huiss.* 1996. 630 – TGI Paris, JEX, 3 juill. 1995, *D.* 1996. 140, obs. Julien – TGI Lyon, JEX, 24 oct. 1996, RG n° 96/10645, NP.
7. Civ. 2e, 13 févr. 2003, n° 01-00.543, *Bull. civ.* II, n° 40; *RD banc. fin.* 2003, n° 87, obs. J.-M. D.
8. B. Saintourens, « La saisie des avoirs bancaires », *Procédures* 2008, n° 13, p. 42.
9. TGI Lyon, JEX, 13 nov. 1997, RG n° 97/09140, NP.
10. Delleci, n° 368.
11. Perrot et Théry, n° 456.

mois de la saisie s'accompagne ou non de l'indisponibilité des comptes du débiteur. La question est d'importance puisque si l'indisponibilité n'est pas prolongée pendant la durée de contre-passation, le débiteur peut disposer du solde des comptes excédant les sommes attribuées au créancier saisissant, qui supporte alors le risque d'impayé de l'effet de commerce (sur la question, v. s^s n° 923.15).

En troisième lieu, le champ exact de la règle doit être précisé.

Si la notion d'effet de commerce inclut en principe, outre la lettre de change et le billet à ordre, le chèque, la disposition ne concerne en l'occurrence que les opérations d'escompte, notion qui exclut le chèque[1]. Cette exclusion est logique puisque le chèque est payable à vue. Elle résulte en outre de la lecture comparée des deuxième et septième alinéas : si le deuxième alinéa vise les chèques et les effets de commerce, le septième alinéa n'évoque que ces derniers[2].

En revanche, si la cession de créance par « *bordereau Dailly* » constitue une opération d'escompte, la Cour de cassation juge que les créances professionnelles visées par la loi du 2 janvier 1981 ne sont pas assimilables à des effets de commerce[3].

La faculté de contre-passation des effets de commerce se trouve limitée au délai d'un mois qui suit la saisie-attribution. Ce délai se calcule de quantième à quantième (v. s^s n° 923.15). On a pu relever l'insuffisance de ce délai, au regard des échéances habituelles des effets de commerce[4].

923.53 Opérations débitrices exclues. La liste de l'article L. 162-1 C. pr. exéc. est considérée comme exhaustive[5].

Ainsi, le solde du compte ne pourra notamment pas être diminué des prélèvements automatiques, des agios et des échéances de prêt.

Sauf pour la banque à accepter le fonctionnement du compte en position débitrice, ces opérations débitrices ne seront donc honorées que s'il existe des sommes suffisantes non affectées par l'indisponibilité, notamment un solde bancaire insaisissable ou de « *l'argent frais* ».

Les frais de saisie généralement stipulés dans les conditions générales des établissements bancaires n'entrent pas non plus dans le champ des opérations en cours. À la différence des précédents cas d'opérations exclues de la régularisation, on peut en revanche douter que les termes de l'article L. 162-2 C. pr. exéc. autorisent l'établissement bancaire à imputer ces frais sur le solde bancaire insaisissable.

D.
Imputation des opérations en cours

923.61 Imputation des opérations en cours. L'article 47 alinéa 8 de la loi du 9 juillet 1991 disposait que « *le solde saisi attribué n'est affecté par ces éventuelles opérations de débit et de crédit que dans la mesure où leur résultat cumulé est négatif et supérieur aux sommes non frappées par la saisie au jour de leur règlement* ».

Ce texte, « *rédigé d'une façon très confuse* »[6], « *imprécise* »[7], a notamment été jugé difficile à combiner avec le deuxième alinéa de cet article selon lequel le solde du compte « *peut être affecté à l'avantage ou au préjudice du saisissant* ».

Il peut se déchiffrer comme suit :

– les opérations en cours sont compensées entre elles (c'est le « *résultat cumulé* ») ;

– le résultat obtenu, s'il est négatif, s'impute en priorité sur les sommes « *non frappées par la saisie* », c'est-à-dire la partie du solde des comptes saisis qui excède le montant de la créance du saisissant; ce n'est que dans le cas où ces sommes non frappées par la saisie s'avèrent insuffisantes pour couvrir ce résultat cumulé négatif que le solde saisi-attribué sera « diminué ». Si la règle posée par l'alinéa 8 de l'article L. 162-1 C. pr. exéc. s'avère ainsi protectrice du créancier saisissant, la liquidation des opérations en cours peut néanmoins avoir pour effet de priver le créancier saisissant d'une partie de sa créance. Rappelons que dans un tel cas l'établissement bancaire fournit un relevé de ces opérations (C. pr. exéc., art. R. 162-1 – V. s^s n° 922.61).

Qu'en est-il dans le cas où ce résultat s'avère positif ? Bien que l'hésitation soit permise[8], l'argu-

1. Sur la notion d'escompte : *J.-Cl. Banque-Crédit-Bourse*, *v° Escompte*, fasc. 55, n° 2, par Lassalas.
2. *J.-Cl. Pr. civ.*, *v° Saisie-attribution (Comptes bancaires : règles spécifiques)*, fasc. 2280, n°s 61 et 62, par Cayrol.
3. Com. 15 déc. 1992, n° 90-19.735, *Bull. civ.* IV, n° 408 – Com. 8 nov. 1994, n° 93-10.332, NP; *D.* 1994. 267 – C. Mouly, « Procédures civiles d'exécution et droit bancaire », *RTD civ.* 1993. 52.
4. H. Croze, « Saisie-attribution bancaire : les mystères de l'article 47 de la loi du 9 juillet 1991 », *LPA* 6 janv. 1993, n° spéc., p. 73, n° 16 – Delleci, n° 369 – Sur les moyens pour le banquier de sécuriser néanmoins son paiement : *J.-Cl. Pr. civ.*, *v° Saisie-attribution (Comptes bancaires : règles spécifiques)*, fasc. 2280, n° 62, par Cayrol.
5. H. Croze, « Saisie-attribution bancaire : les mystères de l'article 47 de la loi du 9 juillet 1991 », *LPA* 6 janv. 1993, n° spéc., p. 73, n° 15 – F.-J. Credot et Y. Gérard, « Aspect bancaire de la réforme des procédures civiles d'exécution », *RD bancaire et bourse* 1993, n° 35, p. 8.
6. Donnier, 8e éd., 2009, n° 1043.
7. Delleci, n° 377.
8. En faveur d'une affectation ne profitant qu'au débiteur saisi : Donnier, 8e éd., 2009, n° 1043 – H. Croze, « Saisie-attribution bancaire : les mystères de l'article 47 de la loi du 9 juillet 1991 », *LPA* 6 janv. 1993, n° spéc., p. 72, n° 11 – *J.-Cl. Not. Form.*, *v° Saisies des comptes bancaires*, fasc. 10, n° 45, par Fossier.

mentation de plusieurs auteurs en faveur d'un accroissement du solde saisi attribué[1], à « l'avantage » du saisissant emporte finalement la conviction. Observons qu'en l'état de la codification du huitième alinéa de l'article L. 162-1 C. pr. exéc., celui-ci mentionne désormais que « *le solde saisi attribué* [...] *est diminué* » plutôt qu'« *affecté* ». Ainsi littéralement, cet alinéa, qui semait le trouble en envisageant toute affectation, positive comme négative, du solde saisi attribué, ne régit désormais plus que l'hypothèse du résultat cumulé négatif, avec ainsi pour unique objet d'organiser, dans ce cas, les conditions suivant lesquelles le solde saisi attribué pourra être « diminué ».

SECTION 2
DEMANDES DE MISE À DISPOSITION AFFECTANT *A POSTERIORI* L'ASSIETTE DE LA SAISIE

923.70 Cas visés et caractéristiques. Deux mécanismes permettent au débiteur ou à son époux commun de biens de solliciter une mise à disposition de sommes : le mécanisme du report d'insaisissabilité (§ 1) et celui de la mise à disposition des gains et salaires de l'époux non débiteur (§ 2).

Ces mécanismes ont en commun de n'opérer que sur demande de leur bénéficiaire. Ils ne sont donc de nature à affecter l'effet attributif que de façon éventuelle, incidente et *a posteriori*, ce qui les distingue substantiellement du solde bancaire insaisissable, qui se trouve de plein droit en dehors de l'assiette de la saisie.

§ 1
Mise à disposition des sommes provenant de créances insaisissables : report d'insaisissabilité

923.81 Principe. Aux termes de l'article L. 112-4 C. pr. exéc., « *les créances insaisissables dont le montant est versé sur un compte demeurent insaisissables* ». L'article R. 112-5 C. pr. exéc. précise que l'insaisissabilité se reporte à due concurrence sur le solde du compte.

Il n'est fait aucune distinction entre les comptes sur lesquels ces sommes sont versées : le report d'insaisissabilité joue quel que soit le compte sur lequel est versée la somme insaisissable. Ainsi la Cour de cassation a-t-elle pu en juger pour un livret d'épargne populaire, abondé par une allocation servie au titre du RMI (revenu minimum d'insertion)[2].

Il convient de bien distinguer ce report d'insaisissabilité du solde bancaire insaisissable.

Le **report d'insaisissabilité** considère l'origine des sommes figurant au compte, alors que le solde bancaire insaisissable s'attache au solde du compte lui-même. Cette distinction explique qu'au-delà de leur finalité alimentaire commune, ces dispositifs diffèrent foncièrement dans leur mise en œuvre. Alors que **le solde bancaire insaisissable** échappe de plein droit à la saisie-attribution, le report d'insaisissabilité ne peut résulter que d'une demande du débiteur, intervenant *a posteriori* et nécessitant qu'il fasse la preuve que le compte est alimenté par des créances insaisissables[3].

923.90 Textes et plan. La mise en œuvre de cette disposition est assurée par les articles R. 162-4 à R. 162-8 C. pr. exéc.

Les règles de mise à disposition diffèrent selon qu'elles portent ou non sur des créances à échéance périodique (A et B). Ces deux reports d'insaisissabilité font en outre l'objet de règles communes (C).

A.
Report d'insaisissabilité des créances à échéance périodique

923.91 Sommes insaisissables concernées provenant de créances à échéance périodique. Aux termes de l'article R. 162-4 alinéa 1er C. pr. exéc. : « *Lorsque les sommes insaisissables proviennent de créances à échéance périodique, telles que rémunérations du travail, pensions de retraite, sommes payées à titre d'allocations familiales ou d'indemnités de chômage, le titulaire du compte peut, sur justification de l'origine des sommes, en demander la mise à disposition immédiate, déduction faite des opérations venues en débit du compte depuis le dernier versement de la créance insaisissable* ».

La liste des créances fournies par l'article R. 162-4 C. pr. exéc. n'est qu'indicative, et ce dispositif doit pouvoir être étendu à l'ensemble des revenus ou prestations versés de façon périodique et présentant un caractère en tout ou partie insaisissable en vertu de la loi.

1. *J.-Cl. Pr. civ.*, *v° Saisie-attribution (Comptes bancaires : règles spécifiques)*, fasc. 2280, nos 65 et 67, par Cayrol – PERROT et THÉRY, n° 459.

2. Civ. 2e, 12 juill. 2007, n° 05-20.911, *Bull. civ.* II, n° 211; *D.* 2007. 2243; *Dr. et proc.* 2007. 357, obs. Salati; *RTD civ.* 2007. 814, obs. crit. Perrot; *D.* 2008. 53 – Civ. 2e, 12 juill. 2007, n° 05-20.911, *Bull. civ.* II, n° 211; *D.* 2007. 2243; *Dr. et proc.* 2007. 357, obs. Salati; *RTD civ.* 2007. 814, obs. crit. Perrot; *D.* 2008. 648, note Sommer; *RD banc. fin.* 2008, n° 48, obs. Piedelièvre.

3. Civ. 2e, 24 mars 2005, n° 03-12.836, *Bull. civ.* II, n° 80; *RD banc. fin.* 2005, n° 107 – Civ. 2e, 7 juin 2006, n° 04-19.205, NP; *Procédures* 2006, n° 235, obs. Perrot.

Cette énumération recouvre deux types de sommes : d'abord, les prestations, pensions et revenus totalement insaisissables, comme par exemple, le revenu de solidarité active (RSA); ensuite, les revenus saisissables dans les limites et conditions de la saisie des rémunérations prévues par le Code du travail[1]. (Pour une liste complète de ces prestations et ressources, v. s[s] n°s 151.110 à 151.156 s.).

Si l'adage « *aliments ne s'arréragent pas* » avait pu conduire à considérer que seul le dernier versement bénéficiait de ce report d'insaisissabilité, la Cour de cassation en a jugé autrement, au terme d'une jurisprudence très critiquée en doctrine[2] : lorsque les sommes insaisissables versées sur un compte proviennent de créances à échéance périodique, l'insaisissabilité porte sur l'ensemble des fonds, de même nature, cumulés sur ce compte et non pas seulement sur le dernier versement effectué[3].

En l'espèce, une allocation d'adulte handicapé avait été capitalisée pendant quinze mois. Le débiteur a obtenu le droit de prélever l'ensemble cumulé des sommes insaisissables.

Malgré la « *sourde résistance* »[4] des juges du fond, qui n'a d'ailleurs pas disparu, la Cour de cassation a été amenée à réaffirmer sa position à plusieurs reprises.

923.92 Détermination du montant du report d'insaisissabilité : calcul des sommes dues au jour de la saisie. La Cour de cassation a précisé que « *l'insaisissabilité porte sur toutes les sommes insaisissables comprises dans le solde créditeur du compte* »[5], étant rappelé qu'il incombe au débiteur d'apporter la preuve de l'insaisissabilité de ces sommes[6]. La Cour a repris cette solution à propos d'une saisie-attribution pratiquée sur un compte alimenté par le RMI, cette allocation étant insaisissable même si elle est épargnée[7].

On peut penser que la résistance évoquée des juges du fond provient pour beaucoup de la difficulté à mettre en œuvre cette règle imposant de prendre en compte l'ensemble des versements périodiques de sommes insaisissables.

En effet, d'un point de vue pratique, en vertu du principe de fongibilité, il n'est pas toujours aisé de déterminer cette part des « *sommes insaisissables comprises dans le solde créditeur du compte* ».

Certes, lorsque le compte est exclusivement abondé par des sommes intégralement insaisissables, la solution de la Cour de cassation ne pose aucune difficulté : c'est l'intégralité du solde qui est insaisissable[8].

En revanche, lorsque le compte est également abondé par des sommes saisissables, ou par des revenus partiellement saisissables, la solution retenue par la Cour de cassation est particulièrement difficile, voire impossible, à mettre en œuvre. Pour déterminer, au sein du solde créditeur, la part provenant de créances insaisissables, il faudrait reconstituer l'intégralité des opérations sur le compte en banque depuis le plus ancien versement de sommes insaisissables. Cette reconstitution n'est pas seulement fastidieuse. Elle apparaît incertaine faute de pouvoir déterminer, pour chaque opération débitrice, si elle doit s'imputer sur les crédits issus de sommes saisissables ou sur ceux issus de sommes insaisissables. En effet, les différents arrêts évoqués de la Cour de cassation ne tranchent pas cette question. Faut-il retenir une imputation des débits sur les crédits les plus anciens ? Sur les crédits provenant de créances ou de fractions saisissables ? Ou encore retenir un principe inverse d'imputation prioritaire des opérations débitrices sur les sommes issues de créances insaisissables ? Cette solution serait assurément la plus opportune et pourrait se prévaloir de ce que le caractère alimentaire des créances insaisissables a justement pour vocation de faire face aux dépenses quotidiennes.

C'est d'ailleurs la règle posée par l'article R. 162-4 alinéa 1er C. pr. exéc. pour les opérations de débits inscrites au compte après le dernier versement de créance insaisissable. Ces opérations venant en débit du compte depuis le dernier versement de la créance insaisissable sont d'abord imputées sur les sommes insaisissables dont le débiteur peut demander la mise à disposition. C'est dire qu'en présence d'un compte alimenté à la fois de sommes saisissables et insaisissables, les débits sont imputés sur ces dernières, dont le législateur a considéré qu'elles étaient destinées à faire prioritairement face aux dépenses courantes.

1. Dans le cas d'une pension d'invalidité : Civ. 2e, 7 juin 2012, n° 11-19.622, *Bull. civ.* II, n° 103 – Civ. 2e, 7 juin 2012, n° 11-22.017, NP.
2. PERROT et THÉRY, n° 471.
3. Civ. 2e, 11 mai 2000, n° 98-11.696, *Bull. civ.* II, n° 78; *D.* 2000. 166; *JCP* 2000. IV. 2135; *RJDA* 2000, n° 911; *RTD civ.* 2000. 641, obs. crit. Perrot; *RD banc. fin.* 2000, n° 205, obs. Delleci.
4. PERROT et THÉRY, 2e éd., n° 444.
5. Civ. 2e, 24 juin 2004, n° 02-14.813, *Bull. civ.* II, n° 323; *D.* 2004. 2088; *RD banc. fin.* 2004, n° 258, obs. Piedelièvre – Civ. 2e, 14 oct. 2004, n° 02-18.540, *Bull. civ.* II, n° 460; *D.* 2004. 2894.
6. Com. 17 mars 2004, n° 01-15.218, NP.
7. Civ. 2e, 12 juill. 2007, n° 05-20.911, *Bull. civ.* II, n° 211 (préc. s[s] n° 923.81).
8. Civ. 2e, 27 juin 2002, n° 00-17.578, *Bull. civ.* II, n° 150; *D.* 2002 2238; *Procédures* 2002, n° 158, obs. Perrot; *RTD civ.* 2002. 566, obs. Perrot; *RD banc. fin.* 2002, n° 196, obs. J.-M. D.; *RJF* 2002, n° 1417; *Ann. loyers* 2002. 1642, obs. Dahan; *Dr. et proc.* 2003. 34, obs. Putman.

923.93 Détermination du montant du report d'insaisissabilité : non-comptabilisation des opérations de régularisation postérieures à la saisie. À la différence des opérations antérieures à la saisie, les opérations de régularisation, qui sont passées au débit du compte dans les quinze jours suivant la saisie (C. pr. exéc., art. L. 162-1 - v. s^s n° 923.30), ne sont pas concernées par la règle posée par le premier alinéa de l'article R. 162-4 C. pr. exéc. Ces opérations de régularisation n'affectent pas le report d'insaisissabilité au profit du débiteur. Seul le créancier saisissant est donc susceptible d'en pâtir[1]. Tel est le sens du second alinéa de l'article R. 162-4 C. pr. exéc., lorsqu'il dispose que, si à l'expiration du délai de quinze jours prévu par l'article L. 162-1 C. pr. exéc. pour la régularisation des opérations en cours, « *le montant des sommes demandées par le débiteur en raison de leur insaisissabilité excède le solde qui demeure disponible au compte, le complément est prélevé sur les sommes indisponibles à ce jour* ». Les termes jugés « *obscurs et même inexacts* »[2], « *de compréhension malaisée* »[3], édictent ainsi un principe d'imputation sur l'assiette de la saisie des sommes mises à disposition au titre du report d'insaisissabilité.

923.94 Détermination du montant du report d'insaisissabilité : récapitulatif. En résumé, les sommes faisant l'objet du report d'insaisissabilité sont affectées par les débits dans des conditions nécessitant de distinguer trois phases :

1) avant le dernier versement de sommes provenant d'une créance périodique insaisissable : il convient de déterminer la part du solde du compte provenant de créances insaisissables, part qui est elle-même insaisissable;

2) entre le dernier versement de sommes issues d'une créance périodique insaisissable et le jour de la saisie : le report d'insaisissabilité fixé au 1) est réduit de l'ensemble des débits opérés sur le compte pendant cette période;

3) pendant le délai de régularisation de quinze jours suivant la saisie : le report d'insaisissabilité fixé au 2) n'est pas affecté par les opérations de régularisation, qui viennent diminuer le montant saisi, à moins bien sûr que ce montant saisi soit lui-même insuffisant pour régler ces opérations.

923.95 Demande de mise à disposition. Le débiteur peut demander à tout moment la mise à disposition des sommes insaisissables, même avant l'expiration du délai de régularisation. Le prélèvement à son profit s'effectue immédiatement, mais il sera limité au montant du solde provisoire positif au moment de la demande.

Pour les praticiens de la banque, on doit distinguer selon que la demande est présentée avant ou après l'expiration de ce délai de quinze jours[4] :

- Demande présentée avant l'expiration du délai : les sommes insaisissables sont imputées en priorité sur l'argent frais disponible au compte, ce qui constitue une faveur pour le créancier saisissant dans la mesure où les sommes insaisissables sont prélevées sur des sommes non saisies.

En cas d'insuffisance, l'imputation se fait sur l'excédent des sommes indisponibles par rapport aux causes de la saisie, et enfin, sur les sommes saisies-attribuées réservées au créancier saisissant.

- Demande présentée après l'expiration du délai : les sommes insaisissables sont imputées en priorité sur l'argent frais disponible au compte, et ensuite, sur les sommes saisies-attribuées réservées au saisissant.

Le créancier ne peut s'opposer à cette mise à disposition immédiate; il n'en est informé par le tiers saisi qu'au moment où il présente sa demande en paiement et dispose alors d'un délai de quinze jours, à peine d'irrecevabilité, pour contester non seulement l'imputation qui a été faite (C. pr. exéc., art. R. 162-4, al. 2) mais en outre le montant de la somme mise à disposition.

B. Report d'insaisissabilité des créances insaisissables instantanées

923.101 Sommes insaisissables provenant de créances instantanées. Quand les sommes proviennent d'une créance à échéance non périodique, le titulaire du compte peut, sur justification de l'origine des sommes, demander que soit laissé à sa disposition le montant de celle-ci, « *déduction faite des sommes venues en débit du compte depuis le jour où la créance y a été inscrite* » (C. pr. exéc., art. R. 162-5).

Le texte ne donne aucune précision sur les créances qu'il vise.

Il pourra s'agir de rappels de salaire, d'allocations familiales ou de RSA, qui ne bénéficient pas de la mise à disposition immédiate prévue par l'article R. 162-4 C. pr. exéc., de même qu'un capital-décès (insaisissable selon CSS, art. L. 361-5) ou qu'une indemnité de réparation d'un préjudice résultant d'un accident corporel (si la créance présente un caractère alimentaire[5]).

1. Perrot et Théry, n° 472.
2. *J.-Cl. Not. Form., V° Saisies des comptes bancaires*, fasc. 10, n° 46, par Fossier.
3. Ribay et Delleci, p. 29, B.
4. F.-J. Credot et Y. Gérard, « Aspects bancaires de la réforme des procédures civiles d'exécution », *RD bancaire et bourse* 1993, n° 35, p. 9 – Ribay et Delleci, p. 29.
5. TGI Béthune, JEX, 16 sept. 1993, *Rev. huiss.* 1994. 657.

À la différence des créances à échéance périodique, cette mise à disposition est différée : elle ne peut avoir lieu avant l'expiration du délai de quinze jours prévu par l'article L. 162-1 C. pr. exéc. pour la régularisation des opérations en cours. Ces créances insaisissables peuvent en effet porter sur un montant important qui, s'il était immédiatement disponible, pourrait gravement entraver les opérations en cours.

En outre, le législateur semble en quelque sorte déduire du caractère non périodique de la créance que l'utilisation de celle-ci ne présente pas la même nécessité immédiate et peut donc donner lieu à une mise à disposition différée[1]. L'article R. 162-5 alinéa 3 C. pr. exéc. envisage toutefois une **mise à disposition anticipée** en permettant au titulaire du compte de saisir « *à tout moment* » le JEX afin d'obtenir la mise à disposition des sommes retenues sur justification de leur caractère insaisissable, « *le créancier entendu ou appelé* ». Pour les raisons exposées, une telle demande ne devrait être accueillie que si le titulaire de la créance justifie de l'urgence, de la nécessité impérieuse pour lui de percevoir cette somme (en tout ou partie).

À l'expiration du délai de régularisation et en l'absence de demande de mise à disposition anticipée, le banquier peut verser à son client saisi l'excédent éventuel des sommes rendues indisponibles par la saisie par rapport aux causes de la saisie[2]. Cet excédent est en effet redevenu disponible.

S'il est insuffisant pour satisfaire à la demande du saisi, le tiers saisi retient le complément sur les sommes saisies attribuées.

Le créancier doit être informé de ces retenues au moment où il présente sa demande en paiement (C. pr. exéc., art. R. 162-5, al. 2).

Si le créancier déclare ne pas s'opposer à cette mise à disposition, ou s'il n'élève pas de contestation dans le délai de quinze jours, les sommes retenues sont mises à la disposition du titulaire du compte (C. pr. exéc., art. R. 162-5, al. 3).

C.
Règles communes aux deux types de report d'insaisissabilité

923.111 Moment de la demande de mise à disposition des sommes insaisissables. L'article R. 162-6 C. pr. exéc. précise que la demande de mise à disposition des sommes insaisissables doit être présentée « *avant que le créancier saisissant n'ait demandé le paiement des sommes saisies* ».

923.112 Non-cumul des sommes à caractère alimentaire. Ainsi qu'il a été vu (v. s^s n°s 921.65 s.), en application du premier alinéa de l'article R. 162-7 C. pr. exéc., le solde bancaire insaisissable préalablement laissé à disposition du débiteur vient en déduction du report d'insaisissabilité, de sorte qu'une demande de report d'insaisissabilité n'a de sens qu'en cas de sommes insaisissables excédant le montant du solde bancaire insaisissable.

Un exemple[3] permet d'illustrer cette coordination :

EXEMPLE

Une personne dont le compte bancaire a été saisi dispose sur ce compte d'une somme de 600 euros provenant d'allocations familiales (créance insaisissable). Elle bénéficie du solde bancaire insaisissable à hauteur de 510 euros. Elle peut demander ultérieurement, en application de l'article R. 162-4 C. pr. exéc., la mise à disposition des allocations familiales en justifiant de leur origine, mais elle ne percevra que le complément, soit (600 – 510) 90 euros. Le solde bancaire insaisissable sera donc déduit du montant de ses allocations.

Relevons que le second alinéa de l'article R. 162-7 C. pr. exéc. réserve la même solution dans l'hypothèse inverse d'un report d'insaisissabilité venant s'imputer sur les sommes allouées au titre d'un solde bancaire insaisissable. Cette hypothèse ne nous semble toutefois plus possible, du fait du déclenchement automatique et immédiat du solde bancaire insaisissable, qui est donc préalable à tout report d'insaisissabilité (v. s^s n°s 921.65 s.).

923.113 Sanctions. Les sanctions contre le débiteur prévues par l'article R. 162-8 C. pr. exéc., exposées au titre du solde bancaire insaisissable s'appliquent également au report d'insaisissabilité (v. s^s n° 921.63). Ce texte prévoit notamment la restitution de plein droit du trop-perçu résultant d'une mise à sa disposition au titre d'un report d'insaisissabilité.

§ 2
Mise à disposition des sommes correspondant aux gains et salaires d'un époux commun en biens

923.121 Gains et salaires d'un époux commun en biens. L'article 1414 du Code civil assure la protection des gains et salaires du conjoint contre les créanciers de l'autre conjoint et la saisie n'est possible que si l obligation a été contractée pour l'entre-

1. PERROT et THÉRY, n° 475.
2. F.-J. Credot et Y. Gérard, « Aspects bancaires de la réforme des procédures civiles d'exécution », *RD bancaire et bourse* 1993, n° 35, p. 9 – RIBAY et DELLECI, p. 29.
3. Inspiré de l'article de T. Moussa et L. de Mersseman, p. 7 (préc. s^s prés^t n°).

tien du ménage ou l'éducation des enfants, conformément à l'article 220 du Code civil.

Le même texte précise que lorsque des gains et salaires sont versés sur un compte courant ou un compte de dépôt, ils ne peuvent être saisis que dans des conditions définies par décret.

Selon l'article R. 162-9 C. pr. exéc., lorsqu'un compte, même joint, alimenté par les gains et salaires d'un époux commun en biens, fait l'objet d'une mesure d'exécution forcée (notamment donc une saisie-attribution) ou d'une saisie conservatoire, pour le paiement d'une créance née du chef du conjoint (en cas de dette non solidaire), il est laissé « *immédiatement* » à la disposition de l'époux commun en biens une somme équivalant, à son choix :

- au montant des gains et salaires versés au cours du mois précédant la saisie (en cas de revenus réguliers) ;

- au montant moyen mensuel des gains et salaires versés dans les douze mois précédant la saisie (solution visant ceux qui perçoivent des revenus variables).

Cette mise à disposition doit être immédiate. Encore faut-il que le tiers saisi ait connaissance du régime matrimonial des époux, de l'origine des sommes et du choix du conjoint.

La mise en œuvre de cette disposition nécessite donc implicitement une « *demande* » du conjoint. L'article R. 162-9 C. pr. exéc. y fait d'ailleurs allusion puisqu'il permet la saisine du JEX par « *le conjoint de celui qui a formé la demande* ».

Le retard apporté dans la mise à disposition du salaire du conjoint est de nature à créer un préjudice dont le banquier peut être appelé à répondre[1].

La règle posée par l'article R. 162-9 C. pr. exéc. a pour conséquence de modifier l'assiette de la saisie.

L'article R. 162-9 C. pr. exéc. permet au débiteur de saisir le JEX (précisément cet article évoque : « *Le conjoint de celui qui a formé la demande* »). On peut imaginer que le débiteur sollicite à cette fin l'élargissement de l'assiette de la saisie[2] ou encore qu'il conteste l'application de l'article 1414 du Code civil en prétendant que la dette a été contractée dans les conditions de l'article 220 de ce Code, ce qui rendrait les époux solidaires et permettrait donc la saisie des gains et salaires du conjoint.

Enfin, l'article R. 162-9 C. pr. exéc. renvoie aux dispositions de l'article R. 162-4 alinéa 2 C. pr. exéc., excluant l'imputation des opérations de régularisation sur la somme mise à disposition (v. s[s] n° 923.93).

SECTION 3
EFFET DIFFÉRÉ DE LA SAISIE-ATTRIBUTION : LE PAIEMENT

923.131 Renvoi. Le paiement du créancier saisissant par l'établissement bancaire intervient dans les conditions décrites précédemment dans l'étude consacrée à la saisie-attribution de droit commun (v. s[s] n°s 832.01 s.) et ne présente que très peu de spécificités.

923.132 Paiement anticipé. Le paiement peut être anticipé en cas d'acquiescement (C. pr. exéc., art. R. 211-6, al. 2), mais en matière bancaire, il est exclu, par application de l'article L. 162-1 C. pr. exéc., que ce paiement puisse intervenir avant l'expiration du délai de quinze jours de régularisation des opérations en cours[3]. En effet, si le débiteur, en l'absence de saisie, peut spontanément procéder au paiement immédiat de sa dette, l'acquiescement, qui n'est pas un paiement, ne peut porter que sur des sommes disponibles (v. s[s] n° 832.11).

923.133 Monnaie. Il est admis que le paiement s'effectue en euros, même si le compte saisi est un compte en devises. La question se pose alors de la date à laquelle doit avoir lieu la conversion en euros, pour savoir sur qui pèse le risque de change.

La Cour de cassation s'est penchée sur une question proche, dans le cas d'une saisie conservatoire, par une décision faisant peser les risques de change sur le tiers saisi. Dans cette affaire, la cour d'appel avait décidé que la banque, débitrice d'une créance libellée en dollars, n'était tenue que de bloquer la contre-valeur en dollars, au jour de la saisie, du montant pour lequel une saisie conservatoire était pratiquée et par conséquent de payer au créancier, après conversion de la saisie conservatoire, l'équivalent en euros, au jour du paiement, de cette créance en dollars. La Cour de cassation casse cet arrêt au motif que : « [...] *la saisie conservatoire avait rendu indisponible au profit de la société X la créance de la société Y et que la demande de paiement, après conversion, emportait, par l'effet de la loi, attribution immédiate de la créance saisie jusqu'à concurrence du montant de la condamnation et des sommes dont le tiers saisi s'était reconnu débiteur* »[4]. Quoique rendu en matière de saisie conservatoire, la portée de cet arrêt pourrait s'étendre à la saisie-attribution.

923.134 Imputation des paiements. Dans le cas où le saisi est titulaire de plusieurs comptes, le paie-

1. Civ. 2e, 27 mai 2004, n° 02-13.896, *Bull. civ.* II, n° 252 ; *Dr. et proc.* 2004. 341, obs. Bourdillat ; *D.* 2004. 1773 ; *RD banc. fin.* 2004, n° 218, obs. Piedelièvre.
2. *J.-Cl. Not. Form.*, *v° Saisie des comptes bancaires*, fasc. 10, n° 34, par Fossier.
3. Montpellier, 3 janv. 1994, *Banque* 1994. 96, obs. Guillot.
4. Civ. 2e, 31 mars 2011, n° 10-12.269, *Bull. civ.* II, n° 79 ; *RD banc. fin.* 2011, n° 153, obs. Crédot et Samin ; *RTD civ.* 2011. 392, *obs. Perrot* ; *JCP* 2011. Chron. 264, n° 8, obs. Béguin.

ment s'effectue prioritairement en prélevant les sommes sur « *les fonds disponibles à vue* » (C. pr. exéc., art. R. 211-23).

Cette règle de bon sens est destinée à éviter que les prélèvements effectués sur certains comptes entraînent la perte d'avantages liés à ceux-ci en cas de résiliation (par ex., plans d'épargne-logement).

Toutefois, l'article R. 211-23 C. pr. exéc. prévoit que le débiteur peut prescrire le paiement d'une autre manière (par ex., partie sur un compte, partie sur un autre). La convention de tenue de compte peut donc contenir des stipulations particulières sur ce point

TITRE

93. L'avis à tiers détenteur

SECTION 0 ORIENTEUR

930.00 **Plan du titre.**

930.03 **Bibliographie indicative.**

Actualisables. *J.-Cl. Not. Form., v° Avis à tiers détenteur*, fasc. 10, n° 28, par S. Rezek – *J.-Cl. Pr. fisc., v° Avis à tiers détenteur*, fasc. 560, par J. Albouze.

Ouvrages. G. COUCHEZ, *Voies d'exécution*, 9e éd., Sirey, 2007 – J.-M. DELLECI, *La réforme des procédures civiles d'exécution. Son application aux opérations de banque*, 2e éd., Banque, 1997, nos 285 s. et 616 – J.-B. et M. DONNIER, *Voies d'exécution et procédures de distribution*, 8e éd., « Manuel », LexisNexis/Litec, 2009 – A. LEBORGNE, Droit de l'*exécution*, 2e éd., « Précis », Dalloz, 2014, p. 538 s., nos 1192 s. – R. PERROT et Ph. THÉRY, *Procédures civiles d'exécution*, 3e éd., Dalloz, 2013, p. 476 s., nos 482 s. – S. REZEK, *La pratique du contentieux de l'avis à tiers détenteur*, Litec, 2001 – J. VINCENT et J. PRÉVAULT, *Voies d'exécution et procédures de distribution*, 19e éd., « Précis », Dalloz, 1999.

Articles. P. Ancel, « Les incidences de la réforme des procédures civiles d'exécution sur l'avis à tiers détenteur », *LPA* 6 janv. 1993, n° spéc., p. 36; « L'exécution par la puissance publique », *RTD civ.* 1993. 135, n° spéc. – J.-J. Bourdillat, « L'avis à tiers détenteur : une procédure civile d'exécution », *Gaz. Pal.* 1998. 1. Doctr. 188 – M. Cozian, « L'avis à tiers détenteur en matière de privilège du Trésor », *RTD com.* 1967. 61 – F. Douet et X. Mondesert, « Sursis de paiement et avis à tiers détenteur », *LPA* 2 sept. 1994. 10 – S. Rezek, « Avis à tiers détenteur et sursis de paiement », *Dr. fisc.* 1999. 438 – S. Verclytte, « Avis à tiers détenteur et sursis de paiement : un combat inégal ? », *RJF* 1997. 667.

Instructions fiscales. *BOI* (*Bulletin officiel des finances publiques-Impôts*; extraits uniquement cités par leurs références de classement : *BOI*-REC-FORCE).

930.05 **Présentation.** L'avis à tiers détenteur (ATD), spécifique au droit fiscal, permet au comptable public, sur simple demande, de contraindre un tiers à lui verser les fonds dont il est dépositaire, détenteur ou débiteur à l'égard d'un redevable d'impositions.

L'ATD est une mesure d'exécution forcée et non une simple mesure conservatoire[1] et ses effets sont identiques à ceux de la saisie-attribution (LPF, art. L. 262 et L. 263). « *L'attribution de la créance par l'avis à tiers détenteur la transporte dans le patrimoine du comptable public dès notification de l'avis, nonobstant l'impossibilité d'en exiger le paiement avant l'expiration du délai de contestation de l'avis ou l'issue de cette contestation* »[2].

1. Com. 16 juin 1998, n° 96-17.050, *Bull. civ.* IV, n° 200; *D. Affaires* 1998. 1144; *RJF* 1998, n° 1303.
2. Com. 30 nov. 1999, n° 97-16.899, *Bull. civ.* IV, n° 217; *D.* 2000. 6; *RJF* 2000, n° 565; *Dr. fisc.* 2000, n° 973.

Bien que son application soit limitée au recouvrement de créances garanties par le privilège du Trésor (impôts, pénalités et accessoires), l'ATD présente encore un intérêt certain, notamment par la souplesse des conditions de sa mise en œuvre.

Il est régi par les articles L. 262, L. 263 et L. 263 A du Livre des procédures fiscales. L'article 86 de la loi du 9 juillet 1991, qui renvoyait à ces dispositions a été abrogé par l'ordonnance de codification du Code des procédures civiles d'exécution.

930.06 **Historique.** Les voies d'exécution prévues par le décret du 21 avril 1806, et notamment la saisie-arrêt, étaient utilisées par le Trésor pour le recouvrement de ses créances.

Une loi du 12 novembre 1808 a mis en place, au profit du Trésor, un procédé de recouvrement exorbitant du droit commun, que la pratique dénommera « *avis à tiers détenteur* » avant que le législateur n'adopte cette expression dans l'article 1848 du Code général des impôts (qui figure désormais à l'article L. 262 du Livre des procédures fiscales).

Ce « *moyen expéditif de saisir les créances du contribuable* »[1] se démarquait nettement de l'ancienne saisie-arrêt de droit commun et conférait au Trésor un avantage indéniable par rapport aux autres créanciers pratiquant une saisie-arrêt, puisque l'ATD, lorsqu'il avait acquis un caractère définitif, emportait le même effet qu'un jugement de validité de saisie-arrêt passé en force de chose jugée, c'est-à-dire, l'attribution au profit du créancier saisissant de la créance saisie[2].

1. M. Cozian, « L'avis à tiers détenteur en matière de privilège du Trésor », *RTD com.* 1967. 66, n° 2.
2. Com. 22 juill. 1986, n° 85-11.077, *Bull. civ.* IV, n° 178.

CHAPITRE

931. Conditions de l'utilisation de l'avis à tiers détenteur

ÉDOUARD DE LEIRIS
MAGISTRAT

SECTION 0
ORIENTEUR

931.00 **Plan du chapitre.**

Division. L'avis à tiers détenteur permet le recouvrement de certaines créances garanties par le privilège du Trésor. Cette mesure d'exécution forcée est pratiquée sur des créances de sommes d'argent, entre les mains de tiers.

931.01 **Textes applicables.**

C. pr. exéc., art. L. 111-2, L. 111-3, L. 112-1, L. 112-4, L. 162-1, L. 162-2, L. 211-2, L. 212-1, R. 112-5, R. 162-1 à R. 162-9, R. 211-18 à R. 211-23 et R. 213-10.

LPF, art. L. 252 A, L. 256, L. 258 A, L. 262, L. 263, L. 263-0 A, L. 265 et L. 277.

CGI, art. 1018 A, 1730, 1731, 1754, 1912, 1920 et 1929.

C. douanes, art. 387 *bis*.

C. envir., art. L. 556-3.

• **L. n° 2010-1658, 29 déc. 2010,** de finances rectificative pour 2010, *JO* 30 déc., p. 23127.

931.03 **Bibliographie indicative.** (V. s^s n° 930.03).

SECTION 1
CRÉANCES POUVANT ÊTRE RECOUVRÉES PAR L'AVIS À TIERS DÉTENTEUR

931.10 **Textes applicables.** Aux termes de l'article L. 262 du Livre des procédures fiscales, « *les dépositaires, détenteurs ou débiteurs de sommes appartenant ou devant revenir aux redevables d'impôts, de pénalités et de frais accessoires dont le recouvrement est garanti par le privilège du Trésor sont tenus, sur la demande qui leur en est faite sous forme d'avis à tiers détenteur notifié par le comptable chargé du recouvrement de verser, au lieu et place des redevables, les fonds qu'ils détiennent ou qu'ils doivent, à concurrence des impositions dues par ces redevables* ».

L'article L. 111-2 C. pr. exéc., qui subordonne l'exercice d'une mesure d'exécution forcée à l'existence d'une créance consacrée par un titre exécutoire, est applicable à l'avis à tiers détenteur (v. s^s n°s 811.11 s.).

§ 1
Champ d'application de l'avis à tiers détenteur

931.20 **Restriction.** L'avis à tiers détenteur (ATD) est une voie d'exécution qui permet de poursuivre le paiement de l'ensemble des impositions, pénalités et des frais accessoires dont le recouvrement est « *garanti par le privilège du Trésor* ». Or, le Code général des impôts n'institue pas un privilège du Trésor, mais plusieurs[1], évoqués aux articles 1920 à 1929 de ce code, à l'application desquels renvoient en outre de nombreux textes. La détermination des créances entrant (A) ou non

1. *J.-Cl. Fisc.*, fasc. 560, n° 10, par Albouze.

(B), dans le domaine de cette mesure d'exécution doit donc faire l'objet d'une attention particulière.

A. Créances pouvant être recouvrées par avis à tiers détenteur

931.21 Impôts privilégiés. Bénéficient du privilège du Trésor les impôts directs et taxes assimilées, les taxes sur le chiffre d'affaires et taxes assimilées et les droits d'enregistrement et assimilés.

931.22 Impôts directs. Selon l'article 1920 du Code général des impôts, le privilège du Trésor s'étend aux contributions directes et aux taxes assimilées.

Peuvent être recouvrés par la voie de l'ATD, l'impôt sur le revenu, l'impôt sur les sociétés, l'imposition forfaitaire annuelle des sociétés, ainsi que les acomptes provisionnels (CGI, art. 1920, 3° et 4°).

Le privilège du Trésor bénéficie également aux taxes départementales et communales, qui peuvent être recouvrées selon cette procédure (CGI, art. 1924).

931.23 Taxes sur le chiffre d'affaires. Le recouvrement de ces taxes bénéficie également du privilège du Trésor (CGI, art. 1926).

Peuvent être recouvrées par ATD, la taxe sur la valeur ajoutée et certaines taxes assimilées aux taxes sur le chiffre d'affaires portant sur les bijoux, les métaux précieux, les objets d'art, de collection et les antiquités.

931.24 Droits d'enregistrement et assimilés. L'article 1929 du Code général des impôts institue également un privilège pour les recouvrements confiés au service des impôts qui n'entrent pas dans les champs des articles précédemment cités : droits d'enregistrement, taxes de publicité foncière, droits de timbre et aux autres droits et taxes assimilés[1]. Il est estimé que cet article concerne l'impôt de solidarité sur la fortune (CGI., art. 1723 *ter*-00 A)[2].

931.25 Droits de douane. L'article 387 *bis* du Code des douanes autorise l'utilisation de l'ATD pour le recouvrement des droits de douane bénéficiant d'un privilège (« *droits, confiscation, amende et restitution* » : C. douanes, art. 379).

Ce texte ne vise que les droits bénéficiant de ce privilège et ne peut être étendu au recouvrement d'une astreinte[3].

931.26 Pénalités et frais accessoires. L'article 8-II de la loi n° 81-1179 du 31 décembre 1981[4] a étendu la possibilité de recouvrement par voie d'ATD aux pénalités et frais accessoires, cette dernière formule englobant les majorations de droits, les frais de poursuite et d'expertise. La règle figure à l'article 1754 du Code général des impôts.

Le privilège porte donc sur le principal, les pénalités et les accessoires de la créance fiscale.

L'article 55 de la loi n° 2010-1658 du 29 décembre 2010[5], est venu modifier les règles relatives aux pénalités et aux frais de poursuite, dans le cadre de l'harmonisation des procédures de recouvrement par les comptables de la Direction générale des finances publiques (DGFiP).

Les pénalités sont régies par les articles 1730 et 1731 du Code général des impôts, modifiés par la loi du 29 décembre 2010, qui distinguent les impôts directs professionnels et les impôts non professionnels.

En application du 1° de l'article 1730 : « *Donne lieu à l'application d'une majoration de 10 % tout retard dans le paiement des sommes dues au titre de l'impôt sur le revenu, [...] de la taxe d'habitation, des taxes foncières sur les propriétés bâties et non bâties et des impositions recouvrées comme les impositions précitées* ».

En application du 1° de l'article 1731 : « *Donne lieu à l'application d'une majoration de 5 % tout retard dans le paiement des sommes qui doivent être versées aux comptables de l'administration fiscale au titre des impositions autres que celles mentionnées à l'article 1730* ».

Quant aux frais de poursuites, l'article 1912 du Code général des impôts prévoit que ces frais sont mis à la charge des redevables au titre des produits recouvrés par le comptable public chargé du recouvrement et calculés par application d'un pourcentage qui ne peut excéder 5 % du montant total des créances dont le paiement leur est réclamé, dans la limite de 500 euros. Un décret en Conseil d'État fixe, pour chaque catégorie d'acte, le tarif des frais applicables et les modalités d'application de cet article. Le décret n° 2011-274 du 16 mars 2011 est venu fixer le tarif des frais et préciser que le comptable de la DGFiP était en charge de leur recouvrement (CGI, ann. II, art. 396 B et 396 C).

931.27 Divers. Sans grande cohérence avec les principes régissant l'avis à tiers détenteur, certaines dispositions peuvent prévoir un recours possible à l'ATD. Ainsi l'article L. 556-3, I, du Code de l'envi-

1. *BOI*-REC-FORCE-30-10, 12 sept. 2012, § 10.
2. *J.-Cl. Voies d'exécution*, v° Avis à tiers détenteur, fasc. 765, n° 15, par Rezec.
3. Com. 18 déc. 1990, n° 89-16.013, *Bull. civ.* IV, n° 328.
4. L. 81-1179, 31 déc. 1981, de finances rectificative pour 1981, *JO* 1er janv., p. 3.
5. L. n° 2010-1658, 29 déc. 2010, de finances rectificative pour 2010, *JO* 30 déc., p. 23127.

ronnement instituant, en substance, une procédure de travaux d'office en cas de pollution grave, après avoir énoncé qu'« *il est procédé, le cas échéant, au recouvrement de ces sommes* [liées aux travaux] *comme en matière de créances étrangères à l'impôt et au domaine* », dispose toutefois que « *le comptable peut engager la procédure d'avis à tiers détenteur prévue à l'article L. 263 du Livre des procédures fiscales* ».

B.
Créances ne pouvant être recouvrées par avis à tiers détenteur

931.31 Exclusion des amendes pénales et des droits fixes de procédure. L'article 1018 A du Code général des impôts (résultant de L. n° 93-2, 4 janv. 1993, art. 141) a soumis à un droit fixe de procédure les décisions des juridictions répressives, à l'exception de celles qui ne statuent que sur les intérêts civils.

Selon ce texte, « *ce droit est recouvré sur chaque condamné comme en matière d'amendes et de condamnations pécuniaires par les comptables du Trésor* ». « *Le recouvrement du droit fixe et des amendes pénales est garanti, d'une part, par le privilège général sur les meubles prévu par l'article 1920, d'autre part, par l'hypothèque légale prévue par l'article 1929* ter ».

Pour leur recouvrement, il a été institué une procédure d'opposition administrative (L. n° 72-650, 11 juill. 1972[1] – Sur l'ensemble de la question, v. s[s] n°s 961.11 à 963.41).

Or cette procédure était rarement utilisée par les comptables publics pour le recouvrement des amendes contraventionnelles, notamment en matière d'infractions au Code de la route, les comptables publics préférant recourir à la procédure de l'ATD.

Ce recours à l'ATD, qui était contesté en doctrine[2], a été condamné par la jurisprudence[3] : la chambre commerciale de la Cour de cassation a jugé que la procédure de l'ATD n'étant applicable qu'au recouvrement des impôts, pénalités et frais accessoires, en application de l'article L. 262 du Livre des procédures fiscales, le recouvrement des amendes pénales, fût-il garanti par le privilège du Trésor, n'entrait pas dans les précisions de ce texte[4].

Tirant les conséquences de cette jurisprudence, le législateur a mis en place un recouvrement amiable par le ministère d'un huissier de justice et a modifié la procédure de l'opposition administrative (L. n° 2004-1485, 30 déc. 2004, art. 128, I et II – Sur l'ensemble de la question, v. s[s] n°s 961.11 à 963.41).

931.32 Amendes civiles. Les amendes civiles prononcées sur le fondement de l'article 32-1 C. pr. civ. ne bénéficient pas du privilège du Trésor. Elles ne peuvent donc pas être recouvrées par la voie de l'ATD.

931.33 Produits domaniaux. Les produits domaniaux, ne bénéficiant pas du privilège du Trésor, ne peuvent être recouvrés par voie d'ATD (Instr. 2 juill. 1982[5]). Ces produits relèvent désormais de la procédure de saisie à tiers détenteur (v. s[s] n°s 980.00 s.).

931.34 Créances des collectivités locales. Le recouvrement de ces créances est assuré par le Trésor public par la procédure d'opposition à tiers détenteur. Cette opposition emporte l'effet attributif immédiat prévu à l'article L. 211-2 C. pr. exéc. (CGCT, art. L. 1617-5).

931.35 Taxes syndicales. La Cour de cassation juge que l'ATD n'est pas applicable au recouvrement de taxes en faveur des associations syndicales autorisées, ces taxes n'ayant pas une nature fiscale[6]. Le raisonnement de la Cour de cassation est le même qu'en matière d'amende pénale : l'ATD ne peut être utilisé alors même qu'il est prévu par l'article 2 de la loi du 5 août 1911[7] que ces associations syndicales autorisées bénéficient pour le recouvrement des taxes les concernant d'un privilège s'exerçant dans les mêmes formes que le privilège de la contribution foncière.

§ 2
Exigence d'un titre exécutoire : titres exécutoires émis en matière fiscale

931.41 Liste des titres exécutoires. L'article L. 111-3 C. pr. exéc. a dressé la liste des titres exécutoires : y figurent notamment les titres délivrés par les personnes morales de droit public qualifiés comme tels par la loi ou les décisions auxquelles la loi attache les effets d'un jugement.

1. Mod. par L. n° 85-1407, 30 déc. 1985.
2. J.-M. Delleci, « La réforme des procédures civiles d'exécution. Son application aux opérations de banque », *Banque et droit* 1992, n° 616, note 925 – V. AUSSI : Civ. 2e, 27 juin 2002, n° 00-17.578, *Bull. civ.* II, n° 150, obs. J.-M. D. ; *RD banc. fin.* 2002, n° 196.
3. Paris, 11 sept. 1996, RG n° 95/006700, NP.
4. Com. 12 mai 2004, n° 01-02.710, *Bull. civ.* IV, n° 91 – Com. 23 nov. 2004, n° 02-18.530, NP ; *D.* 2005. 1607, obs. Taormina – Com. 23 oct. 2007, n° 06-18.264, NP ; *RD banc. fin.* 2007, n° 228, obs. Piedelièvre.
5. Instr. 2 juill. 1982, *Dr. fisc.* 1982. II. 7413.
6. Com. 22 oct. 2002, n° 99-17.538, *Bull. civ.* IV, n° 151 ; *RJF* 2002, n° 0375 ; *JCP E* 2002. 1739 ; *Dr. fisc.* n° 286 – S. Rezek, « Avis à tiers détenteur. Actualités », *JCP N* 2003. 1379, n° 2.
7. L. 5 août 1911, relative aux associations syndicales autorisées, *JO* 12 août, p. 6793.

Cette liste a été complétée par l'article 98 de la loi n° 92-1476 du 31 décembre 1992, devenu l'article L. 252 A du Livre des procédures fiscales selon lequel constituent des titres exécutoires les arrêtés, états, rôles, avis de mise en recouvrement[1], titres de perception ou de recettes que l'État, les collectivités territoriales ou les établissements publics dotés d'un comptable public délivrent pour le recouvrement des recettes de toute nature qu'ils sont habilités à recevoir.

En application combinée du deuxième alinéa de l'article 4 de la loi n° 2000-321 du 12 avril 2000 relative aux droits des citoyens dans leurs relations avec l'Administration[2] et du B) du V) de l'article 55 de la loi n° 2010-1658 du 29 décembre 2010 de finances rectificative pour 2010, si le titre de perception délivré par l'État en application de l'article L. 252 A doit comporter la mention, en caractères lisibles du prénom, du nom, de la qualité de son auteur et de sa signature, cette dernière mention ne figure que sur l'état revêtu de la formule exécutoire, qui n'est produit qu'en cas de contestation.

931.42 **Privilège du préalable.** À l'origine du titre exécutoire se trouve le plus souvent l'Administration elle-même, par la possibilité qu'elle tient du « *privilège du préalable* » d'émettre des titres exécutoires[3].

Du fait de ce privilège, la personne publique n'est pas recevable à saisir le juge administratif d'une demande tendant à la condamnation pécuniaire d'un tiers dont elle se prétend créancière[4].

931.43 **Rôle.** En matière d'impôts directs, les poursuites sont exercées en vertu du rôle, titre exécutoire le plus souvent collectif, dont le contribuable est informé par un avis d'imposition. Le recouvrement est assuré par les comptables de la DGFiP, qui s'est substituée à la direction générale de la comptabilité publique (LPF, art. L. 253).

931.44 **Avis de mise en recouvrement.** En application de l'article L. 256 du Livre des procédures fiscales, un avis de mise en recouvrement est adressé par le comptable public compétent à tout redevable des sommes, droits, taxes et redevances de toute nature dont le recouvrement lui incombe lorsque le paiement n'a pas été effectué à la date d'exigibilité, ainsi que pour la restitution de ces sommes, droits, taxes et redevances de toute nature indûment versés par l'État.

1. Com. 10 mars 1998, n° 95-16.759, NP; *RJF* 1998, n° 726.
2. L. n° 2000-321, 12 avr. 2000, relative aux droits des citoyens dans leurs relations avec les administrations, *JO* 13 avr., p. 5646.
3. V. NOT. : V. Haïm, « Les créances publiques et le privilège du préalable », *D.* 1994. 217 – M.-C. Gauthier, « Les titres exécutoires délivrés par l'État », *Procédures* mars 1998. 8.
4. CE 30 mai 1913, Préfet de l'Eure, *Lebon* 583.

Cette disposition est issue de l'article 55 de la loi n° 2010-1658 du 29 décembre 2010, venue harmoniser les procédures de recouvrement par les comptables de la DGFiP et dont l'application s'étend à la plupart des recettes publiques, notamment les contributions indirectes recouvrées par les comptables de la Direction générale des douanes et des droits indirects et les produits fiscaux locaux[5].

Pour les créances de toute nature constatées et recouvrées par l'administration des douanes, l'avis de mise en recouvrement est signé et rendu exécutoire par le directeur régional des douanes, ou par le comptable des douanes ou par un agent ayant au moins le grade de contrôleur (C. douanes, art. 345).

§ 3
Exigence d'un titre exécutoire : caractéristiques de la créance

931.51 **Créance liquide et exigible.** L'exécution forcée est réservée par l'article L. 111-2 C. pr. exéc. au « *créancier muni d'un titre exécutoire constatant une créance liquide et exigible* ».

931.52 **Créance exigible.** La créance que le comptable public entend recouvrer doit être une imposition exigible[6].

931.53 **• L'ATD ne peut être utilisé à l'encontre de redevables** qui ont déposé, sur le fondement de l'article L. 277 du Livre des procédures fiscales, une réclamation d'assiette assortie d'une **demande de sursis de paiement** tant que le sursis n'a pas été définitivement refusé[7], cette demande ayant pour effet de suspendre l'exigibilité de la dette (v. s[s] n° 933.25).

931.54 **• En cas de vente de fonds de commerce,** l'ATD a été habituellement utilisé pour former opposition au paiement du prix lorsque l'imposition est déjà née mais non encore mise en recouvrement[8].

5. *Dr. fisc* 2011, n° 200, « Harmonisation des procédures de recouvrement forcé relevant de la Direction générale des finances publiques ».
6. Com. 15 nov. 1994, n° 92-21.753, *Bull. civ.* IV, n° 337; *JCP E* 1995. Pan. 58; *RJF* 1995, n° 946 – CE 28 nov. 1997, req. n° 154912, NP; *RJF* 1998, n° 122.
7. Com. 16 déc. 1997, n° 95-17.464, *Bull. civ.* IV, n° 344; *D.* 1998. 38; *Dr. fisc.* 1998, n° 608; *RJF* 1998, n° 465; *Gaz. Pal.* 1998. 1. Pan. 55; *Gaz. Pal.* 1999. 1. 105, note Moussa; *Rev. huiss.* 1998. 1122, obs. Boccara – Com. 25 avr. 2001, n° 98-15.471, NP; *Dr. fisc.* 2001, n° 904, note Lefeuvre.
8. Rép. min. n° 13913, *JOAN Q* 5 déc. 1954, p. 5843 – Rép. min. n° 910, *JO Sénat Q*, 19 oct. 1960, p. 1290 – M. Jaffrain, « Paiement d'un avis à tiers détenteur à l'occasion d'une vente de fonds de commerce », *JCP N* 1992. 363.

La Cour de cassation a condamné cette pratique, en jugeant qu'aucune disposition légale n'autorise le comptable public à notifier un ATD, voie d'exécution, pour obtenir paiement d'impositions non encore exigibles[1], position rejointe par le Conseil d'État, jugeant que l'ATD, émis pour le recouvrement d'impositions non exigibles, était irrégulier[2].

La Direction de la comptabilité publique, dans une instruction n° 98-5-A du 5 janvier 1998, a dès lors prescrit aux comptables du Trésor de ne plus utiliser le formulaire de l'ATD pour former opposition au paiement du prix de vente d'un fonds de commerce[3].

931.55 Nécessité de publicité du privilège en cas de procédure collective. Le privilège du Trésor est soumis à publicité pour certains impôts (impôts sur le revenu et sur les sociétés, taxe sur les salaires, taxe professionnelle, taxe sur le chiffre d'affaires, contributions indirectes et droits de douane, *etc.*), en vue de le rendre opposable en cas de procédure collective[4]. Toutefois, l'ATD est peu affecté par cette obligation. En effet, du fait de son effet immédiat, la Cour de cassation juge que l'ATD délivré en vue de recouvrer ces dettes fiscales avant toute procédure collective l'est valablement sans publicité[5]. Il n'en va autrement que dans le cas d'un ATD qui serait délivré après le jugement d'ouverture, auquel cas le défaut de renouvellement de la publicité est pareillement sanctionné[6].

SECTION 2
CRÉANCE OBJET DE L'AVIS À TIERS DÉTENTEUR

931.61 Sommes d'argent. L'article L. 262 du Livre des procédures fiscales dispose que « *les dépositaires, détenteurs ou débiteurs de sommes appartenant ou devant revenir aux redevables d'impôts, de pénalités et de frais accessoires* [...] *sont tenus* [...] *de verser* [...] *les fonds qu'ils détiennent ou qu'ils doivent, à concurrence des impositions dues par ces redevables* ».

Comme la saisie-attribution, l'ATD permet seulement de saisir les créances de sommes d'argent : solde créditeur d'un compte bancaire, créances de loyer, fonds détenus par un notaire, un huissier de justice, un avocat, prix de vente d'une marchandise impayée, *etc.*

931.62 Rémunérations du travail. À la différence de la saisie-attribution, l'ATD permet de saisir les rémunérations du travail, l'article L. 212-1 C. pr. exéc. précisant que le tiers saisi « *1° doit faire connaître la situation de droit existant entre lui-même et le débiteur saisi; 2° les cessions, saisies, avis à tiers détenteur ou paiement direct de créances d'aliments en cours d'exécution* » (sur l'ensemble de la question, v. s^s n°s 940.01 à 946.44).

931.63 Caractères de la créance saisie. La créance, objet de l'ATD, doit présenter les mêmes caractéristiques que la créance faisant l'objet d'une saisie-attribution : elle doit exister dans le patrimoine du saisi, être disponible et saisissable (v. s^s n°s 812.11 s.).

L'ATD peut ainsi porter sur une créance conditionnelle ou à terme (LPF, art. L. 263 – C. pr. exéc., art. L. 112-1, al. 2). Il peut porter sur une créance à exécution successive comme un loyer, l'article L. 112-1 alinéa 2 C. pr. exéc. étant de portée générale[7].

Toutefois, à la différence de la saisie-attribution, la loi n° 2013-1117 du 6 décembre 2013 relative à la lutte contre la fraude fiscale et la grande délinquance économique et financière[8] a créé un article L. 263-0 A, dans le Livre des procédures fiscales, qui dispose que : « *Peuvent faire l'objet d'un avis à tiers détenteur notifié par le comptable chargé du recouvrement, dans les conditions prévues aux articles L. 262 et L. 263, les sommes versées par un redevable souscripteur ou adhérent d'un contrat d'assurance rachetable, y compris si la possibilité de rachat fait l'objet de limitations, dans la limite de la valeur de rachat des droits à la date de la notification de l'avis à tiers détenteur* ». Malgré la formulation retenue par le législateur, c'est plus précisément une créance de somme d'argent, à hauteur de la valeur de rachat

1. Com. 15 nov. 1994, n° 92-21.753 (préc. s^s n° 931.52) – V. AUSSI : TGI Thonon-les Bains, JEX, 15 avr. 1997, *BICC* 15 nov. 1997, n° 461, p. 36; *Procédures* 1998, n° 85, note Croze – J.-J. Bourdillat, « Nullité de l'avis à tiers détenteur de l'article 3 de la loi du 17 mars 1909 », *JCP N* 1998. 361.
2. CE 28 nov. 1997, req. n° 154912, NP; *RJF* 1998, n° 122; *Dr. fisc.* 1998, n°s 15 et 314; *RTD com.* 1998. 570, obs. Deruppé – V. AUSSI : J.-J. Bourdillat, « Nullité de l'avis à tiers détenteur de l'article 3 de la loi du 17 mars 1909 », *JCP N* 1998. 361 (abandonnant une précédente position plus compréhensive : CE 21 déc. 1994, req. n° 126113, *Lebon T.*; *Dr. fisc.* 1995, n°s 39 et 1846).
3. *Dr. fisc.* 1998, n° 314; *JCP E* 1998. 767.
4. Com. 5 janv. 1988, n° 85-14.333, *Bull. civ.* IV, n° 1 – Com. 9 mai 1989, n° 87-12.192, *Bull. civ.* IV, n° 141 – Com. 18 févr. 2003, n° 00-12.974, *Bull. civ.* IV, n° 24.
5. Com. 5 nov. 2002, n° 99-19.262, NP.
6. Pour un ATD délivré contre le dirigeant d'une société : Com. 16 juin 1998, n° 96-15.998, *Bull. civ.* IV, n° 195.
7. POUR UNE ILLUSTRATION : Com. 24 oct. 1995, n° 93-10.351, *Bull. civ.* IV, n° 255; *JCP* 1996. II. 22578, note Putman; *RTD civ.* 1996. 483, obs. Perrot; *D.* 1996. 155, note F. D.; *Rev. huiss.* 1996. 972, obs. Courtier.
8. L. n° 2013-1117, 6 déc. 2013, relative à la lutte contre la fraude fiscale et la grande délinquance économique et financière, *JO* 7 déc., p. 19941, art. 41, I, applicable, en vertu de son V, aux avis à tiers détenteur notifiés à compter de l'entrée en vigueur de la loi – F. Sauvage, « Saisie de la valeur de rachat par avis à tiers détenteur », *RD banc. fin.* 2014. Comm. 16.

des droits à la date de la notification de l'avis, qui se trouve attribuée au comptable public, plutôt que les sommes versées par le souscripteur ou adhérent du contrat.

Cette législation prend ainsi directement le contre-pied de la jurisprudence de la Cour de cassation, qui énonce en effet, dans un attendu de principe répété pour la saisie-attribution comme pour l'avis à tiers détenteur, « *que, tant que le contrat n'est pas dénoué, le souscripteur est seulement investi, sauf acceptation du bénéficiaire désigné, du droit personnel de faire racheter le contrat et de désigner ou de modifier le bénéficiaire de la prestation; que, dès lors, nul créancier du souscripteur n'est en droit de se faire attribuer immédiatement ce que ce dernier ne peut recevoir* » (v. s[s] n° 812.54).

931.64 Redevable. La créance appréhendée par l'ATD doit « *appartenir* » ou « *revenir* » au « *redevable* » d'impôts.

Le texte de l'article L. 262 du Livre des procédures fiscales utilise l'expression « *redevable d'impôts* » et non celui de « *contribuable* ».

Sont des redevables d'impositions, outre le contribuable lui-même, également les tiers responsables :

- le loueur de fonds de commerce pour les dettes du locataire-gérant (C. com., art. L. 144-7 - et CGI, art. 1684, 3°);
- le cessionnaire de fonds de commerce pour les impositions dues par l'exploitant (CGI, art. 1684, 3°);
- l'époux et les partenaires liés par un pacte civil de solidarité pour le paiement de l'impôt sur le revenu et la taxe d'habitation (CGI, art. 1691 *bis*, I);
- les dirigeants de sociétés déclarés responsables solidairement des impositions dues par la personne morale (LPF, art. L. 267).

Sont considérées en outre comme redevables, les cautions fiscales. La Cour de cassation a jugé que le privilège du Trésor porte sur leurs biens et a validé un ATD notifié à la caution du contribuable[1].

SECTION 3
TIERS DÉTENTEURS

931.71 Tiers détenteur. L'article L. 262 du Livre des procédures fiscales fait obligation aux « *dépositaires, détenteurs ou débiteurs de sommes appartenant ou devant revenir aux redevables* [...], *de verser, au lieu et place des redevables, les fonds qu'ils détiennent ou qu'ils doivent, à concurrence des impositions dues par ces redevables* ».

931.72 Le tiers détenteur est un tiers saisi. Le tiers détenteur au sens de l'article L. 262 du Livre des procédures fiscales est strictement identique au tiers saisi dans la procédure de saisie-attribution, à l'étude de laquelle il est renvoyé (v. s[s] n°s 813.11 s.)[2], sauf à préciser que l'assureur, auprès duquel a été souscrit un contrat d'assurance-vie peut également être tiers détenteur (v. s[s] n° 931.63).

En particulier, les comptables publics notifient fréquemment des ATD pour saisir les sommes détenues par les établissements habilités à tenir des comptes de dépôt.

931.73 Règles relatives à la saisie-attribution des comptes bancaires. Depuis la codification des procédures civiles d'exécution, les dispositions qui figuraient aux articles 15, 47 et 47-1 de la loi du 9 juillet 1991 (devenus C. pr. exéc., art. L. 112-4, L. 162-1 et L. 162-2) et 44 à 49 et 73 à 79 du décret du 31 juillet 1992 (devenus C. pr. exéc., art. R. 112-5, R. 162-1 à R. 162-9, R. 211-18 à R. 211-23, R. 213-10 - v. s[s] n°s 921.11 s. et 922.11 s.) sont clairement applicables à l'ATD.

La codification n'a fait sur ce point qu'entériner ce qui apparaissait être l'état du droit en la matière. Cette application pouvait en effet, d'abord, se fonder sur les termes de l'article L. 258 A du Livre des procédures fiscales, qui disposait en effet, à son 1° : « *Sous réserve des dispositions de l'article L. 260, les poursuites prévues au 2° des articles L. 257-0 A et L. 257-0 B sont effectuées dans les formes prévues par le Code de procédure civile pour le recouvrement des créances* »[3]. Malgré la référence, qui perdurait, au Code de procédure civile, cette disposition rendait sans aucun doute applicables aux procédures fiscales les dispositions générales de la loi du 9 juillet 1991 et du décret du 31 juillet 1992, codifiés au Code des procédures civiles d'exécution. Tel était le cas des articles 15 (devenu C. pr. exéc., art. L. 112-4) de cette loi et 44 et 49 de ce décret (devenus C. pr. exéc., art. R. 112-5 et R. 162-9). L'ordonnance ayant codifié les procédures civiles d'exécution est venue conforter cette analyse, l'article L. 258 A du Livre des procédures fiscales renvoyant désormais, de façon générale, aux formes prévues par le Code des procédures civiles d'exécution.

En outre l'article 47-1 de la loi de 1991 (devenu C. pr. exéc., art. L. 162-2), instaurant le solde bancaire insaisissable, avait été expressément rendu applicable par l'article 86 de la loi du 9 juillet 1991 (abrogé par ord. de codification du C. pr. exéc.), tel

1. Com. 29 nov. 1988, n° 87-11.203, *Bull. civ.* IV, n° 327; *D.* 1988. 294.

2. A. Martin-Serf, « L'avis à tiers détenteur du Trésor public créancier de l'article 40 », *Rev. proc. coll.* 2000. 172.
3. NB : cet article remplace, à compter du 1er octobre 2011, l'article L. 258, qui prévoyait une règle identique : L. n° 2010-1658, 29 déc. 2010, de finances rectificative pour 2010, art. 55, I), A et J).

que modifié par la loi du 12 mai 2009 ayant institué ce solde bancaire insaisissable. (Sur le mécanisme du solde bancaire insaisissable, v. s^{s} n° 921.51 s.), conduisant l'ordonnance de codification à compléter l'article L. 263 du Livre des procédures fiscales par une référence à l'article L. 162-2 C. pr. exéc.

Enfin, si l'application de l'article 47 de la loi de 1991 (devenu C. pr. exéc., art. L. 162-1) et des articles 73 à 79 du décret du 31 juillet 1992 (devenus C. pr. exéc., art. R. 162-1, R. 211-18 à R. 211-23) était juridiquement plus discutable s'agissant de dispositions propres à la saisie-attribution, elle était généralement admise[1], y compris par l'Administration fiscale (Instr. DGI, 15 déc. 1992, n°s 35 à 63). Désormais, l'article L. 263 du Livre des procédures fiscales, tel que modifié par l'ordonnance de codification, prévoit spécialement l'application de l'article L. 162-1 de ce code (v. égal. LPF, art. L. 272 A, pour la saisie à tiers détenteur; CGCT, art. L. 1617-5, pour l'opposition à tiers détenteur[2]).

931.74 Disposition particulière à l'encontre des dirigeants de société. Le Livre des procédures fiscales comporte une disposition particulière (LPF, art. L. 262, al. 2) à l'encontre des dirigeants de société (gérants, administrateurs, directeurs ou liquidateurs), et permet l'utilisation de la procédure de l'ATD pour recouvrer les impositions dues par les sociétés.

Cette disposition, issue d'un décret du 2 mai 1938, est « *une mesure d'intimidation* » des dirigeants qui « *tenteraient d'éluder le paiement des impôts établis au nom de leur société* »[3].

931.75 Obligations particulières aux dépositaires publics de fonds. L'article L. 265 du Livre des procédures fiscales soumet à des obligations particulières les huissiers de justice, commissaires-priseurs, notaires, séquestres, liquidateurs de sociétés dissoutes, et tous autres « *dépositaires publics de fonds* » au rang desquels les mandataires judiciaires[4].

En effet, avant de procéder à la remise de sommes, et avant même d'avoir reçu un ATD, ces tiers doivent vérifier que les impôts directs dus par les personnes dont ils détiennent les fonds ont été payés et sont « *autorisés à payer directement les impositions qui se trouveraient dues* ».

931.76 Règles spécifiques au comptable public. Lorsque le tiers saisi est un comptable public, des règles spécifiques ont été édictées par le décret n° 93-977 du 13 juillet 1993 (v. s^{s} n°s 910.07 s.).

1. EN CE SENS : Paris, 8e ch., sect. B, 11 mai 2000, RG n°s 1999/07401, 1999/11904 et 1999/22891, *Juris-Data* n° 122967, appuyant cette application sur le renvoi à l'article 43 de la loi du 9 juillet 1991, par l'article 86 de cette loi.
2. *BOI*-REC-FORCE-30, n° 230.
3. M. Cozian, « L'avis à tiers détenteur en matière de privilège du Trésor », *RTD com.* 1967. 79-80, n° 27.
4. CE 4 juin 1870, *DP* 1871. 3. 76 – Civ. 21 mai 1883, *DP* 1884. 1. 271.

CHAPITRE

932. Procédure de l'avis à tiers détenteur

ÉDOUARD DE LEIRIS
MAGISTRAT

SECTION 0 ORIENTEUR

932.00 **Plan du chapitre.**

Division. Cette procédure nécessite la notification de l'avis au tiers détenteur d'une part et la notification de l'avis à tiers détenteur au contribuable d'autre part.

932.01 **Textes applicables.**

C. pr. exéc., art. L. 162-1, L. 162-2, L. 211-2, R. 211-1, R. 211-3, R. 211-9, R. 213-10 et R. 162-2 à R. 162-9.

C. civ., art. 1315.

C. pr. civ., art. 9.

LPF, art. L. 189, L. 257-0 A et L. 257-0 B et L. 277.

CGI, art. 410 Annexe II.

932.03 **Bibliographie indicative.** (V. s^s n° 930.03).

932.04 **Originalité.** L'originalité de l'avis à tiers détenteur (ATD) réside principalement dans le mécanisme qui permet à un comptable public de demander le paiement à un tiers dépositaire, détenteur ou débiteur de sommes appartenant ou devant revenir à un redevable d'impositions, sans intervention judiciaire, et avec un formalisme réduit.

SECTION 1 NOTIFICATION DE L'AVIS AU TIERS DÉTENTEUR

932.11 **Auteur de la notification.** Contrairement à l'acte de saisie-attribution, qui nécessite l'intervention d'un huissier de justice (C. pr. exéc., art. L. 122-1 – et C. pr. exéc., art. R. 211-1) exclusivement (v. s^s n°s 821.11 s.), la notification de l'avis au tiers détenteur incombe au comptable de la Direction générale des finances publiques (DGFiP) ou de la Direction générale des douanes (DGD). Celui-ci peut déléguer sa signature aux agents placés sous son autorité, le Conseil d'État ayant précisé[1] qu'il ne résultait d'aucun texte non plus que d'aucun principe, que la régularité de l'acte par lequel un comptable public délègue sa signature à un fonctionnaire relevant de son autorité serait subordonnée à la condition que le délégataire ait lui-même la qualité de comptable public, une telle délégation devant simplement, en vertu d'une instruction prise en application de l'article 410 de l'annexe II du Code général des impôts, être faite à un agent ayant au moins le grade de contrôleur[2].

La Cour de cassation jugeait qu'« *un document dépourvu de signature ne constitue pas la notification d'un avis à tiers détenteur* »[3] et a fait, par plusieurs arrêts, application à cette jurisprudence pour des documents revêtus d'une signature illisible et dépourvu de l'indication du nom et de la qualité du signataire[4]. La loi n° 2014-1545 du 20 décembre 2014 dispense désormais ces actes de toute signature pourvu que leur auteur soit identifié[5]. À

1. CE 21 oct. 2013, req. n° 365488, *Lebon*.
2. Instr. DGI, 6 oct. 2005, *BOI* 12C-3-05.
3. Com. 13 janv. 1998, n° 96-13.157, *Bull. civ.* IV, n° 20; *D.* 1998. 44; *Dr. fisc.* 1998, n° 655; *RJF* 1998, n° 467.
4. Com. 25 janv. 2005, n° 02-13.161, NP – Com. 19 avr. 2005, n° 03-17.387, NP.
5. L. n° 2014-1545, 20 déc. 2014, relative à la simplification de la vie des entreprises et portant diverses dispositions de simplification et de clarification du droit et des procédures administratives, *JO* 21 déc. p. 21647, art. 34, insérant à la loi n° 2000-321 du 12 avril 2000 un article 4-1 prévoyant notamment que « *sont dispensés de comporter la signature de leur auteur, dès lors qu'ils comportent ses prénom, nom et qualité ainsi que la mention du service auquel celui-ci appartient* [...] *les avis à tiers détenteur, les oppositions à tiers détenteur, les oppositions administratives ainsi que les saisies à tiers détenteur, adressés tant au tiers saisi qu'au redevable, les lettres de relance relatives à l'assiette ou au recouvrement, les mises en demeure de souscrire une déclaration ou d'effectuer un paiement* ».

l'inverse, la Cour de cassation juge, dans le cas de l'ATD signé par le comptable du Trésor en personne, que le nom du signataire n'a pas à être mentionné lorsque l'auteur est clairement identifié par l'indication de la trésorerie en tête de l'acte[1].

932.12 Modalités de la notification. Aucun texte ne prévoit les modalités de la notification de l'avis au tiers détenteur et la Cour de cassation a jugé que les exigences fixées par l'article 56 du décret du 31 juillet 1992 (devenu C. pr. exéc., art. R. 211-1) relatives à la signification de l'acte de saisie-attribution au tiers ne sont pas applicables à l'ATD[2].

À terme, la notification aux tiers détenteurs pourra avoir lieu de façon dématérialisée, dans les conditions techniques fixées par la voie réglementaire[3].

Sur le support papier, le formulaire type peut être notifié par lettre simple ou par lettre recommandée[4], mais aucune disposition n'impose la notification d'un ATD par lettre recommandée avec demande d'avis de réception[5].

Avant leur fusion au sein de la DGFiP, la Direction générale des impôts (DGI) et le Trésor avaient des pratiques différentes :

• **Notification par la DGI.** L'ATD était en règle générale notifié par lettre recommandée avec demande d'avis de réception[6].

• **Notification par le Trésor.** La Direction de la comptabilité publique avait décidé l'utilisation de la lettre recommandée avec demande d'avis de réception lorsque la créance était d'un montant égal ou supérieur à 1 500 euros et la lettre simple lorsque le montant de la créance à recouvrer était inférieur à cette somme[7].

Si l'administration fiscale rappelle l'obligation de procéder à une notification postale, elle ne précise désormais plus la forme que doit prendre cette notification[8].

1. Com. 3 oct. 2006, n° 01-03.515, *Bull. civ.* IV, n° 199; *Procédures* 2007, n° 25, obs. Pierre.
2. Com. 3 oct. 2006, n° 01-03.515 (préc. s^s n° 932.11) – V. AUSSI : Cass., ch. mixte, 26 janv. 2007, n° 04-10.422, *Bull. ch. mixte*, n° 1; *Dr. et proc.* 2007. 221, obs. Putman; *RTD civ.* 2007. 389, obs. Perrot; *Dr. et patr.* nov. 2007. 91, obs. Lefort; *RD banc. fin.* 2007, n° 75, obs. Piedelièvre; *Gaz. Pal.* 2007. 3397, note Brenner.
3. L. n° 2013-1279, 29 déc. 2013, de finances rectificative pour 2013, *JO* 30 déc., p. 21910, art. 17, II.
4. Montpellier, 1er oct. 1992, *Juris-Data* n° 034961.
5. CE 15 oct. 1997, req. n°s 175722 et 175798, *Lebon; RJF* 1997, n° 1060; *Dr. fisc.* 1998, n° 150; *JCP E* 1998. 1104; *Rev. huiss.* 1998. 1122, note Boccara – Com. 12 mars 2002, n° 99-10.423, NP – Com. 28 mars 2006, n° 03-15.647, NP.
6. DGI, DB, 30 oct. 1999, 12 C 2222, n° 41.
7. Instr. codificatrice n° 02-063 A-M, 22 juill. 2002.
8. *BOI*-REC-FORCE-30-20, § 80.

932.13 Preuve de la notification et jurisprudence administrative. La notification par lettre simple permet de réduire sensiblement le coût des envois postaux mais peut être à l'origine de contestation quant à la réalité de l'envoi.

La jurisprudence administrative refuse de faire porter la charge de la preuve de l'envoi sur l'Administration seule[9] (dans ce sens, la cour administrative d'appel de Paris a jugé qu'il résultait de l'instruction, et notamment du mémoire de l'Administration, qu'une lettre avait bien été adressée[10]), et le juge se détermine au vu des pièces du dossier[11].

La position du Conseil d'État, qualifiée d'« *indécise* » par M. Bourdillat[12], a été confirmée[13].

On ne peut que souhaiter que le Conseil d'État et certaines juridictions administratives abandonnent cette jurisprudence éminemment critiquable.

D'autant que la contestation relative à la notification de l'ATD a trait à la forme de l'acte, de sorte qu'elle relève de la compétence du juge de l'exécution (JEX) (v. s^s n°s 934.21 à 934.24). Or, la jurisprudence judiciaire est fixée en sens inverse de cette jurisprudence administrative.

932.14 Preuve de la notification et jurisprudence judiciaire. La jurisprudence judiciaire est constante : elle fait peser le fardeau de la preuve de l'envoi de la lettre de rappel sur l'Administration, conformément aux dispositions des articles 1315 du Code civil et 9 C. pr. civ.[14], mais elle n'exige pas que la preuve de l'expédition soit rapportée uniquement par le cachet de la poste[15].

932.15 Forme et contenu de l'avis à tiers détenteur. Dans un souci d'uniformisation et d'information complète des tiers, un modèle type d'imprimé est proposé par une instruction de la Direction de la comptabilité publique[16] et par une instruction de la DGI du 15 déc. 1992[17].

Ce document comporte deux parties, l'une présentant, au recto, la demande en paiement et indiquant le nom du débiteur ainsi que les modalités de règlement, les voies de recours, et au verso, le libellé des textes du

9. CE, sect., 20 nov. 1992, Seigneur, req. n° 71902, *Lebon; RJF* 1993, n° 143; *Dr. fisc.* 1993, n° 567.
10. CAA Paris, 14 févr. 1995, req. n° 94PA00173, NP; *Dr. fisc.* 1995, n° 2379, concl. Mendras.
11. CE 29 juin 1988, n° 79644, NP; *Dr. fisc.* 1989, n° 41, concl. Fouquet.
12. Civ. 2e, 8 oct. 1997, *Gaz. Pal.* 1998. 2. 601, note Bourdillat.
13. CE 10 mai 1999, Duchesne, req. n° 176628, *Lebon T.*; *Dr. fisc.* 1999, n° 796, concl. Bachelier; *JCP E* 1999. 1884, note D. F.; *RJF* 1999, n° 1086.
14. V. NOT. : Civ. 2e, 8 oct. 1997, *Gaz. Pal.* 1998. 1. 144, note Moussa; *Gaz. Pal.* 1998. 2. 601, note Bourdillat; *D.* 1998. 476, note Ruellan et Lauba.
15. Com. 18 déc. 1979, n° 78-12.147, *Bull. civ.* IV, n° 343.
16. Instr. codificatrice n° 02-063-AM, 22 juillet 2002.
17. Instr. DGI, 15 déc. 1992, *BOI* 12 C-14-92, 28 déc.

Livre des procédures fiscales, de la loi du 9 juillet 1991, du décret du 31 juillet 1992, tous deux désormais codifiés au Code des procédures civiles d'exécution, et du Code du travail applicables.

L'autre partie est constituée par un accusé de réception qui permet au tiers de faire connaître au comptable public l'étendue de ses obligations à l'égard du redevable d'impositions (absence de dette, dette non exigible, saisies antérieures, délégations, cessions, montant des soldes des comptes bancaires).

L'ATD ne doit contenir aucune information permettant de renseigner le tiers sur l'importance des affaires du redevable, ni préciser la nature des impositions dont le paiement est réclamé[1]. Il n'est pas nécessaire que l'ATD mentionne le titre exécutoire en vertu duquel il est délivré[2].

932.16 Déclaration du tiers détenteur. L'accusé de réception constitue une forme simplifiée à l'extrême de la déclaration du tiers saisi prévue en matière de saisie-attribution (C. pr. exéc., art. L. 211-3 - C. pr. exéc., art. R. 211-4 et R. 211-5).

À la différence de la saisie-attribution, du fait de la notification postale de l'ATD, la déclaration du tiers détenteur ne peut avoir lieu « *sur-le-champ* ».

On l'a vu, les articles L. 162-1 et L. 162-2 C. pr. exéc. ainsi que les articles généraux du décret du 31 juillet 1992 relatifs à la saisie des comptes bancaires (C. pr. exéc., art. R. 162-2 à R. 162-9, R. 213-10) sont applicables à l'ATD (v. s^s n° 931.73). Ainsi, le banquier, qui doit maintenir à disposition du débiteur un solde bancaire insaisissable, « *informe sans délai* [...] *le comptable public chargé du recouvrement du montant laissé à disposition du titulaire du compte ainsi que du ou des comptes sur lesquels est opéré cette mise à disposition* » (v. s^s n°s 921.52 s.). La simplification à l'extrême du mécanisme d'information peut être à l'origine de difficultés, notamment comme c'est bien souvent le cas, lorsque le tiers ne renvoie pas l'accusé de réception dûment complété au comptable public expéditeur ou n'adresse aucun règlement.

Dans l'hypothèse où le tiers détenteur ne répond pas ou tarde à répondre, la Cour de cassation a jugé que l'article 60 du décret du 31 juillet 1992 (devenu C. pr. exéc., art. R. 211-5) n'était pas applicable à l'ATD. Dès lors, le tiers détenteur ne peut être condamné que dans la limite de sa propre dette envers le redevable d'imposition[3].

Du fait d'une divergence sur ce point entre la deuxième chambre civile et la chambre commerciale, la Cour de cassation a confirmé cette position en chambre mixte, par arrêt du 26 janvier 2007[4]. Ainsi existe-t-il une autonomie totale de l'ATD[5].

Dans cet arrêt de chambre mixte, la Cour de cassation est toutefois venue affirmer que : « *L'avis à tiers détenteur comporte l'effet d'attribution immédiate prévu à l'article 43 de la loi du 9 juillet 1991* [devenu C. pr. exéc., art. L. 211-2], *impliquant le droit pour le comptable public de recourir aux dispositions de l'article 64 du décret du 31 juillet 1992* [devenu C. pr. exéc., art. R. 211-9] ». Dès lors que le tiers détenteur s'est reconnu débiteur, le JEX peut être saisi pour délivrer à son encontre un titre exécutoire, dans les conditions prévues par cet article.

Dans tous les cas, « *l'obligation du tiers détenteur étant de nature civile et non fiscale, l'avis à tiers détenteur ne peut pas être utilisé à l'encontre du tiers saisi défaillant. Il ne s'agit donc pas d'une créance privilégiée* »[6].

SECTION 2
NOTIFICATION DE L'AVIS AU REDEVABLE D'IMPOSITION

932.21 Information et mise en demeure préalable. État du droit antérieur au 1er octobre 2011. Le Livre des procédures fiscales (LPF, art. L. 253 s.) distingue selon la nature de l'imposition.

Lorsque l'impôt faisait l'objet d'un rôle (et donnait lieu, avant la fusion de la Direction générale de la comptabilité publique [DGCP] et de la DGI, à un recouvrement par un comptable du Trésor), le comptable compétent était tenu d'adresser au contribuable une lettre de rappel avant la notification du premier acte de poursuite devant donner lieu à des frais (LPF, art. L. 255, abrogé par L. n° 2010-1658, 29 déc 2010, art. 55[7])[8].

1. DGI, *Documentation de base, Action en recouvrement*, 12 C 2222, n° 41.
2. Com. 3 oct. 2006, n° 01-03.515 (préc. s^s n° 932.11).
3. Com. 7 janv. 2004, n° 00-16.358, *Bull. civ.* IV, n° 7; *D.* 2005. 1607, obs. Taormina.
4. Cass., ch. mixte, 26 janv. 2007, n° 04-10.422, *Bull. ch. mixte*, n° 1 (préc. s^s n° 932.12) – V. AUSSI : Com. 6 mai 2008, n° 06-15.354, *Bull. civ.* IV, n° 95; *Procédures* 2008, n° 2006, obs. Perrot; *D.* 2008. AJ 1478; *RD banc. fin.* 2008, n° 142, obs. Piedelièvre – EN CE SENS : Chambéry, 6 mars 2007, *Gaz. Pal.* 2007. 3260 – DÉJÀ EN CE SENS : Cass., avis, 7 mars 1997, n° 09-60.015, *Bull. avis* 1997, n° 3; *D.* 1997. 454, note Lauba et Ruellan; *RTD civ.* 1997. 1000, obs. Perrot; *RJF* 1997, n° 626 – Civ. 2e, 23 nov. 2000, n° 98-18.921, *Bull. civ.* II, n° 154; *D.* 2001. 283; *RJF* 2001, n° 700.
5. *RD banc. fin.* 2008. 29, obs. Piedelièvre (préc. s^s prés^t n°).
6. *Précis de fiscalité de la Direction générale des finances publiques*, mis à jour le 1er juillet 2014, diffusé sur le site Internet de cette administration – V. NOT. : Com. 16 juin 1998, n° 95-16.864, *Bull. civ.* IV, n° 201; *RJF* 1998, n° 1026.
7. L. n° 2010-1658, 29 déc. 2010, de finances rectificative pour 2010, *JO* 30 déc., p. 23127 – « Harmonisation des procédures de recouvrement forcé relevant de la Direction générale des finances publiques », *Dr. fisc.* 2011, n° 200.
8. EN CE SENS : CE 21 juill. 1995, req. n° 138455, *Dr. fisc.* 1995, n° 2139.

Lorsque l'impôt donnait lieu à un avis de mise en recouvrement (qui était recouvré par un comptable de la DGI ou de la DGD), les poursuites ne pouvaient pas être entreprises avant l'expiration du délai de vingt jours suivant l'envoi d'une mise en demeure (LPF, anc. art. L. 257 et L. 258).

La Cour de cassation, se fondant sur l'article 1912 du Code général des impôts qui énumérait limitativement les actes de poursuite donnant lieu à des frais, a jugé que l'envoi de la lettre de rappel par le comptable du Trésor n'était pas une condition de mise en œuvre d'un ATD [1]. La Haute juridiction a exclu l'obligation de faire précéder l'ATD d'un commandement de payer [2]. Elle a exclu également l'envoi d'une mise en demeure préalable [3].

Il est douteux que cette distinction jurisprudentielle puisse se maintenir à compter du 1er octobre 2011, date d'entrée en vigueur de l'article 55, I de la loi de finances rectificative pour 2010 [4], qui institue une **procédure de relance commune à tous les impôts**, qu'ils soient recouvrés sur rôles ou sur avis de mise en recouvrement, et modifie en profondeur l'article 1912 du Code général des impôts, dans le cadre d'une harmonisation des règles de frais de poursuite.

932.22 Harmonisation des procédures de recouvrement à compter du 1er octobre 2011. Les nouveaux articles L. 257-0 A et L. 257-0 B du Livre des procédures fiscales prévoient désormais une procédure commune de recouvrement de l'impôt.

L'article L. 257-0 A prévoit qu'à défaut de paiement des sommes mentionnées sur l'avis d'imposition à la date limite de paiement ou de celles mentionnées sur l'avis de mise en recouvrement et en l'absence d'une réclamation assortie d'une demande de sursis de paiement formulée dans les conditions prévues au premier alinéa de l'article L. 277 de ce livre, le comptable public compétent adresse au contribuable une mise en demeure de payer avant la notification du premier acte de poursuite devant donner lieu à des frais au sens de l'article 1912 du Code général des impôts. Sauf demande de sursis de paiement, la mise en demeure demeurée infructueuse autorise le comptable public à engager des poursuites à l'expiration d'un délai de trente jours suivant sa notification. L'article L. 257-0 B prévoit que cette mise en demeure est précédée d'une lettre de relance, un certain nombre de cas étant réservé; dans ces cas où la mise en demeure a été précédée d'une lettre de relance, le délai suivant la mise en demeure à l'expiration duquel le comptable peut engager les poursuites est réduit à huit jours.

L'article 396 C de l'annexe II du Code général des impôts, créé par le décret n° 2011-274 du 16 mars 2011 [5] pris en application de l'article 1912 de ce code, énumère les actes donnant lieu à frais de poursuite. Il en ressort que l'ATD demeure un acte de poursuite sans frais.

Au regard de ces considérations, la Cour de cassation pourrait être amenée, si elle maintient le raisonnement qu'elle tenait en l'état antérieur à cette réforme, à étendre la dispense de lettre de relance et de mise en demeure à tous les ATD, qu'ils soient délivrés au titre d'un avis d'imposition ou d'un avis de mise en recouvrement.

932.23 Nature des poursuites. Le contribuable n'a pas à être informé de la nature des poursuites que l'Administration s'apprête à entreprendre à son encontre [6].

932.24 Caractère obligatoire de la notification. L'ATD comporte obligatoirement une notification au redevable à peine de nullité [7]. Celle-ci est faite au tuteur lorsque le redevable est un majeur en tutelle [8].

La notification de l'ATD se démarque une fois encore de la saisie-attribution, par la forme et par le délai de la dénonciation au débiteur.

932.25 Formes de la notification. L'article R. 211-3 C. pr. exéc., qui impose au créancier saisissant de dénoncer la saisie au débiteur par acte d'huissier, n'est pas applicable à l'ATD. La Cour de cassation a jugé que les exigences fixées par l'article 58 du décret du 31 juillet 1992 (devenu C. pr. exéc., art. R. 211-3) relatives à la dénonciation de

1. Com. 28 janv. 2003, nos 00-18.911, et 00-18.865, NP; *RJF* 2003, n° 642 – V. AUSSI : Com. 11 févr. 2003, n° 00-14.461, NP – Com. 3 mars 2004, n° 00-19.930, NP – Com. 3 nov. 2004, n° 03-10.009, NP; *D.* 2004. 1607, obs. Taormina – Com. 31 janv. 2006, n° 02-16.442, *Bull. civ.* IV, n° 23; *JCP* 2006. IV. 1432 – V. AUSSI : Com. 3 oct. 2006, n° 01-03.515 (préc. ss nos 932.11 et 932.15).
2. Com. 12 mars 2002, n° 99-11.895, *Bull. civ.* IV, n° 56; *RJF* 2002, n° 864 – SUR RENVOI : Grenoble 9 nov. 2004, RG n° 02/02338, NP – V. AUSSI : TGI Lyon, JEX, 3 mars 1998, NP.
3. Com. 11 févr. 2003, n° 00-14.461, NP; *RJF* 2003, n° 643.
4. L. n° 2010-237, 9 mars 2010, de finances rectificative pour 2010, *JO* 10 mars, p. 4746.
5. Décr. n° 2011-274, 16 mars 2011, relatif aux frais de poursuite réclamés aux redevables, *JO* 17 mars, p. 4829.
6. Com. 6 juin 1952, *Bull. civ.* II, n° 216 – V. AUSSI : Rép. min. n° 14734, *JOAN Q* 8 juin 1962, p. 1599.
7. Com. 13 nov. 1973, n° 71-11.628, *Bull. civ.* IV, n° 326 – Com. 18 juin 1996, n° 94-17.246, *Bull. civ.* IV, n° 181; *Dr. fisc.* 1996, n° 1127 – Rép. min. n° 1035, M. Goasguen, *JOAN Q* 1er juin 1998, p. 3013.
8. CE 30 déc. 2010, req. n° 311391, *Lebon T.* : le Conseil d'État précise qu'il ne résulte d'aucun texte ni d'aucun principe que l'existence d'un recours contre la désignation de la personne chargée d'exercer la tutelle fasse obligation à l'administration fiscale de saisir le juge des tutelles préalablement à cette notification.

la saisie-attribution au débiteur ne sont pas applicables à l'ATD[1].

Cette notification au redevable est soumise à un formalisme réduit et la Cour de cassation a précisé qu'elle pouvait se faire selon les formes simplifiées prévues par le Code général des impôts, c'est-à-dire par voie postale[2].

Les modalités de la notification au redevable sont identiques à celles de la notification au tiers détenteur de l'avis (v. s[s] n° 932.12).

932.26 Délai de la notification. Alors que la saisie-attribution doit être dénoncée au débiteur saisi dans un délai de huit jours, à peine de caducité (C. pr. exéc., art. R. 211-3), aucun texte ne prévoit que la notification au redevable soit effectuée dans un délai déterminé.

Cependant, l'Administration a tout intérêt à notifier au plus tôt au redevable l'avis, car cette notification fait courir le délai de deux mois ouvert pour contester (LPF, art. R.*281-2), et le paiement ne peut intervenir qu'après expiration de ce délai (v. s[s] n°s 933.41 s.).

Elle recommande donc de procéder simultanément aux notifications au redevable et au tiers détenteur[3]. Cette simultanéité est en effet rendue possible par le fait que, à la différence de la dénonciation de l'acte de saisie-attribution, la notification faite au débiteur n'a pas à contenir les renseignements apportés par le tiers détenteur.

932.27 Prescription. L'article L. 189 du Livre des procédures fiscales dispose que « *la prescription est interrompue par la notification d'une proposition de rectification, par la déclaration ou la notification d'un procès-verbal, de même que par tout acte comportant reconnaissance de la part des contribuables et par tous les autres actes interruptifs de droit commun* ». La notification de l'ATD a donc pour effet d'interrompre la prescription courant contre l'Administration[4], sauf à préciser « *qu'un avis à tiers détenteur ne peut interrompre la prescription* [...] *qu'à la condition d'avoir été régulièrement notifié tant au tiers détenteur qu'au redevable concerné* »[5]. Enfin, la date d'interruption de la prescription est celle à laquelle le pli contenant la notification de redressement est remis au contribuable. Toutefois, dans le cas où le contribuable a négligé de retirer le pli mis en instance faute d'avoir pu lui être remis, la date à prendre en compte est celle à laquelle ce courrier avait été présenté à son adresse[6]. Une réserve doit néanmoins être apportée dans le cas particulier des actes de recouvrement adressés en poste restante, le Conseil d'État jugeant que de tels envois « *ne sont susceptibles d'interrompre la prescription de l'action en vue du recouvrement d'impositions que lorsqu'il résulte de l'instruction que le contribuable a lui-même sollicité l'envoi ou la réexpédition de son courrier en poste restante en accomplissant les démarches nécessaires à cette fin auprès de l'administration postale ou auprès de l'administration fiscale; que, dans les autres cas, les actes de recouvrement adressés en poste restante ne peuvent interrompre la prescription de l'action en vue du recouvrement, quelle que soit la mention qui figure sur le courrier retourné à l'administration fiscale* »[7].

La prescription est interrompue, même lorsque l'ATD est pratiqué sur un compte bancaire dont le solde est nul[8].

Lorsqu'un ATD est notifié à l'encontre d'un débiteur de loyers, chaque versement effectué par le tiers détenteur interrompt la prescription[9].

Enfin, la prescription de l'action en recouvrement, si elle fait disparaître le caractère obligatoire du paiement de la dette fiscale et interdit donc au service du recouvrement de recourir à la contrainte, ne fait pas obstacle au versement volontaire et spontané par le contribuable de sa dette fiscale, ce contribuable exécutant en effet alors une obligation qui demeure même après l'expiration du délai de prescription[10].

1. Com. 3 oct. 2006, n° 01-03.515 (préc. s[s] n°s 932.11, 932.15 et 932.21).
2. Com. 13 nov. 1973, n° 71-11.628, *Bull. civ.* IV, n° 326 – V. AUSSI : Com. 5 nov. 2002, n° 99-19.261, NP; *RJF* 2003, n° 234.
3. *BOI*-REC-FORCE-30-20, § 80.
4. CAA Paris, 26 sept. 1991, *Dr. fisc.* 1992, n°s 21, 22 et 1082 – CAA Paris, 4 juin 1992, *Dr. fisc.* 1993, n° 1413, concl. Gipoulon; *RJF* 1992, n° 1258.
5. CE 15 févr. 2007, req. n° 273393, *Lebon T.*, retenant l'irrégularité de la notification au motif qu'« *il ressort des pièces du dossier soumis au juge du fond que l'avis avait été envoyé, non à l'adresse déclarée par M. A, mais à l'adresse d'une société dont celui-ci était le président-directeur général et que l'administration fiscale n'a soutenu devant la cour ni qu'elle était dans l'ignorance de l'adresse que M. A lui avait déclarée, ni qu'elle n'avait pu faire autrement que d'envoyer l'avis à une autre adresse en raison des manœuvres de l'intéressé* ».
6. CE 7 nov. 2012, req. n° 343169, *Lebon T.*
7. CE 19 sept. 2014, req. n° 365934, *Lebon T.; Procédures* 2014, n° 311, comm. Ayrault.
8. CAA Lyon, 20 juin 1996, Min. du Budget c/Frezet, req. n° 93LY00985, *Lebon T.*; *Dr. fisc.* 1996, n° 1529.
9. CE 2 juill. 1990, req. n° 69367, NP; *Dr. fisc.* 1990, n° 1931; *RJF* 1990, n° 1282 – CE 17 mars 1993, req. n° 93741 – CE 13 juill. 2006, req. n° 268308 – CE 21 nov. 2007, Tognelli, req. n° 291582.
10. CE 11 juill. 2011, req. n° 314746, *Lebon T.*

CHAPITRE

933. Effets de l'avis à tiers détenteur

ÉDOUARD DE LEIRIS
MAGISTRAT

SECTION 0
ORIENTEUR

933.00 Plan du chapitre.

Division. Avec la réforme de 1991, l'avis à tiers détenteur, ramené au rang d'une mesure d'exécution, et la saisie-attribution se situent sur le même plan. Comme celle-ci, il emporte des effets immédiats et un effet différé, le paiement par le tiers détenteur.

933.01 Textes applicables.

C. pr. exéc., art. L. 162-1, L. 211-2 et R. 211-9.

LPF, art. L. 262, L. 263, L. 277, L. 281, R. 277-3-1 et R. 281-1.

933.03 Bibliographie indicative. (V. s^s n° 930.03).

933.04 Réforme des voies d'exécution – Avantage réduit. Antérieurement à la refonte des procédures civiles d'exécution, l'avis à tiers détenteur (ATD) conférait au Trésor un privilège certain par rapport aux autres créanciers. Cette mesure dispensait celui-ci de la procédure lourde et complexe de la saisie-arrêt, qui n'avait un effet translatif que lorsque le jugement de validité était passé en force de chose jugée[1].

L'ATD présentait sur la saisie-arrêt de droit commun un avantage incontestable. L'avis notifié pendant la phase conservatoire d'une saisie-arrêt pratiquée par un créancier privé venait primer celle-ci par l'effet attributif immédiat de la créance saisie au profit du Trésor saisissant.

Toutefois la Cour de cassation avait réduit cet avantage en décidant que l'effet translatif ne se produisait qu'à l'expiration du délai d'opposition ouvert au contribuable contre le titre exécutoire[2].

SECTION 1
EFFETS IMMÉDIATS DE LA NOTIFICATION DE L'AVIS À TIERS DÉTENTEUR

933.10 Textes applicables. Selon l'article L. 263 du Livre des procédures fiscales alinéa 1er : « *L'avis à tiers détenteur a pour effet d'affecter, dès réception, les sommes dont le versement est demandé au paiement des impositions privilégiées, quelle que soit la date à laquelle les créances même conditionnelles ou à terme que le redevable possède à l'encontre du tiers détenteur deviennent effectivement exigibles* ».

L'article L. 263 alinéa 2 du Livre des procédures fiscales, modifié en dernier lieu par la loi du 14 mars 2012[3], dispose que l'ATD « *comporte l'effet d'attribution immédiate prévue à l'article L. 211-2 du Code des procédures civiles d'exécution* » et que « *les dispositions des articles L. 162-1 et L. 162-2 de ce code sont en outre applicables* » (§ 1).

Comme la saisie-attribution, l'effet attributif opère immédiatement, sans pouvoir, en principe,

1. M. Cozian, « L'avis à tiers détenteur en matière de privilège du Trésor », *RTD com.* 1967. 66, n°s 2 et 48 – P. Ancel, « Les incidences de la réforme des procédures d'exécution sur l'avis à tiers détenteur », *LPA* 6 janv. 1993, p. 37 – *J.-Cl. Not. Form.*, v° *Avis à tiers détenteur*, fasc. 10, n° 28 et la jurisprudence citée, par Rezek.
2. Com. 5 mai 1981, n° 80-10.344, *Bull. civ.* IV, n° 207; *D.* 1981. 425, note A. H. – Com. 22 nov. 1983, n° 82-13.022, *Bull. civ.* IV, n° 318; *Dr. fisc.* 1984, n° 2273 – Com. 15 mai 1984 (4 arrêts), n°s 82-16.664, 83-10.536, 83-11.507 et 83-12.815, *Bull. civ.* IV, n°s 158 à 161.
3. L. n° 2012-354, 14 mars 2012, de finances rectificative pour 2012, *JO* 15 mars, p. 4690.

être remis en cause par des événements postérieurs (§ 2).

Enfin, l'article L. 141-2 C. pr. exéc. dispose que « *l'acte de saisie rend indisponibles les biens qui en sont l'objet* » (§ 3). Cet article est applicable à toutes les procédures civiles d'exécution; le renvoi fait par le Livre des procédures fiscales au Code des procédures civiles d'exécution (LPF, art. L. 258 A) conduit donc à l'appliquer à l'ATD (§ 3).

§ 1
Effet attributif : attribution immédiate de la créance saisie disponible

933.11 Date de l'effet attributif. Dans la rédaction d'origine du texte, le Trésor, qui antérieurement à la réforme bénéficiait d'une situation favorable par rapport au créancier qui pratiquait une saisie-arrêt, se trouvait placé dans une position d'infériorité par rapport au créancier privé qui pratiquait une saisie-attribution. Celui-ci bénéficiait de l'effet attributif immédiat prévu à l'article L. 211-2 C. pr. exéc., alors que le Trésor n'en bénéficiait qu'à l'issue d'un délai de quinze jours.

Depuis la nouvelle rédaction de l'article L. 263 alinéa 2 du Livre des procédures fiscales, l'ATD a un effet d'attribution immédiate, au même titre que la saisie-attribution, dès sa notification au tiers détenteur[1].

En matière de saisie-attribution, la date à prendre en compte est celle qui figure sur le procès-verbal de saisie (C. pr. civ. art. 653 – C. pr. exéc., art. L. 211-2).

Dès lors que l'ATD est notifié par lettre recommandée avec avis de réception, la date à prendre en considération est celle qui figure sur l'avis de réception signé par le tiers détenteur destinataire. En matière de notification par voie postale, des difficultés peuvent se présenter si la lettre recommandée n'a pu être remise au destinataire (domicile inconnu, lettre non réclamée, lettre refusée). Les instructions administratives recommandent alors la signification par acte d'huissier[2].

Dans les cas où est utilisée la lettre simple, la date de notification et le moment de l'effet attributif deviennent incertains (sur la preuve de la notification, v. s[s] n° 932.13)[3].

933.12 Nature de la créance saisie-attribuée. Antérieurement à la réforme des procédures civiles d'exécution, il était admis que le comptable public, qui notifiait un ATD, poursuivait le recouvrement de la créance du redevable contre le tiers détenteur, c'est-à-dire, une créance de droit privé. Le comptable public ne pouvait se prévaloir du privilège du Trésor[4], mais il pouvait se prévaloir des garanties dont la créance du redevable était assortie. La créance du comptable public contre le tiers détenteur n'était pas une créance fiscale[5].

Cette solution a été confirmée sous l'empire des textes nouveaux, sur le fondement desquels la Cour de cassation a affirmé que l'ATD avait pour effet de transporter la créance du contribuable contre le tiers dans le patrimoine du Trésor et non de conférer à celui-ci une créance d'impôt sur ce tiers[6].

§ 2
Effet attributif : événements ne remettant pas en cause l'attribution

933.21 Règle. Selon l'article L. 211-2 C. pr. exéc., certains événements, comme la pluralité de saisies ou la survenance d'un jugement d'ouverture de redressement ou de liquidation judiciaire, ne remettent pas en cause l'attribution immédiate.

La réponse doit être nuancée lorsque le redevable d'imposition a fait une réclamation assortie d'une demande de sursis de paiement au sens de l'article L. 277 du Livre des procédures fiscales.

933.22 Pluralité de saisies simultanées. Le concours entre des ATD établis au nom du même débiteur, émanant d'un comptable du Trésor et d'un comptable de la Direction générale des impôts (DGI), reçus « *simultanément* », est réglé par l'article L. 263 alinéa 3 du Livre des procédures fiscales qui précise qu'en cas d'insuffisance de fonds, le tiers détenteur doit « *exécuter ces avis en proportion de leurs montants respectifs* ».

L'alinéa 3 de l'article L. 211-2 C. pr. exéc. précise que les actes signifiés le même jour entre les mains du même tiers sont « *réputés faits simultanément* ».

1. Com. 16 juin 1998, n° 96-17.050, *Bull. civ.* IV, n° 200; *D. Affaires* 1998. 1144; *RJF* 1998, n° 1303 – Com. 30 nov. 1999, n° 97-16.899, *Bull. civ.* IV, n° 217; *D.* 2000. 6; *RJF* 2000, n° 565; *Dr. fisc.* 2000, n° 256, « *alors même que cet avis n'aurait pas encore été notifié au contribuable* » – CE 15 oct. 1997, SARL Euro construction outre-mer c/SARL ECIOM, req. n°s 175722 et 175798, *Lebon; RJF* 1997, n° 1060; *Dr. fisc.* 1998, n° 150; *JCP E* 1998. 1104; *Rev. huiss.* 1998. 1122, note Boccara.
2. *J.-Cl. Fisc.*, fasc. 560, n° 28, par Albouze.
3. S. Verclytte, « Avis à tiers détenteur et sursis de paiement : un combat inégal ? », *RJF* 1997, n° 668.
4. M. Cozian, « L'avis à tiers détenteur en matière de privilège du Trésor », *RTD com.* 1967. 66, n° 57 – Rép. min. Éco. et Fin., M. d'Andigné, n° 13095, *JO Sénat Q* 26 oct. 1973, p. 1507.
5. CONTRA : chron. J. Lamarque, « Contentieux fiscal », *RGDP* 1998. 502.
6. V. NOT. : Com. 16 juin 1998, n° 95-16.864, *Bull. civ.* IV, n° 201; *RJF* 1998, n° 1026.

Si les sommes disponibles ne permettent pas de désintéresser la totalité des créanciers saisissants, ceux-ci « *viennent en concours* ».

Ce texte règle donc non seulement le cas du concours entre un ATD et une saisie-attribution, mais également celui d'un ATD avec les autres procédures d'exécution de droit public (opposition à tiers détenteur, saisie à tiers détenteur, opposition administrative). Sur la question, v. s[s] n° 831.72.

La notification par lettre peut présenter des inconvénients en cas de pluralité de saisies et un ATD peut se voir privé d'effet en raison des délais d'acheminement postaux, et primé par une saisie-attribution si celle-ci est signifiée au tiers avant la réception par celui-ci de l'ATD. L'ATD ne l'emporte que s'il est antérieur à la saisie-attribution.

933.23 Pluralité de saisies successives. Par leur effet attributif immédiat, les voies d'exécution portant sur les créances de sommes d'argent excluent en principe tout concours. Ainsi, l'article L. 211-2 C. pr. exéc. dispose-t-il en son alinéa 2 que « *la notification ultérieure d'autres saisies ou de toute mesure de prélèvement, même émanant de créanciers privilégiés* [...] » ne remet pas en cause l'effet attributif immédiat (v. s[s] n°s 831.71 s et 832.21).

Toutefois, certaines situations conduisent à une situation de concours, qui profite alors à l'ATD, du fait du privilège qui assortit la créance fiscale. Ainsi, qu'en est-il lorsque la saisie-attribution postérieure à un ATD résulte de la conversion d'une saisie conservatoire pratiquée antérieurement ? La Cour de cassation a tranché la difficulté liée au renvoi que l'article que l'article 75 de la loi du 9 juillet 1991 (devenu C. pr. exéc., art. L. 521-1 et L. 523-1) effectue à l'article 2075-1 du Code civil (devenu C. civ., art. 2350). Un créancier ayant fait procéder à la conversion de la saisie conservatoire après notification d'un ATD ne peut invoquer son droit de préférence à l'égard du trésorier dont la créance fiscale bénéficie du privilège de l'article 1920 du Code général des impôts[1].

Enfin, lorsqu'une saisie-attribution se trouve privée d'effet, les saisies et prélèvements ultérieurs prennent effet à leur date (C. pr. exéc., art. L. 211-2, al. 4). Cette règle joue nécessairement au profit d'un ATD.

933.24 Survenance de la procédure de sauvegarde, du redressement judiciaire ou de la liquidation judiciaire, d'une procédure de traitement d'une situation de surendettement. L'effet attributif immédiat n'est pas remis en cause (C. pr. exéc., art. L. 211-2, al. 2 [L. 9 juill. 1991, art. 43, al. 2]). Les développements consacrés aux incidences de l'ouverture de l'une de ces procédures sur l'effet attributif de la saisie-attribution sont transposables à l'ATD (v. s[s] n°s 831.81 s.)[2].

933.25 Sursis de paiement. L'article L. 277 alinéa 1er du Livre des procédures fiscales, tel que modifié par la loi de finances rectificative pour 2008[3] (L. n° 2008-1443, 30 déc. 2008, art. 66, applicable aux demandes de sursis de paiement formulées à compter du 1er juillet 2009), dispose que : « *Le contribuable qui conteste le bien-fondé ou le montant des impositions mises à sa charge est autorisé, s'il en a expressément formulé la demande dans sa réclamation et précisé le montant ou les bases du dégrèvement auquel il estime avoir droit, à différer le paiement de la partie contestée de ces impositions et des pénalités y afférentes* ».

La demande de sursis de paiement ne peut être formée qu'à l'occasion d'une réclamation contentieuse[4] et une simple lettre par laquelle le contribuable ne conteste pas la légalité de l'imposition, ne demande ni la décharge, ni la réduction des impôts, mais se borne à demander à surseoir à leur paiement, ne constitue pas une demande de sursis de paiement au sens de l'article L. 277 du Livre des procédures fiscales[5].

933.26 • Demande de sursis de paiement antérieure à la notification d'un avis à tiers détenteur. La demande suspend immédiatement l'exigibilité de l'impôt pour la partie contestée[6] et l'ATD notifié ultérieurement doit être annulé[7] (v. s[s] n° 931.53). La partie contestée cesse d'être exigible jusqu'à décision définitive sur la réclamation[8].

La rédaction initiale de l'article L. 277 du Livre des procédures fiscales laissait subsister un doute sur la possibilité de diligenter néanmoins un avis à tiers détenteur lorsque le contribuable ne présentait pas de garanties jugées suffisantes. En effet, ce texte, dont la rédaction était antérieure à la loi du 9 juillet 1991, visait toujours l'ATD parmi les mesu-

1. Civ. 2e, 18 janv. 2007, n° 06-10.598, *Bull. civ.* II, n° 14; *RD banc. fin.* 2007, n° 74, obs. Piedelièvre; *Dr. et proc.* 2007. 217, obs. Lefort; *Dr. et patr.* nov. 2007, n° 164, obs. Crocq.
2. F. Vauvillé, « Le notaire, le liquidateur, et le percepteur », *JCP N* 1998. 1766 – P. Serlooten, « Le Trésor public, créancier de l'entreprise en difficulté », *JCP E* 2000. 24.
3. L. n° 2008-1443, 30 déc. 2008, de finances rectificative pour 2008, *JO* 31 déc., p. 20518.
4. CE 2 juin 1989, req. n° 55514, NP; *Dr. fisc.* 1989, n° 1984.
5. CE 14 nov. 1973, req. n°s 82071 et 82072, *Lebon; Dr. fisc.* 1973, n° 1794 – CE 17 nov. 1986, req. n° 73702, NP; *Dr. fisc.* 1987, n° 1973.
6. CE 27 juill. 1984, req. n° 42701, *Lebon T.*; *Dr. fisc.* 1986, n° 745, concl. Latournerie – CE 24 juill. 1987, req. n° 49211, *Lebon T.*; *Dr. fisc.* 1989, n° 1994, concl. Martin-Laprade.
7. Lyon, 12 janv. 2000, RG n° 98/03464, NP.
8. TA Nantes, 29 mars 2005, *Dr. fisc.* 2006, n° 258.

res conservatoires[1], ce qui posait des difficultés de conciliation[2].

Désormais, l'article L. 277, dans sa rédaction issue de la loi de finances rectificative pour 2008, ne fait plus référence à l'ATD, pas plus que les articles R. 277-1 s. du même livre, introduits par les deux décrets d'application de cette loi (Décr. n°s 2009-985 et 2009-986, 20 août 2009[3]). Il apparaît pouvoir s'en déduire que l'ATD, qui n'est plus régi que par l'article L. 262 du Livre des procédures fiscales, ne peut plus être utilisé à titre conservatoire dans le cas où le comptable public estime que le contribuable ne présenterait pas les garanties suffisantes.

933.27 • Demande de sursis de paiement postérieure à la notification d'un avis à tiers détenteur. La Cour de cassation juge que la demande de sursis de paiement ne remet pas en cause l'effet attributif, nonobstant l'impossibilité pour le comptable public d'exiger le paiement avant l'expiration du délai de contestation ou à l'issue de cette contestation[4]. Le Conseil d'État partage cette analyse et en déduit que l'ATD, dans ce cas, n'est pas une mesure conservatoire au sens de l'article L. 277 du Livre des procédures fiscales[5].

Désormais, l'article R. 277-3-1 (Décr. n° 2009-986, 20 août 2009) prévoit expressément que : « *Lorsque le redevable fournit des garanties suffisantes, au sens de l'article R.*277-1, à l'appui d'une réclamation assortie d'une demande de sursis de paiement, celles-ci se substituent aux sommes ou biens appréhendés avant la réclamation pour le recouvrement des créances qui font l'objet de la contestation.*

Dans ce cas, le comptable restitue les biens ou sommes appréhendés, avant la réclamation mentionnée à l'article L. 277, pour le montant des créances effectivement garanties ».

L'Administration fiscale précise que cette disposition concerne les mesures d'exécution[6], ce qui englobe sans aucun doute l'ATD[7].

§ 3
Indisponibilité de la créance saisie

933.31 Étendue de l'indisponibilité. L'acte de saisie-attribution rend indisponible la créance saisie, à concurrence des sommes pour lesquelles la saisie est pratiquée (C. pr. exéc., art. L. 211-2, al. 1er) et il en est de même de l'ATD.

Lorsque la saisie-attribution ou l'ATD est pratiqué entre les mains d'un établissement bancaire, l'indisponibilité est totale (C. pr. exéc., art. L. 162-1 – Sur le mécanisme de l'article L. 162-1 C. pr. exéc., v. s^s^ n°s 921.11 s. – Sur l'applicabilité de l'article L. 162-1 C. pr. exéc. à l'ATD, v. s^s^ n° 931.73)[8].

Sur question de parlementaires[9], le ministre du Budget a répondu que pour remédier aux inconvénients des effets d'un ATD pratiqué sur un compte bancaire, le débiteur peut :

– soit acquiescer à la mesure, en déclarant par écrit ne pas contester la poursuite et en autorisant le tiers à verser immédiatement les fonds sans attendre l'expiration du délai de contestation de deux mois;

– soit acquitter sa dette sous forme d'espèces, par exemple, au comptable public qui donnera sans délai mainlevée de l'ATD;

– soit demander au comptable de limiter l'indisponibilité à certains comptes qui présentent un solde créditeur suffisant pour permettre le recouvrement des sommes réclamées.

Cette réponse ministérielle mérite d'être nuancée. En effet, l'acquiescement ne permet pas le paiement immédiat et le tiers saisi doit en tout état de cause attendre l'expiration du délai de régulari-

1. La difficulté avait pourtant été évoquée au cours des travaux parlementaires : F. Douet et X. Mondésert, « Sursis de paiement et avis à tiers détenteur », *LPA* 2 sept. 1994, p. 12.
2. S. Verclytte, « Avis à tiers détenteur et sursis de paiement : un combat inégal ? », *RJF* 1997. 670.
3. Décr. n° 2009-985, 20 août 2009, relatif aux conditions d'octroi du sursis de paiement prévu à l'article L. 277 du Livre des procédures fiscales et modifiant le décret n° 2007-568 du 17 avril 2007, relatif aux modalités de mise en œuvre de la publicité du privilège du Trésor pour les créances mentionnées à l'article 1929 *quater* du Code général des impôts et aux articles 379 et 379 *bis* du Code des douanes, *JO* 22 août, p. 13782 – Décr. n° 2009-986, 20 août 2009, relatif aux conditions d'octroi du sursis de paiement prévu à l'article L. 277 du Livre des procédures fiscales, *JO* 22 août, p. 13782 – *JCP E* 2009. Actu. 69.
4. Com. 30 nov. 1999, n° 97-16.899, *Bull. civ.* IV, n° 217; *D.* 2000. 6; *RJF* 2000, n° 565 – Com. 23 juin 2004, n° 01-01.217, NP; *RJF* 2004, n° 1184 – EN CE SENS : *J.-Cl. Pr. fisc.*, fasc. 560, n° 130, par Albouze.
5. CE 15 oct. 1997, SARL Euro construction outre-mer c/SARL ECIOM, req. n°s 175722 et 175798, *Lebon; RJF* 1997, n° 1060; *Dr. fisc.* 1998, n° 150; *JCP E* 1998. 1104; *Rev. huiss.* 1998. 1122, note Boccara – DE MÊME : CAA Paris, 11 déc. 2001, req. n° 01PA02068, NP; *RJF* 2002, n° 333; *Dr. fisc.* 2002, n° 339, concl. Bossuroy – V. AUSSI : TA Versailles, 25 janv. 2001, n° 971337, NP; *RJF* 2001, n° 1013.
6. Instr. 24 sept. 2009, *BOI* 12 A-2-09, 28 sept. – V. *Dr. fisc.* 2009. Instr. 14169.
7. DÉJÀ EN CE SENS : sous l'empire des anciennes dispositions : CE 25 avr. 2001, req. n°s 230166 et 230345, *Lebon; RJF* 2001, n° 1012 – CE 13 juin 2007, req. n° 306252, *Lebon* – V. AUSSI : CAA PARIS, 11 déc. 2001, req. n° 01PA02068 (préc. s^s^ prés^t^ n°).
8. *BOI*-REC-FORCE-30-30, 12 sept. 2012, § 230.
9. Rép. min. Budget n° 22992, E. Pinte, *JOAN Q* 27 mars 1995 – Rép. min. Budget n° 10073, G. Gruillot, *JO Sénat Q* 13 avr. 1995, p. 883; *Dr. fisc.* 1995, n° 22, n° 1226; *JCP E* 1995. 624.

sation prévu par l'article L. 162-1 C. pr. exéc. (v. s[s] n°s 923.132 s.).

SECTION 2
PAIEMENT PAR LE TIERS DÉTENTEUR

933.41 Délai. Les personnes visées par les articles L. 262 et L. 263 du Livre des procédures fiscales sont tenues, sur la demande qui leur en est faite, de verser les fonds qu'elles détiennent ou qu'elles doivent.

Cette formule ne semble laisser aucun délai au tiers pour s'acquitter du paiement et la rédaction même de l'accusé de réception accompagnant le modèle type d'ATD invite expressément le tiers à s'exécuter sur-le-champ.

L'imprimé type mentionne même que « *faute pour le tiers détenteur de renvoyer le présent accusé de réception par retour du courrier, le comptable* [...] *pourra effectuer à son encontre des poursuites avec frais* ».

933.42 Date du paiement. La doctrine fiscale indique que le tiers détenteur n'est tenu au versement des sommes saisies qu'au terme du délai d'opposition, sauf la possibilité pour le débiteur d'acquiescer à l'avis[1].

C'est la réception par le débiteur de la notification de l'avis qui constitue le point de départ de son délai d'opposition. La pratique notariale recommande donc au notaire destinataire d'un avis à tiers détenteur de demander au comptable public de lui justifier de la date de notification de l'avis au redevable lui-même, seule cette notification faisant en effet courir le délai de contestation ouvert à ce dernier[2]. Cette remarque vaut évidemment pour tout tiers détenteur. Toutefois, en l'absence d'exigence similaire à la saisie-attribution, le comptable public n'est pas tenu de fournir un certificat de non-contestation[3].

933.43 Absence ou refus de paiement. Le défaut de paiement par le tiers détenteur à l'expiration du délai de deux mois permet à l'Administration d'exercer contre celui-ci des poursuites, sur le fondement de l'article R. 211-9 C. pr. exéc. (v. s[s] n° 934.24).

La solution diffère de celle retenue antérieurement à la réforme des procédures d'exécution. Lorsque le tiers détenteur ne déférait pas à l'avis, le comptable public délivrait un commandement de payer et le titre exécutoire était constitué par l'avis notifié joint à l'acte de notification au contribuable saisi[4].

933.44 Modalités de délivrance du titre exécutoire. L'Administration fiscale a prétendu obtenir un titre exécutoire à l'encontre du tiers détenteur par ordonnance sur requête.

Saisie pour avis de la question, la Cour de cassation a estimé que la procédure d'ordonnance sur requête ne pouvait être suivie pour demander au juge de l'exécution (JEX) la délivrance d'un titre exécutoire à l'encontre d'un tiers détenteur et que toute demande à cet effet « [devait] *être présentée selon les formes ordinaires de l'introduction de l'instance, c'est-à-dire par voie d'assignation conformément à l'article 19 du décret* [devenu C. pr. exéc., art. R. 442-4] »[5].

Par sa généralité, cet avis n'opère pas de distinction, comme le sollicitait le JEX du tribunal de grande instance de Nîmes, selon que le tiers défaillant a contesté ou non l'ATD conformément aux modalités prévues par les articles L. 281 et R.*281-1 et suivants du Livre des procédures fiscales.

L'Administration doit donc faire assigner le tiers détenteur devant le JEX, qui statuera après débat contradictoire.

La Cour de cassation a jugé que la recevabilité des moyens que le tiers détenteur invoque n'est pas subordonnée à la présentation d'une réclamation préalable à l'Administration car il n'est pas l'auteur d'une contestation au sens des articles L. 281 et R. 281-1 du Livre des procédures fiscales[6]. Aussi, le tiers détenteur, assigné par le comptable aux fins de délivrance à son encontre d'un titre exécutoire, au motif qu'il n'a pas payé la dette fiscale dont le recouvrement était poursuivi entre ses mains par voie d'ATD, peut-il contester la régularité de cet avis[7].

1. *BOI*-REC-FORCE-30-30, 12 sept. 2012, § 70 et 80 – Com. 16 juin 1998, n° 96-17.050, *Bull. civ.* IV, n° 200; *Dr. fisc.* 1998, n° 1105 – Com. 30 nov. 1999, n° 97-16.899, *Bull. civ.* IV, n° 217; *RJF* 2000, n° 565.
2. C. Guilloteau-Palisse, « Saisie du prix de vente entre les mains du notaire », *JCP N* 2013. Étude 1219, n° 21.
3. *BOI*-REC-FORCE-30-30, 12 sept. 2012, § 70 et 80.
4. Cass., avis, 7 mars 1997, n° 09-60.015, *Bull. avis* 1997, n° 3; *D.* 1997. 455, note Lauba et Ruellan – PERROT et THÉRY, n° 494.
5. Cass., avis, 9 févr. 1998, n° 09-70.013, *Bull. avis*, n° 2.
6. Com. 3 déc. 2002, n° 00-20.505, *Bull. civ.* IV, n° 186; *RJF* 2003, n° 507.
7. Com. 31 janv. 2006, n° 02-16.442, *Bull. civ.* IV, n° 23.

CHAPITRE

934. Contestations de l'avis à tiers détenteur

ÉDOUARD DE LEIRIS
MAGISTRAT

SECTION 0
ORIENTEUR

934.00 **Plan du chapitre.**

Division. L'une des caractéristiques essentielles de la procédure de contestation de l'avis à tiers détenteur est l'existence d'un recours de nature administrative préalable à la saisine du juge. La présente étude portera uniquement sur les contestations relatives à la régularité formelle.

Renvoi. Sur les diverses compétences en matière de contestations relatives à l'impôt et de contestations relatives au recouvrement, v. s[s] n°s 960.00 s.

V. aussi, R. PERROT et Ph. THÉRY, *Procédures civiles d'exécution*, 3e éd., Dalloz, 2013, n° 466.

934.01 **Textes applicables.**

C. pr. exéc., art. L. 211-2, L. 211-4, L. 211-5 et R. 121-2.

LPF, art. L. 262, L. 263 et L. 263 A, L. 281 et R.*281-1 s.

C. pr. civ., art. 641 et 642.

934.03 **Bibliographie indicative.** (V. s[s] n° 930.03).

934.04 **Dispositions spécifiques.** L'avis à tiers détenteur (ATD) peut faire l'objet de contestations de la part du redevable d'imposition, du tiers détenteur ou encore de tiers qui se prévalent, par exemple, de l'antériorité d'une saisie-attribution, ou d'une cession de créance.

Les contestations de la procédure d'ATD ne sont pas soumises aux règles générales applicables à la saisie-attribution (C. pr. exéc., art. L. 211-4 et L. 211-5 – C. pr. exéc., art. R. 211-11 s.) mais à des dispositions spécifiques résultant des articles L. 281 et R.*281-1 et suivants du Livre des procédures fiscales.

La Cour de cassation a jugé que, si l'ATD comporte l'effet d'attribution immédiate prévu par l'article L. 211-2 C. pr. exéc. impliquant le droit pour les comptables publics de recourir aux dispositions de l'article R. 211-9 C. pr. exéc., aucune disposition légale ne prévoit l'application à l'ATD des autres règles relatives à la saisie-attribution[1].

Les contestations peuvent porter :

– d'une part, sur l'existence de l'obligation de payer, le montant de la dette, l'exigibilité de la somme réclamée, ou tout autre motif ne remettant pas en cause l'assiette et le calcul de l'impôt;

– d'autre part, sur la régularité formelle de l'acte (LPF, art. L. 281, al. 2, 1°).

Depuis la réforme des procédures civiles d'exécution, les recours sur la **régularité formelle** de l'acte, qui etaient de la compétence des juridictions judiciaires[2], sont de la compétence exclusive du juge de l'exécution (JEX) (LPF, art. L. 281, al. 3).

934.05 **Responsabilité de l'État.** Parallèlement à la contestation d'un ATD, la responsabilité de l'État peut être recherchée, devant les juridictions administratives.

Le Conseil d'État juge ainsi que toute faute commise par l'Administration lors de l'exécution des opérations de recouvrement peut donner lieu à réparation, que ce soit à l'égard du débiteur ou de toute autre personne, si elle leur a directement causé un préjudice. Il précise toutefois qu'un tel

1. Cass., ch. mixte, 26 janv. 2007, n° 04-10.422, *Bull. ch. mixte*, n° 1; *Dr. et proc.* 2007. 221, obs. Putman; *RTD civ.* 2007. 389, obs. Perrot; *Dr. et patr.* nov. 2007. 91, obs. Lefort; *RD banc. fin.* 2007, n° 75, obs. Piedelièvre; *Gaz. Pal.* 2007. 3397, note Brenner.
2. Com. 18 juin 1996, n° 94-17.246, *Bull. civ.* IV, n° 181; *Dr. fisc.* 1996, n° 1127.

préjudice ne saurait résulter du seul paiement de la créance. En outre, le préjudice allégué ne trouve pas sa cause directe et certaine dans la faute de l'administration si celle-ci établit soit qu'elle aurait pris la même décision d'imposition si elle avait respecté les formalités prescrites ou fait reposer son appréciation sur des éléments qu'elle avait omis de prendre en compte, soit qu'une autre base légale que celle initialement retenue justifie l'imposition. Enfin, l'Administration peut invoquer le fait du contribuable ou, s'il n'est pas le contribuable, du demandeur, comme cause d'atténuation ou d'exonération de sa responsabilité[1].

SECTION 1
RECOURS PRÉALABLE

934.11 Recours préalable. Le redevable qui conteste la régularité formelle de la procédure d'exécution doit soumettre sa réclamation à l'autorité administrative compétente (« *chef de service* ») telle qu'elle est déterminée par l'article R.*281-1 du Livre des procédures fiscales :

- le trésorier-payeur général si le recouvrement incombe à un comptable du Trésor;

- le directeur des services fiscaux si le recouvrement incombe à un comptable de la direction générale des impôts;

- le directeur régional des douanes et des droits indirects si le recouvrement incombe à un comptable de cette direction.

Cependant, les contestations relatives au recouvrement d'amendes douanières par voie d'ATD ne sont pas soumises au recours préalable[2].

En outre, il est désormais jugé par les deux ordres de juridiction que l'absence de mention sur l'acte de poursuite que l'Administration adresse au contribuable de l'existence et du caractère obligatoire, à peine d'irrecevabilité d'un éventuel recours juridictionnel, de la demande préalable prévue à l'article R. 281-1 du Livre des procédures fiscales, ainsi que des délais dans lesquels le contribuable doit présenter cette demande, fait obstacle à ce que ces délais soient opposables au contribuable[3].

934.12 Auteur de la contestation. C'est le **redevable** d'impositions qui en pratique conteste le plus souvent l'ATD. Toutefois, la contestation peut émaner d'un **tiers** se prétendant titulaire de la créance[4], ou du tiers **détenteur**[5].

L'auteur de la contestation est tenu de respecter la procédure du recours préalable[6] lorsque par exemple, il conteste l'existence de sa dette civile envers le redevable[7]. Selon le Conseil d'État, cette contestation qui, ne concerne pas l'existence de la dette, mais la désignation du tiers détenteur, constitue une modalité de la poursuite et relève de la compétence du juge judiciaire.

En revanche, il en va autrement lorsque le tiers détenteur est assigné par le comptable aux fins de délivrance à son encontre d'un titre exécutoire au motif qu'il n'a pas payé la dette fiscale dont le recouvrement était poursuivi entre ses mains par voie d'ATD. Le moyen de défense qu'il émet alors à cette occasion ne constitue pas une contestation soumise à réclamation préalable (v. s^s^ n° 933.44).

934.13 Modalités de la saisine. Aux termes des articles R.*281-2 et R.*281-3 du Livre des procédures fiscales, la demande doit être présentée au chef de service, « *à peine de nullité* », dans un délai de deux mois à partir de la notification de l'acte si le motif invoqué est un vice de forme. L'administration fiscale énonce que ce délai de deux mois est computé conformément aux règles prescrites par les articles 641 et 642 C. pr. civ.[8].

Le chef de service accuse réception de la demande et se prononce dans un délai de deux mois à partir du dépôt de celle-ci (LPF, art. R.*281-4).

En cas d'erreur de destinataire, il doit transmettre la demande à l'autorité compétente et en aviser l'expéditeur (Décr. n° 83-1025, 28 nov. 1983, art. 7)[9].

L'article R.*281-4 du Livre des procédures fiscales ne précise pas le contenu de l'accusé de réception, mais en pratique, le chef de service informe le requérant des dispositions des articles R.*281-4 et R.*281-5 du Livre des procédures fiscales relatives

1. CE 21 mars 2011, req. n° 306225, *Lebon* 101 – CE 16 nov. 2011, C^ne^ de Cherbourg-Octeville, req. n° 344621, *Lebon T.* 1139.
2. TGI Lyon, JEX, 25 mai 1999, RG n° 99/04487, NP.
3. Com. 4 juin 2002, n° 98-19.511, *Bull. civ.* IV, n° 99; *RJF* 2002, n° 1320 – Cass., avis, 14 mai 2001, n° 01-00.001, *Bull. avis,* n° 2; *D.* 2001. 2362 – Com. 23 juin 2006, n° 03-18.382, *Bull. civ.* IV, n° 128 – Com. 9 déc. 2014, n° 13-24.365, *Bull. civ.* IV [à paraître] – CE 27 juill. 2012, req. n° 331748, *Lebon T.*
4. Com. 15 juin 1993, n° 91-14.454, *Bull. civ.* IV, n° 251; *Dr. fisc.* 1993, n° 2365.
5. E. Bonnet, « Les recours du "tiers détenteur" contre un avis à tiers détenteur », *Dr. et patr.* juill.-août 1997. 36.
6. Com. 12 mai 1987, n° 85-18.874, *Bull. civ.* IV, n° 115; *Dr. fisc.* 1988, n° 1989 – Com. 15 juin 1993, n° 91-14.454 (préc. s^s^ prés^t^ n°).
7. CE 19 oct. 1992, req. n° 79718, *Lebon* 372; *Dr. fisc.* 1993, n° 758, concl. Martin; *RJF* 1992, n° 1717 – Com. 31 janv. 2006, n° 02-16442, *Bull. civ.* IV, n° 23.
8. *BOI*-REC-EVTS-20, § 90, citant Civ. 3e, 29 nov. 2000, n° 97-10.335, *Bull. civ.* III, n° 181.
9. V. AUSSI : CE 29 nov. 1991, req. n° 68591, *Lebon T.*; *Dr. fisc.* 1992, n° 635; *RJF* 1992. 1560; *Mémorial des percepteurs* 1992. 87.

notamment aux délais et modalités de recours contre sa décision (v. DGI, *Documentation de base*, 12 C 2312, n° 37).

Le Conseil d'État a déclaré irrecevable un recours formé après l'expiration du délai de l'article R.*281-4 du Livre des procédures fiscales alors même que l'accusé de réception de la réclamation au directeur des services fiscaux ne comportait pas les mentions de l'article 5 du décret du 28 novembre 1983[1]. Cet article prévoit, à propos de la procédure administrative non contentieuse, que les délais courent à partir d'un accusé de réception contenant un certain nombre de mentions, et notamment, les délais et voies de recours.

Les imprimés types d'ATD précisent, aussi bien au redevable qu'au tiers détenteur, les voies et délais de recours ainsi que l'autorité compétente à qui le recours doit être adressé.

La jurisprudence judiciaire considère que les décisions de rejet ou la notification de la décision doivent comporter ces indications[2] et que l'expiration des délais de recours ne peut être opposée qu'à la condition que ces délais aient été mentionnés dans la décision de rejet[3].

Si aucune décision n'a été prise dans le délai de deux mois, ou si la décision rendue ne lui donne pas satisfaction, le redevable doit, dans un délai de deux mois, « *à peine de forclusion* », porter l'affaire devant le juge, en l'espèce, le JEX (v. s[s] n° 934.31).

934.14 Irrecevabilité de la saisine directe du juge. Le défaut de saisine préalable du chef de service compétent rend irrecevable la saisine directe du JEX. C'est ce qu'a jugé la chambre commerciale de la Cour de cassation[4], confirmant sa jurisprudence antérieure[5].

Quant à l'objet de la contestation, si la Cour de cassation jugeait que « *le litige porté devant les juridictions judiciaires statuant en matière de recouvrement d'impôt est délimité par le contenu de la réclamation préalable adressée à l'Administration* »[6], ce dont elle déduisait l'irrecevabilité des moyens non invoqués à l'appui du recours préalable[7], elle a assoupli sa jurisprudence, la rapprochant de celle du Conseil d'État[8]. Par un arrêt du 9 décembre 2014, la Cour juge en effet, notamment au visa des articles 16 de la Déclaration des droits de l'homme et du citoyen et 6 § 1 de la Convention de sauvegarde des droits de l'homme et des libertés fondamentales, que « *les dispositions de l'article R.**281-5* [du Livre des procédures fiscales] *ne font pas obstacle à ce que le contribuable soulève devant le juge de l'exécution des moyens de droit nouveaux, à la condition que ces derniers n'impliquent pas l'appréciation de pièces justificatives ou de circonstances de fait omises dans sa demande préalable au chef de service* »[9]. Demeure ainsi valable la jurisprudence qui énonçait que : « *le juge saisi d'un litige en matière de recouvrement de l'impôt se prononce exclusivement au vu des justifications qui ont été présentées au chef de service et* [...] *les redevables qui l'ont saisi ne peuvent ni lui soumettre des pièces justificatives autres que celles qui ont déjà été produites à l'appui de leurs mémoires, ni invoquer des faits autres que ceux exposés dans ces mémoires* »[10].

Toutefois, en matière de recouvrement d'une amende douanière, l'administration des douanes, lorsqu'elle notifie un ATD, invite le redevable, en cas de contestation, à saisir directement le JEX dans le mois de la notification[11].

934.15 Effets de la contestation. En matière de saisie-attribution, en cas de contestation, le paiement est différé, sauf si le juge autorise le paiement pour une somme qu'il détermine (C. pr. exéc., art. L. 211-5).

En revanche, en matière fiscale, les « *oppositions à poursuite* », pour utiliser une expression classique, n'ont aucun effet suspensif et le comptable public peut obtenir le paiement, mais pas avant l'expiration du délai de deux mois prévu pour contester (LPF, art. R.*281-1)[12].

Le redevable peut toutefois demander qu'il soit sursis à l'exécution de l'acte[13].

934.16 Délai de deux mois. L'auteur de la contestation qui n'obtient pas satisfaction ou qui

1. CE 26 févr. 1993, req. n° 117454, *Lebon; D.* 1993. 90; *RJF* 1993, n° 598; *Dr. fisc.* 1994, n° 380.
2. TGI Soissons, 20 mai 1987, *Mémorial des percepteurs* 1988. 157, cité au *J.-Cl. Pr. fisc.*, fasc. 620, n° 29.
3. EN CE SENS : Com. 8 mars 1994, n° 91-17.383, *Bull. civ.* IV, n° 104.
4. Com. 12 mars 1996, n° 94-12.515, *Bull. civ.* IV, n° 81; *D.* 1996. 133; *RJF* 1996, n° 825; *Dr. fisc.* 1996, n° 879 – Pour la jurisprudence des juges du fond : TGI Montluçon, JEX, 21 avr. 1993, *BICC* 1993, n° 971 – TGI Angoulême, 14 févr. 1994, *D.* 1994. 338, obs. Julien – Bourges, 31 oct. 1995, *Rev. huiss.* 1996. 246 – TGI Lyon, JEX, 18 nov. 1997, RG n° 97/11623, NP – TGI Lyon, JEX, 28 janv. 1997, RG n° 96/14041, NP – Montpellier, 17 janv. 2000, *D.* 2001. 808, note Bourdillat.
5. Com. 2 déc. 1986, n° 85-14.916, *Bull. civ.* IV, n° 228; *Dr. fisc.* 1988, n° 785.
6. Com. 20 nov. 1990, n° 89-16.473, *Bull. civ.* IV, n° 288 – Com. 15 déc. 1987, n° 86-15.871, *Bull. civ.* IV, n° 276 – Com. 31 janv. 1989, n° 87-13.580, *Bull. civ.* IV, n° 43.
7. Com. 15 mai 2012, n° 11-18.478, NP.
8. CE 17 mars 1999, req. n° 163929, *Lebon* – CE 27 nov. 2000, req. n° 197915, *Lebon* – CE 4 août 2006, req. n° 284940, NP.
9. Com. 9 déc. 2014, n° 13-24.365, *Bull. civ.* IV [à paraître].
10. Com. 5 juill. 1994, n° 92-18.155, NP.
11. TGI Lyon, JEX, 25 mai 1999, RG n° 99/04487, NP.
12. Grenoble, 30 nov. 1994, *RJF* 1995, n° 544 – Com. 27 juin 1995, n° 94-10.728, NP; *RJF* 1995, n° 1436.
13. CE 16 janv. 1985, req. n° 60768, *RJF* 1985, n° 512.

n'obtient aucune réponse de la part de l'autorité compétente dans le délai de deux mois à partir du dépôt de sa demande peut porter sa réclamation devant le JEX.

SECTION 2
COMPÉTENCE DU JUGE DE L'EXÉCUTION

934.21 Textes applicables. L'article L. 281 du Livre des procédures fiscales modifié donne compétence au JEX pour connaître des contestations relatives au recouvrement des impôts lorsqu'elles portent « *sur la régularité en la forme de l'acte* ».

Les contestations qui lui sont soumises ne peuvent en aucun cas se rapporter à l'existence de l'obligation de payer, au montant de la dette fiscale, à l'exigibilité de la somme réclamée ou à tout autre motif ne remettant pas en cause l'assiette et le calcul de l'impôt. Les recours contre les décisions prises par l'Administration sur ces contestations sont portés devant le juge de l'impôt tel qu'il est prévu à l'article L. 199 du Livre des procédures fiscales (tribunal administratif ou tribunal de grande instance)[1]. Ainsi est-il jugé que la contestation portant sur l'absence d'envoi préalable de l'avis d'imposition en matière d'impôt direct a trait à l'exigibilité de la somme réclamée et échappe à la compétence du JEX[2].

934.22 Régularité en la forme de l'acte. Sont des contestations qui portent sur la régularité en la forme de l'acte (cette énumération n'est pas limitative) :

• ATD ne contenant aucune indication relative au privilège du Trésor, à la nature des impositions réclamées, aux dates de mise en recouvrement[3];

• Défaut de notification de l'ATD au redevable[4];

• Absence de signature de l'ATD[5];

• Incompétence du signataire[6] (par ex. incompétence territoriale[7]);

• Caractère insaisissable des sommes appréhendées[8] (contestation de la quotité saisissable[9]);

• Contestation relative à l'existence et à la portée du privilège du Trésor[10], au rang du privilège[11];

• Moyen du débiteur tiré de ce que les ATD seraient insuffisamment motivés[12];

• Contestation par le tiers détenteur de sa qualité de débiteur du saisi[13].

Sur ce dernier point, il avait été jugé par le Conseil d'État que la contestation du tiers détenteur, qui a fait valoir qu'à la date de la délivrance de l'ATD il n'était plus détenteur de sommes envers le contribuable, concernait « *l'exigibilité* » de sommes dont le paiement lui était réclamé et qu'en conséquence, seule la juridiction administrative était compétente[14]. Cette analyse, déjà ancienne, est certainement inexacte. On peut considérer que la jurisprudence de la Cour de cassation, venue, d'une part, préciser que l'obligation du tiers détenteur était de nature civile et non fiscale[15] et, d'autre part, conférer au JEX le pouvoir de délivrer un titre exécutoire contre le tiers détenteur (v. s[s] n° 934.24), a rendu cette jurisprudence obsolète[16].

Ajoutons enfin que le Tribunal des conflits a d'ailleurs considéré que le tiers détenteur qui fait valoir que sa dette à l'égard du contribuable est éteinte par compensation ou novation soulève une contestation qui n'est pas relative à l'obligation fiscale de ce contribuable mais porte sur la mesure mise en œuvre par l'Administration pour recouvrer une imposition et relève par conséquent de la compétence du juge judiciaire[17].

• Demande de mainlevée d'un ATD après refus des garanties offertes à l'appui d'une contestation

1. V. étude de M. Vigneron, « La réforme des procédures civiles d'exécution et le recouvrement des créances fiscales », *R.* 1997, Doc. fr., p. 173 s. – V. AUSSI : Com. 3 déc. 2002, n° 00-20.505, *Bull. civ.* IV, n° 186; *JCP* 2003. IV. 1183.
2. Com. 12 févr. 2008, n° 06-20.976, *Bull. civ.* IV, n° 35 – Jurisprudence réitérée de façon constante par la Cour de cassation, PAR EX. : Com., 28 sept. 2010, n° 09-68.215, NP.
3. CAA Paris, 23 déc. 1994, req. n° 93PA00568, NP; *Dr. fisc.* 1995, n° 29, n° 1554.
4. Com. 18 juin 1996, n° 94-17.246, *Bull. civ.* IV, n° 181; *Dr. fisc.* 1996, n°s 38 et 1127.
5. CE 2 oct. 1989, req. n° 94806, NP; *Dr. fisc.* 1991, n° 27, n° 1391 – Com. 13 janv. 1998, n° 96-13.157, *Bull. civ.* IV, n° 20; *D.* 1998. 44; *Dr. fisc.* 1998, n° 655; *RJF* 1998, n° 467 – Étude Poullain, « L'avis à tiers détenteur », *RJF* 1998. 254.
6. CAA Paris, 27 mars 1990, req. n° 89PA00882, NP; *RJF* 1990, n° 750.
7. CE 9 sept. 1996, req. n° 65912, NP; *RJF* 1996, n° 1228.
8. CAA Paris, 25 oct. 1994, *Dr. fisc.* 1995, n°s 28 et 1526 – CAA Paris, 7 mai 1997, req. n° 95PA03287, NP; *Dr. fisc.* 1998, n° 152.
9. T. confl. 17 févr. 1997, req. n° 97-02.975, *Bull. T. confl.*, n° 3; *JCP E* 1997, n° 18-19, bloc-notes; *Dr. fisc.* 1997, n° 658.
10. CAA Paris, 28 mars 1995, req. n° 93PA00457, NP; *Dr. fisc.* 1995, n° 2299.
11. Com. 15 juin 1993, n° 91-21.193, NP; *Dr. fisc.* 1993, n° 2365 – Civ. 2e, 2 déc. 2004, n° 02-21.381, *Bull. civ.* II, n° 512.
12. CE 4 févr. 2014, req. n° 336402, *Lebon T.*
13. CE 19 oct. 1992, req. n° 79718, *Lebon; Dr. fisc.* 1993, n° 758.
14. CE 29 juill. 1983, req. n° 34981, NP; *Dr. fisc.* 1984, n° 905, concl. Verny – TGI Paris, JEX, 21 oct. 1993, *D.* 1994. Somm. 338, obs. Julien; *JCP E* 1994. Pan. 625; *BICC* 15 avr. 1994, n° 446.
15. Com. 16 juin 1998, n° 95-16.864, *Bull. civ.* IV, n° 201; *RJF* 1998, n° 1026.
16. PERROT et THÉRY, n° 498.
17. T. confl. 4 nov. 1996, req. n° 02980, NP; *RJF* 1997, n° 473.

de l'impôt assortie d'une demande de sursis de paiement[1];

• Lettre de rappel prévue par l'ancien article L. 255 du Livre des procédures fiscales[2];

• Contestation d'un ATD au motif que le commandement de payer qui l'a précédé a été annulé par le Trésor public[3];

• Action dirigée contre un ATD ayant permis la saisie du RMI[4].

934.23 Redressement ou liquidation judiciaire du débiteur. Sur la compétence du tribunal de la procédure collective pour apprécier si l'ATD tombe sous le coup de l'article L. 622-21 du Code de commerce[5] sur l'arrêt des poursuites individuelles, ou pour connaître des actions en nullité de la période suspecte, v. s^s n° 841.12.

934.24 Compétence territoriale. Les articles L. 262 et L. 263 du Livre des procédures fiscales ne précisent pas quel est le juge territorialement compétent pour connaître des contestations relatives à un ATD.

La deuxième chambre civile s'est prononcée dans le sens de l'application de l'article 65 du décret du 31 juillet 1992 (devenu C. pr. exéc., art. R. 211-10), en conséquence de laquelle les contestations devaient être portées devant le JEX du lieu où demeure le débiteur[6].

Au contraire, la chambre commerciale, refusant d'assimiler les deux mesures d'exécution forcée, estime que seul l'article 9 du décret du 31 juillet 1992 (devenu C. pr. exéc., art. R. 121-2) est applicable, de sorte que le tiers saisi peut opter, soit en faveur du JEX du lieu où demeure le débiteur, soit en faveur du lieu d'exécution de la mesure[7].

On peut raisonnablement considérer que l'arrêt de chambre mixte du 26 janvier 2007[8], venu trancher entre ces deux chambres une divergence portant sur un autre point mais posant exactement la même problématique, devrait conduire à faire prévaloir cette dernière jurisprudence. Dans cet arrêt, la Cour retient en effet que : « *Si l'avis à tiers détenteur comporte l'effet d'attribution immédiate prévu à l'article 43 de la loi du 9 juillet 1991* [devenu C. pr. exéc., art. L. 211-2], *impliquant le droit pour le comptable public de recourir aux dispositions de l'article 64 du décret du 31 juillet 1992* [devenu C. pr. exéc., art. R. 211-9], *aucune disposition légale ne prévoit l'application à l'avis à tiers détenteur des autres règles relatives à la saisie-attribution* ».

SECTION 3

SAISINE DU JUGE DE L'EXÉCUTION

934.31 Modes et délai de saisine. Depuis la réforme du décret du 31 juillet 1992 par le décret du 18 décembre 1996, le JEX ne peut être saisi d'une contestation qu'au moyen d'une assignation (C. pr. exéc., art. R. 442-4).

Selon l'article R.*281-4 du Livre des procédures fiscales le redevable dispose d'un délai de deux mois, « *à peine de forclusion* », à partir, soit de la notification de la décision du chef de service, soit de l'expiration du délai de deux mois accordé au chef de service pour prendre sa décision pour porter l'affaire devant le juge compétent.

La demande formée plus de deux mois après l'expiration du délai imparti au chef de service pour statuer est irrecevable[9].

Aux termes de l'article R.*281-4 alinéa 3 du Livre des procédures fiscales, la procédure ne peut, à peine d'**irrecevabilité,** être engagée avant ces dates.

Avant de saisir le JEX, le redevable doit attendre que la décision du chef de service lui ait été notifiée régulièrement[10] ou que le délai de deux mois soit expiré[11]. En particulier, le délai d'un mois prévu par l article L. 211-4 C. pr. exéc. ne concerne que la contestation de la saisie-attribution et n'est donc pas applicable à celle de l'ATD.

934.32 Défendeur à l'action. L'article R.*281-4 du Livre des procédures fiscales dispose que la demande doit être dirigée contre le comptable chargé du recouvrement.

1. Com. 18 avr. 2000, n° 97-21.034, NP; *RJF* 2000, n° 1015.
2. Com. 6 mai 1991, n° 89-20.150, *Bull. civ.* IV, n° 153; *RJF* 1991, n° 1014; *Dr. fisc.* 1991, n° 1983 – CONTRA : CE 12 déc. 1997, req. n° 169726, *Lebon T.*; *RJF* 1998, n° 194; *Dr. fisc.* 1998, n° 337 – CE 10 mai 1999, req. n° 184528, NP; *JCP E* 1999. 1884, note D. F.; *Dr. fisc.* 1999, n° 796; *RJF* 1999, n° 1086, concl. Bachelier – T. confl. 13 déc. 2004, n° 04-03.421, *Bull. T. confl.*, n° 28.
3. CE 16 févr. 2001, req. n° 217890, *Lebon T.*; *Dr. fisc.* 2002, n° 406.
4. Com. 20 mars 2007, n° 06-11.412, *Bull. civ.* IV, n° 96.
5. ANC^T C. com., art. L. 621-40 – ANC^T L. 25 janv. 1985, art. 47.
6. Civ. 2e, 1er févr. 2001, n° 99-11.896, *Bull. civ.* II, n° 21; *RD banc. fin.* 2001, n° 127, obs. J.-M. D.; *Gaz. Pal.* 2002. Somm. 246, note Véron.
7. Com. 12 mars 2002, n° 99-11.895, *Bull. civ.* IV, n° 56; *D.* 2002. 1180; *Procédures* 2002, n° 157, obs. Perrot; *RD banc. fin.* 2002, n° 153, obs. J.-M. D.; *RJF* 2002, n° 1188.
8. Cass., ch. mixte, 26 janv. 2007, n° 04-10.422, *Bull. ch. mixte*, n° 1 (préc. s^s n° 934.04).
9. CAA Nancy, 22 avr. 1993, req. n° 91NC00455, NP; *Dr. fisc.* 1994, n° 1489.
10. CE 25 oct. 1978, req. n° 10162, *Lebon; Dr. fisc.* 1979, n° 6; *RJF* 1978, n° 738.
11. Com. 12 mars 1996, n° 94-16.102, *Bull. civ.* IV, n° 80; *D.* 1996. 133; *Dr. fisc.* 1996, n° 922; *RJF* 1996, n° 823 – TGI Lyon, JEX, 11 févr. 1997, RG n° 96/07664, NP – Paris, 2 mars 2000, *D.* 2000. 143.

Cette règle suscite un contentieux réel[1], le redevable (et souvent son conseil) ayant tendance à considérer que le défendeur est le chef de service à qui le recours préalable a été adressé.

Le défaut de qualité est en la matière d'ordre public et doit être relevé d'office en application de l'article 125 C. pr. civ.[2].

Cependant, il est fréquent que le comptable chargé du recouvrement régularise lui-même la situation en intervenant volontairement à l'instance. Cette façon de procéder est favorable au redevable, qui risquerait d'être forclos s'il devait faire délivrer une assignation au comptable compétent. L'article 7 du décret n° 83-1025 du 28 novembre 1983 (v. s^s n° 934.13), qui impose au destinataire d'un acte, en cas d'erreur, de le transmettre à l'autorité compétente, ne vise que la procédure administrative non contentieuse.

Le trésorier-payeur général n'est pas non plus le comptable chargé du recouvrement[3] et n'a qualité « *ni pour défendre personnellement à l'action, ni pour le faire pour le compte du comptable compétent* »[4] (une décision de la cour administrative d'appel de Lyon a cependant estimé que c'est au trésorier-payeur général, chef de service départemental de l'administration à laquelle appartient le comptable, qu'il appartient de présenter un mémoire en défense au nom de l'État[5]).

SECTION 4
DÉCISION DU JUGE DE L'EXÉCUTION

934.41 Pouvoirs du juge de l'exécution. Le JEX a sa compétence limitée par les termes mêmes de l'article L. 281 du Livre des procédures fiscales, à la régularité en la forme de la procédure d'exécution.

934.42 Mainlevée de la mesure. Il pourra ordonner la mainlevée de la mesure, par exemple s'il relève le caractère insaisissable des sommes appréhendées, ou l'absence de caractère privilégié de la créance, cause de la saisie, ou l'absence de liens d'obligation entre le saisi et le tiers saisi.

934.43 Annulation de l'acte de poursuite. L'annulation de l'acte de poursuite ne sera prononcée que si le vice allégué a causé un grief à celui qui l'invoque (C. pr. civ., art. 114).

934.44 Délais de paiement. Le redevable, contestant la procédure devant le JEX, ne pourrait pas solliciter de celui-ci des délais de paiement (effet attributif immédiat de l'ATD), même si le juge mettait à néant cette procédure d'exécution. Le juge judiciaire (ou le juge administratif) n'a pas en effet le pouvoir d'accorder des délais de paiement[6]. Seul l'agent chargé du recouvrement peut faire droit à une telle demande.

934.45 Sursis à statuer. Le JEX pourrait être amené à prononcer un sursis à statuer dans l'attente de la décision de la juridiction du fond saisie d'une demande relative à l'existence, le montant, l'exigibilité de la dette fiscale[7].

934.46 Voies de recours. Il convient de rappeler que les décisions du JEX sont exécutoires de droit (C. pr. exéc., art. R. 121-21) et qu'elles peuvent être frappées d'appel, à moins qu'il ne s'agisse de mesures d'administration judiciaire (C. pr. exéc., art. R. 121-19), et qu'un sursis à l'exécution des mesures ordonnées par le JEX peut être demandé au premier président de la cour d'appel (C. pr. exéc., art. R. 121-22 - v. s^s n°s 214.101 s. et 222.21 s.).

1. *J.-Cl. Pr. fisc.*, fasc. 620, n° 37.
2. Com. 12 nov. 1986, n° 94-19.331, *Bull. civ.* IV, n° 271; *Dr. fisc.* 1988, n° 784 – Com. 26 nov. 1996, n° 94-19.387, NP; *RJF* 1997, n° 269 – Com. 12 janv. 1999, n° 97-11.590, *Bull. civ.* IV, n° 12; *RJF* 1999, n° 492 – Com. 5 oct. 1999, n° 97-15.105, *Bull. civ.* IV, n° 159; *Dr. fisc.* 2000, n° 395.
3. Com. 12 juill. 1993, n° 91-20.985, NP; *RJF* 1993, n° 1398.
4. Com. 16 juin 1998, n° 96-18.113, *Bull. civ.* IV, n° 199; *RJF* 1998, n° 1219 – EN CE SENS : TGI Lyon, JEX, 27 oct. 1998, NP.
5. CAA Lyon, 4 févr. 1998, req. n° 97LY01665, *Lebon T.*; *Dr. fisc.* 1998, n° 922.
6. V. NOT., P. Brunel, « De quelques particularités relatives au contentieux des créances des collectivités publiques devant le juge de l'exécution », *Gaz. Pal.* 1997. 1. 416.
7. Com. 16 juin 1992, n° 90-14.524, *Bull. civ.* IV, n° 242; *RJF* 1993, n° 144.

TITRE

94. La saisie, la cession, les oppositions et l'avis à tiers détenteur des rémunérations du travail

SECTION 0
ORIENTEUR

940.00 **Plan du titre.**

940.01 **Textes applicables.**

C. trav., art. L. 3252-1 à L. 3252-13, R. 3252-1 à R. 3252-49.

C. pr. exéc., art. L. 212-1 et R. 112-1 s.

Plusieurs retouches ont été apportées aux textes réglementaires par les décrets n° 93-911 du 15 juillet 1993 (contrôle juridictionnel des interventions et de la répartition), n° 93-977 du 31 décembre 1993 (modalités de la déclaration affirmative et des versements par les comptables publics), n° 96-1130 du 18 décembre 1996 (C. pr. civ., art. 510, compétence du juge d'instance en matière de délais), n° 97-1167 du 22 décembre 1997 (relèvement des seuils de saisissabilité), n° 2003-1282 du 26 décembre 2003 (référence au revenu minimum d'insertion [RMI] pour limiter l'insaisissabilité), la loi n° 2002-73 du 17 janvier 2002 (exemption des contributions sociales, notamment la contribution sociale généralisée [CSG], des bases de calcul de la saisie), la loi nº 2004-1485 du 30 décembre 2004[1] (création de l'opposition à tiers détenteur et réforme de l'opposition administrative) et la loi nº 2008-1249 du 1er décembre 2008[2], qui a substitué le revenu de solidarité active (RSA) au revenu minimum d'insertion (RMI) comme référence d'insaisissabilité depuis le 1er juin 2009. Enfin, la loi nº 2009-526 du 12 mai 2009, de simplification et de clarification du droit et d'allègement des procédures, a créé une procédure de « saisie à tiers détenteur ». Celle-ci a été modifiée par la loi nº 2010-1658 du 29 décembre 2009[3]. Le décret nº 2010-433 du 29 avril 2010[4] a par ailleurs modifié les règles de concours entre saisie des rémunérations du travail, opposition à tiers détenteur et saisie à tiers détenteur. En outre, un barème annuel, qui tient compte de l'évolution des minima sociaux et du coût de la vie, est adopté chaque année (v. ss nº 941.102). La plupart de ces textes ont été intégrés dans le Code des procédures civiles d'exécution à l'occasion des travaux de codification.

940.03 **Bibliographie indicative.**

Actualisables. Rép. pr. civ., *vº Saisie et cessions des rémunérations*, par I. Pételi-Teyssié, mai 2009 [màj janv. 2014] – *J.-Cl. Pr. civ., vis Saisie des rémunérations : conditions générales, domaine et règles procédurales*, fasc. 2300; *Contestations et incidents de saisie*, fasc. 2310, par R. Trarieux – *J.-Cl. Travail, vº Salaire et accessoire – Saisie des rémunérations du travail*, 2003, par R. Trarieux.

Ouvrages. A. Leborgne, *Voies d'exécution et procédures de distribution*, 2e éd., « Précis », Dalloz, 2014, nos 1275-1360 – R. Perrot et Ph. Théry, *Procédures civiles d'exécution*, 3e éd., Dalloz, 2013, nos 539-604.

Articles. J.-J. Bourdillat, « Saisie et cession des rémunérations dues par un employeur », *Rev. huiss.* 1993, 143 – J.-L. Courtier, « La saisie des rémunérations », *Rev. huiss.* 1995. 897; *LPA* 4 août 1995 – S. Crevel, « La cession des rémunérations du travail », *JCP E* 1995. I. 511, p. 491 – A. Le Mire, « La saisie des rémunérations », *RPDS* 2004, nº 707, p. 91 – P. Maréchal, « Saisie des rémunérations : voies de recours ou contestations », *Rev. huiss.* 1996. 785 – I. Pételi-Teyssié, « Saisie et cession des rémunérations », *Rev. huiss.* 1996. 2 – F. Vandermotte, « Le système actuel de la saisie des rémunérations est-il économique et social ? », *LPA* 1995, nº 39, p. 9; *Gaz. Pal.* 1995. 2. Doctr. 1043.

940.04 **Succès pratique.** Le succès de la saisie des rémunérations du travail, née avec la loi du 12 janvier 1895, ne s'est jamais démenti. Même en période de précarité de l'emploi, une bonne part des débiteurs ont un employeur; les articles L. 152-1 à L. 152-3 C. pr. exéc. en facilitent justement l'identification; il est peu probable que le salarié ne soit pas créancier de salaires, alors que le titulaire d'un compte bancaire, par exemple, peut être en position constamment débitrice. De même, les travailleurs privés d'emploi, et les retraités, relèvent le plus souvent du même régime lorsqu'un texte prévoit l'application de la saisie des rémunérations du travail aux revenus de remplacement.

En outre, le **tribunal d'instance** est chargé de mettre en place la saisie, puis d'en recueillir les fruits pour le compte du poursuivant et enfin d'en assurer la répartition s'il y a plusieurs créanciers saisissants (v. ss nos 942.11 s.); la facilité est appréciable. D'une façon générale, la saisie des rémunérations du travail apparaît comme médiocrement productive, en raison des quotités saisissables réduites, mais sûre et peu coûteuse.

940.05 **Place dans le dispositif de l'exécution civile.** Tout créancier muni d'un **titre exécutoire** constatant une **créance liquide et exigible** peut faire procéder à la saisie des rémunérations dues par un employeur à son débiteur (C. trav., art. R. 3252-1). Ainsi présentée, la **saisie des rémunérations du travail** apparaît comme une catégorie de saisies-attribution de créances à exécution successive, comparable à la saisie de loyers ou à celle de fractions successives d'un prix de vente. La comparaison ne s'étend pas au-delà des mots : la saisie des rémunérations du travail ignore l'effet attributif immédiat, permettant ainsi le concours entre créanciers non privilégiés, quelle que soit la date de leur intervention à la procédure de saisie; en outre, les articles R. 211-14 à R. 211-17 C. pr. exéc., qui s'adaptent bien par exemple à la saisie de loyers (paiement sur présentation du certificat de non-contestation; saisissabilité totale; mainlevée sur lettre recommandée du créancier), sont écartés par l'article L. 211-1 C. pr. exéc. au profit des règles beaucoup plus sophistiquées du Code du travail, en raison bien entendu du caractère alimentaire et symbolique du salaire.

La **cession des rémunérations du travail** est un dispositif au fondement contractuel, mais entièrement calqué sur la saisie des rémunérations (v. ss nos 946.05 s.).

De son côté, **l'avis à tiers détenteur** (ATD) **portant sur les rémunérations du travail** est une adaptation des règles spécifiques de ATD au sort très particulier des salaires, tel que décrit *infra* (v. ss nos 945.04 s.).

Enfin, **l'opposition à tiers détenteur** (OTD – v. ss nos 945.51 s), **l'opposition administrative** (OA – v. ss nos 945.111 s.) et la saisie à tiers détenteur (STD – v. ss nos 980.04 s.) sont des adaptations de l'ATD pour le recouvrement de certaines créances publiques et des amendes, mais contrairement à la

1. L. nº 2004-1485, 30 déc. 2004, de finances rectificative pour 2004, art. 63 et, *JO* 31 déc., p. 22522.
2. L. nº 2008-1249, 1er déc. 2008, généralisant le revenu de solidarité active et réformant les politiques d'insertion, *JO* 3 déc., p. 18424.
3. L. nº 2010-1658, 29 déc. 2010, de finances rectificative pour 2010, *JO* 30 déc., p. 23127.
4. Décr. nº 2010-433, 29 avr. 2010, portant diverses dispositions en matière de procédure civile et de procédures d'exécution, *JO* 2 mai.

saisie des rémunérations du travail, ces voies d'exécution ont un effet d'attribution immédiat.

La procédure de saisie des rémunérations du travail était soumise aux dispositions de la loi n° 2011-900 du 29 juillet 2011[1] qui a institué, à compter du 1er octobre 2011, une contribution pour l'aide juridique d'un montant de 35 euros, laquelle doit être versée lors de l'introduction d'une instance (CGI, art. 1635 *bis* Q). Celle-ci a été supprimée par l'article 28 de la loi n° 2013-1279 du 29 décembre 2013 de finances rectificative pour 2014[2] et le décret n° 2013-1280 du 29 décembre 2013 relatif à la suppression de la contribution pour l'aide juridique et à diverses dispositions relatives à l'aide juridique[3].

Devant le succès et l'efficacité de ces procédures d'exécution spéciales ouvertes pour le recouvrement de certaines créances publiques, le législateur a institué, avec la loi n° 2009-526 du 12 mai 2009 de simplification et de clarification du droit et d'allégement des procédures[4], une « *saisie à tiers détenteur* » pour le recouvrement des titres exécutoires visés à l'article L. 252 A du Livre des procédures fiscales.

Par ailleurs, lorsqu'une saisie des rémunérations du travail est en cours, le créancier qui diligente d'autres voies d'exécution, telles qu'une saisie-vente, peut voir son action critiquée au regard du principe de proportionnalité[5].

940.06 Aspects internationaux. La question n'est pas spécifique à la saisie des rémunérations (elle est donc examinée dans l'introduction au présent ouvrage – pour le débiteur domicilié à l'étranger ou pour l'employeur siégeant à l'étranger, v. cep. ss nos 942.42 et 942.43).

1. L. n° 2011-900, 29 juill. 2011, de finances rectificative pour 2011, *JO* 30 juill., p. 12969.
2. L. n° 2013-1279, 29 déc. 2013, de finances rectificative pour 2014, *JO* 30 déc., p. 21910.
3. Décr. n° 2013-1280, 29 déc. 2013, relatif à la suppression de la contribution pour l'aide juridique et à diverses dispositions relatives à l'aide juridique, *JO* 30 déc., p. 22242.
4. L. n° 2009-526, 12 mai 2009, de simplification et de clarification du droit et d'allégement des procédures, *JO* 13 mai, p. 7920.
5. Civ. 2e, 10 mai 2007, n° 05-13.628, NP; *D.* 2008. 1167, obs. Leborgne.

CHAPITRE

941. Champ d'application de la saisie

PHILIPPE FLORES
CONSEILLER RÉFÉRENDAIRE
À LA COUR DE CASSATION

SECTION 0
ORIENTEUR

941.00 **Plan du chapitre.**

941.01 **Textes applicables.**

C. pr. exéc., art. L. 111-2, L. 111-3, L. 111-6, L. 112-4, L. 211-1, L. 212-2, R. 112-4, R. 221-2 et R. 523-1.

C. trav., art. L. 3252-1 s., L. 3252-3 à L. 3252-5, L. 3252-7, L. 3253-3, R. 3252-1, R. 3252-2, R. 3252-5, R. 3252-7 et R. 3252-40.

CSS, art. L. 323-5, L. 331-3, L. 341-5, L. 351-1, L. 355-2, L. 355-9, L. 433-3, L. 513-1, L. 512-3 et L. 512-4.

LPF, art. L. 257-0 A.

CASF, art. L. 262-2.

C. civ., art. 220, 1289, 1291 et 1244-1.

• **L. 24 août 1930,** art. 1er.

941.03 **Bibliographie indicative.** (V. ss no 940.03).

SECTION 1
VOLONTÉ D'EXÉCUTER

941.11 **Introduction.** Il ne saurait être permis de frapper des rémunérations d'indisponibilité aux seules fins de garantir un recouvrement éventuel ou d'intimider un débiteur : la saisie des rémunérations nécessite un titre exécutoire et n'est jamais conservatoire. L'exécution de la saisie a pour effet de priver le débiteur d'une partie de son salaire et donc d'une partie de ses moyens de subsistance. L'importance de l'atteinte ainsi causée à ses conditions d'existence ne peut être justifiée que par l'existence d'un titre exécutoire.

941.12 **Exigence d'un titre exécutoire constatant une créance liquide et exigible.** Ainsi qu'il a été dit en introduction, la saisie des rémunérations du travail nécessite la possession d'un titre exécutoire. Cette exigence d'un titre exécutoire est, depuis la loi du 9 juillet 1991, codifiée au Code des procédures civiles d'exécution, absolue, en raison du caractère d'ordre public de ces dispositions. Les parties n'ont pas la possibilité de déroger à cette exigence. Le juge d'instance statuant sur une requête en saisie des rémunérations peut relever d'office l'absence de titre ou son caractère non exécutoire, à l'audience de conciliation, en respectant bien entendu le principe contradictoire, au besoin par réouverture des débats. Réciproquement, la non-comparution du débiteur ne dispense pas le juge d'user de ses pouvoirs[1].

1. Civ. 2e, 15 févr. 1995, no 93-18.382, *Bull. civ.* II, no 54.

En effet, l'absence de titre exécutoire prive la requête de toute efficacité, puisqu'il constitue la condition même de son exercice (C. trav., art. R. 3252-1) et que les saisies conservatoires sont prohibées (C. trav., art. L. 3252-7). Équivaut à l'absence de titre, la présentation d'un titre qui ne concerne pas le débiteur prétendu - ce qui peut se produire lorsque le créancier évoque une solidarité légale (sur le cas des époux commun en biens, v. s^s n° 941.71) - ou la présentation d'un titre qui n'emporte pas condamnation à un paiement (il en est jugé ainsi à propos d'une décision qui prononce une expulsion mais ne condamne pas à payer les loyers, ni aucune indemnité d'occupation ou provision mais se borne à fixer une indemnité d'occupation [1]).

En outre, tout document ne vaut pas titre. Notamment, la saisie des rémunérations est impossible si le créancier ne dispose que d'une reconnaissance de dette sous seing privé ou d'un contrat sous seing privé, par exemple un contrat de crédit à la consommation ou un contrat de bail. Jugé de même que la liste de créanciers établie par un mandataire judiciaire d'une entreprise ne suffit pas pour obtenir la saisie des rémunérations que perçoit l'ex-commerçant en redressement [2]. Le juge devra également s'assurer que le créancier est muni d'un titre exécutoire à l'égard de la personne même qui doit exécuter l'obligation au paiement.

D'une façon plus générale, le titre exécutoire en matière de saisie des rémunérations n'est pas différent de celui exigé pour les autres mesures d'exécution forcée. Aussi doit-on rapprocher les articles L. 3252-7 et R. 3252-1 du Code du travail, des articles L. 111-2 et L. 111-3 C. pr. exéc. qui en donnent la définition et de l'article L. 211-1 C. pr. exéc. qui régit la saisie-attribution (v. s^s n°s 800.01 à 842.44). Notons que le fonds de garantie des victimes d'actes de terrorisme et d'autres infractions, qui a versé l'aide au recouvrement prévue à l'article 706-15, I du Code de procédure pénale, disposant d'un arrêt définitif émanant de la juridiction répressive, peut s'en prévaloir comme subrogé dans les droits de la victime et agir sur ce fondement en saisie des rémunérations du travail [3].

Si on lui présente un titre, le juge n'a aucun droit de vérifier son contenu ou ses effets (v. s^s n°s 942.74 et 942.75). Il revient simplement au juge de s'assurer du caractère effectivement exécutoire du titre et du caractère liquide et exigible de la créance que constate ce titre. Une simple photocopie d'acte notarié ne permet évidemment pas de le faire et doit conduire à rejeter la demande de saisie [4]. Le juge devra aussi rejeter la demande de saisie d'une trésorerie se prévalant d'un titre de perception non précédé de la mise en demeure de l'article L. 257-0 A du Livre des procédures fiscales [5], ou notifié irrégulièrement [6], non sans avoir au préalable invité les parties à s'expliquer [7] (sur le cas de l'injonction de payer frappée d'opposition, v. s^s n° 942.74).

Le juge d instance, investi des pouvoirs du juge de l'exécution (JEX), a compétence pour rechercher si le titre contient les éléments permettant l'évaluation de la créance et si le débiteur justifie des causes d'extinction de ses obligations [8].

Le titre exécutoire doit, enfin, constater une créance liquide et exigible. Quant à la liquidité, un jugement consacrant une obligation de faire ou un jugement prévoyant une astreinte provisoire ne peut pas servir de fondement à une demande de saisie des rémunérations. Selon l'article L. 111-6 C. pr. exéc., la créance liquide est celle qui est évaluée en argent ou celle dont le titre exécutoire contient tous les éléments permettant son évaluation. C'est par exemple le cas pour un bail reçu en la forme authentique : il permet d'évaluer sans peine la créance de loyers, mais ne permet pas de réaliser de saisie pour les créances de réparations locatives car la liquidation nécessite alors des éléments extérieurs au titre, tels que les états des lieux et les factures ou devis de réparation. Il appartient au juge d'instance de rechercher si le titre contient les éléments permettant l'évaluation de la créance [9]. De même, un protocole de transaction homologué par une ordonnance sur requête d'un président de tribunal de grande instance constitue un titre exécutoire, dès lors qu'au jour où le juge statue, aucun recours aux fins de rétractation de l'ordonnance n'a été exercé [10]. S'agissant du caractère exécutoire, le praticien prendra garde notamment aux suspensions des voies d'exécution que le débiteur aurait pu obtenir dans le cadre d'une procédure de surendettement (v. s^s n°s 942.162 s.) ou des délais obtenus, le cas échéant, sur le fondement de l'article 1244-1 du Code civil, et prendra garde aussi à l'éventuel redressement judiciaire

1. Civ. 2e, 21 mars 2002, n° 00-19.051, *Bull. civ.* II, n° 56; *Dr. et proc.* 2002. 306, note Leborgne.
2. Com. 2 mai 2001, n° 97-19.536, *Bull. civ.* IV, n° 82; *Procédures* 2001, n° 151, obs. Laporte; *D.* 2001. 1671; *RTD com.* 2001. 773, obs. Vallens.
3. Civ. 2e, 6 févr. 2014, n° 13-10.298, *Bull. civ.* II, n° 37.
4. Versailles, 13 sept. 1996, *BICC* 1997, n° 404.
5. Civ. 2e, 8 oct. 1997, n° 95-18.005, *Bull. civ.* II, n° 246; *D.* 1998. 476, note Ruellan et Lauba; *Gaz. Pal.* 1998. 145, note Moussa.
6. Civ. 2e, 5 juin 1996, n° 94-15.307, *Bull. civ.* II, n° 138 – Civ. 2e, 10 nov. 1998, n° 95-20.139, *Bull. civ.* II, n° 269; *D.* 1999. 8; *Gaz. Pal.* 1999. 2. Somm. 598, note Véron.
7. Civ. 2e, 5 juin 1996, n° 94-15.117, *Bull. civ.* II, n° 130.
8. Civ. 2e, 8 déc. 2005, n° 04-14.785, *Bull. civ.* II, n° 314.
9. Civ. 2e, 8 déc. 2005, n° 04-14.785, *Bull. civ.* II, n° 314.
10. Civ. 2e, 9 avr. 2009, n° 08-12.511, NP.

personnel du débiteur salarié[1] en raison de son activité professionnelle antérieure (sur le cas de redressement judiciaire de l'employeur tiers saisi, v. ss n° 943.11).

Lorsque la procédure a été initiée pour l'exécution d'un titre, il n'est pas possible de la continuer en invoquant un autre titre (par ex., un titre définitif alors que le premier produit était provisoire); il faudra que le créancier se désiste de sa première demande et en formule une nouvelle[2].

En cas de caducité du titre, celui-ci n'est pas privé d'efficacité pour la période antérieure à la caducité[3].

L'exigence du titre exécutoire connaît une exception au profit des caisses de mutualité sociale agricole et des organismes de sécurité sociale des non-salariés non agricoles. Parce que ces caisses ont à la fois une mission de recouvrement de cotisations et une mission de service de prestations, l'article L. 725-3 du Code rural et de la pêche maritime et l'article L. 652-3 du Code de la sécurité sociale leur donnent le droit de prélever les impayés sur les salaires mais aussi sur les allocations et pensions qu'elles devraient payer. Ainsi, lorsqu'elles ont versé au créancier d'aliment l'allocation de soutien familial, elles tiennent des articles L. 581-1 et suivants du Code de la sécurité sociale la possibilité de recouvrer directement par voie de subrogation, le montant de la créance[4], mais aussi les termes de pension alimentaire impayés dans le cadre du mandat conféré par l'article L. 581-3 du Code de la sécurité sociale[5].

941.13 Prohibition de la saisie conservatoire. Les rémunérations ne peuvent faire l'objet d'une saisie conservatoire (C. trav., art. L. 3252-7)[6]. Trois raisons d'inégale importance militent en faveur de cette solution.

En premier lieu, bien que les saisies conservatoires puissent être engagées au visa d'un titre exécutoire, leur vocation naturelle est de soutenir les créanciers démunis d'un tel titre.

En deuxième lieu, le choix procédural du législateur en matière de saisie des rémunérations (conciliation puis saisie et répartition par le greffe) n'est pas du tout celui de la saisie conservatoire (autorisation préalable puis recherche d'un titre, enfin conversion).

En troisième lieu, et surtout, le caractère alimentaire des rémunérations s'oppose à ce qu'elles soient indisponibles « *à toutes fins utiles* » et qu'elles puissent ainsi être utilisées comme moyen de pression contre le débiteur, par exemple pour transiger sur le montant de la créance alléguée. La privation d'une partie des moyens de subsistance nécessaires au paiement du loyer, des crédits ou des charges courantes est de nature à amoindrir la capacité de discussion du débiteur. Elle pourrait même le précipiter dans le surendettement. En revanche, ce principe d'interdiction des saisies conservatoires n'est pas d'application une fois que les salaires ont été versés sur un compte bancaire, la saisie étant alors réglementée par l'article R. 523-1 C. pr. exéc.[7].

SECTION 2
EXÉCUTION SUR DES RÉMUNÉRATIONS DUES PAR UN EMPLOYEUR

941.20 Plan. L'article L. 3252-1 du Code du travail réserve la saisie des rémunérations aux sommes dues à titre de rémunération (§ 2) à toutes les personnes travaillant pour un ou plusieurs employeurs (§ 1).

§ 1
Personnes travaillant pour un ou plusieurs employeurs

941.21 Notion large de salariat. La saisie des rémunérations est applicable à toute personne dont la rémunération est soumise aux règles du Code du travail. Tel est le cas des salariés sous contrat de droit commun, caractérisés par le traditionnel « *lien de subordination* ». Mais tel est le cas aussi des salariés sous contrat à durée déterminée (C. trav., art. L. 1242-1 s.) ou de travail temporaire (C. trav., art. L. 1251-1 s.) ou sous contrat de professionnalisation (C. trav., art. L. 6325-1 s.), des intermittents du spectacle (C. trav., art. L. 7121-3 s.), des apprentis (C. trav., art. L. 6221-1), des salariés sous contrats aidés et des marins engagés par un armateur (C. transp., art. L. 5544-60).

Bien entendu, la position dans l'entreprise ne modifie pas le principe : un gérant salarié de SARL[8], un directeur général salarié, un cadre dirigeant, le

1. Toulouse, 14 oct. 1997, *Juris-Data* n° 046921.
2. EN CE SENS, Civ. 2e, 8 juin 2000, n° 98-19.389, *Bull. civ.* II, n° 98; *D.* 2000. 199; *JCP* 2000. IV. 2317.
3. Civ. 2e, 6 mai 2004, n° 02-18.985, *Bull. civ.* II, n° 220; *RTD civ.* 2004. 559, obs. Perrot.
4. Civ. 2e, 9 déc. 2003, n° 02-30.647, *Bull. civ.* II, n° 375; *D.* 2005. 1821, obs. Douchy-Oudot.
5. Civ. 2e, 2 nov. 2004, n° 03-12.218, NP.
6. POUR UNE APPLICATION : Paris, 22 mai 1997, *Juris-Data* n° 022309.
7. Civ. 2e, 24 juin 2004, n° 02-14.813, *Bull. civ.* II, n° 323.
8. Soc. 11 mars 1982, n° 81-10.241, *Bull. civ.* V, n° 169.

conjoint salarié du chef d'entreprise[1], peuvent faire l'objet d'une saisie des rémunérations.

Les fonctionnaires, magistrats et militaires sont, quant à leurs appointements, soumis au Code du travail (C. pr. exéc., art. L. 212-2). Ils peuvent donc être poursuivis par saisie des rémunérations[2] (sur les particularités de cette saisie, v. s^s n° 943.13).

L'inexistence formelle ou la nullité du contrat ou le caractère clandestin du travail ne sont pas un obstacle à l'exercice de la saisie des rémunérations car elle est conçue comme une protection pour le travailleur, du moins comparativement à la saisie de comptes bancaires (comp. pour le bénéfice de la Sécurité sociale, CSS, art. L. 311-2).

Les retraités peuvent également être soumis au régime de la saisie des rémunérations du travail dès lors que la loi le prévoit (v. s^s n° 941.43), ce qui est généralement le cas.

En somme, ne sont pas concernés par la saisie des rémunérations, parce qu'ils échappent au **critère de la subordination :** les commerçants et artisans non-salariés, les chefs d'entreprise et professionnels libéraux, les agents commerciaux non-salariés, les dirigeants élus des sociétés civiles ou commerciales ou encore les élus politiques[3]. On verra cependant que leurs pensions de retraite ou d'invalidité sont assimilées à des salaires, pour éviter la saisissabilité totale du droit commun (v. s^s n° 941.43).

La preuve de ce lien de subordination appartient au créancier qui poursuit l'exécution de la saisie des rémunérations. C'est l'application de l'article 1315 du Code civil qui oblige celui qui réclame l'exécution d'une obligation à la prouver[4].

Dans le même ordre d'idées, le salarié demeure justiciable de la saisie des rémunérations même s'il a quitté son emploi, dès lors que son ancien employeur lui doit encore certaines sommes au titre des salaires; la saisie-attribution de telles sommes est prohibée (il en a été jugé ainsi à propos d'une saisie de rappels de salaires et congés payés[5]). La saisie des rémunérations est attachée à la nature salariale de la créance et à l'existence du contrat de travail lors de son exécution[6].

1. Soc. 22 oct. 1959, n° 57-41.001, *Bull. civ.* V, n° 1032; *D.* 1960. Somm. 52; *GADT*, 4e éd., Dalloz, 2008, n°s 83-85.
2. CE 18 janv. 1980, req. n° 07636, *Lebon* T. 23.
3. V. Rép. min. 30 mai 1996, *Rev. huiss.* 1996. 1362.
4. Civ. 2e, 23 mars 1977, *D.* 1977. 307.
5. Civ. 2e, 30 sept. 1999, n° 97-19.732, *Bull. civ.* II, n° 147; *D.* 2000. 250.
6. Cass., ass. plén., 9 juill. 2004, n° 02-21.040, *Bull. ass. plén.*, n° 11; *D.* 2004. 1031, note Radé; *D.* 2004. 3161, note Bergada.

§ 2
Exécution faite sur des sommes dues à titre de rémunération

A.
Sommes qui dépendent du travail fourni

941.31 Lorsque le débiteur est en activité. Le créancier peut faire saisir par saisie des rémunérations :

- le salaire proprement dit quelle que soit la périodicité des versements, sans omettre les acomptes qui auraient pu être préalablement versés;
- les indemnités et majorations pour heures supplémentaires[7];
- les avantages en nature, logement, voiture de fonction, éclairage, lesquels sont évalués à défaut de convention ou d'accord collectif, selon la méthode prescrite aux articles D. 3231-8 et suivants, D. 3231-9 à D. 3231-14 du Code du travail, pour la nourriture et le logement, selon le prix de revient pour les autres avantages;
- la contre-valeur contractuelle en espèces de ces mêmes avantages en nature (il a été jugé ainsi à propos d'une indemnité de résidence[8]);
- les pourboires dans la mesure où ils sont pris en compte par le tiers saisi[9];
- les primes et gratifications versées en application du contrat de travail ou des conventions collectives : primes de transport, primes d'assiduité, *etc.*;
- les primes réglées en application du contrat de travail individuel : commissions, gueltes et primes des vendeurs et représentants salariés, primes à la production (sur les primes d'intéressement ou de résultat, qui résultent d'accords collectifs et ne dépendent pas du travail individuel, v. s^s n° 941.32);
- les cotisations à un régime de retraite complémentaire;
- les cotisations à une caisse mutuelle d'assurance-maladie, invalidité ou décès;
- l'indemnité de congés payés ainsi que l'indemnité compensatrice de congés payés s'il y a lieu, prévue à l'article L. 3141-26 du Code du travail[10]; ou en cas de maladie[11];
- les traitements des fonctionnaires civils et les soldes des officiers ou assimilés, sous-officiers, mili-

7. POUR UNE APPLICATION : Caen, 27 févr. 2001, *Juris-Data* n° 141687.
8. Paris, 21 nov. 2001, *Juris-Data* n° 162253.
9. Paris, 11 juill. 1979, *Rev. huiss.* 1980. 11, note Lescaillon – TI Montmorency, 5 mars 1970, *D.* 1970. 156.
10. POUR UNE APPLICATION : Caen, 27 févr. 2001, *Juris-Data* n° 141687.
11. Soc. 9 mai 1953, *Bull. civ.* V, n° 355.

taires, marins et assimilés des armées de terre, de mer et de l'air, en activité, situation d'activité, en disponibilité ou non activité, en réforme, congé d'activité, ainsi que les soldes des officiers généraux du cadre de réserve[1] (C. pr. exéc., art. L. 212-2)[2];

- les sommes dues en raison de l'exploitation pécuniaire ou de la cession des droits de propriété littéraires ou artistiques; la saisissabilité peut cependant être limitée à hauteur des besoins alimentaires des auteurs, compositeurs ou artistes, ainsi que de leur conjoint survivant ou de leurs enfants mineurs (CPI, art. L. 333-1 à L. 333-4). On notera d'abord que le législateur a préservé ici la compétence du président du tribunal de grande instance, au lieu et place du JEX; la saisie s'opérera donc par assignation en référé, au besoin d'heure à heure selon ce qu'autorise l'article 485 alinéa 2 C. pr. civ. On notera aussi que la limitation de la saisissabilité n'est pas opérée obligatoirement par référence au barème de la saisie des rémunérations, le président du TGI reste libre d'évaluer autrement les besoins alimentaires de l'artiste saisi;

- la rémunération des artistes du spectacle et des mannequins, hors les « redevances » qui sont saisissables et cessibles selon le droit commun (C. trav., art. L. 7121-8 et L. 7123-6);

- la contrepartie financière de la clause de non-concurrence à laquelle est soumis le salarié, qui a une nature d'indemnité compensatrice de salaires[3], relève probablement également de la procédure de saisie des rémunérations du travail.

941.32 Rémunérations saisissables selon les règles de la saisie-attribution. Les primes d'intéressement, proportionnées aux performances nouvelles et aux améliorations qualitatives dans l'entreprise, de même que les primes de résultats, dégagées à partir du résultat comptable annuel mais bloquées pendant cinq années (sauf événements limitativement énumérés, C. trav., art. R. 3324-22 à R. 3324-24), ne sont pas soumises au régime des rémunérations (C. trav., art. L. 3312-4 et L. 3325-1)[4]. Il en va de même pour les sommes dues au salarié en application d'un accord de participation des salariés aux résultats de l'entreprise[5].

Il faut en déduire qu'elles ne peuvent pas faire l'objet d'une saisie des rémunérations[6] mais uniquement d'une saisie-attribution, à la condition, rarement satisfaite, que ces sommes soient dues par l'employeur au jour de la saisie[7].

941.33 Éléments de rémunérations insaisissables et incessibles.

Le saisissant prendra garde à ce qu'il ne peut appréhender :

- ni les cotisations obligatoires précomptées par l'employeur et versées par lui aux organismes de collecte compétents, la saisie des rémunérations s'effectuant sur le salaire net (C. trav., art. L. 3252-3, al. 1er - v. s^s n° 941.101);

- ni les sommes parfois versées en même temps que le salaire ou le traitement mais bénéficiant de l'insaisissabilité (v. s^s n°s 941.54);

- ni les sommes versées à titre de remboursement de frais, ou d'indemnités pour charges de famille (C. trav., art. L. 3252-3, al. 3).

B. Débiteur en cessation provisoire ou définitive d'activité

941.41 Le débiteur se trouve en arrêt de maladie. Le créancier peut faire saisir par saisie des rémunérations :

- les indemnités journalières de maladie (CSS, art. L. 323-5) ou celles d'accident du travail (CSS, art. L. 433-3) ou encore celles des exploitants agricoles (Décr. 31 mars 1961, art. 26);

- les indemnités journalières de maternité (CSS, art. L. 331-3); leur saisissabilité selon les quotités du Code du travail et non selon le droit commun n'est pas expressément prévue par ce Code mais se déduit de leur assimilation habituelle aux indemnités pour maladie.

941.42 Le débiteur est au chômage, total ou partiel, provisoire ou définitif. Le créancier peut faire saisir par saisie des rémunérations - et non par saisie-attribution de droit commun - les rappels de salaires et de congés payés restant dus par l'ex-employeur[8]. Le créancier pourra opérer par saisie des

1. L. 24 août 1930, relative à la saisie-arrêt et à la cession des appointements, traitements et soldes des fonctionnaires civils et militaires, art. 1, *JO* 26 août, p. 9890 (mod. par Ord. 26 juin 1944, relative à la saisie-arrêt et cession des soldes militaires, *JO* 1er juill., p. 525).
2. V. Lescaillon, « La saisie des rémunérations des fonctionnaires », *Rev. huiss.* 1986, n° 1665, p. 337 – O. Salvat, « La saisie-arrêt entre les mains des comptables publics », *Gaz. Pal.* 1987. Doctr. 508 – Versailles, 7 mai 1985, *Gaz. Pal.* 1986. 1. 48, note Salvat – Bougrand, « Les contradictions de la procédure de saisie-arrêt sur les rémunérations des fonctionnaires », *Gaz. Pal.* 1986. Doctr. 365.
3. Soc. 17 mai 2006, n° 04-47.597, *Bull. civ.* V, n° 177 – Soc. 23 juin 2010, n° 08-70.233, *Bull. civ.* V, n° 145; *D.* 2010. 2540, obs. Serra.
4. V. Rép. trav., *v° Épargne salariale*, par Derkiewicz et Maurin, sept. 2012 [maj oct. 2014], n°s 266 s.
5. Soc. 1er févr. 2005, n° 02-14.452, NP.
6. EN CE SENS : Rép. min. Trav. n° 8543, *JOAN Q* 23 mai 1994, p. 2639.
7. TGI Saint-Omer, JEX, 2 déc. 1997, *Gaz. Pal.* 1999. 1. 109.
8. Civ. 2e, 30 sept. 1999, n° 97-19.732, *Bull. civ.* II, n° 147; *D.* 2000. 250; *Rev. huiss.* 2000. 251.

rémunérations, entre les mains des organismes compétents (Pôle emploi – le TGI de Lyon a interprété de manière large la notion de « *créance définitivement établie* »[1]) :

– les indemnités de chômage versées par Pôle emploi (C. trav., art. L. 5428-1, qui concerne les indemnités de base des arts; art. L. 5421-2 s., L. 5423-8 et R. 5423-18 à L. 5423-33 et celles pour réductions d'horaire ou chômage « technique » de l'art. L. 5122-1); les allocations complémentaires servies en cas de réduction d'horaire (C. trav., art. L. 3232-5, L. 3423-9 et L. 3232-6);

– les indemnités de chômage versées aux anciens salariés du secteur public (L. n° 79-1130, 28 déc. 1979, art. 12) ou à ceux non couverts par les dispositions précitées du Code du travail;

– les allocations « *intempérie* » dans le bâtiment (C. trav., art. L. 5424-14[2]);

– l'indemnité compensatrice de préavis que le salarié aurait dû percevoir pendant le délai-congé prévu par la loi ou la convention collective (C. trav., art. L. 1234-5);

– les indemnités de fin de contrat précaire (C. trav., art. L. 1243-8 et L. 1251-32), celle de rupture anticipée des contrats à durée déterminée (C. trav., art. L. 1251-26), celle de non-concurrence[3] (sur les autres indemnités de licenciement et indemnisations diverses qui ne sont pas des accessoires de la rémunération v. s^s n° 941.52);

– les allocations de reclassement (C. trav., art. L. 5123-4).

941.43 Le débiteur est invalide ou retraité : principe de saisissabilité. Le créancier peut faire saisir par saisie des rémunérations :

– les **pensions et rentes d'invalidité et de vieillesse servies au titre du régime général** (CSS, art. L. 341-5, L. 351-1, L. 355-2 et L. 355-9). La saisie-attribution de droit commun a été expressément écartée tant pour les pensions d'invalidité par un arrêt de la Cour de cassation[4] que pour les pensions de vieillesse par un avis de la même Cour[5], au profit de la saisie des rémunérations, dès lors qu'un texte, en l'espèce l'article L. 355-2 du Code de la sécurité sociale, renvoie à la procédure de saisie des rémunérations du travail. Les hôpitaux et caisses de sécurité sociale peuvent cependant saisir ces pensions et rentes au-delà du barème de la saisie des salaires et jusqu'à 90 % de leur montant, pour le recouvrement des frais d'hospitalisation (CSS, art. L. 355-2);

– les **reversions de ces pensions au conjoint survivant** (assimilées aux dites pensions par CSS, art. L. 353-1);

– les **pensions et rentes de vieillesse et les pensions d'invalidité des professions agricoles non salariées** (Décr. 6 juin 1951, art. 3, al. dern.[6] – pour les préretraites, L. n° 91-5, 3 janv. 1991, art. 30; Décr. 27 févr. 1992, art. 24); celles des **commerçants, industriels et artisans** (CSS, art. L. 623-1 et 634-2) et **avocats** (CSS, art. L. 723-10, L. 723-14 et L. 723-22); celles des **autres professions libérales** (assimilation par CSS, art. L. 643-1), les pensions de retraite régies par le Code des pensions civiles et militaires de retraite (C. pens. retr., art. L. 56[7])[8];

– les **retraites complémentaires, imposées aux affiliés à la sécurité sociale** par les textes ou par des conventions collectives, et régies par le Code de la sécurité sociale (CSS, art. L. 922-7, al. 2, qui renvoie au régime des retraites de base de CSS, art. L. 355-2)[9];

– les **allocations de préretraite**, qui complètent une rémunération à temps partiel (C. trav., art. L. 5123-1 à L. 5123-6 et R. 5123-33);

– l'**allocation de vieillesse des non-salariés** (CSS, art. L. 634-1 s. ou L. 643-1);

– les **allocations supplémentaires du Fonds national de solidarité** (CSS, art. L. 815-9 et L. 815-10), qui adoptent le régime de saisissabilité des émoluments qu'elles viennent compléter;

– les **rentes viagères d'invalidité, civiles et militaires servies par l'État** (C. pens. retr., art. L. 56), sont saisissables et cessibles dans les conditions de droit commun. La majoration spéciale prévue à l'article L. 5552-43 du Code des transports est toutefois insaisissable, sauf pour le paiement des frais d'entretien du bénéficiaire, des rémunérations dues aux personnes assurant son assistance ou des cotisations sociales.

Par dérogation, la saisie peut s'élever à la totalité de la pension, réserve faite d'une somme d'un montant égal au tiers du minimum garanti par l'article 17,

1. TGI Lyon, JEX, 7 déc. 1993, *D.* 1994. 126.
2. Mod. par L. n° 73-623, 10 juill. 1973, modifiant la loi n° 73-4 du 2 janvier 1973, relative au Code du travail, *JO* 11 juill., p. 7484.
3. Soc. 2 févr. 1972, n° 70-13.634, *Bull. civ.* V, n° 89.
4. Soc. 27 oct. 1994, n° 93-11.817, NP; *D.* 1995. 30; *Gaz. Pal.* 1996. 1. Somm. 15, note Véron.
5. Cass., avis, 21 juill. 1995, n° 09-50.010, *Bull. avis,* n° 11; *Gaz. Pal.* 1996. 1. 135, note Véron, avec une PREMIÈRE APPLICATION par les cours d'appel de Paris et de Rennes, annexée à la note – *Adde,* Bourges, 5 janv. 1998, *Juris-Data* n° 040079 – Paris, 4 sept. 1997, *Juris-Data* n° 022622.
6. POUR UN EX. D'APPLICATION : Orléans, 14 nov. 2002, *Juris-Data* n° 205585.
7. Mod. par L. n° 2003-775, 21 août 2003, portant réforme des retraites, *JO* 22 août, p. 14310.
8. V. chron. Courtillat et Pansier, *Gaz. Pal.* 19 sept. 2003, p. 2.
9. POUR DES APPLICATIONS : Civ. 2e, 16 mars 2000, n° 98-18.728, *Bull. civ.* II, n° 50; *D.* 2000. 109 – Versailles, 1re ch., 2e sect., 25 sept. 1998, *Rev. huiss.* 1999. 295.

lorsque cette saisie a pour objet d'exécuter les condamnations à des réparations civiles ou aux frais dus à la victime au titre de l'article 375 du Code de procédure pénale et que ces condamnations ont été prononcées à l'encontre d'une personne qui a été jugée coupable de crime ou complicité de crime contre l'humanité.

- les **pensions de retraite servies aux marins** ne sont saisissables ou cessibles que dans les conditions de droit commun (C. transp., art. L. 5552-43).

941.44 Retraites, rentes et pensions exclues des barèmes de quotités saisissables ou cessibles et des procédures du Code du travail :

- Logiquement, la retraite n'étant pas un salaire, elle ne peut faire l'objet d'une saisie des rémunérations du travail. La Cour de cassation en avait posé le principe[1]. Ce principe est devenu l'exception du fait de la généralisation de textes renvoyant au Code du travail pour la cession et la saisie des retraites.[2] Le créancier qui souhaite saisir une pension de retraite qui ne bénéficie pas de renvoi au Code du travail de ce type doit utiliser la procédure de saisie-attribution.

- Les pensions attribuées en application du Code des pensions militaires d'invalidité et des victimes de la guerre sont incessibles et insaisissables, excepté dans les cas de débet envers l'État, les services locaux des pays d'outre-mer ou pour les créanciers privilégiés aux termes de l'article 2331 du Code civil et dans les circonstances prévues par les articles 203, 205, 206, 207 et 214 du même code et sauf application des dispositions prévues par l'article 3 de la loi du 9 avril 1918 (C. pens. mil., art. L. 105).

941.45 Sommes dues à titre de salaire alors que le contrat de travail a cessé. La Cour de cassation a retenu que la saisie des rémunérations dues par un employeur était soumise aux dispositions du Code du travail que le contrat de travail soit ou non en cours d'exécution[3]. La saisie des rémunérations est liée à la nature de salaire de la créance et pas uniquement au lien de droit unissant le débiteur au tiers saisi. Dès lors, le créancier qui souhaite saisir une créance de nature salariale doit déposer une requête en saisie des rémunérations du travail, peu important que le contrat de travail soit en cours ou non.

1. Civ. 2e, 23 oct. 1991, no 90-13.120, *Bull. civ.* II, no 282.
2. Décr. no 2008-639, 30 juin 2008, relatif au régime spécial de retraite du personnel de la Société nationale des chemins de fer français, *JO* 1er juill., p. 10565.
3. Cass., ass. plén., 9 juill. 2004, no 02-21.040, *Bull. ass. plén.*, no 11; *D.* 2004. 3161, note Bugada; *RTD civ.* 2004. 779, note Perrot.

C.

Indemnités et allocations indépendantes du travail fourni

941.51 Énoncé. Certaines sommes sont exclues du champ d'application de la procédure parce qu'elles représentent un minimum vital ou bien l'indemnisation d'un préjudice distinct du travail fourni. Dans certains cas, une saisissabilité partielle est réservée à des créanciers bien déterminés. Dans d'autres cas au contraire, la somme est saisissable ou cessible selon le droit commun, donc sans le bénéfice des quotités avantageuses de la saisie des rémunérations.

941.52 Indemnités et allocations totalement insaisissables et incessibles. Il s'agit :

- des indemnités versées par l'employeur à titre de remboursement de frais exposés et avancés par le salarié : indemnités de frais de déplacement, de frais de salissure, *etc.* (C. trav., art. L. 3252-3, al. 3); le salarié doit être en mesure de prouver qu'il a avancé la somme remboursée, à défaut de quoi il s'agirait d'une rémunération déguisée saisissable[4];

- des sommes dues au marin pour frais médicaux et pharmaceutiques et pour rapatriement ou conduite (C. transp., art. L. 5544-58) ainsi que des sommes dues au personnel aérien pour frais médicaux ou pharmaceutiques, frais de logement, de subsistance et de rapatriement du lieu d'engagement (C. transp., art. L. 6523-11);

- des allocations ou indemnités pour charges de famille versées par l'employeur et ne correspondant pas à une rémunération du fait qu'elles ne dépendent que de la situation de famille du travailleur (C. trav., art. L. 3252-3, al. 3 - Décr. no 74-37, 18 janv. 1974, art. 1er, pour les fonctionnaires);

- du capital-décès versé par la caisse de sécurité sociale (CSS, art. L. 361-5) qui a un caractère indemnitaire et ne peut être assimilé à un reliquat de salaire[5]; ce capital est cependant saisissable ou cessible pour répétition de l'indu;

- des rentes d'accident du travail (CSS, art. L. 434-18) et capitaux pour incapacité inférieure à dix pour cent (CSS, art. L. 434-1 et R. 434-1);

- des primes de départ aux agriculteurs en difficulté (L. no 94-114, 10 févr. 1994, art. 35);

- des pensions servies aux victimes de guerre (C. pens. mil., art. L. 105).

4. POUR UNE APPLICATION : Soc. 3 juill. 1946, *Gaz. Pal.* 1946. J. 157.
5. Douai, 17 janv. 1962, *Gaz. Pal.* 1962. 1. 213.

941.53 Indemnités saisissables ou cessibles selon le droit commun. Il s'agit :

- de l'indemnité de licenciement (prévue par C. trav., art. L. 1234-9, ou par une convention collective ou par négociation individuelle), que le licenciement soit abusif ou non, du fait que cette indemnité répare un préjudice causé à la personne licenciée[1]; le même régime est réservé pour les mêmes raisons aux dommages-intérêts pour rupture abusive du contrat de travail[2] ainsi qu'aux indemnités de clientèle des VRP[3];

- de l'indemnisation pour accident versée par l'employeur pour les chefs de préjudice que ne garantit pas la Sécurité sociale (préjudices strictement personnels[4]).

941.54 Prestations sociales et pensions alimentaires (v. s^s n°s 151.131 à 151.136). Pour ces sommes, en principe insaisissables, les rares créanciers admis à faire saisir doivent opérer selon le droit commun (saisie-attribution ou paiement direct selon les cas). Il s'agit :

- des **rentes et pensions versées au titre d'une obligation alimentaire** sauf si la saisie est intentée par un créancier alimentaire ou un fournisseur d'aliments[5];

- des **prestations familiales** visées à l'article L. 511-1 du Code de la sécurité sociale : la prestation d'accueil du jeune enfant, les allocations familiales, le complément familial, l'allocation logement, l'allocation d'éducation de l'enfant handicapé, l'allocation de soutien familial, l'allocation de rentrée scolaire, l'allocation journalière de présence parentale. Elles sont toutes en principe insaisissables et incessibles en application de l'article L. 553-4 du Code de la sécurité sociale.

Mais elles sont susceptibles de « *récupération par retenues* » dans des proportions réduites (CSS, art. D. 553-1) pour répétition de l'indu (CSS, art. L. 553-2); en outre, la saisissabilité est admise pour le recouvrement des prestations indûment versées à la suite d'une fraude ou d'une fausse déclaration de l'allocataire (CSS, art. L. 553-4 - v. s^s n°s 941.11 s.).

La plupart d'entre elles, enfin, sont cessibles ou saisissables pour le paiement des dettes alimentaires prévues à l'article 203 du Code civil. Bien entendu, la notion de dettes alimentaires s'entend strictement, notamment lorsque le saisissant intervient par voie oblique (pour des développements consacrés au paiement direct, v. s^s n°s 951.05 s.).

- de l'**allocation personnalisée au logement** qui est insaisissable et incessible en application de l'article L. 351-9 du Code de la construction et de l'habitation mais qui peut toutefois, sous certaines conditions, être versée directement au bailleur ou au prêteur immobilier. Il en va de même pour l'allocation logement (CSS, art. L. 835-5);

- de l'**allocation aux adultes handicapés** (CSS, art. L. 821-5) et de l'allocation compensatrice instituée par l'article L. 245-8 du Code de l'action sociale et des familles[6];

- du **revenu de solidarité active,** lui-même insaisissable (CASF, art. L. 262-48);

- l'**aide personnalisée de retour à l'emploi** (C. trav., art. L. 5133-8).

D.
Rémunérations versées sur un compte bancaire

941.61 Report d'insaisissabilité. (V. s^s n° 151.161). Le principe de fongibilité des sommes portées au crédit d'un compte bancaire ou postal fait perdre aux dites sommes le bénéfice d'une éventuelle insaisissabilité. Si ce principe devait jouer sans nuance, il suffirait au créancier poursuivant d'attendre chaque mois l'encaissement des rémunérations ou allocations pour échapper aux barèmes de la saisie des rémunérations ou aux règles d'insaisissabilité. C'est pourquoi, l'article L. 112-4 C. pr. exéc. a prévu un « *report d'insaisissabilité* », c'est-à-dire un mécanisme de mise à disposition des fractions insaisissables, sur demande du titulaire du compte, mois par mois[7].[8] L'étude de ce mécanisme relève de celle de la saisie-attribution de droit commun ou de celle du paiement direct sur compte bancaire (v. s^s n°s 800.01 s. et n° 951.45 - Sur les solutions lorsque les rémunérations sont versées sur un compte joint qui reçoit aussi les salaires d'un tiers, v. s^s n° 151.191). En revanche, les rémunérations versées sur un compte bancaire peuvent faire l'objet d'une saisie conservatoire, les dispositions de l'arti-

1. Soc. 9 mars 1957, *D.* 1958. 91, note Brèthe de la Gressaye; *JCP* 1957. II. 10312 – Soc. 5 févr. 1958, *JCP* 1958. II. 10441 – Douai, 10 nov. 1993, *Gaz. Pal.* 1994. 2. Somm. 818 – PLUS RÉCEMMENT : Paris, 8e ch. D, 10 nov. 1998, *Gaz. Pal.* 2000. 1. Somm. 874.
2. Rennes, 15 mai 1951, *JCP* 1952. II. 7110.
3. Civ. 6 juill. 1939, *DC* 1941. 33, note Pic.
4. Civ. 2e, 23 nov. 1983, n° 79-10.772, *Bull. civ.* II, n° 188; *JCP* 1985. II. 14475, note Chartier; *Gaz. Pal.* 1984. 1. 157.
5. L. n° 91-650, 9 juill. 1991, portant réforme des procédures civiles d'exécution, art. 14, 2°, *JO* 14 juill., p. 9228.
6. POUR UNE APPLICATION : Civ. 2e, 11 mai 2000, n° 98-11.696, *Bull. civ.* II, n° 78; *D.* 2000. 166; *RTD civ.* 2000. 641, obs. Perrot.
7. POUR UN EX. D'APPLICATION : Rennes, 21 oct. 1993, *BICC* 1er févr. 1994, p. 35; *Ann. loyers* 1994. 1321.
8. G. Taormina, « La protection des sommes insaisissables et les apports du décret n° 2002-1150 du 11 septembre 2002 », *D.* 2003. 1848.

cle L. 3252-7 du Code du travail ne leur étant pas applicables.

E.
Revenus du conjoint du débiteur

941.71 **Régime matrimonial des salaires, rappel.** L'article 220 du Code civil instaure une solidarité entre époux pour les dettes résultant de contrats ayant pour objet l'entretien du ménage ou l'éducation des enfants, sauf exceptions[1]. Les rémunérations de l'un ou l'autre des époux peuvent donc être saisies pour servir une dette de cette nature après obtention d'un titre exécutoire.

En outre, pour les époux mariés sous le régime légal, les biens communs servent de gage aux créanciers même pour les dettes nées du chef d'un seul époux, et sauf récompense lors de la liquidation du régime matrimonial. Or, les gains et salaires constituent en principe des biens communs. La loi a donc prévu (C. civ., art. 1414) un aménagement : les salaires restent à l'abri des poursuites des créanciers propres du conjoint, sauf si l'obligation a été contractée pour l'entretien du ménage ou pour l'éducation des enfants. Le débat sur la nature de la dette n'aura cependant pas lieu devant le juge d'instance à qui est déférée une demande de saisie des rémunérations : la Cour de cassation exige que le caractère commun de la dette soit établi par la production d'un titre exécutoire visant les deux époux[2].

SECTION 3
LIMITES AU DROIT D'EXÉCUTER

941.80 **Plan.** Historiquement, la saisie des rémunérations est née d'un postulat général d'insaisissabilité, peu à peu aménagé ou entamé. Il reste de cette évolution un principe d'interprétation des textes en faveur du salarié-débiteur et en défaveur du créancier poursuivant. Plusieurs aspects secondaires de ce principe ont été examinés (v. s[s] n°s 941.20 s.), au sujet des rémunérations et sommes saisissables (§ 2). Mais pour l'essentiel, la limitation des droits du créancier implique qu'il ne puisse pas mettre en œuvre des voies d'exécution plus productives, et que, en outre, une part significative des rémunérations soit laissée au travailleur (§ 1) afin qu'il puisse subvenir à ses besoins vitaux et à ceux de sa famille.

1. V. M. Grimaldi (dir.), Dalloz action *Droit patrimonial de la famille*, 2015/2016, n°s 111.01 s., par B. Vareille.
2. Civ. 2e, 28 oct. 1999, n° 97-20.071, *Bull. civ.* II, n° 163; *JCP* 2002. I. 103, obs. Simler.

§ 1
Prohibition des saisies de droit commun sur les rémunérations; créances de l'employeur

941.81 **Principe et exceptions.** Lorsque les rémunérations du travail peuvent faire l'objet d'une saisie des articles L. 3252-1 s. du Code du travail, selon ce qui a été dit aux paragraphes précédents, aucune autre voie d'exécution ne peut être pratiquée sur la rémunération concernée puisqu'aucune d'entre elles ne protégerait autant le débiteur. Cette **exclusivité de la saisie des rémunérations** s'applique particulièrement à la saisie-attribution de droit commun (sur le report d'insaisissabilité en cas de saisie de compte bancaire, v. s[s] n° 941.61 – à propos de la prohibition de la saisie conservatoire, v. s[s] n° 941.13).

Il existe cependant plusieurs exceptions au principe d'exclusivité (à propos du paiement direct des pensions alimentaires, v. s[s] n° 951.193 – à propos des avis à tiers détenteur sur salaires, v. s[s] n°s 945.11 s. – pour les oppositions administratives en vue du recouvrement des amendes, v. s[s] n°s 945.111 s. – à propos des oppositions à tiers détenteur, v. s[s] n°s 945.51 s. – à propos des cessions de salaires, v. s[s] n°s 946.05 s. – à propos des sommes assimilées à des rémunérations sauf pour le régime de la saisie, v. s[s] n°s 941.32, 941.44 et 941.53).

Réciproquement, lorsque la saisie des rémunérations est possible, le créancier ne peut pas recourir à la saisie-vente sur les meubles meublants si sa créance n'est pas alimentaire ou bien ne dépasse pas 535 euros (C. pr. exéc., art. R. 221-2 – sur les saisies mobilières à fin de vente du bien, v. s[s] n°s 710.04 s.).

Bien entendu, l'exclusivité de la saisie des rémunérations ne s'oppose pas à la saisie-attribution des comptes bancaires ou postaux, réceptionnaires des dites rémunérations (sur le report d'insaisissabilité, v. s[s] n° 941.61 – et sur l'hypothèse de concours, v. s[s] n° 944.31).

941.82 **Retenues opérées par l'employeur lorsqu'il est lui-même créancier du salarié.** Les articles L. 3251-1 à L. 3251-4 du Code du travail réservent ce mécanisme de compensation à des créances bien déterminées, en dehors desquelles la saisie ordinaire des rémunérations est seule possible (ainsi pour des acomptes sur salaire, C. trav., art. L. 3251-3) : la fourniture des outils et instruments nécessaires au travail; la fourniture des matériaux dont le salarié a la charge et l'usage; les sommes avancées pour l'acquisition des mêmes objets. Le prélèvement ne doit pas dépasser le dixième du salaire exigible; mais il s'opère sur la fraction non saisissable des rémunérations et peut ainsi entrer en concours avec une saisie des rémunérations.

La compensation de plein droit entre le salaire et une dette du salarié obéit, quant à elle, à l'article 1291 du Code civil : certitude, liquidité, exigibilité de la créance. Elle doit en toute hypothèse préserver les quotités insaisissables ou relativement insaisissables [1]. De même, l'employeur qui fait l'objet d'une saisie-attribution de la part d'un salarié ne peut se prévaloir de la compensation de plein droit prévue par les articles 1289 et 1290 du Code civil, que dans la limite de la fraction saisissable du salaire [2].

Un mécanisme comparable existe aux dépens des agents de l'État et autres personnes publiques [3]; il s'applique pour toutes sortes d'avances à compenser (qu'on distinguera bien des précomptes, prévus par les textes, et des acomptes, avancés sur la paie mensuelle) mais est cantonné à la part totalement saisissable du traitement [4]. L'interdiction de compensation prévue par l'article L. 3251-1 du Code du travail s'applique également à l'indemnité de congés payés qui a la nature de salaire [5].

La violation de ces règles par l'employeur constituerait un trouble manifestement illicite et ouvrirait droit à répétition de l'indu [6].

L'article L. 3251-3 du Code du travail permet en outre à l'employeur d'opérer des retenues de salaires pour les avances en espèces qu'il a faites, mais dans la limite de 1/10e du montant des salaires exigibles. La retenue alors opérée ne se confond pas avec la partie saisissable ou cessible. Notons que les acomptes sur un travail en cours ne sont pas considérés comme des avances (C. trav., art. L. 3251-3, al. 3).

C'est ainsi que le trop-perçu, dans le cadre d'une modulation du temps de travail avec lissage de la rémunération, doit être regardé comme une avance et ne peut dès lors donner lieu à une retenue excédant le dixième du salaire exigible [7].

Par ailleurs, l'employeur, qui aurait omis de procéder aux retenues suite à la notification d'une saisie des rémunérations du travail et qui a fait l'objet d'une ordonnance de contrainte, ne peut exercer son recours contre le salarié-débiteur qu'après mainlevée de la saisie (C. trav., art. L. 3252-10, al. 3).

Notons enfin que la responsabilité pécuniaire d'un salarié à l'égard de son employeur ne peut résulter que de sa **faute lourde**, même en ce qui concerne le droit à compensation prévu par l'article L. 3251-2 du Code du travail [8]. Le salarié ne doit en aucune manière supporter le risque d'entreprise.

§ 2
Quotités saisissables

941.90 **Principe des fractions légales et réglementaires.** En raison de leur caractère vital et symbolique, déjà relevé en introduction, les rémunérations ne sont pas saisissables en totalité, comme le seraient des comptes bancaires ou postaux ou des loyers. Le caractère alimentaire de ces rémunérations est présumé par la loi; il est aménagé en trois paliers : une portion totalement insaisissable, sorte de minimum vital; une portion relativement insaisissable, qui évite à certains créanciers privilégiés le concours avec les autres (A); enfin, la fraction totalement saisissable, qui fait encore l'objet d'amodiations pour charges de famille. La présomption ici évoquée est irréfragable : le créancier poursuivant ne pourrait obtenir davantage en démontrant que le débiteur a d'autres moyens de subsistance que ses rémunérations. Par suite, le juge n'a pas à définir, en ordonnant la saisie, la fraction des sommes saisissables [9] (B). De même, il ne saurait procéder à un « *cantonnement* » de la saisie pour diminuer la rigueur de ses effets [10]. On notera que l'équation entre besoins alimentaires et rémunérations du travail est également proposée pour les saisies de droit commun, par l'article R. 112-4 C. pr. exéc. (C).

A.
Fractions insaisissables

941.91 **Fraction totalement insaisissable.** L'article L. 3253-3 du Code du travail dispose que « *pour la détermination de la fraction insaisissable, il est tenu compte du montant de la rémunération, de ses accessoires ainsi que de la valeur des avantages en nature, après déduction des cotisations et contributions sociales obligatoires* ». Un second alinéa définit une fraction absolument insaisissable du salaire : « *Il est en outre tenu compte d'une fraction insaisissable égale au montant forfaitaire mentionné au 2° de l'article L. 262-2 du Code de l'action sociale et des familles applicable à un foyer composé d'une seule personne.* ». Il s'agit de laisser au débiteur, une portion de son salaire que l'on peut appeler un minimum vital. Lorsque l'audience révèle que le revenu est inférieur au RSA, le juge

1. Soc. 16 mars 1962, *Bull. civ.* V, n° 299; *Dr. sociétés* 1962. 573, note Savatier.
2. Civ. 2e, 9 nov. 2006, n° 05-14.635, *Bull. civ.* II, n° 317 – Soc. 15 janv. 2014, n° 12-19.739, NP.
3. CE 13 févr. 1942, *Lebon* T. 43.
4. CE 20 janv. 1989, req. n° 76628, NP; *D.* 1989. 523, note Plouvin; *Dr. adm.* 1989, n° 115.
5. Soc. 18 sept. 2013, n° 12-17.171, NP.
6. Soc. 21 mars 2000, n° 99-40.003, *Bull. civ.* V, n° 118; *D.* 2000. 117.
7. Soc. 3 nov. 2011, n° 10-16.660, *Bull. civ.* V, n° 252.
8. Soc. 20 mai 2008, n° 05-42.009, NP; *JCP S* n° 37, p. 1467, obs. Brissy.
9. Civ. 2e, 26 mars 1997, n° 95-10.213, *Bull. civ.* II, n° 98 – Civ. 2e, 16 déc. 2004, n° 03-11.803, *Bull. civ.* II, n° 535.
10. Versailles, 1re ch., 3 nov. 2000, *Gaz. Pal.* 2001. 1. Somm. 598.

peut rejeter directement la demande de saisie en raison de l'insaisissabilité révélée à l'audience. Toutefois, en cas de défaut de comparution du débiteur, cette insaisissabilité n'est révélée que par la déclaration affirmative du tiers saisi. Le greffe doit alors soumettre la difficulté au juge qui, après un débat contradictoire permettant aux créanciers de vérifier le contenu de la déclaration affirmative, et le cas échéant de signaler l'existence d'autres ressources permettant alors l'application de l'article R. 3252-40 (v. s^s^ n° 941.111). Au terme du débat, le juge pourra, soit donner mainlevée de la saisie en cas de revenus inférieurs au RSA, soit la maintenir si ceux-ci sont supérieurs. Il est donc nécessaire de préciser la date d'exigibilité de chacun des termes de pension alimentaire impayés afin de déterminer le régime de la procédure applicable, ainsi que son assiette.

Cette fraction insaisissable échappe même au liquidateur d'un salarié en liquidation judiciaire[1].

941.92 Fraction relativement insaisissable. L'accès à cette fraction de la rémunération est réservé au paiement direct des pensions alimentaires (C. trav., art. L. 3252-5, al. 1er – L. n° 73-5, 2 janv. 1973, al. 1er – v. ss nos 951.107 et 951.121). On notera qu'une saisie des rémunérations est possible en matière d'aliments échus plus de six mois avant la saisie; dans ce cas, la saisie des rémunérations ne peut pas porter sur la fraction relativement insaisissable mais uniquement sur la fraction saisissable.

Conformément aux articles L. 3252-5 et R. 3252-5 du Code du travail, la somme laissée dans tous les cas à la disposition du salarié est égale au montant forfaitaire mentionné au 2° de l'article L. 262-2 du Code de l'action sociale et des familles, fixée pour un foyer composé d'une seule personne.

L'article L. 3252-5 du Code du travail précise que le paiement de la créance alimentaire doit être imputé d'abord sur la fraction relativement saisissable et, s'il y a lieu – c'est-à-dire si le créancier n'est pas rempli de ses droits sur la fraction relativement saisissable – sur la fraction insaisissable (sur le concours entre paiement direct et saisie des rémunérations, v. ss n° 951.123).

B.
Aménagements de la fraction saisissable

941.101 Base et charges. Le calcul de la quotité saisissable doit être effectué, sur la base du montant de la rémunération, augmentée le cas échéant de ses accessoires et de la valeur des avantages en nature, lorsqu'ils sont saisissables (v. ss nos 941.31 s.) et déduction faite des cotisations obligatoires (C. trav., art. L. 3252-3, al. 1er) et des contributions sociales obligatoires. Sur ce second point, il faut insister sur la lettre de l'article L. 3252-3 alinéa 1er. Non seulement la saisie ne porte pas sur les cotisations précomptées par l'employeur (v. ss n° 941.33), mais les cotisations et contributions sociales obligatoires non précomptées (ex. : la CSG pour certains salariés du secteur privé) seront aussi déduites de la base de calcul, ce qui dégagera un « salaire net » inférieur à celui qui est effectivement versé au débiteur par son employeur. En revanche (v. ss n° 941.31) les cotisations facultatives (pour une retraite complémentaire, pour une mutuelle, *etc.*) sont saisissables; elles doivent donc être incluses dans l'assiette de la saisie des rémunérations, à la différence des cotisations non contractuelles.

Le calcul doit être fait selon les proportions de l'article R. 3252-2 qui prévoit sept tranches à taux de saisie variant entre 5 et 100 % de fractions de la rémunération annuelle, prévues par décret (v. ss n° 941.102).

Ces tranches de rémunération à prendre en considération varient à leur tour lorsque le débiteur a à sa charge une personne ou plusieurs. La liste des personnes à charge à prendre en considération pour la variation des seuils est donnée, de manière limitative, dans l'article R. 3252-3 du Code du travail, qui vise :

– le conjoint ou le concubin du débiteur, dont les ressources personnelles sont inférieures au montant du revenu de solidarité active (sans correctifs : ce montant est le même pour tous les débiteurs saisis) tel qu'il mentionné à l'article L. 262-2 du Code de l'action sociale et des familles (v. ss n° 941.91);

– tout enfant ouvrant droit aux prestations familiales en application des articles L. 512-3 et L. 512-4 du Code de la sécurité sociale et se trouvant à la charge effective et permanente du débiteur au sens de l'article L. 513-1 du même code. Est également considéré comme étant à charge tout enfant à qui ou pour le compte de qui le débiteur verse une pension alimentaire. Puisque le débiteur qui n'héberge pas ses enfants connaît ce sort favorable, celui qui en a la garde effective peut se prévaloir de leur charge intégrale même si son conjoint partage en fait le poids financier de l'éducation quotidienne : une fratrie n'est pas, pour les besoins d'une saisie des rémunérations, répartie entre les parents;

– l'ascendant dont les ressources personnelles sont inférieures au montant du revenu de solidarité active tel qu'il est mentionné par l'article L. 262-2 du Code de l'action sociale et des familles et qui habite avec le débiteur ou auquel le débiteur verse une pension alimentaire. Les alliés (C. civ., art. 206) ne sont pas pris en considération.

1. Civ. 2e, 13 avr. 2010, n° 08-19.074, *Bull. civ.* II, n° 78; *D.* 2010. 1072; *D.* 2011. 1509, obs. Leborgne; *RTD com.* 2010. 794, obs. Vallens.

941.102 **Récapitulatif.** Dès lors, le montant des prélèvements est calculé selon le tableau suivant, à jour du décret n° 2014-1609 du 24 décembre 2014[1]. La lettre « T » indique la tranche de rémunération mensuelle à laquelle est appliqué le taux de 5 à 100 %; les lettres « PM » indiquent le prélèvement maximal auquel aboutit le calcul réglementaire.

Les proportions dans lesquelles les rémunérations sont saisissables sont fixées en tenant compte des rémunérations annuelles. Par commodité – l'employeur étant tenu d'adresser tous les mois au secrétariat-greffe du tribunal d'instance une somme égale à la fraction saisissable du salaire –, le tableau ci-dessous présente les tranches de rémunérations mensuelles saisissables.

941.102-1 **Récapitulatif du montant des prélèvements sur les rémunérations du travail.**

Seront prélevés	Situation : aucune personne à charge, avec rémunération de :	Situation : une personne à charge, avec rémunération de :	Situation : deux personnes à charge, avec rémunération de :	Situation : trois personnes à charge, avec rémunération de :
• sur la 1re tranche : 1/20e	T jusqu'à 310 PM 15,50	T jusqu'à 427,50 PM 21,37	T jusqu'à 545 PM 27,25	T jusqu'à 662,50 PM 33,12
• sur la 2e tranche : 1/10e	T 310 à 605,83 PM 45,08	T 427,50 à 723,33 PM 56,83	T 545 à 840,83 PM 56,83	T 662,50 à 958,33 PM 62,70
• sur la 3e tranche : 1/5e	T 605,83 à 903,33 PM 104,58	T 723,33 à 1 020,83 PM 110,45	T 840,33 à 1 138,33 PM 116,33	T 958,33 à 1 255,83 PM 122,20
• sur la 4e tranche : 1/4	T 903,33 à 1 199,16 PM 178,53	T 1 020,83 à 1 316,66 PM 184,40	T 1 138,33 à 1 434,16 PM 190,28	T 1 255,83 à 1 551,66 PM 196,15
• sur la 5e tranche : 1/3	T 1 199,16 à 1 495,83 PM 277,42	T 1 316,66 à 1 613,33 PM 283,20	T 1 434,16 à 1 730,83 PM 289,17	T 1 551,66 à 1 848,33 PM 295,04
• sur la 6e tranche : 2/3	T 1 495,83 à 1 797,50 PM 478,53	T 1 613,33 à 1 915 PM 484,31	T 1 730,83 à 2 032,50 PM 490,28	T 1 848,33 à 2 150 PM 496,15
• au-delà de la 6e tranche : totalité	1 797,50 et plus	1 915 et plus	2 032,50 et plus	2 150 et plus

941.102-2 **Exemples chiffrés.**

EXEMPLE 1

Le débiteur saisi est célibataire. Son salaire net (selon la définition donnée au n° précédent) des douze derniers mois a été de 16 440 euros, soit 1 370 euros par mois. Le montant du prélèvement sera de 235,47 euros (17,18 % du revenu; solde disponible mensuel de 1 134,53 euros).

EXEMPLE 2

Le débiteur saisi a perçu 12 000 euros « nets » dans les douze derniers mois, soit 1 000 euros par mois, et a un enfant à charge; son épouse travaille et gagne plus que le RSA, elle n'est donc pas à charge au sens de l'article R. 3252-2. Le débiteur est concerné par les trois premières tranches réglementaires, à savoir les deux premières entièrement (jusqu'à 50,95 euros) et la troisième pour le surplus. Le montant du prélèvement sera de 50,95 euros au titre des deux premières tranches, et de 55,33 euros (l/5 de 276,67 au titre de la troisième tranche), soit 110,66 euros au total (11,06 % du revenu; solde disponible de 444,67 euros par mois et par personne à charge).

EXEMPLE 3

Le débiteur saisi a perçu 45 600 euros « nets » dans les douze derniers mois, soit 3 800 euros par mois. Son épouse gagne comme vacataire, 250 euros par mois – soit moins que le RSA – et ils ont deux enfants, ce qui réglementairement, constitue la charge de trois personnes. Ce débiteur est concerné par les sept tranches de rémunération prévues par le Code du travail : par la totalité des six premières tranches (jusqu'à 2 150 euros) et par la septième tranche pour le surplus (soit 1 650 euros). Le prélèvement sera de 496,15 euros au titre des six premières tranches, et de 1 650 euros au titre de la septième, soit un total de 2 146,15 euros (56,47 % du revenu; solde disponible mensuel de 413,46 euros par personne à charge).

1. Décr. n° 2014-1609, 24 déc. 2014, révisant le barème des saisies et cessions des rémunérations, *JO* 27 déc., p. 22495.

C. Calcul des fractions en cas de pluralité d'employeurs

941.111 **Problématique.** Les articles L. 3252-4 et R. 3252-40 du Code du travail prévoient le cas où le débiteur perçoit des rémunérations de plusieurs employeurs. Dans cette hypothèse, la fraction saisissable est calculée sur l'ensemble des rémunérations. Ce principe rend difficile l'application des règles concernant les différentes fractions insaisissable et saisissable, dans la mesure où elles devraient être observées par plusieurs employeurs. La loi laisse donc au juge toute liberté pour faciliter la saisie, notamment en faisant imputer sur une seule des rémunérations la totalité de la saisie (v. ss n° 942.91).

CHAPITRE

942. Mise en œuvre de la saisie

PHILIPPE FLORES
CONSEILLER RÉFÉRENDAIRE
À LA COUR DE CASSATION

SECTION 0
ORIENTEUR

942.00 Plan du chapitre.

942.01 Textes applicables.

C. pr. exéc., art. L. 111-3, L. 143-2, R. 121-7, R. 216-6 et R. 221-2.

C. trav., art. L. 3252-4, L. 3252-5, L. 3252-9, L. 3252-11, R. 3252-2, R. 3252-6 à R. 3252-11, R. 3252-13 à R. 3252-19, R. 3252-21, R. 3252-22, R. 3252-26, R. 3252-27, R. 3252-29 à R. 3252-32, R. 3252-36, R. 3252-40, R. 3252-42 et R. 3252-44.

C. pr. civ., art. 58, 68, 130, 131, 503, 504, 510, 524 et 655.

C. civ., art. 93, 102, 828, 1244 s. et 2241.

COJ, art. L. 221-8 et R. 123-20.

CGI, art. 1920, 1924 et 1929.

C. consom., art. L. 331-5, L. 331-7-1 et L. 331-7-2.

LPF, art. L. 262 et L. 263.

CASF, art. L. 262-2.

• **Décr. n° 96-1080, 12 déc. 1996,** portant fixation du tarif des huissiers de justice en matière civile et commerciale, art. 6, 7, 8, 10 et 13, *JO* 13 déc., p. 18248.

942.03 Bibliographie indicative. (V. ss n° 940.03)

SECTION 1
COMPÉTENCE MATÉRIELLE

§ 1
Juge

942.11 Juge d'instance. Par dérogation à l'article L. 213-6 du COJ qui institue le juge de l'exécution (JEX), le juge compétent pour connaître de la saisie des rémunérations est, aux termes des articles L. 221-8 du COJ et R. 3252-11 du Code du travail, le **juge du tribunal d'instance.** Celui-ci exerce les pouvoirs du JEX (COJ, art. L. 221-8, et C. trav., art. R. 3252-11 – v. ss nos 942.74 et 942.111) mais n'en connaît ni le mode de désignation ni la procédure. La compétence d'attribution du juge du tribunal d'instance est d'ordre public (C. trav., art. R. 3257, al. 3) et les parties ne peuvent y déroger[1].

Ce choix de déroger à la compétence du JEX a été guidé par des considérations historiques et matérielles : l'équipement informatique en place dans les tribunaux d'instance dès avant la réforme de 1991, la présence en son sein d'un régisseur d'avances et de recettes habitué, la plus grande proximité des tribunaux d'instance, *etc.*

Avec **l'avis rendu le 5 mai 2014**, il semble que la Cour de cassation ait choisi de retenir un principe général de compétence des tribunaux d'instance en matière de saisie des rémunérations du travail, y compris pour les procédures atypiques telles que l'avis à tiers détenteur, opposition administrative ou saisie à tiers détenteur[2], dès lors qu'elles sont exercées sur des salaires ou des créances assimilées.

942.12 Conflits de compétence. Des problèmes de conflits de compétence entre le **juge d'instance** et le **JEX** ont pu surgir en pratique. Le juge d'instance est exclusivement compétent pour contrôler, annuler une saisie des rémunérations ou en donner mainlevée quel que soit le montant de la créance à recouvrer et quelle qu'en soit sa nature. L'article 510 C. pr. civ. donne une même compétence au juge d'instance, à l'exclusion du JEX, pour accorder des délais de grâce « *en matière de saisie des rémunérations* » (lire « *qui auraient pour effet de suspendre* » une telle saisie : le JEX est seul compétent pour suspendre d'autres saisies mobilières également en cours, ce qui pourra nécessiter que le débiteur engage deux actions simultanément).

D'autres conflits peuvent naître avec le **tribunal administratif.** En effet, les créances fiscales peuvent faire l'objet d'un avis à tiers détenteur (ATD) en application des articles 1920, 1924 et 1929 du Code général des impôts et des articles L. 262 et L. 263 du Livre des procédures fiscales (v. s^s n°s 945.04 s.). Les créances relevant de la procédure de l'ATD bénéficient d'un régime particulier quant à la compétence[3]. Le contentieux de l'assiette échappe à la compétence du juge judiciaire. Ce dernier connaît en revanche du contentieux du recouvrement, après réclamation préalable à l'Administration, comme l'indique d'ailleurs le formulaire de notification en vigueur dans l'Administration; il est donc compétent pour vérifier l'existence d'un titre exécutoire au sens de l'article L. 111-3 C. pr. exéc., codifiée dans la partie législative du C. pr. exéc., et du Livre des procédures fiscales[4].

Ce **juge judiciaire** est, en matière de saisie des rémunérations, le juge d'instance et non pas le JEX[5].

Il convient en outre de rappeler (sur le paiement direct, v. s^s n°s 951.05 s.) qu'en matière de créances alimentaires récemment échues ou à échoir, les contestations relatives à l'exécution d'un paiement direct de l'article 1er de la loi n° 73-5 du 2 janvier 1973 relèvent, selon l'article L. 3252-5 du Code du travail de la compétence du juge du tribunal d'instance.

Enfin, le conflit de compétence pouvant exister lorsque le salarié est en liquidation judiciaire, avec le tribunal de la procédure collective, a été arbitré en faveur du juge d'instance. En effet, si le liquidateur d'un salarié en liquidation judiciaire peut demander à l'employeur le versement entre ses mains des salaires du débiteur qui, à l'exclusion de leur fraction insaisissable sont appréhendés par l'effet réel de la procédure collective, il doit mettre en œuvre la procédure de saisie des rémunérations du travail qui ressortit à la compétence exclusive du tribunal d'instance[6].

§ 2
Greffe et régie d'avances et de recettes

942.21 Plan. La mise en place de la saisie des rémunérations donne au greffe trois obligations essentielles : d'abord la tenue de fiches individuelles spéciales, ensuite la tenue d'une comptabilité, enfin des opérations de virement de fonds.

942.22 1) Tenue des fiches individuelles. L'article R. 3252-9 du Code du travail précise qu'il est tenu au secrétariat-greffe de chaque tribunal d'instance des fiches individuelles sur lesquelles sont mentionnés tous les actes d'une nature quelconque, décisions et formalités auxquels donne lieu l'exécution (de la saisie). Ces fiches, classées par ordre alphabétique et tenues par le greffe, doivent permettre de suivre tous les événements qui interviennent au cours de la procédure de saisie. Ce fichier doit être tenu sur un support électronique. Le système de traitement des informations doit en garantir l'intégrité et la confidentialité et permettre d'en assurer la conservation.

Doivent notamment y être inscrits :

– la date de la requête du premier créancier;

1. Civ. 22 févr. 1905, *DP* 1905. 1. 303 – Civ. 1re, 30 juin 1964, *Bull. civ.* I, n° 354; *D.* 1964. 576.
2. Cass., avis, 5 mai 2014, n° 14-70.002, *Bull. avis*, n° 4.
3. *Les titres exécutoires émis par l'État pour le recouvrement de ses créances ordinaires*, Agence jud. du Trésor, dossier n° 27.
4. V. chron. Brunel, « De quelques particularités relatives au contentieux des créances des collectivités publiques devant le juge de l'exécution », *Gaz. Pal.* 1997. 1. Doctr. 414.
5. Paris, 9 avr. 1987, *Juris-Data* n° 021913.
6. Civ. 2e, 13 avr. 2010, n° 08-19.074, *Bull. civ.* IV, n° 78; *D.* 2010. 1072; *D.* 2011. 1509, obs. Leborgne; *RTD com.* 2010. 794, obs. Vallens.

- la date de convocation des parties à l'audience de conciliation;
- le résultat de la tentative de conciliation;
- la date de la notification de l'acte de saisie;
- les demandes d'intervention;
- la date des notifications des interventions;
- les incidents de procédure : suspension du contrat de travail, ATD, changement de domicile du débiteur;
- la date de l'ordonnance de contrainte éventuelle;
- la date de la notification de l'ordonnance de contrainte;
- la déclaration d'opposition du tiers saisi;
- la date de la répartition;
- la date de la notification de l'état de répartition et du règlement ainsi que le mode de règlement et son montant;
- la date de la mainlevée de la saisie.

942.23 **2) Tenue de la comptabilité.** Les fiches individuelles sont distinctes des fiches comptables tenues par le régisseur et prévues par l'instruction conjointe du ministère des Finances et du ministère de la Justice du 10 juin 1983. La responsabilité de la comptabilité n'appartient pas au juge d'instance mais au régisseur d'avances et de recettes du tribunal d'instance, conformément à l'article R. 123-20 du COJ. La direction et la surveillance de cette tâche sont assurées par les agents du ministère des Finances. Le régisseur d'avances et de recettes doit contracter une assurance pour cette activité. L'étude de ces mécanismes n'est pas spécifique à la saisie des rémunérations et relève du droit des finances publiques.

942.24 **3) Opérations comptables.** Aux termes de l'article R. 3252-27 du Code du travail lorsqu'il n'existe qu'un seul créancier saisissant, le versement de l'employeur est effectué au moyen d'un chèque libellé conformément aux indications données par celui-ci. Le secrétariat-greffe l'adresse dès sa réception, et après mention au dossier, au créancier ou à son mandataire.

En revanche, l'alinéa 3 du même article indique que s'il existe plusieurs créanciers saisissants, le versement est effectué par chèque ou par virement établi à l'ordre du régisseur installé auprès du secrétariat-greffe du tribunal d'instance.

Ensuite, l'article R. 3252-10 du Code du travail indique que les régisseurs installés auprès des secrétariats-greffes des tribunaux d'instance versent les sommes dont ils sont comptables au préposé de la Caisse des dépôts et consignations le plus rapproché du siège du tribunal auprès duquel le greffe est installé, qui leur ouvre un compte spécial. Dans le cas d'une saisie opérée sur les traitements ou soldes des fonctionnaires, les fonds sont déposés par le comptable public débiteur du salaire directement à la Caisse des dépôts et consignations qui en informe ensuite le régisseur (C. pr. exéc., art. R. 216-6 – v. s[s] n° 943.13).

Le retrait des fonds sur ce compte s'opère avec l'autorisation du greffier en chef, le juge n'ayant plus à donner son autorisation et le régisseur n'ayant pas, ès qualités de comptable, le pouvoir de le faire.

L'article R. 3252-36 du Code du travail prévoit que le règlement des sommes dues à chaque créancier s'effectue uniquement par chèque. Néanmoins on peut admettre que le régisseur pourra continuer à régler le montant des fonds répartis entre les différents créanciers, soit par chèque tiré sur le Trésor, soit par chèque ou virement postal libellé au nom du créancier ou de son mandataire (sur les modalités juridiques et les calculs de la répartition, v. s[s] n° 944.21).

§ 3
Rôle et rémunération de l'huissier de justice

942.31 **Mission facultative.** L'huissier de justice n'a pas, en matière de saisie des rémunérations, une fonction légale relevant de son monopole. Il peut (v. s[s] n° 942.52) représenter le créancier poursuivant tant à l'audience que pour l'encaissement des fonds répartis par le régisseur. Lorsqu'il présente la requête aux fins de saisie des rémunérations, l'huissier de justice a droit, à un droit fixe (Décr. n° 96-1080, 12 déc. 1996, art. 6 et 7) de 30,80 euros HT, multipliés par deux si la créance est supérieure à 1 280 euros, divisés par deux si la créance est inférieure à 128 euros. Le droit d'engagement des poursuites (Décr. n° 96-1080, 12 déc. 1996, art. 13) n'est pas dû, sauf commandement de payer préalable à la saisie des rémunérations. Les frais de gestion de dossier ne sont pas dus, sauf si le créancier a consenti des délais en conciliation et renonce provisoirement à la saisie. L'encaissement des sommes par l'huissier de justice résultant d'un accord entre lui et le créancier, et non du vœu de la loi, le droit proportionnel (Décr. n° 96-1080, 12 déc. 1996, art. 8 et 10 : 4 à 12 % des sommes recouvrées) est à la charge du créancier, en fin de recouvrement. Pour les autres actes (assistance à l'audience, recherches) la rémunération est libre et demeure à la charge du créancier poursuivant[1] (v. s[s] n°s 300.04 à 314.31).

1. V. chron. Ruellan et Lauba, « Le nouveau tarif des huissiers de justice en matière civile et commerciale », *Gaz. Pal.* 1997. 1. Doctr. 702.

SECTION 2
COMPÉTENCE TERRITORIALE

942.41 Énoncé. Selon l'article R. 3252-7 du Code du travail, le juge compétent est celui du domicile du débiteur. Si le débiteur réside à l'étranger, ou s'il n'a pas de domicile connu, la requête est déposée devant le juge du domicile du tiers saisi. En tout cas, ces règles sont d'ordre public et les parties ne peuvent pas y déroger. En outre, elles s'imposent au juge chargé de vérifier et contrôler la saisie des rémunérations. Ce juge devra relever d'office son incompétence territoriale, en respectant bien entendu le principe contradictoire, selon l'article 93 (2e phrase) C. pr. civ. : en cas de compétence exclusive d'une autre juridiction, ou en cas de non-comparution du défendeur.

La compétence territoriale initiale demeure valable pour toute la procédure de saisie des rémunérations et même pour les procédures ultérieures d'intervention (C. trav., art. R. 3252-47 – v. ss nos 942.121 et 942.141, à propos du changement d'employeur et/ou de résidence).

Ces règles de compétence sont d'ordre public (C. trav., art. R. 3252-7, al. 3).

942.42 Lieu où demeure le débiteur. Le premier alinéa de l'article R. 3252-7 du Code du travail adopte le principe général (C. pr. civ., art. 42, al. 1er) et fait référence à la notion de domicile de l'article 102 du Code civil. Le juge compétent est celui du domicile du débiteur, le lieu où il a son principal établissement, le lieu de son habitation habituelle et effective. Toutefois, il a toujours été admis que le lieu de la résidence à défaut de domicile clairement déterminé, suffit pour fixer la compétence du juge. Ce premier principe en matière de compétence territoriale ne cède pas, même en matière alimentaire, devant la compétence alternative du domicile du créancier (C. pr. civ., art. 46) [1].

942.43 Lieu où demeure le tiers saisi. Le second alinéa de l'article R. 3252-7 du Code du travail donne un second critère qui n'intervient que lorsque le débiteur n'a pas de domicile connu. Dans ce cas le juge compétent est celui du lieu où demeure le tiers saisi. En raison de la gêne réelle qu'occasionne l'application de cette règle (concentration de dossiers sur les tribunaux des gros bassins d'emplois), le juge d'instance sera exigeant quant à la preuve de l'absence de domicile. La nécessité d'une telle vérification est encore renforcée lorsque le débiteur n'a plus d'emploi, comme c'est le cas des chômeurs ou des retraités, ou que le tiers saisi n'a pas de lien réel avec lui et ne se trouve pas lui-même en mesure de toucher le débiteur. La concentration des dossiers au siège des organismes de chômage ou des caisses de retraite serait encore plus artificielle. Le juge doit donc exiger que conformément à l'article 655 C. pr. civ., les huissiers de justice aient bien fait tout leur possible pour signifier l'acte à personne ou pour découvrir son domicile réel. À défaut, et en cas de retour de la convocation par la Poste, le juge doit veiller à ce que cette convocation soit signifiée au moins sur le lieu de travail, s'il y en a un. Lors de l'audience, le juge doit aussi vérifier les adresses des parties. Rappelons à cet égard que le défendeur est tenu, à peine d'être déclaré, même d'office, irrecevable en sa défense, à faire connaître son domicile (C. pr. civ., art. 59). La compétence territoriale s'apprécie au jour où la requête a été déposée.

Si le débiteur réside et travaille à l'étranger pour le compte d'une société française ayant son siège social en France, le créancier doit choisir dans ce cas le tribunal d'instance du lieu du siège social de l'entreprise. Mais si le débiteur réside et travaille en France pour le compte d'une société étrangère, la procédure de saisie des rémunérations ne pourra être utilisée que si cette société a son siège ou un établissement en France. En effet, la saisie des rémunérations qui est une mesure d'exécution ne peut être effective que si le tiers saisi a un domicile ou une résidence en France qui sera dans l'affirmative le lieu d'exécution de la saisie. De façon pragmatique, il arrive qu'un tiers saisi étranger accepte malgré tout de verser la quotité saisissable du salaire d'un salarié résidant en France.

SECTION 3
PROCÉDURE DÉNUÉE D'INCIDENTS

942.50 Charge du greffe. La procédure est entièrement à la charge du greffe du tribunal d'instance et de sa régie (v. ss no 940.04). Aucun acte d'huissier de justice n'est donc, en principe, nécessaire : l'article R. 3252-6 du Code du travail prévoit que, sauf dispositions contraires, les notifications et les convocations en matière de saisie des rémunérations, sont faites par lettre recommandée avec demande d'avis de réception. Notons toutefois que lorsque la notification par lettre recommandée avec demande d'avis de réception ne parvient pas au destinataire, le greffe doit inviter le requérant à procéder par voie de signification par huissier de justice (C. pr. civ., art. 670-1).

§ 1
Formes et effets de la requête – Représentation et assistance

942.51 Mentions obligatoires. Aux termes de l'article R. 3252-13 du Code du travail, la procé-

1. Civ. 2e, 15 févr. 1995, no 93-18.104, *Bull. civ.* II, no 56.

dure est ouverte par un créancier qui forme une demande par requête remise ou adressée au secrétariat-greffe du tribunal d'instance. Cette requête doit contenir un certain nombre de mentions obligatoires énumérées dans l'article 58 C. pr. civ. et R. 3252-13 du Code du travail, à savoir :

- **le nom et l'adresse du débiteur**; lorsque le débiteur est payé par un organisme important, tel que Pôle emploi, la CPAM ou une caisse de retraite, il est parfois nécessaire d'indiquer en outre le numéro de sécurité sociale ou à tout le moins les dates et lieu de naissance du débiteur. Ces informations sont indispensables à l'identification du débiteur et à la distinction entre d'éventuels homonymes. À défaut, la saisie des rémunérations du travail risque d'être inexécutable. Il appartient au créancier de fournir les éléments nécessaires à l'identification du débiteur;

- **le nom et l'adresse de son employeur**; le créancier ne saurait attendre du tribunal une recherche sur ce point et doit faire au besoin usage des services du procureur de la République (C. pr. exéc., art. L. 152-1 et L. 152-2) avant de saisir le greffier d'instance; par ailleurs, le créancier qui aurait connaissance d'une pluralité d'employeurs, doit l'énoncer dans sa requête de façon que le juge puisse exercer ses attributions à ce sujet (v. s[s] n° 942.91);

- **le décompte distinct des sommes réclamées** en principal, frais et intérêts échus ainsi que l'indication du taux des intérêts; l'irrégularité tenant à l'absence d'indication, dans la requête, du décompte distinct des sommes réclamées en principal, frais et intérêts, prévus à l'article R. 3252-13 du Code du travail, constitue une irrégularité de forme, qui ne peut entraîner la nullité de la requête qu'en cas de grief prouvé[1];

- les indications relatives aux **modalités de versement des sommes saisies**;

- le **visa du titre exécutoire**, dont une copie doit être jointe à la requête. Ce visa lie le requérant qui ne peut pas substituer à ce titre un autre titre exécutoire qui ne serait pas joint à la requête[2]. Bien que le texte ne le dise pas expressément, la copie du titre exécutoire doit comprendre la copie de la signification ou de la notification qui rend exécutoire le titre au sens des articles 503 et 504 C. pr. civ., à moins que l'exécution volontaire en ait commencé ou que le débiteur condamné n'ait acquiescé ; si la décision est susceptible de recours suspensifs d'exécution, il faudra fournir en outre un certificat de non-recours;

1. Civ. 2e, 11 févr. 2010, n° 08-22.067, *Bull. civ.* II, n° 33.
2. Civ. 2e, 8 juin 2000, n° 98-19.389, *Bull. civ.* II, n° 98; *D.* 2000. 199 – Civ. 2e, 24 mars 2005, n° 03-17.007, *Bull. civ.* II, n° 82.

- enfin, si le mandataire du créancier saisissant n'est pas un avocat ou un officier ministériel du ressort, la requête présentée par mandataire devrait être accompagnée d'une procuration spéciale à l'affaire pour laquelle le mandataire représente son mandant.

Le contenu de la requête est prescrit à peine de **nullité et non à peine d'irrecevabilité**[3]. La nullité sera donc encourue, à charge pour le débiteur de faire la preuve du grief qui en résulterait. Notons toutefois, que certains renseignements conditionnent l'exécution même de la saisie et qu'en l'absence d'indication des éléments relatifs à l'employeur, la saisie des rémunérations du travail ne pourra pas être exécutée, même si le débiteur ne soulève pas la nullité, notamment en cas d'absence de ce dernier. Le juge doit pouvoir réclamer ces éléments nécessaires à l'exécution de la saisie, et, en cas de défaut de diligence du créancier, radier l'affaire.

942.52 Représentation et assistance des parties. Elles sont, comme il est de principe devant le juge d'instance (C. pr. civ., art. 828) ou devant le JEX (C. pr. exéc., art. R. 121-7), tout à fait **facultatives**. Elles sont cependant fréquentes en pratique, ce qui ne laisse pas de poser difficulté car la procédure de saisie des rémunérations peut nécessiter des prises de position rapides devant lesquelles les mandataires hésitent. Des règles spéciales ont été aménagées en considération de ces éléments.

L'article L. 3252-11 du Code du travail permet la représentation des parties (débiteur ou créancier, éventuellement tiers saisi) par un **avocat**, un **officier ministériel** et par tout **mandataire** de son choix muni d'une procuration. La représentation par avocat n'appelle pas de commentaires spécifiques. En revanche, un huissier de justice peut représenter les parties, en pratique, le créancier. Dans ce cas, l'huissier n'a pas à justifier d'un pouvoir écrit ou d'une procuration. Enfin, le mandataire qui n'est ni avocat ni officier ministériel doit produire une procuration écrite; s'agissant du créancier, le texte précise que la procuration sera spéciale pour chaque affaire, mais pas pour chaque phase de la procédure; la même exigence ne s'applique pas au débiteur, qui pourra donc ne délivrer qu'un seul pouvoir pour toutes les saisies des rémunérations qu'il aurait à subir.

On doit considérer que les mêmes règles à l'exception de celles concernant le mandataire spécial, s'appliquent pour l'assistance des parties, même si les textes ne contiennent aucune disposition à ce sujet. Un débiteur ou un créancier comparant en personne peut se faire assister par un avocat ou par un huissier.

3. Civ. 2e, 26 juin 2014, n° 13-19.758, NP.

La procuration donne, en général, mandat de représenter dans la procédure engagée; mais elle ne donne pas expressément pouvoir de transiger, en l'espèce sur la mesure d'exécution. Comme la procédure de saisie des rémunérations prévoit une tentative de conciliation, la procuration doit contenir le pouvoir de se concilier et de transiger sur la mesure d'exécution. Il est souhaitable que le mandat donné le dise expressément. À défaut, le juge dispose d'un choix : considérer que la partie représentée ne l'est pas valablement et qu'elle est donc juridiquement non comparante; ou bien considérer d'office que la procuration contient implicitement et nécessairement pouvoir d'accepter une conciliation devant le juge, conciliation qui prévoit toujours l'exécution de la saisie pour le cas où le débiteur ne tiendrait pas ses engagements de payer.

942.53 **Effets de la requête.** La requête, qui tend à la convocation du débiteur devant le tribunal d'instance aux fins de saisie de ses rémunérations équivaut à une citation en justice visée par l'article 2241 du Code civil, qui sans exiger que l'acte soit porté à la connaissance du débiteur, entend seulement préciser qu'un tel acte doit viser celui qu'on veut empêcher de prescrire[1]. Elle interrompt donc la prescription.

§ 2
Audience de conciliation

A.
Forme et délai de la convocation

942.61 **Modalités.** Aux termes de l'article R. 3252-14 du Code du travail, le créancier saisissant, demandeur, est avisé des lieu, jour et heure de la tentative de conciliation, par le greffier soit verbalement contre délivrance d'un récépissé, soit par lettre simple. Le débiteur dont on veut saisir les rémunérations doit être convoqué par le greffier par lettre recommandée avec accusé de réception (LRAR), quinze jours au moins avant la date de l'audience (C. trav., art. R. 3252-16).

L'article R. 3252-15 du Code du travail précise que cette convocation doit :

– mentionner les nom, prénom et adresse du créancier ou, s'il s'agit d'une personne morale, sa dénomination et son siège social ainsi que les lieu, jour et heure de la tentative de **conciliation**;

– contenir l'objet de la demande et l'état des sommes réclamées;

– indiquer au débiteur qu'il doit élever lors de cette audience toutes les contestations qu'il pourrait faire valoir et qu'une contestation tardive ne suspendrait pas le cours des opérations de saisie;

– reproduire les dispositions de l'article L. 3252-11 du Code du travail relatives à la représentation des parties.

Le Code du travail ne prévoit pas qu'une copie de la convocation doit être envoyée le même jour par lettre simple au débiteur poursuivi; il y a là une différence notable d'avec la convocation du défendeur dans la procédure ordinaire devant le JEX (Décr. n° 92-755, 31 juill. 1992, art. 18 [devenu C. pr. exéc., art. R. 442-3]). Cette absence de copie par lettre simple, est regrettable, car, lorsque le débiteur, pour des raisons diverses, ne retire pas la lettre recommandée avec demande d'avis de réception, il peut avoir connaissance de la date d'audience par cette lettre simple et comparaître, évitant ainsi un renvoi pour assignation. Certaines juridictions doublent néanmoins les convocations par LRAR d'une lettre simple et obtiennent ainsi des taux de comparution des débiteurs plus importants, limitant de ce fait les renvois pour assignation (C. pr. civ., art. 670-1).

942.62 **Convocation sur le lieu de travail.** Pour le cas où la convocation du débiteur a lieu, non pas à son domicile, mais chez son employeur, dans l'hypothèse où est retenue la compétence de la juridiction du lieu où demeure le tiers saisi, en l'espèce l'employeur, la convocation envoyée par lettre recommandée avec demande d'avis de réception doit être remise à la personne du destinataire ou à un mandataire du débiteur et non de l'employeur. Si cette remise n'a pas lieu, la convocation n'est pas régulière et il faut recourir à la signification par huissier de justice (v. s^s^ n° 942.72).

942.63 **Date.** L'article R. 3252-16 du Code du travail impose que la convocation des parties soit faite au moins quinze jours avant la date de l'audience de conciliation. Ce délai de quinze jours est le délai général de citation devant les juridictions, notamment devant le tribunal d'instance. En pratique, pour s'assurer que la lettre recommandée aura touché son destinataire, et, le cas échéant permettre la délivrance d'une assignation en cas de retour au greffe de la convocation, le délai est beaucoup plus long. En cas de nécessité de citation du débiteur qui n'a pas été touché par la convocation (C. pr. civ., art. 670-1), l'huissier de justice devra prendre garde au respect du **délai de comparution de quinze jours.** À défaut l'assignation est affectée d'un vice de fond[2]. S'agissant d'une atteinte aux

1. Civ. 2e, 16 mai 2012, n° 11-13.207, NP – Civ. 2e, 13 déc. 1995, nos 93-21.091 et 93-21.092, NP.

2. Civ. 2e, 12 juin 2003, n° 01-11.441, *Bull. civ.* II, n° 196; *D.* 2003. 1943.

droits de la défense, le juge pourra le relever d'office. En cas de comparution du défendeur, le renvoi sera de droit s'il le réclame puisqu'il n'aura pas bénéficié du délai nécessaire à la préparation de sa défense.

B. Déroulement de l'audience

942.70 Tentative de conciliation. L'article R. 3252-12 du Code du travail dispose que la procédure de saisie des rémunérations est précédée par une tentative de conciliation, et ce, à peine de nullité. Cette tentative de conciliation a un caractère obligatoire et s'impose au premier créancier saisissant et au juge. Encore s'impose-t-elle lorsqu'une saisie des rémunérations va être mise en œuvre, pour la première fois à l'égard du débiteur; elle n'a plus de justification lorsque la saisie est en cours ou lorsqu'elle se poursuit; lorsque la saisie a été organisée à la demande d'un créancier, premier saisissant, les créanciers ultérieurs ne sont pas soumis à la tentative de conciliation comme le rappelle l'article R. 3252-30 du Code du travail.

La tentative de conciliation a lieu devant le juge assisté du greffier, en chambre du conseil. Diverses hypothèses doivent être envisagées selon la comparution ou la non-comparution des parties et selon la conciliation ou la non-conciliation des parties. Aucune disposition n'impose que le jugement qui autorise la saisie constate l'exécution de la tentative préalable de conciliation[1].

942.71 Non-comparution du créancier. L'article R. 3252-19 du Code du travail, dans son alinéa 1er, renvoie à l'application de l'article 468 C. pr. civ. Le débiteur peut donc, si le créancier n'a pas fait connaître de motif légitime de non-comparution, demander au juge d'autoriser la saisie des rémunérations ou de rejeter la demande, ou de prononcer la caducité de la requête[2]. Le juge peut aussi renvoyer l'affaire à une audience ultérieure à laquelle le créancier sera convoqué par lettre simple ou prononcer d'office la caducité.

Le créancier a la possibilité de solliciter un relevé de caducité dans le délai de quinze jours, à condition de justifier d'un motif légitime expliquant le défaut de comparution (C. pr. civ., art. 468). En cas d'acceptation par le juge, les parties sont reconvoquées par le greffe à une autre audience. En cas de décision de rejet, le juge doit statuer par ordonnance laquelle est susceptible d'appel[3].

Notons que la citation en saisie des rémunérations du travail, même déclarée nulle, interrompt la prescription, conformément à l'article 2241 du Code civil, dans sa rédaction issue de la loi du 17 juin 2008[4].

942.72 Non-comparution du débiteur. Si le débiteur a signé l'accusé de réception de la lettre recommandée de convocation, il est réputé convoqué à personne. En effet, lorsque l'avis de réception est signé par une personne munie d'un pouvoir à cet effet, la notification est réputée faite à domicile ou à résidence (C. pr. civ., art. 670, al. 2). Le juge vérifie donc le montant de la créance et indique la somme en principal, intérêts et frais pour laquelle la saisie sera faite.

Lorsque la lettre de convocation n'a pas été remise à son destinataire, ou à une personne munie d'un pouvoir à cet effet, le défendeur doit être reconvoqué par voie d'assignation par huissier de justice (C. pr. civ., art. 670-1) et ce quelle qu'en soit la cause : destinataire qui n'habite pas à l'adresse indiquée, pli non réclamé[5], défaut de retour de l'avis de réception pour l'audience[6]. Une nouvelle convocation peut toutefois être envoyée par lettre recommandée si la nouvelle adresse a été découverte. En cas d'absence au domicile, l'huissier doit essayer de rencontrer le débiteur sur son lieu de travail[7].

Dans cette dernière hypothèse, la citation doit être faite soit à la personne du débiteur, soit à domicile, soit en l'étude d'huissier pour que le juge puisse statuer régulièrement. En effet, de façon générale l'existence d'un procès-verbal de recherches au sens de l'article 659 C. pr. civ. ne vaut pas convocation en saisie des rémunérations puisque le débiteur n'a pas eu connaissance de la demande de saisie par une convocation à son domicile ou chez son employeur. Ce mode de saisine peut toutefois être retenu lorsque le domicile du salarié reste inconnu et qu'il n'exerce aucune activité salariée mais perçoit des revenus de remplacement (retraite, indemnités de chômage, indemnités journalières, *etc.*), de sorte qu'il ne peut être joint chez le tiers saisi. Ces formalités ne sont pas facultatives, car le législateur compte que le débat, qui va aboutir à la

1. Civ. 2e, 16 déc. 2004, no 02-20.368, *Bull. civ.* II, no 355; *D.* 2004. 246.
2. S. Guinchard (dir.), Dalloz action *Droit et pratique de la procédure civile*, 2014/2015, no 321.131, par P. Hoonakker.
3. Civ. 2e, 17 juin 1998, no 95-12.810, *Bull. civ.* II, no 193; *RTD civ.* 1998. 743, obs. Perrot.
4. Civ. 1re, 17 févr. 2011, no 10-13.977, NP.
5. Soc. 13 nov. 1996, no 94-44.701, *Bull. civ.* V, no 385; *Procédures* 1997, no 33.
6. Civ. 1re, 2 oct. 1996, no 95-04.103, NP; *Procédures* 1996, no 326, obs. Perrot.
7. Civ. 2e, 10 nov. 2005, no 03-20.369, *Bull. civ.* II, no 287; *Procédures* 2006, no 5.

privation de ressources essentielles, ait bien lieu. Il a été expressément jugé[1] qu'en matière de saisie des rémunérations, lorsque le débiteur ne comparaît pas à l'audience de conciliation, le juge d'instance ne peut se dispenser de faire citer le débiteur que s'il a la certitude que ce dernier a été régulièrement convoqué.

942.73 Conciliation des parties. Par hypothèse, les deux parties auront comparu à l'audience. Le débiteur comme le créancier, au besoin sous l'égide du juge, s'accordent sur le montant de la somme due, car le titre exécutoire, s'il est intangible, doit souvent être actualisé en fonction des intérêts échus, acomptes versés, remises consenties, *etc.* Ils s'accordent en outre sur un calendrier de paiement qui évitera la saisie des rémunérations.

Il appartient au greffier de dresser un procès-verbal de conciliation signé par le juge, le greffier et les parties conformément à l'article 130 C. pr. civ. Le procès-verbal mentionne outre l'identité et l'adresse des parties, le montant de la somme due en principal, intérêts et frais et les modalités conventionnelles de paiement que les parties ont acceptées. Il précise encore si les intérêts courent pour l'avenir, selon ce que les parties ont décidé. En outre, il doit indiquer clairement qu'à défaut de respect des engagements pris par le débiteur, la saisie des rémunérations pourra avoir lieu à la demande du créancier, sans nouvelle conciliation.

En effet l'article R. 3252-18 du Code du travail précise que si le débiteur manque aux engagements pris à l'audience, le créancier a la faculté de demander, au secrétariat-greffe, de procéder à la saisie sans nouvelle conciliation.

Le procès-verbal de conciliation régulièrement dressé conformément à l'article 130 C. pr. civ., vaut titre exécutoire comme le dispose l'article 131 C. pr. civ. et peut faire l'objet d'extraits délivrés par le greffe. L'effet du procès-verbal de conciliation n'est pas limité à la seule saisie des rémunérations du travail.

Notons toutefois que si le débiteur dissimule ses véritables revenus et trompe le créancier, dont le consentement serait ainsi vicié, ce dernier pourrait invoquer la nullité du procès-verbal de conciliation pour dol et réclamer la mise en place d'une saisie[2].

Dans un **arrêt du 27 février 2014**, la Cour de cassation a considéré que la cour d'appel ayant relevé, souverainement, qu'un procès-verbal de conciliation régulièrement dressé dans le cadre de la procédure de saisie des rémunérations en application de l'article R. 3252-17 du Code du travail, ne contenait aucune renonciation claire et non équivoque du créancier saisissant à la mise en œuvre de toute autre procédure d'exécution à l'encontre du débiteur, en déduit que ce créancier pouvait poursuivre le recouvrement de la créance par le recours d'autres mesures[3]. Même si elle s'appuie sur le pouvoir souverain d'interprétation des juges du fond, la solution paraît inopportune en pratique. En effet, l'exercice d'une saisie-attribution sur le compte bancaire du débiteur, alors que celui-ci respecte le procès-verbal de conciliation, risque d'empêcher ce dernier de faire face aux obligations issues de l'accord amiable et par suite d'entraîner la mise en place de la saisie des rémunérations. Le procès-verbal de conciliation serait alors perçu par les parties comme une perte de temps et une source de frais complémentaires. Au vu de cette jurisprudence, il paraît nécessaire d'aborder ce point lors de l'audience de conciliation et de préciser dans le procès-verbal si les délais accordés font obstacle à toute autre voie d'exécution, ou bien s'ils ne valent que pour la saisie des rémunérations. Mais dans ce dernier cas il est probable que le débiteur préférera alors la mise en place de la saisie des rémunérations. L'intérêt de la conciliation risque d'en être fortement amoindri.

942.74 Non-conciliation sans contestation (vérification de créance). Il s'agit de l'hypothèse dans laquelle le débiteur reconnaît sa dette mais ne peut pas ou ne veut pas faire d'offres pour éviter la saisie des rémunérations. Dans ce cas, le juge fait en principe procéder à la saisie (C. trav., art. R. 3252-19). Mais il doit d'abord vérifier les conditions générales de mise en œuvre d'une saisie des rémunérations. L'ordonnancement de l'article R. 3252-19 indique que le juge agit ici d'office, même sans demande expresse ou précise du débiteur. En effet, le juge ne peut pas se borner à relever l'absence de contestation de la demande de saisie, alors qu'en l'absence de conciliation des parties, il lui appartient de vérifier le montant de la créance servant de cause à la saisie[4]. La forme de la vérification n'est cependant pas la même que dans le cas de contentieux, examiné au numéro suivant. Ici, pour l'essentiel, le juge doit s'assurer de l'existence d'un titre exécutoire, selon ce qui a été décrit (v. s^s n° 941.12). Mais si le titre existe bien, **le juge ne saurait réévaluer la créance** et se substituer ainsi au débiteur – alors même que ce dernier reconnaît la dette et que le créancier dispose d'une voie de

1. Civ. 2e, 14 juin 2001, n° 99-18.371, *Bull. civ.* II, n° 120; *D.* 2001. 2718, obs. Julien; *Gaz. Pal.* 2002. 1. Somm. 250, obs. Véron; *RD banc. fin.* 2001. 294, note Lucas et Delecci – RENVOYANT À : Civ. 2e, 5 juin 1996, n° 94-15.307, *Bull. civ.* II, n° 138.
2. Civ. 2e, 20 oct. 2005, n° 03-19.895, NP.
3. Civ. 2e, 17 févr. 2014, n° 12-35.294, *Bull. civ.* V, n° 58.
4. Civ. 2e, 10 févr. 2011, n° 10-12.051, NP.

recours ardue, nous allons le voir. À ce sujet, trois difficultés habituelles de la pratique méritent d'être signalées :

– il n'est pas rare que le créancier dispose d'une ordonnance d'injonction de payer, exécutoire comme dotée de la formule *ad hoc*, mais que le débiteur découvre à l'audience de conciliation; à notre sens, le juge pourra sans excéder ses pouvoirs, laisser le temps au débiteur de frapper cette injonction d'opposition, si cette dernière paraît encore recevable et renvoyer l'audience de conciliation à une date ultérieure pour s'assurer que l'ordonnance aura été confirmée sur opposition;

– la même observation s'impose lorsque le titre est émis par une collectivité ou un établissement public et est susceptible d'opposition (CGCT, art. L. 1617-5); mais pour ce type de titre, il semble que le juge doive vérifier le montant de la créance en principal, intérêts et frais et indiquer le montant retenu pour lequel la saisie doit être faite;

– certains magistrats estiment que la tâche de vérification de l'existence du titre inclut le pouvoir de suspendre l'exécution, donc retarder la saisie des rémunérations, en accordant des délais. Les mêmes considèrent que le juge peut aussi réduire le taux d'intérêt pour l'avenir ou décider l'imputation des versements futurs en priorité sur le capital (C. trav., art. L. 3252-13); il n'est pas lié par les prescriptions de l'article 1244-1 du Code civil, auquel le Code du travail ne renvoie pas, et peut donc adopter un taux d'intérêt inférieur au taux légal. Nous ne sommes pas d'avis que le juge puisse aller jusqu'à ces dispositions, hors le cadre contentieux examiné au numéro suivant, lequel présente des garanties (principe contradictoire, jugement formel, appel) que n'offre pas la vérification ici examinée. Du reste, l'octroi de délais doit toujours être motivé (C. pr. civ., art. 510, al. 4), ce que ne permet pas le simple procès-verbal de non-conciliation opérant vérification de créances.

En tout cas, **le juge vérifie les frais :** il s'agit d'une disposition dérogatoire au droit commun des articles 704 et suivants C. pr. civ. mais coutumière aux juges d'instance. L'octroi de délais ne peut limiter ses effets que pour la seule saisie des rémunérations du travail.

En effet, le créancier qui pratiquerait une **saisie-attribution sur un compte bancaire** contournerait les règles de la saisie des rémunérations du travail en appréhendant le montant de la quotité saisissable des salaires versés sur le compte bancaire en sus du montant de l'acompte obtenu dans le cadre de la conciliation. Par ailleurs, la saisie-vente pratiquée dans le domicile pour le recouvrement de créances inférieures à 535 euros étant subsidiaire par rapport à la saisie des rémunérations du travail (C. pr. exéc., art. R. 221-2), il serait contradictoire de permettre l'exécution d'une telle saisie alors que les parties se sont accordées dans le cadre de la procédure de saisie des rémunérations du travail.

La non-conciliation des parties doit être constatée dans un **procès-verbal de non-conciliation** dressé par le greffier, signé par le juge et les parties.

La décision de vérification qui est prise d'office, l'est dans le procès-verbal de non-conciliation. Elle n'est susceptible que d'un seul recours : l'instance en contestation que prévoit l'article R. 3252-8 du Code du travail[1]. Il n'existe en effet aucune raison pour que l'appel soit ouvert à l'encontre de la décision de vérification qui ne suppose pas l'existence d'un vrai débat contradictoire et qui s'apparente à une décision gracieuse au sens de l'article 25 C. pr. civ., qui peut faire l'objet d'un recours.

942.75 Contestation de la dette. Il s'agit des hypothèses dans lesquelles le débiteur soulève une contestation à l'audience de conciliation; que le juge la rejette ou bien y fasse droit en tout ou partie, il doit statuer par un jugement soit immédiatement soit après avoir mis l'affaire en délibéré, soit après avoir renvoyé l'affaire à une audience ultérieure, pour permettre aux parties de s'expliquer complètement, de se répondre de manière contradictoire. La saisine est faite conformément à l'article 68 C. pr. civ., soit oralement à l'audience, soit par voie de conclusions déposées à l'audience, soit par voie d'assignation ou de déclaration au greffe, selon la valeur du litige. En pratique, le juge est saisi de la contestation soit oralement, soit par voie de conclusions. L'affaire devient alors contentieuse et, selon l'organisation de la juridiction, elle est jugée immédiatement ou renvoyée à une autre audience pour être tranchée au fond. Si la procédure emprunte à celle en vigueur devant le tribunal d'instance, l'affaire reste de la compétence du juge de la saisie des rémunérations du travail investi des pouvoirs du JEX.

La procédure appliquée ensuite, pour la préparation et le déroulement du débat, est celle du tribunal d'instance (sauf pour la saisine, évidemment) et non pas celle du JEX : les débats sont oraux, la communication des pièces est libre, leur échange par lettre ne dispense pas de comparaître. La procédure de « *mise en état* » et d'audience est celle du tribunal d'instance, les attributions du juge sont en revanche celles du JEX, à la fois plus larges et plus restreintes que celles du juge d'instance. Trois précisions devraient permettre de cerner cette position particulière du juge, voulue par le législateur mais pas toujours aisée pour les juges d'instance, qui doit

1. EN CE SENS, sous le régime antérieur à la loi du 9 juillet 1991, Douai, 7 juill. 1994, *Rev. huiss.* 1995. 602, note Dahan.

appliquer « sa » procédure mais s'abstenir de juger comme il le fait quotidiennement :

- échappent au débat et au juge les domaines de compétence exclusive du juge d'instance (notamment les questions relatives aux emprunts mobiliers, qui nécessiteront une question préjudicielle déférée au tribunal d'instance proprement dit, de façon assez artificielle quand le juge est la même personne) ainsi que les problèmes touchant à la saisie immobilière; lui est aussi interdit de prononcer une condamnation à titre principal [1];

- est au contraire ouvert le vaste domaine des « *difficultés d'exécution* », spécialement : à propos des actes notariés ou à propos des titres susceptibles d'opposition ou réformés après un appel (ex. : injonctions de payer, titres émis à leur profit par des collectivités et établissements publics) ou encore des titres anciens nécessitant d'établir des comptes entre les parties. Deux avis de la Cour de cassation ont été nécessaires pour conforter les pouvoirs du juge d'instance en la matière [2]. Il peut rechercher si le titre produit au soutien de la requête contient tous les éléments permettant l'évaluation de la créance et si le débiteur justifie des causes d'extinction de ses obligations [3]. Dans ce cadre, le juge a certainement le pouvoir de suspendre l'exécution, donc retarder la saisie des rémunérations, en accordant des délais (C. pr. civ., art. 510). Le juge peut aussi réduire le taux d'intérêt pour l'avenir ou décider l'imputation des versements futurs en priorité sur le capital (C. trav., art. L. 3252-13); il n'est pas lié par les prescriptions de l'article 1244-1 du Code civil, auquel le Code du travail ne renvoie pas, et peut donc adopter un taux d'intérêt inférieur au taux légal. Le juge ne peut pas refuser de statuer au motif de l'insuffisance de preuve, et, si le principe de la créance est acquis, il doit liquider celle-ci, quitte à ordonner une mesure d'instruction préalable [4]. Le juge doit également trancher les contestations du débiteur et notamment celle relative à une créance de répétition de l'indu [5].

En revanche, le juge d'instance ne saurait remettre en cause le titre exécutoire dans son principe ou la validité des droits ou obligations que ce titre constate; par application au cas où le titre est constitué par un acte authentique exécutoire, il ne peut apprécier la validité de cet acte notarié [6], mais doit toutefois rechercher si cet acte notarié contient tous les éléments permettant l'évaluation de la créance [7]; par application au cas de contraintes délivrées par des organismes publics ou parapublics, le juge ne peut en remettre en cause le bien-fondé [8] (ainsi pour une condamnation correctionnelle à payer des dommages-intérêts [9]; un certificat exécutoire de non-paiement de chèque [10]; un titre exécutoire émis par un établissement public [11]).

Notons toutefois que dans un arrêt du 18 juin 2009, la deuxième chambre civile de la Cour de cassation a considéré que le JEX connaissait des difficultés relatives aux titres exécutoires et des contestations qui s'élèvent à l'occasion de l'exécution forcée, même si elles portent sur le fond du droit, à moins qu'elle n'échappent à la compétence des juridictions de l'ordre judiciaire, et a cassé en conséquence un arrêt qui avait retenu que le JEX ne pouvait pas se prononcer sur la nullité d'un engagement résultant d'un acte notarié exécutoire [12]. Il conviendra d'être particulièrement attentif à l'évolution de la jurisprudence pour mesurer les conséquences de cette décision.

Le juge d instance, investi des pouvoirs du JEX, ne peut en aucune manière condamner le débiteur aux causes de la saisie [13]. En effet, le titre mis à exécution emporte déjà une telle condamnation.

En cas de plan de surendettement, Il appartient au débiteur de prouver que celui-ci a été approuvé par le créancier saisissant [14], que les recommandations ont été homologuées par le JEX, qu'un plan a été adopté par celui-ci, ou lorsqu'une procédure de rétablissement personnel a été clôturée à son profit et que la créance a été prise en compte par cette décision.

Après que le débat se sera déroulé dans les mêmes termes que devant un JEX, la suite de la procédure retrouve les règles applicables au tribunal d'instance : la décision du juge qui tranche une contestation dûment élevée par une partie, en général par le débiteur, doit être jugée comme le prévoit l'article R. 3252-8 du Code du travail, selon la pro-

1. Versailles, 5 déc. 1997, *Rev. huiss.* 1998. 442 – Civ. 2e, 20 oct. 2005, no 03-18.700, *Bull. civ.* II, no 268.
2. Cass., avis, 16 juin 1995, no 09-50.008, *Bull. avis*, no 9; *RTD civ.* 1995. 691 – Cass., avis, 14 févr. 1997, no 09-60.014, *Bull. avis*, no 2; *Procédures* 1997, no 86, note Perrot.
3. Civ. 2e, 8 déc. 2005, no 04-14.785, *Bull. civ.* II, no 314.
4. Civ. 2e, 28 juin 2006, no 04-17.224, *Bull. civ.* II, no 174.
5. Civ. 2e, 28 juin 2006, no 04-17.224 (préc. s^s prés^t no).
6. Versailles, 1re ch., 26 juin 1998, *Gaz. Pal.* 1999. 1. Somm. 35 – Versailles, 29 janv. 1999, *Rev. huiss.* 1999. 695 – Versailles, 1er oct. 1999, *Gaz. Pal.* 2001. 1. Somm. 599.
7. Civ. 2e, 8 déc. 2005, no 04-14.785, *Bull. civ.* II, no 314.
8. Civ. 2e, 17 juin 1998, no 96-13.199, *Bull. civ.* II, no 199; *Rev. huiss* 1999. 204, obs. Dahan – Versailles, 1re ch., 20 nov. 1998, *JCP* 1999. IV. 1960.
9. Versailles, 1re ch., 21 nov. 1997, *Rev. huiss.* 1998. 1145.
10. Civ. 2e, 5 avr. 2001, no 99-14.756, *Bull. civ.* II, no 75; *Gaz. Pal.* 2002. 1. Somm. 251, obs. Véronaz; *Dr. et proc.* 2001. 323, note Hoonakker.
11. Civ. 2e, 8 avr. 2004, no 02-11.625, *Bull. civ.* II, no 189.
12. Civ. 2e, 18 juin 2009, no 08-10.843, *Bull. civ.* II, no 165; *D.* 2009. 1768.
13. Civ. 2e, 20 oct. 2005, no 03-18.700, *Bull. civ.* II, no 268.
14. Civ. 2e, 6 mai 2004, no 02-16.042, *Bull. civ.* II, no 222.

cédure ordinaire du tribunal d'instance. Le juge statue donc par jugement comme le rappelle l'article R. 3252-21 du Code du travail en son deuxième alinéa. Il n'est pas nécessaire dans le jugement d'indiquer que la tentative de conciliation a eu lieu[1]. Lorsque le juge statue par un jugement sur une contestation ou une demande du débiteur, cette décision est susceptible d'appel si l'intérêt du litige est supérieur à 4 000 euros. Le pourvoi en cassation est ouvert lorsque la valeur du litige n'excède pas 4 000 euros (COJ, art. R. 221-4, al. 2). Le jugement est notifié comme les autres décisions du juge d'instance par voie de signification par huissier de justice, faute de texte prévoyant la notification en la forme ordinaire.

En cas d'appel, la cour qui annule le jugement et ordonne ensuite la saisie n'est pas tenue de procéder à une nouvelle tentative de conciliation, dès lors qu'il n'est pas allégué qu'elle n'a pas eu lieu devant le premier juge[2].

La cour d'appel ne peut pas relever d'office l'irrecevabilité de demandes complémentaires, si cellesci n'ont pas été contestées par la défense[3].

La vérification de l'existence du titre exécutoire n'est pas faite dans le seul intérêt du débiteur, mais aussi des autres créanciers. La saisie des rémunérations du travail n'étant ouverte qu'aux créanciers titulaires d'un titre exécutoire, il serait anormal qu'un créancier n'en disposant pas puisse participer aux répartitions et réduire ainsi la part de ceux qui en détiennent un.

Si le débiteur peut, dans le cadre d'une contestation de la saisie des rémunérations du travail, opposer une exception de compensation, il ne peut pas présenter de demande en paiement, le juge d'instance n'ayant pas le pouvoir de l'examiner[4].

942.76 Contestation de la saisissabilité. Le débat sur la saisissabilité des rémunérations visées par la requête en saisie peut s'engager dès l'audience. Le juge doit examiner les éléments fournis par les parties et ne peut pas rejeter une telle contestation au motif qu'il est nécessaire d'obtenir préalablement la déclaration du tiers saisi[5]. L'efficacité commande en effet de rejeter la demande de saisie lorsque la rémunération est manifestement insaisissable au vu des justificatifs fournis, soit en raison de la nature de la créance ou en raison de son montant inférieur au RSA mentionné au 2° de l'article L. 262-2 du Code de l'action sociale et des familles pour un foyer composé d'une personne seule. Il en va de même lorsque la créance n'est pas saisissable selon la procédure de saisie des rémunérations du travail, mais selon la saisie-attribution. Le juge peut soulever un tel moyen d'office afin d'éviter de poursuivre une procédure inexécutable.

942.77 Vérification des frais d'exécution et dépens afférents au titre exécutoire. Dans le cadre de la vérification de la dette, les **frais** peuvent être examinés. Dans la mesure où la jurisprudence reconnaît au JEX le pouvoir de vérifier les frais d'exécution, le juge des saisies des rémunérations du travail, qui est investi des pouvoirs du JEX, peut y procéder également. De plus, en matière d'intervention, l'article R. 3252-31 du Code du travail, précise que le juge peut vérifier la créance en principal, intérêts et frais.

Notons toutefois, que pour les **dépens**, la Cour de cassation estime que ceux-ci ne peuvent être recouvrés par voie d'exécution forcée qu'en vertu d'un certificat de vérification ou d'une ordonnance de taxe exécutoire[6]. En conséquence, le JEX ne peut prendre en compte les dépens afférents au titre exécutoire que dans la mesure où ceux-ci ont été fixés par un certificat de vérification ou une ordonnance de taxe délivrée par l'autorité compétente. En revanche, il peut vérifier et arrêter les frais d'exécution exposés pour le recouvrement forcé du titre exécutoire.

942.78 Demande de délais ou de réduction des intérêts. Sans contester la dette, le débiteur peut saisir le juge d'une demande de délais de grâce ou de réduction des intérêts, les deux demandes pouvant être combinées.

La demande de délais est régie par les articles 510 C. pr. civ. et 1244-1 et suivants du Code civil. Le juge peut donner des délais, ce qui empêche la mise en place de la saisie des rémunérations du travail, mais aussi de toute autre voie d'exécution, tant que les conditions d'octroi des délais sont respectées (C. civ., art. 1244-2).

L'octroi de délais peut être combiné avec une réduction des intérêts sur le fondement de l'article 1244-1 alinéa 2 du Code civil. Mais dans ce cas, la réduction d'intérêts ne peut pas aller en deçà du taux légal.

La demande de réduction des intérêts, présentée uniquement dans le cadre de l'exécution de la saisie et indépendamment de toute demande de délais, obéit aux dispositions du premier alinéa de l'article L. 3252-13 du Code du travail, qui permet de ramener les intérêts à un taux réduit, éventuellement en deçà du taux légal. Cette réduction d'intérêts dure

1. Civ. 2e, 16 déc. 2004, n° 03-11.803, *Bull. civ.* II, n° 535.
2. Civ. 2e, 16 déc. 2004, n° 03-11.978, *Bull. civ.* II, n° 536.
3. Civ. 2e, 28 juin 2006, n° 04-17.224, *Bull. civ.* II, n° 174.
4. Civ. 2e, 31 janv. 2013, n° 12-10.031, NP.
5. Civ. 2e, 14 avr. 2005, n° 03-14.574, NP.
6. Civ. 2e, 3 mai 2007, n° 06-12.485, *Bull. civ.* II, n° 120; *D.* 2007. AJ 1511; *JCP* 2007. IV. 2132.

autant que la saisie des rémunérations du travail. Ces deux cas de délais ou de réduction des intérêts sont alternatifs et ne peuvent pas être cumulés.

Conformément à l'article 1244-1 du Code civil, le juge des saisies des rémunérations du travail n'a pas le pouvoir d'accorder des délais de paiement lorsqu'il est saisi d'une requête en vue du recouvrement d'une contribution à l'entretien et l'éducation d'un enfant[1].

942.79 **Exécution provisoire.** Contrairement aux décisions du JEX, le jugement rendu par le juge d'instance en matière de saisie des rémunérations du travail n'est pas assorti de plein droit de l'exécution provisoire, faute de texte le prévoyant. L'exécution provisoire ne peut donc être ordonnée que sur **décision spéciale du juge** prise à la demande des parties ou d'office (C. pr. civ., art. 515). Il est toutefois opportun d'assortir le jugement tranchant un incident de l'exécution provisoire afin d'éviter que la saisie ne soit paralysée par un appel dilatoire. Le premier président peut être saisi pour arrêter l'exécution provisoire, mais selon le droit commun de l'article 524 C. pr. civ., et non pas selon les règles applicables aux décisions du JEX[2].

§ 3
Suites de l'audience

942.81 **Établissement de l'acte de saisie.** Aux termes de l'article R. 3252-21 du Code du travail, le greffier doit dans les huit jours qui suivent l'audience de conciliation et au vu du procès-verbal de non-conciliation, procéder à la saisie. Ce même article précise que dans le cas où l'audience de (non)-conciliation a donné lieu à un jugement, le greffier doit procéder à la saisie dans les huit jours qui suivent l'expiration des délais de recours contre ce jugement. Le greffier doit vérifier auprès du créancier saisissant que le jugement a bien été notifié au débiteur, par la production d'une copie de la signification, et qu'aucun recours n'a été exercé contre cette décision, par la production d'un certificat de non-recours.

L'acte de saisie établi par le greffier doit contenir un certain nombre de mentions obligatoires énumérées à l'article R. 3252-22 du Code du travail. Doivent figurer sur cet acte :

- les nom, prénom et domicile du débiteur et du créancier ou, s'il s'agit d'une personne morale, sa dénomination et son siège social;

- le décompte distinct des sommes pour lesquelles la saisie est pratiquée, en principal, frais et intérêts échus ainsi que l'indication du taux des intérêts;

- le mode de calcul de la fraction saisissable et les modalités de son règlement; cette indication relève de la responsabilité du greffe et non pas de celle du juge[3]; le calcul exact du prélèvement mensuel relève quant à lui, de la responsabilité du tiers saisi, seul à même de le réaliser correctement (v. s[s] n° 943.21);

- l'injonction d'effectuer au greffe, dans un délai de quinze jours, la déclaration prévue à l'article L. 3252-9 du Code du travail;

- la reproduction des articles L. 3252-9 et L. 3252-10 du Code du travail relatifs aux obligations de l'employeur, tiers saisi.

942.82 **Notification de l'acte de saisie.** L'acte de saisie établi par le greffier en application des dispositions des articles R. 3252-21 et R. 3252-22 du Code du travail doit être notifié à l'employeur du débiteur par LRAR, dans les huit jours. Ce délai n'est pas assorti de sanctions juridiques.

Toutefois, dans certains cas, l'acte de saisie ne peut pas être notifié directement à l'employeur dont dépend le débiteur mais à un comptable public assignataire de la dépense : l'employeur, ordonnateur du salaire à saisir, doit fournir les renseignements nécessaires (C. pr. exéc., art. L. 143-1). C'est le cas notamment de la saisie des rémunérations des soldes et traitements des fonctionnaires civils et militaires (Décr. n° 62-1587, 29 déc. 1962). De même, certaines entreprises telles que la Société nationale des chemins de fer français (SNCF) ont un centre unique de paiement des rémunérations de leurs agents. C'est à ce centre qu'il convient d'adresser la notification de l'acte de saisie.

En outre, si le débiteur travaille dans une entreprise, pour le compte d'une société de travail temporaire, il convient de notifier l'acte de saisie à cette société chargée de le rémunérer directement.

Dans le cas où la notification est retournée au greffe pour n'avoir pu être remise à son destinataire ou à une personne munie d'un pouvoir à cet effet, le greffier en chef doit en aviser le créancier qui devra alors procéder par voie de signification (C. pr. civ., art. 670-1).

À destination de l'employeur, il convient de joindre en annexe de l'acte de saisie, la déclaration prévue à l'article L. 3252-9 du Code du travail ainsi que le barème nécessaire pour le calcul de la fraction insaisissable, barème élaboré à partir des tranches fixées à l'article R. 3252-2 du même Code du travail et en tenant compte également des personnes éventuellement à la charge du débiteur.

1. Civ. 2e, 10 avr. 2014, n° 13-13.469, *Bull. civ.* II, n° 100.
2. Paris, 1er prés., 3 avr. 1998, *Rev. huiss.* 1999. 141.
3. Civ. 2e, 26 mars 1997, n° 95-10.213, *Bull. civ.* II, n° 98; *Gaz. Pal.* 1998. 1. 145.

Une copie de l'acte de saisie doit être également adressée au débiteur, par lettre simple. Il lui est rappelé qu'en cas de changement d'employeur, la saisie sera poursuivie entre les mains du nouvel employeur.

La date de la notification est celle de la réception de la lettre recommandée par le tiers saisi conformément aux dispositions de l'article 668 C. pr. civ. Dans le cas où il est procédé par voie de signification, la date de la notification est celle de l'acte établi par l'huissier de justice. Cette date est très importante dans la mesure où elle détermine la date à partir de laquelle une fraction de la rémunération du débiteur devient indisponible et ce jusqu'à la décision de mainlevée de la saisie, notifiée par le greffe.

942.83 **Suppression de la majoration du taux de l'intérêt légal.** L'article L. 3252-13 du Code du travail indique que la majoration prévue par l'article L. 313-3 du Code monétaire et financier cesse de s'appliquer aux sommes retenues à compter du jour de leur prélèvement sur la rémunération. Cette disposition s'applique aux sommes retenues, mais non aux sommes encore dues : la loi veut ici épargner au débiteur les conséquences des retards de transmission des fonds prélevés. Le juge n'a pas à se prononcer sur ce point et ne pourrait d'ailleurs pas ordonner un dispositif contraire.

En réalité, c'est au moment d'une intervention pour le paiement des intérêts échus (C. trav., art. R. 3252-33), que le juge doit être particulièrement vigilant quant au respect de cette disposition légale. Il doit donc réclamer un décompte bien détaillé de la créance faisant clairement apparaître les imputations des paiements, celle des répartitions uniquement sur les causes de la saisie, l'assiette et le taux des intérêts.

SECTION 4
INCIDENTS

§ 1
Cas de la pluralité d'employeurs

942.91 **Rémunérations provenant de plusieurs employeurs.** Les articles L. 3252-4 et R. 3252-40 du Code du travail prévoient le cas où le débiteur perçoit des rémunérations de plusieurs employeurs. Dans cette hypothèse, la fraction saisissable est calculée sur l'ensemble des rémunérations pour éviter que la rémunération soit toujours inférieure au plancher de saisissabilité. Ce principe rend difficile l'application des règles concernant les différentes fractions insaisissable et saisissable, dans la mesure où elles devraient être observées par plusieurs employeurs. Les modalités des retenues à faire sont alors fixées par le greffier qui désigne notamment le ou les employeurs chargés d'opérer les retenues mensuelles. Dans le cas où l'un d'eux est en mesure de verser la totalité de la fraction saisissable, la saisie peut être pratiquée entre ses mains. Il s'agit d'une décision purement administrative rendue par le greffier au vu des éléments dont il dispose et notamment des déclarations affirmatives adressées par les tiers saisis. On peut toutefois penser que cette décision est susceptible de recours dans les conditions prévues par l'article R. 3252-8 du Code du travail.

§ 2
Pluralité de créanciers saisissants

942.101 **Renvoi.** La question, résolue par la voie de l'intervention, est un aspect des concours de saisies (v. s^{s} n°s 944.10 s.).

§ 3
Contestations élevées postérieurement à l'audience de conciliation

942.111 **Hypothèses.** Les articles R. 3252-32 et R. 3252-36 du Code du travail organisent les contestations après l'audience de conciliation dans deux hypothèses seulement : sur intervention d'un créancier supplémentaire, ou sur état de répartition des sommes prélevées (ces questions seront examinées à leur place, v. s^{s} n°s 944.12 et 944.21). Mais plus généralement, il faut admette que les parties puissent saisir le juge d'instance en cours de saisie, bien entendu sans obtenir de ce seul fait la suspension de cette saisie. Par exemple, le versement d'acomptes en dehors de la saisie peut conduire à l'extinction de la dette; des difficultés nouvelles pour le débiteur peuvent l'inciter à demander la suspension de la saisie pour quelque temps; l'employeur peut refuser sa déclaration affirmative (v. s^{s} n° 943.11 – une décision pose l'exigence d'une audience dans ce cas[1]), un plan de surendettement peut être mis en place (v. s^{s} n°s 942.161 à 942.167).

942.112 **Procédure.** La procédure applicable est celle de l'article R. 3252-8 du Code du travail, autrement dit celle du tribunal d'instance et non pas celle du JEX. En effet, ainsi qu'il a été dit, le juge de la saisie des rémunérations est le juge d'instance : il dispose des pouvoirs du JEX mais ne se confond pas avec lui pour le surplus. Cette procédure a été

1. Civ. 2e, 10 oct. 1984, n° 83-10.777, *Bull. civ.* II, n° 147.

évoquée à propos des contestations élevées à l'audience de conciliation (v. s[s] n° 942.75). On ajoutera simplement qu'ici, la saisine du juge est nécessaire; elle se fera par assignation, par requête conjointe ou par déclaration au greffe si le montant de la prétention le permet (C. pr. civ., art. 828 à 847-2). S'agissant des voies de recours, soulignons que l'article R. 3252-8 du Code du travail renvoie à la procédure du tribunal d'instance. La décision sera susceptible d'un pourvoi en cassation ou d'un appel selon que l'intérêt du litige sera inférieur ou supérieur à 4 000 euros (COJ, art. R. 221-4).

Lors de l'instance en contestation, les parties peuvent se faire représenter par un avocat ou un officier ministériel ou par tout mandataire muni d'un pouvoir spécial, conformément à l'article L. 3252-11 du Code du travail. En effet, ce texte de portée générale et inséré dans les dispositions légales de la procédure de saisie sur salaire s'applique, à défaut de restrictions à tous les développements de la procédure et donc à ses incidents contentieux. Toutefois, certaines juridictions considèrent qu'en cas d'incident, les modalités de représentation et d'assistance devant le tribunal d'instance (C. pr. civ., art. 818) doivent être retenues en application de l'article R. 3252-8 du Code du travail[1]. Pourtant ce texte de nature réglementaire ne semble pas pouvoir faire exception aux dispositions spéciales et de nature législative de l'article L. 3252-11 du Code du travail, lesquelles ne sont pas limitées à la seule audience de conciliation. De plus si la contestation est élevée à l'audience de conciliation, alors que le créancier est représenté par un huissier de justice, il apparaît inopportun de renvoyer l'affaire afin d'imposer la représentation dans les conditions de l'article 828 C. pr. civ. De plus, en pratique, l'huissier de justice qui a poursuivi le recouvrement forcé est le mieux placé pour répondre à certaines contestations, notamment quant à l'utilité des frais d'exécution et au décompte de la créance (intérêts, frais, imputation des acomptes, *etc.*).

942.113 Exécution provisoire. Contrairement aux jugements du JEX, les décisions rendues en matière de saisie des rémunérations du travail ne sont pas exécutoires de plein droit puisque la procédure est empruntée à celle du tribunal d'instance (C. trav., art. R. 3252-8). Conformément à l'article 515 C. pr. civ. le jugement peut être assorti de l'exécution provisoire. Pour prévenir des manœuvres dilatoires, il peut être opportun pour le juge de l'ordonner. En outre, si le juge constate que la dette est éteinte, l'exécution provisoire permet de suspendre beaucoup plus vite les prélèvements sur les salaires du débiteur en avisant plus rapidement l'employeur (C. trav., art. R. 3252-29, al. 2).

1. Versailles, 21 avr. 2005, *BICC* 2005, n° 1233.

SECTION 5
MODIFICATIONS ET CESSATION DE LA SAISIE

§ 1
Changement d'employeur

942.121 Principe et aménagements. La saisie des rémunérations est un rapport triangulaire, comme toutes les saisies-attributions; si le tiers saisi change, ou disparaît ou ne doit plus de rémunérations, la saisie prend fin. Aussi, l'article R. 3252-26 du Code du travail impose à l'employeur d'informer le secrétariat-greffe, dans les huit jours, de tout événement qui suspend la saisie ou y met fin. Cette obligation faite au tiers saisi est rappelée à l'article R. 3252-43 du Code du travail qui vise l'hypothèse où le lien de droit entre le débiteur et l'employeur prend fin.

Cependant, pour éviter la multiplication des dossiers et des audiences, l'article R. 3252-44 du Code du travail indique que la saisie peut être poursuivie entre les mains d'un nouvel employeur, sans conciliation préalable, à la condition que la demande en soit faite dans l'année qui suit l'avis donné par l'ancien employeur. Cette demande doit être présentée par l'un des créanciers saisissants ou déjà intervenus à la saisie avant la rupture du lien de droit. Un nouveau créancier ne peut pas procéder à cette formalité pour intervenir à la saisie, car celle-ci n'est plus en cours au sens de l'article R. 3252-30 du Code du travail[2].

L'article R. 3252-43 précise en outre que lorsque la saisie prend fin pour l'un des motifs invoqués ci-dessus, les fonds détenus par le régisseur sont répartis.

Rappelons enfin (v. s[s] n° 941.21 *in fine*), que le salarié demeure justiciable de la saisie des rémunérations même s'il a quitté son emploi, dès lors que son ancien employeur lui doit encore certaines sommes; la saisie-attribution de telles sommes est prohibée (il en a été jugé ainsi à propos d'une saisie de rappels de salaires[3]).

Pour ce qui concerne les saisies effectuées entre les mains d'un **comptable public**, celui-ci doit en informer le greffe lorsqu'il cesse d'être assignataire de la créance saisie. Le greffe doit lui en donner acte (C. pr. exéc., art. R. 212-5, al. 1er). De son côté,

2. Civ. 2e, 6 avr. 2006, n° 03-13.835, *Bull. civ.* II, n° 105.
3. Civ. 2e, 30 sept. 1999, n° 97-19.732, *Bull. civ.* II, n° 147; *D.* 2000. 250.

l'ordonnateur initial de la dépense est tenu, à la demande du créancier, d'indiquer la nouvelle situation administrative du débiteur (C. pr. exéc., art. R. 212-5, al. 2).

§ 2
Concours de la saisie des rémunérations avec d'autres voies d'exécution privilégiées

942.131 **Renvoi.** Cette hypothèse sera examinée avec les autres concours de saisies (v. s^s n°s 944.31 s.).

§ 3
Changement de résidence du débiteur

942.141 **Sans changement concomitant d'employeur.** L'article R. 3252-42 du Code du travail indique que la procédure est poursuivie devant le tribunal déjà saisi de la procédure et ce même si le débiteur a transféré le lieu où il demeure hors du ressort de ce tribunal. Ce même article précise que les dossiers de saisies susceptibles d'être ensuite pratiquées contre le débiteur doivent être transmis à la juridiction initialement compétente. Dans ce cas, le greffier en chef de la juridiction saisie en second doit avertir les créanciers afin qu'ils interviennent eux-mêmes dans la saisie en cours.

942.142 **Changement simultané de domicile et d'employeur.** L'article R. 3252-44 du Code du travail dispose que la procédure peut être poursuivie entre les mains du nouvel employeur et devant le tribunal d'instance du nouveau domicile du débiteur, sans conciliation préalable. Toutefois, la demande de saisie doit être faite au secrétariat-greffe de ce tribunal, dans l'année qui suit l'avis donné par l'ancien employeur (C. trav., art. R. 3252-43).

Dans cette hypothèse le greffier en chef de la juridiction initialement compétente procède à la répartition des fonds détenus et transmet le dossier de la procédure au tribunal d'instance nouvellement saisi.

§ 4
Mainlevée de la saisie

942.151 **Accord du ou des créanciers.** La mainlevée amiable peut être donnée par un créancier ou plusieurs créanciers. Dans ce cas, la demande de mainlevée est formée par déclaration faite, remise ou adressée au secrétariat-greffe. Si, comme souvent, la demande émane du débiteur, elle sera accompagnée d'un accord formel et écrit du ou des créanciers (C. civ., art. 1325). En pratique, on prendra garde, en cas de pluralité de créanciers, à l'unanimité de leur accord; à défaut, la mainlevée n'aurait d'effet qu'à l'égard de ceux qui ont expressément consenti, la saisie continuant à produire pour les autres.

942.152 **Constatation par le juge que la dette est éteinte.** Le juge peut constater dans un jugement statuant sur une contestation que tous les créanciers sont désintéressés ou que la contestation est fondée au point que la saisie des rémunérations ne peut avoir lieu; il doit prononcer la mainlevée de la saisie.

Mais l'hypothèse normale est celle dans laquelle le juge constate à la demande du greffier en chef, et alors qu'il n'obtient pas l'accord du ou des créanciers pour la mainlevée, que la ou les créances objet de la saisie sont éteintes; il donne par ordonnance rendue en son cabinet et sans débat, mainlevée de la saisie.

Dans ce cas, cette décision peut faire l'objet d'une contestation ouverte conformément à l'article R. 3252-8 du Code du travail.

Souvent, le créancier intervient juste avant que soit constatée l'extinction de la créance afin d'obtenir le paiement des intérêts échus et des frais exposés depuis la saisie (C. trav., art. R. 3252-33).

942.153 **Péremption.** L'article L. 143-2 C. pr. exéc. excluant expressément les actes visant à céder ou saisir une rémunération, la péremption, autrefois prévue par l'article 14 de la loi du 9 juillet 1836, n'est plus applicable aux saisies des rémunérations du travail depuis l'entrée en vigueur du Code des procédures civiles d'exécution.

942.154 **Jugement de mainlevée sur contestation élevée par le débiteur.** Pendant l'exécution de la saisie, le débiteur a toujours la possibilité d'élever une contestation dans les conditions de l'article R. 3252-8 du Code du travail, pour soutenir que la saisie n'est plus justifiée, soit en raison d'une extinction de la dette (paiement intervenu par ailleurs, le cas échéant à l'initiative d'un codébiteur, autre saisie exécutée, *etc.*), soit parce qu'il souhaite obtenir des délais de paiement. Après avoir tranché l'incident ainsi élevé le juge pourra rendre un jugement de mainlevée de la saisie. Ce jugement est susceptible d'appel ou de pourvoi en cassation selon le montant des sommes en jeu (v. s^s n° 942.112).

942.155 **Effets de la mainlevée.** La décision de mainlevée va libérer le tiers saisi à l'égard des créanciers. Notons que le montant de la demande initiale n'empêche pas le créancier de présenter une demande en intervention pour un montant complémentaire, le fait que celui-ci ait limité initialement sa demande ne signifiant pas qu'il ait renoncé au solde de la créance[1]. L'alinéa 2 de l'article R. 3252-29 du Code du travail dispose donc que la décision de mainlevée est notifiée à l'employeur dans les huit jours. Cette notification est faite par LRAR.

Elle doit préciser si cette mainlevée est totale ou partielle. Dans le premier cas, le tiers saisi est totalement libéré à l'égard des créanciers et il doit cesser toutes retenues. Dans le cas où il y avait une cession et que celle-ci n'est pas terminée, la cession doit être poursuivie. Le cessionnaire retrouve en effet ses droits antérieurs (C. trav., art. R. 3252-45 à R. 3252-49).

§ 5
Situation de surendettement

942.161 **Procédure de surendettement.** Le dépôt d'une demande de surendettement n'a pas à lui seul pour effet d'entraîner la suspension des procédures d'exécution en cours[2]. La procédure de surendettement peut toutefois avoir une incidence sur la saisie des rémunérations du travail.

942.162 **Demande de suspension en cas de dépôt d'une déclaration de surendettement.** Après le dépôt de la déclaration de surendettement et avant la décision sur la recevabilité, la commission de surendettement peut, à la demande du débiteur, saisir le juge de l'exécution d'une demande de suspension d'une opposition à tiers détenteur et portant sur des créances autres qu'alimentaires (C. consom., art. L. 331-5).

L'effet d'attribution immédiate attaché à l'avis à tiers détenteur ne fait pas obstacle à sa suspension par le juge du surendettement dans le cadre de l'article L. 331-5 du Code de la consommation[3]. Au vu d'une telle ordonnance, transmise le plus souvent par le débiteur ou la commission de surendettement, le juge d'instance ordonnera la suspension provisoire de la saisie dans les conditions et limites prévues par le juge du surendettement. Au terme de ce délai, la saisie sera reprise si aucun plan de surendettement n'est intervenu entre-temps.

942.163 **Suspension et interdiction des saisies à tiers détenteur en cas de décision de recevabilité de la déclaration de surendettement.** La décision déclarant la recevabilité de la demande emporte suspension et interdiction des procédures d'exécution diligentées contre le débiteur, et donc des oppositions à tiers détenteur, et portant sur des créances autres qu'alimentaires (C. consom., art. L. 331-3-1). Cette suspension et cette interdiction dure, selon le cas, jusqu'à l'approbation du plan conventionnel, la décision de la commission de surendettement imposant les mesures prévues par les articles L. 331-7-1 et L. 331-7-2 du Code de la consommation, jusqu'à l'homologation par le juge des mesures recommandées par la commission ou jusqu'à l'ouverture d'une procédure de rétablissement personnel avec liquidation judiciaire. Cette interdiction et cette suspension ne peuvent toutefois excéder un an.

942.164 **Suspension et interdiction en cas d'ouverture d'une procédure de rétablissement personnel avec liquidation judiciaire.** Le jugement d'ouverture de la procédure de rétablissement personnel avec liquidation judiciaire entraîne la suspension et l'interdiction des procédures d'exécution diligentées à l'encontre du débiteur et portant sur des dettes autres qu'alimentaires jusqu'au jugement de clôture (C. consom., art. L. 332-6).

942.165 **Remboursement des paiements effectués en violation de l'interdiction ou de la suspension.** Tout acte ou tout paiement réalisé en exécution d'une procédure d'exécution diligentée à l'encontre du débiteur surendetté et en violation d'une interdiction ou d'une suspension attachée à une procédure de surendettement peut être annulé par le juge de l'exécution, à la demande de la commission de surendettement. Cette demande doit être présentée dans le délai d'un an, à compter de l'acte ou du paiement de la créance (C. consom., art. L. 333-2-1).

942.166 **Mise en place d'un plan de surendettement.** En cas de conclusion d'un plan, quelle que soit sa nature exacte, plan de redressement conventionnel (C. consom., art. L. 331-6), mesures imposées par la commission de surendettement (C. consom., art. L. 331-7 et L. 331-7-2), mesures recommandées, homologuées par le juge en application des articles L. 331-7 à L. 331-7-2 ou de décision prise par le juge sur contestation des mesures imposées ou recommandées par la commission, la saisie des rémunérations prend fin dans la mesure où les créances ont été rééchelonnées ou reportées et ne présentent plus le caractère exigible requis par l'article L. 3252-6 du Code du travail. Plutôt que de procéder par voie d'ordonnance au vu du plan de surendettement, il est préférable de provoquer un débat contradictoire afin de s'assurer que toutes les créances objet de la saisie sont incluses dans le plan. À défaut, la saisie sera poursuivie uniquement pour le recouvrement des créances omises ou exclues du plan (créances alimentaires, amendes pénales, et réparations pécuniaires allouées aux victimes dans le cadre d'une condamnation pénale,

1. Civ. 2e, 28 juin 2012, no 10-13.886, NP.
2. Civ. 2e, 22 mars 2001, no 99-18.721, *Bull. civ.* II, no 60; *RTD com.* 2001. 782, obs. Paisant.
3. Civ. 2e, 15 déc. 2005, no 04-04.175, *Bull. civ.* II, no 335; *D.* 2006. 297, obs. Avena-Robardet.

dettes issues de prêts souscrits auprès des caisses de crédit municipal ou les dettes ayant pour origine des manœuvres frauduleuses commises au préjudice des organismes de protection sociale, C. consom., art. L. 333-1, L. 332-5 et L. 333-1-2). Dans la mesure où la poursuite de la saisie est de nature à provoquer l'échec du plan de surendettement il est indispensable de l'adresser dans les meilleurs délais au greffe du tribunal d'instance.

942.167 Procédure de rétablissement personnel avec liquidation judiciaire. En cas d'ouverture d'une procédure de rétablissement personnel avec liquidation judiciaire, le jugement suspend provisoirement la saisie des rémunérations du travail (C. consom., art. L. 332-6). Le juge d'instance peut constater cette suspension par voie d'ordonnance dans la mesure où il s'agit d'un effet automatique attaché au jugement d'ouverture. Selon la décision clôturant la procédure, le juge d'instance donnera mainlevée (clôture pour insuffisance d'actifs ou pour extinction du passif, plan de redressement) ou ordonnera sa poursuite en cas de déchéance ou si certaines dettes sont exclues de l'effacement (créances visées à l'article L. 333-2 du Code de la consommation, créances professionnelles et créance de la caution ou du coobligé, personne physique, qui a désintéressé le créancier principal).

CHAPITRE

943. Fonctionnement de la saisie

PHILIPPE FLORES
CONSEILLER RÉFÉRENDAIRE
À LA COUR DE CASSATION

SECTION 0
ORIENTEUR

943.00 Plan du chapitre.

943.01 Textes applicables.

C. trav., art. L. 3252-9 et L. 3252-10, R. 3252-24 à R. 3252-28 et R. 3252-43.

C. pr. exéc., art. L. 212-3 et R. 211-5.

C. pr. civ., art. 125 et 420.

• Ord. 2 nov. 1945, art. 18.

943.03 Bibliographie indicative. (V. s[s] n° 940.03).

SECTION 1
RESPONSABILITÉS DU TIERS SAISI

§ 1
Déclaration affirmative et mises à jour ultérieures

943.11 Déclaration initiale. Les articles L. 3252-9 et R. 3252-24 du Code du travail imposent à l'employeur de faire une déclaration au greffe dans les quinze jours qui suivent la notification de l'acte de saisie, déclaration dans laquelle il informe greffe sur la situation juridique existant entre lui et le débiteur.

L'obligation de renseignement qui pèse sur l'employeur vise à faire connaître au greffe et aux créanciers les éléments permettant de vérifier la bonne exécution de la saisie. Le second alinéa de l'article R. 3252-24 précise que cette déclaration peut être consultée au greffe par le créancier, le débiteur, ou leur mandataire et que le greffe peut en délivrer une copie. L'employeur a l'obligation de faire une déclaration sincère qui renseigne complètement le greffe sur la situation exacte de la rémunération du débiteur. Le silence de l'employeur est donc sanctionné, de même que ses dissimulations si le créancier peut les prouver; la jurisprudence se montre cependant très compréhensive pour les employeurs (v. s[s] n° 943.31).

Si l'employeur invoque des raisons de ne pas faire sa déclaration affirmative, une audience aura lieu (v. s[s] n° 942.111).

Les informations à donner concernent d'une part la situation de droit existant entre l'employeur et le débiteur : ce dernier travaille et perçoit un salaire, ou il est en congé de maladie ou de maternité, ou bien il ne travaille qu'à temps partiel ou plus du tout ou encore son statut n'est pas celui d'un salarié. Elles concernent d'autre part toutes les mesures qui affectent la rémunération et qui sont de nature à priver d'effet la saisie : l'employeur doit donc indiquer qu'il existe une ou des cessions de salaire, une saisie précédente, un avis à tiers détenteur (ATD), une opposition à tiers détenteur (OTD) ou une opposition administrative (OA), une saisie à tiers détenteur (STD) ou un paiement direct de créance alimentaire. L'ensemble de ces dispositions est évidemment comparable aux obligations du tiers saisi dans la saisie-attribution de droit commun (v. généralités, s[s] n°s 162.11 s., 813.11 s.).

L'employeur soumis à une procédure commerciale collective sera substitué dans les obligations de déclaration initiale comme dans les autres obligations, par les organes de ladite procédure. Il n'est pas lui-même débiteur poursuivi mais tiers saisi, tenu par surcroît de salaires privilégiés ou superprivilégiés; donc, la saisie des rémunérations, du moins débutée avant le jugement d'ouverture de la procédure collective, ne doit pas être suspendue en tant que « *poursuite individuelle* », à l'instar de ce qui est prescrit pour les saisies-attributions à exécution successive (à ce sujet, v. s[s] n°s 812.41 s.).[1]

943.12 Avis ultérieurs. L'obligation d'information que doit remplir l'employeur continue pendant toute la durée de la saisie ainsi que le rappellent les articles R. 3252-26 et R. 3252-43 du Code du travail. En effet l'employeur doit informer le secrétariat-greffe, dans les huit jours, de tout événement qui suspend la saisie ou y met fin. Ainsi l'employeur doit renseigner le greffe dès qu'un ATD lui parvient, ou qu'un paiement direct de créance alimentaire affecte le paiement de la fraction saisissable ou que le débiteur cesse son emploi ou perd le bénéfice de sa rémunération (sur les suites que le greffe donnera à ces renseignements, v. s[s] n°s 942.121 s.). La jurisprudence se montre extrêmement souple avec les employeurs sur ce point (v. s[s] n° 943.31).

943.13 Comptables publics. Lorsque le tiers saisi est un comptable public, la déclaration sur la situation de droit existant entre l'employeur et le débiteur est faite par le service employeur, ordonnateur du traitement, au greffe du tribunal d'instance (C. pr. exéc., art. R. 212-3, al. 1er). En revanche, les déclarations relatives aux cessions, saisies, avis à tiers détenteur ou paiement direct de créances d'aliments sont faites par les comptables assignataires au greffe du tribunal d'instance (C. pr. exéc., art. R. 212-3, al. 2). Cette déclaration du service employeur prévue à l'article L. 212-3 précise si le débiteur bénéficie d'avantages en nature et en indique la valeur (C. pr. exéc., art. R. 212-4, al. 1er).

Il pèse également une obligation d'information sur le comptable public lorsqu'il cesse d'être assignataire de la créance saisie. Le greffe doit lui donner acte de cette information (C. pr. exéc., art. R. 212-5, al. 1er).

§ 2
Retenues et paiement

943.21 Mécanisme du paiement. À compter de la notification de l'acte de saisie, l'employeur doit procéder aux retenues légales, sans interruption jusqu'à ce qu'il reçoive du greffe un ordre de mainlevée (C. trav., art. L. 3252-10). Il est donc de la responsabilité de l'employeur de calculer la fraction absolument saisissable et la fraction partiellement insaisissable (v. s[s] n°s 941.90 s.); il est de sa responsabilité aussi de servir les voies d'exécution privilégiées (ATD et paiements directs – v. s[s] n° 944.23), avant de dégager un solde éventuel pour le greffe (sur la preuve incombant au créancier de prouver l'erreur ou la carence de l'employeur, v. s[s] n° 943.31).

L'employeur doit adresser tous les mois au greffe une somme égale à la fraction saisissable du salaire (C. trav., art. R. 3252-27). Ce versement prend évidemment la forme d'un chèque; le chèque est établi à l'ordre du créancier saisissant, s'il n'en existe qu'un, à charge pour le greffe de le transmettre après renseignement de sa fiche comptable; le chèque est établi à l'ordre du régisseur d'avances et de recettes du tribunal d'instance, s'il existe plusieurs créanciers, à charge pour ce régisseur d'opérer une répartition (v. s[s] n° 943.41).

Toutefois, les retenues opérées au profit des créanciers sont interrompues dans tous les cas où les rémunérations ne sont plus à la charge de l'employeur pour quelque cause que ce soit : chômage technique provisoire, congé de maladie, de maternité, accident du travail. Dès la reprise du travail, la saisie des rémunérations reprend son cours normal si le contrat de travail liant le débiteur est rompu (licenciement, démission, départ à la retraite, décès, *etc.*) le tiers saisi se trouve libéré de ses obligations (sur le rôle du tiers saisi en cas de concours de saisies, v. s[s] n° 944.12).

Lorsque le tiers saisi est un employeur public, le comptable assignataire du salaire effectue les versements directement à la Caisse des dépôts, sans passer par le greffe. Mais le comptable adresse au greffe un état nominatif indiquant les références du saisi, celles de la saisie et le montant retenu, de sorte que la fiche individuelle tenue au greffe (v. s[s] n° 942.22) puisse être mise à jour (C. pr. exéc., art. R. 212-6).

L'obligation de retenir le montant de la quotité saisissable ne peut pas se poursuivre après la cessation du contrat de travail[2].

§ 3
Carence du tiers saisi

943.31 Cas. Les articles L. 3252-9 et L. 3252-10 alinéa 2 du Code du travail prévoient trois types de sanctions contre l'employeur défaillant (v. s[s] n°s 162.11 s.) :

– le défaut de déclaration initiale ou la déclaration initiale mensongère peuvent être sanctionnés par une amende civile, une condamnation à des dommages et intérêts et le paiement des retenues qui auraient dû être opérées et que le juge détermine, s'il y a lieu, au vu des éléments dont il dispose;

1. Civ. 2e, 29 janv. 1986, n° 84-14.005, *Bull. civ.* II, n° 2.

2. Civ. 2e, 14 févr. 2002, n° 00-16.873; *Bull. civ.* II, n° 15; *D.* 2002. 942.

– le défaut du versement de la retenue peut être sanctionné, même d'office par une condamnation à payer aux lieu et place du débiteur le montant des retenues qui auraient dû être faites et que le juge détermine, s'il y a lieu, au vu des éléments dont il dispose.

D'une façon générale, la jurisprudence tient largement compte des difficultés ou des priorités des employeurs et assouplit autant que possible les exigences de la loi. Ainsi, et en règle générale, la preuve de la carence ou de la dissimulation incombe au créancier qui poursuit la saisie[1], ce qui ne manque pas de poser des difficultés pratiques.

Il ne semble pas indispensable de tenir une audience avant de prononcer une sanction contre le tiers saisi. Si cette audience est néanmoins prévue, elle est requise par le créancier selon la procédure examinée plus haut (v. s^{s} n°s 942.111 et 943.36).

943.32 **Amende civile.** Dans le cas où l'employeur s'abstient sans motif légitime de faire la déclaration prévue à l'article L. 3252-9 du Code du travail ou fait une déclaration mensongère, le juge peut le condamner au paiement d'une amende civile dont le montant ne peut excéder 3 000 euros (C. trav., art. R. 3252-25[2]). Rien n'interdit une condamnation d'office. Cette amende civile peut être prononcée d'office, par ordonnance, par le juge qui constate la carence de l'employeur, ou par jugement, dans le cadre d'une contestation élevée par l'une des parties.

Logiquement, le tiers saisi qui conteste l'ordonnance prononçant une amende civile contre lui doit élever une contestation selon les formes de droit commun, c'est-à-dire par déclaration au greffe ou par assignation selon l'intérêt du litige (C. trav., art. R. 3252-8). En revanche, si l'amende civile est prononcée à l'occasion d'une contestation devant le juge, les voies de recours ouvertes contre le jugement seront les seules à pouvoir être exercées.

943.33 **Dommages-intérêts.** La condamnation à des dommages et intérêts suppose l'ouverture par une partie d'une instance en contestation de l'article R. 3252-8 du Code du travail, au cours de laquelle le créancier qui a intérêt demande la condamnation de l'employeur, tiers saisi, fautif.

Il appartiendra à ce créancier d'établir la réalité du défaut de déclaration ou celle de la déclaration mensongère. Pour le défaut de déclaration, la preuve est aisée : le greffe l'attestera. En ce qui concerne la déclaration mensongère le créancier doit démontrer l'inexactitude et le mensonge du tiers saisi, c'est-à-dire la fraude du tiers saisi et le caractère volontaire de l'inexactitude.

S'agissant de dommages et intérêts, la faute doit être prouvée. L'employeur qui n'a pas fait en temps utile de déclaration de l'article L. 3252-9 peut échapper à toute condamnation s'il prouve qu'il avait un motif légitime de ne pas la faire. Une inexactitude dans la déclaration initiale qui ne serait pas volontaire et qui ne serait que le fruit d'une erreur n'ouvre pas la voie à des dommages et intérêts. Inversement, la preuve du motif légitime pèse sur le tiers saisi dans la mesure même où l'obligation de déclaration est une obligation essentielle du tiers saisi à laquelle il ne peut échapper par principe dès lors qu'il est l'employeur du débiteur.

La preuve du préjudice n'appelle pas de commentaires : l'impossibilité de faire exécuter un titre ou bien le retard à le faire exécuter constitue toujours un préjudice pour le créancier.

943.34 **Condamnation personnelle du tiers saisi : textes.** Les articles L. 3252-10 alinéa et R. 3252-28 du Code du travail prévoient que lorsque l'employeur omet d'effectuer les versements mensuels des sommes retenues, le juge peut rendre à son encontre une ordonnance le déclarant personnellement débiteur des retenues qui auraient dû être opérées et que le juge détermine, s'il y a lieu, au vu des éléments dont il dispose. Cette ordonnance de contrainte peut être rendue d'office par le juge ou à la requête de l'une des parties à l'instance.

Cette disposition s'inspire de l'article R. 211-5 C. pr. exéc., à ceci près que le droit commun de la saisie-attribution ne prévoit que le « *refus* » de payer et non pas l'« *omission* ». En pratique, l'absence de versement n'oblige pas le juge à prendre immédiatement une ordonnance de contrainte. En effet, le greffier en chef, qui doit veiller au bon déroulement de la procédure, enverra au tiers saisi un rappel amiable afin de déterminer les motifs de cette absence de versements. De plus, il est opportun de demander aux créanciers s'ils entendent obtenir une **ordonnance de contrainte**. Il est en effet inutile d'en délivrer une si les créanciers ne souhaitent pas poursuivre l'exécution de l'ordonnance de contrainte. La saisie pourra alors être radiée en raison du défaut de diligence des créanciers.

La Cour de cassation considère en outre que la sanction du paiement personnel des retenues par l'employeur non diligent doit être réservée aux hypothèses les plus graves. Elle a ainsi estimé que seule l'absence de déclaration, ou encore une déclaration mensongère, peut entraîner cette condamnation, à l'exclusion donc de la déclaration simplement incomplète[3]. La même indulgence se vérifie à propos de l'obligation d'information ultérieure de

1. Civ. 2e, 16 mai 1988, n° 87-13.037, *Bull. civ.* II, n° 118.
2. Réd. issu de Décr. n° 2005-1678, 28 déc. 2005, relatif à la procédure civile, à certaines procédures d'exécution et à la procédure de changement de nom, *JO* 29 déc., p. 20350.

3. Civ. 2e, 11 juill. 2002, n° 01-00.757, *Bull. civ.* II, n° 173; *Procédures* 2002, n° 234, obs. Croze.

l'employeur (v. s[s] n°s 943.12 s.); la Cour de cassation a ainsi jugé qu'un juge d'instance - ou une cour d'appel sur recours - ne peut pas, pour condamner le tiers saisi en paiement personnel des retenues, se contenter d'énoncer qu'il n'appartiendrait pas aux juges de rechercher si le contrat de travail se poursuit ni exiger de l'employeur qu'il justifie d'une notification au greffe que ce contrat a cessé; qu'il faut au contraire, en examinant tous les éléments de preuve produits aux débats par l'ex-employeur, rechercher si le contrat de travail a effectivement pris fin[1].

943.35 Condamnation personnelle du tiers saisi : calculs. Comme dans la saisie-attribution de droit commun, le juge détermine le montant de la condamnation directe du tiers saisi, et calcule par conséquent (C. trav., art. L. 3252-10) le montant des retenues qui auraient dû être opérées, au vu des éléments dont il dispose, notamment les renseignements recueillis lors de l'audience de conciliation ou, si elle a été faite, dans la déclaration affirmative. Le juge ne peut certes pas condamner le tiers saisi à payer la totalité de la créance pour laquelle la saisie est exécutée. Il doit s'il ne dispose pas d'éléments précis sur le montant des retenues, évaluer une somme vraisemblable et correspondante aux prélèvements qui auraient dû être opérés. En pratique, il peut fixer une retenue correspondant aux éléments de la déclaration affirmative ou, à défaut, au salaire minimum de croissance.

943.36 Notification et voies de recours. Conformément aux dispositions de l'article R. 3252-28 du Code du travail, le greffier en chef doit notifier l'ordonnance de contrainte à l'employeur par lettre recommandée avec accusé de réception (LRAR) et en aviser le créancier et le débiteur. Dans le cas où la lettre recommandée n'a pu être remise au tiers saisi, le greffier en chef devra en informer les parties afin qu'il soit procédé par voie de signification, par la partie la plus diligente (C. pr. civ., art. 670-1).

Le tiers saisi dispose d'un délai de quinze jours à compter de la notification pour faire opposition, dans les formes habituelles du contentieux de la saisie des rémunérations (C. trav., art. R. 3252-8, étudié à propos des contestations nées après l'audience de conciliation, v. s[s] n° 942.111), c'est-à-dire par voie de déclaration au greffe ou d'assignation, selon la nature et le montant de la demande. Il s'agit manifestement d'un délai de forclusion dont l'expiration doit être soulevée d'office par le juge en application de l'article 125 C. pr. civ.

1. Civ. 2e, 14 févr. 2002, n° 00-16.873, *Bull. civ.* II, n° 15; *RD banc. fin.* 2002. 139, note Lucas et Delecci.

943.37 Exécution de l'ordonnance de contrainte. Une fois définitive, l'ordonnance de contrainte est remise aux créanciers aux fins d'exécution forcée. Notons toutefois que les fonds ainsi obtenus par les créanciers doivent être reversés au greffe aux fins de répartition dans la mesure où ils obéissent aux règles de la saisie des rémunérations.

943.38 Recours du tiers saisi contre le débiteur. Le tiers saisi, qui a été reconnu débiteur pur et simple des sommes qui auraient dû être retenues et reversées au greffe par lui, dispose d'un recours contre le débiteur. Il ne peut toutefois l'exercer qu'après mainlevée de la saisie (C. trav., art. L. 3252-10, al. 3). Le tiers saisi peut donc obtenir un titre contre le débiteur, mais il ne pourra pas en poursuivre le recouvrement avant le désintéressement des créanciers. Le législateur a souhaité que le tiers saisi négligent ne vienne pas en concours avec les créanciers auxquels il avait nui et une requête déposée de façon prématurée serait irrecevable. L'usage d'autres voies d'exécution comme la saisie-attribution ou la saisie-vente reste toutefois ouvert.

SECTION 2
RÉPARTITION DES FONDS

943.41 Chèque mensuel. Conformément à l'article R. 3252-27 du Code du travail, le créancier reçoit jusqu'au paiement intégral de sa créance en principal, intérêts et frais, chaque mois un versement émis par l'employeur qui doit le remettre au greffe au moyen d'un chèque postal ou bancaire (v. s[s] n° 943.21). Ce chèque doit être envoyé par le secrétariat-greffe au créancier ou à son mandataire lorsqu'il a pouvoir d'encaisser les sommes provenant de la saisie.

Le mandataire qui n'est ni un huissier de justice ni un avocat, doit avoir un pouvoir spécial pour encaisser les fonds provenant de la saisie. L'huissier de justice, aux termes de l'article 18 de l'ordonnance du 2 novembre 1945 modifié par le décret n° 56-222 du 29 février 1956, est autorisé à encaisser les fonds sans avoir à justifier d'un pouvoir spécial. L'avocat dont le mandat est fixé par l'article 420 C. pr. civ., peut avoir reçu mission d'encaisser de la part de son client. Il n'a donc pas à justifier en principe d'un mandat spécial.

S'il existe un concours de créanciers saisissants qui sont tous bénéficiaires d'un titre exécutoire, il faut répartir les retenues effectuées sur la rémunération, en principe au marc l'euro à moins que certains aient une préférence parce qu'ils bénéficient d'un privilège opposable aux autres. Il s'agit d'un problème propre aux concours de saisies des rémunérations, examiné comme tel (v. s[s] n° 944.23).

CHAPITRE

944. Concours de saisies

PHILIPPE FLORES
CONSEILLER RÉFÉRENDAIRE
À LA COUR DE CASSATION

SECTION 0
ORIENTEUR

944.00 Plan du chapitre.

944.01 Textes applicables.
C. trav., art. L. 3252-8, L. 3252-12, R. 3252-8, R. 3252-13 et R. 3252-30 à R. 3252-39.
C. pr. exéc., art. L. 213-4.
C. pr. civ., art. 125.
C. civ., art. 2231, 2324 et 2331.
LPF, art. L. 262 et L. 263.
CGCT, art. L. 1617-5.
• **L. n° 2004-1485, 30 déc. 2004,** de finances rectificative pour 2004, art. 128-II, *JO* 31 déc., p. 22522.

944.03 Bibliographie indicative. (V. s^s n° 940.03).

SECTION 1
CONCOURS DE SAISIES DES RÉMUNÉRATIONS

944.10 Plan. La différence essentielle entre la saisie des rémunérations et la saisie-attribution de droit commun tient à la possibilité d'un concours dans la première, alors que la seconde dispose d'un effet immédiat qui rend rarissime l'hypothèse d'un tel concours (v. s^s n°s 821.71 et 821.72). Chronologiquement, le concours de plusieurs saisies des rémunérations sur les mêmes sommes débute par une procédure particulière dénommée intervention (§ 1). Ultérieurement, le tribunal d'instance devra procéder à une répartition des retenues sur salaire entre les différents créanciers, en tenant compte des privilèges de certains d'entre eux (§ 2).

§ 1
Procédure d'intervention

944.11 Cas. L'article R. 3252-30 du Code du travail dispose que « *le créancier muni d'un titre exécutoire peut, sans tentative de conciliation préalable, intervenir à une procédure de saisie des sommes dues à titre de rémunérations en cours, afin de participer à la répartition des sommes saisies* ».

En outre un créancier partie à la procédure peut, par voie d'intervention, réclamer les intérêts et les frais et dépens liquidés ou vérifiés depuis la saisie (C. trav., art. R. 3252-33). Ce cas particulier vise les créanciers qui ont obtenu le recouvrement d'un principal mais non des accessoires; les voies d'exécution de droit commun peuvent leur paraître disproportionnées et la loi leur propose donc d'intervenir, sans frais, dans une saisie des rémunérations en cours. Simplement, ils ne peuvent le faire que pour les intérêts échus, ainsi que pour les frais et dépens dûment liquidés et vérifiés (sur la cession de salaires, v. s^s n° 946.31).

944.12 Procédure. Aux termes du second alinéa de l'article R. 3252-30 du Code du travail, « *Cette intervention est formée par requête remise contre récépissé ou adressée au greffe.* » La requête doit contenir les indications prévues à l'article R. 3252-13 pour la requête initiale (v. s^s n° 942.51). Notons toutefois, qu'en cas d'interruption de la saisie pour cause de rupture du lien de droit unissant le débiteur au tiers saisi, la saisie n'est plus en cours au sens de l'article R. 3252-30 et l'intervention d'un nouveau créancier ne peut être accueillie tant que le créancier saisissant n'a pas demandé la poursuite de la saisie entre les mains du nouvel employeur [1].

L'article R. 3252-31 prévoit expressément une vérification du montant de la créance en principal, intérêts et frais par le juge. Ainsi, comme il s'agit de l'hypothèse d'une saisie supplémentaire (le titre de la sous-section 4 est « *la pluralité de saisies* ») l'audience de conciliation est facultative [2] – et très généralement n'a pas lieu –, ce qui ne postule pas l'absence de vérification par le juge, dans les limites de ce qu'autorisent au juge les textes sur la saisie des rémunérations (v. s[s] n°s 941.12, 942.74 et 942.75 – est sanctionné le juge qui avait cru pouvoir contester un acte notarié revêtu de la formule exécutoire [3]).

Une fois la vérification faite, le greffe doit notifier l'intervention vérifiée, au débiteur et aux créanciers déjà saisissants. Cette notification doit être faite par lettre recommandée avec demande d'avis de réception. En outre, dans tous les cas où le nouveau créancier n'a pas connaissance de la saisie en cours, le greffier doit l'avertir de sa situation de créancier intervenant. Enfin, l'alinéa second de l'article R. 3252-31 précise que « *lors de la première intervention, le greffier informe l'employeur que les versements sont désormais effectués à l'ordre du régisseur installé auprès du greffe du tribunal d'instance* ». En effet, le mode d'établissement du chèque de reversement des retenues n'est pas le même en cas de pluralité de saisies (v. s[s] n° 943.21).

Ces notifications ont aussi pour objet de permettre l'exercice des voies de recours. L'article R. 3252-32 prévoit que l'intervention peut être contestée à tout moment de la procédure de saisie. En outre, le second alinéa de ce même article ajoute que le débiteur peut encore, la saisie terminée, agir en répétition à ses frais, contre l'intervenant qui aurait été indûment payé. La contestation d'une intervention sera formée, instruite et jugée conformément aux dispositions de l'article R. 3252-8, examiné à propos des contestations élevées au cours ou en suite de l'audience de conciliation (v. s[s] n° 942.111). L'article R. 3252-35 prévoit que si une intervention a été contestée, les sommes revenant au créancier intervenant sont consignées. Elles lui seront remises si la contestation est rejetée. Dans le cas contraire, ces sommes sont distribuées aux créanciers ou restituées au débiteur selon le cas.

1. Civ. 2e, 6 avr. 2006, n° 04-13.835, *Bull. civ.* II, n° 105 (préc. s[s] n° 942.121).
2. Civ. 2e, 22 mars 2001, n° 99-12.011, *Bull. civ.* II, n° 61; *RD banc. fin.* 2001. 294, note Lucas et Delecci; *Dr. Et proc.* 2001. 319, note Putman.
3. Civ. 2e, 22 mars 2001, n° 99-12.011 (préc. s[s] prés[t] n°).

944.13 Contestation de l'ordonnance rendue suite à une demande d'intervention. L'intervention autorisée par le juge peut être contestée par le débiteur, ou par le créancier si le montant des sommes arrêtées est inférieur à ce qui était réclamé. Toutefois, cette contestation se fait, conformément à l'article R. 3252-8 du Code du travail, selon la procédure ordinaire devant le tribunal d'instance et ni l'appel, ni le pourvoi en cassation ne sont recevables [4]. La contestation doit donc, selon le cas, être formée par voie de **déclaration au greffe ou d'assignation**. De même, en cas de rejet de la demande d'intervention, le créancier pourra former un recours devant le juge de la saisie des rémunérations du travail dans les formes et conditions de l'article R. 3252-8.

§ 2
Répartition des sommes

944.21 Procédure sans incidents. Les sommes déposées au secrétariat-greffe doivent être réparties le plus rapidement possible au profit des créanciers. Le greffier en chef prend l'initiative de faire la répartition. L'article R. 3252-34 du Code du travail précise qu'une répartition doit être opérée au moins tous les six mois, à moins que dans l'intervalle, les sommes atteignent un montant suffisant pour désintéresser les créanciers. Ce rythme semestriel n'est pas toujours réaliste : les sommes à reverser sont parfois infimes, notamment en cas de pluralité de créanciers saisissants. Rappelons qu'une répartition doit être également effectuée dans le cas où le débiteur change d'employeur ou cesse son activité salariée (v. s[s] n°s 942.121 s.).

En l'absence de privilèges, la répartition a lieu au marc l'euro, la Chancellerie fournissant au demeurant un logiciel *ad hoc* aux tribunaux d'instance : les créanciers sont désintéressés non pas selon leur rang chronologique mais en multipliant la retenue à répartir par la fraction du montant de chaque créance sur le montant total des créances à payer.

Le greffier en chef dresse un état de répartition qu'il notifie à chaque créancier. Sur cet état de répartition figurent le nom du créancier saisissant et des créanciers intervenants, le montant de leur créance, le montant des sommes réparties ainsi que le solde après répartition. Les fonds destinés à être répartis doivent être préalablement retirés de la Caisse des dépôts et consignations par le régisseur. Ce retrait est une responsabilité propre du régisseur, qui ne dépend à ce sujet ni du juge ni du greffier en chef (C. trav., art. R. 3252-43).

4. Civ. 2e, 4 juill. 2007, n° 06-12.776, *Bull. civ.* II, n° 204.

L'état de répartition peut être contesté dans les quinze jours de sa notification (C. trav., art. R. 3252-36). Il s'agit là encore d'un délai de recours dont l'expiration doit être relevée d'office par le juge en application de l'article 125 C. pr. civ.

À défaut de contestation, un chèque, établi par le régisseur, représentant le montant des sommes attribuées, est adressé à chaque créancier (C. trav., art. R. 3252-35).

944.22 Incidents sur une répartition. La répartition peut être contestée dans le délai de quinze jours suivant la notification de l'état dressé par le greffier en chef (C. trav., art. R. 3252-36). La contestation se forme dans les conditions prévues par l'article R. 3252-8 du Code du travail c'est-à-dire par assignation ou par déclaration au greffe selon que l'intérêt du litige est ou non supérieur à 4 000 euros (C. pr. civ., art. 829 et 847-1). En cas de contestation de l'état de répartition, les sommes dues aux créanciers ne sont versées qu'après décision du juge (C. trav., art. R. 3252-36).

En cas de contestation d'une intervention, les sommes attribuées au créancier intervenant par la répartition sont consignées au greffe dans l'attente de la décision du juge sur cette contestation. Elles sont remises au créancier en cas de rejet de la contestation; elles sont distribuées entre les autres créanciers ou restituées au débiteur en cas de succès de la contestation (C. trav., art. R. 3252-35).

944.23 Concours d'un créancier privilégié et d'autres créanciers sans cause légitime de préférence. Le greffe du tribunal d'instance ne se préoccupe que du créancier privilégié au sens de l'article 2324 du Code civil, c'est-à-dire celui qui bénéficie d'un privilège général sur les meubles et dont la créance relève de l'application de l'article 2331 du Code civil. En effet, les créanciers d'aliments qui peuvent user du paiement direct ainsi que le Trésor Public bénéficient d'un prélèvement préférentiel dans le premier cas, purement privilégié dans le second, auprès de l'employeur lui-même (v. s^s n°s 944.32 et 944.33).

La créance du créancier privilégié, à la condition expresse cependant qu'il en fasse la demande, sera apurée par préférence aux autres, dans l'ordre de l'article 2331 et, à ordre égal, au marc l'euro (C. civ., art. 2326).

Les hypothèses les plus fréquentes concernent les frais de justice (C. civ., art. 2331) et les créances d'aliments inéligibles au paiement direct (C. civ., art. 2331, 5°).

Mais le créancier privilégié peut renoncer explicitement ou par son silence, à la préférence que lui donne son privilège et venir en concours avec les autres.

944.24 Traitement des créances modiques. Le traitement des créances modiques peut poser problème, tant au regard du coût de leur traitement, qu'à celui de la disproportion entre le montant de la créance et le délai pour obtenir le règlement intégral. En outre, la répartition au marc-le-franc peut rendre vaine toute perspective de recouvrement dès lors que cette créance entre en concours avec une créance importante. Ce problème est pris en compte par l'article L. 3252-8 du Code du travail, qui prévoit[1] que les créances résiduelles les plus faibles, prises dans l'ordre croissant de leur montant sans que celles-ci puissent excéder 500 euros (C. trav., art. D. 3252-34-1), sont payées prioritairement. Si plusieurs créances d'un montant inférieur à 500 euros entrent en concours, la répartition se fera au marc l'euro entre elles.

SECTION 2

CONCOURS D'UNE OU PLUSIEURS SAISIES DES RÉMUNÉRATIONS AVEC D'AUTRES VOIES D'EXÉCUTION SUR LES REVENUS

944.31 Position du problème. On rappellera autant que de besoin que les voies d'exécution sur les rémunérations ne peuvent être que la saisie des rémunérations, l'avis à tiers détenteur (ATD), l'opposition à tiers détenteur (OTD), l'opposition administrative (OA) ou le paiement direct, mais ni la saisie conservatoire, ni la saisie-attribution de droit commun (sur l'exclusivité, v. s^s n° 941.81).

Ainsi, n'est pas en soi un abus la mise en œuvre d'une saisie des rémunérations après celle d'une saisie-attribution[2].

Le concours entre voies d'exécution sur les rémunérations ne se règle en principe jamais par des priorités chronologiques : la qualité des créanciers concernés requiert qu'ils puissent se manifester efficacement, même s'ils se manifestent bien après les créanciers de droit commun.

944.32 Paiement direct d'aliments. La fraction relativement saisissable (ou relativement insaisissable, v. s^s n° 941.92) a été imaginée pour les cas de concours entre une saisie des rémunérations et le prélèvement direct du terme mensuel courant et des six derniers mois impayés des créances visées à l'article L. 213-4 C. pr. exéc.

Si le montant mensuel du paiement direct de la pension alimentaire est inférieur à la fraction relativement insaisissable, le reliquat de cette fraction

1. L. n° 2011-1862, 13 déc. 2011, relative à la répartition des contentieux et à l'allègement de certaines procédures juridictionnelles, *JO* 14 déc., p. 21105.
2. Bourges, 10 déc. 1997, *Juris-Data* n° 46323.

relativement insaisissable appartient, comme le dit l'article R. 3252-39 du Code du travail, au débiteur.

Si le montant mensuel du paiement direct est supérieur à la fraction relativement insaisissable, il absorbe et l'excédent s'impute sur la quotité saisissable. Dans ce cas, la fraction saisissable que l'employeur doit retenir pour la saisie notifiée par le greffe se trouve donc diminuée de cet excédent.

De la sorte est respecté l'article 2331, 5° du Code civil : le créancier d'aliments récemment échus ou restant à échoir (sur la situation du créancier d'aliments n'ayant pas droit au paiement direct, v. s[s] n°s 941.54 et 941.92) doit être intégralement payé, il est privilégié et réglé par préférence aux autres créanciers y compris l'Administration fiscale lorsqu'elle procède par ATD ainsi que le rappelle l'article R. 3252-38 du Code du travail.

Bien entendu, ce droit de préférence reconnu au créancier alimentaire ne s'applique à la fraction saisissable du salaire, que si le paiement direct est effectivement mis en place[1].

En toutes hypothèses, le paiement direct ne peut pas priver le débiteur d'une somme égale au montant du revenu de solidarité active (RSA).

944.33 Saisie des rémunérations et avis à tiers détenteur. Si la saisie des rémunérations est faite sur des sommes déjà frappées par un ATD, cette saisie est suspendue, par extension pratique de l'article R. 3252-37 du Code du travail examiné plus loin; en effet, les sommes sont indisponibles provisoirement et aucune nullité n'est prévue par les textes (sur le concours entre un ATD et un paiement direct, v. s[s] n° 951.121).

Dans le cas où la saisie des rémunérations est intervenue en premier lieu, l'article R. 3252-37 prévoit que la notification d'un ATD conforme aux articles L. 262 et L. 263 du Livre des procédures fiscales suspend le cours de la saisie jusqu'à l'extinction de l'obligation du redevable. Dans cette hypothèse, la saisie n'est pas nulle ni atteinte d'aucun vice si elle a été notifiée alors qu'il existait un ATD ou si cet avis est notifié en cours d'exécution de la saisie. Simplement les effets de la saisie sont suspendus pour le temps nécessaire à l'apurement de la dette dont le paiement est poursuivi par le Trésor public. Elle reprendra donc son plein effet dès que la créance fiscale sera payée.

Le comptable public doit informer le greffe sur la date de l'ATD, sur celle de sa notification au redevable (le débiteur) et sur l'extinction de la créance fiscale.

À compter de l'extinction de la dette fiscale, la saisie reprend ses effets et le greffe en avise les créanciers qui n'ont pas de nouvelles demandes à faire.

La situation est semblable en cas d'OTD, de saisie à tiers détenteur (STD), ou d'OA antérieure, puisque celles-ci ont effet d'attribution immédiate (CGCT, art. L. 1617-5, 5° – LPF, art. L. 273 A – L. n° 2004-1485, 30 déc. 2004, art. 128 II). La saisie sera donc paralysée jusqu'à la fin de l'opposition en cours.

944.34 Saisie des rémunérations et opposition à tiers détenteur ou saisie à tiers détenteur. En cas de notification d'une OTD ou d'une STD, après la mise en place d'une saisie des rémunérations du travail, le tiers saisi doit aviser le comptable public de la saisie en cours. Le comptable adresse alors au greffe du tribunal une copie de l'OTD et lui indique la date de sa notification au redevable. Le greffier avise ensuite les autres créanciers. L'opposition est assimilée à une intervention et le Trésor public participe aux répartitions (C. trav., art. R. 3252-38). Le juge n'a pas à vérifier le montant de la créance objet de l'OTD, celle-ci étant assimilée à une intervention.

944.35 Rôles du tiers saisi et du greffe. Lorsque l'employeur reçoit des services du Trésor un ATD après une saisie des rémunérations, il en informe le greffe; il informe aussi le comptable public de la saisie des rémunérations en cours; le comptable public informe à son tour le greffe des caractéristiques de l'ATD; enfin, le greffe informe les créanciers de la saisie des rémunérations, de la suspension de cette dernière (C. trav., art. R. 3252-26 et R. 3252-37). Les sommes retenues mensuellement sont versées intégralement au comptable du Trésor jusqu'au complet paiement de la dette correspondante. Après extinction de cette dette, le tiers saisi doit reprendre les prélèvements mensuels au profit des créanciers ordinaires.

En revanche, dans le cas où le tiers saisi reçoit de la part d'un huissier de justice une demande de paiement direct de pension alimentaire, les versements au profit des créanciers ordinaires continuent d'être opérés dans la mesure où il y a un reliquat sur la fraction saisissable puisque les créances d'aliments sont d'abord prélevées sur la fraction insaisissable du salaire, mais dans le respect de la fraction totalement insaisissable. L'employeur établit alors deux versements : l'un destiné au créancier d'aliments et incluant la fraction relativement insaisissable, et au besoin une portion de la fraction saisissable, l'autre destiné au greffe (à l'ordre du créancier ordinaire ou à l'ordre du régisseur, ainsi qu'il a été dit) égal au solde de la fraction saisissable.

1. Civ. 2e, 28 sept. 2000, n° 98-17.614, *Bull. civ.* II, n° 137; *D.* 2000. 265.

SECTION 3

CONCOURS D'UNE SAISIE DES RÉMUNÉRATIONS DU TRAVAIL ET D'UNE CESSION DE SALAIRE

944.41 Notion de cession. Le débiteur a la possibilité de céder la quotité cessible ou saisissable au profit d'un créancier (v. s[s] n°s 946.00 s.). Le montant de cette quotité cessible ou saisissable est versé au créancier à compter de la notification de la cession à l'employeur (C. trav., art. R. 3252-47).

944.42 Conversion de la cession antérieure à la saisie en intervention. La cession de salaire ne peut être exécutée lorsqu'une saisie est mise en place, aucun droit de préférence n'étant accordé au créancier cessionnaire. Dans ce cas, le greffier notifie l'acte de saisie au cessionnaire et l'informe qu'en application de l'article L. 3252-12 du Code du travail, il vient en concours avec le(s) saisissant(s) pour la répartition des sommes saisies et l'invite à produire un relevé du montant des sommes restant dues (C. trav., art. R. 3252-48). À réception de ce décompte, la créance objet de la cession est admise à participer aux répartitions, et ce malgré l'absence de titre exécutoire. La créance n'a pas à être vérifiée par le juge ni à faire l'objet d'une ordonnance, la conversion s'opérant de plein droit par l'effet de la loi (C. trav., art. L. 3252-12). Le débiteur pourra néanmoins élever une contestation dans les conditions de l'article R. 3252-8, par déclaration au greffe ou par assignation, selon que le montant du litige excède ou non 4 000 euros.

944.43 Sort de la cession au terme de la saisie. Si la saisie prend fin avant la cession, le cessionnaire retrouve les droits qu'il tenait de la cession. Le greffier doit en aviser l'employeur et l'informer que les sommes cédées doivent à nouveau être versées directement au cessionnaire. Il doit en aviser également ce dernier (C. trav., art. R. 3252-49). Il importe donc que le greffe identifie clairement la créance objet de la cession pour que la saisie ne soit pas maintenue après que les créanciers saisissants en aient donné mainlevée.

944.44 Inefficacité de la cession postérieure à la saisie. La cession consentie après la mise en place de la saisie est totalement inefficace, la quotité cessible ou saisissable n'étant plus disponible du fait de cette saisie. Le créancier cessionnaire ne peut donc pas prétendre à une conversion de la cession en intervention. S'il entend participer aux répartitions, ce créancier doit donc agir selon les règles de droit commun et obtenir préalablement un titre exécutoire.

SECTION 4

INSTAURATION D'UNE TUTELLE

944.51 Mandataire exerçant une mesure d'accompagnement social personnalisé ou d'accompagnement judiciaire, tuteur civil. Il reçoit les fonds versés par les services ou organismes débiteurs de prestations sociales (CASF, art. L. 271-2, R. 271-3 et R. 272-2). Ce tuteur doit mener une action éducative pour la famille ou pour l'adulte déficient[1]. De même, le tuteur désigné dans les conditions du Code civil reçoit les fonds destinés au majeur protégé, en ce compris les prestations familiales et sociales. Pour mener à bien leur action protectrice ou éducative, ces tuteurs doivent disposer de toutes les ressources de l'ayant droit; leur premier souci sera d'ailleurs de désintéresser autant que possible les divers créanciers. La question se pose donc de l'effet de la tutelle sur la saisie éventuelle des prestations sociales ou familiales, dans les cas où cette saisie est possible (v. s[s] n° 941.54). La Caisse nationale d'allocations familiales considère que selon la lettre des textes, la saisie s'impose aux tuteurs.

944.52 Mesures de protection des incapables majeurs. Les mesures de tutelle ou de curatelle ne font pas obstacle à la mise en place ou à l'exécution d'une saisie des rémunérations du travail. Il convient toutefois de respecter les règles de représentation et d'assistance qui en découlent. En cas de tutelle ou d'administration légale sous contrôle judiciaire, les notifications doivent être faites, selon le cas, au tuteur ou à l'administrateur légal sous contrôle judiciaire; en cas de curatelle, les actes doivent être notifiés au débiteur et à son curateur en application de l'article 467 alinéa 1er du Code civil. Le défaut de notification au curateur constitue une nullité de fond[2].

1. M. Bauer et T. Fossier, *Les tutelles,* 3e éd., ESF, 2001.
2. Civ. 1re, 6 févr. 1996, n° 93-21.053, *Bull. civ.* I, n° 65.

CHAPITRE

945. Avis à tiers détenteur et oppositions sur les rémunérations du travail

PHILIPPE FLORES
CONSEILLER RÉFÉRENDAIRE
À LA COUR DE CASSATION

SECTION 0 ORIENTEUR

945.00 Plan du chapitre.

945.01 Textes applicables.

C. trav., art. L. 3252-4, L. 3252-10, R. 3252-8, R. 3252-10, R. 3252-12, R. 3252-38, R. 3252-40 et R. 3252-48.

C. pr. exéc., art. L. 111-1 s., L. 211-2, L. 141-2 et L. 211-2.

C. consom., art. L. 331-3-1, L. 331-5, L. 331-7-1 et L. 331-7-2, L. 332-6 et L. 333-2-1.

CGI, art. 1920, 1924 et 1929.

LPF, art. L. 256, L. 262, L. 263 et L. 265.

CGCT, art. L. 1617-5.

CGPPP, art. L. 2321-3 et L. 2323-5.

CASF, art. L. 262-2 et L. 312-7.

• **L. n° 2009-526, 12 mai 2009,** de simplification et de clarification du droit et d'allégement des procédures, art. 95, *JO* 13 mai, p. 7920.

• **L. n° 2004-1485, 30 déc. 2004,** de finances rectificative pour 2004, art. 128-II, *JO* 31 déc., p. 22522.

945.03 Bibliographie indicative. (V. s[s] n° 940.03).

945.04 Hypothèses et intérêt pratique. Certaines créances fiscales, telles que les impôts directs et les droits d'enregistrement, peuvent faire l'objet d'un avis à tiers détenteur (ATD) en application des articles 1920, 1924 et 1929 du Code général des impôts et des articles L. 262 et L. 263 du Livre des procédures fiscales. L'analyse de ces créances est faite dans le chapitre consacré aux ATD.

Ni les textes susvisés ni le Code du travail n'interdisent que le tiers détenteur soit un employeur. Les services de recouvrement peuvent donc recourir à l'ATD sur les rémunérations du travail et y trouvent un avantage et un inconvénient. L'avantage consiste dans le privilège qu'octroie le Code général des impôts : le concours de l'ATD avec une saisie d'un autre créancier sur les mêmes rémunérations se résout globalement en faveur du Trésor public (v. s[s] n° 945.24 et les renvois), à la différence notable de l'ATD sur d'autres sommes, qui subit sans aménagements l'effet attributif immédiat de la saisie-attribution (v. s^s n°s 930.03 à 934.46). Cet atout conduit les services de recouvrement à utiliser assez massivement l'ATD sur des rémunérations. L'inconvénient de l'ATD auprès d'un employeur est, comme pour toutes les saisies sur les rémunérations, la règle de la quotité saisissable (v. s^s n°s 941.90 à 941.111), qui s'impose au Trésor comme aux autres créanciers.

L'efficacité de l'ATD par rapport aux contraintes de la procédure de saisie des rémunérations du travail a conduit le législateur à créer la procédure d'opposition à tiers détenteur (OTD), largement inspirée de celle de l'ATD. De même, l'opposition administrative (OA) a été étendue au recouvrement de l'ensemble des amendes. Enfin, le législateur a mis en place la saisie à tiers détenteur (STD) dans le cadre de la loi n° 2009-526 du 12 mai 2009 (v. s^s n°s 980.04 s.).

SECTION 1
AVIS À TIERS DÉTENTEUR

§ 1
Droit commun des avis à tiers détenteur

945.11 Titre, avertissement, rémunérations du travail. Les préalables à l'utilisation d'un ATD sur les rémunérations sont ceux du droit commun des ATD : l'Administration doit disposer d'un titre exécutoire contre le contribuable; elle doit avoir averti le redevable avant le début des poursuites (LPF, art. L. 256 s.). Ces règles ne reçoivent pas d'exception lorsque les rémunérations du travail sont visées et l'on se reportera donc à ce qui en est dit au chapitre traitant des ATD en général. Le juge doit vérifier que ces préalables sont respectés (v. s^s n° 941.12 – sur la compétence juridictionnelle v. s^s n° 945.23).

L'ATD sur les rémunérations du travail ne peut en outre développer ses effets, comme la saisie des mêmes rémunérations, que si le redevable dispose de rémunérations du travail ou assimilées (v. s^s n°s 941.20 s.) [1].

945.12 Pas de règles procédurales spécifiques. Ni le Livre des procédures fiscales, ni le Code du travail ne contiennent de règles procédurales spécifiques aux ATD sur les rémunérations du travail. Il paraît certain que le préliminaire obligatoire de conciliation n'a pas lieu d'être [2]. La forme de l'avis lui-même est libre, comme dans le droit commun de l'ATD; l'Administration utilise le formulaire n° 3735, comme pour notifier un avis à un banquier ou à tout autre détenteur de fonds; le formulaire est accompagné d'un barème de saisissabilité des salaires (Instr. min. fin. 11 janv. 1993 [3]).

Malgré ce souci d'allégement maximal des formalités, l'Administration doit quand même notifier l'ATD au débiteur dont les rémunérations vont être appréhendées, et ce à peine de devoir restituer les sommes encaissées [4].

945.13 Obligations identiques à celles de la saisie des rémunérations. Conformément à l'article L. 263 du Livre des procédures fiscales, l'ATD a pour effet d'affecter, dès réception, les sommes dont le versement est ainsi demandé, au paiement des impositions privilégiées, quelle que soit la date à laquelle à laquelle les créances, même conditionnelles ou à terme que le redevable possède à l'encontre du tiers détenteur deviennent exigibles. La formulation de ce texte est parfaitement superposable à celle des saisies attribution, y compris la saisie des rémunérations du travail. Les obligations du tiers saisi sont donc exactement les mêmes qu'en matière de saisie des rémunérations (v. s^s n°s 942.121 et 943.11 s.). La principale de ces obligations est évidemment le paiement à chaque échéance; cette obligation ne prend naissance, comme en matière d'ATD de droit commun (v. s^s n°s 930.03 à 934.46), qu'à l'expiration du délai de deux mois d'opposition à l'avis. Notons toutefois, que les articles L. 262 et L. 265 du Livre des procédures fiscales, qui dérogent sur ce point aux règles prévues par le Code de procédure civile pour le recouvrement des créances, n'imposent pas la mention sur l'ATD du titre exécutoire en vertu duquel celui-ci est délivré [5].

§ 2
Concours avec d'autres voies d'exécution

945.21 Concours de voies d'exécution. Les difficultés surgissent pour le tiers détenteur en cas de concours de voies d'exécution contre un même salarié (la question est examinée s^s n° 945.24, avec renvois).

945.22 Titre exécutoire contre le tiers détenteur. Lorsque le tiers détenteur ne s'exécute pas, un titre exécutoire sera délivré contre lui par le juge de l'exécution (JEX), comme en matière d'ATD de droit commun (v. s^s n° 933.43).

Le juge compétent devrait être celui de la saisie des rémunérations du travail puisque la défaillance résulte d'une voie d'exécution sur les salaires. L'ordon-

1. POUR UNE APPLICATION au cas d'avis à tiers détenteur : Com. 19 mars 1991, n° 89-10.783, *Bull. civ.* IV, n° 107.
2. Com. 30 juin 1964, *Bull. civ.* IV, n° 343.
3. Instr min. Fin. 11 janv. 1993, *BOI* 12 C-1-93.
4. Com. 18 juin 1996, n° 94-17.246, *Bull. civ.* IV, n° 181; *Gaz Pal.* 1997. 1. Pan. 72.
5. Com. 3 juin 2014, n° 13-18.713, NP.

nance de contrainte peut, parfois, être difficile à prendre, même si elle ne doit pas être exclue par principe en raison du renvoi aux textes relatifs à la saisie des rémunérations du travail. Il appartient donc au Trésor public de communiquer les éléments nécessaires à la détermination du montant de la créance et à défaut d'assigner l'employeur défaillant selon les règles de procédure ordinaire devant le tribunal d'instance (C. trav., art. R. 3252-8), afin d'obtenir un titre exécutoire à son encontre. La déclaration au greffe pourrait également être utilisée si l'intérêt du litige est inférieur à 4 000 euros. Le débat contradictoire permettra ainsi de vérifier l'existence du lien de droit entre le débiteur et le tiers saisi, et de déterminer le montant de la créance du Trésor public contre ce tiers saisi en fonction du montant de la rémunération servie au débiteur et du montant qui aurait dû être retenu.

945.23 Régime particulier quant à la compétence. Les créances relevant de la procédure de l'ATD bénéficient d'un régime particulier quant à la compétence[1]. Le contentieux de l'assiette échappe à la compétence du juge judiciaire. Ce dernier connaît en revanche du contentieux du recouvrement, après réclamation préalable à l'administration, comme l'indique d'ailleurs le formulaire de notification en vigueur dans l'Administration. Il est donc compétent pour vérifier l'existence d'un titre exécutoire au sens des articles L. 111-1 et suivants C. pr. exéc. et du Livre des procédures fiscales[2].

Ce juge judiciaire est, en matière de saisie des rémunérations, le juge d'instance et non pas le JEX[3].

945.24 Concours entre avis à tiers détenteur ou avec d'autres voies d'exécution sur les rémunérations – Renvoi. La question du concours entre un ATD et une voie d'exécution d'un autre type, quelle que soit l'antériorité des uns ou des autres, est examinée par ailleurs (sur la saisie des rémunérations, v. s^s n° 944.33 – sur la cession des rémunérations, v. s^s n° 946.32 – et sur le paiement direct des pensions alimentaires, v. s^s n° 951.123).

§ 3
Concours entre plusieurs avis à tiers détenteur

945.31 Concours entre plusieurs avis à tiers détenteur sur la même rémunération. L'article L. 263 alinéa 3 du Livre des procédures fiscales prescrit au tiers détenteur, en cas de notification simultanée de plusieurs ATD, de diviser la quotité saisissable au prorata des créances de chaque service de recouvrement.

945.32 Désignation du tiers saisi. En cas de pluralité de tiers saisi, la quotité saisissable doit être calculée sur la somme des rémunérations saisies et non sur chacune d'entre elles prises isolément, conformément aux articles L. 3252-4 et R. 3252-40 du Code du travail (v. s^s n° 942.91). Le greffier du tribunal d'instance est alors saisi par le comptable public aux fins de désignation du tiers saisi qui procédera à la retenue globale.

Dans un **avis du 5 mai 2014**, la Cour de cassation a précisé que depuis l'entrée en vigueur de l'article 6 du décret n° 2013-109 du 30 janvier 2013 relatif à la simplification de la procédure de saisie des rémunérations[4] ayant modifié l'article R. 3252-10 du Code du travail, la désignation des employeurs chargés d'opérer les retenues au titre d'un avis à tiers détenteur exécuté sur la rémunération du débiteur redevable relève, non pas d'une juridiction, mais des seules diligences du greffier du tribunal d'instance qu'une procédure de saisie de rémunérations soit en cours d'exécution ou non[5]. Par cette décision, la Cour de cassation confirme que la compétence est déterminée en raison de la nature de la rémunération objet de la saisie et pas par nature de la voie d'exécution. Elle consacre le bloc de compétence du tribunal d'instance et facilite en réalité l'exécution des saisies, puisque toutes les procédures seront concentrées entre les mains de la même juridiction.

§ 4
Avis à tiers détenteur et surendettement

945.41 Suspension et interdiction des saisies à tiers détenteur en cas de surendettement. Après le dépôt de la déclaration de surendettement et avant la décision sur la recevabilité, la commission de surendettement peut, à la demande du débiteur, saisir le JEX d'une demande de suspension d'un ATD et portant sur des créances autres qu'alimentaires (C. consom., art. L. 331-5).

La décision déclarant la recevabilité de la demande emporte suspension et interdiction des procédures d'exécution diligentées contre le débiteur, et donc des ATD, et portant sur des créances autres qu'alimentaires (C. consom., art. L. 331-3-1). Cette sus-

1. V. *Les titres exécutoires émis par l'État pour le recouvrement de ses créances ordinaires*, Agence jud. du Trésor, dossier n° 27.
2. V. chron. Brunel, « De quelques particularités relatives au contentieux des créances des collectivités publiques devant le juge de l'exécution », *Gaz. Pal.* 1997. 1. Doctr. 414.
3. Paris, 9 avr. 1987, *Juris-Data* n° 021913.
4. Décr. n° 2013-109, 30 janv. 2013, relatif à la simplification de la procédure de saisie des rémunérations, *JO* 1er févr., p. 1962.
5. Cass., avis, n° 14-70.002, *Bull. avis*, n° 4.

pension et cette interdiction durent, selon le cas, jusqu'à l'approbation du plan conventionnel, la décision de la commission de surendettement imposant les mesures prévues par les articles L. 331-7-1 et L. 331-7-2 du Code de la consommation, jusqu'à l'homologation par le juge des mesures recommandées par la commission ou jusqu'à l'ouverture d'une procédure de rétablissement personnel avec liquidation judiciaire. Cette interdiction et cette suspension ne peuvent toutefois excéder un an.

Le jugement d'ouverture de la procédure de rétablissement personnel avec liquidation judiciaire entraîne la suspension et l'interdiction des procédures d'exécution diligentées à l'encontre du débiteur et portant sur des dettes autres qu'alimentaires jusqu'au jugement de clôture (C. consom., art. L. 332-6).

L'effet d'attribution immédiate attaché à l'ATD ne fait pas obstacle à sa suspension par le JEX dans le cadre de l'article L. 331-5 du Code de la consommation[1]. Au vu d'une telle ordonnance, transmise le plus souvent par le débiteur ou la commission de surendettement, le juge d'instance ordonnera la suspension provisoire de la saisie dans les conditions et limites prévues par le juge du surendettement. Au terme de ce délai, la saisie sera reprise si aucun plan de surendettement n'est intervenu entre-temps.

945.42 Remboursement des paiements effectués en violation de l'interdiction ou de la suspension. Tout acte ou tout paiement réalisé en exécution d'une procédure d'exécution diligentée à l'encontre du débiteur surendetté et en violation d'une interdiction ou d'une suspension attachée à une procédure de surendettement peut être annulée par le JEX, à la demande de la commission de surendettement. Cette demande doit être présentée dans le délai d'un an, à compter de l'acte ou du paiement de la créance (C. consom., art. L. 333-2-1).

SECTION 2
OPPOSITION À TIERS DÉTENTEUR

§ 1
Conditions générales

945.51 Conditions générales. La procédure d'OTD, inspirée de l'ATD, est prévue par l'article L. 1617-5 du Code général des collectivités territoriales, dans sa rédaction issue de l'article 63 de la loi de finances rectificatives pour 2004 (L. n° 2004-1230, 30 déc. 2004), modifiée par l'article 55 de la loi n° 2010-1658 du 29 décembre 2010[2], puis par l'article 3 de l'ordonnance n° 2011-177 du 23 février 2011 et l'article 59 (V) de la loi n° 2011-1978 du 28 décembre 2011. Elle concerne les titres de recettes individuels ou collectifs, émis par une collectivité territoriale ou un établissement public contre un débiteur. La procédure d'OTD est également ouverte pour le recouvrement de titres visés par l'article L. 2321-3 du Code général de la propriété des personnes publiques (CGPPP, art. L. 2323-5) et de créances relevant de l'article L. 312-7 du Code de l'action sociale et des familles. Après avoir adressé au redevable le titre sous pli simple, lequel doit mentionner les nom, prénoms et qualité de la personne qui l'a émis, ainsi que les voies et délais de recours, le comptable public doit lui adresser une mise en demeure avant la notification du premier acte d'exécution forcée devant donner lieu à des frais. Cette mise en demeure interrompt la prescription de l'action en recouvrement. Lorsque la créance est inférieure à 15 000 euros, la procédure d'OTD est précédée d'une phase comminatoire, le cas échéant confiée à un huissier de justice (CGCT, art. L. 1617-5, 6°).

945.52 Phase comminatoire préalable pour les créances de moins de 15 000 euros. Pour les créances dont le montant est inférieur à 15 000 euros, la mise en demeure est précédée d'une lettre de relance adressée par le comptable public ou d'une phase comminatoire, par laquelle il demande à un huissier de justice d'obtenir du redevable qu'il s'acquitte auprès de lui du montant de sa dette (CGCT, art. L. 1617-5, 7°).

Les frais de recouvrement sont alors versés directement par le redevable à l'huissier de justice. Le montant des frais qui reste acquis à l'huissier de justice, doit être calculé selon un taux proportionnel aux sommes recouvrées, fixé par un arrêté conjoint du ministre du Budget et du ministre de la Justice.

À défaut de succès de la phase comminatoire, ou si la lettre de relance est restée sans effet, le comptable public peut adresser la mise en demeure de payer. L'exécution forcée des poursuites, pouvant donner lieu à des frais peut être engagée dans le délai de huit jours suivant la notification de cette mise en demeure (CGCT, art. L. 1617-5, 6°).

945.53 Notification de l'opposition à tiers détenteur. L'OTD doit être notifiée au débiteur en même temps qu'à l'employeur (CGCT, art. L. 1617-5, 7°). Le contenu de l'opposition comme sa forme ne sont pas réglementés. Les solutions dégagées en matière

1. Civ. 2e, 15 déc. 2005, n° 04-04.175, *Bull. civ.* II, n° 335; *D.* 2006. 297, obs. Avena-Robardet.

2. L. n° 2010-1658, 29 déc. 2010, de finances rectificative pour 2010, *JO* 30 déc., p. 23127.

d'ATD sont probablement transposables (v. s[s] n°s 932.11 s.). L'instruction codificatrice n° 05-050-M0 du 13 décembre 2005[1], prescrit toutefois la mention du fondement légal, de la date de l'opposition, de l'identité du comptable saisissant, du débiteur saisi et du tiers saisi, ainsi que la nature et le montant de la créance pur laquelle l'opposition est pratiquée. Les imprimés d'OTD figurent en annexe de cette instruction (annexes 13 à 16). Il est en outre conseillé au comptable public de joindre à l'OTD, le barème des quotités saisissables. S'inspirant de la jurisprudence dégagée en matière d'avis tiers détenteur, l'instruction codificatrice recommande aux comptables publics de faire figurer lisiblement la mention du nom patronymique, la qualité du comptable et la lisibilité de sa signature[2].

Si la forme de la notification n'est pas réglementée, le comptable ne pourra tirer les conséquences d'une éventuelle abstention de l'employeur qu'à la condition de prouver la notification de l'OTD. Il devra alors justifier de la réception de l'opposition notifiée par lettre recommandée avec demande d'avis de réception, ou, en l'absence d'avis de réception suite à un retour du pli recommandé, de la signification de l'acte par l'huissier du Trésor, ou un huissier de justice.

§ 2
Effets de l'opposition à tiers détenteur

945.61 Effets de l'opposition à tiers détenteur. L'OTD emporte l'effet d'attribution immédiate prévu à l'article L. 211-2 C. pr. exéc., des sommes disponibles au profit de la collectivité ou de l'établissement public local créancier à concurrence des sommes pour lesquelles l'opposition est pratiquée (CGCT, art. L. 1617-5, 7°). Une saisie des rémunérations postérieure serait donc paralysée jusqu'au paiement de la créance objet de l'OTD. Cette situation est surprenante dans la mesure où elle n'a aucun caractère réciproque. En effet, en cas de saisie des rémunérations antérieure, le comptable conserve la possibilité d'intervenir à la saisie (v. s[s] n° 945.82). En cas de notification le même jour d'une autre OTD, le tiers saisi doit, en cas d'insuffisance des fonds, exécuter ces oppositions en proportion de leur montant respectif (CGCT, art. L. 1617-5, 7°) De même, en cas de concours de l'OTD avec un ATD, le produit de la saisie est partagé au marc l'euro (C. pr. exéc., art. L. 211-2, al. 3).

1. *BOCP*, févr. 2006.
2. Com. 25 janv. 2005, n° 02-13.161, NP – Com. 19 avr. 2005, n° 03-17.387, NP.

Le tiers détenteur a l'obligation de reverser la quotité saisissable de la rémunération dans le délai de trente jours suivant la notification de l'opposition. À défaut il peut se voir réclamer les sommes saisies majorées de l'intérêt légal (CGCT, art. L. 1617-5, 7°).

§ 3
Indisponibilité de la créance

945.71 Situation en cas d'indisponibilité de la créance. Lorsque les sommes objet de l'opposition sont indisponibles, par exemple en raison de leur insaisissabilité, l'employeur doit en aviser le comptable (CGCT, art. L. 1617-5, 7°). En cas de saisie des rémunérations du travail déjà en cours, la quotité saisissable est indisponible (C. pr. exéc., art. L. 141-2). Le comptable devra alors procéder par voie d'intervention à la saisie des rémunérations en cours devant le tribunal d'instance compétent, pour participer aux répartitions. Le greffe du tribunal d'instance devra être très vigilant en cas de notification d'un ATD ou d'un OTD après la mise en place de la saisie pour que la saisie ne soit suspendue qu'en cas de recouvrement d'une créance fiscale. Les risques de confusion par le tiers saisi sont importants et il conviendra donc de réclamer le détail des créances objet de l'ATD.

§ 4
Concours avec d'autres voies d'exécution

945.81 Concours avec une autre opposition à tiers détenteur, un avis à tiers détenteur, une opposition administrative, une saisie à tiers détenteur. En cas de concours avec d'autres OTD, ATD, OA ou STD, notifiés simultanément à l'employeur, celui-ci doit répartir la quotité saisissable au marc l'euro entre les divers comptables concernés.

945.82 Concours avec une saisie des rémunérations du travail. En cas de concours avec une saisie des rémunérations du travail déjà en place, le comptable public se heurtera à l'indisponibilité de la créance. Le tiers saisi doit aviser le comptable public de la saisie en cours. Le comptable adresse alors au greffe du tribunal une copie de l'OTD et lui indique la date de sa notification au redevable. Le greffier avise alors les autres créanciers. L'OTD est alors assimilée à une intervention et le Trésor public participe aux répartitions (C. trav., art. R. 3252-38). Le juge n'a pas à vérifier le montant de la créance objet de l'OTD, celle-ci étant assimilée à une intervention. Ce n'est que dans le cas d'une contestation du débiteur formée par voie de déclaration au greffe ou d'assignation, conformément à l'article R. 3252-8 du Code du travail, que la créance sera vérifiée par le juge.

945.83 Concours avec une cession de salaire. En cas de concours d'une OTD avec une cession de salaire, l'indisponibilité de la créance consécutive à la cession doit prévaloir. Le tiers saisi doit donc en aviser le comptable public qui doit alors procéder par voie de saisie des rémunérations du travail devant le tribunal d'instance. Le cessionnaire participera alors aux répartitions dans le cadre de la saisie conformément à l'article R. 3252-48 du Code du travail et les sommes retenues seront réparties au marc l'euro (v. s[s] n° 946.31).

945.84 Concours avec une procédure de paiement direct. En cas de concours avec une procédure de paiement direct, l'employeur doit laisser à la disposition du débiteur une somme équivalente au montant du revenu de solidarité active (RSA), mentionné par le 2° de l'article L. 262-2 du Code de l'action sociale et des familles applicable à un foyer composé d'une seule personne, imputer le montant du paiement direct, d'abord sur la fraction relativement insaisissable, c'est-à-dire qui ne peut être appréhendée que dans le cadre du paiement direct, et ensuite sur la fraction saisissable. Seule, la partie de la fraction saisissable qui n'aurait pas été absorbée par le paiement direct pourra être versée au comptable public en exécution de l'OTD.

§ 5
Contentieux et tiers saisi

945.91 Contentieux. Les contestations de la régularité formelle de l'OTD relèvent de la compétence du JEX et donc du juge de la saisie des rémunérations du travail lorsque l'OTD a été exécuté sur un salaire ou une rémunération assimilée. L'action se prescrit dans le délai de deux mois suivant la notification de l'acte contesté (CGCT, art. L. 1617-5, 2°). En revanche, les contestations portant sur le bien-fondé de la créance sont portées devant le juge compétent pour en connaître.

945.92 Désignation du tiers saisi. En cas de pluralité de tiers saisi, il doit être procédé comme en matière d'ATD (v. s[s] n° 945.32).

945.93 Droit de communication. Les comptables directs du Trésor ont droit pour l'exercice de l'OTD d'obtenir les informations et renseignements nécessaires à l'exercice de leur mission sans que le secret professionnel puisse leur être opposé. Ces renseignements sont notamment : l'état civil des débiteurs, leur domicile, le nom et l'adresse de leurs employeurs (CGCT, art. L. 1617-5, 8°).

§ 6
Opposition à tiers détenteur et surendettement

945.101 Demande de suspension en cas de dépôt d'une déclaration de surendettement. Après le dépôt de la déclaration de surendettement et avant la décision sur la recevabilité, la commission de surendettement peut, à la demande du débiteur, saisir le JEX d'une demande de suspension d'une OTD et portant sur des créances autres qu'alimentaires (C. consom., art. L. 331-5).

945.102 Suspension et interdiction des oppositions à tiers détenteur en cas de décision de recevabilité de la déclaration de surendettement. La décision déclarant la recevabilité de la demande emporte suspension et interdiction des procédures d'exécution diligentées contre le débiteur, et donc des OTD, et portant sur des créances autres qu'alimentaires (C. consom., art. L. 331-3-1). Cette suspension et cette interdiction dure, selon le cas, jusqu'à l'approbation du plan conventionnel, la décision de la commission de surendettement imposant les mesures prévues par les articles L. 331-7-1 et L. 331-7-2 du Code de la consommation, jusqu'à l'homologation par le juge des mesures recommandées par la commission ou jusqu'à l'ouverture d'une procédure de rétablissement personnel avec liquidation judiciaire. Cette interdiction et cette suspension ne peuvent toutefois excéder un an.

945.103 Suspension et interdiction en cas d'ouverture d'une procédure de rétablissement personnel avec liquidation judiciaire. Le jugement d'ouverture de la procédure de rétablissement personnel avec liquidation judiciaire entraîne la suspension et l'interdiction des procédures d'exécution diligentées à l'encontre du débiteur et portant sur des dettes autres qu'alimentaires jusqu'au jugement de clôture (C. consom., art. 332-6).

945.104 Remboursement des paiements effectués en violation de l'interdiction ou de la suspension. – Renvoi. (V. s[s] n° 945.42).

SECTION 3
OPPOSITION ADMINISTRATIVE

§ 1
Notion et effets

945.111 Notion d'opposition administrative. L'OA autrefois prévue par l'article 7 de la loi n° 72-650 du 11 juillet 1972 pour le recouvrement des seules amendes prononcées pour des contraventions de police a été étendue par l'article 128, II de la loi n° 2004-1485 du 30 décembre 2004 rectificative de finances pour 2004 à toutes les amendes et condamnations pécuniaires. Les règles générales de l'OA sont décrites dans les chapitres 961 à 963 auxquels il est renvoyé.

L'opposition administrative n'a pas à être précédée d'un préalable de conciliation et l'article R. 3252-12 du Code du travail, n'est pas applicable en la matière[1].

945.112 Effets d'attribution immédiate de l'opposition administrative. L'OA emporte attribution immédiate de la quotité saisissable de la rémunération appréhendée. La saisie des rémunérations du travail notifiée postérieurement ne pourra donc être exécutée qu'une fois la créance intégralement payée ou après mainlevée donnée par le comptable public. En revanche en cas d'OA postérieure à une saisie en place, le tiers saisi devra signaler le caractère indisponible de la quotité saisissable (C. pr. exéc., art. L. 141-2). Le comptable pourra alors déposer une intervention auprès du greffe du tribunal d'instance.

La contestation des titres fondant l'OA doit être exercée selon la procédure de contestation devant le ministère public et ne peut viser que la régularité en la forme de l'acte[2].

§ 2
Concours avec d'autres voies d'exécution

945.121 Concours avec d'autres saisies ou cessions.

– **En cas de concours avec d'autres OA, OTD ou ATD** notifiés simultanément à l'employeur, celui-ci doit répartir la quotité saisissable au marc l'euro entre les divers comptables concernés.

– **En cas de concours avec une saisie des rémunérations du travail déjà en place**, le comptable public se heurtera à l'indisponibilité de la créance et devra donc procéder par voie d'intervention auprès du tribunal d'instance afin de participer aux répartitions. Le comptable public notifiera au greffe l'OA et pourra ainsi participer aux répartitions. Le juge n'a pas à vérifier la créance objet de l'opposition administrative ainsi communiquée.

– **En cas de concours d'une OA avec une cession de salaire**, l'indisponibilité de la créance consécutive à la cession doit prévaloir. Le tiers saisi doit donc en aviser le comptable public qui doit alors procéder par voie de saisie des rémunérations du travail devant le tribunal d'instance. Le cessionnaire participera alors aux répartitions dans le cadre de la saisie conformément à l'article R. 3252-48 du Code du travail et les sommes retenues seront réparties au marc l'euro (v. s^s n° 946.31).

945.122 Concours avec une procédure de paiement direct. En cas de concours avec une procédure de paiement direct, l'employeur doit laisser à la disposition du débiteur une somme équivalente au montant du RSA, imputer le montant du paiement direct, d'abord sur la fraction relativement insaisissable, c'est-à-dire qui ne peut être appréhendée que dans le cadre du paiement direct, et ensuite sur la fraction saisissable. Seule, la partie de la fraction saisissable qui n'aurait pas été absorbée par le paiement direct pourra être versée au comptable public en exécution de l'OA.

§ 3
Tiers saisi

945.131 Désignation du tiers saisi. En cas de pluralité de tiers saisis, il doit être procédé comme en matière d'ATD (v. s^s n° 945.32).

945.132 Obligations du tiers saisi. L'employeur doit rendre indisponibles les fonds dès réception de la notification de l'OA. Il doit en outre informer le comptable public de la situation de chaque redevable intéressé sous la forme d'un accusé de réception transmis par courrier ou par voie électronique. Les fonds doivent être reversés au Trésor public dans le délai de trente jours (Décr. n° 2007-1528, 24 oct. 2007, art. 1er, III[3]).

En cas de défaillance de l'employeur, le Trésor public peut réclamer un titre exécutoire en procédant dans les conditions de l'article L. 3252-10 du Code du travail, c'est-à-dire en obtenant du juge d'instance une ordonnance de contrainte (Décr. 24 oct. 2007, art. 1er, IV, al. 2 – v. s^s n°s 943.31 s.).

1. Civ. 2e, 11 avr. 2013, n° 12-15.673, NP.
2. Civ. 2e, 11 avr. 2013, n° 12-15.673, NP.
3. Décr. n° 2007-1528, 24 oct. 2007, relatif au recouvrement des amendes et condamnations pécuniaires par les comptables directs du Trésor et modifiant le décret n° 64-1333 du 22 décembre 1964, *JO* 26 oct., p. 17556.

CHAPITRE

946. Cession de salaires

PHILIPPE FLORES
CONSEILLER RÉFÉRENDAIRE
À LA COUR DE CASSATION

SECTION 0 ORIENTEUR

946.00 **Plan du chapitre.**

946.01 **Textes applicables.**

C. trav., art. L. 3252-1 à L. 3252-13 et R. 3252-45 à R. 3252-49.

C. consom., art. L. 331-3-1, L. 331-5, L. 331-7-1, L. 331-7-2, L. 332-6 et L. 333-2-1.

C. pr. exéc., art. L. 141-2.

LPF, art. L. 264.

946.03 **Bibliographie indicative.** (V. s[s] n° 940.03).

946.05 **Définition.** La cession des rémunérations est un acte volontaire, aux termes duquel une personne se déclare débitrice d'une autre et demande que la fraction cessible ou saisissable de ses rémunérations soit versée à son créancier jusqu'à l'extinction de la dette.

SECTION 1 RISQUES

946.11 **Processus ancien donnant lieu à des fraudes.** Tel créancier puissant obtient un accord avec l'employeur pour que la cession prime d'éventuelles saisies. Tel prêteur de deniers ou bailleur d'un local d'habitation fait de la cession une condition résolutoire du contrat de prêt ou de bail. Tel débiteur cherche par une cession à se dérober aux autres poursuites, notamment des créanciers d'aliments. Tous ensemble cherchent à s'émanciper des quotités réduites de saisissabilité…

C'est pourquoi la loi a tenté d'organiser la cession des rémunérations et de l'harmoniser avec les voies d'exécution. C'est à ce titre que l'étude doit en être faite sommairement ici[1].

946.12 **La loi assimile totalement les règles de la cession à celles de la saisie (C. trav., art. L. 3252-1 à L. 3252-13).** Le type de rémunérations et sommes cessibles sont celles qui sont saisissables (v. les développements qui examinent la question sous la formulation habituelle « *incessible et insaisissable* », s[s] n°s 941.20 s.); les fractions insaisissables sont également incessibles. La procédure est évidemment aménagée en considération du caractère conventionnel de la cession (C. trav., art. R. 3252-45 à R. 3252-49).

946.13 **La loi ajoute deux précautions qui ne sauraient concerner la saisie.** *En premier lieu*, la cession ne peut pas être une clause d'un contrat de bail (L. 6 juill. 1989, art. 4, d). *En second lieu*, la cession ne peut être une clause d'un contrat de prêt que si elle renvoie à la procédure légale exposée ci-après, qui est d'ordre public comme toutes les dispositions en la matière (v. s[s] n°s 950.04 s.).

SECTION 2 PROCÉDURE

946.21 **Déclaration du débiteur-cédant au greffe du tribunal d'instance de son domicile.** La cession est effectuée par déclaration du débiteur-cédant au greffe du tribunal d'instance de son domicile. La représentation n'est pas admise (C. trav., art. R. 3252-45). Le greffe, non plus que le juge d'instance, n'effectue aucun contrôle sur la réalité de la créance

1. *Adde :* S. Crevel, « La cession des rémunérations du travail », *JCP E* 1995. I. 511.

qui fonde la cession et moins encore sur son montant exact en principal ou accessoires.

946.22 Une copie de la déclaration est remise ou notifiée au créancier cessionnaire. Celui-ci dispose d'une année au plus pour user du bénéfice de la cession, autrement dit pour faire notifier la cession au tiers débiteur des rémunérations (C. trav., art. R. 3252-46).

946.23 Versement direct de la fraction saisissable selon un barème. S'il n'existe ou tant qu'il n'existe aucune saisie des rémunérations, concurrente de la cession, l'employeur verse directement la fraction saisissable, selon le barème de la saisie des rémunérations, au bénéficiaire de la cession.

SECTION 3
CONCOURS DE SAISIES

946.31 Concours avec une saisie des rémunérations du travail. La cession de salaire ne peut être exécutée lorsqu'une saisie est mise en place, aucun droit de préférence n'étant accordé au créancier cessionnaire. Dans ce cas, le greffier notifie l'acte de saisie au cessionnaire et l'informe qu'en application de l'article L. 3252-12 du Code du travail, il vient en concours avec le ou les saisissants pour la répartition des sommes saisies et l'invite à produire un relevé du montant des sommes restant dues (C. trav., art. R. 3252-48). À réception de ce décompte, la créance objet de la cession est admise à participer aux répartitions, et ce malgré l'absence de titre exécutoire. La créance n'a pas à être vérifiée par le juge ni à faire l'objet d'une ordonnance, la conversion s'opérant de plein droit par l'effet de la loi (C. trav., art. L. 3252-12). Si le débiteur est en désaccord avec le montant de la créance déclarée par le créancier, il devra élever une contestation dans les conditions de l'article R. 3252-8 du Code du travail, par déclaration au greffe ou par assignation, selon que le montant du litige excède ou non 4 000 euros.

Si la saisie prend fin avant la cession, le cessionnaire retrouve les droits qu'il tenait de la cession. Le greffier doit en aviser l'employeur et l'informer que les sommes cédées doivent à nouveau être versées directement au cessionnaire. Il doit en aviser également ce dernier (C. trav., art. R. 3252-49). Il importe donc que le greffe identifie clairement la créance objet de la cession pour que la saisie ne soit pas maintenue après que les créanciers saisissants en aient donné mainlevée.

La cession consentie après la mise en place de la saisie est totalement inefficace, la quotité cessible ou saisissable n'étant plus disponible du fait de cette saisie. Le créancier cessionnaire ne peut donc pas prétendre à une conversion de la cession en intervention. S'il entend participer aux répartitions, ce créancier doit donc agir selon les règles de droit commun et obtenir préalablement un titre exécutoire.

En cas de mise en place d'une saisie des rémunérations du travail postérieurement à la cession sur salaires, le cessionnaire vient en concours avec le créancier saisissant et participe aux répartitions (C. trav., art. R. 3252-48). Une fois la créance objet de la saisie éteinte, le cessionnaire recouvre ses droits et la cession reprend effet (C. trav., art. R. 3252-49). En revanche, le débiteur ne peut pas consentir à une cession sur salaires si une saisie est déjà en place puisque la quotité cessible ou saisissable n'est plus disponible (C. pr. exéc., art. L. 141-2). Le créancier devra alors procéder par voie d'intervention s'il dispose d'un titre exécutoire ou rechercher un autre mode de paiement.

946.32 Le concours d'une cession avec un avis à tiers détenteur est plus favorable au cessionnaire qu'au saisissant. En effet, le Livre des procédures fiscales (LPF, art. L. 264) admet le partage de la fraction saisissable. La cession de salaires est alors opposable au comptable chargé du recouvrement des impôts à concurrence de la moitié de la quotité cessible ou saisissable.

946.33 Le concours avec un paiement direct est en revanche totalement favorable au créancier d'aliments. Le paiement direct pourra porter non seulement sur la fraction relativement insaisissable (fraction réservée au créancier d'aliments) mais aussi, en cas d'insuffisance de cette fraction, sur la fraction représentant la fraction saisissable de la rémunération, ce qui rendra provisoirement inefficace, en tout ou partie, la cession consentie.

946.34 Concours avec une opposition à tiers détenteur (OTD). En cas d'OTD antérieure à la cession sur salaire, cette dernière ne peut pas valablement être consentie en raison de l'effet attributif de l'OTD et de l'indisponibilité de la créance. Le créancier cessionnaire doit donc attendre la mainlevée de l'OTD ou rechercher un autre mode de paiement.

En cas d'OTD postérieure à la cession sur salaire, le tiers saisi doit informer le trésorier de l'indisponibilité de la créance et il doit être procédé selon la procédure de saisie des rémunérations du travail, le créancier cessionnaire intervenant alors de plein droit à cette saisie (v. s[s] n° 946.31).

SECTION 4
CESSION DE SALAIRE ET SURENDETTEMENT

946.41 Demande de suspension en cas de dépôt d'une déclaration de surendettement. Après le dépôt de la déclaration de surendettement et avant la décision sur la recevabilité, la commission de surendettement peut, à la demande du débiteur, saisir le JEX d'une demande de suspension des cessions sur salaire consenties par le débiteur et portant sur des créances autres qu'alimentaires (C. consom., art. L. 331-5).

946.42 Suspension et interdiction des cessions de rémunérations en cas de décision de recevabilité de la déclaration de surendettement. La décision déclarant la recevabilité de la demande emporte suspension et interdiction des cessions de rémunérations consenties par le débiteur et portant sur des créances autres qu'alimentaires (C. consom., art. L. 331-3-1). Cette suspension et cette interdiction durent, selon le cas, jusqu'à l'approbation du plan conventionnel, la décision de la commission de surendettement imposant les mesures prévues par les articles L. 331-7-1 et L. 331-7-2 du Code de la consommation, jusqu'à l'homologation par le juge des mesures recommandées par la commission ou jusqu'à l'ouverture d'une procédure de rétablissement personnel avec liquidation judiciaire. Cette interdiction et cette suspension ne peuvent toutefois excéder un an.

946.43 Suspension et interdiction en cas d'ouverture d'une procédure de rétablissement personnel avec liquidation judiciaire. Le jugement d'ouverture de la procédure de rétablissement personnel avec liquidation judiciaire entraîne la suspension et l'interdiction des cessions des rémunérations consenties par le débiteur et portant sur des dettes autres qu'alimentaires jusqu'au jugement de clôture (C. consom., art. L. 332-6).

946.44 Remboursement des paiements effectués en violation de l'interdiction ou de la suspension. Tout acte ou tout paiement réalisé en exécution d'une cession de salaire, et en violation d'une interdiction ou d'une suspension attachée à une procédure de surendettement peut être annulé par le JEX, à la demande de la commission de surendettement, présentée dans le délai d'un an, à compter de l'acte ou du paiement de la créance (C. consom., art. L. 333-2-1).

TITRE

95. Le recouvrement des pensions alimentaires

SECTION 0
ORIENTEUR

950.00 **Plan du titre.**

950.03 **Bibliographie indicative.**

Actualisables. *Rép. civ.*, *v° Obligation alimentaire,* n°s 269 à 287, sept. 2012, par M. Kornprobst (màj oct. 2014) : n°s 271 à 278, [paiement direct des pensions alimentaires]; n°s 279 à 282, [recouvrements publics des pensions alimentaires]; n°s 283 à 287 [recouvrement par des organismes débiteurs des prestations sociales] – *Rép. Pr. civ.*, *v° Aliments,* mars 2014, par A. Gouttenoire : n°s 108 à 140, [paiement direct des pensions alimentaires]; n°s 141 à 164, [recouvrements publics des pensions alimentaires]; n°s 165 à 174 [recouvrement par des organismes débiteurs des prestations sociales] – *J.-Cl. Pr. civ. form.*, v° *Aliments*, E. Molin – *J.-Cl. Pr. civ.*, J. Miguet, fasc. 2290.

Ouvrages. A. LEBORGNE, *Droit de l'exécution,* « Précis », 2e éd., Dalloz, 2014, n°s 1232-1259 – C. Martin, *L'après-divorce, lien familial et vulnérabilité*, PU Rennes, 1997 – P. Murat (dir.), Dalloz action *Droit de la famille,* 2014/2015, [difficultés d'exécution des obligations alimentaires] n°s 321.00 s. à 325.00 s., par M. Rebourg; [droit international privé et obligations alimentaires], n°s 551.00 s., par A. Devers – R. PERROT et Ph. THÉRY, *Procédures civiles d'exécution*, 3e éd., Dalloz, 2013, n°s 517-535 – P. Steck, *Droit et famille, tous les droits*, Economica, 1997.

Articles.

> **Recouvrement des pensions alimentaires.** A. Gouttenoire, « Les voies d'exécution au service de la famille : le recouvrement spécifique des pensions alimentaires », *AJ fam.* 2006. 60 [n° spécial *Famille et voies d'exécution*] – B. Menut, « Le recouvrement des créances alimentaires en France » – C. Nourissat, « Le règlement CE n° 4/2009 du 18 décembre 2008 relatif à la compétence, la loi applicable, la reconnaissance et l'exécution des décisions et la coopération en matière d'obligation alimentaire », *Dr. et proc.* nov. 2010, n° 10 (*L'effectivité du recouvrement des créances en Europe, Actes du VIIIe colloque,* 8 avr. 2010, Lyon, p. 30).

Adde, A. Boigeol, « Le recouvrement des pensions alimentaires en France », Meulders-Klein (dir.), *Famille, État et sécurité économique d'existence*, 1986.

> **Paiement direct des pensions alimentaires.** M.-J. Gébler, « Le paiement direct des pensions alimentaires, commentaire de la loi n° 73-5 du 2 janvier 1973 », *D.* 1973. Chron. 107 – Lescaillon, « Le recouvrement des pensions alimentaires », *Rev. huiss.* 1985. 354 – J. Massip et F. Barrairon, « La loi du 2 janvier 1973 relative au paiement direct des pensions alimentaires », *Defrénois* 1973, art. 30323.

> **Recouvrement public des pensions alimentaires : commentaires de la loi et du décret de 1975.** Appert et Juilliard, « Commentaire du décret du 31 décembre 1975 (sur) le recouvrement public des pensions alimentaires », *D.* 1977. Chron. 113 – R. Lindon, « Commentaire du décret du 31 décembre 1975 (sur) le recouvrement public des pensions alimentaires », *JCP* 1976. I. 2763 – Salvat, « Les procédures de recouvrement forcé des créances d'aliments et les comptables publics tiers saisis », *Gaz. Pal.* 1985. 1. Doctr. 324 – Soulard, « Commentaire du décret du 31 décembre 1975 (sur) le recouvrement public des pensions alimentaires », *Rev. huiss.* 1973. 291 – Vincent et Prévault, « Commentaire du décret du 31 décembre 1975 (sur) le recouvrement public des pensions alimentaires », *D.* 1976. Chron. 237; « La pro-

cédure de recouvrement public et ses premières applications », *D.* 1979. Chron. 237.

> **Recouvrement public des pensions alimentaires : commentaires postérieurs.** O. Salvat, « Les procédures de recouvrement forcé des créances d'aliments et les comptables publics tiers saisis », *Gaz. Pal.* 1985. Doctr. 324.

950.04 Intérêt d'une réglementation spécifique. Le paiement direct des pensions alimentaires (PAL) a été créé par la loi n° 73-5 du 2 janvier 1973 [1], soit avant même la réforme du divorce. Les décisions judiciaires fixant les dettes d'aliments, notamment en cas de divorce, étaient incontestablement fort mal respectées [2] : les difficultés économiques se mêlent ici aux drames psychologiques.

La palette des voies d'exécution en vigueur à l'époque ne comportait aucune mesure susceptible de répondre aux quatre critères requis par le cahier des charges du recouvrement des aliments : simplicité, rapidité, exclusivité et moindre coût.

L'ancienne **saisie-arrêt** qui comportait une phase conservatoire et une phase d'exécution était particulièrement lourde à mettre en œuvre. Elle nécessitait la délivrance d'actes onéreux ainsi que l'obtention d'un jugement de validité dans le cadre d'une instance judiciaire exigeant, bien souvent, une représentation par avocat. Quant à la **saisie sur salaire**, elle avait pour inconvénient majeur, en dépit de son formalisme allégé et de son faible coût, d'avoir une efficacité limitée, en raison tant de son cantonnement obligatoire à la seule fraction saisissable des rémunérations, que du risque de concours avec d'autres créanciers sur une quotité déjà réduite à la portion congrue. Les créanciers d'aliments étaient donc assez rarement remplis de leurs droits. La situation était d'autant plus paradoxale que les obligations alimentaires sont théoriquement privilégiées.

À l'heure actuelle, cette réglementation spécifique s'avère toujours nécessaire. Les demandes en divorce dont sont saisis les tribunaux de première instance comportent presque toutes des demandes alimentaires. Les instances modificatives concernent le plus souvent l'augmentation, la diminution ou la suppression des aliments. Les procédures opposant les parents naturels lors de leur séparation s'articulent fréquemment autour de la détermination de la contribution à l'entretien et à l'éducation des enfants. Les autres demandes portées devant les juges du fond sont relatives à la fixation des contributions aux charges du mariage, aux actions alimentaires engagées par les enfants majeurs contre leurs parents ou inversement par les parents âgés à l'encontre de leurs enfants. Avec la multiplication des divorces, les saisines des tribunaux sont en constante augmentation. On estimait déjà en 1997 que 57 % des parents séparés chargés de l'hébergement principal d'un ou plusieurs enfants, disposent d'un titre judiciaire leur accordant des aliments, lesquels représentent entre 10 et 20 % des ressources du créancier [3].

950.05 Spécificité du paiement direct des pensions alimentaires. La loi du 2 janvier 1973 et le décret d'application n° 73-216 du 1er mars 1973 [4], ponctuellement remaniés par les textes de 1975 sur le divorce ont institué, sous le nom de « *paiement direct des pensions alimentaires* », une procédure complètement novatrice pour l'époque, la demande de paiement notifiée au tiers produisant en faveur du créancier, attribution des sommes qui en font l'objet. La généralisation de l'effet attributif immédiat par la loi de 1991 n'a pas fait perdre pour autant toute spécificité au paiement direct.

Cette procédure conserve en effet trois avantages très substantiels :

- une procédure plus simple que la saisie-attribution de droit commun ou que celle de la saisie des rémunérations;
- une assiette qui s'affranchit des règles habituelles d'insaisissabilité;
- un privilège, fort précieux en cas de concours de saisies sur les mêmes sommes.

950.06 Textes complémentaires. Le législateur de 1973 ne s'est pas dissimulé que le paiement direct ne pouvait résoudre toutes les difficultés de règlement des aliments, notamment entre ex-conjoints. Un recouvrement par les comptables directs du Trésor, dénommé « *recouvrement public des pensions alimentaires* », a été instauré par la loi n° 75-618 du 11 juillet 1975 [5] et son décret d'application n° 75-1339 du 31 décembre 1975 [6], pour les hypothèses où les voies d'exécution de droit privé seraient demeurées inefficientes; il s'agit d'une subrogation pure et simple. En outre, le réalisme a conduit les caisses d'allocations familiales (CAF) à aider les créanciers d'aliments impayés en leur

1. L. n° 73-5, 2 janv. 1973, relative au paiement direct de la pension alimentaire, *JO* 3 janv., p. 135.
2. M.-J. Gébler, « Le paiement direct des pensions alimentaires, commentaire de la loi n° 73-5 du 2 janvier 1973 », *D.* 1973. Chron. 107.
3. C. Martin, *L'après-divorce, lien familial et vulnérabilité*, PU Rennes, 1997, p. 165.
4. Décr. n° 73-216, 1er mars 1973, pris pour l'application de la loi n° 73-5 relative au paiement direct de la pension alimentaire, *JO* 2 mars, p. 2322.
5. L. n° 75-618, 11 juill. 1975, relative au recouvrement public des pensions alimentaires, *JO* 12 juill. 1975, p. 7178.
6. Decr. n° 75-1339, 31 déc. 1975, relatif aux modalites d'application de la loi n° 75618 du 11 juillet 1975 relative au recouvrement des pensions alimentaires, *JO* 3 janv. 1976, p. 166.

offrant le bénéfice de l'allocation-orphelin créée en 1975 puis celui, plus approprié, de l'allocation de soutien familial créée en 1984[1]. Précisément, cette loi n° 84-1171 du 22 décembre 1984[2] et deux décrets n° 85-560 du 30 mai 1985[3] et n° 86-1073 du 30 septembre 1986[4], en bonne partie codifiés (CSS, art. L. 581-1 s. et R. 581-1 s.) ont organisé une action récursoire des organismes sociaux contre le débiteur d'aliments.

On estimait déjà en 1997 que sur environ 540 000 bénéficiaires de l'allocation de soutien familial (au 1er janv. 1997[5]), certainement plus de 70 000 la recevaient pour cause d'impayé de PAL[6], les CAF disposant alors d'une action propre en recouvrement.

950.07 Compétence du juge de l'exécution. Hormis l'intégration de la loi du 2 janvier 1973 et du décret du 1er mars 1973 dans le Code des procédures civiles d'exécution, la modification la plus notable concerne la juridiction compétente pour connaître des contestations nées de la procédure de paiement direct.

À l'origine, les articles 5 du décret du 1er mars 1973 et R. 321-14, devenu R. 221-8 du COJ, attribuaient cette compétence au tribunal d'instance. Le décret n° 2009-169 du 29 décembre 2009 a finalement confié au juge de l'exécution (JEX) le soin de trancher les litiges dont le paiement direct est la cause ou l'occasion. Cette réforme était logique dans la mesure où ce magistrat avait une compétence générale en matière de voie d'exécution.

L'ordonnance n° 2011-1895 du 19 décembre 2011 et le décret n° 2012-783 du 30 mai 2012, respectivement relatifs aux parties législative et réglementaire du Code des procédures civiles d'exécution, ont codifié la loi du 2 janvier 1973 et le décret du 1er mars 1973, sous les articles L. 213-1 à L. 213-4 et R. 213-1 à R. 213-10. Il s'agit d'une codification à droit constant comportant toutefois quelques modifications rendues nécessaires par l'harmonisation et la cohérence des textes rassemblés.

950.08 Bilan du dispositif et perspectives ouvertes par la loi du 4 août 2014. Le bilan de cet ensemble législatif est mitigé. En moyenne, un tiers des dettes d'aliments demeure totalement impayé, un autre tiers est payé irrégulièrement ou partiellement[7]. Dans certaines catégories socioprofessionnelles de débiteurs d'aliments, le taux d'impayés intégraux atteint 80 %[8].

Il faut dire que la procédure de paiement direct ne s'avère efficace que lorsque le débiteur d'aliment est un salarié, un fonctionnaire ou un retraité dont les revenus et les tiers qui les versent sont aisément identifiables. Il en va de même lorsque ces débiteurs perçoivent des allocations de chômage ou des indemnités journalières, sous réserve qu'elles ne soient pas inférieures au revenu de solidarité active (RSA). En revanche, lorsque les débiteurs d'aliments sont des commerçants, des artisans, des agriculteurs ou exercent une profession libérale, les tiers susceptibles de se voir notifier une mesure de paiement direct sont moins facilement repérables. Ce sont le plus souvent les banques et les notaires dépositaires de fonds ou les assureurs et les locataires débiteurs d'indemnités ou de loyers. Dans cette hypothèse le recouvrement est aléatoire puisqu'il dépend de l'efficacité des recherches du créancier ou de son mandataire ainsi que de l'importance de la dette du tiers à l'égard du débiteur.

Par ailleurs, avec la multiplication des unions internationales, de nombreux débiteurs résident à l'étranger, ce qui multiplie les difficultés et aggrave les retards. Les conventions internationales n'y apportent qu'un remède limité, étant précisé que beaucoup de débiteurs alimentaires sont des ressortissants d'États qui n'y ont pas adhéré.

La loi n° 2014-873 du 4 août 2014 va tenter d'améliorer les choses par l'adoption, dans son article 27, d'un dispositif expérimental d'une durée de dix-huit mois qui s'articule autour des caisses d'allocations familiales (CAF) d'une vingtaine de départements dont la liste est contenue dans l'arrêté du 21 octobre 2014[9]. Cet arrêté détermine la prise d'effet de ce dispositif qui est complété par le décret n° 2014-1226 du 21 octobre 2014. L'article 27 de la loi prévoit, pour l'essentiel, **trois mesures** destinées à faciliter la fixation judiciaire et le recouvrement forcé des pensions alimentaires.

Les CAF sont ainsi autorisées à communiquer directement aux créanciers bénéficiaires de l'alloca-

1. Pour un historique, v. B. Fragonard, « Problèmes relatifs à la famille monoparentale », *LPA* 8 oct. 1997.
2. L. n° 84-1171, 22 déc. 1984, relative à l'intervention des organismes débiteurs des prestations familiales pour le recouvrement des créances alimentaires impayées, *JO* 27 déc., p. 3983.
3. Décr. n° 85-560, 30 mai 1985, portant application des dispositions législatives relatives à l'allocation de soutien familial et à l'intervention des organismes débiteurs de prestations familiales pour le recouvrement des créances alimentaires impayées, *JO* 31 mai, p. 6036.
4. Décr. n° 86-1073, 30 sept. 1986, relatif à l'intervention des organismes débiteurs des prestations familiales pour le recouvrement des créances alimentaires impayées, *JO* 2 oct., p. 11804.
5. *Recherche et prévisions*, revue de la Cnaf, juin 1997.
6. M. Villac et E. Renaudat, *Recherche et prévisions* déc. 91.
7. P. Steck, *Droit et famille, tous les droits*, Economica, 1997.
8. C. Martin, *L'après-divorce, lien familial et vulnérabilité*, PU Rennes, 1997.
9. Arr. 21 oct. 2014, *JO* 23 oct., p. 17601.

tion de soutien familial (ASF), tous les éléments relatifs à l'adresse et à la solvabilité de leurs débiteurs et ce, afin de permettre aux juges aux affaires familiales de déterminer la contribution alimentaire.

Les CAF peuvent aussi, lorsqu'elles engagent une mesure de paiement direct en qualité de subrogé, recouvrer l'arriéré des vingt-quatre derniers mois (et non plus seulement des six derniers mois) ayant précédé la mesure.

Enfin, elles sont tenues de verser aux créanciers alimentaires une allocation différentielle lorsque la contribution mise à la charge du débiteur, même si elle est régulièrement acquittée, est inférieure au montant de l'ASF.

Cette expérimentation doit donner lieu à la transmission au Parlement d'un rapport d'évaluation au plus tard neuf mois avant son terme[1].

950.11 Recouvrement d'aliments à l'étranger ou par un étranger. Cette question recouvre les conditions d'obtention ou de dispense de l'*exequatur* et de mise à exécution des décisions de justice et titres exécutoires étrangers.

950.12 Conventions et accords internationaux. Lorsque la législation européenne n'a pas vocation à s'appliquer, c'est la convention de La Haye du 23 novembre 2007, relative au recouvrement international des aliments destinés aux enfants et à d'autres membres de la famille qui réglemente les conditions dans lesquelles les décisions des autorités judiciaires ou administratives en matière d'aliments sont reconnues et mises à exécution. Ce texte remplace les conventions de La Haye des 15 avril 1958 et 2 octobre 1973 ainsi que celle de New-York du 20 juin 1956 qui avaient le même objet.

Il est complété par un protocole additionnel daté du même jour (23 nov. 2007) relatif à la loi applicable aux obligations alimentaires et se substitue aux conventions de La Haye des 24 octobre 1956 et 2 octobre 1973.

Ces accords internationaux avaient été signés, à l'origine, par tous les pays d'Europe occidentale et centrale, par la Turquie et les pays du Maghreb, par ceux d'Amérique du Sud; mais l'Amérique du Nord, l'Asie du Sud-Est, la Russie, le Moyen-Orient et l'Afrique noire n'y avaient pas adhérer.

Enfin, des conventions bilatérales lient la France et des pays d'Afrique noire ou d'Amérique du Nord; le Bureau de l'entraide internationale du ministère de la Justice est chargé de leur application[2].

950.21 Règlements du Conseil de l'Europe. La reconnaissance des décisions de justice est régie, d'une manière générale, à l'intérieur de l'Union européenne, par le règlement CE n° 44/2001 du 22 décembre 2000[3], qui remplace la convention de Bruxelles du 27 septembre 1968. Il ne présente pas de particularités en matière d'exécution des obligations alimentaires.

En ce qui concerne le recouvrement des PAL, on doit désormais appliquer le règlement CE n° 4/2009 du 18 décembre 2008[4], entré en vigueur le 1er février 2009, qui est relatif à la compétence, la loi applicable et l'exécution des décisions et la coopération en matière d'obligations alimentaires[5]. Celui-ci a pour objectif de créer un instrument communautaire en matière d'obligations alimentaires regroupant l'ensemble des mesures nécessaires au recouvrement des aliments dans l'Union européenne en cas de litiges transfrontaliers. Le règlement s'applique aux obligations alimentaires découlant de relations de famille, de parenté, de mariage ou d'alliance (art. 1er). Il distingue selon que l'État membre a ou non adhéré au protocole de La Haye du 23 novembre 2007[6].

950.22 ***a.* Cas des États membres ayant adhéré au protocole de La Haye.** Le règlement CE du 12 décembre 2008 supprime, dans son article 17, l'*exequatur* pour les décisions rendues en matière alimentaire dans un État membre lié par le protocole de La Haye du 23 novembre 2007. Ces décisions sont reconnues sans qu'il soit nécessaire de recourir à aucune procédure et sans qu'il soit possible de s'opposer à leur reconnaissance. Une décision rendue dans un État membre lié par le protocole précité qui est exécutoire dans cet État, jouit de la force exécutoire dans un autre État membre sans qu'une déclaration constatant celle-ci soit néces-

1. V. S. Travade-Lannoy, « Pensions alimentaires impayées : le point sur le dispositif expérimental mis en place par la loi du 4 août 2014 », *JCP* 8 sept 2014, p. 1606.
2. Sur l'ensemble de la question, G. Castex, « Le recouvrement des aliments à l'étranger », *LPA* 8 oct. 1997, p. 12 – P. Le Fur, « Ressortissants et/ou jugements étrangers : le recouvrement en France des créances alimentaires », *Rev. huiss.* 1998. 460.
3. Règl. (CE) n° 44/2001 du Conseil, 22 déc. 2000, concernant la compétence judiciaire, la reconnaissance et l'exécution des décisions en matière civile et commerciale, *JOCE*, n° L 012, 16 janv. 2001, p. 0001-0023.
4. Règl. (CE) n° 4/2009, 18 déc. 2008, relatif à la compétence, la loi applicable et l'exécution des décisions et la coopération en matière d'obligations alimentaires, *JOUE*, n° L 7, 10 janv. 2009, p. 1-79.
5. C. Nourissat, « Le règlement CE n° 4/2009 du 18 décembre 2008 relatif à la compétence, la loi applicable, la reconnaissance et l'exécution des décisions et la coopération en matière d'obligation alimentaire », *Dr. et proc.* nov. 2010, n° 10 (*L'effectivité du recouvrement des créances en Europe. Actes du VIIIe colloque Dr. et proc.*, 8 avr. 2010, Lyon, p. 39).
6. J.-M. Pastor, « Publication du règlement sur les obligations alimentaires », *D.* 2009. 156.

saire. L'article 20 précise les formalités à remplir, notamment, les pièces justificatives devant être produites aux autorités compétentes aux fins de l'exécution d'une décision (copie de la décision, état des arrérages, traduction...).

950.23 ***b.* Cas des États membres n'ayant pas adhéré au protocole de La Haye.** Les décisions rendues dans un État membre non lié par le protocole du 23 novembre 2007 sont reconnues dans les autres États membres sans qu'il soit nécessaire de recourir à aucune procédure. C'est seulement en cas de contestation élevée à titre principal ou incident que des démarches tendant à faire constater que la décision doit être reconnue peuvent être engagées par toute partie intéressée qui invoque cette reconnaissance (art. 23). Celle-ci peut être refusée si elle est manifestement contraire à l'ordre public de l'État membre dans lequel elle est demandée. L'article 24 précise les cas dans lesquels la décision n'est pas reconnue (par exemple lorsque l'acte introductif d'instance n'a pas été signifié ou notifié au défendeur).

Les décisions rendues et exécutoires dans un État membre non lié par le protocole de La Haye sont mises à exécution dans un autre État membre après qu'une déclaration en ce sens a été prononcée sur la demande de toute personne intéressée (art. 26). Les règles de compétence territoriale, la procédure à suivre, les pièces à produire et les voies de recours sont indiquées dans les articles 27 et suivants du règlement CE du 18 décembre 2008.

950.24 ***c.* Règles communes à toutes les décisions.** Les règles applicables à toutes les décisions, que l'État membre ait ou non adhéré au protocole de La Haye, sont exposées dans les articles 39 et suivants du règlement CE. La juridiction d'origine peut déclarer la décision exécutoire par provision, nonobstant un éventuel recours, même si le droit national ne prévoit pas la force exécutoire de plein droit. La partie qui entend faire valoir dans un État membre une décision reconnue, doit produire une copie de celle-ci réunissant les conditions nécessaires pour en établir l'authenticité. La procédure d'exécution des décisions rendues dans un autre État membre est régie par le droit de l'État membre d'exécution. En aucun cas une décision rendue dans un État membre ne peut faire l'objet d'une révision quant au fond dans l'État membre dans lequel la reconnaissance, la force exécutoire ou l'exécution est demandée. Le recouvrement de tous les frais encourus pour l'application du règlement CE n'a pas priorité sur celui des aliments.

950.25 ***d.* Cas des transactions judiciaires et des actes authentiques.** Les transactions judiciaires et les actes authentiques exécutoires dans l'État membre d'origine sont reconnus dans un autre État membre et y jouissent de la même force exécutoire que les décisions de justice. L'autorité compétente de l'État membre d'origine doit délivrer, à la demande de toute partie intéressée, un extrait de ces transactions et actes au moyen d'un formulaire dont le modèle figure en annexe du règlement (art. 48).

CHAPITRE

951. Paiement direct des pensions alimentaires

René LAUBA
Magistrat honoraire

SECTION 0
Orienteur

951.00 **Plan du chapitre.**

951.01 **Textes applicables.**

C. pr. exéc., art. L. 111-2, L. 111-3, L. 111-4, L. 111-8, L. 111-6 L. 112-1, L. 122-1, L. 122-2, L. 123-1, L. 141-3, L. 152-1 à L. 152-3, L. 211-2, L. 212-2, L. 212-3, L. 213-1 à L. 213-6 L. 523-1, R. 112-4, R. 151-3, R. 162-2, R. 162-4, R. 162-5 et R. 213-1 à R. 213-10.

C. civ., art. 203, 205, 206, 214, 250-1, 250-2, 255, 256, 258, 268, 270, 275, 276, 278 à 279-1, 283 anc., 303, 342, 371-2, 373-2-1, 373-2-2, 373-2-5, 373-2-7, 515-4, 515-7, 758, 767, 1234, 1235, 1244-1, 1244-2, 1289, 1290, 1293, 1315, 1341, 1370, 1376, 1689, 1690, 2224, 2244, 2234 et 2333.

C. pr. civ., art. 37, 70, 502 à 504, 514, 564, 648, 650, 663, 665 à 669, 670-1, 698, 1069-5 anc., 1074-1, 1079, 1083, 1099 et 1110.

C. trav., art. L. 3252-1 s., L. 5428-1 s. et R. 3252-1 s.

C. com., art. L. 622-7, L. 622-17, L. 622-24, L. 632-2, L. 641-9 et L. 662-1.

LPF, art. L. 111 et L. 273 A.

C. assur., art. L. 121-13 et L. 213-13.

CGCT, art. L. 1617-5.

C. mon. fin., art. L. 313-3.

• **L. n° 2014-873, 4 août 2014**, pour l'égalité réelle entre les femmes et les hommes, art. 27 et 28, *JO* 5 août, p. 12949.

951.03 **Bibliographie indicative.** (V. s[s] n° 950.03).

951.05 Régime de la créance d'aliments et paiement direct. Dans notre système juridique le créancier alimentaire bénéficie d'un traitement de faveur qui s'explique par son état de besoin. Sa créance est donc susceptible de varier selon l'évolution de ses ressources. Elle prend effet dès que la situation de besoin existe. Ainsi, l'obligation d'entretenir un enfant ayant fait l'objet d'une déclaration judiciaire de paternité remonte à sa naissance et la juridiction ne peut fixer le point de départ de l'obligation alimentaire du père au jour de son prononcé[1].

Une fois juridiquement consacrée, la créance alimentaire jouit d'un régime très favorable en ce qui concerne son paiement et son recouvrement, notamment lorsque le débiteur est en situation de surendettement ou fait l'objet d'une procédure collective.

Ce régime particulier et très avantageux a fortement influencé la procédure de paiement direct dont bien des aspects s'expliquent par référence aux **caractères spécifiques de la créance alimentaire**.

Ce même régime original retentit également sur le règlement des contestations qui s'élèvent à l'occasion de la procédure.

951.06 1°) Régime général de la créance alimentaire. La créance alimentaire est portable, c'est-à-dire payable au domicile du créancier, intransmissible à ses héritiers, indisponible, insaisissable et préférable à celles du Trésor et des salariés.

La créance d'aliments est soumise à une **prescription instantanée**, consacrée par l'adage « *aliments ne s'arréragent pas* », tant qu'elle n'a pas été reconnue en justice; puis d'une prescription de cinq ans après cette reconnaissance.

Le créancier alimentaire ne peut se voir opposer sans son consentement, un terme de grâce ou la compensation légale. Il ne peut non plus se voir opposer une renonciation définitive et irrévocable, même faite dans une convention judiciairement homologuée, dès lors que **l'obligation alimentaire est d'ordre public** et que le débiteur ne peut y échapper qu'en démontrant qu'il est dans l'impossibilité matérielle de l'exécuter[2].

Enfin, **l'obligation alimentaire n'est pas une obligation conjointe** car le créancier est recevable à agir à l'encontre de l'un quelconque de ses débiteurs pour demander sa condamnation à la totalité des aliments nécessaires[3]. Cependant, lorsqu'il décide d'assigner plusieurs codébiteurs, ceux-ci ne peuvent être condamnés solidairement ou *in solidum*. En effet, la prise en compte des facultés contributives des personnes tenues à l'égard du même créancier d'aliments pour fixer la quote-part de chacune, implique nécessairement l'absence de toute solidarité entre elles[4].

951.07 2°) Régime de la créance alimentaire en cas de surendettement et de procédure collective. La créance alimentaire n'a pas à être déclarée au passif de la procédure collective ouverte contre le débiteur[5], ni à être prise en compte dans le plan amiable et dans les mesures recommandées ou de rétablissement personnel dont il bénéficie en raison de son surendettement (C. com., art. L. 622-7 et L. 622-24 - C. consom., art. L. 332-6, al. 2). La jurisprudence antérieure à la loi de sauvegarde des entreprises n° 2005-845 du 26 juillet 2005[6] avait avantagé toutes les créances alimentaires, sans distinction, qu'elles soient nées avant ou après le jugement d'ouverture. Plusieurs auteurs ont estimé que cette position de la Haute juridiction devait être maintenue bien que l'article L. 622-7 du Code de commerce, dans sa rédaction issue de la loi de juillet 2005, n'autorisait expressément que le paiement des créances alimentaires ayant pris naissance après l'ouverture de la procédure, l'intention affichée du législateur ayant été de ne faire aucune différence entre les créanciers d'aliments[7]. Cette opinion a été consacrée par l'ordonnance n° 2008-1345 du 18 décembre 2008, portant réforme du droit des entreprises en difficulté[8]. Ce texte a en effet modi-

1. Civ. 1re, 14 févr. 2006, n° 05-13.738, *Bull. civ.* I, n° 79; *D.* 2006. 600; 1139, obs. Granet-Lambrechts; *AJ fam.* 2006. 167; *RTD civ.* 2006. 297, obs. Hauser.
2. Civ. 2e, 2 mai 2001, n° 99-15.714, *Bull. civ.* II, n° 80; *RTD civ.* 2001. 860, obs. Hauser; *Gaz. Pal.* 13-15 janv. 2002. Somm. 16, note Massip.
3. Civ. 2 janv. 1929, *DP* 1929. 1. 137, note Savatier – Civ. 1re, 5 févr. 1991, n° 89-13.559, *Bull. civ.* I, n° 43; *RDSS* 1992. 155, obs. Monéger.
4. Civ. 1re, 29 janv. 2002, n° 99-16.519, *Bull. civ.* I, n° 28; *D.* 2002. 776; *AJ fam.* 2002. 102, et les obs.; *RTD civ.* 2002. 285, obs. Hauser – Civ. 1re, 22 nov. 2005, n° 02-11.534, *Bull. civ.* I, n° 419; *AJ fam.* 2006. 69, obs. Chénedé; *RTD civ.* 2006. 104, obs. Hauser; *JCP* 2005. IV. 3704.
5. Com. 8 oct. 2003, n° 00-14.760, *Bull. civ.* IV, n° 152; *D.* 2003. 2637, obs. Lienhard; *D.* 2004. 54, obs. Lucas; *D.* 2004. 1965, obs. Danis-Fatôme; *RTD com.* 2004. 368, obs. Martin-Serf – Com. 1er févr. 2005, n° 01-13.943, *Bull. civ.* IV, n° 18; *D.* 2005. 489, obs. Lienhard; 2196, note Revel; *D.* 2006. 1380, obs. Bourassin, Claudel, Danis-Fatôme et Thullier; *RTD civ.* 2005. 375, obs. Hauser.
6. L. n° 2005-845, 26 juill. 2005, de sauvegarde des entreprises, *JO* 27 juill., p. 12187.
7. F. Pérochon, « Les créanciers postérieurs et la réforme du 26 juillet 2005 », *Gaz. Pal.* 7-8 sept. 2005, p. 57, n° 44 – P.-M. Le Corre, « Les nouvelles règles de fixation du passif du débiteur », *Gaz. Pal.* 9-10 sept. 2005, p. 17, n° 6 – Com. 13 juin 2006, n° 05-17.081, *Bull. civ.* IV, n° 141; *D.* 2006. 1969, note Vincent; *Rev. huiss.* 2006. 328, obs. Le Corre; *D.* 2006. 1681, obs. Lienhard; *D.* 2007. 42, obs. Le Corre et Lucas; *AJ fam.* 2006. 333, obs. F. C.; *RTD civ.* 2006. 747, obs. Hauser; *RTD com.* 2006. 662, chron. Martin-Serf.
8. Ord. n° 2008-1345, 18 déc. 2008, portant réforme du droit des entreprises en difficulté *JO* 19 déc., p. 19462.

fié les articles L. 622-7 et L. 622-24 du Code de commerce, lesquels disposent désormais clairement que les créances alimentaires ne sont soumises, ni à l'interdiction des paiements, ni à l'obligation de déclaration, qu'elles soient antérieures ou postérieures au jugement d'ouverture.

La Haute juridiction précise toutefois que, lorsque le créancier alimentaire a déclaré sa créance en vue de son admission au passif de la procédure collective, les règles relatives à la vérification des créances ainsi qu'à l'admission dans les répartitions et dividendes, lui sont applicables, sans pour autant que la non-admission à ce passif affecte ses droits de créancier d'aliments [1].

951.08 Nature du paiement direct. Tout créancier d'une pension alimentaire (PAL) peut s'en faire payer directement le montant par les tiers redevables de sommes liquides et exigibles envers son débiteur (L. 2 janv. 1973, art. 1er [devenu C. pr. exéc., art. L. 213-1]). Plusieurs auteurs ont analysé la procédure de paiement direct en une voie d'exécution qui s'apparente à la saisie-attribution par son effet attributif, à l'avis à tiers détenteur (ATD) par son formalisme simplifié et à la saisie des rémunérations par son assiette qui englobe les produits du travail. L'exigence d'un titre exécutoire et l'obligation de recourir à un huissier ont paru conforter cette analyse [2].

Certains ont cependant considéré que la loi du 2 janvier 1973 (devenue C. pr. exéc., art. L. 213-1 à L. 213-6) n'avait pas institué une véritable mesure d'exécution ou un privilège spécial. Elle aurait plutôt créé un mécanisme d'attribution de plein droit au créancier d'aliments, des sommes revenant à son débiteur, mécanisme comparable à celui prévu par l'article L. 121-13 du Code des assurances pour le versement direct aux créanciers de l'assuré, de l'indemnité résultant d'un sinistre. Les sommes dues par le tiers lui sont ainsi remises sans avoir à transiter par le patrimoine du débiteur ce qui permet l'engagement du paiement direct même après l'ouverture d'une procédure collective [3]. Le tiers débiteur n'est donc pas un tiers saisi et n'est pas concerné par le redressement ou la liquidation judiciaire du débiteur d'aliments (v. ss nos 951.131 s.).

SECTION 1
CONDITIONS D'OUVERTURE

951.10 Exigences légales. La procédure de paiement direct s'analyse pour certains en une saisie-attribution au formalisme simplifié et dérogatoire. Elle n'est donc ouverte qu'au bénéfice du seul créancier d'aliments, favorisé par le législateur en raison de son état de besoin.

Ce créancier doit cependant justifier d'un **titre exécutoire**, puisque cette procédure s'apparente à une mesure d'exécution forcée ayant un effet de **transport cession** immédiat et irréversible. Son engagement nécessite, par là même, un défaut d'exécution de la condamnation prononcée contre le débiteur.

Ces trois conditions résultent des dispositions de l'article 1er de la loi du 2 janvier 1973 (devenu C. pr. exéc., art. L. 213-1).

§ 1
Justification d'une créance d'aliments

951.11 Notion d'aliments. Le rapport alimentaire trouve sa source dans la nécessité d'assurer la subsistance d'une personne avec laquelle il existe un lien de parenté ou d'alliance. Il est caractérisé par le principe de réciprocité selon lequel « *chacun des deux sujets du rapport d'obligation a vocation à devenir indifféremment créancier ou débiteur selon l'état de ses besoins ou de ses ressources* » [4].

Toutefois, la créance d'aliments ouvrant droit à la procédure de paiement direct est envisagée d'une façon plus extensive l'article L. 213-1 C. pr. exéc. puisqu'il vise des obligations dépourvues de réciprocité (obligation des père et mère de nourrir, entretenir et élever leurs enfants, obligation aux subsides) ou fortement teintées de caractère indemnitaire (prestation compensatoire sous forme de rente) ou encore, ayant un objet très élargi dépassant la simple subsistance (comme la contribution aux charges du mariage [5]).

951.12 Énumération légale. L'article L. 213-1 C. pr. exéc. indique limitativement les créances à caractère alimentaire bénéficiant d'un traitement de faveur pour leur recouvrement.

Il s'agit, selon les alinéas 1er et 3e de ce texte :

– des PAL *stricto sensu*;

– de la contribution aux charges du mariage prévue par l'article 214 du Code civil;

– de la prestation compensatoire sous forme de rente prévue par l'article 276 du même code;

– des subsides prévus par l'article 342 du même Code.

1. Com. 13 juin 2006, no 05-17.081 (et réf. préc. ss prést no).
2. Perrot, note ss Paris, 23 mai 1980, *RTD civ.* 1980. 910.
3. Derrida, obs. ss Com. 15 juill. 1986, *D.* 1988. Somm. 7.
4. J. Carbonnier, *Droit civil*, t. II, 16e éd., PUF, 1993, no 380, p. 580.
5. SUR CE POINT : Civ. 1re, 20 mai 1981, no 79-17.171, *Bull. civ.* I, no 176.

Cette liste recouvre donc toutes les obligations résultant des rapports de parenté ou d'alliance, que ce soit dans le cadre de la famille légitime ou dans celui de la famille naturelle ou adoptive.

Sont ainsi concernées, les obligations entre époux et notamment la contribution ménagère (C. civ., art. 214 - et, en cas de rejet de la demande en divorce, C. civ., art. 258), la pension fixée pendant le cours de l'instance en divorce ou en séparation de corps (C. civ., art. 255, 6°), celle due après le prononcé de la séparation de corps (C. civ., art. 303), la prestation compensant la perte du devoir de secours après le divorce (C. civ., art. 270).

Sont aussi concernés, les aliments dus par les parents à leurs enfants, soit pendant le mariage (C. civ., art. 203), soit à l'occasion du divorce ou de la séparation de corps, en cours d'instance, puis après le prononcé du jugement (C. civ., art. 256, 373-2-1 *in fine* et 373-2-2), soit dans le cadre de la filiation naturelle, qu'elle soit légalement établie (C. civ., art. 371-2), ou fortement probable en raison des relations avec la mère pendant la période de conception (C. civ., art. 342), soit enfin après la majorité de l'enfant lorsque le parent qui l'héberge pourvoit encore à son entretien (C. civ., art. 371-2, al. 2, et 373-2-5).

Sont enfin concernés les aliments que les enfants doivent servir à leurs père, mère et autres ascendants lorsqu'ils se retrouvent dans le besoin, ceux qui sont dus entre alliés et les subsides versés par la succession au conjoint survivant successible (C. civ., art. 205, 206, 758 et 767).

951.13 Cas de la prestation compensatoire sous forme de rente. Le caractère essentiellement alimentaire de la prestation compensatoire après divorce étant mal assuré en doctrine comme en jurisprudence, le législateur a pris soin de prévoir expressément (C. pr. exéc., art. L. 213-1, al. 3 [anc^t^ L. 2 janv. 1973, art. 1er, al. 3, et Décr. 1er mars 1973, art. 8]) que la procédure du paiement direct est également applicable au recouvrement de la rente prévue par l'article 276 du Code civil lorsque l'âge ou l'état de santé du créancier ne lui permet pas de subvenir à ses besoins. Depuis la loi de 1973, la jurisprudence a consolidé l'édifice législatif en affirmant clairement que la créance née de la prestation compensatoire présente, pour partie, un caractère alimentaire qui dispense son bénéficiaire de la déclarer au passif de son débiteur lorsqu'il est en redressement ou en liquidation judiciaire[1]. La Haute juridiction a eu l'occasion de confirmer que le recouvrement des arrérages de la rente pouvait se faire par voie de paiement direct, pour leur totalité, sans qu'il y ait lieu de le limiter à leur seule fraction alimentaire à l'exclusion de leur fraction indemnitaire, la loi du 2 janvier 1973 n'opérant elle-même aucune distinction[2]. La Cour de cassation tend à faire prévaloir l'aspect alimentaire sur l'aspect indemnitaire puisqu'elle juge que les dispositions finales de l'article 1244-1 du Code civil excluant le bénéfice des délais de grâce pour les dettes alimentaires s'appliquent également aux prestations compensatoires[3].

Depuis la loi n° 2000-596 du 30 juin 2000, relative à la prestation compensatoire en matière de divorce[4], la rente prévue à l'article 276 du Code civil est une rente viagère susceptible d'être révisée, suspendue ou supprimée à la demande du débiteur ou de ses héritiers, en cas de changement important dans les ressources ou les besoins des parties (C. civ., art. 276-3).

Seule la prestation compensatoire sous forme de rente est visée par le Code des procédures civiles d'exécution (anc^t^ L. 2 janv. 1973, art. 1er) de telle sorte que les mensualités ou annuités fixées par le juge dans le cadre de l'aménagement du versement de la prestation en capital (C. civ., art. 275), ne devraient pas bénéficier de la procédure de paiement direct, sauf à considérer qu'en raison du caractère partiellement alimentaire de la prestation, elles doivent être assimilées aux arrérages d'une rente.

951.14 Cas de l'aide matérielle incombant aux partenaires liés par un pacte civil de solidarité. Selon l'article 515-4 du Code civil, les partenaires liés par un pacte civil de solidarité (PACS) s'engagent à une aide matérielle réciproque proportionnelle à leurs facultés respectives à moins qu'ils n'en aient disposé autrement. Bien que l'expression « aide matérielle » évoque la contribution aux charges du mariage ou le devoir de secours entre époux, on peut douter du caractère alimentaire de cette aide en l'absence de lien de parenté ou d'alliance entre les partenaires. Quoi qu'il en soit, la créance résultant de l'article 515-4 ne figure pas dans l'énumération limitative contenue dans l'article L. 213-1 C. pr. exéc., de telle sorte qu'en l'état elle ne devrait pas pouvoir être recouvrée au moyen de la procédure de paiement direct. Il faut dire que les hypothèses dans lesquelles les manquements à

1. Com. 8 oct. 2003, n° 00-14.760 (préc. s^s^ n° 951.07) – Com. 1er févr. 2005, n° 01-13.943 (préc. s^s^ n° 951.07).

2. Civ. 2e, 24 oct. 1984, n° 83-12.553, *Bull. civ.* II, n° 156; *JCP* 1985. IV. 1; *RTD civ.* 1985. 624, obs. Perrot; *Gaz. Pal.* 1985. Pan. 66 – Rejetant un pourvoi CONTRE : Paris, 21 avr. 1983, *D.* 1984. 73, note Prévault; *RTD civ.* 1984. 372, obs. Perrot – Civ. 2e, 10 mars 2005, n° 02-14.268, *Bull. civ.* II, n° 66; *Gaz. Pal.* 8-10 janv. 2006, p. 20.
3. Civ. 1re, 1er juin 2011, n° 10-16.096, *Bull. civ.* I, n° 128.
4. L. n° 2000-596, 30 juin 2000, relative à la prestation compensatoire en matière de divorce, *JO* 1er juill., p. 9946.

cette aide matérielle réciproque seront sanctionnés par une décision judiciaire risquent d'être assez rares car, dans la plupart des cas, ils coïncideront avec la séparation des partenaires. Les tribunaux seront essentiellement saisis de demandes en paiement des arriérés qui se seront constitués entre la cessation de l'aide et la rupture du PACS, sous réserve de la compensation prévue par les dispositions finales de l'article 515-7 du Code civil[1].

951.15 **Aliments recouvrables.** La procédure de paiement direct ne permet pas de recouvrer tous les arrérages impayés.

C'est une mesure essentiellement conçue pour ménager l'avenir et éviter la constitution d'un arriéré trop important. Elle tend donc, avant tout, au **recouvrement des termes à échoir** (C. pr. exéc., art. L. 213-4, al. 1er), afin de procurer rapidement au créancier les ressources nécessaires à sa subsistance.

C'est accessoirement et dans certaines limites qu'elle est applicable à l'arriéré. Il s'agit des termes échus pour les six derniers mois ayant précédé la notification de la demande (C. pr. exéc., art. L. 213-4, al. 2). Cette disposition exclut donc du champ de la mesure, toutes les mensualités impayées qui ne sont pas devenues exigibles au cours de cette période, même si leur nombre est inférieur ou égal à six. Les sommes obtenues au titre des créances nées plus de six mois avant la notification de la mesure doivent être restituées au débiteur même s'il ne s'en est jamais acquitté. En effet, la Haute juridiction rappelle que la demande de paiement direct ne peut produire effet que pour les échéances à venir et l'arriéré des six derniers mois ayant précédé l'intervention de l'huissier[2].

L'arriéré non compris dans l'assiette du paiement direct peut néanmoins être recouvré selon les procédures d'exécution ordinaires, notamment par la saisie des rémunérations et la saisie-attribution de droit commun.

Le règlement des six derniers termes doit se faire par fractions égales sur une période de douze mois (C. pr. exéc., art. L. 213-4, al. 3). Ainsi chacune des douze premières retenues effectuées par le tiers comprendra le terme courant de la pension, augmenté d'un douzième de l'arriéré inclus dans la demande de paiement direct.

Toutefois, pour l'expérimentation du mécanisme de renforcement des garanties contre les impayés de pensions alimentaires, l'article 27 (I et V, 1°) de la loi n° 2014-873 du 4 août 2014 prévoit, au bénéfice des caisses d'allocations familiales, une dérogation à la limite des six derniers mois. Ce texte dispose en effet que la procédure de paiement direct, lorsqu'elle est mise en œuvre par l'organisme débiteur des prestations familiales, est applicable, par dérogation à l'article L. 213-4 C. pr. exéc., aux termes échus de la pension alimentaire pour les vingt-quatre derniers mois avant la notification de la demande de paiement direct. Le règlement de ces sommes est fait par fractions égales sur une période de vingt-quatre mois.

Cette expérimentation s'applique aux bénéficiaires de l'allocation de soutien familial mentionnée au 3° de l'article L. 523-1 du Code de la sécurité sociale et aux bénéficiaires de l'aide au recouvrement mentionnée à l'article L. 581-1 du même code, résidant ou ayant élu domicile dans les départements dont la liste est fixée par arrêté conjoint des ministres chargés des droits des femmes et de la sécurité sociale (Arr. 21 oct. 2014), ainsi qu aux débiteurs de créances alimentaires à l'égard desdits bénéficiaires, quel que soit leur lieu de résidence.

La mise en œuvre de ce dispositif est conduite pour une durée de dix-huit mois à compter de la publication de l'arrêté contenant la liste des départements concernés, qui devait intervenir au plus tard le 1er octobre 2014 mais qui a été pris le 21 octobre 2014[3].

§ 2
Détention d'un titre exécutoire judiciaire

A.
Titre autorisant le recours au paiement direct

951.21 **Décision judiciaire.** Le rapport alimentaire est un rapport d'obligation que la loi fait découler de plein droit des relations de parenté ou d'alliance. Cependant, bien que constituant une obligation légale (C. civ., art. 1370, al. 2), l'obligation alimentaire ne peut donner lieu à exécution forcée que si elle a été consacrée par une décision de justice qui en vérifie l'existence et en fixe le *quantum*, en considération des charges et ressources respectives du créancier et du débiteur. C'est la raison pour laquelle la procédure de paiement direct, qui s'apparente à une mesure d'exécution forcée, n'est ouverte qu'au créancier d'aliments ayant obtenu à son profit, un titre exécutoire judiciaire. L'alinéa 2 de l'article L. 213-1 C. pr. exéc. (anc[t] L. 2 janv. 1973, art. 1er, al. 2) dispose à cet égard que « *la demande en paiement direct est recevable dès qu'une*

1. X. Labbée, « L'aide matérielle a-t-elle un caractère alimentaire ? », *JCP* 2008. I. 197.
2. Civ. 2e, 22 oct. 2009, n° 08-19.559, *Bull. civ.* II, n° 249; *Dr. et proc.* 2010. 61, obs. Putman; *D.* 2009. 2692.
3. Arr. 21 oct. 2014, *JO* 23 oct., p. 17601.

échéance d'une pension alimentaire, fixée par une décision judiciaire, devenue exécutoire, n'a pas été payée à son terme ».

951.22 Acte notarié. On constate, à la lecture du texte précité, que les dispositions particulières de l'article L. 213-3 C. pr. exéc. (anc^t L. 2 janv. 1973) sont plus restrictives que les dispositions générales des articles L. 111-2 et L. 111-3 du même code, lesquelles conditionnent l'exercice des voies d'exécution à la justification d'un titre exécutoire quelconque.

Il s'ensuit que la demande de paiement direct ne peut émaner d'un créancier titulaire d'un acte notarié, même si celui-ci est revêtu de la formule exécutoire. Il convient à cet égard de rappeler que le *quantum* des aliments peut être fixé par une convention entre créancier et débiteur, laquelle peut contenir une clause d'indexation et être constatée dans un acte authentique. Ces contrats sont valables, dès lors qu'ils ne constituent pas une renonciation directe ou indirecte aux aliments et qu'ils se bornent à aménager l'étendue, la durée ou les modalités d'exécution de l'obligation du débiteur. Ils sont également valables lorsqu'ils ont pour effet de consacrer la transformation d'une obligation naturelle en obligation juridique. Toutefois, aucune convention fût-elle notariée, ne peut être conclue pour accepter ou renoncer à une prestation compensatoire dont la fixation ne relève que du juge, hormis le cas où le divorce est prononcé sur requête conjointe[1].

Les difficultés nées de l'inexécution de ces conventions ou de la nécessité d'en réviser le contenu doivent donc être réglées par le juge avant de donner lieu à l'engagement d'une procédure de paiement direct. Ce **contrôle juridictionnel** s'avère particulièrement nécessaire lorsque la cause de l'engagement du débiteur d'aliments a disparu au moment où l'exécution est demandée. La Cour de cassation a ainsi refusé de valider une reconnaissance de dette souscrite par un père pour l'entretien et l'éducation de son enfant à une époque où celui-ci vivait sous le toit maternel, dès lors que les arrérages réclamés par la mère étaient arrivés à échéance après que cet enfant avait rejoint le domicile paternel[2].

Il faut préciser que l'accord des parties, même judiciairement constaté, n'entre pas, selon la Cour de cassation, dans les prévisions de l'article 1er de la loi du 2 janvier 1973 (devenu C. pr. exéc., art. L. 213-1). Ainsi l'arrêt qui prononce le divorce et constate l'engagement du mari de poursuivre le règlement de la PAL édictée et indexée par l'ordonnance de non-conciliation (ONC), ne permet pas l'engagement d'une procédure de paiement direct[3]. Cette solution a été critiquée au double motif qu'elle dénie toute valeur au contrat judiciaire constaté par le juge et qu'elle dissuade le créancier alimentaire privé d'avance du bénéfice d'une procédure rapide et efficace, d'accepter tout accord amiable sur la pension.

951.23 Convention homologuée. Il convient cependant de réserver, en raison du principe prétorien de l'indivisibilité des conventions matrimoniales et des jugements d'homologation, l'hypothèse des conventions conclues par les époux dans le cadre de l'instance en divorce ou en séparation de corps, auxquelles on peut assimiler celles passées par les parents à l'occasion d'une séparation de fait sur la contribution à l'entretien des enfants. Il s'agit de contrats judiciaires que le juge peut homologuer dans son ordonnance ou dans son jugement s'il estime que les intérêts des enfants ou des conjoints sont suffisamment préservés (sur l'homologation des mesures provisoires et des conséquences du divorce par consentement mutuel, C. civ., art. 250-1 et 250-2; C. pr. civ., art. 1099 et 1100 – sur les conséquences de la dissolution du mariage dans les autres cas de divorce, C. civ., art. 268 – sur la prestation compensatoire dans tous les cas de divorce, C. civ., art. 278 à 279-1 – sur la contribution à l'entretien des enfants lors de la séparation des parents, C. civ., art. 373-2-7). La modification par les parties d'une convention déjà homologuée est également subordonnée au contrôle du juge. Ainsi, l'accord modifiant la convention définitive homologuée fixant la PAL due à une épouse séparée de corps est lui-même soumis à homologation[4]. Ces accords sont assimilés ou font corps avec la décision judiciaire exécutoire et peuvent donc fonder l'engagement de la procédure de paiement direct (sur ce point, une décision de 1999 a précisé qu'après son homologation par le jugement prononçant le divorce ou la séparation, la convention définitive revêt la même force exécutoire qu'une décision de justice[5]). En matière de prestation com-

1. Civ. 1re, 14 déc. 2004, n° 03-19.366, NP; *D.* 2005. 112, ndlr.
2. Civ. 1re, 30 oct. 2008, n° 07-17.646, *Bull. civ.* I, n° 241; *D.* 2009. 747, chron. Chauvin et Creton; *RTD civ.* 2009. 111, obs. Hauser; 118, obs. Fages; *JCP* 2009. II. 10000, note Houtcieff.
3. Civ. 2e, 7 mars 2002, n° 00-11.228, *Bull. civ.* II, n° 29; *AJ fam.* 2002. 178, et obs.; *RTD civ.* 2002. 567, obs. Perrot; 792, obs. Hauser; *JCP* 2002. IV. 1664; *Procédures* 2002, n° 159, p. 9, note Perrot.
4. Civ. 1re, 11 janv. 2005, n° 03-16.719, *Bull. civ.* I, n° 16; *AJ fam.* 2005. 104, obs. David; *RTD civ.* 2005. 372, obs. Hauser.
5. Civ. 2e, 25 nov. 1999, n° 97-16.488, *Bull. civ.* II, n° 177; *RTD civ.* 2000. 89, obs. Hauser – Civ. 1re, 11 janv. 2005, n° 03-16.719, *JCP* 2005. IV. 1342 (préc. s^s prés^t n°) – Civ. 1re, 23 nov. 2011, n° 10-26.802, *Bull. civ.* I, n° 204; *JCP* 2011. Actu. 1346; *Gaz. Pal.* 6-7 janv. 2012. 25 à 28, note Mulon; *AJ fam.* 2012. 47, note David.

pensatoire, l'article 279 du Code civil dispose expressément que la convention homologuée qui en fixe le montant et les modalités a la même force exécutoire qu'une décision de justice.

Même frappée de caducité, une convention temporaire homologuée prévoyant une PAL n'est pas dépourvue de tout effet car elle permet le recouvrement forcé des arrérages échus avant cette caducité. En effet, sauf disposition contraire, la caducité d'un titre exécutoire ne le prive de son efficacité que pour l'avenir[1].

951.24 État exécutoire. Il résulte également des dispositions restrictives de l'article L. 213-1 C. pr. exéc. que les états exécutoires émis par les établissements publics de santé ou par l'Administration de l'action sociale à l'encontre des débiteurs alimentaires des personnes hospitalisées ou admises en maison de retraite avec le bénéfice de l'aide sociale, ne peuvent justifier valablement une mesure de paiement direct. L'émission de tels titres pour le recouvrement des frais de séjours impayés, lorsqu'elle est fondée sur le rapport alimentaire, est d'ailleurs parfaitement illégale, l'Administration étant tenue de faire fixer la part contributive de chacun des coobligés, par le juge des affaires familiales (CASF, art. L. 132-6 et L. 132-7 - CSP, art. L. 6145-11)[2]. Le juge judiciaire est seul compétent pour connaître des litiges nés de ces titres irréguliers et notamment, pour paralyser leur exécution en ordonnant la discontinuité des poursuites entreprises en vertu de ces derniers. L'émission et la mise à exécution de ces états exécutoires s'apparentent à une véritable voie de fait[3].

B. Caractères et notification du titre

951.31 Autorité de la chose jugée. L'exigence d'une décision judiciaire exécutoire ne présente pas de spécificité en matière de paiement direct. Elle découle de la nature même de cette procédure qui s'apparente à une mesure d'exécution forcée (C. pr. exéc., art. L. 111-2). Ce qui est plus original, dans le domaine du recouvrement des créances alimentaires, c'est que les décisions qui les consacrent et en fixent le montant ont une autorité de chose jugée éphémère en raison du principe de variabilité caractérisant les PAL. La décision judiciaire fixant une PAL ne possède l'autorité de la chose jugée qu'aussi longtemps que demeurent inchangées les circonstances au regard desquelles elle est intervenue[4]. Ce principe favorise la multiplication des décisions modificatives qui se succèdent ou parfois se télescopent, au gré de l'exercice des voies de recours et des changements survenant dans la situation économique des sujets du rapport alimentaire (v. s[s] n°s 951.140 s.).

Le **chevauchement de décisions successives** est une difficulté fréquente de la procédure de paiement direct à laquelle le praticien doit prendre garde. On peut relever à titre d'exemple que les mesures provisoires ordonnées au cours d'une procédure de divorce en vertu de l'article 255 du Code civil se substituent d'office à la contribution ménagère, dès le prononcé de l'ONC[5].

Les **étapes successives de la procédure de divorce** donnent également lieu à des décisions adoptant des mesures provisoires que le jugement prononçant la rupture du lien matrimonial rend caduques de plein droit. Ainsi ce jugement prive d'effet, lorsqu'il passe en force de chose jugée, l'ONC allouant à l'épouse une PAL au titre du devoir de secours. Toutefois, lorsque les deux parties y ont successivement acquiescé, il ne passe en force de chose jugée qu'au moment du dernier acquiescement. Dans cette hypothèse, les arrérages échus entre les deux acquiescements restent dus et leur recouvrement peut être effectué au moyen d'une mesure d'exécution forcée[6]. En cas d'appel, les mesures provisoires adoptées par l'ONC, notamment en ce qui concerne la contribution à l'entretien de l'enfant, ont vocation à s'appliquer jusqu'à ce que l'arrêt devienne exécutoire, soit jusqu'à sa signification[7].

951.32 Force exécutoire. Les conditions dans lesquelles la décision judiciaire acquiert force exécutoire sont déterminées par l'article 504 C. pr. civ. Il convient seulement de rappeler qu'une décision de justice ne devient exécutoire qu'à l'expiration des délais d'exercice des voies de recours ayant un

1. Civ. 2e, 6 mai 2004, n° 02-18.985, *Bull. civ.* II, n° 220; *AJ fam.* 2004. 284, obs. David; *RTD civ.* 2004. 559, obs. Perrot; *JCP* 2004. IV. 2305; *Rev. huiss.* 2004. 300.
2. T. confl. 21 oct. 2002, n° 02-03.280, *Bull. T. confl.*, n° 22 – Civ. 1re, 8 juin 2004, n° 02-12.131, *Bull. civ.* I, n° 163; *D.* 2004. 2474; *RTD civ.* 2004. 724, obs. Hauser; *JCP* 2005. II. 10023, note Rebourg.
3. T. confl. 12 mai 1997, n°s 97-03.012 et 97-03.013, *Bull. T. confl.*, n°s 8 et 9 – Civ. 1re, 30 juin 1998, n° 96-13.069, *Bull. civ.* I, n° 232; *Defrénois* 1999, art. 36497, n° 1; *RDSS* 1998. 849, obs. Ligneau – Civ. 1re, 22 juin 1999, n° 97-13.279, *Bull. civ.* I, n° 215; *D.* 1999. 146 note Massip; *RTD civ.* 1999. 829, obs. Hauser.
4. Civ. 1re, 16 juin 1993, n° 91-19.904, *Bull. civ.* I, n° 216; *RTD civ.* 1993. 816, obs. Hauser.
5. Civ. 2e, 30 nov. 1994, n° 92-20.656, *Bull. civ.* II, n° 245 – V. AUSSI : Bordeaux, 21 nov. 1994, *JCP N* 1996. II. 38.
6. Civ. 1re, 31 mars 2010, n° 09-12.770, *Bull. civ.* I, n° 79; *D.* 2011. 1107, obs. Douchy-Oudot; *RTD civ.* 2010. 310, obs. Hauser; 618, obs. Perrot; *Dr. et proc.* 2010. 208, obs. Choquet; *Dr. fam.* mai 2010, p. 36, note Larribau-Terneyre.
7. Civ. 1re, 1er déc. 2010, n° 08-22.010, *Bull. civ.* I, n° 249; *AJ fam.* 2011. 154, obs. Douris; *Dr. et proc.* 2010. 53.

effet suspensif (l'opposition, l'appel et, exceptionnellement, le pouvoir en cassation).

Toutefois, la force exécutoire ne se confond pas toujours avec la force de chose jugée. Il convient en effet de préciser que la décision fixant la créance à caractère alimentaire peut être assortie de l'exécution provisoire, soit parce que celle-ci a été ordonnée par le juge, soit parce qu'elle résulte de la loi (C. pr. civ., art. 514). Or en cette matière, les décisions exécutoires de plein droit par provision sont fréquentes. En effet, selon l'article 1074-1 C. pr. civ., les mesures portant sur la PAL, la participation à l'entretien et à l'éducation de l'enfant, la contribution aux charges du mariage et toutes celles prises en application de l'article 255 du Code civil, sont exécutoires de droit à titre provisoire. Ce texte issu du décret n° 2004-1158 du 29 octobre 2004 [1] généralise l'exécution provisoire de droit à la plupart des décisions du juge aux affaires familiales (JAF).

Sont notamment concernés les ordonnances adoptant ou homologuant les mesures provisoires pour le cours de l'instance en divorce ou en séparation de corps, les jugements prononçant le divorce pour les mesures accessoires qui y sont prescrites ou homologuées, les décisions modifiant ces mesures provisoires ou accessoires (C. pr. civ., art. 1083). Sont également concernés les jugements accordant une PAL à un ascendant ou à un enfant majeur et ceux fixant une contribution pour l'entretien et l'éducation d'un enfant naturel ou une contribution ménagère à la charge d'un époux, même lorsque celle-ci est ordonnée par la décision qui rejette le divorce, en application de l'article 258 du Code civil. À noter que la suppression par le tribunal de la pension accordée à l'épouse pour la durée de l'instance constitue une modification de la mesure provisoire et, partant, est exécutoire de plein droit par provision [2]. En revanche, la prestation compensatoire n'est pas assortie de l'exécution provisoire de droit. L'article 1079 C. pr. civ. interdit même au juge de l'ordonner, sauf lorsque l'absence d'exécution aurait des conséquences manifestement excessives pour le créancier en cas de recours sur cette prestation alors que le prononcé du divorce a acquis force de chose jugée. Il appartient au juge qui décide d'assortir sa décision de l'exécution provisoire de caractériser les circonstances permettant de conclure que l'absence d'exécution aurait des conséquences manifestement excessives en cas d'appel sur la prestation compensatoire [3]. Lorsque l'exécution provisoire peut être ordonnée par le juge, la décision qui répare l'omission de statuer sur la demande tendant à en bénéficier n'a pas d'effet rétroactif. Elle ne peut donc fonder, en cas d'appel, une mesure de paiement direct pour le recouvrement des termes échus avant son prononcé [4].

Les nouvelles dispositions élargissant le champ de l'exécution provisoire de droit rendent caduques certaines solutions adoptées par la Cour de cassation sous l'empire de l'ancienne réglementation, relativement aux mesures accessoires prises par le jugement acceptant ou rejetant la demande en divorce [5].

Cette banalisation de l'exécution provisoire explique sans doute la précipitation de certains créanciers qui se croient dispensés, du seul fait que la décision bénéficie de l'exécution provisoire de droit, de signifier préalablement celle-ci à leurs débiteurs.

951.33 Signification préalable de la décision. Selon l'article 503 C. pr. civ., les jugements ne peuvent être exécutés contre ceux auxquels on les oppose, qu'après leur avoir été notifiés. Ce texte a une portée générale et s'applique à toutes les décisions de justice, même si elles sont immédiatement exécutoires, la partie condamnée devant être officiellement informée et mise en mesure de s'exécuter volontairement (il en est jugé ainsi à propos des ordonnances de référés [6]; et à propos des jugements pénaux contradictoires statuant sur les intérêts civils [7]).

Les praticiens doivent tout particulièrement veiller à la notification régulière de la décision qui doit servir de base à la demande de paiement direct. La jurisprudence témoigne en effet d'une certaine tendance à l'exécution prématurée en matière d'aliments [8].

951.34 Caducité du titre exécutoire. La caducité du titre exécutoire ne permet pas le recouvrement, par voie de paiement direct, des arrérages échus postérieurement à cette caducité. En revanche, ceux qui étaient exigibles avant celle-ci devraient pouvoir justifier, s'ils s'inscrivent dans la limite des six derniers mois, l'engagement de cette mesure. En effet, sauf disposition contraire, la caducité d'un titre exécutoire ne le prive pas de son efficacité pour la période antérieure. Ainsi, les mensualités d'une PAL

1. Décr. n° 2004-1158, 29 oct. 2004, portant réforme de la procédure en matière familiale, *JO* 31 oct., p. 18492.
2. Paris, 8 févr. 1985, *Bull. ch. avoués* 1985. 2. 61 – RAPPR. : Civ. 2ᵉ, 4 févr. 1981, *D.* 1983. 79, obs. Groslière.
3. Civ. 1ʳᵉ, 19 mars 2014, n° 12-29.653, *Bull. civ.* I, n° 41; *Dr. et proc.* 2014. 115, obs. Vinckel.
4. Civ. 2ᵉ, 22 oct. 2009, n° 08-19.559, *Bull. civ.* II, n° 249; *Dr. et proc.* 2010. 61, obs. Putman; *D.* 2009. 2692; *AJ fam.* 2010. 80, obs. Gallmeister.
5. Civ. 2ᵉ, 17 mars 1982, n° 79-12.686, *Bull. civ.* II, n° 46; *D.* 1983. 77, obs. Groslière.
6. Paris, 23 mars 1984, *D.* 1984. 248.
7. Civ. 2ᵉ, 15 mars 1995, n° 93-13.655, *Bull. civ.* II, n° 88.
8. Civ. 2ᵉ, 6 janv. 1988, n° 86-16.806, *Bull. civ.* II, n° 1; *Gaz. Pal.* 1988. 2. Pan. 178; *Rev. huiss.* 1988, n° 1739, note Lescaillon.

dues au titre de la période ayant précédé la caducité d'une convention temporaire homologuée ne sont pas atteintes par cette caducité[1].

§ 3
Existence d'un incident de paiement

951.40 Exigence d'une faute. La procédure de paiement direct s'apparente à une mesure d'exécution forcée. Sa mise en œuvre ne se justifie, en principe, que si le débiteur fait preuve d'inertie dans le paiement des aliments. Les frais du paiement direct demeurant à sa charge (C. pr. exéc., art. L. 111-8), il serait injuste de les lui faire supporter s'il se conforme volontairement à la décision judiciaire.

Toutefois, la mesure de paiement directe peut être exceptionnellement engagée en l'absence de tout incident de paiement.

C'est le cas lorsque le débiteur accepte la mesure. Dans cette hypothèse, la notion de faute ne joue évidemment aucun rôle.

A.
Mise en œuvre en cas de défaillance

951.41 Sévérité de la loi. Selon l'article L. 213-1 alinéa 2 C. pr. exéc., la demande de paiement direct est recevable dès qu'une échéance n'est pas payée à son terme. Le débiteur est ainsi présumé en faute à partir du moment où son obligation est inexécutée, totalement ou partiellement, ou exécutée avec retard. La demande de paiement direct est recevable dès qu'une échéance de la pension n'est pas réglée à son terme, sans qu'une sommation de payer préalable soit nécessaire[2].

L'obligation alimentaire s'analyse donc en une obligation de résultat, seule une cause étrangère pouvant avoir un effet exonératoire.

Les juridictions du fond ont parfois tendance, en fonction des circonstances, à admettre certaines excuses tirées du rattrapage du retard, de la modicité de l'impayé ou de l'ignorance du débiteur.

951.42 Défaut de paiement même partiel. La procédure de paiement direct peut être engagée dès qu'une échéance est impayée. Il faut préciser qu'il y a défaut de paiement dès lors que celui-ci a été effectué entre les mains d'une personne autre que celle désignée par la décision de justice pour le recevoir. La Cour de cassation rappelle à cet égard que la contribution à l'entretien d'enfants majeurs qui ne peuvent subvenir à leurs besoins, doit être versée directement au parent qui en assume la charge à titre principal, même si ces enfants ne vivent pas avec lui. Le paiement fait à ces derniers n'est donc pas libératoire[3]. Un seul impayé suffit, même s'il est partiel, à la différence de ce qui est exigé par le Code pénal en matière d'abandon de famille (deux mois en vertu de C. pén., art. 227-3).

D'une manière générale, le défaut partiel de paiement résulte, soit d'un défaut d'indexation, soit d'une compensation prohibée.

951.43 Non-indexation. C'est au débiteur d'aliments d'indexer spontanément à la date prévue, la pension dont il est redevable et ce, sans attendre que le créancier procède lui-même à cette opération. C'est une conséquence du principe selon lequel la PAL est portable et non quérable et payable d'avance (C. civ., art. 1247, al. 2). Malheureusement de nombreux débiteurs, souvent par ignorance, font preuve d'attentisme[4]. Ils sont néanmoins susceptibles de tomber sous le coup d'un paiement direct[5].

951.44 Compensation interdite. Selon l'article 1293, 3° du Code civil, la compensation n'a pas lieu dans le cas d'une dette qui a pour cause des aliments déclarés insaisissables. Il résulte de ce texte que si la partie dont la créance est insaisissable peut demander, par voie d'exception, que les sommes qui lui sont dues se compensent avec celles dont elle est elle-même débitrice[6], en revanche celle dont la créance est saisissable ne peut se prévaloir de ce mode d'extinction de la dette. Ainsi un mari en instance de divorce ne peut compenser sa dette alimentaire envers son épouse avec les sommes payées par lui à titre de taxes et d'impositions afférentes à des immeubles de la communauté[7].

Une décision d'une juridiction du fond[8] a tenté de tourner la difficulté dans une espèce ou le débiteur, tout en ayant commis des incidents de paiement, avait finalement payé plus qu'il ne devait, en

1. Civ. 2e, 6 mai 2004, n° 02-18.985, *Bull. civ.* II, n° 220; *D.* 2004. 1564; *AJ fam.* 2004. 284, obs. David; *RTD civ.* 2004. 559, obs. Perrot – Civ. 1re, 9 févr. 2011, n° 09-72.653, *Bull. civ.* I, n° 26; *AJ fam.* 2011. 153, obs. David; *RTD civ.* 2011. 329, obs. Hauser; p. 591, obs. Perrot.
2. Civ. 2e, 24 févr. 2005, n° 02-18.173, *Bull. civ.* II, n° 42; *D.* 2005. 793; *AJ fam.* 2005. 243; *JCP* 2005. Somm. IV. 1729.
3. Civ. 2e, 26 sept. 2002, n° 01-12.075, *Bull. civ.* II, n° 191; *D.* 2002. 2848; *RTD civ.* 2003. 74, obs. Hauser.
4. TI Orange, 12 févr. 1974, *RTD civ.* 1974, n° 680, obs. Perrot.
5. Paris, 9 mai 1980 et Paris, 23 mai 1980, *D.* 1980. 532, note Massip; *RTD civ.* 1981. 910, obs. Perrot – Civ. 2e, 5 juin 1985, n° 84-11.561, *Bull. civ.* II, n° 110; *D.* 1986. 113, obs. Bénabent.
6. Civ. 2e, 10 mars 1965, *D.* 1965. 350.
7. Paris, 13 juill. 1978, *Gaz. Pal.* 1978. 2. 625 – V. AUSSI : Civ. 2e, 9 juill. 1997, n° 95-21.038, *Bull. civ.* II, n° 220; *D.* 1998. 544, note Yamba; *RTD civ.* 1997. 914, obs. Hauser; *JCP* 1998. II. 10033, note Pataut – Civ. 2e, 2 oct. 1997, n° 95-19.358, *Bull. civ.* II, n° 239; *D.* 1997. 216.
8. Aix-en-Provence, 27 avr. 1988, *Juris-Data* n° 045445.

se référant, non à la notion de compensation, mais à celle de paiement anticipé[1]. Une telle pratique de la part du débiteur ne peut être admise car le créancier doit pouvoir compter sur le paiement régulier des aliments nécessaires à sa subsistance.

En revanche la compensation pourrait être acceptée si les parties se doivent mutuellement des sommes à caractère alimentaire (il en a été jugé ainsi dans un cas rare de pensions croisées, mais pouvant être étendu à d'autres hypothèses[2]). La compensation ne peut cependant jouer entre la pension due à l'ex-mari et les aliments dus par lui à son ex-épouse pour les enfants du ménage, les deux créances ne concernant pas les mêmes personnes[3] (sur la compensation judiciaire, v. s[s] n°s 951.175 s.).

951.45 Retard de paiement même léger. Les PAL, les contributions ménagères et les prestations compensatoires sous forme de rente, sont stipulées payables mensuellement et d'avance. Leur versement à terme échu est donc proscrit et peu justifier une demande de paiement direct. Ainsi n'a pas suffi à exonérer le débiteur, un retard de vingt jours seulement[4]. La portabilité emporte, selon l'expression de J. Massip, « *un devoir d'initiative à la charge du débiteur* »[5] (en sens contraire, R. Perrot[6] considère qu'il appartient au créancier de liquider sa créance en lui appliquant l'indexation).

951.46 Cause étrangère. Le fait d'un tiers est de nature à exonérer le débiteur.

Il en est ainsi lorsque les retards dans l'exécution d'un virement automatique d'une pension sont imputables à une erreur de la banque puis à des perturbations de son système informatique. La mise en œuvre du paiement direct apparaît, en cette circonstance, abusive[7].

B.
Mise en œuvre en l'absence de défaillance

951.51 Cas de la contribution ménagère. La contribution aux charges du mariage de l'article 214 du Code civil est due même si le conjoint bénéficiaire n'est pas dans le besoin[8] et peut inclure des dépenses d'agrément telle que l'acquisition d'une résidence secondaire[9]. Bien qu'ayant un fondement différent et un objet plus large que la PAL, elle bénéficie d'un régime aussi favorable, voire plus favorable que celle-ci, tout au moins jusqu'au décret n° 2004-1158 du 29 octobre 2004. Ainsi selon l'ancien article 1069-5 C. pr. civ., le jugement fixant la contribution ménagère était, de droit, exécutoire à titre provisoire. Le même texte disposait que la notification de la décision au conjoint débiteur et à l'un des tiers mentionnés à l'article 1er de la loi du 2 janvier 1973, valait demande de paiement direct. La notification devait être faite par lettre recommandée avec accusé de réception (LRAR), à la diligence d'un huissier.

Dans ce cas particulier, aucun incident de paiement n'était requis pour la mise en œuvre de la procédure. Il n'était même pas nécessaire d'adresser une mise en demeure préalable[10]. En réalité, la notion de faute n'était pas totalement absente. Elle se situait en amont du jugement fixant la contribution qui aurait dû être versée spontanément sans l'intervention du juge. Les dispositions de l'article 1069-5 C. pr. civ. ont été abrogées par le décret du 29 octobre 2004 précité.

951.52 Cas de l'accord du débiteur. Afin de prévenir les risques d'impayé le législateur a voulu associer le débiteur au bon déroulement du recouvrement en dégageant le paiement direct de toute idée de faute. Ainsi aux termes des dispositions de l'article R. 213-9 C. pr. exéc., devant le juge saisi d'une demande de PAL, le débiteur peut accepter que le recouvrement se fasse par voie de paiement direct. Dans cette hypothèse, il indique le tiers débiteur qui sera chargé du paiement. L'extrait du jugement constatant l'accord des parties est alors notifié à ce tiers, selon les règles prévues aux alinéas 1 et 2 de l'article R. 213-1 C. pr. exéc. (notification à la diligence d'un huissier par LRAR).

SECTION 2
ASSIETTE DU PAIEMENT DIRECT

951.60 Créances susceptibles de paiement direct. Selon l'article L. 213-1 C. pr. exéc., tout créancier d'une PAL peut s'en faire payer directement le montant par les tiers redevables de sommes liquides et exigibles envers son propre débiteur. La procédure de paiement direct s'analyse donc pour certains en une saisie-attribution particulière qui se distingue de la saisie de droit commun par son **formalisme simplifié** (remplacement des exploits par des lettres recommandées). Comme cette dernière,

1. OBS. CRIT. : Miguet, *J.-Cl. Pr. civ.*, fasc. 2290, n° 36.
2. Nancy, 4 nov. 1996, *Juris-Data* n° 48398.
3. Crim. 30 juill. 1931, *D.* 1931. 476.
4. Civ. 2e, 10 févr. 1988, n° 86-17.742, *Bull. civ.* II, n° 37; *D.* 1988. 57; *Gaz. Pal.* 1988. Pan. 129 – SUR LES RETARDS DE PAIEMENT : TI Angoulême, 27 juin 1990, n° 841, NP.
5. Massip, note s[s] Paris, 23 mai 1980, *D.* 1980. 532.
6. Perrot, note s[s] Paris, 23 mai 1980, *RTD civ.* 1981. 910.
7. Versailles, 14 juin 1983, *D.* 1984. 99; *RTD civ.* 1984. 372 s., obs. Perrot.
8. Civ. 1re, 23 juin 1970, n° 68-13.491, *Bull. civ.* I, n° 220; *D.* 1971. 162, note Larroumet.
9. Civ. 1re, 20 mai 1981, n° 79-17.171, *Bull. civ.* I, n° 176.
10. Civ. 2e, 14 janv. 1987, n° 85-14.429, *Bull. civ.* II, n° 11; *JCP* 1987. IV. 91.

elle vise à intercepter entre les mains d'un tiers étranger au rapport alimentaire, une créance personnelle du débiteur d'aliments et ce, afin de la transporter dans le patrimoine du créancier de la pension, de la rente ou des subsides. Comme en matière de saisie-attribution, cette créance du débiteur sur le tiers doit exister dans son patrimoine et peut avoir pour origine une obligation à exécution instantanée ou successive. À l'instar de la saisie-attribution, le paiement direct peut donc porter sur des dépôts en banque ou chez un notaire, sur le prix de vente d'un bien quelconque, sur des indemnités d'assurance, des dommages-intérêts, des loyers et fermages, *etc.*

Toutefois, la comparaison doit s'arrêter là. En effet, la créance objet du paiement direct doit être liquide et exigible, ce qui n'est pas requis en matière de saisie-attribution. Il n'est pas certain qu'elle ait besoin d'être disponible entre les mains du tiers en considération du droit de préférence absolue qui est reconnu au créancier alimentaire.

Par ailleurs et c'est là son autre originalité, le paiement direct a un champ d'application beaucoup plus large que la saisie-attribution de droit commun puisqu'il couvre aussi celui de la saisie des rémunérations. Il inclut donc les salaires et leurs accessoires (C. trav., art. L. 3252-1 s. et R. 3252-1 s.), les traitements et soldes des fonctionnaires civils et militaires (C. pr. exéc., art. L. 212-2 et L. 212-3), les pensions de retraite et rente d'invalidité servies par la Sécurité sociale (CSS, art. L. 355-2) [1], les allocations versées dans le cadre d'un contrat de sécurisation professionnelle, les allocations d'assurance chômage et les allocations de préretraite (C. trav., art. L. 5428-1) ainsi que les indemnités journalières servies au titre des accidents du travail ou de l'assurance maladie-maternité (CSS, art. L. 323-5 et L. 433-3). Son domaine est ainsi assimilable à celui de l'ATD.

Cette diversité de l'assiette du paiement direct implique donc une adaptation de sa réglementation spécifique en fonction de la nature différente des créances interceptées. Il est parfois nécessaire de faire des emprunts aux règles de la saisie bancaire ou de la saisie des rémunérations, notamment pour déterminer la limite des sommes saisissables.

Il convient donc d'examiner les caractères et la nature des créances saisies.

§ 1
Caractères de la créance attribuée

951.61 Existence de la créance. La créance contre le tiers doit exister au jour du paiement direct. Elle doit donc, non seulement avoir pris naissance à cette date, mais ne pas être entrée dans le patrimoine d'une autre personne.

Ainsi la créance contre le banquier ou le notaire, dépositaire éventuel en vertu d'une convention d'ouverture de compte ou d'un projet de vente immobilière, n'existe pas encore et n'est pas susceptible de paiement direct, tant que des fonds ne sont pas versés par le client ou que la vente de l'immeuble n'est pas faite (v. s[s] n°s 812.32 et 812.33).

De même, la créance qui a fait l'objet, avant le paiement direct, d'une cession, délégation ou saisie ayant un effet attributif immédiat, ne peut plus être transportée dans le patrimoine du créancier alimentaire car elle appartient désormais à un autre que son débiteur (v. s[s] n°s 812.61 et 951.121).

951.62 Exigibilité et liquidité. Ces deux caractères sont requis par le premier alinéa de l'article L. 213-1 C. pr. exéc.

La créance est liquide lorsqu'elle est évaluée en argent ou que le titre contient tous les éléments permettant son évaluation (C. pr. exéc., art. L. 111-6). Le montant des sommes dues par le tiers doit donc être d'ores et déjà déterminé pour que le paiement direct puisse s'effectuer sans contretemps.

La condition d'exigibilité concerne en fait les obligations instantanées dont l'exécution doit pouvoir être demandée dès la mise en place de la mesure. Pour les obligations à exécutions successives, il suffit que la première échéance soit exigible au moment de l'engagement du paiement direct. Dans ce cas, la demande vaut, sans autre procédure, attribution au bénéficiaire des sommes qui en font l'objet au fur et à mesure qu'elles deviennent exigibles (C. pr. exéc., art. L. 213-2, al. 1er). Ainsi, la créance du débiteur malade contre la CPAM est exigible et liquide dès lors qu'à la réception de la demande de paiement direct, cet organisme a déjà enregistré l'avis d'arrêt de travail et déterminé pour le compte du salarié, dès l'expiration du délai de carence de trois jours, le montant des indemnités journalières lui revenant. La caisse est alors tenue en tant que tiers en vertu de l'article L. 213-2 C. pr. exéc. (anc[t] L. 2 janv. 1973, art. 2), de verser directement au créancier alimentaire les sommes qui lui ont été allouées par son titre selon les échéances fixées par celui-ci, soit mensuellement et d'avance [2].

Cette condition de liquidité et d'exigibilité n'existe pas en matière de saisie-attribution et d'ATD en vertu du principe général posé par l'article L. 112-1 C. pr. exéc. selon lequel toutes les créances du débiteur peuvent être saisies, y compris celles qui sont affectées d'un terme ou d'une condition, ces moda-

1. Cass., avis, 21 juill. 1995, n° 09-50.010, *Bull. avis,* n° 11.

2. Civ. 1re, 28 juin 2005, n° 01-17.730, *Bull. civ.* I, n° 277; *JCP* 2005. IV. 2377; *D.* 2005. 2102.

lités s'imposant néanmoins au saisissant. En réalité, la différence n'a pas un grand retentissement sur le plan pratique puisque pour obtenir le paiement qui consomme l'effet d'attribution immédiate, le créancier ayant pratiqué une saisie-attribution ou un ATD doit attendre que la créance qu'il a rendue indisponible devienne liquide et exigible.

La condition particulière posée par le Code des procédures civiles d'exécution paraît s'expliquer par un souci d'efficacité et de rapidité. Pour que le paiement direct soit immédiatement productif, il faut qu'il y ait, autant que possible, coïncidence entre l'échéance de la pension mensuelle et celle de la dette du tiers dont le montant doit être d'ores et déjà déterminé.

951.63 **Disponibilité.** Cette condition particulière requise expressément par l'article L. 211-2 C. pr. exéc. pour la saisie-attribution (et l'ATD qui lui est assimilé) ne figure pas dans les dispositions réglementant la procédure de paiement direct. Peut-on déduire du silence des textes que la créance objet de cette procédure n'a pas besoin d'être disponible ?

La réponse est aisée lorsque la condition de disponibilité tend à se confondre avec celle d'exigibilité. Il en est ainsi pour les fonds déposés sur un compte épargne logement (versements et intérêts capitalisés) qui « *demeurent indisponibles* » jusqu'au moment où leur retrait devient possible (CCH, art. R.*315-30). Le terme « *indisponible* » est impropre en l'occurrence puisque les fonds déposés sont en réalité payables à terme. La demande de paiement direct n'est donc recevable que si elle intervient au moment où le débiteur d'aliments qui les a épargnés est en droit d'en exiger le versement. En revanche la saisie-attribution demeure possible même si le terme n'est pas encore échu, le paiement des fonds étant cependant différé jusqu'à leur exigibilité (v. s^s^ n°s 831.130 s.).

Il est également facile de se déterminer lorsque l'indisponibilité résulte d'une mise sous séquestre de la créance objet du paiement direct à la suite d'un litige sur sa propriété (C. civ., art. 1961, 2°). Cette consignation temporaire « *pour le compte de qui il appartiendra* », rend les fonds indisponibles jusqu'à ce que leur titulaire soit désigné par justice. Si le paiement direct est engagé avant le dénouement du litige, il ne peut avoir aucun effet, le débiteur d'aliments n'ayant encore aucun droit sur la créance interceptée entre les mains du tiers séquestre ou, en tout cas, qu'un droit conditionnel ou hypothétique suspendu au résultat du procès. La mesure se heurte en fait au caractère incertain et non exigible de la créance (C. pr. exéc., art. L. 213-1 – et v. s^s^ n° 812.36).

Les choses sont moins évidentes lorsque l'indisponibilité est la conséquence d'une mise sous séquestre en vue d'une répartition entre créanciers selon leur rang ou d'une saisie conservatoire emportant consignation des fonds et privilège de l'ancien article 2350 du Code civil.

Dans tous ces cas, les sommes consignées entre les mains du notaire, du tiers ou à la Caisse des dépôts et consignations (CDC) sont affectées spécialement au paiement des créanciers inscrits sur l'immeuble, nantis sur le fonds de commerce, admis dans le cadre de la procédure collective ou ayant pratiqué la saisie conservatoire. Toutefois compte tenu du caractère absolu du droit de préférence reconnu au créancier alimentaire par l'article L. 213-1 C. pr. exéc. on peut se demander si ce dernier n'évince pas tous les autres. Le rang d'un privilège est en effet déterminé d'après la faveur attachée par la loi, à la qualité de la créance qu'il garantit.

951.64 **Saisissabilité.** Le créancier d'aliments ne peut se voir opposer la règle de l'insaisissabilité partielle des rémunérations et des créances assimilées.

Seule une fraction équivalente au revenu de solidarité active (RSA) peut échapper au mécanisme d'attribution de plein droit institué par la procédure de paiement direct (v. s^s^ n°s 951.73 s.).

§ 2
Nature de la créance attribuée

951.71 **Créance instantanée.** L'énumération très large de l'article L. 213-1 C. pr. exéc. permet d'inclure dans le champ de la procédure de paiement direct toutes les créances du débiteur d'aliments contre le tiers, y compris les créances de salaire.

La créance ayant pour cause une obligation instantanée n'appelle pas d'observation particulière si ce n'est qu'elle doit être exigible au moment de la notification de la demande de paiement direct. Que décider cependant lorsque cette créance représente un capital important comme le prix de vente d'un immeuble ? Faut-il considérer, en vertu de l'article L. 213-4 alinéa 1er C. pr. exéc., qu'il est attribué de plein droit au créancier à concurrence de la totalité des termes à échoir (outre l'arriéré éventuel), et versé à celui-ci par fraction successive au fur et à mesure que les mensualités de la pension deviennent exigibles ? Le professeur Derrida estime, quant à lui, qu'une telle interprétation n'est pas possible. Il soutient que c'est dans la limite des seules sommes échues au créancier au jour de la demande de paiement direct qu'il convient de déterminer le montant de ce qui doit être retenu par le tiers sur le capital, sans qu'il y ait lieu de procéder à un blocage du surplus de celui-ci. Il relève que l'on ne saurait prendre en compte l'ensemble des arrérages à échoir en raison, notamment, des éventuelles augmentations, réductions ou suppressions liées à la révisibilité de la pension[1].

951.72 Créance à exécution successive. Quant à la créance à exécution successive, il convient de rappeler qu'elle doit trouver sa source dans un acte juridique unique tel qu'un bail ou un prêt. Elle ne doit pas être confondue avec celles qui naissent de contrats successifs mais distincts les uns des autres, même s'ils s'inscrivent à l'intérieur d'une même relation juridique (convention d'affacturage ou de tiers payant). Dans ce dernier cas, le paiement direct devrait, comme la saisie-attribution, être réitéré pour chacune des créances successives, au fur et à mesure qu'elles prennent naissance.

Encore qu'en y regardant de plus près, la notion de « *créance saisie* » ou de « *créance attribuée* » n'est pas vraiment présente dans la procédure de paiement direct. L'article L. 213-2 C. pr. exéc. se borne à viser les « *sommes dues par le tiers* » sans s'attacher à la nature des créances qui les produisent. Ce qui est attribué au créancier d'aliments, ce sont les sommes objets de la demande, au fur et à mesure qu'elles deviennent exigibles, peu important qu'elles se rattachent à une obligation à exécution successive ou à plusieurs obligations instantanées distinctes mais se suivant à des périodes régulières en vertu d'une même convention cadre. Compte tenu de la faveur dont jouissent les créanciers d'aliments, il ne serait pas surprenant de voir la Cour de cassation proclamer que dans cette dernière hypothèse, la procédure de paiement direct n'a pas à être réengagée pour chaque nouvelle créance.

Si l'on s'en tient d'ailleurs à la position de la Haute juridiction en cas de procédure collective[2], le tiers devient de plein droit, par la seule force de la loi, débiteur personnel du créancier d'aliments, la demande de paiement ne faisant que provoquer le versement direct de toutes sommes devenues exigibles indépendamment de la nature des créances qui en sont la cause.

951.73 Sommes déposées sur un compte. Le paiement direct auprès d'une banque ne pose pas de difficultés différentes de celles de la saisie-attribution de droit commun. On veillera notamment à ce que le débiteur d'aliments soit bien le titulaire du compte saisi et non pas le bénéficiaire d'une simple procuration ou le représentant légal d'une personne morale titulaire réelle du compte. Bien que la question n'ait pas encore été tranchée, nous proposons d'appliquer au paiement direct sur compte bancaire certaines solutions propres à la saisie-attribution : la mise à disposition des gains et salaires du conjoint cotitulaire du compte saisi (C. pr. exéc., art. R. 162-9); la dénonciation de la voie d'exécution aux co-titulaires du compte saisi (C. pr. exéc., art. R. 211-22); l'imputation prioritaire des prélèvements sur le compte à vue en cas de pluralité de comptes (C. pr. exéc., art. R. 211-23).

Enfin, lorsqu'un compte alimenté par des rémunérations du travail a fait l'objet d'une procédure de paiement direct, le tiers saisi laisse en toute hypothèse à la disposition du débiteur, sans qu'aucune demande ne soit nécessaire, une somme équivalente au RSA. En cas de pluralité de comptes, cette somme est imputée sur un seul d'entre eux (C. pr. exéc., art. R. 213-10). Selon l'article R. 3252-5 du Code du travail, auquel renvoie l'article R. 213-10 C. pr. exéc., le minimum vital laissé à la disposition du débiteur d'aliments correspond au montant forfaitaire mentionné au 2° de l'article L. 262-2 du Code de l'action sociale et des familles, fixé pour un foyer composé d'une seule personne. Les sommes à caractère alimentaire mises à la disposition du titulaire du compte viennent en déduction du montant des créances insaisissables dont il pourrait ultérieurement demander le versement en application des dispositions générales des articles R. 112-4, R. 162-2, R. 162-4 et R. 162-5 C. pr. exéc.

Mais la périodicité de la créance d'aliments qui fonde le paiement direct rend très laborieux ces divers aménagements, que le banquier devra réitérer mois après mois sans autres procédures, sous réserve que le compte soit créditeur à la date de l'échéance de la pension, ou de la rente (sur le concours entre paiement direct et saisies antérieures sur un même compte bancaire v. s^s n°s 951.121 s.).

951.74 Salaires et autres produits du travail. Les salaires, traitements, soldes et leurs accessoires constituent le plus souvent la seule source de richesse des débiteurs d'aliments. Les mesures de paiement direct sont donc effectuées dans la majorité des cas entre les mains d'employeurs privés ou publics (C. pr. exéc., art. L. 213-1) – La cour d'appel de Paris a statué sur l'application du paiement direct aux accessoires du salaire et plus spécialement aux pourboires dont l'encaissement et la répartition par l'employeur sont réglementés par C. trav., art. L. 147-1 et R. 147-1 anc.[3], devenus C. trav., art. L. 3244-1 et R. 3244-1).

Lorsqu'elle porte sur des produits du travail, la procédure de paiement direct emprunte les règles de la saisie des rémunérations dès lors qu'elles sont compatibles avec sa réglementation spécifique et le caractère privilégié de la créance d'aliments (v. s^s n°s 940.04 à 946.44).

1. Derrida, note s^s Com. 15 juill. 1986, n° 84-16.282, *D.* 1988. Somm. 7.
2. Com. 15 juill. 1986, n° 84-16.282, *Bull. civ.* IV, n° 158; *D.* 1988. Somm. 7, note Derrida.
3. Paris, 16 juill. 1979, *Gaz. Pal.* 1979. 2. 535.

Il convient à cet égard de relever que la règle de l'insaisissabilité partielle des salaires est inopposable au créancier d'aliments qui procède par voie de paiement direct. L'article L. 3252-5 alinéa 1er du Code du travail dispose en effet que le prélèvement direct du terme courant et de l'arriéré des six derniers mois impayés des PAL peut être pratiqué sur l'intégralité de la rémunération. Ce texte précise que le prélèvement est d'abord imputé sur la fraction insaisissable et, si celle-ci est insuffisante, sur la quotité saisissable.

En réalité, une partie de la rémunération est cependant laissée à la disposition du salarié. Elle correspond au montant du RSA (C. trav., art. L. 3252-5, al. 2, et R. 3252-5) et bénéficie à tous les salariés, même dans le cadre d'une saisie des rémunérations de droit commun. Il s'agit du revenu mensuel pour un foyer composé d'une personne (v. ss n° 951.73).

Toutefois, lorsque le paiement direct est effectué par l'organisme débiteur des prestations familiales, il peut être procédé, dans les conditions définies à l'article L. 3252-5 du Code du travail, au prélèvement du terme mensuel courant et des vingt-quatre derniers mois impayés de la PAL. Cette dérogation au plafond des six derniers mois a été adoptée, à titre expérimental pour une durée de dix-huit mois et dans une vingtaine de départements, par l'article 27 (V, 2°) de la loi du 4 août 2014 (v. ss nos 950.08 et 951.15).

Le mode d'imputation adopté par l'article L. 3252-5 du Code du travail permet aux autres créanciers, si elle demeure suffisante, de concourir sur la partie de la fraction saisissable non absorbée par le paiement direct.

951.75 Pensions de retraite et rente d'invalidité des fonctionnaires. Un mécanisme comparable était prévu en cette matière par l'article L. 56[1] du Code des pensions civiles et militaires de retraite.

Selon ce texte, les pensions de retraite et les rentes viagères d'invalidité instituées par ledit Code, étaient incessibles et insaisissables sauf pour le paiement des dettes alimentaires prévues par le Code civil ou l'exécution de la contribution aux charges du mariage. Cette saisissabilité au profit des créanciers d'aliments était toutefois limitée au tiers de la pension ou de la rente. Cependant, ce régime spécifique a été modifié par l'article 62 de la loi du 21 août 2003 portant réforme des retraites, pour l'aligner sur le régime des salariés de droit privé. L'article 56 du Code des pensions civiles et militaires stipule désormais que les pensions et les rentes viagères d'invalidité instituées par le présent Code sont cessibles et saisissables dans les conditions prévues à l'article L. 355-2 du Code de la sécurité sociale, c'est-à-dire dans les mêmes conditions et limites que les salaires (v. ss n° 951.74). Il faut préciser que lorsque la mesure porte sur un rappel de pension et de rente, le montant de cette mesure s'apprécie en rapportant la quotité saisissable au montant dû par échéance mensuelle ou trimestrielle quelle que soit la période de validité à laquelle se rapporte le rappel. À noter également que l'application de l'article L. 355-2 du Code de la sécurité sociale ne peut avoir pour effet de réduire les arrérages de la pension d'invalidité servie pour un trimestre, à un montant inférieur au quart du taux minimum fixé à l'article L. 341-5 du même Code. Mais le comptable tiers saisi, qui ne peut se substituer au fonctionnaire débiteur, n'a pas à rechercher si les sommes demandées dépassent ce plafond[2].

951.76 Allocations de chômage. Selon l'article L. 5428-1 du Code du travail, les prestations versées aux travailleurs privés d'emploi au titre de l'allocation perçue dans le cadre du contrat de sécurisation professionnelle, de l'allocation d'assurance et de l'allocation de préretraite, sont cessibles et saisissables dans les mêmes conditions et limites que les salaires. Les observations formulées aux paragraphes précédents sont donc valables en ce qui les concerne. Il convient cependant de préciser que certaines prestations comme les allocations de solidarité spécifique et les allocations temporaires d'attente prévues par les articles L. 5423-1 et L. 5423-8 du Code du travail, sont totalement insaisissables même si elles sont versées à un compte (C. trav., art. L. 5423-5 et L. 5423-13).

SECTION 3
MISE EN ŒUVRE

951.80 Caractères généraux. La mise en œuvre du paiement direct des PAL est caractérisée par son formalisme très simple et son moindre coût pour le créancier d'aliments. En effet, si l'intervention d'un huissier reste obligatoire, hormis pour les administrations subrogées et les organismes sociaux mandataires, il n'en demeure pas moins que les notifications et avis au tiers et au débiteur sont effectués par des lettres recommandées et non par des exploits. Le créancier ne fait pas l'avance des frais et n'en assume pas la charge même si le paiement direct s'est avéré infructueux.

En revanche, le paiement direct ne se distingue pas par ses effets de la saisie-attribution et de l'ATD. Comme ces deux mesures, il produit un effet

1. Mod. par L. 2 janv. 1973, art. 9.

2. CE 23 déc. 1976, req. n° 01753, *Lebon; AJDA* 1977. 378, concl. Grévisse; *RTD civ.* 1977. 635, obs. Perrot; *JCP* 1977. II. 18660, note Lindon.

de transport-cession et crée diverses obligations à la charge du tiers destinataire. Une différence est cependant notable : le créancier d'aliments étant, de plein droit, créancier personnel et direct du tiers, les sommes attribuées ne transitent pas par le patrimoine du débiteur d'aliments. Le paiement direct peut donc être engagé même après l'ouverture d'une procédure collective contre ce dernier (v. ss nos 951.131 s.).

§ 1 Demande de paiement direct

A. Modalités

951.81 **Recours obligatoire à un intermédiaire.** La demande de paiement direct est faite par l'intermédiaire d'un huissier de justice (C. pr. exéc., art. L. 213-5, al. 1er). Ce recours obligatoire à un officier ministériel s'explique par la complexité du recouvrement des PAL, complexité qui tient essentiellement à la succession des décisions modificatives consécutives, soit aux péripéties des instances en divorce ou en séparation de corps, soit à la variabilité des charges et ressources respectives des parties au rapport alimentaire. Le créancier s'y retrouve souvent très mal dans cette stratification d'ordonnances, de jugements et d'arrêts, de telle sorte que l'intervention d'un huissier s'avère fréquemment utile pour préparer la demande et vérifier que les conditions du paiement direct sont bien remplies.

Le créancier de la pension peut charger tout huissier du lieu de sa résidence de notifier au tiers la demande de paiement direct (C. pr. exéc., art. R. 213-1).

Toutefois, le recours à un huissier de justice n'est pas requis si le créancier se trouve substitué ou représenté par un organisme public ou parapublic.

Ainsi, l'article L. 213-5 alinéa 2 C. pr. exéc. dispose que lorsqu'une administration publique est subrogée dans les droits d'un créancier d'aliments, elle peut former elle-même la demande de paiement direct. L'alinéa 3 du même texte ajoute que lorsqu'un organisme débiteur de prestations familiales agit pour le compte d'un créancier alimentaire, il peut lui-même former la demande.

951.82 **Diligences et recherches.** Lorsque l'huissier de justice, l'administration subrogée ou l'organisme mandataire possède d'emblée tous les éléments lui permettant de déterminer les avoirs et les sources de revenus du débiteur ainsi que d'identifier et localiser les tiers susceptibles de les détenir, il doit, dans les huit jours suivant sa saisine, notifier la demande par lettre recommandée avec demande d'avis de réception (C. pr. exéc., art. R. 213-1, al. 2).

Si les documents présentés par le créancier ne permettent pas d'effectuer cette notification, l'huissier doit mettre en œuvre, dans le même délai de huit jours, les moyens lui permettant d'effectuer cette formalité substantielle (C. pr. exéc., art. R. 213-1, al. 3).

À cet égard, les dispositions des articles L. 152-1 et L. 152-2 C. pr. exéc. mettent à la charge des services publics, une obligation de renseignement que l'huissier peut faire jouer si nécessaire. L'Administration subrogée dans les droits du créancier d'aliments peut également se prévaloir de ce texte et ce, en vertu de l'article L. 213-5 alinéa 2 C. pr. exéc. Bien entendu, si l'huissier doit mettre en œuvre ses recherches dans les huit jours de sa saisine par le créancier, il n'est pas tenu d'obtenir les informations nécessaires dans le même délai.

951.83 **Concours des administrations, des organismes publics et des banques.** Les articles L. 152-1 et L. 152-2 C. pr. exéc. fournissent à l'huissier du créancier, ou à l'administration subrogée dans ses droits, les moyens de se procurer auprès des services publics ou parapublics ainsi que des organismes bancaires les informations indispensables à l'engagement de la procédure.

Les personnes publiques concernées qui ne peuvent opposer le secret professionnel sont : les administrations de l'État, des régions, des départements et des communes ainsi que les établissements publics ou les organismes contrôlés par l'autorité administrative. La même obligation de renseignement pèse plus particulièrement sur l'Administration des impôts en vertu de l'article L. 151-A du Livre des procédures fiscales.

Les éléments à fournir doivent notamment permettre de déterminer l'adresse du débiteur de la pension, l'identité et l'adresse de son employeur ou de tout tiers débiteur ou dépositaire de sommes liquides et exigibles.

Par ailleurs, l'huissier chargé de l'exécution ou l'organisme subrogé a le pouvoir d'interroger directement les établissements habilités à tenir des comptes de dépôts. Ceux-ci sont tenus de lui indiquer, sans pouvoir lui opposer le secret professionnel et dès lors qu'il est porteur d'un titre exécutoire, si un ou plusieurs comptes, comptes joints ou fusionnés sont ouverts au nom du débiteur. Ils doivent également lui préciser les lieux où ces comptes sont tenus, à l'exclusion de tout autre renseignement. Conformément à l'article L. 152-3 C. pr. exéc., les renseignements obtenus ne peuvent être utilisés que dans la mesure de l'exécution du titre pour lequel ils ont été demandés. Ils ne peuvent être communiqués à des tiers ni faire l'objet d'un fichier d'information nominative sous peine de sanctions pénales et disciplinaires, sans préjudice de dommages et intérêts. Cette interdiction s'impose à l'huissier de justice, même à l'égard du créancier qui l'a requis d'engager la procédure d'exécution, lequel créancier est considéré, par la Cour de cassation, comme un tiers. L'huissier ne peut donc lui transmettre les renseignements qu'il a recueillis lors de la consultation du fichier des comptes bancaires (FICOBA) [1].

Le créancier a aussi la faculté de s'adresser, sans intermédiaire, à la direction départementale des finances publiques dans le ressort de laquelle l'imposition du débiteur est établie, pour consulter les listes des contribuables qu'elle détient. Il doit justifier que sa qualité de créancier d'aliments a été reconnue par une décision de justice (LPF, art. L. 111-II). Ces listes regroupent, par commune, les personnes assujetties à l'impôt sur le revenu et à l'impôt sur les sociétés. Elle sont complétées par l'indication des personnes physiques ou morales non assujetties dans la commune à ces impositions, mais y possédant une résidence (LPF, art. L. 111-I).

Le dispositif expérimental de renforcement des garanties contres les impayés de pension alimentaire mis en place pour dix-huit mois dans une vingtaine de départements par l'article 27 (II) de la loi du 4 août 2014, permet au créancier bénéficiaire de l'allocation de soutien familial (ASF) d'obtenir directement des informations avant de saisir le JAF d'une demande en fixation d'aliment. Ce texte dispose en effet que le directeur de l'organisme débiteur des prestations familiales peut, en vue de faciliter la fixation de l'obligation d'entretien par l'autorité judiciaire, transmettre au parent bénéficiaire de l'ASF les renseignements dont il dispose concernant l'adresse et la solvabilité du débiteur. Ces renseignements doivent être transmis dans les meilleurs délais dès lors que le droit à l'ASF est ouvert et que le parent débiteur est en état de faire face à son obligation d'entretien ou au versement d'une pension alimentaire mise à sa charge par décision de justice. Cette dernière précision introduite par l'article premier du décret n° 2014-1226 du 21 octobre 2014 [2] permet de conclure que la communication directe des informations au parent créancier vaut, non seulement en vue de saisir le juge d'une demande en fixation d'aliment, mais encore dans la perspective d'une mesure d'exécution une fois la décision obtenue.

1. Civ. 1re, 22 mars 2012, n° 10-25.811, *Bull. civ.* I, n° 65; *Dr. et proc.* 2012, p. 154, obs. Salati et Tommassone ; *D.* 2012. 286.
2. Décr. n° 2014-1226, 21 oct. 2014, *JO* 23 oct. 2014, p. 17598.

951.84 Vérifications. Comme relevé précédemment (v. s^s n° 951.81), la succession des décisions prononcées au cours d'une même instance en divorce ou en séparation de corps rend relativement complexe le recouvrement des diverses contributions, pensions ou prestations dont peut se prévaloir un même créancier d'aliments. Ces décisions peuvent être modifiées, réformées ou frappées de caducité et l'huissier chargé de notifier la demande doit pouvoir vérifier si le titre qu'on lui présente pour exécution est toujours en vigueur et si les sommes dont on lui confie le recouvrement sont bien compatibles avec ses dispositions. L'huissier qui a la responsabilité de la conduite des opérations d'exécution (C. pr. exéc., art. L. 122-2) peut refuser de prêter son ministère ou son concours si la mesure requise lui paraît revêtir un caractère illicite ou si le montant des frais semble manifestement dépasser celui de la créance réclamée (C. pr. exéc., art. L. 122-1). Il convient d'ajouter que l'opportunité de l'engagement de la procédure de paiement direct doit pouvoir s'apprécier aussi en considération de la solvabilité du débiteur.

951.85 Notification au tiers – Avis au débiteur. Si, comme pour la saisie-attribution, le paiement direct nécessite, en principe, l'intervention d'un huissier de justice, il est en revanche affranchi du formalisme rigoureux caractérisant cette mesure.

La notification de la demande au tiers et l'avis qui en est donné simultanément au débiteur ne donnent pas lieu à la signification d'un exploit contenant les mentions générales requises à peine de nullité par les articles 648 et 663 C. pr. civ. Ces formalités sont faites par des lettres recommandées avec demande d'avis de réception (C. pr. exéc., art. R. 213-1). Il n'est signifié ni procès-verbal de saisie, ni acte de dénonciation comportant les mentions spécifiques à la saisie-attribution.

La notification, même faite en la forme ordinaire, doit cependant contenir toutes les indications relatives aux nom, prénom et domicile de la personne dont elle émane et désigner de la même manière, la personne destinataire (C. pr. civ., art. 665). Les autres mentions qu'elle doit comporter sont déterminées, selon la nature de l'acte notifié, par les règles particulières à chaque matière (C. pr. civ., art. 666).

À cet égard, même si la loi du 2 janvier 1973 et son décret d'application ne précisaient pas le contenu de la notification au tiers, il allait de soi que celle-ci devait lui indiquer le montant et la date de l'échéance courante à prélever et, le cas échéant, les douze fractions mensuelles de l'arriéré des six derniers mois. Ces informations s'induisaient des dispositions de l'article 2 alinéa 2 de la loi du 2 janvier 1973 (devenu C. pr. exéc., art. L. 213-2) selon lesquelles « *le tiers est tenu de verser directement ces sommes au bénéficiaire selon les échéances fixées par le jugement* », ainsi que de celles de l'article 5 alinéa 2 de la même loi (devenu C. pr. exéc., art. L. 213-2). Aucune sanction n'était cependant prévue en cas d'absence de ces précisions.

À l'occasion de l'adoption du Code des procédures civiles d'exécution, le décret n° 2012-983 du 30 mai 2012, relatif à la partie réglementaire de ce code, a introduit, dans la notification de la demande de paiement direct au tiers détenteur, plusieurs mentions obligatoires. Ainsi, l'article R. 213-1 C. pr. exéc. dispose que cette demande comprend, à peine de nullité, indication du nom et du domicile du débiteur, l'énonciation du titre exécutoire, le décompte des sommes dues ainsi que le rappel des dispositions de l'article L. 213-2 1 C. pr. exéc. relatif à l'obligation de paiement incombant au tiers. Quant à l'avis au débiteur, il faut qu'il contienne les mêmes indications, ainsi que la date et le montant des six dernières échéances réputées impayées, afin de lui permettre d'exercer un contrôle et, si nécessaire d'élever une contestation. L'article R. 213-1 C. pr. exéc. précise d'ailleurs que l'avis au débiteur doit comporter à peine de nullité, le décompte des sommes dues en principal, intérêts et frais, et le rappel des dispositions de l'article R. 213-6 concernant son droit de contestation et le juge compétent pour en connaître.

Les nouvelles dispositions issues de la codification ne s'appliquent cependant pas aux procédures de paiement direct qui étaient en cours au moment de l'entrée en vigueur du décret précité (1er juin 2012). Celles-ci sont demeurées régies par l'article 1er du décret du 1er mars 1973 (Décr. 30 mai 2012, art. 12).

En matière de contribution aux charges du mariage, la notification du jugement faite à la diligence d'un huissier de justice, par une lettre recommandée avec demande d'avis de réception adressée au tiers et au conjoint débiteur, valait demande de paiement direct (C. pr. civ., anc. art. 1069-5). Ce mode d'engagement de la mesure de paiement direct a été supprimé à la suite de l'abrogation de l'article 1069-5 C. pr. civ. par le décret n° 2004-1158 du 29 octobre 2004 (art. 2).

Lorsque le débiteur d'aliments a accepté, à l'occasion de l'instance en fixation de la PAL, de la contribution ménagère, des subsides ou de la prestation compensatoire sous forme de rente, que le recouvrement se fasse par voie de paiement direct, l'extrait du jugement constatant l'accord des parties est notifié au tiers selon les règles prévues aux alinéas 1er et 2 de l'article 1er du décret du 1er mars 1973 (devenu C. pr. exéc., art. R. 213-1), par huissier, dans les huit jours de la demande et par LRAR (Décr. 1er mars 1973, art. 7 et 8). Dans cette hypothèse, l'avis au débiteur n'est pas nécessaire puisqu'il a consenti d'avance à la mesure.

La notification est faite sous enveloppe ou pli fermé (C. pr. civ., art. 667). Sa date est, à l'égard de l'huissier, de l'administration ou de l'organisme qui y procède, celle de l'expédition. C'est celle qui figure sur le cachet du bureau d'émission de l'Administration postale (C. pr. civ., art. 668 et 669, al. 1er).

951.86 Signification. Selon l'article 651 alinéa 3 C. pr. civ., une notification peut toujours être faite par voie de signification alors même que la loi l'aurait prévue sous une autre forme. Mais dans ce cas, le surcoût consécutif à cet excès de formalisme devrait être laissé à la charge de l'huissier qui y a recouru sans nécessité (C. pr. civ., art. 650 et 698). La Cour de cassation estime cependant que le coût de la signification d'une ordonnance de taxe qui est normalement notifiée par LRAR, doit être mise à la charge de la partie condamnée aux dépens, son adversaire ayant le libre choix des modalités de la notification[1] Il faut de toute façon réserver l'hypothèse du retour à l'expéditeur de la lettre de notification qui n'a pu être remise à son destinataire. Dans ce cas, l'article 670-1 C. pr. civ. auquel on reconnaît une portée générale, prévoit qu'il faut procéder par voie de signification.

B.
Frais

951.91 Régime des frais. Selon l'article L. 111-8 C. pr. exéc., les frais de l'exécution forcée sont à la charge du débiteur, sauf s'ils n'étaient pas nécessaires au moment où ils ont été engagés. C'est en application de ce principe général que l'article R. 213-7 C. pr. exéc. dispose que les frais du paiement direct incombent au débiteur de la pension.

951.92 Avance des frais. Ce qui est original en la matière, c'est que le créancier d'aliments qui engage la procédure n'est pas tenu de faire l'avance des émoluments dus à l'huissier. L'article R. 213-7 C. pr. exéc. dispose en effet qu'aucune avance ne peut être demandée au créancier pour la mise en œuvre de la procédure. Il s'agit d'une disposition qui déroge à la règle de l'article 21 du décret n° 96-1080 du 12 décembre 1996[2] imposant à l'huissier de justice de demander à la partie qui le requiert, avant de prêter son ministère, une provision suffisante pour couvrir les rémunérations et les débours correspondant aux actes et formalités qui doivent être immédiatement

1. Civ. 2e, 5 mai 2011, n° 10-15.977, NP; *Dr. et proc.* 2011. 189.
2. Décr. n° 96-1080, 12 déc. 1996, portant fixation du tarif des huissiers de justice en matière civile et commerciale, *JO* 13 déc., p. 18248.

diligentés. Les sommes dues à l'huissier sont versées par le tiers à l'occasion de la première retenue effectuée au titre du terme courant et viennent s'ajouter au montant de la mensualité augmentée, le cas échéant, du douzième de l'arriéré.

Lorsque la procédure de paiement direct interfère avec un ATD, le super-privilège dont bénéficie la créance alimentaire par rapport à la créance fiscale devrait s'étendre aux frais d'huissier qui en sont l'accessoire. C'est, en tout cas, ce qu'a décidé un juge de l'exécution en présence d'un refus opposé par un employeur tiers-saisi[1].

951.93 Charge des frais. Ce qui est également remarquable c'est que le créancier d'aliments n'assume pas la charge définitive de ces frais si le débiteur ne peut être retrouvé ou si le paiement direct ne peut être obtenu. Dans ce cas, les émoluments de l'huissier sont avancés par le Trésor public selon les modalités prévues à l'article R. 93, 11° du Code de procédure pénale (C. pr. exéc., art. R. 213-7). Si tout ou partie des frais a été engagé sans nécessité ou d'une façon injustifiée, c'est à l'huissier d'en assumer la charge (C. pr. civ., art. 650 et 698) ou, si son ministère n'était pas obligatoire, à l'administration subrogée ou à l'organisme mandataire (C. pr. exéc., art. L. 111-8).

Le créancier alimentaire n'a pas non plus à verser à l'huissier de justice, le droit proportionnel d'encaissement ou de recouvrement qui incombe normalement à tout créancier en vertu de l'article 10 du tarif (Décr. 12 déc. 1996, art. 13). L'huissier ne peut non plus lui réclamer, pour le recouvrement ou l'encaissement de la créance d'aliments constatée dans le titre exécutoire, les honoraires prévus par l'article 16, I, 4 de ce même tarif (Décr. 12 déc. 1996, art. 16, I, 4, et 11, 2°). Le droit de rétention visé à l'article 22 du décret de 1996 précité n'est pas opposable au créancier alimentaire (Décr. 12 déc. 1996, art. 23).

951.94 Montant des frais. Le tarif des huissiers de justice (Décr. 12 déc. 1996) fixe la rémunération des procédures de paiement direct.

Cette rémunération est essentiellement envisagée sous la forme d'un droit fixe exprimé en taux de base (un taux de base = 2,20 euros) dont le nombre varie selon la nature de la diligence accomplie (Décr. 12 déc. 1996, art. 4 et 6).

Le décret du 12 décembre 1996 répertorie dans des tableaux annexes les actes, formalités et diligences donnant lieu à la perception du droit fixe en indiquant pour chacun d'eux, le nombre de taux de base applicables. Pour le paiement direct des PAL, le tableau II prévoit la rémunération de trois formalités :

- notification de la demande de paiement direct : droit fixe = 16 taux de base (rubrique n° 43);
- même formalité en l'absence d'accord des parties : droit fixe = 7 taux de base (rubrique n° 44);
- notification de la modification ou de la mainlevée de la demande : droit fixe = 7 taux de base (rubrique n° 45).

Le droit fixe obtenu pour chacune de ces trois diligences est susceptible d'être modifié par le coefficient variateur prévu par l'article 7 du tarif, si l'obligation alimentaire, qui est par nature indéterminée, comporte exceptionnellement une fraction déterminée (l'arriéré des six derniers mois). Dans ce cas le droit fixe est multiplié par :

- 0,5 si le montant déterminé de l'obligation alimentaire est compris entre 0 et 128 euros;
- 1 si ce montant est supérieur à 128 euros; et inférieur ou égal à 1 280 euros;
- 2 s'il est supérieur à 1 280 euros.

Ces pourcentages sont doublés lorsque le recouvrement ou l'encaissement est effectué sur le fondement d'un titre exécutoire constatant une créance alimentaire.

Les trois diligences susmentionnées étant répertoriées dans le tableau II, elles ne donnent pas lieu au droit d'engagement de poursuite et aux honoraires particuliers prévus aux articles 13 et 16 du tarif qui s'appliquent aux seuls actes visés dans le tableau I.

L'huissier peut également percevoir sur le débiteur en vertu des articles 8 et 9 du tarif, un droit de recouvrement ou d'encaissement dégressif et plafonné, calculé proportionnellement aux sommes effectivement encaissées ou recouvrées au titre du principal de la créance ou du montant de la condamnation, à l'exception des dépens.

En revanche, la gestion du dossier n'ouvre pas droit pour l'huissier, aux frais prévus par l'article 15 du tarif, lesquels ne concernent que l'hypothèse où un délai de paiement a été accordé au débiteur.

Les formalités tarifées au titre du paiement direct étant effectuées par voie postale, elles ne peuvent justifier le remboursement des frais de déplacement mentionnés aux articles 18 et 19 du tarif, sauf s'il s'est avéré nécessaire de procéder par voie de signification dans l'hypothèse de l'article 670-1 C. pr. civ. En revanche, les débours afférant aux frais d'affranchissement des lettres constituant des formalités obligatoires de procédures peuvent être remboursés au titre de l'article 20-2° du tarif.

Compte tenu du principe de gratuité du paiement direct pour le créancier alimentaire, aucun émolument ou honoraire susceptible de rester à sa charge en vertu du barème de droit commun, ne

1. TGI Saint-Étienne, JEX, 17 mars 2008, *Rev. huiss.* 2008. 281, obs. Grimand.

peut être réclamé par l'huissier, l'article R. 213-7 C. pr. exéc. ayant un caractère dérogatoire (v. Décr. 12 déc. 1996, art. 1er).

Il est interdit aux huissiers de justice de demander ou de percevoir une rémunération autre que celle définie par le tarif. En cas de transgression de cette règle, ils doivent restituer l'excédent ou demander le complément, sans préjudice des sanctions disciplinaires encourues (Décr. 12 déc. 1996, art. 24 – sur les frais de l'exécution, v. ss nos 300.04 s. à 314.31).

§ 2 Effets du paiement direct

A. Effets à l'égard du tiers

951.101 Notion de tiers. Le tiers débiteur auquel la demande de paiement direct est notifiée est étranger au rapport d'obligation liant le créancier et le débiteur d'aliments. S'il est redevable de sommes à l'égard de ce dernier, c'est en vertu d'un rapport juridique distinct donnant naissance à une obligation de paiement ou de remboursement. Il doit généralement des loyers, des salaires, le prix de vente d'un bien, des fonds prêtés ou déposés.

La question s'est posée de savoir si les organes de la procédure collective, lorsqu'ils détiennent des fonds pour le compte du débiteur, peuvent être considérés comme des tiers à son égard, tiers susceptibles d'être destinataires d'une saisie-attribution, d'un ATD ou d'un paiement direct. Il n'était pas douteux pour de nombreux auteurs, que l'administrateur ou le commissaire à l'exécution du plan ne pouvait détenir des fonds appartenant au débiteur qu'en qualité de tiers, puisqu'ils n'ont pas le pouvoir de le représenter.

Mais la question pouvait se poser pour le liquidateur qui représente le débiteur suite au-dessaisissement total produit par le jugement de liquidation. La Cour de cassation a confirmé qu'il a bien la qualité de tiers dans plusieurs arrêts rendus à l'occasion des poursuites exercées par des créanciers de « l'article 40 » de la loi du 25 janvier 1985 (devenu C. com., art. L. 621-32 anc., puis C. com., art. L. 622-17) impayés à l'échéance[1].

Il convient de relever que, la procédure de paiement direct n'étant pas une véritable mesure d'exécution, le tiers débiteur n'est pas un tiers saisi.

1. Com. 25 juin 1996, no 94-20.853, NP; *D.* 1996. 615, note Derrida; 1997. 371, note Derrida – Com. 3 févr. 1998, no 96-15.773, *Bull. civ.* IV, no 51; *RTD civ.* 1998. 426, obs. Crocq; *Rev. huiss.* 1998. 1142; *RTD com.* 1999. 505, obs. Martin-Serf.

951.102 Obligation de renseignement. Le tiers débiteur accuse réception à l'huissier de la demande de paiement direct dans les 8 jours qui suivent la notification, en précisant, par écrit, s'il est ou non en mesure d'y donner suite (C. pr. exéc., art. R. 213-1, al. 4).

La date de la notification est, à l'égard du tiers à qui elle est faite, celle de la réception de la lettre. Cette date est apposée par l'administration des postes lors de la remise de ce courrier (C. pr. civ., art. 668 et 669, al. 3).

On doit considérer qu'il est mis à la charge du tiers saisi une obligation de renseignement portant sur sa dette à l'égard du débiteur et sur les éventuelles saisies et oppositions antérieures avec transmission, le cas échéant, des pièces justificatives. En ne fournissant pas ces renseignements et les documents y afférents, le tiers fait nécessairement obstacle à la procédure de paiement direct à laquelle il doit apporter son concours en vertu de l'article L. 123-1 C. pr. exéc. S'il se prévaut d'un document à l'occasion de cette mesure d'exécution, il est tenu de le présenter ou d'en donner copie comme l'y oblige l'article L. 141-3 du même code.

L'obligation d'information pesant sur le tiers persiste jusqu'à la cessation ou la suspension de sa propre obligation à l'égard du débiteur d'aliments. Dans cette éventualité, l'article R. 213-4 C. pr. exéc. lui impose d'aviser dans les huit jours, le créancier de la PAL. Le texte vise expressément l'hypothèse de la cessation ou de la suspension de la rémunération ou celle de la clôture du compte ou de l'insuffisance de provision de celui-ci; mais il peut être étendu à d'autres cas, tels que l'expiration ou la résiliation du bail du tiers locataire débiteur de loyers. Le tiers qui ne satisfait pas à son obligation de renseignement dans le délai peut être sanctionné (v. ss no 951.191), sauf justification d'un motif légitime laissé à l'appréciation des juges du fond compte tenu des circonstances. La jurisprudence relative à la saisie-attribution paraît transposable sauf à l'adapter en considération de la durée du délai imparti au tiers[2].

951.103 Obligation de paiement. C'est une obligation essentielle du tiers qui est sanctionnée spécialement par une peine d'amende (C. pr. exéc., art. R. 213-5 [anct Décr. 1er mars 1973, art. 4-1]). Le créancier impayé est recevable à obtenir du tiers l'exécution de l'obligation de lui verser les sommes directement selon les échéances fixées par le jugement[3]. Le tiers devient, par le seul effet de la

2. Civ. 2e, 2 avr. 1997, no 95-13.567, *Bull. civ.* II, no 107; *D.* 1998. 36, note Martin; *RTD civ.* 1997. 752, obs. Perrot.
3. Civ. 2e, 24 oct. 1984, no 83-12.553, *Bull. civ.* II, no 156; *Gaz. Pal.* 1985. Pan. 65, obs. Grimaldi.

demande de paiement, directement et personnellement obligé au règlement des sommes déclarées. Ainsi, un employeur peut être déclaré débiteur des PAL dues par son salarié. C'est donc à tort qu'un tribunal a débouté une créancière de sa demande en paiement direct dirigée contre cet employeur[1]. « *L'obligation du tiers de payer le créancier alimentaire existe dès qu'il accuse réception de la notification de la demande si, à ce moment précis, sa dette à l'égard du débiteur est liquide et exigible. Il doit alors verser directement à ce créancier les sommes qui lui sont allouées par son titre aux échéances fixées par celui-ci* ».

Ainsi, une épouse est recevable à réclamer à une CPAM les indemnités journalières qu'elle a réglées à son mari après la demande de paiement direct et alors qu'elle avait déjà enregistré le certificat d'arrêt de travail et déterminé, après l'expiration du délai de carence de trois jours, les sommes qui étaient exigibles[2].

951.104 Lieu du paiement. Ce règlement doit être effectué directement entre les mains du bénéficiaire (C. pr. exéc., art. R. 213-4) sans avoir à transiter par son huissier ou un autre mandataire. Il s'agit d'éviter les contretemps liés à la multiplication des opérations de transfert. Le délai maximum de trois semaines (paiement en espèces) ou de six semaines (paiement sous une autre forme), imparti par le tarif des huissiers (Décr. 12 déc. 1996, art. 25) pour le reversement des sommes perçues pour le compte de leurs clients, est incompatible avec le caractère alimentaire de la créance à recouvrer. Les versements doivent être effectués au domicile ou à la résidence du bénéficiaire, sauf convention contraire (C. pr. exéc., art. L. 213-3). La PAL est, en effet, portable et non quérable (C. civ., art. 1247).

951.105 Moment du paiement. Les sommes retenues par le tiers doivent être versées au créancier selon les échéances fixées par le jugement (C. pr. exéc., art. L. 213-2, al. 2). Le respect de cette disposition suppose que la créance du débiteur soit elle aussi devenue exigible (C. pr. exéc., art. L. 213-1, al. 1er). Si les sommes objet du paiement direct ne le sont pas encore, leur versement au créancier à concurrence du montant de la pension doit être différé jusqu'à ce qu'elles arrivent à échéance.

951.106 Montant du paiement. Le paiement doit couvrir le montant de l'échéance mensuelle augmenté, le cas échéant du douzième de l'arriéré des six derniers mois ayant précédé la notification de la demande ou du vingt-quatrième des vingt-quatre derniers mois si la mesure est engagée par la CAF dans l'un des vingt départements dans lesquels est expérimenté le dispositif de garantie contre les impayés de PAL mis en place par l'article 27 de la loi du 4 août 2014 (v. ss n° 950.08, 951.15, 951.74). À préciser que si la créance du débiteur sur le tiers est inférieure à la pension, ce dernier ne saurait toutefois être tenu de verser plus qu'il ne doit.

Le paiement direct étant fait une fois pour toutes sans avoir besoin d'être réitéré, le tiers doit effectuer les paiements de façon continue sans attendre de nouvelles instructions sauf modification de la pension. Les sommes dues par le tiers sont attribuées au bénéficiaire, sans autre procédure, au fur et à mesure qu'elles deviennent exigibles (C. pr. exéc., art. L. 213-2, al. 1er).

951.107 Imputation des paiements. Lorsque le tiers est un employeur, le prélèvement direct du terme mensuel courant et du douzième des six derniers mois impayés peut être poursuivi sur l'intégralité de la rémunération. Il est d'abord imputé sur sa partie insaisissable et, s'il y a lieu, sur sa fraction saisissable (C. trav., art. L. 3252-5).

L'employeur verse au créancier d'aliments les sommes qui lui sont dues. Si ces sommes n'excèdent pas la quotité insaisissable de la rémunération, il en remet le reliquat au débiteur.

Si une saisie des rémunérations est en cours au moment de la demande de paiement direct, l'employeur continue de verser au greffe la fraction saisissable après imputation, le cas échéant, des sommes réglées au créancier d'aliments (C. trav., art. R. 3252-39).

Dans tous les cas, il est laissé à la disposition du salarié une somme égale au RSA mensuel pour un foyer composé d'une personne seule (C. trav., art. L. 3252-5 *in fine* et R. 3252-5). Lorsqu'un compte alimenté par des rémunérations du travail fait l'objet d'une procédure de paiement direct, le tiers saisi laisse en toute hypothèse à la disposition du débiteur, sans qu'une demande soit nécessaire, une somme équivalente au RSA pour un foyer composé d'une seule personne. En cas de pluralité de comptes, cette somme est imputée sur un seul d'entre eux (C. pr. exéc., art. R. 213-10).

951.108 Pluralité de tiers payeurs. L'exécution de son obligation par un tiers débiteur ne libère pas les autres de leurs propres obligations, sauf le recours du débiteur contre le créancier qui aurait trop perçu[3].

951.109 Obligation de neutralité. Le tiers n'a pas à s'immiscer dans les rapports entre créancier et

1. Civ. 1re, 24 oct. 2000, n° 98-16.299, *Bull. civ.* I, n° 258; *D.* 2000. 289; *Gaz. Pal.* 23-24 mai 2001. Somm. 20, note Massip.
2. Civ. 1re, 28 juin 2005, n° 01-17.730 (et réf. préc. ss n° 951.62).
3. Civ. 2e, 24 oct. 1984, n° 83-12.553, *Bull. civ.* I, n° 156; *RTD civ.* 1985. 624, obs. Perrot.

débiteur alimentaire. Il ne peut se faire juge ni du bien-fondé ou du montant de la créance réclamée, ni de la validité de la demande de paiement direct[1].

Il n'a pas à prendre l'initiative d'effectuer des vérifications, des calculs d'indexation, des modifications ou des déductions de trop-perçus, opérations qui relèvent de la seule diligence (ou vigilance) du créancier ou du débiteur[2].

C'est en revanche au tiers qu'incombe la charge de déterminer la retenue et les imputations qu'il doit effectuer en fonction de ce qu'il doit lui-même au débiteur et, le cas échéant, du minimum vital susceptible d'être laissé à sa disposition en cas de paiement direct sur un compte ou sur des salaires (C. pr. exéc., art. R. 213-10 - C. trav., art. L. 3252-5 et R. 3252-5).

B. Effets à l'égard du créancier et du débiteur

1° Principe

951.111 Attribution de plein droit et droit de préférence. La demande de paiement direct vaut, sans autre procédure et par préférence à tous autres créanciers, attribution au bénéficiaire des sommes qui en font l'objet, au fur et à mesure qu'elles deviennent exigibles (C. pr. exéc., art. L. 213-2, al. 1er). Elles sont distraites du patrimoine du débiteur d'aliments. Sa créance sur le tiers devient donc de plein droit la propriété de son créancier, qu'elle corresponde à une obligation à exécution instantanée ou successive. Dans ce dernier cas, le créancier alimentaire voit transporter d'ores et déjà dans son patrimoine, toutes les fractions non échues de la dette du tiers. Cet effet attributif qui bénéficie au « *premier saisissant* », permet de résoudre la plupart des difficultés nées d'un concours du paiement direct avec d'autres mesures conservatoires ou d'exécution. Le privilège qui s'y rattache permet en outre d'évincer les créanciers antérieurs ayant intercepté le salaire du débiteur, soit par voie d'ATD ou d'OTD, soit par voie de saisie des rémunérations.

Ce droit de préférence n'est cependant reconnu au créancier alimentaire sur la fraction saisissable du salaire, qu'autant que dure la mesure de paiement direct (v. s^s^ n° 951.123).

1. CE 23 déc. 1976, req. n° 01753, *Lebon; JCP* 1977. II. 18660, note Lindon; *RTD civ.* 1977. 635, obs. Perrot.
2. Civ. 2e, 5 juin 1985, *D.* 1986. 113; *RTD civ.* 1985. 624, obs. Perrot – Civ. 2e, 6 juill. 1994, n° 92-13.920, *Bull. civ.* II, n° 179; *D.* 1994. 199; *Gaz. Pal.* 1994. 2. Pan. 225.

951.112 Date de l'effet attributif. Si on s'en tient à la lettre de l'article L. 213-2 C. pr. exéc., cet effet attributif se produit au moment de la demande de paiement direct.

Mais à quel moment cette demande est-elle réputée faite ? La question est importante en cas de concours avec d'autres mesures d'exécution.

La réponse est aisée lorsque c'est une administration subrogée dans les droits du créancier qui a la possibilité de s'adresser directement au tiers sans passer par l'entremise d'un huissier (C. pr. exéc., art. L. 213-5, al. 2). La demande se confond nécessairement avec sa notification et sa date est donc celle de la lettre adressée au tiers. La réponse est moins évidente lorsque le créancier doit recourir à un huissier, car sa demande semble émise et notifiée à des moments différents. L'huissier dispose d'un délai de huit jours à compter de sa saisine, s'il détient toutes les informations nécessaires, pour notifier la demande au tiers. Mais cette formalité peut attendre plus longtemps si ce dernier manque d'éléments pour y procéder (C. pr. exéc., art. R. 213-1, al. 3 et 4 et L. 213-5, al. 1er). La solution se trouve dans l'article 6 alinéa 1er selon lequel la demande de paiement direct est faite « *par l'intermédiaire d'un huissier de justice* ». C'est donc la demande de l'huissier au tiers et non la demande du créancier à l'huissier, qui réalise l'effet d'attribution.

C'est la date de la réception de la notification de la demande qui doit être retenue car tant qu'il n'est pas informé de la réclamation du créancier d'aliments, on ne peut reprocher au tiers de se libérer entre les mains du débiteur ou d'un autre créancier.

C'est d'ailleurs une solution analogue qui a été adoptée en ce qui concerne l'attribution de plein droit instituée par l'article L. 121-13 du Code des assurances. Le droit propre des créanciers privilégiés et hypothécaires sur l'indemnité due par l'assureur prend naissance dès le jour du sinistre[3]. Cependant les paiements faits de bonne foi à l'assuré avant opposition demeurent valables (C. assur., art. L. 121-13, al. 2).

2° Cas d'interférence

951.121 Interférence avec une saisie-attribution, une opposition, une saisie ou un avis à tiers détenteur. Lorsque le créancier d'aliments se manifeste le premier, il devient immédiatement propriétaire de la créance de son débiteur sur le tiers et évince du même coup, tous ceux qui pourraient intervenir ultérieurement. Mais dès lors que sa demande de paiement direct a été précédée par une

3. Civ. 4 déc. 1946, *D.* 1947. 25, note P. L. P.

ou plusieurs mesures d'exécution forcée ayant, elles aussi, un effet de transport-cession instantané, telle qu'une saisie-attribution (C. pr. exéc., art. L. 211-2), une opposition (CSS, art. L. 652-3; C. rur., art. L. 725-12 et CGCT, art. L. 1617-5, 5°), un ATD (LPF, art. L. 263, al. 2) ou une saisie à tiers détenteur (LPF, art. L. 273 A) [1], elle ne peut plus produire aucune conséquence, les fonds interceptés par des créanciers plus diligents ou mieux informés étant sortis du patrimoine du débiteur [2]. Seule une annulation ou une mainlevée ultérieure de la saisie-attribution ou de l'ATD pourrait permettre à la mesure de paiement direct de se retrouver en première place et de produire ses effets. Mais cette éviction du paiement direct ne vaut pas si la créance interceptée est une créance de salaire (v. s^s^ n° 951.123).

Lorsque le paiement direct intervient le même jour qu'une saisie-attribution qu'un ATD, qu'une OTD ou une STD, il devrait théoriquement primer toutes ces mesures, le créancier d'aliments étant préférable à tous autres (C. pr. exéc., art. L. 213-2, al. 1er). Il convient de relever cependant qu'en cas de saisies-attributions simultanées, la Cour de cassation estime que le concours entre créanciers saisissants prévu à l'alinéa 3 de l'article L. 211-2 C. pr. exéc. doit se régler au prorata des créances respectives, sans qu'il y ait lieu de prendre en compte l'existence d'éventuels privilèges [3]. Cet avis vaut également en cas de concours entre paiement direct et saisie-attribution ou ATD, sauf à considérer, soit que les articles L. 213-1 et L. 213-2 C. pr. exéc. dérogent à l'article L. 211-2 alinéa 3 du même code, soit que l'attribution directe et de plein droit au bénéfice du créancier alimentaire sans aucun transit par le patrimoine du débiteur, rend sans effet toute autre mesure d'exécution concomitante et partant, exclut toute hypothèse de concours.

951.122 Interférence avec une cession de créance. Une cession de créance régulièrement signifiée au tiers débiteur ou acceptée par lui avant la demande de paiement direct a, elle aussi, le même effet de transport cession (C. civ., art. 1689 et 1690). Elle empêche celui-ci de produire effet, la créance cédée n'étant plus dans le patrimoine du débiteur d'aliments.

Cependant, lorsque la cession porte sur des salaires, l'effet de transport-cession est rendu par la loi inopposable au créancier ayant pratiqué une saisie des rémunérations postérieure, mesure à laquelle il faut assimiler le paiement direct ayant pour objet des revenus du travail. La cession des rémunérations (ou plus exactement de leur fraction saisissable) s'effectue par une déclaration du cédant au greffe du tribunal d'instance lequel notifie cette cession à l'employeur débiteur cédé. En cas de survenance d'une autre mesure d'exécution, le cessionnaire antérieur vient en concours avec le nouveau créancier, lequel participe aux répartitions à venir (C. trav., art. R. 3252-48). Il est de droit « *réputé saisissant pour les sommes qui lui restent dues* » (C. trav., art. L. 3252-12), tant que dure la saisie ou le paiement direct suspendant les effets propres de la cession. Le créancier d'aliments étant toutefois privilégié (C. pr. exéc., art. L. 213-1, al. 1er), il peut intercepter non seulement la fraction insaisissable mais encore, en cas d'insuffisance de celle-ci, la quotité saisissable qui aurait dû revenir au cessionnaire. Il ne reste donc plus à ce dernier que le solde de cette quotité s'il en existe un.

Cette inopposabilité de la cession de la créance de salaire constitue un avantage appréciable pour les créanciers qui n'ont pas d'autre gage que les rémunérations de leur débiteur. Elle permet de faire échec aux tentatives du débiteur d'avantager un créancier particulièrement pressant, au détriment de ceux qui ne disposent pas de moyens de pression efficaces, notamment des créanciers alimentaires.

951.123 Interférence avec une saisie, une opposition ou un avis à tiers détenteur sur des rémunérations. Lorsque le paiement direct a été précédé par une saisie des rémunérations, il prime nécessairement cette mesure qui ne produit aucun effet d'attribution immédiate. En effet, après avoir remis au salarié le minimum vital prévu par l'article L. 3252-5 du Code du travail et versé au créancier alimentaire la fraction insaisissable de la rémunération, l'employeur peut en outre être tenu de régler à ce dernier tout ou partie de la quotité saisissable si un complément est nécessaire pour couvrir l'intégralité de la somme due au titre du paiement direct. Dans cette hypothèse, l'employeur ne remettra au greffe du tribunal d'instance aux fins de répartition aux autres créanciers, qu'une quotité saisissable amoindrie voire même insignifiante (C. trav., art. R. 3252-39).

Si après l'engagement de la procédure de paiement direct, un ATD est notifié à l'employeur, cette nouvelle mesure n'a aucun effet suspensif comme ce serait le cas si elle avait été précédée par une saisie des rémunérations (C. trav., art. R. 3252-37). L'employeur doit donc continuer à payer directement le créancier d'aliments au moyen de la fraction insaisissable et, si nécessaire, de la quotité saisissable. Le créancier alimentaire bénéficie ainsi d'un privilège absolu sur toute la rémunération à l'exclusion de la partie correspondant au RSA. Il

1. Mesure d'exécution créée par la loi n° 2009-526, du 12 mai 2009 (art. 95) pour le recouvrement des créances non fiscales de l'État ayant fait l'objet d'un titre de perception.
2. Civ. 2e, 24 juin 1987, n° 86-11.770, *Bull. civ.* II, n° 138; *D.* 1988. 357, note Ancel et Rondeau-Rivier.
3. Cass., avis, 24 mai 1996, n° 09-60.003, *Bull. avis,* n° 6.

doit en être de même en présence d'une opposition pratiquée sur les salaires d'un redevable en application de l'article L. 1617-5, 5° du Code général des collectivités territoriales, relatif au recouvrement forcé des produits des collectivités locales et de leurs établissements publics, ou d'une saisie à tiers détenteur bénéficiant, en vertu de l'article L. 273 A du Livre des procédures fiscales, aux créances non fiscales de l'État ayant fait l'objet d'un titre de perception visé à l'article L. 252 A du même code.

Cependant, ce droit de préférence sur la fraction saisissable du salaire n'est reconnu au créancier d'aliments qu'en cas de demande de paiement direct. Dès lors qu'il a notifié au tiers la mainlevée de sa demande, il n'est plus fondé à invoquer la violation des articles L. 3252-8 du Code du travail et 2 de la loi du 2 janvier 1973 (devenu C. pr. exéc., art. L. 213-2) [1].

La question s'est posée de savoir si le super privilège dont bénéficie le créancier alimentaire s'étend aux frais de la procédure de paiement direct en présence d'un ATD. Un juge de l'exécution a répondu par l'affirmative en décidant qu'un employeur tiers saisi ne pouvait refuser de verser les frais de la procédure à l'huissier ayant instrumenté, au motif qu'ils n'étaient pas inclus dans l'assiette du superprivilège [2].

951.124 Interférence avec un autre paiement direct. S'il est légitime que le créancier d'aliments ayant diligenté une procédure de paiement direct bénéficie d'un droit de préférence opposable aux autres créanciers même privilégiés, rien ne justifie, sur le plan de l'équité, qu'il prime un autre créancier alimentaire moins rapide que lui.

La loi du 2 janvier 1973, même depuis sa codification, ne réserve cependant pas aux créanciers alimentaires retardataires, un sort plus favorable que celui des créanciers de droit commun. Elle n'envisage pas l'hypothèse d'un concours et ne prévoit aucune procédure de répartition. Quant à la loi du 9 juillet 1991 et son décret d'application, désormais codifiés au Code des procédures civiles d'exécution, ils n'apportent de précisions que sur l'interférence entre le paiement direct et la saisie des rémunérations.

Ce vide juridique mérite d'être comblé car les hypothèses de demandes de paiement direct concurrentes ne sont pas rares en raison notamment, des remariages et concubinages successifs (concours entre enfants issus d'unions successives, entre un ex-conjoint et des enfants d'un autre lit, entre ascendants et descendants du même débiteur).

Seul un raisonnement par analogie permet d'apporter une réponse juridiquement, sinon équitablement, satisfaisante.

Lorsque le paiement direct s'apparente à la saisie-attribution, on peut départager les créanciers alimentaires en appliquant les dispositions de l'article L. 211-2 C. pr. exéc. qui présentent une certaine analogie avec celles de l'article L. 213-2 du même code. On est donc conduit à décider, dans ce cas, que les paiements doivent s'effectuer en fonction de l'ordre chronologique des demandes de paiement direct, la plus ancienne bénéficiant du « *privilège du premier saisissant* ». Une répartition au prorata du montant respectif des différentes créances d'aliments ne peut être envisagée que si les demandes concurrentes sont du même jour.

On peut aussi considérer que le droit direct des créanciers d'aliments contre le tiers naissant de la loi et non de leurs demandes respectives qui ont pour seul effet de réaliser l'attribution des sommes exigibles, ils ont une égale vocation à percevoir les sommes dues à leur débiteur commun sans pouvoir s'évincer mutuellement.

Lorsque le paiement direct est assimilable par son objet à la saisie des rémunérations, l'hypothèse de l'intervention d'un second, voire d'un troisième créancier d'aliments susceptible de participer à des répartitions, est parfaitement concevable. La mesure de paiement direct comme la saisie sur salaire ne produit en l'occurrence, aucun effet attributif exclusif et l'absence de réglementation du concours entre créanciers alimentaires paraît être le fruit d'une omission plutôt que de la volonté délibérée du législateur. Une répartition au marc-l'euro apparaît, au surplus, tout à fait compatible avec le principe d'équité selon lequel les créanciers d'aliments ont une égale vocation à bénéficier des subsides versés par leur débiteur commun.

La solution qui consisterait à reconnaître à l'auteur de la première demande de paiement direct un privilège absolu reviendrait à priver de tout moyen de subsistance, lorsque les rémunérations sont les seules ressources du débiteur, les créanciers les moins diligents ou les moins informés [3].

951.125 Interférence avec une saisie conservatoire. Il convient de rappeler à titre liminaire que les rémunérations n'étant pas susceptibles de saisie conservatoire (v. s^s n°s 940.04 s.), l'hypothèse d'une interférence n'est concevable qu'en cas de paiement direct entre les mains d'un tiers autre qu'un employeur.

1. Civ. 2e, 28 sept. 2000, n° 98-17.614, *Bull. civ.* II, n° 137; *D.* 2000. 265; *Gaz. Pal.* 29-30 nov. 2000. Pan. 14.
2. TGI Saint-Étienne, JEX, 17 mars 2008, *Rev. huiss.* 2008. 281, obs. Grimand.
3. SUR CE POINT : TI Compiègne, 18 avr. 1996, note Castelain, *Nouv. journ. huiss.* janv. 1997, p. 23.

Les sommes qui font l'objet d'une saisie conservatoire de créance sont frappées d'indisponibilité et consignées au profit du saisissant avec affectation spéciale et privilège de l'article 2333 du Code civil (C. pr. exéc., art. L. 523-1 – et C. civ., art. 2350). Les droits du saisissant, assimilé à un créancier gagiste, sont ainsi conservés jusqu'à ce qu'il soit en mesure de présenter, après obtention d'un titre exécutoire, une demande de conversion en saisie-attribution produisant un effet d'attribution irréversible (v. s^s n° 621.45).

Si le créancier d'aliments se manifeste après cette demande de conversion, il ne peut plus remettre en cause les droits acquis par son prédécesseur et sa procédure de paiement direct est dépourvue d'efficacité. En revanche, s'il intervient avant, il semble, en vertu de l'article L. 213-2 alinéa 1er C. pr. exéc., disposer d'un droit de préférence d'un rang supérieur à celui du gagiste. La demande de paiement direct vaut, en effet, attribution au bénéficiaire des fonds qui en font l'objet « *par préférence à tous autres créanciers* ».

3°
Interférence en situation de procédure collective

951.131 Interférence avec une procédure collective. La solution ne pose aucune difficulté lorsque le paiement direct a produit son effet attributif avant la procédure collective. Comme en matière de saisie-attribution, la survenance d'une sauvegarde, d'un redressement ou d'une liquidation judiciaire contre le débiteur ne peut remettre en cause l'attribution réalisée par la procédure de paiement direct (il en est jugé ainsi à propos de la saisie-attribution des créances instantanées ou à exécution successive[1]).

951.132 Paiement direct en période suspecte. Depuis que l'article L. 632-2 du Code de commerce a été modifié par la loi de sauvegarde des entreprises (L. n° 2005-845, 26 juill. 2005, art. 95), tout ATD, toute saisie-attribution ou toute opposition peut être annulé lorsqu'il a été délivré ou pratiqué par un créancier après la date de cessation des paiements et en connaissance de celle-ci. Le paiement direct qui n'est pas visé par cette disposition ne pourra pas être remis en cause même s'il intervient au cours de la période suspecte et même si le créancier d'aliments savait que son débiteur était en état de déconfiture.

En effet, bien qu'il ressemble aux trois mesures énumérées dans l'article L. 632-2 du Code de commerce, le paiement direct n'est pas une véritable voie d'exécution mais un mécanisme original qui fait du tiers un débiteur personnel et direct du créancier alimentaire. Celui-ci se trouve ainsi à l'abri d'une remise en question de la mesure, lorsqu'elle est notifiée, non seulement après la cessation des paiements, mais encore après l'ouverture de la procédure collective elle-même (v. s^s n° 951.133).

951.133 Procédure collective antérieure. La solution était moins évidente en cas d'engagement du paiement direct après le jugement d'ouverture en raison de la règle de la suspension des poursuites individuelles. La Cour de cassation estime cependant que le principe de la suspension des poursuites contre un débiteur soumis à une procédure collective ne met pas obstacle à une demande de paiement direct de PAL à son encontre[2]. La Haute juridiction considère à cet égard que les créanciers d'aliments ou ceux qui leur sont assimilés, disposent d'une action directe contre les tiers débiteurs de sommes liquides et exigibles envers la personne tenue au paiement de la pension. Cette action est dès lors recevable bien que le débiteur d'aliments soit soumis à une procédure collective. Le créancier alimentaire devient donc un créancier personnel du tiers dont la dette tombe dans son patrimoine sans passer par celui du débiteur de la pension.

Selon les commentateurs de l'arrêt précité (F. Derrida et J. Massip), la loi du 2 janvier 1973 (aujourd'hui incorporée dans le Code des procédures civiles d'exécution) a institué, non une véritable mesure d'exécution, une sorte de saisie-attribution simplifiée, mais un mécanisme d'attribution de plein droit inspiré de celui prévu par l'article L. 121-13 du Code des assurances pour le versement direct aux créanciers privilégiés et hypothécaires de l'assuré, sur opposition de leur part, de l'indemnité due par l'assureur en cas de sinistre. On a également souligné l'analogie avec le droit personnel de la victime contre l'assureur de dommages (C. assur., art. L. 124-3) et du sous-traitant contre le maître d'ouvrage (L. n° 75-1334, 31 déc. 1975, art. 12). À noter cependant que dans les exemples cités, l'action directe porte sur une créance bien déterminée, tandis que dans le cas du recouvrement des aliments, celle-ci porte sur toutes les créances du débiteur.

Ainsi dès la notification de la demande, les sommes dues par le tiers sont distraites de l'actif du débiteur et échappent aux règles qui gouvernent les biens de son patrimoine. Le tiers débiteur n'est pas

1. Com. 13 oct. 1998, n° 96-14.295, *Bull. civ.* IV, n° 237; *D.* 1998. 250; *JCP* 1998. IV. 3324 – V. AUSSI : Civ. 2e, 10 juill. 1996, n° 94-19.551, *Bull. civ.* II, n° 209; *D.* 1996. 625, note Ancel; *RTD civ.* 1996. 716, obs. Perrot.

2. Com. 15 juill. 1986, n° 84-16.282, *Bull. civ.* IV, n° 158; *D.* 1987. 192, note Massip; *D.* 1988. Somm. 7, obs. Derrida.

un tiers saisi et la procédure collective contre le débiteur d'aliments ne le concerne pas.

951.134 Réitération de l'avis au liquidateur. La question se pose cependant de savoir si, à l'instar de ce qu'exige la Cour de cassation pour la dénonciation de la saisie-attribution[1], l'avis adressé au débiteur par lettre recommandée doit être réitéré au liquidateur. Le débiteur est en effet dessaisi de la gestion de son patrimoine au profit du liquidateur qui a seul qualité pour exercer ses droits et actions en demande comme en défense, sauf à considérer que la contestation du paiement direct est une action strictement personnelle qui n'est pas touchée par l'article L. 641-9 du Code de commerce. La Cour de cassation semble abonder dans ce sens puisque dans deux arrêts du 8 octobre 2003, elle juge que la PAL et la prestation compensatoire dont est tenu le débiteur en redressement ou en liquidation judiciaire sont des dettes qui lui sont personnelles et qui n'ont pas à être déclarées au passif de la procédure collective[2]. Le débiteur devrait donc pouvoir exercer seul l'action en contestation de la mesure de paiement direct quelle que soit la nature de la procédure collective ouverte à son encontre. Selon certains auteurs, cette jurisprudence devait être maintenue pour toutes les créances alimentaires quelle que soit l'époque de leur naissance bien que l'article L. 622-7 du Code de commerce, issu de la loi de sauvegarde des entreprises du 26 juillet 2005, n'autorisait expressément que le paiement des créances alimentaires nées après le jugement d'ouverture. Le souhait du législateur n'était cependant pas d'opérer une distinction chronologique et la lecture restrictive du texte aurait été contraire à sa volonté affichée dans l'article L. 622-24 du Code de commerce[3]. L'ordonnance n° 2008-1345 du 18 décembre 2008 portant réforme du droit des entreprises en difficulté a confirmé cette opinion en complétant le premier alinéa du I de l'article L. 622-7[4].

1. Com. 19 janv. 1999, n° 96-18.256, *Bull. civ.* IV, n° 17; *D.* 1999. 50.
2. Com. 8 oct. 2003, n° 00-14.760, *Bull. civ.* IV, n° 171; *D.* 2003. Somm. 2637, obs. Lienhard; *JCP* 2004. II. 10012, note Becque-Ickowicz; *Rev. huiss.* 2004. 87, obs. Crocq; *D.* 2004. Somm. 195, obs. Danis-Fatôme – Crim. 7 janv. 2004, n° 03-82.337, *Bull. crim.* n° 5; *JCP* 2004. II. 10060, note Pomart – Com. 1er févr. 2005, n° 01-13.943, *Bull. civ.* IV, n° 18; *D.* 2005. 489, obs. Lienhard – Com. 4 avr. 2006, n° 04-16.672, *Bull. civ.* IV, n° 89; *D.* 2006. AJ 1166, obs. Lienhard; *JCP* 2006. IV. 2035 – Com. 13 juin 2006, n° 05-17.081, *Bull. civ.* IV, n° 141; *D.* 2006. 1969, note Vincent; *D.* 2006. AJ 1681, obs. Lienhard.
3. C. com., anc. art. L. 621-43 – F. Pérochon, « Les créanciers postérieurs et la réforme du 26 juillet 2005 », *Gaz. Pal.* 7-8 sept. 2005, p. 57, n° 44 – P.-M. Le Corre, « Les nouvelles règles de fixation du passif du débiteur », *Gaz. Pal.* 9-10 sept. 2005, p. 17, n° 6.

Il en résulte désormais clairement que les créances alimentaires ne sont pas soumises à l'interdiction des paiements et à l'obligation de déclaration, qu'elles soient nées avant ou après le jugement d'ouverture. La notification du paiement direct au débiteur n'a donc pas à être réitérée aux organes de la procédure.

951.135 Fonds déposés à la Caisse des dépôts et consignations. On peut aussi se demander si les fonds versés par le liquidateur à la CDC en vertu de l'article L. 662-1 du Code de commerce (anct C. com., art. L. 627-1), sont indisponibles pour le créancier d'aliments procédant par voie de paiement direct. Ces fonds dont la consignation est obligatoire, sont réservés aux créanciers de la procédure collective auxquels ils seront distribués selon leur rang.

La Cour de cassation relève, tout en rappelant à cette occasion que le liquidateur a la qualité de tiers détenteur, que selon ce texte, aucune opposition ou procédure d'exécution de quelque nature qu'elle soit n'est recevable sur les sommes déposées à ladite caisse ce qui interdit, par là même, toute saisie-attribution opposition ou ATD[5]. Il semble bien qu'en visant à la fois les oppositions et les procédures d'exécution, les rédacteurs de l'article L. 662-1 du Code de commerce (anct C. com., art. L. 627-1) ont entendu interdire tout prélèvement sur les fonds consignés, qu'il prenne la forme d'une saisie ou d'une mesure assimilée.

Dans un arrêt du 8 octobre 2003, la Haute juridiction estime que la créance alimentaire sur un débiteur soumis à une procédure collective, doit être payée sur les revenus dont il conserve la libre disposition ou bien être recouvrée par la voie de la procédure de paiement direct. Il résulte de cette décision et d'un arrêt ultérieur du 1er février 2005, que la PAL ou la prestation compensatoire peut :

- soit être réglée par le débiteur lui-même sur ses rémunérations ou sur les subsides qui lui sont versés en vertu de l'article L. 631-11 du Code de commerce (anct C. com., art. L. 621-21), et ce, en dépit de la règle du dessaisissement et du principe de l'interdiction des paiements;

- soit être recouvrée par la voie de la procédure de paiement direct entre les mains de tout tiers détenteur y compris le liquidateur.

Cependant, cette jurisprudence ne précise pas si tous les fonds détenus par le tiers, y compris ceux déposés à la CDC, doivent répondre du paiement de la créance alimentaire (v. ss n° 951.136).

4. Ord. n° 2008-1345, 18 déc. 2008, portant réforme du droit des entreprises en difficulté, *JO* 19 déc., p. 19462.
5. Com. 22 avr. 1997, n° 94-21.412, *Bull. civ.* IV, n° 104; *D.* 1997. 371, note Derrida – Com. 5 mai 1998, n° 96-15.780, *Bull. civ.* IV, n° 143; *D.* 1998. 151 – Com. 8 déc. 1998, n° 96-15.150, *Bull. civ.* IV, n° 290; *D.* 1999. 21.

Depuis la modification de l'article L. 622-7 du Code de commerce, opérée par l'ordonnance du 18 décembre 2008, il est clair désormais que la règle de l'interdiction des paiements ne s'applique pas aux créances alimentaires qui bénéficient d'un traitement de faveur et ce, qu'elles soient nées avant ou après le jugement d'ouverture. Il semble donc que leur paiement puisse être effectué aussi bien sur les sommes laissées à la disposition du débiteur que sur les fonds détenus par le liquidateur ou déposés par celui-ci à la CDC, à moins que l'on ne considère que les créances alimentaires sont en dehors de la procédure et que les sommes consignées à ladite caisse demeurent réservées aux seuls créanciers de la liquidation.

Il faut rappeler que la Cour de cassation ne considère pas le paiement direct des PAL comme une véritable saisie, de telle sorte qu'il ne se heurterait pas à l'irrecevabilité posée par l'article L. 662-1 du Code de commerce (v. s[s] n° 951.133).

951.136 **Procédure collective contre le tiers.** En revanche, la survenance ultérieure d'une procédure collective contre le tiers produit certaines conséquences. Si elle ne remet pas en question le transport de la créance dans le patrimoine du créancier, elle a pour effet de soumettre celui-ci, devenu créancier direct du tiers aux règles de la sauvegarde, du redressement ou de la liquidation judiciaire. Il peut notamment se voir opposer, pour les sommes dues avant le jugement d'ouverture, comme n'importe quel créancier d'un débiteur faisant l'objet d'une procédure collective, l'interdiction des paiements prévue par l'ancien article L. 621-24, devenu L. 622-7 du Code de commerce (une décision de 2002 considère que le créancier qui pratique une saisie-attribution est soumis à la règle de la suspension des poursuites individuelles en cas de redressement ou de liquidation judiciaire du tiers saisi[1]).

Il faut préciser que l'article L. 622-7, issu de l'ordonnance du 18 décembre 2008, autorise le paiement des créances alimentaires nées avant et après le jugement d'ouverture et ce, sans distinguer entre celles qui concernent le tiers à titre personnel et celles qu'il est tenu de payer en qualité de tiers détenteur. Une interprétation en faveur du créancier d'aliments reste donc possible[2].

951.137 **Interruption de la prescription.** L'exercice de la procédure de paiement direct interrompt la prescription quinquennale de l'article 2224 du Code civil dès réception par le tiers de la lettre recommandée lui notifiant la demande de paiement[3]. Cela est logique puisque le paiement direct s'apparente à une mesure d'exécution forcée interruptive de prescription en vertu de l'article 2244 du Code civil.

Jusqu'à la réforme résultant de la loi n° 2008-561 du 17 juin 2008[4], l'action en paiement des créances alimentaires était soumise, en vertu de l'ancien article 2277 du Code civil, à une courte prescription de cinq ans dérogatoire à celle de droit commun de trente ans, prévue par l'ancien article 2262 du même code.

Depuis cette réforme qui a ramené à cinq ans le délai de droit commun, les dispositions spéciales de l'ancien article 2277 ont été supprimées de telle sorte que la prescription des créances d'aliments relève désormais du régime de droit commun.

SECTION 4
MODIFICATIONS ET CESSATION

951.140 **Instabilité de la chose jugée.** Le principe de variabilité qui caractérise le rapport alimentaire confère aux décisions judiciaires une autorité de chose jugée éphémère. La Cour de cassation rappelle à cet égard que la décision fixant une PAL ne possède l'autorité de la chose jugée qu'aussi longtemps que demeurent inchangées les circonstances au regard desquelles elle est intervenue[5].

Le domaine familial et alimentaire est donc très propice aux changements de décisions et la procédure de paiement direct a dû intégrer ce phénomène spécifique en prévoyant des aménagements en cas de modification ou d'extinction de la créance d'aliments.

§ 1
Modification de la pension alimentaire

951.141 **Réitération de la procédure.** Selon l'article R. 213-3 C. pr. exéc., si une nouvelle décision change le montant de la pension ou les modalités d'exécution de l'obligation du débiteur d'aliments, la demande de paiement direct se trouve de plein droit modifiée à compter de la notification au tiers de la décision modificative. Cette notification doit se faire dans les conditions prévues aux alinéas 1er et 2 de l'article L. 213-1 C. pr. exéc., c'est-à-dire par l'intermédiaire d'un huissier et par LRAR, dans les huit jours de sa saisine par le créancier.

1. Com. 11 juin 2002, n° 99-17.163, *Bull. civ.* IV, n° 106; *Rev. huiss.* 2002. 372, note Putman.
2. F. Pérochon, « Les créanciers postérieurs et la réforme du 26 juillet 2005 », *Gaz. Pal.* 7-8 sept. 2005, p. 57, n° 44.
3. Paris, 22 oct. 1982, RG n° 1982/30187.
4. L. n° 2008-561, 17 juin 2008, portant réforme de la prescription en matière civile, *JO* 18 juin, p. 9856.
5. Civ. 1re, 16 juin 1993, n° 91-19.904, *Bull. civ.* I, n° 216.

Par conséquent, c'est en principe au créancier que revient l'initiative de notifier la demande de modification, qu'elle aboutisse à une augmentation ou à une diminution de la dette d'aliments. Ainsi, une épouse peut être condamnée à rembourser les sommes perçues en trop à la suite du défaut de notification au tiers d'une ordonnance réduisant sa PAL et ce, sans pouvoir se retrancher derrière la propre inertie de son mari[1]. Cependant, la Cour de cassation paraît admettre, dans l'arrêt précité, qu'en cas de réduction de la pension le débiteur peut notifier lui-même au tiers la décision modificative. En effet, elle casse la décision objet du pourvoi en constatant que celle-ci avait, tout en relevant que le débiteur pouvait aussi prendre les initiatives nécessaires, néanmoins condamné la créancière à lui verser en sus des sommes indûment perçues, des dommages-intérêts et des intérêts de retard.

Quant au tiers, il n'est pas chargé d'anticiper la notification, quand bien même il disposerait des informations nécessaires par le canal officieux du débiteur. Son devoir de neutralité lui impose d'attendre, pour modifier les versements qu'il est tenu d'opérer, la notification faite par l'huissier et ce, sans pouvoir apprécier le bien-fondé de ce qui est réclamé[2]. Il n'a pas non plus à se préoccuper de la notification de la décision modificative au débiteur d'aliments (même arrêt).

Le créancier d'aliments ne peut se borner à notifier au tiers la décision modificative. L'accomplissement de cette formalité ne le dispense pas de la rendre préalablement exécutoire à l'égard de son débiteur[3].

951.142 **Hypothèse de l'indexation.** Si le créancier veut obtenir du tiers le paiement de l'augmentation résultant de l'indexation, il doit lui notifier le montant de la nouvelle échéance dès que son calcul peut être effectué[4].

Cette solution donne toute garantie au tiers payeur en le déchargeant de calculs fastidieux et souvent complexes, qui peuvent être la source, en cas d'erreur, d'une action en responsabilité contre lui.

§ 2
Cessation du paiement direct

951.151 **Mainlevée donnée par le créancier.** Lorsqu'une décision de justice supprime la PAL ou que celle-ci cesse d'être due parce que les conditions qui justifiaient son allocation ont disparu, le créancier de bonne foi peut prendre l'initiative de mettre fin à la mesure. Il peut aussi le faire s'il n'entend plus recourir à ce moyen pour se faire payer ou s'il veut renoncer à sa pension.

Il doit alors charger son huissier de notifier au tiers, par lettre recommandée avec avis de réception, la mainlevée du paiement direct qui cesse de produire ses effets dès cette formalité (C. pr. exéc., art. R. 213-2, al. 1er).

Compte tenu du formalisme requis par la loi, l'intention du créancier de mettre fin à la mesure ne peut être présumée.

La décision du créancier de donner mainlevée n'appelle pas d'autres commentaires. Le système du certificat d'extinction de la créance d'aliments, adopté par l'article R. 213-2 alinéa 2 C. pr. exéc. pour pallier l'inertie du créancier, s'avère plus délicat à mettre en œuvre.

951.152 **Certificat d'extinction de l'huissier du débiteur.** Lorsque le créancier d'aliments fait preuve de carence, le débiteur est autorisé par l'article R. 213-2 alinéa 2 C. pr. exéc., à demander au tiers de mettre fin au paiement direct. Il lui produit à cette fin un certificat établi par un huissier de justice attestant qu'un nouveau jugement a supprimé la pension ou constatant qu'en vertu des dispositions légales celle-ci a cessé d'être due.

Si l'application de ce texte est aisée lorsque la décision supprime la pension ou indique expressément l'événement qui doit la faire cesser (par ex. l'obtention d'un emploi stable par l'ex-épouse bénéficiaire d'une prestation compensatoire[5]), la jurisprudence révèle qu'elle s'avère plus difficile lorsqu'il s'agit de déterminer dans quelles circonstances la pension cesse légalement d'être due.

Ainsi la pension accordée à l'époux dans le cadre du divorce pour rupture de la vie commune cesse d'être due de plein droit en cas de remariage de sa part (C. civ., anc. art. 283, al. 1er) ou après constatation par le tribunal qu'il vit en concubinage notoire (C. civ., anc. art. 283, al. 2).

De même la PAL accordée pour la durée de l'instance en divorce cesse d'être due après le prononcé de celui-ci[6]. Elle prend fin à la date à laquelle la décision de divorce devient irrévocable[7].

En effet, en cas de pourvoi contre la décision prononçant le divorce, pourvoi qui a un effet suspensif, l'ONC et partant, la pension accordée à titre

1. Reims, 19 févr. 1987, *Juris-Data* n° 043409 – Civ. 2e, 10 févr. 1988, n° 86-17.742, *Bull. civ.* II, n° 37.
2. Paris, 9 et 23 mai 1980, *D.* 1980. 532, note Massip; *RTD civ.* 1981. 910, note Perrot.
3. Civ. 2e, 6 janv. 1988, n° 86-16.806, *Bull. civ.* II, n° 1; *JCP* 1988. IV. 94.
4. Rép. min. QE n° 3130, *JOAN Q* 16 nov. 1981, p. 3297; *JCP* 1982. IV. 67.
5. Aix-en-Provence, 14 nov. 1997, *Juris-Data* n° 98850.
6. Civ. 2e, 10 juill. 1991, n° 89-12.901, *Bull. civ.* II, n° 214.
7. Civ. 2e, 18 mai 2000, n° 98-17.801, *Bull. civ.* II, n° 81 – Civ. 1re, 15 mai 2013, n° 12-11.516, *Bull. civ.* I, n° 90; *Procédures* 2013. 217, note Douchy-Oudot.

provisoire, demeurent en vigueur[1]. Lorsque le pourvoi formé contre l'arrêt prononçant le divorce est rejeté, ce divorce devient irrévocable dès le jour de la décision de rejet. Mais lorsque sont seules mises en cause par le pourvoi, les dispositions relatives aux conséquences financières du divorce, la pension cesse d'être due à la date de signification du pourvoi incident ou d'expiration du délai ouvert pour former ce pourvoi[2].

À noter également que si les mesures provisoires ordonnées au cours d'une instance en divorce se substituent d'office à la contribution aux charges du mariage décidée par un jugement antérieur dont les effets sont ainsi suspendus, leur caducité met fin à cette suspension[3].

Lorsque les enfants au profit desquels des aliments ont été fixés atteignent l'âge de la majorité, l'obligation alimentaire ne cesse pas de plein droit sauf disposition expresse de la décision et il appartient au parent débiteur de faire constater judiciairement que ses enfants ne sont plus à charge[4]. Le législateur a consacré cette jurisprudence constante dans l'alinéa 2 de l'article 371-2 du Code civil issu de la loi n° 2002-305 du 4 mars 2002[5], lequel dispose expressément que l'obligation des parents de contribuer à l'entretien et à l'éducation des enfants ne cesse pas de plein droit lorsque l'enfant est majeur.

Par conséquent, le certificat d'extinction délivré à la requête du débiteur risque de faire l'objet d'une contestation de la part du créancier alimentaire qui prétend que la pension doit être maintenue.

Lorsque le jugement de divorce acquiert force de chose jugée à la suite des acquiescements successifs des deux époux, la PAL accordée par l'ONC à l'épouse au titre du devoir de secours ne cesse d'être due qu'à la date du dernier acquiescement[6].

951.153 Extinction de la dette du tiers. Selon l'article R. 213-4 C. pr. exéc. le tiers débiteur est tenu d'aviser dans les huit jours le créancier de la pension alimentaire de la cessation ou de la suspension de la rémunération ainsi que de la clôture du compte du débiteur ou de l'insuffisance de provision de ce compte.

Ce texte n'envisage expressément que l'hypothèse où le tiers est un employeur ou un établissement habilité à tenir des comptes. Mais il va de soi que l'obligation d'aviser le créancier incombe à tous les tiers dès que leur dette à l'égard du débiteur se trouve éteinte ou suspendue.

1. Civ. 2e, 10 avr. 1991, n° 90-12.170, *Bull. civ.* II, n° 120.
2. Civ. 2e, 18 mai 2000, n° 98-17.801, *Bull. civ.* II, n° 81.
3. Civ. 2e, 30 nov. 1994, n° 92-20.656, *Bull. civ.* II, n° 245 – Cass., ch. mixte, 12 mai 2000, n° 96-80.077, *Bull. ch. mixte*, n° 187; *D.* 2000. 157.
4. Civ. 2e, 8 avr. 1981, n° 79-14.336, NP; *Gaz. Pal.* 1987. 2. 585, note Viatte – Civ. 2e, 8 févr. 1989, n° 87-16.940, *Bull. civ.* II, n° 31 – Civ. 2e, 8 févr. 1989, n° 87-17.771, *Bull. civ.* II, n° 32; *D.* 1990. Somm. 98, obs. Groslière; *D.* 1990. Somm. 115, obs. Bénabent – Paris, 13 sept. 1996, *Juris-Data* n° 24454.
5. L. n° 2002-305, 4 mars 2002, relative à l'autorité parentale, *JO* 5 mars, p. 4161.
6. Civ. 1re, 31 mars 2010, n° 09-12.770, *Bull. civ.* I, n° 79; *Dr. et proc.* 2010. 208, obs. Choquet; *Dr. fam.* mai 2010. 36, note Larribau-Terneyre.

SECTION 5
CONTESTATIONS ET SANCTIONS

951.160 Contexte général. Les soubresauts des procédures de divorce (conciliation, jugement, appel, instance modificative) sont à l'origine de décisions successives dont les parties et parfois leurs conseils, ont du mal à apprécier les implications. Leur mise en œuvre nécessite souvent, notamment en cas d'indexation, augmentation ou réduction de la pension, des calculs compliqués, sources d'erreurs et de malentendus. Les rancœurs accumulées ne rendent pas les ex-conjoints très enclins à examiner toutes ces difficultés avec sérénité et objectivité. Dans ce contexte conflictuel viennent souvent s'ajouter des difficultés économiques qui conduisent de nombreux débiteurs d'aliments à rechercher ailleurs que dans les instances modificatives, le moyen d'alléger le poids de leur dette.

Les procédures de paiement direct qui constituent fréquemment le seul recours des créanciers alimentaires, donnent donc lieu à des contestations de natures très diverses, au cours desquelles les parties défendent âprement leurs intérêts.

Il convient d'exposer tout d'abord les règles de compétence et de procédure propres à l'action en contestation puis d'examiner les arguments et moyens les plus fréquemment invoqués au soutien des demandes de mainlevée ou pour résister à ces dernières. Il y a lieu enfin d'indiquer les diverses sanctions civiles et pénales auxquelles le tiers et les parties s'exposent en cas de résistance ou d'engagement abusif.

§ 1
Compétence et procédure

951.161 Compétence d'attribution et territoriale. La demande de paiement direct peut être contestée en justice. Cette contestation prend le plus souvent la forme d'une action en mainlevée dirigée contre le créancier d'aliments. Plus rarement, elle met en cause le tiers débiteur. Elle peut enfin émaner du créancier lui-même lorsqu'il conteste le certificat d'extinction délivré à la requête du débiteur.

Selon l'article R. 213-6 C. pr. exéc., les contestations relatives à la procédure de paiement direct sont portées devant JEX du domicile du débiteur de la pension.

Hormis le fait qu'elle déroge aux principes généraux posés par les articles 42 alinéa 1er (domicile du défendeur) et 46 dernier alinéa (domicile du créancier d'aliments) C. pr. civ., la compétence territoriale n'appelle pas de remarque particulière.

En revanche, la compétence d'attribution a pu susciter des difficultés que la jurisprudence a en grande partie réglées.

951.162 Compétence du juge de l'exécution. Dans sa rédaction antérieure au décret no 2009-1693 du 29 décembre 2009[1], l'article 5 du décret du 1er mars 1973 (devenu C. pr. exéc., art. R. 213-6) et l'article R. 321-14, devenu R. 221-8 du COJ (lui-même abrogé), attribuaient compétence au tribunal d'instance pour tous les litiges nés d'une procédure de paiement direct. Lors de l'entrée en vigueur de la réforme des voies d'exécution accordant au juge de l'exécution (JEX) une compétence générale, on s'était demandé si les textes précités n'avaient pas été implicitement abrogés. La Cour de cassation avait estimé, dans un avis abondamment commenté, qu'il n'en était rien[2]. Depuis le décret du 29 décembre 2009, c'est désormais le JEX qui est compétent pour régler les difficultés nées d'un paiement direct de pension alimentaire.

951.163 Champ de compétence du juge de l'exécution. La compétence du JEX est circonscrite aux contestations relatives à la procédure de paiement direct. Cela inclut les difficultés portant sur les conditions d'ouverture de la mesure (lorsque le débiteur soutient que la décision fondant la poursuite n'est pas exécutoire ou encore qu'il n'a commis aucun incident de paiement). Entrent également dans le champ de compétence du JEX, les contestations concernant la régularité des actes de la procédure y compris l'omission prétendue d'une formalité substantielle (notification par lettre simple, absence d'avis au débiteur), ainsi que les difficultés purement comptables liées à des calculs erronés, à l'application des indices d'indexation et à l'appréciation de la force probante des justificatifs de paiement (reçus, talons de mandat postaux, relevés de compte, photocopies de chèques, lettres contenant aveu de réception d'un paiement, *etc.*). Naturellement, les demandes dirigées contre le tiers qui n'a pas procédé aux retenues ou à leur reversement total ou partiel au créancier, ne peuvent relever que du JEX, même si ce tiers est un employeur.

Plus généralement, le JEX demeure investi de tous les conflits engendrés par l'application et, le cas échéant, par l'interprétation de la décision fondant le paiement direct. Tout juge est à cet égard autorisé à interpréter, à titre incident, une décision émanant d'une autre juridiction[3]. La Cour de cassation précise d'ailleurs que si le JEX ne peut, sous le prétexte d'interpréter la décision dont l'exécution est poursuivie, en modifier les dispositions précises, il lui appartient d'en fixer le sens et notamment d'en déduire que la prise en charge et l'organisation de frais de séjours à l'étranger étaient subordonnées à l'accord des deux parents[4].

Relève enfin de la compétence du JEX, la délicate mission de dire, en cas de contestation par le créancier, du certificat établi par l'huissier du débiteur, si, en vertu des dispositions légales la pension a cessé d'être due. Il faut cependant que l'extinction du droit aux aliments résulte de plein droit de l'événement visé par la loi (prescription quinquennale, C. civ., art. 2224 et 2277 anc. – remariage du conjoint divorcé – décès du créancier d'aliments).

En revanche lorsque la pension doit être judiciairement supprimée comme c'est le cas si l'époux divorcé se met à vivre en concubinage, il n'appartient pas au JEX saisi de la demande de mainlevée de se prononcer sur cette suppression (v. ss no 951.164).

951.164 Exclusion de la compétence du juge de l'exécution. Dès lors que le maintien ou la suppression de la PAL nécessite une nouvelle appréciation des situations au regard desquelles elle a été allouée, le JEX saisi de la demande de mainlevée ne peut que surseoir à statuer jusqu'à ce que la juridiction compétente ait procédé à ce réexamen.

C'est donc au juge des affaires familiales de réviser ou de supprimer la pension au regard des modifications des charges et des ressources des parties au rapport alimentaire (perte d'emploi, incapacité de travail, maladie prolongée, accession des enfants à l'âge de la majorité, achèvement des études, *etc.*).

C'est également au JAF d'apprécier s'il y a concubinage notoire justifiant, en vertu de l'alinéa 2 de l'ancien article 283 du Code civil, la suppression de la PAL accordée dans le cadre d'un divorce pour rupture de la vie commune[5].

1. Décr. no 2009-1693, 29 déc. 2009, relatif à la répartition des compétences entre le tribunal de grande instance et le tribunal d'instance, *JO* 31 déc., p. 23109.
2. Cass., avis, 8 mars 1996, no 09-50.015, *Bull. avis,* no 1; *Defrénois* 1996. 990, note Massip; *D.* 1996. Somm. 360, obs. Julien; *Gaz. Pal.* 16-18 févr. 1997, p. 19, note Massip.
3. Civ. 1re, 18 janv. 1989, no 87-13.177, *Bull. civ.* I, no 22.
4. Civ. 2e, 22 mars 2012, no 11-13.915, *Bull. civ.* II, no 56; *Dr. et proc.* 2012. 143.
5. Paris, 12 mai 1978, *D.* 1978. 437, obs. Bénabent; *D.* 1979. 164, obs. Groslière.

La compétence du JEX est également exclue lorsque le débiteur d'aliments est un auteur, un compositeur ou un artiste. Dans ce cas, la contestation doit être portée devant le président du tribunal de grande instance, lorsqu'elle tend au versement à l'auteur, à titre alimentaire, d'une partie des sommes retenues (CPI, art. L. 333-1 à L. 333-4).

951.165 **Procédure.** La demande de paiement direct peut être contestée sans préjudice de l'exercice d'une action aux fins de révision de la PAL (C. pr. exéc., art. R. 213-6). Ces contestations ne suspendent pas l'obligation incombant au tiers de payer directement les sommes dues au créancier de la PAL (même art.). Cette disposition tend à dissuader les contestations abusives. La jurisprudence veille d'ailleurs au respect de cette règle en rappelant au débiteur qu'il ne peut se prévaloir de sa contestation pour obtenir l'interruption des prélèvements litigieux[1].

Hormis ces traits particuliers, l'action en contestation de la demande de paiement direct obéit aux règles de procédure en vigueur devant le JEX.

§ 2
Arguments et moyens les plus courants

951.171 **Diversité des arguments.** Beaucoup de contestations ne tendent pas à remettre en cause l'existence du paiement direct dont les débiteurs acceptent assez fréquemment le principe. Elles portent uniquement sur le montant du prélèvement mensuel tant au titre de l'arriéré qu'à celui du terme courant. Elles tournent autour de l'imputation ou du remboursement de trop perçus, des modalités d'indexation, de l'application des décisions modificatives ou de la preuve de certains paiements.

Mais le plus souvent, les contestations ont pour objet la suspension de la mesure avec demande de délai de grâce ou, plus fréquemment encore, la mainlevée pure et simple au motif que l'obligation alimentaire est éteinte. Les arguments les plus couramment invoqués par les débiteurs sont fondés sur les règles du paiement ou de la prescription libératoire, lesquelles comportent, en matière d'aliments, certains aspects spécifiques.

951.172 **Délai de grâce emportant suspension du paiement direct.** L'article 1244-1 du Code civil permet au juge dans la limite de vingt-quatre mois, de reporter ou d'échelonner le paiement des sommes dues, en considération des ressources du débiteur et des besoins du créancier. La décision prise en vertu de ce texte a pour effet de suspendre les mesures d'exécution en cours ou d'empêcher leur engagement (C. civ., art. 1244-2).

De nombreux débiteurs ne manquent pas d'invoquer ces textes pour arrêter ou prévenir une procédure de paiement direct.

Cependant, par faveur pour les créanciers alimentaires, le législateur a pris soin d'écarter l'application de ces dispositions en cas de dettes d'aliments (C. civ., art. 1244-1, al. dern.). La Cour de cassation ne manque pas de le rappeler en cassant les décisions accordant des délais de paiement au débiteur alimentaire[2]. Si le débiteur se trouve, depuis la fixation des aliments, dépourvu de ressources suffisantes, il lui appartient de saisir préalablement le JAF aux fins d'obtenir leur suppression jusqu'à ce qu'il revienne à meilleure fortune. L'interdiction faite au juge d'accorder un délai de grâce s'applique non seulement à la PAL, mais encore à la prestation compensatoire en raison de son caractère partiellement alimentaire[3].

Si le juge n'est pas autorisé à consentir un délai de grâce au débiteur d'aliments, il peut en revanche constater que son créancier est d'accord pour recevoir un paiement échelonné ou pour un report de règlement.

951.173 **Preuve du paiement.** Conformément à l'article 1315 alinéa 2 du Code civil, c'est au débiteur d'aliments qui se prétend libéré de rapporter la preuve des paiements qu'il allègue. Viole ce texte et inverse la charge de la preuve l'arrêt qui ordonne la mainlevée d'une procédure de paiement direct au motif que la créancière n'en démontre pas le bien fondé[4].

Considérant que le paiement était un **acte juridique** ayant un effet immédiatement libératoire, la Haute juridiction jugeait que cette preuve devait être faite, selon les règles du Code civil, c'est-à-dire par écrit au-delà de 1 500 euros selon le décret n° 80-533 du 15 juillet 1980, modifié par le décret n° 2004-836 du 20 août 2004[5] (C. civ., art. 1341)[6].

1. CE 23 déc. 1976, req. n° 01753, *Lebon; JCP* 1977. II. 18660, note Lindon; *RTD civ.* 1977. 635, obs. Perrot.

2. Civ. 2e, 10 avr. 2014, n° 13-13.469, *Bull. civ.* II, n° 100.
3. Civ. 1re, 29 juin 2011, n° 10-16.096, *Bull. civ.* I, n° 128; *Dr. fam.* 2011, n° 124, note Larribau-Terneyre; *Gaz. Pal.* 12-13 août 2011, p. 26, note Copé-Bessis; *JCP* 2011. Chron. 1030, n° 727, obs. Loiseau; *AJ fam.* 2011. 427, note David.
4. Civ. 2e, 24 févr. 2005, n° 02-18.173, *Bull. civ.* II, n° 42; *JCP* 2005. IV. 1729; *D.* 2005. 793; *AJ fam.* 2005. 243.
5. Décr. n° 2004-836, 20 août 2004, portant modification de la procédure civile, *JO* 22 août, p. 15032.
6. Civ. 1re, 27 avr. 1977, n° 74-13.897, *Bull. civ.* I, n° 192; *D.* 1977. 413, note Gaury – Civ. 1re, 15 déc. 1982, n° 81-14.981, *Bull. civ.* I, n° 365 – Civ. 1re, 19 mars 2002, n° 98-23.083, *Bull. civ.* I, n° 101; *Juris-Data* n° 2002-013597 – Civ. 1re, 16 mars 2004, n° 01-11.274, NP; *Juris-Data* n° 022992.

Elle estime désormais que le paiement est un **fait juridique** de telle sorte que sa preuve peut être rapportée par tous moyens[1]. Ainsi la preuve littérale n'étant plus obligatoire, le paiement peut être établi par témoignage ou présomption. Les éléments de preuve unilatéraux sont également recevables, sauf pour le juge à en apprécier souverainement la portée. À cet égard, l'adage « *nul ne peut se constituer de preuve à soi-même* » n'est pas applicable à la preuve des faits juridiques[2].

Toutefois, l'écrit reste le mode de preuve le plus courant et le plus sûr. Peuvent ainsi être produits efficacement des reçus, des lettres accusant réception d'un paiement, des talons de mandats postaux, des relevés de comptes bancaires mentionnant le bénéficiaire des chèques ou des virements ou, à défaut d'une telle précision, accompagnés de la photocopie des chèques, *etc.* Il convient de préciser que le créancier qui a donné quittance peut toujours établir que celle-ci n'a pas la valeur libératoire qu'implique son libellé. Il doit cependant rapporter cette preuve dans les conditions prévues par les articles 1341 et suivants du Code civil, c'est-à-dire par écrit au-delà de 1 500 euros, sauf les exceptions envisagées par ces textes[3].

951.174 **Paiements indus.** Les sommes perçues en trop à l'occasion d'une procédure de paiement direct peuvent faire l'objet d'une **action en répétition de l'indu** sur le fondement des articles 1235 et 1376 du Code civil. Ces trop-perçus apparaissent notamment lorsque la mesure continue à produire effet après que le droit aux aliments a disparu.

Il en est ainsi lorsqu'une mère a refusé de donner mainlevée du paiement direct alors que le père des enfants devenus majeurs, n'était plus tenu de leur verser des aliments[4]. La Cour de cassation a estimé à cette occasion, que les prélèvements effectués dans le cadre d'une telle mesure ne pouvaient s'analyser en des paiements volontaires révélant chez le débiteur l'intention d'acquitter une obligation naturelle insusceptible de répétition.

Il faut également préciser que la mesure de paiement direct ne peut produire effet que pour les arrérages à échoir ainsi que pour l'arriéré des six derniers mois ayant précédé la notification de la demande au tiers. Par conséquent, lorsque l'huissier a pris en compte des créances nées plus de six mois avant son intervention, le trop perçu est sujet à répétition[5].

Le créancier doit verser les **intérêts des sommes perçues en trop**, à compter de la demande en répétition, sauf s'il les a reçues de mauvaise foi auquel cas il doit les intérêts à partir du paiement indu (C. civ., art. 1378)[6]. Ces intérêts courent, en cas de versements successifs, du jour de chaque paiement perçu de mauvaise foi et ce, sans que le créancier ait à justifier d un préjudice spécial[7]. L'action tendant à la répétition d'un paiement indu d'aliments n'était pas régie par les dispositions de l'alinéa 3 de l'ancien article 2277 du Code civil[8]. Depuis la réforme de la prescription intervenue en 2008, cette action est désormais enfermée dans le délai de droit commun de **cinq ans** (C. civ., art. 2224).

La question des modalités de remboursement des trop-perçus demeure délicate, notamment lorsque leur compensation est demandée avec les termes à échoir d'une rente ou d'une pension toujours en vigueur.

951.175 **Compensation.** La compensation des dettes réciproques s'analyse en un mode d'extinction des obligations (C. civ., art. 1234) autant qu'en une sûreté réelle[9]. Elle évite ainsi des paiements croisés et garantit le débiteur *in bonis* contre l'insolvabilité éventuelle de l'autre débiteur.

En procédant à la compensation, le JEX n'excède pas les limites de sa compétence et ne porte pas atteinte au titre exécutoire fondant les poursuites. La Cour de cassation estime même qu'il méconnaît ses pouvoirs lorsqu'il refuse d'examiner une telle exception[10].

951.176 **Compensation légale.** La compensation s'opère de plein droit par la seule force de la loi et à l'insu des débiteurs dont les dettes réciproques s'éteignent à concurrence de leurs quotités respectives au moment où elles se trouvent exister en même temps (C. civ., art. 1289 et 1290). Il faut que les deux dettes soient certaines, liquides et exigibles. Cependant, selon l'article 1293, 3° du Code civil, la compensation n'a pas lieu dans le cas d'une

1. Civ. 1re, 30 avr. 2009, n° 08-13.705, NP; *D.* 2009. 2722, obs. Delebecque, Bretzner et Vasseur – Civ. 1re, 16 sept. 2010, n° 09-13.947, *Bull. civ.* I, n° 173; *D.* 2010. 2156, note Delpech; *JCP* 27 sept. 2010, n° 940, note Deharo; *CCC* 2010, n° 266 – V. AUSSI : *D.* 2013. 942, note Quétand-Finet.
2. Civ. 2e, 6 mars 2014, n° 13-14.295, *Bull. civ.* II, n° 65; *JCP* 2014. 520; *JCP* 2014. 1169, note Lemay; *Dr. et proc.* 2014. 70; *Procédures* 2014. 166, note Perrot.
3. Civ. 1re, 4 nov. 2011, n° 10-27.035, *Bull. civ.* I, n° 194; *D.* 2012. 63, note François.
4. Civ. 1re, 12 juill. 1994, n° 92-13.375, *Bull. civ.* I, n° 253.
5. Civ. 2e, 22 oct. 2009, n° 08-19.559, *Bull. civ.* II, n° 249; *Dr. et proc.* 2010. 61, obs. Putman; *D.* 2009. 2692; *AJ fam.* 2010. 80, obs. Gallmeister.
6. Civ. 3e, 12 févr. 1985, n° 83-10.443, *Bull. civ.* III, n° 30.
7. Civ. 1re, 8 juin 1983, n° 82-12.418, *Bull. civ.* I, n° 172; *RTD civ.* 1985. 168, obs. Mestre.
8. Civ. 2e, 22 nov. 2001, n° 99-16.052, *Bull. civ.* II, n° 170; *D.* 2002. 45.
9. Soc. 17 juin 1982, n° 80-40.719, *Bull. civ.* V, n° 404.
10. Civ. 2e, 15 nov. 2007, n° 06-20.057, *Bull. civ.* II, n° 251; *D.* 2008. 648, chron. Sommer et Nicoletis et obs. Avena-Robardet.

dette qui a pour cause des aliments déclarés insaisissables. Ainsi, le débiteur d'aliments qui a payé la dette de son créancier ne peut lui opposer de son propre chef la compensation légale et se prétendre libéré à hauteur de sa propre créance. Cette exception bénéficie même au créancier d'une prestation compensatoire, la Cour de cassation faisant prévaloir son caractère alimentaire sur son caractère indemnitaire (il en est jugé ainsi à propos d'une dette fiscale personnelle à une femme divorcée et payée par son ex-mari, lequel invoquait, à due concurrence, la compensation avec une prestation compensatoire[1]).

La Cour de cassation a cependant ménagé l'hypothèse de la compensation entre deux dettes à caractère alimentaire en se référant à l'ancien article 2092, 2° du Code civil (devenu C. pr. exéc., art. L. 112-2, 3°)[2] (même arrêt). Cela suppose que les deux dettes d'aliments prétendument réciproques s'appliquent aux mêmes débiteurs (C. civ., art. 1289). Cela n'est pas le cas lorsqu'un mari divorcé créancier d'une PAL à l'égard de son ex-épouse invoque la compensation de cette pension avec les sommes qu'il doit verser à cette dernière pour l'entretien de leur enfant mineur[3].

La disposition de l'article 1293, 3° du Code civil ne s'oppose pas de toute façon, à ce que la partie dont la créance est insaisissable puisse demander, par voie d'exception, que les sommes qui lui sont dues se compensent avec celles dont elle est elle-même débitrice[4].

951.177 Compensation judiciaire. Il convient cependant de relever que les exceptions aux règles de la compensation légale énumérées à l'article 1293 précité, ne s'appliquent pas aux créances et dettes faisant l'objet d'une demande en compensation judiciaire dont l'appréciation appartient aux juges du fond[5]. On estime ainsi que l'intervention du juge supplée avantageusement la protection résultant de l'interdiction légale.

Cependant, cette protection n'est plus assurée lorsque l'on se trouve en présence de créances connexes pour lesquelles la compensation judiciaire n'est plus facultative mais obligatoire pour le magistrat qui doit se prononcer sur le bien-fondé des créances et les liquider[6]. Dans ce cas, la protection de l'article 1293 du Code civil peut apparaître, selon les circonstances, soit inutile, soit imméritée[7]. Il peut en être ainsi lorsque le créancier d'aliments a perçu de mauvaise foi plus qu'il n'aurait dû recevoir. Le juge saisi de la contestation pourrait alors ordonner la compensation du trop-versé sous la forme d'une imputation sur une fraction des prélèvements à venir jusqu'à expiration de la dette du créancier de la pension. On a également pensé que la créance du débiteur d'une prestation compensatoire pouvait judiciairement se compenser avec la fraction indemnitaire de cette prestation non indispensable à la survie de son bénéficiaire, lequel n'a pas besoin de la protection de l'article 1293, 3° du Code civil[8]. Toutefois, la Cour de cassation ne retient pas cette argumentation et rejette la demande en compensation de toute créance avec une prestation compensatoire, même par voie judiciaire.

Il convient de relever que, sur le plan procédural, la compensation judiciaire n'est envisagée que sous l'angle de l'exception ce qui pourrait laisser penser qu'elle ne saurait être demandée que par voie reconventionnelle (C. pr. civ., art. 37, 70 et 564). La contestation du débiteur qui s'analyse en une demande principale ne devrait donc pas pouvoir être fondée sur une demande en compensation judiciaire. Quoi qu'il en soit, la compensation judiciaire pourrait être opposée par le débiteur lorsque c'est le créancier d'aliments qui prend l'initiative de la contestation, notamment lorsqu'il remet en cause le certificat d'extinction de l'huissier.

951.178 L'adage « *dette d'aliments ne s'arrérage pas* ». Cet adage signifie que le créancier d'aliments qui a négligé de les percevoir, ne peut plus en réclamer les arrérages échus. Cette règle non écrite, fréquemment invoquée par les débiteurs, est fondée sur la présomption selon laquelle le créancier qui ne réclame pas les termes échus de sa PAL, est censé ne plus être dans le besoin ou avoir renoncé à cette pension. Elle constitue une règle de preuve autant qu'une prescription extinctive instantanée.

La tendance de la jurisprudence est de restreindre la portée de cet adage tant en ce qui concerne son **champ d'application** que sa **force probante**.

951.179 Champ d'application de l'adage. Ainsi, la règle ne s'applique pas à la contribution aux

1. Civ. 2e, 9 juill. 1997, n° 95-21.038, *Bull. civ.* II, n° 220; *D.* 1998. 544, note Yamba; *RTD civ.* 1997. 914, obs. Hauser; *JCP* 1998. II. 10033 note Pataut – Civ. 2e, 2 oct. 1997, n° 95-19.358, *Bull. civ.* II, n° 239 – Civ. 1re, 12 nov. 2009, n° 08-15.558, NP; *Procédures* janv. 2010, p. 12, n° 7, note Perrot.
2. Ord. n° 2011-1895, 19 déc. 2011.
3. Crim. 30 juill. 1931, *D.* 1931. 476.
4. Civ. 2e, 10 *mars 1965*, *D. 1965. 350.*
5. Civ. 1re, 12 juill. 1956, *RTD civ.* 1956. 737, obs. Mazeaud – Civ. 1re, 10 avr. 1973, n° 71-14.796, *Bull. civ.* I, n° 137; *JCP* 1974. II. 17605, note Ghestin.
6. Civ. 1re, 18 janv. 1967, *D.* 1967. 358, note Mazeaud – Civ. 3e, 30 mars 1989, n° 87-12.470, *Bull. civ.* III, n° 77 – Civ. 1re, 30 juin 1993, n° 91-16.162, *Bull. civ.* I, n° 235 – Soc. 3 mars 1994, n° 91-11.104, *Bull. civ.* V, n° 80.
7. Obs. Ghestin, ss Civ. 1re, 10 avr. 1973, n° 71-14.796 (et réf. préc. ss prést n°).
8. Civ. 2e, 9 juill. 1997, n° 95-21.038, *Bull. civ.* II, n° 220; *JCP* 1998. 10033, note Pataut – Civ. 2e, 2 déc. 1998, n° 97-15.650, NP; *Dr. fam.* 1999, n° 28, note Lécuyer.

charges du ménage[1] et lorsque la pension a été accordée au titre de la contribution d'un époux, à l'entretien et à l'éducation des enfants mineurs issus du mariage[2]. L'époux demeure ainsi débiteur de l'arriéré, même si au moment de la mise en œuvre de la procédure de paiement direct, il assure depuis deux ans le versement régulier de la pension[3]. Le père naturel à l'égard duquel la filiation d'un enfant est établie ne peut non plus se prévaloir de l'adage pour se soustraire au paiement des aliments antérieurs au jugement déclarant sa paternité. Les effets d'une paternité remontent à la naissance de l'enfant et la règle « *aliments ne s'arréragent pas* » est inapplicable à l'obligation d'entretien et d'éducation incombant à ses parents[4]. Cependant, l'adage demeure opposable aux recours des hôpitaux publics contre les débiteurs alimentaires d'une personne hospitalisée[5]. Il en est ainsi lorsque l'établissement assigne les enfants et petits-enfants de la personne hospitalisée après que celle-ci est décédée[6].

951.180 **Force probante de l'adage.** Cette présomption de fait qui n'est consacrée par aucun texte légal doit tomber devant la preuve contraire[7]. Le créancier peut notamment établir qu'il était réellement dans le besoin, qu'il n'est pas resté inactif ou qu'il a été empêché d'agir[8]. À cet égard, l'article 2234 du Code civil dispose que la prescription ne court pas ou est suspendue contre celui qui est empêché d'agir par suite d'un empêchement résultant de la loi, de la convention ou de la force majeure. Peut constituer un empêchement légitime, l'éloignement du débiteur ou la perte totale de sa trace. L'existence de réclamations et d'actes de poursuites de la part du créancier ayant obtenu condamnation du débiteur suffit à exclure l'application de la règle sans qu'il y ait lieu de rechercher quels étaient les besoins du créancier[9].

La présomption simple posée par l'adage s'oppose seulement à ce que le créancier d'aliments réclame le versement d'une pension pour la période antérieure à son assignation en justice. Elle est sans application lorsqu'il y a eu condamnation, les arrérages ne pouvant alors se prescrire que par le délai de cinq ans de l'article 2224 du Code civil, sauf si le débiteur démontre que le créancier n'était pas dans le besoin ou avait renoncé à poursuivre l'exécution du jugement[10]. En fait, l'état de besoin est établi par la décision accordant la pension, laquelle opère un renversement de la charge de la preuve. C'est désormais au débiteur condamné de démontrer que le créancier qui a tardé à exécuter n'était plus dans le besoin ou avait renoncé aux aliments.

951.181 **Prescription quinquennale.** Selon l'ancien article 2277 du Code civil, les actions en paiement des arrérages des PAL se prescrivaient par cinq ans. Ce texte ne distinguait pas entre l'action en paiement du créancier d'aliments et le recours du débiteur qui avait payé des sommes excédant sa part contributive, compte tenu des facultés respectives des autres débiteurs[11].

La prescription quinquennale de l'ancien article 2277 n'était pas fondée sur une présomption de paiement susceptible de tomber devant la preuve contraire. Elle constituait un mode d'extinction de la dette d'aliments qui libérait le débiteur même s'il reconnaissait n'avoir rien réglé[12].

L'application de l'ancien article 2277 du Code civil avait donné lieu, en ce qui concerne les créances alimentaires, à une **jurisprudence très fluctuante tantôt restrictive tantôt extensive.**

La Cour de cassation avait tout d'abord estimé que seule la demande en paiement d'arrérages non visés dans un titre exécutoire était soumise à la prescription quinquennale. L'action en recouvrement d'une pension ayant fait l'objet d'un jugement de condamnation passée en force de chose jugée était régie par la prescription de droit commun. Plus précisément, la Haute juridiction considérait que la poursuite de l'exécution d'un titre portant condamnation ou paiement était recevable pendant trente ans[13].

Elle avait ensuite décidé que tous les arrérages impayés relevaient de la prescription quinquennale même en présence d'un titre portant condamna-

1. Civ. 1re, 8 nov. 1989, no 87-19.768, *Bull. civ.* I, no 341.
2. Civ. 2e, 29 oct. 1980, no 79-15.301, *Bull. civ.* I, no 226; *JCP* 1981. II. 19665, note Jambu-Merlin.
3. Civ. 2e, 4 mars 1998, no 96-13.569, *Bull. civ.* II, no 66; *Gaz. Pal.* 19-20 août 1998. Pan. 209.
4. Civ. 1re, 12 mai 2004, no 02-17.441, *Bull. civ.* I, no 128; *D.* 2004. 1559; *D.* 2005. 1748, obs. Granet-Lambrechts; *AJ fam.* 2004. 280, obs. Bicheron; *RTD civ.* 2004. 494, obs. Hauser; *JCP* 2004. IV. 2351; *Procédures* 2004, no 210, note Perrot.
5. Civ. 1re, 29 janv. 2002, no 99-21.395, NP; *Gaz. Pal.* 30-31 oct. 2002. Somm. 29, note Massip – Civ. 1re, 14 janv. 2003, no 00-20.267, *Bull. civ.* I, no 6; *D.* 2003. 396, ndlr; *AJ fam.* 2003. 100, obs. F. B.; *RTD civ.* 2003. 280, obs. Hauser; 2004. 275, obs. Hauser.
6. Civ. 1re, 20 janv. 2004, no 01-13.723, *Bull. civ.* I, no 19; *D.* 2004. 467, ndlr; *RTD civ.* 2004. 275, obs. Hauser.
7. Civ. 1re, 28 janv. 1963, *Gaz. Pal.* 1963. 1. 420.
8. Civ. 1re, 18 janv. 1989, no 87-14.849, *Bull. civ.* I, no 14; *RDSS* 1990. 131, obs. Ligneau.
9. Civ. 1re, 9 mai 1975, no 73-12.390, *Bull. civ.* I, no 152.
10. Civ. 1re, 5 juill. 1988, no 86-17.031, *Bull. civ.* I, no 213; *D.* 1989. 51, rapp. Massip.
11. Civ. 1re, 21 nov. 1995, no 93-20.331, NP; *Defrénois* 1996. 719, obs. Massip.
12. Soc. 25 oct. 1990, no 87-40.584, *Bull. civ.* V, no 499.
13. Civ. 1re, 19 mars 1991, no 89-18.337, *Bull. civ.* I, no 94; *Rev. crit. DIP* 1992. 108, note Ancel – Civ. 1re, 16 juin 1998, no 96-18.628, *Bull. civ.* I, no 214; *D.* 1999. 386, note Massip; *RTD civ.* 1998. 895, obs. Hauser.

tion[1], puis était ultérieurement revenue sur cette position[2].

Finalement, la Cour de cassation s'était ralliée, dans son assemblée plénière du 10 juin 2005[3], à l'opinion du professeur J. Massip selon laquelle, si le titre portant condamnation au paiement d'une PAL conservait sa valeur pendant trente ans, il n'était possible de réclamer, en se fondant sur celui-ci, que les arrérages des cinq années précédant la demande en paiement. La première chambre civile avait définitivement ratifié cette solution en se fondant sur la spécificité de l'ancien article 2277 du Code civil et sur la nature particulière des créances qui y étaient visées[4].

Depuis la réforme adoptée par la loi n° 2008-561 du 17 juin 2008, la prescription des aliments est toujours de cinq ans, non plus en vertu de l'ancien article 2277 désormais supprimé, mais en application du nouvel article 2224 ramenant à cinq ans le délai de droit commun originairement fixé à trente ans.

Toutefois, la réforme de 2008 a également introduit dans la loi du 9 juillet 1991 un article 3-1 (devenu C. pr. exéc., art. L. 111-4) au terme duquel l'exécution des titres exécutoires visés aux premièrement, deuxièmement et troisièmement de l'article 3 de cette même loi (devenu C. pr. exéc., art. L. 111-3) (décision portant condamnation, jugements étrangers et procès-verbaux de conciliation) ne peut être poursuivie que pendant **dix ans**, sauf si les actions en recouvrement des créances qui y sont constatées se prescrivent par un délai plus long. Les créances périodiques telles que les créances alimentaires seront nécessairement soumises à cette nouvelle prescription décennale en cas de jugement de condamnation ayant force exécutoire. Dans cette perspective, on peut se demander si la Haute juridiction maintiendra sa jurisprudence selon laquelle : « *si le créancier peut poursuivre pendant trente ans l'exécution d'un jugement condamnant au paiement d'une somme payable à termes périodiques, il ne peut obtenir le recouvrement des arriérés échus plus de cinq ans avant la date de sa demande* ». Cette limitation aux cinq dernières années paraît, de prime abord devoir être abandonnée, puisqu'elle reposait sur l'ancien article 2277 du Code civil applicable en raison de la nature de la créance. Nous considérons toutefois avec B. Fauvarque-Cosson et J. François que cette limitation demeure opportune pour éviter l'accumulation d'arriérés importants et que « *sa reconduction impliquerait alors une combinaison de la nouvelle prescription décennale applicable au jugement de condamnation avec la prescription quinquennale de droit commun applicable à partir de chaque échéance de la dette périodique considérée* »[5].

951.182 Suppression des intérêts légaux majorés. Selon l'article L. 313-3 du Code monétaire et financier, le JEX peut, à la demande du créancier ou du débiteur, et en considération de la situation de ce dernier, l'exonérer de la majoration du taux de l'intérêt légal ou en réduire le montant. Cette majoration est actuellement de cinq points. La Cour de cassation estime qu'à défaut d'exclusion expresse, ce texte peut bénéficier au débiteur d'aliments[6]. Elle précise également que l'article L. 313-3 du Code monétaire et financier s'applique à tous les intérêts, qu'ils soient dus avant ou après la saisine du JEX[7].

951.183 Renonciation du créancier. La renonciation du créancier est fréquemment invoquée pour résister aux mesures de paiement direct. Il faut préciser à cet égard que l'on ne peut renoncer par avance et d'une manière irrévocable, même dans une convention judiciairement homologuée, à faire valoir son droit aux aliments, surtout si ceux-ci sont perçus pour le compte d'un tiers comme l'enfant dont on a la garde en vertu de la décision prononçant le divorce[8]. On peut en revanche, abandonner son droit aux arrérages d'une pension accordée par justice. Si cette renonciation n'est pas expresse mais implicite, elle doit résulter d'actes positifs révélant sans équivoque l'intention du créancier. Son inertie pendant plusieurs années, même en l'absence d'une impossibilité d'agir, ne vaut pas abandon de son droit à la prestation compensatoire qui lui a été judiciairement allouée[9].

1. Civ. 1re, 5 juill. 1988, n° 86-17.031, *Bull. civ.* I, n° 213; *D.* 1989. 51, rapp. Massip – Civ. 1re, 20 nov. 2001, n° 98-16.644, NP; *Gaz. Pal.* 30-31 oct. 2002. Somm. 27, note Massip.
2. Civ. 1re, 14 janv. 2003, n° 00-21.695, *Bull. civ.* I, n° 8; *Rev. huiss.* 2003. 260; *RTD civ.* 2003. 275, obs. Hauser – V. AUSSI : Civ. 1re, 8 févr. 2005, n° 02-19.689, *Bull. civ.* I, n° 74; *D.* 2005. 669.
3. Cass., ass. plén., 10 juin 2005, n° 03-18.922, *Bull. ass. plén.*, n° 6; *Gaz. Pal.* 29-31 janv. 2006, p. 11, note Massip.
4. Civ. 1re, 4 oct. 2005, n° 03-13.375, *Bull. civ.* I, n° 350; *JCP* 2005. IV. 339; *D.* 2005. 2549; *AJ fam.* 2005. 446, obs. Chénedé; *RTD civ.* 2005. 828, obs. Perrot; 2006. 104, obs. Hauser.
5. B. Fauvarque-Cosson et J. François, « Commentaire de la loi du 17 juin 2008 portant réforme de la prescription en matière civile », *D.* 2008. 2515.
6. Civ. 2e, 22 mars 2012, n° 11-13.915, *Bull. civ.* II, n° 56; *D.* 2012. 945.
7. Civ. 2e, 6 juin 2013, n° 12-20.129, *Bull. civ.* II, n° 112; *Procédures* 2013. 239, note Perrot; *D.* 2013. 1486.
8. Civ. 2e, 2 mai 2001, n° 99-15.714, *Bull. civ.* II, n° 80; *RTD civ.* 2001. 860, obs. Hauser; *Gaz. Pal.* 13-15 janv. 2002. Somm. 16, note Massip.
9. Civ. 2e, 20 juin 2002, n° 99-15.135, *Bull. civ.* II, n° 138; *RTD civ.* 2002. 789, obs. Hauser; *JCP* 2002. IV. 2386 – Civ. 1re, 4 oct. 2005, n° 03-13.375 (préc. ss n° 951.181).

Même si l'intention du créancier est clairement exprimée elle ne suffit pas toujours, à elle seule, à valider une renonciation totale ou partielle. La Haute juridiction retient en effet que la modification d'une PAL fixée par une convention judiciairement homologuée, ne peut résulter que de la décision du juge ou d'une nouvelle convention, elle-même soumise à homologation.

Ainsi, la mention « bon pour accord » apposée par une épouse sur une lettre du mari proposant la réduction de la pension adoptée au titre du devoir de secours par la convention définitive, ne peut produire aucun effet sans une convention modificative homologuée par justice[1].

§ 3
Sanctions

951.191 Sanctions contre le tiers. Le tiers qui ne verse pas au créancier le montant des sommes retenues est passible d'une amende pénale de 1 500 euros (C. pr. exéc., art. R. 213-5).

Il en est ainsi d'un banquier qui, ayant consenti un découvert à son client débiteur d'une PAL, a employé les fonds qu'il était tenu de verser en vertu de ce découvert, au règlement de diverses dettes au lieu de les affecter au paiement du créancier d'aliments préférable à tous autres[2].

Il peut également être contraint d'apporter son concours par une condamnation à une astreinte, sans préjudice d'éventuels dommages-intérêts (C. pr. exéc., art. L. 123-1). Il peut enfin faire l'objet d'une condamnation au paiement des causes de la mesure de paiement direct (C. pr. exéc., art. L. 123-1).

Il convient à cet égard de rappeler qu'en vertu de l'alinéa 1er de l'article L. 123-1 C. pr. exéc., texte de portée générale, les tiers ne peuvent faire obstacle aux procédures engagées en vue de l'exécution ou de la conservation des créances.

Ainsi, un tiers peut être condamné à régler à l'auteur d'un paiement direct qui est devenu son créancier personnel et direct, les sommes qu'il a indûment versées au débiteur d'aliments. En revanche, il ne peut être contraint de payer des dommages-intérêts sur le fondement de l'article 1153 du Code civil, que si sa mauvaise foi est caractérisée (la Cour de cassation a statué sur le cas d'une CPAM qui avait indûment versé, en dépit d'une mesure de paiement direct, des indemnités journalières à son assuré débiteur d'une PAL[3]).

951.192 Sanctions contre le débiteur. Le débiteur qui reste plus de deux mois sans payer la PAL à laquelle il a été condamné, encourt les peines du délit d'abandon de famille prévu par l'article 227-3 du Code pénal (deux ans d'emprisonnement et une amende de 15 000 euros) et le cas échéant, les sanctions accessoires de l'article 227-29 du même code.

Il peut naturellement être condamné, en cas de résistance abusive, à des dommages-intérêts notamment en cas de collusion avec le tiers (C. pr. exéc., art. L. 121-3).

951.193 Sanctions contre le créancier. Selon les dispositions de l'article R. 213-8 C. pr. exéc., « *le créancier d'aliments qui, de mauvaise foi, aura fait usage de la procédure de paiement direct peut être condamné par le tribunal d'instance à une amende civile d'un maximum de 3 000 euros* ». Le JEX peut également le condamner à des dommages et intérêts en application de l'article L. 121-2 C. pr. exéc.

Compte tenu de ce que le paiement direct est ouvert au créancier dès le plus petit retard de paiement (il suffit qu'une seule échéance ne soit pas réglée à son terme), les abus sont nécessairement rares au stade de l'engagement de la mesure. La mauvaise foi du créancier apparaît lorsqu'il décide de réagir plusieurs mois après un incident de paiement isolé. Dans une telle circonstance, il est évident que les motivations de celui qui réagit à retardement, se trouvent ailleurs que dans le souci de bénéficier, par des retenues à la source, d'une garantie de règlements ponctuels et réguliers.

En fait, la plupart des « mauvais tours » joués au débiteur se situent en cours de procédure, au moment de prendre en compte une modification ou une cause de cessation de la pension. Le créancier peut en effet refuser, sans motif légitime, soit de notifier au tiers la décision réduisant le montant de l'échéance, soit de lui donner mainlevée de la mesure à la suite d'une suppression judiciaire ou d'une cessation légale du droit aux aliments.

Outre l'amende civile, le créancier de mauvaise foi peut être contraint de rembourser les sommes perçues en trop, augmentées des intérêts moratoires calculés à partir de chaque paiement indu (C. civ., art. 1378) et, en cas de préjudice distinct du retard dans la restitution, des dommages-intérêts compensatoires (C. civ., art. 1382 et 1153).

951.194 Sanction contre l'huissier. L'huissier mandataire du créancier d'aliments peut également mettre en jeu sa responsabilité professionnelle à l'occasion de la procédure de paiement direct qu'il diligente au nom de son client. Tel est le cas lorsqu'il engage cette mesure sur le fondement d'un jugement frappé d'appel non assorti de l'exécution provisoire ou lorsqu'il réitère celle-ci sur la base du même jugement rendu exécutoire par provision par une ordonnance du conseiller de la mise en état, pour le recouvrement d'arrérages échus antérieurement à cette ordonnance dont les effets ne sont pas

1. Civ. 1re, 11 janv. 2005, no 03-16.719 (préc. ss no 951.23).
2. Crim. 29 mai 1984, no 82-92.817, *Bull. crim.* no 194; *RTD civ.* 1985. 221, obs. Perrot.
3. Civ. 1re, 28 juin 2005, no 01-17.730 (préc. ss nos 951.62 et 951.103).

rétroactifs. L'huissier doit, s'il existe un doute sur la portée d'une ordonnance conférant l'exécution provisoire à une décision frappée d'appel, s'abstenir ou saisir le JEX de la difficulté en vertu du second alinéa de l'article R. 151-3 C. pr. exéc. À l'époque où l'huissier avait pratiqué la mesure de paiement direct, la Cour de cassation ne s'était pas encore prononcée sur le caractère non-rétroactif de l'ordonnance assortissant, *a posteriori*, un jugement de l'exécution provisoire[1].

Pour que la responsabilité de l'officier ministériel soit retenue, il faut non seulement qu'il ait commis une faute, mais encore que celle-ci soit la cause du dommage allégué par la victime du paiement direct. Tel n'est pas le cas lorsque le débiteur d'aliments invoque, non des difficultés dans ses rapports avec son employeur du fait de la mesure, mais une atteinte à son image auprès de ses collègues et de ses collaborateurs informés de ses difficultés conjugales. Même s'il a agi à tort, l'huissier qui a instrumenté selon les formes prescrites pour la mise en œuvre du paiement direct n'est pas considéré comme l'auteur de ce préjudice.

L'huissier engage également sa responsabilité et peut être condamné à des dommages-intérêts s'il diffuse à son mandant les informations qu'il a recueillies en vue de l'exécution du titre (telle que la fiche FICOBA communiquée par l'administration fiscale). Le secret professionnel auquel il est tenu couvre, en vertu de l'article L. 152-3 alinéa 2 C. pr. exéc., les renseignements obtenus à l'égard de tous les tiers, y compris de celui qui l'a requis[2].

1. Civ. 2e, 22 oct. 2009, n° 08-19.559 (préc. s^{s} n° 951.32).

2. Civ. 1re, 22 mars 2012, n° 10-25.811, *Bull. civ.* II, n° 65; *Nouv. journ. huiss.* mars-avr. 2012, p. 28; *D.* 2012. 886; *Dr. et proc.* 2012. 154, obs. Salati et Tommasone.

CHAPITRE

952. Recouvrements publics

THIERRY FOSSIER
CONSEILLER À LA COUR DE CASSATION

SECTION 0
ORIENTEUR

952.00 **Plan du chapitre.**

952.01 **Textes applicables.**

CSS, art. L. 523-1, L. 581-1 à L. 581-4, L. 581-6 à L. 581-10, R. 523-1, R. 523-2, R. 581-1, R. 581-2, R. 581-4 à R. 581-7 et R. 581-9.

CASF, art. L. 262-1, L. 262-10 et L. 262-11.

C. pr. civ., art. 704 à 718.

C. pr. exéc., art. L. 213-5.

CGI, art. 1912.

• **Ord. n° 2010-420, 27 avr. 2010,** portant adaptation de dispositions résultant de la fusion de la direction générale des impôts et de la direction générale de la comptabilité publique, art. 119 et 122, *JO* 28 avr. (modifiant **L. n° 75-618, 11 juill. 1975,** relative au recouvrement public des pensions alimentaires, art. 1er à 7, 10 à 13, 17, *JO* 12 juill., p. 7178).

• **Décr. n° 2012-430, 29 mars 2012,** portant adaptation de dispositions résultant de la fusion de la Direction générale des impôts et de la Direction générale de la comptabilité publique, art. 43, *JO* 31 mars, p. 5859 (modifiant **Décr. n° 75-1339, 31 déc. 1975,** relatif aux modalités d'application de la loi n° 75-618 du 11 juill. 1975 relative au recouvrement des pensions alimentaires, art. 1er, 4, 6, 8, 9, 11, 13, *JO* 3 janv., p. 166).

• **Décr. n° 86-1073, 30 sept. 1986,** relatif à l'intervention des organismes débiteurs des prestations familiales pour le recouvrement des créances alimentaires impayées, *JO* 2 oct., p. 11804.

952.03 **Bibliographie indicative.** (V. ss n° 950.03).

SECTION 1
RECOUVREMENT PUBLIC DES PENSIONS ALIMENTAIRES

952.11 **Présentation.** Le recouvrement public des pensions alimentaires (PAL) n'est pas une catégorie de saisie-attribution, qui postulerait l'existence d'un tiers saisi, comme le veut notamment la procédure de paiement direct étudiée dans le chapitre précédent (v. ss nos 951.05 s.). Le recouvrement public est une subrogation du créancier d'aliments par un comptable public, lequel met en œuvre ses propres moyens de recouvrement. Parmi ces moyens figurent le recouvrement auprès du débiteur lui-même, au besoin par saisie de ses meubles, ou bien les voies d'exécution entre les mains de tiers. Cette **procédure** est donc **exorbitante du droit commun** et exclusive des initiatives concurrentes du créancier d'aliments (sur ces deux points, v. ss n° 952.51).

Le recouvrement public trouve son terrain d'élection lorsque le débiteur d'aliments échappe aux voies d'exécution les plus simples : saisie-attribution de comptes bancaires, saisie des rémunérations du travail, paiement direct. Cette **procédure** est donc **subsidiaire** (v. s[s] n°s 952.31 et 952.32).

952.12 Doctrine – Rapport de la commission Guinchard. L'efficacité globale de la procédure de recouvrement public ne semble pas encore avérée, ce qui peut expliquer le très faible intérêt que cette procédure, pourtant salutaire, suscite en doctrine, du moins dans la période contemporaine[1].

La mise en place de **barèmes en matière d'aliments** (proposition n° 31 du rapport de la commission Guinchard[2]) devrait tendre à raréfier le contentieux et à prévenir les résistances au paiement, donc les procédures de recouvrement telles que celle étudiée ici.

La loi n° 75-618 du 11 juillet 1975, relative au recouvrement public des pensions alimentaires n'a été modifiée à ce jour que par l'ordonnance n° 2010-420 du 27 avril 2010[3] (art. 122), portant adaptation de dispositions résultant de la fusion de la direction générale des impôts et de la direction générale de la comptabilité publique. Le Trésor public se trouve désormais substitué par les comptables publics en général. Le directeur départemental ou régional des finances publiques (anc[t] trésorier-payeur général) demeure l'interlocuteur du procureur de la République (v. s[s] n° 952.51).

Pourtant, le législateur aurait dû se préoccuper de mettre en œuvre pour le recouvrement public de pensions alimentaires, la constitution du **pôle de l'exécution mobilière autour du juge du tribunal d'instance** (proposition n° 8 du rapport de la commission Guinchard) qui serait de nature à assouplir la procédure de contestation, donc à sécuriser les usagers, débiteur ou créancier d'aliments. On ne peut bien sûr que déplorer que la loi n° 2011-1862 du 13 décembre 2011, relative à la répartition des contentieux et à l'allègement de certaines procédures juridictionnelles[4], n'ait pas abordé la procédure de recouvrement public et en ait conservé le contentieux au président du tribunal de grande instance (v. s[s] n° 952.41).

§ 1
Conditions d'utilisation de la procédure

952.21 « Pension » alimentaire fixée par une décision judiciaire exécutoire. La loi du 11 juillet 1975 (L. 11 juill. 1975, art. 1er) reprend littéralement les termes et le champ d'application de la loi du 2 janvier 1973 régissant le paiement direct. On se reportera donc à ce qui en a été dit plus haut (v. s[s] n°s 951.05 à 951.12).

952.22 Échec des voies d'exécution de droit privé. Bien que la loi du 11 juillet 1975 ne le précise pas expressément, le défaut inexcusable de paiement d'un terme au moins est une condition du recours au recouvrement public. En effet, celui-ci nécessite une tentative préalable d'exécution forcée, laquelle ne se justifie par principe qu'en cas de défaut de paiement.

Plus précisément, l'utilisation de la procédure de recouvrement public suppose « *l'exercice infructueux d'une voie d'exécution de droit privé* » (L. 11 juill. 1975, art. 1er et 2, al. 2). Cette formulation recèle une double exigence : avoir agi et prouver l'insuccès.

La définition de la voie d'exécution de droit privé n'est pas spécifique à la matière du recouvrement public de pension alimentaire (PAL) : ce peut être notamment, mais non exclusivement, un paiement direct[5]. On se reportera à ce sujet aux principes généraux de l'exécution au début de cet ouvrage. Il est simplement rappelé qu'ici comme en toute matière, le commandement de payer n'est pas une voie d'exécution[6].

En revanche, le choix de la voie d'exécution et les conditions de son déroulement, ou encore le carac-

1. A. Gouttenoire, « Les voies d'exécution au service de la famille : le recouvrement spécifique des pensions alimentaires », *AJ fam.* 2006. 60 – *J.-Cl. Pr. civ. form.*, v° *Aliments*, par E. Molin – *J.-Cl. Pr. civ.*, J. Miguet, fasc. 2290 – O. Salvat, « Les procédures de recouvrement forcé des créances d'aliments et les comptables publics tiers saisis », *Gaz. Pal.* 1985. Doctr. 324 – Plus anciens et généraux : Appert et Julliard, « La loi du 11 juillet 1975 relative au recouvrement public des pensions alimentaires », *D.* 1977. Chron. 113 – R. Lindon, « Commentaire du décret du 31 décembre 1975 relatif aux modalités d'application de la loi du 11 juillet 1975 relative au recouvrement public des pensions alimentaires », *JCP* 1976. I. 2763 – J. Massip, « La loi du 11 juillet 1975 relative au recouvrement public des pensions alimentaires », *Defrénois* 1977. 337 – J. Vincent et J. Prévault, « La loi du 11 juillet 1975 relative au recouvrement public des pensions alimentaires », *D.* 1976. Chron. 237; « La procédure de recouvrement public et ses premières applications », *D.* 1979. Chron. 237.
2. *Rapport*, proposition n° 31 expliquée p. 298 (préc. s[s] prés[t] n°).
3. Ord. n° 2010-420, 27 avr. 2010, portant adaptation de dispositions résultant de la fusion de la direction générale des impôts et de la direction générale de la comptabilité publique, *JO* 30 avr., p. 7839 – L. n° 75-618, 11 juill. 1975, *JO* 12 juill., p. 7178.
4. L. n° 2011-1862, 13 déc. 2011, relative à la répartition des contentieux et à l'allègement de certaines procédures juridictionnelles, *JO* 14 déc., p. 21105.
5. POUR UNE APPLICATION : Civ. 1re, 11 févr. 2009, n° 07-16.993, *Bull. civ.* I, n° 24; *D.* 2010. 1243, obs. Serra et Williatte-Pellitteri; *AJ fam.* 2009. 128, obs. David; *RTD civ.* 2009. 302, obs. Hauser.
6. Civ. 2e, 6 déc. 1991, n° 89-18.469, *Bull. civ.* II, n° 327; *D.* 1992. IR 5; *Gaz. Pal.* 1992. 1. Pan. 49.

tère seulement partiel de l'insuccès, sont sans effet sur le droit au recouvrement public (il en est jugé ainsi à propos d'une voie d'exécution non contradictoire[1]).

952.23 Cas du débiteur en sauvegarde, redressement ou liquidation judiciaires. Après une lente maturation de la question, la Cour de cassation est arrivée à une formulation descriptive très complète : en l'absence de déclaration de la créance d'aliments au passif du débiteur, cette créance échappe à l'extinction et peut être payée sur les revenus dont le débiteur conserve la disposition, ou bien être recouvrée par la voie de la procédure de paiement direct ou de recouvrement public; toutefois, lorsque le créancier déclare aussi ses droits en vue de leur admission au passif de la procédure collective, les règles relatives à la procédure de déclaration et de vérification des créances et à l'admission dans les répartitions et dividendes leur sont applicables, sans pour autant que la non-admission à ce passif affecte ses droits de créancier d'aliments[2].

§ 2
Formes de la demande : rôle du procureur de la République

952.31 Requête. La demande de recouvrement est adressée par le créancier d'aliments au procureur de la République près le tribunal de grande instance (TGI) dans le ressort duquel se trouve son domicile (L. 11 juill. 1975, art. 2, al. 1er). La demande est faite sur papier libre mais envoyée par lettre recommandée avec avis de réception (LRAR), pour avoir date certaine, ou encore déposée au greffier du parquet, qui y porte sans délai la date du dépôt (Décr. 31 déc. 1975, art. 1er, al. 2 et 3).

Le créancier doit fournir les pièces justifiant de l'utilisation d'une voie d'exécution, notamment une expédition ou la copie certifiée conforme de la décision exécutoire fixant la PAL, et des renseignements relatifs au débiteur (identité, adresse ou dernière adresse connue, profession, nom et adresse de l'employeur, éléments sur le patrimoine et les revenus du débiteur d'aliments). Il doit, pour satisfaire pleinement aux exigences de l'article 2 du décret du 31 décembre 1975, justifier de **l'échec des voies d'exécution de droit commun** : attestation du greffier du tribunal d'instance relative à l'échec des saisies sur rémunérations du travail, attestation d'un huissier de justice relative au caractère infructueux d'autres saisies, *etc.*

La méconnaissance de l'adresse du débiteur, ne suffirait pas à rejeter la demande de recouvrement public[3].

952.32 Rôle du procureur de la République. Le procureur de la République vérifie que le créancier a justifié du caractère exécutoire de la pension et a satisfait aux exigences de l'article 2 du décret du 31 décembre 1975 (v. ss no 952.31), avise par lettre simple le créancier d'aliments de la suite réservée à sa demande (Décr. 31 déc. 1975, art. 4, al. 1er).

En cas d'admission, celle-ci est portée à la connaissance du débiteur par LRAR doublée d'une lettre simple (Décr. 31 déc. 1975, art. 4, al. 2). Le directeur départemental ou régional des finances publiques (anct trésorier-payeur général) peut aider le parquet à retrouver le débiteur qui n'aurait pas de domicile connu.

Les courriers d'avis comportent des mentions obligatoires détaillées par l'article 4 du décret (sur les contestations qui s'élèvent à réception de ces avis, v. ss no 952.41).

Le parquet établit, s'il admet le recouvrement public, un état exécutoire qu'il transmet au directeur départemental ou régional des finances publiques (anct trésorier-payeur général). Cet état ne doit viser que les termes à échoir et les termes arrivés à échéance dans les six mois précédents la demande[4] (L. 11 juill. 1975, art. 3, al. 1er – et Décr. 31 déc. 1975, art. 6, al. 3).

Il appartient au procureur de tenir compte, lors de l'établissement de l'état exécutoire, de l'indexation de la PAL[5], ainsi que des frais réglementaires dus au Trésor (v. ss no 952.61).

Il lui appartiendra aussi de modifier d'office ou à la demande de la partie la plus diligente, l'état exécutoire lorsque les montants à recouvrer sont ultérieurement modifiés (v. ss no 952.72).

1. Civ. 2e, 3 janv. 1979, no 77-14.167, *Bull. civ* II, no 4; *D.* 1979. IR 79; *Gaz. Pal.* 1979. 1. 197 – SUR RENVOI : TGI Tarascon, 19 déc. 1979, *D.* 1980. IR 246.
2. Com. 13 juin 2006, no 05-17.081, *Bull. civ.* IV, no 141; *D.* 2006. 1969, note Vincent; 1681, obs. A. Lienhard; *D.* 2007. 42, obs. Le Corre et Lucas; *AJ fam.* 2006. 333, obs. F. C.; *RTD civ.* 2006. 747, obs. Hauser; *RTD com.* 2006. 662, chron. Martin-Serf – PRÉCÉDENTS : Com. 1er févr. 2005, no 01-13.943, *Bull. civ.* IV, no 18; *D.* 2005. 489, obs. A. Lienhard; 2196, note Revel; *D.* 2006. 1380, obs. Bourassin, Claudel, Danis-Fatôme et Thullier; *RTD civ.* 2005. 375, obs. Hauser – Com. 8 oct. 2003, no 00-14.760, *Bull. civ.* IV, no 152; *D.* 2003. 2637, obs. A. Lienhard; *D.* 2004. 54, obs. Lucas; 1965, obs. Danis-Fatôme; *RTD com.* 2004. 368, obs. Martin-Serf.
3. Civ. 2e, 3 janv. 1979, no 77-14.167, P (préc. ss no 952.22).
4. Ainsi d'une espèce où ayant pratiqué un paiement direct pour le semestre le plus récent, la demanderesse requérait un recouvrement public pour les seize annuités antérieures; voie qui lui est refusée : Civ. 1re, 11 févr. 2009, no 07-15.993, *Bull. civ.* I, no 24; *D.* 2010. 1243, obs. Serra et Williatte-Pellitteri; *AJ fam.* 2009. 128, obs. David; *RTD civ.* 2009. 302, obs. Hauser.
5. Civ. 2e, 2 déc. 1981, *Gaz. Pal.* 1981. 2. Pan. 153.

§ 3
Contestations

952.41 **Cas – Procédure.** Les contestations peuvent émaner du créancier d'aliments (en cas de refus, total ou partiel, du bénéfice de la procédure de recouvrement public) ou du débiteur (en cas d'acceptation, totale ou partielle, de la demande de recouvrement public). Elles ne suspendent pas la mise en œuvre de la procédure de recouvrement public (L. 11 juill. 1975, art. 4, al. 5). Elles ne se confondent pas avec le contentieux des aliments, qui doit être engagé distinctement et ne suspend pas non plus le recouvrement public ni la procédure de contestation de ce recouvrement.

Les contestations de recouvrement public doivent être faites entre les mains du **procureur de la République**. Celui-ci les transmet au **président du TGI**, et non pas au JEX (Décr. 31 déc. 1975, art. 4 et art. 8, al. 1er). Le président statue dans la quinzaine, comme en matière de référé, sans frais, les parties étant convoquées (L. 11 juill. 1975, art. 4, al. 1er et 4 - et Décr. 31 déc. 1975, art. 8, al. 2). La décision du président est rendue en dernier ressort (L. 11 juill. 1975, art. 4, al. 3 - et Décr. 31 déc. 1975, art. 9). Elle est notifiée par le parquet par LRAR aux parties et au directeur départemental ou régional des finances publiques (anct trésorier-payeur général) (Décr. 31 déc. 1975, art. 8, al. 3).

952.42 **Voies de recours.** Le pourvoi en cassation en la matière n'est pas dispensé du ministère d'avocat[1].

§ 4
Mise en œuvre du recouvrement : rôle exclusif du comptable public

952.51 **Mécanisme.** À compter de la notification au débiteur des sommes faisant l'objet du recouvrement public, le débiteur ne peut plus valablement s'en libérer qu'entre les mains du comptable public (L. 11 juill. 1975, art. 9). Pour les sommes qu'il est chargé de recouvrer, ce comptable public est subrogé dans les actions et garanties dont dispose le créancier d'aliments (L. 11 juill. 1975, art. 6)[2].

Le directeur départemental ou régional des finances publiques (anct trésorier-payeur général) qui reçoit l'état exécutoire le confie pour recouvrement au comptable public du domicile ou de la résidence du débiteur (Décr. 31 déc. 1975, art. 11). Ce comptable dispose des voies de recouvrement applicables en matière d'impôts directs (L. 11 juill. 1975, art. 7, al. 1er). À ce titre, le percepteur adresse au débiteur d'aliments une lettre de rappel. En cas d'échec, il notifie un commandement. Enfin, le représentant de l'État peut pratiquer toute voie d'exécution paraissant adéquate et autorisée par le droit des procédures fiscales : vente des meubles, avis à tiers détenteur, paiement direct, *etc.* Dans le cas de paiement direct, le Trésor public est dispensé du ministère d'huissier de justice (C. pr. exéc., art. L. 213-5).

Dès le dépôt de la demande d'admission à la procédure de recouvrement public et jusqu'à la cessation de celle-ci, le créancier ne peut plus exercer aucune autre action pour le recouvrement des sommes qui font l'objet de cette demande (L. 11 juill. 1975, art. 5).

§ 5
Frais

952.61 **Énoncé.** La rémunération de l'État se compose d'une majoration et de frais. La majoration est proportionnelle non aux sommes recouvrées mais aux sommes à recouvrer; le Trésor perçoit précisément 10 % des sommes à recouvrer. L'article 1912 du Code général des impôts établit les frais par actes, entre 1 % (inventaire) et 5 % (toute saisie) des sommes dues.

§ 6
Modifications et cessation

952.71 **Hypothèses.** En cas de décès du débiteur, ou lorsque l'impossibilité de recouvrer la créance a été constatée par le comptable du Trésor, ce dernier renvoie le titre exécutoire au procureur de la République qui met fin à la procédure de recouvrement public et décharge le comptable public (L. 11 juill. 1975, art. 10). L'opération se réalise par l'émission d'un titre de réduction et une notification de mainlevée aux parties (L. 11 juill. 1975, art. 12, al. 1er et 2).

Le créancier peut aussi renoncer de lui-même au recouvrement public (L. 11 juill. 1975, art. 11).

Enfin, le débiteur qui, ayant acquitté les arriérés de la créance pris en charge par le Trésor, a versé durant douze mois consécutifs le montant des termes courants de la pension à la caisse du comptable public compétent, sans que celui-ci ait à exercer des poursuites, peut demander à se libérer à l'avenir directement entre les mains du créancier de la pension (L. 11 juill. 1975, art. 12).

En cas de nouvelle défaillance du débiteur dans le délai de deux années après la cessation d'un pre-

1. Civ. 2e, 21 juill. 1986, no 85-12.075, *Bull. civ.* II, no 120.
2. Pour un aperçu des effets de cette subrogation, Soc. 12 juin et 24 nov. 1981, *RTD civ.* 1982. 475.

mier recouvrement public, le créancier réactivera ce dernier sans recourir nécessairement au préalable d'exécution privée (L. 11 juill. 1975, art. 13, al. 1er). Le débiteur subit alors une pénalité de 10 % au profit du créancier, sauf remise par le président du TGI.

952.72 **Compétence.** Les articles 10 (impossibilité de recouvrer), 11 (renonciation du créancier) et 12 (reprise des paiements normaux) de la loi du 11 juillet 1975 renvoient à la compétence première du procureur de la République.

Le contentieux est porté devant le président du TGI (L. 11 juill. 1975, art. 11, al. 2).

Dans le silence des textes, il nous semble que la modification du recouvrement public, notamment par suite d'augmentation ou de diminution des obligations alimentaires, obéit aux mêmes règles que la cessation.

§ 7
Sanctions

952.81 **Amende civile.** Le créancier d'aliments qui, de mauvaise foi, aura obtenu la mise en œuvre du recouvrement public, encourt une amende civile (L. 11 juill. 1975, art. 17). L'ordonnance du président du tribunal qui la prononce est notifiée aux parties par le parquet et est susceptible de recours devant le premier président de la cour d'appel (Décr. 31 déc. 1975, art. 8 et 13, al. 2 - CSS, art. L. 581-9).

SECTION 2
RECOUVREMENT DE PRESTATIONS SUBSTITUTIVES DES ALIMENTS PAR LES ORGANISMES D'ALLOCATIONS FAMILIALES

952.90 **Mécanisme.** Les organismes et services auxquels incombe le service des prestations familiales sont habilités à apporter leur aide au recouvrement des créances dues au titre de l'entretien des enfants, dans les conditions prévues pour le recouvrement de PAL impayées (CSS, art. L. 581-1, issu de L. n° 84-1171, 22 déc. 1984, peu commentée[1] - Décr. n° 86-1073, 30 sept. 1986, non codifié[2]).

La principale de ces aides consiste à octroyer l'**allocation de soutien familial** à titre d'avance sur créance alimentaire (CSS, art. L. 581-2, al. 1er, mod. par L. n° 2011-1906, 21 déc. 2011[3]). Cette allocation, rappelons-le, peut aussi être octroyée à fonds perdus lorsque le débiteur potentiel d'aliments est déclaré insolvable, notamment sur une demande en justice aux fins d'obtention d'aliments (CSS, art. R. 523-1 s.).

D'autres mécanismes d'aides sont prévus et seront examinés (v. ss n° 952.141). Ils se sont substitués avec bonheur au mécanisme de recouvrement par le Trésor inauguré par un décret du 26 février 1981[4], désormais abrogé.

§ 1
Prestation substitutive et subrogation

952.91 **Octroi de la prestation substitutive à titre d'avance sur pension alimentaire.** Lorsque l'un des parents se soustrait en totalité au versement d'une créance alimentaire pour les enfants fixée dans une décision exécutoire, la caisse d'allocations familiales verse au créancier de la pension **l'allocation de soutien familial** (CSS, art. L. 523-1), à titre d'avance qui sera recouvrée ensuite par cet organisme. Lorsque l'impayé n'est que partiel, la caisse verse une simple **allocation différentielle**, mais peut la recouvrer de même contre le débiteur défaillant (CSS, art. L. 581-2).

Un dispositif comparable est prévu lorsque la caisse accorde non plus l'**allocation de soutien familial** mais une avance sur PAL au titre de son action sanitaire et sociale (CSS, art. L. 581-9).

La loi n° 2008-1249 du 1er décembre 2008[5] a institué un revenu de solidarité active (RSA) qui a pour objet d'assurer à ses bénéficiaires des moyens convenables d'existence, afin de lutter contre la pauvreté, encourager l'exercice ou le retour à une activité professionnelle et aider à l'insertion sociale des bénéficiaires (CASF, art. L. 262-1). Le RSA est subordonné à l'exercice des droits des demandeurs à des aliments (CASF, art. L. 262-10) : les caisses d'allocations familiales doivent aider ces demandeurs du RSA (CASF, art. L. 262-11) et sont alors

1. *ALD* 1985. 131, note Gebler – *Dr. soc.* 1985. 387, obs. Fragonard – *RTD civ.* 1985. 225, note Godé – *Dr. soc.* 1996. 514, obs. Le Bohec.

2. Décr. n° 86-1073, 30 sept. 1986, relatif à l'intervention des organismes débiteurs des prestations familiales pour le recouvrement des créances alimentaires impayées, *JO* 2 oct., p. 11804.
3. L. n° 2011-1906, 21 déc. 2011, de financement de la sécurité sociale pour 2012, *JO* 22 déc., p. 21682.
4. Décr. n° 81-184, 26 févr. 1981, relatif au recouvrement par les comptables directs du trésor des avances consenties par les caisses d'allocations familiales ou les caisses de mutualité sociale agricole aux créanciers de pensions alimentaires, *JO* 28 févr., p. 662.
5. L. n° 2008-1249, 1er déc. 2008, généralisant le revenu de solidarité active et réformant les politiques d'insertion, art. 1, I, *JO* 3 déc., p. 18424.

substituées à lui pour les aliments auxquels ils ont droit (CASF, art. L. 262-11, al. 2).

Bien entendu, toutes les dispositions explicitées ci-après sont applicables non seulement aux caisses d'allocations familiales mais encore aux autres organismes débiteurs de prestations familiales : mutualité sociale agricole, organismes sociaux des fonctionnaires et assimilés, *etc.*

952.92 Mandat de recouvrement à hauteur de la pension. L'article L. 581-3 alinéa 1er du Code de la sécurité sociale indique que la demande d'allocation emporte mandat du créancier d'aliments au profit de l'organisme débiteur de la prestation (v. ss n° 952.141).

Ici réside véritablement l'aide publique, qui évite que si la créance d'aliments est supérieure à cette allocation, le créancier d'aliments doive recouvrer par lui-même l'excèdent.

952.93 Subrogation à hauteur de l'allocation. Il importe que l'organisme débiteur de l'allocation ne soit pas soumis aux tergiversations du créancier d'aliments, qui lui-même subit parfois des pressions. La loi prévoit à cette fin diverses précautions (CSS, art. L. 581-2, al. 2 et 5; L. 581-3, al. 2; L. 581-4, al. 2 à 4).

Le dispositif de recouvrement de l'allocation de soutien familial est d'abord **récursoire :** il ne dépend pas du bon vouloir du créancier d'aliments; il est réciproquement plafonné par ce qu'aura payé la caisse d'allocations familiales. L'organisme a un droit propre et prioritaire, s'il recouvre au-delà de l'allocation (sur l'aide au recouvrement, v. ss n° 952.141), au montant de ce qu'il a versé à titre d'avance (CSS, art. L. 581-3, al. 2). Si l'allocataire renonce au bénéfice de l'allocation de soutien familial, l'organisme peut persévérer jusqu'au recouvrement complet de ses créances, qui lui sont propres (CSS, art. L. 581-4, al. 2). Lorsque le débiteur reprend ses paiements, le paiement direct au parent créancier n'est possible qu'avec l'accord de l'organisme débiteur de prestations familiales (CSS, art. L. 581-4, al. 4).

Mais la loi indique aussi que l'organisme débiteur de prestations familiales est **subrogé dans les droits du créancier** (CSS, art. L. 581-2, al. 5). Cette subrogation est le principe du mécanisme : elle permet à la caisse de recouvrer les pensions ouvrant droit à l'allocation de soutien familial à la place de l'allocataire sur l'ensemble des biens du débiteur. Un **pouvoir spécial** est néanmoins nécessaire pour que la caisse engage l'une des voies d'exécution légales : la **saisie immobilière** (CSS, art. L. 581-4, al. 3). Par application encore du caractère subrogatoire, l'action de la caisse conserve le caractère alimentaire de l'action du créancier d'aliments [1].

§ 2
Procédure d'admission

952.101 Demande. L'allocation de soutien familial fait l'objet d'une demande dont le modèle est fixé par arrêté du ministre chargé de la sécurité sociale, accompagnée des justifications nécessaires à l'établissement du droit à la prestation et adressée à l'organisme débiteur (CSS, art. R. 523-2).

Le créancier doit aussi fournir les renseignements en sa possession de nature à faciliter le recouvrement de la créance, notamment l'identité, le numéro d'immatriculation à la sécurité sociale, l'adresse ou la dernière adresse connue, la profession du débiteur, les nom et adresse de l'employeur, la nature, la situation et l'importance du patrimoine ainsi que les sources de revenus du débiteur (CSS, art. L. 581-4, al. 1 et R. 581-1). Il joint une attestation d'échec du recouvrement public, établie par le parquet, ou un document équivalent (CSS, art. R. 581-2).

952.102 Notifications. Par application de l'article 4 du décret n° 86-1073 du 30 septembre 1986, l'organisme débiteur de prestations familiales notifie au débiteur, par lettre recommandée avec demande d'avis de réception, qu'il a admis la demande d'aide au recouvrement faite par le créancier. Il lui rappelle ses obligations envers le créancier et lui fait connaître qu'à défaut d'exécution volontaire, le recouvrement de la créance sera poursuivi au moyen de toute procédure appropriée. Il précise à cet égard que les termes à échoir et les arriérés pour lesquels il n'y a pas subrogation peuvent, avec l'accord de cet organisme, être acquittés directement entre les mains du créancier et qu'à défaut de paiement amiable, le débiteur sera tenu de s'acquitter auprès de l'organisme des arriérés de pension ainsi que des termes à échoir pendant une période de douze mois consécutifs à compter du premier versement effectué (CSS, art. R. 581-4).

§ 3
Frais

952.111 Majorations. Exception faite des créances recouvrées en application de l'article 7 de la loi n° 75-618 du 11 juillet 1975, c'est-à-dire de la mise en œuvre par un comptable public des procédures applicables en matière de contributions directes (v. ss n° 952.51), le montant des sommes versées à l'organisme débiteur de prestations familiales est majoré à son profit de 7,5 % ainsi que du montant des frais effectivement payés aux officiers ministé-

1. Soc. 19 mai 1994, n° 90-21.416, *Bull. civ.* V, n° 178.

riels et aux auxiliaires de justice; lorsque l'organisme débiteur de prestations familiales ne recourt pas aux services d'un officier ministériel ou d'un auxiliaire de justice, une majoration supplémentaire de 2,5 % est appliquée (CSS, art. R. 581-6). Ces majorations sont recouvrées par les voies et moyens applicables au recouvrement de la créance principale. En cas de difficulté, le recouvrement forcé est soumis à la procédure prévue par les articles 704 à 718 C. pr. civ. Le tribunal compétent est celui dans le ressort duquel l'organisme débiteur de prestations familiales a son siège (CSS, art. R. 581-7).

§ 4
Mise en œuvre du recouvrement

952.121 État de recouvrement et voies d'exécution. Le directeur de la caisse établit un état de recouvrement conforme aux articles 1 à 3 du décret n° 86-1073 du 30 septembre 1986.

La caisse dispose de l'ensemble des voies d'exécution ouvertes au porteur d'un titre exécutoire (il en est jugé ainsi à propos d'une saisie des rémunérations[1]). Devant cette règle essentielle, bien des créanciers d'aliments renoncent à requérir un titre et s'exposent alors à perdre le bénéfice de l'allocation de soutien familial (sur la saisie immobilière, v. s^s^ n° 952.93). Si la caisse recourt au paiement direct, elle est dispensée de ministère d'huissier de justice (C. pr. exéc., art. L. 213-5, al. 3); elle dispose des mêmes renseignements que l'huissier de justice (CSS, art. L. 581-8). Si la caisse recourt au recouvrement public de PAL, elle est dispensée du contrôle du procureur de la République mais soumise à celui du préfet (CSS, art. L. 581-7 et L. 581-10, mod. par Ord. n° 2010-420, 27 avr. 2010 - Décr. 30 sept. 1986, art. 3).

952.122 Reversements. Chaque mois, la caisse doit reverser au parent créancier les montants de pension recouvrés pour son compte. Elle verse ainsi l'arriéré de pension récupéré et le terme courant. Sur la somme récupérée, la caisse conserve les montants de l'aide au soutien familial versée antérieurement à titre d'avance sur PAL ainsi que les majorations pour frais de gestion si celles-ci sont applicables. Si le parent débiteur ne peut s'acquitter de l'intégralité des sommes dues auprès de la caisse, celle-ci doit ventiler les sommes récupérées selon un ordre de priorité qui varie selon que la caisse a eu recours à un paiement direct, à une saisie-exécution ou à toute autre procédure. Dans tous les cas, le dernier terme échu de la PAL et des créances des articles 214, 276 et 342 du Code civil est imputé par priorité sur les sommes recouvrées et est reversé au créancier (CSS, art. R. 581-9).

§ 5
Cessation

952.131 Mise à l'épreuve et mainlevée. Une mise à l'épreuve du parent débiteur pendant douze mois est prévue comme suit (CSS, art. R. 581-4). L'organisme débiteur de prestations familiales notifie au débiteur l'apurement définitif des arriérés de la dette et la fin de l'obligation de se libérer auprès de lui. Il rend compte au créancier des actes effectués pour son compte. Il l'informe, le cas échéant, de l'abandon des poursuites lorsqu'elles s'avèrent vaines ou manifestement contraires aux intérêts du créancier (CSS, art. R. 581-5).

SECTION 3
MANDAT DE RECOUVREMENT DES CAISSES D'ALLOCATIONS FAMILIALES

952.141 Cas : faculté ou obligation. La caisse d'allocations familiales ou l'organisme débiteur de prestations familiales peut intervenir dans le recouvrement de créances alimentaires par mandat du créancier d'aliments.

Elle en a **l'obligation** pour la fraction de pension qui excéderait le montant de l'allocation de soutien familial; pour le surplus de la créance, dont le non-paiement a donné lieu au versement de l'allocation de soutien familial, et pour les autres termes à échoir, la demande de ladite allocation emporte mandat du créancier au profit de cet organisme (CSS, art. L. 581-3, al. 1 et 2). Ce mandat, qui ne doit pas être confondu avec la subrogation (v. s^s^ n° 952.93), autorise la caisse d'allocations familiales à recouvrer l'intégralité de la PAL, au nom et pour le compte du créancier, et non pas seulement les montants d'allocation déjà versés à ce dernier[2]. Cette aide publique évite que si la créance d'aliments est supérieure à cette allocation, le créancier d'aliments doive recouvrer par lui-même l'excédent.

Le mandatement est **facultatif** pour les créances n'ouvrant pas droit à l'allocation de soutien fami-

1. Civ. 2e, 9 déc. 2003, n° 02-30.647, *Bull. civ.* II, n° 375; *Rev. huiss.* 2004. 167, note Putman – Civ. 2e, 2 nov. 2004, n° 03-12.218, NP.

2. EN CE SENS : Civ. 2e, 1er juill. 2003, n° 01-16.145, *Bull. civ.* II, n° 221; *D.* 2004. AJ 1945; *RDSS* 2003. 670, obs. Monéger; *Defrénois* 2003. 1482, obs. Massip – Il n'est même pas nécessaire que la caisse indique dans ses actes de procédure qu'elle agit « *ès qualités* » : Civ. 2e, 12 mars 2009, n° 07-20.682, NP.

lial, c'est-à-dire la créance du conjoint, de l'ex-conjoint, et des autres enfants du débiteur ainsi que les créances des articles 214, 276 et 342 du Code civil dont le recouvrement peut être poursuivi par lesdits organismes, avec l'accord du créancier, lorsqu'elles sont afférentes aux mêmes périodes (CSS, art. L. 581-3, al. 3).

L'enfant majeur créancier d'une PAL peut également donner mandat à l'organisme débiteur de prestations familiales de recouvrer cette créance pour son compte (CSS, art. R. 581-3).

Il en est encore ainsi de la créance alimentaire fixée par décision de justice devenue exécutoire en faveur des enfants mineurs, si les conditions d'attribution de l'allocation de soutien familial ne sont pas remplies et si une voie d'exécution engagée par les soins du titulaire n'a pas abouti (CSS, art. L. 581-6 et R. 581-2).

Enfin, l'article L. 581-9 du Code de la sécurité sociale autorise les caisses d'allocations familiales à consentir des avances sur leurs fonds d'action sociale; en pareil cas, les caisses peuvent poursuivre les débiteurs d'aliments.

952.142 **Procédure.** L'aide au recouvrement en résultant est exercée dans les conditions et pour les créances mentionnées aux articles L. 581-2 et suivants du Code de la sécurité sociale (récupération de l'ASF, examinée s[s] n° 952.91). Le recouvrement se fait toutefois dans la limite de deux années à compter de la demande.

L'aide au recouvrement ne saurait gêner l'action récursoire et subrogatoire examinée au paragraphe précédent : sur ce qu'elle recouvre, la caisse est prioritaire, on l'a vu (v. s[s] n° 952.93); en outre, l'aide au recouvrement cessera si elle nuit au créancier d'aliments (CSS, art. R. 581-5, al. 2).

TITRE

96. Le recouvrement des amendes et des condamnations pécuniaires par les comptables de la Direction générale des finances publiques

SECTION 0
ORIENTEUR

960.00 **Plan du titre.**

960.03 **Bibliographie indicative.**

Actualisables. *Lamy Droit de l'exécution forcée*, étude 622, « Titres exécutoires relatifs aux autres créances publiques », nº 622.65.

> **Sur la procédure de l'amende forfaitaire :** Rép. pénal, *vº Amende forfaitaire*, par J.-P. Céré, juin 2011 [maj janv. 2014], nºs 1 à 23 – *J.-Cl. Pr. pén.*, art. 524 à 530-4, *vº* Tribunal de police [Amendes et indemnités forfaitaires], fasc. 20, janv. 2009, par J.-H. Robert, nºs 1 à 41 – *J.-Cl. Lois pénales spéciales*, *Vº* Circulation routière, fasc. 150, juin 2013, par F. Gauvin, nºs 110 à 138.

Articles. M. Lobe Fouda, « L'exécution des sanctions pénales de nature pécuniaire au sein de l'Union européenne », *Procédures* 2008. Étude 2 – M. Leroy et Ph. Luttmann, « Assurance-vie et saisie simplifiée exercée par le comptable public », *JCP N* 2014. 1285.

> **Sur le décret nº 2012-1246 du 7 novembre 2012, relatif à la gestion budgétaire et comptable publique :** M. Collet, « Le décret du 7 novembre 2012 relatif à la gestion budgétaire et comptable publique : "dépenser mieux" ou "dépenser moins" ? », *RFDA* 2013. 433 – D. Poupeau, « Un décret rénove les principes de la gestion budgétaire et comptable publique », *AJDA* 2012. 2142.

> **Sur les amendes forfaitaires :** D. Allix, « Du droit d'être jugé ou de quelques remarques sur la procédure d'amende forfaitaire », *Mél. A. Decocq*, Litec, 2004, p. 21 – J.-P. Céré, « Le sort procédural de la contestation de l'amende forfaitaire. Entre pouvoirs du ministère public et respect du droit au juge », *AJ pénal* 2012. 401; « Irrecevabilité d'une requête en exonération d'une amende forfaitaire et droit à un recours effectif », *D.* 2014. 1029 – B. Le Page-Seznec, « Fondements des amendes forfaitaires pour infraction au Code de la route », *RSC* 1996. 839.

CHAPITRE

961. Domaine d'application

VANESSA NORGUIN
GREFFIER EN CHEF
À LA COUR DE CASSATION

SECTION 0
ORIENTEUR

961.00 **Plan du chapitre.**

961.01 **Textes applicables.**

C. pr. exéc., art. L. 111-3.

• **Décr. n° 64-1333, 22 déc. 1964,** relatif au recouvrement des amendes et condamnations pécuniaires par les comptables de la Direction générale des finances publiques, art. 1er, *JO* 29 déc., p. 11794,

mod. par Décr. n° 2014-551, 27 mai 2014, portant adaptation de dispositions pour faire suite à la fusion de la Direction générale des impôts et de la Direction générale de la comptabilité publique, *JO* 29 mai, p. 8976.

• **L. n° 2004-1485, 30 déc. 2004,** de finances rectificative pour 2004, art. 128, *JO* 31 déc., p. 22522,

mod. par L. n° 2013-1117, 6 déc. 2013, relative à la lutte contre la fraude fiscale et la grande délinquance économique et financière, *JO* 7 déc., p. 19941.

• **Décr. n° 2012-1246, 7 nov. 2012,** relatif à la gestion budgétaire et comptable publique, art. 108, 109 et 110, *JO* 10 nov., p. 17713.

SECTION 1
GÉNÉRALITÉS – PRIVILÈGE D'EXÉCUTION D'OFFICE

961.11 **Recouvrement des créances de l'État – Exécution d'office.** L'Administration a disposé, depuis les temps les plus anciens, de la **dispense de produire un titre exécutoire.** Le roi, souverain justicier, n'a pas à prouver son droit de créance, présumé exister, sous réserve de lui en référer, c'est-à-dire d'en appeler au Conseil du roi, en cas d'abus ou d'excès de pouvoir des juges royaux. Aujourd'hui, on admet que l'**acte administratif a par lui-même, en vertu d'une présomption légale, force obligatoire** et qu'il n'est pas nécessaire de saisir le juge pour qu'il lui donne valeur de titre exécutoire. C'est ce que l'on désigne par les termes « ***privilège d'exécution d'office*** ». En effet, l'article L. 111-3, 6° C. pr. exéc. attribue de plein droit force exécutoire à tous « *les titres délivrés par les personnes morales de droit public qualifiés comme tels par la loi, ou les décisions auxquelles la loi attache les effets d'un jugement* ». L'État se trouve en conséquence dispensé de l'observation des règles de droit commun prévues aux articles 502 et suivants C. pr. civ. Il est néanmoins nécessaire que le débiteur ait reçu notification du titre exécutoire[1]. C'est au créancier qu'il appartient de prouver que le débiteur a eu connaissance de sa condamnation.

La matière a été réformée par l'article 128 de la loi de finances rectificative n° 2004-1485 du 30 décembre 2004[2], qui a abrogé l'article 7 de la loi n° 72-650 du 11 juillet 1972 portant diverses dispositions d'ordre économique et financier[3].

Toute autre mesure d'exécution forcée est en revanche impossible. La Cour de cassation a rappelé régulièrement cette règle en jugeant que la procédure d'avis à tiers détenteur de l'article L. 262 du Livre des procédures fiscales ne s'applique pas au recouvrement des amendes pénales, fût-il garanti par le privilège du Trésor[4]. Cette solution est fondée

1. Civ. 2e, 9 juin 2005, n° 03-11.185, *Bull. civ.* II, n° 149; *D.* 2005. IR 2037; *RTD civ.* 2005. 632, chron. Perrot; *AJDI* 2005. 827, obs. de La Vaissière – Com. 18 nov. 2008, n° 07-20.031, *Bull. civ.* IV, n° 194.
2. L. n° 2004-1485, 30 déc. 2004, de finances rectificative pour 2004, art. 128, *JO* 31 déc., p. 22522.
3. L. n° 72-650, 11 juill. 1972, portant diverses dispositions d'ordre économique et financier, *JO* 13 juill., p. 7368.
4. Com. 12 mai 2004, n° 01-02.710, *Bull. civ.* IV, n° 91 – Com. 23 nov. 2004, n° 02-18.530, NP; *D.* 2005. 1603, obs. Julien et Taormina; *RD fisc.* 2005. Comm. 194 – Com. 23 oct. 2007, n° 06-18.264, NP; *RD banc. fin.* 2007. Comm. 228, obs. Piedelièvre – Com. 31 mars 2009, n° 05-11.432, NP.

sur la lettre de ce texte qui vise le recouvrement des « impôts », de sorte que les pénalités et frais accessoires également visés ne peuvent être que ceux qui y sont afférents. À cet égard, il ne suffit pas qu'une créance soit garantie par le privilège du Trésor pour qu'elle entre dans les prévisions du texte. Autrement dit, pour pouvoir être recouvrée par voie d'avis à tiers détenteur, une créance doit non seulement être garantie par le privilège du Trésor, mais également être de nature fiscale. « *Dans ces conditions, le Trésor public a pris toutes les dispositions pour poursuivre le recouvrement* [des amendes pénales] *selon d'autres voies de droit* »[1]. Dès lors que la procédure de l'avis à tiers détenteur, prévue par l'article L. 262 du Livre des procédures fiscales, ne vise pas le recouvrement des amendes pénales, la nullité de l'avis à tiers détenteur doit être prononcée et elle entraîne la restitution des sommes saisies[2].

961.12 Connaissance du titre du Trésor public – Preuve – Valeur des copies. Les titres exécutoires émis par une personne morale de droit public ne peuvent donner lieu à une mesure d'exécution forcée s'ils n'ont été notifiés au débiteur[3]. Le jugement attaqué, dès lors qu'il constate qu'aucun acte de notification de « titre de recette » n'est produit malgré la demande du tribunal, a légalement justifié sa décision par laquelle il a dit n'y avoir lieu à notification de la saisie-arrêt sur les rémunérations de l'intéressé[4]. La contestation portant sur l'absence de notification des titres de recettes émis ne portant pas sur la régularité formelle de l'acte de poursuite, le juge de l'exécution n'est pas compétent pour connaître de la demande[5].

C'est au créancier qu'il appartient de démontrer que le débiteur a eu connaissance de sa condamnation. Les copies, lorsque le titre original subsiste, ne font foi que de ce qui est contenu au titre, dont la représentation peut toujours être exigée. La Cour de cassation a, sur le fondement de l'article 1334 du Code civil, sanctionné la cour d'appel qui, pour valider les oppositions pratiquées sur les comptes bancaires d'une personne pour obtenir le paiement d'amendes, a retenu que **le trésorier-payeur général avait produit les photocopies des états récapitulatifs mensuels,** alors que s'agissant d'une procédure d'exécution forcée sur les biens du contrevenant qui contestait l'existence des titres exécutoires, la preuve de la créance du saisissant obéit, sauf dispositions particulières, aux règles du droit commun[6], prononcées dans le cadre de poursuites pénales.

961.13 Étendue du privilège d'exécution d'office. Ce privilège (dispense de titre exécutoire spécial) concerne de nombreuses opérations menées par les collectivités publiques nationales, régionales, locales, ou les établissements publics, tels que, d'une part, les **contrats** (ventes ou locations de biens domaniaux, concessions, échanges, expropriation pour cause d'utilité publique, transactions douanières ou fiscales, marchés de fournitures, *etc.*) et, d'autre part, le recouvrement des **cotisations** de la Caisse d allocations familiales, de la Sécurité sociale, de la Mutualité sociale agricole (MSA), des Caisses de retraite agréées par le gouvernement, ou de la contribution sociale généralisée (CSG). Il s'agit ici de moyens de recouvrement tels que les **états**, ou la **contrainte**, ou autres procédés spécifiques légalement définis.

Il ne s'étend pas au contraire à la gestion du domaine privé de l'État et des collectivités publiques et territoriales, ni, sauf dispositions légales spéciales, aux opérations des établissements publics à caractère industriel ou commercial.

L'étude des principes généraux des recouvrements de créances de l'État et des collectivités publiques sort du cadre du présent titre, cantonné aux amendes et condamnations pécuniaires.

SECTION 2

AMENDES PÉNALES ET CONDAMNATIONS PÉNALES À CARACTÈRE PÉCUNIAIRE

961.21 Principe. L'article L. 111-3 alinéa 1er C. pr. exéc., pose le principe que « *seuls constituent des titres exécutoires :*

1° Les décisions des juridictions de l'ordre judiciaire ou de l'ordre administratif lorsqu'elles ont force exécutoire, ainsi que les accords auxquels ces juridictions ont conféré force exécutoire [...] »; ce qui englobe, bien entendu, les condamnations pénales... et ce à quoi s'ajoutent « *6° les titres délivrés par les personnes morales de droit public qualifiés comme tels par la loi, ou les décisions auxquelles la loi attache les effets d'un jugement* ».

961.22 Nature pécuniaire de la condamnation. Il résulte des termes de l'article 1er du décret n° 64-

1. Rép. min. n° 13024, *JO Sénat* 2 sept. 2004, p. 1992.
2. Paris, 8e ch., sect. B, 16 juin 2005, RG n° 04/22846, *RD fisc.* 2006. Comm. 700.
3. Civ. 2e, 10 nov. 1998, n° 95-20.139, *Bull. civ.* II, n° 269; *D.* 1999. IR 8; *Gaz. Pal.* 1999. 2. Somm. 598, note Véron – Civ. 2e, 1er juill. 1999, n° 97-13.255, *Bull. civ.* II, n° 130 – Civ. 1re, 18 mars 2003, n° 00-21.274, *Bull. civ.* I, n° 82.
4. Civ. 2e, 10 nov. 1998, n° 95-20.139, *Bull. civ.* II, n° 269; *D.* 1999. IR 8; *Gaz. Pal.* 1999. 2. Somm. 598, note Véron.
5. Civ. 2e, 11 avr. 2013, n° 11-19.513, NP.
6. Civ. 2e, 26 oct. 1994, n° 92-18.760, *Bull. civ.* II, n° 207; *D.* 1994. IR 266; *Gaz. Pal.* 1995. 2. Somm. 426, note Croze et Morel; *RTD civ.* 1996. 170, obs. Mestre.

1333 du 22 décembre 1964[1] (mod. par Décr. nº 2014-551, 27 mai 2014[2]), que le recouvrement direct s'applique aux condamnations pécuniaires énumérées à l'article 108 du décret nº 2012-1246 du 7 novembre 2012 relatif à la gestion budgétaire et comptable publique[3], à savoir « *les amendes pénales, civiles et, sous réserve des dispositions spécifiques qui leur sont applicables, les amendes fiscales et administratives; les confiscations, réparations, restitutions, dommages et intérêts, frais ayant le caractère de réparation et intérêts moratoires; les frais de justice et les droits fixe de procédure* », y compris « *les pénalités transactionnelles, les pénalités forfaitaires, et les amendes de substitution* ». Cette amplitude de la procédure est confirmée par l'article 128 de la loi du 30 décembre 2004.

L'article 109 du décret du 7 novembre 2012 dispose que :

« *Le recouvrement des amendes et condamnations pécuniaires est poursuivi contre les condamnés, les débiteurs solidaires, les personnes civilement responsables et leurs ayants cause par toute voie d'exécution forcée autorisée par la loi.*

Un décret en Conseil d'État[4] *fixe les conditions dans lesquelles sont présentées les réclamations relatives aux poursuites exercées par les comptables de l'État* ».

961.23 **Nature de l'infraction.** Les condamnations doivent être prononcées pour une **contravention de police.** Leur produit doit revenir à **l'État,** à une personne publique (notamment une collectivité territoriale, ou un établissement public, ou à un fonds de garantie, tel celui qui concerne les accidents d'automobile).

La procédure de recouvrement direct a été imaginée, en effet, en raison du très grand nombre d'infractions constatées principalement en matière **de circulation routière,** dans une matière souvent complexe, et donnant lieu à des difficultés de recouvrement, qu'une procédure simplifiée est susceptible de résoudre dans des délais relativement brefs.

La condamnation à recouvrer peut consister aussi bien dans des amendes édictées par le Code pénal, que des peines prévues par les lois spéciales, ou desamendes forfaitaires. Il convient de préciser que lorsqu'un débiteur bénéficie d'une mesure d'amnistie ou de grâce qui n'est pas subordonnée au paiement des amendes et condamnations pécuniaires, le recouvrement de celles-ci est abandonné. Le recouvrement des amendes et condamnations pécuniaires est également abandonné lorsque le débiteur a exécuté les conditions d'une transaction (v. s^{s} n°s 962.41 à 962.43) ou lorsqu'il justifie du bénéfice de la prescription (Décr. 7 nov. 2012, art. 110).

1. Décr. nº 64-1333, 22 déc. 1964, relatif au recouvrement des amendes et condamnations pécuniaires par les comptables de la Direction générale des finances publiques, *JO* 29 déc., p. 11794.
2. Décr. nº 2014-551, 27 mai 2014, portant adaptation de dispositions pour faire suite à la fusion de la Direction générale des impôts et de la Direction générale de la comptabilité publique, *JO* 29 mai, p. 8976. La DGFiP a repris les missions antérieurement exercées par la Direction générale des impôts et la Direction générale de la comptabilité publique. La création de la DGFiP a nécessité d'adapter de nombreux textes relatifs aux missions assurées antérieurement par deux directions distinctes.
3. Décr. nº 2012-1246, 7 nov. 2012, relatif à la gestion budgétaire et comptable publique, art. 108, 109 et 110, *JO* 10 nov., p. 17713 – Sur ce décret : D. Poupeau, « Un décret rénove les principes de la gestion budgétaire et comptable publique », *AJDA* 2012. 2142; M. Collet, « Le décret du 7 novembre 2012 relatif à la gestion budgétaire et comptable publique : "dépenser mieux" ou "dépenser moins" ? », *RFDA* 2013. 433.
4. Décr. nº 64-1333, 22 déc. 1964, relatif au recouvrement des amendes et condamnations pécuniaires par les comptables de la Direction générale des finances publiques, mod. par Décr. nº 2014-551, 27 mai 2014.

CHAPITRE

962. Saisine du comptable de la Direction générale des finances publiques

VANESSA NORGUIN
GREFFIER EN CHEF
À LA COUR DE CASSATION

SECTION 0 ORIENTEUR

962.00 Plan du chapitre.

962.01 Textes applicables.
Sont ici seuls mentionnés les textes relatifs à la saisine du comptable de la Direction générale des finances publiques, *stricto sensu*.

C. pr. pén., art. 530-4; R. 49-3, R. 49-5, R. 49-6, R. 49-8, R. 55-4, R. 55-5, D. 48-34 et D. 48-35.

C. douanes, art. 350 et 386 *bis*.

LPF, art. L. 256.

• **Décr. n° 64-1333, 22 déc. 1964,** relatif au recouvrement des amendes et condamnations pécuniaires par les comptables de la Direction générale des finances publiques, art. 1er, *JO* 29 déc., p. 11794,

mod. par Décr. n° 2014-551, 27 mai 2014, portant adaptation de dispositions pour faire suite à la fusion de la Direction générale des impôts et de la Direction générale de la comptabilité publique, *JO* 29 mai, p. 8976.

• **L. n° 2004-1485, 30 déc. 2004,** de finances rectificative pour 2004, art. 128, *JO* 31 déc., p. 22522,

mod. par L. n° 2013-1117, 6 déc. 2013, relative à la lutte contre la fraude fiscale et la grande délinquance économique et financière, *JO* 7 déc., p. 19941.

• **Décr. n° 2012-1246, 7 nov. 2012,** relatif à la gestion budgétaire et comptable publique, art. 108, 109 et 110, *JO* 10 nov., p. 17713.

962.05 Remarque préliminaire. La Direction générale des finances publiques (DGFiP) a repris les missions antérieurement exercées par la Direction générale des impôts (DGI) et la Direction générale de la comptabilité publique (DGCP). La création de la DGFiP a nécessité d'adapter de nombreux textes relatifs aux missions assurées antérieurement par deux directions distinctes, afin de permettre leur bonne application par une administration fusionnée et d'améliorer la qualité de la norme. À cet égard, l'article 36 du décret n° 2014-551 du 27 mai 2014[1] a modifié le décret n° 64-1333 du 22 décembre 1964[2] en remplaçant la dénomination de « *comptable direct du Trésor* » par celle de « *comptable de la Direction générale des finances publiques* ». À la suite de la fusion de la Direction générale des impôts et de la Direction générale de la comptabilité publique, certains textes n'ont pas encore été modifiés, d'où le maintien de certaines appellations.

1. Décr. n° 2014-551, 27 mai 2014, portant adaptation de dispositions pour faire suite à la fusion de la Direction générale des impôts et de la Direction générale de la comptabilité publique, *JO* 29 mai, p. 8976.
2. Décr. n° 64-1333, 22 déc. 1964, relatif au recouvrement des amendes et condamnations pécuniaires par les comptables de la Direction générale des finances publiques, *JO* 29 déc., p. 11794.

SECTION 1
GÉNÉRALITÉS

962.11 Caractère non obligatoire. L'article 128, II de la loi de finances n° 2004-1485 du 30 décembre 2004 dispose que le recouvrement « ***peut*** *être assuré par voie d'opposition* », ce qui signifie que le comptable de la DGFiP n'est pas obligé de suivre la procédure de recouvrement direct, et qu'il ne lui est pas interdit, si les circonstances lui paraissent l'exiger, de recourir aux procédures d'exécution de droit commun, ou même d'échelonner les paiements, d'accorder des délais : « *Le recouvrement par le Trésor public des amendes et condamnations pécuniaires peut être assuré par voie d'opposition administrative adressée aux personnes physiques ou morales qui détiennent des fonds pour le compte du redevable, qui ont une dette envers lui ou qui lui versent une rémunération* ».

Le paragraphe I de cet article prévoit d'ailleurs les dispositions s'appliquant en cas de recours à la procédure de droit commun :

« *Lorsque le comptable du Trésor public* [dénomination non encore modifiée] *est autorisé par des dispositions législatives ou réglementaires à procéder au recouvrement forcé d'une créance ou d'une condamnation pécuniaire, il peut, préalablement à la mise en œuvre de toute procédure coercitive, demander à un huissier de justice d'obtenir du débiteur ou du condamné qu'il s'acquitte entre ses mains du montant de sa dette ou de sa condamnation pécuniaire.*

Les frais de recouvrement sont versés directement par le débiteur ou le condamné à l'huissier de justice.

Le montant des frais, qui restent acquis à l'huissier de justice, est calculé selon un taux proportionnel aux sommes recouvrées fixé par arrêté conjoint des ministres chargés des finances et de la justice ».

L'arrêté du 11 juin 2008[1] fixe le montant des frais qui restent acquis à l'huissier de justice à 12,55 % hors taxe des sommes recouvrées par l'huissier de justice; étant observé que le montant de ces frais ne peut être ni inférieur à 6,27 euros HT, ni supérieur à 300 euros HT par dossier transmis par le comptable du Trésor.

La décision d'exercer ou non les poursuites relève du **pouvoir discrétionnaire de l'autorité administrative** et n'est pas soumise au contrôle du juge. Le tribunal, juge de la régularité de la poursuite, n'a pas compétence pour accorder un sursis aux poursuites[2].

La procédure de droit commun, moins commode et moins efficace, sera rarement choisie. Il convient de rappeler qu'en ce cas, le recours à un huissier de justice n'est pas indispensable et que l'article L. 256 du Livre des procédures fiscales permet d'avoir recours « *à l'autorité administrative désignée par décret* ».

L'habilitation, selon la jurisprudence constante, résulte d'une délégation de signature donnée par le directeur du service, ayant autorité sur l'agent de l'Administration. Toute difficulté a été supprimée par la loi interprétative du 24 décembre 1983, article 17[3], et le décret n° 93-309 du 9 mars 1993[4].

Désormais, « *les missions de l'autorité administrative sont également exercées par le comptable du Trésor* ».

Le comptable du Trésor, selon la conception traditionnelle de l'Administration, constitue un organe d'exécution chargé d'une mission de recouvrement d'une créance de l'État, constatée par un titre exécutoire, soumis à la subordination hiérarchique, et au statut des fonctionnaires. Ses erreurs et ses fautes – sauf exercice de poursuites pénales – relèvent donc du pouvoir disciplinaire de l'Administration. Si son comportement critiquable a généré un préjudice pour le redevable, celui-ci devra, pour se faire indemniser sur le fondement d'un fonctionnement défectueux du service public, s'adresser à la juridiction administrative, et assigner l'État.

Comme il sera exposé ci-après (v. s[s] n° 962.41), le comptable de la DGFiP (ex-comptable du Trésor), sauf textes dérogatoires, n'a en conséquence pas qualité pour conclure avec le contrevenant une transaction éteignant la poursuite. Quant aux incidents auxquels donne parfois lieu le calcul des majorations ou minorations, la chambre criminelle de la Cour de cassation a décidé qu'il était nécessaire d'avertir le comptable du Trésor de l'annulation du titre exécutoire[5].

962.12 Notion de comptable de la Direction générale des finances publiques (ex-comptable direct du Trésor). Aux termes de l'article 1er du décret du 22 décembre 1964, « *les condamnations*

1. Le précédent arrêté du 13 mai 2005 est abrogé par celui du 11 juin 2008, fixant le taux de rémunération, proportionnel aux sommes recouvrées, des huissiers de justice en cas de recouvrement obtenu selon la procédure prévue au 7° de l'art. L. 1617-5 du CGCT et à l'art. 128-I de la loi de finances rectificative pour 2004 (Arr. 11 juin 2008, *JO* 13 juin, p. 9636).
2. Com. 23 nov. 1993, n° 91-21.081, *Bull. civ.* IV, n° 426; *RJF* 1994, n° 208 – V. AUSSI Com. 27 nov. 1978, n° 77-12.503, *Bull. civ.* IV, n° 280.
3. L. n° 83-1159, 24 déc. 1983, de finances rectificative pour 1983, *JO* 28 déc., p. 3754.
4. Décr. n° 93-309, 9 mars 1993, pris pour l'application du décret n° 92-1431 du 30 décembre 1992 et relatif aux attributions de la Direction générale des douanes et droits indirects et de la Direction générale des impôts, *JO* 11 mars, p. 3773.
5. Crim. 29 oct. 1997, n° 97-81.904, *Bull. crim.* n° 357; *D.* 1997. 261; *JCP* 1998. IV. 1271.

pécuniaires énumérées à l'article 108 du décret n° 2012-1246 du 7 novembre 2012 relatif à la gestion budgétaire et comptable publique, ainsi que les pénalités transactionnelles, les pénalités forfaitaires et les amendes de substitution sont recouvrées par les comptables de la Direction générale des finances publiques sauf lorsqu'un texte particulier en a confié le recouvrement ou l'encaissement à d'autres comptables ». Le recouvrement est opéré au nom du procureur de la République selon les dispositions de l'article 707-1 alinéa 2 C. pr. pén. La loi du 23 décembre 1873 a attribué cette charge du recouvrement des amendes, à partir du 1er janvier 1874, aux **percepteurs des contributions directes,** substitués aux receveurs de l'enregistrement.

Aux termes de l'article 707-1 alinéa 6 C. pr. pén., le procureur de la République poursuit également l'exécution des sanctions pécuniaires prononcées par les autorités compétentes des États membres de l'Union européenne, conformément aux dispositions de la décision-cadre du Conseil de l'Union européenne du 24 février 2005[1], concernant l'application du principe de reconnaissance mutuelle aux sanctions pécuniaires, selon des modalités fixées par décret[2] (C. pr. pén., art. D. 48-6 à D. 48-36). Les modalités de recouvrement de ces sanctions pécuniaires par les comptables de la DGFiP sont décrites aux articles D. 48-34 et D. 48-35 C. pr. pén.

Aux termes de l'article 90 de la loi n° 86-1317 du 30 décembre 1986 de finances pour 1987[3], « *les comptables du Trésor* [dénomination non encore modifiée] *disposent du droit de communication prévu à l'article 81 du Livre des procédures fiscales, pour le recouvrement des amendes et condamnations pécuniaires qui ne sont pas de nature fiscale* ».

Le rapport d'activité 2012 de la DGFiP[4] indique qu'« *en matière d'amendes et de condamnations pécuniaires, la mission de la DGFiP poursuit une double finalité. En assurant leur recouvrement, la DGFiP participe à l'effectivité des peines prononcées et alimente les finances publiques. En 2012, ce sont 13,7 millions de titres qui ont été pris en charge par les trésoreries pour un montant atteignant 2 milliards d'euros.* [...] *Les comptables ont maintenu en 2012 un niveau de poursuites très élevé (plus de trois millions de saisies de comptes bancaires). Le taux global de paiement des amendes s'est élevé à 78,73 % au 31 décembre 2012* ».

962.13 Communication par voie électronique en matière pénale. L'article 14, 5°, de la loi n° 2015-177 du 16 février 2015[5] a modifié l'article 803-1 C. pr. pén., afin de permettre à l'autorité judiciaire d'adresser aux personnes concernées des avis, convocations ou documents par voie électronique, sauf en cas de signification imposée par voie d'huissier.

Un certain nombre de garanties sont prévues. Le consentement de la personne devra être préalablement recueilli, « *par une déclaration expresse* ». Cet accord précise le mode de communication électronique accepté par la personne. Il est conservé au dossier une trace écrite de cet envoi.

Lorsque le Code de procédure pénale prévoit que ces envois sont effectués par lettre recommandée, les procédés techniques utilisés doivent permettre d'établir de manière certaine la date d'envoi. Lorsque ce même code prévoit que ces envois sont effectués par lettre recommandée avec demande d'avis de réception, les procédés techniques utilisés doivent également permettre d'établir la date de réception par le destinataire.

Par ailleurs, ces procédés doivent, selon des modalités prévues par arrêté du ministre de la Justice, garantir la fiabilité de l'identification des parties à la communication électronique, l'intégrité des documents adressés, la sécurité et la confidentialité des échanges ainsi que la conservation des transmissions opérées.

SECTION 2
TITRE EXÉCUTOIRE

962.21 Condamnation définitive – Ordonnance pénale. Dans la **procédure de droit commun,** régie par les articles 2 et suivants du décret du 22 décembre 1964, dans leur rédaction modifiée par le décret du 27 mai 2014, les extraits de jugements ou d'arrêts, établis par le greffe de la juridiction, après vérification par le ministère public, sont adressés, par bordereau également visé par le minis-

1. Décis.-cadre n° 2005/214/JAI du Conseil, 24 févr. 2005, concernant l'application du principe de reconnaissance mutuelle aux sanctions pécuniaires, *JOUE*, n° L. 76 – V. M. Lobe Fouda, « L'exécution des sanctions pénales de nature pécuniaire au sein de l'Union européenne », *Procédures* 2008. Étude 2.
2. Décr. n° 2007-699, 3 mai 2007, modifiant le Code de procédure pénale (troisième partie : décrets) relatif au renforcement de l'équilibre de la procédure pénale et à la prévention de la délinquance, *JO* 5 mai, p. 7963 – Circ. JUSD1129667C, 28 oct. 2011, relative à la présentation des dispositions des articles 707-1 et D. 48-6 à D. 48-36 du Code de procédure pénale, *BOMJL* 30 nov.
3. L. n° 86-1317, 30 déc. 1986, de finances pour 1987, *JO* 31 déc., p. 15820.
4. Rapport d'activité 2012 de la Direction générale des finances publiques, Ministère de l'Économie et des Finances, p. 20.

5. L. n° 2015-177, 16 févr. 2015, relative à la modernisation et à la simplification du droit et des procédures dans les domaines de la justice et des affaires intérieures, *JO* 17 févr., p. 2961.

tère public, aux fins de recouvrement au comptable de la DGFiP. Sauf dans certains cas particuliers dans lesquels un délai plus court peut être fixé par le garde des Sceaux et par le ministre des Finances, le délai d'envoi des extraits de jugements ou d'arrêts est fixé à trente-cinq jours à compter soit de la date de décision, soit de la date de la signification s'il s'agit d'un jugement ou arrêt contradictoire mais devant être signifié pour faire courir les délais de recours, ou d'un jugement ou arrêt par défaut. Pour les décisions devenues définitives à la suite du rejet d'un pourvoi en cassation, le délai est porté à quarante-cinq jours à partir de l'arrêt de rejet (Décr. 22 déc. 1964, art. 2). Les condamnations pécuniaires sont exigibles dès que la décision les prononçant est devenue exécutoire (Décr. 22 déc. 1964, art. 3).

En raison du grand nombre des contraventions sanctionnées par des amendes forfaitaires, prononcées par des ordonnances pénales, qui, lorsqu'il n'a pas été formé opposition, ont « *les effets d'un jugement passé en force de chose jugée* » (C. pr. pén., art. 528-1), une **procédure simplifiée** a été instituée. Aux termes de l'article 524 C. pr. pén., cette procédure simplifiée est applicable à toutes les contraventions, à l'exception de celles prévues par le Code du travail ou si le prévenu, auteur d'une contravention de la cinquième classe, était mineur au jour de l'infraction.

Le dossier de la poursuite est transmis par le ministère public au « *juge compétent du tribunal de police* », accompagné des réquisitions du parquet (C. pr. pén., art. 525, tel que modifié par L. n° 2011-1862, 13 déc. 2011, art. 2, XIX, 5°[1]). Le juge statue **sans débat,** par une **ordonnance pénale** qui, lorsque la culpabilité est retenue, comporte condamnation au paiement d'une amende. Cette ordonnance, si elle n'est pas frappée de recours, constituera le titre exécutoire; en effet, en l'absence d'opposition, elle produit les effets d'un jugement passé en force de chose jugée (C. pr. pén., art. 528-1).

Il convient de noter que le recouvrement des amendes pénales n'entre pas dans la compétence du juge de l'exécution, mais relève de l'exécution des peines[2]. La poursuite en recouvrement peut être suspendue ou fractionnée pour motifs graves d'ordre médical, familial, professionnel ou social. La décision est prise soit par le ministère public, soit, si la suspension des poursuites doit durer plus de trois mois, par décision du tribunal qui a prononcé la peine (correctionnelle ou de police), statuant en chambre du conseil sur proposition du ministère public (C. pr. pén., art. 708, tel que mod. par L. n° 2011-1862, 13 déc. 2011[3]).

Afin de faire courir les délais d'opposition, le contrevenant est informé de sa condamnation par l'envoi d'une lettre de notification, par lettre recommandée avec demande d'avis de réception (LRAR), qui lui indique tant la teneur de la décision rendue contre lui, que les modalités de paiement de l'amende, et que la forme et les délais de l'opposition qu'il peut former.

962.22 Délai. Cette notification fait courir un délai de trente jours, pendant lequel le redevable a la faculté de régler le montant de la créance et d'arrêter la poursuite (C. pr. pén., art. R. 43 et R. 44), le paiement pouvant être effectué en espèces, par mandat postal, par chèque bancaire, par virement postal ou bancaire. La lettre de notification adressée par le greffe doit être jointe, ou ses références sont indiquées. La voie de l'opposition (notamment en cas de relaxe) est ouverte au ministère public, qui a la possibilité de former opposition dans le délai de dix jours courant du prononcé de l'ordonnance, par déclaration au greffe du tribunal (C. pr. pén., art. 527, al. 1er). Le contrevenant peut, dans un délai de trente jours à compter de l'envoi de la lettre, former opposition[4] à l'exécution de l'ordonnance (C. pr. pén., art. 527, al. 3).

962.23 Modalités de la saisine. « *À l'expiration **du délai d'opposition ouvert au ministère public*** », le chef de greffe notifie l'ordonnance pénale au condamné par une LRAR qui comporte les mentions prévues à l'article 526 C. pr. pén. et indique les **délais et modalités de paiement et d'opposition** fixés aux articles R. 43 à R. 46 C. pr. pén. Sauf si ces précisions figurent dans l'ordonnance pénale, cette lettre indique qu'en cas de paiement volontaire de l'amende, du droit fixe de procédure et, s'il y a lieu, de la majoration de l'amende, dans le délai d'un mois à compter de sa date d'envoi, le montant des

1. L. n° 2011-1862, 13 déc. 2011, relative à la répartition des contentieux et à l'allègement de certaines procédures juridictionnelles, *JO* 14 déc., p. 21105. Version en vigueur à partir du 1er janv. 2015. Les articles 1er et 2 de la loi avaient prévu la suppression de la juridiction de proximité au 1er janv. 2013. La loi n° 2012-1441 du 24 déc. 2012 relative aux juridictions de proximité (*JO* 26 déc., p. 20395) a reporté cette suppression au 31 déc. 2014 et même au 30 juin 2015 pour les affaires en cours. L'*article 99* de la loi n° 2014-1654 *du 29 déc.* 2014 de finances pour 2015 (*JO* 30 déc., p. 22828) a reporté cette suppression au 1er janv. 2017 et même au 1er juill. 2017 pour les affaires en cours.
2. Le juge du surendettement ne saurait, sans excéder ses pouvoirs et violer l'art. 708 C. pr. pén., procéder au rééchelonnement de telles dettes, ni suspendre les voies d'exécution mises en œuvre pour leur recouvrement : Civ. 1re, 17 nov. 1998, n° 96-19.821, *Bull. civ.* I, n° 325; *D.* 1999. 206, obs. Chatain et Ferrière.
3. Version en vigueur à partir du 1er janv. 2015.
4. En cas d'opposition formée par le ministère public ou par le contrevenant, l'affaire est portée à l'audience du tribunal de police dans les formes de la procédure ordinaire (C. pr. pén., art. 528).

sommes dues sera diminué de 20 % (C. pr. pén., art. R. 42, mod. par Décr. 27 mai 2014).

En cas de décision contradictoire rendue en présence du condamné ou de son représentant, il est remis à ce dernier à l'issue de l'audience, s'il en fait la demande, un **relevé de condamnation pénale** lui permettant de s'acquitter volontairement des droits fixes de procédure et, s'il y a lieu, de l'amende dans le délai d'un mois auprès du comptable de la DGFiP (C. pr. pén., art. R. 55-4, mod. par Décr. 27 mai 2014). Dans cette hypothèse, le greffier en chef adresse au comptable de la DGFiP un exemplaire de chaque relevé de condamnation pénale au plus tard le deuxième jour ouvrable suivant le prononcé de la décision (C. pr. pén., art. R. 55-5, al. 1er, mod. par Décr. 27 mai 2014).

Dans les autres cas, ce relevé est adressé au comptable de la DGFiP en même temps qu'il est procédé à la signification ou à la notification de la décision (C. pr. pén., art. R. 55-5, al. 2, mod. par Décr. 27 mai 2014).

Ces relevés sont adressés sous un **bordereau d'envoi simplifié**, dont le modèle est arrêté conjointement par le garde des Sceaux, ministre de la Justice, et par le ministre des Finances. L'envoi de ces relevés dispense d'adresser ultérieurement un extrait de la décision lorsque celle-ci est devenue exécutoire (C. pr. pén., art. R. 55-5, al. 3 et 4, mod. par Décr. 27 mai 2014).

Ainsi, **le bordereau, signé par l'officier du ministère public, vaut titre exécutoire**. L'ordonnance pénale peut intervenir sans que le contrevenant comparaisse et soit interrogé. Il a été jugé que, dans certains cas, où la poursuite est dirigée contre le titulaire du certificat d'immatriculation du véhicule, celui-ci a la charge d'indiquer l'identité du véritable utilisateur de la voiture, auteur de l'infraction, en l'espèce contravention aux règles relatives au stationnement payant (application combinée de C. route, art. L. 121-2 et C. pr. pén., art. 529-2) [1].

962.24 Amendes forfaitaires. Le régime particulier des amendes forfaitaires est défini, notamment, par le Code de la route [2] (Ord. n° 58-1216, 15 déc. 1958; recodifiée par Ord. n° 2000-1255, 21 déc. 2000 [3]) et par les articles 529 et suivants, et R. 49 et suivants C. pr. pén. [4] L'amende forfaitaire diffère de l'ordonnance pénale. Tandis que l'ordonnance pénale suppose nécessairement l'intervention d'un juge du siège et permet de réprimer toutes les contraventions (à l'exception de celles relevant du droit du travail ou si le prévenu est mineur), la procédure d'amende forfaitaire est réservée à la sanction des « *contraventions dont la liste est fixée par décret en Conseil d'État* », énumérées à l'article R. 48-1 C. pr. pén. (mod. par Décr. n° 2014-1725, 30 déc. 2014 [5]). Autrement dit, **la liste des contraventions susceptibles d'être sanctionnées par une amende forfaitaire est limitative**; elle comprend :

– les « *contraventions réprimées par le Code de la route qu'elles entraînent ou non un retrait des points affectés au permis de conduire sous réserve des dispositions de l'article R. 49-8-5 relative à l'amende forfaitaire minorée* » (C. pr. pén., art. R. 48-1, 1°),

– des contraventions en matière de transport et de circulation (C. pr. pén., art. R. 48-1, 2°),

– des contraventions en matière de protection de l'environnement (C. pr. pén., art. R. 48-1, 3°),

– des contraventions en matière de protection et de contrôle des animaux (C. pr. pén., art. R. 48-1, 4°),

– certaines contraventions réprimées par le Code des postes et des communications électroniques (C. pr. pén., art. R. 48-1, 5°),

– des contraventions réprimées par le Code de la santé publique (C. pr. pén., art. R. 48-1, 6°),

– certaines contraventions réprimées par le Code rural et de la pêche maritime (C. pr. pén., art. R. 48-1, 7°), certaines contraventions réprimées par le Code du sport (C. pr. pén., art. R. 48-1, 8°),

– les contraventions réprimées par l'article R. 623-2 du Code pénal relatif aux bruits ou tapages injurieux ou nocturnes troublant la tranquillité d'autrui et celles réprimées par les articles R. 1337-7 et R. 1337-9 du Code de la santé publique relatifs aux bruits particuliers de nature à porter atteinte à la tranquillité du voisinage ou à la santé de l'homme (C. pr. pén., art. R. 48-1, 9°).

– enfin, l'article R. 48-1, 10° C. pr. pén. mentionne les contraventions en matière d'armes réprimées par le chapitre VII du titre Ier du livre III de la partie réglementaire du Code de la sécurité intérieure et par le décret n° 2013-700 du 30 juillet 2013 [6].

1. Crim. 23 oct. 1991, n° 91-80.671, *Bull. crim.* n° 370; *Gaz. Pal.* 1992. 1. 281, obs. Doucet – Crim. 27 janv. 1993, n° 92-83.047, NP; *D.* 1994. 261, obs. Couvrat et Massé; *Dr. pénal* juill. 1993, n° 161, obs. Robert.
2. « *Initialement conçues comme instrument de gestion d'un contentieux de masse, les amendes forfaitaires tendent à devenir principalement une technique juridique au service du permis de conduire à points* » (B. Le Page-Seznec, « Fondements des amendes forfaitaires pour infraction au Code de la route », *RSC* 1996. 839).
3. Ord. n° 2000-1255, 21 déc. 2000, modifiant certaines dispositions annexées à l'ordonnance n° 2000-930 du 22 septembre 2000 relative à la partie législative du Code de la route, *JO* 23 déc., p. 20481.
4. Mod. par Décr. 18 sept. 1986.
5. Décr. n° 2014-1725, 30 déc. 2014 relatif au transport public particulier de personnes, art. 4, *JO* 31 déc., p. 23451.
6. Décr. n° 2013-700, 30 juill. 2013, portant application de la loi n° 2012-304 du 6 mars 2012 relative à l'établissement d'un contrôle des armes moderne, simplifié et préventif, *JO* 2 août, p. 13194.

La procédure de l'amende forfaitaire est écartée, lorsqu'il a été constaté simultanément plusieurs infractions, si l'une d'elles ne peut donner lieu au paiement d'une amende forfaitaire, ou lorsque la loi prévoit que la récidive de la contravention constitue un délit (C. pr. pén., art. 529, al. 2).

La procédure d'amende forfaitaire ne présente pas de caractère obligatoire. Ainsi, aucune disposition légale n'interdit au ministère public d'exercer l'action publique dans les conditions du droit commun[1].

Aux termes de l'article R. 49 C. pr. pén., « *le montant de l'amende forfaitaire prévue par l'article 529 est fixé ainsi qu'il suit :*

1° 4 euros pour les contraventions aux dispositions du Code de la route commises par les piétons et 17 euros pour les contraventions en matière d'arrêt et de stationnement prévues par les articles R. 417-1 à R. 417-6 du même code;

2° 11 euros pour les autres contraventions de la 1re classe;

3° 35 euros pour les contraventions de la 2e classe;

4° 68 euros pour les contraventions de la 3e classe;

5° 135 euros pour les contraventions de la 4e classe ».

L'article 111 du décret n° 2012-1246 du 7 novembre 2012[2] prévoit que : « *Les amendes pour contraventions de police et délits concernant la circulation peuvent, dans les conditions fixées soit par le Code de procédure pénale, soit par le Code de la route, faire l'objet d'un paiement immédiat entre les mains des agents verbalisateurs.*

Il en est de même des amendes soumises à la procédure d'amende forfaitaire.

Les sommes encaissées par les agents verbalisateurs sont versées à la caisse d'un comptable public de l'État ».

Au moment de la constatation de l'infraction, l'agent verbalisateur remet au contrevenant un **avis de contravention,** ainsi qu'une **carte de paiement. Sur cet avis,** sont mentionnés le délai et les modalités de la requête prévue par le premier alinéa de l'article 529-2 C. pr. pén. (v. ss n° 962.31), le montant de l'amende encourue, ainsi que celui de l'amende forfaitaire majorée qui sera due à défaut de paiement ou de présentation d'une requête (C. pr. pén., art. R. 49-1). Le contrevenant peut **régler sur-le-champ** (en espèces, au moyen d'un chèque ou, si l'agent dispose du matériel à cette fin, par carte bancaire); **quittance** lui est donnée au moyen d'un carnet à souches.

S'il refuse de régler l'amende immédiatement, l'avis et la carte lui sont laissés, en vue d'un paiement ultérieur. Lorsque l'avis et la carte ne peuvent être remis au contrevenant, ils sont adressés à son domicile. Toutefois, s'il s'agit d'une contravention au Code de la route ou de celle prévue à l'article R. 211-21-5 du Code des assurances (en cas d'omission d'apposition, sur le véhicule, du certificat d'assurance), ces documents sont laissés sur le véhicule, ou, en cas d'impossibilité, envoyés au titulaire du certificat d'immatriculation (C. pr. pén., art. R. 49-1, al. 2).

Lorsqu'il intervient ultérieurement, le paiement de l'amende est effectué soit par l'apposition d'un timbre sur la carte de paiement, soit par l'envoi au comptable de la Direction générale des finances publiques d'un chèque joint à la carte de paiement, soit par télépaiement automatisé ou par timbre dématérialisé, soit par virement bancaire international[3] (C. pr. pén., art. R. 49-3).

Il appartient au contrevenant de rapporter la preuve du paiement, dans les délais légaux, du montant de l'amende forfaitaire prévu par l'article R. 49 C. pr. pén.[4].

Il convient de noter qu'un régime spécifique à certaines infractions au Code de la route est prévu. Afin d'inciter les automobilistes contrevenants à s'acquitter rapidement de leurs amendes, la loi a institué une **amende forfaitaire minorée,** dont les montants sont fixés par l'article R. 49-9 C. pr. pén. (à savoir 22 euros pour les contraventions de la 2e classe, 45 euros pour les contraventions de la 3e classe, 90 euros pour les contraventions de la 4e classe). Cette possibilité d'amende forfaitaire minorée concerne tous les contrevenants au Code de la route à l'exception des contraventions de première classe et des contraventions aux règles de stationnement quelle que soit leur classe (C. pr. pén., art. 529-7). Le montant de l'amende forfaitaire minorée peut être acquitté soit entre les mains de l'agent verbalisateur au moment de la constatation de l'infraction, soit dans un délai de quinze[5] jours à

1. Crim. 12 mars 2002, n° 01-84.596, *Bull. crim.*, n° 61.
2. Décr. n° 2012-1246, 7 nov. 2012, relatif à la gestion budgétaire et comptable publique, *JO* 10 nov., p. 17713.
3. Depuis Décr. n° 2013-1097, 2 déc. 2013, relatif à l'ordonnance pénale, aux amendes forfaitaires et aux assistants spécialisés en matière de crime contre l'humanité, *JO* 4 déc., p. 19673. Cette modification a pris effet à compter du 1er mars 2014, en vertu de l'art. 7 de ce décret.
4. Crim. 4 avr. 2013, n° 12-88.351, NP.
5. Cette disposition consistant à ce que « *le délai de paiement de l'amende forfaitaire minorée, pour les contraventions relevées avec interception physique du conducteur par l'agent verbalisateur, soit aligné sur celui des contraventions établies sans interception, en le portant de trois à quinze jours à compter de la remise de l'avis de contravention par l'agent verbalisateur* » répond à une recommandation du Défenseur des droits, formulée dans son rapport sur les suites réservées à la décision n° 12-R003 du 13 juin 2012 relative aux amendes routières. Sur ce point, rapport Assemblée nationale n° 2200 par Mme Capdevielle, 17 sept. 2014, p. 47; rapport Sénat n° 215 par M. Mohamed Soilihi, 14 janv. 2015, p. 46.

compter de la constatation de l'infraction ou, si l'avis de contravention est ultérieurement envoyé à l'intéressé, dans un délai de quinze jours à compter de cet envoi[1] (C. pr. pén., art. 529-8, al. 1er, mod. par L. n° 2015-177, 16 févr. 2015[2], art. 14, 3°). En cas de non-paiement de l'amende forfaitaire minorée dans ces conditions, le contrevenant est redevable de l'amende forfaitaire (C. pr. pén., art. 529-8, al. 2). Il appartient au contrevenant auquel est réclamée l'amende forfaitaire de rapporter, le cas échéant, la preuve qu'il s'est acquitté de l'amende forfaitaire minorée dans les conditions et délais prévus par l'article 529-8 C. pr. pén.[3].

962.25 Amende forfaitaire majorée. Le non-paiement de l'amende forfaitaire entraîne de plein droit l'application de la **majoration** prévue par l'article R. 49-7 C. pr. pén., dont le montant est différent suivant la nature de l'infraction. Au terme de ce texte, « *le montant de l'amende forfaitaire majorée est fixé ainsi qu'il suit :*

1° 7 euros pour les contraventions aux dispositions du Code de la route commises par les piétons;

2° 33 euros pour les autres contraventions de la 1re classe;

3° 75 euros pour les contraventions de la 2e classe;

4° 180 euros pour les contraventions de la 3e classe;

5° 375 euros pour les contraventions de la 4e classe ».

La mise en recouvrement des amendes forfaitaires majorées est effectuée dans les conditions et selon les modalités prévues par les articles R. 49-5 et R. 49-6 C. pr. pén. Le comptable de la DGFiP va adresser au contrevenant un **nouvel avis**[4] **l'invitant à s'acquitter du montant de l'amende forfaitaire majorée, sur le fondement du titre exécutoire délivré par l'officier du ministère public.** Cet avis contient, pour chaque amende, les mentions portées sur le titre exécutoire à savoir, l'identité et le domicile du contrevenant, le lieu et la date de la contravention et le montant de l'amende forfaitaire majorée. Il indique le délai et les modalités de la réclamation prévue par les deuxième et troisième alinéas de l'article 530 C. pr. pén. Il indique également qu'en cas de paiement volontaire de l'amende forfaitaire majorée dans le délai d'un mois à compter de sa date d'envoi, le montant des sommes dues sera diminué de 20 % (C. pr. pén., art. R. 49-6), conformément aux modalités de réduction prévues par l'article 55, 5° C. pr. pén. « *La procédure spécifique au recouvrement des amendes forfaitaires majorées n'impose pas l'envoi, au redevable, d'un avertissement préalable d'avoir à payer l'amende* »[5].

Le contrevenant, qui a fait l'objet d'une amende forfaitaire majorée et ne contestant pas la réalité de la contravention, peut, en raison de ses difficultés financières, solliciter des délais de paiement ou une remise gracieuse auprès du comptable public compétent. S'il estime la demande justifiée, ce dernier peut octroyer des délais ou rendre une décision de remise gracieuse partielle ou totale (C. pr. pén., art. 530-4).

SECTION 3
CONTENTIEUX DE L'AMENDE FORFAITAIRE

962.31 Contestation – Requête en exonération. Les facultés de contestation résultent des articles 529-2 et 530 C. pr. pén. D'une part, le contrevenant peut contester la procédure de l'amende forfaitaire dont il fait l'objet. En effet, aux termes des articles 529-9 et 529-2 C. pr. pén., dans les quarante-cinq jours qui suivent la constatation de l'infraction ou l'envoi de l'avis de contravention[6], il peut formuler une requête tendant à son exonération[7] du paiement de l'amende forfaitaire, auprès du service indiqué dans l'avis de contravention. Cette requête[8] est transmise au ministère public. À défaut de paiement ou de requête présentée dans ce délai de quarante-cinq jours, l'amende forfaitaire est majorée de plein droit et recouvrée au profit du Trésor public en vertu d'un titre rendu exécutoire par le ministère public. Le titre exécutoire doit être émis dans le délai de prescription de l'action publique prévu à l'article 9 C. pr. pén. pour la matière

1. Si la personne réside à l'étranger, le délai est augmenté d'un mois (C. pr. pén., art. 530-2-1, al. 1er).
2. L. n° 2015-177, 16 févr. 2015, relative à la modernisation et à la simplification du droit et des procédures dans les domaines de la justice et des affaires intérieures, *JO* 17 févr., p. 2961.
3. Crim. 29 avr. 2009, n° 09-80.064, *Bull.crim.*, n° 81.
4. Com. 4 nov. 2014, n° 13-23.302, NP : la Cour de cassation approuve un arrêt de cour d'appel constatant « *que l'article R. 49-6 du Code de procédure pénale n'impose aucune forme particulière à l'envoi de l'avis invitant le contrevenant à s'acquitter du montant de l'amende forfaitaire majorée* ».
5. Civ. 2e, 13 juin 2002, n° 00-17.047, *Bull. civ.* II, n° 122 – Civ. 2e, 7 nov. 2002, n° 01-00.015, *Bull. civ.* II, n° 240.
6. Lorsque l'avis de contravention est adressé à une personne résidant à l'étranger, le délai prévu par l'art. 529-2 C. pr. pén. est augmenté d'un mois (C. pr. pén., art. 530-2-1, al. 1er).
7. En matière d'infractions à la police des services publics de transports terrestres, la requête porte le nom de « protestation ». Elle est formulée dans un délai de deux mois à compter de la constatation de l'infraction auprès du service de l'exploitant et est transmise au ministère public (C. pr. pén., art. 529-5).
8. La requête en exonération d'une amende forfaitaire prévue par l'art. 529-2 ne constitue pas un acte d'instruction ou de poursuite susceptible d'interrompre la prescription de l'action publique : Crim. 15 sept. 2010, n° 10-80.273, *Bull. crim.* n° 136 – Crim. 3 sept. 2014, n° 13-86.153, NP.

contraventionnelle[1]. La prescription de la peine commence à courir à compter de la signature par le ministère public du titre exécutoire (C. pr. pén, art. 530).

962.32 Réclamation. D'autre part, dans les trente jours de l'envoi de l'avis[2] invitant le contrevenant à payer l'amende forfaitaire majorée, l'intéressé peut former auprès du ministère public une réclamation motivée qui aura pour effet d'annuler le titre exécutoire en ce qui concerne l'amende contestée (C. pr. pén., art. 530, al. 2). Cette réclamation reste recevable tant que la peine n'est pas prescrite, s'il ne résulte pas d'un acte d'exécution ou de tout autre moyen de preuve que l'intéressé a eu connaissance de l'amende forfaitaire majorée[3]. Pour les contraventions au Code de la route, la réclamation n'est toutefois plus recevable à l'issue d'un délai de trois mois lorsque l'avis d'amende forfaitaire majorée est envoyé par lettre recommandée à l'adresse figurant sur le certificat d'immatriculation du véhicule, sauf si le contrevenant justifie qu'il a, avant l'expiration de ce délai, déclaré son changement d'adresse au service d'immatriculation des véhicules; s'il rapporte cette preuve, le contrevenant n'est redevable que d'une somme égale au montant de l'amende forfaitaire s'il s'en acquitte dans un délai de quarante-cinq jours, ce qui a pour effet d'annuler le titre exécutoire pour le montant de la majoration (C. pr. pén., art. 530, al. 2).

962.33 Conditions de recevabilité. Outre le respect de ces délais, la requête en exonération ou la réclamation est assujettie à des conditions de recevabilité formelle. Pour être recevable, celle-ci doit être motivée[4] et accompagnée de l'avis correspondant à l'amende contestée[5] (C. pr. pén., art. 530, al. 3, 530-1, al. 1er, et R. 49-4). À cet égard, il a été jugé que la requête en exonération[6] ou la réclamation du contrevenant, lorsqu'elle n'est pas accompagnée de l'original de l'avis correspondant à l'amende considérée, peut être déclarée irrecevable par l'officier du ministère public[7].

Il convient de noter que, pour une série d'infractions constatées sans interception du conducteur, lorsque l'avis d'amende a été adressé au titulaire du certificat d'immatriculation, une condition de recevabilité supplémentaire est prévue. La contestation doit être accompagnée, sous peine de voir la requête ou la réclamation rejetée, soit d'une « *consignation préalable d'un montant égal à celui de l'amende forfaitaire ou de l'amende forfaitaire majorée* », soit d'un récépissé de dépôt de plainte pour vol, pour usurpation de plaque d'immatriculation ou pour destruction du véhicule, ou d'une copie de la déclaration de destruction du véhicule, soit d'un courrier signé de l'auteur de la requête ou de la réclamation indiquant l'identité, l'adresse et la référence du permis de conduire du présumé conducteur. À défaut de consignation, le requérant ne pourra valablement saisir un juge (C. pr. pén., art. 529-10 et 530, *in fine*). La consignation n'est pas assimilable au paiement de l'amende forfaitaire ou de l'amende forfaitaire majorée. Elle ne peut donner lieu à un quelconque retrait de points sur le permis de conduire (C. pr. pén., art. 529-10).

S'agissant des amendes infligées en cas de commission de certaines infractions au Code de la route, il est précisé que la requête en exonération ou la réclamation est adressée par lettre recommandée avec demande d'avis de réception, en utilisant le formulaire joint à l'avis d'amende forfaitaire (C. pr. pén., art. 529-10, al. 1er, mod. par L. n° 2015-177, 16 févr. 2015[8], art. 14, 4°, a). Ces requêtes et ces réclamations « *peuvent également être adressées de façon dématérialisée, selon des modalités précisées par arrêté* » (C. pr. pén., art. 529-10, dern. al., issu de L. n° 2015-177, 16 févr. 2015, art. 14, 4°, b).

962.34 Annulation du titre exécutoire. La réclamation motivée a pour effet d'annuler le titre exécutoire en ce qui concerne l'amende contestée

1. Crim. 18 oct. 2006, n° 06-83.085, *Bull. crim.* n° 252; *Procédures* 2007. Comm. 19, obs. Buisson : aux termes de l'art. 9 C. pr. pén., en matière de contravention, la prescription de l'action publique est d'une année révolue. La prescription est donc acquise lorsque le titre exécutoire de l'amende forfaitaire majorée prononcée, notamment, pour une infraction d'excès de vitesse, a été émis plus d'un an après la constatation de l'infraction.
2. Lorsque l'avis d'amende forfaitaire majorée est adressé à une personne résidant à l'étranger, ce délai est augmenté d'un mois (C. pr. pén., art. 530-2-1, al. 1er).
3. Crim. 14 oct. 2014, n° 13-87.306, NP – Crim. 14 oct. 2014, n° 13-87.304, NP.
4. Crim. 7 avr. 2009, n° 08-87.773, *Bull. crim.* n° 68 : il résulte de la combinaison des art. 529-2, 529-9 et 530 C. pr. pén. que « *le titre rendu exécutoire par le ministère public aux fins de recouvrement de l'amende forfaitaire majorée de plein droit ne peut être annulé que par une réclamation motivée émanant du seul contrevenant et que l'officier du ministère public ne peut, au vu d'une réclamation formulée par un tiers, annuler ce titre et faire citer devant la juridiction de proximité la personne à l'encontre de laquelle il a été délivré* ».
5. Crim. 2 sept. 2005, n° 05-84.293, *Bull. crim.* n° 214 – Crim. 20 nov. 2013, n° 12-88.359, NP – Crim. 17 juin 2014, n° 13-85.388, NP.
6. Crim. 3 mars 2009, n° 08-84.162, *Bull. crim.* n° 48 – Crim. 8 janv. 2013, n° 12-80.340, *Bull. crim.* n° 4; *Dalloz actualité,* 8 mars 2013, obs. Fucini; *Procédures* 2013. Comm. 123, obs. Buisson.
7. Crim. 18 janv. 2000, n° 99-80.185, *Bull. crim.* n° 26; *Dr. pénal* 2000. Chron. 20, obs. Marsat.
8. L. n° 2015-177, 16 févr. 2015, relative à la modernisation et à la simplification du droit et des procédures dans les domaines de la justice et des affaires intérieures, *JO* 17 févr., p. 2961.

(C. pr. pén., art. 530, al. 2). En effet, il a été jugé[1] que la réclamation du contrevenant entraîne, conformément à cet article, l'annulation du titre exécutoire, lequel avait fait courir la prescription de la peine, et la reprise des poursuites. Elle a pour conséquence à compter de sa réception par le ministère public d'ouvrir un nouveau délai de prescription de l'action publique lequel doit être interrompu, avant son expiration, par un acte de poursuite.

962.35 Examen de la recevabilité par le ministère public. Au vu de la requête en exonération ou de la réclamation, le ministère public peut, soit renoncer à l'exercice des poursuites, soit renvoyer le prévenu devant la juridiction compétente, soit aviser l'intéressé de l'irrecevabilité de la réclamation non motivée ou non accompagnée de l'avis (C. pr. pén., art. 530-1, al. 1). Seul le ministère public apprécie, sous le contrôle du tribunal de police, la recevabilité d'une réclamation formée par un contrevenant en matière d'amende forfaitaire majorée et par là même la validité du titre exécutoire servant de fondement aux poursuites, à l'exclusion du comptable public chargé du recouvrement des amendes[2]. À cet égard, l'article R. 49-8 C. pr. pén., dans sa rédaction issue du décret du 27 mai 2014, dispose que « *l'officier du ministère public saisi d'une réclamation recevable informe sans délai le comptable de la Direction générale des finances publiques de l'annulation du titre exécutoire en ce qui concerne l'amende contestée* ». Sur le fondement de ce texte, la Cour de cassation, dans un arrêt récent[3], a censuré pour violation, par fausse application de ce texte, un jugement qui avait débouté un contrevenant de son action en responsabilité dirigée contre l'État à la suite de l'émission d'un avis d'opposition administrative à son encontre. La Haute cour a estimé que la réclamation du contrevenant emportait annulation du titre exécutoire litigieux, de sorte que la mise en recouvrement de celui-ci revêtait un caractère fautif. « *Le pouvoir d'appréciation de l'officier du ministère public est strictement limité à l'examen de la recevabilité formelle de la contestation* »[4]. Toute décision de rejet de la contestation de sa part relevant d'un autre motif constituerait un abus de pouvoir. La jurisprudence sanctionne la pratique *contra legem*[5] utilisée par les officiers du ministère public qui consiste à déclarer les contestations irrecevables en dehors des cas prévus par la loi[6], autrement dit, alors même que le contrevenant a adressé, dans les délais, une réclamation motivée et accompagnée de l'original de l'avis de contravention. La procédure d'amende forfaitaire majorée est compatible avec les dispositions de l'article 6 de la Convention européenne des droits de l'homme dès lors que le contrevenant dispose de la possibilité de faire valoir ses droits devant le tribunal de police, à l'occasion d'un débat contradictoire[7]. En effet, en déclarant la réclamation irrecevable, l'officier du ministère public prive le contrevenant du droit de faire valoir ses droits devant un juge[8]. Dès lors, l'article 6 § 1 de la Conv. EDH est violé en cas de rejet par l'officier du ministère public, pour un motif non prévu par les textes, de la réclamation du requérant (qui s'était acquitté du paiement de l'amende forfaitaire) contre l'avis de recouvrement de l'amende forfaitaire majorée et de sa demande à être convoqué devant le tribunal compétent, le droit d'accès du requérant à un tribunal ayant été atteint dans sa substance même[9]. La procédure d'amende forfaitaire n'est pas remise en cause par la Cour européenne des droits de l'homme. Cette dernière sanctionne simplement les limitations apportées au droit d'accès à un tribunal. Ainsi, il n'y a pas d'atteinte à ce droit dès lors que l'intéressé s'était acquitté de l'amende forfaitaire sans contester l'infraction par le biais notamment d'une requête en exonération[10].

962.36 Incident contentieux. La Cour de cassation avait estimé, dans un **avis rendu le 5 mars 2007**, que le contrevenant dont la réclamation a été

1. Crim. 11 juin 1992, n° 92-80.397, *Bull. crim.* n° 231 – Crim. 27 janv. 1993, n° 92-83.047, NP – Crim. 1er févr. 2000, n° 99-84.764, *Bull. crim.* n° 51; *Dr. pénal* 2000. Comm. 61, note Robert – Crim. 14 sept. 2005, n° 05-81.978, *Bull. crim.* n° 230 – Crim. 4 déc. 2013, n° 13-83.284, *Bull. crim.* n° 248 – Crim. 15 janv. 2014, n° 13-84.533, *Bull. crim.* n° 13 – Crim. 7 janv. 2015, n° 13-88.365, NP – Crim. 7 janv. 2015, n° 13-88.366, NP.
2. Civ. 2e, 18 oct. 2001, n° 00-16.597, *Bull. civ.* II, n° 155; *Dr. et proc.* 2002. 116, obs. Bourdillat – dans le même sens : Civ. 2e, 14 avr. 2005, n° 03-14.335, NP.
3. Civ. 1re, 20 nov. 2013, nos 12-26.959 et 12-24.048, NP.
4. Sur ce point, J.-P. Céré, « Le sort procédural de la contestation de l'amende forfaitaire. Entre pouvoirs du ministère public et respect du droit au juge », *AJ pénal* 2012. 401.
5. Sur ce point : Rép. min. à QE n° 60870, *JOAN* 14 mars 2006; Rép. min. à QE n° 62398, *JOAN* 28 mars 2006; Rép. min. à QE n° 66888, *JOAN* 2 mars 2010 – J.-P. Céré, « Irrecevabilité d'une requête en exonération d'une amende forfaitaire et droit à un recours effectif » (note sous Crim. 25 mars 2014), *D.* 2014. 1029.
6. Dans une telle hypothèse, le contrevenant peut soulever un incident contentieux relatif à l'exécution du titre exécutoire : Crim. 29 oct. 1997, n° 97-81.904, *Bull. crim.* n° 357.
7. Civ. 2e, 16 mai 2002, n° 00-20.129, *Bull. civ.* II, n° 98.
8. V. l'étude de F. Dupuis, « Le droit pénal des transports confronté aux principes fondamentaux du droit pénal », *Dr. pénal* 2013. Dossier 5, spéct n° 19.
9. CEDH 21 mai 2002, Peltier c/France, req. n° 32872/96, § 37, *D.* 2002. 2968, note Céré – CEDH 7 mars 2006, Besseau c/France, req. n° 73893/01, § 24 à 27, *AJ pénal* 2006. 213, obs. Céré.
10. CEDH 20 avr. 2010, Duteil c/France, req. n° 3221/10, *AJDA* 2010. 980.

déclarée irrecevable par le ministère public pour un motif autre que l'un des deux seuls prévus par l'article 530-1 alinéa 1er C. pr. pén., peut soulever un incident contentieux devant le juge de proximité, sur le fondement de l'article 530-2 du même code jusqu'à prescription de la peine. Si la juridiction de proximité juge que la réclamation du contrevenant était recevable, le titre exécutoire est annulé, ce qui a pour effet d'ouvrir un nouveau délai de prescription de l'action publique[1].

Par ailleurs, la Haute juridiction a jugé que, pour être admis à invoquer un incident contentieux relatif à l'exécution du titre exécutoire, le demandeur doit, au préalable, formuler une réclamation motivée auprès de l'officier du ministère public, accompagnée des avis correspondant aux amendes contestées, et que ce n'est que dans l'hypothèse où cette requête est déclarée irrecevable par l'officier du ministère public que le tribunal peut être régulièrement saisi[2].

962.37 Limites aux recours. En revanche, jusqu'à une période récente, n'était organisé aucun recours spécifique afin de contester devant un juge le rejet, par l'officier du ministère public, d'une requête en exonération élevée contre un avis de contravention en application de l'article 529-2 C. pr. pén.[3] À cet égard, le Conseil constitutionnel a été saisi, en 2010, d'une question prioritaire de constitutionnalité portant sur l'article 529-10 C. pr. pén. qui fixe les conditions de recevabilité communes à la requête en exonération d'amende forfaitaire et à la réclamation contre une amende forfaitaire majorée, pour une liste précise de contraventions relatives à une série d'infractions au Code de la route, constatées sans interception du conducteur, lorsque l'avis d'amende a été adressé au titulaire du certificat d'immatriculation. Faute d'aménager une voie de recours contre la décision par laquelle l'officier du ministère public rejette, pour irrecevabilité, une requête en exonération précédée de la consignation d'une somme égale au montant de l'amende forfaitaire, cette disposition méconnaît-elle le **droit à un recours juridictionnel effectif ?** Le Conseil a déclaré cet article, prévoyant « *que l'officier du ministère public vérifie si les conditions de recevabilité de la requête en exonération ou de la réclamation sont remplies* », conforme à la Constitution, sous la réserve que, le droit à un recours juridictionnel effectif imposant que la décision du ministère public déclarant irrecevable la réclamation puisse être contestée devant la juridiction de proximité, « *il en va de même de la décision déclarant irrecevable une requête en exonération lorsque cette décision a pour effet de convertir la somme consignée en paiement de l'amende forfaitaire* »[4]. De même, dans **des arrêts rendus le 8 mars 2012**[5], en matière de contraventions au Code de la route, la Cour européenne des droits de l'homme a jugé que l'inexistence d'un recours effectif contre la décision de l'officier du ministère public déclarant irrecevable une requête en exonération d'une amende forfaitaire (décision qui a pour effet de convertir le paiement de la consignation en règlement de l'amende et d'éteindre l'action publique) méconnaît le droit d'accès à un tribunal, et partant, constitue une violation de l'article 6 § 1 de la Conv. EDH.

Afin de tenter de conformer le droit français à la jurisprudence européenne, le décret n° 2013-1097 du 2 décembre 2013[6] encadre les modalités selon lesquelles l'officier du ministère public peut déclarer irrecevables les requêtes ou les réclamations concernant ces amendes, afin de prendre en compte les **recommandations du Défenseur des droits** figurant dans son rapport annuel 2012[7]. Il est ainsi précisé : « *Si l'officier du ministère public considère que la requête en exonération ou que la réclamation est irrecevable, l'avis qu'il est tenu d'adresser à la personne en application du premier alinéa de l'article 530-1 indique les raisons de sa décision. Lorsque la décision d'irrecevabilité est fondée sur l'absence de motivation de la requête en exonération ou de la réclamation, cet avis doit être adressé par lettre recommandée, qui informe la personne qu'elle peut, dans un délai d'un mois courant à compter de son envoi, contester cette décision par lettre recommandée avec demande d'accusé de réception. Si cette contestation ne donne pas lieu au classement sans suite de la contravention, l'officier du ministère public est alors tenu de saisir la juridiction de proximité* [le tribunal de police à compter du 1er janvier 2017, à raison de la suppression de la

1. Cass., avis, 5 mars 2007, n° 07-00.004, *Bull. crim. avis,* n° 2; *D.* 2007. 1764, obs. Bonfils et Giacopelli.
2. Crim. 25 oct. 2000, n° 00-82.939, *Bull. crim.* n° 311 – Crim. 29 oct. 2013, n° 13-80.513, NP – Crim. 26 févr. 2014, n° 13-87.328, *Bull. crim.* n° 57.
3. Sur ce point : D. Allix, « Du droit d'être jugé ou de quelques remarques sur la procédure d'amende forfaitaire », *Mél. A. Decocq,* Litec, 2004, p. 21.
4. Cons. const. 29 sept. 2010, n° 2010-38 QPC, *AJ pénal* 2010. 555, obs. Céré; *Dr. pénal* 2010. Comm. 120; obs. Robert.
5. CEDH, 5e sect., 8 mars 2012, Célice c/France, req. n° 14166/09, et Cadène c/France, req. n° 12039/08, *D.* 2012. 984, obs. Céré; *Dr. pénal* 2012. Comm. 71, obs. Robert; *Procédures,* avr. 2012. Comm. 129, obs. Buisson. – V. AUSSI : CEDH 8 mars 2012, Josseaume c/France, req. n° 39243/10, *Dalloz actualité,* 22 mars 2012, obs. Bachelet.
6. Décr. n° 2013-1097, 2 déc. 2013, relatif à l'ordonnance pénale, aux amendes forfaitaires et aux assistants spécialisés en matière de crime contre l'humanité, *JO* 4 déc., p. 19673.
7. *Rapport annuel 2012 du Défenseur des droits,* p. 133 – V. AUSSI, Défenseur des droits, décis. n° 12-R003, 12 juin 2012.

juridiction de proximité à cette date [1]] *conformément aux articles 524 à 528-2 ou aux articles 531 et suivants* » (C. pr. pén., art. R. 49-18, al. 4, issu de Décr. 2 déc. 2013, art. 3, IV, 1°). De plus, « *pour l'application des dispositions du premier alinéa de l'article 530-1 et du quatrième alinéa du présent article, ne sont considérées comme motivées que les requêtes ou réclamations dans lesquelles la personne soit conteste avoir commis la contravention, soit reconnaît avoir commis la contravention tout en fournissant des éléments circonstanciés susceptibles de justifier le classement sans suite pour des raisons juridiques ou d'opportunité* » (C. pr. pén., art. R. 49-18, al. 5, issu de Décr. 2 déc. 2013, art. 3, IV, 1°). Ainsi, le décret opère une distinction entre les causes d'irrecevabilité : d'une part, celles qui résultent d'un défaut de motivation de la requête ou de la réclamation, d'autre part, les autres causes d'irrecevabilité telles que le dépassement des délais fixés par les articles 529-1 et 530 alinéa 2, le défaut de production de l'avis de contravention imposé par l'article 530-1 alinéa 1er. Pour ces dernières, l'avis de rejet motivé, est contenu dans une lettre simple, qui ne fait pas naître le droit à « contestation » ouvert par la troisième phrase de l'article R. 49-18 alinéa 4 [2]. À cet égard, le Défenseur des droits a souligné [3] « *le caractère limité de cette réforme* » qui n'instaure « *un recours que contre les décisions d'irrecevabilité fondée sur l'absence de motivation de la contestation, sans que soient donc concernées les décisions d'irrecevabilité faisant suite, notamment, à un défaut de consignation, à l'absence de saisine de l'OMP* [officier du ministère public] *par lettre recommandée avec accusé de réception, à l'absence de production de l'avis de contravention original ou à la tardiveté de la réclamation* » et préconisé à nouveau « *que soit expressément mentionnée dans le Code de procédure pénale une voie de recours contre les décisions d'irrecevabilité des OMP* ».

Afin de remédier à la carence persistante du législateur quant à l'instauration d'une voie effective de recours devant une juridiction contre les décisions de rejet des requêtes en exonération de l'amende forfaitaire par les officiers du ministère public, la chambre criminelle a créé « *une procédure nouvelle* » [4] en estimant que le **droit à un recours juridictionnel effectif** implique que la décision du ministère public déclarant irrecevable la requête en exonération présentée par la personne destinataire d'un avis de contravention puisse être contestée devant la juridiction de proximité [5].

962.38 Amende plancher. Si, à la suite de la requête en exonération de l'amende forfaitaire ou de la réclamation contre une amende forfaitaire majorée, le ministère public décide de renvoyer le contrevenant devant une juridiction pénale, l'article 530-1 alinéa 2 C. pr. pén. prévoit qu'en cas de condamnation, l'amende prononcée ne peut être inférieure au montant de l'amende forfaitaire prévue pour la contravention contestée (si le requérant a formé une requête en exonération ou une protestation), ni inférieure au montant de l'amende forfaitaire majorée (s'il a formé une réclamation) dans les cas où le contrevenant ne s'est pas acquitté de l'amende initiale dans les délais et conditions requis. Ainsi, en cas de recours contre une amende forfaitaire majorée, l'amende prononcée ne peut être inférieure au montant de l'amende qui aurait été due si l'intéressé n'avait pas présenté de réclamation [6]. La Cour de cassation veille au respect de cette peine d'amende plancher et censure les décisions des juridictions du fond qui condamnent le contrevenant à une amende inférieure au montant de l'amende forfaitaire [7] ou de l'amende forfaitaire majorée [8]. La Haute juridiction a ainsi pu considérer qu'en condamnant le contrevenant à une amende d'un montant inférieur à celui imposé par les textes, la juridiction de proximité avait privé ce dernier

1. Les art. 1er et 2 de la loi n° 2011-1862 du 13 déc. 2011 relative à la répartition des contentieux et à l'allègement de certaines procédures juridictionnelles (*JO* 14 déc., p. 21105) avaient prévu la suppression de la juridiction de proximité au 1er janv. 2013. La loi n° 2012-1441 du 24 déc. 2012 relative aux juridictions de proximité (*JO* 26 déc., p. 20395) a reporté cette suppression au 31 déc. 2014 et même au 30 juin 2015 pour les affaires en cours. L'art. 99 de la loi n° 2014-1654 du 29 déc. 2014 de finances pour 2015 (*JO* 30 déc., p. 22828) a reporté cette suppression au 1er janv. 2017 et même au 1er juill. 2017 pour les affaires en cours.
2. EN CE SENS, J. Buisson, « Un tout petit pas vers le contradictoire en matière d'amendes forfaitaires » *Dr. pénal* 2014. Comm. 4.
3. Défenseur des droits, rapport sur les suites réservées à la décision n° 12-R003 du 13 juin 2012 relative aux amendes routières, spéct p. 7-8.
4. J.-H. Robert, note ss Crim. 25 mars 2014, n° 13-80.170, *Bull. crim.* n° 93; *Dr. pénal* 2014. Comm. 89.
5. Crim. 25 mars 2014, n° 13-80.170, *Bull. crim.* n° 93; *D.* 2014. 1029, note Céré; *LPA* 19 juin 2014, p. 16, obs. Dadoun; *Dr. pénal* 2014. Comm. 89, obs. Robert.
6. Crim. 20 oct. 1999, n° 99-83.046, *Bull. crim.* n° 229 – Crim. 12 sept. 2007, n° 06-86.752, *Bull. crim.* n° 206.
7. Crim. 26 juin 2013, n° 12-86.812, NP – Crim. 16 sept. 2014, n° 13-87.444, NP – Crim. 29 oct. 2014, n° 14-81.300, NP.
8. Crim. 14 avr. 2010, n° 09-86.592, NP – Crim. 16 mars 2011, n° 10-87.402, NP – Crim. 17 déc. 2013, n° 13-80.454, NP – Crim. 15 janv. 2014, n° 13-84.110, NP – Crim. 15 janv. 2014, n° 13-84.466, NP – Crim. 12 mars 2014, n° 13-84.516, NP – Crim. 12 mars 2014, n° 13-84.517, NP – Crim. 9 avr. 2014, n° 13-85.786, NP – Crim. 3 sept. 2014, n° 13-88.233, NP – Crim. 14 oct. 2014, n° 13.87.305, NP – Crim. 14 oct. 2014, n° 13-87.265, NP – Crim. 15 oct. 2014, n° 13-87.748, NP – Crim. 28 oct. 2014, n° 13-86.579, NP – Crim. 7 janv. 2015, n° 14-83.229, NP.

de son droit d'interjeter appel et ainsi méconnu le sens et la portée de l'article 530-1 C. pr. pén. [1].

Pour autant, la chambre criminelle de la Cour de cassation estime que le régime de l'amende forfaitaire majorée ne porte pas atteinte au pouvoir du juge de fixer librement le *quantum* de la peine et n'est pas incompatible avec l'article 6 de la Conv. EDH, dès lors que le juge de police, qui fixe la peine dans les limites comprises entre le montant de l'amende forfaitaire majorée et le maximum encouru, « *dispose du pouvoir de proportionner le montant de l'amende à la gravité de la contravention commise, à la personnalité de son auteur et à ses ressources* » [2].

Saisi d'une question prioritaire de constitutionnalité portant sur l'article 530-1 C. pr. pén., le Conseil constitutionnel a jugé [3] que la disposition contestée ne méconnaît pas le principe d'individualisation des peines dès lors qu'elle « *laisse au juge le soin de fixer la peine dans les limites, d'une part, de l'amende forfaitaire ou de l'amende forfaitaire majorée et, d'autre part, du maximum de l'amende encouru* » et « *qu'ainsi, il lui appartient de proportionner le montant de l'amende à la gravité de la contravention commise, à la personnalité de son auteur et à ses ressources* ». Le Conseil constitutionnel relève également que le dispositif retenu par le législateur, « *dans l'intérêt d'une bonne administration de la justice et pour assurer la répression effective des infractions* », « *fait obstacle à la multiplication des contestations dilatoires* », de sorte que « *l'instauration d'un minimum de peine d'amende applicable aux contraventions les moins graves ne méconnaît pas, en elle-même le principe de nécessité des peines* ». La constitutionnalité de la sanction passe par « *l'existence d'une modulation judiciaire de la peine qui se trouve être effectivement présente quand le juge intervient à la suite d'une réclamation formée contre une amende forfaitaire ou une amende forfaitaire majorée* » [4].

962.39 Dispense de peine. Par ailleurs, les dispositions de l'article 530-1 alinéa 2 C. pr. pén. ne font pas obstacle à l'application de la dispense de peine prévue, en matière contraventionnelle, par les articles 132-58 et suivants du Code pénal et 539 C. pr. pén. [5]. Il relève du pouvoir souverain du juge d'apprécier si les conditions requises par ces textes pour bénéficier d'une telle dispense de peine sont remplies [6].

1. Crim. 26 oct. 2005, n° 05-80.599, NP – Crim. 12 sept. 2007, n° 06-86.752, *Bull. crim.* n° 206 – Crim. 21 janv. 2009, n° 08-84.486, NP.
2. Crim. 16 juin 1999, n° 98-82.881, *Bull. crim.* n° 138 – V. AUSSI : Crim. 9 oct. 2002, n° 02-82.413, NP.
3. Cons. const. 16 sept. 2011, n° 2011-162 QPC, *Procédures* 2011. Comm. 348, note Buisson; *Dr. pénal* 2011. Comm. 137, note Robert; *AJ pénal* 2011. 526, note Céré; *Gaz. Pal.* 20 oct. 2011, p. 10, note Josseaume et Teissedre.
4. EN CE SENS, J.-P. Céré, note ss Cons. const. 16 sept. 2011, n° 2011-162 QPC, *AJ pénal* 2011. 526.

SECTION 4
TRANSACTIONS

962.41 Transactions. Il s'agit d'affaires spécifiques dans lesquelles la loi prescrit à l'autorité chargée de **la répression d'accepter, dans certaines conditions, une transaction,** c'est-à-dire le paiement d'une somme d'argent déterminée, de mettre fin à la poursuite et d'effacer la condamnation, ainsi que d'ailleurs le prévoit l'article 6 alinéa 3 C. pr. pén.; c'est notamment le cas en matière fiscale [7] (LPF, art. L. 248, L. 249 et L. 251) ou pour certaines affaires de douane [8] (C. douanes, art. 350; Décr. n° 78-1297, 28 déc. 1978 [9], mod. par Décr. n° 2012-1264, 14 nov. 2012 [10]). La transaction n'étant considérée comme acquise qu'après le versement de la somme convenue à un comptable public, ce dernier intervient nécessairement dans ce genre de procédures.

La transaction, mode d'extinction de l'action publique, ne porte pas atteinte au droit à **indemnisation du préjudice** souffert par la victime de l'infraction. Même si elle n'intervient que tardivement, au cours de l'instance d'appel, l'action civile restera du ressort du juge pénal [11]. La transaction présente l'avantage :

- pour l'Administration, dont les propositions sont acceptées, d'éviter toute contestation et d'obtenir un paiement rapide;
- pour le redevable, d'obtenir une remise partielle de la créance.

La proposition de transaction est l'œuvre, non du comptable de la DGFiP, organe d'exécution,

5. Crim. 18 janv. 2006, n° 05-86.053, NP – Crim. 20 sept. 2006, n° 06-81.983, NP – Crim. 15 nov. 2006, n° 06-81.984, NP – V. AUSSI : Crim. 9 nov. 2005, n° 05-84.504, *Bull. crim.* n° 291; *AJ pénal* 2006. 80, obs. Céré – Crim. 30 oct. 2012, n° 12-81.603, *Bull. crim.* n° 230.
6. Crim. 16 sept. 2014, n° 13-85.526, NP.
7. Crim. 18 avr. 1983, nos 82-90.081 et 81-92.517, *Bull. crim.* n° 106.
8. Crim. 10 oct. 1962, *Bull. crim.* n° 270 – Crim. 12 févr. 1990, n° 88-85.567, *Bull. crim.* n° 72 – Crim. 20 janv. 1992, n° 89-94.768, *Bull. crim.* n° 18 – Crim. 13 déc. 1993, n° 92-85.483, *Bull. crim.* n° 384 – Pour une transaction avant toute poursuite judiciaire : Crim. 11 févr. 1980, n° 79-90.716, *Bull. crim.* n° 54.
9. Décr. n° 78-1297, 28 déc. 1978, relatif à l'exercice du droit de transaction en matière d'infractions douanières, d'infractions relatives aux relations financières avec l'étranger ou d'infractions à l'obligation déclarative des sommes, titres ou valeurs en provenance ou à destination d'un État membre de l'Union européenne ou d'un État tiers à l'Union européenne, *JO* 4 janv., p. 33.
10. Décr. n° 2012-1264, 14 nov. 2012, modifiant le décret n° 78-1297 du 28 décembre 1978 relatif à l'exercice du droit de transaction en matière d'infractions douanières ou relatives aux relations financières avec l'étranger, *JO* 16 nov., p. 18109.
11. Crim. 18 févr. 1954, *D.* 1954. 421 (cité dans le Code de procédure pénale, Dalloz, ss C. pr. pén. art. 6, n° 4).

mais d'**autorités** déterminées par la loi, d'un niveau hiérarchique fixé en fonction de la gravité de l'infraction.

La transaction est justifiée, soit par le peu de gravité de l'atteinte à l'intérêt public, soit par des considérations économiques, ou sociales. Elle fait, dans certains cas, l'objet d'un contrôle, en ce qu'elle est subordonnée à un accord de principe des pouvoirs judiciaires (v. C. douanes, art. 350). Par ailleurs, elle doit être autorisée par disposition expresse de la loi.

962.42 Transaction avant jugement. Le décret n° 64-1333 du 22 décembre 1964 prescrit à l'autorité chargée de la répression, qui décide d'accorder une transaction **avant jugement,** c'est-à-dire avant que l'affaire ne vienne à l'audience, de **notifier cette décision au comptable de la** DGFiP, en indiquant le délai dans lequel le versement du montant convenu doit intervenir, afin d'éviter une instance judiciaire (Décr. 22 déc. 1964, art. 12 - *Adde :* LPF, art. L. 248).

Le comptable de la DGFiP doit indiquer, dans les trois jours qui suivent l'expiration du délai, si le délinquant a, ou non, versé le montant de la transaction.

Des conditions restrictives sont souvent édictées : c'est ainsi que l'article 350 du Code des douanes précise que, lorsque l'Administration des douanes ou le ministère public ont mis en mouvement l'action publique, la transaction n'est possible qu'avec l'accord de l'autorité judiciaire, qui doit être donné :

- si l'infraction est passible à la fois de peines et de sanctions fiscales, par le ministère public;

- si seules des sanctions fiscales sont encourues, par le président de la juridiction saisie.

Des règles particulières régissent certaines infractions, notamment en matière fiscale ou en ce qui concerne la proposition de transaction émanant du Défenseur des droits (v. C. pr. pén., art. D. 1-1[1]). Par ailleurs, il existe des transactions conclues entre le contrevenant et l'exploitant, **sans l'intervention du comptable de la** DGFiP, comportant le versement d'une indemnité forfaitaire à la victime de l'infraction, lorsqu'il s'agit de contraventions des quatre premières classes à la police des services publics de transports ferroviaires et des services de transports publics de personnes, réguliers et à la demande (v. C. pr. pén., art. 529-3 à 529-6).

962.43 Transaction après jugement. Elle est autorisée par l'article 13 du décret n° 64-1333 du 22 décembre 1964. L'autorité chargée de la répression est saisie d'une **requête** par le condamné; le comptable de la DGFiP, chargé du recouvrement, est, s'il y a lieu, invité par l'Administration à suspendre l'exécution des condamnations prononcées; mais dans ce cas, il prend les mesures conservatoires « *nécessaires à la sauvegarde des droits du Trésor* ». Il avise immédiatement l'autorité intéressée, des acomptes versés par le redevable et lui indique le solde restant dû. Lorsqu'une décision est intervenue sur la demande de transaction, celle-ci est notifiée par l'Administration compétente au comptable de la DGFiP; si le montant de transaction est acquitté par le condamné dans le délai imparti par l'autorité compétente, le recouvrement des condamnations pécuniaires prononcées par décision de justice est abandonné, à l'exception des frais de justice s'ils n'ont pas été compris dans la transaction.

SECTION 5

MESURES CONSERVATOIRES

962.51 Mesures conservatoires. Les comptables de la DGFiP ont la faculté de prendre, ou de faire prendre, des mesures conservatoires, lorsque le montant des amendes, frais de justice et autres (confiscation) est important, s'il y a lieu de craindre que le redevable ne se rende insolvable. Ainsi, l'Administration des douanes peut saisir à cet effet **le président du tribunal de grande instance,** qui statue sur **l'avis du procureur de la République** (C. douanes, art. 386 *bis*[2]). En cas de condamnation, les mesures provisoires ainsi ordonnées sont validées; les décisions de non-lieu, d'acquittement, de relaxe, comme aussi l'extinction de l'action publique (amnistie, décès, transaction), entraînent de plein droit leur mainlevée, aux frais du Trésor.

Les mesures conservatoires sont régies par le Code de procédure civile.

Les mesures conservatoires revêtent une importance particulière lorsque l'élément de patrimoine du débiteur est constitué par une chose mobilière faiblement déplaçable (par ex., un avion, un navire, un véhicule immatriculés à l'étranger, qu'il faut immobiliser avant leur départ du territoire français).

Il convient de mentionner que le Trésor public bénéficie d'un **privilège** général prévu par l'article 2327 du Code civil[3], complété à cet égard par des textes législatifs et réglementaires appropriés (v. not., amendes pénales : CGI, art. 1018 A - douanes : C. douanes, art. 379).

1. Mod. par Décr. n° 2011-904, 29 juill. 2011 relatif à la procédure applicable devant le Défenseur des droits, *JO* 30 juill. p. 13020.
2. Qui se réfère à l'article 415, mod. par L. n° 2011-267, 14 mars 2011.
3. ANC^T C. civ., art. 2098 (mod. par Ord. n° 2006-346, 23 mars 2006, relative aux sûretés, *JO* 24 mars, p. 4475).

CHAPITRE

963. Procédure d'opposition

Vanessa NORGUIN
Greffier en chef
à la Cour de cassation

SECTION 0
ORIENTEUR

963.00 Plan du chapitre.

963.01 Textes applicables.
C. civ., art. 1166 et 2285.
CGI, art. 1018 A.
C. trav., art. R. 3252-37.
• **L. n° 2004-1485, 30 déc. 2004,** de finances rectificative pour 2004, art. 128, *JO* 31 déc., p. 22522,
mod. par **L. n° 2013-1117, 6 déc. 2013,** relative à la lutte contre la fraude fiscale et la grande délinquance économique et financière, *JO* 7 déc., p. 19941.
• **Décr. n° 64-1333, 22 déc. 1964,** relatif au recouvrement des amendes et condamnations pécuniaires par les comptables de la Direction générale des finances publiques, art. 6-1 et 9, *JO* 29 déc., p. 11794,
mod. par **Décr. n° 2014-551, 27 mai 2014,** portant adaptation de dispositions pour faire suite à la fusion de la Direction générale des impôts et de la Direction générale de la comptabilité publique, *JO* 29 mai, p. 8976 et par **Décr. n° 2015-243, 2 mars 2015,** relatif à la notification par voie électronique, aux établissements de crédit, aux sociétés de financement et aux organismes gérant des régimes de protection sociale de certains actes pris en vue du recouvrement de créances de toute nature, *JO* 4 mars, p. 4105.

SECTION 1
GÉNÉRALITÉS

963.11 Procédure d'opposition. L'article 128 de la loi n° 2004-1485 du 30 décembre 2004[1] et l'article 6-1 du décret n° 64-1333 du 22 décembre 1964[2], énoncent que le recouvrement par le Trésor public des amendes et condamnations pécuniaires peut être assuré par « *voie d'opposition administrative adressée aux personnes physiques ou morales qui détiennent des fonds pour le compte du redevable, qui ont une dette envers lui ou qui lui versent une rémunération* », l'article 6-1 de ce décret précisant : « *Lorsque le débiteur d'amendes ou de condamnations pécuniaires ne s'est pas acquitté spontanément de sa dette dans le délai fixé par l'avertissement mentionné à l'article 5* ». Il s'agit en conséquence d'un **acte administratif**, ni extrajudiciaire, ni juridictionnel, qui obéit à ses règles propres.

Simple et efficace, la procédure d'opposition administrative, bien que facultative, est plus utilisée que celle de droit commun.

Sont en présence, dans cette procédure :

– le procureur de la République, au nom duquel elle est diligentée, qui est l'autorité chargée de l'exécution des décisions de justice;

– le comptable de la Direction générale des finances publiques (DGFiP), (ex-comptable direct du Trésor), qui a le rôle d'un agent de recouvrement et qui diligente la procédure;

– le redevable, débiteur de la dette à recouvrer;

– le **tiers détenteur,** aussi appelé tiers débiteur, personne physique, banque, *etc.*, qui détient les fonds pour le compte du débiteur.

L'opposition à paiement est fondée sur l'article 2285 du Code civil, qui dispose que « *les biens du débiteur sont le gage commun de ses créanciers* ».

963.12 Comptable de la Direction générale des finances publiques (ex-comptable direct du Trésor). Sa compétence ne peut être l'objet de contestation;

1. ANC[T] L. 11 juill. 1972, art. 7-1.
2. Mod. par Décr. n° 2014-551, 27 mai 2014, portant adaptation de dispositions pour faire suite à la fusion de la Direction générale des impôts et de la Direction générale de la comptabilité publique, *JO* 29 mai, p. 8976.

il s'agit d'un fonctionnaire agissant pour le compte de la collectivité publique (État ou autres), ou d'un établissement public, dans le cadre d'une organisation administrative, laquelle ne pourrait être critiquée que d'une manière générale et devant les juridictions administratives. La responsabilité du comptable relève du statut des fonctionnaires.

Le comptable de la DGFiP, par la voie de l'opposition, exerce une sorte d'action oblique fondée sur les dispositions des articles 2285 et 1166 du Code civil.

963.13 Créance objet de l'opposition administrative. Selon l'article 128, II, de la loi du 30 décembre 2004, l'opposition administrative peut porter sur les fonds détenus, pour le compte du redevable de l'amende ou des condamnations pécuniaires, par des personnes physiques ou morales ainsi que sur les dettes que ces personnes ont envers lui ou la rémunération qu'elles lui versent. Lorsque l'opposition administrative porte sur une somme due à titre de rémunération, « *il est fait application des dispositions de l'article L. 3252-10 du Code du travail* » (Décr. 22 déc. 1964, art. 6-1, IV). Par ailleurs, l'article 41-III de la loi n° 2013-1117 du 6 décembre 2013 [1] a inséré, après le 2 du II de l'article 128 de la loi n° 2004-1485 du 30 décembre 2004 de finances rectificative pour 2004, un 2 *bis* ainsi rédigé : « *L'opposition administrative peut s'exercer sur les sommes versées par un redevable souscripteur ou adhérent d'un contrat d'assurance rachetable, y compris si la possibilité de rachat fait l'objet de limitations, dans la limite de la valeur de rachat des droits à la date de la notification de l'opposition* ». Cette réforme, destinée à faciliter le recouvrement par le Trésor public des amendes et condamnations pécuniaires, « *s'inscrit dans une double tendance d'instrumentalisation du régime juridique de l'assurance-vie et de patrimonialisation de la valeur de rachat* » [2]. Le champ d'application de la procédure d'opposition administrative est ainsi étendu aux contrats que l'adhérent ou le souscripteur a la faculté de racheter. Dès lors que le contrat est rachetable, les sommes versées sont saisissables, même « *si la possibilité de rachat fait l'objet de limitations* ». Le montant saisissable est plafonné à la hauteur de la valeur de rachat des droits de l'assuré à la date de la notification de l'opposition.

1. L. n° 2013-1117, 6 déc. 2013, relative à la lutte contre la fraude fiscale et la grande délinquance économique et financière, *JO* 7 déc., p. 19941 ; *Dr. fisc.* 2013. Comm. 580 ; *RFN* 2014. Actu. 18.
2. Sur cette question : M. Leroy et Ph. Luttmann, « Assurance-vie et saisie simplifiée exercée par le comptable public », *JCP N* 2014. 1285, spéc^t n°s 3 à 5.

SECTION 2

FORME

963.21 Forme. L'opposition administrative n'est assujettie à aucune forme particulière, et est valable, même si elle est notifiée par **simple lettre**. Il est simplement disposé, à l'article 128, II, 1° de la loi du 30 décembre 2004, que le Trésor public notifie cette opposition administrative au redevable en même temps qu'elle est adressée au tiers détenteur.

Toutefois, depuis la loi n° 2007-1787 du 20 décembre 2007 [3], l'exemplaire de l'opposition administrative qui est destiné au redevable doit comporter, à peine de nullité, la **nature de l'amende** ainsi que la **date de l'infraction** s'il s'agit d'une amende forfaitaire majorée, ou la date de la décision de justice dans les autres cas.

Il convient de noter que l'article 17, II de la loi n° 2013-1279 du 29 décembre 2013, de finances rectificative pour 2013 [4], autorise la notification par voie électronique des actes adressés aux établissements de crédit, aux sociétés de financement et aux organismes gérant des régimes de protection sociale en tant que tiers détenteur de sommes appartenant ou devant revenir aux redevables. Ce texte visant les « *créances de toute nature* », le dispositif de notification par voie électronique concerne notamment « *les amendes et condamnations pécuniaires prononcées pour une contravention de police, dans le cadre de l'opposition administrative* » [5]. Le décret n° 2015-243 du 2 mars 2015 [6] détermine les conditions de mise en œuvre de cette notification électronique. À cet égard, son article 1 précise que « *peuvent être notifiés par voie électronique aux établissements de crédit, aux sociétés de financement et aux organismes gérant des régimes de protection sociale, mentionnés au II de l'article 17 de la loi du 29 décembre 2013 susvisée, sous réserve de leur accord préalable,*[...] *les oppositions administratives mentionnées au II de l'article 128 de la loi du 30 décembre 2004 susvisée* ». Il résulte de l'article 6-1, II, alinéa 2, du décret du 22 décembre 1964, modifié par l'article 3 du décret n° 2015-243 du 2 mars 2015 que « *l'opposition administrative peut*

3. L. n° 2007-1787, 20 déc. 2007, relative à la simplification du droit, *JO* 12 déc., p. 20639.
4. L. n° 2013-1279, 29 déc. 2013, de finances rectificative pour 2013, *JO* 30 déc., p. 21910.
5. En ce sens : « Mise en place d'une notification par voie électronique des saisies auprès de tiers détenteurs », *Dr. fisc.* 2014. Comm. 145 – Rapp. Sénat n° 217, 11 déc. 2013, p. 115 à 118.
6. Décr. n° 2015-243, 2 mars 2015, relatif à la notification, par voie électronique, aux établissements de crédit, aux sociétés de financement et aux organismes gérant des régimes de protection sociale de certains actes pris en vue du recouvrement de créances de toute nature, *JO* 4 mars, p. 4105.

être notifiée par voie électronique dans les conditions définies par le décret n° 2015-243 du 2 mars 2015 ».

Si la lettre n'atteint pas son destinataire, l'opposition ne produira pas effet, et la procédure de recouvrement sera inopérante. L'inconvénient est que le blocage des fonds, finalité de l'opération, ne se produira pas, et que peut-être, lorsque la notification sera recommencée, les fonds auront disparu. Il est possible d'éviter cet aléa, en prenant des mesures conservatoires. Aussi, le décret n° 64-1333 du 22 décembre 1964 a prévu que **le tiers détenteur doit accuser réception de la notification :** le tiers détenteur rend les fonds indisponibles dès réception de la notification de l'opposition administrative. Il informe le comptable public de la situation de chaque redevable intéressé sous la forme d'un accusé de réception transmis par courrier ou par voie électronique (Décr. 22 déc. 1964, art. 6-1, III, al. 1er). En toute hypothèse, il n'est pas interdit d'avoir recours, si nécessaire, notamment à une LRAR, ou à un huissier de justice, de manière à obtenir la certitude que la signification a été bien effectuée.

963.22 Contenu de l'opposition. La notification doit indiquer les références de la condamnation et du titre exécutoire justifiant le recouvrement, et, à **peine de nullité,** reproduire les dispositions du II de l'article 128 de la loi du 30 décembre 2004 (Décr. 22 déc. 1964, art. 6-1, II, al. 1er). Il est nécessaire en effet que le tiers détenteur des fonds soit exactement informé de ses obligations.

963.23 Double notification. Elle est faite en même temps au **tiers détenteur** et au **redevable** (Décr. 22 déc. 1964, art. 6-1, II, al. 1er), qui vont être tenus à des obligations différentes.

SECTION 3
OBLIGATIONS DU « TIERS DÉTENTEUR »

963.31 Blocage des fonds. Le tiers débiteur ou tiers détenteur est tenu de rendre **indisponibles les fonds** qu'il détient, à un titre quelconque, pour le compte du redevable du Trésor, à concurrence du montant de la créance motivant l'opposition; l'article 128, II, 2°, de la loi du 30 décembre 2004 précise que l'opposition administrative « *emporte l'effet d'attribution immédiate prévu à l'article 43 de la loi n° 91-650 du 9 juillet 1991* [devenu C. pr. exéc., art. L. 211-2] *portant réforme des procédures civiles d'exécution* ». Le tiers débiteur sera donc responsable sur ses biens personnels, de la disparition des fonds, s'il en dispose au mépris de l'opposition à lui signifiée. Si le destinataire de l'opposition administrative ne respecte pas les obligations qui lui sont imparties, le comptable public peut saisir le juge de l'exécution aux fins de délivrance d'un titre exécutoire à son encontre (Décr. 22 déc. 1964, art. 6-1, IV). La nécessité d'obtenir un titre exécutoire s'explique par la nature même de l'opposition administrative : cette procédure de recouvrement de la dette du redevable initial ne peut, en effet, permettre le recouvrement forcé à l'encontre du tiers détenteur, récalcitrant.

Lorsqu'elle est mise en œuvre pour le recouvrement du droit fixe de procédure et des amendes pénales garanti par le privilège mentionné à l'article 1018 A du Code général des impôts, l'opposition a les mêmes effets que ceux conférés à l'avis à tiers détenteur par l'article R. 3252-37 du Code du travail (c'est-à-dire que l'opposition administrative notifiée à l'employeur suspend le cours de la procédure de saisie des rémunérations jusqu'à l'extinction de l'obligation du redevable). La procédure prévue à cet article lui est applicable. Lorsque la créance ne bénéficie pas en totalité du privilège prévu à l'article 1018 A du Code général des impôts, le comptable public précise, dans l'information qu'il délivre au greffe du tribunal, le montant à hauteur duquel la créance bénéficie de ce privilège (Décr., 22 déc. 1964, art. 6-1, V).

963.32 Pluralité des oppositions – Indisponibilité des fonds – Contestation. Il peut arriver que le blocage des fonds au profit du comptable de la DGFiP soit juridiquement impossible, du fait qu'ils sont **déjà indisponibles** pour une autre cause, notamment parce qu'ils ont été saisis par un autre créancier; ou encore du fait qu'ils sont litigieux, et qu'en conséquence, il est nécessaire que la contestation soit tranchée pour savoir s'ils appartiennent au débiteur du redevable.

Lorsqu'une personne est simultanément destinataire de plusieurs oppositions administratives établies au nom du redevable, elle doit, en cas d'insuffisance des fonds, exécuter ces demandes en proportion de leurs montants respectifs (L. 30 déc. 2004, art. 128, II, 3°).

Si les fonds détenus ou dus par le destinataire de l'opposition administrative sont indisponibles entre ses mains, il doit en aviser le Trésor public dès sa réception (L. 30 déc. 2004, art. 128, II, 3°).

La procédure de recouvrement par comptable de la DGFiP devient en cette hypothèse impossible. Le tiers débiteur en avisera le comptable poursuivant, qui sera contraint d'avoir recours à la procédure de droit commun.

963.33 Créances conditionnelles ou à terme. Le tiers détenteur fait connaître au comptable de la DGFiP qu'il ne peut disposer actuellement des fonds, parce que ceux-ci constituent des créances **non encore exigibles,** soit qu'il faille attendre la réalisation d'une **condition,** soit qu'un **terme** ait été convenu ou que des **délais** aient été accordés. Ce sera le cas où le **notaire** détient des fonds provenant d'une vente, ou d'une succession, mais n'est pas en état de les délivrer avant l'accomplissement de certaines opérations, ou celui où **l'assureur** ne règle qu'avec retard l'indemnité de sinistre. L'opposition est maintenue, mais son effet **est retardé** jusqu'au moment où la créance sera exigible, où les fonds seront versés : « *L'effet de l'opposition administrative s'étend aux créances conditionnelles ou à terme. Dans ce cas, les fonds sont versés au Trésor public lorsque ces créances deviennent exigibles* » (L. 30 déc. 2004, art. 128, II, 3°). Cette solution avait été appliquée au plan d'épargne logement[1], comme valant créance conditionnelle à terme, mais cette opinion n'a pas été entérinée par la Cour de cassation[2].

963.34 Notification au redevable. Elle est effectuée par **lettre simple** (Décr. 22 déc. 1964, art. 6-1, II). Elle a pour but d'informer le redevable de l'opposition, c'est-à-dire de l'indisponibilité des fonds détenus pour son compte par le tiers débiteur, à concurrence du montant de la créance du Trésor.

963.35 Versement des fonds au comptable de la Direction générale des finances publiques. Les fonds rendus indisponibles doivent être reversés, dans les trente jours qui suivent la réception de l'opposition administrative (L. 30 déc. 2004, art. 128, II, 2° modifié[3]; Décr. 22 déc. 1964, art. 6-1, III, al. 2), par le tiers détenteur au Trésor public sous peine de se voir réclamer cette somme majorée du taux d'intérêt légal. Si l'opposition administrative porte sur des créances conditionnelles ou à terme, le tiers détenteur verse au Trésor public les fonds à la date d'exigibilité de ces créances.

Ce paiement est **libératoire pour le tiers détenteur,** qui est déchargé à due concurrence de ses obligations à l'égard du redevable, pour le compte duquel il a effectué le règlement (L. 30 déc. 2004, art. 128, II, 2°), et pour le **redevable,** à l'endroit du Trésor public. La preuve de cette libération sera établie par la **quittance** délivrée par la recette du Trésor.

SECTION 4
CONTENTIEUX

963.41 Contentieux. L'article 128, II, 3°, alinéa 3, de la loi du 30 décembre 2004 précise que « *l'exécution par le destinataire d'une opposition administrative, fondée sur un titre exécutoire, n'est pas affectée par une contestation postérieure de l'existence, du montant ou de l'exigibilité de la créance. Dès réception de la décision portant sur la contestation, le Trésor public, s'il y a lieu, donne une mainlevée, totale ou partielle, de l'opposition administrative ou rembourse les sommes dues au redevable* ».

Le tiers détenteur **sera** évidemment recevable, s'il ne verse pas les fonds ou ne les rend pas indisponibles, à soutenir, soit qu'il n'a pas reçu en temps utile la lettre d'opposition, soit que les fonds qui sont en sa possession ne sont pas la propriété du redevable de l'amende, soit qu'il n'est pas débiteur de celui-ci, et ne saurait être contraint de payer pour lui.

Ces éventuels litiges seront soumis à la juridiction de droit commun qui, pour les trancher, se référera à la jurisprudence qui s'est dégagée en ce qui concerne l'action oblique.

L'opposition sera maintenue pendant la durée de la procédure, mais ses effets seront suspendus dans l'attente de la décision judiciaire à intervenir. L'article 128, II, 4° de la loi du 30 décembre 2004 précise que les contestations relatives à l'opposition administrative doivent être adressées à l'Administration dont dépend le comptable qui a exercé cette poursuite.

Le redevable peut intervenir à la procédure de contestation, par voie de tierce opposition.

Dans une décision du 14 décembre 2009[4], le Tribunal des conflits a précisé que le litige portant sur le recouvrement d'amendes pénales par voie d'opposition administrative relève du juge judiciaire.

Il conviendra également de se reporter aux dispositions de l'article 9 du décret du 22 décembre 1964 relatif au recouvrement des amendes et condamnations pécuniaires par les comptables de la Direction générale des finances publiques, modifié par le décret du 27 mai 2014. Ce texte précise, en son alinéa premier, que « *les oppositions aux actes de poursuites et les revendications objets saisis ne peuvent, à peine de nullité, être portées devant la juridiction civile qu'après avoir été soumises, appuyées de toutes justifications utiles, au directeur départemental ou, le cas échéant, régional des finances publiques du département dans lequel les poursuites ont été exercées* », et, en son alinéa 2, que « *l'opposition à l'acte de poursuites ne peut viser que la validité en la forme de l'acte; elle doit, à peine de nullité, être formée dans les deux mois de la notification de l'acte* ». À cet égard, la chambre commerciale, dans un arrêt rendu le

1. Paris, 20 sept. 1990, *Gaz. Pal.* 1991, somm., *V° Saisie-arrêt.*
2. Civ. 2e, 29 mai 1991, n° 90-11.714, *Bull. civ.* II, n° 170; *D.* 1993. 57, obs. Vasseur – Civ. 2e, 17 juin 1992, nos 90-21.430 et 90-21.431, *Bull. civ.* II, n° 169.
3. Depuis la modification opérée par la loi n° 2006-1771 du 30 déc. 2006 de finances rectificative (*JO* 31 déc., p. 20228), le délai initialement de quinze jours est passé à trente jours.
4. T. confl. 14 déc. 2009, nos 09-03.708 et 09-03.717, *Bull. T. confl.*, nos 35 et 36; *AJDA* 2010. 638.

17 janvier 2012[1], a estimé que fait l'exacte application de ce texte, la cour d'appel qui énonce que l'opposition à l'acte de poursuite ne peut viser que la validité de l'acte en la forme, et retient que les contestations d'une personne condamnée au paiement d'amendes forfaitaires majorées, relatives à la prescription de l'action en recouvrement et à la validité du titre exécutoire, portent sur l'existence de la créance et son exigibilité, dont le juge de l'exécution ne peut pas connaître. Autrement dit, les contestations relatives à la prescription de l'action en recouvrement des amendes par voie d'opposition administrative et à la validité du titre exécutoire ne relèvent pas de la compétence du juge de l'exécution.

Le directeur départemental, ou le cas échéant, régional des finances publiques doit statuer dans les deux mois du dépôt du mémoire. À défaut de décision dans le délai des deux mois, comme dans le cas où la décision rendue ne lui donne pas satisfaction, l'opposant ou le revendiquant peut assigner le comptable chargé du recouvrement devant le tribunal. Cette assignation doit être formée dans les deux mois de l'expiration du délai imparti au directeur départemental ou, le cas échéant, régional des finances publiques pour statuer, ou dans les deux mois de la notification de sa décision. L'assignation lancée avant l'expiration du délai imparti au directeur départemental ou, le cas échéant, régional des finances publiques pour statuer ou avant la notification de sa décision est irrecevable (Décr. 22 déc. 1964, art. 9, al. 4, mod. par Décr. 27 mai 2014).

1. Com. 17 janv. 2012, n° 11-10.102, *Bull. civ.* IV, n° 6; *Dalloz actualité,* 25 janv. 2012, obs. Delpech; *JCP E* 2012. 1452, comm. Maublanc.

TITRE

97. Les oppositions à tiers détenteur

SECTION 0

ORIENTEUR

970.00 **Plan du titre.**

970.05 **Généralités.** Il s'agit de procédures calquées sur la saisie-attribution et sur l'avis à tiers détenteur qui sont caractérisées par leur formalisme simplifié. Elles ont été adoptées pour faciliter le recouvrement des cotisations sociales des régimes de protection agricoles et des non-salariés des professions non agricoles et sont réglementées dans le Code rural et dans le Code de la sécurité sociale par des textes quasiment identiques. Seule sera approfondie dans cette étude, l'opposition organisée au profit des caisses de mutualité sociale agricole et des organismes assureurs assimilés.

Une opposition à tiers détenteur produisant des effets analogues à ceux de l'avis à tiers détenteur et de la saisie-attribution a été adoptée par le Code général des collectivités territoriales pour faciliter le recouvrement des produits des collectivités locales et de leurs établissements publics. Elle se caractérise par le même formalisme que les oppositions à tiers détenteur ouvertes aux organismes sociaux.

Ces mesures d'exécution particulières n'ont pas été intégrées au Code des procédures civiles d'exécution. Les articles L. 241-1 (4° et 5°) et R. 241-1 (5° et 6°) de ce code renvoient d'ailleurs, pour les oppositions de la Mutualité sociale agricole et de la Sécurité sociale, aux dispositions du Code rural et du Code de la sécurité sociale.

CHAPITRE

971. Opposition à tiers détenteur de la Mutualité sociale agricole

René LAUBA
Magistrat honoraire

Section 0 Orienteur

971.00 **Plan du chapitre.**

971.01 **Textes applicables.**

C. pr. exéc., art. L. 111-3, L. 112-1, L. 123-1, L. 141-2, L. 162-1, L. 162-2, L. 211-2 à L. 211-4, L. 221-4, L. 521-1, L. 523-1, R. 112-4, R. 112-5, R. 121-1, R. 121-11, R. 121-23, R. 162-1 à R. 162-9, R. 211-1, R. 211-4, R. 211-15 à R. 211-21, R. 211-23, R. 213-10 et R. 442-4.

C. rur., art. L. 724-7, L. 725-1 s., L. 725-20, L. 725-22-3, L. 731-22, L. 731-23, L. 751-35, L. 751-36, L. 751-37, D. 731-21, R. 725-5, R. 725-6, R. 725-8 à R. 725-10, R. 725-12 s., R. 725-12 à R. 725-19, R. 725-21, R. 731-20, R. 731-21, R. 731-23, R. 731-68, R. 741-22, R. 741-23, R. 741-68 et R. 741-83.

CSS, art. L. 136-4, L. 142-1 s., L. 152-3, L. 243-5, L. 243-7, L. 243-7-5, L. 243-12-1, L. 652-3, L. 652-3, D. 243-3, R. 142-1, R. 155-1 et R. 652-9.

C. pr. pén., art. 418 et 536.

C. pr. civ., art. 640 s.

COJ, art. L. 213-6.

C. com., art. L. 662-1 et L. 632-2.

CASF, art. L. 262-2.

C. civ., art. 1235, 1244-1, 1315, 1376 et 1538.

C. trav., art. L. 8221-3 et L. 8221-5.

• **L. n° 2014-1554, 22 déc. 2014,** de financement de la sécurité sociale pour 2015, art. 24, *JO* 24 déc., p. 21748.

• **L. n° 2013-1203, 23 déc. 2013,** de financement de la sécurité sociale pour 2014, art. 89, *JO* 24 déc., p. 21034.

971.04 Mécanisme et intérêt pratique. Pour parvenir au recouvrement forcé des cotisations, majorations et pénalités de retard qui leur sont dues au titre des régimes de protection sociale agricole, les caisses de mutualité sociale agricole (MSA) disposent d'une **procédure d'opposition particulière** qui leur permet d'enjoindre aux tiers détenteurs ou redevables de sommes appartenant ou devant revenir à leur débiteur, de leur verser au lieu et place de celui-ci, les fonds qu'ils détiennent ou qu'ils doivent. Il s'agit d'une procédure d'exécution puisque les caisses ou les organismes créanciers doivent être munis d'un **titre exécutoire** au sens de l'article L. 111-3 C. pr. exéc. Elle produit l'effet d'attribution prévu à l'article L. 211-2 du même code et ressemble comme une sœur à la saisie-attribution dont elle se différencie essentiellement par son **formalisme simplifié**. En effet, sa mise en œuvre ne nécessite pas le concours d'un huissier et les exploits sont remplacés par des notifications par lettre recommandée. Seul le titre exécutoire fondant l'opposition doit être signifié. Elle s'apparente aussi, par cette absence de solennité, à l'avis à tiers détenteur.

Cette mesure d'exécution est prévue par l'article L. 725-12 du Code rural qui en détermine les grandes lignes, notamment son effet attributif et ses modalités de contestation. Elle est réglementée dans le détail par les articles R. 725-12 à R. 725-19 du Code rural qui renvoient, sur de nombreux points, aux dispositions du Code des procédures civiles d'exécution concernant la saisie-attribution (anc^{t} Décr. 31 juill. 1992).

971.05 Une mesure d'exécution au sein d'un dispositif procédural facilitant le recouvrement. L'opposition à tiers détenteur (OTD) fait partie du dispositif procédural adopté par les articles L. 725-3 et L. 725-12 du Code rural pour faciliter le recouvrement des cotisations dues au titre des divers régimes de protection sociale agricole, notamment en permettant aux caisses de MSA de se procurer des titres exécutoires selon des modalités simples et rapides. Celles-ci disposent ainsi, à côté de la **procédure contentieuse devant le tribunal des affaires de sécurité sociale** (TASS) et de la **constitution de partie civile devant les juridictions répressives**, de la **contrainte décernée par le directeur de la caisse** et de l'**état exécutoire émanant du préfet** (C. rur., art. L. 725-3).

971.06 Genèse législative. L'OTD, telle qu'elle vient d'être sommairement décrite, résulte de la réforme opérée par l'article 14 (paragraphes V à IX) de la loi n° 99-641 du 27 juillet 1999 portant création d'une couverture maladie universelle [1] et de l'article 2 du décret d'application n° 99-1166 du 29 décembre 1999 [2]. L'ancienne opposition était une procédure hybride qui tenait tout à la fois de la saisie conservatoire de créance, de l'injonction de payer et de la saisie-attribution, sans toutefois ressembler complètement à l'une ou à l'autre de ces procédures. Sa complexité et sa lourdeur, à contretemps au regard des objectifs de la réforme de 1991, ont conduit à sa refonte (pour des développements sur l'ancienne procédure [3]).

Le nouveau régime de l'OTD n'a pas été remis en cause par l'ordonnance n° 2000-550 du 15 juin 2000, relative à la partie législative du livre VII du Code rural (dispositions sociales) [4], qui s'est essentiellement bornée à modifier la numérotation des articles 1143-1 et suivants concernant le recouvrement des cotisations, lesquels sont devenus les articles L. 725-1 et suivants. Un décret ultérieur du 19 avril 2005 [5] a ensuite incorporé dans le code précité, sous les articles R. 725-12 et suivants, les dispositions du décret n° 79-707 du 8 août 1979 réglementant les modalités de l'OTD.

Le Code des procédures civiles d'exécution renvoie aux dispositions du Code rural pour ce qui concerne le règlement de l'OTD ouverte aux caisses de MSA. Plus récemment, l'article L. 725-12 du Code rural qui déterminait les conditions essentielles de l'OTD a été modifié par la loi n° 2014-1554 du 22 décembre 2014 (art. 24) [6]. Il se borne désormais à renvoyer aux dispositions de l'article L. 652-3 du Code de la sécurité sociale rédigé, à l'origine, en des termes identiques. Ce dernier texte

1. L. n° 99-641, 27 juill. 1999, portant création d'une couverture maladie universelle, *JO* 28 juill., p. 11229.
2. Décr. n° 99-1166, 29 déc. 1999, pris en application des articles 6 et 14 de la loi n° 99-641 du 27 juillet 1999 portant création d'une couverture maladie universelle et relatif à l'opposition entre les mains de tiers détenteurs instituée par l'article 1143-8 du Code rural, *JO* 30 déc., p. 19842.
3. S. Guinchard et T. Moussa (dir.), Dalloz action *Droit et pratique des voies d'exécution,* 1999, n°s 5853 s, par R. Lauba.
4. Ord. n° 2000-550, 15 juin 2000, relative aux parties législatives [...] du livre VII du Code rural (dispositions sociales), *JO* 25 nov., p. 18790.
5. Décr. n° 2005-368, 19 avr. 2005, *JO* 22 avr.
6. L. n° 2014-1554, 22 déc. 2014, de financement de la Sécurité sociale pour 2015, *JO* 24 déc., p. 21748.

a lui-même subi quelques modifications issues de la même loi.

SECTION 1
CHAMP D'APPLICATION

§ 1
Personnes concernées

971.10 Protagonistes de l'opposition à tiers détenteur. L'OTD est une mesure d'exécution au formalisme simplifié qui ne concerne que certaines catégories de créanciers (A) et de débiteurs (B).

A.
Créanciers

971.11 Créanciers autorisés. Les créanciers autorisés à pratiquer cette opposition sont les caisses de MSA. L'action de ces caisses est coordonnée par la Mutualité sociale agricole qui regroupe l'ensemble des régimes de protection agricole et réalise l'unité du régime d'assurance-maladie obligatoire. Jusqu'à à une loi n° 2013-1203 du 23 décembre 2013 (art. 89), certains organismes assureurs qui étaient habilités par l'article L. 731-30 du Code rural à servir, concurremment avec les caisses de MSA, des prestations au titre de l'assurance maladie, invalidité et maternité des non-salariés de l'agriculture, pouvaient recourir à l'OTD pour le recouvrement des cotisations impayées. Depuis cette loi, les assujettis n'ont plus le choix et doivent obligatoirement s'assurer auprès de la MSA de telle sorte que ces organismes ne sont plus visés par les dispositions légales réglementant l'OTD. Des dispositions transitoires ont cependant été adoptées (v. s^{s} n° 971.13).

971.12 Caisses et organismes de la mutualité sociale agricole. La caisse centrale et les caisses départementales ou pluri-départementales de la MSA assurent la mise en œuvre effective de la politique sociale agricole du ministère de l'Agriculture. Elles sont dotées de la personnalité morale et sont constituées et fonctionnent selon les prescriptions du Code de la mutualité, sous réserve des dispositions du Code rural, du Code de la sécurité sociale et des textes pris pour leur application (C. rur., art. L. 723-1). Depuis la loi n° 2013-1203 du 23 décembre 2013, les caisses de MSA assurent également la gestion du régime de protection sociale des travailleurs non salariés de l'agriculture qui relevaient jusque là de différents organismes mentionnés à article L. 731-30 du Code rural avant sa réécriture par la loi de 2013 sus-évoquée. Les dispositions législatives faisant référence aux organismes assureurs visés à cet article ont été abrogées ou modifiées à compter du 1er janvier 2014.

La Cour de cassation estime que les caisses de mutualité sociale agricole tiennent directement de la loi la capacité et la qualité pour agir en justice attachée à la personnalité juridique et ne peuvent donc se voir opposer, comme conséquence de leur refus de communiquer leurs statuts aux affiliés, un tel défaut de capacité et de qualité pour agir. La Haute juridiction précise que l'omission de déposer leurs statuts en mairie ne prive pas les organes représentatifs des caisses de MSA du pouvoir d'ester en justice[1] (sur la personnalité morale des organismes de sécurité sociale, v. s^{s} n° 972.13).

Les statuts et règlements intérieurs des caisses de MSA sont approuvés par l'autorité administrative. Elles sont plus spécialement chargées du recouvrement des cotisations, majorations et pénalités de retard éventuelles, dues au titre de tous les régimes de protection dont elles assurent l'application (C. rur., art. L. 725-3 et R. 725-5) en utilisant, notamment, l'OTD (C. rur., art. L. 725-12).

971.13 Organismes d'assurance. Les organismes d'assurances visés à l'article L. 731-30 du Code rural dans sa rédaction antérieure à la loi n° 2013-1203 du 23 décembre 2013 (art. 89) avaient en charge, jusqu'à l'intervention de ce texte, la gestion du régime d'assurance-maladie, invalidité et maternité, obligatoire des non-salariés agricoles. Ce régime est désormais confié aux caisses de MSA auxquelles doivent être transférés les droits et obligations de ces organismes. Toutefois les prestations servies aux assurés doivent continuer d'être versées par ces organismes jusqu'à une date, pouvant être différente pour chaque catégorie de prestations, fixée par décret, entre le 30 juin 2014 et le 30 juin 2015 (L. 23 déc. 2013, art. 89, IV).

Ces organismes habilités par un arrêté de leurs ministères de tutelle respectifs et regroupés au sein de la Ramex ou du Gamex demeurent temporairement chargés des mêmes missions et disposent des mêmes voies et moyens que les caisses de MSA pour le recouvrement des cotisations, des pénalités et des majorations de retard afférentes au régime des non-salariés agricoles. Ils ont notamment la possibilité de recourir à l'OTD pour avoir paiement des cotisations (C. rur., art. R. 725-5).

971.14 Comptables du Trésor. Les comptables de la Direction générale des finances publiques (DGFIP) sont également habilités à recouvrer comme

1. Soc. 23 nov. 2000, n° 99-13.084, NP – Soc. 22 mars 2001, n° 99-13.539, NP; *Gaz. Pal.* 27-28 févr. 2002. Somm. 20, note Taquet – Civ. 2e, 31 mai 2001, n° 99-19.041, NP – Civ. 2e, 18 sept. 2003, n° 01-16.176, *Bull. civ.* II, n° 275; *D.* 2003. 2544.

en matière d'impôt direct, les cotisations impayées et leurs accessoires, dès lors que l'état des sommes visées dans la mise en demeure a été rendu exécutoire par arrêté du préfet sur demande de la caisse. Ils sont autorisés à recourir à l'OTD par l'article R. 725-21 du Code rural.

B.
Débiteurs

971.21 Employeurs et chefs d'exploitation. Les débiteurs susceptibles de se voir notifier une opposition sont les employeurs de main-d'œuvre agricole qui n'ont pas procédé au règlement des cotisations retenues sur les salaires versés et les personnes physiques non salariées agricoles, c'est-à-dire les chefs d'exploitation qui n'ont pas acquitté le montant de leurs cotisations personnelles ou de celles qu'ils doivent pour les personnes non salariées et les aides familiaux vivant avec eux (C. rur., art. L. 725-12).

§ 2
Créance cause de l'opposition

A.
Cotisations et contributions sociales ainsi que leurs accessoires

971.30 Nature des créances à recouvrer. Sont recouvrables au moyen de l'OTD, les cotisations et les contributions impayées, ainsi que les majorations et les pénalités de retard dues au titre des régimes de protection sociale agricole de même que les cotisations privilégiées.

1°
Cotisations impayées

971.31 Cotisations d'allocations familiales et d'assurance sociale. Il s'agit des cotisations d'allocations familiales et d'assurance sociale concernant les risques maladie, maternité, invalidité, vieillesse, veuvage, accidents du travail et maladies professionnelles auxquels sont soumis tous les membres des professions agricoles qu'ils soient salariés (ouvriers, apprentis, gardes-pêche, jardiniers, personnels des établissements d'enseignement, des chambres d'agriculture et de la MSA, *etc.*) ou non salariés (chefs d'exploitation, aides familiaux, retraités, assureurs débiteurs de pensions d'invalidité, *etc.*).

Il faut y ajouter les personnes astreintes au versement de la cotisation de solidarité prévue à l'article L. 731-23 du Code rural qui est recouvrée par les caisses de MSA (CSS, art. L. 136-5, II).

971.32 Contribution sociale généralisée. La contribution sociale généralisée (CSG) prévue à l'article L. 136-4 du Code de la sécurité sociale est également recouvrable par les caisses de mutualité sociale agricole par voie d'opposition (CSS, art. L. 136-5, V, 2° et 3°).

971.33 Remboursement de prestation. L'article L. 652-3 du Code de la sécurité sociale auquel renvoie l'article L. 725-12 du Code rural précise, dans ses dispositions finales, que l'OTD peut être utilisée pour le recouvrement des indus de prestations sociales. L'article R. 725-5 du Code rural dispose en outre que l'article L. 725-12 est applicable, non seulement aux cotisations *stricto sensu*, mais encore aux sommes dues en vertu des articles L. 725-10, L. 725-20, L. 751-35, L. 751-36 et L. 751-37 du même Code. Ces textes sont relatifs au remboursement par l'employeur qui n'a pas intégralement versé les cotisations salariales, qui a omis de déclarer un accident du travail ou employé irrégulièrement des salariés étrangers, des prestations servies ou des dépenses faites par la caisse à la suite d'une maladie de longue durée ou des blessures subies par un salarié accidenté.

Pouvaient aussi être recouvrées par l'OTD, les **cotisations prélevées par les organisations interprofessionnelles agricoles** (L. n° 75-600, 10 juill. 1975[1], art. 4 *bis*), ainsi que les **cotisations destinées à alimenter le fond de promotion des produits agricoles et alimentaires** créés par l'article 9 de la loi d'orientation n° 80-502 du 4 juillet 1980. Ces articles ont été abrogés par la loi n° 98-565 du 9 juillet 1998.

On peut toutefois se demander si la réforme réalisée par la loi du 27 juillet 1999 n'a pas implicitement abrogé ou, en tout cas, rendu inapplicables les dispositions précitées renvoyant au 3° de l'ancien article 1143-2 du Code rural, remplacé par l'article 1143-3, et devenu l'article L. 725-12. En effet, ce dernier article dispose désormais que l'OTD est ouverte aux créanciers habilités à décerner la contrainte (ce qui ne paraît pas être le cas des organismes professionnels et gestionnaires du fond de promotion) et ce, pour le recouvrement des cotisations sociales bénéficiant du privilège ou de l'inscription de privilège de l'article L. 725-9 du Code rural (ce qui ne semble pas être le cas des cotisations professionnelles).

2°
Pénalités et majorations de retard

971.40 Cause et nature des sanctions. Les pénalités et les majorations sanctionnent l'inexactitude et le retard dans la transmission des renseigne-

1. L. n° 75-600, 10 juill. 1975, relative à l'organisation interprofessionnelle agricole, *JO* 11 juill., p. 7124.

ments nécessaires au calcul des cotisations ou le défaut de paiement de celles-ci à leur date d'exigibilité. Ces pénalités et majorations étaient prévues par des décrets différents selon qu'elles concernaient les cotisations assises sur les salaires, les avantages de retraite ou les revenus professionnels des non salariés. Tous ces textes ont été codifiés, pour l'essentiel, dans la partie réglementaire du Code rural.

L'affilié est ainsi susceptible d'encourir diverses sanctions pour inexactitude et production tardive des documents d'information ou pour défaut de paiement des cotisations dans les délais prescrits.

971.41 Pénalités forfaitaires pour inexactitude et production tardive des documents d'information :

- une pénalité de huit euros par salarié ou assimilé, en cas de production tardive des bordereaux de salaires ou d'avantages avec un maximum de 760 euros par bordereau, en matière de cotisations assises sur les salaires ou précomptées sur les allocations et revenus de remplacement (C. rur., art. R. 741-22, al. 1er, et R. 741-92).

Une pénalité complémentaire de 8 euros est encourue pour chaque inexactitude sur le montant des rémunérations déclarées ou pour chaque omission de salarié, avec un maximum de 760 euros par bordereau (C. rur., art. R. 741-22, al. 2, et R. 741-93);

- une pénalité de 760 euros par bordereau non produit dans le délai prescrit avec un supplément de 760 euros par mois ou fraction de mois si le retard excède un mois, en matière de cotisations assises sur les avantages de retraite (C. rur., art. R. 741-82, al. 1er).

Une pénalité supplémentaire de 760 euros par bordereau est également encourue en cas d'inexactitude de l'assiette déclarée (C. rur., art. R. 741-82, al. 2);

- une majoration de 10 % du montant des cotisations de solidarité en cas de défaut de production de la déclaration des revenus professionnels dans le mois d'une mise en demeure (C. rur., art. D. 731-41).

- en ce qui concerne les cotisations assises sur les revenus professionnels des personnes non salariées des professions agricoles : il est prévu une majoration de 10 % des cotisations en cas de déclaration de revenus inexacte ou incomplète (C. rur., art. R. 731-21). Lorsque la ou les déclarations ont été transmises en retard, la caisse procède au calcul du montant des cotisations et contributions sociales sur la base des déclarations fournies et applique une pénalité de 3 % de ce montant. Lorsque la ou les déclarations n'ont fait l'objet d'aucun envoi par le chef d'exploitation ou d'entreprise agricole, les cotisations sont calculées provisoirement, sans tenir compte des exonérations auxquelles l'intéressé pourrait prétendre, sur la base la plus élevée parmi celles énumérées par le législateur dans l'article R. 731-20, II du Code rural. L'assiette retenue est majorée de 25 % dès la première année et pour chaque année consécutive non déclarée. Les contributions sociales sont en outre calculées sur la base majorée retenue pour le calcul des cotisations sociales.

La taxation provisoire sus-évoquée est notifiée à l'intéressé par tout moyen propre à rapporter la preuve de sa date de réception. Si celui-ci déclare ses revenus postérieurement à cette date, les cotisations et les contributions sociales sont régularisées sur la base de cette déclaration. Dans ce cas est appliquée une pénalité de 10 % des cotisations dues (C. rur., art. R. 731-20 I et II);

971.42 Majorations de retard pour défaut de paiement des cotisations dans les délais prescrits :

- une majoration de 5 % des cotisations impayées à leur date d'exigibilité, puis de 0,4 % par mois ou fraction de mois écoulé, à compter des dates limites de versement, pour les cotisations assises sur les salaires ou les avantages de retraite, ou précomptées sur les revenus de remplacement (C. rur., art. R. 741-23, al. 1er et al. 2, R. 741-83, al. 1er et al. 2, et R. 741-92);

- une majoration de 5 % de toute cotisation ou fraction de cotisation non versée dans le mois de sa date d'exigibilité, outre un supplément de 0,4 % par mois ou fraction de mois écoulé, à compter de la date limite de versement, pour les cotisations assises sur les revenus professionnels faisant l'objet d'un appel unique ou fractionné (C. rur., art. R. 731-68, al. 1er et al. 2);

- une majoration de retard de 10 % sur l'insuffisance du versement mensuel ou de l'appel fractionné, lorsque les revenus définitifs de l'année en cours s'avèrent supérieurs de plus d'un tiers à ceux estimés par l'intéressé pour bénéficier de cette modalité de règlement (C. rur., art. L. 731-22).

971.43 Pénalités et majorations exclues de l'opposition à tiers détenteur. Seules les pénalités et majorations de retard sont visées par l'article L. 652-3 du Code de la sécurité sociale auquel renvoie l'article L. 725-12 du Code rural, de telle sorte que les autres pénalités et majorations, comme celles qui sanctionnent l'omission de salariés ou l'inexactitude de la déclaration de salaires ou de revenus (C. rur., art. R. 741-22, al. 2, et R. 741-82, al. 2), paraissent ne pas pouvoir être recouvrées par voie d'OTD.

971.44 Possibilités de remise afférentes aux pénalités et majorations. Ces pénalités et majorations, notamment celles afférentes aux cotisations assises sur les revenus professionnels et sur les salaires, font l'objet d'une remise automatique, sauf en cas de travail dissimulé ou d'omission de mauvaise foi, lorsque leur montant est inférieur à un certain plafond, qu'il n'y a pas eu d'infraction au cours des vingt-quatre mois précédents et que l'assuré ou l'employeur a réglé l'intégralité des sommes dues et a fourni les documents permettant le calcul des cotisations dans le délai d'un mois suivant leur exigibilité (C. rur., art. R. 731-69 et R. 741-25).

Dans les autres cas, ces pénalités et majorations peuvent également être remises en tout ou partie par le conseil d'administration de la caisse (ou par la commission de recours amiable) si l'intéressé en fait la demande écrite, justifie être de bonne foi et avoir acquitté les cotisations en retard. La requête doit être effectuée dans un certain délai et la conclusion d'un échéancier de paiement vaut demande de remise (C. rur., art. R. 731-75 et R. 741-26). Les conditions de délai dans lesquelles la demande de remise doit être introduite, ainsi que les modalités de recours ouvertes contre la décision de la caisse ou de la commission sont précisées par arrêté ministériel (actuellement Arr. 18 juill. 2008 [1] – v. s[s] n°s 971.235 s.).

Les pénalités et majorations de retard dues à la date du jugement d'ouverture sont remises de plein droit en cas de sauvegarde, de redressement ou de liquidation judiciaires (C. rur., art. L. 725-5).

3°
Cotisations privilégiées

971.51 Conditions d'inscription du privilège. Jusqu'à la loi du 22 décembre 2014, le recouvrement par voie d'OTD était réservé aux cotisations, majorations et pénalités de retard bénéficiant du privilège ou ayant donné lieu à l'inscription de privilège de l'article L. 725-9 du Code rural (C. rur., art. L. 725-12 – CSS, art. L. 243-4 et L. 243-5). Ce privilège qui porte sur les biens meubles du redevable, garantit principalement le paiement des cotisations relevant des régimes légaux de protection sociale agricole, pendant un an à compter de leur date d'exigibilité et prend rang concurremment avec celui des gens de service et des salariés. Il s'agit en principe d'un **privilège occulte**, c'est-à-dire non soumis à inscription si les cotisations dues sont inférieures à un certain seuil déterminé par décret, en fonction de la catégorie à laquelle appartient le cotisant et de l'effectif de son entreprise. Le montant de ce seuil est fixé en pourcentage du plafond annuel de la sécurité sociale et arrondi à l'euro inférieur. Il est déterminé comme suit par l'article D. 243-3 du Code de la sécurité sociale :

– 10 000 euros pour les créances dues à titre personnel par les travailleurs indépendants;

– 15 000 euros pour les créances dues par les employeurs occupant moins de cinquante salariés;

– 20 000 euros pour les autres créances.

Pour la détermination du seuil applicable, les effectifs des salariés sont calculés selon les modalités fixées au III de l'article R. 243-6 du Code de la sécurité sociale (CSS, art. D. 243-3).

Cependant, dès lors qu'elles dépassent le montant du seuil précité, les cotisations privilégiées dues par les commerçants, artisans, personnes physiques exerçant une activité professionnelle indépendante, personnes morales de droit privé, même non commerçantes, doivent être inscrites à un registre public tenu au greffe du tribunal de commerce ou du tribunal de grande instance, dans un délai de neuf mois suivant leur date limite de paiement ou le cas échéant, la date de notification de l'avertissement ou de la mise en demeure prévue à l'article L. 243-5 du Code de la sécurité sociale et ce, lorsque la créance est constatée lors d'un contrôle organisé en application des dispositions de l'article L. 243-7 du même code. Toutefois, la créance n'a pas à être inscrite si le débiteur respecte un plan d'apurement échelonné. L'inscription doit être prise dans les deux mois de la dénonciation du plan qui n'est pas respecté.

Le privilège dont l'inscription n'a pas été régulièrement requise à l'encontre du redevable ne peut plus être exercé pour les créances qui étaient soumises à titre obligatoire à cette inscription. La Haute juridiction juge qu'à défaut d'inscription au fur et à mesure de leur échéance, des cotisations dépassant le seuil de 1 200 euros, le montant excédentaire n'est pas couvert par le privilège qui bénéficie aux seules sommes dont le total ne franchit pas la limite légale [2]. L'inscription conserve le privilège pendant deux années et six mois à compter du jour où elle est effectuée et ne peut-être renouvelée.

Depuis la **loi du 22 décembre 2014** (art. 24), l'article L. 725-12 du Code rural se borne à renvoyer, s'agissant des conditions et des effets essentiels de l'OTD, aux dispositions de l'article L. 652-2 du Code de la sécurité sociale, elles-mêmes modi-

1. Arr. 18 juill. 2008, fixant les conditions de remise des majorations et pénalités encourues par les ressortissants des régimes de protection sociale agricole, *JO* 1er août, p. 12325.

2. Soc. 16 mai 2002, n° 00-18.067, *Bull. civ.* V, n° 162; *D.* 2002. 1835; *JCP* 2002. IV. 2116; *TPS* juill. 2002, n° 244, note Prétot.

fiées par la loi précitée. Ce texte relatif à l'OTD ouverte au bénéfice des cotisations et contributions du régime des indépendants, ne fait plus du privilège des articles L. 243-4 et L. 243-5 du Code de la sécurité sociale, l'une des conditions de recevabilité de l'opposition. Le 6° de l'article R. 652-2 du code précité prescrivant que la notification au tiers détenteur doit mentionner que la créance est privilégiée, a d'ailleurs été supprimé par l'article 4 du décret n° 2015-243 du 2 mars 2015[1]. Toutefois, l'article du Code rural correspondant à ce texte, soit l'article R. 725-12, n'a pas encore été rectifié puisqu'il dispose toujours dans son 6° que les notifications de l'opposition faites au tiers détenteur doit préciser que les créances en cause bénéficient du privilège avec, le cas échéant, désignation de la juridiction à laquelle elles ont donné lieu à inscription de celui-ci. La mention dans ces notifications de la période à laquelle les sommes réclamées se rapportent devient sans objet (C. rur., art. R. 725-12, 5° et R. 725-13).

B.
Cotisations constatées dans un titre exécutoire

971.60 Principe du titre exécutoire. La procédure d'OTD n'est ouverte aux caisses de MSA que « *lorsqu'elles sont munies d'un titre exécutoire au sens de l'article L. 111-3 du Code des procédures civiles d'exécution* » (anc^{t} L. 9 juill. 1991, art. 43 - C. rur., art. L. 725-12 - CSS, art. L. 652-3). On ne reviendra pas dans cette étude sur les explications détaillées et approfondies relatives aux titres exécutoires qui figurent au début de cet ouvrage (v. s^{s} n°s 111.11 à 112.42 et 120.04 à 126.131). Seules y seront exposées les particularités concernant les titres permettant le recouvrement des cotisations sociales et de leurs accessoires.

À cet égard, l'article L. 725-3 du Code rural dispose dans son second alinéa, qu'indépendamment de la procédure contentieuse prévue aux articles L. 142-1 et suivants du Code de la sécurité sociale et de l'action en constitution de partie civile prévue aux articles 418 et 536 du Code de procédure pénale, les caisses de MSA et les organismes assimilés peuvent, après avoir mis les redevables en demeure de régulariser leur situation, se procurer des titres exécutoires selon des modalités simplifiées. Il s'agit de la procédure de contrainte et de celle de l'état exécutoire.

1. Décr. n° 2015-243, 2 mars 2015, relatif à la notification, par voie électronique, aux établissements de crédit, aux sociétés de financement et aux organismes gérant des régimes de protection sociale de certains actes pris en vue du recouvrement de créances de toute nature, *JO* 4 mars, p. 4105.

1°
Procédure contentieuse et constitution de partie civile

971.61 Procédure contentieuse. Les caisses de MSA et les organismes habilités disposent de la procédure contentieuse devant le TASS qui est prévue aux articles L. 142-1 et suivants du Code de la sécurité sociale (C. rur., art. L. 725-3, al. 2).

Cette juridiction qui est compétente pour régler les différends auxquels donne lieu l'application des législations et réglementations de sécurité sociale et de mutualité sociale agricole, peut être saisie directement par la caisse ou l'organisme créancier pour obtenir la condamnation du redevable au paiement de ses cotisations. Une telle demande entre nécessairement dans le contentieux général relevant de cette juridiction dont les jugements sont susceptibles de recours devant la cour d'appel.

971.62 Constitution de partie civile. Les caisses de MSA et les organismes assimilés disposent également de l'action en constitution de partie civile prévue aux articles 418 et 536 C. pr. pén.

En effet, le défaut de paiement des cotisations en dépit d'un avertissement ou d'une mise en demeure peut entraîner des poursuites devant la juridiction répressive. Outre la sanction pénale, le jugement peut prononcer la condamnation de l'employeur ou du chef d'exploitation assujetti, au paiement de la somme représentant les contributions dont le versement lui incombait, sans préjudice de majorations de retard.

971.63 Notification ou signification. Pour pouvoir être exécutées valablement, les décisions rendues par ces juridictions doivent être notifiées ou signifiées selon qu'elles émanent du TASS ou du tribunal correctionnel. C'est à la caisse poursuivante de justifier de cette formalité en produisant l'avis de réception de la notification effectuée par le secrétariat du TASS ou l'exploit établi par l'huissier significateur. Si elle n'est pas en mesure de justifier de la notification, elle doit impérativement procéder par voie de signification[2].

2°
Contrainte et état exécutoire

971.71 Mise en demeure préalable. Avant le recours à la contrainte ou à l'état exécutoire, une mise en demeure est adressée au débiteur par lettre recommandée avec avis de réception (LRAR), un mois après la date limite d'exigibilité des cotisations ou après la réception de la demande de rembourse-

2. Civ. 2e, 21 déc. 2006, n° 05-19.679, *Bull. civ.* II, n° 383; *JCP* 2007. IV. 1212.

ment, pour les prestations dues en vertu des articles L. 725-20, L. 751-35, L. 751-36 et L. 751-37 du Code rural. Elle invite celui-ci à s'acquitter des sommes dues dans un délai d'un mois (C. rur., art. L. 725-3, R. 725-6 et R. 725-7).

Elle doit indiquer à peine de nullité :

1° le montant, la nature et la période des cotisations ou des remboursements réclamés ainsi que les modalités de calcul des majorations ou pénalités de retard;

2° les voies de recours à la disposition du redevable et les délais de leur exercice (réclamation devant la commission de recours amiable puis devant le TASS).

La Cour de cassation se montre pointilleuse sur le contenu de la mise en demeure qui doit fournir à son destinataire tous les éléments d'information sur la nature, la cause et l'étendue de son obligation. La nullité est notamment prononcée lorsque la période des cotisations n'est pas indiquée et ce, même en l'absence de préjudice[1].

À défaut de paiement intégral dans le délai imparti, il peut être fait usage de l'une des procédures simplifiées.

971.72 Mise en demeure spécifique au recouvrement des indus. S'agissant du remboursement, des sommes indûment versées, notamment à un professionnel ou à un établissement de santé, à la suite de l'inobservation des règles de facturation ou de tarification, la mise en demeure est précédée d'une notification de payer dans un délai de deux mois au cours duquel l'intéressé peut faire des propositions de réglement ou présenter des observations à l'organisme créancier. Cette notification, qui est envoyée par tout moyen permettant de prouver la date de sa réception, doit contenir plusieurs mentions d'informations sur la somme réclamée, son délai de paiement et les modalités de recours (C. rur., art. L. 725-3-1 et R. 725-22-1 – CSS, art. L. 133-4). En cas de rejet des observations et à défaut de paiement à l'expiration du délai de recours amiable devant la commission instituée par l'article L. 142-1 du Code de la sécurité sociale ou après la notification du rejet de ce recours, la mise en demeure est adressée par tout moyen permettant de rapporter la preuve de la date de sa réception.

Cette mise en demeure comporte la cause, la nature et le montant des sommes demeurant réclamées, la date du ou des versements indus donnant lieu à recouvrement, le motif qui, le cas échéant, a conduit à rejeter totalement ou partiellement les observations présentées ainsi que l'existence du nouveau délai d'un mois imparti, à compter de sa réception, pour s'acquitter des sommes réclamées. Elle mentionne, en outre, l'existence et le montant de la majoration de 10 % appliquée en l'absence de paiement dans ce délai, ainsi que les voies et délais de recours (C. rur., art. R. 725-22-2, al. 2 – CSS, art. L. 133-4).

971.73 Contrainte. La contrainte est un titre délivré par la caisse de mutualité sociale agricole ou, en cas de carence, par l'autorité administrative désignée par le ministre de l'Agriculture (le préfet de région). Le modèle de la contrainte est fixé par un arrêté ministériel du 16 décembre 1986 (Arr. 16 déc. 1986[2]). Elle est signifiée par un acte d'huissier ou notifiée par LRAR. L'exploit ou la lettre doit mentionner, à peine de nullité, la référence de la contrainte et son montant, le délai dans lequel l'opposition doit être formée, l'adresse du TASS compétent pour en connaître et les formes requises pour sa saisine (C. rur., art. R. 725-8, al. 1er et al. 2). La signification de la contrainte n'a pas à mentionner l'identité du clerc significateur dès lors que l'article 4 de la loi n° 2000-321 du 12 avril 2000, relative aux droits des citoyens dans leurs relations avec les administrations[3], qui oblige tout agent chargé d'une mission de service public à indiquer ses nom, qualité et adresse administrative à la personne dont il traite le dossier, n'est pas applicable aux clercs d'huissier de justice[4]. L'huissier doit aviser dans les huit jours, le signataire de la contrainte de la date de sa signification (C. rur., art. R. 725-8, al. 3). À défaut d'opposition du débiteur devant le TASS dans les délais, la contrainte comporte tous les effets d'un jugement et confère notamment le bénéfice de l'hypothèque judiciaire (C. rur., art. L. 725-3 – CSS, art. L. 133-4).

La contrainte est susceptible d'une opposition formée par une inscription au secrétariat du TASS du siège de l'exploitation ou de l'entreprise du débiteur. Cette opposition peut aussi être faite par une LRAR adressée au secrétariat dudit tribunal. Le délai est de quinze jours à compter de la signification ou de la réception de la notification de la contrainte (C. rur., art. R. 725-9). La décision du tribunal sta-

1. Soc. 19 mars 1992, n° 88-11.682, *Bull. civ.* V, n° 204; *D.* 1993. 275, obs. Prétot; *GADSS*, 2e éd., Dalloz, 1998, nos 23-26; *RDSS* 1992. 675, obs. Vachet; *Gaz. Pal.* 1992. 2. Pan. 287, n° 347 – Soc. 12 oct. 1995, n° 93-14.001, *Bull. civ.* V, n° 273 – Soc. 25 mars 1999, n° 97-14.283, *Bull. civ.* V, n° 137; *Gaz. Pal.* 1999. 2. Pan. 187; *RDSS* 1999. 575, obs. Verkindt – Soc. 5 nov. 1999, n° 97-15.731, NP; *Gaz. Pal.* 9-11 avr. 2000. Somm. 41, note Taquet.

2. Arr. 16 déc. 1986, *JO* 23 janv.
3. L. n° 2000-321, 12 avr. 2000, relative aux droits des citoyens dans leurs relations avec les administrations, *JO* 13 avr., p. 5646.
4. Civ. 2e, 20 juin 2013, n° 12-16.379, *Bull. civ.* II, n° 126; *D* 2013, 1630; *Dr. et proc.* 2013. 178.

tuant sur l'opposition est exécutoire de plein droit par provision (C. rur., art. R. 725-10).

En ce qui concerne la contrainte émise en vue du recouvrement des prestations indûment versées, l'article R. 725-22-4 du Code rural renvoie aux dispositions des articles R. 725-8 à R. 725-10 du code précité, étant précisé que l'opposition à contrainte doit être formée au secrétariat du TASS dans le ressort duquel se trouve l'établissement de santé, le siège du professionnel de santé, l'exploitation ou l'entreprise agricole ou, à défaut, le domicile du débiteur.

971.74 État exécutoire. La procédure de l'état exécutoire, dite aussi procédure sommaire, est mise en œuvre par le préfet du département du domicile du débiteur sur proposition de l'organisme chargé du recouvrement. La caisse ou l'organisme assureur peut y avoir recours lorsque la contrainte et l'OTD se sont avérées inopérantes (C. rur., art. R. 725-20).

L'état des sommes visé par la mise en demeure prévu à l'article R. 725-6 du Code rural est rendu exécutoire par arrêté du préfet sur proposition du responsable du service mentionné à l'article R. 155-1 du Code de la sécurité sociale. Il est remis au directeur départemental ou régional des finances publiques qui assure, par l'intermédiaire du comptable du domicile du débiteur, le recouvrement des sommes ainsi exigibles, y compris les frais y afférents, comme en matière de contribution directe. Après recouvrement, les sommes visées par la mise en demeure sont versées à la caisse ou à l'organisme créancier, sous réserve du prélèvement pour frais de perception prévu à l'article L. 133-1 du Code de la sécurité sociale (C. rur., art. R. 725-20).

Le comptable public peut recourir à l'OTD (C. rur., art. R. 725-21).

3°
Cotisations et accessoires recouvrables en vertu du titre

971.81 Domaine d'exécution du titre. Seules les cotisations, pénalités et majorations visées dans le titre exécutoire peuvent être recouvrées par voie d'OTD. Les pénalités et majorations non visées peuvent être mises en recouvrement avec les nouvelles cotisations venant à échéance ou faire l'objet d'un recouvrement séparé en vertu de titres distincts (C. rur., art. R. 741-24, relatif aux cotisations assises sur les salaires). Les cotisations et leurs accessoires devenus exigibles postérieurement à la contrainte ou au jugement doivent faire l'objet d'un nouveau titre après notification d'une mise en demeure par LRAR. Il en va notamment ainsi des pénalités et des majorations de retard qui doivent être spécialement liquidées, notifiées et recouvrées par les caisses dans les mêmes conditions que les cotisations (C. rur., art. R. 741-84, R. 741-93, R. 741-24, al. 2 et R. 741-86). L'huissier chargé de signifier le titre ne peut donc, de son propre chef, actualiser la créance en y ajoutant des sommes non mentionnées.

§ 3
Créance objet de l'opposition

971.91 Conditions requises. Toutes les créances du débiteur sur le tiers peuvent en principe, être l'objet d'une opposition (C. pr. exéc., art. L. 112-1). Il s'agit des créances de sommes d'argent. Le texte de l'article L. 725-12 du Code rural vise les « *sommes appartenant ou devant revenir au débiteur* ».

Ce texte envisage les fonds de toute origine qu'ils se trouvent entre les mains d'un dépositaire, d'un simple détenteur ou d'un redevable. Il s'agit le plus souvent des dépôts sur compte bancaire, des fonds qui transitent chez les notaires à la suite de ventes immobilières, des loyers et fermages, des indemnités d'assurance ou encore, des créances sur les coopératives agricoles bénéficiaires de livraisons.

Les articles précités visent aussi bien les créances à exécution instantanées que celles qui sont affectées d'un terme ou d'une condition, peu importan la date de leur exigibilité. L'opposition sur les créances à exécution successive fait l'objet d'une réglementation spécifique examinée plus loin (v. ss nos 971.181 s. – C. rur., art. R. 725-18). Toutefois les sommes dues à titre de rémunération sont exclues du champ de l'OTD. Elles ne peuvent être saisies que dans les conditions et selon la procédure prévue par le Code du travail (C. rur., art. L. 725-12). Quelles que soient son origine et ses modalités, la créance interceptée doit être certaine, disponible et saisissable.

971.92 ***a) Créance certaine.*** Il n'est pas nécessaire que la créance interceptée entre les mains du tiers soit consacrée par un titre exécutoire ni qu'elle soit liquide et exigible. Il suffit qu'elle existe dans le patrimoine du débiteur au moment de l'opposition. Toutefois, les modalités propres à cette obligation s'imposent à la caisse ou à l'organisme créancier qui ne peut avoir contre le tiers, plus de droit que le débiteur lui-même (C. pr. exéc., art. L. 112-1). Il lui faudra donc attendre, pour être payé, l'arrivée du terme ou de la condition et, le cas échéant, la liquidation de la créance.

Cependant, la créance doit exister avec certitude dans le patrimoine du débiteur et s'y trouver toujours à la date où l'opposition est pratiquée. L'article L. 725-12 du Code rural vise d'ailleurs les sommes « *appartenant ou devant revenir* » au débiteur et non de celles susceptibles de lui appartenir ou de lui revenir. Ainsi, la créance de restitution de fonds détenus par le débiteur contre le banquier tiers dépositaire, n'existe pas avec certitude tant que ces fonds ne sont pas versés sur son compte par l'organisme tenu d'effectuer ce versement[1]. Il en est de même pour une somme litigieuse, consignée judiciairement sur le compte d'une caisse autonome des règlements pécuniaires des avocats (Carpa) dans l'attente d'un jugement statuant sur sa propriété[2].

Si la créance est déjà sortie du patrimoine du débiteur à la suite d'une cession opérée selon les modalités du droit commun (C. civ., art. 1689 à 1695) ou les formes simplifiées de la loi du 2 janvier 1991, dit « loi Dailly », l'opposition s'avère inefficace. Il en est également ainsi si la provision d'un chèque ou d'une lettre de change a été transférée au bénéficiaire ou à l'endossataire avant l'opposition. À noter également que le prix des biens cédés amiablement ou adjugés aux enchères dans le cadre d'une saisie-vente, n'appartient pas au débiteur mais aux créanciers saisissants et opposants auxquels il doit être distribué (C. pr. exéc., art. L. 221-4 - sur l'existence de la créance du débiteur contre le tiers, se reporter à la saisie-attribution et v. ss nos 812.11 s.).

971.93 ***b) Créance disponible.*** La créance interceptée doit également être disponible entre les mains du tiers (C. rur., art. L. 725-12 - et C. pr. exéc., art. L. 211-2). La créance n'est pas disponible lorsqu'elle a fait l'objet d'une saisie antérieure (C. pr. exéc., art. L. 141-2), même s'il s'agit d'une saisie conservatoire (C. pr. exéc., art. L. 521-1 et L. 523-1). Sont également indisponibles les sommes consignées ou mises sous séquestre en raison d'un litige ou à la suite d'une vente d'immeuble ou de fonds de commerce en vu de la distribution du prix aux créanciers du cédant. Il en va de même pour les fonds versés à la Caisse des dépôts et consignation par le liquidateur. Ils sont insusceptibles d'opposition, de saisie-attribution ou d'avis à tiers détenteur de la part des créanciers postérieurs à l'ouverture de la procédure collective (C. com., art. L. 662-1). L'annulation pour illégalité de l'article 173 du décret du 27 décembre 1985 par le Conseil d'État avait fait temporairement disparaître cette cause d'indisponibilité ou plus exactement d'insaisissabilité[3]; mais elle est réapparue à l'occasion de la refonte du Code de commerce dans l'article L. 662-1 qui est la reproduction de l'article 173.

La créance indisponible ne cesse cependant pas d'appartenir au débiteur et peut être valablement appréhendée par un autre créancier. L'indisponibilité fait seulement obstacle à l'effet attributif immédiat de l'opposition[4] (sur la disponibilité de la créance saisie se reporter à la saisie-attribution, v. ss nos 831.130 s.).

971.94 ***c) Créance saisissable.*** Enfin, la créance objet de l'opposition doit être saisissable, faute de quoi la mesure manque son effet. Sont notamment insaisissables les créances alimentaires et les créances déclarées insaisissables en vertu d'une disposition légale (prestations sociales, pensions de retraite, salaires, *etc.*). Il appartient au débiteur qui soutient qu'une créance a un caractère alimentaire de saisir le juge de l'exécution (JEX) afin qu'il en détermine la fraction insaisissable, au besoin en se référant aux barèmes prévus pour la saisie des rémunérations (C pr. exéc., art. R. 112-4). Lorsque les sommes insaisissables sont versées sur un compte, l'opposition fait l'objet d'une réglementation spécifique exposée plus loin (v. ss nos 971.211 s. - C. rur., art. R. 725-19 - sur les créances insaisissables se reporter, v. ss nos 151.110 s. et 812.90 s.)

971.95 **Cas des subventions et primes.** Parmi les créances susceptibles d'opposition, il faut signaler tout particulièrement les aides servies aux exploitants débiteurs dans le cadre de la **politique agricole nationale** et dans celui de la **politique agricole commune**. Ces primes et subventions sont versées par l'intermédiaire des comptables publics entre les mains desquelles elles sont fréquemment interceptées si elles n'ont pas d'abord fait l'objet d'une cession au profit d'une coopérative en contrepartie de ses avances.

On peut notamment citer l'indemnité de calamité agricole, les paiements compensatoires aux surfaces cultivées, la prime au maintien des systèmes d'élevage extensifs, la prime compensatrice ovine, la prime au monde rural, les indemnités compensatoires de handicaps naturels, la prime au maintien du troupeau de vaches allaitantes, la prime spéciale aux bovins mâles, *etc.*

Mais pour être efficace, l'opposition doit intervenir au moment où la subvention ou la prime est effectivement attribuée à l'agriculteur. La Cour de cassation estime en effet que lorsque la demande est en cours d'instruction par les services compétents et que le préfet n'a pas encore pris la décision d'attribution, le droit de l'agriculteur n'est pas

1. Civ. 2e, 25 mars 1998, no 96-14.706, *Bull. civ.* II, no 109.
2. TGI Périgueux, JEX, 2 mars 1995, *Gaz. Pal.* 1995. 2. Somm. 603.
3. CE 9 févr. 2000, Min. Éco. et Fin. c/ Périn, req. no 192271, *Lebon*; *D.* 2000. 136, obs. Lienhard; *RTD com.* 2000. 724, obs. Martin-Serf; *JCP* 2000. II. 1034, note Croze et Moussa.
4. Civ. 2e, 14 oct. 1999, no 97-19.502, *Bull. civ.* II, no 157; *D.* 2000. 754, note Soustelle; *RTD civ.* 2000. 169, obs. Perrot; *Procédures* févr. 2000, no 32, note Perrot.

encore établi, de telle sorte que l'opposition ne peut être validée[1].

Mais dès lors qu'elles sont entrées dans le patrimoine du redevable, les primes communautaires sont susceptibles d'opposition car aucun texte interne ou supranational ne les déclare insaisissables[2]. La Haute juridiction s'est d'ailleurs expressément prononcée sur la saisissabilité des primes à la vache allaitante en déclarant que, destinées à compenser le déficit structural entre l'offre et la demande sur le marché communautaire, elles ne peuvent être assimilées à des rémunérations ou à des aliments partiellement ou totalement insaisissables[3].

SECTION 2
MISE EN ŒUVRE

971.100 Absence d'intervention d'un huissier. L'opposition motivée est notifiée au tiers détenteur et au débiteur par le directeur de l'organisme (C. rur., art. L. 725-12 - CSS, art. L. 152-3). Par « opposition motivée », il faut entendre opposition contenant tous les éléments d'identification de la créance, du titre la consacrant, du créancier, du débiteur et du tiers, avec l'indication explicite des conséquences de la mesure.

Cette mise en œuvre ne nécessite pas le concours d'un huissier, les notifications étant faites par la caisse elle-même au moyen de lettres recommandées (C. rur., art. R. 725-12 et R. 725-13).

§ 1
Notification de l'opposition au tiers

971.101 Forme et contenu de la notification. L'opposition est notifiée au tiers par une LRAR comportant à peine de nullité (C. rur., art. R. 725-12) :

« *1° Le nom du débiteur et l'adresse de son domicile ou, si elle est différente, celle de son établissement; s'il s'agit d'une personne morale, sa dénomination et le lieu de son siège social ou de l'établissement distinct;*

2° Les nom et domicile du tiers détenteur ou, s'il s'agit d'une personne morale, sa dénomination et le lieu de son siège social ou de l'établissement distinct;

3° La dénomination et le siège de l'organisme créancier au bénéfice duquel l'opposition est faite;

4° La nature du titre exécutoire sur le fondement duquel l'opposition est effectuée;

5° Le décompte distinct des cotisations et des majorations et pénalités de retard pour le recouvrement desquelles l'opposition est effectuée et la période à laquelle elles se rapportent;

6° L'indication que les créances en cause bénéficient du privilège et, le cas échéant, la désignation de la juridiction auprès de laquelle les créances en cause ont donné lieu à inscription de privilège;

7° L'indication que l'opposition est effectuée sur le fondement de l'article L. 725-12 du Code rural et des articles R. 725-13 à R. 725-19;

8° L'indication que le tiers détenteur est personnellement tenu envers le créancier et qu'il lui est fait défense de disposer des sommes réclamées, dans la limite de ce qu'il doit au débiteur;

9° L'indication que l'opposition emporte, à concurrence des sommes pour lesquelles elle est effectuée, attribution immédiate au profit du créancier; qu'en cas d'insuffisance de fonds, celui-ci vient en concours avec les autres créanciers, même privilégiés, auteurs de mesures de prélèvement emportant attribution immédiate, notifiées au cours de la même journée; que ni la notification ultérieure d'une autre mesure de prélèvement, ni la survenance d'un jugement portant ouverture d'une sauvegarde, d'un redressement ou d'une liquidation judiciaires ne remettent en cause cette attribution;

10° L'indication que le tiers détenteur dispose d'un délai de deux jours pour communiquer à l'organisme créancier tous renseignements et pièces justificatives relatifs à l'étendue de ses obligations à l'égard du débiteur ainsi que les modalités qui pourraient les affecter et, s'il y a lieu, les cessions de créances, délégations ou saisies antérieures;

11° L'indication que le tiers détenteur qui se soustrait à ses obligations sans motif légitime peut être contraint d'y satisfaire sous peine d'astreinte et condamné au paiement des causes de l'opposition;

12° L'indication que le tiers détenteur peut contester l'opposition dans le délai d'un mois à compter de la notification qui lui a été faite et la désignation de la juridiction compétente ».

Il convient de relever que le 6° relatif à la mention du privilège apparaît sans objet depuis la loi du 22 décembre 2014 qui ne fait plus de ce privilège l'une des conditions d'ouverture de l'OTD. L'article R. 652-2 du Code de la sécurité sociale, concernant la notification de l'opposition bénéficiant aux cotisations du régime des indépendants, ne fait d'ailleurs plus référence au privilège, son 6° ayant été abrogé par le décret du 2 mars 2015 (art. 4).

971.102 Particularités de la notification à un organisme public. Selon l'article R. 725-12 du Code rural, lorsque l'opposition porte sur des fonds détenus par un organisme public tel que défini à l'article 1er du décret n° 2012-1246 du 7 novembre

1. Civ. 2e, 9 oct. 1991, n° 90-14.635, *Bull. civ.* II, n° 236.
2. TGI Périgueux, JEX, 7 déc. 1995, n° 09501051, Liebau Joël c/ CMSA Dordogne, inéd. – Bordeaux, 14 déc. 1999, RG n° 96/00297.
3. Civ. 2e, 18 sept. 2003, n° 01-16.176, *Bull. civ.* II, n° 275; *D.* 2003. 2544.

2012[1] (État, établissements publics nationaux, collectivités territoriales secondaires et établissements publics rattachés à celles-ci), la lettre d'opposition doit, à peine de nullité, être adressée au comptable public assignataire de la dépense et contenir, outre les mentions précédentes, la désignation de la créance faisant l'objet de l'opposition. À cette fin, le créancier peut requérir de l'ordonnateur qu'il lui indique le comptable public assignataire de la dépense ainsi que tous les renseignements nécessaires à la mise en œuvre de la mesure.

971.103 Nullité de la notification. La notification de l'opposition au tiers produit l'effet d'attribution immédiate et rend les fonds temporairement indisponibles jusqu'à l'expiration du délai de contestation ou jusqu'à ce que celle-ci soit tranchée. Cela suppose toutefois que cette notification soit régulière c'est-à-dire contienne toutes les mentions prescrites à peine de nullité.

Parmi ces mentions d'informations, l'indication de la nature du titre exécutoire fondant l'opposition (contrainte, jugement du TASS, arrêt de la chambre sociale) est particulièrement importante. Le défaut de toute référence au titre exécutoire constitue aux yeux de la Cour de cassation, l'absence d'une condition de validité au fond justifiant l'annulation de l'acte sans que celui qui invoque cette sanction ait à justifier d'un grief (il en est jugé ainsi à propos d'un commandement[2]). Mais il n'est pas nécessaire de reproduire le contenu du titre ou certains passages de celui-ci. Outre la nature du titre l'indication de sa date paraît nécessaire à son identification, notamment lorsque l'opposition tend à l'exécution de plusieurs contraintes, car on doit pouvoir vérifier qu'il y a bien adéquation entre celles-ci et les cotisations, pénalités et majorations réclamées (ainsi pour un commandement[3]).

Il convient également d'insister sur la nécessité de mentionner le décompte distinct des cotisations, majorations et pénalités de retard avec indication de la période à laquelle elles se rapportent. La mention d'un compte global confondant principal et accessoires est donc exclue car elle ne permet aucun contrôle.

La sanction des irrégularités de la notification est, hormis en ce qui concerne le défaut de toute référence au titre, une nullité de forme nécessitant l'allégation et la preuve d'un grief. Elle peut être couverte par une régularisation ultérieure si aucune forclusion n'est intervenue et s'il ne subsiste aucun préjudice (C. pr. civ., art. 114 et 115 – sur les nullités pour vice de forme et de fond, v. s^{s} n°s 719.81 s. et 719.91 s.).

§ 2
Notification de l'opposition au débiteur

971.111 Forme et mention de la notification. Dans le délai de huit jours suivant la notification au tiers à peine de caducité de celle-ci, le créancier adresse au débiteur une LRAR contenant à peine de nullité (C. rur., art. R. 725-13) les mentions prévues aux 1° à 9° de l'article R. 725-12 du Code rural (v. s^{s} n° 971.101 le texte complet de l'article).

La lettre contient également l'indication au débiteur qu'il peut contester l'opposition dans le mois de la notification qui lui a été faite et, la désignation de la juridiction compétente.

971.112 Délai et caducité de la notification. Les droits du créancier étant préservés par l'indisponibilité des fonds interceptés, le débiteur doit être rapidement informé de la mesure prise contre lui afin de pouvoir élever une éventuelle contestation. Le **délai** est bref (huit jours) et la sanction de son dépassement sévère (caducité de la notification), car la mesure peut paralyser le fonctionnement d'une exploitation. En outre lorsque ces fonds sont insaisissables en tout ou en partie, le débiteur doit être rapidement en mesure d'en demander la remise dans les conditions des articles R. 112-4, R. 112-5 et R. 162-2 et suivants C. pr. exéc.

Les règles de computation des délais de procédures prévues aux articles 640 et suivants C. pr. civ. sont applicables. L'opposition caduque est rétroactivement privée d'effet et le débiteur peut en demander la mainlevée. La mesure d'exécution postérieure recouvre alors toute sa force.

La **caducité** n'obéit pas au régime des nullités pour vice de forme, de telle sorte que celui qui s'en prévaut n'a pas à alléguer et prouver que la notification tardive lui a causé un grief (sur la computation du délai et les conséquences de la caducité, v. la saisie-attribution s^{s} n°s 822.21 à 822.31)

971.113 Notification aux organes de la procédure collective. L'OTD étant assimilée à la saisie-attribution par les articles L. 725-12 du Code rural et L. 652-3 du Code de la sécurité sociale, il semble qu'il faille lui transposer la jurisprudence adoptée par la Cour de cassation lorsqu'un jugement de liquidation judiciaire ou de redressement judiciaire avec désignation d'un administrateur ayant une mission d'assistance intervient avant l'expiration du délai de contestation.

La Haute juridiction estime que dans cette hypothèse, la saisie doit être dénoncée au liquidateur ou

1. Décr. n° 2012-1246, 7 nov. 2012, relatif à la gestion budgétaire et comptable publique, *JO* 10 nov., p. 17713.
2. Civ. 2e, 22 janv. 1997, n° 94-19.021, *Bull. civ.* II, n° 16; *Gaz. Pal.* 1997. 2. Pan. 229.
3. Com. 4 févr. 1997, n° 95-12.179, NP; *Rev. huiss.* 1998. 122.

à l'administrateur seul habilité désormais à exercer, en tout ou en partie, les droits et actions du débiteur, même si ce dernier a déjà reçu cette dénonciation à une époque où il n'était pas encore dessaisi. Le jugement d'ouverture a un effet interruptif et un nouveau délai court en faveur des organes de la procédure à partir de la dénonciation qui lui est faite[1]. L'opposition même antérieurement notifiée au débiteur devrait donc l'être à nouveau au liquidateur ou à l'administrateur si le jugement intervient à l'intérieur du délai d'un mois.

À défaut, le délai de contestation interrompu ne devrait pas pouvoir reprendre son cours et le paiement de la somme appréhendée ne devrait pas pouvoir être exigé du tiers détenteur.

La Cour de cassation juge que la dénonciation de la saisie-attribution aux organes de la procédure, doit intervenir, à peine de caducité dans les huit jours du procès-verbal de saisie. Elle estime toutefois que cette caducité n'est pas encourue lorsque la dénonciation a été régulièrement signifiée au débiteur dans le délai de huit jours, alors qu'il était encore à la tête de ses biens. Dans ce cas, la réitération au liquidateur ou à l'administrateur en charge d'une mission de représentation, laquelle réitération demeure néanmoins nécessaire pour relancer le délai de contestation, n'est enfermée dans aucune limite temporelle. Le jugement d'ouverture a pour seul effet d'interrompre le délai de contestation d'un mois, mais ne fait pas renaître le délai de dénonciation de huit jours à l'intérieur duquel cette diligence a été régulièrement accomplie à l'égard du débiteur *in bonis*[2]. Cette précision apportée par la Haute juridiction devrait s'appliquer à la notification de l'OTD régulièrement adressée au redevable avant son dessaisissement total ou partiel par la liquidation ou le redressement judiciaire comportant une mission d'assistance.

Il faudrait également transposer la jurisprudence selon laquelle la saisie-attribution doit être dénoncée à l'administrateur lorsqu'il a reçu une mission d'assistance impliquant celle de recevoir la notification d'un acte de procédure[3]. Toutefois, lorsque l'administrateur a reçu une simple mission d'assistance, la dénonciation au débiteur alors qu'il était *in bonis* n'a pas à être réitérée à cet administrateur pour la régularité de la saisie-attribution qui ne peut être déclarée caduque pour ce motif et ce, même si le redressement est ultérieurement converti en liquidation judiciaire[4].

Le créancier ayant pratiqué la mesure d'exécution a cependant intérêt à notifier celle-ci aux organes de la procédure lorsque le jugement d'ouverture intervient à l'intérieur du délai de contestation, afin que ce délai interrompu par ledit jugement reprenne son cours et qu'il puisse ainsi, à son expiration, obtenir le versement de la somme appréhendée.

Il convient de relever que lorsque l'opposition a été notifiée au liquidateur pris en sa qualité de tiers détenteur de fonds, la lettre devrait également lui être notifiée en son autre qualité de représentant du débiteur dessaisi auquel cette notification n'aurait pas besoin d'être faite (il en est jugé ainsi à propos de la dénonciation de la saisie-attribution[5]).

§ 3
Désignation d'un séquestre

971.121 Mise sous séquestre. Les sommes rendues indisponibles par l'opposition peuvent être consignées entre les mains d'un séquestre désigné à l'amiable ou par le JEX saisi sur requête par tout intéressé. La remise des fonds au séquestre arrête le cours des intérêts dus par le tiers (C. rur., art. R. 725-14).

Cette mesure permet au créancier qui se défie du tiers de se garantir ou au tiers de se décharger de l'obligation de garder les fonds notamment si elle se prolonge à la suite d'une contestation ou du fait que la créance interceptée est à exécution successive.

Elle permet aussi à toute personne qui a intérêt à contester la validité de l'opposition (créancier saisissant ultérieur) ou les droits du débiteur sur les sommes interceptées (cessionnaire) de les revendiquer utilement.

SECTION 3
EFFETS

§ 1
Effets à l'égard du tiers

971.130 Notion de tiers et nature des effets. Il s'agit des personnes dépositaires, détentrices ou redevables de sommes appartenant ou devant revenir au débiteur (C. rur., art. L. 725-12 – CSS, art. L. 652-3).

1. Com. 19 janv. 1999, n° 96-18.256, *Bull. civ.* IV, n° 17; *D.* 1999. 50; 245, note Derrida.
2. Com. 2 oct. 2012, n° 11-22.387, *Bull. civ.* IV, n° 178; *Droit et proc.* 2012, p. 304, obs. Vindkel; *JCP E* 2013, n° 101, note Lebel; *Gaz. Pal.* 3-5 mars 2013, p. 19, note Brenner; *RTD civ.* 2013. 176, note. Perrot; *D.* 2012. 2385, obs. Lienhard; *D.* 2013. 1574, note Leborgne.
3. Com. 16 févr. 1999, n° 95-17.928, NP; *Procédures* 1999, n° 274.
4. Civ. 2e, 8 déc. 2011, n° 10-24.420, *Bull. civ.* II, n° 225; *Dr. et proc.* 2012. 44; *JCP* 2012, n° 207, note Lauvergnat.
5. Civ. 2e, 5 avr. 2001, n° 98-14.107, *Bull. civ.* II, n° 73; *D.* 2001. 1467, obs. Lienhard.

Ce sont notamment les banques, les auxiliaires de justice et officiers ministériels, les compagnies d'assurance, les locataires.

Lorsque le tiers est une personne morale de droit public dotée d'un comptable public (administrations de l'État, collectivités territoriales, établissements publics, caisse des dépôts et consignation, centres de chèques postaux, caisse nationale d'épargne), l'opposition obéit à des règles spéciales (C. rur., art. R. 725-12 - v. ss nos 971.102 et 910.01 s.).

La question s'est posée, à propos de la saisie-attribution ou de l'avis à tiers détenteur (ATD), de savoir si le liquidateur pouvait être considéré comme un tiers par les créanciers postérieurs au jugement d'ouverture (C. com., art. L. 622-17) désireux d'appréhender entre ses mains, les fonds détenus pour le compte du débiteur. La Cour de cassation a estimé qu'il avait la double qualité de représentant légal du débiteur dessaisi et de tiers détenteur de fonds[1]. Le liquidateur amiable d'une société débitrice est également considéré comme un tiers saisi, bien qu'il représente aussi celle-ci à l'égard des tiers. Il est donc tenu de respecter les obligations qui lui incombent[2].

À noter que le créancier qui engage une saisie-attribution à laquelle l'OTD est assimilée, est autorisé à pratiquer cette mesure entre ses propres mains s'il est lui-même débiteur de son débiteur. Dans ce cas il cumule les qualités de créancier et de tiers-saisi[3].

En effet, le tiers détenteur est tenu d'une obligation de renseignement (A), de garde et de paiement (B) dont le respect conditionne l'efficacité de l'opposition. Elle découle du devoir général de collaboration incombant à tout tiers dont le concours est légalement requis (C. civ., art. 10 - et C. pr. exéc., art. L. 123-1).

A. Obligation de renseignement

971.131 Déclaration par le tiers de l'étendue de ses obligations. Le tiers doit déclarer au créancier l'étendue de ses obligations à l'égard du débiteur, les modalités pouvant les affecter (terme, condition), ainsi que les éventuelles délégations, cessions de créance et ou saisies antérieures (C. rur., art. L. 725-12 et R. 725-15 - et C. pr. exéc., art. L. 211-3).

971.132 ***a) Forme et délai de la déclaration.*** Ces informations doivent être transmises au créancier accompagnées des pièces justificatives, par une LRAR adressée dans les **deux jours de la notification de la lettre d opposition** (C. rur., art. R. 725-15).

Le tiers n'est donc pas tenu, comme en matière de saisie-attribution, de faire sa déclaration sur le champ. S'il est un comptable public, ce délai de deux jours se substitue à celui de **vingt-quatre heures** prévu par l'article R. 211-4 (al. 2) C. pr. exéc.

Le point de départ du délai de deux jours est la date de réception par le tiers de l'opposition qui contient l'indication de son obligation d'information, du délai dans lequel elle doit être remplie et des sanctions encourues en cas de défaillance (C. rur., art. R. 725-12, 10° et 11°).

En matière de saisie-attribution, la Cour de cassation tend à assimiler le retard à un refus de renseigner[4].

971.133 ***b) Caractères de la déclaration.*** Les renseignements doivent être précis et complets et notamment, permettre au créancier de déterminer le montant des sommes dues au débiteur et de mesurer au mieux l'efficacité de la mesure engagée. Ainsi, le bâtonnier tiers saisi qui n'a pas déclaré certaines oppositions et inscription de nantissement faites entre ses mains, commet un défaut partiel de déclaration et ne satisfait pas à son obligation[5].

Les renseignements doivent être particulièrement détaillés lorsque le tiers est un établissement habilité à tenir des comptes. L'article R. 725-19 du Code rural renvoie aux dispositions de l'article R. 211-20 C. pr. exéc. selon lesquelles le tiers est tenu d'indiquer la nature du ou des comptes et de déclarer leur solde au jour de la saisie (ou de l'opposition).

Tous les comptes sont ainsi concernés (comptes courants ou de dépôt, comptes rémunérés ou non, compte à terme ou à vue, individuels ou collectifs, *etc.*). Tous les éléments utiles doivent être fournis (libellé, numéro d'identification, solde), même si le compte est débiteur[6].

Sur le rôle et les obligations du tiers, il convient de se reporter à la saisie-attribution (v. ss nos 813.10 s.).

1. Com. 25 juin 1996, n° 94-20.852, NP; *D.* 1996. 615, note Derrida – Com. 22 avr. 1997, n° 94-21.412, *Bull. civ.* IV, n° 104; *D.* 1997. 371, note Derrida; *RTD civ.* 1998. 426, obs. Crocq – Com. 3 févr. 1998, n° 96-15.773, *Bull. civ.* IV, n° 51; *RTD civ.* 1998. 426, obs. Crocq; *RTD com.* 1999. 505, obs. Martin-Serf; *Rev. huiss.* 1998. 1142.
2. Civ. 2e, 10 nov. 2010, n° 09-71.609, *Bull. civ.* II, n° 185; *Dr. et proc.* févr. 2011. 46, obs. Salati; *D.* 2010. 2849, obs. Avena-Robardet; *D.* 2011. 1509, obs. Leborgne; *Rev. sociétés* 2010. 568, obs. Lienhard; *RTD com.* 2011. 135, obs. Dondero et Le Cannu.
3. Civ. 1re, 13 mai 2014, n° 12-25.511, *Bull. civ.* I [à paraître]; *D.* 2014. 1159; *JCP* 2014. 1045.
4. Civ. 2e, 2 avr. 1997, n° 95-13.567, *Bull. civ.* II, n° 107; *D.* 1998. 36 note Martin; *RTD civ.* 1997. 752, obs. Perrot.
5. Civ. 2e, 24 juin 1998, n° 96-14.318, *Bull. civ.* II, n° 223; *JCP* 1998. IV. 2880.
6. Com. 6 mai 1981, n° 79-16.090, *Bull. civ.* IV, n° 212; *JCP* 1982. II. 19708, note Vasseur.

971.134 ***c) Cause d'exonération.*** Le tiers peut s'exonérer en invoquant un motif légitime (C. rur., art. R. 725-12, 11°).

L'appréciation de la légitimité du motif invoqué relève de l'appréciation souveraine du juge du fond étant toutefois précisé que le secret bancaire ne peut jamais constituer un motif légitime. Le délai de deux jours accordé au tiers pour exécuter son obligation d'information devrait rendre plus difficile qu'en matière de saisie-attribution où les informations doivent être fournies immédiatement, l'invocation d'une cause légitime de retard.

Lorsque le tiers ne se prévaut d'aucun motif, la juridiction saisie par le créancier d'une demande en condamnation au paiement des causes de la saisie, ne peut se substituer à lui pour rechercher l'existence d'un tel motif[1] (pour approfondir la question, v. la saisie-attribution s[s] n°s 922.30 s.).

971.135 ***d) Sanctions contre le tiers.*** L'article L. 725-12 du Code rural renvoie sur ce point, par l'intermédiaire de l'article L. 652-3 du Code de la sécurité sociale, à celles de l'article L. 123-1 C. pr. exéc. qui doivent être rappelées dans la lettre de notification de l'opposition (C. rur., art. R. 725-12, 11°).

Le tiers qui se soustrait à ses obligations peut donc être condamné à une astreinte qui sera liquidée en tenant compte de sa résistance et des difficultés qu'il a rencontrées.

Il peut aussi être condamné à des dommages-intérêts si l'inexécution a causé un préjudice au créancier.

Il peut enfin être tenu de payer la créance cause de la saisie qui peut être supérieure au montant des sommes qu'il doit au débiteur. Cette sanction est donc sévère même si le tiers conserve son recours contre ledit débiteur.

C'est le JEX du domicile ou du siège social du débiteur qui est compétent pour appliquer ces sanctions (COJ, art. L. 213-6[2] - et C. rur., art. R. 725-17), même si le tiers est une personne publique[3].

La demande du créancier dirigée contre le tiers sur le fondement de l'article L. 123-1 C. pr. exéc. ne s'analyse pas en une contestation de l'opposition et n'a donc pas à être engagée dans le délai d'un mois prévu par l'article R. 725-12 (12°) du Code rural. La jurisprudence de la Cour de cassation en matière de saisie-attribution paraît en effet transposable à l'OTD[4]. Il devrait en être de même pour la jurisprudence considérant que l'action du créancier est recevable, même après que la saisie (l'opposition) est devenue caduque faute de dénonciation au débiteur dans les huit jours[5].

B.
Obligation de conservation et de paiement

971.141 Indisponibilité temporaire puis paiement de la créance saisie. La lettre de notification de l'opposition fait interdiction au tiers de disposer des sommes réclamées, dans la limite de ce qu'il doit au débiteur (C. rur., art. R. 725-12, 8°). Cette indisponibilité dure jusqu'à l'expiration du délai de contestation d'un mois (si le débiteur déclare ne pas contester l'OTD) ou, en cas de contestation, jusqu'à ce qu'il ait été statué sur celle-ci.

Le tiers procède au paiement sur présentation par le créancier d'un certificat du greffe attestant qu'aucune contestation n'a été élevée dans le délai d'un mois. Le paiement peut également avoir lieu avant l'expiration de ce délai, sur présentation d'une déclaration écrite du débiteur acceptant l'opposition (C. rur., art. R. 725-16). En cas de contestation, le paiement intervient sur présentation de la décision tranchant celle-ci (C. rur., art. R. 725-17).

En cas de refus de paiement, la contestation est portée devant le JEX qui peut délivrer un titre exécutoire contre le tiers si ce refus n'est pas fondé (C. rur., art. R. 725-16). L'article L. 152-3 du Code de la sécurité sociale auquel renvoie l'article L. 725-12 du Code rural précise que le paiement n'est jamais différé, sauf décision contraire du JEX, lorsque les sommes dues trouvent leur origine dans la constatation d'un travail dissimulé ou d'une opposition à un contrôle, ou encore, en cas de recours abusif contre le titre exécutoire.

971.142 ***a) Contestation devant le juge de l'exécution.*** Le juge territorialement compétent est celui du lieu où le débiteur a son domicile ou son établissement, s'il est différent (si c'est une personne physique) ou son siège social ou son établissement distinct (si c'est une personne morale). Si le débiteur demeure à l'étranger ou si le lieu où il demeure est inconnu, le juge compétent est celui du domicile du tiers détenteur ou, s'il s'agit d'une personne morale, du lieu de son siège social ou de l'établissement distinct (C. rur., art. R. 725-16 et R. 725-17).

1. Civ. 2e, 24 juin 1998, n° 96-14.318 (préc. s[s] n° 971.133); *Gaz. Pal.* 14-16 mars 1999. Somm. 14, note Véron.
2. COMP. : COJ, anc. art. L. 311-12-1.
3. Civ. 1re, 10 févr. 1987, n° 85-15.499, *Bull. civ.* I, n° 48 – Civ. 1re, 30 juin 1992, n° 90-18.458, *Bull. civ.* I, n° 213; *D.* 1993. 421, note Guiho; *JCP* 1993. II. 22001, note Davera; *RTD civ.* 1993. 560, obs. Hauser; *AJDA* 1993. 68, obs. Salon.
4. Civ. 2e, 26 nov. 1998, n° 96-18.530, *Bull. civ.* II, n° 284; *D.* 1999. 30; *JCP* 1999. Somm. 1077; *RTD civ.* 1999. 208, obs. Perrot – Civ. 2e, 11 mars 1999, n° 96-22.813, *Bull. civ.* II, n° 49.
5. Lyon, 14 oct. 1998, *JCP* 1998. II. 10016, note Croze.

Le JEX demeure compétent même si le tiers est une personne publique. Mais il ne devrait pas pouvoir apprécier l'existence ou le montant de l'obligation du tiers à l'égard du débiteur si elle a un caractère administratif. Il doit alors renvoyer les parties à mieux se pourvoir et surseoir à la délivrance du titre sollicité.

971.143 ***b) Moment de la contestation.*** Comme l'article R. 211-9 C. pr. exéc. relatif à la saisie-attribution, l'article R. 725-16 du Code rural analyse le refus de paiement opposé par le tiers en une contestation implicite qui peut être portée devant le JEX sous la forme d'une demande de délivrance d'un titre exécutoire contre ce tiers.

Cette contestation particulière qui porte seulement sur l'obligation de payer du tiers détenteur, ne paraît pas devoir être confondue avec la contestation de l'opposition elle-même, ouverte au débiteur dans le mois suivant sa notification, par l'article L. 652-3 du Code de la sécurité sociale auquel renvoie l'article L. 725-12 du Code rural. En effet, la rédaction de ce texte telle qu'elle résulte de la loi du 22 décembre 2014 (art. 24), ne mentionne plus le tiers détenteur parmi les personnes devant agir dans le délai sus mentionné. On doit toutefois relever que le 12° de l'article R. 725-12 du Code rural relatif à la notification de l'opposition au tiers continue de prescrire que celle-ci doit mentionner qu'il doit élever sa contestation dans le délai d'un mois suivant la notification qui lui est faite. Cette disposition paraît être implicitement abrogée par la loi du 22 décembre 2014 à laquelle elle est contraire. La notification n'est donc enfermée dans aucun délai de forclusion et devrait bénéficier, tant au créancier qui se heurte au refus qu'au tiers détenteur qui l'oppose. Cette contestation relative à l'obligation de paiement se situe d'ailleurs après l'expiration du délai d'un mois propre à la contestation de l'opposition, laquelle n'a pour objet que la régularité de la mesure ou l'existence ou le montant de la créance réclamé par l'organisme social.

Il semble donc bien que la jurisprudence adoptée par la Cour de cassation à propos de la saisie-attribution, puisse être étendue au cas où le créancier ayant pratiqué une OTD demande la délivrance d'un titre exécutoire contre celui-ci [1].

971.144 ***c) Personnes pouvant contester.*** Compte tenu des observations qui précèdent, il paraît difficile de considérer que la contestation née du refus de paiement appartient au seul créancier, le tiers ne pouvant lui opposer une cause légitime de refus de paiement que par voie d'exception.

La faculté de saisir le JEX par voie d'action paraît ainsi être ouverte tant au bénéfice du créancier qu'à celui du tiers et ce, d'autant plus que le texte de l'article R. 725-16 du Code rural est à cet égard particulièrement imprécis et impersonnel.

971.145 ***d) Forme et issues de la contestation.*** La contestation née du refus de paiement est portée devant le JEX selon les formes ordinaires de l'introduction de l'instance, c'est-à-dire par une assignation délivrée dans les conditions des articles R. 121-11 et R. 442-4 C. pr. exéc. (anc^{t} Décr. 31 juill. 1992, art. 15 et 19). La Cour de cassation a exclu, à propos de l'avis à tiers détenteur dont bénéficie l'Administration fiscale, l'application de la procédure d'ordonnance sur requête prévue par l'article R. 121-23 C. pr. exéc. (anc^{t} Décr. 31 juill. 1992, art. 32) [2]. Cette jurisprudence paraît également devoir s'appliquer à l'OTD, ouverte aux caisses de MSA, aux organismes de sécurité sociale, aux collectivités territoriales et aux établissements publics locaux.

Le juge ne délivre un titre exécutoire contre le tiers que s'il estime son refus de paiement mal fondé. Le texte de l'article R. 725-16 du Code rural dispose d'ailleurs que le juge peut, et non doit, délivrer un tel titre ce qui suppose nécessairement un examen préalable des motifs de refus invoqués par le tiers. Le juge apprécie l'existence et le montant de sa dette à l'égard du débiteur des cotisations et délivre le titre à concurrence de la somme due.

§ 2
Effets à l'égard du débiteur

971.150 **Nature des effets.** L'opposition emporte l'effet d'attribution immédiate (A) prévu par l'article L. 211-2 C. pr. exéc. (anc^{t} L. 9 juill. 1991, art. 43) à concurrence des sommes pour lesquelles elle est pratiquée (C. rur., art. L. 725-12 – CSS, art. L. 652-3). Mais la créance interceptée demeure indisponible (B) jusqu'à l'expiration du délai de contestation (sauf si l'opposition n'est pas contestée) ou jusqu'à ce que celle-ci soit tranchée.

A.
Attribution immédiate

971.151 **Conséquences de l'effet d'attribution immédiate.** La créance interceptée entre les mains du tiers passe sans transition, du patrimoine du débiteur dans celui du créancier. Cet effet se produit dès la réception par le tiers de la lettre recommandée lui notifiant l'opposition. Les paiements

1. Civ. 2e, 26 nov. 1998, n° 96-18.530, *Bull. civ.* II, n° 284; *D.* 1999. 30; *JCP* 1999. IV. 1077.

2. Cass., avis, 9 févr. 1998, n° 09-70.013, *Bull. avis,* n° 2; *Procédures* 1998, n° 81, note Perrot.

effectués par lui avant cette réception demeurent valables.

L'effet attributif est donc instantané et le délai de contestation comme la contestation elle-même diffère seulement le paiement au créancier (C. rur., art. L. 725-12). Le tiers détenteur est désormais personnellement tenu à l'égard de ce dernier. La lettre de notification l'en informe expressément (C. rur., art. R. 725-12, 8° et 9°).

L'effet d'attribution se produit dans la double limite de ce qui est dû au créancier par le débiteur et au débiteur par le tiers. Le transfert de propriété porte sur le principal et les accessoires (C. pr. exéc., art. L. 211-2), s'ils constituent des sommes d'argent (intérêts, clauses pénales, frais) ce qui exclue les sûretés réelles ou personnelles, comme le privilège du prêteur de deniers [1].

La notification de l'opposition au tiers interrompt en outre la prescription de la créance interceptée entre ses mains (C. pr. exéc., art. L. 141-2, al. 3).

Cependant, l'effet d'attribution immédiate ne se produit que si la créance objet de l'opposition est disponible entre les mains du tiers, c'est-à-dire n'a pas déjà fait l'objet d'une saisie-arrêt non validée, d'une saisie conservatoire ou, d'une consignation judiciaire emportant l'affectation spéciale et le privilège des articles 2333 et 2350 du Code civil [2]. Dans ce cas, l'opposition n'est pas dénuée de conséquences. Le créancier ayant formé opposition prend rang et son opposition deviendra efficace si la saisie antérieure est annulée ou la consignation levée. Il pourra même venir en concours avec son prédécesseur, s'il bénéficie d'un privilège équivalent au sien. Il pourra toujours, si le premier saisissant n'a pas tout absorbé, se payer sur le reliquat [3].

L'effet attributif n'est pas remis en cause par une mesure d'exécution ou une procédure collective ultérieure.

971.152 ***a) Incidence d'une mesure d'exécution postérieure.*** La réception ultérieure d'autres oppositions ou d'autres mesures d'exécution emportant effet d'attribution immédiate, même émanant de créanciers privilégiés (saisie-attribution, avis à tiers détenteur) ne remet pas en cause l'effet d'attribution immédiate prévu par l'article L. 725-12 du Code rural (C. rur., art. R. 725-16).

La caisse ou l'organisme créancier bénéficie donc de ce que l'on appelle souvent par commodité, quoique l'expression ne soit pas tout à fait appropriée, du « *privilège du premier saisissant* ». En réalité, l'hypothèse d'un concours avec un autre créancier n'est pas totalement exclue. En effet, lorsqu'une personne est simultanément destinataire de plusieurs oppositions établies au nom du débiteur elle doit, en cas d'insuffisance des fonds, exécuter ces demandes en proportion de leurs montants respectifs (C. rur., art. L. 725-12 – CSS, art. L. 652-3).

L'article R. 725-16 du Code rural précise que sont réputées faites simultanément, les oppositions diligentées le même jour. Ce texte ajoute qu'il y a également concours lorsqu'une opposition et une autre mesure d'exécution emportant effet d'attribution immédiate sont reçues simultanément par le tiers, même si elles émanent de créanciers privilégiés. Le Code rural intègre ainsi l'avis formulé par la Cour de cassation à propos de la saisie-attribution [4]. Il y aura répartition au marc-l'euro dès lors que les sommes disponibles ne permettront pas de désintéresser la totalité des créanciers.

Le concours disparaît ou se limite à un nombre de créancier plus réduit, si l'une des mesures, se trouve ultérieurement privée d'effet à la suite d'une caducité, d'une nullité ou d'une mainlevée.

971.153 ***b) Incidence d'une procédure collective.*** L'article R. 725-19 du Code rural précise que la survenance d'un jugement portant ouverture d'une sauvegarde, d'un redressement ou d'une liquidation judiciaire ne remet pas en cause l'effet d'attribution immédiate prévu par l'article L. 725-12 du même code. Là encore la procédure d'OTD est calquée sur la saisie-attribution et l'avis à tiers détenteur. La jurisprudence adoptée pour ces deux mesures est donc transposable. Ainsi la créance interceptée par voie d'opposition étant entrée dans le patrimoine de la caisse ou de l'organisme créancier, elle n'a pas à être déclarée à la procédure collective ultérieure [5].

Lorsque l'opposition est notifiée le même jour que le jugement d'ouverture qui prend effet à compter de sa date (Décr. n° 2005-1677, 26 déc. 2005, art. 55), elle devrait être dépourvue d'efficacité. La date du jugement est réputée se situer entre 0 heure et 24 heures [6], de telle sorte qu'il précède nécessairement l'opposition. Il convient de relever

1. Civ. 2e, 7 avr. 2011, n° 10-15.969, *Bull. civ.* II, n° 88; *D.* 2011. 1152, obs. Avena-Robardet; 2150. Chron. Sommer, Leroy-Gissinger, Adida-Canac et Bouvier; *JCP* 2011, n° 683, note Juillet; *Dr. et proc.* 2011. 184, obs. Leborgne; *RTD civ.* 2011. 594, obs. Perrot.
2. COMP. : C. civ., anc. art. 2073 et 2075 (mod. par Ord. 23 mars 2006).
3. Civ. 2e, 14 oct. 1999, n° 97-19.502, *Bull. civ.* I, n° 157; *D.* 2000. 754, note Soustelle; *Procédures* 2000, n° 32, note Perrot; *RTD civ.* 2000. 169, obs. Perrot.
4. Cass., avis, n° 6, 24 mai 1996, n° 09-60.003, *Bull. avis,* n° 6.
5. Com. 13 oct. 1998, n° 96-14.295, *Bull. civ.* IV, n° 237; *D.* 1998. 250; *JCP* 1998. IV. 3324.
6. Limoges, 29 oct. 1991, *Dr. sociétés* 1992, n° 204 obs. Chaput.

que l'article L. 632-2 du Code de commerce, issu de la loi n° 2005-845 du 26 juillet 2005 relative à la sauvegarde des entreprises[1], a réduit la portée du principe de l'effet d'attribution immédiate car l'opposition pratiquée en période suspecte est susceptible d'être remise en cause si l'organisme de MSA connaissait la déconfiture du débiteur. En effet, selon ce texte, « *tout avis à tiers détenteur, toute saisie-attribution ou toute opposition peut également être annulé lorsqu'il a été délivré ou pratiqué par un créancier à compter de la date de cessation des paiements et en connaissance de celle-ci* » (pour approfondir la question, v. la saisie-attribution s[s] n°s 831.81 s.). Le pouvoir de prononcer cette nullité appartient au juge de la faillite et non au juge de l'exécution[2].

Selon les dispositions de l'article L. 725-5 du Code rural, en cas de sauvegarde, de redressement ou de liquidation judiciaire, les pénalités et les majorations de retard dues au jour du jugement d'ouverture, ainsi que les frais de poursuite, sont remis de plein droit.

Cette règle qui aboutit à une extinction partielle de la créance cause de l'opposition, devrait entraîner de plein droit sa mainlevée partielle ou à son cantonnement lorsque le jugement d'ouverture intervient avant que le paiement qui seul consomme l'effet d'attribution immédiate selon la Cour de cassation, n'ait été effectué par le tiers[3].

Il faut cependant relever que si c'est le tiers saisi qui fait l'objet d'une procédure collective, la caisse de MSA devenue son créancier direct par suite de l'effet attributif immédiat de l'opposition, est soumise au principe de la suspension des poursuites individuelles[4].

B.
Indisponibilité de la créance interceptée

971.161 Domaine et conséquence de l'indisponibilité. L'indisponibilité de la créance appréhendée interdit au tiers détenteur d'en verser le montant, non seulement au débiteur ou à tout créancier ultérieur, mais encore à la caisse de MSA qui lui a notifié l'opposition. En effet, si l'effet d'attribution se produit immédiatement, en revanche, le délai de contestation et la contestation elle-même diffèrent le paiement de la créance à son égard. Selon l'article L. 652-3 du Code de la sécurité sociale, auquel renvoie l'article L. 725-12 du Code rural, le paiement n'est différé pendant le délai d'un mois qu'en cas de contestation. Cela signifie que le débiteur ne doit pas avoir manifesté l'intention de remettre l'opposition en cause. S'il a déclaré vouloir accepter celle-ci, le délai de contestation devient sans objet et ne fait plus obstacle au paiement.

En cas de contestation, le paiement est différé jusqu'à ce que celle-ci soit tranchée, sauf si en cours d'instance, le juge autorise ce paiement pour une somme qu'il détermine.

En outre, le paiement n'est pas différé, sauf si le juge en décide autrement, dans trois situations exposées *infra*.

Il est donc fait défense au tiers dans la lettre lui notifiant l'opposition, de disposer des sommes réclamées dans la limite de ce qu'il doit au débiteur (C. rur., art. R. 725-12, 8°).

Comme en matière de saisie-attribution, l'indisponibilité est limitée au montant de la créance cause de l'opposition (cotisations, majorations et pénalités visées au titre exécutoire), sauf lorsque le tiers est une banque ou un établissement assimilé. Dans ce cas l'indisponibilité porte sur l'ensemble des comptes du débiteur, même si un seul d'entre eux a été visé dans la lettre de notification. L'article R. 725-19 du Code rural renvoie en effet aux articles R. 211-19 à R. 211-21 C. pr. exéc. prévoyant cette extension en matière de saisie-attribution sur un compte.

Le paiement fait au préjudice de l'opposition (qui s'assimile à une saisie) est inopposable à la caisse créancière qui peut contraindre le tiers à payer de nouveau (C. civ., art. 1242). Mais cette action directe contre le tiers ne l'empêche pas d'agir contre le débiteur à l'égard duquel il conserve son droit[5].

L'effet d'indisponibilité interdit au tiers devenu créancier du débiteur après l'opposition, de se payer par voie de compensation sur la somme interceptée.

Le tiers n'a pas non plus le droit de payer les cessionnaires de la créance interceptée lorsque leur droit est né après qu'il a accusé réception de la lettre lui notifiant l'opposition.

§ 3
Consommation des effets par le paiement

971.171 Époque et conditions du paiement. Le tiers détenteur procède au paiement sur la présen-

1. L. n° 2005-845, 26 juill. 2005, relative à la sauvegarde des entreprises, *JO* 27 juill., p. 12187.
2. Com. 29 avr. 2014, n° 13-13.572, NP; *Procédures* 2014, n° 203, note Perrot.
3. Civ. 2e, 21 janv. 1998, n° 95-20.114, *Bull. civ.* II, n° 24; *D.* 1999. 233, note Bourdillat; *RTD civ.* 1998. 484, obs. Perrot.
4. Com. 11 juin 2002, n° 99-17.163, *Bull. civ.* IV, n° 106; *D.* 2002. 2256, obs. Lienhard; *Rev. huiss.* 2002. 372, obs. Putman.
5. Civ. 2e, 11 mars 1998, n° 96-10.181, NP; *RTD civ.* 1998. 486, obs. Perrot.

tation d'un certificat délivré par le greffe du JEX du lieu du domicile ou du siège social du débiteur, attestant qu'aucune contestation n'a été formulée dans le mois suivant la notification de l'opposition au débiteur. Le terme « présentation » exclut tout formalisme et notamment, une signification par exploit d'huissier (C. rur., art. R. 725-16).

Le paiement peut intervenir avant l'expiration de ce délai, si le débiteur a déclaré par écrit au créancier ne pas vouloir contester l'opposition (C. rur., art. R. 725-16).

En cas de contestation, le paiement ne peut être effectué qu'après que celle-ci a été rejetée par une décision notifiée aux parties en cause. C'est la présentation de la décision préalablement notifiée qui autorise le tiers à se libérer (C. rur., art. R. 725-17).

Le paiement au créancier peut également avoir lieu en totalité ou en partie, même au cours de l'instance en contestation, si le juge donne effet à l'opposition pour la partie non contestée de la dette ou accorde au créancier une provision en l'absence de sérieux apparent de la contestation (C. rur., art. L. 725-12 et R. 725-17). Enfin, le paiement n'est pas différé, à moins que le juge n'en dispose autrement, lorsque la créance fait suite à un redressement pour travail dissimulé ou à un contrôle qui a fait l'objet d'un obstacle de la part du débiteur. C'est aussi le cas lorsqu'un recours dilatoire ou abusif a été formé contre le titre exécutoire (C. rur., art. L. 725-12 - CSS, art. L. 652-3).

971.172 Formalités et effets du paiement. Le créancier qui reçoit le paiement en donne quittance au tiers détenteur et en informe le débiteur (C. rur., art. R. 725-16). Dans la limite des sommes versées, ce paiement éteint l'obligation du débiteur et du tiers détenteur.

Lorsque le paiement est effectué, l'opposition produit son plein effet. Elle devient sans objet et tombe de plein droit, sans qu'il soit nécessaire d'en donner mainlevée selon un formalisme plus au moins solennel.

En revanche, si le débiteur se libère directement de sa dette entre les mains du créancier, celui-ci en informe le tiers détenteur et donne mainlevée de l'opposition (C. rur., art. R. 725-16). Cette mainlevée peut résulter d'un simple courrier, l'ensemble de la procédure d'opposition étant caractérisée par son formalisme simplifié.

Comme en matière de saisie-attribution, on doit considérer que seul le mécanisme du paiement réalise l'effet attributif d'une manière irréversible. Tant que celui-ci n'a pas été effectué et même si le délai de contestation est expiré, la mainlevée de l'opposition peut avoir lieu de plein droit si le titre exécutoire est annulé[1].

Le créancier qui n'a pas été payé par le tiers détenteur conserve ses droits contre le débiteur (C. rur., art. R. 725-16).

Le refus de paiement par le tiers s'analyse, selon l'article précité, en une contestation implicite qui peut être portée devant le JEX. S'il estime que le refus n'est pas justifié, le juge peut délivrer un titre exécutoire contre le tiers aux fins de permettre au créancier de le contraindre au paiement. Cette contestation relative à l'obligation du tiers qui se situe nécessairement après l'expiration du délai de contestation de l'opposition, est ouverte à tout moment (v. s^s n°s 841.64 s.).

SECTION 4
PROCÉDURES PARTICULIÈRES

§ 1
Spécificité de l'opposition sur les créances à exécution successive

971.181 Textes applicables. Lorsqu'elle porte sur une créance à exécution successive, l'OTD demeure réglementée par les dispositions générales des articles R. 725-12 à R. 725-17 du Code rural. Mais dans ce cas les articles R. 211-15 à R. 211-17 C. pr. exéc., relatifs à la saisie-attribution des créances à exécution successives doivent lui être spécialement appliqués (C. rur., art. R. 725-18).

971.182 Notion de créance à exécution successive. Selon le professeur R. Perrot, les créances à exécution successives « *tirent leur source d'un contrat unique et indivisible qui les rend certaines dès la formation de la convention et dont seule l'exécution s'inscrit dans la durée* ». L'exemple type est celui des loyers dus en vertu d'un bail. Mais la convention de tiers payant ne répond pas au critère précité, car elle constitue un simple contrat cadre. Chacune des créances du prestataire naît, non de la convention de tiers payant, mais de contrats successifs distincts conclus à l'occasion de chaque prestation (il en est jugé ainsi à propos d'une saisie-attribution entre les mains de la Caisse primaire d'assurance-maladie [CPAM] contre une société de taxi ambulance[2]).

971.183 Effet attributif. Comme l'opposition pratiquée sur une créance instantanée, l'opposition portant sur une créance à exécution successive emporte, dès sa notification au tiers, l'effet d'attri-

1. Civ. 2e, 21 janv. 1998, n° 95-20.114, *Bull. civ.* II, n° 24; *D.* 1999. 233, note Bourdillat; *RTD civ.* 1998. 484, obs. Perrot.
2. Soc. 24 févr. 2000, n° 98-13.444, *Bull. civ.* V, n° 76; *JCP* 2000. IV, n° 1662.

bution immédiate prévu par l'article L. 725-12 du Code rural. En effet, en application des dispositions combinées des articles L. 112-1 L. 211-2 C. pr. exéc. d'une part et de l'article L. 725-12 précité d'autre part, la créance objet de l'opposition passe immédiatement dans le patrimoine de la caisse créancière quelles que soient ses caractéristiques, conditionnelles, à terme ou à exécution successive, sauf pour ledit créancier à respecter ces modalités particulières. Cet effet attributif ne peut être remis en cause par une mesure d'exécution ou une procédure collective ultérieure.

Il résulte de l'effet d'attribution immédiate que, contrairement à ce qui se produit en matière de saisie des rémunérations, les créanciers ultérieurs, même privilégiés, ne peuvent participer à la distribution des sommes échues après qu'ils se sont manifestés.

Si l'opposition a été pratiquée avant qu'un jugement de sauvegarde, de redressement ou de liquidation judiciaire ne soit rendu contre le débiteur, elle produit ses effets sur les sommes échues après ce jugement (C. rur., art. R. 725-18). La créance à exécution successive est donc intégralement transportée dans le patrimoine du créancier, aussi bien pour sa fraction exigible au jour de la notification de l'opposition que pour sa fraction à échoir et ce, sans que ce transport puisse être remis en question par l'ouverture d'une procédure collective. Les rédacteurs du décret de codification n° 2005-368 du 19 avril 2005 (C. rur., art. R. 725-18) ont ainsi ratifié la position adoptée par la Cour de cassation en matière de saisie-attribution [1]. Il faut cependant relever que si l'opposition est notifiée en période suspecte, elle est susceptible d'être remise en question si la caisse ou l'organisme créancier était informé de la situation compromise du débiteur. En effet, selon l'article L. 632-2 du Code de commerce, « *tout avis à tiers détenteur, toute saisie-attribution ou toute opposition peut également être annulé lorsqu'il a été délivré ou pratiqué par un créancier après la date de cessation des paiements et en connaissance de celle-ci* ».

971.184 Paiement et fin de l'opposition. En l'absence de contestation, les sommes échues après l'opposition sont versées au créancier sur présentation du certificat de non-contestation. Le tiers se libère au fur et à mesure des échéances. Le créancier qui reçoit le paiement en donne quittance et en informe le débiteur (C. rur., art. R. 725-18 – et C. pr. exéc., art. R. 211-15).

L'opposition se termine avec l'extinction de la dette du débiteur. Le tiers en est informé par le créancier par LRAR.

L'opposition cesse également de produire ses effets lorsque le tiers n'est plus tenu à l'égard du débiteur. Le tiers en informe le créancier par LRAR (C. rur., art. R. 725-18 – et C. pr. exéc., art. R. 211-17).

971.185 Contestation et mise sous séquestre. En cas de contestation, le tiers débiteur s'acquitte des créances entre les mains d'un séquestre désigné, à défaut d'accord amiable, par le JEX saisi sur requête. Si les sommes consignées suffisent à désintéresser le créancier, le JEX ordonne la mainlevée. Le greffe en informe le tiers par LRAR (C. rur., art. R. 725-13 – et C. pr. exéc., art. R. 211-16).

§ 2
Spécificité des oppositions auprès d'établissements habilités à tenir des comptes

971.191 Textes applicables. L'OTD entre les mains d'un établissement habilité à tenir des comptes demeure réglementée par les dispositions générales des articles R. 725-12 à R. 725-17 du Code rural. Cependant, les articles L. 162-1, L. 162-2, R. 112-5, R. 213-10, R. 162-1 à R. 162-9, R. 211-19 à R. 211-21, R. 211-23, R. 162-1, al. 2, lui sont également applicables (C. rur., art. L. 725-12 et R. 725-19 – CSS, art. L. 652-3).

A.
Conditions et effets propres aux oppositions à tiers détenteur sur comptes

971.201 Établissements habilités. Cette habilitation qui résulte de la loi bancaire du 24 janvier 1984 concerne toutes les banques quelle que soit leur forme, y compris la Banque de France, les caisses d'épargne, de crédit municipal, des dépôts et consignations, les services financiers de la poste.

Toutefois, les sociétés d'affacturage ne sont pas considérées comme des établissements teneurs de comptes de dépôt [2].

971.202 Extension des obligations du tiers. Outre les renseignements que tout tiers doit fournir en vertu de l'article L. 211-3 C. pr. exéc., l'établissement bancaire est tenu d'indiquer au créancier

1. Cass., avis, 16 déc. 1994, n° 09-40.021, *Bull. avis,* n° 24; *D.* 1995. 166, note Derrida; *RTD civ.* 1995. 965, obs. Perrot – Civ. 2e, 10 juill. 1996, n° 94-19.551, *Bull. civ.* II, n° 209; *D.* 1996. 625, note Ancel; *JCP* 1996. II. 22723, note Putman; *RTD civ.* 1996. 716, obs. Perrot.

2. Civ. 2e, 5 avr. 2007, n° 05-14.593, *Bull. civ.* II, n° 88; *D.* 2007. 1278; *Gaz. Pal.* 10-11 oct 2007, p. 8, note Brenner; *Dr. et proc.* 2007. 283, note Lefort; *RD banc. fin.* 2007, n° 160, obs. Piedelièvre.

dans sa déclaration, la nature du ou des comptes du débiteur, ainsi que leur solde au jour de l'opposition (C. pr. exéc., art. R. 211-20). Il doit en outre fournir au créancier un relevé de toutes les opérations qui ont affecté le compte depuis le jour de l'opposition inclusivement, lorsque celles-ci ont entraîné une diminution de la somme rendue indisponible (C. pr. exéc., art. L. 162-1 et R. 162-1, al. 1er). Ce relevé est communiqué au plus tard, huit jours après l'expiration du délai de contre-passation (C. pr. exéc., art. R. 162-1, al. 2). Les sociétés d'affacturage, qui ne sont pas considérées comme des établissements habilités à tenir des comptes, ne sont pas tenues de se conformer aux obligations particulières prescrites par l'article L. 162-1 et R. 162-1 alinéa 1er C. pr. exéc. (anct L. 9 juill. 1991, art. 47)[1].

971.203 Extension de l'effet d'indisponibilité. L'opposition rend indisponible l'ensemble des comptes représentant des créances de somme d'argent (C. pr. exéc., art. R. 211-19). Il s'agit notamment des comptes courant ou de dépôt à vue individuels ou joints, des livrets de développement durable, des comptes et plans d'épargne de toute nature. Il n'y a donc pas au départ, d'adéquation entre le montant de la créance cause de l'opposition et celui des fonds interceptés.

Cette indisponibilité générale cesse si, au vu des renseignements fournis par le tiers détenteur, le créancier décide de limiter l'opposition à certains comptes. Les parties peuvent aussi convenir qu'il peut être mis fin à l'effet d'indisponibilité par la constitution d'une garantie irrévocable à concurrence des sommes réclamées. À défaut d'accord le JEX peut imposer cette mesure (C. pr. exéc., art. R. 211-21, al. 2).

971.204 Paiement. Si le débiteur est titulaire de comptes différents, le paiement est effectué en prélevant d'abord les fonds disponibles à vue, à moins que le débiteur ne prescrive le paiement d'une autre manière (C. pr. exéc., art. R. 211-23).

971.205 Régularisation des opérations en cours. L'article L. 725-12 du Code rural renvoie sur ce point, par l'intermédiaire de l'article L. 652-3 du Code de la sécurité sociale, aux dispositions des articles L. 162-1 et R. 162-1 alinéa 1er C. pr. exéc. Il convient d'en reproduire le texte et de renvoyer, pour de plus amples explications, à l'étude consacrée à la saisie-attribution (v. ss nos 920.04 à 923.134). Selon l'article L. 162-1 C. pr. exéc. :

« *Lorsque la saisie est pratiquée entre les mains d'un établissement habilité par la loi à tenir des comptes de dépôt, l'établissement est tenu de déclarer le solde du ou des comptes du débiteur au jour de la saisie.*

Dans le délai de quinze jours ouvrables qui suit la saisie-attribution et pendant lequel les sommes laissées au compte sont indisponibles, ce solde peut être affecté à l'avantage ou au préjudice du saisissant par les opérations suivantes dès lors qu'il est prouvé que leur date est antérieure à la saisie :

1°) au crédit : les remises faites antérieurement, en vue de leur encaissement, de chèques ou d'effets de commerce, non encore portées au compte;

2°) au débit :

a. l'imputation des chèques remis à l'encaissement ou portés au crédit du compte antérieurement à la saisie et revenus impayés;

b. les retraits par billetterie effectués antérieurement à la saisie et les paiements par carte, dès lors que leurs bénéficiaires ont été effectivement crédités antérieurement à la saisie.

Par dérogation aux dispositions prévues au deuxième alinéa, les effets de commerce remis à l'escompte et non payés à leur présentation ou à leur échéance lorsqu'elle est postérieure à la saisie peuvent être contre-passés dans le délai d'un mois qui suit la saisie.

Le solde saisi attribué n'est affecté par ces éventuelles opérations de débit et de crédit que dans la mesure où leur résultat cumulé est négatif et supérieur aux sommes non frappées par la saisie au jour de leur règlement ».

L'article R. 162-1 C. pr. exéc. précise (pour l'application de l'article L. 162-1) : « *En cas de diminution des sommes rendues indisponibles, l'établissement doit fournir un relevé de toutes les opérations qui ont affecté les comptes depuis le jour de la saisie inclusivement* ». « *Ce relevé d'opérations est communiqué par lettre recommandée avec demande d'avis de réception au créancier saisissant au plus tard huit jours après l'expiration du délai de contre-passation* ».

Depuis la publication de l'arrêté définissant les garanties que doivent présenter les procédés utilisés par les huissiers pour signifier les actes par voie électronique[2], applicable le 1er septembre 2012, l'article R. 162-1 C. pr. exéc. est complété par l'alinéa suivant : « *Sous réserve des dispositions de l'article 748-6 du Code de procédure civile, si l'acte de saisie est signifié par voie électronique, le tiers saisi communique le relevé par voie électronique dans ce même délai* » (Décr. n° 2012-783, 30 mai 2012, art. 13).

B.
Créances insaisissables

971.211 Régime des créances insaisissables. Les articles L. 725-12 et R. 725-19 du Code rural ren-

1. Civ. 2e, 5 avr. 2007, n° 05-14.593 (préc. ss n° 971.201).

2. Arr. 28 août 2012, portant application des dispositions du titre XXI du livre Ier du Code de procédure civile aux huissiers de justice, *JO* 31 août, p. 14049.

voient, sur ce point, aux articles L. 162-2, R. 112-5 et R. 162-2 à R. 162-9 C. pr. exéc.

La réforme des voies d'exécution (C. pr. exéc., art. L. 153-1 et R. 112-5) proclame en termes généraux que les créances insaisissables conservent cette caractéristique lorsque leur montant est versé sur un compte. Elle met ainsi définitivement fin à la règle de la fongibilité de toutes les sommes déposées sur un compte, règle générale qui connaissait déjà des exceptions pour les salaires et les prestations familiales (Décr. 9 avr. 1981 – CSS, anc. art. L. 553-4 et D. 553-1 à D. 553-5 auj. abrogés).

971.212 ***a) Règle générale.*** Toutes les créances insaisissables le demeurent lorsqu'elles sont versées sur un compte. Il en résulte que « *lorsqu'un compte est crédité du montant d'une créance insaisissable en tout ou en partie, l'insaisissabilité se reporte à due concurrence sur le solde du compte* » (C. pr. exéc., art. R. 112-5). L'expression « *à due concurrence* » signifie que si le solde est déjà négatif, la somme insaisissable s'impute d'abord sur ce solde. Le titulaire du compte ne peut se faire remettre que la différence s'il y en a une.

Dans ce cas, il peut demander au tiers de laisser à sa disposition une somme d'un montant équivalent, sur justification de l'origine des fonds. Il doit s'adresser directement et sans formes au tiers détenteur sans avoir besoin de saisir, *a priori*, le JEX. Cette demande n'est enfermée dans aucun délai puisqu'elle peut être formée tant que le créancier n'a pas réclamé le paiement des sommes objet de l'opposition, c'est-à-dire tant que celle-ci n'a pas produit son effet définitif. (C. pr. exéc., art. R. 162-6).

971.213 ***b) Règle propre aux créances insaisissables à échéance périodique.*** Lorsque les sommes insaisissables proviennent de créances à échéance périodique (rémunérations, retraites, indemnités de chômage, RSA, allocations familiales, pensions alimentaires...) le titulaire du compte peut en demander la mise à disposition immédiate, déduction faite des opérations venues en débit depuis le dernier versement (C. pr. exéc., art. R. 162-4).

Si à l'expiration du délai de régularisation de quinze jours, les sommes demandées par le débiteur excédent le solde disponible au compte, le complément est prélevé, à due concurrence, sur la fraction rendue indisponible (C. pr. exéc., art. R. 162-4).

Le tiers détenteur doit informer le créancier de ce prélèvement au moment de sa demande de paiement et ce, afin de lui permettre d'élever une éventuelle contestation qui est enfermée dans un délai de forclusion de quinze jours (C. pr. exéc., art. R. 162-4). Il ne semble pas que ce délai puisse différer la libération des sommes insaisissables car celle-ci doit être immédiate.

Le débiteur dont la demande de mise à disposition n'a pas été satisfaite par le tiers doit pouvoir saisir le JEX de cette difficulté (COJ, art. L. 213-6 [1]) et ce, sans être tenu d'agir dans le délai de contestation d'un mois puisqu'il peut réclamer au tiers la remise des fonds insaisissables jusqu'à la demande de paiement du créancier.

Il convient de relever que le débiteur peut s'adresser directement au JEX sans que cette démarche soit subordonnée à la mise en œuvre préalable de la procédure de mise à disposition prévue à l'article R. 162-4 C. pr. exéc. (anc^t^ Décr. 31 juill. 1992, art. 47) [2].

971.214 ***c) Règle propre aux créances insaisissables à échéance non périodique.*** Entrent dans cette catégorie les rappels de salaire, l'indemnité légale de licenciement, le capital décès servi par la sécurité sociale, *etc.*

Selon l'article R. 162-5 alinéa 1er C. pr. exéc., « *lorsque les sommes insaisissables proviennent d'une créance à échéance non périodique, le titulaire du compte peut demander, sur justification de l'origine des sommes, que soit laissé à sa disposition le montant de celles-ci, déduction faite des sommes venues en débit du compte depuis le jour où la créance y a été inscrite* ».

Contrairement à ce qui se produit lorsque la créance insaisissable est à échéance périodique, la mise à disposition des sommes demandées par le titulaire du compte n'est pas immédiate. Il faut attendre l'expiration du délai de régularisation de quinze jours. Si à cette expiration le solde disponible au compte est insuffisant pour couvrir ces sommes, le complément est retenu sur les sommes indisponibles à la même date. Le créancier qui est informé de cette retenue par le tiers au moment où il présente sa demande de paiement, peut la contester dans les quinze jours de cette demande. La remise au titulaire des sommes insaisissables n'a lieu que si le créancier déclare ne pas s'y opposer, ou si aucune contestation n'a été élevée par lui dans le délai. La contestation du créancier diffère donc la remise au débiteur jusqu'à ce qu'elle soit tranchée.

Dans l'hypothèse où le tiers refuse de mettre à sa disposition les sommes demandées, le débiteur saisi le JEX à tout moment pour obtenir cette remise, sous réserve de justifier de leur caractère insaisissable (C. pr. exéc., art. R. 162-5).

971.215 ***d) Règle propre au revenu de subsistance insaisissable (dit RSA bancaire).*** Selon l'article L. 162-2 C. pr. exéc., lorsqu'un compte fait l'objet d'une sai-

1. COMP. : COJ, anc. art. L. 311-12-1.
2. Civ. 2e, 6 nov. 2008, n° 07-17.627, *Bull. civ.* II, n° 233; *JCP* 2008. IV. 2945.

sie, le tiers saisi laisse à la disposition du débiteur personne physique, sans qu'aucune demande soit nécessaire et dans la limite du solde créditeur au jour de la saisie, une somme à caractère alimentaire égale au montant forfaitaire, pour un allocataire seul, mentionné à l'article L. 262-2 du Code de l'action sociale et des familles. Il s'agit du revenu de solidarité active (RSA) que l'organisme teneur de compte doit remettre spontanément, quels que soient la situation du titulaire et l'origine des fonds[1]. L'article L. 725-12 du Code rural dispose que l'article L. 162-2 C. pr. exéc. est applicable à l'OTD pratiquée par la MSA et les organismes assimilés.

Initialement, le déclenchement de ce dispositif d'urgence nécessitait une démarche du débiteur qui devait présenter une demande de mise à disposition dans un délai de quinze jours suivant la saisie. Il pouvait utiliser à cet effet un formulaire annexé à l'acte lui dénonçant la mesure et dont un exemplaire était également tenu à sa disposition et à celle des autres titulaires du compte, par le tiers saisi. Cette procédure n'était pas un préalable obligatoire à la saisine du JEX devant lequel le débiteur pouvait porter directement sa demande de mise à disposition[2].

Ce dispositif d'urgence était peu utilisé par les débiteurs auxquels il devait bénéficier. Prenant en compte cet état de fait, le législateur a imposé au tiers saisi, dans l'article L. 162-2 C. pr. exéc., l'obligation de laisser d'office à la disposition du débiteur personne physique, dans la limite du solde créditeur du ou des comptes au jour de la saisie, une somme à caractère alimentaire d'un montant égal au montant forfaitaire, pour un allocataire seul, mentionné à l'article L. 262-2 du Code de l'action sociale et de la famille[3]. Les articles R. 162-2 et suivants C. pr. exéc. (anc^{t} Décr. 31 juill. 1992, art. 46 s.) ont été modifiés afin d'être mis en harmonie avec les nouvelles dispositions législatives. Le tiers saisi doit désormais immédiatement avertir le débiteur qu'il laisse à sa disposition la somme à caractère alimentaire[4]. Celle-ci est imputée en priorité sur les fonds disponibles à vue. Les personnes morales ne peuvent se prévaloir de ce texte, mais c'est le solde de l'ensemble des comptes qui doit désormais être pris en considération et non plus celui d'un seul d'entre eux. L'établissement habilité à tenir des comptes doit donc procéder à la mise à disposition du solde bancaire insaisissable, automatiquement et sans aucune démarche de la part du titulaire. Ce n'est finalement qu'en cas d'inertie du tiers saisi qu'il pourra recourir au JEX.

Le tiers saisi informe sans délai l'huissier de justice, ou le comptable public chargé du recouvrement, du montant laissé à la disposition du titulaire ainsi que du ou des comptes sur lesquels est opérée cette mise à disposition.

En cas de saisie de comptes auprès d'établissements différents, l'huissier ou le comptable public détermine le ou les tiers chargés d'effectuer la mise à disposition ainsi que les modalités de celle-ci (C. pr. exéc., art. R. 162-2).

Un débiteur ne peut bénéficier d'une autre mise à disposition que si une nouvelle saisie intervient à l'expiration d'un délai d'un mois suivant la précédente. Pendant ce délai, la somme à caractère alimentaire demeure à la disposition du débiteur (C. pr. exéc., art. R. 162-3).

Il faut préciser que lorsque le débiteur est un entrepreneur individuel à responsabilité limitée (EIRL) tenu d'ouvrir des comptes séparés dont l'un au moins est affecté à son activité professionnelle, le RSA bancaire ne peut être prélevé que sur son compte personnel en application de l'article L. 162-2 alinéa 2 C. pr. exéc. (anc^{t} L. 9 juill. 1992, art. 47, al. 2). Le compte professionnel est donc entièrement saisissable[5].

971.216 Règles d'imputation et sanctions. Les sommes à caractère alimentaire mises à la disposition du titulaire du compte en vertu du dispositif précité, viennent en déduction des créances insaisissables dont le versement pourrait être ultérieurement, soit demandé en application des articles R. 162-4 et R. 162-5 C. pr. exéc. (créances légalement insaisissables à échéances périodiques et non périodiques), soit obtenu en application de R. 112-4 du même code (créances alimentaires par la détermination du juge). À l'inverse, si ce sont ces créances insaisissables qui ont, en premier lieu, été mises à la disposition du titulaire, elles doivent s'imputer sur le revenu minimum d'urgence visé à l'article R. 162-2 C. pr. exéc. (C. pr. exéc., art. R. 162-7).

Indépendamment des sanctions pénales éventuellement encourues, le titulaire du compte qui se voit mettre à disposition une somme d'un montant

1. Ph. Hoonakker, « Le RSA bancaire ou la mise à disposition automatique d'une somme à caractère alimentaire sur un compte saisi », *D.* 2010. 1890.
2. Civ. 2e, 6 nov. 2008, n° 07-17.627 (préc. s^{s} n° 971.213).
3. L. n° 2009-526, 12 mai 2009, de simplification et de clarification du droit et d'allègement des procédures, *JO* 13 mai, p. 7920, art. 20, applicable à compter du 1er août 2009; *D.* 2009. 1335.
4. L. Lauvergnat, « Brèves remarques sur le déclenchement d'office du solde bancaire insaisissable », *Dr. et proc.* 2009. 188.
5. Ord. n° 2010-1512, 9 déc 2010, portant adaptation du droit des entreprises en difficulté et des procédures de traitement des situations de surendettement à l'entrepreneur individuel à responsabilité limitée, art. 11, *JO* 10 déc., p. 21617 (*D.* 2011. 68; *D.* 2011. 4).

supérieur à celui auquel il peut prétendre doit restituer au créancier ce qui a été indûment perçu. En cas de faute de sa part, il peut être condamné à des dommages et intérêts (C. pr. exéc., art. R. 162-8).

L'ensemble de ces dispositions sont applicables aux OTD ouvertes aux organismes sociaux, puisque les articles R. 725-19 du Code rural et R. 652-9 du Code de la sécurité sociale renvoient expressément aux articles du Code des procédures civiles d'exécution relatifs au régime des créances insaisissables versées à un compte (C. pr. exéc., art. R. 112-5, R. 213-10, R. 162-2 à R. 162-9) (v. s[s] n°s 151.161 s. et 923.81 s.).

C. Opposition sur compte joint

971.221 Compte joint. Lorsque l'opposition est effectuée sur un compte joint, le tiers détenteur est tenu d'une obligation particulière. Il doit en informer les autres titulaires dans les huit jours de la notification de la lettre d'opposition, par une LRAR (C. rur., art. R. 725-19). Le défaut de dénonciation de l'opposition n'est cependant pas susceptible d'entraîner la caducité de celle-ci. C'est ce que décide la Cour de cassation par une décision concernant la dénonciation de la saisie-attribution et qui est transposable[1].

Il s'agit d'une différence notable avec la saisie-attribution où c'est en principe à l'huissier du saisissant de dénoncer la mesure aux autres titulaires du compte, sauf s'il ignore leurs noms et adresses, auquel cas cette formalité incombe à l'établissement. Cette information doit permettre aux cotitulaires non débiteurs de réclamer la remise des fonds leur appartenant sur justification qu'ils en sont partiellement ou totalement propriétaires.

971.222 Compte joint entre époux communs en biens. L'information imposée au tiers détenteur permet aussi à un époux commun en biens dont les gains et salaires sont versés sur un compte joint d'obtenir leur remise immédiate lorsqu'une opposition est pratiquée pour le recouvrement de dettes nées du chef de l'autre époux. En effet, ses gains et salaires ne sont pas saisissables par les créanciers de son conjoint, sauf si l'obligation a été contractée pour l'entretien du ménage et l'éducation des enfants. Lorsque ces gains et salaires sont versés à un compte courant ou de dépôt, ceux-ci ne peuvent être saisis que dans des conditions définies par décret (C. civ., art. 1414).

Le Code des procédures civiles d'exécution précise donc qu'il est immédiatement laissé à la disposition de l'époux qui n'a pas été à l'origine de la dette cause de l'opposition une somme équivalent à son choix, au montant des gains et salaires du mois précédent cette opposition ou du montant moyen mensuel de ceux versés au cours des douze mois ayant précédé celle-ci (C. pr. exéc., art. R. 162-9, al. 1er). Si à l'expiration du délai de régularisation des opérations en cours, le montant des sommes demandées par le conjoint excède le solde disponible au compte, il convient de procéder selon les modalités d'imputation prévues à l'article R. 162-4 alinéa 2 C. pr. exéc. (C. pr. exéc., art. R. 162-9, al. 2). À tout moment le JEX peut être saisi par le conjoint de celui qui a formé la demande (C. pr. exéc., art. R. 162-9, al. 3).

971.223 Compte joint entre époux séparés de biens. Dans le régime séparatif, l'article 1538 du Code civil dispose, dans son troisième alinéa, que les biens sur lesquels aucun époux ne justifie d'une propriété exclusive sont réputés leur appartenir indivisément à chacun par moitié.

Tirant les conséquences de cette disposition, la deuxième chambre de la Cour de cassation a retenu que les effets de la mesure d'exécution devaient être limités à la moitié indivise des fonds déposés sur le compte, sauf pour le créancier à démontrer qu'en dépit de la présomption légale, la totalité de ces fonds appartient au conjoint débiteur[2].

La première chambre de la Cour de cassation est allée plus loin puisqu'elle décide que le créancier d'un époux séparé de biens qui fait pratiquer une saisie sur un compte ouvert au nom des deux conjoints doit identifier les fonds personnels de son débiteur. Cet arrêt, rendu au visa des articles 1315 et 1538 alinéa 1er et 3 du Code civil, ne fait plus référence à la limitation de la saisie à la moitié du solde du compte[3].

SECTION 5 CONTESTATIONS-INCIDENTS

971.230 Personnes pouvant former un incident. L'article L. 652-3 du Code de la sécurité sociale auquel renvoie l'article L. 725-12 du Code rural, dispose que les contestations sont portées devant le JEX. Ce texte précise expressément que le débiteur et le tiers détenteur peuvent contester l'opposition dans le délai d'un mois à peine d'irrecevabilité. Mais d'autres personnes non expressément visées par ce texte devraient pouvoir provo-

1. Civ. 2e, 7 juill. 2011, n° 10-20.923, *Bull. civ.* II, n° 160; *D.* 2012. 650, note. Lauvergnat.

2. Civ. 2e, 10 juill. 1996, n° 94-16.837, NP; *RTD civ.* 1996. 990, obs. Perrot; *JCP* 1997. I. 4008, n° 19, obs. Stock.

3. Civ. 1re, 20 mai 2009, n° 08-12.922, *Bull. civ.* I, n° 102; *Dr. et proc.* 2009. 278, obs. Vinckel.

quer des incidents, tels un créancier postérieur désireux de faire prévaloir sa propre mesure d'exécution ou un cessionnaire de la créance objet de l'opposition qui soutient que celle-ci est déjà tombée dans son patrimoine ou encore, le tiers détenteur qui conteste son obligation à l'égard du débiteur.

971.231 Juge compétent. L'article R. 725-17 du Code rural détermine la compétence d'attribution et territoriale du magistrat chargé de trancher les incidents auxquels donne lieu l'opposition.

Selon ce texte, les contestations sont portées devant le JEX du lieu où le débiteur personne physique, a son domicile ou, s'il est différent, du lieu de son établissement.

Si le débiteur est une personne morale, c'est le juge du lieu de son siège social ou de son établissement distinct. Il s'agit d'un établissement quelconque et non pas seulement de l'établissement principal.

Lorsque le débiteur demeure à l'étranger ou si le lieu où il demeure est inconnu, le juge compétent est celui du domicile du tiers ou, s'il s'agit d'une personne morale, du lieu de son siège social ou de son établissement distinct.

La faculté de faire opposition ainsi que la désignation de la juridiction compétente sont indiquées dans les notifications de l'opposition qui sont adressées au tiers et au débiteur (C. rur., art. R. 725-12 et R. 725-13).

971.232 Délai de contestation. L'opposition peut être contestée par le débiteur, à peine d'irrecevabilité, dans le mois suivant sa notification (C. rur., art. L. 725-12 - CSS, art. L. 652-3). Le point de départ est la date de la réception de la lettre d'opposition dont il est personnellement destinataire (C. rur., art. R. 725-12 et R. 725-13).

En cas de contestation, le **délai d'un mois** diffère le paiement de sommes rendues indisponibles par l'opposition (C. rur., art. L. 725-12 - CSS, art. L. 652-3). C'est un délai de procédure insusceptible d'être suspendu ou interrompu. Seule la contestation peut en arrêter le cours. Toutefois la jurisprudence adoptée en matière de saisie-attribution et selon laquelle le délai de contestation est interrompu par le jugement d'ouverture d'une procédure collective, paraît transposable à l'OTD. Un nouveau délai devrait alors débuter à partir de la notification qui doit être faite aux organes de la procédure qui ont désormais qualité pour exercer, en tout ou en partie, les droits et actions du débiteur, notamment, pour élever une contestation[1].

Ce délai d'un mois ne s'applique pas à tous les incidents de l'OTD. Ceux qui s'analysent, non en une véritable contestation mais en une difficulté d'exécution (not. les difficultés nées du refus de paiement par le tiers) n'y sont pas soumis. Il faut relever que dans sa rédaction antérieure à la loi du 22 décembre 2014, l'article L. 725-12 du Code rural, comme d'ailleurs son homologue, l'article L. 652-3 du Code de la sécurité sociale relatif à l'OTD ouverte au régime des indépendants, soumettait expressément la contestation du débiteur et du tiers détenteur au délai de forclusion d'un mois. L'article L. 725-12 précité se borne désormais à indiquer que l'article L. 652-3 du Code de la sécurité sociale est applicable au régime agricole. Or, cet article, qui a été partiellement réécrit par la loi du 22 décembre 2014, n'enferme que la contestation du débiteur dans le délai précité. Certes, le 12° de l'article R. 725-12 du Code rural relatif à la notification de l'OTD prescrit encore à ce jour que celle-ci mentionne que sa contestation doit être formée dans un délai d'un mois; mais on doit considérer que cette disposition réglementaire, incompatible avec le texte légal, a été implicitement abrogée. Il en est également ainsi lorsque l'incident ne porte pas sur la procédure d'opposition elle-même mais sur la qualité de créancier du saisissant, notamment lorsqu'il a perdu celle-ci à la suite de l'annulation du titre exécutoire en vertu duquel l'opposition a été faite. Il s'agit là encore d'une transposition de la jurisprudence selon laquelle l'annulation du titre emporte de plein droit mainlevée de la saisie-attribution si elle intervient avant que le tiers n'ait procédé au paiement[2].

971.233 Répétition de l'indu éventuel. Bien que le Code rural ne renvoie pas aux dispositions de l'article L. 211-4 C. pr. exéc., on doit considérer que le débiteur qui n'aurait pas élevé de contestation dans le délai d'un mois peut agir à ses frais en répétition de l'indu devant le juge du fond compétent, cet article ne faisant que rappeler à propos de la saisie-attribution, le principe général posé par les articles 1235 et 1376 du Code civil. Cette demande en répétition pourrait alors être recevable même si le débiteur a déclaré par écrit ne pas contester l'opposition[3].

971.234 Forme de la contestation. La contestation est formée par une assignation à comparaître à la première audience utile du JEX (C. pr. exéc., art. R. 121-11).

1. Com. 19 janv. 1999, n° 96-18.256, *Bull. civ.* IV, n° 17; *D.* 1999. 50; p. 245, note Derrida.
2. Civ. 2e, 21 janv. 1998, n° 95-20.114, *Bull. civ.* II, n° 24; *D.* 1999. 233, note Bourdillat; *JCP* 1998. IV. 1538; *RTD civ.* 1998. 484, obs. Perrot.
3. Cass., avis, 11 mars 1994, n° 09-40.001, *Bull. avis*, n° 8.

C'est la signification de l'assignation à la caisse ou à l'organisme créancier et non sa mise au rôle qui interrompt le cours du délai d'un mois[1].

La procédure devant le JEX est orale et le ministère d'avocat n'est pas obligatoire. En cours d'instance, toute partie peut exposer ses moyens par écrit sans avoir besoin de se présenter à l'audience, à condition que l'adversaire en a eu connaissance avant celle-ci, par LRAR. Il convient de se reporter aux explications relatives à la procédure devant le JEX (v. ss nos 214.11 s.).

971.235 Objet de la contestation. La contestation peut porter sur la saisissabilité de la créance interceptée, sur son caractère disponible ou sur la régularité formelle de la procédure. Toutes ces difficultés relèvent naturellement de la compétence du JEX.

On constate toutefois en pratique que d'autres contestations qui sont souvent portées devant ce magistrat ne peuvent être examinées par lui.

971.236 Contestation sur le principe ou les modalités de calcul des cotisations mises en recouvrement. Elle échappe au JEX dans la mesure où il existe un titre exécutoire (contrainte, jugement ou arrêt) ayant d'ores et déjà admis et liquidé les cotisations et leurs accessoires. Les contestations s'y rapportant auraient dû être portées devant le TASS sur opposition à contrainte, ou devant la chambre spécialisée de la cour d'appel. Le JEX est dépourvu de tout pouvoir en la matière et serait d'ailleurs immanquablement conduit à remettre en question le titre exécutoire consacrant et liquidant ces cotisations ce qui serait contraire aux prescriptions de l'article R. 121-1 alinéa 2 C. pr. exéc. En revanche, le JEX semble pouvoir se prononcer en vertu de l'article L. 213-6 du COJ[2] sur une exception de prescription fondée sur l'article L. 725-7 du Code rural ou une exception de compensation (avec un trop-versé ou avec des prestations autres que les allocations familiales), fondées sur l'article L. 725-1 alinéa 1er du même code. En effet, la Haute juridiction estime que le JEX méconnaît ses pouvoirs lorsqu'il refuse d'examiner une exception de compensation ou de prescription soulevée par le débiteur[3]. Il devrait également pouvoir prendre en compte un règlement omis par le créancier ou effectué après la notification de l'opposition.

971.237 Contestation ayant pour objet un délai de paiement. Dans ce cas, le JEX comme d'ailleurs le TASS, ne dispose, en principe, d'aucun pouvoir, cette prérogative appartenant exclusivement au conseil d'administration des caisses de mutualité sociale agricole ou, par délégation, aux commissions de recours amiable. La Cour de cassation reconnaît cependant au JEX, sur le fondement des articles 8 du décret du 31 juillet 1992 (devenu C. pr. exéc., art. R. 211-1) et 1244-1 du Code civil, la faculté d'octroyer un délai pour acquitter des cotisations sociales, dès lors qu'une mesure d'exécution a été engagée en vertu d'une contrainte ou de tout autre titre exécutoire[4]. Il faut impérativement qu'un commandement de payer ou qu'un acte de saisie ait été délivré, faute de quoi, le JEX n'est pas compétent[5]. Il faut cependant relever que lorsque la mesure d'exécution est une OTD, laquelle produit un effet attributif immédiat, la jurisprudence refusant au JEX le pouvoir d'accorder un délai de grâce en cas de saisie-attribution, paraît devoir être appliquée[6]. Le JEX devrait cependant pouvoir consentir un délai pour le paiement de la fraction de la créance de la caisse, non couverte par les fonds attribués en vertu de l'opposition s'ils sont insuffisants.

Quoi qu'il en soit, en l'absence d'engagement d'une mesure d'exécution, le JEX ne peut intervenir. On peut toutefois se demander si, en cas de force majeure, le JEX ne recouvre pas la possibilité d'accorder un délai de grâce comme cela a été exceptionnellement reconnu au TASS dans une telle hypothèse[7]. Il convient de préciser que, lorsqu'elle est portée devant l'organisme compétent, la demande d'échéancier de paiement concernant les cotisations patronales dues par les employeurs n'est recevable que si la part ouvrière des cotisations a déjà été réglée. Elle doit être assortie de garanties appréciées par le conseil d'administration ou la commission. Il est sursis aux poursuites pour le recouvrement des cotisations et de leurs accessoires, tant que les échéances fixées par le plan sont honorées (C. rur., art. R. 741-31).

Des délais de paiement peuvent également être consentis, soit dans le cadre d'un plan d'apurement adopté, à l'occasion d'une reprise ou d'une restructuration de l'entreprise, par la commission départementale des chefs de services financiers et des représentants des organismes de sécurité sociale,

1. Cass., avis, 15 juin 1998, no 09-80.004, *Bull. avis,* no 8; *D.* 1998. 185; *Procédures* 1998, no 196; *RTD civ.* 1998. 751, obs. Perrot.
2. COMP. : COJ, anc. art. L. 311-12-1.
3. Civ. 2e, 15 nov. 2007, no 06-20.057, *Bull. civ.* II, no 251; *D.* 2008. 648. Chron. Sommer et Nicoletis, obs. Avena-Robardet.
4. Soc. 19 juil. 2001, no 00-12.917, *Bull. civ.* V, no 284; *D.* 2001. 2461.
5. Civ. 2e, 16 sept. 2003, no 02-10.909, *Bull. civ.* II, no 262; *D.* 2003. Somm. 2866.
6. Civ. 2e, 4 oct. 2001, no 00-11.609, *Bull. civ.* II, no 150; *D.* 2001. 1658, obs. Soustelle.
7. Soc. 4 nov. 1982, no 81-16.304, *Bull. civ.* V, no 600.

soit dans les conditions d'un accord amiable de règlement conclu avec les principaux créanciers du chef d'exploitation (C. rur., art. R. 741-27, 2° et R. 741-28, 3°).

971.238 Contestation ayant pour objet la réduction ou la remise des pénalités et des majorations de retard. Le JEX ne peut non plus se prononcer sur une demande de remise des pénalités et majorations de retard qui relève exclusivement des conseils d'administration des caisses de MSA ou sur délégation, des commissions de recours amiables prévues à l'article R. 142-1 du Code de la sécurité sociale. Des remises totales ou partielles peuvent être automatiquement accordées sous certaines conditions, telles que l'absence d'infraction dans les 24 derniers mois, un montant inférieur au plafond de la sécurité sociale, le règlement intégral des cotisations et la transmission des documents dans le mois de la date limite d'exigibilité (C. rur., art. R. 731-69 et R. 741-25). À défaut de réunion de ces conditions, les remises peuvent être accordées sur demande écrite des intéressés qui doivent justifier de leur bonne foi, notamment en précisant les raisons qui les ont conduits à ne pas respecter leurs obligations légales (C. rur., art. R. 731-75 et R. 741-26).

Sont notamment susceptibles d'une remise automatique ou sur demande écrite les pénalités et majoration prévues par les articles R. 725-22-3, L. 731-22, R. 731-20, R. 731-21, R. 741-22, R. 741-23, R. 741-68, R. 741-83 et D. 731-41 du Code rural.

La remise automatique ne s'applique pas, lorsque les pénalités et majorations portent sur les cotisations ou les contributions mises en recouvrement à l'issue d'un contrôle réalisé en vertu de L. 724-7 du Code rural ou de la mise en œuvre des dispositions de l'article L. 243-7-5 du Code de la sécurité sociale relatives au redressement pour travail dissimulé (C. rur., art. R. 731-69, II et R. 741-25, II).

En cas de demande écrite, la majoration complémentaire de 0,4 % visée au deuxième alinéa des articles R. 731-68 et R. 741-23 du Code rural ne peut être remise que si les cotisations en retard ont été acquittées dans les trente jours de leur date limite d'exigibilité ou bien s'il existe des circonstances exceptionnelles ou assimilables à la force majeure. Quant aux majorations appliquées à la suite d'une infraction de travail dissimulé (dissimulation d'activité ou d'emploi salarié) découverte au cours d'un contrôle, elles ne peuvent être ni supprimées, ni réduites (C. rur., art. R. 731-75, I, al. 2 et 3; R. 741-26, II, al. 2 et III – sur les remises afférentes aux pénalités et majorations, v. s^{s} n° 971.44).

Les demandes ne sont recevables qu'après paiement de la totalité des cotisations ayant donné lieu aux majorations. Cependant, la remise n'est pas subordonnée au règlement préalable des cotisations arriérées lorsqu'il s'agit de favoriser l'adoption d'un plan d'apurement ou la conclusion d'un accord amiable de règlement. Mais elle n'est acquise qu'après exécution du plan (C. rur., art. R. 741-27 et R. 741-28). Les demandes doivent être présentées, à peine de forclusion, dans un délai fixé par arrêté ministériel (six mois à compter d'un point de départ variable selon chaque pénalité ou majoration[1]). Dès le règlement intégral des cotisations, même en cas de recouvrement forcé, les intéressés doivent être avertis de la possibilité de formuler cette demande de remise ainsi que du délai de forclusion dans lequel elle doit être présentée (C. rur., art. R. 731-75, R. 741-26, et R. 741-30 – Arr. 18 juill. 2008, art. 2, V et 4). La conclusion d'un échéancier de paiement vaut demande de remise des pénalités de majoration de retard. Cependant, en cas de défaillance, une demande doit être formulée selon les modalités précédemment exposées.

Les décisions de remises doivent être motivées et approuvées par le préfet de région, au-delà d'un seuil fixé par arrêté ministériel (Arr. 18 juill. 2008, art. 3, al. 2). La Cour de cassation a eu plusieurs fois l'occasion de se prononcer sur les conditions de remise des majorations de retard[2].

La décision prise par l'organisme compétent doit être notifiée. Le défaut de notification dans les trois mois de la demande de remise vaut rejet de celle-ci. En cas de litige, le TASS est saisi par une simple requête déposée ou adressée par lettre recommandée à son secrétariat, dans les trois mois de la notification ou, à défaut, de l'expiration du délai de trois mois précité. La forclusion ne peut être opposée, toutes les fois que le recours a été introduit dans les délais soit auprès d'une autorité administrative soit d'un organisme de sécurité ou de mutualité sociale agricole (C. rur., art. R. 731-75 et R. 741-26 – CSS, art. R. 142-18 et R. 142-6 – Arr. 18 juill. 2008, art. 4).

971.239 Effet de la contestation. La contestation diffère le paiement de la créance interceptée par voie d'OTD et ce, jusqu'à ce qu'il soit statué par le JEX. Cependant, le paiement n'est pas différé, sauf si le juge en décide autrement, lorsque la créance fait suite, soit à un redressement pour travail dissimulé défini aux articles L. 8221-3 et

1. Arr. 18 juill. 2008, fixant les conditions de remise des majorations et pénalités encourues par les ressortissants des régimes de protection sociale agricole, art. 2, *JO* 1er août, p. 12325.
2. Soc. 25 nov. 1999, n° 98-12.801, *Bull. civ.* V, n° 460; *JCP* 2000. IV. n° 1082; *RDSS* 2000. 390, obs. Verkindt – Soc. 14 oct. 1999, n° 98-10.512, NP; *Gaz. Pal.* 9-11 avr. 2000. Somm. 40, note Taquet.

L. 8221-5 du Code du travail, soit à un contrôle au cours duquel a été établi une situation d'obstacle à contrôle mentionné à l'article L. 243-12-1 du Code de la sécurité sociale. Il en est également ainsi lorsque le recours contre un titre exécutoire a été jugé dilatoire ou abusif (C. rur., art. L. 725-12 - CCS, art. L. 652-3).

En dehors de ces trois situations, l'organisme de MSA créancier, doit attendre le dénouement de l'instance pour présenter sa demande de réglement. Le paiement est effectué sur simple présentation au tiers de la décision rejetant la contestation, après que celle-ci a été notifiée aux parties en cause (C. rur., art. R. 725-17 *in fine*).

Le juge peut toutefois, en cours d'instance, autoriser le paiement pour la somme qu'il détermine dans les deux hypothèses suivantes :

- il peut donner effet à l'opposition pour la fraction non contestée de la dette par une décision qui est exécutoire sur minutes. En cas d'appel, la demande de sursis à exécution formée devant le premier président n'a pas d'effet suspensif (C. rur., art. R. 725-17);

- il peut ordonner provisionnellement le paiement d'une somme dont il fixe le montant s'il apparaît que ni le montant de la créance objet de l'opposition, ni la dette du tiers détenteur n'est sérieusement contestable. Il a la faculté, dans ce cas, de prescrire des garanties. Sa décision n'a pas autorité de la chose jugée au principal.

971.240 **Séquestre.** Lorsque l'opposition contestée porte sur une créance à exécution successive, le tiers détenteur s'acquitte des créances échues entre les mains d'un séquestre désigné, à défaut d'accord amiable, sur requête par le JEX. Si les sommes consignées suffisent à désintéresser le créancier, le JEX ordonne la mainlevée de la saisie et le greffe en informe le tiers par LRAR (C. rur., art. R. 725-18 - et C. pr. exéc , art. R. 211-16).

CHAPITRE

972. Opposition à tiers détenteur de la Sécurité sociale (régime des travailleurs non salariés des professions non agricoles)

RENÉ LAUBA
MAGISTRAT HONORAIRE

SECTION 0 ORIENTEUR

972.00 **Plan du chapitre.**

972.01 **Textes applicables.**

C. pr. exéc., art. L. 111-3, L. 123-1, L. 162-1, L. 162-2, L. 211-2, R. 121-1, R. 162-1 à R. 162-9, R. 163-1, R. 211-15 à R. 211-17, R. 211-19 à R. 211-21 et R. 211-23.

CSS, art. L. 244-9, L. 652-3, L. 653-3, R. 142-1, R. 244-7, R. 622-2 et R. 652-2 à R. 652-9.

C. rur., art. L. 725-12 et R. 725-12 à R. 725-19.

C. pr. civ., art. 510.

C. civ., art. 1244-1.

SECTION 1 CHAMP D'APPLICATION

972.11 **Nature de l'opposition.** Le recouvrement forcé des cotisations et de leurs accessoires dus au titre de la protection sociale des travailleurs non salariés des professions non agricoles peut être effectué au moyen d'une procédure simple et rapide, l'opposition à tiers détenteur (OTD), prévue par l'article L. 652-3 du Code de la sécurité sociale et réformée par l'article 14 de la loi n° 99-641 du 27 juillet 1999 portant création d'une couverture maladie universelle[1].

L'article L. 652-3, auquel renvoie d'ailleurs l'article L. 725-12 du Code rural relatif à l'opposition ouverte au bénéfice de la Mutualité sociale agricole (MSA), détermine les grandes lignes de cette procédure qui s'analyse en une mesure d'exécution forcée. En effet, l'opposition n'est ouverte qu'à l'organisme ou à la caisse muni d'un titre exécutoire au sens de l'article L. 111-3 C. pr. exéc. et produit l'effet d'attribution immédiate prévu par l'article L. 211-2 du même code.

Les conditions de sa mise en œuvre sont précisées dans les articles R. 652-2 à R. 652-9 du Code de la sécurité sociale dont la rédaction est identique à celle des articles R. 725-12 à R. 725-19 du Code rural relatifs à l'OTD de la MSA à laquelle il conviendra de se reporter (v. s^s n°s 971.04 s.).

972.12 **Personnes concernées.** Selon l'article L. 652-3 du Code de la sécurité sociale, les caisses du régime social des indépendants et les organismes conventionnés pour l'assurance-maladie et maternité ainsi que les caisses d'assurances vieillesse des professions libérales habilités à décerner la contrainte définie à l'article L. 244-9 du même code, peuvent

1. L. n° 99-641, 27 juill. 1999, portant création d'une couverture maladie universelle, *JO* 28 juill., p. 11229.

recouvrer les cotisations, contributions, pénalités et majorations de retard qui leur sont dues au moyen de l'OTD. L'Union pour le recouvrement de la sécurité sociale et des allocations familiales (Urssaf) peut également utiliser la procédure d'opposition pour avoir paiement de la contribution sociale généralisée (la CSG – CSS, art. L. 136-5, V, 2° et L. 213-1) et des cotisations d'allocation familiales des employeurs et des travailleurs indépendants (CSS, art. L. 242-11 et L. 213-1). L'article R. 244-7 du même code précise que les articles R. 652-2 à R. 652-9 réglementant l'opposition sont applicables pour le recouvrement des cotisations, dues par ces derniers à titre personnel.

Les débiteurs au préjudice desquels l'opposition peut être pratiquée sont les travailleurs non salariés des professions non agricoles, c'est-à-dire les artisans, les industriels et les commerçants, ainsi que les membres des professions libérales.

Le tiers visé par l'article L. 652-3 du code précité est tout dépositaire, détenteur ou redevable de fonds appartenant ou devant revenir au débiteur.

972.13 Personnalité morale des organismes de sécurité sociale. On a soutenu devant le tribunal des affaires de sécurité sociale (TASS) ou le juge de l'exécution (JEX) que les organismes de sécurité sociale étaient tenus de déposer leurs statuts et de les communiquer aux affiliés, faute de quoi ils étaient dépourvus de la personnalité morale et n'avaient ni qualité ni capacité pour notifier une mise en demeure, décerner une contrainte ou engager des voies d'exécution. Cette argumentation était fondée sur les articles L. 213-1, L. 216-1 et R. 633-2 du Code de la sécurité sociale renvoyant, pour la constitution et le fonctionnement des Urssaf et des caisses autonomes d'assurance vieillesse des non salariés, aux dispositions du Code de la mutualité dont l'article R. 122-2 impose le dépôt des statuts en préfecture.

La jurisprudence a estimé cependant qu'à défaut de formes solennelles prescrites par la loi, ces organismes ont la personnalité juridique dès leur création et a rejeté les demandes tendant à ce qu'il leur soit fait injonction de produire leurs statuts et de justifier de leur dépôt, de leur publication et de leur communication aux adhérents. Elle considère notamment que, le renvoi au Code de la mutualité étant fait sous réserve des dispositions du Code de la sécurité sociale et des textes pris pour son application, la seule formalité imposée à ces organismes pour l'établissement de leurs statuts et pour les décisions concernant leur fonctionnement, est la procédure spécifique d'approbation par les autorités compétentes de l'État, qui est prévue par les articles R. 213-5, L. 281-4[1] (ainsi pour la caisse d'assurance vieillesse des pharmaciens[2] – il a été jugé que les caisses Organic chargées du recouvrement des cotisations d'assurance vieillesse, invalidité décès des commerçants et industriels, échappent aux règles édictées par le Code de la mutualité[3] – il a été décidé que les Urssaf instituées pour le recouvrement des cotisations d'allocations familiales dues à titre personnel par les non-salariés des professions industrielles, commerciales et artisanales, tiennent de la loi leur capacité juridique et leur qualité pour agir dans l'exécution des missions qui leur sont confiées par elle[4] – la chambre sociale de la Cour de cassation a estimé que la Caisse autonome nationale de compensation de l'assurance vieillesse artisanale [Cancava] chargée du recouvrement des cotisations d'assurance vieillesse, invalidité-décès des artisans n'a pas à justifier de sa qualité pour agir à l'encontre d'un affilié[5]).

La Haute juridiction a précisé, à propos des Urssaf, que ces organismes de droit privé chargés d'une mission de service public ne sont pas soumis au droit de la concurrence. Leur activité de recouvrement n'entrant pas dans les catégories définies à l'article premier du Code des marchés publics, ils ne sauraient être assujettis aux directives communautaires concernant ces marchés. Ils tiennent donc des seules dispositions de l'article L. 213-1 du Code de la sécurité sociale qui les institue, leur capacité juridique et leur qualité à agir dans l'exécution des missions qui leur ont été confiées par le législateur[6].

972.14 Affiliation obligatoire et droit communautaire. On a également affirmé que l'obligation d'affiliation à un régime de sécurité sociale serait contraire au droit communautaire en ce qu'elle violerait les dispositions des articles 6 et 52 du traité de Rome du 25 mars 1957 prohibant toute discrimination entre ressortissants de la communauté économique européenne en raison de leur nationalité, celles des articles 85 et 86 du même traité protégeant la liberté du commerce dans l'Union européenne, ainsi que les directives du Conseil des Communautés européennes n° 92/49 du 18 juin 1992 et n° 92/96 du 10 novembre 1992 consacrant la liberté d'établissement et la libre prestation de

1. Versailles, 23 mars 1999, *Gaz. Pal.* 24 juin 1999. Somm. 415.
2. Soc. 21 févr. 2002, n° 00-13.285, *Bull. civ.* V, n° 76; *Gaz. Pal.* 9-11 juin 2002. Pan. 27.
3. Soc. 13 juill. 2000, n° 99-10.458, *Bull. civ.* V, n° 280; *Gaz. Pal.* 11-13 mars 2000. Somm. 19, note Taquet.
4. Soc. 1er mars 2001, n° 99-15.026, *Bull. civ.* V, n° 68; *JCP* 2001. IV. 1758; *RDSS* 2001. 321, obs. Verkindt.
5. Soc. 8 mars 2001, n° 99-18.585, *Bull. civ.* V, n° 78; *D.* 2001. 1077.
6. Civ. 2e, 20 mars 2008, n° 07-13.321, *Bull. civ.* II, n° 74; *RDSS* 2008. 392, obs. Tauran.

service dans le domaine de l'assurance directe sur la vie et autre que sur la vie.

La jurisprudence a déclaré inopérantes toutes ces objections tirées du droit communautaire, en affirmant que l'affiliation obligatoire à un organisme de sécurité sociale, ne crée aucune discrimination et ne porte pas atteinte à la liberté d'établissement.

En effet, l'argument fondé sur une prétendue discrimination au détriment des ressortissants français ne pouvait tenir, car si une personne ou une entreprise étrangère établie en France n'est pas tenue d'adhérer au régime légal français de sécurité sociale, c'est à condition de justifier de son affiliation à un régime d'assurance-maladie, dommages corporels ou décès dans un autre état membre de l'Union européenne où elle exerce également son activité (Règl. CEE n° 1408/71) [1]. Quant aux dispositions des articles 85 et 86 du traité de Rome, elles étaient inapplicables aux organismes de sécurité sociale qui ne sont pas des entreprises[2]. Enfin les directives CEE des 18 juin et 10 novembre 1992 écartant expressément de leur champ d'application les assurances comprises dans un régime légal de sécurité sociale, on ne pouvait sérieusement prétendre que l'affiliation obligatoire contrevenait à la liberté d'établissement en matière d'assurance directe[3] (il a été jugé que le régime d'assurance-vieillesse des artisans est un régime de sécurité sociale auquel la directive du 10 novembre 1992 ne s'applique pas[4]).

972.15 Créances concernées. Selon l'article L. 652-3 du Code de la sécurité sociale, l'OTD est applicable aux cotisations et contributions sociales impayées ainsi qu'aux majorations et pénalités de retard y afférent. Elle s'applique également au recouvrement des indus de prestation.

À l'origine, l'OTD était réservée au recouvrement des cotisations sociales bénéficiant du privilège de l'article L. 243-4 du Code de la sécurité sociale ou ayant donné lieu à l'inscription de privilège prévu à l'article L. 243-5 du même code (CSS, art. L. 612-11 et L. 652-3 ancien – v. s[s] n° 971.51). Ce privilège mobilier prenant rang concurremment avec celui des salariés établi par les articles L. 625-7 et L. 625-8 du Code de commerce, il n'en résultait pas que la créance des organismes de sécurité sociale ait pu être assimilée à une créance privilégiée de salaires, seule susceptible d'être payée, par application de la loi n° 2005-845 du 26 juillet 2005[5], sur les fonds disponibles du redevable soumis à une procédure collective ou sur les premières rentrées de fonds[6]. Depuis sa réécriture par l'article 24 de la loi du 22 décembre 2014, l'article L. 652-3 du Code de la sécurité sociale n'énonce plus le privilège dans les conditions d'ouverture de l'OTD et le 6° de l'article R. 652-2 du même code prescrivant sa mention (du privilège) dans la notification adressée au tiers détenteur, a été abrogé par l'article 4 du décret n° 2015-243 du 2 mars 2015.

Les majorations et pénalités de retard sont également recouvrables par ce moyen. Il s'agit des pénalités et majorations encourues pour non-paiement ou paiement tardif des contributions et cotisations (CSS, art. R. 243-18 et D. 612-20, al. 1) pour défaut de production ou production hors délai des documents permettant leur calcul (CSS, art. R. 133-25, R. 243-16, al. 1, R. 243-17, R. 243-31) ou à la suite d'un redressement consécutif à un contrôle (CSS, art. L. 243-7-6 et R. 243-18-1).

Les cotisations et leurs accessoires doivent avoir été consacrés par un titre exécutoire qui peut être, soit une contrainte non frappée d'opposition dans le délai (CSS, art. L. 244-9 et R. 133-3 s.) soit un jugement de condamnation obtenu dans le cadre de la procédure contentieuse devant le TASS ou à la suite d'une constitution de partie civile devant une juridiction répressive (CSS, art. L. 244-1 à L. 244-11, R. 244-4 à R. 244-5). Ces décisions doivent avoir été notifiées ou signifiées, selon la juridiction qui les a rendues. S'il s'agit d'un jugement du TASS, il appartient à la caisse poursuivante de justifier de sa notification par le secrétariat de cette juridiction. À défaut de pouvoir le faire, elle doit faire signifier la décision par voie d'huissier de justice[7]. Les dispositions relatives au recouvrement des cotisations d'assurance-maladie et maternité (CSS, art. L. 612-12, R. 612-11 à R. 612-17) et d'assurance-vieillesse (CSS, art. L. 623-1, R. 623-1) renvoient aux textes réglementant ces procédures ou en reprennent l'essentiel en y apportant certaines adaptations.

Sont saisissables par voie d'opposition, toutes les créances du débiteur sur le tiers quelles que soient leur origine, leur date d'exigibilité et les modalités les affectant (terme ou condition). Seules sont

1. Soc. 13 juill. 2000, n° 99-10.458, *Bull. civ.* V, n° 280; *Gaz. Pal.* 11-12 mai 2001. Somm. 24, note Taquet.
2. CJCE 17 févr. 1993, Poucet, Pistre c/ AGF, aff. C-159/91 et C-160/91, Cancava, *Rec. CJCE* I-637; *D.* 1993. 277, obs. Prétot; *JCP E* 1993. I. 264, n° 7; *RDSS* 1993. 310, obs. Vachet; *RTD com.* 1993. 429, obs. Bolze; *RTD eur.* 1995. 39, chron. Blaise et Idot; *JCP E* 1993. I. 264, n° 7 – Com. 6 avr. 1993, n° 90-13.625, *Bull. civ.* IV, n° 137; *RDSS* 1994. 110, obs. Vachet.
3. CJCE 26 mars 1996, José Garcia, aff. C-238/94, *Rec. CJCE* I-1673; *JCP E* 1996. Pan. 669, note Taquet; *AJDA* 1996. 273, chron. Chavrier, Honorat et De Bergues.
4. Soc. 19 déc. 1996, n° 95-13.915, *Bull. civ.* V, n° 453.
5. L. n° 2005-845, 26 juill. 2005, relative à la sauvegarde des entreprises, *JO* 27 juill., p. 12187.
6. Com. 9 juill. 2013, n° 12-20.649, *Bull. civ.* IV, n° 122; *D.* 2013. 1830.
7. Civ. 2e, 21 déc. 2006, n° 04-18.174, *Bull. civ.* II, n° 361; *JCP* 2007. IV. 1212.

exclues du champ de cette mesure les sommes dues à titre de rémunération (CSS, art. L. 652-3). La créance interceptée doit être certaine, disponible et saisissable (v. s^s^ n°s 971.91 s.).

SECTION 2
MISE EN ŒUVRE ET EFFETS

972.21 Forme. L'opposition motivée est mise en œuvre sans le concours d'un huissier par une notification au tiers puis, huit jours après au plus tard à peine de caducité, par une notification au débiteur. Ces notifications sont effectuées par des lettres recommandées avec demande d'avis de réception contenant, à peine de nullité, diverses mentions d'information énumérées aux articles R. 652-2 et R. 652-3 du Code de la sécurité sociale. L'article R. 622-2 du même code précise que l'opposition peut aussi être notifiée par voie électronique dans les conditions définies par le décret n° 2015-243 du 2 mars 2015 (art. 1 et 2), c'est-à-dire aux établissements de crédit, aux sociétés de financement et aux organismes gérant d'un régime de protection sociale mentionnés au II de l'article 17 de la loi n° 2013-1279 du 29 décembre 2013. Ce mode de notification suppose l'accord préalable de l'organisme destinataire de l'opposition en qualité de tiers détenteur. Les procédés utilisés doivent être conformes aux prescriptions du référentiel général de sécurité définies par le décret n° 2010-112 du 2 février 2010. L'acte d'opposition ainsi notifié prend effet à la date et à l'heure de sa mise à disposition telles qu'enregistrées par le dispositif électronique sécurisé mis en œuvre par l'administration. Tout intéressé peut demander que les sommes objet de l'opposition soient consignées entre les mains d'un séquestre (CSS, art. R. 652-4 – v. s^s^ n°s 971.100 à 971.121).

972.22 Déclaration du tiers. Le tiers détenteur est tenu de déclarer au créancier l'étendue de ses obligations à l'égard du débiteur, ainsi que les modalités qui pourraient les affecter et, s'il y a lieu, les cessions de créance, délégations ou saisies antérieures. Cette déclaration ainsi que les pièces justificatives doivent être adressées au créancier par lettre recommandée avec demande d'avis de réception (LRAR) dans les deux jours suivant la notification de la lettre d'opposition (CSS, art. R. 652-5). Le manquement à cette obligation peut être sanctionné par une astreinte, par des dommages-intérêts et par une condamnation au paiement de la créance cause de l'opposition (C. pr. exéc., art. L. 123-1).

972.23 Attribution immédiate. Dès sa notification, l'opposition affecte les sommes qui en sont l'objet au paiement des cotisations et de leurs accessoires. Elle produit l'effet d'attribution immédiate prévu pour la saisie-attribution étant précisé que les fonds interceptés demeurent temporairement indisponibles, le paiement étant différé jusqu'à l'expiration du délai de contestation d'un mois ouvert au débiteur ou jusqu'à ce que cette contestation soit tranchée. Le paiement n'est différé pendant ce délai d'un mois que si le débiteur n'a pas déclaré accepter l'opposition notifiée à son préjudice (CSS, art. L. 652-3 – v. s^s^ n°s 972.11 s.).

Cet effet attributif n'est pas remis en cause par une mesure d'exécution ou une procédure collective ultérieure même si elle émane d'un créancier privilégié et même si elle porte sur une créance à exécution successive (CSS, art. R. 652-6 et R. 652-8).

972.24 Paiement. Le paiement est effectué sur présentation d'un certificat de non-contestation délivré par le greffe du JEX à l'expiration d'un délai d'un mois ou avant cette expiration, si le débiteur déclare par écrit ne pas s'opposer à la mesure. En cas de contestation, c'est la présentation du jugement déclarant celle-ci mal fondée ou autorisant un paiement en cours d'instance qui permet au tiers de se libérer entre les mains du créancier (CSS, art. R. 652-6 et R. 652-7 – v. s^s^ n°s 971.171 s.).

Lorsque l'opposition est effectuée le même jour qu'une autre opposition, qu'une saisie-attribution ou qu'un avis à tiers détenteur (ATD), les différents créanciers viennent en concours et sont payés à proportion du montant de leurs créances respectives si les fonds sont insuffisants pour les désintéresser tous (CSS, art. L. 652-3 et R. 652-6 – v. s^s^ n° 971.152). Le créancier qui reçoit le paiement en donne quittance au tiers détenteur et en informe le débiteur. En cas de refus de paiement par le tiers détenteur, la contestation est portée devant le JEX qui peut délivrer contre lui un titre exécutoire (CSS, art. R. 652-6).

SECTION 3
RÈGLES PARTICULIÈRES ET INCIDENTS CONTENTIEUX

972.31 Procédures spécifiques. L'opposition pratiquée sur les créances à exécution successive est réglementée par les articles R. 211-15 à R. 211-17 C. pr. exéc. auxquels renvoie l'article R. 652-8 du Code de la sécurité sociale (v. s^s^ n°s 971.181 s.).

L'opposition entre les mains d'établissements habilités à tenir des comptes est quant à elle, spécialement réglementée par les articles L. 162-1 et R. 163-1, al. 1er, L. 162-2, R. 162-9, R. 211-19 à R. 211-21, R. 211-23 et R. 162-1 alinéa 2 C. pr. exéc. auxquels renvoient les articles L. 653-3 et

R. 652-9 du Code de la sécurité sociale (v. s^s n°s 971.191 s.).

972.32 Contestations. L'opposition peut être contestée devant le JEX par le débiteur dans le mois de sa notification, à peine d'irrecevabilité, ou par le tiers détenteur sans condition de délai. Le JEX compétent est celui du lieu où le débiteur a son domicile ou s'il est différent, du lieu de son établissement. Si le débiteur demeure à l'étranger ou si le lieu où il demeure est inconnu, le JEX compétent est celui du domicile du tiers détenteur ou s'il s'agit d'une personne morale, du lieu de son siège social ou de l'établissement distinct (CSS, art. R. 652-7).

Le paiement est différé pendant le délai de contestation et le cas échéant, jusqu'à ce qu'il soit statué sur celle-ci, sauf si le juge autorise le paiement pour la somme qu'il détermine (CSS, art. L. 652-3).

Le juge peut ainsi en cours d'instance donner effet à l'opposition pour la fraction non contestée de la dette par une décision exécutoire sur minute. En cas d'appel, la demande de sursis n'a pas d'effet suspensif.

Il peut également accorder une provision au créancier en prescrivant le cas échéant des garanties, si le montant de la créance objet de l'opposition et la dette du tiers ne paraissent pas sérieusement contestables. Sa décision n'a pas, au principal, autorité de chose jugée (CSS, art. R. 652-7 - v. s^s n°s 971.230 s.). Même en cas de contestation, le paiement n'est pas différé, sauf si le juge en décide autrement, lorsqu'il y a eu un redressement pour travail dissimulé, une entrave à l'exercice d'un contrôle ou un recours abusif ou dilatoire contre le titre exécutoire (CSS, art. L. 652-3).

Certaines contestations que l'on retrouve habituellement devant le JEX ne peuvent être examinées par lui en cas d'OTD. Il en est ainsi, des demandes de remises totales ou partielles des pénalités et majorations de retard. Leur remise automatique relève, sous certaines conditions, dans l'absence d'infraction dans les 24 mois précédents et le règlement intégral des cotisations, du directeur de l'organisme chargé du recouvrement (CSS, art. R. 133-20, R. 243-19-1 et D. 612-20). Les requêtes aux fins de réduction ou de remise gracieuse doivent être présentées au directeur de la caisse ou de l'organisme de recouvrement et, au-delà d'un certain seuil fixé par arrêté, à la commission de recours amiable prévue à l'article R. 142-1 du Code de la sécurité sociale (CSS, art. R. 133-20, R. 243-20, D. 131-3 et D. 612-20). En principe, la demande n'est recevable qu'après le versement de la totalité des cotisations ayant donné lieu à l'application de ces sanctions et sous réserve de la bonne foi du requérant ainsi que de l'absence de constatation de travail dissimulé. La décision est motivée et peut faire l'objet d'un recours devant le TASS qui statut en dernier ressort (CSS, art. R. 142-1 s. et R. 244-2). La saisine directe de ce tribunal est sanctionnée par l'irrecevabilité de la demande.

La remise des pénalités et majorations peut également être accordée par le directeur de l'organisme ou la commission de recours amiable sans condition de paiement préalable des cotisations patronales, en cas d'adoption d'un plan d'apurement, par la commission des chefs des services financiers et des représentants des organismes de sécurité sociale dans le cadre d'une reprise ou d'une restructurations financière de l'entreprise (CSS, art. R. 243-20-1 et D. 131-3).

Il en est de même des demandes de sursis aux poursuites engagées pour le règlement des cotisations d'assurance-vieillesse ou d'allocations familiales dues par les employeurs et les travailleurs indépendants à titre personnel, lesquelles relèvent de la seule compétence du directeur de la caisse ou de l'organisme de recouvrement qui peut exiger la constitution d'une garantie suffisante, étant précisé que la part ouvrière doit avoir été préalablement acquittée (CSS, art. R. 243-21).

Il faut préciser que lorsqu'une mesure d'exécution forcée a été engagée en vertu d'un titre exécutoire, le JEX recouvre le pouvoir d'accorder un délai de paiement pour des cotisations sociales et ce, en vertu des articles R. 121-1 C. pr. exéc. (anc^t Décr. 31 juill. 1992, art. 8), 510 alinéa 3 C. pr. civ. et 1244-1 du Code civil[1].

Toutefois, lorsque la mesure d'exécution est une OTD qui produit un effet attributif immédiat, il semble bien que la jurisprudence interdisant au JEX de consentir un délai de grâce en cas de saisie-attribution, soit également applicable[2]. Il devrait néanmoins pouvoir autoriser un paiement échelonné ou différé, pour la fraction de la créance de la caisse non couverte par la somme attribuée lorsque celle-ci est insuffisante.

1. Soc. 19 juill. 2001, n° 00-12.917, *Bull. civ.* V, n° 284; *D.* 2001. 2461 – Civ. 2e, 16 sept. 2003, n° 02-10.909, *Bull. civ.* II, n° 262; *D.* 2003. 2866, obs. Prétot.
2. Civ. 2e, 4 oct. 2001, n° 00-11.609, *Bull. civ.* II, n° 150; *D.* 2001. 3022.

CHAPITRE

973. Opposition à tiers détenteur ouverte aux collectivités territoriales et aux établissements publics locaux et de santé

RENÉ LAUBA
MAGISTRAT HONORAIRE

SECTION 0
ORIENTEUR

973.00 **Plan du chapitre.**

973.01 **Textes applicables.**

C. pr. exéc., art. L. 111-3, L. 111-4, L. 112-1 à L. 112-4, L. 141-2, L. 152-1, L. 152-2, L. 162-1, L. 162-2, L. 211-1 à L. 211-3, L. 211-2, L. 221-4, L. 523-1, R. 112-4, R. 112-5, R. 121-1, R. 162-1 à R. 162-9, R. 211-1, R. 211-9, R. 211-10, R. 211-12, R. 211-13, R. 211-18 et R. 211-19.

CGCT, art. L. 1617-5 et R. 1617-22, R. 2342-4 et R. 3342-8-1.

CSP, art. L. 6145-9.
LPF, art. L. 252 A et L. 263.
CGI, art. 1912.
C. consom., art. L. 132-2, L. 311-2, L. 311-3 et L. 311-52.
C. pr. civ., art. 688.
C. civ., art. 1166, 1244-1 et 2224.
COJ, art. L. 213-6.
CASF, art. L. 262-2.
C. trav., art. R. 3252-32 et R. 3252-34 à R. 3252-36.
C. com., art. L. 662-1.

- **L. n° 2013-1279, 29 déc. 2013,** de finances rectificative pour 2013, art. 17, II, *JO* 30 déc., p. 21910.
- **Décr. n° 2015-243, 2 mars 2015,** relatif à la notification, par voie électronique, aux établissements de crédit, aux sociétés de financement et aux organismes gérant des régimes de protection sociale de certains actes pris en vue du recouvrement de créances de toute nature, art. 1er et 2, *JO* 4 mars, p. 4105.

973.04 Aspects généraux et avantages. L'opposition à tiers détenteur (OTD) dont bénéficient les collectivités territoriales, les établissements publics locaux et de santé ainsi que d'autres organismes publics est une mesure d'exécution récente, issue de l'article 63 de la loi de finances rectificative n° 2004-1485 du 30 décembre 2004[1] qui a complété l'article L. 1617-5 du Code général des collectivités territoriales lequel ne concernait, à l'origine, que les conditions de notification et de contestation des titres émis par ces personnes morales de droit public. Le texte adopté en 2004 prévoit des seuils au-delà desquels le comptable est autorisé à recourir à l'OTD. Ces seuils sont déterminés par l'article R. 1617-22 du CGCT, issu du décret n° 2005-1417 du 15 novembre 2005[2].

L'OTD est une **procédure de recouvrement simple et rapide** ouverte aux comptables publics compétents pour le recouvrement forcé des créances assises et liquidées dans les titres exécutoires émis par les collectivités territoriales et par les établissements publics locaux et de santé. Initialement, cette mesure ne concernait que ces trois catégories de personnes morales de droit public. La loi de finances rectificative du 29 décembre 2010 en a étendu le bénéfice à d'autres organismes publics ou parapublics. Il s'agit d'une procédure sommaire et expéditive très inspirée de l'avis à tiers détenteur (ATD) réglementé par le Livre des procédures fiscales pour le recouvrement des impositions privilégiées. Sa mise en œuvre ne nécessite de la part du comptable public, qu'une simple notification adressée au tiers détenteur et au redevable, lequel a la possibilité d'élever une contestation, soit sur le bien-fondé de la créance réclamée, soit sur la régularité en la forme de l'acte de poursuite. L'opposition est seulement précédée par l'envoi d'une lettre de mise en demeure. Le concours d'un juge ou d'un huissier n'est pas requis en principe. L'article L. 1617-5 du Code général des collectivités territoriales, dans sa rédaction résultant de loi de finances rectificative n° 2010-1658 du 29 décembre 2010[3], a rétabli une phase comminatoire préalable confiée à un huissier de justice qui existait à l'origine et qui avait été supprimée par la loi n° 2009-526 du 12 mai 2009[4]. Le comptable public peut recourir à cette étape comminatoire préalable pour les créances d'un montant inférieur à 15 000 euros, à moins qu'il ne préfère se contenter d'envoyer une lettre de relance au redevable avant de le mettre en demeure. L'OTD s'analyse en une mesure d'exécution forcée efficace, puisqu'elle produit l'effet d'attribution immédiate prévu par l'article L. 211-2 C. pr. exéc. et qu'elle porte sur toutes les créances du redevable, y compris ses rémunérations. Elle a, sur ce point, un champ d'application plus large que la saisie-attribution et que les oppositions ouvertes aux organismes sociaux (v. ss nos 971.04 s. et 972.11 s). Toutefois, les comptables publics ne peuvent recourir à cette mesure que lorsque les sommes dues par le redevable à un même poste comptable, sont supérieures à un montant fixé par décret en Conseil d'État.

L'OTD s'inscrit ainsi logiquement parmi les prérogatives dont dispose la puissance publique pour le recouvrement de ses créances. Elle permet l'exécution forcée d'office contre les débiteurs en l'absence de contestation de leur part, des titres de recettes individuels ou collectifs que les communes, les départements, les régions et les établissements publics locaux ou de santé peuvent se délivrer à eux-mêmes, en vertu du privilège du préalable.

SECTION 1
CONDITIONS D'OUVERTURE

973.10 Conditions classiques et spécifiques. Comme pour toutes les mesures d'exécution forcée, l'OTD n'est ouverte qu'aux collectivités et établissements détenteurs d'un titre exécutoire constatant une créance liquide et exigible d'un certain montant. S'agissant toutefois de personnes morales de droit public, elles bénéficient, contrairement aux

1. L. n° 2004-1485, 30 déc. 2004, de finances rectificative pour 2004, *JO* 31 déc., p. 22522.
2. Décr. n° 2005-1417, 15 nov. 2005, pris pour l'application de l'article L. 1617-5 du Code général des collectivités territoriales et modifiant la partie réglementaire de ce code, *JO* 18 nov., p. 17977.
3. L. n° 2010-1658, 29 déc. 2010, de finances rectificative pour 2010, *JO* 30 déc., p. 23127.
4. L. n° 2009-526, 12 mai 2009, de simplification et de clarification du droit et d'allègement des procédures, *JO* 13 mai, p. 7920.

créanciers privés, du privilège du préalable qui leur permet d'émettre leurs propres titres exécutoires sans avoir besoin de saisir une juridiction. En revanche les créances appréhendables par voie d'OTD sont les mêmes que celles qui sont saisissables au moyen d'une saisie-attribution à l'exception des rémunérations qui, bien qu'exclues du domaine de cette mesure, entrent dans le champ de l'OTD.

§ 1
Créances cause de l'opposition

973.11 Créanciers concernés. Selon l'article L. 1617-5 du Code général des collectivités territoriales, l'OTD bénéficie aux produits des collectivités territoriales, c'est-à-dire les régions, les départements, et les communes ainsi que les établissements publics locaux. Il s'agit notamment, des établissements publics communaux et intercommunaux, régionaux et interrégionaux, de tout organisme résultant d'une entente entre collectivités et établissements publics locaux (CGCT, art. R. 2342-4, R. 3342-8-1 et R. 4341-4) et des syndicats mixtes définis à l'article L. 5721-2 du Code général des collectivités territoriales, des établissements publics départementaux et interdépartementaux, des établissements publics communs aux communes et aux départements et des établissements publics communs à des collectivités locales ou groupements de ces collectivités. On peut citer à titre d'exemples les caisses de crédit municipales et les offices publics départementaux et municipaux de l'habitat ou les collèges de l'enseignement public. Les créances non fiscales de l'État et celles des établissements publics nationaux sont donc exclues du bénéfice de la procédure d'OTD et ce, d'autant plus qu'il existe une procédure d'exécution particulière les concernant, la saisie à tiers détenteur (STD) réglementée à l'article L. 273 A du Livre des procédures fiscales.

L'article L. 1617-5 du Code général des collectivités territoriales dispose également d'une manière expresse, dans sa première phrase, qu'il est applicable aux établissements publics de santé, ce que confirme l'article L. 6145-9 du Code de la santé publique. La loi de finances rectificative du 29 décembre 2010 (art. 55, I, c, d, f et i) a également autorisé l'utilisation de l'OTD pour le recouvrement d'autres créances publiques telles que : les produits et redevances du domaine des collectivités territoriales (CGPPP, art. L. 2321-3 et L. 2323-5), les recettes des groupements de coopération sociale ou médico-sociale (CASF, art. L. 312-7, 3°), les créances des associations syndicales de propriétaires (Ord. n° 2004-632, 1er juill. 2004[1], art. 34), les recettes des groupements d'intérêt public dans lesquels les collectivités territoriales ou des établissements publics détiennent la majorité du capital (L. 29 déc. 2010, art. 55, I, i).

Il convient de relever que ces créanciers ne mettent pas eux-mêmes en œuvre l'OTD. Ce sont les comptables publics auxquels sont transmis les titres exécutoires pour la prise en charge du recouvrement, qui sont habilités à engager la mesure d'exécution (v. s^s n° 973.101).

973.12 Créances recouvrables par opposition à tiers détenteur. Les créances recouvrables par voie d'OTD sont celles assises et liquidées par une collectivité territoriale ou un établissement public local ou de santé dans un titre de recette rendu exécutoire par le maire, le président du Conseil général, le président du conseil régional ou l'ordonnateur de l'établissement. L'article L. 1617-5 du Code général des collectivités territoriales ne fixe aucune restriction quant à la nature des recettes concernées par l'opposition. Il s'agit donc de l'ensemble des recettes non fiscales de ces collectivités ou établissements. Les créances assises et liquidées par les services fiscaux de l'État sont en revanche exclues. Ces créances doivent être liquides, exigibles et supérieures à un certain montant. L'action en recouvrement du comptable qui a pris en charge le titre de recette ne doit pas être prescrite.

973.13 Nature des créances recouvrables par l'opposition à tiers détenteur. Tous les produits recouvrés directement par les comptables du secteur public local bénéficient de la procédure de l'état exécutoire et, par conséquent, de l'OTD, à l'exception de ceux qui sont assis et liquidés par les services fiscaux de l'État en vertu des lois et règlements en vigueur (CGCT, art. R. 2342-4, R. 3342-8-1 et R. 4341-4). Sont donc exclus, les contributions directes, les taxes assimilées, les impôts, droits et taxes diverses recouvrées par la DGFiP.

Par conséquent la technique du titre de recette exécutoire qui conditionne l'ouverture de l'OTD concerne des créances très variées comme :

- les produits fiscaux et parafiscaux non gérés par la DGFiP, telles que les taxes sur la publicité ou de séjour;

- les redevances pour service rendu telles que l'enlèvement des ordures ménagères, l'assainissement ou la fourniture d'eau;

- les cotisations et contributions couvrant certaines charges comme celles des associations syndicales ou des établissements publics de coopération inter-communale;

1. Ord. n° 2004-632, 1er juill. 2004, relative aux associations syndicales de propriétaires, *JO* 2 juill., p. 12046.

– les produits du domaine public ou privé des collectivités locales tels que les droits de voirie et de stationnement, les loyers et redevances d'occupation ou les prix de cession;

– les produits des offices publics de l'habitat (qui sont des organismes d'HLM au sens de l'article L. 411-2 CCH), tels que les loyers, charges, réparations locatives ou indemnités pour dégradations ou trouble de jouissance;

– les emprunts consentis par les caisses de Crédit municipal en vertu de l'article L. 514-1 du Code monétaire et financier.

973.14 Montant de la créance recouvrable par opposition à tiers détenteur. La voie de l'OTD n'est ouverte que lorsque les sommes dues par un redevable au même poste comptable, sont supérieures à un montant fixé par décret en Conseil d'État pour chacune des catégories de tiers (CGCT, art. L. 1617-5, 7°). Ce montant est de cent trente euros pour une opposition notifiée à un établissement mentionné au livre V du Code monétaire et financier et autorisé à recevoir des fonds du public. Il est fixé à trente euros dans les autres cas (CGCT, art. R. 1617-22, I). Ces seuils sont destinés à assurer une certaine proportionnalité entre les poursuites engagées par le comptable public et le montant de l'enjeu financier. Selon l'instruction codificatrice n° 11-022-MO du 16 décembre 2011[1], ces seuils s'apprécient par redevable et par poste comptable et non par collectivité ou établissement créancier. Il est donc recommandé de regrouper les titres d'un montant unitaire inférieur aux seuils précités dès lors qu'ils concernent le même redevable au sein du même poste comptable afin de pouvoir engager l'opposition dans des conditions de recevabilité incontestables.

973.15 Liquidité et exigibilité de la créance recouvrable. Comme pour toutes les mesures d'exécution, les créances causent de l'OTD doivent être certaines, liquides et exigibles. Ces trois caractères résultent, en principe, des titres exécutoires dans lesquels elles sont constatées et qui servent de fondement à leur recouvrement forcé. Ces titres sont les décisions judiciaires passées en force de chose jugée ou exécutoires par provision, les contrats conclus par un acte authentique revêtu de la formule exécutoire et les titres de recette émis et rendus exécutoires par l'ordonnance de la collectivité ou de l'établissement (CGCT, art. R. 2342-4, R. 3342-8-1 et R. 4341-4 – Décr. n° 2012-1246, 7 nov. 2012[2], art. 11 et 23).

La certitude, la liquidité et l'exigibilité des créances consacrées par une décision de justice sont incontestables. Pour celles qui sont constatées par un acte notarié, la réunion de ces trois caractères suppose que la validité de la convention, le montant des sommes réclamées et l'échéance du terme ne soient pas remis en cause par le débiteur. S'agissant des titres de recettes émis par les ordonnateurs, ils font présumer la certitude, la liquidité et l'exigibilité des créances qui y sont mentionnées, jusqu'à opposition de la part du débiteur. En effet, l'ordonnateur ne peut émettre l'ordre de recouvrer que si ces trois conditions sont remplies. Il doit préalablement rechercher le fondement juridique de la recette, liquider celle-ci en précisant la base de la liquidation et attendre que la date limite de paiement soit dépassée avant d'engager des poursuites devant donner lieu à des frais.

Les recettes des personnes publiques doivent être liquidées avant d'être recouvrées. Cette opération a pour objet de déterminer le montant de la dette du redevable, les bases de cette liquidation devant lui être indiquées (Décr. 7 nov. 2012, art. 24).

Les caractères de liquidité, d'exigibilité et de certitude n'existent cependant que sous réserve de l'absence d'introduction, dans le délai imparti, d'une instance ayant pour objet de contester le bien-fondé, le montant ou la date de paiement de la créance visée dans le titre.

973.16 Absence de prescription de la créance recouvrable. Pour que l'opposition puisse être engagée, la créance de la personne publique et l'action en recouvrement du comptable ne doivent pas être prescrites (v. ss nos 973.41 et 973.42).

§ 2
Titres exécutoires autorisant l'opposition

A.
Principes

973.21 Titres exécutoires liquidant la créance recouvrable. Les créances liquidées par les collectivités territoriales et les établissements publics locaux ou de santé résultent de décisions de justice passées en force de chose jugée, de contrats exécutoires (constatés par un acte notarié en forme exécutoire) ou, le plus souvent, de titres de perception émis et rendus exécutoires par les ordonnateurs de ces personnes publiques. L'article L. 111-3 C. pr. exéc. qui dresse la liste des titres exécutoires autorisant l'engagement des mesures d'exécution, y men-

1. Instr. codificatrice n° 11-022-MO, 16 déc. 2011, relative au recouvrement des recettes des collectivités territoriales et des établissements publics locaux, *BOCP* déc.

2. Décr. n° 2012-1246, 7 nov. 2012, relatif à la gestion budgétaire et comptable publique, *JO* 10 nov., p. 17713.

tionne notamment les titres délivrés par les personnes morales de droit public qualifiés comme tels par la loi, ou les décisions auxquelles la loi attache les effets d'un jugement. Cette liste est complétée par l'article L. 252 A du Livre des procédures fiscales issu de l'article 98 de la loi de finances rectificative du 31 décembre 1992 selon lequel « *constituent des titres exécutoires les arrêtés, états, rôles, avis de mise en recouvrement, titre de perception ou de recette que l'État, les collectivités territoriales ou les établissements publics dotés d'un comptable public délivrent pour le recouvrement des recettes de toute nature qu'ils sont habilités à recevoir* ». Les établissements qui n'ont pas de comptable public ne peuvent émettre valablement des titres exécutoires. Ainsi, le trésorier d'une chambre de commerce et d'industrie qui n'a pas la qualité de comptable public a été jugé incompétent pour prendre un état exécutoire à l'encontre d'une débitrice[1] (v. s^s^ n°s 126.07 et 126.72). Parmi ces dénominations variées, celle de **titre de perception** ou de **titre de recette** désigne les titres émis par les collectivités territoriales et leurs établissements publics. On utilise aussi celle plus ancienne, d'**état exécutoire**. L'article L. 1617-5 du Code général des collectivités territoriales emploie, quant à lui, la dénomination **titre de recette individuel ou collectif**. Le titre collectif que l'on appelle aussi **rôle**, contient la liste des redevables assujettis au paiement de la même nature de dette à l'égard d'une même personne publique. C'est notamment le cas du titre rendu exécutoire par l'ordonnateur d'un office public d'HLM pour le recouvrement des loyers dus par ses locataires. Le caractère général du document n'a aucune influence sur sa validité[2]. Un extrait du titre collectif doit cependant être notifié au redevable pour lui faire connaître les bases de la liquidation de la créance et les modalités de son règlement. Il appartient à la personne publique poursuivante de rapporter la preuve de la date de réception par le débiteur du titre exécutoire[3].

973.22 Obligation d'émettre des titres exécutoires. La plupart des titres exécutoires permettant le recouvrement des créances publiques trouvent leur origine dans le privilège du préalable qui permet à l'administration de poursuivre ses débiteurs sans avoir besoin d'obtenir leur condamnation. Elle émet ses propres titres qui ont force exécutoire jusqu'à opposition. C'est la contestation éventuelle du débiteur qui provoquera le débat judiciaire et suspendra la force exécutoire du titre auquel se substituera, le cas échéant une décision juridictionnelle passée en force de chose jugée. Cette technique a été inaugurée par une loi de finance du 13 avril 1898 et reprise par le décret du 29 décembre 1962 portant règlement général sur la comptabilité publique, lequel est aujourd'hui remplacé par celui du 7 novembre 2012 relatif à la gestion budgétaire et comptable publique. Elle a également été adoptée, pour le recouvrement des produits des communes, des départements et de leurs établissements publics, par le décret n° 66-624 du 19 août 1966 modifié par celui n° 81-362 du 13 avril 1981 et par le décret n° 2009-125 du 3 févr. 2009[4], codifié aux articles R. 2342-4 et R. 3342-8-1 du Code général des collectivités territoriales.

La technique du titre de perception ou de recette exécutoire s'impose aux personnes morales de droit public qui ne peuvent faire valoir directement leur créance devant le juge administratif. Elles sont tenues d'émettre un titre exécutoire à l'effet de fixer les sommes qui leur sont dues[5] (il en est jugé ainsi à propos d'une redevance pour un logement occupé indûment[6]). Ce procédé n'est pas limité aux créances se rattachant à l'exercice d'une prérogative de puissance publique (taxe de séjour, de balayage, de ramassage des ordures). Il doit être utilisé pour les créances de nature contractuelle (loyer, échéances d'un prêt d'une caisse de crédit municipal), ou quasi contractuelle (répétition d'un paiement indu) et plus généralement, chaque fois qu'aucun mode de recouvrement n'est prévu[7].

Le privilège d'émettre un titre de recette immédiatement exécutoire, ne dispense pas l'ordonnateur de la collectivité de l'établissement de rechercher un fondement juridique à la créance recouvrée, dans les dispositions d'une loi, d'un règlement, d'un contrat ou d'un quasi-contrat. À défaut, la délibération qui décide d'émettre une créance en recouvrement à l'encontre d'un tiers encourt l'annulation[8].

973.23 Dispense d'émettre un titre. L'option entre l'émission d'un titre et la saisine de la juridiction est cependant tolérée lorsque la créance ne remplit pas la triple condition de certitude, de liquidité et d'exigibilité[9]. L'ordonnateur n'est cependant

1. CE 27 juin 2008, req. n° 296983, *Lebon T.*; *Rev. huiss.* 2008. 296.
2. Civ. 1re, 12 mai 1980, n° 79-10.365, *Bull. civ.* I, n° 143.
3. Com. 23 oct. 2007, n° 06-15.994, *Bull. civ.* II, n° 223; *D.* 2007. 2874; *Procédures* 2008, n° 14, note Perrot; *AJDA* 2008. 60.
4. Décr. n° 2009-125, 3 févr. 2009, relatif à l'autorisation préalable des poursuites pour le recouvrement des produits locaux, *JO* 5 févr., p. 2071.
5. CE 13 juin 1980, C^ne^ d'Entrange, req. n° 19377, NP; *RD publ.* 1981. 1134.
6. CE 18 mai 1984, Mme Laulaney, req. n° 38926, NP; *Dr. adm.* 1984, n° 267.
7. CE 30 mai 1913, Préfet de l'Eure, *Lebon* 193 – CE 19 déc. 1990, S^té^ des travaux publics du Contentin, req. n° 89571, *Lebon T. AJDA* 1991. 394, obs. Teboul.
8. CE 29 juin 2005, C^ne^ de Saint-Clément de Rivière, req. n° 265958.
9. CE 7 avr. 1978, Blum c/C^ne^ de Rhinau, req. n° 5559.

pas autorisé à recourir à l'état exécutoire lorsqu'un texte spécial prévoit qu'une action en justice doit être intentée, comme c'est le cas pour obtenir l'indemnisation d'un dommage causé au domaine de la collectivité territoriale par un fait volontaire ou involontaire engageant la responsabilité d'un tiers[1]. Il en va de même en matière contractuelle lorsqu'il s'agit d'évaluer la créance de la personne publique, notamment les dommages et intérêts dus par le cocontractant défaillant.

Il est également admis que si la personne publique détient déjà un jugement de condamnation elle est dispensée d'émettre un titre[2]. En effet, les décisions judiciaires et les actes notariés ont une force exécutoire supérieure. Ils ne font l'objet de l'émission d'un titre de recette que pour les besoins de la comptabilité publique et non pour leur exécution forcée de telle sorte que l'opposition contre ce titre ne suspend pas les poursuites. Il en va autrement lorsque, le jugement ou le contrat ne contenant pas tous les éléments pour liquider la créance publique, l'ordonnateur a dû émettre un titre de recouvrement en précisant le montant et les bases de sa liquidation. Dans ce cas la contestation suspend l'exécution.

La Cour de cassation accepte, pour sa part, que la personne publique saisisse directement la juridiction judiciaire compétente lorsque la créance qu'elle veut recouvrer a un caractère civil. Toutefois, si la collectivité ou l'établissement public a choisi d'émettre elle-même son titre, la saisie des rémunérations sollicitée en vertu de celui-ci ne peut être refusée par le juge d'instance[3] (sur le privilège du préalable v. s^s^ n° 126.08 – sur les titres exécutoires émis par les collectivités territoriales et les établissements publics locaux, v. s^s^ n°s 126.81 s. et 126.100 s.).

973.24 Délai d'émission des titres exécutoires. Les titres de perception doivent être émis avant le 1er février de l'année suivant celle de la naissance de la créance (CGCT, art. D. 2342-3). Il s'agit toutefois d'une obligation qui ne concerne que la gestion du comptable et dont le défaut de respect n'a aucune incidence sur la validité du titre.

En revanche, le titre doit être émis par l'ordonnateur avant la prescription de la créance de la personne publique (v. s^s^ n°s 973.41 et 973.42). Lorsque le titre de perception tend au recouvrement d'une créance née d'un contrat de crédit à la consommation consenti par une caisse de crédit municipale, l'établissement public communal doit l'émettre dans les deux ans du premier incident de paiement non régularisé, sous peine de se heurter à la forclusion prévu par l'article L. 311-37 du Code de la consommation (devenu C. consom., art. L. 311-52). Si le titre a été émis dans ce délai il doit, à défaut de tout nouvel acte interruptif, être notifié dans les deux ans de cette émission, également sous peine de forclusion. La notification précitée fait alors courir le délai de prescription de quatre ans dans lequel est enfermée l'action en recouvrement du comptable public. Aucune disposition n'impose à l'établissement public d'émettre un nouveau titre lorsque sa créance a été diminuée par des paiements intervenus entre l'émission du titre et sa notification[4].

B.
Formalisme

973.31 Présentation et mentions du titre exécutoire. Le titre exécutoire est adressé au redevable sous pli simple. Il prend la forme d'une ampliation, c'est-à-dire d'une copie authentique ayant valeur d'original, du titre de recette individuel ou de l'extrait du titre de recettes collectif. Lorsque le redevable n'a pas effectué le versement qui lui était demandé à la date limite de paiement, le comptable public lui adresse une mise en demeure de payer avant la notification du premier acte d'exécution forcée devant donner lieu à des frais (CGCT, art. L. 1617-5, 4°). Il convient de préciser qu'aucune exécution ne peut être faite sur présentation d'une simple copie du titre de telle sorte qu'en cas de contestation l'original doit être produit[5]. Toutefois « *seul le bordereau des titres de recette est signé pour être produit en cas de contestation* » (CGCT, art. L. 1617-5, 4°, dern. al[6]).

Il n'existe pas de formalisme spécifique aux titres émis par les collectivités territoriales et les établissements publics locaux ou de santé. Les instructions budgétaires et comptables les concernant (M14, M21, M33 et M71) ainsi qu'une circulaire interministérielle du 21 mars 2011[7] définissent la forme et le contenu des titres.

1. T. confl. 27 nov. 1995, req. n° 02924 – *JOAN QE* n° 108693, *JO* 31 oct. 2006.
2. Com. 20 nov. 2001, n° 98-22.648, *Bull. civ.* IV, n° 183; *D.* 2002. 45.
3. Civ. 2e, 17 juin 1998, n° 96-13.199, *Bull. civ.* II, n° 199; *Rev. huiss.* 1999. 204.
4. Civ. 1re, 23 mars 1999, n° 96-21.523, *Bull. civ.* I, n° 107; *Rev. huiss.* 1999. 823 – Civ. 1re, 4 déc. 2001, n° 00-04.173, *Bull. civ.* I, n° 308; *JCP* 2002. IV. 1105; *Gaz. Pal.* 20-22 janv. 2002. Pan. 29; *RTD com.* 2002. 527, obs. Bouloc.
5. Civ. 2e, 26 oct. 1994, n° 92-18.760, *Bull. civ.* II, n° 207; *RTD civ.* 1996. 170, obs. Mestre.
6. Texte complété par L. 12 mai 2009, art. 96, 2°, a.
7. Instr. n° 11-008, 21 mars 2011, relative à la forme et au contenu des pièces de recettes des collectivités territoriales et de leurs établissements, et ann., Circ. BCRE11077021C.

Les titres exécutoires émis par les collectivités et les établissements publics locaux doivent ainsi comporter quatre volets :

- le premier est conservé par le comptable pour suivre le recouvrement de la créance;

- le second qui justifie de la prise en charge comptable est annexé au compte de l'organisme créancier;

- le troisième portant avis des sommes à payer est adressé au redevable pour l'inviter à acquitter sa dette;

- le quatrième est conservé par l'ordonnateur pour justifier du titre en cas de contestation du bien-fondé de la créance.

Ces instructions et circulaires indiquent les mentions devant figurer sur les avis des sommes à payer, notamment la nature précise de la créance, la référence aux textes et au fait générateur sur lequel est fondée l'existence de cette créance, l'imputation budgétaire et comptable, le montant des sommes à recouvrer et la base de leur liquidation, l'identité du débiteur et les voies de recours qui lui sont ouvertes. En application de l'article 4 de la loi n° 2000-321 du 12 avril 2000, relative aux droits des citoyens dans leur relation avec les administrations [1], le titre de recettes individuel ou l'extrait du titre collectif doit mentionner les noms, prénom et qualités de la personne qui l'a émis ainsi que les voies et délais de recours (CGCT, art. L. 1617-5, 4°) [2]. Lorsque l'avis des sommes à payer ne précise pas l'identité et la qualité de son auteur, il appartient à la collectivité de démontrer que l'un des trois autres volets du titre comporte ces mentions. Pour être parfaitement identifiable, le titre doit préciser la date à laquelle il est émis et rendu exécutoire ainsi que comporter d'une manière apparente la mention suivante : « *titre exécutoire en application de l'article L. 252 A du Livre des procédures fiscales, pris, émis et rendu exécutoire conformément aux dispositions des articles R. 2342-4, R. 3343-8-1 et R. 4341-4 du Code général des collectivités territoriales* ». L'extrait du titre collectif adressé au redevable contient une mention équivalente. En matière de titre collectif, les services ordonnateurs doivent établir, en sus des quatre exemplaires obligatoires, un avis individuel des sommes à payer destiné à chaque débiteur.

973.32 Mention de l'identité du redevable. L'état exécutoire n'est valable que si le débiteur y est personnellement désigné et que si son identité est certaine [3]. Les instructions et circulaires prévoient d'ailleurs que sa désignation doit être précise et complète pour éviter toute hésitation sur son identité et faciliter le recouvrement (pour les personnes physiques : nom, prénom, adresse).

L'exécution ne peut donc concerner que la personne nommément visée dans le titre. Ainsi, le titre de perception délivré à l'encontre d'un époux pour le recouvrement d'une dette ménagère (née d'un contrat d'abonnement engageant le mari et la femme) n'autorise pas la saisie des rémunérations de son conjoint, même tenu solidairement, s'il n'est pas également mentionné dans ce titre [4]. Le titre doit donc désigner tous les débiteurs concernés qu'ils soient tenus conjointement ou solidairement. À défaut, un nouveau titre doit être pris pour compléter celui émis initialement.

Si ce titre concerne une femme mariée, il ne peut se borner à la désigner sous la seule identité de son mari (ex. Mme Pierre Dupont), car les citoyens ne peuvent être désignés par les fonctionnaires publics, autrement que par leur nom de famille et les prénoms portés dans l'acte de naissance (L. 6 fructidor an II, art. 4) À noter toutefois que la première chambre civile et la chambre commerciale de la Cour de cassation ne tirent pas les mêmes conséquences du défaut de respect de ce texte lorsque l'Administration procède à la notification d'un acte. La première chambre considère que cette formalité est irrégulière (concernant un avis à tiers détenteur [5]), alors que la chambre commerciale refuse de prononcer sa nullité (concernant un redressement fiscal [6]).

Si le débiteur est une personne morale de droit privé, l'ordre de recouvrer doit mentionner sa nature et, s'il s'agit d'une société, sa forme juridique ainsi que les nom et adresse et la part dans le capital social de chaque associé.

973.33 Mention des bases de la liquidation de la créance. Selon l'article 24 alinéa 2 du décret n° 2012-1246 du 7 novembre 2012 relatif à la gestion budgétaire et comptable, tout ordre de recouvrer doit indiquer les bases de la liquidation de la créance à recouvrer. Il ne peut se borner à mentionner la nature de celle-ci et viser les textes applicables sans préciser le montant chiffré des sommes réclamées et leur modalité de calcul [7]. Ces informa-

1. L. n° 2000-321, 12 avr. 2000, relative aux droits des citoyens dans leurs relations avec les administrations, *JO* 13 avr., p. 5646.
2. Texte complété en ce sens par L. n° 2009-526, 12 mai 2009, art. 96, 2°, a.
3. CE 12 nov. 1980, Mercklé, req. n° 13901, *Lebon T.* 651.
4. Civ. 2e, 28 oct. 1999, n° 97-20.071, *Bull. civ.* II, n° 163; *JCP* 1999. IV. 3069; *Gaz. Pal.* 24-25 mars 2000, p. 27, note Véron; *RTD civ.* 2000. 167, obs. Perrot; 386, obs. Vareille.
5. Civ. 1re, 6 févr. 2001, n° 98-22.895, *Bull. civ.* I, n° 25; *D.* 2001. 633. Chron. Laroche-Gisserot; *JCP* 2001. IV. 1567 *RTD civ.* 2001. 327, obs. Hauser.
6. Com. 12 févr. 2008, n° 07-10.242, *Bull. civ.* IV, n° 37; *JCP* 2008. IV 1525; *AJDI* 2008. 951, obs. Heugas-Darraspen.
7. CE 28 oct. 2002, Dpt de la Dordogne, req. n° 225604, NP; *ACL* 2003. 386.

tions doivent être indiquées, soit dans le titre lui-même soit par référence expresse à un document précédemment adressé au redevable et joint à l'état exécutoire [1]. En cas d'erreur de réduction ou d'augmentation, un titre d'annulation ou de rectification doit être émis. Les instructions et circulaires rappellent que le titre doit mentionner la base de la liquidation de la créance de manière à permettre au destinataire d'exercer ses droits et qu'à défaut le titre serait entaché d'irrégularité. Elles précisent que le montant de la somme à recouvrer doit être indiqué et que, si des intérêts sont exigibles, il est nécessaire de viser le texte ou la convention fondant cette réclamation avec indication du taux appliqué et du point de départ retenu.

973.34 Signature du titre. L'ampliation portant avis des sommes à payer n'a pas à être signée par l'ordonnateur ou son délégataire. Seul le bordereau récapitulant les titres de recettes doit comporter sa signature en vue de sa production en cas de contestation (CGCT, art. L. 1617-5, 4°). Cette signature atteste des pièces justificatives des créances et rend exécutoire les titres qui y sont joints (CGCT, art. D. 1617-23, dern. al. - Arr. 27 juin 2007 [2]) [3].

973.35 Notification du titre exécutoire. Le titre de recette individuel ou un extrait du titre de recettes collectif est adressé au redevable sous pli simple (CGCT, art. L. 1617-5, 4°). La réception de cette notification fait courir la prescription de deux mois applicable à l'action en contestation du bien-fondé de la créance assise et liquidée par la collectivité ou l'établissement public. En cas de retour ou de négation de l'envoi, le procédé de la lettre simple ne permet donc pas d'établir la date de réception du titre par le redevable. Dans ce cas, le délai de deux mois débutera à partir de la réception du premier acte procédant du titre exécutoire non reçu ou, à défaut, à compter de la notification d'un acte de poursuite (CGCT, art. L. 1617-5, 2°).

La Cour de cassation considère à cet égard que ce n'est pas au redevable d'établir la date à laquelle il a reçu le titre exécutoire émis par un syndicat intercommunal pour le recouvrement de la redevance d'enlèvement des ordures ménagères. C'est à la personne publique poursuivante de rapporter la preuve de la date de réception [4].

La notification du titre est obligatoire ainsi que la mention de ses modalités de contestation [5]. Selon les instructions et circulaires applicables, les volets du titre individuel destinés au redevable et au comptable doivent indiquer les délais et voies de recours, notamment les modalités de l'action en contestation du bien-fondé de la créance dont l'exercice suspend la force exécutoire du titre. L'extrait du titre collectif destiné à chaque redevable et portant avis individuel des sommes à payer doit comporter les mêmes énonciations. Le 4° de l'article L. 1617-5 du Code général des collectivités territoriales a été complété en ce sens par l'article 96, 2°, a de la loi n° 2009-526, du 12 mai 2009. Selon les nouvelles dispositions de ce texte, qui renvoient à celles de la loi du 12 avril 2000 relative aux droits des citoyens dans leur relation avec l'Administration, « *le titre de recettes individuel ou l'extrait du titre collectif doit mentionner les noms, prénom et qualités de la personne qui l'a émis ainsi que les voies et délais de recours* ». On doit considérer que pour fournir une information complète, le titre ou son extrait doit en outre préciser la juridiction compétente qui peut être, selon la nature de la créance, la juridiction administrative ou la juridiction civile. Le redevable ne peut en effet, compte tenu de la complexité de la matière, savoir quel tribunal il doit choisir pour faire valoir sa contestation. Un parlementaire a d'ailleurs fait remarquer à l'occasion d'une question au ministre de l'Intérieur que les collectivités locales et leurs établissements publics étaient souvent dans l'incapacité de déterminer avec précision la juridiction compétente devant figurer sur les titres qu'ils émettent [6]. Ces informations doivent être précises, complètes et non ambiguës sous peine d'induire en erreur et de causer un grief. C'est à l'administration de se ménager une preuve de l'envoi et du contenu de cette notification. Il convient de relever qu'en application de l'article R. 421-5 du Code de justice administrative, les délais pour contester une décision administrative ne sont opposables qu'à condition d'avoir été mentionnés, ainsi que les voies de recours, dans cette notification.

C. Prescription

973.41 Prescription de la créance recouvrable. Sauf textes particuliers fixant une prescription abrégée pour certains produits, c'est la prescription

1. Com. 16 déc. 2008, n° 07-20.939, *Bull. civ.* IV, n° 213; *JCP* 2009. IV. 1161.
2. Arr. 27 juin 2007, portant application de l'article D. 1617-23 du Code général des collectivités territoriales relatif à la dématérialisation des opérations en comptabilité publique, *JO* 11 juill., p. 11708.
3. CE 31 déc. 2008, M. Passerieux, req. n° 304665.
4. Civ. 2e, 1er juill. 1999, n° 97-13.255 (préc. ss prést n°); *Gaz. Pal.* 11-12 févr. 2000, p. 31, note Véron – Civ. 1re, 18 mars 2003, n° 00-21.274, *Bull. civ.* I, n° 82; *D.* 2003. 1010; *Gaz. Pal.* 2003. Pan. 18 – Com. 23 oct. 2007, n° 06-15.994, *Bull. civ.* IV, n° 223; *D.* 2007. 2874; *JCP* 2007. Pan. IV. 3138.
5. Civ. 2e, 10 nov. 1998, n° 95-20.139, *Bull. civ.* II, n° 269; *D.* 1999. 8; *Rev. huiss.* 1999. 806, obs. Dahan – Civ. 2e, 1er juill. 1999, n° 97-13.255, *Bull. civ.* II, n° 130.
6. Rép. min. n° 08496, *JO Sénat Q* 5 juin 2014, p. 1326.

extinctive de droit commun qui s'applique en ce qui concerne la mise en recouvrement des produits des collectivités et établissements publics locaux. En effet, l'émission d'un titre exécutoire tendant à la reconnaissance d'un droit de créance s'analyse en une action personnelle et mobilière enfermée dans le délai de cinq ans prévu par l'article 2224 du Code civil. L'action en répétition des rémunérations indûment versées est soumise au même délai (C. trav., art. L. 3245-1), ainsi que le règlement des redevances de toute nature du domaine public ou privé des collectivités et établissements locaux (CGPPP, art. L. 2321-4). Les entreprises publiques qui fournissent des biens et des services aux usagers agissent en tant que professionnels et relèvent de la prescription biennale de l'article L. 132-2 du Code de la consommation. Les créances nées des baux d'habitation consentis par les offices publics de l'habitat se prescrivent par trois ans (L. n° 89-462, 6 juill. 1989[1], art. 7-1, issu de L. n° 2014-366, 24 mars 2014[2]). Les créances des caisses de crédit municipal au titre des prêts qu'elles accordent aux particuliers, à l'exception des prêts sur gage corporel, demeurent, quant à elles, soumises au délai de forclusion de deux ans prévu par les articles L. 311-2, L. 311-3 et L. 311-52 du Code de la consommation à l'intérieur duquel doivent impérativement être émis leurs états exécutoires. Le mode de poursuite, comme en matière d'impôts directs, n'a ni pour objet ni pour effet de conférer à ces produits un caractère fiscal. Par conséquent, lorsqu'ils constituent des créances de nature civile, ils conservent cette nature et la prescription qui leur est applicable demeure la prescription civile[3]. Cette prescription ne concerne que l'émission du titre exécutoire par l'ordonnateur. Dès lors que celui-ci a été pris en temps opportun et transmis au comptable, c'est une prescription d'un autre type qui commence à courir et qui concerne l'action en recouvrement de ce comptable.

973.42 Prescription de l'action en recouvrement du comptable. L'ordonnateur de la personne publique transmet le titre de recette exécutoire au comptable qui doit le prendre en charge. La date de cette prise en charge détermine le point de départ de la prescription de quatre ans applicable à l'action en recouvrement des comptables publics pour les créances des régions, des départements, des communes et des établissements publics locaux (CGCT, art. L. 1617-5, 3°; CGPPP, art. L. 2323-1). Ce délai est interrompu par tous actes comportant reconnaissance de dette de la part des débiteurs et par tous actes interruptifs de la prescription (mesure conservatoire, citation ou acte d'exécution). La notification de la mise en demeure (procédure applicable à partir du 31 décembre 2012 au plus tard) interrompt le cours de la prescription quadriennale, même si elle est devenue caduque (CGCT, art. L. 1617-5, 5°; C. pr. exéc., art. R. 221-7 et R. 228-8). Celle de l'opposition, si elle est régulière, produit le même effet interruptif. En cas de contestation, l'OTD notifiée par lettre simple ne produit aucun effet interruptif, le comptable ne pouvant en prouver l'envoi. Seule la notification de l'OTD interrompt la prescription. Les retenues et les versements effectués par le tiers détenteur en exécution de cette mesure n'a aucune incidence sur le cours du délai de quatre ans. Après avoir jugé le contraire[4], le Conseil d'État estime désormais que le comptable doit, au cours de l'OTD portant sur une créance à exécution successive, notifier au redevable un nouvel acte interruptif avant l'expiration du délai de prescription. Les versements faits par le tiers qui n'émanent pas du débiteur lui-même ne peuvent s'analyser en des paiements volontaires susceptibles d'interrompre la prescription quadriennale. Pour être efficace, la reconnaissance de dette doit se référer à une créance dont la nature, le montant et le titulaire sont clairement spécifiés[5].

La Haute juridiction estime toutefois, au visa des articles L. 1617-5, 3° du Code général des collectivités territoriales et 2244 (anc.) du Code civil que la prescription quadriennale des titres exécutoires émis par les collectivités locales n'est pas interrompue par l'envoi d'un commandement de payer qui n'est jamais parvenu à son destinataire, notamment lorsque la Poste le retourne au comptable avec la mention « *n'habite plus à l'adresse indiquée* »[6]. Cette jurisprudence semble pouvoir être transposable à la mise en demeure tenant lieu de commandement au sens l'article L. 1617-5, 5° du Code général des collectivités territoriales. On peut toutefois se demander si elle sera maintenue au regard de la nouvelle rédaction de l'article 2244 du Code civil résultant de la réforme opérée par la loi du 17 juin 2008. En effet, ce texte ne semble plus exiger, pour l'efficacité des actes interruptifs de prescription, que ceux-ci soient notifiés ou signifiés à celui que l'on veut empêcher de prescrire.

1. L. n° 89-462, 6 juill. 1989 tendant à améliorer les rapports locatifs et portant modification de la loi n° 86-1290 du 23 décembre 1986, *JO* 8 juill., p. 1989.
2. L. n° 2014-366, 24 mars 2014, pour l'accès au logement et un urbanisme rénové, *JO* 26 mars, p. 5809.
3. Com. 29 mars 1989, n° 87-12.559, *Bull. civ.* IV, n° 107; *JCP* 1989. IV. 204.
4. CE 2 juill. 1990, Begue, req. n° 69367.
5. CE 7 sept. 2009, req. n° 316523 – CE 29 oct. 2001, req. n° 20567.
6. Com. 18 nov. 2008, n° 07-20.031, *Bull. civ.* IV, n° 194; *D.* 2008. 3093.

L'acquisition de cette prescription fait obstacle à la mise en œuvre d'une OTD tardive. Elle interdit également l'engagement, par voie de citation, d'une action en justice contre le redevable [1].

La prescription quadriennale de l'action en recouvrement des comptables publics n'est pas remise en cause par l'article L. 111-4 C. pr. exéc. qui prévoit une prescription de dix ans pour la mise à exécution des titres exécutoires. En effet, ce texte, introduit par la réforme de 2008, ne vise que les titres mentionnés aux 1° à 3° de l'article L. 111-3 du même code, à savoir les décisions des juridictions administratives et judiciaires, les accords auxquels elles ont donné force exécutoire, les actes et les jugements étrangers, les sentences arbitrales et les extraits de procès-verbaux de conciliation signés par le juge et les parties. Les titres exécutoires délivrés par les personnes morales de droit public qui sont énoncés au 6° de cet article ne sont donc pas concernés.

§ 3
Créances objet de l'opposition

973.51 Caractéristiques des créances objet de l'opposition à tiers détenteur. L'OTD peut porter sur toutes les créances du débiteur dès lors qu'il s'agit de sommes d'argent. Elle peut en effet être notifiée à toutes les personnes physiques ou morales qui détiennent des fonds pour le compte de redevables, qui ont des dettes envers eux ou qui leur versent des rémunérations (CGCT, art. L. 1617-5, 7°, al. 1er). Cette énumération très large recouvre toutes les catégories de tiers, notamment les établissements habilités à tenir des comptes, les locataires débiteurs de loyers, les officiers ministériels dépositaires de fonds, les assureurs redevables d'indemnités après sinistre, les employeurs privés et publics. Il faut cependant qu'il s'agisse de créance de sommes d'argent de telle sorte que, pour appréhender les valeurs d'un compte titre, il faut recourir, non à l'OTD, mais à la saisie des droits d'associés et des valeurs mobilières. L'OTD peut aussi s'exercer sur les sommes versées par un redevable souscripteur ou adhérant d'un contrat d'assurance rachetable, y compris si la possibilité de rachat fait l'objet de limitations, dans la limite de la valeur de rachat des droits à la date de la notification de l'opposition (CGCT, art. L. 1617-5, 7°, al. 6).

Il n'est pas nécessaire que ces créances soient liquides et exigibles ou constatées dans un titre exécutoire. Il faut cependant qu'elles existent dans le patrimoine du débiteur, qu'elles soient disponibles et saisissables.

973.52 Créances conditionnelles, à terme ou à exécution successive. L'OTD peut s'exercer sur toutes les créances du redevable, même si elles sont conditionnelles ou à terme. Dans ce cas, les fonds sont versés au comptable public lorsque ces créances deviennent exigibles (CGCT, art. L. 1617-5, 7°, al. 6). Cette disposition est l'application à l'OTD du principe général posé par le dernier alinéa de l'article L. 112-1 C. pr. exéc. selon lequel les modalités propres aux obligations conditionnelles ou à termes s'imposent à tout créancier saisissant. Il est en effet normal que la personne publique ne dispose pas, contre le tiers détenteur, de plus de droits que le débiteur n'en avait lui même. Bien que l'article L. 1617-5, 7° ne le précise pas expressément, il n'est pas douteux que l'OTD puisse aussi s'exercer sur les créances à exécution successive car les dispositions de l'article L. 112-1 précité qui ont une portée générale, sont nécessairement applicables à toutes les mesures d'exécution forcée. De surcroît, la référence expresse aux rémunérations faites par le premier alinéa du 7° de l'article L. 1617-5, implique la possibilité d'intercepter les créances à exécution successive. Dans le cas de ces créances, l'effet de l'opposition se prolonge jusqu'à ce que la créance de la collectivité ou de l'établissement ait été totalement recouvrée.

973.53 Certitude de la créance. Il n'est pas nécessaire que la créance objet de l'opposition soit consacrée par un titre exécutoire. Il faut cependant qu'elle existe avec certitude dans le patrimoine du redevable et s'y trouver encore au moment où la mesure est notifiée. L'article L. 1617-5, 7° du Code général des collectivités territoriales vise d'ailleurs les personnes qui ont des dettes actuelles et non simplement éventuelles, envers le redevable. La Haute juridiction dénie toute certitude aux créances éventuelles ou en germe, celles-ci ne pouvant être assimilées à des créances conditionnelles [2]. Ainsi la créance de remise de fonds qu'un débiteur est susceptible de détenir contre son banquier n'est pas certaine tant que ces fonds n'ont pas encore été déposés sur le compte ouvert dans ses livres [3]. Il en est de même pour une prime ou une subvention dont la demande d'attribution est toujours en cours d'instruction au moment où la mesure d'exécution intervient. Dans ce cas, le droit du redevable n'est pas acquis avec certitude de telle sorte que l'opposition ne peut prospérer [4]. Si la créance est déjà sortie

1. Com. 26 oct. 1971, n° 69-10.826, *Bull. civ.* IV, n° 255 – Civ. 1re, 17 févr. 1993, n° 88-18.052, *Bull. civ.* I, n° 77.

2. Civ. 2e, 25 mars 1998, n° 96-14.706, *Bull. civ.* II, n° 109 – Com. 13 mars 2001, n° 98-12.700, *Bull. civ.* IV, n° 58; *D.* 2001. 1144.
3. Civ. 2e, 25 mars 1998, n° 96-14.706, *Bull. civ.* II, n° 109.
4. Civ. 2e, 9 oct. 1991, n° 90-14.635, *Bull. civ.* II, n° 236.

du patrimoine du redevable à la suite d'une cession à un tiers, la mesure est également infructueuse. C'est aussi le cas lorsque la provision d'un chèque ou d'une lettre de change a été transférée au bénéficiaire ou à l'endossataire avant la notification de l'opposition (sur la certitude de la créance du redevable sur le tiers détenteur, v. saisie-attribution s^s^ n°s 812.11 s.).

973.54 Disponibilité de la créance. Les sommes objet de l'opposition doivent être disponibles entre les mains du tiers. Lorsqu'elles s'avèrent indisponibles, celui-ci doit en aviser le comptable chargé du recouvrement dès la réception de l'opposition (CGCT, art. L. 1617-5, 7°). L'indisponibilité des fonds interceptés peut résulter d'une mesure d'exécution antérieure telle qu'une saisie-attribution, un avis ou une OTD ou encore une saisie des rémunérations. Indépendamment de l'effet attributif immédiat produit par la plupart de ces mesures, toute saisie rend indisponible, en application de l'article L. 141-2 C. pr. exéc., les biens corporels ou incorporels qui en sont l'objet (sur le concours entre une OTD et une saisie des rémunérations, v. s^s^ n° 945.81). Une saisie conservatoire survenue avant l'opposition produit également, en vertu de l'article L. 523-1 du code précité, le même effet d'indisponibilité à concurrence du montant fixé par l'autorisation du juge ou, en cas de dispense légale de celle-ci, du montant indiqué dans l'acte de saisie. Sont également indisponibles les sommes consignées ou mises sous séquestre en raison d'un litige. Il en est également ainsi du prix de vente d'un immeuble ou d'un fond de commerce en vue de sa distribution aux créanciers inscrits auxquels il est réservé. Dans la même perspective, le prix des biens adjugés ou cédés amiablement dans le cadre d'une saisie-vente n'est pas susceptible d'être saisi (C. pr. exéc., art. L. 221-4). Il faut préciser que la créance indisponible ne cesse pas d'appartenir au redevable de telle sorte qu'elle peut toujours être appréhendée par le comptable public qui intervient en second lieu. S'il s'avère que la cause d'indisponibilité qui fait seulement obstacle à l'effet d'attribution immédiate, cesse en raison de l'annulation de la saisie antérieure, l'opposition peut produire tous ses effets[1] (sur la disponibilité de la créance interceptée, v. la saisie-attribution s^s^ n°s 831.130 s.).

973.55 Saisissabilité de la créance. Le comptable public ne peut notifier une opposition que si la créance détenue par le tiers détenteur est saisissable. La liste des biens et des créances insaisissables est donnée par l'article L. 112-2, 3° C. pr. exéc. et les articles R. 112-4 et R. 112-5 du même code. Parmi les créances insaisissables, celles que l'on rencontre le plus souvent en pratique sont les créances alimentaires (prestations compensatoires, subsides, contributions aux charges du mariage, pensions alimentaires). Elles peuvent toutefois être appréhendées pour le recouvrement de créances elles-mêmes alimentaires comme les frais de cantine scolaire. Toutefois, en matière de surendettement, la Haute juridiction est d'avis que les frais de restauration scolaire, d'accueil périscolaire et de centre de loisir dus à une collectivité publique ne constituent pas des créances alimentaires au sens de l'article L. 333-1 du Code de la consommation. Cette appréciation pourrait bien être étendue à la matière des voies d'exécution[2]. D'autres créances à caractère alimentaire sont déclarées insaisissables par des dispositions législatives spéciales telles que les prestations sociales, les allocations familiales et le revenu de solidarité active (RSA). C'est au redevable qui soutient que la créance objet de l'opposition revêt un tel caractère, de saisir le juge de l'exécution (JEX) pour qu'il en détermine la fraction insaisissable en se référent, au besoin, aux barèmes prévus pour la saisie des rémunérations (C. pr. exéc., art. R. 112-4 – Sur l'insaisissabilité des créances alimentaires et des prestations sociales, v. s^s^ n°s 151.110 à 151.156 et 812.101 à 812.112).

973.56 Sommes insaisissables versées sur un compte. L'article L. 1617-5 du Code général des collectivités territoriales précise, depuis sa modification par l'article 3 (6°) de l'ordonnance du 19 décembre 2011, que les dispositions de l'article L. 162-1 C. pr. exéc. concernant les mesures d'exécution entre les mains des établissements habilités à tenir des comptes sont applicables à l'OTD ouverte aux collectivités territoriales et aux établissements publics locaux et de santé. Selon ce texte, l'établissement tiers détenteur est tenu de déclarer le solde du ou des comptes du débiteur au jour de la saisie. Dans les quinze jours ouvrables qui suivent l'opposition et pendant lesquels les sommes laissées au compte sont indisponibles, ce solde peut être affecté à l'avantage ou au préjudice du créancier par diverses opérations de débit et de crédit dès lors qu'il est prouvé que leur date est antérieure à l'opposition. Lorsque des sommes insaisissables en tout ou en partie sont versées sur un compte, leur insaisissabilité se reporte, à due concurrence, sur le solde de ce compte. Les articles R. 112-5, R. 162-2 à 162-9 C. pr. exéc. qui ont une portée générale organisent les conditions et modalités selon lesquelles le

1. Civ. 2e, 14 oct. 1999, n° 97-19.502, *Bull. civ.* II, n° 157; *D.* 2000. 754, note Soustelle; *RTD civ.* 2000. 169, obs. Perrot; *Procédures* févr. 2000. Comm. 32, note Perrot.

2. Cass., avis, 8 oct. 2007, n° 07-00.013, *Bull. avis*, n° 9; *D.* 2007. 2669, ndrl; *JCP* 2007. II. 110203, note Dagorne-Labbé; *RTD civ.* 2008. 97, obs. Hauser; *RTD com.* 2008. 193, obs. Paisant.

titulaire peut se faire remettre les fonds partiellement ou totalement insaisissables.

Il peut demander directement à l'organisme qui gère le compte, sans avoir besoin de saisir le JEX, de laisser à sa disposition une somme d'un montant équivalent à celui de sa créance insaisissable. Cette demande n'est soumise à aucune condition de délai ou de forme si ce n'est la justification de l'origine des fonds. La remise de la somme insaisissable doit être effectuée immédiatement si elle provient d'une créance à échéance périodique (C. pr. exéc., art. R. 162-4). Dans le cas contraire elle doit être faite à l'expiration du délai de quinze jours prévu par l'article. L. 162-1 C. pr. exéc. pour la régularisation des opérations en cours.

973.57 Mise à disposition d'une somme à caractère alimentaire. À l'origine, le dispositif organisé par le décret du 31 juillet 1991, codifié dans la partie réglementaire du Code des procédures civiles d'exécution, prévoyait, qu'en cas d'urgence, le titulaire pouvait demander la mise à disposition immédiate, dans la limite du solde créditeur au jour de la réception de la demande, d'une somme à caractère alimentaire d'un montant forfaitaire égal au RSA. Celle-ci pouvait être présentée au moyen d'un imprimé tenu à sa disposition par le tiers, dans un délai de quinze jours suivant la mesure d'exécution.

Ce dispositif d'urgence a été relativement peu utilisé par les débiteurs auxquels il devait profiter de telle sorte que le législateur est intervenu pour généraliser, au bénéfice des seules personnes physiques, la mise à disposition d'office d'une somme destinée à assurer leur subsistance. Ainsi, les articles 47-1 et 86 de la loi du 9 juillet 1991, respectivement applicables à la saisie-attribution et à l'avis à tiers détenteur, ont retenu, depuis la loi du 12 mai 2009, que le tiers saisi devait laisser à la disposition du débiteur personne physique, dans la limite du solde créditeur du ou des comptes au jour de la mesure, une somme à caractère alimentaire égale au montant forfaitaire pour un allocataire seul, mentionnée à l'article L. 262-2 du Code de l'action sociale et des familles (c'est-à-dire du RSA). L'article 47-1 de la loi de 1991 est devenu l'article L. 162-2 C. pr. exéc. tandis que l'article 86 de la même loi a été incorporé dans le deuxième alinéa de l'article L. 263 LPF par l'article 3 (7°) de l'ordonnance codificatrice du 19 décembre 2011.

Les articles 46 et suivants du décret du 31 juillet 1992 (devenus C. pr. exéc., art. R. 162-2 s.) ont été modifiés par un décret du 30 décembre 2009[1], afin d'être mis en harmonie avec les dispositions légales imposant au tiers saisi la remise immédiate et automatique de la somme à caractère alimentaire. Le banquier doit désormais agir de sa propre initiative et sans que le titulaire du ou des comptes ait besoin d'effectuer la moindre démarche[2]. En cas de pluralité de comptes, cette mise à disposition doit être opérée au regard de l'ensemble des soldes créditeurs, la somme étant imputée, en priorité, sur les fonds disponibles à vue[3].

Depuis l'adoption du Code des procédures civiles d'exécution, la réglementation de la mise à disposition du solde bancaire insaisissable fait partie des dispositions générales de ce code qui sont applicables à toutes les mesures d'exécution. Pour lever toute ambiguïté, l'ordonnance codificatrice du 19 décembre 2011 (art. 3, 6°) a complété l'article L. 1617-5 CGCT qui dispose désormais que l'article L. 162-2 C. pr. exéc. (et les articles R. 162-2 et R. 162-3 qui en précisent les conditions de mise en œuvre) est applicable à l'OTD. À noter que le second alinéa de cet article précise que lorsque le débiteur est un entrepreneur individuel à responsabilité limitée, la mise à disposition automatique d'une somme insaisissable ne peut avoir lieu que si la mesure d'exécution porte sur les comptes afférents au patrimoine non affecté. (Sur la mise à disposition des sommes insaisissables versées sur un compte et les apports de la loi du 12 mai 2009, v. s^{s} n°s 151.161 s., 923.81 s. et 971.215).

973.58 Salaires et pensions de retraite. L'OTD ouverte dans l'intérêt des collectivités territoriales et des établissements publics locaux et de santé peut s'exercer sur les rémunérations qui sont expressément visées par le 7° de l'article L. 1617-5 du Code général des collectivités territoriales. Ce terme général de rémunérations recouvre les notions de salaire, de traitement et de solde. En revanche, on peut s'interroger sur le point de savoir si cette mesure, dérogatoire aux dispositions du Code du travail, peut être étendue aux pensions de retraite des salariés de droit privé et des fonctionnaires, lesquelles sont cessibles et saisissables dans les mêmes conditions et limites que les salaires. La réponse parait affirmative par analogie avec les solutions adoptées en matière d'avis à tiers détenteur.

Les rémunérations sont en principe insaisissables, à l'exception d'une fraction qui dépend de leur montant et des personnes à charge. L'effet

1. V. Ph. Hoonakker, « Le RSA bancaire ou la mise à disposition automatique d'une somme à caractère alimentaire sur un compte saisi », *D.* 2010. 1890.

2. L. n° 2009-526, 12 mai 2009, de simplification et de clarification du droit et d'allègement des procédures, art. 20 – V. AUSSI : L. Lauvergnat, « Brèves remarques sur le déclenchement d'office du solde bancaire insaisissable », *Rev. huiss.* 2009. 188.
3. Décr. n° 2009-1694, 30 déc 2009 relatif à la mise à disposition automatique d'une somme à caractère alimentaire sur un compte saisi, art. 2 à 7, *JO* 31 déc., p. 23110.

attributif immédiat produit par l'opposition transfère à la personne publique créancière la propriété de la quotité saisissable présente et à venir. En effet, comme toute créance à exécution successive, la rémunération ou, plus exactement, sa fraction appréhendable, passe dans le patrimoine de l'opposant pour son montant échu et à échoir. Cet effet attributif fait ainsi obstacle à tout concours avec un créancier postérieur à l'opposition. En revanche, lorsque celle-ci intervient après une saisie des rémunérations opérée selon les articles L. 3252-1 et suivants du Code du travail (mentionnés au C. pr. exéc., art. L. 211-1), l'indisponibilité résultant de cette mesure impose un concours avec le ou les créanciers ayant pratiqué cette mesure. Le comptable public devrait donc procéder par voie d'intervention à la saisie antérieure en cours, en déposant une requête en ce sens au tribunal d'instance compétent. C'est la solution que retient l'article R. 3252-32 du Code du travail qui dispose que le comptable informé de la saisie en cours par l'employeur, adresse au greffe du tribunal d'instance une copie de l'OTD et indique la date de sa notification au redevable. La répartition est alors faite par le greffier dans les conditions prévues par le Code du travail, l'OTD étant, à cet effet, assimilé à une intervention et les versements devant être, désormais, effectués à l'ordre du régisseur installé auprès du tribunal (C. trav., art. R. 3252-38, al. 3 et 4). Sur la saisie des rémunérations dans son ensemble, v. s^s^ n°s 940.01 à 946.44 – sur l'OTD sur les rémunérations, v. s^s^ n°s 945.51 à 945.104).

973.59 Fonds versés à la Caisse des dépôts et consignations par les mandataires judiciaires. Selon l'article 173 du décret du 27 décembre 1985 repris dans les dispositions législatives du Code de commerce sous l'article L. 627-1 devenu L. 662-1 depuis la loi du 26 juillet 2005, de sauvegarde des entreprises, aucune opposition ou procédure d'exécution de quelque nature qu'elle soit n'est recevable sur les sommes versées à la Caisse des dépôts et consignation. Ainsi, les fonds déposés par les mandataires judiciaires dans le cadre des procédures collectives sont frappés d'une cause d'insaisissabilité plutôt que d'indisponibilité (sur cette question, v. la saisie-attribution, s^s^ n°s 812.91 s. et spéc^t^ n° 812.126).

SECTION 2
FORMALITÉS ET DÉMARCHES PRÉALABLES

973.60 Particularités. Comme pour tous les ordres de recette, la mise à exécution des titres émis par les collectivités territoriales et les établissements publics locaux et de santé doit être précédée par l'envoi d'une lettre de relance à laquelle est substituée, à partir du 31 décembre 2012, une mise en demeure de payer elle-même précédée, pour les créances d'un montant inférieur à 15 000 euros, d'une lettre de relance ou d'une phase comminatoire confiée à un huissier de justice[1]. Si cette démarche n'est pas suivie d'effet, la mesure proprement dite est directement notifiée par le comptable public compétent selon un formalisme très simple. Celui-ci doit cependant obtenir l'autorisation préalable de l'ordonnateur de la collectivité ou de l'établissement. Pour lui permettre d'intervenir efficacement la loi lui facilite l'obtention des renseignements nécessaires.

§ 1
Formalités en vigueur jusqu'au 31 décembre 2012

973.61 Caractère non obligatoire de la lettre de rappel. Le titre de recettes collectif était adressé aux redevables sous pli simple. Lorsque celui-ci n'avait pas effectué le versement qui lui était demandé à la date limite du paiement, le comptable chargé du recouvrement devait lui envoyer une lettre de rappel avant la notification du premier acte de poursuite devant donner lieu à des frais (CGCT, anc. art. L. 1617-5, 4°). Cette formalité particulière aux créances des collectivités territoriales et des établissements publics locaux, constituait l'application du principe général posé par l'article L. 255 du Livre des procédures fiscales (abrogé à partir du 31 décembre 2012) prescrivant, en matière d'impôts directs, l'expédition d'une lettre de rappel vingt jours au moins avant le premier acte de poursuite devant donner lieu à des frais (le commandement de payer). L'envoi de cette lettre de rappel était une formalité obligatoire qui s'imposait pour tous les redevables retardataires, privés ou publics, avant l'engagement des poursuites.

Une réponse ministérielle et une instruction de la DGI ont estimé que l'obligation d'envoyer une lettre de rappel devait s'appliquer à l'avis à tiers détenteur bien qu'il ne s'agisse pas d'un acte de poursuite devant donner lieu à des frais. Toutefois, se fondant sur l'article 1912 du Code général des impôts énumérant limitativement les actes de poursuite donnant lieu à des frais, la Cour de cassation a jugé que cette formalité n'est pas une condition de mise en œuvre de l'ATD (v. s^s^ n° 932.21). Cette jurisprudence devrait être transposable à l'OTD des collectivités territoriales puisque sa mise en œuvre ne nécessite plus une tentative préalable de recouvrement par l'intermédiaire d'un huissier dont l'inter-

1. L. n° 2010-1658, 29 déc. 2010, art. 55, I, B et J.

vention donnait lieu à des frais tarifés (v. s^s^ n°s 973.70 à 973.73).

973.62 Modalités d'envoi de la lettre de rappel. Le Code général des collectivités territoriales ne précisait pas selon quelles modalités ce courrier doit être adressé. Le procédé de la lettre simple était donc admissible. Toutefois, la preuve de l'accomplissement de cette formalité incombant au comptable, celui-ci devait procéder par pli recommandé avec avis de réception s'il voulait pouvoir justifier de cette diligence en cas de contestation.

§ 2
Formalités applicables depuis le 1er janvier 2013

973.70 Avant-propos. À l'origine, l'article L. 1617-5 CGCT prévoyait une phase préalable obligatoire de recouvrement par huissier qui a été supprimée par la loi n° 2009-526, du 12 mai 2009, de simplification et de clarification du droit et d'allégement des procédures (L. 12 mai 2009, art. 96, 2°, c). La loi de finances rectificative n° 2010-1658 du 29 décembre 2010 a rétabli cette **phase comminatoire préalable** pour les **créances inférieures à 15 000 euros** (CGCT, art. L. 1617-5, 6°). Celle-ci n'est cependant pas obligatoire pour le comptable public qui peut opter entre l'envoi d'une lettre de relance ou le recours à l'intervention d'un huissier de justice avant de notifier au redevable une mise en demeure de payer tenant lieu de commandement aux fins de saisie-vente. Il convient de préciser que les différentes étapes de ce recouvrement amiable (lettre de relance, phase comminatoire et mise en demeure) sont facultatives pour le comptable qui veut engager une OTD car cette mesure ne donne pas lieu à des frais au sens de l'article 1912 du Code général des impôts. Ces démarches amiables qui ne génèrent aucun frais ne produisent aucun effet juridique à l'exception de la mise en demeure.

973.71 Envoi d'une lettre de relance. Pour les recouvrements des créances inférieures à 15 000 euros, le comptable public doit adresser une lettre de relance au redevable qui n'a pas réglé les sommes dues à leur date limite de paiement. L'article L. 1617-5 CGCT ne précise pas les modalités et le contenu de cette lettre. Il appartient néanmoins au comptable, s'il veut se ménager la preuve de l'accomplissement de cette formalité, de procéder par lettre recommandée avec avis de réception (LRAR). La lettre devrait contenir les informations prescrites par les articles 1er et 4 de la loi n° 2000-321 du 12 avril 2000 relative aux droits des citoyens dans leurs relations avec les administrations[1], à savoir, les nom, prénom, qualité et signature de son auteur. Elle doit précéder la notification de la mise en demeure de payer. Toutefois, pour les procédures en cours au moment de l'entrée en vigueur des nouvelles dispositions légales, la lettre de rappel envoyée antérieurement peut être suivie de la mise en demeure.

973.72 Phase comminatoire confiée à un huissier de justice. Pour le recouvrement des créances d'un montant inférieur à 15 000 euros, le comptable peut opter entre l'envoi d'une lettre de relance ou le recours à une phase comminatoire par laquelle il demande à un huissier de justice d'obtenir du redevable qu'il s'acquitte auprès de lui du montant de sa dette.

Une convention du 15 décembre 2010, conclue entre la Chambre nationale des huissiers et la Direction générale des finances publiques, définit l'objet de la phase comminatoire. Elle consiste, pour l'huissier de justice :

- à mettre en œuvre les moyens qui lui paraissent utiles et nécessaires pour parvenir à un recouvrement amiable (envoi de courrier ou de messages, relances téléphoniques, déplacements au domicile) ;
- à signaler au comptable les débiteurs en situation d'insolvabilité (carence précédemment constatée lors du recouvrement d'autres créances) ;
- à constater la disparition de certains débiteurs aux adresses indiquées (suite au retour de plis non distribués) ;
- à tenter d'obtenir la nouvelle adresse du redevable ainsi que les informations permettant le recouvrement.

Au cours de la phase comminatoire, l'huissier ne dresse pas de procès-verbal, mais communique au comptable tous les renseignements qu'il a pu obtenir. Des conventions locales peuvent être conclues avec chaque huissier ou groupement d'huissiers.

973.73 Frais du recouvrement par l'huissier. Les frais de recouvrement sont versés directement par le redevable à l'huissier de justice et leur montant est calculé par application d'un taux proportionnel à celui des sommes recouvrées fixé par arrêté conjoint des ministres des Finances et de la Justice (CGCT, art. L. 1617-5, 6°). Ces frais doivent rester acquis à l'huissier dont ils constituent la rémunération.

973.74 Mise en demeure. Lorsque la lettre de relance ou la phase comminatoire n'a pas été suivie

1. L. n° 2000-321, 12 avr. 2000, relative aux droits des citoyens dans leurs relations avec les administrations, *JO* 13 avr., p. 5646.

de paiement, le comptable public compétent peut adresser une mise en demeure de payer. Dans ce cas, l'exécution forcée des poursuites donnant lieu à des frais peut être engagée à l'expiration d'un délai de huit jours suivant la notification de la mise en demeure de payer (CGCT, art. L. 1617-5, 6°).

Lorsque le recouvrement porte sur des créances d'un montant égal ou supérieur à 15 000 euros, la mise en demeure peut être notifiée au redevable dès le défaut de versement des sommes dues à leur date limite de paiement, le recours à la lettre de relance ou à la phase comminatoire étant exclu. À défaut de règlement, dans les trente jours qui suivent la notification de cette mise en demeure, le comptable public peut engager des poursuites devant donner lieu à des frais mis à la charge du redevable dans les conditions fixées à l'article 1912 du Code général des impôts (CGCT, art. L. 1617-5, 5°).

L'envoi de cette mise en demeure tient lieu de commandement de payer aux fins de saisie-vente et interrompt la prescription de l'action en recouvrement du comptable.

§ 3
Autorisation des poursuites par l'ordonnateur

973.81 Autorisation préalable par l'ordonnateur. Les poursuites pour le recouvrement des produits des collectivités et des établissements publics locaux sont effectuées comme en matière de contributions directes. Toutefois, le maire, le président du conseil général, le président du conseil régional ou l'ordonnateur de l'établissement autorise les mesures d'exécution forcée après avoir recueilli l'avis du comptable. Cette autorisation peut être permanente ou temporaire pour tout ou partie des titres émis par l'ordonnateur. En pratique, le comptable soumet au visa de l'ordonnateur une liste des redevables défaillants à l'encontre desquels une mesure d'exécution lui semble nécessaire. Seul l'ordonnateur de la collectivité territoriale a le pouvoir d'autoriser le comptable à engager les poursuites. S'agissant du recouvrement des créances de la commune, c'est le maire et non le conseil municipal qui est habilité à donner cette autorisation[1]. Le refus d'autorisation ou l'absence de réponse dans le délai d'un mois justifie l'inscription en non-valeur des créances dont le paiement n'a pu être obtenu amiablement (CGCT, art. R. 1617-24, R. 2342-4, R. 3342-8-1 et R. 4341-4).

1. CE 18 déc. 1989, Cne de Saint-Marcel-Paulet, req. n° 60806, *Lebon* 257; *Dr. adm.* 1989. 261.

§ 4
Recherche des informations

973.91 Inopposabilité du secret professionnel. En cas d'échec de sa tentative de recouvrement, le comptable public compétent va engager la procédure d'opposition. Il va cependant devoir effectuer des recherches pour déterminer la consistance du patrimoine du redevable, ses sources de revenu ainsi que l'identité et l'adresse des tiers susceptibles de lui devoir de l'argent. L'obtention de ces informations lui est facilitée par l'article L. 1617-5, 8° CGCT. Selon ce texte, les comptables chargés du recouvrement des créances assises et liquidées par les collectivités territoriales ou par les établissements publics locaux, peuvent obtenir sans que le secret professionnel ne puisse leur être opposé, les informations et renseignements nécessaires à l'exercice de cette mission.

Ce droit de communication s'exerce quel que soit le support utilisé pour la conservation de ces informations ou renseignements.

Les comptables publics peuvent donc s'adresser directement aux personnes susceptibles de les renseigner sans recourir à un huissier de justice ni passer par l'intermédiaire du procureur de la République.

973.92 Nature des renseignements communicables. Les renseignements et informations pouvant être communiqués aux comptables sont ceux relatifs à l'état civil des débiteurs, à leur domicile, aux noms et adresse de leur employeur et des établissements ou organismes auprès desquels un compte de dépôt est ouvert à leur nom, aux nom et adresse des organismes ou particuliers qui détiennent des fonds et valeurs pour leur compte, à l'immatriculation de leur véhicule. Cette énumération est plus large que celle des articles L. 152-1 et L. 152-2 C. pr. exéc. puisqu'elle vise, non seulement le domicile du débiteur et les références de son employeur et de ses comptes bancaires, mais encore les noms et adresse des organismes ou des particuliers qui détiennent des fonds et valeurs pour son compte ainsi que l'immatriculation de son véhicule. Le droit de communication du comptable est complété, en vertu du dernier aliéna du 8° de l'article L. 1617-5 CGCT par le droit « *d'accéder aux fichiers utilisés par les services en charge de l'établissement de l'assiette et du recouvrement des impôts* ».

973.93 Personnes pouvant être sollicitées. Ces renseignements et informations peuvent être sollicités auprès des collectivités territoriales et de leurs établissements publics locaux, des administrations et entreprises publiques, des établissements et organismes de sécurité sociale, ainsi que des organismes ou particuliers assurant des prestations de services à caractère juridique, financier ou comptable, ou la détention de biens ou de fonds pour le compte de débiteurs. Là encore la liste des personnes auxquelles le comptable peut s'adresser est plus étendue que celle contenue dans les articles L. 152-1 et L. 152-2 C. pr. exéc., puisqu'elle vise, non seulement les personnes morales de droit public et les organismes bancaires et de sécurité sociale, mais également les organismes et les particuliers assurant des prestations de services juridiques ou financiers et la détention de biens ou de fonds.

SECTION 3
MISE EN ŒUVRE

973.100 Originalité de la procédure. L'OTD est mise en œuvre selon un formalisme très simple qui se réduit à deux notifications, l'une au tiers détenteur et l'autre au redevable (§ 1). Le Code général des collectivités territoriales ne prévoyant pas les modalités et le contenu de ces notifications il est nécessaire de se référer à l'instruction codificatrice, laquelle prend largement en compte les solutions jurisprudentielles adoptées en matière d'avis à tiers détenteur qui sont transposables à l'opposition (§ 2).

§ 1
Formalisme de l'opposition

973.101 Auteur de l'opposition. Contrairement à la plupart des autres mesures d'exécution, l'OTD est notifiée sans le concours d'un huissier de justice. Toutefois, ce n'est pas l'ordonnateur de la personne publique émettrice du titre qui y procède lui-même. C'est au comptable public compétent qui a pris en charge le titre de recette, qu'incombe la mission d'engager la procédure d'opposition (CGCT, art. L. 1617-5, 7°). Sont notamment pourvus d'un comptable public ayant la qualité de comptable principal, les communes, les départements et les régions (CGCT, art. L. 1617-1). La plupart des offices publiques d'HLM en sont également dotées. C'est aussi le cas des établissements publics de santé et des maisons de retraites publiques, de certains lycées agricoles, des centres communaux d'action sociale et des syndicats d'alimentation en eau potable. En revanche, les établissements dont les recettes sont gérées par un agent comptable ne peuvent bénéficier de la procédure d'opposition. C'est le cas des caisses de crédit municipales qui n'ont pas de comptable direct du Trésor.

973.102 Destinataires de l'opposition. L'opposition est d'abord adressée aux personnes physiques ou morales qui détiennent des fonds pour le compte du débiteur, qui ont une dette envers lui ou qui lui versent une rémunération. C'est entre les mains de ces tiers que sont interceptées les créances du redevable défaillant. Il faut préciser que si l'opposition est faite entre les mains d'un comptable public, centre de chèques postaux ou de la Caisse nationale d'épargne elle doit, à peine de nullité, être notifiée au comptable public assignataire de la dépense (C. pr. exéc., art. 143-3). L'opposition notifiée entre les mains d'un comptable public se périme au bout de cinq ans et doit être renouvelée passé ce délai, sauf lorsqu'elle porte sur des rémunérations (C. pr. exéc., art. L. 143-2). L'opposition est également notifiée au redevable en même temps qu'elle est adressée au tiers détenteur et ce, afin de l'informer de la mesure pratiquée à son encontre et de lui permettre, soit de faire des propositions de règlement pour en obtenir la mainlevée, soit de la contester s'il a des motifs à faire valoir. Lorsque le débiteur est dessaisi de la gestion de son patrimoine par l'effet d'un jugement de liquidation judiciaire prononcé avant l'expiration du délai de contestation, l'opposition doit être dénoncée au liquidateur et ce, même si, elle a déjà été notifiée à ce débiteur. Le jugement d'ouverture interrompt le délai et un nouveau délai court au profit du liquidateur. Il convient de relever que si la personne publique peut notifier les titres exécutoires et actes de poursuite à l'un seulement des redevables solidaires, la procédure doit néanmoins être contradictoire, la loyauté des débats imposant que la mesure d'exécution soit notifiée en cours de procédure à l'ensemble des codébiteurs[1]. Cette décision rendue à propos d'un ATD est transposable à une OTD.

La procédure se limite donc à deux actes notifiés en la forme ordinaire.

973.103 Notification de l'opposition par voie postale. La notification de l'opposition n'est réglementée par aucun texte. Le comptable peut donc recourir à la lettre simple s'il veut limiter le coût de l'opération. Ici la similitude avec l'avis à tiers détenteur est parfaite et la jurisprudence admettant qu'en cette matière, l'utilisation de la lettre recommandée avec accusé de réception (LRAR) n'est pas obligatoire est transposable à l'opposition[2]. Il convient de relever que la notification par lettre simple soulève des difficultés de preuve. En matière d'ATD, la question du fardeau de celle-ci donne lieu à des divergences entre juridictions administratives et judiciaires. Le Conseil d'État estime que la charge

1. Com. 25 mars 2014, n° 12-27.612, *Bull. civ.* IV, n° 60; *D.* 2014. 828 – Com. 29 avr. 2014, n° 13-13.572, NP; *Procédures* 2014, n° 203, note Perrot.
2. CE 15 oct. 1997, req. n°s 175722 et 175798, NP; *Dr. fisc.* 1998, n° 150; *Rev. huiss.* 1998. 1122, note Boccara.

de la preuve incombe au redevable[1]. La Cour de cassation considère de son côté que c'est à l'administration de démontrer l'envoi de l'ATD[2] (v. ss n° 932.14). Le procédé de la LRAR a donc l'avantage de réduire les difficultés notamment lorsqu'il s'agira de déterminer la date de l'effet attributif (qui est celle de la réception de l'opposition par le tiers) et en cas de pluralité de mesures produisant cet effet, celle qui est la plus ancienne.

L'instruction codificatrice n° 11-022-MO du 16 décembre 2011 préconise en conséquence, pour les créances égales ou supérieures à 1 500 euros, l'utilisation du procédé de la LRAR, surtout si des difficultés de recouvrement sont prévisibles. En cas de retour de la lettre avec la mention *non réclamée, boîte inaccessible, boîte non identifiable ou refusé,* l'instruction recommande une seconde tentative de notification avant de recourir, en cas de refus, à la signification par l'huissier. Pour les créances inférieures à 1 500 euros, l'instruction incite le comptable à procéder par LRAR lorsqu'une procédure collective ou un concours entre créanciers est prévisible.

973.104 Notification par voie électronique. L'opposition peut être notifiée par voie électronique à certaines catégories de tiers détenteurs dans des conditions énoncées aux articles 1 et 2 du décret n° 2015-243 du 2 mars 2015. Ces tiers détenteurs sont les établissements de crédit, les sociétés de financement et les organismes gérant des régimes de protection sociale mentionnés au II de l'article 17 de la loi n° 2013-1279 du 29 décembre 2013. Le recours à ce mode de notification qui bénéficie à toutes les mesures d'exécution propres au droit public (opposition, saisie et ATD, opposition administrative), suppose l'accord préalable de l'organisme dépositaire ou redevable de fonds. Les procédés utilisés doivent être conformes aux prescriptions du référentiel général de sécurité définies par le décret n° 2010-112 du 22 février 2010. L'acte d'opposition ainsi notifié prend effet à la date et l'heure de sa mise à disposition telles qu'enregistrées par le dispositif électronique sécurisé mis en œuvre par l'administration.

§ 2
Mentions de l'opposition

973.111 Mention de la notification. L'OTD ne répond à aucun formalisme particulier. Cependant sa notification doit comporter certaines mentions que la jurisprudence estime nécessaires à la validité de son cousin, l'ATD.

L'instruction codificatrice n° 11-022-MO du 16 décembre 2011 prend en compte ces solutions jurisprudentielles transposables à l'OTD pour déterminer le contenu de la notification qui doit comporter :

- son fondement légal;
- sa date;
- l'identité du comptable, du débiteur et du tiers détenteur;
- la nature et le montant de la créance pour laquelle l'opposition est pratiquée.

Les imprimés destinés au débiteur et au tiers doivent être impérativement signés par le comptable public ou par un agent bénéficiant d'une délégation de signature. En effet, la Cour de cassation exige une telle signature en ce qui concerne la notification de l'ATD qui, lorsqu'elle en est dépourvue n'est pas considérée comme une véritable notification[3]. Toutefois, la Haute juridiction considère que l'absence du nom du comptable n'invalide pas l'ATD dès lors qu'il l'a signé et que le service émetteur (en l'espèce la trésorerie de Vitrolles) y est indiqué[4].

Lorsque l'OTD est délivrée à l'encontre d'une femme mariée, l'instruction recommande au comptable d'indiquer son nom de jeune fille suivi de son nom marital. Il convient de préciser à cet égard que la première chambre civile de la Cour de cassation s'est déjà prononcée sur cette question en considérant que la femme mariée poursuivie doit être désignée, dans la notification, par son prénom et son nom de jeune fille et non sous la seule identité de son mari (Mme Pierre Dupont). En effet, il est interdit aux fonctionnaires publics par la loi du 6 fructidor an II d'identifier les citoyens autrement que par leur nom de famille et les prénoms portés dans l'acte de naissance[5]. Toutefois, la chambre commerciale, à l'inverse de la première chambre civile, considère que la règle de l'article 4 de cette loi n'est pas prescrite à peine de nullité[6].

973.112 Mention de la notification au tiers détenteur. La notification au tiers détenteur a pour effet immédiat de transférer à la personne publique créancière, la propriété de la créance saisie et d'obli-

1. CE 10 mai 1999, req. n° 176628, *Lebon T.*; *Dr. fisc.* 1999. Comm. 796.
2. Civ. 2e, 8 oct. 1997, n° 95-18.005, *Bull. civ.* II, n° 246; *D.* 1998. 476, note Ruellan et Lauba; *Gaz. Pal.* 1998. 2. 601, note Bourdillat.
3. Com. 13 janv. 1998, n° 96-13.157, *Bull. civ.* IV, n° 20; *Gaz. Pal.* 1998. Pan. 1148.
4. Com. 3 oct. 2006, n° 01-03.515, *Bull. civ.* IV, n° 199; *Procédures* janv. 2007, n° 25, note Pierre.
5. Civ. 1re, 6 févr. 2001, n° 98-22.895, *Bull. civ.* I, n° 25; *D.* 2003. 633, chron. Laroche-Gisserot; *JCP* 2001. IV. 1567; *RTD civ.* 2001. 327, obs. Hauser.
6. Com. 12 févr. 2008, n° 07-10.242, *Bull. civ.* IV, n° 37; *JCP* 2008. Pan. IV. 1525; *AJDI* 2008. 951, obs. Heugas-Darraspen.

ger ce tiers à se libérer directement entre les mains du comptable. Le Code général des collectivités territoriales ne précise pas le contenu de l'OTD adressée au tiers. Elle devrait logiquement comporter, outre les indications préconisées par l'instruction codificatrice, la demande de paiement, le délai et les modalités de versement des fonds, les sanctions en cas d'inertie, les voies de recours, et les textes applicables (CGCT, C. pr. exéc. et C. trav.).

L'opposition doit également comporter, comme le prévoient les instructions relatives à l'ATD et à l'OTD, un accusé de réception permettant au tiers d'informer le comptable sur l'étendue de ses obligations et sur l'existence d'une cause d'indisponibilité (v. s[s] n° 932.15).

973.113 Mention de la notification au redevable. Cette notification destinée à informer le débiteur de la mesure prise contre lui est obligatoire. La sanction de son omission devrait être, comme en matière d'ATD, la nullité de l'opposition[1]. Selon l'article L. 1617-5, 7° du Code général des collectivités territoriales, cette notification doit être effectuée par le comptable en même temps qu'elle est adressée au tiers détenteur. Le texte ne prévoit cependant aucune sanction (caducité ou nullité de l'opposition) lorsque les deux envois ne sont pas simultanés. On peut toutefois considérer que l'accomplissement tardif de cette formalité substantielle peut entraîner l'annulation de la mesure si le redevable justifie d'un grief. Celui-ci a tout intérêt à connaître le plus tôt possible, l'existence de la mesure qui est à l'origine du blocage de son compte bancaire ou de l'interruption du versement de ses loyers ou de ses rémunérations, soit pour faire des offres de paiement soit pour élever une contestation.

L'article L. 1617-5, 7° du Code général des collectivités territoriales ne précise pas les mentions particulières que doit contenir la notification au redevable. On peut toutefois considérer qu'elle doit contenir, outre les informations prescrites par l'instruction codificatrice, les références de l'ordonnateur de la personne publique créancière, celles du tiers détenteur et du titre fondant la poursuite, les voies de recours ouvertes au redevable et les textes applicables. Il faut toutefois relever qu'en matière d'ATD, la Cour de cassation considère que le défaut d'indication du titre exécutoire fondant la poursuite n'invalide pas cet avis dès lors que cette mention n'est pas exigée par le LPF. Elle estime que les dispositions des articles R. 211-1 et R. 211-3 C. pr. exéc. ne concernent que la saisie-attribution de telle sorte que les exigences qu'ils formulent sont inapplicables à l'ATD. Cette jurisprudence paraît devoir être étendue à l'OTD ouverte aux collectivités locales[2].

En revanche, la mention du tiers détenteur sur la notification adressée au redevable est une formalité substantielle dont l'omission constitue un vice de forme[3]. Le redevable qui invoque l'irrégularité doit cependant démontrer l'existence d'un grief (C. pr. civ., art. 114).

Sont également substantielles et requises à peine de nullité, les mentions des patronyme et qualité du comptable ainsi que l'existence et la lisibilité de sa signature. À cet égard, la Haute juridiction juge, par des décisions intéressant l'ATD, qu'un document non signé ou revêtu d'une signature illisible et dépourvu de l'indication du nom ou de la qualité du signataire ne constitue pas la notification d'un avis à tiers détenteur au redevable de l'impôt[4].

La notification de l'opposition au débiteur fait courir le délai de prescription de deux mois de l'action en contestation du bien-fondé de la créance lorsque la notification du titre ou de tout acte procédant de lui n'a pas été reçue.

Elle constitue également le point de départ de la prescription de deux mois, dans laquelle est enfermée l'action en contestation de la régularité formelle de l'opposition.

973.114 Notification au redevable en procédure collective. Lorsque le redevable fait l'objet d'une procédure de liquidation judiciaire, ses droits et actions sur son patrimoine sont exercés par le liquidateur pendant toute la durée de la procédure, conformément à l'article L. 641-9 du Code de commerce qui le désigne comme le représentant légal du débiteur.

Sa qualité de représentant légal du débiteur n'est pas incompatible avec sa qualité de tiers détenteur de fonds pour le compte de celui-ci. Par conséquent les poursuites par voie d'opposition à tiers détenteur doivent être dénoncées au liquidateur « ès qualités » alors même qu'il est destinataire de l'opposition en tant que tiers détenteur[5].

Lorsque le jugement de liquidation judiciaire est prononcé au cours du délai ouvert pour contester

1. Com. 18 juin 1996, n° 94-17.246, *Bull. civ.* IV, n° 181 – Rép. min. n° 1035, *JOAN Q* 1er juin 1998, p. 1013.

2. Com. 3 oct. 2006, n° 01-03.515, *Bull. civ.* IV, n° 199; *Procédures* 2007, n° 25, note Pierre.
3. Concernant un ATD : Com. 18 juin 1996, n° 94-17.246, *Bull. civ.* IV, n° 181.
4. Com. 13 janv. 1998, n° 96-13.157, *Bull. civ.* IV, n° 20; *RJF* 1998, n° 467, chron. Poullain; *D.* 1998. IR 44 – Com. 25 janv. 2005, n° 02-13.161, NP; *Dr. fisc.* 2006. Comm. 235 – Com. 19 avr. 2005, n° 03-17.387, NP – Com. 4 juill. 2006, n° 04-17.019, NP; *Dr. fisc.* 2006. Comm. 661.
5. Civ. 2e, 5 avr. 2001, n° 98-14.107, *Bull. civ.* II, n° 73; *D.* 2001. AJ 1467, obs. Lienhard, au sujet d'une saisie-attribution.

une saisie attribution, il interrompt ce délai et un nouveau délai commence à courir à compter de la dénonciation faite au liquidateur[1]. Cette jurisprudence apparaît transposable à la procédure de l'OTD.

En cas de redressement judiciaire l'administrateur désigné par le tribunal peut recevoir une mission d'assistance pour tous les actes de gestion ou pour certains d'entre eux, ou encore une mission d'administration totale ou partielle de l'entreprise (C. com., art. L. 631-12). Dans ce cas, il convient également de lui dénoncer la mesure de saisie, d'avis ou d'opposition à tiers détenteur[2].

La dénonciation de la saisie-attribution aux organes de la procédure collective s'impose même si cette diligence a déjà été accomplie à l'égard du débiteur. À défaut, le délai de contestation interrompu par le jugement d'ouverture ne reprend pas son cours et créancier ne peut requérir le paiement.

Cette jurisprudence concernant la saisie-attribution apparaît transposable à l'OTD. Il en résulte que, dans l'hypothèse où un jugement ouvrant une procédure collective emportant dessaisissement total ou partiel du redevable, intervient avant l'expiration du délai ouvert le comptable public doit renouveler la notification auprès de l'administrateur ou du liquidateur.

SECTION 4
EFFETS DE L'OPPOSITION

973.121 Conséquences essentielles de l'opposition à tiers détenteur. L'OTD produit l'effet attributif immédiat de la saisie-attribution et confère ainsi au comptable un droit exclusif sur les fonds interceptés qui est opposable aux créanciers et à la procédure collective ultérieurs. Cette attribution immédiate porte sur la créance et sur ces accessoires exprimés en argent, ce qui exclut le privilège du prêteur de deniers[3].

Le tiers détenteur devient personnellement débiteur de la personne publique créancière dans la limite de ce qu'il doit au débiteur et se trouve tenu, à l'égard du comptable, d'une obligation de renseignement et de paiement.

1. Com. 19 janv. 1999, nº 96-18.256, *Bull. civ.* IV, nº 17; *D.* 1999. 245, note Derrida.
2. Com. 19 févr. 2002, nº 98-22.727, *Bull. civ.* IV, nº 37; *D.* 2002. AJ 1070, note Avena-Robardet.
3. Civ. 2ᵉ, 7 avr. 2011, nº 10-15.969, *Bull. civ.* II, nº 88; *D.* 2011. 1152, obs. Avena-Robardet; p. 2150, chron. Sommer, Leroy-Gissinger, Adida-Canac et Bouvier; *Dr. et proc.* 2011. 184, obs. Leborgne; *RTD civ.* 2011. 594, obs. Perrot.

§ 1
Attribution immédiate de la créance objet de l'opposition

973.130 Moment de l'effet attributif. Selon l'article L. 1617-5, 7° du Code général des collectivités territoriales, l'OTD emporte l'effet attributif immédiat prévu à l'article L. 211-2 C. pr. exéc. des sommes saisies disponibles au profit de la collectivité ou de l'établissement public créancier, et ce à concurrence de la créance pour le recouvrement de laquelle cette opposition est pratiquée. Cet effet attributif se produit dès le moment où le tiers détenteur reçoit la notification de l'opposition[4]. Ce moment est facile à déterminer si la notification a été adressée par LRAR, à condition que celle-ci n'ait pas été retournée par la poste à la suite d'un refus, d'une non-réclamation ou d'une adresse inexacte. Dans ce cas les instructions relatives à l'OTD préconisent le recours à l'acte d'huissier. La notification par lettre simple rend plus délicate la détermination du moment de l'effet attributif (v. sˢ nº 933.11). En toute hypothèse cet effet attributif n'est pas subordonné à la notification préalable de l'opposition au débiteur[5].

Selon l'article L. 211-2 C. pr. exéc. auquel renvoie l'article L. 1617-5, 7°, l'effet d'attribution immédiate n'est pas remis en cause par la signification ultérieure d'autres saisies ou de mesures de prélèvement, même émanant de créanciers privilégiés, ou par la survenance d'une procédure collective.

A.
Opposition et autres mesures d'exécution

973.131 Mesures d'exécution ultérieures. L'opposition n'est pas remise en cause par une mesure d'exécution produisant le même effet attributif (saisie-attribution, ATD, opposition d'un organisme de sécurité sociale, saisie à tiers détenteur pour les créances non fiscales de l'État, prélèvement direct de pension alimentaire) dès lors qu'elles sont signifiées ou notifiées ultérieurement. La détermination précise de la date de la réception de la notification au tiers prend ici toute son importance. Le caractère privilégié de la créance fondant la mesure d'exécution postérieure est sans incidence sur la consommation de l'effet attributif de l'opposition (à propos de la saisie-attribution, v. sˢ nº 831.71).

4. Com. 30 nov. 1999, nº 97-16.899, *Bull. civ.* IV, nº 217.
5. CE 15 oct. 1997, req. nºˢ 175722 et 175798, *Lebon; JCP E* 1998. 1104; *Rev. huiss.* 1998. 1122, note Boccara.

973.132 Mesures d'exécution concomitantes. Toutefois, en vertu de l'article L. 211-2 alinéa 3 C. pr. exéc., les mesures pratiquées le même jour entre les mains du même tiers saisi sont réputées faites simultanément de telle sorte que si les fonds appréhendés sont insuffisants pour désintéresser tous les créanciers, ceux-ci doivent venir en concours. Dans ce cas, ils doivent être réglés au prorata de leurs créances respectives sans qu'il y ait lieu de prendre en compte d'éventuels privilèges[1] (v. s^s n° 831.71 – Sur l'hypothèse d'une interférence entre une OTD et une mesure de paiement direct de pension alimentaire, v. s^s n° 951.121). L'article L. 1617-5, 7° du Code général des collectivités territoriales envisage expressément le concours entre oppositions notifiées au même tiers détenteur. Lorsqu'une même personne est simultanément destinataire de plusieurs OTD établies au nom du même redevable, elle doit, en cas d'insuffisance des fonds, exécuter ces oppositions en proportion de leurs montants respectifs. La distribution des deniers se fera donc au marc l'euro (v. s^s n° 832.22). Il convient de préciser que lorsque l'OTD arrive en second rang, elle n'est pas définitivement privée d'efficacité car, si la mesure qui l'a précédée est frappée de nullité ou de caducité, cette opposition reprend effet à sa date (C. pr. exéc., art. L. 211-2, al. 4).

973.133 Survenance d'une procédure collective. Selon l'article L. 211-2 C. pr. exéc. auquel se réfère expressément l'article L. 1617-5, 7° du Code général des collectivités territoriales, l'ouverture d'une procédure collective postérieure à l'opposition ne peut remettre celle-ci en cause. Toutefois la force de ce principe se trouve atténuée lorsque cette mesure est notifiée au cours de la période suspecte. En effet, l'article L. 632-2 du Code de commerce dans sa rédaction issue de la loi de sauvegarde des entreprises (L. n° 2005-845, 26 juill. 2005[2]) dispose que tout avis à tiers détenteur, toute saisie-attribution, ou toute opposition peut être annulé lorsqu'il a été délivré ou pratiqué par un créancier à compter de la date de cessation des paiements et en connaissance de celle-ci. C'est le juge de la procédure collective et non le JEX qui est compétent pour prononcer la nullité de la mesure d'exécution[3].

Il convient de se reporter sur tous ces points aux explications concernant les saisies-attribution qui sont transposables à l'OTD (v. s^s n°s 831.81 s.).

1. Cass. avis, 24 mai 1996, n° 09-60.004, *Bull. avis,* n° 5.
2. L. n° 2005-845, 26 juill. 2005, relative à la sauvegarde des entreprises, *JO* 27 juill., p. 12187.
3. Com. 29 avr. 2014, n° 13-13.572, NP; *Procédures* 2014. 203, note Perrot.

B. Opposition et nature de la créance

973.141 Nature des créances attribuées par l'opposition. Toutes les créances du redevable contre le tiers détenteur (fonds déposés, indemnités après sinistre, prix de vente non encore payé) sont affectées par l'effet de transport-cession immédiat produit par l'opposition.

Le transfert de propriété porte aussi sur les accessoires de la créance tels que les intérêts et les clauses pénales. Les créances affectées d'un terme ou d'une condition sont également visées par l'article L. 1617-5, 7° du Code général des collectivités territoriales qui précise que dans ce cas, les fonds sont versés au comptable lorsque ces créances deviennent exigibles.

973.142 Effet attributif et créances à exécution successive. Bien que l'article L. 1617-5 du Code général des collectivités territoriales ne les envisage pas expressément, il est certain que l'opposition emporte, en ce qui les concerne, l'effet attributif immédiat prévu par l'article L. 211-2 C. pr. exéc. (v. s^s n° 973.52). La jurisprudence appliquée à la saisie-attribution et à l'avis à tiers détenteur lui est transposable. Ainsi, l'effet attributif se produit, non seulement pour les sommes échues au jour de l'opposition, mais encore pour celles qui deviendront exigibles ultérieurement, et ce en dépit de la survenance d'une autre mesure d'exécution ou d'une procédure collective[4] (v. s^s n° 812.42).

973.143 Créance déposée sur un compte. L'OTD pratiquée entre les mains d'un établissement habilité à tenir des comptes de dépôts, doit, comme l'avis à tiers détenteur, obéir aux règles adoptées pour la saisie-attribution par les articles L. 162-1, R. 162-1 et R. 211-18 et suivants C. pr. exéc. (v. s^s n°s 921.11 et 923.31). L'article L. 1617-5 CGCT renvoie d'ailleurs aux dispositions de l'article L. 162-1 C. pr. exéc. relatif à la saisie des comptes. Lorsque les sommes interceptées par le comptable sont insaisissables en tout ou en partie, leur mise à disposition au titulaire du compte est réglementée par les articles. L. 112-4, L. 162-2, R. 112-5 et

4. Civ. 2e, 10 juill. 1996, n° 94-19.551, *Bull. civ.* II, n° 209; *D.* 1996. 625, note Ancel; *RTD civ.* 1996. 716, obs. Perrot – Cass., ch. mixte, 22 nov. 2002, n° 99-13.935, *Bull. ch. mixte,* n° 7; *D.* 2002. 445, note Larroumet; 3270, obs. Lienhard; *D.* 2003. 1472, obs. Taormina; *RTD civ.* 2003. 146, obs. Perrot; p. 331, obs. Crocq; *RTD com.* 2003. 148, obs. Legeais; p. 367, obs. Martin-Serf – Com. 8 juill. 2003, n° 00-13.309, *Bull. civ.* IV, n° 132; *D.* 2003. 2094, note Lienhard; *AJDI* 2004. 401, obs. Le Corre; *RTD civ.* 2003. 708, obs. Mestre et Fages; *RTD com.* 2004. 371, obs. Martin-Serf.

R. 162-2 à R. 162-9 C. pr. exéc. (v. s[s] n°s 921.51 s. et 931.63).

973.144 Cas particulier des conventions d'unité de comptes. Les différents comptes ouverts par un établissement bancaire à un client sont en principe indépendants les uns des autres, même s'ils sont tenus par une seule et même agence. Par conséquent aucune compensation ne peut être pratiquée entre leurs soldes créditeurs et débiteurs. Dans une telle hypothèse, l'OTD rend indisponibles les soldes créditeurs, sans tenir compte des soldes débiteurs.

Cependant, ce principe d'indépendance des comptes bancaires peut être écarté par les parties en vertu de conventions expresses, telle que la convention d'unité de comptes qui fusionne les divers comptes en un compte courant global. Le comptable ne peut intercepter que le solde créditeur résultant de cette fusion. Toutefois, celle-ci ne lui est opposable que si elle est prévue par un accord écrit conclu préalablement à l'opposition. La banque ou le redevable doit être en mesure d'en fournir la copie dès la réception de l'opposition. Lorsque les comptes ont fonctionné successivement de manière autonome, la fusion ne peut être invoquée[1].

973.145 Cas particulier de l'épargne salariale. Les sommes épargnées par les salariés dans le cadre de l'intéressement au résultat de l'entreprise, de la participation à l'entreprise, d'un plan d'épargne entreprise ou d'un plan d'options sur actions sont saisissables entre les mains de l'employeur en même temps que la rémunération. Elles peuvent l'être par voie d'OTD lorsqu'elles prennent la forme d'un dépôt en compte courant et par celle de la saisie des valeurs mobilières dans les autres cas.

973.146 Créance de salaire et assimilé. L'article L. 1617-5, 7° alinéa 1er CGCT permet l'OTD entre les mains des personnes qui versent des rémunérations aux débiteurs des collectivités territoriales et des établissements publics locaux ou de santé. Bien que la plupart des créances de ces personnes publiques ne soient pas, contrairement aux contributions directes et indirectes, des créances privilégiées, l'opposition produit, comme l'ATD, l'attribution immédiate des salaires échus et à échoir, sans possibilité de concours dès lors que le comptable intervient en qualité de premier saisissant. Le concours entre le comptable et d'autres créanciers n'est concevable que si l'opposition est notifiée alors que la quotité saisissable est déjà rendue indisponible par une saisie ou une cession des rémunérations antérieures. Dans ce cas, le comptable informé par l'employeur, adresse au greffe du tribunal une copie de l'OTD afin de pouvoir participer aux répartitions qui seront effectuées dans les conditions des articles R. 3252-34 à R. 3252-36 du Code du travail (v. s[s] n°s 941.11 s., 945.11 s. et 946.05 s.).

C. Indisponibilité

973.151 Indisponibilité de la créance attribuée. Comme l'acte de saisie-attribution, la notification de l'opposition au tiers rend la créance du redevable indisponible entre ses mains à concurrence des sommes pour lesquelles la mesure est pratiquée. C'est d'ailleurs le cas de toute mesure d'exécution forcée (C. pr. exéc., art. L. 141-2). Lorsque l'opposition est notifiée à un établissement bancaire, l'indisponibilité est générale et porte sur tous les comptes du débiteur qui représentent une créance de somme d'argent (C. pr. exéc., art. L. 162-1 et R. 211-19 – v. s[s] n°s 922.21 s. et 933.31). L'indisponibilité dure jusqu'au paiement que le tiers doit effectuer entre les mains du comptable dans les trente jours de la réception de l'opposition.

En cas de contestation, l'indisponibilité se prolonge jusqu'à ce qu'elle soit tranchée car ce recours suspend la force exécutoire du titre s'il porte sur la créance de la collectivité ou de l'établissement, ou bien l'effet de l'acte de poursuite s'il tend à remettre en cause la régularité formelle de celui-ci (CGCT, art. L. 1617-5, 1° – v. s[s] n°s 973.170 s. et 973.181 s.). Il ne semble pas que le délai de contestation de deux mois ait lui-même un effet suspensif car l'article L. 1617-5, 2° CGCT ne le précise pas. Le fait que le reversement des fonds au comptable puisse intervenir dans les trente jours de l'opposition alors même que celle-ci peut être l'objet d'une contestation dans les deux mois de sa réception, tend à le confirmer.

973.152 Indisponibilité des sommes versées sur des comptes. L'établissement bancaire doit bloquer l'ensemble des comptes du débiteur sans que le comptable ait besoin de mentionner leurs références dans la notification de l'opposition. Tous les comptes sur lesquels existent des dépôts de sommes d'argent sont concernés (comptes-chèques, comptes-courants, comptes d'avances, comptes sur livret, livret de développement durable, PEL, PEP, *etc.*). Les ouvertures de crédit et les autorisations de découvert qui n'ont qu'un caractère éventuel ne sont pas affectées par l'opposition. Il en va de même pour les fonds dont le titulaire du compte n'est que le dépositaire, les mesures d'exécution ne pouvant porter que sur des sommes appartenant au débiteur. Au vu des renseignements fournis par le tiers saisi, le comptable peut limiter l'opposition à certains comptes. D'un commun accord entre les parties ou sur décision du JEX, il peut être mis fin à l'indisponibilité par la constitution d'une garantie irrévocable (C. pr. exéc., art. R. 211-19 s. – v. s[s] n°s 922.21 s.).

1. Com. 3 oct. 1989, n° 88-10.171, *Bull. civ.* IV, n° 238.

§ 2
Obligations du tiers détenteur

973.161 Notion de tiers détenteur. Il s'agit, selon l'article L. 1617-5, 7° CGCT, de toute personne physique ou morale qui détient des fonds pour le compte du redevable, qui a une dette envers lui ou qui lui verse une rémunération.

En tant que détenteur de fonds pour le compte du débiteur, les organes de la procédure collective, notamment le liquidateur, ont la qualité de tiers saisi (v. s^s n°s 813.10 s.). Le liquidateur amiable d'une société a également cette qualité et ne peut méconnaître les obligations qui en découlent[1].

973.162 Nature des obligations du tiers. L'opposition rend le tiers personnellement débiteur des sommes qui en sont la cause et ce, dans la limite de sa dette à l'égard du redevable. Il est alors tenu d'une obligation de renseignement. Lorsque les fonds dus ou détenus par lui sont indisponibles entre ses mains par suite d'une cession, d'une délégation ou d'une saisie antérieure, il doit en aviser le comptable chargé du recouvrement dès la réception de l'opposition. Il est logique de considérer, bien que l'article L. 1617-5 CGCT ne le précise pas, qu'il lui appartient aussi d'informer le tiers sur la nature et l'étendue de ses obligations à l'égard du redevable (C. pr. exéc., art. L. 211-3).

Le tiers détenteur est surtout tenu d'une obligation de paiement. Les fonds doivent être reversés au comptable dans les trente jours qui suivent la réception de l'opposition par le tiers. À défaut le tiers sera obligé de les payer sur ses propres deniers, augmenté des intérêts au taux légal (CGCT, art. L. 1617-5, 7°). Ce paiement qui doit intervenir avant l'expiration du délai de deux mois ouverts au débiteur pour élever une contestation n'est pas soumis, comme en matière de saisie-attribution, à la présentation d'un certificat de non-contestation. Le paiement peut avoir lieu après le délai d'un mois lorsque la créance appréhendée est conditionnelle, à terme, ou à exécution successive. Dans ces différents cas, les fonds sont versés au comptable par le tiers, au fur et à mesure que ces créances deviennent exigibles.

973.163 Obligations particulières aux comptables publics tiers saisis. Ces règles spécifiques sont étudiées à propos de la saisie-attribution (v. s^s n°s 910.01 s.).

973.164 Sanction de l'inexécution de l'obligation de renseignement. Si l'article L. 1617-5 du CGCT impose au tiers détenteur l'obligation d'aviser le comptable dès la réception de l'opposition, des causes d'indisponibilité de la créance saisie, il ne prévoit en revanche aucune sanction spécifique en cas d'inexécution de cette obligation d'information. Dans une telle occurrence, les comptables publics pourront-ils se prévaloir, comme ils ont tenté de le faire en matière d'avis à tiers détenteur, de l'application des dispositions de l'article R. 211-5 C. pr. exéc. relatif à la saisie-attribution ? Selon ce texte qui reprend les principes posés par l'article L. 123-1 du même code, le tiers saisi qui, sans motif légitime, ne fournit pas les renseignements prévus, peut être condamné à payer les sommes dues au créancier, sauf son recours contre le débiteur. Il peut aussi être condamné à des dommages et intérêts en cas de négligence fautive ou de déclaration inexacte ou mensongère. Le retard dans la déclaration est assimilé à un refus et se trouve sanctionné par la condamnation aux causes de la saisie[2]. En revanche la déclaration incomplète, inexacte ou mensongère ne peut donner lieu qu'à des dommages-intérêts[3]. La Cour de cassation a toutefois écarté, par une décision transposable à l'OTD, l'application de l'article 60 du décret du 31 juillet 1992 (devenu C. pr. exéc., art. R. 211-5) dans le cadre de l'exécution de l'avis à tiers détenteur. Elle estime en conséquence que le tiers qui n'a pas fourni les informations ne peut être tenu que dans la limite de ce qu'il doit au débiteur poursuivi et non à concurrence de la créance recouvrée par le comptable[4]. La Haute juridiction a d'ailleurs assimilé, dans un avis du 7 mars 1992, le refus de répondre au refus de paiement en ce qui concerne la sanction encourue par le tiers détenteur en matière d'ATD (v. s^s n° 973.165) C'est au JEX qui est seul compétent pour délivrer un titre contre le tiers et pour statuer sur les actions en responsabilité naissant de l'exécution ou de l'inexécution d'une saisie, de prononcer condamnation contre le tiers défaillant (COJ, art. L. 213-6[5]). L'instruction codificatrice recommande au comptable, avant de saisir le JEX, d'adresser au redevable, sous pli recommandé avec demande d'avis de réception, une lettre lui rappelant ses diverses obligations.

1. Civ. 2e, 10 nov. 2010, n° 09-71.609, *Bull. civ.* II, n° 185; *Dr. et proc.* 2011. 46, obs. Salati.

2. Civ. 2e, 2 avr. 1997, n° 95-13.567, *Bull. civ.* II, n° 107; *D.* 1998. 36, note Martin; *RTD civ.* 1997. 752 obs. Perrot – Civ. 2e, 5 juill. 2001, n° 99-20.616, *Bull. civ.* II, n° 133; *D.* 2002. 1304, et les obs., note Daverat; *Procédures* 2001, n° 168, obs. Perrot; *RTD civ.* 2001. 961, obs. Perrot.
3. Civ. 2e, 5 juill. 2000, n° 98-18.475, *Bull. civ.* II, n° 111; *D.* 2000. 219; 714. Chron. Perrot et Théry; *RTD civ.* 2000. 903, obs. Perrot; *Procédures* 2000, n° 196, arrêt n° 3, obs. Perrot.
4. Com. 7 janv. 2004, n° 00-16.358, *Bull. civ.* IV, n° 7; *D.* 2004. 325, ndlr – Com. 6 mai 2008, n° 06-15.354, *Bull. civ.* IV, n° 95; *JCP* 2008. Pan. IV. 2043; *D.* 2008. 1478.
5. COMP. : COJ, anc. art. L. 311-12-1.

973.165 Sanction de l'inobservation de l'obligation de paiement. Sous peine de se voir réclamer les sommes saisies majorées du taux d'intérêt légal, le tiers détenteur doit reverser les fonds au comptable dans les trente jours suivant la réception de l'opposition. Toutefois, en cas d'inertie du tiers, le comptable ne pourra engager une mesure d'exécution forcée à son encontre qu'en vertu d'un titre exécutoire délivré contre lui. Dans ce cas, la jurisprudence adoptée en matière d'ATD est transposable. Ainsi, il appartient au comptable public, lorsque le tiers détenteur mis en demeure par l'avis (ou par l'opposition), refuse de payer ou ne répond pas, de saisir le JEX sur le fondement de l'article 64 du décret du 31 juillet 1992 (devenu C. pr. exéc., art. R. 211-9), pour qu'il délivre un titre exécutoire contre ce tiers récalcitrant[1]. Toutefois, ce titre exécutoire ne peut être obtenu du JEX par le biais d'une ordonnance sur requête. La demande aux fins de délivrance d'un titre contre le tiers doit être introduite par voie d'assignation dans le cadre de la procédure ordinaire[2]. La Haute juridiction impose le recours à la procédure contradictoire sans distinguer selon que le tiers a contesté ou non sa qualité de débiteur des sommes appréhendées entre ses mains. Le moyen de défense opposé par le tiers attrait devant le JEX ne s'analyse pas en une procédure fiscale et sa recevabilité n'est pas subordonnée à la présentation d'une réclamation devant l'administration[3].

Il convient de relever que la demande tendant à la délivrance d'un titre exécutoire contre le tiers ne peut être fondée que sur le cinquième alinéa de l'article L. 1617-5, 7° du CGCT, de telle sorte que ce tiers ne peut être tenu à l'égard du comptable que dans la limite de ce qu'il doit lui-même au redevable. Il ne peut donc être contraint de payer le montant de la créance cause de l'opposition. La Cour de cassation s'est prononcée en ce sens à propos d'un avis à tiers détenteur notifié par l'Administration fiscale[4].

Pour liquider les intérêts de retard calculés sur les sommes non versées par le tiers reconnu débiteur, il faut que l'opposition ait été notifiée par LRAR ou que l'obligation de payer lui ait été rappelée selon ce même procédé. L'instruction codificatrice estime que c'est à l'ordonnateur de saisir le JEX pour obtenir un titre exécutoire, le comptable devant se borner à lui signaler la difficulté.

973.166 Exonération des sanctions. Les manquements du tiers détenteur à ses obligations de renseignement et de paiement ne sont sanctionnés qu'à défaut de justification d'un motif légitime qui est laissé à l'appréciation souveraine du JEX[5]. Ainsi l'indisponibilité de la créance saisie n'est pas considérée comme un motif légitime. Elle n'exonère pas le tiers de son obligation d'information même si les oppositions à l'origine de cette indisponibilité sont privées d'efficacité[6].

Dans une série d'arrêts du 5 juillet 2000, la deuxième chambre de la Cour de cassation a précisé les conditions d'exonération du tiers. En cas d'annulation de la mesure d'exécution, le tiers ne peut être tenu rétroactivement aux obligations imposées par la loi et, partant, condamné au paiement des sommes pour lesquelles cette mesure a été pratiquée[7]. Le tiers ne peut être condamné qu'à des dommages-intérêts et non aux causes de la saisie, lorsqu'il s'est abstenu d'informer le créancier alors qu'il n'était tenu d'aucune somme à l'égard du débiteur[8]. Il convient de relever que, pour que le tiers puisse se voir reprocher une négligence, encore faut-il qu'il ait été mis en mesure de remplir en temps utile ses obligations légales. La notification qui lui est adressée doit donc lui indiquer la nature de ses obligations, le délai imparti pour s'y conformer et les sanctions encourues. En matière d'avis à tiers détenteur, les juridictions du fond ont souvent refusé de condamner le tiers en constatant que les informations qu'il avait reçues sur ses obligations étaient insuffisantes (v. s[s] n° 932.16). Dans un arrêt rendu à propos d'une saisie-attribution, la Haute juridiction considère que la sanction rigoureuse qui frappe le tiers négligent appelle en contrepartie de la part de l'huissier instrumentaire un soin particulier dans la conduite de son interpellation. À défaut, ce tiers a un motif légitime pour ne pas répondre ou pour répondre tardivement[9].

973.167 Procédure collective contre le tiers. Lorsqu'une procédure collective est ouverte contre

1. Cass., avis, 7 mars 1997, n° 09-60.015, *Bull. avis,* n° 3; *D.* 1997. 454, note Ruellan et Lauba; *RTD civ.* 1997. 1000, obs. Perrot.
2. Cass., avis, 9 févr. 1998, n° 09-70.013, *Bull. avis,* n° 2; *Procédures* 1998, n° 81, obs. Perrot.
3. Com. 3 déc. 2002, n° 00-20.505, *Bull. civ.* IV, n° 186; *D.* 2002. 106.
4. Com. 7 janv. 2004, n° 00-16.358, *Bull. civ.* IV, n° 7; *D.* 2004. 325, ndlr; *D.* 2005. 1603, obs. Julien et Taormina.
5. Civ. 2e, 2 avr. 1997, n° 95-13.567, *Bull. civ.* II, n° 107; *D.* 1998. 36, note Martin; *Procédures* 1997, n° 147, obs. Perrot; *RTD civ.* 1997. 752, obs. Perrot.
6. Civ. 2e, 24 juin 1998, n° 96-14.318, *Bull. civ.* II, n° 223; *Rev. huiss.* 1999. 350, note Daigre.
7. Civ. 2e, 5 juill. 2000, n° 98-18.475, *Bull. civ.* II, n° 111; *D.* 2000. 240; *D.* 2001. 722; 714. Chron. Perrot et Théry; *Procédures* 2000, n° 196, obs. Perrot; *RTD civ.* 2000. 903, obs. Perrot.
8. Civ. 2e, 5 juill. 2000, n° 97-22.287, *Bull. civ.* II, n° 113; *Procédures* 2000, n° 196, obs. Perrot; *RTD com.* 2000. 990, obs. Cabrillac.
9. Civ. 2e, 4 oct. 2001, n° 00-11.609, *Bull. civ.* II, n° 150; *D.* 2001. 1658, note Soustelle; *JCP* 2001. IV. 2830.

le tiers dont la responsabilité est engagée, le comptable doit déclarer la créance pour laquelle l'opposition a été notifiée ou la somme à hauteur de laquelle le juge l'a reconnu débiteur[1] (v. s[s] n° 831.81).

973.168 Mainlevée à l'initiative du comptable. Lorsque, postérieurement à la notification de l'OTD, le redevable s'est acquitté de sa dette ou a bénéficié d'une remise gracieuse de la part de la collectivité créancière, le comptable doit donner mainlevée de l'opposition. Il en est de même dans l'hypothèse où le comptable a accordé des délais de paiement au débiteur.

Selon l'instruction codificatrice, le comptable doit également procéder à la mainlevée de l'OTD chaque fois que celle-ci a été engagée à tort ou lorsqu'elle apparaît viciée en la forme ou au fond (poursuites suspendues, conditions préalables non respectées, etc.). Dans cette hypothèse, l'acte est entâché de nullité et est censé n'avoir jamais existé. Sur demande justifiée du débiteur, le remboursement des frais (bancaires, postaux, téléphoniques, etc.) occasionnés par l'opposition annulée pourra être effectué par le directeur départemental des finances publiques. Toutefois, si la mainlevée constitue la reconnaissance de l'irrégularité de la procédure par le comptable, elle ne vaut pas renonciation à la perception des droits mis en recouvrement (v. s[s] n° 973.194).

La mainlevée n'est encadrée par aucun formalisme particulier de telle sorte qu'elle peut prendre la forme d'une simple lettre signée du comptable ou d'un agent bénéficiant d'une délégation de signature. Elle est adressée simultanément au tiers détenteur et au débiteur.

La mainlevée n'a de conséquence que pour l'avenir et ne remet pas en cause les effets passés de l'acte, sauf lorsqu'elle trouve sa cause dans un vice de forme ou de fond entraînant sa nullité (v. s[s] n° 973.194).

SECTION 5
CONTESTATIONS DE L'OPPOSITION

973.170 Différentes sortes de contestations. Les contestations qui peuvent être élevées par le redevable peuvent porter, soit sur le bien-fondé de la créance de la collectivité ou de l'établissement (§ 1), soit sur la régularité formelle de l'acte de poursuite (§ 2). Ces deux actions en contestation sont enfermées dans un délai de prescription de deux mois dont le point de départ diffère selon l'objet du recours.

Les deux sortes de contestation ouvertes au débiteur ne relèvent pas de la même juridiction et produisent un effet suspensif qui atteint, selon le cas, soit la force exécutoire du titre, soit les effets de l'acte argué d'irrégularité. Les tiers (créanciers concurrents ou tiers détenteur) peuvent aussi avoir intérêt à remettre en cause l'opposition. Leur recours ne semble pas devoir être exercé dans le délai de l'action en contestation du débiteur.

§ 1
Contestation du bien-fondé de la créance recouvrée

973.171 Objet de la contestation. L'action en contestation du débiteur peut porter sur le bien-fondé de la créance assise et liquidée par la collectivité ou l'établissement public (CGCT, art. L. 1617-5, 1°). Elle peut donc concerner le principe même de celle-ci, les bases de sa liquidation ou son exigibilité. L'existence même de la créance peut être mise en cause (dénégation des dégradations à l'origine d'un titre émis par un office d'HLM pour recouvrer des réparations locatives). Le montant de la créance réclamée peut aussi être contesté (omission d'un acompte lors de l'émission du titre). Le redevable peut également opposer une cause d'extinction de sa dette tels qu'un paiement intégral, une prescription libératoire (prescription quinquennale de l'article 2224 du Code civil en matière de loyers) ou un délai préfix (forclusion de deux ans de l'article L. 311-52 du Code de la consommation pour les prêts consentis par les caisses de crédit municipal). Toutes ces contestations qui portent sur des questions de fond ne relèvent pas de la compétence du JEX mais des juridictions de droit commun, civiles ou administratives, selon la nature de la créance réclamée.

973.172 Délai de l'action en contestation. L'action dont dispose le débiteur pour contester le bien-fondé de la créance se prescrit dans un délai de deux mois à compter de la réception de la notification du titre exécutoire ou, à défaut, du premier acte procédant de ce titre ou de la notification d'un acte de poursuite (CGCT, art. L. 1617-5, 2°, al. 1er). C'est à la personne publique poursuivante et non au redevable de justifier de la réalité de la notification et de la date de sa réception[2]. Le Code général des collectivités territoriales (CGCT, art. L. 1617-5, 4°) préconisant l'envoi d'une lettre simple, le comptable sera le plus souvent dépourvu de moyen de preuve. Ce sera donc la lettre de relance qui est le premier acte procédant du titre de recette pour les

1. Com. 11 juin 2002, n° 99-17.163, *Bull. civ.* II, n° 106; *D.* 2002. 2256, obs. Lienhard.

2. Com. 23 oct. 2007, n° 06-15.994, *Bull. civ.* IV, n° 223; *JCP* 2007. Pan. IV. 3138; *Procédures* 2008, n° 14, note Perrot.

créances inférieures à 15 000 euros, qui fera courir le délai si la date de sa réception est établie. À défaut on se référera à la mise en demeure de payer envoyée par le comptable public en application du 5° de l'article L. 1617-5 du CGCT. Celui-ci devra procéder par LRAR s'il veut se ménager une preuve de cette démarche.

Si cette procédure n'a pas été suivie, ce sera alors la notification de l'opposition au débiteur qui constituera le point de départ du délai de l'action en contestation de la créance réclamée. La date à prendre en compte sera, conformément à l'article 668 C. pr. civ., celle de la réception de la notification par le redevable.

973.173 Effet de la contestation de la créance. L'introduction devant une juridiction de l'instance ayant pour objet de contester le bien-fondé d'une créance assise et liquidée par une collectivité territoriale ou un établissement public local ou de santé suspend la force exécutoire du titre. Cette instance fait donc obstacle à l'engagement des poursuites et, si elles ont été entreprises, en arrête le cours au stade où elles étaient parvenues. Si celle-ci intervient dans les deux mois de la notification de l'opposition, elle prolonge l'effet d'indisponibilité et empêche le paiement par le tiers, si celui-ci n'a pas déjà été effectué (le paiement doit avoir lieu dans le mois de la notification de l'opposition au tiers).

Ainsi, le titre exécutoire émis par la personne publique qui n'est qu'un procédé de recouvrement commode se trouve temporairement privé d'effet[1]. Toutefois, le rejet du recours par le juge restitue au titre son caractère exécutoire. L'appel contre le jugement rejetant la contestation n'emporte pas, par lui-même, la suspension de l'exécution[2]. Si la contestation du bien-fondé de la créance suspend la force exécutoire du titre, elle n'a pas pour effet de rendre la créance incertaine et de remettre en cause, tant qu'elle est pendante devant la juridiction, la procédure d'ores et déjà engagée[3].

973.174 Défendeur à la contestation. Pour être recevable, l'action en contestation du bien-fondé du titre de recette doit être dirigée contre l'ordonnateur qui l'a émis et non contre le comptable qui l'a pris en charge[4].

Il convient de rappeler que les titres exécutoires émis par les personnes morales de droit public ne constituent qu'un procédé de recouvrement commode qui n'est efficace qu'autant qu'il n'existe pas d'opposition. Ils ne préjudicient donc pas le fond du droit et ne renversent pas la charge de la preuve. La personne publique défenderesse formelle à la procédure mais demanderesse à l'action au fond, demeure tenue de prouver l'existence, le montant ou l'exigibilité des sommes réclamées.

973.175 Absence de recours préalable devant l'administration. Selon l'article L. 1617-5, 1° du CGCT, l'action en contestation du bien-fondé de la créance assise et liquidée par la collectivité ou l'établissement public est exercée directement devant la juridiction compétente, c'est-à-dire sans avoir besoin d'être précédée d'une réclamation auprès du service liquidateur. La procédure du mémoire préalable requise en matière d'impôts ou de créances non fiscales de l'État n'est pas applicable aux produits des collectivités territoriales et des établissements publics locaux et de santé[5]. Le recours administratif reste néanmoins une faculté pour le redevable.

973.176 Juridiction compétente. La détermination de la juridiction compétente dépend de la nature civile ou administrative de la créance dont le bien-fondé est contesté[6].

La procédure exorbitante utilisée pour le recouvrement est sans incidence sur cette nature et, partant, sur la compétence de la juridiction. Il est à cet égard constant que le mode de recouvrement des produits des collectivités territoriales et des établissements publics locaux, ne leur confère pas le caractère de contributions directes ou de taxes assimilées[7]. Si la créance est civile, elle reste soumise à la prescription civile qui lui est applicable[8].

973.177 Juridiction judiciaire. La juridiction judiciaire est compétente lorsque la créance de la collectivité ou de l'établissement trouve son origine dans un rapport de droit privé. C'est le cas chaque fois que la redevance mise en recouvrement constitue la contrepartie d'un service rendu à l'usager auquel elle est réclamée. Il en est notamment ainsi des redevances dues à un établissement public à caractère industriel et commercial tel qu'un abat-

1. CE 19 juin 1985, C^ne des Angles c/ S^té Arény-Frère, req. n° 61917, *Lebon* 194.
2. *CONTRA* : CE, sect., avis, 5 mai 1995, req. n° 163224, *Lebon; AJDA* 1995. 583.
3. Civ. 2e, 6 déc. 2001, n° 99-20.593, *Bull. civ.* II, n° 186; *Gaz. Pal.* 1-2 mars 2002. Pan. 20; *D.* 2002. 257, ndlr.
4. Civ. 1re, 10 mai 1988, n° 86-17.553, *Bull. civ.* I, n° 138; *Gaz. Pal.* 1988. 2. Somm. 184.
5. CE 16 oct. 1963, Gallois-Allant, *Lebon* 949 – CE 30 mai 1980, Jacques Frény, req. n° 12017, *Lebon* 256.
6. T. confl. 8 nov. 1982, S^té Maine Viande, req. n° 02217, *Lebon* 460.
7. T. conf. 27 avr. 1981, Assoc. des copropriétaires du lotissement de la Guichardais, req. n° 02192, *Lebon* 641 – Com. 24 nov. 1981, n° 80-11.951, *Bull. civ.* IV, n° 412 – Civ. 3e, 7 juill. 1982, n° 80-14.395, *Bull. civ.* III, n° 172 – Com. 4 juin 1991, n° 89-17.630, *Bull. civ.* IV, n° 203; *D.* 1991. 457, concl. Jeol.
8. Com. 29 mars 1989, n° 87-12.559, *Bull. civ.* IV, n° 107.

toir municipal[1]. Il en est de même pour les sommes dues par un usager à un syndicat intercommunal d'adduction d'eau[2].

Les contestations concernant un établissement public industriel et commercial relevant d'une collectivité territoriale sont de la compétence judiciaire. Ainsi en est-il du litige relatif à l'exécution d'un contrat conclu entre une société d'édition et un office municipal de tourisme, dès lors que ce contrat ne constitue pas un marché public eu égard à son objet et à son équilibre financier, ne comporte aucune clause exorbitante de droit commun, se rattache aux missions industrielles et commerciales confiées à l'office municipal et s'analyse ainsi en une convention de droit privé[3].

La juridiction civile compétente est également déterminée selon la nature et le montant de la créance. Ainsi, les contestations relatives aux créances de loyer des offices municipaux ou départementaux de l'habitat relèvent du tribunal d'instance. La juridiction judiciaire est enfin compétente lorsque la créance de la collectivité territoriale constitue un impôt indirect. Ainsi, la contestation du titre exécutoire émis par un maire ou par le président d'une communauté de communes pour le recouvrement d'une taxe de séjour est de la compétence du tribunal de grande instance. Elle s'inscrit dans le cadre du contentieux né de l'institution de cette taxe qui s'analyse en une imposition indirecte au sens de l'article 199 alinéa 2 du Livre des procédures fiscales. Seule relève de la juridiction administrative, la contestation de la délibération du conseil municipal ou de la communauté de commune qui constitue un acte administratif détachable de la procédure d'imposition[4]. La procédure applicable sera celle en vigueur devant le tribunal concerné. Il convient de relever que les textes relatifs au recouvrement des produits communaux et départementaux renvoient à la procédure prévue pour les « matières sommaires », par les articles 404 et suivants de l'Ancien Code de procédure civile qui sont abrogés depuis la promulgation du Nouveau Code de procédure civile (CGCT, art. R. 2342-4 et R. 3342-8-1). Ces renvois qui tiennent à l'ignorance de l'évolution de la procédure civile par les rédacteurs du Code général des collectivités territoriales qui se sont bornés à reproduire des textes anciens (Décr. n° 66-624, 19 août 1966[5]) sont parfaitement inapplicables et dénués d'utilité pratique.

973.178 Juridiction administrative. La juridiction administrative peut être saisie chaque fois que la créance trouve sa source dans un rapport de puissance publique. C'est le cas lorsque la créance est née d'un contrat contenant des clauses exorbitantes du droit commun, ou en l'absence de telles clauses, d'une convention ayant pour objet l'exécution même d'un service public ou faisant participer le cocontractant à cette exécution[6]. À défaut de cette participation effective, le contrat simplement conclu pour les besoins du service public relève de la compétence judiciaire (il en est jugé ainsi à propos d'un contrat entre une entreprise privée et une maison d'arrêt concernant l'installation d'une antenne collective et la location de téléviseur aux détenus[7]).

§ 2
Contestation de la régularité formelle de l'acte de poursuite

A.
Conditions de la contestation

973.181 Objet de l'action en contestation. La contestation de la régularité en la forme de l'acte de poursuite ne peut porter que sur des difficultés d'ordre procédural telles que l'omission d'une formalité (défaut d'envoi de la lettre de relance ou de la mise en demeure) ou la validité d'un acte (irrégularité du commandement ou de la notification de l'opposition). Ainsi, l'acte qualifié de **commandement** par l'administration ne comportant aucune signature ne peut avoir aucune valeur procédurale[8]. Le contenu de l'opposition peut aussi être critiqué (pour défaut de signature du comptable ou d'indication de la nature des sommes réclamées). L'expression « irrégularité formelle » employée par l'article L. 1617-5, 1° et 2° du Code général des collectivités territoriales ne semble pas devoir être prise à la lettre et paraît aussi pouvoir englober les irrégularités de fond affectant la poursuite telle que l'insaisissabilité et l'indisponibilité des fonds. En effet, en matière d'avis à tiers détenteur où on utilise la même expression, la Cour de cassation estime qu'il suffit que la contestation ne porte pas sur la créance mais seulement sur la régularité de la poursuite d'exécution, pour qu'elle relève de l'opposi-

1. T. confl. 8 nov. 1982, Sté Maine Viande, req. n° 02217, *Lebon* 60, préc.
2. T. confl. 13 nov. 2000, req. n° 3191, *BICC* 2001, n° 83.
3. T. confl. 7 avr. 2014, req. n° 14-03.949, *Bull. T. confl.*, n° 1; *BICC* 2013, n° 1056.
4. T. confl. 15 avr. 2013, req. n° 13-03.893, *Bull. T. confl.*, n° 9; *BICC* 2013, n° 1084.
5. Mod. par Décr. n° 81-362, 13 avr. 1981, et par Décr. n° 2009-125, 3 févr. 2009.
6. T. confl. 28 sept. 1998, req. n° 03090, *Gaz. Pal.* 3-4 mars 2000. Somm. 14, note Petit.
7. T. confl. 23 nov. 1998, req. n° 03124, *Gaz. Pal.* 3-4 mars 2000. Somm. 14.
8. Com. 26 nov. 1996, n° 94-21.236, *Bull. civ.* IV, n° 288.

tion à poursuite de la compétence du JEX[1]. Quoi qu'il en soit, la contestation élevée à l'occasion d'un acte de poursuite ne peut pas avoir pour objet la remise en cause du bien-fondé, du montant, et de l'exigibilité des sommes réclamées dans l'opposition, celle-ci relevant du recours sur le fond (sur les diverses irrégularités de forme, v. s^s n° 934.22 à propos de l'ATD).

973.182 Délai de l'action en contestation. L'action en contestation dont dispose le débiteur pour la régularité formelle de l'acte de poursuite diligenté contre lui se prescrit dans le délai de deux mois suivant la notification de cet acte. Conformément à l'article 668 C. pr. civ., c'est la date de la réception de la notification qui doit marquer le point de départ du délai. C'est au comptable d'établir la réalité et la date de la réception de l'acte. Si la notification de l'acte critiqué a été faite par LRAR, la date de la réception est celle apposée par la poste lors de la remise au destinataire (C. pr. civ., art. 669).

973.183 Absence de recours préalable devant l'Administration. L'action en contestation dont dispose le débiteur d'une créance assise et liquidée par une collectivité territoriale peut être exercée, lorsqu'elle porte sur la régularité formelle de la poursuite, directement devant le JEX (CGCT, art. L. 1617-5, 2°, al. 2). Le redevable n'a donc pas à soumettre sa contestation au directeur régional ou départemental des finances publiques avant de saisir ce magistrat. Il en est ainsi, même lorsque la mesure d'exécution engagée par le comptable tend au recouvrement, non seulement d'une créance à caractère fiscal (taxe d'habitation), mais encore d'un produit civil de nature administrative. Dans cette hypothèse, le redevable est fondé à contester directement devant le JEX la régularité formelle de la mesure d'exécution engagée à son encontre, dès lors qu'elle concerne également une créance des collectivités territoriales[2] (v. s^s n° 973.175).

La **dispense de la procédure du mémoire préalable** vaut, tant pour les produits de nature civile que pour les produits de nature administrative. Toutefois l'instruction codificatrice considère que les créances à caractère fiscal comme la taxe de séjour ou de publicité, dès lors qu'elles ne rémunèrent pas un service rendu, doivent faire l'objet d'une réclamation préalablement présentée au directeur départemental ou régional des finances publiques qui doit examiner les moyens du redevable et relever les irrégularités de procédure même non invoquées par celui-ci. Il y a lieu cependant d'observer que l'article L. 1617-5, 2°, alinéa 2, du CGCT qui prévoit la saisine directe du JEX en matière de contestation des actes de poursuite ne distingue pas selon que le produit mis en recouvrement revêt ou non un caractère fiscal.

973.184 Défendeur à l'action en contestation. Le redevable doit diriger son action contre le comptable qui a engagé la poursuite lorsqu'il critique la régularité de celle-ci. Sa contestation n'est pas recevable s'il actionne l'ordonnateur de la collectivité ou de l'établissement, car celui-ci n'est concerné que par le recours sur le bien-fondé de la créance[3].

973.185 Juridiction compétente. Quelle que soit la nature (civile ou administrative) de la créance cause de la poursuite, l'action en contestation de la régularité formelle de l'acte relève toujours de la compétence de la juridiction judiciaire et, plus précisément, du JEX (CGCT, art. L. 1617-5, 2°). La compétence de principe de la juridiction judiciaire avait été admise même avant la promulgation du Code général des collectivités territoriales[4].

973.186 Compétence du juge de l'exécution en cas d'ouverture d'une procédure collective contre le redevable. Les conséquences de l'ouverture d'une procédure collective contre le redevable sur la compétence du JEX sont étudiées à propos de la saisie-attribution (v. s^s n° 841.12). Il convient seulement de rappeler que l'opposition notifiée en période suspecte par un créancier qui connaissait la cessation des paiements, peut être annulée (C. com., art. L. 632-2, al. 2).

973.187 Compétence territoriale. L'article L. 1617-5 du Code général des collectivités territoriales ne précise pas la juridiction territorialement compétente pour connaître des contestations de l'OTD. C'est également les cas des articles L. 262 et L. 263 du Livre des procédures fiscales pour les contestations de l'avis à tiers détenteur. Il est donc logique de considérer que les solutions jurisprudentielles adoptées pour cette dernière mesure sont transposables. Cependant, en cette matière, la deuxième chambre civile et la chambre commerciale de la Cour de cassation ont rendu des arrêts divergents. La deuxième chambre civile a rejeté un pourvoi formé contre la décision d'une cour d'appel ayant assimilé l'ATD à la saisie-attribution et, par conséquent, considéré que le seul JEX territorialement compétent était, en vertu de l'article 65 du décret du 31 juillet 1992 (devenu C. pr. exéc.,

1. Cass., avis, 14 mai 2001, n° 01-00.002, *Bull. avis,* n° 3; *D.* 2001. 2362, et obs.
2. Com. 14 déc. 2004, n° 02-15.617, *Bull. civ.* IV, n° 226; *JCP* 2005. IV. 1262.
3. Civ. 1re, 10 mai 1988, n° 86-17.553, *Bull. civ.* I, n° 138; *Gaz. Pal.* 1988. 2. Somm. 184.
4. CE 24 juill. 1981, S^té Maine viande, req. n°s 07350, 09552 et 09553, *Lebon; JCP* 1992. II. 19820.

art. R. 211-10), celui du lieu où demeure le débiteur[1].

La chambre commerciale a refusé cette assimilation en estimant que l'on doit appliquer l'article 9 du décret du 31 juillet 1992 (devenu C. pr. exéc., art. R. 121-2) permettant au contestant de choisir entre le juge du lieu où demeure le débiteur et celui du lieu d'exécution de la mesure[2].

B. Effets de la contestation

973.191 Conséquences sur le cours de l'opposition. L'introduction de l'instance ayant pour objet la contestation de la régularité formelle d'un acte de poursuite suspend l'effet de celui-ci (CGCT, art. L. 1617-5, 1°, al. 3). Si c'est l'acte d'opposition qui est critiqué, le tiers détenteur devra différer le paiement jusqu'à ce que le recours devant le JEX soit tranché. L'effet d'indisponibilité produit par l'opposition doit se prolonger pendant le cours de l'instance. Les sommes objet de l'opposition ne peuvent être versées, ni au comptable, ni au redevable, tant que le juge ne s'est pas prononcé.

Il faut préciser que la contestation ne diffère le paiement que si celui-ci n'est pas déjà intervenu au moment où elle est formée. En effet, le délai de deux mois de l'action en contestation n'est pas suspensif de telle sorte que le tiers qui doit se libérer entre les mains du comptable dans le mois de la réception de l'opposition, peut très bien s'être acquitté de cette obligation lorsque le débiteur exerce son recours. Par ailleurs, même si la contestation intervient avant le paiement, celui-ci peut être autorisé par le JEX en cours d'instance pour la fraction non contestée de la dette ou dans une proportion qu'il détermine si cette dette et celle du tiers ne semblent pas sérieusement contestables (C. pr. exéc., art. R. 211-12 – v. s^s^ n°s 832.32, 842.16 et 842.17).

973.192 Pouvoirs du juge de l'exécution. Le JEX peut tirer toutes les conséquences de l'irrégularité formelle de la poursuite en annulant l'acte affecté d'un vice, en donnant mainlevée de l'opposition inutile ou abusive ou en accordant des dommages-intérêts au redevable victime d'un préjudice. Il n'est cependant pas autorisé à examiner la validité du titre de perception ou de recette fondant la poursuite dont il n'a pas le pouvoir, en application de l'article R. 121-1 C. pr. exéc., de modifier le dispositif, c'est-à-dire l'élément substantiel. Il ne peut donc remettre en cause ni le titre exécutoire dans son principe, ni la validité des obligations qu'il constate[3]. Corrélativement, le JEX ne peut se prononcer, à l'occasion d'une mesure d'exécution, sur une contestation trouvant son origine dans l'interprétation d'un arrêt du Conseil d'État. Il doit, dans ce cas surseoir à statuer sur le sort de la mesure jusqu'à ce que la juridiction administrative ait statué[4].

Toutefois, le JEX peut-il ordonner la discontinuité des poursuites engagées en vertu d'un titre de recette affecté d'une irrégularité flagrante constitutive d'une voie de fait qui le prive de sa nature administrative ?Une décision administrative constitue, par elle-même, une voie de fait lorsqu'elle est insusceptible de se rattacher à un texte législatif ou réglementaire, ou à un pouvoir de l'administration. C'est le cas lorsque celle-ci use de la procédure d'exécution d'office dans une hypothèse où elle ne dispose pas de cette voie[5]. La difficulté est notamment apparue au sujet des états exécutoires émis contre les coobligés alimentaires pour le recouvrement des frais médicaux et de séjours dus par les personnes hospitalisées ou admises en maison de retraite. Or, l'administration ne peut, en cette matière, se délivrer des titres à elle-même sans violer le principe de la séparation des pouvoirs car elle est tenue d'exercer ses recours devant le juge des affaires familiales qui est seul habilité à fixer, après un débat contradictoire, la part contributive de chaque débiteur d'aliment (C. civ., art. 205 s. – CASF, art. L. 132-6 et L. 132-7 – CSP, art. L. 6145-11[6])[7]. Les juridictions judiciaires peuvent paralyser les effets du titre illégal en ordonnant la discontinuité des poursuites[8]. Par ailleurs, la Cour de cassation considère que l'usage prétendument abusif par une collectivité publique de sa faculté d'émettre des titres de perception exécutoires n'est pas détachable du recouvrement de la créance ayant pour origine un contrat de droit privé, de telle sorte que le contentieux qui en découle relève des juridictions de l'ordre judiciaire[9]. Toutefois, le pouvoir d'annu-

1. Civ. 2e, 1er févr. 2001, n° 99-11.896, *Bull. civ.* II, n° 21; *D.* 2001. 908, et obs.; *Gaz. Pal.* 2002. Somm. 246, note Véron.
2. Com. 12 mars 2002, n° 99-11.895, *Bull. civ.* IV, n° 56; *D.* 2002. 1180, et obs.; *Procédures* 2002, n° 157, obs. Perrot.
3. Civ. 2e, 8 avr. 2004, n° 02-11.625, *Bull. civ.* II, n° 189; *AJDI* 2004. 483.
4. Civ. 2e, 14 oct. 1999, n° 97-19.189, *Bull. civ.* II, n° 156; *D.* 1999. 249; *Rev. huiss.* 2000. 3069.
5. CE 30 juill. 1949, Dame Depalle, *D.* 1950. 109, concl. Gazier.
6. CSP, anc. art. L. 714-38.
7. Civ. 1re, 1er déc. 1987, n° 86-10.744, *Bull. civ.* I, n° 314; *JCP* 1988. II. 20952, rapp. Sargos.
8. T. confl. 12 mai 1997, req. n°s 97-03.012 et 97-03.013, *Bull. T. confl.*, n°s 8 et 9 – Civ. 1re, 22 juin 1999, n° 97-13.279, *Bull. civ.* I, n° 215; *D.* 1999. 146, note Massip; *RTD civ.* 1999. 829, obs. Hauser – T. confl. 21 oct. 2002, n° 02-03.280, *Bull. T. confl.*, n° 22.
9. Civ. 1re, 22 mars 2012, n° 11-14.304, *Bull. civ.* I, n° 73.

ler un commandement n'est pas reconnu au juge judiciaire si la sanction repose, non sur un vice de pure forme, mais sur l'irrégularité du titre en vertu duquel il a été délivré, sauf la question préjudicielle tenant à l'obligation alimentaire[1] (v. s^s n°s 126.106 et 951.24).

Compte tenu de l'effet attributif immédiat produit par l'OTD, le JEX ne peut accorder des délais de paiement au débiteur. La jurisprudence adoptée en matière de saisie-attribution est applicable à l'OTD dont l'effet légal se trouve consommé dès la réception de sa notification par le tiers[2]. En revanche, si l'opposition est annulée ou si les sommes sur lesquelles elle porte ne couvrent pas la créance à recouvrer, le JEX devrait pouvoir accorder des délais de paiement, soit pour le tout dans le premier cas, soit pour la fraction non couverte dans le second cas. En effet, les articles 8 du décret du 31 juillet 1992 (devenu C. pr. exéc., art. R. 121-1) et 1244-1 du Code civil devraient être applicables car ce sont des textes de portée générale qui ne distinguent pas selon que le créancier est ou non soumis aux règles de la comptabilité publique (il en est jugé ainsi à propos de l'application à un OPAC de l'article 24 de la loi du 6 juillet 1989[3]).

973.193 **Voies de recours.** Les décisions du JEX sont exécutoires de plein droit par provision (C. pr. exéc., art. R. 121-21). Elles sont susceptibles d'appel sauf si elles constituent des mesures d'administration judiciaire (C. pr. exéc., art. R. 121-19) ou si un sursis à l'exécution des mesures ordonnées par le JEX a été accordé par le premier président (C. pr. exéc., art. R. 121-22 - v. s^s n°s 211.08 à 222.32).

973.194 **Mainlevée de l'opposition.** La mainlevée de l'opposition peut résulter, soit d'une décision unilatérale du créancier, soit de l'ordre du juge. Contrairement à la nullité, elle ne joue que pour l'avenir et n'a pas d'effet rétroactif. Elle n'est soumise à aucun formalisme et peut être effectuée par une simple lettre adressée au tiers détenteur et au redevable.

La mainlevée décidée spontanément par le comptable peut être la conséquence, d'un paiement postérieur à l'opposition, d'une remise de la dette acceptée par l'ordonnateur, d'un délai de paiement accordé par ce comptable ou de l'extinction de l'obligation du tiers. Dans ces deux derniers cas, elle ne vaut pas renonciation à la perception de la somme due[4]. L'instruction codificatrice recommande au comptable public de donner mainlevée chaque fois que l'opposition a été pratiquée à tort ou irrégulièrement. Dans ce cas, les frais occasionnés au redevable lui seront remboursés par le directeur départemental des finances publiques sur justification (frais bancaires, postaux, ou téléphoniques).

La mainlevée ordonnée par le juge est la conséquence d'une irrégularité de l'opposition (nullité de la notification ou d'un acte antérieur, insaisissabilité de la créance appréhendée, fonds n'appartenant pas au redevable, *etc.*)

§ 3
Autres incidents

973.201 **Contestations émanant des créanciers concurrents.** Les créanciers qui ont engagé une mesure d'exécution le même jour ou postérieurement à l'OTD ont un intérêt à contester le bien-fondé de la créance de la collectivité ou de l'établissement, ou bien la régularité formelle de la poursuite.

Lorsqu'ils exercent, à la place de leur débiteur négligent, l'action en contestation de la créance, ils s'inscrivent dans le cadre de l'action oblique de l'article 1166 du Code civil. L'ordonnateur défendeur à la contestation peut donc leur opposer la prescription de deux mois si elle est acquise.

En revanche l'action en contestation de la régularité formelle de la poursuite n'est pas propre au débiteur. Les créanciers en concours avec la personne publique ou évincés par elle en raison de l'antériorité de l'opposition, ont un intérêt personnel et direct à faire annuler celle-ci. Dès lors que l'opposition ne leur est pas notifiée, la contestation n'est enfermée, en ce qui les concerne, dans aucun délai de prescription (v. s^s n°s 841.20 s., 841.64 et 841.71 s.).

973.202 **Contestation émanant d'un tiers autre que le tiers détenteur.** Un tiers tel qu'un cessionnaire peut se prétendre titulaire de la créance du redevable contre le tiers détenteur. Cette contestation de fond qui porte sur la propriété de la créance appréhendée et qui s'élève à l'occasion de l'opposition devrait relever de la compétence du JEX en vertu de l'article L. 213-6 du COJ[5] (v. s^s n°s 841.20 s.).

973.203 **Contestation émanant du tiers détenteur.** Le tiers détenteur qui conteste cette qualité peut saisir le JEX pour qu'il constate l'extinction de

1. Civ. 1re, 19 nov. 1996, n° 94-20.470, *Bull. civ.* I, n° 409; *Gaz. Pal.* 20-22 sept. 1998, p. 72 – T. confl. 25 janv. 1998, req. n° 02491.
2. Civ. 2e, 4 oct. 2001, n° 99-20.653, *Bull. civ.* I, n° 152; *D.* 2002. 1658, note Soustelle; *Rev. huiss.* 2002. 50, obs. Putman.
3. Cass., avis, n° 4, 29 juin 2001, n° 01-00.003, *Bull. avis,* n° 4.
4. Com. 22 mai 1975, n° 74-12.499, *Bull. civ.* IV, n° 136.
5. COMP. : COJ, anc. art. L. 311-12-1.

sa dette à l'égard du redevable, par l'effet d'une prescription, d'un paiement ou d'une compensation antérieure à l'opposition. Il peut aussi faire constater la nullité, la résiliation, ou l'expiration du contrat le liant au débiteur.

Selon quelles modalités le tiers détenteur doit-il exercer son recours ? L'article L. 1617-5 (7°, al. dern.) du CGCT dispose que « *les contestations relatives à l'opposition sont introduites et instruites dans les conditions fixées au 1° et au 2° du présent article* », c'est-à-dire celles qui concernent les contestations ouvertes aux débiteurs et dont l'exercice est enfermé dans un délai de prescription de deux mois. Ce texte rédigé en termes généraux ne distingue pas selon que la réclamation émane du tiers ou du débiteur, de telle sorte que le tiers détenteur semble devoir agir dans les deux mois de la réception de l'opposition dont il a été destinataire. On doit toutefois relever que le recours du tiers ne tend pas à remettre en cause la créance fondant l'opposition ou la régularité de la mesure. Il ne s'analyse donc pas, à proprement parler, en une contestation de l'OTD mais en une contestation dont celui-ci n'est que l'occasion. Examinée sous cet angle la réclamation du tiers détenteur ne devrait pas être soumise au délai de deux mois applicable à l'action du débiteur.

En pratique, les tiers saisis qui contestent leur qualité de débiteur agissent rarement directement devant le JEX. Ils se contentent le plus souvent de ne pas procéder au paiement et attendent d'être assignés par le créancier (à propos de la saisie-attribution v. s[s] n°s 941.44 et 941.52).

973.204 Réclamations contre le tiers détenteur. Le tiers peut être actionné par le créancier auteur de l'opposition s'il ne satisfait pas à ses obligations de renseignement et de paiement (v. s[s] n°s 973.164 et 973.165). Il peut aussi être assigné devant le JEX par le débiteur lorsqu'il ne met pas à sa disposition les sommes partiellement ou totalement insaisissables versées sur ses comptes. Le conjoint du redevable marié sous le régime de communauté peut également réclamer la remise d'une somme équivalente, à son choix, au salaire du mois ayant précédé l'opposition ou à la moyenne mensuelle des rémunérations des douze derniers mois écoulés. Ces recours contre l'établissement teneur de compte obéissent à des règles spécifiques, notamment en ce qui concerne les différents délais dans lesquels les demandes de mise à disposition doivent être présentées. Cette réglementation est contenue dans les articles R. 162-2 à R. 162-9 C. pr. exéc. (v. s[s] n°s 923.81 s. et 973.56).

TITRE

98. La saisie à tiers détenteur

SECTION 0 ORIENTEUR

980.00 Plan du titre.

980.03 Bibliographie indicative.

Actualisable. *J.-Cl. Pr. fisc.*, *v° Opposition à tiers détenteur, opposition administrative – Saisie à tiers détenteur*, fasc. 561, par J. Albouze.

980.04 Présentation générale. Jusqu'à la loi n° 2009-526 du 12 mai 2009 de simplification et de clarification du droit et d'allégement des procédures[1], qui a créé la « *saisie à tiers détenteur* », l'État devait utiliser les seules procédures civiles d'exécution pour le recouvrement des créances ne relevant pas de l'impôt, saisissables par avis à tiers détenteur, ou des amendes pénales, saisissables par opposition administrative.

La loi n° 2009-526 du 12 mai 2009, de simplification et de clarification du droit et d'allègement des procédures, a créé une procédure de « *saisie à tiers détenteur* » (STD), qui a été insérée dans le Livre des procédures fiscales, à l'article L. 273 A. Elle concerne le recouvrement des créances visées à l'article L. 252 A du Livre des procédures fiscales, à savoir les arrêtés, états, rôles, avis de mise en recouvrement, titres de perception ou de recettes de l'État, les collectivités territoriales ou les établissements publics dotés d'un comptable public.

Cette saisie est entrée en vigueur le 14 mai 2009.

Son champ a été modifié par la loi n° 2010-1658 du 29 décembre 2010[2], qui a amendé l'article L. 273 A à l'effet d'étendre le bénéfice de cette procédure au recouvrement des créances que l'État est chargé de recouvrer pour le compte de tiers sur la base d'un titre de perception qu'il délivre.

980.05 Droit de communication. Les comptables ont droit pour l'exercice de la STD d'obtenir les informations et renseignements nécessaires à l'exercice de leur mission sans que le secret professionnel puisse leur être opposé. Ces renseignements sont notamment : l'état civil des débiteurs, leur domicile, le nom et l'adresse de leurs employeurs (LPF, art. L. 151 A, II).

980.06 Plan. Les conditions, la procédure et les effets de la STD peuvent être successivement examinés (chap. 981), en ayant présent à l'esprit que le régime de cette mesure d'exécution est largement calé sur celui de l'avis à tiers détenteur (ATD) et de l'opposition à tiers détenteur (OTD) des collectivités publiques. Ainsi, malgré le caractère récent de la STD, les solutions dégagées pour l'ATD et l'OTD par la jurisprudence et la pratique peuvent être largement transposées à la STD. La seule réserve tient

1. L. n° 2009-526, 12 mai 2009, de simplification et de clarification du droit et d'allégement des procédures, *JO* 13 mai, p. 7920.

2. L. n° 2010-1658, 29 déc. 2010, de finances rectificative pour 2010, *JO* 30 déc., p. 23127.

au fait que cette dernière, à la différence de l'ATD, poursuit le recouvrement de créances qui ne bénéficient pas du privilège du Trésor.

À l'instar de ces mesures d'exécution de droit public, la STD peut être pratiquée sur des rémunérations et connaît alors un régime particulier (chap. 982).

CHAPITRE

981. Régime général de la saisie à tiers détenteur

PHILIPPE FLORES
CONSEILLER RÉFÉRENDAIRE
À LA COUR DE CASSATION

ÉDOUARD DE LEIRIS
MAGISTRAT

981.00 Plan du chapitre.

981.01 Textes applicables.

C. pr. exéc., art. L. 111-3, L. 211-2 et R. 211-9.

LPF, art. L. 151 A, L. 252 A et L. 273 A.

• **L. n° 2010-1658, 29 déc. 2010,** de finances rectificative pour 2010, art. 55, V, A, *JO* 30 déc., p. 23127.

981.03 Bibliographie indicative. (V. ss n° 980.03).

981.04 Plan. Avant d'être délivrée, la saisie à tiers détenteur (STD) nécessite un titre exécutoire de l'État établi conformément à l'article L. 252 A du Livre des procédures fiscales.

Quant au régime lui-même de la STD, il est aligné sur ceux de l'avis à tiers détenteur (ATD) – sans toutefois bénéficier du privilège fiscal – et de l'opposition à tiers détenteur (OTD) des collectivités publiques.

SECTION 1
CONDITIONS D'UTILISATION DE LA SAISIE À TIERS DÉTENTEUR

981.11 Caractéristiques de la créance cause de la saisie : créance liquide et exigible, constatée dans un titre de perception émis par l'État. En application de l'article 273 A du Livre des procédures fiscales, la saisie à tiers détenteur peut être utilisée pour le recouvrement des créances de l'État ou des créances que celui-ci est chargé de recouvrer pour le compte d'un tiers qui sont contenues dans un titre de perception en application de l'article L. 252 A de ce code, qui prévoit que ce titre est exécutoire au sens de l'article L. 111-3 C. pr. exéc.

Le titre de perception peut porter sur toute créance de l'État, ainsi que, depuis l'entrée en vigueur de la loi du 29 décembre 2010, de finances rectificative pour 2010, toute créance que l'État est chargé de recouvrer pour le compte de tiers sur la base d'un titre de perception qu'il délivre. Le champ est donc très vaste et la saisie à tiers détenteur peut être utilisée dès lors qu'un comptable de l'État a établi un titre de perception.

Sur les créances susceptibles de faire l'objet d'un titre de perception, la notification de ce titre au redevable, le contentieux de délivrance du titre, v. ss nos 126.71 à 126.97.

Sur la liquidité et l'exigibilité de la créance, v. ss nos 112.31 à 112.34.

981.12 Les caractéristiques de la créance saisie : créance de somme d'argent, certaine et saisissable. L'article L. 273 A du Livre des procédures fiscales dispose que : « *La saisie à tiers détenteur est notifiée [...] aux personnes physiques ou morales qui détiennent des fonds pour son compte, qui ont une dette envers lui ou qui lui versent une rémunération* » et précise que : « *La saisie à tiers détenteur peut s'exercer sur les créances conditionnelles ou à terme* ». La loi n° 2013-1117 du 6 décembre 2013 relative à la lutte contre la fraude fiscale et la grande délinquance économique et financière[1], a jouté la possibilité de saisir « *les sommes versées par un redevable souscripteur ou*

1. L. n° 2013-1117, 6 déc. 2013, relative à la lutte contre la fraude fiscale et la grande délinquance économique et financière, *JO* 7 déc., p. 19941.

adhérent d'un contrat d'assurance rachetable, y compris si la possibilité de rachat fait l'objet de limitations, dans la limite de la valeur de rachat des droits à la date de la notification de la saisie ». Enfin, à l'instar des autres procédures d'exécution de droit public, il est prévu que cette saisie « *emporte l'effet d'attribution immédiate, prévu à l'article L. 211-2 du Code des procédures civiles d'exécution portant réforme des procédures civiles d'exécution, des sommes saisies disponibles à concurrence des sommes pour lesquelles la saisie est pratiquée* ».

Au total, on le voit, la STD a pour objet la saisie d'une créance de somme d'argent qui doit présenter les caractéristiques qui ont été exposées dans les développements consacrés à la saisie-attribution de droit commun (v. s[s] n°s 812.11 s.).

En particulier, le régime de la STD est identique à celui de la saisie-attribution dans le cas du débiteur faisant l'objet d'une procédure collective ou d'une procédure de surendettement (v. s[s] n°s 812.120 à 812.132).

SECTION 2
PROCÉDURE DE SAISIE À TIERS DÉTENTEUR

981.21 Notification de la saisie à tiers détenteur. En application de l'article 273 A du Livre des procédures fiscales : « *La saisie à tiers détenteur est notifiée, avec mention des délais et voies de recours, au débiteur ainsi qu'aux personnes physiques ou morales qui détiennent des fonds pour son compte, qui ont une dette envers lui ou qui lui versent une rémunération* ».

Cette notification est faite par le comptable chargé du recouvrement, sans qu'il soit nécessaire de recourir à un huissier de justice.

Sur la notion de tiers détenteur, qui est identique à celle de tiers saisi au titre de la saisie-attribution, v. s[s] n°s 800.00 s. et 900.00 s.

La notification doit mentionner les délais et voies de recours.

En revanche, elle n'est pas soumise à un formalisme particulier.

Elle intervient par la voie postale, de préférence par lettre recommandée avec demande d'avis de réception, ainsi qu'il a été exposé pour l'ATD. On insistera en effet sur l'opportunité d'un avis de réception, qui constitue tout à la fois la date à laquelle la saisie produit l'effet attributif et le point de départ du délai de trente jours dans lequel les fonds doivent être versés par le tiers détenteur au comptable chargé du recouvrement (v. s[s] n°s 932.26 et 933.41).

Toujours à l'instar de l'ATD, il n'est pas prévu de délai pour procéder à la notification de la saisie au débiteur, mais l'Administration gagnera à y procéder concomitamment à la notification au tiers détenteur, puisque la notification au débiteur fait courir le délai de contestation, qui présente un caractère suspensif (v. s[s] n° 126.97).

981.22 Déclaration du tiers détenteur. En dehors d'exigences ponctuelles, il n'est pas prévu d'obligation générale de déclaration par le tiers saisi. C'est donc le formulaire adressé au tiers détenteur qui doit préciser que celui-ci accuse réception de la saisie et porte à la connaissance du comptable chargé du recouvrement les informations utiles à la bonne fin de cette saisie.

Quant aux exigences de déclaration prévues ponctuellement, elles résultent de deux dispositions.

D'abord, l'article L. 273 A du Livre des procédures fiscales prévoit une déclaration que dans le cas ponctuel où la créance saisie est indisponible : « *Si les fonds détenus ou dus par le tiers détenteur sont indisponibles entre ses mains, ce dernier doit en aviser le comptable chargé du recouvrement dès la réception de la saisie* ».

Ensuite, le tiers détenteur informe sans délai le comptable chargé du recouvrement des sommes mises à disposition du débiteur personne physique, dans le cas de la saisie des comptes bancaires entrant dans les prescriptions de l'article L. 162-2 C. pr. exéc. relative au solde bancaire insaisissable (C. pr. exéc., art. R. 162-2 – v. s[s] n°s 900.00 s.).

981.23 Sanction du tiers détenteur. Là encore, en l'absence de précision dans l'article L. 273 A du Livre des procédures fiscales, les solutions dégagées pour l'ATD s'appliquent : les sanctions prévues par le Code des procédures civiles d'exécution en matière de saisie-attribution, encourues par le tiers saisi en cas d'absence de déclaration ou de déclaration tardive ou erronée, ne sont pas applicables à la STD.

En revanche, le tiers qui s'est reconnu débiteur du débiteur principal peut être condamné à payer cette créance au comptable, par le JEX saisi en application de l'article R. 211-9 C. pr. exècre. (Sur ces points, v. s[s] n°s 933.43 s.).

En outre, l'article L. 273 A du Livre des procédures fiscales précise que le tiers détenteur qui ne procède pas au versement des fonds saisis peut se voir réclamer les sommes saisies majorées du taux d'intérêt légal.

SECTION 3
EFFETS DE LA SAISIE À TIERS DÉTENTEUR

981.31 Effet attributif immédiat et indisponibilité de la créance saisie. Classiquement, l'article L. 273 A du Livre des procédures fiscales dispose que la saisie à tiers détenteur « *emporte l'effet d'attri-*

bution immédiate, prévu à l'article L. 211-2 du Code des procédures civiles d'exécution des sommes saisies disponibles à concurrence des sommes pour lesquelles la saisie est pratiquée ». Il précise que : « *La saisie à tiers détenteur peut s'exercer sur les créances conditionnelles ou à terme; dans ce cas, les fonds sont versés au comptable public chargé du recouvrement lorsque ces créances deviennent exigibles* ». Enfin : « *Lorsqu'une même personne est simultanément destinataire de plusieurs saisies à tiers détenteur établies au nom du même redevable, elle doit, en cas d'insuffisance des fonds, exécuter ces oppositions en proportion de leurs montants respectifs* ».

Ces règles ne présentent aucune spécificité, de sorte qu'il convient de renvoyer aux développements précédemment consacrés aux effets de la saisie-attribution (v. s^s n°s 831.41 s. et 923.11 s.) et de l'ATD (v. s^s n°s 933.11 s.).

On peut simplement relever qu'à la différence de l'ATD, la STD n'est assortie d'aucun privilège de sorte que, dans le cas où cette dernière est délivrée après une saisie conservatoire non encore convertie en saisie-attribution, la STD ne saurait conduire à un paiement privilégié du comptable public.

981.32 Paiement de la créance saisie et contestation de la saisie à tiers détenteur. L'article L. 273 A du Livre des procédures fiscales prévoit qu'en matière de STD, « *les fonds doivent être reversés dans les trente jours qui suivent la réception de la saisie par le tiers détenteur auprès du comptable chargé du recouvrement* », sauf le cas particulier des créances à terme ou conditionnelles, dans lequel, « *les fonds sont versés au comptable public chargé du recouvrement lorsque ces créances deviennent exigibles* ».

Toutefois, ce délai de trente jours doit être combiné avec la possibilité de contestation de la STD. En effet, ces contestations présentent un caractère suspensif, de sorte que le paiement par le tiers détenteur est exclu tant qu'il n'a pas été statué sur la contestation par une décision présentant un caractère « *définitif* » au sens du Livre des procédures fiscales (LPF, art. L. 277), c'est-à-dire une décision tranchant la contestation et ne pouvant plus faire l'objet d'un recours suspensif.

Un recours préalable doit toutefois être formé auprès de l'Administration avant tout recours juridictionnel, qui à défaut pourrait être déclaré irrecevable. En effet, le dernier alinéa de l'article L. 273 A du Livre des procédures fiscales prévoit que « *les contestations relatives à la saisie doivent être adressées à l'administration dont dépend le comptable qui a exercé cette poursuite avant tout recours juridictionnel* ». Ainsi qu'il a été précisé, la STD doit mentionner les modalités selon lesquelles ce recours préalable doit être formé.

Comme pour l'ATD, ne constituent pas une contestation au sens de l'article L. 273 A, les moyens de défense mis en œuvre par le tiers détenteur contre lequel l'Administration a exercé, en application de l'article R. 211-9 C. pr. exéc., une action devant le juge de l'exécution en paiement de la créance saisie (v. s^s n° 933.43). La recevabilité de ces moyens n'est donc pas remise en cause par l'absence préalable de recours gracieux.

Pour le surplus, sur les règles de contestation des titres de perception et les oppositions à poursuite, v. s^s n°s 126.06 s.

CHAPITRE

982. Saisie à tiers détenteur portant sur des rémunérations

PHILIPPE FLORES
CONSEILLER RÉFÉRENDAIRE
À LA COUR DE CASSATION

SECTION 0
ORIENTEUR

982.00 Plan du chapitre.

982.01 Textes applicables.

C. pr. exéc., art. L. 211-2.

C. consom., art. L. 331-3-1, L. 331-5, L. 331-7-1, L. 331-7-2 et L. 332-6.

C. trav., art. R. 3252-8, R. 3252-38 et R. 3252-48.

982.03 Bibliographie indicative. (V. s^s^ n° 980.03).

982.04 Généralités et renvois. De la même façon que l'avis à tiers détenteur (ATD) et l'opposition à tiers détenteur (ODT) des collectivités publiques, la saisie à tiers détenteur (STD) peut porter sur des rémunérations. Elle emporte alors, comme ces dernières, l'effet d'attribution immédiate prévu à l'article L. 211-2 C. pr. exéc. des sommes disponibles à concurrence des sommes pour lesquelles la saisie est pratiquée.

Cet effet attributif immédiat ne joue toutefois que dans la limite de la fraction saisissable des rémunérations faisant l'objet de la saisie, au fur et à mesure de leur exigibilité (v. s^s^ n°s 941.90 à 941.111).

En outre cette saisie peut se trouver affectée par la survenance d'une procédure de surendettement (sect. 1), ainsi que par le concours avec d'autres procédures d'exécution portant sur les rémunérations (sect. 2).

De façon générale, le régime de la STD portant sur des rémunérations est similaire à celui de l'OTD et les solutions dégagées pour l'une doivent valoir pour l'autre (v. s^s^ n°s 945.31 à 945.104).

SECTION 1
SAISIE À TIERS DÉTENTEUR ET SURENDETTEMENT

982.11 Demande de suspension en cas de dépôt d'une déclaration de surendettement. Après le dépôt de la déclaration de surendettement et avant la décision sur la recevabilité, la commission de surendettement peut, à la demande du débiteur, saisir le JEX d'une demande de suspension d'une STD et portant sur des créances autres qu'alimentaires (C. consom., art. L. 331-5).

982.12 Suspension et interdiction des saisies à tiers détenteur en cas de décision de recevabilité de la déclaration de surendettement. La décision déclarant la recevabilité de la demande emporte suspension et interdiction des procédures d'exécution diligentées contre le débiteur, et donc des saisies à tiers détenteur, et portant sur des créances autres qu'alimentaires (C. consom., art. L. 331-3-1). Cette suspension et cette interdiction dure, selon le cas, jusqu'à l'approbation du plan conventionnel, la décision de la commission de surendettement imposant les mesures prévues par les articles L. 331-7-1 et L. 331-7-2 du Code de la consommation, jusqu'à l'homologation par le juge des mesures recommandées par la commission ou jusqu'à l'ouverture d'une procédure de rétablissement personnel avec liquidation judiciaire. Cette interdiction et cette suspension ne peuvent toutefois excéder un an.

982.13 Suspension et interdiction en cas d'ouverture d'une procédure de rétablissement personnel avec liquidation judiciaire. Le jugement d'ouverture de la procédure de rétablissement personnel avec liquidation judiciaire entraîne la suspension et l'interdiction des procédures d'exécution diligentées à l'encontre du débiteur et portant sur des dettes autres qu'alimentaires jusqu'au jugement de clôture (C. consom., art. L. 332-6).

982.14 Remboursement des paiements effectués en violation de l'interdiction ou de la suspension – Renvoi. (V. s[s] n° 945.42).

SECTION 2
CONCOURS AVEC D'AUTRES VOIES D'EXÉCUTION

982.21 Concours avec une saisie des rémunérations du travail. En cas de concours avec une saisie des rémunérations du travail déjà en place, le comptable public se heurtera à l'indisponibilité de la créance. Le tiers saisi doit aviser le comptable public de la saisie en cours. Le comptable adresse alors au greffe du tribunal une copie de la STD et lui indique la date de sa notification au redevable. Le greffier avise alors les autres créanciers. La STD est alors assimilée à une intervention et le Trésor public participe aux répartitions (C. trav., art. R. 3252-38). Le juge n'a pas à vérifier le montant de la créance objet de la STD, celle-ci étant assimilée à une intervention. Ce n'est que dans le cas d'une contestation du débiteur formée par voie de déclaration au greffe ou d'assignation, conformément à l'article R. 3252-8 du Code du travail, que la créance sera vérifiée par le juge.

982.22 Concours avec une procédure de paiement direct. En cas de concours avec une procédure de paiement direct, l'employeur doit laisser à la disposition du débiteur une somme équivalente au montant du RSA, imputer le montant du paiement direct, d'abord sur la fraction relativement insaisissable, c'est-à-dire qui ne peut être appréhendée que dans le cadre du paiement direct (v. s[s] n° 941.92), et ensuite sur la fraction saisissable. Seule, la partie de la fraction saisissable qui n'aurait pas été absorbée par le paiement direct pourra être versée au comptable public en exécution de la saisie à tiers détenteur.

982.23 Concours avec une cession de salaire. En cas de concours d'une STD avec une cession de salaire, l'indisponibilité de la créance consécutive à la cession doit prévaloir. Le tiers saisi doit donc en aviser le comptable public qui doit alors procéder par voie de saisie des rémunérations du travail devant le tribunal d'instance. Le cessionnaire participera alors aux répartitions dans le cadre de la saisie conformément à l'article R. 3252-48 du Code du travail et les sommes retenues seront réparties au marc l'euro (v. s[s] n° 946.31).

LIVRE

10. LES SAISIES À FIN DE REMISE D'UN MEUBLE CORPOREL

SECTION 0

ORIENTEUR

1000.00 **Plan du livre.**

1000.05 **Traits communs et complémentarité.** La caractéristique commune à toutes les saisies à fin de remise d'un bien est qu'elles permettent de donner immédiatement et directement satisfaction au créancier sans passer par le truchement d'une vente. Elles visent en effet à faire obtenir ou recouvrer au créancier, non le montant d'une somme d'argent, mais la possession ou la détention d'un bien meuble corporel qui doit lui être livré, remis ou restitué.

Elles permettent ainsi, au plan pratique, l'exercice du droit de suite en matière mobilière.

La vente ordinairement destinée à convertir le bien saisi en deniers, est ici sans objet puisqu'il ne s'agit pas d'obtenir un paiement (sauf dans le cas du créancier gagiste), mais l'exécution d'une obligation en nature, le retour ou l'intégration d'un meuble corporel dans le patrimoine du créancier. La mesure gagne ainsi en rapidité et en efficacité, puisqu'elle porte ses fruits immédiatement sans subir, en principe, la lourdeur et les contretemps d'une procédure de vente amiable ou forcée.

La loi du 9 juillet 1991 et surtout, son décret d'application du 31 juillet 1992, désormais tous deux incorporés dans les parties législative et réglementaire du Code des procédures civiles d'exécution, fournissent au créancier qui entend obtenir la délivrance ou la restitution d'un bien, un corps de mesures diversifiées, bien adaptées et cohérentes parmi lesquelles il peut choisir, selon qu'il détient ou non un titre exécutoire ou qu'il est ou non urgent d'intervenir, celle qui s'avère la mieux appropriée à la situation (C. pr. exéc., art. L. 222-1 et L. 222-2).

Ainsi, s'il justifie d'un titre exécutoire constatant une créance de délivrance ou de restitution certaine et exigible, il peut recourir d'emblée à la saisie-appréhension qui doit lui procurer le bien réclamé à bref délai. S'il est dépourvu d'un tel titre et en attendant d'en obtenir un, il lui est loisible de rendre le bien indisponible entre les mains du débiteur en pratiquant une saisie-revendication, à condition toutefois que sa créance apparaisse fondée en son principe. Il a enfin la faculté, si la remise n'est pas sérieusement contestable, d'obtenir rapidement auprès du juge de l'exécution, sous la forme d'une ordonnance d'injonction, de délivrer ou de restituer, le titre exécutoire dont il a besoin pour pratiquer une saisie-appréhension.

D'une manière générale, c'est le propriétaire d'une chose mobilière que ces mesures visent à protéger. Mais le créancier de la délivrance peut être aussi un gagiste qui n'a pas ou qui a perdu la possession réelle ou encore, un locataire qui demande la remise du bien objet de son contrat.

Le régime de ces saisies est ainsi très dépendant des règles de fond relatives au statut des meubles et aux opérations juridiques dont ils sont l'objet. Elles déterminent un domaine commun à toutes les saisies à fin de remise d'un bien qu'il convient d'étudier avant chacune de ces mesures.

TITRE

101. Les règles communes à toutes les saisies à fin de remise

SECTION 0
ORIENTEUR

1010.05 **Interdépendance des règles de fond et de procédure.** En adoptant au bénéfice des créanciers de la remise de meubles corporels un corps de mesures diversifiées et complémentaires réunies sous le même titre (Décr. 31 juill. 1992, titre VI), désormais codifié dans la partie réglementaire du Code des procédures civiles d'exécution (livre II, titre II, chapitre II), le législateur a pris en compte dans ce domaine particulier de l'exécution plus que dans tout autre, l'interdépendance étroite entre les règles de fond et les règles de procédure. C'est en effet dans la matière des saisies portant sur la délivrance ou la restitution d'un bien que les mesures conservatoires et d'exécution sont le plus tributaires du fond du droit. Elles dépendent étroitement de la nature des biens qui en sont l'objet, ainsi que des opérations juridiques portant sur ces derniers.

Il ne peut en effet y avoir de saisie-revendication, d'injonction de délivrer ou de restituer, voire même de saisie-appréhension en vertu d'un titre exécutoire, sans se référer au statut des meubles corporels et aux règles gouvernant la preuve et la transmission de leur propriété, leur usage, leur constitution en gage ou leur rétention.

Cette référence au fond du droit s'impose d'autant plus que parmi les procédures à la disposition du créancier de la remise d'un bien, certaines, comme la saisie-revendication et la saisie-appréhension sur injonction du juge, peuvent être engagées alors même qu'aucune décision au fond n'a encore été prise.

Dans le cas particulier de la saisie-appréhension sur injonction du juge, c'est le juge de l'exécution lui-même qui délivre le titre exécutoire qui fait défaut à celui qui demande la remise, sous la forme d'une ordonnance susceptible d'opposition. Le recours aux règles de fond est donc inévitable pour décider si la requête aux fins d'injonction de délivrer ou de restituer doit être acceptée ou au contraire rejetée. Ces règles seront encore utiles lorsque le juge de l'exécution sera saisi d'une contestation portant sur la saisie-appréhension ou sur la saisie-revendication.

Par conséquent, les règles de la propriété et de la revendication des meubles, de la vente et de l'échange, du bail, du commodat et du dépôt, du louage d'ouvrage et du mandat, du gage et du droit de rétention, jouent en la matière un rôle prépondérant.

Le droit commun de la revendication et des procédures civiles d'exécution peut en outre céder la place, en cas d'ouverture d'une procédure de sauvegarde, de redressement ou de liquidation judiciaire, à la réglementation spéciale aux procédures collectives ou, à tout le moins, être relégué au rang de norme supplétive.

CHAPITRE

1011. Domaine d'application

RENÉ LAUBA
MAGISTRAT HONORAIRE

SECTION 0
ORIENTEUR

1011.00 Plan du chapitre.

1011.01 Textes applicables.

C. pr. exéc., art. L. 112-2, L. 222-1, L. 222-2, L. 223-2, R. 112-3, R. 222-1 s., R. 222-6, R. 223-13, R. 222-16, R. 223-6, R. 223-7, R. 223-8, R. 223-12, R. 223-13, R. 224-10 à R. 224-12.

C. civ., art. 524, 525, 551, 554, 566, 568, 570 à 577, 587, 862, 1583, 1585, 1586, 1604, 1610, 1612, 1615, 1703, 1704, 1707, 1875, 1877, 1885, 1888, 1889, 1892, 1893, 1902, 1903, 1932, 1934, 1936 à 1938, 1944, 1948, 1993, 2276, 2277, 2286, 2332, 2336 à 2341, 2344, 2346 à 2349, 2351 à 2353, 2367 à 2372.

C. com., art. L. 521-3, L. 523-1 s., L. 524-1 s., L. 525-1 s., L. 527-1 s., L. 624-9, L. 624-10, L. 624-16, L. 624-18, R. 621-8, R. 624-14, R. 624-16.

C. consom., art. L. 114-1, L. 311-1.

C. rur., art. L. 342-1 s., L. 342-12.

C. mon. fin., art. L. 313-7, L. 313-10, L. 313-11, R. 313-3 s., R. 313-10.

1011.03 Bibliographie indicative.

Actualisable. *J.-Cl. Pr. civ., v° Appréhension et conservation des meubles*, fasc. 2380, n° 78, par P. Delebecque.

Ouvrages. A. LEBORGNE, *Droit de l'exécution*, 2e éd., « Précis », Dalloz, 2014, nos 1565-1594 – R. PERROT et Ph. THÉRY, *Procédures civiles d'exécution*, 3e éd., Dalloz, 2013, nos 1030-1074.

Articles. R. Boffa, « L'opposabilité du nouveau gage sans dépossession », *D.* 2007. 1161 – P. Crocq, « La réserve de propriété », *JCP* 2006, suppl. n° 20, « Commentaire de la réforme des sûretés », p. 23 – R. Dammann, G. Podeur, « Le nouveau paysage du droit des sûretés : première étape de la réforme de la fiducie et du gage sans dépossession », *D.* 2008. Chron. 2300 – D. Legeais, « Le gage de meubles corporels », *JCP* 2006, suppl. n° 20, « Commentaire de la réforme des sûretés », p. 12.

1011.05 Influence du fond du droit. Les règles relatives au statut des meubles et aux opérations juridiques portant sur ces derniers induisent un domaine commun à toutes les saisies à fin de remise d'un bien déterminé, que les articles L. 222-1 et L. 222-2 C. pr. exéc. prennent en compte pour délimiter le champ d'application de la saisie-appréhension et de la saisie-revendication. Celui-ci dépend tout à la fois de la nature du meuble réclamé et des obligations dont il est l'objet.

SECTION 1
BIENS CONCERNÉS

1011.11 Meubles corporels. L'article L. 222-1 alinéa 1er et 3 C. pr. exéc. ne vise que les meubles que le débiteur est tenu de livrer ou de restituer au créancier, ce qui exclut les immeubles, y compris les immeubles par destination (sur les conditions de l'immobilisation par destination, v. ss nos 711.11 s.).

Les articles R. 222-1 et suivants C. pr. exéc. précisent qu'il ne s'agit que des meubles corporels, de telle sorte que les meubles incorporels ne peuvent être l'objet d'une saisie-appréhension ou d'une saisie-revendication (sur la possibilité de saisir certaines créances lorsqu'elles sont incorporées dans le titre qui les constate, v. ss nos 711.31 s.). La Haute juridiction considère que la licence d'exploitation d'un débit de boissons (4e catégorie) est un meuble incorporel qui a la même nature que le fonds de commerce dont elle constitue l'un des éléments de telle sorte qu'elle ne se transmet pas par tradition et n'est pas susceptible de possession [1].

1011.12 Corps certain. Son identification aisée en permet la saisie-appréhension ou la saisie-revendication sans difficulté. La propriété en est transmise à l'acquéreur dès l'échange des consentements (C. civ., art. 1583). Sont concernés, non seulement les biens corporels proprement dits, mais également tous les éléments accessoires indispensables à leur utilisation : mode d'emploi, notice d'entretien, bon de garantie, carte grise, certificat d'authenticité ou d'origine (pour un tableau ou un cheval de course).

1011.13 Choses de genre et choses fongibles. Si la saisie doit porter sur une chose de genre, il faut que celle-ci ait été préalablement individualisée. En effet, les choses de genre sont interchangeables et fongibles entre elles. Leur acquéreur n'en devient propriétaire qu'après que le vendeur les a individualisées en les séparant de l'ensemble dont ils font partie, par leur comptage, pesage ou mesurage.

La Cour de cassation estime que la revendication peut s'exercer sur toutes les catégories de choses mobilières, y compris les choses fongibles [2].

Elle précise que si le caractère fongible d'un bien ne fait pas, par lui-même, obstacle à sa revendication, celle-ci ne peut aboutir que dans la mesure où le bien en cause n'a pas été confondu avec d'autres de même espèce [3]. La revendication a ainsi été admise pour du fuel dont la quasi-totalité a été retrouvée isolée de toute marchandise semblable [4]. Il en va de même pour du vin, marchandise parfaitement identifiable par sa couleur, son appellation d'origine, son millésime et son nom, en dépit de son changement de récipient depuis la vente et d'opérations de collage et de filtration qui n'ont pas affecté ses caractéristiques essentielles [5].

Le législateur admet parfois que les droits du propriétaire de choses de genre puissent porter sur des biens équivalents. Ainsi, la propriété réservée de biens fongibles peut s'exercer, à concurrence de la créance restant due, sur des effets mobiliers de même nature et de même qualité détenus par le débiteur ou pour son compte (C. civ., art. 2369). Lorsque des choses fongibles font l'objet d'un gage avec dépossession, le créancier doit les tenir séparées de celles de même nature qui lui appartiennent sous peine de devoir les restituer au constituant. La convention peut toutefois dispenser le créancier de cette obligation. Dans ce cas, il devient propriétaire des biens gagés à charge de rendre la même quantité de choses équivalentes (C. civ., art. 2341).

La revendication en nature peut aussi s'exercer sur des biens fongibles, lorsqu'au moment de l'ouverture de la procédure collective, se trouvent entre les mains de l'acheteur avec réserve de propriété, des biens de même espèce et de même qualité (C. com. art. L. 624-16 [6]). Ce régime de faveur est fréquemment invoqué par les distributeurs de médicaments à l'égard de leurs clients pharmaciens en redressement ou en liquidation judiciaire (sur le point de savoir si les produits pharmaceutiques sont des choses fongibles par nature indépendamment de leur conditionnement, en raison de l'identité de leur composition et de leurs propriétés, ou des biens parfaitement individualisés par leur emballage mentionnant leurs numéros de lots et leurs dates de fabrication et de péremptions, v. Ph. Pétel [7]). La Haute juridiction considère que l'appréciation du caractère fongible de marchandises, en l'espèce des médicaments, relève du pouvoir souverain des juges du fond [8]. Certains créanciers ont également tenté d'utiliser la possibilité de revendiquer les biens fongibles en se présentant comme propriétaires des fonds détenus par leurs débiteurs pour leur compte, en vertu de contrats de dépôt, de mandat, ou de séquestre. La Cour de cassation a toutefois estimé que leurs demandes en restitution ne pouvaient être formées par voie de revendication, la seule voie ouverte au créancier d'une somme d'argent étant la déclaration de sa créance à la procédure collective de son débiteur [9]. Les auteurs se sont interrogés sur le point de savoir si les sommes d'argent remises à un détenteur précaire ou reçues par lui, peuvent ou non être revendiquées [10].

1. Com. 7 mars 2006, n° 04-13.569, *Bull. civ.* IV, n° 62; *D.* 2006. 2897, note Kuhn; 2363, obs. Mallet-Bricout et Reboul-Maupin; *RTD civ.* 2006. 348, obs. Revet; *JCP* 2006. IV. 1759.
2. Civ. 1re, 7 févr. 1989, n° 85-17.531, *Bull. civ.* I, n° 57; *RTD civ.* 1990. 109, obs. Zenati.
3. Com. 25 mars 1997, n° 94-18.337, *Bull. civ.* IV, n° 84; *D.* 1997. 481, note Martin; *Rev. huiss.* 1998. 184; *D.* 2000. 70, obs. Pérochon et Mainguy; *RTD com.* 1998. 423, obs. Martin-Serf.
4. Com. 3 juin 1986, n° 85-14.213, *Bull. civ.* IV, n° 114; *D.* 1988. 10.
5. Bordeaux, 16 déc. 1993, *JCP* 1994. IV. 1424.
6. C. com., anc. art. L. 621-122.
7. Ph. Pétel, « Redressement et liquidation des entreprises », *JCP* 2001. I. 298.
8. Com. 15 mars 2005, n° 03-20.332, NP; « La fongibilité des produits pharmaceutiques : étude et inquiétude », *D.* 2005. 1718, note Marly, obs. Lienhard; *RTD com.* 2005. 605, obs. Martin-Serf.
9. Com. 4 févr. 2003, n° 00-13.356, NP; *Act. proc. coll.* 9 juin 2003, n° 128; *D.* 2003. 1230, obs. Lienhard; *RTD com.* 2003. 572, obs. Martin-Serf.
10. V. J. François, « Retour sur la revendication des sommes d'argent », *D.* 2012. 1493.

1011.14 Choses consomptibles. Le problème d'identification est réel lorsque la restitution est poursuivie en vertu d'un *mutuum* (prêt de consommation) dans lequel l'emprunteur ne peut plus remettre la chose empruntée qu'il a consommée. Il est tenu de rendre des choses de même espèce, équivalentes en quantité et qualité (C. civ., art. 1892 et 1902). Il faut relever à cet égard que l'emprunteur devient propriétaire des choses consomptibles qui lui sont prêtées (C. civ., art. 1893). Il est en effet impossible d'utiliser les choses consomptibles sans les prérogatives du propriétaire (not. le droit de détruire).

À noter que si l'emprunteur est dans l'impossibilité de satisfaire à son obligation de restitution, il est tenu d'en payer la valeur (C. civ., art. 1903) ce qui, dans ce cas, rend impossible toute saisie-appréhension ou revendication.

Si l'usufruit porte sur des choses fongibles, l'usufruitier est tenu d'une obligation analogue à celle de l'emprunteur. Il a le droit de s'en servir mais à charge pour lui de rendre à la fin de l'usufruit, soit des choses de même quantité et qualité, soit leur valeur estimée à la date de leur restitution (C. civ., art. 587). L'usufruitier d'un fonds de commerce bénéficie sur les marchandises d'un quasi-usufruit qui lui permet de les aliéner[1].

1011.15 Meubles saisissables. On a relevé avec une certaine pertinence que l'insaisissabilité de certains biens pouvait difficilement se justifier en matière de revendication mobilière, lorsque la saisie est pratiquée par le propriétaire qui entend entrer ou rentrer en possession[2]. L'objection est en effet judicieuse chaque fois que la propriété est invoquée pour elle-même.

Elle est en revanche discutable lorsque la propriété n'est qu'une fiction et n'a été acquise ou conservée qu'à titre de garantie, dans le cadre d'une location-vente ou d'une vente avec réserve de propriété et qu'elle dissimule ouvertement d'ailleurs, une opération de crédit (financement ou vente à tempérament). Mais dans ce cas, notamment pour le vendeur, les articles L. 112-2, 5° et R. 112-3 C. pr. exéc. permettent de déroger à l'insaisissabilité des biens nécessaires à la vie et au travail du débiteur, lorsque la saisie est pratiquée pour le paiement de leur prix d'achat ou de fabrication ou des sommes prêtées pour leur acquisition, fabrication ou réparation. Ce qui en pratique, réduit sensiblement l'intérêt de la discussion.

1011.16 Souvenirs de famille. La conservation des souvenirs de famille (décorations, portraits, trophées, manuscrits) est un droit existant au profit de tous ses membres. Ces biens spécialement affectés sont en conséquence indisponibles entre les mains de leurs attributaires et leur valeur vénale ne peut leur faire perdre cette qualité. La Cour de cassation estime que leur revendication par les membres non attributaires est fondée, lorsqu'ils ont été confiés à un tiers pour être vendus aux enchères publiques[3]. Les décisions précitées concernent des meubles, tableaux, livres, manuscrits et bijoux appartenant à la famille d'Orient et mis en vente par le Comte de Paris.

Il s'agit d'une jurisprudence prétorienne qui se maintient en dépit de certains enjeux financiers. Celui qui reçoit des souvenirs de famille à l'occasion d'un partage n'en est que le dépositaire[4]. Les critères de qualification doivent démontrer que les biens qualifiés de souvenirs sont chargés d'une forte affectivité et qu'ils entretiennent la mémoire d'un ancêtre disparu. Il faut donc, s'il s'agit par exemple d'une correspondance, qu'elle intéresse la famille, émane de ses membres, ou leur soit adressée[5].

1011.17 Aéronef et navire. Les aéronefs qui sont des meubles corporels selon les critères du Code civil, ne font l'objet d'une réglementation particulière par le Code de l'aviation civile qu'en ce qui concerne leur saisie-vente. Plusieurs juridictions du fond ont donc estimé qu'ils pouvaient être l'objet d'une saisie-appréhension, le cas échéant en vertu d'une ordonnance d'injonction de délivrer ou de restituer (sur la saisie conservatoire et saisie-vente des aéronefs, v. s^s^ n°s 726.04 s.)[6].

Les mêmes observations peuvent être faites en ce qui concerne les navires dont la saisie-vente est seule réglementée spécialement par la loi n° 67-5 du 3 janvier 1967[7] (sur la saisie-exécution des navires, v. s^s^ n°s 724.04 s.).

1011.18 Véhicules terrestres à moteur. Comme tous les meubles corporels, les véhicules terrestres à moteur peuvent être saisis appréhendés ou saisis revendiqués par celui qui est en droit d'en réclamer la remise.

1. Com. 18 nov. 1968, *Bull. civ.* IV, n° 324.
2. V. *J.-Cl. Pr. civ.*, « Appréhension et conservation des meubles », fasc. 2380, n° 78, par Delebecque.
3. Civ. 2e, 29 mars 1995, n° 93-18.769, *Bull. civ.* II, n° 115; *D.* 1995. 330, obs. Grimaldi; *JCP* 1995. II. 22477, note Hovasse-Banget; *RTD civ.* 1996. 420, obs. Zenati – DANS LE MÊME SENS : arrêt objet du pourvoi, Paris, 2 juill. 1993, *JCP* 1994. II. 22191, note Hovasse-Banget.
4. Req. 30 juin 1942, *JCP* 1943. II. 2254, note R. S.
5. Civ. 1re, 21 févr. 1978, n° 76-10.561, *Bull. civ.* I, n° 71; *GAJC*, 12e éd., Dalloz, 2007, n° 98; *D.* 1978. 505, note Lindon.
6. Versailles, 4 mai 1994, *D.* 1994. 149 – TGI Bobigny, 5 févr. 1993, *Gaz. Pal.* 1993. 1. 116, note Renoux.
7. L. n° 67-5, 3 janv. 1967, relative au statut des navires et autres bâtiments de mer, *JO* 4 janv., p. 106.

Toutefois, si le véhicule concerné a été immobilisé par l'un des procédés prévus pour l'application de l'article L. 223-2 C. pr. exéc., il ne peut être appréhendé que selon les règles particulières prescrites aux articles R. 222-1, R. 222-16, R. 223-6, R. 223-7, R. 223-8, R. 223-12 et R. 223-13 du même code (v. s^s n°s 1024.04 s.).

1011.21 Titres au porteur. Les titres au porteur dans lesquels se trouvent incorporées les créances qu'ils constatent, sont considérés comme des meubles corporels susceptibles de tradition manuelle et pour lesquelles la présomption de l'article 2276 du Code civil (C. civ., anc. art. 2279) pouvait être traditionnellement opposée[1]. Cette catégorie particulière de meubles corporels se trouve aujourd'hui très réduite par l'effet de la loi n° 81-1160 du 30 décembre 1981[2] imposant leur dématérialisation par leur inscription obligatoire en compte chez l'émetteur ou l'intermédiaire habilité. Toutefois, il subsiste des titres non dématérialisés qui constituent un domaine résiduel et pour lesquels il existe une procédure particulière de revendication en cas de perte, de vol ou de destruction, prévue par le décret n° 56-27 du 11 janvier 1956[3]. Les dispositions de l'article 2276 du Code civil demeurent cependant applicables lorsque les titres litigieux ont été négociés, transmis ou inscrits en compte avant la publication de l'opposition au transfert qui n'a, dans ce cas, aucun effet (Décr. 11 janv. 1956, art. 4).

1011.22 Logiciels et progiciels. Ce sont des meubles incorporels sur lesquels le créateur qui conserve son droit de propriété intellectuelle, ne concède qu'un droit d'usage insusceptible de revendication. Cependant leur support est un bien matériel, qui, lui, est susceptible d'être revendiqué[4] et qui devrait se prêter à la saisie-appréhension ou à la saisie-revendication s'il peut être séparé ou dissocié. En revanche, lorsqu'il constitue avec les matériels qu'il équipe, par la nature ou la fonction de son programme, une véritable universalité, la revendication devient impossible.

À noter que la Cour de cassation admet qu'un fichier sur bandes magnétiques puisse être l'objet d'un droit de rétention[5].

1011.23 Meubles immobilisés par destination ou incorporation. Les meubles que le propriétaire d'un fonds a affectés au service de celui-ci, ou y a attaché à perpétuelle demeure deviennent immeubles par destination en vertu des articles 524 et 525 du Code civil. Ils sont en principe, insaisissables isolément, indépendamment de l'immeuble auquel ils se rattachent en application de l'article L. 112-2, 7° C. pr. exéc. (v. s^s n°s 711.11 à 711.17). Il en va de même de tout ce qui s'unit et s'incorpore à l'immeuble et notamment des constructions, plantations et ouvrages faits par le propriétaire du sol avec des matériaux ne lui appartenant pas. Leur propriétaire impayé ne peut les enlever (C. civ., art. 551 et 554).

1011.24 Exceptions en cas de gage sur récoltes, matériel et outillage. Toutefois, pour faciliter le crédit aux exploitations et aux entreprises, certains textes ont créé des exceptions au mécanisme de l'immobilisation par destination ou incorporation. Le fournisseur ou le prêteur peut ainsi bénéficier d'une garantie sur le bien acquis ou financé, qu'il peut revendiquer, sans que l'on puisse lui opposer l'immobilisation.

À cet égard, les articles L. 342-1, 1° à 4° et L. 342-12 du Code rural permettent en matière de *warrant* agricole d'éviter le jeu de l'immobilisation par destination et incorporation en ce qui concerne les récoltes, matériels ou animaux, objets du gage.

En matière de *warrant* hôtelier et de nantissement sur outillage et matériel d'équipement, l'article L. 523-1 du Code de commerce[6] et l'article L. 525-6 du même code[7] font seulement obstacle à l'immobilisation par destination (sur les conflits entre créanciers à l'occasion d'une saisie immobilière, v. s^s n°s 1300.00 s.).

1011.25 Exception en cas de clause de réserve de propriété. La clause de réserve de propriété constitue une sûreté réelle efficace fondée sur la suspension du transfert de la propriété jusqu'au paiement intégral du prix. Elle permet au vendeur demeuré propriétaire de réclamer, en cas de non-paiement, la remise de la chose si elle se retrouve encore en nature dans le patrimoine de l'acheteur. Mais la Cour de cassation[8] estime que du fait de leur incorporation à l'immeuble, les matériaux vendus avec réserve de propriété n'existent plus en nature, ce qui empêche la clause de produire effet (la chambre commerciale de la Cour de cassation a statué à propos de l'inopposabilité à la procédure collective, d'une clause de réserve de propriété con-

1. Civ. 4 juill. 1876, *DP* 1877. 1. 33.
2. L. n° 81-1160, 30 déc. 1981, de finances pour 1982, *JO* 31 déc., p. 3569.
3. Mod. par Décr. n° 93-225, 16 févr. 1993, modifiant le décret n° 56-27 du 11 janvier 1956 relatif à la procédure à suivre en cas de dépossession de titres au porteur ou de coupons, *JO* 20 févr., p. 2796.
4. Versailles, 30 juin 1994, *Gaz. Pal.* 1995. 1. 44, note Breban.
5. Com. 8 févr. 1994, n° 92-14.484, *Bull. civ.* IV, n° 56; *D.* 1995. 9', obs. Libchaber; *JCP* 1994. IV. 973; *RTD civ.* 1994. 908, obs. Bandrac; *RTD com.* 1994. 547, obs. Bouloc.
6. L. 8 août 1913, anc. art. 1er.
7. L. n° 51-56, 18 janv. 1951, anc. art. 8.
8. Com. 10 juill. 1990, n° 89-13.091, *Bull. civ.* IV, n° 206; *RTD com.* 1991. 285, note Bouloc.

cernant des installations sanitaires et de chauffage incorporées à un immeuble[1] – v. s[s] n°s 1011.43 s.). Cette jurisprudence est rendue obsolète par l'ordonnance n° 2006-346 du 23 mars 2006[2] relative aux sûretés qui introduit, dans le Code civil, la propriété retenue à titre de garantie. En effet, le nouvel article 2370 du Code civil dispose que l'incorporation d'un meuble faisant l'objet d'une réserve de propriété à un autre bien ne fait pas obstacle aux droits du créancier lorsque ces biens peuvent être séparés sans subir de dommage. Ce texte ne fait aucune distinction entre l'incorporation dans une chose mobilière ou immobilière. De surcroît, l'ordonnance précitée modifie dans le même sens, le troisième alinéa de l'article L. 624-16 du Code de commerce[3] relatif à la revendication, au moment de l'ouverture d'une procédure collective, d'un meuble incorporé. Elle supprime en effet le mot « mobiliers » qui suivait dans le texte d'origine l'expression « incorporés dans un autre bien ».

1011.26 Meubles incorporés dans un autre meuble. L'accession par adjonction, incorporation ou fusion est un mode d'acquisition de la propriété mobilière qui peut faire obstacle à la revendication de l'accessoire uni au principal dont il suit la condition (C. civ., art. 566 à 577).

La revendication des meubles vendus avec clause de réserve de propriété est possible s'ils se retrouvent en nature même au moment de l'ouverture d'une procédure collective, même s'ils ont été incorporés dans un autre bien mobilier. Il faut cependant que la récupération puisse s'effectuer sans dommage, tant pour les choses revendiquées que pour le meuble dans lequel elles ont été incorporées.

La revendication peut aussi s'effectuer en nature même si elle implique une dégradation pour le bien auquel la chose réclamée a été jointe, dès lors que l'incorporation a eu lieu à l'insu du propriétaire (C. civ., art. 568). Il en va également ainsi en cas de mélange de plusieurs matières, même si la chose nouvelle doit être divisée (C. civ., art. 573), dès lors que les matières peuvent être séparées sans inconvénient.

Dans tous les cas où le propriétaire abusé peut revendiquer la chose nouvelle, il a le choix de demander la restitution de sa matière en « même nature, qualité, poids, mesure et bonté » ou sa valeur estimée à la date de la restitution (C. civ., art. 576).

1011.27 Meubles placés dans un coffre-fort. Leur saisie-appréhension est soumise à des règles spéciales édictées par les articles R. 224-10 à R. 224-12 C. pr. exéc. (v. s[s] n°s 1023.04 s.).

SECTION 2 Obligations concernées

§ 1 Obligation de délivrer

1011.31 Livraison ou délivrance. Ces deux termes doivent être considérés comme synonymes, la loi employant le mot « livrer » dans l'article L. 222-1 alinéa 1er C. pr. exéc. et le décret, le mot « délivrer » dans l'article L. 222-2 du même code. La créance de livraison ou de délivrance résulte de contrats courants, comme le transport, la vente ou la location, ou moins répandus comme l'échange.

1011.32 Acquéreur de meubles. L'acheteur d'un corps certain en devient propriétaire dès l'échange des consentements (C. civ., art. 1583) et créancier de la délivrance, c'est-à-dire du transfert de la chose vendue en sa puissance et possession (C. civ., art. 1604). L'obligation de délivrer la chose comprend ses accessoires et, plus généralement, tout ce qui a été destiné à son usage perpétuel (C. civ., art. 1615). Ainsi pour un véhicule, la remise à l'acheteur des documents administratifs s'y rapportant (carte grise, vignette), constitue une obligation contractuelle essentielle du vendeur. Toutefois, le vendeur impayé peut exercer son droit de rétention sur ces documents administratifs et ce, à l'encontre du sous-acquéreur qui a désintéressé le vendeur intermédiaire en liquidation judiciaire[4].

De même pour de la viande vendue à l'exportation, le certificat de salubrité constitue un document accessoire indispensable[5] (ainsi pour le certificat d'origine d'un cheval de course[6]).

Toutefois le transfert de la propriété est retardé lorsque la vente porte sur une chose de genre. Dans

1. Com. 2 mars 1999, n° 95-18.643, *Bull. civ.* IV, n° 50; *D.* 1999. 98; *D.* 2000. 69, obs. Mainguy; *JCP* 1999. IV. 1796; *RTD civ.* 1999. 442, obs. Crocq; *RTD civ.* 2000. 866, obs. Revet; *RTD com.* 1999. 751, obs. Martin-Serf; p. 944, obs. Bouloc; *RTD com.* 2000. 455, obs. Martin-Serf.
2. Ord. n° 2006-346, 23 mars 2006, relative aux sûretés, *JO* 24 mars, p. 4475.
3. C. com., anc. art. L. 621-122.
4. Civ. 1re, 24 sept. 2009, n° 08-10.152, *Bull. civ.* I, n° 178; *JCP* 26 oct. 2009, p. 380, note Aynès; *CCC* 2009, n° 284, note Leveneur – V. AUSSI : Simler et Delebecque, *JCP* 23 nov. 2009, p. 43 – Civ. 1re, 8 oct. 2009, n° 08-20.048, *Bull. civ.* I, n° 204; *D.* 2010. 480, obs. Delpech, note Mouly-Guillemaud.
5. Civ. 1re, 29 nov. 1994, n° 93-10.303, *Bull. civ.* I, n° 355; *D.* 1996. 13, obs. Paisant; *RTD com.* 1995. 465, obs. Bouloc.
6. Civ. 1re, 26 nov. 1981, n° 79-16.298, *Bull. civ.* I, n° 352.

ce cas la propriété n'est transmise à l'acquéreur que lorsque le bien vendu est individualisé, c'est-à-dire isolé de l'ensemble dont il fait partie par le comptage, le pesage ou le mesurage (C. civ., art. 1585). Cette opération convertit la chose de genre en corps certain.

Si la vente de biens fongibles est effectuée en bloc et que le comptage, le pesage ou le mesurage n'est pas une condition de son individualisation mais de détermination de son prix, le transfert de la propriété suit le régime des corps certains (C. civ., art. 1586). C'est le cas par exemple de la vente de l'intégralité d'une récolte située sur un terrain déterminé.

En cas de contretemps, l'acquéreur est fondé à demander sa mise en possession, si le retard ne vient que du fait du vendeur (C. civ., art. 1610). Il doit notamment en avoir versé le prix, sauf si celui-ci est payable à terme (C. civ., art. 1612).

L'acquéreur peut exiger la délivrance même si, en vertu d'une clause contractuelle, le transfert de la propriété est réservé jusqu'au règlement intégral du prix.

Dans les rapports entre professionnels et consommateurs, le contrat de vente doit mentionner le délai de livraison lorsque celle-ci n'est pas immédiate et que le prix est supérieur à une somme fixée par voie réglementaire (C. consom., art. L. 114-1).

1011.33 Coéchangiste. Il se trouve dans une situation très comparable à celle de l'acheteur. En effet, l'échange s'opère par l'effet du seul échange des consentements de la même manière que la vente dont la plupart des règles s'appliquent (C. civ., art. 1703 et 1707).

Il peut donc exiger la livraison de la chose promise, sauf s'il n'était pas propriétaire de celle qu'il a lui-même remise à son copermutant (C. civ., art. 1704).

1011.34 Locataire ou crédit preneur d'effets mobiliers. Bien que non propriétaire, le preneur qui n'a pas obtenu la délivrance de la chose louée est en droit de réclamer du bailleur l'exécution de cette obligation (ainsi pour du matériel[1]). L'obligation de délivrance n'ayant aucun caractère personnel, le juge peut ordonner son exécution avec le concours de la force publique[2].

Le crédit-preneur peut également réclamer la délivrance de la chose objet du crédit-bail.

1011.35 Destinataire d'un transport. Il est créancier de la livraison du ou des biens transportés qu'il en soit lui-même l'expéditeur ou que ceux-ci lui aient été envoyés par un tiers. Le transporteur peut toutefois lui opposer son droit de rétention s'il n'a pas reçu paiement.

1011.36 Créancier gagiste. Le créancier qui bénéficie d'un gage sans dépossession peut, lorsque le recouvrement de sa créance est menacé à la suite de plusieurs incidents de paiement, demander à rentrer en possession du bien donné en garantie en vue de sa réalisation.

Dans la conception classique du gage, la sécurité du créancier réside dans sa mise en possession de la chose gagée. Celle des tiers tient au fait que ce bien n'apparaissant plus dans le patrimoine de leur débiteur, ils ne peuvent compter sur celui-ci pour être désintéressés.

Toutefois, ce système rigide constituait un obstacle sérieux aux développements des affaires et du crédit. Quel acheteur pouvait se montrer disposé à attendre d'avoir intégralement payé son vendeur ou remboursé son prêteur, pour entrer en possession de son acquisition ?

Plusieurs textes ont donc organisé pour certaines catégories de biens (véhicules, matériel d'équipement, produits pétroliers...), **des gages sans dépossession ou, plus exactement, sans déplacement de la possession**, dans la mesure où la mise en possession du créancier résulte fictivement de l'inscription de la sûreté sur un registre spécial dont il est délivré récépissé. On aurait pu aussi bien parler d'hypothèque mobilière, mais le législateur a préféré rester, dans toutes ces hypothèses, sur le terrain du gage.

Depuis la **réforme des sûretés** opérée par l'ordonnance n° 2006-346 du 23 mars 2006, le gage n'est plus un contrat réel parfait par la seule remise de la chose garantie. Sa constitution doit être convenue par un écrit et la délivrance du bien au gagiste n'est plus une condition substantielle de validité mais une simple mesure de publicité. Le Code civil consacre désormais pour toutes les catégories de biens, dans des dispositions de portée générale, le principe même du gage sans dépossession en précisant que le gage est opposable aux tiers, soit par la dépossession entre les mains du créancier ou d'un tiers convenu, soit par la publicité qui en est faite par son inscription sur un registre spécial (C. civ., art. 2336 à 2339).

Cette publication est organisée par le décret n° 2006-1804 du 23 décembre 2006[3] prévoyant que l'inscription du gage doit être effectuée sur un registre tenu au greffe du tribunal de commerce

1. Civ. 1re, 11 oct. 1989, n° 88-14.439, *Bull. civ.* I, n° 317; *D.* 1991. 225, note Ancel; *RTD com.* 1990. 244, obs. Bouloc.
2. Soc. 20 juin 1963, *Bull. civ.* IV, n° 531.
3. Décr. n° 2006-1804, 23 déc. 2006, pris pour l'application de l'article 2338 du Code civil et relatif à la publicité du gage sans dépossession, *JO* 31 déc., n° 303, p. 20368.

dans le ressort duquel le constituant est immatriculé ou, s'il n'est pas soumis à cette obligation, dans le ressort de son siège social ou de son domicile. L'inscription conserve le gage pendant cinq ans à compter de sa date, sauf renouvellement. Un arrêté du 1er février 2007, pris pour l'application de l'article 2, 6°[1] du décret du 23 décembre 2006, dresse la nomenclature des catégories de classement dans lesquelles doivent être répertoriés les biens affectés en garantie. Il est par ailleurs créé un fichier électronique national des gages sans dépossession qui peut être consulté gratuitement sur un site d'information accessible par le réseau internet. Lorsque le gage a été régulièrement publié, les ayants cause du constituant ne peuvent se prévaloir de l'article 2276 du Code civil (C. civ., anc. art. 2279 – v. C. civ., art. 2337, al. 3). Il est à noter que la publicité organisée par le fichier national n'est pas d'une grande utilité pour les sous-acquéreurs ou pour les acheteurs *a non domino* car la recherche doit être effectuée à partir du nom du constituant qu'ils ignorent la plupart du temps[2].

L'ordonnance du 23 mars 2006 a également repris dans le Code civil, sous les articles 2351 à 2353, les principales dispositions du décret du 30 septembre 1953 réglementant le gage sans dépossession des véhicules automobiles. Ce décret est aujourd'hui abrogé à l'exception de son article 2 prévoyant les modalités de déclaration de gage sur le registre ouvert à cet effet dans toutes les préfectures. Les **gages sans dépossession spéciaux** organisés par le législateur pour faciliter le crédit aux professionnels demeurent relativement nombreux : le *warrant* agricole (C. rur., art. L. 342-1 s.[3]), le *warrant* hôtelier (C. com., art. L. 523-1 s.[4]), le *warrant* pétrolier (C. com., art. L. 524-1 s.[5]), le *warrant* industriel (L. 12 sept. 1940), le gage (nantissement) des films (CCIA, art. L. 124-1 s.[6]), le gage de l'outillage et du matériel d'équipement (C. com., art. L. 525-1[7]), le gage des véhicules terrestres à moteur (C. civ., art. 2351 à 2353) et le gage des stocks (C. com., art. L. 527-1 s.). Dans la plupart de ces gages, la garantie porte sur des choses fongibles pour lesquelles le droit de suite, qui est difficile à aménager, est remplacé par l'obligation de maintenir un stock d'une valeur correspondant à la créance warrantée.

1. Arr. 1er févr. 2007, *JO* 10 févr., n° 35, p. 2565.
2. R. Boffa, « L'opposabilité du nouveau gage sans dépossession », *D.* 2007. 1161 – X. Delpech, « Entrée en vigueur du gage sans dépossession », *D.* 2007. 493.
3. Anc. L. 18 juill. 1898.
4. Anc. L. 8 août 1913.
5. Anc. L. 21 avr. 1932.
6. Anc. L. 22 févr. 1944.
7. Anc. L. 18 janv. 1951.

Il convient de relever que **tous ces textes ne conféraient pas au créancier gagiste un droit de rétention**. À cet égard, la Cour de cassation ne reconnaissait pas un tel droit au créancier nanti sur outillage et matériel d'équipement. Lorsqu'elle reconnaissait ce droit de rétention, comme c'était le cas pour le vendeur à crédit de véhicule automobile, celui-ci était d'une moindre portée car, en cas de conflit avec un autre créancier bénéficiant de la possession réelle, ce dernier lui était préféré (il en était jugé ainsi à propos d'une récolte warrantée vendue amiablement à un tiers au mépris des droits du créancier ayant régulièrement publié son gage[8]).

Cette **jurisprudence est désormais obsolète** depuis la loi de modernisation de l'économie du 4 août 2008[9] qui est venue compléter le nouveau régime des sûretés issu de l'ordonnance du 23 mars 2006 en instituant un **droit de rétention au bénéfice de tous les gages sans dépossession**. L'article 2286 du Code civil a été modifié en ce sens par l'adjonction d'un quatrième cas à la liste des créanciers pouvant se prévaloir d'un tel droit[10].

1011.37 Mise en œuvre du droit du gagiste. À défaut de paiement de la dette garantie, le créancier peut faire ordonner en justice la vente du bien gagé qui a lieu selon les modalités prévues par les procédures civiles d'exécution sans que la convention de gage puisse y déroger (C. civ., art. 2346). Le prix obtenu permet de désintéresser en totalité ou en partie le créancier titulaire de cette sûreté. Lorsqu'un gage garantit partiellement la dette, le versement résultant de sa réalisation s'impute sur le montant pour lequel la sûreté à été consentie[11]. Le créancier peut aussi demander en justice que le gage lui soit attribué en pleine propriété. La convention des parties peut également prévoir une telle attribution, le pacte commissoire n'étant plus prohibé sauf en cas de crédit à la consommation et de procédure collective (C. civ., art. 2347 et 2348 – C. com., art. L. 521-3).

En cas de résistance du débiteur, le créancier gagiste qui n'a pas la possession réelle, peut procé-

8. Civ. 1re, 18 janv. 2000, n° 97-19.473, *Bull. civ.* I, n° 17; *D.* 2000. 98; 391, obs. Piedelièvre; *JCP* 2000. I. 259, « Droit des sûretés », n° 19, obs. Delebecque et Simler; *RTD com.* 2000. 710, obs. Bouloc.
9. L. n° 2008-776, 4 août 2008, de modernisation de l'économie *JO* 5 août, p. 12471.
10. D. Legeais, « Le gage de meubles corporels », *JCP* 2006, suppl. n° 20, « Commentaire de la réforme des sûretés », p. 12 – R. Dammann et G. Podeur, « Le nouveau paysage du droit des sûretés : première étape de la réforme de la fiducie et du gage sans dépossession », *D.* 2008. Chron. 2300.
11. Cass., ass. plén., 6 nov. 2009, n° 08-17.095, *Bull. ass. plén.*, n° 7; *JCP* 2010, n° 13, note Piedelièvre; *D.* 2009. 2803, obs. Avena-Robardet; *RTD civ.* 2010. 358, obs. Crocq; *RTD com.* 2010. 182, obs. Bouloc.

der par voie de saisie-revendication, s'il n'a pas de titre exécutoire prescrivant la remise du gage ou par voie de saisie-appréhension sur injonction du juge, si son droit de gage et la créance garantie ne sont pas sérieusement contestables. Les articles R. 222-6 et R. 223-13 C. pr. exéc. organisent une procédure qui débouche, après l'appréhension, sur la vente forcée du bien gagé (v. s[s] n°s 1021.50 s. et 1024.60 s.). Dans l'exercice de son action en restitution, le créancier titulaire d'un gage sans dépossession peut se heurter aux droits d'un autre créancier ayant lui-même inscrit une sûreté sur le bien réclamé ou bénéficiant sur celui-ci d'un droit de rétention. L'article 2340 du Code civil règle la difficulté en précisant que :

– « *lorsqu'un même bien fait l'objet de* ***plusieurs gages successifs sans dépossession****, le rang des créanciers est réglé par l'ordre de leur inscription;*

– lorsqu'un bien donné en ***gage sans dépossession*** *fait ultérieurement l'objet d'un* ***gage avec dépossession****, le droit de préférence du créancier gagiste antérieur est opposable au créancier gagiste postérieur lorsqu'il est régulièrement publié nonobstant le droit de rétention de ce dernier* ».

Ces dispositions n'envisagent toutefois que les rapports entre créanciers gagistes, qu'ils bénéficient ou non de la possession réelle. Elles ne règlent pas la difficulté née d'un conflit entre le droit de rétention d'un gagiste et le droit de rétention d'un autre créancier tel qu'un réparateur ou un dépositaire. Notamment, la jurisprudence faisant prévaloir la possession réelle du garagiste sur la possession fictive du créancier titulaire d'un gage sur véhicule, ne semble pas être remise en cause par le nouvel article 2340 du Code civil.

Quoiqu'il en soit, il convient de préciser que seule l'inscription sur le registre préfectoral confère un gage effectif sur le bien objet de la sûreté. S'il s'agit d'un véhicule, la remise en garantie de sa carte grise ne donne au créancier qu'un droit de rétention limité à ce seul document qui ne lui permet pas de se faire remettre le véhicule concerné[1].

§ 2
Obligation de restituer

1011.40 Créance de restitution. La plupart des contrats comportant une obligation de délivrance impliquent aussi, à leur expiration ou à la suite de leur résolution ou résiliation, une obligation de restitution. Cependant, les hypothèses de restitution débordent largement le cadre conventionnel, notamment en cas de dépossession.

A.
Restitution des biens dont la propriété a été réservée

1011.41 Vendeur ou entrepreneur bénéficiant d'une clause de réserve de propriété. La clause de réserve de propriété est une véritable sûreté qui permet au vendeur de se garantir contre les risques d'impayés en subordonnant le transfert de propriété au règlement intégral du prix. Le vendeur resté propriétaire peut ainsi, en cas de défaillance de l'acheteur, revendiquer les effets vendus. La clause de réserve de propriété a pris un grand essor depuis qu'une loi n° 80-335 du 12 mai 1980 reprise et complétée par la loi n° 85-98 du 25 janvier 1985[2], a permis au vendeur de l'opposer en cas de procédure collective. Elle est aujourd'hui réglementée par l'article L. 624-16 du Code de commerce qui a repris pour l'essentiel les dispositions de l'article 121 de la loi du 25 janvier 1985. La Cour de cassation admet que le bien remis en vertu d'un contrat d'entreprise peut, comme celui délivré en exécution d'un contrat de vente, être l'objet d'une propriété réservée autorisant sa revendication par l'entrepreneur[3].

Depuis l'ordonnance n° 2006-346 du 23 mars 2006 sur les sûretés, la propriété retenue à titre de garantie est définie et réglementée par le Code civil qui la rend possible pour tous les types de convention. La clause de réserve de propriété suspend l'effet translatif d'un contrat jusqu'au complet paiement de l'obligation qui en constitue la contrepartie. À défaut d'exécution totale à l'échéance, le créancier peut demander la restitution du bien afin de recouvrer le droit d'en disposer (C. civ., art. 2367 à 2372)[4].

Dès lors que le vendeur bénéficiaire de la clause demeure propriétaire, il doit supporter le risque lié à sa perte fortuite. L'acheteur avec réserve de propriété n'est tenu que de veiller à sa bonne conservation, obligation seulement de moyen et non de résultat. En cas de vol, l'acheteur qui a apporté à la

1. Com. 11 juill. 2000, n° 97-12.374, *Bull. civ.* IV, n° 142; *D.* 2000. 251; *JCP* 2000. I. 259, « Droit des sûretés », n° 16, obs. Simler et Delebecque; *D.* 2001. 441, note Piedelièvre.

2. L. n° 80-335, 12 mai 1980, dite Dubanchet relative aux effets des clauses de réserves de propriété dans les contrats de vente, *JO* 13 mai, p. 1202 – L. n° 85-98, 25 janv. 1985, relative au redressement et à la liquidation judiciaire des entreprises, *JO* 26 janv., p. 1097.
3. Com. 29 mai 2001, n° 98-21.126, NP; *RTD civ.* 2001. 930, obs. Crocq; *CCC* 2001, n° 133, note Leveneur; *RJDA* 2001, n° 1130.
4. P. Crocq, « La réserve de propriété », *JCP* 2006, suppl. n° 20, « Commentaire de la réforme des sûretés », p. 23.

chose vendue tous les soins d'un bon père de famille est dispensé d'en payer le prix[1].

1011.42 Conditions de validité de la clause. Pour être valable, une telle clause doit figurer dans un écrit (devis, bon de commande, facture) établi au plus tard au moment de la livraison (C. civ., art. 2368 - et C. com., art. L. 624-16). Cet écrit peut régir un ensemble d'opérations commerciales convenues entre les parties (contrat cadre, conditions générales de vente). Dans ce cas, toutes les ventes successives résultant d'un même contrat d'approvisionnement sont soumises à la clause. L'existence de la clause repose en principe, sur le consentement des parties et plus spécialement sur l'accord de l'acheteur. Mais l'acceptation de la clause par l'acheteur n'a pas besoin d'être donnée par écrit pour entrer dans le champ contractuel; il suffit que cette acceptation soit certaine et non équivoque, par exemple par l'exécution du contrat en connaissance de la clause figurant au devis[2].

En fait, l'acquéreur informé qui ne manifeste aucun refus est réputé avoir accepté. Cependant, pour qu'il y ait acceptation tacite, il faut que l'acheteur ou le maître d'ouvrage ait eu connaissance de la clause au plus tard au moment de la livraison. Or cette concomitance n'est pas établie lorsque la facture contenant seule la clause, a été transmise après la livraison[3]. En revanche l'acceptation de la clause peut être déduite de l'existence de relations d'affaires et de la réception, par le débiteur, dans le courant de ces relations, de factures antérieures comportant la clause de réserve de propriété, sans protestation de sa part[4].

La protection du consentement de l'acheteur réside par ailleurs dans la lisibilité de la clause. La clause doit ainsi, si elle figure sur un document émanant du vendeur être apparente, ce qui n'est pas le cas si elle est écrite en petits caractères[5] ou noyées au milieu des autres conditions générales[6] ou figurant exclusivement au *verso* des bons de commande[7].

1011.43 Conditions relatives aux biens objets de la clause. Les effets mobiliers dont la propriété a été réservée ne peuvent être effectivement récupérés, notamment au moment d'une procédure collective, que s'ils se retrouvent en nature dans le patrimoine du débiteur (C. com., art. L. 624-16, al. 2). S'ils ont été cédés ou détruits, le droit de propriété se reporte sur la créance du débiteur à l'égard du sous-acquéreur ou sur l'indemnité d'assurance qui leur est subrogée (C. civ., art. 2372 - et C. com., art. L. 624-18). Cependant, leur incorporation dans un autre bien ou leur confusion avec des biens de même espèce n'empêche pas leur revendication en nature.

En effet, l'incorporation d'un meuble faisant l'objet d'une réserve de propriété dans un autre bien ne fait pas obstacle aux droits du créancier lorsque la séparation peut être effectuée sans dommage (C. civ., art. 2370 - et C. com., art. L. 624-16, al. 3). Ainsi, la chose revendiquée existe encore en nature si sa reprise ne nécessite qu'un simple démontage (ainsi pour des moteurs de navires[8]). La Haute juridiction juge toutefois qu'en cas d'incorporation à un immeuble, le meuble dont la propriété a été réservée n'existe plus en nature[9]. Mais cette jurisprudence semble désormais entrer en contradiction avec les dispositions légales précitées permettant la revendication sans distinguer selon que la chose réclamée est incorporée dans un bien meuble ou immeuble.

Lorsqu'il s'agit de marchandises fongibles, la revendication est possible même si elles se trouvent confondues avec d'autres et même s'il n'est pas certain que ce sont celles vendues par le revendiquant; il suffit que des marchandises de même nature et de même qualité se retrouvent entre les mains de l'acheteur avec réserve de propriété sans autre condition (C. civ., art. 2369 et C. com., art. L. 624-16, al. 2 - il en est jugé ainsi à propos de produits pharmaceutiques[10]).

1011.44 Nature de la clause. Dès avant la réforme des sûretés opérée par l'ordonnance du 23 mars 2006, la jurisprudence a considéré que la clause de réserve de propriété apparaissant comme une condition suspensive, le défaut de paiement du prix entraîne la caducité de la vente et non sa rési-

1. Com. 26 mai 2010, n° 09-66.344, *Bull. civ.* IV, n° 101; *D.* 2011. 406, obs. Crocq; *RTD com.* 2011. 163, obs. Bouloc; *CCC* 2010, n° 197, note Leveneur.
2. Com. 6 juin 1989, n° 87-19.659, *Bull. civ.* IV, n° 175.
3. Com. 29 mai 2001, n° 98-20.685, NP; *RJDA* 2001, n° 1131.
4. Com. 31 janv. 2012, n° 10-28.407, *Bull. civ.* IV, n° 18; *D.* 2012. 432; *JCP* 2012. Actu. 249.
5. Rennes, 2 nov. 1988, *Rev. proc. coll.* 1989. 215, obs. Soinne.
6. Com. 14 juin 1994, n° 92-10.633, NP; *Rev. huiss.* 1994. 1287.
7. Com. 17 janv. 1995, n° 92-21.809, NP; *Rev. huiss.* 1995. 484 – Sur la lisibilité de la clause, v. comm. F. Pérochon et D. Mainguy, *D.* 2000. 65.
8. Com. 11 mars 1997, n° 94-20.069, *Bull. civ.* IV, n° 70; *Gaz. Pal.* 1997. 2. Pan. 27; *D.* 2000. 72, obs. Pérochon et Mainguy; *RTD com.* 1997. 668, obs. Bouloc; *RTD com.* 2000. 457, obs. Martin-Serf.
9. Com. 2 mars 1999, n° 95-18.643, *Bull. civ.* IV, n° 50; *D.* 1999. 98; *JCP* 1999. IV. 1796; *D.* 2000. 69, obs. Pérochon et Mainguy; *RTD civ.* 1999. 442, obs. Crocq; *RTD civ.* 2000. 866, obs. Revet; *RTD com.* 1999. 751, obs. Martin-Serf; p. 944, obs. Bouloc; *RTD com.* 2000. 455, obs. Martin-Serf.
10. Paris, 3 avr. 1998, *D.* 2000. 69, obs. Pérochon-Mainguy – Com. 15 mars 2005, n° 03-20.332, NP; *D.* 2005. 1718, note Marly, obs. Lienhard; *RTD com.* 2005. 605, obs. Martin-Serf.

liation et le vendeur est tenu de restituer les acomptes perçus ou l'excédent de valeur, si la valeur des marchandises restituées est supérieure au solde de sa créance[1]. Plus récemment, la Haute juridiction a confirmé cette solution mais en se fondant cette fois sur la notion de sûreté[2].

L'ordonnance du 23 mars 2003 consacre la nature de sûreté de la propriété retenue à titre de garantie en la réglementant dans le Code civil. À défaut de complet paiement à l'échéance, le créancier peut demander la restitution du bien objet de la clause de réserve de propriété afin de recouvrer le droit d'en disposer. La valeur du bien repris est imputée, à titre de paiement, sur le solde de la créance garantie. Lorsque cette valeur excède le montant de la dette encore exigible, le créancier doit au débiteur une somme égale à la différence (C. civ., art. 2371).

La clause de réserve de propriété garantit le paiement intégral du prix et le vendeur demeure propriétaire des marchandises tant que le dernier centime ne lui est pas réglé. Par conséquent, la clause n'est pas divisible et l'obligation de restituer insusceptible d'exécution fractionnée si la chose vendue est un corps certain. Cependant, lorsqu'il s'agit d'un bien fongible, la propriété réservée peut s'exercer à concurrence de la créance restant due (C. civ., art. 2369). L'ouverture d'une procédure collective n'a pas pour conséquence de remettre en cause la propriété réservée dont bénéficie le vendeur. Même si l'acquéreur qui fait l'objet d'une telle procédure n'est plus tenu de verser le prix du bien vendu avec réserve de propriété, il n'est pas dispensé de restituer celui-ci au vendeur impayé qui le revendique[3].

1011.45 Publicité de la clause. La sûreté constituée par la propriété retenue à titre de garantie n'a pas, en principe, besoin d'être publiée. Les articles 2367 à 2372 du Code civil qui la réglementent, n'organisent d'ailleurs aucune publicité. Ce sont les dispositions du Code de commerce relatives aux procédures collectives qui obligent le vendeur avec réserve de propriété à publier son contrat s'il veut se faire restituer les biens objets de la clause sans avoir à se conformer aux conditions de forme et de délai de la demande en revendication (C. com., art. L. 624-9 et L. 624-10). La publication du contrat doit avoir été effectuée avant le jugement d'ouverture selon les modalités qui lui sont propres. En l'absence de réglementation particulière, comme c'est le cas en matière de clause de réserve de propriété, le propriétaire du bien doit publier la convention, selon le cas, au registre mentionné à l'article R. 313-4 du Code monétaire et financier (ouvert au greffe du tribunal de grande instance [TGI] pour les personnes non immatriculées au registre du commerce ou au TGI statuant commercialement) ou à celui prévu au troisième alinéa de l'article R. 621-8 du Code commerce (ouvert au greffe du TGI pour les personnes non immatriculées au registre du commerce ou au répertoire des métiers). La demande en restitution doit être faite par une lettre recommandée avec demande d'avis de réception adressée à l'administrateur ou, à défaut, au débiteur avec copie au mandataire judiciaire. En l'absence d'accord dans le mois de la réception de la demande ou en cas de contestation, le juge-commissaire peut être saisi par le propriétaire pour qu'il statue sur ses droits. Ce juge peut également être saisi à cette fin, même en l'absence de demande en restitution, par l'administrateur ou par le débiteur (C. com., art. R. 624-14). Ainsi cette formalité de publicité dispense le vendeur resté propriétaire de faire reconnaître son droit de propriété en vue de sa revendication dans le cadre d'une procédure collective. En l'absence de publicité, le vendeur doit agir en revendication et démontrer que les tiers ont eu effectivement connaissance de ses droits sur le bien dont la propriété a été réservée.

1011.46 Opposabilité de la clause au sous-acquéreur ou au bailleur d'immeuble. Le sous-acquéreur est protégé par l'article 2276 du Code civil (C. civ., anc. art. 2279), sauf s'il n'est pas un possesseur de bonne foi[4]. Seule une possession exempte de vices confère au sous-acquéreur un titre faisant obstacle à toute revendication[5]. En revanche, lorsqu'il est établi par le dossier que le sous-acquéreur d'un matériel d'équipement d'une entreprise, savait pertinemment que celle-ci n'avait pas la qualité de propriétaire, la banque subrogée dans la propriété réservée est fondée à agir en revendication[6]. Toutefois, l'action du vendeur avec réserve de propriété à l'encontre du sous-acquéreur est une **action en paiement.** Elle s'analyse en une **action réelle** lorsqu'elle s'exerce contre le sous-acquéreur *in bonis* qui ne s'est pas entièrement libéré, lorsque l'acheteur initial en liquidation judiciaire a revendu le bien sans avoir réglé la totalité de son prix. Elle s'analyse en une **action personnelle** et non réelle lorsqu'elle s'exerce alors que le sous-acquéreur fait

1. Versailles, 20 mai 1987, *D.* 1988. 8, obs. Derrida – Com. 5 mars 1996, n° 93-12.818, *Bull. civ.* IV, n° 72; *D.* 1996. 222, obs. Pérochon; *RTD civ.* 1996. 441, obs. Crocq.
2. Com. 23 janv. 2001, n° 97-21.660, *Bull. civ.* IV, n° 23; *JCP* 2001. I. 321, n° 13, Cabrillac et Petel; *D.* 2001. 702, obs. Lienhard; *RTD civ.* 2001. 398, obs. Crocq; *RTD com.* 2001. 499, obs. Bouloc; 518, obs. Martin-Serf.
3. Nîmes, 20 janv. 2011, *CCC* 2012, n° 33, note Raymond.
4. Com. 19 mai 1987, n° 85-18.384, *Bull. civ.* IV, n° 120; *D.* 1988. 12, obs. Derrida.
5. Com. 5 mars 1996, n° 93-21.541, *Bull. civ.* IV, n° 73; *D.* 2000. 74, note Pérochon et Mainguy.
6. Com. 5 mars 1996, n° 93-21.541, P (préc. s[s] prés[t] n°).

l'objet d'une procédure collective[1]. Cependant, la demande en revendication du prix doit être rejetée dès lors que la somme restant due par le sous-acquéreur correspond à la transformation du bien par le vendeur intermédiaire, cette transformation ayant donné naissance à une créance distincte de celle du prix de revente du bien grevé de la clause[2].

La clause de réserve de propriété est également inopposable au bailleur d'immeuble lorsque celui-ci entend saisir le mobilier garnissant les lieux loués. En effet, le privilège dont il est titulaire en vertu de l'article 2332, 1° du Code civil s'exerce sur tous les meubles introduits par le locataire, même s'ils appartiennent à un tiers sauf lorsque le bailleur connaissait leur origine (v. s^s n° 1011.63)[3].

1011.47 **Effets.** La clause de réserve de propriété ne rend pas le bien vendu indisponible et n'empêche donc pas sa revente tant que l'activité de l'entreprise acheteuse est poursuivie[4].

D'une manière générale, les marchandises vendues sous réserve de propriété sont destinées à la revente. Les vendeurs bénéficiaires de la clause le savent, puisqu'ils ont le plus souvent affaire à des distributeurs. Ils acceptent fréquemment, dans le contrat initial, la revente des marchandises avant le paiement intégral du prix, notamment, lorsqu'il s'agit de denrées périssables. La vente *a non domino* demeure donc régulière et ne prive pas le sous-acquéreur de bonne foi, s'il est entré en possession, de la protection de l'article 2276 du Code civil. C'est la raison pour laquelle la publicité de la clause reste facultative. Mais lorsqu'il résulte des circonstances que le sous-acquéreur d'un matériel destiné, non à la revente, mais à l'équipement d'une entreprise, savait pertinemment qu'elle n'en était pas propriétaire, l'action en revendication engagée contre lui peut être accueillie en raison de sa mauvaise foi[5].

Il faut préciser que lorsque le bien dont la propriété est réservée a été vendu, la créance du prix lui est subrogée. Par conséquent, si la marchandise ne se retrouve plus dans le patrimoine de l'acheteur, le vendeur est titulaire à son encontre d'une action unique en revendication portant indifféremment sur ce bien ou sur la créance qui le remplace. Si le prix ne lui a pas été versé, à l'action réelle en revendication contre l'acheteur originaire se substitue une action personnelle et directe en paiement à l'encontre du sous-acquéreur (C. com., art. L. 624-18 – et C. civ., art. 2372). Cette action en revendication du prix est recevable sans que le créancier bénéficiant de la propriété réservée soit tenu de déclarer sa créance à la procédure collective ouverte contre le sous-acquéreur[6]. Toutefois, le bénéficiaire de la clause ne peut revendiquer le prix impayé entre les mains du sous-acquéreur que si celui-ci a reçu le bien dans son état initial, c'est-à-dire non transformé ou non incorporé dans un autre bien[7]. La revendication n'est pas non plus possible si, avant l'ouverture de la procédure collective de l'acheteur originaire, le sous-acquéreur a acquitté le prix par un paiement, par un règlement en valeur (c'est-à-dire par l'acceptation d'un effet de commerce) ou par une compensation[8] (C. com., art. L. 624-18 [réd. Ord. n° 2008-1345, 18 déc. 2008[9]]). La dation en paiement ne constitue pas un mode de règlement mettant obstacle à la revendication du prix de revente[10]. Dès lors que le prix n'a pas été payé avant le jugement d'ouverture, la revendication entre les mains du débiteur qui l'a reçu ultérieurement s'avère possible et ce, sans qu'il y ait lieu de distinguer selon que le règlement a été fait avant ou après la demande tendant au paiement du créancier[11]. Les sommes payées postérieurement à l'ouverture de la procédure par le sous-acquéreur doivent être versées par le débiteur entre les mains du mandataire judiciaire qui les remet au créancier revendiquant à concurrence de sa créance (C. com., art. R. 624-16). Toutefois, si les fonds correspon-

1. Com. 6 oct. 2009, n° 08-15.048, *Bull. civ.* IV, n° 122; *JCP* 14 déc. 2009, p. 29, obs. Dallemagne; *D.* 2009. 2482, obs. Lienhard; 2580. Chron. Bélaval, Orsini et Salomon; *D.* 2010. 1820, obs. Lucas et Le Corre; *RTD com.* 2010. 201, obs. Martin-Serf.
2. Com. 16 juin 2009, n° 08-15.753, *Bull. civ.* IV, n° 84; *JCP* 26 oct. 2009, p. 385, note Barbieri; *D.* 2009. 1752, obs. Lienhard; *RTD civ.* 2009. 760, obs. Crocq; *RTD com.* 2009. 800, obs. Bouloc; 810, obs. Martin-Serf.
3. Civ. 3^e, 24 juin 2009, n° 08-14.357, *Bull. civ.* III, n° 154; *D.* 2009. AJ 1888, ndlr, note Prigent; *D.* 2010. 1168, obs. Damas; *AJDI* 2010. 127, obs. Zalewski – Com. 16 nov. 2010, n° 09-70.765, *Bull. civ.* IV, n° 78; *Dr. et proc.* 2011. 25; *AJDI* 2011. 356, obs. Damas.
4. Com. 11 mars 1997, n° 94-20.069, P (préc. s^s n° 1011.43).
5. Com. 5 mars 1996, n° 93-21.541, P (préc. s^s n° 1011.46).
6. Com. 21 févr. 2006, n° 04-19.672, *Bull. civ.* IV, n° 43; *D.* 2006. 718, obs. Lienhard; Lucas et Le Corre, « Droit des entreprises en difficulté », *D.* 2006. Pan. 2255; *RTD com.* 2007. 233, obs. Martin-Serf.
7. Com. 17 mars 1998, n° 95-11.209, *Bull. civ.* IV, n° 108; *D.* 2000. 75, obs. Mainguy; *D.* 1999. 72, obs. Honorat; *RTD com.* 1998. 911, obs. Bouloc; *Gaz. Pal.* 19-20 mars 1998. Pan. 152; *RTD com.* 1998. 911, obs. Bouloc.
8. Com. 2 nov. 1993, n° 91-16.297, *Bull. civ.* IV, n° 375; *Rev. huiss.* 1993. 1261, note Bazin; *RTD com.* 1994. 346, obs. Bouloc; 792, obs. Martin-Serf.
9. Ord. n° 2008-1345, 18 déc. 2008, portant réforme du droit des entreprises en difficulté, *JO* 19 déc., p. 19462.
10. Com. 14 mai 2008, n° 06-21.532, *Bull. civ.* IV, n° 98; *D.* 2008. 2253, note Aubry; 1477, obs. Lienhard; *JCP* 2008. I. 198, chron. Cabrillac; *Gaz. Pal.* 27-29 juill. 2008, n° 62, Pérochon; *RTD civ.* 2008. 520, obs. Crocq; *RTD com.* 2008. 866, obs. Martin-Serf.
11. Com. 3 déc. 2003, n° 00-15.929, *Bull. civ.* IV, n° 191; *D.* 2004. 140, obs. Lienhard; *RTD civ.* 2004. 761, obs. Crocq.

dant au prix n'ont pas encore été réglés au débiteur au moment où la décision au profit du revendiquant intervient, ce dernier peut les réclamer directement au sous-acquéreur[1].

Il convient de relever que si le bénéficiaire de la clause n'a pas agit en revendication dans les délais prévus en matière de procédure collective, il ne peut tenter de contourner l'inopposabilité de son droit de propriété à la liquidation judiciaire en demandant l'attribution du prix de vente de son bien. En effet, la Cour de cassation juge que si la propriété réservée (ou retenue) constitue bien une sûreté réelle, elle ne confère cependant a son titulaire aucun privilège dans la distribution de la somme obtenue[2].

1011.48 Transmission de la clause (subrogation). La clause de réserve de propriété est transmissible par voie de subrogation. Elle constitue l'accessoire de la créance du vendeur et en garantie le paiement du prix (C. civ., art. 2367). Elle se transmet en même temps qu'elle, à celui qui a désintéressé son bénéficiaire (sur la subrogation en matière de crédit automobile v. s^{s} n°s 1024.33 s.). La transmission de la clause peut résulter d'une convention, de l'endossement d'une lettre de change ou de la cession de la créance sous la forme d'un bordereau Dailly.

Le paiement avec subrogation éteint la créance à l'égard du créancier primitif mais la laisse subsister à l'égard du subrogé qui est généralement un organisme de financement ou un assureur ayant désintéressé celui-ci en vertu d'un contrat d'assurance crédit. Ce subrogé se trouve donc investi de la créance sur le prix avec tous ses accessoires, notamment la propriété réservée (il en est jugé ainsi à propos de la transmission de la clause à des sociétés de crédit ayant financé l'acquisition de véhicules[3]; et à propos de la transmission de la clause avec la propriété de la provision, à l'endosseur d'une lettre de change[4]).

Il s'ensuit que la revendication est ouverte sans qu'il y ait lieu de distinguer selon qu'elle est exercée par le vendeur ou par un tiers subrogé dans ses droits[5], même si ce tiers peut bénéficier par ailleurs d'une sûreté spéciale, notamment d'un gage[6].

La revendication qui porte sur un corps certain, n'est pas susceptible d'exécution partielle de telle sorte que la restitution doit porter sur toutes les marchandises (en l'espèce des véhicules), même si le tiers subrogé n'a versé que le solde du prix[7] (sur la subrogation du prêteur en matière de crédit automobile, v. s^{s} n°s 1024.33 s.).

Le subrogeant qui a transmis ses droits n'est pas recevable à demander la revendication (il en est jugé ainsi à propos d'un contrat de concession comportant une clause de réserve de propriété en faveur du concédant sur les marchandises livrées au concessionnaire et stipulant que leur prix sera payable par l'intermédiaire d'un organisme de financement agréé par le concédant[8]).

La Cour de cassation reconnaît ainsi la transmissibilité de la clause et son aptitude à circuler, comme toute sûreté, avec la créance à la garantie de laquelle elle est affectée. Toutes les solutions qu'elle a dégagées débordent nécessairement, en raison de leur portée générale, le domaine restreint des procédures collectives à l'occasion desquelles elles ont été adoptées. Elles ont vocation à s'appliquer dans toutes les hypothèses de revendication. L'ordonnance du 23 mars 2006 relative à la réforme des sûretés a consacré la nature de sûreté de la propriété réservée en introduisant dans le Code civil plusieurs articles la concernant. L'article 2367 dispose notamment que la propriété d'un bien peut être retenue à titre de garantie et que la propriété ainsi réservée est l'accessoire de la créance dont elle assure le paiement.

B.
Restitution de biens vendus

1011.51 Vendeur au comptant impayé. Lorsque la vente a été conclue sans terme, le vendeur impayé peut revendiquer les effets mobiliers vendus dans les huit jours de leur livraison, s'ils sont encore en la possession de l'acheteur et, dans l'état où ils se trouvent lors de leur délivrance (C. civ., art. 2332, 4°).

Il s'agit d'un prolongement de son droit de rétention qui ne lui confère aucun droit de suite lui permettant d'exercer son action en revendication contre le sous-acquéreur[9]. Mais l'acquéreur est réputé demeuré en possession, si les effets vendus ont été confiés à un détenteur précaire.

1. Com. 20 sept. 2005, n° 04-14.702, *Bull. civ.* IV, n° 177; *D.* 2005. 2445, obs. Lienhard; *JCP* 2005. IV. 3240.
2. Com. 15 oct. 2013, n° 13-10.463, *Bull. civ.* IV, n° 153; *D.* 2013. 2462, obs. Lienhard; *JCP* 2013, Chron. Simler et Delebecque, p. 2188, n° 17.
3. Com. 15 mars 1988, n°s 86-13.687 et 85-18.623, *Bull. civ.* IV, n° 106; *GAJC*, 12e éd., Dalloz, 2008, n° 301; *D.* 1988. 330, note Pérochon.
4. Com. 11 juill. 1988, n° 87-10.834, *Bull. civ.* IV, n° 241; *RTD com.* 1988. 656, obs. Cabrillac et Teyssié.
5. Com. 15 mars 1988, n°s 86-13.687 et 85-18.623, P (préc. s^{s} prés^{t} n°).
6. Com. 5 oct. 1993, n° 91-14.194, *Bull. civ.* IV, n° 314; *D.* 1993. 234; *RTD com.* 1994. 345, obs. Bouloc; p. 570, obs. Martin-Serf.
7. Com. 15 mars 1988, n°s 86-13.687 et 85-18.623, P (préc. s^{s} prés^{t} n°).
8. Com. 2 févr. 1993, n° 91-11.569, *Bull. civ.* IV, n° 38; *RTD com.* 1994. 96, obs. Bouloc.
9. Civ. 19 févr. 1894, *DP* 1894. 1. 413.

1011.52 Vendeur dont le contrat a été annulé, résolu ou rescindé. Dans toutes ces hypothèses, le vendeur recouvre la propriété de la chose vendue dont il peut réclamer la restitution à l'acquéreur. Mais ce dernier peut lui opposer son droit de rétention jusqu'au remboursement du prix ou des acomptes versés.

C.
Restitution de biens loués

1011.61 Bailleur de meubles. Il peut réclamer la chose louée à l'expiration de la période prévue au contrat ou, avant cette expiration, si le contrat est résilié judiciairement ou par l'effet d'une clause résolutoire de plein droit.

1011.62 Crédit-bailleur. Le crédit-bail est, à l'instar de la clause de réserve de propriété dans la vente, une sûreté permettant à l'organisme de financement, de se ménager une solide garantie en cas d'impayé. En restant propriétaire du bien financé jusqu'au terme du contrat, il peut réclamer sa restitution dès lors que les loyers sont impayés. Le contrat contient le plus souvent une clause de résiliation de plein droit dès le premier incident de paiement. La jurisprudence a toujours admis que le crédit-bailleur peut recourir à la saisie-revendication[1].

Les opérations de crédit-bail sur les biens mobiliers sont définies par l'article L. 313-7 C. mon. fin.[2], comme étant « *les opérations de location de biens d'équipement ou de matériel d'outillage achetés en vue de cette location par des entreprises qui en demeurent propriétaires, lorsque ces opérations, quelle que soit leur qualification* [location avec option d'achat, location avec promesse de vente, *leasing*], *donnent au locataire la possibilité d'acquérir tout ou partie des biens loués, moyennant un prix convenu tenant compte, au moins pour partie, des versements effectués à titre de loyers* ».

Ces opérations ne peuvent être effectuées à titre habituel que par des entreprises commerciales soumises à la loi bancaire n° 84-46 du 24 janvier 1984 intégrée à droit constant dans le Code monétaire et financier.

Elles sont soumises à des formalités de publicité qui, si elles ne sont pas accomplies, les rendent inopposables aux tiers (C. mon. fin., art. L. 313-10[3]).

La publicité est organisée par les articles R. 313-3 et suivants du Code monétaire et financier[4]. Elle doit permettre l'identification des parties et des biens objets du crédit-bail, par une inscription sur un registre ouvert au tribunal de commerce. À défaut d'accomplissement des formalités dans les conditions réglementaires, l'entreprise de crédit-bail ne peut opposer aux créanciers ou ayants cause à titre onéreux de son client, ses droits sur les biens dont elle a conservé la propriété, sauf si elle établit que les intéressés avaient eu connaissance de ses droits (C. mon. fin., art. R. 313-10[5]). Le crédit preneur n'a cependant pas qualité pour se prévaloir de l'inobservation des mesures de publicité[6]. En effet, la publication n'est pas une condition de recevabilité de l'action en revendication du crédit bailleur[7]. Toutefois même s'il a fait publier son droit, le crédit-bailleur ne peut revendiquer le bien dont il est propriétaire contre le sous-acquéreur possesseur de bonne foi, qui bénéficie de l'article 2276 du Code civil[8]. Il faut en effet relever que la publicité qui est essentiellement fondée sur l'identification du crédit-bailleur, n'est réellement efficace qu'à l'égard des ayants droit du crédit-preneur, notamment de l'acheteur direct, et n'est pas de nature à informer utilement le sous-acquéreur.

L'inscription se prescrit par cinq ans, sauf renouvellement (C. mon. fin., art. L. 313-11[9]). Lorsque l'inscription n'est pas régulière au moment de l'ouverture d'une procédure collective, le crédit-bail est inopposable aux créanciers du crédit-preneur ainsi qu'au mandataire judiciaire[10].

Le crédit-bail aux consommateurs est, quant à lui, spécialement régi par les articles L. 311-1 et suivants du Code de la consommation (sur le crédit-bail des véhicules, v. s^s^ n°s 1024.31 s.).

1011.63 Bailleur d'immeuble. Le propriétaire peut revendiquer et saisir les meubles garnissant la ferme ou la maison donnée en location s'ils ont été déplacés sans son consentement, dans un délai de quarante jours (ferme) et quinze jours (maison) (C. civ., art. 2332, 1°).

Si les meubles déplacés ont été achetés dans une vente publique, une foire ou un marché ou chez un marchand vendant des choses pareilles, le bailleur doit rembourser à l'acheteur, s'il veut les revendi-

1. Paris, 29 mai 1981, *Juris-Data* n° 023356.
2. L. n° 66-455, 2 juill. 1966, anc. art. 1er.
3. L. 2 juill. 1966, anc. art. 1-3.
4. Anc. Décr. 4 juill. 1972.
5. Décr. 4 juill. 1972, anc. art. 8.
6. Com. 16 mai 1995, n° 93-13.063, *Bull. civ.* IV, n° 143; *D.* 1996. 214, obs. Pérochon; *JCP* 1995. II. 22497, note Clément; *RTD com.* 1996. 110, obs. Bouloc.
7. Com. 25 mars 1997, n° 94-20.297, *Bull. civ.* IV, n° 81; *D.* 2000. 68, obs. Mainguy; *D.* 1997. 104; *Gaz. Pal.* 1997. 2. Pan. 282; *RTD com.* 1997. 668, obs. Bouloc.
8. Com. 14 oct. 1997, n° 95-10.006, *Bull. civ.* IV, n° 257; *D.* 1997. 234; *D.* 2000. 74, obs. Pérochon-Mainguy; *RTD com.* 1998. 402, obs. Bouloc.
9. L. 2 juill. 1966, anc. art. 1-4.
10. Com. 11 mai 2010, n° 09-14.048, *Bull. civ.* IV, n° 88; *D.* 2010. 1276; *Rev. sociétés* 2010. 409, obs. Roussel Galle; *RTD com.* 2011. 174, obs. Martin-Serf.

quer, le prix qu'ils lui ont coûté (C. civ., art. 2277, al. 2). L'acheteur peut lui opposer son droit de rétention.

Le bailleur peut saisir les meubles sur lesquels porte son privilège même s'ils appartiennent à un tiers bénéficiaire d'une clause de réserve de propriété, à moins qu'il ne soit établi qu'il connaissait leur provenance lorsqu'ils ont été introduits par le locataire dans les lieux loués[1].

D. Restitution de biens reçus en dépôt ou en vue d'être façonnés

1011.71 **Déposant.** Le dépositaire doit rendre identiquement la chose même qu'il a reçue, soit dans l'état où elle se trouve au moment de la restitution ou, en tout cas, ce qu'il a reçu en échange si cette chose a été enlevée par une force majeure (C. civ., art. 1932 et 1934).

Il doit aussi en restituer les fruits (C. civ., art. 1936).

Il importe peu que le déposant soit ou non propriétaire de la chose (C. civ., art. 1937 et 1938)[2].

Le dépôt doit être remis au déposant aussitôt qu'il le réclame, même si le contrat a fixé un délai déterminé pour la restitution, sauf si une saisie a déjà été faite entre les mains du dépositaire (C. civ., art. 1944). Celui-ci peut, s'il n'est pas payé, opposer son droit de rétention (C. civ., art. 1948). Si ce dépositaire est un **garagiste**, il peut opposer son droit de rétention pour obtenir le paiement, non seulement de ses travaux de réparation, mais encore des frais de gardiennage du véhicule et ce, même si aucun contrat de dépôt n'a été établi. En effet, le contrat de dépôt est l'accessoire du contrat d'entreprise par lequel le propriétaire a confié le véhicule au professionnel[3].

1011.72 **Maître d'ouvrage.** Celui qui a confié à un professionnel la fabrication, la transformation, la réparation ou le nettoyage d'une chose est en droit d'en réclamer la restitution lorsque l'ouvrier, l'artisan ou l'entrepreneur a terminé l'ouvrage. Il doit en être ainsi, en cas de fabrication, que la matière employée à former la chose nouvelle lui appartienne ou non en tout ou en partie.

1. Civ. 3e, 24 juin 2009, n° 08-14.357, P (préc. s^s n° 1011.46); *D.* 2009. 1888, ndlr, note Prigent – Com. 16 nov. 2010, n° 09-70.765 (préc. ss n° 1011.46); *Dr. et proc.* 2011. 25 – L. Lauvergnat, « Le privilège d'exécution du bailleur d'immeuble », *Procédures* août-sept. 2011, p. 5.
2. Civ. 1re, 20 juin 1995, n° 93-16.672, *Bull. civ.* I, n° 269.
3. Civ. 1re, 8 oct. 2009, n° 08-20.048, P (préc. ss n° 1011.32); *CCC* 2010, n° 1, note Leveneur.

Ce droit d'exiger la remise résulte ou s'induit des textes relatifs à l'accession mobilière (C. civ., art. 570, 571 et 574).

La demande de restitution peut se heurter au droit de rétention du professionnel impayé (C. civ., art. 570) ou à son droit de conserver la chose si le coût de la main-d'œuvre surpasse de beaucoup la valeur de la matière employée, contre remboursement de cette valeur (C. civ., art. 571). Si ce professionnel est un **garagiste**, il peut opposer son droit de rétention pour obtenir le paiement, non seulement de ses travaux de réparation, mais encore des frais de gardiennage du véhicule et ce, même si aucun contrat de dépôt n'a été établi. En effet le contrat de dépôt est l'accessoire du contrat d'entreprise par lequel le propriétaire a confié le véhicule au professionnel[4].

À noter que dans les rapports entre consommateurs et professionnels, le contrat ayant pour objet une prestation de service d'un montant supérieur à un seuil fixé par décret, qui n'est pas fournie immédiatement, doit indiquer le délai d'exécution de cette prestation (C. consom., art. L. 114-1).

1011.73 **Propriétaire d'une matière employée ou mélangée à son insu.** Lorsqu'un entrepreneur, un artisan, un ouvrier ou une personne quelconque a employé à l'insu de son propriétaire, une matière à former une chose d'une nouvelle espèce, en l'unissant ou en la mélangeant à une autre lui appartenant, il est tenu de restituer cette matière en même nature, qualité et quantité (C. civ., art. 568, 573 et 576), au besoin en procédant à une séparation ou à une division.

E. Restitution d'autres biens détenus à titre précaire

1011.81 **Prêteur à usage.** L'emprunteur ou commodataire est tenu de rendre la chose à celui qui la lui a prêtée (C. civ., art. 1875). Le prêteur demeure propriétaire de la chose prêtée (C. civ., art. 1877).

Le prêteur peut réclamer la restitution de l'objet prêté à l'expiration du délai convenu ou, à défaut, lorsqu'elle a servi à l'usage pour lequel elle a été empruntée (C. civ., art. 1888). Il peut la réclamer avant ces événements s'il justifie d'un besoin pressant (C. civ., art. 1889).

L'emprunteur ne peut retenir la chose par compensation avec ce que le prêteur lui doit (C. civ., art. 1885).

4. Civ. 1re, 8 oct. 2009, n° 08-20.048, P (préc. ss n° 1011.71).

1011.82 Mandant. Le mandataire est tenu, non seulement de rendre compte de sa gestion, mais encore de remettre à son mandant tout ce qu'il a reçu en vertu de la procuration et ce, même si ce qu'il a reçu ne lui était pas dû (C. civ., art. 1993). S'il s'agit de meubles corporels, leur saisie-appréhension ou leur saisie-revendication est envisageable dès lors que leur restitution n'est pas spontanée.

1011.83 Débiteur gagiste. Il peut exiger la restitution du gage lorsqu'il a payé intégralement en principal, intérêts et frais, la dette qui en est affectée (C. civ., art. 2339).

Il est également en droit d'exiger cette restitution, lorsque le détenteur du gage en abuse (C. civ., art. 2344, al. 1er).

Mais le gage étant indivisible, l'héritier du débiteur qui a payé sa quote-part de la dette ne peut demander la restitution de sa portion dans le gage, tant que la somme due n'est pas entièrement réglée (C. civ., art. 2349).

La saisie-appréhension est alors possible en cas de résistance, puisqu'il s'agit nécessairement de l'hypothèse où le créancier gagiste a été mis en possession réelle.

À noter que si le créancier gagiste a reçu une chose périssable qu'il a dû vendre, il peut restituer une chose semblable ou d'une valeur équivalente[1].

1011.84 Propriétaire possesseur ou détenteur dépossédé. L'article 2276 alinéa 1er du Code civil fait en principe obstacle à la revendication contre le possesseur en vertu de sa fonction acquisitive de la propriété. Le possesseur qui a reçu un bien d'un non-propriétaire en devient lui-même propriétaire, ce qui interdit la revendication par le véritable titulaire du droit de propriété[2]. Il existe cependant deux exceptions à cette règle.

Lorsque le possesseur a reçu la chose de mauvaise foi, la revendication est possible pendant trente ans.

Lorsque la chose a été perdue ou volée, la revendication est autorisée pendant trois ans à compter de cet événement.

Il convient de se reporter sur ce point aux développements relatifs à l'action en revendication mobilière (v. ss nos 1012.05 s.).

Il y a seulement lieu de préciser que la revendication est ouverte aux propriétaires, copropriétaires, usufruitiers, détenteurs précaires et créanciers gagistes dès lors qu'ils ont perdu la possession.

1011.85 Héritier tenu au rapport. Celui qui a bénéficié d'une libéralité soumise au rapport ou à réduction en nature peut être contraint de s'exécuter par l'un des procédés énoncés aux articles L. 222-1 et L. 222-2 C. pr. exéc., sous réserve de son droit de rétention pour le remboursement de ses impenses ou améliorations (C. civ., art. 862).

1. Com. 3 déc. 1957, *Gaz. Pal.* 1958. 1. 244.
2. Req. 21 nov. 1927, *DP* 1928. 1. 172.

CHAPITRE

1012. Incidence des règles de la revendication mobilière

René LAUBA
Magistrat honoraire

Section 0 Orienteur

1012.00 Plan du chapitre.

1012.01 Textes applicables.

C. pr. exéc., art. L. 221-4, L. 222-1, R. 222-1 à R. 222-11, R. 222-14, R. 222-25, R. 223-13, R. 511-2 et R. 511-3.

C. civ., art. 1606, 1875, 1932, 1993, 2261, 2266, 2274, 2276, 2277, 2286, 2332, 2347, 2351 et 2352.

C. com., art. L. 525-4, L. 525-7, L. 621-115, L. 622-6 à L. 622-9, L. 622-17, L. 622-21, L. 622-23, L. 622-25, L. 624-5 à L. 624-10, L. 624-10-1, L. 624-12, L. 624-14 à L. 624-17, L. 264-19, L. 626-1, L. 626-22, L. 631-9, L. 631-14, L. 631-18, L. 632-1, L. 641-1 à L. 641-3, L. 641-14, L. 641-14-1, L. 642-19, L. 642-20-1, L. 642-25, L. 643-2, R. 621-8, R. 622-4, R. 622-4-1, R. 622-19, R. 622-21, R. 622-24, R. 624-12 à R. 624-15, R. 631-18, R. 631-27, R. 631-30, R. 631-31, R. 641-14, R. 641-25, R. 641-30 à R. 641-32, R. 641-37, R. 641-38 et R. 662-3.

COJ, art. L. 213-5.

C. route, art. R. 322-4.

C. mon. fin., art. R. 313-4.

1012.03 Bibliographie indicative.

Actualisable. J.-*Cl. Pr. civ.,* v° *Appréhension et conservation des meubles*, fasc. 2380, n° 78, par P. Delebecque.

Ouvrages. A. Leborgne, *Droit de l'exécution*, 2e éd., « Précis », Dalloz, 2014, nos 1565-1594 – R. Perrot et Ph. Théry, *Procédures civiles d'exécution*, 3e éd., Dalloz, 2013, nos 1030 s.

Articles. J.-L. Courtier, « Action en revendication et droit de propriété dans les procédures collectives », *Rev. huiss.* 1998. 961 ; « Position du droit positif sur l'attribution judiciaire du gage et l'article 40 de la loi du 25 janvier 1985 », *Rev. huiss.* 1998. 193 – R. Dammann, G. Podeur, « Le nouveau paysage du droit des sûretés : première étape de la réforme de la fiducie et du gage sans dépossession », *D.* 2008. Chron. 2300 – V. Ribadeau Dumas, « La saisie-revendication dans le cadre d'une procédure collective : une technique efficace pour les créanciers titulaires d'une clause de réserve de propriété », *D.* 2008. 2190

1012.05 Définition. La revendication est l'action par laquelle le titulaire d'un droit réel qui n'a pas ou qui a perdu la possession matérielle, réclame en justice, en se faisant reconnaître propriétaire, usufruitier ou créancier gagiste, la restitution du bien objet de ce droit. Elle peut prendre la forme d'une instance classique devant le tribunal ou d'une procédure d'injonction de délivrer ou de restituer devant le juge de l'exécution. Cette dernière procédure vise à obtenir un titre exécutoire qui, en ordonnant la remise du bien réclamé, consacre le droit du revendiquant (v. s[s] n°s 1022.06 s.). La saisie-appréhension et la saisie-revendication sont le prolongement procédural de cette action, dans la mesure où elles tendent à mettre en œuvre ou à garantir, l'exercice du droit de suite du propriétaire ou du gagiste.

Toutefois, la survenance d'une procédure collective va perturber le cours normal des actions et mesures conservatoires ou d'exécution déjà engagées. Dès son ouverture, les normes du droit commun vont devoir céder la place aux règles spéciales du droit des procédures collectives. Elles ne pourront subsister que dans la mesure où elles serviront à en combler les vides et sous réserve d'être compatibles avec lui.

SECTION 1
REVENDICATION EN DROIT COMMUN

1012.10 Rôle de la possession. En droit commun, la revendication des meubles corporels s'inscrit dans le cadre tracé par les articles 2276 et 2277 du Code civil (C. civ., anc. art. 2279 et 2280). L'article 2276 alinéa premier dispose à cet égard qu'« *en fait de meubles la possession vaut titre* », c'est-à-dire titre de propriété. Cette maxime a cependant une portée différente selon que le revendiquant est un tiers par rapport au possesseur ou son auteur direct.

§ 1
Revendication par un tiers

A.
Principe de l'interdiction de la revendication

1012.11 Fonction acquisitive de l'article 2276 du Code civil (C. civ., anc. art. 2279). Lorsque le revendiquant et le possesseur sont des tiers l'un à l'égard de l'autre, la maxime de l'article 2276 du Code civil a une fonction acquisitive. La possession fait acquérir la propriété à celui qui reçoit le bien d'un non-propriétaire et purge ainsi les vices dont son titre est affecté.

Le véritable titulaire du droit n'est pas autorisé à rapporter la preuve contraire et toute revendication de sa part est interdite[1]. La règle de l'article 2276 alinéa 1er peut ainsi tenir en échec une clause de réserve de propriété méconnue par le vendeur du bien si le sous-acquéreur justifie d'une possession exempte de vice[2].

Toutefois, la règle de l'article 2276 alinéa 1er du Code civil ne s'applique qu'aux meubles corporels individualisés. Par conséquent, la licence d'exploitation d'un débit de boisson qui emprunte sa nature de meuble incorporel au fonds de commerce dont elle fait partie, n'est pas susceptible de tradition manuelle. L'héritier du locataire du fonds qui a cédé cette licence ne peut donc invoquer la possession acquisitive et s'opposer à la demande en restitution du bailleur[3].

La possession de bonne foi peut aussi valoir à titre de gage. Le créancier gagiste a en effet sur les choses remises en gage un droit réel qui lui permet d'invoquer la maxime de l'article 2276[4]. La règle ne reçoit exception que si le possesseur est de mauvaise foi ou n'est pas entré en possession et lorsque le propriétaire a été victime d'une perte ou d'un vol.

B.
Exceptions en cas de mauvaise foi ou d'absence de détention effective

1012.21 Mauvaise foi du possesseur. Le revendiquant est autorisé à réclamer la remise du bien contre le possesseur de mauvaise foi sans condition de délai particulier et quelle que soit la chose détenue. Cependant, la bonne foi n'est pas exigée de celui qui tient directement le meuble de son véritable propriétaire[5], sauf dans le cas d'une épave. En effet, celui qui appréhende une épave est *ipso facto* dans la situation d'un possesseur de mauvaise foi car il sait nécessairement que son propriétaire n'a pas la volonté de lui transférer ses droits sur celle-ci.

1012.22 Délai. La revendication contre le possesseur de mauvaise foi est possible pendant trente ans, le délai de trois ans applicable en cas de perte ou de vol étant exclu dans ce cas.

1. Req. 21 nov. 1927, *DP* 1928. 1. 172, rapp. Bricout.
2. Com. 11 mai 1993, n° 90-21.903, *Bull. civ.* IV, n° 184 – Com. 22 févr. 1994, n° 92-13.647, *Bull. civ.* IV, n° 71; *D.* 1995. 26, obs. Honorat; *RTD civ.* 1994. 893, obs. Zénati.
3. Com. 7 mars 2006, n° 04-13.569, *Bull. civ.* IV, n° 62; *D.* 2006. 2897, note Kuhn; 2363, obs. Mallet-Bricout et Reboul-Maupin; *JCP* 2006. IV. 1759; *RTD civ.* 2006. 348, obs. Revet.
4. Civ. 19 juin 1928, *DP* 1929. 1. 45 – Com. 28 nov. 1989, n° 87-19.626, *Bull. civ.* IV, n° 300; *D.* 1990. 387, obs. Aynès; *D.* 1991. 43, obs. Pérochon; *RTD com.* 1990. 253, obs. Bouloc.
5. Civ. 1re, 8 déc. 1987, n° 86-12.124, *Bull. civ.* I, n° 338.

1012.23 **Preuve de la mauvaise foi.** Elle doit être prouvée par le revendiquant, la bonne foi étant toujours présumée (C. civ., art. 2274 [anc. art. 2268]) et laissée à l'appréciation des juges du fond[1]. Elle s'entend de la croyance pleine et entière où s'est trouvé le possesseur, au moment de l'acquisition, du droit de son auteur à la propriété des biens qu'il lui a transmis, le doute sur ce point étant exclusif de la bonne foi[2].

Le sous-acquéreur d'un matériel nanti revêtu d'une plaque mentionnant la date, le lieu et le numéro du nantissement, est réputé de mauvaise foi, l'apposition d'une telle plaque constituant, selon les articles L. 525-4 et L. 525-7 du Code de commerce[3], une forme de publicité supplémentaire.

En revanche, l'acquéreur de véhicules vendus par une société qui n'en était que locataire, n'est pas considéré de mauvaise foi, même s'il n'a pas exigé la remise immédiate des cartes grises mentionnant leur véritable propriétaire. La Haute juridiction estime à cet égard que l'acheteur n'est pas tenu d'une telle précaution dès lors d'une part, que l'article R. 322-4 du Code de la route n'oblige pas le vendeur à remettre ce document avec la mention « vendu ou cédé » concomitamment à la vente et d'autre part, qu'il est d'usage entre professionnels qu'il soit transmis dans les quinze jours de cette transaction[4].

Mais le sous-acquéreur de bonne foi d'un véhicule dont le gage a été publié, ne peut résister à la revendication du créancier gagiste[5].

L'existence de la bonne foi de l'acheteur *a non domino* s'apprécie au jour où il entre effectivement en possession et non à celui de la conclusion de la vente ultérieurement annulée[6].

1012.24 **Choses revendicables.** La revendication contre le possesseur de mauvaise foi peut s'exercer sur toutes les catégories de choses même fongibles[7]. Les biens susceptibles de revendication sont examinés plus haut (v. s[s] n°s 1011.11 s.).

1012.25 **Absence de détention effective.** La revendication est possible contre l'acquéreur *a non domino* qui n'a pas été mis en possession. Il doit s'agir d'une possession effective et non purement symbolique comme celle qui résulte de la remise des clés du local où se trouvent les biens vendus et qui constitue, en vertu de l'article 1606 du Code civil, un mode de délivrance valable.

Toutefois, si le possesseur est un créancier gagiste, celui-ci peut conserver le bien en sa possession sous la forme d'une mention inscrite sur un registre spécial (Décr. n° 53-968, 30 sept. 1953, art. 2, sur le gage automobile, et C. civ., art. 2351 et 2352). Cette inscription rend le gage opposable aux tiers (C. civ., art. 2351). À noter cependant que la Haute juridiction fait prévaloir la possession réelle sur la possession fictive dans le conflit opposant le garagiste ayant la détention matérielle du véhicule, au créancier ayant inscrit un gage sur celui-ci[8]. Il en va de même dans le litige opposant le créancier gagiste au vendeur bénéficiant d'une clause de réserve de propriété, lorsque celui-ci a recouvré la possession réelle[9].

La possession peut aussi s'exercer indirectement, par l'intermédiaire d'un détenteur. L'article 2276 (C. civ., anc. art. 2279) peut ainsi être invoqué par l'acheteur d'un matériel qui l'a immédiatement donné en location au vendeur dans le cadre d'un crédit-bail[10].

C. Exceptions en cas de perte ou de vol

1012.31 **Autorisation de la revendication.** La revendication est possible contre le possesseur de bonne foi lorsque le revendiquant a perdu involontairement la possession, soit parce qu'il a égaré le bien, soit parce que celui-ci lui a été volé. Ici, l'action en revendication est enfermée dans un délai particulier (C. civ., art. 2276, al. 2).

1012.32 **Délai.** La revendication doit être engagée dans les trois ans de la perte ou du vol (C. civ., art. 2276, al. 2). Il s'agit d'un délai préfix insusceptible de suspension ou d'interruption[11]. Mais la revendication contre l'inventeur, le voleur ou l'acquéreur de mauvaise foi est possible pendant trente ans (v. s[s] n° 1012.22).

1012.33 **Perte involontaire de la possession.** Le revendiquant ne doit pas avoir perdu volontairement la possession (ainsi pour le garagiste acquéreur d'un véhicule détourné à la suite d'un abus de

1. Civ. 1re, 23 mars 1965, *Bull. civ.* I, n° 206.
2. Civ. 1re, 23 mars 1965 (préc. s[s] prés[t] n°).
3. L. 18 janv. 1951, anc. art. 4 et 7.
4. Com. 24 avr. 2007, n° 05-17.778, *Bull. civ.* IV, n° 115; *D.* 2007. 1337, obs. Delpech; *JCP* 2007. IV. 2109; *RTD com.* 2007. 824, obs. Bouloc.
5. Civ. 1re, 20 mars 1990, n° 87-19.162, *Bull. civ.* I, n° 70; *JCP* 1992. II. 21787, note Amlon; *RTD com.* 1990. 633, obs. Bouloc.
6. Civ. 1re, 27 nov. 2001, n° 99-18.335, *Bull. civ.* I, n° 295; *D.* 2002. 671, note Gridel; 2505, obs. Mallet-Bricout.
7. Civ. 1re, 7 févr. 1989, n° 85-17.531, *Bull. civ.* I, n° 57; *RTD civ.* 1990. 109, obs. Zenati.
8. Com. 11 juin 1969, *D.* 1970. 244, note Bihr.
9. Com. 5 avr. 1994, n° 90-11.559, *Bull. civ.* IV, n° 146; *Rev. huiss.* 1995. 720, note Bazin; *RTD civ.* 1994. 909, obs. Bandrac; *RTD com.* 1994. 777, obs. Bouloc.
10. Com. 11 mai 1993, n° 90-21.903, *Bull. civ.* IV, n° 184.
11. Crim. 30 oct. 1969, *JCP* 1970. II. 16333, note Goubeaux.

confiance, qui l'a restitué sur invitation de la police[1]).

Le caractère volontaire ou non de la perte relève de l'appréciation souveraine des juges du fond[2].

Mais la possession peut avoir été conservée fictivement par l'effet de l'inscription du gage ce qui permet au créancier gagiste d'exercer l'action en revendication contre un sous-acquéreur de bonne foi[3].

1012.34 Champ d'application. Les dispositions de l'article 2276 alinéa 2 du Code civil ne peuvent être étendues à d'autres cas que la perte ou le vol, comme l'escroquerie[4] ou d'abus de confiance[5].

Dans ces hypothèses, la perte de la possession est en effet volontaire, la remise de la chose résultant, à l'origine, d'un contrat de prêt, de dépôt, *etc.*

1012.35 Détenteur visé. L'action est ouverte contre tout détenteur, même s'il s'agit d'un créancier gagiste[6].

1012.36 Conditions d'application. Le revendiquant qui se prévaut de l'article 2276 alinéa 2 du Code civil doit seulement établir la réalité de son droit qui peut résulter d'une possession régulière antérieure et le caractère involontaire de sa dépossession. La qualité de la possession du tiers est ainsi sans influence sur l'exercice de l'action en revendication[7]. Notamment, le revendiquant n'est pas astreint à prouver que la possession du détenteur est entachée de vices[8].

1012.37 Chose acquise dans une foire, un marché, *etc.* Lorsque le possesseur du bien perdu ou volé l'a acheté dans une foire, un marché ou une vente publique ou l'a acquis d'un marchand vendant des choses identiques, le propriétaire originaire ne peut se la faire rendre qu'en remboursant le prix qu'elle a coûté (C. civ., art. 2277, al. 1er [anc. art. 2280]).

Le bailleur qui revendique en vertu de l'article 2332 du Code civil[9], les meubles déplacés sans son consentement et qui ont été achetés dans les mêmes conditions, doit également rembourser à l'acheteur le prix qu'ils lui ont coûté (C. civ., art. 2277, al. 2).

Le revendiquant peut avoir intérêt à payer ce prix, s'il est inférieur à la valeur réelle du bien.

1012.38 Conditions relatives à l'acquéreur. L'acquéreur ne peut réclamer le remboursement du prix qu'autant qu'il est resté en possession[10]. Mais s'il n'a pas consenti à sa dépossession, comme c'est le cas lorsque la police appréhende un véhicule volé pour le remettre à l'assureur du propriétaire originaire, l'acquéreur conserve sa créance en remboursement du prix[11] (de même lorsque la dépossession involontaire résulte d'une décision de saisie prise pendant l'information pénale[12]).

Mais le remboursement du prix ne peut être demandé que par l'acquéreur dont la possession est exempte de vices[13].

La disposition exceptionnelle édictée par l'article 2280 du Code civil qui concerne uniquement l'acheteur ne saurait être étendue au créancier gagiste[14].

1012.39 Conditions relatives au vendeur. Un courtier n'appartient pas à la catégorie des marchands vendant des choses pareilles au sens de l'article 2277 du Code civil, dès lors qu'il agit comme intermédiaire pour le compte de tiers qui restent les véritables vendeurs[15].

Un brocanteur chez lequel un objet de valeur a été acheté n'est pas considéré comme vendant des choses pareilles à celui-ci[16].

Mais un garagiste, même radié du registre des métiers, à la qualité de « *marchand vendant des choses pareilles* » s'il continue en fait à exercer son activité de vente et d'achat de voitures[17].

§ 2
Revendication par l'auteur du possesseur

A.
Présomption d'une propriété régulière

1012.41 Fonction probatoire de l'article 2276 du Code civil. Lorsque le revendiquant agit contre un possesseur qui prétend tenir de lui son droit de propriété, la maxime de l'article 2276 (C. civ., anc. art. 2279) du Code civil joue un rôle probatoire. Elle ne fait pas obstacle à la revendication mais renverse la charge de la preuve en faveur du possesseur. Celui-ci est présumé, jusqu'à preuve contraire,

1. Civ. 1re, 5 oct. 1972, no 71-11.237, *Bull. civ.* I, no 197; *JCP* 1973. II. 17485, note Bénabent.
2. Civ. 1re, 3 nov. 1981, no 80-14.955, *Bull. civ.* I, no 324.
3. Civ. 1re, 20 mars 1990, no 87-19.162, *Bull. civ.* I, no 70; *JCP* 1992. II. 21787, note Amlon; *RTD com.* 1990. 633, obs. Bouloc.
4. Civ. 19 juin 1928, *DP* 1929. 1. 45.
5. Civ. 1re, 9 janv. 1996, no 93-16.700, *Bull. civ.* I, no 22.
6. *TI Lille*, 12 janv. 1982, *Gaz. Pal.* 1982. 1. Somm. 182.
7. Civ. 1re, 1er juin 1977, no 76-10.224, *Bull. civ.* I, no 261.
8. Civ. 10 mai 1950, *D.* 1950. 429.
9. C. civ., anc. art. 2102 (Ord. no 2006-346, 23 mars 2006).
10. Civ. 1re, 22 févr. 1956. *D.* 1956. 286.
11. Civ. 1re, 22 nov. 1988, no 86-17.888, *Bull. civ.* I, no 331; *D.* 1990. 86, obs. Robert; *RTD civ.* 1990. 521, obs. Zenati.
12. Civ. 1re, 9 janv. 1996, no 93-16.700, *Bull. civ.* I, no 22.
13. Civ. 1re, 2 févr. 1965, *Bull. civ.* I, no 92.
14. Civ. 11 mai 1898, *DP* 1898. 1. 504.
15. Crim. 31 mars 1978, no 77-91.639, *Bull. crim.* no 120; *Gaz. Pal.* 1979. 1. 13.
16. Pau, 3 juill. 1979, *D.* 1981. 232, obs. Robert.
17. Civ. 1re, 22 nov. 1988, no 86-17.888, *Bull. civ.* I, no 331; *D.* 1990. 86, obs. Robert; *RTD civ.* 1990. 521, obs. Zenati.

avoir acquis régulièrement la propriété du bien et c'est au revendiquant de démontrer que sa possession est inefficace en raison de sa précarité ou des vices dont elle est entachée[1] (de même pour des titres au porteur placés par une veuve dans un coffre[2]). Ainsi, le revendiquant qui se prétend propriétaire ne peut pas se contenter de justifier qu'il a payé de ses deniers le bien objet de son action. Il doit en outre prouver le titre précaire en vertu duquel le possesseur détient ce bien ou, le cas échéant, le vice affectant sa possession[3].

Dans cette optique, la bonne foi n'est pas exigée du possesseur qui tient directement son droit du propriétaire[4].

B. Admission de la preuve contraire

1012.51 Précarité de la possession. « *Ceux qui possèdent pour autrui ne prescrivent jamais par quelque laps de temps que ce soit* » (C. civ., art. 2266 [anc. art. 2236]).

Celui qui réclame la remise d'une chose est donc fondé à établir la précarité de la possession qu'on lui oppose, les dispositions de l'article 2276 du Code civil ne jouant qu'autant que la possession est exercée à titre de propriétaire[5].

Généralement, le propriétaire a, contre celui entre les mains duquel il s'est temporairement dessaisi de son bien, une action directe née du contrat de dépôt (C. civ., art. 1932), prêt (C. civ., art. 1875) ou mandat (C. civ., art. 1993) à l'origine de cette remise. Il lui suffit de produire la convention pour tenir le détenteur précaire en échec. Mais si celle-ci n'a pas été constatée dans un acte, il lui faut alors démontrer que la possession invoquée est viciée.

La précarité peut aussi s'évincer de la nature des rapports entre le revendiquant et le possesseur. Ainsi lorsqu'une chose a été remise à une personne exerçant des fonctions salariées, cette dernière ne peut posséder pour elle-même[6]. De même, la remise d'objet précieux à un bijoutier peut, en vertu des usages professionnels, constituer celui-ci en état de détention précaire[7].

Il faut préciser que la preuve de la non-propriété du détenteur précaire peut être rapportée par tous moyens, notamment si celui-ci a la qualité de commerçant comme le galeriste et marchand d'art dépositaire des œuvres confiées par un artiste en vue de leur vente. La difficulté apparaît lorsque l'action en revendication oppose les héritiers de l'un et de l'autre[8].

1012.52 Vices de la possession. La possession fait présumer que la cause de la remise de la chose est une acquisition régulière, soit à titre gratuit, soit à titre onéreux. Mais le revendiquant peut, selon l'expression de J. Carbonnier « *ruiner du dedans la possession* », en démontrant qu'elle n'a pas les qualités requises par l'article 2261 du Code civil (C. civ., anc. art. 2229) pour faire présumer un transfert de propriété. La possession entachée de **discontinuité**, de **violence**, de **clandestinité** ou d'**équivoque**, ne peut produire aucun effet en faveur de celui qui l'invoque[9].

C'est au moment de l'entrée en possession que doivent s'apprécier les conditions de celle-ci[10].

C'est surtout le **vice d'équivoque** résultant de la cohabitation qui est invoqué[11]. Il convient de se reporter, en ce qui concerne les difficultés résultant de la cohabitation, aux explications relatives à la distraction des biens appréhendés dans le cadre d'une saisie-vente (v. s[s] n°s 719.23 s.). L'équivoque peut aussi résulter de ce que l'acquéreur n'a pas pris la précaution d'exiger de son vendeur la transmission des documents administratifs concernant le bien vendu. Ainsi le sous-acquéreur d'un véhicule automobile ne peut s'opposer à la revendication du véritable propriétaire, même s'il est entré en possession de ce véhicule, dès lors qu'il ne s'est pas fait délivré le certificat d'immatriculation y afférent. En l'absence de remise de cet accessoire indispensable à la circulation du bien, la possession invoquée ne pouvait être qu'équivoque[12].

SECTION 2 REVENDICATION DANS LE CADRE D'UNE PROCÉDURE COLLECTIVE

1012.60 Particularisme de la revendication. Depuis les modifications intervenues en 1994, le

1. Civ. 1re, 8 déc. 1987, n° 86-12.124, *Bull. civ.* I, n° 338 – Civ. 1re, 17 janv. 1995, n° 92-20.907, *Bull. civ.* I, n° 42.
2. Civ. 1re, 11 juin 1991, n° 89-20.422, *Bull. civ.* I, n° 199; *RTD civ.* 1992. 595, obs. Zenati.
3. Civ. 1re, 24 oct. 2012, n° 11-16.431, *Bull. civ.* I, n° 214; *D.* 2013. 351, note Tadros.
4. Civ. 1re, 8 déc. 1987, n° 86-12.124, *Bull. civ.* I, n° 338.
5. Civ. 2e, 5 avr. 1960, *Bull. civ.* II, n° 252.
6. Soc. 3 janv. 1964, *Bull. civ.* IV, n° 9.
7. Com. 25 févr. 1981, n° 79-11.644, *Bull. civ.* IV, n° 107.
8. Civ. 1re, 22 mars 2012, n° 10-28.590, *Bull. civ.* I, n° 69; *D.* 2012. 876.
9. Civ. 21 oct. 1929, *DP* 1931. 1. 56 – Com. 11 mai 1993, n° 90-21.903, *Bull. civ.* IV, n° 184; *D.* 1993. 145.
10. Civ. 1re, 4 janv. 1972, n° 70-12.885, *Bull. civ.* I, n° 4 – Civ. 1[re], 4 avr. 1984, n° 83-10.635, *Bull. civ.* I, n° 130.
11. Civ. 1[re], 20 juin 1961, *D.* 1961. 641, note Savatier – Civ. 1re, 2 mars 1976, n° 74-11.618, *Bull. civ.* I, n° 89; *D.* 1977. 353, note Donnier.
12. Civ. 1re, 30 oct. 2008, n° 07-19.633, *Bull. civ.* I, n° 242; *JCP* 2008. IV. 2889; *JCP* 2009. I. 127; *D.* 2008. 2935; *RTD civ.* 2009. 144, obs. Revet.

droit des procédures collectives organise trois types d'action à fin de remise d'un bien. La **revendication**, qui doit être engagée dans un délai préfix de trois mois par les propriétaires n'ayant pas fait publier le contrat à l'origine de leur droit; la **restitution** ouverte sans condition de délai, à ceux qui ont fait procéder à cette formalité et qui bénéficient, *ipso facto*, de la reconnaissance de leur droit de propriété; la **reprise** qui est exercée, également sans condition de délai, par le conjoint *in bonis* qui entend reprendre un bien propre. Parallèlement à ces actions, le droit des procédures collectives organise une procédure de réalisation et d'attribution des biens constitués en gage par le débiteur et dont le créancier bénéficiaire aurait demandé la remise avant le jugement d'ouverture.

Toutes ces règles ont une incidence sur les poursuites individuelles engagées ou sur le point de l'être, par les personnes qui entendent obtenir, sur le fondement d'un droit de propriété ou de gage, la délivrance ou la restitution d'un meuble corporel.

Il est donc nécessaire de déterminer dans quelle mesure, ces procédures conservatoires ou d'exécution peuvent être contrariées ou influencées par la survenance d'une procédure collective [1].

§ 1
Règles spécifiques aux procédures collectives

A.
Conditions

1012.61 **Biens concernés.** Les biens susceptibles d'être revendiqués ou retirés sont énoncés dans les dispositions du Code de commerce relatives à la procédure de sauvegarde auxquelles renvoient également les textes réglementant le redressement et la liquidation judiciaire.

Il s'agit :

- des biens appartenant au conjoint du débiteur (C. com., art. L. 624-5 [2]);

- des marchandises qui existent en nature et dont la vente a été résolue judiciairement ou par l'effet d'une condition résolutoire, soit avant l'ouverture de la procédure collective, soit postérieurement à celle-ci si l'action a été introduite antérieurement et pour une autre cause que le paiement du prix (C. com., art. L. 624-12 [3]);

- des marchandises expédiées au débiteur tant que la tradition n'en a pas été effectuée dans ses magasins ou dans ceux du commissionnaire chargé de les vendre pour son compte, sauf si elles ont été régulièrement revendues (C. com., art. L. 624-13 [4]);

- des marchandises qui ne sont pas encore délivrées ou expédiées au débiteur ou à un tiers agissant pour son compte (le vendeur peut les retenir – C. com., art. L. 624-14 [5]);

- des effets de commerce ou autres titres non payés remis par leur propriétaire pour être recouvrés ou spécialement affectés à des paiements déterminés, s'ils se trouvent encore dans le portefeuille du débiteur (C. com., art. L. 624-15 [6]);

- des biens meubles remis à titre précaire au débiteur ou ceux transférés dans un patrimoine fiduciaire dont celui-ci conserve l'usage ou la jouissance en qualité de constituant, à condition qu'ils se retrouvent en nature (C. com., art. L. 624-16, al. 1er [7]); la revendication est ouverte, non seulement au propriétaire des marchandises déposées, mais encore au dépositaire contre le sous-dépositaire [8];

- des biens vendus avec une clause de réserve de propriété, s'ils se retrouvent en nature au moment de l'ouverture de la procédure (C. com., art. L. 624-16, al. 2), même s'ils ont été incorporés dans un autre bien lorsque leur récupération peut être effectuée sans dommage et même s'il s'agit de biens fongibles, lorsque des biens de même espèce et de même qualité se trouvent entre les mains du débiteur ou de toute personne les détenant pour son compte (C. com., art. L. 624-16, al. 3). Il n'y a pas lieu à revendication si le prix est payé immédiatement (C. com., art. L. 624-16, al. 4). Les clauses de réserve de propriété sont examinées plus haut (v. s[s] n°s 1011.41 s.) ainsi que les biens susceptibles de revendication, notamment les choses fongibles et les meubles incorporés (v. s[s] n°s 1011.11 s.);

- des biens détenus par le débiteur entrepreneur individuel à responsabilité limitée qui relèvent d'un autre patrimoine que celui affecté à l'activité objet de la procédure collective. Il peut réclamer leur reprise dans les conditions de l'article L. 624-19 du Code de commerce.

D'une manière générale, le bien revendiqué doit exister en nature dans le patrimoine du débiteur au jour du jugement d'ouverture. C'est l'inventaire, qui doit être obligatoirement dressé au moment de

1. F. Derrida, « Incidence des nouvelles procédures civiles d'exécution sur le redressement et la liquidation judiciaire », *LPA* 6 janv. 1993, n° 3, p. 25.
2. C. com., anc. art. L. 621-111.
3. C. com., anc. art. L. 621-117 et L. 621-118.
4. C. com., anc. art. L. 621-119.
5. C. com., anc. art. L. 621-120.
6. C. com., anc. art. L. 621-121.
7. C. com., anc. art. L. 621-122, al. 1er.
8. Com. 14 nov. 2000, n° 97-21.523, *Bull. civ.* IV, n° 175; *Gaz. Pal.* 4-6 févr. 2001. Pan. 20; *D.* 2001. 233, obs. Pisoni; *RTD civ.* 2001. 387, obs. Revet; *RTD com.* 2001. 500, obs. Bouloc.

l'ouverture de la procédure (C. com., art. L. 622-6), qui doit permettre de vérifier que ce bien s'y trouve encore. Si cette formalité a été omise, c'est au liquidateur de démontrer que la chose revendiquée qui était précédemment en la possession du débiteur n'existait plus en nature lors du prononcé de la liquidation judiciaire[1].

1012.62 Inventaire des biens. L'inventaire du patrimoine du débiteur et des garanties dont il est grevé est dressé par l'officier public ou le courtier en marchandise assermenté désigné par le jugement d'ouverture de la procédure (C. com., art. L. 622-6, L. 631-9, al. 3, L. 631-14 et L. 641-1).

En matière de sauvegarde, ce document peut être établi par le débiteur avec la certification d'un commissaire aux comptes ou d'un expert-comptable, si le jugement d'ouverture n'en a pas disposé autrement. En cas d'inertie du débiteur, l'inventaire est confié par le juge-commissaire à un officier ministériel tel qu'un huissier, un notaire ou un commissaire priseur (C. com., art. L. 622-6-1).

Lorsque le tribunal opte pour l'ouverture d'une liquidation judiciaire simplifiée, la mission de réaliser l'inventaire peut être confiée au liquidateur (C. com., art. L. 641-2).

Le débiteur doit compléter ce document en y mentionnant la liste des biens susceptibles d'être revendiqués par des tiers. S'il est un entrepreneur individuel à responsabilité limitée, il y fait en outre figurer les biens détenus dans le cadre de l'activité à raison de laquelle la procédure a été ouverte qui sont compris dans un autre de ses patrimoines et dont il est susceptible de demander la reprise dans les conditions de l'article L. 624-19 du Code de commerce (C. com., art. L. 622- 6, al. 1er).

Lorsqu'il n'établit pas lui même l'inventaire, le débiteur doit remettre à la personne désignée dans le jugement d'ouverture, la liste des biens gagés, nantis ou sous sujétion douanière, ainsi que ceux qu'il détient en dépôt, en vertu d'une location, d'un crédit-bail ou d'une clause de réserve de propriété. S'il est un entrepreneur individuel à responsabilité limitée il énonce, outre les biens susceptibles d'être revendiqués, ceux dont il pourrait demander la reprise en vertu de l'article L. 624-19 précité. Cette liste est annexée à l'inventaire (C. com., art. R. 622-4, R. 631-18 et R. 641-14). Lorsque le débiteur dresse lui-même l'inventaire, il y annexe la même liste (C. com., art. R. 622-4-1).

La personne qui a établi l'inventaire le remet au mandataire judiciaire et, le cas échéant, à l'administrateur, puis le dépose au greffe du tribunal de commerce. Une copie en est transmise au mandataire judiciaire, à l'administrateur éventuellement nommé et au débiteur s'il n'a pas réalisé lui même l'inventaire (C. com., art. L. 622-6, al. 1er, R. 622-4, al. 4, et R. 622-4-1, al. 3).

Il convient de relever que l'absence d'inventaire ne fait pas obstacle à l'exercice des actions en revendication et en restitution (C. com., art. L. 622-6 al. 5). Si cette formalité a été omise, il appartient au mandataire ou au liquidateur de démontrer que le bien réclamé ne se trouvait plus dans le patrimoine du débiteur au moment du jugement d'ouverture (v. ss no 1012.61).

1012.63 Information des créanciers. L'avertissement que le mandataire judiciaire doit adresser aux créanciers connus, dans les quinze jours du jugement d'ouverture, doit reproduire les dispositions légales et réglementaires relatives aux délais et aux formalités à observer, non seulement pour la déclaration des créances mais encore pour les actions en revendication et en restitution. Les créanciers titulaires d'une sûreté ou d'un contrat publié sont avertis personnellement ou, s'il y a lieu, à domicile élu, par lettre recommandée avec accusé de réception (C. com., art. R. 622-21, R. 631-27 et R. 641-25).

B.
Actions aux fins de remise d'un bien

1°
Demande en revendication

1012.71 Conditions générales de la revendication. Le propriétaire d'un bien qui n'a pas fait publier le contrat afférent à ce bien est obligé de faire reconnaître son droit de propriété dans le cadre d'une revendication enfermée dans un délai de forclusion (C. com., art. L. 624-9). Cette publicité doit être effectuée avant le jugement d'ouverture selon les modalités applicables à chaque type de contrat (C. com., art. R. 624-15). L'enregistrement d'un acte au service des impôts ne constitue pas une publication au sens de l'article R. 624-15 qui renvoie à l'inscription sur des registres spécifiques[2]. Le fait que le liquidateur reconnaisse l'existence du droit de propriété, ne dispense pas le propriétaire du bien détenu par le débiteur, qui n'a pas procédé à la publication, d'agir en revendication[3]. Cependant, le propriétaire qui n'a pas revendiqué son bien dans les conditions de forme et de délai prévues à l'article L. 624-9 du Code de commerce

1. Com. 1er déc. 2009, no 08-13.187, *Bull. civ.* IV, no 156; *D.* 2010. 12, note Lienhard; *RTD civ.* 2010. 361, obs. Crocq; *RTD com.* 2010. 424, obs. Martin-Serf.

2. Com. 5 nov. 2013, no 12-25.765, *Bull. civ.* IV [à paraître]; *D.* 2013. 2638, note. Lienhard.
3. Com. 5 nov. 2013, no 12-25.765, P, préc. ss prést no.

(C. com., anc. art. L. 621-115)[1], ne perd pas son droit de propriété mais seulement l'exercice de celui-ci. Il devient inopposable à la procédure collective. Le bien non revendiqué demeure le gage commun de tous les créanciers admis avec toutes les prérogatives attachées à ce droit[2]. La Cour de cassation précise clairement que la revendication tardive ne transfère pas la propriété au débiteur, la forclusion ne constituant pas un mode d'acquisition de ce droit[3]. Il résulte de cette conclusion que l'absence de revendication dans les délais ne fait pas obstacle à la demande en restitution du propriétaire dès lors qu'elle intervient après la clôture de la procédure collective par l'effet d'un plan de continuation remettant le débiteur à la tête de ses affaires[4].

1012.72 **Délai de revendication.** La revendication des meubles ne peut être exercée que dans un délai de trois mois suivant la publication du jugement d'ouverture (C. com., art. L. 624-9). Il s'agit d'un **délai préfix** insusceptible d'interruption, de suspension ou de relevé de forclusion[5]. Toutes les actions en revendication sont enfermées dans ce délai quelle que soit la procédure collective, puisque l'article L. 624-9 qui fait partie des textes régissant la sauvegarde, concerne également le redressement et la liquidation judiciaire. (C. com., art. L. 631-18 et L. 641-14). À noter que la Cour de cassation estime que les dispositions de ce texte ne constituent pas une atteinte disproportionnée au droit de propriété[6].

Les dispositions de l'article L. 624-9 du Code de commerce s'appliquent quels que soient la cause et le titre invoqués à l'appui de la revendication, même si celle-ci est fondée sur un prêt gratuit[7]. Cette position a été prise par la Haute juridiction sous l'empire de l'article 115 de la loi du 25 janvier 1985, codifié à droit constant dans l'article L. 621-115 du Code de commerce, devenu à la suite de la réforme opérée par la loi de sauvegarde des entreprises, du 26 juillet 2005, l'article L. 624-9 de ce même code.

La revendication tardive rend seulement le droit de propriété inopposable à la procédure collective mais n'a pas pour effet de transférer celui-ci au débiteur (v. s^s n° 1012.71). Toutefois lorsque le bénéficiaire d'une clause de réserve de propriété n'a pas agi en revendication dans les délais, il ne peut contourner l'inopposabilité de son droit à la liquidation judiciaire en se faisant attribuer le prix de vente du bien objet de cette clause car si la propriété réservée constitue bien une sûreté réelle, elle ne confère à son titulaire aucun droit de préférence dans la distribution aux créanciers de la procédure collective[8].

1012.73 **Procédure et effet de la revendication.** La demande en revendication doit être adressée à l'administrateur ou, à défaut, au débiteur, dans le délai de trois mois et par lettre recommandée avec demande d'avis de réception. En matière de liquidation judiciaire, la demande est adressée au liquidateur avec copie à l'administrateur éventuel. Elle emporte de plein droit demande en restitution. Une copie de la demande doit être adressée par le débiteur au mandataire judiciaire (C. com., art. L. 624-17[9], R. 624-13, al. 1er et 4, R. 631-31 et R. 641-31, I). Elle doit cependant être explicite sur les intentions de son auteur. La lettre qui ne contient pas d'invitation pour le destinataire à se prononcer sur le droit de propriété du bailleur sur le bien, ne vaut pas demande en revendication[10].

L'administrateur peut acquiescer à la demande avec l'accord du débiteur. À défaut d'administrateur, c'est le débiteur qui exerce la faculté d'acquiescer avec l'accord du mandataire.

À défaut d'acquiescement dans le mois de la réception de la demande, le revendiquant doit, sous peine de forclusion, saisir le juge-commissaire dans un délai identique (C. com., art. R. 624-13). Ce délai court à partir de l'expiration du délai de réponse. Avant de statuer, le juge-commissaire recueille les observations des parties intéressées (C. com., art. R. 624-13). En cas de liquidation judiciaire, c'est le liquidateur, avec l'accord de l'administrateur s'il en a été désigné, qui peut acquiescer à la demande en revendication. À défaut d'accord entre eux ou de contestation, la demande est portée devant le juge-commissaire qui statue au vu des observations du créancier, du débiteur, du mandataire et, le cas

1. L. 25 janv. 1985, anc. art. 115.
2. J.-L. Courtier, « Action en revendication et droit de propriété dans les procédures collectives », *Rev. huiss.* 1998. 961.
3. Com. 4 janv. 2000, n° 96-19.511, NP; *D.* 2000. 533, note Le Corre-Broly; *RTD com.* 2002. 160, obs. Martin-Serf.
4. Com. 24 mars 2004, n° 02-18.048, *Bull. civ.* IV, n° 61; *D.* 2004. 1084, obs. Lienhard; *Act. proc. coll.* 7 mai 2004, n° 105, note Regnaut-Moutier.
5. Com. 13 févr. 1990, n° 88-13.546, *Bull. civ.* IV, n° 41; *D.* 1991. 42, obs. Pérochon; *RTD com.* 1990. 646, obs. Martin-Serf.
6. Com. 1er avr. 2014, n° 13-13.574, *Bull. civ.* IV, n° 66; *D.* 2014. 870.
7. Sur le fondement de C. com., anc. art. L. 621-115 – Com. 20 mai 1997, n° 95-13.957, *Bull. civ.* IV, n° 150; *D.* 2000. 66, obs. Pérochon et Mainguy; *RTD com.* 1998. 192, obs. Bouloc.
8. Com. 15 oct. 2013, n° 13-10.463, *Bull. civ.* IV, n° 153; *D.* 2013. 2462, obs. Lienhard; *JCP* 2013, Chron. Simler et Delbecque, p. 2188, n° 17.
9. C. com., anc. art. L. 621-123.
10. Com. 12 mars 2013, n° 11-24.729, *Bull. civ.* IV, n° 39; *D.* 2013. 1249.

échéant, de l'administrateur (C. com., art. L. 641-14 et L. 641-14-1).

Lorsque le droit à restitution a été reconnu et que le bien fait l'objet d'un contrat en cours au moment de l'ouverture de la procédure, la restitution effective intervient au jour de la résiliation ou du terme du contrat (C. com., art. L. 624-10-1).

2°
Demande en restitution

1012.81 Conditions générales de la demande en restitution. Le propriétaire d'un bien est dispensé de faire reconnaître son droit de propriété, si le contrat portant sur ce bien a fait l'objet d'une publication avant le jugement d'ouverture (C. com., art. L. 624-10 [1]). Ce texte qui concerne la sauvegarde est également applicable au redressement et à la liquidation judiciaire (C. com., art. L. 631-18 et L. 641-14). Pour bénéficier de cet avantage, les contrats de location ou de vente assortis d'une réserve de propriété doivent être publiés dans les conditions prévues aux articles R. 621-8 du Code de commerce et R. 313-4 du Code monétaire et financier (C. com., art. R. 624-15 [Décr. 28 déc. 2005, anc. art. 117]). Cette disposition s'applique, non seulement à la sauvegarde, mais encore au redressement et à la liquidation judiciaire (C. com., art. R. 631-31 et R. 641-31). Lorsque l'inscription n'est pas régulière au moment de l'ouverture de la procédure collective, le crédit-bail est inopposable aux créanciers du crédit-preneur ainsi qu'au mandataire judiciaire [2]. Toutefois, le défaut de publicité a pour seul effet d'empêcher le crédit-bailleur de se prévaloir envers les créanciers ou ayants cause à titre onéreux du crédit-preneur de son droit de propriété sur la chose louée, mais n'affecte pas ses droits sur les mensualités perçues antérieurement à l'ouverture de la procédure [3].

La demande en restitution est faite par le propriétaire par une lettre recommandée avec demande d'avis de réception adressée à l'administrateur ou, à défaut, au débiteur. Cette demande n'est enfermée dans aucun délai. L'administrateur peut acquiescer à cette demande avec l'accord du débiteur. En l'absence d'administrateur, c'est le débiteur qui exerce la faculté d'acquiescer après accord du mandataire judiciaire. Une copie de la demande est adressée à ce dernier (C. com., art. L. 624-17 et R. 624-14). À défaut d'accord dans le mois de la réception de la demande ou en cas de contestation, le propriétaire peut saisir le juge-commissaire afin qu'il soit statué sur ses droits. Le juge-commissaire peut aussi être saisi aux fins de restitution à l'initiative de l'administrateur ou du débiteur, même en l'absence de toute demande préalable de la part du propriétaire. Les dispositions des articles L. 624-17 et R. 624-14 concernant la sauvegarde sont également applicables au redressement judiciaire (C. com., art. L. 631-18 et R. 631.31).

En matière de liquidation judiciaire, la demande en restitution doit être adressée au liquidateur avec copie à l'administrateur judiciaire éventuel. Même en l'absence de demande préalable de restitution, le juge-commissaire peut être saisi par le liquidateur (C. com., art. R. 641-31, I). Le liquidateur peut, avec l'accord de l'administrateur s'il en a été désigné, acquiescer à la demande en restitution. À défaut d'accord entre eux ou en cas de contestation, la demande est portée devant le juge-commissaire qui statue au vu des observations du demandeur, du liquidateur et, le cas échéant, de l'administrateur (C. com., art. L. 641-14-1).

Le bien non réclamé peut être vendu par le liquidateur, après mise en demeure du propriétaire, le prix obtenu étant consigné à son profit ou à celui de ses ayants droit (C. com., art. R. 641-32).

Il convient de préciser qu'il n'y a pas lieu à revendication si, sur décision du juge-commissaire, le prix du bien objet d'une clause de réserve de propriété est payé immédiatement (C. com., art. L. 624-16, al. 4). Toutefois, cette disposition dérogatoire à la règle de l interdiction des paiements est d'interprétation stricte de telle sorte qu'elle ne permet pas de s'opposer à la restitution d'un bien objet d'un crédit-bail en réglant les loyers antérieurs au jugement d'ouverture [4]. Il convient cependant de relever que juge-commissaire peut autoriser un paiement pour lever l'option d'achat d'un contrat de crédit-bail lorsque la somme restant à verser est inférieure à la valeur du bien et, en cas de sauvegarde, lorsque cette levée justifiée par la poursuite de l'activité (C. com., art. L. 622-7, II et L. 641-3, al. 2).

Lorsque le droit à restitution a été reconnu dans les conditions prévues à l'article L. 624-10 du Code de commerce et que le bien fait l'objet d'un contrat en cours au moment de l'ouverture de la procédure, la restitution effective intervient au jour de la résiliation ou du terme du contrat (C. com., art. L. 624-10-1).

1. C. com., anc. art. L. 621-116.
2. Com. 11 mai 2010, n° 09-14.048, *Bull. civ.* IV, n° 88; *D.* 2010. 1276; *Rev. sociétés* 2010. 409, obs. Roussel Galle; *RTD com.* 2011. 174, obs. Martin-Serf.
3. Com. 29 avr. 2014, n° 13-12.528, *Bull. civ.* IV, n° 73; *D.* 2014. 1036.
4. Com. 19 juin 2007, n° 06-15.447, *Bull. civ.* IV, n° 166; *D.* 2007. 1878, obs. Lienhard et note Le Corre-Broly; *D.* 2008. 570, obs. Lucas et Le Corre; *RTD com.* 2007. 818, obs. Legeais; 2008. 182, obs. Martin-Serf.

3°
Demande aux fins de reprise du conjoint

1012.91 **Exercice des reprises.** L'exercice des reprises par le conjoint du débiteur soumis à une procédure collective est régi par les articles L. 624-5 à L. 624-10 du Code de commerce relatifs à la sauvegarde auxquels renvoient les articles L. 631-18 et L. 631-14 du même code concernant respectivement, le redressement et la liquidation judiciaire.

Ledit conjoint du débiteur soumis à une procédure collective peut établir la consistance de ses biens personnels conformément aux règles des régimes matrimoniaux (C. com., art. L. 624-5[1]). Cette action en revendication n'était pas soumise au délai de trois mois prévu par l'ancien article L. 621-115 du Code de commerce.

Depuis la loi n° 2005-845 du 26 juillet 2005, de sauvegarde des entreprises[2], la reprise exercée par le conjoint du débiteur est enfermée dans les conditions de délai prévues par l'article L. 624-9 du Code de commerce relatif à la revendication des meubles (C. com., art. L. 624-5). Toutefois si le contrat a été publié dans les conditions de l'article L. 624-10 du même code le conjoint est dispensé de faire reconnaître son droit de propriété (C. com., art. L. 624-5). Les présomptions de propriété insérées au contrat de mariage d'époux séparés de biens sont opposables en vertu de l'article 1538 du Code civil, aux créanciers de la procédure collective s'il a été régulièrement publié au registre du commerce (Décr. n° 84-406, 30 mai 1984, art. 8, A, 4°).

Les reprises ne peuvent être exercées, qu'à charge des dettes et hypothèques dont les biens réclamés sont légalement grevés (C. com., art. L. 624-7).

Le conjoint du débiteur doit être entendu ou dûment convoqué avant toute décision sur la vente des biens de la communauté ou de l'indivision post-communautaire, lorsque la dissolution devient opposable aux tiers au cours de la procédure collective (C. com., art. R. 624-12, R. 631-30 et R. 641-30).

Le mandataire de justice pouvait toutefois, en prouvant par tout moyen que les biens du conjoint étaient acquis avec des valeurs fournies par l'époux débiteur, demander que ces acquisitions fussent réunies à l'actif (C. com., anc. art. L. 624-6, déclaré inconstitutionnel et abrogé par la décision du Conseil constitutionnel, n° 2011-212 QPC, 20 janv. 2012[3]).

1. C. com., anc. art. L. 621-111.
2. L. n° 2005-845, 26 juill. 2005, de sauvegarde des entreprises, *JO* 27 juill., p. 12187.
3. Cons. const. 20 janv. 2012, n° 2011-212 QPC, *JO* 21 janv., p. 1214.

C.
Réalisation et attribution des biens constitués en gage

1012.101 **Demandes relatives au retrait et à la réalisation du gage.** Au cours de la procédure de sauvegarde ou de redressement judiciaire, le juge-commissaire peut autoriser le débiteur à payer une créance antérieure au jugement d'ouverture et ce, pour retirer un gage ou une chose légitimement retenue ou encore, pour obtenir le retour de biens transférés à titre de garantie dans un patrimoine fiduciaire. Il faut que ce retrait ou ce retour soit justifié par la poursuite de l'activité (C. com., art. L. 622-7, II, al. 2, et L. 631-14, al. 1er). La vente des biens grevés d'un privilège spécial, d'un nantissement ou d'une hypothèque, est également envisagée, avec versement en compte de dépôt à la Caisse des dépôts et consignations, de la quote-part du prix correspondant aux créances garanties. Après adoption du plan, les créanciers bénéficiaires sont payés selon l'ordre de préférence existant entre eux et conformément à l'article L. 626-22[4] lorsqu'ils sont soumis au délai du plan de continuation (C. com., art. L. 622-8 et L. 631-14). Le liquidateur ou l'administrateur, s'il en a été désigné un, peut également être autorisé par le juge-commissaire à payer une créance antérieure au jugement d'ouverture pour retirer un bien constitué en gage ou une chose légitimement retenue par un créanciers (C. com., art. L. 641-3, al. 2). Faute de procéder à ce retrait, le liquidateur doit, dans les six mois du jugement de liquidation, demander au juge-commissaire l'autorisation de réaliser le bien gagé ou retenu. Cette réalisation ne peut se faire que quinze jours après la notification de l'autorisation au créancier dont le droit de rétention est reporté de plein droit sur le prix. L'inscription éventuelle prise pour la conservation du gage est radiée à la diligence du liquidateur (C. com., art. L. 642-20-1, al. 1er et 3). Mais pour pouvoir bénéficier de son privilège, le créancier gagiste doit avoir, conformément à l'alinéa premier de l'article L. 622-25 du Code de commerce[5], déclaré le gage assortissant sa créance dans le délai imparti par les articles R. 622-21 et R. 622-24 du Code de commerce[6].

1012.102 **Demande relative à l'attribution du gage.** De son côté, le créancier gagiste peut, même s'il n'est pas encore admis, demander, avant la réa-

4. C. com., anc. art. L. 621-80.
5. C. com., anc. art. L. 621-44 [L. 25 janv. 1985, art. 51, al. 1er].
6. Com. 23 janv. 2001, n° 98-10.974, *Bull. civ.* IV, n° 20; *D.* 2001. 779, obs. Lienhard; *Gaz. Pal.* 27-28 juin 2001. Pan. 235; *RTD com.* 2001. 500, obs. Bouloc.

lisation, l'attribution judiciaire du bien gagé qu'il devra restituer, si sa créance est ultérieurement rejetée (C. com., art. L. 642-20-1, al. 2 [réd. Ord. n° 2008-1345, 18 déc. 2008]). L'attribution ne peut être demandée qu'au stade de la liquidation judiciaire. Elle permet au gagiste de primer les créanciers bénéficiant d'un privilège d'un meilleur rang que le sien, notamment ceux énumérés à l'article L. 622-17[1] du Code de commerce[2].

L'option en faveur de l'attribution est ouverte au gagiste aussi bien en matière civile (C. civ., art. 2347[3]) que commerciale[4] et ce, que le gage soit constitué avec ou sans dépossession[5]. Le droit à l'attribution est donc détaché du droit de rétention et du transfert de la possession. La Haute juridiction a ainsi confirmé que le créancier bénéficiaire d'un *warrant* agricole pouvait se prévaloir des dispositions de l'ancien article L. 642-25 du Code de commerce[6], devenu article L. 642-20-1, pour réclamer les marchandises warrantées, sans avoir besoin d'exercer une action en revendication[7]. Toutefois, lorsque le gage porte sur des fonds, leur restitution ne peut passer que par une déclaration à la procédure collective[8].

La demande d'attribution, dès lors qu'elle tend à obtenir la propriété du bien gagé, ne s'analyse pas en une action en revendication soumise aux conditions de forme et de délai de l'article L. 624-9[9] du Code de commerce[10].

L'action en attribution judiciaire s'assimile à une voie d'exécution, de telle sorte qu'elle est arrêtée par le jugement d'ouverture en vertu de l'article L. 622-21[11] du Code de commerce, lorsqu'elle est en cours au moment de son prononcé. En cas de liquidation judiciaire ultérieure, le créancier recouvre son droit à l'attribution, mais doit former une demande nouvelle devant le juge-commissaire[12].

Lorsque l'attribution du gage a été ordonnée avant l'ouverture de la procédure collective, par une décision statuant sur le fond et exécutoire par provision, elle transfère la propriété au créancier et éteint la créance de celui-ci à concurrence de la valeur du bien. Par conséquent, le créancier attributaire n'est pas tenu de déclarer sa créance pour la fraction correspondant à la valeur de son gage[13].

1012.103 **Rétention du gage.** Pour conserver son gage jusqu'au paiement, le créancier gagiste bénéficie d'un droit de rétention qui lui permet de refuser sa restitution même en échange d'une autre garantie. Ce pouvoir d'ordonner la substitution conféré au juge-commissaire par l'article 34 alinéa 3 de la loi du 25 janvier 1985 (C. com, art. L. 622-8[14]) ne peut limiter le droit de rétention issu du gage avec dépossession[15].

Le juge-commissaire ne peut pas non plus ordonner la vente du gage en vertu de l'article 34 alinéa 1er de la loi de 1985 (devenu C. com, art. L. 622-8, al. 1er[16]), s'il n'a au préalable autorisé son retrait contre paiement du créancier gagiste rétenteur conformément à l'article 33 alinéa 3 de la même loi (devenu C. com., art. L. 622-7, II[17])[18].

Mais ce droit de rétention ne peut porter que sur le bien effectivement détenu. La rétention des documents administratifs afférents à des véhicules ne permet pas au gagiste d'exiger la remise de ces derniers[19]. La loi de modernisation de l'économie du 4 août 2008, qui est venue compléter les dispositions de l'article 2286 du Code civil, reconnaît désormais un droit de rétention à tous les créanciers gagistes y compris à ceux qui sont titulaires d'un gage sans dépossession[20]. À l'inverse la rétention des certificats d'immatriculation porte uniquement sur ces documents administratifs sans pou-

1. C. com., anc. art. L. 621-32 [L. 25 janv. 1985, art. 40].
2. Com. 6 mars 1990, n° 88-14.433, NP; *RTD com.* 1990. 264, obs. Martin-Serf – V. AUSSI : J.-L. Courtier, « Position du droit positif sur l'attribution judiciaire du gage et l'article 40 de la loi du 25 janvier 1985 », *Rev. huiss.* 1998. 193.
3. COMP. : C. civ., anc. art. 2078.
4. Com. 31 mai 1960, *D.* 1960. 601, note Guyon.
5. Cass., ass. plén., 26 oct. 1984, n° 83-10.055, *Bull. ass. plén.*, n° 6; *D.* 1985. 33, concl. Cabannes, note Derrida.
6. C. com., anc. art. L. 622-21.
7. Com. 4 mars 2003, n° 00-11.021, NP; *D.* 2003. 1627, obs. Le Corre; *Act. proc. coll.* 9 juin 2003, n° 129.
8. Com. 4 févr. 2003, n° 00-13.356, NP; *Act. proc. coll.* 9 juin 2003, n° 128; *D.* 2003. 1230, obs. Lienhard; *RTD com.* 2003. 572, obs. Martin-Serf.
9. C. com., anc. art. L. 621-115.
10. Com. 28 janv. 1997, n° 93-21.662, *Bull. civ.* IV, n° 32; *JCP* 1997. IV. 625; *RTD com.* 1997. 503, obs. Bouloc.
11. C. com., anc. art. L. 621-40.
12. Com. 14 oct. 1997, n° 95-10.423, *Bull. civ.* IV, n° 265; *D.* 1998. 105, obs. Piedelièvre; *Procédures* 1998, n° 11, note Croze; *RTD com.* 1998. 404, obs. Bouloc; 1999. 747, obs. Martin-Serf – V. AUSSI : Com. 28 mai 1996, n° 94-16.269, *Bull. civ.* IV, n° 144; *D.* 1996. 385, obs. Piedelièvre; *RTD civ.* 1997. 185, obs. Bandrac.
13. Com. 24 janv. 2006, n° 02-11.989, *Bull. civ.* IV, n° 15; *JCP* 2006. I. 131, p. 734, chron. Simler et Delebecque; *RTD com.* 2006. 463, obs. Legeais; 467, obs. Legeais; 655, obs. Bouloc.
14. C. com., anc. art. L. 621-25.
15. Com. 4 juill. 2000, n° 98-11.803, *Bull. civ.* IV, n° 136; *D.* 2001. 441, note Piedelièvre; *D.* 2000. 361, obs. Lienhard; *RTD com.* 2000. 1009, obs. Martin-Serf; 2001. 209, obs. Bouloc.
16. C. com., anc. art. L. 621-25, al. 1er.
17. C. com., anc. art. L. 621-24, al. 3.
18. Com. 11 mai 1999, n° 96-11.280, *Bull. civ.* IV, n° 98; *JCP* 2000. II. 10278, note Lemaigat; *RTD com.* 2000. 166, obs. Bouloc; 174, obs. Martin-Serf.
19. Com. 11 juill. 2000, n° 97-12.374, *Bull. civ.* IV, n° 142; *D.* 2001. 441, note Piedelièvre.
20. R. Dammann et G. Podeur, « Le nouveau paysage du droit des sûretés : première étape de la réforme de la fiducie et du gage sans dépossession », *D.* 2008. Chron. 2300.

voir être étendue aux véhicules eux-mêmes. Par conséquent le rétenteur qui n'a pas inscrit de gage sur ces derniers ne peut, s'ils sont vendus dans le cadre d'une procédure collective, se faire attribuer le prix de cession sur lequel son droit n'est pas reporté[1].

Il convient de relever qu'en application de l'article L. 622-7, I du Code de commerce, tel que modifié par l'ordonnance n° 2008-1345 du 18 décembre 2008, le jugement d'ouverture d'une procédure collective emporte de plein droit inopposabilité, pendant la période d'observation et l'exécution du plan, du droit de rétention assortissant le gage sans dépossession visé au 4° de l'article 2286 du Code civil[2]. Il en va toutefois autrement lorsque le bien objet du gage est compris dans une cession d'activité décidée en application de l'article L. 626-1 du Code de commerce.

D. Demande aux fins de reprise par le débiteur entrepreneur individuel à responsabilité limitée

1012.111 **Conditions.** Le débiteur entrepreneur individuel à responsabilité limitée peut exercer son droit de reprise sur les biens qu'il détient dans le cadre de l'activité à raison de laquelle la procédure collective a été ouverte et qui sont compris dans un autre de ses patrimoines. Il doit établir la consistance des biens sus-mentionnés dans les conditions de l'article L. 622-9 du Code de commerce, c'est-à-dire dans un délai de trois mois suivant la publication du jugement d'ouverture (C. com., art. L. 624-19, L. 631-18 et L. 641-14).

La demande doit être adressée à l'administrateur, s'il en a été désigné un, par lettre recommandée avec demande d'avis de réception (LRAR) dans le délai de trois mois sus-mentionné. Une copie de cette demande est remise au mandataire judiciaire (C. com., art. R. 624-13-1 et R. 631-31).

L'administrateur peut, avec l'accord du mandataire judiciaire, acquiescer à cette demande. À défaut d'acquiescement ou en l'absence d'administrateur, la demande est présentée au juge-commissaire (C. com., art. L. 624-19, L. 631-18 et L. 641-14).

L'administrateur dispose d'un délai d'un mois à compter de la réception de la demande pour donner sa réponse. En cas de transmission d'un refus, le débiteur doit, à peine de forclusion, saisir le juge-commissaire dans le délai prévu au deuxième alinéa de l'article R. 624-13 du Code de commerce, c'est-à-dire dans le mois qui suit l'expiration du délai de réponse (C. com., art. R. 624-13-1 al. 1er, et R. 631-31). À défaut d'administrateur, l'entrepreneur saisit par requête le juge-commissaire dans le délai de trois mois prévu à l'article L. 624-9 du code précité. Avant de statuer, le juge recueille les observations du demandeur, de l'administrateur, et le cas échéant, du mandataire judiciaire (C. com., art. R. 624-13-1, al. 2 et 3, et R. 631-31).

En cas de liquidation judiciaire, la demande de reprise fondée sur l'article L. 624-19 est adressée au liquidateur avec une copie à l'administrateur s'il en a été désigné. Le liquidateur peut saisir lui-même le juge-commissaire même en l'absence de demande préalable (C. com., art. R. 641-31, I). Le bien qui n'a pas fait l'objet d'une reprise dans les conditions de l'article L. 624-19 peut être vendu. Il est fait application du premier alinéa de l'article R. 641-32 lorsque le bien a fait l'objet d'un contrat publié (C. com., art. R. 641-32-1). Le bien est ainsi mis en vente à l'expiration d'un délai d'un mois suivant l'envoi, par le liquidateur, d'une mise en demeure adressée par LRAR au débiteur ou à son dernier domicile connu.

Le débiteur doit compléter l'inventaire de son patrimoine qui doit être établi dés le prononcé du jugement d'ouverture, en y annexant la liste des biens dont il est susceptible de demander la reprise (C. com., art. L. 622-6, R. 622-4 et R. 622-4-1).

§ 2 Interférences avec les règles de l'exécution

1012.121 **Incidence sur le titre exécutoire.** Pour pouvoir pratiquer une saisie à fin de remise d'un bien meuble, notamment une saisie-appréhension, le créancier de cette remise doit préalablement se procurer un titre exécutoire consacrant son droit (C. pr. exéc., art. L. 222-1, R. 222-1 et R. 222-11).

Si ce titre, qui peut être un jugement, un arrêt ou une ordonnance d'injonction de délivrer ou de restituer, est devenu exécutoire avant le jugement d'ouverture, la procédure collective ne remet pas en cause les conséquences qu'il a produites.

Si au moment du jugement d'ouverture, l'action en revendication engagée antérieurement est toujours en cours, la Cour de cassation estime qu'elle n'est pas soumise aux dispositions de l'article L. 624-9 du Code de commerce[3]. Elle doit seulement, en vertu de l'article L. 622-23 du même code,

1. Com. 23 avr. 2013, n° 12-13.690, *Bull. civ.* IV, n° 66; *RTD com.* 2013. 575, obs. Legeais; *Gaz. Pal.* 12-13 juin 2013, p. 21, obs. Dumont-Lefrand; *JCP* 2013, Chron. Simler et Delebecque, p. 2187, n° 13.
2. A. Aynès, « Précisions sur le sort du gage sans dépossession en cas de procédure collective », *JCP* 2009. I. 119.

3. C. com., anc. art. L. 621-155.

être poursuivie en présence de l'administrateur et du représentant des créanciers (aujourd'hui du mandataire judiciaire) ou à l'encontre du liquidateur et ce, sans que la mise en cause de ces derniers soit enfermée dans le délai de forclusion de trois mois[1]. Le revendiquant qui agit contre le débiteur *in bonis* doit prouver que les biens réclamés existaient dans le patrimoine de celui-ci au jour de l'assignation (même arrêt).

Lorsque la revendication prend la forme d'une requête aux fins d'injonction de délivrer ou de restituer, on doit appliquer le même principe. La procédure d'injonction de délivrer ou de restituer qui tend à l'obtention d'un titre exécutoire constatant le droit réel du requérant, doit être assimilée à l'action en revendication. Si la procédure a été mise en œuvre avant le jugement d'ouverture, l'ordonnance du juge de l'exécution doit alors être signifiée à l'administrateur, au mandataire judiciaire ou au liquidateur selon le cas. Il convient cependant de relever que si cette ordonnance est frappée d'opposition, l'action au fond que doit engager le requérant en vertu de l'article R. 222-14 C. pr. exéc., doit être portée devant le juge-commissaire, juridiction désormais compétente pour statuer sur la délivrance ou la restitution du bien en application des articles L. 624-17, R. 624-14, R. 631-31 et R. 641-37 du Code de commerce. En effet, l'opposition n'est pas une véritable voie de recours puisque ce n'est pas l'opposant qui saisit la juridiction au fond. L'instance au fond n'est pas la suite de la procédure d'injonction, mais une instance nouvelle assujettie, si elle est engagée après le jugement d'ouverture, au régime de la procédure collective.

Lorsque la revendication n'a pas encore été engagée au moment du jugement d'ouverture, il appartient au titulaire du droit réel de procéder selon les règles de la procédure collective en vertu de l'adage « *speciala generalibus derogant* ». Notamment, le recours à la procédure d'injonction de délivrer ou de restituer ne devrait plus être possible. C'est le mandataire de justice ou, à défaut d'acquiescement, le juge-commissaire qui doit être saisi en vertu des articles L. 624-17, R. 624-13 s., R. 631-31 et R. 641-31 du Code de commerce.

Si seul le juge-commissaire peut statuer sur les revendications et restitutions mobilières, en revanche, les difficultés d'exécution de ses décisions (ou sur recours, de celles du tribunal de la procédure ou de la cour d'appel), relèvent en principe, de la compétence du juge de l'exécution en vertu de l'article L. 213-6 du COJ[2]. Ainsi, l'appréciation de la régularité de la signification d'un arrêt de liquidation judiciaire ne naît pas de la procédure collective et n'est pas juridiquement influencée par elle. Elle obéit, comme n'importe quelle autre décision judiciaire, aux règles de droit commun posées par le Code de procédure civile et le juge de l'exécution est compétent pour connaître de cette difficulté[3]. La Cour de cassation considère aussi que seul le juge de l'exécution peut connaître des difficultés d'exécution de l'ordonnance du juge-commissaire ayant décidé la vente d'un immeuble indivis et, partant, pour faire injonction au notaire de remettre au liquidateur, sous peine d'astreinte, les fonds provenant de cette vente[4]. Il a cependant été jugé que les difficultés d'exécution des décisions du juge-commissaire ne peuvent relever de la compétence du juge de l'exécution[5].

1012.122 Incidence sur la saisie-appréhension ayant produit ses effets. Il est certain que toute saisie-appréhension réalisée avant le jugement d'ouverture ne peut plus être remise en cause, tout au moins lorsque le bien a été restitué à son propriétaire. La saisie a en effet atteint son objectif lorsque celui-ci a recouvré la possession de son bien.

Il est plus difficile de se prononcer lorsque la saisie-appréhension a été pratiquée en vue de remettre le bien à un créancier gagiste. En effet, si la saisie-appréhension produit son effet dès que celui-ci entre en possession, elle est aussitôt relayée par une procédure qui s'apparente à la saisie-vente et qui tend à la réalisation du gage (C. pr. exéc., art. R. 222-6 et R. 223-13 - v. s[s] n°s 1021.40 s. et 1024.131 s.).

Si cette saisie-vente est terminée au moment du jugement d'ouverture, les droits acquis par le créancier gagiste ne peuvent être remis en question par la procédure collective. La saisie est définitivement réalisée par la consignation du prix de vente amiable ou judiciaire, lequel est d'ailleurs insaisissable (C. pr. exéc., art. L. 221-4 *in fine*). Le bien saisi et son prix sont irréversiblement sortis du patrimoine du débiteur et ne peuvent faire partie de l'actif de la procédure collective ouverte ultérieurement contre ce dernier. La distribution des deniers qui n'est pas une mesure d'exécution mais une procédure de répartition, n'est pas atteinte par la survenance d'une sauvegarde, d'un redressement ou d'une liquidation judiciaire[6]. La Cour de cassation

1. Com. 9 juill. 1996, n° 94-16.708, *Bull. civ.* IV, n° 208; *D.* 1996. 193; *RTD com.* 1997. 310, obs. Bouloc.
2. COMP. : COJ, anc. art. L. 311-12-1, abrogé par Ord. n° 2006-673, 8 juin 2006.
3. Versailles, 5 févr. 1998, *D.* 1998. 103.
4. Com. 28 avr. 1998, n° 95-18.132, *Bull. civ.* IV, n° 134; *D.* 1998. 164; *RTD civ.* 1999. 465, obs. Perrot; *RTD com.* 1998. 590, obs. Vallens; *RJDA* août-sept. 1998, n° 1022.
5. TGI Orléans, JEX, 11 févr. 1994, *Rev. huiss.* 1994. 645.
6. Com. 12 juill. 1994, n° 92-14.090, *Bull. civ.* IV, n° 262; *D.* 1994. 569, rapp. Rémery, note Honorat; *AJDI* 1995. 222; 223, obs. Gallet.

précise que c'est la vente des biens saisis, laquelle fait sortir ces deniers du patrimoine du débiteur, et non le procès-verbal de vérification précédant celle-ci, qui marque l'achèvement de la procédure. L'arrêt des poursuites individuelles s'applique tant que cette vente n'a pas eu lieu[1].

La Haute juridiction précise que, par la vente du bien, la saisie-vente produit un effet attributif qui fait obstacle, s'il intervient avant le jugement d'ouverture, non seulement à l'arrêt des mesures d'exécution mais encore, à la caducité des procédures de distribution. En effet, seules les procédures de distribution n'ayant pas encore produit cet effet attributif au moment du prononcé du jugement d'ouverture sont arrêtées ou interdites par les articles L. 622-21, II, et R. 622-19 (al. 1er) du Code de commerce[2].

Mais lorsque la vente n'a pas encore été effectuée, c'est la procédure prévue par l'article L. 622-21 du Code de commerce qui doit être appliquée. Le liquidateur autorisé par le juge-commissaire peut, en payant le prix, retirer le bien constitué en gage par le débiteur. À défaut de retrait le liquidateur doit, dans les six mois du jugement de liquidation, demander au juge-commissaire de procéder à la réalisation du gage. Cette autorisation doit être notifiée au créancier quinze jours au moins avant la vente. Il s'opère, en quelque sorte, une subrogation dans les poursuites. En cas de vente par le liquidateur, le droit de rétention du gagiste est reporté de plein droit sur le prix.

1012.123 Incidence sur la saisie-appréhension en cours. On peut s'interroger sur l'incidence du jugement d'ouverture lorsqu'il intervient avant l'engagement de la saisie-appréhension ou lorsqu'elle est toujours en cours, soit parce que le commandement ou la sommation de délivrer ou de restituer vient juste d'être signifié, soit parce que le procès-verbal de remise volontaire ou d'appréhension n'a pas encore été notifié.

Si l'on retient que cette saisie entre dans les prévisions de l'article L. 622-21, II du Code de commerce, elle constitue une voie d'exécution arrêtée ou interdite par l'ouverture de la sauvegarde, du redressement ou de la liquidation judiciaire. Elle ne peut donc plus être engagée ou doit faire l'objet d'une mainlevée si elle n'a pas encore produit tous ses effets.

Mais si on estime qu'elle relève de l'article L. 622-23 du même code, c'est-à-dire qu'elle entre dans la catégorie des procédures d'exécution autres que celles visées à l'article L. 622-21 précité, elle peut être poursuivie sous réserve de sa dénonciation aux organes de la procédure (à l'administrateur ayant reçu une mission d'assistance en cas de sauvegarde, au mandataire judiciaire et à l'administrateur quelle que soit sa mission en cas de redressement, au liquidateur en cas de liquidation).

La formulation très imprécise de l'article L. 622-23 du Code de commerce ouvre la porte à bien des hésitations sur l'identification des mesures d'exécution non arrêtées par le jugement d'ouverture. Il semble cependant que les procédures ne tendant pas au recouvrement d'une somme d'argent, mais à la remise d'une chose mobilière (comme c'est le cas de la saisie-appréhension) devraient entrer dans les prévisions de cet article. Il convient en outre de relever que la résiliation du contrat à l'origine de la revendication (prêt à usage, crédit-bail, vente avec réserve de propriété) a le plus souvent été constatée ou prononcée par une décision judiciaire passée en force de chose jugée avant le jugement d'ouverture.

En pareil cas, la Cour de cassation admet que l'expulsion d'un crédit-preneur immobilier n'est pas affectée par la règle de l'arrêt des voies d'exécution. Cette solution pourrait être étendue à la saisie-appréhension[3].

Il convient par ailleurs de relever que dans le cadre de la liquidation judiciaire, les créanciers titulaires d'un privilège spécial, d'un gage, d'un nantissement ou d'une hypothèque, peuvent, dés lors qu'ils ont déclaré leurs créances et même s'ils ne sont pas encore admis, exercer leurs poursuites individuelles et engager ou reprendre les voies d'exécution, si le liquidateur n'a pas entrepris la vente des biens grevés dans le délai de trois mois à compter du jugement d'ouverture. Il en va de même en l'absence d'offre de reprise incluant ces biens dans le délai imparti par le tribunal, lorsque la cession totale ou partielle de l'entreprise a été envisagée (C. com., art. L. 643-2).

Enfin, une saisie-appréhension peut toujours être pratiquée après l'ouverture d'une procédure collective, lorsqu'il s'agit de mettre en œuvre une décision du juge-commissaire, du tribunal de la procédure ou de la cour d'appel, ayant autorisé la revendication, la restitution ou la reprise d'un meuble.

Qui est compétent pour décider si la saisie-appréhension en cours d'exécution est atteinte par la suspension des poursuites et notamment, si la mesure a ou non produit son effet légal avant le

1. Civ. 2e, 19 mai 1998, no 96-12.944, *Bull. civ.* II, no 161; *D.* 1998. 405, concl. Tatu; *RTD civ.* 1998. 750, obs. Perrot; 933, obs. Gautier.
2. Com. 27 mars 2012, no 11-18.585, *Bull. civ.* IV, no 69; *D.* 2012, Actu. 942, obs. Lienhard; *Dict. perm.* Difficultés des entreprises, no 336, obs. Rémery.
3. Com. 17 mai 1994, *Bull. civ.* IV, no 179; *Gaz. Pal.* 1995. 1. 6, note Massons; *D.* 1994, IR 180 – Com. 3 déc 2003, *Act. proc. coll.* 2004, no 16.

jugement d'ouverture ? Selon l'article R. 662-3 du Code de commerce[1] sans préjudice des pouvoirs attribués en premier ressort au juge-commissaire, le tribunal saisi de la procédure collective connaît de tout ce qui concerne la sauvegarde, le redressement et la liquidation judiciaires. Dès lors qu'il s'agit d'un problème né de la procédure collective ou sur la solution duquel l'état de sauvegarde, de redressement ou de liquidation judiciaire exerce une influence juridique, seul le tribunal de la procédure semble, de prime abord, être compétent. Toutefois la Cour de cassation paraît considérer que, dès lors que l'arrêt des voies d'exécution implique la mainlevée d'une saisie, l'action engagée sur le fondement des articles L. 622-21, II et R. 622-19 (al. 1er) du Code de commerce relève de la compétence exclusive du JEX[2].

1012.124 Incidence sur la saisie-revendication. La saisie-revendication pratiquée avant le jugement d'ouverture et non encore convertie en saisie-appréhension (par application des dispositions combinées de C. pr. exéc., art. R. 222-25, R. 222-2 à R. 222-10) ne devrait pas être atteinte par l'arrêt des poursuites individuelles prévu par l'article L. 622-21 du Code de commerce[3]. Il s'agit en effet d'une mesure conservatoire qui vise à garantir au titulaire d'un droit réel la remise du bien objet de ce droit. Elle ne tend pas, directement en tout cas, à garantir l'exécution d'une obligation de payer, seule concernée par l'article L. 622-21. Elle devrait donc poursuivre son cours et le saisissant devrait pouvoir engager une procédure destinée à lui procurer le titre exécutoire qui lui ouvrira la voie de la saisie-appréhension.

Toutefois, la procédure tendant à l'obtention de ce titre qui n'est pas autre chose qu'une action en revendication ou en restitution (selon que le propriétaire a ou non publié son contrat), devrait impérativement obéir aux règles spéciales de la procédure collective (v. ss nos 1012.60 s.). La Haute juridiction estime cependant que celui qui pratique une saisie-revendication n'exerce pas une action en revendication mais met en œuvre une procédure d'exécution forcée, que le jugement d'ouverture du redressement judiciaire interdit formellement[4].

La saisie-revendication peut aussi être pratiquée après l'ouverture de la procédure collective et ce, au soutien d'une action en revendication ou en restitution engagée devant le juge-commissaire. En effet, la cour d'appel de Paris a jugé que si la loi du 25 janvier 1985 et son décret d'application donnent compétence au juge-commissaire pour statuer sur les actions en revendication d'objets mobiliers, aucune disposition de ces textes n'interdit au bénéficiaire d'une clause de réserve de propriété de solliciter, à titre conservatoire, l'autorisation de pratiquer une saisie-revendication[5]. Dès lors que la mesure tend à la conservation d'une créance commerciale, cette autorisation peut être demandée, avant tout procès (c'est-à-dire avant la demande en revendication) au président du tribunal de commerce (C. com., art. L. 721-7 – C. pr. exéc., art. R. 511-2 et R. 511-3). Les auteurs et praticiens se montrent favorables à la pratique de la saisie-revendication au cours de la procédure collective, soit dans l'attente de l'acquiescement du mandataire, soit pour contraindre celui-ci à négocier le paiement des marchandises contre une mainlevée[6].

Bien entendu, la saisie-revendication ne peut qu'accompagner, mais non se substituer, à l'action en revendication ou en restitution. C'est le sens qu'il convient de donner à un arrêt rendu par la chambre commerciale sous l'empire de la loi de 1967, selon lequel la saisie conservatoire n'est pas ouverte à celui qui revendique des marchandises en vertu d'une clause de réserve de propriété[7].

En revanche, la saisie-revendication, comme toute mesure conservatoire, est nulle lorsqu'elle a été pratiquée au cours de la période suspecte, c'est-à-dire postérieurement à la date de la cessation des paiements. En effet, l'article L. 632-1, I, 7° du Code de commerce[8] vise toutes les mesures conservatoires sans opérer aucune distinction.

Pour que la saisie-revendication demeure valable, il faut que l'acte de saisie et non pas seulement l'ordonnance d'autorisation du juge, soit antérieur à la date de la cessation des paiements.

1. Décr. 27 déc. 1985, anc. art. 174.
2. Com. 27 mars 2012, n° 11-18.585, P, cité *supra*.
3. C. com., anc. art. L. 621-40.
4. Civ. 2e, 18 févr. 1999, n° 96-21.218, NP; *Dr. et patr.* oct. 1999, p. 155, n° 2411, obs. crit. Théry.
5. Paris, 12 déc. 1991, *D.* 1992. 47.
6. V. Ribadeau Dumas « La saisie-revendication dans le cadre d'une procédure collective : une technique efficace pour les créanciers titulaires d'une clause de réserve de propriété », *D.* 2008. 2190.
7. Com. 9 janv. 1990, n° 88-13.061, *Bull. civ.* IV, n° 7; *D.* 1991. 42, obs. Pérochon; *RTD com.* 1990. 454, obs. Boulcc.
8. C. com., anc. art. L. 621-107, I, 7°.

TITRE

102. La saisie-appréhension

1020.00 Plan du titre.

CHAPITRE

1021. Saisie-appréhension de droit commun en vertu d'un titre exécutoire

René LAUBA
Magistrat honoraire

SECTION 0
Orienteur

1021.00 Plan du chapitre.

1021.01 Textes applicables.

C. pr. exéc., art. L. 111-2, L. 111-3, L. 141-2, L. 221-3, L. 222-1, L. 222-2, L. 511-2; R. 121-17, R. 221-12, R. 221-30 à R. 221-39, R. 222-1 à R. 222-10 et R. 442-4.

C. civ., art. 2276, 2333, 2339 et 2340, 2346 à 2348, 2353 et 2354.

C. com., art. L. 521-3, L. 624-9 et L. 642-20-1.

C. pr. civ., art. 495, 503 et 513.

1021.03 Bibliographie indicative.

Actualisables. Rép. pr. civ., *v° Saisie-appréhension*, par F. Samain, n°s 22 à 28, avr. 2004 [màj juin 2012] – *J.-Cl. Pr. civ., v° Appréhension et conservation des meubles*, fasc. 2380, par P. Delebecque.

Ouvrages. A Leborgne, *Droit de l'exécution*, 2e éd., « Précis », Dalloz, 2014, n°s 1569-1586 – R. Perrot et Ph. Théry, *Procédures civiles d'exécution*, 3e éd., Dalloz, 2013, n°s 1033-1050.

1021.05 Spécificité. Le Code des procédures civiles d'exécution consacre à la saisie-appréhension des meubles corporels un article unique, l'article L. 222-1, qui est rédigé comme suit : « *L'huissier de justice chargé de l'exécution fait appréhender les meubles que le débiteur est tenu de livrer ou de restituer au créancier en vertu d'un titre exécutoire, sauf si le débiteur s'offre à en effectuer le transport à ses frais.*

Lorsque le meuble se trouve entre les mains d'un tiers et dans les locaux d'habitation de ce dernier, il ne peut être appréhendé que sur autorisation du juge de l'exécution ».

Ce texte détermine tout à la fois le champ d'application et les conditions d'ouverture et de mise en œuvre de cette mesure d'exécution particulière qui atteint définitivement son objectif dès que le créancier qui l'a engagée se trouve en possession du bien dont il réclamait la remise.

Comme toutes les mesures d'exécution forcée (C. pr. exéc., art. L. 111-2), le créancier doit préalablement détenir un titre exécutoire consacrant son droit.

1021.06 Titre exécutoire. Les meubles corporels qui doivent être délivrés ou restitués ne peuvent être appréhendés qu'en vertu d'un titre exécutoire (C. pr. exéc., art. L. 222-1, L. 222-2 et R. 222-1). Il s'agit de l'un des titres énumérés par l'article L. 111-3 C. pr. exéc., à l'exception bien entendu, du certificat de non-paiement délivré par l'huissier de justice en matière de chèque sans provision qui ne peut constater qu'une obligation de payer et non de remettre une chose en nature.

Ce titre doit constater l'obligation du débiteur de délivrer ou de restituer le bien réclamé.

Cette obligation en nature n'a donc pas besoin d'être liquide. Toutefois lorsque le bien dont la remise est réclamée constitue la garantie d'une créance de somme d'argent, l'existence et la liquidation de cette créance ne seront pas totalement indifférentes.

Mais l'obligation de remettre la chose doit être exigible, ce qui exclut la saisie-appréhension lorsqu'elle est assortie d'un terme ou d'une condition suspensive. La créance est notamment exigible lorsque le titre ordonne la délivrance immédiate du bien réclamé ou encore sa restitution, soit en raison de l'expiration de la période prévue par le contrat en vertu duquel le bien était détenu précairement (prêt à usage ou location), soit à la suite de la résiliation ou de l'annulation de cette convention. Il convient de se reporter, en ce qui concerne le titre et la créance, aux explications contenues plus haut (v. s^s^ n°s 111.11 à 111.25, 112.11 à 112.42 - pour les obligations de délivrer et de restituer, v. s^s^ n°s 1011.31 s.).

Il y a seulement lieu de préciser que si le titre n'est pas encore exécutoire ou si l'obligation qu'il constate n'est pas encore exigible, la saisie-revendication qui est une mesure conservatoire, reste possible même si la saisie-appréhension ne peut être pratiquée en l'état (C. pr. exéc., art. L. 511-2 - et C. pr. civ., art. 513).

À ce stade de la procédure, les problèmes de fond relatifs au bien-fondé de la revendication sont déjà tranchés en principe et les difficultés qui peuvent survenir, tout au moins entre le saisissant et le débiteur de la remise, demeurent circonscrites à des questions de formalisme.

L'appréhension peut avoir lieu entre les mains de celui qui est tenu de remettre le bien ou directement entre celles du tiers qui le détient pour son compte (C. pr. exéc., art. L. 222-1, al. 3 et R. 222-1, al. 1).

Si ce bien est un véhicule terrestre à moteur, il doit être appréhendé selon les modalités particulières examinées plus loin (v. s^s^ n°s 1024.04 s.).

SECTION 1
APPRÉHENSION ENTRE LES MAINS DE LA PERSONNE TENUE DE LA REMISE

1021.10 Notion de « personne tenue de la remise ». Par cette périphrase les rédacteurs du décret du 31 juillet 1992 (désormais intégré au C. pr. exéc.) désignent le débiteur direct de l'obligation de délivrer ou de restituer, c'est-à-dire celui qui est mentionné dans le titre exécutoire (le vendeur qui n'a pas livré la chose bien qu'il en ait encaissé le prix; l'emprunteur ou le locataire d'effets mobiliers qui ne les a pas restitués en dépit de l'expiration ou de la résiliation du contrat; le constituant qui n'a pas remis le gage promis).

La procédure diligentée à son égard peut être différente selon qu'il se prête ou non de bonne grâce à la saisie-appréhension.

Les conséquences de l'acte d'appréhension peuvent également varier selon que le bien doit être remis à son propriétaire ou à un créancier gagiste.

§ 1
Mise en œuvre de l'appréhension

A.
Commandement de délivrer ou de restituer

1021.11 Question relative au transport volontaire. Avant même d'engager la procédure de saisie-appréhension, l'huissier doit demander au débiteur, lorsqu'il est présent, s'il accepte ou non d'effectuer le transport du bien à ses frais (C. pr. exéc., art. R. 222-3]). Il s'agit de mettre en pratique le principe posé par l'article L. 222-1 C. pr. exéc. selon lequel il n'y a pas lieu de recourir à la saisie-appréhension si le débiteur s'offre de transporter le bien à ses frais.

1021.12 Offre d'effectuer le transport. Si le débiteur accepte de coopérer, l'huissier lui signifie un commandement de délivrer ou de restituer dans les huit jours qui lui indique le lieu et les conditions dans lesquelles le bien doit être transporté et l'avertit qu'à défaut, il pourra être appréhendé à ses frais (C. pr. exéc., art. R. 222-1 et R. 222-2).

1021.13 Refus d'effectuer le transport. Si le débiteur, sur la question posée par l'huissier, ne s'offre pas d'effectuer le transport à ses frais, le bien peut être appréhendé immédiatement sans commandement préalable et sur simple présentation du titre exécutoire (C. pr. exéc., art. R. 222-3, al. 1er).

Dans ce cas, l'acte d'appréhension doit contenir l'indication que les contestations pourront être portées devant le juge de l'exécution (JEX) du lieu ou demeure « *celui auquel le bien est retiré* », c'est-à-dire le débiteur de sa délivrance ou de sa restitution (C. pr. exéc., art. R. 222-3, al. 2 - v. s^s^ n° 1021.24).

1021.14 Débiteur absent. Lorsque le débiteur n'est pas sur place au moment où l'huissier se présente, il n'est évidemment pas possible de lui demander s'il accepte d'effectuer lui-même et à ses frais, le transport du bien réclamé. Dans cette hypothèse l'article R. 222-3 alinéa 1er C. pr. exéc. prévoit, *a contrario*, que l'appréhension ne peut être effectuée immédiatement.

Le commandement de délivrer ou de restituer prévu par l'article R. 222-2 C. pr. exéc. doit être signifié au débiteur absent afin de lui fournir l'occasion d'éviter une appréhension onéreuse. L'acte contient à cet égard, indication qu'il peut transporter le bien désigné à ses frais, dans un délai de huit jours et en un lieu et dans des conditions précisées. Avertissement lui est également donné qu'à défaut de remise dans ce délai, le bien pourra être appréhendé à ses frais (C. pr. exéc., art. R. 222-2, 2° et 3°).

1021.15 Commandement. Selon les dispositions combinées des articles R. 222-2 et R. 222-3 C. pr. exéc., lorsque le débiteur est absent ou lorsqu'étant présent, il offre de transporter le bien à ses frais, un commandement de délivrer ou de restituer lui est obligatoirement signifié. La saisie-appréhension qui aurait été faite sans ce commandement préalable serait nulle.

1021.16 Mentions requises. En vertu de l'article R. 222-2 C. pr. exéc., ce commandement contient à peine de nullité :

« *1º La mention du titre exécutoire en vertu duquel la remise est exigée;*

2º L'indication que la personne tenue de la remise peut, dans un délai de huit jours, transporter à ses frais le bien désigné en un lieu et dans les conditions indiqués;

3º L'avertissement qu'à défaut de remise dans ce délai, le bien pourra être appréhendé à ses frais;

4º L'indication que les contestations pourront être portées devant le juge de l'exécution du lieu où demeure le destinataire de l'acte ».

B.
Acte de remise ou d'appréhension

1021.21 Mode de signification. Le commandement est un exploit d'huissier qui peut être signifié dans le même acte que le jugement en vertu duquel la remise est exigée (C. pr. exéc., art. R. 222-2 *in fine*).

Cette formalité permet à la fois de gagner du temps et d'économiser le coût d'un acte. Le législateur permet d'ailleurs, dans beaucoup d'autres hypothèses, l'accomplissement de formalités multiples par un acte unique.

1021.22 Délai de huit jours. Le débiteur absent ou qui s'est offert de transporter le bien à ses frais dispose d'un délai de huit jours à compter du commandement pour procéder lui-même à la remise (C. pr. exéc., art. R. 222-2, 2°). Ce délai peut être prorogé jusqu'au premier jour ouvrable suivant, s'il expire un dimanche ou un jour férié ou chômé. Ce n'est qu'à défaut de remise volontaire que l'huissier peut procéder à l'appréhension au frais du débiteur.

1021.23 Acte de remise volontaire. Si dans le délai de huit jours le bien est remis volontairement, l'huissier dresse un acte constatant cette remise et contenant un état détaillé du bien (C. pr. exéc., art. R. 222-4) ce qui permettra de fixer immédiatement ses dégradations apparentes. À partir de ce moment le débiteur ne pourra plus être tenu pour responsable des dégâts constatés ultérieurement.

Outre l'état détaillé du bien l'acte devrait aussi mentionner, le cas échéant, les documents administratifs, les certificats de garantie, d'authenticité ou d'origine constituant les accessoires indispensables à l'utilisation du bien.

L'acte peut aussi se voir annexer la photographie éventuellement prise par l'huissier (C. pr. exéc., art. R. 222-4).

1021.24 Acte d'appréhension. Si le débiteur présent n'a pas offert de transporter le bien, l'huissier procède immédiatement à l'appréhension et en dresse acte.

Il établit également un tel acte lorsqu'à l'expiration du délai de huit jours imparti par le commandement, le débiteur absent ou qui a offert d'effectuer le transport ne s'est pas exécuté. Dans tous les cas l'acte contient, comme l'acte de remise volontaire, un état détaillé du bien et comportant en annexe, le cas échéant, la photographie prise par l'huissier (C. pr. exéc., art. R. 222-4).

Il doit contenir, en outre, lorsque l'appréhension est effectuée sans commandement préalable, indication que les contestations pourront être portées devant le JEX du lieu où demeure celui auquel le bien est retiré (C. pr. exéc., art. R. 222-3, al. 2).

1021.25 Photographies. Le bien peut être photographié et la photographie éventuellement prise est annexée à l'acte de remise volontaire ou d'appréhension (C. pr. exéc., art. R. 222-4). Elle n'est cependant pas communiquée au débiteur puisque celui-ci est seulement destinataire d'une copie de l'acte de remise ou d'appréhension auquel elle n'est pas annexée. Elle ne pourra, semble-t-il, lui être communiquée qu'à l'occasion d'une contestation portée devant le JEX si l'on raisonne par analogie avec la saisie-vente (C. pr. exéc., art. R. 221-12).

1021.26 Contestations. Les contestations sont portées devant le JEX du lieu où demeure celui auquel le bien est retiré (C. pr. exéc., art. R. 222-2, 4° et R. 222-3).

Elles ne sont enfermées dans aucun délai particulier. Dès lors qu'il existe un titre exécutoire qui a déjà statué sur le droit de celui qui réclame la délivrance ou la restitution, les difficultés élevées à ce stade de la procédure d'exécution ne devraient porter, en principe, que sur des problèmes de procédure. Cependant, on ne peut exclure la survenance de problèmes de fond qui ont généralement pour origine, un conflit de propriété (pas toujours tranché dans le titre exécutoire lorsqu'il émane d'un tiers) ou l'opposition d'un droit de rétention.

Lorsque le bien appréhendé est un gage garantissant le paiement d'une somme d'argent, le débiteur qui conteste sa dette peut, si le saisissant ne s'est pas, par ailleurs, procuré un titre exécutoire consacrant et liquidant sa créance, élever une contestation.

§ 2
Conséquences de l'appréhension

1021.30 **Effets de l'appréhension.** L'appréhension produit des conséquences différentes selon que le bien est remis à son propriétaire ou à un créancier gagiste.

A.
Remise au propriétaire

1021.31 **Remise au propriétaire.** Lorsque l'appréhension est effectuée au profit d'un propriétaire, la saisie atteint son objectif dès que le bien lui est remis. Le propriétaire qui entre en possession ou recouvre celle-ci est définitivement rempli de ses droits de telle sorte que l'exécution forcée est arrivée à son terme.

Une ultime formalité consiste à remettre au débiteur visé dans le titre exécutoire, s'il est présent, une copie de l'acte de remise volontaire ou d'appréhension. S'il est absent, cet acte doit lui être notifié par lettre recommandée avec demande d'avis de réception (C. pr. exéc., art. R. 222-5).

Toutefois, ce schéma classique n'est pas forcément celui que l'on rencontre le plus couramment en pratique, avec le développement des sûretés fondées sur un différé du transfert de la propriété (vente avec réserve de propriété, location avec promesse de vente). Dans ces hypothèses, la propriété n'a pas été conservée ou acquise pour elle-même mais pour bénéficier d'une garantie absolue. Le bien repris n'a pas vocation à rester dans le patrimoine de son propriétaire. Il est vendu de gré à gré ou dans le cadre d'une vente publique volontaire afin d'apurer la dette de celui qui devait le restituer.

Cette question est approfondie à propos de la saisie-appréhension des véhicules terrestres à moteur (v. s[s] n°s 1024.30 s.).

B.
Remise à un créancier gagiste

1021.40 **Remise à un créancier gagiste.** Dans le cas particulier où le bien est appréhendé pour être remis à un créancier gagiste, la saisie-appréhension n'est qu'une étape car elle ne tend pas, en principe, à l'attribution de la propriété du gage. Elle vise à permettre au créancier gagiste, lorsqu'il n'a qu'une détention fictive, d'exercer effectivement son droit de rétention et, surtout, en cas de défaillance de son débiteur, de poursuivre la réalisation du gage. Dans ce cas, c'est une véritable procédure de saisie-vente qui succède à la procédure de saisie-appréhension (C. pr. exéc., art. R. 222-6).

1°
Particularités de la procédure

1021.41 **Constitution d'un gardien.** L'acte de remise ou d'appréhension « *vaut saisie sous la garde du créancier* » (C. pr. exéc., art. R. 222-6, al. 1er). Cette dérogation au principe posé par l'article L. 141-2 C. pr. exéc. selon lequel le saisi est réputé gardien, était inévitable puisque, contrairement aux règles de la saisie-vente, le débiteur ne conserve pas l'usage du bien saisi. C'est donc au créancier gagiste de veiller à sa conservation.

1021.42 **Acte particulier.** L'article R. 222-6 alinéa 2 C. pr. exéc. prévoit qu'outre l'acte de remise ou d'appréhension, l'huissier doit établir un acte particulier qui est remis ou signifié au débiteur. Le texte susvisé ne qualifie pas cet acte mais les informations qu'il lui impose de mentionner à peine de nullité, sont en partie les mêmes que celles du commandement et du procès-verbal aux fins de saisie-vente.

Il constitue ainsi une véritable passerelle entre la saisie-appréhension et la saisie-vente et pourrait s'analyser, bien que l'article R. 222-6 ne le précise pas, en un acte de conversion.

L'acte contient à peine de nullité :

« *1° Une copie de l'acte de remise ou d'appréhension, selon le cas;*

2° L'indication du lieu où le bien est déposé;

3° Le décompte distinct des sommes réclamées en principal, frais et intérêts échus ainsi que l'indication du taux des intérêts;

4° L'indication en caractères très apparents que le débiteur dispose d'un délai d'un mois pour procéder à la vente amiable du bien saisi, conformément aux dispositions des articles R. 221-30 à R. 221-32, et la date à partir de laquelle, à défaut de vente amiable dans ce délai, il pourra être procédé à la vente forcée aux enchères publiques;

5° La reproduction des articles R. 221-30 à R. 221-32 ».

Il convient cependant de relever que l'assimilation à la procédure de saisie-vente ne peut être totale car le créancier gagiste n'est pas porteur, sauf s'il s'en est procuré un dans le cadre d'une procédure parallèle, d'un titre exécutoire constatant une créance de somme d'argent liquide et exigible. Le seul titre qu'il détient est, en principe, celui qui lui a permis de pratiquer la saisie-appréhension, lequel ne constate à son profit qu'une obligation en nature, celle de lui remettre le bien gagé. Aussi, la contestation devant le JEX ouverte par les articles R. 222-2, 4° et R. 222-3 alinéa 2 C. pr. exéc. et rappelée dans l'acte de remise ou d'appréhension, présente-t-elle pour le débiteur qui se prétend partiellement ou totalement libéré, un intérêt éminent.

2° Réalisation ou attribution du gage

1021.50 **Modalités de la vente du gage.** L'article R. 222-6 alinéa 1er C. pr. exéc. précise qu'il est procédé à la vente, sous réserve que le créancier n'ait pas demandé l'attribution judiciaire du gage, selon les formalités prévues par les articles R. 221-30 à R. 221-39 dudit code, c'est-à-dire celles adoptées en matière de saisie-vente auxquelles il convient de renvoyer (v. ss nos 714.11 s.).

Il faut cependant évoquer le choix traditionnellement offert au créancier gagiste impayé à l'échéance, entre l'attribution en propriété de la chose engagée et sa vente en vue d'être payé sur le prix obtenu. La question de la vente amiable mérite également quelques développements en raison du conflit avec les dispositions de l'article L. 521-3 [1] du Code de commerce prévoyant une procédure de réalisation expéditive. Enfin la vente forcée du gage comporte quelques particularités qu'il convient de signaler (sur les conséquences de la survenance d'une procédure collective sur les conditions de réalisation du gage, v. ss nos 1012.101 s.).

1021.51 **Attribution de la propriété.** Le créancier gagiste peut demander que le gage lui demeure en paiement à due concurrence. Mais cette attribution de la propriété doit être ordonnée en justice. Lorsque la valeur du bien gagé excède le montant de la dette garantie, la somme égale à la différence est versée au débiteur ou, s'il existe d'autres créanciers gagistes, est consignée (C. civ., art. 2347).

Lorsque le créancier sollicite l'attribution judiciaire du gage, il n'est pas procédé à la vente du bien, qu'elle soit amiable ou judiciaire. En effet, l'article R. 222-6 alinéa 1er C. pr. exéc. dans sa rédaction issue du décret n° 2012-783 du 30 mai 2012 [2], dispose expressément que « *sous réserve que le créancier n'ait pas demandé l'attribution judiciaire du gage, il est procédé à la vente selon les modalités des articles R. 221-30 à R. 221-39* » du même code.

1021.52 **Pacte commissoire.** C'est une convention par laquelle le créancier gagiste devient de plein droit, propriétaire du gage en cas de non-paiement. Consentie par un débiteur pressé par la nécessité, elle pouvait permettre au créancier de s'approprier en l'absence de contrôle judiciaire, un bien d'une valeur supérieure au montant de la créance garantie. Le pacte commissoire était donc prohibé (C. civ., anc. art. 2078, al. 2 – et C. com., art. L. 521-3, al. dern. [réd. antérieure à Ord. 23 mars 2006]). Désormais depuis la réforme des sûretés résultant de l'ordonnance n° 2006-346 du 23 mars 2006 [3], il peut être convenu, lors de la constitution du gage ou postérieurement, qu'à défaut d'exécution de l'obligation garantie le créancier deviendra propriétaire du bien gagé (C. civ., art. 2348, al. 1er). Afin que le débiteur ne soit pas lésé, il est prévu que la valeur du bien doit être déterminée au jour du transfert par un expert désigné à l'amiable ou judiciairement, à défaut de cotation officielle du bien, sur un marché organisé au sens du Code monétaire et financier. Toute clause contraire est réputée non écrite. Lorsque la valeur excède le montant de la dette garantie, la somme égale à la différence est versée au débiteur ou est consignée s'il existe d'autres créanciers gagistes (C. civ., art. 2348, al. 2 et 3). Désormais, l'article L. 521-3 du Code de commerce réglementant le gage commercial renvoie aux dispositions des articles 2347 et 2348 du Code civil en ce qui concerne son attribution en pleine propriété et la validité du pacte commissoire.

1021.53 **Conditions de l'attribution en nature.** L'attribution du gage s'analyse en une dation forcée en paiement par laquelle le créancier acquiert la propriété du gage et, par là même l'emporte sur tous les créanciers même d'un meilleur rang que le sien.

L'attribution judiciaire expressément prévue pour le gage civil est également admise pour le gage commercial [4].

Selon la Cour de cassation, l'attribution en nature bénéficie à tous les créanciers gagistes, même titulaires d'un gage sans dépossession [5]. Mais seul le

1. C. com., anc. art. 93.

2. Décr. n° 2012-783, 30 mai 2012, relatif à la partie réglementaire du Code des procédures civiles d'exécution, *JO* 31 mai, p. 9375.
3. Ord. n° 2006-346, 23 mars 2006, relative aux sûretés, *JO* 24 mars, p. 4475.
4. Com. 31 mai 1960, *D.* 1960. 601, note Guyon.
5. Cass., ass. plén., 26 oct. 1984, n° 83-10.055, *Bull. ass. plén.*, n° 6; *D.* 1985. 33, concl. Cabannes, note Derrida.

gagiste peut demander l'attribution de la propriété. Le rétenteur, dont le droit n'est pas assimilable au gage, ne peut obtenir l'attribution en pleine propriété de la chose retenue[1].

L'attribution judiciaire peut être demandée même en cas d'ouverture d'une procédure collective (C. com., art. L. 642-20-1, al. 2 [C. com., anc. art. L. 642-25[2]]). La demande ne s'analyse pas en une action en revendication justiciable de l'article 115 de la loi du 25 janvier 1985 (devenu C. com., art. L. 624-9[3]) et la décision d'attribution est opposable au tiers détenteur locataire, le créancier étant investi d'un droit de suite sur le matériel gagé revêtu d'une plaque mentionnant la sûreté[4] (sur l'attribution du gage dans le cadre d'une procédure collective, v. s[s] n° 1012.102).

1021.54 Compatibilité avec la faculté de vente amiable. Quelle est la place laissée par la réforme des voies d'exécution, à l'option du créancier entre la vente et l'attribution du gage ? À l'origine, les textes relatifs aux procédures civiles d'exécution n'envisageaient pas l'attribution du gage. Ils ne réglementaient que les modalités de son appréhension et de sa vente. Or, accepter que le gagiste puisse demander immédiatement l'attribution judiciaire revenait à supprimer au débiteur la faculté de présenter un acquéreur dans le délai d'un mois, qui lui était ouverte par l'article R. 222-6 C. pr. exéc. On se trouvait en présence de deux facultés d'option inconciliables résultant de dispositions difficilement compatibles. La règle « *specialia generalibus derogant* » et la hiérarchie des textes ne permettaient pas de résoudre la difficulté d'une manière satisfaisante. Il semblait que la règle la plus ancienne devait céder devant la plus récente qui était censée améliorer le droit existant et par conséquent, que l'option du créancier en faveur de l'attribution du gage ne pouvait s'exercer que si, à l'expiration du délai d'un mois, le débiteur n'avait pas usé de la faculté de vente amiable.

Toutefois, depuis l'adoption du Code des procédures civiles d'exécution, l'article R. 222-6, qui remplace l'article 145 du décret de 1992, prévoit désormais expressément qu'il n'est procédé à la vente, selon les modalités prévues aux articles R. 221-30 à R. 221-39 (relatifs aux ventes amiable et forcée), que si l'attribution judiciaire du gage n'est pas demandée par le créancier. Par conséquent, l'option entre l'attribution judiciaire et la réalisation du gage s'exerce avant la faculté de vente amiable du débiteur et y fait nécessairement obstacle. Dans ce cas, on peut se demander sur quelle base le bien nanti doit être estimé à dire d'expert. Celui-ci doit-il prendre en considération le prix susceptible d'être obtenu à la suite d'une vente amiable ou d'une vente aux enchères[5] ?

1021.55 Vente amiable. Elle est expressément prévue par l'article R. 222-6 C. pr. exéc. qui renvoie ou fait référence à trois reprises (v. s[s] n°s 1021.40 s.) aux dispositions des articles R. 221-30 à R. 221-32 du même code qui la réglementent (sur les modalités de la vente amiable se reporter à la saisie-vente, s[s] n°s 715.04 s.).

L'article R. 222-6 C. pr. exéc., qui a une portée générale, ne distingue pas selon que le bien appréhendé a été constitué en gage pour garantir une opération civile ou commerciale.

Il entre cependant en conflit avec la procédure expéditive organisée par l'article L. 521-3[6] alinéa 1er du Code de commerce pour la réalisation d'un gage commercial, texte non expressément abrogé par la réforme de 1991 et auquel renvoient plusieurs des textes organisant les gages sans dépossession (vente forcée aux enchères publiques huit jours après une simple signification adressée au débiteur défaillant).

Ces modalités heurtent l'esprit général de la réforme des voies d'exécution qui ouvre à tout débiteur, quelle que soit la nature de la saisie, une faculté de vente amiable constituant, selon l'expression de H. Croze et T. Moussa dans leur commentaire de l'avis du 5 mai 1995 « *une manifestation originale des droits de la défense, en même temps qu'une conséquence normale du droit de propriété* »[7].

Il est cependant difficile d'affirmer en l'état que l'article L. 521-3 alinéa 1er du Code de commerce, texte d'origine législative, a été tacitement abrogé par l'article R. 222-6 C. pr. exéc., texte d'origine réglementaire. Certes, la faculté de vente amiable a été instituée par l'article L. 221-3 C. pr. exéc.; mais ce texte se rapporte avant tout à la saisie-vente et non à la saisie-appréhension. On peut seulement considérer que le champ d'application de l'article L. 521-3 est désormais limité au cas où le créancier gagiste a déjà la possession réelle du bien donné en garantie, soit dès l'origine de la constitution, soit par suite d'une remise volontaire ultérieure, ces deux hypothèses n'étant pas réglementées par l'article R. 222-6 C. pr. exéc. Lorsque le créancier gagiste a dû recourir à la saisie pour recouvrer la possession

1. Com. 9 juin 1998, n° 96-12.719, *Bull. civ.* IV, n° 181; *D.* 1998. 185; *D.* 1999. 300, obs. Piedelièvre; *JCP* 1999. I. 116, p. 416, obs. Simler et Delebecque; *RTD com.* 1999. 751, obs. Martin-Serf.
2. C. com., anc. art. L. 622-21.
3. C. com., anc. art. L. 621-115.
4. Com. 28 janv. 1997, n° 93-21.662, *Bull. civ.* IV, n° 32; *JCP* 1997. IV. 625; *RTD com.* 1997. 503, obs. Bouloc.
5. Morgan de Rivery-Guillaud, note s[s] Cass., avis, 5 mai 1995, n° 09-50.004, *Bull. avis*, n° 4.
6. C. com., anc. art. 93, al. 1er.
7. Cass., avis, 5 mai 1995, n° 09-50.004 (préc. s[s] n° 1021.54).

effective, la procédure sommaire de l'article L. 521-3 du Code de commerce paraît exclue, la vente devant se faire en respectant les formalités adoptées par l'article R. 222-6. La réforme des sûretés résultant de l'ordonnance du 23 mars 2006, va peut-être permettre de mieux déterminer les limites respectives de la vente amiable, du gage civil et de la réalisation du gage commercial. En effet, l'article 2346 du Code civil dispose expressément que la vente en justice du bien gagé a lieu selon les modalités prévues par les procédures civiles d'exécution sans que la convention de gage puisse y déroger. L'article 2354 du même code précise que les dispositions générales du Code civil ne font pas obstacle à l'application des règles particulières prévues en matière commerciale. À cet égard, la réécriture du premier alinéa de l'article L. 521-3 du Code de commerce, par l'ordonnance du 23 mars 2006, n'a pas fondamentalement modifié l'économie générale de l'ancien texte, puisque la vente publique, huit jours après une simple signification au débiteur y a été maintenue, ce qui laisse supposer que la volonté du législateur a été de conserver sa spécificité à la réalisation du gage commercial.

En matière de véhicules terrestres à moteur, la question est tranchée depuis l'avis de la Cour de cassation du 5 mai 1995[1] (v. s^s^ n°s 1024.131 et 1024.132).

La vente du gage ne peut donc avoir lieu avant l'expiration des délais prévus pour la vente amiable et le président du tribunal de commerce n'est pas habilité à autoriser celle-ci, même s'il s'agit d'un véhicule[2]. L'article 2353 du Code civil issu de l'ordonnance du 23 mars 2006, consacre la solution dégagée par la Haute juridiction, en disposant que la réalisation du gage sur véhicule est soumise quelle que soit la qualité du débiteur (civile ou commerciale) aux règles prévues aux articles 2346 à 2348 du même code.

1021.56 **Vente forcée.** À défaut de vente amiable, le bien gagé doit être vendu aux enchères publiques selon les règles prévues pour la saisie-vente (v. s^s^ n°s 716.05 s.). Il y a lieu cependant de rappeler qu'en matière de vente d'un bien gagé, les courtiers ont une compétence spéciale si le gage est commercial et que certaines règles particulières sont applicables. Toutefois, sur la requête des parties, le président du tribunal de commerce peut désigner, pour procéder à la vente, un commissaire-priseur judiciaire, un huissier de justice et un notaire (C. com., art. L. 521-3).

1021.57 **Interdiction de la clause de voie parée.** C'est une convention par laquelle le débiteur autorise par avance le créancier gagiste à disposer lui-même du bien donné en garantie, en le vendant de gré à gré pour se payer sur son prix. Elle est jugée dangereuse car le créancier risque de se contenter d'un prix très faible dès lors qu'il est suffisant pour le désintéresser et ce, au détriment du débiteur et de ses autres créanciers. La clause de voie parée est donc prohibée par les articles 2346[3] second alinéa du Code civil et L. 521-3 premier alinéa du Code de commerce.

À noter qu'en matière de gage-espèces la vente aux enchères est jugée manifestement inutile[4].

1021.58 **Privilège et imputation du prix.** Le gage confère au créancier le droit d'être payé sur le prix de vente de la chose qui en est l'objet et ce, par privilège et préférence aux autres créanciers (C. civ., art. 2333[5]).

Lorsque le gage est réalisé, dans le cadre d'une procédure collective, à l'initiative du liquidateur, le privilège du créancier est de plein droit reporté sur le prix (C. com., art. L. 642-20-1, al. 3 [anc. art. L. 642-25[6]] – v. s^s^ n° 1012.101).

Lorsqu'un gage garantit partiellement une dette, le versement résultant de sa réalisation s'impute sur le montant pour lequel la sûreté à été consentie[7].

SECTION 2
APPRÉHENSION ENTRE LES MAINS D'UN TIERS

1021.60 **Notion de tiers.** La saisie-appréhension entre les mains d'un tiers est permise par l'article L. 222-1 C. pr. exéc., sous réserve d'obtenir l'autorisation préalable du JEX si le bien se trouve dans ses locaux d'habitation.

Le terme « tiers » désigne toute personne physique ou morale qui détient le bien que le débiteur est tenu de remettre, soit pour le compte de ce dernier (en qualité de réparateur, de dépositaire, de

1. Cass., avis, 5 mai 1995, n° 09-50.004 (préc. s^s^ n° 1021.54 et s^s^ prés^t^ n^o^).
2. Civ. 1re, 24 nov. 1993, n° 91-16.740, *Bull. civ.* I, n° 348; *RTD civ.* 1994. 174, obs. Perrot; *RTD com.* 1994. 352, obs. Bouloc – TGI Chambéry, 22 févr. 1994, *Rev. huiss.* 1995. 1094, note Dahan.
3. COMP. : C. civ., anc. art. 2078.
4. T. com. Paris, 8 oct. 1990, *RD bancaire et bourse* 1991. 97, obs. Credot et Gérard – Com. 9 avr. 1996, n° 93-17.370, *Bull. civ.* IV, n° 116; *D.* 1996. 399, note Larroumet; 385, Piedelièvre; *RTD civ.* 1996. 669, obs. Crocq; 954, obs. Crocq; *RTD com.* 1996. 509, obs. Cabrillac; 1997. 135, obs. Bouloc.
5. COMP. : C. civ., anc. art. 2073.
6. C. com., anc. art. L. 622-21.
7. Cass., ass. plén., 6 nov. 2009, n° 08-17.095, *Bull. ass. plén.*, n° 7; *JCP* 11 janv. 2010, p. 30, note Piedelièvre; *D.* 2009. 2803, obs. Avena-Robardet; *RTD civ.* 2010. 358, obs. Crocq; *RTD com.* 2010. 182, obs. Bouloc.

locataire, de sous-locataire ou de transporteur), soit pour son propre compte (en qualité d'acquéreur, de donataire, de voleur ou d'inventeur).

Si le tiers est un détenteur précaire, il ne peut pas s'opposer, en principe, à la restitution, à moins qu'il ne soit en mesure d'invoquer un droit de rétention.

S'il détient bien pour son propre compte il peut se retrancher derrière l'article 2276 du Code civil (anc. art. 2279), sauf s'il a reçu le bien de mauvaise foi ou si celui-ci a été perdu ou volé.

Le Code des procédures civiles d'exécution organise une procédure qui permet de prendre en compte ces objections ou d'y passer outre, si elles sont jugées sans fondement.

§ 1
Appréhension sans difficulté

1021.61 Sommation de remettre. Selon l'article R. 222-7 C. pr. exéc., la procédure débute par une sommation directement signifiée au tiers par un exploit contenant, à peine de nullité :

« *1° Une copie du titre exécutoire en vertu duquel la remise est exigée et s'il s'agit d'un jugement du dispositif de celui-ci;*

2° une injonction d'avoir, dans un délai de huit jours, soit à remettre le bien désigné, soit communiquer à l'huissier de justice, sous peine de dommages et intérêts le cas échéant les raisons pour lesquelles il s'oppose à la remise;

3° l'indication que les difficultés seront portées devant le juge de l'exécution du lieu où demeure le destinataire de l'acte ».

Le tiers est ainsi informé du droit invoqué par le créancier de la remise et reçoit communication du titre le consacrant. Il sait également qu'il peut faire valoir son propre droit sur le bien auprès de l'huissier et, si celui-ci n'en tient pas compte, devant le JEX désigné dans la sommation. S'il n'a aucun droit à invoquer il ne lui reste plus qu'à s'exécuter dans le délai de huit jours imparti par la sommation.

1021.62 Dénonciation de la sommation. La sommation est dénoncée par lettre recommandée avec demande d'avis de réception, à la personne tenue de la remise ou de la délivrance (C. pr. exéc., art. R. 222-7). Le débiteur doit nécessairement être informé de la mesure projetée, afin de lui permettre d'élever une contestation devant le juge.

1021.63 Remise volontaire du bien. Bien que le Code des procédures civiles d'exécution (partie réglementaire) ne le précise pas expressément, il va de soi que la remise volontaire du bien dans les huit jours de la signification de la sommation, donne lieu à un acte de remise dressé dans les conditions prévues à l'article R. 222-4 (contenant une description détaillée du bien et comportant, le cas échéant, sa photographie en annexe) et remis ou notifié à la personne tenue de la délivrance ou de la restitution, selon les modalités prévues aux articles R. 222-5 (remise du bien à son propriétaire) et R. 222-6 du même code (remise du bien à un créancier gagiste – v. s[s] n°s 1021.23 s. et 1021.30 s.).

§ 2
Appréhension avec difficultés

A.
Modalités

1021.71 Contentieux. Si le tiers retient le bien, la difficulté est tranchée par le JEX, soit à la demande du créancier de la remise, soit à celle du tiers.

1021.72 Juge compétent. C'est le JEX du lieu où demeure le destinataire de la sommation de remettre le bien, c'est-à-dire du tiers qui le détient (C. pr. exéc., art. R. 222-7, 3°, et R. 222-8, al. 1er).

1021.73 Délais de saisine. Le JEX ne peut être saisi avant l'expiration du délai de huit jours imparti pour la remise volontaire. Il doit cependant être saisi au plus tard, dans le mois qui suit le jour où la sommation de remettre le bien a été signifiée, soit à l'initiative du créancier, soit à celle du tiers. À défaut, la sommation et les mesures conservatoires qui auraient été prises deviennent caduques (C. pr. exéc., art. R. 222-8, al. 2). C'est donc celui qui demande la remise qui a le plus intérêt à réagir.

1021.74 Procédure applicable. L'article R. 222-8 C. pr. exéc. qui envisage le règlement de la difficulté, n'est pas très explicite sur la nature de la procédure à mettre en œuvre et partant, sur les modalités de la saisine du juge. Il semble cependant que la procédure est différente selon que la saisine émane du créancier ou du tiers.

1021.75 Saisine par le créancier. À défaut de remise volontaire du bien dans le délai de huit jours imparti par la sommation, le requérant peut demander au juge d'ordonner cette remise (C. pr. exéc., art. R. 222-8, al. 1er).

Les termes « requérant » et « ordonner » employés dans le texte de l'article R. 222-8 C. pr. exéc. font immédiatement penser à la procédure d'ordonnance sur requête qui a l'avantage de la rapidité mais qui ne donne pas au tiers l'occasion de faire connaître au juge sa version des faits, sauf à le saisir en rétractation. Mais il n'est pas certain que les mots précités aient été délibérément choisis par référence à l'ordonnance sur requête, car le requérant peut être celui qui a requis la remise dans la sommation. Quant à cette remise, le juge peut l'ordonner par jugement. Il faut également relever que lorsque le juge est saisi par requête, le décret prend généralement soin de le préciser expressément.

1021.76 **Saisine par le tiers.** L'article R. 222-8 C. pr. exéc. se borne à indiquer que « *le juge de l'exécution peut également être saisi par le tiers* ». Il faut donc en conclure que lorsque le tiers entend faire valoir un droit sur le bien, il doit recourir à la procédure de droit commun et assigner celui qui demande la remise à la plus prochaine audience utile (C. pr. exéc., art. R. 442-4).

B. Droits susceptibles d'être invoqués par le tiers

1021.81 **Droits susceptibles d'être invoqués.** Le tiers peut résister à la demande de remise en se prévalant d'un droit sur le bien qui peut avoir des origines diverses.

1021.82 **Droit de rétention à l'état pur.** Le tiers peut être en mesure d'invoquer un droit de rétention si sa détention est précaire et résulte d'un contrat dont le débiteur de la remise n'a pas exécuté les obligations à son égard. Ainsi le dépositaire à titre onéreux, le réparateur, le transporteur ou le mandataire peuvent, s'ils n'ont pas été payés de leurs salaires ou de leurs impenses (aujourd'hui dépenses), opposer efficacement le droit de rétention que leur reconnaît la loi ou la jurisprudence. À noter que la Cour de cassation a longtemps considéré que le droit de rétention n'était pas une sûreté et n'était pas assimilable au gage. Elle ne permettait donc pas l'attribution en pleine propriété de la chose retenue[1]. Depuis un arrêt du 24 septembre 2009, la Haute juridiction assimile le droit de rétention à une sûreté et autorise en conséquence le vendeur de véhicule impayé à retenir les documents administratifs y afférent à l'encontre du sous-acquéreur de bonne foi et ce, même s'il a désintéressé le vendeur intermédiaire en liquidation judiciaire[2].

Il convient de se reporter, pour les différents cas de rétention ainsi que pour les effets, conditions d'ouverture et de perte du droit de rétention, aux développements relatifs à la saisie-vente entre les mains d'un tiers (v. s[s] n°s 714.142 à 714.149).

1021.83 **Droit de gage.** Le tiers peut avoir reçu le bien à titre de gage de la part de la personne tenue de le remettre. Il bénéficie à ce titre, en vertu de l'article 2339 du Code civil[3] d'un droit de rétention opposable au revendiquant.

Dans cette hypothèse le droit de rétention est l'accessoire de cette sûreté réelle dont il renforce les effets.

Comme le tiers détenteur qui se prévaut d'un gage a nécessairement la possession réelle, il est préféré à celui qui réclame le bien également en qualité de créancier gagiste, car il n'a qu'une possession fictive. Il faut cependant préciser qu'en application du second alinéa de l'article 2340 du Code civil issu de l'ordonnance du 23 mars 2006 relative aux sûretés, lorsqu'un bien donné en gage sans dépossession fait ultérieurement l'objet d'un gage avec dépossession, le droit de préférence du créancier gagiste antérieur est opposable au créancier gagiste postérieur lorsqu'il est régulièrement publié nonobstant le droit de rétention de ce dernier (sur le droit de rétention, v. s[s] n°s 714.142 s. – sur le gage en général, v. s[s] n°s 1011.36 et 1011.37 – sur le gage sur véhicule, v. s[s] n°s 1024.60 s.).

1021.84 **Droit de propriété.** Le tiers peut aussi se retrancher derrière l'article 2276 du Code civil (C. civ., anc. art. 2279) pour s'opposer à la remise. Il peut en effet avoir reçu la chose du débiteur de la délivrance ou de la restitution, soit en qualité d'acquéreur soit en qualité de donataire. Il peut aussi l'avoir trouvée ou volée.

La fonction acquisitive de l'article 2276 fait, en principe, obstacle à la revendication par le véritable propriétaire, sauf en cas de mauvaise foi du possesseur et en cas de perte ou de vol. Il convient de se reporter pour les conditions de l'action en revendication, aux développements relatifs au domaine d'application des saisies portant sur la remise d'une chose (v. s[s] n°s 1012.05 s.).

C. Effets

1021.91 **Exécution de la décision.** Il peut être procédé à l'appréhension du bien sur la seule présentation de la décision en prescrivant la remise (C. pr. exéc., art. R. 222-9 et R. 222-10). Il s'agit donc d'une exécution au seul vu de la minute de la décision, prévue par l'article 495 C. pr. civ. si c'est

1. Com. 9 juin 1998, n° 96-12.719, *Bull. civ.* IV, n° 181; *D.* 1998. 185; *D.* 1999. 300, obs. Piedelièvre; *RTD com.* 1999. 751, obs. Martin-Serf.
2. Civ. 1re, 24 sept. 2009, n° 08-10.152, *Bull. civ.* I, n° 178; *JCP* 2009. 380, note Aynès; *CCC* 2009, n° 284, note Leveneur; *D.* 2010. 302, note Borga; *D.* 2010. 1043, obs. D. R. Martin et Synvet; *RTD com.* 2010. 181, obs. Bouloc; 784, obs. Martin-Serf – V. AUSSI : P. Simler et Ph. Delebecque, *JCP* 23 nov. 2009, p. 43 – Civ. 1re, 8 oct. 2009, n° 08-20.048, *Bull. civ.* I, n° 204; *D.* 2010. 480, obs. Delpech, note Mouly-Guillemaud.
3. COMP. : C. civ., anc. art. 2082.

une ordonnance ou par les articles R. 121-17 C. pr. exéc. et 503 alinéa 2 C. pr. civ. si c'est un jugement.

1021.92 Local d'habitation. Une autorisation spéciale du JEX, délivrée sur requête, est nécessaire si le bien se trouve dans les locaux servant à l'habitation du tiers (C. pr. exéc., art. L. 222-1, al. 2, et R. 222-9 - sur la notion de local d'habitation, v. s^s n° 712.31).

1021.93 Acte d'appréhension. L'huissier qui procède à l'appréhension doit en dresser acte selon les modalités prévues à l'article R. 222-4 C. pr. exéc. Il doit contenir une description détaillée du bien et peut comporter en annexe une photographie de celui-ci (v. s^s n° 1021.25).

Une copie en est remise au tiers, s'il est présent, ou lui est notifiée par lettre recommandée avec demande d'avis de réception (C. pr. exéc., art. R. 222-10).

1021.94 Enlèvement. L'huissier procède à l'enlèvement du bien. La personne tenue de la remise est informée comme il est dit aux articles R. 222-5 C. pr. exéc. (remise à un propriétaire) ou R. 222-6 du même code (remise à un créancier gagiste - C. pr. exéc., art. R. 222-10 *in fine* - v. s^s n°s 1021.31 et 1021.40 s.).

CHAPITRE

1022. Saisie-appréhension de droit commun sur injonction du juge

RENÉ LAUBA
MAGISTRAT HONORAIRE

SECTION 0
ORIENTEUR

1022.00 **Plan du chapitre.**

1022.01 **Textes applicables.**

C. pr. exéc., art. L. 222-1, L. 223-2, L. 511-2, R. 222-2 à R. 222-16, R. 222-21, R. 223-6, R. 223-8, R. 223-9, R. 223-12, R. 223-13 et R. 532-5.

C. pr. civ., art. 495, 496, 667 à 669, 900, 932 et 1415 à 1420.

C. com., art. L. 525-2, L. 525-3 et L. 624-16 à L. 721-7.

C. consom., art. L. 311-33 et L. 311-52.

1022.03 **Bibliographie indicative.**

Actualisables. Rép. pr. civ., *v° Saisie-appréhension*, par F. Samain, n°s 29 à 38, avr. 2004 [màj juin 2012] – *J.-Cl. Pr. civ., v° Appréhension et conservation des meubles*, fasc. 2380, par P. Delebecque.

Ouvrages. A. LEBORGNE, *Droit de l'exécution*, 2e éd., « Précis », Dalloz, 2014, nos 1587-1594 – R. PERROT et PH. THÉRY, *Procédures civiles d'exécution*, 3e éd., Dalloz, 2013, nos 1033-1039.

1022.05 **Spécificité.** Comme cela a été précédemment évoqué (v. ss n° 1021.05), l'article L. 222-1 C. pr. exéc. a posé le principe selon lequel le créancier de la délivrance ou de la restitution d'un meuble corporel est fondé à l'appréhender entre les mains du débiteur ou d'un tiers, s'il détient un titre exécutoire ordonnant la remise de ce bien. Mais pour lui faciliter les choses, le législateur est venu compléter les dispositions légales en créant une procédure simple et rapide lui permettant de se procurer à bref délai et à peu de frais, le titre exécutoire nécessaire à l'appréhension. Il s'agit d'une injonction du juge de l'exécution (JEX) devenue exécutoire faute d'opposition du débiteur dans les quinze jours de sa notification.

1022.06 **Mécanisme et originalité de la procédure.** Les articles R. 222-11 à R. 222-16 C. pr. exéc., relatifs à l'appréhension sur injonction du juge, ne créent pas une nouvelle forme de saisie-appréhension. Ils organisent une procédure originale permettant au créancier de la délivrance ou de la restitution d'un bien, de se procurer rapidement et à peu de frais, un titre exécutoire permettant l'engagement d'une saisie-appréhension.

Chose exceptionnelle, c'est le JEX et non le juge du droit commun, qui est compétent pour délivrer ce titre exécutoire. Il doit donc se prononcer, *ab initio*, sur des questions de fond dont il ne peut habituellement connaître qu'à l'occasion d'une difficulté d'exécution. À ce stade de sa saisine, rien n'est encore tranché de telle sorte que les règles de fond relatives aux obligations contractuelles ou légales de livrer, délivrer, restituer ou rapporter doivent tout particulièrement jouer un rôle de premier plan. Il va devoir se référer aux règles de la vente, de l'échange, du dépôt, du commodat, du crédit-bail, du gage sans déplacement de la possession, du rapport en nature des libéralités ou encore, de la revendication mobilière.

Le JEX doit statuer par voie d'ordonnance prise sur requête, c'est-à-dire non contradictoirement au vu des seules pièces produites par le requérant.

Cette procédure complètement nouvelle est inspirée de l'injonction de payer et de l'injonction de faire mais se rapproche plus de la première que de la seconde.

Le débat contradictoire ne se produit qu'en cas d'opposition; mais dans ce cas, c'est le juge du droit commun qui est compétent pour statuer sur la contestation.

SECTION 1
DÉLIVRANCE DE L'ORDONNANCE

§ 1
Compétence et formalités

1022.11 **Bien déterminé.** À défaut de titre exécutoire, il peut être présenté une requête à fin d'injonction d'avoir à délivrer ou à restituer un bien déterminé (C. pr. exéc., art. R. 222-11, al. 1).

Par bien déterminé il faut entendre un corps certain identifiable (un objet unique en son genre comme un tableau, un véhicule immatriculé ou, un bien d'équipement comportant un numéro de série) ou bien des choses fongibles dont la nature, la quantité et la qualité sont clairement précisées (marchandises - sur les biens susceptibles d'appréhension, v. s^{s} n°s 1011.11 s.).

Les aéronefs peuvent faire l'objet d'une ordonnance d'injonction de délivrer ou de restituer à la requête de celui qui en réclame la remise car le Code de l'aviation civile ne réglemente spécialement que leur saisie-vente[1]. Il devrait en être de même pour les navires, la loi n° 67-5 du 3 janvier 1967[2] n'envisageant que la saisie à fin de vente.

1022.12 **Juge compétent.** Les règles de compétence matérielle et territoriale sont ici d'ordre public.

1022.13 **Compétence matérielle.** C'est le JEX qui a seul le pouvoir de rendre une ordonnance d'injonction de délivrer ou de restituer. Le président du tribunal de commerce n'a aucune compétence en la matière quelle que soit la nature de l'obligation et même s'il s'agit d'un véhicule constitué en gage.

En matière d'aéronefs, le JEX paraît compétent pour délivrer une ordonnance en enjoignant la remise et ce, en dépit des dispositions de l'article R. 123-9 du Code de l'aviation civile donnant compétence au juge d'instance du lieu de l'atterrissage pour autoriser leur saisie conservatoire lorsque le propriétaire n'est pas domicilié en France ou que l'appareil est de nationalité étrangère. L'ordonnance d'injonction de délivrer ou de restituer tend à permettre leur saisie-appréhension, mesure qui s'analyse en une voie d'exécution et non en une mesure conservatoire. Certains commentateurs pensent d'ailleurs que le texte précité, qui ne confère de toute façon aucune compétence d'attribution générale au juge d'instance en matière de saisie des aéronefs, a été implicitement abrogé par l'article R. 511-2 - C. com., art. L. 721-7)[3].

1022.14 **Compétence territoriale.** C'est le JEX du lieu où demeure le débiteur de la remise. Toute clause contraire est réputée non avenue. Le juge saisi à tort est tenu de relever d'office son incompétence (C. pr. exéc., art. R. 222-11).

Il s'agit donc d'une règle de compétence d'ordre public.

Cette disposition devrait mettre fin à la pratique abusive de nombreux organismes de financement qui, avant la réforme de 1991, sollicitaient des autorisations de saisie auprès de juridictions incompétentes matériellement et territorialement, souvent très éloignées du lieu du domicile du débiteur. La distance, le temps perdu et les frais de déplacement étaient de nature à le dissuader de faire opposition, même s'il avait des moyens sérieux à faire valoir.

1022.15 **Requête.** Elle doit viser à la délivrance ou à la restitution d'un bien meuble déterminé (C. pr. exéc., art. R. 222-11).

À peine d'irrecevabilité, cette requête doit comporter la désignation du bien dont la remise est demandée, accompagnée de tout document justifiant cette demande (C. pr. exéc., art. R. 222-12).

Parmi ces pièces on peut trouver, selon l'origine du droit invoqué, un bon de commande, une offre préalable de location avec option d'achat, une facture contenant une clause de réserve de propriété, un contrat de crédit comportant constitution de gage sur véhicule ou nantissement sur matériel d'équipement, une facture de garde-meubles, ou encore une lettre reconnaissant avoir reçu un bien à titre de prêt à usage et promettant de le rendre, *etc.*

1022.16 **Ordonnance.** Elle comporte injonction au débiteur de délivrer ou de restituer (C. pr. exéc., art. R. 222-11), si le juge décide de faire droit à la requête.

Comme toutes les ordonnances sur requête, elle doit être motivée (C. pr. civ., art. 495, al. 1er). En effet, les textes particuliers réglementant l'appré-

1. Versailles, 4 mai 1994, *D.* 1994. 149 – TGI Bobigny, 5 févr. 1993, *Gaz. Pal.* 1993. 1. 116, note Renoux.
2. L. n° 67-5, 3 janv. 1967, relative au statut des navires et autres bâtiments de mer, *JO* 4 janv., p. 106.
3. Renoux, note s^{s} TGI Bobigny, 5 févr. 1993 (préc. s^{s} n° 1022.11).

hension sur injonction du juge, ne dispensent pas celui-ci de motiver sa décision. Le juge peut cependant adopter les motifs contenus dans la requête et viser les pièces qui s'y trouvent annexées[1]. Il peut aussi compléter les motivations de la requête ou leur en substituer d'autres.

Le juge peut aussi délivrer une ordonnance de rejet s'il estime que la requête n'est pas fondée. Il doit dans ce cas, motiver spécialement sa décision qui est susceptible d'appel. Il peut notamment constater que le nantissement invoqué au soutien d'une demande de restitution d'un matériel d'équipement, est entaché de nullité en vertu des articles L. 525-2 et L. 525-3 du Code de commerce, faute de justification qu'il a été conclu par un contrat comportant les mentions prescrites et dans le délai de deux mois ayant suivi la livraison, ou qu'il a été publié dans les quinze jours de sa constitution.

Il peut aussi relever que la demande tendant à la remise d'un véhicule gagé dans le cadre d'un prêt à la consommation n'est pas justifiée, faute de créance à garantir, soit parce que l'action permettant de la faire constater est forclose en vertu de l'article L. 311-52 du Code de la consommation (C. consom., anc. art. L. 311-37), soit parce que, du fait de la déchéance du droit aux intérêts encourue en application de l'article L. 311-48 du même code (C. consom., anc. art. L. 311-33), les mensualités payées jusqu'à la défaillance ont apuré le capital emprunté. Il convient de relever, en ce qui concerne ce dernier point, que la déchéance du droit aux intérêts peut être encourue pour défaut de communication des informations précontractuelles ou irrégularité formelle du contrat de crédit. À noter cependant que lorsque le financement a été accordé sous la forme d'un crédit-bail, la Cour de cassation estime que la forclusion encourue n'empêche pas le crédit-bailleur de revendiquer le meuble dont il est propriétaire, l'article L. 311-52 ne pouvant constituer un titre pour le preneur simple détenteur précaire[2].

Le juge peut également constater que la clause de réserve de propriété invoquée à l'appui d'une demande en restitution de marchandises impayées, ne remplit pas les conditions prévues par l'article L. 624-16 du Code de commerce[3], ou a été souscrite postérieurement à la livraison (sur le pouvoir d'appréciation du JEX au regard de l'origine de la créance et de l'opportunité pour ce magistrat de rejeter la requête en considérant que la créance n'est pas suffisamment fondée et de renvoyer le créancier à obtenir d'abord un titre exécutoire, v. rép. min. n° 8488, 29 nov. 1993[4]).

1022.17 Signification. L'ordonnance qui fait droit à la requête est signifiée à celui qui est tenu de la remise (C. pr. exéc., art. R. 222-13).

La signification contient à peine de nullité, sommation d'avoir, dans un délai de quinze jours :

« *- Soit à transporter à ses frais le bien désigné en un lieu et dans les conditions indiquées;*

- Soit, si le détenteur du bien a des moyens de défense à faire valoir, à former opposition au secrétariat-greffe du juge qui a rendu l'ordonnance, par déclaration contre récépissé ou par lettre recommandée avec demande d'avis de réception, faute de quoi l'ordonnance sera rendue exécutoire » (C. pr. exéc., art. R. 222-13, 1° et 2°).

La signification de l'ordonnance peut être jugée abusive lorsqu'elle est délivrée après que le créancier gagiste a reçu paiement de la somme garantie par le bien réclamé[5].

Il convient de relever que, bien que l'article R. 222-13 C. pr. exéc. ne le précise pas, la copie de la requête comportant l'indication précise des pièces invoquées doit être remise au débiteur lors de la signification de l'ordonnance. En effet, les dispositions particulières de ce texte ne sont pas exclusives de celles à caractère général de l'article 495 C. pr. civ. qui ont vocation à faire respecter le principe de la contradiction pour toutes les ordonnances sur requête. La Haute juridiction s'est prononcée en ce sens par des décisions transposables en matière d'injonction de délivrer ou de restituer à propos de la signification des ordonnances autorisant des inscriptions d'hypothèques judiciaires provisoires délivrées en application de l'article 255 du décret de 1992 (devenu C. pr. exéc., art. R. 532-5)[6].

§ 2
Exécution de l'ordonnance non contestée

1022.21 Exécution volontaire. Le débiteur de la remise y est incité par la sommation d'avoir à transporter le bien à ses frais, qui est contenue dans la signification de l'ordonnance (C. pr. exéc., art. R. 222-13). Le lieu et les conditions de ce transport sont également indiqués.

Il s'agit de mettre en œuvre le principe posé par l'article L. 222-1 C. pr. exéc. selon lequel l'appré-

1. Civ. 1re, 24 oct. 1978, n° 77-11.513, *Bull. civ.* I, n° 317.
2. Civ. 1re, 20 déc. 1994, n° 93-11.624, *Bull. civ.* I, n° 384; *RTD com.* 1995. 637, obs. Bouloc; *RJDA* avr. 1995, n° 470.
3. C. com., anc. art. L. 621-122.
4. Rép. min. n° 8488, 29 nov. 1993, *JOAN Q* 7 févr. 1994, p. 651; *JCP* 1994. V. 41.
5. TGI Riom, JEX, 23 mars 1993, *BICC* 15 juill. 1993, p. 43, n° 904.
6. Civ. 2e, 13 juill. 2006, n° 05-13.976, *Bull. civ.* II, n° 210; *D.* 2007. 1380, obs. Julien; *Procédures* nov. 2006, p. 19, note Perrot; *AJDI* 2006. 761.

hension forcée doit rester exceptionnelle, *la priorité* étant donnée à la remise volontaire qu'il faut favoriser.

Les articles R. 222-11 à R. 222-16 C. pr. exéc. ne réglementent pas la remise volontaire dans les quinze jours de la signification de l'injonction et notamment, ne renvoient pas aux formalités prescrites par les articles R. 222-4 à R. 222-6 dudit code. C'est sans doute parce que l'on ne se trouve pas dans le cadre de l'exécution forcée puisqu'à ce stade de la procédure, il n'existe encore aucun titre exécutoire. Il paraît toutefois incohérent d'appliquer à la remise volontaire deux procédures différentes selon qu'elle intervient avant ou après que l'ordonnance est devenue exécutoire. Les formalités requises par les articles R. 222-4 à R. 222-6 ont une utilité pratique réelle qui devrait profiter à tous les cas de remise volontaire.

1022.22 Défaut d'exécution sans opposition. Il se peut que le débiteur de la remise fasse preuve d'inertie alors même qu'il est conscient de n'avoir aucun moyen de défense à faire valoir. Il appartient alors à celui qui demande la remise d'engager, après l'expiration du délai d'opposition de quinze jours, la procédure qui doit lui permettre d'entrer ou de rentrer en possession de son bien.

1022.23 Apposition de la formule exécutoire. En l'absence d'opposition dans le délai de quinze jours, le requérant peut demander au secrétariat-greffe du JEX qui a rendu l'ordonnance, l'apposition de la formule exécutoire. L'ordonnance ainsi visée produit tous les effets d'un jugement contradictoire en dernier ressort (C. pr. exéc., art. R. 222-15) [1]. Seul le pourvoi en cassation est donc ouvert à la personne enjointe.

Sur la base des dispositions de l'article 153, une juridiction du fond [2], a estimé qu'une fois l'ordonnance revêtue de la formule exécutoire, le JEX n'a pas le pouvoir d'empêcher la restitution, de la différer ou d'y surseoir. Cette opinion est à nuancer car, si le juge n'a plus la possibilité de revenir sur son ordonnance, même indirectement, il n'en reste pas moins qu'il demeure compétent pour trancher les incidents de la saisie-appréhension engagée sur le fondement de cette ordonnance, l'article R. 222-16 renvoyant, pour exécution, aux dispositions générales qui lui confient le règlement de toutes les difficultés soulevées par le débiteur de la remise (C. pr. exéc., art. R. 222-2, 4° et R. 222-3, al. 2) ou par le tiers (C. pr. exéc., art. R. 222-7, 3° et R. 222-8). Ces incidents peuvent avoir un retentissement sur l'exécution de l'ordonnance d'injonction.

Le greffier qui délivre la formule exécutoire se borne à constater que l'ordonnance a été signifiée et qu'aucune opposition n'a été formée dans les quinze jours de cet acte. Il n'a pas le pouvoir de vérifier que la signification est ou non régulière. C'est au débiteur qu'il appartient de soulever, le cas échéant, l'exception de nullité de la signification devant le JEX (v. s[s] n° 1022.56).

Le greffier n'a pas non plus le pouvoir d'apprécier la recevabilité de l'opposition et, partant, de refuser d'enregistrer une contestation tardive ou irrégulière.

1022.24 Exécution forcée de l'ordonnance. Au vu de l'ordonnance devenue exécutoire, il est procédé comme il est dit aux articles R. 222-2 à R. 222-10 C. pr. exéc. (C. pr. exéc., art. R. 222-16). Il s'agit donc d'une exécution sur présentation de la minute.

L'huissier chargé de l'exécution est en droit de refuser, sans encourir de reproche, d'opérer une saisie au vu d'une simple copie de l'ordonnance [3].

Le renvoi aux articles R. 222-2 à R. 222-10 C. pr. exéc. oblige le titulaire de l'ordonnance à se conformer aux formalités de l'appréhension en vertu d'un titre exécutoire. Celles-ci peuvent cependant se trouver allégées, si le bien se trouve entre les mains de la personne visée dans l'injonction et si son appréhension est entreprise moins de deux mois après que l'ordonnance a été rendue exécutoire. Dans cette hypothèse, le commandement de délivrer ou de restituer prévu par l'article R. 222-2 n'est pas requis (C. pr. exéc., art. R. 222-16, al. 2).

On considère que la sommation contenue dans la signification de l'ordonnance au débiteur de la remise, en tient avantageusement lieu. Mais il est certain que si le bien est détenu par un tiers, la sommation signifiée au débiteur doit être réitérée. On peut considérer par ailleurs, que cette sommation contenue dans l'ordonnance se périme si l'appréhension n'est pas faite dans les deux mois de l'apposition de la formule exécutoire.

1022.25 Véhicule terrestre à moteur. Si le bien visé dans l'ordonnance est un véhicule terrestre à moteur, il peut être immobilisé par l'un des procédés prévus à l'article L. 223-2 C. pr. exéc.; mais dans ce cas les articles R. 223-6, R. 223-8, R. 223-9, R. 223-12 et R. 223-13 sont seuls applicables (C. pr. exéc., art. R. 222-16, al. 3).

Il convient de se reporter, sur ce point, aux observations particulières consacrées à la saisie-vente et à la saisie-appréhension de ces biens (v. s[s] n°s 723.04 s. et 1024.04 s.).

1. Douai, 19 mai 1994, *Rev. huiss.* 1995. 463, note Dahan.
2. TGI Lyon, 4 mai 1993, *D.* 1993. 435, note Prévault.
3. Civ. 2e, 1er juill. 1992, n° 91-11.434, *Bull. civ.* II, n° 194; *RTD civ.* 1993. 657, obs. Perrot.

SECTION 2
VOIES DE RECOURS

§ 1
Modalités des recours

1022.31 **Appel du requérant.** Lorsque le juge ne fait pas droit à la requête, celui qui l'a présentée peut interjeter appel de l'ordonnance de rejet conformément aux dispositions générales de l'article 496 C. pr. civ.

En effet, les dispositions des articles R. 222-11 à R. 222-16 C. pr. exéc. ne prévoient pas, comme en matière d'injonction de payer (C. pr. civ., art. 1409, al. 2), que la décision de rejet est sans recours pour le requérant, sauf à celui-ci à procéder selon les voies du droit commun.

Le délai d'appel est de quinze jours (C. pr. civ., art. 496).

Ce délai court à compter du prononcé de l'ordonnance. En effet, l'ordonnance de rejet ne donne pas lieu à exécution ni, en l'absence de partie adverse, à une notification. Le délai de recours ne peut donc commencer à courir qu'à la date de l'ordonnance, à moins qu'il ne soit démontré que sa minute n'a pas été délivrée au moment de son prononcé [1]. Mais le délai d'appel ne court pas lorsque la minute n'est pas délivrée [2].

L'appel est formé, instruit et jugé comme en matière gracieuse (C. pr. civ., art. 496).

Ce renvoi à la matière gracieuse a un caractère général et s'applique quelle que soit la nature de l'ordonnance, même lorsqu'elle relève de la juridiction contentieuse [3].

1022.32 **Opposition du débiteur.** Si le détenteur du bien a des moyens de défense à faire valoir, il peut former opposition à l'ordonnance (C. pr. exéc., art. R. 222-13).

Il s'agit d'une opposition d'une nature particulière puisque le JEX n'est pas amené à rétracter son ordonnance.

C'est le juge du droit commun qui examine le recours et c'est sa décision qui doit se substituer à celle du JEX.

Cette voie de recours n'est ouverte qu'au débiteur. Son conjoint, s'il n'est pas désigné dans l'ordonnance ne peut faire opposition [4].

1. Civ. 2e, 16 juill. 1992, no 90-21.922, *Bull. civ.* II, no 212; *D.* 1993. 186, obs. Julien; *RTD civ.* 1993. 194, obs. Perrot – Civ. 2e, 16 mai 1990, no 89-10.243, *Bull. civ.* II, no 105; *RTD civ.* 1991. 172, obs. Perrot.
2. Limoges, 27 janv. 1992, *D.* 1993. 186, obs. Julien.
3. Civ. 1re, 11 oct. 1988, no 86-18.347, *Bull. civ.* I, no 283.

§ 2
Modalités de l'opposition

1022.41 **Délai de l'opposition.** Le délai d'opposition est de quinze jours à compter de la signification de l'ordonnance (C. pr. exéc., art. R. 222-13). C'est ajouter à la loi, comme ont cru pouvoir le faire certaines juridictions du fond par une assimilation abusive avec la procédure d'injonction de payer, que de décider que le délai de quinze jours court à compter du premier acte signifié au débiteur [5].

Lorsque l'opposition est formée par lettre, la date du recours est celle de l'expédition de cette lettre et non celle de son arrivée au greffe, le cachet du bureau d'émission faisant foi (C. pr. civ., art. 668 et 669). C'est d'ailleurs ce que juge la Cour de cassation en matière d'opposition à injonction de payer [6]. La cour d'appel de Paris a transposé cette solution à l'opposition à l'ordonnance d'injonction de délivrer ou restituer [7].

C'est donc la date de l'expédition qui interrompt le cours du délai de quinze jours. En cas d'opposition tardive, l'ordonnance est rendue exécutoire.

1022.42 **Contenu de l'opposition.** Les textes n'exigent pas que l'opposition soit motivée pour être valable; il en est jugé ainsi à propos de l'ordonnance d'injonction de payer [8]. Cette solution a été reprise à propos de l'opposition à l'ordonnance d'injonction de délivrer ou de restituer [9].

Il faut cependant que la lettre ou la déclaration du débiteur puisse être clairement identifiée comme une opposition. Un courrier qui se bornerait à demander un délai ou à faire une offre de règlement échelonné ne vaudrait pas opposition au sens de l'article 151 du décret, si le débiteur n'a pas déclaré par écrit ou, tout au moins, verbalement à l'audience qu'il entendait former opposition (ainsi pour une procédure d'injonction de payer [10]).

1022.43 **Destinataire de l'opposition.** L'opposition est formée au greffe du JEX qui a rendu l'ordonnance (C. pr. exéc., art. R. 222-13).

L'opposition mal dirigée ou ne respectant pas les formes prescrites n'est pas valablement faite et ne

4. Civ. 2e, 26 avr. 1990, no 89-11.079, *Bull. civ.* II, no 78; *D.* 1990. 127.
5. Douai, 19 mai 1994, *Rev. huiss.* 1995. 243.
6. Civ. 2e, 27 avr. 1988, no 87-13.069, *Bull. civ.* II, no 99 – Civ. 2e, 1er juill. 1992, nos 91-10.585, 91-10.038 et 90-21.659, *Bull. civ.* II, nos 187, 188 et 192; *D.* 1993. 184, obs. Julien; *RTD civ.* 1993. 657, obs. Perrot.
7. Paris, 26 nov. 1998, *Gaz. Pal.* 5-7 mars 2000, p. 16.
8. Civ. 2e, 14 janv. 1987, no 84-17.466, *Bull. civ.* II, no 10; *RTD civ.* 1987. 411, obs. Perrot.
9. Arras, JEX, 9 déc. 1993, *Rev. huiss.* 1994. 665.
10. Versailles, 31 oct. 1997, *BICC* 1998, no 396.

vaut pas opposition. Il en est ainsi lorsque l'ordonnance est contestée par une demande en référé[1]. Il en est de même lorsque la lettre recommandée a été adressée à l'huissier du poursuivant; il en est jugé ainsi à propos d'une injonction de payer[2].

L'opposition devrait être également déclarée irrecevable lorsqu'elle est formée, non au greffe du JEX, mais à celui de la juridiction compétente pour statuer sur la délivrance ou la restitution. Une telle solution a été retenue par la Cour de cassation en cas d'appel dans le cadre d'une procédure sans représentation obligatoire (C. pr. civ., art. 932) où la déclaration est faite ou adressée au secrétariat de la juridiction qui a rendu la décision et non à celui de la cour[3].

1022.44 Formes de l'opposition. L'opposition est formée par déclaration contre récépissé ou par lettre recommandée avec demande d'avis de réception (C. pr. exéc., art. R. 222-13).

L'opposition par déclaration au greffe ne soulève aucune difficulté. En revanche la déclaration par lettre doit faire l'objet de quelques développements.

1022.45 Lettre simple. L'opposition adressée par lettre simple devrait pouvoir être valable. La Cour de cassation l'admet en matière d'opposition à injonction de payer en considérant que la formalité de la lettre recommandée prévue par l'article 1415 C. pr. civ. n'est pas exigée à peine de nullité, mais constitue un simple moyen de preuve de la date de saisine de la juridiction[4]. Cette motivation a été reprise à propos de l'opposition à l'ordonnance d'injonction de délivrer ou de restituer[5].

1022.46 Télécopie. La télécopie n'est que le facsimilé de la lettre d'opposition laquelle doit être remise en original et sous enveloppe ou pli fermé (C. pr. civ., art. 667). L'opposition par télécopie ne devrait pas être admise si l'on se réfère à la jurisprudence de la Cour de cassation en matière d'appel selon des formes simplifiées. La Haute juridiction a rejeté ce mode de saisine de la cour d'appel par trois arrêts de la deuxième chambre civile du 8 juin 1995, l'un rendu en matière gracieuse et les deux autres en matière électorale.

La Cour de cassation estime que dans les matières ou l'appel peut être interjeté selon un formalisme simplifié, la télécopie ne vaut ni déclaration écrite formulée par pli recommandé, ni même déclaration écrite par une lettre simple[6]. Elle estime en outre que la cour d'appel doit relever d'office le moyen tiré de l'irrégularité de la déclaration d'appel formée par télécopie (il en est jugé ainsi à propos de l'appel contre un jugement fixant une indemnité d'expropriation[7]). Elle considère que la télécopie envoyée dans le délai ne peut saisir valablement la cour d'appel même si elle a été confirmée par une déclaration régulière mais parvenue au greffe qui été fermé après l'expiration du délai de recours[8].

1022.47 Assignation. L'opposition au greffe du JEX par voie d'assignation devrait être également irrecevable, car elle a pour effet de le saisir d'une contestation qu'il n'a pas le pouvoir de trancher. En matière d'appel ordinaire qui doit être formé par déclaration ou par requête conjointe (C. pr. civ., art. 900), la Cour de cassation estime que l'appel formé par voie d'assignation est irrecevable[9].

§ 3
Conséquences de l'opposition

1022.51 Effet de l'opposition. Elle n'investit pas le JEX du pouvoir d'examiner le moyen invoqué par l'opposant lorsqu'il en invoque un. C'est le juge du fond compétent qui se prononcera sur sa pertinence, après avoir été saisi par celui qui réclame la remise (C. pr. exéc., art. R. 222-14 [anc[t] Décr. 31 juill. 1992, art. 152])[10]. En réalité l'opposition ne saisit par elle-même aucune juridiction et a seulement pour effet de bloquer le processus de saisie-appréhension qui était sur le point d'être amorcé. Le greffier du JEX qui reçoit l'opposition n'a donc pas à convoquer les parties.

Si la juridiction compétente n'est pas saisie dans les deux mois de la signification, l'ordonnance devient caduque ainsi que les mesures conservatoires (la saisie-revendication notamment) qui auraient été prises (C. pr. exéc., art. R. 222-14 [anc[t] Décr. 31 juill. 1992, art. 152])[11]. L'action au fond doit avoir pour objet de faire statuer sur la délivrance ou la restitution. Si elle tend seulement à obtenir la liquidation de la créance garantie par le bien

1. Douai, 19 mai 1994, *D.* 1994. 345, obs. Julien; *Rev. huiss.* 1995. 463, note Dahan.
2. Civ. 2e, 17 mai 1977, n° 75-15.787, *Bull. civ.* II, n° 134; *JCP* 1977. IV. 177.
3. Civ. 2e, 9 mai 1985, n° 83-15.986, *Bull. civ.* II, n° 94; *D.* 1985. 467, obs. Julien.
4. Civ. 2[e], 1[er] mars 1989, n° 87-19.011, *Bull. civ.* II, n° 56; *RTD civ.* 1990. 141, obs. Perrot.
5. Marmande, JEX, 5 nov. 1993, *Rev. huiss.* 1994. 665.
6. Civ. 2e, 8 juin 1995, n° 94-60.582, *Bull. civ.* II, n° 175; *JCP* 1995. II. 22512, note Ammar.
7. Civ. 3e, 19 juin 1996, n° 94-70.291, *Bull. civ.* III, n° 148; *D.* 1997. 153, obs. Catalano; *JCP* 1997. II. 22751; *AJDI* 1996. 901, obs. Lévy; 1030, obs. C. M.; *RDI* 1996. 553, obs. Morel et Denis-Leston.
8. Civ. 2e, 6 mai 2010, n° 09-66.523, *Bull. civ.* II, n° 86; *D.* 2010. 1291; 2011. 265, obs. Fricero.
9. Civ. 2e, 15 oct. 1980, n° 78-13.288, *Bull. civ.* II, n° 206; *Gaz. Pal.* 1981. 1. 29, note Viatte.
10. Nîmes, 7 sept. 1994, *BICC* 1995, n° 64.
11. Châteauroux, 7 déc. 1993, *Rev. huiss.* 1994. 665.

réclamé et la condamnation du débiteur au paiement, il n'est pas satisfait aux exigences de l'article R. 222-14 C. pr. exéc.

L'opposition, lorsqu'elle est recevable, fait obstacle à l'apposition de la formule exécutoire et partant, à l'engagement de la saisie-appréhension et ce, jusqu'à ce que la juridiction du fond ait statué sur l'action en revendication du créancier. En attendant le dénouement de l'instance, l'ordonnance frappée d'opposition peut constituer l'un des titres énumérés par l'article L. 511-2 C. pr. exéc. (une décision de justice non encore exécutoire), permettant au créancier de pratiquer conservatoirement, sans autorisation préalable du juge, une saisie-revendication (à noter que, contrairement à ce qu'indique une décision du tribunal de grande instance de Toulon [1], l'ordonnance et sa signification ne peuvent valoir, en elles-mêmes, saisie-revendication sans l'établissement d'un procès-verbal conforme à l'article R. 222-21 C. pr. exéc.

1022.52 Juridiction compétente. Le JEX n'a pas le pouvoir d'examiner l'opposition [2].

1022.53 Compétence sur le fond. Il n'a qualité, ni pour statuer sur le fond du droit, c'est-à-dire sur l'obligation de délivrer ou de restituer, ni même et *a fortiori*, sur une demande de délai de grâce, laquelle suppose que cette obligation soit préalablement consacrée [3].

C'est à celui qui a requis la délivrance ou la restitution qu'incombe l'obligation de saisir la juridiction compétente [4]. Bien entendu, le débiteur peut aussi prendre l'initiative de saisir lui-même le juge du fond, soit pour qu'il se prononce sur la légitimité de son refus de remettre le bien, soit pour qu'il l'autorise à en différer la délivrance ou la restitution.

Lorsque le JEX a été saisi à tort, la Cour de cassation estime que la contestation soulevée par le défendeur à l'opposition ne s'analyse pas en une exception d'incompétence mais en une fin de non-recevoir, l'opposition n'ayant pas eu pour effet de saisir valablement la juridiction du JEX [5]. La juridiction du fond est le tribunal d'instance, le tribunal de grande instance ou le tribunal de commerce selon la valeur du bien ou la nature de l'obligation de délivrer ou de restituer.

1022.54 Compétence sur la recevabilité. Il semble cependant que le JEX soit compétent pour examiner la recevabilité ou la régularité de l'opposition.

En effet, lorsque l'opposition est apparemment tardive, le créancier de la remise obtient nécessairement du greffier, qui n'est pas juge de la recevabilité de celle-ci, la délivrance de la formule exécutoire. Il n'a donc aucune raison de saisir le juge du fond puisqu'il est désormais en mesure de pratiquer une saisie-appréhension. Le débiteur qui estime néanmoins que son opposition est recevable, soit parce que la formule exécutoire a été délivrée par erreur, soit parce que la signification de l'ordonnance ayant fait courir le délai de quinze jours est nulle pour vice de fond ou de forme, doit pouvoir, en vertu du droit de contestation qui lui est ouvert par les articles R. 222-2, 4° et R. 222-3 alinéa 2 C. pr. exéc., demander au JEX de se prononcer sur cette recevabilité et par conséquent, sur la régularité de la mesure dirigée contre lui (v. s[s] n° 1022.56).

Peut-on considérer, à l'inverse, que le créancier de la remise dont la saisie-appréhension est temporairement interdite par une opposition formée dans le délai doive, s'il estime celle-ci irrégulière, saisir le JEX pour qu'il se prononce sur cette difficulté ?

L'article R. 222-14 C. pr. exéc. (anc[t] Décr. 31 juill. 1922, art. 152) semble ne donner compétence au juge du fond que pour statuer sur la délivrance ou la restitution du bien. Mais il n'apparaît pas souhaitable, sur un plan pratique, de soumettre l'opposition à deux régimes différents, selon qu'il s'agit de statuer sur sa recevabilité ou sur son bien-fondé.

Certains juges de l'exécution ont, tout en se déclarant incompétents pour se prononcer sur le fond, estimé qu'ils pouvaient examiner la recevabilité de l'opposition [6].

1022.55 Décision sur opposition. Bien que les textes ne le précisent pas expressément, on peut considérer que la décision de la juridiction du fond se substitue dans toutes les hypothèses (qu'elle accueille ou rejette la demande du revendiquant), à l'ordonnance d'injonction qui est réputée non avenue ou, en tout cas, qui est devenue caduque et sans objet. La saisie-appréhension se fera, en cas de reconnaissance du droit du créancier, sur le seul fondement de la décision du juge du fond devenue exécutoire [7].

Cette conclusion paraît s'imposer en raison de l'analogie existant entre les procédures d'injonction

1. TGI Toulon, ord. JEX, 16 févr. 1994, *Gaz. Pal.* 1994. 1. Somm. 235.
2. Saint-Gaudens, JEX, 21 avr. 1993, *Rev. huiss.* 1994. 666.
3. TGI Saint-Malo, JEX, 3 juin 1993, *Rev. huiss.* 1994. 664.
4. Civ. 2e, 26 mars 1997, n° 95-11.258, *Bull. civ.* II, n° 97; *Procédures* juin 1997, n° 146, obs. Perrot; *RTD civ.* 1997. 746, obs. Perrot.
5. Civ. 2e, 26 mars 1997, n° 95-11.258 (préc. s[s] prés[t] n°).
6. TGI Saint-Malo, JEX, 3 juin 1993, *Rev. huiss.* 1994. 664 – TGI La Roche-sur-Yon, JEX, 29 juill. 1993, *Rev. huiss.* 1994. 666.
7. TGI Toulon, ord. JEX, 16 févr. 1994, *Gaz. Pal.* 1994. 1. Somm. 235.

de restituer et d'injonction de payer. La solution est cependant plus évidente en matière d'injonction de payer où l'opposition qui relève du juge qui a rendu l'ordonnance, constitue une véritable voie de rétractation. L'article 1420 C. pr. civ. dispose très clairement à cet égard que le jugement du tribunal se substitue à l'ordonnance.

1022.56 Contestation relative à la signification. La question se pose de savoir qui est compétent pour apprécier la régularité de la signification de l'ordonnance d'injonction, signification qui fait courir le délai d'opposition de quinze jours. Celle-ci peut être nulle pour vice de forme (omission d'une des mentions prescrites par l'article R. 222-13 C. pr. exéc. ou pour vice de fond (incompétence territoriale de l'huissier instrumentaire). Dans ce cas, le délai d'opposition n'a pas couru et celui qui a formé une contestation tardive ne peut pas se voir opposer la forclusion.

La difficulté apparaîtra lorsque le créancier détenteur de l'ordonnance revêtue de la formule exécutoire par le greffier (lequel n'a pas le pouvoir d'examiner la validité de la signification), pratiquera une saisie-appréhension sur le bien. Elle constituera alors un incident de la saisie relevant du JEX en vertu des articles R. 222-2, 4° et R. 222-3 alinéa 2 C. pr. exéc. Celui-ci prononcera la nullité de la signification irrégulière puis constatera que, le délai n'ayant pas couru, l'opposition a été valablement formée et que l'ordonnance n'est pas exécutoire. Il pourra donner mainlevée de la saisie-appréhension prématurée.

CHAPITRE

1023. Saisie-appréhension des biens placés dans un coffre-fort

RENÉ LAUBA
MAGISTRAT HONORAIRE

SECTION 0 ORIENTEUR

1023.00 Plan du chapitre.

1023.01 Textes applicables.
C. pr. exéc., art. L. 111-8, L. 141-2, L. 142-1, L. 222-1, R. 141-3, R. 221-12, R. 221-14, R. 222-2 à R. 222-4, R. 222-6, R. 224-1, R. 224-2, R. 224-4 à R. 224-6 et R. 224-9 à R. 224-12.

1023.03 Bibliographie indicative.
Actualisables. Rép. pr. civ., *v° Saisie des biens placés dans un coffre-fort,* par N. Fricero, 2000; par F. J. Pansier, mars 2010 [màj juin 2012], n°s 34 à 45 – *J.-Cl. Pr. civ., v° Appréhension et conservation des meubles*, fasc. 2380, par P. Delebecque.
Ouvrages. A. LEBORGNE, *Droit de l'exécution*, 2e éd., « Précis », Dalloz, 2014, n°s 1506-1509 – R. PERROT et Ph. THÉRY, *Procédures civiles d'exécution*, 3e éd., Dalloz, 2013, n°s 1067-1074.

1023.04 Particularisme. Comme la saisie-appréhension de droit commun, la saisie-appréhension des biens placés dans un coffre-fort est une création issue de la réforme des voies d'exécution et plus exactement, du décret du 31 juillet 1992, désormais intégré dans la partie réglementaire du Code des procédures civiles d'exécution.

La particularité de la saisie-appréhension des biens placés dans un coffre est que celui qui en demande la remise est autorisé à signifier le commandement de délivrer ou de restituer, le lendemain de l'acte de saisie et ce, afin d'éviter que, grâce à l'effet de surprise ainsi ménagé, le contenu n'en soit enlevé prématurément (C. pr. exéc., art. R. 224-1 et R. 224-10). La saisie non précédée par un coup de semonce, a pour effet immédiat d'interdire tout accès au coffre (C. pr. exéc., art. R. 224-2).

SECTION 1 CONDITIONS D'OUVERTURE

1023.11 Conditions générales. La saisie-appréhension des biens placés dans un coffre-fort obéit aux mêmes conditions d'ouverture que la saisie-appréhension de droit commun. Il faut notamment que la personne qui réclame la remise des biens détienne un **titre exécutoire** (jugement, arrêt ou ordonnance d'injonction) constatant son droit à en obtenir la délivrance ou la restitution. Il convient de renvoyer sur ce point, aux développements antérieurs (v. s^s^ n°s 1021.06 s.).

1023.12 Conditions spéciales. Les dispositions spéciales des articles R. 224-1 et R. 224-2, R. 224-4 à R. 224-6 et R. 224-10 à R. 224-12 C. pr. exéc. s'appliquent aux saisies des biens placés dans un coffre appartenant à un tiers qui peut être un banquier ou un établissement assimilé, un bijoutier ou un orfèvre, ou encore l'exploitant d'un hôtel. Ces locaux ne servant pas en principe, à l'habitation du tiers propriétaire du coffre, l'autorisation préalable du juge de l'exécution (JEX) prévue par l'article L. 222-1 alinéa 2 C. pr. exéc. n'est pas nécessaire.

Si les objets sont contenus dans un coffre appartenant au débiteur, ce sont les règles de la saisie-appréhension de droit commun qui s'appliquent.

SECTION 2
MISE EN ŒUVRE

§ 1
Saisie entre les mains du propriétaire du coffre

1023.21 Acte de saisie. La saisie n'est pas précédée d'un commandement. Elle s'effectue par un acte d'huissier signifié au tiers propriétaire du coffre (C. pr. exéc., art. R. 224-1).

1023.22 Mentions obligatoires. L'acte de saisie contient à peine de nullité :

« *1° Les nom et domicile du débiteur et, s'il s'agit d'une personne morale, sa dénomination et son siège social;*

2° la référence au titre en vertu duquel la saisie est pratiquée;

3° une injonction d'interdire tout accès au coffre, si ce n'est en présence de l'huissier de justice ».

1023.23 Effets. Toute saisie a pour effet immédiat d'interdire l'accès au coffre sans la présence de l'huissier (C. pr. exéc., art. R. 224-1, 3° et R. 224-2). Cette disposition permet de prévenir tout risque de détournement. Le débiteur rapidement avisé de la mesure prise contre lui par le commandement signifié le premier jour ouvrable suivant la saisie, pourrait être tenté de retirer les valeurs contenues dans le coffre. La personne tenue de la remise ne pourra accéder à son coffre, si elle a besoin, d'urgence, d'y consulter certains documents, qu'accompagnée de l'huissier instrumentaire.

On peut considérer que l'acte prévu par l'article R. 224-1 C. pr. exéc. opère saisie provisoire (ou préventive) de tout le contenu du coffre, y compris des biens dont la remise n'est pas demandée. L'appréhension définitive ne pourra avoir lieu qu'au moment de l'ouverture du coffre, laquelle ne pourra intervenir qu'à l'expiration du délai de quinze jours suivant la signification du commandement (C. pr. exéc., art. R. 224-4). C'est cette ouverture qui permettra de retenir dans l'inventaire, les seuls objets revendiqués (C. pr. exéc., art. R. 224-5).

1023.24 Scellés. L'huissier peut, si nécessaire, apposer des scellés sur le coffre (C. pr. exéc., art. R. 224-2).

1023.25 Obligations du tiers. Le tiers reçoit injonction d'interdire l'accès au coffre hors de la présence de l'huissier. Il est ainsi investi du rôle de gardien. Le tiers est également tenu de fournir à l'huissier les éléments d'identification du coffre sans pouvoir lui opposer le secret professionnel. Ces éléments doivent être mentionnés dans l'acte de saisie (C. pr. exéc., art. R. 224-1 *in fine*).

1023.26 Commandement. Lorsque la mesure tend à l'appréhension d'un ou plusieurs biens déterminés placés dans un coffre en vue de leur remise à un tiers, un commandement de délivrer ou de restituer est signifié à la personne tenue de la remise le premier jour ouvrable suivant l'acte de saisie prévu à l'article R. 224-1 C. pr. exéc. (C. pr. exéc., art. R. 224-10).

§ 2
Commandement au débiteur de la remise des biens

1023.31 Délai du commandement. Cet acte vaut non seulement sommation de remettre le bien mais également dénonciation au débiteur de la mesure pratiquée à son insu (C. pr. exéc., art. R. 224-10, 1°). La brièveté du délai témoigne de l'attachement du législateur à l'information du locataire du coffre. On peut donc considérer, sous réserve de ce que pourra décider la Cour de cassation, que, bien qu'aucune sanction n'ait été expressément prévue, la saisie non dénoncée dans le délai devrait être frappée de caducité.

Le commandement de délivrer ou de restituer doit permettre la mise en œuvre du principe posé par l'article L. 222-1 alinéa 1er C. pr. exéc. selon lequel l'appréhension ne peut avoir lieu que si la personne tenue de remettre un bien déterminé, ne s'offre pas à en effectuer le transfert à ses frais.

Afin d'éviter une ouverture coûteuse, le débiteur peut exécuter son obligation de délivrer soit en remettant immédiatement le bien, s'il le détient ailleurs que dans le coffre, soit en allant l'y chercher accompagné de l'huissier, s'il s'y trouve effectivement enfermé.

1023.32 Signification. Le commandement peut être signifié dans l'acte de signification du jugement (C. pr. exéc., art. R. 224-10 *in fine*). Cette disposition qui vise à économiser le coût d'un exploit, se retrouve dans l'article. R. 222-2 C. pr. exéc. relatif au commandement en matière de saisie-appréhension de droit commun.

1023.33 Mentions obligatoires. Le commandement de délivrer et de restituer doit contenir à peine de nullité (C. pr. exéc., art. R. 224-10) :

« *1° La dénonciation de l'acte de saisie;*

2° la mention du titre exécutoire en vertu duquel la remise est exigée;

3° la désignation précise du ou des biens réclamés;

4° un commandement d'avoir à remettre le ou les biens réclamés avant la date fixée pour l'ouverture du coffre, ou d'assister, en personne ou par mandataire, à son ouverture aux fins d'enlèvement du ou des biens, avec l'avertissement qu'en cas d'absence ou de refus d'ouverture, le coffre sera ouvert par la force à ses frais;

5° l'indication des lieu, jour et heure fixés pour l'ouverture du coffre;

6° la désignation du juge de l'exécution du lieu où sont situés les biens saisis devant lequel seront portées les contestations ».

1023.34 Remise volontaire. Les dispositions particulières relatives à la saisie-appréhension des biens placés dans un coffre ne prévoient pas ce qu'il y a lieu de faire lorsqu'avant l'expiration du délai de quinze jours, le ou les biens réclamés sont remis volontairement. Il faut alors procéder selon les modalités prévues par le droit commun, c'est-à-dire dresser acte de la remise volontaire conformément à l'article R. 222-4 C. pr. exéc. Ce document doit contenir un état détaillé du ou des biens et peut comporter leur photographie en annexe.

§ 3
Ouverture du coffre

1023.41 Condition d'ouverture. Elle a lieu en l'absence de remise du bien dans le délai imparti. C'est cette opération qui va permettre de vérifier si le bien dont la remise est demandée se trouve effectivement à l'intérieur du coffre. Dans l'affirmative il pourra être enlevé par le saisissant (C. pr. exéc., art. R. 224-4 et R. 224-11).

1023.42 Délai. L'ouverture du coffre ne peut intervenir avant l'expiration d'un délai de quinze jours à compter de la signification du commandement de payer (C. pr. exéc., art. R. 224-4). Cette disposition déroge au droit commun de la saisie-appréhension qui prévoit un délai de huit jours (C. pr. exéc., art. R. 222-2, 2°).

Le débiteur qui est avisé des jour, heure et lieu de l'ouverture dans le commandement (C. pr. exéc., art. R. 224-10, 5°), peut toutefois demander que celle-ci ait lieu à une date plus rapprochée s'il accepte de remettre le bien immédiatement (C. pr. exéc., art. R. 224-4).

1023.43 Personnes présentes. La présence du débiteur est éminemment souhaitable car elle facilitera l'ouverture du coffre dont il détient les clefs. Il peut y assister, soit en personne, soit par mandataire par l'article R. 224-10, 4° C. pr. exéc., à défaut d'avoir remis volontairement le bien.

En son absence, l'ouverture forcée ne peut intervenir qu'en présence du propriétaire du coffre ou de son préposé dûment mandaté (C. pr. exéc., art. R. 224-4, al. 2). Il remplace les deux témoins majeurs mentionnés dans l'article L. 142-1 alinéa 1er C. pr. exéc.

La présence du créancier n'est pas nécessaire. Elle est même interdite en vertu de l'article R. 141-3 C. pr. exéc. selon lequel la personne qui a requis l'exécution forcée ne peut assister aux opérations, sauf si les modalités de l'appréhension l'exigent. Il est donc représenté par son huissier dont la présence est indispensable pour tout accès au coffre (C. pr. exéc., art. R. 224-1, 3° et R. 224-2).

1023.44 Frais. Les frais de l'ouverture du coffre sont avancés par le créancier. Ces frais seront exposés si, en l'absence du débiteur ou de refus de celui-ci, il est nécessaire de recourir à un spécialiste pour forcer le coffre. Ils devront en définitive, être assumés par le débiteur comme frais de l'exécution (C. pr. exéc., art. L. 111-8, al. 1er, et R. 224-10, 4°).

1023.45 Carence. Si à l'ouverture du coffre il apparaît que le ou les biens réclamés ne s'y trouvent pas, l'huissier doit convertir l'acte de saisie initial en procès-verbal de carence (C. pr. exéc., art. R. 221-14). Cette disposition propre à la saisie-vente devrait s'appliquer même si les textes particuliers à la saisie-appréhension des meubles placés dans un coffre-fort n'y font pas référence, car la carence est une notion générale valable pour toutes les saisies ayant manqué leur effet. À noter que l'acte de carence est tarifié à un coût moins élevé par le décret du 12 décembre 1996 portant tarif des huissiers (v. ss nos 714.51 s.).

§ 4
Inventaire du contenu du coffre

1023.51 État descriptif du contenu. Au jour fixé l'huissier procède à l'inventaire des biens qui doivent être décrits de façon détaillée (C. pr. exéc., art. R. 224-5, al. 1er et R. 224-11).

Il semble bien que c'est cet inventaire qui opère après vérification de leur présence, saisie définitive des objets devant être appréhendés en vertu du titre exécutoire.

1023.52 En présence du débiteur. Si le débiteur est sur place, l'inventaire peut se limiter aux seuls biens saisis appréhendés.

Les biens sont immédiatement enlevés pour être placés sous la garde de l'huissier (disposition dérogatoire à C. pr. exéc., art. L. 141-2) ou d'un séquestre désigné, à défaut d'accord amiable, sur requête par le JEX (C. pr. exéc., art. R. 224-5, al. 2). Dans cette hypothèse les obligations du séquestre sont celles de l'article 1962 du Code civil.

1023.53 En l'absence du débiteur. Si le débiteur est absent il est dressé un inventaire de tous les biens contenus dans le coffre. Bien que le texte de l'article R. 224-5 C. pr. exéc. ne le précise pas, il paraît indispensable que l'inventaire distingue clairement les objets saisis de ceux qui ne le sont pas.

Ceux qui sont saisis sont enlevés immédiatement par l'huissier. Les autres sont remis au tiers qui a la garde du coffre ou à un séquestre désigné sur requête par le JEX, à charge de les représenter sur simple réquisition du débiteur (C. pr. exéc., art. R. 224-5, al. 3).

1023.54 Photographies. L'huissier peut, s'il l'estime nécessaire, photographier les objets retirés du coffre dans les conditions prévues aux articles R. 224-5, al. 5, R. 224-11 et R. 222-4 C. pr. exéc. Il doit ainsi conserver les photographies en vue de la vérification des objets saisis qui doit précéder la vente s'il s'agit de biens gagés (C. pr. exéc., art. R. 222-6). Il ne peut les communiquer qu'en cas de contestation portée devant le juge (C. pr. exéc., art. R. 221-12).

1023.55 Acte des opérations. Il est dressé un acte des opérations qui contient à peine de nullité, les nom, prénom et qualité des personnes qui y ont assisté et de celles entre les mains de qui les objets ont été remis. Ces personnes doivent apposer leur signature sur l'original et les copies de l'acte qui doit mentionner, le cas échéant, leur refus de signer (C. pr. exéc., art. R. 224-6).

1023.56 Recouvrement de libre accès au coffre. Du jour de l'enlèvement des biens, le débiteur recouvre libre accès au coffre (C. pr. exéc., art. R. 224-9).

1023.57 Contestations. Elles doivent être portées devant le JEX du lieu où sont situés les biens saisis (C. pr. exéc., art. R. 224-10, 6°). Il s'agit d'une dérogation à la règle posée par les articles R. 222-2, 4° et R. 222-3 alinéa 2 C. pr. exéc. en matière de saisie-appréhension de droit commun entre les mains du débiteur (lieu où demeure celui auquel le bien est retiré).

1023.58 Copie de l'acte. Une copie de l'inventaire est remise au débiteur s'il est présent ou lui est signifiée. Les personnes auxquelles des biens ont éventuellement été remis doivent aussi en recevoir copie (C. pr. exéc., art. R. 224-12, al. 1er).

Dans la copie délivrée ou signifiée au débiteur, il doit être fait mention à peine de nullité, que le bien a été remis à la personne désignée dans le titre exécutoire ou à son mandataire dont l'identité est précisée (C. pr. exéc., art. R. 224-12, al. 2).

1023.59 Conséquences de la saisie-appréhension. Les textes particuliers relatifs à la saisie des biens placés dans un coffre ne mentionnent rien à ce sujet et ne renvoient pas aux dispositions du droit commun. Ce sont elles qui doivent cependant s'appliquer selon que le bien a été appréhendé pour être remis à son propriétaire ou à un créancier gagiste. Il convient de se reporter, sur ces points, aux explications consacrées aux conséquences de la saisie-appréhension de droit commun (v. ss nos 1021.30 s.).

CHAPITRE

1024. Saisie-appréhension des véhicules terrestres à moteur

RENÉ LAUBA
MAGISTRAT HONORAIRE

SECTION 0
ORIENTEUR

1024.00 **Plan du chapitre.**

1024.01 **Textes applicables.**

C. pr. exéc., art. L. 141-2, L. 222-1, L. 222-2, L. 223-1, L. 223-2, L. 511-2, R. 221-12, R. 221-30 à R. 221-33, R. 221-39 à R. 221-56, R. 222-1 à R. 222-25, R. 223-1 à R. 223-13, R. 511-2 et R. 511-5 à R. 511-8.

C. com., art. L. 110-3, L. 110-4, L. 142-3, L. 142-4, L. 143-10 à L. 143-13, L. 321-2, L. 521-1, L. 521-3, L. 525-1 à L. 525-4, L. 525-7 à L. 525-9, L. 525-11, L. 525-14 à L. 525-16, L. 525-18, L. 622-7, L. 622-21, L. 624-9, L. 624-10, L. 624-16, L. 642-20-1, R. 525-4 et R. 525-8.

C. civ., art. 1152, 1134, 1188, 1231, 1250, 1341, 1654, 2078 [anc.], 2224, 2276, 2286, 2332, 2333, 2336 à 2340, 2344, 2346 à 2348, 2351 à 2353 et 2371.

C. consom., art. L. 311-2, L. 311-8 s., L. 311-11 s., L. 311-25 s., L. 311-48, L. 311-52, D. 311-8 et R. 311-5-1.

C. mon. fin., art. L. 313-11 et R. 313-3 s.

C. assur., art. L. 121-13.

C. trav., art. L. 3253-2 et L. 3253-3.

1024.03 **Bibliographie indicative.**

Actualisables. Rép. pr. civ., *v^is^ Saisie-appréhension*, par F. Samain, avr. 2004 [màj juin 2012]; *Saisie des véhicules terrestres à moteur*, par G. Dahan, oct. 2000; par F.-J. Pansier, janv. 2010 [màj juin. 2012] – *J.-Cl. Pr. civ., v° Appréhension et conservation des meubles*, fasc. 2380, par P. Delebecque.

Ouvrages. A. LEBORGNE, *Droit de l'exécution*, 2e éd., « Précis », Dalloz, 2014, n°s 1520-1555 – R. PERROT et Ph. THÉRY, *Procédures civiles d'exécution*, 3e éd., Dalloz, 2013, n°s 1051-1066.

Articles. J.-L. Courtier, « Position du droit positif sur l'attribution judiciaire du gage et l'article 40 de la loi du 25 janvier 1985 », *Rev. huiss.* 1998. 193 – G. Eid, « Mesures d'exécution sur les véhicules terrestres à moteur : moyen de protection du créancier », *Rev. huiss.* 2000. 73 – D. Legeais, « Le gage de meubles corporels », *JCP* 2006, suppl. n° 20, « Commentaire de la réforme des sûretés », p. 12 – S. Piedelièvre, « Le nouvel article 2286, 4°, du Code civil », *D.* 2008. 2950 – R. Rolland, « Le crédit-bailleur face au tiers acquéreur dans le crédit-bail mobilier », *Rev. huiss.* 1998. 581 – G. Wicker et P. Gaubil, « L'efficacité du gage automobile non inscrit », *D.* 1997. Chron. 1.

1024.04 **Spécificité.** La saisie-appréhension des véhicules terrestres à moteur a ceci de particulier qu'elle s'accompagne de mesures complémentaires adaptées à la nature spécifique de ces biens qui en facilitent l'exercice.

Ces mesures originales et entièrement nouvelles qui sont d'ailleurs communes à la saisie-appréhension et à la saisie-vente, sont qualifiées par le législateur de « mesures d'exécution ». Elles peuvent être utilisées d'une manière autonome, comme un moyen de pression sur le débiteur, puisqu'elles ne tendent, par elles-mêmes, ni à l'appréhension, ni à la vente. Ces mesures visent à rendre le véhicule indisponible, soit matériellement en empêchant son utilisation effective, soit juridiquement en faisant obstacle à son aliénation ou à sa constitution en gage. Il s'agit de la saisie par déclaration à l'autorité administrative qui interdit la délivrance de tout certificat d'immatriculation et de la saisie par immobilisation qui consiste à placer sur le véhicule, un dispositif destiné à l'empêcher de circuler.

La combinaison de la saisie-appréhension avec ces procédés particuliers, notamment avec la saisie par immobilisation, n'est pas obligatoire et la personne qui réclame la remise d'un véhicule peut s'en tenir à la procédure classique. Mais s'il entend utiliser le procédé de l'immobilisation, les articles R. 222-1 et R. 222-16 C. pr. exéc. lui imposent d'opérer selon les modalités prévues par les articles R. 223-6, R. 223-8, R. 232-9, R. 223-12 et R. 223-13 du même code.

Ces modalités diffèrent cependant, suivant que le véhicule a été immobilisé pour être remis à son propriétaire ou à un créancier gagiste. Dans un cas comme dans l'autre, le créancier de la restitution ou de la délivrance est le plus souvent l'organisme qui a financé le bien, soit sous la forme d'un crédit-bail, soit sous celle d'un prêt garanti par un gage ou une clause de réserve de propriété (sur la question, v. G. Eid[1]).

SECTION 1
RÈGLES COMMUNES RELATIVES AUX DOMAINE ET CONDITIONS

1024.11 **Domaine d'application.** Le champ d'application des mesures particulières adoptées par les articles R. 223-1 à R. 223-13 C. pr. exéc., est déterminé par la notion de véhicule terrestre à moteur. Il dépend également des conditions dans lesquelles ces véhicules peuvent être déclarés insaisissables. Il convient de se reporter, sur ces points, aux explications relatives à la saisie-vente des véhicules terrestres à moteur (v. s^s n°s 723.04 s.).

1024.12 **Titre exécutoire.** L'huissier chargé de l'exécution muni d'un titre exécutoire peut saisir le véhicule du débiteur, soit par une déclaration à l'autorité administrative, soit en l'immobilisant (C. pr. exéc., art. L. 223-1 et L. 223-2). Si l'une de ces mesures est destinée à se combiner avec une saisie-appréhension, il ne peut s'agir que d'un titre exécutoire prescrivant la remise du véhicule (C. pr. exéc., art. L. 222-1 et R. 222-1).

Ce titre exécutoire, nécessaire à la mise en possession de l'organisme de financement, doit constater définitivement son droit de propriété ou de gage et partant, son droit de suite. Il doit s'obtenir, en principe, dans le cadre d'une action en revendication classique, exercée contradictoirement devant le juge du fond. Mais pour éviter le contretemps lié à la lourdeur de cette instance, le législateur a organisé au profit du créancier de la remise d'un meuble corporel, une procédure simplifiée et non contradictoire, l'injonction de restituer ou de délivrer (C. pr. exéc., art. R. 222-11 à R. 222-16).

Cette procédure, inspirée de l'injonction de payer et de l'injonction de faire, est destinée à procurer rapidement un titre exécutoire, à celui qui veut obtenir la délivrance ou la restitution d'un bien meuble déterminée. Elle ne donne lieu à un débat qu'en cas d'opposition.

Cette opposition fait obstacle à l'apposition de la formule exécutoire, mais n'investit pas le JEX du pouvoir d'examiner la contestation de l'opposant. C'est le juge du fond compétent qui se prononce sur sa pertinence, après avoir été saisi par l'organisme de financement qui réclame la remise du véhicule. Si la juridiction compétente n'est pas saisie dans les deux mois de la signification, l'ordonnance devient caduque ainsi que la mesure conservatoire (la saisie-revendication) qui aurait été prise (C. pr. exéc., art. R. 222-14).

Il n'y a pas lieu ici d'entrer dans les détails de cette procédure qui ont déjà été exposés à propos de la saisie-appréhension sur injonction du juge (v. s^s n°s 1022.06 s.). Il convient seulement d'attirer l'attention sur l'intérêt que présente le caractère d'ordre public des règles de compétence en la matière, lorsque l'injonction doit porter sur la remise d'un véhicule.

L'ordonnance d'injonction de délivrer ou de restituer relève de la compétence exclusive du JEX du lieu où demeure le débiteur. Toute clause contraire du contrat est réputée non écrite et le juge est tenu de relever d'office son incompétence (C. pr. exéc., art. R. 222-11, al. 2).

Cette disposition devrait mettre fin aux pratiques abusives de nombreuses sociétés de crédit qui solli-

1. G. Eid, « Mesures d'exécution sur les véhicules terrestres à moteur : moyen de protection du créancier », *Rev. huiss.* 2000. 73.

citaient jusqu'ici, des autorisations de saisie auprès de juridictions matériellement incompétentes et très éloignées du lieu du domicile du débiteur.

La Cour de cassation estime à cet égard que le président du tribunal de commerce étant incompétent pour autoriser par voie d'ordonnance, l'appréhension matérielle d'un véhicule, la saisie pratiquée en vertu d'une telle autorisation peut faire l'objet d'une mainlevée à la demande du débiteur[1].

1024.13 Mesure conservatoire en l'absence de titre exécutoire. La saisie-revendication (C. pr. exéc., art. L. 222-2, R. 222-17 à R. 222-25, R. 511-2 et R. 511-5 à R. 511-8) permet à la société de crédit de saisir conservatoirement le véhicule financé pendant qu'elle tente d'obtenir un titre exécutoire au moyen de la procédure d'injonction de délivrer ou de restituer.

En effet, bien que cette procédure d'injonction soit conçue pour donner rapidement satisfaction au créancier de la remise, elle peut durer plus longtemps que prévu si le débiteur fait opposition à l'ordonnance. Cette opposition, lorsqu'elle est recevable, fait obstacle à l'apposition de la formule exécutoire et partant, à l'engagement de la saisie-appréhension par immobilisation et ce, jusqu'à ce que la juridiction du fond statue sur l'action en revendication du créancier. Au cours de l'instance, le bien peut être détourné ou se déprécier par l'usage, voire même être détruit au cours d'un accident de la circulation. En attendant la décision, l'ordonnance frappée d'opposition peut constituer l'un des titres énumérés par l'article L. 511-2 C. pr. exéc. (une décision de justice non encore exécutoire), permettant au créancier de pratiquer conservatoirement, sans autorisation préalable du juge, une saisie-revendication.

La saisie-revendication rend donc le véhicule indisponible jusqu'à ce que le titre exécutoire prescrivant sa remise soit obtenu.

Les conditions d'ouverture et de mise en œuvre de la saisie-revendication sont exposées en détail plus loin (v. s[s] n°s 1031.04 s.).

SECTION 2
RÈGLES COMMUNES RELATIVES À LA COMBINAISON DES MESURES SPÉCIFIQUES AVEC LA SAISIE-APPRÉHENSION

1024.21 Saisie par déclaration et saisie-appréhension. Cette mesure est instituée par l'article L. 223-1 C. pr. exéc. et réglementée par les articles R. 223-2 à R. 223-5 de ce même code. Bien que la loi lui fasse produire tous les effets d'une saisie (C. pr. exéc., art. L. 223-1) et même d'une saisie d'exécution puisqu'elle ne peut être pratiquée sans titre exécutoire, elle ne débouche pas directement sur l'appréhension du véhicule. Elle a seulement pour effet d'interdire la délivrance de tout certificat d'immatriculation par l'Administration et par conséquent, de paralyser toute aliénation ou constitution de garantie. Certains l'analysent en une sûreté par inscription ou en une mesure conservatoire destinée à préparer une future saisie-appréhension. Elle tend à rendre le véhicule juridiquement indisponible, sauf pour son acquéreur à prendre le risque de circuler irrégulièrement. Elle frappe le véhicule d'indisponibilité alors même qu'il ne peut être matériellement immobilisé ou appréhendé, parce que le débiteur le dissimule et refuse d'indiquer le lieu où il l'a caché. Elle gêne ainsi considérablement le débiteur qui veut tenter de mettre les recherches à profit pour disposer frauduleusement du bien.

La saisie par déclaration à l'autorité administrative ne présente cependant d'intérêt que lorsque la personne tenue de la remise du véhicule en est le propriétaire. Lorsqu'elle n'en est que le détenteur précaire (c'est le cas du crédit-preneur), cette mesure est sans intérêt la carte grise étant au nom du propriétaire qui en poursuit la restitution. C'est donc le créancier gagiste qui peut y avoir recours afin de s'assurer une sûreté complémentaire, le débiteur vendeur du véhicule devant présenter à son futur acquéreur, non seulement un certificat de non-gage, mais encore un certificat établi depuis moins de deux mois par le préfet du département d'immatriculation, attestant qu'il n'a pas été fait de déclaration valant saisie sur le véhicule et opposition au transfert de la carte grise.

Il y a lieu de se reporter, en ce qui concerne la nature, les conditions d'ouverture, la mise en œuvre, les effets et les incidents de cette mesure, aux explications relatives à la saisie-vente des véhicules terrestres à moteur (v. s[s] n°s 723.21 s.).

1024.22 Saisie par immobilisation et saisie-appréhension. La saisie par immobilisation est instituée par l'article L. 223-2 C. pr. exéc. et réglementée par les articles R. 223-6 à R. 223-13 du même code. Elle s'analyse en une mesure d'exécution puisqu'elle ne peut être engagée sans titre exécutoire et qu'elle débouche, soit sur la remise du véhicule à son propriétaire, soit sur sa réalisation au profit d'un créancier gagiste. Elle complète efficacement la saisie-appréhension car elle empêche, par l'installation d'un dispositif approprié, l'utilisation matérielle du véhicule en vue de prévenir son détournement ou sa détérioration.

1. Civ. 1re, 24 nov. 1993, n° 91-16.740, *Bull. civ.* I, n° 348; *RTD civ.* 1994. 174, obs. Perrot; *RTD com.* 1994. 352, obs. Bouloc – TGI Chambéry, 22 févr. 1994, *Rev. huiss.* 1995. 1094, note Dahan.

La combinaison de la saisie par immobilisation avec la saisie-appréhension est une éventualité expressément envisagée par les articles R. 222-1 et R. 222-16 C. pr. exéc. Les modalités de cette combinaison sont organisées différemment par les articles R. 223-12 et R. 223-13, selon que le véhicule doit être remis à son propriétaire ou à un créancier gagiste.

1024.23 **Caractère facultatif.** Le créancier de la remise d'un véhicule n'est pas obligé de recourir à son immobilisation et peut se contenter de la procédure d'appréhension classique des articles R. 222-1 à R. 222-15 C. pr. exéc. (v. s[s] n°s 1021.05 s.). Mais s'il opte pour l'immobilisation préventive afin de se ménager un effet de surprise, il ne peut procéder à l'appréhension qu'en observant les formalités particulières prescrites par les articles R. 223-6, R. 223-8, R. 223-12 et R. 223-13 du même code. Dans ces conditions, le créancier qui a immobilisé le véhicule et dressé le procès-verbal constatant cette opération, doit opérer selon l'un des deux cas de figure prévus par les articles R. 223-12 et R. 223-13 C. pr. exéc.

1024.24 **Formalités matérielles.** L'article L. 223-2 C. pr. exéc. dispose que l'huissier peut immobiliser le véhicule par tout moyen n'entraînant pas sa détérioration. L'article R. 223-6 du même code vise implicitement le « sabot de Denver ».

Le véhicule peut être immobilisé en quelque lieu qu'il se trouve, même sur la voie publique (v. s[s] n°s 723.75 s.).

Dans ce cas, son enlèvement s'impose dans les quarante-huit heures.

L'article R. 223-6 alinéa 3 C. pr. exéc. précise qu'il peut être fait application de l'article R. 221-12 du même code qui autorise l'huissier pratiquant une saisie-vente, à photographier les biens saisis.

Il convient de se reporter, pour toutes ces formalités matérielles aux explications relatives à la saisie-vente des véhicules (v. s[s] n°s 723.74 s.).

1024.25 **Formalités juridiques.** Une fois le véhicule immobilisé, l'huissier dresse un procès-verbal constatant cette opération et comportant diverses mentions requises à peine de nullité. Ce procès-verbal qui vaut saisie sous la garde du propriétaire du véhicule ou, après son enlèvement, sous celle de la personne qui l'a reçu en dépôt, tient lieu d'acte de remise ou d'appréhension au sens de l'article R. 222-4 C. pr. exéc. (C. pr. exéc., art. R. 223-8). Le débiteur absent lors de l'immobilisation doit en être avisé par une lettre simple comportant certaines informations, adressée ou déposée au lieu où il demeure (C. pr. exéc., art. R. 223-9).

Les formalités juridiques et leurs conséquences sur la garde et l'indisponibilité sont exposées à propos de la saisie-vente des véhicules (v. s[s] n°s 723.81 s., 723.91 s. et 723.96 s.).

1024.26 **Dénonciation-injonction.** L'immobilisation ayant produit son effet préventif, le saisissant doit se conformer aux principes généraux gouvernant la saisie-appréhension en délivrant à la personne tenue de la remise, un acte qui tient lieu de dénonciation du procès-verbal tout en se substituant au commandement prévu à l'article R. 222-2 C. pr. exéc. relatif à la saisie-appréhension de droit commun.

Mais les mentions et les objectifs de cet acte sont différents selon qu'il s'agit de la remise à un propriétaire ou à un créancier gagiste.

SECTION 3
IMMOBILISATION EN VUE DE LA REMISE DU VÉHICULE À SON PROPRIÉTAIRE

1024.30 **Notion de propriétaire.** Le propriétaire du véhicule qui en réclame la restitution peut être un prêteur à usage, un loueur professionnel, un vendeur avec réserve de propriété ou un crédit-bailleur. Dans la pratique, la grande majorité des saisies-appréhension de véhicule avec immobilisation sont initiées par des crédits-bailleurs ou par des prêteurs subrogés dans la propriété réservée. C'est donc par rapport à ces deux catégories de propriétaires que la procédure de remise sera examinée.

§ 1
Crédit-bailleur et prêteur subrogés dans la propriété réservée

1024.31 **Mécanisme du crédit-bail.** Le crédit-bail, également connu sous les noms de leasing, de location-vente ou de location avec option d'achat, est un mode de financement au moyen duquel l'organisme de prêt se constitue une sûreté efficace sur le bien financé.

Cette sûreté consiste à retarder, grâce à la fiction juridique de la location, le transfert de la propriété à l'acheteur à crédit, jusqu'au paiement intégral de la valeur du bien financé et des intérêts du prêt. Elle diffère donc du gage qui est fondé sur le transfert au créancier de la seule possession et s'apparente à la vente avec réserve de propriété.

L'organisme se porte acquéreur du véhicule auprès du constructeur ou du vendeur, puis le donne en location à la personne qui désire l'acheter à crédit. Celle-ci se porte acquéreur du bien à l'expiration du bail, en vertu de la promesse synallagmatique ou unilatérale de vente consentie par la société de crédit. Le véhicule est acheté moyennant un prix convenu tenant compte, au moins partiellement, des versements effectués au titre des loyers. En cours de bail, l'organisme de financement perçoit des loyers dont une partie est affectée à l'amortissement du capital prêté et l'autre au paiement des intérêts échus.

De son côté, la société de crédit-bail est seulement tenue, sous peine d'inopposabilité aux tiers, de faire publier la convention et de ne pas disposer de la chose jusqu'au paiement intégral qui doit consacrer le transfert de propriété. Elle a ainsi, selon la formule des professeurs Marty et Raynaud, « un *abusus* restreint ».

Le crédit-bail aux professionnels est réglementé, en ce qui concerne sa publicité, par une loi n° 66-455 du 2 juillet 1966[1] intégrée à droit constant dans le Code monétaire et financier et un décret d'application n° 72-665 du 4 juillet 1972 visant les biens d'équipement et le matériel d'outillage[2] également repris avec quelques adaptations dans le code précité. Les voitures automobiles, même de tourisme, constituent des biens d'équipement dès lors qu'elles sont utilisées pour le fonctionnement des entreprises locataires[3].

Le crédit-bail aux particuliers est réglementé, en ce qui concerne le formalisme contractuel et les conséquences des incidents de paiement, par le Code de la consommation (C. consom., art. L. 311-2, al. 2, L. 311-11 s., L. 311-25 et D. 311-8).

1024.32 Intérêt pratique du crédit-bail. Pendant toute la durée de la location, l'organisme de financement reste propriétaire du véhicule et ne subit donc pas la loi du concours avec les autres créanciers du crédit-preneur. En cas d'impayé, il lui suffit de se prévaloir de la clause de résiliation contenue dans le contrat et de réclamer la restitution du véhicule en vue de sa revente.

Dans l'hypothèse de l'ouverture d'une procédure collective, il peut revendiquer le bien sur le fondement de l'article L. 624-9 du Code de commerce[4], dans un délai préfix de trois mois.

Toutefois, si le crédit-preneur ne s'exécute pas spontanément, la société de crédit-bail va être contrainte de pratiquer une saisie pour exercer, entre les mains du locataire ou d'un tiers détenteur (réparateur ou garagiste), le droit de suite qu'elle tient de sa qualité de propriétaire. Elle peut, préventivement, immobiliser celui-ci par l'un des procédés prévus par l'article L. 223-2 C. pr. exéc.

En général, à ce stade de la procédure, l'organisme ne détient pas encore le titre exécutoire qui, seul, lui permet de procéder d'emblée à une saisie-appréhension par immobilisation. Il doit donc se procurer ce titre au moyen de la procédure expéditive, de l'injonction de restituer, au cours de laquelle il peut sauvegarder son véhicule en pratiquant, parallèlement, une mesure conservatoire, la saisie-revendication.

C'est donc par la combinaison savante et complexe de plusieurs procédures, que la société de crédit va parvenir à récupérer le véhicule financé en vue de sa revente.

1024.33 Subrogation dans la propriété réservée. Depuis quelques années, les organismes de financement tendent à garantir leur créance en se faisant subroger dans la clause de réserve de propriété dont bénéficie le vendeur. La Cour de cassation admet en effet que le vendeur désintéressé par le prêteur subroge celui-ci, non seulement dans la créance du prix de vente, mais encore dans la sûreté accessoire que constitue la propriété réservée[5]. Le paiement avec subrogation éteint la créance à l'égard du vendeur mais la laisse subsister au profit du prêteur subrogé dans tous ses droits et actions. L'action en revendication lui est ainsi ouverte, dès lors qu'il n'y a pas lieu de distinguer selon qu'elle est exercée par le créancier originaire ou un tiers subrogé. Cet engouement pour la propriété réservée qui tend à supplanter le gage automobile, paraît inspiré, au moins partiellement, par le souci d'éviter d'exposer des frais d'inscription.

On a reproché aux vendeurs à crédit de véhicules automobiles ou aux établissements financiers ayant prêté leur concours, de vouloir tourner à moindre frais par le biais de la propriété réservée, les dispositions du décret n° 53-968 du 30 septembre 1953 (dont les dispositions essentielles sont intégrées dans les articles 2351 à 2353 du Code civil) organisant à leur profit une sûreté spécifique, sous la forme d'un gage sans dépossession comportant une publicité obligatoire, qui aurait été exclusive de toute autre garantie. La Cour de cassation n'a cependant pas retenu cette objection et a considéré que la revendication est ouverte sans qu'il y ait lieu de distinguer selon que le vendeur ou le prêteur qui lui est substitué, peut bénéficier d'un gage ou d'une

1. L. n° 66-455, 2 juill. 1966, relative aux entreprises pratiquant le crédit-bail, *JO* 3 juill., p. 5652.
2. Décr. n° 72-665, 4 juill. 1972, relatif à la publicité des opérations de crédit-bail en matière mobilière et immobilière, *JO* 14 juill., p. 7456.
3. Com. 15 déc. 1975, n° 74-10.365, *Bull. civ.* IV, n° 301; *D.* 1976. 407, note Lucas de Leyssac.
4. C. com., anc. art. L. 621-115 [réd. L. 25 janv. 1985, art. 115].
5. Com. 15 mars 1988, n°s 85-18.623 et 86-13.687, *Bull. civ.* IV, n° 106; *GAJC*, 12e éd., Dalloz, 2008, n° 301; *D.* 1988. 330, note Pérochon; *JCP* 1989. II. 21348, obs. Morançais-Demeester – Com. 5 oct. 1993, n° 91-14.194, *Bull. civ.* IV, n° 314; *D.* 1993. 234; *RTD com.* 1994. 345, obs. Bouloc; 570, obs. Martin-Serf.

clause de réserve de propriété[1]. Il convient toutefois de relever que si ces derniers peuvent opter entre ces deux sûretés, ils ne devraient pas en revanche pouvoir les cumuler. En effet, la propriété réservée est exclusive du gage et l'acheteur qui n'est pas devenu propriétaire du véhicule ne peut l'engager au profit du vendeur ou du prêteur subrogé dans ses droits. On constate cependant en pratique que des modèles de contrat de crédit contiennent à la fois une clause de subrogation du prêteur dans la propriété réservée et une clause de constitution de gage à son bénéfice, sans indiquer clairement quelle est l'option choisie.

Il faut préciser que la Cour de cassation estime que le privilège du vendeur d'immeuble n'exclut pas le droit pour celui-ci d'invoquer une clause de réserve de propriété[2]. Toutefois, dans cette affaire, le vendeur n'entendait pas se prévaloir de son privilège ou de la propriété réservée, mais seulement faire jouer l'action résolutoire appartenant à tout vendeur impayé, en vertu de l'article 1654 du Code civil. Selon le commentateur P.-M. Le Corre, « *l'extrapolation à partir de cette décision semble donc difficile et il ne peut, en conséquence, être affirmé que la Cour de cassation accepterait le jeu cumulé d'une clause de réserve de propriété par voie directe ou par subrogation, et celle d'une autre sûreté* ». Une décision d'un tribunal d'instance favorablement commentée a jugé que la clause qui stipule au profit du prêteur une réserve de propriété d'un véhicule et un gage sur même véhicule est abusive[3].

1024.34 Mécanisme et preuve de la subrogation. Le procédé le plus courant en pratique est la subrogation consentie par le créancier. Certains contrats de crédit automobile contiennent une clause pré-imprimée par laquelle vendeur et acheteur déclarent que le transfert de la propriété de ce bien est différé jusqu'au paiement intégral de son prix, lequel doit être acquitté au moyen d'un prêt. Vendeur et acheteur apposent leur cachet ou leur signature aux fins d'acceptation. Pour respecter les dispositions de l'article L. 624-16 du Code de commerce[4] selon lesquelles la clause doit avoir été acceptée au plus tard au moment de la livraison, le modèle de contrat mentionne que le vendeur et l'acheteur à crédit affirment qu'au jour de sa signature, le véhicule n'est pas encore livré. Les pièces de certains dossiers révèlent cependant que cette affirmation n'est pas toujours sincère. Il en est notamment ainsi lorsque la date de l'offre préalable est antérieure à celle de la réserve de propriété et que l'emprunteur a demandé la livraison immédiate (sur la clause de réserve de propriété, v. s^{s} n°s 1011.41 s.).

Le modèle de contrat contient une seconde clause par laquelle le vendeur déclare subroger le prêteur dans tous ses droits et actions, notamment, dans la propriété réservée. Pour satisfaire aux dispositions de l'article 1250 du Code civil subordonnant la validité de la subrogation à sa concomitance avec le paiement, le contrat prévoit que celle-ci ne deviendra effective qu'à l'instant même du règlement qui sera fait au vendeur par le prêteur, sous réserve de l'acceptation du prêt. La Cour de cassation admet à cet égard que la condition de concomitance posée par l'article précité puisse être remplie lorsque le subrogeant a manifesté expressément, fût-ce dans un document antérieur, sa volonté de subroger son cocontractant à l'instant même du paiement[5] (il en est jugé ainsi à propos d'un ensemble contractuel indivisible entre un constructeur automobile, un concessionnaire et un organisme de financement[6]). Il faut cependant que le vendeur exécute son engagement en signant à la société de crédit, au moment du déblocage des fonds prêtés, une quittance subrogative. Il appartient au prêteur qui se prétend subrogé, de rapporter la preuve de la subrogation et de sa concomitance avec le paiement[7]. La subrogation n'étant pas un contrat solennel, son existence et sa date peuvent être démontrées par tout moyen au-dessous du seuil fixé par l'article 1341 du Code civil ou à l'encontre d'un commerçant. En pratique la production par le prêteur d'une quittance subrogative signée du vendeur constitue une preuve suffisante. À noter cependant que la Cour de cassation estime que la quittance subrogative ne fait pas preuve par elle-même, de la concomitance de la subrogation et du paiement[8].

Certains organismes de crédit ont recours à la subrogation consentie par le débiteur qui nécessite l'établissement d'un acte notarié mais cette technique, plus lourde, est peu utilisée.

1. Com. 5 oct. 1993, n° 91-14.194 (préc. s^{s} prés^{t} n°).
2. Com. 28 sept. 2004, n° 03-10.332, *Bull. civ.* IV, n° 172; *D.* 2004. 2561, obs. Lienhard; *D.* 2005. 292, obs. Le Corre et Lucas.
3. TI Villeurbanne, 19 nov. 2012, n° 2012-027939, *CCC* 2013. 18, note Raymond – Sur la propriété réservée en droit de la consommation, v. C. Noblot, « La clause de réserve de propriété dans les contrats de consommation », *CCC* 2013. 37.
4. C. com., anc. art. L. 621-122 [anc. L. 25 janv. 1985, art. 121].
5. Com. 29 janv. 1991, n° 89-10.085, *Bull. civ.* IV, n° 48; *RTD civ.* 1991. 531 obs. Mestre.
6. Com. 2 févr. 1993, n° 91-11.569, *Bull. civ.* IV, n° 38; *RTD com.* 1994. 96, obs. Bouloc – V. AUSSI : Civ. 1re, 28 mai 2002, n° 99-17.733, *Bull. civ.* I, n° 154; *JCP* 2002. IV. 2230; *RTD com.* 2002. 523, obs. Cabrillac.
7. Civ. 1re, 23 mars 1999, n° 97-11.685, *Bull. civ.* I, n° 105; *RDI* 1999. 671, obs. Durry; *RTD civ.* 2000. 330, obs. Mestre et Fages.
8. Civ. 1re, 23 mars 1999, n° 97-11.685 (préc. s^{s} prés^{t} n°).

§ 2
Modalités de l'appréhension par immobilisation

1024.41 Appréhension sur injonction du juge. En cas d'incident de paiement, le crédit-bailleur se prévaut de la clause de résiliation contenue dans le contrat et met le locataire en demeure, non seulement de lui régler l'arriéré de loyers et l'indemnité conventionnelle de résiliation, mais encore de lui remettre le véhicule donné en location. En cas de refus ou d'inertie, il a recours à la procédure d'injonction de restituer qui doit lui permettre de pratiquer une saisie-appréhension par immobilisation. À cette occasion, le juge saisi d'une requête procède à des vérifications qui peuvent le conduire à prendre une décision de rejet.

Lorsque le créancier bénéficie de la propriété réservée, il procède de la même manière. En effet, la clause de réserve de propriété s'analyse en une condition suspensive de la vente. Le défaut de paiement entraîne sa caducité et ouvre droit à la restitution du véhicule. La propriété réservée est indivisible et le vendeur la conserve jusqu'au paiement intégral du prix. Si ce prix est réglé partiellement comptant et financé au moyen d'un crédit pour son solde, le prêteur est néanmoins valablement subrogé dans la clause sans que l'on puisse lui opposer une restitution partielle. La restitution doit porter sur tous les véhicules objet de la propriété réservée[1]. En cas de refus du débiteur, l'injonction peut donc viser l'ensemble des véhicules.

1024.42 Publicité et appréhension. La publicité du crédit-bail aux entreprises est organisée par les articles R. 313-3 et suivants du Code monétaire et financier[2]. Elle doit permettre l'identification des parties et des biens objets du crédit-bail, par une inscription sur un registre ouvert au tribunal de commerce ou au tribunal de grande instance statuant commercialement. Cette inscription se prescrit par cinq ans sauf renouvellement (C. mon. fin., art. L. 313-11[3]). À défaut d'accomplissement de ces formalités dans les conditions réglementaires, l'entreprise de crédit-bail ne peut opposer aux créanciers ou aux ayants cause à titre onéreux de son client, ses droits sur le bien dont elle a conservé la propriété, sauf si elle établit que les intéressés avaient eu connaissance de ces droits (C. mon. fin., art. R. 313-10[4])[5]. Il faut préciser que la publicité, qui fait présumer la connaissance par les tiers du contrat de crédit-bail, dispense le crédit-bailleur de faire reconnaître son droit de propriété au cours de la procédure collective et lui permet de demander la restitution de son bien sans agir en revendication. Si cette publicité n'a pas été faite, il est contraint de revendiquer son véhicule et de démontrer que le tiers était effectivement informé de l'existence de son droit de propriété (C. com., art. L. 624-10[6]). Le défaut de publicité a pour seul effet d'empêcher le crédit-bailleur de se prévaloir envers les créanciers ou ayants cause à titre onéreux du crédit-preneur de son droit de propriété sur la chose louée, mais n'affecte pas ses droits sur les mensualités perçues antérieurement à l'ouverture de la procédure[7]. Toutefois, le crédit-preneur n'a pas qualité pour se prévaloir de l'inobservation des mesures de publicité[8]. Dans ces conditions, le JEX ne peut rejeter une requête aux fins d'injonction de délivrer ou de restituer au motif que le crédit-bailleur ne justifie pas de l'accomplissement des formalités de publicité prévues par la loi.

À noter que même s'il a fait publier son droit, le crédit-bailleur ne peut revendiquer le bien dont il est propriétaire contre le sous-acquéreur possesseur de bonne foi qui bénéficie de l'article 2276 du Code civil (anc. art. 2279)[9]. C'est que la publicité organisée par le décret de 1972 (devenu C. mon. fin., art. R. 313-3 s.) qui est essentiellement nominative, tend à l'information des créanciers et des ayants droit directs du crédit-preneur. Le sous-acquéreur qui n'est que son ayant droit indirect n'est pas susceptible d'être efficacement touché par la publicité, sauf à établir qu'il a, par ailleurs, eu effectivement connaissance du contrat de crédit-bail. Une contestation de ce chef peut donc s'élever au stade de la saisie-appréhension[10].

La clause de réserve de propriété est également soumise aux formalités de publicité prévues par les articles R. 313-4 du Code monétaire et financier ou 63 du décret n° 2005-1677 du 28 décembre 2005[11]. L'identité des parties au contrat et, le cas échéant, celle des personnes qui leur sont substituées doivent être mentionnées.

1. Com. 15 mars 1988, n°s 85-18.623 et 86-13.687, P (préc. s^s^ n° 1024.33).
2. Anc. Décr. 4 juill. 1972.
3. Anc. L. 2 juill. 1966, art. 1-4.
4. Anc. Décr. 4 juill. 1972, art. 8.
5. Com. 11 mai 2010, n° 09-14.048, *Bull. civ.* IV, n° 88; *D.* 2010. 1276; *Rev. sociétés* 2010. 409, obs. Roussel Galle; *RTD com.* 2011. 174, obs. Martin-Serf.
6. C. com., anc. art. L. 621-116.
7. Com. 29 avr. 2014, n° 13-12.528, *Bull. civ.* IV, n° 73; *D.* 2014. 1036.
8. Com. 16 mai 1995, n° 93-13.063, *Bull. civ.* IV, n° 143; *D.* 1996. 214, obs. Pérochon; *JCP* 1995. II. 22497, note Clément; *RTD com.* 1996. 110, obs. Bouloc.
9. Com. 14 oct. 1997, n° 95-10.006, *Bull. civ.* IV, n° 257; *D.* 1997. 234; *D.* 2000. 74, obs. Mainguy; *RTD com.* 1998. 402, obs. Bouloc.
10. V. AUSSI : R. Rolland, « Le crédit-bailleur face au tiers acquéreur dans le crédit-bail mobilier », *Rev. huiss.* 1998. 581.
11. Décr. 28 déc. 2005, art. 117.

Toutefois, l'inobservation de cette publicité ne semble pas rendre la clause inopposable aux tiers, mais oblige seulement le créancier dans le cadre d'une procédure collective, à engager l'action en revendication pour faire reconnaître son droit de propriété (la chambre commerciale de la Cour de cassation a statué sur l'opposabilité de la clause au sous-acquéreur en l'absence de publicité[1]). Elle ne saurait *a fortiori*, faire obstacle à une demande en restitution formée par une requête en injonction devant le JEX.

1024.43 Forclusion et appréhension. Le crédit-bail aux consommateurs est réglementé par le Code de la consommation dont l'article L. 311-52 (C. consom., anc. art. L. 311-37) dispose que les actions en paiement trouvant leur source dans un contrat de crédit doivent être engagées devant le tribunal d'instance dans les deux ans de l'événement qui leur a donné naissance à peine de forclusion. L'action en restitution du véhicule est-elle soumise à ce délai préfix et le JEX auquel une requête aux fins d'injonction de restituer est présentée peut-il la rejeter lorsqu'il constate que le crédit-bailleur est manifestement forclos. Depuis un arrêt du 20 décembre 1994[2], la Cour de cassation estime que l'action en revendication par laquelle le propriétaire d'un meuble en réclame la restitution à celui à qui il l'a remis à titre précaire, naît de son droit de propriété et de l'absence de droit du détenteur. Il en résulte que la forclusion prévue à l'ancien article L. 311-37 du Code de la consommation, ne constitue pas un titre pour le locataire et n'est pas applicable à l'action en revendication de la chose louée exercée par le crédit-bailleur. Dans ces conditions le JEX ne peut rejeter la requête en dépit de la forclusion de l'action en paiement des loyers et de l'indemnité de résiliation.

Ces observations sont également valables pour le prêteur subrogé dans la propriété réservée lorsqu'il est forclos à engager son action en paiement.

1024.44 Immobilisation et appréhension. Une fois l'ordonnance d'injonction revêtue de la formule exécutoire, le crédit-bailleur ou le bénéficiaire de la propriété réservée, peut procéder à la saisie-appréhension. Toutefois, conformément à l'article R. 222-16 C. pr. exéc., il doit obligatoirement opérer selon les modalités prévues par les articles R. 223-6, R. 223-8, R. 223-9 et R. 223-12 du même code, s'il choisit d'immobiliser le véhicule.

1. Com. 11 mai 1993, n° 90-21.903, *Bull. civ.* IV, n° 184; *D.* 1993. 145; *JCP E* 1993. I. 277, n° 15, obs. Cabrillac et Pétel.
2. Civ. 1re, 20 déc. 1994, n° 93-11.624, *Bull. civ.* I, n° 384; *RTD com.* 1995. 637, obs. Bouloc.

1024.45 Procès-verbal d'immobilisation. Après avoir immobilisé le véhicule au moyen de l'appareil comportant son cachet et son numéro de téléphone et, le cas échéant, après l'avoir photographié (C. pr. exéc., art. R. 223-6), l'huissier dresse un procès-verbal contenant certaines mentions requises à peine de nullité (C. pr. exéc., art. R. 223-8 – v. ss nos 723.92 s.) qui tient lieu d'acte de remise ou d'appréhension au sens de l'article R. 222-4 C. pr. exéc. (v. ss nos 1021.23 s.).

L'immobilisation vaut saisie sous la garde du propriétaire du véhicule ou, après son enlèvement, sous la garde de celui qui l'a reçu en dépôt (C. pr. exéc., art. R. 223-8 *in fine*).

C'est donc le crédit-bailleur ou le bénéficiaire de la propriété réservée qui, en l'absence d'enlèvement, assume les fonctions de gardien, ce qui constitue une dérogation au principe posé par l'article L. 141-2 C. pr. exéc. selon lequel c'est le saisi ou le tiers qui est réputé gardien.

1024.46 Dénonciation du procès-verbal. Selon l'article R. 223-12 C. pr. exéc., si le véhicule a été immobilisé pour être remis à son propriétaire, l'huissier signifie à la personne tenue de la remise, huit jours au plus tard après l'immobilisation, un acte contenant à peine de nullité :

« *1° La copie du procès-verbal d'immobilisation;*

2° une injonction d'avoir, dans un délai de huit jours, à se présenter à l'étude de l'huissier de justice pour convenir avec lui des conditions de transport du véhicule, avec l'avertissement qu'à défaut il sera transporté à ses frais pour être remis à la personne désignée dans le titre;

3° l'indication que les contestations peuvent être portées, au choix de la personne tenue de la remise, devant le juge de l'exécution du lieu où elle demeure ou du lieu d'immobilisation du véhicule ».

Cet acte remplace tout d'abord le commandement de délivrer ou de restituer prévu par l'article R. 222-2 C. pr. exéc. en matière de saisie-appréhension de droit commun. Il contient en effet une injonction au débiteur ainsi que des informations équivalentes.

L'injonction de se présenter à l'étude pour discuter des conditions du transport est de nature à éviter des frais inutiles, notamment si le débiteur accepte de conduire lui-même le véhicule là où il doit être remis. Cet aspect « consensuel » de la restitution est la mise en application, dans le cadre de la saisie-appréhension des véhicules terrestres à moteur, du principe posé par l'article L. 223-2 C. pr. exéc. selon lequel cette mesure de contrainte ne se justifie pas lorsque le débiteur s'offre à effectuer le transport du bien à ses frais.

Il dénonce à la personne tenue de la remise le procès-verbal d'immobilisation puisqu'il doit en contenir la copie. Ce procès-verbal tient lieu d'acte de remise ou d'appréhension au sens de l'article R. 222-4 C. pr. exéc. puisqu'il comporte les mêmes mentions que celui-ci notamment l'état descriptif du véhicule.

1024.47 Délai de huit jours. L'acte doit être délivré huit jours au plus tard après l'immobilisation. L'article R. 223-12 C. pr. exéc. ne prévoit pas expressément que l'acte tardif est frappé de caducité. Cependant, l'expression « au plus tard » permet de penser que c'est cette sanction qui doit être prononcée.

1024.48 Tiers détenteur. Si la substitution des formalités de la saisie par immobilisation à celles de la saisie-appréhension de droit commun se conçoit aisément lorsque le véhicule se trouve dans un local appartenant au débiteur ou sur la voie publique, cette substitution est moins évidente lorsque celui-ci est entre les mains d'un tiers. Les articles R. 223-6, R. 223-8, R. 223-9 et R. 223-12 C. pr. exéc. ne contiennent en effet aucune disposition comparable à celles des articles R. 222-7 à R. 222-10 du même code (sommation de remettre le bien, ordonnance du JEX en cas de défaut de remise volontaire – v. s[s] n°s 1021.60 s. et 1021.71 s.). Aucune dénonciation au tiers détenteur n'a été prévue et rien n'a été envisagé pour prendre en compte sa contestation éventuelle. Celui-ci peut se prévaloir d'un droit propre sur le véhicule et opposer à l'organisme de financement un défaut de publicité. Faut-il alors considérer que dans l'hypothèse de l'immobilisation d'un véhicule détenu par un tiers, on doit revenir, après la signification de l'acte prévu par l'article R. 223-12 C. pr. exéc., aux formalités prescrites aux articles R. 222-7 et suivants du même code ?

1024.49 Droit propre invoqué par le tiers. Le tiers qui détient le véhicule peut se prévaloir d'un droit de rétention trouvant son origine dans le défaut de paiement d'une facture de réparation ou de gardiennage. Depuis l'ordonnance du 23 mars 2006, relative aux sûretés, le Code civil consacre, dans son article 2286, l'efficacité du droit de rétention du créancier qui ne s'est pas dessaisi de la chose qui lui a été remise ou qu'il était tenu de livrer ou de restituer. La Haute juridiction estime qu'il s'agit d'un droit réel, opposable à tous, y compris aux tiers non tenus à la dette et qui peut être exercé pour toute créance née à l'occasion de la chose retenue. Ainsi, une société de location peut se voir opposer par le garagiste auquel le locataire a confié le véhicule loué, un refus de restitution tant que ses travaux ou même ses frais de gardiennage ne lui sont pas réglés[1] (v. s[s] n°s 714.142 s.). Le vendeur impayé peut opposer à la revendication du sous-acquéreur de bonne foi son droit de rétention sur les documents administratifs afférents au véhicule vendus, même si ce sous-acquéreur a désintéressé le vendeur intermédiaire et si ce vendeur se trouve en liquidation judiciaire[2]. Le droit de rétention du prêteur sur les documents administratifs relatifs à des véhicules ne s'étend pas aux véhicules eux-mêmes et il n'en résulte pas un droit pour le prêteur de se faire attribuer le produit de la vente de ces véhicules[3].

Le tiers peut également être un sous-acquéreur de bonne foi qui peut se prévaloir des dispositions de l'article 2276 du Code civil. Il doit cependant justifier d'une possession exempte de vice et démontrer sa bonne foi. S'agissant de véhicule automobile, la possession de la carte grise, joue un rôle plus ou moins déterminant selon les usages professionnels en vigueur. La Haute juridiction estime d'une manière générale que le sous acquéreur ne peut invoquer qu'une possession équivoque s'il n'a pas pris la précaution d'exiger de son vendeur, non seulement la délivrance du véhicule, mais également celle de sa carte grise qui constitue un accessoire indispensable à son immatriculation[4]. Elle considère toutefois qu'il n'est pas de mauvaise foi lorsqu'il n'a pas réclamé immédiatement le certificat d'immatriculation s'il est d'usage courant, dans la profession, de remettre ce document dans les quinze jours de la transaction[5].

§ 3
Suites de l'appréhension

1024.51 Vente du véhicule. La saisie-appréhension ayant abouti, par le procédé de l'immobilisation, à la remise du véhicule à son propriétaire, on pourrait logiquement penser que les opérations sont terminées. En effet, la saisie-appréhension a atteint son objectif dès que le propriétaire exerçant son droit de suite recouvre la possession de son

1. Com. 3 mai 2006, n° 04-15.262, *Bull. civ.* IV, n° 106; *JCP* 2006. IV. 2182; *RTD civ.* 2006. 584, obs. Revet.
2. Civ. 1re, 24 sept. 2009, n° 08-10.152, *Bull. civ.* I, n° 178; *JCP* 2009. 380, note Aynès; *CCC* 2009, n° 284, note Leveneur – V. AUSSI : P. Simler et Ph. Delebecque, *JCP* 23 nov. 2009, p. 43 – Civ. 1re, 8 oct. 2009, n° 08-20.048, *Bull. civ.* I, n° 204; *D.* 2010. 480, obs. Delpech, note Mouly-Guillemaud.
3. Com. 23 avr. 2013, n° 12-13.690, *Bull. civ.* IV, n° 66; *D.* 2013. 1129.
4. Civ. 1re, 30 oct. 2008, n° 07-19.633, *Bull. civ.* II, n° 242; *JCP* 2008. IV. 2889; *D.* 2008. 2935; *RTD civ.* 2009. 144, obs. Revet; *JCP* 2009. I. 127, n° 7, chron. Périnet-Marquet.
5. Com. 24 avr. 2007, n° 05-17.778, *Bull. civ.* IV, n° 115; *JCP* 2007. IV. 2109; *JCP* 2007. I. 197, n° 2, chron. Périnet-Marquet; *D.* 2007. 1337, obs. Delpech; *RTD com.* 2007. 824, obs. Bouloc.

bien. Celui-ci étant rempli de ses droits, l'exécution forcée est arrivée à son terme.

Toutefois ce schéma théorique n'est pas celui que l'on rencontre le plus souvent en pratique avec le développement des sûretés fondées sur la suspension du transfert de la propriété (crédit-bail, vente avec réserve de propriété).

Dans ces hypothèses, la propriété n'a pas été acquise ou conservée pour elle-même mais pour constituer une garantie absolue. Le véhicule remis n'a pas vocation à rester dans le patrimoine de l'organisme de financement. Il est vendu de gré à gré ou dans le cadre d'une vente publique volontaire afin d'apurer la dette du débiteur constituée, selon le contrat, soit par les loyers impayés et l'indemnité de résiliation conventionnelle, soit par les échéances du prêt et le capital exigible par anticipation.

1024.52 Forme de la vente. Elle n'est pas réglementée, puisqu'elle n'est théoriquement pas concevable en matière de saisie-appréhension lorsque le bien qui en est l'objet doit être remis à son propriétaire. Elle a donc lieu de gré à gré.

Toutefois il arrive souvent qu'elle soit faite aux enchères. Il s'agit alors d'une vente publique volontaire, dont les frais ne devraient pas être supportés par le débiteur qui n'a pas à souffrir du fait que l'organisme de financement a opté pour des modalités coûteuses et non imposées par la loi.

Ces ventes sont principalement organisées et réalisées par des sociétés de forme commerciale régies par le Code de commerce et dont l'activité est elle-même réglementée par ce code. Elles peuvent également être organisées et réalisées à titre accessoire, par les notaires et les huissiers de justice dans le cadre de leur office et selon les règles qui leur sont applicables (C. com., art. L. 321-2).

1024.53 Faculté de présenter un acheteur au crédit-bailleur. Quelles que soient les modalités choisies par l'organisme (vente aux enchères ou de gré à gré), le prix obtenu est le plus souvent modique, au détriment du débiteur. Cela s'explique par le fait que les acheteurs sont généralement des professionnels de l'automobile, le plus souvent des agents de la marque du constructeur dont l'organisme de financement est l'émanation (la DIAC pour Renault par exemple).

L'article D. 311-8 du Code de la consommation[1] autorise donc le locataire à présenter un acquéreur, qui doit faire une offre écrite dans les trente jours de la résiliation.

Le crédit-preneur doit pouvoir être en mesure d'exercer cette possibilité. Est réputée abusive la clause qui lui impose de restituer le véhicule loué dans les plus brefs délais à compter de la résiliation et l'empêche ainsi de mettre en œuvre la faculté de présentation d'un acquéreur[2].

Si le bailleur n'accepte pas cette offre et s'il vend ultérieurement à un prix inférieur, la valeur à déduire devra être celle de l'offre refusée par lui. Si le bien loué est hors d'usage, la valeur vénale est obtenue en ajoutant le prix de vente et le montant du capital versé par la compagnie d'assurance. Le crédit-bailleur est tenu d'informer le crédit-preneur de l'existence et des modalités d'exercice de cette faculté de présentation (C. consom., art. R. 311-5-1 et D. 311-8, al. 4). Cette obligation d'information contractée par la société de location se résout en dommages-intérêts en cas d'inexécution[3].

Cette faculté n'est toutefois ouverte qu'en matière de crédit à la consommation, les crédits preneurs professionnels ne pouvant en bénéficier sauf si la convention le prévoit. Les emprunteurs consommateurs dont le prêteur est subrogé dans la propriété réservée ne peuvent pas non plus se prévaloir de l'article D. 311-8 qui ne vise que le crédit-bail.

Cependant, ne pourrait-on pas considérer, que tout débiteur saisi doit pouvoir disposer d'un délai pour tenter de trouver un acquéreur à l'amiable, quelle que soit la procédure utilisée à son encontre et, quelle que soit la nature du contrat de financement souscrit par lui ? Cette faculté constitue en matière de procédure d'exécution, « *une manifestation originale des droits de la défense* » selon l'expression de H. Croze et de T. Moussa (cité s^s n° 1021.55).

La Cour de cassation tend d'ailleurs à poser implicitement des limites au droit du crédit-bailleur de vendre son bien comme il l'entend, dans le cadre de sa jurisprudence en matière de clauses abusives. Elle estime que dans les contrats d'adhésion signés par les consommateurs, la clause intégrant le prix de revente du véhicule repris dans le calcul de l'indemnité de résiliation, constitue un abus de puissance économique procurant au crédit-bailleur un avantage excessif, en ce qu'elle prive le preneur, tenu de restituer d'abord la voiture, de toute possibilité de rechercher lui-même un acheteur ou d'exercer un contrôle sur les conditions de la revente[4].

1024.54 Faculté de demander une expertise en cas de crédit-bail. En cas de contestation sur le

1. C. consom., anc. art. R. 331-13, issu de Décr. 17 mars 1978, art. 3.
2. Civ. 1re, 10 avr. 2013, n° 12-18.169, *Bull. civ.* I, n° 75; *CCC* 2013. 170, note Raymond.
3. Civ. 1re, 4 juill. 2000, *Rev. huiss.* 2001. 52 obs. Bazin.
4. Civ. 1re, 6 janv. 1994, n° 91-19.424, *Bull. civ.* I, n° 8; *D.* 1994. 209, obs. Delebecque; *JCP* 1994. II. 22237, note Paisant; *RTD civ.* 1994. 174, obs. Perrot; 601, obs. Mestre; *RTD com.* 1994. 540, obs. Bouloc.

montant du prix obtenu, l'article D. 311-8 du Code de la consommation permet au locataire de demander que la valeur vénale soit déterminée à dire d'expert.

Il doit être informé de cette possibilité d'évaluation (à défaut, le tribunal pourrait rehausser le prix de vente déductible de l'indemnité de résiliation).

À noter que de nombreux contrats de crédit-bail ayant pour objet un véhicule professionnel, prévoient le recours à une expertise en cas de litige sur sa valeur et son état au moment de sa restitution.

1024.55 **Indemnité de résiliation due au crédit-bailleur.** Les conditions générales des contrats de location-vente prévoient que les indemnités conventionnelles de résiliation sont calculées en déduisant le prix de vente du véhicule restitué, de la somme des loyers non échus au jour de la résiliation, augmentée du montant de l'option d'achat prévu en fin de bail. En matière de crédit-bail aux consommateurs, l'article D. 311-8 du Code de la consommation détermine avec précision les modalités de calcul de l'indemnité de résiliation. L'indemnité est égale « *à la différence entre, d'une part, la valeur résiduelle hors taxes du bien stipulée au contrat augmentée de la valeur actualisée, à la date de la résiliation du contrat, de la somme hors taxes des loyers non encore échus et, d'autre part, la valeur vénale hors taxes du bien restitué* ». « *La valeur actualisée des loyers non encore échus est calculée selon la méthode des intérêts composés en prenant comme taux annuel de référence le taux moyen de rendement des obligations émises au cours du semestre civil précédant la date de conclusion du contrat majoré de la moitié.* »

Le montant de cette indemnité est majoré des taxes fiscales applicables (not. de la TVA) en vertu du dernier alinéa de l'article D. 311-8 précité (la chambre commerciale de la Cour de cassation a statué sur l'inclusion dans l'indemnité de résiliation, de la TVA et des intérêts légaux[1]).

L'indemnité est réductible sur le fondement des articles 1152 et 1231 du Code civil (C. consom., art. L. 311-25[2]).

L'action en paiement des loyers et de l'indemnité de résiliation dus par un consommateur doit être engagée, à peine de forclusion, dans le délai préfix de deux ans prévu par l'article L. 311-52 du Code de la consommation.

L'action en paiement des loyers et de l'indemnité due par un professionnel est soumise à la prescription de droit commun qui est désormais de cinq ans tant en matière civile (C. civ., art. 2224) que commerciale (C. com., art. L. 110-4 – L. n° 2008-561, 17 juin 2008, art. 1 et 15[3]).

1024.56 **Imputation du prix sur la créance du prêteur subrogé dans la propriété réservée.** La valeur du véhicule restitué ou son prix de cession s'il est vendu, doit s'imputer sur la créance du vendeur ou du prêteur subrogé dans ces droits.

Mais l'action en revendication d'un bien vendu avec clause de réserve de propriété n'est pas une action en résolution de la vente et le prêteur subrogé dans la sûreté que constitue la propriété réservée n'est tenu de rembourser les sommes perçues en exécution du prêt, que dans la mesure où la valeur du bien restitué (ou son prix de cession) excède le montant du solde qui lui reste dû[4].

On doit relever à cet égard que l'article 2371 du Code civil issu de l'ordonnance n° 2006-346 du 23 mars 2006 relative aux sûretés[5] prend soin de préciser qu'à défaut de complet paiement à l'échéance, le créancier peut demander la restitution du bien afin de recouvrer le droit d'en disposer. Il ne mentionne cependant pas que c'est la propriété du bien qui est recouvrée. Ce texte ajoute d'ailleurs que la valeur du bien repris est imputée à titre de paiement sur le solde de la créance garantie. Si cette valeur excède le montant de la dette encore exigible, le créancier doit au débiteur une somme égale à la différence.

SECTION 4
IMMOBILISATION EN VUE DE LA REMISE DU VÉHICULE À UN CRÉANCIER GAGISTE (VÉHICULES IMMATRICULÉS GAGÉS) EN APPLICATION DES ARTICLES 2351 À 2353 DU CODE CIVIL

1024.60 **Textes applicables.** Le gage des véhicules automobiles est réglementé par les articles 2351 à 2353 du Code civil et 2 du décret n° 53-968 du 30 septembre 1953. Ce dernier décret qui réglementait le gage des véhicules faisant l'objet d'une vente à crédit a été abrogé par l'ordonnance n° 2006-346 du 23 mars 2006 relative à la réforme des sûretés. Il devait être remplacé par un nouveau décret qui devait être pris au plus tard le 1er juillet 2008 qui ne l'a

1. Com. 11 mai 1993, n° 90-20.293, *Bull. civ.* IV, n° 177; *RTD com.* 1994. 101, obs. Bouloc – Civ. 1re, 7 mars 1995, n° 93-10.766, *Bull. civ.* I, n° 115; *RTD com.* 1995. 834, obs. Bouloc.
2. C. consom., anc. art. L. 311-31.
3. L. n° 2008-561, 17 juin 2008, portant réforme de la prescription en matière civile, *JO* 18 juin, p. 9856.
4. Com. 23 janv. 2001, n° 97-21.660, *Bull. civ.* IV, n° 23; *D.* 2001. 703; 702, obs. Lienhard; *Gaz. Pal.* 18-20 mars 2001. Pan. 18; *RTD civ.* 2001. 398, obs. Crocq; 401, obs. Crocq; *RTD com.* 2001. 499, obs. Bouloc; 518, obs. Martin-Serf – M. Cabrillac « Redressement et liquidation judiciaires des entreprises », *JCP* 2001. I. 321, n° 13.
5. Ord. n° 2006-346, 23 mars 2006, relative aux sûretés, *JO* 24 mars, p. 4475.

cependant toujours pas été. Toutefois, une partie des dispositions du décret abrogé sont manifestement restées en vigueur, à savoir celles de son article 2 sur les **formalités d'inscription du gage en préfecture**, lesquelles ont fait l'objet d'une modification intervenue le 9 février 2009 (Décr. n° 2009-136 [1]). L'article R. 223-1 C. pr. exéc. issu du décret de codification n° 2012-783 du 30 mai 2012 [2] qui réglemente la saisie par déclaration à l'autorité administrative, renvoie expressément aux dispositions de l'article 2 du décret du 30 septembre 1953 pour l'information de l'huissier instrumentaire au sujet d'une éventuelle inscription de gage sur le véhicule objet de la saisie. Il faut donc en conclure que l'article 2 du décret précité est toujours en vigueur et demeure en l'état, le seul texte régissant les modalités de l'inscription du gage sur le véhicule terrestre à moteur [3].

Les textes susmentionnés ne visent que ceux assujettis à l'immatriculation et à la déclaration de mise en circulation. Ils laissent donc en dehors de leur champ d'application, les véhicules terrestres à moteurs non soumis à ces formalités administratives. Il s'agit notamment des machines agricoles et des engins de travaux publics. Leur affectation en gage est en fait régie par un autre texte, la loi n° 51-59 du 18 janvier 1951 relative au nantissement de l'outillage et du matériel d'équipement [4] reprise à droit constant par les articles L. 525-1 et suivants du Code de commerce et qui n'exclut de son domaine d'application, en dehors des navires et des aéronefs, que les véhicules visés par le décret de 1953 (sur ce point, v. s[s] n°s 1024.140 s.).

§ 1
Mécanisme

1024.61 Gage sans dépossession. Dans la conception classique du gage, la sécurité du créancier réside dans sa mise en possession du bien donné en garantie. Le débiteur privé de celle-ci ne risque plus d'en disposer. Cette dépossession qui doit être ostensible, constitue aussi une forme rudimentaire de publicité (C. civ., art. 2337).

Toutefois, en matière de vente de véhicule à crédit, ce système constituait un obstacle sérieux au développement des transactions.

Quel acheteur pouvait être disposé à attendre patiemment le remboursement total du prêt, pour entrer en possession de son véhicule, surtout si celui-ci était un outil de travail ?

On a donc organisé au profit du vendeur de véhicules automobiles, ou de l'établissement de crédit ayant financé l'aliénation, un gage sans dépossession qui confère au créancier, par l'effet d'une inscription sur un registre spécial, un droit de rétention fictif jusqu'à la réalisation du bien et un privilège spécial sur le produit de sa vente ou sur l'indemnité d'assurance.

Le gage des véhicules automobiles est actuellement réglementé par les articles 2351 à 2353 du Code civil et 2 du décret du 30 septembre 1953.

Ce décret avait également, dans son article 3, simplifié les formalités exigées par l'ancien article 2078 du Code civil pour la réalisation du gage en renvoyant, quelle que soit la qualité civile ou commerciale du débiteur, aux dispositions de l'article 93 du Code de commerce (aujourd'hui C. com., art. L. 521-3) autorisant la vente après une simple signification.

À la suite de la réforme des voies d'exécution, la Cour de cassation a estimé que les dispositions renvoyant à cet article étaient tacitement abrogées, de telle sorte que la réalisation du gage devait se faire dans le cadre, soit d'une vente amiable si le débiteur proposait un acquéreur, soit d'une vente forcée aux enchères publiques. L'ordonnance n° 2006-346 du 23 mars 2006 relative aux sûretés a consacré cette solution jurisprudentielle en introduisant dans le Code civil, trois nouveaux articles, les articles 2351 à 2353, qui reprennent pour partie les dispositions du décret du 30 septembre 1953 (aujourd'hui abrogé à l'exception de son article 2) et qui prescrivent que la réalisation du gage est soumise, quelle que soit la qualité du débiteur, aux modalités prévues par les procédures civiles d'exécution sans que la convention puisse y déroger [5].

Les règles concernant les voies d'exécution doivent donc être observées par le créancier gagiste, pour récupérer le bien fourni en garantie.

Le débiteur récalcitrant est désormais invité à remettre le véhicule gagé par la signification d'une ordonnance d'injonction de délivrer émanant du JEX, qui peut devenir un titre de revendication exécutoire, à défaut d'opposition. La restitution volontaire qui transfère au créancier la possession matérielle le dispense de pratiquer une saisie.

Toutefois la procédure se complique chaque fois que l'emprunteur ne remet pas le véhicule. L'organisme de financement doit alors procéder par voie de saisie-appréhension et selon les modalités particulières aux véhicules terrestres à moteur, en se prévalant de l'injonction du juge qui constitue un titre

1. Décr. n° 2009-136, 9 févr. 2009, portant diverses dispositions relatives aux plaques et inscriptions, à la réception et à l'homologation et à l'immatriculation des véhicules, *JO* 11 févr., p. 2379.
2. Décr. n° 2012-783, 30 mai 2012, relatif à la partie réglementaire du Code des procédures civiles d'exécution, *JO* 31 mai, p. 9375.
3. Sur cette question, v. E. Le Corre-Broly, « Le gage sur véhicule automobile source d'interrogation », *D.* 2014. 440.
4. L. n° 51-59, 18 janv. 1951, nantissement de l'outillage et matériel d'équipement professionnel, *JO* 19 janv., p. 715.
5. D. Legeais, « Le gage de meubles corporels », *JCP* 2006, suppl. n° 20, « Commentaire de la réforme des sûretés », p. 12.

exécutoire constatant son droit de rétention et son droit de suite.

Si une contestation du débiteur suspend les effets de l'ordonnance, le créancier peut néanmoins pratiquer à titre conservatoire, une saisie-revendication destinée à prévenir un détournement éventuel.

Dans l'hypothèse où l'ignorance du lieu où se trouve le véhicule rend son appréhension impossible, une saisie par déclaration à l'autorité administrative peut empêcher la délivrance d'un certificat d'immatriculation à tout tiers acquéreur (v. s[s] n°s 723.21 et 723.22).

Dans le cas particulier où le véhicule a été immobilisé et appréhendé pour être remis à un créancier gagiste, la saisie-appréhension n'est qu'une étape. Elle ne tend pas à lui faire attribuer la propriété du gage. Elle vise à lui permettre d'en avoir la possession réelle afin de procéder à sa réalisation. Dans cette hypothèse, c'est une véritable procédure de saisie-vente qui succède à la saisie-appréhension.

§ 2
Champ d'application

1024.71 **Domaine.** L'article 2351 du Code civil ne vise pas tous les véhicules terrestres à moteur susceptibles de saisie-appréhension. Son domaine est en effet plus restreint que celui des articles R. 223-6 à R. 223-13.

1024.72 **Véhicules concernés.** Ce sont tous les véhicules terrestres à moteur et les remorques soumis à l'immatriculation. Il s'agit plus particulièrement des automobiles, tracteurs agricoles ou routiers, cycles à moteur et remorques tractées ou semi tractées.

1023.73 **Créanciers garantis.** Il s'agit des vendeurs à crédit, cessionnaires de créance, escompteurs et prêteurs de deniers pour l'achat des véhicules et engins susmentionnés (Décr. 30 sept. 1953, art. 2).

1024.74 **Obligations de l'autorité administrative.** Celui-ci doit communiquer à l'huissier qui le demande, les mentions portées sur le registre (rappel de la constitution de gage, identité de l'acheteur et du créancier, date de l'enregistrement du contrat – C. pr. exéc., art. R. 223-1).

§ 3
Créance garantie

1024.81 **Caractère accessoire du gage.** Le gage est l'accessoire d'un contrat principal (vente ou prêt) auquel il emprunte sa qualification civile ou commerciale.

Sa validité et sa persistance dépendent étroitement de cette convention : il n'y a pas de gage sans créance à garantir et cette créance doit être valable.

1024.82 **Extinction de la créance.** Le gage disparaît, faute d objet, lorsque la créance garantie est éteinte par l'effet d'un paiement intégral, d'une compensation ou d'une prescription libératoire. Il paraît en être de même lorsque l'action née du contrat principal ne peut plus être engagée par suite d'une forclusion. C'est le cas en matière de crédit à la consommation, lorsque le prêteur n'a pas saisi le tribunal d'instance dans le délai préfix de deux ans adopté par l'article L. 311-52 du Code de la consommation. Mais on ne peut exclure que la Cour de cassation qui ne s'est encore jamais prononcée, estime que si la forclusion fait obstacle à l'exercice du droit d'agir, elle ne constitue pas pour autant une cause d'extinction de la créance du prêteur au bénéfice duquel le véhicule a été constitué en gage.

Dans toutes ces hypothèses, le juge saisi d'une requête doit se montrer prudent et délivrer une ordonnance de rejet.

À noter que la règle de l'indivisibilité du gage laisse subsister la sûreté en cas d'extinction partielle de la créance.

L'autorisation d'appréhender un véhicule gagé a été refusée dès lorsqu'au moment de la requête aux fins d'injonction de délivrer, le débiteur avait régularisé les échéances impayées et ne pouvait plus se voir opposer les effets de la clause de résiliation du prêt garanti[1]. Il a également été jugé que lorsqu'un paiement intégral intervient après l'ordonnance, il prive celle-ci de tout effet en raison de l'extinction de la dette. Elle ne peut donc plus fonder une saisie-appréhension[2].

1024.83 **Nullité du contrat principal.** Le gage est donc nul si le contrat principal l'est aussi. C'est notamment le cas lorsque la formalité prévue par l'article 2336 du Code civil n'a pas été respectée. Ce texte dispose en effet que le gage est parfait par l'établissement d'un écrit mentionnant les éléments d'identification de la créance et du bien fournis en garantie. Il peut en être de même en matière de crédit à la consommation, lorsque l'offre préalable a contrevenu aux dispositions des articles L. 311-8 et suivants du Code de la consommation. Il faut cependant relever, en ce qui concerne les prêts aux consommateurs, que la Cour de cassation tend à considérer que la seule sanction des irrégularités formelles de l'offre est la déchéance du droit aux intérêts prévue par l'article L. 311-48 du code précité et non la nullité du contrat.

1. Douai, 31 mars 1994, *Rev. huiss.* 1995. 234.
2. Douai, 22 déc. 1994, *Rev. huiss.* 1995. 501.

§ 4
Constitution du gage

1024.91 **Existence d'un écrit.** Le gage est une sûreté accessoire qui résulte d'un contrat constaté par un acte écrit contenant la désignation de la dette garantie, la quantité des biens donnés en gage ainsi que leur espèce ou leur nature (C. civ., art. 2336, réd. Ord. 23 mars 2006). Le gage n'est parfait que par la conclusion de cet écrit. L'ancien article 2074 du Code civil exigeait pour son opposabilité aux tiers qu'il soit constaté par un acte authentique ou sous seing privé enregistré. La rédaction d'un écrit n'est pas requise lorsque le gage est commercial et sa preuve peut être faite, tant entre les parties qu'à l'égard des tiers, par tous moyens (C. com., art. L. 521-1, al. 1er et L. 110-3).

Toutefois, cette démonstration est difficile de telle sorte que dans la pratique, l'usage de l'écrit s'est généralisé. Lorsqu'il a été formalisé par un contrat, ce document doit contenir déclaration de la somme due, ainsi que la nature du bien donné en gage, c'est-à-dire tous les éléments d'identification du véhicule. C'est donc au créancier gagiste qui sollicite une ordonnance d'injonction de délivrer son gage de produire au juge l'écrit constatant sa sûreté.

La rédaction ambiguë de l'article 1er (aujourd'hui abrogé) du décret du 30 septembre 1953 avait fait naître une controverse sur la nature juridique du gage automobile et sur la portée que l'on devait donner à l'exigence d'un écrit.

1024.92 **Théorie du gage légal.** Certains auteurs considéraient qu'en matière de véhicules, le décret du 30 septembre 1953 avait créé un gage légal qui bénéficiait automatiquement au créancier dès la conclusion de la vente ou du prêt, puisque l'article 1er de ce texte n'exigeait expressément que la rédaction du contrat principal. C'était alors, selon l'expression des professeurs Marty et Raynaud, « *un gage légal greffé sur une opération contractuelle* » de crédit ou de vente à tempérament, rendant inutile l'adoption d'une clause de constitution particulière. En revanche l'écrit exigé par l'article 1er était une condition de validité et non pas seulement de preuve ou de publicité.

Dans cette conception, la volonté des parties jouait un rôle négatif en ce sens que si elles étaient impuissantes à créer la sûreté, elles pouvaient néanmoins (plus spécialement le créancier) y renoncer en n'accomplissant pas les formalités d'enregistrement et d'inscription requises par le décret, lesquelles prenaient alors une importance capitale.

1024.93 **Théorie du gage conventionnel.** D'autres auteurs estimaient que le gage des véhicules automobiles devait rester une sûreté conventionnelle qui, si elle faisait l'objet d'une réglementation exorbitante du droit commun, nécessitait cependant l'acceptation, par le débiteur, d'une clause affectant le véhicule financé à la garantie du créancier. Le fait que l'article 1er du décret du 30 septembre 1953 renvoyait aux conditions de l'article 2074 du Code civil (abrogé par Ord. 23 mars 2006), permettait de le penser. Le contrat de gage ne pouvait se confondre avec le contrat de vente à crédit ou de prêt. Il supposait une convention distincte, même si elle devait être constatée dans le même acte sous la forme d'une clause de constitution.

L'emploi dans les articles 2 et 5 du décret du 30 septembre 1953, des expressions « constitution de gage » (qui devait être rappelée sur le registre à souche) et de « gage constitué » (qui devait être déclaré dans les trois mois de la déclaration de mise en circulation), laissait supposer qu'il y avait bien un « constituant », c'est-à-dire un débiteur qui avait consenti à affecter en gage le bien acheté à crédit. Par conséquent, en l'absence d'une clause de constitution de gage dans le contrat de vente ou de prêt, la requête invoquant un droit de rétention et de suite devait être rejetée.

Dans cette conception, les formalités d'enregistrement et d'inscription n'avaient pas un caractère substantiel. Elles ne constituaient pas une condition de validité du gage mais seulement de son opposabilité aux tiers.

La Haute juridiction a consacré cette thèse en considérant que la constitution de gage n'existe que dans la mesure où elle résulte expressément des conditions particulières du contrat de prêt, peu important qu'elle soit envisagée dans les conditions générales[1].

§ 5
Formalités d'inscription

1024.101 **Inscription, substitut à la dépossession.** Afin de faciliter le crédit automobile, le législateur a remplacé la dépossession effective par une dépossession fictive résultant d'une inscription sur un registre officiel.

1024.102 **Dépossession réelle.** Dans la conception traditionnelle, le gage était un contrat réel qui supposait, pour sa validité, la mise en possession du créancier gagiste. Ce transfert de la possession était l'essence même de cette sûreté. Depuis la réforme des sûretés, résultant de l'ordonnance n° 2006-346 du 23 mars 2006, le gage n'est plus un contrat réel,

1. Com. 19 déc. 2006, n° 04-19.643, *Bull. civ.* IV, n° 267; *D.* 2007. 369, ndlr Avena-Robardet; *JCP* 2007. Pan. IV. 1231; *RTD com.* 2007. 590, obs. Bouloc.

mais un contrat consensuel qui devient parfait par l'établissement d'un écrit contenant la désignation de la dette garantie, la quantité des biens donnés en gage ainsi que leur nature ou leur espèce (C. civ., art. 2336). Si la dépossession effective du débiteur n'est plus l'essence même du gage, elle demeure néanmoins une modalité de sa mise en œuvre et constitue ainsi pour le créancier gagiste une garantie absolue. Ce transfert permet aussi aux tiers susceptibles de traiter avec le débiteur dépossédé, de ne pas être induit en erreur sur la consistance réelle de son patrimoine et sur l'étendue de leur propre garantie. La dépossession ostensible constitue donc une forme rudimentaire de publicité (C. civ., art. 2337, al. 2).

La mise en possession confère au créancier gagiste trois prérogatives : un **droit de rétention**, un **droit de suite** et un **droit de préférence** sur le prix de vente ou l'indemnité d'assurance (C. civ., art. 2339, 2333, 2332, 2°[1] - et C. assur., art. L. 121-13). À noter toutefois que le simple fait, pour un acheteur, de laisser temporairement la marchandise en la possession du vendeur ne saurait suffire à démontrer son intention de l'affecter en garantie (il en est jugé ainsi à propos d'une commande de vin « primeur » conservé par le producteur jusqu'à ce qu'il soit « élevé »[2]).

Pour que la dépossession soit efficace, il faut qu'elle porte sur le bien lui-même et non sur l'un de ses accessoires. La remise de la carte grise d'un véhicule à titre de garantie investit le créancier d'un droit de rétention limité à ce seul document administratif. Ce droit ne s'étend pas au véhicule concerné dont le créancier ne peut exiger la remise même si la convention des parties a admis cette extension[3].

1024.103 **Dépossession fictive.** Le gage des véhicules automobiles, issu du décret n° 53-968 du 30 septembre 1953 et aujourd'hui réglementé par les articles 2351 à 2353 du Code civil, est qualifié de gage sans dépossession (ou sans déplacement), car le transfert de celle-ci résulte fictivement d'une inscription contre récépissé, sur le registre à souche tenu à la préfecture qui a délivré le certificat d'immatriculation. Cette mention rappelle la constitution de gage, le nom de l'acheteur et du créancier, ainsi que la date de l'enregistrement du contrat. Le reçu délivré au gagiste doit répéter littéralement la mention portée à la souche. Par la délivrance de ce reçu, le créancier gagiste est réputé avoir conservé la marchandise en sa possession. La mention conserve le gage pendant cinq années à compter du jour de sa date et ne peut être renouvelée qu'une seule fois et pour le même laps de temps (Décr. 30 sept. 1953, art. 2).

1024.104 **Portée de l'inscription.** Il n'est cependant pas rare de constater que dans le but d'alléger leurs frais de dossier, les établissements de crédit négligent souvent d'accomplir les formalités d'inscription, notamment lorsque leurs débiteurs sont des particuliers insusceptibles de faire l'objet d'une procédure collective. Ils n'entendent pas pour autant renoncer au bénéfice de leur sûreté et aux avantages de la saisie-appréhension sur injonction du juge. Peut-on cependant admettre qu'ils peuvent se prévaloir du droit de rétention et exiger la restitution du véhicule, notamment en utilisant la procédure d'injonction de délivrer ou de restituer ?

1024.105 **Théorie de la validité du gage non inscrit.** Plusieurs auteurs estiment que cette revendication est possible, dans la mesure où l'inscription ne constitue pour eux qu'une formalité de publicité et non une condition de validité, sanctionnée par la seule inopposabilité aux tiers. Ils observent à cet égard que le gage même non publié, reste une convention par laquelle le débiteur a promis de remettre une chose à son créancier, convention qui fait la loi des parties en vertu de l'article 1134 du Code civil et dont le non-respect est sanctionné civilement par une action en revendication. On invoque également le caractère essentiellement publicitaire de l'inscription qui ressort des dispositions de l'ancien article 5 du décret du 30 septembre 1953 et aujourd'hui des articles 2338 et 2351 du Code civil, ainsi que l'absence de sanction du défaut de mention contrairement à ce qui est prévu dans d'autres cas de gage sans dépossession, notamment de nantissement sur outillage et matériel d'équipement (C. com., art. L. 525-3, al. 2[4]). Ces auteurs se fondent aussi sur la jurisprudence de la chambre criminelle en matière de détournement de bien gagé, qui retient l'infraction même si le gage est resté en la possession du débiteur, la formalité de publicité n'ayant pour objet que d'aviser les tiers de la garantie[5].

1024.106 **Théorie de la nullité du gage non inscrit.** Mais certains estiment que cette jurisprudence a une portée limitée en raison du principe d'autonomie du droit pénal qui permet au juge répressif

1. COMP. : C. civ., anc. art. 2082, 2073, 2102-2°.
2. Com. 7 juill. 1998, n° 96-15.296, *Bull. civ.* IV, n° 220; *D.* 1998. 219; *D.* 1999. 299, obs. Piedelièvre; *JCP* 1998. II. 10206, note Salvet; *RTD com.* 1999. 489, obs. Bouloc.
3. Com. 11 juill. 2000, n° 97-12.374, *Bull. civ.* IV, n° 142; *D.* 2000. 251; *JCP* 2000. I. 259, « Droit des sûretés », n° 16, obs. Simler et Delebecque; *D.* 2001. 465, note Piedelièvre.
4. Anc. L. n° 51-59, 18 janv. 1951, art. 3, al. 2.
5. Crim. 10 mars 1976, n° 75-93.173, *Bull. crim.* n° 89.

de méconnaître certaines conséquences tirées par le juge civil.

Les tenants de cette thèse observent que, selon les termes mêmes de l'article 2 du décret du 30 septembre 1953, la mention sur le registre préfectoral constitue, non une simple formalité de publicité, mais une condition de la conservation du gage.

Cet article dispose en effet que les créanciers « *devront, pour conserver leur gage, en faire mention sur un registre spécial* ». Il ajoute que par la délivrance du reçu d'inscription « *le créancier gagiste sera réputé avoir conservé la marchandise en sa possession* ». Il précise enfin que « *la mention au registre préfectoral conserve le gage pendant cinq années* ».

Ils estiment donc, *a contrario*, qu'à défaut d'inscription, le vendeur à crédit ou l'organisme de prêt perd la possession du véhicule et donc, le bénéfice de la sûreté. Il y a dans cette conception, identification totale au gage traditionnel et assimilation de l'inscription à la dépossession. La non-inscription s'analyse en une perte volontaire ou même, en une renonciation au bénéfice de la sûreté, puisque le créancier a délibérément refusé de se conformer à la formalité prescrite.

Par conséquent, le créancier qui a perdu ou refusé la possession ne pourrait se prévaloir du droit de rétention contre le débiteur (la rétention supposant la détention) et partant, exiger de lui la restitution du véhicule constitué en gage[1]. Cette théorie a perdu son principal fondement depuis que l'ordonnance n° 2006-346 du 23 mars 2006 relative aux sûretés a abrogé les articles 2076 du Code civil et L. 521-2 du Code de commerce selon lesquels le créancier gagiste perd son privilège sur le bien donné en garantie s'il s'en est dessaisi volontairement.

1024.107 Jurisprudence. La Cour de cassation a tranché le débat par un arrêt du 10 juillet 1996[2] aux termes duquel l'inscription prévue par l'article 2 du décret du 30 septembre 1953 n'est pas une condition de l'existence du gage, mais seulement une condition de son opposabilité aux tiers selon l'article 5 du même décret (aujourd'hui abrogé)[3]. Cette jurisprudence semble indirectement consacrer la nature conventionnelle du gage automobile. C'est un arrêt du 19 décembre 2006 qui prend clairement position pour cette nature conventionnelle[4] (v. s^s^ n° 1024.93).

Les mentions de l'inscription jouent un rôle d'information essentiel. L'erreur sur le nom du débiteur dans l'inscription de la garantie entraîne l'inopposabilité aux tiers du privilège[5].

§ 6
Droit résultant du gage inscrit et non inscrit

1024.111 Droit à l'égard du débiteur. Le constituant demeure contractuellement tenu de ne pas disposer au profit de tiers d'un gage dont la valeur demeure exclusivement réservée à son créancier. Il doit veiller à sa conservation, notamment en l'assurant. Le débiteur qui manque à ces obligations encourt la déchéance du terme (C. civ., art. 1188 et 2344, al. 2) et les peines du détournement de gage (C. pén., art. 314-5), même si le gage n'est pas inscrit[6]. Il s'oblige à le lui remettre en cas de non-paiement afin d'en permettre la réalisation. En cas de défaut de remise, le créancier gagiste inscrit ou non est donc en droit de recourir à la saisie-appréhension, au besoin sur injonction du juge.

1024.112 Droits à l'égard des tiers. L'inscription vaut dépossession fictive du débiteur et rend le gage opposable au tiers avec toutes les prérogatives qui s'y rattachent. Toutefois, en cas de défaut d'inscription, la clause de constitution ne donne naissance qu'à un gage diminué en ce qui concerne les rapports du créancier avec les tiers[7].

1024.113 Droit de suite. Le gagiste qui a procédé à l'inscription, bénéficie d'un droit de suite qui lui permet d'appréhender son gage en quelques mains qu'il se trouve même s'il est détenu par un tiers. Par tiers, il faut entendre l'ensemble des créanciers du constituant ou ses ayants cause à titre particulier, tel qu'un sous-acquéreur. Le gagiste peut notamment revendiquer le bien gagé contre un sous-acquéreur de bonne foi[8]. Il est également fondé à réclamer son gage à un autre créancier gagiste qui en a la possession réelle, dès lors que sa sûreté a été antérieurement et régulièrement publiée (C. civ., art. 2340, al. 2 - v. s^s^ n° 1024.115).

Pour pouvoir exercer son droit de suite, le gagiste ne doit pas avoir perdu la possession. S'il est dépossédé à la suite d'une saisie pratiquée par un autre créancier, son droit est reporté sur le prix obtenu par celui-ci.

1. Périgueux, JEX, 22 mars 1994, *Juris-Data* n° 044559.
2. Civ. 1re, 10 juill. 1996, n° 94-18.324, *Bull. civ.* I, n° 312; *D.* 1997. 252, obs. Piedelièvre; *RTD civ.* 1996. 955, obs. Crocq; *RTD com.* 1997. 314, obs. Bouloc.
3. DANS LE MÊME SENS : Versailles, 20 sept. 1995, *D.* 1997. 16 – Lyon, 6 juill. 1994, *Juris-Data* n° 049919.
4. Com. 19 déc. 2006, n° 04-19.643, P (préc. s^s^ n° 1024.93).
5. Com. 19 mai 1998, n° 96-13.958, *Bull. civ.* IV, n° 159; *D.* 1998. 377, obs. Piedelièvre.
6. Crim. 10 mars 1976, n° 75-93.173, P (préc. s^s^ n° 1024.105).
7. EN CE SENS : G. Wicker et P. Gaubil, « L'efficacité du gage automobile non inscrit », *D.* 1997. Chron. 1.
8. Civ. 1re, 20 mars 1990, n° 87-19.162, *Bull. civ.* I, n° 70; *JCP* 1992. II. 21787, note Amlon; *RTD com.* 1990. 633, obs. Bouloc.

La non-inscription ou la péremption de l'inscription exclut la dépossession fictive et l'opposabilité aux tiers. Le créancier gagiste ne peut donc plus se prévaloir à leur égard, du droit de suite et du droit de préférence. Le gage non inscrit leur est inopposable, même s'ils en connaissaient l'existence (il en est jugé ainsi à propos d'un garagiste ayant vendu une voiture en connaissant l'existence d'un gage dont l'inscription était périmée [1]). Le créancier qui a saisi son gage alors qu'il n'était pas régulièrement inscrit peut être condamné à le restituer au tiers entre les mains duquel il l'a appréhendé (ainsi pour un véhicule saisi par une banque gagiste contre un sous-acquéreur garagiste [2]). L'appréhension ne peut donc être pratiquée entre les mains d'un tiers détenteur titulaire d'un droit propre réel (de propriété) ou personnel (de bail). Seuls les tiers dont l'exécution de l'obligation de restituer dépend de la seule volonté du débiteur (mandataire, dépositaire, commodataire) pourraient être l'objet d'une saisie-appréhension, sauf pour eux (à l'exception de l'emprunteur) à opposer leur propre droit de rétention au titre de leurs salaires ou impenses éventuelles (sur le droit de rétention, v. s[s] n°s 714.142 s. – sur ces différents contrats, v. s[s] n°s 1011.71 [dépôt], 1011.81 [prêt] et 1011.82 [mandat]).

1024.114 Droit de préférence et de rétention. L'inscription vaut dépossession fictive du débiteur et confère au créancier un privilège spécial sur le prix (C. civ., art. 2333 et 2352 [3]). Ce privilège prend rang après ceux des frais de justice, des créances fiscales et des frais de conservation exposés après la constitution du gage. Lorsqu'un même bien fait l'objet de plusieurs gages successifs sans dépossession, le rang des créanciers est réglé par l'ordre de leur inscription (C. civ., art. 2340, al. 1er).

L'inscription lui confère aussi un droit de rétention sur le véhicule jusqu'à la vente (C. civ., art. 2339 [4]). Ce droit de rétention fictif autorise son titulaire à suspendre la mainlevée du gage à l'attribution à son profit du produit de sa vente aux enchères effectuée par le liquidateur, même s'il existe des créances super-privilégiées [5]. Ce droit renforce donc le privilège dont il améliore sensiblement le rang, notamment face au Trésor, tout au moins si le gagiste ne prend pas l'initiative de la vente [6] (v. s[s] n°s 714.148 et 714.149). Cependant dans une espèce récente, la Cour de cassation a affirmé que le fait d'engager des procédures tendant à voir ordonner la vente ou l'attribution des objets gagés est le prolongement normal de l'exercice du droit de rétention et ne saurait s'analyser en une renonciation à celui-ci [7]. Quoi qu'il en soit, si la vente a été requise, non par le créancier gagiste mais par d'autres créanciers, le droit de rétention subsiste même après la vente. Il est reporté sur le prix qui est versé en priorité au gagiste, à concurrence du montant de sa créance, même s'il existe un privilège de meilleur rang [8]. Il en est également ainsi lorsque la vente est requise par le liquidateur (C. com., art L. 622-21 [9]).

1024.115 Conflits de droit de rétention. Traditionnellement, le droit de rétention fictif conservé par la mention sur le registre préfectoral est inopposable au créancier qui a la détention matérielle du véhicule, tel que le réparateur dans le garage duquel il est encore remisé. La possession réelle est ainsi préférée à la possession fictive [10].

Il semble cependant que la portée de cette jurisprudence pourrait être tempérée au regard des dispositions de l'article 2340 du Code civil issu de l'ordonnance du 23 mars 2006 au terme duquel lorsqu'un bien donné en gage sans dépossession fait ultérieurement l'objet d'un gage avec dépossession le droit de préférence du créancier gagiste antérieur, s'il a été régulièrement publié, est opposable au créancier gagiste postérieur nonobstant le droit de rétention de celui-ci. Il faut également prendre en compte la modification apportée à l'article 2286 du Code civil par la loi n° 2008-776 du 4 août 2008 [11] reconnaissant un droit de rétention à tout créancier titulaire d'un gage sans dépossession. Il semble donc certain qu'en cas de rivalité entre deux créanciers gagistes successifs dont le premier a la possession fictive et le second la possession réelle, ce soit le droit du plus ancien qui prévale dès lors qu'il a été régulièrement inscrit.

Toutefois, l'article 2340 alinéa 2 du Code civil ne règle le conflit qu'entre créanciers gagistes. Certains auteurs estiment donc que la solution traditionnelle devrait être maintenue dans l'hypothèse où le bien objet du gage sans dépossession serait, postérieurement à la constitution de cette sûreté, réguliè-

1. Com. 12 déc. 1995, n° 93-11.734, *Bull. civ.* IV, n° 295; *JCP* 1996. I. 3942, n° 12, obs. Delebecque; *RTD civ.* 1997. 467, obs. Crocq; *RTD com.* 1996. 322, obs. Bouloc.
2. Civ. 1re, 3 juill. 1996, n° 94-12.557, *Bull. civ.* I, n° 298; *RTD civ.* 1997. 467, obs. Crocq; *RTD com.* 1997. 314, obs. Bouloc.
3. COMP. : C. civ., anc. art. 2073.
4. COMP. : C. civ., anc. art. 2082.
5. Com. 15 oct. 1991, n° 90-10.784, *Bull. civ.* IV, n° 288; *RTD com.* 1992. 464, obs. Martin-Serf.
6. Com. 15 janv. 1957, *JCP* 1957. II. 10006, note Becqué.
7. Com. 18 déc. 1990, n° 89-16.260, *Bull. civ.* IV, n° 329; *RTD civ.* 1991. 573, obs. Bandrac; *RTD com.* 1991. 442, obs. Bouloc; 1992. 465, obs. Martin-Serf.
8. Civ. 2e, 27 juin 1958, *RTD com.* 1958. 848, obs. Mémard.
9. Anc. L. 25 janv. 1985, art. 159.
10. Com. 11 juin 1969, *D.* 1970. 244, note Bihr.
11. L. n° 2008-776, 4 août 2008, de modernisation de l'économie, *JO* 5 août, p. 12471.

rement et matériellement détenu par un créancier chirographaire, tel qu'un réparateur ou un dépositaire[1].

Quoi qu'il en soit, le droit de rétention attaché à la possession fictive ne pourrait être valablement opposé que si le gage a été régulièrement publié. Par conséquent, le créancier qui n'a pas inscrit son gage ne pourrait soutenir, pour se prévaloir d'un droit de rétention ou de préférence, que la mise en possession consécutive à la saisie-appréhension pratiquée par lui est équivalente à celle qui serait résultée de l'inscription omise. Tout créancier muni d'un titre exécutoire pourrait ainsi intervenir par une opposition-jonction, pour participer à égalité, à la distribution des deniers provenant de la vente amiable ou forcée.

Le créancier impayé qui n'a pas inscrit de gage sur le véhicule ne peut se prévaloir d'un droit de rétention sur celui-ci, même s'il en détient la carte grise. En effet, la rétention de ce document ne s'étend pas au bien dont il est l'accessoire de telle sorte que le rétenteur ne peut obtenir, si celui-ci est vendu dans le cadre d'une procédure collective, que son droit soit reporté sur le prix de cession dont il demande l'attribution[2].

1024.116 Droit à l'attribution de la propriété. Le créancier gagiste peut, en vertu de l'article 2347 du Code civil[3], demander en justice que le gage lui demeure à due concurrence (v. s^s n° 1021.51). Lorsque la valeur du bien excède le montant de la dette garantie, la somme égale à la différence est versée au débiteur ou est consignée s'il existe d'autres créanciers gagistes. Il peut aussi être convenu, lors de la constitution du gage ou postérieurement qu'à défaut d'exécution de l'obligation garantie, le créancier deviendra propriétaire du bien gagé. La valeur du bien est déterminée au jour de transfert par un expert désigné à l'amiable ou judiciairement, à défaut de cotation officielle du bien sur un marché organisé au sens du Code monétaire et financier, toute clause contraire étant réputée non écrite (C. civ., art. 2347 et 2348 - et C. com., art. L. 521-3 *in fine*). Toutefois, le pacte commissoire désormais autorisé par la réforme des sûretés résultant de l'ordonnance du 23 mars 2006, demeure prohibé lorsque le gage a été consenti pour garantir un crédit à la consommation (C. consom., art. L. 311-23 [anc. art. L. 311-32]) ou lorsqu'un jugement portant ouverture d'une procédure collective a été prononcé (C. com., art. L. 622-7).

L'attribution en nature bénéficie à tous les créanciers gagistes, même titulaires d'un gage sans dépossession[4]. Elle peut être notamment invoquée par celui qui a déclaré son gage à l'autorité administrative lorsqu'il porte sur un véhicule terrestre à moteur ou sur une remorque immatriculée (C. civ., art. 2353). Cette attribution permet au gagiste d'échapper à la loi du concours et d'éviter de se voir opposer des privilèges d'un meilleur rang que le sien. L'attribution judiciaire est ainsi fréquemment demandée à l'occasion des procédures collectives, l'article L. 642-25 du Code de commerce[5], devenu L. 642-20-1 alinéa 2, l'autorisant au stade de la liquidation (v. s^s n° 1012.10[2]).

Le gage non inscrit autorise-t-il l'attribution judiciaire de la propriété ?

Si l'on considère que celle-ci constitue un « *mode indirect de l'exercice du droit de préférence ou un prolongement du droit de rétention* » qui s'exerce au préjudice des tiers, on ne peut que dénier cette faculté au créancier qui n'a pas inscrit son gage. La Cour de cassation a déjà affirmé que l'engagement des procédures tendant à l'attribution ou à la vente des objets gagés est le prolongement normal de l'exercice du droit de rétention et ne saurait s'analyser en une renonciation à celui-ci[6]. Mais on relève que le droit de demander l'attribution, qui résulte du contrat, « *ne dépend pas de l'opposabilité du gage, laquelle contribue seulement à en renforcer l'efficacité* »[7]. À noter également que dans un arrêt[8] la Cour de cassation dissocie attribution judiciaire et droit de rétention en affirmant que tout créancier nanti peut demander l'attribution judiciaire du gage même non assorti d'un droit de rétention, le superprivilège des salaires ne pouvant y faire obstacle (sur l'attribution du gage au créancier non titulaire d'un droit de rétention, v. Ph. Simler et Ph. Delebecque[9] - v. aussi, J.-L. Courtier[10]).

La question se pose de savoir quelle est la place laissée par la réforme des voies d'exécution, au droit d'option du créancier entre l'attribution et la vente

1. S. Piedelièvre, « Le nouvel article 2286, 4°, du Code civil », *D.* 2008. 2950.
2. Com. 23 avr. 2013, n° 12-13.690, *Bull. civ.* IV, n° 66; *RTD com. 2013*. 575, obs. Legeais; *Gaz. Pal.* 12-13 juin 2013, p. 21, obs. Dumont-Lefrand; *JCP* 2013, Chron. Simler et Delebecque, p. 2187, n° 13.
3. COMP. : C. civ., anc. art. 2078.
4. Cass., ass. plén., 26 oct. 1984, n° 83-10.055, *Bull. ass. plén.*, n° 6; *D.* 1985. 33, concl. Cabannes, note Derrida.
5. C. com., anc. art. L. 622-21.
6. Com. 18 déc. 1990, n° 89-16.260, P (préc. s^s n° 1024.114).
7. G. Wicker et P. Gaubil, « L'efficacité du gage automobile non inscrit », *D.* 1997. Chron. 1.
8. Com. 6 janv. 1998, n° 95-17.399, *Bull. civ.* IV, n° 9; *D.* 1998. 375, obs. Piedelièvre; *Gaz. Pal.* 1998. 1. Pan. 72; *RTD com.* 1998. 664, obs. Bouloc.
9. Ph. Simler et Ph. Delebecque, « Droit des sûretés », *JCP* 1998. I. 149, n° 19.
10. J.-L. Courtier, « Position du droit positif sur l'attribution judiciaire du gage et l'article 40 de la loi du 25 janvier 1985 », *Rev. huiss.* 1998. 193.

du véhicule gagé. Les textes relatifs aux procédures civiles d'exécution et notamment l'article R. 223-13 C. pr. exéc. (anc[t] Décr. 31 juill. 1992, art. 177) n'envisagent pas l'attribution du gage automobile mais réglementent seulement son appréhension et sa vente. Or, autoriser le gagiste à demander immédiatement l'attribution judiciaire reviendrait à priver le débiteur de la faculté de proposer un acheteur dans un délai d'un mois, qui lui est ouverte par l'article R. 223-13 du code précité. Il convient de relever, à cet égard, que lors de l'adoption du Code des procédures civiles d'exécution, il n'a pas été spécifié dans l'article R. 223-13, qui remplace l'article 177 du décret de 1992, que les dispositions relatives à la vente amiable ou forcée ne s'appliquent que si le créancier ne demande pas l'attribution judiciaire du véhicule gagé. Or, cette précision a été introduite dans l'article R. 222-6, substitué à l'article 145 du décret, relatif à la saisie-appréhension d'un bien gagé autre qu'un véhicule (v. s[s] n°s 1021.54, 1024.131 s.).

1024.117 Droit à l'indemnité d'assurance. Le gage a pour objet non le bien lui-même, mais la valeur de celui-ci. S'il disparaît le droit du gagiste est reporté sur l'indemnité d'assurance qui se substitue à lui.

En cas de destruction d'un véhicule gagé, la Cour de cassation accorde au titulaire d'un gage sur celui-ci, le bénéfice de la subrogation réelle prévue par l'article L. 121-13 du Code des assurances[1]. L'indemnité est attribuée sans qu'il y ait besoin de délégation expresse, aux créanciers privilégiés ou hypothécaires selon leur rang et le bénéficiaire est investi d'une action directe et d'un droit propre contre l'assureur[2]. L'indemnité ne tombe pas dans le patrimoine du débiteur et peut être versée directement au créancier en vertu d'une opposition par simple lettre missive, sans qu'il ait besoin de procéder par voie de saisie[3] (la chambre commerciale de la Cour de cassation a statué sur le droit direct de l'assureur dès la survenance du sinistre affectant le véhicule[4]).

Le créancier gagiste titulaire d'un droit direct sur l'indemnité d'assurance dispose seul du pouvoir de décider de son affectation et lorsqu'elle est insuffisante pour couvrir sa créance, il conserve ses droits sur le prix de vente du véhicule gagé[5].

En cas de gage non inscrit certains estiment que le créancier peut aussi se prévaloir de cette subrogation, au motif que le report sur l'indemnité d'assurance ne correspond pas à l'exercice d'un droit de suite ou de préférence, mais représente simplement le moyen de conserver l'affectation initiale permettant audit créancier d'exercer son droit sur la valeur substituée[6]. Le débiteur n'est d'ailleurs pas un tiers au sens des articles 2337 et 2351 du Code civil.

Mais dans ce cas, le gagiste ne pourrait utiliser la procédure avantageuse de l'article L. 121-13 précité, dès lors que l'application de ce texte, qui suppose qu'il ait été satisfait aux formalités requises pour l'inscription de la sûreté, aboutit à soustraire le créancier à tout concours en lui attribuant directement l'indemnité. La subrogation apparaît alors comme un prolongement du droit de préférence perdu.

§ 7
Immobilisation du véhicule

1024.121 Nécessité d'un titre exécutoire. En cas d'incident de paiement, le créancier gagiste est en droit de se faire remettre le véhicule donné en garantie afin de procéder à sa réalisation. Pour recouvrer la possession réelle de son gage, il doit recourir à la saisie-appréhension, au besoin sur injonction du juge s'il ne dispose pas de titre exécutoire. La délivrance de cette injonction ressortit à la compétence exclusive du JEX.

La Haute juridiction rappelle, dans un arrêt du 24 novembre 1993, non seulement la nécessité d'une autorisation du juge pour l'appréhension matérielle d'un véhicule, mais encore l'incompétence du président du tribunal de commerce pour l'accorder[7].

La signification au débiteur de l'ordonnance d'injonction de délivrer ou de restituer rendue par le JEX contient sommation d'avoir, dans un délai de quinze jours, soit à transporter le véhicule au lieu et aux conditions indiqués, soit à former opposition si des moyens de défense peuvent être invoqués. Ce magistrat peut donc être saisi directement dès le défaut de paiement des sommes dues et ce, sans qu'une mise en demeure par exploit d'huissier soit nécessaire.

Si le débiteur forme opposition, le créancier gagiste doit saisir la juridiction compétente pour

1. Civ. 1re, 30 mars 1978, n° 76-14.784, *Bull. civ.* I, n° 130 – Com. 18 févr. 1992, n° 90-12.840, *Bull. civ.* IV, n° 81; *RTD com.* 1992. 860, n° 21, obs. Bouloc.
2. Civ. 4 déc. 1946, *JCP* 1947. II. 3546, note Besson.
3. Civ. 1re, 12 oct. 1955, *RGAT* 1956. 144.
4. Com. 12 mai 1998, n° 95-17.757, *Bull. civ.* IV, n° 153; *D.* 1998. 151; *JCP* 1998. IV. 2486; *RTD com.* 1999. 748, obs. Martin-Serf.
5. Com. 12 mai 1998, n° 95-17.757, P (préc. s[s] prés[t] n°).
6. G. Wicker et P. Gaubil, « L'efficacité du gage automobile non inscrit », *D.* 1997. Chron. 1.
7. Civ. 1re, 24 nov. 1993, n° 91-16.740, *Bull. civ.* I, n° 348; *RTD civ.* 1994. 174, obs. Perrot; *RTD com.* 1994. 352, obs. Bouloc; *JCP* 1994. I. 3765, n° 20; *JCP* 1998. I. 149, obs. Simler et Delebecque.

statuer sur la délivrance du bien. L'action au fond doit avoir pour objet de faire statuer sur cette délivrance. Si elle tend seulement à obtenir la liquidation de la créance garantie et la condamnation au paiement, il n'est pas satisfait aux exigences de l'article R. 222-14 C. pr. exéc.

Le créancier peut en attendant le dénouement de l'instance sur opposition, conserver son gage par une saisie-revendication, l'ordonnance frappée d'opposition pouvant constituer l'un des titres permettant de recourir à cette mesure sans autorisation préalable du juge (C. pr. exéc., art. L. 511-2).

Si le débiteur restitue le véhicule, celui-ci peut être directement vendu aux enchères publiques. Du fait de sa mise en possession effective, le créancier gagiste est dispensé de pratiquer une saisie. La faculté de vente amiable prévue par R. 223-13 du code précité dans le cadre de la saisie par immobilisation, ne paraît donc pas devoir, de prime abord, s'appliquer. Cependant, lorsque le gage est l'accessoire d'un contrat civil ou porte sur un véhicule, les dispositions des articles 2346 et 2353 du Code civil, issus de l'ordonnance du 23 mars 2006, disposent expressément que sa réalisation a lieu selon les modalités prévues par les procédures civiles d'exécution lesquelles font de la tentative de cession amiable un préalable obligatoire à la vente forcée.

En cas d'inexécution de l'injonction et à défaut d'opposition du débiteur, la saisie par immobilisation doit être utilisée.

1024.122 Immobilisation et appréhension. Lorsque l'ordonnance d'injonction est revêtue de la formule exécutoire faute d'opposition dans le délai, le créancier gagiste peut appréhender le véhicule. S'il entend l'immobiliser préventivement, il doit obligatoirement procéder selon les modalités prévues aux articles R. 223-6, R. 223-8, R. 223-9 et R. 223-12 C. pr. exéc. (C. pr. exéc., art. R. 222-16 *in fine*).

1024.123 Procès-verbal d'immobilisation. L'huissier constate l'immobilisation effectuée au moyen de l'appareil comportant son cachet et son numéro de téléphone, en dressant un procès-verbal contenant certaines mentions requises à peine de nullité (devenu C. pr. exéc., art. R. 223-8 – v. s[s] n°s 723.92 s.). Cet acte tient lieu d'acte de remise ou d'appréhension au sens de l'article R. 222-4 C. pr. exéc. (v. s[s] n°s 1021.23 s.).

L'immobilisation vaut saisie sous la garde du propriétaire du véhicule ou, après son enlèvement, sous la garde de celui qui l'a reçu en dépôt (C. pr. exéc., art. R. 223-8 *in fine*). C'est donc le débiteur demeuré propriétaire qui assure les fonctions de gardien en l'absence d'enlèvement. Cependant cette charge n'est que provisoire. Après la remise du véhicule au créancier, c'est ce dernier qui sera réputé gardien (C. pr. exéc., art. R. 223-13).

1024.124 Dénonciation du procès-verbal. Dans le cas particulier où le véhicule a été immobilisé pour être remis à un créancier gagiste, l'article R. 223-13 C. pr. exéc. prévoit que l'huissier signifie à la personne tenue de la remise, huit jours au plus tard après l'immobilisation, un acte qui contient à peine de nullité :

« *1° La copie du procès-verbal d'immobilisation;*

2° une injonction d'avoir, dans un délai de huit jours, à se présenter à l'étude de l'huissier de justice pour convenir avec lui des conditions de transport du véhicule, avec l'avertissement qu'à défaut il sera transporté à ses frais pour être remis au créancier gagiste;

3° un décompte distinct des sommes réclamées en principal, frais et intérêts échus, ainsi que l'indication du taux des intérêts;

4° l'avertissement, en caractères très apparents, qu'il dispose d'un délai d'un mois pour procéder à la vente amiable du véhicule immobilisé, conformément aux dispositions des articles R. 221-30 à R. 221-32, et que, passé ce délai, il pourra être procédé à sa vente aux enchères publiques;

5° l'indication que les contestations peuvent être portées, au choix de la personne tenue de la remise, devant le juge de l'exécution du lieu où elle demeure ou du lieu d'immobilisation du véhicule ».

Comme dans le cas de la remise à un propriétaire, cet acte remplace le commandement de délivrer ou de restituer prévu par l'article R. 222-2 C. pr. exéc. pour la saisie-appréhension de droit commun (v. s[s] n°s 1021.15 s.).

Il a également pour objet de dénoncer à la personne tenue de la remise, le procès-verbal d'immobilisation qui tient lieu d'acte de remise ou d'appréhension au sens de l'article R. 222-4 du même code (v. s[s] n°s 1021.23 s.).

Il a surtout pour particularité de constituer un trait d'union entre la saisie-appréhension par immobilisation et la saisie-vente et pourrait s'analyser, bien que l'article R. 223-13 ne le qualifie pas spécialement, en un véritable acte de conversion. Il contient d'ailleurs des mentions propres au commandement de payer (détail de la créance en principal et accessoires avec indication du taux d'intérêt) et à l'acte de saisie-vente (mention de la faculté de vente amiable). Toutefois, l'assimilation avec la saisie-vente n'est pas totale car le créancier gagiste n'est pas porteur, sauf s'il a exercé parallèlement une action en paiement, d'un titre exécutoire constatant une créance de somme d'argent liquide et exigible. Le seul titre qu'il détient en principe, est celui qui lui a permis d'immobiliser et d'appréhender le véhicule, lequel ne constate qu'une obligation en nature. La contestation ouverte par l'article R. 223-13, 5° C. pr. exéc. peut donc s'avérer utile.

1024.125 Délai de huit jours. L'acte doit être délivré huit jours au plus tard après l'immobilisation. L'article R. 223-13 C. pr. exéc. ne prévoit pas expressément que l'acte tardif est frappé de caducité. Cependant l'expression « *au plus tard* » permet de penser que c'est cette sanction qui doit être appliquée.

1024.126 Remise et garde du véhicule. Après sa remise au créancier gagiste, le véhicule est placé sous la garde de celui-ci. Le débiteur ou, en cas d'enlèvement, le dépositaire qui assumait cette fonction en vertu de l'article R. 223-8 C. pr. exéc., se trouvent ainsi déchargés. Cette remise n'a pas à être constatée par un acte spécial et notamment, par l'acte prévu à l'article R. 222-4 du même code en matière de saisie-appréhension de droit commun.

§ 8
Réalisation du gage

1024.131 Avant la réforme des voies d'exécution. En principe, le créancier gagiste impayé doit faire ordonner en justice, soit la vente aux enchères publiques du bien donné en garantie, soit son attribution en pleine propriété (C. civ., art. 2346 et 2347[1]). Mais ces modalités relativement lourdes, avaient été simplifiées par l'article 3 du décret du 30 septembre 1953, la réalisation du gage sur véhicule automobile devait se faire, quelle que soit la qualité du débiteur (civile ou commerciale), conformément aux dispositions de l'article L. 521-3 du Code de commerce[2]. Ce texte organise dans son alinéa premier, une procédure expéditive peu compatible avec l'esprit de la réforme des voies d'exécution, puisqu'« *à défaut de paiement à l'échéance, le créancier peut, huit jours après une simple signification faite au débiteur et au tiers bailleur de gage, s'il y en a un, faire procéder à la vente publique des objets donnés en gage* ». Cette signification contenait généralement, sommation de payer ou de restituer dans le délai.

En cas de refus ou d'inertie du débiteur, le créancier utilisait l'ancienne saisie-revendication, après avoir obtenu une ordonnance d'autorisation.

La vente était faite par les courtiers ou, sur autorisation du président du tribunal de commerce, par un officier ministériel d'une autre classe (commissaires-priseurs ou huissiers).

1. COMP. : C. civ., anc. art. 2078.
2. Anc. art. 93.

Ces modalités expéditives heurtaient de front les nouvelles dispositions de l'article 177 du décret du 31 juillet 1992 (devenu C. pr. exéc., art. R. 223-13) prévoyant au profit du débiteur, spécialement en matière de gage sur véhicule, une faculté de vente amiable.

Il est donc apparu évident que la réforme des voies d'exécution avait implicitement abrogé l'article 3 du décret du 30 septembre 1953. Certains ont nié cette conséquence en invoquant des arguments essentiellement formels tirés de la règle « *speciala generalibus derogant* » ou de la hiérarchie des normes : le décret de 1953 était un texte spécial qui devait survivre au décret de 1992 de portée générale; il avait, de surcroît, valeur législative dans la mesure où il était pris dans le cadre d'un pouvoir législatif délégué et ne pouvait donc être abrogé par un texte, d'un niveau hiérarchique inférieur.

1024.132 Depuis la réforme des voies d'exécution. Le systeme décrit ci-dessus a été remis en question par un avis de la Cour de cassation du 5 mai 1995.

Selon la Haute juridiction, par suite des nouvelles dispositions C. pr. exéc., notamment des articles R. 221-30, R. 221-31 et R. 223-13 instituant avant toute vente forcée une faculté de vente amiable pour le débiteur, l'article 3 du décret du 30 septembre 1953 renvoyant, pour la réalisation du gage, à l'article L. 521-3 du Code de commerce[3], a été tacitement abrogé. En conséquence, la signification prévue par ce texte n'avait plus lieu d'être en matière de vente du gage automobile[4].

La Cour de cassation a ainsi réglé le conflit de textes en faisant prévaloir celui qui était le plus compatible avec l'esprit de la réforme des voies d'exécution.

Le gagiste sur véhicule automobile doit désormais se conformer à toutes les dispositions du décret du 31 juillet 1992, désormais intégré dans la partie réglementaire du Code des procédures civiles d'exécution, aussi bien pour l'immobilisation, que pour la restitution et la vente.

L'abrogation de l'article 3 du décret du 30 septembre 1953 rend la faculté de vente amiable obligatoire même si le gage est commercial. La position de la Haute juridiction se trouve désormais confortée par les articles 2351 à 2353 du Code civil, issus de l'ordonnance du 23 mars 2006 relative aux sûretés. Ces textes, qui reprennent les dispositions

3. Anc. art. 93.
4. Cass., avis, 5 mai 1995, n° 09-50.004, *Bull. avis,* n° 4; *D.* 1995. 618, note Morgan de Rivery-Guillaud; *JCP* 1995. I. 3889, n° 22, obs. Delebecque; *JCP* 1995. II. 22488, note Croze et Moussa; *RTD civ.* 1996. 203, n° 4, obs. Crocq; *RTD com.* 1996. 113, n° 16, obs. Bouloc.

essentielles du décret du 30 septembre 1953 qui est abrogé à l'exception de son article 2, prévoient expressément que le gage portant sur un véhicule terrestre à moteur ou sur une remorque immatriculés, qui a été déclaré à l'autorité administrative, ne peut être réalisé, quelle que soit la qualité du débiteur, que selon les règles prévues aux articles 2346 à 2348 du Code civil. L'article 2346 dispose, à cet égard que la vente du bien gagé doit avoir lieu selon les modalités adoptées par les procédures civiles d'exécution de telle sorte que la vente amiable s'impose, avant toute vente forcée d'un véhicule terrestre à moteur. Il n'y a plus de référence à l'article L. 521-3 du Code de commerce.

1024.133 **Modalités de la vente amiable.** L'article R. 223-13 C. pr. exéc. autorise expressément la vente amiable et renvoie aux formalités prévues par les articles R. 221-30 à R. 221-32 du même code.

Le délai pour proposer un acheteur est d'un mois à compter de la notification de l'acte de saisie. À défaut l'huissier procède à la vente forcée.

La proposition est faite par un écrit informant l'huissier. Elle indique l'identité et l'adresse de l'acheteur, ainsi que le délai pour consigner le prix.

Cette proposition est transmise aux créanciers à l'initiative de l'huissier. Ils disposent d'un délai de quinze jours pour prendre parti. À défaut de réponse, les créanciers sont réputés avoir accepté.

Le prix doit être consigné par l'acheteur entre les mains de l'huissier dans le délai prévu par la proposition d'achat. Le transfert de propriété est subordonné au paiement du prix. À défaut de consignation, il est procédé à la vente forcée (v. s^s^ n°s 715.04 s. et 715.55 s.).

1024.134 **Modalités de la vente forcée.** Elle a lieu, en l'absence de propositions dans le délai prescrit, en cas de refus des créanciers ou de défaut de consignation du prix.

Il faut attendre l'expiration du délai d'un mois pour proposer un acquéreur augmenté, le cas échéant, du délai de quinze jours imparti aux créanciers pour répondre.

L'article R. 223-13 C. pr. exéc. prévoit qu'elle est faite aux enchères publiques et se trouve soumise aux formalités prévues pour la saisie-vente. Elle était effectuée en principe par les courtiers, ou, sur autorisation du président du tribunal de commerce, par une autre classe d'officiers publics. Toutefois, le monopole des courtiers en la matière, qui résultait du renvoi à l'article L. 521-3 du Code de commerce[1] par l'article 3 du décret du 30 septembre 1953, semble désormais écarté par l'avis de la Cour de cassation du 5 mai 1995 réputant cet article implicitement abrogé. On devrait donc revenir au droit commun qui confie les ventes mobilières aux commissaires priseurs judiciaires et, lorsqu'il n'en existe pas, aux huissiers de justice, notaires ou greffiers de commerce.

Il convient de se reporter aux conditions prévues pour la saisie-vente (v. s^s^ n°s 716.05 s.).

1024.135 **Imputation du prix.** Lorsqu'un gage garantit partiellement une dette, le versement résultant de sa réalisation s'impute sur le montant pour lequel la sûreté à été consentie[2].

1024.136 **Incidents.** L'article R. 223-13 C. pr. exéc. renvoie aux dispositions relatives à la saisie-vente (C. pr. exéc., art. R. 221-40 à R. 221-56 – v. s^s^ n°s 718.04 s.).

SECTION 5
IMMOBILISATION EN VUE DE LA REMISE DU VÉHICULE À UN CRÉANCIER GAGISTE (VÉHICULES NON IMMATRICULÉS GAGÉS) EN APPLICATION DE L'ARTICLE L. 525-1 DU CODE DE COMMERCE

1024.140 **Textes applicables – Renvoi.** (V. s^s^ n° 1024.60). **Avertissement.** Il n'y a pas lieu ici d'approfondir les dispositions de ces textes, mais seulement de rappeler et de commenter celles qui peuvent avoir une incidence sur la mise en œuvre de la saisie-appréhension ou sur les contestations soulevées à l'occasion de cette mesure.

Depuis l'ordonnance n° 2006-346 du 23 mars 2006 relative aux sûretés, la terminologie traditionnelle applicable aux sûretés mobilières a été modifiée. Désormais, dans toutes les dispositions législatives et réglementaires en vigueur, la référence au gage et au créancier gagiste s'entend de la référence au nantissement et au créancier nanti lorsque la sûreté a pour objet un bien meuble incorporel. Réciproquement, la référence au nantissement et au créancier nanti s'entend de la référence au gage et au créancier gagiste lorsque la sûreté a pour objet un bien meuble corporel (Ord. 23 mars 2006, art. 55). Il sera donc tenu compte de cette réforme terminologique dans les développements de la présente section.

§ 1
Champ d'application

1024.141 **Biens visés.** Il s'agit de l'outillage et du matériel d'équipement professionnel (C. com., art. L. 525-1). Ne sont pas soumis à la loi du

1. Anc. art. 93.

2. Cass., ass. plén., 6 nov. 2009, n° 08-17.095, *Bull. ass. plén.*, n° 7 ; *D.* 2009. 2803, obs. Avena-Robardet ; *JCP* 11 janv. 2010, p. 30, note Piedelièvre ; *RTD civ.* 2010. 358, obs. Crocq ; *RTD com.* 2010. 182, obs. Bouloc.

18 janvier 1951, les aéronefs, les navires de mer, les bateaux de navigation fluviale et les véhicules automobiles visés par le décret du 30 septembre 1953 (C. com., art. L. 525-18).

Par conséquent, les véhicules terrestres à moteur non assujettis à l'immatriculation et à la déclaration de mise en circulation, qui ne sont pas visés par le décret de 1953 incorporé dans le Code civil (C. civ., art. 2351 à 2352), peuvent être gagés selon les modalités prévues par le Code de commerce. Il s'agit notamment des engins de travaux publics et des machines agricoles[1].

1024.142 Créanciers visés. Il s'agit du vendeur ou du prêteur qui a avancé les fonds nécessaires au paiement du prix (C. com., art. L. 525-1).

Sont assimilés aux prêteurs de deniers, les garants qui interviennent en qualité de caution, de donneur d'aval ou d'endosseur dans l'octroi des crédits d'équipement (C. com., art. L. 525-2 *in fine*).

§ 2 Constitution

1024.151 Conditions de forme. Le gage est consenti par un acte sous seing privé enregistré.

Il est donné dans l'acte de vente lorsqu'il est accordé au vendeur et dans l'acte de prêt, lorsqu'il est consenti au prêteur. Selon l'article L. 525-2 du Code de commerce, cet acte doit mentionner à peine de nullité :

– « *Que les fonds versés par le prêteur ont pour objet d'assurer le paiement du prix des biens acquis;*

– *les biens acquis doivent être énumérés dans le corps de l'acte et chacun d'eux doit être décrit d'une façon précise, afin de l'individualiser par rapport aux autres biens de même nature appartenant à l'entreprise.*

L'acte indique également le lieu où les biens ont leur attache fixe ou mentionne, au cas contraire, qu'ils sont susceptibles d'être déplacés ».

Le juge du fond estime souverainement si la description tendant à l'individualisation du matériel est suffisante[2].

L'acte de nantissement doit notamment indiquer : la marque, les numéros de série, les types de modèles et les dimensions des matériels donnés en garantie[3].

Il appartient au JEX auquel est présentée une requête aux fins de saisie-revendication ou aux fins d'injonction de délivrer, de vérifier la régularité du contrat qui lui est produit.

1024.152 Délai. À peine de nullité, le gage doit être conclu au plus tard dans le délai de deux mois à compter du jour de la livraison du matériel d'équipement sur le lieu où il devra être installé (C. com., art. L. 525-3, al. 1er)[4].

À peine de nullité également, le gage doit être inscrit dans les conditions requises par les articles L. 142-3 et L. 142-4 du Code de commerce relatifs à la vente et au nantissement des fonds de commerce et dans un délai de quinze jours à compter de la date de l'acte constitutif da la sûreté (C. com., art. L. 525-3, al. 2).

Ces conditions doivent être vérifiées par le JEX auquel une requête est présentée. Contrairement au décret du 30 septembre 1953 relatif au gage automobile qui ne prévoit que l'inopposabilité aux tiers, l'article L. 525-3 du Code de commerce sanctionne le défaut d'accomplissement des formalités de publicité par la nullité de la sûreté.

§ 3 Publicité

1024.161 Inscription. La publicité est effectuée au moyen d'une inscription au greffe du tribunal de commerce dans le ressort duquel se trouve le fonds de commerce ou artisanal dont dépend le matériel gagé ou, si l'acquéreur n'est ni commerçant, ni artisan, au greffe du tribunal de commerce du domicile de celui-ci (C. com., art. L. 525-1 et L. 525-16). Le défaut d'accomplissement de cette formalité dans le délai est sanctionné par la nullité de la sûreté (v. ss nº 1024.152). L'inscription doit être obligatoirement prise au greffe du tribunal dans le ressort duquel est située l'exploitation du fonds auquel le matériel est affecté. L'inscription au greffe du tribunal du siège social de la société débitrice entraîne la nullité du contrat sans que la démonstration d'un grief soit requise[5].

La preuve de l'inscription résulte du récépissé remis par le greffier du tribunal de commerce, ainsi que du bordereau revêtu de la mention de l'inscription, prévu par les articles R. 525-4 et R. 525-8 du Code de commerce.

L'erreur sur la désignation du débiteur dans l'inscription entraîne l'inopposabilité aux tiers du privilège[6].

1. T. com. Montpellier, 8 déc. 1960, *D.* 1961. 52.
2. Com. 12 nov. 1969, *D.* 1970. 254.
3. Com. 1er oct. 2013, nº 12-24.558, *Bull. civ.* IV, nº 146; *D.* 2013. 2335; *JCP* 2013, Chron. Simler et Delebecque, p. 2188, nº 16.
4. Com. 10 janv. 1983, *Gaz. Pal.* 1983. 1. Pan. 128, obs. Piedelièvre; *JCP* 1984. II. 20231, note Hémard.
5. Com. 1er oct. 2013, nº 12-24.558, P, cité *supra.*; *D.* 2013. 2335, note Delpech.
6. Com. 19 mai 1998, nº 96-13.958, *Bull. civ.* IV, nº 159; *D.* 1998. 377, obs. Piedelièvre.

1024.162 **Apposition d'une plaque.** Les biens donnés en garantie peuvent en outre, à la requête du bénéficiaire, être revêtus sur une pièce essentielle et d'une manière apparente, d'une plaque fixée à demeure, indiquant le lieu, la date et le numéro d'inscription du privilège dont ils sont grevés (C. com., art. L. 525-4, al. 1er). Cette publicité complémentaire a pour effet de rendre le tiers acquéreur de mauvaise foi et de l'empêcher de se prévaloir de l'article 2276 du Code civil. Le débiteur ne peut faire obstacle à cette apposition au risque d'encourir les peines de l'abus de confiance et les marques ainsi apposées ne peuvent être détruites, retirées ou recouvertes avant l'extinction ou la radiation du privilège (C. com., art. L. 525-4, al. 2).

§ 4
Droits nés du nantissement régulier

1024.171 **Droit de suite.** L'inscription et l'apposition de la plaque confèrent au créancier gagiste ou à ses subrogés pour l'exercice de son privilège, le droit de suite prévu par l'article L. 143-12 du Code de commerce (C. com., art. L. 525-7 *in fine*[1]).

1024.172 **Privilège.** Le créancier titulaire d'un gage bénéficie d'un privilège qui s'exerce sur les biens grevés par préférence à tous autres privilèges à l'exception de ceux relatifs aux frais de justice, aux frais faits pour la conservation de la chose et aux rémunérations des salariés visés par les articles L. 3253-2 et L. 3253-3 du Code du travail (C. com., art. L. 525-9).

Mais pour opposer valablement son privilège au créancier hypothécaire, au vendeur du fonds de commerce et au créancier nanti sur l'ensemble dudit fonds préalablement inscrit, le créancier nanti sur le matériel doit leur signifier une copie de l'acte constitutif de la sûreté par exploit d'huissier dans les deux mois de sa conclusion à peine de nullité (C. com., art. L. 525-9).

Ce privilège subsiste même si le bien qui en est grevé devient immeuble par destination. À cet égard les articles 2397 alinéa 2[2] et 2420, 3°[3] du Code civil ne sont pas applicables aux biens gagés (C. com., art. L. 525-8).

Le privilège est reporté sur l'indemnité d'assurance en cas de destruction du bien donné en garantie (C. assur., art. L. 121-13)[4]. En cas de vente à l'initiative du liquidateur, le privilège est reporté sur le prix (C. com., art. L. 622-21).

L'inscription conserve le privilège pendant cinq ans à compter de sa régularisation définitive et garantit, en même temps que le principal, deux années d'intérêts. Elle cesse d'avoir effet faute de renouvellement dans les cinq ans (C. com., art. L. 525-11).

Si l'acquéreur est commerçant, le privilège du créancier gagiste est régi par les dispositions des chapitres II et III du titre IV du livre Ier, notamment en ce qui concerne les formalités d'inscription et de mainlevée. Si l'acquéreur n'est pas commerçant, l'inscription et la radiation du privilège sont réglementées par l'article L. 525-16 du Code de commerce.

1024.173 **Droit de rétention.** Contrairement à l'article 2352 du Code civil, relatif au gage automobile, les articles L. 525-1 et suivants du Code de commerce ne disposent pas que, par l'effet de l'inscription, le créancier bénéficiant d'un gage sur l'outillage et le matériel d'équipement est réputé avoir conservé la marchandise en sa possession. La Cour de cassation ne lui avait donc reconnu aucun droit de rétention susceptible de renforcer son privilège. La Haute juridiction a maintenu sa position en déniant au juge-commissaire le pouvoir d'autoriser le liquidateur à retirer le bien donné en garantie, en payant, au mépris de l'ordre des créanciers, la dette du titulaire d'un gage sur l'outillage et le matériel d'équipement en relevant que cette sûreté ne confère aucun droit de rétention[5]. Depuis la modification apportée à l'article 2286 du Code civil par la loi de modernisation de l'économie n° 2008-776 du 4 août 2008, la jurisprudence déniant un droit de rétention au créancier garanti par de l'outillage et du matériel d'équipement est désormais obsolète. En effet, selon cet article, peut se prévaloir d'un droit de rétention sur la chose, celui qui bénéficie d'un gage sans dépossession. Cette disposition de portée générale peut donc être invoquée par tout créancier gagiste dès lors qu'il a inscrit sa sûreté, y compris celui visé par les articles L. 525-1 et suivants du Code de commerce. Toutefois, l'ordonnance n° 2008-1345 du 18 décembre 2008, portant réforme du droit des entreprises en difficulté, a apporté une restriction, en cas de procédure collective, au principe du droit de rétention reconnu au gagiste sans dépossession. Elle modifie l'article L. 622-7 du Code de commerce relatif à l'interdiction des paiements des créances antérieures en y

1. Com. 28 janv. 1997, n° 93-21.662, *Bull. civ.* IV, n° 32; *JCP* 1997. I. 4033, n° 21, obs. Delebecque; *RTD com.* 1997. 503, obs. Bouloc.
2. C. civ., anc. art. 2118 (mod. par Ord. n° 2006-346, 23 mars 2006).
3. COMP. : C. civ., anc. art. 2133.
4. Com. 4 févr. 1986, n° 84-16.639, *Bull. civ.* IV, n° 2; *D.* 1988. 6, obs. Derrida.
5. Com. 4 janv. 2005, n° 02-10.511, *Bull. civ.* IV, n° 1; *D.* 2005. 970, obs. Lienhard, note Aynès; *RTD com.* 2005. 408, obs. Bouloc; *JCP* 2005. I. 135.

ajoutant un second alinéa au terme duquel, le jugement d'ouverture emporte de plein droit inopposabilité du droit de rétention conféré par le 4° de l'article 2286 du Code civil pendant la période d'observation et l'exécution du plan, sauf si le bien objet du gage est compris dans une cession d'activité décidée en application de l'article L. 626-1 [1].

En cas de **rivalité entre deux créanciers gagistes successifs,** dont le premier a la possession fictive et le second la possession réelle, c'est le droit de préférence du plus ancien qui est pris en compte en dépit du droit de rétention dont peut se prévaloir le plus récent (C. civ., art. 2340, al. 2). Il convient toutefois de relever que cette règle ne concerne que le conflit entre créanciers gagistes. On peut donc penser, avec certains auteurs, que la possession réelle du réparateur ou du dépositaire impayé continuera d'être préférée à la possession fictive du créancier inscrit [2].

§ 5
Réalisation

1024.181 Modalités de réalisation particulières. En cas de non-paiement à l'échéance, le créancier gagiste peut poursuivre la réalisation du bien grevé dans les conditions prévues à l'article L. 521-3 du Code de commerce [3] au terme duquel la vente a lieu aux enchères publiques huit jours après une simple signification (C. com., art. L. 525-14 et L. 525-16). Ces modalités particulières semblent ne devoir s'appliquer que lorsque le créancier gagiste a la possession réelle, soit depuis l'origine du contrat, soit à la suite d'une restitution volontaire. Mais, s'il a dû recourir à une saisie-appréhension pour recouvrer celle-ci, il devrait alors procéder à la vente selon les modalités prévues par le Code des procédures civiles d'exécution.

1024.182 Compatibilité avec la faculté de vente amiable. Comme l'article 3 (ancien) du décret du 30 septembre 1953 relatif au gage automobile, les articles L. 525-14 et L. 525-16 du Code de commerce [4] entrent en conflit avec les dispositions de la réforme des voies d'exécution et notamment, avec celles des articles R. 222-6 (saisie-appréhension de droit commun) et R. 223-13 C. pr. exéc. (saisie-appréhension d'un véhicule), ouvrant au débiteur avant toute vente forcée, une faculté de vente amiable dans un délai d'un mois. La Cour de cassation a estimé à cet égard, dans un avis du 5 mai 1995, que l'article 3 du décret de 1953 a été implicitement abrogé lors de la réforme des voies d'exécution. Il l'a été effectivement par la suite par l'ordonnance n° 2006-346 du 23 mars 2006 relative à la réforme des sûretés. Cette solution ne vaut pas nécessairement pour les articles L. 525-14 et L. 525-16 du Code de commerce dont l'abrogation implicite ne semble pas s'imposer (v. s^{s} n°s 1024.131 et 1024.132). En effet, lors de la codification ultérieure de la loi du 18 janvier 1951, les articles 14 et 16 de ce texte ont été repris à droit constant dans le Code de commerce. Il semble donc que lorsque le créancier gagiste n'a pas eu à recourir à une saisie, il peut procéder à la réalisation selon les modalités expéditives de l'article L. 521-3 du Code de commerce sans que le débiteur puisse lui opposer la faculté de vente amiable. L'article 2353 du Code civil qui ne fait plus référence au mode de réalisation prévu par l'article L. 521-3 du Code de commerce renvoie expressément aux règles des procédures civiles d'exécution pour la vente forcée des seuls véhicules immatriculés.

1024.183 Appréhension sur injonction du juge. S'il n'a pas pu obtenir la restitution volontaire du véhicule donné en garantie, le créancier gagiste doit procéder par voie de saisie-appréhension et, s'il ne détient pas de titre exécutoire, s'en procurer un en recourant à la procédure d'injonction de délivrer ou de restituer. L'appréhension du véhicule gagé devra se faire, s'il a été préalablement immobilisé, dans les conditions des articles R. 223-6, R. 223-8, R. 223-9 et R. 223-12 C. pr. exéc. (v. s^{s} n°s 723.71, 723.74, 723 75, 723.92 s. et 1024.122. En cas d'ouverture d'une procédure collective, la réalisation devra se faire selon les modalités de l'article L. 642-20-1 alinéa 1er du Code de commerce (C. com., anc. art. L. 642-25 [5] – v. s^{s} n° 1012.101).

1024.184 Modalités de la vente forcée. Ce sont celles prévues, pour la saisie-vente, auxquelles renvoie l'article R. 223-13 C. pr. exéc. Elle sont donc réglementées par les articles R. 221-33 à R. 221-39 du code précité. Toutefois la vente revêt certaines particularités lorsque l'acheteur est commerçant. Dans ce cas, le créancier gagiste doit, préalablement à la vente, se conformer aux dispositions de l'article L. 143-10 du Code de commerce permettant aux créanciers inscrits sur le fonds de commerce d'en demander la vente globale. Il est notamment tenu de leur notifier la poursuite et de ne procéder à la vente, que dix jours au plus tôt après cette forma-

1. A. Aynès, « Précisions sur le sort du gage sans dépossession en cas de procédure collective », *JCP* 2009. I. 119.
2. Com. 11 juin 1969, *D.* 1970. 244, note Bihr – S. Piedelièvre, « Le nouvel article 2286, 4°, du Code civil », *D.* 2008. 2950.
3. Anc. art. 93.
4. Anc. L. 18 janv. 1951, art. 14 et 16.
5. C. com., anc. art. L. 622-21.

lité. Le créancier gagiste aura la faculté d'exercer la surenchère du dixième prévue par l'article L. 143-13 du même code (C. com., art. L. 525-14). Lorsque les biens donnés en garantie sont vendus avec d'autres éléments du fonds de commerce, ils doivent faire l'objet d'une mise à prix ou d'un prix distinct, si le cahier des charges oblige l'adjudicataire à les prendre à dire d'expert (C. com., art. L. 525-15).

1024.185 **Attribution judiciaire.** À défaut de dispositions contraires, l'attribution judiciaire du gage prévue par l'article 2347 du Code civil[1] est offerte au créancier titulaire d'un gage sur outillage et matériel d'équipement qui choisit de ne pas poursuivre la réalisation du bien grevé[2].

La Haute juridiction reconnaît ainsi au créancier bénéficiaire d'un gage sur l'outillage et le matériel d'équipement, bien qu'il ne soit titulaire d'aucun droit de rétention, la faculté d'opter pour l'attribution judiciaire de son gage. Pour ce faire, elle dissocie le droit issu de l'article 2347 du Code civil[3] de celui résultant des articles 2333[4] et 2339[5] du même code[6].

L'attribution peut être demandée dans le cadre d'une procédure collective, au stade de la liquidation judiciaire en vertu de l'article L. 642-20-1 alinéa 2 du Code de commerce[7] (C. com., anc. art. L. 642-25, al. 3) (v. s^s^ n° 1012.102).

Dès lors qu'elle vise à conférer la propriété du bien gagé, la demande d'attribution ne s'analyse pas en une action en revendication justiciable de l'article 115 de la loi du 25 janvier 1985 (devenu C. com., art. L. 621-115 puis L. 624-9)[8].

L'attribution en pleine propriété permet donc au créancier gagiste, selon l'expression du commentateur de cet arrêt, « de *se placer hors concours et de court-circuiter ainsi les privilèges, fussent-ils de meilleur rang* ».

La décision d'attribution judiciaire du gage est opposable au tiers détenteur locataire du bien objet du gage, dès lors que le créancier garanti est investi d'un droit de suite en raison de l'apposition sur le matériel, de la plaque d'identification prévue par les articles 4 et 7 de la loi du 18 janvier 1951 (devenu C. com., art. L. 525-4 et L. 525-7)[9].

Si les matériels gagés ont déjà été restitués aux vendeurs impayés bénéficiant d'une clause de réserve de propriété qui en ont recouvré la possession, le gagiste ne peut plus en demander l'attribution judiciaire[10] (il convient de se reporter sur ce point aux observations relatives au gage, v. s^s^ n°s 1021.50 s. et 1024.116).

1. COMP. : C. civ., anc. art. 2078.
2. Cass., ass. plén., 26 oct. 1984, n° 83-10.055, *Bull. ass. plén.*, n° 6; *D.* 1985. 33, concl. Cabannes, note Derrida – Com. 6 mars 1990, n° 88-16.036, *Bull. civ.* IV, n° 67; *D.* 1990. 311, note Derrida; *RTD civ.* 1991. 150, obs. Bandrac; *RTD com.* 1990. 265, obs. Martin-Serf; 633, obs. Bouloc.
3. COMP. : C. civ., anc. art. 2078.
4. COMP. : C. civ., anc. art. 2073.
5. COMP. : C. civ., anc. art. 2082.
6. Sur ce point, v. J.-L. Courtier, « Position du droit positif sur l'attribution judiciaire du gage », *Rev. huiss.* 1999. 193.
7. C. com., anc. art. L. 622-21.
8. Com. 28 janv. 1997, n° 93-21.662, *Bull. civ.* IV, n° 32; *JCP* 1997. IV. 625; *JCP* 1997. I. 4033, n° 21, obs. Delebecque; *RTD com.* 1997. 503, obs. Bouloc.
9. Com. 28 janv. 1997, n° 93-21.662 (préc. s^s^ prés^t^ n°).
10. Com. 5 avr. 1994, n° 90-11.559, *Bull. civ.* IV, n° 146; *RTD civ.* 1994. 909, obs. Bandrac; *RTD com.* 1994. 777, obs. Bouloc; *Rev. huiss.* 1995. 720, note Bazin.

TITRE

103. La saisie-revendication

SECTION 0
ORIENTEUR

1030.00 Plan du titre.

CHAPITRE

1031. Saisie-revendication : une mesure conservatoire

René LAUBA
Magistrat honoraire

SECTION 0 ORIENTEUR

1031.00 Plan du chapitre.

1031.01 Textes applicables.

C. pr. exéc., art. L. 141-2, L. 222-1, L. 222-2, L. 511-1, L. 511-2, R. 141-4, R. 221-13, R. 221-27, R. 222-1 à R. 222-10, R. 222-13, R. 222-16 à R. 222-25 et R. 511-1 à R. 511-8.

C. civ., art. 1962, 2277 et 2332.

C. pén., art. 314-6.

C. com., art. L. 721-7.

1031.03 Bibliographie indicative.

Actualisables. Rép. pr. civ., *v° Saisie-revendication*, par C. Lefort, sept. 2008 [màj juin. 2012] – *J.-Cl. Form.*, *v° Saisie-appréhension et saisie-revendication conservation des biens meubles corporels*, fasc. 10 et 20, par Ph. Delebecque.

Ouvrages. A. Leborgne, *Droit de l'exécution*, 2e éd., « Précis », Dalloz, 2014, nos 2918-2939 – R. Perrot et Ph. Théry, *Procédures civiles d'exécution*, 3e éd., Dalloz, 2013, nos 1220-1234.

1031.04 Définition et intérêt pratique. Contrairement à la saisie-appréhension, la saisie-revendication n'est pas une innovation de la réforme des voies d'exécution. Elle existait déjà avant la loi du 9 juillet 1991 et son décret d'application, désormais incorporé dans la partie réglementaire du Code des procédures civiles d'exécution. Elle était réglementée par les articles 826 à 831 ACPC, textes aujourd'hui abrogés. La nouvelle saisie-revendication a conservé la physionomie générale de l'ancienne, les textes ayant essentiellement consacré les solutions jurisprudentielles dégagées antérieurement.

La saisie-revendication est donc demeurée une mesure conservatoire qui permet à toute personne dépourvue de titre exécutoire mais apparemment fondée à requérir la délivrance ou la restitution d'un bien meuble corporel, de le rendre, en attendant sa remise, indisponible entre les mains de tout détenteur. Elle ne peut être engagée qu'avec l'autorisation du juge de l'exécution (JEX) à moins que le créancier ne soit porteur de l'un des titres prévus à l'article L. 511-2 C. pr. exéc.

Ce qui est nouveau, c'est l'étroite complémentarité instituée entre cette mesure conservatoire et la saisie-appréhension, complémentarité qui tient à leur domaine commun, qui concerne tant les biens qui en sont l'objet que les obligations dont elles assurent le respect.

La saisie-revendication a donc été théoriquement conçue pour permettre à celui qui réclame la remise d'un bien de mettre celui-ci en sûreté jusqu'à ce qu'il obtienne le titre exécutoire qui constatera son droit de suite (et le cas échéant de créance) et lui permettra de le mettre en œuvre. Mais bien souvent en pratique, avec la procédure d'injonction de délivrer ou de restituer, le créancier de la remise n'aura pas toujours intérêt à pratiquer d'emblée une saisie-revendication. Il est en effet plus simple, plus rapide et moins coûteux pour lui de commencer par solliciter du JEX, une ordonnance d'injonction de délivrer ou de restituer qui, une fois rendue exécutoire, lui ouvrira immédiatement la voie de la saisie-appréhension. Ce n'est qu'en cas d'opposition de la personne tenue de la remise et en attendant le résultat de l'instance au fond que ce recours l'aura contraint d'engager, qu'il aura intérêt à pratiquer une saisie-revendication. L'ordonnance que l'opposition empêche d'être revêtue de la formule exécutoire constitue en effet l'un des titres autorisant, en vertu de l'article L. 511-2 C. pr. exéc. (anc^{t} L. 9 juill. 1991, art. 68), l'engagement d'une mesure conservatoire sans autorisation du juge.

1031.10 Domaines et conditions préalables. Texte applicable. Le domaine et les conditions d'ouverture de la saisie-revendication sont fixés par les dispositions des articles L. 222-2 et R. 222-17 alinéa 1 C. pr. exéc. : « *Toute personne apparemment fondée à requérir la délivrance ou la restitution d'un bien meuble corporel peut, en attendant sa remise, le rendre indisponible au moyen d'une saisie-revendication* »; « *pour procéder à la saisie prévue à l'article L. 222-2, une autorisation préalable du juge délivrée sur requête est nécessaire, sauf dans les cas prévus par l'article L. 511-2* ».

SECTION 1
DOMAINE D'APPLICATION

1031.11 Domaine. Le domaine d'application de la saisie-revendication est déterminé par la nature des biens à saisir, ainsi que par les obligations dont ils sont l'objet.

1031.12 Biens concernés. La saisie-revendication est applicable aux biens meubles corporels, ce qui exclut les immeubles, y compris les immeubles par destination et les meubles incorporels. Elle peut porter, non seulement sur un bien proprement dit, mais aussi sur des documents comptables ou administratifs. Toutefois, s'agissant de documents, seuls les originaux détenus par le débiteur (ou tiers) sont susceptibles de revendication à l'exclusion des copies établies par ce dernier dont les supports matériels demeurent sa propriété[1]. Il convient de se reporter sur ce point aux explications relatives au domaine commun à toutes les saisies à fin de remise (v. s^{s} n°s 1011.05 s.).

1031.13 Obligations concernées. Celui qui entend user de la saisie-revendication doit se prévaloir d'un droit à la délivrance ou à la restitution du bien (sur ce point, v. aussi s^{s} n°s 1011.31 s.).

Ce droit de réclamer la remise doit être apparemment fondé et reposer, par exemple, sur la qualité de propriétaire ou de créancier gagiste apparent. La Cour de cassation admet que les membres d'une famille non-attributaires de certains souvenirs indisponibles sont néanmoins, apparemment titulaires d'un droit à leur conservation et, par conséquent, fondé à les saisir-revendiquer à l'encontre des attributaires qui les ont confiés à un tiers en vue de leur vente aux enchères[2]. Il appartient toutefois à celui qui sollicite une mesure de saisie-revendication d'établir le caractère apparent du droit qu'il invoque dont les éléments de preuve sont appréciés souverainement[3].

Sur la notion d'apparence, il convient de se référer aux règles communes à toutes les saisies et mesures conservatoires (v. s^{s} n°s 611.41 s.). Il n'est cependant pas exigé, comme c'est le cas pour les autres saisies conservatoires, que la remise du bien soit menacée.

SECTION 2
CONDITIONS D'OUVERTURE

1031.21 Titres permettant la saisie-revendication. Le requérant doit détenir l'un des titres visés à l'article 68 de la loi du 9 juillet 1991 (devenu C. pr. exéc., art. L. 511-2) ou y suppléer par une ordonnance du JEX.

1031.22 Titres visés par l'article L. 511-2 du Code des procédures civiles d'exécution. Une autorisation préalable du juge n'est pas nécessaire, lorsque celui qui réclame la remise se prévaut d'un titre exécutoire (auquel cas il est plus avantageux pour lui de recourir d'emblée à la saisie-appréhension), ou d une décision de justice prescrivant la remise du bien qui n'a pas encore force exécutoire. Une ordonnance d'injonction de délivrer ou de restituer peut, lorsqu'elle est frappée d'opposition, autoriser l'engagement d'une saisie-revendication, sous réserve que le revendiquant ait saisi le juge du fond compétent, dans les deux mois de la signification de l'ordonnance[4]. Si le juge du fond n'est pas saisi dans le délai, la requête et l'ordonnance d'injonction ainsi que les mesures conservatoires qui auraient été prises, deviennent caduques (C. pr. exéc., art. R. 222-13).

Les autres titres énumérés par l'article L. 511-2 C. pr. exéc. (chèque, billet à ordre et lettre de change acceptée) ne peuvent autoriser la saisie-revendication car ils visent le paiement d'une créance et non la délivrance ou la restitution d'un meuble corporel.

En revanche, le loyer impayé résultant d'un contrat écrit de louage d'immeuble pourrait dispenser le bailleur de l'autorisation du juge et ce, dans le cas particulier où il revendique les meubles ou les maté-

1. Paris, 21 déc. 2006, *Rev. huiss.* 2007. 279.

2. Civ. 2e, 29 mars 1995, n° 93-18.769, *Bull. civ.* II, n° 115; *D.* 1995. 330, obs. Grimaldi; *RTD civ.* 1996. 420, obs. Zenati; *JCP* 1995. II. 22477, note Hovasse-Banget – *CONTRA :* TGI Paris, 1er mars 1995, *JCP* 1995. II. 22477, note Hovasse-Banget.
3. Civ. 2e, 3[illegible] mai 2001, n° 99-11.107, NP; *Rev. huiss.* 2001. 341.
4. TGI Toulon, 16 févr. 1994, ord., *Gaz. Pal.* 1994. 1. Somm. 2[illegible]5.

riels garnissant la maison ou la ferme données en location qui ont été déplacés sans son consentement, s'il agit dans les quinze jours dans le premier cas ou dans les quarante jours dans le second (C. civ., art. 2332, 1° *in fine*[1] et 2277, al. 2 [anc. art. 2280]).

Pour plus de précisions sur les titres de l'article L. 511-2 C. pr. exéc., il convient de se reporter aux explications relatives aux saisies et mesures conservatoires (v. s^s n°s 612.11 s.).

1031.23 Ordonnance d'autorisation. L'ordonnance portant autorisation désigne le bien qui peut être saisi, ainsi que l'identité de la personne tenue de le délivrer. Cette autorisation est opposable à tout détenteur du bien désigné (C. pr. exéc., art. R. 222-17, al. 2). Il résulte de cette dernière disposition que l'ordonnance est opposable à tous, de telle sorte que la saisie-revendication peut être pratiquée à l'encontre d'un détenteur non expressément visé par l'ordonnance. Il en est ainsi lorsque la personne tenue de la remise ou de la délivrance a transmis le bien à un tiers dont l'identité est ignorée du requérant.

L'ordonnance n'a pas à mentionner le montant de la créance garantie par le bien objet de la future saisie-revendication car l'article R. 511-4 C. pr. exéc. exigeant cette mention à peine de nullité est inapplicable en la matière[2].

En l'absence de renvoi aux dispositions des articles L. 511-1 et R. 511-1 C. pr. exéc., il ne semble pas que le créancier qui entend recourir à la saisie-revendication soit tenu de justifier que son droit sur le bien revendiqué soit menacé.

1031.24 Juge compétent. L'article R. 222-18 C. pr. exéc. renvoie à l'article R. 511-2 du même code relatif au juge compétent en matière de saisies et de mesures conservatoires. C'est le JEX du lieu où demeure le débiteur de la remise désigné dans la requête. Toutefois, si la saisie tend à la conservation d'une créance relevant de la compétence d'une juridiction commerciale, elle peut être autorisée, avant tout procès, par le président du tribunal de commerce de ce même lieu (C. com., art. L. 721-7).

Toute clause contraire est réputée non écrite et le juge saisi doit relever d'office son incompétence. Il convient de se reporter aux explications relatives aux mesures conservatoires (v. s^s n°s 612.21 s.).

L'article R. 222-18 C. pr. exéc. renvoie également à l'article R. 511-5 selon lequel le juge peut décider de réexaminer sa décision ou ses modalités de son exécution au vu d'un débat contradictoire dont il fixe la date d'audience, sans préjudice du droit pour le débiteur de le saisir à une date plus rapprochée.

Le débiteur est assigné par le créancier, le cas échéant, dans l'acte lui dénonçant la saisie (sur les mesures conservatoires, v. s^s n° 612.43).

1031.25 Caducité de l'ordonnance. Là encore, l'article R. 222-18 C. pr. exéc. renvoie aux articles R. 511-6, R. 511-7 et R. 511-8 du même code qui impartissent au requérant, des délais pour exercer la mesure, saisir le juge du fond pour se procurer un titre exécutoire et dénoncer cette saisine au tiers entre les mains duquel la saisie est éventuellement pratiquée. Il convient de renvoyer sur ces différents points aux explications relatives aux mesures conservatoires (v. s^s n°s 612.51 s.) et de se borner à reproduire les textes précités.

« *L'autorisation du juge est caduque si la mesure conservatoire n'a pas été exécutée dans un délai de trois mois à compter de l'ordonnance* » (C. pr. exéc., art. R. 511-6).

« *Si ce n'est dans le cas où la mesure conservatoire a été pratiquée avec un titre exécutoire, le créancier doit, dans le mois qui suit l'exécution de la mesure, à peine de caducité, introduire une procédure ou accomplir les formalités nécessaires à l'obtention d'un titre exécutoire.*

Toutefois, en cas de rejet d'une requête en injonction de payer présentée dans le délai imparti à l'alinéa précédent, le juge du fond peut encore être valablement saisi dans le mois qui suit l'ordonnance de rejet » (C. pr. exéc., art. R. 511-7).

« *Lorsque la mesure est pratiquée entre les mains d'un tiers, le créancier signifie à ce dernier une copie des actes attestant les diligences requises par l'article 215, dans un délai de huit jours à compter de leur date. À défaut, la mesure conservatoire est caduque* » (C. pr. exéc., art. R. 511-8).

Il convient seulement d'observer, en ce qui concerne le dernier alinéa de l'article R. 511-7 C. pr. exéc., que l'injonction de délivrer ou de restituer peut être assimilée à l'injonction de payer pour la prorogation du délai de saisine du juge du fond.

Il a été jugé que ne constitue pas une procédure tendant à l'obtention d'un titre exécutoire au sens de l'article R. 511-7 C. pr. exéc. (anc^t Décr. 31 juill. 1992, art. 215), la saisine d'une juridiction manifestement incompétente, de telle sorte que la saisie-revendication devait faire l'objet d'une mainlevée[3].

SECTION 3
MISE EN ŒUVRE

1031.31 Communication des autorisations requises. Avant de procéder à la saisie, l'huissier

1. C. civ., anc. art. 2102, 1°, *in fine*.
2. TGI Quimper, JEX, 11 juill. 1995, *Rev. huiss.* 1995. 1396.
3. TGI Toulouse, JEX, 7 avr. 1993, *BICC* 1er juin 1993, n° 717.

doit présenter à la personne tenue de la remise ou au tiers détenteur, l'ordonnance d'autorisation du JEX ou l'un des titres mentionnés à l'article L. 511-2 C. pr. exéc. (v. s[s] n°s 1031.22 s.). S'il s'agit de l'ordonnance d'autorisation, celle-ci ainsi que la requête s'y rapportant doivent être remises à la personne à laquelle elle est opposée antérieurement à l'exécution de la mesure[1].

Ces documents doivent être annexés à l'acte de saisie, sauf s'il s'agit d'un acte notarié (C. pr. exéc., art. R. 222-21, 1°).

Si la saisie est pratiquée dans un local servant à l'habitation d'un tiers détenteur, l'huissier doit également présenter l'autorisation spéciale préalablement obtenue du JEX en vertu de l'article L. 222-1 C. pr. exéc. (C. pr. exéc., art. R. 222-20).

1031.32 Rappel de ses obligations au détenteur. Si le bien revendiqué a déjà été saisi, la personne tenue de le remettre ou le tiers qui le détient, doit faire connaître à celui qui saisit le même bien, l'existence de la précédente saisie et l'identité de celui qui l'a pratiquée (C. pr. exéc., art. R. 141-4). Cette obligation est rappelée par une mention particulière de l'acte de saisie (C. pr. exéc., art. R. 222-21, 4°), pour le cas où une nouvelle saisie serait pratiquée.

Avant de procéder à la saisie, l'huissier doit verbalement inviter le détenteur, s'il est présent, à lui indiquer l'existence d'une éventuelle saisie antérieure et, dans l'affirmative à lui en communiquer le procès-verbal (C. pr. exéc., art. R. 222-21, al. 1er).

La déclaration du tiers est reproduite dans l'acte de saisie (C. pr. exéc., art. R. 222-21, 3°).

1031.33 Lieu de la saisie. La saisie-revendication peut être pratiquée en tout lieu où se trouve le bien et entre les mains de tout détenteur (C. pr. exéc., art. R. 222-20).

1031.34 Acte de saisie. La saisie-appréhension n'aboutit pas à l'appréhension matérielle du bien mais à son indisponibilité. Elle trouve donc son expression dans le procès-verbal de saisie selon la formule de Ph. Delebecque[2].

Il comporte une description du ou des objets saisis revendiqués, ainsi que diverses mentions destinées à informer le saisi de ses droits et obligations.

Il doit contenir selon l'article R. 222-21 C. pr. exéc., à peine de nullité :

« 1° *La mention de l'autorisation du juge ou du titre en vertu duquel la saisie est pratiquée : ces documents sont annexés à l'acte; toutefois s'il s'agit d'un acte notarié, il est seulement fait mention de la nature du titre;*

2° *la désignation détaillée du bien saisi;*

3° *si le détenteur est présent, sa déclaration au sujet d'une éventuelle saisie antérieure sur le même bien;*

4° *la mention en caractères très apparents que le bien saisi est placé sous la garde du détenteur, qui ne peut ni l'aliéner, ni le déplacer, si ce n'est dans le cas prévu au deuxième alinéa de l'article R. 221-13, sous peine des sanctions prévues à l'article 314-6 du Code pénal et qu'il est tenu de faire connaître la saisie-revendication à tout créancier qui procéderait à une saisie sur le même bien;*

5° *la mention en caractères très apparents du droit de contester la validité de la saisie et d'en demander la mainlevée au juge compétent en vertu du troisième alinéa de l'article R. 222-18;*

6° *la désignation de la juridiction devant laquelle seront portées les contestations relatives à l'exécution de la saisie;*

7° *l'indication, le cas échéant, des nom, prénom et qualité des personnes qui ont assisté aux opérations de saisie, lesquelles doivent apposer leur signature sur l'original et les copies; en cas de refus, il en est fait mention dans l'acte;*

8° *la reproduction de l'article 314-6 du Code pénal ainsi que la reproduction des articles L. 222-2, R. 222-17, R. 222-18 et R. 511-5 à R. 511-8* ».

1031.35 Photographies. L'article R. 222-21 *in fine* C. pr. exéc. précise qu'il peut être fait application de l'article R. 221-12 du même code qui prévoit la prise de photographies à l'occasion d'une saisie-vente. Il convient de se reporter sur ce point, aux explications figurant plus haut (v. s[s] n°s 714.55 et 716.43).

1031.36 Notification du procès-verbal. L'acte de saisie est remis ou signifié au détenteur, selon qu'il est présent ou absent au moment des opérations (C. pr. exéc., art. R. 222-22). L'expression détenteur figurant dans l'article R. 222-22 C. pr. exéc. désigne à la fois, la personne tenue de la remise et le tiers détenteur.

1031.37 Détenteur présent. L'acte de saisie est remis par l'huissier au détenteur, en lui rappelant verbalement les 4° et 5° de l'article R. 222-21 C. pr. exéc. (interdiction de disposer du bien, obligation de faire connaître la saisie-revendication à tout créancier ultérieur, de contester la saisie devant le JEX).

Il est fait mention de cette formalité dans l'acte.

1031.38 Détenteur absent. Lorsque le détenteur n'a pas assisté aux opérations, une copie de l'acte de saisie lui est signifiée en lui impartissant un délai de huit jours pour qu'il porte à la connaissance de l'huissier tout renseignement relatif à une

1. Civ. 2e, 10 févr. 2011, n° 10-13.894, *Bull. civ.* II, n° 36; *D.* 2011. 600; *D.* 2012. 244, obs. Fricero; *RTD civ.* 2011. 387, obs. Perrot.
2. *J.-Cl. Pr. civ.*, fasc. 2380, n° 140, par Delebecque.

éventuelle saisie antérieure et qu'il lui en communique le procès-verbal (C. pr. exéc., art. R. 222-22, al. 4). Le texte ne précise pas quelle est la sanction du défaut de respect du délai de huit jours. L'expression « *au plus tard* » laisse cependant penser que cette sanction devrait être la caducité (C. pr. exéc, art. R. 222-22, al. 1er).

1031.39 **Tiers détenteur.** Si la saisie a été pratiquée entre les mains d'un tiers détenteur du bien, l'acte est également signifié, dans un délai de huit jours au plus tard, à la personne qui est tenue de le délivrer ou de le restituer (C. pr. exéc., art. R. 222-22, al. 2). Elle doit pouvoir être informée de la saisie pratiquée à son insu, afin de lui permettre, si elle a des motifs de contestation à faire valoir, de saisir le juge compétent.

Une copie de l'acte portant les mêmes signatures que l'original est immédiatement remise au tiers. Cette remise vaut signification (C. pr. exéc., art. R. 222-22, al. 3).

SECTION 4
EFFETS

1031.41 **Indisponibilités.** La saisie-revendication n'étant qu'une mesure conservatoire, elle ne peut aboutir à l'appréhension matérielle du bien revendiqué. Elle le rend seulement indisponible entre les mains du détenteur.

Cet effet d'indisponibilité est érigé en principe général par l'article L. 141-2 C. pr. exéc. Cette conséquence est rappelée, en ce qui concerne la saisie-revendication, par les articles L. 222-2 et R. 222-21, 4° C. pr. exéc.

Il produit plusieurs conséquences énoncées ci-après.

1031.42 **Garde et déplacement.** Le détenteur est constitué gardien par l'acte de saisie (C. pr. exéc., art. L. 141-2 et R. 222-21, 4°).

Il ne peut ni aliéner le bien, ni le déplacer librement sous peine d'encourir des sanctions pénales du chef de détournement d'objet saisi (C. pén., art. 314-6). Le déplacement n'est possible que si les circonstances le rendent nécessaire et à condition d'en avoir préalablement informé le saisissant. L'article R. 222-21, 4° C. pr. exéc. renvoie sur ce point aux dispositions de l'article R. 221-13 du même code relatif au déplacement des biens objets, d'une saisie-vente (v. ss nos 714.64 s.).

Les dispositions concernant la saisie-revendication n'ont pas prévu que le tiers détenteur puisse, comme en matière de saisie-vente (C. pr. exéc., art. R. 221-27), demander à être déchargé de la garde. Mais le JEX devrait pouvoir, si une cause légitime est invoquée, l'autoriser à sa requête, à refuser la qualité de gardien et désigner un séquestre (ou gardien judiciaire selon l'expression de l'article 1962 du Code civil) pour le remplacer (C. pr. exéc., art. R. 222-23). On peut en effet considérer que l'article R. 221-27 C. pr. exéc. a en réalité une portée générale valable, non seulement pour la saisie-vente, mais pour toutes les saisies portant sur des meubles corporels. Il y a lieu de se reporter, en ce qui concerne le séquestre, la garde et le déplacement des biens saisis, aux explications relatives à la saisie-vente (v. ss nos 714.63 s., 714.102 s., 714.140).

1031.43 **Usage.** L'acte de saisie-revendication interdit au détenteur d'aliéner le bien ou de le déplacer librement (C. pr. exéc., art. R. 222-21, 4°). Il ne lui interdit cependant pas d'en user, au moins temporairement, jusqu'à ce qu'un titre exécutoire en permettre l'appréhension matérielle. Le détenteur qui se prévaut d'un droit d'usage peut d'ailleurs en informer l'huissier en vertu de l'article R. 222-24 C. pr. exéc. (v. ss no 1031.63).

1031.44 **Séquestre.** À tout moment le JEX peut autoriser, sur requête, la remise du bien à un séquestre qu'il désigne (C. pr. exéc., art. R. 222-23). Il convient de se reporter sur les obligations et la responsabilité civile et pénale du séquestre, aux observations relatives à la saisie-vente (v. ss nos 714.65 s., 716.51 s.). Il y a lieu seulement de relever que le texte de l'article ne fait aucune référence au président du tribunal de commerce ce qui permet de conclure qu'en matière de nomination d'un séquestre, le JEX, juge naturel de toutes les difficultés d'exécution, à une compétence exclusive.

SECTION 5
SUITE DE LA SAISIE-REVENDICATION

1031.51 **Conversion en saisie-appréhension.** La saisie-revendication n'est qu'une mesure conservatoire qui tend à rendre le bien indisponible en attendant sa remise, remise qui ne peut être obtenue que sur présentation d'un titre exécutoire en prescrivant la délivrance ou la restitution. Elle permet ainsi d'attendre le résultat d'une action civile en revendication qui peut cependant ne pas aboutir[1]. Lorsque la personne qui a pratiqué la saisie-revendication s'est procuré un tel titre (jugement, arrêt, ordonnance d'injonction de délivrer ou de restituer), l'article R. 222-25 C. pr. exéc. l'autorise à recourir à la saisie-appréhension en se confor-

1. Civ. 1re, 19 mars 2009, no 07-12.290, *Bull. civ.* I, no 60; *D.* 2009. 948; *D.* 2009. 2300, obs. Mallet-Bricout et Reboul-Maupin; *JCP* 2009. IV. 1693.

mant aux dispositions des articles R. 222-1 à R. 222-10 C. pr. exéc. (v. s[s] n°s 1021.11 s.), sous réserve des dispositions particulières des alinéas 2 et 3 de l'article R. 222-16, si le titre exécutoire résulte d'une injonction du juge (v. s[s] n°s 1022.24).

En réalité, l'on ne se trouve pas en présence d'une véritable conversion de la saisie-revendication en saisie-appréhension. Il s'agit plutôt d'une succession de saisie, l'indisponibilité juridique de la saisie-revendication étant suivie par la remise ou par l'appréhension matérielle consécutives à la saisie-appréhension (sur la conversion des saisies conservatoires, v. s[s] n°s 613.51 s.).

Toutefois, l'action en revendication exercée devant le juge du fond peut ne pas aboutir même si la saisie a été préalablement autorisée par une ordonnance du JEX[1]. Dans ce cas, la procédure ne peut plus être poursuivie et le saisissant doit donner mainlevée de la mesure conservatoire.

SECTION 6
INCIDENTS

1031.61 **Contestation sur la validité.** La saisie-revendication est soumise aux conditions de validité édictées par les articles R. 511-2, R. 511-3, R. 511-5 à R. 511-8 C. pr. exéc. pour les mesures conservatoires (v. s[s] n°s 613.41 s.).

Si ces conditions ne sont pas remplies la mainlevée de la saisie peut être ordonnée à tout moment, même dans les cas où l'article L. 511-2 C. pr. exéc. permet que cette mesure soit prise sans autorisation du juge (C. pr. exéc., art. R. 222-18, al. 2). La demande peut être présentée à tout moment après la saisie, car avant celle-ci la mainlevée est sans objet. Tant que la saisie n'est pas faite, le détenteur qui ignore l'existence de la procédure, n'est d'ailleurs pas en mesure de saisir le juge.

L'article R. 222-18 du code précité ne distinguant pas, la demande en mainlevée doit pouvoir être formée, tant par la personne tenue de la remise que par le tiers détenteur du bien.

L'acte de saisie remis ou signifié au détenteur ou la copie de celui-ci remise ou signifiée au tiers détenteur, doit d'ailleurs rappeler à l'un ou à l'autre, selon le cas, en caractères très apparents (C. pr. exéc., art. R. 222-21, 5°) le droit de contester la validité de la saisie et d'en demander la mainlevée au juge compétent en vertu de l'alinéa 3 de l'article R. 222-18 C. pr. exéc.

La demande doit être portée, par voie d'assignation, devant le JEX qui a autorisé la saisie ou, si celle-ci a été faite sans autorisation préalable, devant celui du lieu où demeure la personne tenue de la remise ou de la restitution.

Toutefois, lorsque le fondement de la saisie relève de la juridiction commerciale, la demande de mainlevée peut être portée, avant tout procès, devant le président du tribunal de commerce de ce même lieu (C. pr. exéc., art. R. 222-18, al. 3).

La décision de mainlevée prend effet du jour de sa notification (C. pr. exéc., art. R. 222-18, al. 4).

1031.62 **Autres contestations.** Les contestations autres que celles portant sur la validité de la saisie au regard des articles R. 511-2, R. 511-3, R. 511-5 à R. 511-8 C. pr. exéc., notamment celles concernant l'exécution de la saisie, sont portées devant le JEX du lieu où sont situés les biens saisis (C. pr. exéc., art. R. 222-19). Ces contestations recouvrent tout d'abord les incidents reposant sur l'absence de justification que l'obligation de délivrer ou de restituer invoquée par le saisissant, est apparemment fondée. L'auteur de la contestation peut soutenir que le revendiquant n'a aucun droit réel sur le bien ou encore, que la créance garantie par celui-ci est éteinte par l'effet d'un paiement, d'une prescription ou d'une compensation.

Les contestations relatives à l'exécution de la mesure prennent leur source dans l'omission d'une formalité substantielle ou d'une mention requise à peine de nullité (sur les explications concernant les mesures conservatoires, v. s[s] n° 613.45 – et sur la validité de la saisie-vente, v. s[s] n°s 719.80 s.).

Ce droit de contestation ainsi que la juridiction compétente pour en connaître sont rappelés au détenteur dans l'acte de saisie (C. pr. exéc., art. R. 222-21, 6°).

1031.63 **Invocation d'un droit propre.** Le détenteur peut se prévaloir d'un droit propre sur le bien saisi. Il peut s'agir d'un droit réel concurrent de celui du saisissant (de rétention, de gage ou de propriété) ou d'un droit d'usage (en vertu d'un prêt ou d'une location). L'article R. 222-24 C. pr. exéc. prévoit des modalités particulières de contestations. En effet, si un incident doit être élevé devant le JEX c'est au saisissant de le provoquer. Le détenteur peut se borner à informer l'huissier de l'existence de son droit, soit verbalement au moment de la saisie s'il est présent aux opérations, soit par lettre recommandée avec avis de réception.

Cette manifestation du détenteur a pour conséquence d'arrêter le cours des opérations. Mais la saisie produit son effet d'indisponibilité.

Si le saisissant entend contester ce droit, c'est à lui qu'il appartient de saisir le juge dans le délai d'un mois. C'est le JEX du lieu où demeure le détenteur. Il n'existe en la matière aucune compétence concurrente avec le président du tribunal de com-

1. Civ. 1re, 19 mars 2009, n° 07-12.290 (préc. s[s] prés[t] n°).

merce. Le bien demeure indisponible durant l'instance (C. pr. exéc., art. R. 222-24, al. 2).

À défaut de contestation dans le délai d'un mois, l'indisponibilité cesse, ce qui revient à priver la saisie-revendication de tout effet et intérêt. En fait le saisissant reconnaît implicitement, par son inertie, le bien-fondé du droit dont se prévaut le détenteur (sur les différents droits susceptibles d'être invoqués, v. s^{s} n° 714.141 [usage], n°s 714.142 s. [rétention], n°s 719.11 s. [propriété]).

LIVRE

11. LA VENTE DES BIENS ABANDONNÉS

SECTION 0
ORIENTEUR

1100.00 **Plan du livre.**

1100.04 **Rattachement aux voies d'exécution.** En marge des voies civiles d'exécution classiques qu'elle a réformées en profondeur, la loi du 9 juillet 1991, désormais codifié dans la partie législative du Code des procédures civiles d'exécution, a laissé subsister, sans même les modifier, des procédures particulières qui tendent à la vente de meubles corporels gagés ou abandonnés. Il s'agit de procédures originales, caractérisées par leur simplicité qui s'apparentent aux mesures d'exécution forcées lorsqu'elles visent à affecter le produit de la vente au paiement de la créance de ceux qui ont reçu ces objets aux fins de les garder en dépôt, de les transformer, de les réparer ou encore de les nettoyer.

On ne peut considérer que la réforme des voies d'exécution a implicitement abrogé les textes réglementant ces procédures spécifiques dans la mesure où elles ont pour vocation de résoudre les difficultés nées d'une situation atypique, l'abandon de ses effets mobiliers par le propriétaire.

Il peut arriver en effet qu'après avoir déposé, confié en garde, gagé ou remis à un titre quelconque des objets leur appartenant, leurs propriétaires omettent de les reprendre, soit par négligence, soit parce qu'ils ne peuvent pas payer la prestation de celui qui les a reçus. Ainsi, hôteliers, artisans, garagistes, exploitants de garde-meuble, administrations peuvent se retrouver encombrés d'objets hétéroclites dont ils doivent pouvoir se débarrasser à moindre frais, tout en récupérant, au moins partiellement, leurs débours ou leurs salaires.

Ces procédures originales constitueraient donc des régimes dérogatoires adaptés à des situations très spécifiques et d'une utilité pratique indiscutable. La loi n° 91-650 du 9 juillet 1991[1] (C. pr. exéc., art. L. 433-1 et L. 433-2 [anc^{t} L. 9 juill. 1991, art. 65 et 66]) et le décret n° 92-755 du 31 juillet 1992[2] (C. pr. exéc., art. R. 433-5 et R. 433-6 [anc^{t} Décr. 31 juill. 1992, art. 206 et 207]), désormais intégrés dans le C. pr. exéc. s'en sont d'ailleurs nettement inspirés pour régler le sort des biens laissés sur place et abandonnés par les personnes expulsées (v. s^{s} n°s 523.04 s.). Une procédure assez voisine a également été adoptée par l'article 85-4 du décret du 27 décembre 1985, pour la vente des biens mobiliers dont les propriétaires n'ont pas demandé la restitution au mandataire judiciaire. Cette procédure a été reprise, après la réforme des procédures collectives, par le décret n° 2005-1677 du 28 décembre 2005[3], dans son article 243 relatif aux biens non revendiqués au cours de la liquidation judiciaire. Ce dernier article a été codifié sous la référence R. 641-32 du Code de commerce.

1. L. n° 91-650, 9 juill. 1991, portant réforme des procédures civiles d exécution, art. 68, *JO* 14 juill., p. 9228.
2. Décr. n° 92-755, 31 juill. 1992, instituant de nouvelles règles relatives aux procédures civiles d'exécution, art. 155 à 163, *JO* 5 août, p. 10530.
3. Décr. n° 2005-1677, 28 déc. 2005, pris en application de la loi n° 2005-845 du 26 juillet 2005 de sauvegarde des entreprises, *JO* 29 déc., p. 20324.

TITRE

111. Les notions et règles communes

RENÉ LAUBA
MAGISTRAT HONORAIRE

SECTION 0 ORIENTEUR

1110.00 Division. Seules sont étudiées ici les procédures susceptibles d'être rattachées aux voies d'exécution, c'est-à-dire celles qui ont pour objet, non seulement de libérer le détenteur de son obligation de garde, mais encore de payer sa créance éventuelle.

1110.01 Textes applicables selon les catégories de biens. Face aux problèmes posés aux professionnels et aux administrations par les effets mobiliers abandonnés entre leurs mains, le législateur est intervenu de manière très ponctuelle, par des textes adaptés à chaque catégorie de bien ou de dépôt.

Objets confiés à des entrepreneurs de transport	**Décr. 13 août 1810,** mod. par L. 7 mars 1932
Objets ou documents laissés en dépôt dans les greffes	**Ord. 22 févr. 1829** et Ord. 9 juin 1831
Objets abandonnés chez les hôteliers, aubergistes ou logeurs	**L. 31 mars 1896**
Objets confiés à des professionnels pour être travaillés, façonnés, réparés, nettoyés ou gardés	**L. 31 déc. 1903,** mod. par L. 7 mars 1905 – et L. n° 68-1248, 31 déc. 1968
Épaves maritimes	**Décr. n° 61-1547,** 26 déc. 1961[a], mod. par Décr. 3 août 1978 – et Décr. 21 juin 1985
Objets abandonnés dans les établissements de santé, sociaux ou médico-sociaux	**L. n° 92-614,** 6 juill. 1992[b] – et Décr. n° 93-550, 27 mars 1993[c]
Objets laissés en douane	**C. douanes,** art. 182 s.
Meubles et objets laissés dans un immeuble loué et sur lequel les scellés ont été apposés suite au décès du locataire	**C. pr. civ.,** art. 1324
Biens abandonnés par l'occupant d'un local après son expulsion	**C. pr. exéc.,** art. L. 433-1 et L. 433-2 (L. 9 juill. 1991, art. 65 et 66) – et **C. pr. exéc.,** art. R. 433-5 et R. 433-6 (Décr. 31 juill. 1992, art. 206 et 207)
Biens abandonnés par le locataire qui a quitté les lieux « *à la cloche de bois* »	**Décr. n° 2011-945,** 10 août 2011 – **C. pr. exéc.,** art. R. 451-1 s.
Biens meubles dont la revendication entre les mains du liquidateur n'a pas été faite malgré une mise en demeure	**C. com.,** art. R. 641-32

a. Décr. n° 61-1547, 26 déc. 1961, fixe le régime des épaves maritimes, *JO* 12 janv., p. 374.
b. L. n° 92-614, 6 juill. 1992, relative à la responsabilité du fait des vols, pertes et détériorations des objets déposés dans les établissements de santé et certains établissements sociaux ou médico-sociaux, et à la vente des objets abandonnés dans ces établissements, *JO* 7 juill., p. 9025.
c. Décr. n° 93-550, 27 mars 1993, portant application de la loi n° 92-614 du 6 juillet 1992, *JO* 28 mars, p. 5178.

1110.03 Bibliographie indicative.
Actualisables. Rép. pr. civ., *v° Vente publique d'objets abandonnés ou non retirés*, par S. Piedelièvre, juin 2012 – *J.-Cl. Rép. prat. dr. privé, v° Objets abandonnés.*

1110.05 Juridiction compétente. D'une manière générale, ces procédures de vente dérogatoires échappent à la compétence du juge de l'exécution, à l'exception de la vente des biens abandonnés par un locataire expulsé ou qui a déménagé, « *à la cloche de bois* » ou postérieurement au commandement de quitter les lieux (sur ce point, v. s[s] n°s 531.21 s.).

Certaines d'entre elles relèvent de la compétence du tribunal d'instance, soit en application de l'article R. 221-15, 1° du COJ, soit en vertu de textes spéciaux. L'article R. 221-15, 1° du COJ a une portée générale puisqu'il concerne « *la vente des objets abandonnés dans les garde-meubles ou chez tout dépositaire, des objets confiés à des ouvriers, industriels ou artisans pour être travaillés, réparés ou mis en garde et des objets confiés à des entrepreneurs de transport et non réclamés* ». Cette compétence est également partagée avec le tribunal de grande instance selon la valeur des biens mobiliers abandonnés (par ex. : L. 31 mars 1896, art. 2 et L. 31 déc. 1903, art. 2).

Le président du tribunal de grande instance est également compétent pour autoriser la vente des marchandises laissées en douane (C. douanes, art. 188, mod. par L. n° 2011-1862, 13 déc. 2011, art. 8, 2° [1]). La vente des meubles trouvés dans un local loué sur lequel ont été apposés les scellés après le décès du preneur relève aussi du président du tribunal de grande instance ou de son délégué (C. pr. civ., art. 1324, mod. par Décr. n° 2011-1043, 1er sept. 2011 [2]). Il en va de même des objets et des documents déposés dans les greffes. Quant aux épaves maritimes et aux biens abandonnés dans les établissements de soin, leur vente ne nécessite aucune intervention judiciaire.

1110.06 Notion d'abandon. Le titulaire d'un droit de propriété sur un bien peut, en vertu de son pouvoir de disposition, l'aliéner, le détruire ou l'abandonner.

Cet abandon peut résulter d'un acte juridique comme l'abandon de la mitoyenneté réglementé par l'article 656 du Code civil, ou plus simplement d'un geste matériel comme le fait de jeter l'objet dont on veut se débarrasser en laissant à quiconque la possibilité de se l'approprier. C'est notamment le cas des effets jetés à la mer envisagé par l'article 717 alinéa 1er du Code civil. Mais il existe des situations dans lesquelles la volonté du propriétaire de se déposséder est moins évidente. C'est l'hypothèse des objets mobiliers remis en dépôt, en gage ou en vue de leur réparation ou transformation, lorsqu'ils ne sont pas retirés. Ils embarrassent ainsi le professionnel qui les a reçus et qui, en raison de l'attitude ambiguë de leur propriétaire, n'ose en disposer librement, soit pour se payer, soit pour libérer de la place dans ses locaux.

Plusieurs textes dispersés ont donc été adoptés pour remédier rapidement et à moindre frais, à ces difficultés. Certains sont très semblables et d'autres assez différents; mais tous considèrent qu'à l'expiration d'un certain délai, variable suivant les situations, la personne qui ne s'est pas manifestée est réputée avoir définitivement renoncé à réclamer son bien. La notion d'abandon est donc prise par ces textes dans son sens le plus large.

Les objets abandonnés dont la vente est réglementée, se distinguent ainsi des objets perdus que leur propriétaire, dépossédé malgré lui, ne demande qu'à retrouver et dont le sort est réglé par des lois particulières en application du second alinéa de l'article 717 du Code civil. Leur revendication est possible dans un délai de trois ans en vertu du second alinéa de l'article 2276 du même code (v. s[s] n°s 1012.11 s.).

1110.07 Fondement juridique. Comme cela vient d'être exposé, l'autorisation de vendre les objets abandonnés repose sur la renonciation implicite du propriétaire à son droit sur la chose délaissée. Mais à quoi est-il présumé avoir renoncé ? Ce n'est sans doute pas au droit de propriété puisque celui-ci est imprescriptible (C. civ., art. 2227) et n'est pas *ipso facto* transféré au détenteur, à l'expiration du délai légal. L'abandon n'autorise en effet que la vente forcée, c'est-à-dire l'expropriation au profit du tiers adjudicataire. C'est sans doute parce que l'on ne se trouve pas, en l'espèce, en présence d'un véritable rapport direct du propriétaire avec sa chose dont la remise a pour origine un contrat de dépôt, de transport ou de louage d'ouvrage, impliquant une obligation de restitution qui persiste même en l'absence de paiement de la prestation ou des impenses (la compensation est notamment exclue en matière de dépôt, C. civ., art. 1293). C'est donc la possession plutôt que la propriété qui est réputée abandonnée.

Le prix obtenu est généralement affecté au paiement de la créance éventuelle du détenteur après règlement des frais. Aucun autre créancier n'est autorisé, à ce stade de la procédure, à faire valoir ses droits, par voie d'opposition, sur le produit de l'adjudication. Cette affectation privilégiée ne peut s'expliquer que par l'idée de gage ou de rétention qui sous-tend en réalité le droit de préférence reconnu au détenteur du bien. Il convient à cet égard de relever que lorsque celui-ci était un ouvrier, les anciens articles L. 143-12 et L. 143-13

1. L. n° 2011-1862, 13 déc. 2011, relative à la répartition des contentieux et à l'allègement de certaines procédures juridictionnelles, *JO* 14 déc., p. 21105.
2. Décr. n° 2011-1043, 1er sept. 2011, relatif aux mesures conservatoires prises après l'ouverture d'une succession et à la procédure en la forme des référés, *JO* 2 sept., p. 14884.

du Code du travail, aujourd'hui abrogés, se combinaient entre eux pour lier étroitement droit de rétention et vente simplifiée au profit du professionnel (v. s^s n° 1122.11).

Les créances de certains de ces professionnels (aubergistes, C. civ., art. 2332, 5° [1]) ou de ces administrations (C. douanes, art. 379) bénéficient d'ailleurs d'un privilège spécial.

1. C. civ., anc. art. 2102, 5°.

TITRE

112. Les procédures de vente

SECTION 0
ORIENTEUR

1120.00 **Plan du titre.**

1120.03 **Bibliographie indicative.**

Actualisables. Rép. pr. civ., *v° Vente publique d'objets abandonnés ou non retirés*, par S. Piedelièvre, juin 2012 – *J.-Cl. Rép. prat. dr. privé, v° Objets abandonnés.*

CHAPITRE

1121. Objets abandonnés ou laissés en dépôt par les voyageurs

RENÉ LAUBA
MAGISTRAT HONORAIRE

SECTION 0
ORIENTEUR

1121.00 **Plan du chapitre.**

1121.01 **Textes applicables.**
L. 31 mars 1896.

1121.03 **Bibliographie indicative.** (V. s[s] n° 1120.03).
Article spécifique. A. Lauba, « Réflexions sur la loi du 31 mars 1896 relative à la vente des objets abandonnés ou laissés en gage par les voyageurs aux aubergistes et hôteliers », *in Promesses et actes unilatéraux,* 7es journées d'études Poitiers-Roma TRE (12 et 13 juin 2009), Poitiers, LGDJ, 2011, p. 47-68.

1121.05 **Principe.** Selon l'article 1er de la loi du 31 mars 1896, les objets mobiliers apportés par le voyageur chez un aubergiste, hôtelier ou logeur et laissés en gage pour sûreté de sa dette ou abandonnés au moment de son départ, peuvent être vendus aux enchères sur autorisation du tribunal d'instance ou du président du tribunal de grande instance, selon une procédure simple et rapide.

Le produit de la vente est affecté au paiement des frais et de la créance éventuelle de l'hôtelier, tandis que le solde, s'il y en a un, est consigné au profit du voyageur.

SECTION 1
DOMAINE D'APPLICATION

1121.11 **Biens concernés.** Ce sont les effets appartenant au voyageur à l'exclusion de ceux dont un tiers peut être propriétaire. En vertu de l'article 2276 du Code civil (C. civ., anc. art. 2279), le client est présumé être propriétaire des objets trouvés dans sa chambre ou confiés à l'hôtelier. Mais cette présomption tombe lorsque ces effets ne sont pas ceux que l'on emporte avec soi en voyage et dont on peut penser que le voyageur n'est pas propriétaire[1]. Le véhicule abandonné sur le parking ou dans le garage d'un hôtel paraît devoir rentrer dans le champ de la loi 1896. Encore que l'article 6 *bis* de la loi du 31 décembre 1903 concernant les biens abandonnés chez un professionnel de la garde, du nettoyage ou de la réparation semble également pouvoir s'appliquer puisqu'il vise « *les véhicules automobiles déposés dans un garage* ».

1121.12 **Effets gagés.** Il s'agit des effets que le voyageur a laissés en garantie du montant de sa dette à l'égard de l'hôtelier.

En sa qualité de gagiste, le professionnel de l'hébergement a un premier avantage. Il n'a pas besoin de pratiquer une saisie pour entrer en possession puisqu'il a déjà la détention réelle des objets donnés en garantie. Dès lors que la saisie n'est pas nécessaire, la question de leur saisissabilité au regard des articles L. 112-2 et L. 112-3 C. pr. exéc. ne se pose pas non plus. Elle se pose d'autant moins qu'en remettant ses effets en gage, c'est-à-dire en acceptant de s'en dessaisir, le débiteur a reconnu qu'ils n'étaient pas nécessaires à sa vie ou à son travail et renoncé, par là-même, à se prévaloir de leur insaisissabilité éventuelle.

En vertu de la loi du 31 mars 1896, l'hôtelier ou le logeur bénéficie en outre d'une procédure simplifiée, dérogatoire à celle prévue par les articles 2346 et 2347[2] du Code civil pour la réalisation du gage, qui oblige le créancier à assigner son débiteur en

1. V. *J.-Cl. Rép. prat. dr. privé, v° Objets abandonnés*, n° 16.
2. COMP. : C. civ., anc. art. 2078.

paiement et à demander en justice, soit l'autorisation de vendre le bien aux enchères, soit son attribution en pleine propriété. Il convient cependant de relever que la loi du 31 mars 1896 a été adoptée à une époque où le gage était considéré comme un contrat réel qui était parfait par la seule remise de la chose donnée en garantie. Depuis l'ordonnance n° 2006-346 du 23 mars 2006[1], le gage est désormais un contrat consensuel qui n'est parfait que par l'établissement d'un écrit contenant la désignation de la dette garantie, la qualité des biens donnés en gage ainsi que leur espèce ou leur nature. Ce formalisme mal adapté aux circonstances dans lesquelles un gage peut être constitué au profit d'un hôtelier, risque de dissuader le recours à cette sûreté.

1121.13 Effets abandonnés. Il s'agit des objets laissés en dépôt ou tout simplement oubliés au moment de son départ, par le voyageur qui a payé sa note et qui, *a priori*, doit revenir les réclamer. Il peut aussi s'agir des effets abandonnés par le client parti « *à la cloche de bois* », sans aucune intention de retour.

Dans un cas comme dans l'autre, ils peuvent devenir une source de gène voire de responsabilité, pour le dépositaire, lequel ne peut attendre indéfiniment que le déposant qui ne se manifeste plus, vienne un jour les récupérer. Il faut préciser que l'article 1952 du Code civil fait peser sur les aubergistes ou hôteliers les obligations qui naissent d'un dépôt nécessaire et qui engendrent une responsabilité plus lourde qu'en cas de dépôt volontaire.

Le caractère saisissable ou non de ces effets est indifférent dès lors qu'il n'y a pas de saisie et que le voyageur, qui n'en avait pas besoin puisqu'il ne les a pas emportés, s'en désintéresse. Il convient à cet égard de relever que l'article R. 433-5 C. pr. exéc. qui organise une procédure assez voisine pour les biens laissés sur place par les personnes expulsées d'un local d'habitation, dispose que le juge peut autoriser la vente aux enchères des objets ayant une valeur marchande, « *y compris ceux qui sont insaisissables par leur nature* ». À noter que si ces biens sont sans valeur ou sont des documents de nature personnelle pour lesquels la loi du 31 mars 1896 ne prévoit rien, on pourrait peut-être leur appliquer par voie d'analogie, les dispositions de l'article R. 433-6 du même code (v. s^s n°s 523.33 et 523.44).

1121.14 Effets laissés dans un coffre. Lorsque les biens déposés ou remis en gage ont été enfermés dans le coffre-fort de l'hôtel, il semble que l'on doive appliquer les dispositions de la loi du 31 mars 1896, plutôt que celles des articles R. 224-1 et suivants C. pr. exéc. relatifs à la saisie des meubles corporels placés dans un coffre-fort. En effet, ces derniers textes concernent des mesures conservatoires ou d'exécution pratiquées entre les mains d'un tiers, ce qui n'est pas le cas de l'hôtelier propriétaire du coffre qui est directement lié au voyageur par un contrat d'hébergement assorti d'un gage ou d'un dépôt. De surcroît, la saisie est sans objet, le professionnel étant en possession des effets affectés à sa garantie ou abandonnés par son client.

1121.15 Créances garanties. Il ne peut s'agir que du montant de la note ou de la pension. Les dettes contractées auprès de l'hôtelier pour une cause sans relation avec l'hébergement ne bénéficient pas du régime de faveur de la loi du 31 mars 1896. Si le professionnel du logement se trouve créancier à un autre titre (prêt, indemnité quasi délictuelle), il doit agir selon les voies du droit commun.

On doit aussi considérer que la créance née du dépôt gratuit, notamment celle constituée par les frais de conservation des choses remises, bénéficie du régime dérogatoire. À cet égard l'hôtelier peut se prévaloir, en qualité de gagiste, du droit de rétention de l'article 2339[2] et du privilège des articles 2332-2 et 2333[3] du Code civil[4]. Il peut aussi invoquer le droit de rétention qu'il tient, en sa qualité de dépositaire, de l'article 1948 du Code civil et le privilège prévu au bénéfice des créances des aubergistes, par les articles 2332, 5 et 2332-3, 5° du même code[5].

1121.16 Professionnels concernés. La loi du 31 mars 1896 peut être invoquée par les aubergistes, hôteliers, logeurs, parmi lesquels on peut inclure ceux qui louent des chambres d'hôte, c'est-à-dire par ceux qui font profession de fournir, à titre principal, un local d'hébergement pour une durée généralement courte.

La loi du 31 mars 1896 ne peut bénéficier aux particuliers qui fournissent des logements et aux autres professionnels dont la principale activité est l'enseignement ou les soins (lycées, cliniques, hôpitaux), tandis que l'hébergement ne constitue qu'une prestation accessoire.

SECTION 2

ORDONNANCE AUTORISANT LA VENTE

1121.21 Juge compétent. La procédure échappe à la compétence du juge de l'exécution. **Jusqu'au 31 décembre 2012**, les dispositions combinées du

1. Ord. n° 2006-346, 23 mars 2006, relative aux sûretés, *JO* 24 mars, p. 4475.

2. COMP. : C. civ., anc. art. 2082.
3. COMP. : C. civ., anc. art. 2073.
4. C. civ., anc. art. 2102, 2°.
5. C. civ., anc. art. 2102, 5°.

premier alinéa de l'article 2 de la loi du 31 mars 1896, donnaient compétence, pour autoriser la vente, au juge du tribunal d'instance ou à la juridiction de proximité, selon que l'intérêt du litige était supérieur ou inférieur à 4 000 euros.

À compter du 1er janvier 2013, le premier alinéa de l'article 2 de la loi de 1896, dans sa rédaction issue de l'article 11 de la loi n° 2011-1862 du 13 décembre 2011, attribue compétence au tribunal d'instance (TI) ou au président du tribunal de grande instance (TGI) selon la valeur des effets mobiliers laissés en gage ou abandonnés. Le dépositaire peut donc présenter sa requête au TI jusqu'à 10 000 euros et au président du TGI au-delà de cette somme.

La demande est portée devant la juridiction dans le ressort de laquelle sont situés les biens.

À noter qu'il n'est plus question de la compétence de la juridiction de proximité qui devait être supprimée à partir du 1er janvier 2013 et qui a été prorogée jusqu'au 1er janvier 2017. De surcroît, le décret n° 12-1515 du 28 décembre 2012 (art. 14) [1], a supprimé, à compter du 1er janvier 2013, les mots « hôtelier » et « logeur » dans le 1° de l'article R. 221-15 du COJ relatif aux compétences respectives du juge de proximité et du juge d'instance concernant la vente des objets abandonnés.

1121.22 **Requête.** La requête doit énoncer les faits, désigner les objets et indiquer leur valeur approximative (L. 31 mars 1896, art. 2, al. 1er). Il s'agit donc d'une requête motivée, conformément en cela aux dispositions générales de l'article 494 C. pr. civ.

1121.23 **Ordonnance.** Le juge se prononce par une ordonnance mise au bas de la requête. Il s'agit d'une procédure non contradictoire. Le voyageur ne sera entendu que s'il forme opposition.

Le juge n'est pas tenu de faire droit à la requête, s'il constate que le requérant ne remplit pas les conditions prévues par la loi du 31 mars 1896. La décision de rejet est susceptible d'appel dans les conditions du droit commun (C. pr. civ., art. 496).

S'il décide d'y faire droit, le juge doit fixer le jour, l'heure et le lieu de la vente, laquelle ne pourra être faite que six mois après le départ constaté du voyageur (L. 31 mars 1896, art. 2, al. 2).

Cette ordonnance doit en outre désigner l'officier ministériel chargé de la vente, contenir, s'il y a lieu, l'évaluation de la créance du requérant et fixer la mise à prix des objets vendus (L. 31 mars 1896, art. 2, al. 3).

Ainsi la décision du juge constitue un titre pour l'hôtelier, titre qui liquide le montant de sa créance et en constate l'exigibilité. Elle permet aussi, par l'évaluation des effets, d'éviter une mise à prix trop faible.

1. Décr. n° 12-1515, 28 déc. 2012, art. 14.

SECTION 3

VENTE

1121.30 **Règles applicables à la vente.** La loi du 31 mars 1896 détermine avec précision les conditions dans lesquelles les objets gagés ou abandonnés doivent être vendus. Ces conditions sont très proches de celles prévues par les dispositions législatives et réglementaires relatives aux voies d'exécution. Elles comportent cependant quelques différences notables qui tiennent aux objectifs spécifiques poursuivis par la loi de 1896 qui revêt ainsi un caractère dérogatoire. S'agissant notamment des biens gagés, leur réalisation devrait, selon l'article 2346 du Code civil, issu de la loi du 23 mars 2006, être effectuée selon les modalités prévues par les procédures civiles d'exécution, sans que la convention de gage puisse y déroger. Le législateur est, en revanche, autorisé à prévoir un mode opératoire mieux adapté à certaines circonstances, comme c'est le cas en matière de gage au profit d'un hôtelier. Il ne faut d'ailleurs pas perdre de vue le fait que la loi de 1896 vise également la vente, non seulement des effets gagés, mais encore celle des effets abandonnés.

1121.31 **Agent chargé de la vente.** Il est désigné par le juge parmi les officiers ministériels habilités par leur statut (commissaires-priseurs, huissiers, notaires ou courtiers). L'article 7 de la loi du 31 mars 1896 précise que la vente est faite conformément aux lois et règlements qui déterminent les attributions des officiers publics qui en sont chargés. En fait, le juge doit tenir compte de la loi du 26 juin 1816 instituant les commissaires-priseurs et de la compétence territoriale de l'officier vendeur. Il lui appartient également de prendre en considération la loi n° 2000-642 du 10 juillet 2000 [2] qui réglemente désormais séparément les ventes volontaires et les ventes forcées, les premières relevant de sociétés commerciales et les secondes, des commissaires-priseurs judiciaires et des autres officiers ministériels habilités (v. ss nos 716.61 s.).

1121.32 **Lieu de la vente.** Il est choisi par le juge dans son ordonnance. En l'absence de précision de la loi sur ce point, le juge peut se référer aux dispositions de l'article R. 221-33 C. pr. exéc. et opter, soit pour l'endroit où les effets ont été laissés, soit

2. L. n° 2000-642, 10 juill. 2000, portant réglementation des ventes volontaires de meubles aux enchères publiques, *JO* 11 juill., p. 10474.

pour une salle des ventes ou un marché public dont la situation géographique est la plus appropriée pour solliciter la concurrence à moindre frais (v. ss nos 716.21 à 716.24).

1121.33 Moment de la vente. La vente ne peut avoir lieu que six mois après le départ du voyageur, délai à l'expiration duquel celui-ci est présumé avoir définitivement renoncé à récupérer ses effets (L. 31 mars 1896, art. 2, al. 2).

À ce stade de la procédure, la faculté de vente amiable ouverte par le Code des procédures civiles d'exécution, pour toutes les procédures à fin de vente (C. pr. exéc., art. L. 221-1, R. 222-6 et R. 222-8) est sans objet. Le voyageur pourra toujours, s'il fait opposition, proposer un acheteur.

Le juge peut autoriser la vente à une date plus proche mais seulement en cas d'extrême urgence. Il doit dans cette hypothèse, mentionner les motifs de cette abréviation (en invoquant le caractère périssable de certains effets).

La vente ne peut avoir lieu que huit jours après les formalités de publicité (L. 31 mars 1896, art. 3, al. 1er).

1121.34 Ouverture des bagages. L'officier public chargé de la vente fait ouvrir en présence du dépositaire, c'est-à-dire de l'hôtelier, les malles, paquets ou autres bagages sous fermeture quelconque et dresse un procès-verbal de cette opération qu'il communique au juge (L. 31 mars 1896, art. 2, al. 4). Il faut assimiler aux bagages le coffre de l'hôtel dont le propriétaire a la clé.

Il n'y a pas lieu ici, d'appliquer les dispositions des articles L. 142-3 et L. 142-1 C. pr. exéc. (v. ss nos 714.23 s.), dans la mesure où il n'y a pas de saisie et où le local n'est plus occupé par le voyageur. Les opérations se déroulent dans les locaux ou, le cas échéant, dans le coffre du requérant, dépositaire ou créancier-gagiste. On se trouve donc dans le cadre d'un régime dérogatoire inspiré par le particularisme de la situation.

1121.35 Publicité. La vente est annoncée huit jours à l'avance par des affiches apposées aux lieux indiqués par le juge (L. 31 mars 1896, art. 3, al. 1er). Le juge peut s'inspirer de la publicité obligatoire prévue par l'article R. 221-34 C. pr. exéc. pour la saisie-vente et ordonner l'apposition des affiches à la mairie et au lieu de la vente.

La loi du 31 mars 1896 ne prévoit pas que la vente peut être annoncée par voie de presse. Mais elle n'interdit pas cette forme de publicité auquel le juge peut recourir si la valeur des effets mérite l'engagement de frais supplémentaires. Il peut aussi, comme le lui permet expressément l'article 3 de la loi de 1896, autoriser la vente après une ou plusieurs annonces à son de trompe; mais ce mode de publicité rudimentaire ne présente plus aujourd'hui beaucoup d'intérêt. On pourrait peut-être lui substituer une annonce radiophonique.

L'accomplissement des formalités de publicité doit être constaté dans le procès-verbal de vente par une mention spéciale (L. 31 mars 1896, art. 3 *in fine*). Il n'y a donc pas lieu de dresser un procès-verbal spécifique, sauf pour l'huissier à supporter la charge de cet acte inutile.

1121.36 Notification de la date de vente. L'officier public doit prévenir le voyageur, huit jours à l'avance, des lieu, jour et heure de la vente. Mais cette formalité n'est obligatoire que dans le cas où le domicile du voyageur est connu. Elle doit être effectuée par lettre recommandée avec demande d'avis de réception (L. 31 mars 1896, art. 4, al. 1er). Là encore, il est dérogé aux dispositions générales de l'article R. 221-35 C. pr. exéc.

1121.37 Modalités de la vente. La vente a lieu aux enchères publiques tant en l'absence qu'en la présence du déposant. L'article 7 de la loi du 31 mars 1896 renvoie, pour les modalités de la vente, aux articles 624 et 625 ACPC qui sont aujourd'hui abrogés et remplacés par les articles R. 221-37 et R. 221-39 C. pr. exéc. (v. ss nos 716.61 s.). L'adjudication est faite au plus offrant après trois criées. Le prix est payable comptant. À défaut, l'objet est revendu à la folle enchère de l'adjudicataire.

Il faut cependant préciser que l'officier public qui n'est tenu que dans les termes de l'ordonnance qui l'a désigné, n'a pas à limiter la vente à concurrence de la créance. La Cour de cassation estime en effet que l'article 622 ACPC qui est remplacé par l'article R. 221-38 C. pr. exéc. (qui prévoit que la vente est arrêtée lorsque le prix obtenu assure le paiement des causes de la saisie) ne s'applique pas à la vente des objets abandonnés, dès lors que celle-ci n'est pas poursuivie pour cause de saisie mais sur le fondement d'une loi dérogatoire[1]. Cette solution adoptée à propos de la loi du 31 décembre 1903 relative aux objets abandonnés entre les mains d'un professionnel du façonnage, de la réparation ou du nettoyage est transposable à la vente des effets abandonnés par les voyageurs. Cette solution s'explique par le fait que la vente constitue le moyen, non seulement de désintéresser le professionnel, mais encore de le décharger de la garde des objets abandonnés.

Il est dressé un procès-verbal de la vente contenant la désignation des biens vendus, le montant de l'adjudication, l'énonciation déclarée, du nom et prénom des adjudicataires et mention des formali-

1. Civ. 1re, 21 févr. 1989, no 86-16.240, *Bull. civ.* I, no 85.

tés de publicité prévues à l'article 3 de la loi du 31 mars 1896.

SECTION 4
INCIDENT-OPPOSITION

1121.41 **Modalité de l'opposition.** Le propriétaire peut s'opposer à la vente par un exploit signifié au dépositaire. Cette opposition emporte de plein droit citation à comparaître à la première audience utile du juge qui a autorisé la vente, « *nonobstant toute indication d'une audience ultérieure* » (L. 31 mars 1896, art. 5, al. 1er).

Il s'agit de l'audience la plus proche, sous réserve que le délai de comparution de quinze jours accordé au défendeur par l'article 838 C. pr. civ., puisse être respecté. En effet, par l'expression « première audience utile » il faut entendre l'audience à laquelle toutes les parties intéressées peuvent être réunies pour s'expliquer contradictoirement.

1121.42 **Auteur de l'opposition.** Cette voie de recours est ouverte au propriétaire des effets qui peut être le voyageur ou un tiers qui les a mis, à un titre quelconque, à la disposition de celui-ci. Ce tiers peut ainsi exercer son action en revendication.

1121.43 **Objet de l'opposition.** L'opposition du voyageur peut avoir pour objet de contester l'existence ou le montant de la créance de l'hôtelier. Elle peut également viser à obtenir un délai de paiement[1], à proposer un acheteur ou encore, à faire déclarer la procédure irrégulière, soit parce que la loi n'est pas applicable, soit parce que les formalités qu'elle prévoit n'ont pas été respectées, soit enfin parce qu'un ou plusieurs effets appartiennent à un tiers.

Le voyageur peut aussi opposer à l'hôtelier la prescription extinctive de droit commun de cinq ans qui se substitue, depuis la réforme de la loi n° 2008-561 du 17 juin 2008[2], à la brève prescription présomptive d'un an que prévoyait l'ancien article 2271 du Code civil. L'opposition du véritable propriétaire a essentiellement pour objet la revendication des biens lui appartenant et, le cas échéant, l'indemnisation de son préjudice.

L'hôtelier devrait pouvoir lui opposer son droit de rétention, notamment au titre des frais d'hébergement et d'éventuelles impenses.

1121.44 **L'instance sur opposition.** **Jusqu'au 31 décembre 2012,** la procédure à suivre est celle en vigueur devant la juridiction de proximité et devant le tribunal d'instance.

À partir du 1er janvier 2013, l'opposition doit être portée devant la juridiction qui a délivré l'ordonnance, c'est-à-dire le TI ou le président du TGI selon que la valeur des objets abandonnés ou laissés en gage est inférieure ou supérieure à 10 000 euros. La procédure applicable doit être celle en vigueur devant la juridiction compétente. Le tribunal statue à charge d'appel au-delà d'une valeur de 4 000 euros.

SECTION 5
RÉPARTITION DU PRIX

1121.51 **Frais.** Le prix est tout d'abord affecté aux règlements des frais avancés par l'officier public chargé de la vente. Si le produit de la vente est insuffisant pour couvrir les frais, l'hôtelier doit verser le solde restant dû à l'officier vendeur, sauf à se retourner ultérieurement contre le voyageur pour être remboursé (L. 31 mars 1896, art. 6, al. 1er et 2).

1121.52 **Créance.** Le surplus, s'il y en a un, est affecté au paiement de la créance de l'hôtelier (L. 31 mars 1896, art. 6, al. 1er) qui peut être le montant de la note ou des impenses nécessitées par la conservation des effets. C'est la mise en œuvre du privilège de l'article 2333 du Code civil[3] ou la prise en compte du droit de rétention de l'article 1948 du même code.

1121.53 **Consignation du solde.** S'il existe un solde après paiement des frais et de la créance, celui-ci doit être versé à la Caisse des dépôts et consignations au nom du propriétaire. Cette diligence incombe à l'officier public qui est dispensé par la loi de dresser un procès-verbal du dépôt. Il doit cependant retirer un récépissé qui lui vaudra décharge (L. 31 mars 1896, art. 6, al. 1er).

Le montant de la consignation en principal et intérêts est acquis de plein droit au Trésor public deux ans après le dépôt si, dans l'intervalle, le propriétaire, ses représentants ou ses créanciers n'ont pas réclamé celui-ci.

On constate que la répartition du prix déroge complètement à la procédure de distribution des deniers organisée par la réforme des voies d'exécution. Il n'y a pas d'opposition possible sur le prix de la vente qui est versé en priorité à l'hôtelier après paiement des frais, les autres créanciers n'ayant droit qu'au solde consigné. Ils ne bénéficient d'ailleurs d'aucune information leur donnant l'occasion de faire valoir leurs droits. Seule la publicité de la vente est de nature à les prévenir. On peut alors se

1. TI Périgueux, 13 mai 1994, n° 11.94/00379, Amicel c/Sarl Parichon.
2. L. n° 2008-561, 17 juin 2008, portant réforme de la prescription en matière civile, *JO* 18 juin, p. 9856.

3. COMP. : C. civ., anc. art. 2073.

demander selon quelles modalités ceux-ci peuvent se faire verser la somme consignée. Il semble qu'ils doivent procéder par voie de saisie-attribution, d'opposition ou d'avis à tiers détenteur, le premier à se manifester bénéficiant seul de l'effet de transport-cession immédiat produit par ces mesures.

On peut aussi se demander si le reliquat consigné dans l'intérêt des créanciers ne leur est pas affecté collectivement. Il serait alors indisponible et insusceptible d'être saisi par l'un d'entre eux agissant individuellement. Il appartiendrait dans ces conditions au plus diligent des créanciers, au débiteur lui-même ou au consignataire du solde, de recourir à la distribution des deniers en dehors de toute procédure d'exécution réglementée par les articles 1281-1 et suivants C. pr. civ., en faisant désigner en référé par le président du tribunal de grande instance, une personne chargée de la répartition. Cette répartition se ferait au marc-le-franc sous réserve des causes légitimes de préférence.

CHAPITRE

1122. Objets confiés à des professionnels pour être façonnés, réparés, nettoyés, gardés, *etc.*

RENÉ LAUBA
MAGISTRAT HONORAIRE

SECTION 0
ORIENTEUR

1122.00 **Plan du chapitre.**

1122.01 **Textes applicables.**
L. 31 déc. 1903.

1122.03 **Bibliographie indicative.** (V. s^{s} n° 1120.03).

1122.05 **Principe.** Selon l'article 1er de la loi du 31 décembre 1903, les objets mobiliers confiés à un professionnel pour être travaillés, façonnés, réparés ou nettoyés et qui n'ont pas été retirés dans un certain délai, peuvent être vendus aux enchères sur autorisation judiciaire, le prix obtenu étant affecté au règlement de la créance éventuelle du professionnel. L'article 6 *bis* de la loi ajoute à cette liste, les professionnels de la garde et du dépôt.

Il s'agit d'une procédure simple et rapide très inspirée de celle prévue par la loi du 31 mars 1896. Elle revêt cependant, dès le départ, un caractère contradictoire que l'on ne retrouve pas dans la vente des effets abandonnés par les voyageurs.

SECTION 1
DOMAINE D'APPLICATION

1122.11 **Professionnels concernés.** Il s'agit des artisans, orfèvres, bijoutiers, réparateurs d'appareils électroménagers, mécaniciens, carrossiers, teinturiers-nettoyeurs, *etc.* Ce sont aussi les établissements de garde-meubles, les garagistes mettant des box ou des emplacements à la disposition des propriétaires de véhicule et des officiers ministériels (huissiers ou commissaires-priseurs) qui détiennent des effets mobiliers soit en vu d'une vente publique non poursuivie, soit après leur adjudication (L. 31 déc. 1903, art. 6 *bis*). Il convient de préciser que le garagiste auquel un véhicule a été confié pour être réparé peut se prévaloir, lorsque celui-ci n'a pas été retiré après sa remise en état, d'une double créance concernant le coût de ses travaux et les frais de gardiennage. Il n'est pas nécessaire qu'un contrat de dépôt spécifique ait été préalablement conclu car celui-ci est l'accessoire du contrat d'entreprise[1]. L'article L. 143-13 du Code du travail qui n'a pas été reconduit lors de la refonte issue de l'ordonnance n° 2007-329 du 12 mars 2007[2] ajoutait à cette liste les ouvriers à domicile en renvoyant, pour la vente des objets qui leur avaient été confiés, aux dispositions de la loi du 31 décembre 1903.

L'objectif de la procédure est de leur permettre d'être payés de leur travail ou de leurs impenses, tout en les débarrassant d'objets encombrants et sources de responsabilité. La procédure de vente est, en quelque sorte, le prolongement du droit de rétention reconnu par les articles 570 et 1948 du Code civil et les anciens articles L. 143-12 et L. 143-13 du Code du travail.

1. Civ. 1re, 8 oct. 2009, n° 08-20.048, *Bull. civ.* I, n° 204; *D.* 2010. 480, obs. Delpech, note Mouly-Guillemaud; *CCC* 2010, n° 1, note Leveneur.
2. Ord. n° 2007-329, 12 mars 2007, relative au Code du travail (partie législative), *JO* 13 mars, p. 4740.

La combinaison de ces deux derniers articles, qui sont aujourd'hui abrogés, démontrait à cet égard que le législateur avait entendu rattacher la procédure de vente simplifiée à l'exercice du droit de rétention. L'article L. 143-12 rappelait en effet que l'ouvrier détenteur de l'objet par lui ouvré, pouvait exercer un droit de rétention dans les conditions fixées à l'article 570 du Code civil. L'article L. 143-13 précisait que les objets confiés à un ouvrier pour être travaillés, façonnés, réparés ou nettoyés et qui n'avaient pas été retirés dans un délai de deux ans, pouvaient être vendus dans les conditions et formes déterminées par la loi du 31 décembre 1903.

La procédure de vente repose aussi sur l'idée de gage, l'intention d'affecter le bien à la garantie de la créance du professionnel résultant implicitement de son abandon.

1122.12 Objets concernés. Ce sont les objets mobiliers qui n'ont pas été retirés (L. 31 déc. 1903, art. 1er, al. 1er). La procédure de vente simplifiée organisée par la loi de 1903 leur est applicable indépendamment de leur valeur [1].

Dès lors qu'ils se trouvent déjà en la possession du créancier, leur saisie n'est pas nécessaire pour parvenir à leur vente. La Cour de cassation estime d'ailleurs que cette vente n'a pas pour cause une saisie, mais une loi spéciale [2].

Il doit s'agir d'une chose ou d'une matière propriété du client. Si celle-ci a été unie à une chose ou une matière appartenant au professionnel ou à un tiers, il faut alors appliquer les règles de l'accession mobilière des articles 565 et suivants du Code civil. Des difficultés peuvent surgir à cet égard, à l'occasion du débat contradictoire qui doit précéder l'autorisation de vendre ou, si le propriétaire appelé à s'expliquer ne s'est pas manifesté à ce moment-là, lors de l'opposition à la vente qui lui est ouverte par l'article 2 de la loi du 31 décembre 1903.

À ce stade de la procédure, le problème de la saisissabilité des biens non retirés ne se pose pas, d'une part parce que leur vente n'est pas poursuivie en vertu d'une saisie [3] et d'autre part, parce que leur abandon depuis plusieurs mois permet de présumer qu'ils ne sont pas nécessaires à la vie et au travail de leur propriétaire. À noter qu'en ce qui concerne les biens abandonnés par l'occupant d'un local après son expulsion, l'article R. 433-6 C. pr. exéc. prévoit leur vente aux enchères publiques y compris ceux qui sont insaisissables par leur nature.

1122.13 Délai d'abandon. La procédure prévue par la loi du 31 décembre 1903 ne peut être mise en œuvre qu'après l'expiration d'un délai minimum d'un an, période à l'expiration de laquelle on peut considérer que l'abandon est définitif (L. 31 déc. 1903, art. 1er, al. 1er).

Si le bien est un véhicule terrestre à moteur, un motocycle à deux ou trois roues ou un quadricycle à moteur, le délai est ramené à trois mois (L. 31 déc. 1903, art. 1er, al. 2). Cette réduction est justifiée autant par l'encombrement plus important de cette catégorie de meuble, que par sa dépréciation rapide.

Le délai court du jour où les objets ont été confiés ou déposés chez le professionnel. La requête doit d'ailleurs mentionner la date de réception et ce, afin de permettre au juge d'exercer son contrôle (L. 31 déc. 1903, art. 2, al. 1er).

Si les biens ont été déposés moyennant versement d'une redevance périodique, ces délais courent de l'échéance du dernier terme impayé (L. 31 déc. 1903, art. 6 *bis*, al. 5).

SECTION 2
AUTORISATION DE LA VENTE

1122.21 Juge compétent. Le juge de l'exécution n'a aucune compétence en la matière. **Jusqu'au 31 décembre 2012,** le professionnel qui souhaitait user de la faculté de vendre le bien devait, selon la valeur du litige, présenter une requête au juge de proximité ou du tribunal d'instance du canton de son domicile (L. 31 déc. 1903, art. 2, al. 1er et COJ, art. R. 221-15, 1°). **Depuis le 1er janvier 2013,** le premier alinéa de l'article 2 de la loi de 1903, dans sa rédaction issue de l'article 13 de la loi n° 2011-1862 du 13 décembre 2011, dispose que le professionnel doit présenter sa requête devant le tribunal d'instance ou le président du tribunal de grande instance, selon la valeur des objets mobiliers abandonnés. Il n'est aujourd'hui plus question de la juridiction de proximité dans le texte législatif. À noter cependant que le 1° de l'article R. 221-15 du COJ donnant compétence au juge d'instance, sous réserve de celle du juge de proximité, pour connaître des litiges relatifs à la vente des biens abandonnés chez les professionnels du dépôt, du nettoyage et de la réparation, n'a pas été expressément abrogé. Ce texte réglementaire, contraire à l'article 2 de la loi de 1903, ne devrait toutefois plus recevoir application en ce qui concerne la juridiction de proximité dont la suppression prévue par la loi du 13 décembre 2011 a été retardée jusqu'au 1er janvier 2017 [4]. La demande est portée devant la juridiction dans le

1. Civ. 1re, 21 févr. 1989, n° 86-16.240, *Bull. civ.* I, n° 85.
2. Civ. 1re, 21 févr. 1989, n° 86-16.240, P (préc. ss prést n°).
3. Civ. 1re, 21 févr. 1989, n° 86-16.240, P (préc. ss prést n°).
4. L. n° 2014.1654, 29 déc. 2014, loi de finances pour 2015, art. 99, modifiant le 1er alinéa du II de l'art. 70 de la loi du 13 déc. 2011 précitée.

ressort de laquelle est situé le domicile du professionnel.

1122.22 Requête. La requête énonce les faits et donne pour chacun des objets, la date de réception, la désignation, le prix de façon réclamé, le nom du propriétaire et le lieu où l'objet a été confié (L. 31 déc. 1903, art. 2, al. 1er).

Il s'agit donc d'une requête motivée conformément à l'article 494 C. pr. civ. Elle doit être présentée en double exemplaire.

1122.23 Ordonnance. L'ordonnance ne peut être rendue qu'après que le propriétaire des objets a été entendu ou appelé (L. 31 déc. 1903, art. 2, al. 2). La procédure est donc contradictoire et le propriétaire doit être convoqué à une audience où il pourra contester la créance quant à son principe ou quant à son montant, faire des offres de règlements ou même proposer un acquéreur amiable. La loi autorise toutefois la juridiction à statuer non contradictoirement si les circonstances l'imposent. Il peut en être ainsi lorsque l'adresse du propriétaire est inconnue. Mais dans ce cas, le professionnel devrait justifier de ses recherches infructueuses.

1122.24 Recours. Si l'ordonnance est rendue contradictoirement, elle est susceptible d'appel par les deux parties si la valeur des objets excède 4 000 euros. Si l'ordonnance rendue en l'absence du propriétaire rejette la requête, le professionnel peut la contester dans les conditions du droit commun. Si elle fait droit à la requête, le propriétaire peut faire opposition à la vente dont la date, l'heure et le lieu lui sont indiqués par l'officier ministériel qui en est chargé (L. 31 déc. 1903, art. 2).

1122.25 Contenu. L'ordonnance mise au bas de la requête fixe le jour, l'heure et le lieu de la vente, commet l'officier public devant y procéder et, s'il y a lieu, fixe l'évaluation de la créance du requérant (L. 31 déc. 1903, art. 2, al. 2).

La décision de la juridiction constitue ainsi un titre pour le professionnel, titre qui liquide le montant de sa créance et en constate l'exigibilité.

1122.26 Notification. L'ordonnance d'autorisation n'a pas à être notifiée et la lettre de l'officier public prévenant le propriétaire non comparant de la date et du lieu de la vente n'a pas besoin d'en comporter une copie. La Cour de cassation estime à cet égard que l'article 503 C. pr. civ. est inapplicable à la procédure instituée par l'article 2 de la loi du 31 décembre 1903 [1].

1. Civ. 1re, 21 févr. 1989, n° 86-16.240 (préc. ss n° 1122.12) – V. AUSSI : TI Périgueux, ord. réf., 12 déc. 1994, n° 12.94.01622, Épx Amicel c/Sarl Parichon.

SECTION 3
VENTE

1122.31 Agent chargé de la vente. L'article 6 *in fine* de la loi du 31 décembre 1903 dispose que la vente est faite conformément aux lois et règlements qui déterminent les attributions des officiers publics qui en sont chargés (v. ss n° 1121.31).

1122.32 Lieu de la vente. Il est choisi par le juge dans son ordonnance (v. ss n° 1121.32).

1122.33 Moment de la vente. La vente ne peut avoir lieu qu'à l'expiration d'un délai de huit jours suivant l'accomplissement des formalités de publicité.

Si le propriétaire appelé à faire connaître sa position se manifeste avant la délivrance de l'ordonnance pour offrir de rechercher lui-même un acquéreur, il devrait pouvoir bénéficier de la faculté de vente amiable ouverte par la réforme des voies d'exécution pour toutes les procédures à fin de vente (C. pr. exéc., art. L. 221-1, R. 222-6 et R. 223-13). Les délais prévus à l'article R. 221-30 C. pr. exéc. (un mois à compter de la notification de l'acte) devraient alors s'appliquer. Il devrait en être de même lorsque le propriétaire ne se manifeste qu'après avoir reçu notification du jour et du lieu des enchères en faisant opposition à la vente. Mais dans l'hypothèse où celui-ci fait preuve d'inertie ou si son adresse est inconnue, il n'y a aucune raison de respecter les délais de vente amiable cette faculté étant alors sans objet.

1122.34 Publicité. La publicité annonce la vente huit jours à l'avance par des affiches apposées aux lieux indiqués par le juge.

La publicité doit être constatée par une mention insérée dans le procès-verbal de vente (L. 31 déc. 1903, art. 3 – v. ss n° 1121.35).

1122.35 Modalités de la vente. La vente a lieu aux enchères publiques. L'article 6 de la loi de 1903 renvoie aux articles 624 et 625 ACPC, aujourd'hui abrogés et remplacés par les articles R. 221-37 et R. 221-39 C. pr. exéc. (v. ss nos 716.61 s.).

L'officier public n'est pas tenu d'arrêter la vente lorsque le produit atteint le montant de la créance. La Cour de cassation considère à cet égard que l'article 622 ACPC (remplacé par C. pr. exéc., art. R. 221-38), auquel la loi du 31 décembre 1903 ne renvoie d'ailleurs pas, est sans application à la vente des objets abandonnés dès lors que celle-ci est poursuivie, non pour cause de saisie, mais sur le fondement d'une loi particulière et dérogatoire [2]. Cette solution est logique car la vente n'a pas seule-

2. Civ. 1re, 21 févr. 1989, n° 86-16.240, *Bull. civ.* I, n° 85.

ment pour objectif de désintéresser le professionnel, mais également pour but de le débarrasser d'objets qui l'encombrent et dont la garde forcée est une source de soucis et de tracas.

1122.36 Information du propriétaire. Lorsque l'ordonnance n'a pas été rendue en présence du propriétaire, l'officier public commis doit le prévenir huit jours francs à l'avance par lettre recommandée, des lieu, jour et heure de la vente. Il est dispensé de cette formalité si le domicile du propriétaire est inconnu (L. 31 déc. 1903, art. 2, al. 3).

SECTION 4
INCIDENTS-OPPOSITION

1122.41 Opposition du propriétaire. Le propriétaire peut s'opposer à la vente par un exploit signifié au professionnel. Cette opposition emporte de plein droit citation à comparaître à la première audience utile de la juridiction qui a autorisé la vente, nonobstant toute indication d'une audience ultérieure (L. 31 déc. 1903, art. 4 - v. s[s] n° 1121.41)[1]. Les cas dans lesquels le propriétaire forme opposition sont rares et il existe peu de décisions des juridictions du fond.

En l'absence d'une véritable notification de l'ordonnance au sens de l'article 503 C. pr. civ., l'opposition du propriétaire devrait être recevable à tout moment.

SECTION 5
RÉPARTITION DU PRIX

1122.51 Imputation et consignation. L'officier vendeur prélève d'abord ses frais sur le produit de la vente puis paie la créance du professionnel.

Le surplus, s'il y en a un, est versé à la Caisse des dépôts et consignations au nom du propriétaire, par l'officier public sous procès-verbal de dépôt (L. 31 déc. 1903, art. 5). Le reste de la procédure est identique à ce qui est prévu pour les effets abandonnés par les voyageurs (v. s[s] n°s 1121.51 s.), hormis pour le délai d'attribution au Trésor des fonds non réclamés, qui est de cinq ans dans la loi de 1903.

1122.52 Biens dépourvus de valeur marchande. La loi du 31 décembre 1903 ne contient aucune disposition dispensant le professionnel de recourir à la vente aux enchères lorsque le ou les objets abandonnés, sont sans valeur ou d'une valeur dérisoire. Le cas n'est pas rare en pratique notamment en présence de véhicules accidentés ou dépréciés. La loi n'envisage pas cette situation de telle sorte que le professionnel est tenu d'engager les formalités et les frais nécessaires à la vente aux enchères bien que celle-ci ne lui rapporte rien ou quasiment rien. Il serait souhaitable que le législateur intervienne pour autoriser le professionnel à mettre le bien au rebus ou à le donner à une œuvre caritative comme cela a été prévu par le Code des procédure civiles d'exécution pour les effets mobiliers abandonnés par les personnes faisant l'objet d'une décision d'expulsion ou par les locataires partis à la cloche de bois (C. pr. exéc., art. R. 433-1 s., R. 451-1 s. et Décr. 10 août 2011).

1. POUR UN EX. D'OPPOSITION : TI Périgueux, 13 mai 1994, n° 11.94.00379, Amicel c/Sarl Parichon (préc. s[s] n° 1121.43).

CHAPITRE

1123. Objets confiés à un transporteur ou déposés dans la consigne d'une gare

RENÉ LAUBA
MAGISTRAT HONORAIRE

SECTION 0
ORIENTEUR

1123.00 **Plan du chapitre.**

1123.01 **Textes applicables.**
Décr. 13 août 1810, mod. par L. 7 mars 1932.

1123.03 **Bibliographie indicative.** (V. s[5] n° 1120.03).

SECTION 1
DOMAINE D'APPLICATION

1123.11 **Objets concernés.** Le sort des objets confiés à des transporteurs est réglementé par un texte très ancien, toujours en vigueur, le décret du 13 août 1810, modifié par la loi du 7 mars 1932, qui a étendu son domaine d'application aux consignes des gares.

Il concerne les objets qui ont été confiés soit pour être transportés, soit mis en dépôt dans les magasins du transporteur, soit laissés en consigne dans les gares, et qui n'ont pas été réclamés dans le délai de six mois suivant leur arrivée à destination ou leur dépôt. Ils peuvent être vendus aux enchères par l'administration des douanes.

SECTION 2
MISE EN ŒUVRE

1123.21 **Requête aux fins de vente.** À l'expiration du délai, le transporteur doit déclarer aux préposés de la régie de l'enregistrement les objets non réclamés (Décr. 13 août 1810, art. 2).

Il est alors fait application de l'article R. 149 du Code de procédure pénale applicable aux animaux et objets périssables, dont les dispositions ont une portée générale. Le fonctionnaire doit saisir le juge d'instance d'une demande de vente aux enchères[1].

La requête doit être motivée et présentée en double exemplaire conformément à l'article 494 C. pr. civ.

1123.22 **Décision du juge.** Le juge doit ordonner la vente et fixer le jour auquel il y sera procédé.

La vente est faite « *à l'enchère au marché le plus voisin à la diligence du comptable des impôts* » (C. pr. pén., art. R. 149, al. 3).

Elle est annoncée « *par affiche, vingt-quatre heures à l'avance, à moins que la modicité de l'objet ne détermine le magistrat à en ordonner la vente sans formalité, ce qu'il exprime dans son ordonnance* » (C. pr. pén., art. R. 149, al. 4).

1123.23 **Affectation du prix.** Le produit de la vente doit être versé au Trésor public, dans l'attente de son sort fixé par un jugement définitif (C. pr. pén., art. R. 149, al. 5). Il semble que cette consignation ait un caractère conservatoire, en attendant que la juridiction compétente (le tribunal d'instance ou la juridiction de proximité jusqu'au 1er janvier

1. EN CE SENS : *J.-Cl. Rép. prat. dr. privé, v° Objets abandonnés*, n° 54.

2013[1] selon COJ, art. R. 221-15, 1°) se soit prononcée sur la créance du transporteur.

Il s'agit donc, semble-t-il, d'un dépôt ou d'une consignation judiciaire emportant affectation spéciale et privilège de l'article 2333[2] du Code civil (C. civ., art. 2350[3]).

Un état du prix versé doit être dressé pour le cas où il serait réclamé dans les deux ans.

1. En vertu de la loi L. n° 2011-1862, 13 déc. 2011, relative à la répartition des contentieux et à l'allègement de certaines procédures juridictionnelles (*JO* 14 déc., p. 21105), la juridiction de proximité est en effet appelée à bientôt disparaître.
2. COMP. : C. civ., anc. art. 2073.
3. COMP. : C. civ., anc. art. 2075-1.

CHAPITRE

1124. Marchandises laissées en douane

RENÉ LAUBA
MAGISTRAT HONORAIRE

SECTION 0
ORIENTEUR

1124.00 **Plan du chapitre.**

1124.01 **Textes applicables.**
C. douanes, art. 182 à 188.

1124.02 **Jurisprudence de référence.**
• Civ. 2e, 6 mai 1997, n° 95-11.249, *Bull. civ.* II, n° 134; *JCP E* 1997. IV. 695.

1124.03 **Bibliographie indicative.** (V. s[5] n° 1120.03).

SECTION 1
DOMAINE D'APPLICATION

1124.11 **Biens concernés.** Les marchandises qui, à l'importation, n'ont pas été déclarées dans le délai légal ou qui restent en douane pour un autre motif, sont constituées d'office en dépôt (C. douanes, art. 182) et doivent être inscrites sur un registre spécial (C. douanes, art. 183).

À défaut d'enlèvement dans les quatre mois de leur inscription sur le registre spécial, les marchandises constituées en dépôt peuvent être vendues (C. douanes, art. 186).

Les marchandises périssables ou en mauvais état de conservation peuvent cependant être vendues immédiatement sur autorisation du juge d'instance (C. douanes, art. 186, 2°), qui statue par voie d'ordonnance sur requête.

SECTION 2
MISE EN ŒUVRE

1124.21 **Conditions du dépôt.** Les marchandises constituées en dépôt de douane demeurent aux risques des propriétaires et leur détérioration pendant leur séjour ne peut donner lieu à des dommages-intérêts (C. douanes, art. 184).

Les frais nécessités par la constitution en dépôt et le séjour des marchandises demeurent à la charge des propriétaires.

Les agents des douanes ne peuvent procéder à l'ouverture des colis et à la vérification de leur contenu qu'en présence du propriétaire ou du destinataire. À défaut et à la requête de l'Administration des douanes, le président du tribunal de grande instance dans le ressort duquel est situé le bureau de douane peut désigner une personne pour assister à ces opérations (C. douanes, art. 185, mod. par L. n° 2012-397, 22 mars 2012, relative à la simplification du droit et à l'allègement des démarches administratives). Cette désignation ne peut être faite qu'à l'expiration d'un délai de huit jours après notification par lettre recommandée restée sans effet.

1124.22 **Modalités de la vente.** La vente a lieu aux enchères publiques par les soins de l'administration des douanes.

Les marchandises sont adjugées au plus offrant et dernier enchérisseur, libres de tous droits et taxes perçus par la douane. L'adjudicataire a la faculté d'en disposer pour toutes les destinations autorisées par les lois et règlements en vigueur (C. douanes, art. 187).

Lorsque les marchandises sont d'une valeur inférieure à 152 euros (anc[t] 1 000 francs, selon Ord. n° 2000-916, 19 sept. 2000[1], art. 9, ann. V, visant C. douanes, art. 186, 3°), elles sont réputées abandonnées.

1. Ord. n° 2000-916, 19 sept. 2000, portant adaptation de la valeur en euros de certains montants exprimés en francs dans les textes législatifs, *JO* 22 sept., p. 14877.

Les douanes ont la possibilité soit de les vendre aux enchères, soit d'en faire don à des hôpitaux, hospices ou autres établissements de bienfaisance (C. douanes, art. 186, 3°).

Enfin, les marchandises dépourvues de valeur vénale sont détruites par l'administration des douanes (C. douanes, art. 182, 2°).

1124.23 Répartition du prix de vente. Le produit de la vente est affecté en priorité au règlement « des *frais et autres dépenses des accessoires de toute nature engagées par la douane ou sur son ordre pour la constitution et le séjour en dépôt ainsi que pour la vente des marchandises* ». Il est ensuite affecté au recouvrement des droits et taxes dont sont passibles les marchandises en raison de la destination qui leur est donnée (C. douanes, art. 188, 1°).

Lorsque le produit est suffisant, il est affecté au règlement de « *tous les autres frais pouvant grever les marchandises* » (C. douanes, art. 188, 2°).

Le reliquat éventuel est versé à la Caisse des dépôts et consignations où il est tenu pendant deux ans à la disposition du propriétaire ou de ses ayants droit. Passé ce délai, il est acquis au Trésor (C. douanes art. 188, 2°).

1124.24 Juge compétent pour la distribution par contribution. Lorsque le produit de la vente est insuffisant pour régler les créances énumérées à l'article 188, 3° du Code des douanes, il est versé à la Caisse des dépôts et consignations. Il est réparti selon la procédure de distribution par contribution.

Depuis le 13 décembre 2011, l'article 188, 3° du Code des douanes donne compétence au président du tribunal de grande instance du lieu du dépôt (anc^{t} au juge d'instance). La réforme des voies d'exécution n'a pas modifié cette règle de compétence particulière. En effet, la Cour de cassation a jugé à propos des mesures conservatoires prises à l'encontre des responsables d'infractions douanières, que la loi du 9 juillet 1991 n'avait pas abrogé les dispositions spéciales du Code des douanes attribuant compétence au TGI en la matière[1]. Cette décision vaut également pour les dispositions du Code des douanes relatives à la répartition du prix de vente.

1. Civ. 2e, 6 mai 1997, n° 95-11.249, *Bull. civ.* II, n° 134; *JCP E* 1997. IV. 695.

LIVRE

12. LA SAISIE-CONTREFAÇON ET LA RETENUE EN DOUANE DE MARCHANDISES CONTREFAISANTES

SECTION 0

ORIENTEUR

1200.00 **Plan du livre.**

Titre	**121**	**La saisie-contrefaçon en matière de propriété industrielle**
Chap.	1211	Conditions de fond de la saisie-contrefaçon
Chap.	1212	Ordonnance de saisie-contrefaçon
Chap.	1213	Exécution de la saisie-contrefaçon et incidents
Chap.	1214	Procès au fond dans le délai prescrit
Chap.	1215	Contentieux de la saisie-contrefaçon
Titre	**122**	**La saisie-contrefaçon en matière de propriété littéraire et artistique**
Chap.	1221	Saisie-contrefaçon en matière de droits d'auteur et de droits voisins
Chap.	1222	Saisie-contrefaçon en matière de logiciels et bases de données
Titre	**123**	**La retenue en douane de marchandises contrefaisantes**
Chap.	1231	Retenue en douane de marchandises contrefaisantes

Division. La saisie-contrefaçon en matière de propriété industrielle (titre 121) obéit à des règles sensiblement communes, qu'il s'agisse de brevets d'invention, de marques, de dessins et modèles, d'obtentions végétales ou, depuis la loi n° 2007-1544 du 29 octobre 2007[1], de topographies de produits semi-conducteurs ou d'indications géographiques. Les règles applicables en matière de propriété littéraire et artistique (titre 122) sont désormais, depuis la loi n° 2014-315 du 11 mars 2014, renforçant la lutte contre la contrefaçon[2], également très proches, qu'il s'agisse de droits d'auteur *stricto sensu*, de logiciels, de bases de données ou, depuis la loi n° 2007-1544, des droits *sui generis* des producteurs de bases de données. Enfin, sera examinée une mesure autorisant les services douaniers à retenir des marchandises soupçonnées de contrefaçon, mesure qui constitue parfois une antichambre de la saisie-contrefaçon : la retenue en douane (titre 123).

1200.03 **Bibliographie indicative.**

Actualisables. Rép. civ., *v° Propriété littéraire et artistique (1° Propriété des créateurs)*, sept. 2007 [màj janv. 2014], par Ph. Gaudrat, n°s 562 s. – Rép. com., *v° Brevet d'invention*, avr. 2003 [màj juin 2014], par J. Schmidt-Szalewski et J.-M. Mousseron, n°s 487 s.; *v° Dessins et modèles*, févr. 2004 [màj janv. 2014], par J. Passa, n°s 149 s.; *v° Marques de fabrique, de commerce ou de service*, oct. 2006 [màj juin 2014], par J. Schmidt-Szalewski, n°s 598 s.; *v° Obtentions végétales*, janv. 2013, par N. Bouche, n°s 212-217 — *J.-Cl. Civ.*, *v° Propriété littéraire et artistique* [Contrefaçon. Preuve. Procédure. Sanction], par E. Dreyer, fasc. 1612, n°s 9 s. – *J.-Cl. Com.*, *v° Brevets*, par Rogé, fasc. 4635 [Retenue en douane]; fasc. 4636 [Retenue en douane. Marchandises arguées de contrefaçon. Formules] – *J.-Cl. Com.*, *v° Brevets*, par Stenger, fasc. 4631 [Saisie-contrefaçon. Introduction. Ordonnance autorisant la saisie-contrefaçon]; fasc. 4631-10 [Saisie-contrefaçon. Formules]; fasc. 4632 [Saisie-contrefaçon. Exécution de la saisie-contrefaçon]; fasc. 4633 [Saisie-contrefaçon. Effets de la saisie-contrefaçon]; fasc. 4634 [Saisie-contrefaçon. Recours après saisie-contrefaçon] – *J.-Cl. Com.*, *v° Dessins et Modèles*, par Greffe, fasc. 3470 [Contrefaçon. Constatation. Saisie-contrefaçon] – *J.-Cl. Com.*, *v° Marques*, par Carreau, fasc. 7500 [Contrefaçon de marque : généralités], n°s 60 s. – *J.-Cl. Com.*, *v° Marques*,

1. L. n° 2007-1544, 29 oct. 2007, de lutte contre la contrefaçon, *JO* 30 oct., p. 17775.

2 L. n° 2014-315, 11 mars 2014, renforçant la lutte contre la contrefaçon, *JO* 12 mars, p. 5112.

par J. Sigrist et C. Vilmart, fasc. 7530 [Rôle des douanes en matière de contrefaçon] – *J.-Cl. Com.*, *v° Marques*, par Verneret et Lenoir, fasc. 7540 [L'action en contrefaçon de marque], n°s 52 s. – Lamy *Droit de l'informatique et des réseaux*, 2011 – Lamy *Droit commercial, v° Marques, brevets, dessins et modèles*, par J. Azéma, 2012, n°s 2433 s.

Ouvrages généraux. A. CHAVANNE, J.-J. BURST, J. AZÉMA et J.-C. GALLOUX, *Droit de la propriété industrielle*, 7e éd., « Précis », Dalloz, 2012 – A R. BERTRAND, Dalloz action *Droit d'auteur*, 2011/2012 – C. CARON, *Droit d'auteur et droits voisins*, 2e éd., Litec, 2010 – D. COHEN, *Le droit des dessins et modèles*, 4e éd., Economica, 2014 – C. COLOMBET, *Propriété littéraire et artistique et droits voisins*, 9e éd., « Précis », Dalloz, 1999 – B. EDELMAN, *Droits d'auteur, droits voisins*, Dalloz, 1993 – J. FOYER et M. VIVANT, *Le droit des brevets*, PUF, 1991 – A. FRANÇON, *Cours de propriété littéraire, artistique et industrielle*, Litec, 1999 – J.-C. GALLOUX, *Droit de la propriété industrielle*, 2e éd., « Cours », Dalloz, 2003 – P.-Y. GAUTIER, *Propriété littéraire et artistique*, 8e éd., PUF, 2012 – F. GREFFE et P. GREFFE, *Traité des dessins et modèles*, 9e éd., Litec, 2014 – A. LUCAS et H.-J. LUCAS, *Traité de la propriété littéraire et artistique*, 4e éd., LexisNexis, 2012 – P. MATHÉLY, *Le nouveau droit français des brevets d'invention*, Éd. Journ. not., 1991; *Le droit français des signes distinctifs*, Éd. Journ. not., 1984; *Le nouveau droit français des marques*, Éd. Journ. not., 1994 – J. PASSA, *Droit de la propriété industrielle*, 2e éd., t. 1, LGDJ, 2009 – J. PASSA, *Droit de la propriété industrielle*, t. 2, 1re éd., LGDJ, 2013 – F. POLLAUD-DULIAN, *La propriété industrielle*, Economica, 2011; *Droit d'auteur*, Economica, 2005 – J. SCHMIDT-SZALEWSKI et J.-L. PIERRE, *Droit de la propriété industrielle*, 4e éd., Litec, 2007; *Le droit des marques*, Dalloz, 1997 – P. SIRINELLI *et alii*, *Code de la propriété intellectuelle*, Dalloz, 2014 – M. VIVANT et J.-M. BRUGUIÈRE, *Droit d'auteur et droits voisins*, 2e éd., « Précis », Dalloz, 2012 – M. VIVANT et J.-L. NAVARRO, *Code de la propriété intellectuelle*, LexisNexis, 2014.

Ouvrages spéciaux. Y. MARCELLIN, *La saisie-contrefaçon*, 3e éd., Cedat, 2001 – P. VÉRON *et alii*, Dalloz référence *Saisie-contrefaçon*, 2013/2014.

1200.05 Définition. Le nom de « *saisie-contrefaçon* » est trompeur, car cette mesure n'est pas une saisie comme les autres. Il s'agit d'une **mesure probatoire spécifique aux divers domaines de la propriété intellectuelle** (propriété industrielle et propriété littéraire et artistique). Elle permet au titulaire d'un droit de propriété intellectuelle de faire pratiquer par un officier public des investigations, comprenant, en général, la description de la contrefaçon alléguée, de ses circonstances et de son étendue ou la saisie d'objets qui se rapportent à la contrefaçon (produits argués de contrefaçon, documents se rapportant à la contrefaçon ou matériels et instruments servant à la réalisation de la contrefaçon). Elle est soigneusement réglementée par la loi que la jurisprudence interprète avec vigilance.

1200.06 Caractère facultatif de la saisie-contrefaçon. Le recours à la procédure de saisie-contrefaçon n'est pas obligatoire. En effet, la contrefaçon, étant un fait juridique, peut être prouvée par tous les moyens de preuve admis en droit civil (ou en droit pénal, lorsque les poursuites sont engagées par la voie pénale) : témoignages, présomptions, constats d'huissiers [1], expertise privée [2], *etc.* La loi du 11 mars 2014 (art. 4) a explicitement confirmé ce caractère facultatif en précisant que « *la juridiction peut ordonner, d'office ou à la demande de toute personne ayant qualité pour agir en contrefaçon, toutes les mesures d'instruction légalement admissibles même si une saisie-contrefaçon n'a pas préalablement été ordonnée* » (CPI, art. L. 521-4-1, L. 615-5-1-1, L. 623-27-1-1, L. 716-7-1 A et L. 722-4-1). Cet article a pour objet de transposer l'article 6 de la directive n° 2004/48/CE [3] qui concerne « *les éléments de preuve* [...] *qui se trouvent sous le contrôle de la partie adverse* ». Ces dispositions devraient donc permettre au demandeur à l'action en contrefaçon de demander la production forcée de preuve (C. pr. civ., art. 138 à 142) sans qu'il puisse lui être reproché l'absence

1. Aix-en-Provence, 2e ch., 26 juin 2006, RG n° 04/10951, *Juris-Data* n° 305921; *Expertises* déc. 2007, p. 433 s., note Le Carré, « La saisie-contrefaçon est-elle toujours opportune ? », *Expertises* déc. 2007, p. 422 s. – Paris, 4e ch., sect. B, 28 sept. 2007, RG n° 05/11912 – Paris, 4e ch., sect. A, 18 mai 2005, RG n° 03/13550, *PIBD* 2005, n° 814. III. 496 – Paris, 3 mars 2004, *Propr. ind.* 2004, n° 65, note Greffe – Refusant toute force probante à un constat d'achat dressé par un huissier qui n'avait pas assisté *de visu* à l'achat : Aix-en-Provence, 10 janv. 2005, *Propr. intell.* 2005. 459, obs. De Haas – *CONTRA* : reconnaissant force probante à un constat d'achat dressé par un huissier qui n'avait pas assisté *de visu* à l'achat, Paris, 4e ch., sect. A, 29 nov. 2006, RG n° 05/23987, *Propr. intell.* 2007. 477, obs. De Haas – TGI Paris, 3e ch., 2e sect., 5 juill. 2013, *PIBD* 2013, n° 992. III. 1491 – Nullité d'un constat d'achat sur un site Internet (l'huissier de justice a créé un compte client à son nom et a procédé à l'acquisition du produit litigieux) : Civ. 1re, 20 mars 2014, n° 12-18.518, *Bull. civ.* I, n° 54; *PIBD* 2014, n° 1007. III. 475; *Procédures* 2014, n° 133, note Perrot; *CCE* 2014, n° 9, note Boiron et Franco; *CCE* 2014, n° 12, note de Candé et Blanchard – *CONTRA* : Paris, pôle 5, 2e ch., 26 avr. 2013, *PIBD* 2013, n° 987. III. 1280 – Validité d'un constat d'achat sur un site Internet (acte d'achat effectué par un salarié du demandeur) : TGI Paris, 3e ch., 3e sect., 13 sept. 2013, *PIBD* 2013, n° 995. III. 1619 – Validité d'un constat d'huissier réalisé sur un salon professionnel : TGI Paris, 3e ch., 3e sect., 27 sept. 2013, *PIBD* 2014, n° 998. III. 84 – Nullité d'un constat qui constituait une saisie-contrefaçon déguisée : Paris, pôle 5, 1re ch., 7 mai 2014, RG n° 12/02428.
2. Mais la preuve de la contrefaçon ne peut résulter exclusivement d'une expertise privée : Com. 29 janv. 2013, n° 11-28.205, NP; *Propr. ind.* 2013, n° 27, note Gaumont-Prat; *Propr. ind.* 2013, n° 28, comm. Bouche, appliquant la jurisprudence Cass., ch. mixte, 28 sept. 2012, n° 11-18.710, *Bull. ch. mixte*, n° 2; *D.* 2012. 769; *RTD civ.* 2012. 769, comm. Perrot.
3. Dir. n° 2004/48/CE du Parlement européen et du Conseil, 29 avr. 2004, relative au respect des droits de propriété intellectuelle, *JOUE*, n° L 157, 30 avr., p. 45-86.

de saisie-contrefaçon préalable. Toutefois, en vertu de l'article 146 C. pr. civ., le demandeur devra notamment démontrer qu'il ne peut pas rapporter autrement la preuve en question. La rédaction large de ce nouvel article devrait aussi permettre de demander que soit ordonnée la mesure d'expertise prévue à l'article 145 C. pr. civ., à la place de la saisie-contrefaçon, mais il ne devra pas s'agir d'une saisie-contrefaçon déguisée[1] et il faudra que cette mesure soit suffisante pour la solution du litige (C. pr. civ., art. 147). Cependant, compte tenu de son efficacité et de sa commodité, la procédure de saisie-contrefaçon est d'un emploi extrêmement fréquent. On doit toutefois noter que, alors même qu'il ne s'agit que d'un moyen de preuve facultatif, il n'est pas possible de faire pratiquer des opérations analogues à une saisie-contrefaçon (notamment lorsqu'elles impliquent une atteinte au droit de propriété ou une contrainte) en dehors des formes légales prévues pour cette mesure, toutes les fois qu'elle pourrait être pratiquée[2].

1200.07 Qu'est-ce que la contrefaçon ? Le terme « *contrefaçon* » désigne, en la matière, différentes formes **d'atteintes à un droit patrimonial de propriété intellectuelle.** Plus précisément, il s'agit d'atteintes au droit exclusif conféré par la loi de reproduire, utiliser, mettre en œuvre, fabriquer, *etc.*, un produit ou un procédé (brevet), une variété végétale (certificat d'obtention végétale), un signe distinctif (marque), un dessin ou un modèle ornemental, la topographie d'un produit semi-conducteur, une indication géographique, une œuvre de l'esprit (droit d'auteur), une création objet d'un droit voisin du droit d'auteur ou une base de données. L'atteinte aux droits moraux de l'auteur n'est pas en elle-même une contrefaçon au sens juridique du terme, mais la jurisprudence[3] a admis le recours à la saisie-contrefaçon pour en rapporter la preuve.

1200.08 Avertissement. L'étude de la contrefaçon déborde évidemment le cadre d'un ouvrage consacré aux voies d'exécution. Avant d'envisager la mise en œuvre d'une mesure de saisie-contrefaçon, le praticien sera bien avisé de vérifier que les faits dont il se préoccupe sont bien constitutifs, s'ils sont avérés, de contrefaçon (ainsi, l'usage d'une marque déposée pour désigner des produits différents de ceux visés au dépôt n'est pas une contrefaçon; la mise en œuvre des enseignements d'un brevet d'invention à des fins expérimentales n'est pas, non plus, une contrefaçon).

1. V. PAR EX., en matière de propriété littéraire et artistique : Civ. 1re, 28 nov. 2012, n° 11-20.531, NP.
2. PAR EX. : TGI Lyon, 10e ch., 20 mars 1995, *PIBD* 1995, n° 590. III. 310 – TGI Paris, 3e ch., 3e sect., 9 sept. 2003, *PIBD* 2004, n° 782. III. 178 – TGI Paris, 3e ch., 1re sect., 5 mai 2009, RG n° 2007/06254, *Jurinpi* n° B20090070; *PIBD* 2009, n° 900. III. 1205 – Chambéry, ch. com., 16 déc. 2008, RG n° 08/02310, *Juris-Data* n° 008030 – TGI Paris, 3e ch., 1re sect., 8 juin 2010, RG n° 08/16283 – TGI Paris, 3e ch., 4e sect., 10 juin 2010, RG n° 09/09853; *Juris-Data* n° 028661 – Paris, pôle 5, 2e ch., 11 mars 2011, RG n° 09/29067 – Paris, pôle 5, 1re ch., 7 mai 2014, RG n° 12/02428.
3. Paris, 4e ch. A, 17 mai 1993, *RD prop. int.* 1993, n° 49, p. 78.

TITRE

121. La saisie-contrefaçon en matière de propriété industrielle

SECTION 0 ORIENTEUR

1210.00 Plan du titre.

Division. Une saisie-contrefaçon ne peut être valablement requise que si un certain nombre de conditions préalables sont remplies (chap. 1211). Elle ne peut être pratiquée qu'en vertu d'une ordonnance sur requête du magistrat compétent (chap. 1212). L'exécution de cette ordonnance répond à des règles strictes (chap. 1213). Enfin, la saisie-contrefaçon connaît généralement des suites, notamment à l'initiative du demandeur, par l'engagement d'une procédure au fond. Elle peut susciter un contentieux délicat (chap. 1214).

CHAPITRE

1211. Conditions de fond de la saisie-contrefaçon

PIERRE VÉRON
AVOCAT
ET ISABELLE ROMET, THOMAS BOUVET,
BLANDINE TRONEL, NICOLAS BOUCHE

SECTION 0
ORIENTEUR

1211.00 Plan du chapitre.

Division. Il convient de présenter les titres de propriété industrielle susceptibles de fonder une saisie-contrefaçon (sect. 1) avant d'examiner successivement les deux parties à la saisie-contrefaçon que sont le demandeur à la saisie (sect. 2) et le saisi (sect. 3).

1211.01 Textes applicables.

CPI, art. L. 513-3, L. 513-7, L. 521-2, L. 612-15, L. 614-11, L. 614-15, L. 615-2, L. 615-4, L. 615-10, L. 622-7, L. 623-14, L. 623-24 à L. 623-27-1, L. 714-7, L. 716-5, L. 722-1 à L. 722-7.

C. pr. civ., art. 118.

• **Règl. CE n° 2100/94 du Conseil, 27 juill. 1994**, instituant un régime de protection communautaire des obtentions végétales, art. 23, 24, 87, 92, 94 à 106, *JOCE*, n° L 227, 1er sept., p. 1-30.

• **Règl. CE n° 6/2002 du Conseil, 12 déc. 2001**, sur les dessins ou modèles communautaires, art. 11, 12, 19, 32, 33, 88, 90, 93, *JOCE*, n° 003, 5 janv. 2002, p. 1-24.

• **Règl. CE n° 510/2006 du Conseil, 20 mars 2006**, relatif à la protection des indications géographiques et des appellations d'origine des produits agricoles et des denrées alimentaires, art. 7, *JOUE*, n° L 93, 31 mars, p. 12-25.

• **Règl. CE n° 207/2009 du Conseil, 26 févr. 2009**, sur la marque communautaire (version codifiée), art. 9, 22, 23, 94, 103, *JOUE*, n° L 78, 24 mars, p. 1-42.

1211.03 Bibliographie indicative. (V. s[s] n° 1200.03).

SECTION 1
TITRE DE PROPRIÉTÉ INDUSTRIELLE

1211.11 Titres délivrés. La saisie-contrefaçon est destinée à procurer la preuve de la contrefaçon de tous les titres protégeant sur le territoire français :

– une **invention** : brevet français, brevet européen désignant la France, certificat d'utilité, certificat complémentaire de protection, certificat d'addition demandé avant la suppression de ce titre par la loi n° 90-1052 du 26 novembre 1990[1];

– une **obtention végétale** : certificat d'obtention végétale français, certificat de protection communautaire des obtentions végétales;

– une **marque** : enregistrement d'une marque française, partie française d'une marque enregistrée internationalement en application, notamment, de l'Arrangement de Madrid du 14 avril 1891, marque communautaire;

– un **dessin ou modèle** : dépôt français ou international désignant la France, ou dessin ou modèle communautaire enregistré ou non enregistré (à compter de la première divulgation dans l'Union européenne);

– une **topographie de produits semi-conducteurs** : enregistrement français;

– une **indication géographique** : nationale (appellation d'origine, indication géographique vitivini-

1. L. n° 90-1052, 26 nov. 1990, relative à la propriété industrielle, *JO* 28 nov. 1990, p. 14624.

cole) ou communautaire (appellation d'origine protégée, indication géographique protégée).

On notera que par un arrêt du 14 décembre 2010, la chambre commerciale de la Cour de cassation a décidé qu'il n'était pas possible de requérir l'autorisation de procéder à une saisie-contrefaçon sur le fondement d'un brevet ou d'un titre assimilé - certificat complémentaire de protection (CCP) ou certificat d'utilité - expiré. Cette solution discutable semble généralisable à tout autre titre de propriété intellectuelle [1].

1211.12 **Demandes de titres publiées.** Dans la plupart des cas, une demande publiée est opposable aux tiers et peut donc fonder une saisie-contrefaçon, bien que, dans différentes matières, le tribunal ait l'obligation de surseoir à statuer au fond en l'attente de la délivrance du titre. Quelques exceptions méritent cependant d'être signalées.

En matière de **brevet d'invention**, une demande publiée doit être notifiée au présumé contrefacteur si ses revendications ont fait l'objet, depuis la publication, de modifications ayant pour effet d'étendre leur portée (CPI, art. L. 615-4).

En matière d'**obtention végétale**, une demande française publiée reste devoir être notifiée au présumé contrefacteur (CPI, art. L. 623-26).

En matière de **marque communautaire**, une action en contrefaçon et donc une saisie-contrefaçon n'est possible qu'à compter de la publication de l'enregistrement (Règl. CE n° 207/2009, art. 9, § 3).

1211.13 **Demandes non publiées.** Sauf en matière de brevet européen où la question paraît ouverte [2], une demande non publiée peut fonder une saisie-contrefaçon à condition qu'elle soit préalablement notifiée individuellement au présumé contrefacteur. En l'absence de notification préalable, une saisie-contrefaçon effectuée sur le fondement d'une demande de titre non publiée est nulle (en matière de brevet [3], en matière de certificat d'obtention végétale, en matière de marque [4], en matière de dessins et modèles). Il est à noter que, en matière de brevet d'invention, si le titulaire de la demande de brevet, usant de la faculté offerte par l'article L. 612-15 du Code de la propriété intellectuelle, a sollicité le report de l'établissement du rapport de recherche, il doit, avant de procéder à la notification de la demande de brevet au présumé contrefacteur, renoncer à sa demande de report.

SECTION 2
LE DEMANDEUR À LA SAISIE

1211.20 **Division.** Selon la formule désormais commune à tous les droits de propriété industrielle (depuis l'uniformisation opérée par la loi du 29 octobre 2007 [5]), le demandeur à la saisie-contrefaçon doit avoir qualité pour agir en contrefaçon. Il est ainsi renvoyé aux autres dispositions du Code de la propriété intellectuelle et des règlements communautaires qui définissent les personnes pouvant exercer l'action en contrefaçon. C'est dire que le demandeur doit déjà jouir de la capacité d'ester en justice (§ 1) mais qu'il doit encore plus précisément se voir reconnaître qualité à agir en contrefaçon par une disposition spécifique [6] (§ 2). Enfin, l'acte lui conférant le droit en vertu duquel il agit doit être opposable aux tiers (§ 3).

§ 1
Capacité pour requérir une saisie-contrefaçon

1211.21 **Capacité d'ester en justice.** Quiconque requiert l'autorisation de faire pratiquer une saisie-contrefaçon doit être capable d'ester en justice, selon les règles générales de procédure civile. Il a été ainsi jugé qu'une société non encore immatriculée, ou immatriculée mais absorbée, dépourvue de ce fait de la personnalité morale, n'est pas recevable à faire procéder à une saisie-contrefaçon, celle-ci devant être annulée [7] ou l'ordonnance rétractée [8].

1. Com. 14 déc. 2010, n° 09-72.946, *Bull. civ.* IV, n° 196; *Propr. ind.* 2011, n° 22, note Raynard; *Propr. ind.* 2011, n° 28, note crit. Bouche; *CCE* 2011, n° 19, note Caron; *Propr. intell.* 2011. 247, obs. Warusfel.
2. L'article L. 614-9 du CPI ne prévoit pas expressément la possibilité, pour le titulaire d'une demande de brevet européen non publiée, de procéder à une notification individuelle de sa demande au présumé contrefacteur. En outre, aux termes des articles 67 (1) et 64 (1) de la Convention sur le brevet européen, une demande européenne ne bénéficie du même régime qu'une demande nationale qu'à compter de sa publication. Mais, le titulaire d'une demande européenne non publiée pourra solliciter une publication anticipée de sa demande, en vertu de l'article 93 (1b) de la même Convention.
3. TGI Paris, 28 juin 1983, *Dossiers Brevets* 1984. II. 5 – TGI Lille, 25 avr. 1984, *Dossiers Brevets* 1985. III. 2.
4. Colmar, 13 mai 1994, *Ann. propr. ind.* 1995. 275 – TGI Lille, 16 juin 1994, *PIBD* 1994, n° 575. III. 513.
5. L. n° 2007-1544, 29 oct. 2007, de lutte contre la contrefaçon, *JO* 30 oct., p. 17775.
6. Com. 29 janv. 2008, n° 07-14.709, *Bull. civ.* IV, n° 18; *PIBD* 2008, n° 871. III. 203; *CCE* 2008, n° 34, note Caron; *Propr. intell.* 2008. 276, note Abello.
7. TGI Paris, 10e ch. corr., 25 févr. 1977, *Ann. propr. ind.* 1978. 143 – TGI Paris, 3e ch., 2e sect., 6 avr. 2007, *PIBD* 2007, n° 855. III. 427.
8. TGI Paris, ord. réf., 5 avr. 2006, RG n° 06/04814, *Jurinpi* n° B20060055.

§ 2
Qualité pour requérir une saisie-contrefaçon

1211.31 **Propriétaire.** En toutes matières, le propriétaire d'un titre de propriété intellectuelle (ou d'une demande de titre dûment publiée ou notifiée) a qualité pour faire procéder à une saisie-contrefaçon, sans que la loi distingue selon le mode d'acquisition de son droit de propriété.

On soulignera toutefois la particularité de la situation en matière d'**indications géographiques.** À la différence des autres droits de propriété industrielle, les indications géographiques ne bénéficient pas à un titulaire enregistré mais peuvent être librement utilisées par tous les producteurs qui remplissent les conditions posées, par une décision judiciaire ou administrative, relativement à l'aire géographique de production et aux qualités et caractéristiques que doivent présenter les produits. C'est pourquoi alors que l'article L. 722-4 du Code de la propriété intellectuelle, selon le principe désormais commun, ouvre la voie de la saisie-contrefaçon à « *toute personne ayant qualité pour agir en vertu du présent titre* », c'est-à-dire agir pour une atteinte à une indication géographique, l'alinéa 1er de l'article L. 722-2 du même code énonce en réponse simplement que : « *L'action civile pour contrefaçon est exercée par toute personne autorisée à utiliser l'indication géographique concernée ou tout organisme auquel la législation donne pour mission la défense des indications géographiques* ». L'alinéa 2 de l'article L. 722-2 reconnaît à ces mêmes personnes la qualité « *à intervenir dans l'instance engagée par une autre partie pour contrefaçon* ».

1211.32 **Copropriétaire.** En matière de brevet et d'obtention végétale, la loi organise un régime de copropriété qui permet à chaque copropriétaire de prendre l'initiative d'une procédure en contrefaçon, sous réserve de notifier l'assignation aux autres copropriétaires. Il faut en déduire que, en ces matières, chaque copropriétaire peut prendre l'initiative d'une saisie-contrefaçon. La position est plus incertaine en matière de marques, de dessins et modèles, et de topographies de produits semi-conducteurs où, en l'absence de dispositions légales spécifiques, les copropriétaires se trouvent sous le régime de l'indivision et où la meilleure solution consiste à régler la question contractuellement.

1211.33 **Licencié exclusif.** D'une manière générale, le licencié exclusif peut faire procéder à une saisie-contrefaçon. Ainsi, s'agissant des **droits nationaux**, le licencié exclusif se voit reconnaître le droit d'agir en contrefaçon à condition d'avoir préalablement mis en demeure sans succès le titulaire du droit d'exercer lui-même l'action (pour les brevets, CPI, art. L. 615-2, al. 2 – pour les certificats d'obtention végétale français, CPI, art. L. 623-25, al. 2 – pour les marques, CPI, art. L. 716-5 – pour les dessins et modèles français, CPI, art. L. 521-2 – pour les topographies de produits semi-conducteurs, CPI, art. L. 622-7, qui renvoie à CPI, art. L. 615-2). Il est permis d'en déduire qu'il peut, aux mêmes conditions, faire pratiquer une saisie-contrefaçon. L'obligation de mise en demeure préalable est toutefois inutile lorsque le licencié exclusif en est expressément dispensé, soit par les termes du contrat (« *sauf stipulation contraire* »), soit par l'accord exprès du donneur de licence en dehors de toute mise en demeure[1]. Dans tous ces cas, le licencié exclusif doit joindre à sa requête aux fins de saisie-contrefaçon la justification du respect de la condition de mise en demeure.

Les règles sont globalement identiques en matière de **marques communautaires** (Règl. CE n° 207/2009, art. 22) et de **dessins et modèles communautaires** (Règl. CE n° 6/2002, art. 32) puisque le licencié exclusif, sauf stipulation contraire, peut agir en contrefaçon avec le consentement du titulaire et, par exception, peut même agir sans le consentement du titulaire lorsqu'il l'a vainement mis en demeure d'exercer l'action en contrefaçon.

En revanche, en matière de **certificat de protection communautaire des obtentions végétales**, le schéma est radicalement différent puisque l'article 104 § 1 reconnaît par principe qualité au licencié exclusif d'agir en contrefaçon, sans aucune autre condition (et notamment pas celle d'une vaine mise en demeure d'agir adressée au titulaire) sauf si cette possibilité lui a été expressément retirée par une stipulation contraire du contrat de licence.

1211.34 **Titulaire d'une licence non contractuelle en matière de brevet ou de certificat d'obtention végétale.** Le droit pour ces derniers de faire procéder à une saisie-contrefaçon est également soumis à la condition d'avoir préalablement mis en demeure en vain le titulaire d'agir lui-même (CPI, art. L. 615-2, al. 4, et L. 623-25, al. 2). L'effet d'une stipulation contraire est réservé s'agissant des certificats d'obtention végétale et non des brevets.

En matière de **certificat de protection communautaire des obtentions végétales**, le titulaire d'une licence obligatoire, accordée par l'Office communautaire des variétés végétales, peut agir en contrefaçon, sans aucune autre condition (et notamment pas celle d'une vaine mise en demeure d'agir adressée au titulaire) sauf si cette possibilité lui a été expressément retirée par une stipulation contraire du contrat de licence. Il peut requérir une saisie-contrefaçon aux mêmes conditions.

1. TGI Paris, 3e ch., 2e sect., 13 mars 1998, *RDPI* 1998. 29.

1211.35 Titulaire d'une licence contractuelle non exclusive. En règle générale, les textes refusent de reconnaître au licencié non exclusif qualité pour solliciter une saisie-contrefaçon. Il lui est seulement reconnu la possibilité d'intervenir à l'instance engagée par le titulaire.

En revanche, le licencié contractuel non exclusif d'une **marque communautaire** (Règl. CE n° 207/2009, art. 22) ou d'un **dessin ou modèle communautaire** (Règl. CE n° 6/2002, art. 32) peut engager une procédure relative à la contrefaçon du titre en question, sauf stipulation contractuelle contraire, avec le consentement du titulaire. Il est permis d'en déduire qu'il peut, aux mêmes conditions, faire pratiquer une saisie-contrefaçon. Par exception encore, et assez étonnamment, le licencié contractuel non exclusif d'un **certificat de protection communautaire d'obtention végétale** bénéficie, d'après la lettre de l'article 104 § 1 du règlement n° 2100/94, du droit d'agir en contrefaçon (et donc corrélativement de solliciter une saisie-contrefaçon), sans même pouvoir en être privé par une stipulation contraire.

1211.36 Sanction. La nullité d'une saisie-contrefaçon pour défaut de qualité et de capacité du saisissant constitue non un vice de forme mais une irrégularité de fond en application de l'article 118 C. pr. civ. et peut être soulevée à tout moment[1].

§ 3
Opposabilité des droits du requérant

1211.41 Principe de l'inscription obligatoire. Quel que soit le titre, les actes transmettant ou modifiant les droits qui lui sont attachés doivent, pour être opposables aux tiers, être inscrits sur le registre approprié :

- Registre national des brevets pour un brevet ou une demande de brevet français (CPI, art. L. 613-9, al. 1er) ;
- Registre européen des brevets pour un brevet ou une demande publiée de brevet européen (CPI, art. L. 614-11) ;
- ces deux registres pour une invention faisant l'objet d'un brevet ou d'une demande de brevet français et européen ayant la même date de dépôt ou la même date de priorité (CPI, art. L. 614-14, al. 2) ;
- Registre national des certificats d'obtention végétale pour un certificat français ou Registre des demandes de certificat d'obtention végétale pour une demande de certificat (CPI, art. L. 623-14 et L. 623-24 qui renvoie à L. 613-9) ;
- Registre de la protection communautaire des obtentions végétales pour un certificat communautaire (Règl. CE n° 2100/94, art. 23 § 4) ;
- Registre national des marques pour une marque ou une demande d'enregistrement de marque (CPI, art. L. 714-7) ;
- Registre des marques communautaires pour une marque communautaire (Règl. CE n° 207/2009, art. 23 § 1) ;
- Registre national des dessins et modèles pour un dessin ou modèle déposé (CPI, art. L. 513-3) ;
- Registre des dessins ou modèles communautaires pour un dessin ou modèle communautaire enregistré ou une demande d'enregistrement d'un dessin ou modèle communautaire (Règl. CE n° 6/2002, art. 33 § 2 et 34 § 2)[2] ;
- Registre national des dépôts de topographies de produits semi-conducteurs pour une topographie enregistrée ou une demande de protection d'une topographie (CPI, art. L. 622-7, qui renvoie à L. 613-9, al. 1er).

1211.42 Modifications devant être inscrites. Doivent être inscrits, pour être opposables aux tiers, tous les actes ayant une incidence sur l'identité de la personne physique ou morale qui est propriétaire ou licenciée du titre ou de la demande de titre : cession du titre, en totalité ou en partie, fusion-absorption du titulaire de droits, apport en nature des droits, apport partiel d'actif, donation, dévolution successorale, licence ou tout contrat incluant un contrat de licence (contrat de franchise, contrat de location-gérance, contrat de distribution).

1211.43 Modifications dont l'inscription est facultative. La loi n'imposant que la publication des modifications touchant la personne titulaire des droits, il n'est pas indispensable d'inscrire un changement de dénomination de l'entité juridique titulaire de droits ou un changement d'adresse. C'est ainsi qu'un licencié exclusif qui n'avait pas inscrit au Registre national des brevets son changement de dénomination a été déclaré recevable à intervenir dans une procédure en contrefaçon[3]. Dans le même sens, le titulaire d'une marque, qui n'avait pas inscrit au Registre national des marques son changement de dénomination et son changement d'adresse, a été déclaré recevable à agir en contrefaçon[4]. Cependant, l'inscription de ces modifications reste conseillée pour éviter toute difficulté.

1. Paris, 27 mars 1985, *Ann. propr. ind.* 1986. 48.

2. Paris, 28 mars 2001, *PIBD* 2001, n° 728. III. 508 – Paris, pôle 5, 2e ch., 25 janv. 2013, *PIBD* 2013, n° 981. III. 1124 – TGI Paris, 3e ch., 1re sect., 30 janv. 2014, *PIBD* 2014, n° 1008. III. 531.
3. Paris, 4e ch., 5 févr. 1992, *PIBD* 1992, n° 524. III. 330.
4. Bordeaux, 1re ch. civ., sect. A, 3 nov. 2011, RG n° 10/02124.

1211.44 Exception lorsque le contrefacteur est en connaissance de cause. Il résulte de l'article L. 613-9, alinéa 2 du Code de la propriété intellectuelle en matière d'**invention,** également applicable aux **topographies de produits semi-conducteurs** (CPI, art. L. 622-7 qui renvoie à L. 613-9, al. 2) et en matière d'**obtention végétale** (CPI, art. L. 623-24 qui renvoie à CPI, art. L. 613-9), que des actes de cession ou de licence sont opposables aux tiers avant leur inscription s'il est prouvé que ces tiers ont acquis des droits sur ces titres en connaissance de l'acte avant cette inscription[1] (connaissance préalable non retenue dans certaines espèces[2]). La même règle se retrouve en matière de **marques communautaires** (Règl. CE n° 207/2009, art. 23 § 1) et de **dessins ou modèles communautaires** (Règl. CE n° 6/2002, art. 33 § 2). Et, depuis la loi n° 2008-776 du 4 août 2008, de modernisation de l'économie[3], cette règle se retrouve également en matière de **marques** (CPI, art. L. 714-7, al. 2) et de **dessins et modèles** (CPI, art. L. 513-3, al. 2).

Bien que tous ces textes ne paraissent, à la lettre, concerner que les conflits entre acquéreurs successifs de droits (« *tiers qui ont acquis des droits* »)[4], **la jurisprudence avait parfois étendu l'exception de connaissance acquise aux contrefacteurs.** Par exemple en matière de brevet, des actes de cession ou de licence de brevet avaient été jugés opposables aux tiers contrefacteurs avant leur inscription s'il était prouvé que ces tiers en avaient eu connaissance avant cette inscription[5].

1211.45 Exception spécifique aux certificats de protection communautaire. La lettre de l'article 23 § 4 du règlement n° 2100/94 du 27 juillet 1994, qui ne semble viser par « *transfert* » que le transfert « *par cession* », conduit à considérer que l'inscription d'une licence ne constitue pas une condition d'opposabilité du droit du licencié et n'a d'incidence que sur le montant des condamnations (Règl. CE n° 2100/94 du Conseil, 27 juill. 1994, art. 94 § 2).

1211.46 Exception spécifique à la marque communautaire et aux dessins ou modèles communautaires. L'article 23 § 2 du règlement CE du 26 février 2009 (Règl. CE n° 207/2009) et l'article 33 § 3 du règlement CE du 12 décembre 2001 (Règl. CE n° 6/2002) précisent que la formalité de l'inscription n'est pas nécessaire lorsque la marque communautaire, le dessin ou modèle communautaire, ou un droit sur ces titres, sont acquis « *par transfert de l'entreprise dans sa totalité ou par toute autre succession à titre universel* ». Si cette dérogation vise sans nul doute la cession à l'occasion d'une opération d'absorption par fusion de sociétés, elle ne s'applique probablement pas à un transfert à l'occasion d'une cession de fonds qui n'entraîne pas, en droit français, une cession à titre universel.

SECTION 3

LE SAISI

1211.51 Lieux de la saisie. La saisie peut être autorisée dans tous les lieux où se trouve la preuve de la contrefaçon, la loi ne faisant aucune restriction, à savoir dans :

- une usine, un entrepôt, un magasin, un garage, un chantier, un site d'abattage, un centre d'essais, des bureaux, *etc.*;

- tous lieux publics tels que salons, foires, expositions, *etc.*;

- le domicile personnel du saisi;

- le greffe du tribunal où se trouvent les objets provenant d'une précédente saisie annulée.

Ainsi, c'est ce qui ressort d'un arrêt de la cour d'appel de Paris[6], énonçant que le breveté a la faculté, sur la base de faits nouveaux, de faire pratiquer au greffe une nouvelle saisie sur les objets contrefaisants saisis réellement lors d'une première saisie nulle et déposés au greffe[7], déclarant valable l'ordonnance autorisant une saisie-contrefaçon au greffe du tribunal mais annulant la saisie de copies de documents annexées au procès-verbal, ces copies faisant partie intégrante du procès-verbal et se trouvant donc invalidées par la décision d'annulation[8];

- les propres locaux du requérant;

(v. not. la saisie-contrefaçon opérée par la société Chanel, dans une de ses boutiques, d'une montre à sa marque qui lui avait été confiée pour réparation[9]);

1. TGI Paris, 17 mars 1980, *PIBD* 1980, n° 266. III. 188 – Paris, 24 avr. 1986, *RD propr. ind.* 1986, n° 5, p. 146 – TGI Paris, 3e ch., 15 mai 1991, *PIBD* 1991, n° 510. III. 638.
2. TGI Paris, 3e ch., 24 févr. 1984, *PIBD* 1984, n° 350. III. 169 – Paris, 4e ch., 6 janv. 1994, *PIBD* 1994, n° 565. III. 225.
3. L. n° 2008-776, 4 août 2008, de modernisation de l'économie, *JO* 5 août, p. 12471.
4. Pour un exemple d'application de cet article entre acquéreurs successifs de droits, v. TGI Paris, 3e ch., 2e sect., 27 juin 2003, *PIBD* 2003, n° 775. III. 567.
5. Paris, 24 avr. 1986, *RD propr. ind.* 1986, n° 5, p. 146 – TGI Paris, 3e ch., 15 mai 1991, *PIBD* 1991, n° 510. III. 638 – Paris, 4e ch., sect. A, 10 mai 2000, RG n° 1998/27017 – POURVOI REJETÉ PAR : Com. 19 nov. 2002, n° 00-18.189, NP.
6. Paris, 4e ch., sect. A, 20 déc. 2000, *PIBD* 2001, n° 718. III. 203.
7. Douai, 2 févr. 1893, *Ann. propr. ind.* 1893. 149 – Paris, 7 mai 1996, *PIBD* 1996, n° 617. III. 454 – TGI Paris, 6 déc. 1996, *PIBD* 1997, n° 629. III. 174 – TGI Paris, 3e ch., 2e sect., 6 avr. 2007, *PIBD* 2007, n° 855. III. 427; *Propr. intell.* 2007. 478, obs. de Haas.
8. EN CE SENS : Paris, 13 avr. 1983, *Dossiers Brevets* 1984. III. 1 – Paris, 7 mai 1996, *PIBD* 1996, n° 617. III. 454 – Paris, 4e ch., 20 déc. 2000, *PIBD* 2001, n° 718. III. 203 – POURVOI REJETÉ PAR : Com. 1er juill. 2003, n° 01-10.807, *Bull. civ.* IV, n° 112; *RTD civ.* 2004. 305, chron. Galloux.
9. TGI Paris, 3e ch., 3 mai 1990, *PIBD* 1990, n° 489. III. 686.

- à bord d'un aéronef faisant escale sur le territoire français[1];

Toutefois, pareille saisie ne peut concerner que les marchandises transportées et non les navires et aéronefs eux-mêmes qui bénéficient en matière de brevet, par application de l'article 5 *ter* de la Convention d'Union de Paris du 20 mars 1883, d'une sorte de privilège d'extraterritorialité lorsqu'ils sont en transit; une règle semblable existe en matière de dessins et modèles nationaux (CPI, art. L. 513-7) et en matière de dessins ou modèles communautaires (Règl. CE n° 6/2002, art. 20 § 2);

- un organisme de droit public, tel qu'une administration (l'art. L. 615-10 du CPI, qui vise les inventions exploitées par l'État pour les besoins de la Défense nationale et admet le principe d'une saisie-contrefaçon à l'encontre de l'État en prévoyant des aménagements afin de préserver le secret de la défense, confirme qu'une saisie-contrefaçon peut aussi bien être ordonnée à l'encontre d'une personne de droit privé qu'à l'encontre d'un organisme de droit public), que cet organisme soit lui-même contrefacteur ou qu'il détienne seulement des preuves de la contrefaçon commise par un tiers.

Ainsi, une saisie-contrefaçon effectuée dans les locaux de l'Agence du médicament (actuelle ANSM [Agence nationale de sécurité du médicament et des produits de santé]) a été jugée valable, alors même que cette agence n'était aucunement suspectée de contrefaçon mais qu'il s'agissait, pour le demandeur, d'obtenir des informations, utiles à la preuve de la contrefaçon qu'il alléguait, figurant dans le dossier de demande d'autorisation de mise sur le marché du médicament argué de contrefaçon[2]. De même, la cour d'appel de Paris a reconnu valable la saisie-contrefaçon pratiquée entre les mains de la direction départementale de l'équipement du Calvados qui avait reçu, dans le cadre d'un appel d'offres relatif à l'aménagement d'un échangeur, des documents susceptibles de révéler une offre d'utilisation d'un procédé contrefaisant[3].

1211.52 Saisie à l'encontre d'un État étranger. Dans le cadre d'une saisie-contrefaçon réalisée sur le stand d'un salon professionnel, il a été jugé que la saisie-contrefaçon étant une mesure probatoire et non une voie d'exécution, elle ne relève pas des immunités d'exécution dont jouissent les États étrangers[4]. Une saisie-contrefaçon peut donc également avoir lieu à l'encontre d'un État étranger.

1. Com. 4 juill. 1995, n° 93-15.575, NP.

2. TGI Paris, 3e ch., 30 sept. 1998, *PIBD* 1999, n° 673. III. 133 – TGI Bobigny, 1re ch., sect. 5, 17 mars 2004, RG n° 03/02744 – TGI Paris, 3e ch., 2e sect., 2 juill. 2004, RG n° 02/18798, *PIBD* 2004, n° 796. III. 615.
3. Paris, 4e ch., sect. A, 24 nov. 2004, RG n° 03/14212, *PIBD* 2005, n° 803. III. 131.
4. TGI Paris, 3e ch., 4e sect., ord. réf., 30 août 2012, RG n° 12/11810.

CHAPITRE

1212. Ordonnance de saisie-contrefaçon

PIERRE VÉRON
AVOCAT
ET ISABELLE ROMET, THOMAS BOUVET,
BLANDINE TRONEL, NICOLAS BOUCHE

SECTION 0
ORIENTEUR

1212.00 Plan du chapitre.

Division. Il convient de présenter successivement la juridiction compétente (sect. 1), la présentation de la requête aux fins de saisie-contrefaçon (sect. 2), les mentions nécessaires (sect. 3 à 5), les dispositions concernant les modalités de la saisie-contrefaçon (sect. 6) et, enfin, les pouvoirs du président à qui est présentée la requête (sect. 7).

1212.01 Textes applicables.

CPI, art. L. 521-1, L. 521-3-1, L. 521-4, L. 615-3, L. 615-5, L. 615-17, L. 622-7, L. 623-27-1, L. 623-31, L. 716-3, L. 716-7, L. 722-4, L. 722-8, R. 521-2, D. 521-6, R. 522-1, R. 615-2, R. 622-6, R. 623-51, D. 631-1, D. 631-2, R. 716-2, D. 716-12, R. 717-11, R. 722-2 et D. 722-6.

C. pr. civ., art. 454, 458 à 460, 494, 812 et 813.

COJ, art. L. 211-10, L. 211-11, L. 211-11-1, D. 211-5, D. 211-6, D. 211-6-1 et R. 211-7.

• **Dir. n° 2004/48/CE du Parlement européen et du Conseil,** 29 avr. 2004, relative au respect des droits de propriété intellectuelle, art. 2 et 7, *JOUE,* n° L 157, 30 avr., p. 45-86.

1212.03 Bibliographie indicative. (V. s^s n° 1200.03).

SECTION 1
JURIDICTION COMPÉTENTE

1212.11 Compétence matérielle. Tous les articles organisant la saisie-contrefaçon en matière de propriété industrielle (CPI, art. L. 615-5, L. 521-4, L. 622-7, L. 623-27-1, L. 716-7 et L. 722-4), dans leur rédaction commune, font dépendre la saisie-contrefaçon « *d'une ordonnance rendue sur requête par la juridiction civile compétente* ». Cette juridiction civile compétente est le tribunal de grande instance (TGI) et, comme il s'agit d'une ordonnance sur requête, la compétence revient au président du TGI. Cela résulte des articles suivants du Code de la propriété intellectuelle :

– en matière de **brevets d'invention, certificats d'utilité** et **certificats complémentaires de protection :** CPI, art. L. 615-17 et R. 615-2;

– en matière de **topographies de produits semi-conducteurs :** CPI, art. L. 622-7 et L. 615-17;

– en matière d'**obtentions végétales :** CPI, art. L. 623-31 et R. 623-51;

– en matière de **marques :** CPI, art. L. 716-3 et R. 716-2;

– en matière de **marques communautaires :** COJ, art. L. 211-11 et R. 211-7;

– en matière de **dessins et modèles :** CPI, art. L. 521-3-1 et R. 521-2;

– en matière de **dessins et modèles communautaires :** COJ, art. L. 211-11-1 et R. 211-7; CPI, art. R. 522-1;

– en matière d'**indications géographiques :** CPI, art. L. 722-8 et R. 722-2.

Le président du tribunal de commerce est donc incompétent pour autoriser une saisie-contrefaçon. La règle doit être appliquée dans toute sa rigueur avec au besoin une requalification des faits. Ainsi des investigations dûment autorisées par le président du tribunal de commerce, en vertu des pouvoirs généraux relatifs aux ordonnances sur requête, doivent être annulées si elles correspondent en fait à une saisie-contrefaçon déguisée, dont l'autorisation doit être nécessairement accordée par le président du TGI [1].

1212.12 Compétence territoriale. Alors qu'avant la réforme de 2007, le magistrat territorialement compétent était toujours celui dans le ressort duquel les opérations de saisie-contrefaçon devaient être effectuées, cette règle générale a été modifiée par le décret d'application n° 2008-624 du 27 juin 2008 [2].

1° En effet, en matière de **brevets**, de **topographies de produits semi-conducteurs** et d'**obtentions végétales**, les articles R. 615-2, R. 622-6 et R. 623-51 du Code de la propriété intellectuelle, continuent de donner compétence au président du TGI « *dans le ressort duquel les opérations doivent être effectuées* ». Les présidents des TGI sont ainsi susceptibles d'être saisis en vue d'ordonner une saisie-contrefaçon si c'est dans leur ressort que les opérations de saisie-contrefaçon doivent se dérouler. Le président du TGI compétent parce que c'est dans son ressort que les opérations de saisie-contrefaçon doivent être effectuées n'est pas nécessairement celui du tribunal devant lequel doit être engagée l'action, sur le fond, en contrefaçon. En effet, dès lors que pour ordonner la saisie-contrefaçon, la compétence revient au président du TGI dans le ressort duquel les opérations doivent se dérouler (peu importe qu'il s'agisse d'un TGI au ressort territorial normal ou élargi, v. s^s n° 1212.13), la saisie-contrefaçon peut être ainsi pratiquée dans un lieu autre que celui du domicile ou du siège des défendeurs potentiels à l'action au fond, ce domicile ou siège devant être pris en considération pour déterminer le TGI (à ressort territorial normal ou élargi) compétent pour statuer sur l'action au fond.

Lorsque les opérations de saisie-contrefaçon doivent être réalisées sur plusieurs sites relevant du ressort de tribunaux différents, il est nécessaire d'obtenir des ordonnances des présidents de chacun des TGI compétents. Compte tenu des règles de compétence territoriale des huissiers de justice, plusieurs de ces officiers ministériels devront instrumenter.

2° En revanche, en matière de **dessins et modèles**, de **marques** et d'**indications géographiques**, les articles R. 521-2, R. 716-2 et R. 722-2 du Code de la propriété intellectuelle attribuent désormais compétence pour ordonner la saisie-contrefaçon au président du TGI « *compétent pour connaître du fond* ». Mais c'est le cas également en matière de **marque communautaire** et de **dessins ou modèles communautaires** car si l'article R. 211-7 du Code de l'organisation judiciaire accorde certes une compétence exclusive au seul TGI de Paris pour connaître des actions et demandes concernant ces deux titres communautaires, il n'en reste pas moins que, s'agissant spécialement de la saisie-contrefaçon, faute de dispositions propres à la saisie-contrefaçon fondée sur des titres communautaires, elle ne pourra être menée qu'en application respectivement des articles R. 716-2 et R. 521-2 qui donnent compétence au « *président du tribunal de grande instance compétent pour connaître du fond* ».

Dans toutes ces hypothèses, la compétence pour ordonner la saisie-contrefaçon ne se distingue pas de la compétence pour statuer sur le fond, en contrefaçon. Certes, cette solution peut simplifier les démarches lorsque l'on envisage la réalisation d'opérations de saisie-contrefaçon sur plusieurs sites relevant de ressort de TGI différents. Il ne sera pas nécessaire de s'adresser à autant de tribunaux différents que de ressorts différents concernés par les opérations de saisie-contrefaçon puisque, au contraire, la compétence pour toutes ces opérations sera centralisée auprès d'une seule juridiction, celle compétente pour connaître du fond. Toutefois, il convient de souligner à nouveau que la saisie-contrefaçon a pour objectif précisément de collecter des informations sur une contrefaçon soupçonnée, mais nullement établie avec précision dans tous ses aspects, si bien qu'il sera parfois impossible, de déterminer, avant l'accomplissement de la saisie, le juge compétent au fond. Il serait ainsi souhaitable de revenir sur cette maladresse réglementaire. La meilleure solution consisterait à confier la compétence pour autoriser la saisie-contrefaçon aussi bien au président du tribunal dans le ressort (spécialement élargi en matière de propriété industrielle) duquel les mesures doivent être accomplies qu'au président du tribunal compétent pour connaître du fond de l'affaire. Les décrets d'application de la loi n° 2014-315 du 11 mars 2014, renforçant la lutte contre la contrefaçon [3], n'ont pas modifié cette règle.

1. TGI Lyon, 10e ch., 20 mars 1995, *PIBD* 1995, n° 590. III. 310.
2. Décr. n° 2008-624, 27 juin 2008, pris pour l'application de la loi n° 2007-1544 du 29 oct. 2007 de lutte contre la contrefaçon et portant modification du Code de la propriété intellectuelle, *JO* 29 juin, p. 10467.
3. L. n° 2014-315, 11 mars 2014, renforçant la lutte contre la contrefaçon, *JO* 12 mars, p. 5112.

Il a été jugé qu'une saisie-contrefaçon effectuée en exécution d'une ordonnance rendue par un président incompétent était nulle [1].

1212.13 Ressort élargi de certains tribunaux de grande instance. Pour certains droits de propriété industrielle, le ressort territorial de quelques TGI a été géographiquement considérablement élargi au détriment d'autres TGI. L'idée est de restreindre le nombre de TGI compétents pour statuer sur des litiges de propriété industrielle complexes, aux aspects techniques ou scientifiques très marqués. On concentre la compétence au profit d'un nombre restreint de juridictions qui seront ainsi confrontées à un nombre plus important de litiges et pourront développer l'expertise technique ou scientifique particulièrement marquée, nécessaire à la résolution de ces litiges. C'est le cas :

– en matière de **brevets d'invention**, de **certificats d'utilité**, de **certificats complémentaires de protection** : l'article R. 615-2 du Code de la propriété intellectuelle énonce : « *la saisie, descriptive ou réelle, prévue à l'article L. 615-5 est ordonnée par le président d'un des tribunaux de grande instance énumérés à l'article D. 631-2, dans le ressort duquel les opérations doivent être effectuées* » et, depuis les décrets n° 2009-1204 et n° 2009-1205 du 9 octobre 2009 [2], l'article D. 631-2 du même code précise alors, par renvoi à l'article D. 211-6 du Code de l'organisation judiciaire, que le TGI de Paris est exclusivement compétent; on ne pourra évidemment pousser plus loin la concentration de compétence judiciaire;

– en matière de **topographies de produits semi-conducteurs** : l'article R. 622-6 du Code de la propriété intellectuelle renvoie entre autres à l'article R. 615-2 du même code, cité ci-dessus et complété par l'article D. 631-2 qui renvoie lui-même à l'article D. 211-6 du Code de l'organisation judiciaire et donne compétence exclusive également au TGI de Paris;

– en matière d'**obtentions végétales (certificats français ou communautaires)** : l'article R. 623-51 du Code de la propriété intellectuelle énonce : « *la saisie, descriptive ou réelle, prévue à l'article L. 623-27-1 est ordonnée par le président de l'un des tribunaux de grande instance énumérés à l'article D. 631-1, dans le ressort duquel les opérations doivent être effectuées* ». L'article D. 631-1 du même code précise alors, par renvoi à l'article D. 211-5 du COJ, que ce sont seulement dix TGI déterminés (Marseille, Bordeaux, Strasbourg, Lille, Limoges, Lyon, Nancy, Paris, Rennes, Toulouse) qui sont ainsi compétents. Cette restriction à dix TGI – et non à moins comme l'impliquerait le mouvement général de concentration de compétence en matière de propriété intellectuelle – a longtemps résulté d'une contrainte législative puisque l'article L. 623-31 du Code de la propriété intellectuelle énonçait que : « *Les actions civiles et les demandes relatives aux obtentions végétales, y compris lorsqu'elles portent également sur une question connexe de concurrence déloyale, sont exclusivement portées devant des tribunaux de grande instance, dont le nombre ne peut être inférieur à dix, à l'exception des recours formés contre les actes administratifs ministériels, qui relèvent de la juridiction administrative* » (al. 1er). Ce verrou législatif a disparu puisque la loi n° 2011-1862 du 13 décembre 2011 [3], relative à la répartition des contentieux et à l'allègement de certaines procédures juridictionnelles par son article 7, a supprimé au premier alinéa de l'article L. 623-31 du Code de la propriété intellectuelle, les mots « *dont le nombre ne peut être inférieur à dix* ». L'idée serait ensuite de confier également le contentieux des obtentions végétales au seul tribunal de grande instance de Paris. Toutefois, à ce jour, la liste des dix TGI n'a pas été réduite;

– en matière de **dessins et modèles nationaux**, de **marques nationales** et d'**indications géographiques (nationales ou communautaires)** : les articles R. 521-2, R. 716-2 et R. 722-2 du Code de la propriété intellectuelle renvoient pour la saisie-contrefaçon au président du TGI compétent pour connaître du fond; or, depuis les décrets n° 2009-1204 et n° 2009-1205 du 9 octobre 2009, les articles L. 521-3-1, L. 716-3 et L. 722-8 renvoient respectivement aux nouveaux articles D. 521-6, D. 716-12 et D. 722-6 qui donnent, par renvoi à l'article D. 211-6-1 du COJ, modifié par un décret n° 2010-1369 du 12 novembre 2010 [4], une compétence exclusive à

1. TGI Paris, 3e ch., 1re sect., 23 oct. 2007, *PIBD* 2008, n° 866. III. 32 – TGI Paris, 3e ch., 3e sect., 7 janv. 2009, RG n° 2008/00116, *Jurinpi* n° B20090019; *PIBD* 2009, n° 894. III. 951 – TGI Paris, 3e ch, 3e sect., 14 janv. 2009, RG n° 07/11208, *PIBD* 2009, n° 901. III. 1267; *Jurinpi* n° B20090030; *Propr. intell.* 2009. 398, obs. De Haas – Aix-en-Provence, 2e ch., 2 févr. 2011, RG n° 09/07185.
2. Décr. n° 2009-1204, 9 oct. 2009, relatif à la spécialisation des juridictions en matière de propriété intellectuelle, *JO* 11 oct., p. 16630 – Décr. n° 2009-1205, 9 oct. 2009, fixant le siège et le ressort des juridictions en matière de propriété intellectuelle, *JO* 11 oct., p. 16630 – Ces décrets sont entrés en vigueur le 1er novembre 2009; la juridiction saisie demeure compétente pour statuer sur les procédures introduites antérieurement à la date d'entrée en vigueur du décret.
3. L. n° 2011-1862, 13 déc. 2011, relative à la répartition des contentieux et à l'allègement de certaines procédures juridictionnelles, *JO* 14 déc., p. 21105.
4. Décr. n° 2010-1369, 12 nov. 2010, portant modification du tableau VI annexé à l'article D. 211-6-1 du Code de l'organisation judiciaire, *JO* 14 nov., p. 20292.

seulement dix TGI déterminés (Bordeaux, Lille, Lyon, Marseille, Nanterre, Nancy, Paris, Rennes, Strasbourg, Fort-de-France) ;

– en matière de **dessins et modèles communautaires ou de marques communautaires** : les articles R. 522-1 et R. 717-11 du Code de la propriété intellectuelle renvoient pour les actions et demandes en ces matières à l'article R. 211-7 du COJ qui donne une compétence exclusive au TGI de Paris (qui statue alors en tant que tribunal des dessins et modèles communautaires ou tribunal des marques communautaires).

1212.14 Requête présentée à l'occasion d'une instance en cours. La jurisprudence a eu l'occasion de rappeler qu'aucune disposition n'interdit la mise en œuvre d'une mesure de saisie-contrefaçon en cours d'instance[1]. Une requête aux fins de saisie-contrefaçon présentée à l'occasion d'une instance en cours doit être présentée au président de la chambre du TGI à laquelle l'affaire a été distribuée ou au juge déjà saisi, conformément à l'article 812, alinéa 3 C. pr. civ[2]. Cette règle résulte d'un arrêt de chambre commerciale de la Cour de cassation du 26 mars 2008[3] qui énonce que « *dès lors que la juridiction est saisie au fond, seul l'article 812 du Code de procédure civile est applicable à l'exclusion de l'article L. 716-7 du Code de la propriété intellectuelle* ». Il n'entre donc pas dans les pouvoirs du juge de la mise en état d'ordonner une saisie-contrefaçon en cours d'instance et il commet un excès de pouvoir s'il en ordonne une[4].

SECTION 2
PRÉSENTATION DE LA REQUÊTE UNILATÉRALE

1212.21 Ministère d'avocat. Les requêtes aux fins de saisie-contrefaçon, quel que soit le titre de propriété industrielle invoqué, ne peuvent être présentées que par un avocat du barreau du ressort du TGI dont l'autorisation du président est sollicitée, conformément au droit commun de la procédure civile (C. pr. civ., art. 813).

1212.22 Procédure non contradictoire. La procédure d'ordonnance sur requête n'est pas contradictoire. Le saisi n'est donc pas informé de la procédure antérieurement à la saisie elle-même, ce qui confère à la saisie-contrefaçon son efficacité.

1212.23 Objet. La requête doit indiquer l'objet de la demande, à savoir les opérations pour lesquelles une autorisation est sollicitée; celles-ci ne doivent pas apparaître, en effet, uniquement dans le projet d'ordonnance qu'il est d'usage de joindre à la requête. L'indication de l'objet de la demande est une formalité substantielle[5].

1212.24 Formalisme. Conformément au droit commun des ordonnances sur requête, la requête aux fins de saisie-contrefaçon doit être présentée en double exemplaire, en application de l'article 494, alinéa 1er C. pr. civ. Aucun texte n'exige qu'elle soit accompagnée d'un projet d'ordonnance destiné à la signature du président du TGI. En pratique, il est d'usage de joindre un tel projet[6].

La requête doit être signée. La signature par l'un des membres du cabinet d'avocats qui représente la partie demanderesse aux opérations de saisie suffit à satisfaire les exigences de l'article 813 C. pr. civ.[7]

SECTION 3
MENTIONS DE LA REQUÊTE CONCERNANT LE REQUÉRANT

1212.31 Droits invoqués par le requérant. La requête doit identifier le requérant. Celui-ci doit indiquer le ou les titres de propriété industrielle qu'il invoque au soutien de sa demande d'autorisation de saisie ainsi que les droits (propriété, licence) qui lui permettent de l'invoquer. Bien entendu, ces droits doivent être en vigueur et opposables (v. ss nos 1211.11 à 1211.13). La requête doit être accompagnée des pièces justificatives.

1212.32 Motivation. La requête aux fins de saisie-contrefaçon doit être motivée, comme toute

1. Com. 26 oct. 1993, n° 91-18.049, *Bull. civ.* IV, n° 357; *PIBD* 1994, n° 558. III. 22 – Com. 21 mars 1995, n° 93-15.391, NP – TGI Paris, 3e ch., 3e sect., 17 févr. 2004, *PIBD* 2004, n° 787. III. 323 – TGI Paris, 3e ch., 2e sect., 9 juill. 2004, *PIBD* 2004, n° 796. III. 610 – Paris, 14e ch., sect. B, 19 oct. 2007, *Juris-Data* n° 351511; *CCE* 2008, n° 65, note Caron.
2. TGI Paris, 3e ch., 3e sect., 14 janv. 2009, RG n° 07/11208 (préc. ss n° 1212.12) – Orléans, ch. com., 29 janv. 2009, RG n° 2008/00454, *PIBD* 2009, n° 894. III. 964; *Jurinpi* n° M20090103; *Propr. intell.* 2010. 991, obs. Sabatier.
3. Com. 26 mars 2008, n° 05-19.782, *Bull. civ.* IV, n° 70; *PIBD* 2008, n° 875. III. 340.
4. Civ. 1re, 5 févr. 2014, n° 12-25.492, NP; *PIBD* 2014, n° 1003. III. 317.
5. Paris, 4e ch., sect. A, 17 mai 1995, *Ann. propr. ind.* 1997. 65.
6. La Cour de cassation a validé cette pratique dans une affaire concernant les visites et saisies en matière fiscale : « *En apposant sa signature au pied de la requête, le juge des libertés et de la détention est réputé s'en approprier les motifs, sans que cette manière de procéder soit de nature à faire naître un doute légitime quant à son impartialité* », Com. 18 déc. 2012, n° 11-28.786, NP; *CCC* 2013, n° 87, note Bosco.
7. TGI Paris, 3e ch., 3e sect., ord. réf., 15 févr. 2013, *PIBD* 2013, n° 985. III. 1211.

requête, en application de l'article 494 C. pr. civ. En pratique, cette motivation est relativement succincte et se limite à la mention des atteintes alléguées. L'autorisation de saisie-contrefaçon n'est pas subordonnée à la production d'une preuve de la contrefaçon. Le requérant n'est en principe pas tenu d'établir, par un commencement de preuve, l'existence de la contrefaçon qu'il allègue puisque le but de la saisie-contrefaçon est précisément d'apporter cette preuve[1].

Le requérant est tenu à une obligation de bonne foi et de loyauté lors de la présentation de sa requête. Il n'est cependant pas tenu de faire état des moyens au fond que le défendeur pourrait évoquer. Ainsi, il a, par exemple, été jugé que les questions relatives à un éventuel épuisement des droits ou aux causes de nullité du titre sont des éléments de défense au fond, qui n'ont pas à être évoqués au stade de la requête aux fins de saisie-contrefaçon[2].

SECTION 4
MENTIONS DE LA REQUÊTE CONCERNANT LE SAISI

1212.41 Identification du saisi. La personne au préjudice de laquelle doit être effectuée la saisie-contrefaçon doit être identifiée dans la requête. Toutefois, l'identification précise de la personne juridique à l'encontre de laquelle vont être menées les opérations de saisie-contrefaçon n'est pas toujours possible à l'avance et ne pourra, quelquefois, être faite que par les opérations de saisie. La pratique admet donc parfaitement des requêtes visant « un stand à l'enseigne *N*... dans tel salon professionnel » ou encore « un établissement à l'enseigne *N*... à telle adresse ».

1212.42 Lieu de la saisie. Le lieu de la saisie doit être indiqué dans la requête. En matière de topographies de produits semi-conducteurs et d'obtentions végétales, la détermination du lieu de la saisie est même particulièrement importante, puisque c'est en fonction de ce lieu que se détermine la compétence territoriale du TGI qui autorise la saisie-contrefaçon (v. s^s n° 1212.12). En pratique, il est souvent demandé dans la requête que la saisie puisse être étendue à tous autres lieux où des faits contrefaisants pourraient être constatés, dès lors qu'ils se trouvent dans le ressort de compétence du TGI, ce qui permet notamment de couvrir les éventuels établissements secondaires exploités par le saisi et les locaux qu'il pourrait occuper.

SECTION 5
MENTIONS DE LA REQUÊTE CONCERNANT LES PARTICIPANTS

1212.51 Huissier de justice au choix du requérant. La saisie-contrefaçon en matière de propriété industrielle ne peut être effectuée que par un huissier de justice. Les articles L. 521-4 (**dessins et modèles**), L. 615-5 (brevets d'invention), L. 623-27-1 (**certificats d'obtentions végétales**), L. 716-7 (**marques**) et L. 722-4 (**indications géographiques**) du Code de la propriété intellectuelle, ainsi que l'article L. 622-7 du même code (**topographies de produits semi-conducteurs**) qui renvoie notamment à l'article L. 615-5, prévoient expressément que le choix de l'huissier instrumentaire revient au requérant (« *par tous huissiers* »). Il ne s'agit pas d'un huissier commis et il n'est donc pas nécessaire que l huissier soit nominativement identifié dans la requête ou l'ordonnance. Au contraire, muni de l'ordonnance présidentielle, le requérant peut faire appel à tout huissier territorialement compétent. Certains magistrats, ayant sans doute à l'esprit les textes du Code de procédure civile qui régissent les mesures d'instructions et, en particulier les constatations, désignent quelquefois l'huissier chargé d'effectuer la saisie-contrefaçon. Dans la mesure où les dispositions législatives spéciales laissent le choix au requérant, une telle pratique ne repose sur aucun fondement juridique.

1212.52 Tous experts au choix du requérant. Les différents articles du Code de la propriété intellectuelle relatifs à la saisie-contrefaçon en matière de propriété industrielle (v. s^s n° 1212.51) permettent expressément au requérant de faire procéder à la saisie-contrefaçon par tous huissiers « *le cas échéant assistés d'experts désignés par le demandeur* ». Le terme « *expert* » n'implique pas que cette personne soit inscrite sur une liste d'experts mais vise toute personne dont la présence peut être utile lors de la saisie-contrefaçon : conseil en propriété industrielle du requérant, photographe, serrurier, expert en mécanique, en électronique, en électricité, expert-comptable, informaticien (en matière

1. Nîmes, 14 sept. 1998, *RDPI* 1999, n° 96, p. 43 – TGI Bobigny, ord. réf., 14 oct. 1998, RG n° 11490/98, NP – Douai, 1re ch., 4 févr. 2002, *Propr. ind.* 2002, n° 40 – TGI Paris, 3e ch., 3e sect., ord. réf., 18 oct. 2006, *PIBD* 2007, n° 845. III. 82 – Aix-en-Provence, 1re ch. C, 1er juill. 2010, RG n° 2010/00886, *Jurinpi* n° B20100121 ; *PIBD* 2010, n° 925. III. 603 – TGI Paris, 3e ch., 3e sect., ord. réf., 15 févr. 2013, RG n° 12/15552, *PIBD* 2013, n° 985. III. 1211.
2. Sur la question de l'épuisement des droits : TGI Paris, 3e ch., 4e sect., ord. réf., 29 nov. 2013, RG n° 13/15971 – CONTRA : TGI Paris, 3e ch., 3e sect., ord. réf., 29 mars 2013, *PIBD* 2013, n° 987. III. 1287 – Sur la question des causes de nullité du titre : TGI Paris, 3e ch., 3e sect., ord. réf., 15 nov. 2013, RG n° 13/12247.

de logiciels[1]), utilisateur[2], dessinateur chargé de relever le plan des objets saisis, architecte, spécialiste pour démonter et remonter la machine contrefaisante[3].

La Cour de cassation a décidé que le principe du droit à un procès équitable exige que l'expert choisi pour assister l'huissier instrumentaire - voire, avant la loi n° 2014-315 du 11 mars 2014, le commissaire de police, pour une saisie en matière de propriété littéraire et artistique - soit indépendant des parties[4].

Le conseil en propriété industrielle habituel du requérant est bien considéré comme étant indépendant des parties[5], en raison des règles déontologiques auxquelles il est soumis; ce n'est pas le cas du salarié du saisissant[6].

L'ajout de la mention « *le cas échéant* » par la loi n° 2014-315 du 11 mars 2014 indique que l'assistance d'un expert n'est pas obligatoire.

1212.53 **Force publique.** Avant la réforme réalisée par la loi n° 2007-1544 du 29 octobre 2007[7], seul l'article L. 521-1, alinéa 2 du Code de la propriété intellectuelle prévoyait expressément, en matière de **dessins et modèles**, que : « *Le président a la faculté d'autoriser le requérant à se faire assister d'un officier de police* ». Toutefois, cette possibilité pour le requérant de solliciter la présence d'un représentant de la force publique était également admise en matière de **brevets d'invention**, d'**obtentions végétales** et de **marques**, sans que les textes les concernant n'y fassent pourtant aucune allusion. Désormais, quand bien même la loi n° 2007-1544 a unifié les différents articles concernant la saisie-contrefaçon en matière de propriété industrielle autour d'une rédaction commune qui ne fait plus aucune référence à cette possible présence d'un officier de police, cette présence est toujours possible dès lors que l'ordonnance de saisie-contrefaçon est revêtue de la formule exécutoire qui « *mande et ordonne [...] à tous commandants et officiers de la force publique de prêter main-forte lorsqu'ils en seront légalement requis* » (Décr. n° 47-1047, 12 juin 1947, art. 1er). Le requérant use d'ailleurs très souvent de cette faculté, la présence d'un représentant de la force publique s'avérant, en pratique, avoir des vertus dissuasives et faciliter, par là même, l'exécution de la saisie-contrefaçon.

1212.54 **Saisissant.** La plupart des ordonnances excluent expressément la présence du requérant ou de salariés du requérant, tant dans le souci d'éviter le grief de captation de secrets industriels et commerciaux que pour respecter l'exigence d'un procès équitable posée par l'article 6 § 1 de la Convention européenne de sauvegarde des droits de l'homme et des libertés fondamentales[8]. Par un arrêt du 8 juillet 2008, la Cour de cassation a posé en principe que « *ni le requérant, ni ses préposés, ne sont au nombre des personnes pouvant assister aux opérations de saisie-contrefaçon, peu important que le juge de la requête leur en ait donné l'autorisation* ».[9]

SECTION 6
DISPOSITIONS DE LA REQUÊTE CONCERNANT LES MODALITÉS DE LA SAISIE

1212.60 **Principe général.** La requête et l'ordonnance définissent limitativement les pouvoirs de l'huissier. Aussi, le requérant doit prévoir dans sa requête, de manière aussi exhaustive que possible, les actes qu'il souhaite que l'huissier soit autorisé à

1. Paris, 15 janv. 1997, *PIBD* 1997, n° 639. III. 517.
2. Il s'agissait en l'espèce d'un agriculteur, utilisateur du broyeur prétendument contrefait : TGI Paris, 3e ch., 2e sect., 1er oct. 2004, RG n° 03/05352.
3. Paris, 4e ch., 14 mars 1991, *PIBD* 1991, n° 506. III. 500.
4. Civ. 1re, 6 juill. 2000, nos 97-21.404, 97-22.141, 97-22.392 et 97-22.430, *Bull. civ.* I, n° 210; *D.* 2000. 362, obs. Poisson; *D.* 2001. 370, note Véron; *RTD com.* 2001. 85, obs. Galloux.
5. TGI Paris, 3e ch., 2e sect., 12 oct. 2001, *RDPI* 2002, n° 136, p. 34 – TGI Paris, 3e ch., 2e sect., 13 déc. 2002, *Propr. ind.* 2003, n° 58 – Rennes, 25 mai 2004, *PIBD* 2004, n° 796. III. 626; *Propr. intell.* 2004. 794, obs. Galloux, Gutmann et Warusfel – TGI Paris, 3e ch., 2e sect., 2 juill. 2004, RG n° 02/18798, *PIBD* 2004, n° 796. III. 615 – Com. 8 mars 2005, n° 03-15.871, *Bull. civ.* IV, n° 53; *D.* 2005. AJ 838; *JCP E* 2005. II. 648, p. 716, note Caron; *CCE* 2005, n° 102, note Caron; *Propr. ind.* 2005, n° 45, note Raynard – TGI Paris, 3e ch., 1re sect., 5 oct. 2005, RG n° 03/11548 – TGI Paris, 3e ch., 2e sect., 27 avr. 2006, RG nos 04/12418 et 04/12420 – Paris, 4e ch., sect. B, 11 mai 2007, *PIBD* 2007, n° 865. III. 474 – TGI Paris, 3e ch., 1re sect., 24 oct. 2007, RG n° 01/18185 – Paris, 4e ch., sect. B, 30 juin 2006, *PIBD* 2006, n° 839. III. 685 – Paris, 4e ch., sect. B, 11 mai 2007, *PIBD* 2007, n° 856. III. 474 – TGI Paris, 3e ch., 2e sect., 15 févr. 2008, RG n° 06/05416 – TGI Paris, 3e ch., 2e sect., 13 juin 2008, RG n° 06/04324 – TGI Paris, 3e ch., 2e sect., 13 juin 2008, RG n° 06/04322.
6. Com. 28 avr. 2004, n° 02-20.330, *Bull. civ.* IV, n° 75; *PIBD* 2004, n° 791. III. 431; *D.* 2004. AJ 1671; *Procédures* 2004, n° 162, note Croze; *Propr. intell.* 2004. 793, obs. Galloux, Gutmann et Warusfel; *JCP* 2004. II. 10171, note Caron; *Gaz. Pal.* 23-25 janv. 2005, p. 34, note Tellier-Loniewski et Mauriello; *Propr. ind.* 2005, n° 45, note Raynard – TGI Paris, 3e ch., 1re sect., 24 oct. 2007, RG n° 01/18185.
7. L. n° 2007-1544, 29 oct. 2007, de lutte contre la contrefaçon, *JO* 30 oct., p. 17775.
8. TGI Paris, 3e ch., 15 oct. 2002, *PIBD* 2003, n° 763. III. 328.
9. Com. 8 juill. 2008, n° 07-15.075, *Bull. civ.* IV, n° 142; *PIBD* 2008, n° 882. III. 559; *Propr. ind.* 2010, n° 27, note Vigand – EN CE SENS : Lyon, ch. civ. 1 A, 2 juill. 2009, RG n° 08/06722, *Juris-Data* n° 022194 – Paris, pôle 5, 2e ch., 4 juin 2010, RG n° 2008/21745; *Jurinpi* n° M20100299; *PIBD* 2010, n° 925. III. 620; *Propr. intell.* 2010. 990, obs. Sabatier.

accomplir. Le requérant ajuste donc sa requête aux circonstances de l'espèce, en fonction des faits à constater et des éléments de preuve qu'il recherche.

Seront envisagés d'une part les mentions relatives à la description, à la saisie réelle et à la saisie de documents et, d'autre part, les pouvoirs de l'huissier, le règlement des difficultés de la saisie et la constitution de garanties.

§ 1
Description

1212.61 Définition et exécution de la description. Depuis la réforme réalisée par la loi du 29 octobre 2007, les différents articles relatifs à la saisie-contrefaçon en matière de propriété industrielle, dans leur rédaction commune, indiquent que le président du TGI peut ordonner « *la description détaillée, avec ou sans prélèvement d'échantillons* » (CPI, art. L. 615-5, L. 521-4, L. 622-7, L. 623-27-1, L. 716-7 et L. 722-4). Dans sa forme la plus simple, la saisie-contrefaçon, qui semble alors bien improprement dénommée, consiste donc en une **simple description des objets prétendus contrefaisants, sans aucune appréhension matérielle.** Les objets demeurent alors aux mains du saisi qui peut librement en disposer. En revanche, si cela s'avère nécessaire, la description peut être corroborée par un « *prélèvement d'échantillons* ».

Le requérant indique, dans sa requête, les objets que l'huissier pourra décrire :

– en matière de **brevets**, il pourra s'agir, selon l'objet du brevet, d'un produit (une machine, un appareil, une installation, un dispositif, un outil, la composition chimique d'un produit, *etc.*) ou d'un procédé (le mode de fonctionnement d'une machine ou d'une installation, un procédé de fabrication, de traitement ou d'utilisation, *etc.*);

– en matière de **certificats d'obtentions végétales**, il serait illusoire de croire qu'une simple description des plantes ou parties de plantes, des éléments de reproduction ou de multiplication argués de contrefaçon, non étayée par le prélèvement d'échantillons, puisse parvenir à établir la matérialité de la contrefaçon dès lors que la contrefaçon, en ce domaine, suppose un matériel biologique bien identifié d'un point de vue phénotypique (caractères apparents) mais aussi génotypique (caractères génétiques pas nécessairement tous apparents) qui ne peuvent être établis et comparés que par des analyses du matériel végétal et une mise en culture[1];

– en matière de **marques**, le requérant sollicitera la description du signe argué de contrefaçon et de son utilisation (produits le portant, services désignés, *etc.*);

– en matière de **dessins et modèles**, le requérant sollicitera la description du modèle argué de contrefaçon;

– en matière de **topographies de produits semi-conducteurs** le requérant sollicitera la description de toute reproduction de la topographie protégée ou de tout produit semi-conducteur l'incorporant;

– en matière d'**indications géographiques,** le requérant sollicitera la description des produits portant indûment l'indication géographique ou des pratiques par lesquelles des personnes mettent l'indication géographique en relation avec des produits qui n'y ont pas droit.

1212.62 Élargissement de la description détaillée aux matériels et instruments de la contrefaçon. Le législateur de 2007 avait ouvert la possibilité d'une saisie réelle des matériels et instruments de la contrefaçon. La loi n° 2014-315 du 11 mars 2014 précise qu'il peut être procédé à la simple description détaillée des matériels et instruments utilisés pour produire ou distribuer les contrefaçons. Cet ajout est le bienvenu, car, si le juge peut ordonner la saisie réelle, il doit logiquement (*a fortiori*) pouvoir en ordonner simplement la description détaillée qui prête moins à conséquence et peut parfois amplement suffire à remplir la finalité probatoire de la saisie-contrefaçon.

§ 2
Saisie réelle

1212.71 Définition de la saisie réelle. La saisie réelle consiste en une **appréhension matérielle par l'huissier d'objets argués de contrefaçon**. Il faut souligner, d'une part, que la saisie réelle est désormais distincte de la description et que la démarcation qui peut être ainsi faite entre la « *saisie réelle* » et la « *description détaillée avec prélèvement d'échantillons* » tient respectivement à l'absence ou à la présence d'une description, à côté de l'appréhension matérielle d'un certain nombre d'objets prétendus contrefaisants. La seule description désormais nécessaire en cas de « *saisie réelle* » est celle nécessaire à l'identification des produits saisis. Par exemple, l'huissier décrira l'objet saisi, par l'indication de sa nature et de son éventuel numéro d'identification. Mais en aucun cas l'huissier n'est tenu de rentrer, par exemple, dans la description des caractéristiques du produit susceptibles de caractériser la contrefaçon.

D'autre part, **cette appréhension matérielle ne peut porter que sur un nombre restreint d'objets**

1. Paris, 4e ch., sect. B, 24 oct. 2003, *Gaz. Pal.* 5-6 janv. 2005, p. 11.

car la saisie-contrefaçon n'a jamais qu'une finalité probatoire, comme l'atteste la lettre, par exemple, de l'article L. 615-5 du Code de la propriété intellectuelle qui énonce tout d'abord que « *La contrefaçon peut être prouvée par tous moyens. À cet effet* [...] » et encore que « *La juridiction peut ordonner, aux mêmes fins probatoires,* [...] ». Cette finalité probatoire de la saisie réelle devrait ainsi en pratique lui interdire généralement de porter sur tout un stock, car la saisie réelle d'une multitude d'objets identiques n'apporte, du point de vue de la preuve de la contrefaçon, rien de plus que la saisie d'un seul de ces objets, et ne se justifie donc pas. La saisie réelle non justifiée par sa finalité probatoire, comme celle de tout un stock de produits identiques, est à rechercher au titre des mesures provisoires et conservatoires, éventuellement sur requête, que la loi du 29 octobre 2007, en transposant la directive n° 2004/48, a introduit, par exemple en matière de brevets, à l'article L. 615-3 du Code de la propriété intellectuelle. Assez étrangement, le législateur n'a pas relevé l'incongruité qu'il y a à autoriser la « *saisie réelle des* [...] *procédés* » (CPI, art. L. 615-5) ou la « *saisie réelle des* [...] *services* » (CPI, art. L. 716-7) prétendus contrefaisants. Il ne peut pourtant être question d'appréhender matériellement quelque chose d'aussi immatériel qu'un procédé ou un service. Seuls pourront être réellement saisis des objets matériels se rapportant au procédé ou au service considéré, tels que des appareils qui mettent en œuvre le procédé, des modes d'emploi qui décrivent le procédé, des brochures publicitaires qui décrivent le service, *etc.*

1212.72 Objets à saisir réellement. Le requérant indique les objets que l'huissier pourra saisir réellement. La requête précise le plus souvent que les objets seront saisis moyennant paiement de leur prix. Généralement, le requérant demande qu'une partie des objets saisis soit annexée au procès-verbal de saisie-contrefaçon pour lui être remis et que les autres soient déposés au greffe.

1212.73 Élargissement de la saisie réelle aux matériels et instruments de la contrefaçon. La loi du 29 octobre 2007 a élargi la portée de la saisie réelle en ajoutant dans tous les articles relatifs à la saisie-contrefaçon en matière de propriété industrielle un troisième alinéa qui autorise « *aux mêmes fins probatoires,* [...] *la saisie réelle des matériels et instruments* » qui ont permis la **constitution** (produire les objets, fabriquer les produits, fournir les services, mettre en œuvre les procédés prétendus contrefaisants) ou la **diffusion** (distribuer les produits ou objets prétendus contrefaisants) de la contrefaçon. On peut ainsi saisir réellement des objets qui ne sont pas en eux-mêmes le siège de la contrefaçon mais qui ont servi à la contrefaçon. La restriction aux « *fins probatoires* » laisse entendre qu'il ne s'agit pas là non plus de réaliser une saisie susceptible, par son ampleur, d'affecter ou d'entraver l'activité économique du saisi qui n'est encore qu'un contrefacteur prétendu et non avéré. Il conviendra donc de restreindre la saisie au nombre de matériels et d'instruments strictement nécessaire à ses seules fins probatoires.

§ 3
Saisie de documents

1212.81 Textes. Depuis la réforme réalisée par la loi du 29 octobre 2007, tous les articles relatifs à la saisie-contrefaçon en matière de propriété industrielle autorisent expressément la saisie « *de tout document* [se] *rapportant* » à la contrefaçon. La généralité des termes employés est très appréciable. C'est en effet « *tout document* » qui peut être saisi dès lors qu'il se « *rapporte* » à la contrefaçon. Cette formulation englobe non seulement les documents qui permettent d'établir la **réalité** de la contrefaçon mais également les documents qui permettront d'établir **l'origine**, la **destination** ou **l'importance quantitative** de la contrefaçon[1], notamment les documents commerciaux et comptables. Cette nouvelle rédaction disqualifie ainsi définitivement les quelques décisions qui, sous l'empire du droit antérieur, avaient émis des réserves quant à la saisie par voie de photocopie de documents commerciaux et comptables[2]. De plus, comme l'a jugé la Cour de cassation, la formulation retenue permet d'envisager que la saisie-contrefaçon se réduise à cette seule saisie de documents se rapportant à la contrefaçon[3]. Les textes n'ont jamais subordonné la réalisation de la saisie des documents à l'accomplissement préalable d'une autre opération de saisie-contrefa-

1. TGI Paris, 3e ch., 1re sect., 3 nov. 2009, RG n° 09/15054, *Jurinpi* n° B20090174; *PIBD* 2010, n° 909. III. 7.
2. Aix-en-Provence, 1er déc. 1976, *PIBD* 1977, n° 186. III. 63; *Ann. propr. ind.* 1978. 293 – TGI Paris, 3e ch., 26 mai 1995, *PIBD* 1995, n° 595. III. 420 – TGI Paris, 3e ch., 2e sect., 13 mars 1998, *RDPI* 1998, n° 85, 29 – TGI Lille, 3 mai 2007, RG n° 04/02731; *Jurinpi* n° M20070243; *Propr. ind.* 2008, n° 73, spéc. p. 18, étude Buffet Delmas d'Autane et Morelli – T. com. Marseille, 3 sept. 2007, *Propr. ind.* 2008, n° 72, spéc. p. 17, étude Buffet Delmas d'Autane et Morelli.
3. Arrêt rendu en matière de de propriété littéraire et artistique, qui est transposable car la règle posée à l'article L. 332-1 du Code de la propriété intellectuelle prévoit la saisie de « *tout document* [se] *rapportant* [à la contrefaçon] » exactement dans les mêmes termes que les articles organisant la saisie-contrefaçon en matière de propriété industrielle (CPI, art. L. 615-5, auquel renvoient les art. L. 622-7, L. 521-4, L. 623-27-1, L. 716-7 et L. 722-4) : Civ. 1re, 11 déc. 2013, n° 12-14.030, NP; *PIBD* 2014, n° 1000. III. 168; *Propr. ind.* 2014, n° 35, note Greffe.

çon telle que, par exemple, la constatation de la présence dans les lieux des objets argués de contrefaçon[1]. Certaines décisions allant cependant en sens contraire, la loi n° 2014-315 du 11 mars 2014 est venue préciser ce point en disposant expressément que « *l'ordonnance peut autoriser la saisie réelle de tout document se rapportant aux produits ou procédés prétendus contrefaisants en l'absence de ces derniers* » (CPI, art. L. 615-5, L. 521-4, L. 622-7, L. 623-27-1, L. 716-7 et L. 722-4).

1212.82 **Modalités de la saisie de documents.** Le requérant demande généralement que l'huissier soit autorisé à saisir des documents, soit réellement, soit sous forme de photographies, de photocopies ou de copies. Lorsque des documents sont saisis par voie de photocopie, l'exemplaire original reste en possession du saisi. Puisqu'elle n'implique pas d'enlèvement physique, la saisie par voie de photocopie doit être considérée comme une description et non comme une saisie réelle[2].

Le requérant doit énumérer, dans sa requête, les catégories de documents que l'huissier pourra saisir réellement (notices, brochures, publications, documents techniques, fiches de fabrication, plans, *etc.*).

Le requérant précisera le nombre d'exemplaires qu'il souhaite voir saisir réellement ou sous forme de photographies, de photocopies ou de copies. Généralement, le requérant prévoit qu'un exemplaire sera annexé au procès-verbal de saisie-contrefaçon et les autres remis à lui-même ou déposés au greffe.

1212.83 **Documents commerciaux et comptables.** Le requérant a le plus grand intérêt à demander au président d'autoriser l'huissier à inventorier les stocks de produits contrefaisants et à se faire présenter et à parapher *ne varietur*, à faire photographier, photocopier ou copier en deux exemplaires tous documents, correspondances ou pièces de comptabilité dont pourrait résulter la preuve de l'origine et de l'étendue de la contrefaçon alléguée, au besoin avec l'assistance d'un expert-comptable.

§ 4
Pouvoirs de l'huissier

1212.91 **Dispositions classiques.** Dans la mesure où les pouvoirs de l'huissier sont limitativement définis par l'ordonnance, le requérant devra indiquer dans sa requête tous les actes qu'il souhaite que l'huissier puisse accomplir :

- ouvrir ou faire ouvrir par tout serrurier toutes portes de locaux, de meubles meublants ou de véhicules se trouvant sur place;
- démonter ou faire démonter par tout technicien la machine contrefaisante;
- faire fonctionner, avec l'aide de tout technicien, la machine, l appareil ou l'installation contrefaisante;
- se faire présenter et parapher *ne varietur*, faire photographier, photocopier ou copier en « x » exemplaires telle et telle catégorie de documents;
- emporter, si nécessaire, les pièces à copier afin de les reproduire en son étude;
- réaliser ou faire réaliser, au besoin avec le concours de techniciens, une édition sur papier ou une copie de données informatiques.

§ 5
Règlement des difficultés de la saisie

1212.101 **Disposition classique.** Généralement, le requérant demande à ce qu'il soit procédé aux opérations de saisie-contrefaçon nonobstant toute opposition de la partie saisie et qu'il en soit référé au président en cas de difficulté, mais seulement après que les opérations de saisie autorisées auront été effectuées (v. s[s] n°s 1213.24 et 1215.42).

§ 6
Constitution de garanties

1212.111 **Garantie facultative.** La loi du 29 octobre 2007 a supprimé le cautionnement obligatoire, auparavant imposé par l'ancien article L. 521-1 du Code de la propriété intellectuelle à l'étranger qui requérait la saisie de dessins ou de modèles, pour généraliser parmi tous les droits de propriété industrielle l'idée de garanties facultatives. L'alinéa 4 des articles L. 615-5 (auquel renvoie également l'art. L. 622-7), L. 521-4, L. 623-27-1, L. 716-7 et L. 722-4 du Code de la propriété intellectuelle dispose que l'autorisation de procéder à toute saisie, descriptive ou réelle (le texte vise « *l'exécution des mesures qu'elle* [la juridiction compétente] *ordonne* »), peut être subordonnée par le président à « *la constitution par le demandeur de garanties destinées à assurer l'indemnisation éventuelle du défendeur si l'action en contrefaçon est ultérieurement jugée non fondée ou la saisie annulée* ». Cette garantie pourra prendre la forme d'une consignation ou d'un cautionnement destiné à garantir l'indemni-

1. Paris, pôle 5, 2e ch., 3 juin 2011, RG n° 10/08000 – Douai, 1re ch., sect. 2, 6 mars 2013, RG n° 11/05268.
2. Com. 1er juill. 2003, n° 01-10.807, *Bull. civ.* IV, n° 112; *RTD civ.* 2004. 305, chron. Galloux – Rejetant le pourvoi contre Paris, 4e ch., sect. A, 20 déc. 2000, *PIBD* 2001, n° 718. III. 203.

sation du préjudice que le saisi pourrait subir en cas d'abus[1].

1212.112 Pratique. En matière de saisie-description, un cautionnement peut être considéré comme exceptionnel. Il reste très rare même en matière de saisie réelle, notamment lorsque celle-ci porte sur un nombre réduit de produits et que la requête prévoit le paiement du prix de ces produits.

SECTION 7
ORDONNANCE

1212.121 Pouvoirs du président du tribunal de grande instance. Le président du TGI compétent n'a pas le pouvoir de refuser d'autoriser une saisie-description, si le requérant justifie de ses droits. En effet, la loi confère au titulaire de droits de propriété industrielle un véritable droit de recueillir la preuve de la contrefaçon alléguée[2]. En revanche, le président a le pouvoir de refuser toute mesure lui paraissant inutile à la collecte des preuves et de nature à porter une atteinte non justifiée au saisi[3], telle qu'une saisie réelle d'une étendue excessive. Le président contrôle donc les modalités de la saisie sollicitée. Il peut également ordonner la constitution d'une garantie - consignation ou cautionnement - s'il apparaît nécessaire de garantir la réparation du préjudice que la saisie pourrait causer. Le président peut également préciser, si cela paraît nécessaire, un délai d'exécution de la saisie.

1212.122 Signature de l'ordonnance de saisie-contrefaçon. L'ordonnance est signée par le président du TGI compétent. La signature du greffier n'est pas nécessaire[4].

1. TGI Paris, 3e ch., 1re sect., ord. réf. rétract., 4 mai 2010, RG n° 10/04663 (garantie bancaire de 20 000 euros).
2. Aix-en-Provence, 1er déc. 1976, *PIBD* 1977, n° 186. III. 63; *Ann. propr. ind.* 1978. 293.
3. Douai, 1re ch., 4 févr. 2002, *Propr. ind.* 2002, n° 40.
4. TGI Paris, 3e ch., 3e sect., 8 févr. 2013, RG n° 10/14491 – TGI Paris, 3e ch., 4e sect., 30 mai 2014, RG n° 11/03116.

CHAPITRE

1213. Exécution de la saisie-contrefaçon et incidents

PIERRE VÉRON
AVOCAT
ET ISABELLE ROMET, THOMAS BOUVET,
BLANDINE TRONEL, NICOLAS BOUCHE

SECTION 0
ORIENTEUR

1213.00 **Plan du chapitre.**

Division. Il convient d'examiner successivement les formalités préalables à l'exécution de la saisie-contrefaçon (sect. 1), le déroulement de la saisie qui doit nécessairement être exécutée dans le respect des dispositions légales (sect. 2) et de l'ordonnance (sect. 3), l'huissier instrumentaire devant accomplir sa mission (sect. 4) et rédiger un procès-verbal (sect. 5); puis il convient de s'attacher aux difficultés d'exécution (sect. 6 et 7) et aux formalités postérieures à la saisie (sect. 8 à 9) et, enfin, à la charge des frais qu'elle entraîne (sect. 10).

1213.01 **Textes applicables.**

CPI, art. L. 521-4, L. 521-4-1, L. 615-5, L. 615-5-1-1, L. 615-10, L. 622-7, L. 623-27-1, L. 623-27-1-1, L. 623-30, L. 716-7, L. 716-7-1 A, L. 722-4, L. 722-4-1, R. 521-2, R. 521-3, R. 521-5, R. 615-2, R. 615-2-1, R. 615-4, R. 622-6, R. 623-51, R. 623-51-1, R. 623-53-1, R. 716-2, R. 716-3, R. 716-5, R. 722-2, R. 722-3 et R. 722-5.

C. pr. civ., art. 112 à 116, 495, 496, 648 et 664.

1213.03 **Bibliographie indicative.** (V. s[s] n° 1200.03).

SECTION 1
FORMALITÉS PRÉALABLES À L'EXÉCUTION DE LA SAISIE-CONTREFAÇON

1213.10 Importance capitale de la remise de l'ordonnance. La saisie-contrefaçon constitue une intrusion dans l'entreprise au préjudice de laquelle elle est réalisée. Il est donc apparu nécessaire que, avant qu'elle ne soit pratiquée, celui qui va en être l'objet soit informé des motifs qui justifient cette mesure et de l'étendue des investigations autorisées. C'est la raison d'être de la remise de l'ordonnance. Les développements qui suivent envisagent le principe (§ 1) et les modalités de cette remise (§ 2), puis les sanctions de l'inobservation de cette formalité (§ 3).

§ 1
Principe de remise de l'ordonnance

1213.11 Obligation de remise préalable. L'huissier instrumentaire doit, sous peine de nullité de la saisie et de dommages-intérêts contre lui, remettre aux détenteurs des objets qu'il vient saisir ou décrire une copie de l'ordonnance sur requête avant le déroulement des opérations de saisie-contrefaçon. Cette règle est expressément prévue en matière de **brevets d'invention** (CPI, art. R. 615-2-1, al. 2, auquel renvoie l'art. R. 622-6 en matière de **topographies de produits semi-conducteurs**), de **dessins et modèles** (CPI, art. R. 521-3, al. 2), de **certificats d'obtention végétale** (CPI, art. R. 623-51-1, al. 2), de **marques** (CPI, art. R. 716-3, al. 2) et d'**indications géographiques** (CPI, art. R. 722-3, al. 2). Ces articles spécifiques à la saisie-contrefaçon se combinent avec l'article 495 alinéa 3 C. pr. civ. qui, s'agissant de l'exécution de toute ordonnance sur requête, exige que copie de la requête et de l'ordonnance soit « *laissée* » à la personne à laquelle elle est opposée. La deuxième chambre civile de la Cour de cassation, dans une décision du 10 février 2011, a indiqué que « *le respect du principe de la contradiction qui fonde l'exigence posée à l'alinéa 3 de l'article 495 du Code de procédure civile, requiert que copie de la requête et de l'ordonnance soit remise à la personne à laquelle elle est opposée antérieurement à l'exécution des mesures d'instruction qu'elle ordonne* »[1]. Les articles spécifiques à la saisie-contrefaçon n'apportent désormais plus rien par rapport au droit commun de la procédure civile qui est plus exigeant puisqu'il impose la remise préalable, tant de la copie de l'ordonnance que de la copie de la requête; et la sanction classique en cas de manquement à l'exigence de l'article 495, alinéa 3 C. pr. civ. est bien la nullité des opérations réalisées en exécution de l'ordonnance. Aucun de ces textes n'impose à l'huissier de respecter un quelconque délai entre la signification de l'ordonnance et le début des opérations de saisie, et rien n'empêche de faire suivre immédiatement la remise de l'ordonnance de la réalisation de la saisie[2]. La jurisprudence exige, toutefois, de laisser au saisi un délai raisonnable pour prendre connaissance de l'ordonnance et prendre conseil (sans, pour autant, lui permettre de faire disparaître les preuves de la contrefaçon !)[3].

L'article 495 alinéa 3 C. pr. civ., en revanche, ne contraint pas l'huissier à remettre au saisi les pièces citées à l'appui de la requête aux fins de saisie-contrefaçon[4].

1213.12 Signification de la requête et de l'ordonnance au tiers susceptible d'être assigné au fond. Les opérations de saisie-contrefaçon peuvent concerner un tiers connu au moment de la saisie-contrefaçon et susceptible d'être assigné par la suite en contrefaçon, sans qu'elles ne se déroulent dans ses établissements. Les articles susvisés du Code de la propriété intellectuelle prévoient la signification de l'ordonnance seulement à l'encontre du détenteur des objets saisis ou décrits. Il a donc été jugé qu'aucun texte n'imposait la signification de la requête et de l'ordonnance au tiers susceptible d'être assigné au fond[5]. En cas de signification irrégulière ou d'absence de signification, seule la partie

1. Civ. 2e, 10 févr. 2011, n° 10-13.894, *Bull. civ.* II, n° 36; *RTD civ.* 2011. 387, obs. Perrot – V. EN CE SENS, en matière de propriété industrielle : Paris, pôle 5, 1re ch., 22 mai 2013, *PIBD* 2013, n° 968. III. 1313.

2. Paris, 4e ch., sect. A, 22 févr. 2006, *PIBD* 2006, n° 831. III. 390; *Propr. intell.* 2006. 464, obs. De Haas; *RTD civ.* 2007. 75, chron. Galloux.
3. Afin de vérifier que le saisi a disposé d'un délai raisonnable, l'huissier instrumentaire doit inscrire l'heure à laquelle la signification de la requête et de l'ordonnance a eu lieu, ainsi que l'heure à laquelle les opérations de saisie ont commencé (décisions en matière de propriété littéraire et artistique transposables en propriété industrielle) : Paris, pôle 5, 1re ch., 13 févr. 2013, *Propr. intell.* 2013, n° 47, p. 206, obs. Lucas – TGI Paris, 3e ch., 3e sect., 21 juin 2013, RG n° 11/06870 – Décisions ayant considéré que le délai raisonnable n'avait pas été respecté : TGI Paris, 6 oct. 2009, RG n 2008/02618, *Jurinpi* n° M20090525; *PIBD* 2010, n° 909. III. 29 (une minute) – TGI Paris, 3e ch., 3e sect., 17 janv. 2014, *PIBD* 2014, n° 1007. III. 482 (aucun délai) – Décisions ayant considéré que le délai raisonnable avait été respecté : Paris, pole 5, 1re ch., 2 oct. 2013, RG n° 11/23300 (cinq minutes) – Paris, pôle 5, 2e ch., 8 févr. 2013, *PIBD* 2013, n° 982. III. 1145; *Propr. intell.* 2013, n° 47, p. 206, obs. Lucas (dix minutes) – Paris, pôle 5, 2e ch., 9 mai 2014, RG n° 12/15690 (cinq minutes).
4. TGI Paris, 3e ch., 2e sect., 26 oct. 2012, RG n° 10/11400.
5. TGI Paris, 3e ch., 4e sect., 28 juin 2012, RG n° 11/06485 – TGI Paris, 3e ch., 4e sect., 11 avr. 2013, RG n° 10/18237.

à qui la notification a été mal faite ou non faite peut s'en prévaloir[1].

§ 2
Modalités de la remise d'une copie de l'ordonnance

1213.21 La remise effective de l'ordonnance est nécessaire. La simple lecture de l'ordonnance par l'huissier ne vaut pas remise d'une copie et ne saurait suffire[2].

1213.22 La remise de la requête est également nécessaire. Les dispositions précitées du Code de la propriété intellectuelle ne visent que la remise préalable de l'ordonnance. Il convient néanmoins de rappeler les dispositions de l'article 495 C. pr. civ. qui prévoient qu'une copie de la requête et de l'ordonnance doit être remise à la personne à laquelle elle est opposée, ainsi que l'arrêt précité du 10 février 2011 de la deuxième chambre civile de la Cour de cassation selon lequel « *le respect du principe de la contradiction qui fonde l'exigence posée à l'alinéa 3 de l'article 495 du Code de procédure civile, requiert que copie de la requête et de l'ordonnance soit remise à la personne à laquelle elle est opposée antérieurement à l'exécution des mesures d'instruction qu'elle ordonne* ».

1213.23 Remise par acte séparé ou par un même acte ? La signification ne doit pas nécessairement être faite par un acte séparé du procès-verbal de saisie-contrefaçon. Dans le cas d'un acte unique, la preuve de la signification préalable est recherchée dans le texte du procès-verbal. C'est ainsi qu'ont été annulés les procès-verbaux indiquant « *copies desdites requête et ordonnance étant données avec le présent* » ou « *en vertu d'une ordonnance sur requête dont copie est donnée en tête des présentes* »[3]. Ce dernier arrêt a cependant été cassé[4]. En revanche, s'il ressort des termes du procès-verbal que l'ordonnance a été laissée en copie préalablement aux opérations de saisie-contrefaçon, le saisi ne saurait obtenir la nullité de la saisie pour défaut de signification préalable sauf inscription de faux[5].

1213.24 Mention des voies de recours. La question de savoir si la signification de l'ordonnance doit mentionner les voies de recours est discutée. Ces mentions sont celles de l'article 496, alinéa 2 C. pr. civ. selon lesquelles « *tout intéressé peut en référer au juge* ». Un courant de jurisprudence a certes estimé à cet égard que les mentions portées dans l'ordonnance sont suffisantes lorsque celle-ci indique : « *En cas de difficulté, il nous en sera référé, mais seulement saisie préalablement faite* »[6]. Toutefois, la jurisprudence plus récente, dont un arrêt de la chambre commerciale de la Cour de cassation, estime que le défaut de mention de la voie de recours est une nullité de forme qui ne peut être prononcée en l'absence de grief[7]. Il est donc préférable de mentionner dans la signification les dispositions de l'article 496, alinéa 2 C. pr. civ.

1213.25 Remise de l'acte constatant le dépôt du cautionnement. Lorsque le juge a subordonné la saisie à la constitution de garanties, celles-ci doivent être constituées avant qu'il soit procédé à la saisie. De plus, la copie de l'acte constatant la constitution de garanties doit être remise à la partie saisie, avant la saisie, à peine de nullité et de dommages-intérêts contre l'huissier[8]. Cela résulte en matière de **brevets d'invention** de l'article R. 615-2-1 du Code de la propriété intellectuelle (auquel renvoie CPI, art. R. 622-6 en matière de **topographies de produits semi-conducteurs**), en matière de **dessins et modèles** de l'article R. 521-3, en matière de **certificats d'obtention végétale** de l'article R. 623-51-1, en matière de **marques** de l'article R. 716-3, et en matière d'**indications géographiques** de l'article R. 722-3 du Code de la propriété intellectuelle.

§ 3
Sanction de l'inobservation de cette formalité

1213.31 Le défaut de remise préalable est un vice de forme. Le défaut de remise préalable de

1. Civ. 2e, 14 nov. 2013, nº 12-26.930, *Bull. civ.* II, nº 449.
2. TGI Lyon, 27 mai 1971, *Ann. propr. ind.* 1971. 268 – TGI Paris, 10 juill. 1974, *PIBD* 1975, nº 142. III. 71 – Paris, 31 mars 1977, *Ann. propr. ind.* 1977. 179 – TGI Paris, 25 oct. 1990, *PIBD* 1991, nº 493. III. 79.
3. TGI Paris, 30 oct. 1987, *PIBD* 1988, nº 430. III. 124 – TGI Paris, 24 oct. 1989, *Dossiers Brevets* 1989. V. 7 – Paris, 23 oct. 1989, *PIBD* 1990, nº 474. III. 162.
4. Civ. 2e, 29 mai 1991, nº 90-10.713, *Bull. civ.* II, nº 162; *RDPI* 1993, nº 50, p. 30; *Ann. propr. ind.* 1991. 6.
5. Paris, 6 juill. 1983, *PIBD* 1983, nº 334. III. 267 – TGI Paris, 12 févr. 1997, *PIBD* 1997, nº 632. III. 263.
6. TGI Paris, 7 avr. 1995, *PIBD*, 1995, nº 593. III. 367 – TGI Paris, 12 mars 1997, *PIBD* 1997, nº 636. III. 391.
7. TGI Paris, 3e ch., 1re sect., 20 janv. 1999, *RDPI* 1999, nº 96, p. 39 – TGI Paris, 3e ch., 1re sect., 10 nov. 1999, *PIBD* 2000, nº 699. III. 275 – Paris, 4e ch., sect. A, 18 déc. 2002, *Gaz. Pal.* 2004. Somm. 629, nº 3; *Propr. intell.* 2004. 938, obs. De Haas – Com. 14 janv. 2003, nº 01-01.759, NP; *Propr. intell.* 2004. 938, obs. De Haas – TGI Paris, 3e ch., 1re sect., 5 oct. 2005, RG nº 03/11548, *Jurinpi* nº B20050223 – Paris, 4e ch., sect. B, 11 avr. 2008, RG nº 06/14920, *Jurinpi* nº B20080067 – Paris, 4e ch., sect. A, 3 déc. 2008, RG nº 2007/13569, *PIBD* 2009, nº 892. III. 878; *Jurinpi* nº B20080166.
8. TGI Paris, 3e ch., 16 déc. 1993, *PIBD* 1994, nº 564. III. 223; *RDPI* 1994, nº 53, p. 44.

l'ordonnance est une cause de nullité. La Cour de cassation a estimé en 1991 que le défaut de notification était un vice de forme impliquant la démonstration d'un grief[1]. Cette position semble maintenant adoptée par les tribunaux[2]. La Cour de cassation a, depuis, réitéré cette position[3].

SECTION 2
LA SAISIE DOIT ÊTRE EXÉCUTÉE DANS LE RESPECT DES DISPOSITIONS LÉGALES

1213.41 Date et heure de la saisie. L'huissier de justice doit respecter les dispositions de l'article 664 C. pr. civ. La saisie-contrefaçon ne pourra donc être effectuée avant six heures et après vingt-et-une heures. La saisie doit donc débuter obligatoirement dans l'intervalle ainsi défini, mais elle peut se poursuivre régulièrement après vingt-et-une heures. Le même article 664 C. pr. civ. paraît empêcher de réaliser des saisies-contrefaçon les dimanches et jours fériés ou chômés. L'ordonnance de saisie-contrefaçon peut cependant autoriser l'huissier de justice, si cela s'avère nécessaire, à réaliser une saisie hors des heures précédemment indiquées ou un dimanche ou un jour férié ou chômé.

SECTION 3
LA SAISIE DOIT ÊTRE EXÉCUTÉE DANS LE RESPECT DE L'ORDONNANCE

1213.50 Division. L'ordonnance détermine la nature et les modalités des opérations à réaliser. L'huissier instrumentaire doit donc veiller au respect de cette ordonnance, notamment en ce qui concerne les participants à la saisie (§ 1), la personne saisie et le lieu de la saisie (§ 2) et les actes de contrefaçon allégués (§ 3).

1. Civ. 2e, 29 mai 1991, n° 90-10.713, *Bull. civ.* II, n° 162; *RDPI* 1993, n° 50, p. 30; *Ann. propr. ind.* 1991. 6.
2. TGI Paris, 2 nov. 1994, *PIBD* 1995, n° 583. III. 107 – TGI Paris, 11 janv. 1995, *PIBD* 1995, n° 586. III. 208 – TGI Paris, 5 juin 1996, *PIBD* 1996, n° 619. III. 515 – TGI Paris, 30 janv. 1998, *PIBD* 1998, n° 653. III. 244 – TGI Paris, 3e ch., 1re sect., 30 sept. 1998, NP – TGI Paris, 3e ch. 1re sect., 20 janv. 1999, *RDPI* 1999, n° 96, 39 – TGI Paris, 3e ch., 16 juin 2000, *PIBD* 2000, n° 710. III. 605 – Paris, 4e ch., sect. A, 2 juill. 2008, RG n° 07/06442 – TGI Paris, 3e ch., 3e sect., 17 janv. 2014, *PIBD* 2014, n° 1007. III. 482.
3. Com. 25 avr. 2001, n° 98-19.503, NP; *PIBD* 2001, n° 726. III. 428 – En matière de propriété littéraire et artistique : Civ. 1re, 31 oct. 2012, n° 11-21.920, NP; *PIBD* 2013, n° 975. III. 886; *Propr. intell.* 2013, n° 46, p. 79, obs. Lucas.

§ 1
Personnes susceptibles de participer à la saisie-contrefaçon

1213.51 Exécution de la saisie par l'huissier. En matière de propriété industrielle, la saisie-contrefaçon doit être réalisée par un huissier de justice. En effet, même lorsqu'il est assisté, l'huissier de justice, et lui seul, procède à la saisie. Comme indiqué précédemment, le choix de l'huissier de justice appartient au seul saisissant (v. ss n° 1212.51).

1213.52 Représentant de la force publique. La présence d'un représentant de la force publique est généralement prévue dans l'ordonnance (v. ss n° 1212.53). Il semble, d'ailleurs, que la présence des représentants de la force publique soit autorisée de droit par les dispositions générales relatives à l'exécution des décisions de justice.

1213.53 Expert. L'ordonnance autorise souvent l'huissier à se faire assister d'un expert (v. ss n° 1212.52). Lorsque c'est le cas, la présence de ce dernier ne pose pas de difficulté, à condition qu'il soit indépendant des parties[4]. C'est le cas du conseil en propriété industrielle, même habituel, du saisissant[5] mais pas du salarié du saisissant[6].

§ 2
Personne saisie et lieu de la saisie

1213.61 Lieu de la saisie. La saisie est nulle si elle n'est pas pratiquée dans les locaux visés par l'ordonnance[7]. Lorsque l'ordonnance est libellée de façon plus large et autorise la saisie dans un certain territoire, celle-ci n'encourt la nullité que si elle est réalisée hors du territoire indiqué[8]. Une certaine souplesse est cependant nécessaire pour ne pas paralyser les opérations. Ainsi, une saisie-contrefaçon est valable lorsqu'elle se déroule dans les lieux visés par l'ordonnance, même si ceux-ci ne sont pas l'entière propriété de la personne visée à l'ordonnance[9].

4. Civ. 1re, 6 juill. 2000, nos 97-21.404, 97-22.141, 97-22.392 et 97-22.430, *Bull. civ.* I, n° 210; *D.* 2010. 370, note Véron (préc. ss n° 1212.52).
5. Com. 8 mars 2005, n° 03-15.871, *Bull. civ.* IV, n° 53; *Propr. ind.* 2005, n° 45 (préc. ss n° 1212.52) – TGI Paris, 3e ch., 3e sect., 1er mars 2013, RG n° 10/0427.
6. Com. 28 avr. 2004, n° 02-20.330, *Bull. civ.* IV, n° 75; *Propr. ind.* 2005, n° 45 (préc. ss n° 1212.52).
7. Paris, 29 oct. 1984, *PIBD* 1985, n° 375. III. 256.
8. Besançon, 25 mai 1977, *PIBD* 1979, n° 242. III. 297.
9. Civ. 2e, 29 mai 1991, n° 90-10.711, NP; *RDPI* 1993, n° 50, p. 30.

L'huissier de justice qui procède aux opérations de saisie-contrefaçon ne peut instrumenter que dans le ressort territorial de sa compétence[1].

1213.62 Personne saisie. La saisie est nulle si elle est opérée à l'encontre d'une personne non désignée dans l'ordonnance[2].

§ 3
Actes de contrefaçon allégués

1213.71 Les investigations doivent se limiter à la contrefaçon du droit invoqué. L'huissier ne saurait rechercher, ni même constater, la preuve de la contrefaçon de titres autres que ceux visés dans l'ordonnance de saisie-contrefaçon[3].

SECTION 4
L'HUISSIER INSTRUMENTAIRE DOIT ACCOMPLIR SA MISSION

1213.80 Division. Il convient de rappeler que la saisie-contrefaçon doit être réalisée avec probité avant d'indiquer les modalités pratiques d'une saisie-description et d'une saisie réelle.

§ 1
La saisie-contrefaçon doit être réalisée avec probité

1213.81 L'huissier doit constater les actes de contrefaçon. L'huissier a pour principale mission de collecter des informations nécessaires à la preuve de la contrefaçon. C'est donc à cette tâche qu'il doit essentiellement s'atteler. Il ne saurait lui être reproché de ne pas « *instruire tant à décharge qu'à charge* »[4]. Par ailleurs, l'huissier n'a pas l'obligation de procéder à toutes les opérations autorisées[5].

1213.82 L'huissier peut poser toutes questions utiles à l'accomplissement de sa mission. Quel que soit le contenu de l'ordonnance, l'huissier est en droit de poser les questions nécessaires à l'accomplissement de sa mission, c'est-à-dire nécessaires à la réalisation de la saisie réelle ou de la description. C'est notamment ce qui a été jugé dans une affaire où les mentions relatives aux questions devant être posées par l huissier de justice avaient été supprimées de l'ordonnance par le magistrat[6]. La Cour a, en effet, estimé que « *l'ordonnance prescrivant d'effectuer toutes recherches et constatations utiles, il est vain de croire que le juge qui avait autorisé la saisie ait entendu réduire l'huissier au silence* ».

1213.83 L'huissier peut recueillir des explications du personnel du saisi. Dans le cadre de la recherche d'informations, l'huissier de justice peut recueillir les observations du personnel du saisi ou de son dirigeant[7]. Il n'est pas tenu de vérifier la compétence de la personne qui lui donne les explications[8].

1213.84 Toute enquête est interdite. La saisie-contrefaçon ne doit pas se transformer en un véritable interrogatoire. La saisie-contrefaçon est une procédure exceptionnelle permettant au titulaire d'un droit de pénétrer chez autrui mais qui ne confère pas à l'huissier ou aux personnes qui l'accompagnent un pouvoir d'enquête.

Dans ce cadre, la saisie-contrefaçon ne doit pas permettre au saisissant d'obtenir des informations qui dépassent la mission de l'huissier de justice. La jurisprudence est vigilante sur ce point : dans une affaire où le saisissant avait obtenu des informations sur les procédés de fabrication d'un concurrent direct à l'occasion d'une saisie-contrefaçon au cours de laquelle l'huissier de justice avait posé vingt-quatre questions hors de sa mission, la Cour de cassation a considéré que le saisissant avait commis une faute et devait être condamné à verser au saisi une indemnité[9].

1213.85 Apport de pièces. Il a été jugé à plusieurs reprises que l'huissier n'était pas en droit, à défaut d'autorisation spécifique dans l'ordonnance, d'apporter une pièce étrangère à la saisie destinée à provoquer des déclarations du saisi et de son personnel[10].

1. Civ. 2e, 6 juin 2013, no 12-17.771, *Bull. civ.* II, no 114; *Gaz. Pal.* 1er-3 sept. 2013, p. 34.
2. TGI Paris, 7 oct. 1974, *Dossiers Brevets* 1975. II. 4 – Paris, 25 févr. 1992, *Ann. propr. ind.* 1992. 178 – Ou TGI Paris, 21 janv. 1994, *RDPI* 1994, no 56, p. 37.
3. TGI Paris, 22 oct. 1975, *PIBD* 1976, no 171. III. 250 – TGI Paris, 20 mars 1980, *PIBD* 1980, no 264. III. 167 – TGI Paris, 28 nov. 1986, *PIBD* 1987, no 409. III. 132.
4. Nancy, 13 sept. 1988, *Dossiers Brevets* 1989. IV. 2; *RD propr. ind.* 1989, no 21, p. 61.
5. TGI Paris, 13 juill. 1988, *PIBD* 1988, no 446. III. 583.
6. Paris, 15 janv. 1997, *PIBD* 1997, no 639. III. 517.
7. TGI Paris, 3e ch., 1re sect., 27 janv. 2009, RG no 2008/15962, *PIBD* 2009, no 897. III. 1110 – Paris, pôle 5, 2e ch., 13 sept. 2013, RG no 11/13732 – Les explications peuvent être recueillies par téléphone sous certaines conditions : TGI Paris, 3e ch., 4e sect., 19 déc. 2013, RG no 12/11247.
8. TGI Paris, 7 mai 1997, *PIBD* 1997, no 639. III. 500.
9. Com. 12 févr. 2013, no 11-26.361, NP; *PIBD* 2013, no 981. III. 1089.
10. Com. 7 juil. 2009, no 08-18.598, *Bull. civ.* IV, no 103; *Jurinpi* no D20090083; *PIBD* 2009, no 904. III. 1418 – Com. 29 sept. 2009, no 08-20.486, NP; *Jurinpi* no D20090114; *PIBD* 2010, no 910. III. 76 – Paris, pôle 5, 2e ch., 4 févr. 2011, RG no 09/22712 – Com. 29 juin 2010, no 09-67.722, NP; *Jurinpi* no M20100364; *PIBD* 2010, no 925. III 619; *Propr. intell.* 2010. 989, obs. Sabatier – Civ. 1re, 10 avr. 2013, no 12-13.034, NP; *PIBD* 2013, no 985. III. 1237.

§ 2
Description des objets argués de contrefaçon

1213.91 **Description des objets par l'huissier et constatations de l'homme de l'art.** L'huissier doit en principe procéder lui-même à la description de l'objet argué de contrefaçon. Lorsqu'il est assisté d'un homme de l'art, il a l'obligation de distinguer, dans son procès-verbal, ses constatations personnelles des explications de l'expert[1]. Afin d'apprécier le caractère personnel des constatations de l'huissier, les tribunaux peuvent vérifier le vocabulaire employé par celui-ci pour décrire du dispositif ou procédé argué de contrefaçon[2]. La description peut valablement conduire l'huissier à procéder au démontage d'un produit[3]. La description peut être complétée ou non d'un prélèvement d'échantillons (v. s[s] n° 1212.61).

1213.92 **Force probante de la description et erreur de description.** Les constatations effectuées personnellement par l'huissier de justice valent jusqu'à inscription de faux (v. s[s] n°s 1215.71 s.). Il n'en va pas de même de celles qui lui ont été dictées par l'homme de l'art, sans que l'huissier puisse les vérifier[4]. Il convient donc d'engager la procédure d'inscription de faux lorsque l'huissier prétend décrire des objets qui, en réalité, ne lui avaient pas été remis[5].

1213.93 **Informations comptables.** Depuis la réforme du 29 octobre 2007, tous les articles relatifs à la saisie-contrefaçon en matière de propriété industrielle (CPI, art. L. 615-5, L. 521-4, L. 622-7, L. 623-27-1, L. 716-7 et L. 722-4) autorisent désormais expressément la saisie ou la description de tout document se « *rapportant* » à la contrefaçon, formule suffisamment générale pour englober les documents porteurs d'informations comptables. En outre, le décret n° 2008-624 du 27 juin 2008[6] a repris et également généralisé à la saisie-contrefaçon en matière de propriété industrielle (CPI, art. R. 521-2, R. 615-2, R. 622-6 qui renvoie à R. 615-2, R. 623-51, R. 716-2, R. 722-2), la formule auparavant réservée aux seuls brevets (CPI, anc. art. L. 615-5), selon laquelle le président du tribunal « *peut autoriser l'huissier à procéder à toute constatation utile en vue d'établir l'origine, la consistance et l'étendue de la contrefaçon* », dont la jurisprudence s'était inspirée pour admettre la possibilité pour l'huissier, accompagné ou non d'un expert-comptable, de rechercher des informations comptables du saisi (v. s[s] n° 1212.83). La loi n° 2014-315 du 11 mars 2014, renforçant la lutte contre la contrefaçon[7], est venue préciser, de la façon la plus claire, que « *l'ordonnance peut autoriser la saisie réelle de tout document se rapportant aux produits ou procédés prétendus contrefaisants en l'absence de ces derniers* » (CPI, art. L. 615-5, L. 521-4, L. 622-7, L. 623-27-1, L. 716-7 et L. 722-4).

1213.94 **Nombre d'échantillons pouvant être prélevés.** Le prélèvement éventuel d'échantillons en complément de la description doit naturellement se faire dans les limites fixées par l'ordonnance. Ce principe doit être interprété avec la souplesse nécessaire à la pleine efficacité de la saisie. Il a ainsi été jugé que l'huissier autorisé à saisir deux exemplaires des produits contrefaisants pouvait valablement saisir deux exemplaires de chacun des trois modèles de produits contrefaisants trouvés sur les lieux[8]. À l'inverse, l'huissier autorisé à saisir deux exemplaires d'un produit contrefaisant peut valablement n'en saisir qu'un exemplaire[9].

§ 3
Saisie réelle

1213.101 **Définition de la saisie réelle.** La saisie réelle consiste en une appréhension matérielle par l'huissier d'objets argués de contrefaçon. La saisie réelle ne nécessite pas de description et elle se distingue ainsi de la « *description détaillée avec prélèvement d'échantillons* » (v. s[s] n°s 1212.71 s.). La saisie de documents par voie de photocopie est considérée

1. Com. 29 mars 1977, *PIBD* 1977, n° 200. III. 355 : décision de rejet sur Paris, 7 mai 1975, *PIBD* 1976, n° 163. III. 47 – TGI Paris, 16 juin 1986, *PIBD* 1986, n° 402. III. 430 – TGI Lyon, 24 févr. 1987, *Dossiers Brevets* 1987. II. 10 – TGI Toulouse, 31 oct. 1996, *PIBD* 1997, n° 626. III. 90 – Paris, 15 janv. 1997, *PIBD* 1997, n° 639. III. 517 – TGI Paris, 3e ch., 1re sect., 20 janv. 1999, *RDPI* 1999. 39 – Com. 6 avr. 1999, n° 97-14.193, *Bull. civ.* IV, n° 78; *PIBD* 1999, n° 682. III. 343 – Com. 21 mars 2000, n° 97-18.914, NP; *PIBD* 2000, n° 701. III. 334 – Paris, 1re ch., aud. sol., 13 sept. 2000, *PIBD* 2001, n° 720. III. 258.
2. Paris, pôle 5, 1re ch., 22 mai 2013, *PIBD* 2013, n° 968. III. 1313 – TGI Paris, 3e ch., 4e sect., 11 oct. 2012, RG n° 09/11848.
3. TGI Paris, 17 sept. 2004, *PIBD* 2005, n° 799. III. 7.
4. Paris, 1er juill. 1977, *PIBD* 1978, n° 213. III. 187.
5. Nancy, 12 mars 1991, *RD propr. ind.* 1991, n° 34, p. 30.
6. Décr. n° 2008-624, 27 juin 2008, pris pour l'application de la loi n° 2007-1544 du 29 oct. 2007 de lutte contre la contrefaçon et portant modification du Code de la propriété intellectuelle, *JO* 29 juin, p. 10467.
7. L. n° 2014-315, 11 mars 2014, renforçant la lutte contre la contrefaçon, *JO* 12 mars, p. 5112.
8. Com. 29 mars 1977, *PIBD* 1977, n° 200. III. 355.
9. TGI Paris, 3e ch., 18 mai 1999, *PIBD* 2000, n° 690. III. 31 – CONFIRMÉ PAR Paris, 4e ch., sect. B, 29 mars 2002, *Ann. propr. ind.* 2002. 199.

comme une description et non comme une saisie réelle[1].

1213.102 **Conditions de la saisie réelle.** L'huissier ne peut procéder à une saisie réelle que si cela a été autorisé[2]. Dans le cas où seule la saisie-description a été autorisée, l'huissier outrepasserait ses pouvoirs en procédant à une saisie réelle, ne seraitce qu'en plaçant sous scellés les objets argués de contrefaçon, et la saisie réelle, alors affectée d'une irrégularité de fond, serait nulle[3].

Il est conseillé à l'huissier d'indiquer dans son procès-verbal de saisie-contrefaçon où et quand il procède à la saisie réelle, et de marquer d'un scellé l'objet saisi, pour ne pas risquer d'affecter la force probante de l'objet saisi[4].

1213.103 **La description est-elle obligatoire en cas de saisie réelle ?** Les différents articles du Code de la propriété intellectuelle relatifs à la saisie-contrefaçon sont désormais libellés de manière identique et indiquent tous que l'huissier peut procéder « *soit à la description détaillée avec ou sans prélèvement d'échantillons, soit à la saisie réelle des* » objets prétendus contrefaisants « *ainsi que de tout document s'y rapportant* ». La description et la saisie réelle étant ainsi clairement présentées sous la forme d'une alternative, il est désormais évident qu'une description n'est pas obligatoire en cas de saisie réelle. Cette réforme rend ainsi caduque la jurisprudence[5] qui, sous l'empire du droit antérieur, exigeait la description même en cas de saisie réelle, en s'appuyant sur une lecture exigeante de l'ancienne rédaction des articles du Code de la propriété intellectuelle consacrés à la saisie-contrefaçon en matière de dessins et modèles, de brevets et de certificats d'obtention végétale (qui visaient tous « *une description détaillée avec ou sans saisie réelle* »).

1213.104 **Paiement du prix des objets saisis réellement.** Le saisissant doit payer le prix des objets saisis si cela est prévu par l'ordonnance. Dans le silence de l'ordonnance, le saisissant n'est pas tenu de s'acquitter du prix des objets saisis. Il a notamment été jugé que le paiement du prix ne pouvait être imposé au saisissant lorsque le saisi ne l'a pas demandé lors des opérations de saisie[6].

SECTION 5
RÉDACTION DU PROCÈS-VERBAL DE SAISIE-CONTREFAÇON

§ 1
Forme du procès-verbal de saisie-contrefaçon

1213.111 **Respect du droit commun.** Le procès-verbal de saisie-contrefaçon est un acte d'huissier soumis aux règles générales du Code de procédure civile et notamment à l'article 648 qui dispose que :

« *Tout acte d'huissier de justice indique, indépendamment des mentions prescrites par ailleurs :*

1° sa date;

2° a) si le requérant est une personne physique : ses nom, prénoms, profession, domicile, nationalité, date et lieu de naissance;

b) si le requérant est une personne morale : sa forme, sa dénomination, son siège social et l'organe qui la représente légalement;

3° les nom, prénoms, demeure et signature de l'huissier de justice.

4° si l'acte doit être signifié, les nom et domicile du destinataire, ou, s'il s'agit d'une personne morale, sa dénomination et son siège social.

Ces mentions sont prescrites à peine de nullité ».

1213.112 **Identité de l'huissier instrumentaire.** Alors qu'un important courant jurisprudentiel tendait à reconnaître la validité des procès-verbaux de saisie-contrefaçon mentionnant seulement le nom de la société civile professionnelle d'huissiers, sans préciser le nom de celui des huissiers qui avait instrumenté, la Cour de cassation[7] a rejeté un pourvoi contre un arrêt de la cour d'appel de Lyon[8] qui avait annulé un procès-verbal de saisie-contrefaçon mentionnant seulement le nom de la société civile professionnelle d'huissiers, sans précision du nom de l'huissier instrumentaire.

La Cour de cassation a confirmé sa position[9], précisant de manière plus explicite que l'absence de mention des nom et prénom de l'huissier instrumentaire sur le procès-verbal de saisie-contrefaçon constitue une nullité de forme.

Aux termes des articles 112 à 116 C. pr. civ., cette nullité doit donc être invoquée simultané-

1. Com. 1er juill. 2003, n° 01-10.807, *Bull. civ.* IV, n° 112 – Rejetant le pourvoi contre Paris, 4e ch., sect. A, 20 déc. 2000, *PIBD* 2001, n° 718. III. 203.
2. TGI Paris, 1er avr. 1993, *RDPI* 1993, n° 46, p. 28.
3. TGI Paris, 3e ch., 19 janv. 1996, *PIBD* 1996, n° 610. III. 262.
4. TGI Paris, 3e ch., 1re sect., 26 juin 2012, RG n° 10/16055.
5. TGI Paris, 3e ch., 2e sect., 11 mai 2001, RG n° 99/14493, *PIBD* 2002, n° 736. III. 71 – TGI Paris, 3e ch., 2e sect., 12 oct. 2001, RG n° 99/21442.
6. TGI Lyon, ord. réf., 29 août 1994, *Dossiers Brevets* 1994. III. 5 – En matière de propriété littéraire et artistique : TGI Paris, 3e ch., 4e sect., 3 oct. 2013, RG n° 12/02044.
7. Com. 20 oct. 1998, n° 95-15.804, *Bull. civ.* IV, n° 252; *RDPI* 1999, n° 96, p. 37.
8. Lyon, 4 mai 1995, *Ann. propr. ind.* 1995. 302.
9. Com. 23 avr 2003, n° 01-12.812, NP – CONFIRMATION RÉITÉRÉE en matière de propriété littéraire et artistique : Civ. 1re, 31 oct. 2012, n° 11-21.920, NP; *PIBD* 2013, n° 975. III. 886; *Propr. intell.* 2013, n° 46, p. 79, obs. Lucas.

ment avec les autres nullités de forme, est couverte dès lors qu'une défense au fond a été présentée ou qu'une fin de non-recevoir a été soulevée, ne peut être accueillie qu'à charge pour celui qui l'invoque de prouver le grief qu'elle lui cause et est susceptible de régularisation.

§ 2
Contenu du procès-verbal de saisie

1213.121 Le procès-verbal doit relater le déroulement de la saisie. Le procès-verbal doit relater les principales étapes de la saisie. L'huissier doit en effet consigner l'ensemble des démarches qu'il a effectuées dans le cadre de ses opérations. Il est souhaitable que le procès-verbal de saisie-contrefaçon indique clairement l'identité de l'ensemble des personnes qui ont accompagné l'huissier. En effet, à défaut de cette indication, il n'est pas possible de savoir si l'ordonnance a bien été respectée. De même, il ne saurait être toléré que les personnes qui sont entrées avec l'huissier dans les locaux du saisi ne soient pas clairement identifiées. Toutefois, la cour d'appel de Paris a admis que l'omission dans le procès-verbal de la qualité de la personne accompagnant l'huissier puisse être réparée en cours de procédure[1]. En revanche, il n'est pas indispensable à la validité de la saisie-contrefaçon que le procès-verbal soit signé par le saisi[2].

1213.122 Identification des annexes. La Cour de cassation semble admettre qu'il n'est pas nécessaire que la prise de clichés photographiques soit mentionnée dans le corps du procès-verbal de saisie-contrefaçon s'il est établi par d'autres moyens que les photographies ont été prises lors de la saisie (ainsi pour l'établissement de cette preuve par un constat d'huissier[3]). Il n'est pas non plus nécessaire que la requête et l'ordonnance d'autorisation soient annexées au procès-verbal de saisie[4].

SECTION 6
DIFFICULTÉS D'EXÉCUTION TENANT À LA RÉSISTANCE DU SAISI

1213.131 Attitude du saisi et pouvoir de l'huissier. L'huissier peut se heurter à la résistance du saisi, soit que celui-ci refuse de lui ouvrir sa porte, soit qu'il refuse de lui fournir les documents demandés. L'huissier de justice est alors en droit de passer outre la résistance du saisi. En pratique, dans de telles hypothèses, la présence d'un agent de la force publique, voire d'un serrurier, sera des plus utiles. Il a été jugé que l'huissier peut requérir la force publique, même si le texte de l'ordonnance ne le prévoit pas[5]. La question s'est posée de savoir si la résistance du saisi pouvait être interprétée comme une preuve de culpabilité. La cour d'appel de Paris a répondu par l'affirmative, estimant que le refus de collaborer aux opérations de saisie pouvait constituer une présomption de culpabilité[6]. Une décision similaire a été rendue en matière d'obtentions végétales, l'attitude du saisi, cherchant à égarer l'huissier et l'expert chargés de rechercher l'origine d'un lot de rosiers, n'étant pas celle d'un détenteur de bonne foi[7].

SECTION 7
DIFFICULTÉS D'EXÉCUTION QUANT À LA SAISIE DE DOCUMENTS CONFIDENTIELS

1213.141 Bibliographie indicative.

Articles. P. Véron, « Le secret dans les procédures juridictionnelles en matière de propriété industrielle », *La propriété industrielle et le secret*, Ceipi-Litec, 1996, n° 40, p. 63; « Documents confidentiels appréhendés lors d'une saisie-contrefaçon », *RDPI* 1998, n° 83, p. 11.

1213.142 Énoncé du problème. La saisie-contrefaçon donne au saisissant des pouvoirs d'investigation nécessaires à la recherche de la matérialité et de l'étendue de la contrefaçon. Pour y parvenir, le saisissant doit avoir accès à tous les documents susceptibles de contribuer à la preuve, y compris ceux susceptibles d'être confidentiels. Les secrets commerciaux du saisi doivent néanmoins être préservés dans la mesure du possible. La difficulté réside donc dans la conciliation des droits du saisissant à obtenir la preuve de la contrefaçon et le respect des secrets du saisi.

1213.143 Principe de l'accès à l'ensemble des documents. Il est de principe constant que le saisissant doit avoir accès à tous les documents susceptibles de contribuer à la preuve de la contrefaçon, quand bien même ils seraient confidentiels[8]. En effet, il ne saurait être laissé à la seule latitude du

1. Paris, 4e ch., sect. A, 1er févr. 2006, *PIBD* 2006, n° 828. III. 298.
2. Paris, 29 janv. 1991, *Ann. propr. ind.* 1991. 22.
3. Com. 6 avr. 1999, n° 97-14.193, *Bull. civ.* IV, n° 78; *PIBD* 1999, n° 682. III. 343.
4. Aix-en-Provence, ch. réun., 12 févr. 1999, *PIBD* 1999, n° 678. III. 265.
5. TGI Paris, 3e ch., 29 mai 1987, *RIPIA* 1987. 180.
6. Paris, 10 juin 1982, *Dossiers Brevets* 1982. V. 5.
7. TGI Paris, 8 janv. 1980, *PIBD* 1980, n° 260. III. 126.
8. TGI Lyon, réf., 24 nov. 1988, *Dossiers Brevets* 1988. V. 6 – TGI Bobigny, réf., 17 mars 2004, RG n° 2003/02744, NP – TGI Paris, 3e ch., 3e sect., ord. réf., 15 nov. 2013, RG n° 13/12247.

saisi le soin de qualifier de confidentiels les documents saisis pour empêcher ainsi leur remise à l'huissier[1]. La saisie de documents contenant des informations confidentielles ne saurait donc être contestée lorsqu'il entrait dans la mission de l'huissier de les appréhender[2]. La contrepartie de ce principe est que le saisissant effectue les opérations sous son entière responsabilité. Toute divulgation d'éventuels secrets collectés lors d'une saisie pourra donc lui être reprochée.

1213.144 Recommandation pour éviter le grief de captation de secrets industriels et commerciaux. Il est recommandé à l'huissier instrumentaire de veiller à n'appréhender que les éléments utiles au procès en contrefaçon. S'agissant, par exemple, des factures établies par le présumé contrefacteur, il est souhaitable que l'huissier instrumentaire en prenne photocopie en occultant le nom et l'adresse des clients - sauf à ce que ces éléments présentent une utilité particulière pour le procès - et ne laisse apparaître que leur code postal ou leur ville[3].

1213.145 Préservation des informations confidentielles par l'organisation d'une procédure d'expertise. Il arrive que le saisi demande que certaines précautions soient prises pour protéger des informations confidentielles. En pratique, il peut notamment demander à l'huissier instrumentaire de placer les documents saisis sous enveloppe scellée et de ne pas les remettre au saisissant. Mais il ne s'agit là que d'une **mesure provisoire** que le saisi doit exploiter pour solliciter, par exemple, un tri des documents saisis et une mise à l'écart des documents confidentiels sans intérêt pour la preuve de la contrefaçon poursuivie (tri des pièces confidentielles ou non par un expert dans une procédure de « *data room* »). Le saisi ne peut pas espérer la voir se prolonger indéfiniment car sinon « *la mesure de saisie-contrefaçon serait vidée de sens* »[4] et, fondamentalement, le saisissant a droit à accéder aux documents saisis utiles pour la preuve de la contrefaçon même s'ils sont confidentiels[5]. À condition que le saisi apporte des éléments susceptibles de justifier de la confidentialité des documents saisis[6], les tribunaux peuvent désigner un expert avec mission de sélectionner les documents qui devront être tenus secrets envers le saisissant, et ceux qui pourront lui être communiqués[7]. Ils peuvent décider que les opérations d'expertise se dérouleront en présence des seuls avocats et conseils des parties[8]. Conformément au droit commun, le délai d'appel contre les ordonnances ordonnant une mesure de tri rendues en référé est de quinze jours[9].

Le décret n° 2008-624, décret d'application de la loi du 29 octobre 2007, consacre définitivement cette pratique en généralisant dans les différentes dispositions réglementaires relatives à la saisie-contrefaçon (CPI, art. R. 521-5, R. 615-4 - auquel renvoie l'art. R. 622-6 en matière de topographies de produits semi-conducteurs -, R. 623-53-1, R. 716-5 et R. 722-5) la formule suivante : « *Le président du tribunal de grande instance peut ordonner, au vu du procès-verbal de saisie, toute mesure pour compléter la preuve des actes de contrefaçon allégués. À la demande de la partie saisie agissant sans délai et justifiant d'un intérêt légitime, il peut également prendre toute mesure pour préserver la confidentialité de certains éléments* »[10]. Le saisi doit donc présenter rapidement sa demande[11], devant le juge ayant autorisé la saisie[12].

1213.146 Cas particulier des documents intéressant la Défense nationale. Les articles L. 615-10 alinéa 2 (brevets d'invention), L. 622-7 (topographies de produits semi-conducteurs, par renvoi à l'article L. 615-10) et L. 623-30 alinéa 2 (certificats d'obtention végétale) du Code de la propriété intellectuelle organisent une procédure particulière lors-

1. TGI Paris, 4 juill. 1997, *PIBD* 1997, n° 644. III. 639.
2. Paris, 16 janv. 1998, *PIBD* 1998, n° 653. III. 239.
3. TGI Paris, 3e ch., 2e sect., 13 mars 1998, *RDPI* 1998, n° 85, p. 29.
4. TGI Paris, 3e ch., 2e sect., JME, 9 nov. 2007, RG n° 07/02200.
5. TGI Bobigny, 1re ch., 5e sect., 17 mars 2004, RG n° 03/02744, NP – TGI Paris, 3e ch., 3e sect., ord. réf., 15 nov. 2013, RG n° 13/12247.
6. TGI Paris, 3e ch., 3e sect., ord. réf., 18 oct. 2006, *PIBD* 2007, n° 845. III. 82.
7. TGI Lyon, ord. réf., 24 nov. 1988, *Dossiers Brevets* 1988. V. 6 – TGI Paris, ord. réf., 22 déc. 1989, *PIBD* 1990, n° 473. III. 134 – TGI Bourgoin-Jallieu, 19 avr. 1994, ord. réf., NP – TGI Paris, JME, 26 mai 1995, *Dossiers Brevets* 1995. IV. 6 – TGI Nanterre, 11 déc. 1996, NP – TGI Bobigny, 13 déc. 1996 – TGI Lyon, ord. réf., 11 mai 1998, *PIBD* 1998, n° 662. III. 477 – TGI Paris, 3e ch., 2e sect., 12 mai 2006, RG n° 05/12994 – TGI Lyon, ord. réf., 15 sept. 2008, RG n° 2008/01531.
8. TGI Paris, 3e ch., 2e sect., ord. JME, 19 avr. 2013, RG n° 10/14073 – TGI Paris, ord. réf., 23 août 2013, RG n° 13/55102.
9. Lyon, 1re ch., 23 sept. 1999, *PIBD* 2000, n° 690. III. 29.
10. DÉJÀ, la loi n° 2004-199 du 25 février 2004 avait inséré cette même formule à l'ancien article R. 615-4 du Code de la propriété intellectuelle et ainsi consacré la pratique s'agissant toutefois des seules saisies en matière de brevets d'invention, de certificats complémentaires de protection, de certificats d'utilité et de certificats d'addition.
11. Jugeant la présentation d'une demande trop tardive : TGI Paris, 3e ch., 4e sect., ord. réf, 6 juin. 2013, RG n° 13/06002 (un mois après la saisie-contrefaçon) – TGI Paris, 3e ch., 1re sect., ord. JME, 19 juin 2014, RG n° 12/17367.
12. Consacrant la compétence du juge des requêtes pour autoriser l'accès aux documents saisis mis sous plis scellés : TGI Paris, 3e ch., 1re sect., ord. JME, 19 juin 2014, RG n° 12/17367.

que la saisie amènerait à compulser des documents comportant une classification de *sécurité de défense*. L'huissier doit en effet surseoir à la saisie qui sera remplacée par une expertise confiée à un expert, désigné par le président du tribunal de grande instance (TGI) sur la demande de l'ayant droit (le titulaire du brevet, de la protection attachée à la topographie enregistrée ou du certificat d'obtention végétale) et agréé par le ministre de la Défense. Une solution identique a été appliquée, malgré l'absence de texte exprès, en matière de logiciel et semble devoir être également retenue en toute matière[1].

SECTION 8
SUITES DE LA SAISIE

1213.150 Division. À l'issue de ses opérations, l'huissier instrumentaire doit remettre copie du procès-verbal au saisi (§ 1). Il doit parfois également déposer un exemplaire des objets ou pièces saisis au greffe du tribunal. Le procès-verbal de saisie-contrefaçon pourra être utilisé dans tout procès (§ 2). Au vu du procès-verbal, le président du TGI peut ordonner des mesures destinées à compléter la preuve de la contrefaçon (§ 3). Ces questions sont examinées ci-après. L'engagement du procès au fond fait l'objet d'un chapitre spécial (v. s[s] n°s 1214.00 s.).

§ 1
Remise d'une copie du procès-verbal

1213.151 Obligation. L'huissier instrumentaire doit remettre au détenteur une copie du procès-verbal de saisie-contrefaçon à l'issue de ses opérations. Cette obligation est désormais expressément prévue en toutes les matières de propriété industrielle : « *Copie doit être laissée aux mêmes détenteurs du procès-verbal de saisie* » (CPI, art. R. 521-3, al. 2, *in fine*, art. R. 615-2-1, al. 2, *in fine* - auquel renvoie l'article R. 622-6 en matière de topographies de produits semi-conducteurs –, art. R. 623-51-1, al. 2, *in fine*, art. R. 716-3, al. 2, *in fine*, art. R. 722-3, al. 2, *in fine*).

1213.152 Délai de la remise. La copie du procès-verbal ne doit pas nécessairement être remise immédiatement à l'issue des opérations. Elle peut être adressée postérieurement à l'accomplissement de la saisie[2]. Il suffit en effet que le procès-verbal soit remis dans un délai raisonnable pour que le saisi puisse faire valoir ses droits éventuels. Il a été jugé que le procès-verbal de saisie pouvait être valablement remis lors de l'assignation[3]. Une remise trop tardive, au cas particulier de sept jours, a entraîné l'annulation du procès-verbal[4].

1213.153 Sanction du défaut de remise. Il est difficile de trouver au sein de la jurisprudence la réponse au statut de la nullité pour défaut de remise du procès-verbal. Certaines décisions retiennent une nullité de fond[5], d'autres identifient des griefs sans toutefois le dire expressément[6] et enfin, d'autres parlent de vice de forme[7].

§ 2
Sort des pièces et documents saisis

1213.161 Dépôt au greffe. Aucun texte n'impose le dépôt au greffe des objets saisis. Il est cependant d'usage que l'ordonnance prévoie le dépôt au greffe du tribunal d'un exemplaire des objets ou documents saisis afin de conserver un exemplaire témoin. Lorsque tel est le cas, cette prescription doit être respectée.

1213.162 Utilisation du procès-verbal de saisie-contrefaçon. Dès lors que la saisie-contrefaçon a été suivie d'une assignation valable, elle pourra être utilisée librement comme mode de preuve, dans tout procès[8], y compris dans une procédure menée à l'étranger[9].

§ 3
Mesures de nature à compléter la preuve des actes de contrefaçon

1213.171 Toute mesure de nature à compléter la preuve des actes de contrefaçon. Le décret n° 2008-624 d'application de la loi du 29 octobre 2007 reprend une formule que la loi n° 2004-199 du 25 février 2004 avait introduite, uniquement en matière de brevets d'invention, de certificats complémentaires de protection, de certificats d'utilité et

1. Civ. 1re, 21 mars 2006, n° 05-13.302, *Bull. civ.* I, n° 168; *CCE* 2006, n° 78; *RLDI* 2006. Actu. 436; *Expertises* juill. 2006. 269; *PIBD* 2006, n° 832. III. 419.
2. TGI Paris, 12 sept. 1990, *PIBD* 1991, n° 491. III. 7 – Paris, 14 mars 1991, *PIBD* 1991, n° 506. III. 500.
3. TGI Paris, 25 oct. 1990, *PIBD* 1991, n° 493. III. 79 – Paris, 14 mars 1991, *RD propr. ind.* 1991, n° 34, p. 20.
4. TGI Strasbourg, 7 févr. 1989, *PIBD* 1989, n° 460. III. 406.
5. TGI Lyon, 27 mai 1971, *PIBD* 1972, n° 86. III. 200.
6. TGI Strasbourg, 7 févr. 1989, *PIBD* 1989, n° 460. III. 406.
7. TGI Paris, 12 sept. 1990, *PIBD* 1991, n° 491. III. 7.
8. TGI Paris, 15 nov. 1982, *PIBD* 1983, n° 322. III. 98 – TGI Paris, 30 avr. 1997, *PIBD* 1997, n° 636. III. 385 – TGI Paris, 3e ch., 2e sect., ord. JME, 19 avr. 2013, RG n° 10/14073.
9. TGI Paris, 3e ch., 1re sect., 30 sept. 1998, *PIBD* 1999, n° 673. III. 136.

de certificats d'addition, à l'article R. 615-4 du Code de la propriété intellectuelle et la généralise à l'ensemble des dispositions réglementaires relatives à la saisie-contrefaçon en matière de propriété industrielle (CPI, art. R. 521-5, art. R. 615-4 [auquel renvoie l'art. R. 622-6 en matière de topographies de produits semi-conducteurs], art. R. 623-53-1, art. R. 716-5, art. R. 722-5) : « *Le président du tribunal de grande instance peut ordonner, au vu du procès-verbal de saisie, toute mesure pour compléter la preuve des actes de contrefaçon allégués* ». Ce texte permet de demander des mesures de nature à obtenir des preuves complémentaires. Bien que le texte ne le mentionne pas explicitement, il convient sans doute de s'adresser au président du tribunal ayant autorisé la saisie-contrefaçon.

SECTION 9
ÉPUISEMENT DES EFFETS D'UNE ORDONNANCE

1213.181 Possibilité de réaliser une seule saisie. Sauf disposition contraire de l'ordonnance autorisant la saisie-contrefaçon, une ordonnance permet de procéder à une saisie, et une seule[1]. Cela signifie que le droit de réaliser une saisie est épuisé à l'issue de la saisie. Il en résulte que l'huissier ne peut retourner sur les lieux pour compléter ses recherches, s'il s'avère qu'il n'a pas collecté l'ensemble des informations souhaitées.

1213.182 Possibilité de suspendre les opérations de saisie. L'épuisement des effets de l'ordonnance ne fait pas obstacle à la suspension des opérations de saisie lorsque cela s'avère nécessaire pour mener à bien la mission fixée dans l'ordonnance. La saisie peut alors se dérouler sur plusieurs jours si besoin est[2].

SECTION 10
FRAIS DE SAISIE-CONTREFAÇON

1213.191 Frais de saisie-contrefaçon. Bien que la jurisprudence soit partagée sur la question, les frais de la saisie-contrefaçon, ou tout au moins certain d'entre eux, devraient être inclus dans les dépens dès lors qu'ils sont bien afférents à une instance et peuvent rentrer dans les catégories de frais énumérés à l'article 695 C. pr. civ.[3]

1. TGI Paris, 1er juin 1988, *PIBD* 1988, n° 443. III. 479 – TGI Toulouse, 12 mars 1998, *PIBD* 1998, n° 656. III. 321 – Paris, 4e ch., sect. A, 28 févr. 2001, *JCP E* 2002. I. 1043.
2. TGI Paris, 16 janv. 1989, *PIBD* 1989, n° 454. III. 220.
3. N. Bouche, « Les frais de saisie-contrefaçon entrent-ils dans les dépens ? », *Propr. ind.* 2009. Étude 13.

CHAPITRE

1214. Procès au fond dans le délai prescrit

PIERRE VÉRON
AVOCAT
ET ISABELLE ROMET, THOMAS BOUVET,
BLANDINE TRONEL, NICOLAS BOUCHE

SECTION 0 ORIENTEUR

1214.00 **Plan du chapitre.**

Division. En matière de propriété industrielle, la saisie-contrefaçon fait courir un délai pendant lequel le saisissant doit se pourvoir en contrefaçon. Il convient de présenter ce principe (sect. 1), le mode de computation du délai (sect. 2), les modalités de saisine de la juridiction (sect. 3) ainsi que les sanctions encourues en cas de non-respect (sect. 4).

1214.01 **Textes applicables.**

CPI, art. L. 521-4, L. 615-5, L. 622-7, L. 623-27, L. 623-27-1, L. 716-7, L. 722-4, R. 521-4, R. 521-5, R. 615-3, R. 615-4, R. 622-6, R. 623-50-1, R. 623-53, R. 623-53-1, R. 716-4, R. 716-5, R. 722-4 et R. 722-5.

C. pr. civ., art. 46, 96, 97, 641, 642 et 757.

1214.03 **Bibliographie indicative.** (V. s^{s} n° 1200.03).

SECTION 1 OBLIGATION DE POURSUIVRE DANS LE DÉLAI PRESCRIT

1214.11 **Raison d'être du principe.** La saisie-contrefaçon offre au saisissant des pouvoirs d'investigation étendus qui ne doivent être utilisés que pour les besoins d'une procédure et non à des fins d'intimidation, voire d'espionnage industriel. Pour cette raison, la personne saisie ne doit pas être laissée dans le doute. La loi impose donc au saisissant de se pourvoir devant le tribunal dans un délai relativement bref, à peine de nullité. En effet, si la saisie a confirmé les craintes du titulaire des droits, ce dernier doit saisir la juridiction. Dans l'hypothèse inverse, si le saisissant décide de ne pas poursuivre, la saisie-contrefaçon ne doit plus produire aucun effet.

1214.12 **Textes applicables.** L'obligation du saisissant de se pourvoir au fond, par la voie civile ou pénale, dans le délai prescrit, est commune à tous les droits de propriété industrielle. Ce principe est formulé de manière identique à l'alinéa 5 des différents articles relatifs à la saisie-contrefaçon en matière de propriété industrielle (CPI, art. L. 615-5, art. L. 521-4, art. L. 622-7 – par renvoi à l'article L. 615-5 –, art. L. 623-27-1, art. L. 716-7, art. L. 722-4) : « *À défaut pour le demandeur de s'être pourvu au fond, par la voie civile ou pénale, dans un délai fixé par voie réglementaire, l'intégralité de la saisie, y compris la description, est annulée à la demande du saisi, sans que celui-ci ait à motiver sa demande et sans préjudice des dommages et intérêts qui peuvent être réclamés* ». La détermination du délai est renvoyée au règlement.

Le décret d'application n° 2008-624 [1] de la loi du 29 octobre 2007 [2] a opté pour le délai que l'article 7 de la directive n° 2004/48 [3] proposait aux États membres qui souhaitaient ne pas laisser le soin de fixer le délai à l'autorité judiciaire compétente : délai de « *vingt jours ouvrables ou de trente-et-un jours civils*

1. Décr. n° 2008-624, 27 juin 2008, pris pour l'application de la loi n° 2007-1544 du 29 oct. 2007 de lutte contre la contrefaçon et portant modification du Code de la propriété intellectuelle, *JO* 29 juin, p. 10467.
2. L. n° 2007-1544, 29 oct. 2007, de lutte contre la contrefaçon, *JO* 30 oct., p. 17775.
3. Dir. n° 2004/48/CE du Parlement européen et du Conseil, 29 avr. 2004, relative au respect des droits de propriété intellectuelle, art. 7, *JOUE*, n° L 157, 30 avr., p. 45-86.

si ce délai est plus long, à compter du jour où est intervenue la saisie ou la description ». Le décret d'application décline ce principe pour les différents droits de propriété industrielle (CPI, art. R. 521-4, R. 615-3, R. 716-4 et R. 722-4). Seul le domaine des obtentions végétales pose problème en raison d'une double erreur dans la rédaction du décret d'application n° 2008-624. En effet, littéralement, c'est l'article R. 623-50-1 qui prévoit que « *le délai prévu au dernier alinéa de l'article L. 623-27-1* [qui régit la saisie-contrefaçon en matière d'obtentions végétales] *et imparti au demandeur pour se pourvoir au fond est de vingt jours ouvrables ou de trente-et-un jours civils si ce délai est plus long, à compter de la date de l'ordonnance* ». À première vue, le point de départ du délai serait donc dérogatoire par rapport aux autres droits de propriété industrielle. Toutefois, l'article R. 623-53 énonçait également que « *le délai prévu au dernier alinéa de l'article L. 623-7-1* [article inexistant] *et imparti au demandeur pour se pourvoir au fond est de vingt jours ouvrables ou de trente-et-un jours civils si ce délai est plus long, à compter du jour où est intervenue la saisie ou la description* ». La référence à un article L. 623-7-1 inexistant, ainsi qu'à « *la saisie ou la description* » *in fine*, révélaient la double erreur de rédaction du décret. L'article R. 623-50-1 énonce en réalité le délai évoqué dans le dernier alinéa de l'article L. 623-27 relatif aux mesures provisoires et conservatoires tandis que l'article R. 623-53 faisait en réalité référence à la saisie-contrefaçon de l'article L. 623-27-1. Le décret n° 2014-731 du 27 juin 2014[1] a corrigé l'erreur de numérotation dans l'article R. 623-53, celui-ci se référant désormais à l'article L. 623-27-1. Mais ce décret n'a pas corrigé l'erreur dans l'article R. 623-50-1, celui-ci se référant toujours à l'article L. 623-27-1 au lieu de l'article L. 623-27. Il ne fait toutefois aucun doute que le délai mentionné à l'article L. 623-27-1 est prévu par l'article R. 623-53.

SECTION 2
COMPUTATION DU DÉLAI

1214.21 Principe. Le point de référence pour apprécier si le requérant s'est bien pourvu dans le délai imparti est la **date de délivrance de l'assignation** (v. s^s n° 1214.38) et non la date de l'enrôlement de l'assignation[2]. L'assignation doit être signifiée dans le délai de vingt jours ouvrables[3], ou trente-et-un jours civils si ce délai est plus long, à compter du jour où est intervenue la saisie ou la description. Le point de départ est le jour du procès-verbal de saisie, c'est-à-dire le jour de la réalisation des opérations de saisie-contrefaçon, comme tel était le cas avant le décret n° 2008-624 du 27 juin 2008[4]. Cela ne facilite pas toujours la détermination du point de départ du délai car si le prononcé de l'ordonnance se réalise en un trait de temps et peut être très facilement connu avec certitude, au contraire, les opérations de saisie-contrefaçon peuvent s'accomplir sur plusieurs jours et plusieurs saisies peuvent être pratiquées en vertu d'une même ordonnance (si exceptionnellement l'ordonnance elle-même autorise la réalisation de plusieurs saisies, v. s^s n° 1213.181).

Dans le premier cas, lorsque les opérations de saisie se déroulent sur plusieurs jours, le point de départ doit être le dernier jour de la saisie, à savoir celui où l'huissier remet son procès-verbal (sur la notion de suspension de la saisie-contrefaçon, v. s^s n° 1213.182).

Dans le second cas, bien que toutes issues d'une même ordonnance, chaque saisie-contrefaçon constituait une saisie distincte faisant courir le délai imposé au requérant pour se pourvoir au fond; une assignation délivrée après l'expiration du délai courant à partir des premières saisies réalisées ne pouvait pas les protéger de la nullité, mais pouvait en revanche protéger de la nullité les dernières saisies réalisées pour lesquelles le délai de quinzaine n'était pas encore expiré[5].

1214.22 Règles de computation. La computation se fait selon les règles ordinaires des articles 641 et 642 C. pr. civ., à savoir :

– début du délai : le jour de la saisie-contrefaçon ne compte pas, le délai commence à courir le lendemain;

1. Décr. n° 2014-731, 27 juin 2014, relatif à l'instance nationale des obtentions végétales, *JO* 29 juin, p. 10798.

2. Aix-en-Provence, 2e ch., 8 nov. 2005, n° 02/17462, *Juris-Data* n° 292647 – Paris, 4e ch., sect. B, 15 déc. 2006, *PIBD* 2007, n° 847. III. 183 – et sur la possibilité de proroger le délai par une nouvelle assignation placée hors délai mais « *sur et aux fins* » d'une précédente assignation qui n'a pas été enrôlée en temps utile : Civ. 1re, 3 nov. 2005, n° 04-11.756, *Bull. civ.* II, n° 279; *Propr. intell.* 2006. 466, obs. De Haas.
3. En théorie, le délai de vingt jours ouvrables peut parfois être plus long que celui de trente-et-un jours civils. Ce ne sera toutefois que très exceptionnellement vérifié en pratique, en cas de cumuls de fêtes ou d'évènements exceptionnels, si bien que le praticien sera mieux avisé de ne retenir que le délai de trente et un jours civils qui est au surplus facile à décompter sur un calendrier.
4. Com. 2 mai 1978, n° 76-12.414, *Bull. civ.* IV, n° 121 – Douai, 1re ch., 2e sect., 31 janv. 2006, *PIBD* 2006, n° 826. III. 231.
5. Com. 3 juin 2003, n° 01-14.214, *Bull. civ.* IV, n° 91; *PIBD* 2003, n° 774. III. 557; *Propr. ind.* 2003, n° 70, note Kamina; *Propr. intell.* 2004. 938, obs. De Haas – EN CE SENS, également : Pau, 2e ch., 1re sect., 28 mars 2013, *PIBD* 2013, n° 987. III. 1297.

- fin du délai : vingtième jour ouvrable à vingt-quatre heures, ou trente-et-unième jour civil à vingt-quatre heures;

- dérogation : si le dernier jour est un samedi, dimanche, jour férié ou chômé, le délai est prorogé jusqu'au premier jour ouvrable suivant[1].

1214.23 Assignation hors délai. Le non-respect de ces règles, c'est-à-dire l'assignation hors délai, entraîne la nullité de la saisie sans qu'il soit nécessaire de justifier d'un grief[2]. Les conséquences en sont précisées plus loin (v. s^s n°s 1214.51 s.).

SECTION 3
MODALITÉS DE SAISINE DE LA JURIDICTION

1214.30 Division. Les textes exigent que le saisissant se pourvoie au fond dans le délai de vingt jours ouvrables ou trente-et-un jours civils. Dans la majorité des cas, le saisissant se pourvoira par une assignation (§ 1), mais la validité de la saisie-contrefaçon est également préservée par la saisine d'un tribunal correctionnel (§ 2) ou par la formation d'une demande additionnelle (§ 3).

§ 1
Assignation valable

1214.31 Division. La saisie-contrefaçon ne peut être valable que si la juridiction est régulièrement saisie, ce qui signifie que l'assignation doit être régulière. En outre, la question s'est posée de savoir si l'obligation de se pourvoir visait uniquement la délivrance de l'assignation ou si d'autres formalités devaient être accomplies.

1214.32 Observation préliminaire sur la régularité de l'assignation. Naturellement, l'assignation doit être régulière pour que la saisie-contrefaçon soit valable. L'annulation de l'assignation entraîne, en effet, automatiquement la nullité de la saisie-contrefaçon.

De même, la caducité de l'assignation pourtant délivrée dans le délai prescrit mais non remise au secrétariat-greffe dans le délai de quatre mois prévu par l'article 757 C. pr. civ. entraîne la nullité de la saisie-contrefaçon[3].

Le demandeur doit, normalement, indiquer dans l'assignation les revendications du ou des brevets qu'il invoque et les caractéristiques des modèles sur lesquels il fonde sa demande. Toutefois ces précisions peuvent être apportées par voie de conclusions postérieures[4]. Bien entendu, lorsque toutes les revendications d'un brevet sont invoquées, il n'est pas nécessaire de les citer individuellement[5].

1214.33 Le défendeur n'est pas nécessairement le saisi. Il n'est pas nécessaire d'assigner le saisi qui peut n'être qu'un simple utilisateur non coupable de contrefaçon, car de bonne foi[6]. Le demandeur peut donc assigner le saisi ou un tiers[7].

1214.34 Conséquences de l'absence d'assignation du saisi. Le saisi qui n'a pas été assigné n'est pas à l'abri de poursuites ultérieures. En effet, la saisie-contrefaçon n'est pas nulle à l'égard du saisi si une assignation a été valablement délivrée à un tiers dans le délai légal[8]. Le saisi qui n'a pas été assigné n'est pas non plus victime d'une saisie abusive. En effet, la saisie ne devient pas abusive au seul motif qu'aucune action n'est engagée à l'encontre du saisi, voire même à l'encontre de quiconque. La saisie n'est abusive que si elle est réalisée dans des conditions fautives.

1214.35 Pluralité de défendeurs. Il suffit qu'une assignation soit délivrée dans le délai légal pour éviter la nullité de la saisie-contrefaçon. En cas de pluralité de défendeurs, la saisie sera opposable à tous dès lors que l'assignation a été régulièrement délivrée à l'un d'eux.

1214.36 Assignation devant un tribunal compétent. L'assignation doit, en principe, être délivrée devant le tribunal compétent matériellement et territorialement (v. s^s n°s 1212.11 s.). Certains tribunaux devant lesquels une action en contrefaçon a été renvoyée par un premier tribunal qui s'était déclaré territorialement incompétent, ont jugé que l'assignation délivrée devant un tribunal incompétent n'empêchait pas la nullité de la saisie-contrefaçon[9]. Il semble cependant qu'il importe peu d'assigner devant un tribunal incompétent puisque, en

1. Paris, 28 nov. 1977, *Ann. propr. ind.* 1978. 60 – TGI Paris, 17 mars 1980, *PIBD* 1980, n° 266. III. 188 – TGI Paris, 5 juill. 1995, *PIBD* 1996, n° 617. III. 476.
2. TGI Paris, 20 janv. 1984, *Dossiers Brevets* 1984. V. 4 – Paris, 28 juin 1996, *PIBD* 1996, n° 621. III. 583 – Com. 3 juin 2003, n° 01-14.214, *Bull. civ.* IV, n° 91; *PIBD* 2003, n° 774. III. 557; *Propr. ind.* 2003, n° 70, note Kamina; *Propr. intell.* 2004. 938, obs. De Haas.
3. TGI Paris, 16 mars 1978, *PIBD* 1978, n° 224. III. 373.
4. TGI Lille, 1re ch., 28 mai 1998, *PIBD* 1998, n° 663. III. 510 – TGI Paris, 3e ch., 18 janv. 2000, *PIBD* 2001, n° 716. III. 130.
5. TGI Paris, 12 oct. 2001, *RDPI* 2002, n° 136, p. 34.
6. Paris, 4e ch., 1er déc. 1988, *PIBD* 1989, n° 451. III. 135.
7. Lyon, 20 mars 1972, *PIBD* 1973, n° 99. III. 55 – TGI Paris, 3e ch., 26 avr. 1975, *PIBD* 1976, n° 163. III. 60 – TGI Paris, 2 juin 1986, *PIBD* 1986, n° 400. III. 385 – Paris, 1er déc. 1988, *Ann. propr. ind.* 1988. 292.
8. Lyon, 20 mars 1972, *PIBD* 1972, n° 99. III. 55.
9. TGI Toulouse, 31 oct. 1996, *PIBD* 1997, n° 626. III. 90 – TGI Paris, 19 mars 1981, *PIBD* 1981, n° 286. III. 186 – TGI Paris, 25 mars 1988, *PIBD* 1988, n° 440. III. 385.

vertu des articles 96 et 97 C. pr. civ., le juge qui se déclare incompétent désigne la juridiction qu'il estime compétente devant laquelle la procédure se poursuit. C'est donc à juste titre que, par référence à l'article 97 C. pr. civ., la solution contraire a été retenue par la cour d'appel de Douai dans un arrêt du 12 février 2008 : « *La délivrance au saisi d'une assignation valable dans le délai de quinze jours de la saisie a pour effet d'ouvrir l'instance en contrefaçon, et en cas de saisine d'une juridiction incompétente, c'est la même instance qui se poursuit devant la juridiction déclarée compétente* »[1]. En outre, cette interprétation est conforme à l'article 2241 du Code civil, tel que modifié par la loi n° 2008-561 du 17 juin 2008, portant réforme de la prescription en matière civile[2], qui énonce : « *La demande en justice, même en référé, interrompt le délai de prescription ainsi que le délai de forclusion. Il en est de même lorsqu'elle est portée devant une juridiction incompétente ou lorsque l'acte de saisine de la juridiction est annulé par l'effet d'un vice de procédure* ».

Le tribunal compétent peut être un autre que celui dans le ressort territorial duquel la saisie a été réalisée. Il est cependant fréquent de voir pratiquer des saisies-contrefaçons pour justifier la compétence territoriale de tel tribunal. En effet, le lieu de saisie étant, en règle générale, un lieu de la contrefaçon, c'est, au sens de l'article 46 C. pr. civ., un lieu où le préjudice est causé. En cas de pluralité de défendeurs, le demandeur peut saisir la juridiction du lieu où demeure l'un d'eux[3].

1214.37 Assignation fondée sur les droits invoqués pour pratiquer la saisie-contrefaçon. Des saisies-contrefaçon demandées sur le fondement de dépôts de modèles sont nulles si l'assignation subséquente, bien que délivrée dans le délai prescrit, n'est fondée que sur les droits d'auteur correspondant aux modèles[4].

1214.38 Délai de remise de l'assignation au greffe. La question s'est posée de savoir si seule la délivrance de l'assignation devait intervenir dans le délai prescrit ou s'il fallait aussi, dans ce délai, remettre l'assignation au greffe. La question portait donc sur l'interprétation de l'expression « *se pourvoir* » utilisée par le Code de la propriété intellectuelle.

La majorité de la jurisprudence et la doctrine considèrent que seule l'assignation doit être délivrée dans le délai, la remise de l'assignation au greffe pouvant intervenir ultérieurement, dans le délai de quatre mois prévu par l'article 757 C. pr. civ. :

- en matière de brevets d'invention[5];
- en matière de marques[6];
- en matière de dessins et modèles[7].

La solution doit s'imposer de la même façon pour l'ensemble des droits de propriété industrielle.

§ 2 Saisine d'un tribunal correctionnel

1214.41 Que faut-il entendre par « *saisine d'un tribunal correctionnel* » ? Le saisissant peut vouloir engager l'action en contrefaçon devant le tribunal correctionnel. La doctrine et la jurisprudence interprètent l'obligation de se pourvoir au fond, imposée par les différents articles du Code de la propriété intellectuelle relatifs à la saisie-contrefaçon, comme celle de saisir la juridiction de jugement, ce qui est le cas lorsque, par exemple, le requérant fait délivrer une citation directe.

Le dépôt d'une plainte simple n'est pas suffisant. Cette possibilité a été ajoutée par la loi n° 2014-315 du 11 mars 2014, renforçant la lutte contre la contrefaçon[3], pour justifier s'être pourvu par la voie correctionnelle en matière de retenues douanières ou pour éviter l'annulation de l'interdiction provisoire obtenue en référé. Mais cette nouvelle loi n'a pas retenu cette possibilité après une saisie-contrefaçon à l'exception des articles L. 332-3 et L. 332-4 du Code de la propriété intellectuelle concernant le droit d'auteur, les droits voisins, les logiciels et les bases de données.

1. Douai, 1re ch., 2e sect., 12 févr. 2008, *PIBD* 2008, n° 872. III. 239; *Propr. intell.* oct. 2008. 474, obs. Galloux – QUI INFIRME AINSI : TGI Lille, 1re ch., sect. A, 20 oct. 2005, *PIBD* 2005, n° 820. III. 723, qui était conforme à la jurisprudence antérieure contraire.
2. L. n° 2008-561, 17 juin 2008, portant réforme de la prescription en matière civile, *JO* 18 juin, p. 9856.
3. TGI Paris, 1er juin 1988, *PIBD* 1988, n° 443. III. 479 – Com. 7 mars 2000, n° 97-20.885, *Bull. civ.* IV, n° 48 – Paris, 14e ch., sect. A, 1er mars 2000, *CCE* 2000. 25.
4. Paris, 4e ch., 24 nov. 2000, *PIBD* 2001, n° 716. III. 149.
5. TGI Bordeaux, 15 avr. 1996, *PIBD* 1996, n° 615. III. 401 – Paris, 28 juin 1996, *PIBD* 1996, n° 621. III. 584 – TGI Paris, 3e ch., 12 févr. 1997, *PIBD* 1997, n° 632. III. 263 – TGI Paris, 19 sept. 1997, *PIBD* 1997, n° 645. III. 4 – Paris, 4e ch., 24 nov. 2000, *PIBD* 2001, n° 716. III. 149.
6. TGI Paris, 27 mai 1994, *PIBD* 1994, n° 573. III. 459 – TGI Chalon-sur-Saône, 28 nov. 1995, *PIBD* 1996, n° 605. III. 101 – TGI Paris, 3e ch., 2e sect., 8 nov. 1996, *Ann. propr. ind.* 1997. 6 – TGI Paris, 3e ch., 2e sect., 7 févr. 1997, *Ann. propr. ind.* 1997. 6 – Rouen, 27 févr. 1997, *PIBD* 1997 631. III. 246.
7. Paris, 26 mai 1994, *PIBD* 1994, n° 574. III. 487, *RDPI* 1995, n° 57, p. 54 – T. com. Corbeil-Essonne, 26 janv. 1996, *PIBD* 1996, n° 610. III. 268 – Paris, 4e ch., 8 avr. 1998, *Gaz. Pal.* 11-13 oct. 1998. Somm. 13; *PIBD* 1998, n° 659. III. 419 – Paris, 4e ch., 18 sept. 1998, *JCP E* 1999. I. 1632.
8. L. n° 2014-315, 11 mars 2014, renforçant la lutte contre la contrefaçon, *JO* 12 mars, p. 5112.

S'agissant des actions au fond, la chambre criminelle de la Cour de cassation a indiqué que les règles de compétence particulières édictées en matière de contrefaçon ne concernent que les juridictions civiles[1]. Tous les tribunaux correctionnels de France sont donc compétents pour connaître des actions pénales en contrefaçon.

§ 3
Demande additionnelle

1214.51 Faut-il délivrer une nouvelle assignation ? La cour d'appel de Paris avait annulé une saisie-contrefaçon au motif qu'elle avait été réalisée postérieurement à l'engagement d'une action en contrefaçon[2]. En l'espèce, la requérante n'avait pas pris soin de faire délivrer une nouvelle assignation mais s'était contentée de faire notifier des conclusions additionnelles devant la cour d'appel qui connaissait de la procédure. Cette décision a été cassée par la Cour de cassation[3] et la solution est maintenant constante[4]. Il n'est donc pas nécessaire d'assigner à nouveau lorsque la saisie-contrefaçon est réalisée postérieurement à l'engagement d'une action.

SECTION 4
SANCTIONS DU DÉFAUT DE POURSUITE

1214.61 Nullité de la saisie. Les différents articles du Code de la propriété intellectuelle relatifs à la saisie-contrefaçon énoncent : « *À défaut pour le demandeur de s'être pourvu au fond, par la voie civile ou pénale, dans un délai fixé par voie réglementaire, l'intégralité de la saisie, y compris la description, est annulée à la demande du saisi, sans que celui-ci ait à motiver sa demande et sans préjudice des dommages et intérêts qui peuvent être réclamés* » (CPI, art. L. 615-5, L. 521-4, L. 622-7 [par renvoi à L. 615-5], L. 623-27-1, L. 716-7 et L. 722-4). À défaut d'assignation valablement délivrée dans le délai prescrit, la saisie-contrefaçon est nulle. Il ne s'agit plus d'une nullité de plein droit, comme avant la réforme de 2007, mais le saisi, qui doit demander la nullité, n'a toutefois pas à motiver sa demande ou à rapporter la preuve d'un grief[5] et cette demande peut être formée pour la première fois en appel[6].

1214.62 Étendue de la nullité. La formule issue de la loi du 29 octobre 2007 indique désormais que la nullité affecte « *l'intégralité de la saisie, y compris la description* ». Cette précision a été apportée pour ne plus restreindre comme auparavant la nullité à la seule saisie réelle, en matière de brevets d'invention et de marques. Dans tous les domaines de la propriété industrielle, le défaut d'assignation emporte donc la nullité de toute la saisie-contrefaçon, descriptive et réelle.

1214.63 Conséquence de la nullité. La nullité de la saisie est sans conséquence sur la recevabilité de l'action en contrefaçon mais la preuve de la contrefaçon devra être apportée par d'autres moyens[7]. La saisie annulée ne peut plus être utilisée, à quelque titre que ce soit[8]. Lorsque la saisie-contrefaçon est annulée, le juge ne peut tenir compte du rapport de l'expert qui a assisté l'huissier lors de la saisie-contrefaçon[9].

1. L'arrêt a été rendu en matière de marques, mais son enseignement peut être étendu aux autres matières : Crim. 19 juin 2013, n° 12-84.533, NP; *CCE* 2014, n° 1, comm. Caron.
2. Paris, 22 mai 1991, *PIBD* 1991, n° 511. III. 663.
3. Com. 26 oct. 1993, n° 91-18.049, *Bull. civ.* IV, n° 357; *PIBD* 1994, n° 558. III. 22.
4. PAR EX. : TGI Paris, ord. JME, 4 sept. 2000, RG n° 1998/18966, NP – TGI Paris, 3ᵉ ch., 1ʳᵉ sect., 31 oct. 2006, RG n° 02/16040.
5. TGI Paris, 17 mars 1983, *PIBD* 1983, n° 330. III. 205 – Paris, 28 juin 1996, *PIBD* 1996, n° 621. III. 583 – Com. 3 juin 2003, n° 01-14.214, *Bull. civ.* IV, n° 91; *PIBD* 2003, n° 774. III. 557; *Propr. ind.* 2003, n° 70, note Kamina; *Propr. intell.* 2004. 938, obs. de Haas.
6. Com. 3 juin 2003, n° 01-14.214, préc. sˢ présᵗ n°.
7. TGI Paris, 10 juill. 1974, *PIBD* 1975, n° 142. III. 71 – TGI Paris, 26 avr. 1975, *PIBD* 1975, n° 154. III. 328 – TGI Paris, 3ᵉ ch., 28 mai 1980, *PIBD* 1980, n° 268. III. 209 – Paris, 23 nov. 1989, *PIBD* 1990, n° 474. III. 162 – Paris, 17 mai 1995, *Ann. propr. ind.* 1997. 65 – TGI Paris, 31 mai 1996, *PIBD* 1996, n° 619. III. 518.
8. Paris, 23 nov. 1989, *PIBD* 1990, n° 474. III. 162 – TGI Paris, 11 janv. 1995, *PIBD* 1995, n° 586. III. 208 – Paris, 13 mars 1996, *PIBD* 1996, n° 612. III. 305 – Paris, 7 mai 1996, *PIBD* 1996, n° 617. III. 454.
9. Com. 6 nov. 1990, n° 88-15.436, NP; *Ann. propr. ind.* 1991. 7.

CHAPITRE

1215. Contentieux de la saisie-contrefaçon

PIERRE VÉRON
AVOCAT
ET ISABELLE ROMET, THOMAS BOUVET,
BLANDINE TRONEL, NICOLAS BOUCHE

SECTION 0
ORIENTEUR

1215.00 Plan du chapitre.

Division. Dans un souci pratique, nous distinguerons le contentieux intervenant devant une juridiction autre que celle saisie de l'action en contrefaçon au fond (sect. 1) et le contentieux relevant du tribunal statuant au fond (sect. 2).

1215.01 Textes applicables.

CPI, art. L. 521-4, L. 615-5, L. 622-7, L. 623-27-1, L. 716-7 et L. 722-4.

C. pr. civ., art. 72, 112 à 121, 306 à 313, 460, 493 à 498.

C. civ., art. 1382.

1215.03 Bibliographie indicative. (V. s[s] n° 1200.03).

SECTION 1
CONTENTIEUX PORTÉ DEVANT UN JUGE AUTRE QUE LE JUGE DU FOND

1215.10 Division. Il convient de distinguer les possibilités d'appel à l'encontre de la décision du juge saisi de la requête aux fins de saisie-contrefaçon (§ 1), les recours en rétractation ou en modification de l'ordonnance de saisie-contrefaçon (§ 2) et, enfin, les actions dont le saisi dispose lorsque le saisissant ne fait pas suivre la saisie-contrefaçon d'une procédure en contrefaçon (§ 3).

§ 1
Appel

1215.11 Un recours réservé au requérant dont la requête a été rejetée. « *S'il n'est pas fait droit à la requête, appel peut être interjeté à moins que l'ordonnance n'émane du premier Président de la cour d'appel. Le délai d'appel est de quinze jours. L'appel est formé, instruit et jugé comme en matière gracieuse* ». Il résulte de ces termes de l'article 496 alinéa 1er C. pr. civ. que seul le requérant a la possibilité de relever appel, dans la seule hypothèse où sa requête est rejetée ou accueillie partiellement.

1215.12 Délai d'appel. L'article 496 alinéa 1er C. pr. civ. ne précise pas le point de départ du délai de quinze jours. Celui-ci commence à courir le jour où l'ordonnance est rendue, sauf à ce qu'il soit démontré que l'ordonnance n'a pas été remise au requérant le jour même de son prononcé[1].

1. Civ. 2e, 16 mai 1990, n° 89-10.243, *Bull. civ.* II, n° 105 – Limoges, 27 janv. 1992, *D.* 1993. Somm. 186, obs. Julien; *RTD civ.* 1993. 194, obs. Perrot.

§ 2
Recours en rétractation ou en modification de l'ordonnance

1215.20 Texte applicable. L'article 496 alinéa 2 C. pr. civ. dispose : « *S'il est fait droit à la requête, tout intéressé peut en référer au juge qui a rendu l'ordonnance* ». L'article 497 du même code précise : « *Le juge a la faculté de modifier ou de rétracter son ordonnance, même si le juge du fond est saisi de l'affaire* ».

A.
Auteur du recours en rétractation ou en modification d'ordonnance

1215.21 Saisi. Dans la plupart des cas, c'est le saisi qui prendra l'initiative d'une demande en rétractation ou en modification d'ordonnance, afin, par exemple, de solliciter des mesures nécessaires à la préservation de ses secrets industriels et commerciaux ou la mainlevée de la saisie (v. s[s] n°s 1213.141 s.).

1215.22 Requérant. Le requérant peut également avoir à saisir le magistrat qui a rendu l'ordonnance s'il doit solliciter, pendant l'exécution de la saisie-contrefaçon, des mesures complémentaires.

1215.23 Tout intéressé. Il peut arriver qu'un tiers à la saisie-contrefaçon ait intérêt à solliciter la rétractation et la modification de l'ordonnance. Ce peut être le cas du contrefacteur présumé lorsqu'une saisie-contrefaçon est pratiquée à l'encontre de l'un de ses partenaires industriels ou commerciaux.

B.
Magistrat compétent

1215.31 Le juge qui a rendu l'ordonnance. Ainsi que l'article 496 alinéa 2 C. pr. civ. le prévoit expressément, la demande en rétractation ou en modification de l'ordonnance doit être soumise à l'auteur de l'ordonnance. Mais, il ne s'agit pas forcément de la personne physique qui a rendu l'ordonnance[1].

1215.32 Pendant ou après la saisie-contrefaçon ? La plupart des ordonnances de saisie-contrefaçon prévoient que le magistrat qui a rendu l'ordonnance ne pourra être saisi d'une difficulté qu'après l'exécution de la saisie-contrefaçon.

1215.33 Après la saisine du tribunal au fond. L'article 497 C. pr. civ. prévoit expressément que « *le juge a la faculté de modifier ou de rétracter son ordonnance, même si le juge du fond est saisi de l'affaire* ».

C.
Pouvoirs du magistrat

1215.41 Le juge de la rétractation ne dispose pas du pouvoir d'annuler la saisie-contrefaçon. À la différence du tribunal saisi au fond, le juge des référés, saisi du référé-rétractation, n'est pas compétent pour prononcer la nullité d'une ordonnance ou d'un procès-verbal de saisie-contrefaçon[2]. Il ne peut pas statuer sur les conditions d'exécution des mesures de saisie-contrefaçon[3]. Son rôle consiste exclusivement à réexaminer les conditions d'octroi de l'ordonnance de saisie-contrefaçon et la portée de cette dernière[4].

1215.42 Rétractation totale. Dans l'hypothèse où le saisi serait en mesure de démontrer que les conditions d'autorisation de la saisie-contrefaçon n'étaient pas remplies, l'ordonnance pourrait être révoquée purement et simplement (v. ainsi un arrêt rétractant une ordonnance rendue en faveur d'un propriétaire irrégulier[5] et un arrêt rejetant le pourvoi contre un arrêt qui avait rétracté l'ordonnance au motif que le saisi paraissait en droit, à titre de licencié, d'exploiter la technologie arguée de contrefaçon[6]).

1215.43 Rétractation partielle. Le juge a le pouvoir de supprimer de l'ordonnance les dispositions qui s'avéreraient excessives. Tel serait le cas de dispositions excédant les limites prévues par les textes, comme par exemple une ordonnance autorisant la présence d'un salarié du requérant.

§ 3
Recours du saisi en l'absence de procès au fond

1215.51 Demande en restitution du matériel saisi. Si le saisissant ne fait pas suivre la saisie-contrefaçon d'une assignation en contrefaçon, le saisi peut demander au juge des référés de constater la nullité de la saisie-contrefaçon, faute d'assigna-

1. Paris, pôle 1, 2e ch. 13 déc. 2012, RG n° 11/13072.

2. Colmar, 27 juill. 1951, *Ann. propr. ind.* 1951. 261.
3. TGI Paris, 3e ch., 3e sect., ord. réf., 15 nov. 2013, RG n° 13/12247.
4. V. CEP. cette ordonnance qui rétracte une ordonnance aux fins de saisie-contrefaçon parce qu'il n'existait aucune contrefaçon au jour de la requête : TGI Paris, 3e ch., 1re sect., ord. réf., 6 mars 2014, RG n° 14/00967.
5. Paris, 6 janv. 1932, *Ann. propr. ind.* 1932. 291, note Fernand-Jacq.
6. Com. 13 déc. 1994, n° 92-20.704, NP; *PIBD* 1995, n° 583. III. 105.

tion dans le délai légal, et d'ordonner au saisissant de restituer les objets saisis réellement[1].

1215.52 Demande en dommages-intérêts pour saisie abusive. Si le saisissant ne fait pas suivre la saisie-contrefaçon d'une assignation au fond, le saisi qui estimerait avoir fait l'objet d'une procédure abusive pourra engager une action principale en paiement de dommages-intérêts[2] (pour les conditions de succès d'une demande de dommages-intérêts pour procédure abusive, v. s[s] n° 1215.82). Cela résulte de l'alinéa 5 des différents articles relatifs à la saisie-contrefaçon en matière de propriété industrielle qui précise que la saisie est annulée à la demande du saisi « *sans préjudice des dommages et intérêts qui peuvent être réclamés* ».

SECTION 2
CONTENTIEUX DEVANT LE JUGE DU FOND

1215.60 Division. Le tribunal saisi de l'action en contrefaçon au fond est compétent pour statuer sur les moyens de nullité du procès-verbal de saisie-contrefaçon (§ 1), les demandes en inscription de faux à l'encontre du procès-verbal de saisie-contrefaçon (§ 2) et les demandes en réparation (§ 3).

§ 1
Contentieux de l'annulation

1215.61 Sources de nullité du procès-verbal de saisie-contrefaçon. La nullité du procès-verbal de saisie-contrefaçon peut résulter de la nullité du titre de propriété intellectuelle qui a été invoqué à l'appui de la requête aux fins de saisie-contrefaçon, de la rétractation de l'ordonnance de saisie-contrefaçon, de la nullité de l'assignation ou d'irrégularités affectant le procès-verbal de saisie-contrefaçon lui-même. Ces causes de nullité, leur qualification en nullité de forme ou de fond et leur sanction ont été examinées dans le cadre des explications relatives au demandeur à la saisie, la requête, l'ordonnance, l'exécution de la saisie-contrefaçon et l'obligation d'assigner dans le délai prescrit.

En revanche, la nullité de la saisie-contrefaçon ne devrait pas pouvoir être tirée d'une critique de l'ordonnance de saisie-contrefaçon ou de ses conditions d'obtention, parce que le tribunal saisi du fond ne devrait pas être compétent pour revenir sur cette ordonnance. L'adage « *Voies de nullité n'ont lieu contre les jugements* », codifié à l'article 460 C. pr. civ., paraît interdire au juge saisi du fond de remettre en cause la validité de l'ordonnance[3]. C'est normalement au juge qui a rendu l'ordonnance, et cela même lorsque le juge du fond est saisi de l'affaire (C. pr. civ., art. 497), de la rétracter (ou, sur recours contre sa décision, à la cour d'appel). Par un arrêt du 14 novembre 2012 – rendu en matière de propriété littéraire et artistique et s'agissant d'opérations de constat, mais dont la portée s'étend à la propriété industrielle et à la saisie-contrefaçon –, la Cour de cassation a, cependant, statué en sens contraire, en énonçant que « *les dispositions de l'article 496, alinéa 2, du Code de procédure civile, qui confèrent au juge qui a rendu l'ordonnance sur requête une compétence exclusive pour connaître du recours en rétractation institué par ce texte, ne font pas obstacle à ce que le juge du fond, appréciant la régularité des éléments de preuve qui lui sont soumis, puisse annuler un procès-verbal de constat pour des motifs tirés des conditions de délivrance de l'ordonnance sur requête* »[4]. Les juges du fond semblent, toutefois, réticents à suivre cette jurisprudence[5].

Le procès-verbal peut également être annulé en cas de détournement de la procédure de saisie-contrefaçon. Il a ainsi été jugé qu'en l'absence de toute preuve matérielle de la contrefaçon, le saisissant ne pouvait faire consigner les déclarations du saisi : admettre le contraire reviendrait à permettre à quiconque souhaitant faire entendre une personne suspectée de commettre des actes de contrefaçon de recueillir ses déclarations, voire ses aveux, en soutenant de mauvaise foi qu'elle détient des objets contrefaisants[6].

1215.62 Régime des irrégularités de forme et de fond. Il suffit de rappeler que, conformément au droit commun, une irrégularité de forme est soumise à la règle « *Pas de nullité sans grief* » de l'article 114 C. pr. civ. Celui qui se prévaut d'une irrégularité de forme a donc la charge de préciser en

1. TGI Privas, réf., 16 févr. 1989, *Dossiers Brevets* 1989. I. 4.
2. Paris, 4e ch., sect. A, 19 juin 1990, *RD propr. ind.* 1990, n° 32, p. 49; *Ann. propr. ind.* 1990. 169 – Cassé par Com. 30 juin 1992, n° 90-17.782, *Bull. civ.* IV, n° 254.
3. Exemples de décision en ce sens précédant l'arrêt de la Cour de cassation : TGI Paris, 3e ch., 1re sect., 26 juin 2012, RG n° 10/16055 – TGI Paris, 3e ch., 4e sect., 11 oct. 2012, RG n° 09/11848; TGI Paris, 3e ch., 2e sect., 26 oct. 2012, RG n° 10/11400.
4. Civ. 1re, 14 nov. 2012, n° 11-18.045 – Depuis, jugement rendu, par exemple, en ce sens : TGI Paris, 3e ch., 4e sect., 10 oct. 2013, RG n° 12/06930.
5. Paris, pôle 5, 1re ch., 12 déc. 2012, RG n° 10/19186 – Paris, pôle 5, ch. 2, 15 févr. 2013, RG n° 11/02263 – TGI Paris, 3e ch., 3e sect., 1er mars 2013, RG n° 10/10427 – TGI Paris, 3e ch., 2e sect., 28 juin 2013, *PIBD* 2013, n° 993. III. 1532 – Bordeaux, 5e ch. civ., 5 sept. 2013, deux arrêts : RG n° 12/3462 et 12/4054.
6. Paris, 7 oct. 1998, *JCP E* 1999. I. 1631; *PIBD* 1999, n° 667. III. 16; *RDPI* 1999, n° 97, p. 44 – Paris, 4e ch., sect. B, 24 févr. 2006, *PIBD* 2006, n° 829. III. 332.

quoi elle lui a causé un grief et de rapporter la preuve de ce grief et de sa relation avec le vice allégué. L'obligation de rapporter la preuve d'un grief vaut également pour l'inobservation de formalités substantielles ou d'ordre public. En revanche, en vertu de l'article 119 C. pr. civ. : « *Les exceptions de nullité fondées sur l'inobservation des règles de fond relatives aux actes de procédure doivent être accueillies sans que celui qui les invoque ait à justifier d'un grief et alors même que la nullité ne résulterait d'aucune disposition expresse* ». La jurisprudence assimile l'inobservation d'une règle d'organisation judiciaire à une irrégularité de fond.

1215.63 Délai de présentation des nullités. Les moyens de nullité du procès-verbal de saisie-contrefaçon étant des défenses au fond et non des exceptions de procédure (plus précisément, des exceptions de nullité), comme l'ont soutenu à tort quelques décisions, ils sont recevables en tout état de cause conformément à l'article 72 C. pr. civ.[1].

1215.64 Annulation totale ou partielle du procès-verbal de saisie-contrefaçon. Selon les causes de nullité, le procès-verbal de saisie-contrefaçon sera annulé en totalité ou en partie. Par exemple, à défaut d'assignation dans le délai requis, l'annulation affectera tant la seule saisie réelle que la saisie descriptive (v. s[s] n° 1214.62). Inversement, lorsque la saisie-contrefaçon porte sur plusieurs titres, dont certains seulement peuvent fonder une saisie-contrefaçon, l'annulation portera exclusivement sur la partie de la saisie-contrefaçon relative aux autres titres.

1215.65 Conséquence de l'annulation du procès-verbal de saisie-contrefaçon. L'annulation du procès-verbal de saisie-contrefaçon emporte impossibilité absolue de se prévaloir du contenu du procès-verbal et des pièces appréhendées lors de la saisie-contrefaçon. Si le demandeur en contrefaçon ne dispose pas d'autres moyens de preuve que le procès-verbal de saisie-contrefaçon, l'annulation de ce dernier entraînera inéluctablement le rejet de la demande en contrefaçon, pour absence de preuve de la contrefaçon alléguée (v. s[s] n° 1214.63). En revanche, l'annulation de la saisie-contrefaçon n'affecte ni la validité de l'assignation en contrefaçon, ni la recevabilité de l'action en contrefaçon.

1. N. Bouche, « Quelle qualification pour le moyen de nullité de la saisie-contrefaçon ? », *Propr. ind.* 2010. Étude 3, p. 10-14 – Com. 19 janv. 2010, n° 08-18.732, NP; *RLDI* févr. 2010. 30, obs. L. C. – Com. 14 sept. 2010, n° 09-69.862, NP – Com. 29 mars 2011, n°s 09-16.330 et 09-68.144, NP; *PIBD* 2011, n° 940. III. 339.

§ 2
Inscription de faux

1215.71 Textes applicables. Dans la mesure où la procédure d'inscription de faux dirigée à l'encontre du procès-verbal de saisie-contrefaçon sera engagée à l'initiative du défendeur en contrefaçon à titre de moyen de défense dans le cadre de l'action en contrefaçon, il s'agit d'une inscription de faux incidente régie par les articles 306 à 313 C. pr. civ.

1215.72 Domaine de l'inscription de faux. Les énonciations du procès-verbal relatives à la matérialité de ce que l'huissier déclare avoir fait, vu ou entendu valent jusqu'à inscription de faux[2]. En revanche, la présomption de vérité jusqu'à inscription de faux ne vaut pas pour les appréciations personnelles de l'huissier. Ces appréciations personnelles ne relèvent donc pas de la procédure d'inscription de faux et sont susceptibles de preuve contraire selon les modalités du droit commun[3].

1215.73 Fondement de l'inscription de faux. Généralement, le demandeur à l'inscription de faux apporte la preuve de ce que les constatations de l'huissier sont erronées. L'inscription de faux peut également être accueillie du seul fait que, compte tenu des circonstances, il est établi que l'huissier n'a pas pu constater ce qu'il a décrit dans son procès-verbal[4]. Ce raisonnement est également accueilli lorsque la force probante de certaines constatations est contestée indépendamment de toute inscription de faux (ainsi d'un arrêt d'appel où certaines énonciations se rapportaient au fonctionnement des machines dans des configurations autres que celles mises en œuvre au moment de la saisie[5]).

1215.74 Sanction. La jurisprudence tend à déterminer les erreurs figurant dans le procès-verbal de saisie-contrefaçon, les déclarer retirées et à confirmer la validité du reste du procès-verbal, dont la saisie réelle[6] (ainsi, dans une espèce où le saisi contestait la force probante du procès-verbal de saisie-contrefaçon en dehors de toute inscription de faux[7]).

2. TGI Paris, 3e ch., 3e sect., 1er mars 2013, RG n° 10/0427 – Paris, pôle 5, 1re ch., 22 mai 2013, *PIBD* 2013, n° 968. III. 1313.
3. TGI Paris, 3e ch., 8 oct. 1987, *PIBD* 1988, n° 429. III. 101 – TGI Paris, 3e ch., 22 nov. 1996, *PIBD* 1997, n° 628. III. 137.
4. Nancy, 1re ch., 12 mars 1991, *RD propr. ind.* 1991, n° 34, p. 30.
5. Paris, 4e ch., 24 sept. 1991, *RDPI* 1992, n° 41, p. 63.
6. TGI Paris, 3e ch., 22 nov. 1996, *PIBD* 1997, n° 628. III. 137.
7. TGI Paris, 3e ch., 2e sect., 13 mars 1998, *RDPI* 1998, n° 85, p. 29.

§ 3
Contentieux de la réparation

1215.81 Principe général. La saisie-contrefaçon constitue une mesure exorbitante en ce qu'elle permet à un titulaire de droits de propriété industrielle de faire procéder à des investigations dans les locaux du présumé contrefacteur aux fins d'obtenir la preuve de la contrefaçon alléguée. Il importe cependant que le saisissant s'abstienne de tout abus et utilise la procédure de saisie-contrefaçon avec mesure et discernement. La saisie-contrefaçon ne doit pas être détournée de sa finalité exclusivement probatoire. L'exercice, par le titulaire d'un droit de propriété industrielle, de son droit de procéder à une saisie-contrefaçon est apprécié au regard de l'article 1382 du Code civil.

1215.82 Fondements des demandes en dommages-intérêts pour procédure abusive. Au soutien de leur demande reconventionnelle en dommages-intérêts pour procédure abusive, les défendeurs allèguent le plus souvent :

- un trouble commercial résultant de l'atteinte portée à leur réputation du fait de saisies-contrefaçon pratiquées soit en nombre excessif, notamment contre leurs clients, soit dans des conditions de nature à conférer une publicité anormale aux opérations;

- une captation de leurs secrets industriels et commerciaux;

- ou le fait que le saisissant ne pouvait se méprendre sur l'étendue de ses droits[1].

Ces griefs ne sont accueillis que dans les cas où ils sont réellement caractérisés et où le saisi peut établir un préjudice[2].

1215.83 Méprise légitime. Un grand nombre de décisions déclarent que le breveté n'a pas abusé de son droit de faire procéder à une saisie-contrefaçon bien que celle-ci soit annulée ou l'action au fond déclarée infondée[3] (ainsi du TGI de Lille[4], qui indique : « *Les défenderesses ne justifiaient pas que le breveté ait agi de mauvaise foi, par intention malicieuse ou par une erreur grossière équivalente au dol, qu'aussi longue et confuse qu'ait été la procédure, qu'aussi difficiles qu'en aient été les étapes, illustrées par les changements nombreux de conseils du demandeur, on ne voit là que l'expression exacerbée de la recherche de la reconnaissance d'un droit, fût-il erroné* » – ou le TGI de Paris, pour un cas où le défendeur ne faisait pas la preuve d'une perte de clientèle résultant des deux saisies-contrefaçon pratiquées[5]). La jurisprudence estime donc que l'échec de la procédure en contrefaçon ne peut pas, à elle seule, justifier la condamnation du breveté pour procédure abusive.

1215.84 Responsabilité de l'huissier instrumentaire. L'huissier qui procède aux opérations de saisie-contrefaçon peut voir sa responsabilité engagée s'il commet une faute. Selon la jurisprudence, l'huissier étant responsable des actes qu'il délivre et de leur rédaction, il commet une faute professionnelle engageant sa responsabilité en délivrant un acte nul pour défaut de diligence ou de mentions essentielles[6]. Sa responsabilité pourra également être engagée si, au cours de ses opérations, il outrepasse l'autorisation fixée par l'ordonnance aux fins de saisie-contrefaçon[7].

1. TGI Paris, 3e ch., 4e sect., 10 oct. 2013, RG n° 12/06748.
2. Com. 12 févr. 2013, n° 11-26.361, NP; *PIBD* 2013, n° 981. III. 1089 – v. égal. la condamnation d'un breveté pour procédure abusive, alors qu'il avait modifié les revendications de son brevet en cours de délivrance afin de les faire correspondre aux machines incriminées : Paris, pôle 5, 2e ch., 18 oct. 2013, *PIBD* 2014, n° 997. III. 1.
3. Paris, 4e ch., 22 févr. 1982, *PIBD* 1982, n° 306. III. 162 – TGI Paris, 3e ch., 30 oct. 1987, *PIBD* 1988, n° 430. III. 124 – TGI Paris, 3e ch., 4 avr. 1991, *PIBD* 1991, n° 507. III. 536 – TGI Paris, 3e ch., 30 juin 1994, *PIBD* 1994, n° 576. III. 527.
4. TGI Lille, 2e ch., 21 mai 1986, *PIBD* 1986, n° 398. III. 337.
5. TGI Paris, 3e ch., 8 juill. 1992, *PIBD* 1992, n° 534. III. 643.
6. Paris, pôle 2, 1re ch., 3 avr. 2013, *Propr. ind.* 2013, n° 52, comm. Tréfigny – Arrêt cassé par la Cour de cassation, mais sur un autre fondement (**C. pr. civ., art. 382,** sur la péremption d'instance) : Civ. 1re, 2 juill. 2014, n° 13-18.649, NP.
7. Agen, ch. civ., 26 mai 2014, *PIBD* 2014, n° 1009. III. 552.

TITRE

122. La saisie-contrefaçon en matière de propriété littéraire et artistique

SECTION 0
ORIENTEUR

1220.00 Plan du titre.

CHAPITRE

1221. Saisie-contrefaçon en matière de droits d'auteur et de droits voisins

PIERRE VÉRON
AVOCAT
ET YVES BIZOLLON, ISABELLE ROMET,
THOMAS BOUVET, BLANDINE TRONEL,
NICOLAS BOUCHE

SECTION 0
ORIENTEUR

1221.00 Plan du chapitre.

Division. L'étude de la saisie-contrefaçon en matière de droit d'auteur et de droits voisins implique d'examiner successivement ses conditions de fond (sect. 1), l'ordonnance qui l'autorise (sect. 2), son exécution et ses incidents (sect. 3) et ses suites (sect. 4).

1221.01 Textes applicables.

CPI, art. L. 111-1, L. 113-1, L. 321-1, L. 331-1, L. 331-5, L. 331-11, L. 332-1 à L. 332-3, L. 336-2, L. 615-10, L. 623-30, D. 331-1-1, R. 332-1 à R. 332-3.

COJ, art. D. 211-6-1.

C. pr. civ., art. 496, 497, 812 et 958.

1221.03 Bibliographie indicative. (V. s[s] n° 1200.03).

1221.05 Alignement sur la propriété industrielle. En matière de saisie-contrefaçon, la propriété littéraire et artistique obéissait à un régime différent sur de nombreux points de celui régissant les droits de propriété industrielle. La loi n° 2014-315 du 11 mars 2014, renforçant la lutte contre la contrefaçon[1], est venue harmoniser ces deux régimes en alignant très largement le droit de la propriété littéraire et artistique sur celui de la propriété industrielle, notamment pour les conditions d'obtention, de déroulement et de validité de la saisie-contrefaçon. En revanche, les mesures de saisie-contrefaçon qui ne sont pas d'ordre probatoire et qui sont permises par le droit de la propriété littéraire et artistique, comme par exemple la saisie des recettes ou les mesures d'interdiction, ont été maintenues.

SECTION 1
CONDITIONS DE FOND DE LA SAISIE-CONTREFAÇON

1221.11 Nécessité d'invoquer un droit d'auteur ou un droit voisin. Selon l'article L. 111-1 du Code de la propriété intellectuelle, le droit d'auteur naît « *du seul fait de la création* », indépendamment de tout dépôt et de tout enregistrement. Il suffit donc, en pratique, d'établir l'existence d'une création pour solliciter l'autorisation de pratiquer une saisie-contrefaçon.

1. L. n° 2014-315, 11 mars 2014, renforçant la lutte contre la contrefaçon, *JO* 12 mars, p. 5112.

Depuis le 22 juin 2004, date d'entrée en vigueur de la loi n° 2004-575 pour la confiance dans l'économie numérique[1], l'article L. 332-1 alinéa 6 du Code de la propriété intellectuelle permet également aux titulaires de l'un des droits voisins définis au livre II de ce code (artistes-interprètes, producteurs de phonogrammes ou de vidéogrammes, entreprises de communication audiovisuelle) de faire pratiquer une saisie-contrefaçon. Dans la mesure où les droits voisins naissent également hors de tout dépôt ou enregistrement, il suffira aussi, en pratique, d'invoquer une réalisation telle qu'une interprétation, un phonogramme, un vidéogramme ou un programme audiovisuel pour solliciter l'autorisation de pratiquer une saisie-contrefaçon.

1221.12 Justificatifs à produire. La preuve du droit invoqué sera rapportée par la production de l'œuvre elle-même, de sa reproduction, de catalogues, de photographies ou de tout autre document pertinent.

1221.13 Qualité pour agir : l'auteur, ses ayants droit, ses ayants cause; le titulaire du droit voisin. L'article L. 332-1 du Code de la propriété intellectuelle réserve la saisie-contrefaçon à tout auteur d'une œuvre protégée par le livre I, ses ayants droit ou ayants cause, ainsi qu'aux titulaires de droit voisin. Par « *auteur* », il faut entendre le créateur de l'œuvre de l'esprit et titulaire initial du droit d'auteur. L'article L. 113-1 pose à cet égard une présomption simple selon laquelle « *la qualité d'auteur appartient, sauf preuve contraire, à celui ou à ceux sous le nom de qui l'œuvre est divulguée* ». S'agissant spécialement d'une œuvre de collaboration, dès lors que la jurisprudence reconnaît à chaque coauteur la possibilité d'agir en contrefaçon (même si c'est en lui imposant de mettre en cause tous les autres coauteurs), il devrait être parallèlement reconnu à chaque coauteur la possibilité de solliciter une saisie-contrefaçon. Par ayants cause ou ayants droit de l'auteur, il faut entendre celui qui a recueilli une ou plusieurs des prérogatives patrimoniales du droit d'auteur, seules transmissibles à l'exclusion du droit moral, quelles que soient la forme et la nature de la transmission (cession totale ou partielle, absorption de la société propriétaire, succession, *etc.*). En cas de cession partielle des droits d'exploitation de l'œuvre, le cédant reste recevable à agir en contrefaçon et donc à solliciter l'autorisation de pratiquer une saisie pour faire constater l'atteinte portée aux droits qu'il s'est réservés[2]. S'agissant d'un licencié, la jurisprudence semble favorable à l'action en contrefaçon du licencié[3] surtout lorsqu'il bénéficie d'une exclusivité[4]; cette solution semble pouvoir être étendue par analogie à la saisie-contrefaçon. La transmission des droits doit être dûment établie[5]; la jurisprudence récente de la Cour de cassation admet toutefois, de façon très libérale, que, en l'absence de revendication du ou des auteurs, l'exploitation d'une œuvre par une personne physique ou morale sous son nom fait présumer, à l'égard des tiers recherchés pour contrefaçon, que cette personne est titulaire, sur cette œuvre, du droit d'auteur[6]. N'a pas été considérée comme ayant cause de l'auteur la société dont l'auteur figure parmi les associés[7]. De même, par « *titulaires de droits voisins* », il faut entendre non seulement le titulaire initial des droits, celui qui, à raison de sa réalisation, a été le premier investi du droit voisin par l'effet de la loi (l'artiste-interprète, le producteur du phonogramme ou du vidéogramme, l'entreprise de communication audiovisuelle), mais aussi ses ayants cause ou ayants droit qui ont, après lui, recueilli d'une manière quelconque les prérogatives patrimoniales attachées au droit voisin. Le licencié exclusif d'un droit voisin s'est également vu reconnaître la possibilité d'agir en contrefaçon[8].

1221.14 Exploitants, distributeurs. Le distributeur, même exclusif, du modèle contrefait n'a pas qualité pour pratiquer une saisie-contrefaçon[9]. Certains auteurs se demandent néanmoins si le distributeur peut bénéficier de la présomption de titularité que, depuis quelques années, la Cour de cassation reconnaît à la personne physique ou morale, qui, sans protestation ni revendication de l'auteur, exploite, sous son nom, l'œuvre en cause[10].

1. L. n° 2004-575, 21 juin 2004, pour la confiance dans l'économie numérique, *JO* 22 juin, p. 11168.
2. Paris, 13 juin 1988, *D.* 1990. Somm. 187.
3. Paris, 7 juill. 1994, *PIBD* 1994, n° 576. III. 550.
4. Paris, 10 mars 1983, *RIDA* 1983, n° 177, 105 – Paris, 11 juill. 1991, *RDPI* 1991, n° 38, 78 – TGI Nanterre, 23 mars 1992, *Expertises* janv. 1993, 33.
5. Paris, 14 avr. 1976, *PIBD* 1976, n° 179. III. 435 – Paris, 10 mars 1983, *RIDA* 1983, n°s 177, 105 – TGI Paris, 20 mars 1984, *PIBD* 1984, n° 354. III. 236 – TGI Nanterre, 23 mars 1992, *Expertises* janv. 1993, 33.
6. Civ. 1re, 3 avr. 2001, n° 99-15.691, NP; *PIBD* 2001, n° 728. III. 508; *Propr. intell.* 2002, n° 3, p. 70, obs. de Candé – Com. 20 juin 2006, n° 04-20.776, *Bull. civ.* IV, n° 147, *Propr. ind.* 2006, n° 80.
7. Paris, 1er mars 1984, *PIBD* 1984, n° 351. III. 188.
8. TGI Le Havre, 1re ch., 19 déc. 1996, RIDA 1997. 337.
9. TGI Paris, 17 juill. 1973 – CONFIRMÉ PAR Paris, 6 nov. 1975, *Ann. propr. ind.* 1977. 87 – Paris, 16 juin 1976, *D.* 1977. 516 – Paris, 20 oct. 1988, *Expertises* 1988, n° 111, 393 – Paris, 21 févr. 1990, *PIBD* 1990, n° 485. III. 563 – SUR POURVOI, Com. 24 mars 1992, n° 90-15.713, NP; *PIBD* 1992, n° 525. III. 379 – Paris, 23 mai 1995, *PIBD* 1995, n° 594. III. 402 – Paris, 4e ch., 4 déc. 1998, *PIBD* 1999, n° 673. III. 160.
10. A. Lucas et H.-J. Lucas, *Traité de la propriété littéraire et artistique*, 3e éd., Litec 2006, spéc. n° 916, p. 639-640 – A. R. Bertrand, Dalloz action *Droit d'auteur*, 2011/2012, n° 103.32 – Civ. 1re, 3 avr. 2001, n° 99-15.691, NP; *PIBD* 2001, n° 728. III. 508.

1221.15 **Organismes collectifs.** L'article L. 331-1 alinéa 2 du Code de la propriété intellectuelle prévoit que les organismes de défense professionnelle régulièrement constitués ont qualité pour ester en justice pour la défense des intérêts dont ils ont statutairement la charge. L'article L. 321-1 alinéa 2 du même code attribue la même qualité aux sociétés civiles de perception et de répartition des droits d'auteur et droits voisins. La jurisprudence a déduit de cette qualité pour ester en justice le pouvoir de ces organismes collectifs de demander la saisie-contrefaçon[1].

1221.16 **Lieux de la saisie.** La saisie peut être autorisée dans tous les lieux où se trouve la preuve de la contrefaçon, la loi ne faisant aucune restriction. Les développements qui précèdent relatifs aux droits de propriété industrielle sont donc transposables à la propriété littéraire et artistique (v. s^s^ n° 1211.51).

SECTION 2
ORDONNANCE DE SAISIE-CONTREFAÇON

1221.20 **Division.** Il convient de présenter les mesures probatoires pouvant être mises en œuvre lors d'une saisie-contrefaçon ainsi que la procédure correspondante (§ 1), puis les autres mesures pouvant être demandées dans le cadre d'une saisie-contrefaçon (§ 2).

1221.21 **Suppression de la saisie-contrefaçon par commissaire de police ou juge d'instance.** Avant l'entrée en vigueur de la loi n° 2014-315 du 11 mars 2014, la loi autorisait l'auteur d'une œuvre de l'esprit, ses ayants droit ou ses ayants cause à faire pratiquer une saisie-contrefaçon par un commissaire de police ou, à défaut, un juge d'instance. Désormais, cette possibilité n'existe plus et seul le président du tribunal de grande instance peut autoriser l'exécution, par un huissier de justice, d'une saisie-contrefaçon. De ce point de vue, le schéma procédural de la saisie-contrefaçon est ainsi unifié pour toute la propriété intellectuelle.

§ 1
Ordonnance de saisie-contrefaçon à fins probatoires

1221.31 **Juridiction compétente pour examiner la requête.** Il ressort de la combinaison des articles L. 331-1 et L. 332-1 du Code de la propriété intellectuelle que le juge compétent pour ordonner une saisie-contrefaçon est le président du tribunal de grande instance. En effet, le premier article indique que la juridiction civile compétente en matière de contrefaçon est le tribunal de grande instance. L'autorisation de faire pratiquer une saisie-contrefaçon étant demandée par requête, c'est le président du tribunal de grande instance qui est compétent pour ordonner une saisie-contrefaçon.

La compétence territoriale n'est définie par aucun texte particulier. La jurisprudence a précisé que, sauf disposition légale contraire – et il n'en existe pas en la matière – le juge territorialement compétent pour rendre une ordonnance sur requête est le président de la juridiction saisie au fond ou celui du lieu où la mesure demandée doit être exécutée[2]. Il faut néanmoins tenir compte de la concentration de compétence territoriale introduite dans le droit de la propriété littéraire et artistique, à l'instar de ce qui existait déjà en propriété industrielle, par les décrets n° 2009-1204 et n° 2009-1205 du 9 octobre 2009[3]. Désormais, en matière de propriété littéraire et artistique, l'article L. 331-1 du Code de la propriété intellectuelle (tel que réformé par la loi n° 2011-525 du 17 mai 2011[4] de simplification et d'amélioration de la qualité du droit) prévoit que : « *Les actions civiles et les demandes relatives à la propriété littéraire et artistique* », relèvent exclusivement des tribunaux de grande instance (TGI), et le nouvel article D. 331-1-1 renvoie à l'article D. 211-6-1 du COJ, modifié par un décret n° 2011-1878 du 14 décembre 2011[5], et ainsi à une liste de dix TGI déterminés (Bordeaux, Lille, Lyon, Marseille, Nanterre, Nancy, Paris, Rennes, Strasbourg, Fort-de-France).

Avant tout procès, la compétence semble pouvoir revenir soit au président du TGI territorialement compétent pour le lieu d'exécution de la saisie, soit au président du TGI susceptible d'être compétent sur le fond.

Une fois le procès au fond engagé, la requête doit en revanche être présentée au président de la cham-

1. Civ. 1re, 10 févr. 1987, n° 85-12.074, *Bull. civ.* I, n° 49; *Cah. dr. auteur* 1988, n° 3, 18.

2. Civ. 2e, 18 nov. 1992, n° 91-16.447, *Bull. civ.* II, n° 266; *D.* 1993. J. 91; *JCP* 1993. I. 3678; *RTD civ.* 1993. 648.
3. Décr. n° 2009-1204, 9 oct. 2009, relatif à la spécialisation des juridictions en matière de propriété intellectuelle, *JO* 11 oct., p. 16630 – Décr. n° 2009-1205, 9 oct. 2009, fixant le siège et le ressort des juridictions en matière de propriété intellectuelle, *JO* 11 oct., p. 16630. Ces décrets sont entrés en vigueur le 1er novembre 2009; la juridiction saisie demeure compétente pour statuer sur les procédures introduites antérieurement à la date d'entrée en vigueur du décret.
4. L. n° 2011-525, 17 mai 2011, de simplification et d'amélioration de la qualité du droit, *JO* 18 mai, p. 8537.
5. Décr. n° 2011-1878, 14 déc. 2011, portant modification du tableau VI annexé à l'article D. 211-6-1 du Code de l'organisation judiciaire, *JO* 16 déc., p. 21273.

bre à laquelle l'affaire a été distribuée ou au juge déjà saisi (C. pr. civ., art. 812)[1], voire en instance d'appel au premier président de la cour d'appel (C. pr. civ., art. 958). Il n'entre donc pas dans les pouvoirs du juge de la mise en état d'ordonner une saisie-contrefaçon en cours d'instance et il commet un excès de pouvoir s'il en ordonne une[2].

1221.32 Requête. Les dispositions générales relatives aux ordonnances sur requête devront être respectées (v. s[s] n°s 1212.11 s.). Devront être jointes à la requête les pièces établissant le droit contrefait et la qualité à agir.

1221.33 Ordonnance. Le président du tribunal ne peut refuser l'autorisation de faire pratiquer une saisie-contrefaçon au requérant qui justifie de l'existence de son droit. Mais il dispose d'un pouvoir d'appréciation pour décider de l'étendue des mesures (simple saisie descriptive, saisie réelle partielle, saisie réelle intégrale, saisie des recettes, *etc.*). Le président peut notamment ordonner la constitution préalable de garanties par le saisissant, telles par exemple qu'un cautionnement ou une consignation (CPI, art. L. 332-1, alinéa 5). En cas de rejet total ou partiel de la requête, le requérant peut relever appel de l'ordonnance dans les quinze jours (C. pr. civ., art. 496).

1221.34 Exécution de la saisie. La saisie-contrefaçon doit être exécutée par un huissier qui agira conformément aux règles générales d'exécution d'une ordonnance sur requête (remise préalable d'une copie de l'ordonnance et de la requête)[3] et aux termes de l'ordonnance (personnes autorisées à assister l'huissier, étendue de la saisie). Ainsi, a été annulée la saisie-contrefaçon à laquelle avaient participé deux salariés du requérant alors qu'ils n'y étaient pas autorisés par les termes de l'ordonnance[4]. De la même manière, a été annulée une saisie-contrefaçon au cours de laquelle l'huissier avait dépassé le cadre de sa mission[5].

De manière générale, les règles applicables à l'exécution de la saisie-contrefaçon en matière de propriété littéraire et artistique sont identiques à celles du domaine de la propriété industrielle. Il est donc renvoyé au chapitre ci-avant consacré à ce thème (v. s[s] n°s 1213.11 s.).

1221.35 Apport de pièces. Selon la jurisprudence, l'huissier instrumentaire peut apporter un échantillon de produit pour recueillir les déclarations du saisi, à condition d'y avoir été autorisé par l'ordonnance[6].

1221.36 Cas particulier des documents intéressant la Défense nationale. Malgré l'absence de texte exprès, il semble qu'une procédure identique à celle prévue par les articles L. 615-10 alinéa 2 (en matière de **brevets d'invention**) et L. 623-30 alinéa 2 (en matière de **certificats d'obtention végétale**) du Code de la propriété intellectuelle doive être suivie lorsque la saisie amènerait à compulser des documents comportant une classification de *sécurité de défense*[7] (v. s[s] n° 1213.146).

1221.37 Exemplaires contrefaisants. Il ressort de l'article L. 332-1 du Code de la propriété intellectuelle que la saisie-contrefaçon peut porter sur tous les exemplaires contrefaisants. Pareille conclusion découle notamment des mesures permises par l'alinéa 2 de l'article mais également de l'alinéa 3 qui ne contiennent pas, contrairement aux articles correspondants en propriété industrielle, la mention « *aux mêmes fins probatoires* ». En pratique, cependant, le saisissant sera bien inspiré de ne requérir la saisie de tout le stock contrefaisant que s'il a toutes raisons de penser qu'il triomphera dans son procès au fond. Il s'expose, au cas contraire, à des dommages-intérêts.

1221.38 Objets portant atteinte aux mesures techniques. Le point 2° de l'alinéa 3 de l'article L. 332-1 du Code de la propriété intellectuelle ajoute, depuis la loi n° 2006-961 du 1er août 2006[8] (modifié par la loi n° 2009-669 du 12 juin 2009)[9], que la saisie peut également porter, le cas échéant, sur les « *exemplaires, produits, appareils, dispositifs, composants ou moyens, fabriqués ou en cours de fabrication, portant atteinte aux mesures techniques et aux informations mentionnées, respectivement, aux articles L. 331-5 et L. 331-11* ». L'article L. 331-5 vise les mesures techniques de protection, c'est-à-dire les dispositifs techniques destinés à empêcher ou à limiter les utilisations non autorisées par les titulaires d'un droit d'auteur ou d'un droit voisin du droit d'auteur d'une œuvre, autre qu'un logiciel,

1. TGI Nanterre, réf., 18 nov. 1996, *BICC* 1er mars 1997, n° 234 – Orléans, ch. com., 29 janv. 2009, RG n° 2008/00454, *PIBD* 2009, n° 894. III. 964; *Jurinpi* n° M20090103.
2. Civ. 1re, 5 févr. 2014, n° 12-25.492, NP; *PIBD* 2014, n° 1003. III. 317.
3. Civ. 1re, 31 oct. 2012, n° 11-21.920, NP; *PIBD* 2013, n° 975. III. 886; *Propr. intell.* 2013, n° 46, p. 79, obs. Lucas.
4. TGI Rennes, 28 févr. 1994, *RIPIA* 1994. 71.
5. Paris, pôle 5, 2e ch., 28 sept. 2012, RG n° 10/11535.
6. Civ. 1re, 10 avr. 2013, n° 12-13.034, NP; *PIBD* 2013, n° 985. III. 1237.
7. Civ. 1re, 21 mars 2006, n° 05-13.302, *Bull. civ.* I, n° 168; *CCE* 2006, n° 78; *RLDI* 2006. Actu. 436; *Expertises* juill. 2006, p. 269; *PIBD* 2006, n° 832. III. 419.
8. L. n° 2006-961, 1er août 2006, relative au droit d'auteur et aux droits voisins dans la société de l'information, *JO* 3 août, p. 11529.
9. L. n° 2009-669, 12 juin 2009, favorisant la diffusion et la protection de la création sur Internet, *JO* 13 juin, p. 9666.

d'une interprétation, d'un phonogramme, d'un vidéogramme ou d'un programme. L'article L. 331-11 vise les mesures techniques d'informations, les dispositifs techniques destinés à donner sous une forme électronique une information sur le régime des droits (identification de l'objet ou du titulaire de droits, conditions et modalités d'utilisation) afférents à une œuvre, autre qu'un logiciel, une interprétation, un phonogramme, un vidéogramme ou un programme.

1221.39 Autres modalités de la saisie-contrefaçon et pouvoirs du président du tribunal de grande instance. Les autres modalités de la saisie et les pouvoirs du président du TGI ne diffèrent pas de ce qui a été présenté ci-avant en matière de propriété industrielle. Il est par conséquent renvoyé à ces développements (v. s[s] n°s 1212.60 s. et 1212.121).

§ 2 Autres mesures pouvant être ordonnées dans le cadre d'une saisie-contrefaçon

1221.41 Mesures ayant une finalité d'interdiction provisoire. La loi n° 2014-315 du 11 mars 2014 a harmonisé la saisie-contrefaçon en matière de propriété littéraire et artistique avec celle pratiquée en matière de propriété industrielle mais elle n'a pas supprimé tous les particularismes existants. Il est ainsi possible d'obtenir du président du tribunal de grande instance des mesures qui ne présentent pas une **finalité probatoire mais** une **finalité d'interdiction provisoire,** étrangère à la saisie-contrefaçon en matière de propriété industrielle :

– la saisie des exemplaires constituant une reproduction illicite de l'œuvre et la **saisie, quels que soient le jour et l'heure, des exemplaires** constituant une reproduction illicite de l'œuvre, déjà fabriqués ou en cours de fabrication, ou des exemplaires, produits, appareils, dispositifs, composants ou moyens, fabriqués ou en cours de fabrication, portant atteinte aux mesures techniques de protection ou d'information, des recettes réalisées, ainsi que des exemplaires illicitement utilisés; peut également être ordonnée la saisie réelle des matériels et instruments utilisés pour produire ou distribuer illicitement les œuvres, ainsi que de tout document s'y rapportant[1] (art. CPI, L. 332-1, al. 3, 1° et 2°);

– la **saisie des recettes** provenant de toute reproduction, représentation ou diffusion, par quelque moyen que ce soit, d'une œuvre de l'esprit, effectuée en violation des droits de l'auteur ou provenant d'une atteinte aux mesures techniques de protection ou d'information (CPI, art. L. 332-1, al. 3, 3°);

– la saisie réelle des œuvres illicites ou produits soupçonnés de porter atteinte à un droit d'auteur ou leur remise entre les mains d'un tiers afin d'empêcher leur introduction ou leur circulation dans les circuits commerciaux (CPI, art. L. 332-1, al. 3, 4°);

– la suspension ou la prorogation des représentations ou des exécutions publiques en cours ou déjà annoncées (CPI, art. L. 332-1, al. 4, a);

– la **suspension de toute fabrication en cours** tendant à la reproduction illicite d'une œuvre[2] ou à la réalisation d'une atteinte aux mesures techniques de protection ou d'information (CPI, art. L. 332-1, al. 4, b).

Au lendemain de la loi n° 2004-475 du 21 juin 2004, l'ancien article L. 332-1 alinéa 2, 4° offrait également au président du TGI, dans le cadre de la procédure de saisie-contrefaçon, la possibilité d'ordonner : « *La suspension, par tout moyen, du contenu d'un service de communication au public en ligne portant atteinte à l'un des droits de l'auteur, y compris en ordonnant de cesser de stocker ce contenu ou, à défaut, de cesser d'en permettre l'accès* »; et le délai dans lequel la mainlevée ou le cantonnement des effets de cette mesure pouvaient être demandés par le défendeur était spécialement fixé par l'article R. 332-1 du Code de la propriété intellectuelle à vingt jours ouvrables ou trente et un jours civils si ce délai était plus long. La loi n° 2009-669 du 12 juin 2009 favorisant la diffusion et la protection de la création sur Internet[3], plus connue comme la loi « Hadopi », a certes abrogé ce 4° de l'article L. 332-1. Pour autant, ce moyen de protection des auteurs et titulaires de droits voisins n'a pas disparu puisque désormais l'article L. 336-2 du Code de la propriété intellectuelle habilite d'une manière générale – et pas spécialement dans le cadre de la procédure de saisie-contrefaçon – le tribunal de grande instance « *statuant le cas échéant en la forme des référés* », « *en présence d'une atteinte à un droit d'auteur ou à un droit voisin occasionnée par le contenu d'un service de communication au public en ligne* », à ordonner « *toutes mesures propres à prévenir ou à faire cesser une telle atteinte à un droit d'auteur ou à un droit voisin, à l'encontre de toute personne susceptible de contribuer à y remédier* », « *à la demande des titulaires de droits sur les œuvres et objets protégés, de leurs ayants droit, des sociétés de percep-*

1. Selon la Cour de cassation, la saisie-contrefaçon peut porter exclusivement sur des documents comptables : Civ. 1re, 11 déc. 2013, n° 12-14.030, NP; *PIBD* 2014, n° 1000. III. 168; *Propr. ind.* 2014, n° 35, note Greffe.

2. POUR UN EX. de la mainlevée d'une telle saisie : Grenoble, 19 avr. 2000, *JCP E* 2000. I. 1285, obs. Greffe.

3. L. n° 2009-669, 12 juin 2009, favorisant la diffusion et la protection de la création sur Internet, *JO* 13 juin, p. 9666.

tion et de répartition des droits visées à l'article L. 321-1 ou des organismes de défense professionnelle visés à l'article L. 331-1 ». Il est à noter que les pouvoirs du tribunal de grande instance sont même plus largement définis que ne l'étaient ceux du président du tribunal de grande instance, puisqu'il peut ordonner « *toutes mesures propres à prévenir ou à faire cesser* » l'atteinte. Mais en contrepartie, ce moyen de protection n'est accessible qu'à l'issue d'une procédure contradictoire, « *le cas échéant en la forme des référés* », et non plus sur requête[1].

1221.42 Liste exemplative ou limitative. La question de savoir si la liste des mesures ainsi énumérées à l'article L. 332-1 est seulement exemplative[2] ou limitative[3], se pose en jurisprudence.

SECTION 3
EXÉCUTION DE LA SAISIE-CONTREFAÇON ET INCIDENTS

1221.51 Règles applicables. Les règles relatives à l'exécution de la saisie-contrefaçon sont identiques, en matière de propriété littéraire et artistique, à celles applicables en matière de propriété industrielle. Il est donc renvoyé aux développements qui précèdent sur ce point (v. s[s] n°s 1213.00 s.).

SECTION 4
SUITES DE LA SAISIE

1221.60 Division. Il faut envisager les suites de la saisie-contrefaçon quant à la procédure au fond (§ 1), la nullité de la saisie (§ 2) puis la mainlevée et le cantonnement de la saisie (§ 3).

§ 1
Procédure au fond

1221.61 Avant l'entrée en vigueur de la loi du 11 mars 2014 : absence de délai impératif pour délivrer une assignation. Avant l'entrée en vigueur de la loi n° 2014-315 du 11 mars 2014, aucun texte ne prévoyait l'obligation d'assigner, *a fortiori* dans tel délai particulier. Tout au plus l'article R. 332-2 du Code de la propriété intellectuelle énonçait un délai de vingt jours ouvrables ou trente-et-un jours civils si ce délai est plus long, courant à compter de la saisie, pour saisir la juridiction compétente. Mais la seule sanction du non-respect de ce délai était le maintien du droit pour le saisi de demander mainlevée de la saisie (c'est-à-dire faire cesser les effets réels de la saisie, le procès-verbal d'huissier demeurant et pouvant être invoqué dans la procédure) et, en aucun cas, la nullité de la saisie (jurisprudence constante[4]).

1221.62 Depuis l'entrée en vigueur de la loi du 11 mars 2014 : obligation de poursuivre dans le délai prescrit. La loi n° 2014-315 du 11 mars 2014 a révolutionné la matière en alignant la règle sur la propriété industrielle. Désormais, l'article L. 332-3 du Code de la propriété intellectuelle dispose que « *à défaut pour le saisissant, dans un délai fixé par voie réglementaire, soit de s'être pourvu au fond, par la voie civile ou pénale, soit d'avoir déposé une plainte devant le procureur de la République, l'intégralité de la saisie, y compris la description, est annulée à la demande du saisi ou du tiers saisi, sans que celui-ci ait à motiver sa demande et sans préjudice des dommages et intérêts qui peuvent être réclamés* ». L'article R. 332-3 fixe le délai pour se pourvoir au fond à vingt jours ouvrables ou trente-et-un jours civils si ce délai est plus long, à compter de la saisie.

1221.63 Dépôt d'une simple plainte devant le procureur de la République. L'article L. 332-3 du Code de la propriété intellectuelle indique qu'il est suffisant, pour la validité de la saisie-contrefaçon, de déposer une plainte devant le procureur de la République. Il convient de noter que le saisi n'est pas immédiatement informé de ce dépôt de plainte et peut donc rester dans l'incertitude quant à la validité de la saisie-contrefaçon en l'absence d'assignation délivrée dans le délai prévu.

S'agissant des actions au fond, la chambre criminelle de la Cour de cassation a indiqué que les règles de compétence particulières édictées en matière de contrefaçon ne concernent que les juridictions civiles[5]. Tous les tribunaux correctionnels de France sont donc compétents pour connaître des actions pénales en contrefaçon.

1221.64 Compétence des juridictions de l'ordre judiciaire pour connaître du litige né de la non-

1. C. Alleaume, « Le projet de loi "création et Internet" du 18 juin 2008 », *Propr. intell.* 2008. 388 s., spéc. p. 392.
2. Paris, 4e ch., sect. B, 22 févr. 2008, *PIBD* 2008, n° 872. III. 266.
3. Douai, 1re ch., sect. 2, 22 nov. 2005 et Versailles, 12e ch., sect. 2, 25 nov. 2005, *Propr. intell.* 2006. 465, obs. de Haas; *RTD civ.* 2007. 75, chron. Galloux – V. DÉJÀ : Bourges, 1re ch. civ., 19 févr. 2001, *Ann. propr. ind.* 2001. 263.
4. Paris, 4 mars 1993, *PIBD* 1993, n° 547. III. 435 – Paris, 6 juill. 1994, *PIBD* 1994, n° 577. III. 586 – Paris, 10 janv. 1996, *PIBD* 1996, n° 608. III. 201 – Civ. 1re, 23 janv. 1996, n° 94-10.041, NP; *RIDA* 1996, n°s 169, 345 – TGI Paris, 12 juin 1996, *PIBD* 1996, n° 618. III. 506.
5. L'arrêt a été rendu en matière de marques, mais son enseignement peut être étendu aux autres matières : Crim. 19 juin 2013, n° 12-84.533, NP; *CCE* 2014, n° 1, comm. Caron.

restitution de l'objet saisi. Après la procédure au fond, les juridictions de l'ordre judiciaire sont compétentes pour connaître du litige né de la non-restitution de l'objet saisi. C'est ce qu'a jugé le Tribunal des conflits dans le cadre d'une affaire où une œuvre d'art, saisie au cours d'une saisie-contrefaçon, avait été détruite sur décision d'une autorité administrative, alors que la plainte pour contrefaçon avait été rejetée par la juridiction pénale[1].

§ 2
Nullité de la saisie

1221.71 Sanction du défaut de poursuite. L'article L. 332-3 du Code de la propriété intellectuelle dispose qu'à défaut de poursuite dans le délai prescrit, la saisie-contrefaçon est nulle. Il ne s'agit pas d'une nullité de plein droit mais le saisi, qui doit demander la nullité, n'a pas à motiver sa demande ou à rapporter la preuve d'un grief. Cette nullité concerne l'intégralité de la saisie-contrefaçon, descriptive et réelle, y compris les mesures ayant une finalité d'interdiction provisoire.

1221.72 Autres sources de nullité du procès-verbal de saisie-contrefaçon. La nullité du procès-verbal de saisie-contrefaçon peut également résulter de la mainlevée de la saisie-contrefaçon ou d'irrégularités affectant le procès-verbal de saisie-contrefaçon lui-même.

Elle peut également résulter du détournement de la procédure de saisie-contrefaçon. Il a ainsi été jugé qu'en l'absence de toute preuve matérielle de la contrefaçon, le saisissant ne pouvait faire consigner les déclarations du saisi : admettre le contraire reviendrait à permettre à quiconque souhaitant faire entendre une personne suspectée de commettre des actes de contrefaçon de recueillir ses déclarations, voire ses aveux, en soutenant de mauvaise foi qu'elle détient des objets contrefaisants[2].

1221.73 Conséquence de la nullité. La nullité de la saisie est sans conséquence sur la recevabilité de l'action en contrefaçon, mais la preuve de la contrefaçon devra être apportée par d'autres moyens[3]. La saisie annulée ne peut plus être utilisée, à quelque titre que ce soit[4]. Lorsque la saisie-contrefaçon est annulée, le juge ne peut tenir compte du rapport de l'expert qui a assisté l'huissier lors de la saisie-contrefaçon[5].

1221.74 Délai de présentation des nullités. Comme en matière de propriété industrielle, les moyens de nullité du procès-verbal de saisie-contrefaçon étant des défenses au fond et non des exceptions de procédure (plus précisément, des exceptions de nullité), ils sont recevables en tout état de cause conformément à l'article 72 C. pr. civ.[6]. La cour d'appel de Paris a jugé que le défaut de recours en rétractation de l'ordonnance autorisant la saisie ne prive pas le saisi de la faculté de se prévaloir, devant le juge du fond, de la nullité éventuelle de l'ordonnance et des opérations subséquentes effectuées en son exécution[7]. L'absence de recours en rétractation de la saisie ne constitue donc pas pour le saisi un obstacle pour contester devant le juge du fond la validité de la saisie.

§ 3
Mainlevée et cantonnement de la saisie

1221.81 Cas d'application. L'article L. 332-2 du Code de la propriété intellectuelle prévoit la possibilité pour le saisi ou le tiers saisi de solliciter la mainlevée (la cessation des effets réels de la saisie) ou le cantonnement de la saisie. L'article L. 332-2 indique que la mainlevée peut permettre la reprise de la fabrication ou celle des représentations ou exécutions publiques.

1221.82 Personnes recevables à solliciter la mainlevée ou le cantonnement de la saisie. Le recours en mainlevée ou cantonnement de la saisie n'est ouvert qu'au saisi ou au tiers saisi, c'est-à-dire au propriétaire des biens saisis, ou celui entre les mains duquel la saisie a été pratiquée. Le fournisseur contrefacteur, après la vente des biens argués

1. T. confl. 15 avr. 2013, n° C3895.
2. Paris, 7 oct. 1998, *JCP* 1999. I. 1631 ; *PIBD* 1999, n° 667. III. 16 ; *RDPI* 1999, n° 97, p. 44 – Paris, 4e ch., sect. B, 24 févr. 2006, *PIBD* 2006, n° 829. III. 332.
3. TGI Paris, 10 juill. 1974, *PIBD* 1975, n° 142. III. 71 – TGI Paris, 26 avr. 1975, *PIBD* 1975, n° 154. III. 328 – TGI Paris, 3e ch., 28 mai 1980, *PIBD* 1980, n° 268. III. 209 – Paris, 23 nov. 1989, *PIBD* 1990, n° 474. III. 162 – Paris, 17 mai 1995, *Ann. propr. ind.* 1997. 65 – TGI Paris, 31 mai 1996, *PIBD* 1996, n° 619. III. 518.
4. Paris, 23 nov. 1989, *PIBD* 1990, n° 474. III. 162 – TGI Paris, 11 janv. 1995, *PIBD* 1995, n° 586. III. 208 – Paris, 13 mars 1996, *PIBD* 1996, n° 612. III. 305 – Paris, 7 mai 1996, *PIBD* 1996, n° 617. III. 454.
5. Com. 6 nov. 1990, n° 88-15.436, NP ; *Ann. propr. ind.* 1991. 7.
6. En matière de propriété littéraire et artistique : Douai, 1re ch., 2e sect., 12 févr. 2013, *RLDI* mars 2013, n° 3020, p. 17, appliquant la jurisprudence de la Cour de cassation en matière de propriété industrielle : N. Bouche, « Quelle qualification pour le moyen de nullité de la saisie-contrefaçon ? », *Propr. ind.* 2010. Étude 3, p. 10-14 – Com. 19 janv. 2010, n° 08-18.732, NP ; *RLDI* févr. 2010, n° 1883, p. 30, obs. L. C. – Com. 14 sept. 2010, n° 09-69.862, NP – Com. 29 mars 2011, nos 09-16.330 et 09-68.744, NP ; *PIBD* 2011, n° 940. III. 339.
7. Paris, 25 sept. 1996, *PIBD* 1997, n° 624. III. 52.

de contrefaçon, est donc irrecevable à solliciter la mainlevée ou le cantonnement de la saisie[1].

1221.83 Délai pour solliciter la mainlevée ou le cantonnement. L'article L. 332-2 du Code de la propriété intellectuelle renvoie à « *un délai fixé par voie réglementaire* ». Ce délai est « *de vingt jours ouvrables, ou de trente-et-un jours civils si ce délai est plus long, à compter, selon le cas, du jour de la signature du procès-verbal de la saisie prévue au premier alinéa de l'article L. 332-1 ou du jour de l'exécution de l'ordonnance prévue au même article* », d'après l'article R. 332-2 du même code.

La demande de mainlevée, formée dans le délai prescrit, reste recevable même après que le saisissant a saisi le juge du fond[2]. Une fois le délai prescrit expiré, la demande de mainlevée ou de cantonnement est irrecevable[3], même si la saisie n'a pas été notifiée[4].

1221.84 Juridiction compétente. Le juge compétent pour prononcer la mainlevée de la saisie ou pour en cantonner les effets est le président du TGI, selon l'article L. 332-2 du Code de la propriété intellectuelle. Le texte ne précise pas s'il s'agit du magistrat ayant autorisé la saisie ou du président du TGI du siège du domicile du défendeur. Dans la mesure où les pouvoirs de ce juge des référés ressemblent beaucoup à ceux que possède le juge de la rétractation[5], même si l'article 497 C. pr. civ. ne s'applique pas[6], il semble néanmoins possible et logique de s'inspirer des solutions du droit commun (C. pr. civ., art. 496 et 497) et de saisir le magistrat ayant autorisé la saisie; il est d'ailleurs le mieux placé pour prononcer la mainlevée ou le cantonnement en tout ou partie de l'ordonnance au vu du débat contradictoire qui s'instaurera.

1221.85 Pouvoirs du magistrat. Le président du tribunal, statuant en référé (CPI, art. L. 332-2) dispose d'un pouvoir d'appréciation pour maintenir en totalité la saisie[7], cantonner la saisie notamment à ce qui est nécessaire pour apporter la preuve de la contrefaçon alléguée[8], voire donner mainlevée de la saisie[9]. Le président du tribunal peut encore autoriser la reprise de la fabrication ou celle des représentations ou exécutions publiques, sous l'autorité d'un administrateur constitué séquestre des produits de cette fabrication ou de cette exploitation (pour un ex. de séquestre[10]).

S'il est fait droit à la demande de mainlevée ou de cantonnement, le président du tribunal peut ordonner à la charge du demandeur la consignation d'une somme affectée à la garantie des dommages et intérêts auxquels l'auteur pourrait prétendre (CPI, art. L. 332-2, al. 2)[11].

1221.86 Le juge de la mainlevée et du cantonnement de la saisie peut-il statuer sur une nullité éventuelle de la saisie ? La cour d'appel de Versailles a estimé qu'il ne rentre pas dans les pouvoirs du juge des référés de prononcer la nullité des saisies qui relève du principal et ressort donc de la compétence du juge du fond[12].

En revanche, le défaut de recours en rétractation de l'ordonnance autorisant la saisie ne prive pas le saisi de la faculté de se prévaloir, devant le juge du fond, de la nullité éventuelle de l'ordonnance et des opérations subséquentes effectuées en son exécution. Cela est ressorti, en premier lieu, d'une décision de la cour d'appel de Paris[13]. Certes, celle-ci a été rendue en matière de dessins et modèles, donc dans le cadre de la propriété industrielle où la rétractation de l'ordonnance est possible, alors qu'en matière de propriété littéraire et artistique, seuls la mainlevée ou le cantonnement de l'ordonnance sont possibles[14]; mais par analogie il était possible d'en déduire que l'absence de recours en mainlevée ou cantonnement de l'ordonnance, ne constitue pas pour le saisi un obstacle pour contester devant le juge du fond la validité de la saisie. La cour d'appel de Paris l'a, à nouveau, jugé, depuis[15].

1. TGI Paris, 5 mars 1997, *PIBD* 1997, n° 636. III. 417; *RDPI* 1997, n° 74, p. 30.
2. Civ. 1re, 11 janv. 1977, n° 75-12.870, *Bull. civ.* I, n° 22; *Ann. propr. ind.* 1978. 110 – Dijon, 24 mars 1998, *BICC* n° 487, 15 févr. 1999, 37.
3. Versailles, ch. réun., 18 mars 1992, *Juris-Data* n° 044629 – Civ. 1re, 17 déc. 1996, n° 94-21.496, NP.
4. Civ. 1re, 21 mai 1990, n° 88-19.469, *Bull. civ.* I, n° 116; *JCP* 1990. IV. 276.
5. M. Foulon et Y. Strickler, « Le constat sur requête avant tout procès », *Dr. et proc.* mars-avr. 2006, p. 71 s., spéc. p. 84, n° 57.
6. Civ. 1re, 19 mai 1998, n° 96-19.225, NP; *Expertises* 1998, 310 – Civ. 1re, 30 mai 2000, n° 97-16.548, *Bull. civ.* I, n° 165; *PIBD* 2001, n° 714. III. 88; *JCP E* 2000. Pan. rap., p. 1263; *CCE* 2001. 30.
7. Paris, 27 févr. 1989, *Cah. dr. auteur* 1989 n° 20, p. 21; *D.* 1990. Somm. 189 – TGI Paris, 3e ch., 4e sect., ord. JME, 17 oct. 2013, RG n° 13/00100.
8. Paris, 21 avr. 1989, *PIBD* 1990, n° 471. III. 86 – Sur pourvoi, Civ. 1re, 4 avr. 1991, n° 89-17.586, NP – Paris, 25 avr. 1989, *D.* 1990. Somm. 60.
9. Civ. 1re, 28 avr. 1982, n° 80-16.546, *Bull. civ.* I, n° 152; *RIDA* 1983, nos 116, 176; *Gaz. Pal.* 1982. 2. Pan. 323 – Paris, 16 mai 1989, *Juris-Data* n° 022326.
10. Paris, 12 déc. 1989, *RIDA* 1990, n° 144, 211.
11. Paris, 23 mars 1978, *Gaz. Pal.* 1978. Somm. 398.
12. Versailles, 13 nov. 1991, *Juris-Data* n° 050082.
13. Paris, 25 sept. 1996, *PIBD* 1997, n° 624. III. 52.
14. Civ. 1re, 30 mai 2000, n° 97-16.548, *Bull. civ.* I, n° 165 – Com. 3 avr. 2012, n° 11-13.897, NP; *PIBD* 2012, n° 964. III. 440 – La loi n° 2014-315 du 11 mars 2014 renforçant la lutte contre la contrefaçon n'a pas supprimé cette différence de régime avec le droit de la propriété industrielle.
15. Paris, 4e ch., sect. B, 28 nov. 2008, RG n° 07/08497, *PIBD* 2009, n° 891. III. 872; *Jurinpi* n° D20080165 – Paris, pôle 5, ch. 2, 15 juin 2012, RG n° 11/01010.

CHAPITRE

1222. Saisie-contrefaçon en matière de logiciels et bases de données

PIERRE VÉRON
AVOCAT
ET YVES BIZOLLON, ISABELLE ROMET,
THOMAS BOUVET, BLANDINE TRONEL,
NICOLAS BOUCHE

SECTION 0
ORIENTEUR

1222.00 Plan du chapitre.

Division. Au sein de la propriété littéraire et artistique, la saisie-contrefaçon afférente aux logiciels (sect. 1) et aux bases de données (sect. 2) présente de telles spécificités qu'il convient de l'envisager séparément.

1222.01 Textes applicables.

CPI, art. L. 112-2, L. 112-3, L. 113-9, L. 331-1, L. 332-1 à L. 332-3, L. 332-4, L. 341-1 à L. 343-7, L. 615-10, L. 623-30, D. 331-1-1, R. 332-2 à R. 332-4.

COJ, art. L. 211-10 et D. 211-6-1.

C. pr. civ., art. 496 et 497.

1222.03 Bibliographie indicative. (V. s[s] n° 1200.03).

SECTION 1
SAISIE EN MATIÈRE DE LOGICIELS

1222.11 Généralités. La loi du 3 juillet 1985 a instauré, au profit des logiciels, un régime de protection mixte. D'un côté, les logiciels ont été intégrés parmi les œuvres de l'esprit énumérées à l'article 3 de l'ancienne loi du 11 mars 1957 – aujourd'hui l'article L. 112-2 du Code de la propriété intellectuelle – bénéficiant de la protection du droit d'auteur. D'un autre côté, compte tenu de leur spécificité, la loi du 3 juillet 1985, a prévu, pour les programmes d'ordinateur, un régime dérogatoire sur certaines questions particulières. L'article L. 332-4 précise les règles propres aux logiciels, notamment quant aux modalités de la saisie. Elles seront examinées dans le présent chapitre. Pour le reste, il convient de se référer au régime général de la saisie-contrefaçon en matière de droits d'auteur[1] développé au chapitre précédent.

1222.20 Division. Après avoir exposé les conditions préalables de la saisie-contrefaçon en matière de logiciels (§ 1), il conviendra d'envisager l'obtention de l'ordonnance autorisant la saisie (§ 2), puis les questions relatives à l'exécution de la saisie-contrefaçon et ses incidents (§ 3), et enfin, les suites de la saisie (§ 4).

1. Paris, 4e ch., 23 avr. 1990, *PIBD* 1990, n° 482. III. 441.

§ 1
Conditions de fond de la saisie-contrefaçon

1222.21 Qualité requise. Le deuxième alinéa de l'article L. 332-4 du Code de la propriété intellectuelle indique que la saisie peut être demandée par « *toute personne ayant qualité pour agir en contrefaçon* ». L'auteur s'identifie sans difficulté, sauf à rappeler les règles particulières de dévolution en cas de logiciels créés par des salariés ou des agents publics (CPI, art. L. 113-9). S'agissant spécialement d'une œuvre de collaboration, la jurisprudence reconnaît à chaque coauteur la possibilité d'agir en contrefaçon (même si c'est en lui imposant de mettre en cause tous les autres coauteurs). Ce peut être l'auteur ou tout ayant droit ou ayant cause, c'est-à-dire toute personne à qui aura été transféré le droit d'exploitation de l'auteur. La jurisprudence semble favorable à l'action en contrefaçon du licencié surtout lorsqu'il bénéficie d'une exclusivité. Le simple titulaire d'un droit d'usage et même le titulaire d'un droit de distribuer le logiciel ne peuvent requérir une saisie-contrefaçon[1]. L'article L. 331-1 alinéa 2 du Code de la propriété intellectuelle prévoit que les organismes de défense professionnelle régulièrement constitués ont qualité pour ester en justice pour la défense des intérêts dont ils ont statutairement la charge. La portée très large donnée à l'article L. 331-1 en son alinéa 1er (« *la propriété littéraire et artistique* ») indique que le principe posé au deuxième alinéa vaut également pour toute la propriété littéraire et artistique qui constitue la première partie du Code de la propriété intellectuelle et vaut donc aussi pour les logiciels.

1222.22 Existence d'un logiciel protégeable. Le requérant devra établir l'existence d'un logiciel pour faire procéder à une saisie-contrefaçon[2]. La pratique suggère que le requérant à la saisie-contrefaçon établisse son droit auprès du président du tribunal de grande instance, en produisant un exemplaire de son logiciel - quel qu'en soit le support - et en fournissant, de préférence, des documents établissant la date de création dudit logiciel (procès-verbal de dépôt à l'étude d'un huissier ou au rang d'un notaire, enveloppe *Soleau*, factures de cession de licence ou, de façon fréquente aujourd'hui, procès-verbal d'organismes professionnels organisant des procédures de dépôts officieux tels que l'Agence pour la protection des programmes [APP][3]).

1. Versailles, 4e ch., 13 nov. 1991, *Juris-Data* n° 050082 - Versailles, 14e ch., 13 déc. 1991, *Juris-Data* n° 047847.
2. Paris, 28 janv. 1993, *PIBD* 1993, n° 545. III. 368.
3. Rouen, 10 juin 1992, *Expertises* 1992, 393.

§ 2
Ordonnance de saisie-contrefaçon

1222.31 Suppression de la saisie-contrefaçon par commissaire de police ou juge d'instance. Avant l'entrée en vigueur de la loi n° 2014-315 du 11 mars 2014, renforçant la lutte contre la contrefaçon[4], la loi autorisait le titulaire de droits sur un logiciel, ses ayants droit ou ses ayants cause à faire pratiquer une saisie-contrefaçon par un commissaire de police. Désormais, cette possibilité n'existe plus et seul le président du tribunal de grande instance peut autoriser l'exécution, par un huissier de justice, d'une saisie-contrefaçon. De ce point de vue, le schéma procédural de la saisie-contrefaçon est ainsi unifié pour toute la propriété intellectuelle.

1222.32 Juridiction compétente pour examiner la requête. Il ressort de la combinaison des articles L. 331-1 et L. 332-4 du Code de la propriété intellectuelle que le juge compétent pour ordonner une saisie-contrefaçon est le président du tribunal de grande instance. En effet, le premier article indique que la juridiction civile compétente en matière d'actions civiles et de demandes relatives à la propriété littéraire et artistique est le tribunal de grande instance (TGI). L'autorisation de faire pratiquer une saisie-contrefaçon étant demandée par requête, c'est le président du TGI qui est compétent pour ordonner une saisie-contrefaçon.

La compétence territoriale n'est définie par aucun texte particulier. La jurisprudence a précisé que, sauf disposition légale contraire - et il n'en existe pas en la matière - le juge territorialement compétent pour rendre une ordonnance sur requête est le président de la juridiction saisie au fond ou celui du lieu où la mesure demandée doit être exécutée[5]. Il faut néanmoins tenir compte de la concentration de compétence territoriale introduite dans le droit de la propriété littéraire et artistique, à l'instar de ce qui existait déjà en propriété industrielle, par les décrets n° 2009-1204 et n° 2009-1205 du 9 octobre 2009[6]. Désormais, en matière

4. L. n° 2014-315, 11 mars 2014, renforçant la lutte contre la contrefaçon, *JO* 12 mars, p. 5112.
5. Civ. 2e, 18 nov. 1992, n° 91-16.447, *Bull. civ.* II, n° 266; *D.* 1993. J. 91; *JCP* 1993. I. 3678; *RTD civ.* 1993. 648 - TGI Marseille, 1re ch. civ., 25 oct. 2012, *Expertises* déc. 2012, p. 437.
6. Décr. n° 2009-1204, 9 oct. 2009, relatif à la spécialisation des juridictions en matière de propriété intellectuelle, *JO* 11 oct., p. 16630 - Décr. n° 2009-1205, 9 oct. 2009, fixant le siège et le ressort des juridictions en matière de propriété intellectuelle, *JO* 11 oct., p. 16630. Ces décrets sont entrés en vigueur le 1er novembre 2009; la juridiction saisie demeure compétente pour statuer sur les procédures introduites antérieurement à la date d'entrée en vigueur du décret.

de propriété littéraire et artistique, l'article L. 331-1 du Code de la propriété intellectuelle (tel que réformé par la loi n° 2011-525 du 17 mai 2011[1] de simplification et d'amélioration de la qualité du droit) prévoit que : « *Les actions civiles et les demandes relatives à la propriété littéraire et artistique* », relèvent exclusivement des TGI, et le nouvel article D. 331-1-1 renvoie à l'article D. 211-6-1 du COJ, modifié par le décret n° 2011-1878 du 14 décembre 2011[2], et ainsi à une liste de dix TGI déterminés (Bordeaux, Lille, Lyon, Marseille, Nanterre, Nancy, Paris, Rennes, Strasbourg, Fort-de-France).

Avant tout procès, la compétence semble pouvoir revenir soit au président du TGI territorialement compétent pour le lieu d'exécution de la saisie, soit au président du TGI susceptible d'être compétent sur le fond.

Une fois le procès au fond engagé, la requête doit en revanche être présentée au président de la chambre à laquelle l'affaire a été distribuée ou au juge déjà saisi (C. pr. civ., art. 812)[3], voire en instance d'appel au premier président de la cour d'appel (C. pr. civ., art. 958). Il n'entre pas donc pas dans les pouvoirs du juge de la mise en état d'ordonner une saisie-contrefaçon en cours d'instance et il commet un excès de pouvoir s'il en ordonne une[4].

1222.33 Requête. Les dispositions générales relatives aux ordonnances sur requête devront être respectées (v. s[s] n°s 1212.11 s.). Devront être jointes à la requête les pièces établissant le droit contrefait et la qualité à agir.

1222.34 Ordonnance. Le président du tribunal ne peut refuser l'autorisation de faire pratiquer une saisie-contrefaçon au requérant qui justifie de l'existence de son droit. Mais il dispose d'un pouvoir d'appréciation pour décider de l'étendue des mesures (simple saisie descriptive, saisie réelle, *etc.*). Le président peut notamment ordonner la constitution préalable de garanties par le saisissant, tel par exemple qu'un cautionnement ou une consignation (CPI, art. L. 332-1, al. 5). En cas de rejet total ou partiel de la requête, le requérant peut relever appel de l'ordonnance dans les quinze jours (C. pr. civ., art. 496).

1222.35 Étendue de la saisie-contrefaçon autorisée par le président du tribunal. L'article L. 332-4 du Code de la propriété intellectuelle confère au président des pouvoirs moins importants que l'article L. 332-1 en matière de droit d'auteur.

La rédaction de l'article L. 332-4, identique à celle des articles relatifs aux droits de propriété industrielle, montre que le législateur s'est préoccupé de définir précisément les pouvoirs du président du TGI dans la détermination de l'étendue de la saisie-contrefaçon. **Les mesures que le président peut ainsi autoriser en matière de contrefaçon de logiciel sont donc beaucoup plus restreintes que les mesures dont il dispose pour la contrefaçon de toute autre œuvre protégée par le droit d'auteur,** conformément à l'article L. 332-1 alinéas 3 et 4 du Code de la propriété intellectuelle (v. s[s] n° 1221.41). Pour autant, cela ne signifie pas, en pratique, que le président du tribunal ne pourra pas ordonner des mesures telles que celles visées à l'article L. 332-1 pour procéder à des investigations complémentaires visant à établir l'origine, l'importance, la destination, les formes de la contrefaçon. Il devrait pouvoir le faire en prenant simplement soin de viser et de prendre appui sur les textes généraux en matière de mesures d'instruction sur requête.

La référence dans l'article L. 332-4 aux « *fins probatoires* » de la saisie-contrefaçon laisse entendre que, comme en matière de propriété industrielle, la saisie réelle ne peut pas porter sur la totalité du stock ou la totalité des matériels et instruments, car la saisie réelle d'une multitude d'objets identiques n'apporte, du point de vue de la preuve de la contrefaçon, rien de plus que la saisie d'un seul de ces objets.

1222.36 Personnes habilitées à procéder à la saisie. Il s'agira, selon le deuxième alinéa de l'article L. 332-4, d'un huissier de justice.

1222.37 Personnes pouvant assister à la saisie. L'article L. 332-4, alinéa 2, prévoit expressément la possibilité pour l'huissier d'être assisté d'un expert désigné par le requérant[5]. Il sera préférable que la présence de l'expert soit prévue par l'ordonnance. L'ordonnance pourra prévoir, et cela est fréquent, que l'expert soit choisi en dehors des salariés du requérant. Le non-respect de cette prescription est un motif de nullité de la saisie[6]. La Cour de cassation a décidé que le principe du droit à un procès équitable exigeait que cet expert soit indépendant des parties[7].

1. L. n° 2011-525, 17 mai 2011, de simplification et d'amélioration de la qualité du droit, *JO* 18 mai, p. 8537.
2. Décr. n° 2011-1878, 14 déc. 2011, portant modification du tableau VI annexé à l'article D. 211-6-1 du Code de l'organisation judiciaire, *JO* 16 déc., p. 21273.
3. TGI Nanterre, réf., 18 nov. 1996, *BICC* 1er mars 1997, n° 234 – Orléans, ch. com., 29 janv. 2009, RG n° 2008/00454, *PIBD* 2009, n° 894. III. 964; *Jurinpi* n° M20090103.
4. Civ. 1re, 5 févr. 2014, n° 12-25.492, NP; *PIBD* 2014, n° 1003. III. 317.
5. TGI Paris, 6 nov. 1992, *PIBD* 1993, n° 540. III. 183 – Paris, 15 janv. 1997, *PIBD* 1997, n° 639. III. 517.
6. Paris, 30 juin 1995, *PIBD* 1995, n° 598. III. 532 – Civ. 1re, 2 déc. 1997, n° 95-17.029, *Bull. civ.* I, n° 347; *D.* 1998. 21.
7. Civ. 1re, 6 juill. 2000, n°s 97-21.404, 97-22.141, 97-22.392 et 97-22.430, *Bull. civ.* I, n° 210; *D.* 2001. 370, note Véron.

§ 3
Exécution de la saisie-contrefaçon et ses incidents

1222.41 Application des règles générales des saisies-contrefaçon en matière de droits d'auteur. Sauf incident lié aux particularités précédemment exposées, la matière des logiciels n'appelle pas d'observation particulière quant au déroulement de la saisie et quant à ses incidents. On peut simplement citer une décision, sur laquelle la doctrine a émis un avis réservé[1], jugeant que la dénonciation de l'ordonnance aux détenteurs des biens saisis n'était pas nécessaire[2].

1222.42 Cas particulier des documents intéressant la Défense nationale. Malgré l'absence de texte exprès, une procédure identique à celle prévue par les articles L. 615-10 alinéa 2 (en matière de brevets d'invention) et L. 623-30 alinéa 2 (en matière de certificats d'obtention végétale) du Code de la propriété intellectuelle paraît devoir être suivie lorsque la saisie amènerait à compulser des documents comportant une classification de *sécurité de défense*[3] (v. s^{s} n° 1213.146).

§ 4
Suites de la saisie-contrefaçon : obligation de poursuivre

1222.51 Obligation de poursuivre dans le délai prescrit. L'article L. 332-4 du Code de la propriété intellectuelle dispose que « *à défaut pour le saisissant, dans un délai fixé par voie réglementaire, soit de s'être pourvu au fond, par la voie civile ou pénale, soit d'avoir déposé une plainte devant le procureur de la République, l'intégralité de la saisie, y compris la description, est annulée à la demande du saisi ou du tiers saisi, sans que celui-ci ait à motiver sa demande et sans préjudice des dommages et intérêts qui peuvent être réclamés* ». L'article R. 332-4 fixe le délai pour se pourvoir au fond à vingt jours ouvrables ou trente-et-un jours civils si ce délai est plus long, à compter de la saisie.

1222.52 Dépôt d'une simple plainte devant le procureur de la République. L'article L. 332-4 indique qu'il est suffisant, pour la validité d'une saisie-contrefaçon, de déposer une plainte devant le procureur de la République. Il convient de noter que le saisi n'est pas immédiatement informé de ce dépôt de plainte et peut donc rester dans l'incertitude quant à la validité de la saisie-contrefaçon en l'absence d'assignation délivrée dans le délai prévu.

S'agissant des actions au fond, la chambre criminelle de la Cour de cassation a indiqué que les règles de compétence particulières édictées en matière de contrefaçon ne concernent que les juridictions civiles[4]. Tous les tribunaux de grande instance de France sont donc compétents pour connaître des actions pénales en contrefaçon.

1222.53 Sanction du défaut de poursuite. L'article L. 332-4 dispose qu'à défaut de poursuite dans le délai prescrit, la saisie-contrefaçon est nulle. Il ne s'agit pas d'une nullité de plein droit mais le saisi, qui doit demander la nullité, n'a pas à motiver sa demande ou à rapporter la preuve d'un grief. Cette nullité concerne l'intégralité de la saisie-contrefaçon, descriptive et réelle.

SECTION 2
SAISIE EN MATIÈRE DE BASES DE DONNÉES

1222.61 Définition de la base de données. La base de données est définie au dernier alinéa de l'article L. 112-3 du Code de la propriété intellectuelle comme étant « *un recueil d'œuvres, de données ou d'autres éléments indépendants, disposés de manière systématique ou méthodique, et individuellement accessibles par des moyens électroniques ou par tout autre moyen* ». Une base de données peut être pour son créateur le siège d'un droit d'auteur, dès lors qu'elle constitue en elle-même une création de forme originale. C'est ce qu'indique le même article L. 112-3 en rangeant les « *bases de données, qui, par le choix ou la disposition des matières, constituent des créations intellectuelles* » au côté des traductions, adaptations, transformations et autres arrangements qui, comme on le sait, jouissent de la protection du droit d'auteur sans préjudice du droit de l'auteur de l'œuvre originale. Mais une base de données peut être aussi, pour son producteur, à raison de son investissement financier, matériel ou humain et indépendamment de toute création et de toute originalité de la forme, le siège d'un droit *sui generis* (CPI, art. L. 341-1)[5]. La saisie-contrefaçon, en matière de bases de données, peut donc être réalisée

1. M. Vivant et A. Lucas, « Chronique de droit de l'informatique », *JCP E* 1993. 239.
2. Paris, 13e ch., 24 mars 1992, *Juris-Data* n° 020967.
3. Civ. 1re, 21 mars 2006, n° 05-13.302, *Bull. civ.* I, n° 168; *CCE* 2006, n° 78; *RLDI* 2006. Actu. 436; *Expertises* juill. 2006, p. 269; *PIBD* 2006, n° 832. III. 419.
4. L'arrêt a été rendu en matière de marques, mais son enseignement peut être étendu aux autres matières : Crim. 19 juin 2013, n° 12-84.533, NP; *CCE* 2014, n° 1, comm. Caron.
5. H. Bitan, « Le droit des bases de données – Entre droit d'auteur et droit *sui generis* », *Propr. intell.* 2008. 164 s.

soit à raison de la contrefaçon du droit d'auteur portant sur une base de données originale (CPI, art. L. 332-4) soit à raison d'une prétendue violation du droit *sui generis* du producteur sur la base de données (CPI, art. L. 343-1) [1], voire les deux [2].

1222.62 Renvoi. Le régime de la saisie-contrefaçon à raison de la violation du droit d'auteur portant sur une base de données est exactement identique à celui de la saisie-contrefaçon de logiciels puisqu'il est organisé par le même texte, à savoir l'article L. 332-4 du Code de la propriété intellectuelle. Comme les logiciels, les bases de données bénéficient donc du régime général du droit d'auteur en matière de saisie-contrefaçon, les règles spécifiques concernant la saisie-contrefaçon de logiciels (examinées précédemment) étant transposées aux bases de données par l'effet de l'article L. 332-4 du Code de la propriété intellectuelle. Il suffit donc de se référer *mutatis mutandis* à la section 1 du présent chapitre (v. s^s n°s 1222.11 s.). Il ne sera étudié ci-après que la saisie-contrefaçon à raison de la prétendue violation du droit *sui generis* du producteur de bases de données (CPI, art. L. 343-1).

1222.70 Division. L'étude de la saisie-contrefaçon à raison de l'atteinte au droit *sui generis* du producteur d'une base de données implique d'examiner successivement ses conditions de fond (§ 1), ses modalités d'exécution (§ 2) et enfin ses suites (§ 3).

§ 1
Conditions de fond de la saisie-contrefaçon

1222.71 Nécessité d'invoquer une base de données et de démontrer un investissement substantiel. À l'instar du droit d'auteur et à la différence des droits de propriété industrielle, le droit *sui generis* du producteur de bases de données naît sans formalité administrative particulière, indépendamment de tout dépôt et de tout enregistrement, du seul fait de la réalisation d'un « *investissement substantiel* » dans « *la constitution, la vérification ou la présentation* » du contenu d'une base de données [3], le producteur de la base de données étant « *la personne qui* [a pris] *l'initiative et le risque des investissements correspondants* » (CPI, art. L. 341-1). Le requérant devra donc se prévaloir d'indices tendant à démontrer l'existence d'une base de données, ainsi que d'un investissement, « *financier, matériel ou humain* », qui doit être « *substantiel* » dans la constitution, la vérification ou la présentation du contenu de la base de données.

1222.72 Producteur, ayants cause et licenciés exclusifs. L'article L. 343-1 du Code de la propriété intellectuelle réserve la saisie-contrefaçon à « *toute personne ayant qualité pour agir en vertu du présent titre* », c'est-à-dire au producteur lui-même, à ses ayants cause, auxquels un ou plusieurs de ces droits ont été « *transmis ou cédés* » par un procédé quelconque (cession totale, cession partielle, succession, absorption de la société titulaire, *etc.*), et aux licenciés. S'agissant toutefois des licenciés, on peut penser que la jurisprudence, à l'instar de ce qu'elle décide en matière de droit d'auteur, devrait tendre à réserver la qualité pour agir au licencié qui bénéficie d'une exclusivité, afin de respecter ainsi le lien ébauché par l'alinéa 6 de l'article L. 343-1 entre la saisie-contrefaçon en matière de bases de données et la saisie-contrefaçon en matière de droits d'auteur. Enfin, l'article L. 331-1 alinéa 2 du Code de la propriété intellectuelle prévoit que les organismes de défense professionnelle régulièrement constitués ont qualité pour ester en justice pour la défense des intérêts dont ils ont statutairement la charge. La portée très large donnée à l'article L. 331-1 en son alinéa 1er (« *la propriété littéraire et artistique* ») laisse supposer que le principe posé au deuxième alinéa vaut également pour toute la propriété littéraire et artistique qui constitue la première partie du Code de la propriété intellectuelle et vaut donc aussi pour les bases de données.

§ 2
Exécution de la saisie-contrefaçon

1222.81 Juridiction compétente. L'article L. 343-1 du Code de la propriété intellectuelle prévoit que la saisie-contrefaçon peut être réalisée « *sur ordon-*

1. L'article L. 343-1 confirme expressément que la saisie-contrefaçon peut s'appliquer à la protection du droit *sui generis* du producteur sur sa base de données (ce que révélaient les travaux préparatoires de la loi du 1er juill. 1998) mais lui donne un régime autonome et bien distinct de celui de la saisie-contrefaçon réalisée sur le fondement de l'art. L. 332-4, c'est-à-dire du droit d'auteur portant sur la base de données envisagée en tant qu'œuvre originale – V. H. Bitan, « La saisie-contrefaçon de logiciels et de bases de données à l'aune de la loi du 29 octobre 2007 relative à la lutte contre la contrefaçon », *CCE* 2008. 13 s., spéc. p. 13-14.
2. Aix-en-Provence, 2e ch., 21 juin 2007, RG n° 05/19590, *Juris-Data* n° 345467 – Paris, pôle 5, 1re ch., 27 juin 2012, RG n° 2006/015905.
3. Selon la CJCE 9 nov. 2004, aff. C-203/02, *The British Horseracing Board e.a.*, *CCE* 2005, n° 2, note Caron : « *La notion d'investissement lié à l'obtention du contenu d'une base de données* [...] *doit s'entendre comme désignant les moyens consacrés à la recherche d'éléments existants et à leur rassemblement dans ladite base. Elle ne comprend pas les moyens mis en œuvre pour la création des éléments constitutifs du contenu d'une base de données* ».

nance rendue sur requête par la juridiction civile compétente ». Corrélativement, le nouvel article L. 211-10 du Code de l'organisation judiciaire, tel qu'issu de la loi du 29 octobre 2007, énonce : « *Des tribunaux de grande instance spécialement désignés connaissent des actions en matière de propriété littéraire et artistique* [...] *dans les cas et conditions prévus par le Code de la propriété intellectuelle* ». Au sein du Code de la propriété intellectuelle, auquel il est ainsi renvoyé par l'article L. 211-10 du COJ, il faut alors s'appuyer sur l'article L. 331-1 du Code de la propriété intellectuelle qui, dans sa rédaction issue de la loi n° 2011-525 du 17 mai 2011 de simplification et d'amélioration de la qualité du droit, donne une compétence exclusive aux TGI déterminés par voie réglementaire pour statuer sur « *Les actions civiles et les demandes relatives à la propriété littéraire et artistique* [...] ». Or, les articles L. 341-1 et suivants, consacrés au droit *sui generis* du producteur de bases de données, étant formellement intégrés à la première partie du Code de la propriété intellectuelle intitulée et consacrée à « *la propriété littéraire et artistique* », la juridiction civile compétente pour l'action aux fins de saisie-contrefaçon de l'article L. 343-1 doit donc être le seul TGI et plus précisément, s'agissant d'une ordonnance sur requête, le seul président du TGI. Quant à la compétence territoriale, elle n'est pas définie par l'article L. 343-1 du Code de la propriété intellectuelle. On peut donc penser qu'à l'instar de ce qu'a décidé la jurisprudence en matière de droit d'auteur, sauf disposition légale contraire – ce qui est le cas – le juge territorialement compétent pour rendre une ordonnance sur requête est, selon les cas, le président de la juridiction saisie au fond ou celui compétent pour le lieu où la mesure demandée doit être exécutée. Il faut toutefois tenir compte de la concentration de compétence territoriale introduite dans le droit de la propriété littéraire et artistique, à l'instar de ce qui existait déjà en propriété industrielle, par les décrets n° 2009-1204 et n° 2009-1205 du 9 octobre 2009. Désormais, en matière de propriété littéraire et artistique, l'article L. 331-1 du Code de la propriété intellectuelle (tel que réformé par la loi n° 2011-525 du 17 mai 2011 de simplification et d'amélioration de la qualité du droit) prévoit que « *les actions civiles et les demandes relatives à la propriété littéraire et artistique* », c'est-à-dire toute la propriété littéraire et artistique rassemblant tant le droit d'auteur que les droits voisins du droit d'auteur et le droit *sui generis* du producteur de bases de données, relèvent exclusivement des TGI et le nouvel article D. 331-1-1 renvoie à l'article D. 211-6-1 du COJ, modifié par le décret n° 2011-1878 du 14 décembre 2011, et ainsi à une liste de dix TGI déterminés (Bordeaux, Lille, Lyon, Marseille, Nanterre, Nancy, Paris, Rennes, Strasbourg, Fort-de-France – v. s^s^ n° 1221.31). Avant tout procès, le président du TGI territorialement compétent pour le lieu d'exécution de la mesure est compétent. Une fois le procès au fond engagé et le TGI saisi, la requête doit être présentée au président de la chambre à laquelle l'affaire a été distribuée ou au juge déjà saisi (C. pr. civ., art. 812), voire en instance d'appel au premier président de la cour d'appel (C. pr. civ., art. 958). Il n'entre donc pas dans les pouvoirs du juge de la mise en état d'ordonner une saisie-contrefaçon en cours d'instance et il commet un excès de pouvoir s'il en ordonne une [1].

1222.82 **Requête.** Les dispositions générales relatives aux ordonnances sur requête devront être respectées (v. s^s^ n°s 1212.11 s.). Devront être jointes à la requête les pièces établissant le droit contrefait et la qualité à agir.

1222.83 **Ordonnance.** Le président du TGI dispose, dans le cadre de la saisie-contrefaçon, des pouvoirs qu'énumère l'article L. 343-1 du Code de la propriété intellectuelle. Il peut ordonner :

– la description détaillée, avec ou sans prélèvement d'échantillons, des supports ou produits portant prétendument atteinte aux droits du producteur de bases de données, ou;

– la saisie réelle des supports ou produits portant prétendument atteinte aux droits du producteur de bases de données ainsi que de tout document s'y rapportant, ou;

– aux mêmes fins probatoires, la description détaillée ou la saisie réelle des matériels et instruments utilisés pour produire ou distribuer les supports ou produits portant prétendument atteinte aux droits du producteur de bases de données, ainsi que de tout document s'y rapportant.

Les références expressément faites dans l'article L. 343-1 aux « *fins probatoires* » (al. 3) de la saisie-contrefaçon en matière de droit *sui generis* du producteur de bases de données (« *L'atteinte aux droits du producteur de bases de données peut être prouvée par tous moyens. À cet effet* [...] », al. 1er), ainsi que la possibilité donnée par l'article L. 343-2 à « *toute personne ayant qualité pour agir dans le cas d'une atteinte aux droits du producteur de bases de données* » d'obtenir en référé ou même sur requête « *toute mesure urgente destinée à prévenir une atteinte aux droits du producteur de bases de données ou à empêcher la poursuite d'actes portant prétendument atteinte à ceux-ci* », laissent entendre que, comme en matière de propriété industrielle (v. s^s^ n° 1212.71), la saisie réelle ne peut pas porter sur la totalité du stock

1. Civ. 1re, 5 févr. 2014, n° 12-25.492, NP; *PIBD* 2014, n° 1003. III. 317.

(supports ou produits), la totalité des matériels et instruments, car la saisie réelle d'une multitude d'objets identiques n'apporte, du point de vue de la preuve de la contrefaçon, rien de plus que la saisie d'un seul de ces objets.

Le président dispose d'un pouvoir d'appréciation en particulier pour décider de l'étendue des mesures (simple saisie descriptive, saisie réelle partielle, saisie réelle intégrale...). Le président peut notamment ordonner la constitution préalable de garanties par le saisissant, telles par exemple qu'un cautionnement ou une consignation, destinées à assurer l'indemnisation éventuelle du saisi si l'action engagée au fond pour atteinte au droit du producteur est ultérieurement jugée non fondée ou si la mainlevée de la saisie est prononcée (CPI, art. L. 343-1, al. 5). En cas de rejet total ou partiel de la requête, le requérant peut relever appel de l'ordonnance dans les quinze jours (C. pr. civ., art. 496).

1222.84 **Exécution de la saisie.** La saisie-contrefaçon doit être exécutée par un huissier, choisi par le requérant, qui agira conformément aux règles générales d'exécution d'une ordonnance sur requête (signification préalable de l'ordonnance) et aux termes de l'ordonnance (personnes autorisées à assister l'huissier, étendue de la saisie).

De manière générale, les règles applicables à l'exécution de la saisie-contrefaçon en propriété littéraire et artistique sont identiques à celles du domaine de la propriété industrielle. Il est donc renvoyé au chapitre consacré à ce thème (v. s[s] n°s 1213.11 s.).

1222.85 **Cas particulier des documents intéressant la Défense nationale.** Malgré l'absence de texte exprès, une procédure identique à celle prévue par les articles L. 615-10 alinéa 2 (en matière de brevets d'invention) et L. 623-30 alinéa 2 (en matière de certificats d'obtention végétale) du Code de la propriété intellectuelle paraît devoir être suivie lorsque la saisie amènerait à compulser des documents comportant une classification de sécurité de défense[1] (v. s[s] n° 1213.146).

§ 3
Suites de la saisie-contrefaçon

1222.91 **Rapprochement.** L'article L. 343-1 dans son dernier alinéa indique que « *la mainlevée de la saisie peut être prononcée selon les modalités prévues par les articles L. 332-2 et L. 332-3* ». Il sera donc examiné les possibilités d'obtenir la mainlevée ou le cantonnement de la saisie ou d'obtenir sa nullité.

1222.92 **Mainlevée et cantonnement de la saisie.** L'article L. 332-2 du Code de la propriété intellectuelle prévoit la possibilité pour le saisi ou le tiers saisi de solliciter la mainlevée ou le cantonnement de la saisie. Il faut néanmoins souligner que le dernier alinéa de l'article L. 343-1 ne renvoie aux articles L. 332-2 et L. 332-3 littéralement que relativement à la « *mainlevée* », aucune mention n'étant ici faite du cantonnement de la saisie. Il ne serait pourtant pas très logique que le juge qui dispose d'un large pouvoir d'appréciation pour décider de l'étendue ces mesures ordonnées dans le cadre de la saisie-contrefaçon, dispose ensuite du pouvoir de faire cesser les effets réels de la saisie (mainlevée, le procès-verbal de l'huissier demeurant et pouvant être invoqué dans la procédure) et ne dispose pas du pouvoir, pourtant plus modéré, d'en simplement cantonner les effets.

Que l'on retienne ou non une lecture littérale de l'article L. 343-1 du Code de la propriété intellectuelle, il convient de remarquer que le(s) pouvoir(s) ainsi conféré(s) au juge peu(ven)t, à défaut de précision contraire, s'appliquer aux deux types de saisies (saisie descriptive, saisie réelle).

1222.93 **Personnes recevables à solliciter la mainlevée ou le cantonnement de la saisie.** Le recours en mainlevée ou cantonnement de la saisie n'est ouvert qu'au saisi ou au tiers saisi, c'est-à-dire au propriétaire des biens saisis, ou celui entre les mains duquel la saisie a été pratiquée. Le fournisseur contrefacteur, après la vente des biens argués de contrefaçon, est donc irrecevable à solliciter la mainlevée ou le cantonnement de la saisie.

1222.94 **Délai pour solliciter la mainlevée ou le cantonnement.** L'article L. 332-2 du Code de la propriété intellectuelle renvoie à « *un délai fixé par voie réglementaire* ». Ce délai est « *de vingt jours ouvrables, ou de trente et un jours civils si ce délai est plus long, à compter, selon le cas, du jour de la signature du procès-verbal de la saisie prévue au premier alinéa de l'article L. 332-1 ou du jour de l'exécution de l'ordonnance prévue au même article* », d'après l'article R. 332-2 du même code.

La demande de mainlevée, formée dans le délai prescrit, reste recevable même après que le saisissant a saisi le juge du fond[2]. Une fois le délai prescrit expiré, la demande de mainlevée ou de canton-

1. Civ. 1re, 21 mars 2006, n° 05-13.302, *Bull. civ.* I, n° 168; *CCE* 2006, n° 78; *RLDI* 2006. Actu. 436; *Expertises* juill. 2006, p. 269; *PIBD* 2006, n° 832. III. 419.

2. Civ. 1re, 11 janv. 1977, n° 75-12.870, *Bull. civ.* I, n° 22; *Ann. propr. ind.* 1978. 110 – Dijon, 24 mars 1998, *BICC* n° 487, 15 févr. 1999, 37.

nement est irrecevable[1], même si la saisie n'a pas été notifiée[2].

1222.95 Juridiction compétente. Le juge compétent pour prononcer la mainlevée de la saisie ou pour en cantonner les effets est le président du TGI, selon l'article L. 332-2 du Code de la propriété intellectuelle. Le texte ne précise pas s'il s'agit du magistrat ayant autorisé la saisie ou du président du TGI du siège du domicile du défendeur. Dans la mesure où les pouvoirs de ce juge des référés ressemblent beaucoup à ceux que possède le juge de la rétractation[3], même si l'article 497 C. pr. civ. ne s'applique pas[4], il semble néanmoins possible et logique de s'inspirer des solutions du droit commun (C. pr. civ., art. 496 et 497) et de saisir le magistrat ayant autorisé la saisie; il est d'ailleurs le mieux à même d'ordonner la mainlevée ou le cantonnement de la saisie réalisée en exécution de son ordonnance au vu du débat contradictoire qui s'instaurera.

1222.96 Pouvoirs du magistrat. Le président du tribunal, statuant en référé (CPI, art. L. 332-2), dispose d'un pouvoir d'appréciation pour maintenir en totalité la saisie ou en donner mainlevée. Il semble qu'il faille admettre que le juge a aussi le pouvoir de cantonner la saisie notamment à ce qui est nécessaire pour apporter la preuve de la contrefaçon alléguée voire d'autoriser la reprise de l'extraction ou celle des réutilisations, sous l'autorité d'un administrateur constitué séquestre des produits de cette extraction ou de cette réutilisation.

S'il est fait droit à la demande de mainlevée ou de cantonnement, le président du tribunal peut ordonner à la charge du demandeur la consignation d'une somme affectée à la garantie des dommages et intérêts auxquels le producteur de la base de données pourrait prétendre (CPI, art. L. 332-2, al. 2)[5].

1222.97 Le juge de la mainlevée et du cantonnement de la saisie peut-il statuer sur une nullité éventuelle encourue par la saisie ? La cour d'appel de Versailles a estimé qu'il ne rentre pas dans les pouvoirs du juge des référés de prononcer la nullité des saisies qui relève du principal et ressort donc de la compétence du fond[6].

En revanche, le défaut de recours en rétractation de l'ordonnance autorisant la saisie ne prive pas le saisi de la faculté de se prévaloir, devant le juge du fond, de la nullité éventuelle de l'ordonnance et des opérations subséquentes effectuées en son exécution. Cela est ressorti, en premier lieu, d'une décision de la cour d'appel de Paris[7]. Certes, celle-ci a été rendue en matière de dessins et modèles, donc dans le cadre de la propriété industrielle où la rétractation de l'ordonnance est possible, alors qu'en matière de propriété littéraire et artistique, seuls la mainlevée ou le cantonnement de l'ordonnance sont possibles[8]; mais par analogie il était possible d'en déduire que l'absence de recours en mainlevée ou cantonnement de l'ordonnance, ne constitue pas pour le saisi un obstacle pour contester devant le juge du fond la validité de la saisie. La cour d'appel de Paris l'a, à nouveau, jugé, depuis[9].

1222.98 Nullité de la saisie à défaut de poursuite ultérieure. L'article L. 343-1 du Code de la propriété intellectuelle ne contient expressément aucune obligation d'assigner ou même de poursuivre à l'issue de la saisie-contrefaçon. Toutefois, son dernier alinéa prévoit la possibilité de demander la mainlevée de la saisie « *selon les modalités prévues par les articles L. 332-2 et L. 332-3* ». L'article L. 332-2 est effectivement relatif à la mainlevée et au cantonnement de la saisie. Mais l'article L. 332-3 n'est plus relatif à la mainlevée, depuis les modifications apportées par la loi n° 2014-315 du 11 mars 2014, mais à la nullité de la saisie-contrefaçon. Cet article dispose que « *à défaut pour le saisissant, dans un délai fixé par voie réglementaire, soit de s'être pourvu au fond, par la voie civile ou pénale, soit d'avoir déposé une plainte devant le procureur de la République, l'intégralité de la saisie, y compris la description, est annulée à la demande du saisi ou du tiers saisi, sans que celui-ci ait à motiver sa demande et sans préjudice des dommages et intérêts qui peuvent être réclamés* ». Ce délai est, selon l'article R. 332-3, de vingt jours ouvrables ou de trente et un jours civils si ce délai est plus long. Dès lors, bien que l'article L. 343-1 ne mentionne expressément aucune obligation de poursuivre, il faut interpréter le dernier alinéa de cet article comme prévoyant que les dispositions de l'article L. 332-3 s'appliquent et donc qu'il est nécessaire, sous peine de nullité, d'assigner

1. Versailles, ch. réun., 18 mars 1992, *Juris-Data* n° 044629 – Civ. 1re, 17 déc. 1996, n° 94-21.496, NP.
2. Civ. 1re, 21 mai 1990, n° 88-19.469, *Bull. civ.* I, n° 116; *JCP* 1990. IV. 276.
3. M. Foulon et Y. Strickler, « Le constat sur requête avant tout procès », *Dr. et proc.* mars-avr. 2006, p. 71 s., spéc. p. 84, n° 57.
4. Civ. 1re, 19 mai 1998, n° 96-19.225, NP; *Expertises* 1998, 310 – Civ. 1re, 30 mai 2000, n° 97-16.548, *Bull. civ.* I, n° 165; *PIBD* 2001, n° 714. III. 88; *JCP E* 2000. Pan. 1263; *CCE* 2001. 30.
5. Paris, 23 mars 1978, *Gaz. Pal.* 1978. Somm. 398.
6. Versailles, 13 nov. 1991, *Juris-Data* n° 050082.
7. Paris, 25 sept. 1996, *PIBD* 1997, n° 624. III. 52.
8. Civ. 1re, 30 mai 2000, n° 97-16.548, *Bull. civ.* I, n° 165 – Com. 3 avr. 2012, n° 11-13.897, NP; *PIBD* 2012, n° 964. III. 440 – La loi n° 2014-315 du 11 mars 2014 renforçant la lutte contre la contrefaçon n'a pas supprimé cette différence de régime avec le droit de la propriété industrielle.
9. Paris, 4e ch., sect. B, 28 nov. 2008, RG n° 07/08497, *PIBD* 2009, n° 891. III. 872; *Jurinpi* n° D20080165 – Paris, pôle 5, ch. 2, 15 juin 2012, RG n° 11/01010.

au fond, au civil ou au pénal, ou de déposer une plainte devant le procureur de la République, dans le délai prescrit. Seule cette interprétation du dernier alinéa de l'article L. 343-1 permet au droit *sui generis* du producteur d'une base de données d'être homogène avec les autres droits de propriété intellectuelle qui contiennent tous une obligation de poursuite ultérieure.

TITRE

123. La retenue en douane de marchandises contrefaisantes

SECTION 0
ORIENTEUR

1230.00 Plan du titre.

CHAPITRE

1231. Retenue en douane de marchandises contrefaisantes

Pierre VÉRON
Avocat
et Isabelle ROMET, Thomas BOUVET,
Blandine TRONEL, Nicolas BOUCHE

SECTION 0 ORIENTEUR

1231.00 **Plan du chapitre.**

1231.01 **Textes applicables.**

CPI, art. L. 335-10 à L. 335-18, L. 521-14 à L. 521-19, L. 614-32 à L. 614-39, L. 622-8, L. 623-36 à L. 623-44, L. 716-8 à L. 716-8-8, L. 717-2, L. 722-9 à L. 722-17, R. 335-1, R. 523-1, R. 523-3, R. 716-6 et R. 716-8.

• **Règl. UE n° 608/2013 du Conseil, 12 juin 2013,** concernant le contrôle, par les autorités douanières, du respect des droits de propriété intellectuelle et abrogeant le règlement (CE) n° 1383/2003, *JOUE,* n° L 181, 29 juin.

1231.05 **Définition.** La retenue en douane de marchandises arguées de contrefaçon est une mesure qui autorise les services douaniers à retenir des marchandises soupçonnées d'être contrefaisantes pendant une certaine période, pour permettre au titulaire des droits de vérifier l'origine des marchandises et, le cas échéant, de faire constater la contrefaçon, voire d'agir directement contre les responsables de cette atteinte. C'est en quelque sorte la salle d'attente de la saisie-contrefaçon.

Il existe à l'heure actuelle **deux régimes distincts de retenue en douane**, l'un de **droit de l'Union européenne**, l'autre de **droit national**, très proches par leurs mécanismes mais radicalement distincts par leur **champ d'application respectif** puisque le droit de l'Union européenne a vocation à s'appliquer aux marchandises qui franchissent la frontière extérieure de l'Union européenne pour y pénétrer ou en sortir, tandis que le droit national a vocation à s'appliquer aux marchandises qui franchissent non pas la frontière extérieure de l'Union (pour y pénétrer ou en sortir) mais les frontières entre la France et les autres États membres de l'Union (pour circuler entre États membres). Les textes français indiquent ainsi que la retenue en droit français s'applique « *en dehors des cas prévus par la réglementation de l'Union européenne* » (CPI, art. L. 335-10, L. 521-14, L. 614-32, L. 623-36, L. 716-8 et L. 722-9).

Le régime de l'Union européenne trouve toute sa réglementation dans des règlements communautaires qui s'intègrent en tant que tels dans le droit interne de chacun des États membres dont la France. Le dernier règlement communautaire en date est le règlement du Conseil UE n° 608/2013 du 12 juin 2013 qui a pris effet à compter du 1er janvier 2014. Le régime national trouve sa réglementation dans différents articles législatifs et réglementaires du Code de la propriété intellectuelle.

La loi n° 2014-315 du 11 mars 2014 renforçant la lutte contre la contrefaçon[1] a modifié le droit français en la matière afin qu'il concerne désormais la quasi-totalité des droits de propriété intellectuelle et afin d'en harmoniser les règles avec le droit communautaire. Un décret en Conseil d'État, non encore publié, doit toutefois fixer les conditions d'application des nouveaux articles introduits par la loi du 11 mars 2014.

1. L. n° 2014-315, 11 mars 2014, renforçant la lutte contre la contrefaçon, *JO* 12 mars, p. 5112.

SECTION 1
CHAMP D'APPLICATION DES DIFFÉRENTS TEXTES

1231.11 Droits concernés par la retenue en douane. Le règlement communautaire UE n° 608/2013, en son article 2, vise :

1° la marque nationale, la marque communautaire et la marque internationale;

2° le droit d'auteur et les droits voisins nationaux (qui n'ont pas d'équivalent au niveau communautaire);

3° les dessins et modèles nationaux et communautaires (enregistrés ou non) et les modèles d'utilité;

4° le brevet national et le brevet « *au sens du droit de l'Union* » (le règlement semble ainsi viser le brevet européen à effet unitaire);

5° les certificats complémentaires de protection de médicaments et de produits phytopharmaceutiques;

6° le certificat d'obtention végétale national et la protection communautaire des obtentions végétales;

7° les appellations d'origine et les indications géographiques nationales ainsi que les appellations d'origine protégées et les indications géographiques protégées;

8° la topographie de produit semi-conducteur;

9° le nom commercial.

La **retenue en douane communautaire** ne peut donc pas être pratiquée sur le fondement de tous les droits de propriété intellectuelle. Échappe ainsi à la liste, le droit *sui generis* du producteur de bases de données qui par son emplacement au sein de la première partie « *La propriété littéraire et artistique* » mais en dehors du livre II intitulé « *Les droits voisins du droit d'auteur* » n'est formellement pas intégré aux droits voisins. De même, l'intitulé du livre troisième, qui énonce les « *Dispositions générales relatives au droit d'auteur, aux droits voisins et droits des producteurs de bases de données* », n'assimile pas les droits du producteur de bases de données aux droits voisins.

Le **droit positif national de la retenue en douane** concerne :

1° le droit d'auteur et les droits voisins (CPI, art. L. 335-10 à L. 335-18);

2° les dessins et modèles déposés (CPI, art. L. 521-14 à L. 521-19) et les dessins ou modèles communautaires (CPI, art. L. 522-1 renvoyant aux dispositions du chapitre I *bis* dont font partie notamment les articles L. 521-14 et suivants);

3° les brevets d'invention et les certificats complémentaires de protection (CPI, art. L. 614-32 à L. 614-39);

4° les topographies de produits semi-conducteurs (CPI, art. L. 622-8 qui renvoie aux articles L. 614-32 à L. 614-39);

5° les certificats d'obtentions végétales (CPI, art. L. 623-36 à L. 623-43);

6° les marques enregistrées nationales (CPI, art. L. 716-8 à L. 716-8-8) et les marques communautaires (CPI, art. L. 717-2 renvoyant entre autres aux articles L. 716-8 et suivants);

7° les indications géographiques nationales ou communautaires (CPI, art. L. 722-9 s.; pour les indications communautaires, CPI, art. L. 722-1).

La retenue en douane, en droit interne, n'est pas prévue pour la défense du droit *sui generis* du producteur de bases de données et ne semble pas mobilisable pour la défense d'une protection communautaire des obtentions végétales, faute de toute disposition en ce sens.

1231.12 Marchandises concernées par la retenue en douane. Le règlement communautaire UE n° 608/2013, dans ses trois premiers articles, définit de manière très précise les marchandises qui peuvent faire l'objet de la retenue en douane communautaire. D'une manière générale, il s'agit des marchandises portant atteinte à l'un des droits de propriété intellectuelle protégés par le règlement[1].

Toutefois, s'agissant des marchandises portant atteinte au droit de marque ou d'une indication géographique, afin de faire échec aux pratiques des contrefacteurs consistant à importer séparément le produit et les éléments matériels de marquage du produit, l'article 2 indique bien que les « *marchandises de contrefaçon* » comprennent les marchandises, mais aussi « *tout emballage, étiquette, autocollant, brochure, notice, document de garantie ou autre article similaire, même présenté séparément* ». Sont également assimilés à des marchandises soupçonnées de porter atteinte à un droit de propriété intellectuelle les « *dispositifs, produits ou composants qui sont principalement conçus, produits ou adaptés dans le but de permettre ou de faciliter le contournement de toute technologie, tout dispositif ou tout composant qui, dans le cadre normal de son fonctionnement, empêche ou limite, en ce qui concerne les œuvres, les actes qui ne sont pas autorisés par le titulaire* [...] » et « *tout moule ou toute matrice spécifiquement conçue ou adaptée pour fabriquer des marchandises portant atteinte à un droit de propriété intellectuelle, à condition que ce moule ou cette matrice ait un lien avec un acte portant atteinte à un droit de propriété intellectuelle dans cet État* ».

1. La CJUE a précisé, notamment, que la retenue en douanes peut viser une marchandise vendue à une personne résidant sur le territoire d'un État membre à partir du site Internet de vente en ligne situé sur un pays tiers, sans que la marchandise ait fait l'objet d'une offre de vente ou d'une publicité s'adressant aux consommateurs de cet État : CJUE 6 févr. 2014, aff. C-98/13.

En revanche, l'article 1 du règlement exclut du champ de la retenue en douane communautaire, les marchandises ayant déjà donné lieu à un épuisement du droit, ainsi que les marchandises fabriquées par un licencié en violation d'un contrat de licence. Et l'article 3 § 2 du règlement exclut les marchandises se trouvant dans les bagages personnels des voyageurs, à moins que les circonstances ne suggèrent un trafic commercial.

En application de l'arrêt *Nokia et Philips* de la Cour de justice de l'Union européenne[1], les autorités douanières peuvent retenir les marchandises provenant d'un État tiers lorsqu'il est prouvé qu'elles sont destinées à une mise en vente dans l'Union. Cette preuve peut résulter de ce que la destination des marchandises n'est pas déclarée alors que le régime suspensif sollicité exige une telle déclaration, de l'absence d'informations précises ou fiables sur l'identité ou l'adresse du fabricant ou de l'expéditeur des marchandises, d'un manque de coopération avec les autorités douanières ou encore de la découverte de documents ou d'une correspondance concernant les marchandises en cause de nature à laisser supposer qu'un détournement de celles-ci vers les consommateurs dans l'Union est susceptible de se produire[2].

La retenue en douane selon des textes français s'applique « *en dehors des cas prévus par la réglementation de l'Union européenne* » et ne peut pas concerner des marchandises en provenance de pays tiers ou des marchandises mises en libre pratique dans un autre État membre ou qui sont placées sous le régime du transit (CPI, art. L. 335-10, L. 521-14, L. 614-32, L. 623-36, L. 716-8 et L. 722-9).

SECTION 2
CONDITIONS PRÉALABLES À LA RETENUE

1231.21 Préliminaire obligatoire : demande d'intervention. D'une manière générale, l'intervention des douanes n'a lieu que si le titulaire des droits a adressé préalablement une demande écrite d'intervention à l'autorité compétente. En France, il s'agit de la Direction générale des douanes et des droits indirects, Bureau E 4, section de la propriété intellectuelle[3]. Le contenu du formulaire de demande est prévu par l'article 6 du règlement communautaire. Le contenu du formulaire de demande selon le droit français sera fixé par décret en Conseil d'État.

1231.22 Demandeur à la retenue en douane. L'article 3 du règlement communautaire UE n° 608/2013 reconnaît la possibilité de présenter une demande d'intervention aux personnes suivantes :

– au niveau national ou au niveau de l'Union, les titulaires de droits, les organismes de défense professionnelle (au sens de la directive n° 2004/48) et les groupements de producteurs prévus dans le droit de l'Union, notamment les producteurs de produits comportant une indication géographique;

– au niveau national : les « *personnes ou entités autorisées à utiliser des droits de propriété intellectuelle* », c'est-à-dire les licenciés, « *qui ont officiellement été autorisés par le titulaire de droits à engager une procédure* » en contrefaçon, et les groupements de producteurs prévus dans les législations nationales concernant les indications géographiques;

– au niveau de l'Union : « *Les titulaires de licences exclusives couvrant l'intégralité du territoire de deux États membres ou plus* », lorsqu'ils ont été officiellement autorisés par le titulaire à engager une procédure en contrefaçon.

Le droit français retient des règles différentes selon les droits concernés :

– en matière de **droit d'auteur, de droits voisins et de certificat d'obtention végétale** (CPI, art. L. 335-10 et L. 623-36), seul le titulaire est visé; les licenciés exclusifs ne semblent donc pas être en mesure de demander la retenue douanière;

– en matière de **marques et de dessins et modèles** (CPI, art. L. 716-8 et L. 521-14), la demande de retenue douanière peut émaner du « *propriétaire d'une marque enregistrée*[4] *ou du bénéficiaire d'un droit exclusif d'exploitation* », du « *propriétaire d'un dessin ou modèle déposé ou du bénéficiaire d'un droit exclusif d'exploitation* »[5]. Force est de constater qu'il n'est

1. CJUE 1er déc. 2011, aff. C-446/09 et C-495/09, *Propr. ind.* 2012, n° 28, comm. Folliard-Monguiral et Tréfigny-Goy – V. égal. une ordonnance faisant application de la jurisprudence *Nokia et Philips* pour rétracter une ordonnance de saisie-contrefaçon de marchandises retenues : TGI Paris, 3e ch., 4e sect., ord. JME, 9 févr. 2012, RG n° 11/16635.
2. V. Rép. min à QE n° 12027, *JO* 8 janv. 2013 : le ministre des Affaires étrangères a indiqué que l'arrêt *Nokia et Philips* avait affaibli l'action des autorités douanières dans la protection des droits de propriété intellectuelle. C'est pourquoi les autorités françaises ont demandé que la révision du règlement CE n° 1383/2003 permette aux autorités douanières d'agir dès l'introduction des marchandises sur le territoire de l'Union, y compris lorsqu'elles sont en transit ou en transbordement, afin que toute marchandise soupçonnée de contrefaçon puisse être effectivement interceptée. Mais cette demande n'a pas été prise en compte dans le texte final du règlement UE n° 608/2013.
3. Direction générale des douanes et des droits indirects, Bureau E 4, Section de la propriété intellectuelle, 11, rue des Deux Communes, 93 558 Montreuil Cedex, tél. : 01.57.53.43.51, fax : 01.57.53.40.68.
4. À défaut d'être enregistrée au jour de la demande de surveillance, il semble suffisant que la marque soit enregistrée au jour où le contrôle des douanes est intervenu, v. TGI Paris, 3e ch., 3e sect., 31 oct. 2007, *PIBD* 2008, n° 865. III. 12.
5. TGI Paris, 3e ch., 1re sect., 13 févr. 2014, RG n° 11/09481.

pas fait obligation au licencié de mettre préalablement le titulaire des droits en demeure, à la différence de ce qui est requis pour l'engagement d'une action en contrefaçon ou pour une saisie-contrefaçon. Cependant, en pratique, compte tenu de la brièveté des délais qui vont lui être impartis, si le licencié exclusif envisage de réaliser une saisie-contrefaçon après avoir obtenu la retenue en douane, il sera bien avisé de mettre le titulaire des droits en demeure d'agir, avant que la retenue soit notifiée;

- en matière de droit des brevets, des certificats complémentaires de protection et de topographie des produits semi-conducteurs, la demande de retenue peut émaner du titulaire du titre et des licenciés, même non exclusifs (CPI, art. L. 614-32);

- en matière d'indication géographique, la demande de retenue peut émaner de toute personne autorisée à utiliser l'indication géographique ou de tout organisme de défense des indications géographiques (CPI, art. L. 722-9).

Toutes ces personnes doivent bien entendu produire des justificatifs de leurs droits, ce qui peut ne pas toujours être aisé en matière de droit d'auteur où les droits ne font pas l'objet d'un enregistrement.

En tout état de cause, les droits du demandeur doivent être opposables aux tiers [1].

1231.23 Instruction de la demande par la Direction générale des douanes et des droits indirects. La Direction générale des douanes vérifie tout d'abord que la demande du titulaire est accompagnée de tous les documents justificatifs et informations requis, à l'article 6 du règlement UE n° 608/2013 du 12 juin 2013 s'agissant de la retenue en douane communautaire; un décret d'application en droit français fixera la liste des documents justificatifs et des informations requises.

1231.24 Portée et durée de l'agrément. Si la demande d'intervention est acceptée, la Direction générale des douanes en informe aussitôt les services douaniers afin qu'ils débutent la surveillance. Cette autorisation d'intervention, selon le droit interne, est valable un an et peut être renouvelée (CPI, art. R. 335-1, R. 523-1, R. 716-6; un décret d'application doit compléter cette liste pour les autres droits) autant de fois que nécessaire, sur simple lettre de reconduction. Selon le droit communautaire (Règl. UE n° 608/2013, art. 11 et 12), l'autorisation d'intervention est valable pour une durée fixée par le service douanier, d'un an maximum, et prorogeable sur demande du titulaire du droit.

1231.25 Exception au principe de la demande préalable d'intervention. La demande d'intervention doit en principe se faire préalablement à l'introduction des marchandises sur le territoire. Le régime communautaire et le droit interne depuis la loi du 29 octobre 2007 [2] prévoient cependant la **possibilité de mettre en œuvre une retenue anticipée, menée d'office par l'administration douanière, sans demande d'intervention préalable.**

L'article 18 du règlement UE n° 608/2013 prévoit que si, lors d'un contrôle, et avant qu'une demande de retenue n'ait été déposée ou acceptée, les services douaniers identifient des marchandises pour lesquelles il existe des motifs suffisants de soupçonner qu'il s'agit de marchandises portant atteinte à un droit de propriété intellectuelle, ils peuvent retenir ces marchandises. Ils devront alors notifier la retenue au titulaire des droits, pour peu qu'il soit connu, et la retenue en douane des marchandises pourra être maintenue pendant un délai de quatre jours ouvrables à compter de la notification de la retenue (art. 18 et 5 §3). Le titulaire du droit doit donc mettre à profit ces quatre jours ouvrables pour présenter une demande d'intervention, auquel cas la procédure de retenue en douane classique débute.

En droit interne (CPI, art. L. 335-11, L. 521-15, L. 614-33, L. 623-37, L. 716-8-1 et L. 722-10), un mécanisme similaire est prévu. « *En l'absence de demande écrite* » (doit-on donc en conclure que le mécanisme est exclu si une demande écrite a été déposée mais pas encore acceptée, contrairement à ce que prévoit le droit communautaire ?), l'administration des douanes peut, dans le cadre de ses contrôles, retenir une marchandise susceptible de porter atteinte à un droit pour lequel une retenue est possible. La retenue est immédiatement notifiée au propriétaire du droit ou au bénéficiaire du droit d'exploitation, avec indication de la nature et la quantité réelle ou estimée des marchandises ainsi que des images des marchandises, ainsi qu'au procureur de la République. La mesure de retenue est levée de plein droit si le propriétaire du droit ou le bénéficiaire du droit exclusif d'exploitation n'a pas déposé la demande d'intervention dans un délai de quatre jours ouvrables à compter de la notification de la retenue. Pendant ce même délai, le propriétaire ou le bénéficiaire du droit d'exploitation peut, à sa demande ou à la demande de l'administration des douanes, inspecter les marchandises retenues. Et lors du contrôle des marchandises retenues,

1. TGI Angoulême, 20 avr. 1995, *RDPI* 1995, n° 58, p. 55, note Marcellin.

2. L. n° 2007-1544, 29 oct. 2007, de lutte contre la contrefaçon, *JO* 30 oct., p. 17775.

l'administration des douanes peut prélever des échantillons. À la demande du propriétaire ou du bénéficiaire du droit d'exploitation, ces échantillons peuvent lui être remis aux seules fins d'analyse et en vue de faciliter les actions qu'il peut être amené à engager par la voie civile ou pénale (CPI, art. L. 335-13, L. 521-17, L. 614-35, L. 623-39, L. 716-8-3 et L. 722-12).

Tant en droit communautaire qu'en droit interne, cette possibilité de retenue sans demande préalable n'est pas possible lorsque les marchandises sont des denrées périssables.

SECTION 3
PROCÉDURE DE RETENUE

1231.31 Notification de la retenue. Dès que les services douaniers identifient des marchandises susceptibles de constituer une contrefaçon, ils en informent le titulaire des droits. Si celui-ci confirme que les marchandises suspectes ont tout lieu d'être des contrefaçons, le service des douanes notifie officiellement la retenue au demandeur.

En **droit interne**, le service douanier doit informer sans délai, de la retenue à laquelle il a procédé, le demandeur, le procureur de la République ainsi que le détenteur des marchandises (CPI, al. 2 des art. L. 335-10, L. 521-14, L. 614-32, L. 623-36, L. 716-8 et L. 722-9).

En cas de **retenue communautaire**, le service douanier doit informer de cette mesure le titulaire du droit (entendu au sens large du titulaire, de toute personne autorisée à utiliser le droit, ou un représentant) ainsi que le déclarant ou le détenteur des marchandises (Règl. UE n° 608/2013, art. 17 § 3).

C'est cette notification qui fait courir le délai de dix jours de la retenue. Le service des douanes est alors libéré d'une partie de son secret professionnel vis-à-vis du demandeur et peut lui communiquer un certain nombre d'informations essentielles, d'une part pour bien prendre connaissance de la nature et de l'ampleur des marchandises soupçonnées d'être contrefaisantes et retenues, d'autre part pour disposer des informations nécessaires à l'exercice de l'action en contrefaçon.

1231.32 Durée de la retenue. En **droit interne**, le service des douanes ne peut retenir les marchandises contrefaisantes que pendant un **délai de dix jours ouvrables** qui court à compter de la notification de la retenue au requérant. Si à l'issue de ce délai, le demandeur n'a pas accompli les diligences attendues de lui, la mesure de retenue est levée de plein droit (CPI, al. 4 des art. L. 335-10, L. 521-14, L. 614-32, L. 623-36, L. 716-8 et L. 722-9). Ce **délai est réduit à trois jours ouvrables lorsque les marchandises retenues sont des denrées périssables.** Sur requête motivée du demandeur, l'administration des douanes peut proroger le délai de dix jours ouvrables de dix jours ouvrables supplémentaires maximum (une **prorogation** du délai n'est pas possible pour les denrées périssables).

En cas de **retenue en douane communautaire** (Règl. UE n° 608/2013, art. 23 § 3), si dans un **délai de dix jours ouvrables** à compter de la réception de la notification de la retenue, le bureau de douane n'a pas été informé qu'une procédure a été engagée pour déterminer s'il y a eu contrefaçon ou que le titulaire du droit donnait son accord à la procédure simplifiée de destruction des marchandises sans jugement sur la contrefaçon, la mesure de retenue est levée, sous réserve que toutes les formalités douanières aient été accomplies. Ce délai peut être **prorogé de dix jours ouvrables** au maximum, sur requête motivée du demandeur, « *s'il y a lieu* », c'est-à-dire que les services douaniers disposent d'un pouvoir discrétionnaire pour accorder une seule et unique prorogation dans des cas appropriés, par exemple lorsque le délai initial de dix jours ouvrables est insuffisant pour accomplir toutes les formalités nécessaires à l'engagement de l'action en contrefaçon (Règl. UE n° 608/2013, art. 23 § 4). Le délai est ici aussi réduit à trois jours ouvrables (non prorogeables) lorsque les marchandises retenues sont des denrées périssables (Règl. UE n° 608/2013, art. 23 § 3).

Pendant la durée de la retenue, le demandeur peut inspecter les marchandises et prélever des échantillons.

1231.33 Suites de la retenue. Pendant le délai de dix jours, les marchandises sont **indisponibles.**

En **droit interne**, le demandeur doit justifier auprès des services douaniers (CPI, al. 4 des art. L. 335-10, L. 521-14, L. 614-32, L. 623-36, L. 716-8 et L. 722-9) :

– « *soit de mesures conservatoires décidées par la juridiction civile compétente* »;

– « *soit de s'être pourvu par la voie civile ou la voie correctionnelle et d'avoir constitué les garanties destinées à l'indemnisation éventuelle du détenteur des marchandises au cas où la contrefaçon ne serait pas ultérieurement reconnue* »;

– « *soit d'avoir déposé une plainte auprès du procureur de la République* »[1].

1. Cette dernière condition a été ajoutée par la loi n° 2014-315 du 11 mars 2014, mais, auparavant, la jurisprudence considérait que le dépôt d'une plainte simple justifiait de s'être pourvu par la voie correctionnelle : Com. 11 mars 2014, n° 12-22.241 et 12-22.454, *Bull. civ.* IV, n° 50; *PIBD* 2014, n° 1005. III. 372.

En cas de **retenue communautaire**, pendant le délai de dix jours, le demandeur doit informer les services douaniers :

- soit que, conformément à la procédure simplifiée de l'article 23 § 1 du règlement, les marchandises qui font l'objet de la retenue portent atteinte à un droit de propriété intellectuelle et que leur destruction reçoit l'accord du titulaire du droit, du déclarant ou du détenteur des marchandises (en l'absence de réponse de la part du déclarant ou du détenteur des marchandises, les autorités douanières peuvent considérer qu'il consent à la destruction). Il faut toutefois rappeler que la procédure simplifiée ne peut s'appliquer que si les États membres l'ont prévue dans leur législation nationale, ce qui est désormais le cas du droit français (CPI, art. L. 335-15, L. 521-17-1, L. 614-36, L. 623-40, L. 716-8-4 et L. 722-13), mais un décret en Conseil d'État, non publié à ce jour, doit encore fixer les conditions de cette destruction;

- soit « *qu'une procédure pour déterminer s'il a été porté atteinte à un droit de propriété intellectuelle* » a été engagée (Règl. UE n° 608/2013, art. 23 § 3).

1231.34 Sort des produits retenus. Si le requérant n'effectue pas les formalités requises dans le délai de dix jours, la mainlevée de la retenue est accordée de plein droit[1] (Règl. UE n° 608/2013, art. 23 § 5; CPI, al. 4 des art. L. 335-10, L. 521-14, L. 614-32, L. 623-36, L. 716-8 et L. 722-9). En revanche, si le demandeur a effectué les diligences requises, la mainlevée de la retenue n'est pas de droit. Les mesures conservatoires peuvent avoir prévu la saisie réelle des marchandises arguées de contrefaçon. Le cas échéant, les marchandises sont remises au demandeur. Si le demandeur n'a réalisé qu'une saisie-description, avec éventuellement la saisie réelle limitée à des échantillons, les formalités douanières peuvent être effectuées pour les marchandises non saisies.

La personne visée par la retenue peut saisir le juge des référés, au titre de l'article 809 C. pr. civ., pour qu'il prescrive les mesures conservatoires ou de remise en état qui s'imposent afin de faire cesser un trouble manifestement illicite[2].

1231.35 Demande de mainlevée anticipée des marchandises ou de levée anticipée de la retenue. Lorsque la retenue en douane a été effectuée en vertu du règlement communautaire, si les autorités douanières ont été informées de l'ouverture d'une procédure visant à déterminer s'il y a eu violation d'un dessin ou modèle, d'un brevet, d'un modèle d'utilité, d'une topographie de produit semi-conducteur ou de la protection d'une obtention végétale (tous les droits ne sont donc pas visés, notamment le droit d'auteur et la marque ne sont pas concernés), le déclarant ou le détenteur des marchandises peut demander la mainlevée des marchandises ou la levée de la retenue des marchandises en question avant la fin de cette procédure (Règl. UE n° 608/2013, art. 24), aux conditions suivantes :

- le déclarant ou le détenteur des marchandises a déposé une garantie qui est d'un montant suffisant pour protéger les intérêts du demandeur à la retenue;
- il n'a pas été ordonné de mesures conservatoires;
- toutes les formalités douanières ont été accomplies.

1231.36 Frais. La demande de retenue en douane est gratuite.

En revanche, les frais liés à la retenue, notamment de stockage ou de destruction des marchandises, sont à la charge du demandeur (Règl. UE n° 608/2013, art. 29; CPI, al. 5 des art. L. 335-10, L. 521-14, L. 614-32, L. 623-36, L. 716-8 et L. 722-9).

1. Auquel cas les demandeurs à l'action en contrefaçon ne sont pas recevables à produire des éléments de preuve remis par le service des douanes : TGI Paris, 3e ch., 1re sect., 19 sept. 2013, *PIBD* 2013, 994. III. 1548.

2. Paris, pôle 1, 2e ch., 21 mars 2012, *PIBD* 2012, n° 964. III. 427 – QUI N'EST PAS INFIRMÉ SUR CE POINT PAR : Com. 11 mars 2014, nos 12-22.241 et 12-22.454, préc. ss n° 1231.33 – Com. 4 déc. 2012, n° 11-26.752, NP.

LIVRE

13. LES SAISIES IMMOBILIÈRES

SECTION 0

ORIENTEUR

1300.00 **Plan du livre.** La procédure de saisie immobilière a été réformée par l'**ordonnance** n° 2006-461 **du 21 avril 2006**[1] **et le décret** n° 2006-936 **du 27 juillet 2006**[2], **ensuite modifié par le décret** n° 2009-160 **du 12 février 2009**[3]. La réforme initiale est entrée en vigueur le 1er janvier 2007. Les procédures de saisie immobilière ayant donné lieu, avant son entrée en vigueur, au dépôt du cahier des charges prévu à l'article 688 ACPC sont demeurées soumises aux dispositions du décret-loi du 17 juin 1938 jusqu'au 1er mars 2009. Depuis cette date toutefois, et conformément à l'article 153 du décret n° 2009-160 du 12 février 2009, l'article 168 du décret n° 2006-936 du 27 juillet 2006 a été modifié afin de soumettre les audiences d'adjudication postérieures au 1er mars aux dispositions de la section 2 du chapitre VI du titre Ier du décret de 2006, relatives à la capacité d'enchérir, au déroulement et à la nullité des enchères. Pour le reste, l'appréciation de la régularité de la procédure de saisie immobilière, ainsi que le sort des incidents et les suites de la vente aux enchères demeurent soumis au décret-loi de 1938. Ainsi, les chapitres consacrés à la procédure issue de ce décret-loi se devaient d'être conservés.

Les modifications apportées au décret du 27 juillet 2006 par le décret du 12 février 2009 sont entrées en vigueur le 1er mars 2009. Elles sont applicables aux procédures en cours sous certaines réserves.

Dans cette partie seront d'abord posées toutes les règles générales applicables à l'exécution forcée (titre 131). Ensuite, sera exposée la procédure de saisie immobilière issue du décret-loi du 17 juin 1938 et codifiée à l'ancien Code de procédure civile (titres 132 à 134).

Puis, seront examinées les particularités en vigueur en Alsace-Moselle (titre 135).

Enfin, seront présentées les règles qui régissent les procédures de saisie immobilière engagées à compter du 1er janvier 2007 (titres 136 et 137).

1. Ord. n° 2006-461, 21 avr. 2006, réformant la saisie immobilière, *JO* 22 avr., p. 6072.
2. Décr. n° 2006-936, 27 juill. 2006, relatif aux procédures de saisie immobilière et de distribution du prix d'un immeuble, *JO* 29 juill., p. 11316.
3. Décr. n° 2009-160, 12 févr. 2009, pris pour l'application de l'ordonnance n° 2008-1345, 18 déc. 2008, portant réforme du droit des entreprises en difficulté et modifiant les procédures de saisie immobilière et de distribution du prix d'un immeuble, *JO* 13 févr., p. 2596.

SECTION 1
DIVERSITÉ ET DISTINCTION DES PROCÉDURES

1300.11 La saisie immobilière de droit commun. Lorsqu'un débiteur est propriétaire de biens immobiliers, ses créanciers peuvent envisager de saisir et de vendre ses biens pour être payé de leur créance. La saisie immobilière, mesure d'exécution forcée qui n'avait pas été réformée à l'occasion de la loi n° 91-650 du 9 juillet 1991[1], était réglementée par les articles 673 à 748-*e* ACPC, issus d'un décret-loi du 17 juin 1938.

Selon la qualité du créancier poursuivant, sociétés de crédit foncier et établissements prêteurs assimilés, et les caractéristiques des prêts à l'origine de la dette, une procédure simplifiée avait été instaurée par le décret du 28 février 1852 instituant les sociétés de Crédit foncier. Mais la loi n° 98-657 du 29 juillet 1998, relative à la lutte contre les exclusions[2], ayant abrogé les dispositions des articles du décret consacrées à la procédure de saisie immobilière simplifiée, depuis cette date, quelles que soient la qualité du créancier et les caractéristiques des prêts, la procédure d'exécution immobilière était engagée selon le droit commun du décret de 1938.

La loi n° 2005-842 du 26 juillet 2005, pour la confiance et la modernisation de l'économie[3], ayant autorisé le gouvernement à réformer les dispositions du livre III du Code civil relatives à l'expropriation et la procédure de distribution du prix de vente des immeubles, pour simplifier les procédures civiles d'exécution immobilières et les rapprocher des procédures civiles d'exécution mobilières, renforcer le contrôle du juge et favoriser la vente amiable, une réforme est issue de l'ordonnance du 21 avril 2006 et de son décret d'application, en date du 27 juillet 2006. L'ordonnance a été ratifiée par la loi n° 2010-1609 du 22 décembre 2010, relative à l'exécution des décisions de justice, aux conditions d'exercice de certaines professions réglementées et aux experts judiciaires[4] (art. 6, I).

Dans le Code civil, avant la réforme opérée par l'ordonnance n° 2006-461 du 21 avril 2006, il était seulement question de l'expropriation forcée des biens, au titre XIX du livre III, consacré aux différentes manières dont on acquiert la propriété. La vente forcée des biens immeubles n'était pas spécialement qualifiée, alors même que l'essentiel des dispositions de ce titre intéressait les biens immobiliers. Le terme apparaissait en revanche en procédure, l'ancien Code de procédure civile comportant un titre XII, intitulé « *De la saisie immobilière* », au livre V, consacré à l'exécution des jugements, et la vente

1. L. n° 91-650, 9 juill. 1991, portant réforme des procédurs civiles d'exécution, *JO* 14 juill., p. 9228.
2. L. n° 98-657, 29 juill. 1998, relative à la lutte contre les exclusions, *JO* 31 juill., p. 11679.
3. L. n° 2005-842, 26 juill. 2005, pour la confiance et la modernisation de l'économie, *JO* 27 juill., p. 12160.
4. L. n° 2010-1609, 22 déc. 2010, relative à l'exécution des décisions de justice, aux conditions d'exercice de certaines professions réglementées et aux experts judiciaires, *JO* 23 déc., p. 22552.

forcée était traditionnellement définie comme la vente sur saisie.

En 2006, le titre XIX du livre III du Code civil a été abrogé et remplacé par de nouvelles dispositions. Selon l'article 2 de l'ordonnance du 21 avril, le titre XIX a été intitulé « *De la saisie et de la distribution du prix de vente de l'immeuble* ».

Subsistent par ailleurs toujours, en Alsace-Moselle, pour des raisons historiques, des particularités procédurales qui méritaient d'être distinguées. L'ordonnance n° 2006-461 du 21 avril 2006 n'a pas modifié les dispositions applicables dans les départements du Bas-Rhin, du Haut-Rhin et de la Moselle (art. 21).

Au 1er juin 2012, le Code des procédures civiles d'exécution est entré en vigueur et le titre XIX du Code civil a été abrogé. La procédure de saisie immobilière est désormais réglementée aux articles L. 311-1 à L. 334-1 et R. 311-1 à R. 334-3 C. pr. exéc. La codification opérée, respectivement par l'ordonnance n° 2011-1895 du 19 décembre 2011[1] et le décret n° 2012-783 du 30 mai 2012[2], présentée comme étant à droit constant, a cependant été l'occasion de modifications rédactionnelles dont certaines ne sont pas insignifiantes. Elles seront signalées au fur et à mesure des développements.

1300.12 Distinction des saisies immobilières et des ventes en la forme des saisies. Parfois, l'exécution forcée est rendue plus difficile en raison d'obstacles juridiques : le débiteur ne possède que des droits indivis sur un immeuble et/ou fait l'objet d'une procédure collective. Dans ces derniers cas, l'exécution immobilière n'est pas impossible mais elle est soumise à des régimes distincts, empruntant à la procédure de saisie immobilière mais à l'issue d'actes préalables propres. Il ne s'agit pas alors de ventes sur saisie mais de ventes en la forme des saisies, réalisées aux enchères publiques après publicité (v. ss nos 1400.04 s.).

1300.13 Le droit commun des ventes aux enchères publiques. Le fait toutefois que, dans toutes ces hypothèses, l'immeuble pourra être vendu aux enchères publiques, emporte des effets communs à ces différentes procédures : la vente est faite au plus offrant, après publicités, sous autorité de justice; elle n'est pas rescindable pour lésion car le bien peut être remis en vente sur surenchère; en principe, l'adjudicataire ne peut invoquer la garantie des vices cachés.

SECTION 2

PROCÉDURE DE LA SAISIE IMMOBILIÈRE DE DROIT COMMUN

1300.21 Définition. C'est la saisie pratiquée par un créancier muni d'un titre exécutoire sur un immeuble de son débiteur. Elle peut encore être poursuivie contre un tiers détenteur lorsque le créancier bénéficie d'un droit de suite en vertu d'une hypothèque ou d'un privilège.

1300.22 Des textes nouveaux applicables depuis le 1er janvier 2007. La loi du 9 juillet 1991, portant réforme des procédures civiles d'exécution, avait laissé de côté les biens immobiliers, en attente d'une réforme à venir. Auparavant, un décret n° 67-167 du 1er mars 1967[3] avait bien envisagé de réformer la saisie immobilière mais le décret d'application n'ayant pas été promulgué, cette réforme n'était donc jamais entrée en vigueur. Ainsi, l'exécution immobilière était-elle encore principalement régie par le decret-loi du 17 juin 1938 et le décret n° 59-89 du 7 janvier 1959[4], codifiés aux articles 673 à 748 ACPC. Cette procédure a été modifiée par l'ordonnance du 21 avril 2006 et le décret du 27 juillet 2006 et la réforme est entrée en vigueur le 1er janvier 2007. Des difficultés d'application étant toutefois apparues assez rapidement, un décret en date du 12 février 2009, entrée en vigueur le 1er mars 2009, a apporté un certain nombre de modifications aux dispositions initiales.

1300.23 Une procédure complexe par rapport aux procédures d'exécution mobilières. Le particularisme irréductible de cette exécution – au demeurant, qu'il s'agisse *stricto sensu* de saisie ou de vente sur faillite ou licitation –, tient à la nature des biens en cause, les immeubles. L'exécution immobilière est en effet l'occasion d'une rencontre entre les règles de la publicité foncière, le droit des sûretés et le droit de l'exécution.

La coexistence de ces catégories de règles rend donc plus complexe l'approche et la compréhension de la stricte réglementation de la saisie immobilière.

1300.24 Observations complémentaires. Plus encore qu'en matière mobilière, la connaissance du droit des sûretés s'impose. Le plus souvent, en effet, le créancier poursuivant sera titulaire de sûretés; il faut donc connaître les effets, les avantages et les

1. Ord. n° 2011-1895, 19 déc. 2011, relative à la partie législative du Code des procédures civiles d'exécution, *JO* 20 déc., p. 21464.
2. Décr. n° 2012-783, 30 mai 2012, relatif à la partie réglementaire du Code des procédures civiles d'exécution, *JO* 31 mai, p. 9375.
3. Décr. n° 67-167, 1er mars 1967, relatif à la saisie immobilière et à l'ordre, *JO* 5 mars, p. 2219.
4. Décr. n° 59-89, 7 janv. 1959, modifiant le décret n° 55-22 du 4 janvier 1955 portant réforme de la publicité foncière et divers codes et lois particulières en ce qui concerne la publicite foncière, *JO* 8 janv., p. 574.

limites éventuelles de ces garanties. Or, la matière a été réformée par une **ordonnance n° 2006-346 du 23 mars 2006** [1]. S'agissant du droit de la publicité foncière, il est issu du décret n° 55-22 du 4 janvier 1955 [2], modifié à plusieurs reprises depuis, la dernière modification issue de l'ordonnance n° 2010-638 du 10 juin 2010 [3], devant entrer en application au 1er janvier 2013. Le poursuivant doit savoir obtenir et lire les renseignements hypothécaires (à quelle Conservation s'adresser, comment distinguer les immeubles urbains et ruraux, *etc.*). Tout ce qui est régulièrement inscrit à la Conservation des hypothèques est en principe opposable sous réserve d'être renouvelé en temps utile; mais dans le même temps, les informations données ne le sont pas en temps réel et la consultation du fichier ne renseigne que sur la réalité immobilière publiée, au jour de la demande de renseignement ou au jour de la formalité visée.

1. Ord. n° 2006-346, 23 mars 2006, relative aux sûretés, *JO* 24 mars, p. 4475.
2. Décr. n° 55-22, 4 janv. 1955, réforme de la publicité foncière, *JO* 7 janv., p. 346.
3. Ord. n° 2010-638, 10 juin 2010, portant suppression du régime des conservateurs des hypothèques, *JO* 11 juin, p. 10757.

TITRE

131. Les conditions d'une saisie immobilière de droit commun (ancien et nouveau régimes)

SECTION 0

ORIENTEUR

1310.00 Plan du titre.

Division. Les développements contenus dans ce titre viennent, le plus souvent, compléter ceux de la première partie de l'ouvrage. Toutefois, ils peuvent, ponctuellement, y déroger.

Seront envisagés d'abord les parties à la procédure de saisie immobilière (chap. 1311 à 1314) puis l'objet et l'assiette de la mesure (chap. 1315 et 1316) et les limites et obstacles au droit du saisissant (chap. 1317 à 1319).

Originalité de la saisie immobilière. Comme toute mesure d'exécution, la saisie immobilière met en présence un créancier (chap. 1311) et un saisi (chap. 1313). Lorsque le débiteur bénéficie d'une procédure de rétablissement personnel, c'est le liquidateur qui agira en exécution forcée (chap. 1312). La présence des créanciers inscrits à la procédure (chap. 1314) mérite en outre quelques développements.

Objet et assiette de la saisie. Le créancier qui remplit les conditions pour agir en exécution peut entreprendre une saisie immobilière, dès lors que son débiteur est titulaire de droits réels sur des immeubles. L'objet de la saisie n'est pas un immeuble mais des droits sur celui-ci (chap. 1315). L'intérêt du créancier étant de saisir tout ce qui apporte de la valeur au droit réel, l'assiette de la mesure d'exécution doit être déterminée avec précision (chap. 1316).

Restrictions et limites. Si le droit à l'exécution du créancier titré lui permet de faire choix d'une mesure d'exécution immobilière, certaines dispositions restreignent cette liberté (chap. 1317), le créancier ne parviendra à la saisie immobilière que tout autant que certains obstacles légaux ne lui seront pas opposés, obstacles tenant à la situation personnelle du saisi (chap. 1318), comme obstacles tenant à la situation juridique des biens (chap. 1319).

Rappel : régime applicable à la saisie immobilière (ancien Code de procédure civile ou Code des procédures civiles d'exécution). La procédure de saisie immobilière a été réformée par l'ordonnance n° 2006-461 du 21 avril 2006 qui a modifié le Code civil et par le décret n° 2006-936 du 27 juillet 2006 qui a abrogé les articles 673 à 717 ACPC. Aux termes de l'article 168 du décret, le décret entré en vigueur le 1er janvier 2007 n'est pas applicable aux procédures de saisies immobilières ayant donné lieu, avant son entrée en vigueur, au dépôt du cahier des charges prévu à l'article 688 ACPC. À la suite de la codification des procédures civiles d'exécution réalisée par l'ordonnance n° 2011-1895 du 19 décembre 2011, le décret n° 2012-783 du 30 mai 2012 a abrogé le décret du 27 juillet 2006, à l'exception de son article 168, qui demeure applicable.

CHAPITRE

1311. Créancier

ANNE LEBORGNE
PROFESSEUR À L'UNIVERSITÉ D'AIX-MARSEILLE

SECTION 0
ORIENTEUR

1311.00 **Plan du chapitre.**

Rappel : régime applicable à la saisie immobilière (ancien Code de procédure civile ou Code des procédures civiles d'exécution). La procédure de saisie immobilière a été réformée par l'ordonnance n° 2006-461 du 21 avril 2006 qui a modifié le Code civil[1], et par le décret n° 2006-936 du 27 juillet 2006[2], qui a abrogé les articles 673 à 717 ACPC. Aux termes de l'article 168 du décret de 2006, le décret, entré en vigueur le 1er janvier 2007, n'est pas applicable aux procédures de saisies immobilières ayant donné lieu, avant son entrée en vigueur, au dépôt du cahier des charges prévu à l'article 688 ACPC. À la suite de la codification des procédures civiles d'exécution réalisée par l'ordonnance n° 2011-1895 du 19 décembre 2011[3], le décret n° 2012-783 du 30 mai 2012[4] a abrogé le décret du 27 juillet 2006, à l'exception de son article 168, qui demeure applicable.

1311.05 **Règles.** Cette voie d'exécution est ouverte à tout créancier remplissant les conditions générales exposées dans le livre 1er de l'ouvrage (*capacité et représentation*, v. ss nos 141.05 s. et *choix d'une procédure*, v. ss nos 143.04 s.), c'est-à-dire à tout créancier muni d'un titre exécutoire constatant une créance liquide et exigible. Parce que la mesure d'exécution envisagée est une saisie immobilière, des précisions doivent être ajoutées tenant à la qualité du créancier (sect. 1), à sa capacité de saisir (sect. 2), ainsi qu'au titre et aux caractères de la créance (sect. 3).

SECTION 1
TOUT CRÉANCIER

1311.11 **Chirographaire, privilégié ou hypothécaire.** Tout créancier peut entreprendre cette voie d'exécution, en vertu du droit de gage général, affirmé depuis l'entrée en vigueur de l'ordonnance n° 2006-346 du 23 mars 2006 relative aux sûretés[5] aux articles 2284 et 2285 du Code civil[6]. Il est

1. Ord. n° 2006-461, 21 avr. 2006, réformant la saisie immobilière, *JO* 22 avr., p. 6072.
2. Décr. n° 2006-936, 27 juill. 2006, relatif aux procédures de saisie immobilière et de distribution du prix d'un immeuble, *JO* 29 juill., p. 11316.
3. Ord. n° 2011-1895, 19 déc. 2011, relative à la partie législative du Code des procédures civiles d'exécution, *JO* 20 déc., p. 21464.
4. Décr. n° 2012-783, 30 mai 2012, relatif à la partie réglementaire du Code des procédures civiles d'exécution, *JO* 31 mai, p. 9375.
5. Ord. n° 2006-346, 23 mars 2006, relative aux sûretés, *JO* 24 mars, p. 4475.
6. C. civ., anc. art. 2092 et 2093.

cependant peu fréquent que des créanciers chirographaires engagent cette procédure, qui est onéreuse, sans être assurés de pouvoir participer à la distribution du prix. Au demeurant, s'ils le font alors que le montant des créances privilégiées dépasse de manière criante la valeur de l'immeuble, le débiteur devrait pouvoir les poursuivre sur le fondement de l'abus de droit (sur le principe de proportionnalité, v. s[s] n°s 1317.05 s.). C'est donc dans l'hypothèse où la lecture de la fiche d'immeuble révélerait une absence de créanciers inscrits, voire des inscriptions mais une valeur du bien nettement supérieure à l'ensemble des créances, que les créanciers chirographaires pourraient avoir intérêt à saisir l'immeuble de leur débiteur. Il est vrai, cependant, qu'en pratique il est difficile de connaître la créance résiduelle des créanciers inscrits et même la valeur qu'atteindra l'immeuble aux enchères.

1311.12 Cas particuliers des créanciers hypothécaires. De fait, le plus souvent, une saisie immobilière est engagée par un créancier inscrit car, en vertu de sa sûreté, il bénéficie d'un droit de préférence sur le prix du bien réalisé, en fonction de son rang d'inscription. Ces créanciers sont distingués, et par le droit des sûretés, et par le droit des voies d'exécution.

• **Droit des sûretés : faculté d'attribution du bien en paiement.** Selon l'article 2458 du Code civil[1], un créancier hypothécaire impayé peut demander que l'immeuble lui demeure en paiement. Cette faculté ne lui sera toutefois pas offerte lorsque l'immeuble constitue la résidence principale du débiteur. Dans ce cas, le créancier fait choix de ne pas recourir à une mesure d'exécution.

• **Droit des voies d'exécution : obligation pour le créancier hypothécaire de saisir prioritairement le bien grevé.** Le Code civil distingue aussi ces créanciers en restreignant leur droit d'agir sur les biens du débiteur. Ainsi, selon l'ancien article 2209, le créancier ne pouvait poursuivre la vente des immeubles qui ne lui étaient pas hypothéqués que dans le cas d'insuffisance des biens qui lui étaient hypothéqués.

L'ordonnance portant réforme de la saisie immobilière avait réécrit cette règle à l'article 2192 alinéa 2 (devenu C. pr. exéc., art. L. 311-5, al. 2[2]) en disposant que « *le créancier ne peut saisir les immeubles qui ne sont pas hypothéqués en sa faveur que dans le cas où l'hypothèque dont il bénéficie ne lui permet pas d'être rempli de ses droits* ».

1. Créé par Ord. n° 2006-346, 23 mars 2006.
2. Ord. n° 2011-1895, 19 déc. 2011, relative à la partie législative du Code des procédures civiles d'exécution, *JO* 20 déc., p. 21464.

1311.13 Suppression du régime spécifique réservé aux établissements de crédit foncier et assimilés. Les sociétés de crédit foncier et établissements prêteurs assimilés, bénéficiaient d'une procédure simplifiée instaurée par le décret du 28 février 1852 instituant les sociétés de Crédit foncier. La loi n° 98-657 du 29 juillet 1998, relative à la lutte contre les exclusions, a abrogé les dispositions des articles du décret consacrés à la procédure de saisie. Désormais, quelles que soient la qualité du créancier et les caractéristiques des prêts, les procédures d'exécution immobilière devront être engagées selon le droit commun.

1311.14 Cas particulier où le créancier est le Trésor public. En vertu du décret n° 64-1333 du 22 décembre 1964, relatif au recouvrement des amendes et condamnations pécuniaires par les comptables directs du Trésor[3], modifié par le décret n° 2014-551 du 27 mai 2014[4], suite à la fusion de la Direction générale des impôts et de la Direction de la comptabilité publique, la saisie immobilière ne peut être effectuée que sur autorisation du directeur départemental ou, le cas échéant, régional des finances publiques (Décr. 22 déc. 1964, art. 6 mod.).

SECTION 2
CAPACITÉ

1311.20 Capacité complète. En principe, une saisie est un acte d'administration (v. C. pr. exéc., art. L. 111-9). Mais dans le cas particulier de la saisie immobilière, le défaut d'enchérisseurs lors de l'adjudication a pour conséquence que le poursuivant sera déclaré adjudicataire (C. pr. exéc., art. L. 322-6, al. 1er); dès lors, devenant propriétaire du bien dont il poursuivait la vente forcée, le saisissant doit avoir la capacité d'accomplir des actes de disposition. À défaut, la procédure sera nulle (v. s[s] n°s 1331.161 et 1361.12).

L'article R. 321-1 alinéa 2 C. pr. exéc.[5], dispose explicitement que « *la délivrance du commandement de payer valant saisie est un acte de disposition, réalisé aux risques du créancier* »[6].

3. Décr. n° 64-1333 du 22 décembre 1964, relatif au recouvrement des amendes et condamnations pécuniaires par les comptables directs du Trésor, *JO* 29 déc., p. 11794.
4. Décr. n° 2014-551, 27 mai 2014, portant adaptation de dispositions pour faire suite à la fusion de la Direction générale des impôts et de la Direction générale de la comptabilité publique, *JO* 29 mai, p. 8976.
5. Décr. n° 2012-783, 30 mai 2012, relatif à la partie réglementaire du Code des procédures civiles d'exécution, *JO* 31 mai, p. 9375.
6. Décr. n° 2006-936, 27 juill. 2006, relatif aux procédures de saisie immobilière et de distribution du prix d'un immeuble, *JO* 29 juill., p. 11316.

En outre, la procédure étant judiciaire, le poursuivant doit aussi avoir la capacité d'ester en justice.

Certains événements peuvent affecter la capacité du créancier à agir en exécution forcée : ainsi, l'instauration d'une mesure de protection juridique des majeurs et l'ouverture d'une procédure de liquidation judiciaire.

§ 1 Incapables

1311.21 • **Majeurs protégés représentés.** La loi n° 2007-308 du 5 mars 2007, portant réforme de la protection juridique des majeurs[1] et entrée en vigueur le 1er janvier 2009, a instauré un nouveau titre XII au Livre Ier du Code civil. En vertu de l'article 473 du Code civil, sous réserve des cas où la loi autorise la personne en tutelle à agir elle-même, le tuteur la représente dans tous les actes de la vie civile. L'article 496 alinéa 1er du Code civil précise que « *le tuteur représente la personne protégée dans les actes nécessaires à la gestion de son patrimoine* ». Aux termes de l'article 504 du Code civil, « *le tuteur accomplit seul les actes conservatoires et, sous réserve des dispositions du second alinéa de l'article 473, les actes d'administration nécessaires à la gestion du patrimoine de la personne protégée* ». Le décret n° 2008-1484 du 22 décembre 2008 donne la liste des actes qui sont regardés, pour l'application de la réforme, comme des actes d'administration relatifs à la gestion courante du patrimoine et comme des actes de disposition qui engagent celui-ci de manière durable et substantielle[2]. S'agissant des actes de poursuite et d'exécution, les mesures conservatoires et les procédures civiles d'exécution sont analysées comme des actes d'administration[3]; la saisie immobilière est qualifiée d'acte de disposition[4]. En principe, et conformément aux dispositions de l'article 505 alinéa 1er du Code civil, « *le tuteur ne peut, sans y être autorisé par le conseil de famille ou, à défaut, le juge, faire des actes de disposition au nom de la personne protégée* ». Toutefois, si aux termes de l'article 505 alinéa 2, « *l'autorisation détermine les stipulations et le cas échéant, le prix ou la mise à prix pour lequel l'acte est passé* », il est ajouté que « *l'autorisation n'est pas exigée en cas de vente forcée sur décision judiciaire ou de vente amiable sur autorisation du juge* ». Est-ce à dire que l'autorisation ne serait pas nécessaire en cas de saisie immobilière ? Il semble cependant difficile d'admettre que le tuteur puisse entreprendre une saisie immobilière dans les intérêts de la personne protégée sans autorisation, compte tenu des effets possibles d'une telle mesure d'exécution (le poursuivant peut être adjudicataire) sauf à considérer que l'appréciation des intérêts du majeur protégé est transférée, à l'occasion de la saisie, au juge de l'exécution (JEX).

1311.22 • **Majeurs protégés assistés.** En vertu de l'article 467 du Code civil, dans sa rédaction issue de la loi n° 2007-308 du 5 mars 2007, portant réforme de la protection juridique des majeurs, « *la personne en curatelle ne peut, sans l'autorisation du curateur, faire aucun acte qui, en cas de tutelle, requerrait une autorisation du juge ou du conseil de famille* ». Ce qui signifie qu'en principe, le majeur en curatelle doit être assisté pour diligenter une saisie immobilière, acte de disposition[5]. L'article 505 alinéa 2 disposant que « *l'autorisation n'est pas exigée en cas de vente forcée sur décision judiciaire ou de vente amiable sur autorisation du juge* », on peut s'interroger sur l'éventuelle dispense d'autorisation compte tenu de la présence du JEX (v. ss n° 1311.21), tout en émettant les mêmes réserves que ci-dessus.

§ 2 Incidence d'une procédure de traitement des difficultés des entreprises ouverte contre le poursuivant

1311.30 **Entreprises en difficulté.** La loi n° 2005-845 du 26 juillet 2005[6] a introduit une nouvelle législation de traitement des difficultés des entreprises, applicable à compter du 1er janvier 2006, les procédures en cours demeurant toutefois soumises au droit en vigueur à l'époque de leur ouverture. L'ordonnance n° 2008-1345 du 18 décembre 2008[7] a apporté, à compter du 15 février 2009, un certain nombre de modifications aux articles du Code de commerce concernés, puis, à la suite de la loi n° 2010-658 relative à l'entrepreneur individuel à responsabilité limitée[8], l'ordonnance n° 2010-1512

1. L. n° 2007-308, 5 mars 2007, portant réforme de la protection juridique des majeurs, *JO* 7 mars, p. 4325.
2. Décr. n° 2008-1484, 22 déc. 2008, relatif aux actes de gestion du patrimoine des personnes placées en curatelle ou en tutelle, et pris en application des articles 452, 496 et 502 du Code civil, *JO* 31 déc., p. 20631.
3. V. Décr. n° 2008-1484, 22 déc. 2008, *JO* 31 déc., p. 20631, annexe 1, colonne 1, VIII.
4. V. Décr. n° 2008-1484, 22 déc. 2008, *JO* 31 déc. p. 20631, annexe 1, colonne 2, VIII.
5. Conformément à la nomenclature des actes établie par Décr. n° 2008-1484, 22 déc. 2008.
6. L. n° 2005-845, 26 juill. 2005, de sauvegarde des entreprises, *JO* 27 juill., p. 12187 et rectif. *JO* 22 oct., p. 16750.
7. Ord. n° 2008-1345, 18 déc. 2008, portant réforme du droit des entreprises en difficulté, *JO* 19 déc., p. 19462.
8. L. n° 2010-658, 15 juin 2010, relative à l'entrepreneur individuel à responsabilité limitée, *JO* 16 juin, p. 10984.

du 9 décembre 2010[1] a adapté la législation des procédures collectives à l'entrepreneur individuel à responsabilité limitée en procédant au toilettage de tout le livre VI du Code de commerce[2]. L'ordonnance n° 2014-326 du 12 mars 2014[3] a réformé à nouveau le droit des entreprises en difficulté au 1er juillet 2014.

L'ouverture d'une procédure collective peut avoir, pour le débiteur, des conséquences sur l'administration et la disposition de ses biens.

1311.31 Sauvegarde. Une procédure de sauvegarde peut être ouverte au bénéfice de toute personne exerçant une activité commerciale ou artisanale, tout agriculteur, toute autre personne physique exerçant une activité professionnelle indépendante, y compris une profession libérale soumise à un statut législatif ou réglementaire ou dont le titre est protégé, ainsi que de toute personne morale de droit privé, qui justifie de difficultés qu'elle n'est pas en mesure de surmonter, de nature à la conduire à la cessation des paiements, ou, selon la formulation en vigueur depuis le 15 février 2009, « *qui sans être en cessation des paiements, justifie de difficultés qu'il* [le débiteur] *n'est pas en mesure de surmonter* ». « *Cette procédure est destinée à faciliter la réorganisation de l'entreprise afin de permettre la poursuite de l'activité économique, le maintien de l'emploi et l'apurement du passif* » (C. com., art. L. 620-1).

Dans cette procédure, « *l'administration de l'entreprise est assurée par son dirigeant* » (C. com., art. L. 622-1, I), l'administrateur n'étant chargé que de surveiller le débiteur dans sa gestion ou de l'assister pour tous les actes de gestion ou certains d'entre eux. Ainsi, « *le débiteur continue à exercer sur son patrimoine les actes de disposition et d'administration, ainsi que les droits et actions qui ne sont pas compris dans la mission de l'administrateur* » (C. com., art. L. 622-3). Sous réserve d'une mission particulière de l'administrateur, un débiteur en procédure de sauvegarde peut donc mettre en œuvre seul des mesures d'exécution forcée et, notamment, une saisie immobilière.

1311.32 Redressement judiciaire. La loi du 26 juillet 2005 n'a pas modifié la philosophie du redressement judiciaire tel que réglementé par la loi du 25 janvier 1985, procédure ouverte « [...] *à tout débiteur* [...] *qui, dans l'impossibilité de faire face au passif exigible avec son actif disponible, est en cessation des paiements* » afin de permettre la poursuite de l'activité de l'entreprise (C. com., art. L. 631-1). Dans ce cas, la loi n'impose pas le dessaisissement ni même l'assistance systématique du débiteur.

Le ou les administrateurs sont chargés « *d'assister le débiteur pour tous les actes relatifs à la gestion ou certains d'entre eux, ou d'assurer seuls, entièrement ou en partie, l'administration de l'entreprise* » (C. com., art. L. 631-12). Le débiteur conserve les mêmes pouvoirs qu'en phase de sauvegarde, l'article L. 631-14 opérant un renvoi à l'article L. 622-3.

1311.33 Liquidation judiciaire. Le principe est celui du dessaisissement du débiteur.

C'est l'article L. 641-9 du Code de commerce qui énonce la règle du dessaisissement du débiteur de l'administration et de la disposition de ses biens; les droits et actions du débiteur concernant son patrimoine étant exercés pendant toute la durée de la liquidation par le liquidateur, sauf la faculté maintenue pour le débiteur d'accomplir les actes et d'exercer les droits et actions qui ne sont pas compris dans la mission du liquidateur ou de l'administrateur lorsqu'il en a été désigné. L'ordonnance du 12 mars 2014 n'a pas modifié le principe posé à l'article L. 641-9 du Code de commerce, mais elle a modifié le périmètre de la procédure de liquidation judiciaire s'agissant d'un débiteur personne physique. Désormais, le liquidateur ne peut, sauf accord du débiteur, réaliser les biens ou droits acquis au titre d'une succession ouverte après l'ouverture ou le prononcé de la liquidation judiciaire, ni provoquer le partage de l'indivision pouvant en résulter.

SECTION 3
TITRE ET CRÉANCE

1311.41 Ancien Code de procédure civile. L'ancien article 2213 du Code civil disposait que la vente forcée des immeubles ne pouvait être poursuivie qu'en vertu d'un titre authentique et exécutoire pour une dette certaine et liquide. Cette exigence était réitérée au titre VI du livre cinquième de l'ancien Code de procédure civile consacré à l'exécution des jugements; l'article 551 ACPC, unique article du titre VI du livre V, disposait qu'« *il ne sera procédé à aucune saisie immobilière qu'en vertu d'un titre exécutoire, et pour des choses liquides et certaines* ».

Réforme. L'article 22 de l'ordonnance du 21 avril 2006 a abrogé le titre VI du livre V ACPC et l'article 2 a remplacé le titre XIX du livre III du Code civil par de nouvelles dispositions. L'article 2191 du Code civil, entré en vigueur le 1er janvier 2007 (devenu C. pr. exéc., art. L. 311-2 et L. 311-4), dispose en

1. Ord. n° 2010-1512, 9 déc. 2010, portant adaptation du droit des entreprises en difficulté et des procédures de traitement des situations de surendettement à l'entrepreneur individuel à responsabilité limitée, *JO* 10 déc., p. 21617.
2. A. Lienhard, « Entreprise individuelle à responsabilité limitée : adaptation du droit des procédures collectives », *D.* 2011. 2903.
3. Ord. n° 2014-326, 12 mars 2014, portant réforme de la prévention des difficultés des entreprises et des procédures collectives, *JO* 14 mars, p. 5249.

son premier alinéa que « *tout créancier muni d'un titre exécutoire constatant une créance liquide et exigible peut procéder à une saisie immobilière dans les conditions fixées par le présent chapitre et par les dispositions qui ne lui sont pas contraires de la loi du 9 juillet 1991 portant réforme des procédures civiles d'exécution* ». Selon le rapport au président de la République[1], « *l'article 2191 harmonise les conditions de la saisie immobilière avec celles des procédures civiles d'exécution en disposant que la saisie ne peut être pratiquée qu'en vertu d'un titre exécutoire constatant une créance liquide et exigible et en prévoyant que la loi du 9 juillet 1991 portant réforme des procédures civiles d'exécution sera applicable à la saisie immobilière, sauf dispositions contraires. Ainsi, l'ensemble des solutions dégagées en matière de procédure civile d'exécution mobilière trouvera à s'appliquer en matière de saisie immobilière* ».

Le titre exécutoire doit constater l'existence d'une créance liquide et exigible détenue par le poursuivant à l'encontre de son débiteur.

§ 1
Un titre

1311.50 Spécificité de la procédure de saisie immobilière. Si aucune voie d'exécution ne peut être mise en œuvre sans titre exécutoire, en matière immobilière, lorsque le titre est une décision de justice, la vente ne pourra être ordonnée qu'en vertu d'une décision définitive passée en force de chose jugée.

A.
Caractéristiques du titre

1°
Un titre exécutoire

1311.61 Généralité. Tous les titres exécutoires de l'article L. 111-3 C. pr. exéc. permettent d'engager une saisie immobilière (sur ces titres, v. déjà s[s] n°s 111.11 s.).

1311.62 • Exclusion des actes sous seing privé. Ne constitue pas un titre authentique et exécutoire, un engagement sous seing privé de payer aux lieu et place[2]. Et le dépôt d'un acte sous seing privé effectué par le créancier entre les mains d'un officier public ne confère pas à cet acte un caractère authentique dès lors que le débiteur n'y a pas participé[3]. De même, est nul, sur le fondement de l'ancien article 2213 du Code civil, le commandement de saisie signifié par une banque en vertu d'un engagement de caution sous seing privé, alors que l'acte notarié d'affectation hypothécaire ne contient de la part des cautions, aucune reconnaissance de dette pour une somme déterminée[4]. Mais si l'acte notarié de cautionnement hypothécaire mentionne l'identité du débiteur principal et que les engagements souscrits par celui-ci sont rappelés dans l'acte, il constitue bien un titre exécutoire autorisant des poursuites de saisie immobilière sur l'immeuble des garants[5].

De même, l'acte notarié, qui a fait l'objet d'avenants sous seing privé réaménageant la dette souscrite par l'emprunteur, peut fonder une saisie immobilière dès lors que lesdits avenants stipulaient expressément qu'ils n'opéraient pas novation[6].

1311.63 • Bordereau de collocation (ancienne procédure d'ordre). Un bordereau de collocation littéralement extrait du procès-verbal de règlement définitif d'un ordre, est un titre authentique et exécutoire contre le débiteur saisi, s'il énonce la nature et l'origine de la créance, son existence actuelle, le chiffre auquel elle s'élève et s'il porte la formule exécutoire[7]. En revanche, le procès-verbal de règlement amiable établi par le juge aux ordres ne constitue par un titre exécutoire, car il se borne à ordonner la mainlevée des inscriptions d'hypothèques et la délivrance aux créanciers colloqués des bordereaux de collocation exécutoires contre le dépositaire des fonds; ce faisant, ce procès-verbal ne constate aucune obligation du débiteur saisi, ni ne prononce à son encontre de condamnation de payer le reliquat qui n'a pu être colloqué. En conséquence, même si le procès-verbal de règlement amiable est une décision de nature juridictionnelle, il ne constitue pas un titre exécutoire permettant les poursuites, à la différence du bordereau de collocation[8].

1311.64 • Acte notarié. Il est fréquent, en matière d'exécution immobilière, que le titre soit un acte notarié. Ainsi, l'acte notarié contenant ouverture de crédit, qui stipule que le prêt devient

1. Rapp. au président de la République relatif à Ord. n° 2006-461, 21 avr. 2006, réformant la saisie immobilière, *JO* 22 avr., p. 6088.
2. Com. 2 mai 2001, n° 99-10.414, NP; *Procédures* août-sept. 2001, n° 175.
3. Civ. 2e, 11 janv. 1968, *Bull. civ.* II, n° 15; *Gaz. Pal.* 1968. 1. 250.
4. TGI Boulogne-sur-Mer, 22 déc. 1978, *Gaz. Pal.* 1979. 1. Somm. 271.
5. Civ. 2e, 25 mars 2010, n° 09-12.127, *Bull. civ.* II, n° 74.
6. Civ. 2e, 6 mai 2010, n° 09-67.058, *Bull. civ.* II, n° 90; *D.* 2011. 1513, obs. Leborgne.
7. Civ. 24 janv. 1898, *DP* 1903. 1. 607.
8. Civ. 2e, 27 sept. 2012, n° 11-20.649, *Bull. civ.* II, n° 159; *Dr. et proc.* 2012. 301, obs. Leborgne.

immédiatement exigible par la survenance d'un seul défaut de paiement, constitue un titre exécutoire pouvant fonder les poursuites de saisie immobilière[1]. La copie d'un acte notarié, revêtue de la formule exécutoire qui comporte le paraphe du notaire ou qui reproduit les paraphes de toutes les parties sur chaque feuille et la signature du notaire en dernière page ainsi que la mention de la conformité à l'original, conformément aux dispositions de l'article 34 du décret du 26 novembre 1971[2], constitue également un titre exécutoire[3].

Sur l'acte notarié, qui fait l'objet d'avenants sous seing privé réaménageant la dette souscrite par l'emprunteur, v. s[s] n° 1311.62.

Cependant, suffit-il qu'un notaire dresse un acte pour que celui-ci ait le caractère authentique ? La question s'est posée dans plusieurs affaires où des notaires avaient omis d'annexer une procuration donnée par un client et n'en avaient pas fait non plus dépôt au rang de leurs minutes, obligation imposée par l'article 8 du décret du 26 novembre 1971, devenu les articles 21 et 22 du même décret. Le défaut de respect de cette obligation pouvait-il faire perdre à l'acte son caractère exécutoire, de sorte qu'il ne puisse plus servir de fondement à une saisie immobilière ? C'est en ce sens que s'était prononcée la deuxième chambre civile en juin 2012 au visa de l'article 1318 du Code civil[4], alors que la première chambre avait jugé le contraire en mars 2012[5]. La Cour de cassation, réunie en chambre mixte, a mis un terme à cette divergence, en affirmant que l'inobservation de l'obligation pour le notaire de faire figurer les procurations en annexe de l'acte authentique ou de les déposer au rang de ses minutes ne faisait pas perdre à l'acte son caractère authentique, et partant son caractère exécutoire[6].

Le contentieux de la validité des titres notariés peut encore porter sur le défaut de pouvoir du mandataire auquel une procuration a été donnée. Ainsi, une procuration donnée à « tout clerc » suppose que le signataire ait une compétence et une formation spécifique. Signé par une secrétaire, l'acte sera entaché de nullité[7]; toutefois, il ne s'agit que d'une nullité relative qui peut être couverte par une ratification ultérieure de l'acte par l'emprunteur, conformément aux dispositions de l'article 1998 du Code civil. Tel est le cas lorsque l'emprunteur prend possession du bien, bénéficie des avantages fiscaux liés à l'acquisition, perçoit des loyers et, dans un premier temps, rembourse l'emprunt[8].

1311.65 • **Titre émis par le Trésor public.** Est valable la poursuite fondée sur le titre émis par le Trésor public, l'opposition formée par le débiteur à son encontre ayant pour seul effet de suspendre la procédure d'exécution jusqu'à la décision de la juridiction administrative[9].

1311.66 • **Prescription du titre.** Depuis la loi n° 2008-561 du 17 juin 2008 qui a modifié les règles régissant la prescription en matière civile[10], « *l'exécution des décisions de justice et des actes assimilés* [C. pr. exéc., art. L. 111-3, 1° à 3°] *ne peut être poursuivie que pendant dix ans, sauf si les actions en recouvrement des créances qui y sont constatées se prescrivent par un délai plus long. Le délai mentionné à l'article 2232 du Code civil n'est pas applicable dans le cas prévu au premier alinéa* » (C. pr. exéc., art. L. 311-4).

Cet article limite donc désormais le **délai de poursuite des décisions de justice et actes assimilés à dix ans**, sauf l'hypothèse particulière prévue[11]. Les autres titres exécutoires de l'article L. 111-3, 4° à 6°, C. pr. exéc., dont la valeur juridique n'a pas été sanctionnée par un juge, restent donc soumis pour leur exécution au délai de prescription de la créance qu'ils constatent, délai en principe ramené à **cinq ans** par la loi du 17 juin 2008[12], mais qui peut éventuellement être plus court. Tel est le cas des crédits immobiliers accordés par un établissement bancaire à un consommateur qui sont soumis à la prescription biennale de l'article L. 137-2 du Code de la consommation[13].

1. Civ. 2e, 25 mars 1998, n° 96-16.008, NP.
2. Décr. n° 2005-973, 10 août 2005, modifiant le décret n° 71-941 du 26 novembre 1971, relatif aux actes établis par les notaires, *JO* 11 août, p. 13096.
3. Civ. 2e, 24 juin 2010, n° 09-67.887, NP.
4. Civ. 2e, 7 juin 2012, n°s 11-17.759 et 11-19.022, *Bull. civ.* II, n° 102.
5. Civ. 1re, 22 mars 2012, n° 11-11.925, *Bull. civ.* I, n° 66.
6. Cass., ch. mixte, 21 déc. 2012, n° 11-28.688, *Bull. ch. mixte*, n° 3; *D.* 2013. Pan. 1576, obs. Leborgne – La deuxième chambre a, depuis, modifié sa jurisprudence : Civ. 2e, 21 mars 2013, n°s 11-25.256 et 11-22.312, NP – Civ. 2e, 30 janv. 2014, n° 12-19.191, NP.
7. Civ. 1re, 12 juill. 2012, n° 11-22.637, *Bull. civ.* I, n° 164.
8. Civ. 1re, 30 oct. 2013, n°s 12-14.992 et 12-15.468, NP – Civ. 1re, 22 janv. 2014, n° 12-28.298, NP; *D.* 2014. 1466, obs. Leborgne – Civ. 1re, 2 juill. 2014, n° 13-19.113, NP.
9. Civ. 2e, 6 déc. 2001, n° 99-20.593, *Bull. civ.* II, n° 186.
10. L. n° 2008-561, 17 juin 2008, portant réforme de la prescription en matière civile *JO* 18 juin, p. 9856.
11. L'art. 2232 C. civ. est ainsi rédigé : « *Le report du point de départ, la suspension ou l'interruption de la prescription ne peut avoir pour effet de porter le délai de la prescription extinctive au-delà de vingt ans à compter du jour de la naissance du droit* ».
12. V. O. Salati, « Nouvel article 3-1 de la loi du 9 juillet 1991 : la prescription des titres exécutoires de l'article 3, 1° à 3°, de la loi est décennale », *Procédures* 2008, n° 45, p. 2 – Pour une comparaison entre le droit antérieur et celui issu de la loi de 2008, v. Ph. Malaurie, « La réforme de la prescription civile », *Defrénois* 2008. Doctr. 38842 et spéc. p. 2043 à 2048.
13. Civ. 1re, 28 nov. 2012, n° 11-26.508, *Bull. civ.* I, n° 247; *D.* 2012. 2885, obs. Avena-Robardet; *D.* 2013. 945, obs. Aubry; *D.* 2013. 1574, obs. Leborgne; *D.* 2013. 2420, obs. Martin – Mais pour apprécier l'existence d'une prescription, il faut s'assurer que le délai n'a pas été interrompu par des règlements : EN CE SENS, Civ. 2e, 17 oct. 2013, n° 12-25.599, NP.

D'une manière générale, les créanciers doivent donc être prudents et veiller à interrompre le délai de prescription, que ce soit en introduisant une demande en justice[1] ou en diligentant une mesure conservatoire ou d'exécution forcée lorsqu'ils sont déjà porteurs d'un titre exécutoire. Il a en outre été jugé que si, en principe, l'interruption de la prescription ne peut s'étendre d'une action à une autre, il en est autrement lorsque les deux actions, bien qu'ayant une cause distincte, tendent à un seul et même but, de sorte que la seconde est virtuellement comprise dans la première. Ainsi, l'action en recouvrement forcée engagée par le créancier sur des immeubles de son débiteur au moyen d'un commandement de payer valant saisie immobilière n'était pas prescrite, le délai de prescription ayant été interrompu par l'exercice d'une action paulienne tendant à ce que l'apport de ces immeubles par le débiteur à un tiers lui soit déclaré inopposable[2].

1311.67 • Incidence de l'annulation du titre. L'annulation d'une décision de justice ayant servi de base aux poursuites de saisie immobilière a nécessairement pour conséquence la nullité de toute la procédure de saisie et notamment celle du jugement d'adjudication, alors même qu'il aurait été publié[3] (v. s^s^ n° 1331.151). De même, viole l'ancien article 2213 du Code civil la cour d'appel qui, pour rejeter la demande tendant à l'annulation du commandement et de la procédure de saisie, formée par une société débitrice saisie qui soutenait, qu'à défaut d'immatriculation au registre du commerce et des sociétés présumée à tort dans l'acte de prêt, retient que la société qui a reçu les fonds postérieurement à son immatriculation, puis effectué des versements, a exécuté en partie son obligation et renouvelé son accord, alors qu'un acte nul ne peut fonder une poursuite de saisie immobilière[4]. La nullité d'un acte authentique de prêt résultant du défaut de signature de l'une des parties affecte l'ensemble des conventions qu'il renferme, et ainsi les cautionnements et garanties hypothécaires consenties au créancier. Du fait de la nullité de l'acte de prêt, les poursuites de saisie immobilière engagées à l'encontre des cautions ne sont pas fondées (ainsi est cassé l'arrêt d'appel qui jugeait que tant que les parties n'avaient pas été remises en l'état antérieur à la conclusion de leurs conventions annulées, l'obligation de restituer inhérente au contrat de prêt demeurait valable et que les cautionnements subsistaient[5]). De même, lorsque le titre authentique est entaché de faux, il ne peut servir de fondement aux poursuites et la procédure de saisie immobilière doit être annulée[6].

1311.68 Un titre au profit du créancier. Le titre doit identifier le ou les créanciers bénéficiaires. Ainsi, lorsque, en présence d'un *pool* bancaire, le titre fondant des poursuites de saisie immobilière désigne chaque banque individuellement en qualité de créancière, chacune d'elles a qualité pour faire délivrer, avec les autres, un commandement aux fins de saisie[7].

Si l'identité du créancier doit figurer dans le titre exécutoire, cela n'exclut cependant pas que, par le jeu d'une transmission de créance, les poursuites soient finalement exercées par le cessionnaire de la créance subrogé dans les droits du cédant.

Ainsi, dans une espèce où le cessionnaire d'une créance agissait en exécution forcée contre les cautions d'une société mise en liquidation judiciaire en usant d'un titre exécutoire obtenu par le cédant, la Cour de cassation approuve les juges du fond d'avoir estimé que le titre exécutoire détenu par le cédant à l'encontre des cautions était l'accessoire du cautionnement, lequel cautionnement était lui-même un accessoire de la créance cédée[8].

2°
Lorsque le titre est une décision de justice

1311.71 Un titre définitif pour vendre. L'ancien article 2215 du Code civil introduisait une distinction, qui n'existe pas en matière d'exécution mobilière, entre la phase de poursuite proprement dite et celle de la vente forcée. La poursuite pouvait avoir lieu en vertu d'un jugement provisoire ou définitif, exécutoire par provision, nonobstant appel; en revanche l'adjudication ne pouvait se faire qu'après un jugement définitif en dernier ressort ou passé en force de chose jugée. Si un titre provisoire suffisait donc en phase de saisie, l'adjudication en revanche devait être faite à partir d'un titre exécutoire définitif. Le créancier pouvait déjà agir, c'est-à-dire engager la poursuite même s'il n'avait pas encore un titre définitif et une créance liquidée, mais il ne lui était pas permis de se passer d'un titre définitif pour vendre.

L'ordonnance portant réforme de la saisie immobilière a reproduit la règle contenue à l'article 2191 alinéa 2 du Code civil (devenu C. pr. exéc., art.

1. À condition toutefois d'avoir un intérêt à agir : Civ. 1re, 16 oct. 2013, n° 12-21.917, *Bull. civ.* I, n° 200; *D.* 2014. 795, obs. Fricero, ce qui ne sera pas le cas lorsque le créancier sera déjà porteur d'un titre notarié.
2. Civ. 2e, 28 juin 2012, n° 11-20.450, *Bull. civ.* II, n° 173.
3. Civ. 2e, 3 mai 2001, n° 98-18.162, *Bull. civ.* II, n° 91.
4. Civ. 2e, 21 nov. 2002, n° 01-10.222, *Bull. civ.* II, n° 270.
5. Civ. 1re, 10 mai 2005, n° 03-20.769, *Bull. civ.* I, n° 207; *Dr. et proc.* 2005. 303, obs. Leborgne.
6. Civ. 2e, 13 mars 2008, n° 06-21.105, *Bull. civ.* II, n° 70.
7. Civ. 2e, 24 juin 2004, n° 02-18.078, NP.
8. Com. 27 mars 2007, n° 05-20.696, *Bull. civ.* IV, n° 99.

L. 311-4) : seule une décision définitive passée en force de chose jugée – ce qui exclut l'ordonnance de référé au stade de la vente aux enchères – peut servir de fondement à une vente forcée.

Ainsi a-t-il été jugé que constituait un titre pouvant servir de fondement à une saisie immobilière, une ordonnance de référé accordant une provision au créancier[1]; et encore, une ordonnance de référé liquidant une astreinte[2]. Pour des développements plus complets sur les différents titres exécutoires, le lecteur sera renvoyé au livre 1er de l'ouvrage (v. ss nos 120.04 à 126.131). Mais s'agissant d'une saisie immobilière, si le créancier requiert l'adjudication alors que son titre n'est que provisoire, la procédure doit être suspendue, la vente ne pouvant être requise tant que le titre n'est pas définitif[3].

1311.72 Décisions rendues par défaut. L'article L. 311-4 C. pr. exéc. interdit également l'engagement d'une saisie immobilière sur le fondement d'une décision rendue par défaut, tant que le délai d'opposition n'est pas expiré; en effet, dans le cas de la décision rendue par défaut, le risque est grand qu'elle soit remise en cause par l'opposition du défendeur et le débat contradictoire.

1311.73 Variété de décisions. Un arrêt de cassation sans renvoi[4], une ordonnance de taxe[5] comme la sentence d'un bâtonnier[6], peuvent servir de fondement à une exécution forcée dès lors qu'ils satisfont aux exigences légales.

B. Un titre à l'encontre de chaque saisi

1311.80 Principe : nomination du débiteur par le titre. L'exécution forcée implique que le créancier soit muni d'un titre exécutoire à l'égard de la personne même qu'il doit exécuter[7] (v. ss nos 111.11 à 112.42). Tel n'est pas le cas d'une ordonnance de taxe rendue par le premier président d'une cour d'appel à la suite d'une contestation d'honoraires lorsque, tout en ayant fixé le montant desdits honoraires, le premier président s'est déclaré incompétent pour désigner le débiteur à qui finalement la dépense incombait et renvoyé les parties à saisir la juridiction compétente[8].

Il a toutefois été jugé que lorsqu'il apparaît que deux entités ne forment qu'une seule et même personne morale, le titre exécutoire contre l'une pourra être poursuivi contre l'autre[9]. Et le JEX a le pouvoir d'interpréter le titre pour déterminer l'identité de la personne condamnée[10].

1311.81 Cas particulier de la solidarité légale. Lorsque la loi instaure une solidarité entre débiteurs, la question s'était posée de savoir si le titre détenu par un créancier contre l'un des débiteurs permettait d'agir en exécution forcée contre les autres. La jurisprudence juge que la solidarité légale n'exonère pas le créancier de l'obligation d'être titulaire d'un titre contre chacune des personnes qu'il saisit (jugé ainsi pour les associés d'une société en nom collectif[11]; pour des époux tenus à la solidarité en vertu de l'article 220 du Code civil[12]).

1311.82 • Cas des conjoints. Le fait, pour le créancier, d'être porteur d'un titre exécutoire obtenu à l'encontre d'un époux, pour le recouvrement d'une dette ayant pour objet l'entretien du ménage ou l'éducation des enfants n'emporte pas le droit de saisir les biens de son conjoint à défaut de titre exécutoire pris contre celui-ci, les époux fussent-ils tenus solidairement des dettes de ménage[13] (v. aussi ss no 1313.142). De même, lorsque la solidarité invoquée est conventionnelle, le créancier ne pourra agir en exécution sur les biens des deux époux que s'il détient un titre à l'encontre de chacun des conjoints[14].

1311.83 • Cas des associés. Le même raisonnement a été opposé au créancier, ne disposant d'un

1. Civ. 2e, 17 févr. 1983, no 81-16.274, *Bull. civ.* II, no 46; *RTD civ.* 1983. 601, obs. Perrot; *Gaz. Pal.* 1983. Pan. 180, obs. Véron.
2. Civ. 2e, 27 nov. 1985, no 84-14.862, *Bull. civ.* II, no 180; *D.* 1986. 169, note Prévault; *Gaz. Pal.* 1986. Somm. 424, obs. Véron; *RTD civ.* 1987. 155, obs. Perrot.
3. Civ. 2e, 17 févr. 1983, no 81-16.274, *Bull. civ.* II, no 46 – Et Civ. 2e, 27 nov. 1985, no 84-14.862, *Bull. civ.* II, no 180.
4. La cassation d'un arrêt d'appel ayant été exécuté constitue un titre ouvrant droit à restitution : Civ. 2e, 7 janv. 2010, no 09-65.035, NP; *D.* 2010. Pan. 1307, obs. Leborgne – V. AUSSI, Civ. 2e, 8 juill. 2010, no 09-67.093, NP; *D.* 2011. Pan. 1509, obs. Leborgne – Civ. 2e, 12 juill. 2011, no 10-16.911, NP; *D.* 2012. 520, obs. Raynard; *D.* 2012. 1512, obs. Leborgne; *Procédures* 2011, no 303, obs. Perrot.
5. Civ. 2e, 9 janv. 2014, no 12-28.220, *Bull. civ.* II, no 5; mais à la condition d'identifier le débiteur, *D.* 2014. 1466, obs. Leborgne (v. ss no 1311.64).
6. Civ. 2e, 30 janv. 2014, no 12-29.246, *Bull. civ.* II, no 30; *D.* 2014. 377; *D. avocats* 201. 114, obs. Royer, à condition d'être revêtue de la formule exécutoire.
7. La condition sera satisfaite si le créancier, agissant en exécution forcée à l'encontre des cautions, se fonde sur une décision judiciaire qui condamne le débiteur principal à payer et dit que les cautions sont engagées vis-à-vis du créancier par un cautionnement simple : Civ. 2e, 23 oct. 2008, no 07-20.035, *Bull. civ.* II, no 224; *D.* 2008. AJ 2802.
8. Civ. 2e, 9 janv. 2014, no 12-28.220, préc. ss no 1311.73.
9. Civ. 2e, 17 nov. 2005, no 04-14.604, *Bull. civ.* II, no 298; *Procédures* févr. 2006, no 31.
10. Civ. 2e, 6 nov. 2008, no 07-18.465, NP; *Procédures* 2009, no 14, obs. Perrot, pour un débiteur dont le prénom avait été mal orthographié dans le jugement.
11. Civ. 2e, 19 mai 1998, no 96-12.944, *Bull. civ.* II, no 161; *D.* 1998. 405.
12. Civ. 2e, 28 oct. 1999, no 97-20.071, *Bull. civ.* II, no 163.
13. Civ. 2e, 28 oct. 1999, no 97-20.071, *Bull. civ.* II, no 163.
14. TGI Carpentras, 5 juin 2003, X… c/Monsieur le comptable de la trésorerie d'Apt, jug. no 03/34, inéd.

titre que contre une société civile immobilière, et qui cherchait à exécuter contre les associés solidairement tenus[1].

1311.84 **• Cas des cautions.** La décision qui a condamné le débiteur principal à payer une certaine somme à la banque et dit que les cautions étaient engagées vis-à-vis de celle-ci par un cautionnement simple, constitue pour le créancier un titre exécutoire à l'encontre desdites cautions[2].

1311.85 **Substitution de plein droit dans les obligations du débiteur originaire.** Par l'effet d'un acte de partage d'une société civile immobilière, les attributaires sont substitués de plein droit, aux termes de l'article L. 311-8 du Code de la construction et de l'habitation, dans les obligations du débiteur originaire, en sorte que l'acte notarié de prêt fondant les poursuites vaut titre exécutoire à leur encontre[3].

1311.86 **Cas du cessionnaire d'un titre exécutoire.** Il ne peut poursuivre la saisie qu'après que la signification du transport a été faite au débiteur (C. civ., anc. art. 2214 qui reprend le principe posé à l'art. 1690), à moins que la cession n'ait été acceptée par le cédé[4]; en effet une fois la cession signifiée, le cessionnaire est devenu propriétaire de la créance à l'égard des tiers et peut donc se servir du titre pour saisir le débiteur[5].

En revanche, lorsqu'il y a transmission des éléments d'actif et de passif à titre universel, les formalités prescrites par l'article 1690 du Code civil ne sont pas requises (jugé en ce sens pour la fusion de deux sociétés[6]; pour un apport partiel d'actif sous le régime des scissions[7]).

1311.87 **Actes notariés.** Ils peuvent être au porteur et donc cessibles de la main à la main. Jusqu'en 1976, il n'était pas opéré de distinction selon que le titre au porteur constatait une créance chirographaire ou hypothécaire. La loi n° 76-519 du 15 juin 1976 a prohibé les « *grosses au porteur* », autorisant seulement les titres hypothécaires à ordre. Désormais, la cession de ces titres s'opère par endossement, selon un formalisme strict : la cession est réalisée par un acte notarié qui désigne l'endossataire et comporte son acceptation; il est ensuite notifié au débiteur et au notaire rédacteur du titre initial par lettre recommandée avec avis de réception (L. 15 juin 1976, art. 6).

1311.88 **Extension au créancier subrogé.** L'obligation de signifier s'impose encore quand il y a eu subrogation accordée par le créancier, ou subrogation légale[8]; le débiteur doit être officiellement avisé. En revanche si la subrogation est consentie par le débiteur, les dispositions de l'ancien article 2214 du Code civil ne devraient pas s'appliquer.

1311.89 **Notification du titre à l'héritier.** Le créancier ne peut poursuivre l'exécution du titre exécutoire qu'il possédait contre le défunt qu'après notification de ce titre à l'héritier. La règle s'applique même si la partie saisie était également partie à l'acte exécutoire, dès lors que la poursuite est aussi dirigée contre elle, en sa qualité d'héritière[9] (et v. s[s] n°s 1313.102 à 1313.105 s.).

C. Portant condamnation de la personne qui doit exécuter ?

1311.91 **Principe.** Le titre doit constater la créance liquide et exigible que détient le créancier à l'encontre du débiteur. Est-ce à dire que ce titre doit expressément prononcer une condamnation à l'encontre de la personne qui doit exécuter ? C'est ce que la jurisprudence avait semblé imposer, qui avait sanctionné un créancier ayant tenté de recouvrer une indemnité d'occupation en se fondant sur une décision qui avait prononcé l'expulsion des occupants d'un appartement, fixé une indemnité d'occupation mais ne contenait pas formellement de condamnation à payer à l'encontre des ex-locataires[10].

Toutefois, depuis 2008, la deuxième chambre civile admet qu'un titre exécutoire puisse servir de fondement à des poursuites même s'il ne prononce pas expressément de condamnation à l'encontre des personnes dont les biens font l'objet de mesures d'exécution forcée, en vertu du pouvoir d'interprétation des titres désormais reconnu au juge de l'exécution[11].

Par ailleurs, un arrêt de cassation peut constituer un titre exécutoire permettant d'engager une saisie immobilière afin d'obtenir le remboursement des

1. Civ. 2e, 19 mai 1998, n° 96-12.944, *Bull. civ.* II, n° 161 – Com. 26 oct. 1999, n° 97-17.823, NP.
2. Civ. 2e, 23 oct. 2008, n° 07-20.035, *Bull. civ.* II, n° 224.
3. Civ. 2e, 16 déc. 1999, n° 97-20.441, *Bull. civ.* II, n° 192; *Procédures* mars 2000, n° 70, obs. Junillon.
4. Dijon, 11 juin 1889, *S.* 1889. 2. 232.
5. Pau, 25 janv. 1832, *S.* 1834. 2. 316; *DP* 1834. 2. 81.
6. Com. 1er juin 1993, n° 91-14.740, *Bull. civ.* IV, n° 214.
7. Civ. 2e, 12 juill. 2001, n° 98-10.444, *Bull. civ.* II, n° 137.
8. Dijon, 11 juin 1889, *S.* 1889. 2. 232 – Req. 9 nov. 1891, *S.* 1892. 1. 185, note Garsonnet; *DP* 1892. 1. 504.
9. Civ. 2e, 18 mars 1987, n° 85-17.392, *Bull. civ.* II, n° 69.
10. Civ. 2e, 21 mars 2002, n° 00-19.051, *Bull. civ.* II, n° 56; *Dr. et proc.* 2002. 306, obs. Leborgne.
11. Civ. 2e, 23 oct. 2008, n° 07-20.035, *Bull. civ.* II, n° 224; *D.* 2009. 1168, obs. Leborgne; *D.* 2010. 1312, obs. Leborgne.

sommes versées au titre de l'arrêt cassé, car, en vertu de l'article 625 C. pr. civ., la cassation replace les parties en l'état où elles se trouvaient avant la décision cassée. Il n'est donc pas nécessaire que la restitution soit ordonnée expressément[1].

En revanche, lorsque la décision de justice que produit un créancier à l'appui des mesures d'exécution forcée ne comporte qu'une condamnation à payer une certaine somme au titre de l'article 700 C. pr. civ., elle ne peut lui servir pour agir en recouvrement forcé des dépens de ladite instance[2].

§ 2
Spécificité quant à la créance

1311.100 Une créance liquide et exigible. Avant la réforme de 2006, l'article 551 ACPC exigeait du créancier, pour entreprendre toute saisie mobilière ou immobilière, qu'il soit porteur d'un titre exécutoire pour des choses liquides et certaines, et l'ancien article 2213 du Code civil conditionnait la vente forcée des immeubles à la liquidité de la dette. Ainsi, les poursuites immobilières pouvaient être valablement engagées avec une dette non liquidée mais l'adjudication ne pouvait être faite qu'après liquidation. Désormais, cette souplesse a disparu, car, aux termes des articles L. 311-2 et L. 311-4 C. pr. exéc., le créancier doit être muni d'un titre exécutoire constatant une créance liquide et exigible dès l'engagement de la procédure de saisie immobilière. Par ailleurs, l'ordonnance de 2006 ayant abrogé l'article 551 ACPC, il n'est plus fait explicitement allusion au caractère certain de la créance, ce qui est regrettable. On retrouve ainsi, pour l'exécution immobilière, les mêmes conditions que celles posées à l'article L. 111-2 C. pr. exéc. pour engager une mesure d'exécution mobilière, à savoir, un titre exécutoire constatant une créance liquide et exigible.

A.
Difficultés tenant au caractère certain de la créance

1311.101 Une question de fond. Lorsque le caractère certain de la créance pour le recouvrement de laquelle est engagée la procédure de saisie immobilière est contesté, cette contestation pose une question de fond[3].

1311.102 Hypothèses de disparition du caractère certain de la créance. Sous l'empire du décret-loi de 1938, il a été jugé que la vente forcée ne peut être poursuivie si, le principal ayant été réglé, il demeure seulement une incertitude sur les frais; dans ce cas, la dette n'est plus certaine et il faut préalablement s'assurer que des frais restent dus[4]. Depuis l'entrée en vigueur de la réforme de 2006, ce cas de figure serait sans doute plutôt regardé comme un abus du droit d'agir en exécution forcée (v. s[s] n° 1317.14).

Une difficulté peut également surgir lorsque le créancier poursuit la vente en vertu d'un arrêt frappé de pourvoi. Au moment où il requiert la vente, son titre est bien valable, mais il court le risque, selon l'issue du procès devant la Cour de cassation, d'une invalidation *a posteriori*. Dès lors, si finalement, postérieurement à la saisie et à l'adjudication, le titre servant de fondement aux poursuites est annulé parce que la créance visée au commandement de saisie est jugée inexistante, c'est la procédure dans son ensemble qui devra être annulée et l'immeuble restitué à son propriétaire[5].

1311.103 Éventualité de l'extinction de la créance. La créance ne doit pas être éteinte. C'est une évidence. Un certain nombre d'événements peuvent cependant emporter extinction alors même qu'une procédure d'exécution a été engagée. Il faut en outre distinguer extinction de la créance et validité du titre exécutoire qui la constaterait car la poursuite de l'exécution d'un titre exécutoire est soumise à prescription (v. s[s] n° 1311.66).

1311.104 • Effacement des dettes personnelles d'un débiteur en situation de surendettement. La situation de surendettement des personnes physiques est caractérisée par l'impossibilité manifeste pour le débiteur de bonne foi de faire face à l'ensemble de ses dettes non professionnelles exigibles et à échoir ainsi que par l'impossibilité manifeste de faire face à l'engagement donné de cautionner ou d'acquitter solidairement la dette d'un entrepreneur individuel ou d'une société. Lorsque les ressources ou l'actif réalisable du débiteur le permettent, un plan conventionnel de redressement peut être recherché avec les créanciers et, en cas d'échec du plan, des mesures de traitement peuvent être prescrites par la commission de surendettement des particuliers. En revanche, si le débiteur se trouve dans une situation irrémédiablement compromise caractérisée par l'impossibilité manifeste de mettre en œuvre des mesures de traitement, la commission peut, soit recommander un rétablissement

1. Civ. 2e, 7 janv. 2010, n° 09-65.035, NP, pour une cassation sans renvoi – DE MÊME, pour une cassation avec renvoi : Civ. 2e, 8 juill. 2010, n° 09-67.093, NP.
2. Civ. 2e, 3 mai 2007, n° 06-12.485, *Bull. civ.* II, n° 120.
3. Civ. 2e, 23 févr. 1994, n° 92-19.774, *Bull. civ.* II, n° 75.
4. Civ. 2e, 17 mai 1993, n° 91-20.673, *Bull. civ.* II, n° 177.
5. Civ. 2e, 3 mai 2001, n° 98-18.162, *Bull. civ.* II, n° 91; *Procédures* 2001, n° 177.

personnel sans liquidation, soit saisir le juge d'une demande d'ouverture d'une procédure de rétablissement avec liquidation (C. consom., art. L. 330-1). Le traitement d'une situation de surendettement peut avoir pour conséquence d'effacer tout ou partie des dettes du débiteur. En effet, aux termes de l'article L. 331-7-1, 2° du Code de la consommation, dans le cadre d'un plan conventionnel de redressement, la commission peut recommander un effacement partiel des créances, voire total pour les dettes fiscales. Si une procédure de rétablissement personnel sans liquidation judiciaire est ouverte, elle emportera l'effacement des dettes non professionnelles du débiteur dans les conditions de l'article L. 332-5 du Code de la consommation. Si une procédure de redressement avec liquidation est ouverte mais qu'elle est clôturée pour insuffisance d'actif, la clôture entraînera effacement de toutes les dettes non professionnelles du débiteur dans les conditions de l'article L. 332-9 du Code de la consommation. Surendettement et faillite « civile » peuvent ainsi conduire à l'extinction de la créance du poursuivant.

1311.105 • **Effacement des dettes d'un débiteur en rétablissement professionnel.** Aux termes de l'article L. 645-11 du Code de commerce, la clôture de la procédure de rétablissement professionnel entraîne effacement des dettes à l'égard des créanciers dont la créance est née antérieurement au jugement d'ouverture de la procédure, a été portée à la connaissance du juge commis par le débiteur et a fait l'objet de l'information prévue à l'article L. 645-8 du Code de commerce. Ne peuvent être effacées toutefois, les créances des salariés, les créances alimentaires et les créances mentionnées aux 1° et 2° du I et au II de l'article L. 643-11 du Code de commerce. Les dettes effacées sont mentionnées dans l'ordonnance de clôture.

1311.106 • **Liquidation judiciaire et clôture pour insuffisance d'actif.**

A) Avant l'entrée en vigueur de la loi n° 2005-845 du 26 juillet 2005. L'article L. 622-32 du Code de commerce posait le principe que le jugement de clôture de liquidation judiciaire pour insuffisance d'actif ne faisait pas recouvrer aux créanciers l'exercice individuel de leurs actions. Ce même article prévoyait toutefois des atténuations à ce principe, mais pour que renaisse un droit individuel de poursuite pour une créance ayant son origine antérieurement au jugement d'ouverture, il fallait que le créancier ait déclaré sa créance à la procédure collective. À défaut, la créance était éteinte. Toutefois, la question même de l'extinction donnait lieu à controverses lorsqu'un créancier chirographaire n'avait pas déclaré sa créance au passif de la procédure collective de son débiteur, du fait de la dissimulation de cette créance par le débiteur au représentant des créanciers. Si la procédure était clôturée pour insuffisance d'actif, la chambre commerciale de la Cour de cassation, pour faire revivre la créance, jugeait que la fraude du débiteur faisait recouvrer au créancier, après clôture de la liquidation judiciaire pour insuffisance d'actif, son droit de poursuite individuelle afin de lui permettre d'obtenir à titre de dommages et intérêts, en application de l'article 1382 du Code civil, le paiement de l'équivalent de la créance éteinte[1]. La deuxième chambre avait condamné cette analyse : l'extinction de la créance résultant du défaut de déclaration ne pouvant être couverte et la saisie immobilière engagée devait être annulée[2].

B) Droit positif. En vertu de l'article L. 643-11 du Code de commerce : « *Le jugement de clôture de liquidation judiciaire pour insuffisance d'actif ne fait pas recouvrer aux créanciers l'exercice individuel de leurs actions contre le débiteur* [...] », sauf exceptions énumérées à l'article L. 643-11, I et III et en cas de fraude à l'encontre d'un ou plusieurs créanciers (C. com., art. L. 643-11, IV). Cependant, si l'absence de reprise des poursuites individuelles équivaut, sur un plan économique, à une suppression de la dette, juridiquement toutefois, la créance ne disparaît pas. En réalité l'action en justice est fermée au créancier et toute possibilité d'obtenir paiement autre que volontairement de la part du débiteur est exclue[3].

B. Liquidité

1311.110 **Notion.** Sur cette notion, v. s^s^ n° 142.21.

L'appréciation du caractère liquide peut porter sur la détermination précise d'une dette[4], comme sur ses éléments d'appréciation[5].

Si sous l'empire du décret de 1938, le caractère liquide de la créance n'était exigé qu'au stade de l'adjudication, depuis l'entrée en vigueur de l'ordon-

1. Com. 16 nov. 1993, n° 91-19.570, *Bull. civ.* IV, n° 408; *D.* 1994. 157, note Amalvy et Derrida – Com. 26 oct. 1999, n° 97-12.092, *Bull. civ.* IV, n° 186; *D.* 1999. AJ 93; *RTD com.* 2001. 226, obs. Martin-Serf.
2. Civ. 2e, 26 juin 2003, n° 01-16.166, *Bull. civ.* II, n° 215; *D.* 2003. 1911, obs. Lienhard.
3. Pour de plus amples explications, v. P.-M. Le Corre, Dalloz action *Droit et pratique des procédures collectives*, 2015/2016, n°s 592.51 s.
4. EN CE SENS, v. Civ. 2e, 19 nov. 2008, n° 07-18.987, *Bull. civ.* II, n° 253.
5. V. Civ. 2e, 10 avr. 2014, n° 13-15.150, NP : ne dispose pas de titres exécutoires contenant une créance liquide et exigible pouvant fonder des poursuites, la banque qui produit des actes de cautionnement avec affectation hypothécaire qui se bornent à fixer le plafond des dettes garanties mais n'indiquent pas les éléments permettant l'évaluation des créances correspondantes.

nance de 2006, l'exigence de liquidité s'impose dès la signification du commandement de payer valant saisie conformément aux articles L. 311-2 et L. 311-4 C. pr. exéc.

1311.111 Exception de compte.

A) Procédures de saisie immobilière ayant donné lieu avant le 1er janvier 2007 au dépôt du cahier des charges prévu à l'article 688 ACPC. Lorsque seul le montant de la créance est contesté, le débiteur ne soulève qu'une exception de compte qui ne remet pas en cause la liquidité de la créance. Est ainsi valable l'adjudication, alors que le commandement n'indiquait pas une dette complètement liquidée mais contenait le montant de la créance en principal en précisant que les intérêts étaient dus au taux de 10 % l'an, dès lors que la contestation ne portait que sur le compte des intérêts[1]. De même, lorsqu'il apparaît que le débiteur poursuivi en vertu d'un acte de prêt devait, à la date du commandement de saisie immobilière, des échéances successives impayées et exigibles, le montant de la créance de la banque n'a pas à être déterminé exactement[2]. Au demeurant, l'ancien article 2216 du Code civil dispose que la poursuite ne peut être annulée sous prétexte que le créancier l'aurait entamée pour une somme plus forte que celle qui lui est due; la créance sera simplement réduite à ses proportions exactes lors de la procédure d'ordre[3].

B) Réforme. Cette règle n'a pas été reprise dans l'ordonnance du 21 avril 2006, mais elle est reproduite dans le décret à l'article 15 (devenu C. pr. exéc., art. R. 321-3) qui, après avoir indiqué que les mentions que doit contenir le commandement de payer valant saisie sont prescrites à peine de nullité, ajoute que « *la nullité n'est pas encourue au motif que les sommes réclamées sont supérieures à celles qui sont dues au créancier* ».

1311.112 Cas particulier d'un acte notarié avec convention de compte courant. Compte tenu du fonctionnement d'un compte courant, il n'est pas possible de chiffrer, lors de la rédaction de l'acte notarié qui sert de titre, le montant de la créance en résultant qui peut n'être connu qu'au moment de la clôture. Mais, dès lors que le principe de la créance n'est pas discuté et que la dette est constante pour une somme justifiant suffisamment la saisie, peu importe que cette dette soit en partie contestée[4]. L'issue d'une instance en paiement n'est pas de nature à remettre en cause le caractère certain et liquide de la créance si elle ne porte pas sur le principe de la dette. Sous l'empire du décret-loi de 1938, il a été jugé que l'exigence de liquidité n'impliquait pas, que le montant exact des sommes pour lesquelles est poursuivie la saisie fasse l'objet d'une liquidation préalable à la vente[5].

C. Exigibilité

1311.120 Principe – Renvoi. V. ss no 142.22.

1311.121 Obstacles à l'exigibilité. Le créancier est empêché d'agir quand sa créance n'est pas exigible. C'est le cas lorsque le débiteur a obtenu des délais de paiement **avant** toute mesure d'exécution.

Par ailleurs, l'ouverture d'une procédure collective et, dans une certaine mesure, celle d'une procédure de surendettement des particuliers, peuvent avoir une incidence sur l'exigibilité des créances (pour les hypothèses de suspension des voies d'exécution, v. ss nos 1318.21 s.).

1311.122 Terme de grâce. En vertu de l'article 1244-1 du Code civil, le débiteur peut avoir bénéficié d'une condamnation qui lui accorde des délais pour s'exécuter ou les avoir obtenus après que le créancier ait acquis un titre exécutoire, mais avant qu'il n'ait entrepris d'agir en exécution. La décision rendue sur le fondement de l'article 1244-1 du Code civil impose donc au créancier titré d'attendre l'expiration des délais pour agir en exécution. Obtenus après que le créancier ait son titre et avant qu'il n'ait entrepris la saisie immobilière, ces délais font donc obstacles à la saisie puisque la créance n'est plus exigible (v. ss nos 154.11 s. et spécialement nos 154.52 s.).

Si des procédures d'exécution étaient déjà engagées avant que le débiteur n'obtienne des délais, l'article 1244-2 du Code civil dispose que la décision du juge les suspend. Lorsque le débiteur sollicite des délais en réponse à un commencement d'exécution, **après** réception du commandement de saisie immobilière, il oppose un moyen de défense au créancier dont les effets doivent être étudiés dans le cadre de l'examen du déroulement de la procédure de saisie immobilière (v. ss nos 1331.61 et 1365.91).

1311.123 Procédure de conciliation et délais de grâce. Des délais peuvent aussi être accordés dans le cadre d'une procédure de conciliation prévue par l'article L. 611-4 du Code de commerce, « *dont peuvent bénéficier les débiteurs exerçant une activité commerciale ou artisanale qui éprouvent une difficulté juridique, économique ou financière, avérée*

1. Civ. 2e, 10 oct. 1979, no 78-13.918, *Bull. civ.* II, no 235.
2. Civ. 2e, 17 nov. 2005, no 03-18.560, *Bull. civ.* II, no 300.
3. Civ. 1re, 17 juin 1975, no 74-12.145, *Bull. civ.* I, no 199 – Paris, 2e ch., 2 janv. 1983, *Juris-Data* no 025035.
4. Poitiers, 28 janv. 1878, *DP* 1878. 2. 145.
5. Civ. 2e, 23 févr. 1994, no 92-19.774, *Bull. civ.* II, no 75 – Civ. 2e, 14 mai 1997, no 95-14.497, *Bull. civ.* II, no 147.

ou prévisible, et ne se trouvent pas en cessation des paiements depuis plus de quarante-cinq jours ». Cette procédure qui n'est pas une procédure collective n'a pas pour effet d'interdire aux créanciers antérieurs à son ouverture d'agir en justice contre le débiteur. Parce qu'il n'y a pas d'arrêt des poursuites individuelles ni de suspension des voies d'exécution, le législateur permet au débiteur de solliciter du président du tribunal de commerce les délais de grâce de l'article 1244-1 du Code civil. L'ordonnance n° 2014-326 du 12 mars 2014 permet désormais au juge de subordonner la durée des mesures sollicitées par le débiteur à la conclusion de l'accord de conciliation (C. com., art. L. 611-7, al. 5) ; l'ouverture de la procédure de conciliation fait en outre bénéficier les garants des débiteurs des délais de grâce que celui-ci aura obtenus pendant la recherche de l'accord sans avoir besoin de saisir le juge (C. com., art. L. 611-10-2, al. 1er).

1311.124 Procédures collectives et exigibilité des créances. La loi n° 2005-845 du 26 juillet 2005, entrée en vigueur le 1er janvier 2006, a instauré une procédure de sauvegarde et modifié les procédures de redressement judiciaire et de liquidation. L'ordonnance n° 2008-1345 du 18 décembre 2008 a réformé, à compter du 15 février 2009, le droit des entreprises en difficulté en modifiant certaines dispositions du Code de commerce sans toutefois porter atteinte à l'architecture et à la philosophie de la réforme opérée en 2005. Ainsi, ce n'est qu'en phase de liquidation judiciaire que les créances non échues deviennent exigibles.

Sauvegarde. Selon l'article L. 620-1 du Code de commerce : « *Il est institué une procédure de sauvegarde ouverte sur demande d'un débiteur* [...] *qui justifie de difficultés qu'il n'est pas en mesure de surmonter* », de nature à le conduire à la cessation des paiements, ou, à compter du 15 février 2009 « *qui, sans être en cessation des paiements, justifie de difficultés qu'il n'est pas en mesure de surmonter* ». Cette procédure est destinée à faciliter la réorganisation de l'entreprise afin de permettre la poursuite de l'activité économique, le maintien de l'emploi et l'apurement du passif. Selon l'article L. 622-29, « *le jugement d'ouverture ne rend pas exigibles les créances non échues à la date de son prononcé. Toute clause contraire est réputée non écrite* ».

Redressement judiciaire. En phase de **redressement judiciaire**, on retrouve la même règle. Le jugement d'ouverture ne rend pas exigibles les créances non échues à la date de son prononcé et toute clause contraire est réputée non écrite (C. com., art. L. 631-14[1], faisant renvoi à l'art. L. 622-29).

Liquidation judiciaire. En phase de **liquidation judiciaire**, en revanche, les créances non échues deviennent exigibles (C. com., art. L. 643-1 s., non modifiés sur ce point par Ord. 18 déc. 2008) ; les créanciers titulaires d'un privilège spécial, d'un nantissement ou d'une hypothèque et le Trésor public pour ses créances privilégiées, peuvent, dès lors qu'ils ont déclaré leurs créances, même s'ils ne sont pas admis, exercer leur droit de poursuite individuelle si le liquidateur n'a pas entrepris la liquidation des biens grevés, dans le délai de trois mois à compter du jugement qui ouvre ou prononce la liquidation (sur la procédure, v. ss nos 1410.07 s.).

1311.125 Surendettement et rétablissement personnel et exigibilité. L'article L. 330-1 du Code de la consommation règlemente la situation de surendettement des personnes physiques, caractérisée par l'impossibilité manifeste pour le débiteur de bonne foi de faire face à l'ensemble de ses dettes non professionnelles exigibles et à échoir. Lorsque les ressources ou l'actif réalisable du débiteur le permettent, des mesures de traitement peuvent être prescrites devant la commission de surendettement des particuliers dans les conditions prévues aux articles L. 331-6 et suivants du Code de la consommation.

L'article L. 331-7 du même code prévoit notamment qu'en cas d'échec de sa mission de conciliation, la commission peut rééchelonner le paiement des dettes de toute nature, y compris, le cas échéant, en différant le paiement d'une partie d'entre elles, sans que le délai de report ou de rééchelonnement puisse excéder huit ans ou la moitié de la durée de remboursement restant à courir des emprunts en cours (C. consom., art. L. 331-7, 1°). La commission peut également, suspendre l'exigibilité des créances autres qu'alimentaires pour une durée qui ne peut excéder deux ans (C. consom., art. L. 331-7, 4°).

1. Le texte de l'article L. 631-14 a été complété par l'ordonnance du 18 décembre 2008, puis rectifié par la loi n° 2009-526 du 12 mai 2009, de simplification et de clarification du droit et d'allégement des procédures.

CHAPITRE

1312. Liquidateur du débiteur en rétablissement personnel avec liquidation judiciaire

ANNE LEBORGNE
PROFESSEUR À L'UNIVERSITÉ D'AIX-MARSEILLE

SECTION 0 ORIENTEUR

1312.00 Plan du chapitre.

Droit positif. Le titre III du livre III du Code de la consommation a été modifié par la loi n° 2010-737 du 1er juillet 2010[1], puis par la loi n° 2013-672 du 26 juillet 2013 de séparation et de régulation des activités bancaires (art. 61 et 68 à 71)[2] et par les lois n° 2014-344 du 17 mars 2014 relative à la consommation[3] et n° 2014-366 du 24 mars 2014 pour l'accès au logement et un urbanisme rénové[4]. Il est distingué entre la procédure de rétablissement personnel sans liquidation judiciaire et avec liquidation judiciaire. Par ailleurs, l'article 11 de la loi n° 2010-1609 du 22 décembre 2010 relative à l'exécution des décisions de justice, aux conditions d'exercice de certaines professions réglementées et aux experts judiciaires[5], a transféré le contentieux du surendettement du juge de l'exécution au juge d'instance et le décret n° 2011-741 du 28 juin 2011[6] a organisé le transfert de ce contentieux à compter du 1er septembre 2011.

SECTION 1 CONDITIONS D'OUVERTURE

1312.11 Appréciation de la situation du débiteur surendetté. Le titre III du livre III du Code de la consommation est consacré au traitement des situations de surendettement. Aux termes de l'article L. 330-1, la situation de surendettement des personnes physiques est caractérisée par l'impossibilité manifeste pour le débiteur de bonne foi de faire face à l'ensemble de ses dettes non professionnelles exigibles et à échoir ou encore, par l'impossibilité de faire face à l'engagement donné de cautionner ou d'acquitter solidairement la dette d'un entrepreneur individuel ou d'une société.

L'article L. 330-1 distingue entre le cas du débiteur surendetté dont les ressources ou l'actif réalisable permettent des mesures de traitement et celui du débiteur qui se trouve dans une situation irrémédiablement compromise, caractérisée par l'impossibilité manifeste de mettre en œuvre ces mesures de traitement et qui peut solliciter l'ouverture d'une procédure de rétablissement personnel avec ou sans liquidation judiciaire, selon la consistance et la valeur des biens qui composent son patrimoine.

1. L. n° 2010-737, 1er juill. 2010, portant réforme du crédit à la consommation, *JO* 2 juill., p. 12001.
2. L. n° 2013-672, 26 juill. 2013, de séparation et de régulation des activités bancaires, *JO* 27 juill., p. 12530.
3. L. n° 2014-344, 17 mars 2014, relative à la consommation, *JO* 18 mars, p. 5400.
4. L. n° 2014-366, 24 mars 2014, pour l'accès au logement et un urbanisme rénové, *JO* 26 mars, p. 5809.
5. L. n° 2010-1609, 22 déc. 2010, relative à l'exécution des décisions de justice, aux conditions d'exercice de certaines professions réglementées et aux experts judiciaires, *JO* 23 déc., p. 22552.
6. Décr. n° 2011-741, 28 juin 2011, relatif au transfert du contentieux du surendettement du juge de l'exécution au juge du tribunal d'instance, *JO* 29 juin, p. 10959.

Ainsi, la commission recommandera un rétablissement personnel sans liquidation judiciaire si elle constate que le débiteur ne possède que des biens meublants nécessaires à la vie courante et des biens non professionnels indispensables à l'exercice de son activité professionnelle ou que l'actif n'est constitué que des biens dépourvus de valeur marchande ou dont les frais de vente seraient manifestement disproportionnés au regard de leur valeur vénale. Si la commission constate, en revanche, que le débiteur ne se trouve pas dans cette situation, elle saisira, avec l'accord du débiteur, le juge aux fins d'ouverture d'une procédure avec liquidation judiciaire.

SECTION 2

JUGES COMPÉTENTS

1312.21 Procédures de saisie immobilière ayant donné lieu avant le 1er janvier 2007 au dépôt du cahier des charges prévu à l'article 688 ACPC. Le juge compétent pour connaître des situations de surendettement et de la procédure de rétablissement personnel est le juge de l'exécution. Lorsqu'il résulte de l'instruction de la demande que le débiteur est dans une situation irrémédiablement compromise, la commission saisit le JEX aux fins d'ouverture de cette procédure (C. consom., art. L. 331-3, III). Ce dernier, après audition du débiteur (notamment pour apprécier sa bonne foi) et examen du dossier, rend un jugement d'ouverture de la procédure qui entraîne suspension des procédures d'exécution diligentées contre le débiteur et portant sur des dettes autres qu'alimentaires (C. consom., art. L. 332-6, al. 2). Dans le cas où un commandement aux fins de saisie immobilière a été publié antérieurement à l'ouverture de la procédure, c'est alors le juge des criées qui est compétent pour prononcer la suspension de la procédure.

1312.22 Procédures de saisie immobilière soumises à l'ordonnance du 21 avril 2006 et au décret du 27 juillet 2006 : il faut distinguer avant et après le 1er septembre 2011.

Avant le 1er septembre 2011. Après l'entrée en vigueur de l'ordonnance du 21 avril 2006, les compétences du juge des criées en matière de saisie immobilière avaient été transférées au juge de l'exécution, lequel était resté, par ailleurs, juge du surendettement.

Ainsi, soit le juge de l'exécution était saisi d'une demande de rétablissement personnel avant que ne soit engagée une procédure de saisie immobilière, et les dispositions du Code de la consommation en vigueur s'appliquaient, confiant au liquidateur éventuel la réalisation de l'actif; soit une procédure de saisie immobilière avait déjà été engagée et le jugement prononçant l'ouverture de la procédure entraînait la suspension des procédures d'exécution diligentées contre le débiteur et portant sur les dettes autres qu'alimentaires; la suspension étant acquise jusqu'au jugement de clôture.

Le saisi pouvait former lors de l'audience d'orientation une demande tendant à la suspension de la procédure de saisie immobilière en raison de sa situation de surendettement, dans les conditions du Code de la consommation (Décr. 27 juill. 2006, art. 50, al. 1er [devenu C. pr. exéc., art. R. 322-16 [1]]). Et si la vente forcée avait déjà été ordonnée, elle pouvait être reportée par le juge de l'exécution, juge de la saisie immobilière, sur demande de la commission de surendettement formée en application des dispositions du Code de la consommation, lors de l'audience d'adjudication (Décr. 27 juill. 2006, art. 61 [devenu C. pr. exéc., art. R. 322-28]).

L'entrée en vigueur de la loi du 1er juillet 2010, distinguant désormais entre rétablissement avec et sans liquidation judiciaire, n'avait pas porté atteinte au principe selon lequel, lorsqu'une saisie immobilière est en cours, c'est au juge de cette mesure d'exécution qu'il appartient d'apprécier les demandes de suspension et de report de la saisie. Les articles 50 et 61 du décret de 2006 avaient simplement été réécrits afin de viser les nouvelles dispositions réglementaires applicables issues du décret n° 2010-1304 du 29 octobre 2010 [2].

Depuis le 1er septembre 2011 : incidence de l'entrée en vigueur de la loi n° 2010-737 du 22 décembre 2010 et du décret n° 2011-741 du 28 juin 2011. Depuis le 1er septembre 2011, le traitement du surendettement a été transféré du juge de l'exécution au juge d'instance (L. 22 déc. 2010, art. 11, supprimant le dernier alinéa de l'article L. 213-6 du COJ qui énonce les compétences du juge de l'exécution et insérant un article L. 221-8-1 à la suite des dispositions relatives aux compétences du juge d'instance). L'article L. 330-1 dernier alinéa du Code de la consommation dispose que le juge du tribunal d'instance connaît de la procédure de traitement des situations de surendettement devant la commission de surendettement des particuliers et de la procédure de rétablissement personnel. C'est le juge d'instance qui est donc saisi aux fins d'ouverture d'une procédure de rétablissement personnel avec liquidation judiciaire et c'est lui qui désigne le liquidateur qui dispose d'un délai de douze mois pour

1. Décr. n° 2012-783, 30 mai 2012, relatif à la partie réglementaire du Code des procédures civiles d'exécution, *JO* 31 mai, p. 9375.
2. Décr. n° 2010-1304, 29 oct., relatif aux procédures de traitement des situations de surendettement des particuliers, *JO* 31 oct., p. 19604.

vendre les biens du débiteur à l'amiable ou, à défaut, organiser une vente forcée dans les conditions relatives aux procédures civiles d'exécution (C. consom., art. L. 332-8).

En revanche, les articles 50 et 61 du décret du 27 juillet 2006 (devenu C. pr. exéc., art. R. 322-16, R. 322-17 et R. 322-28) n'ont pas été modifiés. Ainsi, c'est toujours au juge de l'exécution, juge de la saisie immobilière, qu'il appartient d'apprécier les demandes de suspension et de report de la mesure d'exécution.

1312.23 Instances en cours. Aux termes de l'article 2 du décret du 28 juin 2011, le juge de l'exécution demeure compétent pour statuer sur les instances introduites devant lui avant cette date. Toutefois, le 1er mars 2012, toutes les instances encore en cours ont été transférées en l'état au juge du tribunal d'instance compétent, sans qu'il y ait lieu de renouveler les actes, formalités et jugements intervenus antérieurement à cette date, à l'exception des convocations et assignations données aux parties et aux témoins qui n'auraient pas été suivies d'une comparution devant le juge de l'exécution.

SECTION 3

EFFETS DE L'OUVERTURE DE LA PROCÉDURE ET RÔLE DU LIQUIDATEUR

1312.31 Le jugement rendu entraîne la suspension des procédures d'exécution jusqu'au jugement de clôture (C. consom., art. L. 332-6). Conformément à la loi du 1er juillet 2010, lorsque le juge prononce l'ouverture d'une procédure de rétablissement avec liquidation judiciaire, le jugement entraîne, jusqu'au jugement de clôture, la suspension et l'interdiction des procédures d'exécution diligentées à l'encontre des biens du débiteur ainsi que des cessions de rémunération consenties par celui-ci et portant sur les dettes autres qu'alimentaires. Il entraîne, désormais également, la suspension des mesures d'expulsion du logement du débiteur, à l'exception de celles fondées sur un jugement d'adjudication rendu en matière de saisie immobilière ainsi que de celles ordonnées sur le fondement de l'article L. 321-2 alinéa 3 C. pr. exéc. [1].

1312.32 Réalisation de l'actif et rôle du liquidateur. À compter de cette date, le débiteur ne peut aliéner ses biens sans l'accord du juge ou d'un mandataire désigné par le juge (C. consom., art. L. 332-7). Les créanciers doivent produire leurs créances à défaut de les voir déclarer éteintes, puis le juge prononce la liquidation judiciaire du patrimoine personnel du débiteur. Le jugement qui prononce la liquidation emporte en effet, de plein droit, dessaisissement du débiteur de la disposition de ses biens. Ses droits et actions personnelles seront exercés pendant toute la durée de la liquidation par le liquidateur. Ce dernier dispose d'un délai de douze mois pour vendre les biens du débiteur à l'amiable ou, à défaut, organiser une vente forcée dans les conditions relatives aux procédures civiles d'exécution (C. consom., art. L. 332-8). S'il est prévu que le liquidateur rende compte de sa mission au juge (C. consom., art. L. 332-8, al. dern.), dans des conditions qui sont fixées par décret en Conseil d'État, il a toute liberté pour faire choix des procédures d'exécution et les mener conformément aux dispositions en vigueur.

En cas de **vente forcée**, lorsqu'une procédure de saisie immobilière engagée avant le jugement d'ouverture a été suspendue par l'effet de ce dernier, les actes effectués par le créancier saisissant sont réputés accomplis pour le compte du liquidateur qui procède à la vente des immeubles. La saisie immobilière peut reprendre son cours au stade où le jugement d'ouverture l'avait suspendue.

C'est encore le liquidateur qui procède à la répartition du produit des actifs et désintéresse les créanciers suivant le rang des sûretés assortissant leurs créances.

Ainsi, lorsqu'un débiteur est surendetté et qu'une procédure de rétablissement avec liquidation judiciaire est ouverte, ses créanciers ne retrouveront pas un droit de poursuite individuelle.

1312.33 Dispositions relatives à la vente forcée des immeubles par le liquidateur.

A) Pour les procédures ouvertes avant le 1er janvier 2007. La vente sur saisie immobilière est soumise aux dispositions du titre XII du livre V de l'ancien Code de procédure civile, dans la mesure où il n'y est pas dérogé par les dispositions du Code de la consommation.

B) À compter du 1er janvier 2007. Le liquidateur réalise la vente par adjudication conformément aux dispositions du Code de la consommation et notamment, depuis la réforme de 2010, aux articles R. 334-48 à R. 334-60, issus du décret du 29 octobre 2010.

1. Ord. n° 2011-1895, 19 déc. 2011, relative à la partie législative du Code des procédures civiles d'exécution, *JO* 20 déc., p. 21464.

CHAPITRE

1313. Saisi

ANNE LEBORGNE
PROFESSEUR À L'UNIVERSITÉ D'AIX-MARSEILLE

SECTION 0
ORIENTEUR

1313.00 **Plan du chapitre.**

Division. Parce que l'exécution porte sur des droits immobiliers susceptibles de sûretés, la saisie pourra être dirigée contre le débiteur ou un tiers détenteur. Par ailleurs, certains événements touchant personnellement le saisi peuvent affecter la procédure.

Rappel : régime applicable à la saisie immobilière (ancien Code de procédure civile ou réforme). La procédure de saisie immobilière a été réformée par l'ordonnance n° 2006-461 du 21 avril 2006, qui a modifié le C. civ.[1], et par le décret n° 2006-936 du 27 juillet 2006[2], qui a abrogé les articles 673 à 717 de l'ancien Code de procédure civile (ACPC). Le décret, entré en vigueur le 1er janvier 2007, n'est pas applicable aux procédures de saisies immobilières ayant donné lieu, avant son entrée en vigueur, au dépôt du cahier des charges prévu à l'article 688 ACPC.

SECTION 1
SAISIE CONTRE LE DÉBITEUR ET LE TIERS DÉTENTEUR

1313.10 **Précision terminologique.** Un créancier peut saisir les immeubles de son débiteur ou les droits immobiliers détenus par celui-ci (§ 1). Un créancier hypothécaire peut aussi, par l'effet du droit

1. Ord. n° 2006-461, 21 avr. 2006, réformant la saisie immobilière, *JO* 22 avr., p. 6072.
2. Décr. n° 2006-936, 27 juill. 2006, relatif aux procédures de saisie immobilière et de distribution du prix d'un immeuble, *JO* 29 juill., p. 11316.

de suite attaché à l'hypothèque (C. civ., art. 2461, issu de Ord. n° 2006-346, 23 mars 2006[1]), poursuivre l'exécution sur un immeuble appartenant à un tiers, étranger à la dette. De même, un tiers a-t-il pu donner son bien en garantie, à titre de sûreté réelle, d'une obligation qui ne lui est pas personnelle (§ 2). Par « saisi » nous entendons donc et le débiteur saisi et le tiers détenteur.

Réforme. L'ordonnance portant réforme de la saisie immobilière avait fait débuter le nouveau titre dix-neuvième du livre troisième du Code civil par un article 2190, devenu l'article L. 311-1 C. pr. exéc.[2], qui dispose que « *la saisie immobilière tend à la vente forcée de l'immeuble du débiteur ou, le cas échéant, du tiers détenteur en vue de la distribution de son prix* ».

§ 1
Saisie contre le débiteur

1313.11 Détermination de ses droits immobiliers par la lecture du fichier immobilier. La lecture de la fiche personnelle de propriétaire permet d'identifier les immeubles lui appartenant et les droits réels dont il dispose sur des immeubles (Décr. n° 55-1530, 14 oct. 1955[3], art. 4). La saisie d'un immeuble n'appartenant pas au débiteur est nulle, sauf le cas où le créancier agira en vertu du droit de suite (v. s^{s} n°s 1313.31 s.).

1313.12 Constructions édifiées par un tiers. L'existence de constructions édifiées par un tiers sur l'immeuble objet de la saisie immobilière n'est pas une cause de nullité du commandement de saisie; d'abord parce que ces constructions peuvent être devenues la propriété du débiteur par incorporation ou accession (v. s^{s} n°s 1316.11 s.), ensuite, parce que même si les constructions sont restées la propriété du tiers, celui-ci peut agir autrement qu'en nullité pour faire valoir ses droits[4].

§ 2
Saisie contre le tiers détenteur

1313.20 Distinction. Avant la réforme de la saisie immobilière, la notion de tiers détenteur semblait regrouper deux situations distinctes : celle du tiers acquéreur et celle de celui qui a consenti une hypothèque pour garantir la dette d'autrui; tous deux sont tiers à la dette. Le créancier peut agir en exécution contre le tiers acquéreur en vertu de son droit de suite, et saisir un immeuble appartenant à celui qui a spécialement affecté cet immeuble lui appartenant en garantie au profit d'un tiers. La procédure à tiers détenteur était utilisée par les praticiens dans ces deux situations. Les auteurs de la réforme ont réduit le domaine d'application de la procédure à tiers détenteur au seul tiers tenu en vertu du droit de suite du créancier titulaire d'une sûreté. Le garant de la dette d'autrui subira la procédure de saisie immobilière de droit commun (v. s^{s} n°s 1320.04 s., 1330.05 s. et 1341.04 s.).

A.
Tiers acquéreur

1°
Le droit de suite

1313.31 Principe du droit de suite. L'acquéreur d'un immeuble doit, lors de son acquisition, **purger les inscriptions** (C. civ., art. 2477 s., issu de Ord. 23 mars 2006[5]) sinon, en vertu du droit de suite, les hypothèques nées du chef du vendeur continueront à grever le bien et il demeurera, par le seul effet de ces inscriptions, garant comme détenteur de toutes les dettes hypothécaires (C. civ., art. 2462, issu de Ord. 23 mars 2006[6]). Cette tâche incombe, en principe à l'acquéreur mais le plus souvent, en pratique, au notaire. Quand cette opération de purge n'est pas accomplie, le créancier titulaire de la sûreté peut agir sur le bien de l'acquéreur qui n'est pourtant pas son débiteur. La lecture de la fiche d'immeuble révèle la mutation de propriété et l'absence de purge. La procédure à engager par le créancier est alors particulière.

A) Procédures de saisie immobilière ayant donné lieu avant le 1er janvier 2007 au dépôt du cahier des charges prévu à l'article 688 ACPC. En vertu de l'ancien article 2169 du Code civil[7], le créancier délivre un commandement de payer au débiteur puis une sommation de payer ou de délaisser à tiers détenteur (v. s^{s} n°s 1322.05 s.).

B) Réforme. L'article 6 de l'ordonnance du 21 avril 2006[8] a réécrit l'article 2464 du Code civil issu de l'ordonnance du 23 mars 2006, portant réforme de

1. Ord. n° 2006-346, 23 mars 2006, relative aux sûretés, *JO* 24 mars, p. 4475 – C. civ., anc. art. 2166.
2. Ord. n° 2011-1895, 19 déc. 2011, relative à la partie législative du Code des procédures civiles d'exécution, *JO* 20 déc., p. 21464.
3. Décr. n° 55-1530, 14 oct. 1955, pris pour l'application du décret n° 55-22 du 4 janvier 1955 portant réforme de la publicité foncière, *JO* 15 oct., p. 10125.
4. Civ. 3e, 22 oct. 1974, n° 73-12.127, *Bull. civ.* III, n° 372.
5. C. civ., anc. art. 2182.
6. C. civ., anc. art. 2167.
7. Devenu C. civ., art. 2464 (Ord. n° 2006-346, 23 mars 2006).
8. Ord. n° 2006-461, 21 avr. 2006, réformant la saisie immobilière, *JO* 22 avr., p. 6072.

sûretés. L'ordonnance du 23 mars 2006 en effet reproduisait sous cette nouvelle numérotation les étapes à suivre par le créancier, à savoir délivrance d'un commandement au débiteur et d'une sommation au tiers détenteur. L'article 2464 dispose désormais que « *faute par le tiers détenteur de satisfaire à l'un de ces obligations* [payer ou délaisser], *chaque créancier titulaire d'un droit de suite sur l'immeuble a le droit de poursuivre la saisie et la vente de l'immeuble dans les conditions du titre XIX du livre III du Code civil* [devenu le titre III du Code des procédures civiles d'exécution] ». En réalité, la procédure à suivre contre le tiers détenteur était exposée dans le décret d'application de la réforme de la saisie immobilière, aux articles 16 et 17 (devenus C. pr. exéc., art. R. 321-321-4 et R. 321-5 [1]).

2°
Facultés offertes au tiers acquéreur

1313.41 **Moyens de défense.** Le tiers a alors plusieurs possibilités pour éviter la vente : il peut invoquer le **bénéfice de discussion** (C. civ., art. 2465 et 2466 [2]) ou **payer ou délaisser** (C. civ., art. 2463 [3]), mais encore **purger** (C. civ., art. 2478 [4]). Enfin, il jouit des **termes** et **délais** accordés au débiteur originaire (C. civ., art. 2462 [5]).

1313.42 • **Bénéfice de discussion.** L'article 2465 du Code civil [6] renvoie au titre « *Du cautionnement* » : S'il est demeuré d'autres immeubles hypothéqués à la même dette dans la possession du principal ou des principaux obligés le tiers peut en requérir la discussion préalable; pendant ce temps il est sursis à la vente du bien. Cette situation est peu fréquente; elle nécessite non seulement que le tiers connaisse bien le patrimoine de son vendeur, ou à tout le moins s'informe de celui-ci en levant des fiches de propriétaire et d'immeubles mais encore que ce patrimoine soit suffisant pour désintéresser le créancier. En outre, l'article 2466 [7] interdit d'opposer le bénéfice de discussion au créancier titulaire d'un privilège ou d'une sûreté spéciale. De même, le tiers ne pourra invoquer le bénéfice de discussion s'il est en parallèle engagé en qualité de caution solidaire.

Si toutefois le tiers se trouve dans un cas où il peut invoquer le bénéfice de discussion (lorsque le poursuivant sera créancier chirographaire), il devra le faire avant la publication de la sommation, sous forme de demande incidente s'il y a déjà une instance en cours, ou par voie d'assignation en sursis aux poursuites de saisie [8].

1313.43 • **Délaissement.** Il s'agit d'abandonner l'immeuble sans aucune réserve (C. civ., art. 2463 [9]). Le délaissement s'effectue par déclaration au greffe du tribunal du lieu de situation des biens, qui en donne acte (C. civ., art. 2469 [10]). Tout tiers qui a la capacité d'aliéner peut en faire la déclaration, s'agissant d'un acte de disposition (C. civ., art. 2467 [11]). La jurisprudence semble toutefois décider que cette faculté de délaisser peut être retirée à l'acquéreur lorsqu'il s'est engagé à verser le prix de vente entre les mains des créanciers inscrits et que ce prix était supérieur au montant des charges hypothécaires [12]. La propriété du bien n'est cependant pas transférée au créancier, dont l'intérêt est seulement de voir sa créance honorée. L'article 2469 du Code civil [13] prévoit ainsi qu'il est alors nommé un curateur contre lequel la vente de l'immeuble est poursuivie, dans les formes prescrites pour les expropriations.

1313.44 • **Purge.** Si le tiers acquéreur veut se garantir de l'effet des poursuites d'un créancier titulaire de sûreté exerçant son droit de suite, il est tenu de purger les inscriptions (C. civ., art. 2474 [14]). Il a intérêt à le faire sans attendre les poursuites mais l'article 2478 du Code civil [15] lui permet encore d'y procéder dans le mois au plus tard, à compter de la première sommation qui lui est faite. La sommation visée à l'article 2478 et qui fait courir les délais de purge, est la même que celle visée à l'article 2464 [16] et qui, comme le commandement au débiteur, doit précéder la saisie [17].

1313.45 • **Paiement du prix.** Le tiers peut toujours désintéresser le créancier. Selon l'article 2463 du Code civil [18], il est alors tenu comme le débiteur, c'est-à-dire des intérêts et capitaux exigibles, à quelque somme qu'ils puissent s'élever. Toutefois, par intérêts exigibles il ne peut s'agir que de ceux qui peuvent lui être légitimement réclamés en qualité de tiers détenteur, c'est-à-dire ceux conservés, soit, par l'inscription principale à concurrence de trois ans soit, par des inscriptions particulières, prises

1. Décr. n° 2012-783, 30 mai 2012, relatif à la partie réglementaire du Code des procédures civiles d'exécution, *JO* 31 mai, p. 9375.
2. C. civ., anc. art. 2170 et 2171.
3. C. civ., anc. art. 2168.
4. C. civ., anc. art. 2183.
5. C. civ., anc. art. 2167.
6. C. civ., anc. art. 2170.
7. C. civ., anc. art. 2171.
8. Toulouse, 9 juin 1955, *JCP* 1955. II. 8809, note G. M.
9. C. civ., anc. art. 2168.
10. C. civ., anc. art. 2174.
11. C. civ., anc. art. 2172.
12. Req. 1er juil . 1850, *DP* 1850. 1. 177.
13. C. civ., anc. art. 2174.
14. C. civ., anc. art. 2179.
15. C. civ., anc. art. 2183.
16. C. civ., anc. art. 2169.
17. Req. 25 nov. 1862, *DP* 1863. 1. 209.
18. C. civ., art. 2168.

avant son acquisition, pour les intérêts et accessoires, non couverts par l'inscription principale (les créances d'intérêts non inscrits tombent dans la masse chirographaire et le tiers détenteur ne peut en être tenu que s'il est obligé personnellement au paiement du capital ou desdits intérêts [1]). Dans ce cas, le tiers se trouve subrogé dans les droits du créancier et l'hypothèque s'éteint par réunion des qualités de créancier hypothécaire et de propriétaire de l'immeuble grevé sur la même tête. Cette solution ne peut être conseillée que si le prix d'acquisition est supérieur au montant de la créance et si l'acquéreur ne l'a pas encore payé au vendeur; ou encore, si, bien qu'ayant payé le prix en totalité, l'acquéreur est prêt à rajouter au prix, en désintéressant le créancier. Et, pour décider de payer le créancier qui se manifeste, l'acquéreur devra apprécier le risque de découvrir ensuite d'autres créanciers impayés : la lecture de la fiche d'immeuble du bien vendu est alors utile pour faire la liste des créanciers inscrits, susceptibles de se prévaloir du droit de suite sur le bien.

3°
Effets

1313.51 **Recours contre le débiteur principal.** Le tiers détenteur qui paie la dette hypothécaire ou délaisse l'immeuble hypothéqué ou subi l'expropriation de l'immeuble dispose d'un **recours en garantie** contre le débiteur principal (C. civ., art. 2473 [2]). La jurisprudence a jugé que le tiers détenteur dispose de ce recours, même s'il s'est porté adjudicataire [3].

1313.52 **Saisie.** Le tiers va subir la saisie s'il n'a pas pu invoquer le bénéfice de discussion et s'il n'a ni les moyens de payer ni la faculté de délaisser.

B.
Tiers ayant consenti une hypothèque pour garantir la dette d'autrui (ex « caution réelle »)

1°
Caractéristiques de la garantie

1313.61 **Nature juridique.** La garantie offerte par une **sûreté réelle pour autrui** est un cas de figure différent du jeu du droit de suite exercé par le créancier hypothécaire contre le tiers acquéreur. La nature juridique de cette garantie a été, il y a quelques années, sujette à controverses doctrinales et jurisprudentielles, issues de la qualification de cautionnement réel retenue par la doctrine majoritaire et la jurisprudence.

Tout d'abord, la « caution réelle » a été analysée comme une **sûreté réelle** [4]. Le créancier a obtenu la garantie d'un tiers à la dette d'un débiteur principal par l'affectation de la valeur d'un immeuble. La dette de la « caution » est donc limitée à la valeur du bien hypothéqué et la « caution » peut être libérée par la vente forcée du bien, même si la dette garantie n'est pas entièrement éteinte, sauf si une stipulation spéciale engage la « caution » au-delà de la valeur des biens grevés.

Toutefois, la nature de cet engagement réel a été remise en cause à la suite des arrêts de la première chambre civile de la Cour de cassation en 2002 [5] et de la chambre commerciale, la même année [6]. Les deux chambres penchaient plutôt vers une **nature mixte**, pour partie engagement personnel, pour partie sûreté réelle, alors que la deuxième chambre semblait, éluder la question [7]. Puis, la chambre commerciale avait modifié sa jurisprudence en jugeant, à partir de 2003 que « *le cautionnement réel n'impliquait aucun engagement personnel sous-jacent* » [8]. Or, analyser cet engagement réel comme une pure sûreté réelle, ou comme un engagement mixte emporte des effets différents. Ainsi, opter pour le caractère mixte devrait conduire à admettre que la caution réelle ne pourra se libérer en utilisant la faculté de délaissement de l'immeuble (v. s^s n° 1313.73). Sur le plan procédural en outre, la question se posait de savoir si le créancier qui actionne une caution réelle devait encore commencer par délivrer un commandement de payer au débiteur principal, puis une sommation de payer ou délaisser à la caution réelle, ou s'il pouvait se passer du commandement préalable (v. s^s n°s 1322.05 s. et spéc. 1322.36) [9].

Mais le 2 décembre 2005, la Cour de cassation réunie en chambre mixte a tranché en décidant que « *la sûreté réelle consentie pour garantir la dette d'un tiers n'impliquant aucun engagement personnel à satis-*

1. Paris, 15 déc. 1927, *DH* 1928. 157.
2. C. civ., anc. art. 2178.
3. Civ. 10 oct. 1897, *DP* 1898. 1. 13.
4. Civ. 1re, 4 mai 1999, n° 97-15.378, *Bull. civ.* I, n° 144; *JCP* 1999. I. 156, obs. Simler – Civ. 1re, 29 févr. 2000, n° 98-10.902, *Bull. civ.* I, n° 69; *D.* 2000. 829, note Bonnet.
5. Civ. 1re, 15 mai 2002, nos 00-15.298, 00-13.527 et 99-21.464, *Bull. civ.* I, nos 127, 128 et 129; *D.* 2002. 1780, note Barberot; *JCP* 2002. I. 162, p. 1563; *JCP* 2002. II. 10109, concl. Petit et note Piedelièvre; *RTD civ.* 2002. 546, obs. Crocq.
6. Com. 11 juin 2002, nos 99-17.194 et 99-17.195, NP – Com. 18 juin 2002, n° 01-01.518, NP – et Com. 13 nov. 2002, n° 95-18.994, *Bull. civ.* IV, n° 161; *RTD civ.* 2003. 1. 128 s., obs. Crocq.
7. Civ. 2e, 17 oct. 2002, n° 01-13.553, *Bull. civ.* II, n° 232; *D.* 2002. 3143; *RTD civ.* 2003. 325, obs. Crocq.
8. Com. 24 sept. 2003, n° 00-17.976, NP; *JCP* 2004. I. 141, n° 5, obs. Simler – Com. 14 janv. 2004, n° 01-13.626, NP.
9. Pour une première illustration des difficultés : Civ. 2e, 17 oct. 2002, n° 01-13.553, *Bull. civ.* II, n° 232.

faire la dette d'autrui, n'est pas un cautionnement »[1]. La **négation de la qualification de cautionnement**, génératrice d'incertitudes quant au régime de cette garantie a suscité une certaine perplexité chez les auteurs (pour l'un, la nouvelle terminologie renvoyait à la catégorie plus étendue des garanties de la dette d'autrui mais n'interdisait pas d'appliquer à la sûreté réelle pour autrui certains éléments du régime du cautionnement[2]; un autre avait estimé que la garantie devait rester dans la famille du cautionnement car même s'il s'agissait d'une sûreté réelle, elle était destinée à garantir la dette d'un tiers...[3]). Des arrêts postérieurs ont repris la formulation[4] et il n'y a donc plus lieu aujourd'hui de parler de cautionnement réel mais de **sûreté réelle pour autrui**[5] (v. s^s n° 1322.07). Toutefois, certaines ambiguïtés peuvent demeurer et il appartient aux tribunaux de déterminer la nature de l'engagement pour autrui.

Ainsi, la chambre commerciale a jugé que les juges doivent rechercher si tout en constituant en garantie des dettes d'une société un de leurs biens, les garants n'avaient pas, en outre, entendu se porter cautions personnelles de ces dettes; le cautionnement conjoint à une hypothèque consentie pour garantir la dette d'autrui peut donc demeurer un cautionnement[6].

On signalera enfin, que depuis l'entrée en vigueur de l'ordonnance du 23 mars 2006, portant réforme du droit des sûretés, un alinéa a été ajouté à l'article 1422 du Code civil, afin de prévoir que les époux ne peuvent l'un sans l'autre affecter un bien commun à la garantie de la dette d'un tiers.

2°
Exclusions des recours

1313.71 • **Bénéfice de division et de discussion écarté.** Il était écarté avant les arrêts de la première chambre de mai 2002 (v. s^s n° 1313.61), la caution réelle ne paraissant pas pouvoir l'invoquer en l'absence d'une stipulation particulière[7] (ainsi d'une décision qui semble lier cautionnement réel et renonciation au bénéfice de discussion[8]). Cette solution était justifiée par l'engagement *propter rem* de la caution réelle[9], qui ne doit pas pouvoir se prévaloir de facultés consenties à la caution personnelle, en raison du caractère général de l'engagement de celle-ci sur tout son patrimoine, mais la doctrine s'interrogeait à la suite de la qualification mixte, sûreté pour partie réelle, pour partie personnelle, retenue à partir des années 2002 (v. s^s n° 1313.61). Avec l'arrêt de chambre mixte du 2 décembre 2005[10], on en revient à un régime clair, détaché du cautionnement, et à la jurisprudence excluant le bénéfice de division et de discussion.[11]

1313.72 • **Faculté de purge écartée.** Elle expose les créanciers hypothécaires à n'être payés qu'en partie et, pour cette raison, elle serait également interdite au tiers qui a consenti une hypothèque sur un de ses biens en garantie de la dette d'autrui de l'opposer car elle diminuerait leurs droits.

1313.73 **Délaisser, payer ou subir la saisie ?** Ce tiers est dans une situation différente du tiers acquéreur : il connaît le créancier et sait pour quelle dette il a offert sa garantie. Pour éviter la perte de son bien il peut donc tenter de contester soit la validité de son engagement[12], soit les caractères de la créance du poursuivant à son égard (liquidité, exigibilité), soit la validité de l'engagement du débiteur principal[13]. Peut-il bénéficier de la faculté de délaissement ? On en a douté à la suite des arrêts de 2002 (v. s^s n° 1313.61). En effet, la reconnaissance de l'existence d'un engagement personnel de caution au sein du cautionnement réel avait pour conséquence de priver la caution réelle de la faculté de délaissement du bien grevé[14]. À la suite de l'arrêt de la

1. Cass., ch. mixte, 2 déc. 2005, n° 03-18.210, *Bull. ch. mixte*, n° 7; *JCP* 2005. II. 10183, note Simler; *JCP E* 2006. 1056, note Piedelièvre; *Banque et Droit* 2006. 55, obs. Jacob.
2. L. Aynès, *D.* 2006. 733.
3. Ph. Simler, *JCP* 2006. I. 131.
4. Civ. 1re, 7 févr. 2006, n° 02-16.010, *Bull. civ.* I, n° 53 – et Com. 21 févr. 2006, n° 04-14.051, *Bull. civ.* IV, n° 42; *D.* 2006. 574, obs. Avéna-Robardet – Civ. 3e, 15 févr. 2006, n° 04-19.847, *Bull. civ.* III, n° 35 – Civ. 1re, 28 févr. 2006, n° 02-10.602, *Bull. civ.* I, n° 102 – Civ. 1re, 7 mai 2008, n° 07-11.692, *Bull. civ.* I, n° 125.
5. Ce qui a pour conséquence, not., que si la sûreté est une hypothèque sur un bien, elle est nécessairement adaptée aux capacités financières du constituant, ainsi qu'aux risques de l'endettement né de l'octroi du crédit. Justifie ainsi sa décision, la cour d'appel qui retient que la banque qui fait souscrire une telle sûreté n'est dès lors pas tenue d'un devoir de mise en garde à l'égard du constituant, que celui-ci soit ou non averti : Com. 24 mars 2009, n° 08-13.034, *Bull. civ.* IV, n° 43.
6. Com. 21 mars 2006, n° 05-12.864, *Bull. civ.* I, n° 72; *LPA* 31 mai 2006, n° 108, p. 17, note Prigent.
7. Civ. 1re, 21 juin 1978, n° 76-14.524, *Bull. civ.* I, n° 236 – Civ. 1re, 6 mars 1979, n° 77-11.840, *Bull. civ.* I, n° 78; *JCP* 1979. II. 19140, concl. Gulphe; *Defrénois* 1980. 590, obs. Aubert.
8. Poitiers, 3 sept. 1986, *Juris-Data* n° 44777.
9. EN CE SENS, concl. av. gén. Gulphe s^s Civ. 1re, 6 mars 1979, préc. s^s prés n°.
10. Cass., ch. mixte, 2 déc. 2005, n° 03-18.210, *Bull. ch. mixte*, n° 7.
11. EN CE SENS, Com. 4 avr. 2006, n° 02-17.160, NP; *RLDC* juin 2006, p. 31.
12. Civ. 2e, 3 déc. 1980, n° 79-10.285, *Bull. civ.* II, n° 253.
13. Si la prescription de la créance principale a été interrompue, cette interruption est opposable au tiers qui a constitué une sûreté réelle en garantie de la dette du débiteur : Com. 17 nov. 2009, n° 08-16.605, *Bull. civ.* IV, n° 149.
14. EN CE SENS, P. Crocq, obs. s^s Civ. 1re, 15 mai 2002, n° 00-13.527, *Bull. civ.* I, n° 128; *RTD civ.* 2002. 546 et spéc. 549.

chambre mixte du 2 décembre 2005[1], on pouvait penser que la question redevenait claire : la nature de cautionnement étant déniée au cautionnement réel, le garant devait pouvoir bénéficier de la faculté de délaissement. Cependant, les auteurs de la réforme de la saisie immobilière ont exclu le garant de la catégorie des tiers détenteurs, et par voie de conséquence, il ne devrait pas pouvoir bénéficier des droits qui sont ouverts à ces tiers détenteurs. Une telle exclusion ne s'explique pas (v. s[s] n° 1313.61).

SECTION 2
ÉVÉNEMENTS PERSONNELS AFFECTANT LE SAISI

1313.80 Incidence sur la régularité de la procédure. Un certain nombre d'événements touchant personnellement le saisi, comme le tiers saisi, ont des répercussions procédurales que le créancier ne peut pas ignorer : le décès du saisi ou tiers saisi (§ 1), son éventuelle incapacité (§ 2), sa situation matrimoniale (§ 3), l'ouverture contre lui d'une procédure collective (§ 4), d'une procédure de surendettement ou de rétablissement personnel (§ 5), la qualité de rapatrié du saisi (§ 6).

§ 1
Incidence du décès

1313.90 Plan. Lorsque le débiteur propriétaire de biens immobiliers décède, la marche à suivre pour le créancier qui entend entreprendre une saisie immobilière en est compliquée; la situation est encore plus délicate lorsque la mesure d'exécution forcée était déjà engagée contre ce débiteur. La réforme des successions et libéralités opérée par la loi n° 2006-728 du 23 juin 2006 introduit des modifications intéressant les droits des créanciers de la succession[2]. Comme par le passé toutefois, il faut distinguer selon que le créancier ignore le décès de son débiteur (A) ou que celui-ci lui est connu (B).

A.
Ignorance du décès ou des héritiers

1313.91 Ignorance du décès par le créancier. Si l'attestation après décès n'est pas publiée, le créancier ne peut se voir reprocher d'avoir ignoré cet événement. Il risque alors de l'apprendre lorsque l'huissier ira signifier le commandement de saisie immobilière, à moins que la signification ne s'effectue selon les dispositions de l'article 659 alinéa 1er C. pr. civ. Dans ce cas la procédure sera poursuivie dans l'ignorance de cette situation; la nullité ne sera pas soulevée et l'adjudication pourra être retranscrite.

Si la procédure était déjà ouverte, le décès du saisi en cours de procédure n'interrompt pas l'instance; seule la notification de ce décès par les héritiers entraîne interruption (C. pr. civ., art. 370). Le créancier peut donc demeurer dans l'ignorance si les héritiers ne lui notifient pas le décès et poursuivre la procédure jusqu'à l'adjudication définitive. Cette situation présente donc de graves inconvénients pratiques que la jurisprudence contemporaine tente de réduire[3].

1313.92 Connaissance du décès mais ignorance des héritiers. Le créancier a pu apprendre le décès à l'occasion de la signification d'un acte mais ignorer quels sont les héritiers du défunt. S'il n'arrive pas à obtenir d'informations il pourra demander la désignation d'un mandataire *ad hoc* à cette fin pour tenter d'obtenir cette information.

Si le créancier ignore quels sont les héritiers mais connaît le notaire chargé de régler la succession, il peut tenter d'obtenir de lui un certificat relatant les qualités héréditaires (Décr. n° 55-1350, 14 oct. 1955[4], mod. par Décr. n° 2012-1462, 26 déc. 2012[5], art. 36-3-*b*).

B.
Connaissance des héritiers

1313.101 Position du problème. Des héritiers peuvent régler spontanément les dettes de leur auteur. S'ils ne le font pas, le créancier qui a connaissance du décès de son débiteur, peut diriger sa procédure d'exécution contre les héritiers, lorsqu'il les connaît; la lecture de l'attestation après décès

1. Cass., ch. mixte, 2 déc. 2005, n° 03-18.210, *Bull. ch. mixte*, n° 7.
2. L. n° 2006-728, 23 juin 2006, portant réforme des successions et des libéralités, *JO* 24 juin, p. 9513.
3. Ainsi, la première chambre civile a jugé que la notification d'un arrêt à une partie décédée était opposable à sa succession : Civ. 1re, 27 mars 2007, n° 06-11.000, *Bull. civ.* I, n° 135; *RTD civ.* 2007. 381, obs. Perrot – V. AUSSI : Civ. 2e, 10 mars 2004, n° 00-18.976, *Bull. civ.* II, n° 106; *D.* 2004. 995; *RTD civ.* 2004. 351, obs. Perrot, qui juge que si le décès n'a pas été notifié à l'adversaire et s'il n'est pas établi qu'il en avait connaissance par ailleurs, le pourvoi formé contre la personne décédée doit être réputé dirigé contre sa succession.
4. Décr. n° 55-1350, 14 oct. 1955, pris pour l'application du décret n° 55-22 du 4 janvier 1955 portant réforme de la publicité foncière, *JO* 15 oct., p. 10125.
5. Décr. n° 2012-1462, 26 déc. 2012, pris pour l'application de l'ordonnance n° 2010-638 du 10 juin 2010 portant suppression du régime des conservateurs des hypothèques et pour l'adaptation de la publicité foncière, *JO* 28 déc., p. 20582.

publiée à la Conservation des hypothèques pourra le renseigner ou la notification des héritiers opérée en vertu de l'article 370 C. pr. civ. Il pourra même agir avant que l'attestation de propriété n'ait été publiée s'il est sûr de connaître tous les héritiers (Décr. 14 oct. 1955, art. 36-3-b).

1313.102 Option des héritiers et suspension temporaire des voies d'exécution. La loi n° 2006-728 du 23 juin 2006 portant réforme des successions et des libéralités a apporté d'importantes modifications au titre I du livre III du Code civil. Le chapitre IV réglemente l'option de l'héritier : celui-ci « *peut accepter la succession purement et simplement ou y renoncer* », mais « *il peut également accepter la succession à concurrence de l'actif net lorsqu'il a une vocation universelle ou à titre universel* » (C. civ., art. 768).

« *L'héritier [...] qui accepte purement et simplement la succession répond indéfiniment des dettes et charges qui en dépendent* » (C. civ., art. 785).

Un héritier peut déclarer qu'il n'entend prendre cette qualité qu'à concurrence de l'actif net. Dans ce cas, l'article 771 dispose que « *l'héritier ne peut être contraint à opter avant l'expiration d'un délai de quatre mois à compter de l'ouverture de la succession* » mais qu'« *à l'expiration de ce délai, il peut être sommé, par acte extra-judiciaire, de prendre parti, notamment, à l'initiative d'un créancier de la succession [...]* ».

Dans le cas où l'héritier n'accepte la succession qu'à concurrence de l'actif net (C. civ., art. 787 s.), il ne sera « *tenu au paiement des dettes de la succession que jusqu'à concurrence de la valeur des biens qu'il a recueillis* » (C. civ., art. 791, 3°). La loi nouvelle prévoit que la déclaration de l'héritier s'effectue au greffe du tribunal de grande instance du ressort duquel la succession est ouverte; elle est enregistrée et fait l'objet d'une publication nationale qui peut être faite par voie électronique (C. civ., art. 788). Les créanciers de la succession peuvent déclarer leurs créances en notifiant leur titre au domicile élu de la succession. Faute de déclaration dans un délai de quinze mois à compter de la publicité de l'article 788, les créances non assorties de sûretés sur les biens de la succession sont éteintes à l'égard de celle-ci (C. civ., art. 792). À compter de sa publication et pendant le délai de l'article 792, la déclaration de l'héritier arrête ou interdit toute voie d'exécution et toute nouvelle inscription de sûreté de la part des créanciers de la succession et portant tant sur les meubles que sur les immeubles (C. civ., art. 792-1).

Au demeurant, l'héritier peut souhaiter conserver en nature un ou plusieurs biens de la succession; dans ce cas, il en devra la valeur fixée dans l'inventaire. Il peut aussi vendre les biens qu'il n'entend pas conserver (C. civ., art. 793). Quel que soit son choix, il est tenu de régler le passif de la succession et doit payer les créanciers inscrits selon le rang de la sûreté assortissant leurs créances; les autres créanciers qui ont déclaré leur créance sont désintéressés dans l'ordre des déclarations (C. civ., art. 796).

Les articles 809 à 811-3 règlent le cas des successions vacantes et en déshérence.

1313.103 Exécution contre les héritiers. Lorsque les héritiers ne s'acquittent pas des dettes de la succession, les créanciers peuvent agir en exécution forcée sur les biens de la succession, voire sur leurs biens personnels selon l'option exercée.

1313.104 Signification des titres aux héritiers. Selon l'article 877 du Code civil, réécrit par la loi du 23 juin 2006 mais non modifié dans son principe, le titre exécutoire contre le défunt l'est aussi contre l'héritier huit jours après que la signification lui en a été faite.

À défaut, la procédure de saisie serait nulle ainsi que l'adjudication si elle avait eu lieu[1]. En cas de procédure de saisie immobilière sur un immeuble appartenant à deux époux, dont l'un décède en cours de procédure, la signification des titres doit alors être effectuée au profit des héritiers de cet époux[2]; la règle s'applique même si la partie saisie était également partie à l'acte exécutoire dès lors que la poursuite est dirigée contre elle aussi en sa qualité d'héritière[3].

1313.105 La procédure est ensuite menée contre les héritiers. Il s'agit d'une procédure de saisie de droit commun; le créancier n'a pas à respecter les règles du droit de suite à l'encontre des héritiers de son débiteur car ces derniers ne peuvent être assimilés à des tiers détenteurs[4].

Si le décès du saisi est postérieur au commandement :

A) Sous l'empire des dispositions de l'ancien Code de procédure civile, le créancier pour poursuivre la procédure doit sommer les héritiers de prendre connaissance du cahier des charges; pour avoir le temps d'obtenir des informations sur eux malgré les délais impératifs de la procédure, l'article 689 dernier alinéa ACPC dispose que la somma-

1. Civ. 1re, 15 janv. 1974, n° 72-10.282, *Bull. civ.* I, n° 23; *D.* 1974. 307.
2. En vertu de l'art. 877 C. civ., dans sa rédaction antérieure à celle issue de la loi n° 2006-728 du 23 juin 2006, les titres exécutoires contre le défunt ne sont exécutoires contre l'héritier personnellement que huit jours après leur signification à la personne ou au domicile de l'héritier; est donc irrégulière une signification effectuée par procès-verbal de recherches infructueuses : Civ. 1re, 1er févr. 2012, n° 10-25.578, *Bull. civ.* I, n° 22; *D.* 2012. 436.
3. Civ. 2e, 18 mars 1987, n° 85-17.392, *Bull. civ.* II, n° 69.
4. Civ. 2e, 30 juin 1993, n° 91-11.784, *Bull. civ.* II, n° 243; *D.* 1993. IR 208.

tion peut être faite aux héritiers collectivement au domicile élu et à défaut d'élection de domicile, au domicile du défunt et sans désignation des noms et qualité.

B) Réforme de la saisie immobilière. Après avoir indiqué à l'article 42 alinéa 1er (devenu C. pr. exéc., art. R. 322-8) que la dénonciation aux créanciers inscrits du commandement de payer valant saisie peut être faite aux domiciles élus sur les bordereaux d'inscription, l'alinéa 2 ajoute qu'« *elle peut être faite aux héritiers collectivement sans désignation des noms et qualités respectifs, à domicile élu ou à défaut au domicile du défunt* ».

On rappellera par ailleurs, que lorsque la procédure était déjà ouverte, ce qui est le cas lorsque l'assignation à comparaître a été délivrée au débiteur, le décès du saisi en cours de procédure n'interrompt pas l'instance, seule la notification de ce décès par les héritiers entraîne interruption (C. pr. civ., art. 370). Le créancier qui ignorera le décès du saisi ne saura pas qu'il doit dénoncer le commandement aux héritiers et l'audience d'orientation sera menée par défaut... Il n'y aura donc pas de demande de vente amiable.

§ 2
Incidence de l'incapacité

1313.110 Réforme. La loi n° 2007-308 du 5 mars 2007, portant réforme de la protection juridique des majeurs, est entrée en vigueur le 1er janvier 2009[1]. Tout en améliorant la protection, elle ne bouleverse pas en profondeur les principes antérieurs s'agissant des conséquences de l'incapacité d'un débiteur dont l'immeuble est saisi. Les solutions rendues sous l'empire de l'ancienne législation peuvent donc encore être consultées.

1313.111 Deux effets. Comme pour n'importe quelle procédure d'exécution, le fait que le saisi soit incapable impose au créancier de tenir compte du régime de l'incapacité pour déterminer contre qui diligenter sa procédure. La nature immobilière du bien menacé de saisie justifie en outre une protection renforcée des incapables mineurs et majeurs en tutelle, qui passe par le préalable de la discussion de leur mobilier. En revanche, le fait que l'article 426 du Code civil, issu de la loi n° 2007-308 du 5 mars 2007 (C. civ., anc. art. 490-2), dispose que quel que soit le régime de protection, le logement de la personne protégée et les meubles meublants dont il est garni, qu'il s'agisse d'une résidence principale ou secondaire, sont conservés à sa disposition aussi longtemps que possible, n'instaure pas une insaisissabilité des tiers sur l'habitation et l'autorisation du juge des tutelles n'est pas une condition nécessaire à la saisie immobilière[2].

A.
Contre qui diriger la procédure ?

1313.121 Tutelle (mineur non émancipé, majeur en tutelle ou sous administration légale). Un incapable doit être représenté dans les actes de la vie civile, sauf pour les actes de la vie courante dans lesquels n'entre pas la défense à une action en justice. La saisie ne sera donc pas dirigée directement contre lui mais contre le tuteur, qui selon l'article 504 du Code civil, issu de la loi n° 2007-308 du 5 mars 2007 (C. civ., art. 464, al. 2 anc.) agit seul en justice pour faire valoir les droits patrimoniaux de la personne protégée, sans autorisation du conseil de famille.

Toutefois, depuis l'entrée en vigueur de la réforme de la procédure de saisie immobilière issue de l'ordonnance du 21 avril 2006, le saisi peut solliciter du JEX, l'autorisation de vendre amiablement son immeuble. En principe, et conformément aux dispositions de l'article 505 alinéa 1er du Code civil, « *le tuteur ne peut, sans y être autorisé par le conseil de famille ou, à défaut, le juge, faire des actes de disposition au nom de la personne protégée* ». La **vente amiable judiciaire** est manifestement un **acte de disposition**. Toutefois, l'article 505 alinéa 2 précise que « *l'autorisation n'est pas exigée en cas de vente forcée sur décision judiciaire ou de vente amiable sur autorisation du juge* ». Ce texte renvoie-t-il au juge des tutelles ou au JEX ? On ne saurait répondre sans hésitation; aussi serait-il plus prudent pour le tuteur qui représentera une personne protégée dont l'immeuble est saisi de solliciter une autorisation du juge des tutelles avant de présenter la demande de vente amiable au JEX.

En revanche, la saisie sera dirigée directement contre le mineur émancipé devenu capable. Toutefois, seuls les actes passés postérieurement à l'ouverture de la tutelle, par la personne protégée, sont nuls de droit; ainsi il a été jugé que l'adjudication de l'immeuble d'une personne sous tutelle ne devait pas être annulée, le jugement n'ayant pas la nature d'un acte accompli par l'incapable[3] (sur la nature du jugement d'adjudication, v. s^s^ n°s 1341.31 et 1371.31 s.).

1313.122 Curatelle. Comme avant la réforme des majeurs protégés, la saisie est dirigée contre l'incapable en curatelle, qui peut faire seul tous les

1. L. n° 2007-308, 5 mars 2007, portant réforme de la protection juridique des majeurs, *JO* 7 mars, p. 4325.
2. Paris, 18 sept. 2001, *RTD civ.* 2002. 75, obs. Hauser.
3. Civ. 1re, 10 nov. 1965, *RTD civ.* 1966. 480.

actes qui, sous le régime de la tutelle, ne nécessiteraient pas l'autorisation du conseil de famille (C. civ., art. 467, al. 1er *a contrario* – sur la difficulté pour apprécier la nécessité d'une autorisation en cas de saisie de l'immeuble de la personne protégée, v. ss no 1313.121). L'article 467 alinéa 3 du Code civil impose toutefois de faire au curateur, à peine de nullité, toutes les significations faites au majeur en curatelle. La signification faite au curateur est imposée à peine de nullité[1] mais elle ne peut suppléer l'absence d'acte délivré au majeur[2]. L'article 467 alinéa 3 ne prévoit pas l'ordre dans lequel les significations doivent être entreprises (pas plus que C. civ., anc. art. 510[3]).

B. Préalable de la discussion du mobilier des incapables

1313.131 Domaine. Lorsqu'un créancier entend agir en exécution sur les immeubles d'un mineur, même émancipé, ou d'un majeur protégé, le Code civil impose préalablement la discussion du mobilier de ces débiteurs particuliers.

A) Procédures de saisie immobilière ayant donné lieu avant le 1er janvier 2007 au dépôt du cahier des charges prévu à l'article 688 ACPC. La discussion préalable est imposée à l'ancien article 2206 du Code civil pour les majeurs en tutelle.

B) Réforme. À la suite de l'entrée en vigueur de l'ordonnance réformant la saisie immobilière, c'est à l'article 2197 alinéa 1er (devenu C. pr. exéc., art. L. 311-8, al. 1er) que figure la règle énoncée à l'ancien article 2206. 11 convient de signaler que si le Code civil de 1804 ne consacrait que la protection des immeubles des majeurs en tutelle, le domaine de protection de l'ordonnance est plus étendu, qui vise les « *majeurs en curatelle ou tutelle* ».

1313.132 Portée de la règle. Cette discussion préalable est considérée par la doctrine comme une condition de fond de la validité de la procédure de saisie immobilière. Sous l'empire du décret-loi de 1938, la nullité de la saisie immobilière entreprise sans discussion préalable peut donc être soulevée à tout moment (sur les incidents de saisie touchant au fond du droit, v. ss nos 1332.71 s.). Il n'est pas certain que cela soit encore possible depuis la réforme de la saisie immobilière opérée en 2006 (v. ss no 1364.12).

1313.133 Limites de la règle d'antériorité.

A) Procédures de saisie immobilière ayant donné lieu avant le 1er janvier 2007 au dépôt du cahier des charges prévu à l'article 688 ACPC. Cette restriction à la liberté du créancier de choisir sur quels biens il fera porter son exécution forcée a toutefois un champ d'application limité. D'abord, parce que le C. civ. opère une distinction lorsque les immeubles sont détenus en indivision entre un majeur et un mineur ou majeur en tutelle. Dans ce cas, la discussion n'est pas requise, si la dette est commune et la solution est la même dans le cas où les poursuites ont été commencées contre un majeur, ou avant la tutelle des majeurs.

Les dispositions de l'ancien article 2206 ont ensuite été appliquées restrictivement par la jurisprudence qui s'est attachée à distinguer selon la date à laquelle le majeur était placé sous tutelle. S'il l'est déjà quand le créancier entreprend les poursuites, ce dernier sera soumis aux dispositions restrictives de l'ancien article 2206 du Code civil. En revanche, si, alors que le majeur avait toutes ses facultés, il est ensuite déclaré incapable, la discussion de son mobilier ne peut être envisagée que si la procédure de saisie immobilière n'est pas déjà engagée; ce qui compte alors, c'est la date de la publication du commandement de saisie, la seule délivrance du commandement n'étant qu'un acte préparatoire à la mesure d'exécution.

B) Réforme. L'article 2197 (devenu C. pr. exéc., art. L. 311-8), issu de l'ordonnance du 21 avril 2006 n'a repris que l'hypothèse de poursuites entreprises alors que le majeur n'était pas encore placé sous curatelle ou tutelle. Dans ces hypothèses, la discussion des meubles n'est pas requise avant la saisie des immeubles qui demeure donc possible.

1313.134 Mise en œuvre de la règle.

A) Procédures de saisie immobilière ayant donné lieu avant le 1er janvier 2007 au dépôt du cahier des charges prévu à l'article 688 ACPC. Le Code civil ne s'est expliqué ni sur le mode ni sur le délai pour discuter des biens du mineur.

B) Réforme. La réforme opérée par l'ordonnance du 21 avril 2006 n'apporte pas plus de réponses aux interrogations pratiques qui se posent alors qu'elle

1. Il s'agit d'une irrégularité de fond. EN CE SENS, Civ. 2e, 7 mars 1984, no 82-12.804, *Bull. civ.* II, no 45 (cassation) – Civ. 1re, 6 févr. 1996, no 93-21.053, *Bull. civ.* I, no 65 – TOUTEFOIS, la jurisprudence avait semblé évoluer en 2009 (Civ. 1re, 8 juill. 2009, no 07-19.465, *Bull. civ.* I, no 160; *D.* 2009. 1970, obs. Egéa), mais la première chambre est revenue à la solution antérieure : l'omission d'un acte de procédure du curateur est une irrégularité de fond qui ne peut être couverte par l'intervention volontaire du curateur en cours de procédure : Civ. 1re, 23 févr. 2011, no 09-13.867, *Bull. civ.* I, no 37; *Dr. et proc.* 2011. 148, obs. Mourre-Schreiber.
2. Civ. 1re, 5 oct. 1994, no 92-20.149, *Bull. civ.* I, no 274; *D.* 1995. 358, 2e esp., note Massip; *JCP* 1995. II. 22555, note Fossier; *RTD civ.* 1995, obs. Hauser – Paris, 30 sept. 1999, *D.* 1999. IR 244.
3. Civ. 1re, 6 janv. 1998, no 95-19.902, *Bull. civ.* I, no 3.

ajoute l'hypothèse du majeur sous curatelle lequel n'est qu'assisté par le curateur.

1313.135 • **Mode de discussion.** S'agissant de la **tutelle**, on s'accorde pour considérer que le créancier doit faire au tuteur sommation de déclarer quels sont les biens du mineur susceptibles d'être discutés. Si le tuteur ne répond pas, il peut alors être passé outre à la saisie, après un délai raisonnable. Mais le créancier peut encore agir en exécution sur l'immeuble directement, s'il est en mesure de prouver que le mineur ne possédait aucun bien susceptible d'être discuté.

Pour la **curatelle**, on peut penser que la sommation devra être adressée au majeur et à son curateur conformément aux dispositions de l'article 467 alinéa 3 du Code civil (C. civ., anc. art. 510-2).

1313.136 • **Délai.** On admet que les actes de procédure de la saisie ne peuvent être entrepris avant la tentative de discussion[1]. S'il s'avère, cependant qu'une fois la poursuite engagée parce que la discussion préalable n'a rien révélé, le mineur acquiert un mobilier d'une valeur suffisante pour désintéresser le créancier, la procédure pourra alors être suspendue jusqu'à ce que le nouveau mobilier soit discuté[2].

1313.137 **Responsabilité du tuteur.** Un autre problème tient à la difficulté pour connaître la composition mobilière du patrimoine, à l'inverse des immeubles répertoriés au service des hypothèques. Le créancier qui apprend la mise sous tutelle du débiteur ou qui entend saisir l'immeuble d'un mineur doit s'informer de l'existence de ce mobilier; il peut ainsi faire sommation au tuteur ou à l'administrateur légal de désigner le mobilier de l'incapable. Mais il ne pourra, à l'impossible nul n'est tenu, lui être reproché de ne pas avoir discuté un mobilier qu'il n'a pu identifier, surtout lorsque le tuteur ne coopère pas. Dans ce dernier cas, le tuteur peut être condamné envers le créancier à tous les dépens de l'instance du fait de sa mauvaise volonté et également à indemniser le mineur des intérêts de la dette qui ont continué à courir à raison de son comportement[3].

La curatelle protège le majeur qui, sans être hors d'état d'agir lui-même, a besoin d'être conseillé ou contrôlé dans les actes de la vie civile. Qu'en déduire sur le terrain de la responsabilité lorsque le créancier ne parviendra pas à savoir s'il existe des meubles à discuter ? Le défaut de réponse du majeur assisté ne devrait pas engager la responsabilité du curateur qui ne le représente pas.

1. Req. 8 juill. 1901, *DP* 1903. 1. 539; *S.* 1904. 1. 185.
2. Req. 8 juill. 1901, préc. s[s] prés[t] n°.
3. Req. 8 juill. 1901, *DP* 1903. 1. 539; *S.* 1904. 1. 185.

§ 3
Incidence de la situation matrimoniale du saisi

1313.140 **Plan.** Le régime matrimonial choisi par les époux détermine l'assiette des droits des créanciers. Il faut donc distinguer les régimes séparatistes, des régimes de communauté, en envisageant l'hypothèse particulière des dettes de l'article 220 du Code civil, pour savoir contre qui le créancier va poursuivre la procédure de saisie immobilière. Depuis l'entrée en vigueur de la loi n° 99-944 du 15 novembre 1999[4], il fallait en outre se demander si la conclusion d'un pacte civil de solidarité (PACS) n'emportait pas des effets sur une éventuelle exécution immobilière. La loi n° 2006-728 du 23 juin 2006 portant réforme des successions et des libéralités a apporté des modifications au régime du PACS, et notamment au régime des biens.

A.
Dette de l'article 220 du Code civil

1313.141 **Principe de solidarité.** Les époux sont solidairement responsables des dettes contractées pour l'entretien du ménage et l'éducation des enfants, dans les limites posées par l'article 220 et en vertu de ses applications jurisprudentielles, quel que soit le régime matrimonial choisi. On sait que la solidarité n'a pas lieu si les contrats qui ont pour objet l'entretien du ménage ou l'éducation des enfants n'ont été conclus du consentement des deux époux, pour les achats à tempérament ni pour les emprunts, à moins que ces derniers ne portent sur des sommes modestes nécessaires aux besoins de la vie courante. La loi n° 2014-344 du 17 mars 2014, relative à la consommation[5], dite loi Hamon, a complété l'article 220 du Code civil afin d'imposer en outre de vérifier que le montant cumulé de ces sommes, en cas de pluralité d'emprunts, ne soit pas manifestement excessif eu égard au train de vie du ménage. Dans ce cas, quand bien même ils seraient nécessaires aux besoins de la vie courante, de tels emprunts n'engageront pas l'autre époux.

1313.142 **Procédure.** Le créancier d'une telle dette peut donc, en théorie, agir en exécution sur les biens de l'un ou l'autre des époux, obligés à la totalité de la dette (v. livre 1er de cet ouvrage : *Les parties et les tiers à l'exécution*). L'article 1418 du Code civil dispose d'ailleurs que lorsqu'il y a solidarité, la dette est réputée entrer en communauté du

4. L. n° 99-944, 15 nov. 1999, relative au pacte civil de solidarité, *JO* 16 nov., p. 16959.
5. L. n° 2014-344, 17 mars 2014, relative à la consommation, *JO* 18 mars, p. 5400.

chef des deux époux. Mais le propriétaire poursuivi n'est pas nécessairement celui des deux époux qui avait contracté la dette, mais celui qui, étant titulaire de droits réels immobiliers va contribuer à la dette, en vertu du principe de solidarité. Avant la réforme opérée par l'ordonnance du 21 avril 2006, une difficulté pratique se présentait lorsque le poursuivant ne disposait d'un titre exécutoire que contre un seul des époux, mais pouvait prétendre agir en exécution forcée sur les biens de l'autre, en vertu de l'article 220 du Code civil. La Cour de cassation avait jugé que « *toute exécution forcée implique que le créancier soit muni d'un titre exécutoire à l'égard de la personne même qu'il doit exécuter* »[1] (et v. ss no 1311.80). Lors de la réforme de la procédure de saisie immobilière, il a été décidé que dans le cas où un immeuble commun serait saisi, la procédure devrait être poursuivie contre les deux époux (C. pr. exéc., art. L. 311-7) (v. ss no 1313.162).

B. Régimes séparatistes

1313.151 Principe et procédure.

A) Procédures de saisie immobilière ayant donné lieu avant le 1er janvier 2007 au dépôt du cahier des charges prévu à l'article 688 ACPC. L'immeuble possédé par un des époux en pleine propriété sert de gage à ses créanciers personnels ainsi qu'aux créanciers de l'article 220 du Code civil. L'époux étant seul propriétaire, la procédure de saisie immobilière n'est dirigée que contre lui, même en cas de dette solidaire.

B) Réforme. Selon l'article 13 du décret du 27 juillet 2006 (devenu C. pr. exéc., art. R. 321-1), dans le cas où un immeuble appartenant en propre à l'un des époux constitue la résidence de la famille, le commandement de payer valant saisie qui est délivré au débiteur est dénoncé à son conjoint (v. ss no 1361.15). La mise en évidence de l'affectation familiale du bien conduit à penser que l'objectif du législateur est de veiller à ce que le conjoint non-propriétaire soit informé de la mesure d'exécution engagée sur ce bien. La Cour de cassation, écartant le raisonnement par analogie, a refusé d'étendre cette protection au concubin du débiteur[2]. Initialement, l'article 13 ne prévoyait pas de sanction en cas de manquement. Le décret no 2009-160 du 12 février 2009 a modifié le texte de l'article 12 du décret de 2006 (devenu C. pr. exéc., art. R. 311-11) qui énumère les délais prescrits à peine de caducité du commandement de payer valant saisie en y ajoutant l'article 13 (devenu C. pr. exéc., art. R. 321-1) (v. ss no 1361.16). La *caducité du commandement de payer* sera donc encourue à défaut de dénonce du commandement aux personnes explicitement visées à l'article 13.

1313.152 Exception en cas d'achat en indivision. Le créancier des deux époux en indivision peut faire saisir le bien indivis. La procédure est en effet dirigée contre les deux indivisaires, c'est dire qu'il s'agit d'un créancier de l'indivision, ce qui exclut les dispositions de l'article 815-17 du Code civil. Le créancier d'un seul des époux en revanche, doit faire procéder à la licitation-partage (v. ss nos 1421.05 s.).

C. Régimes de communauté

1313.160 Principe. Les biens communs répondent des dettes personnelles de chacun des époux, nées pendant la communauté, pour le régime de communauté réduite aux acquêts (C. civ., art. 1413) et pour toute dette, pour le régime de communauté universelle; le créancier de l'un, peut donc faire vendre le bien commun, sans que l'autre puisse s'y opposer, sauf en cas de fraude de l'époux débiteur ou mauvaise foi du créancier.

1313.161 • Procédure pour la communauté antérieure à 1985. Pour les créanciers dont la créance est née antérieurement au 1er juillet 1986, date de l'entrée en vigueur de la loi no 85-1372 du 23 décembre 1985[3], les dispositions de l'ancien article 2208 du Code civil demeurent applicables, qui prévoient que l'expropriation des immeubles qui font partie de la communauté se poursuit contre le mari débiteur, seul, quoique la femme soit obligée à la dette. Lorsque les époux sont codébiteurs, le commandement doit être signifié à chacun d'eux[4]. Pour l'expropriation des immeubles de la femme, non entrés en communauté, la poursuite est dirigée contre le mari et la femme laquelle, au refus du mari de procéder avec elle ou si le mari est mineur, peut être autorisée en justice. La référence à des immeubles non entrés en communauté renvoie aux biens propres mais encore aux immeubles de la femme en régime de séparation.

1. Civ. 2e, 28 oct. 1999, no 97-20.071, *Bull. civ.* II, no 163 – Rappr. Civ. 1re, 3 avr. 2001, no 99-13.733, *Bull. civ.* I, no 92; *D.* 2001. Somm. 2933, obs. Nicod; *JCP* 2002. I. 103, no 13, obs. Simler; *JCP* 2002. II. 10080, note Bourdaire.
2. Civ. 2e, 30 avr. 2009, no 08-12.105, *Bull. civ.* II, no 111; *D.* 2009. 2255, obs. Leborgne.
3. L. no 85-1372, 23 déc. 1985, relative à l'égalite des époux dans les régimes matrimoniaux et des parents dans la gestion des biens des enfants mineurs, *JO* 26 déc., p. 15111.
4. Civ. 2e, 8 juin 2000, no 98-14.110, *Bull. civ.* II, no 99.

1313.162 • **Procédure depuis la loi du 23 décembre 1985.** En l'état de l'abrogation de l'ancien article 2208, la saisie immobilière du bien commun doit-elle être dirigée contre les deux époux ? S'ils sont tous les deux débiteurs, la réponse est évidemment affirmative. La question est plus délicate lorsque seul un époux a contracté la dette. En vertu de l'article 1421 du Code civil, chaque époux ayant le pouvoir d'administrer seul les biens communs, la jurisprudence en déduit que chaque époux a qualité pour exercer seul, en demande ou en défense les actions en justice relatives aux biens communs, s'agissant d'actes d'administration[1]. Mais pouvait-on transposer ce raisonnement sans hésitation aux procédures civiles d'exécution ? La doctrine n'était pas unanime[2]. Certes, s'agissant de la procédure d'expulsion, il a été jugé qu'elle devait être dirigée contre chacun des époux[3]. Dans le domaine de la procédure de saisie immobilière, on savait aussi qu'une demande en conversion de saisie immobilière d'un bien commun en vente volontaire, n'étant pas un acte de disposition impliquant une volonté libre d'aliéner, ne requiert pas le consentement du conjoint[4]. Mais la défense à exécution forcée de l'immeuble commun n'exigeait-elle pas la mise en cause des deux époux ? La réponse diffère désormais selon le droit applicable.

A) Procédures de saisie immobilière ayant donné lieu avant le 1er janvier 2007 au dépôt du cahier des charges prévu à l'article 688 ACPC. Avant la réforme de la procédure de saisie immobilière, il était généralement admis que le créancier pouvait mener la procédure contre son seul débiteur mais décider, en opportunité, de dénoncer le commandement au conjoint voire, de le sommer de prendre connaissance du cahier des charges, à toutes fins utiles. La doctrine s'interrogeait toutefois sur l'opportunité de signifier le commandement aux deux époux[5]. C'est la solution de l'arrêt de la Cour de cassation du 8 juin 2000 (la deuxième chambre ayant jugé que « *lorsque des poursuites sont exercées sur un immeuble dépendant de la communauté de biens existant entre deux époux codébiteurs, le commandement de saisie doit être signifié à chacun d'eux* »[6]), qui semblait avoir déclenché la réflexion. Or, il avait été rendu non seulement dans une espèce où les époux en question s'étaient mariés avant 1985, mais encore dans le contexte où les époux étaient codébiteurs. Cette seule circonstance explique que chacun des époux pouvait être destinataire du commandement de saisie immobilière (v. un arrêt où la chambre commerciale admet la validité d'un commandement de saisie immobilière signifié à la seule épouse, dans le cas particulier où le créancier n'avait pas déclaré sa créance à la procédure collective du mari, codébiteur[7]).

Finalement, la Cour de cassation a jugé en 2007 que chacun des époux ayant le pouvoir d'administrer seul les biens communs et d'en disposer, le créancier poursuivant n'est pas tenu de signifier le commandement et la sommation au conjoint non débiteur lorsque l'épouse est seule débitrice, celle-ci ayant qualité pour exercer seule en défense ou en demande les actions relatives aux biens communs[8].

B) Réforme. Il faut distinguer entre immeuble commun et immeuble en propre mais affecté au logement de la famille.

Immeuble commun. L'ordonnance portant réforme de la saisie immobilière introduit dans le Code civil une disposition prévoyant que « *la saisie des immeubles communs est poursuivie contre les deux époux* » (C. civ., art. 2195 [devenu C. pr. exéc., art. L. 311-7]), ce qui devrait conduire le créancier à signifier tous les actes de la procédure aux deux époux. L'ordonnance n'indique cependant pas quelle sera la sanction en cas de non-respect de cette nouvelle règle (v. s^s n° 1361.192).

Immeuble propre mais affecté au logement de la famille. L'article 13 du décret (devenu C. pr. exéc., art. R. 321-1) dispose que dans le cas où un immeuble appartenant en propre à l'un des époux constitue la résidence de la famille, le commandement de payer valant saisie qui est délivré au débiteur doit être dénoncé à son conjoint au plus tard le premier jour ouvrable suivant la signification de l'acte. Initialement, l'article 13 ne prévoyait pas de sanction en cas de manquement. Le décret n° 2009-160 du 12 février 2009 a modifié le texte de l'article 12 du décret de 2006 (devenu C. pr. exéc., art. R. 311-11) qui énumère les délais prescrits à peine de caducité du commandement de payer valant saisie en y ajoutant l'article 13 (v. s^s n° 1361.16). La *caducité du commandement de payer* sera donc encourue à défaut de dénonce du commandement aux personnes visées à l'article 13 (devenu C. pr. exéc., art. R. 321-1).

1. Civ. 1re, 19 mars 1991, n° 88-18.488, *Bull. civ.* I, n° 91; *Defrénois* 1992. 850, obs. Champenois; *RTD civ.* 1992. 443, obs. Lucet et Vareille – Pau, 28 mai 1997, *JCP* 1998. IV. 1643 – Orléans, 1er févr. 2001, *JCP* 2002. I. 103, n° 4, obs. Wiederkehr.
2. EN CE SENS, J.-P. Sénéchal, *Defrénois* 2002, art. 37522, spéc. p. 487.
3. Civ. 2e, 21 sept. 2000, n° 97-21.905, *Bull. civ.* II, n° 132; *JCP* 2000. IV. 2640; *D.* 2001. Somm. 2934, obs. Nicod.
4. Civ. 1re, 31 mai 1989, n° 87-10.647, *Bull. civ.* I, n° 220 – V. AUSSI : *Civ. 2e, 11 janv. 2007, n° 04-18.792, Bull. civ.* I, n° 1, qui juge que la demande de conversion est un acte d'administration.
5. V. J.-P. Sénéchal, *Defrénois* 2002, art. 37522, préc. s^s prés^t n°.
6. Civ. 2e, 8 juin 2000, n° 98-14.110, *Bull. civ.* II, n° 99.
7. Com. 3 mai 2006, n° 02-11.963, *Bull. civ.* IV, n° 113.
8. Civ. 2e, 22 févr. 2007, n° 06-12.295, *Bull. civ.* II, n° 50.

Concubins. En avril 2009, la Cour de cassation a jugé qu'aucune disposition législative ou réglementaire ne prévoit l'obligation pour le créancier poursuivant de signifier le commandement de payer valant saisie au concubin du débiteur[1].

D. Pacte civil de solidarité

1313.171 Effets. La conclusion d'un pacte civil de solidarité (PACS) emporte deux conséquences susceptibles d'intéresser les créanciers de chacun des partenaires ainsi que leurs créanciers communs; il s'agit du régime des biens ainsi que de la solidarité des dettes.

1313.172 Régime des biens. L'indivision qui était le principe retenu par le législateur de 1999 devra être choisie par les partenaires, dans la loi du 23 juin 2006.

A) Sous l'empire de la loi du 15 novembre 1999, tous les biens dont les partenaires devenaient propriétaires à titre onéreux postérieurement à la conclusion du PACS étaient présumés indivis par moitié si l'acte d'acquisition ou de souscription n'en disposait autrement (C. civ., art. 515-5) et y compris si le bien avait été acquis par l'un des partenaires à l'insu de l'autre[2].

B) Sous l'empire de la loi du 23 juin 2006. Les partenaires peuvent dans la convention initiale, ou dans une convention modificative, choisir de soumettre au régime de l'indivision les biens qu'ils acquièrent ensemble ou séparément à compter de l'enregistrement de ces conventions (C. civ., art. 515-5-1). L'article 515-5-2 énumère ensuite les catégories de biens qui demeurent la propriété exclusive de chacun et notamment, les biens acquis avec des deniers appartenant à un partenaire antérieurement à l'enregistrement de la convention initiale ou modificative (C. civ., art. 515-5-2, 4°) et ceux acquis avec des deniers reçus par donation ou succession (C. civ., art. 515-5-2, 5°); l'emploi de tels deniers doit faire l'objet d'une mention dans l'acte d'acquisition, à défaut le bien sera réputé indivis par moitié.

Enfin, et par dérogation à l'article 1873-3 du Code civil, la convention d'indivision ne sera réputée conclue que pour la durée du PACS; lors de la dissolution du pacte, les partenaires pouvant toutefois décider qu'elle continuera de produire ses effets (C. civ., art. 515-5-3, al. 3).

En cas d'acquisition d'un bien immeuble en indivision, le créancier de l'un seul des partenaires pourra donc agir en licitation partage; celui qui sera créancier des deux pourra entreprendre une saisie immobilière.

Selon l'article 47, V de la loi du 23 juin 2006, relatif aux dispositions transitoires, les articles 515-5 à 515-5-3 du Code civil ne s'appliquent de plein droit qu'aux PACS conclus après l'entrée en vigueur de la loi. Toutefois, les partenaires ayant conclu un PACS sous l'empire de la loi ancienne se sont vu reconnaître la faculté de soumettre celui-ci aux dispositions de la loi nouvelle par convention modificative. C'est au greffier du tribunal d'instance qui avait reçu l'acte initial, d'enregistrer la convention modificative (C. civ., art. 515-3, al. 4).

1313.173 Solidarité de certaines dettes. Ici encore, la loi du 23 juin 2006 avait apporté des améliorations aux règles d'origine. En vertu de l'article 515-4 alinéa 2 du Code civil issu de la loi du 19 novembre 1999, les partenaires étaient tenus solidairement à l'égard des tiers des dettes contractées par l'un d'eux pour « *les besoins de la vie courante et pour les dépenses relatives au logement commun* ». L'article 515-4 alinéa 2, dans sa rédaction issue de la loi de 2006, ne visait plus que « *les dettes contractées par l'un d'eux pour les besoins de la vie courante* » et excluait la solidarité pour les dettes manifestement excessives. Selon l'article 47, V, 3° de la loi du 23 juin 2006, toutefois, le droit de poursuite des créanciers dont la créance est née antérieurement à l'entrée en vigueur de la loi restera déterminé par les dispositions en vigueur à cette date. Sous ces réserves, une saisie immobilière pourra donc porter sur l'immeuble, propriété de l'un des partenaires, voire sur l'immeuble acquis en indivision, pour obtenir paiement de telles dettes.

La loi n° 2010-737 du 1er juillet 2010, portant réforme du crédit à la consommation[3], a encore modifié la rédaction de l'article 515-4 alinéa 2 du Code civil. La solidarité n'a pas lieu pour les dépenses manifestement excessives; elle n'a pas lieu non plus, s'ils n'ont été conclus du consentement des deux partenaires, pour les achats à tempérament ni pour les emprunts, à moins que ces derniers ne portent sur des sommes modestes nécessaires aux besoins de la vie courante. La loi n° 2014-344 du 17 mars 2014, dite loi Hamon, a complété l'article 515-4 du Code civil pour imposer que soit également vérifié que le montant cumulé de ces sommes, en cas de pluralité d'emprunts, ne soit pas manifestement excessif eu égard au train de vie du ménage. Dans ce cas, quand bien même ils seraient nécessaires aux besoins de la vie courante,

1. Civ. 2e, 30 avr. 2009, n° 08-12.105, *Bull. civ.* II, n° 111; *D.* 2009. 2255, obs. Leborgne.
2. Rép. min. n° 23816, *Dr. fam.* 2001. 27, note Lecuyer.
3. L. n° 2010-737, 1er juill. 2010, portant réforme du crédit à la consommation, *JO* 2 juill., p. 12001.

de tels emprunts n'engageront pas l'autre partenaire.

Lorsqu'un partenaire ne sera tenu à la dette qu'en vertu de la solidarité, le créancier devra toutefois penser, préalablement, à obtenir un titre exécutoire contre lui (v. s^{s} n° 1311.80), ce qui supposera qu'il connaisse et son existence et son identité[1] (sur l'accès aux informations conservées, v. Décr. n° 99-1090, 21 déc. 1999[2], art. 5). La loi du 23 juin 2006 introduit une importante modification qui intéresse la publicité du PACS. L'article 515-3-1 prévoit qu'il est fait mention en marge de l'acte de naissance de chaque partenaire de la déclaration de PACS avec l'indication de l'identité du partenaire. Selon l'article 47 V, 1° de la loi du 23 juin 2006 toutefois, pendant un délai d'un an à compter de l'entrée en vigueur de la loi (soit le 1er janvier 2007), les dispositions relatives à la publicité n'ont été applicables qu'aux PACS conclus à compter de sa date d'entrée en vigueur. Pendant ce délai, les partenaires engagés dans les liens d'un PACS conclu conformément aux dispositions de la loi de 1999 ont pu faire connaître leur accord pour qu'il soit procédé aux formalités de publicité. À l'issue de ce délai d'un an, les greffiers des tribunaux d'instance concernés ont adressé, dans un délai maximum de six mois, un avis de mention de déclaration de PACS aux officiers d'état civil détenteurs des actes de naissance de chaque partenaire. Les droits des créanciers sont désormais assurés.

§ 4
Incidence du droit des entreprises en difficulté

1313.181 Les différentes procédures. Depuis la loi n° 2005-845 du 26 juillet 2005 de sauvegarde des entreprises[3], codifiée au livre VI du Code de commerce, pour connaître des droits des créanciers d'agir en exécution forcée sur les immeubles du débiteur soumis à une procédure collective, il faut distinguer selon que le débiteur fait l'objet d'une procédure de sauvegarde, de redressement judiciaire ou de liquidation judiciaire. Avec l'entrée en vigueur de la loi n° 2010-658 du 15 juin 2010, relative à l'entrepreneur à responsabilité limitée[4], qui permet à un entrepreneur d'isoler une masse de biens et de droits pour exploiter une entreprise tout en le préservant, en cas de difficultés financières, d'une procédure collective dans laquelle il engloutirait tous ses biens, il a fallu en outre, adapter les dispositions du livre VI du Code commerce à ce débiteur particulier. Enfin, l'ordonnance n° 2014-326 du 12 mars 2014, réformant le droit des entreprises en difficulté[5], a apporté des améliorations aux différentes procédures du livre VI du Code de commerce, et a instauré une procédure de rétablissement professionnel sans liquidation, qui n'est pas une procédure collective[6].

1313.182 Entrepreneur individuel à responsabilité limitée[7]. L'ordonnance n° 2010-1512 du 9 décembre 2010[8] a toiletté tout le Livre VI et ajouté un titre VIII, spécialement consacré à l'entrepreneur à responsabilité limitée. Ainsi, lorsque les dispositions des titres Ier à VI du présent livre sont appliquées en raison des activités professionnelles exercées par un entrepreneur individuel à responsabilité limitée, elles le sont patrimoine par patrimoine (C. com., art. L. 680-1). Les dispositions des titres Ier à VI du livre VI qui intéressent la situation économique ou les biens, droits ou obligations du débiteur entrepreneur individuel à responsabilité limitée doivent, sauf dispositions contraires, être comprises comme visant les éléments du seul patrimoine affecté à l'activité en difficulté ou, si l'activité est exercée sans affectation de patrimoine, du seul patrimoine non affecté (C. com., art. L. 680-2) et les dispositions des titres Ier à VI du livre VI qui intéressent les droits ou obligations des créanciers du débiteur entrepreneur individuel à responsabilité limitée s'appliquent, sauf dispositions contraires, dans les limites du seul patrimoine affecté à l'activité en difficulté ou, si l'activité est exercée sans affectation de patrimoine, du seul patrimoine non affecté (C. com., art. L. 680-3).

1313.183 Effets de l'ouverture d'une procédure collective : généralités. L'ouverture d'une procédure collective peut affecter le droit des créanciers de recourir à des mesures d'exécution mais n'interdit pas toute procédure d'exécution (en revanche

1. C. Laporte, « Pacs et exécution », *Procédures* août-sept. 2000, p. 3.
2. Décr. n° 99-1090, 21 déc. 1999,relatif aux conditions dans lesquelles sont traitées et conservées les informations relatives à la formation, la modification et la dissolution du pacte civil de solidarité, *JO* 24 déc., p. 19217.
3. L. n° 2005-845, 26 juill. 2005, de sauvegarde des entreprises, *JO* 27 juill., p. 12187.
4. L. n° 2010-658, 15 juin 2010, relative à l'entrepreneur individuel à responsabilité limitée, *JO* 16 juin, p. 10984.
5. Ord. n° 2014-326, 12 mars 2014, portant réforme de la prévention des difficultés des entreprises et des procédures collectives, *JO* 14 mars, p. 5249.
6. P.-M. Le Corre, « Premiers regards sur l'ordonnance n° 2014-326 du 12 mars 2014 réformant le droit des entreprises en difficulté », *D.* 2014. 733.
7. P.-M. Le Corre, V. Legrand et A. Guesmi, « L'entreprise individuelle à responsabilité limitée en difficulté », *D.* 2011. 90.
8. Ord. n° 2010-1512, 9 déc. 2010, portant adaptation du droit des entreprises en difficulté et des procédures de traitement des situations de surendettement à l'entrepreneur individuel à responsabilité limitée, *JO* 10 déc., p. 21617.

pour les obstacles à l'exécution, v. s^{s} n°s 1318.50 s.); lorsqu'il est possible à un créancier d'agir en exécution, la procédure peut alors, en phase de sauvegarde et de redressement, être dirigée contre le débiteur, seul ou assisté, et en phase de liquidation, contre le débiteur représenté. La procédure collective peut encore être ouverte contre le tiers ayant donné un bien en garantie (sur ce cas particulier, v. s^{s} n° 1318.65).

La loi du 26 juillet 2005, de sauvegarde des entreprises, a réorganisé par ailleurs le traitement amiable des difficultés rencontrées par le débiteur; il ne s'agit toutefois pas d'une procédure collective, son ouverture ne produisant aucun effet restrictif sur les droits du débiteur et de ses créanciers (sur les obstacles à l'exécution, v. s^{s} n°s 1318.05 s.).

L'ordonnance n° 2008-1345 du 18 décembre 2008 [1] a réformé la législation de 2005 sur certains points dans le but d'assouplir le recours aux outils élaborés par la loi de sauvegarde, d'améliorer le fonctionnement des comités de créanciers et de favoriser le recours à la procédure de liquidation judiciaire simplifiée. Le nouveau régime a été appliqué aux procédures ouvertes depuis le 15 février 2009. Les améliorations apportées par l'ordonnance n° 2014-326 du 12 mars 2014, sont entrées en vigueur au 1er juillet 2014.

1313.184 En phase de sauvegarde. La procédure de sauvegarde est une procédure préventive qui ne peut intervenir qu'avant cessation des paiements mais elle est en même temps judiciaire, à la différence de la phase amiable et elle produit des effets similaires à l'ouverture d'un redressement judiciaire. Il s'agit d'une véritable procédure collective qui emporte arrêt des poursuites individuelles et obligation de déclarer les créances au passif. Mais l'entreprise n'est pas à vendre, aucun plan de cession n'étant envisageable. Le jugement ne rend pas exigibles les créances non échues à la date de son prononcé (C. com., art. L. 622-29). L'ordonnance du 18 décembre 2008 modifie l'article L. 620-1 du Code de commerce afin de permettre l'ouverture d'une procédure pour le débiteur qui « *sans être en état de cessation des paiements, justifie de difficultés qu'il n'est pas en mesure de surmonter* ».

Le débiteur conserve la direction de ses affaires mais un administrateur peut être désigné qui surveillera ou assistera le débiteur (C. com., art. L. 622-1, II). Selon l'article L. 622-3, le débiteur continue à exercer sur son patrimoine les actes de disposition et d'administration ainsi que les droits et actions qui ne sont pas compris dans la mission de l'administrateur. Les actions en justice et les voies d'exécution, autres que celles visées à l'article L. 622-21 sont poursuivies au cours de la période d'observation à l'encontre du débiteur après mise en cause de l'administrateur et du mandataire judiciaire (C. com., art. L. 622-23).

Une distinction est opérée entre les créanciers antérieurs et postérieurs à la procédure. Aux termes de l'article L. 622-17, les créances « *nées régulièrement après le jugement d'ouverture pour les besoins du déroulement de la procédure, ou de la période d'observation, ou en contrepartie d'une prestation fournie au débiteur pendant cette période sont payées à leur échéance* ».

Ainsi, même pour les créanciers dont la créance est née postérieurement au jugement d'ouverture, seules certaines créances permettront à leur titulaire d'agir en recouvrement : le jugement emportant non seulement interdiction de payer toute créance née avant l'ouverture de la procédure mais encore interdiction de payer toute créance née après, « *non mentionnée au I de l'article L. 622-17. Ces interdictions ne sont pas applicables au paiement des créances alimentaires* » (C. com., art. L. 622-7). En revanche, selon l'article L. 622-21, II du Code de commerce, le jugement d'ouverture arrête ou interdit toute voie d'exécution tant sur les meubles que sur les immeubles de la part de tous les créanciers dont la créance n'est pas mentionnée au I de l'article L. 622-17 (v. s^{s} n°s 1318.50 s.). Dans sa rédaction issue de l'ordonnance du 18 décembre 2008, l'article L. 622-21, II dispose que le jugement « *arrête ou interdit également toute procédure d'exécution de la part de ces créanciers tant sur les meubles que sur les immeubles ainsi que toute procédure de distribution n'ayant pas produit un effet attributif avant le jugement d'ouverture* ».

1313.185 En phase de redressement. La plupart des règles de fonctionnement du redressement judiciaire sont calquées sur les règles de fonctionnement de la procédure de sauvegarde par renvoi des articles du redressement aux articles concernant la procédure de sauvegarde. L'ordonnance du 18 décembre 2008 n'apporte pas de modifications profondes à cette procédure dont les règles sont seulement aménagées pour tenir compte des observations de la pratique et des leçons tirées de la jurisprudence.

Le redressement judiciaire a pour finalité la poursuite d'activité, totale ou partielle, par le débiteur moyennant un plan de continuation soutenu par un plan d'apurement du passif (C. com., art. L. 631-1). L'ordonnance du 18 décembre 2008 apporte des précisions à l'article L. 631-1 sur la définition de la situation de cessation des paiements qui impose ouverture d'une procédure collective. Pour l'essentiel, les dispositions issues de la loi de 2005 demeurent inchangées.

1. Ord. n° 2008-1345, 18 déc. 2008, portant réforme du droit des entreprises en difficulté, *JO* 19 déc., p. 19462.

Les mécanismes mis en place en phase de redressement judiciaire sont analogues à ceux de la sauvegarde, le jugement ne rendant pas exigibles les créances non échues à la date de son prononcé (C. com., art. L. 622-29, auquel fait renvoi l'article L. 631-14, al. 1er). Le ou les administrateurs assistent le débiteur pour tous les actes relatifs à la gestion ou certains d'entre eux, voire assurent seuls, entièrement ou en partie, l'administration de l'entreprise (C. com., art. L. 631-12). L'article L. 622-3, qui dispose que le débiteur continue à exercer sur son patrimoine les actes de disposition et d'administration ainsi que les droits et actions qui ne sont pas compris dans la mission de l'administrateur, est applicable au redressement. D'une manière plus générale, les articles L. 622-2 à L. 622-9 et L. 622-13 à L. 622-33 sont applicables à la procédure de redressement judiciaire (C. com., art. L. 631-14, al. 1er), ce qui signifie que les créanciers de l'article L. 622-17, I peuvent agir en paiement et recouvrement de leur créance et que les voies d'exécution, tant sur les meubles que sur les immeubles, sont arrêtées ou suspendues pour les créanciers antérieurs.

1313.186 Liquidation judiciaire. Cette procédure est destinée à mettre fin à l'activité de l'entreprise et à permettre au liquidateur de réaliser l'actif.

Le jugement qui ouvre ou prononce la liquidation emporte dessaisissement pour le débiteur de l'administration et de la disposition de ses biens. Les droits et actions concernant le patrimoine du débiteur sont exercés pendant toute la liquidation judiciaire par le liquidateur (C. com., art. L. 641-9). L'ordonnance du 12 mars 2014 a cependant modifié le périmètre de la procédure de liquidation judiciaire s'agissant d'un débiteur personne physique. Désormais, le liquidateur ne peut, sauf accord du débiteur, réaliser les biens ou droits acquis au titre d'une succession ouverte après l'ouverture ou le prononcé de la liquidation judiciaire, ni provoquer le partage de l'indivision pouvant en résulter. Cela semble signifier que les créanciers pourront exercer leurs poursuites individuelles sur ces biens sans attendre la clôture de la procédure[1]. S'agissant des autres biens, si, dans un délai de trois mois à compter du jugement, le liquidateur n'a pas entrepris la liquidation des biens grevés d'un privilège spécial, nantissement ou d'une hypothèque, les créanciers titulaires d'un privilège spécial, d'un nantissement ou d'une hypothèque et le Trésor public pour ses créances privilégiées, peuvent, dès lors qu'ils ont déclaré leurs créances, exercer leur droit de poursuite individuelle (C. com., art. L. 643-2 – pour le déroulement ou la reprise d'une procédure de saisie immobilière engagée avant le jugement d'ouverture, v. ss nos 1411.61 s).

1313.187 Rétablissement professionnel. Les auteurs de la réforme de 2014 ont souhaité faire preuve de pragmatisme face aux nombreux dossiers dans lesquels l'absence ou la faiblesse de l'actif rendent illusoire la liquidation des biens. Il a donc été institué une procédure de rétablissement professionnel, ouverte à tout débiteur, personne physique, mentionné à l'article L. 642-2 du Code de commerce. Il ne s'agit pas d'une procédure collective de paiement car les créanciers ne sont pas assujettis à une discipline collective et la règle de l'interdiction des poursuites individuelles ne les concerne pas. Le tribunal qui ouvre la procédure désigne un juge commis chargé de recueillir tous les renseignements sur la situation patrimoniale du débiteur, notamment le montant de son passif et la valeur de ses actifs; il nomme pour assister le juge commis un mandataire judiciaire (C. com., art. L. 645-4). Si le débiteur est mis en demeure ou poursuivi par un créancier au cours de la procédure, le juge commis peut, à la demande du débiteur, reporter le paiement des sommes dues dans la limite de quatre mois et ordonner, pour cette même durée, la suspension des procédures d'exécution qui auraient été engagées par le créancier (C. com., art. L. 645-6). La clôture de la procédure emporte effacement des dettes, professionnelles, comme non professionnelles nées antérieurement à l'ouverture du rétablissement professionnel, à l'exception des dettes alimentaires et des dettes salariales.

§ 5
Incidence d'une procédure de surendettement ou de rétablissement personnel

1313.191 Droit positif. La loi n° 2010-737 du 1er juillet 2010, portant réforme du crédit à la consommation, a modifié à compter du 1er novembre 2010 les dispositions du Code de la consommation réglementant le traitement du surendettement des particuliers[2]. Désormais, soit les ressources ou l'actif réalisable du débiteur permettent à la commission de surendettement de prescrire des mesures de traitement, soit le débiteur se trouve dans une situation irrémédiablement compromise et la commission recommandera un rétablissement personnel avec ou sans liquidation judiciaire.

1. EN CE SENS, Ph. Pétel, « Entreprises en difficulté : encore une réforme ! », *JCP E* 2014. 1223, n° 26.

2. V. Vigneau et A. Lauriat, « La réforme du droit du surendettement des particuliers par la loi du 1er juillet 2010 », *D.* 2010. 2593.

Selon le traitement adopté, il en résultera, ou non, une interdiction ou une suspension des mesures d'exécution, de plein droit.

Les articles 61 et 68 à 72 de la loi n° 2013-672 du 26 juillet 2013, de séparation et de régulation des activités bancaires[1], ont introduit des modifications à la procédure de traitement des situations de surendettement, notamment pour porter d'un à deux ans le délai de suspension et d'interdiction des procédures d'exécution diligentées à l'encontre des biens du débiteur. La loi n° 2014-366 du 24 mars 2014, pour l'accès au logement et un urbanisme rénové[2], a encore apporté des modifications aux dispositions du Code de la consommation relatives à la procédure de surendettement.

1313.192 Application à l'entrepreneur individuel à responsabilité limitée (EIRL). L'ordonnance n° 2010-1512 du 9 décembre 2010, portant adaptation du droit des entreprises en difficulté et des procédures de traitement des situations de surendettement à l'entrepreneur individuel à responsabilité limitée a harmonisé les dispositions de la loi n° 2010-658 du 15 juin 2010 qui permet à un entrepreneur d'isoler une masse de biens et de droits pour exploiter une entreprise.

L'article L. 333-7 du Code de la consommation, modifié par la loi du 26 juillet 2013, dispose désormais que le débiteur qui a procédé à une déclaration d'affectation conformément à l'article L. 526-7 du Code de commerce est éligible à une procédure de surendettement[3].

1313.193 Suspension des procédures d'exécution. Aux termes de l'article L. 331-3-1 du Code de la consommation, lorsque la commission déclare la demande du débiteur recevable et prescrit des mesures de traitement, la décision déclarant la recevabilité de la demande emporte, de plein droit, suspension et interdiction des procédures d'exécution diligentées à l'encontre des biens du débiteur ainsi que des cessions de rémunération consenties par celui-ci et portant sur les dettes autres qu'alimentaires; initialement d'un an maximum, cette suspension et cette interdiction ne ont été portées à deux ans par la loi du 26 juillet 2013. Toutefois, lorsqu'en cas de saisie immobilière la vente forcée a été ordonnée, le report de la date d'adjudication ne peut résulter que d'une décision du juge chargé de la saisie immobilière, saisi à cette fin par la commission, pour causes graves et dûment justifiées.

Lorsque la commission déclare le dossier recevable, elle peut encore saisir le juge d'instance aux fins de suspension des mesures d'expulsion du logement du débiteur. Si la situation du débiteur l'exige, le juge prononce la suspension provisoire des mesures d'expulsion de son logement, à l'exception de celles fondées sur un jugement d'adjudication rendu en matière de saisie immobilière et de celles ordonnées sur le fondement du troisième alinéa de l'article L. 321-2 C. pr. exéc. Cette suspension est acquise, pour une période maximale de deux ans et, selon les cas, jusqu'à l'approbation du plan conventionnel de redressement, prévu à l'article L. 331-6, jusqu'à la décision imposant les mesures prévues par l'article L. 331-7, jusqu'à l'homologation par le juge des mesures recommandées en application des articles L. 331-7-1, L. 331-7-2 et L. 332-5 ou jusqu'au jugement d'ouverture d'une procédure de rétablissement personnel avec liquidation judiciaire (C. consom., art. L. 331-3-2, mod. par L. 26 juill. 2013).

D'autre part, aux termes de l'article L. 331-5 du Code de la consommation, à la demande du débiteur, la commission peut saisir, avant la décision de recevabilité visée à l'article L. 331-3, le juge (d'instance, depuis le 1er septembre 2011[4]) aux fins de suspension des procédures d'exécution diligentées à l'encontre des biens du débiteur ainsi que des cessions de rémunération consenties par celui-ci et portant sur les dettes autres qu'alimentaires. Dans ce cas encore, si la vente forcée de l'immeuble a été ordonnée, le report de la date d'adjudication ne peut résulter que d'une décision du juge chargé de la saisie immobilière, saisi à cette fin par la commission, pour causes graves et dûment justifiées.

Si un plan conventionnel a été adopté mais qu'en cours d'exécution il apparaît que la situation du débiteur est irrémédiablement compromise, la commission peut recommander un rétablissement sans liquidation ou saisir le juge d'instance d'une demande d'ouverture d'un rétablissement avec liquidation judiciaire. Cette recommandation ou cette saisine emporte suspension ou interdiction des procédures d'exécution diligentées à l'encontre des biens du débiteur. La commission peut également demander au juge de suspendre les mesures d'expulsion. La suspension et l'interdiction sont acquises jusqu'à l'homologation par le juge de la recommandation en application de l'article L. 332-5 ou jusqu'au jugement d'ouverture d'une procédure

1. L. n° 2013-672, 26 juill. 2013, de séparation et de régulation des activités bancaires, *JO* 27 juill., p. 12530.
2. L. n° 2014-366, 24 mars 2014, pour l'accès au logement et un urbanisme rénové, *JO* 26 mars, p. 5809.
3. V. Legrand, « Le chapitre II de l'ordonnance du 9 décembre 2010 concernant le surendettement de l'entrepreneur individuel à responsabilité limitée : premiers constats et déceptions », Dossier « L'entreprise individuelle à responsabilité limitée en difficulté » (dir. P.-M. Le Corre), *D.* 2011. 99.
4. Conformément aux dispositions de L. 22 déc. 2010 et de Décr. 28 juin 2011 qui lui ont transféré le contentieux du surendettement jusqu'alors traité par le juge de l'exécution, v. ss no 1312.22.

de rétablissement personnel avec liquidation judiciaire. Cette suspension et cette interdiction ne peuvent excéder deux ans (C. consom., art. L. 331-7-3, mod. par L. 26 juill. 2013).

Lorsqu'une procédure de redressement avec liquidation est ouverte, l'article L. 332-6 dispose que le jugement d'ouverture entraîne, jusqu'au jugement de clôture, la suspension et l'interdiction des procédures d'exécution diligentées à l'encontre des biens du débiteur ainsi que des cessions de rémunération consenties par celui-ci et portant sur les dettes autres qu'alimentaires. Il entraîne également la suspension des mesures d'expulsion du logement du débiteur, à l'exception de celles fondées sur un jugement d'adjudication rendu en matière de saisie immobilière ainsi que de celles ordonnées sur le fondement du troisième alinéa de l'article L. 321-2 C. pr. exéc.

§ 6
Qualité de rapatrié du débiteur saisi

1313.201 Incidence de la qualité de rapatrié du débiteur saisi : position du problème. Depuis 1961, existait un dispositif de protection des rapatriés d'outre-mer, progressivement étoffé par des lois successives, qui prévoyait globalement trois types de mesures : indemnisation des rapatriés pour les pertes subies dans les territoires qu'ils ont quittés, aménagements ou remises de dettes et suspension des poursuites relatives à celles-ci. En réalité, l'évolution législative avait abouti à une suspension quasi générale des poursuites contre les rapatriés qui faisaient une demande d'aide. L'article 100 de la loi de finances pour 1998 n° 97-1269 du 30 décembre 1997[1], modifié par les lois n° 98-546 du 2 juillet 1998[2] et n° 98-1267 du 30 décembre 1998[3], accordait à toutes les personnes ayant déposé un dossier auprès des commissions départementales d'aide aux rapatriés une « *suspension provisoire des poursuites engagées à leur encontre, jusqu'à décision de l'autorité administrative compétente* ». La suspension affectait également les procédures collectives et les mesures conservatoires et, par le jeu d'un renvoi au I de l'article 44 de la loi n° 86-1318 du 30 décembre 1986[4], un décret n° 99-469 du 4 juin 1999[5] ouvrait l'accès de la commission de désendettement aux sociétés industrielles et commerciales dont le capital était détenu par des rapatriés à concurrence de 51 %, si la société avait été créée avant le 15 juillet 1970 et de 90 % si elle avait été constituée après. Ce dispositif déjà très protecteur avait été conforté par une jurisprudence extrêmement favorable aux rapatriés, la Cour de cassation jugeant que le juge judiciaire n'était pas compétent pour apprécier la recevabilité de la demande d'aide présentée par le rapatrié et qu'il devait s'abstenir de statuer dès lors qu'une telle demande était présentée[6] et que la suspension des poursuites concernait les actions relatives à toutes les dettes[7], quelle que soit leur date de naissance[8].

Les dispositions légales accordant le bénéfice de plein droit d'une suspension provisoire des poursuites aux rapatriés avaient toutefois été exclues par la Cour de cassation pour la procédure d'expulsion d'un bien immobilier dont l'adjudication était devenue irrévocable[9].

Le dispositif de protection était fortement contesté devant les juridictions du fond et finalement la Cour de cassation, réunie en assemblée plénière le 7 avril 2006, avait rejeté un pourvoi formé contre un arrêt de la cour d'appel de Montpellier qui avait écarté l'application de la législation. Il avait été jugé que les mesures d'aide aux rapatriés ne devaient pas recevoir application dans la mesure où elles méconnaissaient l'article 6 § 1er de la Convention européenne de sauvegarde des droits de l'homme et des libertés fondamentales (conv. EDH)[10]. Pour la Cour de cassation, « *si l'article 6-1 de la Convention européenne de sauvegarde des droits de l'Homme et des libertés fondamentales permet à l'État de limiter le droit d'accès à un tribunal dans un but légitime, c'est à la condition que la substance même de ce droit n'en soit pas atteinte et que, si tel est le cas, les moyens employés soient proportionnés à ce but. Ayant exactement retenu que les dispositions relatives au désendettement des rapatriés réinstallés dans une profession non salariée, résultant des articles 100 de la loi du 30 décembre 1997, 76 de la loi du 2 juillet 1998, 25 de la loi du*

1. L. n° 97-1269, 30 déc. 1997, de finances pour 1998, *JO* 31 déc., p. 19261.
2. L. n° 98-546, 2 juill. 1998, portant diverses dispositions d'ordre économique et financier, *JO* 3 juill., p. 10127.
3. L. n° 98-1267, 30 déc. 1998, de finances rectificative pour 1998, *JO* 31 déc., p. 20116.
4. L. n° 86-1318, 30 déc. 1986, de finances rectificative pour 1986, *JO* 31 déc., p. 15873.
5. Décr. n° 99-469, 4 juin 1999, relatif au désendettement des rapatriés réinstallés dans une profession non salariée, *JO* 6 juin, p. 8334.
6. Civ. 2e, 18 mars 2004, n° 01-14.223, *Bull. civ.* II, n° 138 – Com. 28 sept. 2004, n° 02-16.299, NP.
7. Civ. 1re, 22 avr. 1997, n° 95-15.589, *Bull. civ.* I, n° 126.
8. Civ. 1re, 19 déc. 1995, n° 93-14.372, *Bull. civ.* I, n° 480 – Civ. 1re, 25 févr. 1997, nos 94-22.088 et 94-21.928, *Bull. civ.* I, n° 74 – Civ. 1re, 11 déc. 2001, n° 99-21.802, *Bull. civ.* I, n° 315.
9. Civ. 2e, 1er déc. 2005, n° 04-13.681, *Bull. civ.* II, n° 306; *Dr. et proc.* 2006. 165, obs. Leborgne.
10. Cass., ass. plén., 7 avr. 2006, n° 05-11.519, *Bull. ass. plén.*, n° 3 – V. D. Mouralis, « Constitution, Convention européenne des droits de l'homme et dispositif de protection des rapatriés : une nouvelle lecture », *Dr. et proc.* 2006. 193.

30 décembre 1998, 2 du décret du 4 juin 1999 et 77 de la loi du 17 janvier 2002, organisent, sans l'intervention d'un juge, une suspension automatique des poursuites, d'une durée indéterminée, portant atteinte, dans leur substance même, aux droits des créanciers, privés de tout recours alors que le débiteur dispose de recours suspensifs devant les juridictions administratives, puis relevé que la dette de la SCI n'était pas discutée et qu'à la date à laquelle elle se prononçait, la suspension des poursuites, qui lui interdisait de statuer, perdurait sans qu'aucune décision ne soit intervenue sur l'admission de sa demande, la cour d'appel en a déduit à bon droit que la SCI devait être condamnée à payer la provision réclamée ». Si cette solution avait ensuite été répétée à plusieurs reprises[1], la deuxième chambre civile exigeait toutefois que les juges du fond motivent leur décision lorsqu'ils déboutaient un demandeur de sa demande de suspension. Ainsi, violait l'article 6 § 1er de la Convention de sauvegarde des droits de l'homme et des libertés fondamentales, un tribunal qui, pour rejeter la demande de suspension des poursuites liée au dispositif de désendettement des rapatriés installés dans une profession non salariée, se fondait sur des motifs d'ordre général, sans analyser les éléments de l'espèce propres à caractériser l'atteinte portée au droit du créancier à accéder à un tribunal dans un but légitime[2].

Il ne fallait sans doute pas déduire de cet arrêt que le principe d'un dispositif de protection en faveur des rapatriés était nécessairement contraire à la Convention européenne, mais seulement qu'en l'état de sa réglementation, il apparaissait contraire aux droits fondamentaux des créanciers, pour les raisons énoncées par la Cour de cassation. Que soit introduit un recours judiciaire, par exemple, et comme en matière de surendettement des particuliers ou de procédures collectives, une suspension provisoire « contrôlée » semblait pouvoir être admise.

En réponse à cette jurisprudence, le gouvernement avait modifié le décret n° 99-469 du 4 juin 1999 pour y ajouter un article 8-1[3] qui imposait à tout juge saisi d'un litige entre le débiteur et un de ses créanciers de surseoir à statuer et de saisir la commission. Dans ce cas, celle-ci disposait d'un délai de six mois à compter de la notification qui lui était faite pour accomplir sa mission. Lorsqu'elle constatait l'échec de la conciliation, la commission en avisait le juge. L'instance était alors poursuivie à la diligence des parties ou à l'initiative du juge. La deuxième chambre civile avait, ensuite, jugé que l'article 8-1 du décret du 4 juin 1999 n'imposait pas au juge judiciaire de suspendre les poursuites contre le débiteur, ce texte ayant seulement pour objet de limiter le délai dont dispose, pour statuer, la commission d'aide aux rapatriés, saisie d'une demande d'admission au dispositif de désendettement des rapatriés. Ainsi, lorsque la commission n'avait pas accompli sa mission dans le délai de six mois à compter de la notification qui lui a été faite, les juges du fond pouvaient décider que l'instance peut être poursuivie[4].

1313.202 Abrogation de l'article 100. Saisi par la Cour de cassation d'une question prioritaire de constitutionnalité, relative à la conformité aux droits et libertés que la Constitution garantit de l'article 100 de la loi n° 97-1269 du 30 décembre 1997 et de l'article 25 de la loi n° 98-1267 du 30 décembre 1998 de finances rectificative pour 1998, le Conseil constitutionnel a, en 2012, jugé que l'article 100 était contraire à la Constitution.

L'abrogation de l'article 100 de la loi du 30 décembre 1997 a pris effet à compter de la décision du Conseil et elle est applicable à toutes les instances non jugées définitivement à cette date[5].

1. Ainsi, on ne dénombre pas moins de treize décisions inédites, en 2007. Pour l'année 2008 : v. Civ. 2e, 17 avr. 2008, n° 06-16.556, NP; *Procédures* 2008, n° 181 – Civ. 2e, 22 mai 2008, n° 07-11.602, NP – Civ. 2e, 12 juin 2008, nos 05-21.438, 07-12.874 et 06-17.024, NP – Civ. 2e, 26 juin 2008, n° 07-13.245, *Bull. civ.* II, n° 157; *D.* 2008. AJ 2007 – Civ. 2e, 26 juin 2008, n° 07-13.248, NP – Civ. 2e, 3 juill. 2008, n° 07-15.491, NP.
2. Civ. 2e, 9 avr. 2009, n° 07-21.546, *Bull. civ.* II, n° 92 : en l'espèce le tribunal s'était borné à indiquer que la règle de suspension provisoire des poursuites s'appliquant en cas de recours contre une décision de la CONAIR imposait un sacrifice excessif des droits des créanciers et qu'elle était, à ce titre, contraire à la Conv. EDH.
3. Décr. n° 2006-1420, 22 nov. 2006, modifiant le décret n° 99-469 du 4 juin 1999, relatif au désendettement des rapatriés réinstallés dans une profession non salariée, *JO* 23 nov., p. 17560.
4. Civ. 2e, 7 janv. 2010, n° 09-11.961, *Bull. civ.* II, n° 4.
5. C. const. 27 janv. 2012, n° 2011-213 QPC, *JO* 28 janv. 2012, p. 1675; *Dr. et proc.* 2012. 80, obs. Leborgne.

CHAPITRE

1314. Créanciers qui apparaissent à la Conservation des hypothèques

ANNE LEBORGNE
PROFESSEUR À L'UNIVERSITÉ D'AIX-MARSEILLE

SECTION 0 ORIENTEUR

1314.00 Plan du chapitre.

Rappel : régime applicable à la saisie immobilière (ancien Code de procédure civile ou réforme). La procédure de saisie immobilière a été réformée par l'ordonnance n° 2006-461 du 21 avril 2006 qui a modifié le Code civil[1], et par le décret n° 2006-936 du 27 juillet 2006[2], qui a abrogé les articles 673 à 717 de l'ancien Code de procédure civile (ACPC). Le décret, entré en vigueur le 1er janvier 2007, n'est pas applicable aux procédures de saisies immobilières ayant donné lieu, avant son entrée en vigueur, au dépôt du cahier des charges prévu à l'article 688 ACPC.

1314.05 Pluralité de situations. Des créanciers ont pu inscrire une hypothèque sur le bien immeuble ou être titulaires d'un privilège spécial. Le créancier saisissant en aura connaissance en prenant des renseignements hypothécaires. Une fois le commandement publié, il peut encore arriver que certains créanciers délivrent également un commandement de saisie immobilière, qui sera inscrite en marge du premier commandement publié au bureau des hypothèques du service de la publicité foncière.

SECTION 1 CRÉANCIERS INSCRITS

1314.10 Les créanciers inscrits sont ceux qui sont portés sur l'état hypothécaire délivré après la publication du commandement[3]. On peut distinguer ici les créanciers hypothécaires, de ceux titulaires d'un privilège spécial, publié, sur l'immeuble (C. civ., art. 2374)[4].

Les premiers ont un droit de suite sur le bien et un droit de préférence sur le prix. On pourrait donc penser qu'ils ne seront concernés qu'au moment de la distribution du prix d'adjudication. Lors de la réforme de la saisie immobilière, il a été mis à la charge de ces créanciers une obligation de déclaration de leur créance en cours de procédure de saisie immobilière, afin d'améliorer les procédures de distribution. Parmi les créanciers titulaires d'un privilège spécial publié, le décret-loi du 17 juin 1938 s'était intéressé spécialement au vendeur de

1. Ord. n° 2006-461, 21 avr. 2006, réformant la saisie immobilière, *JO* 22 avr., p. 6072.
2. Décr. n° 2006-936, 27 juill. 2006, relatif aux procédures de saisie immobilière et de distribution du prix d'un immeuble, *JO* 29 juill., p. 11316.
3. N'est pas considéré comme inscrit le créancier bénéficiaire d'une sûreté judiciaire provisoire qui ne figure que sur le certificat, délivré par le conservateur des hypothèques, relatif aux formalités seulement acceptées en dépôt et en instance d'enregistrement au fichier immobilier : Civ. 2e, 10 avr. 2014, n° 13-13.770, NP.
4. C. civ., anc. art. 2103.

l'immeuble saisi et au coéchangiste. Les auteurs de la réforme de la saisie immobilière n'ont pas réintroduit cette hypothèse particulière.

D'une manière générale, le fait d'avoir inscrit une sûreté sur l'immeuble ouvre des droits à ces créanciers qui sont pris en compte dans la procédure (§ 1) ; ils ont aussi le pouvoir de s'opposer à la radiation de la saisie (§ 2) et peuvent requérir la vente à la place du poursuivant (§ 3).

§ 1
Prise en compte de ces créanciers dans la procédure de saisie

1314.11 Procédures de saisie immobilière ayant donné lieu avant le 1er janvier 2007 au dépôt du cahier des charges prévu à l'article 688 ACPC[1]. Les créanciers sont sommés de prendre connaissance du cahier des charges.

Selon l'article 689 ACPC, le saisissant doit sommer les créanciers inscrits, portés en l'état délivré après la publication du commandement, aux domiciles élus sur les bordereaux d'inscription, de prendre communication du cahier des charges et d'y faire insérer leurs dires et observations. Plus particulièrement, l'article 692 du même code dispose que si parmi les créanciers se trouve le vendeur de l'immeuble saisi ou un coéchangiste, la sommation leur est faite, à défaut de domicile élu, à personne ou à domicile (v. ss no 1323.133).

En sommant ces créanciers de prendre connaissance du cahier des charges et d'y faire insérer leurs dires, le saisissant les met en mesure de faire valoir leurs droits à l'occasion de la procédure. Ainsi, il a été jugé que l'effet interruptif de prescription résultant de l'engagement d'une procédure de saisie immobilière par un créancier inscrit sur l'immeuble d'un débiteur bénéficie à tous les créanciers inscrits, relativement à leurs créances respectives, à compter de la publication de la sommation de prendre connaissance du cahier des charges qui leur est délivrée[2].

S'agissant du vendeur ou du coéchangiste, l'article 692 précise que la sommation doit porter qu'à défaut de former et de faire mentionner à la suite du cahier des charges, trois jours au moins avant l'audience éventuelle, la demande en résolution de vente ou la poursuite de folle enchère, ils seront déchus à l'égard de l'adjudicataire de leur droit d'exercer ces actions. Toutefois, seul l'adjudicataire peut opposer la déchéance prévue par ce texte[3].

1314.12 Procédures de saisie immobilière soumises au livre III, parties L et R, du Code des procédures civiles d'exécution : les créanciers inscrits sont parties à la procédure. Le commandement de payer valant saisie est dénoncé aux créanciers inscrits au jour de la publication du commandement[4].

• **Assignation à comparaître et sommation de déclarer :** la dénonciation vaut assignation à comparaître à l'audience d'orientation du JEX (Décr. no 2006-936, 27 juill. 2006, art. 40 [devenu C. pr. exéc., art. R. 322-6[5]])[6] et contient également sommation de déclarer les créances inscrites sur le bien saisi en principal, frais et intérêts échus avec indication du taux des intérêts moratoires, par acte d'avocat déposé au greffe du JEX (Décr. 27 juill. 2006, art. 41, 4o [devenu C. pr. exéc., art. R. 322-7, 4o]). Selon l'article 42 du décret [devenu C. pr. exéc., art. R. 322-8], la dénonciation aux créanciers inscrits peut être faite aux domiciles élus sur les bordereaux d'inscription.

En effet, selon l'article 2214 du Code civil[7] (devenu C. pr. exéc., art. L. 331-1[8]), seuls sont admis à faire valoir leurs droits sur le prix de la vente le créancier poursuivant, les créanciers inscrits sur l'immeuble saisi à la date de la publication du commandement de payer valant saisie, les créanciers inscrits sur l'immeuble avant la publication du titre de vente et qui sont intervenus dans la procédure, ainsi que les créanciers énumérés au 1 *bis* de l'article 2374[9], à savoir les créanciers dispensés de toute inscription ainsi, le syndicat des copropriétaires pour le paiement des charges et travaux de la copropriété, et les créanciers de l'article 2375[10],

1. Lorsque le bien a été adjugé sous l'empire du décret-loi de 1938 mais que la procédure d'ordre n'avait pas été engagée avant le 1er janvier 2007, la procédure de distribution de prix est régie par l'ordonnance du 21 avril et le décret du 27 juillet 2006, conformément à l'article 168 du décret du 27 juillet 2006. Pour les conséquences de l'application de ces dispositions, v. ss nos 1511.22 et 1511.23.
2. Civ. 2e, 8 juill. 2010, no 09-15.051, *Bull. civ.* II, no 139.
3. Civ. 2e, 17 mai 2001, no 98-23.077, *Bull. civ.* II, no 100; *Procédures* 2001, no 176, note Junillon; *Gaz. Pal.* 30 déc. 2001-3 janv. 2002, p. 16, obs. Veron.
4. Sans doute doit-on pouvoir transposer la solution rendue par la deuxième chambre civile le 8 juillet 2010 (v. Civ. 2e, 8 juill. 2010, no 09-15.051, préc. ss no 1314.11) sous l'empire des dispositions de l'ancien Code de procédure civile, jugeant que l'effet interruptif de prescription du commandement de payer valant saisie bénéficiait à tous les créanciers inscrits, en le faisant courir à compter de la dénonce du commandement de payer.
5. Décr. no 2012-783, 30 mai 2012, relatif à la partie réglementaire du Code des procédures civiles d'exécution, *JO* 31 mai, p. 9375.
6. Décr. no 2006-936, 27 juill. 2006, relatif aux procédures de saisie immobilière et de distribution du prix d'un immeuble, *JO* 29 juill., p. 11316.
7. Créé par Ord. no 2006-461, 21 avr. 2006.
8. Ord. no 2011-1895, 19 déc. 2011, relative à la partie législative du Code des procédures civiles d'exécution, *JO* 20 déc., p. 21464.
9. C. civ., anc. art. 2103.
10. C. civ., anc. art. 2104.

c'est-à-dire les créanciers titulaires d'un privilège général sur les immeubles.

L'innovation la plus importante résulte de l'article 2215 (devenu C. pr. exéc., art. L. 331-2) qui dispose que les créanciers sommés de déclarer leur créance et qui auront omis de le faire seront déchus du bénéfice de leur sûreté pour la distribution du prix de vente de l'immeuble. Le but de la réforme est d'inciter les créanciers susceptibles de participer à la distribution de déclarer leur créance en temps voulu, sans que leur négligence ne paralyse les opérations.

L'article R. 322-12 C. pr. exéc. prévoit que le délai dans lequel le créancier inscrit qui a été sommé doit déclarer sa créance est de deux mois avec une possibilité de déclaration postérieure si le créancier justifie que sa défaillance n'est pas de son fait. Dans ce cas, c'est le juge, saisi sur requête, qui autorisera la déclaration.

Par ailleurs, les créanciers inscrits, comme le poursuivant, étant concernés par la vente amiable sur autorisation judiciaire, le débiteur autorisé à vendre devra les mettre en cause si la demande de vente amiable est présentée et jugée avant la signification de l'assignation à comparaître à l'audience d'orientation (Décr. 27 juill. 2006, art. 53 [devenu C. pr. exéc., art. R. 322-20]); le débiteur devra encore leur notifier la décision ordonnant la reprise de la procédure en cas de carence du débiteur (Décr. 27 juill. 2006, art. 55 [devenu C. pr. exéc., art. R. 322-22]).

• **Droits des créanciers inscrits en cours de procédure :** en cours de vente forcée les droits des créanciers inscrits ont été augmentés. Désormais, comme le poursuivant, ils peuvent, sans avoir à recueillir l'autorisation du juge, recourir à tous moyens complémentaires d'information à l'effet d'annoncer la vente (Décr. 27 juill. 2006, art. 69 [devenu C. pr. exéc., art. R. 322-36]) et ils peuvent saisir le juge d'une requête tendant à aménager, restreindre ou compléter les mesures judiciaires de publicité (Décr. 27 juill. 2006, art. 70 [devenu C. pr. exéc., art. R. 322-37]).

• **Information des créanciers inscrits :** lorsque la commission de surendettement saisit le juge de la saisie immobilière d'une demande de remise de l'adjudication pour causes graves (Décr. 27 juill. 2006, art. 61 [devenu C. pr. exéc., art. R. 322-28]), les créanciers inscrits seront destinataires du jugement statuant sur la remise de la vente forcée. Selon l'article R. 331-11-2 du Code de la consommation, le jugement leur est notifié, ainsi qu'à la commission, au débiteur et au créancier poursuivant, par lettre recommandée avec demande d'avis de réception par le greffe du juge chargé de la saisie immobilière.

Enfin, selon l'article 88 du décret du 27 juillet 2006 [devenu C. pr. exéc., art. R. 322-60], le jugement d'adjudication est notifié au débiteur, aux créanciers inscrits et à l'adjudicataire, par le créancier poursuivant; et en cas de surenchère, les créanciers inscrits sont avisés, par le greffe de la date d'audience, par lettre recommandée avec avis de réception (Décr. 27 juill. 2006, art. 97, al. 3 [devenu C. pr. exéc., art. R. 322-53]). En cas de réitération d'enchères (ancienne « folle enchère »), ils sont de même avisés par le greffe de la nouvelle date d'audience par lettre recommandée avec avis de réception (Décr. 27 juill. 2006, art. 103 [devenu C. pr. exéc., art. R. 322-69]).

• **Distribution du prix :** les développements détaillés sont exposés au Livre 15 du présent ouvrage (v. s^{s} n°s 1500.00 s.). On peut toutefois indiquer d'ores et déjà que, au stade de la distribution du prix, l'article 113 du décret de 2006 (devenu C. pr. exéc., art. R. 332-2) dispose que lorsqu'il existe plusieurs créanciers répondant aux conditions de l'article 2214 du Code civil (devenu C. pr. exéc., art. L. 331-1), la partie poursuivante notifie, dans les deux mois suivant la publication du titre de vente une demande de déclaration actualisée des créances aux créanciers inscrits. Le décompte actualisé doit être produit dans les quinze jours de la demande; à défaut, le créancier est déchu des intérêts postérieurs à sa déclaration initiale. On notera cependant que le délai suivant la publication du titre de vente dans lequel la partie poursuivant la distribution notifie la demande de déclaration actualisée de créance n'est assorti d'aucune sanction; en outre, le débiteur saisi peut lui-même poursuivre la distribution judiciaire. En conséquence, la deuxième chambre civile a jugé que le dépassement du délai ne pouvait être sanctionné par l'engagement de la responsabilité civile du créancier saisissant [1].

La deuxième chambre civile, faisant application des dispositions de l'article 2215 (devenu C. pr. exéc., art. L. 331-2) à une procédure de distribution faisant suite à une saisie immobilière intervenue sous l'empire du droit antérieur, a jugé que dans une procédure de distribution du prix de vente d'un immeuble, dont l'ouverture de l'ordre, au sens de l'article 750 ACPC, n'a pas été requise avant le 1er janvier 2007, devait être déchu du bénéfice de sa sûreté un créancier qui n'avait pas déclaré sa créance dans le délai de quinze jours de la sommation qui lui avait été faite. L'article 113 du décret de 2006 (devenu C. pr. exéc., art. R. 332-2), en effet, dispose que lorsqu'une déclaration de créance n'avait pas à être faite (ce qui était le cas des créanciers dans l'ancienne procédure de saisie immobilière), la demande de déclaration actualisée vaut sommation au sens de l'article 2215 du Code civil

1. Civ. 2e, 21 mars 2013, n° 12-13.813, *Bull. civ.* II, n° 60.

(devenu C. pr. exéc., art. L. 331-2). La déchéance de la sûreté est une sanction très sévère car on aurait pu penser que dans un tel cas cette déclaration pouvait être accomplie dans le délai de deux mois imparti à l'article 46 pour la déclaration initiale[1]. La deuxième chambre a ensuite précisé qu'il n'était pas possible de prétendre que cette déchéance ne pouvait être opposée au créancier sous prétexte qu'il n'aurait pas été invité régulièrement à produire sa créance dans le cadre de la phase initiale de la procédure de saisie immobilière[2].

La partie poursuivante élabore ensuite un projet de distribution amiable (Décr. 27 juill. 2006, art. 114 [devenu C. pr. exéc., art. R. 332-3]), qu'elle notifie ensuite aux créanciers inscrits, au débiteur, et, par lettre recommandée avec demande d'avis de réception, au syndic qui a formé l'opposition prévue par l'article 20 de la loi n° 65-557 du 10 juillet 1965[3] fixant le statut de la copropriété des immeubles bâtis, dans un délai d'un mois suivant l'expiration du délai imparti aux créanciers pour actualiser leur créance (Décr. 27 juill. 2006, art. 115, réd. issue du Décr. n° 2010-1304, 29 oct. 2010[4] [devenu C. pr. exéc., art. R. 332-4]). Si les créanciers parties à la procédure et le débiteur parviennent à un accord sur la distribution du prix et, lorsqu'il est fait application de l'article 111, sur la mainlevée des inscriptions et publications, il en est dressé un procès-verbal signé des créanciers et du débiteur (Décr. 27 juill. 2006, art. 119 [devenu C. pr. exéc., art. R. 332-8]). À défaut, la distribution sera judiciaire.

§ 2
Radiation de la saisie

1314.21 Procédures de saisie immobilière ayant donné lieu avant le 1er janvier 2007 au dépôt du cahier des charges prévu à l'article 688 ACPC. Les sommations n'ont pas seulement vocation à informer ces créanciers des conditions du déroulement de la procédure; une fois délivrées, mention doit en être portée, dans les huit jours de la date du dernier exploit de signification, en marge de la copie du commandement publiée au bureau des hypothèques (ACPC, art. 694, al. 1er). À compter de ce jour, la saisie ne pourra plus être rayée que du consentement des créanciers inscrits ou en vertu d'un jugement qui leur soit opposable (ACPC, art. 694, al. 2 – v. ss nos 1323.172 et 1363.122). Les créanciers inscrits sont ainsi associés à la procédure menée par le saisissant.

1314.22 Procédures de saisie immobilière soumises à l'ordonnance du 21 avril 2006 et au décret du 27 juillet 2006. Selon l'article 43 du décret n° 2006-936 du 27 juillet 2006 [devenu C. pr. exéc., art. R. 322-9], et comme sous l'empire des dispositions du décret-loi du 17 juin 1938, mention de la délivrance de l'assignation et des dénonciations est portée en marge de la copie du commandement de payer valant saisie publié au bureau des hypothèques, dans les huit jours de la dernière signification en date. Du jour de cette mention, l'inscription du commandement ne peut plus être radiée que du consentement de tous les créanciers inscrits ou en vertu d'un jugement qui leur est opposable (Décr. 27 juill. 2006, art. 43, al. 2 [devenu C. pr. exéc., art. R. 322-9, al. 2]).

§ 3
Droit de se substituer au poursuivant défaillant

1314.31 Procédures de saisie immobilière ayant donné lieu avant le 1er janvier 2007 au dépôt du cahier des charges prévu à l'article 688 ACPC. Selon l'article 702 ACPC, si le jour de l'adjudication, le poursuivant ne requiert pas la vente, celle-ci peut être requise à la demande de l'un des créanciers inscrits (v. ss nos 1325.31 et 1368.31).

1314.32 Procédures de saisie immobilière soumises à l'ordonnance du 21 avril 2006 et au décret du 27 juillet 2006. Selon l'article 10 du décret n° 2006-936 du 27 juillet 2006 [devenu C. pr. exéc., art. R. 311-9], les créanciers inscrits et ceux énumérés au 1° *bis* de l'article 2374 et à l'article 2375 du Code civil, peuvent à compter de la publication du commandement valant saisie et à tout moment de la procédure demander au JEX leur subrogation dans les droits du créancier poursuivant, par voie de demande incidente ou verbalement à l'audience d'adjudication[5].

Plus spécifiquement, au jour indiqué pour l'adjudication, le créancier poursuivant ou à défaut tout créancier inscrit alors subrogé dans les poursuites,

1. Civ. 2e, 17 févr. 2011, n° 10-15.100, *Bull. civ.* II, n° 48; *D.* 2011. 1519, obs. Leborgne.
2. Civ. 2e, 11 juill. 2013, n° 12-18.055, NP.
3. L. n° 65-557, 10 juill. 1965, fixant le statut de la copropriété des immeubles bâtis, *JO* 11 juill., p. 5950.
4. Décr. n° 2010-1304, 29 oct., relatif aux procédures de traitement des situations de surendettement des particuliers, *JO* 31 oct., p. 19604.
5. L'instance engagée par une caisse de Crédit Agricole aux fins d'être subrogée dans les droits d'une caisse de Crédit Agricole concurrente ne concerne que ces deux créanciers à l'exclusion du saisi lequel n'est pas recevable à contester la demande de subrogation en se prévalant du moyen de fond tiré de l'absence de justification de la créance. L'appel formé par le saisi à l'encontre du jugement de subrogation est dès lors irrecevable : Limoges, 12 mai 2009, RG n° 08/01767, *BICC* 1er avr. 2010, n° 481.

sollicitera la vente (Décr. 27 juill. 2006, art. 60 [devenu C. pr. exéc., art. R. 322-27]).

SECTION 2
CRÉANCIERS AYANT DÉLIVRÉ DES COMMANDEMENTS POSTÉRIEURS

1314.40 Distinction. Les créanciers ayant délivré des commandements postérieurs ne seront pas nécessairement des créanciers titulaires de sûretés même si, en pratique, c'est la situation la plus fréquente (v. s^s n° 1311.11). Il pourrait paraître logique d'assimiler les créanciers poursuivants postérieurs aux créanciers inscrits si on considère qu'à compter de la mention en marge de leur commandement ils sont associés à la procédure de saisie immobilière. Mais ils ne sont pas « inscrits » sur le bien pour autant. Si leur volonté de vendre l'immeuble sur saisie immobilière est établie, cela ne les rend pas titulaires de droits réels sur le bien s'ils n'en n'avaient pas par ailleurs. Il a ainsi été jugé, avant la réforme de 2006, que le fait pour un créancier chirographaire de publier un commandement ne lui ouvre pas une cause de préférence car la publication ne le transforme pas en créancier inscrit; toutefois, il pourra opposer le bénéfice de la publication aux créanciers inscrits postérieurement à la publication de son commandement[1]. Cette jurisprudence devrait continuer à recevoir application (v. s^s n° 1321.187).

§ 1
Publication en marge et consentement à la radiation de la saisie

1314.41 Procédures de saisie immobilière ayant donné lieu avant le 1er janvier 2007 au dépôt du cahier des charges prévu à l'article 688 ACPC. Seul un commandement sera publié, celui du premier saisissant (sur l'hypothèse d'une pluralité de commandements requise simultanément, v. s^s n° 1321.185). Postérieurement, il sera toutefois possible à d'autres créanciers de délivrer également un commandement de saisie, mais ces actes seront simplement mentionnés en marge du premier publié (ACPC, art. 680, al. 1er).

Dès lors, la radiation de la saisie ne pourra être opérée sans le consentement des créanciers saisissants postérieurs ainsi révélés (ACPC, art. 680, al. 3).

1. Civ. 3e, 26 mai 1992, n° 90-13.248, *Bull. civ.* III, n° 173.

1314.42 Procédures de saisie immobilière soumises à l'ordonnance du 21 avril 2006 et au décret du 27 juillet 2006. Le principe de publication du commandement du premier saisissant est maintenu (toutefois v. l'hypothèse de la publication d'une pluralité de commandements requise simultanément, s^s n° 1361.224). Ainsi, selon l'article 21 du décret du 27 juillet 2006 [devenu C. pr. exéc., art. R. 321-9], lorsqu'un commandement de payer valant saisie a déjà été publié, il n'y a pas lieu de publier un nouveau commandement relatif au même bien. Le conservateur mentionne le ou les actes qui ne sont pas publiés en marge de la copie du précédent commandement publié dans l'ordre de leur présentation (Décr. 27 juill. 2006, art. 22, al. 1er [devenu C. pr. exéc., art. R. 321-10, al. 1er])[2].

Dès lors, « *la radiation de la saisie ne peut être opérée sans le consentement de tous les créanciers poursuivants postérieurs* » (Décr. 27 juill. 2006, art. 22, al. 3 [devenu C. pr. exéc., art. R. 321-10, al. 3]).

§ 2
Sort des inscriptions postérieures à la publication du commandement

1314.51 Procédures de saisie immobilière ayant donné lieu avant le 1er janvier 2007 au dépôt du cahier des charges prévu à l'article 688 ACPC. Selon l'article 686 ACPC, la partie saisie ne peut, à compter du dépôt du commandement au bureau des hypothèques aux fins de publicité, ni aliéner ni grever de droits réels les immeubles saisis à peine de nullité; les aliénations et privilèges publiés après le dépôt du commandement étant (à quelques exceptions près, v. s^s n° 1321.202) inopposables « *aux créanciers saisissants, même non inscrits* ». Néanmoins, l'aliénation ou la constitution de droits réels seront valables si avant le jour fixé pour l'adjudication l'acquéreur ou le créancier consigne une somme suffisante pour acquitter en principal, intérêts et frais ce qui est dû aux créanciers inscrits et au saisissant (ACPC, art. 687).

1314.52 Procédures de saisie immobilière soumises à l'ordonnance du 21 avril 2006 et au décret du 27 juillet 2006. On ne retrouve pas le principe de l'inopposabilité des inscriptions postérieures au bénéfice des créanciers saisissants non inscrits. Seul le sort du poursuivant est envisagé à l'article 2200 alinéa 2 du Code civil (devenu C. pr. exéc., art. L. 321-5, al. 2) qui dispose que les aliénations non publiées ou publiées postérieurement (*à la publication du commandement sans doute*) sont inop-

2. V. C. Laporte, « Saisie immobilière et publicité foncière », *Procédures* 2008, fiche pratique p. 32.

posables *au créancier poursuivant* comme à l'acquéreur dans les conditions de l'article 2201 (devenu C. pr. exéc., art. L. 311-3 et L. 322-1) (il s'agit de l'acquéreur sur vente amiable), sauf l'hypothèse de la consignation d'une somme suffisante pour désintéresser le poursuivant et les créanciers inscrits. Sont pareillement inopposables, les inscriptions du chef du débiteur qui n'ont pas été prises antérieurement à la publication de la saisie (du commandement sans doute), sous réserve du droit pour le vendeur, le prêteur de deniers pour l'acquisition et le copartageant d'inscrire dans les délais prévus par les articles 2379 à 2381 le privilège qui leur est conféré par l'article 2374.

§ 3
Absence de pouvoir de réquisition de vente

1314.61 Procédures de saisie immobilière ayant donné lieu avant le 1er janvier 2007 au dépôt du cahier des charges prévu à l'article 688 ACPC. L'article 702 ACPC n'offre la faculté de solliciter la vente, à défaut de réquisition du créancier poursuivant, qu'aux créanciers inscrits.

1314.62 Procédures de saisie immobilière soumises à l'ordonnance du 21 avril 2006 et au décret du 27 juillet 2006 : maintien de la distinction. À défaut du créancier poursuivant, l'article R. 322-27 C. pr. exéc. (Décr. 27 juill. 2006, anc. art. 60) ne permet qu'aux créanciers inscrits de requérir la vente.

SECTION 3
INNOVATIONS

1314.71 Apport de la réforme : transformation d'un créancier saisissant en créancier inscrit. Sous l'empire des dispositions du décret-loi du 17 juin 1938, en cas de saisie simultanée d'immeubles situés dans plusieurs arrondissements, le débiteur peut demander un sursis aux poursuites sur un ou plusieurs immeubles en justifiant que la valeur des biens sur lesquels les poursuites seront continuées est suffisante pour désintéresser le créancier saisissant et les créanciers inscrits (ACPC, art. 676). Une telle demande n'a pas d'incidence sur la qualité du saisissant; la décision rendue indique les biens sur lesquels les poursuites sont discontinuées et provisoirement, les poursuites sont suspendues mais peuvent reprendre si les biens adjugés n'ont pas suffi à désintéresser le créancier.

Selon l'article 2196 du Code civil (devenu C. pr. exéc., art. L. 321-6), issu de l'ordonnance du 21 avril 2006, en cas de saisies simultanées de plusieurs de ses immeubles, le débiteur peut demander au juge le cantonnement de celles-ci. Mais il peut également solliciter du juge une conversion partielle des saisies en hypothèque sur certains de ses immeubles qui prendra rang au jour de la publication de la saisie, sous réserve de l'inscription de la sûreté dans le mois de la notification de la décision.

C'est alors ce créancier poursuivant (le terme de saisissant aurait sans doute été plus heureux) qui fait procéder à la publication du jugement en marge de la copie du commandement (Décr. 27 juill. 2006, art. 24, al. 2 [devenu C. pr. exéc., art. R. 321-12, al. 2]).

À la différence du cantonnement, les effets de cette décision de conversion sont subordonnés à la réalisation par le créancier des diligences nécessaires à l'inscription de l'hypothèque, dans les conditions du droit commun : ainsi, le créancier devra faire inscrire son hypothèque à la Conservation des hypothèques. À défaut, son droit d'hypothèque sera inopposable.

En application de l'article 2196 du Code civil (devenu C. pr. exéc., art. L. 321-6), l'hypothèque prendra rang à la date de la publication du commandement de payer valant saisie sous réserve, précise le décret, que le créancier sollicite l'inscription de son hypothèque dans un délai d'un mois suivant la notification de la décision. Ce mécanisme permet de ne pas faire perdre au créancier le bénéfice résultant de la saisie, sans toutefois porter atteinte aux droits des tiers, puisque le commandement publié leur est opposable. On ne peut s'empêcher de penser qu'en pratique, une telle hypothèse sera rarissime...

CHAPITRE

1315. Objet de la saisie

ANNE LEBORGNE
PROFESSEUR À L'UNIVERSITÉ D'AIX-MARSEILLE

SECTION 0 ORIENTEUR

1315.00 Plan du chapitre.

Rappel : régime applicable à la saisie immobilière (ancien Code de procédure civile ou réforme). La procédure de saisie immobilière a été réformée par l'ordonnance n° 2006-461 du 21 avril 2006 qui a modifié le Code civil[1], et par le décret n° 2006-936 du 27 juillet 2006[2], qui a abrogé les articles 673 à 717 de l'ancien Code de procédure civile (ACPC). Le décret, entré en vigueur le 1er janvier 2007, n'est pas applicable aux procédures de saisies immobilières ayant donné lieu, avant son entrée en vigueur, au dépôt du cahier des charges prévu à l'article 688 ACPC.

1315.05 Biens et droits saisissables. L'ancien article 2204 (devenu C. pr. exéc., art. L. 322-5[3]) du Code civil était très imprécis voire erroné, qui indiquait seulement que le créancier peut poursuivre l'expropriation forcée des biens immobiliers et de leurs accessoires réputés immeubles appartenant en propriété à son débiteur et de l'usufruit du débiteur sur les biens de même nature. En réalité, le créancier saisit des droits réels portant sur des immeubles.

Les auteurs de la réforme de la saisie immobilière ont adopté une définition de l'objet de la saisie plus rigoureuse, qui figure, depuis le 1er janvier 2007, à l'article 2193 (devenu C. pr. exéc., art. L. 311-6) : « *Sauf dispositions législatives particulières, la saisie immobilière peut porter sur tous les droits réels afférents aux immeubles, y compris leurs accessoires réputés immeubles, susceptibles de faire l'objet d'une cession* ».

SECTION 1 DES DROITS RÉELS AFFÉRENTS AUX IMMEUBLES

1315.11 Principe : des droits réels susceptibles de faire l'objet d'une cession. Avant la réforme de la saisie immobilière, la doctrine estimait qu'étaient susceptibles d'être saisis tous les droits qui pouvaient faire l'objet d'une hypothèque : le droit de propriété ou copropriété, la nue-propriété, l'usufruit, l'emphytéose et le bail à construction, le droit de superficie, ainsi que le droit du concessionnaire d'énergie hydraulique; on distinguait cependant la concession de mines, qui tout en n'étant pas susceptible d'hypothèque paraissait pouvoir faire l'objet d'une saisie immobilière. Les auteurs de la réforme ont éclairé le débat en visant des droits susceptibles de faire l'objet d'une cession.

1315.12 La liste des droits réels immobiliers est-elle limitative ? La question se pose car la possibilité de procéder à une saisie immobilière sur des droits toujours nouveaux en dépend : on peut discuter sur le caractère exhaustif ou non de la liste de l'article 543 du Code civil. En l'état de cette possible discussion seront envisagés seulement les droits réels immobiliers pour lesquels la loi ou la jurisprudence estiment sans controverse qu'ils peuvent faire l'objet d'une saisie immobilière; mais la question reste ouverte.

1. Ord. n° 2006-461, 21 avr. 2006, réformant la saisie immobilière, *JO* 22 avr., p. 6072.
2. Décr. n° 2006-936, 27 juill. 2006, relatif aux procédures de saisie immobilière et de distribution du prix d'un immeuble, *JO* 29 juill., p. 11316.
3. Ord. n° 2011-1895, 19 déc. 2011, relative à la partie législative du Code des procédures civiles d'exécution, *JO* 20 déc., p. 21464.

SECTION 2
ESSAI D'UNE CLASSIFICATION

1315.20 Présentation. On va distinguer le droit réel par excellence, le droit de propriété (§ 1), pour lequel le droit se confond avec l'objet du droit qu'est l'immeuble, des autres droits réels (§ 2).

§ 1
Droit de propriété

1315.21 Propriété. La saisie peut porter sur le droit de propriété du débiteur sur un bien immobilier; c'est le cas le plus fréquent, où le droit et le bien se confondent, d'où cette confusion terminologique avec le bien, objet du droit, à l'ancien article 2204 du Code civil qui ne se retrouve pas à l'article 2193 (devenu C. pr. exéc., art. L. 311-6). Dans ce cas, la seule question qui se pose est celle de l'assiette du droit de propriété, qui conduit à déterminer avec précision les biens immeubles que le créancier peut englober dans la saisie immobilière et ceux qui ne pourront faire l'objet que de mesures d'exécution mobilière (v. s^s n°s 1316.05 s.).

1315.22 Copropriété. On parle communément de la **saisie d'un lot dépendant d'un immeuble en copropriété.** Pour être plus précis, le copropriétaire d'un lot jouit d'un double droit : droit divis sur les parties privatives et droit indivis sur les parties communes, ce qui complique l'exercice de la mesure d'exécution. En saisissant un lot de copropriété c'est principalement le droit divis de propriété sur les parties privatives qui est visé; le droit indivis du copropriétaire sur les parties communes ne peut être vendu aux enchères indépendamment du droit divis auquel il est attaché, car cette indivision particulière portant sur les parties communes n'a jamais vocation à cesser, s'agissant d'une indivision forcée.

Procédures de saisie immobilière ayant donné lieu avant le 1er janvier 2007 au dépôt du cahier des charges prévu à l'article 688 ACPC. L'ancien article 2217 alinéas 2 et 3 du Code civil précise donc que le commandement de saisie immobilière portant sur un lot de copropriété est réputé ne pas porter sur la quote-part des parties communes comprises dans ce lot; néanmoins les créanciers saisissants exercent leur droit sur ladite quote-part, prise dans sa consistance au moment de la mutation, dont le prix forme l'objet de la distribution, et le commandement devra, pour les besoins de la publicité foncière, définir les droits indivis attachés aux parties privatives saisies. Ainsi, l'adjudicataire se retrouvera-t-il titulaire du droit divis sur les parties privatives et du droit indivis sur les parties communes correspondantes. Le plus souvent ce droit divis est un droit de propriété. Mais le lot peut être composé d'un droit exclusif d'utiliser une surface pour y édifier des constructions, assorti d'une quote-part de la propriété du sol et des parties communes, c'est ce que l'on appelle la « *copropriété horizontale* »[1].

Ordonnance portant réforme de la saisie immobilière. On ne retrouve pas dans l'ordonnance du 21 avril 2006[2] l'équivalent de l'ancien article 2217 alinéas 2 et 3. Toutefois, même si le cas particulier de la saisie de droits portant sur un lot de copropriété n'est plus envisagé distinctement, on peut penser que le rédacteur du commandement, pour les besoins de la publicité foncière, devra toujours définir les droits divis et indivis attachés aux parties privatives.

1315.23 Exclusion des droits indivis. Les droits d'un débiteur sur un immeuble en indivision ne peuvent faire l'objet d'une saisie. Le créancier ne pourra que provoquer le partage et la licitation aux enchères publiques, si le partage en nature s'avère impossible (v. s^s n°s 1422.71 s.).

1315.24 Exclusion de l'immeuble grevé d'une clause de tontine. Le créancier ne peut agir que sur un droit de propriété privatif. Doit en conséquence être annulé le commandement de saisie immobilière portant sur un immeuble grevé d'une clause de tontine, si la condition suspensive de survie n'était pas réalisée à la date de la délivrance du commandement, car le débiteur ne dispose pas d'un droit de propriété privatif sur le bien saisi[3] (v. aussi s^s n°s 1421.34 s.).

§ 2
Autres droits réels

1315.30 Principe. Le droit et le bien immobilier ne se confondent plus. La saisie porte sur la valeur du droit, laquelle est différente de celle du bien vendu en pleine propriété, ce qui parfois confère peu de valeur, donc d'intérêt, à la saisie immobilière. On citera tous les droits réels démembrés qui sont habituellement envisagés mais, parmi eux, certains, en pratique, ne font que très rarement l'objet de saisies immobilières.

1315.31 Nue-propriété. Ce droit peut faire l'objet d'une saisie immobilière; se greffe toutefois une difficulté, celle de déterminer l'assiette de

1. Civ. 3e, 15 nov. 1989, n° 87-18.188, *Bull. civ.* III, n° 213; *D.* 1990. 216, obs. Capoulade et Giverdon; *RTD civ.* 1990. 304, obs. Zénati.
2. Ord. n° 2006-461, 21 avr. 2006, réformant la saisie immobilière, *JO* 22 avr., p. 6072.
3. Civ. 1re, 18 nov. 1997, n° 95-20.842, *Bull. civ.* I, n° 315; *JCP* 1998. II. 10051, obs. du Rusquec.

l'immeuble durant le démembrement de propriété et lorsque l'usufruit prend fin, surtout si l'usufruitier a réalisé des constructions et améliorations susceptibles d'être incorporées à l'immeuble principal (v. s^s n°s 1316.21 et 1316.43).

1315.32 **Usufruit.** Droit qui donne à son titulaire la jouissance du bien immobilier à charge d'en conserver la substance. Le droit de l'usufruitier sur les biens immeubles est saisissable par les créanciers de l'usufruitier, sauf hypothèses légales d'insaisissabilité (v. s^s n° 1319.11). Ce qui compte c'est la nature du droit exercé par le débiteur lorsque le créancier veut entreprendre une mesure d'exécution. Ainsi, le débiteur qui, postérieurement à la dette, fait donation de la nue-propriété de l'immeuble et s'en réserve l'usufruit ne peut plus être saisi immobilièrement que pour ce droit d'usufruit, sauf au créancier à exercer l'action paulienne pour que la donation soit rétroactivement révoquée et qu'il puisse saisir la pleine propriété[1].

1315.33 **Emphytéose.** Le bail emphytéotique confère au preneur un droit réel, droit de jouissance de longue durée (entre dix-huit et quatre-vingt-dix-neuf ans) où le preneur moyennant un loyer modique s'engage à faire des travaux importants sur le fonds (C. rur., art. L. 451-1 à L. 451-13). Ce droit est susceptible d'hypothèque et donc de saisie immobilière, depuis la loi du 25 juin 1902[2].

1315.34 **Bail à construction.** Selon les articles L. 251-1 à L. 251-9 du Code de la construction et de l'habitation, le preneur s'engage à faire édifier et à entretenir des constructions sur le terrain du bailleur. Ce droit est également susceptible d'hypothèque (L. n° 64-1247, 16 déc. 1964[3], art. 3).

1315.35 **Droit de superficie.** C'est un droit réel (par consensus de la doctrine et de la jurisprudence car aucun texte ne le dit), appartenant à une personne autre que le propriétaire du sol, sur ce qui se trouve dessus, des constructions, des arbres, des plantations à la surface du sol, ou sur ce qui se trouve dessous, garage en sous-sol, tunnel, cave. Le droit de superficie écarte donc le jeu de la règle de l'accession de l'article 552 du Code civil. Le plus souvent, le droit de superficie résulte d'une convention, par laquelle le propriétaire du sol renonce au bénéfice de l'accession, ou d'une cession du droit de planter ou de construire. La superficie peut encore résulter d'un bail, le bailleur donnant le droit de construire au preneur et renonçant à l'accession. Dans ces différents cas, le bénéficiaire de la convention, le superficiaire, détient la propriété des constructions et plantations pendant la durée du contrat, le propriétaire du sol en devenant acquéreur en fin de contrat, gratuitement ou contre indemnité. C'est ce droit du superficiaire qui est susceptible de saisie immobilière.

1315.36 **Droit sur les volumes.** Le simple droit de construire (ou droit de superficie dématérialisé) avant même toute construction est encore un droit réel susceptible d'hypothèque. L'ancien article 2133 alinéa 2 du Code civil, dans sa rédaction issue du décret n° 55-22 du 4 janvier 1955, l'indiquait expressément, qui envisageait l'hypothèque de bâtiments commencés ou simplement projetés.

Cette hypothèse a été reprise à l'article 2420, 3° du Code civil, dans sa rédaction issue de l'ordonnance du 23 mars 2006 portant réforme des sûretés[4].

En pratique, il s'agira le plus souvent d'un droit de surélévation.

1315.37 **Concession de mines et carrières.** Selon le Code minier, les mines sont immeubles (C. minier, art. L. 131-4). Sont aussi immeubles, outre les bâtiments des exploitations des mines, les machines, puits, galeries et autres travaux établis à demeure. Sont immeubles par destination, les machines et l'outillage servant à l'exploitation. Les mines ne peuvent être exploitées qu'en vertu d'une concession ou par l'État (C. minier, art. L. 131-1).

Le droit de concession est également un droit immobilier, distinct du fonds L'institution d'une concession, même au profit du propriétaire de la surface, crée donc un droit immobilier distinct de la propriété de la surface (C. minier nouv., art. L. 132-8). Le concessionnaire dispose d'un droit réel sur des immeubles, droit qui devrait pouvoir être saisi séparément de celui du propriétaire du fonds. Toutefois, depuis une loi du 16 juin 1977 (C. minier, anc. art. 36, al. 2) ce droit n'est plus susceptible d'hypothèque; faut-il en déduire malgré tout qu'il est toujours susceptible de saisie ?

Pour les carrières, le tréfonds n'est pas saisissable séparément de la superficie. Le titulaire du permis d'exploiter verse au propriétaire de la surface une indemnité d'occupation et une redevance; et la valeur de la redevance réunie à la valeur de la surface est affectée avec elle aux hypothèques prises par les créanciers du propriétaire (C. minier, art. L. 333-7).

1315.38 **Baux ruraux à domaine congéable.** Le bail à domaine congéable est une ancienne forme

1. Civ. 1re, 6 févr. 1996, n° 92-19.895, *Bull. civ.* I, n° 62; *JCP* 1996. IV. 728, pour une donation.
2. Civ. 3e, 15 mai 1991, n° 89-20.008, *Bull. civ.* III, n° 140 – Civ. 3e, 13 mai 1998, n°s 96-13.586 et 96-14.076, *Bull. civ.* III, n° 101; *D.* 1998. Somm. 346, obs. Robert.
3. L. n° 64-1247, 16 déc., instituant le bail à construction et relative aux opérations d'urbanisation, *JO* 18 déc., p. 11266.
4. Ord. n° 2006-346, 23 mars 2006, relative aux sûretés, *JO* 24 mars, p. 4475.

de location par laquelle le bailleur confère la jouissance des terres au preneur et lui transmet la propriété des édifices et superficies qui comprennent, non seulement les bâtiments et plantations, mais également les travaux susceptibles d'améliorer le sol (C. rur., art. L. 431-1 à L. 431-23).

1315.39 **Baux ruraux à complant.** Le bail à complant est le contrat par lequel un propriétaire cède à un fermier la jouissance d'un terrain, à charge pour lui de le planter en vignes et de livrer au bailleur une part de la récolte (C. rur., art. L. 441-1 à L. 441-13).

CHAPITRE

1316. Assiette de la saisie

ANNE LEBORGNE
PROFESSEUR À L'UNIVERSITÉ D'AIX-MARSEILLE

SECTION 0 ORIENTEUR

1316.00 **Plan du chapitre.**

Rappel : régime applicable à la saisie immobilière (ancien Code de procédure civile ou réforme). La procédure de saisie immobilière a été réformée par l'ordonnance n° 2006-461 du 21 avril 2006 qui a modifié le Code civil[1], et par le décret n° 2006-936 du 27 juillet 2006[2], qui a abrogé les articles 673 à 717 de l'ancien Code de procédure civile (ACPC). Le décret, entré en vigueur le 1er janvier 2007, n'est pas applicable aux procédures de saisies immobilières ayant donné lieu, avant son entrée en vigueur, au dépôt du cahier des charges prévu à l'article 688 ACPC.

1316.05 **Principe.** La saisie immobilière concerne des biens de nature immobilière; c'est une évidence à énoncer, mais l'assiette de la mesure d'exécution est parfois délicate à déterminer avec précision. En effet, les droits saisis ne portent pas toujours sur le bien immobilier principal, identifié au service de publicité foncière, mais encore sur tout ce qui peut y être attaché et qui emprunte la nature immobilière. Il est donc de l'intérêt du créancier poursuivant de connaître l'exacte assiette de son gage. Pour cela il convient d'abord de se référer nécessairement aux articles du Code civil qui définissent les immeubles, par nature, destination ou incorporation mais aussi d'envisager les éventuels accessoires juridiques de l'immeuble. Il convient en outre d'isoler les développements consacrés aux fruits naturels et industriels comme civils de l'immeuble, car leur nature immobilière est défi-

1. Ord. n° 2006-461, 21 avr. 2006, réformant la saisie immobilière, *JO* 22 avr., p. 6072.
2. Décr. n° 2006-936, 27 juill. 2006, relatif aux procédures de saisie immobilière et de distribution du prix d'un immeuble, *JO* 29 juill., p. 11316.

nitivement fixée à compter de la mise en œuvre de la procédure de saisie immobilière.

SECTION 1
BIENS IMMOBILIERS PAR NATURE, DESTINATION ET INCORPORATION

1316.11 **Avertissement.** La question de la distinction meubles-immeubles ayant déjà été évoquée à propos de la saisie-vente, le lecteur sera renvoyé à ces développements afin de délimiter le domaine d'application de la saisie immobilière (v. livre 7 de cet ouvrage : *Les saisies mobilières à fin de vente du bien*, v. s[s] n°s 700.00 s.). Seront seulement apportées quelques précisions sur des difficultés spécifiques se dégageant à l'occasion de la saisie immobilière. La confrontation des règles du droit des biens et du droit du bail avec celles de la saisie immobilière soulève en effet un certain nombre de questions délicates. Il nous a paru intéressant de les poser, même si les réponses ne peuvent le plus souvent qu'être esquissées, en l'absence de jurisprudence publiée.

§ 1
Immeubles par nature

1316.20 **Rappel.** Pour déterminer les biens immeubles par nature, il faut se référer aux dispositions des articles 517 et suivants du Code civil : ces articles visent d'abord directement les fonds de terre, plus couramment appelés sols ou terrains, et les bâtiments; ensuite, divers biens incorporés au sol ou au bâtiment, lequel est lui-même incorporé au fonds : articles 519 et suivants du Code civil. Ainsi, les moulins à vent ou à eau, fixés sur pilier et faisant partie du bâtiment sont immeubles par nature; ils ne peuvent donc faire l'objet d'une saisie mobilière[1]. En revanche, la saisie immobilière d'un moulin ne peut s'étendre au moteur dudit moulin, non fixé et ne faisant pas partie du bâtiment[2]; c'est encore le cas des animaux que le propriétaire livre au fermier ou au métayer, qui sont censés être immeubles tant qu'ils demeurent attachés au fonds par l'effet de la convention, à l'inverse de ceux qui sont donnés à cheptel à d'autres qu'au fermier ou métayer; et des tuyaux servant à la conduite des eaux qui sont immeubles et font partie du fonds auquel ils sont attachés. Tous ces biens sont susceptibles d'être saisis avec l'immeuble parce qu'ils y sont attachés. Les constructions et améliorations apportées au fonds et aux bâtiments peuvent toutefois suivre un régime différent selon la qualité de celui qui les a édifiés, propriétaire du sol, locataire ou usufruitier. Le créancier du propriétaire du fonds peut éventuellement les englober dans l'assiette de la saisie immobilière mais les créanciers du locataire et de l'usufruitier peuvent également prétendre saisir ces bâtiments à certaines conditions.

1. Civ. 19 juill. 1893, *DP* 1893. 1. 603; *S.* 1894. 1. 241, note Wahl.
2. Req. 27 oct. 1931, *DH* 1933. 37.

A.
Sort des constructions et améliorations réalisées par le propriétaire du sol

1316.21 **Constructions.** Toutes les constructions, même légères et temporaires qui font l'objet d'un dispositif d'ancrage, de liaison ou de fondation révélant une adhésion à l'immeuble ont une nature immobilière résultant de leur fixité; elles peuvent donc être englobées dans la saisie immobilière du fonds dirigée contre le propriétaire (v. s[s] n°s 710.04 s.). De même, pour des accessoires, boiseries, fresques, bas-reliefs dès lors qu'ils sont intimement et spécialement incorporés à l'immeuble (v. cep. un contre ex., à propos de convecteurs électriques, dont il ne fut pas constaté qu'ils étaient indissociablement liés à l'immeuble et ne pouvaient être enlevés sans porter atteinte à son intégrité[3]).

1316.22 **Sort des améliorations, autres que des constructions.** L'ancien article 2133 du Code civil disposait déjà que l'hypothèque s'étendait à toutes les améliorations survenues à l'immeuble hypothéqué, sans distinguer s'il s'agissait d'immeubles par nature ou par destination[4]. La jurisprudence avait étendu la règle à la saisie immobilière, dès lors que l'amélioration était ajoutée au support fondamental d'origine (ainsi pour des constructions incorporées au terrain[5]; pour des serres[6]). Le créancier poursuivant, qu'il soit ou non privilégié (v. s[s] n° 1311 11), englobait donc dans sa saisie le bien et ses améliorations, tout autant que celles-ci ne pouvaient être matériellement dissociées du fonds[7]. À la suite de l'entrée en vigueur de l'ordonnance n° 2006-346 du 23 mars 2006 relative aux sûretés[8], l'extension de l'hypothèque aux améliorations qui surviennent à l'immeuble est aujourd'hui affirmée à l'article 2397 alinéa 3.

3. Civ. 3e, 23 janv. 2002, n° 99-18.102, *Bull. civ.* III, n° 12.
4. Req. 2 juill. 1901, *DP* 1909. 1. 342 – Civ. 1er mai 1906, *DP* 1909. 1. 345 – Req. 24 févr. 1926, *DH* 1926. 206.
5. Paris, 19 mars 1935, *DH* 1935. 321.
6. Civ. 3e, 6 janv. 1972, n° 70-11.872, *Bull. civ.* III, n° 11; *D.* 1972. 398.
7. Com. 24 mars 1981, n° 79-15.258, *Bull. civ.* IV, n° 159.
8. Ord. n° 2006-346, 23 mars 2006, relative aux sûretés, *JO* 24 mars, p. 4475.

1316.23 Conflit d'intérêts entre le créancier sur saisie immobilière et des créanciers du propriétaire du fonds, qui sont à l'origine des améliorations. Pour faciliter le crédit aux exploitations et entreprises, des textes dérogatoires ont créé des exceptions au mécanisme de l'incorporation : ainsi, la loi du 30 avril 1906 modifiée par le décret-loi de 1935 en matière de *warrants* agricoles, permettait d'éviter, sur les biens objets du *warrant*, récoltes, animaux et matériel agricole, le jeu des mécanismes d'immobilisation par incorporation ou par destination. Les *warrants* agricoles sont aujourd'hui réglementés dans le Code rural et de la pêche maritime. La constitution du *warrant* avant la saisie immobilière exclut donc les fruits naturels et industriels de l'assiette du gage. En vertu de l'article L. 342-12, dans sa rédaction issue de l'ordonnance du 23 mars 2006 portant réforme des sûretés, « *lorsque les objets warrantés ont le caractère d'immeubles par nature ou par destination en vertu des articles 520 et 524 du Code civil et qu'il y a concours sur ces objets entre le porteur du warrant et les créanciers hypothécaires ou privilégiés, en vertu de l'article 2374 du Code civil, le prix de vente se distribue entre eux d'après la date respective des inscriptions du warrant et des privilèges ou hypothèques et, pour les hypothèques dispensées d'inscription, d'après la date à laquelle ont pris naissance les droits du créancier* [...]. *L'ordonnance du juge du tribunal d'instance suffit pour régler cette distribution* ».

Pour le *warrant* hôtelier, l'article L. 523-1 du Code de commerce dispose que tout exploitant d'hôtel peut emprunter sur le mobilier commercial, le matériel et l'outillage servant à son exploitation, même devenus immeubles par destination, tout en conservant la garde dans les locaux de l'hôtel et, s'agissant du nantissement de l'outillage et du matériel d'équipement, l'article L. 525-8 du même code dispose que « *le privilège du créancier nanti* [...] *subsiste si le bien qui est grevé devient immeuble par destination. L'article 2133 du Code civil* [qui prévoit que l'hypothèque acquise s'étend à toutes les améliorations survenues à l'immeuble hypothéqué] *n'est pas applicable aux biens nantis* ». Il faudrait donc toujours en déduire que si les biens, utiles à l'exploitation, ont pu faire l'objet d'un nantissement ou d'un *warrant* hôtelier, ils demeureront meubles même s'ils pouvaient acquérir la qualité d'immeubles par destination, mais qu'en revanche leur incorporation s'imposera au titulaire du nantissement et du warrant hôtelier.

Depuis l'ordonnance du 23 mars 2006 relative aux sûretés, la règle selon laquelle l'hypothèque s'étend à toutes les améliorations est posée à l'article 2397 du Code civil.

1316.24 Jeu de la clause de réserve de propriété. Un vendeur avec réserve de propriété peut revendiquer les biens meubles vendus et impayés tout autant qu'ils se retrouvent en nature dans le patrimoine de l'acquéreur (C. com., art. L. 624-16)[1]. Peuvent-ils en revanche avoir été incorporés à l'immeuble et donc être devenus immeubles, ce qui permettrait au créancier du propriétaire de l'immeuble de les viser dans la saisie immobilière ? La question se pose souvent, notamment pour des éléments de cuisine sur mesure incorporés à des immeubles d'habitation ou du matériel industriel. La Cour de cassation l'admet lorsque le rattachement matériel à l'immeuble conduit bien à l'incorporation des matériels vendus avec réserve de propriété au fonds immobilier, de sorte qu'ils n'existent plus en nature empêchant la clause de produire effet. Ainsi, pour un séchoir qui ne pouvait être démonté[2], pour des matériels intégrés à une ligne de sciage[3], pour des installations de chauffage, ventilation, de la plomberie et des sanitaires[4], pour des profils porteurs destinés à soutenir des dalles de faux plafonds d'un immeuble, qui tout en étant démontables matériellement ne pouvaient l'être sans que disparaisse l'ensemble du faux plafond lui-même[5]; dans tous ces cas, il apparaissait que le bien meuble était non seulement attaché à l'immeuble mais avait acquis une indissociabilité fonctionnelle avec le support. En revanche, l'incorporation n'a pas été retenue, et le matériel, une rotative, a pu être revendiqué lorsqu'il n'est pas apparu que la fixation au sol n'avait pas eu pour conséquence de rendre la rotative indissociable de son support de béton[6]; de même, lorsque les éléments livrés sont aisément démontables dans l'immeuble auquel ils n'ont été fixés que pour remplir leur fonction industrielle et commerciale et que leur adjonction ou suppression n'entraîne pas la dépréciation de cet immeuble, on considérera qu'ils se retrouvent en nature[7].

B.
Constructions et améliorations réalisées par le locataire

1316.31 Principe : immeubles par nature appartenant au propriétaire. Lorsque des constructions

1. C. com., anc. art. L. 621-122 (L. 25 janv. 1985, anc. art. 121, mod. par L. 22 juin 1994).
2. Com. 6 janv. 1987, n° 85-16.577, *Bull. civ.* IV, n° 4 : *D.* 1987. 242, note Prévault; *RTD com.* 1988. 119, note Bouloc.
3. Com. 10 juill. 1990, n° 89-13.091, *Bull. civ.* IV, n° 206; *RTD com.* 1991. 285, note Bouloc.
4. Com. 2 mars 1999, n° 95-18.643, *Bull. civ.* IV, n° 50; *RTD civ.* 1999. 442, obs. Crocq; *D.* 2000. Somm. 69, obs. Pérochon et Mainguy.
5. Paris, 3e ch. B, 30 avr. 1993, *D.* 1993. Somm. 291, obs. Pérochon.
6. Com. 12 févr. 1991, n° 89-19.314, *Bull. civ.* IV, n° 69; *Gaz. Pal.* 1992. 1. 86, note Cressard; *JCP E* 1992. I. 136, n° 17, obs. Cabrillac et Pétel; *D.* 1993. 291.
7. Com. 17 mars 1998, n° 95-11.209, *Bull. civ.* IV, n° 108.

ont été réalisées par le locataire sur une terre à lui louée, seront-elles également incluses dans l'assiette de la saisie immobilière dirigée contre le propriétaire du fonds ? *A priori*, les constructions sont immeubles par nature, donc saisissables uniquement selon la procédure d'exécution immobilière et seulement par les créanciers du propriétaire[1]; du moins tout autant qu'elles adhéreront au sol. Il faut cependant examiner les conditions du bail pour savoir si le locataire était en droit de les élever et à qui elles resteront acquises à l'expiration du contrat de louage. En outre, la question se pose encore de l'opposabilité des termes du bail au créancier saisissant et donc à l'adjudicataire (v. s[s] n°s 1321.151 s. et 1361.292).

1316.32 Constructions autorisées par le bailleur. Il faut ici distinguer selon le droit positif applicable à la relation locative.

1316.33 • Sous l'empire des dispositions du Code civil : c'est le contrat qui fait foi. Lorsque les constructions ont été autorisées par le bail et qu'il est prévu une indemnité au profit du locataire en fin de bail, ces constructions sont la propriété du locataire pendant la durée d'exécution du contrat; le preneur à bail peut donc les hypothéquer[2] et ses créanciers pourront les saisir par voie immobilière, l'adjudicataire en devenant propriétaire pour la durée du bail restant à courir[3].

1316.34 • Loi nº 89-462 du 6 juillet 1989 en matière de louage d'habitation[4] : en principe, pas de transformation possible de la chose louée. Le principe posé à l'article 7-f est l'interdiction de transformer : « *Le locataire a l'obligation de ne pas transformer les locaux et équipements loués sans l'accord écrit du propriétaire* »; mais ce dernier peut toujours autoriser le locataire à réaliser des transformations dans les lieux loués qui lui semblent utiles; une clause du contrat le prévoira ou l'autorisation en sera donnée par le bailleur dans un acte postérieur qui pour être opposable à l'adjudicataire devra avoir date certaine (v. s[s] n°s 1321.153 et 1361.292). Les transformations, éventuellement immeubles par incorporation, devraient donc rester la propriété du locataire pendant la durée du contrat.

De même, dans un contrat de location soumis à la loi du 6 juillet 1989, l'article 6-*a* prévoit que les parties peuvent envisager la réalisation de travaux par le locataire, en cours d'exécution du contrat parce que le local n'est pas en bon état d'usage et de réparations de toutes espèces, moyennant une diminution de loyer corrélative et une indemnisation du locataire en cas de départ anticipé. Dans ce cas, le locataire réalisant des travaux à la place du propriétaire, on doit pouvoir en déduire un droit immédiat du propriétaire sur ces constructions et améliorations qui échappent alors au gage des créanciers du locataire.

1316.35 Opposabilité des dispositions du bail au poursuivant. Le locataire ne peut arguer d'un droit, tiré de son bail si ce contrat n'est pas opposable au créancier poursuivant.

A) Procédures de saisie immobilière ayant donné lieu avant le 1er janvier 2007 au dépôt du cahier des charges prévu à l'article 688 ACPC. En matière de saisie immobilière, si le bail est conclu après le commandement de saisie il doit être annulé, si les créanciers ou l'adjudicataire le demandent et s'il est conclu avant la signification du commandement, seuls les contrats ayant date certaine seront opposables aux créanciers, les autres pouvant être annulés[5] (ACPC, art. 684 - et C. civ., anc. art. 2092-3 - v. s[s] nº 1321.153).

B) Réforme. L'article 2199 du Code civil (devenu C. pr. exéc., art. L. 321-4), dans sa rédaction issue de l'ordonnance du 21 avril 2006, dispose que « *les baux consentis par le débiteur après la saisie sont, quelle que soit leur durée, inopposables au créancier poursuivant comme à l'acquéreur* » (v. s[s] nº 1361.293). Si le domaine de la règle est clair, il s'agit des baux, on pouvait s'interroger sur le sens à donner à la formule « *consentis* [...] *après la saisie* » ? Par analogie avec le décret-loi du 17 juin 1938, on était tenté de penser qu'il s'agissait de la date de publication du commandement. Or, l'article 15, 6º du décret **nº 2006-936 du 27 juillet 2006[6] (devenu C. pr. exéc., art. R. 321-3[7])** qui énonce les mentions du commandement valant saisie dispose que cet acte comporte « *l'indication que le commandement vaut saisie de l'immeuble et que le bien est indisponible à l'égard du débiteur à compter de la signification de l'acte et à l'égard des tiers à compter de la publication de celui-ci au bureau des hypothèques* ». Désormais, la saisie débute dès la signification du commande-

1. Grenoble, 3 mars 1903, *DP* 1905. 2. 240.
2. Paris, 30 mai 1864, *DP* 1866. 2. 174; *S.* 1864. 2. 266.
3. Civ. 7 avr. 1862, *DP* 1862. 1. 281; *S.* 1862. 1. 450 – Paris, 1er févr. 1928, *Gaz. Pal.* 1928. 1. 396.
4. L. nº 89-462, 6 juill. 1989, dite Malandain, Mermaz tendant à améliorer les rapports locatifs et portant modification de la loi nº 86-1290 du 23 décembre 1986, *JO* 8 juill., p. 8541.
5. S'agissant de l'adjudicataire, V. Civ. 3e, 23 mars 2011, nº 10-10.804, *Bull. civ.* III, nº 43, qui juge que tout bail, même conclu postérieurement à la publication d'un commandement de saisie immobilière portant sur l'immeuble loué, est opposable à l'adjudicataire qui en a eu connaissance avant l'adjudication.
6. Décr. nº 2006-936, 27 juill. 2006, relatif aux procédures de saisie immobilière et de distribution du prix d'un immeuble, *JO* 29 juill., p. 11316.
7. Décr. nº 2012-783, 30 mai 2012, relatif à la partie réglementaire du Code des procédures civiles d'exécution, *JO* 31 mai, p. 9375.

ment, du moins en ce qui concerne le débiteur. Par ailleurs, l'article 25 alinéa 1er (devenu C. pr. exéc., art. R. 321-13) du décret affirme « *la restriction aux droits de jouissance et d'administration du débiteur* [...] *à compter de la signification du commandement de payer valant saisie* ». Et, l'alinéa 3 dispose que « *dans le cas où une convention a été conclue antérieurement à la publication du commandement par le débiteur saisi en violation des effets attachés à la signification du commandement, sa nullité est déclarée par le juge à la demande du cocontractant* ».

On notera que la sanction d'un tel bail n'est plus la nullité mais l'inopposabilité au poursuivant et à l'acquéreur.

1316.36 Absence de disposition conventionnelle, constructions non autorisées ou bail non opposable au poursuivant : la solution est donnée par l'article 555 du Code civil. Lorsque les constructions n'ont pas été autorisées, le bailleur peut soit en demander la destruction, soit opter pour la conservation moyennant remboursement du coût des matériaux ou de la plus-value (C. civ., art. 555). Cette option du bailleur ne s'exercera toutefois, qu'en fin de bail. Même réalisées illicitement, les constructions ou transformations ne sont pas acquises au bailleur en cours de contrat, ce dernier ne pouvant qu'exiger la remise en état en fin de bail. Ainsi, en cours de bail, le preneur demeure propriétaire des constructions réalisées[1]. Le créancier du locataire pourrait donc les saisir en cours de bail mais l'adjudicataire perdra tout droit sur ces constructions en fin de bail. Il n'est pas conseillé d'envisager une saisie dans ce cas puisque le propriétaire du sol peut exiger la démolition de ces constructions.

La loi du 6 juillet 1989 en matière de louage d'habitation distingue en outre, le cas où les transformations réalisées mettent en péril le bon fonctionnement des équipements et la sécurité du local : le bailleur peut alors ordonner la remise en état immédiate, sans attendre donc l'expiration du contrat, ce qui peut conduire à une démolition des constructions réalisées, le locataire demeurant seulement propriétaire des matériaux.

En cas de destruction ordonnée par le propriétaire, les créanciers du locataire n'ont donc qu'un droit portant sur les matériaux provenant de la démolition, ce qui ne leur ouvre ici encore qu'une voie d'exécution mobilière. La question se pose toutefois de savoir si c'est la démolition effective qui redonne aux matériaux une nature mobilière ou s'ils perdent leur caractère immobilier dès que le propriétaire a exprimé sa volonté de les faire détruire. En d'autres termes, peut-on considérer comme des meubles par anticipation les matériaux à provenir d'une démolition ? La réponse semble négative depuis un arrêt de la Cour de cassation de 1981, qui décide que dès lors que les constructions n'ont pas été démolies, elles ne peuvent faire l'objet d'une saisie mobilière[2].

1316.37 Aménagements. En matière de locations à usage d'habitation soumises aux dispositions de la loi du 6 juillet 1989, la loi fait interdiction aux locataires de transformer les locaux sans l'accord du propriétaire (v. ss no 1316.34), mais autorise « *les simples aménagements réalisés par le locataire dès lors que ceux-ci ne constituent pas une transformation de la chose louée* » (L. 6 juill. 1989, art. 6-*d*). Dans ce cas, le locataire n'a donc aucune autorisation à demander et en fin de bail le propriétaire ne peut lui imposer la remise en état. Par aménagement il faut entendre des dispositions plus commodes, pour tel ou tel usage; mais la jurisprudence a considéré comme un aménagement le fait d'installer une douche dans un coin cuisine[3]. Ces transformations peuvent donc devenir immeubles par incorporation; elles resteront alors acquises au bailleur et pourront être saisies avec l'immeuble. Lorsque le locataire peut les démonter sans préjudice pour l'immeuble en revanche, elles échappent à l'incorporation et restent dans le patrimoine du preneur à bail.

C.
Constructions et améliorations réalisées par l'usufruitier

1316.41 Assiette de l'usufruit. L'usufruitier du sol qui réalise des constructions et améliorations étend l'assiette de son droit d'usufruit.

1316.42 Améliorations. S'il réalise des améliorations, l'article 599 du Code civil décide qu'il ne peut réclamer aucune indemnité à la cessation de l'usufruit, même si la valeur de la chose s'en est trouvée augmentée; il peut seulement enlever les glaces ou ornements qu'il aurait fait placer si ces objets sont détachables. Pendant la durée de l'usufruit, ses créanciers peuvent alors saisir son usufruit ainsi amélioré. Quant aux créanciers du nu-propriétaire, ils peuvent saisir la nue-propriété du bien amélioré en cours d'usufruit et la pleine propriété à expiration de l'usufruit.

1. Civ. 1re, 1er déc. 1964, *JCP* 1965. II. 14213, note Esmein; *RTD civ.* 1965. 373, note Bredin – Civ. 1re, 23 oct. 1990, no 88-20.296, *Bull. civ.* I, no 217.

2. Civ. 3e, 10 juin 1981, no 79-15.907, *Bull. civ.* III, no 119; *RTD civ.* 1982. 164, obs. Giverdon.

3. Civ. 1re, 18 févr. 1963, *D.* 1963. Somm. 46.

1316.43 **Constructions.** Aux améliorations, la jurisprudence assimile les constructions nouvelles édifiées par l'usufruitier dès lors qu'elles s'ajoutent au fonds ou achèvent ou agrandissent un bâtiment existant[1], refusant de considérer l'usufruitier comme un tiers et d'appliquer les dispositions de l'article 555 du Code civil[2]. Il ne paraît pas envisageable, pour l'usufruitier, d'hypothéquer la propriété de la construction, ni pour un de ses créanciers de le saisir. En tout état de cause, un créancier n'a pas intérêt à s'exposer à réaliser une vente annulable; il est donc déconseillé d'entreprendre une telle saisie.

Il faut cependant distinguer l'hypothèse où ces améliorations ont conduit à la réalisation d'une chose nouvelle, distincte du fonds sur lequel elles ont été élevées (jugé ainsi pour une chambre de bonne distincte de l'appartement, objet de l'usufruit, mais contiguë à celui-ci[3]).

1316.44 **Nature de l'indemnisation pour grosses réparations.** Selon l'article 605 du Code civil, l'usufruitier n'est pas tenu aux grosses réparations qui demeurent à la charge du propriétaire sauf si elles ont été occasionnées par le défaut d'entretien depuis l'ouverture de l'usufruit; toutefois, l'usufruitier ne peut contraindre le nu-propriétaire à réaliser ces travaux[4]. L'usufruitier qui procède alors lui-même à une grosse réparation est fondé à réclamer au nu-propriétaire le montant de la plus-value en résultant lors de la cessation de l'usufruit[5]. Le créancier du nu-propriétaire va saisir le droit de son débiteur sur un immeuble réparé, c'est-à-dire dont la valeur aura augmenté ou à tout le moins été maintenue grâce à la dépense de l'usufruitier. Mais quelle sera l'étendue du droit de l'adjudicataire de l'usufruit ? Pourra-t-il prétendre à l'indemnité de plus-value en fin d'usufruit en considérant que la créance est attachée au droit d'usufruit, ou cette créance est-elle strictement personnelle à l'usufruitier, ce qui permettra à ce dernier seulement d'en exiger paiement auprès du nu-propriétaire, lorsque l'usufruit est vendu aux enchères ? La question ne semble pas avoir donné lieu à jurisprudence publiée. Il semble toutefois que le principe jurisprudentiel du droit à indemnisation étant fondé sur l'enrichissement sans cause, la créance soit personnelle à l'usufruitier. En outre, compte tenu du caractère viager de l'usufruit, les tribunaux admettent parfois que l'usufruitier réclame son indemnité dès la fin des travaux et sans attendre la fin de l'usufruit[6], ce qui résoudrait la question d'un éventuel droit de l'adjudicataire.

D.
Sort des constructions réalisées par un tiers

1316.51 **Théorie de l'accession.** Selon les dispositions de l'article 551 du Code civil, tout ce qui s'unit ou s'incorpore à la chose appartient au propriétaire et, selon les dispositions de l'article 555, lorsque des plantations, constructions et ouvrages ont été faits par un tiers avec des matériaux appartenant à ce dernier, le propriétaire du fonds a le droit d'en conserver la propriété sous réserve d'indemniser le tiers évincé. La construction peut donc être incluse dans l'assiette d'une saisie immobilière dirigée contre le propriétaire du sol. Toutefois, cette accession est-elle automatique ou doit-elle faire l'objet d'une manifestation de volonté de la part du propriétaire du terrain ? La Cour de cassation a jugé que sauf convention contraire, l'accession opérait de plein droit, l'acquisition de la propriété des constructions n'étant pas soumise à l'action du propriétaire du sol ni à celle du créancier poursuivant. La haute juridiction a ainsi refusé de faire droit à la demande en distraction de la saisie immobilière formée par une épouse, séparée de biens de son mari, se prétendant propriétaire d'un pavillon construit sur le terrain appartenant à celui-ci[7].

§ 2
Droit d'accession

1316.61 **Principe : la propriété du sol emporte propriété du dessus et du dessous.** L'article 552 du Code civil pose une présomption d'accession qui est toutefois susceptible d'être combattue par la preuve contraire résultant d'un titre ou de la prescription acquisitive (jugé ainsi pour un local en sous-sol[8]; pour une cave située sous deux immeubles contigus[9]; pour une terrasse aménagée sur le toit d'une remise appartenant à un autre propriétaire[10]). Le saisis-

1. Besançon, 5 avr. 1887, *DP* 1888. 2. 222.
2. Req. 4 nov. 1885, *DP* 1886. 1. 361.
3. Paris, 4 mars 1966, *Gaz. Pal.* 1966. 2. 6, note Cabanac; *RTD civ.* 1966. 835, obs. Bredin.
4. Req. 10 déc. 1900, *DP* 1901. 1. 209, note Guénée – Civ. 3e, 30 janv. 1970, n° 68-12.197, *Bull. civ.* III, n° 83 – Civ. 3e, 10 juill. 2002, n° 00-22.158, NP; *Rev. loyers* 2002. 562, obs. Rémy.
5. Civ. 17 juill. 1911, *DP* 1911. 1. 457 – Paris, 31 oct. 1961, *Gaz. Pal.* 1962. 1. 75 – Pontoise, 17 mars 1976, *Gaz. Pal.* 1976. 2. 573, note Plancqueel.
6. Paris, 27 juill. 1928, *DP* 1929. 2. 1, obs. Josserand; *S.* 1930. 2. 73, obs. Chavegrin.
7. Civ. 3e, 27 mars 2002, n° 00-18.201, *Bull. civ.* III, n° 78; *JCP* 2003. I. 111, n° 20, obs. Storck; *RDI* 2002. 384, obs. Bruschi; *Rev. loyers* 2002. 329, obs. Rémy.
8. Civ. 3e, 12 juill. 2000, n° 97-13.107, *Bull. civ.* III, n° 144; *JCP* 2001. I. 305, n° 1, obs. Périnet-Marquet; *Defrénois* 2001. 451, obs. Atias; *RDI* 2000. 525, obs. Bruschi.
9. Civ. 3e, 26 mai 1992, n° 90-22.145, *Bull. civ.* III, n° 172.
10. Civ. 3e, 7 oct. 1998, n° 96-18.748, *Bull. civ.* III, n° 200; *Defrénois* 1999. 424, obs. Atias; *RTD civ.* 1999. 142, obs. Zénati.

sant doit donc vérifier l'étendue des droits de son débiteur pour savoir si la saisie immobilière du sol englobera le dessus et le dessous.

§ 3
Régime des meubles immobilisés par destination ou incorporés

1316.71 Principe : inclusion dans la saisie immobilière. L'article 2092-2 du Code civil le précisait avant la réforme des voies d'exécution mobilière, et l'article 14-5° de la loi n° 91-650 du 9 juillet 1991[1] (devenu C. pr. exéc., art. L. 112-3[2]) le réitère : les immeubles par destination « *ne peuvent être saisis indépendamment de l'immeuble sauf pour paiement de leur prix* ». Dès lors qu'on est en présence d'un immeuble par destination (pour la détermination de la nature du bien, v. livre 7 de cet ouvrage : *Les saisies mobilières à fin de vente du bien*), il est donc compris de plein droit dans la saisie du fonds. Ainsi, le vendeur impayé d'objets mobiliers devenus immobiliers par destination ne peut exercer son privilège s'il se trouve en conflit avec des créanciers hypothécaires (par ex. pour le mobilier d'un hôtel[3]). C'est en ce sens au demeurant, que se prononce la jurisprudence pour déterminer l'assiette de l'hypothèque qui grève un immeuble : la sûreté grève également les immeubles par destination (en l'occurrence des serres qui y sont attachées[4]) et les biens ne peuvent donc échapper à la saisie immobilière[5]. Toutefois, pour que le bien meuble change de nature et acquière la qualité d'immeuble par destination encore faut-il qu'il n'y ait pas d'obstacles juridiques à cette transformation. Ainsi, des cuves en inox, bien que scellées, ne peuvent être saisies au même titre que les biens et droits immobiliers appartenant au groupement foncier agricole saisi, sans que soit préalablement tranchée la question de savoir si le fait que ce matériel avait été acquis par contrats de crédit-bail et restait la propriété du crédit bailleur jusqu'à la levée d'option, ne faisait pas obstacle à ce que ces cuves aient pu faire l'objet d'un apport au profit du groupement foncier agricole[6].

1316.72 Nécessité de viser les biens dans le commandement ? La jurisprudence estime que les immeubles par destination sont implicitement compris dans la saisie immobilière, même si le saisissant ne les a pas visés dans le commandement (ainsi pour des animaux placés sur le domaine[7]) et même si ces immeubles n'existaient pas lors de la constitution de l'hypothèque (ainsi pour le mobilier d'un hôtel[8]). Toutefois, quand le poursuivant a clairement exclu certains accessoires des immeubles saisis, ainsi en ne les visant pas tous au commandement et dans les affiches annonçant la vente, l'adjudicataire ne pourrait réclamer que les immeubles par destination énumérés au commandement et au cahier des charges (ainsi pour la vente sur adjudication d'une métairie et d'une tuilerie, où la saisie ne s'étendait qu'aux accessoires de la tuilerie visés dans le commandement et les affiches[9]).

La description des immeubles a pu d'ailleurs apparaître plus néfaste qu'utile après qu'une autre décision ait décidé que l'énumération précise et détaillée des immeubles par destination dans le cahier des charges, en l'absence d'indications contraires dans le commandement, avait pour conséquence de laisser hors de la saisie les immeubles par destination non compris dans cette énumération (ainsi pour le matériel d'un sanatorium[10]). La solution, très critiquée n'a pas été reproduite depuis.

1316.73 Séparation du fonds et cessation de l'immobilisation. Une difficulté encore peut surgir lorsque les immeubles par destination sont vendus par leur propriétaire, qui les sépare ainsi du fonds immeuble auquel ils étaient affectés. La jurisprudence estime en principe, que tant que la livraison n'a pas été opérée et que l'objet est encore sur le fonds où il était précédemment incorporé, les créanciers hypothécaires conservent le droit de les comprendre dans la saisie[11]. L'appréciation du moment précis où s'opère la cessation de l'immobilisation est cependant toujours délicate : le seul fait que des éléments mobiliers soient démontables et que le propriétaire ait la volonté de les aliéner séparément de l'immeuble où ils étaient installés, ne

1. L. n° 91-650, 9 juill. 1991, portant réforme des procédurs civiles d'exécution, *JO* 14 juill., p. 9228.
2. Ord. n° 2011-1895, 19 déc. 2011, relative à la partie législative du Code des procédures civiles d'exécution, *JO* 20 déc., p. 21464.
3. Paris, 13 mai 1936, *DH* 1936. 384.
4. Civ. 3e, 6 janv. 1972, n° 70-11.872, *Bull. civ.* III, n° 11; *D.* 1972. 398.
5. Ainsi, les meubles affectés à l'exploitation commerciale d'un hôtel et placés au service du fonds de commerce par le saisi constituent des immeubles par destination; ils sont donc englobés dans l'assiette de la saisie et l'adjudicataire en devient propriétaire; EN CE SENS Com. 31 mars 2009, n° 08-14.180, *Bull. civ.* IV, n° 47; *JCP E* 2009. 1899, note Plankeel.
6. Civ. 3e, 19 juin 2002, n° 00-18.746, *Bull. civ.* III, n° 144; *JCP* 2002. IV, n° 2402.
7. Req. 12 nov. 1890, *S.* 1891. 1. 76 – Bourges, 9 août 1894, *DP* 1894. 2. 299 – Pau, 30 janv. 1905, *S.* 1906. 2. 214 – Bordeaux, 27 mars 1906, *DP* 1908. 2. 10.
8. Paris, 13 mai 1936, *DH* 1936. 384.
9. Angers, 5 janv. 1877, *DP* 1877. 2. 79.
10. Orléans, 30 juill. 1946, *Gaz. Pal.* 1947. 1. 21; *RTD civ.* 1947. 206.
11. Angers, 6 juin 1894, *S.* 1896. 2. 25 – Com. 16 juin 1965, *Bull. civ.* IV, n° 381.

permet pas de conclure sans hésitation qu'ils ont perdu leur qualité immobilière (ainsi pour des machines situées dans des usines textiles, où il a été jugé, à propos d'un conflit opposant commissaires-priseurs et notaires, que la question constituait une contestation sérieuse, échappant à la compétence du juge des référés [1]).

La difficulté est plus grande encore lorsque le propriétaire dissocie la vente des bâtiments d'exploitation de la vente du fonds de terre sur lequel ils sont édifiés : quelle nature reconnaître aux objets mobiliers attachés à l'exploitation du fonds rural ? La Cour de cassation a jugé que la cession du matériel d'exploitation d'une champignonnière avec les bâtiments, mais sans le fonds de terre, faisait cesser l'immobilisation du matériel; bien que les bâtiments soient immeubles par nature, ils ne constituaient pas à eux seuls une partie du fonds rural auquel étaient attachés les objets mobiliers servant à son exploitation [2].

1316.74 Mobilisation par anticipation des produits. Une question particulière se pose pour la vente d'arbres à abattre : la Cour de cassation a jugé qu'un exploitant forestier qui achète un bois alors qu'il n'avait d'autre but que l'exploitation de sa superficie a mobilisé par anticipation lesdits arbres [3]; cette solution semble donc exclure qu'un poursuivant les englobe dans l'assiette d'une saisie immobilière. Toutefois, il a aussi été jugé qu'une vente d'arbres à abattre ne saurait s'analyser qu'en une vente immobilière et donc se trouverait assujettie à publicité foncière en tant que restriction au droit de disposer, ce qui permettrait de saisir les arbres. Cette décision, très critiquée, semble cependant avoir opéré une confusion sur l'objet de la publicité foncière (en l'espèce, n'ayant pas été publiée, elle fut jugée inopposable aux acheteurs du fond [4]).

SECTION 2
FRUITS : BIENS IMMOBILISÉS PAR LA SAISIE

1316.80 Idée directrice. La saisie immobilière va permettre au créancier non seulement d'appréhender l'immeuble pour le faire vendre mais encore de bénéficier de valeurs complémentaires, issues des fruits de l'immeuble, immobilisés à son profit. La technique est la même qu'il s'agisse des fruits naturels et industriels, ou des fruits civils, loyers et fermages.

A) Procédures de saisie immobilière ayant donné lieu avant le 1er janvier 2007 au dépôt du cahier des charges prévu à l'article 688 ACPC. La publication du commandement aux hypothèques, ou la seule sommation à tiers détenteur, emportait leur immobilisation. Leur nature ne se discutait donc plus à partir du moment où la saisie était engagée; cependant des difficultés pratiques pouvaient se présenter selon la nature de ces fruits.

B) Réforme. L'ordonnance portant réforme de la saisie immobilière reprend cette idée générale en disposant à l'article 2194 du Code civil (devenu C. pr. exéc. art. L. 321-3) que « *la saisie d'un immeuble emporte saisie de ses fruits, sauf l'effet d'une saisie antérieure* ». Aucune distinction n'ayant été opérée selon les fruits, l'immobilisation des fruits civils sera donc désormais envisagée de la même manière que celle des autres fruits.

Les deux régimes seront exposés ci-après.

§ 1
Réglementation des fruits issue du décret-loi du 17 juin 1938

A.
Règles communes aux fruits naturels et industriels et aux fruits civils

1316.81 Un principe : l'immobilisation. Les fruits naturels et industriels sont des biens immeubles par incorporation tant qu'ils ne sont pas détachés; la saisie ne change pas leur nature, elle la fige, interdisant désormais au propriétaire de procéder au détachement ou à la mobilisation par anticipation. L'article 682 ACPC dispose que « *les fruits naturels et industriels recueillis postérieurement au dépôt du commandement au bureau des hypothèques aux fins de publicité, ou le prix qui en proviendra, seront immobilisés pour être distribués avec le prix de l'immeuble par ordre d'hypothèque, sauf l'effet d'une saisie antérieurement faite conformément aux articles 626 et suivants du Code de procédure civile* [ancien] ». Pour les fruits civils, loyers et fermages, l'article 685 du même code dispose qu'ils « *seront immobilisés à partir du dépôt de commandement au bureau des hypothèques aux fins de publicité pour être distribués avec le prix de l'immeuble par ordre d'hypothèque* ». Dans ce cas, l'hypothèse d'une saisie antérieure n'est pas envisagée (comp. ss nos 1316.96 et 1316.105).

1316.82 Point de départ. Le saisi ou un créancier qui voudrait exercer une voie d'exécution mobilière ne peuvent donc plus procéder au détachement que tout autant que la saisie immobilière

1. Civ. 1re, 20 juill. 1994, no 92-14.665, *Bull. civ.* I, no 259.
2. Com. 21 juill. 1987, no 85-18.723, *Bull. civ.* IV, no 206; *JCP N* 1988. II. 312.
3. Com. 24 nov. 1981, no 80-13.395, *Bull. civ.* IV, no 408.
4. Reims, 10 mai 1982, *JCP* 1984. II. 20225, note crit. Dagot; *RTD civ.* 1984. 334, obs. crit. Giverdon.

n'a pas encore produit effet, c'est-à-dire tant que le commandement n'est pas publié, ou la sommation à tiers détenteur délivrée.

Dans le cas d'une saisie contre le débiteur, à compter du dépôt au bureau des hypothèques, les fruits sont immobilisés au profit du poursuivant, par le seul effet de la publication; c'est une conséquence de la publicité foncière, qui dure tant que le commandement n'a pas fait l'objet d'une décision définitive de rejet (Décr. n° 59-89, 7 janv. 1959, art. 685-1). D'une manière générale, tous les fruits ne peuvent plus être vendus séparément de l'immeuble. En revanche, dans le cas d'une procédure à tiers détenteur, c'est la seule délivrance de la sommation qui immobilise les fruits au profit du poursuivant en vertu de l'article 2471 du Code civil.

B.
Règles particulières applicables aux fruits naturels et industriels

1316.91 Principe. Ces fruits sont englobés dans l'assiette de la saisie à compter du dépôt du commandement à la Conservation des hypothèques, mais le créancier peut procéder à leur détachement sans perdre ses droits du fait de la mobilisation.

1316.92 Pouvoirs du saisi. L'article 682 ACPC fixe au jour du dépôt du commandement aux hypothèques la date charnière à laquelle le propriétaire perd tout pouvoir sur ces fruits : à compter de ce moment, ceux-ci sont immobilisés au profit du poursuivant pour être vendus et distribués avec le prix[1]. Seuls les fruits perçus ou recueillis antérieurement par le saisi échappent donc à l'immobilisation[2]. Toutefois, le saisi resté en possession de l'immeuble peut retenir les fruits nécessaires à sa consommation personnelle et à celle de sa famille[3].

1316.93 Incidence d'un bail. Si le fonds est affermé, le fermier a un droit personnel d'usage et de jouissance; les fruits et récoltes provenant de son travail sur le fonds sont donc des biens meubles en raison du caractère mobilier du droit de jouissance du locataire. Il a été jugé que le fermier avait le droit de les percevoir, le créancier saisissant ne pouvant y prétendre[4].

1316.94 Incidence d'un droit d'usufruit. Les fruits naturels et industriels mais aussi civils, sont perçus par l'usufruitier tant que dure l'usufruit. En conséquence, si le droit objet de la saisie immobilière est le droit du nu-propriétaire, l'assiette de la saisie ne peut porter sur les fruits. Inversement, si la saisie est celle de l'usufruit, elle englobe les fruits.

1316.95 Pouvoir du créancier de vendre les fruits. En vertu de l'article 681 alinéa 2 ACPC, le créancier peut « *faire procéder à la coupe et à la vente, en tout ou partie, des fruits pendants par les racines* », sans que le détachement ne rendant mobiliers ces fruits ne lui retire son droit. Cette coupe ou récolte peut en effet s'avérer indispensable quand le jour de l'adjudication est postérieur à la période de récolte ou de coupe. À cette fin, le créancier doit seulement obtenir l'autorisation du président du tribunal, dans la forme des référés. Les fruits sont alors vendus aux enchères ou de toute autre manière, autorisée par le président, dans le délai qu'il fixe et le prix est déposé à la Caisse des dépôts et consignations. La vente des récoltes sur pied étant désormais régie par les articles 134 à 138 du décret du 31 juillet 1992 (devenu C. pr. exéc., art. R. 221-57 à R. 221-61), on peut imaginer que le président statuant en référé pourra, soit renvoyer le créancier à recourir à cette procédure soit, lui permettra de choisir toute autre forme, y compris la vente amiable. L'alinéa 2 ne renvoyant à l'alinéa premier que pour la forme de l'ordonnance, il faut en déduire que cette ordonnance est susceptible de recours.

Lorsque le saisi est séquestre du bien (v. s[s] n°s 1321.221 s.), il pourra être amené à procéder à des coupes ou ventes des fruits, dans le cadre de sa mission d'administration du bien. Il a été jugé que dans ce cas, il pouvait être autorisé à vendre les fruits amiablement (ainsi pour une vente de récolte de raisins sur souche, considérée comme un acte de bonne administration en raison de l'usage courant dans la région[5]).

1316.96 Effet d'une saisie antérieure. Des tiers peuvent avoir acquis des droits sur les fruits antérieurement à la publication du commandement ou à la délivrance de la sommation à tiers détenteur. Ces fruits sont-ils définitivement sortis du patrimoine du propriétaire de l'immeuble et ne peuvent-ils désormais tomber dans l'assiette du gage du saisissant ? L'article 682 ACPC envisage cette hypothèse et exclut l'immobilisation *dans le cas d'une saisie antérieurement faite.* Dès lors, en cas de saisie engagée antérieurement à la publication du commandement, les fruits naturels et industriels ne seront pas immobilisés au profit du saisissant et des créanciers inscrits.

1. Pour une application de ce principe d'immobilisation, Civ. 2e, 7 nov. 1985, n° 84-13.739, *Bull. civ.* II, n° 169; *Gaz. Pal.* 1986. 1. Somm. 187, obs. Véron.
2. Req. 26 nov. 1900, *DP* 1901. 1. 77 – Req. 14 mai 1907, *DP* 1907. 1. 341.
3. Req. 26 nov. 1900, *DP* 1901. 1. 77.
4. Troyes, 18 oct. 1872, *S.* 1873. 2. 22.
5. Civ. 6 mai 1903, *DP* 1906. 1. 470; *S.* 1904. 1. 193, note Tissier.

C.
Fruits civils : loyers et fermages

1316.101 Principe de l'immobilisation. L'article 685 ACPC dispose de même, que les loyers et fermages seront immobilisés à partir du dépôt du commandement au bureau des hypothèques pour être distribués avec le prix de l'immeuble par ordre d'hypothèque (v. s[s] n°s 1511.11 s.).

1316.102 Procédure. L'immobilisation est de droit, mais pour éviter que les fermiers et locataires n'ignorent la saisie et continuent de régler leurs loyers et fermages entre les mains du bailleur, l'article 685 alinéa 2 ACPC dispose que le poursuivant pourra leur adresser un acte d'opposition, valant saisie-arrêt entre leurs mains. Ces derniers ne pourront plus alors se libérer qu'en exécution de mandements de collocation ou par versements à la Caisse des dépôts et consignations ou entre les mains d'un séquestre nommé par ordonnance du président du tribunal sur requête à la diligence de tout intéressé. À défaut d'opposition, les paiements faits seront donc valables mais le saisi sera comptable, comme séquestre, des sommes reçues. Il est donc conseillé de faire désigner un séquestre.

1316.103 Incidence d'une cession par anticipation. Il est possible pour le bailleur de percevoir les loyers par anticipation, par convention avec le locataire : pour limiter le risque de diminution de la valeur du gage du poursuivant, la loi soumet toutefois cette perception par anticipation à un régime calqué sur celui des baux, c'est-à-dire qu'elle impose la publication de la convention prévoyant une perception anticipée pour une durée de plus de trois ans (Décr. n° 55-22, 4 janv. 1955, art. 28-1°-*b*). En conséquence, les quittances et cessions de loyers ou fermages non échus pour une somme inférieure à trois ans peuvent être, même en l'absence de publication, opposées aux créanciers poursuivant lorsqu'elles ont été consenties sans fraude; celles, non transcrites, qui sont supérieures à trois ans doivent, en revanche, pour être opposables, être réduites à une somme inférieure à trois ans[1].

1316.104 Compensation. En principe, l'immobilisation, consécutive à la publication de la saisie, s'oppose à toute compensation puisque celle-ci ne peut s'opérer au préjudice des droits des tiers conformément aux dispositions de l'article 1298 du Code civil[2]. Toutefois, le bail étant un contrat synallagmatique, le locataire peut soulever en justice une exception d'inexécution pour refuser de payer les loyers lorsque le bailleur ne satisfait pas aux conditions essentielles du bail; dans ce cas, la faculté accordée aux créanciers inscrits de faire immobiliser les loyers ne pourra s'exercer effectivement. Elle ne le peut, en effet, que sur des loyers dus, or, le locataire peut être autorisé à retenir sur les loyers échus la somme fixée par les juges en réparation du préjudice qu'il subit du fait de la privation partielle de son droit de jouissance[3].

1316.105 Incidence d'une saisie antérieure. On ne trouve pas à l'article 685 ACPC l'indication que les fruits sont immobilisés « *sauf l'effet d'une saisie antérieurement faite* », comme cela est prévu à l'article 682 du même code (v. s[s] n° 1316.96). Pourrait-on raisonner par analogie ? La question est aujourd'hui controversée; or, elle pose problème car peuvent se trouver en conflit le créancier qui a fait procéder à une saisie attribution sur la créance de loyers, créance à exécution successive, et le créancier qui saisissant l'immeuble souhaite englober les fruits civils dans l'assiette de la saisie. Une décision du tribunal de grande instance d'Avranches[4] avait admis que, malgré la présence d'une notification par le Trésor au locataire d'un immeuble d'un avis à tiers détenteur sur les loyers dus au propriétaire bailleur, la publication postérieure à la Conservation des hypothèques du commandement de saisie immobilière, signifié par un créancier inscrit, avait pour effet d'immobiliser les fruits en application de l'article 685 ACPC et que cette immobilisation suspendait les effets de l'avis prévus à l'article L. 263 du Livre des procédures fiscales. La question s'est toutefois reposée car, depuis cette date, la Cour de cassation a été interrogée à plusieurs reprises sur le sort de saisies attribution de créances à exécution successives, ou d'avis à tiers détenteur, engagés avant un jugement de redressement judiciaire. La réponse a été définitivement clarifiée en 2002, à la suite d'un arrêt de chambre mixte : parce que la créance à exécution successive est une créance unique dérivant d'un même contrat, la saisie d'une telle créance pratiquée avant la mise en liquidation judiciaire d'un débiteur poursuit donc ses effets sur les loyers échus après le jugement de liquidation[5]. S'agissant d'une

1. Civ. 19 juin 1897, *DP* 1900. 1. 577 – Civ. 12 févr. 1902, *DP* 1902. 1. 337, note Colin – Civ. 14 mai 1907, *DP* 1907. 1. 341 – Civ. 29 déc. 1947, *JCP* 1948. II. 4131.
2. Civ. 27 janv. 1864, *DP* 1864. 1. 65 – Paris, 8 mai 1941, *Gaz. Pal.* 1941. 2. 350.
3. Com. 25 juill. 1950, *JCP* 1950. II. 5914; *Gaz. Pal.* 1950. 2. 296; *RTD civ.* 1951. 135, obs. Raynaud.
4. TGI Avranches, 20 janv. 1994, *JCP* 1994. II. 22345, note Martin.
5. Civ. 2e, 10 juill. 1996, n° 94-19.551, *Bull. civ.* II, n° 209; *RTD civ.* 1996. 716, obs. Perrot; *Justices* 1997. 340, obs. Putman; *JCP* 1995. II. 22408, note Putman – Com. 22 avr. 1997, n° 94-21.412, *Bull. civ.* IV, n° 104; *D.* 1997. 371, note Derrida – Com. 5 mai 1998, n° 96-15.780, *Bull. civ.* IV, n° 143 – Cass., ch. mixte 22 nov. 2002, n° 99-13.935, *Bull. ch. mixte*, n° 7; *D.* 2003. 445, note Larroumet.

créance à exécution successive, le premier saisissant serait donc privilégié. Le raisonnement est-il transposable en cas de conflit entre le créancier ayant procédé à une saisie sur les fruits civils avant la publication du commandement de saisie immobilière et le créancier sur saisie immobilière ? Rien n'est moins sur, car dans ce cas, c'est la nature même des loyers qui est modifiée du fait de la publication du commandement; les loyers sont « immobilisés », ils deviennent immeubles. Dès lors, et peu importan que la créance soit à exécution successive, les loyers ne pourraient plus être appréhendés par une voie d'exécution mobilière. C'est en ce sens que s'est prononcé le JEX de Lyon; jugeant que l'article 682 ne pouvait être étendu aux fruits civils à défaut de disposition expresse, il a déduit de l'immobilisation des fruits, due à la publication du commandement, l'impossibilité pour la saisie attribution de continuer à produire effet[1].

Si aucune saisie-attribution n'a été engagée avant la publication du commandement de saisie immobilière, il est clair en revanche, que les fruits, désormais immobilisés, ne peuvent plus faire l'objet de voies d'exécution mobilières.

§ 2
Réforme opérée par l'ordonnance du 21 avril 2006 et le décret du 27 juillet 2006 quant au sort des fruits

1316.110 **Renvoi.** Sur cette réforme quant au sort des fruits, v. s[s] n°s 1361.301 s.

A.
Saisie de tous les fruits

1316.111 **Principe.** L'article 2194 du Code civil (devenu C. pr. exéc., art. L. 321-3) dispose que « *la saisie d'un immeuble emporte saisie de ses fruits, sauf l'effet d'une saisie antérieure* ». Par cette formule générale, semblent visés et les fruits naturels et industriels et les fruits civils. Tous sont désormais saisis au même titre que l'immeuble.

1316.112 **Date d'effet : la signification du commandement de payer valant saisie.** Cet effet se produit lors de la signification du commandement de payer valant saisie au débiteur. Selon l'article 15, 7° du décret du 27 juillet 2006 (devenu C. pr. exéc., art. R. 321-3, 7°) le commandement comporte « *l'indication que le commandement vaut saisie des fruits et que le débiteur en est séquestre* ».

1. TGI Lyon, JEX, 13 mars 1997, n° 96/12643, X... c/Y..., Crédit Foncier de France, UCB et receveur de Pamiers.

De même, selon l'article 17 alinéa 2 (devenu C. pr. exéc., art. R. 321-5, al. 2), la mention du débiteur à l'article 15, 7° s'entend de celle du tiers détenteur.

L'article 25 du même décret (devenu C. pr. exéc., art. R. 321-13) le réaffirme ensuite, la saisie des fruits court à compter de la signification du commandement de payer valant saisie.

B.
Sort des fruits

1316.120 **Source.** Une sous-section 4, intitulée « *La saisie des fruits* », et comprenant les articles 28 à 30 du décret n° 2006-936 du 27 juillet 2006 (devenus C. pr. exéc., art. R. 321-16 à R. 321-18), précise le sort des fruits saisis.

1316.121 **Immobilisation.** Selon l'article 28 (devenu C. pr. exéc., art. R. 321-16), tous « *les fruits sont immobilisés à compter de la signification du commandement de payer valant saisie et distribués avec le prix de l'immeuble selon le même ordre que la distribution de celui-ci* ». Là où le Code civil n'utilisait pas le terme d'immobilisation mais de saisie (C. civ., art. 2194 [devenu C. pr. exéc., art. L. 321-3]), le décret renoue avec la terminologie du décret du 17 juin 1938.

1316.122 **Pouvoir du créancier de vendre les fruits naturels et industriels.** L'article 29 (devenu C. pr. exéc., art. R. 321-17) dispose que « *le créancier poursuivant pourra autoriser le saisi à vendre les fruits à l'amiable ou faire procéder lui-même, sur autorisation du juge de l'exécution à la coupe et à la vente des fruits qui seront vendus aux enchères ou par tout autre moyen dans le délai que le juge aura fixé. Le prix sera déposé entre les mains du séquestre désigné par le créancier poursuivant ou à la caisse des dépôts et consignation* ».

1316.123 **Immobilisation des fruits civils.** Pour les loyers et fermages, le créancier poursuivant pourra, par acte d'huissier de justice, s'opposer à ce que le locataire se libère des loyers et fermages entre les mains du débiteur et lui faire obligation de les verser entre les mains d'un séquestre qu'il désigne ou de les consigner à la caisse des dépôts et consignations. À défaut d'une telle opposition, les paiements faits au débiteur sont valables et celui-ci est séquestre des sommes reçues.

C.
Effets d'une saisie antérieure

1316.131 **Principe.** L'article 2194 du Code civil (devenu C. pr. exéc., art. L. 321-3) pose un même principe pour tous les fruits : la saisie de l'immeuble emporte saisie de ses fruits, sauf l'effet d'une saisie antérieure. Les fruits qui auront fait l'objet d'une saisie avant la signification du commandement de payer valant saisie resteront donc hors de l'assiette de la saisie immobilière.

La solution est intéressante, surtout s'agissant des fruits civils. Avant la réforme, on s'interrogeait sur l'incidence d'une saisie attribution sur la créance de loyers, créance à exécution successive, à cause de l'effet d'immobilisation produit par le dépôt du commandement à la Conservation des hypothèques sur ces sommes (v. s^s n° 1316.105). La rédaction de l'article 2194 (devenu C. pr. exéc., art. L. 321-3) semble résoudre la difficulté. Si la saisie de l'immeuble emporte saisie des fruits sauf effet d'une saisie antérieure, cela devrait signifier que les fruits ne seront immobilisés (Décr. 27 juill. 2006, art. 28 [devenu C. pr. exéc., art. R. 321-16]) que tout autant qu'ils sont demeurés saisissables. Ainsi, la saisie attribution engagée avant la délivrance du commandement de payer valant saisie se poursuivra malgré la mise en œuvre d'une mesure d'exécution sur l'immeuble.

Pour les fruits naturels et industriels, on peut envisager le cas des récoltes sur pied se trouvant dans les six semaines qui précèdent l'époque habituelle de leur maturité. Depuis la réforme des procédures civiles d'exécution, ces fruits, qui auparavant étaient saisis par la procédure de saisie-brandon, peuvent être saisis grâce à la procédure de saisie-vente. Si une telle procédure a été engagée avant la délivrance du commandement de payer valant saisie, ces fruits seront exclus de l'assiette de la saisie immobilière.

SECTION 3
ACCESSOIRES JURIDIQUES DE L'IMMEUBLE

1316.140 Identité d'assiette avec les sûretés. Selon l'article 2397 du Code civil, dans sa rédaction issue de l'ordonnance n° 2006-346 du 23 mars 2006[1], les sûretés immobilières s'étendent aux accessoires réputés immeubles des droits immobiliers. Il s'agit des accessoires matériels (immeubles par destination, v. s^s n°s 1316.71 s.) comme juridiques, c'est-à-dire des droits qui ne sont pas susceptibles de faire l'objet d'une sûreté à titre principal, des droits qui offrent un mode d'usage de l'immeuble et on peut ajouter les droits sur les sommes représentant la valeur de l'immeuble. La saisie immobilière va donc logiquement prétendre à la même assiette que la sûreté immobilière. La discussion peut porter sur les accessoires juridiques, droits réels démembrés et droits permettant un mode d'usage de l'immeuble.

1. C. civ., anc. art. 2118.

§ 1
Les droits réels démembrés, insusceptibles de sûretés à titre principal

1316.141 Droits visés. Ce sont les servitudes[2], les droits de mitoyenneté et tous les droits réels démembrés accessoires, insusceptibles de sûretés à titre principal. Ils sont inclus dans la saisie immobilière du fonds auquel ils se rattachent.

§ 2
Les droits qui permettent un mode d'usage du bien immeuble

1316.151 Une liste ouverte ? L'idée est que ces droits sont liés à l'utilisation de l'immeuble; ils en sont les accessoires. La liste donnée n'est donc pas nécessairement exhaustive, dès lors qu'on arrive à faire la démonstration du caractère accessoire et indispensable à l'immeuble. Des jurisprudences anciennes en donnent des exemples qui présentent l'intérêt d'illustrer la question et de fournir un cadre de réflexion, la question étant susceptible de se poser d'une manière nouvelle avec les droits de plantation de vigne.

1316.152 Jurisprudences anciennes. Il a été jugé que la redevance minière, due par le concessionnaire d une mine au propriétaire, étant une indemnité à caractère mobilier, ne pouvait être saisie immobilièrement si elle était séparée du sol[3], mais qu'avant cette séparation, elle formait un accessoire du fonds compris dans la saisie immobilière[4].

De même, une concession du droit d'éclairage, bien meuble, consentie par une ville au propriétaire d'une usine à gaz, a pu être saisie en même temps que l'usine établie pour son exploitation car, d'après les circonstances, elle devait être considérée comme un accessoire inséparable de l'immeuble[5].

Et encore, le droit au bail, portant sur un terrain contigu à une propriété, objet d'une saisie immobilière, a été englobé dans la saisie immobilière parce qu'il a été démontré que la jouissance de ce terrain était l'accessoire nécessaire de la propriété saisie[6].

2. Paris, 10 mai 1898, *DP* 1898. 2. 497, note Planiol.
3. Civ. 13 nov. 1848, *S.* 1848. 1. 682.
4. Civ. 10 nov. 1845, *S.* 1846. 1. 176 – Civ. 27 oct. 1885, *S.* 1887. 1. 252.
5. Civ. 21 janv. 1878, *DP* 1879. 1. 263.
6. TGI Versailles, 27 avr. 1964, *JCP* 1964. II. 14299, note Raynaud, qui souligne l'originalité de la solution.

1316.153 Droits de plantation. La question se pose de leur saisissabilité en même temps que le sol car il y a un enjeu économique certain pour le créancier. Le créancier qui a une hypothèque sur des parcelles de terre plantées en vigne englobe-t-il ces droits dans sa saisie ? La réponse passe par la détermination de la nature juridique de ces droits; or cette question est très discutée[1]. La culture de la vigne fait l'objet d'une réglementation européenne très stricte qui interdit toute plantation nouvelle dans l'Union et fait dépendre la culture d'autorisations administratives accordées dans les limites de contingents annuels à des exploitants remplissant certaines conditions. Les droits de plantations nouvelles ne sont ainsi que la conséquence de droits d'arrachage avec autorisation de transfert d'exploitation. Pour un viticulteur qui souhaite exploiter une parcelle de terre non plantée, en vigne, il est donc nécessaire d'être titulaire des droits correspondants, sinon son projet ne peut aboutir. La jurisprudence récente affirme le caractère immobilier de ces droits, attachés à l'exploitation viticole[2]; mais la formule n'est pas exempte d'ambiguïté car exploitation et sol ne sont pas nécessairement confondus. La jurisprudence a ensuite encore précisé qu'en cas de location de la terre, les droits de plantation revenaient au propriétaire du fonds affermé, par le mécanisme de l'accession[3], le locataire ne pouvant imposer au bailleur l'arrachage[4]. Il faudrait logiquement considérer les droits de plantation comme des droits réels, permettant un mode particulier d'usage du sol, et attachés au fonds immeuble, donc saisissables avec lui.

1316.154 Primes d'arrachages. Qu'en est-il des primes allouées par l'Union européenne au propriétaire du fonds pour l'inciter à arracher ? En l'état des divergences des juges du fond, la Cour de cassation a jugé que les indemnités offertes contre renonciation aux droits de plantation ne constituaient pas le prix d'un produit, n'étant pas la valeur de la vigne détruite, et qu'en conséquence le créancier poursuivant n'avait pas de droit de préférence sur ces sommes[5]. Ainsi faut-il se garder de confondre les droits, attachés au fonds, et la contrepartie financière de la renonciation au bénéfice de ces droits, à savoir les primes d'arrachage qui entrent dans le patrimoine du renonçant et peuvent faire l'objet d'une mesure d'exécution mobilière (dans l'arrêt de 1994, le créancier saisissant l'immeuble était d'ailleurs en concurrence avec des créanciers qui avaient pratiqué une saisie-arrêt sur la prime). La prime d'arrachage a elle aussi une nature particulière, sur laquelle la Cour de cassation ne s'est pas prononcée, nature *sui generis* sans doute, car elle récompense la renonciation à un droit et ne représente pas la contre valeur de ce droit, comme le ferait une indemnité d'assurance ou d'expropriation (v. s[s] n°s 1316.163 et 1316.165).

SECTION 4
SOMMES REPRÉSENTANT LA VALEUR DE L'IMMEUBLE

1316.161 Des indemnités de toute nature. Les indemnités d'expropriation pour cause d'utilité publique, celles dues par des tiers ou l'État au titre de la solidarité, les indemnités d'assurance de toutes sortes, quel que soit le risque pris en charge (perte, détérioration mais aussi risque locatif), représentent la valeur du bien immeuble. Ce sont des valeurs, substituées à celles des droits réels du débiteur, sur lesquelles certains créanciers peuvent prétendre à un droit préférentiel.

1316.162 Problème. Ces indemnités entrent-elles dans l'assiette de la saisie immobilière ? La question ne se pose qu'en cas d'indemnisation partielle de la valeur du bien immeuble menacé de saisie. Si l'immeuble n'existe plus du tout, ou si le titulaire du droit en a été exproprié, le droit réel est transformé en créance de prix contre l'assureur ou l'État. Le créancier qui envisageait une saisie immobilière ne peut l'entreprendre. Si toutefois il était titulaire d'une sûreté réelle sur ce droit immobilier, a-t-il alors un droit de préférence sur l'indemnité ? La réponse diffère selon la nature de l'indemnité.

1316.163 Indemnités d'assurance. L'article L. 121-13 du Code des assurances attribue de plein droit aux titulaires de sûretés réelles sur l'immeuble toutes les indemnités d'assurance; risque de perte, de détérioration, risque locatif. Le titulaire de la sûreté dispose d'un droit propre contre l'assureur,

1. Géninet, « Du droit de planter la vigne », *RD rur.* 1991. 1 – P. Devarenne, « Nature juridique des droits de plantation et de replantation », *RD rur.* 1996. 302, n° spécial, spéc. p. 322.
2. Civ. 3e, 17 avr. 1996, n° 94-13.521, *Bull. civ.* III, n° 105; *RD rur.* 1996. 225, concl. Weber; *RD rur.* 1996. 322, chron. Devarenne; *RD rur.* 1996. 410, note Géninet; *JCP* 1997. II. 22783, note Roussel; *D.* 1997. 318, note Agostini.
3. Civ. 3e, 7 janv. 1998, n° 95-20.785, *Bull. civ.* III, n° 2; *D.* 1998. 582, note Agostini – Civ. 3e, 24 mars 1999, n° 97-14.303, *Bull. civ.* III, n° 77; *D.* 2000. 139, note Agostini et concl. Weber.
4. Civ. 3e, 18 nov. 1998, n°s 96-18.438 et 96-22.102, *Bull. civ.* III, n°s 217 et 218; *D.* 1999. IR 10 – Civ. 3e, 29 mars 2000, n° 98-18.794, *Bull. civ.* III, n° 71.
5. Civ. 3e, 12 oct. 1994, n° 92-14.367, *Bull. civ.* III, n° 180; *RDI* 1995. 141, obs. Delebecque et Simler – J.-L. Bergel (dir.), *Les grands arrêts de droit immobilier,* Dalloz, 2001, n° 87, comm. Leborgne.

qui ne passe pas par le patrimoine du débiteur. Il peut donc l'appréhender même s'il n'a pas déclaré sa créance à la faillite du débiteur, et malgré la suspension des poursuites[1].

Toutefois, une difficulté pratique peut venir de l'ignorance de l'existence d'un créancier titulaire de sûreté par l'assureur. Or, l'article L. 121-13 alinéa 2 dispose que les paiements faits de bonne foi avant opposition sont valables, ce qui ne favorise pas le créancier titulaire de sûretés. Et la Cour de cassation, à propos d'un gage sur véhicule automobile, n'a pas estimé que l'inscription de la sûreté la rendait opposable à l'assureur de plein droit[2].

La solution a été transposée aux créanciers titulaires de sûretés réelles publiées par la première chambre civile[3]. Cette analyse repose sur l'interprétation de la notion de tiers, dans l'article 30 du décret du 4 janvier 1955 : sont concernés par l'opposabilité des actes publiés à la Conservation des hypothèques, ceux qui ont sur l'immeuble des droits concurrents; l'assureur n'en ferait donc pas partie et le paiement qu'il fait à l'assuré est libératoire malgré l'inscription[4]. L'opposabilité du droit propre au paiement de l'indemnité d'assurance est donc subordonnée à une demande en paiement adressée par le créancier privilégié à l'assureur.

1316.164 Autres indemnités. Indemnité due par un tiers responsable ou par l'État. En principe, pas de droit de préférence sur ces sommes pour le titulaire de sûretés, sauf dispositions spéciales. Ainsi, en cas d'incendie du fait du locataire ou d'un voisin, le créancier bénéficie encore de l'indemnité de responsabilité en vertu de l'article L. 121-13 alinéa 3 du Code des assurances.

1316.165 Indemnité d'expropriation. L'article L. 12-3 du Code de l'expropriation attribue un droit de préférence au titulaire de sûretés réelles. Les droits des créanciers régulièrement inscrits sur les immeubles expropriés, soit avant la publication aux hypothèques de l'ordonnance d'expropriation, de l'ordre de donné acte ou de l'acte de cession consentie après la déclaration d'utilité publique, sont reportés sur l'indemnité compte tenu du rang de préférence qui leur est reconnu par les textes qui les régissent. Et en vertu de l'article R. 13-19 du même code, si l'indemnité fixée à l'amiable après la déclaration d'utilité publique entre l'expropriant et l'exproprié est inférieure au montant total des créances pour le recouvrement desquelles il a été pris inscription, les créanciers titulaires de sûretés réelles peuvent encore exiger que l'indemnité soit soumise au juge[5].

1. Com. 4 févr. 1986, n° 84-16.639, *Bull. civ.* IV, n° 2 – Com. 18 févr. 1992, n° 90-12.840, *Bull. civ.* IV, n° 81; *Gaz. Pal.* 1992. Pan. 187; *JCP* 1992. I. 3623, n° 23, obs. Delebecque.
2. Civ. 1re, 17 juin 1969, *D.* 1970. 21, note Besson.
3. Civ. 1re, 29 févr. 2000, n° 97-21.099, *Bull. civ.* I, n° 63; *JCP* 2000. I. 259, n° 13, obs. Delebecque.
4. L. Aynès et P. Crocq, *Les sûretés, la publicité foncière*, 2e éd., *Defrénois*, 2006, n° 700.
5. TGI Paris, 6 oct. 1987, AJPI 1988. 155 – TGI Paris, 4 déc. 1987, AJPI 1988. 524.

CHAPITRE

1317. Restrictions au droit à l'exécution tenant à l'immeuble

ANNE LEBORGNE
PROFESSEUR À L'UNIVERSITÉ D'AIX-MARSEILLE

SECTION 0 ORIENTEUR

1317.00 Plan du chapitre.

Rappel : régime applicable à la saisie immobilière (ancien Code de procédure civile ou réforme). La procédure de saisie immobilière a été réformée par l'ordonnance n° 2006-461 du 21 avril 2006 qui a modifié le Code civil[1], et par le décret n° 2006-936 du 27 juillet 2006[2], qui a abrogé les articles 673 à 717 de l'ancien Code de procédure civile (ACPC). Le décret, entré en vigueur le 1er janvier 2007, n'est pas applicable aux procédures de saisies immobilières ayant donné lieu, avant son entrée en vigueur, au dépôt du cahier des charges prévu à l'article 688 ACPC.

1317.05 Une liberté encadrée. La liberté d'action du créancier se retrouve consacrée en matière d'exécution immobilière. D'une part parce qu'elle résulte des dispositions des articles 2284 et 2285 du Code civil[3], d'autre part parce que les grands principes affirmés par la loi n° 91-650 du 9 juillet 1991[4] valent aussi pour cette saisie. Toutefois, il faut ici tenir compte, en sus, de certaines dispositions du Code civil qui peuvent restreindre, en partie, la liberté de choix des créanciers.

1317.06 Une liberté exercée aux risques du créancier. L'article 13 alinéa 2 du décret du 27 juillet 2006 (devenu C. pr. exéc., art. R. 321-1, al. 2[5]) pris pour l'application de la réforme de la saisie immobilière dispose que « *la délivrance du commandement est un acte de disposition, réalisé aux risques du créancier* »[6]. L'idée que l'exécution forcée se réalise aux risques du créancier poursuivant était déjà exprimée dans la loi du 9 juillet 1991 à l'article 31 alinéa 2 (devenu C. pr. exéc., art. L. 111-10, al. 2[7]). Mais le risque ne semblait envisagé que dans l'hypothèse où une mesure d'exécution allait être menée jusqu'à son terme avec un titre exécutoire à titre provisoire. L'article R. 321-1 C. pr. exéc. insiste donc sur la responsabilité du créancier poursuivant qui entreprend une saisie immobilière car, dans la procédure de saisie immobilière, le poursuivant court le risque d'être déclaré adjudicataire à défaut d'enchérisseur.

SECTION 1 RAPPEL : DROIT À L'EXÉCUTION ET LIBERTÉ DE CHOIX DES MESURES

1317.11 Un principe : le droit à l'exécution. Tout créancier peut agir en exécution sur un bien

1. Ord. n° 2006-461, 21 avr. 2006, réformant la saisie immobilière, *JO* 22 avr., p. 6072.
2. Décr. n° 2006-936, 27 juill. 2006, relatif aux procédures de saisie immobilière et de distribution du prix d'un immeuble, *JO* 29 juill., p. 11316.
3. C. civ., anc. art. 2092 et 2093.
4. L. n° 91-650, 9 juill. 1991, portant réforme des procédures civiles d'exécution, *JO* 14 juill., p. 9228.
5. Décr. n° 2012-783, 30 mai 2012, relatif à la partie réglementaire du Code des procédures civiles d'exécution, *JO* 31 mai, p. 9375.
6. Décr. n° 2006-936, 27 juill. 2006, relatif aux procédures de saisie immobilière et de distribution du prix d'un immeuble, *JO* 29 juill., p. 11316.
7. Ord. n° 2011-1895, 19 déc. 2011, relative à la partie législative du Code des procédures civiles d'exécution, *JO* 20 déc., p. 21464.

quelconque de son débiteur (v. s[s] n°s 143.04 s.). L'article 1er de la loi du 9 juillet 1991 (devenu C. pr. exéc., art. L. 111-1) peut être invoqué à l'appui de toute mesure d'exécution, mobilière comme immobilière; il fait partie de ces dispositions générales de la loi de 1991 qui s'appliquent également à la saisie immobilière. Au demeurant, en l'état de la jurisprudence de la Cour européenne des droits de l'homme, le droit à l'exécution apparaît comme un droit fondamental, découlant du droit au procès équitable[1].

1317.12 Sur tous les biens de son débiteur. Le fait d'être titulaire de sûretés immobilières n'interdit pas au créancier de préférer agir en exécution forcée sur les meubles de son débiteur si tel lui paraît être son intérêt, ni de mener ensemble plusieurs procédures d'exécution. Un créancier hypothécaire n'est donc pas tenu de commencer par saisir l'immeuble hypothéqué avant de saisir les meubles dépendants du patrimoine de son débiteur[2], sauf dans le cas où le saisi est incapable (v. s[s] n°s 1313.131 s.).

1317.13 Hors abus et mauvaise foi. L'abus de saisie est particulièrement envisagé par la loi du 9 juillet 1991, relative aux procédures d'exécution mobilières, à l'article 22 (devenu C. pr. exéc., art. L. 111-7) qui pose comme principe que les mesures d'exécution ne peuvent excéder ce qui se révèle nécessaire pour obtenir le paiement de l'obligation (v. s[s] n°s 143.41 s.).

Avant l'entrée en vigueur de la loi de 1991, la jurisprudence avait déjà consacré quelques applications de la théorie de l'abus en matière de saisie immobilière (v. ainsi une espèce, où pour une dette de 1 600 francs, le créancier avait fait saisir et vendre un immeuble, en l'absence du débiteur, alors que celui-ci possédait un compte postal présentant un solde créditeur supérieur au montant de la dette et des biens meubles ainsi que des sommes d'argent et un livret de caisse d'épargne[3] – une autre où fut considérée comme abusive la saisie entreprise alors que la créance était d'un montant minime, la Cour refusant de tenir compte des frais inhérents à l'affichage de la vente destinée à en assurer le règlement[4]).

Il a été jugé depuis, par la première chambre de la Cour de cassation, dans une espèce où le débiteur avait remboursé le montant principal du crédit et où le commandement, délivré pour les intérêts et pénalités de retard, était postérieur de six ans à la date d'exigibilité de la créance, que la bonne foi du créancier qui se prévalait du jeu d'une clause résolutoire pour engager une saisie immobilière devait être préalablement démontrée sur le fondement de l'article 1134 alinéa 3[5].

Pour la deuxième chambre civile cependant, la charge de la preuve de l'atteinte au principe de proportionnalité incombe au débiteur puisque le créancier a le choix des mesures propres à assurer l'exécution de sa créance; il appartient donc au débiteur qui poursuit la mainlevée d'une saisie immobilière d'établir qu'elle excède ce qui se révèle nécessaire pour obtenir le paiement de l'obligation[6]. Il a encore été jugé par la deuxième chambre civile de la Cour de cassation que le créancier qui n'accepte pas un abandon partiel de sa créance et poursuit la vente sur saisie immobilière, alors même que les biens sont vendus aux enchères pour un montant inférieur à la proposition de rachat, ne commet pas un abus de droit[7]. Par ailleurs, le saisi qui régulièrement sommé n'a pas, à l'audience éventuelle, formé de dire pour contester l'exigibilité de la créance ou solliciter la suspension des poursuites en l'état d'une transaction signée avec le syndicat des copropriétaires, créancier poursuivant, ne peut, une fois le bien adjugé, assigner le syndicat des copropriétaires aux fins d'annulation pour fraude de la saisie immobilière[8]. L'abus peut encore être imputé à un créancier inscrit, subrogé dans les droits du poursuivant, mais, là encore, il appartiendra au saisi de démontrer la faute; il a ainsi été jugé qu'il ne pouvait être reproché à ce créancier titulaire d'un titre exécutoire d'avoir tenté de recouvrer sa créance, alors même qu'il n'avait perçu aucun fonds à la suite de la procédure de saisie immobilière, le produit de la vente ayant été attribué au créancier hypothécaire de premier rang; la procédure de saisie immobilière ne pouvait donc être qualifiée d'inutile puisqu'elle avait permis de rembourser la dette des saisis à l'égard de ce créancier de premier rang[9].

Enfin, la validité de la saisie immobilière n'est pas liée à la « *nécessaire proportionnalité* » de celle-ci

1. CEDH 19 mars 1997, Hornsby c/Grèce, req. n° 18357/91, *JCP* 1997. II. 22949 – Et depuis, CEDH 28 juill. 1999, Immobiliare Saffi c/Italie, req. n° 22774/93, *JCP* 2000. I. 203, chron. Sudre – CEDH 14 déc. 1999, Antonakopoulos, Vortsela et Antonakopoulou c/Grèce, req. n° 37098/97, *JCP* 2000. I. 203, chron. Sudre – CEDH 11 janv. 2001, Lunari c/Italie, req. n° 21463/93, *RTD civ.* 2001. 447, obs. Marguénaud – CEDH 7 mai 2002, Bourdov c/Russie, req. n° 59498/00, *Dr. et proc.* 2002. 290, obs. Fricero – CEDH 15 nov. 2002, Cau c/Italie, req. n° 34819/97 *Dr. et proc.* 2003. 87, obs. Fricero et Menut – CEDH 31 mars 2005, Matheus c/France, req. n° 62740/00, *AJDI* déc. 2005. 928, obs. Raynaud.
2. Paris, 7 avr. 1938, *Gaz. Pal.* 1938. 2. 100.
3. Orléans, 29 nov. 1973, *JCP* 1974. IV. 6414.
4. Civ. 2e, 13 mai 1991, n° 90-10.452, *Bull. civ.* II, n° 150; *D.* 1991. IR 159.
5. Civ. 1re, 31 janv. 1995, n° 92-20.654, *Bull. civ.* II, n° 57; *D.* 1995. 389, note Julien; *Defrénois* 1995. 749, obs. Delebecque.
6. Civ. 2e, 15 mai 2014, n° 13-16.016, *Bull. civ.* II, n° 113; *Dr. et proc.* mai 2014, p. 117, obs. Dorol, qui casse un arrêt qui n'avait pas répondu au moyen du poursuivant qui faisait valoir qu'il n'existait pas d'autre mesure d'exécution susceptible d'être utilement mise en œuvre pour parvenir au recouvrement de sa créance.
7. Civ. 2e, 18 mars 2004, n° 02-11.898, *Bull. civ.* II, n° 141; *Dr. et proc.* 2004. 288, obs. Leborgne.
8. Civ. 2e, 7 juill. 2011, n° 10-23.955, NP.
9. Civ. 2e, 27 févr. 2014, n° 13-11.865, *Bull. civ.* II, n° 60.

avec la valeur des biens saisis[1], même s'il est tout de même intéressant de vérifier si la saisie ou la vente est une mesure proportionnée au montant de la dette lorsque d'autres mesures d'exécution forcée étaient envisageables[2].

Il semble donc que pour apprécier l'abus éventuel du créancier, le montant de la créance et l'attitude du saisi doivent être examinées par les juges.

• **Ordonnance portant réforme de la saisie immobilière : un principe de responsabilité.** L'article 13 alinéa 2 du décret du 27 juillet 2006 (devenu C. pr. exéc., art. R. 321-1) pris pour l'application de la réforme de la saisie immobilière, qui dispose que la délivrance du commandement de payer valant saisie est réalisée aux risques du créancier, insiste sur la responsabilité du créancier; on peut dès lors penser que le risque visé dans cet article est celui d'un **abus de saisie.**

• **Distinction de l'abus et de la fraude.** Il ne faut toutefois pas confondre abus et fraude de la part du créancier. Il y aura fraude, par exemple, lorsque le créancier mènera volontairement la procédure à l'insu du débiteur, en signifiant les actes à une adresse qu'il sait erronée (sur la sanction d'une telle procédure, v. s[s] n° 1341.73 - et sur la sanction d'un abus, v. s[s] n° 1325.254).

1317.14 **Paiement des frais.** Une saisie immobilière peut-elle être engagée uniquement pour avoir paiement de frais restant dus alors que le principal a été réglé ? Dans un tel cas en effet, si la dette est éteinte, en vertu de quel titre poursuivre l'exécution forcée ? La Cour de cassation a jugé que le titre servant de fondement aux poursuites permettait le recouvrement des frais de l'exécution forcée, qui sont à la charge du débiteur et qui, en l'absence de contestation, n'ont pas à faire l'objet d'une procédure de vérification[3].

En outre, un conseil de l'ordre ne peut soumettre à autorisation préalable du bâtonnier les poursuites de saisie immobilière dont les frais prévisibles à exercer excèdent ou sont équivalents au montant de la créance; en investissant le bâtonnier d'un tel pouvoir, le conseil de l'ordre excède ses attributions réglementaires, ce pouvoir étant de nature à paralyser même sous certaines conditions une voie d'exécution légalement ouverte aux parties sous la responsabilité de l'avocat[4].

SECTION 2
DIFFÉRENTES LIMITES

1317.20 **Fondements des restrictions à la liberté de choix.**

A) Procédures de saisie immobilière ayant donné lieu avant le 1er janvier 2007 au dépôt du cahier des charges prévu à l'article 688 ACPC. Deux cas de figure pouvaient se présenter :

- soit le créancier poursuivant était titulaire de sûretés sur certains biens immobiliers appartenant au débiteur, mais pas sur tous;

- soit les biens ressortaient de plusieurs arrondissements.

Dans les deux cas, le Code civil limitait la liberté d'action du créancier, sauf à admettre une approche économique qui conduisait à saisir ensemble les biens composant une exploitation unique, approche qui avait été consacrée par le Code de procédure civile. C'est parce que ses biens pouvaient faire partie d'une seule et même exploitation, que le débiteur pouvait requérir que la vente des uns et des autres soit poursuivie ensemble.

B) Réforme. Les articles 2192 (devenu C. pr. exéc., art. L. 311-5) et 2196 (devenu C. pr. exéc., art. L. 321-6) du Code civil consacrent une approche voisine mais toutefois différente des limitations apportées à la liberté d'action du créancier : demeure la distinction entre immeubles hypothéqués et non hypothéqués et un certain pouvoir d'initiative est réaffirmé au profit du saisi, mais la réforme a introduit une nouvelle restriction au sein des mesures d'exécution sur les immeubles qui interdit à un créancier d'entreprendre la saisie de plusieurs immeubles en même temps.

§ 1
Interdiction de saisir plusieurs immeubles en même temps

1317.21 **Principe.**

A) Procédures de saisie immobilière ayant donné lieu avant le 1er janvier 2007 au dépôt du cahier des charges prévues à l'article 688 ACPC. Aucun

1. Civ. 2e, 11 mars 1998, n° 95-21.518, NP – Civ. 2e, 15 mai 2014, n° 13-16.016, préc. s[s] prés[t] n°, où la valeur de l'immeuble était environ dix fois supérieure à la dette du saisi.
2. EN CE SENS : Civ. 2e, 10 mai 2007, n° 05-13.628, NP; *Procédures* 2007, n° 246, obs. Perrot, dans une affaire où le syndicat de copropriété avait vendu l'immeuble d'un copropriétaire aux enchères. La Cour de cassation sanctionne les juges du fond qui n'avaient pas recherché, comme il le leur était demandé, si la saisie, puis la vente d'un tel bien, était proportionnée au montant de la dette, alors qu'ils avaient relevé que des mesures de saisie sur salaire étaient pratiquées par ailleurs.
3. Civ. 2e, 8 juill. 2004, n° 03-15.804, *Bull. civ.* II, n° 368.
4. Civ. 1re, 8 déc. 1987, n° 85-14.813, *Bull. civ.* II, n° 329; *D.* 1988. 19; *JCP* 1988. IV. 64.

texte n'interdisant à un créancier d'entreprendre plusieurs saisies immobilières en même temps, la théorie de l'abus de droit tout d'abord, puis, à compter de 1992, l'application de l'article 22 de la loi de 1991 (devenus C. pr. exéc., art. L. 111-7 et art. L. 121-2) aux procédures de saisie immobilière, ont servi de garde-fous aux actions des créanciers (v. s[s] n° 1317.13).

B) Réforme. Depuis l'entrée en vigueur de l'ordonnance portant réforme de la saisie immobilière, selon l'article 2192 alinéa 1er du Code civil (devenu C. pr. exéc., art. L. 311-5, al. 1er), le créancier qui aura procédé à la saisie d'un immeuble de son débiteur ne pourra engager une nouvelle procédure de saisie sur un autre bien immobilier de celui-ci que dans le cas d'insuffisance du bien déjà saisi. On comprend aisément la *ratio legis* de ce texte. Il s'agit, en matière immobilière, de n'agir en exécution forcée que si cela est strictement nécessaire, ce qui n'interdit pas de procéder à la saisie simultanée de plusieurs immeubles, conformément aux dispositions de l'article 2196 du Code civil (devenu C. pr. exéc., art. L. 321-6).

Le créancier doit donc apprécier justement la situation lorsqu'il décide de recourir à une procédure d'exécution forcée immobilière.

Par ailleurs, aucune distinction n'est introduite à l'article 2192 du Code civil (devenu C. pr. exéc., art. L. 311-5) au regard de la destination du bien immeuble à usage d'habitation ou autre. La mise en œuvre de cet article risque cependant de poser quelques difficultés. Tout d'abord, la notion d'« *insuffisance des biens* » suscitera sans doute les mêmes interrogations que celles posées par l'ancien article 2209 du Code civil (v. s[s] n° 1317.32). En outre, que faudra-t-il entendre par « *avoir procédé à la saisie d'un immeuble* » ? Avoir saisi, vendu et distribué le prix ? Ce n'est en effet, le cas échéant, qu'au stade de la distribution que le créancier saura si la mesure d'exécution forcée lui a permis de recouvrer sa créance intégralement.

On notera qu'à cet alinéa, il n'est pas instauré de distinction entre les créanciers. Si tout créancier est susceptible de se heurter à « *l'insuffisance du bien saisi* », au moment de la distribution du prix, ce sont les créanciers chirographaires qui risquent d'être les premiers concernés par cet article. Il ne faut en revanche pas confondre le domaine d'application de l'article 2192 alinéa 1er du Code civil (devenu C. pr. exéc., art. L. 311-5, al. 1er) et celui de l'article 2196 du même code (devenu C. pr. exéc., art. L. 321-6) qui dispose qu'« *en cas de saisies simultanées de plusieurs immeubles, le débiteur peut demander au juge le cantonnement de celles-ci* [ou la] *conversion* [...] *en hypothèque* ». (v. s[s] n° 1317.52).

§ 2
Choix entre immeubles hypothéqués et non hypothéqués

1317.31 Procédures de saisie immobilière ayant donné lieu avant le 1er janvier 2007 au dépôt du cahier des charges prévu à l'article 688 ACPC. En 1804, l'article 2209 du Code civil avait instauré une restriction à la liberté de choix des créanciers titulaires de privilèges ou hypothèques : ces créanciers doivent d'abord saisir le ou les immeubles affectés à leur garantie, ce qui revient à leur interdire de choisir de vendre d'abord les biens non grevés à leur profit. Toutefois, l'article 2209 introduisait une exception à l'exception : si les immeubles sur lesquels porte le privilège ou l'hypothèque ne suffisent pas à désintéresser le créancier hypothécaire, celui-ci retrouvait la liberté de saisir des biens non hypothéqués à son profit. Il y avait donc bien une restriction à la liberté de saisir telle qu'elle résultait des anciens articles 2092 et 2093[1] du Code civil, et ce n'est que si ces biens hypothéqués étaient d'une valeur insuffisante pour que leur réalisation éteigne la dette, que le créancier pouvait librement faire porter sa mesure d'exécution forcée sur d'autres biens. Dans ce cas, il n'aura alors bien évidemment que la qualité de créancier chirographaire.

Par cette prohibition était déjà réglée la question d'un éventuel abus de la part du créancier poursuivant; mais cette disposition ne concernait que les titulaires de sûretés. Sous l'empire de l'article 2209, le chirographaire conserve une liberté de choix entière car les immeubles ne sont pas grevés à son profit, si tant est que son absence de privilège le laisse réellement libre de décider d'opter pour une mesure d'exécution efficace. L'idée directrice, découlant de la logique du droit des sûretés, est que l'intérêt du propriétaire des immeubles de conserver dans son patrimoine, dans la mesure du possible, des biens, libres de toute charge réelle, est conciliable avec l'intérêt du créancier d'être désintéressé.

Réforme. Depuis **l'entrée en vigueur de l'ordonnance du 21 avril 2006**, l'article 2192 alinéa 2 (devenu C. pr. exéc., art. L. 311-5, al. 2) a repris la même règle avec une formulation plus moderne : « *Le créancier ne peut saisir les immeubles qui ne sont pas hypothéqués en sa faveur que dans le cas où l'hypothèque dont il bénéficie ne lui permet pas d'être rempli de ses droits* ». Cette règle est désormais posée à la suite de la restriction contenue à l'alinéa premier de l'article 2192 (devenu C. pr. exéc., art. L. 311-5),

1. C. civ., art. 2284 et 2285 (transf. par Ord. n° 2006-346, 23 mars 2006).

qui interdit à tout créancier de diligenter plusieurs saisies d'immeubles en même temps.

1317.32 Insuffisance des biens. Pour savoir si le bien hypothéqué sera ou non suffisant pour désintéresser le créancier, il faut déjà calculer le montant de la dette en principal, intérêts et frais.

L'évaluation ensuite est une question de fait relevant de l'appréciation des juges du fond. Elle peut résulter de la reconnaissance faite par le débiteur et est alors opposable aux autres créanciers, en l'absence de fraude[1], de l'examen des revenus de l'immeuble et de la comparaison avec le revenu indiqué à la matrice du rôle de la contribution foncière[2] ou de situations particulières (ainsi pour des biens situés en Algérie[3]).

1317.33 Charge de la preuve. La question de savoir qui doit établir l'insuffisance du bien est controversée. Il existe une ancienne décision de justice qui a fait reposer la charge de la preuve sur le créancier[4], et des opinions doctrinales en sens inverse qui estiment que le saisi doit l'établir, étant demandeur à l'exception[5]. En pratique, en effet, la question ne se posera sans doute qu'une fois que le créancier aura agi directement contre des immeubles qui ne lui sont pas hypothéqués; le débiteur, pour tenter de s'opposer à la saisie de ces immeubles, invoquera alors le fait que la démonstration doit être rapportée de l'insuffisance de valeur des immeubles sur lesquels portaient les sûretés dont était titulaire le poursuivant; le débiteur soulevant une fin de non-recevoir se trouverait alors tenu de démontrer cette insuffisance. Mais le Code civil posant une restriction au principe général de liberté de saisie, celui qui tente d'échapper à cette restriction ne devrait-il préalablement démontrer qu'il se trouve dans le cas de l'exception à l'exception, prévue par le texte ? Il serait donc plus conforme à la formulation de l'ancien article 2209, et désormais à celle de l'article 2192 alinéa 2 (devenu C. pr. exéc., art. L. 311-5, al. 2), de faire supporter la charge de la preuve par le créancier. La jurisprudence estime d'ailleurs que le saisissant n'a pas à établir l'insuffisance en vendant d'abord le bien hypothéqué à son profit mais qu'il peut demander l'autorisation de saisir les immeubles qu'il pense nécessaires au complément de son futur paiement[6]. La question de la charge de la preuve n'est donc pas définitivement tranchée en l'absence d'arrêts de la Cour de cassation, mais la jurisprudence l'imputant plutôt au créancier saisissant, il est préférable pour celui-ci de commencer par faire établir cette insuffisance avant d'entreprendre sa saisie.

L'ordonnance du 21 avril 2006, en réécrivant l'article 2192 (devenu C. pr. exéc., art. L. 311-5) n'a pas explicité cette question mais, compte tenu de l'article 13 du décret qui indique que la délivrance d'un commandement de payer valant saisie s'effectue aux risques du créancier, il faut inciter les créanciers à une grande prudence en ce domaine. On peut aussi penser que la faculté offerte par l'article 2196 (devenu C. pr. exéc., art. L. 321-6) (v. s[s] n° 1317.52) au débiteur de solliciter le cantonnement des saisies revient à mettre à sa charge la preuve de la démonstration de la valeur des biens saisis.

À la suite de ce conseil, il faut cependant ajouter que l'engagement d'une saisie immobilière au mépris des dispositions restrictives du Code civil n'est pas sanctionné par la nullité de la saisie mais seulement par la réduction de la mesure aux biens hypothéqués, dès lors qu'il est démontré qu'ils sont suffisants pour désintéresser le créancier; le créancier qui l'engagerait sans vérifier l'insuffisance des biens ne risquerait donc qu'une réduction de l'assiette de sa saisie (il aurait donc fait des frais inutiles), sauf à être aussi condamné à des dommages et intérêts si le débiteur démontrait une malveillance. En pratique, on constate que le créancier qui pense que les biens hypothéqués vont être insuffisants commence généralement par solliciter l'autorisation de prendre une hypothèque judiciaire.

§ 3
Biens situés dans différents arrondissements

1317.41 Évolution. Le débiteur peut être propriétaire de biens dans différents arrondissements. L'intérêt du créancier n'est pas nécessairement de les vendre tous; cela dépend du montant de sa créance. Les dispositions des anciens articles 2210 et 2211 du Code civil posaient, ici encore, une restriction à la liberté d'action du créancier. Ces dispositions ont d'abord été complétées par une loi du 14 novembre 1808 (s[s] C. civ., anc. art. 2210) puis, le décret-loi du 17 juin 1938 (ACPC, art. 675 à 678) a, semble-t-il, abrogé implicitement l'article 2210.

Le principe d'origine, posé par le Code civil de 1804, était que la vente forcée des biens devait être provoquée successivement, devant le tribunal du ressort de chacun de ces biens (C. civ., anc. art. 2210, al. 1er). La vente était alors suivie devant le tribunal dans le ressort duquel se trouvait le chef-lieu de l'exploitation ou à défaut de chef-lieu, dans le ressort du tribunal dans lequel se trouvait la partie des biens qui présentait le plus grand revenu, d'après la matrice du rôle.

1. Req. 17 mai 1897, *DP* 1898. 1. 221; *S.* 1898. 1. 16.
2. Bordeaux, 10 janv. 1946, *Pandectes* 1946. 2. 474.
3. Civ. 1re, 7 oct. 1970, n° 67-13.591, *Bull. civ.* I, n° 253.
4. Toulouse, 26 juill. 1835, *S.* 1835. 2. 232.
5. M. et J.-B. Donnier, *Voies d'exécution et procédures de distribution*, Litec, 2008, n° 1200 – *J.-Cl. Pr. civ.*, fasc. 840-2, n° 166, par Goichot.
6. Pau, 6 nov. 1899, *S.* 1900. 2. 14.

Toutefois, si les biens faisaient partie d'une seule et même exploitation, l'intérêt économique était alors nécessairement de procéder à la vente forcée de l'ensemble des éléments composant cette unité, ce que l'ancien article 2210 admettait dans ce cas.

L'ancien article 2211 permettait, en outre, au débiteur de requérir la vente d'ensemble des biens situés dans différents arrondissements, comme la vente des biens hypothéqués à un créancier poursuivant et de ceux non affectés en garantie à son profit, dès lors que tous ces biens faisaient partie de la même exploitation.

Dès 1808, la réglementation fut modifiée : la saisie immobilière des biens d'un débiteur situés dans plusieurs arrondissements pouvait être faite simultanément toutes les fois que la valeur totale desdits biens était inférieure au montant réuni des sommes dues, tant aux saisissants qu'aux autres créanciers poursuivants. La loi prévoyait le mode d'évaluation des biens : à partir des baux authentiques ou à défaut, d'après le rôle des contributions « *sur le pied du dernier trente* » (L. 14 nov. 1808, art. 2), et la procédure : le créancier désireux d'invoquer cette faculté devant être autorisé par ordonnance sur requête du tribunal de l'arrondissement du domicile du débiteur (L. 14 nov. 1808, art. 3) ; la charge de la preuve de l'insuffisance des biens situés dans un même arrondissement étant donc, dans ce cas, supportée par le créancier. Ainsi, soit la référence à une exploitation unique, soit le calcul de la valeur des biens au regard des créances en jeu permettaient de vendre simultanément.

1317.42 Pour les procédures de saisie immobilière ayant donné lieu avant le 1er janvier 2007 au dépôt du cahier des charges prévu à l'article 688 ACPC, on applique les articles 675 et suivants ACPC. À compter de l'entrée en vigueur du décret-loi du 17 juin 1938, le créancier s'est vu reconnaître le droit de provoquer simultanément l'expropriation forcée des biens immeubles, même situés dans différents arrondissements et sans préjudice des dispositions de l'ancien article 2209, à condition d'établir un commandement pour chaque immeuble. C'est donc désormais en termes généraux qu'est envisagée la saisie simultanée des immeubles d'un débiteur, sans aucune référence à leur valeur et sans imposer une autorisation préalable. La restriction à la liberté du créancier poursuivant issue de l'ancien article 2210 du Code civil semblait donc avoir été implicitement abrogée depuis 1938, le décret ayant en revanche pris la peine de maintenir les dispositions de l'article 2209. Ainsi, tout créancier pouvait agir simultanément sur plusieurs immeubles, même situés dans des ressorts différents, sauf à commencer son action par les biens pour lesquels il bénéficiait d'une sûreté et à élargir sa saisine quand la valeur de ces biens était insuffisante.

1317.43 Disparition de l'hypothèse avec la réforme de la saisie immobilière. L'ordonnance du 21 avril 2006 qui a réécrit le titre dix-neuvième du Livre III du Code civil ne comporte plus de dispositions relatives à des biens situés dans différents arrondissements et l'article 22 de l'ordonnance a abrogé la loi du 14 novembre 1808 relative à la saisie des biens d'un débiteur situé dans plusieurs arrondissements.

§ 4 Rôle du saisi

1317.51 Initiative personnelle.

A) Pour les procédures de saisie immobilière ayant donné lieu avant le 1er janvier 2007 au dépôt du cahier des charges prévu à l'article 688 ACPC. Le saisi a la faculté de demander que la saisie porte sur tous ses biens dès lors qu'ils font partie d'une même exploitation. L'ancien article 2211 du Code civil envisage à la fois le cas où certains des biens étaient hypothéqués au profit d'un créancier et d'autres non, et celui où les biens sont situés dans différents arrondissements. L'unité économique commande la vente de l'ensemble. La seule difficulté peut toutefois venir de la répartition du prix une fois les biens vendus.

1317.52 B) Réforme : cantonnement et conversion des saisies en hypothèques en cas de saisies simultanées de plusieurs immeubles. L'ordonnance du 21 avril 2006 offre au saisi deux facultés en cas de saisie simultanées de plusieurs de ses immeubles par des créanciers.

Selon l'article 2196 alinéa 1er du Code civil (devenu C. pr. exéc., art. L. 321-6, al. 1er), le débiteur peut, en cas de saisies simultanées de plusieurs immeubles, demander au juge le cantonnement des saisies. L'article 24 du décret du 27 juillet 2006 (devenu C. pr. exéc., art. R. 321-12), est venu préciser que le JEX fera droit à la demande du débiteur tendant à ce que les effets de la saisie soient provisoirement cantonnés à un ou plusieurs de ses immeubles, lorsque celui-ci établit que la valeur de ces biens est insuffisante pour désintéresser le créancier poursuivant et les créanciers inscrits[1] (v. ss no 1317.32). Le jugement rendu devra indiquer les immeubles sur lesquels les poursuites seront provisoirement suspendues. Après la vente

1. Tel ne sera pas le cas lorsque le saisi produit une unique estimation du bien, faite par un agent immobilier, qui paraît insuffisante, eu égard au contexte économique, pour établir que le prix de vente de l'immeuble permettra de désintéresser les créanciers : Paris, 2 juill. 2009, pôle 4, ch. 8, RG no 09/03868, W... c/CRCM du Sud Seine et Marne.

définitive, le créancier pourra reprendre les poursuites sur les biens ainsi exceptés si le prix des biens adjugés ne suffit pas à le désintéresser.

L'alinéa 2 consacre ensuite une faculté originale : le saisi pourra également solliciter du juge une conversion partielle des saisies en hypothèque sur certains de ses immeubles qui prendra rang au jour de la publication de la saisie, sous réserve de l'inscription de la sûreté dans le mois de la notification de la décision. Une telle faculté intéressera les créanciers chirographaires. Ainsi, le droit du créancier sera protégé, par l'inscription sur d'autres biens que sur celui qui fera finalement l'objet de la saisie, et le saisi gardera la libre disposition des autres biens. On imagine que le saisi ne pourra proposer une telle conversion que tout autant que ses autres biens seront libres de toute inscription ou à tout le moins que le créancier poursuivant pourrait venir en rang utile.

Selon l'article 24 alinéa 2 du décret (devenu C. pr. exéc., art. R. 321-12, al. 2), lorsque, dans les mêmes conditions, le juge ordonnera la radiation de la saisie sur les immeubles initialement saisis qu'il désignera et l'inscription d'une hypothèque judiciaire, le créancier poursuivant qui entendra voir l'inscription prendre rang à la date de publication du commandement de payer valant saisie, fera procéder à la publication du jugement en marge de la copie du commandement et à l'inscription de l'hypothèque, dans les conditions de droit commun. L'alinéa 2 fait référence « *aux mêmes conditions* » que celles de l'alinéa 1er. Il s'agira donc pour le juge d'apprécier le bien-fondé de la demande de conversion partielle à la lumière des arguments du saisi tenant à la valeur des biens saisis et au désintéressement possible des créanciers (v. s^{s} n° 1319.62).

Une telle hypothèse, qui suppose déjà que le débiteur soit propriétaire de plusieurs immeubles, puis que la valeur de l'un suffise à désintéresser le créancier poursuivant et les créanciers inscrits sur ce bien, mais encore un autre créancier, sera sans doute très marginale.

CHAPITRE

1318. Suspension temporaire du droit de saisir des immeubles tenant à la situation personnelle du saisi

Anne LEBORGNE
Professeur à l'Université d'Aix-Marseille

SECTION 0
Orienteur

1318.00 Plan du chapitre.

Rappel : régime applicable à la saisie immobilière (ancien Code de procédure civile ou réforme). La procédure de saisie immobilière a été réformée par l'ordonnance n° 2006-461 du 21 avril 2006 qui a modifié le Code civil [1], et par le décret n° 2006-936 du 27 juillet 2006 [2], qui a abrogé les articles 673 à 717 de l'ancien Code de procédure civile (ACPC). Le décret, entré en vigueur le 1er janvier 2007, n'est pas applicable aux procédures de saisies immobilières ayant donné lieu, avant son entrée en vigueur, au dépôt du cahier des charges prévu à l'article 688 ACPC.

1318.05 Diversité. Menacé d'une vente forcée de son bien immeuble, le saisi peut opposer divers moyens de défense tenant à sa situation personnelle. Ce sont les obstacles subjectifs, déjà envisagés au chapitre 1313 (v. ss nos 1313.10 s.) consacré au saisi et sur lesquels il faut revenir car les solutions sont complexes, compte tenu de la nature immobilière du bien.

SECTION 1
Délais de grâce en considération de l'article 1244-1 du Code civil

1318.11 Exclusion du tiers détenteur. Les délais ne peuvent être demandés que par le débiteur et non le tiers saisi qui n'est pas tenu à la dette, puisque l'article 1244-1 du Code civil ne concerne que des délais de paiement (v. ss nos 154.11 s.).

1. Ord. n° 2006-461, 21 avr. 2006, réformant la saisie immobilière, *JO* 22 avr., p. 6072.
2. Décr. n° 2006-936, 27 juill. 2006, relatif aux procédures de saisie immobilière et de distribution du prix d'un immeuble, *JO* 29 juill., p. 11316.

1318.12 Procédures de saisie immobilière ayant donné lieu avant le 1er janvier 2007 au dépôt du cahier des charges prévues à l'article 688 ACPC. Compétence résiduelle du juge de l'exécution. C'est le juge des criées qui est compétent en matière d'exécution forcée sur les immeubles et non le juge de l'exécution (L. 9 juill. 1991, art. 88). Le juge de l'exécution ne peut donc être saisi d'une demande de délai qu'avant la publication du commandement à fin de saisie immobilière. En effet, la publication du commandement à la Conservation des hypothèques détermine l'engagement de la saisie (v. ss no 1321.192) et fait de toute opposition un incident de saisie immobilière relevant de la seule compétence du juge des criées (v. ss no 1321.271). Toutefois, en vertu de l'article 92 C. pr. civ., en appel, la juridiction de l'exécution ne peut soulever d'office son incompétence [1].

En outre, si le JEX a été saisi avant la publication du commandement mais qu'au jour où il statue, celle-ci est intervenue, il conserve le pouvoir d'accorder des délais à la condition que la date de l'audience d'adjudication ne soit pas encore fixée [2]. Une fois cette date fixée et portée à la connaissance du saisi et des créanciers inscrits par la délivrance des sommations de prendre connaissance du cahier des charges, le juge de l'exécution ne peut plus accorder de délais, quand bien même il aurait été saisi avant la publication du commandement car tout le calendrier de la procédure de saisie immobilière en serait bouleversé. Les demandes de remise sont alors portées devant le juge des criées, dans les formes et conditions de la procédure de saisie.

1318.13 Procédures de saisie immobilière soumises à l'ordonnance du 21 avril et au décret du 27 juillet 2006. L'article 12 de l'ordonnance du 21 avril 2006 a confié au JEX compétence en matière de saisie immobilière [3]. Le débiteur peut-il alors le saisir, après avoir reçu un commandement de payer valant saisie, d'une demande de délais de paiement sur le fondement de l'article 1244-1 du Code civil ?

Le décret du 27 juillet 2006 ne vise pas expressément cette hypothèse, mais la compétence générale du JEX en matière de délais de paiement (C. pr. civ., art. 510 s.) permet d'admettre la demande plutôt que d'imposer au débiteur d'assigner spécialement devant le JEX à cette seule fin. Les juges du fond se sont prononcés favorablement sur cette faculté [4]. La demande peut être formée à compter de la délivrance du commandement de payer valant saisie et jusqu'à l'audience d'orientation car l'article R. 311-5 C. pr. exéc. dispose qu'à peine d'irrecevabilité prononcée d'office, aucune demande incidente ne peut être formée après l'audience d'orientation à moins qu'elle porte sur des actes de procédure postérieurs à celle-ci.

Ainsi, s'ils ne l'ont pas été devant le JEX, les délais ne pourront pas être demandés en appel du jugement d'orientation [5]. On pourrait s'étonner de la sévérité de cette solution en sachant que, d'une manière générale des délais de paiement peuvent être sollicités en tout état de cause, y compris pour la première fois en appel. Toutefois, la deuxième chambre juge irrecevables les appels qui ne visent qu'à solliciter des délais de grâce, sans tendre à l'annulation ou la réformation du jugement [6]. S'agissant des demandes de délais formées à l'occasion d'une procédure de saisie immobilière, la deuxième chambre civile a cassé, au visa de l'article R. 311-5 C. pr. exéc., l'arrêt qui avait fait droit à une demande de délais présentée pour la première fois en appel estimant qu'il s'agissait d'une mesure de grâce. Pour la Cour de cassation, la demande de délai de paiement est une demande incidente comme une autre et, à ce titre, elle est donc soumise aux dispositions de l'article R. 311-5 C. pr. exéc. [7].

SECTION 2
DU SURENDETTEMENT ET DU RÉTABLISSEMENT PERSONNEL

§ 1
Surendettement

1318.21 Suspension et interdiction des procédures civiles d'exécution. Depuis la loi no 2010-737 du 1er juillet 2010 portant réforme du crédit à

1. Civ. 2e, 8 avr. 2004, no 02-14.498, *Bull. civ.* II, no 174; *Dr. et proc.* 2004. 291, obs. Leborgne.
2. Cass., avis, 5 mai 1995, no 09-50.005, *Bull. avis*, no 5; *BICC* 15 juin 1995, p. 3 – Civ. 2e, 14 mai 1997, no 95-12.946, *Bull. civ.* II, no 145; *Rev. huiss.* 1997. 1374 – Civ. 2e, 8 avr. 1998, no 96-04.043, *Bull. civ.* II, no 124; *D.* 1998. IR 126.
3. C'est désormais l'article L. 213-6 alinéa 3 du COJ qui énonce les compétences du JEX en matière immobilière.
4. EN CE SENS, Aix-en-Provence, 15e ch. sect. B, 24 sept. 2008, RG no 08/10585, *Bull. d'Aix* 2008-4, p. 93, obs. Leborgne – 9 janv. 2009, 15e ch. sect. A, RG no 08/05099, SA Bonnasse Lyonnaise de banque c/consorts Cohen – V. AUSSI : Paris, 9 avr. 2009, 8e ch. sect. B, RG no 09/00723, Santin Vve Crucy c/CRCAM Paris et d'Île de France, Trésor Public et Société de Crédit Logement, qui rappelle qu'une inscription d'hypothèque ne pouvant être assimilée à une saisie, les dispositions de l'article 512 C. pr. civ. ne sont pas applicables à la demande de délais formulées par la débitrice.
5. Civ. 2e, 20 oct. 2011, no 10-25.787, NP.
6. Civ. 2e, 24 juin 2010, no 09-16.069, *Bull. civ.* II, no 121.
7. Civ. 2e, 26 juin 2014, no 13-20.560, *Bull. civ.* II [à paraître].

la consommation[1] qui a apporté d'importantes modifications au droit du surendettement applicables à compter du 1er novembre 2010[2], auxquelles il faut ajouter celles introduites par la loi n° 2013-672 du 26 juillet 2013, de séparation et de régulation des activités bancaires[3], et le décret n° 2014-190 du 21 février 2014, relatif aux procédures de traitement des situations de surendettement des particuliers[4], la protection du débiteur pendant le traitement de son surendettement a été renforcée et il faut distinguer selon que la suspension et l'interdiction des voies d'exécution se produisent de plein droit ou qu'elles résultent d'une décision du juge en charge du surendettement.

Pendant la phase administrative, aux termes de l'article L. 331-3-1 du Code de la consommation, lorsque le débiteur a saisi la commission de surendettement et que celle-ci déclare la demande du débiteur recevable et prescrit des mesures de traitement, la décision déclarant la recevabilité de la demande emporte, de plein droit, suspension et interdiction des procédures d'exécution diligentées à l'encontre des biens du débiteur ainsi que des cessions de rémunération consenties par celui-ci et portant sur les dettes autres qu'alimentaires; cette suspension et cette interdiction ne peuvent excéder deux ans. Toutefois, lorsqu'en cas de saisie immobilière la vente forcée a été ordonnée, le report de la date d'adjudication ne peut résulter que d'une décision du juge chargé de la saisie immobilière, saisi à cette fin par la commission, pour causes graves et dûment justifiées.

Au-delà de la suspension automatique des procédures d'exécution à compter de la décision de recevabilité, il est possible, aux termes de l'article L. 331-5 du Code de la consommation, à la demande du débiteur, que la commission saisisse, avant la décision de recevabilité visée à l'article L. 331-3, le juge du surendettement (v. ss n° 1318.22) aux fins de suspension des procédures d'exécution diligentées à l'encontre des biens du débiteur ainsi que des cessions de rémunération consenties par celui-ci et portant sur les dettes autres qu'alimentaires. Lorsqu'en cas de saisie immobilière la vente forcée a été ordonnée, le report de la date d'adjudication ne pourra résulter que d'une décision du juge chargé de la saisie immobilière, saisi à cette fin par la commission, pour causes graves et dûment justifiées.

Aux termes de l'article L. 331-7-3, si un plan conventionnel est adopté mais qu'en cours d'exécution il apparaît que la situation du débiteur devient irrémédiablement compromise, le débiteur peut saisir la commission afin de bénéficier d'une procédure de rétablissement personnel avec ou sans liquidation judiciaire. Après avoir constaté la bonne foi du débiteur la commission peut, soit recommander une procédure de rétablissement sans liquidation ou saisir le juge aux fins d'ouverture d'une procédure de rétablissement avec liquidation judiciaire. Dans ces hypothèses, cette recommandation ou cette saisine emportent suspension et interdiction des procédures d'exécution diligentées à l'encontre des biens du débiteur. La suspension et l'interdiction sont acquises jusqu'à l'homologation par le juge de la recommandation ou jusqu'au jugement d'ouverture. Suspension et interdiction ne peuvent excéder deux ans.

Lorsqu'une procédure de redressement avec liquidation est ouverte, l'article L. 332-6 dispose que le jugement d'ouverture entraîne, jusqu'au jugement de clôture, la suspension et l'interdiction des procédures d'exécution diligentées à l'encontre des biens du débiteur ainsi que des cessions de rémunération consenties par celui-ci et portant sur les dettes autres qu'alimentaires. Il entraîne également la suspension des mesures d'expulsion du logement du débiteur, à l'exception de celles fondées sur un jugement d'adjudication rendu en matière de saisie immobilière ainsi que de celles ordonnées sur le fondement du troisième alinéa de l'article 2198 du Code civil (devenu C. pr. exéc., art. L. 321-2, al. 3[5]).

En conséquence, les créanciers auxquels ces dispositions sont opposables ne peuvent exercer de procédures d'exécution à l'encontre des biens du débiteur pendant la durée des mesures[6].

1318.22 Répartition des compétences entre juge de l'exécution, le juge de la saisie immobilière et à compter du 1er septembre 2011, le juge d'instance.

1. L. n° 2010-737, 1er juill. 2010, portant réforme du crédit à la consommation, *JO* 2 juill., p. 12001.
2. V. Vigneau et A. Lauriat, « La réforme du droit du surendettement des particuliers par la loi du 1er juillet 2010 » *D.* 2010. 2593.
3. L. n° 2013-672, 26 juill. 2013, de séparation et de régulation des activités bancaires, *JO* 27 juill., p. 12530.
4. Décr. n° 2014-190, 21 févr. 2014, relatif aux procédures de traitement des situations de surendettement des particuliers, *JO* 23 févr., p. 3214.
5. Ord. n° 2011-1895, 19 déc. 2011, relative à la partie législative du Code des procédures civiles d'exécution, *JO* 20 déc., p. 21464.
6. Jugé ainsi pour un créancier qui avait engagé une saisie immobilière alors que la commission avait alloué un délai de douze mois au débiteur pour vendre son bien : Civ. 1re, 14 nov. 2001, n° 99-18.163, *Bull. civ.* I, n° 281 ; *Dr. et proc.* 2002. 183, obs. Bourdillat – DE MÊME, lorsqu'un plan conventionnel a été arrêté et qu'il est respecté par le débiteur, la créance n'est pas exigible et le créancier ne peut délivrer un commandement de payer valant saisie immobilière : TGI Paris 1er avr. 2008, *Juris-Data* n° 376547.

A) Pour les procédures de saisie immobilière ayant donné lieu avant le 1er janvier 2007 au dépôt du cahier des charges prévu à l'article 688 ACPC (L. n° 98-46, 23 janv. 1998[1] – Décr. n° 99-65, 1er févr. 1999[2]). Selon l'article L. 331-5 du Code de la consommation, issu de la loi du 23 janvier 1998, renforçant la protection des personnes surendettées en cas de saisie immobilière, la répartition des compétences entre le JEX et le juge de la saisie immobilière est claire. En cas de saisine de la commission de surendettement par le débiteur, l'article L. 331-5 du Code de la consommation dispose que, postérieurement à la publication du commandement aux fins de saisie immobilière, le juge de la saisie immobilière est seul compétent pour prononcer la suspension de cette procédure. La saisine du JEX par la commission n'est donc possible que jusqu'à la publication du commandement. Il y a toutefois une difficulté à admettre que le JEX ordonne la suspension de la procédure de saisie immobilière alors que, par définition, avant la publication du commandement à la Conservation des hypothèques, la saisie n'est pas encore engagée (v. s[s] n°s 1321.10 s.). Cette question a été évoquée par un créancier à l'occasion d'un pourvoi mais la Cour de cassation n'y a pas répondu[3]. Commentant la circulaire du 24 mars 1999 adressée aux préfets de région et aux préfets[4], le professeur Croze proposait d'avoir une conception large de la notion de commencement d'une procédure d'exécution et d'admettre que la suspension peut intervenir dès le commandement dans toutes les saisies[5]. Le juge de la saisie immobilière, comme le JEX, peut donc prononcer la suspension provisoire des procédures d'exécution, si la situation du débiteur l'exige; elle n'est acquise que pour la durée de la procédure devant la commission, sans pouvoir excéder un an (sur les modalités de la saisine, v. s[s] n° 1324.91). Lorsque le débiteur fait usage de la faculté que lui ouvre l'article L. 331-7 du Code de la consommation, la durée de la suspension provisoire est prolongée, jusqu'à ce que le juge ait conféré force exécutoire aux mesures recommandées, en application de l'article L. 332-1 ou, s'il a été saisi en application de l'article L. 332-2, jusqu'à ce qu'il ait statué.

La suspension des procédures d'exécution ne peut être demandée au juge de la saisie que tant que la date d'adjudication n'a pas été fixée car l'article L. 331-5, dans sa rédaction issue de la loi du 23 juillet 1998, dispose qu'à compter de cette date, la commission peut saisir le juge aux fins de remise de l'adjudication, selon les conditions de l'article 703 ACPC (v. s[s] n° 1325.182).

B) Pour les procédures de saisie immobilière soumises à l'ordonnance du 21 avril et au décret du 27 juillet 2006. Lors de la réforme de la procédure de saisie immobilière, en 2006, le contentieux de cette mesure d'exécution a été confié au juge de l'exécution; ce magistrat se retrouvait ainsi en charge et du traitement du surendettement et de l'exécution forcée.

• **Avant la loi du 1er juillet 2010.** Selon le droit positif applicable avant la réforme du crédit à la consommation opérée par la loi du 1er juillet 2010, l'engagement d'une procédure de surendettement n'avait pas pour effet à lui seul de suspendre les voies d'exécution en cours contre le débiteur[6]. La décision de la commission déclarant recevable la demande du débiteur tendant à bénéficier de la procédure de désendettement n'interrompait pas les poursuites; la suspension d'une procédure de saisie immobilière dépendait de la décision du juge de l'exécution et cette décision ne pouvait intervenir qu'à la demande de la commission ou à la demande des parties dans les conditions et sous les réserves prévues par le décret du 27 juillet 2006 aux articles 50 et 61 (devenus C. pr. exéc., art. R. 322-16, R. 322-17 et R. 322-28). Même si le juge de l'exécution était à la fois juge du surendettement et juge de la saisie immobilière, le fait que la suspension dépende d'une décision judiciaire créait une certaine insécurité juridique.

• **Après la loi du 1er juillet 2010 mais avant le 1er septembre 2011.** À la suite de la réforme opérée par la loi du 1er juillet 2010 (v. s[s] n° 1318.21), la décision de recevabilité prononcée par la commission bloque désormais automatiquement les voies d'exécution en cours sauf si la vente forcée de l'immeuble a déjà été ordonnée auquel cas, le report de l'adjudication ne peut résulter que d'une décision du juge de l'exécution (juge de la saisie immobilière) dans les conditions et sous les réserves prévues par le décret du 27 juillet 2006 aux articles 50 et 61, modifiés par la loi du 1er juillet 2006 (devenus C. pr. exéc., art. R. 322-16, R. 322-17 et R. 322-28). Et de même, tant que la décision de recevabilité n'est pas acquise, la commission peut demander au juge de l'exécution de suspendre les procédures en cours mais si une saisie immobilière est engagée et que la vente forcée a déjà été

1. L. n° 98-46, 23 janv. 1998, renforçant la protection des personnes surendettées en cas de saisie immobilière, *JO* 24 janv., p. 1127.
2. Décr. n° 99-65, 1er févr. 1999, relatif à la procédure de traitement des situations de surendettement des particuliers et modifiant certaines dispositions du titre III du livre III du Code de la consommation, *JO* 2 févr., p. 1681.
3. Civ. 2e, 8 avr. 1998, n° 96-04.078, *Bull. civ.* II, n° 125.
4. Circ. 24 mars 1999, *JO* 13 avr. 1999, p. 5424, et rect. *JO* 24 avr. 1999, p. 6111.
5. *Croze, Procédures* juin 1999, n° 158, p. 14.
6. E. Putman, « Le sort des procédures civiles d'exécution en cas de surendettement », *Dr. et proc.* 2007. 248 s.

ordonnée, le report de l'adjudication est conditionné à une décision du juge de la saisie immobilière dans les conditions et sous les réserves prévues par le décret du 27 juillet 2006 aux articles 50 et 61, modifiés par la loi du 1er juillet 2006. Le juge de l'exécution, tantôt avec sa casquette de juge du surendettement, tantôt avec celle de juge de la saisie immobilière, connaissait donc de la situation d'un débiteur surendetté dont l'immeuble était saisi.

• **À compter du 1er septembre 2011.** La loi n° 2010-737 du 22 décembre 2010 a transféré le traitement du surendettement au juge d'instance avec effet au 1er septembre 2011 (v. L. 22 déc. 2010, art. 11, supprimant le dernier alinéa de l'article L. 213-6 du COJ qui énonce les compétences du JEX et insérant un article L. 221-8-1 à la suite des dispositions relatives aux compétences du juge d'instance) et le décret n° 2011-741 du 28 juin 2011[1] qui met en œuvre ce transfert de compétence.

L'article L. 330-1 dernier alinéa du Code de la consommation dispose désormais que le juge du tribunal d'instance connaît de la procédure de traitement des situations de surendettement devant la commission de surendettement des particuliers et de la procédure de rétablissement personnel. Toutefois, lorsqu'une saisie immobilière est en cours, c'est au JEX, juge de la saisie immobilière, qu'il appartient d'apprécier les demandes de suspension et de report de la mesure d'exécution, dans les conditions et sous les réserves prévues par le décret du 27 juillet 2006 aux articles 50 et 61 (devenus C. pr. exéc., art. R. 322-16, R. 322-17 et R. 322-28).

• **Instances en cours.** Aux termes de l'article 2 du décret du 28 juin 2011, le JEX est demeuré compétent pour statuer sur les procédures de surendettement introduites devant lui avant cette date. Au 1er mars 2012, toutes les instances encore en cours ont été transférées en l'état au juge du tribunal d'instance compétent, sans qu'il y ait lieu de renouveler les actes, formalités et jugements intervenus antérieurement à cette date, à l'exception des convocations et assignations données aux parties et aux témoins qui n'auraient pas été suivies d'une comparution devant le JEX.

1318.23 Bénéficiaires.

A) Pour les procédures de saisie immobilière ayant donné lieu avant le 1er janvier 2007 au dépôt du cahier des charges prévu à l'article 688 ACPC. La suspension des procédures d'exécution bénéficie à celui qui en fait la demande. Lorsque la procédure d'exécution est menée contre un tiers détenteur et que le débiteur est surendetté, le créancier doit pouvoir mener la vente forcée contre le tiers sans que lui soit opposé le jugement de suspension des poursuites du débiteur; en effet, le créancier peut délivrer le commandement de payer, puisqu'il ne s'agit pas d'un acte de saisie mais d'un acte préalable (v. ss n° 1321.13). Si le tiers saisi est lui-même surendetté, le créancier poursuivant agissant en vertu de son droit de suite est-il concerné par la suspension des poursuites prononcée ? Il ne le devrait pas puisqu'il n'invoque pas une créance contre lui, mais agit en vertu de son droit de suite. En tout état de cause, la dette du débiteur n'est pas devenue celle du tiers saisi et celui-ci n'a pas pu la faire figurer dans son dossier de surendettement.

B) Réforme. Le raisonnement ne devrait pas être différent. Si le débiteur est surendetté, la suspension des poursuites dirigées contre lui est opposable à ses créanciers. L'article 17 du décret du 27 juillet 2006 (devenu C. pr. exéc., art. R. 321-5) dispose que le créancier poursuivant fait signifier un commandement de payer au débiteur principal et que l'acte comporte la mention que le commandement de payer valant saisie est délivré au tiers détenteur. Ainsi, le débiteur surendetté sera-t-il avisé de la procédure menée à l'encontre du tiers détenteur.

§ 2
Rétablissement personnel avec liquidation judiciaire

1318.31 Réforme du crédit et traitement du surendettement. Le traitement du surendettement passe désormais, depuis l'entrée en vigueur de la loi du 1er juillet 2010, portant réforme du crédit, par une distinction entre rétablissement personnel avec ou sans liquidation selon la consistance du patrimoine du débiteur et la valeur de l'actif. Ainsi, aux termes de l'article L. 330-1 du Code de la consommation, lorsque le débiteur se trouve dans une situation irrémédiablement compromise caractérisée par l'impossibilité manifeste de mettre en œuvre des mesures de traitement, la commission de surendettement peut soit recommander un rétablissement personnel sans liquidation judiciaire si elle constate que le débiteur ne possède que des biens meublants nécessaires à la vie courante et des biens non professionnels indispensables à son activité professionnelle ou que l'actif n'est constitué que de biens dépourvus de valeur marchande ou dont les frais de vente seraient manifestement disproportionnés au regard de leur valeur vénale, soit saisir avec l'accord du débiteur le juge (d'instance à compter du 1er septembre 2011, v. ss nos 1312.21 et 1312.22) aux fins d'ouverture d'une procédure de rétablissement personnel avec liquidation.

1. Décr. n° 2011-741, 28 juin 2011, relatif au transfert du contentieux du surendettement du juge de l'exécution au juge du tribunal d'instance, *JO* 29 juin, p. 10959.

1318.32 Effets de l'ouverture de la procédure de rétablissement avec liquidation judiciaire. Lorsqu'une procédure de redressement avec liquidation est ouverte, l'article L. 332-6 dispose que le jugement d'ouverture entraîne, jusqu'au jugement de clôture, la suspension et l'interdiction des procédures d'exécution diligentées à l'encontre des biens du débiteur ainsi que des cessions de rémunération consenties par celui-ci et portant sur les dettes autres qu'alimentaires. Il entraîne également la suspension des mesures d'expulsion du logement du débiteur, à l'exception de celles fondées sur un jugement d'adjudication rendu en matière de saisie immobilière ainsi que de celles ordonnées sur le fondement du troisième alinéa de l'article 2198 du Code civil (devenu C. pr. exéc., art. L. 321-2, al. 3).

Également, le jugement qui prononce la liquidation emporte de plein droit dessaisissement du débiteur de la disposition de ses biens. Ses droits et actions personnelles seront exercés pendant toute la durée de la liquidation par le liquidateur. Ce dernier dispose d'un délai de douze mois pour vendre les biens du débiteur à l'amiable ou à défaut, organiser une vente forcée dans les conditions relatives aux procédures civiles d'exécution (C. consom., art. L. 332-8).

1318.33 Effets quant aux procédures de saisie immobilière en cours. L'article L. 332-8 alinéa 4 du Code de la consommation dispose qu'en cas de vente forcée, lorsqu'une procédure de saisie immobilière engagée avant le jugement d'ouverture a été suspendue par l'effet de ce dernier, les actes effectués par le créancier saisissant sont réputés accomplis pour le compte du liquidateur qui procède à la vente des immeubles. La saisie immobilière peut ainsi reprendre son cours au stade où le jugement d'ouverture l'avait suspendue.

SECTION 3
RAPATRIÉS

1318.41 Suspension de plein droit : principe de l'article 100 de la loi de finances pour 1998. L'article 100 de la loi de finances pour 1998 n° 97-1269 du 30 décembre 1997[1], modifié par les lois n° 98-546 du 2 juillet 1998[2] et n° 98-1267 du 30 décembre 1998[3], avait accordé à toutes les personnes ayant déposé un dossier auprès des commissions départementales d'aide aux rapatriés une « *suspension provisoire des poursuites engagées à leur encontre, jusqu'à décision de l'autorité administrative compétente* ». La suspension affectait également les procédures collectives et les mesures conservatoires et, par le jeu d'un renvoi au I de l'article 44 de la loi n° 86-1318 du 30 décembre 1986[4], un décret n° 99-469 du 4 juin 1999[5] avait ouvert l'accès de la commission de désendettement aux sociétés industrielles et commerciales dont le capital était détenu par des rapatriés à concurrence de 51 % si la société avait été créée avant le 15 juillet 1970 et de 90 % si elle a été constituée après (v. s^s^ n° 1313.201 pour l'évolution détaillée de cette cause de suspension).

1318.42 Abrogation de l'article 100 de la loi de finances pour 1998. Saisi par la Cour de cassation d'une question prioritaire de constitutionnalité, relative à la conformité aux droits et libertés que la Constitution garantit de l'article 100 de la loi n° 97-1269 du 30 décembre 1997 et de l'article 25 de la loi n° 98-1267 du 30 décembre 1998 de finances rectificative pour 1998, le Conseil constitutionnel a jugé en 2012 que l'article 100 était contraire à la Constitution.

L'abrogation de l'article 100 de la loi du 30 décembre 1997 a pris effet à compter de la décision du Conseil et elle est applicable à toutes les instances non jugées définitivement à cette date[6].

SECTION 4
PROCÉDURES COLLECTIVES

1318.50 Chronologie. Depuis la loi n° 2005-845 du 26 juillet 2005 de sauvegarde des entreprises, pour connaître les droits des créanciers qui souhaitent agir en exécution forcée sur les immeubles du débiteur, il faut désormais distinguer la sauvegarde, le redressement judiciaire et la liquidation judiciaire[7]. La loi du 26 juillet 2005 n'étant applicable qu'aux procédures ouvertes à compter du 1er janvier 2006, les développements consacrés aux dispositions de la loi de 1985 modifiée en 1994 ont été maintenus. Le droit des entreprises en difficulté a été amélioré par l'ordonnance n° 2008-1345 du 18 décembre 2008[8] et le décret n° 2009-160 du

1. L. n° 97-1269, 30 déc. 1997, de finances pour 1998, *JO* 31 déc., p. 19261.
2. L. n° 98-546, 2 juill. 1998, portant diverses dispositions d'ordre économique et financier, *JO* 3 juill., p. 10127.
3. L. n° 98-1267, 30 déc. 1998, de finances rectificative pour 1998, *JO* 31 déc., p. 20116.
4. L. n° 86-1318, 30 déc. 1986, de finances rectificative pour 1986, *JO* 31 déc., p. 15873.
5. Décr. n° 99-469, 4 juin 1999, relatif au désendettement des rapatriés réinstallés dans une profession non salariée, *JO* 6 juin, p. 8334.
6. C. const. 27 janv. 2012, n° 2011-213 QPC, *JO* 28 janv. 2012, p. 1675; *Dr. et proc.* 2012. 80, obs. Leborgne.
7. L. n° 2005-845, 26 juill. 2005, de sauvegarde des entreprises, *JO* 27 juill., p. 12187.
8. Ord. n° 2008-1345, 18 déc. 2008, portant réforme du droit des entreprises en difficulté, *JO* 19 déc., p. 19462.

12 février 2009. L'ordonnance n° 2010-1512 du 9 décembre 2010[1] a ensuite adapté le livre VI du Code de commerce à la spécificité de l'entrepreneur individuel à responsabilité limitée, issu de la loi du 15 juin 2010. L'ordonnance n° 2014-326 du 12 mars 2014, portant réforme de la prévention des difficultés des entreprises et des procédures collectives[2], a encore réformé le droit des entreprises en difficulté afin d'en améliorer le fonctionnement.

A) Procédures engagées avant le 1er janvier 2006. En phase de redressement judiciaire, le législateur impose la suspension provisoire de l'exécution à tous les créanciers dont la créance est née antérieurement au jugement déclaratif. Ces derniers peuvent retrouver leur droit d'agir individuellement en exécution lorsque le redressement échoue et que le débiteur est déclaré en liquidation judiciaire.

B) Procédures engagées depuis le 1er janvier 2006. En phase de sauvegarde comme de redressement judiciaire, le législateur impose la suspension provisoire de l'exécution à tous les créanciers dont la créance n'est pas visée à l'article L. 622-17, I du Code de commerce. Ces derniers peuvent retrouver leur droit d'agir individuellement en exécution lorsque le redressement échoue et que le débiteur est déclaré en liquidation judiciaire.

§ 1
Sauvegarde et redressement judiciaire

1318.51 Suspension des voies d'exécution pour les créanciers « antérieurs ».

A) Procédures ouvertes avant le 1er janvier 2006. C'est la mise en redressement judiciaire qui suspend les voies d'exécution pour tous les créanciers dont la créance a son origine antérieurement au jugement de redressement (C. com., anc. art. L. 621-40)[3]. Aucune saisie immobilière ne peut être entreprise pendant ce temps par ces créanciers.

B) Procédures ouvertes depuis le 1er janvier 2006. Depuis le 1er janvier 2006, c'est l'article L. 622-21, II du Code de commerce qui dispose que le jugement d'ouverture arrête ou interdit toute voie d'exécution tant sur les meubles que sur les immeubles de la part de tous les créanciers dont la créance n'est pas mentionnée au I de l'article L. 622-17 du Code de commerce (v. ss n° 1313.184).

Ce texte est applicable à la phase de sauvegarde comme de redressement (par renvoi de C. com., art. L. 631-14, al. 1er), ce qui signifie que les créanciers de l'article L. 622-17, I peuvent agir en paiement et recouvrement de leur créance dans les conditions de l'article L. 622-23 et, qu'en revanche, pour les autres créanciers, les voies d'exécution sont arrêtées ou suspendues.

C) Procédures ouvertes à partir du 15 février 2009. En vertu de l'ordonnance n° 2008-1345 du 18 décembre 2008, la formulation de l'article L. 622-21, II est modifiée, qui dispose désormais que le jugement d'ouverture « *arrête ou interdit également toute procédure d'exécution de la part de ces créanciers tant sur les meubles que sur les immeubles ainsi que toute procédure de distribution n'ayant pas produit un effet attributif avant le jugement d'ouverture* ».

D) Procédures ouvertes à l'encontre d'un entrepreneur individuel à responsabilité limitée. L'ordonnance n° 2010-1512 du 9 décembre 2010 a introduit au titre VIII du livre VI du Code de commerce des dispositions particulières consacrées au débiteur entrepreneur à responsabilité limitée. Il s'agit des articles L. 680-1 à 680-7.

Ainsi, en vertu de l'article L. 680-3 du Code de commerce, « *les dispositions des titres Ier à VI du livre VI qui intéressent les droits ou obligations des créanciers du débiteur entrepreneur individuel à responsabilité limitée s'appliquent, sauf dispositions contraires, dans les limites du seul patrimoine affecté à l'activité en difficulté ou, si l'activité est exercée sans affectation de patrimoine, du seul patrimoine non affecté* ».

1318.52 Effet de l'ouverture d'une procédure de sauvegarde ou de redressement judiciaire sur une procédure de saisie en cours – A) Procédure ouverte avant le 1er janvier 2006. La procédure engagée avant le jugement d'ouverture doit être suspendue pendant la phase de redressement ou de plan. Le redressement judiciaire prononcé avant la réalisation de l'adjudication interrompt la saisie immobilière en cours qui ne pourra être reprise que dans les formes et conditions de l'ancien article L. 622-16 du Code de commerce[4]. Si, malgré tout, l'adjudication était prononcée elle devrait être déclarée nulle[5]. Toutefois, la prorogation du commandement de saisie immobilière publié avant le jugement d'ouverture constitue une mesure conservatoire échappant à l'arrêt ou à l'interdiction de toutes les voies d'exécution[6].

1. Ord. n° 2010-1512, 9 déc. 2010, portant adaptation du droit des entreprises en difficulté et des procédures de traitement des situations de surendettement à l'entrepreneur individuel à responsabilité limitée, *JO* 10 déc., p. 21617.
2. Ord. n° 2014-326, 12 mars 2014, portant réforme de la prévention des difficultés des entreprises et des procédures collectives, *JO* 14 mars, p. 5249.
3. L. 25 janv. 1985, anc. art. 47.
4. L. 25 janv. 1985, anc. art. 154.
5. Com. 24 oct. 1995, n° 93-13.888, *Bull. civ.* IV, n° 247; *D.* 1995. IR 251 – Com. 4 janv. 2000, n° 96-20.805, NP; *Procédures* avr. 2000, n° 100.
6. Civ. 2e, 23 oct. 1991, n° 90-12.457, *Bull. civ.* II, n° 283; *RJ com.* 1992. 347, note Honorat – Civ. 2e, 25 juin 1997, n° 95-12.503, *Bull. civ.* II, n° 208.

Sanction. En principe, c'est le débiteur qui avisera le créancier poursuivant de sa mise en redressement judiciaire par un dire (v. s^s^ nº 1324.102). Mais s'il ne le fait pas, le jugement d'adjudication sera nul[1]. Il appartient donc au poursuivant de se tenir informé de l'éventuelle mise en redressement judiciaire de son débiteur, par exemple, en s'informant au greffe du tribunal de commerce avant de requérir l'adjudication. Le jugement déclaratif prenant effet à 0 heure, le jugement d'adjudication qui ne sera pas intervenu antérieurement sera donc nul, quand bien même le débiteur n'aurait pas avisé le poursuivant. La solution est la même quand le redressement judiciaire a été prononcé entre la déclaration de surenchère et l'adjudication définitive de l'immeuble[2].

1318.53 Effet sur une procédure de saisie en cours *(suite)* – **B) Procédure ouverte après le 1er janvier 2006** Tant qu'une adjudication définitive n'est pas intervenue avant le jugement d'ouverture du redressement judiciaire du saisi, la procédure de saisie immobilière en cours à son encontre doit être arrêtée. Tel est le cas lorsque le bien a été adjugé mais qu'une surenchère a été formée, car celle-ci résout les droits de l'adjudicataire et le bien revient dans le patrimoine du saisi[3]. Il en sera de même en cas de réitération des enchères[4].

Selon l'article L. 642-18 du Code de commerce, lorsqu'une procédure de saisie immobilière est engagée avant l'ouverture de la procédure de sauvegarde, elle est suspendue par l'effet de cette dernière et ce n'est qu'au stade de la liquidation judiciaire que le liquidateur pourra être subrogé dans les droits du créancier saisissant pour les actes que celui-ci a effectués, lesquels sont réputés accomplis pour le compte du liquidateur qui procède à la vente des immeubles. La saisie immobilière pourra alors reprendre son cours au stade où le jugement d'ouverture l'avait suspendue. En cas de défaillance du liquidateur, les créanciers titulaires d'un privilège ou d'une hypothèque pourront exercer leur droit de poursuite individuel dans les conditions de l'article L. 643-2.

Comme sous l'empire de la loi antérieure, on doit pouvoir affirmer que la procédure de saisie qui serait poursuivie dans l'ignorance de la suspension des poursuites due à l'ouverture d'une procédure de sauvegarde ou de redressement sera nulle.

1318.54 Publication d'une adjudication réalisée avant la survenance de la procédure collective.

A) Solution antérieure à la réforme de juin 1994 – Sous l'empire de l'article 57 de la loi du 25 janvier 1985. Avant la loi de 1994, l'article 57 interdisait, « *à compter du jugement d'ouverture, l'inscription des actes et décisions judiciaires translatifs ou constitutifs de droits réels* ». Pour être opposable à la faillite, le jugement d'adjudication devait être publié avant l'ouverture de la procédure. Lorsque tel n'a pas été le cas, la chambre commerciale décide donc que le jugement d'adjudication publié postérieurement au jugement d'ouverture est inopposable à la procédure collective et ajoute que cette inopposabilité n'affecte pas la validité de l'adjudication qui a fait sortir l'immeuble du patrimoine du débiteur et n'a d'effet que sur la répartition de créance de prix relevant désormais de la compétence du liquidateur[5].

B) L'ancien article L. 621-50 alinéa 1er du Code de commerce (réd. L. nº 94-475, 10 juin 1994[6]). Ce texte ne mentionnait plus les actes et décisions judiciaires translatifs ou constitutifs de droits réels. La publication pouvait donc être effectuée alors même que le débiteur saisi était mis en redressement ou en liquidation. La nouvelle rédaction avait fait l'objet de vives critiques de la part de la doctrine en ce qu'elle donnait prise, voire incitait à la fraude[7]. La chambre commerciale a finalement jugé que, à défaut d'avoir été publié avant le jugement d'ouverture, le jugement d'adjudication était inopposable à la procédure collective et la répartition de la créance du prix de vente relevait de la compétence du liquidateur judiciaire[8].

1318.55 Publication d'une adjudication réalisée avant la survenance de la procédure collective *(suite)*.

C) À compter du 1er janvier 2006. L'article L. 622-30 du Code de commerce, dispose que « *les hypothèques, nantissements et privilèges ne peuvent plus être inscrits postérieurement au jugement d'ouverture. Il en va de même des actes et des décisions judiciaires translatifs ou constitutifs de droits réels, à moins que ces actes n'aient acquis date certaine ou que ces décisions ne soient devenues exécutoires avant le jugement d'ouverture* ». Pourra-t-on en déduire que

1. Com. 24 oct. 1995, nº 93-13.888, *Bull. civ.* IV, nº 247.
2. Civ. 2e, 24 mars 1993, nº 90-18.599, *Bull. civ.* II, nº 128.
3. Dès lors, si le saisi est ensuite mis en redressement judiciaire, la règle de l'arrêt des poursuites individuelles fait obstacle à la reprise de la procédure de saisie : Civ. 2e, 24 mars 1993, nº 90-18.599, *Bull. civ.* II, nº 128 – Com. 4 mars 2014, nº 13-17.216, *Bull. civ.* IV, nº 43.
4. Civ. 2e, 19 mai 1998, nº 96-10.198, *Bull. civ.* II, nº 154, pour une folle enchère résultant d'un défaut de paiement de prix.
5. Com. 22 janv. 2002, nº 97-17.430, *Bull. civ.* IV, nº 18; *D.* 2002. 722, obs. Lienhard; *JCP* 2002. I. 144, p. 1129, obs. Pétel – Com. 15 mars 2005, nº 03-19.085, NP.
6. L. nº 94-475, 10 juin 1994, relative à la prévention et au traitement des difficultés des entreprises, *JO* 11 juin, p. 8440.
7. F. Derrida, *D.* 1995. Chron. 257.
8. Com. 11 févr. 2014, nº 12-19.722, *Bull. civ.* IV, nº 34.

la publication d'une adjudication pourra être réalisée malgré l'ouverture d'une procédure de sauvegarde, de redressement ou de liquidation ? La discussion porte désormais sur la date certaine et/ou le caractère exécutoire du jugement d'adjudication. On peut penser que lorsque le délai pour former surenchère aura expiré avant l'ouverture de la procédure collective, le jugement d'adjudication pourra être publié.

D) À compter du 15 février 2009. L'ordonnance du 18 décembre 2008 ajoute à l'article L. 622-30 du Code de commerce, l'interdiction d'inscrire « les gages » à celle concernant les hypothèques, privilèges et nantissements.

1318.56 Ouverture d'une procédure d'ordre antérieurement à la suspension des poursuites.

A) Avant la réforme des procédures collectives. La jurisprudence, au visa des anciens articles L. 621-39, L. 621-40, L. 621-9 et L. 621-16 du Code de commerce, distinguait selon que l'adjudication avait ou non été publiée au jour du jugement d'ouverture pour déterminer si la distribution de prix incombait au juge aux ordres ou au liquidateur [1].

B) Depuis l'entrée en vigueur de la loi du 26 juillet 2005. Selon l'article 94 du décret du 28 décembre 2005, pris pour l'application de la loi du 26 juillet 2005, conformément au II de l'article L. 622-21 du Code de commerce, les procédures d'ordre en cours, en dehors de toutes procédures d'exécution ayant produit un effet attributif avant le jugement d'ouverture en cours au jour de ce jugement sont caduques. Les fonds sont remis au mandataire judiciaire, le cas échéant par le séquestre qui par cette remise est libéré à l'égard des parties.

Si le tribunal arrête un plan, le mandataire judiciaire remet ces fonds au commissaire à l'exécution du plan aux fins de répartition.

Lorsque l'acquéreur de l'immeuble qui fait l'objet de la procédure d'ordre mentionnée au premier alinéa s'est acquitté d'un prix rendu définitif par la purge ou par la dispense d'y procéder, il peut saisir le TGI aux fins de faire prononcer la radiation des inscriptions.

L'acquéreur joint à sa demande un justificatif du paiement du prix, un état des inscriptions sur formalité, la justification de l'accomplissement des formalités de purge ou de l'obtention de l'accord des créanciers inscrits pour l'en dispenser et la justification du paiement des frais préalables de vente mentionnés à l'article 713 ACPC.

L'article 94 a ultérieurement été modifié par le décret n° 2006-936 du 27 juillet 2006 (art. 154) pour que le texte soit conforme à la nouvelle réglementation des procédures de distribution issue de la réforme de la procédure de saisie immobilière.

En vertu de l'**ordonnance n° 2008-1345 du 18 décembre 2008,** la formulation de l'article L. 622-21, II est modifiée, qui dispose désormais que le jugement d'ouverture « *arrête ou interdit également toute procédure d'exécution de la part de ces créanciers tant sur les meubles que sur les immeubles ainsi que toute procédure de distribution n'ayant pas produit un effet attributif avant le jugement d'ouverture* ».

1318.57 Créanciers « postérieurs méritants » pouvant agir en exécution forcée.

A) Procédures ouvertes avant le 1er janvier 2006 : créanciers de l'ancien article L. 621-32 du Code de commerce (L. 25 janv. 1985, anc. art. 40). Les détenteurs de créances répondant aux conditions de l'article L. 621-32 peuvent user d'une voie d'exécution [2].

B) Procédures ouvertes à compter du 1er janvier 2006. Les créanciers dont la créance est née postérieurement au jugement d'ouverture ne sont pas tous autorisés à agir en exécution forcée; seules certaines créances leur ouvriront ce droit : le jugement d'ouverture de la sauvegarde ou du redressement judiciaire emporte interdiction de payer toute créance née après, « *non mentionnée au I de l'article L. 622-17, à l'exception des créances liées au besoins de la vie courante du débiteur personne physique et des créances alimentaires* » (C. com., art. L. 622-7). Selon l'article L. 622-17, il s'agit des créances « *nées régulièrement après le jugement d'ouverture pour les besoins du déroulement de la procédure ou de la période d'observation, ou en contrepartie d'une prestation fournie au débiteur, pour son activité professionnelle, pendant cette période* ».

C) Procédures ouvertes à compter du 15 février 2009. L'article L. 622-7 est modifié. Si le principe de l'interdiction de payer les créances nées après le jugement d'ouverture non mentionnées au I de l'article L. 622-17 demeure, le domaine des exceptions se réduit : seules les créances alimentaires ne sont pas concernées par l'interdiction.

Les créanciers de l'article L. 622-17, I et les créanciers alimentaires conservent ainsi le droit d'agir en exécution forcée contre le débiteur en phase de sauvegarde et de redressement. Les actions en justice et les voies d'exécution autres que celles visées à l'article L. 622-21 peuvent être poursuivies

1. Com. 12 juill. 1994, n° 92-14.090, *Bull. civ.* IV, n° 262; *D.* 1994. 569, rapp. Rémery, note Honorat; *JCP* 1995. I. 3815, § 7 – Com. 23 janv. 1996, n° 92-21.642, *Bull. civ.* IV, n° 25; *D.* 1996. Somm. 282, obs. Honorat; *JCP* 1996. I. 3935, § 14; *Defrénois* 1996. 940, obs. Sénéchal – Com. 15 mars 2005, n° 03-19.085, NP.

2. Paris, 10 mars 1989, *JCP E* 1989. II. 15591, obs. Cabrillac.

au cours de la période d'observation, à l'encontre du débiteur, après mise en cause de l'administrateur ou du mandataire judiciaire (C. com., art. L. 622-23).

§ 2
Liquidation judiciaire

1318.61 **Principe.** La survenance de la liquidation permet de reprendre la poursuite, mais c'est au liquidateur en principe que cette tâche incombe; toutefois, les créanciers pourront entreprendre une saisie ou reprendre une procédure interrompue dans l'hypothèse de la carence du liquidateur.

Sous l'empire de la loi de 1985, modifiée en 1994, cette hypothèse était régie par les anciens articles L. 622-16 et L. 622-23 du Code de commerce[1].

À la suite de l'entrée en vigueur de la loi du 26 juillet 2005, cette faculté de reprise des poursuites individuelles offerte aux créanciers titulaires de sûretés est exposée à l'article L. 643-2 du Code de commerce, dont le texte n'a pas été modifié par l'ordonnance du 18 décembre 2008, et à l'article 268 du décret du 28 décembre 2005, modifié par l'article 155 du décret du 27 juillet 2006 (v. s[s] n° 1411.72).

1318.62 **Notion de voie d'exécution.** Mettant fin à une divergence entre juges du fond quant à la portée de l'article 161 de la loi du 25 janvier 1985 (devenu C. com., art. L. 622-23), un arrêt de la chambre commerciale de 1995 exclut la faculté pour les créanciers titulaires d'un privilège de vendeur d'exercer l'action résolutoire en phase de liquidation, car il s'agit d'une action en justice et non d'une voie d'exécution[2]. La Cour déclare que « *la suspension ou l'interdiction des actions en justice est maintenue durant toute la durée de la procédure collective et que le droit de poursuite individuel tiré de l'article 161, qui ne peut avoir pour effet de modifier l'ordre des paiements, autorise seulement la poursuite ou l'engagement des voies d'exécution* ». Bien que le liquidateur n'ait pas entrepris la liquidation des biens grevés dans le délai de trois mois, le vendeur est donc irrecevable à exercer l'action résolutoire.

1318.63 **Difficulté.** Que se passe-t-il si le débiteur est en faillite et non le tiers détenteur ou inversement ?

1318.64 **Dans le cas où est ouverte une procédure collective contre le débiteur, mais où le bien immeuble est entré dans le patrimoine du tiers détenteur avant la période suspecte.**

A) Avant la réforme des procédures collectives. La saisie est valablement entreprise contre le tiers saisi et le créancier peut délivrer préalablement un commandement de payer au débiteur malgré la suspension des poursuites car le commandement de saisie immobilière est un acte préalable à l'exécution. Toutefois, pour que la signification soit valable encore faut-il que le débiteur puisse recevoir l'acte. Il faut donc, dans le cas d'un redressement judiciaire, que le créancier se renseigne sur l'étendue de la mission de l'administrateur (C. com., anc. art. L. 621-22 et L. 621-23[3]) pour éventuellement lui dénoncer l'acte et, dans le cas d'une liquidation, que le créancier signifie au liquidateur (C. com., anc. art. L. 622-9[4] – sur la difficulté lorsque la clôture de la liquidation a été prononcée pour insuffisance d'actif, v. s[s] n° 1322.37).

B) Depuis l'entrée en vigueur de la loi du 26 juillet 2005, la mission de l'administrateur est envisagée à l'article L. 622-1, en phase de sauvegarde, et à l'article L. 631-12, en phase de redressement judiciaire. Dans le cas d'une liquidation, le débiteur est dessaisi en vertu de l'article L. 641-9 du Code de commerce.

C) À compter de l'entrée en vigueur de la réforme de la saisie immobilière, le débiteur recevra un commandement de payer et le tiers un commandement de payer valant saisie (Décr. 27 juill. 2006, art. 17 [devenu C. pr. exéc., art. R. 321-5]). Le commandement de payer adressé au débiteur qui n'est plus propriétaire du bien pourra-t-il être délivré alors que ce débiteur bénéficiera d'une suspension des poursuites ? Le commandement de payer réalisant une simple mise en demeure et non une action en justice tendant à la condamnation du débiteur au paiement d'une somme d'argent ou le premier acte d'une mesure d'exécution (C. com., art. L. 622-21), on devrait pouvoir répondre positivement.

1318.65 **Si une procédure de redressement judiciaire est ouverte contre le tiers détenteur, ses biens immeubles sont le gage de ses propres créanciers.** Le créancier titulaire d'une hypothèque qui invoque son droit de suite peut délivrer un commandement de payer au débiteur mais la procédure peut-elle ensuite être menée contre le bien du tiers détenteur en l'état de la suspension des poursuites dont il bénéficie ? Le créancier, agissant en vertu de son droit de suite, n'a pas de créance contre le tiers, mais n'est-il pas pour autant concerné par la procé-

1. L. 25 janv. 1985, anc. art. 154 et 161, mod. en 1994.
2. Com. 19 déc. 1995, n° 92-19.525, *Bull. civ.* IV, n° 305; *D.* 1996. 145, note Campana; *RTD civ.* 1996. 533, obs. Martin-Serf; *JCP E* 1995. I. 554, obs. Pétel; *Defrénois* 1996. 937, obs. Sénéchal; *Rev. proc. coll.* 1996. 145, obs. Soinne.
3. L. 25 janv. 1985, anc. art. 31 et 32 – Par analogie pour une saisie-attribution, v. Com. 16 févr. 1999, n° 95-17.928, NP; *Procédures* 1999, n° 274, obs. Laporte.
4. L. 25 janv. 1985, anc. art. 152.

dure collective ? Comment pourrait-il prétendre exercer des droits sur un bien englobé dans la procédure collective sans avoir déclaré sa créance ? Et doit-on faire une distinction selon que tiers détenteur est l'acquéreur du bien non purgé ou le tiers ayant affecté un immeuble en garantie de la dette d'autrui ? Dans le premier cas, le créancier hypothécaire agit en vertu de son droit de suite, dans le second en vertu de l'affectation hypothécaire.

Avant la réforme de la saisie immobilière. La question a d'abord été posée à la chambre commerciale de la Cour de cassation, à propos d'une caution réelle. La Cour a décidé que le créancier bénéficiaire d'un cautionnement réel devait déclarer sa créance car il dispose à l'égard de la caution d'un droit de créance, lequel, en cas de défaillance du débiteur principal, est limité aux biens affectés à la garantie de l'engagement[1]. La solution a été approuvée par la doctrine; c'est en effet la seule voie pour que la créance soit prise en considération et que le titulaire de la sûreté puisse participer aux distributions. Il faut rappeler en outre, que depuis la loi du 10 juin 1994, le titulaire d'une sûreté publiée doit être averti d'avoir à déclarer sa créance; il n'y a donc pas de difficultés à attendre de lui qu'il remplisse cette obligation (C. com., anc. art. L. 621-43 et L. 621-46)[2]. Depuis, la même règle a été reproduite à l'article L. 622-24 issu de la loi du 26 juillet 2005 de sauvegarde des entreprises, portant réforme des procédures collectives.

On peut toutefois se demander si la solution ne serait pas remise en cause par l'évolution jurisprudentielle qui dénie la qualité de cautionnement à la garantie réelle affectée à la dette d'autrui. Peut-on encore avancer que le créancier hypothécaire a une créance contre le tiers ?

Par ailleurs, la question posée se présente différemment lorsque le propriétaire du bien est tenu non en vertu d'un cautionnement réel, mais par l'effet d'un droit de suite, le bien acquis étant grevé d'une hypothèque non purgée. Traditionnellement, la jurisprudence applique un régime différent à la saisie d'un bien appartenant à une caution réelle et à simple tiers acquéreur. Dans le cas du tiers acquéreur, le créancier n'est en rien concerné par la procédure collective. À quel titre le contraindrait-on à effectuer une déclaration de créance ? Certes, le liquidateur a seul compétence pour dresser l'état de collocation préalable à la distribution du prix, mais il doit le faire suivant les règles de la publicité foncière. Dans deux hypothèses de ce type, la cour d'appel d'Aix-en-Provence avait exclu l'obligation de déclarer[3]. La Cour de cassation a approuvé cette solution. Par deux arrêts, l'un de cassation, l'autre de rejet, la chambre commerciale a affirmé que le créancier hypothécaire exerçant son droit de suite n'avait pas à déclarer sa créance à la procédure collective du tiers acquéreur pour pouvoir être colloqué sur le prix de revente du bien grevé[4].

Le principe est donc clair : seuls les créanciers du débiteur placé en redressement judiciaire ou en liquidation sont soumis à la discipline collective; ceux d'un débiteur *in bonis* ne le sont pas. (Il demeure une exception qui obscurcit le débat, c'est la situation particulière de conjoints, propriétaires d'un immeuble commun, grevé d'hypothèque. Les créanciers hypothécaires du conjoint *in bonis* doivent être soumis à la procédure collective parce que les droits des deux conjoints sur le même bien ne peuvent être individualisés. Sur cette particularité, v. s[s] n°s 1318.91 s.)

Ces solutions seront-elles modifiées par la réforme de la saisie immobilière ? On peut s'interroger car le décret d'application opère une distinction entre tiers acquéreur, titulaire d'un droit de suite, pour lequel est organisée une procédure spéciale (Décr. 27 juill. 2006, art. 16 et 17 [devenus C. pr. exéc., art. R. 321-4 et R. 321-5]) et tiers ayant affecté un immeuble en garantie qui n'est visé par le décret qu'à l'article 15 et assimilé au débiteur principal.

SECTION 5
INCIDENCE DU RÉGIME MATRIMONIAL DU SAISI

1318.70 Problème. Lorsque le débiteur est marié, l'immeuble peut être un bien commun, indivis ou propre. Quelle est l'incidence de son régime matrimonial sur le droit d'agir des créanciers ? La solution diffère bien évidemment selon le régime matrimonial du saisi et se pose lorsque l'un des conjoints peut opposer au créancier une mesure de suspension d'exécution sur ses biens et pas l'autre.

1. Com. 27 oct. 1998, n° 96-14.037, *Bull. civ.* IV, n° 260; *Defrénois* 1999. 280, note Piedelièvre; *RDI* 1999. 295, obs. Théry.
2. L. 25 janv. 1985, anc. art. 50 et 53, mod. par L. 10 juin 1994.
3. Aix-en-Provence, 15e ch., 15 janv. 1997, RG n° 95/22229, X... c/Me Y... et a., inéd. – Aix-en-Provence, 15e ch., 5 mai 1999, RG n° 97/850, X... c/Me Y... et a., inéd.
4. Com. 11 juin 2002, n° 00-20.981, *Bull. civ.* IV, n° 103, cassant un arrêt de la cour d'appel de Montpellier – Com. 15 oct. 2002, n° 99-17.526, NP [rejetant le pourvoi formé contre Aix-en-Provence, 15e ch., 5 mai 1999, préc. s[s] prés[t] n°]; *RTD civ.* 2003, n° 2, 328 s., obs. Crocq; *JCP* 2003. I. 113, n° 6, obs. Cabrillac – *JCP* 2002. II. 10116, note Rémery; *Defrénois* 2003, art. 37691, n° 24, p. 417, obs. Théry – Et sur renvoi de cassation de l'arrêt du 11 juin 2002, v. Aix-en-Provence, 1re ch., 9 sept. 2005, RG n° 2005/439, *Bull. Aix-en-Provence* 2006-2, p. 110, obs. Bouzon-Roulle.

Une saisie immobilière est-elle possible malgré tout ?

§ 1
Communauté de biens

1318.80 Principe. Lorsque deux époux sont mariés sous le régime de la communauté légale, le principe posé à l'article 1413 du Code civil est que « *le paiement des dettes dont chaque époux est tenu, pour quelque cause que ce soit, pendant la communauté, peut toujours être poursuivi sur les biens communs* ». Ainsi, si l'immeuble est un acquêt, il sert de gage aux créanciers de chacun des époux, ce qui peut d'autant plus nuire à l'autre que le bien peut être affecté au logement familial (v. aussi s[s] n°s 1319.71 s.). La situation se complique lorsqu'un époux fait l'objet d'une procédure collective ou dans le cas de l'ouverture d'une procédure de surendettement.

A.
Procédures collectives

1318.90 Renvoi. Pour plus de précisions, v. P.-M. Le Corre, *Dalloz action Droit et pratique des procédures collectives,* 2015/2016, chap. 714, sur le conjoint.

1°
Position du problème

1318.91 Conjoint *in bonis*. Si le débiteur, menacé de saisie, bénéficie d'une procédure collective, les poursuites contre ses biens sont suspendues en phase de redressement, qu'il s'agisse de ses biens propres comme communs qui servent de gage à ses créanciers (v. s[s] n° 1318.51). Mais si c'est le conjoint *in bonis* qui est menacé de saisie, le droit d'agir de ses créanciers personnels est nécessairement affecté par la procédure collective de son conjoint dès lors que les biens communs répondent des dettes incluses dans la procédure collective, ou en d'autres termes, que l'ouverture d'une procédure collective emporte saisie collective des biens du débiteur. Il en résulte que les créanciers du conjoint *in bonis* ne peuvent poursuivre le recouvrement de leurs créances sur un bien commun pendant la procédure collective.

Il faut toutefois introduire une réserve pour le cas où les époux étaient codébiteurs et où le créancier a omis de déclarer sa créance à la procédure collective.

1318.92 Conflit d'intérêts. La confrontation des dispositions de la loi du 23 décembre 1985 sur les régimes matrimoniaux avec celles de la loi du 25 janvier 1985 organisant le redressement et la liquidation de biens du commerçant a été à l'origine d'un débat vif ces dernières années. La question qui se posait était celle de savoir si les créanciers personnels du conjoint pouvaient agir sur les biens communs, inclus dans la procédure ouverte contre l'autre époux; la difficulté résultait de ce qu'en cas de procédure collective ouverte contre un époux commun en biens, les biens communs servent de gage aux créanciers professionnels de l'époux. D'où un conflit d'intérêts entre les créanciers de la procédure collective et les créanciers personnels de l'époux *in bonis* puisque l'assiette de leur gage est la même, le problème se posant principalement au stade de la liquidation judiciaire.

2°
Solution de principe

1318.101 Suspension des poursuites et déclaration de créance. Depuis l'arrêt de l'assemblée plénière du 23 décembre 1994, la position de la Cour de cassation est connue qui a fixé la situation des créanciers personnels du conjoint d'un débiteur soumis à une procédure collective[1]. Tout en décidant que « *la liquidation judiciaire d'une personne mariée sous le régime de communauté de biens ne modifie pas les droits que les créanciers tiennent du régime matrimonial* », la Cour de cassation leur interdit de poursuivre les biens communs « *en dehors des cas où les créanciers du débiteur soumis à la liquidation judiciaire peuvent eux-mêmes agir* ».

1318.102 • Suspension des poursuites. Ce qui signifie d'abord que les poursuites des créanciers personnels sont suspendues en phase de redressement judiciaire. La solution a été, depuis, réaffirmée par la chambre commerciale[2].

1318.103 • Nécessité de produire pour participer aux distributions. Ensuite, l'arrêt de 1994[3] affirme que les créanciers personnels ne retrouvent le droit d'agir qu'en vertu des dispositions de la loi du 25 janvier 1985, c'est-à-dire en phase de liquidation, à condition d'avoir déclaré leurs créances et si le liquidateur n'a pas entrepris la liquidation

1. Cass., ass. plén., 23 déc. 1994, n° 90-15.305, *Bull. ass. plén.* n° 7; *D.* 1995. 145, rapp. Chartier; *Defrénois* 1995. 485, note Derrida; *LPA* 1er mars 1995, note Derrida; *RJDA* 1995. 101, concl. Rœhrich; *JCP E* 1995. II. 660, note Petel; *JCP N* 1995. II. 243, note Randoux; *RJ com.* 1995. 55, note Storck; *Defrénois* 1995. 445, obs. Champenois; *RTD com.* 1995. 657, obs. Martin-Serf; *JCP* 1995. I. 3869, n° 8, obs. Simler; *Banque* 1995. 91, obs. Guillot; *Dr. et patr.* 1995. 65, obs. Bénabent; *Gaz. Pal.* 1995. 2. 11, note La Marnierre; *Rev. proc. coll.* 1995. 23, note Vauvillé.
2. Com. 17 juin 1997, n° 94-14.109, *Bull. civ.* IV, n° 192; *D. Affaires* 1997. 901.
3. Cass., ass. plén. 23 déc. 1994, n° 90-15.305, *Bull. ass. plén.*, n° 7.

dans le délai de trois mois à compter du jugement de liquidation (C. com., anc. art. L. 622-23)[1]. Le droit des créanciers personnels du conjoint *in bonis* d'agir sur les biens communs est donc conditionné à une déclaration de créance dans une procédure à laquelle ils peuvent être totalement étrangers. Souvent il est vrai, le créancier de l'époux *in bonis* sera en même temps créancier de l'autre; les deux époux se seront engagés solidairement vis-à-vis du créancier qui en outre, aura obtenu des garanties, dont une hypothèque sur l'immeuble commun. Mais la solution posée en 1994 n'entre pas dans ces considérations; il en résulte donc aujourd'hui que les créanciers personnels d'un époux *in bonis* ont intérêt à avoir connaissance à temps de la procédure collective ouverte contre le conjoint qui ne serait nullement leur débiteur, pour satisfaire à l'exigence de production. Et avant la mise en liquidation, ils ne pourront agir sur les biens communs, ce qui ne les empêchera toutefois pas d'agir sur les biens propres s'il en existe. La nécessité de déclarer a été confirmée en 1996 : « *Les banques, si elles étaient privées, en l'absence de déclaration de leurs créances, de tout droit de participer aux répartitions faites dans le cadre de la liquidation judiciaire...* »[2] et elle a été réaffirmée par la suite[3].

1318.104 • Cas particulier des créanciers titulaires de sûretés depuis la loi du 10 juin 1994. Depuis la loi du 10 juin 1994, les créanciers titulaires de sûretés doivent être avisés personnellement par le mandataire d'avoir à déclarer leur créance (C. com., art. L. 622-24, issu de loi de sauvegarde de 2005, non mod. sur ce point par Ord. 18 déc. 2008)[4]; s'ils ne l'ont pas été, ils n'encourent plus la forclusion (C. com., art. L. 622-26, issu de la loi de sauvegarde de 2005, non mod. sur ce point par Ord. 18 déc. 2008)[5].

3°
Précisions postérieures

1318.111 • Conservation de sa sûreté par le créancier personnel qui n'aurait pas produit mais efficacité réduite. L'arrêt de la chambre commerciale de la Cour de cassation du 14 mai 1996 a encore admis que le créancier hypothécaire du conjoint *in bonis* conservait sa sûreté, inscrite sur l'immeuble commun inclus dans la procédure : « *Les banques, si elles étaient privées, en l'absence de déclaration de leurs créances, de tout droit de participer aux répartitions faites dans le cadre de la liquidation judiciaire, conservaient cependant, après paiement de tous les créanciers admis, le droit de faire valoir leur hypothèque sur le solde pouvant subsister sur le prix de l'immeuble grevé, ce dont il résulte que l'absence de déclaration n'affectait que l'exercice dans le cadre de la procédure collective des droits hypothécaires des banques mais non leur existence et que la radiation de l'hypothèque ne pouvait être ordonnée du chef de l'épouse.* »[6] À défaut de déclaration à la faillite du conjoint, le créancier ne pourra se prévaloir de sa sûreté qu'après paiement de tous les créanciers admis à la procédure collective et donc seulement sur le solde éventuel du prix de l'immeuble grevé. C'est dire que la sûreté n'est pleinement efficace que si le créancier de l'époux *in bonis*, comme les créanciers de son conjoint, déclare et fait vérifier sa créance; dans ce cas il participera à la distribution du prix au même titre que les créanciers admis de la faillite, et pourra invoquer les avantages issus de son hypothèque : rang préférentiel et intérêts garantis, sinon il ne pourra faire valoir sa sûreté que sur le solde éventuel du prix[7].

1318.112 • Droit de déclarer pour participer aux distributions pour le créancier hypothécaire. La déclaration apparaît ainsi comme un droit pour les créanciers personnels du conjoint *in bonis*[8]. La précision est importante car il était à craindre, en pratique, que ces productions soient dans un premier temps refusées par les premiers juges comme émanant de créanciers extérieurs à la faillite du commerçant. La solution a été confirmée par l'arrêt du 14 octobre 1997 précité[9].

1318.113 • Devoir de déclarer et extinction de la créance. Procédures ouvertes avant la loi du

1. L. 25 janv. 1985, anc. art. 161.
2. Com. 14 mai 1996, n° 94-11.366, *Bull. civ.* IV, n° 129; *D.* 1996. 460; *LPA* 11 sept. 1996, p. 15; *Defrénois* 1996, art. 36394, note Derrida; *Defrénois* 1997, art. 36497, n° 2, p. 246, note Sénéchal; *Defrénois* 1997, art. 36526, n° 45, obs. Aynès; *D. Affaires* 1996. 811; *LPA* 19 juill. 1996, p. 23; *Rev. proc. coll.* 1996. 427, note Soinne; *JCP* 1996. I. 3962, n° 13, obs. Simler; *RTD civ.* 1996. 666, n° 4, obs. Crocq.
3. Com. 14 oct. 1997, n° 96-12.853, *Bull. civ.* IV, n° 260; *JCP* 1998. II. 10003, note Beignier.
4. L. 25 janv. 1985, anc. art. 50, al. 1er.
5. L. 25 janv. 1985, anc. art. 50, al. 1er.
6. Com. 14 mai 1996, n° 94-11.366, *Bull. civ.* IV, n° 129; *D.* 1996. 460; *LPA* 11 sept. 1996, p. 15; *Defrénois* 1996, art. 36394, note Derrida; *Defrénois* 1997. 246, art. 36497, n° 2, note Sénéchal; *Defrénois* 1997, art. 36526, n° 45, obs. Aynès; *D. Affaires* 1996. 811; *LPA* 19 juill. 1996, p. 23; *Rev. proc. coll.* 1996. 427, note Soinne; *JCP* 1996. I. 3962, n° 13, obs. Simler; *RTD civ.* 1996. 666, n° 4, obs. Crocq.
7. V. encore, Com. 2 mai 2001, n° 98-13.039, Receveur des impôts de Lens Sud c/Soinne, *Bull. civ.* IV, n° 80.
8. EN CE SENS, F. Derrida, « La situation des créanciers personnels du conjoint débiteur soumis à une procédure de redressement-liquidation judiciaires : bilan », *Defrénois* 1997. 356, art. 36523, n° 6.
9. Com. 14 oct. 1997, n° 96-12.853, *Bull. civ.* IV, n° 260; *JCP* 1998. II. 10003, note Beignier.

26 juillet 2005. Le défaut de déclaration d'une créance à la procédure collective emporte extinction de la créance. Toutefois, cette extinction faute de déclaration à l'encontre de l'époux failli ne fait pas perdre au conjoint *in bonis* la qualité de débiteur et un commandement de saisie peut lui être délivré[1].

Procédures ouvertes depuis janvier 2006. Le créancier forclos ne subit plus l'extinction de sa créance (C. com., art. L. 622-26, non mod. par Ord. 18 déc. 2008) mais ne sera pas admis dans les répartitions sauf si le juge-commissaire le relève de sa déchéance.

1318.114 • **Alignement du sort des créanciers personnels sur celui des créanciers de la procédure collective.** La Cour de cassation a encore précisé que le sort des créanciers personnels du conjoint *in bonis* devait être calqué sur celui des créanciers de la procédure collective.

Ainsi, un arrêt de la chambre commerciale du 2 avril 1996 décide que ces créanciers personnels ne peuvent, pendant la période suspecte, obtenir une hypothèque garantissant une créance antérieure sur l'immeuble commun[2].

La même solution vaut pour une inscription postérieure au jugement déclaratif. Le raisonnement avait déjà été tenu par le JEX de Lyon en 1994 : les créanciers personnels ne peuvent publier utilement leur sûreté sur un bien commun inclus dans la procédure collective après l'ouverture de la procédure[3]; cette analyse est confirmée par la chambre commerciale[4].

De même, les créanciers personnels doivent-ils respecter les dispositions du plan de redressement portant sur des biens communs[5].

1318.115 • **Explication.** La solution est justifiée par l'impossibilité d'individualiser les droits des deux conjoints qui s'exercent sur le même bien et par la notion d'effet réel de la procédure collective. Dès lors tous les créanciers des conjoints doivent être soumis aux mêmes règles de poursuite sur le bien (en ce sens, v. les obs. d'un auteur à propos de la différence de traitement du créancier hypothécaire exerçant un droit de suite[6]) et l'ouverture d'une procédure collective emporte saisie collective des biens du débiteur.

B.

Surendettement et rétablissement personnel

1318.121 **Surendettement.** Contrairement à son intitulé qui visait les particuliers et les familles, la loi n° 89-1010, du 31 décembre 1989 relative à la prévention et au règlement des situations de surendettement, ne s'appliquait qu'aux individus. Ni la loi de 1989, ni les lois suivantes qui ont fait disparaître cet intitulé, n'ont tenu compte de la situation familiale du débiteur ni de son régime matrimonial. Or, le surendettement concerne essentiellement des « ménages », qui ont mis en commun leurs ressources, alors que le bénéfice des mesures de redressement peut n'être sollicité que par un époux[7]. Toutefois, la jurisprudence et la doctrine estiment que les mesures de redressement judiciaire civil doivent avoir un caractère indivisible entre les époux débiteurs[8].

La loi n° 2014-344 du 17 mars 2014, relative à la consommation[9], s'est intéressée aux époux et aux partenaires d'un pacte civil de solidarité (PACS). S'agissant des dépenses qui ont pour objet l'entretien du ménage ou l'éducation des enfants, le législateur a complété les articles 220 et 515-4 du Code civil qui écartent le jeu de la solidarité légale pour les achats à tempérament et les emprunts non conclus du consentement de deux époux ou des deux partenaires à moins que ces derniers ne portent sur des sommes modestes nécessaires aux besoins de la vie courante, Désormais, pour que joue la solidarité légale il faut en outre, en cas de pluralité d'emprunts, que le montant cumulé de ces sommes ne soit pas manifestement excessif eu égard au train de vie du ménage. Dans ce cas, même nécessaires aux besoins de la vie courante, les emprunts n'engageront pas l'époux ou le partenaire non débiteur. C'est une manière de s'intéresser à l'endettement sous l'angle du ménage mais en dehors d'une procédure de surendettement.

1. Com. 3 mai 2006, n° 02-11.963, *Bull. civ.* IV, n° 113.
2. Com. 2 avr. 1996, n° 93-20.562, *Bull. civ.* IV, n° 106; *D.* 1996. Somm. 340, obs. Honorat; *JCP* 1997. I. 3991, n° 13.
3. TGI Lyon, JEX, 20 sept. 1994, *D.* 1994. IR 242; *RDI* 1994. 655, obs. Delebecque.
4. Com. 20 mai 1997, n° 94-10.997, NP; *JCP* 1998. II. 103, n° 20; *D. Affaires* 1997. 1042; *LPA* 8 août 1997, p. 4, obs. Soinne.
5. TGI Lyon, JEX, 15 juin 1993, *D.* 1995. Somm. 8, obs. Derrida – Agen, 11 sept. 1995, *Cah. jurispr. Aquitaine* 1996. 112, note Saintourens; *JCP* 1996. IV. 569.
6. P. Crocq, *RTD civ.* 2003. 328 s.
7. Certains couples, mariés ou non, forment toutefois des demandes conjointes : v. Civ. 1re, 17 nov. 1998, n° 97-04.038, NP – Ce qui peut poser problème lorsque l'un des demandeurs est de bonne foi mais pas l'autre : EN CE SENS, Civ. 1re, 18 oct. 2000, n° 99-04.181, NP.
8. Civ. 1re, 22 nov. 1994, n° 93-04.097, *Bull. civ.* I, n° 342 – Civ. 1re, 7 avr. 1999, n° 97-04.142, NP – C. Marie, « Indivisibilité des mesures de redressement judiciaire civil entre époux et voies de recours », *CCC* déc. 2000, HS, p. 244.
9. L. n° 2014-344, 17 mars 2014, relative à la consommation, *JO* 18 mars, p. 5400.

1318.122 Rétablissement personnel. Les promoteurs de la loi n° 2010-737 du 1er juillet 2010, portant réforme du crédit à la consommation, qui a rénové, à compter du 1er novembre 2010, le droit du surendettement des particuliers, ne s'étaient pas plus inquiétés du « ménage » surendetté que leurs prédécesseurs. La situation de surendettement des personnes physiques est caractérisée par l'impossibilité manifeste pour un débiteur de bonne foi de faire face à l'ensemble de ses dettes non professionnelles exigibles et à échoir, et ce sont les ressources ou l'actif réalisable de ce débiteur qui sont examinés. Les mesures de traitement préconisées, comme l'ouverture éventuelle d'une procédure de rétablissement personnel, avec ou sans liquidation judiciaire, sont individuelles, ce qui n'empêche toutefois pas des époux de déposer chacun une demande.

§ 2
Incidence d'une indivision

1318.131 Bien commun devenant indivis en cours de saisie. Le bien, jusqu'alors commun, donc saisissable par les créanciers de chacun des deux époux, devient indivis en cours de procédure de saisie. La situation peut se présenter à la suite d'un divorce ou d'un décès. En vertu de l'article 815-17 alinéa 1er du Code civil, la saisie engagée se poursuit car la créance a pris naissance avant l'indivision post-communautaire (divorce) ou post-communautaire et successorale (décès d'un conjoint en présence d'héritiers; dans ce cas, la procédure doit être reprise contre les héritiers, v. s[s] n° 1313.104). Le créancier peut poursuivre la vente et la saisie des biens indivis.

1318.132 Indivision et procédure collective. Si l'ouverture de la procédure collective est antérieure à l'événement à l'origine de l'indivision, ou plus exactement à l'événement qui rend cette indivision opposable aux tiers (en matière de divorce, c'est la retranscription du jugement), les dispositions de l'article 815-17 alinéa 1er du Code civil sont encore applicables. Le liquidateur qui représente les créanciers aurait pu agir sur l'immeuble litigieux avant la création de l'indivision post-communautaire; il est donc recevable en application des dispositions de l'article 815-17 alinéa 1er du Code civil à poursuivre la vente forcée de l'immeuble[1]. Inversement, si l'indivision préexiste à l'ouverture de la procédure collective (par ex. parce que les époux divorcent, puis que l'un d'eux est mis en redressement judiciaire), le créancier de l'indivision (généralement, le banquier prêteur pour l'acquisition de l'immeuble commun) peut poursuivre la saisie et la vente de l'immeuble indivis avant tout partage[2].

§ 3
Séparation de biens

1318.141 Principe : indépendance des patrimoines. Les patrimoines étant séparés, les créanciers de chaque époux disposent d'un gage distinct que sont les biens de leurs débiteurs. La procédure collective de l'un des époux ne peut affecter les créanciers de l'autre.

1318.142 Exception : indivision entre époux séparés de biens. Certains achats immobiliers peuvent être effectués en indivision; il faut alors distinguer selon que le poursuivant est créancier d'un seul des époux ou des deux si ces derniers se sont engagés solidairement à son égard.

Le créancier de l'un seul des époux, face à cette indivision conventionnelle, ne peut saisir les droits indivis de son débiteur sur l'immeuble (v. s[s] n°s 1421.05 s) mais seulement provoquer le partage (C. civ., art. 815-17, al. 2 et 3).

Si, comme cela est fréquent lorsque les époux ont acheté en indivision le logement familial, le vendeur et/ou prêteur de deniers est créancier des deux époux, la saisie est alors possible car dirigée contre l'ensemble des indivisaires; elle vise la réunion de tous les droits indivis; le créancier est en fait créancier de l'indivision; ce qui peut encore lui arriver, quand il est créancier en vertu d'une dette contractée par l'indivision ou qu'il est titulaire d'une hypothèque consentie par tous les indivisaires (C. civ., anc. art. 2125, al. 2, devenu art. 2414)[3].

1318.143 Incidence d'une procédure collective ouverte contre un indivisaire. La procédure collective de l'un des indivisaires a-t-elle une incidence sur le droit de poursuivre du créancier du débiteur *in bonis* ? Il faut ici distinguer :

– si le créancier est seulement créancier de l'indivisaire *in bonis*, la partie la plus diligente, liquidateur ou créancier de l'époux *in bonis*, assignera en licitation-partage et le tribunal retiendra la pre-

1. Civ. 1re, 21 mai 1997, n° 95-14.102, *Bull. civ.* I, n° 163; *JCP* 1997. I. 4054, n° 14, obs. Pétel.

2. Com. 18 févr. 2003, n° 00-11.008, *Bull. civ.* IV, n° 21; *Gaz. Pal.* 30 avr.-3 mai 2003. Pan. 28.

3. Civ. 1re, 20 nov. 1990, n° 89-13.876, *Bull. civ.* I, n° 259; *Gaz. Pal.* 1991. 2. Somm. 265, obs. Véron; *Defrénois* 1991. 1054, note Savatier; *RTD civ.* 1992. 147, obs. Zénati; *RDI* 1991. 371, obs. Delebecque et Simler – Civ. 1re, 14 juin 2000, n° 98-10.577, *Bull. civ.* I, n° 182; *D.* 2000. AJ 318, obs. Lienhard; *D.* 2001. Somm. 696, obs. Aynès; *JCP* 2001. I. 309, n° 11, obs. Storck; *JCP N* 2000. 1357 étude Vauvillé; *Defrénois* 2001. 368, obs. Sénéchal

mière assignation enrôlée (le liquidateur entreprendra la licitation-partage sur autorisation du juge-commissaire[1] – v. s[s] n° 1411.93) ; le créancier personnel du conjoint *in bonis* n'a pas à déclarer sa créance[2], il n'entre en effet pas en concours avec les créanciers de l'époux en liquidation sur la part indivise ;

– si le créancier est en fait créancier de l'indivision, la situation est plus particulière car, ce créancier disposant d'une hypothèque consentie par les conjoints indivisaires, la saisie immobilière est envisageable, en vertu de l'article 815-17 alinéa 1er. Cependant, pour le liquidateur, seul les droits indivis de l'époux en liquidation servent de gage aux créanciers, ce qui ne lui permet que de demander la licitation-partage. La jurisprudence décide alors que la procédure collective ouverte à l'encontre de l'un des indivisaires ne fait pas obstacle à l'exercice, par un créancier de l'indivision, des droits qui lui sont reconnus par l'article 815-17 alinéa 1er du Code civil[3]. La chambre commerciale de la Cour de cassation a précisé que le créancier de l'époux *in bonis* doit solliciter l'autorisation du juge-commissaire pour entreprendre la vente sur saisie immobilière de l'immeuble indivis : sans préjudice de la délivrance d'un commandement aux indivisaires maîtres de leurs droits, il est tenu de présenter requête au juge-commissaire, dont l'ordonnance se substitue au commandement de droit commun[4]. La solution peut paraître surprenante puisque le bien n'est pas inclus dans l'actif de la faillite. On peut l'expliquer par ses conséquences : elle permettrait à l'autorité judiciaire de contrôler les conditions de vente et le prix. Mais déjà la chambre commerciale avait affirmé que le juge-commissaire devait autoriser la vente sur saisie immobilière d'un immeuble acheté en indivision par deux époux, dont l'un est soumis à une procédure collective et en avait déduit que, malgré cette autorisation, le créancier devait délivrer tout de même un commandement de payer à l'époux *in bonis*, faute de quoi la procédure était nulle[5]. C'est dire que bien que les immeubles indivis ne rentrent pas dans l'actif des procédures collectives, les organes de ces procédures ont un droit de regard sur l'exécution entreprise par le créancier de l'indivision.

1318.144 Incidence d'une procédure de rétablissement personnel avec liquidation judiciaire ouverte contre un indivisaire. Cette procédure emporte dessaisissement du débiteur au profit d'un liquidateur chargé de réaliser les biens. Peuvent donc se retrouver face-à-face les créanciers du ou des indivisaires *in bonis* et le liquidateur de l'indivisaire en procédure de rétablissement personnel. On peut imaginer que la pratique raisonnera alors comme elle le fait dans le cas d'un indivisaire en procédure collective : lorsque sont confrontés un créancier du ou des indivisaires *in bonis*, et le liquidateur de l'indivisaire en procédure de rétablissement personnel, la partie la plus diligente assignera en licitation-partage (v. s[s] n° 1318.143).

1. Civ. 1re, 20 déc. 1993, n° 92-11.189, *Bull. civ.* I, n° 318 ; *D.* 1994. 358 ; *JCP* 1994. I. 3799.
2. Pour une application : Com. 23 oct. 2001, n° 99-12.504, *Bull. civ.* IV, n° 175 ; *JCP E* 2002. 1165, p. 1290, note Gentili-Picard.
3. Com. 6 juill. 1999, n° 97-14.096, *Bull. civ.* IV, n° 152 ; *D.* 2000. Somm. 395, obs. Piedelièvre – Civ. 1re, 14 juin 2000, n° 98-10.577, *Bull. civ.* I, n° 182 ; *D.* 2000. AJ 318, obs. Lienhard – Com. 19 déc. 2000, n° 97-17.728, *Bull. civ.* IV, n° 202 ; *D.* 2001. AJ 379 ; *JCP* 2001. I. 315, n° 11, obs. Delebecque ; *Defrénois* 2001. 943, obs. Théry – Et notamment, l'extinction de la créance, faute de déclaration au passif de l'indivisaire soumis à la procédure collective, est sans incidence sur le droit du créancier de l'indivision, de poursuivre la réalisation des biens indivis : Com. 7 févr. 2012, n°s 11-12.787 et 11-13.213, *Bull. civ.* IV, n° 31.
4. Com. 22 avr. 1997, n° 94-19.420, *Bull. civ.* IV, n° 99 ; *JCP* 1997. II. 4054, n° 15 ; *D. Affaires* 1997. 704 ; *Gaz. Pal.* 1998. 1. 15.
5. Com. 28 janv. 1997, n° 94-14.763, *Bull. civ.* IV, n° 37.

CHAPITRE

1319. Obstacles au droit de saisir des immeubles tenant à la situation juridique des biens

ANNE LEBORGNE
PROFESSEUR À L'UNIVERSITÉ D'AIX-MARSEILLE

SECTION 0 ORIENTEUR

1319.00 Plan du chapitre.

Rappel : régime applicable à la saisie immobilière (ancien Code de procédure civile ou réforme). La procédure de saisie immobilière a été réformée par l'ordonnance n° 2006-461 du 21 avril 2006 qui a modifié le Code civil [1], et par le décret n° 2006-936 du 27 juillet 2006 [2], qui a abrogé les articles 673 à 717 de l'ancien Code de procédure civile (ACPC). Le décret, entré en vigueur le 1er janvier 2007, n'est pas applicable aux procédures de saisies immobilières ayant donné lieu, avant son entrée en vigueur, au dépôt du cahier des charges prévu à l'article 688 ACPC.

1319.05 Principe. Il est encore possible au saisi ou tiers saisi de s'opposer à la saisie immobilière en développant des arguments tenant à la situation juridique des biens qui peuvent être indisponibles ou insaisissables (sect. 1). En outre, la nature immobilière du bien menacé de saisie offre à son propriétaire quelques arguments propres pour s'opposer à la mesure d'exécution (sect. 2).

SECTION 1 INDISPONIBILITÉ ET INSAISISSABILITÉ DES BIENS

1319.10 Variété. Certains biens sont insaisissables en vertu de la loi (§ 1), d'autres en vertu de la volonté du propriétaire (§ 2); d'autres, affectés à une activité ou à un but déterminés, ne sont saisissables que par certains créanciers (§ 3).

§ 1 Biens indisponibles ou insaisissables par détermination de la loi

1319.11 Distinction. L'indisponibilité est une restriction du droit de disposer du bien. La doctrine et la jurisprudence en déduisent l'insaisissabilité du bien.

Sont insaisissables :

– les immeubles des syndicats, en vertu de l'article L. 2132-4 du Code du travail;

1. Ord. n° 2006-461, 21 avr. 2006, réformant la saisie immobilière, *JO* 22 avr., p. 6072.
2. Décr. n° 2006-936, 27 juill. 2006, relatif aux procédures de saisie immobilière et de distribution du prix d'un immeuble, *JO* 29 juill., p. 11316.

- l'usufruit légal des père et mère (C. civ., art. 382), s'il porte sur un immeuble appartenant au mineur, ainsi que l'usufruit du conjoint survivant portant sur les biens de la succession du conjoint prédécédé (C. civ., art. 767);
- les immeubles dotaux (s'il en reste);
- le droit d'usage et d'habitation.

Sont indisponibles, les immeubles du domaine privé et public de l'État.

En revanche, le fait que l'article 426 du Code civil, issu de la loi n° 2007-308 du 5 mars 2007 portant réforme de la protection juridique des majeurs, dispose que « *le logement de la personne protégée et les meubles dont il est garni, qu'il s'agisse d'une résidence principale ou secondaire, sont conservés à la disposition de celle-ci aussi longtemps que possible* », n'instaure pas une insaisissabilité des tiers sur l'habitation[1].

De même, l'existence d'une sépulture n'a pas pour effet de rendre inaliénable et incessible la propriété dans laquelle celle-ci est située. Il a ainsi été jugé que la vente amiable ou judiciaire d'un bien immeuble sur lequel se trouvait une sépulture était possible sous réserve qu'il en soit fait mention dans le cahier des charges et qu'un accès soit réservé à la famille[2].

§ 2
Biens indisponibles ou insaisissables par volonté du propriétaire

1319.21 Biens de famille. Au début du siècle, le législateur avait cherché à assurer la sécurité des petites propriétés rurales : à cette fin, il fut rendu possible de constituer un immeuble en bien de famille, afin de le rendre insaisissable (L. 12 juill. 1909, mod. par L. 14 mars 1928, L. 22 févr. 1931, L. 13 févr. 1937, L. 7 juill. 1948 et L. 12 mars 1953). La loi visait les immeubles par nature ou par destination, maison ou portion divise de maison, maison et terres attenantes ou voisines, ou seulement terres ou enfin maison avec boutique ou atelier. Des biens ruraux (C. rur., anc. art. 775) acquis ou aménagés au moyen du livret de domaine-retraite pouvaient encore être constitués en biens de famille. La loi posait une condition tenant à la valeur des biens : elle ne devait pas dépasser, lors de sa fondation, la somme de 50 000 francs (soit 7 622,45 euros), non réévaluée depuis 1953 (L. 12 mars 1953, art. 2, 4 et 15), mais sans tenir compte de la plus-value qu'il pouvait prendre ensuite. À compter de la publication de cette constitution, l'immeuble et les fruits de celui-ci étaient insaisissables (L. 12 mars 1953, art. 10 et 11), mais l'insaisissabilité cessait au décès du bénéficiaire. Compte tenu du faible intérêt pécuniaire qu'elle présentait, la loi était tombée en désuétude. Elle a été abrogée par l'article 12 de la loi n° 2011-1862 du 13 décembre 2011 relative à la répartition des contentieux et à l'allègement de certaines procédures juridictionnelles[3].

1319.22 Biens disponibles déclarés insaisissables dans une libéralité. En vertu de l'article L. 112-2, 4°C. pr. exéc.[4], certains biens disponibles peuvent être déclarés insaisissables par le testateur ou le donateur. La clause d'insaisissabilité est opposable aux créanciers, du donataire ou de l'héritier, antérieurs à l'acte de donation ou de legs. En revanche, avec la permission du juge, et pour la portion qu'il détermine, les créanciers postérieurs à l'acte de donation ou à l'ouverture du legs pourront saisir le bien[5].

1319.23 Clauses d'inaliénabilité affectant un bien donné ou légué[6]. Elles sont licites quand elles répondent aux exigences posées à l'article 900-1 du Code civil, c'est-à-dire lorsqu'elles sont limitées dans le temps et justifiées par un intérêt sérieux et légitime. On en déduit l'insaisissabilité du bien, mais le donataire ou le légataire peuvent être judiciairement autorisés à disposer du bien, si l'intérêt qui avait justifié la clause a disparu ou s'il advient qu'un intérêt plus important l'exige. Cette faculté de demander la mainlevée judiciaire de l'inaliénabilité peut-elle être exercée par les créanciers du donataire ou légataire exerçant l'action oblique ? Les juridictions du fond étaient partagées[7]. La première chambre a décidé que l'action prévue à l'article 900-1 était exclusivement attachée à la per-

1. L. n° 2007-308, 5 mars 2007, portant réforme de la protection juridique des majeurs, *JO* 7 mars, p. 4325 – Paris, 18 sept. 2001, *D.* 2002. Somm. 2161, obs. Lemouland; *RTD civ.* 2002. 75, obs. Hauser.
2. Civ. 2e, 17 oct. 2013, n° 12-23.375, *Bull. civ.* II [à paraître].
3. L. n° 2011-1862, 13 déc. 2011, relative à la répartition des contentieux et à l'allègement de certaines procédures juridictionnelles, *JO* 14 déc., p. 21105.
4. Ord. n° 2011-1895, 19 déc. 2011, relative à la partie législative du Code des procédures civiles d'exécution, *JO* 20 déc., p. 21464.
5. Civ. 20 déc. 1864, *DP* 1865. 1. 24 – Civ. 23 mars 1898, *DP* 1898. 1. 414.
6. La Cour de cassation a jugé qu'une clause d'inaliénabilité pouvait également être stipulée dans un acte à titre onéreux : Civ. 1re, 31 oct. 2007, n° 05-14.238, *Bull. civ.* I, n° 337; *LPA* 19 sept. 2008, n° 189, p. 6, note Khun.
7. Pour une admission de l'action oblique, TGI Cherbourg, 13 févr. 1974, *D.* 1975. 30, note crit. Vouin; *JCP* 1974. II. 17861, note crit. Dagot – En sens inverse, TGI Bessuire, 1er juin 1976, *JCP N* 1977. II. 140, note Thuillier; *Gaz. Pal.* 1977. 1. 297, note L. C – Pour une action exercée par le syndic de la liquidation des biens du donataire, Lyon, 19 mai 1981, *JCP N* 1983. II. 208 – Civ. 1re, 10 juill. 1990, n° 87-16.773, *Bull. civ.* I, n° 192; *JCP N* 1991. II. 197, note Salvage; *Defrénois* 1991. 272, note Lucet; *RTD civ.* 1991. 141, obs. Zénati; et *RTD civ.* 1991. 580, obs. Patarin.

sonne, en sorte qu'elle ne pouvait être exercée par un créancier à la place de son débiteur[1]. La première chambre a ensuite semblé admettre la solution inverse, en janvier 2000, à propos de l'action du liquidateur judiciaire du donataire[2]. Mais des arrêts postérieurs sont résolument venus limiter le jeu de l'action oblique réaffirmant que le droit d'obtenir la levée judiciaire de l'inaliénabilité est exclusivement attaché à la personne du donataire[3]; elle ne peut donc être exercée par le représentant des créanciers du donataire[4], ni par un créancier agissant par la voie oblique[5].

1319.24 Effet d'une clause publiée. Un donateur ou un testateur peuvent donc assortir dons et legs d'une clause d'inaliénabilité, de laquelle la jurisprudence déduit l'insaisissabilité du bien. S'agissant de biens immeubles, ces clauses affectant la disponibilité du bien doivent être publiées à la Conservation des hypothèques (Décr. n° 55-22, 4 janv. 1955, art. 28-2°). En principe, la clause d'inaliénabilité dérogeant au principe de libre disposition des biens, c'est à celui qui se prévaut d'une telle clause qu'il appartient de justifier de l'intérêt sérieux légitime qu'il allègue[6]. Le créancier poursuivant, titulaire d'une hypothèque, devrait donc pouvoir saisir le bien, à charge pour le propriétaire de s'y opposer en démontrant le caractère licite de la clause dont il se prévaut. La Cour de cassation ne l'admet pas, qui décide que la clause tient la saisie en échec tant qu'elle est en vigueur[7]. Il appartient au créancier qui poursuit la saisie immobilière d'un immeuble ayant fait l'objet d'une donation assortie d'une clause d'inaliénabilité, de contester préalablement la validité de la clause. Le commandement délivré malgré la clause en vigueur est nul[8] et la mainlevée de la saisie doit être ordonnée[9]. La solution s'explique par les règles de la publicité foncière : le créancier qui entend saisir un bien est lié par les informations et éventuelles restrictions à la libre disposition publiées à la Conservation des hypothèques; elles lui sont opposables. Pour saisir, il doit d'abord faire radier la clause, ce qui revient à faire juger que la clause est nulle au regard des exigences de l'article 900-1 du Code civil ou à opposer un intérêt plus important. La saisine du juge appartient au créancier s'il veut que la clause publiée ne lui soit plus opposée même si à l'occasion de ce procès, la charge de la preuve pèsera sur le bénéficiaire de la clause[10]. La seule publication de la clause rend donc le bien, momentanément, insusceptible de saisie.

En revanche, une sûreté peut être inscrite malgré l'existence d'une clause d'inaliénabilité[11].

§ 3
Patrimoines d'affectation

A.
Déclaration d'insaisissabilité de la résidence principale de l'entrepreneur individuel

1319.31 Résidence principale déclarée indisponible par un entrepreneur individuel. La loi n° 2003-721 du 1er août 2003 pour l'initiative économique[12] a ajouté un chapitre VI, au titre II du livre V du Code de commerce, intitulé « *De la protection de l'entrepreneur individuel et du conjoint* », qui permet désormais, par dérogation aux articles 2284 et 2285[13] du Code civil, aux personnes physiques immatriculées à un registre de publicité légale à caractère professionnel ou exerçant une activité professionnelle agricole ou indépendante, de déclarer insaisissables leurs droits sur l'immeuble où est fixée leur résidence principale[14]. Inséré aux articles

1. Civ. 1re, 3 juin 1998, n° 96-12.372, *Bull. civ.* I, n° 192; *JCP* 1998. II. 10167, note Casey; *JCP* 1998. I. 177, n° 14, obs. Loiseau; *Defrénois* 1999. 93, note Savatier; *RTD civ.* 1998. 677, obs. Mestre; *RTD civ.* 1998. 963, obs. Patarin; *Dr. fam.* 1998, n° 90, note Beignier.
2. Civ. 1re, 11 janv. 2000, n° 97-19.136, *Bull. civ.* I, n° 3; *JCP* 2000. I. 278, p. 2235; *RJPF* avr. 2000. 28; *JCP* 2000. 523, note Loiseau; *RTD civ.* 2000. 332, obs. Mestre en ce sens.
3. Civ. 1re, 29 mai 2001, n° 99-15.776, *Bull. civ.* I, n° 150; *JCP* 2001. IV. 2335; *RTD civ.* 2001. 644, obs. Patarin; *RTD civ.* 2001. 882, obs. Mestre et Fages – Com. 9 nov. 2004, n° 02-18.617, *Bull. civ.* IV, n° 191; *D.* 2004. AJ 3068, obs. Lienhard; *JCP N* 2005. 1201, obs. Vauvillé; *Dr. fam.* 2005, n° 15, note Beignier.
4. Civ. 1re, 8 janv. 2002, n° 99-15.547, *Bull. civ.* I, n° 3; *Dr. fam.* 2002. Comm. 92.
5. Civ. 1re, 25 mai 2004, n° 02-12.268, *Bull. civ.* I, n° 149; *Defrénois* 2004. 1397, obs. Libchaber; *Dr. fam.* 2004, n° 129, obs. Beignier – Et après rabat d'arrêt, Civ. 1re, 16 nov. 2004, n° 02-12.268, *Bull. civ.* I, n° 265.
6. Civ. 1re, 15 juin 1994, n° 92-12.139, *Bull. civ.* I, n° 211; *D.* 1994. 342, note Leborgne; *D.* 1995. Somm. 50, obs. Grimaldi; *Defrénois* 1995. 51, note Savatier; *RTD civ.* 1995. 666, obs. Patarin; et *RTD civ.* 1995. 919, obs. Zénati; *JCP* 1995. I. 3876, n° 8, obs. Le Guidec.
7. Civ. 1re, 9 oct. 1985, n° 84-13.306, *Bull. civ.* I, n° 252; *RTD civ.* 1986. 622, obs. Patarin – Civ. 1re, 15 juin 1994, n° 92-12.139, *Bull. civ.* I, n° 211 – Civ. 1re, 8 févr. 2000, n° 97-20.727, *Bull. civ.* I, n° 43.
8. Civ. 1re, 15 juin 1994, n° 92-12.139, *Bull. civ.* I, n° 211.
9. Civ. 1re, 8 févr. 2000, n° 97-20.727, *Bull. civ.* I, n° 43.
10. Civ. 1re, 15 juin 1994, n° 92-12.139, *Bull. civ.* I, n° 211.
11. Civ. 1re, 25 juin 1980, n° 79-12.704, *Bull. civ.* I, n° 200; *D.* 1981. IR 90, obs. Martin; *Defrénois* 1981. 468, obs. Champenois; *RTD civ.* 1981. 671, obs. Patarin – Civ. 2e, 30 juin 1993, n° 91-14.775, *Bull. civ.* II, n° 241; *D.* 1993. IR 196.
12. L. n° 2003-721, 1er août 2003, pour l'initiative économique, *JO* 5 août, p. 13449.
13. C. civ., anc. art. 2092 et 2093 (mod. par Ord. n° 2006-346, 23 mars 2006).
14. V. C. Malecki, « La loi pour l'initiative économique et l'insaisissabilité de la résidence principale de l'entrepreneur individuel », *D.* 2003. Chron. 2220.

L. 526-1 à L. 526-4 du Code de commerce, ce dispositif est donc destiné à protéger le logement de l'entrepreneur individuel qui n'exerce pas son activité sous forme sociétaire. Dans ce cas en effet, aucune distinction n'est établie entre le patrimoine professionnel et le patrimoine privé, et en vertu du droit de gage général, les créanciers professionnels ont le droit de saisir et vendre le logement principal de leur débiteur. En offrant aux entrepreneurs individuels la faculté de limiter l'assiette du gage, le législateur a entendu ainsi protéger la famille du débiteur. Cette volonté a même conduit le législateur à prévoir que lors de sa demande d'immatriculation à un registre de publicité légale à caractère professionnel, la personne physique mariée sous le régime de la communauté légale ou conventionnelle doit justifier que son conjoint a été informé des conséquences sur les biens communs des dettes contractées dans l'exercice de sa profession (C. com., art. L. 526-4).

L'ordonnance n° 2006-346 du 23 mars 2006 relative aux sûretés[1] n'a pas remis en cause les dispositions spécifiques et dérogatoires de l'article L. 526-1 du Code de commerce, l'article 2284 réaffirmant le droit de gage général des créanciers dans les mêmes termes que l'ancien article 2092 du Code civil[2].

La loi n° 2008-776 du 4 août 2008 de modernisation de l'économie[3] a étendu la protection à tous les biens fonciers bâtis ou non bâtis non affectés à l'usage professionnel.

Cette mesure avait eu peu de succès, notamment du fait de son insécurité juridique en cas d'ouverture d'une procédure collective. On se demandait en effet, si en cas de liquidation judiciaire de l'entrepreneur, le liquidateur ne pourrait pas demander la mainlevée de la clause[4]. Mais la chambre commerciale ayant finalement jugé qu'en cas de procédure collective, la déclaration d'insaisissabilité pouvait faire obstacle à la vente aux enchères publiques des biens immobiliers[5], et que le liquidateur, qui ne peut légalement agir que dans l'intérêt de tous les créanciers et non dans l'intérêt personnel d'un créancier ou d'un groupe de créanciers, n'avait pas qualité pour agir en inopposabilité de la déclaration d'insaisissabilité, dans l'intérêt des seuls créanciers dont les droits naissent à l'occasion de l'activité professionnelle du déclarant postérieurement à la publication de la déclaration[6]. L'efficacité de cette déclaration s'est ainsi trouvée démontrée. Toutefois, l'ordonnance n° 2014-326 du 12 mars 2014, portant réforme de la prévention des difficultés des entreprises et des procédures collectives[7], en a limité l'intérêt en ajoutant la déclaration d'insaisissabilité faite par le débiteur à la liste des actes nuls de plein droit, lorsqu'ils sont intervenus depuis la date de cessation des paiements (C. com., art. L. 623-1, I). Et, si elle a été faite dans les six mois précédant la date de cessation des paiements, la déclaration pourra être annulée par le tribunal (C. com., art. L. 632-1, II).

1319.32 • **Conditions (C. com., art. L. 526-1).** Cette possibilité est offerte à toute personne physique immatriculée à un registre de publicité légale à caractère professionnel ou exerçant une activité professionnelle agricole ou indépendante, c'est-à-dire aux entrepreneurs en nom propre, commerçants et artisans, aux agents commerciaux, aux professionnels libéraux et aux agriculteurs[8]. Lorsque le bien foncier n'est pas utilisé en totalité pour un usage professionnel, la partie non affectée à un usage professionnel ne peut faire l'objet de la déclaration que si elle est désignée dans un état descriptif de division. La domiciliation du déclarant dans son local d'habitation, en application de l'article L. 123-10 du Code de commerce, ne fait pas obstacle à ce que ce local fasse l'objet de la déclaration sans qu'un état descriptif de division soit nécessaire (C. com., art. L. 526-1, al. 2.).

1319.33 • **Modalités (C. com., art. L. 526-2).** La déclaration d'insaisissabilité est reçue par notaire sous peine de nullité[9]. Elle contient la description détaillée des biens et l'indication de son caractère propre, commun ou indivis. Lorsque la personne est immatriculée dans un registre de publicité légale à caractère professionnel, la déclaration doit y être mentionnée. Lorsque la personne n'est pas tenue de s'immatriculer dans un registre de publicité légale, un extrait de la déclaration doit être publié dans un journal d'annonces légales du département dans lequel est exercée l'activité profes-

1. Ord. n° 2006-346, 23 mars 2006, relative aux sûretés, *JO* 24 mars, p. 4475.
2. Rép. min. QE n° 93297, *JOAN Q* 20 juin 2006, p. 6643.
3. L. n° 2008-776, 4 août 2008, de modernisation de l'économie, *JO* 5 août, p. 12471 – O. Salati, « Modifications apportées au dispositif d'insaisissabilité de la résidence principale de l'entrepreneur individuel par la loi du 4 août 2008 de modernisation de l'économie », *Procédures* 2008, n° 11, p. 2.
4. V. P. Martin, *Rev. proc. coll.* janv. 2010. Étude 6 et M. Sénéchal, *Bull. Joly* 2009, qui penchent pour une réponse affirmative – SENS CONTRAIRE : P.-M. Le Corre, *AJDI* 2004. 185 s.
5. Com. 28 juin 2011, n° 10-15.482, *Bull. civ.* IV, n° 109.
6. Com. 13 mars 2012, n° 11-15.438, *Bull. civ.* IV, n° 53.
7. Ord. n° 2014-326, 12 mars 2014, portant réforme de la prévention des difficultés des entreprises et des procédures collectives, *JO* 14 mars, p. 5249.
8. V. « L'insaisissabilité de la résidence principale de l'entrepreneur individuel », *D.* 2003. Chron. 1898.
9. V. J.-F. Humbert, « Le système de publicité foncière est à la fois le meilleur et le seul moyen de protéger tant le professionnel que les tiers », *LPA* 2 avr. 2003, p. 4.

sionnelle, pour que cette personne puisse se prévaloir du bénéfice du premier alinéa de l'article L. 526-1.

1319.34 • **Effets.** La déclaration d'insaisissabilité publiée au bureau des hypothèques rend insaisissables les droits détenus sur l'immeuble où est fixée la résidence principale du déclarant, qu'il s'agisse d'un immeuble propre, indivis ou commun[1]. Elle n'a toutefois d'effet qu'à l'égard des créanciers dont les droits naissent, postérieurement à la publication, à l'occasion de l'activité professionnelle du déclarant. La protection s'étend au prix de cession des droits immobiliers désignés dans la déclaration initiale (C. com., art. L. 526-3) : ce prix demeure insaisissable à l'égard des créanciers dont les droits sont nés postérieurement à la publication de cette déclaration, sous la condition de remploi, dans le délai d'un an, des sommes à l'acquisition par le déclarant d'un immeuble où est fixée sa résidence principale. Les droits sur la résidence principale nouvellement acquise restent alors insaisissables à hauteur des sommes réemployées à l'égard des créanciers lorsque l'acte d'acquisition contient une déclaration de remploi des fonds.

1319.35 • **Fin de l'insaisissabilité.** La déclaration d'insaisissabilité peut à tout moment faire l'objet d'une renonciation soumise aux mêmes conditions de validité et d'opposabilité. La renonciation peut porter sur tout ou partie des biens; elle peut être faite au bénéfice d'un ou plusieurs créanciers mentionnés à l'article L. 526-1 et désignés par l'acte authentique de renonciation. Lorsque le bénéficiaire de cette renonciation cède sa créance, le cessionnaire peut se prévaloir de celle-ci. Par ailleurs, le décès du déclarant emporte révocation de la déclaration. En revanche, les effets de la déclaration d'insaisissabilité subsistent après la dissolution du régime matrimonial lorsque le déclarant est attributaire du bien.

B.
La fiducie

1319.41 **Objet.** La loi n° 2007-211 du 19 février 2007, instituant la fiducie[2], modifiée par la loi n° 2008-776 du 4 août 2008, a créé un titre XIX au livre III du Code civil. Aux termes de l'article 2011, la fiducie est l'opération par laquelle un ou plusieurs constituants transfèrent des biens, des droits ou des sûretés, ou un ensemble de biens de droits ou de sûretés, présents ou futurs à un ou plusieurs fiduciaires, qui, les tenant séparés de leur patrimoine propre, agissent dans un but déterminé, au profit d'un ou plusieurs bénéficiaires. Il s'agit bien d'un patrimoine d'affectation composé des actifs fiduciaires sortis du patrimoine du constituant[3].

1319.42 **Saisissabilité réservée à certains créanciers.** Aux termes de l'article 2025 du Code civil, ce patrimoine fiduciaire est réservé aux titulaires de créance nées de la conservation ou de la gestion de ce patrimoine sans toutefois que la fiducie préjudicie aux droits des créanciers du constituant titulaire d'un droit de suite attaché à une sûreté publiée antérieurement au contrat de fiducie et hors les cas de fraude aux droits des créanciers des constituants

Le patrimoine fiduciaire ne peut donc être saisi que par ceux dont la créance est née de la conservation ou de la gestion de ce patrimoine. Toutefois, l'article 2025 alinéa 2 du Code civil permet aux créanciers d'étendre, en cas d'insuffisance du patrimoine fiduciaire, leur droit de gage général au patrimoine du constituant (sauf stipulation contraire du contrat de fiducie mettant tout ou partie du passif à la charge du fiduciaire), ce qui fragilise considérablement la fiducie-gestion permettant d'isoler un patrimoine professionnel. Le contrat de fiducie peut également limiter l'obligation au passif fiduciaire au seul patrimoine fiduciaire; une telle clause n'est opposable qu'aux créanciers qui l'ont expressément acceptée.

C.
L'entrepreneur individuel à responsabilité limitée

1319.51 **Objet.** La loi n° 2010-658 du 15 juin 2010 relative à l'entrepreneur individuel à responsabilité limitée[4] offre, depuis le 1er janvier 2011, aux entrepreneurs individuels, personnes physiques, commerçants ou non, la possibilité d'affecter un patrimoine à une activité professionnelle, c'est-à-dire d'isoler une masse de biens et de droits pour exploiter une entreprise[5]. Les dispositions nouvelles sont codifiées aux articles L. 526-6 à L. 526-21, à la suite des articles consacrés à l'insaisissabilité de la résidence principale de l'entrepreneur

1. Mais elle n'interdit pas l'inscription d'une hypothèque judiciaire à titre conservatoire sur le bien : Com. 11 juin 2014, n° 13-13.643, *Bull. civ.* IV, n° 106.
2. L. n° 2007-211, 19 févr. 2007, instituant la fiducie, *JO* 21 févr., p. 3052.
3. L. Kakzmarek, « Propriété fiduciaire et droits des intervenants à l'opération », *D.* 2009. Chron. 1845 – Dossier « Fiducie », *D.* 2007. Chron. 1346 s.
4. L. n° 2010-658, 15 juin 2010, relative à l'entrepreneur individuel a responsabilité limitée, *JO* 16 juin, p. 10984.
5. F. Marmoz « L'entreprise individuelle à responsabilité limitée : nouvelle technique d'organisation de l'entreprise », *D.* 2010. Chron. 1570.

individuel, au chapitre VI, du titre II du livre V du Code de commerce, consacré à la protection de l'entrepreneur individuel et son conjoint.

1319.52 Modalités. En vertu de l'article L. 526-6 du Code de commerce, ce patrimoine est composé de l'ensemble des biens, droits, obligations ou sûretés dont l'entrepreneur individuel est titulaire, nécessaires à l'exercice de son activité professionnelle. Il peut comprendre également les biens, droits, obligations ou sûretés dont l'entrepreneur individuel est titulaire, utilisés pour l'exercice de son activité professionnelle et qu'il décide d'y affecter. Un même bien, droit, obligation ou sûreté ne peut entrer dans la composition que d'un seul patrimoine affecté.

La constitution du patrimoine affecté résulte du dépôt d'une déclaration (C. com., art. L. 526-7) et l'affectation d'un bien immobilier ou d'une partie d'un tel bien est reçue par acte notarié et publiée au bureau des hypothèques ou, dans les départements du Bas-Rhin, du Haut-Rhin et de la Moselle, au livre foncier de la situation du bien. L'entrepreneur individuel qui n'affecte qu'une partie d'un ou de plusieurs biens immobiliers désigne celle-ci dans un état descriptif de division (C. com., art. L. 526-9).

1319.53 Effets pour les créanciers. Aux termes de l'article L. 526-12 du Code de commerce, la déclaration d'affectation est opposable de plein droit aux créanciers dont les droits sont nés postérieurement à son dépôt. Elle est opposable aux créanciers dont les droits sont nés antérieurement à son dépôt à la condition que l'entrepreneur individuel à responsabilité limitée le mentionne dans la déclaration d'affectation et en informe les créanciers qui pourront former opposition.

Par dérogation aux articles 2284 et 2285 du Code civil, les créanciers auxquels la déclaration d'affectation est opposable et dont les droits sont nés à l'occasion de l'exercice de l'activité professionnelle à laquelle le patrimoine est affecté ont pour seul gage général le patrimoine affecté. Les autres créanciers auxquels la déclaration est opposable ont pour seul gage général le patrimoine non affecté.

Toutefois, l'entrepreneur individuel à responsabilité limitée est responsable sur la totalité de ses biens et droits en cas de fraude ou en cas de manquement grave aux règles de constitution et de gestion comptable de l'EIRL.

En cas d'insuffisance du patrimoine non affecté, le droit de gage général des créanciers qui ont pour gage le patrimoine non affecté peut s'exercer sur le bénéfice réalisé par l'entrepreneur individuel à responsabilité limitée lors du dernier exercice clos.

SECTION 2
PARTICULARITÉS TENANT À LA NATURE IMMOBILIÈRE DU BIEN MENACÉ DE SAISIE

1319.60 Justifications. La nature immobilière d'un bien explique certaines dispositions particulières, qui distinguent l'exécution immobilière des voies d'exécution sur les biens meubles. Ainsi, si le bien dont la saisie est envisagée produit des revenus importants (§ 1), il est possible, à certaines conditions, d'en déléguer la perception au créancier poursuivant, afin d'éviter l'expropriation; cette solution s'expliquait d'autant mieux à l'époque où la fortune était principalement immobilière. Par ailleurs, l'affectation de l'immeuble au logement du débiteur est une circonstance (§ 2) qui n'est pas totalement indifférente, car le créancier menace de vente un bien socialement sensible.

§ 1
Un bien de valeur (qui peut produire des revenus)

1319.61 Procédures de saisie immobilière ayant donné lieu avant le 1er janvier 2007 au dépôt du cahier des charges prévu à l'article 688 ACPC : délégation du revenu (C. civ., anc. art. 2212). L'ancien article 2212 du Code civil permet au propriétaire, qui justifie par baux authentiques d'un revenu suffisant, d'en offrir délégation au créancier afin de suspendre la poursuite sur ses immeubles. À cette fin, il faut calculer le revenu net et libre sur une année; la dette à prendre en considération est calculée en principal, intérêts et frais; il faut encore que le débiteur offre de déléguer son revenu au créancier. Lorsque toutes ces conditions sont remplies, la poursuite peut être suspendue par les juges, sauf à être reprise s'il survient quelque opposition ou obstacle au paiement; c'est dire que la suspension n'est ni automatique ni définitive. Aujourd'hui cette faculté ne présente peut-être plus beaucoup d'intérêt pratique compte tenu des dispositions sur la saisie-attribution (v. ss nos 800.01 s.).

1319.62 Procédures de saisie immobilière soumises à l'ordonnance du 21 avril et au décret du 27 juillet 2006 : cantonnement ou conversion. Depuis le 1er janvier 2007, l'article 2196 du Code civil (devenu C. pr. exéc., art. L. 321-6), issu de l'ordonnance n° 2006-461 du 21 avril 2006, offre au débiteur, en cas de saisies simultanées de plusieurs de ses immeubles, la faculté de demander au juge le cantonnement de celles-ci ou la conversion partielle des saisies en hypothèques sur certains de ses immeubles. C'est la valeur des biens qui justifie l'une comme l'autre de ces mesures.

Selon le décret (Décr. 27 juill. 2006, art. 24 [devenu C. pr. exéc., art. R. 321-12 [1]]), pour que les effets de la saisie soient provisoirement cantonnés à un ou plusieurs immeubles du débiteur, celui-ci doit établir que la valeur de ces biens est suffisante pour désintéresser le créancier poursuivant et les créanciers inscrits. La demande sera formée devant le JEX, en charge du contentieux de l'exécution immobilière, et le jugement rendu indiquera les immeubles sur lesquels les poursuites seront provisoirement suspendues. Après la vente définitive le créancier pourra reprendre les poursuites sur les biens ainsi exceptés si le prix des biens adjugés ne suffit pas à le désintéresser. Le mécanisme du cantonnement entraînera la suspension provisoire des poursuites sur les biens, ce qui correspond à un cas de sursis légal à statuer, réglé par les articles 378 et suivants C. pr. civ. Ainsi, après la vente définitive, à défaut de diligences du créancier pour faire rappeler l'affaire, et en l'absence de rappel d'office par le juge, l'instance encourra la péremption après un délai de deux années suivant la vente des biens non exceptés par le cantonnement.

Dans les mêmes conditions, le juge peut ordonner la radiation de la saisie sur les immeubles initialement saisis qu'il désignera et l'inscription d'une hypothèque judiciaire. Ce mécanisme de conversion en hypothèque conduira à radier la saisie sur certains immeubles et à inscrire aux lieux et place une hypothèque judiciaire (v. aussi s[s] n° 1317.52).

§ 2
Un bien affecté au logement

1319.71 **Évolution.** La prise en compte de cette circonstance particulière était, jusqu'en 1998, demeurée indifférente au législateur; la loi n° 98-46 du 23 janvier 1998 [2], renforçant la protection des personnes surendettées en cas de saisie immobilière, en a tenu compte pour augmenter les droits du débiteur dans la procédure de saisie immobilière, mais cette affectation n'interdit pas la mesure d'exécution. Il faut cependant signaler des différences terminologiques : en droit de la famille, il est question de logement familial; en droit de la consommation, de logement principal; et désormais, avec le décret du 27 juillet 2006, de « résidence de la famille ». Le plus souvent ces notions devraient se recouper; toutefois, on peut imaginer un débiteur en instance de divorce, propriétaire de plusieurs immeubles, dont l'un est affecté au logement de sa famille, et un autre est occupé par lui-même à titre principal.

La loi n° 2007-290 du 5 mars 2007 qui a instauré un droit au logement opposable, avait souhaité renforcer la protection du logement d'un débiteur qui sollicitait une mesure de rétablissement personnel [3] : l'article L. 331-3-1 du Code de la consommation disposait que la saisine du juge aux fins de rétablissement personnel emportait suspension des voies d'exécution, y compris des mesures d'expulsion du logement du débiteur, jusqu'au jugement d'ouverture.

Ce dispositif a été modifié par la loi n° 2010-737 du 1er juillet 2010 [4], portant réforme du crédit : aux termes de l'article L. 331-3-1 du Code de la consommation, la décision de recevabilité de la demande de traitement du surendettement emporte interdiction et suspension de plein droit des procédures d'exécution diligentées sur les biens du débiteur. S'agissant toutefois des mesures d'expulsion, l'article L. 331-3-2 du Code de la consommation offre à la commission la faculté de saisir le juge [d'instance [5]] aux fins de suspension des mesures d'expulsion du logement du débiteur. Si la situation l'exige, le juge prononcera la suspension provisoire des mesures d'expulsion à l'exception de celles fondées sur un jugement d'adjudication rendu en matière de saisie immobilière et de celles ordonnées sur le fondement du troisième alinéa de l'article 2198 du Code civil (devenu C. pr. exéc., art. L. 321-2, al. 3).

En cas d'ouverture d'une procédure de rétablissement personnel avec liquidation judiciaire, le jugement entraîne jusqu'au jugement de clôture suspension des procédures d'exécution diligentées sur les biens du débiteur et suspension des mesures d'expulsion du logement du débiteur, à l'exception de celles fondées sur un jugement d'adjudication rendu en matière de saisie immobilière et de celles ordonnées sur le fondement du troisième alinéa de l'article 2198 du Code civil (devenu C. pr. exéc., art. L. 321-2, al. 3) (C. consom., art. L. 332-6).

1319.72 **Logement familial.** L'article 215 alinéa 3 du Code civil a prévu que les époux ne pouvaient disposer l'un sans l'autre des droits par lesquels est assuré le logement familial. La constitution

1. Décr. n° 2012-783, 30 mai 2012, relatif à la partie réglementaire du Code des procédures civiles d'exécution, *JO* 31 mai, p. 9375.
2. L. n° 98-46, 23 janv. 1998, renforçant la protection des personnes surendettées en cas de saisie immobilière, *JO* 24 janv., p. 1127.
3. L. n° 2007-290, 5 mars 2007, instituant un droit au logement opposable et portant diverses mesures en faveur de la cohésion sociale, *JO* 6 mars, p. 4190.
4. L. n° 2010-737, 1er juillet 2010, portant réforme du crédit à la consommation, *JO* 2 juill., p. 12001.
5. À compter du 1er sept. 2011, conformément aux dispositions de l'article 11 de la loi n° 2010-1609 du 22 décembre 2010.

d'une hypothèque conventionnelle par l'un seul des époux est donc interdite car assimilée en jurisprudence à un acte de disposition puisqu'à terme, le créancier titulaire de la sûreté pourra faire vendre le bien[1].

En revanche, l'inscription d'une hypothèque judiciaire est considérée comme un simple exercice d'une prérogative légale reconnue au titulaire d'une créance même chirographaire; ce n'est pas en soi un acte de disposition au sens de l'article 215 alinéa 3[2]. Le créancier de l'un des époux, propriétaire d'un immeuble affecté au logement familial, peut donc inscrire une hypothèque judiciaire puis saisir et faire vendre le bien, sans que le conjoint non-propriétaire ne puisse s'y opposer en arguant de la destination familiale du bien[3].

Le créancier peut entreprendre la saisie de l'immeuble assurant la résidence de la famille, les dispositions de l'article 215 qui exigent le consentement des deux époux afin de protéger le logement familial lui étant inopposables, sous peine de frapper les biens d'une insaisissabilité contraire à la loi[4] (ainsi, pour une vente sur liquidation des biens en vertu de la loi du 13 juillet 1967[5]; de même sous l'empire de la loi du 25 janvier 1985[6]).

Le fait que le bien assure le logement familial, quel que soit le régime matrimonial des époux, est donc sans incidence sur le droit du créancier d'agir en exécution car l'indisponibilité du bien n'emporte pas son insaisissabilité. En revanche, avec la loi pour l'initiative économique, un entrepreneur individuel pourra, par déclaration, dans les conditions légales, rendre insaisissable sa résidence principale (sur les différences terminologiques, v. s[s] n° 1319.71). C'est ici clairement la volonté de maintenir le « toit » familial qui explique ces nouvelles dispositions (v. s[s] n° 1319.31).

1319.73 A) Procédures de saisie immobilière ayant donné lieu avant le 1er janvier 2007 au dépôt du cahier des charges prévues à l'article 688 ACPC. En cas de saisie du logement principal. Les articles 1er et 2 de la loi n° 98-46 du 23 janvier 1998 ont modifié partiellement les articles 673 et 690 ACPC : désormais, en cas de saisie immobilière du logement principal, le commandement de payer doit indiquer que le montant de la mise à prix fixée par le poursuivant peut faire l'objet d'un dire pour cause d'insuffisance manifeste, ce qui, en l'absence de disposition en ce sens dans le Code de procédure civile, était jusque-là refusé au saisi par la jurisprudence (sur le contenu du commandement, v. s[s] n° 1321.114).

Une lecture stricte de la loi devrait conduire à exclure du bénéfice de ces dispositions le tiers saisi, le législateur n'ayant pas étendu ces modifications aux autres procédures de saisie immobilière.

B) Procédures de saisie immobilière soumises à l'ordonnance du 21 avril et au décret du 27 juillet : en cas de saisie de l'immeuble affecté à la résidence de la famille. Selon l'article R. 321-1 alinéa 3 C. pr. exéc., lorsqu'un immeuble appartenant en propre à l'un des époux constitue la résidence de la famille, le commandement valant saisie délivré à l'époux propriétaire doit être dénoncé à son conjoint au plus tard le premier jour ouvrable suivant la signification de l'acte (v. s[s] n° 1319.74). Quant à l'information sur la faculté de contestation de la mise à prix pour insuffisance manifeste, elle est désormais donnée au débiteur dans l'assignation à comparaître (Décr. 27 juill. 2006, art. 39, 5° [devenu C. pr. exéc., art. R. 322-5, 5°]), quelle que soit l'affectation de l'immeuble.

L'article 31 du décret du 27 juillet 2006 (devenu C. pr. exéc., art. R. 321-19) prévoyant qu'à défaut pour le tiers saisi de satisfaire à la sommation qui lui est faite, la saisie immobilière et la vente seront poursuivies à son encontre selon les modalités du décret, on peut aujourd'hui affirmer que toutes les dispositions relatives au commandement valant saisie comme celles relatives à l'assignation à comparaître sont applicables au tiers détenteur.

1319.74 Sort procédural du conjoint du débiteur lorsque le bien saisi est le logement familial.

Avant la réforme. Si le conjoint n'est pas personnellement débiteur de la dette qui sert de fondement aux poursuites de saisie immobilière, il n'y a pas de raison juridique de lui délivrer le commandement de saisie. C'est évident lorsque les époux sont mariés en séparation de biens. Si les époux sont mariés en communauté, on peut encore considérer,

1. Civ. 1re, 17 déc. 1991, n° 90-11.908, *Bull. civ.* I, n° 357; *JCP* 1992. I. 3614, n° 1, obs. Wiederkehr; *Defrénois* 1992. 396, 1re esp., obs. Champenois – EN REVANCHE, est valable la promesse de cautionnement hypothécaire consentie par un époux seul sur le logement de la famille car une promesse d'hypothèque n'est pas un acte de disposition : Civ. 3e, 29 mai 2002, n° 99-21.018, *Bull. civ.* III, n° 118; *D.* 2003. 1024, note Azavant; *RJPF* 2002-11/21, obs. Vauvillé.
2. Civ. 1re, 4 oct. 1983, n° 82-13.781, *Bull. civ.* I, n° 216; *JCP* 1984. II. 20188, 1re esp., note Chartier; *Gaz. Pal.* 1984. 2. 445, note Henry – Civ. 1re, 8 janv. 1985, n° 83-15.647, *Bull. civ.* I, n° 7 – Civ. 1re, 5 févr. 1985, n° 83-14.697, *JCP N* 1986. II. 72, note Simler; *Defrénois* 1986. 186, note Théry.
3. Civ. 1re, 4 juill. 1978, n° 76-15.253, *Bull. civ.* I, n° 256; *JCP* 1980. II. 19368, note Lablouz – Paris, 20 nov. 1984, *JCP* 1986. II. 20584, note Dagot.
4. Civ. 1re, 18 juin 1985, n° 83-14.915, *Bull. civ.* I, n° 188; *D.* 1986. 485, note Mouly; *Defrénois* 1985. 1456, art. 33636, note Aubert.
5. Civ. 3e, 12 oct. 1977, n° 76-12.482, *Bull. civ.* I, n° 345; *D.* 1978. 333, note Chartier; *RTD civ.* 1979. 584, obs. Nerson.
6. Civ. 1re, 21 mai 1997, n° 95-14.102, *Bull. civ.* I, n° 163; *JCP* 1997. I. 4054, obs. Pétel; *Dr. et patr.* avr. 1998. 53.

en vertu de l'article 1421 du Code civil, que chaque époux peut exercer seul les actions en justice en défense concernant les biens communs. Toutefois, on pouvait aussi se demander si le fait que le bien serve au logement de la famille ne justifierait pas que la procédure soit, sinon menée contre les deux époux, à tout le moins, qu'elle soit dénoncée à celui qui n'est pas débiteur (sur cette question, v. s[s] n°s 1313.161 s.), sachant que l'expulsion d'un bien commun appartenant aux deux époux doit être dirigée contre chacun d'eux.

Réforme : la lecture combinée de l'ordonnance et du décret conduit à opérer une distinction selon le régime matrimonial des époux. Selon l'article 2195 du Code civil (devenu C. pr. exéc., art. L. 311-7), la saisie des immeubles communs est poursuivie contre les deux époux (v. s[s] n°s 1361.192 et 1361.193).

Selon le décret, dans le cas où un immeuble appartenant en propre à l'un des époux constitue la résidence de la famille, l'article 13 alinéa 3 du décret (devenu C. pr. exéc., art. R. 321-1, al. 3) prévoit que le commandement de payer valant saisie sera dénoncé à son conjoint au plus tard le premier jour ouvrable suivant la signification de l'acte. Aucune sanction ne semble cependant prévue en cas d'omission de cette dénonce.

Pour mener la procédure de saisie sur un immeuble appartenant à une personne mariée, le créancier devra donc adopter une démarche procédurale différente selon que le bien sera commun (saisie menée contre les deux époux) ou propre (commandement simplement dénoncé au conjoint).

1319.75 **Concubins.** La Cour de cassation a jugé qu'aucune disposition législative ou réglementaire ne prévoit l'obligation pour le créancier poursuivant de signifier le commandement de payer valant saisie au concubin du débiteur, alors même que l'immeuble assurerait le logement familial du couple[1].

1. Civ. 2e, 30 avr. 2009, n° 08-12.105, *Bull. civ.* II, n° 111; *D.* 2009. 2255, obs. Leborgne.

TITRE

132. La procédure d'exécution issue du décret-loi de 1938 dégagée des incidents (ancien régime)

SECTION 0

ORIENTEUR

1320.00 **Plan du titre.**

Chap. 1321 Phase de poursuite : saisie proprement dite contre le débiteur
Sect. 1 Commandement de saisie immobilière
Sect. 2 Publication du commandement
Sect. 3 Effets

Chap. 1322 Phase de poursuite : saisie proprement dite contre un tiers détenteur
Sect. 1 Rédaction et délivrance des actes
Sect. 2 Publication des actes
Sect. 3 Effets

Chap. 1323 Phase de poursuite : préparation de la vente
Sect. 1 Rédaction et dépôt du cahier des charges
Sect. 2 États sur formalité et sommations
Sect. 3 Dires et audience éventuelle
Sect. 4 Information des tiers avant la vente

Chap. 1324 Phase de poursuite : droits du saisi et des créanciers inscrits
Sect. 1 Le saisi
Sect. 2 Créanciers inscrits et tiers

Chap. 1325 Audience d'adjudication
Sect. 1 Procédure de l'audience d'adjudication
Sect. 2 Événements pouvant affecter la vente

• **Déroulement de la procédure en deux étapes.** Les développements suivent le déroulement de la procédure, acte après acte, jusqu'à l'audience d'adjudication définitive, qui emporte vente à la barre du tribunal. Dégagée des incidents et recours qui peuvent l'émailler (v. ss nos 1330.05 s.), la saisie immobilière se décompose en deux étapes, la phase de poursuite (chap. 1321 à 1324) et celle de la vente, l'adjudication (chap. 1325).

• **Parties en présence.** Le créancier, qui remplit les conditions pour saisir et ne se heurte pas à un obstacle procédural ou de fond (v. ss chap. 1317, 1318 et 1319) peut entreprendre de vendre le bien. La première étape conduit à saisir l'immeuble (chap. 1321 et 1322), la deuxième à préparer la vente (chap. 1323). Le saisi peut intervenir à la procédure et il en est de même pour les créanciers inscrits, afin de faire valoir leurs droits respectifs (chap. 1324).

• **Procédure contre le débiteur ou un tiers détenteur.** Avant d'engager sa mesure d'exécution, le poursuivant doit lever un état hors formalité (Décr. n° 55-1530, 14 oct. 1955 [1], art. 41) ou une fiche d'immeuble qui lui révéleront une éventuelle cession du bien par le débiteur et induira la procédure à mettre en œuvre. Si le débiteur est toujours propriétaire de l'immeuble, la procédure sera évidemment dirigée contre lui (chap. 1321); lorsqu'en vertu du droit de suite, le créancier poursuivra un tiers détenteur, la procédure sera menée contre le débiteur et ce tiers, propriétaire du bien (chap. 1322).

1320.04 **Présentation de cette mesure d'exécution.** La saisie immobilière est une **procédure**

1. Décr. n° 55-1530, 14 oct. 1955, pris pour l'application du décret n° 55-22 du 4 janvier 1955 portant réforme de la publicité foncière, *JO* 15 oct., p. 10125.

essentiellement judiciaire. En cette matière particulièrement sensible, économiquement, socialement et psychologiquement, la présence du juge s'avère indispensable pour arbitrer les nombreux conflits qui, généralement, opposent saisi et créancier poursuivant tout au long de la procédure. Le **tribunal de grande instance** du lieu de situation de l'immeuble est compétent et plus précisément, en son sein, une chambre du tribunal, la **juridiction des criées**, qui peut statuer à juge unique (COJ, anc. art. L. 311-2 et R. 312-6 – L. n° 91-650, 9 juill. 1991 [1], art. 88). Le ministère d'**avocat** est donc obligatoire pour qui veut intervenir à la procédure.

Cette mesure d'exécution se caractérise ensuite par sa complexité. Un certain nombre d'actes doivent être accomplis, respectant des conditions de **forme strictes**, sous peine de **nullité**, et dans des **délais prévus**, le plus souvent, à peine de **déchéance**.

1320.05 Avertissement. À côté des règles d'ordre public qui la régissent et de l'interprétation fixée par la Cour de cassation, la procédure de saisie immobilière est l'occasion de diverses pratiques, propres à chaque tribunal de grande instance. Il est difficile de les présenter, la jurisprudence ayant peu l'occasion de nous éclairer, le droit d'appel étant restreint et les décisions de première instance rarement publiées. Il est donc recommandé de se renseigner sur ces **habitudes locales**, qu'il faut encore compléter par la lecture des **règlements intérieurs des barreaux** et des **cahiers des charges types** lorsqu'ils sont élaborés.

1. L. n° 91-650, 9 juill. 1991, portant réforme des procédures civiles d'exécution, *JO* 14 juill., p. 9228.

1320.06 Régime applicable à la saisie immobilière (ancien Code de procédure civile ou réforme). La procédure de saisie immobilière a été réformée par l'ordonnance n° 2006-461 du 21 avril 2006 qui a modifié le Code civil [2], et par le décret n° 2006-936 du 27 juillet 2006 [3], qui a abrogé les articles 673 à 717 ACPC. L'article 168 du décret du 27 juillet 2006, entré en vigueur le 1er janvier 2007, prévoyait que la réforme n'était pas applicable aux procédures de saisies immobilières ayant donné lieu, avant son entrée en vigueur, au dépôt du cahier des charges prévu à l'article 688 ACPC.

Par la suite, le décret n° 2009-160 du 12 février 2009 [4] a modifié l'article 168 du décret du 27 juillet 2006 afin de soumettre **toutes les audiences d'adjudication postérieures au 1er mars 2009** aux dispositions de la section 2 du chapitre VI du titre 1er du décret de 2006 relatives à la **capacité d'enchérir, au déroulement et à la nullité des enchères**. Pour le reste, les dispositions du décret-loi de 1938 sont toujours applicables.

Il est donc apparu nécessaire de conserver ces développements en les actualisant, d'autant plus que la Cour de cassation est encore régulièrement saisie de pourvois, que parmi les décisions rendues certaines d'entre elles font l'objet d'une publication au *Bulletin* et que certaines solutions peuvent aisément être transposées à la nouvelle procédure de saisie immobilière.

2. Ord. n° 2006-461, 21 avr. 2006, réformant la saisie immobilière, *JO* 22 avr., p. 6072.
3. Décr. n° 2006-936, 27 juill. 2006, relatif aux procédures de saisie immobilière et de distribution du prix d'un immeuble, *JO* 29 juill., p. 11316.
4. Décr. n° 2009-160, 12 févr. 2009, pris pour l'application de l'ordonnance n° 2008-1345 du 18 décembre 2008 portant réforme du droit des entreprises en difficulté et modifiant les procédures de saisie immobilière et de distribution du prix d'un immeuble, *JO* 13 févr., p. 2596.

CHAPITRE

1321. Phase de poursuite : saisie proprement dite contre le débiteur

ANNE LEBORGNE
PROFESSEUR À L'UNIVERSITÉ D'AIX-MARSEILLE

SECTION 0 ORIENTEUR

1321.00 Plan du chapitre.

Rappel : régime applicable à la saisie immobilière (ancien Code de procédure civile ou réforme). La procédure de saisie immobilière a été réformée par l'ordonnance n° 2006-461 du 21 avril 2006 qui a modifié le Code civil[1], et par le décret n° 2006-936 du 27 juillet 2006[2], qui a abrogé les articles 673 à 717 ACPC. Sous les réserves exposées ci-dessus (v. ss n° 1320.06), le décret, entré en vigueur le 1er janvier 2007, n'est pas applicable aux procédures de saisies immobilières ayant donné lieu, avant son entrée en vigueur, au dépôt du cahier des charges prévu à l'article 688 ACPC. Les développements suivants, consacrés à la procédure telle que réglementée par l'ancien Code de procédure civile, ont donc été maintenus.

1321.05 **Un seul acte, deux phases.** Le créancier délivre un commandement valant procès-verbal de saisie au(x) débiteur(s) mais la saisie proprement dite n'est réalisée que par la publication de l'acte, qui produit des effets importants.

SECTION 1
COMMANDEMENT DE SAISIE IMMOBILIÈRE

1321.10 **Division.** Le commandement ne vaut saisie des biens qu'à partir de sa publication à la Conservation des hypothèques. Il faut donc préciser sa nature avant la publication, son contenu, les formalités de signification et ses effets.

§ 1
Nature du commandement de saisie non publié : acte préalable

1321.11 **Fondements.** Dans le Code de 1806, la procédure débutait par un commandement, puis trente jours plus tard, le procès-verbal de saisie pouvait être dressé. Selon l'article 2217 du Code civil, en effet, toute poursuite en expropriation d'immeubles doit être précédée d'un commandement de payer fait à la diligence et requête du créancier à la personne du débiteur ou à son domicile, par le ministère d'un huissier. Le commandement s'analysait donc sans difficulté comme un acte préalable à l'exécution.

Le décret-loi du 17 juin 1938 a supprimé le procès-verbal de saisie, mais, tout en maintenant le commandement, il en a compliqué la nature : l'article 673 ACPC dispose que « *pour parvenir à la vente sur saisie d'un immeuble, le créancier fait signifier un commandement à la personne ou au domicile du débiteur* » et l'article 674 précise que « *le commandement ne vaut saisie des biens qui ont été désignés à partir de sa publication au bureau des hypothèques de la situation des biens* ». La réforme de 1938, en outre, n'a pas abrogé explicitement l'article 2217 du Code civil.

1321.12 **Discussion.** À la suite de la réforme de 1938, la doctrine a d'abord considéré que le commandement était désormais un acte d'exécution, ne précédant plus, mais réalisant la saisie, l'article 2217 du Code civil devant être regardé comme implicitement abrogé[3]. Par la suite on a pu lire des analyses plus nuancées[4]. La jurisprudence, quant à elle, s'est tout de suite attachée aux dispositions de l'article 674 ACPC pour déduire que, malgré la réforme de 1938, le commandement demeurait un acte préalable à l'exécution tant qu'il n'était pas publié[5], même si ultérieurement elle a décidé que la publication opérait rétroactivement conversion de l'opposition à commandement en incident de saisie immobilière[6] (v. ss n° 1331.61). L'intérêt de la discussion réside dans les effets attachés à la nature de cet acte. S'il s'agit d'un acte d'exécution, il faut alors en déduire qu'il ne peut être délivré en phase de redressement judiciaire par les créanciers dont la créance est née antérieurement au jugement d'ouverture, ni lorsque le débiteur a obtenu des délais en vertu de l'article 1244-1 du Code civil, ni une fois la suspension des voies d'exécution décidée par le juge de l'exécution (JEX – sur les obstacles à l'exécution et les moyens de défense, v. ss nos 1318.05 s.).

De même si c'est un acte d'exécution, sa seule délivrance devrait exclure la compétence du JEX au profit de celle du juge des criées (L. 9 juill. 1991, art. 88). Or, la Cour de cassation depuis 1995, puis le législateur dans la loi n° 98-46 du 23 janvier 1998[7], décident que le JEX demeure compétent

1. Ord. n° 2006-461, 21 avr. 2006, réformant la saisie immobilière, *JO* 22 avr., p. 6072.
2. Décr. n° 2006-936, 27 juill. 2006, relatif aux procédures de saisie immobilière et de distribution du prix d'un immeuble, *JO* 29 juill., p. 11316.
3. *J.-Cl. Pr. civ.*, fasc. 841, nos 1 à 6, pour les auteurs cités nos 3 et 6.
4. Madray, obs. ss Alger, 22 juin 1950, *JCP A* 1950. IV. 1542 – Raynaud, obs. *RTD civ.* 1952. 280.
5. Civ. 2e, 12 juill. 1955, *Bull. civ.* II, n° 404; *RTD civ.* 1956. 199, obs. Raynaud – Civ. 2e, 18 juill. 1977, n° 75-15.480, *Bull. civ.* II, n° 189; *JCP* 1977. IV. 248.
6. Civ. 2e, 13 mars 1974, n° 73-13.350, *Bull. civ.* II, n° 93; *JCP* 1974. IV. 154 – Civ. 2e, 17 mars 1986, n° 84-14.655, *Bull. civ.* II, n° 44; *Gaz. Pal.* 1986. Somm. 426, obs. Véron.
7. L. n° 98-46, 23 janv. 1998, renforçant la protection des personnes surendettées en cas de saisie immobilière, *JO* 24 janv., p. 1127.

tant que le commandement n'est pas publié (v. s[s] n°s 1318.12 s.).

1321.13 Un acte de mise en demeure, préalable à l'exécution. Tant qu'il n'est pas publié, le commandement est donc un acte préalable, qui n'opère pas encore saisie mais qui est signifié aux fins éventuelles de saisie. C'est la publication, à l'initiative du créancier (et dans le respect des délais, v. s[s] n°s 1321.161 s.) qui opérera le changement dans sa nature. Tant qu'il n'est pas publié, il met seulement le débiteur en demeure et produit les effets habituels de toute mise en demeure : interruption de la prescription, point de départ des intérêts moratoires. Avant la réforme de 1938, la jurisprudence décidait que le commandement non publié valait alors comme acte conservatoire[1]; la formule peut être maintenue.

1321.14 Un effet interruptif de prescription. C'est la signification du commandement aux fins de saisie immobilière qui interrompt la prescription. L'absence de publication du commandement est sans incidence sur cet effet interruptif[2]; de même, le fait qu'à la suite de la publication du commandement, la procédure de saisie immobilière ne soit pas menée à son terme parce que les effets du commandement publié n'avaient pas été prorogés, sera sans incidence sur l'effet interruptif[3].

1321.15 Opposition à commandement. Le débiteur peut former opposition au commandement pour contester la dette comme pour solliciter des délais (v. s[s] n°s 1331.62 et 1331.71).

1321.16 Point de départ des délais. Selon les dispositions de l'article 674 ACPC, une fois le commandement délivré, s'ouvre un délai de quatre-vingt-dix jours pour le publier et engager ainsi la saisie immobilière (v. s[s] n° 1321.161). En outre, en vue de cette publication, le créancier devra requérir les états sur formalités auprès de la Conservation des hypothèques; pour cela il devra respecter un délai de vingt jours à compter de la date de signification du commandement (v. s[s] n° 1323.222). Quelle que soit la décision que prendra le créancier, engager ou non la saisie immobilière (il peut y renoncer si le débiteur paye à réception du commandement ou obtient un moratoire), il doit donc, préventivement lorsqu'il signifie, établir le calendrier des diligences qu'il lui faudra accomplir pour mener à bien la mesure d'exécution envisagée, et garder en mémoire ces dates butoirs.

§ 2
Mentions du commandement

1321.20 Plan. Le commandement de saisie immobilière est un exploit d'huissier qui obéit à un strict formalisme, puisqu'il est destiné, s'il est publié, à engager la saisie immobilière.

A.
Un exploit d'huissier

1321.21 Dispositions applicables. Le commandement de saisie immobilière est un exploit d'huissier; comme tel il est d'abord soumis aux dispositions de l'article 648 C. pr. civ. : il doit donc être daté, contenir l'identification du requérant, l'identification de l'huissier et les nom et domicile (ou siège social) du destinataire puisqu'il sera signifié (sur les conséquences d'une signification à une adresse que le créancier savait erronée, v. s[s] n° 1341.73)[4].

Aucun texte n'exige que le nom de la personne physique qui agit pour une personne morale faisant signifier un commandement de saisie immobilière soit mentionné sur l'acte (a ainsi été rejeté le pourvoi qui arguait d'un grief résultant de l'impossibilité de vérifier l'habilitation de la personne physique à agir pour la personne morale[5]).

Ensuite, s'ajoutent les dispositions de l'article 673 ACPC qui énumèrent les mentions du commandement de saisie immobilière.

1321.22 Signifié par un huissier et non un clerc assermenté. La loi du 27 décembre 1923, relative à la création des clercs assermentés[6], dispose en son article 6 alinéa 1er que les actes judiciaires et extrajudiciaires, à l'exception des procès-verbaux de constat et d'exécution et des ventes mobilières judiciaires ou volontaires, devront à peine de nullité être signifiés par des huissiers ou des clercs assermentés; l'alinéa 2 précise que les procès-verbaux de constat et d'exécution resteront de la compétence exclusive des huissiers. Le commandement de saisie immobilière ne devient un acte d'exécution qu'à compter de sa publication à la Conservation des hypothèques (v. s[s] n° 1321.192), mais, en vue de cette publication, il est indispensable que l'acte soit signifié par l'huissier et non un clerc assermenté. Dans les actes établis par une société civile professionnelle d'huissiers, doivent figurer à peine de nullité, en vertu de l'article 648, 3° C. pr. civ., les nom, prénoms, la qualité d'associé

1. Civ. 14 févr. 1899, *S.* 1900. 1. 9.
2. Civ. 2e, 24 mars 2005, n° 02-20.216, *Bull. civ.* II, n° 85 – *IDEM* : Civ. 2e, 25 sept. 2014, n° 13-22.254, NP.
3. Civ. 2e, 24 mars 2005, n° 03-16.312, *Bull. civ.* II, n° 85; *Dr. et proc.* 2005. 247, obs. Leborgne.
4. V. AUSSI, Civ. 2e, 7 nov. 2002, n° 01-14.229, *Bull. civ.* II, n° 239; *JCP* 2003. IV, n° 3065.
5. Com. 29 mars 1994, n° 92-14.695, *Bull. civ.* IV, n° 136.
6. L. 27 déc. 1923, suppléance des huissiers blessés et création de clercs assermentés, *JO* 29 déc., p. 12132.

et la signature de l'huissier de justice qui a instrumenté ainsi que la mention de la société dont il est membre et l'adresse du siège de cette société, la mention du nom de l'huissier permettant de s'assurer de sa qualité[1]. Toutefois, l'omission des nom et prénom de l'huissier ayant instrumenté au nom d'une société civile professionnelle ne constitue qu'une irrégularité de forme, sanctionnée par la nullité de l'acte que s'il en résulte un grief dont l'appréciation relève du pouvoir souveraine des juges du fond[2].

1321.23 **Nullité.** Selon l'article 648 C. pr. civ., les mentions que doit contenir un exploit d'huissier sont prescrites à peine de nullité, et l'article 649 du même code dispose que la nullité des actes d'huissier est régie par les dispositions qui gouvernent la nullité des actes de procédure qui distinguent entre les nullités de forme qui doivent causer grief et les nullités de fond. L'article 715 ACPC, qui prévoit la sanction de l'inobservation des formalités prescrites par un certain nombre d'articles relatifs à la procédure de saisie immobilière, dont l'article 673, dispose que la nullité n'est encourue que si l'irrégularité a eu pour effet de causer un préjudice aux intérêts des parties en cause[3]. Le défaut d'une mention de l'article 673 ACPC ne sera donc sanctionné par la nullité que tout autant que l'irrégularité causera grief aux parties (ainsi en cas de défaut de la matrice du rôle de la contribution foncière[4] – v. s[s] n° 1321.72). Pour le reste, la validité de l'acte d'huissier pourra être appréciée au regard des dispositions des articles 114 et suivants C. pr. civ.

B.
Un exploit en vue d'une saisie immobilière

1321.30 **Présentation.** L'article 673 ACPC qui fixe le contenu du commandement a été complété par la loi du 23 janvier 1998 dans le sens d'une plus grande information et protection du débiteur menacé de saisie.

1°
Mention ou signification du titre exécutoire

1321.31 **Justification.** Le commandement doit comprendre la mention du titre exécutoire, s'il s'agit d'une obligation notariée contenant la date et la nature du titre et le montant de la dette dont le paiement est réclamé. Dans tous les autres cas, le titre devra être signifié en même temps que le commandement s'il ne l'a été déjà. Cette distinction s'explique par la connaissance nécessaire que le débiteur a du contenu de l'acte notarié; joindre le titre est alors inutile, une simple mention suffit à l'informer du fondement de la créance du poursuivant. Dans les autres cas, la signification du titre peut s'effectuer dans le commandement, sauf si la signification a déjà été opérée, auquel cas l'acte contiendra seulement la mention du titre. Le défaut de signification du titre exécutoire ne devrait être sanctionné par la nullité que tout autant qu'un grief résultant de cette omission serait démontré (v. s[s] n° 1321.23) La jurisprudence semble toutefois apprécier sévèrement cette omission, soit en indiquant que le défaut de signification du titre constitue une violation d'une formalité substantielle entraînant la nullité du commandement[5], soit en affirmant simplement que l'existence d'un préjudice n'est pas nécessaire[6]. Ainsi, viole l'article 673 ACPC le tribunal qui, pour débouter le débiteur de sa demande tendant à voir prononcer la nullité d'une procédure de saisie immobilière, énonce qu'il ne peut sérieusement soutenir que les titres servant de fondement à la procédure diligentée à son encontre ne lui ont pas été notifiés, dès lors qu'il a saisi la juridiction administrative d'une contestation de ces titres, alors qu'il lui appartenait de vérifier que les titres avaient été réellement signifiés au débiteur conformément aux dispositions de l'article 673[7].

1321.32 **Une obligation notariée.** La mention du titre suffit donc pour les obligations notariées[8]. Toutefois, est nul, sur le fondement de l'article 2213 du Code civil, le commandement de saisie signifié par une banque en vertu d'engagements de caution sous seing privé, alors que l'acte notarié d'affectation hypothécaire ne contient, de la part des cautions, aucune reconnaissance de dette pour une somme déterminée; cet acte ne constitue pas une obligation notariée au sens de l'article 673 ACPC, la limite qu'il indique de l'affectation hypothécaire pouvant être supérieure ou inférieure au montant réel de la dette[9]. Le notaire qui établit une copie exécutoire qui rapporte littéralement les termes de l'acte authentique qu'il a dressé doit la revêtir de la formule exécutoire et le certifier conforme à l'original[10].

1. Paris, 23 mars 2001, *D.* 2001. IR 1436.
2. Civ. 2e, 7 nov. 2002, n° 01-00.379, *Bull. civ.* II, n° 245.
3. Civ. 2e, 8 avr. 1992, n° 90-20.854, *Bull. civ.* II, n° 120.
4. Civ. 2e, 12 déc. 1990, n° 89-18.876, *Bull. civ.* II, n° 267.
5. TGI Charleville, 15 févr. 1980, *D.* 1981. IR 152, obs. crit. Julien.
6. Civ. 2e, 17 juin 1998, n° 96-12.606, *Bull. civ.* II, n° 201; *Gaz. Pal.* 14-16 mars 1999. Somm. 16, obs. Véron.
7. Civ. 2e, 4 déc. 2003, n° 02-11.353, *Bull. civ.* II, n° 368.
8. Civ. 2e, 20 févr. 1980, n° 78-13.661, *Bull. civ.* II, n° 36.
9. TGI Boulogne-sur-Mer, 22 déc. 1978, *Gaz. Pal.* 1979. 1. Somm. 271.
10. Civ. 2e 25 nov. 1999, n° 97-21.131, NP; *Procédures* 2000, n° 169, obs. Junillon.

1321.33 Autres cas. Le titre doit être signifié en même temps que le commandement sauf s'il l'a déjà été. Lorsque le titre est signifié, une copie entière doit alors être jointe; cependant, les omissions dans la copie n'entraîneront la nullité du commandement que s'il en résulte un préjudice pour la partie poursuivie (ce qui compte, c'est que soit donnée copie de toutes les énonciations substantielles, utiles au débiteur pour connaître exactement la portée du titre en vertu duquel le créancier agit; l'origine des propriétés affectées à la garantie de la dette n'est pas une partie essentielle du titre[1]). Si le titre est signifié dans le commandement, le créancier ne pourra entreprendre la procédure de saisie immobilière, c'est-à-dire publier le commandement, que tout autant que le titre sera devenu exécutoire (expiration des voies de recours suspensives d'exécution), et tout en respectant le délai de quatre-vingt-dix jours pour publier qui court à compter de la signification du commandement.

Si le titre a déjà été signifié, le créancier est dispensé d'une nouvelle signification et la partie poursuivie ne saurait contester la validité d'un commandement au motif qu'il ne contient pas la copie entière du titre, dès lors que celui-ci avait déjà été signifié et qu'il était énoncé en tête du commandement[2].

1321.34 Commandement délivré pour une somme supérieure à la créance. Le titre fonde le droit d'agir du créancier. Il est toutefois possible que depuis l'obtention de ce titre le créancier ait été en partie désintéressé. Le commandement délivré pour une somme supérieure à celle réellement due ne sera pas nul et conservera ses effets pour la partie non contestable, en vertu de l'article 2216 du Code civil[3], sous réserve que le créancier ne se voit pas reprocher un abus du droit d'agir en exécution (v. s[s] n° 1317.13).

2°
Copie d'un pouvoir spécial

1321.41 Formalisme. Le commandement doit comprendre la copie d'un pouvoir spécial de saisir, à moins qu'il ne contienne sur l'original et la copie, le bon pour pouvoir signé du poursuivant. Cette exigence est requise afin d'habiliter l'huissier, mandataire du créancier, à procéder à la saisie immobilière, acte dont les conséquences sont si graves qu'il n'est pas admis de présumer le pouvoir; mais il ne vise aucunement la capacité du saisissant ou du mandataire[4].

Est nul le pouvoir libellé au nom d'un autre que l'huissier instrumentaire, ainsi que toute la procédure qui le suit[5].

La formule, « *Bon pour pouvoir de saisir immobilièrement* », peut figurer sur l'original et la copie du commandement; elle doit être écrite et signée de la main du poursuivant. Si plusieurs créanciers agissent conjointement ils devront tous donner pouvoir.

Si la formule ne figure pas dans le commandement, le pouvoir doit résulter d'un acte séparé, qui peut être sous seing privé et qui est joint au commandement. Il est établi au nom de l'huissier instrumentaire et contient encore la formule manuscrite « *Bon pour pouvoir de saisir immobilièrement* » et doit être signé par le poursuivant. Il doit encore indiquer, pour une personne morale de droit privé poursuivante, l'organe ou la personne habilitée à la représenter[6], mais aucun texte n'exige que le nom de la personne physique qui agit pour la personne morale faisant signifier le commandement soit mentionné sur cet acte et l'absence d'une telle précision ne constituant pas une irrégularité du commandement, il devrait en être de même pour le pouvoir[7]. Le préposé qui a délégation pour exercer toute saisie immobilière est habilité à conférer à l'huissier de justice le pouvoir spécial de saisir[8].

La circonstance que le pouvoir comporte une mention erronée sur la propriété de l'immeuble saisi est sans effet sur sa régularité, dès lors qu'il contient l'indication précise de son auteur; en effet, ce pouvoir n'a pour objet que d'identifier le poursuivant et d'habiliter le mandataire à procéder à la saisie[9].

Aucune disposition légale ne prescrit au créancier poursuivant de conférer à l'huissier, outre le pouvoir spécial de saisie, procuration en la forme authentique de donner quittance permettant la mainlevée des inscriptions hypothécaires[10].

1321.42 Sanction. En l'absence de pouvoir spécial ou de bon pour pouvoir sur le commandement, le débiteur poursuivi peut soulever la nullité du commandement en établissant en quoi cette irrégu-

1. Caen, 26 juill. 1910, *DP* 1912. 2. 100.
2. Com. 9 janv. 1949, *Bull. civ.* II, n° 4.
3. Civ. 1er juill. 1909, *DP* 1910. 1. 319 – TGI Toulouse, 11 janv. 1971, *JCP* 1971. II. 16647, note J. A. – Paris, 12 janv. 1983, *Journ. not.* 1984. 112 – Civ. 2e, 3 juill. 1996, n° 94-22.177, NP.
4. Rennes, 5 déc. 1960, *D.* 1961. Somm. 92.
5. T. civ. Bergerac, 11 févr. 1959, *JCP A* 1959. IV. 3389.
6. Civ. 2e, 2 mai 1989, n° 87-17.866, *Bull. civ.* II, n° 104; *Gaz. Pal.* 1989. Somm. 13, obs. Véron.
7. Com. 29 mars 1994, n° 92-14.695, *Bull. civ.* IV, n° 136; *Rev. huiss.* 1994. 1141; *RDI* 1994. 687, obs. Delebecque et Simler.
8. Civ. 2e, 8 déc. 2005, n° 04-11.959, *Bull. civ.* II, n° 316; *Procédures* févr. 2006, n° 33.
9. Limoges, 19 févr. 1990, Badefort c/S[té] Fernandes, *Juris-Data* n° 043020.
10. Civ. 2e, 20 nov. 1974, n° 73-12.297, *Bull. civ.* II, n° 309.

larité lui a causé préjudice[1]; la nullité n'est pas d'ordre public.

Un tribunal ne peut déclarer nul un commandement aux fins de saisie immobilière au seul vu d'une photocopie de l'original du commandement, laquelle n'aurait pas fait apparaître la mention du pouvoir spécial de saisir, sans porter atteinte aux dispositions des articles 1315 et 1334 du Code civil[2].

Si l'huissier a signifié le commandement sans pouvoir spécial du créancier poursuivant, celui-ci pourra le désavouer.

3°
Avertissement de payer

1321.51 Finalité. Le commandement doit contenir l'avertissement que faute de payer il pourra être publié au bureau des hypothèques de la situation des biens et qu'il vaudra saisie à partir de sa publicité. Cette mention a pour but de faire prendre conscience au débiteur de ce qui le menace s'il ne paie pas sa dette. Le délai pendant lequel le commandement peut être publié n'est en revanche pas porté à la connaissance du débiteur qui peut, certes s'exécuter, mais aussi contester le commandement (v. s[s] n° 1331.61). Cet avertissement est une formalité substantielle; l'acte extrajudiciaire dans lequel l'ordre de payer ne serait pas formulé sous peine d'une saisie ne devrait pas valoir commandement mais seulement constituer une mise en demeure.

4°
Indication des biens à saisir

1321.61 Utilité. Ces mentions sont très importantes puisque le commandement par le seul effet de sa publication à la Conservation des hypothèques se transformera en acte de saisie. Dès sa signification il doit donc désigner exactement et précisément les biens menacés de saisie, en vue de satisfaire aux exigences de la publicité foncière. Mais ce n'est pas seulement pour les besoins de la publicité foncière que le Code de procédure civile impose une description précise des biens menacés de saisie mais aussi par souci d'information du saisi et des tiers, susceptibles de se porter acquéreurs des biens aux enchères (sur la responsabilité de l'huissier rédacteur, v. s[s] n° 1321.131).

1321.62 Désignation cadastrale. L'article 673 alinéa 2, 4° ACPC impose pour chacun des immeubles sur lequel portera la saisie l'indication dans le commandement de leur nature, situation, contenance et leur désignation cadastrale précise (section, numéro du plan, lieu-dit). D'autres indications s'ajoutent (indication du nom du fermier ou du colon s'il est connu du poursuivant) et selon qu'il s'agit d'immeubles urbains ou ruraux, le poursuivant devra indiquer la rue et le numéro ou la partie de la commune; en pratique, il devra même préciser l'ancienne dénomination cadastrale, en cas de rénovation du cadastre postérieure à la date d'obtention de son titre ou de sa sûreté. Les exigences de l'article 673 renvoient à celles de l'article 7 du décret n° 55-22 du 4 janvier 1955[3]; à défaut de désignation complète et précise, la publication du commandement serait rejetée (mais une régularisation est toujours possible, C. civ., anc. art. 2148[4] - Décr. n° 55-1530, 14 oct. 1955[5], art. 33, 34 § 3, 35 et 37). En revanche, une désignation imprécise au stade de la signification du commandement pourrait ne pas encourir la nullité s'il n'en résultait pas un grief pour le débiteur poursuivi qui serait malgré tout en mesure d'identifier les biens visés. Et même si la nullité était prononcée faute de désignation suffisante d'un ou plusieurs des immeubles compris dans la saisie, elle n'entraînerait pas nécessairement la nullité de la poursuite en ce qui concerne les autres immeubles (ACPC, art. 715, al. 2).

1321.63 Absence de précision sur l'assiette de la saisie. L'article 673 ACPC n'impose pas que le commandement fasse mention de l'assiette complète de la saisie : accessoires juridiques du droit saisi, immeubles incorporés, immeubles par destination (v. s[s] n°s 1316.71 s.). La saisie leur est étendue de plein droit sans qu'il soit besoin de les désigner dans le commandement. Il est toutefois recommandé d'ajouter à la désignation de la parcelle, la référence à toutes aisances, constructions et dépendances pour prévenir des contestations ultérieures sur l'assiette de la propriété saisie.

5°
Copie de la matrice du rôle de la contribution foncière pour les biens à saisir

1321.71 Objet de ce document. Il est délivré par le cadastre et fait apparaître toutes les parcelles appartenant à une personne sur une même commune. Il révèle les autres biens éventuels, répertoriés

1. Civ. 2e, 12 déc. 1990, n° 89-18.876, *Bull. civ.* II, n° 267; *JCP* 1991. IV. 57 – Civ. 2e, 8 avr. 1992, n° 90-20.854, *Bull. civ.* II, n° 120; *JCP* 1992. IV. 1746.
2. Civ. 2e, 23 nov. 1988, n° 87-17.775, *Bull. civ.* II, n° 231; *JCP* 1989. IV. 31; *Gaz. Pal.* 1989. Somm. 262, obs. Véron.
3. Décr. n° 55-22, 4 janv. 1955, réforme de la publicité foncière, *JO* 7 janv., p. 346.
4. C. civ., art. 2428 mod. (transf. par Ord. 23 mars 2006).
5. Décr. n° 55-1530, 14 oct. 1955, pris pour l'application du décret n° 5522 du 4 janvier 1955 portant réforme de la publicité foncière, *JO* 15 oct., p. 10125.

comme appartenant au débiteur ainsi que l'existence de constructions ayant pu être édifiées sur la ou les parcelles saisies (le cadastre n'est cependant pas toujours à jour...). Les mentions qui y figurent doivent correspondre à la désignation du bien contenu à l'acte. Donc, en pratique, le saisissant reproduit dans la désignation du bien, au commandement, les mentions figurant dans la matrice.

1321.72 **Sanction de son omission.** Comme pour toutes les irrégularités formelles, affectant les actes de la procédure, l'existence d'un préjudice doit être démontrée[1].

6°
Indication du tribunal où l'expropriation sera suivie

1321.81 **Principe.** C'est le tribunal de grande instance (TGI) dans le ressort duquel sont situés les biens à saisir (C. pr. civ., art. 44 - et ACPC, art. 678). S'il n'y a qu'un immeuble ou que tous les immeubles sont situés dans le ressort du même tribunal, il n'y a pas de difficulté.

1321.82 **Difficulté.** Si le créancier saisit simultanément des immeubles consistant ou dépendant d'une seule exploitation situés dans le ressort de TGI différents (v. s^{s} n°s 1317.41 s.), le tribunal compétent sera, suivant les cas, celui dans le ressort duquel se trouve, soit la principale exploitation, soit le chef-lieu d'exploitation ou à défaut la partie des biens représentant le plus de valeur (ACPC, art. 675, al. 2 et 677, al. 2 - C. civ., anc. art. 2210).

Si le créancier saisit simultanément des immeubles situés dans des ressorts différents mais ne faisant pas partie de la même exploitation, l'article 678 ACPC édicte qu'il faut poursuivre autant de procédures qu'il y a d'immeubles situés dans des ressorts différents.

1321.83 **Irrégularité.** L'omission de cette indication ou une indication erronée pourra entraîner la nullité du commandement si un préjudice en était résulté. Il a été toutefois jugé qu'en cas d'incompétence *ratione loci,* le tribunal saisi en constatant son incompétence n'aurait pas pour autant à annuler les actes régulièrement accomplis et notamment le commandement[2]. Cette décision a été critiquée en ce qu'elle admettait implicitement que la procédure soit reprise devant la juridiction compétente sur le fondement d'un commandement nul. Il faut sans doute distinguer : ou le commandement omettait d'indiquer le tribunal compétent et il pouvait en résulter un préjudice pour le poursuivi; ou le commandement portait cette indication mais le poursuivant avait commis une erreur dans la détermination du tribunal. Dans ce dernier cas, le poursuivi ne subissant pas un préjudice, c'est la procédure du poursuivant qui devait être réintroduite devant le tribunal compétent, c'est-à-dire que le cahier des charges devait être déposé devant le bon tribunal, s'il en était encore temps (v. s^{s} n° 1323.112).

7°
Constitution d'avocat et élection de domicile

1321.91 **Effets.** Le commandement doit contenir la constitution de l'avocat du poursuivant. La procédure étant menée devant le TGI, c'est nécessairement un avocat postulant près ce tribunal qui doit se constituer; sa constitution emportera élection de domicile de plein droit et c'est en son cabinet que pourront être notifiés les actes d'opposition au commandement, les offres réelles et toute signification relative à la saisie. En outre, cette constitution investit l'avocat d'un mandat général de représentation en justice dans les intérêts du créancier poursuivant; ainsi, s'il n'est pas établi que l'avocat ait eu connaissance du décès du créancier poursuivant au moment où il a effectué des actes de procédure en son nom, la procédure de saisie immobilière n'est pas entachée de nullité[3].

8°
Indication que la partie saisie a la faculté de demander la conversion en vente volontaire

1321.101 **Domaine.** La loi n° 98-46 du 23 janvier 1998, sous un intitulé trompeur (« Loi renforçant la protection des personnes surendettées en cas de saisie immobilière ») qui semble se limiter au droit de la consommation, dépasse, en fait, le cadre du surendettement puisque son article 1er ajoute une mention au deuxième alinéa de l'article 673 ACPC. Une information nouvelle, destinée à « *la partie saisie* », doit figurer dans le commandement, que le saisi soit ou non surendetté et semble-t-il, sans distinguer non plus selon qu'il s'agit de personnes physiques ou morales.

1321.102 **Tiers détenteur ?** Une question se pose tout de même de savoir si cette information est également due au tiers détenteur, puisque la loi ne vise que l'article 673 ACPC, c'est-à-dire le commandement au débiteur. La lettre du texte l'exclut mais c'est sûrement dommage, en opportunité.

1321.103 **Objet de la mention.** Le créancier doit indiquer à la partie menacée de saisie qu'elle a la faculté de demander la conversion en vente volon-

1. Civ. 2e, 12 déc. 1990, n° 89-18.876, *Bull. civ.* II, n° 267.
2. T. civ. Nice, 17 déc. 1953, *JCP A* 1954. IV. 2245, obs. Madray.
3. Civ. 2e, 26 juin 1991, n° 90-15.334, *Bull. civ.* II, n° 199; *JCP* 1991. IV. 347.

taire, selon les conditions prévues à l'article 744 ACPC (v. s[s] n°s 1324.20 s.). C'est donc une information sur des droits procéduraux qui doit figurer dans le commandement. Toutefois, la loi n'a pas imposé que les articles de l'ancien Code de procédure civile relatifs à la conversion en vente volontaire soient reproduits dans le commandement.

1321.104 Sanctions. L'article 1er, I de la loi du 23 janvier 1998 ne prévoit pas de sanction en cas d'omission de cette mention. Cependant, l'article 715 ACPC dispose, de manière générale, que les formalités prescrites à l'article 673 du même code sont sanctionnées par la nullité si l'irrégularité a eu pour effet de causer un préjudice aux intérêts des parties en présence. L'omission de cette nouvelle mention ne devrait donc pas échapper à la nullité dans un tel cas, le préjudice paraissant aisé à démontrer.

9°
Nouvelles mentions quand le débiteur est une personne physique

1321.111 Article 673 alinéa 3 nouveau de l'ancien Code de procédure civile : domaine d'application. En vertu de l'article 1er, II, de la loi du 23 janvier 1998, des informations complémentaires sont dues au débiteur personne physique, ce qui exclut les débiteurs personnes morales et sans doute, compte tenu de la lettre de l'article, le tiers saisi, non débiteur, même s'il s'agit d'une personne physique. Ici encore, les nouvelles dispositions ne concernent pas seulement des débiteurs surendettés.

1321.112 Article 1er, II, 1° de la loi du 23 janvier 1998 : indication que le débiteur surendetté peut saisir la commission de surendettement des particuliers. Cette disposition vise à renforcer l'information des débiteurs en situation de surendettement qui ignoreraient leurs droits. La signification du commandement est l'occasion pour le débiteur en situation de surendettement de réagir et de saisir la commission. La pratique révélait que, bien souvent, c'est plus tard dans la procédure de saisie immobilière que le débiteur tentait de s'opposer à la vente de son immeuble, ce qui générait des conflits entre les règles propres à la saisie immobilière et le droit de la consommation. En l'avisant de ses droits, dès la signification du commandement, et donc avant que le juge des criées ne soit saisi (sur le moment de cette saisine, v. s[s] n°s 1323.131 s.), le législateur renforce donc bien la protection de ces débiteurs qui ne pourront ignorer cette faculté ou la découvrir plus tardivement.

1321.113 Article 1er, II, 2° de la loi du 23 janvier 1998 : indication que le débiteur peut bénéficier de l'aide juridictionnelle. À nouveau, cette information intéresse tous les débiteurs, personnes physiques, et pas seulement ceux qui sont surendettés. La mention doit préciser que l'attribution de l'aide juridictionnelle s'opérera si le débiteur remplit les conditions de ressources prévues par la loi n° 91-647 du 10 juillet 1991 relative à l'aide juridique[1] et le décret n° 91-1266 du 19 décembre 1991 portant application de la loi précitée[2].

1321.114 Article 1er, II, 3° de la loi du 23 janvier 1998 : indication que le montant de la mise à prix du logement principal du débiteur peut être contesté. Le montant de la mise à prix était jusqu'alors uniquement fixé par le poursuivant (v. s[s] n°s 1323.46 s.). Désormais, mais seulement lorsqu'il s'agira de la saisie immobilière du logement principal, le débiteur pourra le contester sous forme de dire et dans les conditions prévues à l'article 690 ACPC (v. s[s] n° 1323.62). Le logement principal fait référence à l'immeuble dans lequel le débiteur réside habituellement. En droit du mariage, on parle de logement familial (C. civ., art. 215, al. 3). Les deux formules doivent-elles être regardées comme synonymes ? Pas nécessairement car un débiteur, en instance de divorce et propriétaire de plusieurs biens immeubles, peut avoir logé sa famille dans un immeuble et résider dans un autre qui est alors son logement principal. La jurisprudence refusant au débiteur saisi le droit de contester la mise à prix demeurera donc applicable à chaque fois que le bien saisi ne sera pas le logement principal du débiteur. Il en sera de même en cas de procédure à tiers détenteur, puisqu'ici encore seul le débiteur est visé et non le saisi.

1321.115 Sanction de l'omission de ces informations. Selon l'article 1er, II, de la loi du 23 janvier 1998, il est inséré à l'article 673 ACPC un alinéa 4 qui dispose que « *le commandement reproduit à peine de nullité les dispositions de l'alinéa précédent* ». Les nouvelles mentions concernant le débiteur personne physique sont donc, comme d'ailleurs toutes les mentions du commandement de l'article 673, prescrites à peine de nullité. Le texte n'ajoute pas l'exigence de la démonstration d'un grief, toutefois, s'agissant d'une nullité de forme, le droit commun l'imposera ainsi que le texte de l'article 715.

C.
Pluralité de commandements

1321.121 Saisie simultanée de plusieurs immeubles du même débiteur. L'article 675 ACPC (v. s[s]

1. L. n° 91-647, 10 juill. 1991, relative à l'aide juridique, *JO* 13 juill., p. 9170.
2. Décr. n° 91-1266, 19 déc. 1991, portant application de la loi n° 91-647 du 10 juillet 1991 relative à l'aide juridique, *JO* 20 déc., p. 16609.

n° 1317.42) qui autorise le créancier à provoquer simultanément l'expropriation forcée de biens immeubles appartenant à son débiteur, même situés dans des arrondissements différents, semble imposer la rédaction d'autant de commandements qu'il y a d'immeubles distincts (« *un commandement sera établi pour chaque immeuble* »). En réalité cette exigence ne s'impose que quand les biens visés par les poursuites sont situés dans des arrondissements différents ce qui donne compétence à des bureaux de la Conservation des hypothèques distincts[1]. Pour les besoins de la publicité foncière, chaque commandement sera publié auprès du bureau concerné. Si les immeubles sont situés dans le même bureau, en revanche, un seul commandement suffit qui décrit tous les biens visés. Quant aux biens dépendant d'une même exploitation qui se trouvent dans plusieurs arrondissements contigus, l'article 675 ne précise pas s'ils doivent faire l'objet de commandements distincts ou si la notion d'unité d'exploitation justifie un acte unique. La question s'avère délicate au moment de la publication : s'il n'y a qu'un commandement visant des biens situés dans des ressorts de bureaux différents, voire dans des ressorts de Conservation des hypothèques différents, comment le créancier doit-il procéder pour publier son commandement ? Compte tenu des délais de publication, il sera opportun de délivrer plusieurs commandements pour les publier auprès des bureaux correspondants, puis de déposer un seul et même cahier des charges regroupant les différentes saisies.

§ 3
Rédaction et signification

1321.130 Plan. L'huissier est officiellement rédacteur du commandement même si souvent l'avocat du poursuivant lui envoie un projet détaillé aux seules fins de signification. C'est donc lui qui engage sa responsabilité en cas d'irrégularité ou d'erreurs. La responsabilité de l'huissier a pour contrepartie les pouvoirs qui lui sont reconnus pour recueillir les informations et établir le commandement.

A.
Rédaction

1321.131 Compétence et responsabilité de l'huissier. Tant qu'il n'est pas publié, le commandement n'est pas encore un acte d'exécution et l'ancien Code de procédure civile n'impose pas le transfert de l'huissier sur les lieux pour le dresser. En pratique, au demeurant, le projet de commandement est souvent établi par l'avocat du poursuivant, à partir des documents dont il dispose, l'huissier n'en prenant connaissance que lorsqu'il est requis de signifier. Toutefois, en droit, le commandement est un acte d'huissier, rédigé sous la responsabilité de l'officier ministériel qui se doit de vérifier sa régularité au regard des énonciations de l'article 673 ACPC. Ainsi, l'huissier doit-il en contrôler toutes les mentions : la régularité du titre exécutoire, l'existence du pouvoir spécial, *etc.* À cette occasion, des conflits peuvent se présenter lorsque l'analyse du dossier diffère entre l'avocat poursuivant et l'huissier : poursuite en vertu d'un titre obtenu contre un époux seul mais action sur le bien immeuble du conjoint en vertu du régime matrimonial (bien commun) ou de la nature de la dette emportant solidarité des conjoints (C. civ., art. 220 – et v. s^s^ n° 1311.82). Mais au final, l'acte signifié engage la responsabilité de l'huissier. Ainsi, lorsqu'il aura mentionné à tort que l'immeuble saisi était constructible, en s'en tenant aux seules indications contenues dans le titre exécutoire sans rechercher si le caractère constructible du terrain, élément essentiel de la nature du bien saisi, n'avait pas été ultérieurement modifié par la suite d'un changement des règles d'urbanisme, l'huissier aura commis une faute engageant sa responsabilité[2]. De même, ont commis une faute les huissiers rédacteurs, l'un du commandement de saisie, l'autre du procès-verbal descriptif qui, ayant relevé que le règlement du lotissement appelait l'attention sur les règles à respecter en raison du caractère inondable de la parcelle, se sont bornés au rappel d'un acte notarié antérieur, aux termes duquel cette parcelle était située dans un lotissement, sans mentionner son caractère inondable ni la constructibilité avec réserve qui figurait dans le règlement du lotissement, éléments essentiels des caractéristiques du bien saisi. Et le lien de causalité entre la faute et le dommage est caractérisé dès lors qu'il est établi que les adjudicataires n'auraient pas acquis un terrain dont le caractère inondable compromettait la constructibilité[3].

1321.132 Droit de pénétrer dans les lieux. Les constatations *de visu* pouvant s'avérer très utiles, l'article 673 dernier alinéa ACPC dispose que l'huissier pourra pénétrer dans les lieux, pour recueillir les renseignements nécessaires à la rédaction du commandement, si besoin, avec l'assistance du commis-

1. Civ. 2e, 14 janv. 1987, n° 85-15.756, *Bull. civ.* II, n° 3; *JCP* 1987. IV. 96.

2. Pour un commandement établi trois ans après l'acte notarié, Civ. 1re, 11 oct. 1994, n° 92-14.402, *Bull. civ.* I, n° 284; *Gaz. Pal.* 1996. 1. Somm. 17, obs. Véron.
3. Civ. 1re, 25 mai 2005, n° 03-18.261, *Bull. civ.* I, n° 226; *Dr. et proc.* 2005. 360, obs. Leborgne.

saire de police et de la force publique. Dans le cas où le débiteur s'oppose à l'entrée de l'huissier, la question se pose, en pratique, de savoir si l'huissier peut obtenir le concours de la force publique en vertu de la formule exécutoire portée sur le titre du saisissant ou si, rencontrant une difficulté, il doit saisir le juge des référés d'une requête en ouverture de porte. La réponse diffère selon les tribunaux qui ont leur « jurisprudence » même si, sur question écrite, le ministère de la Justice a estimé que l'huissier pouvait obtenir le concours de la force publique sans formalité supplémentaire[1]. La loi n° 91-650 du 9 juillet 1991[2], protectrice de l'intimité du débiteur, n'aurait donc pas apporté de changements dans l'analyse de l'article 673. On peut toutefois penser que l'huissier qui pénètre de force chez un débiteur absent pourrait se faire assister par l'une des personnes visées par l'article 21 de la loi du 9 juillet 1991 (v. s^s n°s 262.11 s. et 522.04 s.). Dans le cas où il pénétrera chez le débiteur, l'huissier dressera alors procès-verbal de ses constatations et ce procès-verbal pourra être joint au commandement.

1321.133 Procès-verbal descriptif. Selon l'article 673, avant-dernier alinéa, lorsque les immeubles se trouvent en dehors de l'arrondissement où le commandement sera signifié, un procès-verbal de description pourra être dressé par l'huissier du ressort de la situation des biens. Dans ce cas, le créancier poursuivant s'adressera à deux huissiers, l'un territorialement compétent pour faire les constatations sur les lieux, voire y pénétrer, l'autre pour signifier le commandement au débiteur. L'huissier qui exerce dans le ressort de la situation du bien rédige un procès-verbal de description qui a valeur de simple constat et qui n'est pas signifié; l'huissier chargé de signifier le commandement peut joindre ce procès-verbal au commandement, ou en reproduire des extraits pour répondre aux exigences de l'article 673, et le dénoncer en tête du commandement de saisie immobilière.

B.
Signification

1321.141 Codébiteurs. Le créancier d'une obligation contractée solidairement ne peut se contenter de s'adresser à celui des débiteurs qu'il veut choisir mais doit, préalablement à la sommation au tiers détenteur, adresser un commandement à chacun des codébiteurs originaires, dès lors qu'ils restent tenus de la dette[3].

1. Rép. min., *JOAN Q* 22 janv. 1996, p. 395.
2. L. n° 91-650, 9 juill. 1991, portant réforme des procédures civiles d'exécution, *JO* 14 juill., p. 9228.
3. Civ. 2e, 8 janv. 1997, n° 95-10.976, *Bull. civ.* II, n° 3.

1321.142 Époux. Lorsque des poursuites de saisie immobilière sont exercées sur un immeuble dépendant de la communauté de biens existant entre deux époux codébiteurs, le commandement aux fins de saisie doit être signifié à chacun d'eux[4] (v. s^s n° 1313.162). La question était posée toutefois, par certains auteurs, de l'opportunité de la signification, également, du commandement à l'époux non-débiteur, compte tenu de son intérêt pour l'immeuble, souvent affecté au logement familial (v. s^s n°s 1313.160 à 1313.162). La Cour de cassation a jugé en 2007, que chacun des époux ayant le pouvoir d'administrer seul les biens communs et d'en disposer, le créancier poursuivant n'est pas tenu de signifier le commandement et la sommation au conjoint non-débiteur lorsque l'épouse est seule débitrice, celle-ci ayant qualité pour exercer seule en défense ou en demande les actions relatives aux biens communs[5].

1321.143 Délivrance. Le commandement doit être délivré à personne ou au domicile du débiteur selon les règles des articles 653 et suivants C. pr. civ. Le décret n° 2005-1678 du 28 décembre 2005[6] a modifié les dispositions applicables aux significations par acte d'huissier de justice dans le sens du renforcement de la prééminence de la signification à personne et du contrôle des diligences accomplies pour y parvenir (C. pr. civ., art. 655, 656, 657 et 658). Les autres articles sont inchangés.

Lorsque le saisi est une personne morale, il est alors indispensable de lever un extrait K *bis* auprès du greffe du tribunal de commerce. En effet, en vertu de l'article 654 alinéa 2 C. pr. civ., l'huissier doit remettre l'acte au représentant légal de la personne morale. La jurisprudence décide que pour la trouver, l'huissier a seulement l'obligation de se présenter au siège social et n'a pas à rechercher le domicile du dirigeant social[7]. Toutefois, si l'huissier a connaissance du lieu de résidence du gérant voire même du principal associé, le poursuivant pourra souhaiter que l'acte lui soit dénoncé pour information, compte tenu de son objet.

Aucun texte n'impose ou n'admet la signification à domicile élu des actes afférents à la procédure de saisie immobilière et destinés au débiteur saisi[8]; et l'élection de domicile faite à seules fins

4. Civ. 2e, 8 juin 2000, n° 98-14.110, *Bull. civ.* II, n° 99.
5. Civ. 2e, 22 févr. 2007, n° 06-12.295, *Bull. civ.* II, n° 50.
6. Décr. n° 2005-1678, 28 déc. 2005, relatif à la procédure civile, à certaines procédures d'exécution et à la procédure de changement de nom, *JO* 29 déc., p. 20350.
7. Civ. 2e, 20 nov. 1991, n° 90-14.723, *Bull. civ.* II, n° 316 – Civ. 2e, 21 juin 1995, n° 93-16.761, *Bull. civ.* II, n° 192; *D.* 1995. IR 217.
8. Civ. 2e, 16 nov. 1988, n° 87-16.307, *Bull. civ.* II, n° 224; *Gaz. Pal.* 1989. 1. Somm. 261; *JCP* 1989. II. 21377, note Prévault.

fiscales, rend irrégulière la signification d'actes de procédure à ce domicile[1].

1321.144 Changement de domicile. En cours d'instance, il ne sera opposable au créancier que s'il lui a été notifié. La partie saisie qui n'a pas procédé à cette notification n'est pas fondée à demander la nullité des actes de procédure qui lui ont été valablement signifiés au domicile qu'elle avait au début de l'instance[2]. Mais en procédant à la signification, l'huissier, s'il ne peut remettre l'acte à personne, doit effectuer des vérifications pour s'assurer que le destinataire demeure bien à l'adresse qui lui a été communiquée par le requérant (C. pr. civ., art. 656 et 663). La procédure de saisie immobilière diligentée à une adresse que le créancier savait erronée, peut en effet être annulée sur le fondement de la fraude[3].

1321.145 Signification : article 659 du Code de procédure civile. Lorsque le débiteur n'a ni domicile, ni résidence, ni lieu de travail connu, le commandement sera malgré tout délivré, dans le respect des dispositions du Code de procédure civile (ainsi, pour un ex. ancien, où le commandement devait être délivré au parquet du TGI dans le ressort duquel était situé le dernier domicile du débiteur et non dans celui du lieu de situation de l'immeuble[4]). L'article 659 C. pr. civ. impose à l'huissier d'adresser l'acte en recommandé avec accusé de réception et lettre simple au dernier domicile connu. L'huissier devra toutefois être très précis dans l'indication des formalités et diligences accomplies en vertu de l'article 663, afin d'éviter tout risque d'annulation ultérieure du commandement, pour diligences insuffisantes. Toutefois, le débiteur ne peut se plaindre de ce que la signification ait été effectuée en vertu de l'article 659, alors que sa nouvelle adresse aurait été connue du poursuivant, s'il ne démontre pas que cette forme de signification lui a causé grief[5]. Lorsqu'il résulte des productions que le créancier poursuivant connaissait l'adresse à laquelle le saisi pouvait être joint et qu'il n'est constaté aucune diligence de l'huissier de justice pour délivrer l'acte à cette adresse, la procédure de saisie immobilière engagée à l'insu du saisi peut être annulée[6].

1. Pour un débiteur personne morale ayant son siège social à l'étranger, Civ. 2e, 26 janv. 1994, no 92-17.300, *Bull. civ.* II, no 40.
2. Soc. 23 oct. 1947, *D.* 1948. 43 – Soc. 24 mars 1949, *D.* 1949. 313 – Civ. 2e, 21 févr. 1990, no 88-17.230, *Bull. civ.* II, no 40; *Gaz. Pal.* 1990. 1. Pan. 108.
3. EN CE SENS, Civ. 2e, 7 nov. 2002, no 01-14.229, *Bull. civ.* II, no 239.
4. Civ. 30 juin 1913, *DP* 1913. 1. 531; *S.* 1913. 1. 359.
5. Pour une signification à parquet, Civ. 2e, 9 oct. 1975, no 74-12.785, *Bull. civ.* II, no 249.

§ 4
Effets du commandement signifié

1321.151 Lorsque l'immeuble est loué. Tant que le commandement n'est pas publié il ne produit que les effets d'une mise en demeure : interruption de la prescription et point de départ des intérêts moratoires (v. ss no 1321.13). L'ancien Code de procédure civile introduit toutefois une dérogation à cette règle lorsque l'immeuble est loué. Cette circonstance, en effet, ne peut laisser les créanciers et l'adjudicataire indifférents. Les premiers, poursuivant et inscrits, souhaitent que les enchères soient les plus élevées possibles; l'existence de baux est de nature à rendre le bien moins attractif. L'adjudicataire, quant à lui, prendra la suite du bailleur. Il peut donc estimer avoir intérêt à poursuivre le contrat ou préférer disposer d'un bien libre de toute occupation. Pour le preneur à bail, la saisie devrait être sans incidence sur ses droits; il changera simplement d'interlocuteur lorsque l'adjudicataire se substituera au bailleur initial. Un conflit entre les intérêts de chaque partie en présence étant toutefois à craindre, se conjuguent ici le droit de la saisie immobilière et le droit du bail.

Selon l'article 1743 alinéa 1er du Code civil, si le bailleur vend la chose louée, l'acquéreur ne peut expulser le fermier, le colon paritaire ou le locataire qui a un bail authentique ou dont la date est certaine; la règle, de portée générale est appliquée par la jurisprudence à la saisie immobilière (comme à la licitation-partage[7]). En outre, selon l'article 684 ACPC, les baux n'ayant pas acquis date certaine avant la signification du commandement peuvent être annulés et ceux qui seraient consentis après doivent l'être, si dans l'un ou l'autre cas, les créanciers ou l'adjudicataire le demandent. Le Code civil le prévoyait déjà à l'article 2092-3[8] (« *les baux consentis par le saisi sont, quelle que soit leur durée, inopposables aux créanciers poursuivants* ») et la loi du 9 juillet 1991 n'a pas abrogé cet alinéa. En sus des dispositions de l'article 1743 du Code civil, l'ancien Code de procédure civile introduit une distinction, avant toute mutation, en fonction de la date de signification du commandement.

1321.152 Les contrats visés par l'article 684 de l'ancien Code de procédure civile. Il s'agit du contrat de bail, c'est-à-dire d'un contrat qui confère au preneur un droit personnel contre le bailleur (C. civ., art. 1709) même si ce droit personnel se teinte fortement de réalité. L'article 684 n'opère

6. Civ. 2e, 20 oct. 2005, no 03-19.489, *Bull. civ.* II, no 266.
7. Civ. 1re, 19 mars 1991, no 89-20.352, *Bull. civ.* I, no 90.
8. C. civ., art. 2205 (transf. par Ord. 23 mars 2006).

aucune distinction selon la nature des baux[1] (ainsi pour des exemples en matière de bail rural[2] ou de bail commercial[3]). Dans cette espèce, le locataire soutenait que les dispositions de l'article 684 étaient inapplicables entre commerçants; l'exigence d'une date certaine pouvait être discutée s'agissant d'un contrat commercial conclu avant la publication de l'ordonnance du juge-commissaire se substituant au commandement de saisie et opposé à la liquidation judiciaire du bailleur. La Cour de cassation a rejeté cette argumentation. Cette disposition protectrice des intérêts de l'adjudicataire prend toute sa mesure aujourd'hui, compte tenu des réglementations spéciales en matière commerciale, d'habitation et rurale, qui confèrent aux preneurs des droits à renouvellement, au maintien ou à indemnisation[4]. La jurisprudence interprète d'ailleurs extensivement les dispositions de l'article 684 en les étendant à la location-gérance[5], et en offre le bénéfice à l'adjudicataire sur licitation[6].

Il a été jugé que l'article 1743 du Code civil ne concernait que le bail et non les conventions qui, fussent-elles du même jour, en sont distinctes et contiennent un engagement pris par le bailleur initial à titre personnel dans des actes dépourvus de date certaine[7]. La solution doit-elle être étendue à la saisie ou peut-on raisonner autrement pour un acte qui aurait une date certaine ou serait publié ? S'il s'agit d'un engagement personnel du propriétaire il ne sera pas transmis à l'adjudicataire de plein droit, même s'il a date certaine; éventuellement une clause du cahier des charges mettra cet engagement à la charge de l'adjudicataire, mais elle courra le risque d'être annulée (sur la licéité de certaines clauses du cahier des charges, v. s^s n° 1323.73). Mais s'il s'agit d'un engagement qui affecte la valeur du bien et qui est publié aux hypothèques (comme une clause d'inaliénabilité avec droit de retour), il devrait être opposable dès lors que la publicité est antérieure à la délivrance du commandement.

1321.153 Opposabilité des baux qui ont acquis date certaine avant la signification du commandement. L'article 684 ACPC vise les baux qui n'auraient pas acquis date certaine avant la signification du commandement; il serait en effet trop simple pour le débiteur d'antidater le bail en s'entendant avec un complice. La date certaine en revanche, assure le preneur de ses droits en rendant le contrat opposable aux créanciers, poursuivant et inscrits, et à l'adjudicataire[8]. L'adjudicataire prend la place du bailleur et ne peut expulser le preneur (C. civ., art. 1743).

Ont date certaine les baux passés par acte authentique (date de la conclusion du bail portée par le notaire) ou sous seing privé, aux conditions de l'article 1328 du Code civil (enregistrement, décès de celui ou de l'un de ceux qui les ont souscrits, constatation de leur substance dans un acte dressé par un officier public).

1321.154 Opposabilité des baux publiés. La saisie immobilière est l'occasion d'un affrontement entre titulaires de droits publiés; les droits de chacun dépendent de leur date d'inscription. Les baux de longue durée, baux de plus de douze ans, doivent être publiés en vertu du décret du 4 janvier 1955 car le droit qu'ils font naître au profit du preneur s'apparente à un droit réel (Décr. 4 janv. 1955, art. 28, 1°, *b*); ils doivent être publiés afin d'être opposés aux tiers qui ont acquis sur l'immeuble des droits concurrents soumis également à publicité. On confrontera alors la date de signification du commandement et la date de publication du bail de plus de douze ans.

– Le bail de plus de douze ans, publié régulièrement avant la signification du commandement, est opposable aux créanciers inscrits pour toute sa durée; il est encore opposable à l'adjudicataire s'il a été publié avant le jugement d'adjudication.

– Le bail de plus de douze ans, non publié, peut cependant avoir acquis date certaine (v. s^s n° 1321.151) et de ce fait, il sera opposable aux créanciers inscrits et à l'adjudicataire qui aura fait publier le jugement d'adjudication, mais seulement pour une durée de douze ans (Décr. 4 janv. 1955, art. 30-3).

– Le bail de moins de douze ans n'est pas soumis à publication; s'il a date certaine, il sera opposable à tous pour toute sa durée.

Contrairement à la doctrine, la jurisprudence fixe le point de départ du délai de douze ans à l'entrée en jouissance du preneur[9], ce qui peut conduire à rendre le bail totalement inopposable à l'adjudicataire si le délai de douze ans est expiré au moment où ce dernier publie son droit[10].

1. Civ. 3e, 22 juin 1977, n° 76-11.812, *Bull. civ.* III, n° 282; *JCP* 1977. IV. 218.
2. Civ. 3e, 6 févr. 1979, n° 77-12.206, *Bull. civ.* III, n° 35.
3. Civ. 2e, 19 mai 1998, n° 93-18.767, *Bull. civ.* II, n° 160; *RDI* 1999. 139, obs. Théry.
4. Pour un droit au maintien dans les lieux, L. 1er sept. 1948, v. T. civ. Aix-en-Provence, 7 juin 1949, *JCP* 1949. II. 5020, note J. G. L.
5. Civ. 2e, 5 juin 1996, n° 94-13.549, *Bull. civ.* II, n° 140.
6. Com. 25 juill. 1949, *S.* 1951. 1. 58; *RTD civ.* 1951. 295, obs. crit. Raynaud.
7. Civ. 3e, 18 déc. 1991, n° 90-11.323, *Bull. civ.* III, n° 321.
8. Civ. 3 févr. 1941, *DA* 1941. 227.
9. Req. 20 août 1940, *JCP* 1940. II. 1542, note Becqué – Toulouse, 7 nov. 1950, *D.* 1952. 234, note Weill.
10 EN CE SENS : Toulouse, 7 nov. 1950, préc.

1321.155 Annulation facultative des baux qui n'ont pas acquis date certaine avant le commandement. L'article 684 ACPC offre aux créanciers et à l'adjudicataire une simple faculté d'obtenir l'annulation, et la jurisprudence estime que les dispositions de cet article l'emportent sur celles, antérieures, de l'article 2092-3 du Code civil[1], qui ne distinguent pas l'époque de conclusion des contrats et affirment l'inopposabilité pour tous. Il appartient au tribunal d'apprécier la demande en nullité, les baux qui n'ont pas acquis date certaine ne portant pas nécessairement atteinte aux intérêts des créanciers et de l'adjudicataire[2] et la solution ne dépend par toujours de la preuve ou de l'absence de preuve de la fraude du saisi[3]. Un des éléments d'appréciation en opportunité de l'éventuelle annulation pouvant résulter de la connaissance que l'adjudicataire avait eu du bail avant l'adjudication[4]. Doit être cassé l'arrêt qui juge que la connaissance que l'adjudicataire a d'un bail au cahier des charges est sans incidence sur l'application de l'article 684[5]. Ce droit de demander l'annulation n'appartient toutefois qu'aux créanciers inscrits, au poursuivant et à l'adjudicataire, c'est-à-dire à ceux qui y ont intérêt (v. en ce sens, l'arrêt refusant l'exercice à une épouse séparée sur un immeuble dépendant de la communauté[6]), et l'adjudicataire ne pourra d'ailleurs l'exercer que tout autant qu'il n'aura pas été indiqué par une mention au cahier des charges que l'adjudicataire s'engageait à le respecter (sur la nature du cahier des charges, v. s[s] n° 1323.31).

L'article 684 ACPC ne précise pas quel est le juge qui statue sur la demande de nullité. La question peut nécessairement être posée au juge de la saisie immobilière, mais sans doute encore au TGI, en formation de droit commun. En tout état de cause, c'est une question de fond qui ne peut être tranchée par le juge des référés dont la décision n'aurait qu'une autorité provisoire de chose jugée, mais le juge des référés peut constater qu'un bail sous seing privé qui n'a pas acquis date certaine avant le commandement est inopposable à l'adjudicataire[7]; il est également compétent pour ordonner l'expulsion du locataire qui est devenu occupant sans droit ni titre[8].

1321.156 Annulation obligatoire des baux conclus après la signification du commandement. L'article 684 ACPC le dit clairement, les baux conclus après le commandement doivent être annulés à la demande des créanciers et de l'adjudicataire. En effet, le débiteur qui reçoit un commandement de saisie immobilière ne doit pas pouvoir tenter, avant la saisie, de diminuer la valeur du bien en concluant de tels contrats. En principe, le tribunal n'a pas de pouvoir d'appréciation, il doit prononcer la nullité si elle lui est demandée (ainsi pour un bail consenti postérieurement à la signification du commandement par des parents à un de leurs enfants[9]).

La nullité peut cependant être évitée si les créanciers ou l'adjudicataire estiment qu'il n'y a pas de fraude à leurs droits; un bail est aussi source de revenus pour le propriétaire. La troisième chambre civile, en outre, juge que tout bail, même conclu postérieurement à la publication d'un commandement de saisie immobilière portant sur l'immeuble loué, est opposable à l'adjudicataire qui en a eu connaissance avant l'adjudication[10].

1321.157 Expulsion de l'occupant. Le fait que le locataire ne puisse opposer son droit à l'adjudicataire en vertu des dispositions de l'article 684 ACPC emportera son expulsion. Il a ainsi été jugé que dès lors qu'un bail commercial est inopposable à l'adjudicataire pour avoir été conclu après la signification du commandement à fin de saisie immobilière, le locataire est occupant sans droit ni titre et en présence d'un trouble manifestement illicite, son expulsion peut être ordonnée[11]. De même, celui qui exploite, dans l'immeuble vendu aux enchères, un fonds de commerce hôtelier dans les conditions prévues par un bail à construction ne bénéficie d'aucun titre opposable à l'adjudicataire et son expulsion doit être ordonnée dès lors que le jugement d'adjudication lui a été signifié[12].

1. C. civ., art. 2205 (transf. par Ord. 23 mars 2006).
2. Civ. 2e, 15 mars 1962, *JCP A* 1962. IV. 4047; *RTD civ.* 1963. 169, obs. Raynaud – Civ. 3e, 6 févr. 1979, n° 77-12.206, *Bull. civ.* III, n° 35 – Civ. 3e, 16 mai 1984, n° 83-12.982, *Bull. civ.* III, n° 101; *Gaz. Pal.* 1984. 2. Pan. 269, obs. Véron.
3. Civ. 2e, 18 déc. 1996, n° 94-16.677, *Bull. civ.* II, n° 308.
4. Civ. 3e, 29 sept. 1999, n° 97-22.129, *Bull. civ.* III, n° 188; *Gaz. Pal.* 24-25 mars 2000, p. 29, note Véron – V. déjà, Civ. 3e, 15 janv. 1976, n° 74-13.676, *Bull. civ.* III, n° 18 – Pour une vente amiable, Civ. 3e, 20 juill. 1989, n° 88-13.413, *Bull. civ.* III, n° 169.
5. Civ. 3e, 11 févr. 2004, n° 02-12.762, *Bull. civ.* III, n° 24 – EN SENS INVERSE, Paris, 6e ch. B, 18 nov. 2004, *Loyers et copr.* mai 2005, n° 85, obs. crit. Vial-Pédroletti.
6. TI Villejuif, 2 juin 1976, *Gaz. Pal.* 1977. 1. 116, note L. B.
7. Paris, 8 févr. 1985, *D.* 1985. IR 186.
8. Paris, 14e ch. B, 11 mai 1983, *Juris-Data* n° 023747.
9. Civ. 2e, 26 juin 1991, n° 90-14.425, *Bull. civ.* II, n° 193; *Gaz. Pal.* 1992. 1. Somm. 160, obs. Véron.
10. Civ. 3e, 15 janv. 1976, n° 74-13.676, *Bull. civ.* III, n° 18 – Civ. 3e, 29 sept. 1999, n° 97-22.129, *Bull. civ.* III, n° 188; *D.* 1999. 240 – Civ. 3e, 11 févr. 2004, n° 02-12.762, *Bull. civ.* III, n° 24; *D.* 2005. Pan. 749, obs. Damas; *JCP* 2004. II. 10109, note Djigo – Civ. 3e, 23 mars 2011, n° 10-10.804, *Bull. civ.* III, n° 43; *D.* 2011. 1596, note Juillet – La chambre commerciale semble avoir une autre analyse : v. Com. 31 mars 2009, n° 08-14.181, NP.
11. Civ. 3e, 16 sept. 2008, n° 07-19.675, NP; *Dr. et proc.* 2009. 40, obs. Leborgne.
12. Civ. 3e, 16 sept. 2008, n° 07-19.675, NP; *Dr. et proc.* 2009. 40, obs. Leborgne.

SECTION 2
PUBLICATION DU COMMANDEMENT

1321.160 **Division.** Elle résulte du dépôt à la Conservation des hypothèques de l'acte à publier, dans le délai de l'article 674 ACPC et selon les exigences du décret de 1955.

§ 1
Délai pour y procéder : quatre-vingt-dix jours à compter de la signification

A.
Modalités

1321.161 **Absence de délai minimal.** Selon l'article 674 alinéa 3 ACPC : « *Si le créancier laisse écouler plus de quatre-vingt-dix jours entre le commandement et la publication au bureau des hypothèques, il ne peut reprendre les poursuites qu'en le réitérant dans les formes et délais ci-dessus.* » Le Code de procédure civile ne fixe qu'une date butoir à compter de laquelle le créancier devra réitérer sa démarche s'il souhaite publier le commandement. En théorie, le créancier peut donc déposer le commandement aux fins de publication sans délai, sauf à respecter l'éventuel délai qui pourrait avoir été offert au débiteur par le commandement (« *sous 24 heures* » le plus souvent). L'intérêt du créancier est de publier sans délai s'il souhaite engager la saisie pour que se produisent les effets de cette voie d'exécution (v. s[s] n°s 1321.191 s.). Toutefois, en pratique, on attend généralement l'expiration du délai de vingt jours avant lequel l'état sur formalité ne peut être requis (ACPC, art. 674, al. 2), afin de publier le commandement et requérir l'état dans le même temps. Il sera observé, qu'en pratique, certaines conservations des hypothèques exigent que la publication du commandement ne soit effectuée que postérieurement à l'expiration du délai de vingt jours.

1321.162 **Un délai maximal.** Le respect du délai est prévu à peine de déchéance par l'article 715 ACPC; elle est encourue de plein droit sans que soit exigée la preuve d'un grief[1] (et v. s[s] n° 1331.173).

Un tribunal ne peut autoriser un créancier à publier le commandement malgré l'expiration des délais[2].

1. Civ. 2e, 28 mai 1984, n° 82-17.070, *Bull. civ.* II, n° 72; *Gaz. Pal.* 1984. 2. Somm. 317, obs. Véron; *D.* 1985. IR 54 – Civ. 2e, 16 janv. 1985, n° 83-14.323, *Bull. civ.* II, n° 10 – Civ. 2e, 29 oct. 1986, n° 85-13.793, *Bull. civ.* II, n° 153.
2. Com. 15 juill. 1987, n° 86-13.265, NP; *Gaz. Pal.* 1987. 2. Pan. 255.

1321.163 **Calcul : quatre-vingt-dix jours à compter de la signification du commandement.** En vertu de l'article 642-1 C. pr. civ. (« *les dispositions des articles 640 à 642 sont également applicables aux délais dans lesquels les inscriptions et autres formalités de publicité doivent être opérées* »), le délai se calcule selon les dispositions des articles 641 et suivants C. pr. civ. Ainsi, le jour où il a été procédé à la signification n'est pas compté (C. pr. civ., art. 641, al. 1er), et le délai expire le dernier jour à 24 heures; il est prorogé jusqu'au premier jour ouvrable suivant s'il expire un samedi, un dimanche ou un jour férié ou chômé (C. pr. civ., art. 642).

La péremption n'étant encourue que si le créancier a laissé s'écouler plus de quatre-vingt-dix jours, la publication devrait être valable lorsqu'elle est effectuée le quatre-vingt-onzième jour car il se sera écoulé quatre-vingt-dix jours, mais pas plus[3].

1321.164 **Suspension ou interruption du délai.** Le délai peut être augmenté lorsque la formalité de publication a été retardée en raison d'une cause de rejet soulevée par le conservateur (pour les causes de rejet, v. Décr. 4 janv. 1955, art. 34-3). L'article 674 alinéa 4 ACPC prévoit que le délai est alors augmenté du nombre de jours écoulés entre le dépôt du commandement et l'exécution de la formalité; la date du dépôt et celle de l'exécution de la formalité étant constatées par les conservateurs (sur la tenue du registre des remises et la faculté ouverte, avec la loi n° 93-261 du 6 avril 1998, portant réforme de la réglementation comptable et adaptation du régime de publicité foncière[4], de tenir un registre informatique, v. C. civ., art. 2200 et 2201[5]).

Une opposition n'emporte pas suspension du délai[6].

B.
Effets de l'absence de publication dans le délai

1321.171 • **Délai prévu à peine de déchéance.** Selon l'article 715 ACPC, le délai de quatre-vingt-dix jours est prévu à peine de déchéance et cette sanction entraîne la radiation de la procédure faute de pouvoir continuer les poursuites. En pratique, le poursuivant doit faire radier le commandement[7] et le débiteur retrouve la disponibilité de son bien.

3. EN CE SENS, *J.-Cl. Pr. civ.*, fasc. 842, n° 14, par Prévault.
4. L. n° 98-261, 6 avr. 1998, portant réforme de la réglementation comptable et adaptation du régime de publicité foncière, *JO* 7 avr., p. 5384.
5. C. civ., art. 2453 et 2454 (transf. Ord. n° 2006-346, 23 mars 2006, réforme des sûretés, *JO* 24 mars, p. 4475).
6. Civ. 2e, 15 mars 1976, n° 74-13.098, *Bull. civ.* II, n° 107; *D.* 1976. 444, note Santa-Croze; *JCP* 1976. IV. 6622; *RTD civ.* 1976. 838, obs. Perrot.
7. Civ. 2e, 8 juill. 2004, n° 02-21.027, NP.

Mais, même périmé, le commandement continuera à valoir comme mise en demeure du fait de sa signification (v. s[s] n° 1321.13) [1].

1321.172 • Reprise des poursuites obligatoires. Rien ne fait obstacle à ce que, après radiation, une nouvelle procédure soit engagée sur la base d'un nouveau commandement. L'inobservation du délai maximum de quatre-vingt-dix jours oblige simplement le poursuivant à reprendre les poursuites en réitérant le commandement [2].

§ 2
Formalités de publication

1321.181 Dépôt. La publication s'opère par le dépôt à la Conservation des hypothèques de l'original du commandement et d'une copie établie sans interposition de carbone sur formule réglementaire et certifiée conforme par huissier (Décr. 4 janv. 1955, art. 34-1 – et Décr. 14 oct. 1955, art. 79) et d'un extrait cadastral. Les conditions de la certification d'identité, qui peut être faite par l'avocat qui poursuit, sont posées à l'article 38-1 du décret du 14 octobre 1955. L'original est rendu au déposant revêtu de la mention de publication.

1321.182 Rejet et refus de publication. La publication du commandement obéit aux dispositions des décrets des 4 janvier et 14 octobre 1955 sur la publicité foncière : le conservateur peut refuser de publier en vertu de l'article 34-2 du décret du 4 janvier 1955 (par ex., si l'identité des parties n'est pas certifiée ou si les immeubles ne sont pas individuellement désignés). S'il accepte le dépôt, il en fait mention à sa date sur le registre des dépôts mais peut encore ensuite rejeter l'acte qui s'avérerait irrégulier (par ex., en cas de discordance entre les énonciations contenues dans le document à publier et les énonciations correspondantes contenues dans les titres déjà publiés).

En cas de rejet, l'article 34-3 du décret d'octobre 1955 ouvre un droit à régularisation au déposant pendant lequel le délai de l'article 674 ACPC est prorogé. Dans ce cas, le décret du 14 octobre 1955 dispose que la formalité déposée aux fins de publication reste en attente de la régularisation qui peut intervenir dans le délai d'un mois (Décr. 14 oct. 1955, art. 34-3). Lorsque les erreurs ou omissions ont été réparées par le déposant dans le délai d'un mois à compter de la notification de rejet par le conservateur, la formalité prend rang rétroactivement à la date du dépôt. Le rejet peut faire l'objet d'un recours devant le TGI de la situation des immeubles, statuant comme en référé (Décr. 4 janv. 1955, art. 34-3-*b* et art. 26, réd. L. n° 98-261, 6 avr. 1998).

Le refus de publier (Décr. 4 janv. 1955, art. 34-2 – et Décr. 14 oct. 1955, art. 33 : en l'absence de mentions ou précisions prévues au 2° de l'article 34 du décret du 4 janvier 1955 et à l'article 67-3 du décret du 14 octobre 1955) n'interrompt pas le délai de publication; le créancier doit représenter la formalité régulièrement remplie s'il est toujours dans le délai de l'article 674 ACPC.

1321.183 Empêchement de publier. L'article 679 alinéa 1er ACPC prévoit que si le conservateur ne peut procéder à la formalité de publicité à l'instant de la réquisition, il fait mention sur les copies qui lui sont déposées de la date et de l'heure du dépôt. La nature de l'empêchement n'est pas précisée, la disposition visant seulement à assurer l'antériorité du droit du premier déposant.

1321.184 Commandements postérieurs. Tout nouveau commandement présenté postérieurement sera mentionné en marge du premier publié, dans l'ordre de présentation, ainsi que les nom, prénoms, demeure du nouveau poursuivant et l'indication de l'avocat constitué. Le conservateur constatera en outre en marge ou à la suite, son refus de publier (Décr. 14 oct. 1955, art. 34-2) et y dénoncera chacun des commandements antérieurement publiés ou mentionnés, avec les indications sus-énoncées et celles du tribunal où la saisie est portée (ACPC, art. 680). Mais un second commandement portant sur plus d'immeubles que le premier publié sera nécessairement publié pour les biens non compris dans ce dernier et si la première saisie n'est pas poursuivie dans le délai légal, le saisi pourra demander la radiation, le second saisissant étant alors fondé à solliciter la publication complète de son commandement aux lieu et place de celui du premier saisissant [3]. En revanche, pour être seulement porté en marge, il faut que le commandement vise le même débiteur : le conservateur ne pourra refuser de publier un second commandement, portant sur le même bien, mais dirigé contre un conjoint marié en régime de communauté.

Le fait que les commandements postérieurs ne soient pas publiés mais seulement portés en marge préserve les droits des créanciers saisissants postérieurs, qui deviennent parties à la procédure de saisie. La radiation de la saisie ne pourra donc être

1. V. AUSSI, Alger, 12 déc. 1896, sous Civ. 14 févr. 1899, S. 1900. 1. 9.
2. Com. 15 juill. 1987, n° 86-13.265, NP; *Gaz. Pal.* 1988. Somm. 155, obs. Véron – Civ. 2e, 8 juill. 2004, n° 02-21.027, NP.
3. T. civ. Saint-Quentin, 26 févr. 1953, *JCP N* 1953. II. 7827; *JCP A* 1954. IV. 2228, obs. Bulté.

opérée sans le consentement des créanciers saisissants postérieurs ainsi révélés[1].

1321.185 Pluralité de commandements déposés le même jour. Si la publicité de plusieurs commandements est requise simultanément, seul peut être publié le commandement qui mentionne le titre exécutoire portant la date la plus ancienne; si les titres portent la même date, le commandement le premier en date et si les commandements portent la même date, celui dont la publicité est requise à la diligence de l'avocat le plus ancien (ACPC, art. 679, al. 2). L'ancien Code de procédure civile n'a pas envisagé l'hypothèse de deux avocats nés le même jour, l'addition de coïncidences étant apparue sans doute trop improbable !

1321.186 Délai de quatre-vingt-dix jours dépassé. Le conservateur n'est pas juge de la régularité de la procédure de saisie mais seulement de la régularité des dépôts aux fins de publication, selon les dispositions des décrets du 4 janvier et 14 octobre 1955. En conséquence, il ne peut refuser de publier un commandement qui lui est présenté après l'expiration du délai de l'article 674 ACPC. Il appartient à celui qui contestera la régularité de la publication de soulever l'argument devant le juge des criées par dire avant l'audience éventuelle (v. s[s] n°s 1332.21 s.) pour que la nullité soit prononcée.

1321.187 Effet de la publication sur la suite de la procédure. Le commandement publié sert de support à la publication de documents postérieurs intéressant l'immeuble et la procédure de saisie; ils sont alors publiés en marge du commandement initial. C'est le cas des commandements postérieurs (v. s[s] n° 1321.184), mais encore des sommations au saisi et aux créanciers inscrits et de tous les actes qui intéressent la poursuite (distraction, subrogation, *etc.*) qui devront être mentionnés en marge du commandement (v. s[s] n°s 1323.171 à 1323.174).

À partir de la date de la publication du commandement se décomptent les délais des actes de procédure suivants, qui pour la majorité d'entre eux sont encore prescrits à peine de déchéance. Un des inconvénients de cette procédure résulte de ces délais en cascade : l'inobservation de l'un d'eux emporte déchéance de l'acte et l'irrégularité se reporte sur les actes suivants et affecte de nullité toute la procédure.

1321.188 Effet de la publication pour le créancier poursuivant chirographaire. Le fait pour un créancier chirographaire de publier le commandement ne lui ouvre pas une cause de préférence à l'égard des autres chirographaires du saisi[2] car le fait d'avoir publié le commandement ne le transforme pas en créancier inscrit. En revanche, il oppose le bénéfice de la publication aux créanciers inscrits postérieurement à la publication du commandement.

SECTION 3
EFFETS

1321.191 Les plus larges effets. La publication vaut saisie et avec, en outre, immobilisation des fruits au profit des créanciers inscrits. Ces effets doivent être prorogés au-delà de trois ans. Tout incident devient un incident de saisie.

1321.192 Rappel. C'est seulement la publication qui engage la mesure d'exécution : l'article 674 ACPC le dit clairement; avant la réforme de 1938 le commandement n'était qu'une mise en demeure (v. s[s] n°s 1321.11 s.). Il ne sera donc possible de publier, c'est-à-dire de saisir, que tout autant que le débiteur ne sera pas en redressement judiciaire ou qu'il n'aura pas bénéficié de délais de grâce ou d'une suspension des poursuites en vertu d'un surendettement (v. s[s] n°s 1318.05 à 1318.65).

§ 1
La publication vaut saisie pour le débiteur

1321.200 Effets. Ses droits sur l'immeuble seront réduits : interdiction d'aliéner, de dégrader mais le débiteur en demeurera propriétaire jusqu'à l'adjudication.

A.
Interdiction d'aliéner l'immeuble et de le grever de droits réels

1°
Principe

1321.201 Nullité des aliénations et constitutions de droits réels. À compter du jour du dépôt du commandement, la partie saisie ne peut ni aliéner ni grever de droits réels les immeubles saisis à peine de nullité (ACPC, art. 686). Le débiteur demeure propriétaire de son bien mais ne peut accomplir d'acte de disposition. S'il le fait malgré tout ces actes seront nuls. Toutefois, une action en nullité de la vente de l'immeuble saisi ne constitue pas un acte d'aliénation et n'emporte pas établissement d'un droit réel sur cet immeuble au sens de

1. Civ. 2e, 1er mars 1973, n° 71-14.621, *Bull. civ.* II, n° 87; *JCP* 1973. IV. 146.

2. Civ. 3e, 26 mai 1992, n° 90-13.248, *Bull. civ.* III, n° 173; *D.* 1992. IR 185.

l'article 686, même si cette action en nullité émane du saisi[1].

1321.202 Incidence de la publicité foncière. L'article 686 ACPC semble seulement distinguer entre des actes postérieurs, qui sont nuls, et des actes antérieurs, valables, puisque l'immeuble était disponible; en réalité, la publicité foncière complique la solution : les actes soumis à publicité et passés avant le commandement ne seront opposables que s'ils ont été également publiés avant. Si les actes d'aliénation et de constitution de droits réels réalisés après la publication du commandement sont donc effectivement nuls (v. s[s] n° 1321.201), les actes réalisés avant le commandement mais non publiés avant lui, sont inopposables.

Ce qui ne peut être opposé aux créanciers saisissants même non inscrits, ce sont « *les aliénations publiées après le dépôt du commandement, les hypothèques judiciaires, conventionnelles ou légales et les privilèges* **inscrits** *depuis la même époque, alors même que ces privilèges et hypothèques auraient été consentis ou seraient nés antérieurement, sous réserve du droit pour le vendeur, le prêteur de deniers pour l'acquisition et le copartageant d'inscrire, dans les délais prévus aux articles 2108 et 2109*[2] *du Code civil les privilèges qui leur sont conférés par l'article 2103*[3] *dudit Code* » (ACPC, art. 686, al. 2).

En matière immobilière en effet, l'aliénation ou la constitution de droits réels ne peuvent être opposées que si elles ont fait l'objet d'une publication à la Conservation des hypothèques. Ainsi, même réalisés avant le dépôt du commandement aux fins de publication, ces actes d'aliénations ne seront pas opposables au créancier saisissant, privilégié ou chirographaire, s'ils n'ont pas été publiés avant le commandement (ainsi de la vente d'un chalet qui n'avait reçu publication qu'après celle du commandement alors qu'elle avait été réalisée plusieurs années auparavant[4]; de même, pour un acte de donation portant sur des parcelles de terre qui n'avait pas été publié n'est pas opposable à l'adjudicataire et à la Safer (sociétés d'aménagement foncier et d'établissement rural) usant de son droit de préemption[5]).

Ces actes d'aliénation seront-ils également inopposables aux créanciers inscrits ? On peut penser que l'inopposabilité leur sera étendue à compter de l'inscription en marge de la sommation de prendre connaissance du cahier des charges, qui leur aura été délivrée; jusqu'à cet événement les créanciers inscrits, non saisissants, subissent la saisie qui peut être radiée sans leur accord (v. s[s] n° 1323.172).

Les créanciers inscrits s'entendent de ceux qui ont publié leur sûreté avant la publication du commandement[6]. Le créancier poursuivant pourra soulever la nullité à compter de la publication du commandement de tous les actes inscrits postérieurement. L'aliénation consentie par le débiteur après la publication du commandement sera inopposable au créancier poursuivant même s'il s'agit d'une vente volontaire[7].

Mais, les droits réels constitués avant la publication du commandement s'imposent au créancier poursuivant. Ainsi, une clause d'inaliénabilité régulièrement publiée empêche la saisie tant qu'elle est en vigueur[8].

1321.203 Inscription rétroactive pour les privilèges. Pour l'essentiel d'entre eux la formalité de publication s'impose (exception pour le privilège du syndicat de copropriétaires, C. civ., anc. art. 2107[9] – et les créances énumérées par C. civ., anc. art. 2104[10]) et si elle est réalisée dans un certain délai, elle rétroagit à la date de l'acte à l'occasion duquel le privilège a pris naissance (inscription dans le délai de deux mois pour le vendeur et le prêteur de deniers, C. civ., anc. art. 2108[11], 2108-1[12] – le cohéritier ou copartageant, C. civ., anc. art. 2109[13] – les accédants à la propriété, C. civ., anc. art. 2111-1[14] – inscription dans un délai de quatre mois pour les créanciers et légataires d'une personne défunte, C. civ., anc. art. 2111[15]). L'article 686 ACPC tient compte de cette spécificité : le privilège inscrit dans le délai légal rétroagit au jour de l'acte qui lui a

1. Civ. 2e, 15 mars 1995, n° 93-20.111, SCI Charron c/SCI « Orée des pistes », NP.
2. C. civ., art. 2379 et 2381 (transf. par Ord. n° 2006-346, 23 mars 2006).
3. C. civ., art. 2374 (transf. par Ord. n° 2006-346, 23 mars 2006).
4. Civ. 3e, 23 juill. 1986, n° 85-10.937, *Bull. civ.* III, n° 133; *JCP* 1986. IV. 309; *Gaz. Pal.* 1987. 1. Somm. 59, obs. Véron.
5. Civ. 2e, 8 janv. 1992, n° 90-16.503, *Bull. civ.* II, n° 12; *Gaz. Pal.* 1992. 1. Somm. 464, obs. Véron; *JCP* 1993. II. 22155, note Salvat; *D.* 1992. IR 55.
6. Civ. 16 avr. 1913, *DP* 1914. 1. 49.
7. T. civ. Nevers, 27 oct. 1942, *JCP A* 1942. IV. 129, obs. Madray.
8. Civ. 2e, 30 juin 1993, n° 91-14.775, *Bull. civ.* II, n° 241; *D.* 1993. IR 196; *JCP* 1993. IV. 2259.
9. C. civ., art. 2378 (transf. par Ord. n° 2006-346, 23 mars 2006).
10. C. civ., art. 2375 (transf. par Ord. n° 2006-346, 23 mars 2006).
11. C. civ., art. 2379 (transf. par Ord. n° 2006-346, 23 mars 2006).
12. C. civ., art. 2380 (transf. par Ord. n° 2006-346, 23 mars 2006).
13. C. civ., art. 2381 (transf. par Ord. n° 2006-346, 23 mars 2006).
14. C. civ., art. 2384 (transf. par Ord. n° 2006-346, 23 mars 2006).
15. C. civ., art. 2383 (transf. par Ord. n° 2006-346, 23 mars 2006).

donné naissance, et même inscrit après la publication du commandement, il peut en définitive rétroagir à une date antérieure et être opposable aux créanciers poursuivant et inscrits.

2°
Limite à l'interdiction : la consignation

1321.211 **Faculté de consigner.** L'article 687 ACPC introduit une limite à l'interdiction d'aliéner et de constituer des droits réels : ces actes seront malgré tout valables si, avant le jour fixé pour l'adjudication, l'acquéreur ou le créancier consigne une somme suffisante pour acquitter, en principal, intérêts et frais, ce qui est dû aux créanciers inscrits, que leurs créances soient exigibles ou non, ainsi qu'au saisissant et s'il leur signifie l'acte d'acquisition.

1321.212 • **Raison d'être.** Ce que le poursuivant et les créanciers inscrits recherchent, c'est l'apurement de leur créance. Si le débiteur saisi arrive, avant l'adjudication à obtenir d'un tiers une somme d'argent suffisante, en contrepartie de la vente de son bien ou de la constitution de droits réels dessus, il pourra réaliser l'opération envisagée à condition de consigner cette somme. La faculté de l'article 687 est applicable aux deux situations visées par l'article 686 : lorsque le débiteur invoque des actes postérieurs à la publication du commandement et des actes réalisés antérieurement mais non publiés; un acquéreur est donc fondé à opposer au créancier saisissant la vente à lui consentie, avant la transcription du commandement et transcrite après, dès lors qu'il consigne le prix[1].

1321.213 • **Montant.** Cette somme doit, bien évidemment être suffisante pour désintéresser les créanciers inscrits sur l'immeuble au moment de l'aliénation[2]. Mais l'acquéreur amiable n'a pas à désintéresser les créanciers inscrits après l'accomplissement de cette formalité.

1321.214 • **Moment.** Elle doit être consignée avant l'adjudication, à défaut aucun délai ne serait accordé. Mais elle peut être valablement faite jusqu'au jour de l'adjudication, dès lors qu'elle est réalisée avant qu'il n'y soit procédé[3] si elle est réalisée, la consignation attribue les fonds spécialement aux créanciers inscrits et au saisissant (il n'y a donc pas de saisie-attribution possible).

Si la consignation intervient entre la déclaration de surenchère et l'audience de surenchère, le créancier hypothécaire auquel une hypothèque a été consentie par le saisi postérieurement à la déclaration de surenchère peut faire valider son hypothèque et demander que la saisie et la surenchère subséquente ne soient pas poursuivies[4].

1321.215 • **Consignation et offres réelles.** La consignation doit être signifiée mais doit-elle être précédée par des offres réelles ? L'article 687 ACPC n'en dispense pas l'acquéreur, alors que l'article 777 du même code apporte cette précision dans le cas de l'adjudicataire qui voudrait faire prononcer la radiation des inscriptions avant la clôture de l'ordre et que l'article 1257 alinéa 2 du Code civil et l'article 1428 C. pr. civ. n'autorisent la consignation qu'après refus par le créancier des offres réelles. Une jurisprudence ancienne a décidé que la consignation sans offres réelles préalables ne remplissait pas le créancier de ses droits et ne lui interdisait pas de poursuivre la procédure de saisie[5].

B.
Maintien en possession et jouissance en bon père de famille

1°
Le saisi est séquestre judiciaire

1321.221 **Le saisi reste dans les lieux.** Selon l'article 681 alinéa 1er ACPC, si les immeubles saisis ne sont pas loués ou affermés, le saisi restera en possession jusqu'à la vente comme séquestre judiciaire à moins que sur la demande d'un ou plusieurs créanciers il n'en soit autrement ordonné par le président du tribunal dans la forme des ordonnances de référé et sans recours (la formule de « séquestre judiciaire » paraît impropre en l'absence de toute intervention du juge, mais il ne semble pas que cette impropriété emporte un quelconque effet). La propriété lui appartient toujours et s'il avait la jouissance du bien avant la saisie il peut la conserver. Ainsi, sauf opposition d'un créancier, il demeure dans les lieux sans contrepartie financière et peut y habiter ou les utiliser à sa convenance.

1321.222 • **Entretien des biens.** Dès lors qu'il reste dans les lieux cette tâche lui est dévolue de plein droit en tant que séquestre judiciaire. Il devra

1. Angers, 6 janv. 1943, *DC* 1944. 125, note Cezar-Bru; *RTD civ.* 1943. 141, obs. Raynaud.
2. Req. 23 avr. 1903, *DP* 1905. 1. 121, note De Loynes; *S.* 1906. 1. 137, note Tissier.
3. Com. 24 oct. 1949, *JCP A* 1949. IV. 1304, *S.* 1950. 1. 157; *Gaz. Pal.* 1949. 2. 400 – Pour une vente après publication du commandement dont la nullité est alors couverte par la consignation, Civ. 2e, 19 oct. 1962, *D.* 1963. Somm. 60; *RTD civ.* 1963. 170, obs. Raynaud.
4. T. civ. Bergerac, 6 mai 1960, *JCP N* 1960. II. 11842, note Mourgeon; *RTD civ.* 1961. 194, obs. Raynaud – TGI Évry-Corbeil, 11 juill. 1972, *JCP* 1973. IV. 6296, obs. J. A.
5. Com. 24 oct. 1949, *D.* 1950. Somm. 36.

les entretenir et en assurer la conservation en bon père de famille (C. civ., art. 1962). Les actes à entreprendre sont commandés par la nature du bien (ainsi pour un séquestre conventionnel [1], mais le raisonnement au regard de la nature du bien doit être transposable à tout séquestre).

1321.223 • **Perception des fruits.** En qualité de séquestre, il percevra les fruits de l'immeuble pour le compte des créanciers, comme séquestre.

1321.224 • **Vente des fruits.** Le saisi doit les récolter et les conserver en nature. Mais l'intérêt des créanciers est de conserver leur valeur. Il peut donc être plus efficace de les vendre et ce pouvoir appartient aussi au saisi séquestre. Les créanciers peuvent cependant prendre l'initiative de faire procéder à la coupe et à la vente en tout ou partie des fruits pendants par les racines, en sollicitant l'autorisation par ordonnance du président statuant en référé (ACPC, art. 681, al. 2 - et v. s^s^ n° 1316.95). La doctrine estime que le bénéfice des dispositions de l'article 681 doit être reconnu à tous les créanciers et pas seulement aux inscrits; les créanciers chirographaires pratiquant une saisie ont tout autant intérêt à provoquer la vente des fruits au moment opportun [2].

Que ce soit par le saisi, par un autre séquestre judiciaire ou à la suite de la demande des créanciers, l'article 681 alinéa 3 dispose que les fruits seront vendus aux enchères ou de toute autre manière autorisée par le président, dans le délai qu'il aura fixé et le prix sera déposé à la Caisse des dépôts et consignations [3]. Toutefois, les formalités relatives à la vente des fruits n'étant édictées que dans l'intérêt des créanciers, ceux-ci peuvent en dispenser le débiteur [4], et le saisi peut vendre à l'amiable avec l'accord des créanciers.

1321.225 **Interdiction de dégrader.** Selon l'article 683 ACPC, « *le saisi ne peut faire aucune coupe de bois ni dégradation à peine de dommages-intérêts, sans préjudice, s'il y a lieu, des peines portées dans les articles 400 et 434 du Code pénal* ». En coupant les arbres, le débiteur les détache du fonds et leur fait perdre leur nature immobilière (v. s^s^ n° 1316.74); mais la vente d'un lot de chênes sur pied, postérieurement à la publication du commandement, est une vente immobilière, et le débiteur ne peut y procéder, à peine de nullité, en vertu des dispositions de l'article 686 ACPC qui interdisent les actes d'aliénation [5].

Sous l'ancien Code pénal, l'article 400 (crimes et délits contre les propriétés) punissait d'une peine de six jours à six mois et de 500 à 15 000 francs d'amende le saisi qui avait détruit ou tenté de détruire des objets saisis sur lui et confiés à sa garde et l'article 434 (destructions dégradations, dommages) punissait de trois mois à deux ans et 2 500 à 50 000 francs d'amende, celui qui volontairement avait détruit ou détérioré des objets mobiliers ou immobiliers appartenant à autrui. Aujourd'hui, l'article 314-6 du Code pénal punit de trois ans et 375 000 euros d'amende (selon Ord. n° 2000-916, 19 sept. 2000 [6]) le fait pour le saisi de détruire un objet saisi entre ses mains en garantie des droits d'un créancier et confié à sa garde et l'article 322-1 punit de deux ans et 30 000 euros [7], la dégradation ou détérioration d'un bien appartenant à autrui. Les peines ont été alourdies par le Code pénal [8].

2°

Faculté d'expulsion du saisi

1321.231 • **Principe.** L'article 681 ACPC opère un équilibre entre les intérêts des créanciers et les besoins du débiteur saisi : ce dernier reste en possession à moins qu'un ou plusieurs créanciers ne demandent son expulsion. L'article 681 ne pose pas de conditions pour fonder cette expulsion; elle sera décidée par le juge en opportunité et en fonction des intérêts en présence. Laisser le saisi dans l'immeuble offre aux créanciers un séquestre gratuit (v. s^s^ n°s 1321.221 s.), mais les créanciers peuvent craindre qu'il soit plus difficile de vendre le bien aux enchères si l'immeuble est occupé, ou que le saisi ne dégrade le bien, si des éléments de fait le laissent craindre. Si le juge fait droit à la requête en expulsion des créanciers, il peut fixer un délai pour vider les lieux et désigner un séquestre. Les dispositions de l'article 681 sont spéciales et dérogent aux articles 61 et 62 de la loi du 9 juillet 1991 qui prévoient que l'expulsion ne peut avoir lieu qu'à l'expiration d'un délai de deux mois en suite du commandement [9].

1. Civ. 1re, 21 févr. 1995, n° 93-12.436, *Bull. civ.* I, n° 101; *Defrénois* 1995. 1053, obs. Delebecque.
2. *J.-Cl. Pr. civ.*, fasc. 845, n° 13, et les auteurs cités, par Prévault.
3. T. civ. Carcassonne, 8 déc. 1926, *Gaz. Pal.* 1927. 1. 438.
4. Civ. 6 mai 1903, *S.* 1904. 1. 193, note Tissier; *DP* 1906. 1. 470.
5. TGI Cusset, 13 sept. 1990, Bodin de Galembert c/SA Forest, cité par Prévault, *J.-Cl. Pr. civ.*, fasc. 845, n° 18.
6. Ord. n° 2000-916, 19 sept. 2000, portant adaptation de la valeur en euros de certains montants exprimés en francs dans les textes législatifs, *JO* 22 sept., p. 14877.
7. Auparavant 200 000 F.
8. Pour des ex., sous l'empire de l'ancien C. pén., Crim. 25 avr. 1840, *S.* 1840. 1. 555 – Crim. 18 oct. 1850, *DP* 1850. 5. 447.
9. TGI Versailles, 9 mai 1993, *Gaz. Pal.* 22 mai 1993, note Sillard.

1321.232 • **Procédure.** C'est le président du TGI du lieu de situation de l'immeuble qui examinera la demande, et rendra une décision dans la forme des ordonnances de référés. La décision sera sans recours[1] et l'appel interjeté sera déclaré irrecevable[2]. Mais il devrait toujours être possible de former un appel nullité, en cas de violation d'un principe juridique fondamental.

1321.233 **Immeuble loué.** Si le bail est opposable aux créanciers (v. s^s n°s 1321.151 s.), le preneur reste dans les lieux jusqu'à expiration de son contrat et paie ses loyers au débiteur tant que l'adjudication n'est pas définitive à moins qu'un séquestre n'ait été nommé (v. s^s n°s 1321.221 s.). Ces fruits civils sont immobilisés à compter de la publication du commandement (v. s^s n°s 1316.101 s.). Si le bail est inopposable, le preneur peut être expulsé en référé.

§ 2
Immobilisation des fruits

1321.241 **Rappel.** Les fruits naturels et industriels et les loyers et fermages dus postérieurement au dépôt du commandement au Bureau des hypothèques sont immobilisés de plein droit pour être distribués avec le prix de l'immeuble par ordre d'hypothèque, sauf l'effet d'une saisie antérieurement faite; l'immobilisation a lieu de plein droit mais, pour les loyers et fermages elle ne s'opère en pratique que tout autant que les créanciers auront délivré une opposition aux preneurs à bail (v. s^s n° 1316.102).

1321.242 **Effet d'une saisie attribution pratiquée le même jour que la publication du commandement de saisie ?** La question ne semble pas encore avoir fait l'objet d'une décision publiée (sur les effets d'une saisie attribution antérieure à la saisie immobilière, v. s^s n° 1316.105).

1321.243 **Pluralité de commandements.** L'immobilisation des fruits et les effets de l'acte d'opposition prévu aux articles 682 et 685 ACPC profitent, à compter du dépôt au Bureau des hypothèques d'un précédent commandement n'ayant pas encore fait l'objet d'une décision définitive de rejet, à tout saisissant dont le commandement est effectivement publié (ACPC, art. 685-1). C'est dire que si plusieurs commandements sont présentés successivement, la date à laquelle le premier d'entre eux est déposé aux fins de publication est le point de départ de l'immobilisation des fruits au profit du déposant mais encore des saisissants ultérieurs : si le commandement déposé le premier est finalement rejeté définitivement et les commandements postérieurs publiés, les fruits sont immobilisés au profit des saisissants postérieurs à la date du premier dépôt.

1321.244 **Pas de paiement en référé.** Certains créanciers avaient pensé demander en référé le paiement de leurs créances sur le prix des récoltes de l'immeuble saisi; la Cour de cassation leur refuse cette faculté, puisque les fruits saisis sont immobilisés pour être distribués avec le prix[3]. On peut toutefois imaginer qu'une telle attribution provisoire puisse être organisée, sous forme conventionnelle, dans la rédaction du cahier des charges qui sera déposé pour parvenir à la vente.

§ 3
Validité du commandement

1321.250 **Le principe : trois ans.** Dans l'intérêt de tous, débiteurs et créanciers, il faut qu'un délai soit fixé pour que les saisies abandonnées ne continuent pas à produire effet indéfiniment. Selon l'article 694 alinéa 3 ACPC, le commandement publié cesse de produire effet si dans les trois ans de sa publication, il n'est pas intervenu une adjudication mentionnée en marge de cette publication conformément à l'article 716 alinéa 2 ACPC ou un jugement prorogeant le délai de l'adjudication mentionnée. Le créancier doit donc être diligent et noter non seulement la date de publication du commandement pour calculer le calendrier des actes de procédure suivants mais encore la date d'expiration du commandement pour penser à temps à en solliciter la prorogation.

A.
Calcul du délai de validité

1321.251 **Importance de la publication.** La publication du jugement d'adjudication doit intervenir dans le délai de trois ans à compter de la publication du commandement; le seul jugement d'adjudication ne suffit pas à interrompre le délai[4].

Si le commandement a été prorogé, la prorogation prend effet à compter de la publication du jugement qui l'a ordonnée et non de l'expiration du premier délai de trois ans[5].

1. Rennes, 5 déc. 1979, *Gaz. Pal.* 1980. 1. 92, note du Rusquec.
2. Civ. 2e, 14 janv. 1987, n° 85-12.025, *Bull. civ.* II, n° 16; *D.* 1987. 615, note Prévault.
3. Civ. 2e, 7 nov. 1985, n° 84-13.739, *Bull. civ.* II, n° 169.
4. Civ. 2e, 3 mai 1990, n° 89-12.474, *Bull. civ.* II, n° 81; *D.* 1990. IR 137; *Bull. civ.* II, n° 81.
5. Civ. 2e, 27 janv. 1993, n° 91-17.724, *Bull. civ.* II, n° 39; *D.* 1993. Somm. 282, obs. Julien – Civ. 2e, 1er févr. 2001, n° 99-16.020, NP; *Dr. et proc.* 2001. 260, obs. Courtier.

1321.252 Interruption du délai. En principe le délai n'est pas susceptible d'être suspendu ou interrompu par des actes de procédure accomplis depuis la publication du commandement[1]. Mais la force majeure et la mauvaise foi du saisi ont été admises comme causes suspensives[2] (un arrêt de cour d'appel a ainsi admis la suspension au motif que les circonstances nées de la guerre avaient rendu difficile la poursuite de l'adjudication[3]).

1321.253 Défaut de publication du jugement dans le délai : péremption. La péremption produit ses effets de plein droit. L'ancien article 693 le précisait avant la réforme de 1938; le décret-loi ne l'a pas redit, disposant seulement que « *le commandement publié cesse de produire effet* », mais la solution est unanimement admise.

Si le jugement d'adjudication n'est pas publié à temps ni la prorogation accordée et publiée dans le même délai, le commandement est périmé et le débiteur n'a, en théorie, pas besoin de le faire constater par le tribunal.

Le créancier poursuivant doit tirer les conséquences de la péremption et engager une nouvelle poursuite; on ne peut lui opposer les errements de la première[4] mais il perd les effets du premier commandement, ainsi, l'immobilisation des fruits et tant qu'un autre commandement n'est pas publié, le débiteur retrouve l'entière disponibilité de son bien.

Lorsqu'une deuxième procédure est engagée, il est possible que la deuxième adjudication se réalise à un prix inférieur au premier prix d'adjudication obtenu. Le saisi ou un créancier peuvent-ils se plaindre de ce manque à gagner et agir en responsabilité civile contre le poursuivant négligent ? Le principe semble admissible. La deuxième chambre de la Cour de cassation a toutefois rejeté une demande en ce sens émanant de créanciers inscrits qui réclamaient, à titre de dommages et intérêts, le montant de la différence entre ces deux prix. Il faut cependant préciser que dans cette affaire, les demandeurs s'étaient abstenus, pendant plus de trois ans, de poursuivre l'adjudicataire par la voie de la folle enchère[5].

La péremption est considérée comme un incident de saisie dont l'appel est soumis aux dispositions des articles 731 et 732 ACPC[6] (v. s^s n°s 1330.05 s.).

B.
Prorogation

1321.261 Procédure. Pour faire proroger la validité du commandement publié, le poursuivant doit en faire la demande au tribunal, en chambre des criées dans les formes et règles applicables à la procédure devant le TGI. Il s'agit d'une demande incidente, qui doit être faite dans les formes prescrites par l'article 718 ACPC et non par dire[7]. Le tribunal y fera droit s'il estime que les circonstances le justifient; par exemple la prorogation pourra être motivée par les procédures engagées par le saisi et qui auront entravé les poursuites[8]. Il était admis depuis 1995 que le tribunal qui faisait droit à une demande de prorogation, devait préciser les circonstances justifiant cette prorogation dans sa décision[9]. La deuxième chambre, par deux arrêts rendus en 1994 a supprimé cette exigence de motivation; le juge, saisi d'une demande de prorogation, doit simplement vérifier que le délai de trois ans n'est pas expiré[10]. Le jugement doit statuer expressément et directement sur la demande; ainsi, un jugement fixant la date de la vente après échec d'une vente volontaire ne vaut pas prorogation[11]. De même, le tribunal qui n'est pas saisi d'une demande de prorogation ne peut décider que le jugement autorisant le créancier à reprendre les poursuites sera mentionné en marge du commandement et que cette mention interrompra le délai de péremption[12].

Le tribunal doit statuer dans le délai de validité de trois ans : en cas d'absence d'adjudication dans ce délai, le tribunal saisi postérieurement à l'expiration du délai ne peut faire droit à la requête en prorogation du poursuivant[13].

1. Montpellier, 30 janv. 1880, *DP* 1891. 2. 308 – Civ. 1re, 29 juin 1961, *Bull. civ.* I, n° 358; *D.* 1962. Somm. 16.
2. Toulouse, 28 mai 1888, *DP* 1889. 2. 199 – Req. 19 déc. 1905, *DP* 1907. 1. 188 – Nevers, 30 nov. 1927, *Gaz. Pal.* 1928. 1. 326 – T. civ. Barbezieux, 20 mars 1953, *JCP A* 1953. IV. 2231, note Bulté.
3. Aix-en-Provence, 11 févr. 1946, *JCP A* 1946. I. 526, obs. Madray; *RTD civ.* 1946. 256, obs. Raynaud.
4. Civ. 2e, 20 juill. 1987, n° 86-14.092, *Bull. civ.* II, n° 179; *Gaz. Pal.* 1988. Somm. 43, obs. Véron.
5. Civ. 2e, 30 mai 2002, n° 01-02.076, *Bull. civ.* II, n° 109; *D.* 2002. IR 1959.
6. Civ. 2e, 8 janv. 1992, n° 90-17.545, NP; *JCP* 1992. II. 21967, note Prévault.
7. Civ. 2e, 2 déc. 2004, n°s 03-11.998 et 03-13.717, *Bull. civ.* II, n° 517.
8. Civ. 2e, 4 févr. 1966, *Bull. civ.* II, n° 173.
9. Civ. 2e, 1er févr. 1995, n° 92-21.652, *Bull. civ.* II, n° 40; *Gaz. Pal.* 1996. 1. Somm. 241, obs. Véron.
10. Civ. 2e, 1er avr. 2004, n° 00-21.405, n° 02-12.597, *Bull. civ.* II, n° 151.
11. Civ. 2e, 23 janv. 1991, n° 89-20.246, *Bull. civ.* II, n° 35; *Gaz. Pal.* 1991. Somm. 357, obs. Véron; *D.* 1992. Somm. 128, obs. Julien – Civ. 2e, 23 oct. 1991, n° 90-14.756, *Bull. civ.* II, n° 285; *Gaz. Pal.* 1992. Somm. 291, obs. Véron.
12. Civ. 2e, 14 avr. 2005, n° 03-10.372, *Bull. civ.* II, n° 97.
13. Civ. 2e, 25 févr. 1987, n° 85-16.437, *Bull. civ.* II, n° 57; *JCP* 1987. IV. 153; *Gaz. Pal.* 1987. Somm. 342, obs. Véron – Civ. 2e, 25 mai 1987, n° 86-10.796, *Bull. civ.* II, n° 120; *JCP* 1987. IV. 265.

Seul le créancier poursuivant ou le subrogé peut demander la prorogation[1]. Lorsque le saisi est en liquidation judiciaire, la prorogation sera demandée par le liquidateur (v. s[s] n° 1411.61).

1321.262 Publication. Le jugement prorogeant la validité du commandement sera mentionné en marge du commandement. La radiation d'une procédure de saisie immobilière sur la demande du poursuivant et un jugement ordonnant la réinscription de l'affaire au rôle du tribunal ne sont que des mesures administratives et ne peuvent être assimilées à un jugement prorogeant les délais mettant obstacle à la péremption[2]. Le prononcé du jugement d'adjudication n'emporte pas de plein droit prorogation du délai[3]. La prorogation prenant effet à compter de la publication du jugement qui l'a ordonnée, le tribunal ne peut pas fixer les effets de la prorogation du commandement à une date déterminée[4].

1321.263 Effet *erga omnes*. Au contradictoire de qui demander cette prorogation ? Le Code ne le dit pas. Bien évidemment du saisi mais sans doute aussi des créanciers inscrits non subrogés qui ont intérêt à être tenus informés. Cependant, aucun texte n'impose la signification à la partie saisie des jugements de prorogation du commandement. La publication produira effet à l'égard de tous[5].

1321.264 Procédures collectives, surendettement et rétablissement personnel. Lorsqu'un commandement a été publié antérieurement au jugement d'ouverture d'une procédure de redressement judiciaire, la prorogation de sa validité peut être demandée, par le liquidateur, en cours de procédure collective car cette demande est un acte conservatoire, non atteint par la suspension des poursuites individuelles[6]. Avec la loi n° 2003-710 du 1er août 2003, d'orientation et de programmation pour la ville et la rénovation urbaine[7], instaurant la procédure de rétablissement personnel, il appartiendra au liquidateur de veiller à la prorogation du commandement de saisie immobilière. Le même raisonnement doit être tenu dans le cas du surendettement du débiteur, c'est-à-dire que c'est au créancier poursuivant, nonobstant l'ouverture d'une procédure de surendettement, qu'il appartient de solliciter la prorogation du commandement; à défaut de prorogation dans les délais, on lui opposera la péremption[8].

§ 4
Attraction vers la procédure de saisie

1321.271 Rattachement des litiges à la procédure de saisie. Tout incident devient un incident de saisie : la jurisprudence est aujourd'hui bien fixée : les contestations formées même avant la publication du commandement doivent être rattachées à la procédure de saisie à moins qu'elles n'aient pu être tranchées avant cette publication ou à tout le moins avant la fixation de l'audience éventuelle. La question s'était posée pour les oppositions à commandements formées par le saisi à réception du commandement et avant publication; la saisie à ce moment-là n'est pas encore engagée mais que le commandement soit publié et il apparaît nécessaire que l'opposition soit examinée par le juge des criées. Depuis 1974, la Cour de cassation décide que l'opposition, même formée avant la publication du commandement, devient un incident de saisie car la publication opère avec rétroactivité : « *L'opposition à commandement constitue un incident soumis comme tel aux règles de procédure et de compétence prévues par les articles 718 et suivants du Code de procédure civile* [ancien] »[9] (pour la délimitation des incidents de saisie, v. s[s] n°s 1330.05 s.).

1321.272 Respect des règles de la procédure de saisie immobilière. Le juge des criées ne peut accueillir une opposition formée suivant la procédure de droit commun[10] (v. s[s] n° 1332.12).

1321.273 Compétence résiduelle du juge de l'exécution. V. s[s] n°s 1318.12 s.

1. Civ. 2e, 5 juin 1996, n° 94-15.956, *Bull. civ.* II, n° 141.
2. TGI Laon, 16 févr. 1989, *D.* 1990. 110, note Prévault.
3. Civ. 2e, 3 oct. 1973, n° 72-10.608, *Bull. civ.* II, n° 240; *D.* 1973. 739; *RTD civ.* 1974. 474, obs. Perrot.
4. Civ. 2e, 25 oct. 1995, n° 94-11.719, *Bull. civ.* II, n° 263.
5. Civ. 2e, 1er févr. 2006, n° 03-19.851, *Bull. civ.* II, n° 36.
6. Civ. 2e, 23 oct. 1991, n° 90-12.457, *Bull. civ.* II, n° 283; *Gaz. Pal.* 1992. 1. Pan. 29; *D.* 1992. Somm. 184, obs. Honorat; *D.* 1993. Somm. 282, obs. Julien.
7. L. n° 2003-710, 1er août 2003, d'orientation et de programmation pour la ville et la rénovation urbaine, *JO* 2 août, p. 13281.
8. Civ. 2e, 25 juin 1997, n° 95-12.503, *Bull. civ.* II, n° 208; *Procédures* 1997, n° 233.
9. Civ. 2e, 13 mars 1974, n° 73-13.350, *Bull. civ.* II, n° 93 – Civ. 2e, 21 janv. 1976, n° 74-10.852, *Bull. civ.* II, n° 20; *D.* 1976. IR 113 – Civ. 2e, 19 janv. 1983, n° 80-17.122, *Bull. civ.* II, n° 14.
10. Civ. 2e, 12 nov. 1980, n° 79-13.082, *Bull. civ.* II, n° 232 – Civ. 2e, 22 mai 1995, n° 93-18.748, *Bull. civ.* II, n° 156; *Gaz. Pal.* 1996. 1. 17.

CHAPITRE

1322. Phase de poursuite : saisie proprement dite contre un tiers détenteur

ANNE LEBORGNE
PROFESSEUR À L'UNIVERSITÉ D'AIX-MARSEILLE

SECTION 0 ORIENTEUR

1322.00 **Plan du chapitre.**

Rappel : régime applicable à la saisie immobilière (ancien Code de procédure civile ou réforme) – La procédure de saisie immobilière a été réformée par l'ordonnance n° 2006-461 du 21 avril 2006 qui a modifié le Code civil[1], et par le décret n° 2006-936 du 27 juillet 2006[2], qui a abrogé les articles 673 à 717 ACPC. Le décret, entré en vigueur le 1er janvier 2007, n'est pas applicable aux procédures de saisies immobilières ayant donné lieu, avant son entrée en vigueur, au dépôt du cahier des charges prévues à l'article 688 ACPC. Les développements suivants, consacrés à la procédure telle que réglementée par l'ancien Code de procédure civile, ont donc été maintenus.

1322.05 **Une procédure organisée par le Code civil.** L'ancien Code de procédure civile ne contient aucune disposition particulière lorsque la procédure doit être menée contre le tiers détenteur, la réforme de 1938 ne s'y étant pas intéressée. C'est le Code civil qui envisage cette circonstance aux articles 2166 à 2179[3], comme un effet du droit de suite. Seuls les créanciers privilégiés bénéficient donc de cette faculté de suivre le bien en quelques mains qu'il passe (C. civ., anc. art. 2166[4]). Le créancier hypothécaire a le droit de faire vendre l'immeuble trente jours après commandement fait au débiteur originaire et sommation faite au tiers détenteur de payer la dette exigible ou de délaisser.

1322.06 **Deux phases.** Il faut délivrer les actes au débiteur et au tiers avant de procéder aux formalités de publicité pour engager la saisie.

1322.07 **Cas de la caution réelle.** Peut-on étendre la procédure envisagée par le Code civil à propos du droit de suite d'un créancier hypothécaire au cas de la caution réelle ?

Les praticiens le faisaient sans état d'âme apparent jusqu'à ce que la jurisprudence obscurcisse le débat en 2002 en qualifiant le cautionnement réel de sûreté mixte pour partie, engagement personnel, pour partie sûreté réelle (v. s^s n° 1313.61 - v., en ce sens, les observations d'un auteur à propos, notamment, de la nécessité de commencer par délivrer commandement au débiteur principal, dans une espèce où ce débiteur avait été mis en liquidation et où la procédure collective s'était soldée par une clôture pour insuffisance d'actif[5]). Puis, la Cour de cassation réunie en chambre mixte en décembre 2005, a jugé que « *la sûreté réelle constituée pour garantir la dette d'un tiers n'implique aucun engagement personnel à satisfaire la dette d'autrui et n'est pas dès lors un cautionnement* »[6] (v. s^s n° 1313.61).

1. Ord. n° 2006-461, 21 avr. 2006, réformant la saisie immobilière, *JO* 22 avr., p. 6072.
2. Décr. n° 2006-936, 27 juill. 2006, relatif aux procédures de saisie immobilière et de distribution du prix d'un immeuble, *JO* 29 juill., p. 11316.
3. C. civ., art. 2461 à 2474 (transf. par Ord. n° 2006-346, 23 mars 2006).
4. C. civ., art. 2461 (transf. par Ord. n° 2006-346, 23 mars 2006).
5. P. Crocq, s^s Civ. 2e, 17 oct. 2002, n° 01-13.553, *Bull. civ.* II, n° 232; *RTD civ.* 2003. 325.
6. Cass., ch. mixte, 2 déc. 2005, n° 03-18.210, *Bull. ch. mixte*, n° 7.

SECTION 1
RÉDACTION ET DÉLIVRANCE DES ACTES

1322.10 Plan. La délivrance de ces actes n'emporte pas saisie, seule la publication la réalisera, toutefois un effet est déjà attaché à la signification de la sommation au tiers détenteur.

§ 1
Actes

1322.11 Difficulté. La difficulté vient de l'absence de toute disposition dans l'ancien Code de procédure civile relative à la procédure à tiers détenteur et de la confrontation des dispositions des articles 673 et 674 ACPC qui s'appliquent au commandement au débiteur.

1322.12 Deux actes. L'immeuble étant dans le patrimoine d'un tiers, le créancier doit aviser le tiers de la menace qui pèse sur son bien[1]. Pour cela, le Code civil a prévu une sommation de payer ou délaisser (sur l'alternative ouverte au tiers, v. s[s] n°s 1313.41 s.). Mais il doit également, et au préalable, délivrer commandement de payer à son débiteur.

A.
Commandement

1322.21 Rédaction. Sera-t-il rédigé selon les exigences de l'article 673 ACPC ? Ou comme un simple commandement de payer ? La mesure d'exécution envisagée portant sur un bien qui n'est plus dans le patrimoine du débiteur il ne sert à rien de lui délivrer un commandement article 673 ACPC. Mais le créancier peut avoir ignoré l'aliénation de son bien faite par le débiteur et ne l'apprendre qu'à réception des états sur formalité (v. s[s] n° 1323.121). Dans ce cas, le commandement aura été dressé en vue d'une saisie contre le débiteur et le créancier n'aura plus qu'à délivrer la sommation au tiers détenteur. Si, en revanche, le créancier sait que le bien a changé de patrimoine, il signifiera un simple commandement de payer, les mentions de l'article 673 ACPC ne se trouvant alors exigées que pour la sommation; en effet, le commandement de payer délivré au débiteur, qui n'est plus propriétaire des biens immobiliers grevés d'hypothèque, n'est pas soumis aux dispositions de l'article 673 ACPC[2].

Parce que le commandement de payer est délivré à un débiteur qui n'est plus propriétaire du bien immobilier grevé d'hypothèque, la deuxième chambre civile a jugé que ce commandement n'avait pas à être publié. Les effets de la publication d'un commandement, interdiction d'aliéner, séquestre et immobilisation des fruits, n'ont en effet de sens qu'à l'encontre du tiers détenteur[3]. Il n'y a donc aucun intérêt à publier le commandement délivré au débiteur.

1322.22 Pluralité de débiteurs. Le créancier d'une obligation contractée solidairement ne peut se contenter de s'adresser à celui des débiteurs qu'il veut choisir mais doit, préalablement à la sommation au tiers détenteur, adresser un commandement à chacun des codébiteurs originaires, dès lors qu'ils restent tenus de la dette[4] (v. aussi s[s] n° 1321.141).

B.
Sommation

1322.31 Présentation. Le Code civil ne précisant pas son contenu, c'est la pratique qui a décidé que la sommation devait décrire le bien très précisément selon les exigences de l'article 673 ACPC, afin à la fois de permettre au tiers d'identifier le bien menacé et de publier la sommation ensuite, et contenir les mentions relatives à la constitution d'avocat et à l'élection de domicile[5]. Effectivement, cet acte est délivré au propriétaire du bien menacé de saisie, c'est donc ce destinataire qui doit être avisé de l'éventualité de l'exécution forcée et de ses droits : payer, délaisser, purger ou subir la saisie (v. s[s] n°s 1313.41 s.).

En revanche, il ne paraît pas nécessaire de signifier le titre et le commandement au tiers détenteur puisque aucun texte ne le prévoit. En pratique, la sommation se contente de relater ces actes[6].

1322.32 • Contenu. La sommation doit indiquer le montant de la dette afin que le tiers puisse offrir de la payer et contenir injonction de payer ou délaisser – d'où l'idée que cette procédure serait inadaptée à une caution réelle qui ne peut délaisser (v. s[s] n°s 1313.61 s.). Mais il ne ressort pas de la combinaison des articles 2169 et 2183 du Code civil que la sommation doit indiquer au tiers saisi qu'il dispose d'un délai de trente jours pour payer ou délaisser l'immeuble objet de la saisie immobilière[7].

1. Civ. 2e, 23 janv. 1991, n° 89-20.246, *Bull. civ.* II, n° 35.
2. Civ. 2e, 8 mars 2007, n° 06-11.848, NP.
3. Civ. 2e, 1er févr. 2006, n° 04-12.018, *Bull. civ.* II, n° 39; *Dr. et proc.* 2006. 230, obs. Leborgne.
4. Civ. 2e, 8 janv. 1997, n° 95-10.976, *Bull. civ.* II, n° 3.
5. M. et J.-B. Donnier, *Voies d'exécution et procédure de distribution*, Litec, 2001, n° 1306.
6. Req. 21 mars 1894, *DP* 1894. 1. 145.
7. Civ. 2e, 5 avr. 2007, n° 06-11.084, *Bull. civ.* II, n° 89.

1322.33 • **Sommation et tiers détenteur.** La loi nº 98-46 du 23 janvier 1998 [1], en n'envisageant pas la procédure à tiers détenteur, a suscité des interrogations auxquelles la jurisprudence va devoir répondre : l'information sur les droits du saisi doit-elle être donnée au tiers détenteur ? Qu'en est-il, sans texte, de la faculté de saisir la commission de surendettement ? Le tiers n'étant pas débiteur du créancier, cette faculté ne devrait pas lui être ouverte (v. s[s] nº 1321.112); en revanche, l'indication que le tiers saisi peut bénéficier de l'aide juridictionnelle devrait s'imposer dans l'esprit de la loi de 1998, même sans texte. Enfin, que penser de la nouvelle faculté de contester le montant de la mise à prix lorsque le bien est le logement principal ? Ce qui est visé par le législateur, c'est l'affectation du bien, hors de l'existence de la dette; le tiers aurait donc intérêt à en bénéficier. Est-il alors envisageable pour le créancier de faire figurer ces informations à toutes fins utiles ? Et faut-il surtout les faire figurer dans le commandement de payer adressé au débiteur, à tout le moins l'indication qu'il peut saisir la commission de surendettement et bénéficier de l'aide judiciaire ? C'est sans doute prudent même si la saisine de la commission par le débiteur et la suspension prononcée par le juge de l'exécution sont sans effet sur la saisie à tiers détenteur, puisque le créancier n'envisagera pas d'exécuter contre le débiteur surendetté mais contre un tiers. Mais on peut imaginer que le tiers détenteur reproche au créancier de ne pas l'avoir avisé de ses droits et argue d'un préjudice [2].

1322.34 • **Droit de pénétrer ?** Pour répondre aux exigences de désignation précise du bien, et rédiger la sommation, l'huissier peut-il invoquer le bénéfice de l'article 673 dernier alinéa ACPC et pénétrer chez le tiers saisi ? On peut en douter car le créancier n'a pas de titre exécutoire contre lui, le créancier ne met pas à proprement parler en œuvre une voie d'exécution mais il exerce son droit de suite. La nuance est subtile et l'intérêt du créancier comme des tiers commande une désignation précise du bien qui justifie, en opportunité, que l'huissier pénètre dans les lieux comme dans l'hypothèse de la saisie des biens de son débiteur. Dans ce cas, la requête en ouverture de portes serait sans doute justifiée (v. s[s] nº 1321.132).

1322.35 **Chronologie de la délivrance.** L'article 2169 du Code civil [3] ne précisant pas dans quel ordre ces deux actes doivent être signifiés, la jurisprudence a décidé que le commandement devait être antérieur à la sommation ou concomitant, mais qu'il ne pouvait jamais être postérieur [4].

1322.36 **Caractère impératif de l'obligation de sommer.** L'omission du commandement préalable ou de la sommation de payer ou délaisser, emporte nullité de la procédure. L'absence de sommation ne peut se compenser par une connaissance de la saisie contre le débiteur principal; cette sommation n'est pas une formalité de procédure qui implique recherche d'un grief dans les conditions de l'article 114 C. pr. civ. [5]. De même pour le commandement de payer à délivrer au débiteur [6].

1322.37 **Procédure collective, rétablissement personnel et surendettement** (v. s[s] n°s 1318.31 s., 1318.50 s. et 1318.63 s.). Si le débiteur fait l'objet d'une suspension des poursuites, le commandement peut tout de même lui être délivré puisqu'il ne s'agit pas d'un acte d'exécution [7]. Mais, peut-être sera-t-il opportun pour prévenir d'inutiles contestations, que le commandement précise qu'il n'est poursuivi aucune exécution contre ce débiteur et que l'exploit n'est délivré que pour pouvoir saisir l'immeuble du tiers détenteur. Par ailleurs, le créancier doit veiller à délivrer l'acte à la personne capable de le recevoir. Ainsi, la deuxième chambre a-t-elle jugé que le commandement délivré au mandataire judiciaire du débiteur originaire en liquidation judiciaire est nul, si est survenue la clôture des opérations de liquidation pour insuffisance d'actif car elle prive ledit mandataire du droit de représenter le débiteur (il s'agissait toutefois d'une caution réelle et on aurait pu considérer que les dispositions de l'article 2169 du Code civil [8] ne s'appliquaient pas, mais la deuxième chambre a occulté le débat sur la nature de cette sûreté [9]). Lorsque la procédure est menée par un créancier hypothécaire exerçant son droit de suite, la deuxième chambre de la Cour de cassation a jugé en 2002 que ce créancier n'avait pas à déclarer sa créance à la procédure collective du tiers acquéreur [10].

1. L. nº 98-46, 23 janv. 1998, renforçant la protection des personnes surendettées en cas de saisie immobilière, *JO* 24 janv., p. 1127.
2. EN CE SENS, pour le débiteur, TGI Chartres, 9 sept. 1999, nº 65/99, Saada c/Sofapi, inéd.
3. C. civ., art. 2464 (transf. par Ord. 23 mars 2006).
4. Civ. 17 mars 1886, *DP* 1886. 1. 340 – Civ. 7 mars 1893, *DP* 1893. 1. 156; *S.* 1896. 1. 348 – Req. 9 nov. 1938, *S.* 1939. 1. 22 – Civ. 3e, 3 déc. 1980, *Bull. civ.* III, nº 254.
5. Civ. 2e, 5 juill. 1982, nº 81-12.931, *Bull. civ.* II, nº 103; *D.* 1982. IR 429; *Bull. civ.* II, nº 103.
6. Civ. 2e, 3 déc. 1980, nº 79-12.431, *Bull. civ.* II, nº 254.
7. Civ. 1re, 14 nov. 1984, nº 83-13.333, *Bull. civ.* I, nº 304.
8. C. civ., art. 2464 (transf. par Ord. nº 2006-346, 23 mars 2006).
9. Civ. 2e, 17 oct. 2002, nº 01-13.553, *Bull. civ.* II, nº 232; *RTD civ.* 2003. 325, obs. Crocq.
10. Com. 11 juin 2002, nº 00-20.981, *Bull. civ.* IV, nº 103 – Com. 15 oct. 2002, nº 99-17.526, NP; *D.* 2002. 2470; *JCP* 2002. II. nº 10116, note Rémery; *JCP* 2003. I. 113, nº 6, obs. Cabrillac; *RTD civ.* 2003. 328, obs. Crocq; *Defrénois* 2003, art. 37691, nº 24, p. 417, obs. Théry – Com. 10 mars 2004, nº 02-16.474, *Bull. civ.* IV, nº 47; *D.* 2004. Somm. 2146, obs. Le Corre.

1322.38 **Rapports avec le commandement.** Les deux actes se complètent l'un par l'autre et sont liés entre eux de telle sorte que la nullité de l'un réfléchit nécessairement sur l'autre en paralysant ses effets légaux[1]. Le tiers détenteur pourra se prévaloir du commandement au même titre que le débiteur[2]. Toutefois, seule la sommation doit être publiée (v. s[s] n° 1322.21); le commandement de payer délivré au débiteur qui n'est plus propriétaire du bien immobilier grevé d'hypothèque n'est pas soumis aux dispositions de l'article 674 ACPC[3].

§ 2 Effets

1322.41 **Option pour le tiers détenteur.** La sommation ouvre une option dans le délai de trente jours de l'article 2169 du Code civil : payer, délaisser, purger ou subir la saisie (v. s[s] n°s 1313.31 s.). Dans le dernier cas, la procédure sera identique à une saisie immobilière contre le débiteur. Le tiers saisi est-il alors considéré comme le saisi et peut-il invoquer le bénéfice des mêmes textes ? Rien ne semble l'interdire[4].

1322.42 **Immobilisation des fruits au profit du créancier.** La sommation rend le tiers comptable des fruits dès sa signification. Cette différence de régime avec la saisie dirigée contre le débiteur (les fruits ne sont immobilisés qu'à compter de la publication du commandement, v. s[s] n°s 1321.241 à 1321.244) ne s'expliquerait que par le fait que les dispositions applicables au tiers saisi sont plus anciennes que celles qui gouvernent le sort du débiteur, la réforme de 1938 ayant « oublié » le tiers saisi.

La sommation opère dans ce cas plus qu'une mise en demeure : dès sa signification elle immobilise les fruits, sans attendre la publication, en vertu de l'article 2176[5] du Code civil. Selon cet article encore, il semble que la sommation délivrée produise effet pendant trois ans; indépendamment de sa publication, se pose la même question qu'à l'occasion d'une saisie immobilière : comment résoudre le conflit de droits né de la signification d'une saisie attribution, le même jour que la délivrance de la sommation ? (v. s[s] n° 1321.242).

1. Civ. 17 mars 1886, *DP* 1886. 1. 340.
2. Pour un cas de péremption du commandement, Civ. 2e, 31 janv. 1990, n° 88-14.506, *Bull. civ.* II, n° 19; *D.* 1990. Somm. 348.
3. Civ. 2e, 1er févr. 2006, n° 04-12.018, *Bull. civ.* II, n° 39.
4. Pour le bénéfice de l'art. 703 ACPC, T. civ. Seine, 7 févr. 1952, *JCP A* 1952. IV. 1834, obs. G. M. – De même, pour la faculté de conversion en vente volontaire : Civ. 2e, 8 mars 2007, n° 06-11.848, NP.
5. C. civ., art. 2471 (transf. par Ord. n° 2006-346, 23 mars 2006).

SECTION 2 PUBLICATION DES ACTES

1322.51 **Délai.** Hormis lorsque l'aliénation de l'immeuble n'a été révélée que par les états sur formalité, requis après délivrance du commandement au débiteur, seule la sommation sera publiée afin d'emporter les effets de la publication à l'égard du détenteur[6].

Pour publier la sommation, l'article 2169[7] du Code civil impose un délai minimal avant de pouvoir procéder à la vente : trente jours après commandement fait au débiteur et sommation faite à tiers détenteur. Ce délai va se décompter à partir du dernier acte, soit à partir de la sommation puisqu'elle ne peut être antérieure au commandement. Seule la vente et non la saisie, ne peut intervenir moins de trente jours après la sommation faite au détenteur[8].

1322.52 **Péremption.** Il avait été jugé que le tiers détenteur pouvait se prévaloir de la péremption du commandement au même titre que le débiteur[9]. Cette péremption du commandement entraînait celle de la sommation au tiers détenteur[10]. Le créancier devait alors délivrer un nouveau commandement et une nouvelle sommation s'il voulait reprendre les poursuites. Toutefois, la deuxième chambre ayant jugé en février 2006 que le commandement de payer délivré au débiteur qui n'est plus propriétaire du bien n'est pas soumis aux dispositions de l'article 674 ACPC (v. s[s] n° 1322.21), ces jurisprudences paraissent aujourd'hui dénuées de sens.

L'article 2176[11] du Code civil semble maintenir les effets de la sommation pendant trois ans, indépendamment d'une éventuelle publication; mais selon la jurisprudence ce texte ne viserait que l'immobilisation des fruits[12].

SECTION 3 EFFETS

1322.61 **Précision.** Il faut ici plutôt parler des effets de la délivrance de la sommation que de ceux de sa publication.

1322.62 **Effets identiques à la publication du commandement de saisie contre le débiteur.**

6. Civ. 2e, 1er févr. 2006, n° 04-12.018, *Bull. civ.* II, n° 39.
7. C. civ., art. 2464 (transf. par Ord. n° 2006-346, 23 mars 2006).
8. Civ. 2e, 1er févr. 2006, n° 04-12.018, *Bull. civ.* II, n° 39.
9. Civ. 17 mars 1886, *DP* 1886. 1. 340; *S.* 1886. 1. 207.
10. Civ. 2e, 31 janv. 1990, n° 88-14.506, *Bull. civ.* II, n° 19.
11. C. civ., 2471 (transf. par Ord. n° 2006-346, 23 mars 2006).
12. Req. 25 nov. 1862 et Civ. 17 mars 1886 – Nîmes, 2 déc. 1912, *DP* 1913. 2. 241.

Lorsque la procédure est dirigée contre un tiers détenteur, la délivrance de la sommation emporte restriction des droits du tiers saisi, lequel est également considéré comme constitué séquestre dans les intérêts des créanciers. Tout incident devient encore un incident de saisie emportant compétence particulière du juge des criées (v. s^s n° 1321.271).

1322.63 **Responsabilité du tiers détenteur.** L'article 2175 [1] du Code civil rend le tiers responsable vis-à-vis des créanciers hypothécaires ou privilégiés des détériorations qui procèdent de son fait ou de sa négligence; il leur doit indemnisation dans ce cas.

1322.64 **Impenses et améliorations.** Selon l'article 2175 [2] du Code civil, il peut répéter ses impenses et améliorations mais seulement jusqu'à concurrence de la plus-value résultant de l'amélioration de l'immeuble [3]. L'article 2175 du Code civil ne distingue pas selon la nature des impenses. Il semble que le tiers puisse se faire rembourser ses dépenses d'entretien [4], la question se discutant de savoir s'il peut obtenir réparation intégrale des impenses nécessaires à la conservation de l'immeuble. La plus-value sera appréciée à la date de l'adjudication définitive [5]; mais le tiers détenteur ne disposera d'aucun privilège sur le prix d'adjudication pour se faire payer sa créance d'impenses ou d'améliorations et il ne pourra exercer de droit de rétention sur l'immeuble [6]. Peut-il faire insérer une clause en ce sens dans le cahier des charges ? Il n'est pas certain que cette clause soit aujourd'hui jugée licite (v. s^s n° 1323.73).

1. C. civ., art. 2470 (transf. par Ord. n° 2006-346, 23 mars 2006).
2. C. civ., art. 2470 (transf. par Ord. n° 2006-346, 23 mars 2006).
3. Civ. 8 déc. 1897, *DP* 1898. 1. 161 – Civ. 27 janv. 1914, *DP* 1916. 1. 97.
4. Req. 2 avr. 1886, *DP* 1887. 1. 293.
5. Civ. 8 déc. 1897 et Civ. 27 janv. 1914, préc. s^s prés^t n°.
6. Civ. 14 nov. 1881, *DP* 1882. 1. 168; *S.* 1882. 1. 257.

CHAPITRE

1323. Phase de poursuite : préparation de la vente

ANNE LEBORGNE
PROFESSEUR À L'UNIVERSITÉ D'AIX-MARSEILLE

SECTION 0
ORIENTEUR

1323.00 **Plan du chapitre.**

Division – Précision. La procédure à tiers détenteur se poursuivant dans les mêmes conditions et délais que la saisie contre le débiteur, il ne sera plus nécessaire, à partir de maintenant, de distinguer ces procédures : rédaction et dépôt du cahier des charges (sect. 1), réquisitions sur formalités et sommations (sect. 2), audience éventuelle (sect. 3), et publicités (sect. 4) se présentent de la même manière que lorsque le créancier agit contre le débiteur.

Rappel : régime applicable à la saisie immobilière (ancien Code de procédure civile ou réforme). La procédure de saisie immobilière a été réformée par l'ordonnance n° 2006-461 du 21 avril 2006 qui a modifié le Code civil [1], et par le décret n° 2006-936 du 27 juillet 2006 [2], qui a abrogé les articles 673 à 717 ACPC. Le décret, entré en vigueur le 1er janvier 2007, n'est pas applicable aux procédures de saisies immobilières ayant donné lieu, avant son entrée en vigueur, au dépôt du cahier des charges prévues à l'article 688 ACPC. Les développements suivants, consacrés à la procédure telle que réglementée par l'ancien Code de procédure civile, ont donc été maintenus.

1323.05 Objectifs. Au moment de la délivrance du commandement, la menace de saisie demeure encore relativement confidentielle; seuls, le créancier poursuivant, le débiteur et éventuellement le tiers détenteur à compter de la délivrance de la sommation, en ont connaissance. La phase suivante consiste à fixer les conditions de la vente et porter à la connaissance des créanciers inscrits l'existence de la saisie. En vue de la vente forcée, il faut ménager à la fois les intérêts du saisi, ceux des créanciers inscrits et ceux du poursuivant, notamment en permettant à ce dernier de faire précéder l'adjudication d'une large publicité pour espérer que les enchères montent.

SECTION 1
RÉDACTION ET DÉPÔT DU CAHIER DES CHARGES

1323.11 Déroulement. Une fois le commandement régulièrement publié, les droits des créanciers inscrits et du poursuivant sont préservés pour trois ans (v. s^s n° 1321.250). Il est donc possible de passer à la réalisation du gage. C'est le poursuivant qui rédige le cahier des charges et le dépose au greffe où les créanciers inscrits et le saisi pourront en prendre connaissance.

§ 1
Rédaction

1323.20 Importance du cahier des charges. C'est l'avocat poursuivant qui en établit le projet pour que soient fixées les conditions de la vente forcée, selon les dispositions de l'article 688 ACPC; il ne liera les parties et les tiers à la procédure qu'une fois passée l'audience éventuelle au cours de laquelle le saisi, les créanciers inscrits, et même le poursuivant pourront y apporter des modifications et y faire des ajouts. Ce faisant, il présente une nature juridique très particulière et son contenu doit être examiné en détail.

A.
Auteur

1323.21 Avocat du poursuivant. C'est l'avocat du poursuivant qui fixe les conditions de la vente aux enchères, sans qu'il lui soit besoin de justifier d'un pouvoir spécial (pour les ventes sur faillite, v. le pouvoir du juge-commissaire s^s n°s 1412.32 s.)

1323.22 Cahier des charges type. Certains conseils de l'ordre ont fait établir des cahiers des charges types que les avocats du ressort doivent respecter. La Cour de cassation admet cette pratique sous certaines conditions [3] (v. aussi s^s n° 1325.61 – et à propos de la surenchère, v. s^s n° 1342.21). Il n'est cependant pas exclu d'en discuter les clauses, par voie de dire déposé avant l'audience éventuelle (v. s^s n° 1324.131).

1323.23 Absence du saisi. Le saisi ne participe pas à l'élaboration de ces conditions. Avant la loi n° 98-46 du 23 janvier 1998 [4], la seule faculté qui s'offrait à lui pour reprendre l'initiative de la vente était de solliciter la conversion en vente volontaire (v. s^s n°s 1324.20 s.). La jurisprudence ne lui reconnaissait pas le pouvoir de contester les conditions fixées par le poursuivant, notamment quant à la mise à prix (v. s^s n° 1323.46). La loi du 23 janvier 1998 permet désormais au débiteur dont le loge-

1. Ord. n° 2006-461, 21 avr. 2006, réformant la saisie immobilière, *JO* 22 avr., p. 6072.
2. Décr. n° 2006-936, 27 juill. 2006, *relatif aux procédures de saisie immobilière et de distribution du prix d'un immeuble*, *JO* 29 juill., p. 11316.
3. Civ. 1re, 15 févr. 1983, n° 82-11.888, *Bull. civ.* II, n° 59; *Gaz. Pal.* 1983. 1. 271; *D.* 1984. IR 117, obs. Brunois.
4. L. n° 98-46, 23 janv. 1998, renforçant la protection des personnes surendettées en cas de saisie immobilière, *JO* 24 janv., p. 1127.

ment principal fait l'objet d'une saisie immobilière de contester la mise à prix pour cause d'insuffisance manifeste (L. 23 janv. 1998, art. 2, mod. ACPC, art. 690 – et v. s[s] n° 1323.61). Cette mesure n'est prévue que lorsque la saisie porte sur le logement principal du débiteur ce qui exclut, si on s'en tient à une lecture stricte du texte, non seulement les propriétaires d'immeubles non affectés au logement principal mais encore les tiers détenteurs dont le logement principal est saisi, ce qui ne s'explique pas en opportunité.

1323.24 Forme et responsabilité. Il est rédigé sous forme de minute, non grossoyée (ACPC, art. 688 *in fine*). Il est signé par l'avocat qui en porte officiellement le contenu à la connaissance des tiers, sous sa responsabilité professionnelle (ainsi dans le cas d'une omission d'informations sur la TVA à acquitter[1]; v. aussi s[s] n° 1323.31). L'avocat du créancier poursuivant peut encore voir sa responsabilité engagée dans ses rapports avec son mandant.

B.
Nature juridique

1323.31 D'un projet à une convention. Le cahier des charges est le document qui va fixer les conditions juridiques de la vente aux enchères. L'avocat du poursuivant le rédige et le dépose; on pourrait penser qu'il s'impose dès lors au saisi, aux créanciers et aux enchérisseurs. En réalité, jusqu'à l'audience éventuelle, des dires peuvent le modifier ou le compléter (v. s[s] n°s 1323.180 s.). Il est donc plus exact de considérer qu'il n'a, dans l'attente de cette audience, pas encore force obligatoire, qu'il n'est qu'à l'état de projet. Il ne devient la loi des parties qu'à l'issue de l'audience éventuelle en vue de laquelle des dires peuvent être déposés, par le poursuivant ou tout autre créancier inscrit, en vertu de l'article 690 ACPC. Il a ainsi été jugé qu'un dire déposé après l'audience éventuelle ne faisait pas partie intégrante du cahier des charges[2].

Traditionnellement, la jurisprudence enseigne qu'en matière de saisie immobilière, « *le cahier des charges constitue une convention ayant force obligatoire entre le saisissant, les créanciers du saisi, le saisi lui-même et l'adjudicataire* »[3].

Mais par ailleurs, les dispositions de l'article 1147 du Code civil ne sont pas appliquées dans les rapports du poursuivant et de l'adjudicataire; en cas d'erreur ou d'omission[4] au cahier des charges, la responsabilité du créancier poursuivant sera établie sur le fondement de l'article 1382 du Code civil[5]. Et parce qu'il n'existe pas non plus de contrat entre l'avocat rédacteur du cahier des charges et l'adjudicataire[6], aucune clause du cahier des charges ne peut exonérer par avance le rédacteur de sa responsabilité (stipulant par exemple que tous les renseignements relatifs à la propriété de l'immeuble étaient donnés sans aucune garantie et sans que l'avocat rédacteur puisse en aucune façon être recherché à ce sujet); si elle figure au cahier des charges, cette clause ne pourra être valablement opposée à l'adjudicataire; le rédacteur du cahier des charges y demeure tiers et sa responsabilité professionnelle peut être recherchée sur le fondement de l'article 1382 du Code civil (v. s[s] n° 1323.24).

1323.32 Force obligatoire. Une fois l'audience éventuelle passée, tout ce qui est dans le cahier des charges s'impose aux parties et aux tiers[7] (v. s[s] n° 1323.242).

C.
Contenu du cahier des charges

1323.40 Un document complet. L'article 688 ACPC énumère les mentions que doit contenir ce document mais le rédacteur est libre d'apporter en outre toutes les précisions qui lui paraissent utiles pour fixer les droits concernés, comme pour régler les suites de l'adjudication.

1°
Mentions visées par l'article 688

1323.41 Énonciation du titre exécutoire en vertu duquel les poursuites sont exercées. Il n'est pas demandé au poursuivant de le joindre, ni même

1. Lyon, 10 mars 1989, *Gaz. Pal.* 1989. 1. 116, note Renard.
2. Civ. 2e, 10 juin 2010, n° 09-13.849, NP, dans une espèce où le créancier poursuivant avait découvert, après l'audience éventuelle, l'existence d'une occupation alors que le cahier des charges présentait le bien libre de toute occupation; il s'est avéré que « l'occupant » était en réalité titulaire d'un bail ayant date certaine.
3. Civ. 2e, 1er déc. 1976, n° 74-14.584, *Bull. civ.* II, n° 323; *JCP* 1981. II. 19561 – Civ. 2e, 14 janv. 1981, n° 80-10.693, *Bull. civ.* II, n° 3 – Civ. 3e, 6 nov. 1984, n° 83-13.749, *Bull. civ.* III, n° 184; *Gaz. Pal.* 1985. 1. Pan. 61; *D.* 1985. 547, note Souleau – Civ. 2e, 2 juill. 1986, n° 85-12.884, *Bull. civ.* II, n° 102; *JCP* 1986. IV. 267; *D.* 1987. 110, note Prévault; *Gaz. Pal.* 1987. Somm. 57, obs. Véron.
4. Civ. 2e, 10 juin 2010, n° 09-13.849, préc. s[s] prés[t] n°, où ne pouvant produire aucune pièce de nature à établir qu'il avait porté à la connaissance des parties intéressées à la vente l'information, le créancier poursuivant a été condamné à indemniser l'adjudicataire.
5. Civ. 2e, 14 juin 1984, n° 83-11.837, *Bull. civ.* II, n° 109; *Gaz. Pal.* 1984. 1. Pan. 317, obs. Véron.
6. Civ. 2e, 15 juin 1994, n° 92-18.048, *Bull. civ.* II, n° 155.
7. Civ. 2e, 2 juill. 1986, n° 85-12.884, *Bull. civ.* II, n° 102.

d'en fournir une copie, mais seulement de l'énoncer. Le saisi en effet, en a nécessairement eu connaissance, soit préalablement à la délivrance du commandement, soit lors de la signification de celui-ci (v. s^s^ n°s 1321.31 s.).

1323.42 Énonciation du commandement avec la mention de sa publication et des autres actes intervenus postérieurement. Le créancier doit justifier avoir respecté les prescriptions antérieures; la vérification que le commandement a bien été publié dans les délais peut ainsi être opérée par le saisi et les créanciers inscrits qui viendront consulter le cahier des charges.

1323.43 Désignation de l'immeuble saisi. Il est renvoyé à ce qui est décrit dans le commandement et également au procès-verbal descriptif quand il en a été dressé un (v. s^s^ n° 1321.133), c'est-à-dire à une description minutieuse qui réponde aux exigences du décret de 1955 en matière de publicité foncière : nature, situation, contenance, désignation cadastrale. Une jurisprudence ancienne décide qu'une erreur de peu d'importance n'est pas une cause de nullité si elle n'est pas de nature à porter préjudice aux parties [1].

1323.44 Indication du lotissement s'il y a lieu. Le créancier peut envisager la vente séparée des lots si elle s'avère plus intéressante financièrement.

1323.45 Conditions de la vente. L'ancien Code de procédure civile ne donne aucune précision sur celles-ci, or ce sont là des dispositions très importantes puisqu'elles vont déterminer les droits du futur adjudicataire. Le poursuivant va fournir des informations sur l'état du bien quand bien même l'action en vice caché n'est pas ouverte à l'adjudicataire (v. s^s^ n° 1341.204), sur sa situation juridique et sur tout élément qui lui paraît devoir être porté à la connaissance des candidats à l'adjudication. Il est bon en pratique de se conforter au modèle du cahier des charges type, en ce qui concerne les clauses générales; pour ce qui concerne les clauses « particulières », par définition exclues d'un cahier des charges type, toute information qui paraît utile à l'avocat peut être portée. Ce dernier a en effet intérêt à être le plus précis possible dans sa description du bien, puisqu'il vend sous sa responsabilité (il pourra cependant engager des actions récursoires afin d'obtenir un partage de responsabilités, par exemple, avec l'huissier qui oublierait de vérifier si la constructibilité a changé, lors de l'élaboration du commandement). On rencontre généralement des clauses réglant la transmission de propriété, l'adjudicataire prenant les biens en l'état; des indications sur les servitudes éventuelles; une clause fixant les conditions de l'entrée en jouissance : ici sont précisées les conditions d'occupation éventuelle du bien, les baux consentis, les charges existant, les modalités de paiement du prix, les garanties que devra fournir l'adjudicataire, les frais à payer, *etc.* Toutes précisions destinées à prévenir d'éventuels contentieux.

1323.46 Mise à prix initiale fixée par le poursuivant. C'est toujours le poursuivant qui la fixe, mais il peut désirer la modifier, dès lors qu'il invoque un motif légitime et sérieux (il a été jugé que parvenir à un montant minime peut être constitutif d'un abus de droit [2]). Il doit encore en faire la demande au tribunal avant l'audience éventuelle [3]. Un poursuivant a ainsi été débouté de sa demande de baisse de mise à prix (initialement fixée à 20 000 000 francs, le créancier souhaitant la diminuer à 12 500 000 francs : dans cette espèce, la motivation du créancier était le risque de se voir déclaré adjudicataire sur une mise à prix trop élevée). De fait, la vente n'avait pas été requise lors de l'adjudication, sans doute en l'état de pourparlers en vue d'une solution amiable et le créancier s'était trouvé contraint de reprendre les poursuites ultérieurement. La chute de l'immobilier pouvait, à elle seule, justifier, en équité, une baisse sensible de la mise à prix. Cet élément semble avoir été négligé par le juge au seul motif que la demande de baisse de mise à prix était postérieure à l'audience éventuelle [4]. Cela confirme l'extrême prudence dont doit faire preuve le poursuivant lorsqu'il fixe la mise à prix.

Avant l'entrée en vigueur des dispositions de la loi, un tribunal ne pouvait admettre la demande d'un saisi visant à élever la mise à prix, même si celle fixée par le poursuivant apparaissait insuffisante (en ce sens, un arrêt de la deuxième chambre civile qui fait une application de l'article 688, « *dans sa rédaction alors applicable* » : en l'espèce, le saisi arguait de ce qu'un jugement, prononcé dans le cadre de la licitation de la communauté de biens ayant existé avec son épouse, avait ordonné la liquidation du bien saisi devant notaire sur une mise à prix supérieure [5]). Sur la faculté du saisi, depuis la loi du 23 janvier 1998, de déposer un dire en cas d'insuffisance manifeste de la mise à prix, v. s^s^ n° 1323.62.

1. Bordeaux, 8 déc. 1831, *Jur. gén., V° Vente publique d'immeubles*, n° 769.

2. TGI Limoges, 3 nov. 1988, *JCP* 1989. II. 21346, note Prévault.
3. Civ. 2e, 1er juin 1988, n° 87-13.044, *Bull. civ.* II, n° 130; *D.* 1988. IR 184.
4. Civ. 2e, 22 mai 1995, n° 93-17.109, *Bull. civ.* II, n° 147.
5. Civ. 2e, 14 oct. 1999, n° 97-20.812, SA Le Comptoir des entrepreneurs, NP.

1323.47 **Montant de la mise à prix initiale.** À combien doit-elle être fixée ? Le Code ne prévoit qu'une limite à la baisse, aujourd'hui dérisoire : le total ne peut être inférieur à 500 (anciens) francs (c'est-à-dire 5 francs, soit 0,75 euro). Si l'ancien Code de procédure civile n'en dit pas plus, c'est qu'en matière d'exécution forcée ce qui est recherché c'est l'apurement d'une dette. Il ne s'agit pas d'une vente amiable avec une offre de vente. La difficulté pour le créancier poursuivant tient au fait qu'il faut que la mise à prix soit attractive (sur la responsabilité de l'auxiliaire de justice dans la fixation de la mise à prix en cas de carence d'enchères, v. s[s] n° 1325.141); elle ne correspond en aucune façon à la valeur de l'immeuble, ce que les saisis ne comprennent pas toujours. C'est donc au regard du marché et des spécifications des immeubles que le poursuivant la fixera, sachant qu'à défaut d'enchères il sera déclaré adjudicataire en vertu de l'article 706[1]. Cette circonstance explique que ni les autres créanciers ni le saisi ne peuvent être autorisés à fixer la mise à prix à sa place (sur les pouvoirs du saisi depuis la loi du 23 janvier 1998, v. s[s] n° 1323.62).

2°
Mentions relatives à la fiscalité

1323.51 • **Régime fiscal.** Le rédacteur du cahier des charges doit informer les tiers intéressés du régime fiscal applicable à la vente : soit celle-ci est soumise à la TVA immobilière vente d'un terrain à bâtir, d'un immeuble en cours de construction ou d'un immeuble construit depuis moins de cinq ans dont c'est la première vente depuis son achèvement; CGI, art. 257, I. 2), soit la vente donne lieu au paiement de droits d'enregistrement. Lorsque des droits d'enregistrement doivent être réglés, la charge définitive en incombe à l'acquéreur, qui les réglera en sus du prix (CGI, art. 1712).

1323.52 • **Prix hors taxe ou TVA.** À défaut de stipulation contraire dans le cahier des charges, un prix stipulé sans mention de TVA doit être réputé inclure la taxe, qui sera supportée par celui qui en est redevable en vertu des dispositions du Code général des impôts.

La clause du cahier des charges selon laquelle l'acquéreur supportera la TVA, à la décharge du vendeur, ne signifie pas que l'acquéreur doit régler la taxe pour le compte de celui-ci, mais aux lieu et place du vendeur[2]. Il doit être à cet égard précisé que la formulation de la clause relative à la charge de TVA permettra ou non à l'adjudicataire d'invoquer les éventuels droits à déduction du vendeur. Ainsi, le fait de devoir contractuellement payer la TVA pour le compte du vendeur, ne permettra pas pour autant à l'adjudicataire de prétendre déduire du montant de l'impôt la TVA déjà payée par le vendeur lors de l'acquisition du bien ou de la réalisation des constructions. L'avocat qui n'aura pas fait mention de la TVA due par l'adjudicataire engage sa responsabilité[3].

3°
Mentions relatives à la modification de la mise à prix

1323.61 **Faculté de baisse de la mise à prix.** Hormis le cas où le saisi estime la mise à prix insuffisante et en obtient la modification par le tribunal (v. s[s] n°s 1323.62 s.), la faculté de remettre en vente le bien après baisse partielle (quart ou moitié le plus souvent) n'est pas autorisée. Le saisi doit donc être prudent lors de la détermination de cette mise à prix.

1323.62 **Influence du débiteur.** Avant la loi du 23 janvier 1998, le saisi n'avait aucune possibilité pour faire porter la mise à prix à un chiffre supérieur à celui fixé par le poursuivant[4], hormis lorsqu'il obtenait la conversion en vente volontaire.

Depuis la loi du 23 janvier 1998, il faut distinguer le sort particulier réservé aux débiteurs dont le logement principal est saisi immobilièrement (L. 23 janv. 1998, art. 2) : ils ont désormais la faculté de saisir le tribunal pour contester la mise à prix fixée en cas d'insuffisance manifeste (sur les conditions de dépôt du dire v. s[s] n° 1323.211). Le tribunal tranchera la contestation en tenant compte de la valeur vénale du bien ainsi que des conditions du marché, le cas échéant après consultation ou expertise (ACPC, art. 690, nouvel al.); il incombe au saisi de fournir aux débats des éléments permettant d'accorder crédit à son allégation selon laquelle la mise à prix serait manifestement insuffisante[5]. Pour que le saisi espère avoir une influence sur la mise à prix, il faut donc qu'il s'agisse de son logement principal et qu'il démontre que cette mise à prix est manifestement insuffisante. Il ne pourrait contester un prix qui lui paraîtrait simplement trop

1. Civ. 2e, 8 oct. 1986, n° 84-16.724, *Bull. civ.* II, n° 137; *JCP* 1986. IV. 325; *D.* 1987. 34, note Prévault; *Gaz. Pal.* 1937. Somm. 177, obs. Véron.
2. TGI Bourgoin-Jallieu, 9 mars 1983, *JCP* 1984. IV. 329.
3. Lyon, 10 mars 1988, *JCP* 1988. II. 21155, note Prévault.
4. TGI Chaumont, 25 sept. 1961, *D.* 1962. Somm. 24; *RTD civ.* 1962. 399, obs. Raynaud – Civ. 2e, 19 mai 1976, n° 75-10.150, *Bull. civ.* II, n° 167; *JCP* 1976. IV. 231 – Civ. 2e, 8 oct. 1986, n° 84-16.724, *Bull. civ.* II, n° 137; *JCP* 1986. IV. 325; *D.* 1987. 34, note Prévault; *Gaz. Pal.* 1987. Somm. 177, obs. Véron, alors pourtant que le saisi se fondait sur une expertise précédemment ordonnée pour contester la mise à prix – Civ. 2e, 14 oct. 1999, n° 97-20.812, NP; *Procédures* 2000, n° 170, obs. Junillon.
5. Civ. 2e, 7 déc. 2000, n° 98-22.072, S[té] Secori et a. c/BNP, *Bull. civ.* II, n° 166.

élevé et dissuasif pour les acquéreurs; il est vrai que cela ne sera jamais son intérêt car l'adjudication purgeant les inscriptions (v. s[s] n° 1341.171) le débiteur sera toujours gagnant si le prix est élevé (même s'il y a carence d'enchères puisque le poursuivant sera adjudicataire). La lecture stricte de la loi du 23 janvier 1998 incline à exclure le tiers détenteur du bénéfice de ces dispositions, ce qui ne s'explique que par l'oubli du législateur.

La loi enfin, ne dit pas à la charge de qui l'expertise sera mise. Le saisi étant demandeur devrait normalement faire l'avance de ces frais, mais peut-être pourra-t-il produire une expertise réalisée précédemment[1] ? Si tel n'est pas le cas, les frais d'expertise pourront sans doute être déclarés frais privilégiés de vente (v. s[s] n° 1341.263) et être réglés par préférence sur le prix d'adjudication, le poursuivant en faisant alors l'avance. On peut en déduire qu'au final, les dispositions de la loi du 23 janvier 1998 ne seront pas forcément en faveur du saisi puisqu'elles aboutiront à majorer les frais préalables et ainsi, à diminuer d'autant le prix d'adjudication. Cela d'autant plus que, dans l'hypothèse d'une mise à prix majorée à la demande du saisi, le poursuivant ne sera pas déclaré adjudicataire en cas de carence d'enchères, l'article 4 de la loi prévoyant alors que le bien sera immédiatement remis en vente à l'audience d'adjudication, sur baisses de mise à prix successives fixées par le juge et jusqu'à la mise à prix initiale si nécessaire (ACPC, art. 706 - v. s[s] n° 1325.143). Cette solution toutefois, a failli être remise en cause par la loi du 29 juillet 1998, le gouvernement et le Parlement ayant estimé que ce dispositif était insuffisamment protecteur des intérêts des saisis. L'article 107 de la loi proposait que le créancier soit déclaré adjudicataire d'office pour la mise à prix réévaluée. Cette disposition a été déclarée non conforme à la Constitution car portant atteinte au droit de propriété[2].

1323.63 • **Le saisi, non débiteur** (le tiers détenteur) ou dont le bien saisi n'est pas affecté au logement principal, ne peut envisager de modifier la mise à prix mais il peut toutefois demander la conversion en vente volontaire après la publication du commandement, selon les dispositions de l'article 744 ACPC (v. s[s] n°s 1324.20 s.). La loi du 23 janvier 1998 impose au créancier poursuivant de porter à la connaissance de la partie saisie l'information qu'elle a la faculté de demander la conversion en vente volontaire. Dans le cas où la conversion est accordée (ACPC, art. 744), le poursuivant cède la place, et le saisi lui est subrogé, ce qui lui permettra de modifier la mise à prix. Le poursuivant n'étant plus libre de fixer la mise à prix comme il l'entend, il ne saurait être déclaré adjudicataire à défaut d'enchères.

1323.64 • **Le demandeur à la subrogation des poursuites.** Il peut encore solliciter la modification de la mise à prix (ACPC, art. 724); mais si la subrogation est demandée après la publicité faite ou même commencée, la mise à prix ne pourra être modifiée qu'à la condition que de nouvelles affiches et annonces de l'adjudication soient faites dans les délais fixés par l'article 696 ACPC (v. s[s] n°s 1324.211 s.) avec l'indication de la nouvelle mise à prix.

4°
Autres mentions

1323.71 **Diversité.** Le créancier poursuivant inclut encore dans le cahier des charges des clauses destinées à préciser la situation juridique du bien et à régler les suites de l'adjudication : déclaration de command, interdiction pour le saisi de détériorer le bien; obligation pour l'adjudicataire de publier le jugement; paiement des frais et droits d'enregistrement, attribution de juridiction, élection de domicile, obligation d'effectuer une consignation d'un montant précisé à peine de nullité des enchères, paiement provisionnel au profit du créancier premier inscrit, surenchère, folle enchère.

1323.72 **Situation locative et occupation :**

- indication de l'existence d'un bail : sur la question de savoir si cette mention emporte exercice d'un droit de préemption, même hors des hypothèses légales où un tel droit est ouvert (v. s[s] n° 1323.382);
- cas particulier de la vente d'un entier immeuble d'habitation et clause de prorogation des baux (v. s[s] n° 1323.404);
- indemnité d'éviction (v. s[s] n° 1323.73);
- présence de *squatters;*
- procès en cours.

1323.73 **Clauses illicites.** Pour s'assurer du paiement de leurs créances, des créanciers avaient songé à faire insérer au cahier des charges des clauses de solidarité entre le saisi et l'adjudicataire. Les syndicats de copropriétaires notamment, qui subissent fréquemment de lourds impayés de la part de copropriétaires en difficulté, ceux-là même, bien souvent, qui feront l'objet de mesures d'exécution forcée sur leurs biens, avaient eu recours à ces clauses. Avant la loi n° 94-624 du 21 juillet 1994[3],

1. EN CE SENS, Civ. 2e, 8 oct. 1986, n° 84-16.724, *Bull. civ.* II, n° 137.
2. Cons. const. *29 juill. 1998*, n° 98-403 DC, *JO* 31 juill., *p. 11710*.
3. L. n° 94-624, du 21 juill. 1994, relative à l'habitat, *JO* 24 juill., p. 10685.

qui leur a accordé un privilège spécial immobilier primant le vendeur et le prêteur de deniers (C. civ., anc. art. 2103-1 *bis*[1]), des syndicats avaient tenté d'imposer au poursuivant l'insertion dans le cahier des charges de clauses de solidarité, destinées à obliger l'adjudicataire à régler les impayés du copropriétaire saisi. À la suite d'une évolution, la Cour de cassation avait fini par déclarer ces clauses non écrites, sur le fondement des articles 2093 et 2094 du Code civil[2] au motif qu'elles avaient pour effet de créer un privilège non prévu par la loi, puisque les syndicats de copropriété étaient sûrs d'être payés alors qu'ils n'étaient pas privilégiés[3]. La situation du syndicat de copropriétaires s'est aujourd'hui améliorée (v. s[s] n° 1323.91), mais la question de la validité de ce type de clauses se pose toujours.

Le principe est établi, depuis 1991, qu'il n'est pas permis aux parties de déroger aux règles impératives de la saisie immobilière par les clauses d'un cahier des charges de nature contractuelle; le cahier des charges ne peut modifier directement ou indirectement l'ordre dans lequel le prix des biens du débiteur, qui constitue le gage commun des créanciers, doit être réparti entre eux. La Cour de cassation l'a réaffirmé à propos d'une facture d'eau impayée par le saisi[4], d'un arriéré de cotisations dues à une association foncière ayant pris en charge des travaux de rénovation de lots de copropriété[5] et encore d'une dation en paiement inexécutée du prix de vente du bien saisi[6]. En l'état de ces jurisprudences, il semblait donc qu'étaient illicites non seulement les clauses qui conféraient à un créancier un privilège non prévu par la loi, mais encore les clauses qui imposaient à l'adjudicataire une obligation de nature personnelle, prise par le débiteur au profit d'un créancier.

Parmi les clauses renvoyant à des obligations personnelles du saisi, on peut citer la clause mettant à la charge de l'adjudicataire le paiement de l'indemnité d'éviction due par le bailleur-saisi à son locataire et qui ne l'aurait pas encore réglée. La jurisprudence estime, en effet, que l'obligation demeurant personnelle au bailleur-saisi, ne se transmet pas avec la propriété du bien[7]. Et le locataire, créancier d'une telle indemnité en vertu du décret de 1953, ne pouvant être obligé de quitter les lieux avant de l'avoir reçue, son droit au maintien dans les lieux est opposable à l'acquéreur, même non tenu au paiement de l'indemnité d'éviction[8].

Mais si ces clauses dérogent directement ou indirectement à l'égalité entre créanciers, la nullité devait-elle pour autant être qualifiée d'ordre public ? La deuxième chambre de la Cour de cassation a, depuis, affiné sa réflexion, à propos des arriérés de charges de copropriété. Elle estime qu'un adjudicataire est irrecevable à invoquer l'illicéité d'une clause de nature à modifier, directement ou indirectement, l'ordre dans lequel le prix de vente sera réparti entre les créanciers[9]. L'adjudicataire n'aurait donc pas qualité pour arguer de l'illicéité de la clause (sa demande ayant été jugée irrecevable, il faut en déduire qu'il est sans intérêt pour agir ?), ce qui n'interdirait pas au saisi et aux créanciers inscrits de soulever la nullité lors de l'audience éventuelle. La solution a surpris, mais elle rejoint l'analyse de la chambre commerciale qui considère que, s'agissant des créanciers inscrits et du saisi, la nullité des clauses illicites devrait être soulevée, à peine d'irrecevabilité, avant l'audience éventuelle[10] (v. s[s] n° 1323.242). Ainsi, seuls les créanciers inscrits et le saisi auraient qualité pour contester la validité de ces clauses dérogeant à l'égalité des créanciers, mais ne pourraient le faire que jusqu'à l'audience éventuelle qui fixe le contenu du cahier des charges. L'adjudicataire, n'étant pas lésé par la clause et ayant été informé de son existence par la lecture du cahier des charges ne pourrait faire modifier, après l'adjudication, le montant de ses obligations. Cette jurisprudence a été réaffirmée depuis[11].

1323.74 Clause fixant le point de départ des contributions. Le cahier des charges peut en revanche dire que l'adjudicataire payera les contributions et charges de toute nature dont les biens sont grevés à compter du jour fixé pour son entrée en jouissance; dans ce cas, on ne peut lui réclamer l'arriéré sans dénaturer la clause[12].

1. C. civ., art. 2374, 1° *bis* (transf. par Ord. n° 2006-346, 23 mars 2006).
2. C. civ., art. 2285 et 2323 (transf. par Ord. n° 2006-346, 23 mars 2006).
3. Civ. 3e, 6 mars 1991, n° 88-17.828, *Bull. civ.* III, n° 76; *D.* 1992. 113, note Souleau.
4. Civ. 2e, 2 déc. 1992, n° 91-16.582, *Bull. civ.* II, n° 296; *D.* 1994. 116, note Verschave.
5. Civ. 2e, 13 mars 1996, n° 93-11.755, *Bull. civ.* II, n° 61; *Gaz. Pal.* 1996. 2. Pan. 282.
6. Civ. 2e, 9 juill. 1997, n° 95-19.232, *Bull. civ.* II, n° 217; *JCP* 1998. I. 103, obs. Delebecque; *RTD civ.* 1998. 128 obs. Gautier.
7. Civ. 3e, 27 oct. 1993, n° 91-18.859, NP; *Rev. huiss.* 1994. 318; *Rev. loyers* 1994. 105; *JCP* 1995. II. 22390, note Boccara – Civ. 3e, 10 déc. 1997, n° 95-16.510, NP; *D. Affaires* 1998. 100.
8. Civ. 3e, 18 févr. 1998, n° 96-15.030, *Bull. civ.* III, n° 37.
9. Civ. 2e, 18 févr. 1999, n° 97-12.323, *Bull. civ.* II, n° 30 – OBS. CRIT. Julien, *D.* 1999. Somm. 218 – Comp. J. Junillon, *Procédures* 1999, n° 157, qui s'en réjouit.
10. Com. 3 févr. 1998, n° 94-18.991, NP; *Procédures* juill. 1998, n° 176.
11. Civ. 2e, 21 déc. 2000, n° 99-11.333, NP; *Loyers et copr.* 2001, n° 98 – A. Cermolacce, « Validité des clauses de paiement des charges de copropriété insérées dans un cahier des charges », *JCP N* 2002, n° 1616 – Civ. 3e, 27 juin 2001, n° 99-18.780, NP – Civ. 2e, 7 juill. 2011, n° 10-13.913, NP.
12. Civ. 2e, 8 janv. 1992, n° 90-18.508, *Bull. civ.* II, n° 6.

1323.75 Clauses relatives à l'état de l'immeuble : le dossier de diagnostic technique. Depuis quelques années, le législateur a cherché à améliorer la protection des acquéreurs de bien immobilier et à organiser l'assainissement de l'habitat. Il en est résulté successivement des obligations d'information spécifiques sur l'état de l'immeuble à la charge des propriétaires désireux de vendre leur bien : présence (ou absence) d'amiante, de plomb, de termites, état de l'installation intérieure de gaz, état des risques naturels et technologiques dans certaines zones sensibles, diagnostic de performance énergétique, état de l'installation intérieure d'électricité et encore document établi à l'issue du contrôle des installations d'assainissement non collectif. Ces obligations s'imposent-elles au professionnel qu'est l'avocat, rédacteur du cahier des charges ? La question n'avait pas clairement été réglée par le législateur jusqu'à ce que l'ordonnance n° 2005-655 du 8 juin 2005 relative au logement[1], impose au vendeur de tout ou partie d'un immeuble bâti, de fournir un dossier de diagnostic technique. L'article L. 271-4 Code de la construction et de l'habitation précise désormais, qu'en cas de vente publique, le dossier de diagnostic technique est annexé au cahier des charges. Ainsi, les ventes judiciaires offrent à l'acquéreur sur adjudication les mêmes informations que celles qu'il aurait obtenues en achetant à l'amiable.

D.
Spécificités de la saisie d'un immeuble en copropriété

1°
Généralités

1323.81 Règlement de copropriété. Il n'est pas nécessaire de joindre le règlement de copropriété mais les références de publication à la Conservation des hypothèques figurent dans la désignation du bien faite dans le commandement et reprise au cahier des charges. En matière de bail d'habitation, alors même que le locataire n'est en principe titulaire que d'un droit personnel contre son bailleur, le législateur impose de communiquer au locataire des extraits du règlement de copropriété concernant la destination de l'immeuble, la jouissance et l'usage des parties communes et de préciser la quote-part afférente au lot loué dans chacune des catégories de charges (L. 6 juill. 1989, art. 3). La situation est ici différente puisque l'adjudicataire deviendra titulaire de droits réels.

1. Ord. n° 2005-655, 8 juin 2005, relative au logement et à la construction, *JO* 9 juin, p. 10083.

1323.82 Clauses relatives aux charges. La pratique s'était interrogée sur l'opportunité de faire insérer aux cahiers des charges des clauses mettant à la charge de l'adjudicataire, en sus du prix, le règlement des dernières années de charges de copropriété impayées. Une telle obligation en effet, ne modifie plus l'ordre de distribution du prix (v. s[s] n° 1323.91) et présente l'avantage, pour le syndicat d'être payé sans avoir à concourir à la procédure de distribution. Compte tenu de l'évolution de la jurisprudence de la deuxième chambre de la Cour de cassation sur ces clauses, cette faculté semble envisageable, il faut cependant se souvenir que la troisième chambre n'a pas rendu, à ce jour, de décision dans le même sens (v. s[s] n° 1323.73). Seuls les créanciers inscrits et le saisi pourraient s'y opposer en démontrant une atteinte à l'égalité des créanciers et à condition d'avoir déposé un dire en nullité avant l'audience éventuelle.

2°
Arriéré de charges : privilège occulte du syndicat de copropriétaires

1323.91 Principe. Le syndicat dresse l'état de la dette éventuelle du copropriétaire saisi. Depuis le 1er janvier 1995, date d'entrée en vigueur de la loi du 21 juillet 1994, par l'insertion d'un 1 *bis* à l'article 2103 du Code civil[2], les syndicats de copropriété jouissent d'un privilège occulte pour le paiement des charges et travaux des articles 10 et 30 de la loi n° 65-557 du 10 juillet 1965[3] : ils sont préférés aux vendeur et prêteur de deniers pour les créances afférentes aux charges et travaux de l'année courante et des deux dernières années échues, et viennent conjointement avec le vendeur et le prêteur de deniers pour les charges et travaux relatifs à l'année courante et aux quatre dernières années échues.

1323.92 • Conditions. Lors de la mutation à titre onéreux d'un lot et si le vendeur n'a pas présenté au notaire un certificat du syndic ayant moins d'un mois de date attestant qu'il est libre de toute obligation à l'égard du syndicat, avis de la mutation doit être donné au syndic de l'immeuble par lettre recommandée avec avis de réception, ce qui permet au syndic de former opposition au versement des fonds et ainsi de mettre en œuvre le privilège (L. 10 juill. 1965, art. 20, mod. par L. 21 juill. 1994). Le décret n° 95-162 du 15 février 1995 pris pour l'application de l'article 20 de la loi du

2. C. civ., art. 2374 (transf. par Ord. n° 2006-346, 23 mars 2006).
3. L. n° 65-557, du 10 juill. 1965, fixant le statut de la copropriété des immeubles bâtis, *JO* 11 juill., p. 5950.

10 juillet 1965 modifiée[1], a modifié le décret n° 67-223 du 17 mars 1967[2] afin de préciser que, si le lot fait l'objet d'une vente sur licitation ou saisie immobilière, l'avis de mutation est donné au syndic selon le cas, soit par le notaire, soit par l'avocat du demandeur ou du créancier poursuivant.

1323.93 • **Délai.** Jusqu'à la loi n° 2000-1208 du 13 décembre 2000, dite « loi SRU »[3], aucun délai n'était prévu pour délivrer l'avis de mutation au syndicat. L'article 81-3 de la loi du 13 décembre 2000 a remédié à ce silence en ajoutant à l'article 20 de la loi du 10 juillet 1965, pour imposer la notification de l'avis dans un délai de quinze jours à compter de la date du transfert de propriété (v. pour un ex. d'inconvénient de l'absence de délai, où il a été jugé que le délai pour former opposition n'avait pas couru, le poursuivant, en l'occurrence le syndicat de copropriétaires, ne s'étant pas envoyé à lui-même, l'avis de mutation ![4]). Mais quelle date devra être retenue lorsque la vente se déroulera aux enchères ? La date de l'adjudication qui produit des effets entre le saisi et l'adjudicataire, la date de la publication du jugement d'adjudication à la Conservation des hypothèques ? Avant l'entrée en vigueur de cette loi, les praticiens considéraient que l'avocat poursuivant devait donner avis de mutation avant de déposer le cahier des charges pour solliciter l'attestation du syndic et la joindre au cahier des charges. L'article 5-1 du décret de 1967, dans sa rédaction issue du décret du 15 février 1995, n'a pas été modifié par la loi SRU et les pratiques, commandées par la logique, semblent être demeurées.

1323.94 • **Difficultés.** Pour que les syndicats puissent faire jouer ce privilège, encore faut-il que l'opposition formée soit régulière. Sur ce point la jurisprudence apporte peu à peu des précisions utiles.

Tout d'abord, sur la personne auprès de qui former opposition. L'article 20 de la loi du 10 juillet 1965 peut en effet apparaître imprécis qui dispose simplement que « *le syndic peut former au domicile élu, par acte extrajudiciaire opposition au versement des fonds* ». Dans le cas d'une vente sur saisie, la Cour de cassation a approuvé une cour d'appel d'avoir refusé de considérer comme valable une opposition formée au domicile du bâtonnier séquestre du prix d'adjudication. Le séquestre a été regardé comme « *tiers étranger à la procédure de mise en œuvre du privilège spécial du syndicat* ». Le syndicat soutenait que le domicile élu devait nécessairement s'entendre du domicile de la personne auprès de laquelle les fonds ont été séquestrés ; la Cour de cassation, sans se prononcer plus précisément sur le destinataire de l'opposition, a rejeté cette analyse[5]. C'est manifestement auprès de l'avocat du créancier poursuivant que l'opposition doit être formée, à charge pour lui, s'il n'ouvre pas l'ordre, de transmettre à l'avocat du créancier le plus diligent, à la partie ou à l'adjudicataire qui y procédera en vertu de l'article 750 ACPC.

Ensuite, quant aux éléments que doit contenir l'opposition : la cour d'appel de Paris a ainsi refusé le bénéfice du privilège à un syndicat de copropriétaires parce que l'opposition formée par le syndic n'énonçait pas de manière précise les causes et le montant des créances de l'année courante, des deux dernières années échues et des deux années antérieures[6].

3°
Garantie de contenance

1323.101 • **Objet.** La loi n° 96-1107 du 18 décembre 1996, dite « loi Carrez », améliorant la protection des acquéreurs des lots de copropriété[7] a rétabli un article 46 dans la loi du 10 juillet 1965 (fixant le statut de la copropriété) qui dispose que tout contrat réalisant ou constatant la vente d'un lot ou d'une fraction de lot de copropriété doit mentionner la superficie de la partie privative de ce lot ou fraction de lot. À défaut, la nullité de l'acte peut être invoquée. Si la superficie est supérieure à celle indiquée dans l'acte, l'excès de mesure ne donne lieu à aucun supplément de prix mais si la superficie est inférieure de plus d'un vingtième à celle exprimée dans l'acte, le vendeur, à la demande de l'acquéreur, supporte une diminution de prix proportionnelle à la moindre mesure. L'article 46 s'applique quelle que soit l'affectation de l'immeuble mais la loi prévoit deux séries d'exceptions (L. 10 juill. 1965, art. 46, al. 3) tenant compte de la nature du lot (exclusion des caves, garages et emplacements de stationnement) et de la superficie ; si elle est inférieure à 8 m^2, l'article n'est plus applicable (Décr. n° 97-532, 23 mai 1997[8]).

1. Décr. n° 95-162, 15 févr. 1995, modifiant le décret n° 67-223 du 17 mars 1967 pris pour l'application de la loi n° 65-557 du 10 juillet 1965 fixant le statut de la copropriété des immeubles bâtis, *JO* 17 févr., p. 2615.
2. Décr. n° 67-223, 17 mars 1967, portant rap pour l'application de la loi n° 65-557 du 10 juillet 1965 fixant le statut de la copropriété des immeubles bâtis, *JO* 22 mars, p. 2742.
3. L. n° 2000-1208, 13 déc. 2000, relative à la solidarité et au renouvellement urbains, *JO* 14 déc., p. 19777.
4. Civ. 3e, 18 juill. 2001, n° 00-13.404, *Bull. civ.* III, n° 99.
5. Civ. 3e 28 févr. 2001, n° 99-15.330, *Bull. civ.* III, n° 24.
6. Paris, 4 mars 2003, *Gaz. Pal.* 6-7 juin 2003, p. 27, note Pansier.
7. L. n° 96-1107, 18 déc. 1996, améliorant la protection des acquéreurs des lots de copropriété, *JO* 19 déc., p. 18688.
8. Décr. n° 97-532, 23 mai 1997, portant définition de la superficie privative d'un lot de copropriété, *JO* 29 mai, p. 8156.

1323.102 • **Domaine.** La question s'est posée de savoir si cette garantie de contenance était due en cas de vente forcée et comment la diminution de prix pouvait être appliquée.

La doctrine majoritaire avait opté pour une réponse positive estimant que la référence à un acte, sans plus de précision, permettait d'envisager aussi bien les ventes amiables que les ventes aux enchères, forcées ou volontaires[1]. Les décisions de première instance publiées étaient en ce sens[2]. La même solution semblait pouvoir être appliquée pour la licitation-partage et les ventes sur faillite[3]. Un arrêt de la cour d'appel de Paris avait relancé le débat en écartant l'application de la loi du 18 décembre 1996[4], et c'est cette solution qui a également été adoptée par la Cour de cassation. Pour exclure les dispositions de la loi Carrez des ventes sur saisie immobilière, la deuxième chambre raisonne sur la nature du jugement d'adjudication. Celui-ci ne « *constituant pas un jugement constatant ou réalisant une vente* », les dispositions de la loi du 18 décembre 1996 sont sans application aux ventes sur poursuites de saisie immobilière[5]. On peut regretter cette solution qui revient à traiter différemment deux acquéreurs, sans raison logique[6], mais elle a le mérite de la clarté.

§ 2
Dépôt du cahier des charges

1323.111 **Lieu et formalités.** Le poursuivant dépose le cahier des charges au greffe du tribunal, c'est-à-dire au tribunal de grande instance (TGI) du lieu de situation de l'immeuble, auprès du greffe de la chambre des criées. L'article 688 ACPC ne le précisant pas, la justification du dépôt varie selon les tribunaux : acte de dépôt, visa apposé sur un double, *etc.*

1323.112 **Délai.** Dans les quarante jours au plus tard après la publication du commandement. La computation des délais s'effectue selon les dispositions des articles 641 et suivants C. pr. civ. Selon l'article 715 ACPC, le délai de l'article 688 du même code est prévu à peine de déchéance[7] et la déchéance édictée par ce texte est, en principe, encourue de plein droit sans que soit exigée la preuve d'un grief[8]. Le fait que le cahier des charges n'ait pas été déposé dans les délais interdit au poursuivant de se prévaloir des actes postérieurs; le juge ne peut le relever de la déchéance acquise[9] et la nullité de la procédure peut être soulevée et le commandement radié[10]. Une décision a admis que la déchéance pouvait être soulevée d'office par le tribunal[11].

1323.113 **Immeubles situés dans deux ressorts de conservation d'hypothèque.** Si, les immeubles saisis étant situés dans le ressort de deux conservations des hypothèques, la publication n'a pas été effectuée le même jour et s'il s'est écoulé plus de quarante jours entre la première publication et le dépôt du cahier des charges, la déchéance de la poursuite est acquise pour les immeubles visés par la première publication car il était loisible au créancier de faire procéder à la signification de deux commandements distincts[12].

SECTION 2
ÉTATS SUR FORMALITÉ ET SOMMATIONS

1323.120 **Plan.** Pour délivrer les sommations de prendre connaissance du cahier des charges, le créancier n'a d'autre obligation que de s'en tenir aux informations portées sur les états. Les réquisitions sur formalités sont souvent sollicitées lors du dépôt du commandement aux fins de publication, mais le lien qui les unit aux sommations justifie que les deux questions soient traitées dans un même paragraphe.

§ 1
États sur formalité

1323.121 **Réquisitions.** Le créancier doit requérir du conservateur l'état des créanciers inscrits à la date de publication du commandement, en vertu de

1. Giverdon, *RDI* 1997. 32 – M. Dagot, « Garantie de contenance du lot de copropriété vendu », *JCP* 1997. I. 4034 – EN SENS INVERSE, Hocquard, « De la nature du jugement d'adjudication », *Gaz. Pal.* 1997. 2. Doctr.
2. TGI Dijon 9 nov. 1999, *RDI* 2000. 228, obs. Théry – TGI Paris, 2e ch., 17 févr. 2000, *Gaz. Pal.* 17-18 mars 2000, p. 22 – TGI Paris 29 févr. 2000, *Gaz. Pal.* 31 mars-1er avr. 2000, p. 32 – TGI Limoges 16 déc. 1999, *Procédures* 2000, n° 200.
3. Rép. min. n° 48586, *JOAN Q* 31 mars 1997, p. 1683.
4. Paris, 17 janv. 2002, *AJDI* 2002. 307.
5. Civ. 2e, 3 oct. 2002, n° 00-18.395, *Bull. civ.* II, n° 199; *Dr. et proc.* 2003. 122, note Leborgne.
6. EN CE SENS, Ch. Laporte, « Saisie immobilière : réflexions en matière de rédaction du cahier des charges », *Procédures* févr. 2003, n° 3.
7. Civ. 2e, 16 janv. 1985, n° 83-14.323, *Bull. civ.* II, n° 10 – Civ. 2e, 29 oct. 1986, n° 85-13.793, *Bull. civ.* II, n° 153 – Civ. 2e, 21 mars 1988, n° 87-10.055, *Bull. civ.* II, n° 77.
8. Civ. 2e, 16 janv. 1985, n° 83-14.323, *Bull. civ.* II, n° 10 – Civ. 2e, 29 oct. 1986, n° 85-13.793, *Bull. civ.* II, n° 153.
9. Civ. 2e, 2 oct. 1980, n° 79-10.930, *Bull. civ.* II, n° 191; *D.* 1981. IR 152, obs. Julien – Civ. 2e, 29 oct. 1986, n° 85-13.793, *Bull. civ.* II, n° 153; *JCP* 1987. IV. 12.
10. TGI Marseille, 31 juill. 1987, *JCP* 1988. II. 20930, note Henderyksen.
11. TGI Guéret, 3 nov. 1992, *D.* 1993. Somm. 280, obs. Julien.
12. Civ. 2e, 14 janv. 1987, n° 85-15.756, *Bull. civ.* II, n° 3.

l'article 674 alinéa 2 ACPC. Cette réquisition s'effectue conformément aux dispositions des articles 40-2 et suivants du décret du 14 octobre 1955. Les informations portées sur les états engagent la responsabilité du conservateur et déchargent d'autant celle de l'avocat. Si des créanciers sont omis, l'avocat n'est pas tenu de les sommer. Toutefois, il prendra soin, s'il a connaissance d'autres créanciers, notamment au vu d'une fiche d'immeuble qu'il aurait précédemment requise, de les sommer également, à seule fin de prévenir des contestations inutiles.

1323.122 Délai de vingt jours. Selon l'article 674 alinéa 2 ACPC, les états ne peuvent être requis à peine de déchéance avant vingt jours écoulés depuis la date du commandement sous peine de caducité des poursuites. Cette exigence, très sévèrement sanctionnée, ne s'explique sans doute que par la volonté de neutraliser le délai de mise à jour du fichier immobilier car le commandement peut parfaitement être publié dès sa signification si le créancier le souhaite, mais les états ne peuvent être requis avant cette date. La sanction de l'inobservation du délai est la caducité de la poursuite, alors même que le débiteur ne subit aucun préjudice mais la Cour de cassation applique très strictement le texte[1]. Et il ne sert à rien de réitérer la réquisition dans le délai si une première réquisition avait été formée prématurément[2]. En cas de contestation par le débiteur, la preuve que le délai pour la réquisition de l'état sur formalité a été respecté pèse sur le créancier saisissant[3].

§ 2 Sommations

A. Destinataires

1323.131 Pourquoi sommer ? Dans les huit jours du dépôt du cahier des charges, le créancier fait sommation au saisi, aux créanciers inscrits ou à leurs héritiers (ACPC, art. 689) mais encore au vendeur impayé et au coéchangiste ou aux personnes ayant le droit d'exercer une poursuite de folle enchère (ACPC, art. 692). Il s'agit de joindre à la procédure de saisie immobilière des tiers concernés par cette mesure d'exécution, soit parce qu'ils ont des sûretés inscrites sur le bien, soit parce que le transfert de propriété les intéresse à divers titres. On considère en pratique, que le tribunal est saisi de la procédure à compter des sommations, qui fixent des dates d'audience.

1323.132 Saisi et créanciers inscrits. Le saisi est ainsi sommé de prendre connaissance du cahier des charges qui va lui révéler les conditions de la vente telles que projetée par le poursuivant et les dates de la procédure. Les créanciers sommés sont ceux qui ont inscrit leur sûreté sur le bien et qui ont été révélés au poursuivant par l'état requis après publication du commandement.

En pratique, la difficulté est malheureusement souvent d'obtenir les états dans des délais compatibles avec ceux prescrits pour le dépôt du cahier des charges (quarante jours) et la délivrance des sommations (huit jours); certaines conservations, en effet, se sont révélées incapables de délivrer les états dans un délai inférieur à quarante-huit jours. Certes, souvent, l'avocat a pu obtenir des renseignements « verbaux », mais cette pratique semble quasi révolue; elle laissait, au demeurant, supporter à l'avocat poursuivant une responsabilité anormale.

Les créanciers doivent être avisés de la procédure puisque le jugement d'adjudication purgera leurs inscriptions (v. s[s] n° 1341.171). Les sommations doivent être faites à tous les créanciers inscrits, même ceux qui n'ont qu'une hypothèque provisoire[4]. En tout état de cause il ne peut être reproché au créancier poursuivant d'avoir sommé des créanciers portés sur l'état délivré par le conservateur mais dont les inscriptions seraient nulles; le poursuivant n'est pas juge de la validité de ces inscriptions[5]. Mais le poursuivant ne commet aucune faute en ne sommant pas les créanciers qui ne lui sont révélés ni par l'état que lui a délivré le conservateur ni par l'extrait de la matrice du rôle de la contribution foncière, ni par son titre[6]. Et les créanciers que le conservateur aurait omis de porter sur l'état délivré par ses soins ne possèdent de recours que contre lui[7]; la saisie n'est pas nulle, seule la responsabilité du conservateur est engagée sur le fondement de l'article L. 321-2 C. pr. exéc.[8].

En vertu de l'article 689 *in fine*, la sommation peut être faite aux héritiers collectivement au domicile élu et à défaut d'élection de domicile, à celui du défunt et sans désignation des noms et qualités. Cette faculté est très utile lorsque le poursuivant est confronté à des difficultés pour identifier ou localiser les héritiers et qu'il doit respecter le délai de

1. Civ. 2e, 10 oct. 1990, n° 89-17.676, *Bull. civ.* II, n° 194.
2. Civ. 2e, 12 mars 1997, n° 95-13.480, *Bull. civ.* II, n° 76; *RDI* 1999. 296, obs. Théry.
3. Civ. 2e, 22 mars 2001, n° 99-18.303, *Bull. civ.* II, n° 62.
4. Civ. 15 févr. 1968, *JCP A* 1968. I. 5284, obs. J. A.; *RTD civ.* 1968. 782, obs. Raynaud.
5. Civ. 6 mars 1895, *DP* 1895. 1. 385, note Glasson.
6. Civ. 25 mai 1897, *S.* 1898. 1. 321, note Tissier.
7. Poitiers, 26 févr. 1846, *DP* 1847. 2. 54.
8. Ord. n° 2011-1895, 19 déc. 2011, relative à la partie législative du Code des procédures civiles d'exécution, *JO* 20 déc., p. 21464.

l'article 689 ACPC (v. s[s] n° 1313.105). Mais le poursuivant peut toujours adresser une sommation à chaque héritier individuellement s'il les connaît.

1323.133 Le vendeur, le coéchangiste, celui qui a le droit d'exercer la folle enchère. Parmi les créanciers, certains sont à distinguer. L'article 692 ACPC concerne le vendeur de l'immeuble saisi ou un coéchangiste et ceux qui ont le droit d'exercer la folle enchère. La sommation doit porter qu'à défaut de former et de faire mentionner à la suite du cahier des charges la demande en résolution de vente ou la poursuite de folle enchère ils seront déchus de leur droit d'exercer ces actions à l'égard de l'adjudicataire. La même sanction est prévue pour ceux qui ayant droit d'exercer la folle enchère ne la poursuivraient pas et ne la feraient pas mentionner au cahier des charges. La demande doit être formée par dire trois jours au moins avant l'audience éventuelle. Poursuivre la résolution de la vente est en effet une mesure très grave puisqu'elle peut aboutir à faire sortir le bien du patrimoine du saisi. Les autres créanciers et l'adjudicataire doivent donc savoir à quoi s'en tenir lors de l'audience éventuelle à l'occasion de laquelle cette action sera envisagée (v. s[s] n°s 1324.160 s.). La sommation doit contenir un avertissement pour ces créanciers particuliers, outre les indications habituelles de prendre connaissance du cahier des charges (v. s[s] n° 1323.151).

B. Forme et lieu des sommations

1323.141 Sommation par exploit d'huissier. Ces sommations sont formées et signifiées par acte d'huissier.

Pour le saisi, la signification doit être faite à personne ou à domicile mais cette formule n'exclut pas que l'huissier procède selon les dispositions de l'article 659 C. pr. civ. s'il ne peut trouver l'adresse ni le lieu de travail du saisi.

Pour les créanciers, l'article 689 ACPC dispose que le poursuivant fera signifier aux domiciles élus sur les bordereaux d'inscription mais si le créancier connaît le domicile réel ou si l'huissier peut délivrer à personne, la signification devrait être valable. Dans le cas où la signification est faite à domicile élu il appartient au professionnel chez qui élection de domicile est faite de la transmettre à l'intéressé; un notaire n'ayant pas transmis une sommation, engage sa responsabilité mais les poursuites demeurent valables[1].

Pour le vendeur ou le coéchangiste, la sommation sera faite à domicile élu ou à défaut à personne ou à domicile, selon l'article 692 ACPC.

Pour les héritiers, la sommation peut être faite à domicile élu et à défaut au domicile du défunt.

C. Contenu des sommations

1323.151 Mentions prescrites à peine de nullité. Selon l'article 715 ACPC, les formalités des articles 689 et 690 du même code sont prévues à peine de nullité si leur omission a causé grief. Il faut toujours distinguer les formalités prescrites à peine de nullité des délais imposés à peine de déchéance et sans grief.

1323.152 Mise en demeure de prendre connaissance du cahier des charges. Les sommations doivent informer les sommés que le cahier des charges a été déposé au greffe et qu'ils peuvent en prendre connaissance audit greffe et y faire insérer leurs dires et observations au plus tard trois jours avant l'audience éventuelle à peine de déchéance.

1323.153 Jours et heures d'audiences. En outre, en vertu de l'article 690, la sommation doit indiquer les jours et heures de l'audience éventuelle, au cours de laquelle il sera statué sur les dires et observations qui auraient été formulés, et de l'audience d'adjudication.

S'il y a des dires le tribunal les tranchera (v. s[s] n°s 1323.180 s.), s'il n'y en a pas, cette audience est non avenue et il est alors procédé aux formalités de publicité.

L'audience éventuelle ne peut être remise[2]. Il n'est au pouvoir ni des parties ni du tribunal de modifier la date de l'audience éventuelle fixée dans la sommation[3]. En conséquence, quelle que soit la formule utilisée, « mise en continuation », « report » ou « renvoi », cette façon de procéder est sanctionnée par la Cour de cassation[4] (v. s[s] n° 1323.232).

1323.154 Indication du délai des audiences. Audience éventuelle : ce sera la première audience utile après le trentième jour de la dernière sommation, outre les délais de distance prévus pour les ajournements. Le créancier pour fixer ces audiences est donc tenu de respecter un délai de trente jours minimum après la dernière sommation, et pour cela, il devra évaluer approximativement à quelle date celle-ci sera délivrée pour fixer le calendrier des

1. TGI Pontoise, 18 juin 1975, *JCP* 1975. IV. 6539 – Paris, 15 oct. 1976, *JCP* 1977. II. 18565, note J. A. – Civ. 3e, 27 juin 1978, n° 77-10.815, *Bull. civ.* III, n° 269; *JCP* 1979. II. 19253 – Civ. 2e, 16 nov. 1988, n° 87-16.307, *Bull. civ.* II, n° 224; *JCP* 1989. II. 21377, note Prévault.
2. Civ. 2e civ., 22 oct. 1980, *D.* 1981. IR 151, obs. Julien; *Gaz. Pal.* 1981. 67, obs. Véron.
3. Civ. 2e, 13 juin 2002, *JCP* 2002. IV. n° 2335; *Dr. et proc.* 2003. 48, obs. Leborgne.
4. Civ. 2e, 1er juill. 1999, n° 97-19.005, NP – Ce qui n'empêche pas les juges des criées d'admettre, à tort, un report : Civ. 2e, 9 nov. 2000, n° 98-16.786, NP; *Procédures* mars 2001. Comm. 67, obs. J. J.

audiences. Le délai de trente jours est un minimum non un maximum. Pour l'audience d'adjudication, il doit s'écouler un délai de trente jours au moins et soixante jours au plus entre l'audience éventuelle et l'audience d'adjudication. L'audience d'adjudication peut être remise (v. s^{s} n°s 1325.171 s.) si l'intérêt de la vente l'exige à une date plus éloignée que soixante jours.

La fixation de l'audience éventuelle à une date erronée ne contrevenant pas à un texte d'ordre public ne saurait être considérée comme une formalité substantielle, le tribunal restant maître de son règlement intérieur qui ne le rend pas inapte à siéger à la date indiquée[1].

1323.155 Sommation de comparaître. En pratique les sommations précisent encore que le sommé devra comparaître à ces audiences, ou à tout le moins à l'audience d'adjudication devant la chambre des criées du TGI du lieu de situation de l'immeuble.

1323.156 Indication qu'il faut recourir au ministère d'avocat. Cette mention ne figure pas à l'article 689, mais elle a été ajoutée par la jurisprudence parce que la procédure de saisie est judiciaire et que, se déroulant devant le TGI, toute demande ou argumentation d'un créancier ou du saisi doit être formée par l'intermédiaire d'un avocat. En 1986, la Cour de cassation y avait vu une formalité substantielle, destinée à assurer le respect du contradictoire (l'acte remis au saisi comportant la sommation de « *faire tels dires et observations* » au lieu de « *faire insérer tels dires au cahier des charges* », n'avait pas permis au saisi, qui s'était présenté en personne au greffe pour former un dire, de comprendre qu'il devait être représenté[2]). En 1992, la même chambre avait admis que le dire présenté sans ministère d'avocat pouvait être validé si la sommation avait omis d'indiquer cette obligation[3]. Il semblait toutefois plus orthodoxe d'admettre dans ce cas la nullité de la sommation. C'est en ce sens que la Cour de cassation paraît fixée aujourd'hui : la sommation de prendre connaissance du cahier des charges et d'assister à l'audience éventuelle doit donc préciser au saisi et aux créanciers inscrits qu'ils ont à faire insérer leurs dires et observations par ministère d'avocat constitué, sous peine de nullité[4]. Lorsque manque cette information, la sommation est jugée nulle et de ce fait, le débiteur qui dépose un dire sans respecter le délai de l'article 690 ne doit pas encourir la déchéance, car cette dernière ne peut être encourue que s'il a été régulièrement sommé[5]. Le défaut de mention de la nécessité de recourir à un avocat ne peut toutefois entraîner la nullité que si un grief est démontré (dès lors que le saisi n'a subi aucun grief de ce chef, ayant déjà déposé un dire dans le délai légal par ministère d'avocat, la sommation ne sera pas annulée[6]).

1323.157 Effet de la fixation des audiences. Aucun délai ne peut plus être accordé sur le fondement de l'article 1244-1 du Code civil (v. s^{s} n°s 1324.81 et 1331.71).

D.
Délai pour sommer

1323.161 Huit jours. Dans les huit jours au plus tard du dépôt du cahier des charges (dont la date est attestée par le greffe v. s^{s} n° 1323.111), le poursuivant doit sommer les créanciers et le saisi; la brièveté du délai confirme la nécessité d'avoir reçu les réquisitions sur formalités avant ou en même temps qu'est effectué le dépôt du cahier des charges, ce qui est susceptible de poser problème en pratique (v. s^{s} n° 1323.132). Le délai de huit jours n'est pas un délai franc, le jour du dépôt du cahier des charges n'étant pas compris. En outre, l'article 689 ACPC ne prévoyant pas la prorogation de ce délai en raison des distances, la jurisprudence a refusé de faire application des articles 643 et suivants C. pr. civ., dans le cas où le débiteur était domicilié à l'étranger, s'agissant non d'une assignation mais d'une sommation[7].

1323.162 Effet du respect du délai. Les sommations faites dans le délai permettent au créancier de poursuivre la procédure. En outre, elles demeurent valables en cas de suspension ultérieure des poursuites ou de prorogation de la date d'adjudication et n'ont de ce fait pas à être renouvelées[8].

1323.163 Sanction en cas d'inobservation : déchéance de plein droit. La déchéance est encou-

1. TGI Charleville-Mezières, 7 déc. 1967, *Gaz. Pal.* 1968. 1. 270.
2. Civ. 2e, 9 juill. 1986, n° 84-12.055, *Bull. civ.* II, n° 105; *JCP* 1986. IV. 279; *Gaz. Pal.* 1987. Somm. 58, obs. Véron.
3. Civ. 2e, 17 juin 1992, n° 91-10.009, *Bull. civ.* II, n° 171; *RTD civ.* 1993. 203, obs. crit. Perrot.
4. Civ. 2e, 13 janv. 1993, n° 91-16.040, *Bull. civ.* II, n° 17; *RTD civ.* 1993. 203, obs. Perrot; *Gaz. Pal.* 1993. Somm. 552, obs. Véron.
5. Civ. 2e, 3 juin 1998, n° 96-13.397, *Bull. civ.* II, n° 169, *Gaz. Pal.* 14-16 mars 1999. Somm. 4, obs. Véron – Civ. 2e, 12 juin 2003, n° 01-16.778, *Bull. civ.* II, n° 195; *Dr. et proc.* 2003. 328, qui casse une décision ayant soulevé la déchéance d'un dire sans s'être au préalable prononcée sur la régularité de la sommation.
6. Civ. 2e, 4 juin 1993, n° 91-21.649, *Bull. civ.* II, n° 195; *D.* 1993. IR 178.
7. Civ. 2e, 31 janv. 1996, n° 93-19.725, *Bull. civ.* II, n° 30; *D.* 1996. Somm. 355, obs. Julien.
8. Req. 30 juin 1868, *DP* 1869. 1. 80; *S.* 1868. 1. 341 – Com. 20 déc. 1949, *S.* 1950. 1. 128 – Civ. 2e, 14 janv. 1976, n° 74-12.803, *Bull. civ.* II, n° 16; *JCP* 1976. IV. 80.

rue même en l'absence de tout préjudice, comme pour les autres délais (publication du commandement; dépôt du cahier des charges, v. s[s] n° 1331.173). La jurisprudence est constante[1].

Toute partie intéressée à la procédure peut invoquer la déchéance sans nécessité d'un grief[2].

1323.164 **Nouvelles sommations.** Selon l'article 703 ACPC, si la vente n'a pu être réalisée dans un délai de six mois après la publication du commandement, il sera levé un état complémentaire des inscriptions survenues depuis la délivrance du premier état et les créanciers révélés par ce nouvel état seront sommés d'assister si bon leur semble à l'adjudication, et ce sans préjudice des dispositions de l'article 686 ACPC qui interdisent au saisi d'aliéner ou de grever de droits réels les immeubles saisis. La partie saisie ne peut se prévaloir de l'inaccomplissement de cette formalité qui n'est pas édictée dans son intérêt[3].

§ 3
Mention des sommations en marge

1323.171 **Modalité.** Selon l'article 694 alinéa 1er ACPC, mention des sommations prescrites par l'article 689 doit être faite, dans les huit jours de la date du dernier exploit de notification, en marge de la copie du commandement publiée au Bureau des hypothèques. Pour cela, le poursuivant envoie deux exemplaires des sommations au conservateur, en le priant d'en faire mention en marge dans le délai de huitaine; il lui est fait retour du second original daté.

1323.172 **Finalité de cette mention.** Tout tiers est ainsi informé par la lecture d'une fiche d'immeuble du déroulement de la procédure et tous les créanciers inscrits sommés sont associés à la procédure alors qu'auparavant, seuls les créanciers qui avaient fait mentionner un commandement en marge l'étaient (v. s[s] n° 1321.184). Du jour de cette mention, la saisie ne peut plus être rayée que du consentement de tous les créanciers inscrits ou en vertu d'un jugement qui leur soit opposable. Le créancier ne pourra plus décider seul d'abandonner la poursuite même si le débiteur le désintéresse; il devra obtenir l'accord des autres créanciers[4] et s'il ne l'obtient pas, le jour de l'adjudication, tout créancier inscrit pourra requérir la vente (v. s[s] n° 1325.31). À compter de cette mention, le poursuivant est censé représenter les autres créanciers (à propos des parties aux incidents : les créanciers ne sont pas assignés car ils sont représentés par le poursuivant du fait de la mention en marge de la sommation, v. s[s] n°s 1332.22 s.). Il a été jugé que l'effet interruptif de prescription d'une procédure de saisie immobilière engagée par un créancier bénéficiait aux créanciers inscrits, relativement à leurs créances respectives, à compter de la publication de la sommation de prendre connaissance du cahier des charges qui leur est délivrée[5].

1323.173 **Absence de sanction.** Le délai de huit jours pour faire mention des sommations en marge est-il prescrit à peine de déchéance ? L'article 715 ACPC qui énumère les délais prescrits à peine de déchéance ne vise pas l'alinéa 1er de l'article 694. Il a ainsi été jugé que la notification prescrite par l'article 689 en marge du commandement publié au bureau des hypothèques n'était pas soumise à déchéance. La solution doit être approuvée car elle est à la fois conforme à la lettre et à l'esprit de l'article 715[6].

1323.174 **Récapitulatif : conseils pratiques.** L'élaboration du cahier des charges est une opération délicate qui engage la responsabilité du rédacteur. Il faut donc qu'il dispose des informations juridiques et matérielles sans attendre l'écoulement du délai pour publier le commandement car le délai de quarante jours est relativement bref. En outre, une fois publié le cahier des charges, le poursuivant doit délivrer dans les huit jours de ce dépôt les sommations aux créanciers inscrits et au saisi; or ces créanciers seront connus par la lecture des états sur formalités. Ainsi :

– le créancier doit commencer par requérir une fiche d'immeuble. Cela permet, dès avant l'engagement de la saisie de savoir s'il n'y a pas eu des modifications du cadastre, du règlement de copropriété, voire même des mutations de propriété et de connaître les créanciers inscrits à la date du fichier;

– dès l'écoulement du délai de vingt jours à compter de la délivrance du commandement (ACPC, art. 674), le créancier pourra requérir les états sur cette formalité; il ne doit pas être trop pressé car une demande formée avant l'expiration de ce délai emportera caducité de la poursuite. Il pourra déposer en même temps qu'il requiert les états le com-

1. Civ. 2e, 12 mars 1980, *D.* 1980. IR 328; *Gaz. Pal.* 1980. 2. 613, note Viatte; *RTD civ.* 1980. 408, obs. Perrot – Civ. 2e, 5 avr. 1991, n° 90-10.061, *Bull. civ.* II, n° 113; *D.* 1991. Somm. 128, obs. Julien – Civ. 2e, 29 juin 1994, n° 92-15.662, NP; *Gaz. Pal.* 1995. Somm. 321, obs. Véron.
2. Civ. 2e, 21 oct. 2010, n° 09-66.493, NP.
3. Civ. 2e, 4 déc. 1974, n° 73-12.842, *Bull. civ.* II, n° 320; *JCP* 1975. IV. 29 – Civ. 2e, 18 déc. 1978, n° 77-12.804, *Bull. civ.* II, n° 280; *Gaz. Pal.* 1979. 336, note Viatte.
4. Civ. 2e, 7 janv. 1965, *JCP* 1966. IV. 23.
5. Civ. 2e, 8 juill. 2010, n° 09-15.051, *Bull. civ.* II, n° 139.
6. TGI Grasse, 10 sept. 1998, *JCP* 1999. II. 10054, note Leborgne.

mandement aux fins de publication, s'il ne l'a pas déjà fait;

- dans l'attente des informations sollicitées, le créancier peut préparer le projet de cahier des charges;

- dès le retour des états, s'il constate une aliénation du bien par le débiteur, non révélée par la fiche d'immeuble, il devra délivrer sommation à tiers détenteur;

- la lecture des états sur formalités lui permettra de dresser la liste des créanciers à sommer. À cette fin, il est prudent d'attendre le retour des états pour satisfaire à l'obligation de déposer le cahier des charges car il faut ensuite sommer dans les huit jours du dépôt du cahier, puis encore dans les huit jours de la dernière sommation, adresser ces sommations au conservateur pour qu'il les mentionne en marge du commandement.

SECTION 3
DIRES ET AUDIENCE ÉVENTUELLE

1323.180 **Plan.** L'audience éventuelle est destinée à trancher les contestations et à examiner les éventuelles observations sur la procédure qui pourraient être formulées. À cette fin, des dires sont annexés au cahier des charges.

§ 1
Dires

1323.181 **Présentation.** Ils sont élaborés dans les intérêts de toute personne qui y aurait intérêt et sont annexés au cahier des charges, dans un certain délai, avant l'audience éventuelle.

A.
Élaboration

1323.190 **Originalité.** Il s'agit d'actes de procédure spécifiques, dont l'objet peut être très varié.

1°
Nature

1323.191 **Déclaration au greffe.** Un dire est une déclaration au greffe développant une argumentation, qui sera annexée au cahier des charges. Il doit être rédigé par écrit et signé par un avocat constitué[1]. Aucune disposition légale n'impose de le dénoncer aux autres parties; la pratique cependant, a créé cette obligation, de nature purement confraternelle. Les avocats dénoncent les dires par acte du palais.

1323.192 **Auteurs des dires.** L'avocat est le rédacteur, mais le dire est déposé dans les intérêts du saisi, des créanciers inscrits, clairement visés par l'article 689, mais encore du poursuivant dans les mêmes formes et délais (ACPC, art. 689, al. 3), puisqu'il peut avoir une précision, une rectification ou une modification à apporter (sur la mise à prix, v. s[s] n°s 1323.61 s.). La jurisprudence admet encore que les créanciers chirographaires déposent des dires[2], comme les locataires[3], ou le syndicat de copropriété (v. s[s] n° 1323.73) ou encore les titulaires de droits réels principaux sur l'immeuble (usufruitier, titulaire d'un bail à construction, d'un bail emphytéotique, *etc.*), les cessionnaires de revenus à échoir[4]. En fait, toute personne qui y aurait intérêt.

Le créancier vendeur et le copartageant peuvent aussi former un dire particulier (ACPC, art. 692) aux fins d'agir en résolution de la vente ou en folle enchère (v. s[s] n° 1324.161).

2°
Objet des dires

1323.201 **Diversité.** Informés de la date de l'audience d'adjudication, le saisi et les créanciers inscrits sont également informés de ce que leurs observations, contestations et demandes diverses pourront préalablement être examinées par la juridiction des criées.

C'est le moment de soulever des incidents, de fond comme de procédure, pour s'opposer à la vente (sur les conditions pour former incident, v. s[s] n°s 1332.04 s.), mais aussi de chercher à en modifier les conditions, y compris pour le poursuivant (à propos du droit désormais offert au saisi de former un dire afin d'obtenir la modification du montant de la mise à prix, lorsqu'elle lui apparaît manifestement dérisoire, v. s[s] n° 1323.61) et encore de former un incident dénommé : résolution, distraction, subrogation (v. s[s] n°s 1324.160 s.).

1323.202 **Dire aux fins de report de l'audience de vente.** Lors de l'audience éventuelle, un dire peut solliciter le report de la date d'adjudication : en vertu de l'article 690 ACPC, si l'adjudication ne peut être maintenue à la date fixée dans les sommations, la date nouvelle sera fixée par le jugement à trente jours au moins et à une audience qu'il fixera,

1. Civ. 2e, 14 janv. 1981, n° 79-14.381, *Bull. civ.* II, n° 9; *Gaz. Pal.* 1982. 217, note Viatte; AJPI 1982. 101, note A. C.

2. Toulouse, 24 janv. 1851, *DP* 1852. 2. 102 – Pau, 16 mars 1892, *S.* 1892. 2. 136.
3. Angers, 14 juin 1866, *DP* 1866. 2. 145.
4. Douai, 27 avr. 1850, *DP* 1855. 2. 191.

si l'intérêt de la vente l'exige, à une date plus éloignée que soixante jours. L'application de cette disposition fait cependant, souvent difficulté en pratique, d'un TGI à l'autre, en l'état des dispositions de l'article 703 ACPC, applicables le jour de l'audience d'adjudication. La Cour de cassation distingue clairement entre le dire de report de l'audience d'adjudication, déposé avant l'audience éventuelle et sur lequel il peut être statué sans autre formalité ou condition[1], et la demande de remise le jour de l'audience d'adjudication, qui doit satisfaire aux conditions de l'article 703 (v. s^s^ n°s 1325.161 s.). Un certain nombre de TGI statuent dans ce sens, mais il faut, ici encore, connaître la jurisprudence locale au cas par cas et au moment présent[2].

Dans tous les cas, il n'appartient pas au juge saisi d'une demande de report de fixer une nouvelle adjudication à une date indéterminée[3].

1323.203 **Dires aux fins de sursis obligatoires.** L'audience éventuelle peut encore être l'occasion d'informer le tribunal de la survenance de certains événements rendant le sursis de la procédure obligatoire. Le tribunal doit cependant être saisi de cette demande et ne peut donc ordonner d'office le sursis. Le plus souvent la durée en sera indéterminée. Ce sera le cas :

- à la suite du décès du débiteur puisqu'il faut signifier préalablement le titre exécutoire aux héritiers (v. s^s^ n° 1313.104);
- en l'état d'une procédure collective et d'un surendettement (v. s^s^ n°s 1318.50 s.);
- en l'état d'une plainte pour faux : la règle, le criminel tient le civil en état implique-t-elle sursis obligatoire de la saisie immobilière ? En vertu de l'article 1319 du Code civil, à la suite d'une plainte en faux principal, l'exécution de l'acte argué de faux sera suspendue par la mise en accusation; si l'argument de faux est soulevé incidemment, les tribunaux peuvent, suivant les circonstances, suspendre provisoirement l'exécution de l'acte. Et selon l'article 312 C. pr. civ., si des poursuites pénales sont engagées contre les auteurs ou complices du faux, il est sursis au jugement civil jusqu'à ce qu'il ait été statué au pénal, à moins que le principal puisse être jugé sans tenir compte de la pièce arguée de faux ou qu'il y ait eu, sur le faux, renonciation ou transaction. Dès lors, si le titre qui sert de fondement à la poursuite, ou tout autre acte, est argué de faux, le juge des criées doit-il alors obligatoirement suspendre la saisie le temps que l'affaire soit instruite ? La réponse est à trouver dans la nature de la saisie immobilière : la règle « le criminel tient le civil en l'état » ne concernant que l'action civile et non la poursuite d'une voie d'exécution[4], le juge des criées n'est pas lié par la demande de sursis qu'il peut rejeter dans l'exercice de son pouvoir souverain d'appréciation[5]. Selon les circonstances, le juge des criées pourra donc décider ou non de suspendre la saisie immobilière;
- en cas d'offres réelles, le tribunal doit surseoir à la poursuite de la procédure jusqu'à ce qu'il ait été statué sur la validité de ces offres, à condition que la somme consignée soit suffisante pour payer le poursuivant et les autres créanciers inscrits[6] (sur la question de savoir si cette question peut être un incident de saisie immobilière, v. s^s^ n° 1331.93);
- en cas de décès ou de cessation de fonction de l'avocat poursuivant : la représentation étant obligatoire, les poursuites ne peuvent plus être menées; le tribunal doit donc surseoir jusqu'à ce qu'un nouvel avocat ait été constitué;
- en l'état des incidents soulevés, jusqu'au jugement tranchant la contestation;
- s'il a été formé régulièrement une demande de résolution de vente ou une poursuite sur folle enchère (ACPC, art. 695) ou en cas de concours de saisie (ACPC, art. 720 - v. s^s^ n°s 1324.170 s.).

B. Dépôt

1323.211 **Modalités.** Le dépôt d'un dire sans ministère d'avocat sera nul (v. s^s^ n°s 1323.191 s.). Pour être annexé au cahier des charges, où toute personne intéressée pourra en prendre connaissance, l'avocat doit en faire la déclaration au greffe; le greffier la reçoit et l'annexe sans apprécier son bien-fondé ou sa régularité. Le tribunal n'aura pas à tenir compte d'un dire non inséré au cahier des charges, c'est-à-dire non déposé au greffe à cette fin[7].

1323.212 **Délais.** Selon l'objet du dire, le délai préalable pour le déposer sera différent : trois jours avant audience éventuelle pour les dires portant sur

1. Civ. 2e, 12 juin 1991, n° 90-13.123, *Bull. civ.* II, n° 182; *Gaz. Pal.* 1991. Somm. 162, obs. Véron – Civ. 2e, 26 juin 2008, n° 07-13.834, NP.
2. T. civ. Briançon, 24 avr. 1951, *S.* 1952. 2. 36 – TGI Pau, 18 nov. 1938, *Gaz. Pal.* 1938. 2. 982 – *CONTRA*, TGI Créteil, 12 août 1982, *JCP* 1983. II. 20110, note Prévault.
3. Civ. 2e, 12 oct. 1994, n° 92-20.772, *Bull. civ.* II, n° 197; *Gaz. Pal.* 1996. Somm. 16, obs. Véron.
4. Civ. 2e, 18 févr. 1999, n° 96-21.045, *Bull. civ.* II, n° 35; *JCP* 1999. 10139, obs. du Rusquec : l'art. 312 n'est pas applicable devant le JEX, l'art. 4 C. pr. pén. ne concernant que l'action civile et non l'exercice d'une voie d'exécution – V. AUSSI : Civ. 1re, 28 mars 2008, n° 06-19.988, NP.
5. Civ. 2e, 28 sept. 2000, n° 98-22.071, NP; *Procédures* 2001, n° 11.
6. Civ. 14 janv. 1914, *DP* 1917. 1. 151; *S.* 1914. 1. 446.
7. Civ. 2e, 4 juin 1975, n° 74-10.449, *Bull. civ.* II, n° 162; *D.* 1975. IR 191.

le cahier des charges (ACPC, art. 689), cinq jours pour les dires de nullité tant en la forme qu'au fond (ACPC, art. 727); sur la distinction entre ces dires [1] (v. s[s] n°s 1331.101 s.). Les dires formés par le créancier vendeur, le copartageant et ceux qui ont le droit d'exercer la folle enchère doivent encore être formés dans le même délai de trois jours au moins avant l'audience éventuelle (ACPC, art. 692).

1323.213 Dire du saisi en contestation du montant de la mise à prix. Selon la loi du 23 janvier 1998, le montant de la mise à prix du logement principal du débiteur, fixé par le poursuivant peut faire l'objet d'un dire. Le tribunal qui relève que le débiteur a demandé la modification du prix après l'audience éventuelle en déduit exactement que la demande de modification est tardive, le dire ne pouvant être présenté que dans les conditions prévues aux articles 689 et 690 ACPC, soit trois jours au moins avant l'audience [2].

1323.214 • Calcul. Ces délais ne sont pas soumis aux dispositions de l'article 642 C. pr. civ. puisqu'ils se calculent à rebours de la date d'audience éventuelle fixée dans le cahier des charges. Après avoir, dans un premier temps, fait application de l'article 642 C. pr. civ. [3] la Cour de cassation est revenue sur cette solution en 1990 [4] et elle vient de la confirmer [5]. Au demeurant, les articles 689 et 727 ACPC n'enferment pas le dépôt du dire dans un bref délai de trois ou cinq jours selon l'objet du dire; ainsi, pour un dire portant sur le cahier des charges, c'est jusqu'à trois jours avant l'audience, au plus tard, qu'il est possible de déposer, ce qui signifie que dès qu'ils ont reçu les sommations et jusqu'à trois jours avant, les intéressés peuvent former leur dire; à eux de s'organiser pour ne pas attendre le dernier moment et décompter le délai en jours ouvrables. Le délai se calcule donc en remontant le temps [6]. Les droits du poursuivant doivent être respectés, qui a besoin de savoir quels sont les dires qui seront soulevés, dans un laps de temps minimum avant l'audience.

1323.215 • Effet d'un report. Si l'audience éventuelle a fait l'objet d'un renvoi (sur la validité de cette pratique, v. s[s] n° 1323.232), il n'y a pas lieu, pour vérifier la régularité du dépôt au regard du délai de l'article 689 ACPC, de prendre en considération la date à laquelle l'audience a été renvoyée, mais la date de l'audience éventuelle, telle qu'indiquée dans la sommation de l'article 689 [7], quand bien même cette date aurait été, à tort, l'objet d'une décision de report [8].

C.
Sanctions

1323.221 Déchéance. Les articles 689 et 727 ACPC le précisent et l'article 715 le confirme s'il était besoin, mais uniquement pour l'article 689 : le défaut de respect du délai emporte déchéance. La déchéance ne sera cependant encourue que si la partie a été régulièrement sommée [9]. Mais, quand les intéressés ont été régulièrement sommés, les délais étant d'ordre public, l'irrecevabilité résultant d'un dépôt tardif sera soulevée d'office par le tribunal [10].

Pour les créanciers de l'article 692, le défaut de dépôt d'un dire dans le délai emporte déchéance de leurs droits à faire valoir la résolution de vente ou la poursuite sur folle enchère.

1323.222 Exception pour les créanciers non sommés. La déchéance ne peut être opposée qu'à ceux qui ont été sommés car ils ont ainsi eu connaissance de la date de l'audience éventuelle. Tous les autres, les créanciers chirographaires, les créanciers titulaires de sûretés non publiées, les inscrits non sommés, les fermiers *etc.*, n'ayant pas été avertis ne peuvent être tenus de respecter ce délai; la jurisprudence décide donc qu'ils pourront déposer un dire jusqu'à l'audience d'adjudication [11].

§ 2
Audience éventuelle

1323.230 Enjeux. Avant l'audience éventuelle, le cahier des charges n'est encore qu'à l'état de projet (v. s[s] n° 1323.31) et il est encore possible à tou-

1. T. civ. Saint-Gaudens, 11 oct. 1951, *JCP A* 1952. II. 1776.
2. Civ. 2e, 27 avr. 2000, n° 98-15.935, *Bull. civ.* II, n° 71; *D.* 2000. IR 159.
3. Civ. 2e, 20 juin 1985, n° 84-11.713, *Bull. civ.* II, n° 126; *JCP* 1985. IV. 304; *RTD civ.* 1986. II. 20915, note Blaisse.
4. Civ. 2e, 14 févr. 1990, n° 88-19.166, *Bull. civ.* II, n° 28; *D.* 1990. Somm. 350, obs. Julien; *RTD civ.* 1990. 557, obs. Perrot; *Gaz. Pal.* 1990. Somm. 492, obs. Véron – DÉJÀ EN CE SENS, TGI Vienne, 6 mars 1980, *JCP* 1981. II. 19522, note J. A.; *RTD civ.* 1981. 444, obs. Perrot.
5. Civ. 2e, 4 févr. 1998, n° 96-10.840, *Bull. civ.* II, n° 39; *Procédures* avr. 1998. 7.
6. EN CE SENS, à propos d'un dire en nullité de surenchère : Civ. 2e, 20 oct. 2005, n° 04-10.138, *Bull. civ.* II, n° 259; *JCP* 2005. II. 10005, note Leborgne – DE MÊME, pour un dire en nullité du commandement de saisie : Civ. 2e, 10 janv. 2008, n° 06-20.775, *Bull. civ.* II, n° 9.
7. Civ. 2e, 15 nov. 1995, n° 93-18.716, *Bull. civ.* II, n° 283.
8. Civ. 2e, 9 nov. 2000, n° 98-16.786, NP; *Procédures* 2001, n° 67.
9. Civ. 2e, 9 juill. 1986, n° 84-12.055, *Bull. civ.* II, n° 105; *JCP* 1986. IV. 279; *Gaz. Pal.* 1987. Somm. 58, obs. Véron – Civ. 2e, 3 juin 1998, n° 96-13.397, *Bull. civ.* II, n° 169.
10. TGI Nanterre, 7 nov. 1979, *D.* 1980. IR 328.
11. Angers, 14 juin 1866, *DP* 1866. 2. 145.

tes les parties, y compris au poursuivant, de le faire modifier. En outre, des nullités peuvent être soulevées et des demandes de sursis formulées utilement. C'est dire l'utilité de cette audience. Il faut en préciser la procédure et les effets.

A. Procédure

1323.231 **Date : rappel** (v. s[s] n° 1323.154). En vertu de l'article 690 ACPC, cette audience doit être fixée au plus tôt trente jours après la dernière sommation, afin que les créanciers et le saisi sommés aient le temps de préparer et de déposer des dires s'ils le souhaitent. Elle ne peut être fixée avant à peine de déchéance[1] mais elle peut être fixée beaucoup plus tard.

1323.232 **Renvoi impossible.** La date de cette audience va figurer dans les sommations et elle conditionne celle de l'audience d'adjudication (entre trente jours et soixante jours au plus); il ne devrait donc pas être possible de la reporter. La jurisprudence de la Cour de cassation est stricte sur ce point. Elle estime que cette date étant fixée par un texte, elle emprunte le caractère d'ordre public de la procédure de saisie immobilière, et le tribunal ne peut ordonner sa remise à une date postérieure à celle prévue au cahier des charges[2]. Il n'est au pouvoir ni du tribunal, ni des parties de modifier la date de l'audience éventuelle fixée dans la sommation[3] et les dires doivent être jugés dès la première audience utile après le trentième jour de la dernière sommation. Cependant, la mise en délibéré et le retard dans le prononcé du jugement ne peuvent être sanctionnés par la déchéance du créancier dès lors que celui-ci a respecté tous les délais qui lui sont impartis[4].

En fait, la pratique de chaque juridiction des criées s'accommode d'entorses au principe, soit en renvoyant purement et simplement l'audience, soit en mettant en continuation, lorsqu'un incident est soulevé. Si le respect des droits de la défense paraît justifier que le dire ne soit pas examiné au jour même prévu pour l'audience éventuelle mais que celle-ci soit reportée, la Cour de cassation sanctionne systématiquement ces renvois. Un juge des criées avait estimé que la demande de renvoi devait être appréciée souverainement par le tribunal auquel elle est soumise, les parties ne disposant d'aucune voie de recours à l'encontre de la décision de pure administration prise par la juridiction, et que l'article 16 C. pr. civ. imposait au juge de respecter et de faire respecter le principe de la contradiction, y compris dans une procédure jugée d'urgence; il en avait déduit que le fait que le tribunal ait reporté à plusieurs reprises les débats consécutifs au dire déposé à l'occasion de l'audience prévue par l'article 690 ACPC ne pouvait être reproché à la partie saisissante. La décision a été cassée au visa de l'article 690 par la Cour de cassation qui rappelle qu'il n'est au pouvoir ni des parties ni du tribunal de modifier la date de l'audience éventuelle fixée dans la sommation[5].

Dans un tel cas cependant, lorsque l'audience a, malgré l'interdiction de renvoi, été reportée ou mise en continuation, le délai d'inscription d'un dire au cahier des charges reste inchangé et seule la date d'audience indiquée dans la sommation de l'article 689 ACPC doit être retenue[6] (v. s[s] n° 1323.153). Ce renvoi, illicite mais admis dans les faits, ne rouvre pas un délai aux parties pour déposer un dire. La pratique est donc dangereuse et elle est régulièrement condamnée par la Cour de cassation[7].

La demande de renvoi de l'audience éventuelle ne doit toutefois pas être confondue avec la demande de report de l'audience d'adjudication (v. s[s] n° 1323.202), qui peut être formulée dès l'audience éventuelle ou lors de l'audience d'adjudication (v. s[s] n°s 1325.211 s.).

1323.233 **Une audience facultative.** L'audience éventuelle règle les problèmes soulevés avant l'audience d'adjudication mais elle peut se révéler inutile si aucune partie n'a rien à demander au tribunal. Il n'y a donc d'audience que si des dires, recevables ou non, ont été formés. Si des dires ont été déposés hors délais, le tribunal devra statuer pour, éventuellement, les déclarer irrecevables. En l'absence de dires, la fixation de cette audience sera comme non avenue et il sera procédé à l'accomplissement des formalités de publicité (v. s[s] n°s 1323.260 s.).

1323.234 **Simplicité de la procédure.** Selon l'article 690 ACPC, dans le cas où il y aura eu des dires, il sera statué à l'audience sans autre formalité ni avenir, les parties comparantes ou non. Devant certains tribunaux, le poursuivant dépose un dire relatant les formalités remplies avant l'audience

1. Civ. 2e, 16 mai 1990, n° 88-10.663, *Bull. civ.* II, n° 108; *D.* 1990. Somm. 349, obs. Julien; *Gaz. Pal.* 1990. Somm. 628, obs. Véron.
2. Civ. 2e, 22 oct. 1980, n° 79-10.619, *Bull. civ.* II, n° 220; *D.* 1981. IR 151, obs. Julien.
3. Civ. 2e, 16 juill. 1993, n° 91-21.154, *Bull. civ.* II, n° 265.
4. Civ. 2e, 18 mai 1989, n° 87-19.789, *Bull. civ.* II, n° 113.
5. Civ. 2e, 27 mai 2004, n° 02-21.626, *Bull. civ.* II, n° 257.
6. Civ. 2e, 15 nov. 1995, n° 93-18.716, *Bull. civ.* II, n° 283 – Civ. 2e, 9 nov. 2000, n° 98-16.786, NP; *Procédures* 2001, n° 67.
7. Civ. 2e, 13 juin 2002, n° 00-21.957, *Bull. civ.* II, n° 133; *Dr. et proc.* 2003. 48, obs. Leborgne – Civ. 2e, 27 mai 2004, n° 02-21.626, *Bull. civ.* II, n° 257 – Civ. 2e, 14 avr. 2005, n° 03-18.063, *Bull. civ.* II, n° 96.

éventuelle. Le Code ne le prévoit pas mais ce dire récapitulatif permet aux parties et aux tiers de vérifier les diligences et la régularité de la procédure.

Les dires doivent être jugés dans le mois (ACPC, art. 690, al. dern.); mais la jurisprudence n'y voit pas un délai fixé à peine de déchéance puisque son respect ne dépend pas du poursuivant, mais du seul tribunal[1].

1323.235 **Tribunal.** C'est la formation des criées, chambre spéciale du TGI (v. s[s] n° 1325.51), qui le plus souvent, siège à juge unique sur décision du président du tribunal. Les débiteurs saisis ne sauraient faire grief à un jugement d'avoir été rendu par un magistrat statuant à juge unique, dès lors que la procédure de saisie immobilière ne comporte aucune dérogation à l'article 801 C. pr. civ. et que les débiteurs n'ont pas demandé le renvoi à la formation collégiale[2].

1323.236 **Retranscription des jugements.** Les demandes sont tranchées par le tribunal dans des jugements qui seront retranscrits en minute par le greffier à la suite du cahier des charges, devenant ainsi partie de ce cahier des charges. Ainsi, le jugement qui modifie la mise à prix, qui prend note de l'existence d'une servitude, d'un procès en cours, *etc.* Toute information qui s'imposera à l'adjudicataire. Les jugements en revanche qui auraient statué sur des contestations sujettes à appel seront levés et signifiés (v. s[s] n° 1333.20). Selon l'objet des dires qui avaient été déposés, le jugement pourra reporter la vente (sur les demandes de sursis lorsque l'intérêt de la vente l'exige, v. s[s] n°s 1325.161 s.).

B. Effets

1323.241 **Elle couvre les nullités de forme.** Les nullités non soulevées et afférentes aux formalités antérieures à l'audience éventuelle seront couvertes une fois cette audience passée. Les nullités de fond et les déchéances en revanche, pourront encore être évoquées lors de l'audience d'adjudication (v. s[s] n°s 1333.20 s.).

1323.242 **Elle fixe le cahier des charges.** Il acquiert force de loi pour tous (v. s[s] n° 1323.32). Son contenu s'impose à tous[3].

Le poursuivant ne peut faire modifier la mise à prix même s'il n'a pas requis la vente au jour de l'adjudication et s'il a sollicité la reprise des poursuites à une nouvelle date sur une nouvelle mise à prix[4].

Une clause, même illicite (v. s[s] n° 1323.73), semble malgré tout être opposable au saisi et aux créanciers sommés, dès lors qu'elle n'aura pas été contestée avant l'audience éventuelle[5].

Quant à l'adjudicataire, il a été jugé qu'il pourrait bénéficier d'une clause serait-elle le résultat d'une erreur[6] et qu'il n'était pas recevable à invoquer l'illicéité d'une clause de nature à modifier directement ou indirectement l'ordre dans lequel le prix de vente sera réparti entre les créanciers[7] (v. s[s] n° 1323.73).

SECTION 4 Information des tiers avant la vente

1323.250 **Plan.** Soit aucun dire n'a été déposé avant l'audience éventuelle et le poursuivant peut, dès ce moment, procéder à la publicité préalable pour annoncer la vente, soit l'audience éventuelle s'est tenue et, les dires ayant été tranchés, la publicité va être réalisée en suite. Le Code ne l'envisage pas mais, en pratique, pour satisfaire la connaissance des éventuels oblateurs, le poursuivant organisera souvent des visites du bien saisi. En outre certains tiers, bénéficiant d'un droit de préemption devront être avisés.

§ 1 Opérations de publicité

1323.251 **Des dispositions modifiées par la loi du 29 juillet 1998.** Les décrets de 1938 et 1959 (Décr.-L. 17 juin 1938 – Décr. n° 59-89, 7 janv. 1959[8]) avaient prévu une publicité minimum impérative, envisageant toutefois également l'hypothèse où le poursuivant pouvait avoir intérêt à accomplir des diligences complémentaires pour que la vente se réalise dans les meilleures conditions (ACPC, art. 696 à 700). La loi n° 98-657 du 29 juillet 1998, relative à la lutte contre les exclu-

1. Civ. 2e, 18 mai 1989, n° 87-19.789, *Bull. civ.* II, n° 113; *Gaz. Pal.* 1990. Somm. 14, obs. Véron.
2. Civ. 2e, 25 nov. 1987, n° 86-14.540, *Bull. civ.* II, n° 246.
3. Civ. 15 janv. 1913, *DP* 1914. 1. 131.
4. Civ. 2e, 1er juin 1988, n° 87-13.044, *Bull. civ.* II, n° 130; *JCP* 1988. IV. 278; *Gaz. Pal.* 1988. Somm. 501, obs. Véron.
5. Com. 3 févr. 1998, n° 95-18.602, *Bull. civ.* IV, n° 60; *Procédures* juill. 1998, n° 176.
6. Civ. 2e, 1er juin 1988, n° 87-13.044, *Bull. civ.* II, n° 130; *JCP* 1988. IV. 278; *Gaz. Pal.* 1988. Somm. 501, obs. Véron.
7. Civ. 2e, 18 févr. 1999, n° 97-12.323, *Bull. civ.* II, n° 30.
8. Décr. n° 59-89, 7 janv. 1959, modifiant le décret n° 55-22 du 4 janvier 1955 portant réforme de la publicité foncière et divers codes et lois particulières en ce qui concerne la publicité foncière, *JO* 8 janv., p. 574.

sions[1], a abrogé les articles existants et posé le principe d'une « *large publicité* » à l'article 697. Cependant, l'application de cet article a été conditionnée à la parution d'un décret en Conseil d'État organisant les modalités de cette large publicité (v. s[s] n° 1323.311). L'abrogation des articles 696 à 700 ACPC étant retardée jusqu'à la date d'entrée en vigueur du décret en Conseil d'État annoncé, les publicités ont continué à être réalisées selon les modalités issues des décrets de 1938 et 1959 (Décr.-L. 17 juin 1938 - Décr. n° 59-89, 7 janv. 1959). En définitive, il aura fallu presque quatre ans avant la parution du décret n° 2002-77 du 11 janvier 2002, « *pris pour l'application de l'article 697 du Code de procédure civile (ancien) et réformant les modalités de la publicité en matière de saisie immobilière* »[2], dont les dispositions ont été rendues immédiatement applicables aux procédures de saisie en cours.

1323.252 **Avertissement.** Les développements consacrés dans cet ouvrage aux dispositions applicables avant le 11 janvier 2002 n'ont donc pas été supprimés, car ces dernières sont encore applicables aux procédures de saisie non encore achevées, dont les publicités auraient été réalisées avant l'entrée en vigueur de la réforme.

A.
Dispositions applicables jusqu'au 11 janvier 2002 : articles 696 à 700 de l'ancien Code de procédure civile

1323.260 **Une publicité minimum qui peut être restreinte ou élargie.** L'avocat du créancier poursuivant devait conformément à l'article 696 ACPC, faire insérer une publicité dans un journal d'annonces légales de l'arrondissement de situation des biens et faire apposer des affiches en forme de placards pour attirer des candidats aux enchères; ici encore ces opérations devaient être accomplies dans un délai prescrit à peine de déchéance. Suivant la nature et la valeur des biens, il était encore possible de saisir le tribunal afin d'obtenir l'autorisation de réduire ou augmenter les publicités.

1°
Une double publicité

1323.261 **Formes.** Pour informer le plus de monde de la date et des conditions de la vente, l'avocat du poursuivant procédait à la fois par annonce dans un journal et par placards apposés sur divers lieux de passage. Ces formalités étaient prescrites à peine de nullité.

a)
Journal d'annonces légales

1323.271 **Support.** C'était un des journaux d'annonces légales de l'arrondissement où les biens sont situés ou s'il n'y en avait pas, dans l'arrondissement le plus voisin (L. n° 55-4, 4 janv. 1955[3], art. 38). Il a été jugé que l'insertion était valablement faite dans le supplément du journal recevant la même publicité que le journal lui-même et paraissant en même temps[4] mais la solution doit être la même pour un supplément paraissant un autre jour dès lors que l'annonce est encore insérée dans le délai légal.

1323.272 **Contenu et sanction.** À peine de nullité l'insertion devait contenir : l'indication des noms, professions, demeures des parties et de leurs avocats; la désignation des immeubles saisis telle qu'elle est insérée dans le cahier des charges; la mise à prix, l'indication des jour, lieu et heure de l'adjudication et du tribunal devant lequel elle se faisait (ACPC, art. 696).

On peut s'interroger sur l'opportunité, voire la nécessité, de préciser, s'agissant de lots de copropriété, leur contenance. À notre sens ce ne peut être considéré comme une obligation. La loi n° 96-1107 du 18 décembre 1996 le prescrit certes, lorsque le bien est vendu amiablement; dans ce cas, il est aisé de faire figurer cette indication au contrat de vente. S'agissant d'une vente sur saisie immobilière, l'ancien Code de procédure civile n'impose pas que les publicités soient annexées au cahier des charges, lequel, avec le jugement d'adjudication tient lieu de titre de propriété. En opportunité et suivant la spécificité de l'immeuble, il pourra sembler néanmoins souhaitable de l'indiquer. De même, la publicité comporte souvent des informations non exigées par la loi mais censées présenter un caractère attrayant pour l'oblateur éventuel.

L'article 696 n'exigeait pas non plus que la mise à prix soit mentionnée dans les insertions publicitaires préalables ni la faculté de baisse de mise à prix contenue dans le cahier des charges, auquel les placards publicitaires se rapportent[5].

1. L. n° 98-657, 29 juill. 1998, relative à la lutte contre les exclusions, *JO* 31 juill., p. 11679.
2. Décr. n° 2002-77, 11 janv. 2002, pris pour l'application de l'article 697 du Code de procédure civile (ancien) et réformant les modalités de la publicité en matière de saisie immobilière, *JO* 18 févr., p. 1089.
3. L. n° 55-4, 4 janv. 1955, concernant les annonces judiciaires et légales, *JO* 6 janv., p. 276.
4. Req. 3 avr. 1895, *DP* 1895. 1. 184.
5. Civ. 2e, 9 déc. 1997, n° 95-21.200, *Bull. civ.* II, n° 300; *JCP* 1998. IV. 1230.

Enfin, il était fréquent que l'annonce comporte encore une photographie du bien saisi, à tout le moins quand la photographie était parlante.

Cette annonce était signée par l'avocat et il pouvait en justifier par un exemplaire du journal portant la signature de l'imprimeur (ACPC, art. 698). La nullité est envisagée à l'article 715 ACPC, tout autant que la preuve d'un grief est rapportée.

1323.273 **Autres supports.** Depuis quelques années, s'était également développée l'habitude dans certaines régions de procéder en outre à une publicité par minitel[1] et, on commençait à trouver des publicités sur des sites appropriés d'Internet. Se posait à l'égard de ces compléments d'information le problème de leur coût. Doit-il être englobé dans les frais préalables de vente à la charge de l'adjudicataire et donc venir en diminution du prix de vente ou la charge doit-elle être conservée par le poursuivant ? La réponse semblait donnée par les articles 700 et 701 ACPC qui paraissaient conditionner les publicités élargies, quelles qu'elles soient, à l'accord préalable du président du TGI (v. s[s] n° 1323.302).

b)
Affiches

1323.281 **Forme.** Elles étaient prévues par l'article 699 ACPC, sous forme de placards. Le contenu est le même que celui de l'insertion publiée dans le journal d'annonces légales, qui doit renseigner sur l'identité des parties, le bien, la mise à prix et les jour, heure et lieu de l'audience de vente. La nullité n'est encore encourue que dans l'hypothèse où la démonstration d'un préjudice est rapportée.

1323.282 **Lieux.** L'affichage était effectué sur la porte principale des bâtiments saisis, à la porte du tribunal devant lequel aura lieu l'adjudication et au lieu officiel de l'affichage dans chacune des communes de la situation des biens. Il pouvait s'agir d'un affichage en extérieur ou dans un panneau fermé et protégé, prévu à cet effet.

1323.283 **Durée.** L'ancien Code de procédure civile n'imposait pas que le placard demeure jusqu'à la vente et, en pratique, l'affiche sur la porte principale du bien est souvent arrachée par le saisi. Mais ce qui comptait était que l'affichage ait été réalisé et, à cette fin, l'huissier attestait par un procès-verbal rédigé sur un exemplaire du placard que l'apposition avait été faite aux lieux déterminés par la loi sans les détailler. En cas de contestation il fallait s'inscrire en faux contre l'acte d'huissier.

1. Bertrand, *JCP* 1988. I. 3313, pour la région de Béziers.

2°
Délai

1323.291 **Un délai à rebours.** Trente jours au plus tôt et quinze jours au plus tard avant l'adjudication, l'annonce devait être publiée et les affiches placardées, ce qui conduisait une fois encore l'avocat à décompter le délai à rebours (v. s[s] n° 1323.214); toutefois, ici, la publicité devait paraître dans un intervalle de temps précis : entre trente jours et quinze jours avant l'adjudication, afin d'espérer attirer efficacement les éventuels acquéreurs; trop tard ils n'auraient pas le temps de se renseigner, de visiter (v. s[s] n°s 1323.371 s.) et de s'organiser pour le paiement, trop tôt, ils risqueraient de se démotiver ou d'oublier la vente.

La date de l'adjudication était fixée dès les sommations de prendre communication du cahier des charges, mais elle pouvait être remise ou renvoyée (v. s[s] n° 1323.202 – et v. s[s] n°s 1325.161 s.); dans ce cas, le poursuivant, lorsqu'il reprenait la procédure, au stade des sommations, devait procéder à une nouvelle publicité.

1323.292 **Déchéances.** Les articles 696 et 699 ACPC ne le précisaient pas mais l'article 715 indiquait bien que ces délais étaient prévus à peine de déchéance, donc sans qu'il soit nécessaire d'apporter la démonstration d'un grief.

3°
Publicité restreinte ou élargie

1323.301 **Fondement.** Le Code fixait les publicités obligatoires afin que la vente du bien aux enchères attire des acheteurs. Mais il était encore possible de saisir le tribunal d'une demande en réduction ou augmentation des publicités, suivant « *la nature et la valeur des biens* » (ACPC, art. 700). S'il fallait une autorisation pour déroger à la loi, c'était pour préserver les droits du saisi et lui assurer qu'il ne s'agissait pas d'une manœuvre destinée à obtenir son bien à bas prix parce que la vente serait demeurée très intime; de même fallait-il une autorisation pour faire une publicité plus importante car cela augmente les frais; autorisés, ils étaient alors sans contestation déclarés frais privilégiés de vente (ACPC, art. 701 – v. s[s] n°s 1325.121 et 1325.122).

1323.302 **Modalités et procédure.** Pour étendre la publicité, le Code envisageait notamment le « *son de cloche, trompe ou tambour* ». On remplacera aujourd'hui ces exemples d'une autre époque par des moyens modernes de communication : tous autres supports de presse écrite, minitel, Internet, *etc.* (v. s[s] n° 1323.273).

Le président du TGI statue en référé, par ordonnance insusceptible de recours à la requête du poursuivant. Tout intéressé peut en outre, dans un délai de cinq jours après expiration du délai de huit jours, à compter du dépôt du cahier des charges, se joindre à la requête du poursuivant, par ministère d'avocat. Ce délai de cinq jours est également prescrit à peine de forclusion.

B. Modifications issues de la loi du 29 juillet 1998

1323.311 Le principe : une large publicité. L'article 111 de la loi du 29 juillet 1998 abroge les articles 696, 698, 699 et 700 et rétablit un article 697 qui prévoit que l'adjudication sera poursuivie « *après une large publicité visant à permettre l'information du plus grand nombre d'enchérisseurs possible* » et qui ajoute que la publicité pourra « *dépasser la seule information faite dans un journal d'annonces légales et au tribunal* ».

1323.312 Entrée en vigueur de la réforme l'article 697. À cette fin, les articles 696, 698, 699 et 700 sont abrogés et il est rétabli un article 697 qui dispose que la publicité pourra « *dépasser la seule information faite dans un journal d'annonces légales et au tribunal* » Pour le détail de ces modalités, il est renvoyé à un décret en Conseil d'État, qui dans le silence de la loi, devra fixer le délai des publicités, leur contenu et préciser de quelle manière il en sera justifié.

Elle était conditionnée à la parution d'un décret en Conseil d'État. C'est désormais chose faite avec le décret n° 2002-77 du 11 janvier 2002. Les dispositions de ce décret sont applicables aux procédures de saisie immobilière en cours à sa date de publication sans qu'il y ait lieu de réitérer les formalités de publicité légale accomplies antérieurement à cette date conformément aux dispositions alors en vigueur (Décr. 11 janv. 2002, art. 14). On doit considérer comme « accomplies » des formalités effectivement réalisées (apposition des placards, publicités légales parues).

1323.313 Nouveau dispositif. L'objectif avoué de la réforme est à la fois de simplifier la publicité légale et de protéger le débiteur qui subit le traumatisme de la saisie de son immeuble. L'article 697 alinéa 2 nouveau maintient la faculté pour le juge de restreindre ou autoriser une publicité complémentaire suivant la nature et la valeur des biens saisis et élargit même cette faculté au cas où ces variantes seraient justifiées « *en raison d'autres circonstances de l'espèce* ». Le décret prévoit aussi, ce qui est une innovation, une publicité relative à la faculté de surenchère en distinguant l'annonce de l'adjudication, de son compte rendu, une fois celle-ci tenue. Les articles 11 à 14 du décret contiennent en outre des dispositions diverses et transitoires.

1° Publicité en vue de l'adjudication

1323.320 Deux modalités. Le décret organise un droit commun de la publicité (Décr. 11 janv. 2002, art. 2 à 6) et un aménagement éventuel de celle-ci par le juge qui peut restreindre ou compléter les mesures (Décr. 11 janv. 2002, art. 7 à 10).

a) Droit commun

1323.321 L'essentiel des changements. Globalement, le décret accroît le nombre de publications dans les journaux, fait disparaître l'affichage en mairie ainsi que le nom du saisi sur l'avis destiné à l'information des tiers, et, s'il maintient la publicité à la porte du bâtiment saisi, elle ne doit plus mentionner le caractère forcé de la vente.

1323.322 Délai légal (Décr. 11 janv. 2002, art. 2, al. 1er). L'annonce de l'adjudication est réalisée à l'initiative de l'avocat poursuivant la vente, quarante jours au plus tôt et vingt jours au plus tard avant l'audience d'adjudication. Il s'agit toujours d'un délai à rebours[1]. Le changement par rapport aux dispositions de l'ancien article 696 (v. ss n° 1323.291) vient de l'allongement du délai (de trente à, désormais, quarante jours avant l'audience d'adjudication et de vingt jours au plus tard, au lieu de quinze), mais le poursuivant, en opportunité, peut faire choix d'une publicité au plus près de la date butoir du délai; le principe de décompte à rebours de ce délai demeurant identique.

1323.323 Deux avis. L'annonce s'effectue au moyen de deux avis, l'un qui sera déposé au greffe, l'autre, dit avis simplifié, qui sera apposé à l'entrée ou en limite de l'immeuble saisi.

α) Avis déposé au greffe

1323.331 Présentation (Décr. 11 janv. 2002, art. 2). Le décret réglemente son contenu et les conditions de son dépôt. Cet avis doit ensuite être publié dans un des journaux d'annonces légales de l'arrondissement de la situation de l'immeuble saisi. La nouvelle réglementation est très contraignante qui va jusqu'à imposer la forme et les caractères d'imprimerie de l'avis.

1. Délai qui se calcule en remontant le temps : Civ. 2e, 13 mars 2008, n° 07-16.775, *Bull. civ.* II, n° 69.

1323.332 • **Contenu.** Selon l'article 2 alinéa 3 du décret du 11 janvier 2002, l'avis mentionne :

– les noms et domiciles du créancier poursuivant et de son avocat;

– la désignation de l'immeuble saisi et la description sommaire indiquant sa nature, son occupation éventuelle et tous éléments connus relatifs à sa superficie, ainsi que le cas échéant les dates et heures de visite. En visant la superficie, le décret ne fait toutefois pas peser sur le poursuivant l'obligation de faire établir la contenance de l'immeuble puisqu'il est simplement question d'éléments « connus » (pour les immeubles en copropriété, v. le débat sur l'application éventuelle de la loi Carrez aux ventes aux enchères et la réponse de la Cour de cassation, v. s[s] n°s 1323.101 s.);

– la mise à prix;

– les jour, heure et lieu de la vente;

– les lieux où peuvent être consultées les conditions de la vente de l'immeuble.

Par comparaison avec les dispositions antérieures, on peut noter que l'avis ne contient plus d'indications relatives à l'identité du saisi (ni nom ni adresse, laquelle peut être différente de celle de l'immeuble saisi).

1323.333 • **Formes et caractères.** L'avis doit être rédigé en caractères dont la hauteur ne peut être inférieure à celle du corps 30, sur format A3 (40 × 29,7 cm).

1323.334 • **Dépôt au greffe.** L'avocat poursuivant se charge du dépôt de cet avis au greffe à l'intérieur du délai (quarante jours au plus tôt et vingt jours au plus tard avant l'adjudication), mais c'est le greffier qui fait procéder à l'affichage.

1323.335 • **Publication de l'avis.** L'avis doit être publié dans un des journaux d'annonces légales de l'arrondissement de la situation de l'immeuble saisi, toujours dans le délai de l'article 2 du décret du 11 janvier 2002, soit quarante jours au plus tôt et vingt jours au plus tard avant l'audience d'adjudication. Il est justifié de l'insertion de l'avis par un exemplaire du journal.

1323.336 • **Sanctions.** En vertu de l'article 10 du décret du 11 janvier 2002, les dispositions du premier alinéa de l'article 715 ACPC sont applicables lorsque les formalités et délais prescrits à l'article 2 n'ont pas été respectés à savoir, pour le non-respect des formalités, la nullité en cas de grief et, pour le non-respect des délais, la déchéance (v. s[s] n°s 1331.171 s.). Ainsi, est nulle la procédure de saisie immobilière, la publicité au siège du tribunal n'ayant pas été effectuée, ce défaut portant préjudice aux débiteurs en ce sens que les enchérisseurs potentiels ne pouvaient être valablement informés et que le prix obtenu lors de l'audience de vente risquait d'être moins élevé que si les règles particulières de publicité prévues par le décret du 11 janvier 2002 avaient bien été respectées[1]. De même, doit être prononcée la déchéance des poursuites et la nullité de la procédure de saisie immobilière, lorsque l'avis a été déposé dix-huit jours avant l'audience[2].

β)

Avis simplifié

1323.341 **Présentation (Décr. 11 janv. 2002, art. 3).** L'avocat poursuivant doit encore, dans le même délai de l'article 2 du décret, faire apposer un avis à l'entrée, ou à défaut en limite de l'immeuble saisi, et faire insérer cet avis dans des journaux.

1323.342 • **Contenu de l'avis simplifié.** Selon l'article 3 du décret, il mentionne :

– la mise en vente aux enchères publiques de l'immeuble;

– sa nature et son adresse;

– la mise à prix;

– les jour, heure et lieu de la vente;

– les lieux où peuvent être consultées les conditions de la vente.

À nouveau, on ne trouve plus de références permettant d'identifier le saisi, ni d'indication de la nature forcée de la vente. En théorie, donc, le nom et l'adresse du créancier poursuivant ne figurent pas sur cet avis, mais quand il s'agira de porter à la connaissance des éventuels acheteurs les lieux où peuvent être consultées les conditions de vente, ce sont bien les coordonnées du professionnel qui apparaîtront. Le nouveau dispositif atténue seulement un peu le caractère forcé de la vente mais celui-ci reste aisément décelable.

1323.343 • **Formes et caractères.** Comme pour l'avis à déposer au greffe, cet avis simplifié doit être rédigé en caractères dont la hauteur ne peut être inférieure à celle du corps 30, sur format A3 (40 × 29,7 cm). Le moins qu'on puisse dire c'est qu'ici la discrétion n'est pas de mise. On comprend toutefois l'objectif de la réforme qui vise à attirer le plus de personnes intéressées par le bien et dès lors que l'identité du saisi ne figure pas sur l'avis, on peut considérer que son intimité sera préservée.

1323.344 • **Apposition.** L'avis va être apposé sur l'immeuble, à l'entrée ou à défaut en limite de l'immeuble saisi. Dès lors, les observations faites ci-dessus sur le respect de la vie privée du saisi sont à

1. TGI Béthune, 13 juin 2002, *D.* 2002. IR 2383.
2. TGI Aix-en-Provence, 22 juill. 2002, n° 01/00092, M. X… c/S[té] Cie de financement foncier, et Mme Y…, ép[se] X…, inéd.

relativiser. Selon l'immeuble, appartement ou maison individuelle, l'avis désignera clairement son propriétaire par son seul emplacement, ou l'indication de son étage. C'est un huissier qui dresse procès-verbal d'apposition de l'avis, ce qui permet au poursuivant de justifier de l'accomplissement de cette formalité.

1323.345 • **Publication.** L'avis simplifié sera inséré par l'avocat poursuivant, dans le délai de l'article 2 du décret du 11 janvier 2002, soit au plus tôt quarante jours et au plus tard vingt jours avant l'adjudication, dans trois journaux d'annonces légales. Il s'agit de journaux périodiques à diffusion locale ou régionale, au tarif des annonces ordinaires. La production d'un exemplaire des journaux permet au poursuivant de justifier de l'accomplissement de cette formalité.

1323.346 • **Sanctions.** En vertu de l'article 10 du décret du 11 janvier 2002, les dispositions du premier alinéa de l'article 715 ACPC sont applicables lorsque les formalités et délais prescrits aux articles 2 et 3 n'ont pas été respectés (v. s[s] n°s 1331.171 s.).

b)
Aménagement judiciaire de la publicité

1323.351 **Procédure (Décr. 11 janv. 2002, art. 7, al. 1er).** Le président du tribunal du lieu de la vente ou le magistrat qu'il délègue peut être saisi par voie de requête de la demande de restriction ou de complément des publicités par le créancier poursuivant, l'un des créanciers inscrits ou la partie saisie. Le ministère d'avocat sera donc nécessaire. Avant la réforme, la faculté d'obtenir du juge l'autorisation d'organiser une publicité complémentaire n'appartenait qu'au créancier poursuivant.

1323.352 **Délai (Décr. 11 janv. 2002, art. 7, al. 2).** Dans les quarante jours précédant l'audience d'adjudication.

1323.353 **Ordonnance d'aménagement.** Le président ou le magistrat délégué peut, par ordonnance, restreindre ou compléter les mesures de publicité mentionnées aux articles 2 à 6, en tenant compte de la nature, de la valeur, de la situation de l'immeuble et de toutes autres circonstances particulières. En pratique, c'est à la fois pour réduire la publicité et son coût que le juge peut être saisi, si la vente du bien ne permet pas d'espérer un prix d'adjudication élevé, et pour l'augmenter, lorsque l'immeuble est susceptible d'atteindre un bon prix aux enchères et d'intéresser une clientèle nationale, voire internationale.

Le magistrat peut ainsi, notamment, ordonner que soit adjoint aux mentions prévues par les articles 2 et 3 toute autre indication ou document relatif à l'immeuble. Il peut ordonner que les mesures de publicité soient accomplies par d'autres modes de communication qu'il indique (v. s[s] n° 1323.273). Il peut encore ordonner que l'avis mentionné à l'article 3 (avis en principe apposé sur l'immeuble) soit affiché aux lieux qu'il désigne.

1323.354 **Absence de recours (Décr. 11 janv. 2002, art. 8).** L'ordonnance d'aménagement n'est pas susceptible de recours.

1323.355 **Coût de cette publicité complémentaire (Décr. 11 janv. 2002, art. 9).** Les mesures de publicité complémentaires sont réalisées à la diligence et aux frais avancés de la partie requérante. Sont-ils considérés comme frais préalables de vente quand ils sont réalisés par le poursuivant ? On doit pouvoir l'admettre.

1323.356 **Sanctions.** En vertu de l'article 10 du décret du 11 janvier 2002, les dispositions du premier alinéa de l'article 715 ACPC sont applicables lorsque les formalités et délais prescrits à l'article 8 n'ont pas été respectés (v. s[s] n°s 1331.171 s.). Mais le respect du délai pour saisir le juge (Décr. 11 janv. 2002, art. 7) ne paraît assorti d'aucune sanction.

2°
Publicité après l'adjudication

1323.361 **Raison d'être de cette innovation.** Parce que les ventes aux enchères publiques peuvent faire l'objet d'une surenchère, le décret du 11 janvier 2002 a organisé, à cette fin, l'information des tiers une fois le bien adjugé. Ainsi, le saisi peut-il espérer que le meilleur prix sera retiré de son immeuble sur remise en vente.

1323.362 **Avis après adjudication (Décr. 11 janv. 2002, art. 5) : information sur le prix et faculté d'enchérir.** Dans les deux jours ouvrables suivant l'adjudication, un avis est rédigé par le greffe et affiché au tribunal du lieu de la vente. Cet avis mentionne la désignation et la description sommaire de l'immeuble telle qu'elle figurait dans l'avis initial, le prix de la vente, les frais taxés ainsi que l'indication qu'une surenchère est possible dans les dix jours suivant la vente.

1323.363 **Rôle du greffe.** En mettant la rédaction et l'affichage à la charge du greffe, le législateur a fait choix d'une personne extérieure à la procédure : ni l'adjudicataire (qui n'a pas intérêt à ce que le bien soit revendu sur surenchère), ni le poursuivant, qui pourrait être négligent. Mais le décret ne prévoit pas de sanction en cas d'inexécution ou de mauvaise exécution de cette nouvelle publication.

1323.364 **Publicité de la nouvelle audience en cas de surenchère (Décr. 11 janv. 2002, art. 6).**

(V. s[s] n°s 1342.05 s.) Elle sera effectuée selon le droit commun ou aménagée dans les conditions des articles 7 à 10 (v. s[s] n°s 1323.321 à 1323.356). L'article 7 du décret du 11 janvier 2002 vise la faculté de solliciter une publicité complémentaire. La requête devra être adressée au président du TGI ou au magistrat qu'il délègue, dans le délai de deux jours ouvrables après l'adjudication (Décr. 11 janv. 2002, art. 7, 2°). Toutefois, aucune sanction n'est prévue en cas d'irrespect de ce délai.

1323.365 Suite de l'adjudication sur surenchère. La nouvelle adjudication ne donnera ensuite pas lieu à avis après adjudication (Décr. 11 janv. 2002, art. 6, al. 2).

§ 2
Visite des lieux

1323.371 Justification. Le code ne l'envisage pas, mais on conçoit rarement, en pratique, de se porter acquéreur d'un bien sans l'avoir préalablement visité. Aussi, le poursuivant organisera-t-il des visites de l'immeuble. Il ne s'agit plus de publicité, mais cette mesure s'explique encore par la nécessité d'informer efficacement les éventuels oblateurs.

1323.372 Modalités. En pratique, quand il ne rencontre pas d'opposition, l'avocat du poursuivant charge l'huissier d'organiser les visites, à la convenance du saisi. En cas de difficulté, le poursuivant doit se faire autoriser en référé à faire procéder à des visites, l'ordonnance fixant en outre, les jour et heure.

Avant la réforme de la publicité légale (v. s[s] n°s 1323.313 à 1323.356), la pratique admettait que le poursuivant fasse figurer sur les affiches les jours et heures de visite, lorsqu'il s'était entendu préalablement avec le saisi sur cette question; ou bien les affiches indiquaient simplement que les personnes intéressées devaient pour visiter, se renseigner auprès du poursuivant. Le décret a pris en compte ces pratiques : l'avis destiné à être apposé au tribunal, mentionne « *le cas échéant, les dates et heures de visite* » (v. s[s] n° 1323.332). On peut encore imaginer que cette information soit fournie par publicité complémentaire, sur ordonnance du président du TGI ou du magistrat délégué, en vertu des dispositions de l'article 8 du décret du 11 janvier 2002 (v. s[s] n° 1323.353).

§ 3
Information des bénéficiaires d'un droit de préemption

1323.380 Principe. La vente aux enchères publiques va emporter transfert de propriété; or certaines personnes peuvent bénéficier d'un droit de préemption, en vertu de la loi leur ouvrant une vocation prioritaire à acquérir le bien. Pour préserver les droits de ces bénéficiaires, il faut les informer de l'adjudication. C'est le cas pour le preneur à bail rural et la Safer (sociétés d'aménagement foncier et d'établissement rural), ainsi que pour les communes, départements et régions. En vertu de la loi du 29 juillet 1998, relative à la lutte contre les exclusions, un nouveau droit de préemption est ouvert aux communes. La situation du preneur à bail d'habitation, plus originale, est inchangée.

A.
Preneur à bail rural

1323.381 L'information du bénéficiaire. Selon l'article L. 412-11 du Code rural et de la pêche maritime, dans le cas d'une vente faite par adjudication forcée, le preneur bénéficiaire du droit de préemption (sur les conditions d'ouverture de ce droit, C. rur., art. L. 412-5) doit, à peine de nullité de la vente, y être convoqué par lettre recommandée avec demande d'avis de réception (LRAR) ou par acte d'huissier de justice, vingt jours au moins avant la date de l'adjudication, par le secrétaire-greffier en chef du tribunal devant lequel la vente se poursuit, ou par le notaire chargé de la vente. Si la convocation émane du greffe c'est l'avocat du poursuivant qui portera à la connaissance du greffier l'existence d'un preneur à bail et qui lui communiquera son identité et son adresse.

1323.382 Force obligatoire du cahier des charges. Le fait que, dans le cahier des charges, figure une clause mentionnant l'existence d'un locataire emporte-t-il acquisition d'un droit de préemption à son profit, alors même que l'exercice de ce droit pourrait être contesté, en l'état des conditions légales posées pour en bénéficier ? La jurisprudence après l'avoir refusé dans le passé pour un locataire suivant bail verbal (ni la convocation à l'audience, ni la mention du droit de préemption ne peuvent faire la preuve du droit du preneur à bail s'il ne remplit pas les conditions légales[1]), décide aujourd'hui, pour les preneurs à bail rural, que la clause conventionnelle, extensive du droit de préemption, prévu par le Code rural et de la pêche maritime, s'impose à l'adjudicataire[2]. De même, a-t-il été jugé, qu'en vertu d'un cahier des charges englobant dans un lot unique un bien rural loué seulement pour partie, le droit de préemption pouvait être étendu à la totalité du lot, par le saisissant, avec l'accord des parties; l'extension fut jugée licite

1. Civ. 3e, 8 févr. 1968, *Bull. civ.* III, n° 47.
2. Civ. 3e, 19 févr. 1980, n° 78-13.969, *Bull. civ.* III, n° 40.

et imposée à l'adjudicataire[1] (encore faut-il, dans ce cas que le preneur règle le prix intégral de l'adjudication, v. s[s] n° 1343.21).

1323.383 **Exercice du droit.** Le preneur à bail disposera d'un délai de vingt jours encore pour faire connaître au secrétaire-greffier sa décision de faire valoir son droit de préemption (C. rur., art. L. 412-11, al. 2). Ce délai doit-il être soumis aux dispositions des articles 641 et 642 C. pr. civ., et ainsi peut-il être prorogé s'il expire un samedi, dimanche, ou un jour férié ? La question se pose car il ne s'agit pas d'un délai de procédure à proprement parler. Il a cependant été jugé que l'article 641 C. pr. civ. n'était que l'expression, en matière procédurale, d'une règle de portée générale, valable pour tout acte de procédure[2]. À la suite de cette jurisprudence, les dispositions des articles 641 et 642 ont été jugées applicables au délai d'exercice d'une action en rescision de vente d'immeuble[3] ou au calcul du délai de l'article 27 du décret du 30 septembre 1953[4]. On pourrait donc envisager de raisonner par analogie pour l'exercice du droit de préemption. Cette extension du domaine d'application des articles 641 et suivants C. pr. civ. est cependant critiquée par la doctrine[5].

La déclaration de préemption comporte l'indication de la personne exerçant le droit, faite par acte authentique ou par acte d'huissier de justice, annexée au procès-verbal ou au jugement d'adjudication et publiée en même temps; cette déclaration emporte substitution pure et simple à l'adjudicataire. Dans le cas où une surenchère serait formée, elle est dénoncée au preneur dans les mêmes formes et délais qu'à l'adjudicataire et le preneur peut encore intervenir dans l'instance en validité de surenchère. La sanction du défaut de règlement des frais de l'adjudication par le fermier qui a préempté n'est donc pas la déchéance du droit de préemption mais la poursuite sur folle enchère[6].

Selon l'article L. 412-11 du Code rural et de la pêche maritime, la déclaration peut être faite au nom d'un descendant dans les conditions de l'article L. 412-5 alinéa 3. Cet alinéa visant également le conjoint et, désormais, le partenaire avec lequel le preneur est lié par un pacte civil de solidarité, peut-on alors leur étendre le bénéfice du droit ? La doctrine ne se prononce pas[7] et il n'y a pas à notre connaissance de jurisprudence publiée sur cette question.

1323.384 **Sanction du défaut de convocation.** Le Code rural et de la pêche maritime impose la convocation par le greffe à peine de nullité. L'omission de la convocation ou l'inobservation du délai entraîne donc la nullité de la vente[8], sauf si le bénéficiaire du droit de préemption avait eu, en fait, connaissance de la vente en temps opportun, mais a renoncé de façon caractéristique à son droit après avoir assisté à la vente et porté des enchères[9]. Il a encore été jugé que la nullité n'est pas encourue quand il ressort des circonstances la volonté tacite du bénéficiaire de renoncer à se prévaloir de l'irrégularité commise (ainsi pour la participation sans réserve à l'adjudication qui vaut renonciation à se prévaloir de la nullité résultant de l'inobservation de la formalité elle-même[10]).

B.
Société d'aménagement foncier et d'établissement rural

1323.391 **Principe.** Les sociétés d'aménagement foncier et d'établissement rural (Safer), sont, dans les conditions de l'article L. 143-7 du Code rural et de la pêche maritime, titulaires d'un droit de préemption en cas d'aliénation à titre onéreux de biens immobiliers à utilisation agricole et de biens mobiliers qui leur sont attachés ou de terrains à vocation agricole (C. rur., art. L. 143-1, al. 1er, réd. issue de L. n° 2006-11, 5 janv. 2006[11]). Ce droit leur a été attribué par le législateur afin de leur permettre de s'opposer à la réalisation d'opérations contraires aux orientations définies dans le cadre de la politique agricole; il peut également être exercé en cas d'aliénation à titre onéreux de bâtiments d'habitation faisant partie d'une exploitation agricole ou de bâtiments d'exploitation ayant conservé leur utilisation agricole. Dans les communes et parties de communes de montagne telles que définies par les articles 3 et 4 de la loi n° 85-30 du 9 janvier 1985 relative au développement et à la protection

1. Civ. 3e, 26 juin 1973, n° 72-11.919, *Bull. civ.* III, n° 434.
2. Civ. 3e, 21 déc. 1987, n°s 85-10.794 et 85-17.293, *Bull. civ.* III, n°s 215 et 216; *JCP* 1988. II. 21012, note crit. Prévault.
3. Civ. 3e, 8 déc. 1993, n° 90-22.070, *Bull. civ.* III, n° 165; *D.* 1994. Somm. 235, obs. Paisant.
4. Pour une demande en révision du loyer commercial, Civ. 3e, 23 févr. 1994, n° 91-21.005, *Bull. civ.* III, n° 30; *JCP* 1994. II. 22328, note crit. Boccara.
5. Notes s[s] Civ. 3e, 21 déc. 1987, n°s 85-10.794 et 85-17.293, *Bull. civ.* III, n°s 215 et 216 – Et note s[s] Civ. 3e, 23 févr. 1994, n° 91-21.005, *Bull. civ.* III, n° 30.
6. Civ. 3e, 27 juin 1990, n° 89-14.057, *Bull. civ.* III, n° 158, *D.* 1990. 582, note Prévault.
7. Lachaud, « Ventes aux enchères et droit de préemption en matière rurale », *Gaz. Pal.* 1998. 1. Doctr.
8. En matière rurale, Civ. 3e, 13 janv. 1981, n° 79-13.008, *Bull. civ.* III, n° 9 – Civ. 3e, 11 juill. 1990, n° 88-19.346, *Bull. civ.* III, n° 176.
9. Soc. 17 juin 1964, *Bull. civ.* IV, n° 513.
10. Soc, 16 févr. 1951, *D.* 1951. 433, note Savatier.
11. L. n° 2006-11, 5 janv. 2006, d'orientation agricole, *JO* 6 janv., p. 229.

de la montagne, ce droit de préemption peut également être exercé en cas d'aliénation à titre onéreux de bâtiments qui ont été utilisés pour l'exercice d'une activité agricole au cours des cinq dernières années qui ont précédé cette aliénation, pour leur rendre un usage agricole (C. rur., art. L. 143-1, al. 2).

1323.392 **Conditions.** Lorsque le bien fait l'objet d'une saisie immobilière, l'article L. 143-8 dispose que le droit de préemption s'exerce dans les conditions de l'article L. 412-11 du Code rural et de la pêche maritime : la Safer doit être avisée, dans le délai d'un mois, avant la date de l'adjudication et convoquée vingt jours au moins avant l'audience (C. rur., art. R. 143-11) dans les mêmes formes, par le greffe ou le notaire. Toutefois, pour permettre au preneur en place d'exercer en priorité son droit de préemption, elle disposera, en vue de se substituer à l'adjudicataire, d'un délai d'un mois à compter de l'adjudication (C. rur., art. L. 143-11)[1]. Son droit de préemption en effet, ne peut s'exercer contre le preneur en place que s'il exploite le bien concerné depuis moins de trois ans (C. rur., art. L. 143-6). Les articles L. 143-8 et L. 412-11 du Code rural et de la pêche maritime garantissent à la Safer la possibilité d'intervenir à l'audience d'adjudication pour lui permettre d'apprécier l'opportunité d'exercer son droit de préemption. De ce fait, seule la Safer, dont les intérêts auraient été méconnus, a qualité pour se prévaloir de l'inobservation des formalités prévues par les articles L. 143-8 et L. 412-11 du Code rural et de la pêche maritime[2].

C.
Locataire d'habitation

1323.400 **Deux droits.** La loi n° 75-1351 du 31 décembre 1975[3], relative à la protection des occupants de locaux à usage d'habitation, ou à usage mixte d'habitation et professionnel, et la loi n° 2006-685 du 13 juin 2006 organisent la protection des locataires d'habitation[4], respectivement lorsqu'est envisagée la vente du local consécutivement à une division par lots de l'immeuble, et lorsqu'est envisagée la vente d'un immeuble entier. Si l'on sait que les dispositions de la loi de 1975 s'appliquent aux ventes sur saisie immobilière, la question de pose pour les ventes envisagées par la loi de 2006.

1323.401 **Le droit original de la loi n° 75-1351 du 31 décembre 1975.** La loi n° 75-1351 du 31 décembre 1975, relative à la protection des occupants de locaux à usage d'habitation, ou à usage mixte d'habitation et professionnel, n'instaure pas à proprement parler un droit de préemption, lorsque la vente d'un local, consécutive à la division initiale ou subdivision de tout ou partie d'un immeuble par lots, a lieu par adjudication volontaire ou forcée. Le législateur ouvre, au profit du locataire ou de l'occupant de bonne foi, le droit d'être convoqué à l'adjudication, un mois au moins avant la date de l'audience, pour monter les enchères s'il désire acquérir l'appartement. Si le bien est adjugé à un tiers, et que le locataire a été régulièrement convoqué, aucun droit de substitution ne lui sera ouvert.

Cette convocation est faite à la diligence, soit du vendeur ou du poursuivant, soit de leur mandataire, par LRAR (Décr. n° 77-742, 30 juin 1977[5], art. 7). La convocation indique la mise à prix et les jour, lieu et heure de l'audience, ainsi que le tribunal, ou le notaire devant lequel elle se déroulera; elle indique en outre que les enchères sont portées devant le tribunal par ministère d'avocat et reproduit les termes du paragraphe II de la loi du 31 décembre 1975.

1323.402 **Notification de l'adjudication.** L'article 7-II du décret du 20 juillet 1977 dispose ensuite que tout jugement ou procès-verbal d'adjudication doit lui être notifié, à la diligence du greffier du tribunal, ou du notaire devant lequel l'adjudication a été prononcée, entre le dixième et le quinzième jour suivant cette dernière. La notification doit préciser le montant de la dernière enchère, le nom et l'adresse de l'adjudicataire ou éventuellement de l'adjudicataire commandé. Le greffier ou le notaire reproduisent le texte du paragraphe II de l'article 10 de la loi de 1975 et indiquent, s'il y a lieu, que la convocation n'a pas été faite.

1323.403 **Préemption en cas de défaut de convocation.** Dans ce cas, le paragraphe IV de l'article 7, dispose que dans le délai d'un mois à réception de la notification du greffe, le locataire ou l'occupant de bonne foi peut déclarer se substituer à l'adjudicataire, aux prix et conditions de l'adjudication. La déclaration sera faite par LRAR, adressée

1. Y compris en cas de surenchère : Civ. 3e, 5 juin 2013, nos 11-26.088 et 11-26.153, *Bull. civ.* III, n° 77, alors pourtant que la surenchère a remis en cause l'adjudication et fait renaître les droits du saisi sur l'immeuble… Et comment préempter sans connaître le prix auquel l'immeuble sera finalement adjugé sur surenchère ?
2. Civ. 2e, 1er févr. 2006, n° 05-15.047, NP; *Dr. et proc.* 2006. 232, obs. Leborgne.
3. L. n° 75-1351, 31 déc. 1975, modification de la loi du 1er septembre 1948, *JO* 4 janv., p. 191.
4. L. n° 2006-685, 13 juin 2006, relative au droit de préemption et à la protection des locataires en cas de vente d'un immeuble, *JO* 14 juin, p. 8944.
5. Décr. n° 77-742, 30 juin 1977, modification de la loi du 1er septembre 1948, *JO* 9 juill., p. 3620.

au greffier du tribunal ou au notaire. La substitution ne s'effectue donc qu'en cas de défaut de convocation, à titre de sanction, en quelque sorte.

La jurisprudence a étendu la solution prévue en cas d'absence de convocation à l'hypothèse d'une convocation irrégulière[1].

Lorsque les biens saisis sont pour partie loués, une difficulté peut se présenter lorsque la vente est poursuivie en un seul lot. Le locataire, non convoqué, peut-il faire usage de son droit de préférence sur la partie louée, sans porter préjudice à l'adjudicataire ? En matière rurale, il a été jugé, il y a quelques années, que le droit de préférence pouvait être étendu à la totalité des biens adjugés, dès lors que le preneur à bail en payait le prix (v. s[s] n° 1323.382). Mais que décider lorsque le locataire n'entend exercer son droit que sur la partie à lui louée ? La cour d'appel de Pau avait envisagé de remédier au manque à gagner de l'adjudicataire en estimant que l'absence de prix de l'immeuble, objet du droit de préférence, pouvait être réparée par une évaluation à dire d'expert. La deuxième chambre a cassé l'arrêt sur le fondement de l'article 1134 du Code civil, jugeant que les juges du fond avaient modifié l'économie du contrat[2].

1323.404 Loi n° 2006-685 du 13 juin 2006. Vente d'un immeuble entier. Selon la loi n° 2006-685 du 13 juin 2006, dite loi « Aurillac », lors de la vente d'un immeuble entier d'habitation, le vendeur doit, préalablement à la vente, offrir à chaque locataire d'acquérir son logement, à moins que l'acquéreur de l'entier immeuble ne s'engage à proroger les baux en cours. C'est à l'occasion de la vente projetée que naît le droit du locataire à une protection particulière. Préalablement à la vente, le locataire se voit offrir au choix du vendeur, soit la prorogation de son bail, soit la préemption du logement.

Se pose donc la question de savoir si les ventes par adjudication judiciaire ou amiable sont concernées au même titre que les ventes de gré à gré et comment exercer éventuellement ce nouveau droit de préemption. Le saisi est un vendeur contraint qui ne va rien pouvoir proposer à ses locataires si la vente est ordonnée par voie d'adjudication. Dans le silence de la loi nouvelle, on pourrait déduire que la protection du locataire doit jouer que la vente soit volontaire ou forcée. En l'absence de disposition particulière, il faudrait alors que le poursuivant prévoie, en rédigeant le cahier des conditions de vente, une clause mettant à la charge de l'adjudicataire l'obligation de proroger les baux en cours en cas de non-exercice du droit de préemption.

D.
Droits de préemption des établissements publics

1323.410 Diversité. En zone urbaine (C. urb., art. L. 210-1), dans les zones d'aménagement différé et périmètres provisoires (C. urb., art. L. 212-1) et dans des espaces naturels et sensibles (C. urb., art. L. 142-3), un droit de préemption est ouvert par le législateur au profit de certaines personnes publiques pour des raisons de politiques urbaines. Il existe également un droit de préemption au bénéfice des communes, destiné à assurer le maintien dans les lieux de personnes saisies.

1°
Présentation

1323.411 Droits de préemption du Code de l'urbanisme. Un droit de préemption urbain (DPU), dont le champ d'application matériel ne cesse d'évoluer (après la loi SRU du 13 décembre 2000, la loi Urbanisme et habitat n° 2003-590 du 2 juillet 2003[3] a élargi le champ d'application de droit de préemption urbain aux communes qui ne sont pas dotées d'un POS et d'un PLU comme à certaines zones naturelles; puis, la loi n° 2003-699 du 30 juillet 2003, relative à la prévention des risques technologiques et à la réparation des dommages[4], a également étendu le droit de préemption aux zones naturelles des plans d'occupation des sols ou des plans d'urbanisme local qui les ont délimitées par un plan de prévention des risques technologiques), est institué au profit des communes et de certains établissements publics de coopération communale pour leur permettre d'instituer une politique foncière en matière d'aménagement (C. urb., art. L. 210-1 s.).

Par ailleurs, afin de préserver la qualité des sites, des paysages, des milieux naturels et des champs naturels d'expansion des crues et d'assurer la sauvegarde des habitats naturels selon les principes posés à l'article L. 110 du Code de l'urbanisme, le département est compétent pour élaborer et mettre en œuvre une politique de protection, de gestion et d'ouverture au public des espaces naturels sensibles, boisés ou non. Pour la mise en œuvre de la

1. Pour une convocation libellée de manière imprécise et ambiguë, en des termes ne faisant pas apparaître la nécessité d'avoir à se présenter à l'audience, Versailles, 22 nov. 1988, *D.* 1990. 14, note Prévault.
2. Civ. 2e, 16 mai 2002, n° 00-22.104, *Bull. civ.* II, n° 97 – V. AUSSI, Civ. 3e, 5 mars 1986, n° 84-16.525, *Bull. civ.* III, n° 26.
3. L. n° 2003-590, 2 juill. 2003, urbanisme et habitat, *JO* 3 juill., p. 11176.
4. L. n° 2003-699, 30 juill. 2003, relative à la prévention des risques technologiques et à la réparation des dommages, *JO* 31 juill., p. 13021.

politique prévue à l'article L. 142-1, le conseil général peut créer des zones de préemption. Selon l'article L. 142-3, en cas d'adjudication, lorsque cette procédure est rendue obligatoire par une disposition législative ou réglementaire, l'acquisition par le titulaire du droit de préemption a lieu au prix de la dernière enchère, par substitution à l'adjudicataire. Cette disposition n'est toutefois pas applicable à la vente mettant fin à une indivision créée volontairement, à moins que celle-ci ne résulte d'une donation-partage.

Enfin, en vertu de la loi n° 2006-685 du 13 juin 2006[1], en cas de vente d'un immeuble à usage d'habitation, la commune peut faire usage de son droit de préemption pour assurer le maintien dans les lieux des locataires (C. urb., art. L. 210-2).

1323.412 Application du droit de préemption urbain aux ventes forcées : fin d'une incertitude. La loi n° 2000-1208 du 13 décembre 2000, relative à la solidarité et au renouvellement urbains, dite « loi SRU », qui a, notamment, accru les possibilités d'interventionnisme foncier, a également mis un terme à un délicat débat jurisprudentiel : avant l'entrée en vigueur de cette loi, l'alinéa premier de l'article L. 213-1 du Code de l'urbanisme, ouvrait le droit de préemption urbain (DPU) lorsque l'immeuble était « *aliéné volontairement, à titre onéreux, sous quelques formes que ce soit* ». La stricte lecture de cet alinéa aurait donc dû conduire les praticiens à exclure les ventes sur saisies immobilières du champ d'application du DPU. Toutefois, l'alinéa 3 du même article envisageait l'hypothèse où la vente est réalisée obligatoirement aux enchères publiques en vertu d'une disposition législative ou réglementaire. La pratique en avait déduit le droit pour les communes d'exercer leur droit de préemption et la jurisprudence semblait l'admettre[2]. Un arrêt de la cour administrative de Paris s'était toutefois inscrit en sens inverse, estimant que, bien qu'il s'agisse d'une adjudication prévue par la loi, la vente sur saisie immobilière n'étant pas volontaire, les dispositions de l'article L. 213-1 ne pouvaient s'appliquer. Pour les juges du fond, l'alinéa 3 de l'article L. 213-1 devait être seulement regardé comme prévoyant une modalité particulière pour l'exercice du droit de préemption (par substitution), et non comme une extension du champ d'application de l'article[3]. La solution avait été approuvée par le Conseil d'État[4]. La loi du 13 décembre 2000, a supprimé le mot « *volontairement* » dans le premier alinéa de l'article L. 213-1 du Code de l'urbanisme. L'article L. 213-1 dispose désormais que « *sont soumis au droit de préemption institué par l'un ou l'autre des deux précédents chapitres tout immeuble ou ensemble de droits sociaux donnant vocation à l'attribution en propriété ou en jouissance d'un immeuble ou d'une partie d'immeuble, bâti ou non bâti, lorsqu'ils sont aliénés, à titre onéreux, sous quelque forme que ce soit* »; sous les réserves énoncées ensuite de l'article. De ce fait, les collectivités peuvent exercer leur droit de préemption sur les biens aliénés dans le cadre de toute vente aux enchères, que ce type de vente soit forcé ou volontaire[5] (à propos de la vente des biens d'un débiteur en liquidation, v. aussi s[s] n° 1412.135).

1323.413 Droits de préemption destinés à assurer le maintien dans les lieux du saisi. La loi du 29 juillet 1998 a complété le titre Ier du livre VI du Code de la construction et de l'habitation par un chapitre VI (« *Dispositions applicables en matière de saisie immobilière du logement principal* ») qui se réduit à un seul article (CCH, art. L. 616), ouvrant un nouveau droit de préemption au bénéfice des communes, en cas de vente sur saisie immobilière d'un immeuble ou d'une partie d'immeuble constituant la résidence principale d'une personne qui remplit des conditions de ressources pour l'attribution d'un logement à loyer modéré. Ce droit de préemption est destiné à « *assurer le maintien dans les lieux du saisi* ». Il sera exercé suivant les modalités prévues par le Code de l'urbanisme en matière de droit de préemption urbain (v. s[s] n° 1323.421). La commune se voit encore reconnaître la faculté de déléguer ce droit de préemption à un office public d'habitations à loyer modéré ou office public de l'habitat, selon les conditions définies à l'article L. 213-3 du Code de l'urbanisme.

S'agissant d'une nouvelle hypothèse légale de préemption, ce droit peut être immédiatement mis en œuvre, y compris à l'occasion des saisies en cours, dès lors que le stade de la procédure le permet encore.

Par ailleurs, depuis l'entrée en vigueur de la loi n° 2006-685 du 13 juin 2006 relative au droit de préemption et à la protection des locataires, dite loi « Aurillac », le Code de l'urbanisme prévoit aussi qu'« *en cas de vente d'un immeuble à usage d'habitation, la commune peut faire usage de son droit de préemption pour assurer le maintien dans les lieux des locataires* » (C. urb., art. L. 210-2).

1. L. n° 2006-685, 13 juin 2006, relative au droit de préemption et à la protection des locataires en cas de vente d'un immeuble, *JO* 14 juin, p. 8944.
2. V. crit. S. Pérignon, « Le domaine du droit de préemption urbain », AJPI 1998. 5.
3. CAA Paris, 29 avr. 1997, *RJDA* 1997. 1088; *Dr. adm.* 1997. Comm. 263.
4. CE 27 oct. 1999, C[ne] Houdan, req. n° 188685, *Lebon*.
5. S. Pérignon, « L'interventionnisme foncier public après la loi SRU », *Constr.-Urb.* mai 2001, p. 23.

2°
Mise en œuvre de ces droits

1323.421 Déclaration d'intention d'aliéner. Lors d'une vente sur adjudication d'un bien situé dans une des zones sensibles, et désormais également d'un bien « *constituant la résidence principale d'une personne qui remplit les conditions pour l'attribution d'un logement à loyer modéré* », une déclaration préalable doit être adressée au titulaire du droit de préemption pour lui permettre d'exercer sa prérogative (C. urb., art. R. 213-15). En vertu des articles L. 213-1 alinéa 3 et L. 213-2 du Code de l'urbanisme, la validité de l'adjudication est subordonnée à la mise en œuvre du droit de préemption de la commune; si le titulaire du droit n'a pas été mis en mesure de préempter, l'adjudication peut faire l'objet d'une action en nullité qui se prescrit par cinq ans à compter de la publication de l'acte emportant transfert de propriété (C. urb., art. L. 213-2, al. 4).

Le greffier de la juridiction, ou le notaire chargé de procéder à la vente, doit adresser au maire une déclaration lui faisant connaître la date fixée pour la vente et les modalités, trente jours au moins avant la date fixée pour l'adjudication (C. urb., art. R. 213-15). La déclaration est adressée par LRAR; elle fait ensuite l'objet de communications et transmissions aux personnes visées à l'article R. 213-6 du Code de l'urbanisme. Le seul acte porté directement à la connaissance du titulaire du droit de préemption est donc la déclaration d'intention d'aliéner; aucune notification de l'adjudication et de ses conditions n'est ensuite envoyée. Il appartient donc au titulaire du droit de préemption de se renseigner sur le résultat de l'adjudication, s'il n'y assiste pas.

1323.422 Difficultés de mise en œuvre du droit de préemption prévu au Code de la construction et de l'habitation. Tant qu'il n'était question au profit des communes que de droits de préemption résultant de la situation du bien saisi dans une zone « sensible », la lecture des documents cadastraux permettait de déceler les hypothèses où ces droits pouvaient s'exercer. Mais comment le greffier ou le notaire évalueront-ils désormais les ressources du saisi pour mettre en œuvre le nouveau droit de préemption de l'article L. 616 du Code de la construction et de l'habitation ? Faudra-t-il que le créancier fasse préalablement sommation au saisi de lui communiquer sa déclaration d'impôts ? On peut imaginer que lors de la signification du commandement ou plutôt de l'établissement du procès-verbal descriptif (v. s[s] n° 1321.133), le créancier donne mission à l'huissier de recueillir pour lui ces renseignements. Mais que se passera-t-il lorsque l'huissier ne recevra pas de réponse ou ne parviendra pas à rencontrer le débiteur ? Certes, ce nouveau droit de préemption est ouvert aux communes dans l'intérêt des saisis, mais il s'agit d'un droit de préemption légal; le renvoi qui est opéré au Code de l'urbanisme doit conduire à considérer que ce droit doit être mis en œuvre sous peine de nullité du transfert de propriété (C. urb., art. L. 213-2) et la commune peut estimer avoir intérêt, dans l'absolu, à préempter. Faudra-t-il alors, à toutes fins utiles, adresser la déclaration à la commune, à charge pour celle-ci de vérifier les conditions de ressources du saisi ? Mais le créancier court alors le risque d'ouvrir au profit de la commune un droit de préemption qui n'existait pas en l'espèce (v. s[s] n° 1323.382, l'évolution de la jurisprudence relative au droit de préemption du preneur à bail rural). En tout état de cause, la mauvaise volonté du saisi pourrait ouvrir droit à indemnisation au profit du créancier mais certainement pas l'exonérer de son obligation de mettre la commune en mesure de préempter.

Par ailleurs, l'objectif affiché du texte étant de permettre le maintien du saisi dans les lieux, ce dernier peut-il reprocher au poursuivant de ne pas avoir fait en sorte que la commune exerce son droit ? Et quelles sanctions appliquer, lorsque le créancier n'aura pas mis la commune en situation d'exercer son droit de préemption ? Le contentieux publié est encore rare mais la Cour de cassation a déjà été saisie : des débiteurs avaient soulevé la nullité de la procédure de saisie, par dire, avant l'audience d'adjudication, pour violation de la loi, faute pour le créancier d'avoir mis la commune en situation d'exercer son droit de préemption; à titre subsidiaire, ils sollicitaient la remise de l'adjudication sur le fondement de l'article 703 ACPC. Le tribunal a rejeté le moyen de nullité et dit n'y avoir lieu à remise et la troisième chambre de la Cour de cassation, l'a approuvé, notant que le non-respect des dispositions de l'article 616 du Code de la construction et de l'habitation n'est pas sanctionné par la nullité de la procédure de saisie immobilière et que s'agissant de la demande de remise, l'appréciation du juge des criées est souveraine[1].

Plus récemment, la troisième chambre a rejeté le pourvoi formé par des saisis qui avaient assigné le créancier poursuivant en annulation d'un jugement d'adjudication d'un immeuble constituant leur résidence principale, faute par le greffier de la juridiction d'avoir fait connaître à la commune, titulaire du droit de préemption, la date et les modalités de la vente. Les juges du fond avaient estimé que cette obligation constituait non pas une irrégularité de fond, mais une nullité pour vice de

1. Civ. 3e, 28 févr. 2001, n° 99-14.872, *Bull. civ.* III, n° 26.

forme exigeant la preuve d'un grief et qu'en l'espèce il n'y avait pas de grief faute d'établir que la commune, dûment avertie, aurait préempté. En outre, les juges avaient estimé que la notification de la vente à la commune pour qu'elle exerce son droit de préemption étant une obligation du greffe du TGI du lieu de situation du bien immeuble, objet du commandement aux fins de saisie immobilière, il appartenait aux débiteurs saisis, d'interpeller la commune quant à l'exercice de son droit de préemption. La Cour de cassation pour rejeter le pourvoi, se contente de noter que les époux X n'étant pas titulaires du droit de préemption et n'invoquant l'existence d'aucune fraude, n'avaient pas qualité pour demander la nullité du jugement d'adjudication [1].

1323.423 Délai. Le titulaire du droit de préemption dispose alors d'un délai de trente jours à compter de l'adjudication pour informer le greffier ou le notaire de sa décision de se substituer à l'adjudicataire.

Le Conseil d'État a jugé que les dispositions de l'article 668 C. pr. civ. ne sauraient s'appliquer aux décisions de préemption intervenant dans le cadre d'une procédure d'adjudication rendue obligatoire par la loi, qui sont des décisions administratives régies par le Code de l'urbanisme et pour lesquelles les dispositions de l'article R. 213-15 sont seules applicables. Ces dispositions sont une garantie pour l'adjudicataire qui doit pouvoir savoir de façon certaine, au terme du délai imparti au titulaire du droit de préemption, s'il est devenu propriétaire du bien dont il s'est porté acquéreur. En conséquence, le respect par l'Administration du délai imparti pour notifier sa décision de préemption doit s'apprécier à la date de sa réception par le notaire ou par le greffier du tribunal et non à celle de son envoi par l'expéditeur [2].

Le délai pour préempter ne sera pas prolongé par le délai de surenchère; toutefois l'exercice effectif d'une surenchère interrompt le délai de trente jours qui commence alors à courir de nouveau lors de la nouvelle adjudication [3]. Le silence, dans le délai imparti, équivaut à une renonciation à l'exercice du droit.

1323.424 Modalités d'exercice du droit. La décision de se substituer à l'adjudicataire est notifiée au greffier ou au notaire par LRAR. La substitution s'effectue au prix de la dernière enchère ou surenchère. La copie de la décision de substitution est ensuite annexée au jugement d'adjudication et publiée au Bureau des hypothèques en même temps que celui-ci (C. urb., art. R. 213-15).

1323.425 Substitution aux conditions du cahier des charges. Le bénéficiaire du droit de préemption est convoqué à l'adjudication pour qu'il puisse ensuite exercer son droit et se substituer à l'adjudicataire. S'il décide de préempter, il devra le faire aux conditions du cahier des charges, notamment quant aux délais de paiement (toutefois, une rép. min. estime qu'il ne devrait pas être fait grief à la collectivité publique de ne pas respecter les délais du cahier des charges si elle ne dépasse pas ceux prévus par la loi, C. urb., art. L. 213-14 [4]). Mais, le titulaire du droit de préemption qui dispose, en vertu de l'article L. 213-14 du Code de l'urbanisme, d'un délai de six mois à compter de la date du jugement d'adjudication pour se libérer du prix, ne peut être tenu au paiement d'intérêts avant l'expiration de ce délai [5]

1. Civ. 3e, 26 oct. 2005, n° 04-12.430, *Bull. civ.* III, n° 206.
2. CE 17 déc. 2008, Office d'habitation du Gers, req. n° 304840, *RDI* 2009. 439.
3. CE 29 déc. 1993, Lebouc, req. n° 112421, *Lebon*.
4. Rép. min , *JOAN Q* 15 oct. 1990, p. 4857.
5. Civ. 3e, 14 nov. 1991, n° 90-10.314, *Bull. civ.* III, n° 277.

CHAPITRE

1324. Phase de poursuite : droits du saisi et des créanciers inscrits

Anne LEBORGNE
Professeur à l'Université d'Aix-Marseille

SECTION 0
Orienteur

1324.00 Plan du chapitre.

Division. Des intérêts à faire valoir. Le débiteur peut, dès ce moment, former des recours, solliciter un sursis, mais encore souhaiter diriger la procédure lui-même en obtenant une conversion en vente volontaire. Les créanciers ainsi que les tiers concernés par l'immeuble peuvent aussi avoir intérêt à former des dires avant l'audience éventuelle.

Rappel : régime applicable à la saisie immobilière (ancien Code de procédure civile ou réforme) – La procédure de saisie immobilière a été réformée par l'ordonnance n° 2006-461 du 21 avril 2006 qui a modifié le Code civil[1], et par le décret n° 2006-936 du 27 juillet 2006[2], qui a abrogé les articles 673 à 717 ACPC. Le décret, entré en vigueur le 1er janvier 2007, n'est pas applicable aux procédures de saisies immobilières ayant donné lieu, avant son entrée en vigueur, au dépôt du cahier des charges prévues à l'article 688 ACPC. Les développements suivants, consacrés à la procédure telle que réglementée par l'ancien Code de procédure civile ont donc été maintenus.

1. Ord. n° 2006-461, 21 avr. 2006, réformant la saisie immobilière, *JO* 22 avr., p. 6072.
2. Décr. n° 2006-936, 27 juill. 2006, relatif aux procédures de saisie immobilière et de distribution du prix d'un immeuble, *JO* 29 juill., p. 11316.

SECTION 1

LE SAISI

1324.10 **Participer ou s'opposer ?** La procédure de saisie immobilière menée par le créancier le laisse en partie à l'écart de la vente de son bien mais toute initiative n'est pas exclue. Soit il prend l'avantage et obtient la conversion en vente volontaire, soit il arrive à obtenir le sursis aux poursuites, soit il intervient seulement ponctuellement mais pour soulever des nullités de forme comme de fond. Il peut encore ne rien faire du tout et subir totalement la procédure. Il n'a, en tout état de cause, aucune obligation de constituer avocat; s'il ne le fait pas il sera éventuellement mis en cause par assignation et non par acte d'avocat. S'il envisage d'intervenir en revanche, il devra constituer avocat.

1324.11 **Rappel des effets de la saisie.** La publication du commandement restreint les droits du saisi de disposer de son bien et immobilise les fruits au profit des créanciers inscrits et du poursuivant. Le saisi ne peut faire de coupe de bois, ni dégrader et est souvent séquestre s'il est resté dans les lieux (v. s^{s} n°s 1321.221 s.).

§ 1

Conversion en vente volontaire

1324.20 **Finalité.** Il ne s'agit pas de vendre amiablement mais le saisi retrouve un certain pouvoir de direction dans la procédure. L'idée directrice, depuis 1806, étant que la procédure se déroulera mieux si le saisi la dirige plutôt qu'il ne la subit. Les débiteurs y ont toutefois assez peu recours, peut-être par ignorance, ce qui explique que la loi n° 98-46 du 23 janvier 1998[1] améliorant la protection des débiteurs surendettés ait imposé au créancier poursuivant de faire figurer, à peine de nullité, la mention, dans le commandement de saisie, que le débiteur peut demander la conversion (v. s^{s} n° 1321.101).

A.

Conditions

1324.21 **Personnes pouvant agir.** Ce droit de demander la conversion appartient au saisi, en vertu de l'article 744 ACPC. Il s'agit d'un acte d'administration et non de disposition puisque le saisi ne recouvre pas la faculté de vendre amiablement, comme en matière de saisie-vente (C. pr. exéc., art. L. 211-3[2]), mais seulement de diriger la procédure de vente forcée.

Si l'immeuble saisi est un bien commun, depuis la loi n° 85-1372 du 23 décembre 1985[3] (C. civ., art. 1421 et 1424), chacun des deux époux peut demander la conversion puisqu'il ne s'agit pas d'un acte de disposition impliquant une volonté libre d'aliéner, mais d'un acte d'administration qui peut être formé par un seul des époux[4].

Pour la saisie de biens d'incapables, peuvent former la demande de conversion tous les représentants légaux ou judiciaires des incapables; l'autorisation du conseil de famille et l'homologation du tribunal ne sont pas nécessaires (ACPC, art. 746-*b*). Dans ce cas, il faudra simplement respecter les formalités prescrites pour les ventes de biens appartenant à des mineurs.

1324.22 **Remise des documents.** Le saisi doit remettre ses titres de propriété, ou à défaut tous documents de nature à justifier la propriété. Aucune sanction ne semble cependant envisagée en cas de défaut d'exécution. L'article 744 alinéa 2 ACPC dispose seulement que si la justification de propriété a bien été faite la conversion sera obligatoire; en cas d'inexécution, le juge pourrait alors refuser la demande, ou exiger la justification avant de statuer. Ce qui compte c'est de pouvoir vérifier les titres du saisi. Ainsi, une photocopie illisible du titre de propriété motive le rejet de la demande de conversion[5], alors que satisfait à l'exigence de l'article 744 la production d'un titre de propriété en photocopie lorsque l'existence de l'original et la conformité de la photocopie ne sont pas contestées[6].

1324.23 **Motifs de la demande de conversion.** L'article 744 ACPC n'y fait pas allusion. Au contraire, il pouvait sembler que la conversion devait être automatique lorsque le saisi avait remis à son avocat ses titres de propriété ou à défaut, tous documents de nature à justifier la propriété (v. s^{s} n° 1324.22). Dans le passé toutefois, la Cour de cassation avait estimé que le tribunal avait un pouvoir souverain pour accorder ou refuser la conversion, sauf hypothèse où le saisissant et les créan-

1. L. n° 98-46, 23 janv. 1998, renforçant la protection des personnes surendettées en cas de saisie immobilière, *JO* 24 janv., p. 1127.
2. Ord. n° 2011-1895, 19 déc. 2011, relative à la partie législative du Code des procédures civiles d'exécution, *JO* 20 déc., p. 21464.
3. L. n° 85-1372, 23 déc. 1985, relative à l'égalité des époux dans les régimes matrimoniaux et des parents dans la gestion des biens des enfants mineurs, *JO* 26 déc., p. 15111.
4. Civ. 1re, 31 mai 1989, n° 87-10.647, *Bull. civ.* I, n° 220 – Civ. 2e, 11 janv. 2007, n° 04-18.792, *Bull. civ.* II, n° 1.
5. Civ. 2e, 25 mars 1992, n° 90-18.007, *Bull. civ.* II, n° 109; *Gaz. Pal.* 1993. Somm. 14, obs. Véron.
6. Civ. 2e, 10 nov. 1998, n° 96-21.767, NP; *Gaz. Pal.* 1-2 sept. 1999, p. 20, note Véron.

ciers inscrits étaient d'accord. Ainsi, la conversion avait-elle été refusée au saisi qui n'invoquait aucune raison sérieuse à l'appui de sa demande[1]. Le rejet avait également été justifié par l'attitude du saisi, qui était resté plus de deux ans sans prendre de dispositions pour régler les sommes dues avant de demander la conversion[2]. Ou lorsque la demande avait été formée peu de temps avant l'adjudication alors que des frais relativement importants avaient déjà été engagés[3], ou qu'elle paraissait dilatoire[4], ou encore lorsque les créanciers n'avaient pas été avisés de la demande de conversion[5]. Mais le tribunal devait s'expliquer et justifier le rejet[6]. La position de la deuxième chambre semble aujourd'hui fixée dans le sens du caractère obligatoire de la conversion lorsque le saisi a remis ses titres[7].

B. Procédure

1324.31 Jusqu'à quand la demande peut-elle être formée ? Le Code impose seulement que la demande soit formée après la publication du commandement de saisie. Cette condition procède de la logique de la publicité foncière : si le saisi demandait la conversion avant la publication, un autre créancier pourrait envisager de saisir le bien et ne serait pas informé de l'existence d'une première procédure convertie en vente volontaire. Dès lors que le commandement est publié, aucune autre saisie ne peut intervenir sur le même bien (les commandements postérieurs sont seulement inscrits en marge, v. s[s] n° 1321.184). La demande peut être formée après la publication et au moins jusqu'au jour de l'adjudication, puisque l'article 744 ACPC ne fixe pas de limite dans le temps (en ce sens, est cassé le jugement qui pour déclarer irrecevable la demande de conversion en vente volontaire, faite après l'audience éventuelle, énonce que le saisi n'a formé sa demande que la veille de l'audience d'adjudication[8]). Plus tôt le saisi la forme toutefois, plus tôt il peut prendre en mains la procédure et fixer les conditions de la vente; en outre, trop près de l'adjudication, la demande pourra être rejetée si elle apparaît abusive ou dilatoire[9]. En effet, l'idée directrice étant d'associer le saisi au déroulement de la procédure, si cette dernière touche à son terme, l'intérêt de la conversion en vente volontaire n'apparaît plus clairement, si ce n'est, peut-être, pour rassurer les oblateurs éventuels sur la bonne volonté du saisi à délivrer le bien à l'adjudicataire; de même, le saisi ne pourra-t-il plus contester la validité de la procédure (v. s[s] n° 1324.41). La conversion ne peut cependant plus intervenir après l'adjudication, ainsi à l'occasion d'une surenchère, en vertu d'une jurisprudence de la Cour de cassation de 1980[10]. Selon l'époque où elle est formée toutefois, certaines formalités seront nécessaires.

1324.32 Forme de la demande : requête ou acte d'avocat à avocat. L'avocat doit se faire remettre les titres de propriété (v. s[s] n° 1324.22); dans le même temps il serait bon qu'il vérifie s'il n'y a pas d'action en résolution de vente engagée. La procédure sera ensuite différente selon que cette conversion sera acceptée par le saisissant ou que celui-ci s'y opposera.

Selon l'article 745 ACPC, si la demande de conversion est formée en accord entre les parties, saisi et poursuivant déposent une requête commune en ce sens, signée par leurs avocats. Lorsque les créanciers inscrits y sont également favorables il sera préférable de les associer à la requête ce qui dispensera ensuite de leur notifier la conversion (ACPC, art. 748-*b*). La requête est adressée au président du tribunal de grande instance (TGI) du lieu de situation des biens.

À défaut d'accord, le saisi doit appeler le saisissant par acte d'avocat à avocat, contenant constitution d'avocat à une des audiences éventuelles prévues pour les incidents de saisie (ACPC, art. 745-*a*). La signification de cet acte interrompt la procédure de saisie. L'exigence d'un acte d'avocat à avocat s'explique par le fait que la demande de conversion est un incident de saisie (v. s[s] n° 1324.39). La demande de conversion formée par dire au cahier des charges est donc irrecevable[11].

1324.33 Ordonnance sur requête ou jugement. Lorsque la demande de conversion est for-

1. Civ. 2e, 2 oct. 1980, n° 78-16.338, *Bull. civ.* II, n° 195 – Civ. 2e, 23 oct. 1985, n° 84-11.934, *Bull. civ.* II, n° 164; *Gaz. Pal.* 1986. 2. 425, note Véron – Civ. 2e, 12 janv. 1994, n° 92-16.413, *Bull. civ.* II, n° 26.
2. Civ. 2e, 12 janv. 1994, n° 92-16.413, *Bull. civ.* II, n° 26; *JCP* 1994. IV. 681; *D.* 1994. Somm. 350, obs. Julien.
3. TGI Chartres, 18 nov. 1966 et TGI Chartres, 24 oct. 1966, *JCP A* 1967. IV. 5023.
4. Civ. 2e, 4 oct. 1972, n° 70-14.151, *Bull. civ.* II, n° 234; *D.* 1973. Somm. 36 – Civ. 2e, 4 janv. 1978, n° 76-13.637, *Bull. civ.* II, n° 2; *JCP* 1978. IV. 79.
5. Civ. 1re, 31 mai 1989, n° 87-10.647, *Bull. civ.* I, n° 220; *Gaz. Pal.* 1990. Somm. 12, note Véron.
6. Civ. 2e, 12 févr. 1975, n° 73-11.605, *Bull. civ.* II, n° 46; *D.* 1975. IR 95.
7. Civ. 2e, 9 nov. 2006, n° 05-11.068, *Bull. civ.* II, n° 318 – Civ. 2e, 18 janv. 2007, n° 06-10.990, NP.
8. Civ. 2e, 7 juin 2006, n° 04-18.205, *Bull. civ.* II, n° 153; *D.* 2006. IR 1845 – Civ. 2e, 7 juin 2007, n° 06-17.207, NP.
9. T. civ. Toulouse, 21 févr. 1951, *JCP A* 1951. II. 1601, obs. Madray – Laon, 12 déc. 1989, *D.* 1990. 530, note Prévault.
10. Civ. 2e, 9 juill. 1980, n° 78-15.050, *Bull. civ.* II, n° 180; *JCP* 1980. IV. 363; *RTD civ.* 1981. 219, obs. Perrot.
11. Civ. 2e, 7 mars 2002, n° 99-10.785, *Bull. civ.* II, n° 38 (1re esp.); *Dr. et proc.* 2002. 315, obs. Leborgne.

mulée conjointement par le saisi et le poursuivant, la conversion est automatique, et le président du TGI se prononce par ordonnance.

En cas de désaccord, la question est tranchée comme un incident, par jugement.

Si après la décision ordonnant la conversion, il survient un changement dans l'état des parties, soit par décès, faillite ou autrement, ou si les parties sont représentées par des mineurs, des héritiers bénéficiaires ou autres incapables, le jugement continuera à recevoir sa pleine et entière exécution sans attribution de qualités par les héritiers (ACPC, art. 747).

1324.34 Audiences d'examen de la demande. Si la conversion est demandée sur requête il n'y a théoriquement pas lieu à débats contradictoires et le président rend son ordonnance au vu de la requête, sauf s'il lui paraît souhaitable de solliciter les explications orales des parties.

Si la conversion est demandée avant l'audience éventuelle, aucune autre formalité n'est imposée (ACPC, art. 746).

Si elle est demandée après l'audience éventuelle, l'ordonnance ou le jugement ne pourront plus être rendus qu'après sommation faite à toutes les personnes visées à l'article 689, 2°, d'avoir à intervenir si bon leur semble (la conversion est refusée quand un créancier n'a pas été avisé de la demande[1]). Dans ce cas, l'acte d'avocat comportera un avenir d'audience pour l'une des audiences habituelles d'incidents devant la chambre des criées et les sommations aux créanciers inscrits visés à l'article 689, 2° devront être délivrées huit jours avant la date fixée pour la comparution devant le président du tribunal (ACPC, art. 746-*a*) ; à défaut, la demande sera irrecevable[2]. L'article 746-*a* ne prévoit pas que la sommation soit également délivrée au saisissant, qui doit seulement être appelé à l'audience par acte d'avocat à avocat[3].

1324.35 Objet de la demande. Il s'agit pour le saisi de prendre la direction de la procédure; il demande que l'adjudication soit faite aux enchères en justice ou devant notaire, sans autres formalités que celles qui sont prescrites pour les ventes de biens appartenant à des mineurs (ACPC, art. 744).

À cette occasion, selon l'article 745 ACPC, peuvent encore être demandées la subrogation éventuelle du créancier dans les poursuites en cas de carence du débiteur, la modification du lotissement ou de la mise à prix ou du jour de l'adjudication, ainsi que des modifications de la publicité. S'agissant de la publicité légale, le texte de l'article 745 renvoie aux dispositions de l'article 700 (« *dans les termes de l'article 700 de l'ancien Code de procédure civile, suivant la nature, la valeur et la situation des biens saisis* »). Or, l'article 700 a été abrogé par la loi n° 98-657 du 29 juillet 1998[4] (v. s[s] n°s 1323.313 s.), sans que le décret du 11 janvier 2002 ne réécrive l'article 745. Le bon sens et l'esprit de la loi commandent toutefois d'autoriser le saisi, demandant la conversion en vente volontaire, à faire modifier la publicité. L'article 7 du décret du 11 janvier 2002 (v. s[s] n° 1323.351) qui ouvre au créancier poursuivant, aux créanciers inscrits et à la partie saisie, la faculté de saisir le président du TGI ou le magistrat délégué, dans les quarante jours précédant l'audience d'adjudication, d'une requête en aménagement de la publicité pourra être invoqué à cette fin, le saisi étant devenu poursuivant (v. s[s] n° 1324.41).

Lorsque la conversion est demandée après l'audience éventuelle, la faculté de reprendre la poursuite est également réservée aux créanciers sommés intervenants; ils ont donc grand intérêt à déférer à la sommation qui leur est faite de se présenter à l'audience où il sera statué sur la demande de conversion pour obtenir la subrogation en cas de carence éventuelle du saisi.

Si une partie seulement des biens dépendant d'une même l'exploitation est saisie le débiteur pourra demander que le surplus soit compris dans la même adjudication, même si tous les biens ne sont pas situés dans le même arrondissement (ACPC, art. 745-*b*). Mais dans ce cas, c'est un jugement qui doit l'autoriser car il s'agit d'ordonner la vente de biens non saisis. Lorsqu'un fonds de commerce est exploité dans l'immeuble saisi, le débiteur peut souhaiter qu'il soit vendu en même temps en un seul lot. Certaines juridictions l'admettent à la condition que les créanciers nantis soient appelés lors de l examen de la demande de conversion; l'immeuble et le fonds peuvent être vendus sur une mise à prix unique mais le prix est ventilé entre les créanciers de l'immeuble et ceux du fonds[5].

1324.36 Vente à la barre ou devant notaire. L'adjudication a lieu soit à la barre du TGI, soit devant notaire, selon la demande formée par le saisi (C. pr. civ., art. 744). Si les créanciers s'opposent à la vente devant notaire, celle-ci ne peut avoir lieu qu'au tribunal[6].

1. Civ. 1re, 31 mai 1989, n° 87-10.647, *Bull. civ.* I, n° 220 ; *Gaz. Pal.* 1990. Somm. 12, obs. Véron.
2. Civ. 2e, 20 déc. 2007, n° 06-12.824, *Bull. civ.* II, n° 275.
3. Civ. 2e, 7 mars 2002, 2e esp., n° 99-10.786, *Bull. civ.* II, n° 37 ; *Dr. et proc.* 2002. 315, obs. Leborgne.
4. L. n° 98-657, 29 juill. 1998, relative à la lutte contre les exclusions, *JO* 31 juill., p. 11679.
5. Paris, 24 févr. 1931, *JCP* 1931. II. 158 – TGI Nice, 26 nov. 1964, *JCP* 1965. Quest. prof. n° 4569.
6. T. civ. Niort, 5 mai 1955, *D.* 1955. 632 ; *RTD civ.* 1956. 201, obs. Raynaud.

Si les parties avaient admis que la vente se fasse devant notaire elles ne pourront éviter le recours au tribunal en cas d'incident (ex. un dire des créanciers). En effet, le notaire ne peut trancher les incidents mais seulement recevoir les enchères. Or, la vente relève de l'autorité de justice et les contestations doivent être tranchées par le tribunal[1]. Il est donc préférable de réaliser la vente sur conversion directement devant le tribunal; la crainte (très souvent fondée) de contestations à venir explique l'opposition du poursuivant lorsque le saisi propose d'aller devant notaire.

Le tribunal dispose d'un pouvoir souverain pour décider si la vente se fera à la barre ou devant notaire[2]; pour se déterminer le tribunal prendra en considération outre la demande des parties l'intérêt de ces dernières en fonction des circonstances de l'affaire (immeuble éloigné du siège du tribunal, immeubles de peu de valeur susceptibles d'intéresser seulement les habitants de la localité, *etc.*).

Le choix du notaire appartient encore au tribunal. Ce dernier agira non comme officier ministériel mais comme délégué du tribunal qui l'a désigné.

1324.37 Mise à prix et publicités. Les mises à prix sont fixées par la décision qui prononce la conversion, le tribunal peut donc fixer celle-ci différemment de la mise à prix initialement prévue par le créancier poursuivant. Il résulte du rapprochement des articles 708 et 744 ACPC et 1277 C. pr. civ. que, dans le cas d'une conversion en vente volontaire, le créancier saisissant ne peut plus être déclaré adjudicataire à défaut d'enchères, n'étant plus libre de fixer la mise à prix comme il l'entend. Le tribunal a alors la faculté d'ordonner une nouvelle vente en abaissant la mise à prix[3]. Le jugement de conversion peut encore prévoir que le bien sera remis en vente avec baisse de mise à prix, à défaut d'enchères, dans les conditions prévues par l'article 1277 C. pr. civ.[4]

Le tribunal fixe les modalités de la publicité compte tenu de la valeur, de la nature et de la situation des biens (C. pr. civ., art. 1274). Il est indiqué que la vente est volontaire sur conversion de saisie.

1324.38 Retranscription au cahier des charges. L'ordonnance comme le jugement sont transcrits littéralement à la suite du cahier des charges (ACPC, art. 746) et dans les huit jours de l'ordonnance ou du jugement, mention en est faite à la diligence du poursuivant en marge de la copie du commandement (C. pr. civ., art. 748).

1324.39 Nature de la conversion : un incident de saisie. La conversion est envisagée aux articles 744 et suivants ACPC, dans le titre relatif aux incidents de saisie immobilière. Elle en subit donc le régime. Ainsi, le jugement de conversion est-il soumis aux dispositions restrictives de l'article 731 ACPC, il n'est donc appelable que dans les cas limitativement énumérés à cet article (à distinguer des **incidents survenant après la conversion,** v. s^s^ n°s 1324.47 s.).

Le pourvoi formé par le saisi contre une ordonnance prononçant la conversion, dès lors que cette ordonnance a été rendue sur requête conjointe des parties, dont le saisi, est insusceptible d'appel comme de pourvoi[5].

C. Effets de la conversion

1324.40 Effets de la saisie maintenus. La conversion laisse subsister les effets de la saisie issus de la publication du commandement; elle ne peut d'ailleurs être demandée qu'après l'accomplissement de cette formalité (v. s^s^ n° 1324.31).

Selon l'article 748-*c* ACPC, l'ordonnance et le jugement de conversion couvrent toutes les nullités de forme antérieures à leur date, à l'égard de tous les intéressés[6]. Mais les créanciers sommés pourront faire statuer sur leurs observations à l'audience éventuelle.

Le locataire peut invoquer son droit de préemption[7].

1324.41 Le saisi devient poursuivant. La procédure est menée par le saisi, d'où l'impossibilité pour lui de se plaindre d'irrégularités affectant la procédure et l'épouse commune en biens, co-demanderesse à la conversion, étant devenue par l'effet de la conversion partie poursuivante et à ce titre responsable de la publicité préalable à la vente, ne peut se prévaloir de prétendues irrégularités de cette publicité pour contester ultérieurement la validité de l'adjudication[8].

Selon l'article 748 alinéa 2, la conversion laisse subsister les effets que la loi attribue au commandement et à sa publication mais elle emporte perte de liberté du créancier poursuivant. À partir de la décision de conversion, c'est le saisi qui agit; selon le

1. Nancy, 7 mai 1987, *D.* 1988. 483, note Prévault – Grenoble, 27 févr. 1924, *DH* 1924. 423.
2. Civ. 2e, 17 déc. 1957, *JCP N* 1958. II. 10404, obs. Blin – Civ. 1re, 19 févr. 1958, *Bull. civ.* I, n° 106.
3. Civ. 2e, 28 févr. 1990, n° 89-10.797, *Bull. civ.* II, n° 51; *D.* 1990. Somm. 348, obs. Julien.
4. Civ. 2e, 23 oct. 1991, n° 90-14.756, *Bull. civ.* II, n° 285.
5. Civ. 2e, 23 oct. 1991, n° 90-14.465, *Bull. civ.* II, n° 284.
6. Civ. 2e, 20 avr. 1989, n° 88-12.248, *Bull. civ.* II, n° 93.
7. Versailles, 22 nov. 1989, *D.* 1990. 14, note Prévault.
8. Civ. 2e, 4 mai 1987, n° 85-18.846, *Bull. civ.* II, n° 89; *JCP* 1987. IV. 226.

stade de la procédure où il intervient il pourra modifier plus ou moins ce que le poursuivant avait prévu.

1324.42 Inaction du saisi. En cas de carence du saisi, le créancier peut reprendre la procédure si le jugement avait envisagé la subrogation de plein droit mais il doit exécuter le jugement de conversion : il ne peut reprendre les poursuites devant le tribunal si le jugement avait ordonné que la vente se fasse devant notaire; la conversion résultant d'un jugement passé en force de chose jugée, il appartient seulement dans ce cas au créancier de faire, en qualité de subrogé, les diligences nécessaires pour parvenir à la vente devant le notaire commis dans les conditions fixées par cette décision[1]. De même le créancier ne peut-il modifier le lieu de la vente[2], mais il a qualité pour faire constater la subrogation, en cas de carence, et faire alors fixer la vente[3] (v. ss no 1324.204).

1324.43 Conversion avant les sommations. Il faut distinguer cette situation car la procédure en est à ses balbutiements et le saisi jouera un rôle plus important :

– si la conversion est obtenue juste après la publication du commandement, mais avant que le créancier ait déposé le cahier des charges, le saisi va rédiger le cahier des charges, le déposer, sommer les créanciers, *etc.* En principe, la date d'adjudication a été fixée par le jugement de conversion. Le cahier des charges devra donc être déposé trente jours au moins avant cette date (ACPC, art. 748-*d*) par le saisi à moins que la vente n'ait été renvoyée devant notaire. Mais l'irrespect de ce délai n'est pas sanctionné par une déchéance car il n'est pas visé à l'article 715;

– si le cahier des charges avait déjà été déposé, on lui adjoint la publication littérale du jugement de conversion (ACPC, art. 746) et les modifications éventuelles résultant du jugement de conversion seront effectuées par dire à la suite du cahier des charges (ACPC, art. 748-*d*).

Tant que les sommations n'avaient pas été faites, elles sont remplacées par la signification aux mêmes personnes des lieu, jour et heure de l'adjudication, par les soins de l'avocat poursuivant, trente jours au moins avant l'adjudication, sans augmentation de délais (ACPC, art. 748-*a*). Si parmi les créanciers inscrits se trouve un vendeur ou un coéchangiste des immeubles mis en vente, les significations porteront que, faute par lui de former la demande en résolution de la vente ou de l'échange, ou la poursuite de folle enchère, et de la faire mentionner par un dire annexé au cahier des charges cinq jours au moins avant l'adjudication, ils seront déchus à l'égard de l'adjudicataire du droit d'exercer ces actions (ACPC, art. 748-*a*, al. 2). Ces significations tiennent lieu de formalités de purge prescrites par les articles 2183 et suivants du Code civil[4]; les créanciers ne pourront alors qu'exercer le droit de surenchère prévu par l'article 708 (v. ss nos 1342.05 s. – ACPC, art. 748-*a*, al. 3).

1324.44 Sommations effectuées. Si la conversion est ordonnée après que les sommations aient été délivrées, ces dernières conserveront leurs effets sans qu'il y ait lieu de faire la notification de l'article 748-*a* (ACPC, art. 748-*b*); les intéressés auront connaissance de la demande de conversion par l'avenir d'audience et s'ils ne comparaissent pas il leur appartiendra de se renseigner auprès du poursuivant sur la nouvelle date d'adjudication. Les créanciers sommés pourront faire toutes les observations dans les formes et délais de l'article 689 (ACPC, art. 746).

1324.45 Vente sous autorité de justice, une vente forcée. En dépit du terme « volontaire », la vente demeure forcée; il s'agit toujours d'une vente sous autorité de justice[5], mais selon les formalités de la vente de biens des mineurs (C. pr. civ., art. 1271 à 1281). Le bien peut être revendu sur surenchère et folle enchère.

1324.46 Rescision pour lésion et vices cachés écartés. Certaines dispositions applicables aux ventes amiables sont écartées; ainsi la garantie des vices cachés (C. civ., art. 1649) et la rescision pour lésion (C. civ., art. 1684). Le saisi qui obtient la conversion en vente volontaire ne pourra agir en rescision[6] (mais il en irait autrement si la vente se faisait à la barre par voie d'adjudication amiable[7] ou si, la procédure de saisie immobilière étant radiée, le créancier consent à la vente amiable[8]). En effet, même convertie en vente volontaire, la vente demeure une vente forcée réalisée sous autorité de justice.

1324.47 Dispositions de la saisie applicables à la vente volontaire sur conversion. Selon l'article 748-*a*

1. Civ. 2e, 27 juin 1990, no 89-12.540, *Bull. civ.* II, no 155; *D.* 1990. IR 193.
2. Civ. 2e, 28 avr. 1986, no 84-16.981, *Bull. civ.* II, no 67; *Gaz. Pal.* 1987. 1. Somm. 23.
3. Civ. 2e, 10 nov. 1998, no 96-12.894, *Bull. civ.* II, no 272; *Gaz. Pal.* 11-12 févr. 2000, p. 35, note Véron.
4. C. civ., art. 2478 mod. et s. (transf. par Ord. no 2006-346, 23 mars 2006).
5. Civ. 2e, 6 déc. 1972, no 71-12.791, *Bull. civ.* II, no 312; *Gaz. Pal.* 1973. 1. Pan. 15 – Civ. 2e, 4 janv. 1978, no 76-13.637, *Bull. civ.* II, no 2; *RTD civ.* 1978. 741, obs. Perrot.
6. Civ. 1re, 27 avr. 1964, *D.* 1964. 413; *Bull. civ.* I, no 215.
7. Paris, 23 mai 1979, *Juris-Data* no 000260.
8. Civ. 3e, 4 juin 2008, no 07-13.479, *Bull. civ.* II, no 102.

ACPC, certaines dispositions réglementant la saisie immobilière sont également applicables : ce sont les articles 692 (vendeur, coéchangiste, personnes exerçant la folle enchère), 694 dernier paragraphe (durée de validité du commandement) et 703 (remise de l'adjudication) du même code; ainsi, le jugement rendu après conversion, qui statue sur une demande de sursis à la vente présentée alors que celle-ci est fixée n'est susceptible d'aucun recours, conformément à l'article 703 [1].

Et selon l'article 748-*e*, les articles 691 (retranscription des jugements à la suite du cahier des charges), 695 (sursis aux poursuites en cas de résolution ou poursuite sur folle enchère), 701 (taxation des frais de poursuite par le tribunal), 702 (réquisition de l'adjudication) mais seulement lorsque la conversion est postérieure aux sommations, 703 à 717 ACPC, sont aussi applicables.

La liste de renvoi des articles applicables peut sembler limitative et non énonciative, toutefois, plusieurs arrêts ont admis l'application des dispositions de l'article 741-*c* (baisse de mise à prix sur folle enchère, v. s^s^ n° 1343.132) dans le cas d'une folle enchère après conversion [2].

1324.48 Dispositions non applicables à la vente volontaire sur conversion. Le jugement des incidents postérieurs à la conversion n'est pas soumis aux limitations du droit d'appel de l'article 731 ACPC, l'article 748-*e* ne le visant pas dans la liste et la jurisprudence refusant d'en faire application; ainsi le pourvoi est irrecevable dès lors qu'aucun texte ne limitait le droit d'appel [3].

1324.49 Publication du jugement d'adjudication et émoluments. La publication purge les inscriptions des créanciers sommés [4]; quand la conversion a été ordonnée avant les sommations (ACPC, art. 748-*a*), les significations qui leur sont faites des lieu, jour et heure de l'adjudication tiennent lieu de formalités de purge [5].

Si la vente s'effectue devant notaire, mais que le cahier des charges a été rédigé par l'avocat poursuivant, l'émolument de vente se partage entre le notaire pour une moitié et l'autre moitié entre les avocats du saisissant et de la partie saisie [6].

§ 2
Sursis aux poursuites

1324.50 Diversité des causes. Le saisi peut obtenir un sursis aux poursuites, ce qui ne signifie pas qu'il évitera la vente mais seulement qu'il interrompra la procédure momentanément. Pour cela, il peut opposer au créancier poursuivant le fait que les biens saisis ont une valeur supérieure à la créance; il peut encore lui offrir une subrogation dans ses droits de bailleur, si les revenus du bien loués suffisent à le désintéresser. Le tiers détenteur pourra opposer le bénéfice de discussion s'il y a d'autres immeubles hypothéqués à la même dette. Le sursis aux poursuites peut encore être de bon sens quand une procédure de résolution est en cours car il vaut mieux attendre son issue. Enfin, le saisi peut tenter d'obtenir un délai de grâce, suspendant les poursuites, compte tenu de sa situation personnelle.

A.
Sursis résultant d'offres faites par le saisi

1°
Sursis du fait de la valeur des biens saisis

1324.51 • Raison d'être. Ce que recherche le créancier c'est le paiement de sa créance. Dès avant la réforme de 1991 des procédures civiles d'exécution mobilières, l'ACPC assurait l'équilibre entre les droits du créancier poursuivant et ceux du saisi. Ainsi, ce dernier peut obtenir le sursis aux poursuites dès lors qu'il ne cherche pas à diminuer les droits de son créancier. En considération de la nature immobilière du bien menacé de saisie, qui suppose une certaine valeur marchande, le saisi s'est vu reconnaître la faculté d'obtenir des sursis sur le fondement de l'article 676 ACPC.

1324.52 • Conditions. La saisie doit être poursuivie sur plusieurs immeubles simultanément. Mais le sursis ne peut être demandé lorsque les biens situés dans plusieurs arrondissements dépendent d'une seule et même exploitation (ACPC, art. 677). À réception du commandement le saisi peut demander qu'il soit sursis aux poursuites sur un ou plusieurs des immeubles désignés; cette action

1. Civ. 2e, 4 juin 1984, n° 83-10.658, *Bull. civ.* II, n° 105; *Bull. civ.* II, n° 105; *D.* 1985. IR 263, obs. Julien.
2. Civ. 2e, 16 avr. 1970, n° 68-14.464, *Bull. civ.* II, n° 128; *Bull. civ.* II, n° 128 – Civ. 2e, 7 nov. 1974, n° 73-10.436, *Bull. civ.* II, n° 286.
3. Civ. 2e, 6 mai 1987, n° 84-16.802, *Bull. civ.* II, n° 109; *Gaz. Pal.* 1987. Somm. 493, obs. Véron – Nancy, 7 mai 1987, *D.* 1988. 481, note Prévault – Civ. 2e, 21 mars 1988, n° 87-11.097, *Bull. civ.* II, n° 76; *D.* 1988. IR 104 – Com. 3 janv. 1991, n° 89-11.976, *Bull. civ.* IV, n° 5; *Gaz. Pal.* 1992. Somm. 161, obs. Véron – Civ. 2e, 25 févr. 2010, n°s 09-11.188 et 09-13.374, NP.
4. Orléans, 23 nov. 1888, *DP* 1890. 2. 245 – Caen, 17 juin 1874, *DP* 1875. 5. 397 – Orléans, 15 févr. 1859, *DP* 1859. 2. 44.
5. Sur la différence entre sommations de l'art. 689 et significations de l'art. 748-*a* ACPC, Rennes, 5 déc. 1955, *D.* 1956. 457.
6. Rép. min., *JOAN Q* 15 juill. 1978, p. 4001.

n'empêchera cependant pas le créancier de procéder à la publication mais elle soustraira ce ou ces biens à la poursuite. Pour cela, le saisi doit à l'appui de sa demande justifier que la valeur des biens sur lesquels les poursuites seront continuées est suffisante pour désintéresser le créancier saisissant et tous les créanciers inscrits. Si le débiteur se contente de solliciter une expertise sans justifier que la valeur est suffisante, la mesure d'instruction peut être refusée, le tribunal n'ayant pas à suppléer la carence du saisi[1].

1324.53 • **Procédure.** La demande est portée devant le tribunal de la principale exploitation où se poursuivra la vente (sur la compétence territoriale, v. s[s] n° 1321.82). Elle ne peut l'être que jusqu'à l'audience éventuelle.

Si elle est formée avant le dépôt du cahier des charges, elle le sera par acte d'avocat à avocat; une fois le cahier des charges déposé, par dire consigné dans les conditions de l'article 689 ACPC et dénoncé à l'avocat du poursuivant, elle est, dans les deux cas, examinée à l'audience éventuelle.

Si le tribunal y fait droit, il indique dans sa décision les immeubles sur lesquels les poursuites seront discontinuées; ce faisant, le jugement suspend, provisoirement seulement, les poursuites sur les biens auxquels elles s'appliquent. Après l'adjudication définitive, le créancier qui n'est pas totalement désintéressé, qu'il soit poursuivant ou seulement inscrit, peut reprendre les poursuites sur les biens provisoirement exceptés. Cela résulte de la formule générale « *le créancier non désintéressé* », et semble confirmé par la jurisprudence[2].

2°
Autres cas

1324.61 Immeuble loué dont le revenu net pendant un an suffit pour payer la dette (C. pr. exéc., art. L. 322-12). L'article L. 322-12 C. pr. exéc. envisage l'hypothèse où l'immeuble est loué par baux authentiques et procure des revenus. Pour évaluer leur rapport, il faut effectuer le calcul sur une année et ne s'attacher qu'au revenu net et libre; la dette à prendre en considération est calculée en principal, intérêts et frais. Techniquement il faut que le débiteur offre de déléguer son revenu au créancier. Lorsque toutes ces conditions sont remplies, la poursuite peut être suspendue par les juges, sauf à être reprise s'il survient quelque opposition ou obstacle au paiement; c'est dire que la suspension n'est ni automatique ni définitive. Aujourd'hui cette faculté ne présente peut-être plus beaucoup d'intérêt pratique compte tenu des dispositions de la loi de 1991 sur la saisie-attribution (v. s[s] n°s 800.01 à 842.44).

1324.62 Offres réelles (suivies de consignation). Le sursis est obligatoire jusqu'à ce que le tribunal ait statué sur leur validité (v. s[s] n° 1331.93).

B.
Bénéfice de discussion opposé par le tiers détenteur

1324.71 Fondement. Le tiers détenteur peut opposer le bénéfice de discussion en vertu de l'article 2170 du Code civil[3], s'il y a d'autres immeubles hypothéqués à la même dette. Dans ce cas, le débiteur n'ayant pas la qualité de saisi ne pourra former une demande de sursis[4].

C.
Délais de grâce

1324.81 Domaine résiduel de l'article 1244-1 du Code civil. En dehors de tout surendettement, le débiteur peut tenter de solliciter des délais au regard de sa situation personnelle. Les délais de grâce qui seraient accordés interrompraient alors la poursuite le temps de leur exécution. La Cour de cassation décide que le juge de l'exécution (JEX) pourra être encore saisi d'une telle demande tant que le commandement de saisie ne sera pas publié; et s'il est saisi avant la publication mais statue une fois la publication effectuée, il ne pourra accorder des délais que tout autant que les sommations de prendre connaissance du cahier des charges contenant les dates des audiences ne seront pas délivrées[5].

D.
Suspension des poursuites

1324.90 Hypothèses. Elle peut résulter de l'existence d'une procédure de surendettement, d'une procédure de rétablissement personnel (L. n° 2003-710, 1er août 2003, d'orientation et de programmation pour la ville et la rénovation urbaine[6]), comme de l'ouverture d'un redressement judiciaire.

1. Civ. 2e, 10 févr. 1977, n° 75-13.844, *Bull. civ.* II, n° 32; *JCP* 1977. IV. 88.
2. Civ. 2e, 10 févr. 1977, n° 75-13.844, *Bull. civ.* II, n° 32.
3. C. civ., art. 2465 (transf. par Ord. n° 2006-346, 23 mars 2006).
4. T. civ. Seine, 7 févr. 1952, *JCP* 1952. 1834.
5. Civ. 2e, 14 mai 1997, n° 95-12.946, *Bull. civ.* II, n° 145 – Civ. 2e, 21 janv. 1999, n° 97-10.304, NP; *Procédures* 1999, n° 190.
6. L. n° 2003-710, 1er août 2003, d'orientation et de programmation pour la ville et la rénovation urbaine, *JO* 2 août, p. 13281.

1°
En situation de surendettement

1324.91 Saisine de la commission, puis du juge. La seule saisine de la commission n'assure pas au débiteur la suspension des procédures d'exécution. Mais une fois saisie, la commission va transmettre le dossier au juge de l'exécution ou au juge des criées.

En vertu de la loi du 23 janvier 1998, il faut désormais distinguer l'époque de la saisine (v. aussi s[s] n° 1318.22). Une fois saisie du dossier, et tant que le commandement n'est pas publié, la commission peut s'adresser au juge de l'exécution aux fins de suspension. Si le JEX l'accorde, le débiteur va bénéficier d'une suspension des poursuites pendant un an maximum (C. consom., art. L. 331-5) et le droit de saisir du créancier poursuivant, c'est-à-dire de publier le commandement et de mener la procédure, se trouve suspendu à l'expiration des délais obtenus auprès du juge par le débiteur. Pendant cette période, les mesures recommandées en application de l'article L. 331-7 du Code de la consommation sont opposables aux créanciers, lesquels ne peuvent exercer de saisies sur les biens du débiteur. Ainsi, si le débiteur a obtenu du JEX un délai de douze mois pour vendre son bien dans de meilleures conditions, la première chambre juge que ces mesures sont opposables aux créanciers qui ne peuvent entreprendre ou poursuivre une saisie immobilière[1]. La décision du JEX s'imposerait donc au juge des criées qui serait tenu de suspendre la saisie immobilière en cours (sur la difficulté, v. également s[s] n° 1325.202).

À compter de la publication du commandement, selon la nouvelle rédaction de l'article L. 331-5 du Code de la consommation, c'est le juge des criées qui doit désormais être saisi par la commission et qui sera seul compétent pour prononcer la suspension dans les mêmes conditions. Une fois la date d'adjudication fixée, la commission peut, pour causes graves et dûment justifiées, saisir le juge aux fins de remise de l'adjudication (C. consom., art. L. 331-5, al. 2 – v. s[s] n° 1325.182).

1324.92 • Pouvoirs du juge. L'imprécision du texte de l'article L. 331-5 du Code de la consommation avait suscité des interrogations.

Le texte signifiait-il qu'à compter des sommations, le juge des criées perdait la possibilité de suspendre les poursuites pour une durée ne pouvant excéder un an ? Et qu'il ne pouvait plus statuer que dans les limites de l'article 703 ACPC ? Dès lors, il ne disposerait des pouvoirs du juge de l'exécution que dans la période limitée entre la publication du commandement et la délivrance des sommations. Le décret n° 99-65 du 1er février 1999[2] a confirmé cette analyse. L'article R. 331-14, II du Code de la consommation prévoit que « *dans les cas où lui est délivrée la sommation prévue à l'article 698 du Code de procédure civile* [ancien], *le débiteur en informe la commission sans délai* » et celle-ci peut solliciter du juge des criées, si elle l'estime opportun, une remise de l'adjudication (v. s[s] n° 1325.182); *a contrario*, il apparaît qu'à compter de la délivrance des sommations le juge des criées ne peut plus être saisi que d'une demande de remise conformément aux dispositions de l'article 703.

Que devait-on ensuite entendre par « *fixation de la date d'adjudication* » ? Après l'audience éventuelle, après les publicités ? Sans doute plutôt après la délivrance des sommations mais seulement pour le cas où il n'y aurait ni dires ni observations au cahier des charges. Car dans l'hypothèse où des dires auraient été déposés, il faudra prendre en compte la date du jugement statuant sur les dires et fixant la date d'adjudication pour déterminer l'époque où le juge des criées perdra les pouvoirs du juge de l'exécution.

Que décider encore en cas de conversion en vente volontaire où le tribunal peut fixer une date d'adjudication différente de celle figurant dans la sommation ?

Pour rendre le texte cohérent il paraissait donc préférable de s'en tenir à la date de la délivrance des sommations. L'article R. 331-14, II du Code de la consommation confirme également cette analyse.

1324.93 • Procédure. Le décret du 1er février 1999, codifié au titre III du livre III du Code de la consommation, révèle déjà que la saisine du JEX comme du juge des criées peut être le fait non seulement de la commission mais encore du débiteur : « *Lorsque le juge est saisi à l'initiative du débiteur, le secrétariat-greffe en informe la commission par lettre simple* ». (C. consom., art. R. 331-14, I). La demande de suspension sera dans tous les cas formulée par lettre simple, adressée au secrétariat-greffe du JEX ou du juge de la saisie immobilière; l'article R. 331-14, I énumère ensuite les mentions et documents que devra contenir la lettre de saisine (nom, prénom, profession et adresse du débiteur et des créanciers poursuivants; état des revenus du débiteur,

1. Civ. 1re, 14 nov. 2001, n° 99-18.163, *Bull. civ.* I, n° 281; *Dr. et proc.* 2002. 183, obs. Bourdillat.

2. Décr. n° 99-65, 1er févr. 1999, relatif à la procédure de traitement des situations de surendettement des particuliers et modifiant certaines dispositions du titre III du livre III du Code de la consommation, *JO* 2 févr., p. 1681.

relevé des éléments actifs de son patrimoine, état de son endettement; liste des procédures d'exécution en cours).

2°
Autres cas

1324.101 Rétablissement personnel. En vertu de l'article 35 de la loi du 1er août 2003, d'orientation et de programmation pour la ville et la rénovation urbaine, le Code de la consommation a été modifié afin de prendre en compte la situation « *irrémédiablement compromise* » des débiteurs, personnes physiques, pour lesquels il apparaît tout de suite qu'il n'est pas possible de mettre en œuvre les mesures de traitement habituelles. L'article L. 332-6 dispose alors que le jugement prononçant l'ouverture de la procédure entraîne la suspension des procédures d'exécution diligentées contre le débiteur et portant sur des dettes autres qu'alimentaires. En cas de publication d'un commandement de saisie immobilière, antérieurement à l'ouverture de la procédure, le juge de la saisie immobilière est seul compétent toutefois pour prononcer la suspension de la procédure. Cette suspension est acquise jusqu'au jugement de clôture.

1324.102 Procédures collectives. Les jugements de sauvegarde et de redressement judiciaire suspendent les poursuites qui ne pourront être reprises qu'en phase de liquidation (C. com., art. L. 622-21, II). Le sursis joue de plein droit mais il est bon d'en aviser le poursuivant qui pourrait ignorer le jugement et poursuivre la procédure en toute bonne foi. Le débiteur n'en a cependant pas l'obligation et le jugement d'adjudication qui interviendrait en l'absence de dire, en méconnaissance de la procédure collective serait nul de plein droit (v. ss no 1318.52).

§ 3
Contestations et dires du saisi

1324.110 Objectifs. Le saisi peut chercher à éviter la vente aux enchères de son bien. Il pourra ainsi opposer des arguments de fond, contester la régularité de la procédure jusque-là menée par le poursuivant, ou simplement faire insérer un dire pour modifier ou ajouter au cahier des charges. La forme et les délais à respecter pour développer ces arguments sont examinés en détail plus loin (v. ss nos 1331.121 s.), qui regroupent les différents incidents de saisie et présentent leur régime juridique. Un bref aperçu sera ici donné des arguments que le saisi peut opposer.

A.
Objet des contestations et des dires

1°
Contestations de fond

1324.111 Rappel. Le saisi peut dès réception du commandement contester le droit du créancier de le poursuivre et invoquer des arguments touchant au fond du droit, exigibilité de la créance, compensation, *etc.* Ces moyens de défense ont été envisagés plus haut (v. ss nos 1318.05 s.). Ils seront formulés par dires ou contenus dans une opposition à commandement, formée avant même que la juridiction des criées n'ait été saisie (v. ss nos 1331.61 s.). Touchant le fond du droit, ces arguments ne sont pas des incidents de saisie et peuvent être soulevés à tout moment.

2°
Nullités de forme et déchéances

1324.121 Distinction. La procédure de saisie immobilière est très formaliste et les différents actes préparatoires à la vente, on l'a vu, doivent être accomplis dans le strict respect des délais légaux. Le saisi pourra donc soulever des nullités de forme et des déchéances avant l'audience éventuelle, si le poursuivant a manqué dans la forme ou dans le temps; l'audience éventuelle permettra de trancher les contestations. Mais pour être recevables les nullités doivent être proposées dans le respect des délais légaux : cinq jours avant l'audience éventuelle; le délai se calculant en remontant le temps[1]. En revanche les déchéances peuvent être soulevées à tout moment.

3°
Dires au cahier des charges

1324.131 Ni contestation au fond, ni nullité ou déchéances. Le saisi, toutefois, peut avoir intérêt à faire insérer un dire au cahier des charges. Ainsi, depuis la loi du 23 janvier 1998, afin de contester la mise à prix lorsqu'elle lui apparaît manifestement dérisoire et qu'il s'agit de son logement principal (v. ss nos 1323.23 et 1323.62), ou encore pour faire modifier une clause imposant un séquestre conventionnel[2]; voire, pour faire déclarer satisfactoires des offres réelles de paiement[3]. Il doit le faire dans le

1. Civ. 2e 20 oct. 2005, no 04-10.138, *Bull. civ.* II, no 259; *JCP* 2005. II. 10005, note Leborgne.
2. Civ. 2e, 25 mars 1998, no 95-17.236, *Bull. civ.* II, no 110.
3. Civ. 2e, 11 mars 1998, no 96-12.515, *Bull. civ.* II, no 83.

délai de trois jours avant l'audience éventuelle[1] (et v. s[s] n°s 1323.212 s.).

B.
Forme et délais

1324.141 **Forme.** Le saisi doit développer ses arguments quels qu'ils soient, par dire, à savoir une déclaration écrite formulée par un avocat au greffe du tribunal (v. s[s] n° 1323.191). Si une juridiction avait été saisie avant la publication du commandement, elle n'a généralement pas eu le temps de statuer. Le saisi doit alors reformuler son argumentation par dire sinon le juge des criées n'en tiendra pas compte[2].

1324.142 **Délais.** Selon l'objet de l'argumentation celle-ci peut être soulevée à des moments différents : *déchéance*, sans délai; *moyens de fond*, à tout moment; *nullités*, cinq jours avant, *autres dires*, trois jours avant (le délai se calculant en remontant le temps[3]).

SECTION 2
CRÉANCIERS INSCRITS ET TIERS

1324.150 **Plan.** Ils ne mènent pas la procédure mais elle les intéresse au premier chef, notamment pour les créanciers inscrits, parce que la vente purge leurs sûretés. Ils doivent ainsi pouvoir faire valoir leurs droits en exerçant certaines actions avant la vente : résolution, jonction de saisies et subrogation. Certains tiers peuvent encore intervenir pour faire constater leurs droits; par exemple un propriétaire pour obtenir la distraction de son immeuble, ou un locataire pour faire reconnaître son bail.

§ 1
Créanciers inscrits

1324.160 **Créanciers sommés.** Ils vont exercer leurs droits tout autant qu'ils seront régulièrement informés de la saisie. D'où l'état des inscriptions que doit lever le poursuivant, une fois écoulé le délai de vingt jours après la délivrance du commandement (v. s[s] n° 1323.121), pour les sommer et l'état complémentaire si l'adjudication n'est pas intervenue dans le délai de six mois. Les créanciers pourront agir en résolution de la vente, solliciter la jonction de plusieurs saisies et encore la subrogation.

1. Civ. 2e, 27 avr. 2000, n° 98-15.935, *Bull. civ.* II, n° 71.
2. Civ. 2e, 22 mai 1995, n° 93-18.748, *Bull. civ.* II, n° 156.
3. V. Civ. 2e, 20 oct. 2005, n° 04-10.138, *Bull. civ.* II, n° 259; *JCP* 2005. II. 10005, note Leborgne.

A.
Résolution

1324.161 **Bénéficiaires.** Il s'agit des vendeurs de l'immeuble impayé. Ils disposent de deux garanties propres : un privilège (C. civ., anc. art. 2103, 1°[4] : « *S'il y a plusieurs ventes successives dont le prix soit dû en tout ou en partie, le premier vendeur est préféré au second, le deuxième au troisième et ainsi de suite* ») et l'action résolutoire. En vertu de l'article 692 ACPC, le coéchangiste et le poursuivant sur folle enchère sont assimilés au vendeur impayé[5]. La jurisprudence étend encore le bénéfice de cette action aux créanciers dont les droits sont garantis par un privilège inscrit sur l'immeuble et en même temps par une action résolutoire purgée par l'adjudication, conformément à l'article 717 ACPC; ainsi, les créanciers subrogés dans les droits du vendeur impayé et dont la subrogation a été régulièrement inscrite[6].

1324.162 **Exercice.** L'action ne peut déjà être exercée que si le privilège n'est pas éteint et qu'il a été inscrit dans le délai utile (C. civ., art. 2379[7]). Dans ce cas, les autres créanciers sont menacés de voir l'objet de leur gage sortir du patrimoine de leur débiteur et leurs droits seront anéantis. Pour éviter cet inconvénient, l'article 692 prévoit que le poursuivant devra leur faire la sommation de l'article 689 en les informant en outre, qu'à défaut de former et de faire mentionner à la suite du cahier des charges la demande en résolution de vente ou la poursuite de folle enchère, trois jours avant l'audience éventuelle, ils seront déchus de leurs droits d'exercer ces actions à l'égard de l'adjudicataire. La déchéance toutefois ne peut être opposée que par l'adjudicataire[8]. En tout état de cause, l'adjudication sur saisie n'entraîne pas la disparition du privilège du vendeur régulièrement inscrit, qui est reporté sur le prix[9].

1324.163 **Effet.** S'il a été formé une demande en résolution de la vente du bien saisi ou une poursuite sur folle enchère, l'article 695 ACPC prévoit alors qu'il sera sursis aux poursuites en ce qui concerne les immeubles frappés par l'action résolutoire ou la folle enchère. La résolution de vente peut avoir été engagée par le saisi, même avant la délivrance du commandement, mais le plus souvent

4. C. civ., art. 2374, 1° (transf. par Ord. n° 2006-346, 23 mars 2006).
5. V. AUSSI, Req. 11 mai 1863, *DP* 1864. 1. 191.
6. Bordeaux, 19 févr. 1850, *DP* 1850. 2. 153.
7. C. civ., anc. art. 2108 (transf. par Ord. n° 2006-346, 23 mars 2006).
8. Civ. 2e, 17 mai 2001, n° 98-23.077, *Bull. civ.* II, n° 100.
9. Civ. 2e, 23 avr. 1980, n° 78-15.056, *Bull. civ.* II, n° 84.

c'est le vendeur impayé qui agira. L'action en résolution de sa propre acquisition introduite par la partie saisie contre son vendeur ne constitue pas une question préjudicielle à la saisie immobilière[1].

La demande en résolution doit être portée devant le tribunal où se poursuit la vente sur saisie; elle est jugée comme une demande en distraction (v. ss nos 1324.231 s.) mais elle intéresse le fond du droit car il s'agit d'une question touchant à la propriété (le jugement sera donc appelable - sur les incidents de saisie, v. ss nos 1333.60 s.).

B.
Concours de saisies

1324.170 **Diversité.** Il s'agit de joindre des saisies, soit parce qu'est pratiquée une saisie plus ample, soit parce qu'il convient de réunir des saisies ayant la même assiette. Le concours entre ces différents créanciers peut se régler relativement aisément en matière immobilière puisque la publicité foncière permet de les connaître et que leurs droits régulièrement inscrits avant la saisie sont opposables au premier poursuivant. On peut cependant rencontrer un concours de saisie mettant en présence un poursuivant titulaire de sûretés immobilières et un autre, simple chirographaire. En tout état de cause, le législateur pour des raisons de simplicité a souhaité que les créanciers saisissants postérieurs soient rassemblés en une seule procédure, menée par le premier saisissant. Les autres créanciers inscrits profiteront ainsi de la procédure unique.

1°
Jonction de saisies d'immeubles différents

1324.171 **Hypothèse.** Deux ou plusieurs saisissants ont fait publier, du chef de la même partie saisie, des commandements sur des immeubles différents dont la saisie est poursuivie devant le même tribunal car situés dans le même arrondissement. Les poursuites peuvent être réunies à la requête de la partie la plus diligente et continuées par le premier saisissant (ACPC, art. 719). Mais s'il s'agit d'immeubles situés dans des ressorts différents, les procédures de saisie demeureront distinctes sauf si les biens font partie de la même exploitation (C. civ., art. 2210).

1324.172 **Personnes concernées.** Est réputé premier saisissant celui dont le commandement aura été publié avant l'autre; s'ils ont été publiés le même jour la poursuite appartient à l'avocat du créancier dont le commandement est le premier en date et si les commandements sont du même jour, à l'avocat le plus ancien. Une fois qu'un commandement a été publié, le conservateur ne peut en publier d'autres postérieurs mais seulement les faire figurer en marge (v. ss no 1321.184).

La demande de jonction peut être faite par la partie la plus diligente; le terme de partie renvoyant aux saisissants mais encore au saisi et aux créanciers sommés.

1324.173 **Procédure.** La jonction n'est ordonnée que si elle est demandée et non d'office, mais il ne semble pas que le tribunal puisse la refuser (« *les poursuites seront réunies* »). En pratique, le saisi est appelé à la demande de jonction. Celle-ci est formée par dire. On admet qu'elle soit formée seulement jusqu'à l'audience éventuelle de la première saisie pour éviter un trop grand décalage de temps entre les deux procédures mais l'article 719 ACPC ne formule aucune restriction. Le jugement pourra, si besoin est, apporter des modifications au cahier des charges, mais les mises à prix ne devraient pouvoir être modifiées qu'avec l'accord du premier saisissant qui désormais dirige la procédure puisque c'est lui qui sera adjudicataire en cas de carence d'enchères.

Si les deux cahiers avaient été déposés, ils seront joints au greffe.

1324.174 **Effet.** Si la jonction est ordonnée, le premier saisissant va surseoir à la saisie la plus avancée jusqu'à ce que la seconde soit au même degré (ACPC, art. 720). Il poursuivra conjointement les deux procédures; d'où l'inconvénient d'admettre une jonction entre des procédures à des degrés trop éloignés car le premier saisissant serait retardé dans son recouvrement.

2°
Saisie plus ample

1324.181 **Hypothèse.** Un deuxième commandement publié comprend plus d'immeubles que le premier. Si tous les immeubles sont situés dans le même ressort, ou font partie de la même exploitation le conservateur doit alors le publier pour les biens jusque-là non compris dans la saisie (ACPC, art. 720).

1324.182 **Procédure et effet.** Le second saisissant doit dénoncer la deuxième saisie au premier et celui-ci est tenu de poursuivre les deux si les deux procédures sont au même état; sinon il sursoit à la première poursuite et suit la deuxième jusqu'à ce degré[2].

1. Civ. 2e, 14 oct. 1987, no 86-12.567, *Bull. civ.* II, no 193; *JCP* 1987. IV. 391; *D.* 1988. Somm. 125, obs. Julien.

2. T. civ. Saint-Quentin, 26 févr. 1953, *JCP N* 1953. II. 7827; *JCP A* 1953. IV. 2228, obs. Bulté.

3°
Saisies ayant la même assiette

1324.191 **Unité de procédure.** Les commandements postérieurs ne sont pas publiés mais portés en marge de la publication du premier (v. s[s] n° 1321.184); le premier saisissant poursuit la procédure dans les intérêts de tous les saisissants.

1324.192 **Avantages.** Même lorsqu'existe déjà un commandement publié, il est utile pour les autres créanciers de faire délivrer un commandement et de le présenter à la Conservation des hypothèques; ce faisant, ils apparaîtront dans la procédure comme créanciers poursuivants s'ils n'étaient que chirographaires et la radiation de la saisie ne pourra plus être opérée sans leur consentement (ACPC, art. 680, al. 3).

C.
Subrogation

1324.200 **Raison d'être.** Permettre aux créanciers, qu'il s'agisse des inscrits ou des saisissants postérieurs d'exercer leurs droits d'action en se substituant, dans certaines hypothèses, au poursuivant. Si elle est accordée par le tribunal, le créancier subrogé se retrouvera maître de la direction de la procédure.

1°
Hypothèses où la subrogation peut être demandée

1324.201 **Trois cas de figure.** Les créanciers saisissants postérieurs doivent pouvoir être subrogés aux droits du premier saisissant qui ne poursuivrait pas les saisies postérieures à lui dénoncées. Il en est de même pour tous les créanciers inscrits ou saisissants postérieurs en cas de collusion, fraude négligence ou toute autre cause de retard. Cette faculté appartient encore au créancier poursuivant en cas de carence du saisi qui a obtenu la conversion en vente volontaire (sur l'hypothèse particulière d'une saisie immobilière suspendue du fait de l'ouverture d'une procédure collective et de la subrogation du liquidateur dans les droits du créancier saisissant pour les actes que celui-ci a accomplis, v. s[s] n° 1411.61).

1324.202 **Article 721 de l'ancien Code de procédure civile.** Faute par le premier saisissant d'avoir poursuivi sur la seconde saisie à lui dénoncée conformément à l'article 720 ACPC, le second saisissant pourra par un simple acte, demander la subrogation. Ici, les raisons de la négligence ne seront pas recherchées; le simple constat de l'absence de poursuite de la procédure de la seconde saisie, interrompue par le jugement de jonction, suffira à fonder la demande.

1324.203 **Article 722 de l'ancien Code de procédure civile.** La subrogation pourra encore être demandée en cas de collusion, fraude, négligence, ou toute autre cause de retard du saisissant. Par collusion on entendra une entente entre le poursuivant et le saisi en vue de retarder le développement de la procédure, voire de réaliser volontairement des actes irrégulièrement ou tardivement au regard des exigences de forme et de délais de la procédure de saisie. La négligence, sans collusion frauduleuse sera également envisagée (retard, formalités omises) ainsi que tout retard même non sanctionné par une déchéance et même s'il n'est dû ni à la fraude ni à la négligence[1]. Il n'y aura évidemment pas lieu à subrogation si le débiteur a bénéficié d'un délai de grâce[2], puisque l'interruption de la poursuite n'est pas due au fait du poursuivant. Plus généralement, il faudra distinguer les hypothèses où les retards dans la procédure dépendent de la volonté du saisissant des autres cas de figure (délais de grâce, suspension des poursuites, sursis à la procédure de vente). Il n'y aura pas non plus fraude ou négligence lorsque le poursuivant désintéressé aura une raison pour ne plus poursuivre.

1324.204 **Subrogation suite à une conversion en vente volontaire.** Le saisissant abandonne sa place au saisi mais il a intérêt à faire figurer dans le cahier des charges une clause assurant la subrogation en cas de carence du saisi[3]. À défaut, il a qualité pour faire constater la subrogation et faire fixer l'adjudication par le tribunal[4] (v. s[s] n° 1324.42).

2°
Conditions

1324.211 **Titulaires.** Tout créancier ayant le droit de saisir peut demander la subrogation dès lors que le poursuivant initial ne poursuit pas.

Cela pourra être le cas d'un créancier inscrit antérieurement[5] ou postérieurement[6] et même d'un chirographaire[7]; mais la subrogation d'un chirographaire à un hypothécaire n'a aucun effet sur la nature de la créance qui reste chirographaire[8].

1. Civ. 2e, 29 oct. 1980, n° 79-10.735, *Bull. civ.* II, n° 221; *D.* 1981. IR 150, obs. Julien.
2. Civ. 2e, 22 nov. 1978, n° 77-10.256, *Bull. civ.* II, n° 248; *JCP* 1978. IV. 41.
3. Civ. 2e, 28 avr. 1986, n° 84-16.981, *Bull. civ.* II, n° 67; *Gaz. Pal.* 1987. Somm. 59, obs. Véron – Civ. 2e, 27 juin 1990, n° 88-16.565, *Bull. civ.* II, n° 157; *Gaz. Pal.* 1991. Somm. 161, obs. Véron.
4. Civ. 2e, 10 nov. 1998, n° 96-12.894, *Bull. civ.* II, n° 272.
5. Req. 14 janv. 1874, *DP* 1874. 1. 57.
6. Req. 21 févr. 1906, *DP* 1908. 1. 157 – Civ. 15 et 16 avr. 1913, *DP* 1914. 1. 49.
7. TGI Évry, 2 déc. 1986, *Gaz. Pal.* 1987. 1. 284.
8. Pau, 12 juill. 1962, *Gaz. Pal.* 1962. 2. 332.

Les créanciers personnels d'un créancier du saisi peuvent encore agir sur le fondement de l'action oblique. Les créanciers poursuivants bénéficient d'un droit de priorité implicite à la subrogation dans l'ordre de leurs saisies compte tenu de l'article 722 alinéa 3 ACPC, qui impose à celui qui veut être subrogé de sommer d'abord les créanciers dont les commandements ont été antérieurement mentionnés au Bureau des hypothèques, de continuer les poursuites.

La personne qui désintéresse le créancier poursuivant peut être également subrogée par le tribunal et autorisée à reprendre les poursuites à partir du dernier acte utile[1].

En revanche, le saisi n'est pas concerné par la subrogation et ne peut la solliciter pour diriger la procédure, même si son créancier n'est pas diligent, sauf le cas, différent, où il obtient la conversion en vente volontaire; n'ayant même pas à être mis en cause (v. s[s] n° 1324.212), le saisi n'est pas recevable à opposer à cette demande le fait que les conditions prévues par l'article 722 ne sont pas remplies[2].

1324.212 **Procédure.** La demande doit être précédée d'une sommation de continuer les poursuites, faite par acte d'avocat à avocat, aux créanciers poursuivants ou aux créanciers dont les commandements ont été antérieurement mentionnés au Bureau des hypothèques. La sommation préalable est impérative; en cas d'omission, la demande est irrecevable[3]. Mais il n'est pas exigé que le demandeur à la subrogation délivre un commandement au débiteur saisi[4].

Ce n'est que huit jours après la sommation que la demande pourra être présentée; il faut en effet laisser le temps aux créanciers sommés de réagir et de justifier de leurs diligences, ce qui pourra rendre la demande sans fondement.

La subrogation est demandée par conclusions contre le poursuivant[5].

Le saisi ne sera pas mis en cause (ACPC, art. 722, al. 3). Il en résulte que le jugement de subrogation auquel il n'est pas partie n'a pas à lui être signifié et c'est improprement qu'il a pu être qualifié de jugement par défaut[6], et le saisi, à tort désigné comme partie à l'incident, ne pourra le critiquer[7]. Le saisi n'a pas à être « appelé » pour qu'il soit statué sur la rectification des erreurs ou omissions matérielles qui affectent ce jugement[8].

La demande de subrogation est un incident insusceptible d'appel[9].

Le jugement de subrogation sera mentionné en marge de la publication du commandement (Décr. n° 55-1530, 14 oct. 1955[10], art. 80).

3°
Effets

1324.221 **Le demandeur est substitué au saisissant initial.** La poursuite est désormais menée par le subrogé qui la reprend au stade où elle s'était interrompue[11], sauf la faculté de modifier la mise à prix reconnue par l'article 724 ACPC (v. s[s] n° 1324.222). Le subrogé n'a donc pas à remettre le saisi en cause ni à lui signifier un nouveau commandement[12], ni à lui notifier le jugement de subrogation[13]. Le subrogé devient le nouveau poursuivant, mais il n'est subrogé que dans la poursuite et non dans les droits; il serait ainsi plus exact de parler de substitution[14]. Il a été jugé que si le saisissant initial était désintéressé, les poursuites pouvaient malgré tout être continuées[15]. Toutefois, la chambre des criées de Paris a refusé de faire droit à la demande de subrogation d'un créancier, la créance initiale étant éteinte, elle a jugé que la vente était impossible en l'état[16].

Le poursuivant contre lequel la subrogation aura été prononcée sera tenu de remettre les pièces de la poursuite sur récépissé au subrogé qui poursuivra la

1. Civ. 2e, 17 oct. 1973, n° 72-12.234, *Bull. civ.* II, n° 257; *JCP* 1973. IV. 6375.
2. Civ. 2e, 8 janv. 1997, n° 94-20.508, *Bull. civ.* II, n° 4.
3. T. civ. Meaux, 25 juin 1952, *D.* 1952. 575 – TGI Marseille, 9 juill. 1970, *D.* 1970. Somm. 188.
4. Civ. 2e, 4 mars 1982, n° 81-10.981, *Bull. civ.* II, n° 36; *D.* 1982. IR 283; *JCP* 1982. IV. 181.
5. Civ. 2e, 29 janv. 1986, n° 84-14.005, *Bull. civ.* II, n° 2; *Gaz. Pal.* 29 oct. 1986.
6. Civ. 2e, 25 oct. 1995, n° 94-11.721, *Bull. civ.* II, n° 266; *D.* 1996. IR 7.
7. Civ. 2e, 31 janv. 1996, n° 94-11.390, *Bull. civ.* II, n° 31; *D.* 1996. IR 75.
8. Civ. 2e, 5 févr. 1997, n° 94-20.737, *Bull. civ.* II, n° 39.
9. Civ. 2e, 5 juill. 1962, *JCP* 1962. Quest. prof. 4101; *Gaz. Pal.* 7 déc. 1962 – Caen, 26 juin 1961, *JCP* 1962. Quest. prof. 4006.
10. Décr. n° 55-1530, 14 oct. 1955, pris pour l'application du décret n° 5522 du 4 janv. 1955 portant réforme de la publicité foncière, *JO* 15 oct., p. 10125.
11. Civ. 2e, 2 mai 1984, n° 82-17.070, *Bull. civ.* II, n° 72; *Gaz. Pal* 1984. 676, note Véron.
12. Pau, 12 juill. 1962, *JCP A* 1963. IV. 4166, obs. J. A.; *Gaz. Pal.* 1962. 332, obs. Raynaud – Civ. 2e, 4 mars 1982, n° 81-10.981, *Bull. civ.* II, n° 36; *JCP* 1982. IV. 181 – 16 juill. 1992, n° 91-13.624, *Bull. civ.* II, n° 216; *D.* 1993. Somm. 281, obs. Julien.
13. Civ. 2e, 18 nov. 1992, n° 91-15.367, *Bull. civ.* II, n° 270; *D.* 1993. Somm. 281, obs. Julien.
14. Décr. Talon, obs. sous TGI Paris 13 janv. 2000, *Gaz. Pal.* 20 avr. 2000, p. 23, qui cite une décision du TGI Créteil 20 janv. 2000, Banque La Hénin c/M. X… c/M et Mme Y…, inéd.
15. TGI Évry, 2 déc. 1986, *Gaz. Pal.* 1987. 284.
16. TGI Paris, 13 janv. 2000, *Gaz. Pal.* 20 avr. 2000, p. 23, obs. Talon.

procédure à ses risques et périls, le poursuivant se trouvant déchargé de ses obligations par la seule remise des pièces. C'est donc le subrogé qui sera déclaré adjudicataire à défaut d'enchères, ce qui explique qu'il puisse modifier le cahier des charges sur la mise à prix (v. s[s] n° 1324.222).

Si le subrogé fait ensuite lui-même preuve de négligence, un autre créancier, y compris le poursuivant initial, pourra demander à être subrogé; la sommation de l'article 722 devra alors être délivrée au créancier premier subrogé et non au créancier saisissant initial[1].

1324.222 **Modification de la mise à prix possible.** Le demandeur à la subrogation reprend la procédure mais l'article 724 ACPC lui accorde la faculté de modifier par un dire annexé à l'enchère la mise à prix fixée par le poursuivant. C'est en effet le nouveau poursuivant qui serait adjudicataire en cas de carence d'enchères. Comme la subrogation peut être demandée à n'importe quelle étape de la procédure, en fonction seulement de l'attitude du créancier poursuivant initial, la modification de la mise à prix peut être admise alors que la publicité a déjà été faite pour une mise à prix désormais inexacte; pour assurer une bonne information des acheteurs, il est prévu que si la subrogation est demandée après la publicité faite ou même seulement commencée, la mise à prix ne pourra être modifiée qu'à la condition que de nouvelles affiches et annonces de l'adjudication soient faites, avec l'indication de la nouvelle mise à prix. L'article 724 vise les délais de l'article 696 ACPC. Cet article a été abrogé par la loi du 29 juillet 1998 (v. s[s] n°s 1323.313 s.) et les rédacteurs du décret du 11 janvier 2002 n'ont pas songé à modifier la rédaction de l'article 724. Dans le silence de la loi, la pratique se référera sans doute désormais aux délais et conditions issues du décret de janvier 2002, pris en application de l'article 697 nouveau ACPC. Toutefois, la transposition sans texte risque d'être contestée dans l'hypothèse où les formalités nouvelles et surtout les délais n'auront pas été respectés.

En pratique toutefois, l'hypothèse visée par l'article 724 apparaît exceptionnelle puisque si la publicité est faite, le créancier poursuivant n'est pas négligent, sauf l'hypothèse où il ne requerrait pas la vente le jour de l'adjudication. Or, l'article 702 ACPC permet aux autres créanciers inscrits, dans ce cas, de la requérir à sa place sans avoir à demander au préalable la subrogation (v. s[s] n° 1325.31). C'est par conséquent seulement dans le cas d'une demande de subrogation formulée par un créancier non inscrit, ou encore dans celui où un créancier inscrit considérerait la mise à prix comme trop élevée, que les dispositions de l'article 724 ACPC pourraient trouver à s'appliquer.

Cette faculté d'intervention du subrogé sur les conditions de la vente ne concerne que la mise à prix; le nombre de lots ne peut être modifié[2].

1324.223 **Frais et dépens.** En vertu de l'article 723 alinéa 1er ACPC, la partie qui succombe sur la contestation relative à la subrogation est condamnée aux dépens[3]. Mais, le poursuivant qui abandonne volontairement la procédure parce qu'il est payé et qui ne s'oppose pas à la demande de subrogation ne « succombe » pas; le tribunal pourra alors déclarer les dépens frais privilégiés de vente, puisque la subrogation a nécessairement été obtenue judiciairement mais sans négligence ni opposition de la part du poursuivant. Le poursuivant peut par ailleurs, s'opposer à la subrogation et requérir la vente pour le paiement de ses frais[4].

Le poursuivant contre lequel la subrogation sera prononcée ne sera payé de ses frais qu'après l'adjudication, soit sur le prix, soit par l'adjudicataire.

§ 2
Droits des tiers

1324.230 **Principe.** Sans être créanciers ils peuvent souhaiter intervenir à la procédure pour faire reconnaître ou préserver leurs droits. C'est le cas du tiers qui demande la distraction de certains biens comme de tout tiers concerné par la procédure.

A.
Demande en distraction

1324.231 **Objet.** Il s'agit pour le tiers de faire échapper tout ou partie des biens à la procédure en démontrant son droit réel sur l'immeuble saisi. L'action en distraction qui est une forme d'action en revendication est un incident de saisie immobilière, prévu aux articles 725 et 726 ACPC.

1324.232 **Bénéficiaires.** Elle est exercée par ceux qui se prétendent titulaires sur l'immeuble saisi d'un droit identique à celui du saisi; le plus souvent un droit de propriété mais la saisie peut porter sur

1. Civ. 2e, 12 mai 1986, n° 85-10.757, *Bull. civ.* II, n° 81; *Gaz. Pal.* 6 août 1986. Somm. 209.

2. Civ. 2e, 2 mai 1984, n° 82-17.070, *Bull. civ.* II, n° 72; *Gaz. Pal.* 1984. 676, note Véron.
3. T. civ. Meaux, 25 juin 1952, *D.* 1952. 575 – TGI Marseille, 9 juill. 1970, *D.* 1970. Somm. 188, pour des demandeurs qui ont omis de sommer préalablement les créanciers dont les commandements ont été antérieurement publiés.
4. Civ. 2e, 24 oct. 1973, n° 72-11.801, *Bull. civ.* II, n° 271; *JCP* 1974. IV. 6390.

des droits réels démembrés (v. s[s] n°s 1315.30 s.). Cette procédure n'est ouverte qu'aux tiers à la procédure de saisie. Cela exclut le saisi lui-même qui invoquerait l'insaisissabilité du bien[1], ou qui prétendrait avoir vendu à un tiers certains des immeubles saisis[2]; est encore exclu, le tiers détenteur qui contesterait l'affectation hypothécaire de son bien au profit du créancier pour la dette du débiteur[3], et le créancier partie à la saisie qui prétendrait par ailleurs qu'un immeuble lui appartenant a été englobé dans la saisie[4]. Les contestations émanant de parties à la saisie sont soumises aux dispositions de l'article 727 ACPC[5], c'est-à-dire que ces personnes pourront agir en nullité de la saisie (v. s[s] n°s 1331.81 s.).

1324.233 **Délai.** La demande peut être formée jusqu'au jour de l'adjudication (ACPC, art. 729). Après, elle ne pourra plus prospérer ce qui ne signifie pas que le tiers ne pourra revendiquer son bien mais seulement qu'il devra engager une action en revendication devant une autre juridiction que celle des criées, contre l'adjudicataire[6], avec les problèmes de responsabilité qu'elle suppose.

1324.234 **Procédure.** La demande en distraction est formée tant contre le saisissant que contre la partie saisie, par acte du palais ou par assignation si le saisi n'a pas constitué avocat (ACPC, art. 725); dans ce dernier cas, le délai prescrit pour la comparution sera celui des ajournements sans que ce délai puisse être augmenté à l'égard de la partie qui serait domiciliée hors de France[7].

Si la demande est rejetée, la procédure de saisie est reprise; en revanche, si le tribunal fait droit à une demande de distraction portant sur l'intégralité des immeubles saisis, la procédure de saisie n'a plus de fondement. Il en est autrement en cas de distraction partielle.

1324.235 **Distraction partielle (ACPC, art. 726).** Le tiers peut ne demander qu'une distraction partielle des biens saisis ou n'être reçu que partiellement; dans ce cas, nonobstant cette demande, les poursuites seront continuées pour le reste des biens saisis à moins que le tribunal n'accorde le sursis pour le tout. Si la distraction partielle est ordonnée, le poursuivant sera alors admis à modifier la mise à prix portée au cahier des charges. Il le fera par un dire qui ne devrait pas être susceptible de contestation, sauf dans l'hypothèse de l'article 2 de la loi du 23 janvier 1998, pour le saisi dont est vendu le logement principal (v. s[s] n° 1321.114).

B.
Autres tiers

1324.241 **Diversité.** Tout tiers peut prétendre avoir un dire à insérer.

Par exemple, un locataire qui voudrait faire reconnaître son bail comme opposable. Ce sera souvent le cas en matière de bail verbal : le preneur demandera que l'existence de son bail soit mentionnée au cahier des charges. Ce pourra être encore un créancier saisissant par voie d'exécution mobilière certains biens menacés d'être englobés dans la saisie immobilière (immeubles par destination).

Cependant les tiers à la procédure ne pourront faire trancher un éventuel procès relatif aux droits qu'ils invoquent par le tribunal; ils ne peuvent que se faire donner acte d'un dire, afin que l'adjudicataire en ait connaissance. Il appartiendra alors, à ce dernier, devenu propriétaire, de faire examiner la question par le tribunal compétent[8].

1. Pour une épouse qui invoquait la dotalité du bien saisi, Civ., 20 août 1861, *DP* 1861. 1. 380.
2. Civ. 2e, 10 déc. 1986, *Gaz. Pal.* 1987. Somm. 178, obs. Véron.
3. Lyon, 30 août 1850, *DP* 1851. 2. 175.
4. Civ., 29 août 1855, *DP* 1855. 2. 406 – Req. 24 mai 1894, *DP* 1894. 1. 304 – Civ. 2e, 10 janv. 1974, *JCP* 1974. IV. 68.
5. Civ. 2e, 10 déc. 1986, préc. s[s] prés[t] n°.
6. Civ. 22 oct. 1906, *DP* 1913. 1. 142 – T. civ. Seine, 15 janv. 1942, *Gaz. Pal.* 1942. 1. 172.
7. Paris, 24 févr. 1983, *D.* 1983. IR 296.
8. Pour une demande d'expulsion contre un locataire, Grenoble, 27 avr. 1959, *D.* 1960. 288, note Giverdon.

CHAPITRE

1325. Audience d'adjudication

ANNE LEBORGNE
PROFESSEUR À L'UNIVERSITÉ D'AIX-MARSEILLE

SECTION 0
ORIENTEUR

1325.00 **Plan du chapitre.**

Division – Déroulement. Le bien va être vendu aux enchères publiques et attribué au plus offrant lors de l'audience d'adjudication, dont la date avait été fixée par le créancier poursuivant et indiquée dans les sommations de l'article 689 de l'ancien Code de procédure civile, trente jours au moins et soixante jours au plus après la date de l'audience éventuelle (v. s[s] n° 1323.153). Un certain nombre de difficultés peuvent cependant encore se présenter, que le tribunal devra trancher avant que le poursuivant ne puisse requérir la vente et que ne s'ouvrent les enchères.

Avertissement : régime applicable à la saisie immobilière. La procédure de saisie immobilière a été réformée par l'ordonnance n° 2006-461 du 21 avril 2006 qui a modifié le Code civil[1], et par le décret n° 2006-936 du 27 juillet 2006[2], qui a abrogé les articles 673 à 717 ACPC. Le décret, entré en vigueur le 1er janvier 2007, n'est, globalement, pas applicable aux procédures de saisies immobilières ayant donné lieu, avant son entrée en vigueur, au dépôt du cahier des charges prévu à l'article 688 ACPC. Toutefois, à l'occasion du décret n° 2009-160 du 12 février 2009[3], qui a apporté des améliorations à la nouvelle procédure de saisie immobilière, il est apparu nécessaire à la Chancellerie d'unifier les audiences d'adjudication. C'est pourquoi, l'article 153 du décret de

1. Ord. n° 2006-461, 21 avr. 2006, réformant la saisie immobilière, *JO* 22 avr., p. 6072.
2. Décr. n° 2006-936, 27 juill. 2006, relatif aux procédures de saisie immobilière et de distribution du prix d'un immeuble, *JO* 29 juill., p. 11316.
3. Décr. n° 2009-160, 12 févr. 2009, pris pour l'application de l'ordonnance n° 2008-1345 du 18 déc. 2008 portant réforme du droit des entreprises en difficulté et modifiant les procédures de saisie immobilière et de distribution du prix d'un immeuble, *JO* 13 févr., p. 2596.

2009 a ajouté à l'article 168 du décret de 2006 (non repris par le décret n° 2012-783 du 30 mai 2012[1]) un alinéa qui dispose que les dispositions de la section 2 du chapitre VI du titre 1er du décret de 2006, relatives à la capacité d'enchérir, au déroulement et à la nullité des enchères, s'appliquent aux audiences d'adjudication postérieures au 1er mars 2009. Il s'agit des articles 72 à 82 du décret du 27 juillet 2006 (devenus C. pr. exéc., art. R. 322-39 à R. 322-49).

Adjudications tenues avant le 1er mars 2009. Les développements suivants, consacrés à l'audience d'adjudication telle que réglementée par l'ancien Code de procédure civile, ont été maintenus afin de permettre d'apprécier la régularité de ces audiences d'adjudication, tenues avant le 1er mars 2009.

Adjudications tenues après le 1er mars 2009 : application des articles 72 à 82 du décret du 27 juillet 2006 (devenus C. pr. exéc., art. R. 322-39 à R. 322-49). À compter de cette date, pour connaître le régime applicable aux audiences d'adjudication, le lecteur est renvoyé au chapitre 1368 (v. ss nos 1368.00 s.).

SECTION 1
PROCÉDURE DE L'AUDIENCE D'ADJUDICATION

1325.11 **Division.** La vente doit être requise au jour de l'audience. Elle se déroulera ensuite selon la procédure des enchères, à la barre du tribunal. L'adjudication emportera des obligations pour l'avocat de l'adjudicataire.

§ 1
Réquisition de vente

1325.20 **Particularité.** La vente aux enchères doit être requise, elle n'a pas lieu d'office. Toutefois, même si le poursuivant renonce à la requérir, le saisi n'évitera pas nécessairement la vente car un créancier inscrit peut encore décider de le faire à sa place.

A.
Exigence d'une réquisition

1325.21 **Caractère obligatoire.** Selon l'article 702 ACPC, au jour fixé pour l'adjudication, il y est procédé sur la demande du poursuivant et à son défaut, sur celle de l'un des créanciers inscrits sous la constitution d'un avocat. Il faut donc que la vente soit requise pour que s'ouvrent les enchères. C'est là encore une particularité de la procédure de saisie immobilière : la vente, audiencée, n'est pas ordonnée d'office par le tribunal. Il est vrai que celui-ci ne déclare pas la vente mais la constate seulement (sur la nature du jugement d'adjudication, v. ss n° 1341.31) et que le juge ne vend pas lui-même comme le fait le commissaire-priseur dans le cas de la saisie-vente[2].

La réquisition se fait sans forme, elle peut n'être que verbale[3], et c'est en pratique toujours ainsi qu'elle est formulée.

1325.22 **Conséquence d'une absence de réquisition.** À défaut de réquisition, la poursuite sera abandonnée. Il est cependant envisageable que le créancier souhaite reprendre la procédure si les promesses du saisi ne sont finalement pas tenues. La pratique l'admet mais la difficulté vient de la marche à suivre qui n'est envisagée par aucun texte. En l'absence de demande et donc de diligences des parties, le tribunal peut radier administrativement la procédure, qui pourra toujours être reprise dans les limites de temps de la validité du commandement. Le créancier poursuivant peut également demander au tribunal la radiation de la saisie, ou solliciter un report sur le fondement de l'article 703 ACPC que le tribunal peut refuser s'il estime que les conditions de l'article ne sont pas remplies; l'affaire sera alors radiée. La question peut ensuite se poser de savoir comment l'affaire sera réintroduite : *a priori*, la procédure de saisie n'étant pas à proprement parler une instance, le poursuivant n'agira pas selon les dispositions de l'article 373 C. pr. civ. La pratique raisonne comme s'il s'agissait d'un incident de saisie et admet que la procédure soit reprise par simple acte d'avocat à avocat[4], ou par assignation en reprise des poursuites. En pratique, encore, une sommation d'assister à l'adjudication précisant les date et heure de celle-ci sera signifiée au débiteur; si la vente est requise plus de six mois après la publication du commandement, un nouvel état sur formalité est requis et les nouveaux créanciers seront sommés.

B.
Auteur de la réquisition

1325.31 **Le poursuivant ou les créanciers inscrits.** En principe, c'est le poursuivant qui requiert la vente; ce sera le créancier qui aura délivré le commandement, ou un créancier subrogé en cours de procédure ou le saisi sur conversion en vente volontaire.

Cependant, si le créancier poursuivant accepte, le jour même de l'adjudication, des offres tardives

1. Décr. n° 2012-783, 30 mai 2012, relatif à la partie réglementaire du Code des procédures civiles d'exécution, *JO* 31 mai, p. 9375.
2. L. 9 juill. 1991, art. 53 (devenu C. pr. exéc., art. L. 221-4) – Et Décr. 31 juill. 1992, art. 114, al. 1er (devenu C. pr. exéc., art. R. 221-37).
3. Req. 16 nov. 1926, *S.* 1926. 1. 380.
4. Limoges, 12 juin 1964, *JCP A* 1965. IV. 4557; *RTD civ.* 1965. 192, obs. Raynaud.

faites par le débiteur saisi, il n'aura plus d'intérêt pour faire vendre le bien aux enchères. Pour préserver les droits des autres créanciers inscrits, l'ancien Code de procédure civile leur permet de requérir la vente à défaut d'action du poursuivant. C'est le jour même de l'audience de vente qu'ils pourront se substituer à lui, sans avoir à être préalablement subrogés [1], en ayant constitué avocat. Le fait que le poursuivant soit désintéressé ne peut porter atteinte aux droits des autres créanciers de requérir la vente [2].

De la lecture de l'article 702, peut-on déduire que le poursuivant peut requérir seul, sans ministère d'avocat ? Il faut répondre par la négative s'agissant d'une procédure avec représentation obligatoire. Pour les créanciers inscrits, la référence à une constitution implique-t-elle un acte d'avocat à avocat préalable ? Suivant la pratique, la réquisition étant verbale, l'intervention orale d'un avocat postulant semble suffire. Il n'existe toutefois pas de jurisprudence publiée sur cette question.

1325.32 Autres personnes ? Le Code semble exclure toute autre personne qui pourrait cependant prétendre à un intérêt : ainsi, les créanciers non inscrits, chirographaires mais encore privilégiés en vertu d'un privilège occulte (syndicat de copropriété) qui auraient eu connaissance de la procédure et auraient été informés de la date de l'audience (grâce aux affiches et placards ou, pour le syndicat, par le poursuivant sollicitant le certificat de charges) peuvent-ils intervenir et demander la vente ? Il semble que cela soit exclu. Le droit accordé aux créanciers inscrits s'explique parce qu'ils étaient parties à la procédure; le poursuivant leur avait fait sommation de faire tels dires qu'ils jugeraient utiles et de venir aux audiences; pour les créanciers saisissants postérieurs en outre, la radiation de la saisie ne pouvait plus être opérée sans leur consentement (ACPC, art. 680). Tel n'est pas le cas des créanciers non inscrits ou non saisissants.

Quant au saisi, également ignoré par l'article 702 ACPC, la doctrine admet son intérêt à agir et lui reconnaît le droit de requérir la vente en cas de silence de ses créanciers; l'hypothèse est si peu probable qu'elle n'a pas donné lieu à une jurisprudence publiée.

§ 2
Caractères de la vente

1325.41 Distinction. En principe, la vente se réalise à la barre du tribunal; toutefois, lorsque le saisi a obtenu la conversion en vente volontaire il aura pu choisir de faire vendre le bien devant notaire. Dans les deux cas, les enchérisseurs ne doivent être ni insolvables ni interdits d'enchères.

A.
Une vente à la barre ou devant notaire

1325.50 Des professionnels du droit et de l'immobilier. Magistrats, avocats et notaires : la vente sur saisie immobilière va mettre en scène des professionnels du droit et de l'immobilier.

1°
Vente à la barre du tribunal

a)
Déroulement

1325.51 Le tribunal. La vente a lieu devant le tribunal de grande instance (TGI) du lieu de situation du bien (ACPC, art. 678), en chambre des saisies immobilières, aux enchères publiques. Les différentes chambres d'un TGI ne sont que des formations particulières de celui-ci et non des juridictions distinctes; la formation en audience des saisies est donc compétente pour connaître de la procédure de vente et des incidents qu'ils s'agissent de moyens de nullités ou de moyens tirés du fond du droit [3]. La compétence de la formation en audience des saisies tient à l'audience spéciale et non à la formation du tribunal qui siège, laquelle peut être n'importe laquelle de ses chambres civiles [4].

Le Code de l'organisation judiciaire prévoit que l'audience peut être tenue par un juge unique et c'est, en pratique, le plus souvent le cas (COJ, anc. art. R. 312-6).

1325.52 Magistrats. Il s'agit de magistrats du siège, mais également du Ministère public qui peut intervenir volontairement si l'ordre public le nécessite (C. pr. civ., art. 431).

Les membres du tribunal sont interdits d'enchères pour des raisons de morale publique, sauf s'ils sont eux-mêmes créanciers du saisi et qu'ils ne siègent pas (v. s[s] n° 1325.91).

1325.53 Constitution d'avocat obligatoire. Le poursuivant a nécessairement constitué avocat lorsqu'il a fait signifier le commandement de saisie

1. Req. 16 nov. 1926, *S.* 1926. 1. 380.
2. T. civ. Seine, 19 oct. 1950, *JCP A* 1951. IV. 1673, obs. Madray; *Gaz. Pal.* 1951. 1. 102; *D.* 1951. 124.
3. Civ. 2e, 19 févr. 2009, n° 08-11.869, *Bull. civ.* II, n° 57, la chambre des saisies n'étant qu'une émanation du TGI, elle reste compétente pour connaître des demandes incidentes et même d'une demande additionnelle présentée par le créancier poursuivant par voie de conclusions, tendant à obtenir l'ouverture des opérations de partage de l'indivision entre les saisis et la licitation du bien.
4. TGI Évry, 4 nov. 1986, *Gaz. Pal.* 1987. 624.

immobilière (ACPC, art. 673) et le fait que cette saisie soit menée devant le TGI impose le ministère d'avocat postulant tout au long de la procédure. L'article 702 ACPC fait encore obligation aux créanciers inscrits qui souhaiteraient requérir la vente le jour de l'adjudication de constituer. Auparavant, toute partie qui souhaitait déposer un dire avait dû constituer avocat. En revanche, les droits de la défense ne sont pas bafoués si l'avocat du saisissant et celui du saisi ne sont pas présents le jour de l'adjudication et l'adjudication ne sera pas nulle du fait de leur absence (ACPC, art. 704, al. 2).

1325.54 **Monopole pour pousser les enchères.** La même exigence est formulée pour pousser les enchères (ACPC, art. 704). Elle est de bon sens compte tenu de la complexité de la procédure et des incidents qui peuvent l'émailler; pour aborder le « monde » des ventes aux enchères, il faut en connaître les règles. Cette exigence figure désormais sur les publicités qui annoncent la vente (Décr. n° 2002-77, 11 janv. 2002, art. 2-5°[1]). Il a été jugé que l'enchère portée par une personne non représentée était non pas nulle mais inexistante[2]. La différence est importante car une enchère inexistante ne couvre pas l'enchère précédente (v. s^{s} n° 1325.133). Toutefois, si l'article 704 impose que les enchères soient portées par ministère d'avocat, selon l'article 715 ACPC, la violation de cette règle n'est sanctionnée par la nullité que si l'irrégularité a eu pour effet de causer un préjudice aux intérêts des parties en cause[3]. L'avocat pourra demander au tribunal de déclarer son mandant adjudicataire en déclinant son identité; dans ce cas, l'oblateur devra être impérativement présent. Mais le plus souvent, l'avocat demandera au tribunal de le déclarer personnellement adjudicataire sous réserve de déclarer pour le compte de qui il agit, dans le délai de la loi, ce qui pose la question du pouvoir en vertu duquel il agit. Aucun texte n'impose un pouvoir écrit, mais en pratique, les avocats font signer des pouvoirs aux clients qu'ils reçoivent et qui souhaitent pousser les enchères, ce qui permet d'éviter une contestation ultérieure.

b)
Pluralité de pouvoirs

1325.61 **• Position du problème.** La question se posait de savoir si un même avocat pouvait représenter plusieurs clients, voire, être à la fois avocat du poursuivant et requérir à ce titre la vente et, en même temps, accepter des mandats pour pousser les enchères.

Certains conseils de l'ordre avaient interdit cette pratique pour des raisons déontologiques. En 1983, la Cour de cassation avait décidé qu'ils n'excédaient pas leurs attributions réglementaires en restreignant le droit de porter des enchères pour des clients différents[4]. Mais, par la suite, elle avait jugé qu'une délibération d'un Conseil de l'ordre interdisant à un même avocat d'être chargé par plusieurs clients distincts de porter des enchères sur la même adjudication, et à l'avocat du poursuivant de porter les enchères pour un autre que le poursuivant, était illégale car cette délibération était de nature à porter atteinte à la liberté des enchères; la délibération avait ainsi été annulée[5] (sur la liberté des enchères v. s^{s} n° 1325.80).

1325.62 **• Incidence du Conseil national des barreaux (CNB).** Le débat a été relancé par le CNB, chargé de « *représenter la profession d'avocat auprès des pouvoirs publics et de veiller à l'harmonisation des règles et usages de la profession* » (L. n° 71-1130, 31 déc. 1971[6], art. 21-1, mod. par L. n° 90-1259, 31 déc. 1990[7]). La loi n° 2004-130 du 11 février 2004, réformant le statut de certaines professions judiciaires et juridiques[8], lui ayant finalement accordé un pouvoir normatif, celui-ci a demandé aux barreaux d'intégrer dans leurs règlements intérieurs l'interdiction pour un avocat de porter plusieurs enchères pour un même bien pour le compte de plusieurs mandants, puis a rendu une décision à caractère normatif, n° 2005-003, portant adoption du Règlement intérieur national (RIN) de la profession d'avocats dont les dispositions vont dans le sens de cette prohibition.

2°
Vente devant notaire

1325.71 **En cas de conversion en vente volontaire.** Le tribunal dispose d'un pouvoir souverain d'appréciation pour décider que la vente se fera

1. Décr. n° 2002-77, 11 janv. 2002, pris pour l'application de l'article 697 du Code de procédure civile (ancien) et réformant les modalités de la publicité en matière de saisie immobilière, *JO* 18 févr., p. 1089.
2. Req. 30 déc. 1902, *DP* 1093. 1. 137; *S.* 1903. 1. 257.
3. Civ. 2e, 16 déc. 2004, n° 03-10.895, *Bull. civ.* II, n° 538.
4. Civ. 1re, 15 févr. 1983, n° 82-11.888, *Bull. civ.* I, n° 59.
5. Civ. 1re, 16 juill. 1987, n° 85-15.092, *Bull. civ.* I, n° 222; *D.* 1988. Somm. 237, obs. Brunois; *Gaz. Pal.* 1988. Somm. 35, obs. Guinchard et Moussa.
6. L. n° 71-1130, 31 déc. 1971, portant réforme de certaines professions judiciaires et juridiques, *JO* 5 janv. 1972, p. 131.
7. L. n° 90-1259, 31 déc. 1990, portant réforme de certaines professions judiciaires et juridiques, *JO* 5 janv. 1991, p. 219.
8. L. n° 2004-130, 11 févr. 2004, réformant le statut de certaines professions judiciaires et juridiques des experts judiciaires, des conseils en propriété industrielle et des experts en ventes aux enchères publiques, *JO* 12 févr., p. 2847 – R. Martin, « Heurs et malheurs du règlement intérieur unifié », *JCP* 2005. Actu. 501.

devant le tribunal ou devant notaire et dans ce cas, le notaire agit comme délégué du tribunal qui le désigne (v. s[s] n° 1324.36). La vente se déroule selon les mêmes modalités que lorsque l'adjudication a lieu devant le tribunal (avec quelques variantes : ainsi, le cahier des charges peut être dressé par acte séparé en minute ou en brevet, placé au rang des minutes; c'est le tribunal qui fixe la mise à prix dans le jugement de conversion en vente volontaire ainsi que les modalités de publicité) et est considérée comme une vente faite par autorité de justice (v. s[s] n° 1324.45). Le notaire prononcera l'adjudication sur la dernière enchère.

B.
Enchérisseurs

1325.80 Liberté sous conditions. Toute personne peut envisager d'acquérir un bien aux enchères sous conditions de capacité et, éventuellement, de pouvoir, d'absence d'interdictions et d'insolvabilité.

1°
Capacité et pouvoir

1325.81 Capacité de s'engager. L'adjudication emporte transfert de propriété au profit de l'adjudicataire. Pour donner mandat de pousser les enchères, il faut donc être capable de s'engager au sens du droit commun des contrats (C. civ., art. 1123). Mais à quelle date cette capacité s'appréciera ? Au jour des enchères ou à celui de la déclaration d'adjudicataire ? La question se pose notamment pour les **sociétés en formation**. Dans un premier temps, la jurisprudence de la Cour de cassation s'était construite à l'occasion de surenchères. Jugeant que la capacité d'enchérir devant être appréciée à la date de la déclaration de surenchère, la deuxième chambre civile en avait déduit que n'était pas valable la surenchère faite au nom d'une société en formation, qui, non immatriculée, était alors dépourvue d'existence légale[1]. La solution avait été réaffirmée quelques années plus tard, avec la précision que la capacité du surenchérisseur devait être appréciée à la date de l'expiration du délai prévu pour la déclaration de surenchère[2]. La deuxième chambre avait encore, par la suite, estimé que la déclaration de surenchère ne pouvait, même si les statuts de la société comportaient une clause de reprise des engagements des fondateurs, être validée rétroactivement puisque lors de la déclaration de surenchère la société était dépourvue d'existence légale[3].

Fallait-il alors obligatoirement créer et immatriculer une personne morale en vue d'une adjudication hypothétique ? Pas nécessairement, dès lors que les règles de droit commun peuvent être combinées à celles, spéciales, du droit des sociétés. C'est l'argumentation qui a prospéré, dans un second temps, devant la Cour de cassation.

On peut, en effet, raisonner par référence aux ventes amiables où des acquisitions s'effectuent par les associés, pour le compte de la société en formation, et sous réserve de l'immatriculation au Registre du commerce, qui peut intervenir postérieurement; l'extrait du Registre du commerce fait ensuite l'objet d'un dépôt aux rangs des minutes d'un notaire et d'une publication à la Conservation des hypothèques, qui emporte rétroactivement propriété au profit de la personne morale. Dans cet esprit, des pouvoirs peuvent être établis au nom des associés eux-mêmes, à condition qu'ils aient la capacité d'enchérir, déclarant agir pour le compte de la société en formation. La déclaration d'adjudicataire sera donc prononcée à leur profit avec la faculté ultérieure du dépôt de l'extrait d'immatriculation aux minutes d'un notaire et de sa publication à la Conservation des hypothèques.

Dès lors, ayant constaté qu'une société civile immobilière avait repris les actes accomplis pour son compte pendant sa formation, à savoir l'acquisition par adjudication d'un bien immobilier, et qu'elle avait été immatriculée au Registre du commerce, il a été jugé que l'enchère portée pour le compte de cette société civile immobilière avait été validée, les engagements souscrits étant réputés, en raison de leur reprise, avoir été contractés dès l'origine par la société civile immobilière[4]. Et n'encourt pas la nullité l'adjudication portée aux noms de personnes agissant en qualité d'associés fondateurs d'une société en formation, laquelle peut, ou non, reprendre les obligations nées de cet acte[5].

1325.82 Pouvoir. Le représentant de la personne morale qui se portera adjudicataire doit en outre justifier d'un pouvoir à cette fin. Doit-il en justifier lors de l'audience d'adjudication ? Cela semble plus prudent pour éviter toute contestation ultérieure. En matière de surenchère, il a en outre été jugé que la constatation par le jugement d'adjudication de l'existence d'un pouvoir faisait foi jusqu'à inscription de faux, même si ledit pouvoir n'était pas demeuré annexé à la minute de la déclaration de surenchère faite par l'avocat, comme le tribunal

1. Civ. 2e, 18 mai 1989, n° 18-12.849, *Bull. civ.* II, n° 109.
2. Civ. 2e, 25 juin 1997, n° 95-14.546, *Bull. civ.* II, n° 200.
3. Civ. 2e, 30 mars 2000, n° 98-16.648, NP; *JCP N* 2000. 1866, note Garçon.
4. Civ. 2e, 19 déc. 2002, n° 00-20.250, *Bull. civ.* II, n° 290; *JCP* 2002. IV. 1295 – Civ. 2e, 10 sept. 2009, n° 08-15.882, *Bull. civ.* II, n° 207; *Dr. et proc.* 2010. 49, obs. Leborgne.
5. Com. 20 févr. 2007, n° 05-14.058, *Bull. civ.* IV, n° 61.

l'avait ordonné[1]. Et le défaut de pouvoir de celui qui déclare surenchérir en qualité de représentant d'une personne morale ne peut être couvert après l'expiration du délai imparti pour former surenchère (ainsi pour le maire d'une commune qui avait agi sans autorisation du conseil municipal, la surenchère ayant été approuvée ensuite[2]).

2°
Interdictions d'enchérir

1325.91 **Exclusion en raison des fonctions.** Le Code civil (C. civ., art. 1596) écarte des enchères certaines personnes en raison de leurs fonctions. Ainsi, ne peuvent se rendre adjudicataires, ni par eux-mêmes ni par personnes interposées, les tuteurs des biens de ceux dont ils ont la tutelle et les mandataires des biens qu'ils sont chargés de vendre (C. civ., art. 1596). Plus spécialement, l'article 711 ACPC interdit aux avocats d'enchérir pour les membres du tribunal devant lequel se poursuit la vente, à peine de nullité de l'adjudication ou de la surenchère et de dommages et intérêts (ACPC, art. 711, al. 1er). La même interdiction est édictée pour l'avocat du poursuivant qui ne peut se rendre personnellement adjudicataire ni surenchérisseur sous les mêmes sanctions. Ici sont visées toutes les personnes chargées de faire vendre le bien. Selon une réponse ministérielle, l'interdiction d'enchérir s'applique tant aux juges qu'aux magistrats du Ministère public mais le magistrat ou le greffier qui seraient créanciers du saisi pourraient enchérir s'ils s'abstenaient de siéger[3].

Ces interdictions obéissent à des considérations de morale publique.

1325.92 **Nature de ces interdictions.** Les interdictions d'enchérir édictées par ces textes ne peuvent être assimilées à des moyens de fond tirés de l'incapacité de l'une des parties mais constituent des mesures de police des enchères. La nuance est d'importance car, les incapacités relevant du fond du droit, les contestations portant sur la capacité d'une partie ne seront pas des incidents; l'appel sera admissible (v. ss no 1331.162) à la différence des contestations portant sur la police des enchères[4].

1325.93 **Cas particulier de l'avocat du poursuivant.** L'interdiction faite à l'avocat du poursuivant de se rendre personnellement adjudicataire est générale et ne souffre aucune exception; il a été jugé qu'elle s'appliquait même lorsque c'est pour lui-même que l'avocat, créancier hypothécaire du saisi, s'était constitué afin de poursuivre la vente forcée des immeubles de son débiteur[5]; aujourd'hui, une telle constitution s'avère contraire à l'évolution de la déontologie (Décr. no 91-1197, 27 nov. 1991[6], art. 183).

Elle s'applique encore lorsque le bien a été adjugé au collaborateur d'une société civile professionnelle d'avocats qui n'était pas étrangère aux poursuites alors même qu'elle n'était plus avocat poursuivant à la date de l'audience d'adjudication et de la procédure de surenchère; le fait qu'il y ait eu subrogation dans les poursuites au profit d'un tiers créancier représenté par un autre avocat ne met pas fin à l'interdiction qui frappait le premier cabinet car c'est la même procédure qui se poursuit[7].

Mais l'immeuble peut être adjugé à l'avocat poursuivant, sans fraude à l'article 711 ACPC lorsque celui-ci se réserve de faire la déclaration d'adjudicataire dans le délai prescrit (v. ss no 1325.152) et qu'il lui en est donné acte[8]; même solution pour l'avocat du dernier enchérisseur[9]. Que se passe-t-il alors lorsque l'avocat ne peut donner le nom de son client ? Selon l'article 707 ACPC, il demeurera adjudicataire lorsqu'il n'aura pas déclaré l'adjudicataire dans le délai. La combinaison des articles 707 et 711 ACPC devrait conduire le tribunal à déclarer nulle l'adjudication aux frais de l'avocat poursuivant à titre personnel.

De même, le Code n'interdit pas à l'avocat poursuivant de pousser les enchères pour un membre de sa famille, voire son conjoint lorsque les époux sont mariés sous un régime de séparation. Seule une atteinte à la déontologie pourrait lui être reprochée et donc des sanctions disciplinaires prononcées contre lui.

3°
Le saisi

1325.101 **Principe et réalité.** En théorie, le saisi ne peut racheter son bien aux enchères; en pratique il essaie souvent de le faire par l'intermédiaire de membres de sa famille interposés.

1. Civ. 2e, 20 févr. 1975, no 73-10.033, *Bull. civ.* II, no 60; *JCP* 1975. IV. 121.
2. Civ. 2e, 17 oct. 2002, no 00-21.106, *Bull. civ.* II, no 224; *D.* 2002. IR 2988.
3. Rép. min. no 39275, 8 déc. 1980, *Gaz. Pal.* 1er févr. 1981.
4. Civ. 2e, 10 déc. 1975, no 74-12.848, *Bull. civ.* II, no 333; *JCP* 1976. IV. 44 – Civ. 2e, 24 févr. 1982, no 80-16.538, *Bull. civ.* II, no 28; *JCP* 1983. II. 20000, note Prévault; *RTD civ.* 1982. 667, obs. Perrot – Civ. 2e, 19 nov. 1986, nos 85-13.213 et 80-16.538, *Bull. civ.* II, nos 168 et 28; *D.* 1986. IR 476 – Civ. 2e, 3 févr. 1988, no 86-18.243, *Bull. civ.* II, no 30.
5. Civ. 27 mai 1941, *DC* 1944. 27, note Chéron.
6. Décr. no 91-1197, 27 nov. 1991, organisant la profession d'avocat, *JO* 28 nov., p. 15502.
7. Civ. 2e, 26 nov. 1986, no 85-14.647, *Bull. civ.* II, no 173; *D.* 1986. IR 448; *RTD civ.* 1987. 408, obs. Perrot.
8. Civ. 2e, 30 nov. 1988, no 87-18.445, *Bull. civ.* II, no 232; *JCP* 1989. IV. 42; *Gaz. Pal.* 1989. Somm. 261, obs. Véron.
9. Req. 24 juin 1937, *DP* 1937. 1. 78, rapp. Pilon.

1325.102 • **Fondement.** L'interdiction est de bon sens. Si le bien du saisi est vendu aux enchères c'est qu'il n'a pas payé sa dette et il ne saurait être possible de purger les inscriptions dudit bien au moyen d'une adjudication à son profit, pour une somme éventuellement inférieure au montant des inscriptions; en outre, le fait de monter les enchères révélerait la mauvaise foi du saisi qui, disposant de fonds, a malgré tout obligé son créancier à le poursuivre en exécution forcée. L'interdiction d'enchérir qui frappe le saisi n'est donc pas subordonnée à la preuve de son insolvabilité notoire [1].

1325.103 • **Étendue de l'interdiction.** L'interdiction concerne le débiteur mais encore son héritier acceptant pur et simple [2]; elle ne s'applique pas en revanche au tiers détenteur qui n'est pas tenu à la dette, ni à l'héritier bénéficiaire [3]. Toute personne tenue à la dette à la suite de laquelle la saisie est pratiquée ne peut enchérir [4].

1325.104 **Personnes interposées. Sociétés familiales.** C'est un moyen de tourner l'interdiction. La difficulté est celle de la preuve; les présomptions légales des articles 911 et 1099 du Code civil sont inapplicables (père, mère, enfant, descendants et époux) et il faut apporter la démonstration de l'interposition en fonction des éléments de la cause [5]. En pratique, toute contestation devra se placer sur le terrain de la solvabilité de la personne interposée.

4°
Insolvables notoires

1325.111 **Fondement.** Les avocats ne peuvent enchérir pour les personnes notoirement insolvables. Il s'agit d'éviter, autant que faire ce peut, le risque d'une revente sur folle enchère pour défaut de paiement du prix d'adjudication (v. s^s n° 1343.45).

1325.112 **Deux conditions.** Ce sont tous ceux qui sont dans l'impossibilité de payer le prix. L'appréciation est délicate car on ne connaît pas à l'avance le montant de la dernière enchère; l'insolvabilité doit, malgré ce, être appréciée eu égard à la valeur des biens à acquérir [6], et au jour de l'audience ou de la déclaration de surenchère [7].

L'appréciation est double : de l'insolvabilité tout d'abord et de sa notoriété ensuite [8]; les tribunaux ayant un pouvoir souverain pour apprécier [9]; mais ils doivent expliciter les raisons qui leur font retenir l'insolvabilité notoire [10].

1325.113 **Appréciation.** La jurisprudence est très stricte cependant : elle a toujours exclu que l'enchérisseur propose une caution bancaire [11] et par insolvabilité notoire renvoie, non seulement à l'insolvabilité connue de tous dans l'entourage de la personne (au lieu de son domicile [12]), voire dans la commune où se déroule l'adjudication, mais encore à l'insolvabilité qui « *ne doit pas échapper à l'homme vigilant et rompu aux affaires qui peut et doit prendre sur la personne les renseignements que la prudence commande* » [13].

Ainsi, une personne ou une société sera réputée insolvable lorsque son avoir et ses facultés ne permettront pas d'espérer qu'elle paie; ce sera le cas d'une société spécialement constituée pour acquérir l'immeuble avec un capital social insuffisant [14], ou encore lorsqu'elle fera surenchère après avoir été déclarée fol enchérisseur pour n'avoir pas réglé le prix de l'immeuble [15].

1325.114 **Charge de la preuve.** L'insolvabilité notoire va être opposée à l'enchérisseur; en revanche, en l'absence de contestation, le tribunal ne peut demander aux enchérisseurs de rapporter la preuve de leur solvabilité. Il appartient à celui qui veut se prévaloir de l'insolvabilité notoire d'en rapporter la démonstration [16].

1325.115 **Responsabilité de l'avocat.** *A priori*, l'avocat n'a pas l'obligation de vérifier la solvabilité de son client; il est seulement tenu de ne pas pousser pour des insolvables et doit donc s'informer de

1. Civ. 2e, 20 mars 1989, n°s 88-11.717 et 87-19.646, *Bull. civ.* II, n°s 77 et 78; *Gaz. Pal.* 1989. Somm. 463, obs. Véron; *RTD civ.* 1990. 151, obs. Perrot.
2. Civ. 28 mars 1904, *DP* 1904. 1. 315.
3. Limoges, 5 déc. 1833, *DP* 1838. 2. 208 – CONTRA : Pau, 2 août 1844, *DP* 1846. 1. 134.
4. Civ. 2e, 26 févr. 1975, n° 73-11.671, *Bull. civ.* II, n° 67; *JCP* 1975. IV. 134.
5. Paris, 10 juin 1850, *DP* 1852. 2. 116 – Req. 29 juill. 1890, *DP* 1891. 1. 200 – Paris, 2e ch., 3 mars 1978, *Juris-Data* n° 0097.
6. Civ. 2e, 9 févr. 1977, n° 75-10.834, *Bull. civ.* II, n° 28; *D.* 1977. IR 245.
7. Civ. 2e, 8 mars 1989, n° 88-11.853, *Bull. civ.* II, n° 62; *RTD civ.* 1990. 151, obs. Perrot.
8. Civ. 2e, 8 oct. 1986, n° 85-14.745, *Bull. civ.* II, n° 138; *JCP* 1986. IV. 325.
9. Civ. 2e, 4 janv. 1990, n° 88-18.306, *Bull. civ.* II, n° 1; *D.* 1990. Somm. 341, obs. Julien – Civ. 2e, 23 mars 1994, n° 91-19.729, *Bull. civ.* II, n° 101; *JCP* 1994. IV. 1403.
10. Civ. 2e, 20 mars 1989, n° 87-19.646, *Bull. civ.* II, n° 78; *RTD civ.* 1990. 152, obs. Perrot; *Gaz. Pal.* 1989. 2. Somm. 462, obs. Véron.
11. Civ. 28 août 1850, *DP* 1850. 1. 272 – Req. 9 févr. 1938, *Gaz. Pal.* 1938. 1. 667 – Civ. 2e, 6 mai 1987, n° 85-18.487 *Bull. civ.* II, n° 96; *D.* 1988. 324, note Prévault; *Gaz. Pal.* 1987. Somm. 484, obs. Véron; *JCP* 1987. IV. 236, pour une surenchère.
12. Req. 30 déc. 1850, *DP* 1851. 1. 94 – Req. 15 janv. 1856, *DP* 1856. 1. 82.
13. Grenoble, 12 juin 1860, *DP* 1861. 5. 524 – Besançon, 26 juin 1901, *DP* 1903. 2. 106.
14. Paris, 21 nov. 1938, *DC* 1942. 91; *Gaz. Pal.* 1939. 1. 83 – Paris, 3 mars 1943, *DA* 1943. 12.
15. Paris, 4 oct. 1996, *D.* 1996. IR 235.
16. Civ. 2e, 13 mai 1991, n° 90-10.331, *Bull. civ.* II, n° 144 – Civ. 2e, 5 avr. 1993, n° 91-20.253, *Bull. civ.* II, n° 138.

sa solvabilité au moins apparente[1]. La Cour de cassation a certes, décidé qu'il n'est pas tenu de s'enquérir des garanties financières que peut présenter son client[2], ni de l'origine de leurs fonds[3], mais on peut, au-delà de ces cas d'espèces, s'interroger de manière plus générale sur les obligations de l'avocat qui est requis pour pousser des enchères. Si par ailleurs, si on ne peut reprocher à l'avocat une ignorance non fautive de l'exacte solvabilité de son client, la nuance est toutefois subtile car en posant que les avocats ne pourront enchérir pour les personnes notoirement insolvables et le saisi, l'article 711 ACPC fait peser sur ces professionnels une obligation implicite de s'enquérir de la solvabilité de leurs clients À défaut, ils seraient coupables de négligence. Ainsi a-t-on tendance aujourd'hui à attendre de l'avocat qu'il s'assure de la solvabilité de ses clients. Tel sera notamment le cas s'il ne connaît pas la personne qui le contacte et lui donne mandat, s'il s'agit d'une société nouvellement constituée ou encore d'une société étrangère, spécialement à forme fiduciaire. Une mesure de prudence consiste aujourd'hui à exiger, avant l'audience, un chèque de banque d'un montant conséquent. Certains règlements intérieurs en font d'ailleurs une obligation pour les avocats de leur barreau ou imposent simplement au professionnel de s'assurer de la solvabilité du candidat acquéreur avant de porter une enchère[4]. Toutefois, cette exigence est parfois difficile à concilier avec des relations d'affaires suivies, telles celles que les avocats peuvent entretenir avec certains clients, et avec le « feu » des enchères qui peut conduire les enchérisseurs à souhaiter continuer à pousser les enchères. Pour les acheteurs professionnels (marchands de biens) le capital social peut être une garantie. La première chambre civile a d'ailleurs rejeté un pourvoi formé contre un arrêt qui avait débouté un créancier de son action en responsabilité fondée sur l'article 1382 du Code civil, à l'encontre de l'avocat de l'adjudicataire défaillant, qui n'avait pas respecté l'obligation résultant pour lui du règlement intérieur d'un barreau de demander à son client une provision égale à un dixième de l'enchère envisagée. La Cour de cassation relève que les dispositions du règlement intérieur ne pouvaient mettre à la charge de l'avocat une obligation de s'assurer de la solvabilité de son mandant[5].

La prudence s'impose cependant car les avocats sont tenus en cas d'insolvabilité notoire d'indemniser les parties (ACPC, art. 711, al. 2) et ils s'exposent à des sanctions disciplinaires.

1325.116 Origine des fonds. Depuis la loi n° 90-614 du 12 juillet 1990, relative à la lutte contre le blanchiment des capitaux provenant du trafic de stupéfiants[6], les professionnels ne peuvent plus négliger, au regard des règles qui régissent leurs maniements de fonds, l'origine des sommes qui leur sont remises (les articles 2 et 3 de la loi du 12 juillet 1990 imposent à toutes personnes qui, dans l'exercice de leur profession réalisent, contrôlent ou conseillent des opérations entraînant des mouvements de capitaux, de déclarer au procureur de la République les opérations dont elles ont connaissance et qui portent sur des sommes qu'elles savent provenir du trafic de stupéfiants). La loi n° 96-392 du 13 mai 1996[7], a défini le blanchiment comme le fait « *de faciliter par tout moyen, la justification mensongère de l'origine des biens ou des revenus de l'auteur d'un crime ou d'un délit ayant procuré à celui-ci un profit direct ou indirect* », ainsi que « *le fait d'apporter un concours à une opération de placement, de dissimulation ou de conversion du produit direct ou indirect d'un crime ou d'un délit* » (C. pén., art. 324-1). Les avocats étaient-ils, d'une manière générale, concernés par ces dispositions ? La question était discutée et elle s'était reposée à l'occasion de la discussion de la loi n° 2001-420 du 15 mai 2001[8], loi relative aux nouvelles régulations économiques. Un amendement au projet de loi avait été déposé, afin de contraindre les avocats à déclarer leurs soupçons en matière de blanchiment; la liste établie par la loi de 1990 aurait ainsi été complétée afin d'obliger ces professionnels, dès qu'ils seraient intervenus en qualité de conseil, de déclarer au procureur de la République les opérations dont ils auraient eu connaissance et portant sur des sommes qui seraient susceptibles de provenir du trafic de stupéfiants. Mais cette déclaration de soupçon remettant en cause le secret professionnel, les avocats en avaient finalement obtenu le retrait. Le débat n'en est pas resté là car la lutte contre le blanchiment est une préoccupation européenne et l'approche du secret professionnel peut être différente au niveau communautaire[9]. Ainsi, la directive européenne n° 2001/97/CE du Parlement européen et du Conseil du

1. Paris, 1re ch. A, 2 mai 1988, *D.* 1988. IR 152.
2. Civ. 2e, 13 mai 1991, n° 90-10.331, *Bull. civ.* II, n° 144; *JCP* 1991. IV. 268.
3. Montpellier, 28 nov. 1991, *D.* 1992. 223, note Prévault.
4. Douai, 25 févr. 1999, *D.* 1999. 494, note Mouveau.
5. Civ. 1re, 27 janv. 2004, n° 01-12.391, *Bull. civ.* I, n° 24.
6. L. n° 90-614, 12 juill. 1990, relative à la participation des organismes financiers à la lutte contre le blanchiment des capitaux provenant du trafic des stupéfiants, *JO* 14 juill., p. 8329.
7. L. n° 96-392, 13 mai 1996, relative à la lutte contre le blanchiment et le trafic des stupéfiants et à la coopération internationale en matière de saisie et de confiscation des produits du crime, *JO* 14 mai, p. 7208.
8. L. n° 2001-420, du 15 mai 2001, relative aux nouvelles régulations économiques, *JO* 16 mai, p. 7776.
9. Sur cette question v. *Cah. dr. aff.* 2001, n° 19, p. 1399.

4 décembre 2001, relative à la prévention de l'utilisation du système financier aux fins de blanchiment de capitaux, modifiant la directive n° 91/308/CEE du Conseil sur le même thème, constate dans son préambule que les blanchisseurs de capitaux ont de plus en plus tendance à « *utiliser* » les professions non financières et désigne, à ce titre, les notaires et les « *membres des professions juridiques indépendantes* », ce qui conduisait à reposer la question de l'assujettissement des avocats à la déclaration de soupçons. La directive semblait certes, distinguer deux catégories d'activités professionnelles pour les avocats : l'activité judiciaire, qui serait dispensée de l'obligation de déclaration de soupçons, et l'activité de conseil juridique et fiscal, qui y serait astreinte. Mais le préambule prévoit encore que les avocats devraient être soumis aux dispositions de la directive « *lorsqu'ils participent à des transactions de nature financière ou pour le compte de sociétés, y compris lorsqu'ils fournissent des conseils fiscaux* », et la notion de « transaction financière » et de « participation » sont définies à l'article 2 *bis*-5 nouveau de la directive de la façon suivante : « *En assistant leur client dans la préparation ou la réalisation de transactions concernant l'achat et la vente de biens immeubles* [...], *la constitution* [...] *de fiducies, de sociétés ou de structures similaires, ou en agissant au nom de leur client et pour le compte de celui-ci dans toute transaction financière ou immobilière* »[1]. La France a intégré cette directive dans la loi n° 2004-130 du 1er février 2004, réformant le statut de certaines professions judiciaires et juridiques, experts judiciaires, conseils en propriété industrielle et des experts en vente aux enchères publiques. Les avocats ont ainsi été inclus dans la liste des personnes obligées à une déclaration de soupçons (art. 70 de la loi modifiant le C. mon. fin.). Ils étaient ainsi désormais tenus aux mêmes obligations que celles qui incombent aux banques; toute omission de déclaration étant susceptible de sanctions disciplinaires mais aussi pénales (C. pén., art. 424-2). Toutefois, faute de décret d'application, les avocats n'étaient pas encore soumis au dispositif déclaratif. Le 7 juin 2005, une troisième directive a été adoptée « *relative à l'utilisation, du système financier aux fins de blanchiment des capitaux y compris le financement du terrorisme* »[2]. La directive est applicable au secteur financier ainsi qu'aux avocats, notaires, comptables, agents immobiliers, casinos, fiducies et prestataires de services pour les sociétés. Son champ d'application recouvre aussi tous les fournisseurs de marchandises, lorsque les paiements en espèces dépassent 15 000 euros. Les personnes relevant de la directive devront établir et vérifier l'identité de leur client et de son ayant droit, et soumettre la relation d'affaires avec le client à une surveillance; faire état des soupçons de blanchiment d'argent ou de financement du terrorisme aux pouvoirs publics – généralement la cellule nationale de renseignement financier; et prendre des mesures adéquates, comme assurer une bonne formation du personnel et instaurer des politiques et procédures internes de prévention appropriées. Par souci de clarté, la directive existante de 1991, modifiée en 2001, ne devait être abrogée et remplacée par la présente directive, que lors de son entrée en vigueur effective. Les États membres étaient convenus de mettre la directive en œuvre dans un délai de deux années à compter de sa publication au Journal officiel de l'Union européenne. C'est chose faite désormais pour la France avec le décret n° 2006-736 du 26 juin 2006 relatif à la lutte contre le blanchiment de capitaux[3]. Les avocats sont maintenant soumis au dispositif préventif de lutte contre le blanchiment d'argent[4].

1325.117 **Sanctions.** L'irrespect des exigences de l'article 711 ACPC est sanctionné par la nullité de l'adjudication et l'allocation de dommages et intérêts.

L'enchère portée au profit d'une personne interdite ou du saisi est nulle. Il s'agit d'une nullité relative qui ne peut être prononcée d'office. Ainsi, l'interdiction d'enchérir pour des personnes notoirement insolvables est destinée à protéger le poursuivant, le saisi et les créanciers inscrits; elle ne peut être soulevée par l'adjudicataire ou le command qu'il s'est substitué[5]. Il a été jugé que c'était encore le cas de l'interdiction d'enchérir pour des membres du tribunal devant lequel se poursuit la vente, la jurisprudence ayant estimé que cette règle n'était pas d'ordre public[6]. La nullité se prescrit donc par cinq ans[7], le délai ne courant, en cas d'interposition de personnes, que du jour où l'interposition a été connue (mêmes décisions). L'annulation n'est d'ailleurs pas toujours demandée lorsqu'il apparaît

1. V. Y. Repiquet, « Les avocats français et la directive européenne relative à la prévention de l'utilisation du système financier aux fins de blanchiment de capitaux », *Gaz. Pal.* 6-8 juill. 2003, Libres propos, p. 11 – Et *JCP E* 2003, n° 4, suppl. au n° 37, « Le blanchiment des capitaux », spéc. A. Larue et P. Mousseron, « Les professionnels du droit face au blanchiment des capitaux », p. 3.
2. V. *Dr. et patr.* juill.-août 2005. Actu. 6 – et F. Baillet, « Blanchiment : l'état de législation », *Gaz. Pal.* 2005, n° 285, p. 2 – C. Juncu, *LPA* 14 juin 2005, n° 117, p. 4.
3. Décr. n° 2006-736, 26 juin 2006, relatif à la lutte contre le blanchiment de capitaux et modifiant le Code monétaire et financier, *JO* 27 juin, p. 9625.
4. *Gaz. Pal.* 2-4 juill. 2006, p. 17; *JCP* 2006. AR 312, obs. Cutajar.
5. Req. 24 juin 1914, *Gaz. Pal.* 1914. 2. 180.
6. Civ. 1er mars 1882, *DP* 1883. 1. 110 – Req. 18 nov. 1884, *DP* 1885. 1. 101.
7. Civ. 1er mars 1882 – Req. 18 nov. 1884.

plus opportun de remettre le bien en vente sur folle enchère[1].

En outre, des dommages et intérêts peuvent être demandés, y compris lorsque la voie de nullité n'est pas retenue, contre l'adjudicataire et l'avocat. Ils devront alors réparer le préjudice réel subi sans excéder la valeur de l'immeuble[2]. Mais les dommages et intérêts ne peuvent être réclamés que par les parties lésées[3].

§ 3
Déroulement des enchères

1325.120 **Plan.** Une fois les enchères requises (v. s^s n° 1325.21), le poursuivant doit annoncer les frais avant le début des enchères. Puis celles-ci s'ouvrent et les enchérisseurs font des offres par l'intermédiaire de leurs mandataires.

A.
Annonce des frais

1325.121 **Montant taxé.** En vertu de l'article 701 alinéa 3 ACPC, le montant de la taxe est publiquement annoncé avant l'ouverture des enchères et reproduit dans le jugement. Cela devrait signifier que le poursuivant doit faire taxer les frais de poursuites par le juge préalablement. Mais la pratique varie selon les tribunaux : certains exigeant que l'état de frais soit préalablement vérifié et taxé; le plus grand nombre toutefois, se contentant de l'annonce des frais, sous réserve de taxe[4].

1325.122 **Contestations.** La matière est strictement tarifée; il ne pourra rien être exigé au final de plus que le montant de la taxe. Toute stipulation contraire quelle qu'en soit la forme est nulle de plein droit; ainsi une clause du cahier des charges fixant le montant des frais à payer à une somme forfaitaire arbitralement déterminée[5].

Toutes les parties qui ont un intérêt peuvent donc contester la taxe en formant opposition : le poursuivant comme l'adjudicataire[6]. À notre sens le même droit doit être ouvert au saisi puisque l'importance des frais est de nature à réduire le montant de l'adjudication.

Le juge de la taxe est, en l'espèce, le juge des criées.

B.
Enchères

1325.131 **Auteur.** Elles sont poussées par les avocats postulants près le TGI (sur le monopole, v. s^s n° 1325.54), qui peuvent avoir plusieurs pouvoirs (v. s^s n° 1325.61).

1325.132 **Mise à prix.** La mise à prix fixée au cahier des charges sert de point de départ. Depuis la loi n° 98-46 du 23 janvier 1998[7], le débiteur dont le logement principal est saisi a pu, avant l'audience éventuelle, saisir le tribunal d'un dire pour cause d'insuffisance manifeste (v. s^s n° 1323.61); le tribunal aura tranché la contestation en tenant compte de la valeur vénale de l'immeuble, des conditions du marché, le cas échéant après consultation ou expertise (ACPC, art. 690). Ainsi, la mise à prix annoncée ne sera pas nécessairement celle initialement fixée par le poursuivant.

1325.133 **Enchères.** Le montant de chacune des enchères (offres d'acheter à tel prix) varie selon les pratiques locales et les cahiers des charges. Le cahier des charges peut en effet fixer des enchères minimums que les enchérisseurs devront respecter puisqu'ils auront été informés de cette modalité de la vente En revanche, il a été jugé qu'il n'appartenait pas au tribunal de le faire, sauf si tous les intéressés le demandaient[8]; et leur accord ne se présumerait pas de leur silence lors de l'audience[9]. Mais en pratique, on sait que devant tel TGI il sera d'usage de monter sans minimum ou avec. De plus en plus de tribunaux déterminent aujourd'hui, avant l'ouverture des enchères, et souvent en fonction de l'immeuble, le montant minimal auquel les enchères devront être portées.

Les enchères sont formulées à voix haute, par les avocats, dans les intérêts de leurs mandants. Selon l'article 705 ACPC, il est allumé successivement des bougies préparées de manière à ce que chacune ait une durée d'une minute. En pratique, les bougies sont tenues par l'huissier audiencier, qui annonce le montant de l'enchère et le nom de l'avocat qui l'a portée. Les bougies ne sont allumées que tout autant qu'une enchère demeure non suivie d'une autre rapidement; toute enchère nouvelle couvrant la

1. Req. 17 janv. 1854, *DP* 1854. 1. 101 – Civ. 12 janv. 1891, *DP* 1891. 1. 205.
2. Civ. 2e, 17 juill. 1947, *D.* 1947. 474 – Paris, 2 mai 1988, *D.* 1989. 403, note Prévault.
3. Pour des créanciers dont l'inscription sur l'immeuble est postérieure à l'enchère non honorée : Versailles, 16 janv. 1992, *D.* 1992. IR 111.
4. Sur le montant de ces frais, v. *J.-Cl. Voies d'ex., V° Frais et dépens de l'exécution forcée*, fasc. 470, n°s 70 à 100, par Taormina.
5. Nancy, 28 mars 1874, *DP* 1876. 2. 112.
6. Civ. 10 janv. 1939, *DH* 1939. 145.
7. L. n° 98-46, 23 janv. 1998, renforçant la protection des personnes surendettées en cas de saisie immobilière, *JO* 24 janv., p. 1127.
8. Civ. 6 avr. 1857, *DP* 1857. 1. 157.
9. Civ. 6 avr. 1857, prés. s^s prés^t n°.

précédente et libérant l'enchérisseur, même si cette dernière est déclarée nulle. L'adjudication ne sera déclarée qu'après l'extinction des trois bougies successivement allumées, sans que soit survenue une nouvelle enchère. Le suspens peut ainsi durer longtemps.

Le système, désuet en apparence, est adaptable au monde moderne; les « bougies » peuvent être remplacées par un autre moyen, comme des feux électriques de la durée légale (ACPC, art. 705, al. 3). Le volume du rôle devant certains tribunaux a même conduit ces derniers à ne faire allumer en pratique que le troisième feu, les deux premiers étant seulement annoncés verbalement par l'huissier.

1325.134 Liberté des enchères. Les enchères sont libres, hors les interdictions d'enchérir (v. s[s] n°s 1325.91 s.), ce qui signifie que toute personne doit pouvoir acheter aux enchères sans que le jeu de celles-ci ne soit faussé. Le respect de cette liberté est sanctionné pénalement. L'ancien Code pénal connaissait un délit d'entrave à la liberté des enchères (C. pén., anc. art. 412). Le « nouveau » Code pénal a supprimé le délit propre pour traiter plus globalement des « *infractions voisines de l'escroquerie* ». Le principe de la répression demeure le même; il s'agit de lutter contre le fait d'écarter un enchérisseur ou de limiter les enchères et soumissions[1] (C. pén., art. 313-6); les sanctions ont été alourdies : six mois d'emprisonnement et 22 500 euros d'amende[2].

C. Carence d'enchères

1325.141 Définition. Il y a carence d'enchères lorsqu'aucune offre, supérieure à la mise à prix, n'a été formulée; le fait de déclarer acquiescer à la mise à prix ne constitue pas une enchère[3].

1325.142 • Effet. En cas de carence d'enchères, le poursuivant est déclaré adjudicataire pour la mise à prix (ACPC, art. 706, al. 2), mais en aucun cas son avocat[4] (comp. s[s] n° 1325.153, avec l'hypothèse où l'avocat ne fait pas la déclaration d'adjudicataire dans le délai et où il est déclaré lui-même adjudicataire). Par ailleurs, l'auxiliaire de justice qui a fixé la mise à prix pour le compte du poursuivant peut être déclaré responsable du préjudice subi par ce dernier en l'absence d'enchères[5]; la décision pourrait toutefois être différente si le mandant avait eu une compétence en matière de vente sur saisie immobilière (dans l'espèce précitée, le poursuivant était une caisse d'épargne; les juges du fond, tout en reconnaissant que cet établissement était un professionnel du prêt immobilier, ont admis son incompétence dans le domaine de la vente sur saisie immobilière).

1325.143 • Remise en vente sur baisse de mise à prix. Lorsque la mise à prix, jugée manifestement insuffisante, aura été modifiée par le tribunal, à l'audience éventuelle, à la suite d'un dire du saisi (v. s[s] n°s 1323.61 s.), le poursuivant n'est plus responsable de la mise à prix et il est inéquitable qu'il demeure adjudicataire pour le prix réévalué. La loi du 23 janvier 1998 avait donc modifié l'article 706 ACPC en prévoyant que lorsque la mise à prix a été modifiée, dans les conditions de l'article 690 du même code, et qu'il n'y a pas eu d'enchères, « *le bien est immédiatement remis en vente sur baisses successives du prix fixées par le juge, le cas échéant jusqu'au montant de la mise à prix initiale. À défaut d'adjudication, le poursuivant est déclaré adjudicataire pour la mise à prix initiale* » (ACPC, art. 706, al. 4). L'article 107 de la loi n° 98-657 du 29 juillet 1998[6] relative à la lutte contre les exclusions proposait d'abroger le système des enchères descendantes et de déclarer le créancier poursuivant adjudicataire d'office pour la mise à prix réévaluée. Cette disposition a été déclarée non conforme à la Constitution, comme portant atteinte au droit de propriété[7]. Une telle disposition revenait en effet à contraindre un créancier à devenir propriétaire d'un bien immobilier sans avoir entendu acquérir celui-ci au prix fixé par le juge. Le système des enchères descendantes est donc maintenu : en cas de carence d'enchères sur la mise à prix réévaluée par le tribunal, le bien est immédiatement remis en vente sur baisses successives, jusqu'au plancher constitué par le montant de la mise à prix initiale proposée par le poursuivant.

§ 4 Adjudication

1325.151 Automaticité. Même en cas de carence d'enchères, le tribunal prononcera une adjudication au profit du poursuivant. Lorsqu'il n'est plus intervenu de nouvelle enchère pendant trois bou-

1. Sur la prescription du délit, v. Crim. 5 juin 2007, n° 05-87.782, *Bull. crim.* n° 151, en l'espèce, un chèque de 10 millions de francs CFP avaient été remis à un bénéficiaire pour ne pas surenchérir.
2. Selon Ord. 19 sept. 2000, auparavant 150 000 F.
3. Civ. 2e, 27 mai 1983, n° 82-10.761, *Bull. civ.* II, n° 114.
4. Civ. 2e, 22 oct. 1981, n° 80-11.984, *Bull. civ.* II, n° 193.
5. Com. 20 oct. 1998, n° 96-15.107, *Bull. civ.* IV, n° 248; *Procédures* 1999, n° 26.
6. L. n° 98-657, 29 juill. 1998, relative à la lutte contre les exclusions, *JO* 31 juill., p. 11679.
7. Cons. const. n° 98-403 DC, 29 juill. 1998, *JO* 31 juill. 1998.

gies successives le dernier enchérisseur est déclaré adjudicataire. Cette règle connaît cependant deux exceptions en cas de vente sur conversion en vente volontaire (v. s[s] n° 1324.37), et de vente sur licitation-partage (v. s[s] n° 1422.184).

1325.152 Déclaration. L'avocat du dernier enchérisseur demande au tribunal de le déclarer adjudicataire, sous réserve de déclarer son nom dans les trois jours et de fournir son acceptation ou son pouvoir. L'avocat en effet n'est qu'un mandataire. Au jour de l'adjudication nul ne peut savoir pour qui il a poussé les enchères. L'article 707 ACPC ouvre un délai de trois jours pour en faire la déclaration, qui permettra notamment de vérifier si l'enchérisseur était en droit de se porter adjudicataire (v. s[s] n°s 1325.91 s.).

Le pouvoir doit en principe être annexé à la minute de la déclaration. Mais cette annexion n'est pas requise à peine de nullité et la constatation par le jugement d'adjudication de l'existence d'un pouvoir, fait foi jusqu'à inscription de faux, même si ledit pouvoir n'est pas demeuré annexé à la minute de la déclaration[1].

1325.153 Délais. Le délai de trois jours est un délai franc. L'avocat qui ne peut présenter son pouvoir dans les délais est déclaré adjudicataire (ACPC, art. 707). L'omission de la déclaration dans le délai ouvre en outre un recours au profit de l'adjudicataire contre son mandataire en dommages et intérêts[2].

1325.154 Command. L'article 707 alinéa 2 ACPC offre une facilité fiscale : la faculté offerte à l'adjudicataire, dans les vingt-quatre heures de la déclaration de l'avocat, de déclarer command à l'administration de l'enregistrement, c'est-à-dire de substituer un autre bénéficiaire en évitant un double droit de mutation. L'article 686 du Code général des impôts conditionne cette faculté au respect du délai de vingt-quatre heures, à l'établissement d'un acte public et à la condition de s'en être réservé la faculté préalablement. Le texte de l'article 686 du Code général des impôts porte comme point de départ du délai de vingt-quatre heures, la date de l'adjudication, mais il n'est pas contesté que ce délai court, en vérité, comme le prévoit l'article 702 ACPC, de la date de la déclaration d'adjudicataire; le délai maximum peut donc être de quatre jours, mais il ne peut excéder vingt-quatre heures suivant la déclaration d'adjudicataire. L'établissement d'un acte public signifie, au choix du bénéficiaire, l'établissement d'un acte notarié, comme c'est souvent le cas en pratique, ou la comparution physique des parties devant l'Administration de l'enregistrement.

Lors de l'adjudication, l'avocat de l'adjudicataire demandera au tribunal, non seulement de réserver sa faculté de déclarer adjudicataire mais également de déclarer command dans les délais de la loi. Des phrases types sont prononcées, qui varient selon les pratiques locales. L'absence de réserve de pouvoir de déclarer command est sanctionnée par l'application d'un double droit de mutation (CGI, art. 686, al. 2).

En cas de déclaration de command, l'administration fiscale ne perçoit qu'un droit forfaitaire de 500 francs en sus des droits de mutation, sans pouvoir prétendre à une double mutation (saisi/adjudicataire, puis adjudicataire/bénéficiaire du command). Toutefois, l'Administration de l'enregistrement est toujours en mesure de démontrer l'existence de mutations secrètes et de faire payer deux fois les droits de mutation[3].

Pour déclarer command il faut, au jour de la déclaration, avoir une existence légale : tel n'est pas le cas d'une société inscrite au Registre du commerce postérieurement à la déclaration[4].

1325.155 Exercice du droit de préemption. Dans les conditions et délais légaux propres à chaque type de droit de préemption ouverts par la loi (v. s[s] n°s 1323.380 s.), le bénéficiaire doit faire connaître sa décision. Il peut ainsi se substituer à l'adjudicataire dans les conditions de l'adjudication. À défaut d'avoir fait connaître sa décision, il est déchu de son droit.

SECTION 2
ÉVÉNEMENTS POUVANT AFFECTER LA VENTE

1325.160 Pluralité d'obstacles. La vente peut parfois être remise pour causes graves. Également, avant d'ordonner la vente, le tribunal doit trancher les incidents soulevés par le saisi ou les créanciers. Les cas de remise obligatoire qui ont été envisagés lors de l'audience éventuelle peuvent encore se présenter à l'occasion de l'audience d'adjudication, enfin la mesure d'exécution peut faire l'objet d'une mainlevée.

§ 1
Remise de l'audience pour causes graves

1325.161 Remise exceptionnelle et facultative. La vente peut être remise, mais uniquement

1. Pour une déclaration de surenchère, Civ. 2e, 20 févr. 1975, n° 73-10.033, *Bull. civ.* II, n° 60; *JCP* 1975. IV. 121.
2. Req. 23 avr. 1902, *DP* 1902. 1. 279.
3. Civ. 2e, 27 oct. 1969, *JCP* 1970. II. 16233.
4. Civ. 2e, 6 oct. 1993, n° 91-20.612, Hergaux c/S[té] Stelle Invest, NP.

lorsqu'il est justifié de causes graves et dans un délai strict (ACPC, art. 703). Cette remise en effet ne peut être ordonnée que dans l'intérêt de toutes les parties en présence, compte tenu des effets qu'elle emporte. Le tribunal appréciera donc le bien-fondé de la demande et s'il y fait droit, fixera le nouveau jour de l'adjudication.

A.
Conditions

1325.171 Conditions de fond et de forme : modification de l'article 703 de l'ancien Code de procédure civile par la loi du 29 juillet 1998. Les dispositions réglementant la saisie immobilière sont dérogatoires au droit commun; en conséquence, la vente ne pourra être remise que sur demande du saisi, d'un créancier inscrit, voire du poursuivant, dans le strict respect des conditions de fond posées par l'article 703 ACPC et par un dire déposé, à peine de déchéance, cinq jours avant l'audience. Ce sursis ne peut être prononcé d'office par le tribunal mais toujours demandé par une des personnes (v. s^s^ n° 1325.181) ayant qualité pour agir[1]. La loi du 29 juillet 1998 a porté de soixante jours à quatre mois le délai maximum de remise de l'adjudication, modifiant seulement l'alinéa 2 de l'article 703. S'agissant d'une disposition de procédure, il faut en déduire que cette modification est applicable immédiatement aux procès en cours.

1325.172 Délai de report. Il ne s'agit que d'un report de la vente, pour une date qui ne pouvait initialement être éloignée de plus de soixante jours et qui a été repoussée à quatre mois par la loi du 29 juillet 1998. Le délai maximum fixé par le décret-loi du 17 juin 1938 est apparu trop court et le législateur l'a doublé; il n'est pas sûr toutefois que cet allongement ne modifie pas l'équilibre entre les intérêts des parties auquel le décret de 1938 était parvenu. À ce stade de la procédure en effet, tous les incidents ont dû être réglés et le créancier doit pouvoir mettre en œuvre son droit à l'exécution. Que fera le saisi en deux mois de plus qu'il n'aurait pu faire en soixante jours ? Ce que l'article 703 ACPC prévoit en effet, n'est pas un renvoi *sine die* mais une remise fondée sur un motif précis. Le domaine de l'article 703 supposait donc une situation susceptible de trouver un terme dans un délai de soixante jours au plus (v. s^s^ n° 1325.203). Cette hypothèse est donc à distinguer de celle où le tribunal devra ordonner le sursis à la vente dans l'attente d'un événement plus lointain (discontinuation des poursuites, décès du débiteur, instance risquant de remettre en cause la procédure, cassation contre un jugement d'incident).

Il a été jugé, sous l'empire du texte initial, que le délai de soixante jours ne s'imposait pas au créancier poursuivant qui peut donner un accord à un délai plus lointain[2]; la solution sera transposable à la nouvelle rédaction de l'alinéa 2.

1°
Titulaires du droit de demander la remise

1325.181 Saisi. Il est fréquent que le saisi tente de s'opposer à la vente de son bien en déposant un dire aux fins de remise. L'article 703 ACPC l'y autorise tout autant que son argument est fondé sur une cause grave et dûment justifiée.

Le droit de demander la remise n'est pas un droit exclusivement attaché à la personne; le gérant d'une société en liquidation de biens est ainsi, en raison de son dessaisissement, sans qualité pour invoquer ce droit[3]. La question se pose pour le tiers détenteur. Une décision lui a refusé le droit de demander la remise, au motif qu'il ne serait pas visé par l'article 703 ACPC[4]; cependant, l'article fait référence à « *la partie saisie* » et non au débiteur; il n'y a donc pas de raison d'exclure le tiers détenteur du bénéfice des dispositions de l'article 703 ACPC et cette jurisprudence pourrait être contestée.

1325.182 Commission de surendettement. Depuis la loi du 23 janvier 1998, renforçant la protection des personnes surendettées, la commission de surendettement, avisée par le débiteur de la délivrance de la sommation de l'article 689 ACPC (C. consom., art. R. 331-14, II), peut aussi saisir le juge aux fins de remise de l'adjudication. Le débiteur peut encore tenter de retarder la vente en saisissant la commission avant l'audience d'adjudication, s'il ne l'avait pas fait plus tôt. Selon l'article L. 331-5 du Code de la consommation, c'est alors la commission, pour causes graves et dûment justifiées qui pourra saisir, non plus le juge de l'exécution mais le juge de la saisie immobilière, aux fins de remise de l'adjudication. La loi de janvier 1998 conditionnait la demande de la commission au respect, à la fois, des conditions et de la procédure de l'article 703; l'article 91-III de la loi du 29 juillet 1998 a supprimé l'obligation de respecter la procédure (à savoir un dire par ministère d'avocat). Formée par une commission administrative, qui n'est pas partie à l'instance mais qui intervient auprès d'un juge dans l'intérêt d'une partie, la demande de remise est formée par simple demande écrite au

1. Civ. 2e, 25 mars 1998, n° 96-17.166, NP.

2. Civ. 2e, 2 déc. 1976, *D.* 1977. IR 127.
3. Com. 22 juin 1981, n° 77-11.364, *Bull. civ.* IV, n° 285.
4. T. civ. Seine, 7 févr. 1952, *JCP A* 1952. IV. 1834; *RTD civ.* 1952. 279, obs. Raynaud.

greffe du TGI. Les modalités ont été précisées par le décret n° 99-65 du 1er février 1999 (C. consom., art. R. 331-14, II) : si la commission estime opportun de solliciter cette remise, elle saisit le juge des criées cinq jours au moins avant la date fixée pour l'adjudication, en fournissant un certain nombre d'indications relatives à l'identité du débiteur et à son état d'endettement (C. consom., art. R. 331-14, I), et en précisant les causes graves et dûment justifiées à l'appui de la demande. C'est ensuite le secrétariat-greffe qui porte cette demande à la connaissance du débiteur et du créancier poursuivant, par LRAR.

1325.183 Créancier inscrit et poursuivant. La demande peut s'expliquer dans l'intérêt de la vente ou parce que le poursuivant a accordé des délais au débiteur. Le tribunal devra alors arbitrer entre les intérêts en présence en sachant que si, finalement, le poursuivant abandonne la procédure parce qu'il aura été désintéressé, les créanciers inscrits pourront requérir la vente à sa place (v. ss nos 1325.31 s.).

2°
Domaine de l'article 703

1325.191 Ventes à la barre, procédure de droit commun. Les dispositions de l'article 703 ACPC sont applicables devant le juge des criées. La question s'est posée dans le passé de savoir si d'autres juridictions demeuraient compétentes pour reporter la vente. La jurisprudence est clairement établie désormais. Au moment de l'audience d'adjudication, aucune autre juridiction ne peut interférer pour empêcher la vente, quelle que soit la disposition invoquée ce qui n'exclut pas que certains événements s'imposent au juge des criées l'obligeant à remettre la vente.

1325.192 Exclusions jurisprudentielles. L'article 703 ACPC en revanche ne paraît pas s'appliquer lorsque la vente n'a pas lieu à la barre du tribunal mais chez le notaire[1]. L'application de cet article est controversée en cas de vente sur surenchère (v. ss n° 1342.142).

3°
Fondement : des causes graves et dûment justifiées

1325.201 Caractère exclusif. Les dispositions de l'article 703 ACPC se suffisent à elles-mêmes et excluent tout autre mode de sursis car dérogeant à l'article 1244-1 du Code civil. Est ainsi écartée l'argumentation fondée sur les dispositions de l'article 1244-1 du Code civil; un délai de grâce ne peut plus être alloué, ni par le juge des criées, ni par le juge des référés, ni depuis 1991, par le JEX, lorsqu'intervient l'audience d'adjudication. La jurisprudence était très ferme depuis 1965, estimant que la remise d'une vente sur saisie immobilière était régie par les dispositions ACPC, à l'exclusion de tout autre mode de sursis[2] et la réforme des procédures civiles d'exécution n'a pas modifié cette jurisprudence. Le domaine des saisies immobilières demeure, pour l'essentiel, dérogatoire au droit commun de l'exécution et la loi de 1991 reconnaît d'ailleurs la compétence exclusive du juge des criées (L. 9 juill. 1991, art. 88 [abrogé par Ord. n° 2006-461, 22 avr. 2006]).

1325.202 Loi du 23 janvier 1998. Elle a clarifié l'ambiguïté résultant de l'existence d'une procédure de surendettement concomitante : souvent, le juge des criées était informé d'une suspension des voies d'exécution en dehors des règles et délais de l'article 703 ACPC; il se trouvait confronté alors à l'obligation de procéder néanmoins à l'adjudication, alors que le débiteur avait obtenu la suspension des poursuites dont il était l'objet, généralement d'ailleurs, la saisie immobilière de son bien. Des considérations sociales amenaient en conséquence des juges des criées à refuser de procéder à la vente, dans des conditions normalement exclues par l'ancien Code de procédure civile.

La question se posait de savoir si la saisine de la commission ou seulement la décision du JEX suspendant les poursuites s'imposait aux juges des criées comme cause grave. Les juridictions étaient partagées. Certaines juridictions de premier degré s'étaient contentées de la justification de la saisine de la commission pour admettre l'existence d'une cause grave[3]. La Cour de cassation a rejeté cette approche, considérant que la simple saisine de la commission ne pouvait constituer une cause grave de remise de l'adjudication, ce qui n'excluait pas qu'un tribunal recherche si l'instance d'appel relative à une ordonnance ayant rejeté la demande de suspension des poursuites dans le cadre d'une procédure de surendettement ne constituait pas, quant à elle, une cause grave l'autorisant à remettre l'adjudication[4]. La majorité des tribunaux ne prenaient en compte cependant que les décisions de suspension du JEX mais étaient partagés, alors, sur

1. TGI Bessuire, 10 juin 1980, *Gaz. Pal.* 1981. Somm. 164.

2. Civ. 2e, 4 févr. 1965, *D.* 1965. 617, note Vidal; *RTD civ.* 1965. 727, obs. Raynaud – Civ. 2e, 16 mai 1990, n° 88-10.663, *Bull. civ.* II, n° 108 – Civ. 2e, 12 juin 1991, n° 90-14.099, *Bull. civ.* II, n° 181; *D.* 1991. IR 191.
3. TGI Nantes, 11 mai 1990, *D.* 1990. Somm. 347, obs. Julien – TGI Nantes, 30 nov. 1990, *D.* 1991. IR 36.
4. Civ. 1re, 18 févr. 1992, n° 90-19.805, *Bull. civ.* I, n° 55, *D.* 1992. IR 119; *Gaz. Pal.* 1992. Somm. 463; *D.* 1993. Somm. 278, obs. Julien, note Véron.

la question de savoir si la suspension des procédures constituait une cause grave [1].

L'article L. 331-5 du Code de la consommation (issu de L. 29 juill. 1998), semble laisser tout pouvoir d'appréciation au juge de la saisie pour décider si la saisine de la commission est une cause grave ou non : « *Lorsqu'en cas de saisie immobilière la date d'adjudication a été fixée, la commission peut, pour causes graves et dûment justifiées, saisir le juge aux fins de remise de l'adjudication, dans les conditions prévues par l'article 703 du Code de procédure civile* [ancien] » [2].

L'incertitude intéresse l'interprétation du texte par les commissions et les juridictions des criées. Les commissions ne décident généralement de saisir le juge des criées qu'une fois examinée la recevabilité de la demande du débiteur (sa bonne foi notamment). Mais, ce qui sera apparu comme une cause grave aux commissions pourra être repoussé par le juge des criées, au regard de la jurisprudence élaborée à partir de l'article 703. Et un avis de la Cour de cassation du 29 novembre 1993, rendu avant la loi du 23 janvier 1998, mais qui est transposable aujourd'hui, semblait confirmer que la décision du JEX ordonnant la suspension des poursuites ne s'imposait pas au juge de la saisie immobilière [3].

Cependant, il avait aussi été jugé que si un délai avait été préalablement octroyé par le JEX, la décision de ce magistrat s'imposait au juge des criées [4]. Saisie de la question, la Cour de cassation a jugé au double visa des articles 703 et 480 C. pr. civ. que la décision du JEX ordonnant la suspension des voies d'exécution, décision dont les demandeurs avaient fait état devant le juge des criées, s'imposait au tribunal sans que l'article 703 fût applicable [5].

1325.203 Les causes graves et dûment justifiées. L'appréciation est bien évidemment souveraine. On ne peut donner que des illustrations, sachant que les arguments de fond (discontinuité des poursuites, décès du débiteur ou de l'avocat, survenance d'une procédure collective, *etc.*) ne sont pas des situations que le tribunal pourra qualifier de causes graves mais des hypothèses où le sursis s'imposera de plein droit [6] (sur les moyens de fond à distinguer des incidents, v. s^s n°s 1331.140 s.). Il ne suffit pas d'être un débiteur malheureux et de bonne foi, il faut démontrer la gravité de l'événement fondant la demande de remise.

Circonstances extérieures à la procédure, grève, catastrophe naturelle, événements monétaires nationaux [7] ou circonstances internes (erreur commise dans la publicité). La cause grave sera celle qui « *peut avoir une influence sérieuse sur le résultat de la vente et qui permet d'espérer que le saisi peut se trouver rapidement en état de désintéresser les créanciers et de payer les frais de poursuite* » [8]. Tel est le cas quand le débiteur offre, à deniers découverts à la barre, une somme représentant outre l'intégralité des frais de procédure, une part importante du montant de la dette [9]. Mais encore lorsque le débiteur a conclu un projet de vente amiable dont le prix suffit à désintéresser le poursuivant [10]. Il a également été admis (trop généreusement ?) que l'âge, la situation de santé du débiteur, ses promesses de paiement, et la nécessité de préserver, dans la mesure du possible, le domicile familial, évalué à 500 000 francs, eu égard à la modicité de la dette (80 000 francs), pouvaient permettre un renvoi à quatre mois [11]. Il a encore été jugé que les dispositions de l'article 703 trouvaient à s'appliquer lorsque le saisi soulevait une plainte en faux contre le titre exécutoire à l'origine des poursuites [12]; mais le renvoi même à quatre mois, en vertu de la loi du 29 juillet 1998 (v. s^s n° 1325.171) peut-il suffire à régler la difficulté ? En revanche, le désaveu d'un avoué n'a pas été retenu [13], ni le fait d'invoquer un compromis de vente de dernière minute [14]. Cette dernière décision affirme cependant que le désintéressement doit provenir d'un moyen autre que la réalisation du bien saisi lui-même; cette affirmation est contestable. Ce qui intéresse les créanciers c'est le paiement de leurs créances; les juges devraient donc simplement tenir compte du sérieux des propositions du saisi [15].

4°
Procédure

1325.211 Forme et nature du dire. L'article 703 ACPC précise que « *l'incident* » devra être introduit

1. POUR L'AFFIRMATIVE, TGI Paris, 3 avr. 1990, *Gaz. Pal.* 1990. Somm. 318 – TGI Lyon, 14 juin 1990, *D.* 1991. Somm. 55, obs. Bouloc et Chatain – Grenoble, 21 juin 1995, *D.* 1996. Somm. 79 – POUR LA NÉGATIVE, TI Limoges, 29 avr. 1990, *D.* 1991. 382, note crit. Prévault.
2. Civ. 2e, 16 déc. 2010, n° 08-18.317, NP.
3. *RJDA* 1994, n° 467.
4. Civ. 2e, 30 sept. 1999, n° 97-18.424, *Bull. civ.* II, n° 146; *Procédures* 2000, n° 15 – Civ. 1re, 14 nov. 2001, n° 99-18.163, *Bull. civ.* I, n° 281; *Dr. et proc.* 2002. 183, obs. Bourdillat.
5. Civ. 2e, 22 mars 2006, n° 04-10.776, *Bull. civ.* II, n° 80; *D.* 2006, n° 19. IR 1252; *Dr. et proc.* 2006, n° 5, obs. Leborgne.
6. POUR UN EX. dans le cas d'une discontinuation des poursuites, Civ. 2e, 12 juin 1991, n° 90-13.123, *Bull. civ.* II, n° 182; *JCP* 1991. IV. 319; *RTD civ.* 1991. 806, note Perrot.
7. T. civ. Cambrai, 3 févr. 1948, *Gaz. Pal.* 1948. 1. 83.
8. TGI Argenton, 23 avr. 1990, *D.* 1991. 463, note Prévault.
9. TGI Pontoise, 7 déc. 1972, *JCP* 1973. IV. 6305.
10. TGI Limoges, 17 sept. 1987, *D.* 1988. 419, note Prévault.
11. TGI Nice 11 mars 1999, *D.* 1999. Somm. 222, obs. crit. Julien.
12. Civ. 2e, 27 févr. 1974, n° 72-14.566, *Bull. civ.* II, n° 73.
13. Civ. 2e, 9 mai 1974, n° 73-10.093, *Bull. civ.* II, n° 160.
14. TGI Argenton, 23 avr. 1990.
15. COMP., TGI Limoges, 17 sept. 1987.

cinq jours au moins avant l'audience d'adjudication. Doctrine et jurisprudence estiment qu'il ne s'agit pas d'un incident de saisie au sens du titre XII et qu'ainsi, il n'y a pas lieu d'appliquer les dispositions de ce titre sur la forme des incidents (v. s[s] n° 1332.31). C'est donc sous forme de dire que la demande sera formée et non de conclusions[1]. Le décret du 1er février 1999 a précisé que, lorsque la demande de remise émanait de la commission de surendettement, elle était formée par lettre simple, mais au moins cinq jours avant la date de l'adjudication (C. consom., art. R. 331-14, II).

Le tribunal ne peut se prononcer d'office mais doit être saisi de cette demande qui n'a pas, sauf pour des raisons confraternelles, à être dénoncée aux autres parties.

1325.212 Délais. L'incident devra être introduit au moins cinq jours avant l'audience, à peine de déchéance, il serait plus exact de parler de forclusion. En revanche, les dispositions de l'article 703 ACPC s'imposent-elles au saisi qui veut faire état d'une décision du juge de l'exécution qui a, légitimement, suspendu les mesures d'exécution ? La jurisprudence semble confuse en l'état d'un arrêt qui a décidé que le tribunal qui constate que l'incident n'a pas été introduit au mois cinq jours avant l'adjudication peut constater la déchéance[2] et d'une décision postérieure de la même chambre de la Cour, qui juge que si un délai a été préalablement octroyé par le JEX, la décision de ce magistrat s'impose au juge des criées sans que l'article 703 ne soit applicable, et notamment le délai de l'article 703[3].

1325.213 Le jugement accordant la remise. Si le tribunal fait droit à la demande de remise, il doit dans sa décision fixer le nouveau jour de l'adjudication, qui désormais ne pourra être éloignée de plus de quatre mois. En vertu de l'article 703 ACPC, le tribunal devra statuer avant la vente; le sursis ne peut être accordé par une décision statuant après le jour prévu pour l'adjudication[4]. Tel sera le cas si le jour de l'audience d'adjudication, la demande de remise a été plaidée mais mise en délibéré à un mois et qu'à cette date, la remise a été accordée et la vente reportée deux mois plus tard; ce faisant le tribunal a statué après le jour initialement prévu pour la vente et a reporté la vente au-delà du délai légal[5].

La remise ne peut être effectuée à une date indéterminée[6], mais le délai légal doit être respecté par le tribunal, le poursuivant n'étant pas maître du calendrier du tribunal[7]. Cependant lorsque le délai « légal » n'est pas respecté, aucune déchéance n'est prévue et aucun texte n'interdit au créancier subrogé de reprendre les poursuites au dernier acte utile après l'expiration du délai « légal »[8].

1325.214 Absence de recours. Selon l'article 703 alinéa 3 ACPC, « *ce jugement n'est susceptible d'aucun recours* ». La règle posée est, semble-t-il, générale et absolue et exclut tous les recours, que la décision ait fait droit à la demande de remise[9] ou qu'elle s'y soit opposée. Elle s'explique par le fait que remettre en cause la décision reviendrait à largement dépasser le strict délai légal au-delà duquel la vente ne peut être reportée.

Ainsi, est exclue la tierce opposition[10] et également le pourvoi en cassation[11].

La solution étant très sévère, la jurisprudence en fait une application stricte pour préserver les droits de la défense. L'absence de contrôle de la cour d'appel ou de la Cour de cassation ne concerne, cependant, que les motifs retenus par le juge pour accorder le report, à savoir l'existence ou non d'un motif grave et dûment justifié. Elle ne s'applique donc qu'aux décisions qui ont statué en respectant le délai « *de soixante jours* »; lorsque la remise accordée a pour effet de renvoyer l'adjudication au-delà du délai, il convient alors de réintroduire le contrôle de la Cour de cassation[12]. Même solution en cas d'excès de pouvoir[13], ce qui est le cas lorsque le tribunal a renvoyé la vente à une date indétermi-

1. Req. 17 juin 1861, *DP* 1862. 1. 82.
2. Civ. 2e, 19 mai 1998, n° 96-10.826, NP.
3. Civ. 2e, 30 sept. 1999, n° 97-14.279, NP; *Procédures* 2000, n° 15.
4. Civ. 2e, 12 juin 1991, n° 89-13.839, *Bull. civ.* II, n° 177; *Gaz. Pal.* 1992. Pan. 160, obs. Véron.
5. Civ. 2e, 2 mai 1984, n° 83-10.321, *Bull. civ.* II, n° 73; *Gaz. Pal.* 1984. Pan. 220, obs. Véron.
6. Civ. 2e, 27 oct. 1975, n° 75-10.857, *Bull. civ.* II, n° 277; *JCP* 1975. IV. 373.
7. Civ. 2e, 2 déc. 1976, *Gaz. Pal.* 1977. 1. 258.
8. Civ. 2e, 26 janv. 1994, n° 91-21.742, *Bull. civ.* II, n° 39; *Gaz. Pal.* 1994. 1. Somm. 671, obs. Véron.
9. Civ. 2e, 25 mars 2010, n° 07-16.197, NP.
10. Civ. 2e, 25 juin 1980, n° 79-10.230, *Bull. civ.* II, n° 152; *AJPI* 1981. 368, note Talon; *Gaz. Pal.* 1980. 797, note Viatte.
11. EN CE SENS, Civ. 1re, 10 mai 1965, *Bull. civ.* I, n° 308; *RTD civ.* 1965. 875, obs. Raynaud – Com. 24 juin 1980, n° 78-14.352, *Bull. civ.* IV, n° 267; *RTD civ.* 1980. 818, obs. Perrot – Civ. 2e, 28 avr. 1986, n° 85-10.583, *Bull. civ.* II, n° 68; *Gaz. Pal.* 1986. 2. Somm. 425, obs. Véron – Civ. 2e, 21 oct. 1992, n° 91-14.240, *Bull. civ.* II, n° 244 – et Civ. 2e, 5 avr. 1993, n° 91-22.091, *Bull. civ.* II, n° 139; *D.* 1993. Somm. 282, obs. Julien – Civ. 2e, 3 juin 1999, n° 97-17.661, *Bull. civ.* II, n° 111 – Civ. 2e, 6 déc. 2001, n° 00-11.136, *Bull. civ.* II, n° 181.
12. Civ. 2e, 27 oct. 1975, n° 73-14.956, *Bull. civ.* II, n° 276; *D.* 1976. IR 12; *RTD civ.* 1976. 413, obs. Perrot – Civ. 2e, 2 mai 1984, n° 83-10.321, *Bull. civ.* II, n° 73; *JCP* 1984. IV. 221 – Versailles, 4 mai 1987, *D.* 1987. 581, note Prévault; *Gaz. Pal.* 1987. 2. 607, note Renard.
13. Civ. 2e, 6 mai 1987, n° 85-13.691, *Bull. civ.* II, n° 95; *JCP* 1987. IV. 236 – Civ. 2e, 14 févr. 2008, n° 07-12.012, NP.

née[1]; de même, le pourvoi en cassation est possible pour casser un arrêt qui a admis à tort la recevabilité d'un appel[2].

L'appel n'est pas non plus recevable même dans le cadre restreint de l'article 731 ACPC, peu importe la forme de la demande[3].

En revanche, les jugements statuant sur des demandes de remise pour d'autres causes, moyens tirés du fond du droit notamment, ne sont donc pas concernés par cette disposition, pas plus que le jugement qui statue sur une demande de discontinuation des poursuites (ACPC, art. 676)[4] ou celui qui rejette une exception tirée de l'article 877 du Code civil[5] ou qui rejette une exception de nullité de la procédure de saisie[6].

Le jugement devrait toutefois être susceptible d'être rapporté en cas de circonstances nouvelles[7].

1325.215 **Force majeure.** De nouveaux délais peuvent encore être accordés ultérieurement mais seulement en cas de force majeure (ACPC, art. 703, al. 3). Les applications sont rares. Une nouvelle cause de même gravité que la première fois ne suffira donc pas. Le fait qu'une instance soit pendante devant une cour d'appel ne peut caractériser la force majeure[8].

1325.216 **Radiation du rôle.** En pratique, il arrive que le débiteur verse des acomptes; le créancier poursuivant peut alors envisager de renvoyer la vente de huit jours en huit jours jusqu'à parfait paiement. Dans ce cas, le tribunal peut radier l'affaire administrativement, laissant au poursuivant la faculté de reprendre la procédure si finalement la créance n'était pas éteinte; cette faculté appartient encore aux créanciers inscrits si le poursuivant renonce à la procédure.

B. Effets de la remise de la vente

1325.221 **Avertir les intéressés.** La jurisprudence a jugé que n'étant susceptible d'aucun recours le jugement n'aurait pas à être signifié[9]. Mais, lorsque la date de l'adjudication a été repoussée il faut bien avertir les intéressés, le saisi (lorsque la demande n'émanait pas de lui) et les créanciers inscrits. Faut-il délivrer une sommation pour la nouvelle date ? *A priori* non, mais en pratique c'est le plus souvent le saisi qui aura déposé un dire sur le fondement de l'article 703 ACPC et qui aura donc connaissance de la date de la remise; quant aux créanciers inscrits on considère, que régulièrement sommés de prendre connaissance du cahier des charges et d'assister à l'adjudication, ils n'ont qu'à prendre les mesures nécessaires pour suivre le déroulement de la procédure[10].

1325.222 **État complémentaire des inscriptions.** Lorsque la vente n'aura pu, pour une cause quelconque, être réalisée dans un délai de six mois après la publication du commandement, il sera levé un état complémentaire des inscriptions survenues depuis la délivrance du premier état et les créanciers révélés par ce nouvel état seront sommés d'assister, si bon leur semble à l'adjudication, et ce, sans préjudice des dispositions de l'article 686 ACPC.

1325.223 **Publicité.** La remise de l'adjudication a pour conséquence nécessaire d'entraîner de nouvelles publicités[11]. L'article 703 alinéa 3, dont la rédaction n'a pas été modifiée à la suite de l'abrogation de l'article 696 C. pr. civ. et de l'entrée en vigueur du décret du 11 janvier 2002, relatif aux modalités de publicités (v. s^s n°s 1323.313 s.), prévoit que l'adjudication remise sera annoncée quinze jours au moins à l'avance par les moyens de publicité précédemment employés, à moins que le jugement de remise n'en décide autrement. Ce nouveau délai de quinze jours est prescrit à peine de déchéance selon l'article 715 ACPC.

§ 2 Incidents soulevés avant l'audience

1325.231 **Objet.** Le tribunal peut à nouveau être saisi de dires aux fins d'incidents. Selon la nature de ces dires et l'appréciation que le tribunal fera de leur bien-fondé, la suite de la procédure peut en être affectée.

1325.232 **Diversité.** L'audience éventuelle a déjà pu être l'occasion d'incidents de fond ou de procédure; lors de l'audience d'adjudication, des nullités de forme, concernant les actes dressés après l'audience éventuelle puisque celle-ci a couvert les nullités de forme des actes antérieurs, des déchéances,

1. Civ. 2e, 27 oct. 1975, n° 75-10.857 *Bull. civ.* II, n° 277 – Civ. 2e, 27 juin 2002, n° 00-22.642, *Bull. civ.* II, n° 144.
2. Civ. 2e, 9 juill. 1980, n° 78-15.194, *Bull. civ.* II, n° 174; *RTD civ.* 1981. 458, obs. Perrot.
3. Civ. 8 mai 1950, *JCP A* 1950. IV. 1482, obs. Madray – Montpellier, 6 juin 1951, *Gaz. Pal.* 1951. 2. 192; *RTD civ.* 1951. 560.
4. Civ. 2e, 12 juin 1991, n° 90-13.123, *Bull. civ.* II, n° 182; *RTD civ.* 1991. 806.
5. Civ. 2e, 18 mars 1987, n° 85-17.392, *Bull. civ.* II, n° 69.
6. Civ. 2e, 16 nov. 1988, n° 87-16.307, *Bull. civ.* II, n° 224.
7. Req. 9 janv. 1906, *S.* 1906. 1. 509.
8. Civ. 2e, 27 juin 2002, n° 00-22.642, *Bull. civ.* II, n° 144.
9. Paris, 27 juin 1872, *DP* 1873. 5. 413; *S.* 1872. 2. 240.
10. EN CE SENS, Civ. 2e, 14 janv. 1976, n° 74-12.803, *Bull. civ.* II, n° 16 – TGI Perpignan, 27 mars 1990, *JCP* 1990. II. 21551, note Prévault et Villacèque.
11. Civ. 2e, 19 juin 1957, *Bull. civ.* II, n° 457.

mais aussi des moyens de fond et des incidents nommés peuvent encore être soulevés. Il n'en sera donné qu'un simple aperçu, la question étant développée au chapitre consacré aux incidents (v. s[s] n°s 1330.05 s.).

1325.233 **Dires de nullités.** Selon le texte initial de l'article 715 ACPC, les formalités prévues par les articles 673, 674, 688, 689, 690, 692, 694 alinéas 2 et 3, 696, 699, 702, 703 alinéas 4 et 5, 704 alinéas 1er et 2, 705, 706, 708 à 711, étaient prescrites à peine de nullité; le prononcé de la nullité étant toutefois conditionné à la démonstration d'un grief. Les articles 696 et 699 ayant par la suite été abrogés, le décret n° 2002-77 du 11 janvier 2002 a supprimé leur référence dans l'article 715 ACPC.

L'article 728 impose à celui qui entendra exciper d'une nullité de déposer un dire en ce sens, contre la procédure suivie après l'audience éventuelle, au plus tard cinq jours avant l'adjudication (v. s[s] n°s 1332.41 s.).

1325.234 **Dires de déchéances.** Les délais prévus aux mêmes articles sont prescrits à peine de déchéance, sans démonstration d'un grief. Aucun article n'impose de délai pour soulever les déchéances (v. s[s] n° 1332.81).

1325.235 **Défenses au fond.** Le saisi peut opposer à tout moment une contestation tenant au droit de saisir, à la créance, et aux moyens de fond (v. s[s] n°s 1331.140 s.). Ces dires ne sont pas soumis à un délai particulier; ils peuvent être soulevés jusqu'à la dernière minute (v. s[s] n°s 1332.71 s.).

1325.236 **Incidents nommés :**

- conversion en vente volontaire : pas de délai, jusqu'au jour de l'adjudication (v. s[s] n° 1324.20);
- demande en résolution : jusqu'à l'audience éventuelle (v. s[s] n°s 1324.161 s.);
- concours de saisie : en pratique, jusqu'à l'audience éventuelle (v. s[s] n°s 1324.170 s.);
- subrogation : huit jours après la sommation de continuer les poursuites (v. s[s] n°s 1324.200 s.);
- distraction : jusqu'à l'audience éventuelle (v. s[s] n°s 1324.231 s.);
- folle enchère (v. s[s] n°s 1343.05 s.).

1325.237 **Effet : annulation ou poursuite de la procédure.** Si les moyens prospèrent, la suite de la procédure en est affectée (v. s[s] n°s 1333.21 s.).

S'agissant des nullités de forme, le tribunal annulera les actes postérieurs à l'audience éventuelle et la procédure pourra être reprise à ce stade, le tribunal fixant une nouvelle date d'audience d'adjudication.

S'agissant des déchéances, la poursuite est caduque.

S'agissant des moyens de fond, le droit de saisir lui-même peut être remis en question et la procédure annulée.

Si le tribunal rejette la contestation, il ordonnera la vente. Toutefois, si l'objet de l'incident rend le jugement appelable (v. s[s] n° 1333.40), le tribunal ne pourra immédiatement passer outre à l'adjudication, sauf à assortir sa décision de l'exécution provisoire.

§ 3
Demandes de sursis obligatoire

1325.241 **Rappel.** Les cas de figure où le tribunal doit obligatoirement suspendre la procédure, lorsqu'il en est requis, ont été envisagés à propos de l'audience éventuelle à laquelle il sera renvoyé, les mêmes événements pouvant être invoqués lors de l'audience d'adjudication (v. s[s] n° 1323.203).

1325.242 **Effet : suspension de la procédure et renvoi de la vente.** La procédure sera reprise, à l'initiative de tout intéressé, lorsque la cause de la suspension aura pris fin ou à expiration du délai de remise. Le tribunal fixera le jour de la nouvelle adjudication et il faudra procéder à de nouvelles publicités, à moins que le jugement ordonnant la remise n'en ait décidé autrement (ACPC, art. 703, al. 3).

§ 4
Mainlevée de la saisie

1325.251 **Hypothèses.** La mesure d'exécution peut faire l'objet d'une mainlevée : ce sera le cas lorsque les créanciers accepteront la radiation ou que le tribunal l'ordonnera, mais encore lorsque par l'effet de la péremption du commandement la radiation sera acquise de plein droit et lorsque la saisie sera jugée abusive.

1325.252 **Radiation de la saisie.** Elle est envisagée aux articles 680 et 694 alinéa 2 ACPC et s'opère par mention en marge du commandement publié; il s'agit de la radiation de la mesure d'exécution, qui s'analyse en une mainlevée, à distinguer de la simple radiation administrative (C. pr. civ., art. 381) qui peut être opérée à la suite d'une décision de suspension de la procédure (v. s[s] n° 1323.203).

La radiation de la saisie peut intervenir sur accord de tous les créanciers : poursuivant, saisissants postérieurs (ACPC, art. 680, al. 3) et créanciers inscrits liés à la procédure à compter de la mention en marge de la publication de la saisie des sommations de l'article 689 ACPC (ACPC, art. 694). Le surenchérisseur n'a pas qualité pour demander la mainlevée mais, le fait qu'il intervienne en ce sens, aux côtés du saisissant, n'a pas pour effet d'interdire à ce dernier de donner mainlevée[1].

La radiation peut encore être le résultat d'un jugement ordonnant la mainlevée de la saisie, ainsi lorsqu'une contestation sur le fond du droit a prospéré devant le juge des criées.

1325.253 **Péremption.** La radiation s'opère de plein droit par suite de la péremption. Selon l'article 694 alinéa 3, le jugement d'adjudication doit être publié dans les trois ans de la publication du commandement de saisie immobilière sauf prorogation du délai (v. s[s] n° 1321.261), à défaut, le commandement cessera de « *produire effet* ». Bien que l'article 694 ACPC ne dispose pas explicitement que c'est la saisie qui cesse de plein droit lorsque la péremption est acquise, c'est la solution admise[2]. Il appartient à tout intéressé, y compris le poursuivant, de tirer les conséquences de cette péremption en engageant de nouvelles poursuites[3]. En pratique, le conservateur doit radier le commandement mais il n'aura l'occasion de le faire que si un nouveau commandement est présenté aux fins de publication (le conservateur a alors l'obligation d'effectuer la nouvelle publication[4]).

1325.254 **Abus de saisie.** La loi n° 91-650 du 9 juillet 1991, relative aux procédures civiles d'exécution[5], envisage spécialement l'abus de saisie à l'article 22 et donne pouvoir au JEX d'ordonner la mainlevée de toute mesure inutile ou abusive. En vertu de l'article 88 de la loi, toutefois, en matière immobilière, les cas et conditions dans lesquelles le TGI connaît de ce qui a trait à l'exécution forcée des jugements et autres actes restent déterminés par le Code de procédure civile qui ne contient pas de dispositions particulières sanctionnant un éventuel abus du créancier. La jurisprudence a cependant admis, dès avant la réforme des procédures d'exécution mobilières, que le juge des criées pouvait apprécier l'éventuel abus du créancier poursuivant (v. s[s] n° 1317.13). Dans le cas où la procédure sera déclarée abusive, le juge en ordonnera donc la mainlevée.

En revanche, la deuxième chambre civile juge que, hors le cas de fraude, l'exercice d'une procédure de saisie immobilière ne peut dégénérer en abus si son irrégularité ou son inutilité n'ont pas été dénoncées par le débiteur saisi, régulièrement sommé, avant l'adjudication définitive[6]. Les juges apprécient ainsi et le comportement du poursuivant et celui du saisi.

1. Civ. 2e, 30 janv. 1969, *Bull. civ.* II, n° 34.
2. Sur la nature juridique de la péremption du commandement, Civ. 2e, 8 janv. 1992, n° 90-16.503, *Bull. civ.* II, n° 12 ; *JCP* 1992. II. 21967, note Prévault.
3. Civ. 2e, 20 juill. 1987, n° 86-14.092, *Bull. civ.* II, n° 179.
4. TGI Laon, 16 févr. 1989, *D.* 1990. 110, note Prévault.
5. L. n° 91-650, 9 juill. 1991, portant réforme des procédures civiles d'exécution, *JO* 14 juill., p. 9228.
6. Civ. 2e, 31 mars 2011, n° 10-13.956, NP.

TITRE

133. Les incidents de la saisie immobilière de droit commun selon le décret-loi de 1938 (ancien régime)

SECTION 0
ORIENTEUR

1330.00 Plan du titre.

Division. L'examen de la jurisprudence révèle une certaine logique : il faut faire connaître toutes les contestations, en relation directe avec la saisie, au juge des criées, juge naturel de la saisie (chap. 1331) et selon une procédure simplifiée (chap. 1332). Mais dans le même temps, la construction jurisprudentielle contemporaine souffre d'incohérence en ne soumettant pas exactement au même régime les différents incidents (chap. 1333).

Rappel : régime applicable à la saisie immobilière (ancien Code de procédure civile ou réforme). La procédure de saisie immobilière a été réformée par l'ordonnance n° 2006-461 du 21 avril 2006 qui a modifié le Code civil[1], et par le décret n° 2006-936 du 27 juillet 2006[2], qui a abrogé les articles 673 à 717 ACPC. Le décret, entré en vigueur le 1er janvier 2007, n'est pas applicable aux procédures de saisies immobilières ayant donné lieu, avant son entrée en vigueur, au dépôt du cahier des charges prévues à l'article 688 ACPC. Les développements suivants, consacrés à la procédure telle que réglementée par l'ancien Code de procédure civile, ont donc été maintenus.

1330.05 Domaine. Dans un titre particulier, intitulé *Des incidents de saisie immobilière*, l'ancien Code de procédure civile regroupe un ensemble de dispositions spéciales, applicables à certaines contestations qui peuvent être soulevées à l'occasion de la procédure de saisie immobilière. Un incident, étymologiquement, c'est ce qui survient accessoirement. Sont donc envisagées là les demandes qui, *a priori*, seront accessoires à la poursuite de saisie immobilière, véritables instances en parallèle, qui doivent être instruites et jugées selon des règles particulières. Le saisi et les créanciers peuvent intervenir à la procédure de saisie immobilière en formulant des dires; le poursuivant lui-même peut, avant l'audience éventuelle, déposer un dire tendant à modifier le cahier des charges; mais tout dire ne

1. Ord. n° 2006-461, 21 avr. 2006, réformant la saisie immobilière, *JO* 22 avr., p. 6072.
2. Décr. n° 2006-936, 27 juill. 2006, relatif aux procédures de saisie immobilière et de distribution du prix d'un immeuble, *JO* 29 juill., p. 11316.

sera pas nécessairement un incident. Il faut donc être assuré de distinguer les incidents, soumis à des conditions de forme, de délai et de recours particulières, des autres dires que les parties formuleront, dires d'information, dires sur formalités. Les demandes envisagées ici sont celles qui visent à anéantir la procédure de saisie.

1330.06 **Régime.** L'ancien Code de procédure civile soumet ces contestations à une procédure originale et la loi n° 91-650 du 9 juillet 1991[1] n'a pas modifié ces règles particulières. Le contentieux de la saisie immobilière échappe donc au pouvoir juridictionnel du juge de l'exécution pour demeurer soumis au tribunal de grande instance statuant en audience des saisies immobilières (COJ, anc. art. R. 312-6), selon les règles posées aux articles 718 à 748-*e* ACPC. Le législateur soumet les incidents à un régime particulier, justifié par l'équilibre qu'il faut assurer entre tous les intérêts en présence : intérêt du poursuivant de vendre vite, mais cependant dans les meilleures conditions, intérêt du saisi de participer ou de s'opposer à la procédure et intérêt des créanciers inscrits de préserver leurs droits. La procédure doit donc être protectrice des droits de la défense mais en même temps, rapide et simplifiée. En outre, s'agissant d'une procédure judiciaire, il fallait éviter qu'elle ne fasse l'objet de recours dilatoires; pour cela, le tribunal tranche les incidents, le plus souvent en dernier ressort, sans autre recours que le pourvoi en cassation. La particularité du régime des incidents réside ainsi, principalement, dans les restrictions apportées au droit d'appel.

1330.07 **Difficultés.** Une première difficulté vient de ce que, si certaines demandes sont clairement identifiées par le législateur comme étant des incidents de saisie immobilière, par exemple la demande en distraction ou en conversion en vente volontaire, tel n'est pas le cas pour toutes les contestations soulevées à l'occasion de la saisie. L'ancien Code de procédure civile n'ayant pas donné de définition de l'incident de saisie immobilière, c'est la jurisprudence qui fixe l'étendue du domaine d'application du titre XIII.

Une autre difficulté vient de ce que le régime de forme et de délai des dires d'incidents de saisie immobilière diffère selon l'objet de l'incident, ce qui complique la matière.

Une troisième, de ce que les voies de recours ouvertes sont différentes, ici encore, selon l'objet de l'incident.

1. L. n° 91-650, 9 juill. 1991, portant réforme des procédures civiles d'exécution, *JO* 14 juill., p. 9228.

CHAPITRE

1331. Domaine

ANNE LEBORGNE
PROFESSEUR À L'UNIVERSITÉ D'AIX-MARSEILLE

SECTION 0 ORIENTEUR

1331.00 Plan du chapitre.

Rappel : régime applicable à la saisie immobilière (ancien Code de procédure civile ou réforme). La procédure de saisie immobilière a été réformée par l'ordonnance n° 2006-461 du 21 avril 2006 qui a modifié le Code civil[1], et par le décret n° 2006-936 du 27 juillet 2006[2], qui a abrogé les articles 673 à 717 ACPC. Le décret, entré en vigueur le 1er janvier 2007, n'est pas applicable aux procédures de saisies immobilières ayant donné lieu, avant son entrée en vigueur, au dépôt du cahier des charges prévues à l'article 688 ACPC. Les développements suivants, consacrés à la procédure telle que réglementée par l'ancien Code de procédure civile, ont donc été maintenus.

1331.05 Précision. L'absence de définition légale a conduit la Cour de cassation à préciser les demandes qui devaient être considérées comme incidentes pour les soumettre au régime du titre XIII du Code de procédure civile : c'est aujourd'hui toute demande qui se rattache directement à la procédure de saisie et a pour objet de la modifier ou de la contester. Il est cependant important de distinguer clairement les différents incidents selon leur objet, puisqu'il décidera de leur régime.

1. Ord. n° 2006-461, 21 avr. 2006, réformant la saisie immobilière, *JO* 22 avr., p. 6072.
2. Décr. n° 2006-936, 27 juill. 2006, relatif aux procédures de saisie immobilière et de distribution du prix d'un immeuble, *JO* 29 juill., p. 11316.

SECTION 1
DÉFINITION JURISPRUDENTIELLE

1331.10 Plan. Pour définir les incidents, la Cour de cassation a opté, à compter des années 1980, pour une formule générale dans le but de faire trancher par le tribunal devant lequel la procédure de saisie immobilière est menée l'essentiel des contestations soulevées. La mise en œuvre du critère conduit à reconnaître un domaine d'application extensif aux incidents de saisie.

§ 1
Une définition qui a évolué

1331.11 Critère et finalité. Il faut permettre le rattachement de l'essentiel des contestations au juge de la saisie, afin de soumettre toutes celles qui sont nées de la saisie à leur juge naturel.

A.
Critère

1°
Évolution

1331.21 Exclusion des contestations portant sur le fond du droit. Pendant longtemps, la Cour de cassation a seulement exclu du domaine du titre XIII les contestations qui portaient sur « *le fond du droit* ». La solution s'expliquait en l'état de l'article 731 ACPC, qui n'autorise l'appel que lorsque les jugements auront statué sur des moyens de fond tirés de l'incapacité de l'une des parties, de la propriété, de l'insaisissabilité ou de l'inaliénabilité des biens saisis. L'énumération restrictive de ce texte posait le problème de son application littérale : les contestations énumérées à cet article relevant du droit même de saisir, le législateur n'avait pas envisagé que le tribunal statue sans recours suspensif; mais la même solution paraissait s'imposer, en opportunité, lorsqu'étaient soulevées d'autres questions touchant encore au droit de saisir; or le texte semblait l'interdire.

Pour éviter cet inconvénient, la jurisprudence a d'abord tenté d'exclure du domaine des incidents un certain nombre de contestations, afin de les faire échapper au régime restrictif des voies de recours. À partir des années cinquante, s'est ainsi développée une jurisprudence hasardeuse qui déniait la qualité d'incident aux contestations portant sur « *le fond du droit* ». Le résultat fut finalement jugé plus néfaste qu'utile et la Cour de cassation a alors modifié son analyse à partir des années 1980 : elle a opté pour une définition extensive des incidents, tout en étendant les possibilités d'appel pour les contestations touchant au fond du droit, par une nouvelle lecture de l'article 731 ACPC (sur les recours, v. s[s] n°s 1333.40 s.).

2°
Toute contestation née de la procédure de saisie et qui s'y réfère directement, même si elle porte sur le fond du droit

1331.31 • Toute contestation née de la procédure de saisie et qui s'y réfère directement. À partir de 1980, la Cour de cassation affirmera que « *toute contestation née de la procédure de saisie ou qui s'y réfère directement et qui est de nature à exercer une influence immédiate et directe sur cette procédure est un incident de saisie immobilière* »[1]. Cette formule sera reprise par la suite[2], jusqu'à ce qu'en 1991, la Cour de cassation en restreigne le champ d'application en réduisant la définition à sa plus simple expression : « *toute contestation née de la procédure et qui s'y réfère directement* »[3]; la suppression de la référence à l'influence directe et immédiate que la contestation va avoir sur la procédure emportait-elle une modification du champ d'application des incidents ? On pouvait en douter, car la définition demeurait très générale. Depuis, la Cour de cassation est revenue à la formule d'origine[4]. Reste que cette définition n'est pas des plus aisées à mettre en œuvre et la deuxième chambre a été amenée à la préciser.

1331.32 • Même si la contestation porte sur le fond du droit. La difficulté résulte souvent de l'objet des contestations soulevées, dès lors que celles-ci sont distinctes d'une contestation portant sur la procédure de saisie elle-même. Fallait-il permettre au juge des criées de les trancher ?

La *deuxième chambre* l'admet depuis quelques années, estimant que même si elles portent sur le fond du droit, ces contestations sont des incidents de saisie, soumis comme tels aux règles de compétence et de procédure des articles 718 et suivants ACPC[5]. Ainsi, saisie d'une contestation sur la vali-

1. V. déjà Civ. 2e, 10 juill. 1959, *D.* 1960. 7; *RTD civ.* 1960. 366, obs. Raynaud – Civ. 2e, 3 déc. 1980, n° 79-10.285, *Bull. civ.* II, n° 253; *Gaz. Pal.* 1980. 1. 317, obs. Viatte; *RTD civ.* 1981. 909, obs. Perrot.
2. Civ. 2e, 20 janv. 1983, n° 81-13.179, *Bull. civ.* II, n° 15; *Gaz. Pal.* 1983. 1. Pan. 180, obs. Véron – Civ. 2e, 20 févr. 1985, n° 84-11.415, *Bull. civ.* II, n° 45, et les arrêts cités; *Gaz. Pal.* 1985. 1. Pan. 220 – Civ. 2e, 27 juin 1990, n° 89-13.772, *Bull. civ.* II, n° 156.
3. Civ. 2e, 23 janv. 1991, n° 89-13.565, *Bull. civ.* II, n° 36; *D.* 1992. 97, note du Rusquec.
4. Civ. 2e, 3 juin 1998, n° 95-13.940, *Bull. civ.* II, n° 175.
5. Civ. 2e, 18 déc. 1996, n° 94-22.035, *Bull. civ.* II, n° 309.

dité du contrat de prêt servant de fondement aux poursuites, la chambre des criées devait la trancher car cette contestation constituait bien un incident de saisie, soumis comme tel à la compétence du juge des saisies[1]. Il s'agissait dans cet arrêt d'une contestation relative au droit de saisir du créancier.

La *troisième chambre civile* est allée plus loin dans la mise en œuvre du principe en admettant la compétence du juge de la saisie immobilière pour apprécier la validité d'un bail rural[2]. La solution est ici plus discutable car la contestation portant sur la validité d'un bail rural ne paraît pas de nature à exercer une influence immédiate et directe sur la procédure de saisie immobilière (v. toutefois, approuvant l'arrêt, J. Junillon[3]).

Récemment, la *deuxième chambre civile* a même accueilli la demande d'ouverture des opérations de partage de l'indivision existant entre les saisis et la licitation du bien, formée par demande incidente, au motif que la chambre des criées n'étant qu'une émanation du tribunal de grande instance (TGI), elle restait compétente pour connaître des demandes incidentes des parties[4].

La *chambre commerciale*, quant à elle, a fait droit à la demande de remboursement du trop perçu formée par la caution saisie à l'encontre du poursuivant, après que le commandement de saisie ait été annulé[5]. C'est donc une conception extensive de la notion d'incident qui prévaut devant la Cour de cassation.

Une fois la contestation qualifiée d'incident, il est possible de lui appliquer le régime des articles 718 et suivants ACPC.

B.
Finalité

1331.41 Rattachement au juge de la saisie. En incluant dans les incidents toutes les contestations, et pas seulement les dires formulés en cours de procédure ou relatifs à la procédure, la jurisprudence ramène en quelque sorte les contestations antérieures à la procédure, ou apparemment extérieures à celle-ci, devant le juge naturel de la saisie (TGI statuant en audience des saisies immobilières, v. s[s] n° 1325.51), à la seule condition qu'elles se réfèrent à la saisie. Cela permet une unité et une rapidité de procédure. En effet, le juge de la saisie devant lequel serait invoquée l'existence d'une action en justice pendante devant une juridiction de droit commun et susceptible de remettre en cause le droit du poursuivant de saisir, l'existence de la créance ou tout autre grief, devrait suspendre la procédure et renvoyer *sine die*, le temps que cette contestation soit tranchée. Pour éviter cela, l'efficacité commande de lui soumettre toutes les contestations afin qu'il apprécie leur impact sur la procédure de saisie; ainsi, non seulement les griefs formulés contre la procédure mais tous les moyens juridiques que le saisi a pu soulever avant que le tribunal ne soit saisi de la procédure et tous les moyens qu'il peut opposer et qui ne sont pas des moyens de procédure, qu'il agisse par voie d'action ou d'exception.

Sont des incidents de saisie toutes les contestations que le tribunal tranche par jugement en cours de procédure de saisie immobilière parce qu'elles intéressent la procédure.

§ 2
Mise en œuvre

1331.51 Distinction. Avec cette nouvelle définition, il faut englober dans les incidents les actions en justice engagées avant et après la publication du commandement ainsi que les contestations qui pourraient être développées ailleurs qu'à l'audience des saisies immobilières, et même si elles concernent le fond du droit. Il demeure toutefois des contestations qui ne sont pas des incidents, compte tenu de leur objet et qui échapperont donc au régime des articles 718 et suivants ACPC.

A.
Contestations rattachées à la procédure de saisie

1331.60 Procédure engagée antérieurement à la saisine du juge des criées. Le saisi a pu, lorsqu'il a reçu le commandement de saisie immobilière, soit simplement demander des délais sur le fondement de l'article 1244-1 du Code civil, soit opposer des moyens de fond à l'action en exécution du créancier. Formulée avant la publication du commandement à la Conservation des hypothèques, l'opposition a nécessairement été introduite devant une juridiction autre que le juge des criées, c'est-à-dire depuis la réforme du 9 juillet 1991, devant le juge de l'exécution (JEX). Dès lors que le commandement est publié en revanche, seul le juge des criées

1. Civ. 2e, 3 oct. 2002, n° 01-03.337, *Bull. civ.* II, n° 208.
2. Civ. 3e, 2 févr. 2005, n° 03-18.347, *Bull. civ.* III, n° 27.
3. J. Junillon, *Procédures* avr. 2005, n° 105.
4. Civ. 2e, 19 févr. 2009, n° 08-11.869, *Bull. civ.* II, n° 57.
5. Com. 28 oct. 2008, n° 06-17.145, *Bull. civ.* IV, n° 176.

est compétent pour connaître des oppositions (v. s[s] n°s 1318.12 s.).

1°
Opposition sur le fond

1331.61 **Principe.** Depuis 1974, la Cour de cassation décide que l'opposition formée antérieurement à la publication du commandement de saisie, devient un incident de saisie à partir de la publication du commandement, qui opère rétroactivement[1]; elle ajoute encore, depuis un arrêt de 1991, que l'opposition à commandement devient un incident même si l'opposition touche au fond du droit[2]. La formule s'inscrit dans la jurisprudence extensive de la définition des incidents. Elle doit se comprendre comme signifiant que même les contestations touchant au fond du droit doivent être soumises au droit de la procédure immobilière et tranchées par le juge des criées.

1331.62 **Opposition à commandement touchant au fond du droit.** Étant un incident de saisie, l'opposition est soumise comme telle à la compétence et à la procédure prévues pour les incidents. Ce qui signifie que le tribunal chargé de la saisie n'a pas à prendre en considération une opposition introduite selon la procédure de droit commun[3]; il n'en tiendra compte que si elle est formulée devant lui selon les règles du titre XIII. En pratique, la solution est lourde de conséquences puisqu'elle autorise le juge des criées à passer outre une opposition en cours devant un autre juge s'il n'a pas lui-même été saisi. Le tribunal, saisi selon le droit commun, devrait se dessaisir au profit du tribunal chargé de la saisie, mais aucun texte ne le prévoit, même si le dessaisissement se pratique devant certains tribunaux de grande instance. La Cour de cassation a confirmé la solution en 1995 en sanctionnant un juge des criées qui avait fait droit à une demande de renvoi *sine die* de la vente, à charge pour le poursuivant de reprendre la poursuite par demande incidente, lorsque serait intervenue une décision définitive sur l'opposition à commandement; le juge des criées estimant « *qu'il ne lui appartenait pas de* "s'auto-saisir" *et de réclamer un dossier pendant devant une autre chambre du tribunal qui ne se serait pas déclarée incompétente et qui au demeurant pouvait estimer que l'affaire lui ressortissait* »[4]. Le demandeur sur opposition doit donc faire radier sa procédure devant le juge de droit commun et saisir le juge des criées d'un incident portant sur la même argumentation, selon les règles de la procédure de saisie, à défaut de quoi, son opposition serait inopérante.

2°
Demande de délais

1331.71 **Droit commun (C. civ., art. 1244-1).** En parallèle de la saisie et avant publication du commandement, le saisi a pu essayer d'obtenir des délais. Le JEX demeure compétent tant que le commandement n'est pas publié et s'il est saisi avant la publication il ne peut accorder un sursis sur le fondement de droit commun que tant que l'audience d'adjudication n'est pas fixée[5] (v. s[s] n° 1318.12). Formée hors de ce délai, la demande ressort exclusivement du juge de la saisie et selon les règles propres à cette procédure (sur la suspension pour cause de surendettement, v. s[s] n° 1318.21 – sur les remises pour causes graves, C. consom., art. L. 331-5, v. s[s] n°s 1325.161 s.).

B.
Contestations en cours de procédure, mais ne portant pas sur la procédure de saisie

1331.80 **Diversité.** La question est aujourd'hui tranchée pour les moyens touchant au droit de saisir du poursuivant, il s'agit d'incidents de saisie. Elle demeure plus obscure pour d'autres contestations qui ne sont pas particulières à la saisie mais peuvent être soulevées dans d'autres instances.

1°
Contestations touchant au droit de saisir

1331.81 **Défenses au fond.** Indépendamment des griefs contre la procédure menée par le poursuivant (v. s[s] n°s 1331.161 s.), le saisi peut s'opposer à la mesure d'exécution en contestant le droit de saisir du poursuivant, l'exigibilité de la créance, l'extinction de celle-ci, la validité de l'engagement de payer du saisi ou du cautionnement, *etc.* Ces contestations qui touchent au fond du droit seront également tranchées par le juge de la saisie car elles intéressent directement la poursuite de la procédure. Après avoir hésité, la jurisprudence admet

1. Civ. 2e, 13 mars 1974, n° 73-13.350, *Bull. civ.* II, n° 93; *RTD civ.* 1974. 815, obs. Perrot – Aix, 12 janv. 1976, *D.* 1976. 362, note Lobin – TGI Versailles, 30 oct. 1974, *Gaz. Pal.* 1975. 636, note L. B. – TGI Versailles, 19 janv. 1983, *Gaz. Pal.* 1983. 1. Pan. 179, obs. Véron – TGI Versailles, 8 nov. 1986, *D.* 1987. 202, note Prévault – TGI Versailles, 2 avr. 1990, *Gaz. Pal.* 1990. 2. Somm. 629, obs. Véron.
2. Civ. 2e, 5 avr. 1991, n° 89-17.518, *Bull. civ.* II, n° 112; *Gaz. Pal.* 1992. 2. Somm. 162, obs. Véron.
3. Civ. 2e, 12 nov. 1980, n° 79-13.082, *Bull. civ.* II, n° 232.
4. Civ. 2e, 22 mai 1995, n° 93-18.748, *Bull. civ.* II, n° 156.
5. Civ. 2e, 14 mai 1997, n° 95-12.946, *Bull. civ.* II, n° 145; *Gaz. Pal.* 1998. 1. Somm. 10 – Civ. 2e, 8 avr. 1998, n° 96-04.043, *Bull. civ.* II, n° 124.

aujourd'hui qu'il s'agit d'incidents de saisie qui relèvent de la compétence des chambres des saisies immobilières [1].

La jurisprudence en est au demeurant venue à cette conclusion en analysant la compétence des juridictions statuant en matière de saisie immobilière : les différentes chambres d'un TGI ne sont en effet que des formations particulières de celui-ci et non des juridictions distinctes [2]; la compétence de la formation en audience des saisies immobilières tenant à l'audience spéciale et non à la formation du tribunal qui siège, laquelle peut être n'importe quelle chambre civile [3]. Et aucun texte ne dispose que la juridiction chargée de la procédure de saisie doit s'abstenir de statuer sur une question touchant le fond du litige [4].

Ainsi, les moyens touchant au fond du droit relèvent-ils, lorsqu'il s'agit de questions civiles, de la compétence du TGI et la chambre des criées peut les trancher et ainsi les soumettre à la procédure et à la compétence prévues à cet effet. La contestation au fond dont est saisi le premier juge s'analyse comme une opposition à commandement ayant la nature d'un incident de saisie, dans la mesure où elle est élevée postérieurement à la publication dudit commandement [5]. De même lorsque la contestation des saisis porte sur la validité de l'acte de prêt servant de fondement aux poursuites, elle peut être tranchée par la chambre des criées et doits donc être cassé l'arrêt qui avait rejeté cette contestation en estimant « *qu'il n'appartenait pas au juge des saisies d'empiéter sur la compétence du tribunal de grande instance, seule juridiction compétente pour prononcer la nullité éventuelle du contrat de prêt* » [6]. De même, la contestation de la validité des actes servant de fondement aux poursuites, en l'espèce un cautionnement, constitue un incident de saisie immobilière soumis comme tel à la compétence du juge de la saisie qui n'a pas à surseoir à statuer dans l'attente du résultat de la procédure en nullité engagée parallèlement par le saisi [7].

2°

Autres contestations

1331.91 Évolution. Devraient rester extérieures à la procédure de saisie des actions qui tout en mettant en cause le poursuivant et le saisi ne naissent pas de la procédure de saisie et peuvent se retrouver dans toutes les instances. C'est ce qu'enseignait la doctrine il y a quelques années [8], mais la jurisprudence a tendance aujourd'hui à admettre la compétence du juge des criées de façon extensive.

1331.92 Action en désaveu de l'officier ministériel. Une jurisprudence ancienne l'a qualifiée d'incident de saisie [9]. La politique contemporaine de la Cour de cassation devrait conduire à confirmer cette solution; la chambre des criées n'est qu'une chambre du TGI et le sort de la saisie dépend de la régularité de la procédure.

1331.93 Offres réelles. La procédure en validation des offres réelles peut-elle être menée devant le juge des criées ? (C. civ., art. 1257 s.). Au XIXe siècle, une partie de la jurisprudence ainsi que la doctrine excluaient la qualification d'incident car cette contestation n'apparaissait pas propre à la saisie [10]. En sens inverse, il était soutenu que le sort de la saisie dépendait bien des résultats de cette instance, ce qui justifiait la qualification d'incident de saisie [11]. C'est la position que la Cour de cassation semble avoir adoptée depuis le XXe siècle, en qualifiant cette contestation de moyen de fond [12].

1331.94 Intervention d'un tiers à la procédure. Des jurisprudences déjà anciennes ont analysé l'intervention volontaire d'un tiers à la procédure de saisie comme un incident de saisie immobilière [13], de même pour une intervention forcée, comme un appel en garantie (pour un tiers qui a accepté de jouer un rôle actif dans une contestation qui devait lui demeurer étrangère [14]).

1. TGI Reims, 26 févr. 1980, *JCP* 1980. IV. 231; *D.* 1981. IR 131, obs. Julien – *CONTRA*, toutefois, TGI Évry, 18 nov. 1986, *D.* 1987. 202, note crit. Prévault – Civ. 2e, 22 mai 1995, n° 93-18.748, *Bull. civ.* II, n° 156; *D.* 1995. IR 262 – Civ. 2e, 18 déc. 1996, n° 94-22.035, *Bull. civ.* II, n° 309 – Civ. 2e, 3 oct. 2002, n° 01-03.337, *Bull. civ.* II, n° 208 – Civ. 3e, 23 nov. 2005, n° 04-16.422, *Bull. civ.* III, n° 226.
2. TGI Reims, 26 févr. 1980, préc. s^s^ prés^t^ n°.
3. TGI Évry, 4 nov. 1986, *Gaz. Pal.* 1987. 624; *D.* 1987. 202, note Prévault.
4. Bordeaux, 19 déc. 1991, *JCP* 1992. II. 21963, note du Rusquec; *Gaz. Pal.* 1993. 9, note Renard.
5. Civ. 1re, 14 juin 2000, n° 98-13.660, *Bull. civ.* II, n° 187.
6. Civ. 2e, 3 oct. 2002, n° 01-03.337, *Bull. civ.* II, n° 208.
7. Civ. 3e, 23 nov. 2005, n° 04-16.422, *Bull. civ.* III, n° 226.
8. Rép. pr. civ., n°s 432 s.
9. Req. 25 mars 1834, *Jur. gén., v° Vente publique d'immeubles*, n° 1501.
10. Req. 17 juill. 1867, *DP* 1867. 1. 390 – Angers, 17 déc. 1890, *DP* 1892. 2. 353 – Garsonnet et Cézar-Bru, *Traité théorique et pratique de procédure civile et commerciale*, t. V, Paris, 1912-1925, n° 546.
11. Req. 4 janv. 1850, *DP* 1850. 1. 181.
12. Civ. 14 janv. 1914, *DP* 1917. 1. 151; *S.* 1914. 1. 446 – Civ. 1re, 16 juin 1969, *Bull. civ.* I, n° 225 – Et implicitement, Civ. 2e, 11 mars 1998, n° 96-12.515, *Bull. civ.* II, n° 83; *D.* 1998. IR 104 – Civ. 2e, 2 mars 2000, n° 98-13.643, NP; *Gaz. Pal.* 8-9 déc. 2000. Somm. 24.
13. Limoges, 30 déc. 1859, *DP* 1860. 2. 12 – Orléans, 19 mai 1888, *DP* 1889. 2. 205.
14. Limoges, 19 févr. 1894, *DP* 1894. 2. 260 – Req. 13 avr. 1847, *DP* 1847. 4. 443.

1331.95 Surendettement. Postérieurement à la publication du commandement de saisie immobilière, la loi n° 98-46 du 23 janvier 1998[1] attribue désormais compétence au seul juge de la saisie immobilière pour prononcer la suspension des poursuites. C'est alors à la commission qu'il appartient de saisir le juge de la saisie d'une demande de suspension si la situation du débiteur l'exige (C. consom., art. L. 331-5). Cette modification du Code de la consommation confirme le rattachement au juge naturel de la saisie des « incidents » qui peuvent être soulevés en cours de procédure. Il n'y a plus de contradiction de compétences ni de décisions. Lorsque la date d'adjudication a été fixée, la commission ne peut saisir le juge aux fins de remise de la vente que dans les conditions prévues par l'article 703 ACPC, c'est-à-dire pour causes graves et dûment justifiées (v. s[s] n°s 1325.161 s.).

C. Exclusion des contestations qui ne sont pas des incidents

1331.100 Domaine large. Si les incidents doivent être formulés sous forme de dire (v. s[s] n°s 1332.30 s.), tous les dires ne seront pas des incidents car ils ne contiendront pas tous une contestation qu'un jugement devra trancher et toutes les demandes contentieuses ne seront pas non plus des incidents dès lors qu'elles ne tendront pas à anéantir la vente. Certaines instances, en outre, demeurent extérieures à la procédure de saisie et ne seront donc pas qualifiées d'incidents bien qu'ayant pour origine la saisie. Enfin, les instances qui sont formées après l'adjudication ne sont pas, par définition, des incidents de saisie.

1° Dires qui ne visent pas à anéantir la saisie

1331.101 Diversité de ces dires. Ainsi, les dires d'information, les dires sur formalités qui seront annexés au cahier des charges, les dires relatifs aux conditions de la vente.

Également les dires de report ou de remise de la vente : lors de l'audience éventuelle, le renvoi de la vente à plus de soixante jours peut être décidé dans l'intérêt de celle-ci (v. s[s] n° 1323.202). À l'audience d'adjudication, la remise de la vente peut encore être sollicitée, aujourd'hui, à quatre mois maximum, pour causes graves et dûment justifiées selon l'article 703 ACPC (v. s[s] n° 1325.172). Si ce texte qualifie d'incident la demande de remise de la vente il ne figure pas au titre XIII, et il ne s'agit pas d'un incident de saisie immobilière; la demande, comme le jugement rendu, obéit à un régime propre, même si des similitudes existent avec les incidents de saisie, notamment quant au délai pour introduire la demande (cinq jours avant le jour fixé pour l'audience d'adjudication, absence d'appel). Cette question a été envisagée au titre des événements pouvant affecter momentanément la vente, puisqu'il ne s'agit pas d'anéantir la procédure mais seulement d'en retarder l'issue (v. s[s] n°s 1325.161 s.).

2° Contestations extérieures à la saisie

1331.111 Suspension de la procédure. Des événements ponctuels, extérieurs à la procédure de saisie, peuvent conduire le tribunal à suspendre la procédure : surendettement, jugement de redressement judiciaire. L'événement justifiant la suspension n'est pas un incident né de la saisie[2], mais il emporte nécessairement des effets sur cette procédure (v. s[s] n°s 1313.80 s.). Il faut cependant bien distinguer : des contestations peuvent être valablement portées devant le juge des criées sur les effets d'une procédure collective; il s'agira alors de moyens de fond mais le jugement qui se borne à ordonner un sursis en constatant que la validité du titre est attaquée dans le cadre d'actions en justice, sans se prononcer sur la pertinence de celles-ci, ne tranche pas un moyen de fond[3]. De même, si les débiteurs ont saisi une juridiction d'une instance en annulation du titre servant de base aux poursuites et ont sollicité devant le juge des criées un sursis aux poursuites en l'attente de la décision à intervenir, leur demande ne constitue pas un moyen portant sur le fond du droit[4]. (En revanche, ce même argument, à savoir la nullité du titre servant de fondement aux poursuites, peut être soulevé directement devant le juge des criées par le saisi car il s'agit bien d'un incident de saisie immobilière soumis comme tel à la compétence du juge de la saisie – v. s[s] n° 1331.151). Aujourd'hui, la Cour de cassation décide que l'existence d'une opposition à commandement, même formée avant la procédure de saisie, ne peut s'imposer au juge des criées dès lors qu'elle est introduite selon la procédure de droit commun; aucune suspension ne peut donc être prononcée de ce chef et cette contestation demeure extérieure à la procédure de saisie immobilière.

1. L. n° 98-46, 23 janv. 1998, renforçant la protection des personnes surendettées en cas de saisie immobilière, *JO* 24 janv., p. 1127.

2. Com. 8 nov. 1973, n° 72-12.407, *Bull. civ.* IV, n° 318; *D.* 1974. 53, note Honorat – Civ. 2e, 11 juin 1981, n° 80-12.784, *Bull. civ.* II, n° 134; *JCP* 1981. IV. 310 – Com. 5 janv. 1983, n° 81-13.918, *Bull. civ.* IV, n° 4.
3. Civ. 2e, 12 mars 1997, n° 95-15.658, *Bull. civ.* II, n° 77.
4. Civ. 2e, 19 oct. 2000, n° 99-10.482, NP; *Procédures* 2001, n° 65.

1331.112 Inscription en faux contre le titre exécutoire. La règle, « *le criminel tient le civil en l'état* », ne concernant que l'action civile devant les tribunaux civils lorsque les tribunaux répressifs sont saisis de l'action publique, l'existence d'un procès pénal ne suspend pas automatiquement l'exercice d'une voie d'exécution mais le juge peut décider de l'opportunité de la suspension (v. s^s^ n° 1323.203).

Une jurisprudence ancienne avait exclu cette contestation du domaine des incidents[1]; un arrêt récent l'admet au contraire, mais tout en déniant au juge des criées le pouvoir de trancher la contestation sur le fond, estimant qu'il n'appartient pas au juge des saisies immobilières de remettre en cause un acte notarié argué de nullité[2]. Toutefois, dès lors que la contestation est qualifiée d'incident de saisie, le refus de vider ledit incident est critiquable car contraire à la jurisprudence développée par la deuxième chambre civile (v. s^s^ n°s 1331.32 et 1331.41).

1331.113 Action en responsabilité. Le fait d'agir en dommages et intérêts demeure une action extérieure à la procédure de saisie immobilière, l'action tendant en l'occurrence à obtenir indemnisation d'un préjudice et non à s'opposer à la saisie. L'action peut être fondée sur la responsabilité délictuelle ou contractuelle. Ce sera le cas, lorsqu'une action est engagée pour obtenir indemnisation du préjudice causé par la saisie[3] ou pour faire juger de la faute du poursuivant, prêteur, lors de l'établissement d'un acte de prêt[4] (ainsi d'un cas où le poursuivant avait omis d'aviser l'emprunteur de ce qu'il devait s'assurer contre le risque décès-invalidité[5] ou lorsque le prêteur a manqué à son devoir de conseil[6]). De même, l'opposition à commandement formée par le débiteur, qui s'analyse en fait en une action en responsabilité contractuelle contre la banque et tendant à une compensation des créances, ne constitue pas un incident de saisie immobilière au sens de l'article 718 ACPC (ainsi d'un cas où l'établissement prêteur avait débloqué les fonds prêtés pour un montant supérieur à l'état d'avancement des travaux[7]). Toutefois, la demande en dommage et intérêts pourra être formée à titre reconventionnel devant le juge des criées. Sa décision sera-t-elle alors qualifiée d'incident ? La réponse est négative (en ce sens, cas où le saisi estimait que le créancier avait pris une hypothèque dont l'assiette était disproportionnée par rapport au montant de la créance[8]).

1331.114 Demandes formées par des tiers ou contre un tiers. Mis à part le cas de la demande en distraction et de l'action en résolution de vente (v. s^s^ n°s 1324.231 s. et 1324.161 s.), incidents nommément visés par le titre XIII, il faut exclure les actions menées par ou contre les tiers du domaine des incidents de saisie afin de les faire échapper au régime spécial de ces contestations. Cette hypothèse est à distinguer de l'intervention d'un tiers à la procédure (v. s^s^ n° 1331.94). De même pour la demande en annulation d'un bail consenti par le saisi : la demande n'étant pas susceptible d'exercer une influence sur la procédure de saisie, le jugement qui se prononce sur cette question ne tranche pas un incident de saisie[9]. La troisième chambre civile a toutefois jugé que le juge de la saisie immobilière était compétent pour apprécier la validité d'un bail rural dont se prévalait le preneur, intervenu à l'instance par dire, afin que soit insérée une clause au cahier des charges portant l'existence de ce bail à la connaissance des adjudicataires éventuels[10]. Mais une telle intervention est-elle réellement de nature à exercer une influence immédiate et directe sur la procédure de saisie ?

1331.115 Demandes formées postérieurement à l'adjudication. Elles n'ont nécessairement pas d'incidence sur la procédure puisque le jugement d'adjudication définitive met un terme à la procédure de saisie. Ainsi pour la demande en nullité de l'adjudication[11], pour une demande en nullité du cahier des charges formée après l'adjudication[12], pour la tierce opposition formée contre le jugement d'adjudication et tendant à la distraction d'une partie des immeubles saisis[13].

SECTION 2
CLASSIFICATION DES INCIDENTS SELON LEUR OBJET

1331.121 Objet des incidents. En adoptant une lecture extensive de la notion d'incident, comme

1. Nîmes, 16 mars 1869, *DP* 1874. 5. 442; *S.* 1869. 2. 226.
2. Aix-en-Provence, 15e ch. A, 30 juin 2004, *Dr. et proc.* 2005. 44, obs. Llahi.
3. Civ. 10 juill. 1900, *DP* 1900. 1. 493.
4. Civ. 2e, 2 déc. 1992, n° 90-16.443, NP.
5. Civ. 2e, 23 janv. 1991, n° 89-13.565, *Bull. civ.* II, n° 36; *D.* 1992. 97; *Gaz. Pal.* 1991. 1. Somm. 357.
6. Civ. 2e, 21 janv. 2010, n° 09-11.223, NP.
7. Civ. 2e, 16 mai 2002, n° 99-12.259, *Bull. civ.* II, n° 104.
8. Civ. 2e, 16 déc. 1999, n° 97-13.325, NP; *Procédures* 2001, n° 66.
9. Civ. 2e, 8 avr. 1998, n° 96-17.057, *Bull. civ.* II, n° 126; *Gaz. Pal.* 14-16 mars 1999. Somm. 15, obs. Véron; *D.* 1998. IR 130.
10. Civ. 3e, 2 févr. 2005, n° 03-18.347, *Bull. civ.* III, n° 27.
11. Civ. 2e, 20 juin 1996, n° 94-16.607, *Bull. civ.* II, n° 165; *Gaz. Pal.* 1997. 1. 25, note du Rusquec.
12. Orléans, 14 mai 1850, *DP* 1850. 2. 161.
13. T. civ. Seine, 15 janv. 1942, *Gaz. Pal.* 1942. 1. 172.

étant tout ce qui se rattache à la procédure, la Cour de cassation permet de renvoyer l'essentiel des contestations à la compétence du tribunal chargé de la procédure de saisie, quel que soit leur objet. On distingue aujourd'hui, les contestations qui portent sur le fond du droit et celles portant sur la régularité de la procédure mais ces différentes contestations visent toutes deux à anéantir ou différer la poursuite. En outre, sont des incidents de saisie immobilière les contestations dénommées au titre XIII ACPC et dont l'objet peut être très divers. Indépendamment de la question des recours contre les jugements statuant sur ces incidents (v. s[s] n°s 1333.40 s.), il est utile de faire le point sur toutes les contestations qualifiées d'incidents, afin de circonscrire le domaine de compétence de la juridiction des criées.

§ 1
Contestations visant à anéantir ou différer la poursuite

1331.130 Distinction. La jurisprudence inclut aujourd'hui les contestations portant sur le fond du droit (pour les recours toutefois, v. s[s] n°s 1333.60 s.); plus traditionnellement, sont des incidents, les moyens tendant à contester la régularité de la procédure.

A.
Contestations portant sur le fond du droit

1331.140 Évolution jurisprudentielle. Certains moyens de fond sont expressément visés par l'ancien Code de procédure civile car dirigés contre la mesure d'exécution elle-même : contestations portant sur la capacité, la propriété, l'insaisissabilité ou l'inaliénabilité des biens saisis (ACPC, art. 731). La jurisprudence, en outre, admet que d'autres contestations, extérieures à la procédure, mais portant également sur le fond du droit, soient tranchées par la juridiction des criées; c'est notamment le cas des contestations portant sur le principe même de la créance, sur le titre et sur le droit d'agir du créancier.

1°
Contestations portant sur le principe même de la créance

1331.141 • Caractère certain. Les contestations mettant en cause le caractère certain de la créance pour le recouvrement de laquelle est engagée la procédure de saisie immobilière sont des contestations de fond[1]. En revanche, les contestations qui ne portent que sur le montant de la créance, quand le principe n'en est pas contesté, ne touchent pas au fond du droit; il ne s'agit que d'une exception de compte[2] (ex. de contestation relative à l'imputation d'acomptes[3], à la régularité de la stipulation d'intérêts[4] au caractère erroné du taux effectif global[5], au défaut de respect de l'obligation d'information annuelle de la caution et de la prescription des intérêts[6]).

1331.142 • Existence de la créance. Le demandeur peut prétendre avoir bénéficié d'une remise de la dette[7], ou avoir fait des paiements antérieurs ayant éteint la dette[8], ou faire constater que les règlements d'un assureur ont éteint la créance[9], plaider l'extinction de la dette pour défaut de déclaration du créancier au passif de la procédure collective[10], ou encore faire état d'une compensation[11]. Le débiteur peut encore demander au tribunal de déclarer satisfactoires ses offres réelles de paiement[12] ou constater que les offres réelles ont libéré le saisi[13]. De même quand la saisie est dirigée contre la caution, celle-ci peut contester l'existence de sa dette au motif que sa garantie est éteinte[14]. Il est encore possible d'invoquer la nullité de la reconnaissance de dette (pour erreur et absence de cause[15] – pour une cause postérieure au jugement ayant validé la surenchère et fixé la date de la vente[16]), l'extinction de la créance par suite de la novation de débiteur[17] ou l'existence d'une convention d'assurance de groupe conduisant l'assureur à se substituer au saisi[18]. La contestation peut encore porter sur le taux de change pratiqué, si cet élément a une incidence sur l'existence de la

1. Civ. 2e, 23 févr. 1994, n° 92-19.774, *Bull. civ.* II, n° 75.
2. Civ. 2e, 12 nov. 1997, n° 95-20.286, *Bull. civ.* II, n° 276 – Civ. 2e, 21 juin 1989, n° 87-16.041, *Bull. civ.* II, n° 135.
3. Civ. 2e, 17 mars 1986, n° 84-14.655, *Bull. civ.* II, n° 44.
4. Civ. 2e, 22 mars 2001, n° 99-16.363, *Bull. civ.* II, n° 63 – Civ. 2e, 10 févr. 2005, n° 03-14.838, NP.
5. Civ. 2e, 20 oct. 2005, n° 04-11.534, *Bull. civ.* II, n° 273.
6. Com. 13 mars 2012, n° 11-10.289, *Bull. civ.* IV, n° 55.
7. Civ. 2e, 20 janv. 1983, n° 81-13.178, *Bull. civ.* II, n° 18; *D.* 1983. IR 399, obs. Julien.
8. Civ. 2e, 15 déc. 1986, n° 85-14.600, *Bull. civ.* II, n° 192.
9. Civ. 2e, 13 janv. 2000, n° 97-14.027, *Bull. civ.* II, n° 10.
10. Civ. 2e, 26 juin 2003, n° 01-16.166, *Bull. civ.* II, n° 215; *D.* 2003. 1911, obs. Lienhard.
11. Civ. 2e, 10 juin 2010, n° 09-12.965, NP.
12. Civ. 2e, 11 mars 1998, n° 96-12.515, *Bull. civ.* II, n° 83.
13. Civ. 2e, 2 mars 2000, n° 98-13.643, NP; *Gaz. Pal.* 8-9 déc. 2000. Somm. 24.
14. Civ. 2e, 3 déc. 1980, n° 79-10.285, *Bull. civ.* II, n° 253.
15. Civ. 2e, 25 janv. 1984, n° 82-10.602, *Bull. civ.* II, n° 15; *Gaz. Pal.* 1984. 1. Somm. 207, obs. Véron.
16. Civ. 2e, 15 déc. 1986, n° 85-14.600, *Bull. civ.* II, n° 192; *Gaz. Pal.* 1987. 1. Somm. 344, obs. Véron.
17. Civ. 3e, 9 oct. 1991, n° 90-15.608, *Bull. civ.* II, n° 249; *Gaz. Pal.* 1992. 1. Somm. 292, obs. Véron.
18. Civ. 2e, 1er mars 1995, n° 92-19.148, *Bull. civ.* II, n° 70 – Civ. 2e, 25 févr. 1998, n° 96-19.013, *Bull. civ.* II, n° 63.

créance[1]. Dans toutes ces hypothèses, le demandeur soulèvera une question touchant au fond du droit.

1331.143 • Exigibilité de la créance. D'abord considérée comme un moyen de nullité contre la procédure de saisie (pour une renonciation à une déchéance du terme[2]), la contestation portant sur l'échéance ou la déchéance du terme est aujourd'hui analysée comme un moyen tiré du fond du droit[3].

2°
Contestations portant sur le titre et le droit d'agir

1331.151 Existence et validité du titre exécutoire. Lorsque la validité du titre du poursuivant est contestée, il s'agit encore d'un moyen de fond[4]. Ce pourra être le cas parce que l'acte sous seing privé sur lequel est fondée la poursuite n'a pas été authentifié par notaire[5], parce que le titre sera argué de faux[6] (v. s[s] nº 1331.112), sans cause[7], prétendu irrégulier (dans le cas d'un endossement d'une copie d'acte constatant une créance hypothécaire[8]), ou nul (pour un prêt contracté sans autorisation de l'assemblée générale des actionnaires[9] – pour un acte de prêt notarié vicié par les manœuvres dolosives du prêteur[10]).

Lorsque la saisie est dirigée contre la caution l'existence et la validité du cautionnement peuvent être contestées (ainsi lorsque la caution conteste l'étendue de ses obligations, son engagement étant limité aux dettes sociales résultant de certains ordres de virement seulement[11], ou lorsqu'elle conteste la validité des actes de saisie[12]; ou encore lorsque les garants, qui avaient consenti une hypothèque sur un immeuble leur appartenant pour garantir l'encours de créances commerciales accordé à une société, arguaient de ce que la créance du poursuivant n'avait pas été vérifiée ni admise au passif de la société débitrice[13]). En revanche, lorsqu'une caution réelle invoque le bénéfice de discussion de l'article 2465[14] du Code civil pour s'opposer à la poursuite, il s'agit d'une demande de suspension temporaire de la poursuite[15].

1331.152 Contestations portant sur le droit d'agir – Effets des procédures collectives. Des dires peuvent contester les effets de la survenance d'une procédure collective[16]. Ils sont à distinguer des dires en information de l'existence d'une procédure collective.

B.
Contestations portant sur la procédure

1331.160 Nullités et déchéances. La procédure de saisie immobilière étant très formaliste et les différents actes devant être accomplis dans des délais légaux, des incidents peuvent être formés pour soulever des nullités de forme et de fond et des déchéances, soit afin de voir déclarer nulle la procédure soit afin de faire déclarer le poursuivant déchu. En outre, sans être une contestation portant sur la procédure, la demande tendant à faire ordonner la radiation de la saisie est, par référence à la procédure antérieure à la réforme de 1938, assimilée à un incident de saisie.

1°
Nullités pour irrégularité de fond

1331.161 Domaine. Les moyens de fond contre la procédure renvoient aux dispositions de l'article 117 C. pr. civ. sous la rubrique *Nullité des actes pour irrégularité de fond*. Il s'agit du défaut de capacité d'ester en justice, du défaut de pouvoir du créancier poursuivant ou du défaut de capacité et de pouvoir d'une personne assurant sa représentation en justice. Mais l'article 731 ACPC envisage encore des moyens de fond tirés de la propriété, de l'insaisissabilité ou de l'inaliénabilité des biens.

1331.162 Capacité et pouvoir :

– il ne faut pas confondre les contestations posant un problème de capacité et les moyens fondés sur le défaut de respect des interdictions d'enchérir, qui n'instituent que des mesures de police des enchères[17] (v. s[s] nº 1325.91). Ces contestations sont dans les

1. Civ. 2e, 4 janv. 1990, nº 88-10.102, *Bull. civ.* II, nº 5; *D.* 1990. Somm. 349, obs. Julien; *Gaz. Pal.* 1990. 2. Somm. 364.
2. Civ. 2e, 27 juin 1990, nº 89-13.772, *Bull. civ.* II, nº 156; *Gaz. Pal.* 1991. 1. Somm. 161, obs. Véron – Civ. 2e, 5 avr. 1993, nº 91-20.219, *Bull. civ.* II, nº 150.
3. Civ. 2e, 1er mars 1995, nº 93-13.342, *Bull. civ.* II, nº 69.
4. Civ. 2e, 8 avr. 1998, nº 96-15.897, *Bull. civ.* II, nº 127; *D.* 1998. IR 126 – Civ. 2e, 21 janv. 1999, nº 96-21.846, NP; *Procédures* 1999, nº 99.
5. Civ. 2e, 9 oct. 1991, nº 90-15.608, *Bull. civ.* II, nº 249.
6. Civ. 2e, 11 juin 1981, nº 80-10.247, *Bull. civ.* II, nº 133.
7. Civ. 2e, 25 janv. 1984, nº 82-10.602, *Bull. civ.* II, nº 15.
8. Com. 9 mars 1999, nº 96-20.196, *Bull. civ.* IV, nº 55; *JCP* 1999. IV. 1852.
9. Civ. 2[e], 8 avr. 1998, nº 96-15.897, *Bull. civ.* II, nº 127.
10. Civ. 2[e], 3 oct. 2002, nº 01-03.337, *Bull. civ.* II, nº 208 – Civ. 2[e], 10 mars 2005, nº 03-17.692, *Bull. civ.* II, nº 69.
11. Civ. 1[re] 28 oct. 1980, nº 79-12.520, *Bull. civ.* II, nº 276.
12. Civ. 2[e], 8 oct. 1986, nº 85-14.745, *Bull. civ.* II, nº 133 – Civ. 3[e], 23 nov. 2005, nº 04-16.422, *Bull. civ.* III, nº 226.
13. Com. 21 mars 2006, nº 05-10.451, NP.
14. C. civ., anc. art. 2170 (transf. par Ord. nº 2006-346, 23 mars 2006).
15. Civ. 2e, 24 mai 1989, nº 88-12.841, *Bull. civ.* II, nº 117.
16. Civ. 2e, 24 mars 1993, nº 90-18.599, *Bull. civ.* II, nº 128.
17. Civ. 2e, 19 nov. 1986, nº 85-13.213, *Bull. civ.* II, nº 168; *D.* 1986. IR 476.

deux cas tranchées par le juge des criées mais le régime des recours différera (v. s[s] n°s 1333.40 s.);

– une contestation portant sur l'existence de la société surenchérisseuse[1] ou sur celle de la société débitrice saisie[2], est un moyen de fond contre la procédure; de même une contestation relative aux pouvoirs d'un huissier dans la rédaction d'un procès-verbal[3]; ou l'omission du commandement préalable au débiteur originaire dans une procédure à tiers détenteur; de même, la contestation portant sur le défaut de qualité du créancier poursuivant[4].

1331.163 Propriété. La question de savoir si le saisi est propriétaire du bien soulève bien évidemment une question de fond qui peut se présenter de différentes façons : ainsi, le jugement statuant sur l'action en revendication d'un tiers, qui demande la délivrance d'une partie de l'immeuble que la partie saisie s'était engagée à lui donner en paiement du solde du prix d'achat du terrain, est un moyen de fond[5]; de même pour la demande en distraction d'un immeuble saisi, émanant de l'épouse contre son époux sur poursuite du syndic de la liquidation des biens de ce dernier[6].

La contestation peut encore porter sur l'application aux débiteurs de la loi du 6 janvier 1982 en faveur des rapatriés[7], à condition que le bénéfice de la loi soit demandé avant le jugement et non au stade de l'appel[8].

De même, soulève une question de fond le dire d'un tiers prétendant au bénéfice de l'article 555 du Code civil[9].

Mais, la contestation du saisi, tirée de ce qu'il avait accepté sous bénéfice d'inventaire la succession dont dépendait l'immeuble saisi n'est pas un moyen de fond[10]; en outre, l'héritier sous bénéfice d'inventaire n'est pas un tiers détenteur car l'acceptation confère la qualité d'héritier[11]. L'héritier ne soulève donc pas un moyen de fond contre la procédure mais forme une demande de remise de poursuite.

1. Civ. 2e, 18 mai 1989, n° 86-17.622, *Bull. civ.* II, n° 114.
2. Civ. 2e, 24 janv. 1990, n° 88-17.977, NP.
3. Civ. 2e, 5 avr. 1991, n° 89-17.518, *Bull. civ.* II, n° 112.
4. Com. 10 mars 2009, n° 08-11.031, NP.
5. Civ. 2e, 29 oct. 1990, n° 89-14.786, *Bull. civ.* II, n° 224; *Gaz. Pal.* 1991. 2. Somm. 270, obs. Véron.
6. Civ. 2e, 30 nov. 1988, n° 86-19.451, *Bull. civ.* II, n° 241.
7. Civ. 2e, 25 janv. 1989, n° 87-18.797, *Bull. civ.* II, n° 22 – Civ. 2e, 18 nov. 1987, n°s 85-15.817 et 85-15.823, *Bull. civ.* II, n°s 238 et 239.
8. Civ. 2e, 19 oct. 1988, n° 87-16.479, *Bull. civ.* II, n° 201.
9. Civ. 2e, 4 mai 1988, n° 87-12.017, *Bull. civ.* II, n° 104.
10. Civ. 2e, 30 juin 1993, n° 91-11.787, *Bull. civ.* II, n° 242; *JCP* 1993. IV. 2164; *Rev. huiss.* 1993. 1189.
11. Civ. 2e, 30 juin 1993, n° 91-11.784, *Bull. civ.* II, n° 243.

1331.164 Insaisissabilité ou inaliénabilité. La contestation portant sur l'insaisissabilité des biens saisis constitue un moyen de fond[12]. Le saisi peut arguer de ce que le droit est insaisissable parce qu'il ne porte que sur des biens indivis[13], sauf l'hypothèse où la saisie des droits indivis est possible, dans la mesure où, par l'effet d'une autre procédure, la vente portera sur la pleine propriété du bien. Tel sera le cas, par exemple, de deux époux mariés en séparation de biens et propriétaires en indivision d'un même immeuble, lorsque l'un des deux aura consenti une hypothèque sur ses droits indivis en garantie d'un prêt, avec cautionnement hypothécaire de l'autre époux sur ses propres droits; le créancier, dans cette hypothèse, n'a d'autre possibilité d'exécution que de saisir d'une part les droits indivis de l'époux débiteur et d'engager parallèlement une procédure à tiers détenteur à l'encontre de la caution réelle. Chaque voie d'exécution va porter sur des droits indivis mais un seul et même cahier des charges sera déposé pour parvenir à la vente de la pleine propriété.

2°
Nullités de forme et déchéances

1331.171 Distinction selon l'objet de l'incident. Avant l'audience éventuelle, puis avant l'audience d'adjudication, il est possible de soulever la nullité d'un acte pour défaut de respect des exigences de forme légales et aussi d'invoquer le défaut d'accomplissement des actes dans les délais légaux.

L'article 715 ACPC énumère les articles dont le contenu est prescrit à peine de nullité, dès lors qu'il en est résulté un grief (ACPC, art. 673, 674, 688, 689, 690, 692, 694 al. 2 et 3, 696, 699, 702, 703 al. 4 et 5, 704 al. 1er et 2, 705, 706, 708 à 711). Les délais prévus aux mêmes articles sont prescrits à peine de déchéance. En envisageant ensemble nullités et déchéances, l'article 715 contribue à une confusion car ces deux moyens de procédure n'obéissent pas au même régime (sur les délais pour les soulever, v. s[s] n°s 1332.04 s.).

1331.172 Nullités de forme. Un acte ne sera annulé que si la démonstration du grief causé par son irrégularité de forme est apportée (ainsi, à propos du commandement de saisie[14]; pour les autres actes, v. les développements qui leur sont consacrés).

1331.173 Déchéances. Elles sont acquises de plein droit à l'expiration du délai fixé, sans qu'il

12. Civ. 2e, 3 juin 1999, n° 97-17.661, *Bull. civ.* II, n° 111.
13. Civ. 2e, 13 mars 1985, n° 83-17.346, *Bull. civ.* II, n° 68 – Civ. 2e, 15 janv. 1992, n° 90-18.140, NP.
14. Civ. 2e, 12 déc. 1990, n° 89-18.876, *Bull. civ.* II, n° 267; *Gaz. Pal.* 1991. Somm. 357, obs. Véron.

soit besoin d'apporter la démonstration d'un grief. La lecture de l'article 715 ACPC exclut la recherche d'un grief lorsqu'un incident de procédure fait référence à l'inobservation d'un délai prescrit à l'un des articles énumérés; cette seule inobservation des délais suffit, la déchéance étant acquise de plein droit à l'expiration du délai [1].

Cette distinction de régime ne se justifie pas et est source d'incidents fréquents; elle porte d'ailleurs atteinte à l'efficacité de la saisie immobilière et peut même tendre à l'absurde : dans certains cas, l'absence de formalités pourra être appréciée moins sévèrement, si aucun grief n'est démontré, que l'exécution de cette formalité hors délai, alors même que ce retard n'aurait causé aucun préjudice aux parties. Ainsi, l'absence de délivrance de la sommation de prendre connaissance du cahier des charges à l'un des saisis ne sera pas sanctionnée si celui-ci constitue malgré tout avocat et fait valoir des moyens de défense alors que la délivrance de cette sommation, le lendemain de l'expiration du délai de huit jours, entraînera, sans autre condition, une caducité automatique. De même, la réquisition d'états sur formalité un jour trop tôt sera sanctionnée par la déchéance, même s'il n'en est résulté aucun grief alors que l'absence de réquisition ne devrait pas être sanctionnée si tous les créanciers inscrits ont été régulièrement sommés. En outre, dans ce cas, seuls les créanciers semblent pouvoir invoquer un grief alors que la déchéance encourue pour une réquisition anticipée peut être soulevée par le saisi.

Le juge ne peut relever une partie d'une déchéance encourue et autoriser la reprise des poursuites [2], ni limiter les effets d'une déchéance à certains actes de la procédure [3]. Il n'est pas possible de refaire l'acte omis, même si la déchéance n'a pas encore été opposée [4].

Il faut en outre être très attentif à la rédaction de l'article 715 ACPC : ainsi, seul le respect des délais prévus aux alinéas 4 et 5 de l'article 703 ACPC (relatif à la demande de remise pour causes graves et dûment justifiées) est prescrit à peine de déchéance, à l'exclusion du délai prévu à l'alinéa 2, qui prévoit que le jugement fixe de nouveau le jour de l'adjudication qui ne peut être éloigné aujourd'hui, de plus de quatre mois; le créancier peut donc reprendre les poursuites après l'expiration de ce délai [5].

1. Civ. 2e, 28 nov. 1979, n° 78-12.547, *Bull. civ.* II, n° 279; *D.* 1980. IR 152, obs. Julien; *JCP* 1980. II. 19471, note Martin; *Gaz. Pal.* 1980. 2. 192, note J. V. – Civ. 2e, 12 mars 1980, n° 78-15.104, *Bull. civ.* II, n° 57; *D.* 1980. IR 328 – Civ. 2e, 2 oct. 1980, n° 79-10.930, *Bull. civ.* II, n° 191; *D.* 1981. IR 152, obs. Julien – Civ. 2e, 16 mai 1990, n° 89-13.579, *Bull. civ.* II, n° 94; *D.* 1990. Somm. 349, obs. Julien; *Gaz. Pal.* 1990. 2. Somm. 628, obs. Véron.
2. Civ. 2e, 2 oct. 1980, n° 79-10.930, *Bull. civ.* II, n° 191 – Civ. 2e, 16 janv. 1985, n° 83-14.323, *Bull. civ.* II, n° 10.
3. Civ. 2e, 16 mai 1990, n° 89-13.579, *Bull. civ.* II, n° 94.
4. Civ. 2e, 29 oct. 1986, n° 85-13.793, *Bull. civ.* II, n° 153 – Civ. 2e, 12 mars 1997, n° 95-13.480, *Bull. civ.* II, n° 76.

3°
Demande de radiation de la mesure d'exécution

1331.181 **Justification.** Il ne s'agit pas à proprement parler d'un incident visé par le titre XIII mais il est concevable d'intégrer cette demande dans le domaine des incidents de saisie car elle a pour effet d'anéantir la procédure en cours. En outre, la radiation faisant partie des incidents avant la réforme de 1938, l'habitude est restée de continuer à traiter cette demande comme un incident de saisie immobilière. La jurisprudence soumet, au demeurant, le jugement rendu sur cette demande aux dispositions des articles 731 et 732 ACPC.

1331.182 **Fondements.** La radiation est envisagée aux articles 680 et 694 alinéa 2 ACPC et s'opère par mention en marge du commandement publié; il s'agit en fait de la mainlevée de la mesure d'exécution, à distinguer de la simple radiation administrative (C pr. civ., art. 381) qui peut être opérée à la suite d'une décision de suspension de la procédure. Le terme de jugement de radiation étant équivoque, lorsque le juge statue en vertu de l'article 694, la décision doit préciser si le jugement ne se borne pas à retirer l'affaire du rôle ou s'il prononce la radiation de la saisie [6].

La radiation sera ordonnée par le tribunal lorsque les créanciers auront été désintéressés ou lorsqu'un jugement aura constaté la nullité ou la caducité de la procédure de saisie (v. s^s n°s 1332.51 s.).

§ 2
Incidents dénommés

1331.191 **Rappel.** Le Titre XIII, du Livre V de l'Ancien Code de procédure civile contient un certain nombre de dispositions visant des incidents particuliers : ceux provenant du concours de créanciers : ainsi la demande de jonction (ACPC, art. 719 s. - v. ss nos 1324.171 s.) et de subrogation (ACPC, art. 722 s. - et v. ss n° 1324.200), les incidents émanant d'un tiers ou du saisi, tels la demande en distraction (ACPC, art. 725 s. - v. ss n° 1324.231) et la conversion en vente volontaire (ACPC, art. 744 s. - v. ss nos 1324.20 s.) ou encore l'incident de folle enchère à la suite du défaut de paiement du prix d'adjudication (ACPC, art. 733 s. - v. ss nos 1343.05 s.). Pour chacun de ces incidents il faut se référer aux règles applicables qui peuvent déroger au régime général des incidents.

5. Civ. 2e, 26 janv. 1994, n° 91-21.742, *Bull. civ.* II, n° 39.
6. Civ. 2e, 18 avr. 1980, n° 78-14.664, *Bull. civ.* II, n° 75.

CHAPITRE

1332. Procédure et régime des incidents

ANNE LEBORGNE
PROFESSEUR À L'UNIVERSITÉ D'AIX-MARSEILLE

SECTION 0
ORIENTEUR

1332.00 Plan du chapitre.

Rappel : régime applicable à la saisie immobilière (ancien Code de procédure civile ou réforme) – La procédure de saisie immobilière a été réformée par l'ordonnance n° 2006-461 du 21 avril 2006 qui a modifié le Code civil[1], et par le décret n° 2006-936 du 27 juillet 2006[2], qui a abrogé les articles 673 à 717 de l'ancien Code de procédure civile (ACPC). Le décret, entré en vigueur le 1er janvier 2007, n'est pas applicable aux procédures de saisies immobilières ayant donné lieu, avant son entrée en vigueur, au dépôt du cahier des charges prévues à l'article 688 ACPC. Les développements suivants, consacrés à la procédure telle que réglementée par l'ancien Code de procédure civile, ont donc été maintenus.

1332.04 Objectif. Il fallait à la fois soumettre le règlement de ces contestations à une procédure simple et rapide et éviter les recours excessifs qui auraient paralysé la saisie immobilière durablement, la rendant inefficace comme mesure d'exécution; pour cela le législateur a restreint les voies de recours contre les jugements statuant sur des incidents et la jurisprudence a aménagé cette restriction. Toutefois, la simplification n'est pas totale car la forme et les délais pour saisir le tribunal d'un incident diffèrent selon leur objet, ce qui rend la procédure plus complexe sans grande raison.

SECTION 1
PROCÉDURE

1332.10 Plan. Les incidents vont donner lieu à jugement qui tranchera une contestation; il faudra donc, comme pour tout procès, saisir le juge des criées de cette contestation, mais selon des formes simplifiées.

§ 1
Une procédure simplifiée

1332.11 Compétence. Elle appartient au tribunal de grande instance (TGI) statuant en audience des saisies immobilières. Il n'existe pas devant les TGI de chambres ou de formations ayant reçu compétence spéciale et exclusive en matière de saisie immobilière. C'est la formation de droit commun qui se réunit « *en audience de saisie immobilière* ». Depuis 1987, la Cour de cassation décide que les incidents de saisie immobilière sont également de la compétence du juge unique, comme l'audience

1. Ord. n° 2006-461, 21 avr. 2006, réformant la saisie immobilière, *JO* 22 avr., p. 6072.
2. Décr. n° 2006-936, 27 juill. 2006, *relatif aux procédures de saisie immobilière et de distribution du prix d'un immeuble*, *JO* 29 juill., p. 11316.

d'adjudication[1] sauf si les parties demandent le renvoi à la formation collégiale, alors qu'auparavant on considérait que les incidents relevaient toujours de la formation collégiale. En pratique, un magistrat de TGI est désigné à cette fonction par le président (C. pr. civ., art. 801).

1332.12 Une procédure spéciale et autonome. Les affaires sont instruites et jugées d'urgence (ACPC, art. 718, al. 2); ce qui signifie qu'il convient d'utiliser les procédures simplifiées devant le TGI. Les formes et délais de la procédure spéciale aux incidents de saisie immobilière, et notamment l'article 718 ACPC, sont ainsi incompatibles avec les dispositions du Code de procédure civile relatives à la procédure ordinaire suivie devant le TGI, qu'il s'agisse des dispositions concernant l'instruction des affaires devant le juge de la mise en état[2], comme des dispositions régissant la procédure à jour fixe (ainsi de la cour d'appel de Versailles qui juge qu'il appartient donc à la partie la plus diligente de saisir le président de la chambre pour obtenir une date d'audience conforme aux dispositions du dernier alinéa de l'article 732 ACPC, la priorité par laquelle l'affaire doit être appelée résultant de la loi et n'ayant pas à être justifiée par un quelconque péril[3]). L'article 718 n'exigeant plus les conclusions du Ministère public, la communication du dossier à ce magistrat n'est plus obligatoire.

La procédure d'incident est distincte de la procédure de saisie immobilière, même si elle s'insère, en quelque sorte, dans celle-ci. En conséquence, si l'instance d'incident est atteinte de péremption, la procédure de saisie subsiste, dégagée de cet incident[4].

L'existence d'une procédure spéciale a récemment conduit la Cour de cassation à préciser le caractère autonome de la procédure d'incident : le juge des criées ne peut prendre en considération un incident de saisie introduit devant lui selon la procédure de droit commun, ou développé devant une autre juridiction; ce qui a pour conséquence que le juge ne doit pas tenir compte des arguments invoqués selon la procédure de droit commun pour suspendre la procédure de saisie (ainsi pour un incident aux fins de déclarer nulles les poursuites[5] – *id.* pour une opposition à commandement[6]).

Cette solution bouleverse la pratique admise devant certains tribunaux qui consistait à attendre, dans le cas où une juridiction civile avait déjà été saisie selon la procédure de droit commun, que celle-ci se dessaisisse au profit du juge des criées. Mais si la Cour de cassation ne condamne pas cette pratique, elle a précisé en 1995 que le juge des criées n'avait pas à en être prisonnier : il n'est tenu que des seuls moyens développés selon la procédure d'incident[7]. Si une procédure a été introduite devant une juridiction de droit commun avant l'engagement de la procédure de saisie, la partie qui entendra s'en prévaloir devant le juge des criées n'aura donc d'autre solution que de reformuler son argumentation, selon la procédure d'incident, devant le juge des criées.

§ 2
Déroulement

1332.21 Demandeur à l'incident. Pour former un incident, il faut avoir intérêt. Cette exigence, traditionnelle de procédure civile (C. pr. civ., art. 31), s'impose d'autant plus en matière de saisie immobilière où l'issue de l'instance ne doit pas être retardée par des contestations dilatoires. Dès lors, la partie poursuivante ne peut se prévaloir de prétendues irrégularités[8]. Mais l'adjudicataire peut se prévaloir de la nullité de la saisie[9] (sur la forme de l'acte de saisine, v. s[s] n° 1332.31).

1332.22 Parties à l'incident. Le demandeur doit faire venir à la procédure d'incident le saisi et le poursuivant s'il n'est pas l'un des deux; l'ancien Code de procédure civile n'exige pas que soient également parties les créanciers inscrits, même si l'incident est soulevé après les sommations, car ces créanciers sont représentés par le poursuivant à compter de la mention des sommations en marge du commandement publié[10]. En matière de demande en radiation, en revanche, l'ensemble des créanciers inscrits devrait nécessairement être attrait à la procédure dans la mesure où les sommations auront été mentionnées en marge du commandement publié. En effet, en vertu de l'article 694 alinéa 2 ACPC, du jour de cette mention, la saisie ne peut plus être rayée que du consentement des créanciers

1. Civ. 2e, 25 nov. 1987, n° 86-14.540, *Bull. civ.* II, n° 246; *D.* 1988. 2. 155, note Prévault.
2. TGI Épinal, 23 déc. 1982, *JCP* 1984. II. 20172, obs. Prévault – Civ. 2e, 19 mai 1999, n° 97-11.097, *Bull. civ.* II, n° 98; *JCP* 1999. IV. 2297, *Procédures* 1999, n° 206, obs. Junillon.
3. Versailles, 23 oct. 2002, *Dr. et proc.* 2003. 58.
4. Civ. 2e, 6 févr. 1991, n° 89-21.371, *Bull. civ.* II, n° 48.
5. Civ. 2e, 26 juin 1991, n° 90-15.334, *Bull. civ.* II, n° 199; *JCP* 1991. IV. 347.
6. Civ. 2e, 22 mai 1995, n° 93-18.748, *Bull. civ.* II, n° 156; *D.* 1995. IR 162.
7. Civ. 2e, 22 mai 1995, n° 93-18.748, *Bull. civ.* II, n° 156.
8. Civ. 2e, 4 mai 1987, n° 85-18.846, *Bull. civ.* II, n° 89; *Gaz. Pal.* 1987. 2. Somm. 493, obs. Véron.
9. Civ. 2e, 14 janv. 1987, n° 85-12.079, *Bull. civ.* II, n° 18; *RTD civ.* 1987. 608, obs. crit. Perrot.
10. Req. 12 déc. 1898, *DP* 1899. 1. 304.

inscrits ou en vertu d'un jugement qui leur soit opposable.

Les défendeurs doivent constituer avocat si ce n'est déjà fait. Leurs conclusions, comportant éventuellement constitution, seront signifiées[1].

1332.23 Audience. Pour les incidents de nullités ce sera l'audience éventuelle ou d'adjudication selon l'époque où le dire sera formé (ACPC, art. 727 et 728). Mais les contestations portant sur le fond peuvent être formées à tout moment; de même pour les moyens tirés de l'inobservation des délais. il y aura alors une audience d'incident au jour habituel des audiences de saisies immobilières.

SECTION 2
RÉGIME

1332.30 Plan. L'objet de l'incident détermine les formes pour le déposer et les délais à respecter. Le régime n'est donc pas unifié ce qui rend la matière complexe.

§ 1
Formes des incidents

1332.31 Diversité. En vertu de l'article 718 ACPC, le tribunal est saisi soit par un acte d'avocat à avocat contenant les moyens et conclusions, soit par assignation, au délai ordinaire des ajournements, si la partie saisie n'a pas constitué avocat.

1332.32 • Assignation. Lorsque la demande est formée par assignation, le délai de quinze jours de l'article 755 C. pr. civ. doit être respecté[2].

1332.33 • Acte d'avocat à avocat. L'article 718 ACPC semble édicter une règle générale pour tous les incidents.

Cependant, quelques autres articles semblent prévoir des modalités différentes : ainsi, selon l'article 727 ACPC, le **dire** d'incident en nullité doit être **annexé** au cahier des charges et selon l'article 692 du même code, le dire de résolution de vente doit être **mentionné** à la suite du cahier des charges; pour la résolution de vente toutefois, l'article 695 du même code ajoute que la demande « *sera instruite et jugée sans préliminaire de conciliation et assujettie aux formes, délais et voies de recours applicables en matière de demande de distraction* », l'article 725 ACPC, applicable à la demande en distraction, précisant que le délai prescrit pour la comparution sera celui des ajournements sans augmentation de délai.

1. Civ. 2e, 14 janv. 1981, no 79-14.381, *Bull. civ.* II, no 9.
2. Civ. 2e, 20 juill. 1987, no 86-12.658, *Bull. civ.* II, no 168.

Il semble donc que, selon son objet, l'incident sera, soit introduit par voie d'assignation, ou par acte d'avocat à avocat, soit par dire inséré ou mentionné au cahier des charges.

§ 2
Délais

1332.40 Difficulté. Si la forme des incidents n'est pas rigoureusement identique selon l'objet du dire (v. ss nos 1332.31 s.), le Code n'a pas non plus unifié le régime des délais pour les déposer; certains incidents peuvent être soulevés sans délai, à tout moment de la procédure, d'autres doivent l'être impérativement avant une certaine date à peine de forclusion. Ce sont seulement les demandes en nullité de la procédure qui sont enfermées dans un délai strict et les incidents de remise de l'adjudication; en qualifiant d'incidents de saisie des contestations portant sur le fond du droit la Cour de cassation a rendu plus aléatoire la procédure de saisie qui est ainsi menacée d'anéantissement à tout moment.

A.
Incidents soumis à délai à peine de forclusion

1332.41 Incidents de nullité. Parmi les incidents de procédure, les articles 727 et 728 ACPC soumettent les moyens de nullité, nullités antérieures à l'audience éventuelle et nullités concomitantes et postérieures à l'audience éventuelle, à un délai impératif : ils doivent être proposés au plus tard cinq jours avant l'audience.

Les demandes de remise pour causes graves et dûment justifiées de l'article 703 du même code ne sont pas, *stricto sensu*, des incidents, même si le dire aux fins de remise de l'audience d'adjudication doit être déposé au moins cinq jours avant le jour fixé pour celle-ci et que le terme d'incident est employé dans le texte (v. ss nos 1325.161 s.).

1°
Domaine des articles 727 et 728 de l'ancien Code de procédure civile

1332.51 Précision. La procédure de saisie immobilière comprend le plus souvent deux audiences : la première, l'audience éventuelle, pour statuer sur les dires et observations des parties (v. ss no 1323.233), la seconde, l'audience d'adjudication, pour procéder à la vente du bien. Avant chacune de ces audiences, des incidents peuvent être formés par les parties sur la régularité de la procédure de saisie que le tribunal devra examiner lors de l'audience avant de passer outre. Avant l'audience éventuelle, par ailleurs, des dires et observations peuvent aussi être formulés sur les conditions de la vente, afin d'être insérés au cahier des charges (ACPC, art. 689), mais il ne s'agit pas d'incidents de saisie immobilière; même si la forme de ces observations est celle d'un dire, l'objet diffère de celui des incidents qui visent à faire trancher une contestation (sur le délai pour déposer ces dires, v. s[s] n° 1324.142).

1332.52 • Moyens de nullité contre la procédure de saisie immobilière. Procédure antérieure à l'audience éventuelle et procédure concomitante et postérieure à l'audience éventuelle. Ne sont donc pas visés les moyens de nullité contre la procédure d'ordre[1], ni ceux contre la procédure de partage judiciaire[2].

1332.53 • Nullités de forme et de fond. En vertu de l'article 727 ACPC, avant l'audience éventuelle, ce sont « *les moyens de nullité tant en la forme qu'au fond contre la procédure qui précède* » qui doivent être proposés « *cinq jours au plus tard avant le jour fixé pour cette audience* ». Il s'agit des incidents de procédure relatifs aux formes prescrites par le Code de procédure et des incidents soulevant des moyens de fond contre la procédure.

Les nullités de fond contre la procédure sont fondées sur l'incapacité, l'insaisissabilité et l'inaliénabilité[3], ainsi que le défaut de propriété (v. s[s] n°s 1331.162 à 1331.164).

En vertu de l'article 728 ACPC, avant l'audience d'adjudication, seuls les moyens de nullité contre la procédure suivie à l'audience éventuelle et contre celle postérieure sont concernés.

1332.54 • Dépôt au plus tard cinq jours avant les audiences. Les moyens de nullité tant en la forme qu'au fond contre la procédure peuvent être proposés jusqu'à quelques jours avant l'audience.

Pour les actes qui précèdent l'audience éventuelle, la nullité sera soulevée par un dire annexé au cahier des charges, cinq jours au plus tard avant le jour fixé. C'est un dire d'incident de nullité à ne pas confondre avec un dire de l'article 689 ACPC qui doit quant à lui être déposé au plus tard trois jours avant[4].

Pour les actes postérieurs la nullité sera soulevée au plus tard cinq jours avant l'adjudication.

1332.55 • Caractère impératif. Ces délais s'imposent aux parties même si elles sont d'accord pour qu'ils ne soient pas respectés. Il n'est donc pas possible de convenir d'un report de l'audience éventuelle pour que soit reçu un dire qui n'aurait pas été déposé dans les délais[5].

1332.56 • Calcul du délai. Ce délai est-il prorogeable ? La jurisprudence a été longtemps divisée[6], mais la Cour de cassation a apporté récemment une réponse négative, le délai expire le dernier jour à 24 heures. La prorogation prévue par l'alinéa 2 de l'article 642 C. pr. civ. ne s'applique pas au délai fixé par les articles 727 et 728 ACPC parce qu'elle aurait pour effet d'entraîner, en violation des droits de la défense, une réduction du délai avant lequel les dires doivent être formulés[7].

En outre, dans l'article 727, il est question du jour « *fixé pour l'audience* ». Avant la réforme de 1938, on s'était demandé s'il s'agissait du jour fixé dans les sommations ou du jour effectif où l'audience se tenait; la jurisprudence n'était pas clairement fixée[8]; aujourd'hui, cette question semble sans objet puisque l'audience éventuelle ne se renvoie pas (v. toutefois s[s] n° 1323.232).

2°
Sanction

1332.61 Une forclusion. L'article 715 ACPC dispose que le respect des délais prévus par certains articles du Code est prescrit à peine de déchéance. Les articles 727 et 728 du même code disposent que les moyens de nullité contre la procédure de saisie doivent être déposés, à peine de déchéance, au plus tard cinq jours avant les audiences visées. L'utilisation du terme de déchéance dans ces deux articles est de nature à créer une confusion. En pratique, l'accomplissement des actes de la procédure de saisie est enfermé dans des délais, effectivement prescrits à peine de déchéance, mais il serait plus exact de dire que les moyens de nullité de procédure, quant à eux, doivent être déposés à peine de forclusion au plus tard cinq jours avant l'audience.

1332.62 • Cas où la forclusion est encourue. Cette déchéance-forclusion n'est encourue que si la partie à laquelle elle est opposée a été régulièrement sommée de prendre connaissance du cahier des charges ou d'assister à l'adjudication; en l'absence de sommation, la déchéance n'est donc pas encou-

1. Civ. 2e, 29 juin 1943, *DH* 1944. 51, note A. C.
2. Civ. 2e, 5 oct. 1988, n° 87-13.336, *Bull. civ.* II, n° 187; *DH* 1989. 255, note Prévault.
3. Civ. 2e, 13 févr. 1980, n° 78-13.803, *Bull. civ.* II, n° 35; *D.* 1981. IR 150, obs. Julien – Civ. 2e, 9 nov. 1983, n° 82-10.593, *Bull. civ.* II, n° 176.
4. Sur la distinction, v. T. civ. Saint-Gaudens, 11 oct. 1951, *JCP A* 1952. IV. 1776, obs. Madray.
5. Civ. 2e, 16 juil. 1993, n° 91-21.154, *Bull. civ.* II, n° 265.
6. TGI Vienne, 6 mars 1980, *JCP* 1981. II. 19522, note crit. J. A.
7. Civ. 2e, 14 févr. 1990, n° 88-19.900, *Bull. civ.* II, n° 33; *D.* 1990. IR 61; *Gaz. Pal.* 1990. 2. Somm. 492, obs. Véron – Civ. 2e, 4 févr. 1998, n° 96-13.391, *Bull. civ.* II, n° 41, *D.* 1998. IR 69; *Procédures* 1998, n° 80, obs. Perrot.
8. Req. 18 févr. 1852, *DP* 1852. 1. 241, qui avait opté pour le jour effectif – CONTRA, Civ. 25 mai 1892, *S.* 1892. 1. 389.

rue[1]. Tel est le cas du représentant des créanciers du redressement judiciaire du saisi, désigné postérieurement à l'audience éventuelle, qui n'a pas été sommé[2]. Tel serait également le cas si l'avertissement que la sommation doit comporter l'obligation de former tout dire dans les délais avait été omis.

Mais si la régularité de la sommation n'a pas été contestée, la forclusion s'applique à toutes les contestations, hors les moyens de déchéance de l'article 715[3].

1332.63 • Caractère automatique. L'article 727 ACPC édicte une véritable forclusion, de telle sorte que, si les moyens de nullité contre la procédure antérieure à l'audience n'ont pas été invoqués dans le délai, ils sont ensuite irrecevables[4] et ne peuvent être soulevés à l'occasion de l'audience d'adjudication, ni invoqués à l'appui d'une assignation en nullité, postérieure à l'adjudication (en l'occurrence irrégularité de la signification des titres du créancier[5]). On a coutume de dire que l'audience éventuelle couvre toutes les nullités antérieures.

B. Incidents que l'on peut proposer à tout moment

1332.70 Moyens touchant au fond du droit, déchéances, incidents dénommés. Il s'agit des moyens qui touchent au fond du droit de saisir, des déchéances ainsi que de certains incidents dénommés.

1° Moyens touchant au fond du droit

1332.71 Diversité. Les moyens qui touchent au fond du droit de saisir, c'est-à-dire les contestations qui mettent en cause l'existence ou l'exigibilité de la créance, la régularité du titre et toute autre contestation qualifiée aujourd'hui de moyen de fond par la Cour de cassation (v. s[s] n°s 1331.31 s.) peuvent être soulevés à tout moment puisque c'est le bien-fondé de la mesure d'exécution elle-même qui est discuté. Ainsi, la partie qui a connaissance d'une cause justifiant de contester la saisie immobilière peut-elle toujours en faire état. Les incidents pourront être utilement soulevés au fur et à mesure de leur survenance jusqu'à ce qu'intervienne l'adjudication. Depuis 1992 la Cour de cassation affirme que la déchéance de l'article 727 ne frappe que les moyens de nullité contre la procédure à l'exclusion des contestations portant sur le fond même du droit (pour une contestation portant sur l'existence de la créance[6] – de même, pour une contestation soulevée par la caution et tirée du défaut de production du créancier au passif de la liquidation judiciaire de la société débitrice[7]).

Il est toutefois souhaitable que l'incident ne soit pas soumis au tribunal alors que la procédure touche à son terme; un moyen volontairement soulevé tardivement pourra donner lieu à dommages et intérêts pour abus de droit.

2° Déchéances

1332.81 Régime particulier. Envisagés pourtant en même temps que les moyens de nullité, à l'article 715 ACPC, un certain nombre de délais de procédure sont prescrits à peine de déchéance, sans qu'il soit besoin d'apporter la démonstration d'un grief (v. s[s] n° 1331.173) et sans qu'un délai impératif ne doive être respecté pour soulever ces moyens. Cette disparité de régime entre incidents de procédure ne s'explique pas. L'exigence de la démonstration d'un grief éviterait pourtant les contestations de pure forme et l'assujettissement à un délai mettrait le poursuivant à l'abri de contestations de dernière minute, venant anéantir la procédure de saisie. Les textes en décident autrement et la Cour de cassation les applique strictement.

1332.82 Absence de forclusion pour soulever une déchéance. Les forclusions édictées par les articles 727 et 728 ACPC ne concernent que les moyens de nullité, tant en la forme qu'au fond, et ne s'appliquent pas aux déchéances prévues par l'article 715[8]. Ces moyens peuvent donc être invoqués en tout état de cause au cours des poursuites[9].

1. Civ. 2e, 13 mai 1987, n° 86-10.928, *Bull. civ.* II, n° 114 – Civ. 2e, 2 mai 1989, n° 87-17.866, *Bull. civ.* II, n° 104 – Civ. 2e, 4 juin 1986, n° 85-10.798, *Bull. civ.* II, n° 88 – Civ. 2e, 7 nov. 1988, n° 87-18.116, *Bull. civ.* II, n° 216; *D.* 1989. Somm. 281, obs. Julien; *Bull. civ.* II, n° 216; *Gaz. Pal.* 1989. 1. 168.
2. Civ. 2e, 2 mai 1989, n° 87-17.866, *Bull. civ.* II, n° 104.
3. Civ. 2e, 4 juin 1986, n° 85-10.798, *Bull. civ.* II, n° 88.
4. TGI Grasse, 27 mai 1982, *JCP* 1983. II. 20050, note Prévault – Civ. 2e, 24 févr. 1982, n° 81-10.496, *Bull. civ.* II, n° 30; *Gaz. Pal.* 8-10 août 1982, note Viatte.
5. Civ. 2e, 5 févr. 1997, n° 95-10.878, *Bull. civ.* II, n° 38.
6. Civ. 2e, 12 févr. 1992, n° 90-20.650, *Bull. civ.* II, n° 51 – Civ. 2e, 9 févr. 1994, n° 91-11.388, *Bull. civ.* II, n° 56 – Com. 11 oct. 1994, n° 92-14.771, *Bull. civ.* IV, n° 288.
7. Civ. 2e, 28 oct. 1999, n° 97-16.789, *Bull. civ.* II, n° 164; *Gaz. Pal.* 8-9 déc. 2000. Somm. 23.
8. Civ. 2e, 21 mars 1988, n° 87-10.055, *Bull. civ.* II, n° 77 – Civ. 2e, 10 oct. 1990, n° 89-17.676, *Bull. civ.* II, n° 194 – Civ. 2e, 7 oct. 1992, n° 90-21.532, *Bull. civ.* II, n° 237.
9. Civ. 2e, 21 mars 1988, n° 87-10.055, *Bull. civ.* II, n° 77 – Civ. 2e, 13 juin 1990, n° 89-15.070, *Bull. civ.* II, n° 133 – Civ. 2e, 25 oct. 1995, n° 93-11.888, *Bull. civ.* II, n° 264; *D.* 1995. IR 262 – Civ. 2e, 11 juin 1997, n° 95-18.895, *Bull. civ.* II, n° 187; *D.* 1998. IR 170.

L'audience éventuelle ne semble donc pas couvrir la déchéance alors que la jurisprudence l'admettait autrefois.

1332.83 • **Caractère automatique de la déchéance.** Le juge doit constater le défaut de respect du délai légal sans pouvoir relever l'auteur de l'acte de la déchéance (forclusion) encourue[1], ni limiter les effets de la déchéance à certains actes de procédure[2]. Il doit prononcer la nullité de la procédure dans son ensemble.

1332.84 • **Effet de la publication du jugement d'adjudication.** Si la partie saisie avait été régulièrement sommée de prendre connaissance du cahier des charges et d'assister à l'audience d'adjudication, la Cour de cassation décide depuis peu que la publication du jugement d'adjudication emporte purge des vices de la procédure antérieure et les déchéances affectant cette procédure ne peuvent plus être soulevées[3], sauf le cas de fraude prouvée et c'est à celui qui se prévaut de l'existence de cette fraude qu'il appartient de la prouver[4]. Mais si la sommation était irrégulière, la partie saisie peut poursuivre l'annulation de la procédure en dépit de la publication du jugement d'adjudication[5]. Cette solution ne résulte d'aucun texte mais semble reposer sur l'idée que l'adjudication transmet à l'adjudicataire une propriété exempte de tous vices (v. s^s^ n°s 1341.170 s.).

C.
Régime propre des incidents dénommés

1332.91 **Rappel.**

- Jonction (v. s^s^ n°s 1324.171 s.);
- subrogation (v. s^s^ n°s 1324.200 s.);
- distraction (v. s^s^ n°s 1324.231 s.);
- conversion en vente volontaire (v. s^s^ n°s 1324.20 s.);
- folle enchère (v. s^s^ n°s 1343.05 s.).

1. Civ. 2e, 2 oct. 1980, n° 79-10.930, *Bull. civ.* II, n° 191 – Civ. 2e, 16 janv. 1985, n° 83-14.323, *Bull. civ.* II, n° 10 – Civ. 2e, 29 oct. 1986, n° 85-13.884, *Bull. civ.* II, n° 156.
2. Civ. 2e, 12 mars 1980, n° 78-15.104, *Bull. civ.* II, n° 57 – Civ. 2e, 16 mai 1990, n° 89-13.579, *Bull. civ.* II, n° 94.
3. Civ. 2e, 7 mars 1985, n° 83-14.589, *Bull. civ.* II, n° 58 – confirmé par Civ. 2e, 24 sept. 1997, n° 95-19.776, *Bull. civ.* II, n° 232; *JCP* 1998. II. 10030.
4. Civ. 2e, 3 mai 1990, n° 88-19.191, Boyer c/Mutuelle artisanale et commerciale, NP.
5. Civ. 2e, 18 nov. 1987, n° 86-16.600, *Bull. civ.* II, n° 240.

CHAPITRE

1333. Jugement sur incident

ANNE LEBORGNE
PROFESSEUR À L'UNIVERSITÉ D'AIX-MARSEILLE

SECTION 0 ORIENTEUR

1333.00 Plan du chapitre.

Division. Le tribunal rend un jugement sur incident, qui présente la particularité selon l'objet de l'incident d'être ou non susceptible d'appel.

Rappel : régime applicable à la saisie immobilière (ancien Code de procédure civile ou réforme) – La procédure de saisie immobilière a été réformée par l'ordonnance n° 2006-461 du 21 avril 2006 qui a modifié le Code civil[1], et par le décret n° 2006-936 du 27 juillet 2006[2], qui a abrogé les articles 673 à 717 ACPC. Le décret, entré en vigueur le 1er janvier 2007, n'est pas applicable aux procédures de saisies immobilières ayant donné lieu, avant son entrée en vigueur, au dépôt du cahier des charges prévues à l'article 688 ACPC. Les développements suivants, consacrés à la procédure telle que réglementée par l'ancien Code de procédure civile, ont donc été maintenus.

SECTION 1 EFFETS DU JUGEMENT SUR INCIDENT

1333.10 Effets habituels et effets spécifiques. Il s'agit d'un acte de nature juridictionnelle qui produira donc les effets habituels de tout jugement. Mais selon l'objet de l'incident, la procédure de saisie sera plus gravement affectée.

§ 1 Effets habituels de tout jugement

1333.11 Rappel. Le jugement produit les effets habituels : autorité de chose jugée et dessaisissement. À compter de sa signification, il fait courir les délais pour exercer les voies de recours.

1. Ord. n° 2006-461, 21 avr. 2006, réformant la saisie immobilière, *JO* 22 avr., p. 6072.
2. Décr. n° 2006-936, 27 juill. 2006, relatif aux procédures de saisie immobilière et de distribution du prix d'un immeuble, *JO* 29 juill., p. 11316.

§ 2
Effets sur la procédure de saisie

1333.20 Jugements à signifier ? Il faut distinguer les cas où les jugements statuent sur une contestation appelable parce que l'article 691 ACPC précise que les jugements incidents à la procédure de l'audience éventuelle ne seront levés et signifiés que s'ils statuent sur des contestations sujettes à appel. Rien ne semble cependant s'opposer à ce que ces dispositions s'appliquent également aux jugements rendus sur incidents lors de l'audience d'adjudication. L'ancien article 2215 du Code civil qui prescrit que l'adjudication ne peut se faire qu'après un jugement définitif en dernier ressort et passé en force de chose jugée, ne s'applique qu'au jugement servant de base à la poursuite. Dès lors, l'adjudication peut être poursuivie sans que les jugements rendus sur incidents, non susceptibles d'appel, aient même été signifiés[1].

A.
Jugement sur un dire en nullité ou une déchéance

1333.21 Effet d'un dire en nullité. Les incidents de nullité, qui tendent à contester la régularité de la procédure de saisie avant l'audience éventuelle ne font pas disparaître le droit d'agir du créancier. L'acte critiqué pourra être annulé lorsqu'un grief sera démontré, mais le poursuivant pourra reprendre la procédure à partir du dernier acte valable et les délais courront à dater de la signification du jugement ou arrêt qui aura définitivement prononcé la nullité (ACPC, art. 727, al. 2). Les moyens de nullité contre la procédure suivie à l'audience éventuelle et contre celle postérieure à cette audience, lorsqu'ils sont admis, conduisent le tribunal à annuler la poursuite à partir du jour de l'audience éventuelle, en autorisant la reprise à partir du même jour et en fixant de nouveau le jour d'adjudication (ACPC, art. 728, al. 2); lorsque les moyens sont rejetés, la vente peut être requise immédiatement.

1333.22 Effet d'un dire de déchéance. Les incidents opposant une déchéance ont pour but de faire constater la caducité de la poursuite qui ne peut plus être reprise, le juge n'ayant pas le pouvoir de relever une partie de la déchéance. Cette déchéance interdit la continuation des poursuites, le tribunal ne peut autoriser le créancier à les reprendre à compter du prononcé du jugement statuant sur l'incident[2].

1333.23 Effet d'une demande de radiation. La demande peut être formée à titre principal parce que les créanciers ont été désintéressés, s'ils ne donnent pas spontanément mainlevée. Le jugement de radiation est opposable au créancier poursuivant, aux créanciers inscrits et aux saisissants postérieurs (ACPC, art. 694).

B.
Jugement statuant sur un moyen de fond

1333.31 Ces jugements doivent être levés et signifiés (ACPC, art. 691). L'incident a pour finalité d'anéantir la mesure d'exécution. Si le tribunal y fait droit, la radiation doit être ordonnée par voie de conséquence et sera portée en marge du commandement publié. Si le tribunal rejette l'argumentation, le jugement étant susceptible d'appel (v. s[s] n°s 1333.40 s.), la procédure ne pourra donc reprendre, hormis l'hypothèse où est ordonnée l'exécution provisoire, qu après confirmation de la cour d'appel.

SECTION 2
VOIES DE RECOURS

1333.40 Plan. Le régime des voies de recours ouvertes à l'encontre des jugements d'incidents est fixé à l'article 731 ACPC : dérogeant au droit commun, le Code de procédure civile [ancien] exclut l'opposition et restreint le droit d'appel, afin de limiter le risque de recours dilatoires qui feraient perdre son efficacité à la saisie immobilière; dans la majorité des cas, seul le pourvoi en cassation semble possible. La restriction du droit d'appel présentant cependant, dans le même temps, des effets pervers, la jurisprudence a cherché à les limiter en étendant le domaine d'application de l'appel aux jugements ayant tranché un moyen de fond. Selon l'objet de l'incident, le régime des voies de recours sera donc différent et les effets du recours qui sera ouvert se feront sentir, plus ou moins immédiatement, sur la procédure de saisie immobilière. La qualification d'incident de saisie immobilière est donc lourde de conséquence.

1333.41 Exclusion. Si la contestation soulevée, en effet, n'est pas un incident de saisie immobilière, au sens de l'article 718 ACPC, le régime restrictif de l'article 731 n'a pas lieu d'être appliqué et l'appel de cette contestation est donc soumis aux dispositions de droit commun (v. s[s] n°s 1331.100 s.).

1. Civ. 2e, 20 févr. 1985, n° 83-16.183, *Bull. civ.* II, n° 42; *Gaz. Pal.* 1985. 2. Pan. 220.

2. Civ. 2e, 14 mai 1997, n° 95-16.275, *Bull. civ.* II, n° 148.

§ 1
Un régime différent selon l'objet de l'incident

1333.50 Principe d'origine. Selon l'article 731 ACPC : « *Les jugements et arrêts rendus par défaut en matière d'incidents de saisie immobilière ne seront pas susceptibles d'opposition. L'appel ne sera recevable qu'à l'égard des jugements ayant statué sur des moyens de fond tirés de l'incapacité de l'une des parties, de la propriété, de l'insaisissabilité ou de l'inaliénabilité des biens saisis.* » L'objet de l'incident introduisait donc une différence de régime légal : seuls étaient distingués les jugements ayant statué sur les moyens de fond limitativement énumérés : capacité, propriété, insaisissabilité et inaliénabilité. Pour eux, il fallait comprendre que l'appel était d'abord envisageable et bien évidemment ensuite, le pourvoi en cassation. S'agissant de l'opposition elle est, en revanche, exclue pour toutes les décisions, de première instance comme d'appel, quel que soit leur objet. Pour les autres décisions, jugements rendus en matière d'incidents de saisie immobilière sur des moyens de procédure, moyens de forme et de fond et jugements sur déchéances, et encore tous les autres jugements tranchant un incident quelconque, seule la voie de la cassation était ouverte, à savoir celle d'un recours non suspensif, qui ne retardait pas la procédure.

Depuis 1983, il faut traiter différemment les jugements statuant sur le fond du droit, d'une manière générale, des autres jugements sur incidents.

A.
Jugements statuant sur le fond du droit

1333.60 Distinction contemporaine. À partir du moment où la Cour de cassation a adopté une définition extensive de la notion d'incident, destinée à ramener l'essentiel des contestations devant le juge naturel de la saisie et de les soumettre à la procédure spéciale prévue à cet effet, l'ouverture de l'appel aux seuls jugements statuant sur des questions de capacité, de propriété, d'insaisissabilité et d'inaliénabilité se révélait préjudiciable aux droits de la défense. Tout en qualifiant d'incident de saisie des contestations portant sur le fond du droit, il fallait ouvrir largement la voie de l'appel.

1°
Appel

1333.61 Lecture extensive de l'article 731 de l'ancien Code de procédure civile. L'application littérale de l'article 731 ACPC étant apparue peu protectrice des droits de la défense, la deuxième chambre civile a fait évoluer sa jurisprudence pour pallier les inconvénients dus à la restriction du droit d'appel. Après avoir dénié le caractère d'incidents aux contestations portant sur le fond du droit, la Cour est revenue à une définition large (v. s^s^ n°s 1331.31 s.) déjà formulée dans des arrêts antérieurs, mais en l'accompagnant d'une extension des possibilités d'appel par une nouvelle lecture de l'article 731 ACPC. Désormais, en vertu de l'article 731, l'appel est recevable en matière d'incidents de saisie immobilière, à l'égard des jugements qui ont statué sur des moyens tirés du fond du droit[1].

Ainsi, c'est la nature de l'incident qui permet de déduire le régime des recours : tous les jugements tranchant une contestation portant sur le fond du droit peuvent être frappés d'appel[2], outre ceux soulevant des questions de propriété (pour une demande en distraction des biens saisis[3]), de capacité (à ne pas confondre avec les mesures de police des enchères, v. s^s^ n° 1325.92) d'insaisissabilité[4] et d'inaliénabilité (pour des biens indivis[5]).

Ce sera le cas d'une contestation portant sur l'existence de la créance[6], sur l'extinction de celle-ci[7], sur le caractère certain de la créance[8], l'exigibilité de celle-ci[9], sur des offres réelles[10]. De même pour toute contestation portant sur la validité du titre servant de base aux poursuites[11] et pour tout autre moyen tiré du fond du droit, tel l'existence même de la personne débitrice[12] ou les contestations relatives à la qualité de créancier[13].

1. Civ. 2e, 20 janv. 1983, n° 81-13.179, *Bull. civ.* II, n° 15.
2. Civ. 2e, 8 avr. 1999, n° 96-22.022, *Bull. civ.* II, n° 70.
3. Civ. 2e, 29 oct. 1990, n° 89-14.786, *Bull. civ.* II, n° 224; *Gaz. Pal.* 1991. 2. Somm. 270, obs. Véron.
4. Civ. 2e, 3 juin 1999, n° 97-17.661, *Bull. civ.* II, n° 111.
5. Civ. 2e, 13 mars 1985, n° 83-17.346, *Bull. civ.* II, n° 68.
6. Civ. 2e, 4 mai 1988, n° 87-12.016, *Bull. civ.* II, n° 104; *D.* 1988. IR 143 – Civ. 2e, 4 janv. 1990, n° 88-10.102, *Bull. civ.* II, n° 5 – Civ. 2e, 23 sept. 1998, n° 95-19.802, *Bull. civ.* II, n° 247.
7. Civ. 2e, 15 déc. 1986, n° 85-14.600, *Bull. civ.* II, n° 192 – Civ. 3e, 9 oct. 1991, n° 90-12.889, *Bull. civ.* III, n° 237; *Gaz. Pal.* 1992. 2. Somm. 207, obs. Véron – Civ. 2e, 13 janv. 2000, n° 97-14.027, *Bull. civ.* II, n° 10, *Gaz. Pal.* 8-9 déc. 2000. Somm. 23.
8. Civ. 2e, 23 févr. 1994, n° 92-19.774, *Bull. civ.* II, n° 75; *JCP* 1994. IV. 1125.
9. Civ. 2e, 1er mars 1995, n° 93-13.342, *Bull. civ.* II, n° 69.
10. Civ. 2e, 2 mars 2000, n° 98-13.643, NP; *Gaz. Pal.* 8-9 déc. 2000. Somm. 24.
11. Civ. 2e, 8 avr. 1998, n° 96-15.897, *Bull. civ.* II, n° 127 – Civ. 2e, 21 janv. 1999, n° 96-21.846, NP; *Procédures* 1999, n° 99, obs. Junillon – Civ. 2e, 10 mars 2005, n° 03-17.692, *Bull. civ.* II, n° 69; *D.* 2005. IR 987.
12. Civ. 1re, 12 juin 2001, n° 99-13.316, *Bull. civ.* I, n° 173; *Procédures* 2001, n° 233, obs. Junillon.
13. Civ. 2e, 31 janv. 2002, n° 00-19.937, NP; *Procédures* 2002, n° 143, obs. Junillon – Com. 10 mars 2009, n° 08-11.031, NP.

C'est l'examen des moyens soumis aux premiers juges qui permettra d'apprécier la recevabilité de l'appel et non ceux soutenus devant la cour d'appel[1]. Si en première instance, une partie avait soulevé un moyen touchant au fond du droit, elle pourra en appel invoquer un moyen nouveau touchant au fond du droit pour la première fois[2].

La recevabilité de l'appel s'appréciera moyen par moyen[3].

2°
Pourvoi

1333.71 Domaine. Il ne peut être formé que contre l'arrêt rendu sur appel du jugement ayant statué sur l'incident. L'examen de la recevabilité du pourvoi passe donc préalablement par l'examen de l'objet de la contestation. Peu importera alors que le jugement d'incident soit improprement qualifié de jugement rendu en dernier ressort s'il a en réalité tranché une question touchant au fond du droit; la qualification inexacte sera sans effet sur le droit d'exercer le recours[4]. En pratique cependant, le risque d'une qualification erronée est réel (or la qualification que le jugement est contradictoire ou par défaut, ou rendu en premier ou dernier ressort, ne figure pas parmi les énonciations obligatoires des art. 454 et 455 C. pr. civ.) et il induit le risque que l'acte de signification ne contienne une information également inexacte sur les voies de recours ouvertes. Or, d'une manière générale, la Cour de cassation déclare irrecevables les recours exercés à tort, à la suite d'une erreur sur la qualification du jugement : si le jugement attaqué, inexactement qualifié en dernier ressort était susceptible d'appel, le pourvoi formé, sans appel préalable, est irrecevable[5], ce qui n'exclut cependant pas pour le destinataire de la signification la faculté de plaider la nullité de l'acte d'huissier qui lui a fourni une information erronée (pour faire le point sur cette question générale, v. A. Perdriau[6]). Mais le temps que mettra la Cour de cassation à rejeter le pourvoi risque de porter préjudice aux intérêts de toutes les parties en présence car dans l'intervalle de l'introduction du recours, la procédure aura perduré et le bien aura pu être vendu.

1. Civ. 2e, 8 juin 2000, no 98-20.786, *Bull. civ.* II, no 100.
2. Civ. 2e, 28 oct. 1999, no 97-16.789, *Bull. civ.* II, no 164.
3. Paris, 2e ch. B, 10 nov. 2005, *D.* 2006. IR 181.
4. Paris, 10 juill. 1989, *D.* 1990. 158, note Prévault.
5. Com. 4 févr. 1957, *Bull. civ.* III, no 42 – Civ. 2e, 4 janv. 1974, no 72-12.631, *Bull. civ.* II, no 1 – Com. 10 mars 2009, no 08-11.031, NP.
6. A. Perdriau, note ss Soc. 15 juin 1995, no 93-40.245, NP; *JCP* 1995. II. 22530.

3°
Opposition

1333.81 Exclusion. L'opposition est une voie de rétractation, qui, en droit commun, permet de contester le jugement rendu par défaut, en invoquant tous les moyens que le demandeur juge utiles. L'article 731 ACPC l'exclut à l'encontre des jugements statuant sur incidents; la prohibition apparaît comme absolue, quel que soit l'objet de l'incident : le jugement comme l'arrêt (ce qui suppose un incident appelable), rendus par défaut, ne peuvent être attaqués par la partie défaillante.

4°
Tierce opposition

1333.91 Recevabilité. Elle tend à faire rétracter ou réformer un jugement au profit d'un tiers qui l'attaque (C. pr. civ., art. 582 s.). La jurisprudence a décidé qu'elle était recevable (ainsi, les créanciers inscrits peuvent former tierce opposition au jugement qui ordonne une conversion en vente volontaire si la décision a été obtenue en fraude de leurs droits[7]). Le jugement rendu sur tierce opposition, tendant à obtenir la rétractation d'un jugement rendu sur incident de saisie, revêt lui-même le caractère d'incident de saisie[8].

B.
Autres jugements d'incidents

1333.100 Pourvoi en cassation. L'évolution jurisprudentielle de la deuxième chambre ne concerne que les jugements statuant sur le fond du droit. Pour tous les autres jugements d'incidents, seul le pourvoi est ouvert, l'appel et l'opposition étant exclus.

1°
Domaine

1333.101 Jugements sur incidents de procédure. Les jugements se prononçant sur une contestation relative à la régularité de la procédure (griefs tenant à la forme, au fond ou aux délais de procédure) ne sont pas des jugements susceptibles d'appel; si le recours est malgré tout formé, la cour devra déclarer l'appel irrecevable (pour une contestation portant sur la régularité portant sur le pouvoir spécial de saisie[9] – sur l'insertion d'un dire au

7. Civ. 23 juin 1878, *DP* 1878. 1. 134.
8. Civ. 2e, 16 mai 1973, no 72-11.019, *Bull. civ.* II, no 165; *D.* 1973. IR 195.
9. Civ. 2e, 8 avr 1999, no 96-22.022, *Bull. civ.* II, no 70.

cahier des charges[1] – sur une interdiction d'enchérir[2] – ou encore sur la validité d'une surenchère pour défaut de pouvoir du surenchérisseur[3] – sur la régularité du commandement[4] – sur le renvoi de l'audience éventuelle[5]). S'agissant d'une fin de non-recevoir résultant de l'absence de voie de recours, elle devra être relevée d'office[6].

1333.102 **• Subrogation.** Le jugement tranchant une demande de subrogation[7] est insusceptible d'appel.

1333.103 **• Validité d'une surenchère.** Le jugement qui se prononce sur la validité d'une surenchère pour cause d'insolvabilité du surenchérisseur[8] ou pour une cause tenant à la régularité de la procédure de surenchère[9] est insusceptible d'appel; mais la solution sera différente dans une procédure de partage[10] (v. s^{s} n° 1422.204).

1333.104 **• Jugement sur tierce opposition.** C'est un incident de saisie, non appelable si l'incident sur lequel le jugement a statué n'entre pas dans ceux énumérés à l'article 731 ACPC, décidait la jurisprudence en 1973[11]; en vertu de l'évolution jurisprudentielle sur le domaine des incidents appelables, il faudrait aujourd'hui, plutôt parler de jugement ayant statué sur un moyen tiré du fond du droit.

2°
Recours exclus

1333.111 **Appel, voie de réformation.** La prohibition de l'appel ne souffre aucune exception dès lors que le jugement n'est pas un jugement statuant sur un moyen tiré du fond du droit. Si le jugement d'incident est improprement qualifié de jugement rendu en dernier ressort, la qualification inexacte sera sans effet sur le droit d'exercer le recours et l'appel sera recevable[12] (sur les difficultés pratiques posées par la qualification des jugements et des actes de signification, v. s^{s} n° 1333.71).

1333.112 **Appel-nullité.** Cette voie de recours tend non à réformer le jugement mais à l'annuler. Elle est en principe admise en procédure civile lorsqu'est invoqué un vice grave, ainsi une atteinte aux droits de la défense, et que la voie de la réformation est fermée (C. pr. civ., art. 543). Mais l'appel-nullité ne peut écarter la prohibition de l'appel réformation que dans la mesure où l'appelant ne dispose d'aucune autre voie de recours, ce qui n'est pas le cas puisqu'un pourvoi en cassation est possible[13].

1333.113 **Opposition.** En vertu de l'article 731 ACPC, les jugements rendus par défaut ne sont pas susceptibles d'opposition.

3°
Pourvoi

1333.121 **Seule voie de recours.** Même si l'article 731 ACPC ne le vise pas explicitement, le pourvoi en cassation est recevable puisque les voies de recours ordinaires sont irrecevables[14].

Si une partie entend demander la nullité d'un jugement rendu sur incident de saisie immobilière, autre qu'un jugement statuant sur un moyen tiré du fond du droit ou sur une demande de report fondée sur les dispositions de l'article 703 ACPC, la voie de recours sera le pourvoi en cassation[15].

§ 2
Procédure des recours

1333.131 **Tierce opposition et pourvoi.** La tierce opposition, quand elle est recevable (v. s^{s} n° 1333.91) et le pourvoi en cassation, sont introduits selon les dispositions du Code de procédure civile.

1333.132 **Appel.** Aux termes de l'article 732 ACPC, l'appel doit être interjeté selon une procédure propre, dérogatoire ici encore au droit commun des articles 900 et suivants C. pr. civ. : l'appel est formé par assignation motivée. Cette exigence procédurale doit être respectée y compris lorsque le jugement rendu sur contestation n'a pas été prononcé par la chambre des saisies, dès lors qu'il s'agit d'un incident de saisie immobilière suscep-

1. Civ. 2e, 18 oct. 2001, n° 00-13.299, NP; *Procédures* 2002, n° 141, obs. Junillon.
2. Civ. 2e, 24 févr. 1982, n° 80-16.538, *Bull. civ.* II, n° 28; *JCP* 1983. II. 20000, note Prévault.
3. Civ. 2e, 6 mai 1999, n° 96-22.379, NP; *Procédures* 2000, n° 16, obs. Junillon.
4. Civ. 2e, 10 févr. 2005, n° 03-14.838, NP.
5. Civ. 2e, 20 oct. 2005, n° 04-11.534, *Bull. civ.* II, n° 273.
6. Civ. 2e, 8 avr. 1999, n° 96-22.022, *Bull. civ.* II, n° 70; *JCP* 1999. IV. n° 2035; *D.* 99. IR 126 – Civ. 2e, 19 oct. 2000, n° 99-10.482, NP; *Procédures* 2001, n° 65 – Civ. 2e, 20 oct. 2005, n° 04-11.534, *Bull. civ.* II, n° 273; *D.* 2005. IR 2770 – Civ. 2e, 10 févr. 2005, n° 03-14.838, NP.
7. Civ. 2e, 11 juill. 1990, n° 89-13.150, *Bull. civ.* II, n° 173.
8. Civ. 2e, 19 nov. 1986, n° 85-13.213, *Bull. civ.* II, n° 168.
9. Civ. 2e, 1er mars 1995, n° 92-19.148, *Bull. civ.* II, n° 70 – Civ. 2e, 14 mai 1997, n° 95-16.031, *Bull. civ.* II, n° 149.
10. Civ. 2e, 22 juin 1983, n° 82-10.650, *Bull. civ.* II, n° 131.
11. Civ. 2e, 16 mai 1973, n° 72-11.019, *Bull. civ.* II, n° 165; *D.* 1973. IR 195.
12. Paris, 10 juill. 1989, *D.* 1990. 158, note Prévault.
13. Versailles, 26 oct. 1989, *Gaz. Pal.* 1990. 1. Somm. 193.
14. Civ. 2e, 16 avr. 1970, n° 68-14.464, *Bull. civ.* II, n° 128; *Gaz. Pal.* 1970. 1. Somm. 58.
15. Civ. 2e, 27 juin 1984, n° 83-10.743, *Bull. civ.* II, n° 122; *JCP* 1984. IV. 288; *RTD civ.* 1984. 729, obs. Perrot.

tible d'appel comme touchant au fond du droit (ainsi, pour une contestation portant sur la validité des titres exécutoires portée devant le juge de droit commun du tribunal de grande instance [TGI] et non devant le juge des criées[1]).

A. Forme de l'appel

1333.141 Une assignation. Les règles des articles 900 et suivants C. pr. civ. sont inapplicables aux jugements sur incidents de saisie immobilière. L'appel doit être signifié au domicile de l'avocat et à défaut de mandataire, au domicile réel ou élu de l'intimé, par assignation et non par déclaration au greffe[2]. L'appel est formé par assignation[3], même si le litige touche au fond du droit[4].

La Cour de cassation décide aujourd'hui que l'appel formé par déclaration et non par assignation est irrecevable, sans qu'il soit besoin d'invoquer un grief s'agissant d'une absence de saisine régulière de la Cour[5]. La Cour est ainsi revenue sur sa jurisprudence antérieure, qui assimilait l'erreur sur la forme de l'acte d'appel à une simple erreur pour vice de forme, soumise à la démonstration d'un grief[6]. La nouvelle solution est plus rigoureuse en droit même si elle produit des effets plus sévères.

Mais pour opposer la nullité de l'appel formé par déclaration et non par assignation, encore faut-il que la notification du jugement ait fourni des informations exactes sur les modalités du recours. La notification qui aura donné des indications erronées et insuffisantes à l'appelant sur les modalités du recours sera nulle et ne fera pas courir le délai d'appel[7], ce qui ne rendra pas pour autant l'appel irrégulier recevable.

1333.142 Assignation motivée. Selon l'article 732 alinéa 3 ACPC : « *L'acte d'appel énoncera les griefs. Le tout à peine de nullité.* » Cette dernière phrase est placée à côté de l'obligation de motiver mais elle semble concerner les exigences de forme posées aux trois alinéas, compte tenu de l'utilisation de la formule « *le tout* ». L'énumération sommaire de griefs d'ordre général sans exposer les critiques dirigées contre le jugement est sanctionnée par la nullité de l'assignation[8]. Cette exigence de motivation s'applique également à la déclaration saisissant la juridiction de renvoi après cassation[9].

L'exigence de motivation s'impose, d'une manière générale, pour toutes les assignations (C. pr. civ., art. 56, 2°); mais, s'agissant ici d'un acte destiné à former un appel, elle se justifie d'autant plus que l'objectif du législateur en matière de saisie immobilière est d'éviter les recours dilatoires.

Un temps, la nullité avait semblé acquise sans qu'il soit nécessaire d'apporter la démonstration d'un grief[10]. Cependant, les arrêts postérieurs ont fait référence au pouvoir souverain des juges du fond pour apprécier si l'insuffisance de motivation était constitutive d'un grief[11]. La prudence commande donc désormais de viser le grief tiré du défaut de motivation. Ainsi, lorsque l'appel est formé par déclaration et non par assignation, l'irrecevabilité est encourue sans grief (v. s^{s} n° 1333.141), lorsque l'assignation n'est pas motivée, la démonstration du grief est attendue; ce qui ne devrait pas poser de difficulté.

1333.143 Objet de l'appel. Il s'agira de réformer le jugement d'incident sur les prétentions présentées en première instance.

Un moyen de fond ne peut, par définition être soulevé pour la première fois en appel sauf si en première instance, une partie avait déjà soulevé un moyen touchant au fond du droit; dans ce cas, elle pourra, en appel, invoquer un moyen nouveau touchant au fond du droit pour la première fois[12].

Si aucun moyen touchant au fond du droit n'a été soulevé en première instance, le jugement rendu sur cet incident ne sera pas appelable, le seul fait de soulever un moyen de fond en appel ne rendra pas pour autant l'appel recevable[13]. Si le tribunal a statué sur plusieurs moyens, l'appel ne sera recevable que des chefs relatifs aux moyens de fond[14].

1. Civ. 2e, 10 mars 2005, n° 03-17.692, *Bull. civ.* II, n° 69.
2. Paris, 13 nov. 1985, *D.* 1986. 36, note Prévault.
3. Civ. 2e, 20 janv. 1983, n° 81-13.179, *Bull. civ.* II, n° 15 – Civ. 2e, 25 janv. 1984, n° 82-10.602, *Bull. civ.* II, n° 15 – Civ. 2e, 8 mars 1989, n° 87-18.513, *Bull. civ.* II, n° 67.
4. Civ. 2e, 21 sept. 2000, n° 98-23.365, NP; *Procédures* 2001, n° 9.
5. Civ. 2e, 22 mai 1996, n° 94-13.004, *Bull. civ.* II, n° 107; *Gaz. Pal.* 6 mars 1997, note du Rusquec – Civ. 2e, 5 juin 1996, n° 94-15.928, NP; *Procédures* juill.-août 1996, n° 214, obs. Perrot; *Justices* 1996, n° 4, p. 260, obs. Héron – Civ. 2e, 10 mars 2005, n° 03-17.692, *Bull. civ.* II, n° 69.
6. Civ. 2e, 14 janv. 1987, n° 85-12.079, *Bull. civ.* II, n° 18; *D.* 1987. Somm. 363, obs. Julien – Civ. 2e, 16 mai 1990, n° 89-14.227, *Bull. civ.* II, n° 109; *D.* 1990. Somm. 349; *RTD civ.* 1991. 170, obs. crit. Perrot; mais *JCP* 1991. II. 21719, note du Rusquec.
7. Versailles, 4 nov. 1987, *D.* 1988. 442.
8. Civ. 2e, 27 avr. 2000, n° 98-14.442, *Bull. civ.* II, n° 70.
9. Civ. 2e, 14 avr. 2005, n° 03-14.510, *Bull. civ.* II, n° 98; *Dr. et proc.* 2005. 358, note Leborgne.
10. Civ. 2e, 27 avr. 2000, n° 98-14.442, *Bull. civ.* II, n° 70.
11. EN CE SENS, Civ. 2e, 21 déc. 2000, n° 98-22.982, NP; *Procédures* 2001, n° 130, obs. Junillon – Civ. 2e, 14 avr. 2005, n° 03-14.510, *Bull. civ.* II, n° 98; *Dr. et proc.* 2005. 358, note Leborgne.
12. Civ. 2e, 28 oct. 1999, n° 97-16.789, *Bull. civ.* II, n° 164.
13. Civ. 2e, 14 janv. 1987, n° 85-12.148, *Bull. civ.* II, n° 17 – Civ. 2e, 19 oct. 1988, n° 87-16.479, *Bull. civ.* II, n° 201.
14. Civ. 2e, 6 oct 1993, n° 92-10.731, NP.

1333.144 Sanction de l'inobservation des exigences de l'article 732, autres que la forme de l'appel. L'inobservation des formalités de l'acte d'appel, autres que la forme même de cet acte, contenues à l'article 732 ACPC, emporte nullité de forme, soumise à l'exigence d'un grief. Ainsi, le fait de ne pas motiver l'appel; les juges du fond en déduisant aisément l'existence d'un grief[1]. Cette sanction est différente de l'irrecevabilité pour irrégularité de la forme de l'acte lui-même, qui équivaut à une absence de saisine.

B. Destinataires

1333.151 Avocat, partie intimée, greffier. L'article 732 ACPC dispose que l'appel sera notifié à l'avocat ou à la partie intimée et notifié en même temps au greffier du tribunal.

1333.152 • Avocat ou partie en personne. Pour l'avocat, la notification se fait à son domicile (professionnel). Ce n'est que si l'intimé n'a pas d'avocat que l'appel sera notifié à domicile réel ou élu de l'intimé.

1333.153 • Greffier. Selon l'article 732, l'appel sera notifié en même temps au greffier du tribunal; il sera ainsi visé par le greffier qui le mentionnera ensuite au cahier des charges. Si la notification doit lui être faite en même temps que la signification de l'appel, cela ne signifie pas qu'elle doive l'être dans le même acte et à la même date; il suffit qu'elle soit faite dans le délai accordé pour la signification de l'acte d'appel[2].

C. Délais

1333.161 Délai d'appel. En l'absence de précision, le délai pour former appel est le même que pour l'appel de droit commun, soit un mois à compter de la signification du jugement d'incident.

1333.162 Délai pour statuer. En vertu de l'article 732 alinéa 4 ACPC, la Cour doit statuer dans la quinzaine de l'acte d'appel. En pratique, ce délai n'est jamais respecté, aucune sanction n'étant stipulée.

§ 3 Effets des recours irrecevables

1333.171 Effets. La juridiction saisie déclarera le recours irrecevable; il appartiendra au demandeur de former le bon recours, s'il est encore dans les temps. Cela est envisageable lorsque l'erreur résulte d'une information inexacte portée sur le jugement d'incident et/ou l'acte de signification; l'acte est nul (nullité de forme, C. pr. civ., art. 114) et le grief est aisément démontrable; les délais n'ont pas couru.

La question se pose cependant de savoir si le premier juge, qui n'a pas compétence pour apprécier la recevabilité de l'appel d'un de ses jugements, doit suspendre la procédure de saisie jusqu'à ce que la Cour se prononce ou que le conseiller de la mise en état déclare l'appel irrecevable. En pratique, les appels dilatoires se multiplieraient d'autant qu'une ordonnance d'irrecevabilité du conseiller est susceptible d'être déférée à la formation collégiale de la cour d'appel. Un grand nombre de tribunaux fait donc dépendre sa décision de suspension de la qualification qui a été donnée au jugement contesté : s'il a été qualifié en dernier ressort, les tribunaux ne se sentent pas liés par l'appel. Au demeurant, l'article 915 C. pr. civ. dispose que le conseiller de la mise en état, lorsqu'il est saisi, est seul compétent pour suspendre l'exécution des jugements improprement qualifiés en dernier ressort; dès lors que le conseiller n'a pas été saisi d'une demande à cette fin, les premiers juges estiment, nous semble-t-il à bon droit, qu'ils n'ont pas à suspendre la procédure.

§ 4 Effets des recours recevables

1333.181 Distinction. Lorsqu'il est envisageable, l'appel suspend donc les effets du jugement de première instance et il faut attendre l'arrêt sur le fond pour éventuellement envisager de reprendre la procédure. En revanche, le pourvoi n'étant pas suspensif, la procédure se poursuit et le bien peut être vendu. Si le jugement est ensuite cassé, l'arrêt de cassation emporte des conséquences juridiques mais aussi financières.

1333.182 Appel et tierce opposition. Le jugement sur incident est remis en cause par le recours exercé. En cas de tierce opposition c'est le même juge qui réexamine sa décision et peut la rétracter (C. pr. civ., art. 587 s.). S'agissant d'un appel, l'incident est soumis à la chambre de la cour spécialisée. Si les moyens sont admis, la poursuite sur saisie immobilière est anéantie. En cas de rejet, la poursuite peut reprendre mais un pourvoi peut encore être formé, qui n'est pas suspensif.

1333.183 Pourvoi. Qu'il soit formé contre un jugement non appelable ou contre un arrêt rendu sur des moyens tirés du fond du droit, il n'est

1. Civ. 2e, 27 avr. 2000, nº 98-14.442, *Bull. civ.* II, nº 70 – Civ. 2e, 14 avr. 2005, nº 03-14.510, *Bull. civ.* II, nº 98.
2. Versailles, 4 nov. 1987, *D.* 1988. 442.

jamais suspensif et n'empêche pas la procédure de se poursuivre, cependant, aux risques et périls du créancier poursuivant. En effet, si la cour fait droit au pourvoi, l'arrêt de cassation entraîne, par application des dispositions de l'article 625 C. pr. civ., et sans qu'il y ait lieu à une nouvelle décision, l'annulation par voie de conséquence de toute décision qui est la suite, l'application ou l'exécution du jugement cassé ou qui s'y rattache par un lien de dépendance nécessaire. Ainsi, l'arrêt de cassation d'un jugement sur incident emporte-t-il annulation de l'adjudication qui aurait été requise par le créancier poursuivant[1]. Celui-ci hésitera en conséquence à requérir l'adjudication avant que le pourvoi en cassation ne soit jugé, sauf à apprécier les chances de succès de ce pourvoi.

Dans certaines hypothèses, cependant, le créancier poursuivant sera en quelque sorte contraint de prendre le risque d'une cassation, lorsque le jugement sur incident sera rendu sur le siège, le jour de l'audience d'adjudication et préalablement à celle-ci. Le créancier alors, qui ignorera même si le débiteur se pourvoira contre cette décision, se trouvera naturellement conduit à requérir la vente, d'autant plus que le tribunal viendra de rejeter l'incident.

L'article 625 n'induira cependant pas toujours l'annulation du jugement d'adjudication car le bénéficiaire de la cassation pourra renoncer à s'en prévaloir. Il en résultera que, dans l'hypothèse d'une cassation d'un jugement sur incident, le créancier qui aura malgré tout poursuivi l'adjudication devra nécessairement trouver un terrain transactionnel avec son débiteur, sauf à risquer de devoir indemniser l'adjudicataire évincé.

Si le créancier poursuivant n'a pas requis l'adjudication, les parties sont remises en l'état où elles se trouvaient avant le jugement sur incident, et le tribunal, dans une autre formation, rejugera l'incident.

1. Civ. 2e, 21 déc. 1966, *Bull. civ.* II, no 962 – Civ. 2e, 12 févr. 1992, no 90-20.590, *Bull. civ.* II, no 50 – Civ. 2e, 13 janv. 2000, no 98-10.619, *Bull. civ.* II, no 9 – Civ. 2e, 10 févr. 2011, no 10-12.128, NP.

TITRE

134. Les effets de la vente sur saisie immobilière de droit commun selon le décret-loi de 1938 (ancien régime)

SECTION 0

ORIENTEUR

1340.00 Plan du titre.

Division. L'audience d'adjudication s'achève avec la déclaration de l'avocat dernier enchérisseur. Le tribunal rend un jugement d'adjudication qui, publié à la Conservation des hypothèques, emportera transfert de propriété et purgera les inscriptions. Toutefois, la déclaration d'adjudicataire ne met pas nécessairement un terme à la procédure (chap. 1341). La loi admet une faculté de surenchère qui conduira à remettre le bien en vente aux enchères publiques avec une mise à prix d'un dixième supérieure au prix d'adjudication obtenu (chap. 1342). En outre, le défaut de paiement du prix d'adjudication peut emporter remise en vente du bien sur folle enchère et des sanctions pour l'adjudicataire qui ne s'est pas acquitté de son obligation de payer le prix dans les conditions du cahier des charges (chap. 1343).

Rappel : régime applicable à la saisie immobilière (ancien Code de procédure civile ou réforme) – La procédure de saisie immobilière a été réformée par l'ordonnance n° 2006-461 du 21 avril 2006 qui a modifié le Code civil[1], et par le décret n° 2006-936 du 27 juillet 2006[2], qui a abrogé les articles 673 à 717 ACPC. Les articles 83 à 106 du décret de 2006 entré en vigueur le 1er janvier 2007, ne sont pas applicables aux procédures de saisies immobilières ayant donné lieu, avant leur entrée en vigueur, au dépôt du cahier des charges prévu à l'article 688 ACPC. Les développements suivants, consacrés à la procédure telle que réglementée par l'ancien Code de procédure civile, ont donc été maintenus.

1. Ord. n° 2006-461, 21 avr. 2006, réformant la saisie immobilière, *JO* 22 avr., p. 6072.
2. Décr. n° 2006-936, 27 juill. 2006, relatif aux procédures de saisie immobilière et de distribution du prix d'un immeuble, *JO* 29 juill., p. 11316.

CHAPITRE

1341. Vente judiciaire

ANNE LEBORGNE
PROFESSEUR À L'UNIVERSITÉ D'AIX-MARSEILLE

SECTION 0
ORIENTEUR

1341.00 **Plan du chapitre.**

Rappel : régime applicable à la saisie immobilière (ancien Code de procédure civile ou réforme) – La procédure de saisie immobilière a été réformée par l'ordonnance n° 2006-461 du 21 avril 2006 qui a modifié le Code civil[1], et par le décret n° 2006-936 du 27 juillet 2006[2], qui a abrogé les articles 673 à 717 ACPC. Les articles 83 à 106 du décret de 2006 entré en vigueur le 1er janvier 2007, ne sont pas applicables aux procédures de saisies immobilières ayant donné lieu, avant son entrée en vigueur, au dépôt du cahier des charges prévu à l'article 688 ACPC. Les développements suivants, consacrés à la procédure telle que réglementée par l'ancien Code de procédure civile, ont donc été maintenus.

1341.04 **Principe.** Le tribunal rend un jugement d'adjudication (sect. 1) qui, publié emportera transfert de propriété et purgera les inscriptions (sect. 2), à la condition que le prix d'adjudication soit régu-

1. Ord. n° 2006-461, 21 avr. 2006, réformant la saisie immobilière, *JO* 22 avr., p. 6072.
2. Décr. n° 2006-936, 27 juill. 2006, relatif aux procédures de saisie immobilière et de distribution du prix d'un immeuble, *JO* 29 juill., p. 11316.

lièrement consigné conformément aux clauses et conditions du cahier des charges.

SECTION 1
JUGEMENT D'ADJUDICATION

1341.11 Le jugement est porté en minute à la suite du cahier des charges. Il s'agit d'un contrat judiciaire plus que d'une décision contentieuse; il n'est susceptible d'aucun recours. Pour obtenir son titre du greffe, l'adjudicataire devra avoir fait la déclaration d'adjudicataire, avoir éventuellement laissé s'écouler les délais pour former préemption et surenchère, et avoir payé les frais dans les vingt jours. Ensuite le jugement sera publié à la Conservation des hypothèques.

§ 1
Un contrat judiciaire

1341.20 Double nature. C'est un jugement original, qui s'ajoute en minute au cahier des charges et qui présente une double nature, à la fois contractuelle et juridictionnelle.

A.
Forme et contenu

1341.21 Forme. En apparence c'est un jugement rendu par un tribunal de grande instance (TGI - en ce sens, deux arrêts : un qui a reconnu qu'il ne s'agissait pas d'un simple procès-verbal[1] - un autre qui parlait de procès-verbal[2]). Le tribunal, régulièrement composé, réuni en la salle des audiences publiques des criées du Palais et siégeant le plus souvent à juge unique, rend une décision à la suite d'une audience. Cette décision est bien intitulée jugement et est revêtue de la formule exécutoire. Elle devra en outre être signifiée pour permettre à l'adjudicataire d'entrer en possession.

1341.22 Contenu. Il est ainsi constaté dans le jugement, que l'avocat poursuivant a comparu à telle date pour requérir l'ouverture des enchères après avoir annoncé publiquement le montant des frais; qu'elles ont été ouvertes sur telle mise à prix; quand il y en a eu, le jugement relate que diverses offres ont été faites et qu'enfin, a été offerte telle somme qui n'a pas été couverte par une nouvelle enchère après que se soient écoulées quatre-vingt-dix secondes (v. s^s n°s 1325.11 s.); que faisant droit à la demande de l'avocat, le tribunal l'a déclaré adjudicataire pour la somme de tant, outre les charges prévues au cahier des charges. Le jugement est daté et signé par le président et le greffier et revêtu de la formule exécutoire[3]. Ainsi, c'est un simple constat qui résulte de cette décision, constat que tel bien a été adjugé à tel avocat à telle date pour telle somme; le nom de l'adjudicataire n'y figure pas, sauf l'hypothèse, rare en pratique, où l'avocat aura déclaré l'identité de l'adjudicataire lors de la réquisition (v. s^s n° 1325.152).

1. Civ. 3 juill. 1855, *DP* 1855. 1. 307.
2. Req. 18 févr. 1846, *DP* 1846. 1. 134.

B.
Nature

1341.31 Un contrat judiciaire... Quelle est sa nature exacte ? La question présente un intérêt sous l'angle de ses effets; s'il s'agit d'un jugement il doit être signifié et est susceptible de voies de recours; si c'est un contrat, un certain nombre de dispositions relatives aux conventions peuvent alors trouver application.

Traditionnellement, la doctrine et la jurisprudence s'accordent pour parler de **contrat judiciaire** en déniant à la décision d'adjudication le caractère de jugement, ou de sentence[4]. En effet, il ne peut s'agir d'une décision contentieuse[5], dès lors qu'elle ne statue sur aucun incident[6]; ni le nom du saisi, du poursuivant et de l'adjudicataire n'y figurent, car le jugement ne tranche pas un différend, ne prononce pas de condamnation mais se contente de relater l'audience. La procédure en outre n'exigeant pas de comparution, le jugement n'est jamais rendu par défaut. Dans le même temps, l'adjudication n'est pas un contrat passé amiablement entre l'adjudicataire et le poursuivant à la suite d'enchères publiques; d'où le recours à la formule du contrat judiciaire qui explique l'absence de caractère contentieux et le rôle du tribunal : une décision gracieuse rendue par le juge saisi d'une demande dont la loi exige, en raison de la nature de l'affaire, qu'elle soit soumise à son contrôle (C. pr. civ., art. 25).

3. Civ. 2e, 11 févr. 2010, n° 09-65.404, *Bull. civ.* II, n° 31 : l'irrégularité tenant à l'omission de la mention de la formule exécutoire sur la copie d'un jugement d'adjudication, dont le caractère exécutoire n'est pas contesté, signifiée aux débiteurs saisis dont l'expulsion est sollicitée, constitue seulement une irrégularité de forme ne pouvant entraîner la nullité de la signification qu'au cas où elle a causé à ces derniers un grief.
4. Civ. 2e, 20 mai 1985, n° 83-16.680, *Bull. civ.* II, n° 99 – Et Civ. 2e, 13 févr. 1985, n° 83-15.195, *Bull. civ.* II, n° 35.
5. Civ. 2e, 22 oct. 1998, n° 96-21.319, *Bull. civ.* II, n° 253; *Procédures* 1999, n° 39.
6. Civ. 2e, 13 juill. 1999, n° 97-19.226, NP; *Procédures* 2000, n° 67.

1341.32 … à l'objet incertain. Même qualifié de « judiciaire », s'agit-il bien d'un contrat ? La question a rebondi à l'occasion du contentieux de la loi Carrez (v. s[s] n° 1323.101). La doctrine s'était interrogée sur l'application de la loi n° 96-1107 du 18 décembre 1996[1] aux ventes sur saisies immobilières. Or, la Cour de cassation les a exclues du domaine de la loi, au motif que ces ventes ne sont pas des « *contrats constatant ou réalisant une vente* »[2], mais sans pour autant préciser leur objet exact, voire leur nature juridique[3].

C.
Effets

1341.40 Des effets contrastés. Du fait qu'il ne s'agit pas d'une décision contentieuse, mais d'un contrat, il faut déduire l'absence de recours mais la possibilité d'agir en nullité; toutefois, parce qu'il est malgré tout question de jugement, la nature juridictionnelle emporte nécessité de signifier la décision.

1°
Influence du droit des contrats

1341.41 Principes. Ce « jugement » n'a pas l'autorité de la chose jugée; il n'est pas susceptible d'appel, de pourvoi, de recours en révision. Mais cette sentence juridictionnelle peut faire l'objet d'une action en nullité, comme tout contrat.

a)
Autorité de la chose jugée

1341.51 • Absence d'autorité de chose jugée. Une décision gracieuse n'a qu'une autorité de chose jugée limitée puisque rien n'est jugé; c'est la solution applicable aux décisions gracieuses, mais pour ces dernières, elles peuvent être rapportées ou modifiées si les circonstances dans lesquelles elles ont été rendues ont changé. Cela est inenvisageable en matière de vente aux enchères publiques et la jurisprudence conclut à l'absence d'autorité de chose jugée du jugement d'adjudicataion qui ne statue sur aucun incident[4].

b)
Voies de recours

1341.61 • Absence de voies de recours. Le jugement d'adjudication qui ne statue sur aucune contestation ou demande incidente est insusceptible de recours. La jurisprudence écarte aussi bien l'appel[5] que le pourvoi en cassation[6] (sauf en cas d'excès de pouvoir[7]), la tierce opposition[8] et le recours en révision[9].

c)
Actions en nullité

1341.70 Introduction. Le jugement d'adjudication peut toujours faire l'objet d'une annulation par voie d'action et d'exception mais pour des motifs autres que ceux tenant à la procédure de saisie[10]. Ce sera le cas lorsque l'adjudicataire invoquera un vice du consentement mais encore lorsque le droit de saisir, ayant en théorie fondé l'action du créancier, sera contesté ainsi qu'en cas de fraude du créancier.

1341.71 • Vices du consentement. L'adjudicataire peut invoquer une cause de nullité tirée du droit des contrats[11].

1341.72 • Moyens remettant en cause le droit de saisir du créancier. Un jugement d'adjudication pourra être annulé si l'immeuble a été saisi à l'encontre d'une personne qui n'en était pas le véritable propriétaire, peu important que le propriétaire n'ait pas fait publier son privilège (ainsi, pour un immeuble ayant fait l'objet d'une vente à terme[12]), ce dernier n'ayant pas agi en distraction en cours de procédure de saisie, ou pour tout autre moyen touchant au fond du droit. La nullité peut encore être demandée lorsque les actes de procédure qui ont pré-

1. L. n° 96-1107, 18 déc. 1996, améliorant la protection des acquéreurs de lots de copropriété, *JO* 19 déc., p. 19688.
2. Civ. 2e, 3 oct. 2002, n° 00-18.395, *Bull. civ.* II, n° 199.
3. A. Leborgne, note s[s] Civ. 2e, 3 oct. 2002, n° 00-18.395, *Bull. civ.* II, n° 199; *Dr. et proc.* 2003. 122.
4. Req. 29 juill. 1890, *D.* 1891. 1. 200 – Civ. 2e, 11 juill. 2013, n° 12-13.737, *Bull. civ.* II, n° 157.
5. Civ. 2e, 5 déc. 1973, n° 72-13.149, *Bull. civ.* II, n° 317; *JCP* 1974. IV. 23 – Civ. 2e, 24 avr. 1976, *JCP* 1976. IV. 194 – Civ. 2e, 11 janv. 1979, n° 77-11.069, *Bull. civ.* II, n° 16; *JCP* 1979. IV. 91.
6. Civ. 2e, 19 nov. 1986, n° 85-14.580, *Bull. civ.* II, n° 113 – Civ. 2e, 9 juin 1982, n° 81-11.339, *Bull. civ.* II, n° 87.
7. Civ. 2[e], 6 juin 2012, n° 11-24.028, *Bull. civ.* II, n° 198.
8. Civ. 2[e], 10 mai 1984, n° 83-13.285, *Bull. civ.* II, n° 80; *JCP* 1984. IV. 228 – Civ. 2[e], 6 janv. 2011, n° 09-70.437, *Bull. civ.* II, n° 2.
9. Civ. 2[e], 20 mai 1985, n° 83-16.680, *Bull. civ.* II, n° 99; *Gaz. Pal.* 1985. Pan. 270, obs. Guinchard et Moussa; *RTD civ.* 1986. 431, obs. Perrot – Civ. 2[e], 16 juill. 1987, n° 86-11.367, *Bull. civ.* II, n° 154; *JCP* 1987. IV. 342; *Rev. huiss.* 1988. 1619, note Talon.
10. Civ. 2e, 19 janv. 1977, n° 75-12.351, *Bull. civ.* II, n° 12; *Gaz. Pal.* 1977. 455, note Viatte; *AJPI* 1978. 131, note Talon – Civ. 2e, 19 nov. 1986, n° 85-13.213, *Bull. civ.* II, n° 168; *JCP* 1987. IV. 31 – Civ. 2e, 13 juill. 1999, n° 97-19.226, NP; *Procédures* 2000, n° 67, *a contrario* – Civ. 2e, 27 mai 2004, n° 02-20.467, *Bull. civ.* II, n° 240.
11. Civ. 2e, 9 févr. 1977, n° 75-10.834, *Bull. civ.* II, n° 28; *Gaz. Pal.* 1977. 2. 453, note Viatte – Civ. 2e, 8 oct. 1997, n° 95-15.269, *Bull. civ.* II, n° 245 – Civ. 2e, 9 févr. 2000, n° 98-14.426, NP.
12. Civ. 2e, 23 oct. 1996, n° 94-12.173, NP; *D.* 1997. 159, note Prévault.

cédé le jugement d'adjudication ont été annulés : la nullité de l'adjudication sera la conséquence nécessaire de l'annulation de ces actes[1], de même lorsque le titre servant de fondement aux poursuites est annulé[2] ou lorsque la régularité de la procédure à l'audience d'adjudication sera contestée[3] (*id.* pour un jugement de surenchère[4]).

1341.73 • **Fraude du créancier.** En cas de fraude du créancier, il faut permettre au saisi de faire annuler la procédure. La difficulté réside bien sûr dans l'établissement de la preuve de l'intention frauduleuse. Ce sera le cas lorsque le créancier poursuivant aura diligenté la saisie à une adresse qu'il savait erronée et aura manifesté la volonté de procéder à la vente forcée à l'insu des débiteurs saisis[5]. Ou encore, lorsque, la signification ayant été opérée selon les modalités du règlement (CE) n° 1348 du 29 mai 2000, relatif à la signification et à la notification dans les États membres des actes judiciaires et extrajudiciaires en matières civile et commerciale, le créancier aura maintenu la vente en parfaite connaissance de ce que le débiteur n'a reçu aucun des actes de procédure[6].

1341.74 • **Moyens inopérants.** En revanche, les saisis ne pourront agir en nullité du jugement d'adjudication en arguant de la suspension des poursuites ordonnée par un juge de l'exécution (JEX) alors que la date d'adjudication avait été fixée[7], ni tirer argument d'une éventuelle irrégularité de la signification du commandement[8] ou des sommations[9] et encore moins invoquer, une fois le bien adjugé, des causes de nullité connues avant l'audience d'adjudication[10].

1341.75 **Prescription de l'action.** L'action en nullité est-elle soumise à la prescription quinquennale de l'article 1304 du Code civil ? C'est ce que la Cour de cassation jugeait dans les années soixante[11]. Plus récemment, la haute juridiction a semblé nuancer son analyse en énonçant que la prescription quinquennale édictée par l'article 1304 ne concernait « *que les actions introduites par les parties contractantes* »; elle est donc inopposable au donateur du bien saisi[12]. L'exclusion paraît cependant avoir été généralisée par une décision du 3 octobre 2002 qui affirme, que « *la prescription quinquennale édictée par l'article 1304 du Code civil ne concerne que les actions en nullité d'une convention et n'est donc pas applicable aux ventes sur saisie immobilière* »[13]. Or, autant il paraît logique d'exclure les dispositions restrictives de l'article 1304 lorsque la demande d'annulation du jugement d'adjudication est la conséquence de l'annulation des actes de procédure[14], autant cette solution paraît inopportune hors ce cas, par exemple, lorsque la demande d'annulation reposera sur un vice du consentement[15].

1341.76 **Cas particulier.** Le tribunal peut d'abord trancher un incident puis, constater l'adjudication. Le jugement qui a tranché l'incident est contentieux; statuant sur une contestation, il sera motivé, aura autorité de chose jugée et pourra faire l'objet d'un recours[16]. À la même audience, le tribunal a ensuite constaté l'adjudication; c'est un jugement gracieux valant contrat judiciaire. La Cour de cassation décide que lorsqu'un jugement rejette un dire tendant à la suspension des poursuites et qu'un second jugement prononce sans désemparer l'adjudication, en cas d'appel formé sur-le-champ du premier jugement, la nullité du jugement d'adjudication ne peut être poursuivie pour ne pas avoir respecté l'effet suspensif et dévolutif de l'appel. Dans ce cas en effet, il a été procédé à l'adjudication, non en exécution du jugement qui a rejeté le dire, mais en vertu du titre exécutoire qui fondait la poursuite[17].

1341.77 **Recours contre le jugement qui statue sur la nullité de l'adjudication.** Le jugement

1. Civ. 2e, 3 févr. 1988, n° 86-18.889, NP.
2. Civ. 2e, 13 janv. 2000, n° 98-10.619, *Bull. civ.* II, n° 9 – Civ. 2e, 3 mai 2001, n° 98-18.162, *Bull. civ.* II, n° 91.
3. Civ. 2e, 14 déc. 1988, n° 87-17.985, *Bull. civ.* II, n° 249.
4. Civ. 2e, 13 déc. 1993, n° 92-12.820, *Bull. civ.* II, n° 363.
5. Civ. 2e, 7 nov. 2002, n° 01-14.229, *Bull. civ.* II, n° 239; *JCP* 2002. IV. 3065.
6. Civ. 2e, 4 juill. 2007, n° 05-20.525, *Bull. civ.* II, n° 194 : à l'égard du destinataire, en effet, la date de signification d'un acte, effectuée selon les modalités du règlement (CE) n° 1348 du 29 mai 2000, relatif à la signification et à la notification dans les États membres des actes judiciaires et extrajudiciaires en matières civile et commerciale, est celle à laquelle l'acte a été signifié conformément à la législation de l'État membre requis.
7. Civ. 2e, 19 mai 1998, n° 95-18.002, *Bull. civ.* II, n° 152 – Civ. 2e, 22 oct. 1998, n° 96-21.319, *Bull. civ.* II, n° 253; *Procédures* 1999, n° 39; *JCP* 1998. IV. 3366.
8. Civ. 2e, 13 juill. 1999, n° 97-19.226, NP; *Procédures* 2000, n° 67.
9. Civ. 2e, 27 mai 2004, n° 02-20.467, *Bull. civ.* II, n° 240.
10. Civ. 2e, 7 janv. 2010, n° 08-21.970, NP : est jugée irrecevable l'action en nullité fondée sur la suspension des poursuites pour cause de dispositif de désendettement des rapatriés, car, régulièrement appelés à la procédure, les saisis n'ont pas soulevé d'incident.
11. Civ. 2e, 20 oct. 1961, *Bull. civ.* II, n° 682 – *RTD civ.* 1961. 192, obs. Raynaud.
12. Civ. 2e, 8 oct. 1997, n° 95-15.269, *Bull. civ.* II, n° 245; *Gaz. Pal.* 11-12 févr. 1998. Somm. 15.
13. Civ. 2e, 3 oct. 2002, n° 01-01.481, *Bull. civ.* II, n° 206; *Gaz. Pal.* 14-15 mars 2003, p. 19, obs. crit. Brenner; *D.* 2003. 1596, note Lehot.
14. EN CE SENS, Civ. 2e, 18 nov. 1987, n° 86-14.232, *Bull. civ.* II, n° 232 – Civ. 2e, 5 oct. 1988, n° 87-16.290, NP; *Gaz. Pal.* 1989. Somm. 168, note Veron.
15. V. AUSSI en ce sens obs. Brenner ss Civ. 2e, 3 oct. 2002, n° 01-01.481, préc. ss prést n°.
16. Civ. 2e, 6 janv. 1966, *Bull. civ.* II, n° 1.
17. Civ. 2e, 21 oct. 1992, n° 91-14.240, *Bull. civ.* II, n° 244.

d'adjudication est insusceptible de recours mais le jugement qui examine l'éventuelle nullité du jugement d'adjudication est un jugement contentieux susceptible d'appel et de pourvoi dans les termes du droit commun, car il échappe à la restriction des voies de recours édictée par l'article 731 ACPC[1]. Lorsque la nullité invoquée repose sur un argument touchant au fond du droit, la solution se comprend aisément; la Cour de cassation a dû préciser qu'elle était identique lorsque le grief formulé à l'encontre du jugement d'adjudication concernait la régularité de la procédure : l'irrégularité de la procédure (de l'audience d'adjudication sans doute) ne confère pas à la décision qui statue sur la demande de nullité le caractère d'un incident de saisie (pour un vice de forme[2] - *id.* pour un jugement de surenchère[3]).

2°
Caractère juridictionnel

1341.81 Signification. Le caractère juridictionnel du jugement d'adjudication impose de le signifier pour pouvoir l'exécuter. La Cour de cassation fait en cette matière une simple application des dispositions de droit commun de l'article 503 C. pr. civ. selon lequel : « *Les jugements ne peuvent être exécutés contre ceux auxquels ils sont opposés qu'après leur avoir été notifiés* »[4]. La signification est impérative pour se prévaloir de l'adjudication; l'omission de la formalité ne relève pas de l'article 114 C. pr. civ. qui ne concerne que les nullités de forme des actes de procédure effectués[5]; ainsi, l'absence de grief est sans incidence[6]. Mais la signification du jugement d'adjudication peut intervenir tardivement (ainsi d'un cas où l'adjudicataire n'avait régularisé qu'en cours de procédure d'expulsion[7]).

1341.82 • Destinataire. Le jugement n'ayant pas été rendu entre des parties à un contentieux, selon l'article 716 ACPC, il doit seulement être signifié au saisi. À défaut, la prise de possession des locaux par l'adjudicataire constituera une voie de fait[8]. L'adjudicataire en effet devient propriétaire du bien (v. s[s] n°s 1341.140 s.), il doit donc officialiser ses droits vis-à-vis du saisi pour poursuivre l'exécution du jugement d'adjudication. Ainsi, pour assigner le saisi en expulsion s'il se maintient dans les lieux[9] (la signification du jugement d'adjudication est nécessaire pour envisager d'expulser le saisi qui se maintiendrait dans les lieux, mais le jugement d'adjudication ne constituant pas un titre au sens de l'article 61 de la loi n° 91-650 du 9 juillet 1991[10], il ne permettra pas l'expulsion - v. s[s] n° 1341.202), ou pour obtenir sa condamnation à payer une indemnité d'occupation (la cour d'appel qui alloue une indemnité d'occupation à l'adjudicataire à compter du jugement d'adjudication alors que celui-ci n'avait été signifié au saisi qu'ultérieurement, a violé l'article 503 C. pr. civ.[11]).

Le jugement doit encore être signifié au saisi en liquidation judiciaire, bien que celui-ci soit dessaisi par le jugement prononçant la liquidation[12].

1341.83 • Formalisme. C'est l'expédition ou le titre (v. s[s] n°s 1341.90 s.) qui sera signifié par l'adjudicataire, par extrait comprenant seulement la désignation du bien, les nom, prénoms dans l'ordre de l'état civil, date et lieu de naissance, profession et domicile du saisissant, de la partie saisie et de l'adjudicataire et le jugement d'adjudication avec copie de la formule exécutoire. Ce jugement n'étant pas le titre permettant l'expulsion, l'irrégularité tenant à l'omission de la mention de la formule exécutoire sur la copie d'un jugement d'adjudication, dont le caractère exécutoire n'est pas contesté, signifiée aux débiteurs saisis dont l'expulsion est sollicitée, constitue une simple irrégularité de forme ne pouvant entraîner la nullité de la signification qu'au cas où elle a causé à ces derniers un grief[13].

1. Civ. 2e, 16 nov. 1988, n° 87-16.307, *Bull. civ.* II, n° 224.
2. Civ. 2e, 14 déc. 1988, n° 87-17.985, *Bull. civ.* II, n° 249.
3. Civ. 2e, 13 déc. 1993, n° 92-12.820, *Bull. civ.* II, n° 363 – Civ. 2e, 20 juin 1996, n° 94-16.607, *Bull. civ.* II, n° 165; *Gaz. Pal.* 5-6 mars 1997. Somm. 25, obs. du Rusquec.
4. Civ. 2e, 6 janv. 1988, n° 86-16.806, *Bull. civ.* II, n° 1 – Civ. 2e, 10 oct. 1990, n° 89-15.945, *Bull. civ.* II, n° 195 – Civ. 2e, 1er mars 1995, n° 93-16.007, *Bull. civ.* II, n° 62; *Gaz. Pal.* 1995. 2. Pan. 204 – Civ. 2e, 5 juin 1996, n° 94-15.060, *Bull. civ.* II, n° 127.
5. En revanche, l'omission de la formule exécutoire sur la copie du jugement d'adjudication est une irrégularité formelle, v. s[s] n° 1341.83.
6. Civ. 2e, 12 mai 1976, n° 75-10.413, *Bull. civ.* II, n° 154; *Gaz. Pal.* 1976. 2. 552 – Civ. 2e, 18 oct. 1978, n° 77-13.443, *Bull. civ.* II, n° 214; *RTD civ.* 1979. 441, obs. Perrot – Civ. 2e, 11 avr. 1986, n° 84-17.210, *Bull. civ.* II, n° 50; *Gaz. Pal.* 1986. Somm. 424, obs. Véron.
7. Civ. 2e, 13 juill. 2005, n° 03-18.490, *Bull. civ.* II, n° 207.
8. Civ. 2e, 7 juill. 2007, n° 07-10.601, *Bull. civ.* II, n° 146, qui approuve une cour d'appel, ayant constaté que le débiteur saisi occupait les lieux ayant fait l'objet de l'adjudication, d'en déduire que la prise de possession des locaux par l'adjudicataire sans signification préalable du jugement d'adjudication et d'un titre d'expulsion constituait une voie de fait, caractéristique d'un trouble manifestement illicite.
9. Civ. 2e, 12 mai 1976, n° 75-10.413, *Bull. civ.* II, n° 154; *Gaz. Pal.* 1976. 2. 552 – Civ. 2e, 18 oct. 1978, n° 77-13.443, *Bull. civ.* II, n° 214; *RTD civ.* 1979. 441, obs. Perrot.
10. L. n° 91-650, 9 juill. 1991, portant réforme des procédures civiles d'exécution, *JO* 14 juill., p. 9228.
11. Civ. 2e, 1er mars 1995, n° 93-16.007, *Bull. civ.* II, n° 62.
12. Civ. 2e, 5 juin 1996, n° 94-15.060, *Bull. civ.* II, n° 127; *D.* 1996. R 175.
13. Civ. 2e, 1er févr. 2010, n° 09-65.404, *Bull. civ.* II, n° 31.

§ 2
Délais et conditions d'obtention du titre

1341.90 **Plan.** Pour signifier et ensuite publier son titre, l'adjudicataire doit le réclamer au greffe à l'expiration d'un délai d'attente et après avoir justifié du paiement des frais.

A.
Formalités consécutives à l'adjudication

1341.91 **Déclaration d'adjudicataire.** Cette déclaration consiste simplement à donner au greffe l'identité de la personne pour le compte de laquelle les enchères ont été poussées. En vertu des dispositions de l'article 79 du décret du 27 juillet 2006, désormais applicable à toutes les ventes aux enchères conformément aux dispositions de l'article 168 modifié par le décret n° 2009-160 du 12 février 2009[1], l'avocat dernier enchérisseur est tenu d'effectuer cette déclaration au greffe avant l'issue de l'audience (v. ss nos 1325.11 s.).

1341.92 **Rédaction du jugement.** Le jugement est porté en minute à la suite du cahier des charges, et y sont également annexés, la déclaration d'adjudicataire et le pouvoir, rédigés sur le bordereau destiné à la Conservation des hypothèques en vue de la publication de la grosse d'adjudication.

B.
Délais d'attente

1341.101 **Écoulement du délai d'exercice du droit de préemption.** Lorsque le bénéficiaire d'un droit de préemption a été informé de la procédure de saisie immobilière et des délais pour exercer son droit, l'adjudicataire doit d'abord attendre l'expiration de ce délai, variable selon le titulaire du droit (v. ss nos 1323.380 s.), pour prétendre à la propriété du bien. Si le droit est exercé dans le délai, le bénéficiaire se substitue à l'adjudicataire dans les mêmes conditions et obligations; à défaut, le bénéficiaire est déchu de son droit de préemption et l'adjudicataire conserve l'adjudication.

1341.102 **Écoulement du délai de surenchère.** L'article 708 ACPC réglemente la faculté de surenchère (v. ss nos 1342.11 s.) et le délai pour la former : toute personne peut, dans les dix jours qui suivent l'adjudication faire une surenchère du dixième au moins du prix principal de la vente (sur l'information des tiers quant à la faculté de surenchère, organisée à l'article 5 du décret du 11 janvier 2002, au moyen d'une publicité au tribunal après l'adjudication, v. ss nos 1323.320 s.). Ainsi, à compter du jour de l'audience d'adjudication s'ouvre un délai de dix jours. Est-ce un délai franc ? Cela pourrait l'être puisqu'il est calculé à compter d'une date précise; il suffirait d'ajouter dix jours et de reporter au premier jour ouvrable si le délai expire un samedi, dimanche ou jour férié. L'article 708 du même code déroge cependant aux dispositions des articles 640 et suivants C. pr. civ. D'une part il ne s'agit pas de former la surenchère avant l'expiration d'un délai de dix jours mais dans les dix jours; le jour de l'adjudication ne compte pas. D'autre part, alors que selon l'article 642 C. pr. civ. tout délai expire le dernier jour à vingt-quatre heures, l'article 708 prévoit que la déclaration de surenchère ne sera pas reçue après l'heure fixée par le tribunal pour la fermeture du greffe. La jurisprudence n'a pas eu l'occasion, à notre connaissance, d'indiquer si on devait considérer que l'article 642 C. pr. civ., plus récent que l'article 708 ACPC (issu de la réforme de la saisie immobilière de 1938), avait implicitement abrogé les dispositions particulières de ce dernier et si le délai pour former déclaration de surenchère expirait désormais à minuit, permettant de reporter la déclaration au lendemain. D'une manière générale, les dispositions de procédure, en matière de saisie immobilière, étant dérogatoires au droit commun, il sera prudent de s'en tenir strictement au texte de l'article 708 ACPC.

Il faut donc attendre l'expiration de ce délai pour savoir si l'adjudication est bien acquise. L'adjudicataire peut interroger le greffe, mais en tout état de cause il sera officiellement prévenu, l'avocat du surenchérisseur étant tenu de dénoncer la surenchère dans les cinq jours, notamment à l'avocat de l'adjudicataire (ACPC, art. 709).

C.
Délivrance du titre

1341.111 **Paiement des frais.** Le titre n'est délivré que sur justification du paiement des frais de poursuite, annoncés avant le début des enchères (v. ss n° 1325.121), augmentés des émoluments dus aux avocats, conformément au tarif des notaires, exceptionnellement applicable aux avocats en matière de vente aux enchères. Après purge du droit de préemption et écoulement du délai de surenchère, l'adjudicataire paiera donc les frais et les émoluments. La quittance des frais et les pièces justificatives doivent être annexées à la minute du jugement et sont copiées à la suite de l'expédition (ACPC, art. 713, al. 2).

1. Décr. n° 2009-160, 12 févr. 2009, pris pour l'application de l'*ordonnance* n° 2008-1345 du 18 décembre 2008 portant réforme du droit des entreprises en difficulté et modifiant les procédures de saisie immobilière et de distribution du prix d'un immeuble, *JO* 13 févr., p. 2596.

1341.112 Paiement des droits de mutation. Dès réception de la quittance des frais, le greffier adresse le dossier d'adjudication au bureau de l'enregistrement qui invitera directement l'avocat de l'adjudicataire au paiement des droits de mutation applicables en fonction, d'une part de la qualité de l'adjudicataire, d'autre part, du régime fiscal applicable à l'immeuble.

Si la déclaration d'adjudicataire a été faite en qualité de marchand de biens et que l'engagement, prévu à l'article 1115 du Code général des impôts, de revendre l'immeuble dans le délai légal a été régulièrement pris, l'adjudicataire marchand de biens pourra prétendre bénéficier du régime des droits réduits. L'absence de mention et d'engagement dans la déclaration d'adjudicataire le lui interdira.

Suivant l'immeuble, l'avocat de l'adjudicataire devra, le cas échéant, convenir avec l'administration de l'assiette des différents droits applicables. Les droits de mutation des ventes sur adjudication suivent le même régime que les ventes amiables. Si la vente entre dans le champ d'application de la TVA, l'adjudicataire tenu par les dispositions du cahier des charges d'en assurer le paiement, pourra prétendre bénéficier des droits à déduction du vendeur, si cette faculté lui a été expressément réservée dans le cahier des charges. En revanche, si le cahier des charges est muet sur l'hypothèse de l'application de la TVA, le prix d'adjudication est réputé TTC et la TVA, dont le redevable légal est le vendeur, viendra alors en déduction du prix à distribuer entre les différents créanciers.

Pour la TVA, due pour les immeubles en l'état futur d'achèvement, un arrêt a décidé que le vendeur d'immeubles, tenu d'acquitter la TVA pouvait la répercuter ensuite sur l'adjudicataire[1]. Mais le cahier des charges peut en décider autrement.

Les droits doivent être payés dans un délai de trente jours, sous peine des pénalités applicables à la matière.

Ce n'est qu'après acquittement des droits que le dossier est retourné au greffe pour l'établissement de la grosse d'adjudication.

1341.113 Commande de la grosse du jugement d'adjudication. L'article 712 ACPC dispose que le titre d'adjudication, délivré par le greffe, consiste dans l'expédition du cahier des charges et du jugement d'adjudication sans les dires de simples formalités. En principe, une seule expédition est délivrée. Mais si l'adjudication a été poursuivie en plusieurs lots, les différents adjudicataires sont chacun concernés par la délivrance de l'expédition. Aux termes des dispositions de l'article 712, l'expédition devrait être remise à celui des adjudicataires désignés par le cahier des charges, sinon, dans le silence du cahier des charges, à l'adjudicataire pour la somme la plus forte; il ne sera alors délivré aux autres adjudicataires que des extraits, sauf si le cahier des charges avait, compte tenu de l'importance de la nature et de la situation des biens, stipulé que d'autres titres complets pourraient être délivrés en la forme exécutoire à un ou plusieurs adjudicataires. Mais en pratique, les moyens modernes de reproduction permettent de remettre une grosse d'adjudication à chaque adjudicataire.

1341.114 Copropriété. Si le bien vendu est un lot dépendant d'un immeuble en copropriété, le transfert de propriété doit être notifié sans délai soit par les parties, soit par l'avocat de l'adjudicataire, au syndic de la copropriété (Décr. nº 67-223, 17 mars 1967[2], art. 6, mod. par Décr. nº 95-162, 15 févr. 1995[3]). Cette notification comporte la désignation du lot ou de la fraction de lot et l'indication des nom, prénoms, domicile réel ou élu de l'acquéreur. Cette notification doit être faite indépendamment de l'avis de mutation prévu à l'article 20 de la loi du 10 juillet 1065 modifiée.

L'avocat doit informer les créanciers de l'opposition qu'aura formée le syndic et sur leur demande leur en adressera copie (Décr. 17 mars 1967, art. 6-1).

§ 3
Publication

1341.120 Principe. Selon l'article 716 alinéa 2 ACPC, l'adjudicataire est tenu de faire publier son titre dans les deux mois, à peine de folle enchère; cette publication interrompt le délai de l'article 694 du même code.

A.
Obligation de publier dans les deux mois

1341.121 Formalités. Le jugement d'adjudication est translatif de propriété; il doit donc être publié pour être opposable. Mention de la publication est opérée d'office en marge de la copie du commandement par le conservateur (ACPC, art. 716, al. 3).

1. Grenoble, 5 mars 1975, *D.* 1975. Somm. 63; *Gaz. Pal.* 1975. 1. 432.

2. Décr. nº 67-223, 17 mars 1967, portant rap pour l'application de la loi nº 65-557 du 10 juillet 1965 fixant le statut de la copropriété des immeubles bâtis, *JO* 22 mars, p. 2742.
3. Décr. nº 95-162, 15 févr. 1995, modifiant le décret nº 67-223 du 17 mars 1967 pris pour l'application de la loi nº 65-557 du 10 juillet 1965 fixant le statut de la copropriété des immeubles bâtis, *JO* 17 févr., p. 2615.

Il est apparu que le fait que la charge de cette publication soit dévolue à l'adjudicataire était source de problèmes. C'est l'avocat poursuivant qui détient déjà les éléments permettant une publication aisée; de même, c'est lui qui doit veiller à ne pas laisser se périmer sa procédure de saisie avant que le jugement ne soit valablement publié. C'est la raison pour laquelle, dans divers barreaux, il est d'usage que, contrairement à l'article 716 alinéa 2, ce soit l'avocat poursuivant qui publie lui-même le jugement d'adjudication, puis adresse la grosse publiée à l'avocat de l'adjudicataire après le retour de la Conservation des hypothèques.

1341.122 **Risque de folle enchère.** L'article 716 alinéa 2 ACPC est aujourd'hui interprété comme obligeant l'adjudicataire à payer le prix (v. les cas de figure dans lesquels le bien peut être revendu sur folle enchère s^{s} n°s 1343.21 s.).

La responsabilité de l'avocat qui n'accomplit pas les formalités indispensables à l'exécution du jugement peut être engagée [1].

B.
Effet de la publication du jugement d'adjudication sur la validité du commandement

1341.131 **Délai de trois ans et prorogation.** En vertu de l'article 694 ACPC, le commandement publié ne produit effet que pendant trois ans; dans ce délai, une adjudication doit donc être intervenue, sinon, le commandement étant périmé, c'est toute la procédure qui sera caduque [2]. L'adjudication, ou un jugement prorogeant le délai de l'adjudication, seront mentionnés en marge de la publication du commandement avant l'expiration du délai de trois ans.

La jurisprudence a précisé que seule la publication du jugement d'adjudication interrompait le délai et non le jugement d'adjudication lui-même [3], car le jugement d'adjudication ne peut produire les effets prévus par l'article 694 alinéa 3 qu'à la date de la mention. La prorogation prend effet à compter de la publication du jugement qui l'a ordonnée et non de l'expiration du premier délai de trois ans [4] ou à une date fixée par le jugement de prorogation [5]; une deuxième prorogation est encore possible, si les circonstances le justifient [6].

En conséquence, il faut être très attentif aux délais et penser à solliciter la prorogation après le jugement d'adjudication si cela est nécessaire.

Lorsque la procédure de saisie immobilière est en cours, la demande de prorogation est une demande incidente, qui sera portée à l'audience de la chambre des saisies du tribunal où le débiteur saisi est représenté et où il a déposé des conclusions sur le fond [7].

Le jugement qui fait droit à la demande de prorogation doit préciser les circonstances qui justifient cette prorogation; elle ne doit pas être le fait de la négligence du poursuivant [8].

SECTION 2
EFFETS DE L'ADJUDICATION

1341.140 **Plan.** La survenance de l'adjudication emporte modification des droits du saisi. Le bien sort de son patrimoine et entre dans celui de l'adjudicataire, qui doit exécuter les obligations du cahier des charges. C'est la fin de la procédure d'exécution mais les créanciers doivent encore produire à l'ordre et leurs sûretés seront reportées sur le prix, à la condition qu'il soit consigné. Pour les tiers enfin, la publication de l'adjudication officialise le transfert de propriété.

1341.141 **Précision.** On raisonnera sur un jugement définitif, c'est-à-dire sans surenchère ou après surenchère, sans folle enchère ou après revente et sans action en nullité du jugement d'adjudication.

§ 1
Une vente d'une nature particulière

1341.150 **Nature particulière.** Elle se réalise entre le saisi et l'adjudicataire mais emporte purge des inscriptions et n'est pas totalement soumise au droit commun de la vente; elle emporte transfert de propriété et des risques mais dans les limites des droits appartenant au saisi.

1. Paris, 4 mars 1993, *D.* 1994. 497, note Prévault.
2. Civ. 2e, 7 janv. 1965, *JCP* 1966. IV. 23.
3. Civ. 2e, 3 mai 1990, n° 89-12.474, *Bull. civ.* II, n° 81; *D.* 1990. Somm. 347, obs. Julien – Civ. 2e, 27 janv. 1993, n° 91-17.724, *Bull. civ.* II, n° 39 : *D.* 1993. Somm. 282.
4. Civ. 2e, 27 janv. 1993, n° 91-17.724, *Bull. civ.* II, n° 39; *D.* 1993. 183, obs. Julien.
5. Civ. 2e, 25 oct. 1995, n° 94-11.719, *Bull. civ.* II, n° 263; *D.* 1995. IR 261.
6. Civ. 2e, 23 oct. 1991, n° 90-12.457, *Bull. civ.* II, n° 283; *Gaz. Pal.* 26-28 juill. 1992. Somm. 16, obs. Véron.
7. Civ. 2e, 25 oct. 1995, n° 94-11.719, *Bull. civ.* II, n° 263; *D.* 1995. IR 261.
8. Civ. 2e, 1er févr. 1995, n° 92-21.652, *Bull. civ.* II, n° 40 – Civ. 2e, 25 oct. 1995, n° 94-11.719, *Bull. civ.* II, n° 263; *D.* 1995. IR 261 – Civ. 2e, 1er mars 1995, n° 92-19.148, *Bull. civ.* II, n° 70; *Gaz. Pal.* 16 janv. 1996, *v° Saisie immobilière*, obs. Véron.

A. Transfert de propriété et des risques

1341.151 Principe. S'agissant d'un immeuble, la publication du titre (ici le jugement d'adjudication) s'impose, qui emporte opposabilité du transfert de propriété aux tiers.

1341.152 • Entre les parties. L'effet translatif est acquis du jour de l'adjudication et l'immeuble est aux risques de l'adjudicataire à compter de ce même jour; l'adjudicataire en devra donc le prix même si l'immeuble périt avant sa mise en possession (C. civ., art. 1138). Si le saisi reste dans les lieux, il devra une indemnité d'occupation, et cela même si le prix n'est pas consigné tout de suite par l'adjudicataire [1].

1341.153 • Pour les tiers. La publication doit s'effectuer dans les deux mois du jugement d'adjudication sous peine de revente sur folle enchère (v. s[s] n° 1341.122). Mais le transfert de propriété n'est opposable qu'à compter de la publication effective (Décr. 4 janv. 1955, art. 30-1). Jusqu'à cette date, les tiers peuvent opposer à l'adjudicataire les droits qu'ils détiennent contre le saisi; ainsi des hypothèques inscrites après l'adjudication. Cependant, dans le même temps, les tiers peuvent se prévaloir du jugement d'adjudication, dès lors qu'ils en ont connaissance dans leurs rapports avec l'adjudicataire : ainsi, éventuellement réclamer des impôts à l'adjudicataire à compter de l'adjudication.

1341.154 Exclusion de certaines garanties. Selon le Code civil, pour les ventes faites par autorité de justice, il n'y a lieu ni à garantie des vices rédhibitoires (C. civ., art. 1649 - v. s[s] n°s 1341.201 s.), ni à rescision pour lésion (C. civ., art. 1684), les dispositions des articles 708 à 710 ACPC réglant la faculté de surenchère (v. s[s] n°s 1342.05 s.).

1341.155 Assiette du bien. L'adjudicataire n'acquiert que la propriété des immeubles désignés dans le commandement [2] et celle des immeubles qui peuvent être englobés dans la saisie à titre accessoire (v. s[s] n°s 1316.05 s.).

B. Vente par le saisi

1341.161 Qualité de vendeur du saisi. C'est le saisi qui est tenu des obligations d'un vendeur, ce qui n'exclut pas que la responsabilité du poursuivant puisse être également recherchée sur le terrain quasi délictuel mais le créancier, n'étant pas considéré comme vendeur, ne sera pas tenu des garanties d'un vendeur

1341.162 Transfert des droits du saisi. En vertu de l'article 717 alinéa 1er ACPC, la vente sur adjudication emporte transfert des droits du saisi au profit de l'adjudicataire (sous réserve qu'une surenchère ne soit pas formée, v. s[s] n°s 1342.05 s.); elle ne transmet d'autres droits à la propriété que ceux appartenant au saisi. C'est du saisi que l'adjudicataire tient son droit, même s'il n'était pas poursuivant sur conversion en vente volontaire, et bien que le prix ne soit pas versé au saisi mais consigné en vue d'être distribué. Toutefois, il a été jugé que si le démembrement du droit de propriété (en l'espèce la constitution d'un droit d'usage et d'habitation et d'un droit de passage au travers de l'immeuble, par le saisi, au profit de ses parents) opéré par le saisi, est déclaré inopposable à son créancier sur le fondement de l'article 1167 du Code civil, l'inopposabilité des droits portant sur l'immeuble une fois prononcée confère au créancier le droit de poursuivre la vente forcée de l'immeuble libre de tous droits; il en résulte que l'adjudicataire reçoit à son tour l'immeuble libre de ces droits [3]. On en vient alors à douter que l'adjudicataire soit toujours l'ayant cause du saisi car dans cette situation, il recueille plus de droits sur l'immeuble que le propriétaire n'en détenait [4].

1341.163 Conditions. L'adjudicataire acquiert les droits du saisi avec toutes leurs faiblesses (procès) et leurs restrictions (démembrements et contrats).

1341.164 • Le saisi devait être propriétaire. La vente peut être annulée si le saisi n'était pas le véritable propriétaire et l'adjudicataire ne pourra s'y opposer.

Si le droit saisi n'était qu'un droit de nue-propriété l'adjudicataire ne pourra réclamer l'usufruit [5], pas plus qu'il n'obtiendra la jouissance du bien si un précédent propriétaire se l'était réservée [6].

De même, les procès engagés avant la délivrance du commandement et qui produisent des effets après l'adjudication s'imposeront au nouveau propriétaire (rescision, révocation, réduction en cas d'atteinte à la réserve).

Est toutefois exclue l'hypothèse d'une action en résolution de la vente, postérieure à l'adjudication, parce que les droits du créancier pouvant agir en résolution ont été protégés en cours de procédure

1. Civ. 2e, 11 mars 2010, n° 09-12.712, *Bull. civ.* II, n° 54.
2. Bordeaux, 13 juin 1912, *DP* 1913. 2. 357 – Civ. 15 avr. 1913, *DP* 1914. 1. 131.
3. Civ. 1re, 29 janv. 2002, n° 98-20.155, *Bull. civ.* II, n° 27.
4. EN CE SENS, v. *Defrénois* 2002, art. 37591, n° 59.
5. Civ. 15 avr. 1913, *DP* 1914. 1. 131 – Civ. 1re, 11 juin 1954, *JCP* 1954. I. 8288, note Becqué.
6. Civ. 2e, 27 oct. 1975, n° 73-14.956, *Bull. civ.* II, n° 276.

(ACPC, art. 692). La partie qui n'aura pas exercé son action en résolution dans les formes et délais légaux conservera le droit de faire valoir sa créance dans la distribution du prix d'adjudication (ACPC, art. 717, al. 2). Il a cependant été jugé que nul ne pouvant céder de droits dont il ne dispose pas, le véritable propriétaire était toujours en droit de revendiquer l'immeuble à l'encontre de l'adjudicataire, qu'il ait ou non fait publier son privilège (pour un immeuble vendu à terme[1]).

1341.165 • **Lorsque des charges grevaient l'immeuble.** L'adjudicataire sera tenu de respecter les contrats conclus avant l'adjudication s'ils lui sont opposables : ainsi, les baux ayant acquis date certaine avant le commandement[2], ainsi que les baux publiés (v. s[s] n°s 1321.151 s.). Pour un bail rural, les droits acquis par le preneur doivent être non précaires[3]. De même, en cas d'exploitation d'un fonds de commerce dans l'immeuble saisi[4]. Toutefois, les droits nés avant l'adjudication ne seront pas toujours opposables à l'adjudicataire. Ainsi, celui-ci ne pourra se prévaloir des loyers impayés avant l'adjudication pour faire jouer une clause résolutoire dont le jeu n'aurait pas encore été acquis. À l'inverse, l'indemnité d'éviction, en cours de fixation au moment de l'adjudication ne pourra être réclamée à l'adjudicataire, s'agissant d'un droit personnel et non patrimonial de l'ancien bailleur. Il a encore été jugé que des droits portant sur l'immeuble, jugés inopposables au créancier poursuivant, en vertu de l'article 1167 du Code civil, ne seront par voie de conséquence pas opposables à l'adjudicataire (pour la constitution d'un droit d'usage et d'habitation et d'un droit de passage au travers de l'immeuble par le saisi au profit de ses parents[5]).

1341.166 • **Étendue des droits.** Le cahier des charges détermine l'assiette du bien et les droits saisis. En cas d'omissions, d'erreurs ou d'irrégularités, le poursuivant peut voir sa responsabilité engagée, à charge pour lui de se retourner contre son mandataire; il ne peut toutefois s'agir que d'une responsabilité délictuelle, en l'absence de contrat entre le poursuivant et l'adjudicataire (ainsi, pour une obligation de faire non mentionnée au cahier des charges[6]).

Le procès en responsabilité est parfois dirigé à titre principal contre le rédacteur du cahier des charges; parce qu'il n'existe pas non plus de lien contractuel entre le rédacteur du cahier des charges et l'adjudicataire, l'avocat rédacteur ne peut s'exonérer de ses fautes par une clause de non-responsabilité au cahier des charges[7]. L'adjudicataire peut encore agir contre l'huissier qui en commettant une erreur dans le commandement sur le caractère constructible du bien a engagé sa responsabilité professionnelle[8]; de même à propos du caractère inondable du terrain[9].

1341.167 **Limites.** Certains droits, dont pouvait bénéficier le saisi, ne seront pas automatiquement transmis à l'adjudicataire. Ainsi, la troisième chambre civile de la Cour de cassation a jugé que la garantie financière d'achèvement de l'article R. 261-21 du Code de la construction et de l'habitation ne pouvant être mise en jeu qu'à l'occasion d'une vente en l'état futur d'achèvement, et tel n'étant pas le cas d'une vente sur adjudication, l'adjudicataire de l'immeuble prenait celui-ci en l'état où il se trouve[10]. La solution peut s'expliquer encore par le fait que l'adjudication ayant été réalisée à un prix tenant compte de l'état inachevé de la construction et sans que soit évoqué le droit de créance relatif à la garantie, l'adjudicataire achetant à un faible prix cet immeuble ne pouvait espérer ultérieurement le faire achever en faisant jouer la garantie. La solution aurait sans doute pu être différente si le bénéfice de cette garantie avait été visé au cahier des charges, car le promoteur saisi l'avait tout de même souscrite !

C.
Vente « rénovée »

1341.170 **Double purge.** La publication du jugement d'adjudication emporte transfert d'une propriété rénovée, c'est-à-dire purge des inscriptions et purge des éventuels vices de la procédure de saisie.

1°
Purge des inscriptions

1341.171 **Principe légal.** Selon l'article 717 alinéa 3 ACPC, la publication du jugement d'adju-

1. Civ. 2e, 8 oct. 1997, n° 95-15.269, *Bull. civ.* II, n° 245; *D.* 1997. 159, note Prévault.
2. Civ. 3 févr. 1941, *DA* 1941. 227.
3. Civ. 3e, 6 juill. 1977, n° 76-11.301, *Bull. civ.* III, n° 305; AJPI 1978. 739, note Talon – et Civ. 3e, 22 juin 1977, n° 76-11.812, *Bull. civ.* III, n° 282; AJPI 1978. 395, note Talon.
4. Limoges, 26 nov. 1990, *D.* 1992. 452, note Prévault.
5. Civ. 1re, 29 janv. 2002, n° 98-20.155, *Bull. civ.* II, n° 27.
6. Civ. 2e, 9 janv. 1991, n° 89-16.367, *Bull. civ.* II, n° 2; *D.* 1991. IR 36; *Gaz. Pal.* 1991. 2. Somm. 356, obs. Véron.
7. Civ. 2e., 15 juin 1994, n° 92-18.048, *Bull. civ.* II, n° 155; *D.* 1994. IR 183.
8. Civ. 1re, 11 oct. 1994, n° 92-14.402, *Bull. civ.* I, n° 284; *Gaz. Pal.* 1995. 1. Pan. 42.
9. Civ. 1re, 25 mai 2005, n° 03-18.261, *Bull. civ.* I, n° 226; *Dr. et proc.* 2005. 360, obs. Leborgne.
10. Civ. 3e, 20 nov. 2002, n° 01-12.518, *Bull. civ.* III, n° 229; *Procédures* févr. 2003, n° 42, obs. J. J.

dication purge toutes les hypothèques, mêmes celles qui ont été inscrites postérieurement à la délivrance des états d'inscriptions et les créanciers n'ont plus d'action que sur le prix. C'est une purge automatique (distinguer, s[s] n°s 1423.21 s.) qui emporte report des sûretés sur le prix à distribuer, à condition qu'il ait été consigné préalablement.

1341.172 • Condition jurisprudentielle de paiement du prix. C'est la seule publication du jugement qui emporte la purge. La doctrine et la jurisprudence estiment toutefois que l'effet de purge ne se produit que si le prix est payé, la Cour de cassation jugeant que le créancier hypothécaire n'est pas tenu de rapporter son inscription tant qu'il n'y a pas eu paiement ou consignation[1] (v. aussi J. Vincent et J. Prévault; M. Donnier[2]). Pour être libératoire, la consignation doit cependant être conforme à la loi ou aux conditions du cahier des charges. Aux termes du décret du 15 décembre 1875, les consignations doivent s'effectuer entre les mains de la Caisse des dépôts et consignations; la jurisprudence a toutefois admis que l'adjudicataire était libéré de son obligation si la consignation était effectuée, non pas auprès de la Caisse des dépôts et consignations mais conformément aux clauses et conditions du cahier des charges. En pratique, les cahiers des charges prévoient généralement que la consignation sera effectuée soit, entre les mains de la Caisse locale des règlements pécuniaires des avocats (Carpa), soit sur un compte séquestre particulier souvent dénommé « *compte du Bâtonnier* ».

Cette condition se comprend dans les intérêts des créanciers; en conséquence, la consignation du prix ne saurait être exigée s'il avait été stipulé au cahier des charges que les adjudicataires en seraient dispensés à due concurrence s'ils justifiaient être créanciers inscrits[3].

1341.173 • Condition de propriété. La purge ne se produit que tout autant que le saisi était le véritable propriétaire du bien (pour des parcelles englobées dans une saisie mais qui n'étaient pas la propriété du saisi[4]). Constituées par le véritable propriétaire ou inscrites du chef du véritable propriétaire, les inscriptions subsistent malgré l'adjudication dès lors que la saisie a été dirigée contre un débiteur non propriétaire.

1341.174 • Sommations préalables. Les créanciers inscrits, figurant sur l'état sur formalité (v. s[s] n°s 1323.120 s.) doivent avoir été informés de la procédure pour que la purge joue (ACPC, art. 689); ainsi, l'effet de purge ne les surprend pas. Si des créanciers inscrits ont été omis, l'effet de purge ne se produira, en vue d'assurer la sécurité de l'adjudicataire, que lorsque cette carence ne procédera pas d'une faute ou d'une irrégularité du poursuivant, ainsi pour des créanciers non portés sur l'état sur formalité[5]. Si le poursuivant a été négligent, la purge ne se produit pas à leur égard et l'adjudicataire peut agir en responsabilité contre le poursuivant. Lorsque l'absence de sommations résulte d'une faute du conservateur des hypothèques, c'est contre lui que les créanciers non sommés peuvent agir en responsabilité.

1341.175 • Titulaire de l'action résolutoire et coéchangiste. En vertu de l'article 717 alinéa 2 ACPC, le titulaire d'une action résolutoire qui n'a pas agi dans les délais en résolution est déchu de son droit à l'égard de l'adjudicataire, afin d'assurer la sécurité de celui-ci, et ne peut que faire valoir sa créance sur le prix (pour une vente à terme, v. s[s] n° 1341.72). Dans ce cas, la publication du jugement purgera à la fois son privilège et son action résolutoire[6] à l'égard de l'adjudicataire; mais si la vente vient à être annulée, le créancier pourra encore exercer son droit dans ses rapports avec le saisi et les autres créanciers[7].

Cette déchéance ne joue encore que tout autant que le créancier a bien été sommé; à défaut, le privilège subsiste même après la publication du jugement d'adjudication[8], sauf si le défaut de sommation n'est pas imputable au poursuivant qui a légitimement ignoré son existence; auquel cas, le vendeur perd le droit de faire jouer son privilège mais peut agir contre le responsable s'il y en a un (conservateur des hypothèques). Si la sommation a bien été faite mais que l'acte ne contenait pas les mentions de l'article 692 ACPC, il a été jugé que l'action résolutoire ne pouvait plus être exercée après la publication du jugement d'adjudication[9], car son exercice est lié à l'existence du privilège de

1. Civ. 15 févr. 1938, *Gaz. Pal.* 1938. 1. 563; *DH* 1938. 1. 177 – Civ. 2e, 25 mai 1987, n° 85-15.820, *Bull. civ.* II, n° 115; *JCP* 1987. IV. 265 – Civ. 3e, 13 sept. 2006, n° 05-13.849, *Bull. civ.* II, n° 177.
2. J. Vincent et J. Prévault, *Voies d'exécution et procédures de distribution,* « Précis », 18e éd., Dalloz, 1995, n° 145 – M. Donnier, *Voies d'exécution,* 4e éd., Litec, 1999, n° 1268.
3. Civ. 2e, 5 mai 1978, n° 76-14.338, *Bull. civ.* II, n° 114; *Gaz. Pal.* 1978. 460, obs. Viatte; AJPI 1979. 17, note Talon.
4. Req. 2 déc. 1878, *DP* 1879. 1. 259.
5. Civ. 25 mai 1897, *DP* 1897. 1. 577; *S.* 1898. 1. 321, note Tissier.
6. Rouen, 30 mars 1895, *DP* 1895. 2. 209; *S.* 1896. 2. 41, note Dambert.
7. Req. 7 mars 1854, *DP* 1854. 1. 243 – Civ. 6 juin 1860, *DP* 1869. 1. 268; *S.* 1860. 1. 776.
8. Rouen, 30 mars 1895, préc. s[s] prés[t] n° – Amiens, 4 mars 1893, *DP* 1893. 2. 144.
9. T. civ. Toulouse, 24 nov. 1953, *JCP* 1954. IV. 2243; *RTD civ.* 1954. 377, obs. Raynaud.

vendeur (C. civ., art. 2379, al. 2[1]), qui a été purgé par l'adjudication. L'irrégularité de la sommation n'ouvrirait ainsi, qu'une action en responsabilité en réparation du préjudice subi.

2°
Purge de la procédure antérieure

1341.181 Solution jurisprudentielle. Aucun texte ne le prévoit mais la jurisprudence affirme depuis peu que la publication de l'adjudication purge les irrégularités procédurales de la procédure antérieure, en l'absence de fraude (pour un cahier des charges déposé après le délai de quarante jours, dont la déchéance n'avait pas été soulevée à l'audience éventuelle[2] - de même il a été jugé que[3] : « *La publication du jugement emporte, en l'absence de fraude, purge de tous les vices de la procédure antérieure* », dans un cas où les débiteurs invoquaient la caducité du commandement, faute d'adjudication dans les trois ans). Et même, dans le cas où la publication du jugement d'adjudication est intervenue tardivement ![4]. Ainsi, même postérieurement à l'expiration du délai de trois ans, la publication du jugement opérera un effet de purge, sauf hypothèse d'une fraude.

Il faut en déduire que c'est une propriété exempte de vices qui est transmise à l'adjudicataire. La fraude du créancier toutefois, justifie l'annulation du jugement d'adjudication (dans le cas où le créancier avait diligenté la procédure à une adresse qu'il savait erronée, manifestant la volonté de mener la saisie à l'insu des débiteurs[5]).

Cependant, le fait que l'adjudication soit intervenue n'empêche pas le saisi et des tiers à la procédure (par ex., un propriétaire qui revendique) d'agir en annulation contre le jugement d'adjudication (v. s^s n°s 1341.70 s.) mais les parties, régulièrement sommées d'assister à la procédure, ne peuvent plus en invoquer les vices postérieurement à la publication du jugement. Ainsi, en suite de la publication du jugement, l'annulation de la procédure ne peut plus être entreprise pour irrégularités. On peut toutefois se demander si la notion de vices recouvre les déchéances dans la mesure où la deuxième chambre a décidé en 1995[6] que les déchéances pouvaient être soulevées à tout moment.

Les moyens de nullité soulevés par dires avant l'audience d'adjudication et rejetés par le tribunal ont pu être déférés à la censure de la Cour de cassation; dans ce cas, la nullité du jugement devra être prononcée par suite de l'annulation de la procédure, une fois l'arrêt de la Cour de cassation rendu, soit, des mois après que le jugement ait été publié; de même, pour les moyens de fond qui ont pu être d'abord déférés à la cour d'appel (sur les voies de recours, v. s^s n°s 1333.40 s.), lorsque l'adjudication a eu lieu en raison de l'exécution provisoire du jugement sur incident. L'existence de ces éventuelles instances parallèles n'autorise pas pour autant l'adjudicataire à ne pas publier le jugement d'adjudication. On peut même considérer qu'il y a plutôt intérêt : à défaut de publication dans les deux mois, il risque la folle enchère; si le commandement n'est pas prorogé, il risque de perdre son droit de propriété; enfin, la publication de son titre valorise le préjudice qu'il sera en droit d'invoquer contre le professionnel responsable si l'adjudication vient à être annulée.

§ 2
Effets de l'adjudication pour le saisi

1341.190 Plan. L'adjudication emporte expropriation de son bien; durant la procédure de saisie, il était encore propriétaire, généralement resté en possession de l'immeuble et souvent séquestre pour le compte des créanciers (v. s^s n°s 1321.222 s.). Désormais il n'a plus aucun droit. Cela implique en pratique qu'il doit quitter les lieux s'il les occupait, que ses obligations de propriétaire cessent (charges de copropriété, impôts et dettes afférents à la propriété) ainsi que ses droits (s'il exploitait un fonds de commerce dans les lieux, il est désormais sans droit ni titre[7]).

A.
Relations avec l'adjudicataire

1341.200 Obligation. Le saisi doit délivrance et garantie d'éviction; en revanche, le Code civil exclut la garantie des vices cachés. À compter de l'adjudication, il est encore tenu de restituer les fruits qu'il aurait perçus.

1°
Les garanties

1341.201 • Délivrance. Le saisi est tenu à délivrance à l'encontre de l'adjudicataire[8]; cela concerne

1. ANC^T C. civ., art. 2108, al. 2 (Ord. n° 2006-346, 23 mars 2006).
2. Civ. 2e, 7 mars 1985, n° 83-14.589, *Bull. civ.* II, n° 58.
3. Civ. 2e, 24 sept. 1997, n° 95-19.776, *Bull. civ.* II, n° 232; *Gaz. Pal.* 11-12 févr. 1998, *v° Procédures civiles d'exécution*, p. 14; *JCP* 1998. II. 10029, p. 387, obs. du Rusquec.
4. Civ. 2e, 10 févr. 2005, n° 03-12.794, *Bull. civ.* II, n° 25.
5. Civ. 2e, 7 nov. 2002, n° 01-14.229, *Bull. civ.* II, n° 239; *JCP* 2002. IV, n° 3065.
6. Civ. 2e, 25 oct. 1995, n° 93-11.888, *Bull. civ.* II, n° 264.
7. Com. 31 mars 2009, n° 08-14.180, *Bull. civ.* IV, n° 47.
8. Alger, 8 avr. 1895, *DP* 1896. 2. 111 – Civ. 1re, 16 déc. 1958, *JCP* 1959. IV. 11.

l'immeuble mais s'étend encore aux accessoires et immeubles par destination (v. s[s] n°s 1316.11 s.). Le saisi doit quitter les lieux, à compter de la signification du jugement d'adjudication puisqu'il doit délivrance du bien. S'il ne libère pas les lieux, il peut être condamné à payer une indemnité d'occupation et l'adjudicataire peut recourir à la force publique en vertu de son titre signifié[1]. C'est par l'effet du jugement d'adjudication que l'adjudictaire devient propriétaire et c'est à cette date qu'il peut exiger la libération des lieux[2]. Le saisi peut encore être condamné à des dommages et intérêts s'il est démontré un préjudice distinct (ainsi, dans le cas où des dégradations avaient été commises dans les lieux par les saisis après l'adjudication[3]).

1341.202 • **Titre et expulsion.** Cependant, le jugement d'adjudication ne constitue pas la décision de justice requise par l'article 61 de la loi du 9 juillet 1991 pour que le créancier puisse faire procéder à l'expulsion du débiteur saisi; il faut une décision qui ordonne ou autorise l'expulsion[4] et tel n'est pas le cas du jugement d'adjudication[5].

L'adjudicataire qui souhaite expulser le saisi demeuré dans les lieux, désormais sans droit ni titre, doit donc faire constater cette situation après avoir fait signifier le jugement d'adjudication[6], et obtenir une décision d'expulsion (en saisissant, par ex., le juge des référés[7]) qu'il mettra en œuvre conformément aux dispositions de la loi de 1991 et du décret de 1992. Le saisi pourra toutefois saisir le premier président statuant en référé afin d'obtenir suspension de l'exécution provisoire de droit attachée à la décision de référé, conformément aux dispositions de l'article 524 C. pr. civ.[8].

Toutefois, le saisi qui se maintient dans les lieux après l'adjudication ne peut se voir appliquer le régime de l'astreinte, prévu par la loi du 21 juillet 1949 pour obliger l'occupant à quitter les lieux, et qui n'a été conçu que pour les personnes entrées dans les lieux en vertu d'un bail[9].

Le saisi expulsé qui se réinstallerait dans les lieux commettrait une voie de fait (Décr. n° 92-755, 31 juill. 1992[10], art. 208). Le JEX est alors compétent pour y mettre fin et ordonner son expulsion dès lors que l'occupation s'est faite sans titre dans les mêmes locaux, à la suite du jugement d'adjudication valant obligation de délaisser l'immeuble[11]. Par ailleurs, dans un tel cas, le commandement initial n'a pas à être renouvelé et, s'agissant d'un local affecté à l'habitation principale, le juge peut supprimer, par application des dispositions de l'article 62 de la loi du 9 juillet 1991, le délai de deux mois devant suivre le commandement d'avoir à quitter les lieux[12].

Ayant constaté que le commandement d'avoir à libérer les lieux ne comportait pas les mentions prescrites à peine de nullité par les articles 194, 2° et 195 du décret du 31 juillet 1992, mais ayant relevé que les saisis avaient formé, dix jours après la délivrance du commandement, une contestation devant le juge compétent et sollicité des délais, des juges du fond ont pu décider que les appelants ne prouvant pas le grief que leur causaient ces irrégularités, leur demande de nullité devait être rejetée[13].

1. Civ. 2e, 1er mars 1995, n° 93-16.007, *Bull. civ.* II, n° 62.
2. Et faire fixer le point de depart de l'indemnité d'occupation si le saisi se maintient dans les lieux, sans avoir à tenir compte du retard apporté à payer le prix d'adjudication : Civ. 2e, 11 mars 2010, n° 09-12.712, *Bull. civ.* II, n° 54.
3. Civ. 3e, 25 mai 2005, n° 03-17.917, *Bull. civ.* III, n° 115.
4. Civ. 2e, 7 juill. 2007, n° 07-10.601, *Bull. civ.* II, n° 146, qui approuve une cour d'appel, ayant constaté que le débiteur saisi occupait les lieux ayant fait l'objet de l'adjudication, d'en déduire que la prise de possession des locaux par l'adjudicataire sans signification préalable du jugement d'adjudication et d'un titre d'expulsion constituait une voie de fait, caractéristique d'un trouble manifestement illicite.
5. Civ. 2e, 7 mars 2002, n° 99-15.782, *Bull. civ.* II, n° 28; *Procédures* mai 2002, n° 89, obs. Perrot – Civ. 2e, 10 juill. 2003, n° 00-19.579, *Bull. civ.* II, n° 247; *D.* 2003. IR 2053.
6. L'irrégularité tenant à l'omission de la mention de la formule exécutoire sur la copie du jugement d'adjudication, dont le caractère exécutoire n'est pas contesté, signifiée aux débiteurs saisis dont l'expulsion est sollicitée, ne constitue qu'une irrégularité de forme ne pouvant entraîner la nullité de la signification qu'au cas où elle a causé à ces derniers un grief : Civ. 2e, 11 févr. 2010, n° 09-65.404, *Bull. civ.* II, n° 31.
7. EN CE SENS : Civ. 3e, 27 juin 2007, n° 06-15.893, *Bull. civ.* III, n° 117, qui juge que l'action en annulation introduite contre un jugement d'adjudication n'ayant aucun caractère suspensif et qu'une personne expropriée de son immeuble en suite d'une procédure d'adjudication étant dépourvue de tout titre d'occupation sur cet immeuble, le juge pouvait en ordonner l'expulsion en référé.
8. Mais, viole l'art. 524 C. pr. civ. le premier président qui retient, pour arrêter l'exécution provisoire de droit attachée à une ordonnance de référés ordonnant une expulsion à la suite d'un jugement d'adjudication, que le juge des référés n'a pas recherché si l'appel interjeté contre le jugement d'adjudication ne constituait pas une contestation sérieuse au sens de l'art. 808 C. pr. civ., alors que, ce jugement n'étant pas susceptible d'appel, le juge des référés n'avait pas commis de violation manifeste de l'art. 12 C. pr. civ. : Civ. 2e, 7 juill. 2007, n° 07-10.826, *Bull. civ.* II, n° 141.
9. Civ. 2e, 24 mars 1993, n° 91-18.205, *Bull. civ.* II, n° 121 – Civ. 2e, 16 déc. 1999, n° 98-16.819, NP; *RDI* 2000. 229, obs. Théry.
10. Décr. n° 92-755, 31 juill. 1992, instituant de nouvelles règles relatives aux procédures civiles d'exécution pour l'application de la loi n° 91-650 du 9 juillet 1991 portant réforme des procédures civiles d'exécution, *JO* 5 août, p. 10530.
11. Civ. 2e, 6 mai 1999, n° 96-21.081, NP; *Procédures* 1999, n° 199 obs. Junillon.
12. Civ. 2e, 6 mai 1999, n° 96-21.081, NP; *Procédures* 1999, n° 176, obs. Perrot.
13. Civ. 2e 13 juill. 2006, n° 04-13.248, *Bull. civ.* II, n° 212.

L'éviction peut être dirigée contre des occupants autres que le saisi, par exemple un usufruitier; mais depuis le décret du 4 janvier 1955 sur la publicité foncière, le recours contre l'usufruitier échouera si le droit d'usufruit a été régulièrement publié et est opposable à l'adjudicataire[1].

1341.203 • **Éviction.** C'est le saisi seul qui est tenu de la garantie vis-à-vis de l'adjudicataire[2]. Le créancier poursuivant ne peut être assimilé à un vendeur et ne peut donc être tenu envers l'adjudicataire à la garantie édictée par l'article 1626 du Code civil au profit de l'acquéreur contre le vendeur (dans un cas où le Trésor public ayant délivré un avis à tiers détenteurs aux locataires pour avoir paiement de taxes foncières, l'adjudicataire estimait que cette situation occasionnait un trouble obligeant le vendeur à garantie[3]).

1341.204 • **Exclusion de la garantie des vices cachés.** En vertu de l'article 1649 du Code civil, la garantie des vices cachés n'a pas lieu dans les ventes faites par autorité de justice qui dérogent partiellement au droit commun de la vente (pour la rescision pour lésion, v. s[s] n° 1341.154). Il appartient donc à l'adjudicataire de chercher à se renseigner sur l'état du bien, et de s'en faire une idée précise lorsqu'il le visite. Toutefois, une adjudication peut être annulée en raison d'une erreur de l'adjudicataire sur les qualités substantielles du bien, présenté à tort comme constructible[4].

2°
Restitution et charges

1341.211 **Restitution des fruits.** À compter du jour de l'adjudication, le saisi qui était séquestre ne perçoit plus les fruits pour le compte des créanciers et doit donc les restituer à l'adjudicataire. L'adjudication définitive met fin à la mission du séquestre.

1341.212 **Charges.** Les obligations qui pesaient encore sur le saisi en qualité de propriétaire s'éteignent pour l'avenir : les charges de copropriété doivent être arrêtées, ainsi que les dettes diverses relatives à l'immeuble. L'adjudicataire en devient débiteur.

B.
Relations avec ses créanciers

1341.221 **Libération partielle ou totale.** La vente ne le libère de ses dettes que tout autant que le prix principal couvre les créances. Pour le savoir, il faudra attendre le règlement de l'ordre où les productions des créanciers sont examinées dans leur *quantum* et où il sera tenu compte de leur rang. Un solde débiteur peut demeurer et le saisi en restera tenu.

1341.222 **Reprise des poursuites sur des biens provisoirement distraits.** Le créancier pourra reprendre les poursuites sur des biens provisoirement distraits si le prix des biens adjugés n'a pas suffi pour le désintéresser[5].

§ 3
Effets de l'adjudication pour l'adjudicataire

A.
Acquisition de la propriété

1341.231 **Acquisition de la propriété.** L'adjudication le rend propriétaire. Il acquiert le bien sans avoir plus de droits sur celui-ci que le saisi n'en avait (v. s[s] n° 1341.153); mais c'est une propriété rénovée (v. s[s] n° 1341.170).

B.
Obligation de payer le prix

1341.241 **Caractère impératif.** S'il ne consigne pas, la publication ne purgera pas les inscriptions. Il a donc tout intérêt à le faire, indépendamment du risque de remise en vente sur folle enchère. En outre, les créanciers peuvent préférer agir en exécution forcée contre l'adjudicataire, les bordereaux de collocation étant des titres exécutoires au sens de la loi du 9 juillet 1991.

1341.242 • **Difficulté en cas d'action en nullité ouverte à l'encontre du jugement d'adjudication.** Si une action en nullité de l'adjudication est engagée, l'adjudicataire a alors intérêt à s'opposer à la distribution du prix et à solliciter du juge aux ordres, devant lequel il doit être convoqué, un sursis, dans l'attente du résultat de l'instance susceptible de remettre en cause l'adjudication. S'il ne le faisait pas, pourrait-il agir en répétition de l'indu une fois les créanciers colloqués ? Cela n'est pas évident. Si les créanciers ont été colloqués, ils vont opposer le caractère définitif du règlement d'ordre. Dans un tel cas, si l'adjudication est ensuite annulée, on se trouve en présence d'une contrariété de décisions. Le jugement d'annulation emporte remise des parties en état, c'est-à-dire restitution du bien au saisi et restitution du prix à l'adjudicataire. Mais

1. Comp. avant 1955, Civ. 1re, 11 juin 1954, *JCP* 1954. II. 8288, note Becqué.
2. Civ. 5 déc. 1952, *JCP A* 1953. IV. 2039; *RTD civ.* 1953. 593, obs. Raynaud.
3. Civ. 2e, 22 nov. 2001, n° 99-16.356, *Bull. civ.* II, n° 174; *Dr. et proc.* 2002. 185, obs. Leborgne.
4. Civ. 3e, 9 févr. 2000, n° 98-14.426, NP.
5. Civ. 2e, 19 déc. 2002, n° 01-13.286, *Bull. civ.* II, n° 237.

à qui l'adjudicataire va-t-il réclamer cette restitution, l'ordre ayant parallèlement éteint les dettes du saisi vis-à-vis de ses créanciers ? Admettre une action contre les créanciers du saisi non parties à l'adjudication présente l'avantage d'offrir à l'adjudicataire un recours contre des personnes solvables. Mais est-ce juridiquement acceptable ?

1341.243 • **Modalités et montant.** C'est le cahier des charges qui prévoit le mode de paiement du prix, les taxes (v. s[s] n°s 1323.51 s.) et la consignation éventuelle. En pratique, les cahiers des charges fixent souvent les délais et conditions financières de la consignation. L'adjudicataire dispose généralement d'un délai pour payer le prix sans intérêt. Au-delà de ce délai, des intérêts sont stipulés, qui sont opposables à l'adjudicataire et qui peuvent être calculés de manière rétroactive au jour de l'adjudication définitive (après expiration du délai de surenchère) ou de l'entrée en jouissance.

1341.244 • **Bénéficiaire d'un droit de préemption.** En cas de substitution à l'adjudicataire, le bénéficiaire d'un droit de préemption qui ne réglerait pas le prix encourra la folle enchère comme n'importe quel autre adjudicataire[1].

C.
Autres charges

1341.251 • **Date d'effet.** Le cahier des charges peut prévoir que les obligations afférentes à la propriété résulteront de l'entrée en jouissance de l'adjudicataire ou du transfert de propriété. Il faut distinguer entre ce qui est dû du fait de la qualité de propriétaire (impôts, taxes, charges de copropriété dans des résidences troisième âge) et ce qui est dû au titre de l'occupation.

1341.252 • **Charges réelles.** Elles sont supportées par l'adjudicataire qui recueille la propriété du saisi.

1341.253 • **Charges d'un immeuble en copropriété.** Une difficulté particulière peut se présenter lorsque le bien vendu dépend d'un immeuble en copropriété. Le syndicat de copropriété, créancier des charges impayées par le copropriétaire saisi cherchera à faire payer à l'adjudicataire, personne solvable, les dettes du copropriétaire. À cette fin, des clauses ont pu être insérées au cahier des charges mettant certaines dettes à la charge de l'adjudicataire. La jurisprudence les a jugées nulles (v. s[s] n° 1323.73) comme portant atteinte à l'ordre dans lequel le prix des biens doit être réparti entre les créanciers[2]. Mais récemment, la deuxième chambre de la Cour de cassation a jugé que l'adjudicataire n'avait pas qualité pour se prévaloir de cette illicéité[3] (v. s[s] n° 1323.73).

1341.254 • **Obligations personnelles contractées par le saisi.** Le cahier des charges peut prévoir que l'adjudicataire reprendra à sa charge les contrats d'assurance ou d'abonnement en cours. La clause s'imposera alors à l'adjudicataire. En revanche, la jurisprudence décide aujourd'hui que des obligations personnelles qui auront pour effet de modifier l'ordre des paiements seront illicites (v., pour une dation en paiement, où la Cour de cassation jugeait qu'en l'absence d'une clause du cahier des charges prévoyant que l'adjudicataire reprendrait à son compte un engagement personnel contracté par le saisi, telle une obligation de faire, cette obligation n'était pas passivement transmissible à l'adjudicataire[4] – v. s[s] n° 1323.73).

1341.255 **Obligation personnelle de l'avocat du créancier poursuivant.** Avant la réforme opérée par la loi du 21 juillet 1994 et le décret du 15 février 1995, l'avis de mutation devait être donné au syndic par l'adjudicataire; désormais, il est donné par l'avocat du créancier poursuivant (Décr. 17 mars 1967, mod., art. 5-1). En cas d'opposition du syndicat, l'avocat du poursuivant en informe les autres créanciers inscrits et, sur leur demande, leur en adresse une copie (Décr. 17 mars 1967, art. 6-1). Si cette information n'est pas donnée au syndicat, il ne pourra former son opposition qui met en œuvre son nouveau privilège (L. n° 65-557, 10 juill. 1965, art. 20, al. 3, mod. par L. 21 juill. 1994). Certes, la jurisprudence antérieure à la réforme devrait se maintenir, à savoir que la négligence de l'avocat ne sera constitutive de dommages et intérêts pour le syndicat que tout autant qu'elle lui aura causé un préjudice[5]; mais la grande différence aujourd'hui est, qu'en l'état de la réforme de 1994 instaurant un privilège occulte pour le syndicat (C. civ., art. 2374, 1 *bis*[6]), ce créancier privilégié aura désormais toutes les chances d'être payé (au lieu d'être primé par les créanciers inscrits) et son ignorance de la mutation par négligence du professionnel sera presque toujours constitutive d'un préjudice !

1. Civ. 3e, 27 juin 1990, n° 89-14.057, *Bull. civ.* III, n° 158; *D.* 1990. II. 582, note Prévault.

2. Civ. 3e, 6 mars 1991, n° 88-17.828, *Bull. civ.* III, n° 76 – Civ. 3e, 17 juin 1992, n° 89-19.328, *Bull. civ.* III, n° 209 – Civ. 2e, 2 déc. 1992, n° 91-16.582, *Bull. civ.* II, n° 296.
3. Civ. 2e, 18 févr. 1999, n° 97-12.323, *Bull. civ.* II, n° 30.
4. Civ. 2e, 9 juill. 1997, n° 95-19.232, *Bull. civ.* II, n° 217.
5. Civ. 3e, 25 oct. 1989, n° 88-12.820, NP; *D.* 1990. II. 581, note Souleau.
6. ANC[T] C civ., art. 2103, 1 *bis* (Ord. n° 2006-346, 23 mars 2006).

§ 4
Effets de la vente sur les créanciers

1341.261 Purge des inscriptions et production. L'adjudication emporte obligation de produire à la procédure de distribution et permet, lorsque le prix a été régulièrement consigné le report des sûretés sur le prix.

1341.262 Frais ordinaires. Les frais ordinaires sont ceux afférents à la procédure normale de saisie immobilière, exposés jusqu'à l'adjudication. Ces frais de poursuite, taxés par le juge et annoncés au début de l'audience d'adjudication par le poursuivant (ACPC, art. 701 - v. s^{s} n° 1325.121) doivent être payés par l'adjudicataire qui sollicite la délivrance du titre (ACPC, art. 713). L'article 714, en effet, dispose que les frais ordinaires de poursuite sont toujours payés par privilège en sus du prix, ce qui signifie qu'ils sont à la charge de l'adjudicataire, comme l'acquéreur d'une vente amiable[1]. Cette règle n'a pas été remise en cause lors de la réforme des procédures civiles d'exécution qui pose pourtant, à l'article 32 de la loi n° 91-650 du 9 juillet 1991, le principe selon lequel les frais de l'exécution forcée sont à la charge du débiteur. Mais l'exécution immobilière est demeurée à l'écart de la réforme (L. 9 juill. 1991, art. 88) et continue à être régie par les dispositions ACPC, non seulement quant au déroulement de la saisie mais également sur le terrain des dépens.

S'il y a eu conversion en vente volontaire ou subrogation, les frais engagés par le poursuivant sont également payés à ce moment-là (ACPC, art. 723, soit sur le prix, soit par l'adjudicataire).

L'article 714 dispose en outre que les frais ordinaires seront payés par privilège en sus du prix, « *toute stipulation contraire* [étant] *nulle* »[2] (ainsi, dans une hypothèse où le créancier était devenu adjudicataire[3]).

1341.263 Frais extraordinaires. Ce sont les frais relatifs aux incidents de saisie. Ils sont également payés par privilège, à moins qu'il n'ait été ordonné qu'ils soient prélevés sur le prix d'adjudication, ce qui viendrait en déduction du prix à partager entre les créanciers, sauf recours contre la partie condamnée aux dépens. L'auteur d'un incident doit donc toujours tenter de demander au tribunal de déclarer les frais, « *privilégiés de vente* ». Cependant, en pratique, l'adjudicataire fixe le montant de son enchère en fonction du prix et des accessoires de sorte que l'augmentation des frais préalables de vente diminue d'autant le montant des enchères.

Lorsque le saisi est mis en redressement judiciaire, le poursuivant qui a exposé des frais antérieurement au jugement d'ouverture, est en droit d'en réclamer le paiement à l'adjudicataire et cette créance, dont le montant ne s'impute pas sur le prix, échappe aux dispositions de la loi n° 85-98du 25 janvier 1985[4].

1. Civ. 2e, 28 juin 2001, n° 00-04.048, NP.

2. Civ. 1re, 5 juin 1984, n° 83-11.309, *Bull. civ.* I, n° 185.
3. Civ. 2e, 9 févr. 1994, n° 92-16.825, *Bull. civ.* II, n° 55; *D.* 1994. IR 61; *JCP* 1994. IV. 985.
4. L. n° 85-98, 25 janv. 1985, relative au redressement et à la liquidation judiciaire des entreprises, *JO* 26 janv., p. 1097 – Civ. 2e, 13 déc. 1993, n° 92-10.660, *Bull. civ.* II, n° 369; *D.* 1994. IR 43; *JCP* 1994. IV. 489.

CHAPITRE

1342. Surenchère

ANNE LEBORGNE
PROFESSEUR À L'UNIVERSITÉ D'AIX-MARSEILLE

SECTION 0
ORIENTEUR

1342.00 Plan du chapitre.

Division. La surenchère est ouverte à toute personne qui remplit les conditions pour enchérir (sect. 1); elle se déroule selon une procédure fixée par les articles 708 à 710 ACPC et se termine par un deuxième jugement d'adjudication (sect. 2).

Rappel : régime applicable à la saisie immobilière (ancien Code de procédure civile ou réforme) – La procédure de saisie immobilière a été réformée par l'ordonnance n° 2006-461 du 21 avril 2006 qui a modifié le Code civil[1], et par le décret n° 2006-936 du 27 juillet 2006[2], qui a abrogé les articles 673 à 717 ACPC.

Le décret, entré en vigueur le 1er janvier 2007, n'est pas applicable aux procédures de saisies immobilières ayant donné lieu, avant son entrée en vigueur, au dépôt du cahier des charges prévu à l'article 688 ACPC. Les développements suivants, consacrés à la procédure telle que réglementée par l'ancien Code de procédure civile, ont donc été maintenus.

Toutefois le décret n° 2009-160 du 12 février 2009[3] a modifié l'article 168 du décret du 27 juillet 2006 afin de rendre applicables à toutes les ventes aux enchères les dispositions de la section II du chapitre VI du titre Ier du décret de 2006, c'est-à-dire les articles 72 à 82 de ce décret; ainsi, les règles relatives à la capacité, au déroulement des enchères et à la nullité des enchères fixées par le décret de 2006 modifié en 2009, sont, depuis le 1er mars 2009, applicables aux ventes aux enchères d'un immeuble saisi selon les dispositions du décret-loi de 1938. Ces articles devraient donc s'appliquer également à l'audience de vente sur surenchère.

1342.05 Fondement. Afin de permettre au poursuivant d'obtenir le meilleur prix du bien saisi,

1. Ord. n° 2006-461, 21 avr. 2006, réformant la saisie immobilière, *JO* 22 avr., p. 6072.
2. Décr. n° 2006-936, 27 juill. 2006, relatif aux procédures de saisie immobilière et de distribution du prix d'un immeuble, *JO* 29 juill., p. 11316.
3. Décr. n° 2009-160, 12 févr. 2009, pris pour l'application de l'ordonnance n° 2008-1345 du 18 décembre 2008 portant réforme du droit des entreprises en difficulté et modifiant les procédures de saisie immobilière et de distribution du prix d'un immeuble, *JO* 13 févr., p. 2596.

l'immeuble peut être remis en vente à la suite d'une surenchère d'un dixième. Toute personne intéressée par le bien et qui est prête à payer un dixième au moins de plus que l'enchère finale peut donc provoquer une nouvelle adjudication; mais la surenchère peut aussi émaner non d'un acheteur potentiel mais d'un créancier qui estimera que le bien n'a pas atteint sa valeur et espérera, en le remettant en vente, susciter des enchères plus élevées, au risque de rester adjudicataire.

1342.06 Information sur la faculté de surenchère : article 5 du décret du 11 janvier 2002. Le décret n° 2002-77 du 11 janvier 2002 pris pour l'application de l'article 697 ACPC et réformant les modalités de la publicité en matière de saisie immobilière[1] a introduit une nouvelle publicité, postérieure à l'adjudication, et destinée à mettre l'accent sur la faculté de surenchère. Selon l'article 5 du décret, dans les deux jours ouvrables suivant une adjudication, un avis est rédigé par le greffe et affiché au tribunal du lieu de la vente (v. s[s] n° 1323.362). Le bien est sommairement décrit et le prix de l'adjudication ainsi que les frais sont communiqués. L'avis indique enfin la faculté de surenchère dans les dix jours suivants la vente.

Toutefois, le décret ne prévoit pas de sanction en cas d'inexécution, ou d'exécution incorrecte, de cette obligation par le greffe. L'omission de cet avis ne devrait donc avoir aucune conséquence ni sur la validité de l'adjudication ni sur celle de la procédure de revente, s'il est formé une surenchère.

On peut cependant s'interroger sur les conséquences d'une éventuelle erreur du greffe portant sur l'un des éléments visés à l'article 5 : mauvaise description du bien, erreur sur le prix ou les frais, voire, erreur dans l'indication du délai. Une personne trompée pourra-t-elle se plaindre ? Sans doute, même si cet avis ne fournit qu'une information, mais de là à établir l'existence d'un préjudice, cela sera peut-être plus difficile. Pour former surenchère, il faut en effet passer par l'intermédiaire d'un avocat, lequel rectifiera alors l'erreur portant sur la désignation comme sur le prix ou les frais, et la personne intéressée renoncera éventuellement à son projet. La seule difficulté réelle peut venir d'une erreur sur le délai pour former surenchère. S'il était indiqué, à tort, un délai plus long que le délai légal, on peut imaginer que la personne qui se manifesterait trop tard invoque un préjudice, causé par un dysfonctionnement des services de la justice.

1. Décr. n° 2002-77, 11 janv. 2002, pris pour l'application de l'article 697 du Code de procédure civile (ancien) et réformant les modalités de la publicité en matière de saisie immobilière, *JO* 18 févr., p. 1089.

SECTION 1
CONDITIONS

1342.11 Principe. C'est une faculté réservée à toute personne qui avait la qualité pour se porter enchérisseur, dès lors qu'elle offre un dixième de plus que le montant de l'adjudication et en fait la déclaration dans les dix jours de l'audience d'adjudication.

§ 1
Liberté de former surenchère

1342.20 Interdiction des ententes et faculté de remettre en vente. Le principe de liberté des enchères interdit toutes ententes pour éviter la surenchère et offre à tous les participants à la première audience d'adjudication, sauf au saisi, la faculté de remettre le bien en vente.

A.
Liberté des enchères

1342.21 Fondement de la règle. Lors d'une vente aux enchères publiques, rien ni personne ne doit faire obstacle aux projets des candidats acquéreurs, sinon leurs disponibilités, de manière à ce que le bien ainsi mis en vente atteigne le meilleur prix. Aucune entente, aucune manœuvre ne doit fausser le jeu des offres publiques. Le législateur a donc érigé en délit les comportements susceptibles de fausser les enchères.

L'ancien délit d'entrave à la liberté des enchères, devenu un cas particulier d'escroquerie avec le Code pénal, réprime le fait d'avoir, dans une adjudication publique, par dons, promesses, ententes ou tout autre moyen, écarté un enchérisseur (C. pén., art. 313-6). Lorsqu'un bien a été adjugé à un prix intéressant au regard de sa valeur vénale sur le marché, l'adjudicataire va craindre la surenchère qui lui fera perdre le bénéfice de l'adjudication. La tentation est alors grande d'essayer de s'entendre, moyennant indemnisation, avec celui qui menace de surenchérir pour éviter la remise en vente.

L'intention frauduleuse peut être des deux côtés : l'adjudicataire peut chercher à décourager les candidats à la surenchère qu'il pressent, en les indemnisant, et un *quidam* peut aussi brandir la menace d'une surenchère pour obtenir de l'argent de l'adjudicataire contre renonciation à son projet. Les deux parties ont alors intérêt à s'entendre.

Or, le fait de monnayer, par une entente, la renonciation à un projet de surenchère écarte par là même des enchérisseurs éventuels et porte dès lors atteinte aux intérêts que la loi a entendu protéger[1]. Commet le délit d'escroquerie, celui qui se présente chez l'adjudicataire d'un immeuble et se fait remettre des fonds sous menace de former surenchère[2]. Mais l'existence d'une menace s'apprécie restrictivement : ainsi, n'a pas porté atteinte à la liberté des enchères, le maire qui a fait publier, le matin même de la vente aux enchères d'une propriété, un article dans lequel, rappelant les décisions du conseil municipal et les actes administratifs intervenus jusque-là, laissant entrevoir à ses lecteurs l'hypothèse d'une future expropriation, sans faire état d'aucun élément autre que les prérogatives appartenant à l'autorité publique[3]. Afin d'éviter de telles pratiques, certains cahiers des charges conditionnent la validité d'une surenchère à la consignation d'une somme importante, qui peut être égale au tiers de la nouvelle mise à prix, voire plus, de manière à décourager des surenchérisseurs non véritablement intéressés par l'acquisition du bien. De tels cahiers des charges réduisent incontestablement le risque d'une surenchère frauduleuse.

B.
Toute personne peut former surenchère

1342.30 **Conditions.** Toute personne qui peut pousser les enchères peut former surenchère; sont donc imposées les mêmes conditions de capacité et de solvabilité et font obstacles les mêmes interdictions pour des raisons de morale publique (v. s^s^ n°s 1325.91 s.). Le saisi est ici encore exclu pour les mêmes motifs.

1°
Personnes exclues de la surenchère

1342.31 • **Saisi.** Ce n'est pas tant son insolvabilité qui lui interdit de pousser les enchères que sa qualité de débiteur qui ne s'est pas exécuté. Le tiers détenteur, qui n'est pas débiteur, peut donc former surenchère. La question pouvait se poser de l'intérêt, dans l'absolu, pour le saisi de remettre le bien en vente lorsque celui-ci avait atteint un prix dérisoire. La vente aux enchères purge les inscriptions mais n'efface pas les dettes du saisi; plus le prix d'adjudication est élevé, plus le saisi sera désengagé. La faculté de surenchère ne lui a pourtant pas été reconnue car elle suppose la capacité financière de payer le prix d'adjudication, augmenté au moins d'un dixième, plus les frais, dans l'hypothèse où aucune enchère ne couvrait la nouvelle mise à prix. Toute surenchère formée par le saisi est donc nulle[4]. Mais si le débiteur saisi est une personne morale, les associés de celle-ci peuvent se porter adjudicataire sur surenchère, le fait qu'ils puissent être poursuivis pour les dettes sociales, dès lors que la personne morale ne s'est pas exécutée, étant sans incidence[5].

Pour tourner l'interdiction, il est encore loisible de constituer une société familiale dans laquelle le saisi n'apparaîtra pas[6] ou de faire surenchère par un prête-nom, qui poussera aussi les enchères si cela se révèle nécessaire, mais cela implique double mutation et doubles frais pour un cas de nullité de la surenchère, formée par un prête-nom du saisi[7].

1342.32 • **Insolvables notoires.** La jurisprudence décide que l'insolvabilité notoire s'appréciera à la date à laquelle la surenchère a été formée et non au jour de la décision qui statue sur l'incident[8]. La solution peut paraître inutilement sévère si on s'attache au résultat : le prix pouvait-il être payé ou non ? Mais elle se justifie dans l'intérêt de l'adjudicataire qui vérifie, lorsque la surenchère est formée, si elle l'a été valablement; c'est à ce jour qu'il appartient au surenchérisseur d'être en état de former surenchère pour ne pas fausser la liberté des enchères.

Un tribunal ne peut subordonner à des conditions particulières, telle la fourniture d'une caution bancaire à bref délai dont le montant resterait acquis au saisissant à défaut d'enchères, la validité d'une surenchère portée par une personne dont il n'a pas été établi qu'elle était atteinte d'une insolvabilité notoire[9]. Mais il peut annuler une surenchère qui aurait été formée sans que soit respectée au préalable une condition exigée par le cahier des charges.

1. Crim. 12 mai 1975, n° 74-90.582, *Bull. crim.* n° 123; *JCP* 1975. IV. 212.
2. Crim. 6 mars 1952, *Gaz. Pal.* 1952. 1. 331 – Crim. 25 nov. 1953, *JCP* 1954. II. 7955, note G. M.
3. Crim. 22 nov. 1988, n° 87-90.740, *Bull. crim.* n° 396; *Gaz. Pal.* 1989. Somm. 279, obs. Doucet.
4. Civ. 2e, 20 mars 1989, n° 88-11.717, *Bull. civ.* II, n° 77.
5. Civ. 2e, 8 juill. 2004, n° 03-10.560, *Bull. civ.* II, n° 347; *Dr. et proc.* 2005. 47, note Leborgne.
6. En revanche, lorsque la SCI est créée en vue de faire échec à l'adjudication, la déclaration de surenchère peut être annulée pour fraude : ainsi, dans une procédure où la société avait été créée six mois avant l'adjudication par la saisie, qui en était la gérante, et ses enfants, tous domiciliés dans l'immeuble objet de la saisie et alors que la seule résolution adoptée par les associés tendait à conférer tous pouvoirs à la gérante pour se porter acquéreur au nom de la société de l'immeuble saisi : Civ. 2e, 3 mai 2007, n° 06-11.758, *Bull. civ.* II, n° 122.
7. Req. 30 déc. 1850, *DP* 1851. 1. 94.
8. Civ. 2e, 8 mars 1989, n° 88-11.853, *Bull. civ.* II, n° 62; *RTD civ.* 1990. 151, obs. Perrot – Civ. 2e, 25 mars 2010, n°s 09-65.845, 09-65.849 et 09-65.851, NP.
9. Civ. 2e, 6 mai 1987, n° 85-18.487, *Bull. civ.* II, n° 96; *D.* 1987. IR 126.

Le tribunal doit, dans tous les cas, indiquer pour quelles raisons il estime que l'insolvabilité est notoire et non se contenter de dire qu'il a suffisamment d'éléments d'appréciation [1].

2°
Personnes ayant faculté à surenchérir

1342.41 **Surenchérisseurs.** Toute personne peut surenchérir à condition de remplir les conditions de capacité et de ne pas être interdite (v. s[s] n°s 1325.81 et 1325.91).

La Cour de cassation a jugé qu'une société en formation, non encore immatriculée, n'avait pas la capacité de former une surenchère [2], la déclaration de surenchère ne pouvant être validée rétroactivement [3] et la capacité du surenchérisseur s'appréciant au plus tard à la date d'expiration du délai pour former surenchère [4]. Il en est de même pour le pouvoir dont doit justifier le représentant de la personne morale; le défaut de pouvoir ne peut être couvert après l'expiration du délai imparti pour faire la surenchère [5] et la constatation par le jugement d'adjudication de l'existence d'un pouvoir fait foi jusqu'à inscription de faux, même si ledit pouvoir n'est pas demeuré annexé à la minute de la déclaration de surenchère faite par l'avocat comme le tribunal l'avait ordonné [6].

1342.42 • **Créanciers.** Inscrits ou non, ils peuvent former surenchère ainsi que le poursuivant. L'objectif n'est pas l'acquisition du bien mais l'espoir d'obtenir sur revente un meilleur prix à distribuer.

En pratique plusieurs situations peuvent se présenter : le créancier de premier rang, qui n'a d'autre espoir de récupérer sa créance que sur le prix de vente de l'immeuble peut trouver intérêt à soutenir les enchères jusqu'à concurrence de sa créance; s'il est adjudicataire, il ne payera pas le prix mais en opérera la compensation avec le montant de sa créance et à due concurrence.

Un créancier de second rang peut également trouver intérêt, si l'estimation du bien le permet, de pousser également les enchères de manière à ce que le prix soit supérieur à la créance du créancier de premier rang, pour pouvoir percevoir une partie de ce prix. Bien évidemment, il ne soutiendra l'enchère que jusqu'à concurrence de l'estimation de la valeur du bien car il prend le risque de devenir adjudicataire. Dans cette hypothèse, il devra certes payer le créancier de premier rang mais obtiendra en compensation la propriété d'un bien dont la valeur serait supérieure.

1342.43 • **Adjudicataire.** Il peut souhaiter former surenchère lorsque son droit a été résolu, du fait de l'exercice d'un droit de préemption. Malgré le caractère d'ordre public de ce droit, la faculté de surenchère doit être maintenue et elle peut donc être exercée par tous, y compris l'adjudicataire [7]. En pratique, l'hypothèse est rare; en effet, les délais pour préempter sont supérieurs (v. s[s] n°s 1323.380 s.) au délai pour former surenchère et les bénéficiaires du droit de préemption attendent généralement l'expiration du délai de dix jours avant d'exercer leur droit.

Mais l'adjudicataire ne peut former surenchère lorsqu'il a déclaré command car cela reviendrait à anéantir l'effet du command. Ce contrat est en effet analysé comme un mandat; le mandaté-commandé, adjudicataire, qui s'efface au bénéfice de son mandant, ne peut dans les dix jours revenir sur l'engagement qu'il a pris d'acquérir le bien en vue d'en transmettre la propriété au command. La nature même du command oblige le commandé à s'abstenir de tout acte qui aurait pour effet d'évincer le command [8].

§ 2
Taux et délai de la surenchère

1342.50 **Conditions.** L'article 708 ACPC impose une surenchère du dixième du prix d'adjudication qui doit être formée dans le délai de dix jours.

A.
Taux

1342.51 **Un dixième minimum du prix d'adjudication.** Le calcul doit s'effectuer sur le prix principal, sans les frais. Le seuil a été fixé à 10 % de manière à ce que la remise en vente ne soit pas admise pour une somme symbolique mais qu'elle reste attractive. La jurisprudence a décidé que le surenchérisseur n'est pas tenu de chiffrer la somme qu'il offre, dès lorsqu'il indique qu'il porte l'enchère

1. Civ. 2e, 20 mars 1989, n° 87-19.646, *Bull. civ.* II, n° 78 – Civ. 2e, 25 mars 2010, n°s 09-65.845, 09-65.849 et 09-65.851, NP.
2. Civ. 2e, 18 mai 1989, n° 88-12.849, *Bull. civ.* II, n° 109.
3. Civ. 2e, 30 mars 2000, n° 98-16.648, NP; *Procédures* 2000, n° 171.
4. Civ. 2e, 21 sept. 2000, n° 98-21.096, NP; *Procédures* 2001, n° 64.
5. Civ. 2e, 17 oct. 2002, n° 00-21.106, *Bull. civ.* II, n° 224; *D.* 2002. IR 2988.
6. Civ. 2e, 20 févr. 1975, n° 73-10.033, *Bull. civ.* II, n° 60; *JCP* 1975. IV. 121.
7. Soc. 5 janv. 1951, *JCP* 1951. II. 6047, note Lacoste – Rennes, 27 juill. 1948, *D.* 1950. II. 44, note Savatier – Lyon, 23 déc. 1965, *D.* 1967. 112, note Rouiller.
8. Toulouse, 5 janv. 1894, *DP* 1985. 2. 1. note Glasson.

à un dixième plus haut que le prix principal[1]. Mais il est encore possible de faire surenchère pour un montant supérieur à 10 %.

B.
Délai

1342.61 Dans les dix jours qui suivent l'adjudication. Pour le calcul du délai, il faut exclure le jour de l'événement (C. pr. civ., art. 641) et ajouter dix jours, outre les prorogations de délai quand le dernier jour tombe un samedi, dimanche ou jour férié[2]. Mais une particularité est contenue à l'article 708 : la déclaration ne sera pas reçue après l'heure fixée par le tribunal pour la fermeture du greffe; le délai n'expirera donc pas à minuit (dérogeant ainsi à C. pr. civ., art. 642) ce qui exclura la possibilité de former la surenchère le lendemain du dernier jour (v. s^s n° 1341.102). L'avocat qui se présentera tardivement se verra refuser par le greffe l'enregistrement de sa déclaration. Et il ne sera pas possible de contourner ce refus en signifiant une surenchère, l'acte ne pouvant avoir d'existence[3].

La déchéance ne sera pas encourue si la surenchère n'a pu être formée dans le délai légal du fait de la fermeture de tous les cabinets d'avocats, prescrite par le Conseil de l'ordre, qui s'apparente à un cas de force majeure[4].

Selon l'article 715 ACPC, le délai prévu à l'article 708 l'est à peine de déchéance. Si la déclaration a malgré tout été enregistrée par le greffe, la déchéance pourra être soulevée à tout moment; aucun grief n'est exigé (pour les déchéances, v. s^s n° 1332.81).

§ 3
Formalisme et procédure

1342.70 Une déclaration dénoncée. La déclaration de surenchère doit être dénoncée dans un acte qui prévoit une audience éventuelle et une audience d'adjudication.

A.
Déclaration de surenchère

1342.71 Déclaration. Elle est faite au greffe du tribunal qui a ordonné la vente, par un avocat constitué pour le surenchérisseur et emporte résolution de l'adjudication.

1342.72 • Contenu. La surenchère est formée par un avocat qui se constitue pour le surenchérisseur. Elle n'est pas valable si elle n'est pas faite au nom de la personne qui avait donné pouvoir à l'avance de surenchérir pour son compte (pour une surenchère portée par erreur au nom d'une société alors que l'avocat avait reçu pouvoir de surenchérir au nom du gérant[5]). Elle doit donc mentionner les éléments permettant d'identifier le surenchérisseur, notamment son adresse et sa profession[6]; l'appréciation de ces éléments identifiant relève du pouvoir souverain des juges[7].

1342.73 • Sanction. L'indication dans l'acte de surenchère d'une adresse erronée du surenchérisseur constitue un vice de forme, mais la nullité d'un tel vice ne peut être prononcée qu'à charge pour celui qui l'invoque de prouver le grief que lui cause l'irrégularité, même lorsqu'il s'agit d'une formalité substantielle ou d'ordre public[8].

1342.74 • Lieu. Au greffe du tribunal de grande instance (TGI) ayant ordonné la vente. La règle n'étant pas d'ordre public il a été autrefois jugé qu'il était possible d'y déroger par la convention des parties[9]. En tout état de cause, les mentions de la surenchère n'ont pas à être portées sur le cahier des charges[10].

1342.75 Conflit d'intérêts. La surenchère est formée par ministère d'avocat. Le conseil de l'adjudicataire qui a fait la déclaration d'adjudicataire peut-il accepter de former une surenchère pour un autre client ? Les intérêts de l'adjudicataire et du surenchérisseur sont en effet opposés et intervenir pour les deux met l'avocat dans une situation délicate. Les juges du fond étaient partagés sur cette possibilité (ainsi la cour d'appel de Paris l'admettait[11] – CONTRA, la cour d'appel de Montpellier qui approuvait une délibération du Conseil de l'ordre qui avait interdit cette pratique[12]).

1. Req. 6 déc. 1853, *DP* 1855. 1. 16 – Colmar, 10 mai 1870, *DP* 1871. 2. 38.
2. TGI Seine, 24 déc. 1964, *JCP* 1965, Quest. prof. 4603.
3. Aix, 15 mars 1952, *JCP A* 1952. 1095, obs. Madray – TGI Paris, 12 janv. 1978, *Gaz. Pal.* 1978. 2. 486.
4. TGI Montauban, 28 juin 1984, *Gaz. Pal.* 1985. 24, note Damien.
5. Civ. 2e, 2 déc. 1992, n° 91-16.604, *Bull. civ.* II, n° 287.
6. Civ. 2e, 29 janv. 1992, n° 90-18.650, *Bull. civ.* II, n° 29; *Gaz. Pal.* 1992. Somm. 455, obs. Véron; *D.* 1992. IR 93; *JCP* 1992. IV. 950.
7. Civ. 2e, 7 nov. 1994, n° 93-12.272, NP.
8. Civ. 2e, 16 déc. 1999, n° 98-11.410, NP; *Procédures* 2000, n° 168, obs. Junillon.
9. Req. 11 juill. 1938, *DH* 1938. 550 – Civ. 2e, 13 avr. 1956, *JCP* 1956. II. 9402 – CONTRA, T. civ. Nice 17 déc. 1953, *JCP A* 1954. IV. 2245, obs. Madray.
10. Civ. 2e, 17 juin 1999, n° 97-17.993, *Bull. civ.* II, n° 117; *JCP* 1999. IV. 2505.
11. Paris, 31 mars 1954, *JCP* 1954. II. 8275; *Gaz. Pal.* 1954. 1. 254, note Lindon.
12. CONTRA, Montpellier, 16 avr. 1985, *Gaz. Pal.* 1985. 452, note A. D.

La première chambre de la Cour de cassation avait décidé en 1983 qu'un conseil de l'ordre n'excédait pas ses attributions réglementaires lorsque, pour des motifs déontologiques, il se bornait à interdire ou à imposer aux avocats certaines pratiques professionnelles, relatives à l'accomplissement d'actes de procédure qui n'affectaient ni la portée ni la validité de ces actes; en l'espèce la délibération disposait que « *l'avocat de l'adjudicataire ne peut accepter de former surenchère au nom d'une autre personne sur cette adjudication* »[1]. Mais un deuxième arrêt de la même chambre avait jugé en 1987 qu'était illégale la délibération d'un Conseil de l'ordre interdisant à un même avocat d'être chargé par plusieurs clients distincts de porter des enchères sur la même adjudication et à l'avocat du poursuivant de porter enchère pour un autre que son client poursuivant, car une telle délibération est de nature à entraver les enchères[2].

Puis, le Conseil national des barreaux avait réglementé cette question en élaborant un règlement intérieur national qui interdisait à un avocat de porter des enchères pour un même bien pour le compte de plusieurs mandants (v. s^{s} n° 1325.62).

Par ailleurs, lorsque la surenchère est contestée, les parties doivent nécessairement être représentées par des mandataires différents puisqu'il y a conflit d'intérêts. La jurisprudence l'admet depuis longtemps[3].

1342.76 Incidence du décret n° 2009-160 du 12 février 2009. Initialement, la réforme de la procédure de saisie immobilière, réalisée par l'ordonnance du 23 avril 2006 et le décret du 27 juillet 2006, ne devait pas s'appliquer aux procédures engagées selon les dispositions du décret-loi de 1938, dès lors que le cahier des charges avait été déposé avant le 1er janvier 2007. Toutefois, le décret du 12 février 2009[4] qui a apporté des modifications au décret de 2006, prévoit que les dispositions de la section 2 du chapitre VI du titre Ier du décret de 2006, relatives à la capacité d'enchérir, au déroulement et à la nullité des enchères, s'appliqueront aux audiences d'adjudication postérieures au 1er mars 2009 (Décr. 2006, mod. art. 168). L'exercice de la faculté de surenchère conduisant à une audience d'adjudication, on doit en déduire que les dispositions de la section 2 du chapitre VI, du titre Ier seront également applicables aux audiences de vente sur surenchère. Il en sera ainsi de l'article 73 alinéa 3 du décret de 2006 qui dispose qu'un avocat ne peut être porteur que d'un seul mandat.

1342.77 Nature de la surenchère. Ce n'est pas un engagement unilatéral mais un contrat synallagmatique[5], entre toutes les parties : le poursuivant, le surenchérisseur, le saisi et les créanciers inscrits; seul l'adjudicataire est exclu. La surenchère en effet ne peut être rétractée (ACPC, art. 708). Un surenchérisseur ne peut se soustraire à la procédure qu'il a engagée en invoquant une possible extinction de la créance, objet de la saisie[6]. La jurisprudence analyse la déclaration de surenchère comme un acte de disposition et en déduit que le défaut de pouvoir de celui qui déclare surenchérir en qualité de représentant d'une personne morale ne peut être couvert après l'expiration du délai imparti pour former surenchère (ainsi, le maire d'une commune qui avait agi sans autorisation du conseil municipal, la surenchère ayant été approuvée ensuite[7]).

1342.78 Effet : résolution rétroactive de l'adjudication. Les droits de l'adjudicataire (v. s^{s} n°s 1341.231 s.) se trouvent résolus par l'effet de la surenchère. Entre la déclaration de surenchère et l'adjudication définitive, l'immeuble redevient donc la propriété du saisi, qui est provisoirement rétabli dans son droit vis-à-vis de l'adjudicataire et vis-à-vis des tiers jusqu'à la publication du jugement d'adjudication définitive[8]. En cas de procédure collective ouverte dans cet intervalle à l'encontre du saisi, les poursuites individuelles sont suspendues[9].

Les droits de l'adjudicataire sont résolus au jour de la déclaration de surenchère et non au jour du jugement d'adjudication sur surenchère[10]. Mais en l'état d'une adjudication suivie d'une surenchère frappée de déchéance, l'adjudication n'acquiert un caractère définitif à l'égard de l'adjudicataire qu'à la date à laquelle la contestation sur la surenchère a été définitivement tranchée[11].

1. Civ. 1re, 15 févr. 1983, n° 82-11.888, *Bull. civ.* I, n° 59.
2. Civ. 1re, 16 juill. 1987, n° 85-15.092, *Bull. civ.* II, n° 222; *D.* 1988. Somm. 237; *Gaz. Pal.* 1988. Somm. 35, obs. Guinchard et Moussa.
3. Paris, 31 mars 1954, *S.* 1954. 2. 141, note Béringuier – Civ. 2e, 16 juill. 1954, *JCP A* 1954. 2403; *Gaz. Pal.* 1954. 2. 300.
4. Décr. n° 2009-160, 12 févr. 2009, pris pour l'application de l'ordonnance n° 2008-1345 du 18 décembre 2008 portant réforme du droit des entreprises en difficulté et modifiant les procédures de saisie immobilière et de distribution du prix d'un immeuble, *JO* 13 févr., p. 2596.
5. Req. 1er mars 1892, *DP* 1892. 1. 412.
6. Civ. 2e, 10 juill. 1991, n° 90-13.410, S^{té} Sicap c/Coudert, NP.
7. Civ. 2e, 17 oct. 2002, n° 00-21.106, *Bull. civ.* II, n° 224; *D.* 2002. IR 2988.
8. Civ. 7 déc. 1868, *DP* 1869. 1. 31 – 15 janv. 1873, *DP* 1873. 1. 249 – TGI Bergerac, 6 mai 1960, *JCP* 1960. II. 11842, note Mourgeon; *RTD civ.* 1961. 194, obs. Raynaud.
9. Civ. 2e, 24 mars 1993, n° 90-18.599, *Bull. civ.* II, n° 128.
10. Civ. 7 déc. 1868, préc. s^{s} prés^{t} n° – Civ. 18 nov. 1924, *DP* 1925. 1. 25, note Matter; *S.* 1925. 1. 193, note Tissier.
11. Civ. 2e, 12 juill. 2001, n° 98-10.444, *Bull. civ.* II, n° 137.

Le saisi peut profiter de ce délai pour acquitter sa dette sans que ce paiement ne soit constitutif d'une entrave à la liberté des enchères; le saisi conservant toujours la possibilité de s'exécuter en cours de procédure, le surenchérisseur comme l'adjudicataire initial ne peuvent se plaindre de cette situation, même si elle aboutit à les priver de l'acquisition d'un immeuble qui les intéressait[1].

1342.79 Rôle du surenchérisseur. Il ne résulte pas de l'article 709 ACPC que le surenchérisseur acquière la qualité de poursuivant du seul fait de l'inscription de la surenchère. La jurisprudence en déduit que la demande de subrogation n'a pas à être nécessairement diligentée contre lui[2]. Toutefois, la déclaration de surenchère emporte remise en vente sur nouvelle mise à prix et à la suite de nouvelles audiences, fixées par le surenchérisseur dans la dénonciation (v. s[s] n°s 1342.101 s.); en cas de carence d'enchères, c'est le surenchérisseur qui sera déclaré adjudicataire et non le poursuivant (v. s[s] n°s 1342.153 s.). Dans certains barreaux, la pratique veut que ce soit l'avocat du surenchérisseur qui fasse paraître la publicité et ce n'est que s'il n'y procède pas que l'avocat du poursuivant le fera à sa place sans qu'il soit besoin de subrogation; dans d'autres, c'est le poursuivant qui conserve la maîtrise de la procédure.

B.
Dénonciation

1342.80 Objet. Il s'agit à la fois de porter officiellement cette surenchère à la connaissance de l'adjudicataire, du poursuivant et du saisi, dans les cinq jours de la déclaration et de leur communiquer les dates d'audience car la dénonciation vaut assignation; la dénonciation doit ensuite être mentionnée à la suite de la surenchère.

1°
Formalisme

a)
Procédure

1342.81 Un écrit. La dénonce ne peut être faite que par acte écrit et une information verbale ne peut en tenir lieu[3].

1342.82 • Auteur. En vertu de l'alinéa 6, la dénonciation est faite sans avoir à prendre une expédition de la déclaration de surenchère. C'est un acte d'avocat à avocat qui émane de l'avocat du surenchérisseur. Elle ne peut être faite par l'intermédiaire du secrétariat de l'Ordre des avocats, toutefois la nullité ne sera prononcée que tout autant qu'il sera résulté un grief de cette irrégularité[4].

1342.83 • Destinataires : des avocats. Elle est adressée aux conseils de l'adjudicataire, du poursuivant et du saisi; si ce dernier n'a pas constitué avocat, l'article 709 ACPC exonère l'avocat du surenchérisseur de lui dénoncer la déclaration par acte d'huissier. Lorsque l'avocat destinataire représente plusieurs parties et que la dénonciation lui est faite seulement en tant qu'il représente l'une d'entre elles, y a-t-il déchéance ou nullité ? Il semble que dans un tel cas, on devrait constater l'inexistence d'un acte; c'est autant d'actes qu'il représente de parties qu'il faudrait dénoncer à l'avocat[5].

La dénonciation à l'adjudicataire en personne est inutile[6], sauf lorsque la vente aux enchères a eu lieu devant notaire; si les intéressés n'ont pas d'avocat, l'acte de surenchère doit être notifié à l'adjudicataire en personne ou à domicile[7].

1342.84 Sanction. Les formalités de l'article 709 ACPC ne seront sanctionnées par la nullité, en vertu de l'article 715, que si l'irrégularité a eu pour effet de causer un préjudice aux intérêts des parties en cause[8].

b)
Cas particulier d'un bénéficiaire d'un droit de préemption

1342.91 • Preneur à bail rural. Il doit être informé de la surenchère. Il faudra alors, soit dénoncer la surenchère à son conseil, lorsqu'il en a un, soit, s'il n'avait pas constitué avocat lors de l'audience d'adjudication, la dénonce se fera par exploit, à personne. Il sera ensuite à nouveau convoqué dans les formes et délais applicables à la première audience (v. s[s] n°s 1323.381 s.). Il disposera, à nouveau, d'un délai à compter de l'adjudication sur surenchère pour préempter. Le surenchérisseur, n'ayant pas la faculté de former une nouvelle

1. Crim. 22 juin 1994, n° 92-86.292, *Bull. crim.* n° 250; *D.* 1994. IR 230.
2. Civ. 2e, 29 oct. 1980, n° 79-10.735, *Bull. civ.* II, n° 221; *JCP* 1981. IV. 25.
3. Civ. 2e, 5 juill. 1982, SCI Mere-Gare c/Schlogel, NP.
4. Civ. 2e, 20 nov. 1991, n° 90-17.634, *Bull. civ.* II, n° 305; *D.* 1992. IR 20.
5. Par analogie, Cass., ass. plén., 15 mai 1992, n° 90-12.705, *Bull. ass. plén.*, n° 6; *JCP* 1992. II. 21884, note du Rusquec – Aix, 8 juin 1984, *Gaz. Pal.* 1985. 11, note Latil – Civ. 2e, 25 mars 1987, n° 85-12.318, *Bull. civ.* II, n° 73; *Gaz. Pal.* 1983. 10, note Latil – Paris, 22 oct. 1987, *Gaz. Pal.* 1989. Somm. 187, obs. Latil.
6. TGI Épinal, 28 août 1986, *JCP* 1987. II. 20740, note Prévault.
7. Civ. 28 août 1882, *DP* 1883. 1. 240; *S.* 1885. 1. 27.
8. Civ. 2e, 13 mai 1987, n° 85-14.028, *Bull. civ.* II, n° 110; *Gaz. Pal.* 1987. Somm. 484, obs. Véron.

enchère le jour de la vente si aucun autre enchérisseur ne se manifeste, le preneur pourra exercer son droit de préemption pour le prix résultant de la surenchère[1].

1342.92 • **Locataire.** En vertu de l'article 7, II du décret du 20 juillet 1977, en cas de surenchère, il ne sera procédé à la notification qu'après le jugement appréciant la validité de la surenchère. Si celle-ci est invalidée, la notification sera renvoyée dans un délai de deux jours après le prononcé du jugement pour ouvrir le délai du paragraphe IV. Si en revanche la surenchère n'est ni contestée ou est validée, il sera procédé à une nouvelle convocation comme il est prescrit au paragraphe I. Après l'adjudication, la notification est effectuée et à défaut de convocation, le preneur pourra préempter (v. s[s] n° 1323.403).

1342.93 • **Titulaire d'un droit de préemption urbain.** En vertu de l'article R. 213-15 alinéa 3 du Code de l'urbanisme, le droit du titulaire s'exercera dans les mêmes conditions que lors de la première audience ayant donné lieu à surenchère : le greffier adressera la déclaration faisant connaître la date et les modalités de la vente sur surenchère au maire, trente jours au moins avant la date fixée pour la vente, par lettre recommandée avec demande d'avis de réception. Le délai de trente jours, ouvert au titulaire du droit de préemption, court à nouveau à compter de l'adjudication sur surenchère[2].

La substitution ne pourra intervenir qu'au prix de la surenchère (C. urb., art. R. 213-15, al. 4). La décision sera notifiée au greffe par lettre recommandée avec avis de réception.

2°
Contenu

1342.101 **Informations.** Il s'agit de porter à la connaissance des personnes concernées l'existence d'un acte de surenchère sur l'adjudication prononcée à telle date par le tribunal, pour tel immeuble et à tel prix et de sommer les intéressés de comparaître aux jours fixés pour les audiences.

L'article 709 ACPC n'impose pas que la dénonciation de surenchère mentionne le nom de l'adjudicataire; ce serait donc ajouter au texte que d'exiger, en cas de pluralité d'adjudicataires, qu'elle les mentionne tous[3].

1342.102 **Demandes particulières.** En vertu de l'article L. 311-10 du COJ [ancien][4], le renvoi à la formation collégiale porté devant le TGI statuant à juge unique est de droit sur la demande non motivée d'une des parties, mais cette demande, en cas de surenchère dans une procédure de saisie immobilière doit être formée dans la dénonciation visée au dernier alinéa de l'article 709[5].

3°
Délai

1342.111 **Calcul.** Dans les cinq jours de la déclaration de surenchère : on appliquera ici les dispositions des articles 641 et 642 C. pr. civ.

1342.112 **Sanction.** La déclaration doit être dénoncée dans les cinq jours; le délai est prescrit à peine de déchéance[6]. Lorsque la dénonciation n'a pas été faite dans le délai de cinq jours aux personnes visées par l'article 709 ACPC (c'est-à-dire aux avocats) mais à une autre personne non visée par le texte, la dénonciation faite dans ces conditions doit être tenue pour inexistante, de telle sorte que la déchéance est encourue[7] (un arrêt plus ancien[8] avait toutefois admis de sanctionner l'accomplissement hors délai par une nullité pour vice de forme avec preuve d'un grief; la solution adoptée en 1991 semble plus orthodoxe).

La déchéance est acquise du fait de la non-dénonciation dans les cinq jours, sans que soit exigée la preuve d'un grief[9].

4°
Mention de la dénonciation à la suite de la surenchère

1342.121 **Lieu.** La surenchère une fois enregistrée par le greffe, la pratique avait coutume d'en porter mention au cahier des charges et la mention de la dénonciation y était portée en suite, permettant aux intéressés de contrôler la régularité de la procédure. La Cour de cassation a récemment jugé qu'il ne résultait pas de l'article 709 ACPC que les mentions de la surenchère et de la dénonciation devaient être portées au cahier des charges. Il suffit

1. Civ. 3e, 8 nov. 1978, n° 77-12.524, *Bull. civ.* II, n° 338; *Defrénois* 1979, art. 32038, p. 939, note Aubert.
2. CE 29 déc. 1993, Lebouc, req. n° 112421.
3. Civ. 2e, 6 déc. 1989, n° 88-18.745, *Bull. civ.* II, n° 214; *Gaz. Pal.* 1990. 2. Somm. 350, obs. Véron.
4. Art. abr. par Ord. n° 2006-673, 8 juin 2006 – Comp. COJ [nouveau], art. L. 212-2.
5. Civ. 2e, 25 nov. 1987, *Bull. civ.* II, n° 246 – Civ. 2e, 31 janv. 1996, n° 94-13.316, *Bull. civ.* II, n° 17.
6. Civ. 2e, 5 juill. 1982, NP; *D.* 1982. IR 430, obs. Julien – Civ. 2e, 18 janv. 2007, n° 05-21.911, *Bull. civ.* II, n° 16; *D.* 2007. AJ 454.
7. Civ. 2[e], 23 oct. 1991, n° 90-12.904, *Bull. civ.* II, n° 264.
8. Civ. 2e, 21 oct. 1982, n° 81-13.543, *Bull. civ.* II, n° 129; *JCP* 1984. IV. 14.
9. Civ. 2e, 25 nov. 1981, n° 80-15.360, *Bull. civ.* II, n° 202 – Civ. 2e, 23 oct. 1991, n° 90-12.904, *Bull. civ.* II, n° 264; *Gaz. Pal.* 1992. Somm. 287, obs. Véron – Civ. 2e, 1er févr. 1995, n° 93-14.803, *Bull. civ.* II, n° 35.

que ces formalités soient accomplies au terme d'un acte reçu par le greffier dans le délai prescrit[1].

1342.122 Délai. La mention de la dénonciation doit être portée dans un délai de cinq jours qui commence à courir à l'expiration du premier délai de cinq jours, prescrit pour faire la dénonciation, et non à compter du jour de la dénonciation[2].

1342.123 Auteur. L'avocat du surenchérisseur se rend au greffe avec copie des dénonciations et le greffier en fait mention datée (v. s[s] n° 1342.121). Le greffier n'a pas à authentifier la date; sauf preuve contraire, l'adjudicataire ne peut contester la date portée par le greffe sur les dénonciations déposées[3]. Dans la mesure où l'avocat n'a pas la maîtrise de la mention, il peut veiller à obtenir du greffier une justification datée de son dépôt.

1342.124 Absence de dénonciation ou de mention de déclaration. Si le surenchérisseur est négligent, le poursuivant, le saisi et tout créancier peuvent se substituer à lui pour effectuer ces formalités (ACPC, art. 709, al. 4); cela permet d'éviter que la procédure ne soit annulée. Tous ont en effet intérêt à ce qu'un prix supérieur à celui atteint lors de la première adjudication soit payé. Il faut attendre le dernier délai pour vérifier la carence de l'avocat du surenchérisseur; s'ouvre alors un délai de cinq jours pour les parties visées pour faire la dénonciation ou la mention. Le délai de cinq jours accordé par l'article 709 alinéa 4 au poursuivant, au saisi et à tout créancier inscrit ou sommé pour accomplir, aux lieu et place du surenchérisseur négligent les formalités relatives à la dénonciation de la surenchère et à la mention de cette dénonciation au greffe, commence à courir à l'expiration des deux délais de cinq jours dont disposait le surenchérisseur pour procéder à ces formalités, soit dix jours après la déclaration de surenchère[4]. L'alinéa 5 de l'article 709 précise que les frais de dénonciation, supportés par un autre intéressé seront à la charge du surenchérisseur qui aura négligé d'en faire la mention.

1342.125 Sanction. Il s'agit ici encore d'une déchéance et il n'y a pas lieu de rechercher si un préjudice a été causé à la partie adverse du fait de la tardiveté de la formalité[5].

C. Audiences

1342.130 Délais. Selon l'article 709 alinéa 6 ACPC, l'acte de dénonciation contient avenir pour la première audience utile qui suit l'expiration d'un délai de vingt jours; il fixe en même temps la date de la nouvelle adjudication. En vertu du décret du 11 janvier 2002 pris pour l'application de l'article 697 ACPC et réformant les modalités de la publicité en matière de saisie immobilière, elle ne peut avoir lieu que quarante jours après celle de l'audience éventuelle. Ces délais sont prescrits à peine de déchéance et ne peuvent donc être écourtés (ainsi, pour une date d'adjudication[6]). Il s'agit de la déchéance de la procédure de surenchère et non de celle de la procédure de saisie qui l'a précédée[7].

Le délai pour la fixation de l'audience éventuelle est indicatif et non impératif[8]; la surenchère demeure valable même si la dénonciation indique une date plus lointaine.

1° Audience éventuelle

1342.131 Objet. Elle sert à vider les contestations relatives à la surenchère et à faire valider celles-ci, une fois les contestations écartées. S'il n'y a pas de contestations ou si celles-ci sont écartées, il est passé outre à la publicité dans les mêmes conditions que pour la première audience d'adjudication. Si la surenchère n'a pas été contestée à l'audience éventuelle, le tribunal ne peut qu'ordonner la revente sur surenchère même si le surenchérisseur, en fait, encourrait une déchéance pour dénonciation tardive[9].

1342.132 Forme et délai des contestations. Selon l'article 710 ACPC, la contestation de la surenchère se fait par simple acte de conclusions, lequel est mentionné par un dire, à la suite de la mention de la dénonciation, cinq jours au moins avant l'audience éventuelle. Il s'agit d'un « délai à rebours », qui se calcule en remontant dans le temps (ainsi lorsque l'audience est fixée au 28 juin, la contestation devait donc être formée au plus tard le 22 juin[10]). Il faut donc à la fois veiller au forma-

1. Civ. 2e, 17 juin 1999, n° 97-17.993, *Bull. civ.* II, n° 117; *JCP* 1999. IV. 2505.
2. Civ. 2e, 15 juin 1988, n° 87-12.730, *Bull. civ.* II, n° 141; *Gaz. Pal.* 1988. Somm. 493, obs. Véron; *RTD civ.* 1989. 148, obs. Perrot – Civ. 2e, 15 juin 1988, n° 87-12.730, Le Gall c/Cabinet Legay, *Bull. civ.* II, n° 141.
3. Civ. 2e, 23 oct. 1991, n° 90-13.105, *Bull. civ.* II, n° 263.
4. Civ. 2e, 3 mai 2001, n° 99-11.040, *Bull. civ.* II, n° 82.
5. Civ 2e, 25 nov. 1981, n° 80-15.360, *Bull. civ.* II, n° 202; *JCP* 1982. IV. 63 — Aix, 3 nov. 1981, *JCP* 1983. II. 19932, note Prévault.
6. Civ. 2e, 4 févr. 1998, n° 96-10.840, *Bull. civ.* II, n° 39.
7. Civ. 2e, 18 janv. 2007, n° 05-21.911, *Bull. civ.* II, n° 16.
8. Civ. 2e, 21 nov. 1984, n° 83-14.052, *Bull. civ.* II, n° 170; *Gaz. Pal.* 1985. Pan. 89, obs. Véron.
9. Civ. 2e, 4 mai 1987, n° 85-18.862, *Bull. civ.* II, n° 88.
10. Civ. 2e, 20 oct. 2005, n° 04-10.138, *Bull. civ.* II, n° 259; *JCP* 2006. II. 10005, obs. Leborgne.

lisme et au délai. Ainsi, viole les articles 710 et 715 ACPC la cour d'appel qui admet la recevabilité d'une contestation de surenchère effectuée par l'insertion d'un dire cinq jours avant le jour de l'audience éventuelle, alors que l'acte de conclusions n'avait pas été notifié dans ce délai [1].

Dans le silence du texte, il paraît évident que les conclusions doivent être signifiées à toutes les parties en présence, par acte d'avocat à avocat pour celles qui ont constitué. Par analogie avec l'article 709 ACPC, on pouvait penser que si le saisi n'avait pas constitué avocat, il ne serait pas nécessaire de lui signifier les conclusions par acte d'huissier. Une décision du TGI de Perpignan a confirmé le raisonnement et jugé qu'il ressortait de l'article 710 que la partie qui entendait contester la validité d'une surenchère devait signifier l'acte d'avocat à avocat contenant ses conclusions à toutes les parties intéressées, à savoir le créancier poursuivant, le surenchérisseur, l'adjudicataire (si tant est que la contestation n'émanait pas de lui) et la partie saisie, et ce par analogie avec l'article 709, mais n'a rien précisé pour le cas où le saisi n'aura pas constitué avocat [2].

S'il s'agit d'une contestation portant sur la forme, la nullité ne sera encourue qu'en cas de grief; s'il s'agit de soulever une déchéance, aucun grief ne sera exigé; si la contestation porte sur la solvabilité elle devra de même être contestée par un dire déposé cinq jours avant [3].

La régularité de la surenchère doit s'apprécier à l'expiration du délai pour former celle-ci [4]. Mais, la jurisprudence décide que s'agissant de la solvabilité du surenchérisseur elle doit être examinée au jour de la déclaration de surenchère [5].

1342.133 • **Recours contre les jugements.** Les jugements rendus à l'audience éventuelle sont soumis aux dispositions de l'article 731 ACPC et aux restrictions des voies de recours. Seront donc appelables, en pratique, les contestations portant sur la capacité de surenchérir (v. s[s] n° 1331.162) car il sera peu fréquent qu'il se présente une contestation de surenchère sur la propriété, l'inaliénabilité ou l'insaisissabilité des biens. En droit toutefois, rien ne semble interdire de soulever, pour la première fois, des moyens tirés du fond du droit.

1. Civ. 2e 5 juill. 2001, n° 99-20.641, *Bull. civ.* II, n° 127 – Civ. 2e, 4 févr. 1998, n° 96-10.840, *Bull. civ.* II, n° 39.
2. TGI Perpignan, 23 nov. 2001, *JCP* 2002. II. 10134, obs. Laporte.
3. Civ. 2e, 13 mars 1996, n° 94-11.859, *Bull. civ.* II, n° 62; *D.* 1996. Somm. 355, obs. Julien.
4. Civ. 2e, 29 janv. 1992, n°s 90-18.650 et 90-17.231, *Bull. civ.* II, n°s 29 et 30.
5. Civ. 2e, 18 mai 1989, n° 88-12.849, *Bull. civ.* II, n° 109.

Le jugement annulant une surenchère pour insolvabilité notoire ne sera pas susceptible d'appel [6], s'agissant d'une mesure de police de l'audience et non d'une incapacité.

1342.134 • **Publicité.** Avant la réforme de la publicité, l'article 710 ACPC disposait que la publicité était effectuée « *dans les conditions où elle aura eu lieu pour la première adjudication* », ce qui renvoyait l'article 696 ACPC. Le décret du 11 janvier 2002 a modifié le texte de l'article 710 qui dispose désormais que si la surenchère n'est pas contestée ou si elle est validée, la publicité annonçant la vente sur surenchère est réalisée après l'audience éventuelle. L'article 710 ne précise toutefois pas à qui incombe la charge de cette publicité et quelles en sont les modalités, mais l'article 6 du décret du 11 janvier 2002 dispose qu'en cas de surenchère, la nouvelle adjudication est précédée de la publicité de droit commun, laquelle peut encore être aménagée dans les conditions des articles 7 à 10 (v. s[s] n°s 1323.321 s.). Comme par le passé il faut penser que devant certains tribunaux ce sera l'avocat du surenchérisseur et à défaut, celui du poursuivant, qui s'en chargera, devant d'autres tribunaux, le poursuivant conservera la maîtrise de la publicité.

2°
Audience d'adjudication

1342.141 **Conforme à la première audience.** Au jour indiqué, il est ouvert de nouvelles enchères auxquelles toute personne peut concourir (sous les réserves de ACPC, art. 711) qui se déroulaient selon les articles 704 à 707 ACPC. Toutefois, le décret n° 2009-160 du 12 février 2009 a modifié l'article 168 du décret du 27 juillet 2006 afin de rendre applicables à toutes les ventes aux enchères les dispositions de la section II du chapitre VI du titre Ier du décret de 2006, c'est-à-dire les articles 72 à 82 de ce décret; ainsi, les règles relatives à la capacité, au déroulement des enchères et à la nullité des enchères fixées par le décret de 2006 modifié en 2009, sont, depuis le 1er mars 2009, applicables aux ventes aux enchères d'un immeuble saisi selon les dispositions du décret-loi de 1938. Ces articles devraient donc s'appliquer également à l'audience de vente sur surenchère.

Si la mise à prix n'est pas couverte, le surenchérisseur est déclaré adjudicataire sur le montant de sa surenchère (ACPC, art. 710, al. 3).

La vente est poursuivie aux clauses et conditions de la première adjudication c'est-à-dire conformé-

6. Civ. 2e, 10 déc. 1975, n° 74-12.848, *Bull. civ.* II, n° 333 – Civ. 2e, 24 févr. 1982, n° 80-16.538, *Bull. civ.* II, n° 28; *JCP* 1983. II. 20000, note Prévault.

ment aux clauses et conditions du cahier des charges. Ainsi, les clauses du cahier des charges déposé par le poursuivant, modifié ou complété par dires examinés à l'audience éventuelle, s'appliquent à tous les enchérisseurs, sans qu'il soit nécessaire aux adjudicataires surenchéris de faire insérer un nouveau dire pour en rendre le contenu opposable au surenchérisseur (pour une clause imposant aux enchérisseurs intéressés de fournir à leur avocat un cautionnement bancaire ou une consignation sur le compte Carpa s'élevant au minimum au montant de la mise à prix[1]).

1342.142 Faculté de remise pour cause grave. La jurisprudence exclut l'application des dispositions de l'article 703 ACPC à la revente sur surenchère : en 1975, un arrêt de la deuxième Chambre avait d'abord admis l'application de cet article[2], mais des arrêts plus récents ont jugé en sens inverse[3]. Au demeurant aucun article ACPC ne fait allusion ou ne renvoie, pour la surenchère, aux dispositions applicables à l'adjudication initiale. Seul un raisonnement par analogie pouvait être envisagé, que la Cour de cassation semble maintenant avoir clairement écarté. Cela ne signifie cependant pas que la vente sur surenchère ne peut être remise mais seulement que les conditions restrictives de l'article 703 ACPC (causes graves et remise au plus tard à quatre mois, en vertu de la loi du 29 juillet 1998) ne seront pas applicables. Ainsi, le tribunal peut, s'il l'estime utile à une bonne administration de la justice, renvoyer l'audience d'adjudication et fixer une date au-delà du délai de l'article 703 du même code[4]. Les créanciers gardent cependant la maîtrise de la procédure. Ils peuvent ne pas requérir l'adjudication si des accords ont entre-temps été trouvés avec le saisi, sans que le surenchérisseur ne puisse s'y opposer. En cela, il est manifeste que le surenchérisseur n'est pas devenu poursuivant, du fait de sa surenchère.

1342.143 Absence d'avis après l'adjudication. L'article 6 du décret du 11 janvier 2002 dispose qu'en cas de surenchère, la nouvelle adjudication ne donne pas lieu aux formalités de l'article 5. Il est vrai que cet article a essentiellement pour objectif d'encourager la surenchère, le texte prévoyant l'obligation pour le greffe d'apposer au tribunal un avis mentionnant la désignation et la description sommaire de l'immeuble telle qu'elle figurait dans l'avis initial, le prix de la vente, les frais taxés et l'indication qu'une surenchère est possible. Il s'agit donc clairement d'une nouveauté destinée à faire réagir d'éventuels acheteurs afin que le bien se vende au meilleur prix pour le saisi et ses créanciers (v. s^{s} n° 1323.362). Toutefois, on aurait pu envisager la réalisation d'une publicité après la vente dans le but d'assurer la transparence de celle-ci et de son prix.

SECTION 2

EFFETS DE L ADJUDICATION SUR SURENCHÈRE

1342.150 Principe. L'adjudication sur surenchère devient adjudication définitive, tout autant que le prix est payé, sinon le bien pourra être revendu sur folle enchère (v. s^{s} n°s 1343.41 s.). Elle va emporter les mêmes effets, transfert de propriété, obligations à la charge du saisi, obligations de payer et de publier à la charge du nouvel adjudicataire. Quelques précisions doivent cependant être apportées.

§ 1

Transfert de propriété et des risques

1342.151 Transfert de propriété et des risques. En pratique, à l'issue de la première adjudication, le saisi avait perdu la propriété du bien et devait quitter les lieux au bénéfice de l'adjudicataire; l'éventualité de la surenchère fige la situation et laisse les parties dans l'attente pendant dix jours d'abord, puis, si une surenchère est formée, pendant le temps de la procédure de revente. Ainsi, dans les rapports du saisi avec l'adjudicataire, le jugement d'adjudication emporte transfert de propriété au profit de l'adjudicataire pendant dix jours, sous condition résolutoire. La déclaration de surenchère fait renaître le droit du saisi sur son bien puisqu'elle remet en question l'adjudication, jusqu'au jour de l'adjudication sur surenchère; le saisi est donc rétroactivement réputé conserver la propriété, sans aucune interruption, lorsqu'une déclaration de surenchère est faite[5]. Et l'immeuble demeure donc à ses risque jusqu'à l'adjudication de surenchère[6]. En l'état d'une adjudication suivie d'une surenchère frappée de déchéance, l'adjudication n'acquiert un caractère définitif à l'égard de l'adjudicataire qu'à la date

1. Civ. 2e, 6 oct. 1993, n° 91-17.897, *Bull. civ.* II, n° 276.
2. Civ. 2e, 27 oct. 1975, n° 75-10.857, *Bull. civ.* II, n° 277; *JCP* 1975. IV. 372.
3. Civ. 2e, 27 avr. 1981, n° 79-14.992, *Bull. civ.* II, n° 109; *Gaz. Pal.* 1982. 13, note Viatte – Civ. 2e, 5 juin 1996, n° 94-12.591, *Bull. civ.* II, n° 126; *D.* 1996. IR 163.
4. Civ. 2e, 25 juin 1980, *Bull. civ.* II, n° 152, implicitement.
5. Civ. 7 déc. 1869, *DP* 1869. 1. 31 – Civ. 15 janv. 1873, *DP* 1873. 1. 249.
6. Civ. 2e, 17 nov. 2011, n° 10-20.957, *Bull. civ.* II, n° 31, dans un cas où des dégradations avaient été commises sur l'immeuble après la déclaration de surenchère et où en l'absence d'enchères, le surenchérisseur avait été déclaré adjudicataire.

à laquelle la contestation sur la surenchère a été définitivement tranchée[1].

1342.152 • Cas où l'adjudication sur surenchère est dévolue à l'adjudicataire initial. Si l'adjudication sur surenchère a lieu au profit de l'adjudicataire initial, la propriété est confirmée à son profit à l'issue d'une procédure qui peut prendre plusieurs mois. Mais peut-on envisager que la propriété rétroagisse à la date de l'adjudication initiale ? Sans doute pas, dans la mesure où l'on admet que la première adjudication s'est faite sous condition résolutoire d'une surenchère et que la condition s'étant accomplie, la première adjudication est réputée ne jamais être intervenue. D'ailleurs, il s'agit d'une vente et donc d'un accord sur le prix, certes par l'effet des enchères; or, l'accord sur le prix est différent lors de la première adjudication et de la vente sur surenchère. Raisonner autrement reviendrait à faire peser sur l'adjudicataire initial le risque de la perte de la chose alors qu'il n'aurait aucune certitude sur ses chances d'être déclaré adjudicataire sur surenchère. On doit donc en déduire que le saisi redevient propriétaire jusqu'au jour de la revente sur surenchère, que celle-ci intervienne au profit de l'adjudicataire surenchéri ou de tout autre oblateur, et l'immeuble demeure aux risques du débiteur saisi jusqu'à l'adjudication de surenchère.

1342.153 • Cas où l'adjudication sur surenchère est dévolue au surenchérisseur. Aucun problème ne se pose si des enchères sont portées lors de l'audience de surenchère. Mais quelle solution dégager en cas de carences d'enchères ? Le surenchérisseur est déclaré adjudicataire pour le montant de sa surenchère; sa propriété rétroagit-elle alors au jour de la déclaration de surenchère ? Non, car cette déclaration de surenchère ne peut s'analyser comme une déclaration d'adjudicataire; d'ailleurs, l'article 710 alinéa 3 ACPC prévoit que si la surenchère n'est pas couverte, le surenchérisseur est déclaré adjudicataire lors de l'audience d'adjudication. C'est donc le jugement d'adjudication sur surenchère qui vaut déclaration d'adjudicataire, sans que le surenchérisseur n'ait à formuler une déclaration dans les délais de l'article 707 ACPC. Et l'immeuble demeure aux risques du débiteur saisi jusqu'à l'adjudication de surenchère[2].

§ 2
Droits et obligations des parties en présence

1342.161 Le saisi. Le saisi n'a pas à quitter les lieux tant que l'adjudication n'est pas définitive; le jugement doit d'abord lui être signifié, l'exécution forcée tentée, *etc.* Il va percevoir les fruits de l'immeuble, supporter les charges afférentes à la propriété et passer valablement des actes juridiques relatifs à l'immeuble.

Peut-il ainsi nuire aux intérêts de ses créanciers ? Sans doute. Il peut déjà profiter de cette trêve pour payer ses dettes et ayant désintéressé ses créanciers éviter la revente sur surenchère, ce qui lésera principalement le surenchérisseur.

Les effets de la publication du commandement sont maintenus pendant la procédure de surenchère et l'article 687 ACPC, qui permet au saisi de vendre amiablement son bien si l'acheteur consigne avant l'adjudication une somme suffisante pour désintéresser ses créanciers, trouve à nouveau à s'appliquer par l'effet de la surenchère.

1342.162 L'adjudicataire initial. Si par extraordinaire, l'adjudicataire initial avait pu agir en propriétaire pendant le délai de dix jours après la déclaration d'adjudicataire, il faudrait alors valider ses actes dès lors qu'ils auraient été accomplis de bonne foi et sans fraude; la jurisprudence l'a jugé, dans une espèce où le délai de surenchère avait été suspendu par la première guerre mondiale et n'avait commencé à courir qu'au retour de la paix en 1919[3].

1342.163 L'adjudicataire sur surenchère. Il ne devient propriétaire, dans ses rapports avec le saisi que du jour de l'adjudication sur surenchère, et dans ses rapports avec les tiers que du jour de la publication du jugement d'adjudication (ACPC, art. 712 s.).

1. Civ. 2e, 12 juill. 2001, no 98-10.444, *Bull. civ.* II, no 137.

2. Civ. 2e, 17 nov. 2011, no 10-20.957, préc. ss no 1342.151.

3. Civ. 18 nov. 1924, *DP* 1925. 1. 25, note Matter; *S.* 1925. 1. 193, note Tissier.

CHAPITRE

1343. Folle enchère

Anne LEBORGNE
Professeur à l'Université d'Aix-Marseille

SECTION 0 ORIENTEUR

1343.00 **Plan du chapitre.**

Rappel : régime applicable à la saisie immobilière (ancien Code de procédure civile ou réforme) – La procédure de saisie immobilière a été réformée par l'ordonnance n° 2006-461 du 21 avril 2006 qui a modifié le Code civil[1], et par le décret n° 2006-936 du 27 juillet 2006[2], qui a abrogé les articles 673 à 717 ACPC. Le décret, entré en vigueur le 1er janvier 2007, n'est pas applicable aux procédures de saisies immobilières ayant donné lieu, avant son entrée en vigueur, au dépôt du cahier des charges prévu à l'article 688 ACPC. Les développements suivants, consacrés à la procédure telle que réglementée par l'ancien Code de procédure civile, ont donc été maintenus.

Toutefois, en vertu des dispositions de l'article 168 du décret du 27 juillet 2006, modifié par le décret du 12 février 2009[3], les dispositions de la section 2 du chapitre VI du titre Ier du décret de 2006, relatives à la capacité, au déroulement et à la nullité des enchères, sont applicables, à compter du 1er mars 2009, à toutes les audiences d'adjudication.

1343.05 **Objet.** C'est un incident de la saisie immobilière, qui est susceptible de retarder encore le moment de l'adjudication définitive et celui du règlement des créanciers. Lorsque l'adjudicataire, initial ou sur surenchère, ne remplit pas ses obligations, les créanciers peuvent remettre le bien en vente. Ils peuvent aussi préférer recourir à l'exécu-

1. Ord. n° 2006-461, 21 avr. 2006, réformant la saisie immobilière, *JO* 22 avr., p. 6072.
2. Décr. n° 2006-936, 27 juill. 2006, relatif aux procédures de saisie immobilière et de distribution du prix d'un immeuble, *JO* 29 juill., p. 11316.
3. Décr. n° 2009-160, 12 févr. 2009, pris pour l'application de l'ordonnance n° 2008-1345 du 18 décembre 2008 portant réforme du droit des entreprises en difficulté et modifiant les procédures de saisie immobilière et de distribution du prix d'un immeuble, *JO* 13 févr., p. 2596.

tion forcée contre l'adjudicataire, si celui-ci est solvable, mais le plus souvent ils agiront selon la procédure de folle enchère qui équivaut à une résolution de l'adjudication.

SECTION 1
CAUSES DE LA FOLLE ENCHÈRE

1343.10 Plan. Deux obligations légales sont prescrites à peine de folle enchère : le paiement des frais (ACPC, art. 713) et la publication du titre (ACPC, art. 716). De manière plus générale, l'article 733 ACPC sanctionne par la folle enchère le défaut, par l'adjudicataire, d'exécution des clauses de l'adjudication, fixées dans le cahier des charges.

§ 1
Défaut d'exécution des obligations légales

1343.11 Une double menace de revente. La saisie immobilière n'est entreprise que pour réaliser la valeur du bien, gage des créanciers, lorsque le débiteur ne s'est pas exécuté spontanément. C'est l'enjeu de toute mesure d'exécution. Les créanciers attendent donc que l'adjudicataire s'exécute à son tour et consigne le prix qui sera ensuite distribué. À défaut, en sus des moyens de droit commun, l'ancien Code de procédure civile offre aux créanciers une action propre. Deux articles envisagent la menace de folle enchère. L'article 713 alinéa 3 : l'adjudicataire qui ne justifie pas avoir payé les frais dans les vingt jours pourra être poursuivi par la voie de la folle enchère. L'article 716 : l'adjudicataire doit publier son titre dans les deux mois, à peine de revente sur folle enchère.

A.
Défaut de paiement des frais

1343.21 Paiement dans les vingt jours. Pour obtenir le titre d'adjudication, l'adjudicataire doit payer les frais annoncés par le poursuivant avant la vente et fournir une quittance justificative. L'article 713 ACPC ouvre un délai de vingt jours, à compter de l'adjudication. En pratique, le délai pour le paiement des frais sera aisément allongé de quelques semaines. Si toutefois, le délai se prolonge excessivement, les créanciers comme le saisi pourront légitimement en déduire que l'adjudicataire n'est pas en mesure de respecter l'ensemble des obligations qu'il a souscrites.

1343.22 Sanctions du défaut de paiement. Cette obligation est généralement accomplie dans les délais; la somme est relativement modeste par rapport au prix d'adjudication (en moyenne de l'ordre de 6 000 euros entre les frais préalables et les émoluments). Mais si l'adjudicataire ne la paie pas, il pourra être poursuivi sur folle enchère, sans préjudice des autres voies de droit (ACPC, art. 713). Une poursuite sur folle enchère n'exclut donc pas la possibilité de poursuivre également l'adjudicataire sur ses biens personnels[1]. La question se pose en opportunité : il est envisageable de forcer le paiement des frais, mais cette inertie laisse mal augurer de l'attitude de l'adjudicataire pour la suite, c'est-à-dire pour le paiement du prix.

Il a été anciennement jugé que le saisi pouvait agir en résolution puisqu'il est considéré comme vendeur dans ses rapports avec l'adjudicataire[2]. Sans doute, la folle enchère est-elle une procédure de résolution de la vente aux torts de l'acheteur, plus rapide et simple à mettre en œuvre. Mais la Cour de cassation a réaffirmé la validité d'une action en résolution fondée sur l'article 1654 du Code civil[3].

Pour le titulaire du droit de préemption, le fait de ne pas s'exécuter n'entraîne pas déchéance de son droit, mais poursuite sur folle enchère (ainsi, pour un fermier[4]).

B.
Défaut de publication du titre

1343.31 Principe : délai de deux mois. L'article 716 ACPC dispose que l'adjudicataire est tenu de faire publier son titre au bureau des hypothèques dans les deux mois de sa date, sous peine de revente sur folle enchère.

En pratique, ce texte est rarement appliqué. En effet, et tout d'abord, les formalités préalables rendent généralement difficiles le respect du délai (paiement et quittances des frais, formalités de l'enregistrement, avec les va-et-vient que cela suppose pour le dossier d'adjudication). L'intérêt d'enfermer la publication du jugement d'adjudication dans le délai de deux mois est de pouvoir garantir le paiement du prix par l'inscription d'un privilège, qui, comme celui du vendeur et du prêteur de deniers, rétroagit dans le délai de deux mois. Ce privilège ne pouvant être inscrit à la Conservation des hypothèques antérieurement à la publica-

1. Limoges 30 juill. 1889, *D.* 1892. 1. 183, s^s Req. 24 déc. 1890.
2. Civ. 2e, 5 déc. 1952, *JCP A* 1953. IV. 2039, obs. Madray; *RTD civ.* 1953. 393, obs. Raynaud.
3. Civ. 2e, 19 mai 1998, n° 95-22.053, *Bull. civ.* II, n° 153 – Civ. 2e, 11 juill. 2013, n° 12-13.737, *Bull. civ.* II, n° 157.
4. Civ. 3e, 27 juin 1990, n° 89-14.057, *Bull. civ.* II, n° 158; *D.* 1990. 582, note Prévault.

tion des titres, le législateur de 1938 a donc naturellement envisagé une sanction grave à l'encontre de l'adjudicataire qui léserait ainsi le droit des créanciers du saisi. Dans la mesure où aujourd'hui il est difficilement envisageable de respecter le délai de deux mois et par suite, d'inscrire efficacement le privilège, il n'est guère concevable d'engager la procédure de folle enchère, pour ce seul motif, à l'expiration du délai de deux mois.

De surcroît, et ensuite, l'intérêt des créanciers, poursuivants et inscrits, consiste dans le paiement du prix. Or, la délivrance de la grosse d'adjudication est uniquement liée du paiement des frais préalables et des droits de mutation et non à la condition du paiement du prix. Par suite, la publication du jugement d'adjudication ne présente d'intérêt valable pour les créanciers qu'au regard des effets qu'il induit : interruption du délai de péremption de la validité du commandement, effet légal de l'hypothèque et purge des vices de la procédure. Il en résulte que la sanction de l'article 716 ACPC ne sera généralement pas mise en œuvre à la différence des autres cas d'ouverture de la folle enchère.

§ 2
Défaut d'exécution des clauses et conditions du cahier des charges

1343.40 Fondement. L'article 733 ACPC punit de la folle enchère le défaut d'exécution par l'adjudicataire des clauses et conditions de l'adjudication. Cet article vise les différentes obligations que le cahier des charges aura prévues, qu'elles soient relatives au paiement du prix ou qu'elles imposent d'autres charges à l'adjudicataire.

A.
Paiement du prix

1343.41 Modalités prévues au cahier des charges. L'ancien Code de procédure civile ne prescrit pas les conditions de forme et de délais auxquelles l'adjudicataire est assujetti pour le paiement du prix; les cahiers des charges en fixent donc librement les modalités. Ils prescrivent les délais, les assortissent le cas échéant d'intérêts et désignent entre les mains de qui la consignation est effectuée pour être libératoire.

1343.42 • Créancier de premier rang. Lorsque le bien a été adjugé au profit d'un créancier de premier rang, l'obligation de payer ne lui incombe pas; il peut, à ses risques et périls, souhaiter opposer la compensation à due concurrence à hauteur du montant de sa créance.

1343.43 • Clauses particulières. Clauses relatives au paiement de la TVA, aux intérêts du prix s'il n'est pas exigible immédiatement, à la consignation obligatoire, *etc.* Dans ce dernier cas, l'adjudicataire qui n'aurait pas consigné ne pourrait s'opposer à la folle enchère en se prévalant de la dispense de consignation stipulée dans le cahier des charges au bénéfice du créancier inscrit, dès lorsqu'il n'aura acquis cette qualité que postérieurement à l'ouverture de la procédure de folle enchère[1].

1343.44 • Droit de préemption. Le préempteur doit payer à peine d'être poursuivi sur folle enchère[2]. Et si la vente avait été poursuivie globalement sur une propriété alors que seule une partie était louée le preneur qui entend préempter doit payer le prix intégral de l'adjudication : il ne peut envisager de ne régler que la part du prix correspondant à la partie du bien louée; à défaut il est poursuivi sur folle enchère.

1343.45 Sanction. Tant que ces obligations n'auront pas été intégralement respectées, le poursuivant comme les créanciers inscrits pourront mettre en œuvre la procédure de folle enchère quand bien même une partie du prix et des intérêts aurait été payée, voire même l'intégralité aurait été consignée mais entre les mains d'une personne inappropriée. L'adjudicataire n'est libéré que tout autant qu'il a intégralement respecté les clauses et conditions relatives à la libération du prix; en cas de conflit, il peut d'ailleurs, lui-même, provoquer l'ouverture de l'ordre et présenter un dire en libération.

À défaut de paiement, les créanciers n'auront pas pour autant intérêt à remettre en cause l'adjudication; ils pourront plutôt, et cela sera souvent le cas lorsque les intérêts seuls resteront dus, poursuivre l'adjudicataire en paiement. Le juge aux ordres délivre en effet des bordereaux de collocation, titres exécutoires au sens de la loi n° 91-650 du 9 juillet 1991[3], soit à l'encontre du dépositaire des fonds, soit, à l'encontre de l'adjudicataire défaillant.

Dans l'hypothèse où un seul créancier serait inscrit, il lui appartient de poursuivre le paiement du prix contre l'adjudicataire suivant les modes de droit commun[4].

1343.46 Justification du défaut de paiement. Selon le droit commun de la vente (C. civ., art. 1653), l'acheteur qui est troublé ou a juste sujet de craindre d'être troublé par une action, soit hypo-

1. Civ. 2e, 5 mai 1978, n° 76-14.338, *Bull. civ.* II, n° 114.
2. Civ. 3e, 23 avr. 1969, *Bull. civ.* III, n° 312.
3. L. n° 91-650, 9 juill. 1991, portant réforme des procédures civiles d'exécution, *JO* 14 juill., p. 9228.
4. Civ. 2e, 5 nov. 1986, n° 85-10.931, *Bull. civ.* II, n° 162; *JCP* 1987. IV. 20.

thécaire soit en revendication, peut suspendre le paiement du prix jusqu'à ce que le vendeur ait fait cesser le trouble. Ainsi, la rétention du prix se justifie déjà pendant le temps pour former surenchère, et même ensuite, si aucune surenchère n'a été formée dès lors que l'adjudicataire va craindre l'issue de recours formés contre le jugement d'adjudication ou contre des jugements sur incidents susceptibles, après coup, d'annuler l'adjudication (dans le cas d'un recours formé contre un jugement ayant refusé la conversion de la saisie en vente volontaire[1]). Mais elle ne se justifie pas si l'adjudicataire n'est l'objet que d'actions en renouvellement de la part de titulaires de sous-location, non mentionnées au cahier des charges, car de telles demandes ne constituent pas un danger d'éviction[2].

B.
Obligations du cahier des charges

1343.51 **Principe.** Le cahier des charges a pu faire peser sur l'adjudicataire des obligations en paiement complémentaire ou/et des obligations personnelles. Leur licéité est aujourd'hui contestée.

1343.52 **Clauses illicites.** La jurisprudence estime aujourd'hui que certaines clauses sont illicites, ainsi celles qui tendent à introduire une inégalité entre les créanciers, en mettant à la charge de l'adjudicataire le règlement des dettes du saisi qui ne seraient pas privilégiées ou ne viendraient pas en rang utile, car ces clauses modifient directement ou indirectement l'ordre de répartition du prix; c'est le cas, depuis 1991, des clauses de solidarité pour le paiement de charges de copropriété, mais encore, depuis un arrêt de 1997, des clauses imposant des obligations personnelles, comme une dation en paiement (v. s^{s} n° 1323.73). Toutefois, la deuxième chambre de la Cour de cassation a récemment précisé que l'adjudicataire n'avait pas qualité pour arguer de l'illicéité de ces clauses[3] (v. s^{s} n° 1323.73). Quant au saisi et aux créanciers inscrits, ils doivent s'ils le souhaitent soulever la nullité de ces clauses avant l'audience éventuelle; à défaut ces dernières leur seront opposables[4].

1343.53 **Clauses licites.** Ne sont donc licites que les clauses qui imposent une obligation sans modifier l'ordre de répartition du prix, directement ou indirectement, et qui ne transmettent pas des obligations personnelles du débiteur. Cela ne peut concerner que des clauses visant des obligations prises envers des tiers, locataires ou voisins qui seront sans incidence sur la répartition du prix et non des engagements vis-à-vis d'un créancier; l'adjudicataire devra les respecter parce que le cahier des charges aura porté ces engagements (prorogation d'un bail opposable, édification d'un mur mitoyen, abattage d'arbres, *etc.*) à sa connaissance par un dire régulièrement inséré et annexé lors de l'audience éventuelle.

Mais l'inexécution de telles clauses pourra-t-elle justifier l'ouverture d'une procédure de folle enchère, alors qu'elles ne sont pas *a priori* stipulées dans l'intérêt d'un créancier ? Sans doute, puisque le saisi a qualité pour poursuivre la folle enchère. De surcroît, le créancier peut avoir un intérêt indirect à l'exécution d'une obligation au profit d'un tiers : tel pourrait être le cas lorsqu'un accord a été passé entre le créancier et le tiers, qui était en litige avec le saisi, accord mettant fin au différend avant la vente, moyennant l'obligation pour l'adjudicataire de se substituer au débiteur défaillant, et permettant ainsi au créancier de vendre le bien « sans procès ».

SECTION 2
PROCÉDURE

1343.61 **Déroulement.** En vertu de l'article 734 ACPC, toute personne intéressée pourra agir, soit avant la délivrance du titre soit après, selon une procédure simplifiée et rapide.

§ 1
Toute personne intéressée peut agir

1343.70 **Intérêt à agir.** Ce sont d'abord tous les créanciers mais aussi le saisi qui a intérêt à voir ses dettes réglées.

A.
Créanciers

1343.71 • **Créanciers du saisi.** Ce sont les créanciers inscrits qui sont assurés de se partager le prix selon leur rang d'inscription. Ces créanciers ont intérêt à agir; à défaut ils ne pourront reprocher à l'adjudicataire défaillant une faute leur ouvrant droit à indemnisation (v. en ce sens, l'arrêt qui rejette la demande d'un créancier inscrit se plaignant de la négligence de l'adjudicataire, en l'espèce le poursuivant sur défaut d'enchères, la Cour notant que si la revente sur folle enchère n'a eu lieu que trois ans après, le préjudice subi par le créancier inscrit résultait de sa propre inertie procédurale, à

1. Civ. 3e, 18 janv. 1983, n° 81-11.197, *Bull. civ.* III, n° 17.
2. Civ. 3e, 30 janv. 1970, n° 67-13.707, *Bull. civ.* II, n° 84; *D.* 1970. Somm. 116.
3. Civ. 2e, 18 févr. 1999, n° 97-12.323, *Bull. civ.* II, n° 30.
4. Com. 3 févr. 1998, n° 94-18.991, NP; *Procédures* 1998, n° 176.

savoir son abstention à poursuivre l'adjudication sur folle enchère lui-même[1]).

En revanche, les créanciers non-inscrits, qui peuvent espérer un reliquat sur lequel ils exerceraient une voie d'exécution, ne semblent pas pouvoir prendre l'initiative de la folle enchère : leur intérêt à agir n'est ni certain, ni né et actuel (ils ne sont pas assurés qu'il y aura un reliquat) et ils ne peuvent se substituer au poursuivant et aux créanciers inscrits en l'absence de diligences de ces derniers pour requérir la vente (ACPC, art. 702); à moins qu'il ne s'agisse du créancier poursuivant qui n'est pas nécessairement privilégié ou hypothécaire.

Ce sont également les créanciers subrogés dans les droits d'un créancier inscrit[2], et les créanciers des créanciers exerçant l'action oblique.

Mais encore faut-il avoir réellement intérêt; le tribunal doit ainsi tenir compte des acomptes qui ont pu être versés au créancier entre les mains de l'avocat poursuivant.

1343.72 **• Créanciers particuliers de l'adjudicataire.** L'avocat du poursuivant est créancier de ses frais de poursuite; ceux-ci sont à la charge de l'adjudicataire, ils sont privilégiés (ACPC, art. 714), en sus du prix; il en est de même des frais extraordinaires lorsqu'il n'a pas été ordonné qu'ils soient prélevés sur le prix[3].

B.
Le saisi

1343.81 **Intérêt propre.** Lui aussi peut craindre que le prix ne soit pas payé et vouloir remettre le bien en vente afin que ses créanciers soient finalement désintéressés[4]. Il pourra encore agir en résolution de la vente suivant la procédure de droit commun. On voit mal l'intérêt d'un tel choix alors que la folle enchère est un autre mode de résolution, au demeurant plus rapide, et qui laisse subsister à la charge du fol enchérisseur des engagements dans l'intérêt des créanciers et du saisi (v. s^{s} n° 1343.181).

§ 2
Deux procédures

1343.91 **Distinction selon que l'adjudicataire a obtenu ou non le titre.** La personne intéressée pourra agir avant que l'adjudicataire n'ait obtenu la délivrance du titre. Si le titre a été délivré mais que le prix reste malgré tout impayé, il sera encore possible d'engager la folle enchère. Dans les deux cas, l'intéressé pourra engager la procédure et fixer les conditions de la nouvelle adjudication.

A.
Titre pour poursuivre sur folle enchère

1343.100 **Hypothèses.** Si l'adjudicataire n'a même pas payé les frais, il n'a pu obtenir la grosse du jugement d'adjudication (ACPC, art. 713); il en sera de même s'il n'a pas acquitté les droits de mutation. Dans ces hypothèses, le poursuivant requiert du greffe un certificat établissant le défaut d'exécution de l'adjudicataire qui servira de titre à la revente sur folle enchère. Lorsque l'adjudicataire a obtenu le titre, c'est-à-dire l'expédition du cahier des charges et du jugement d'adjudication (ACPC, art. 712), le poursuivant doit requérir du greffe un extrait en forme exécutoire.

1°
Avant la délivrance de la grosse du jugement d'adjudication

1343.101 **Obtention du certificat.** Il faut obtenir du greffe un certificat constatant que l'adjudicataire n'a pas justifié de l'exécution des clauses et conditions de l'adjudication. C'est en effet le greffier qui est à même de savoir si les frais ont été payés, la quittance devant être annexée à la minute du jugement (ACPC, art. 713). Le certificat sert de titre pour poursuivre la folle enchère.

En pratique, il est habituel de faire préalablement délivrer une sommation à l'adjudicataire par acte d'avocat à avocat avant de requérir le certificat.

1343.102 **Recours.** Une opposition à la délivrance du certificat peut être formée par l'adjudicataire, par déclaration au greffe (ACPC, art. 734, al. 2); c'est un simple acte dressé au greffe et signé par l'adjudicataire qui forme l'opposition empêchant le greffier de satisfaire à la demande du poursuivant. Dans ce cas, le président du tribunal de grande instance (TGI), en la forme des référés, saisi à la requête de la partie la plus diligente, pourra ordonner la délivrance du certificat. Le magistrat peut rejeter l'opposition ou y faire droit et même en pratique, il semble que le président puisse accorder des délais à l'adjudicataire.

Quelle qu'elle soit, la décision du président du tribunal de grande instance est insusceptible de recours (ACPC, art. 734, al. 2). Cette disposition exclut tout recours, appel comme pourvoi, sauf le pourvoi pour excès de pouvoir. Viole ce texte, la

1. Civ. 2e, 30 mai 2002, n° 01-02.076, *Bull. civ.* II, n° 109.
2. Civ. 2e, 17 oct. 1973, n° 72-12.234, *Bull. civ.* II, n° 257; *JCP* 1974. IV. 6375.
3. Civ. 2e, 9 févr. 1994, n° 92-16.825, *Bull. civ.* II, n° 55; *Gaz. Pal.* 13 déc. 1994, *v° Saisie immobilière*.
4. Civ. 2e, 5 déc. 1952, *JCP A* 1953. IV. 2039, obs. Madray; *RTD civ.* 1953. 393, obs. Raynaud.

cour d'appel qui a déclaré recevable un appel, au motif que la décision avait été rendue par le TGI et non par le président statuant en référé[1]; nonobstant cette décision d'espèce, l'appel nullité paraît recevable en cas de vices particulièrement graves affectant la régularité de la décision, et résultant d'un principe fondamental ou de l'ordre public.

Hormis cette voie de recours exceptionnelle, on peut s'interroger sur le sort de la procédure dans l'hypothèse d'un refus opposé par le juge. La folle enchère est paralysée et le jugement d'adjudication n'est pas susceptible d'être publié. Le créancier ne peut, dans ces conditions, que laisser se périmer la procédure de saisie pour en initier une nouvelle, sauf à pouvoir exciper d'un élément nouveau qui autoriserait un nouveau recours devant le président du TGI.

Cette décision n'a pas à être signifiée; elle permet seulement d'obtenir la délivrance du certificat qui sera le titre autorisant la poursuite sur folle enchère.

2°
Après la délivrance de la grosse du jugement d'adjudication

1343.111 Causes de la revente sur folle enchère. L'adjudicataire n'a payé que les frais et a obtenu ainsi le titre mais il a omis de s'acquitter de son obligation de payer, de son obligation de publier le jugement dans les deux mois ou encore d'exécuter une obligation mise à sa charge par une clause licite. La situation peut même encore se présenter une fois la procédure d'ordre ouverte, puisque celle-ci est indépendante de la satisfaction par l'adjudicataire de l'obligation de payer le prix; en effet, la procédure d'ordre a notamment, pour objet de conférer un titre exécutoire sur le prix aux créanciers dont la créance aura été vérifiée et arrêtée par le juge aux ordres (v. s[s] n°s 1511.11 s.). Une fois les bordereaux de collocation délivrés contre l'adjudicataire qui n'aura pas payé le prix, les créanciers peuvent encore opter pour la poursuite de droit commun en exécution ou pour la folle enchère. Dans cette hypothèse, celle-ci sera poursuivie en vertu, non du jugement d'adjudication mais du bordereau de collocation.

1343.112 Procédure. Dans ce cas encore, sommation est faite à l'adjudicataire de justifier les clauses et conditions de l'adjudication, puis, sans délai, le poursuivant requiert du greffe un extrait en forme exécutoire du jugement d'adjudication (ou du bordereau de collocation qui sert de titre). La réquisition de l'extrait se fait par lettre simple; il n'est pas nécessaire de solliciter la délivrance d'une seconde grosse.

B.
Actes postérieurs

1343.121 Signification avec commandement. Le certificat ou l'extrait du titre sont signifiés à l'adjudicataire par exploit d'huissier (ACPC, art. 735 implicitement) avec dans le même acte, commandement de satisfaire aux clauses et conditions de l'adjudication et sommation de comparaître à l'audience d'adjudication sur folle enchère. Le poursuivant en fixe la date librement.

1343.122 Publicité. Avant l'entrée en vigueur du décret n° 2002-77 du 11 janvier 2002, réformant la publicité en matière de saisie immobilière[2], l'article 735 ACPC prévoyait que cinq jours après la signification du certificat ou, si la folle enchère était poursuivie après la délivrance du jugement d'adjudication, cinq jours après la signification du titre à l'adjudicataire, il pouvait être procédé à la publicité. Selon l'article 735, il s'agissait de la même publicité que pour la première adjudication; les insertions et affiches contenant la publicité devant indiquer en outre les nom et demeure du fol enchérisseur, le montant de l'adjudication, une mise à prix fixée par le poursuivant et le jour auquel aura lieu, sur l'ancien cahier des charges la nouvelle adjudication. L'article 735 précisait enfin que le délai entre les nouvelles affiches et annonces et l'adjudication était de quinze jours au moins et trente jours au plus. La nouvelle rédaction de l'article 735 issue du décret du 11 janvier 2002 est beaucoup moins détaillée qui dispose seulement qu'« *il est procédé à la publicité annonçant la vente sur folle enchère cinq jours après la signification de ce certificat ou cinq jours après la signification à l'adjudicataire de l'extrait du titre, délivré par le greffe, auquel est joint un commandement de satisfaire aux conditions de l'adjudication* ». Aucune indication sur le délai, ni sur les modalités de cette nouvelle publicité. Sans doute, s'agissant du délai, faut-il rappeler que le respect de celui-ci n'était, avant 2002, assorti d'aucune sanction et que la solution demeure, l'article 735 n'étant pas visé à l'article 715 comme imposant l'accomplissement de cette formalité à peine de déchéance (v. s[s] n° 1331.173). Quant aux modalités, il faut se référer aux dispositions de l'article 6 du décret du 11 janvier 2002 qui disposent qu'en cas de folle enchère, la nouvelle adjudi-

1. Civ. 2e, 10 juill. 1991, n° 90-14.303, *Bull. civ.* II, n° 212; *Gaz. Pal.* 1992. Somm. 149, obs. Véron.

2. Décr. n° 2002-77, 11 janv. 2002, pris pour l'application de l'article 697 du Code de procédure civile (ancien) et réformant les modalités de la publicité en matière de saisie immobilière, *JO* 18 févr., p. 1089.

cation est précédée de la publicité de droit commun, laquelle peut être aménagée dans les conditions définies aux articles 7 à 10. L'indication du montant de l'adjudication initiale ainsi que les nom et demeure du fol enchérisseur sont, manifestement, apparus inutiles, désormais.

1343.123 Sommations. Quinze jours au moins avant l'adjudication, le poursuivant signifiera, par acte du palais aux avocats de l'adjudicataire et du saisi, et à défaut pour ce dernier par exploit à personne ou à domicile, les lieu, jour et heure de l'adjudication. De même, le créancier saisissant et les créanciers appelés à la première adjudication seront également sommés d'assister à la nouvelle adjudication, dans la forme ordinaire des exploits d'huissiers (ACPC, art. 736). Sont ainsi visés à la fois les conseils du fol enchérisseur et du saisi, s'il en a un, et les créanciers à titre personnel.

La jurisprudence ne fait pas une lecture extensive de ces dispositions. Ainsi, l'article 736 ne prévoit pas de sommer l'adjudicataire surenchérisseur[1].

En revanche dans l'intérêt des parties visées, celle qui a cessé d'avoir un avocat doit être sommée à personne ou à domicile, par analogie avec le saisi (ainsi, pour un adjudicataire[2]).

C.
Déroulement de la revente

1343.130 Mêmes conditions. Elle se déroule selon les mêmes conditions que l'adjudication et peut être suspendue ou contestée par un dire d'incident. En vertu des dispositions de l'article 168 du décret du 27 juillet 2006, modifié par le décret du 12 février 2009[3], les dispositions de la section 2 du chapitre VI du titre Ier du décret de 2006, relatives à la capacité, au déroulement et à la nullité des enchères, sont applicables, à compter du 1er mars 2009, à toutes les audiences d'adjudication.

1°
Conditions

1343.131 Clauses et conditions du cahier des charges. La revente est poursuivie selon le cahier des charges utilisé pour l'adjudication et la publicité doit être entreprise dans les mêmes conditions de l'article 696 ACPC. L'exigence que la nouvelle adjudication soit faite sur l'ancien cahier des charges, ne prive cependant pas le poursuivant d'ajouter des clauses si elles ont été rendues nécessaires par le cours de la procédure et l'inexécution des obligations du premier adjudicataire[4]. Ce sera le cas notamment de l'insertion d'une clause imposant aux oblateurs éventuels une consignation préalable conséquente, pour éviter le risque d'une nouvelle folle enchère. Ces clauses complémentaires sont formalisées par voie de dires dont il est sollicité l'insertion au cahier des charges.

1343.132 • Mise à prix. Selon la rédaction de l'article 735 ACPC, antérieure à l'entrée en vigueur du décret du 11 janvier 2002, la mise à prix de la revente sur folle enchère était fixée par le poursuivant. Le nouvel article 735 est désormais silencieux sur ce point mais les dispositions du décret du 11 janvier 2002 étant applicables à la revente sur folle enchère (Décr. 11 janv. 2002, art. 6), on peut logiquement en déduire que le poursuivant qui rédige l'avis, lequel doit contenir la mise à prix, est libre de la fixer. En pratique, elle est généralement celle de la première adjudication. Il semble que le saisi ne puisse bénéficier des dispositions de la loi n° 98-48 du 23 janvier 1998, l'article 1er n'offrant la possibilité au débiteur, dont le logement principal est saisi de contester le montant de la mise à prix que préalablement à l'audience éventuelle, laquelle n'existe pas en matière de vente sur folle enchère.

1343.133 • Titulaires de droits de préemption. Ni le Code rural ni le Code de l'urbanisme n'envisagent expressément l'incidence d'une procédure de folle enchère. Faut-il en déduire que puisque les titulaires du droit de préemption n'ont pas exercé leur droit lors de l'audience d'adjudication initiale, voire lors de l'audience de surenchère, il n'y a pas lieu de les aviser de la remise en vente sur folle enchère ou que le législateur a seulement oublié de viser cette hypothèse ? En l'absence, à notre connaissance, de jurisprudence publiée, la question demeure posée.

Il faut en revanche noter que la loi n° 75-1351 du 31 décembre 1975[5] prévoit, dans l'hypothèse d'une première division par lots, la convocation du locataire. Celui-ci n'est pas à proprement parler titulaire d'un droit de préemption (v. s^{s} n°s 1323.401 s.) mais sa convocation à l'audience de vente est obligatoire afin de lui permettre, de monter les enchères s'il le souhaite. L'article 7, paragraphe V, du décret

1. Paris, 22 févr. 1947, *JCP A* 1947. IV. 745, obs. Madray; *D.* 1947. 258 – Com, 4 juin 1951, *JCP A* 1951. IV. 1748, obs. Madray; *RTD civ.* 1951. 561, obs. Raynaud.
2. Com. 17 mars 1952, *JCP A* 1952. IV. 1907; *S.* 1952. 1. 200; *D.* 1952. 379.
3. Décr. n° 2009-160, 12 févr. 2009, pris pour l'application de l'ordonnance n° 2008-1345 du 18 décembre 2008 portant réforme du droit des entreprises en difficulté et modifiant les procédures de saisie immobilière et de distribution du prix d'un immeuble, *JO* 13 févr., p. 2596.
4. Civ. 3e, 30 janv. 1970, n° 67-13.707, *Bull. civ.* III, n° 84.
5. L. n° 75-1351, 31 déc. 1975, modification de la loi du 1er septembre 1948, *JO* 4 janv., p. 191.

n° 77-742 du 20 juillet 1977[1] prévoit que la convocation est adressée dans les délais de l'article 736 ACPC et dans les formes du paragraphe I de l'article 7. Après adjudication, sont mises en œuvre les dispositions des paragraphes II et IV qui lui permettront, s'il n'a pas été convoqué de se substituer à l'adjudicataire sur folle enchère.

1343.134 **Date de l'audience.** La folle enchère peut intervenir des mois après l'adjudication, y compris au stade de la procédure d'ordre; le poursuivant en choisit la date librement, sans que le Code ne fixe de délai. La folle enchère devra toutefois, intervenir pendant le cours de la validité du commandement, laquelle devra le cas échéant, être prorogée. Selon l'article 737 ACPC, l'adjudication pourra être remise pour causes graves dûment justifiées et exprimées dans le jugement statuant sur la demande de remise, conformément à l'article 703 ACPC (v. s^s^ n°s 1325.161 s.). Dans ce cas, par l'effet de renvoi de l'article 737 à l'article 703 dudit Code, le jugement qui statue sur la demande de remise n'est pas susceptible de voie de recours[2]. La pratique révèle que l'audience peut être encore renvoyée dans l'intérêt d'une bonne administration de la justice. En cas de retard apporté dans l'adjudication, en raison d'un incident ou de tout autre motif légal, il devra être procédé à une nouvelle publicité, comme pour la première adjudication, dans les délais fixés à l'article 736 ACPC (ACPC, art. 741).

1343.135 **Enchères.** Selon l'article 740, il est fait application des articles 704 à 707 et 711 ACPC.

La question se pose de la sanction d'une carence d'enchères. L'article 740 ACPC renvoie à l'article 706, dont le deuxième alinéa prévoit qu'à défaut d'enchères, le poursuivant est déclaré adjudicataire pour la mise à prix. La solution devrait donc s'appliquer en cas de revente sur folle enchère. Mais l'article 741-*c* dispose, à l'inverse, que dans le cas où la mise à prix ne serait pas couverte, il est statué sur la baisse de mise à prix par ordonnance du président ou par jugement en cas de contestation, à la requête de la partie la plus diligente, suivant des formes applicables à la procédure de conversion en vente volontaire.

Il est admis que les dispositions de l'article 741-*c* prévalent sur celles conjuguées des articles 740 et 706 alinéa 2[3]. Cette interprétation apparaît justifiée dans la mesure où le poursuivant a la possibilité de fixer la mise à prix de la revente sur folle enchère différemment de la mise à prix initiale. Il pourrait cependant, à notre avis, être condamné à garder à sa charge les frais consécutifs à la carence d'enchères si la nouvelle mise à prix était jugée hasardeuse. Afin d'éviter des difficultés, il semble donc préférable de conserver la mise à prix initiale.

1343.136 **Absence d'avis après adjudication.** En vertu de l'article 6 du décret du 11 janvier 2002, l'adjudication sur folle enchère ne donne pas lieu aux formalités de l'article 5, c'est-à-dire à avis rédigé par le greffe et apposé au tribunal dans les deux jours de l'adjudication (v. s^s^ n° 1323.362). Pourtant, l'hypothèse d'une surenchère sur folle enchère est possible, conformément aux dispositions de l'article 741-*b* ACPC (v. s^s^ n° 1343.137). On ne comprend pas pourquoi le décret a exclu cette publicité alors qu'elle est apparue opportune dans le cas d'une première adjudication...

1343.137 **Surenchère.** Selon l'article 741-*b* ACPC, la surenchère du dixième prévue par l'article 708 sera admise après adjudication sur folle enchère sauf si la folle enchère n'avait elle-même été précédée d'une surenchère.

2°
Obstacles à la revente sur folle enchère

1343.141 **Arrêt de la poursuite : offres de paiement.** L'article 738 ACPC a prévu la faculté pour le fol enchérisseur d'éviter de perdre le bien sur revente : s'il justifie de l'exécution des conditions de l'adjudication et de la consignation d'une somme fixée par le président du tribunal de grande instance pour les frais de la folle enchère, il ne sera pas procédé à l'adjudication.

Le fol enchérisseur peut ainsi se libérer de ses obligations jusqu'au jour de la revente[4]. Mais seule la consignation est libératoire; des offres réelles sans consignation n'interrompent pas les poursuites[5] (C. civ., art. 1257).

La somme à consigner est arbitrée provisoirement par le président du tribunal de grande instance, par ordonnance sur requête, non susceptible de recours[6]. La consignation d'une somme indivise n'a pas à être précédée d'offres réelles puisque le créancier n'a pas la capacité de recevoir seul la totalité de ce prix[7].

1. Décr. n° 77-742, 30 juin 1977, pris pour l'application de l'article 10 de la loi n° 75-1351 du 31 décembre 1975 relative à la protection des occupants de locaux à usage d'habitation, *JO* 9 juill., p. 3620.
2. Civ. 2e, 6 mars 1991, n° 90-11.390, *Bull. civ.* II, n° 71 – Civ. 2e, 6 mai 1998, n° 96-14.523, *Bull. civ.* II, n° 149.
3. Civ. 2e, 7 nov. 1974, n° 73-10.436, *Bull. civ.* II, n° 286; *JCP* 1974. IV. 78.
4. Civ. 2e, 24 mars 1980, n° 78-14.282, *Bull. civ.* II, n° 67; *JCP* 1980. IV. 225.
5. Req. 17 déc. 1901, *DP* 1902. 1. 182.
6. Civ. 2e, 16 févr. 1972, n° 70-11.974, *Bull. civ.* II, n° 43; *D.* 1972. 638.
7. Civ. 2e, 16 févr. 1972, préc. s^s^ prés^t^ n°.

À défaut de stipulation contraire dans l'ordonnance du président, la consignation sera effectuée à la caisse de dépôts.

1343.142 • Limitations des voies de recours. En vertu de l'article 739 ACPC, les formalités et délais prescrits aux articles 736, 737 et 738 § 1er (sommations, remises) le sont à peine de nullité; il n'est pas question de déchéances pour les délais, ni de grief pour prononcer la nullité mais on peut faire application du droit commun des nullités (C. pr. civ., art. 114 s.).

Ces moyens seront proposés et jugés comme il est dit aux articles 727 et 728, par dire déposé cinq jours avant l'audience, à peine de forclusion. Toutefois, cette forclusion ne pourra être opposée à la partie qui n'aurait pas été avisée de la date définitivement retenue pour l'adjudication [1].

Parce qu'il n'y a pas d'audience éventuelle, dans la procédure de folle enchère, les nullités seront donc soulevées avant l'audience d'adjudication [2] et examinées avant l'ouverture des enchères. Les jugements qui statueront sur les demandes en nullité pour vices de forme ne pourront être attaqués par voie d'appel. Seul le pourvoi en cassation sera recevable.

La nullité peut être soulevée par le fol enchérisseur ou le saisi [3], ou le tiers détenteur [4].

Selon l'article 739 ACPC, les jugements statuant sur les demandes de nullités pour vices de forme ne pourront être attaqués par la voie de l'appel ou de l'opposition. Il apparaît que des moyens de fond peuvent être soulevés puisque l'article 739 ACPC ferme la voie de l'appel uniquement contre les jugements qui statuent sur un vice de forme; on peut en déduire en conséquence, que la distinction de l'article 731 et son interprétation jurisprudentielle (v. ss nos 1333.61 s.) doivent trouver ici application. D'ailleurs, l'article 739 alinéa 3 proscrit l'opposition, non seulement contre les jugements, mais encore contre les arrêts par défaut en matière de folle enchère.

1343.143 • Faillite de l'adjudicataire. La procédure de folle enchère tendant à la résolution de l'adjudication, si l'adjudicataire est mis en redressement judiciaire avant d'avoir payé le prix, les dispositions de l'article 47 de la loi du 25 janvier 1985, qui ordonne la suspension des poursuites individuelles, interdisent la revente du bien sur folle enchère [5].

1. TGI Évry, 6 juill. 1982, *Gaz. Pal.* 1982. Somm. 397.
2. Req. 2 janv. 1884, *DP* 1884. 1. 315 – Civ. 22 juin 1905, *DP* 1908. 1. 454.
3. Req. 19 juill. 1905, *D.* 1910. 5, 18.
4. Limoges, 19 févr. 1894, *DP* 1898. 2. 261.
5. Civ. 2e, 19 mai 1998, no 96-10.198, *Bull. civ.* II, no 154; *RDI* 1999. 140, obs. Théry.

§ 3
Effets

1343.150 Principe. L'adjudication sur folle enchère emporte transfert de propriété entre le saisi et l'adjudicataire. Les obligations légales de tout adjudicataire pèsent sur le nouvel adjudicataire, ainsi la publication du jugement, et le fol enchérisseur est tenu à titre de sanction de certaines sommes. Enfin, lorsque le titre a été publié, une régularisation doit être effectuée à la Conservation des hypothèques.

A.
Entre les parties en présence

1°
Transfert de propriété

1343.151 • Résolution de l'adjudication. À la différence de la surenchère (v. ss no 1342.78), où la déclaration de surenchère redonnait au saisi la propriété du bien jusqu'à l'adjudication sur surenchère, la réquisition du certificat ou de l'extrait du titre est sans effet sur les droits que l'adjudicataire tient du jugement d'adjudication. Celui qui a été déclaré adjudicataire est, dans ses rapports avec le saisi, et éventuellement avec les tiers s'il a publié son titre, devenu propriétaire et le reste tant que ce droit n'est pas remis en cause par un jugement postérieur. Seul un jugement d'adjudication sur folle enchère [6] anéantira son droit. La jurisprudence décide que la vente sur folle enchère produit les effets d'une résolution quant à la précédente adjudication [7]; le premier adjudicataire est censé n'avoir jamais été propriétaire; tout se passe comme si la propriété était directement transférée dû saisi à l'adjudicataire sur folle enchère, qu'il y ait eu ou non entretemps surenchère.

1343.152 • Moment du transfert de propriété. Le saisi, qui avait cru perdre la propriété lors de la première adjudication, se retrouve par l'effet de la résolution, rétroactivement réinvesti dans ses droits jusqu'au jour de l'adjudication. En pratique, le saisi est tenu des obligations d'un vendeur vis-à-vis du premier adjudicataire (v. ss no 1341.161); il a dû

6. Ou une action en résolution de vente si la procédure de folle enchère a été abandonnée parce que le saisi a finalement pu désintéresser ses créanciers : Civ. 2e, 11 juill. 2013, no 12-13.737, *Bull. civ.* II, no 257.
7. Req. 5 févr. 1856, *DP* 1856. 1. 344 – Com. 4 juin 1951, *JCP A* 1951. IV. 1748, obs. Madray; *Gaz. Pal.* 1951. 2. 145; *D.* 1951. 508 – Com. 19 juill. 1982, no 81-13.625, *Bull. civ.* IV, no 277; *JCP* 1982. IV. 347 – Civ. 2e, 30 avr. 2002, no 00-18.560, no 00-19.553, *Bull. civ.* II, no 81; *D.* 2002. IR 1598.

quitter les lieux et délivrer le bien. Le jugement d'adjudication sur folle enchère lui rend ses droits pour la période allant de l'adjudication initiale à l'adjudication sur folle enchère : il apprend qu'il était encore propriétaire au moment où il ne l'est plus...

L'opposabilité aux tiers, quant à elle, résultera toujours de la publication du jugement d'adjudication.

2°
Remise en état

1343.161 • **Pour l'adjudicataire initial.** L'adjudicataire s'est cru propriétaire. S'il avait publié le jugement, sans payer le prix, il est tout de même apparu aux yeux des tiers comme propriétaire. Il a pu consentir des droits réels; passer des contrats relatifs à la jouissance du bien ou simplement à son entretien. Il s'est éventuellement acquitté des impôts liés à la propriété. Il a perçu les fruits.

Le jugement d'adjudication sur folle enchère anéantit rétroactivement tous les actes de disposition qui doivent être annulés comme conclus par un non-propriétaire. Les actes d'administration qui ont été passés sans fraude sont maintenus[1]. Les dépenses engagées seront-elles remboursées ? On ne peut sans doute pas raisonner sur le fondement de l'enrichissement sans cause, car ici le fol enchérisseur aura agi dans son intérêt[2]; mais l'annulation de la vente ne fait-elle pas disparaître l'intérêt personnel ?[3]. Par ailleurs, le remboursement des impenses utiles est toujours dû, même au possesseur de mauvaise foi[4], à due concurrence, il est vrai, de la plus-value existant lors du délaissement du bien[5]. La nature de la dépense ferait donc la différence.

1343.162 • **Pour le saisi.** Il ne semble pas pouvoir revendiquer les fruits car le fol enchérisseur les a perçus en qualité de possesseur de bonne foi; mais ne pourrait-il prétendre que le défaut de paiement du prix d'adjudication est constitutif d'une faute du fol enchérisseur, qui, s'il a quitté les lieux, lui a causé un préjudice dont il doit être indemnisé ?

B.
Obligations nées de la vente sur folle enchère

1343.170 **Parties concernées.** Le saisi est logiquement tenu envers le nouveau propriétaire, et l'adjudicataire doit exécuter les obligations découlant de l'adjudication; l'originalité résulte des obligations légales qui pèsent sur le fol enchérisseur.

1°
Le saisi

1343.171 **Délivrance et garantie d'éviction.** L'adjudicataire final a droit à délivrance. Cela peut le conduire éventuellement à agir en expulsion contre l'adjudicataire, mais le débiteur de l'obligation de délivrance et d'éviction est toujours le saisi, lequel peut d'ailleurs être encore dans les lieux et faire l'objet de la procédure d'expulsion (v. s[s] n°s 1341.201 s.).

2°
Adjudicataire final

1343.181 **Paiement du prix.** L'adjudicataire est tenu du montant de la dernière enchère, éventuellement lancée après baisse de mise à prix. S'il ne paie pas, tout intéressé pourra encore revendre sur deuxième folle enchère. Le système est théoriquement sans fin. Il ressort à l'évidence que le créancier poursuivant ou tout créancier inscrit, voire le saisi, devra prendre soin, si le poursuivant ne l'a pas fait de demander l'insertion au cahier des charges d'un dire imposant aux oblateurs éventuels de justifier de leur capacité financière à enchérir par la consignation préalable d'une somme suffisante. La responsabilité de l'avocat du fol enchérisseur sera accrue dans l'hypothèse de folles enchères successives; les tribunaux peuvent en effet condamner l'avocat du fol enchérisseur conjointement avec ce dernier s'il se révèle insolvable, dans les termes de l'article 741 ACPC. Ils n'hésiteront pas lorsque la folle enchère fera suite à une précédente folle enchère.

1343.182 **Frais.** Comme tout adjudicataire, il doit payer les frais de la procédure sur folle enchère. Il résulte en effet de l'article 741-*a* que le fol enchérisseur n'est responsable de la résolution de l'adjudication initiale que dans ses rapports avec le saisi et le poursuivant; l'adjudicataire ne pourra donc réclamer paiement des frais au fol enchérisseur[6].

1343.183 **Publication.** Bien que l'article 740 ACPC n'y fasse pas référence, l'article 713 est applicable à la revente sur folle enchère. Le titre ne sera donc délivré qu'après justification du paiement des frais et des droits de mutation. Il devra être publié dans le délai de deux mois à peine de folle enchère et dans le délai de validité du commandement,

1. Com. 29 mars 1966, *Bull. civ.* III, n° 177.
2. Civ. 3e, 2 déc. 1975, n° 74-13.104, *Bull. civ.* III, n° 351 – Civ. 3e, 26 févr. 1992, n° 90-18.042, *Bull. civ.* III, n° 64; *Gaz. Pal.* 1992. 2. 710, note Lachaud.
3. Civ. 1re, 25 mai 1992, n° 90-18.222, *Bull. civ.* I, n° 165; *RTD civ.* 1993. 580, obs. Mestre.
4. Civ. 3e, 12 mars 1985, n° 83-16.548, *Bull. civ.* III, n° 50.
5. Civ. 3e, 23 mars 1968, *Bull. civ.* III, n° 138.
6. Civ. 2e, 5 janv. 1983, NP; *D.* 1983. IR 356; *Gaz. Pal.* 1983. 1. Pan. 136, obs. Véron.

éventuellement prorogé. Sa publication emportera aux yeux des tiers résolution du titre du fol enchérisseur si celui-ci avait été préalablement publié.

1343.184 Action en nullité. Comme tout acquéreur aux enchères publiques, l'adjudicataire final peut agir en nullité de l'adjudication sur folle enchère, par exemple pour vice du consentement (v. s^{s} n°s 1341.70 s.). Si l'action prospère, le bien reviendra dans le patrimoine du fol enchérisseur[1].

3°
Fol enchérisseur

1343.191 Paiement du complément de prix. Le fol enchérisseur est tenu de la différence entre son prix d'adjudication, augmenté des intérêts courus jusqu'à la nouvelle adjudication, et celui de la revente sur folle enchère si celle-ci s'est arrêtée à une enchère plus basse. Toute vente à la folle enchère de l'adjudicataire emporte cette conséquence[2]. Si au contraire sur folle enchère, le bien a été adjugé plus haut, le fol enchérisseur ne peut prétendre réclamer l'excédent de prix (ACPC, art. 741-*a*, al. 1er).

La jurisprudence estime que cette différence est due à titre de complément de prix et non d'indemnisation reposant sur la responsabilité civile; il ne s'agirait pas d'une sanction[3]; la somme s'ajoute donc à celles produites par l'adjudication et est distribuée par voie d'ordre entre les créanciers inscrits et non au marc-le-franc entre tous les créanciers du saisi[4].

Si le montant de l'adjudication sur folle enchère est supérieur à celui du fol enchérisseur il sera libéré et seulement tenu des frais. Mais, le fol enchérisseur ne sera d'ailleurs pas libéré, par cela seul, qu'il se sera présenté sur la revente un adjudicataire qui aura émis une enchère supérieure à la sienne, si cet adjudicataire ne tient pas ses engagements[5]. Ce qui le libère, c'est le paiement de l'enchère.

1343.192 Intérêts et frais. Il devra les intérêts du prix de son adjudication conformément aux clauses du cahier des charges jusqu'au jour de la revente et ne pourra en aucun cas répéter les frais de procédure et les droits d'enregistrement et de greffe qu'il aura payés (ACPC, art. 741-*a*, al. 2).

1343.193 Responsabilité civile. Outre la revente sur folle enchère, la responsabilité civile de l'adjudicataire fol enchérisseur peut-elle aussi être recherchée ? Le fol enchérisseur n'est-il pas en effet responsable de la résolution de l'adjudication initiale vis-à-vis du poursuivant, du saisi et des créanciers inscrits ? Le fait de porter une enchère sans être en état de faire face aux obligations qui en résultent pourrait constituer une faute, distincte, le créancier poursuivant se trouvant dans l'obligation d'avancer les frais d'une vente sur folle enchère[6], le saisi ayant été contraint de quitter les lieux prématurément, et les créanciers inscrits voyant le moment où ils seront payés, reporté. Si le principe d'une telle action semble envisageable, les applications sont rares (ainsi a été rejetée la demande d'un créancier inscrit se plaignant de la négligence de l'adjudicataire, en l'espèce le poursuivant sur défaut d'enchères, la Cour notant que si la revente sur folle enchère n'a eu lieu que trois ans après, le préjudice subi par le créancier inscrit résultait de sa propre inertie procédurale, à savoir son abstention à poursuivre l'adjudication sur folle enchère lui-même[7]).

1. Civ. 2e, 11 mars 2010, n° 09-13.360, *Bull. civ.* II, n° 50.
2. Civ. 2e, 12 juin 2003, n° 01-13.069, *Bull. civ.* II, n° 193; *Dr. et proc.* 2003. 228.
3. Req. 12 août 1862, *DP* 1863. 1. 25; *S.* 1862. 1. 1028 – Nîmes, 30 janv. 1861, *DP* 1861. 2. 239 – Paris, 17 juill. 1872, *D.* 1872. 2. 133.
4. Req. 12 août 1862, *DP* 1863. 1. 25 – Paris, 13 nov. 1985, *D.* 1986. 36, note Prévault.
5. Civ. 17 juill. 1947, *D.* 1947. 474.
6. Civ. 2e, 16 juill. 1992, n° 90-16.098, NP.
7. Civ. 2e, 30 mai 2002, n° 01-02.076, *Bull. civ.* II, n° 109.

TITRE

135. Les saisies immobilières spécifiques à l'Alsace-Moselle

SECTION 0 ORIENTEUR

1350.00 **Plan du titre.**

Divisions. En droit local d'Alsace et de Moselle, il existe deux saisies immobilières d'importance pratique inégale : l'exécution forcée immobilière et l'administration forcée des immeubles. Elles sont applicables pour tout immeuble situé en Alsace ou en Moselle, quel que soit le domicile du débiteur ou celui du créancier (L. 24 juill. 1921, art. 5, al. 2).

Caractères généraux. L'exécution forcée immobilière se distingue essentiellement par son caractère déjudiciarisé, le rôle du tribunal d'exécution (chap. 1351) se limitant à l'ouverture de la procédure (chap. 1352) et au contrôle des opérations d'adjudication (chap. 1353) et de distribution (chap. 1354), dont la conduite est confiée au notaire qu'il désigne en ouvrant la procédure. Le notaire apparaît ainsi comme l'organe principal de la procédure d'exécution forcée immobilière, la cheville ouvrière, agissant comme « *délégué de la justice* ». Les mêmes observations valent pour l'administration forcée des immeubles, mais elle est quasiment tombée en désuétude (chap. 1355).

1350.03 **Bibliographie indicative.** Sur l'ensemble de la procédure d'exécution forcée immobilière.

Actualisables. Rép. pr. civ., *v° Alsace et Moselle,* par P. Haegel, R. Schwob et J.-L. Vallens, avr. 2004 [màj janv. 2012], ci-après désigné par HAEGEL, SCHWOB et VALLENS – *J.-Cl. Alsace-Moselle*, fasc. 625, spéc. n° 4, par R. Mischler, ci-après désigné par MISCHLER, *J.-Cl.*

Ouvrages. R. Mischler, *L'exécution forcée immobilière en droit local – Guide pratique*, Conseil interrégional des notaires des cours d'appel de Colmar et de Metz, 2002, ci-après désigné par MISCHLER.

1350.05 **Droit local – Abrogation.** L'article 14 alinéa 2 de la loi du 24 juillet 1921 prévenant et réglant les conflits entre la loi française et la loi locale d'Alsace et Lorraine en matière de droit privé définit la loi locale – ou **droit local** – comme « *la loi qui est applicable dans les départements du Bas-Rhin, du Haut-Rhin et la Moselle* »[1]. Par opposition, il est

1. Saisi d'une question prioritaire de constitutionnalité (QPC) portant sur la règle locale de la fermeture dominicale des commerces et exploitations, codifiée aujourd'hui à l'article L. 3134-11 C. trav., le Conseil constitutionnel a consacré la conformité du droit local avec la Constitution de 1958 en l'élevant au rang d'un principe fondamental reconnu par les lois de la République, tout en encadrant strictement son contenu et son évolution : Cons. const. 5 août 2011, n° 2011-157 QPC, *D.* 2011. 2049 – V. AUSSI, J.-M. Woehrling, « La décision du Conseil constitutionnel sur le droit local alsacien-mosellan : consécration ou restrictions ? Les difficultés d'élaboration du cadre constitutionnel pour un droit régional », *Rev. dr. local* oct. 2011. 2.

d'usage de désigner, dans ces trois départements, le droit applicable sur l'ensemble du territoire national de **droit général**[1].

Jusqu'à la loi n° 92-755 du 9 juillet 1991[2], les voies d'exécution étaient régies en Alsace-Moselle, par le livre VIII du Code de procédure civile local correspondant au Code de l'Empire allemand du 30 janvier 1877 (ZPO), maintenu en vigueur par l'article 88 de la loi du 1er juin 1924[3].

D'abord amputé des articles 704 à 721 par l'article 14 du décret n° 75-1122 du 5 décembre 1975[4], il a finalement fait l'objet d'une abrogation générale, sous réserve des dispositions expressément maintenues par l'article 94, 4° de la loi du 9 juillet 1991, en ces termes : « *Sont abrogés : [...] 4° la section 1, à l'exception des articles 794 (2-a et 5), 795-a, 797 (2e et 3e al.), 799 et 800*[5], *la section 2, à l'exception du titre II, et les sections III, IV et V du livre VIII du Code de procédure civile local.* »

En conséquence, sont désormais applicables en Alsace-Moselle, toutes les règles nouvelles issues de la loi n° 91-650 du 9 juillet 1991 et de son décret d'application du 31 juillet 1992[6], qu'il s'agisse des **dispositions communes** à toutes les procédures civiles d'exécution ou de celles régissant les **mesures d'exécution forcée sur les meubles** ou les **mesures conservatoires,** que celles-ci portent sur des biens mobiliers ou immobiliers (mais sur ce dernier point, l'article R. 534-1 C. pr. exéc., prévoit que les publications provisoires et définitives des hypothèques judiciaires conservatoires obéissent en Alsace et en Moselle aux règles applicables au Livre foncier).

Seules subsistent quelques **dispositions communes** qui s'ajoutent à celles du droit général et surtout, sous réserve des mesures conservatoires, toute la **matière immobilière** qui reste soumise au droit local malgré la réforme de la saisie immobilière opérée en droit général par l'ordonnance n° 2006-461 du 21 avril 2006[7] et son décret d'application n° 2006-936 du 27 juillet 2006[8], codifiés respectivement aux articles L. 311-1 à L. 334-1 et R. 311-1 à R. 334-3 du Code des procédures civiles d'exécution par l'ordonnance n° 2011-1895 du 19 décembre 2011 et le décret n° 2012-783 du 30 mai 2012[9].

1350.06 Dispositions communes maintenues. Elles concernent les titres exécutoires et la délivrance de copies exécutoires.

• À la liste des titres exécutoires prévue par l'article L. 111-3 C. pr. exéc., il faut ajouter, en Alsace-Moselle, celle désormais inscrite à l'article L. 111-5 C. pr. exec., qui a regroupé les diverses dispositions de droit local prescrivant des titres exécutoires. Il s'agit des titres suivants :

– les **actes de partage** (C. pr. exéc., art. L. 111-5, 4° et L. 1er juin 1924, art. 236, non abrogé);

– les **bordereaux de collocation exécutoires** en matière d'exécution forcée immobilière (C. pr. exéc., art. L. 111-5, 3° et L. 1er juin 1924, art. 208, non abrogé; v. ss n° 1354.71);

– les **contraintes** émises par les caisses d'assurance-accidents agricoles pour le recouvrement des cotisations arriérées (C. pr. exéc., art. L. 111-5, 5° et Règl. local 26 mai 1905, relatif à l'exécution forcée pour le recouvrement des sommes d'argent par voie administrative, art. 42, non abrogé);

– les **ordonnances de taxation des frais** (C. pr. exéc., art. L. 111-5-2°)[10], qu'elles émanent du greffier (cas le plus fréquent) ou qu'elles soient apposées directement sur le jugement (cas très exceptionnel en fait; C. pr. civ. loc., anc. art. 794-2-a et 795-5, abrogés par Ord. de codification n° 2011-1895, 19 déc. 2011, art. 4, 4°);

– les **actes** établis par les notaires nommés en Alsace et en Moselle (C. pr. exéc., art. L. 111-5, 1°;

1. Sur la coexistence de ces deux droits, v. E. Sander, « Le droit local alsacien-mosellan : un pluralisme juridique dans un système unitaire », *Rev. dr. local* 2005, nos 44 et 45.
2. L. n° 91-650, 9 juill. 1991, portant réforme des procédures civiles d'exécution, *JO* 14 juill., p. 9228.
3. Sur l'ensemble de l'évolution historique du droit local, P. Haegel, « Le Nouveau Code de procédure civile 20 ans après – L'harmonisation avec le droit local alsacien-mosellan », *Rev. dr. local* 1998, n° 23, p. 34 s. – Sur un bilan récent, E. Sander, « Le droit local alsacien-mosellan : un pluralisme juridique dans un système unitaire », *Rev. dr. local* juin-sept. 2005.
4. Décr. n° 75-1122, 9 déc. 1975, abrogeant et modifiant certaines dispositions en matière de procédure civile, *JO* 9 déc., p. 12518.
5. Sur ce texte abrogé entre-temps, v. ss n° 1352.34.
6. Décr. n° 92-755, 31 juill. 1992, instituant de nouvelles règles relatives aux procédures civiles d'exécution pour l'application de la loi n° 91-650 du 9 juillet 1991 portant réforme des procédures civiles d'exécution, *JO* 5 août, p. 10530.
7. Ord. n° 2006-461, 21 avr. 2006, réformant la saisie immobilière, *JO* 22 avr., p. 6072.
8. Décr. n° 2006-936, 27 juill. 2006, relatif aux procédures de saisie immobilière et de distribution du prix d'un immeuble, *JO* 29 juill., p. 11316.
9. Ord. n° 2011-1895, 19 déc. 2011, relative à la partie législative du Code des procédures civiles d'exécution, *JO* 20 déc., p. 21464 – Décr. n° 2012-783, 30 mai 2012, relatif à la partie réglementaire du Code des procédures civiles d'exécution, *JO* 31 mai, p. 9375.
10. La procédure de taxation des dépens reste soumise aux art. 103 à 107 C. pr. civ. loc., non abrogés par Décr. n° 75-1122, 5 déc. 1975, art. 14.

C. pr. civ. loc., anc. art. 794-5, abrogé[1]); mais ces actes, contrairement à ceux soumis au droit général, ne constituent un titre exécutoire qu'à deux conditions[2].

D'une part, l'acte notarié doit comporter la mention que le débiteur se *soumet* à l'exécution forcée immédiate. Traditionnellement la procuration donnée par le débiteur à une personne afin de consentir à la soumission à l'exécution forcée devait être authentique. Mais le décret n° 2005-563 du 20 mai 2005 (art. 11)[3] avait modifié l'article 37 du décret du 18 novembre 1924 pour autoriser aussi la forme authentiquement légalisée. C'est la solution désormais inscrite à l'article 54-2° du décret n° 2009-1193 du 7 octobre 2009[4].

D'autre part, l'acte notarié doit porter sur le versement d'une somme d'argent déterminée ou la fourniture d'une quantité déterminée d'autres choses fongibles ou de valeurs mobilières. Pour assurer le respect de cette seconde condition dans les cas de contrats à exécution successive, comme les contrats de prêt, les praticiens incluent dans leurs actes, une clause par laquelle pouvoir est donné au représentant du créancier d'arrêter les comptes en cas de défaillance du débiteur (pratique admise par la jurisprudence[5]).

1. Antérieurement à son abrogation, la Cour de cassation avait été saisie d'une QPC fondée sur l'objectif de valeur constitutionnelle d'accessibilité et d'intelligibilité de la loi; mais elle ne l'a pas renvoyée au Conseil constitutionnel au motif qu'elle était sans incidence sur la solution du litige qui portait sur une procédure de saisie immobilière de vieille France poursuivie sur le fondement de la formule exécutoire de droit général et selon les règles du Code des procédures civiles d'exécution : Civ. 2e, 23 janv. 2014, n° 13-40.069, NP. Cette question est aujourd'hui dépassée dès lors que ce texte a été abrogé et sa solution inscrite dans le Code des procédures civiles d'exécution dont ni l'accessibilité ni l'intelligibilité ne sont contestables.
2. Ces conditions sont applicables à tous les actes reçus par un notaire nommé en Alsace ou en Moselle, quel que soit le lieu de situation de l'immeuble ou de signature de l'acte. En cas de concours de notaires, elles s'appliquent si le notaire détenteur de la minute est celui nommé dans l'un des trois départements de l'Est; v. la note établie par le Comité d'études juridiques du conseil interrégional des notaires des cours d'appel de Colmar et de Metz, « À propos de la force exécutoire des actes des notaires d'Alsace-Moselle », *RD loc.*, déc. 2012, p. 15.
3. Décr. n° 2005-563, 20 mai 2005, modifiant le décret du 18 novembre 1924 relatif à la tenue du Livre foncier dans les départements du Bas-Rhin, du Haut-Rhin et de la Moselle et le décret du 14 janvier 1927 complétant le décret du 18 novembre 1924, *JO* 28 mai, p. 9380.
4. Décr. n° 2009-1193, 7 oct. 2009, relatif au Livre foncier et à son informatisation dans les départements du Bas-Rhin, du Haut-Rhin et de la Moselle, *JO* 9 oct., p. 16478, qui a abrogé le chapitre 1er du titre I, le chapitre 2 du titre II, sauf pour son application aux livres fonciers des mines, et le titre IV du décret du 18 novembre 1924.
5. Not. Civ. 2e, 18 oct. 1989, n° 88-16.401, *Bull. civ.* II, n° 181.

• Comme en droit général, les copies exécutoires sont délivrées par le détenteur ou le possesseur de la minute. Ainsi en est-il du notaire pour les actes qu'il reçoit[6] et de l'autorité publique pour les actes qu'elle est chargée de conserver (C. pr. civ. loc., art. 797, al. 1er).

Quant au contentieux sur l'admissibilité de la formule exécutoire ainsi que les demandes de délivrance d'une seconde expédition exécutoire, ils relèvent de la compétence du tribunal d'instance du lieu d'établissement du notaire ou de l'autorité publique concernée (C. pr. civ. loc., art. 797, al. 2).

1350.07 Matière immobilière. À l'origine de l'annexion de l'Alsace et de la Moselle à l'Empire allemand, une loi du 30 avril 1880 y régissait spécialement la saisie des immeubles pour concilier le droit civil français, maintenu provisoirement en vigueur, avec les règles de procédure allemande immédiatement introduites. Mais à partir de l'entrée en vigueur du Code civil allemand, le 1er juillet 1900, ces dispositions n'étaient plus adaptées. Elles furent donc abrogées et remplacées par la loi d'Empire du 24 mars 1897.

Lors du retour à la France de ces trois départements, la loi du 1er juin 1924 y a réintroduit notamment le Code civil français (art. 1er, 1°, a) et la loi du 14 novembre 1808 relative à la saisie immobilière des biens d'un débiteur situés dans plusieurs arrondissements (art. 1er, 2°, r) et abrogé la loi du 24 mars 1897 (art. 88, al. 2). Mais le législateur, ayant parallèlement maintenu les lois locales de procédure et le système du Livre foncier, n'a pas introduit les règles de la saisie immobilière de la vieille France. Il a institué, au contraire, par les articles 141 et suivants de la loi du 1er juin 1924, des règles spéciales, largement inspirées de la loi du 30 avril 1880 dont le contexte avait ainsi été ressuscité. Mais comme ces règles de droit local risquaient d'entrer en conflit avec la législation française parallèlement introduite, l'article 88 alinéa 1er de la loi du 1er juin 1924 a posé pour principe que « *les règles de procédure des lois civiles françaises présentement mises en vigueur (en particulier les articles 2204 à 2217 du Code civil et la loi du 14 novembre 1808) ne sont applicables qu'en tant qu'elles ne sont pas contraires à celles des lois locales* ».

Cette **prééminence du droit local** a été maintenue par l'ordonnance n° 2006-461 du 21 avril 2006 dont l'article 21 (devenu C. pr. exéc., art. L. 341-1)

6. La Cour de cassation a jugé que l'absence de date sur l'expédition exécutoire délivrée par le notaire n'affecte pas la régularité de la procédure d'exécution forcée immobilière : Civ. 2e, 9 juill. 2009, n° 08-18.329, *Bull. civ.* II, n° 185; arrêt en ligne sur dalloz.fr (*Dalloz actualité*, 8 sept. 2009, brève Avena-Robardet); *Rev. dr. local* sept. 2009. 37, note Sander.

dispose que le livre consacré à la saisie immobilière « *ne modifie pas les dispositions applicables dans les départements du Bas-Rhin, du Haut-Rhin et de la Moselle* ». Mais ce texte imprécis a suscité le doute sur le sens à donner aux « *dispositions applicables* ». Comme le projet d'ordonnance prévoyait, à l'origine, que les règles nouvelles ne seraient « *pas applicables* » dans ces départements, on aurait pu en déduire que seules les dispositions de droit local de la procédure d'exécution forcée immobilière doivent rester inchangées et que celles nouvelles inscrites dans le Code civil sont applicables dans la mesure où elles ne sont pas contraires, conformément au principe posé par l'article 88 de la loi du 1er juin 1924.

Mais la Cour de cassation semble favorable à une interprétation beaucoup plus large, englobant aussi les dispositions de droit général antérieures à la réforme de la saisie immobilière. En effet, statuant à propos du commandement de payer préalable au débiteur (v. ss nos 1352.21 à 1352.23), elle a jugé que l'article 2217 du Code civil est « *toujours en vigueur dans les départements du Bas-Rhin, du Haut-Rhin et de la Moselle* »[1]. Or ce qui est vrai pour l'article 2217, devrait l'être aussi pour tous les autres textes cités par l'article 88 de la loi du 1er juin 1924, car il n'y a aucune raison de les traiter différemment. Il s'ensuivrait que les règles nouvelles issues de l'ordonnance du 21 avril 2006 ne seraient en aucun cas applicables en Alsace et en Moselle, où les dispositions de droit local des articles 141 et suivants de la loi 1er juin 1924 devraient continuer à se combiner avec celles non contraires des articles 2204 à 2217 du Code civil dans leur rédaction ancienne et de la loi du 14 novembre 1808, malgré leur remplacement ou leur abrogation[2]. Le droit local se trouve ainsi paré d'une vertu nouvelle, celle de maintenir en vie des dispositions de droit général qui ont disparu de l'ordonnance juridique ailleurs en France.

1350.08 Procédures locales d'exécution sur les immeubles. En droit local, et contrairement au droit général, la saisie immobilière peut revêtir deux formes distinctes prévues par la loi locale du 1er juin 1924, dont les dispositions n'ont pas été introduites dans le Code des procédures civiles d'exécution :

– la première, de loin la plus pratiquée, qui tend, comme la saisie immobilière de droit général, à la vente forcée de l'immeuble : l'exécution forcée sur les immeubles – ou **exécution forcée immobilière** – régie par les articles 141 à 170 de la loi du 1er juin 1924;

– la seconde, inconnue en vieille France et très peu usitée, qui tend seulement à priver provisoirement le débiteur de l'administration et, en principe, de la jouissance de l'immeuble, pour permettre au(x) créancier(s) de se payer sur les revenus qu'il produit : **l'administration forcée des immeubles** régie par les articles 171 à 186 de la loi du 1er juin 1924.

Ces procédures s'inscrivent dans le régime local de la publicité foncière réformé dans la perspective de l'informatisation du Livre foncier, selon le projet AMALFI (Alsace-Moselle Application pour un Livre Foncier Informatisé), par la loi no 2002-306 du 4 mars 2002[3] et ses décrets d'application no 2002-1426 du 3 décembre 2002[4] et no 2005-563 du 20 mai 2005[5]. En revanche, elles échappent désormais à la procédure civile locale, à l'exception des articles 864 à 871 C. pr. civ. loc., et obéissent, comme toute autre procédure civile d'exécution, aux règles communes issues de la réforme de 1991. Enfin, elles devraient continuer à se combiner avec les dispositions non contraires des anciens articles 2204 à 2217 du Code civil et de la loi du 14 novembre 1808, qui demeurent, *a priori*, en vigueur en Alsace et en Moselle selon l'arrêt de la Cour de cassation du 9 juillet 2009 (v. ss no 1350.07).

Les articles 864 à 871 C. pr. loc., s'ils n'ont pas été abrogés, sont tombés pour l'essentiel en désuétude, à l'exception des articles 866 et 867. Ils régissent l'**hypothèque de garantie**, aussi appelée **hypothèque d'exécution forcée.** Il s'agit d'une hypothèque légale qui prend naissance du fait de son inscription au Livre foncier à la requête du créancier. Mais il faut la combiner avec l'hypothèque judiciaire de l'article 2242 du Code civil qui est aussi applicable en Alsace-Moselle. Il est admis aujourd'hui que l'hypothèque de garantie peut être inscrite à chaque fois que l'hypothèque judiciaire est inapplicable. Comme celle-ci est ouverte pour garantir l'exécution de tous les jugements exécutoires ainsi que les sentences arbitrales et les jugements étrangers déclarés exécutoires,

1. Civ. 2e, 9 juill. 2009, no 08-18.329 (préc. ss no 1350.06).
2. *CONTRA* : E. Sander, note préc., qui considère qu'à l'exception de l'ancien article 2217, les autres « *articles du Code civil visés par la loi civile du 1er juin 1924 suivent les évolutions du droit général et en dernier lieu celles issues de l'ordonnance no 2006-461 du 21 avril 2006 réformant la saisie immobilière* ». En conséquence, cet auteur considère que seraient applicables en droit local les nouveaux articles 2190 à 2197 du Code civil (devenus C. pr. exéc., art. L. 311-1 à L. 311-8).
3. L. no 2002-306, 4 mars 2002, *JO* 5 mars; *Rec. jur. de l'Est* 2002. Doctr. 1 s. – Sur un premier commentaire, v. Ch. Lapp, « Observations relatives aux articles 38-4 et 62 de la loi de 1924 », *Rec. jur. de l'Est* 2002. Doctr. 7 s.
4. Décr. no 2002-1426, 3 déc. 2002, *JO* 10 déc., p. 20352.
5. Décr. no 2005-563, 20 mai 2005, préc. ss no 1350.06 – V. NOT., E. Sander, « Informatisation du Livre foncier : les nouvelles avancées du décret du 20 mai 2005 », *Rev. dr. local* sept. 2005. 23.

l'hypothèque de garantie joue pour tous les autres titres exécutoires admis en droit local. Il s'agit des actes notariés, qu'ils aient été établis par un notaire établi en Alsace-Moselle ou en vieille France, ainsi que de tous les autres titres exécutoires cités aujourd'hui à l'article L. 111-5 C. pr. exéc. (v. s^{s} n° 1350.06). Aux termes de l'article 866 C. pr. civ. loc., l'hypothèque de garantie apparaît comme une modalité de l'exécution forcée sur un immeuble aux côtés de l'exécution forcée immobilière et de l'administration forcée. Aussi, il est généralement admis qu'elle est soumise aux mêmes conditions et qu'elles requièrent donc la signification préalable du titre exécutoire et d'un commandement de payer (sur ces conditions, v. s^{s} n°s 1352.12 et 1352.21 à 1352.23), dont il doit être justifié au moment de la requête en inscription au Livre foncier[1].

Toutes ces règles de droit local sont impérativement applicables à tous les immeubles situés dans l'un des trois départements de l'Est de la France, Bas-Rhin, Haut-Rhin et Moselle, selon l'article 4 de la loi du 24 juillet 1921 prévenant et réglant les conflits entre la loi française et la loi locale d'Alsace et Lorraine en matière de droit privé[2].

1. V. la note établie par le Comité d'études juridiques du conseil interrégional des notaires des cours d'appel de Colmar et de Metz, préc. s^{s} n° 1350.06, spéc. p. 18.
2. V. *J.-Cl. Alsace-Moselle*, Fasc. 100, « Droit alsacien-mosellan – Principes généraux », n° 90, par Woehrling.

CHAPITRE

1351. Exécution forcée immobilière : tribunal d'exécution

PHILIPPE HOONAKKER
PROFESSEUR À L'UNIVERSITÉ
DE STRASBOURG
AVOCAT

SECTION 0
ORIENTEUR

1351.00 Plan du chapitre.

1351.05 Désignation. Avant la réforme, le tribunal d'exécution était en Alsace et en Moselle, le tribunal d'instance, tant en matière mobilière qu'immobilière (COJ, anc. art. L. 911-3). Ainsi les trois départements de l'Est ont connu, bien avant la lettre, un « *juge de l'exécution* », centralisant l'ensemble du contentieux en la matière.

Mais depuis l'entrée en vigueur de la loi n° 92-755 du 9 juillet 1991[1], le tribunal d'instance, dans ces départements, n'exerce plus cette fonction en **matière mobilière**; cette compétence est désormais dévolue au juge de l'exécution conformément à l'article L. 213-6 du COJ. S'il est vrai, qu'en fait, le juge d'instance continue à connaître de ce contentieux, c'est désormais en qualité de juge de l'exécution sur délégation du président du tribunal de grande instance, conformément aux articles L. 213-5 et R. 213-10 à R. 213-12 du COJ, pratique largement suivie en Alsace et en Moselle du fait précisément de cette longue expérience antérieure.

En revanche, la réforme n'ayant pas porté sur la matière immobilière, l'article 90 de la loi de 1991 y avait maintenu la compétence du tribunal d'instance en conférant à l'article L. 911-3 du COJ [ancien] la rédaction suivante : « ***Le tribunal d'instance est le tribunal de l'exécution forcée en matière immobilière*** ». Cette solution n'a pas été remise en cause par l'ordonnance n° 2006-461 du 21 avril 2006 qui, réformant la saisie immobilière en droit général, donne désormais compétence au JEX, car ces dispositions nouvelles ne modifient pas le droit local (sur ce point v. s^s^ n° 1350.07). C'est donc à juste titre que l'ordonnance n° 2006-673 du 8 juin 2006[2], ayant procédé à la refonte de la partie législative du Code de l'organisation judiciaire, a inscrit au nouvel article L. 223-2, se substituant à l'ancien article L. 911-3, que « *les fonctions du tribunal de l'exécution sont exercées par le tribunal d'instance* » et que « *le tribunal de l'exécution connaît : 1° de l'exécution forcée sur les biens immeubles* ». En conséquence, en droit local, comme en droit général avant la réforme de la saisie immobilière, « *le juge de l'exécution n'est pas compétent en matière d'exécution forcée sur les immeubles* »[3].

Mais si ces réformes ont maintenu cette fonction traditionnelle du tribunal d'instance, elles ne sont pas restées sans incidence sur les règles applicables, qu'elles concernent la procédure (sect. 1), la compétence territoriale (sect. 2) ou la compétence d'attribution (sect. 3).

SECTION 1
RÈGLES DE PROCÉDURE

1351.11 Nature de la procédure. La procédure suivie devant le tribunal d'exécution relève, par essence, de la **matière contentieuse**[4] et se trouve donc régie par toutes les dispositions correspon-

1. L. n° 91-650, 9 juill. 1991, portant réforme des procédures civiles d'exécution, *JO* 14 juill., p. 9228.

2. Ord. n° 2006-673, 8 juin 2006, portant refonte du Code de l'organisation judiciaire et modifiant le Code de commerce, le Code rural et le Code de procédure pénale (partie législative), *JO* 9 juin, p. 8710.
3. Cass., avis, 5 mai 1995, n° 09-50.005, *Bull. avis,* n° 5; *D.* 1995. 154.
4. Not., Civ. 2e, 15 avr. 1981, *Gaz. Pal.* 1981. Pan. 310.

dantes du Code de procédure civile, applicables en Alsace et en Moselle selon l'article 1er de l'Annexe, « *sous réserve des dispositions particulières non abrogées et des dispositions permanentes ci-après* ». Elle est soumise, pour la même raison, aux exigences posées par l'article 6 § 1 de la Convention européenne des droits de l'homme (en ce sens, au moins implicitement, v. un arrêt de la deuxième chambre civile[1] : cette décision a été rendue à propos d'une procédure portée devant une cour d'appel sur pourvoi immédiat - sur ce recours v. ss n° 1351.14 - formé contre le jugement d'un tribunal d'exécution, mais sa solution vaut aussi pour la procédure suivie devant le **tribunal d'exécution**[2]; en revanche, cette décision a expressément écarté l'application de l'article 6 § 1 à la phase notariale de la procédure; sur ce point, v. ss n° 1353.10).

Au titre des dispositions locales maintenues, figurent des règles d'essence **gracieuse**, ce qui peut parfois poser des difficultés d'harmonisation avec le droit général et désormais de compatibilité avec l'article 6 § 1 de la Conv. EDH. Ainsi l'ouverture de la procédure d'exécution forcée immobilière se fait-elle par voie de requête (v. ss n° 1352.41), acte introductif d'instance habituellement réservé à la matière gracieuse, ce qui a suscité des difficultés en matière d'**assistance et de représentation des parties** devant le tribunal d'exécution. Mais aussi et surtout, de telles règles interviennent au niveau des **décisions** du tribunal d'exécution et de la voie de recours ouverte, en l'occurrence, le **pourvoi immédiat**.

1351.12 Assistance et représentation des parties. S'agissant d'une procédure contentieuse relevant de la compétence du tribunal d'instance, l'assistance et la représentation des parties sont régies par l'article 828 C. pr. civ., à défaut de dispositions locales particulières (même si sur le fond la solution est identique, il ne saurait être fait application de l'article L. 121-4 C. pr. exéc.[3]).

En conséquence, devant le tribunal d'exécution, les parties se défendent elles-mêmes ou peuvent se faire assister ou représenter par l'une des personnes désignées à l'article 828, étant rappelé que si le mandataire n'est pas avocat, il doit justifier d'un pouvoir spécial[4]. Il ne faut pas confondre ce mandat *ad litem* avec le mandat qu'une partie peut donner à une personne pour la représenter devant le notaire chargé de l'adjudication et qui doit être déposé au rang des minutes de ce notaire, selon l'article 22 de l'Annexe[5].

Il faut réserver cependant l'introduction de la procédure d'exécution forcée immobilière. Celle-ci se faisant par voie de **requête** (v. ss n° 1352.41), les cours d'appel locales ont jugé qu'elle pouvait être introduite par **tout mandataire** conformément à l'article 852 C. pr. civ.[6] Mais si le mandataire n'est pas avocat, il doit justifier d'un pouvoir spécial. À défaut, la requête serait entachée d'une nullité de fond (C. pr. civ., art. 117), laquelle pourrait néanmoins être couverte avant que le juge ne statue (C. pr. civ., art. 121), notamment par la constitution d'un avocat[7]. Mais la cour d'appel de Colmar est revenue sur cette solution en imposant l'application de l'article 828 C. pr. civ. dès le stade de la requête. En conséquence, elle a annulé une ordonnance d'exécution forcée immobilière rendue sur une requête présentée par un délégué syndical pour le compte d'un créancier et jugé que cette nullité de fond ne peut plus être couverte après le prononcé de la décision par la constitution d'un avocat dans le cadre du pourvoi formé par le débiteur[8].

Ces solutions n'ont pas été remises en cause par la loi du 9 juillet 1991 et son décret d'application[9]. D'une part, ces textes ne sont nullement applicables devant le tribunal d'exécution, et d'autre part, en tout état de cause, l'article 32 alinéa 2 du décret de 1992 (devenu C. pr. exéc., art. R. 121-23, al. 2[10]) reprend exactement, pour les requêtes au JEX, les termes de l'article 852 C. pr. civ.

1351.13 Décisions. Aux termes de l'article 167 de la loi civile du 1er juin 1924, « *toutes les décisions du tribunal d'exécution peuvent être prises* ***sans débat oral préalable*** ». Il s'agit très exactement de la règle consacrée, de manière générale, pour toute la matière gracieuse, par l'article 28 C. pr. civ. Mais la procédure étant contentieuse (sur ce point, v. ss n° 1351.11), trois précisions importantes s'imposent.

En premier lieu, la dispense du débat oral, qui est normalement public et obligatoire en matière

1. Civ. 2e, 21 mars 2002, n° 00-14.700, *Bull. civ.* II, n° 48; *Rec. jur. de l'Est* 2002. 45; *D.* 2002. Somm. 2643, obs. Fricero – V. AUSSI, Ch. Lapp, « Article 6-1 de la Convention européenne des droits de l'homme et procédure d'exécution forcée immobilière de droit local », *Rec. jur. de l'Est* 2002. Doctr. 29.
2. EN CE SENS, Ch. Lapp, *préc. ss prést n°*, p. 30 – MISCHLER, *Addendum*, p. 5.
3. V. CEP., HAEGEL, SCHWOB ET VALLENS, n° 291.
4. Sur l'ensemble de la question, S. Guinchard (dir.), Dalloz action *Droit et pratique de la procédure civile*, 2014/2015, par Hoonakker, nos 171.31 et 171.92.
5. V. CEP., MISCHLER, *J.-Cl.*, n° 37.
6. Metz, 31 oct. 1986, RG n° 2165/86, Weber c/ Blanke, inéd. – Colmar, 23 mars 1989, RG n° II W 874/89, Lapp c/ Froell, inéd.
7. Metz, 31 oct. 1986 (préc. ss prést n°).
8. Colmar, 27 févr. 2004, *Rec. jur. de l'Est* 2004. 38, obs. Schwob.
9. V. CEP., HAEGEL, SCHWOB ET VALLENS, n° 291.
10. Décr. n° 2012-783, 30 mai 2012, relatif à la partie réglementaire du Code des procédures civiles d'exécution, *JO* 31 mai, p. 9375.

contentieuse[1], n'exonère évidemment pas le tribunal d'exécution du respect du principe du contradictoire. Cette règle, consacrée pour la procédure gracieuse[2], s'impose, *a fortiori*, dans une matière contentieuse[3] (solution expressément consacrée par la Cour de cassation[4]).

En second lieu, la légalité même de cette dispense se heurte aujourd'hui à l'article 6 § 1 de la Convention européenne des droits de l'homme. Mais dans la mesure où la Cour européenne n'exige pas que les débats soient publics à tous les stades de la procédure, pourvu que les parties puissent en bénéficier à une étape au moins du procès, elle pourrait être admise devant le tribunal d'exécution à condition que des débats publics soient possibles devant la cour d'appel saisie sur pourvoi immédiat[5] (sur le pourvoi immédiat, v. s[s] n° 1351.15).

Enfin et *en troisième lieu*, cette dérogation, fût-elle possible, est évidemment d'interprétation restrictive, de sorte que les autres règles gouvernant les décisions rendues en matière gracieuse ne sauraient s'appliquer. En particulier, le tribunal d'exécution ne peut donc fonder sa décision sur des faits non allégués par le requérant (C. pr. civ., art. 26) ou intéresser, même d'office, des tiers à la procédure dont il est saisi (C. pr. civ., art. 27 al. 2, 29 et 332 al. 2)[6].

1351.14 Pourvoi immédiat. Selon l'article 167 de la loi du 1er juin 1924 *in fine*, toutes les décisions du tribunal d'exécution « *sont susceptibles de pourvoi immédiat* ». Mais depuis l'introduction du Code de procédure civile en Alsace et en Moselle, cette voie de recours est régie par les articles 5 à 8 de l'Annexe, inclus dans le chapitre 1er réservé aux dispositions particulières à la matière gracieuse. Aussi pour assurer la compatibilité de ces textes de droit local, le décret n° 76-899 du 29 septembre 1976 a-t-il complété l'Annexe en prévoyant à l'article 43 alinéa 1er qu'« *en matière de voies d'exécution* [...], *les pourvois suivent les règles relatives aux pourvois en matière gracieuse* ».

Mais cette nouvelle intrusion de la procédure gracieuse dans une matière éminemment contentieuse ne va pas sans difficulté, qu'il s'agisse du régime de cette voie de recours ou de son effet jugé finalement non suspensif.

1351.15 Régime. Le pourvoi est la voie de recours traditionnelle en matière gracieuse dans les trois départements de l'Est, au lieu et place de l'appel ouvert en droit général. Il est dit immédiat lorsqu'il est enfermé dans un délai (C. pr. civ., art. 8 Annexe – à l'inverse le pourvoi ordinaire peut être formé sans délai)[7]. Ce délai est de quinze jours, sous réserve des cas de prorogation prévus aux articles 643 à 647 C. pr. civ. (C. pr. civ., art. 8 Annexe). Il court à compter de la notification de la décision du tribunal d'exécution qui doit le rappeler expressément sous peine de nullité[8]. Il s'agit de la **notification aux parties** et non de la délivrance d'une expédition aux avocats (laquelle ne fait pas courir le délai[9]). Cette notification se fait normalement par lettre recommandée avec accusé de réception (C. pr. civ., art. 5, al. 1er Annexe). Mais si l'avis de la poste ne revient pas signé, il faudra procéder par voie de signification conformément à l'article 670-1 C. pr. civ. (v. à propos d'une procédure de partage judiciaire[10]; mais cette décision rendue notamment au visa de l'article 6 § 1 Conv. EDH vaut aussi pour la notification des décisions rendues par le tribunal d'exécution, et ce d'autant plus que l'article 21 alinéa 3 de l'Annexe, rendu applicable par l'article 44 de l'Annexe, renvoie « *pour le surplus* » aux dispositions du Code de procédure civile; pour la notification aux personnes demeurant à l'étranger, et à propos de l'ordonnance ouvrant la procédure d'exécution forcée immobilière, v. s[s] n° 1352.52; à propos des décisions sur objections et observations, v. s[s] n° 1353.34).

Le pourvoi immédiat est ouvert à **tout intéressé** (C. pr. civ., art. 7, al. 1er Annexe) et pas seulement aux parties et aux tiers destinataires d'une notification comme l'appel en droit général contre les décisions de la juridiction gracieuse. De plus, il peut être formé contre **toute décision** du tribunal d'exécution, y compris de sursis à statuer car l'article 380 C. pr. civ. n'est applicable qu'à l'appel et non au pourvoi immédiat (ainsi à propos d'un jugement ordonnant l'ouverture d'un partage judiciaire[11], mais la solu-

1. S. Guinchard (dir.), Dalloz action *Droit et pratique de la procédure civile*, 2014/2015, par Hoonakker, n°s 321.10 s.
2. S. Guinchard (dir.), Dalloz action *Droit et pratique de la procédure civile*, 2014/2015, par Hoonakker, n° 322.41.
3. EN CE SENS, Ch. Lapp, « La procédure d'exécution forcée immobilière en droit local et le principe du contradictoire », *Rec. jur. de l'Est* 1992. Doctr. 26.
4. Civ. 2e, 9 déc. 1997, n° 95-21.123, NP; *Rec. jur. de l'Est* 1998. 48, obs. Lapp.
5. EN CE SENS, v. G. Hénon, « Les procédures d'exécution forcée immobilière et de partage judiciaire confrontées à l'article 6-1 de la Convention européenne des droits de l'homme », *Rec. jur. de l'Est* 2001. Doctr. 10 s.
6. Sur l'ensemble de la question en matière gracieuse, S. Guinchard (dir.), Dalloz action *Droit et pratique de la procédure civile*, 2014/2015, par Hoonakker, n°s 322.31 à 322.33.
7. Sur l'ensemble de la question, V. NOT., E. Sander, « Le pourvoi du droit local », *Rev. dr. local* 1993, n° 8, p. 27 s.
8. Civ. 2e, 19 avr. 1985, n° 84-10.607, *Bull. civ.* II, n° 80; *Gaz. Pal.* 1985. Pan. 241.
9. EN CE SENS, Colmar, 1er févr. 2001, *Rec. jur. de l'Est* 2002. 60.
10. Civ. 1re, 12 déc. 2006, n° 04-17.822, *Bull. civ.* I, n° 541; *Rec. jur. de l'Est* 2007. 1, obs. Schwob.
11. Colmar, 31 mai 2002, *Rec. jur. de l'Est* 2002. 106.

tion est transposable à l'exécution forcée immobilière).

Il est **formé**, **instruit** et **jugé** selon les règles applicables en matière gracieuse devant la cour d'appel; c'est dire qu'il est soumis aux articles 950 à 953 C. pr. civ., ce dernier texte renvoyant aux règles applicables en la matière devant le TGI, en l'occurrence les articles 797 à 800 C. pr. civ. En conséquence, le pourvoi immédiat est formé par une déclaration faite ou adressée par pli recommandé au greffe du tribunal d'exécution qui a rendu la décision (C. pr. civ., art. 950 - conformément à l'article 668 C. pr. civ., la date du pourvoi immédiat est celle, le cas échéant, de l'expédition de la lettre et non celle de sa réception par le greffe[1]). Mais la représentation n'est pas obligatoire, l'article 7 alinéa 2 *in fine* de l'Annexe autorisant expressément, par dérogation à l'article 950 C. pr. civ., la partie elle-même, ou le notaire lorsqu'il a déjà saisi le tribunal d'exécution à l'origine de la procédure, à former le pourvoi.

Suite au pourvoi immédiat, le tribunal d'exécution peut décider de modifier ou de rétracter sa décision (C. pr. civ., art. 952, al. 1er - en revanche, il ne peut le faire d'office comme en cas de pourvoi ordinaire, C. pr. civ., art. 6 Annexe). À défaut, le dossier est transmis sans délai au greffe de la cour (C. pr. civ., art. 952, al. 2). Dans les deux cas, le tribunal d'exécution doit informer les parties, dans le délai d'un mois, de sa décision d'examiner à nouveau l'affaire ou de la transmettre à la cour (C. pr. civ., art. 952, al. 3; l'option ainsi ouverte doit être exercée par le tribunal lui-même, de sorte que le greffe ne saurait transmettre d'office le dossier à la cour[2]). Dans cette dernière hypothèse, la cour statuera comme en matière gracieuse et devrait donc, elle aussi, pouvoir prendre sa décision sans débat oral préalable conformément à l'article 28 C. pr. civ. Mais si des débats publics n'ont pas eu lieu en première instance (sur ce point, v. ss no 1351.13), ils devraient être organisés devant la cour en vertu de l'article 6 § 1 de la Conv. EDH, si toutefois une partie le demande, ce grief ne pouvant être formulé pour la première fois devant la Cour de cassation[3]. Mais la Cour de cassation a finalement jugé que l'article 28 C. pr. civ., en ce qu'il n'impose pas de débats publics, n'est pas contraire à l'article 6 § 1[4]. Pour autant, il ne faudrait pas en conclure que cette disposition ne serait jamais applicable devant la cour d'appel saisie d'un pourvoi, ni que celle-ci ne devrait jamais organiser de débats. Il faut distinguer. Si le ministère public a déposé des conclusions, fût-ce pour requérir simplement la confirmation de l'ordonnance attaquée en l'absence de tout moyen développé à l'appui du pourvoi, et que celles-ci n'ont pas été mises à la disposition des parties, la cour d'appel doit organiser des débats sous peine de méconnaître le principe du contradictoire et d'encourir la cassation sur le fondement de l'article 16 C. pr. civ.[5] Si le pourvoi n'a pas été motivé, la cour d'appel ne peut statuer sans inviter l'auteur du recours à faire valoir ses moyens, sous peine de méconnaître, dans ce cas, l'article 6 § 1[6]. Mais ce grief est écarté, si le pourvoi était motivé, la cour d'appel pouvant alors statuer, en l'état, sans débats préalables[7].

1351.16 Effet non suspensif. Aux termes de l'article 5 alinéa 3 de l'Annexe, le délai et l'exercice du pourvoi immédiat sont suspensifs d'exécution, règle qui n'existait pas avant le Code de procédure civile[8]. Du coup, dès son entrée en vigueur en Alsace et en Moselle, la pratique notariale a appliqué « *à la lettre* [ces] *nouvelles dispositions* » et les débiteurs en ont abusé en multipliant les pourvois immédiats dans un but purement dilatoire.

Cette situation était d'autant plus choquante qu'elle résultait de l'application d'une règle de la procédure gracieuse, où elle est sans doute justifiée, à une matière éminemment contentieuse, où elle paraissait plus discutable. De plus, elle semblait en contradiction avec le texte particulier de l'article 161 de la loi du 1er juin 1924 qui envisage expressément la possibilité d'une adjudication nonobstant des contestations élevées contre la procédure d'exécution et non encore définitivement tranchées. C'est ainsi sur le fondement de ce texte que la cour d'appel de Colmar a jugé, par arrêt du 12 mars 1980, que le délai du pourvoi immédiat ne peut avoir d'effet suspensif[9]. Mieux encore, la Cour de cassation a finalement décidé de manière péremptoire, ce qui est sans doute plus contestable au regard de la lettre de l'article 5 alinéa 3 de l'Annexe[10], que ce texte n'est pas applicable en matière contentieuse[11]. Vingt ans plus tard, elle a réaffirmé cette solution, mais en se montrant, cette fois, plus pru-

1. Civ. 2e, 23 nov. 1994, no 93-10.723, *Bull. civ.* II, no 236; *Gaz. Pal.* 1995. Pan. 114.
2. Colmar, 1er juin 2001, *Rec. jur. de l'Est* 2001. 148.
3. Civ. 2e, 21 mars 2002, no 00-14.700, *Bull. civ.* II, no 48 (préc. ss no 1351.11) – Civ. 2e, 23 nov. 2006, no 05-18.224, *Bull. civ.* II, no 326.
4. Civ. 2e, 28 juin 2006, no 04-17.913, *Bull. civ.* II, no 170; *D.* 2006. 2051; *Rec. jur. de l'Est* 2006. 109.
5. Civ. 2e, 28 juin 2006, no 04-17.913 (préc. ss prést. no).
6. Civ. 2e, 4 mars 2004, no 02-13.164, *Bull. civ.* II, no 85.
7. Civ. 2e, 1er déc. 1993, no 92-12.726, *Bull. civ.* II, no 343; *JCP* 1995. II. 22399, note Le Ninivin.
8. Haegel, Schwob et Vallens, no 319 – E. Sander, p. 28, préc. ss no 1351.15.
9. Colmar, 12 mars 1980, *Rec. jur. de l'Est* 1980. 170.
10. En ce sens, *J.-Cl. Alsace-Moselle*, fasc. 615, no 13, par Heck et Henon.
11. Civ. 2e, 15 avr. 1981, *Gaz. Pal.* 1981. Pan. 310.

dente quant au fondement juridique applicable[1]. Quoi qu'il en soit, il n'est plus contesté que le délai comme l'exercice du pourvoi immédiat n'ont pas d'effet suspensif en matière d'exécution forcée immobilière[2].

SECTION 2
COMPÉTENCE TERRITORIALE

1351.21 Textes applicables. Les règles de compétence territoriale sont prévues à l'article 141 alinéa 1er de la loi du 1er juin 1924. Mais elles devraient continuer à se combiner avec celles, non contraires, prévues par les anciens articles 2204 à 2217 du Code civil et de la loi du 14 novembre 1808, qui demeurent, *a priori*, en vigueur en Alsace et en Moselle (v. ss no 1350.07). Il s'agit de l'ancien article 2210 du Code civil et de l'article 1er de la loi du 14 novembre 1808 qui prescrivent les conditions dans lesquelles la vente forcée de plusieurs immeubles peut être poursuivie, selon qu'ils sont situés dans le même ressort territorial d'un tribunal compétent *ratione materiae* ou dans plusieurs ressorts territoriaux.

1351.22 Immeuble(s) situé(s) dans un même ressort. Lorsque la vente forcée doit porter sur plusieurs immeubles d'un même débiteur, situés dans le ressort territorial d'un même tribunal d'exécution, elle peut être poursuivie simultanément à l'encontre de tous. Cette solution résulte implicitement mais nécessairement de l'ancien article 2210 du Code civil qui n'envisage que le cas d'immeubles situés dans différents ressorts territoriaux. Dans ces cas, le tribunal d'exécution territorialement compétent est celui dans le ressort duquel les immeubles sont situés (L. 1er juin 1924, art. 141, al. 1er).

A fortiori, lorsque la vente forcée ne doit porter que sur un seul immeuble, elle relève de la compétence du tribunal d'exécution du lieu de situation.

1351.23 Immeubles situés dans plusieurs ressorts. Dans cette hypothèse, l'ancien article 2210 du Code civil pose le principe que la vente forcée doit être poursuivie successivement sur chacun des immeubles du débiteur. Autrement dit, le créancier doit engager une procédure d'exécution forcée immobilière distincte contre chacun des immeubles, pris l'un après l'autre. Le tribunal d'exécution compétent pour connaître de chacune de ces procédures est alors à chaque fois celui du lieu de situation de l'immeuble concerné (L. 1er juin 1924, art. 141, al. 1er). Mais selon les textes anciens demeurés en vigueur, *a priori*, la saisie simultanée de tous les immeubles situés dans des ressorts territoriaux différents est possible dans deux hypothèses :

- celle où ils font partie « *d'une seule et même exploitation* » (C. civ., anc. art. 2210, al. 1er) ;

- celle où leur valeur totale est inférieure au montant réuni des sommes dues tant aux saisissants qu'aux autres créanciers inscrits (L. 1808, art. 1er).

Dans ces cas, le tribunal compétent est désigné sur requête par le TGI dans le ressort duquel les immeubles concernés sont situés en tout ou partie, conformément à l'article 141 alinéa 1er *in fine* de la loi du 1er juin 1924[3].

SECTION 3
COMPÉTENCE D'ATTRIBUTION

1351.31 Chefs de compétence. La compétence du tribunal d'exécution est strictement limitée à l'**ouverture** de la procédure et au **contrôle** des opérations conduites par le notaire qu'il a désigné.

Ces chefs de compétence seront détaillés au fur et à mesure de l'étude de la procédure d'exécution forcée immobilière. Mais d'ores et déjà deux questions générales, intéressant l'étendue des pouvoirs conférés au tribunal d'exécution, doivent être abordées :

- peut-il connaître du principe même des poursuites en se prononçant sur la créance ou la régularité du titre invoqué ?

- peut-il suspendre la procédure en attendant qu'une difficulté soulevée par une partie soit tranchée ou pour accorder des délais ?

1351.32 Principe des poursuites. Traditionnellement la jurisprudence déniait au tribunal d'exécution la compétence de se prononcer sur le principe même des poursuites, et donc de trancher une difficulté touchant à l'existence ou à la validité de la créance ou à la régularité du titre invoqué. Cette solution était fondée sur l'article 158 de la loi du 1er juin 1924, qui écarte de la compétence du tribunal d'exécution saisi de difficultés soulevées pendant la procédure, les matières traitées par les dispositions du Code de procédure civile local auquel il renvoie et qui concernent pour l'essentiel ces questions. L'intéressé devait alors saisir la juridiction de droit commun de telles contestations[4].

Mais cette limitation des pouvoirs du tribunal d'exécution semblait contraire aux articles 141 et

1. Civ. 2e, 22 mars 2001, no 98-21.951, NP; *Dr. et proc.* 2001. 241, obs. Hoonakker; *Rec. jur. de l'Est* 2001. 89.
2. MISCHLER, *J.-Cl.*, no 80.
3. MISCHLER, *J.-Cl.*, no 42.
4. Colmar, 15 juin 1984, *Rec. jur. de l'Est* 1985. 15.

143 de la loi du 1er juin 1924, faisant obligation à cette juridiction de vérifier que les demandes sont fondées (v. ss no 1352.51). Aussi la Cour de cassation avait-elle fini par abandonner cette jurisprudence traditionnelle dès 1987, en reconnaissant au tribunal d'exécution, sur le fondement de ces textes, le pouvoir de connaître du principe même des poursuites, en l'occurrence, dans l'espèce qui lui était soumise, de la réalité de la créance invoquée[1].

À cet égard, cette solution s'est trouvée renforcée, après la réforme de 1991, du fait de l'abrogation de toutes les dispositions du Code de procédure civile locale auxquelles renvoie l'article 158 de la loi du 1er juin 1924. Mais une autre difficulté aurait pu surgir de la réforme pour les raisons suivantes. Aux termes de l'article L. 311-12-1 du COJ [ancien], « *le juge de l'exécution connaît des difficultés relatives aux titres exécutoires* [...], *même si elles portent sur le fond du droit...* » (repris à COJ, art. L. 213-6) et « *tout juge autre que le juge de l'exécution doit relever d'office son incompétence* » (repris par C. pr. exéc., art. R. 121-1). Certes, la Cour de cassation a considéré que le JEX n'avait aucune compétence en matière immobilière (v. ss no 1351.05). Mais les contestations touchant au fondement des poursuites ne sont pas propres à la procédure engagée, elles ont, au contraire, vocation à concerner toute voie d'exécution, quelle qu'elle soit. Fallait-il alors considérer que désormais ces difficultés relèveraient de la compétence exclusive du JEX et échapperaient donc, de ce chef, au tribunal d'exécution ?

La Cour de cassation ne l'a pas pensé. Au contraire, elle a confirmé, depuis la réforme, à plusieurs reprises déjà, la solution consacrée en 1987[2], dont de surcroît elle a repris l'attendu de principe à la lettre[3] (v. aussi deux décisions rendues à propos de contestations portant sur la validité et la force probante d'un acte notarié[4] et une autre intéressant une caution contestant le montant de la créance faute d'information annuelle[5]).

Mais les cours d'appel de Colmar et de Metz ont fait de la résistance. Ainsi par un arrêt du 8 septembre 1995, la première a-t-elle considéré que « *seul le juge de l'exécution a compétence pour trancher un litige lié à l'exécution d'un acte* »[6]. Si depuis lors, elle s'est ralliée à la jurisprudence de la deuxième chambre civile[7] (v. surtout un arrêt qui a jugé expressément que « *le tribunal d'exécution immobilière doit vérifier le bien-fondé de la requête en exécution forcée immobilière et donc la validité du titre* »[8]), la cour de Metz, en revanche, a repris, dans le même temps, la distinction ancienne. Elle a jugé, en effet, à propos d'une demande en suspension de la procédure d'exécution forcée immobilière, que le tribunal d'exécution ne peut connaître que des contestations portant sur la procédure, celles intéressant le fond relevant désormais de la compétence exclusive du JEX[9]. Mais cette décision a été cassée par la deuxième chambre civile qui, fidèle à sa jurisprudence, a rappelé que « *le tribunal d'exécution doit rechercher si les demandes sont fondées* »[10].

Le tribunal d'exécution est donc incontestablement compétent pour connaître du principe même des poursuites, mais il dispose aussi, pour ce faire, de pouvoirs plus étendus que ceux du JEX saisi de difficultés relatives à un titre exécutoire. Il faut se souvenir sur ce point que depuis son avis du 16 juin 1995, la Cour de cassation décide de manière constante que le JEX ne peut « *connaître de demandes tendant à remettre en cause le titre dans son principe ou dans la validité des droits ou obligations qu'il constate* »[11]. Certes lorsque le titre exécutoire invoqué est un jugement, le tribunal d'exécution ne saurait, pas plus qu'un JEX ou tout autre juge, remettre en cause ce qui a été jugé (solution rappelée pour le JEX par C. pr. exéc., art. R. 121-1, mais qui vaut pour toute juridiction en vertu du principe général de l'autorité de la chose jugée). Il ne peut donc connaître que de contestations portant sur l'existence même du titre, son caractère exécutoire, son étendue ou, plus généralement, nées de circonstances postérieures à son prononcé, tels un paiement, une compensation ou une renonciation (v. ss nos 212.21 s.). Mais cette limitation est aussi appliquée aux actes notariés et interdit alors au JEX de se prononcer sur la validité de ces actes, que ce soit pour des motifs de fond (dans l'espèce qui a donné lieu à l'avis du 16 juin 1995, le débiteur faisait valoir la nullité de l'acte notarié pour insanité d'esprit) ou de forme[12]. Sou-

1. Civ. 2e, 11 févr. 1987, no 85-18.106, *Bull. civ.* II, no 39.
2. Civ. 2e, 11 févr. 1987, no 85-18.106 (préc. ss prést no).
3. Civ. 2e, 7 déc. 1994, no 92-21.872, *Bull. civ.* II, no 252.
4. Civ. 2e, 17 janv. 1996, no 94-10.211, *Bull. civ.* II, no 2; *JCP* 1996. IV. 528; *Rec. jur. de l'Est* 1996. 48 – Et Civ. 2e, 25 juin 1997, no 95-14.494, *Bull. civ.* II, no 201; *Gaz. Pal.* 1998. Pan. 66.
5. Civ. 2e, 25 févr. 1998, no 96-13.455, *Bull. civ.* II, no 56; *JCP* 1998. IV. 1827.
6. Colmar, 8 sept. 1995, *Rec. jur. de l'Est* 1996. 222.
7. Colmar, 8 janv. 1999, *Rec. jur. de l'Est* 1999. 126.
8. Colmar, 20 sept. 1999, *Rec. jur. de l'Est* 2000. 63.
9. Metz, 1er sept. 1998, *Rec. jur. de l'Est* 1999. 43 – Sur l'ensemble de la question, G. Hénon, « Juge de l'exécution et tribunal de l'exécution forcée immobilière : bilan (provisoire) d'une cohabitation compliquée », *Rec. jur. de l'Est* 2000. 9.
10. Civ. 2e, 2 mars 2000, no 98-21.180, NP; *Rec. jur. de l'Est* 2000. 40 – V. AUSSI, Civ. 2e, 30 janv. 2003, no 01-03.118, NP; *Rec. jur. de l'Est* 2003. 41 – P. Haegel, « Propos sur le tribunal de l'exécution forcée immobilière », *Rec. jur. de l'Est* 2003. Doctr. 12.
11. Cass., avis, 16 juin 1995, no 09-50.008, *Bull. avis,* no 9; *RTD civ.* 1995. 691, obs. Perrot.
12. V. NOT., Civ. 1re, 16 oct. 2001, no 99-14.711, *Bull. civ.* I, no 258; *RTD civ.* 2002. 351, obs. Normand.

vent critiquée car elle n'est imposée par aucun texte ni principe et qu'elle engendre une nouvelle dispersion du contentieux de l'exécution[1], elle n'a pas été étendue au tribunal d'exécution. Au contraire, la Cour de cassation a admis expressément que cette juridiction doit, en vertu des articles 141 et 143 de la loi du 1er juin 1924, se prononcer sur la validité de l'acte notarié contestée devant elle[2] (v. aussi, à propos de la nullité d'un prêt hypothécaire accordé en France par un établissement bancaire allemand dépourvu d'agrément, avant la loi du 16 juillet 1992[3]). Mais il n'a pas à vérifier d'office la validité de l'acte, encore faut-il qu'elle soit concrètement contestée, par exemple par l'invocation de vices du consentement[4]. De même, il n'a pas à trancher une contestation relative au montant de la créance invoquée pour ouvrir une procédure d'exécution forcée immobilière, il suffit qu'il constate l'existence de la créance du requérant en son principe[5]. Enfin, si cette question est déjà soumise au juge de droit commun au moment où le tribunal d'exécution est saisi, celui-ci pourra alors prononcer un sursis à l'exécution jusqu'à ce qu'elle soit tranchée (v. ss no 1351.33).

1351.33 **Suspension de la procédure.** Aux termes des articles 732 alinéa 2, 769 et 775 C. pr. civ. loc., auxquels renvoie l'article 158 de la loi du 1er juin 1924, le tribunal d'exécution pouvait ordonner le **sursis à l'exécution forcée** essentiellement dans trois séries de cas : dans l'attente du règlement de difficultés qui lui étaient soumises concernant la procédure d'exécution forcée immobilière en cours, du règlement de questions de fond par la juridiction de droit commun saisie ou en conséquence de délais de grâce accordés au débiteur[6]. Du reste, ce pouvoir du tribunal d'exécution subsiste pour toutes les procédures ouvertes avant le 1er janvier 1993, conformément à l'article 97 de la loi du 9 juillet 1991[7] et il peut même l'exercer en référé[8].

Mais pour les procédures postérieures, cette faculté a normalement disparu du fait de l'abrogation de toutes les dispositions du Code de procédure civile local auxquelles renvoie l'article 158 de la loi du 1er juin 1924. Il faut donc faire application des dispositions générales issues de la réforme. Or celles-ci ne prévoient aucune procédure de sursis à l'exécution forcée, au contraire :

– l'article L. 112-2 C. pr. exéc., applicable à toute procédure civile d'exécution sans distinction, pose pour principe que le« *créancier muni d'un titre exécutoire constatant une créance liquide et exigible peut en poursuivre l'exécution sur tous les biens de son débiteur dans les conditions propres à chaque mesure d'exécution* »;

– l'article R. 121-1 alinéa 2 C. pr. exéc. interdit expressément au JEX de suspendre l'exécution d'un titre exécutoire; certes le JEX n'a aucune compétence en matière immobilière (v. ss no 1351.05), mais ce texte indique, à tout le moins, que ce n'est pas dans les dispositions communes à toutes les voies d'exécution que le tribunal d'exécution pourra trouver la possibilité de maintenir ou de remplacer la procédure de sursis à l'exécution forcée qui existait auparavant[9].

La jurisprudence admet la possibilité d'un sursis à l'exécution forcée immobilière lorsqu'une procédure en contestation du titre servant de base aux poursuites est déjà pendante devant une autre juridiction[10]. Cette solution s'explique par le fait qu'il appartient au tribunal d'exécution de rechercher si la demande est justifiée, et en particulier, si le titre invoqué est régulier (v. ss no 1351.32); or si cette question est d'ores et déjà soumise à une autre juridiction, il peut préférer attendre que ce litige soit tranché et suspendre, en attendant, la procédure d'exécution forcée immobilière. Mais encore faut-il que la demande de sursis soit présentée au titre du pourvoi immédiat formé contre l'ordonnance ayant ouvert la procédure (v. ss no 1352.56)[11]. Par ailleurs, il appartient au tribunal, ainsi saisi, d'apprécier le caractère sérieux des motifs invoqués[12] et il dispose, à ce titre, d'un pouvoir discrétionnaire[13].

Sous cette réserve, les seules possibilités de suspendre une procédure d'exécution forcée immobilière résultent, d'une part, des **délais de grâce** que le débiteur peut obtenir, et d'autre part, de dispositions particulières applicables en cas de **surendettement.**

1. V. NOT., R. Perrot, préc. ss prést no – P. Hoonakker, *Dr. et proc.* 2002. 40. 158; *Dr. et proc.* 2003. 40. 179.
2. Civ. 2e, 17 janv. 1996, no 94-10.211 (préc. ss prést no) – Civ. 2e, 25 juin 1997, no 95-14.494 (préc. ss prést no).
3. Colmar, 27 févr. 2004, *Rec. jur. de l'Est* 2004. 111.
4. Civ. 2e, 20 nov. 2003, no 02-11.616, NP; *Rec. jur. de l'Est* 2004. 1.
5. Civ. 2e, 11 mai 2006, no 04-13.557, *Bull. civ.* II, no 122; *Rec. jur. de l'Est* 2006. 125.
6. Not., HAEGEL, SCHWOB ET VALLENS, nos 303 et 304 – J.-L. Vallens, « Le juge d'instance et l'exécution forcée immobilière : le sursis aux mesures d'exécution », *Rev. dr. local* 1996, no 17, p. 34 s.
7. Colmar, 14 mai 1993, *Rec. jur. de l'Est* 1993. 118, note Lapp.
8. Colmar, 6 sept. 1994, *Rec. jur. de l'Est* 1995. 68.
9. Sur l'ensemble de la question, Ch. Lapp, « Des incidences de la loi du 9 juillet 1991 portant réforme des procédures civiles d'exécution et de son décret d'application du 31 juillet 1992 sur la procédure d'exécution forcée immobilière du droit local », *Rec. jur. de l'Est* 1995. Doctr. 24 s.
10. Civ. 2e, 2 mars 2000, no 98-21.180, NP; *Rec. jur. de l'Est* 2000. 40.
11. Colmar, 20 sept. 1999, *Rec. jur. de l'Est* 2000. 63.
12. Colmar, 8 janv. 1999, *Rec. jur. de l'Est* 1999. 126.
13. Civ. 2e, 6 mai 2004, no 02-14.637, NP; *Rec. jur. de l'Est* 2004. 103.

1351.34 **Délais de grâce.** La question se pose de savoir si le tribunal d'exécution est compétent pour accorder des délais de grâce en cas de procédure d'exécution forcée immobilière. Interrogée sur ce point dans le cadre d'une procédure de saisie immobilière, la Cour de cassation a dit pour avis que le JEX n'est compétent pour accorder des délais de grâce qu'à condition d'être saisi **avant la publication du commandement** à fin de saisie immobilière et de statuer **avant la fixation de la date de l'adjudication** résultant de la délivrance de la sommation de prendre communication du cahier des charges[1]. Cette solution ne semble pas remise en cause par la réforme de la saisie immobilière, sauf que désormais la date de l'adjudication résultera de la décision du JEX prise en application de l'article 59 du décret n° 2006-936 du 27 juillet 2006 (devenu C. pr. exéc., art. R. 322-26). Il en découle les deux conséquences suivantes : d'une part, seul le juge de la saisie immobilière est compétent pour accorder des délais de grâce **après publication du commandement** (certes il s'agira désormais du JEX, mais il devrait s'agir obligatoirement de celui compétent pour connaître de la saisie immobilière en cause); d'autre part, après la fixation de la date d'adjudication, les règles propres à la saisie immobilière l'emportent sur les règles de droit commun des articles 1244-1 et suivants du Code civil. Avant la réforme, il s'agissait de l'article 703 ACPC qui n'envisageait qu'un report de la date d'adjudication, sur décision du juge de la saisie, dans la limite de quatre mois (délai résultant de L. 29 juill. 1998, loi d'orientation relative à la lutte contre les exclusions, art. 106) et à condition de justifier d'une cause grave. À présent, il s'agit de l'article 61 du décret du 27 juillet 2006 (devenu C. pr. exéc., art. R. 322-28), qui n'autorise le report de la vente forcée qu'en cas de force majeure ou de surendettement (sur ce point, v. s[s] n°s 1351.36 et 1351.37). Transposé en droit local, cet avis signifie que le tribunal d'exécution devrait être compétent pour accorder des délais de grâce après le dépôt de la requête en ouverture de cette procédure[2]. En revanche, comme il n'existe aucune règle particulière relative au report de la date d'adjudication en matière d'exécution forcée immobilière, le tribunal d'exécution, tout comme le JEX saisi avant la requête, reste compétent pour accorder des délais de grâce, en vertu des règles de droit commun des articles 1244-1 du Code civil, même après la fixation de la date d'adjudication.

Mais cette solution est-elle encore applicable depuis l'entrée en vigueur du décret n° 96-1130 du 18 décembre 1996 qui a modifié sur ce point l'article 510 C. pr. civ. et complété l'article 8 alinéa 2 *in fine* du décret du 31 juillet 1992 (devenu C. pr. exéc., art. R. 121-1, al. 2) ? En effet, désormais les délais de grâce sont accordés par la décision dont l'exécution doit être différée, et à défaut :

- par le juge des référés en cas d'urgence;
- par le JEX après signification d'un commandement ou d'un acte de saisie.

Certes le JEX ne dispose d'aucune compétence en matière immobilière (v. s[s] n° 1351.05). Mais les délais de grâce affectent directement le titre exécutoire et empêchent donc toutes les voies d'exécution, quelles qu'elles soient. L'on pourrait donc concevoir que la compétence pour accorder des délais de grâce appartienne dorénavant au JEX, même en cas de procédure d'exécution forcée sur des immeubles, et ce d'autant plus que les articles 510 C. pr. civ. et R. 121-1 alinéa 2 C. pr. exéc. visent tout « *commandement* » sans aucune distinction. Dans ce cas, ce ne serait que si le notaire désigné devait refuser de suspendre les opérations ou si le créancier devait s'y opposer que le tribunal d'exécution pourrait être saisi de cette difficulté et ordonner alors la suspension de la procédure consécutivement aux délais accordés par le JEX. Mais la Cour de cassation semble toujours favorable à la compétence du tribunal d'exécution (v. ainsi un arrêt où elle rappelle le pouvoir discrétionnaire dont dispose le juge, ici la cour d'appel saisie sur pourvoi immédiat d'une décision d'un tribunal d'exécution, en matière de délais de grâce[3]).

1351.35 **Surendettement.** Depuis la loi n° 2010-737 du 1er juillet 2010, portant réforme du crédit à la consommation, et la loi n° 2010-1609 du 22 décembre 2010, dite loi « Béteille », qui a transféré la compétence pour connaître des procédures de surendettement du JEX au juge du tribunal d'instance, la procédure d'exécution forcée immobilière peut être arrêtée de plein droit ou judiciairement en cas de surendettement.

1351.36 **– Arrêt de plein droit.** Selon le premier alinéa de l'article L. 331-3-1 du Code de la consommation, la **décision de recevabilité** prononcée par la commission de surendettement « *emporte suspension et interdiction des procédures d'exécution diligentées à l'encontre des biens du débiteur ainsi que*

1. Cass., avis, 5 mai 1995, n° 09-50.005, *Bull. avis,* n° 5; *D.* 1995. 154 – V. s[s] n° 1351.05 – Solution déjà appliquée antérieurement par le JEX du TGI de Lyon : TGI Lyon, JEX, 6 avr. 1993 et 30 mars 1993, *Gaz. Pal.* 1993. Somm. 276 – Et reprise par Civ. 2e, 14 mai 1997, n° 95-12.946, *Bull. civ.* II, n° 145 – Civ. 2e, 11 mars 1998, n° 95-21.855, *Bull. civ.* II, n° 80.
2. EN CE SENS, Ch. Lapp, préc. s[s] n° 1351.33, *Rec. jur. de l'Est* 1995. Doctr. 24 s., spéc. p. 29.
3. Civ. 2e, 1er févr. 2001, n° 99-15.712, NP; *Rec. jur. de l'Est* 2001. 46.

des cessions de rémunération consenties par celui-ci et portant sur les dettes autres qu'alimentaires ». Cette règle vaut notamment en matière immobilière, ce qui signifie que la saisie immobilière en droit général et l'exécution forcée immobilière en droit local sont arrêtées de plein droit à compter de la décision de recevabilité, sous les deux réserves suivantes. D'une part, seule les procédures contre les biens étant affectées, l'expulsion subsiste sauf la possibilité pour le débiteur d'obtenir une suspension judiciaire (v. s[s] n° 1351.37). D'autre part, le même texte prévoit qu'en cas de saisie immobilière, si la vente forcée a déjà été ordonnée, « *le report de la date d'adjudication ne peut résulter que d'une décision du juge chargé de la saisie immobilière, saisi à cette fin par la commission, pour causes graves et dûment justifiées* ». Transposé en droit local, ce texte devrait autoriser la commission, si au jour de sa décision de recevabilité le notaire chargé de la procédure d'exécution forcée immobilière en cours a déjà fixé la date de l'adjudication, à saisir le tribunal d'instance statuant comme tribunal d'exécution d'une demande de report pour causes graves et dûment justifiées. Mais les règles de procédure applicables sont celles prévues par l'article R. 331-11-2 du Code de la consommation. Il s'ensuit que la demande de la commission est transmise par lettre recommandée avec demande d'avis de réception (LRAR) ou remise contre émargement au greffe, pourvue des mentions et des annexes listées au second alinéa de ce texte. Le jugement, qui est notifié par lettre recommandée avec demande d'avis de réception du greffe, n'est susceptible ni d'appel ni d'opposition.

Cet arrêt de l'exécution forcée immobilière, comme de toutes les autres procédures d'exécution visées, dure jusqu'à l'issue de la procédure de surendettement, sans pouvoir excéder un an. Ainsi, en cas de plan conventionnel, il vaut jusqu'à son approbation par le débiteur et ses principaux créanciers. En cas de mesures imposées, il vaut jusqu'à la décision de la commission et en cas de mesures recommandées jusqu'à leur homologation par le juge d'instance. Mais dans ces derniers cas, l'article L. 331-9 du Code de la consommation prend le relais de l'article L. 331-3-1, en prévoyant que les créanciers, auxquels ces mesures sont opposables, ne peuvent exercer de procédure d'exécution à l'encontre des biens du débiteur pendant leur durée d'exécution. En cas de rétablissement personnel, il faut distinguer selon ses modalités.

S'il est recommandé **sans liquidation judiciaire** par la commission, l'arrêt vaut jusqu'à son homologation par le juge, qui entraîne l'effacement de toutes les dettes non professionnelles à l'exception de celles visées à l'article L. 332-5, pour lesquelles les mesures d'exécution deviendront alors sans objet.

Si le juge ouvre une procédure de rétablissement personnel **avec liquidation judiciaire**, l'article L. 332-6 du Code la consommation prolonge et étend l'arrêt prescrit par l'article L. 331-3-1. En effet, outre la suspension et l'interdiction des mêmes procédures d'exécution, il entraîne de plein droit la suspension des mesures d'expulsion du logement du débiteur. Mais il faut excepter celles fondées sur un jugement d'adjudication rendu en matière de saisie immobilière ainsi que celles ordonnées sur le fondement du troisième alinéa de l'article L. 321-2 C. pr. exéc. La transposition de la première exception à l'exécution forcée immobilière ne pose aucune difficulté. En revanche, la seconde ne pourrait jouer que s'il était admis que le texte en cause est applicable en droit local (v. s[s] n° 1350.07). En tout cas, les actes accomplis avant la suspension au titre d'une saisie immobilière, et donc d'une exécution forcée immobilière en droit local, ne sont pas perdus. En effet, selon l'article L. 332-8 alinéa 2 du Code de la consommation, si le liquidateur poursuit la vente forcée, ces actes accomplis par le créancier saisissant sont réputés accomplis pour le compte du liquidateur, de sorte que la procédure pourra reprendre au stade où le jugement d'ouverture l'avait suspendue.

1351.37 – **Arrêt judiciaire.** Le juge du tribunal d'instance statuant en matière de surendettement peut lui-même arrêter certaines procédures d'exécution avant ou après la décision de recevabilité.

• **Avant la décision de recevabilité,** il peut **anticiper** l'arrêt de plein droit dans les conditions prévues aux articles L. 331-5 et R. 331-11-1 du Code de la consommation.

À ce stade la commission de surendettement peut saisir le juge par lettre selon les modalités prévues à l'article R. 331-11-1 alinéa 1er à la demande du débiteur, aux fins de suspension des mêmes procédures d'exécution que celles qui seront arrêtées de plein droit par la décision de recevabilité (v. s[s] n° 1351.36). En cas d'urgence, la demande peut aussi être formée par le président de la commission ou son délégué ou par le représentant local de la Banque de France.

Le juge statue sur cette demande par voie d'ordonnance qui est notifiée par le greffe selon les modalités prévues par le second alinéa de l'article R. 331-11-1. Comme toute ordonnance rendue en matière de surendettement, celle-ci peut faire l'objet d'un recours en rétractation dans un délai de quinze jours par toute partie intéressée qui n'a pas été mise en mesure de s'opposer à la demande (C. consom., art. R. 331-9-2, III, al. 2), c'est-à-dire ici par les créanciers poursuivants dont la procédure d'exécution est suspendue. Lorsque la suspension est ordonnée, elle est soumise aux mêmes conditions et modalités que celles applicables à la suspension de plein droit produit par la décision de recevabilité (v. s[s] n° 1351.36).

Cette suspension judiciaire peut donc s'appliquer notamment à une saisie immobilière en cours. Mais si la vente forcée a déjà été ordonnée, le report de la date d'adjudication, comme en cas d'arrêt de plein droit (v. s[s] n° 1351.36), ne peut résulter que d'une décision du JEX en charge de la procédure, saisi à cette fin par la commission, pour causes graves et dûment justifiées. Les règles de procédure applicables sont celles prévues à l'article R. 331-11-2 qui régit aussi l'arrêt de plein droit sur ce point (v. s[s] n° 1351.36). Ces règles devraient être transposables à l'exécution forcée immobilière si le notaire en charge de la procédure a déjà fixé la date de l'adjudication, comme pour l'arrêt de plein droit (v. s[s] n° 1351.36).

• **Après la décision de recevabilité,** le juge du tribunal d'instance statuant en matière de surendettement peut **élargir** l'arrêt de plein droit en ordonnant la suspension des mesures d'expulsion du logement, selon les règles prévues aux articles L. 331-3-2 et R. 331-12 du Code de la consommation.

Le juge est saisi par la commission qui a rendu une décision de recevabilité au moyen d'une lettre répondant aux modalités fixées par l'article R. 331-12. En cas d'urgence, il peut aussi être saisi par le président de la commission ou son délégué, le représentant local de la Banque de France ou le débiteur lui-même. Lorsque la suspension est ordonnée, elle court pour la même durée que celle applicable à l'arrêt de plein droit (C. consom., art. L. 331-3-2, *in fine* - v. s[s] n° 1351.36).

Mais la suspension est exclue lorsque les mesures d'expulsion sont fondées sur un jugement d'adjudication rendue en matière de saisie immobilière ou sur le troisième alinéa de l'article L. 321-2 C. pr. exéc.(v. aussi C. consom., art. L. 331-3-2). Ces exceptions, identiques à celles applicables à l'arrêt de plein droit attaché à l'ouverture d'une procédure de rétablissement personnel avec liquidation judiciaire, sont transposables à l'exécution forcée immobilière sous la même réserve (v. s[s] n° 1351.36).

CHAPITRE

1352. Exécution forcée immobilière : ouverture de la procédure

PHILIPPE HOONAKKER
PROFESSEUR À L'UNIVERSITÉ
DE STRASBOURG
AVOCAT

SECTION 0
ORIENTEUR

1352.00 **Plan du chapitre.**

Divisions. La procédure d'exécution forcée immobilière s'ouvre toujours sur requête du créancier poursuivant. Mais sous peine d'irrecevabilité de sa requête, le créancier doit remplir d'abord toutes les conditions préalables que lui impose la combinaison des dispositions de droit local et de droit général.

1352.05 **Conditions de fond.** Faute de dispositions particulières en droit local, l'exécution forcée immobilière est soumise à toutes les conditions de fond du droit général, qu'il s'agisse de celles communes à toutes les procédures civiles d'exécution résultant de la loi n° 92-755 du 9 juillet 1991[1] ou de celles particulières prescrites par les anciens articles 2204 à 2217 du Code civil, qui demeurent, *a priori*, en vigueur en Alsace et en Moselle (v. s[s] n° 1350.07). Les conditions de fond nouvelles, introduites par l'ordonnance du 21 avril 2006 n'auront donc pas vocation à s'appliquer, qu'elles concernent les parties ou les immeubles à saisir[2].

Quant aux parties, le créancier pourra toujours engager une procédure d'exécution forcée immobilière si sa créance n'est pas encore liquide, cette condition n'étant requise qu'au stade de l'adjudication (C. civ., anc. art. 2213), alors qu'elle doit désormais être remplie *ab initio* en droit général (C. pr. exéc., art. L. 321-2[3]). Pour le débiteur, lorsque la saisie doit porter sur un immeuble commun, l'incertitude subsistera sur la question de la poursuite des deux époux[4], si l'article L. 311-7 C. pr. exéc. n'est pas applicable

Quant aux immeubles, lorsque le débiteur en possède plusieurs, ils ne seront saisissables simultanément que dans les cas et conditions prévus selon leur situation géographique (v. s[s] n°s 1351.22 et 1351.23), alors qu'aucune de ces restrictions n'a été reprise par l'ordonnance du 21 avril 2006 en droit général. Mais par voie de conséquence, le cantonnement aux biens de valeur suffisante ou la substitution d'une hypothèque judiciaire à la saisie de certains ces biens, prévus à l'article L. 321-6 C. pr. exéc. ne seront pas davantage applicables. Ceci étant, il faut évidemment que l'immeuble soit

1. L. n° 91-650, 9 juill. 1991, portant réforme des procédures civiles d'exécution, *JO* 14 juill., p. 9228.
2. Ord. n° 2006-461, 21 avr. 2006, réformant la saisie immobilière, *JO* 22 avr., p. 6072.
3. Ord. n° 2011-1895, 19 déc. 2011, relative à la partie législative du Code des procédures civiles d'exécution, *JO* 20 déc., p. 21464.
4. En dernier lieu, sous l'empire des textes antérieurs à l'ordonnance du 21 avril 2006, la Cour de cassation avait jugé que le commandement devait être signifié au seul débiteur et non au conjoint commun en biens : Civ. 2e, 22 févr. 2007, n° 06-12.295, *Bull. civ.* II, n° 50; *RTD civ.* 2008. 534, obs. Vareille – Mais auparavant, elle s'était prononcée en sens contraire : V. NOT., Civ. 2e, 8 juin 2000, n° 98-14110, *Bull. civ.* II, n° 99.

saisissable conformément aux règles de droit commun, combinées, le cas échéant, avec celles particulières de droit local. Il a ainsi été jugé qu'un immeuble grevé d'une interdiction d'aliéner est insaisissable tant que celle-ci est inscrite au Livre foncier, même si un juge de l'exécution (JEX) avait antérieurement déclaré l'immeuble saisissable en application de l'article L. 112-2, 4° C. pr. exéc. De même, la présence d'une sépulture sur une propriété privée ne rend pas celle-ci insaisissable, mais comme la sépulture elle-même et le sol qui la supporte sont inaliénables et insaisissables, l'adjudication forcée ne sera possible que sous réserve qu'il soit fait mention de la sépulture dans le cahier des charges et qu'un accès soit réservé à la famille[1] (v. s^s n° 1353.21).

SECTION 1
CONDITIONS PRÉALABLES

1352.10 Conditions de forme – Divisions. Dans tous les cas, le créancier doit disposer d'un **titre exécutoire. Mais avec la réforme de la saisie immobilière, la question du commandement de payer préalable au débiteur et celle des formalités à accomplir à l'égard du détenteur** lorsque le créancier entend exercer son droit de suite, vont poser de sérieuses difficultés.

§ 1
Titre exécutoire

1352.11 Caractère provisoire. En principe, tout titre exécutoire permet au créancier d'engager toute procédure civile d'exécution (C. pr. exéc., art. L. 111-10, al. 1er). Il s'agit, en Alsace et en Moselle, outre les titres énumérés à l'article L. 111-3 C. pr. exéc., de ceux énumérés à l'article L. 111-5 C. pr. exéc. (v. ss n° 1350.06 : s'agissant de l'acte notarié qui sert de fondement aux poursuites, il doit être rédigé en français et, le cas échéant, mentionner les dispositions essentielles du prêt principal en langue allemande dont le recouvrement est poursuivi[2]).

Mais en matière immobilière et en Alsace-Moselle, il faut réserver l'ancien article 2215 du Code civil, qui demeure, *a priori*, applicable (v. ss n° 1350.07); mais sur ce point, la solution reste identique en droit général car l'ancien article 2215 a été repris dans une rédaction légèrement modifiée, à l'article 2191 (devenu C. pr. exéc., art. L. 311-4). *Il résulte de ce texte* qu'une décision de justice bénéficiant de l'exécution provisoire permet toujours d'engager une procédure d'exécution forcée immobilière. Mais elle n'autorise en aucun cas l'adjudication, laquelle n'est possible que sur le fondement d'une décision définitive passée en force de chose jugée. L'adjudication est donc interdite non seulement en vertu d'un jugement définitif assorti de l'exécution provisoire, légale ou judiciaire, frappé d'appel[3], mais aussi en vertu de décisions provisoires, quelles qu'elles soient, telles les ordonnances de référé[4]. Dans ce dernier cas, cette restriction est même plus forte car lorsqu'une telle décision passe en force de chose jugée, elle reste provisoire et n'autorise donc pas l'adjudication[5]. En revanche, l'exécution forcée immobilière est toujours possible en vertu d'une décision définitive en dernier ressort frappée d'un pourvoi en cassation[6]. Pour les jugements rendus par défaut assortis de l'exécution provisoire, les mêmes solutions s'appliquent, mais il faut attendre l'expiration du délai d'opposition pour engager la poursuite. Passé ce délai, de deux choses l'une :

- ou bien, aucune opposition n'a été formée, et dans ce cas, le jugement aura acquis force de chose jugée et, pour peu qu'il ne soit pas provisoire, une exécution forcée immobilière pourra être poursuivie sans entrave;

- ou bien, une opposition a été formée, et dans ce cas, cette saisie pourra être engagée en vertu de l'exécution provisoire, mais l'adjudication devra être différée comme en cas d'appel.

Mais il faut réserver les dispositions contraires de droit local, conformément à l'article 88 de la loi du 1er juin 1924 (v. ss n° 1350.07). Cette réserve concerne, en la matière, les décisions rendues en **la procédure spéciale sur titres et lettres de change** (C. pr. civ. loc., art. 592 à 605, maintenus en vigueur par Décr. n° 75-1122, 5 déc. 1975[7], art. 14)[8]. Dans la mesure où ces jugements réservent, en cas de condamnation, les droits du débiteur au fond, la procédure restant d'ailleurs pendante devant le tribunal saisi à ce titre, ils ont nécessairement un **caractère provisoire**. Mais comme aux termes de l'article 599 C. pr. civ. loc., de telles décisions sont à considérer comme « *jugement*(s) *de fin d'instance en ce qui*

1. Civ. 2e, 17 oct. 2013, n° 12-23.375, *Bull. civ.* II, n° 206; *RD loc.* nov. 2013, p. 28, note Sander.
2. Civ. 2e, 18 nov. 1999, n° 98-15.105, NP; *Rec. jur. de l'Est* 2000. 13.
3. Colmar, 29 août 1989, *Rec. jur. de l'Est* 1989. 186.
4. Civ. 2e, 17 févr. 1983, n° 81-16.274, *Bull. civ.* II, n° 46; *Gaz. Pal.* 1983. Pan. 180; *RTD civ.* 1983. 601, obs. Perrot – Colmar, 8 sept. 1989, *Rec. jur. de l'Est* 1989. 186.
5. Civ. 2e, 27 nov. 1985, n° 84-14.862, *Bull. civ.* II, n° 180; *D.* 1986. 169, note Prévault.
6. Colmar, 22 oct. 1993, *Rec. jur. de l'Est* 1994. 26.
7. Décr. n° 75-1122, 9 déc. 1975, abrogeant et modifiant certaines dispositions en matière de procédure civile, *JO* 9 déc., p. 12518.
8. Sur cette procédure locale, not. HAEGEL, SCHWOB ET VALLENS, nos 65 s.

concerne [...] *l'exécution forcée* », la cour d'appel de Colmar a jugé qu'elles permettent de conduire la procédure d'exécution forcée immobilière jusqu'à son terme, l'adjudication [1].

1352.12 Notification préalable. Avant la réforme de 1991, l'article 750 C. pr. civ. loc. subordonnait l'exécution forcée à la signification préalable ou concomitante au débiteur du jugement et l'article 798 interdisait toute exécution forcée des ordonnances de taxation des frais et des actes notariés reçus dans l'un des trois départements de l'Est avant l'expiration d'un délai de trois jours courant à compter de la signification de ces titres exécutoires.

Mais ces textes ont été abrogés par l'article 94, 4 de la loi du 9 juillet 1991 (v. s[s] n° 1350.05). Il faut donc désormais faire application des dispositions générales de l'article 503 C. pr. civ. Or ce texte ne vise expressément que les seuls « *jugements* » dont il impose la notification préalable à toute exécution forcée. Le doute est donc permis pour les autres titres exécutoires et, en particulier, pour les actes notariés où les juges du fond étaient divisés [2]. Finalement, la Cour de cassation l'a exclue pour les seuls actes notariés [3]. Elle devrait donc s'appliquer pour les autres titres exécutoires, et notamment pour les titres émis par les personnes morales de droit public où elle a toujours été exigée bien qu'aucun texte ne la prévoie expressément [4]. Par ailleurs, ces abrogations ont fait naître une condition nouvelle, le commandement de payer préalable au débiteur.

§ 2
Commandement de payer préalable au débiteur

1352.21 Droit local antérieur. En droit général, le **commandement préalable** était prévu, avant la réforme de la saisie immobilière par l'ancien article 2217 alinéa 1er du Code civil en ces termes : « *Toute poursuite en expropriation d'immeubles doit être précédée d'un commandement de payer, fait, à la diligence et requête du créancier, à la personne du débiteur ou à son domicile, par le ministère d'un huissier.* »

Mais cette disposition n'était applicable en Alsace-Moselle qu'à défaut de dispositions contraires de droit local (L. 1er juin 1924, art. 88). Or il avait toujours été admis que les articles 750 et 798 C. pr. civ. loc., en prévoyant pour seule formalité préalable, la signification du titre au débiteur, dérogeaient à l'article 2217 du Code civil et rendaient ainsi inutile le commandement de payer préalable [5].

1352.22 Droit positif après la loi du 9 juillet 1991. L'abrogation des articles 750 et 798 C. pr. civ. loc. par l'article 94, 4 de la loi du 9 juillet 1991 avaient ainsi levé tous les obstacles à l'application, en Alsace-Moselle, de l'ancien article 2217 alinéa 1er du Code civil. Du coup, la doctrine s'était rapidement prononcée en faveur du commandement de payer préalable (v. la note de doctrine rédigée par M. Vallens à partir d'une analyse des textes par Me Charles Lapp pour l'Institut de droit local [6] et la jurisprudence a fini par consacrer logiquement cette exigence nouvelle qui a bouleversé les habitudes des praticiens du droit local [7]).

En conséquence, à compter du 1er janvier 1993, toute procédure d'exécution forcée immobilière devait, comme la saisie immobilière en droit général, être précédée de la signification au débiteur d'un commandement de payer conformément aux dispositions de l'ancien article 2217 alinéa 1er du Code civil. À défaut, la requête en exécution forcée immobilière était irrecevable et la décision qui aurait ordonné néanmoins l'adjudication était nulle.

En droit général, les modalités de ce commandement étaient précisément définies par l'article 673 ACPC. Mais ce texte n'était pas applicable à la procédure d'exécution forcée immobilière [8]. Cependant doctrine et pratique étaient d'avis de faire figurer dans le commandement de payer toutes les mentions prévues par ce texte, y compris celles issues de la loi n° 98-46 du 23 janvier 1998 renforçant la protection des personnes surendettées en cas de saisie immobilière [9], à condition qu'elles soient compatibles avec le droit local [10]. En conséquence, outre les mentions communes à tous les actes d'huissier

1. Colmar, 14 avr. 1989, *Rec. jur. de l'Est* 1989. 186.
2. Pour la notification préalable, V. NOT., TGI Strasbourg, JEX, 13 mars 2002, n° 11-01-002720, SCI Locabad c/ UCB, inéd. – *CONTRA*, TGI Blois, JEX, 13 oct. 1995, *Rev. huiss.* 1996. 1271, obs. Faget.
3. Civ. 2e, 4 déc. 2003, n° 02-11.353, *Bull. civ.* II, n° 68, à propos de la saisie immobilière sous l'empire de l'article 673 ACPC ; mais la solution devrait valoir pour toutes les mesures d'exécution forcée – EN CE SENS, R. PERROT et PH. THÉRY, *Procédures civiles d'exécution*, Dalloz, 3e éd., 2013, n° 150.
4. En dernier lieu : Civ. 2e, 1er juill. 1999, n° 97-13.255, *Bull. civ.* II, n° 130 – Civ. 1re, 18 mars 2003, n° 00-21.274, *Bull. civ.* I, n° 82 ; *Dr. et proc.* 2003. 315, obs. Caille.
5. FR. LOTZ, n° 16.
6. J.-L. Vallens, « Exécution forcée immobilière : la formalité du commandement de payer préalable », *Rev. dr. local* 1995, n° 26, p. 24.
7. Colmar, 8 sept. 1995, *Rec. jur. de l'Est* 1996. 37, note Schwob – Civ. 2e, 1er juill. 1999, n° 97-20.487, *Bull. civ.* II, n° 127 ; *Rec. jur. de l'Est* 1999. 158 ; *JCP* 1999. IV. 2571.
8. Civ. 2e, 5 avr. 1991, n° 90-11.336, *Bull. civ.* II, n° 105.
9. Not., H. Croze et T. Moussa, *JCP* 1998. Actu. 633 s.
10. G. Hénon, *Rec. jur. de l'Est* 1998. Doctr. 6 s., n° 85, préc. s[s] n° 1351.36 – E. SANDER, « Exécution forcée immobilière en Alsace-Moselle – Formule de commandement de payer », fasc. 626 – V. AUSSI, mais avec plus de réticence, MISCHLER, n°s 58 et 59.

de justice prévues à l'article 648 C. pr. civ (selon C. civ., anc. art. 2217, il s'agissait d'un acte d'huissier de justice), ce commandement devait comporter : la mention du titre et de sa signification, le décompte des sommes dues en principal, intérêts et frais, la menace d'une procédure d'exécution forcée immobilière et la désignation de l'immeuble concerné; en revanche, il n'avait pas à préciser les voies de recours éventuellement ouvertes au débiteur pour contester le titre exécutoire[1], ni la copie d'un pouvoir spécial donné à l'huissier instrumentaire[2]. Mais il devait comporter également, lorsque le débiteur était une personne physique, les mentions nouvelles issues de la loi du 23 janvier 1998, compatibles avec le droit local, à savoir : la possibilité pour le débiteur de saisir la Commission de surendettement et celle de bénéficier de l'aide juridictionnelle (v. en ce sens, à propos d'un commandement de payer délivré avant la réforme de la saisie immobilière[3]). Sur ces bases, une formule de commandement de payer préalable avait été élaborée sous le contrôle de la Commission d'harmonisation du droit privé[4].

1352.23 Réforme de la saisie immobilière. L'introduction du commandement préalable en droit local était principalement justifiée par deux raisons : l'abrogation des articles 750 et 798 du Code de procédure civile local qui avait rendu possible l'application de l'ancien article 2217 du Code civil et le fait qu'il s'agissait d'un « *acte préparatoire et non d'un acte d'exécution proprement dit* », permettant d'informer le débiteur avant toute saisie de ses immeubles[5]. Si l'article 21 de l'ordonnance du 21 avril 2006 (devenu C. pr. exéc., art. L. 341-1) avait été interprété en ce sens qu'il rende applicable en Alsace-Moselle les dispositions nouvelles introduites dans le Code civil, non contraires à celles du droit local conformément au principe posé par l'article 88 de la loi du 1er juin 1924, le commandement préalable se serait trouvé privé de fondement juridique. En effet, l'article 2217 a été abrogé et aucune des dispositions nouvelles du Code civil, codifiées aux articles L. 311-1 à L. 334-1 du Code des procédures civiles d'exécution, ne prévoit la délivrance d'un commandement préalable à la saisie immobilière. Cette formalité est désormais prévue aux articles 13 à 16 du décret n° 2006-936 du 27 juillet 2006 (devenus C. pr. exéc., art. R. 321-1 à R. 321-4[6]) et de surcroît elle vaut saisie.

Mais la Cour de cassation a surmonté cette difficulté en jugeant que l'article 2217 du Code civil demeure applicable dans les départements de Bas-Rhin, du Haut-Rhin et de la Moselle (v. s^s^ n° 1350.07). Un commandement de payer préalable doit donc toujours être délivré au débiteur. Mais son contenu, outre les mentions communes à tous les actes d'huissier de justice prévues à l'article 648 C. pr. civ., ne saurait être dicté par l'article R. 321-3 C. pr. exéc. car il n'est pas applicable[7]. En revanche, rien n'interdit de s'en inspirer, comme auparavant de l'article 673 ACPC (v. s^s^ n° 1352.22), pour faire figurer dans le commandement toutes les mentions compatibles avec le droit local. Ainsi sont certainement compatibles, les mentions prévues aux 2° (indication du titre exécutoire[8]), 3° (décompte des sommes dues), 5° (désignation des immeubles saisis), 9° (sommation d'indiquer à l'huissier de justice l'adresse du preneur si l'immeuble est loué[9]), 12° (aide juridictionnelle) et 13° (situation de surendettement pour les débiteurs personnes physiques). Inversement, sont certainement incompatibles et n'ont donc pas à figurer dans le commandement, les mentions prévues aux 1° (constitution de l'avocat du créancier), 4° (paiement dans un délai de huit jours sous peine de poursuite de la procédure avec assignation à comparaître à une audience d'orientation), 6° et 7° (effets de la saisie car en droit général le commandement vaut saisie), 8° (faculté de vente amiable ouverte au débiteur), 10° (procès-verbal de description[10]) et 11° (indication du juge de l'exécution compétent). La formule de commandement préalable de payer, élaborée sous le contrôle de la Commission d'harmonisation du droit privé (v. s^s^ n° 1352.22), reste donc d'actualité, sous réserve de la sommation d'indiquer à l'huissier de justice l'adresse du preneur, qui doit être ajoutée si l'immeuble à saisir est loué.

1. Colmar, 21 août 2001, *Rec. jur. de l'Est* 2002. 21.
2. Colmar, 27 févr. 2004, *Rec. jur. de l'Est* 2004. 38, obs. Schwob.
3. Colmar, 13 juill. 2007, *Rec. jur. de l'Est* 2007. 128.
4. Sur cette commission, v. S. Guinchard (dir.), Dalloz action *Droit et pratique de la procédure civile*, 2014/2015, par Hoonakker, n° 7.12 – Sur cette formule, *J.-Cl. Alsace-Moselle*, fasc. 626.
5. EN CE SENS, J.-L. Vallens, préc. s^s^ n° 1352.22.
6. Décr. n° 2012-783, 30 mai 2012, relatif à la partie réglementaire du Code des procédures civiles d'exécution, *JO* 31 mai, p. 9375.
7. Civ. 2e, 14 nov. 2013, n° 12-28.270, *Bull. civ.* II [à paraître]; *D.* 2013. 2706.
8. Ainsi que de l'acte de transmission, le cas échéant. En revanche, lorsque le titre exécutoire invoqué est un acte notarié, la date de l'expédition exécutoire délivrée par le notaire n'a pas à être mentionnée dans le commandement de payer (et son absence sur l'expédition exécutoire n'est pas de nature à affecter la régularité de la procédure) : Civ. 2e, 9 juill. 2009, n° 08-18.329, *Bull. civ.* II, n° 185 (arrêt en ligne sur le site www.dalloz.fr [*Dalloz actualité*, brève 8 sept. 2009, obs. Avena-Robardet]); *Rev. dr. local* sept. 2009, note Sander.
9. Colmar, 18 janv. 2013, min. n° 12 M 31/13, *RD loc.* juin 2013, p. 30, obs. Sander.
10. Colmar, 18 janv. 2013, préc.

§ 3
Formalités à l'égard du tiers détenteur

1352.31 Sommation au tiers détenteur. Selon l'article 142 alinéa 1er de la loi du 1er juin 1924, « *contre un tiers détenteur, l'exécution forcée ne peut être poursuivie qu'après qu'on lui aura signifié, avec la sommation mentionnée à l'article 2169 du Code civil, une copie du titre de la créance à exécuter* ».

Le tiers détenteur est le titulaire d'un droit réel sur l'immeuble, généralement le droit de propriété, autre que le débiteur, contre lequel le créancier dispose d'un droit de suite (bien que seul le tiers détenteur soit expressément visé, la solution vaut sans doute aussi pour la « caution réelle » qui a hypothéqué un immeuble lui appartenant en garantie de la dette du débiteur). Mais comme les droits réels immobiliers ne sont opposables aux tiers, en Alsace-Moselle, qu'après publication au Livre foncier, la sommation au tiers détenteur n'est requise que pour les procédures d'exécution forcée immobilière engagées après l'accomplissement de cette formalité[1] (v. aussi à propos d'un droit d'usage et d'habitation consenti avant l'engagement de la procédure d'exécution forcée immobilière, mais inscrite au Livre foncier des années plus tard[2]).

Le changement de numérotation de certaines dispositions du Code civil, opéré par l'ordonnance n° 2006-346 du 23 mars 2006[3] relative aux sûretés, a fait de l'ancien article 2169, l'article 2464 auquel renvoie donc désormais l'article 142 alinéa 1er par l'effet de l'article 54 de la même ordonnance. Par la suite, ce texte a été modifié par l'article 6 de l'ordonnance n° 2006-461 du 21 avril 2006. Mais pour la même raison que l'ancien article 2217 du Code civil a été jugé encore en vigueur dans les trois départements de l'Est (v. ss n° 1350.07), cette modification ne devrait pas y être applicable. Le renvoi de l'article 142 alinéa 1er de la loi du 1er juin 1924 à l'article 2169, devenu l'article 2464, devrait donc continuer à s'entendre dans sa rédaction antérieure à la réforme de la saisie immobilière, qui était ainsi libellée : « *trente jours après commandement fait au débiteur originaire, et sommation faite au tiers détenteur de payer la dette exigible ou de délaisser l'héritage* ».

Il s'ensuit qu'en droit local le créancier doit signifier au tiers détenteur une copie de son titre exécutoire avec la sommation d'avoir à payer ou délaisser conformément à l'option qui lui est ouverte par l'article 2463 du Code civil (anc. art. 2168). Cette formalité fait courir un double délai dans lequel la procédure d'exécution forcée immobilière doit être engagée à son encontre.

1352.32 • Au plus tôt, le créancier ne pourra agir avant l'expiration d'un délai d'un mois à compter de la signification de la sommation au tiers détenteur (L. 1er juin 1924, art. 142, al. 1er *in fine*). Mais la question reste posée de savoir si ce délai doit s'ajouter à celui prévu à l'article 2464 du Code civil (anc. art. 2169) dans sa rédaction antérieure à l'ordonnance du 21 avril 2006 dans la mesure où elle demeure applicable, car elle n'autorise la sommation au tiers détenteur que trente jours après commandement fait au débiteur originaire.

Deux interprétations sont possibles :

– ou bien, on considère que l'article 142 de la loi du 1er juin 1924 n'étend l'article 2464 du Code civil (anc. art. 2169) à la procédure d'exécution forcée immobilière qu'en ce qui concerne la sommation au tiers qui est seule visée, et alors le délai préalable d'un mois n'est pas applicable;

– ou bien, on considère qu'il prévoit une formalité supplémentaire à celles de l'article 2464 applicable intégralement et alors les délais de ces textes s'additionnent.

1352.33 • Au plus tard, le créancier doit avoir déposé sa requête aux fins d'exécution forcée immobilière dans l'année qui suit la sommation. À défaut, il devra la renouveler sous peine d'irrecevabilité de sa requête (L. 1er juin 1924, art. 142, al. 2).

1352.34 Publication au Livre foncier de la clause de soumission ? La question se posait en droit local de savoir si l'engagement d'une procédure d'exécution forcée immobilière à l'encontre d'un tiers détenteur est subordonné à la publication, au Livre foncier, de la clause de soumission à l'exécution forcée contenue dans l'acte notarié d'affectation hypothécaire, comme le prévoyait l'article 800 alinéa 1er C. pr. civ. loc.

Pendant très longtemps, cette disposition, datant du Code de l'Empire allemand du 30 janvier 1877 (v. ss n° 1350.05), avait été considérée comme tacitement abrogée, notamment du fait de la soumission du droit de suite aux dispositions du droit français par la loi du 1er juin 1924 (L. 1er juin 1924, art. 36, 47, 51 et 142)[4]. Cette solution avait été consacrée expressément par la cour d'appel de Colmar[5].

1. Colmar, 17 févr. 1937, *Rec. jur. de l'Est* 1937. 65, note Thomas.
2. Civ. 2e, 7 mars 2002, n° 00-11.770, NP; *Rec. jur. de l'Est* 2002. 47.
3. Ord. n° 2006-346, 23 mars 2006, relative aux sûretés, *JO* 24 mars, p. 4475.
4. Sur l'ensemble de la question, E. Sander, « La publicité au Livre foncier de la clause de soumission à l'exécution forcée », *Rev. dr. local* 1998. 43.
5. Colmar, 29 nov. 1997, inéd., cité par Ch. Lapp, « Un texte sans objet au regard du droit hypothécaire français : l'article 800 du Code de procédure civile local », *Rec. jur. de l'Est* 1998. Doctr. 26 s.

Mais le débat a rebondi avec la loi du 9 juillet 1991, qui a expressément maintenu en vigueur l'article 800 du Code de procédure civile local (v. s[s] n° 1350.05). Du coup, un jugement du tribunal d'instance de Kaysersberg, rendu le 23 janvier 1997, a rejeté une requête aux fins d'exécution forcée immobilière dirigée contre un tiers détenteur, au motif que la déclaration de soumission à l'exécution forcée n'avait pas été publiée au Livre foncier[1]. L'article 800 C. pr. civ. loc. ne prescrivant aucune sanction à la règle qu'il édicte, cette solution était fondée, en outre, sur les articles 38 *f* et 40 de la loi du 1er juin 1924 (dans leur rédaction antérieure à la loi du 4 mars 2002, mais la rédaction nouvelle ne change rien au problème posé; sur cette loi, v. s[s] n° 1350.08). L'article 38 énumère les droits qui doivent faire l'objet d'une publication au Livre foncier, et l'article 40 prescrit l'inopposabilité de tous ces droits non publiés.

Force était cependant de constater que l'article 38 ne vise pas la clause de soumission à l'exécution forcée (pas plus avant qu'après la loi du 4 mars 2002). C'est la raison pour laquelle cette décision se fondait sur le paragraphe *f* visant les restrictions conventionnelles au droit de disposer (sous réserve d'une faute de frappe, restitutions au lieu de restrictions, rien n'a changé avec la loi du 4 mars 2002), auxquelles la clause de soumission était ainsi assimilée, ce qui était pour le moins contestable[2]. Fallait-il alors considérer qu'en l'état des textes toute procédure d'exécution forcée immobilière était impossible contre un tiers détenteur au motif que la publication de la clause de soumission, prévue à l'article 800 alinéa 1er C. pr. civ. loc., est juridiquement impossible, faute d'être prévue à l'article 38 de la loi du 1er juin 1924 dont la liste est limitative[3] ? Ou fallait-il admettre plutôt que l'article 800 du code, conçu exclusivement pour les hypothèques de droit allemand, est purement et simplement sans objet pour les hypothèques de droit français, seules possibles en Alsace-Moselle[4] ?

C'est cette dernière solution qui a finalement été consacrée par la loi « Béteille » du 22 décembre 2010, dont l'article 6, III abroge l'article 800 C. pr. civ. loc. Désormais il ne fait donc plus de doute que l'engagement d'une procédure d'exécution forcée immobilière contre un tiers détenteur n'est pas subordonnée à la publication, au Livre foncier, de la clause de soumission à l'exécution forcée contenue dans l'acte notarié d'affectation hypothécaire.

SECTION 2
PROCÉDURE

1352.40 Division. La procédure d'exécution forcée immobilière débute toujours par une requête du créancier qui aboutit à une ordonnance du tribunal d'exécution.

§ 1
Requête du créancier

1352.41 Forme. Aux termes de l'article 141 alinéa 1er de la loi du 1er juin 1924, « *la demande qui tend à faire ordonner l'exécution forcée sur les biens immeubles doit être présentée* [...] *soit par écrit soit par déclaration prise en procès-verbal par le greffier* ».

Comme cette demande est présentée de manière non contradictoire et qu'elle aboutit directement à une ordonnance dont seule la notification permettra d'instaurer un débat contradictoire par l'ouverture du pourvoi immédiat (v. s[s] n° 1352.52), la pratique comme les tribunaux la qualifie habituellement de requête avec toutes les conséquences qui en découlent, notamment au niveau de l'assistance et de la représentation des parties (v. s[s] n° 1351.12).

Aucun délai n'est imposé entre la délivrance du commandement et la requête du créancier[5]. De même aucune formalité particulière n'est prévue, la demande pouvant être tant **écrite** que **verbale**. Dans le silence des textes, la requête écrite peut être déposée au greffe ou adressée par voie postale, sans que la forme recommandée ne soit requise; même la télécopie paraît parfaitement possible. Quant à la requête verbale, elle doit toujours être prise en procès-verbal par le greffier.

Rappelons que si traditionnellement la jurisprudence admettait que la requête pouvait être présentée personnellement par le créancier ou pour son compte par **tout mandataire** de son choix, cette solution a été remise en cause par la cour d'appel de Colmar qui a imposé l'application des modalités de représentation prévues à l'article 828 C. pr. civ. dès ce stade de la procédure (v. s[s] n° 1351.12). En tout cas, selon l'article 22 de l'Annexe C. pr. civ., le mandataire doit justifier de son mandat par une procuration déposée au rang des minutes du

1. TI Kaysersberg, 23 janv. 1997, inéd., cité par Ch. Lapp, note préc. s[s] prés[t] n°.
2. EN CE SENS, Ch. Lapp, note préc. s[s] prés[t] n° – E. Sander, note préc. s[s] prés[t] n°.
3. EN CE SENS, E. Sander, *Rev. dr. local* 1998. 43, préc. s[s] prés[t] n°.
4. EN CE SENS, Ch. Lapp, note préc. s[s] prés[t] n° – MISCHLER, n°s 127 à 137.
5. Metz, 15 mai 2013, RG n° 13/00351, *RD loc.* juin 2013, p. 30, obs. Sander, qui rejette l'application par analogie de l'article R. 321-6 C. pr. exéc. imposant en droit général, à peine de caducité, que le commandement de payer valant saisie soit publié au fichier immobilier dans un délai de deux mois.

notaire ou par une procuration authentiquement légalisée si cette forme est demandée par l'un des intéressés ou le notaire. Comme le notaire visé est celui qui sera désigné par l'ordonnance ouvrant la procédure d'exécution forcée immobilière (v. s[s] n° 1352.51), cette formalité n'est pas requise dès le stade de la requête, mais elle sera accomplie à l'occasion des débats que le notaire doit organiser (v. s[s] n° 1353.11). Quant au créancier qui est domicilié en dehors des trois départements de l'Est, il n'a plus à désigner un fondé de pouvoir pour recevoir les significations depuis l'abrogation du troisième alinéa de l'article 141 de la loi du 1er juin 1924 (Décr. n° 75-1122, 5 déc. 1975, art. 11).

1352.42 Contenu. Bien que l'article 141 de la loi du 1er juin 1924 ne le prévoie pas expressément, la requête doit sans doute préciser l'identité complète ainsi que l'adresse du créancier poursuivant, du débiteur et, le cas échéant, du tiers détenteur. Elle devra également comporter un décompte précis des sommes restant dues.

Par ailleurs, elle pourra contenir, « *les* **conclusions éventuelles** *du créancier au sujet de l'époque, du lieu, du mode et des conditions de l'adjudication, ainsi que de la personne du notaire qui en sera chargé* » (L. 1er juin 1924, art. 141-5°). Ces conclusions sont purement **facultatives**, l'avantage qu'elles présentent étant de permettre au créancier de recourir contre l'ordonnance s'il n'y est pas fait droit (v. s[s] n° 1352.56).

Enfin, l'article 141-4° de la loi du 1er juin 1924, prévoit que la requête doit aussi comporter « *la déclaration d'une mise à prix pour chaque article* ». *A priori*, cette mention paraît obligatoire, mais en réalité, elle est dépourvue de toute sanction et de tout intérêt à ce stade de la procédure. En effet, la jurisprudence considère qu'il s'agit d'une règle de pure forme soumise à l'article 114 C. pr. civ. La nullité ne serait donc encourue que si elle était expressément prescrite, ou si la mention requise constituait une formalité substantielle ou d'ordre public, et à condition que la preuve d'un grief soit rapportée. Or en la matière, il ne s'agit pas d'une telle formalité et aucun texte ne prescrit la nullité[1]. De plus, l'omission de cette mention ne saurait faire grief alors que la mise à prix est fixée ultérieurement par le notaire, après un débat contradictoire et sous le contrôle du juge (v. s[s] n° 1353.12)[2]. C'est l'analyse confirmée par la Cour de cassation, qui sans écarter d'office la nullité, approuve les juges du fond de l'avoir rejetée en rappelant que la mise à prix est fixée par le notaire et alors qu'aucun grief n'était allégué[3].

1352.43 Annexes. L'article 141 de la loi du 1er juin 1924, prévoit trois séries d'annexes qui doivent être jointes à la requête :

– l'expédition en forme dûment exécutoire du titre de la créance (L. 1er juin 1924, art. 141-1°) ;

– la preuve des circonstances à l'existence desquelles est subordonnée l'ouverture de l'exécution forcée (L. 1er juin 1924, art. 141-2°); il s'agit notamment de la justification de la signification préalable du titre et, le cas échéant, de la sommation au tiers détenteur et du mandat spécial habilitant le tiers, non avocat, qui présente la requête pour le compte du créancier; il s'y ajoute, depuis la loi du 9 juillet 1991, le commandement de payer préalable au débiteur qui reste exigé, nonobstant l'abrogation de l'ancien article 2217 du Code civil par l'ordonnance du 21 avril 2006 ayant réformé la saisie immobilière en droit général (v. s[s] n° 1352.23);

– une copie du Livre foncier concernant les immeubles dont la vente par expropriation forcée est demandée (L. 1er juin 1924, art. 141-3°).

§ 2
Ordonnance

1352.51 Types d'ordonnances. Saisi par la requête du créancier, le tribunal d'exécution peut rendre quatre types d'ordonnances.

Lorsque la requête est incomplète, il « *ordonne* [sa] ***régularisation*** » (L. 1er juin 1924, art. 143, al. 1er). L'usage du présent implique le caractère obligatoire d'une telle ordonnance, de sorte que le juge ne saurait rejeter la requête au seul motif qu'elle est incomplète.

Ce n'est que si la requête lui paraît « *non fondée* » que le tribunal pourra rendre une **ordonnance de rejet** (L. 1er juin 1924, art. 143, al. 1er). Pour apprécier le bien-fondé, le tribunal d'exécution doit, même d'office, sur le fondement des articles 141 et 143 de la loi du 1er juin 1924, vérifier, au vu des éléments dont il est saisi, si toutes les conditions de l'exécution forcée sont remplies, et en particulier, la validité du titre invoqué et l'existence de la créance alléguée (sur ces questions, v. s[s] n° 1351.32 et les décisions citées).

En revanche, lorsque la requête lui paraît fondée, le tribunal « ***ordonne l'exécution forcée*** » (L. 1er juin 1924, art. 144, al. 1er). Dans ce cas, l'ordonnance rendue doit comporter les mentions prévues à l'article 144 alinéa 2 de la loi du 1er juin 1924[4] :

1. Colmar, 2 févr. 1990, *Rec. jur. de l'Est* 1990. 130 – Colmar, 1er juin 2001, *Rec. jur. de l'Est* 2001. 153.
2. Colmar, 5 juill. 1991, *Rec. jur. de l'Est* 1991. 91.
3. Civ. 2e, 6 oct. 2005, n°s 03-18.793 et 03-18.794, NP; *Rec. jur. de l'Est* 2005. 162.
4. Bien que ce texte n'impose pas expressément la motivation de l'ordonnance, il a été jugé qu'il l'impose implicitement en envisageant l'hypothèse où la« *demande est reconnue fondée* » : Colmar, 29 juill. 2011, RG n° 11/00208, *Rev. dr. local* oct. 2011. 24, note Ducourtioux.

– les nom, profession et domicile du créancier poursuivant ainsi que du débiteur et, le cas échéant, du tiers détenteur;

– la désignation des immeubles;

– l'ordonnance de mise en vente et la nomination d'un notaire chargé de l'adjudication; selon l'article 144 alinéa 3 de la loi du 1er juin 1924; ce notaire doit être choisi, « *autant que possible* », parmi ceux du ressort du ou des tribunaux d'exécution où se situent le ou les immeuble(s) en cause; il n'est donc pas interdit de choisir un notaire hors du ressort territorial du tribunal, mais il faut alors que les circonstances le justifient (v. not. en ce sens un arrêt de la cour d'appel de Colmar où l'étude du notaire choisi n'était pas très éloignée du lieu de situation de l'immeuble et pratiquait la langue des parties, en l'occurrence l'allemand [1]); à compter de sa nomination, il est le délégué du tribunal d'exécution dans la procédure d'exécution forcée immobilière.

Enfin, lorsque le tribunal d'exécution a déjà ordonné l'exécution forcée d'un même immeuble, toute requête ultérieure, qui lui paraît fondée, donne lieu à une **ordonnance d'adhésion,** permettant au nouveau créancier requérant de participer à la procédure. Mais le premier requérant conserve alors la qualité de créancier poursuivant, sauf la possibilité pour un **adhérant,** dit aussi **intervenant,** de reprendre la procédure négligée ou abandonnée par celui-ci (L. 1er juin 1924, art. 143, al. 2). Cette reprise pourra avoir lieu, à tout moment, au stade où la procédure se trouve, mais sans que le créancier intervenant ne dispose de plus de droits que le poursuivant lui-même (ainsi pour une reprise avant le jour fixé pour l'adjudication [2] – pour le cas particulier de la défaillance du créancier poursuivant au jour fixé pour l'adjudication, v. ss no 1353.51).

1352.52 Formalités subséquentes. Selon l'article 145 alinéa 1er de la loi du 1er juin 1924, « *l'ordonnance d'exécution est signifiée d'office au débiteur et au tiers détenteur et inscrite d'office au Livre foncier* ». En pratique, ces formalités subséquentes incombent au greffier qui doit ainsi procéder d'office à la notification de l'ordonnance et à son inscription au Livre foncier.

S'agissant de la *notification*, bien que ce texte vise la signification (cette expression s'explique par l'ancienne signification par voie postale que connaissait le droit local jusqu'en 1975 [3]), l'ordonnance d'exécution est en réalité notifiée par les soins du greffe par **lettre recommandée avec demande d'avis de réception** conformément à l'article 5 de l'Annexe, applicable en la matière en vertu de l'article 43 alinéa 1er de l'Annexe. Ce n'est que si cette lettre de notification ne parvient pas à son destinataire que le greffier invitera le créancier à procéder par voie de signification conformément à l'article 670-1 C. pr. civ. (Annexe, art. 21, al. 3, qui renvoie « *pour le surplus* » aux dispositions du C. pr. civ. et qui est applicable à l'exécution forcée immobilière selon l'art. 44 de l'Annexe). Mais lorsque le domicile du débiteur ou du tiers détenteur est inconnu, la notification se fait entre les mains d'un curateur désigné sur requête du créancier poursuivant par le tribunal d'exécution (L. 1er juin 1924, art. 145, al. 2). En revanche, si le débiteur demeure à l'étranger, l'obligation de désigner dans le département où le notaire est établi un fondé de pouvoir pour recevoir les notifications ne peut recevoir application à ce stade de la procédure [4]. En conséquence, l'ordonnance lui est notifiée à son domicile à l'étranger selon les mêmes formes, sous réserve des règles de droit international qui prévalent toujours sur les règles de droit interne. En particulier, s'il demeure dans un État de l'Union européenne, la notification devra se faire désormais selon les prescriptions du règlement (CE) no 1393/2007 du 13 novembre 2007 applicable depuis le 13 novembre 2008 [5]. Selon l'article 145 de la loi du 1er juin 1924, la notification n'est faite qu'au débiteur et au tiers détenteur. Mais comme elle fait **courir le délai** du pourvoi immédiat (v. ss no 1351.15), il convient aussi de la notifier au créancier poursuivant pour la rendre définitive. La cour d'appel de Colmar a jugé que nonobstant le silence de l'article 145 de la loi de 1924, la requête du créancier doit être notifiée conjointement avec l'ordonnance dans les mêmes conditions que celles prévues à l'article 495 C. pr. civ., compte tenu de l'évolution de la jurisprudence fondée sur l'article 16 C. pr. civ. et sur le principe général de la contradiction. Mais elle retient que l'absence de notification de la requête n'a pas pour effet d'invalider l'ordonnance elle-même, régulière en la forme; elle a pour seule conséquence de ne pas faire courir le délai de recours, en l'occurrence du pourvoi immédiat [6]. Le pourvoi en cassation dirigé contre cet arrêt a été rejeté car l'article 495

1. Colmar, 27 août 2001, *Rec. jur. de l'Est* 2001. 151.
2. TGI Strasbourg, 8 juin 1976, *Rev. jur. Alsace-Lorraine* 1976. 180, note Goetz et Lapp.
3. V. NOT., *J.-Cl. Alsace-Moselle, Vo Procédure de distribution des deniers par ordre en Alsace-Moselle*, par Sander, fasc. 630, no 13.
4. EN CE SENS, MISCHLER, *J.-Cl.*, no 45.
5. Règl. CE no 1393/2007 du Parlement européen et du Conseil, 13 nov. 2007, relatif à la signification et à la notification dans les États membres des actes judiciaires et extrajudiciaires en matière civile ou commerciale (« signification ou notification des actes »), et abrogeant le règlement CE no 1348/2000 du Conseil, *JOUE*, no L 324, 10 déc., p. 79.
6. Colmar, 29 juill. 2011, RG no 11/00208 (préc. ss no 1352.51).

C. pr. civ. n'est pas applicable et que la cour d'appel a retenu « *par des motifs non critiqués* [...] *que les dispositions des articles 144 et 145 de cette loi* [celle du 1er juin 1924] *assurent le respect de la contradiction* »[1]. Ainsi cette décision, non publiée au *Bulletin*, ne règle ni la question de la contradiction car les motifs tirés des articles 144 et 145 de la loi de 1924 n'étaient pas critiqués, ni la question du point de départ du délai du pourvoi immédiat car le pourvoi en cassation a critiqué sur ce point un motif surabondant, la recevabilité du pourvoi immédiat n'ayant pas été discutée devant les juges du fond.

L'*inscription* de l'ordonnance d'exécution au Livre foncier s'opère, à l'initiative du greffier du tribunal d'exécution, par le dépôt d'une requête au greffe du juge du Livre foncier. Elle ne mentionne ni le nom du créancier poursuivant, ni le montant de sa créance, et du coup ne concerne que l'ordonnance initiale et non les éventuelles ordonnances d'adhésion[2]. Mais entre le dépôt de la requête et l'inscription effective de l'ordonnance, il peut s'écouler un délai relativement long, si bien qu'il s'était posé la question de savoir à partir de quel moment courent les effets attachés à l'inscription. Par un arrêt rendu le 2 février 2000, la troisième chambre civile de la Cour de cassation avait jugé que si en vertu des articles 40 et 45 de la loi du 1er juin 1924, le dépôt de la requête confère le rang aux droits inscrits, l'inscription elle-même, et partant l'opposabilité aux tiers du droit (en l'espèce le droit de propriété) qu'elle conditionne, n'existe qu'à compter de son exécution matérielle[3]. Il en résultait notamment qu'une ordonnance d'exécution ne produisait ses effets à l'égard des tiers qu'à compter de la réalisation matérielle de l'inscription et non du dépôt de la requête, ce qui était critiqué et une intervention du législateur était souhaitée[4]. Celle-ci a finalement été réalisée en deux temps. D'abord la loi du 4 mars 2002 (v. ss no 1350.08), modifiant l'article 38-1 de la loi du 1er juin 1924, n'a expressément prévu que les droits et restrictions visés à l'article 38 (lequel n'énumère plus désormais que les droits à inscrire aux fins d'opposabilité aux tiers) sont opposables aux tiers inscrits sur l'immeuble « *dès le dépôt de la requête en inscription* ». Ensuite et pour lever définitivement tout doute, l'article 3 de décret du 3 décembre 2002 (v. ss no 1350.08) a ajouté un article 6-1 au décret du 18 novembre 1924 relatif à la tenue du Livre foncier, ainsi libellé : « *Dans toutes les dispositions applicables dans les départements du Bas-Rhin, du Haut-Rhin et de la Moselle en vertu de la loi du 1er juin 1924 précitée, la date de l'inscription d'une sûreté ou d'un droit s'entend par référence à l'article 45 de cette loi, de la date du dépôt de la requête en inscription* » (l'article 45 fixe le rang des inscriptions à la date du dépôt de la requête). Il ne devrait donc plus faire de doute aujourd'hui que les effets attachés à l'inscription de l'ordonnance d'exécution jouent dès la **date du dépôt de la requête en inscription**[5].

Ainsi en pratique, les effets attachés à la notification de l'ordonnance d'exécution, qui restreint les droits du saisi, se produisent quasiment en même temps que l'opposabilité aux tiers résultant de son inscription au Livre foncier.

1352.53 Restrictions aux droits du saisi. Selon l'article 164 de la loi du 1er juin 1924, « *à partir de la notification de l'ordonnance d'exécution forcée, le débiteur et le tiers détenteur sont considérés comme séquestres judiciaires des immeubles saisis* ». Faute de dispositions particulières, il faut faire application ici des règles de droit commun prévues aux articles 1961 à 1963 du Code civil. Il s'ensuit les restrictions suivantes aux droits du saisi, débiteur ou tiers détenteur, sur l'immeuble saisi.

Il est sans doute comptable à l'égard du créancier poursuivant, de la perception des fruits et revenus. Mais le tribunal d'exécution peut toujours ordonner l'une des mesures suivantes, à la requête de tout intéressé (L. 1er juin 1924, art. 164) :

– commettre un tiers pour l'administration générale ou seulement pour la perception des revenus et des fruits des immeubles;

– faire défense aux locataires et fermiers de payer au débiteur ou tiers détenteur.

Dès notification de l'une de ces décisions aux locataires ou fermiers, ceux-ci ne peuvent plus se libérer qu'en payant, selon le cas, l'administrateur, les créanciers désignés ou la Caisse des consignations (L. 1er juin 1924, art. 164).

Mais le séquestre judiciaire concerne aussi plus généralement l'immeuble saisi lui-même car le séquestre ne peut accomplir que des actes de conservation et d'administration, et en aucun cas des actes de disposition. Il s'ensuit l'indisponibilité de l'immeuble saisi dès la notification de l'ordonnance d'exécution forcée[6]. Certes aucun texte de droit local ne la prévoit expressément, mais outre

1. Civ. 2e, 21 févr. 2013, no 12-11.769, NP; *Rev. dr. local* juin 2013, p. 31, obs. Sander.
2. TPI Mulhouse, 13 mars 1956, *Rec. jur. de l'Est* 1956. 28, obs. Reeb.
3. Civ. 3e, 2 févr. 2000, no 98-10.203, *Bull. civ.* III, no 17.
4. V. NOT., MISCHLER, no 263.
5. EN CE SENS, MISCHLER, *Addendum*, p. 3 et 4.
6. EN CE SENS, Colmar, 10 mai 1994, *Rec. jur. de l'Est* 1996. 221 – Colmar, 10 nov. 2006, RG no 12M 255/06, Me Ruhard, inéd. – *CONTRA* : R. Mischler, « Exécution forcée en droit local : peut-on encore publier une vente après l'inscription de la mention ? », *Rev. dr. local* déc. 2009-janv. 2010. 17.

qu'elle découle de la mission de séquestre judiciaire conférée au saisi[1], elle peut se réclamer aussi de l'article L. 141-2 C. pr. exéc. qui prescrit de manière générale l'indisponibilité de tout bien saisi. Cette incursion du droit général vaut aussi pour la sanction de l'indisponibilité. Il s'ensuit que la vente de l'immeuble saisi n'est pas frappée de nullité. La faculté exceptionnellement offerte au cessionnaire, en droit général par l'article R. 321-13 alinéa 3 C. pr. exéc.[2], de demander la nullité de la vente consentie entre la signification du commandement valant saisie et sa publication au fichier immobilier (v. ss no 1361.252), n'est pas applicable en droit local. La seule sanction envisageable est celle de l'inopposabilité de la vente au créancier poursuivant (en matière mobilière, v. ss no 714.62). Mais en matière immobilière, il faut tenir compte ici des règles de la publicité foncière qui conditionnent l'opposabilité de la saisie aux tiers.

1352.54 Opposabilité aux tiers. L'opposabilité de la saisie aux tiers court à compter de l'inscription de l'ordonnance d'exécution forcée au Livre foncier, c'est-à-dire du dépôt de la requête au greffe (v. ss no 1352.52), dans les conditions prévues aux articles 165 et 166 de la loi du 1er juin 1924.

Selon l'article 165, « *les **fruits** perçus ou les **loyers** et **fermages** échus après l'inscription de l'ordonnance sont, vis-à-vis des créanciers, **assimilés aux immeubles** et le montant en est distribué avec le prix de ces biens, d'après le rang des hypothèques* » (L. 1er juin 1924, art. 165). Toute saisie mobilière de ces fruits, civils ou naturels, devient donc impossible postérieurement à l'inscription au Livre foncier. Quant à celles pratiquées avant l'inscription, elles conservent leurs effets du moins pour les fruits antérieurs[3]. Mais depuis la réforme de 1991, il faut réserver la **saisie-attribution** des créances à exécution successive. En effet, une telle saisie opère transfert de la propriété de la créance dès le jour où elle est pratiquée, quelle que soit la date des échéances postérieures (v. ss nos 831.73 et 831.91). Dans ces conditions, les loyers et fermages échus après l'inscription au Livre foncier devraient continuer à revenir au créancier ayant pratiqué une saisie-attribution antérieurement, et ce jusqu'à l'apurement de sa créance (mais un auteur, assimilant la saisie-attribution à une cession de créance, considère que si elle doit porter sur plus de trois années de loyers, elle devrait être inscrite au Livre foncier conformément à l'article 38-e de la loi du 1er juin 1924 [réd. L. 4 mars 2002 - v. ss no 1350.08, ce texte impose notamment, sous peine d'inopposabilité, l'inscription au Livre foncier de la cession d'une somme équivalent à au moins trois années de loyers ou de fermages non échus, solution qui résultait antérieurement de la combinaison des articles 38-e et 40 alinéa 3; à défaut, elle serait inopposable aux tiers pour les loyers échus au-delà de la troisième année[4]]).

Selon l'article 166 alinéa 1er, « *les **aliénations, charges, hypothèques, baux** et **locations** consenties par le débiteur **après l'inscription** de l'ordonnance d'exécution forcée **ne sont opposables** ni au créancier poursuivant, ni aux créanciers hypothécaires antérieurement inscrits, ni au futur adjudicataire* ». Cet effet attaché à la publication de la saisie est ainsi plus limité qu'en droit général où les aliénations et les inscriptions du chef du débiteur (sous réserve des privilèges immobiliers qui rétroagissent), quelles que soient leur date, « *non publiées ou publiées postérieurement* » sont inopposables au créancier poursuivant (et *a fortiori* aux créanciers inscrits antérieurement) et à l'acquéreur (adjudicataire ou cessionnaire en cas de vente amiable; C. pr. exéc., art. L. 321-5). En droit local, il faut, au contraire, distinguer selon la **date des actes consentis par le saisi**.

Pour les actes consentis *avant l'inscription*, mais qui n'ont pas encore été publiés, l'inopposabilité prévue à l'article 166 ne leur est pas applicable. Mais cela ne signifie pas pour autant qu'ils seraient de plein droit opposables dès leur inscription au Livre foncier. En effet, il faut leur appliquer les règles de droit commun de la publicité foncière qui, en droit local, sont prévues aux articles 38 et 38-1 de la loi du 1er juin 1924. Il s'ensuit qu'il faut opérer la distinction suivante[5] :

– à l'égard du créancier poursuivant inscrit sur l'immeuble, ils sont inopposables si bien qu'en particulier, l'exécution forcée immobilière inscrite au Livre foncier se poursuivra contre le débiteur ou le tiers détenteur nonobstant une vente antérieure publiée ultérieurement;

– à l'égard du créancier poursuivant chirographaire, l'inopposabilité ne joue pas car il n'est pas un tiers au sens de l'article 38-1 et la saisie ne crée pas de droit réel à son profit; en conséquence, une vente consentie avant l'inscription au Livre foncier de l'exécution forcée immobilière leur reste opposable et ils devront donc abandonner toute poursuite dès sa publication au Livre foncier.

Mais parmi ces actes antérieurs, il faut faire une place particulière à ceux qui sont consentis après la

1. EN CE SENS, E. Sander, Lamy DROIT DE L'EXÉCUTION FORCÉE, *v° Ouverture de la procédure d'exécution forcée immobilière*, n° 703-130.
2. Décr. n° 2012-783, 30 mai 2012, relatif à la partie réglementaire du Code des procédures civiles d'exécution, *JO* 31 mai, p. 9375.
3. HAEGEL, SCHWOB ET VALLENS, n° 300.
4. EN CE SENS, MISCHLER, n° 163.
5. V. NOT., E. Sander, *Lamy Droit de l'exécution forcée, v° Ouverture de la procédure d'exécution forcée immobilière*, n° 704-155.

notification de l'ordonnance d'exécution forcée en raison des restrictions qu'elle apporte aux droits du saisi (v. s[s] n° 1352.53), même s'ils sont très rares en pratique, car la notification et le dépôt de la requête aux fins d'inscription au Livre foncier s'opèrent quasi simultanément (v. s[s] n° 1352.52). S'agissant des ***baux inférieurs à douze ans***, ils ne posent aucune difficulté dès lors qu'il s'agit d'actes d'administration qui ne sont pas interdits au saisi (v. s[s] n° 1352.53). Ils sont donc réguliers et opposables, alors qu'en droit général, ils sont inopposables au créancier poursuivant et à l'acquéreur s'ils sont consentis postérieurement à la signification du commandement valant saisie selon l'article L. 321-4 C. pr. exéc. En revanche, les ***aliénations, charges et hypothèques*** se heurtent à l'indisponibilité de l'immeuble saisi. De tels actes sont sans doute inopposables *a fortiori* aux créanciers inscrits antérieurement.

Mais qu'en est-il des créanciers chirographaires ? Malheureusement en droit local, ils ne peuvent invoquer ni la nullité, contrairement au droit général (v. s[s] n° 1352.53), ni l'inopposabilité car l'article 166 ne vise que les actes consentis après l'inscription de l'ordonnance au Livre foncier. Ils ne pourraient donc que rechercher la responsabilité pénale du débiteur sur le fondement de l'article 314-6 du Code pénal.

Pour les actes consentis *après l'inscription* au Livre foncier de l'ordonnance d'exécution forcée, l'article 166 alinéa 1er commande leur inopposabilité, ce qui appelle les trois observations suivantes.

En premier lieu, elle joue pour tous les actes cités, en l'occurrence, les **aliénations, charges, hypothèques, baux et locations, à condition qu'ils portent sur l'immeuble saisi** (elle ne s'applique donc pas, en particulier, à la vente du fonds de commerce exploité dans l'immeuble par le propriétaire poursuivi[1] – en revanche, cet arrêt n'exclut pas l'inopposabilité du bail commercial consenti accessoirement à la vente du fonds, mais elle n'est pas prononcée car elle n'avait pas été demandée).

En second lieu, l'**inopposabilité ne signifie pas nullité.** Ces actes sont donc valables *inter partes*, mais ils sont privés d'effet à l'égard des personnes limitativement énumérées, savoir : le créancier poursuivant, les créanciers hypothécaires antérieurement inscrits et le futur adjudicataire.

Enfin et en troisième lieu, la vente consentie après l'inscription au Livre foncier de l'ordonnance d'exécution forcée peut être « *validée* », c'est-à-dire rendue opposable (comme en droit général pour les aliénations non publiées ou publiées postérieurement au commandement valant saisie selon C. pr. exéc., art. L. 321-5 alinéa 2), aux deux conditions prévues à l'article 166 alinéa 2 de la loi du 1er juin 1924 :

– l'acquéreur doit consigner une somme suffisante, tant pour désintéresser les créanciers dont il s'agit, que pour couvrir les frais; les créanciers concernés sont non seulement tous les créanciers poursuivants, mais aussi tous les créanciers inscrits sur l'immeuble;

– il doit faire opposition à l'adjudication auprès du notaire désigné avant l'ouverture des enchères (sur l'ouverture, v. s[s] n° 1353.52).

À défaut, la vente consentie postérieurement à l'inscription au Livre foncier de l'ordonnance d'exécution forcée reste inopposable, et ceci même si le prix convenu est supérieur à la mise à prix car son acceptation par les créanciers ne démontre nullement leur intention de renoncer au surplus[2]. L'exécution forcée immobilière doit alors se poursuivre sans que le notaire[3] ou le juge sur pourvoi[4] n'ait à différer ou suspendre l'adjudication. La seule possibilité de sauver la vente amiable serait de recueillir l'accord de tous les créanciers, poursuivants et inscrits, de renoncer à la procédure moyennant attribution du prix convenu, malgré son insuffisance pour les désintéresser tous.

Mais la cour d'appel de Colmar refuse aussi l'inscription au Livre foncier d'une vente consentie après la publication de l'ordonnance d'exécution forcée (près de onze ans plus tard dans un cas[5], près de dix-sept mois dans l'autre[6]). Dans des termes identiques, elle se fonde sur l'indisponibilité de l'immeuble saisi à compter de la notification de l'ordonnance d'exécution forcée et sur l'absence de toute consignation dans les conditions de l'article 166 de la loi du 1er juin 1924. Dans la seconde décision, elle ajoute que cette solution présenterait l'avantage de rapprocher le droit local du droit général et d'éviter les inconvénients inhérents à la seule inopposabilité au créancier poursuivant.

Cette jurisprudence est justement critiquée[7] dès lors que :

– le droit général envisage expressément aux articles L. 321-5 alinéa 2 C. pr. exéc. et R. 321-14 C. pr. exéc., la possibilité de publier une aliénation postérieurement à la publication du commandement de payer valant saisie; mais celle-ci sera privée d'effet à l'égard du poursuivant et de l'acquéreur sauf en cas de consignation dans les conditions prévues par ces textes; la solution critiquée

1. Metz, 13 janv. 2000, *Rec. jur. de l'Est* 2000. 65.

2. Colmar, 20 janv. 1989, *Rec. jur. de l'Est* 1989. 21.
3. Colmar, 19 mai 1993, *Rec. jur. de l'Est* 1993. 122.
4. Colmar, 20 janv. 1989 (préc. s[s] prés[t] n°).
5. Colmar, 10 mai 1994, *Rec. jur. de l'Est* 1996. 221.
6. Colmar, 10 nov. 2006, RG n° 12M 255/06, Me Ruhard, inéd.
7. V. MISCHLER, *J.-Cl.*, n° 53 – E. Sander, Lamy DROIT DE L'EXÉCUTION FORCÉE, *v° Ouverture de la procédure d'exécution forcée immobilière*, n° 703-170.

éloigne donc le droit local du droit général et non l'inverse;

- l'indisponibilité n'est pas sanctionnée par la nullité mais par l'inopposabilité relative de la cession et, en tout cas, le juge du Livre foncier n'est juge ni de l'opposabilité, ni de la validité des actes à transcrire, en dehors des cas de nullité visés à l'article 46 de la loi du 1er juin 1924 et des cas d'ordre public[1].

1352.55 **Saisine du notaire.** Dans le délai d'**une semaine** suivant l'accomplissement des deux formalités prescrites à l'article 145 de la loi du 1er juin 1924, à savoir : la notification au débiteur et au tiers détenteur et l'inscription au Livre foncier, « *les pièces de la procédure doivent, en tant qu'elles sont nécessaires pour procéder à l'adjudication, être transmises au notaire chargé de l'adjudication* » (L. 1er juin 1924, art. 146, al. 1er).

Mais en pratique, les greffiers attendent souvent que l'ordonnance d'exécution forcée ait acquis force de chose jugée, et ce malgré le caractère impératif de cette disposition et l'absence de tout effet suspensif attaché à la voie de recours ouverte et à son exercice (v. ss no 1352.56).

Par la suite, le greffe transmettra également au notaire désigné, toutes les ordonnances ultérieurement rendues ainsi que toutes les pièces qui lui sont adressées si elles peuvent avoir quelque influence sur l'adjudication ou sur l'inscription du procès-verbal d'adjudication (L. 1er juin 1924, art. 146, al. 2).

1352.56 **Voie de recours.** Comme toute décision du tribunal d'exécution, l'ordonnance d'exécution forcée immobilière est susceptible d'un **pourvoi immédiat** (v. ss no 1351.14). Cette voie de recours, ouverte à tout intéressé (v. ss no 1351.15), pourra sans doute être exercée par le débiteur ou le tiers détenteur. Quant au créancier poursuivant, il pourra évidemment y recourir pour contester une ordonnance de rejet, mais aussi pour critiquer une ordonnance de régularisation qu'il jugerait injustifiée ou une ordonnance d'exécution forcée qui n'aurait pas fait droit intégralement à sa requête, notamment en rejetant implicitement ou explicitement certaines de ses conclusions éventuelles (v. ss no 1352.42). C'est du reste, la seule voie de recours ouverte même pour soulever une question de compétence, le contredit n'étant pas recevable en la matière[2]. En revanche, aucun pourvoi n'est possible contre une simple ordonnance intermédiaire[3].

Pour le surplus, le pourvoi immédiat est soumis aux règles habituelles déjà exposées plus haut (v. ss no 1351.15), et en particulier, il ne produit aucun effet suspensif (v. ss no 1351.16).

1. EN CE SENS, v. *J.-Cl. Alsace-Moselle, vo Publicité foncière*, par Lotz et Mischler, fasc. 431, nos 25 s.
2. Colmar, 27 août 2001, *Rec. jur. de l'Est* 2001. 155.
3. Colmar, 4 nov. 2005, *Rec. jur. de l'Est* 2006. 22.

CHAPITRE

1353. Exécution forcée immobilière : adjudication

PHILIPPE HOONAKKER
PROFESSEUR À L'UNIVERSITÉ
DE STRASBOURG
AVOCAT

SECTION 0
ORIENTEUR

1353.00 **Plan du chapitre.**

1353.05 **Vente forcée.** La seule issue de l'exécution forcée immobilière, envisagée par les articles 141 et suivants de la loi du 1er juin 1924, est la vente forcée par adjudication aux enchères publiques. La vente amiable introduite en droit général par l'ordonnance du 21 avril 2006 réformant la saisie immobilière n'est donc en aucun cas applicable. Mais cela n'empêchera pas évidemment la poursuite de la pratique, largement suivie, de la vente volontaire de droit commun, conclue avec l'accord du créancier poursuivant et sous l'égide du notaire à l'occasion des débats qu'il doit organiser.

SECTION 1
PRÉPARATION DE L'ADJUDICATION

1353.10 **Rôle du notaire.** La préparation de l'adjudication se fait sous la direction du notaire qui désormais joue le rôle principal dans la procédure d'exécution forcée immobilière. Mais il agit toujours avec la participation active des parties et sous le contrôle du juge. Aussi, même s'il lui appartient d'arrêter toutes les conditions de l'adjudication qu'il consignera dans le **cahier des charges**, il doit d'abord recueillir l'avis des parties à l'occasion de **débats** qu'il organise et celles-ci peuvent toujours en référer au tribunal d'exécution en lui présentant toutes **objections et observations** sur le déroulement des opérations ou les décisions prises.

Il a été jugé que cette phase de la procédure serait gracieuse et qu'en conséquence l'article 386 C. pr. civ. relatif à la péremption d'instance n'est pas applicable[1]. Mais comme l'annotatrice de cet arrêt l'a démontré, le caractère gracieux est à la fois indifférent et contestable; si l'article 386 doit être écarté, c'est que cette phase de la procédure ne correspond pas à une « *instance* », laquelle se déroule exclusivement devant le tribunal d'exécution, d'abord en amont au moment de l'ouverture de la procédure, puis à l'occasion de toutes objections ou observations portées devant lui. Le notaire, en effet, bien que considéré comme le délégué du tribunal, ne dispose pas lui-même de pouvoirs juridictionnels, si bien que la phase notariale de la procédure d'exécution forcée immobilière n'est pas une instance judiciaire[2] et

1. Colmar, 9 oct. 1998, *Rec. jur. de l'Est* 1999. 120, note Wagner.
2. EN CE SENS. Colmar, 5 juill. 2013, min. n° 12 M 182/13, Brigenti c/SA UBS, à propos de la péremption d'instance qui est écartée.

n'est donc soumise ni aux règles générales de la procédure civile, ni à l'article 6 § 1 de la Convention européenne des droits de l'homme (v. en ce sens un arrêt de la deuxième chambre civile[1] : pour la doctrine la plus autorisée, cette décision de la Cour de cassation n'est pas incompatible avec celle rendue par la Cour européenne des droits de l'homme[2], espèce dans laquelle la Cour européenne était saisie d'une procédure de partage judiciaire [comparable à la procédure d'exécution forcée immobilière car un notaire y est aussi désigné par le tribunal pour mener les opérations de partage] dont elle a jugé la durée déraisonnable en prenant en considération les deux phases, judiciaire et notariale - mais si l'article 6 § 1 est ainsi appliqué à la phase notariale, c'est « *par le biais du contrôle que le tribunal exerce sur la procédure de partage* »[3]; et non à raison d'une instance qui se déroulerait devant le notaire[4] - dans le même sens un arrêt de la Cour européenne, mais son annotateur justifie cette opposition apparente de jurisprudence en faisant prévaloir, sur l'approche fonctionnelle de ces décisions, une approche matérielle fondée sur l'absence de contentieux à trancher devant le notaire[5]). La phase notariale de la procédure d'exécution forcée immobilière est donc exclusivement régie par les règles de droit local maintenues en vigueur.

§ 1
Débats

1353.11 **Participants.** Le notaire doit convoquer le **créancier poursuivant**, le **débiteur** et, le cas échéant, le **tiers détenteur** (L. 1er juin 1924, art. 147, al. 1er). Il n'a donc pas, en principe, à convoquer les éventuels créanciers intervenants. Mais en pratique, comme ces créanciers sont intéressés par le sort de la procédure qu'ils doivent pouvoir reprendre, à tout moment, en cas de négligence du poursuivant (v. s^s^ n° 1353.51), le notaire les tient généralement informés du déroulement de la procédure, et en particulier, de la tenue des débats qu'il organise. S'ils décident alors d'y participer, ils ne pourront le faire qu'en tant que simples observateurs, sans que le notaire n'ait à recueillir leur avis sur les points à discuter.

Les convocations sont faites par **plis recommandés** adressés aux intéressés (L. 1er juin 1924, art. 147, al. 1er). Mais si l'avis de réception revient non signé du destinataire, le notaire doit procéder à une nouvelle convocation par voie de signification (en ce sens, dans le cadre d'une procédure de partage judiciaire, à propos d'une convocation par lettre recommandée avec demande d'avis de réception qui est revenue non réclamée[6]; mais cette décision rendue notamment au visa de l'article 6 § 1 Conv. EDH est parfaitement transposable à la procédure d'exécution forcée immobilière). Si les intéressés demeurent à l'étranger, ils sont tenus de désigner dans le département où le notaire est établi un fondé de pouvoir chargé de recevoir les notifications (C. pr. civ., art. 21 et 44 Annexe). À défaut, elles seront acheminées « *par la voie postale* », ce qui signifie par lettre recommandée avec demande d'avis de réception selon l'article 44 de l'Annexe. Autrement dit, les intéressés demeurant à l'étranger n'ayant pas désigné de fondé de pouvoir sont convoqués à leur domicile dans les mêmes formes que ceux qui demeurent en France. Mais l'identité n'est pas parfaite car il faut réserver les textes de droit international public qui prévalent toujours sur le droit interne. En particulier, si l'intéressé demeure dans un État de l'Union européenne, la notification devra se faire selon les prescriptions du règlement (CE) n° 1393/2007 du 13 novembre 2007 applicable depuis le 13 novembre 2008. Par ailleurs, si l'avis de réception revient non signé, le notaire doit, comme pour les intéressés demeurant en France, procéder par voie de signification, mais celle-ci relève alors des articles 683 à 688 C. pr. civ.

La loi n'impose aucun délai pour l'envoi des convocations, mais le notaire doit veiller à respecter un « ***délai* raisonnable** » qu'il doit apprécier en fonction notamment de « *l'éloignement et de la complexité de la procédure* »[7]. En pratique, les notaires appliquent souvent, par analogie, les délais prévus en matière de partage judiciaire par l'article 225 de la loi civile du 1er juin 1924, soit quinze jours pour les parties demeurant dans l'un des trois départements de l'Est et un mois pour les autres. Mais pour les parties demeurant à l'étranger, les délais de distance prévus à l'article 643 C. pr. civ. sont-ils appli-

1. Sur ce dernier point, Civ. 2e, 21 mars 2002, n° 00-14.700, *Bull. civ.* II, n° 48 (préc. s^s^ n° 1351.11).
2. CEDH 28 nov. 2000, *Rec. jur. de l'Est* 2001. 9; *Procédures* 2001. Comm. 83, obs. Fricero – V. AUSSI, D. Dargone, « La durée d'une procédure de partage judiciaire à l'épreuve de la Convention européenne des droits de l'homme », *Rev. dr. local* 2001. 31 – G. Hénon, « Les procédures d'exécution forcée immobilière et de partage judiciaire confrontées à l'article 6-1 de la Convention européenne des droits de l'homme », *Rec. jur. de l'Est* 2001. Doctr. 10 – Ch. Lapp, « Plaidoirie pour un tribunal », *Rec. jur. de l'Est* 2002. Doctr. 11.
3. Fricero, obs. s^s^ CEDH 28 nov. 2000, préc. s^s^ prés^t^ n°.
4. V. AUSSI, en ce sens, les commentaires de N. Fricero et Ch. Lapps s^s^ Civ. 2e, 21 mars 2002, n° 00-14.700 (préc. s^s^ prés^t^ n°).
5. CEDH 10 avr. 2003, *Rec. jur. de l'Est* 2003. 132, note Hénon.
6. Civ. 1re, 12 déc. 2006, n° 04-17.822, *Bull. civ.* I, n° 541; *Rec. jur. de l'Est* 2007. 1, obs. Schwob.
7. TI Mulhouse, 1er févr. 1993, *Rec. jur. de l'Est* 1993. 85.

cables ? Il faut se souvenir que cette disposition est réservée aux demandes portées devant une juridiction. Or la phase notariale de la procédure d'exécution forcée immobilière ne correspond pas à une instance judiciaire car le notaire est dépourvu de tout pouvoir juridictionnel, ce qui explique notamment l'exclusion de l'article 6 § 1 Conv. EDH (v. s[s] n° 1353.10). L'article 643 C. pr. civ. n'a donc pas vocation à s'appliquer[1]. Le nombre des réunions n'est pas fixé non plus de sorte que le notaire peut organiser autant de débats que nécessaire pour épuiser toutes les questions à débattre.

Les parties ainsi convoquées peuvent comparaître personnellement devant le notaire ou se faire représenter, et *a fortiori* assister, par toute personne de leur choix. Mais le **mandataire** doit justifier d'une procuration déposée au rang des minutes du notaire (C. pr. civ., art. 22 et 44 Annexe) ; à ce titre, il suffira qu'elle soit annexée au procès-verbal des débats que le notaire dressera (sur ce point, v. s[s] n° 1353.13). De plus, tout intéressé, ou le notaire lui-même, peut toujours demander que la procuration soit « *authentiquement légalisée* » (C. pr. civ., art. 22 et 44 Annexe). Mais il est généralement admis en pratique que ces règles ne s'appliquent pas aux avocats car le mandat légal dont ils bénéficient déroge à l'article 22 de l'Annexe[2].

Si une partie régulièrement convoquée ne comparaît pas, la procédure n'en sera affectée que dans les circonstances suivantes. Si c'est le créancier poursuivant qui est absent aux débats, la procédure pourrait normalement se poursuivre jusqu'à l'adjudication car ce n'est qu'à ce stade que la loi la déclare close lorsque le poursuivant ne se présente pas (L. 1er juin 1924, art. 151 – v. s[s] n° 1353.51). Mais en pratique, le notaire hésitera beaucoup à poursuivre la procédure et à multiplier les frais, alors que le principal intéressé s'en désintéresse. Aussi préférera-t-il généralement dresser un procès-verbal de carence et suspendre la procédure que tout créancier intervenant pourra alors reprendre. À défaut, le notaire adressera copie de son procès-verbal au tribunal d'exécution qui pourra alors la déclarer close immédiatement. En revanche, la défaillance du débiteur ou du tiers détenteur n'emporte jamais suspension de la procédure. Il en va de même des créanciers intervenants dont la convocation, et *a fortiori* la présence aux débats, ne sont que facultatives.

1353.12 Objet des débats. Selon l'article 147 alinéa 1er de la loi du 1er juin 1924, les débats portent « *sur les points à examiner, notamment la mise à prix, les conditions, l'époque, le mode et le lieu de l'adjudication* ». Cette liste n'est évidemment pas limitative. Plus généralement, le notaire devra interroger les parties sur toutes les circonstances, générales ou particulières, nécessaires à la préparation et à la réalisation de la vente. Ainsi, il lui appartiendra également de s'informer sur la situation locative de l'immeuble, son origine de propriété, *etc.*

Mais le **but** des débats n'est en aucun cas de parvenir, à tout prix, à un accord des parties sur tous les points à examiner, ce qui serait bien illusoire souvent. Il est seulement de permettre au notaire de recueillir leur **avis** avant d'arrêter lui-même toutes les conditions et modalités de la vente qu'il consignera dans le cahier des charges lui appartenant d'établir (v. s[s] n° 1353.21).

À cet égard, la fixation de la **mise à prix**, qui constitue sans doute le point le plus important des débats, offre une excellente illustration du rôle respectif du notaire et des parties. Il résulte, en effet, d'une jurisprudence abondante, consacrée à cette question, les règles suivantes. Il n'est plus discuté depuis très longtemps que la mise à prix est fixée par le notaire, comme du reste toutes les autres conditions et modalités de la vente, dès lors qu'il lui appartient de rédiger le cahier des charges (v. s[s] n° 1353.21 – sur l'ensemble de la question, v. not. le communiqué du Conseil régional des notaires sur la fixation de la mise à prix en cas d'exécution forcée sur les biens immeubles[3]). Mais pour ce faire, il ne dispose pas d'un pouvoir discrétionnaire. Outre qu'il agit toujours sous le contrôle du juge (v. s[s] n° 1353.31), il doit veiller au respect des prescriptions suivantes. Sur ce point essentiel, le droit local se distingue fondamentalement du droit général de la saisie immobilière où la mise à prix est, en principe, fixée par le créancier poursuivant, lui-même, dans le cahier des conditions de vente, substitué à l'ancien cahier des charges :

– avant toute décision, il doit recueillir l'avis des parties à l'occasion des débats[4] ;

– si ces débats aboutissent à un accord du créancier poursuivant et du débiteur sur la mise à prix, celui-ci s'impose au notaire qui ne peut plus modifier la mise à prix ainsi convenu entre les parties[5] ;

– à défaut, le notaire doit fixer la mise à prix en tenant compte d'éléments objectifs, tels que l'état de l'immeuble, sa situation, les conditions du marché, pour parvenir à un compromis équitable entre

1. Sur l'ensemble de la question, v. G. Hardy, « Exécution forcée immobilière en Alsace-Moselle et délais de distance », *RD loc.* juin 2014, p. 28.
2. V. CEP., MISCHLER, *J.-Cl.*, n° 37.
3. *Rec. jur. de l'Est* 1951. Doctr. 65.
4. V. NOT., TGI Strasbourg, 17 févr. 1961, *Rec. jur. de l'Est* 1961. 380 – TGI Mulhouse, 22 nov. 1950, *Rec. jur. de l'Est* 1951. 190.
5. Colmar, 7 févr. 1992, *Rec. jur. de l'Est* 1992. 56.

les intérêts du créancier et du débiteur, assurant un prix attractif qui ne peut correspondre à la valeur vénale[1]; à cet égard, il est généralement admis que la mise à prix peut correspondre à environ deux tiers de la valeur vénale[2]. En cas de contestation, la Cour de cassation reconnaît aux juges du fond un pouvoir souverain d'appréciation pour la fixation de la mise à prix[3];

- pour apprécier ces éléments objectifs, le notaire peut décider de recourir à une expertise; mais dans ce cas également, il devra d'abord recueillir l'avis des parties à l'occasion des débats[4].

Toutes ces règles dégagées à l'occasion de la mise à prix sont évidemment applicables, *mutatis mutandis*, à toutes les autres conditions et modalités de la vente. L'essentiel au stade des débats étant de recueillir l'avis des parties présentes que le notaire devra prendre soin de consigner dans le procès-verbal.

1353.13 **Procès-verbal.** Le notaire dresse un procès-verbal de tous les débats qu'il organise (L. 1er juin 1924, art. 147, al. 2). Aucun texte ne prescrivant expressément son **contenu,** il est généralement admis qu'il doit rappeler les éléments essentiels de la procédure (ordonnance d'exécution forcée, identité des parties, désignation complète des immeubles, date, lieu et heure des débats, comparution des parties, *etc.*) et surtout retracer le plus fidèlement possible la teneur des débats. À ce titre, il appartient au notaire de consigner les **déclarations** des parties sur tous les points abordés et, le cas échéant, de préciser avec soin les **accords** qui ont pu intervenir ou les **décisions** qu'il a d'ores et déjà pu annoncer, avec les éventuelles réserves ou contestations des parties.

Sur la **forme,** il n'a jamais été contesté que le procès-verbal est rédigé et signé par le notaire. Mais la question de la **signature des parties** est bien plus controversée. En l'absence de décisions propres à la procédure d'exécution forcée immobilière, la pratique se référait habituellement aux solutions dégagées par la jurisprudence en matière de partage judiciaire où le notaire est aussi le délégué du tribunal[5]. En la matière et en dernier lieu, après avoir imposé la signature de tous les procès-verbaux sur le fondement de l'article 195 C. pr. civ. relatif à la comparution personnelle des parties[6], les cours d'appel de Metz et de Colmar ont opéré la distinction suivante : les procès-verbaux qui constatent un accord, même partiel, des parties doivent comporter leur signature en vertu de l'article 130 C. pr. civ.; en revanche, les autres, qui se limitent à des constatations matérielles faites par le notaire, sont dispensés de leur signature car au lieu de l'article 195 C. pr. civ. qui est écarté au motif que les débats devant le notaire ne sauraient être assimilés à une mesure de comparution personnelle, il faut faire application de l'article 241 de la loi du 1er juin 1924, prescrivant que la procédure de partage devant le notaire est régie par les prescriptions générales sur les opérations et les actes des notaires, lesquelles ne requièrent pas la signature des parties[7].

Malheureusement cette disposition particulière n'a pas d'équivalent dans la procédure d'exécution forcée immobilière. Cette difficulté a finalement été réglée par la Cour de cassation qui a jugé que « *l'article 147 de la loi du 1er juin 1924 n'impose pas que le procès-verbal établi par le notaire soit signé par les parties et que l'article 195 NCPC n'était pas applicable en l'espèce* »[8]. L'exclusion de l'article 195, comme celle de l'article 6 § 1 de la Convention européenne des droits de l'homme, s'explique sans doute par le fait que le notaire ne dispose pas de pouvoirs juridictionnels (sur ce point, v. ss no 1353.10). Mais du coup, l'article 130 C. pr. civ. n'est pas plus applicable en la matière. Faut-il alors en conclure que les procès-verbaux constatant un accord des parties ne requièrent pas non plus leur signature ? Il ne le semble pas car, à défaut, un tel procès-verbal risquerait d'être privé de toute force probante à l'égard des parties qui se sont engagées devant le notaire[9].

§ 2
Cahier des charges

1353.21 **Rédaction.** Selon l'article 147 alinéa 2 de la loi du 1er juin 1924, le notaire « *procède sans délai à la rédaction du cahier des charges* ». Mais cette prescription n'étant assortie d'aucune sanction, le notaire n'établira le cahier des charges que lorsqu'il

1. Metz, 14 oct. 1985, *Rev. jur. Alsace-Lorraine* 1986. 14.
2. Colmar, 20 sept. 1999, *Rec. jur. de l'Est* 2000. 63 – TI Mulhouse, 1er févr. 1993, *Rec. jur. de l'Est* 1993. 85 – V. AUSSI, MISCHLER, *J.-Cl.*, no 62; MISCHLER, No 258.
3. Civ. 2e, 8 mars 2007, no 05-21.107, *Bull. civ.* II, no 57; *Rec. jur. de l'Est* 2007. 64.
4. TI Saverne, 24 juin 1994, *Rec. jur. de l'Est* 1994. 109.
5. *J.-Cl. Alsace-Moselle,* par Lotz et Mischler, fasc. 362, nos 21 s. – HAEGEL, SCHWOB ET VALLENS, nos 149 à 151 – Ch. Lapp, « Contribution à deux questions concernant le partage judiciaire », *Rec. jur. de l'Est* 1996. Doctr. 7 – MISCHLER, *J.-Cl.*, no 54.
6. Metz, 17 oct. 1984, *Rec. jur. de l'Est* 1985. 128.
7. Metz, 16 déc. 1985, *Rec. jur. de l'Est* 1986. 63 – Colmar, 2 févr. 1993, *Rec. jur. de l'Est* 1993. 89 – Colmar, 29 mai 1998, *Rec. jur. de l'Est* 1998. 147.
8. Civ. 2e, 21 mars 2002, no 00-14.700, *Bull. civ.* II, no 48 (préc. ss no 1353.10).
9. EN CE SENS, Ch. Lapp., « Article 6-1 de la Convention européenne des droits de l'homme et procédure d'exécution forcée immobilière de droit local », *Rec. jur. de l'Est* 2002. Doctr. 29 s., spéc. p. 37 et 38.

aura réuni toutes les informations et pris toutes les décisions nécessaires à la vente. C'est aussi à ce moment-là qu'il fera procéder à la mise à jour du Livre foncier prescrite également par l'article 147 alinéa 2 de la loi.

Le contenu du cahier des charges que doit ainsi établir le notaire est précisément prévu par l'article 148 alinéa 1er de la loi du 1er juin 1924 qui prescrit les **mentions obligatoires** suivantes :

– « *1° la teneur de l'ordonnance d'exécution forcée et la mention de la signification et de l'inscription de cette ordonnance* »; il est aussi recommandé de mentionner, le cas échéant, les ordonnances d'adhésion d'autant que les créanciers intervenants sont susceptibles de poursuivre la procédure négligée par le poursuivant;

– « *2° l'énonciation du titre exécutoire et de la sommation notifiée au tiers détenteur* »; sans doute faut-il y ajouter aujourd'hui l'énonciation du commandement de payer préalable au débiteur (v. ss n° 1352.22);

– « *3° les mises à prix et les conditions de la vente* »; il s'agit ici des décisions incombant au notaire, sauf accord des parties lui retirant toute marge d'appréciation (v. ss n° 1353.12); mais il n'a à faire figurer dans le cahier des charges que les conditions particulières qui nécessitent précisément une prise de décision et non les conditions générales résultant de la loi; à ce titre, l'article 148 alinéa 2 de la loi du 1er juin 1924 prévoit expressément que « *les conditions de la vente résultant tacitement, soit du droit civil, soit de la présente loi* [...] *ne figurent pas au cahier des charges* »; il peut ainsi être prévu, par exemple, les modalités de paiement du prix d'adjudication (v. ss n° 1353.122), la fourniture d'une garantie par l'adjudicataire (v. ss n° 1353.71) ou le mode de répartition des frais entre la masse et l'adjudicataire (v. ss n° 1353.121); si la propriété saisie comporte une sépulture, la cahier des charges doit la mentionner et prévoir un droit d'accès à la famille, car si la sépulture ne rend pas la propriété insaisissable, elle est elle-même inaliénable et insaisissable tout comme le sol qui la supporte (v. ss n° 1352.05);

– « *4° le mode, les lieu, jour et heure de l'adjudication* »; il s'agit là aussi de décisions qui incombent au notaire, sauf accord des parties et sous les deux réserves suivantes : d'une part, la date de l'adjudication ne peut se situer à plus de trois mois du jour où elle a été fixée (L. 1er juin 1924, art. 148, al. 3 – cette fixation résultant du cahier des charges, c'est sa rédaction qui fait courir le délai de trois mois et non les débats ou le procès-verbal qui en a été établi[1]); d'autre part, les dispositions de la loi de 1924, « *au sujet du mode d'adjudication* » (L. 1er juin 1924, art. 148, al. 2), n'ont pas à figurer dans le cahier des charges qui ne contient donc que les modalités particulières, telles que l'ordre de vente des biens immobiliers ou la vente par lots, le cas échéant.

1353.22 **Annonce de l'adjudication.** Sur la base du cahier des charges, le notaire doit ensuite rédiger une **annonce de l'adjudication** qui doit contenir les mentions prescrites à l'article 149 de la loi du 1er juin 1924 :

– 1° la date de l'ordonnance du tribunal d'exécution décidant la vente, les nom, prénom, profession et domicile du créancier poursuivant, du débiteur et du tiers détenteur, la désignation des immeubles, la mise à prix, le mode, les lieu, jour et heure de l'adjudication; ces mentions précises résultent de l'article 1er du décret n° 89-511 du 20 juillet 1989 qui a modifié le 1° de l'article 149 de la loi du 1er juin 1924, lequel imposait, dans sa rédaction initiale, la reproduction intégrale de l'ordonnance d'exécution forcée immobilière, ce qui était unanimement critiqué;

– 2° l'avis que le cahier des charges et les actes de procédures complets sont déposés en l'étude du notaire et que chacun peut en prendre connaissance sans frais;

– 3° un renvoi à l'alinéa 1er de l'article 159 de la loi du 1er juin 1924 qui prévoit la possibilité de soumettre au tribunal d'exécution les objections et observations concernant la procédure antérieure à l'adjudication (v. ss n° 1353.31); ce renvoi devra notamment préciser le délai ouvert pour exercer ce recours (v. ss n° 1353.32);

– 4° la sommation aux créanciers hypothécaires ou autres intéressés inconnus de faire valoir leurs droits par une inscription au Livre foncier avant l'inscription du procès-verbal d'adjudication.

L'annonce ainsi rédigée devra faire l'objet de trois types de publication imposés par l'article 150 de la loi du 1er juin 1924 :

– affichage d'un exemplaire au tableau du tribunal d'exécution, ainsi qu'aux endroits destinés aux publications officielles dans la commune de situation des biens; le premier affichage est constaté par une attestation du greffier, le second par une attestation du maire ou d'un huissier (L. 1er juin 1924, art. 150, al. 3);

– insertion dans un journal d'annonces légales publié dans le ressort du tribunal d'exécution; cette insertion est constatée par la production d'un exemplaire du journal (L. 1er juin 1924, art. 150, al. 4);

– envoi sous pli recommandé d'exemplaires aux créanciers et autres titulaires de droits inscrits sur le Livre foncier, ainsi qu'aux créanciers à hypothèques

1. EN CE SENS, MISCHLER, n° 192.

légales connus; ces envois sont constatés par une attestation du notaire et de la poste (L. 1er juin 1924, art. 150, al. 4).

Ces publications légales doivent avoir lieu dans les **délais** suivants : au plus tôt deux mois et plus tard deux semaines avant l'adjudication (L. 1er juin 1924, art. 150, al. 2).

En outre, le notaire peut encore faire procéder à d'autres publications notamment par voie d'insertion d'extraits sommaires de l'annonce (L. 1er juin 1924, art. 150, al. 5). Pour ces **publications facultatives,** aucun délai n'est imposé, l'article 150 alinéa 2 visant exclusivement les publications obligatoires [1]. La pratique la plus couramment suivie par les notaires est de faire paraître dans la presse, quelques jours avant l'adjudication, un rappel sous la forme d'un court extrait de l'annonce légale.

1353.23 **Notification.** Aucun texte ne prévoit la notification du cahier des charges dont chacun peut prendre connaissance, sans frais, en l'étude du notaire (L. 1er juin 1924, art. 149, 2° – v. ss n° 1353.22). En conséquence, le défaut de notification ne saurait entraîner la nullité de l'adjudication, mais dans ce cas, le délai ouvert pour contester le cahier des charges ne saurait courir. C'est la solution qui résulte d'un arrêt de la Cour de cassation [2], rendu dans une espèce où le cahier des charges avait été signifié dans la semaine précédant l'adjudication, alors que le délai était expiré (sur ce délai, v. ss n° 1353.32). La Cour écarte la nullité de l'adjudication car aucun texte ne prévoit la notification du cahier des charges, mais elle juge que le délai de contestation n'a pu courir.

C'est la raison pour laquelle, il est généralement procédé, en pratique, à la notification du cahier des charges aux parties : créanciers, poursuivant et intervenants, débiteur et, le cas échéant, tiers détenteur. Cette notification, qui se fait par pli recommandé avec demande d'avis de réception, rappelle alors expressément la possibilité de présenter des objections et observations dans les conditions de forme et de délai prévues à l'article 159 alinéa 1er de la loi du 1er juin 1924 [3].

§ 3
Objections et observations

1353.31 **Domaine.** Si le notaire joue le rôle principal dans la conduite de la procédure, il agit toujours sous le contrôle du tribunal d'exécution, appelé à intervenir par le biais des observations et objections qui peuvent lui être présentées tout au long de la procédure (L. 1er juin 1924, art. 158 et 159). Celles-ci peuvent porter :

– sur le déroulement de la procédure jusqu'à l'adjudication (sur les contestations postérieures, v. ss nos 1353.91 à 1353.93), et notamment sur les convocations, l'organisation et la tenue des débats, les procès-verbaux, le cahier des charges, les publications, *etc.*;

– sur toutes les décisions que le notaire est appelé à prendre et qui sont consignées parfois dans un procès-verbal des débats et, en tout cas, dans le cahier des charges; il s'agit notamment de la mise à prix, des conditions et mode de l'adjudication, de ses lieu, jour et heure;

– et normalement aussi sur le principe même des poursuites depuis que la jurisprudence a admis qu'il appartenait au tribunal d'exécution, même d'office dès la requête initiale, de vérifier la régularité du titre et l'existence de la créance invoquée (v. ss n° 1351.32); mais il a été jugé que de telles objections doivent, sous peine d'irrecevabilité, être soulevées par la voie du pourvoi immédiat formé contre l'ordonnance ouvrant la procédure d'exécution forcée immobilière et ne peuvent donc plus l'être en cours de procédure sous la forme d'objections ou d'observations [4]; une telle solution apparaît en contradiction avec l'article 163 de la loi du 1er juin 1924 qui autorise, au moins implicitement, des objections concernant la délivrance de la formule exécutoire et la créance elle-même jusqu'à l'adjudication (v. ss n° 1343.42); pour résoudre cette contradiction, la seule solution est d'admettre que ces objections de fond doivent porter sur des faits **postérieurs** au jour où l'ordonnance d'exécution forcée immobilière est devenue définitive (v. en ce sens à propos du paiement de la dette [5]).

Dans le silence des textes, il est admis que les objections et observations peuvent être présentées par **tout intéressé** [6]. Cette solution s'appuie d'abord sur le fait que le pourvoi immédiat est lui-même ouvert, à tout intéressé, contre toutes les décisions du tribunal d'exécution (v. ss nos 1351.14 et 1351.15); *a fortiori* faut-il donc admettre que tout intéressé puisse critiquer les actes et décisions du notaire en présentant des objections ou observations qui constituent ainsi « *la première étape de la procédure de pourvoi* » [7]. Mais l'on peut aussi invoquer l'annonce de l'adjudication qui doit informer les tiers de la possibilité de former des observations

1. Cep., Colmar, 6 févr. 1930, *Rev. jur. Alsace-Lorraine* 1930. 540.
2. Civ. 2e, 23 nov. 2006, n° 05-18.224, *Bull. civ.* II, n° 326; *Rec. jur. de l'Est* 2007. 3.
3. MISCHLER, *J.-Cl.*, n° 58.
4. Colmar, 20 sept. 1999, *Rec. jur. de l'Est* 2000. 63.
5. Colmar, 15 juin 2001, *Rec. jur. de l'Est* 2002. 23.
6. Colmar, 3 avr. 1992, *Rec. jur. de l'Est* 1992. 60.
7. Colmar, 3 avr. 1992 (préc.).

ou objections par le renvoi à l'article 159 alinéa 1er qu'elle doit comporter (v. s^s^ n° 1353.22).

Les **parties**, créancier poursuivant, débiteur et tiers détenteur, sont évidemment les premiers à pouvoir présenter des observations ou objections. Mais la jurisprudence déniait traditionnellement ce droit aux parties qui n'avaient pas assisté aux débats et à celles qui, présentes, n'avaient pas formulé de réserves [1]. Ces solutions, généralement critiquées, ont finalement été abandonnées, du moins par la cour d'appel de Colmar qui juge désormais de manière constante que ni l'absence aux débats, ni l'absence de réserves des parties présentes ne sauraient les priver de leur droit de contestation ; il ne peut en aller autrement que pour celles qui ont expressément manifesté leur accord [2]. Quant aux **tiers**, ils peuvent être admis à présenter des observations ou objections à condition qu'ils justifient d'un **intérêt légitime**. Il a ainsi été jugé qu'un tiers, ni créancier, ni débiteur, ni tiers détenteur, n'a pas d'intérêt légitime à critiquer une mise à prix [3]. En revanche, un créancier, même chirographaire et non poursuivant, justifie d'un intérêt évident à critiquer la mise à prix [4].

1353.32 Modalités. Les objections qui concernent la délivrance de la formule exécutoire ou la créance elle-même doivent obligatoirement être soulevées **avant l'adjudication**, faute de quoi elles ne seraient plus opposables à l'adjudicataire (L. 1er juin 1924, art. 163 – rappelons que ces objections doivent porter sur des faits postérieurs au jour où l'ordonnance d'exécution forcée immobilière est devenue définitive ; v. s^s^ n° 1353.31). Jusqu'à la désignation du notaire, celles-ci sont formées par déclaration au tribunal d'exécution, soit par écrit, soit verbalement, auquel cas, elles sont prises en procès-verbal par le greffier ; après sa désignation, elles le sont par déclaration au notaire. À défaut, ces objections ou observations ne seraient pas opposables à l'adjudicataire (L. 1er juin 1924, art. 163). Mais ces dernières dispositions ont beaucoup perdu de leur intérêt depuis que le tribunal d'exécution peut trancher lui-même de telles objections. Il ne suffit donc plus de former une déclaration, mais l'intéressé doit saisir cette juridiction, soit à l'origine par un pourvoi contre l'ordonnance d'exécution forcée pour les griefs qui existent à cette date, soit en cours de procédure pour ceux qui apparaissent postérieurement, par déclaration écrite ou verbale, comme sont présentées toutes les autres objections.

En effet, toutes les objections concernant la procédure antérieure à l'adjudication sont présentées, soit par **écrit**, soit par **déclaration** prise en procès-verbal par le greffier (L. 1er juin 1924, art. 159, al. 1er). Mais elles doivent l'être au plus tard **une semaine** avant l'adjudication (L. 1er juin 1924, art. 159, al. 1er – comme il n'existe plus de dispositions propres à la computation des délais en droit local, il faut faire application de celles prévues par le Code de procédure civile ; mais celui-ci ne connaît que les délais exprimés en jours, mois et années ; c'est la raison pour laquelle la Cour de cassation a jugé qu'un délai exprimé en semaine en droit local doit être assimilé à un délai exprimé en jours et donc soumis à l'article 641 C. pr. civ. [5] : à propos du délai de deux semaines prévu à l'article 190 alinéa 2 de la loi du 1er juin 1924, assimilé à un délai de 14 jours ; en conséquence, un délai d'une semaine équivaut à un délai de sept jours). Ce délai doit être indiqué dans l'annonce de l'adjudication pour être opposable aux tiers [6] et il ne court à l'égard des parties que si le cahier des charges leur a été notifié plus d'une semaine avant l'adjudication [7] (v. aussi s^s^ n° 1353.23). Il s'agit évidemment du délai ultime au-delà duquel ces objections ne sont plus recevables et la fin de non-recevoir qui en résulte a été jugée d'ordre public, de sorte qu'elle doit être relevée d'office par le juge [8]. En revanche, la cour d'appel saisie sur pourvoi immédiat contre la décision d'un tribunal d'exécution ayant statué d'office sur ce point n'a plus besoin de provoquer de débat contradictoire [9]. Mais auparavant, des objections ou observations sont toujours possibles ; elles peuvent donc, dans cette limite, être présentées à tout moment, et si nécessaire, à plusieurs reprises.

1353.33 Effets. Pas plus que le pourvoi immédiat en la matière (v. s^s^ n° 1351.16), les objections ou observations **ne produisent d'effet suspensif**, si bien que la procédure doit se poursuivre. Mais le notaire hésitera souvent à continuer ses diligences et préférera surseoir dans l'attente de la décision du tribunal. Le créancier poursuivant pourrait alors, à son tour, élever une objection contre cette décision ou attitude du notaire. Mais en pratique, elle ne

1. Metz, 14 oct. 1985, *Rev. jur. Alsace-Lorraine* 1986. 14 – HAEGEL, SCHWOB ET VALLENS, N° 311.
2. V. NOT., Colmar, 15 mars 1996, RG n°s 12195/96, Kohler, et 12197/96, Mann, inéd., citées par MISCHLER, n° 260 – Colmar, 6 oct. 2000, *Rec. jur. de l'Est* 2001. 29.
3. HAEGEL, SCHWOB ET VALLENS, n° 311.
4. V. pourtant, TGI Strasbourg, 17 févr. 1961, *Rec. jur. de l'Est* 1961. 380.
5. Civ. 2e, 14 févr. 2002, n° 99-13.000, NP ; *Rec. jur. de l'Est* 2002. 43, obs. Schwob.
6. Colmar, 3 avr. 1992, *Rec. jur. de l'Est* 1992. 60.
7. Civ. 2e, 23 nov. 2006, n° 05-18.224, *Bull. civ.* II, n° 326 ; *Rec. jur. de l'Est* 2007. 3.
8. Civ. 2e, 9 nov. 2006, n° 05-18.758, *Bull. civ.* II, n° 308 ; *Rec. jur. de l'Est*2006. 156.
9. Civ. 2e, 9 nov. 2006, n° 05-18.758 (préc.).

sera généralement pas tranchée avant celles qui l'ont motivée.

Quoi qu'il en soit, il appartient au tribunal d'exécution d'apprécier les irrégularités qui lui sont déférées et d'en tirer toutes les conséquences sur la procédure en cours. À cet égard, l'article 159 alinéa 2 de la loi du 1er juin 1924 prévoit expressément que « *les infractions aux prescriptions sur la procédure entraînent la **nullité complète ou partielle,** selon l'importance des prescriptions enfreintes, l'étendue des infractions et le préjudice vraisemblablement causé aux parties intéressées* ». Le tribunal dispose ainsi d'un large pouvoir d'appréciation pour prononcer la sanction la plus appropriée aux circonstances de chaque espèce. Mais il ne saurait en aucun cas, en présence d'irrégularités dûment constatées, « *valider* » la procédure sans rechercher si les conditions d'une nullité, totale ou partielle, sont remplies au regard des critères posés par l'article 159 alinéa 2 de la loi du 1er juin 1924[1]. Mais pour l'appréciation de ces critères, il dispose d'un pouvoir souverain[2].

Quant aux frais afférents aux actes annulés, ils sont à la charge du notaire dont la faute a entraîné l'annulation (L. 1er juin 1924, art. 159, al. 3 qui, dans sa rédaction issue de Décr. n° 75-1122, 5 déc. 1975[3], art. 37, renvoie désormais à C. pr. civ., art. 698 - auparavant il renvoyait à C. pr. civ. loc., art. 102, qui autorisait le juge à condamner le notaire, même d'office, à supporter les frais auxquels il aura donné lieu par sa faute lourde).

1353.34 Voies de recours. Comme toutes les décisions du tribunal d'exécution (v. ss n° 1351.14), celles statuant sur des objections ou observations sont susceptibles d'un pourvoi immédiat dans les quinze jours de leur notification. Elle se fait par lettre recommandée avec demande d'avis de réception et par signification si l'avis ne revient pas signé (v. ss n° 1351.15). Pour les intéressés demeurant à l'étranger, elle est adressée dans ces formes au fondé de pouvoir désigné dans le département où le notaire est établi (C. pr. civ., art. 21 et 44 Annexe). Mais à défaut de désignation, il faudra procéder comme pour les convocations incombant au notaire (v. ss n° 1353.11). Dans tous les cas, la notification devra indiquer le délai et les formes du pourvoi immédiat ouvert sous peine de nullité (v. ss n° 1351.15).

Mais cette voie de recours n'est jamais ouverte directement contre les actes ou décisions du notaire consignées dans un procès-verbal ou dans le cahier des charges. Les objections ou observations constituent donc toujours le préalable nécessaire du pourvoi immédiat. C'est sur ce fondement qu'un pourvoi immédiat a été requalifié en « *objections et observations* » et renvoyé devant le tribunal d'exécution pour être tranché[4].

SECTION 2
DÉROULEMENT DE L'ADJUDICATION

1353.40 Division. L'adjudication est prononcée par le notaire au terme d'**enchères publiques** qu'il organise et constatée dans un **procès-verbal** qu'il dresse et fait publier. Mais comme la procédure antérieure, elle peut faire l'objet d'**objections** et d'**observations** susceptibles de la remettre en cause.

§ 1
Enchères publiques

1353.41 Division. Elles sont **ouvertes** par le notaire et aboutissent à la désignation de l'**adjudicataire** qui est le dernier des **enchérisseurs**, et à défaut, le créancier poursuivant lui-même.

A.
Ouverture des enchères

1353.51 Créancier poursuivant. Les enchères sont ouvertes les jour et heure fixés à condition que le créancier poursuivant soit **présent**, personnellement ou par son mandataire (la présence du créancier s'apprécie au moment de l'ouverture des enchères - sur ce moment v. ss n° 1353.52 - en conséquence, il peut encore arriver pendant l'accomplissement des formalités préalables - v. ss n° 1353.52 - et s'il se retire après l'ouverture des enchères, il sera néanmoins considéré comme présent avec toutes les conséquences qui s'y attachent[5]; en présence du créancier, et *a fortiori* s'il requiert expressément la vente forcée, le notaire ne saurait engager sa responsabilité s'il la poursuit, même pour le seul recouvrement des frais laissés impayés, dès lors que les débiteurs n'avaient pas obtenu de sursis à l'exécution et qu'il ne peut décider de lui-même de surseoir à la vente[6]). À défaut, « *la procédure est close* » (L. 1er juin 1924, art. 151, al. 1er - cependant cette sanction n'est pas applicable en cas de report de la vente forcée décidé dans le cadre d'un accord transactionnel signé la veille du jour fixé; si par la suite,

1. Civ. 16 juin 1931, *Rev. jur. Alsace-Lorraine* 1931. 643.
2. Civ. 2e, 23 nov. 2006, *n°* 05-18.224 (préc. ss n° 1353.32).
3. Décr. n° 75-1122, 9 déc. 1975, abrogeant et modifiant certaines dispositions en matière de procédure civile, *JO* 9 déc., p. 12518.
4. Colmar, 31 mars 1995, *Rec. jur. de l'Est* 1995. 67.
5. EN CE SENS : MISCHLER, n° 202.
6. Civ. 2e, 9 juin 2005, n° 02-13.683, *Bull. civ.* II, n° 148; *Rec. jur. de l'Est* 2005. 99.

cet accord n'est pas respecté, il suffira au créancier de reprendre la procédure devant le notaire[1]). Mais les créanciers peuvent encore échapper à cette clôture de deux manières.

D'une part, le **créancier poursuivant** peut saisir le tribunal d'exécution, dans les **deux semaines**, d'une demande de **reprise** de la procédure qui sera ordonnée s'il démontre qu'il a été empêché de comparaître sans négligence de sa part (L. 1er juin 1924, art. 151, al. 2). S'il est fait droit à sa demande, le notaire devra fixer une nouvelle date pour l'adjudication et procéder à sa publication conformément aux dispositions de l'article 150 de la loi du 1er juin 1924 (L. 1er juin 1924, art. 151, al. 2 - v. ss no 1353.22), sous réserve des délais qui dans ce cas sont d'un mois au plus tôt et de deux semaines au plus tard avant l'adjudication (L. 1er juin 1924, art. 151, al. 2). Quant au débiteur et au créancier, ils sont informés par lettre recommandée (L. 1er juin 1924, art. 151, al. 2). Si la procédure n'est pas reprise, le créancier poursuivant n'est évidemment pas déchu de son droit de poursuite; il pourra engager une nouvelle procédure d'exécution forcée *ab initio*[2]. Mais en tout état de cause, il devra toujours supporter les frais occasionnés par sa non-comparution (L. 1er juin 1924, art. 151, al. 3).

D'autre part, l'article 151 alinéa 1er *in fine* prescrit expressément la clôture de la procédure « *sous réserve du droit que peut avoir un autre créancier de la reprendre* ». Il s'agit de l'application concrète de la faculté ouverte, par l'article 143 alinéa 2 de la loi du 1er juin 1924, aux **créanciers intervenants**, de reprendre, en tout état de cause, la procédure négligée ou abandonnée par le poursuivant (v. ss no 1352.51). En conséquence, un créancier intervenant, **présent** à l'adjudication, pourra immédiatement reprendre la procédure qui se poursuivra sur-le-champ, sans qu'il soit nécessaire de revenir au stade de la mise à prix, ni de reporter l'adjudication[3]. Mais ces créanciers, ne disposant pas de plus de droits que le poursuivant lui-même (v. ss no 1352.51), subiront la clôture de la procédure s'ils sont absents et n'auront alors d'autre possibilité que de solliciter une reprise judiciaire dans les conditions de l'article 151 alinéa 2 (en ce sens, une note du Conseil régional des notaires de la cour d'appel de Colmar[4] qui se réfère à un ancien avis de la cour d'appel de Colmar en sa séance plénière du 29 mai 1888, toujours d'actualité sur ce point). À défaut, il leur appartiendra d'engager une nouvelle procédure d'exécution forcée immobilière car, *a fortiori*, ils n'encourent aucune déchéance de leur droit d'action de ce chef.

1353.52 Formalités. Outre la présence obligatoire du créancier poursuivant ou d'un intervenant acceptant de reprendre la procédure (v. ss no 1353.51), l'ouverture des enchères suppose encore l'accomplissement par le notaire des deux **formalités préalables** suivantes, prévues à l'article 152 de la loi du 1er juin 1924 :

- il doit informer les personnes présentes des pièces de la procédure et des procès-verbaux des débats sur les contestations qu'il a tenus à la disposition de tout intéressé auparavant (L. 1er juin 1924, art. 152, al. 1er); il ne s'agit pas pour le notaire de donner lecture de tous ces documents, mais de donner connaissance des informations essentielles, et tout particulièrement, d'attirer l'attention sur l'existence d'objections non encore tranchées et susceptibles d'affecter la validité de la procédure;

- en revanche, il doit donner lecture des conditions de la vente (L. 1er juin 1924, art. 152, al. 2); il s'agit ici de la lecture du cahier des charges dont il ne peut donc faire l'économie; en outre, il doit donner une indication approximative des frais tombant à la charge de la masse, ce qui permettra aux créanciers présents d'apprécier plus précisément les chances de recouvrement de leur créance au regard des enchères successives (sur ces frais, v. ss no 1353.121).

Ces formalités accomplies, le notaire pourra enfin **ouvrir les enchères**. Pour ce faire, la loi ne prescrit aucune formalité particulière, et notamment l'allumage des bougies n'est nullement requis dès ce stade, elle ne sera indispensable que pour le prononcé de l'adjudication (v. ss no 1353.71). Le plus simple est que le notaire prononce expressément l'ouverture, mais celle-ci pourrait résulter aussi directement ou indirectement de tout autre fait ou acte pourvu qu'il soit non équivoque. Quoi qu'il en soit, c'est après cette ouverture que les immeubles sont mis aux enchères sur les mises à prix (L. 1er juin 1924, art. 152, al. 3) et que les enchérisseurs peuvent alors porter leurs mises.

B. Enchérisseurs

1353.61 Capacité. L'article 154 alinéa 1er de la loi du 1er juin 1924 exclut des enchérisseurs, le juge d'instance, le greffier, le notaire et le débiteur. Toute autre personne, et en particulier le créancier poursuivant ou les éventuels créanciers intervenants, peuvent se porter enchérisseur à la seule

1. Colmar, 12 mars 2004, *Rec. jur. de l'Est* 2004. 117.
2. Colmar, 17 déc. 1993, *Rec. jur. de l'Est* 1994. 63.
3. Colmar-Metz, 21 nov. 1956, *Rev. jur. Alsace-Lorraine* 1957. 137; *Rec. jur. de l'Est* 1957. 185, note du Conseil régional des notaires de la cour d'appel de Colmar.
4. Note ss Colmar-Metz, 21 nov. 1956, *Rec. jur. de l'Est* 1957. 185.

condition de respecter les règles de capacité de droit commun.

Mais la question s'est posée de savoir si l'**avocat** représentant, le cas échéant, le créancier poursuivant, peut se porter personnellement enchérisseur. Cette faculté était exclue traditionnellement pour la saisie immobilière du droit général par l'article 711 C. pr. civ. sous peine de nullité et de dommages-intérêts. La Cour de cassation l'a admis aux motifs que l'article 711 n'est pas applicable en Alsace-Moselle et que la liste fournie par l'article 154 alinéa 1er de la loi du 1er juin 1924 est limitative[1]. Cette solution n'a pas été remise en cause par la réforme de la saisie immobilière dans la mesure où l'article 72 du décret n° 2006-936 du 27 juillet 2006 (devenu C. pr. exéc., art. R. 322-39[2]), qui a pris la suite de l'article 711 et qui a étendu l'interdiction à tous les auxiliaires de justice étant intervenus à un titre quelconque dans la procédure, n'est pas non plus applicable en droit local.

1353.62 Modalités. Tout enchérisseur peut porter **personnellement** ses mises ou se faire représenter par **tout mandataire** de son choix (il s'agit d'une différence essentielle avec la saisie immobilière du droit général où les enchères sont obligatoirement portées par un avocat admis à postuler devant le tribunal de grande instance chargé de la procédure; cette règle a été maintenue par la réforme de la saisie immobilière, mais désormais, selon l'article 73 alinéa 3 du décret du 27 juillet 2006 (devenu C. pr. exéc., art. R. 322-40), un avocat ne peut plus être porteur que d'un seul mandat), pourvu d'un mandat spécial déposé au rang des minutes du notaire s'il n'est avocat (v. ss n° 1353.11). La forme des enchères n'est prescrite par aucun texte, mais il n'est pas contesté qu'elles doivent toujours être **publiques.** À ce titre, un arrêt, rendu à propos d'une adjudication intervenue dans le cadre d'un partage judiciaire, dont la solution est sans doute transposable à la procédure d'exécution forcée immobilière[3], a jugé qu'une enchère doit être déclarée par l'enchérisseur ou par son mandataire, « *au vu du public et de manière intelligible* », de sorte que sont irrégulières « *des enchères par signes, billets, communications particulières, verbales ou autres au notaire* »[4].

Tout enchérisseur reste tenu par sa mise jusqu'à ce qu'elle soit couverte par une **mise supérieure,** à moins que celle-ci ne soit « *immédiatement déclarée irrecevable par le notaire ou contestée par un intéressé, dans les conditions de l'article 154* » (L. 1er juin 1924, art. 153, al. 3). Une enchère peut donc être immédiatement déclarée irrecevable par le notaire ou contestée par un intéressé si elle émane d'une personne interdite d'enchères par l'article 154 de la loi du 1er juin 1924 (v. ss n° 1353.61). Il est même admis que le notaire pourrait immédiatement déclarer irrecevable une enchère émanant d'un incapable ou contraire au cahier des charges (par ex., non-fourniture d'une caution qui y serait prévue[5]); à défaut, une telle enchère pourrait, en tout cas, faire l'objet d'objections ultérieures (v. ss nos 1353.91 à 1353.93). Quoi qu'il en soit, une enchère immédiatement déclarée irrecevable ou contestée ne lie pas son auteur et laisse donc subsister l'enchère antérieure.

Dans tous les cas, c'est le dernier enchérisseur, dont la mise a ainsi été la plus élevée, qui sera déclaré adjudicataire dans les conditions ci-après.

C. Adjudicataire

1353.71 Dernier enchérisseur. Selon l'article 153 alinéa 1er de la loi du 1er juin 1924, « *l'article mis en vente est adjugé aussitôt que trois bougies, dont chacune aura brûlé au moins pendant une minute, se seront successivement éteintes sans nouvelle enchère* ». C'est donc à ce stade que l'**allumage des bougies** devient indispensable; sans cette formalité substantielle, aucune adjudication ne saurait régulièrement être prononcée. En principe, le notaire se sert de bougies spéciales, préparées d'avance, dont la durée de feu est d'au moins une minute (la possibilité de recourir à tout moyen visuel ou sonore signalant au public chaque minute écoulée, introduite en droit général par l'article 78 du décret du 27 juillet 2006 (devenu C. pr. exéc., art. R. 322-45), ne pourra être utilisée en droit local). Mais il a été jugé qu'il n'est pas obligé d'attendre que les bougies se consument d'elles-mêmes et qu'il peut donc les éteindre lui-même dès qu'il s'est assuré, « *montre en main* », qu'elles ont brûlé au moins une minute[6].

L'adjudicataire ainsi désigné devra fournir la garantie prévue au cahier des charges, le cas échéant (v. ss n° 1353.21). À défaut, il pourra être tenu, « *à la requête d'un intéressé* [...] *de fournir immédiatement une* ***caution convenable*** *ou une* ***autre garantie*** » (L. 1er juin 1924, art. 154, al. 2). Cette demande peut émaner de tout intéressé, c'est-à-dire de toute personne ayant intérêt à ce que le prix soit payé, comme un créancier, poursuivant, intervenant ou inscrit, le débiteur, voire le tiers détenteur.

1. Civ. 6 janv. 1937, *Rev. jur. Alsace-Lorraine* 1937. 200.
2. Décr. n° 2012-783, 30 mai 2012, relatif à la partie réglementaire du Code des procédures civiles d'exécution, *JO* 31 mai, p. 9375.
3. Fr. Lotz, n° 98.
4. Colmar, 18 mars 1958, *Rec. jur. de l'Est* 1958. 239, concl. av. gén. Sutter et note Hauger.
5. En ce sens : Fr. Lotz, n° 99.
6. Colmar, 2 févr. 1934, *Rev. jur. Alsace-Lorraine* 1934. 482.

Quant au choix de la garantie à fournir, le texte est très souple, l'essentiel semblant être qu'elle soit sérieuse. Il peut ainsi s'agir d'une caution bancaire ou d'une garantie hypothécaire, mais aussi de la production d'un extrait de compte bancaire accompagné de l'engagement de la banque de verser les fonds ou même de la caution d'un tiers solvable. En tout cas, la prudence impose que tout enchérisseur prenne la précaution de se munir d'une telle garantie de nature à couvrir la mise qu'il est décidé à porter car, le cas échéant, elle doit être fournie sur-le-champ, sous peine de déchéance de la qualité d'adjudicataire. En effet, si l'adjudicataire ne fournit pas immédiatement de garantie lorsqu'il y est requis, de deux choses l'une, selon l'article 154 alinéa 2 :

– ou bien l'intéressé renonce finalement à sa demande et l'adjudication reste acquise;

– ou bien il persiste, et dans ce cas, « *il est procédé à de nouvelles enchères sur la mise encore valable ou, à son défaut, sur la mise à prix* »; autrement dit, l'adjudication est écartée et la vente forcée doit être recommencée; mais elle débutera à la dernière enchère valable ayant précédé l'adjudication, et ce n'est qu'à défaut, qu'elle reprendra à la mise à prix.

Si au contraire l'adjudicataire fournit la garantie requise, la vente est achevée, mais il ne deviendra pas nécessairement le propriétaire de l'immeuble. En effet, il dispose alors d'un délai de **trois jours** à compter de l'adjudication pour déclarer par-devant le notaire qu'il a enchéri **pour le compte d'un tiers,** c'est la **déclaration de command** (désormais interdite en droit général par l'article L. 322-8 C. pr. exéc. [1]), si bien que l'article R. 322-46 C. pr. exéc. impose à l'avocat du dernier enchérisseur de déclarer **au greffier, avant l'issue de l'audience, l'identité de son mandat.** Si ce tiers confirme, dans le même délai et la même forme, cette déclaration, alors il est réputé adjudicataire direct, c'est dire que tout se passe comme s'il avait été adjudicataire *ab initio*. Mais pour autant, le premier adjudicataire n'est pas libéré de toute obligation puisqu'il devient alors codébiteur solidaire du paiement du prix d'adjudication (L. 1er juin 1924, art. 155).

Tout ce mécanisme suppose évidemment qu'un enchérisseur se manifeste pour au moins couvrir la mise à prix. À défaut, c'est le créancier poursuivant qui sera déclaré adjudicataire.

1353.72 Créancier poursuivant. En effet, « *si la mise à prix n'est pas couverte, le créancier poursuivant est déclaré adjudicataire* » (L. 1er juin 1924, art. 153, al. 2). Le créancier poursuivant visé est évidemment celui qui a cette qualité au moment de l'adjudication; il peut donc s agir soit du poursuivant initial, soit d'un créancier intervenant ayant repris la procédure entre-temps (v. ss no 1352.51), fût-ce le jour de l'adjudication en cas d'absence du créancier poursuivant (v. ss no 1353.51). Cette solution est aussi admise en droit général, sauf que la mise à prix pour laquelle le poursuivant est déclaré adjudicataire, en cas de carence d'enchères, est celle qu'il avait lui-même fixée dans le cahier des charges. Mieux encore, dans l'hypothèse particulière où la mise à prix est fixée par le juge sur recours du débiteur dont le logement principal est saisi, la loi du 23 janvier 1998 avait institué un système d'enchères descendantes, de manière à aboutir, en cas de carences successives d'enchères, à l'adjudication au poursuivant pour la mise à prix initiale. Il est vrai que la loi du 29 juillet 1998 relative à la lutte contre les exclusions avait abrogé ce système et prévu de déclarer le poursuivant adjudicataire pour la mise à prix fixée par le juge. Mais cette disposition a été déclarée contraire à la Constitution, car portant atteinte au droit de propriété [2], et la réforme de la saisie immobilière a logiquement repris ce mécanisme des enchères descendantes inscrit désormais aux articles 2206 du Code civil (devenu C. pr. exéc., art. L. 322-6) et 80 du décret du 27 juillet 2006 (devenu C. pr. exéc., art. R. 322-47 – v. sur une critique de ce mécanisme [3]). En revanche, aucune modification n'a été apportée au droit local dont la constitutionnalité semble ainsi en cause sur ce point, sauf dans les cas où la mise à prix est fixée avec l'accord du créancier poursuivant. Mais seul le créancier pourrait s'en prévaloir pour poser, le cas échéant, une question prioritaire de constitutionnalité, et certainement pas le débiteur [4].

§ 2
Procès-verbal d'adjudication

1353.81 Contenu. Le notaire doit établir un procès-verbal d'adjudication qui doit contenir toutes les mentions prévues par l'article 157 de la loi du 1er juin 1924 :

– « *une mention de l'ordonnance d'exécution forcée et du cahier des charges* »;

1. Décr. no 2012-783, 30 mai 2012, relatif à la partie réglementaire du Code des procédures civiles d'exécution, *JO* 31 mai, p. 9375.

2. Cons. const. 29 juill. 1998, no 98-403 DC, *JO* 31 juill. 1998.

3. P. Hoonakker, « Réflexions sur l'adjudication au poursuivant à défaut d'enchère », *Mél. Simler*, Dalloz-LexisNexis/Litec, 2006, p. 867.

4. Colmar, 14 mars 2014, min. no 12 M 68/14, SCI Le Manège c/CCM Bourse – TI Strasbourg, 28 mars 2014, no 14-14-049, Banque populaire d'Alsace c/SCI Seize.

– « *la désignation du créancier poursuivant* [...] *du débiteur et du tiers détenteur* »;

– « *la date de l'annonce d'adjudication et de sa publication* »;

– « *la constatation que toutes les pièces de la procédure ont été exposées et portées à la connaissance des personnes présentes à l'adjudication* »;

– « *la constatation qu'il a été donné lecture des conditions de l'adjudication* », *c'est-à-dire du cahier des charges;*

– « *la désignation de chaque immeuble mis en adjudication; mais il suffit, à ce titre, de renvoyer au cahier des charges* »;

– « *l'indication des plus forts enchérisseurs* »; il n'est donc pas nécessaire d'énumérer exhaustivement toutes les enchères qui ont été portées, mais seulement d'indiquer les plus fortes, c'est-à-dire les dernières;

– « *la constatation de l'adjudication faite dans la forme prescrite à l'article 153* » (v. s^s^ n° 1353.71); il a été jugé[1], à ce titre, que le procès-verbal doit renfermer toutes les mentions propres à établir la régularité de l'adjudication, et en particulier, que les enchères ont été portées publiquement (sur cette exigence et ses conséquences, v. s^s^ n° 1353.62), pour permettre à l'autorité judiciaire d'exercer son contrôle;

– « *la désignation de la garantie fournie* »; cette mention suppose évidemment qu'une garantie ait été sollicitée au moment de l'adjudication (v. s^s^ n° 1353.71);

– « *la désignation des fondés de pouvoir que les adjudicataires ont pu désigner pour recevoir les significations* »; curieusement la désignation des adjudicataires eux-mêmes n'est pas expressément requise, mais elle résulte sans doute de la mention de l'adjudication elle-même;

– « *la déclaration que l'acquisition a été faite pour des tiers* »; il s'agit ici de l'application de l'article 155 de la loi du 1er juin 1924 (v. s^s^ n° 1353.71); mais en pratique, cette déclaration n'intervient quasiment jamais le jour de l'adjudication où ce procès-verbal est établi car, par hypothèse, le tiers, qui recourt à la déclaration de command, ne souhaite pas que son identité soit révélée à cette occasion; en conséquence, le notaire est généralement conduit à constater la double déclaration de l'adjudicataire et du tiers dans un procès-verbal distinct et postérieur.

Si l'article 157 détaille ainsi de manière très précise toutes les mentions requises, il ne désigne pas les personnes appelées à signer le procès-verbal d'adjudication. Dans ces conditions, il faut sans doute appliquer les solutions dégagées pour les procès-verbaux des débats (v. s^s^ n° 1353.13). À ce titre, le procès-verbal doit certainement être signé par le notaire, et sans doute par le créancier poursuivant (s'il ne s'est pas retiré après l'ouverture des enchères; sur ce point, v. s^s^ n° 1353.51) et l'adjudicataire, voire le débiteur, du moins s'il devait renoncer à élever toute objection contre l'adjudication[2]. En revanche, les différents enchérisseurs n'ont certainement pas à le signer.

1353.82 **Publication.** En vue de la publication de l'adjudication au Livre foncier, le notaire doit préparer une **expédition** du procès-verbal et du cahier des charges (L. 1er juin 1924, art. 160). Mais l'inscription ne pourra avoir lieu que lorsque l'adjudication sera devenue **définitive** (L. 1er juin 1924, art. 194), c'est-à-dire si aucune objection n'a été élevée dans les délais ouverts ou, en cas d'objections, lorsque celles-ci auront été définitivement tranchées (v. s^s^ n° 1353.100).

De même, des **extraits** du procès-verbal d'adjudication sont délivrés à l'adjudicataire à condition qu'il justifie avoir satisfait aux conditions préalables (L. 1er juin 1924, art. 160), c'est-à-dire au paiement des sommes qu'il doit (v. s^s^ n°s 1353.121 et 1353.122).

§ 3
Objections et observations

1353.91 **Domaine.** Après l'adjudication, les seules objections et observations encore possibles sont celles élevées contre la **procédure d'adjudication**. Celles concernant la procédure antérieure ne sont plus recevables à l'expiration de la semaine qui précède le jour de l'adjudication (v. s^s^ n° 1353.32)[3]. Quant à celles portant sur le principe des poursuites, qu'elles concernent le titre exécutoire ou la créance invoquée, elles ne peuvent plus être élevées au préjudice de l'adjudicataire (L. 1er juin 1924, art. 163 – v. s^s^ n° 1353.32).

1353.92 **Régime.** Ces objections ou observations doivent être produites au plus tard deux semaines après l'adjudication (L. 1er juin 1924, art. 159, al. 1er – rappelons qu'un délai de deux semaines doit être assimilé pour sa computation à un délai de quatorze jours et que conformément à l'article 641 C. pr. civ., le *dies a quo* ne compte pas; v. s^s^ n° 1353.32). Pour le surplus, les règles applicables sont les mêmes que celles régissant les objections et observations antérieures (v. s^s^ n°s 1353.32 à 1353.34). Elles sont donc formées par déclaration écrite ou verbale, peuvent conduire à la nullité totale ou partielle de la

1. Colmar, 18 mars 1958, *Rec. jur. de l'Est* 1958. 239, concl. av. gén. Sutter et note Hauger.

2. EN CE SENS : MISCHLER, *J.-Cl.*, n° 66; MISCHLER, n° 210.

3. V. NOT., Colmar, 27 août 2001, *Rec. jur. de l'Est* 2001. 155.

procédure et les frais des actes annulés sont mis à la charge du notaire dont la faute a, le cas échéant, entraîné l'annulation. Quant aux décisions ainsi rendues par le tribunal d'exécution, elles peuvent être frappées d'un pourvoi immédiat (en revanche, cette voie de recours est irrecevable si elle est dirigée directement contre un acte du notaire, et en particulier, contre le procès-verbal d'adjudication, mais elle peut alors être requalifée en « *objections et observations* » et être jugée à ce titre par le tribunal d'exécution[1]).

1353.93 **Effet suspensif.** Alors que les objections et observations antérieures à l'adjudication ne produisent aucun effet suspensif et n'empêchent donc pas la poursuite de la procédure (v. s[s] n° 1353.33), il n'en va plus de même après l'adjudication. En effet, celle-ci ne produit ses effets que lorsqu'elle est devenue définitive (v. s[s] n° 1353.100). En conséquence, le délai de deux semaines pour élever des objections après l'adjudication, tout comme les objections elles-mêmes, produisent un effet suspensif par rapport à l'adjudication. Mieux encore, s'il subsiste des objections antérieures, celles-ci produiront le même effet, car l'adjudication n'est définitive que lorsque toutes les objections, quelles qu'elles soient, ont été définitivement tranchées.

SECTION 3
EFFETS DE L'ADJUDICATION

1353.100 **Caractère définitif.** L'adjudication emporte des effets à l'égard des créanciers par la purge des hypothèques, à l'égard du débiteur ou du tiers détenteur qui doit délaisser l'immeuble et à l'égard de l'adjudicataire qui doit remplir ses obligations et bénéficiera des droits attachés à l'immeuble.

Mais tous ces effets ne se produisent que lorsque l'adjudication est définitive (L. 1er juin 1924, art. 161, al. 1er, s'agissant des effets à l'égard du débiteur ou du tiers détenteur et à l'égard de l'adjudicataire, v. s[s] n°s 1353.111 et 1353.121 - L. 1er juin 1924, art. 194, al. 1er, s'agissant de la purge, v. s[s] n° 1353.101). Ce caractère n'est acquis qu'à l'expiration du délai de deux semaines suivant l'adjudication et à condition qu'il n'y ait pas d'objections; en cas d'objections, qu'elles soient antérieures ou postérieures à l'adjudication, celle-ci ne sera définitive que lorsqu'elles auront toutes été définitivement écartées (il a été jugé que cette condition est remplie dès l'arrêt de la cour d'appel rejetant les objections élevées contre la procédure, nonobstant tout pourvoi en cassation[2]). En revanche, l'adjudication ne peut pas être remise en cause par la procédure de surenchère du dixième prévue pour la saisie immobilière par les articles 94 à 99 du décret n° 2006-936 du 27 juillet 2006 (devenus C. pr. exéc., art. R. 322-50 à R. 322-55) (avant la réforme elle était prévue aux articles 708 à 710 ACPC), laquelle n'a pas été introduite en droit local[3].

§ 1
À l'égard des créanciers

1353.101 **Purge des hypothèques.** Selon l'article 162 alinéa 2 de la loi du 1er juin 1924, « *l'inscription au Livre foncier entraîne la purge de toutes les hypothèques en ce sens que les droits des créanciers portent sur le prix d'adjudication* ». La purge n'est donc pas directement attachée à l'adjudication, mais à son **inscription** au Livre foncier. Or celle-ci n'intervient, sur requête du notaire à laquelle est jointe une expédition du cahier des charges et du procès-verbal d'adjudication, que lorsque l'adjudication est devenue définitive (L. 1er juin 1924, art. 194, al. 1er).

Mais pour autant, la **radiation** des hypothèques purgées n'intervient pas aussitôt[4]. En effet, lorsque l'adjudication est inscrite au Livre foncier, un nouveau feuillet est ouvert au nom de l'adjudicataire, lequel va reprendre, dans un premier temps, toutes les hypothèques inscrites du chef du débiteur, lesquelles ne seront radiées qu'après distribution du prix de vente (sur les modalités applicables, v. en cas d'accord amiable, L. 1er juin 1924, art. 64, v. s[s] n° 1354.06 - en cas de procédure de distribution, L. 1er juin 1924, art. 208 et 212, v. s[s] n°s 1354.91 à 1354.94 - mais en pratique, les bureaux fonciers, pour s'économiser ce travail fastidieux, préfèrent généralement laisser l'affaire « *en instance de transcription* » et ne procéder à l'inscription de l'adjudicataire qu'une fois les hypothèques du chef du débiteur radiées[5]).

§ 2
À l'égard du débiteur ou du tiers détenteur

1353.111 **Délaissement de l'immeuble.** Le débiteur ou, le cas échéant, le tiers détenteur, doit délaisser l'immeuble pour permettre l'entrée en jouissance de l'adjudicataire. Il doit donc **évacuer**

1. Colmar, 27 août 2001 (préc.) – V. AUSSI, s[s] n° 1353.34.

2. Colmar, 14 mai 2004, *Rec. jur. de l'Est* 2004. 114.
3. MISCHLER, n° 221.
4. PAR EX., TI Thionville, 27 mai 1933, *Rev. jur. Alsace-Lorraine* 1934. 633.
5. V. MISCHLER, n° 209.

personnellement l'immeuble et y cesser, le cas échéant, toute activité professionnelle qu'il y exerçait; il en va ainsi même lorsqu'il y exploitait un fonds de commerce qui n'a pas été inclus dans la vente forcée[1]. Il doit aussi assurer l'évacuation de tous occupants de son chef, y compris les locataires auxquels un bail aurait été consenti postérieurement à l'inscription de l'ordonnance d'exécution forcée, car ces « *baux et locations* » sont inopposables à l'adjudicataire (L. 1er juin 1924, art. 166, al. 1er – v. ss n° 1352.54).

Si le débiteur ou, le cas échéant, le tiers détenteur, refuse ou tarde à évacuer l'immeuble volontairement, l'adjudicataire ne peut en aucun cas poursuivre son **expulsion** sur le fondement du procès-verbal d'adjudication (solution expressément consacrée, sur le fondement de l'article 61 de la loi n° 92-755 du 9 juillet 1991[2] (devenu C. pr. exéc., art. L. 411-1 et R. 411-3), pour le jugement d'adjudication rendu en matière de saisie immobilière qui vaut *a fortiori* pour le procès-verbal d'adjudication établi par le notaire en droit local[3]; mais cette solution ne vaut plus en droit général, car l'article 2210 du Code civil (devenu C. pr. exéc., art. L. 322-13) fait désormais du jugement d'adjudication un titre d'expulsion à l'encontre du saisi). Il doit la demander au juge qui en droit local peut être le tribunal d'exécution (L. 1er juin 1924, art. 161, al. 1er *in fine* – il s'agit évidemment du tribunal d'instance, v. ss n° 1351.05 – et non du juge de l'exécution (JEX) qui ne dispose pas d'une telle compétence[4]) ou, cette compétence n'étant pas exclusive, le juge des référés du tribunal de grande instance qui tient de l'article 809 C. pr. civ. le pouvoir de faire cesser un trouble manifestement illicite[5] (compétence qui avait aussi été admise en droit général pour la saisie immobilière[6]). Quel que soit le tribunal saisi, les opérations d'expulsion qui s'en suivront, le cas échéant, seront menées conformément aux règles de droit commun, faute de dispositions locales particulières[7] (L. 1er juin 1924, art. 218 [qui renvoie à C. pr. civ. loc., art. 724 s., not. pour l'exécution forcée des ordonnances d'expulsion], est devenu sans objet depuis l'abrogation de ces dispositions par L. 9 juill. 1991, art. 94, 4° – v. ss n° 1350.05), prévues actuellement aux articles L. 411-1 et suivants C. pr. exéc. et R. 411-1 et suivants C. pr. exéc. (sur ce point, v. ss nos 500.04 s.).

Mais encore faut-il, comme le rappelle l'article 161 alinéa 1er, que l'adjudicataire ait « *le droit d'entrée en possession* ». C'est que non seulement l'obligation de délaissement ne naît que lorsque l'adjudication est devenue **définitive** (L. 1er juin 1924, art. 161, al. 1er – condition remplie dès le rejet des objections élevées par l'arrêt de la cour d'appel, nonobstant tout pourvoi en cassation[8]), mais de plus l'article 161 établit une stricte **corrélation** entre les obligations réciproques des parties. Aussi le débiteur ou, le cas échéant, le tiers détenteur, n'est-il tenu d'évacuer que si l'adjudicataire a rempli ses propres obligations, c'est-à-dire a **payé tous les montants mis à sa charge**[9]. Mais cette règle n'est que supplétive et ne vaut donc que « *sauf stipulation contraire du cahier des charges* »[10], lequel peut ainsi valablement prévoir l'évacuation de l'immeuble le jour où l'adjudication devient définitive, indépendamment du paiement du prix par l'adjudicataire. Inversement, et *a fortiori*, la corrélation des obligations s'applique si le cahier des charges fixe lui-même l'entrée en jouissance à la date de paiement du prix d'adjudication[11].

§ 3
À l'égard de l'adjudicataire

1353.121 Obligation de paiement. L'adjudication emporte l'obligation pour l'adjudicataire de payer les montants mis à sa charge. Mais leur exigibilité est reportée au jour où l'adjudication devient **définitive** (L. 1er juin 1924, art. 161, al. 1er – v. ss n° 1353.100), étant toutefois rappelé que l'adjudicataire peut être contraint, dès l'adjudication, à fournir une garantie pour assurer l'exécution de cette obligation (v. ss n° 1353.71). Mais si aucune garantie n'est demandée, et *a fortiori* fournie, et que le prix n'est pas payé, il avait toujours été admis que la procédure de la folle enchère, prévue pour la saisie immobilière par les articles 733 et suivants de l'ancien Code de procédure civile, n'était pas applicable car elle n'avait pas été introduite en droit local. La même solution vaut désormais pour la procédure de réitération des enchères inscrite aux articles C. pr. exéc. R. 322-66 à R. 322-72. Le meil-

1. Colmar, 7 juill. 1978, *Rec. jur. de l'Est* 1979. 30.
2. L. n° 91-650, 9 juill. 1991, portant réforme des procédures civiles d'exécution, *JO* 14 juill., p. 9228.
3. Civ. 2e, 7 mars 2002, n° 99-15.782, *Bull. civ.* II, n° 28; *RTD civ.* 2002. 364, obs. Perrot; *Dr. et proc.* 2002. 240, obs. Bourdillat – Civ. 2e, 10 juill. 2003, n° 00-19.579, *Bull. civ.* II, n° 247; *D.* 2003. 2053.
4. Civ. 2e, 10 juill. 2003, n° 00-19.579 (préc. ss prést n°), à propos d'une saisie immobilière.
5. Civ. 2e, 30 sept. 1999, n° 97-13.008, *Bull. civ.* II, n° 144.
6. V. NOT., Civ. 2e, 15 févr. 2001, n° 99-13.829, NP; *Dr. et proc.* 2001. 206.
7. EN CE SENS : HAEGEL, SCHWOB ET VALLENS, n° 337.
8. Colmar, 14 mai 2004 (préc. ss n° 1353.100).
9. Civ. 2e, 20 avr. 1988, n° 87-10.598, *Bull. civ.* II, n° 92; *Rec. jur. de l'Est* 1988. 3-1.
10. Civ. 2e, 20 avr. 1988 (préc.).
11. Civ. 2e, 21 oct. 1987, n° 86-14.233, *Bull. civ.* II, n° 203; *Rec. jur. de l'Est* 1988. 1-1.

leur moyen reste donc d'inscrire le privilège du vendeur et l'action résolutoire et d'engager, le cas échéant, une nouvelle procédure d'exécution, cette fois contre l'adjudicataire, à la requête du débiteur ou plus vraisemblablement d'un créancier agissant par la voie oblique[1]. Mais même en l'absence de ces précautions, une action résolutoire de droit commun est toujours possible contre l'adjudicataire qui n'a pas payé le prix[2].

Les montants dus englobent non seulement le prix d'adjudication, mais aussi les **intérêts et les frais**. À ce dernier titre, il faut se référer à l'article 156 de la loi du 1er juin 1924 qui détermine les frais à la charge de l'adjudicataire, à savoir : les frais de l'enregistrement, du timbre, de l'expédition et les émoluments revenant au notaire pour l'adjudication (ce texte vise aussi les frais de l'inscription au Livre foncier, mais ces frais ayant disparu, il est devenu sans objet sur ce point tout comme L. 1er juin 1924, art. 161, al. 6). S'il y a plusieurs adjudicataires, chacun supporte ces frais proportionnellement au prix d'adjudication qu'il doit acquitter (L. 1er juin 1924, art. 156). En sus, chaque adjudicataire doit toujours régler les frais de son extrait d'adjudication (L. 1er juin 1924, art. 156). Mais ces règles ne sont que supplétives et le cahier des charges pourrait valablement prévoir un **forfait** pour frais à la charge de l'adjudicataire[3]. Dans tous les cas, le surplus des frais est à la charge de la masse, c'est-à-dire qu'il est prélevé par priorité sur le prix de vente (L. 1er juin 1924, art. 156 – rappelons qu'au moment de l'adjudication, avant d'ouvrir les enchères, le notaire doit donner une indication approximative des frais tombant ainsi à la charge de la masse – v. ss no 1353.52).

1353.122 Modalités de paiement. Le paiement des **frais** ne pose aucune difficulté particulière, il s'opère généralement entre les mains du notaire qui conserve la partie lui revenant au titre des émoluments de l'adjudication, des frais d'expédition et d'extrait, et emploie le solde pour régler les formalités qui lui incombent (enregistrement et timbres). D'ailleurs, l'article 161 alinéa 2 *in fine* autorise expressément l'adjudicataire à se libérer, à ce titre, sans offres préalables, « *par le paiement des frais tombant à sa charge* ».

En revanche, le paiement du **prix** et des **intérêts** pose davantage de difficultés car il doit servir à désintéresser les créanciers. Aussi l'adjudicataire doit-il, en principe, leur verser directement les sommes dues, soit conformément à l'accord amiable qui a pu intervenir entre eux (v. ss no 1354.06), soit sur présentation des bordereaux de collocation établis par le notaire en cas d'ouverture d'une procédure de distribution (v. ss nos 1354.07 s.). Mais ces formalités peuvent être longues et, en attendant, l'adjudicataire qui n'a pas payé ne peut normalement entrer en possession de l'immeuble (v. ss no 1353.111). C'est la raison pour laquelle, l'article 161 de la loi du 1er juin 1924, a prévu la possibilité d'une libération par **consignation** du prix et des intérêts selon les modalités suivantes :

– l'adjudicataire peut ainsi décider lui-même de procéder, sans offres préalables, à la consignation du prix et des intérêts (L. 1er juin 1924, art. 161, al. 2 – parallèlement il devra payer les frais, L. 1er juin 1924, art. 161, al. 2); à partir du moment où la procédure de distribution sera ouverte (sur ce point, v. ss no 1354.07), il ne pourra plus retirer la somme consignée sans l'accord « des *autres intéressés* » (L. 1er juin 1924, art. 161, al. 5); il faut sans doute entendre par là non seulement toutes les parties à la procédure, mais aussi tous les autres créanciers inscrits;

– à défaut le tribunal d'exécution peut ordonner la consignation du prix exigible (sur ce point, v. ss no 1353.122), à la requête du créancier poursuivant, du débiteur ou du tiers détenteur (L. 1er juin 1924, art. 161, al. 3); dans ce cas, copie de l'ordonnance de consignation est transmise d'office à la Caisse des dépôts et consignations (L. 1er juin 1924, art. 161, al. 3); mais pour être réputé libéré à la date de la consignation, l'adjudicataire devra remettre au tribunal, dans le délai d'une semaine, l'original ou une copie du certificat de consignation; à défaut, il ne sera libéré qu'à la date de remise du certificat (L. 1er juin 1924, art. 161, al. 4); après consignation, l'adjudicataire ne pourra plus retirer les fonds sans l'accord « des *autres intéressés* » (L. 1er juin 1924, art. 161, al. 5 – sur cette notion, v. ci-dessus).

Mais ces dispositions n'étant que **supplétives**, il y est généralement dérogé dans le cahier des charges en ce sens qu'il stipule le paiement du prix **en l'étude du notaire** qui procédera lui-même à la consignation à la Caisse des dépôts et consignations en cas d'ouverture d'une procédure de distribution[4]. Dans

1. MISCHLER, no 220.
2. Civ. 2e, 21 oct. 1987, no 86-14.223, *Bull. civ.* II, no 203, à propos d'une demande en « nullité » de l'adjudication pour défaut de paiement du prix où l'arrêt d'appel est censuré pour avoir déclaré la demande du débiteur irrecevable car il n'avait pas lui-même rempli son obligation de délaisser l'immeuble alors que le contrat de vente présentait un caractère synallagmatique et que le cahier des charges prévoyait que l'adjudicataire ne prendrait jouissance des lieux qu'au jour du paiement de la totalité du prix.
3. EN DERNIER LIEU, v. Civ. 2e, 3 juill. 2014, no 13-20.228, NP, à propos d'un cahier des charges prévoyant un forfait de 10 % du prix d'adjudication au titre des frais, débours et émoluments à la charge de l'adjudicataire.
4. EN CE SENS : MISCHLER, *J.-Cl.*, no 69.

ce cas, l'adjudicataire est libéré dès paiement du prix, des intérêts et des frais entre les mains du notaire.

1353.123 Droits. Selon l'article 162 alinéa 1er, « *l'adjudicataire est l'ayant cause du débiteur* »; il s'agit évidemment de l'**ayant cause à titre particulier.** Il vient en conséquence aux droits et actions du débiteur relativement à l'immeuble adjugé. En particulier, il bénéficiera de toutes les garanties attachées à l'immeuble (notamment décennale et biennale en fonction de la date de construction de l'immeuble vendu) et des assurances contractées par le débiteur. Mais sur ce dernier point, il faut réserver la résiliation, conformément aux dispositions de droit local, soit par l'assureur, moyennant un préavis d'un mois et à condition qu'il agisse dans le mois où il a connaissance de la vente, soit par l'adjudicataire, sans préavis, mais à condition qu'il agisse dans le mois de l'acquisition ou du jour où il a eu connaissance du contrat s'il l'ignorait au moment de la vente (L. 30 mai 1908, art. 70, al. 1er et 2, applicable aux ventes aux enchères par l'effet de l'article 73 de la loi du 30 mai 1908).

Mais il ne peut avoir plus de droits que le débiteur lui-même n'en avait sur l'immeuble. Il souffrira donc des droits que le débiteur avait consentis et régulièrement publiés **avant** l'inscription de l'ordonnance d'exécution forcée au Livre foncier. En revanche, les droits consentis postérieurement lui sont inopposables (v. ss n° 1352.54).

CHAPITRE

1354. Exécution forcée immobilière : distribution du prix

PHILIPPE HOONAKKER
PROFESSEUR À L'UNIVERSITÉ
DE STRASBOURG
AVOCAT

SECTION 0
ORIENTEUR

1354.00 **Plan du chapitre.**

1354.01 **Textes applicables.**
L. 1er juin 1924, art. 194 et 213.

1354.03 **Bibliographie indicative.**
Actualisable. Sur l'ensemble de la question, v. *J.-Cl. Alsace-Moselle, V° Procédure et distribution des deniers par ordre*, par E. Sander, fasc. 630, ci-après désigné par SANDER.

1354.05 **Généralités.** Elle est régie par les articles 194 à 213 de la loi du 1er juin 1924, qui instituent un système original dans le prolongement et à l'image de la procédure d'exécution forcée immobilière en amont. La compétence est attribuée au **notaire chargé de l'adjudication** (L. 1er juin 1924, art. 195 et 196), lequel conserve donc le bénéfice de la délégation qui lui a été consentie par l'ordonnance initiale ayant ouvert la procédure de vente forcée (v. s[s] n° 1352.51) et assurera la direction de la procédure sous le contrôle du juge.

Mais avant d'engager la distribution du prix, le notaire devra d'abord faire inscrire l'adjudication au Livre foncier, publication qui elle-même ne peut intervenir que lorsque l'adjudication est devenue définitive (L. 1er juin 1924, art. 194 – v. s[s] n° 1353.82). De plus, cette publication accomplie, il ne sera amené à ouvrir une procédure de distribution que dans les conditions suivantes.

D'abord toute procédure est évidemment inutile si le prix d'adjudication est **suffisant** pour désintéresser tous les créanciers ou s'il n'existe qu'**un seul créancier**. Dans ces cas, le notaire procède directement à leur paiement, sans formalité particulière, mais il devra veiller, le cas échéant, à recueillir le consentement des créanciers à la **mainlevée** de leur inscription pour permettre la radiation des hypothèques déjà purgées par l'effet de l'adjudication (v. s[s] n° 1353.101). Traditionnellement ce consentement devait être consenti en la forme authentique conformément à l'article 64 alinéa 1er de la loi du 1er juin 1924. Mais l'article 52, III de l'ordonnance n° 2006-346 du 23 mars 2006[1] relative aux sûretés a modifié ce texte, qui autorise désormais la radiation d'une hypothèque ou d'un privilège par le dépôt au bureau foncier d'une copie authentique de l'acte notarié certifiant que le créancier a, à la demande du débiteur, donné son accord à la radiation.

Ensuite, la procédure locale de distribution est une véritable procédure d'**ordre** qui ne règle donc que le concours entre créanciers hypothécaires ou privilégiés. Aussi n'est-elle pas applicable en cas de concours entre créanciers **chirographaires**, soit qu'il n'existe aucun créancier inscrit, soit qu'il sub-

1. Ord. n° 2006-346, 23 mars 2006, relative aux sûretés, *JO* 24 mars, p. 4475.

siste un solde du prix d'adjudication à répartir après le désintéressement des créanciers inscrits. Dans ces cas, faute de toute disposition spécifique de droit local, il faut appliquer, comme pour la saisie immobilière de droit général (v. not. s[s] n° 1511.12), les règles prévues actuellement aux articles R. 251-1 à R. 251-11 C. pr. exéc. [1], étant précisé que le notaire doit être considéré comme « *l'agent chargé de la vente* », au sens de ces dispositions, et qu'en cas de désaccord, la compétence revient au juge de l'exécution (JEX) [2].

Enfin, lorsqu'il y a bien concours entre créanciers inscrits, ce qui est, de loin, le cas le plus fréquent en pratique, la procédure de distribution ne sera ouverte par le notaire qu'à défaut d'accord amiable.

1354.06 **Accord amiable.** Selon l'article 195 de la loi du 1er juin 1924, « *les intéressés peuvent s'entendre à l'amiable sur la distribution devant le notaire chargé de l'adjudication* ». Il s'agit du seul texte consacré à l'accord amiable dont il faut donc déduire les règles de procédure applicables, faute de dispositions expresses.

Pour rechercher un tel accord lorsqu'il l'estime possible, le notaire peut consulter les intéressés par écrit ou les réunir dans son cabinet pour en discuter de vive voix. Dans tous les cas, si un accord général sur la distribution du prix est trouvé, il devra en dresser **procès-verbal**, lequel est obligatoirement signé par lui-même et par tous les intéressés pour les engager (sur cette question, v. s[s] n° 1353.13). Le notaire devra veiller aussi à s'assurer du consentement des créanciers à la **mainlevée** de leurs inscriptions pour permettre la **radiation** des hypothèques déjà purgées par l'effet de l'adjudication définitive (v. s[s] n° 1353.101), conformément à l'article 64 alinéa 1er de la loi du 1er juin 1924 (sur ce point, v. s[s] n° 1354.05).

1354.07 **Procédure de distribution.** « *À défaut d'entente amiable, le notaire ouvre la procédure de distribution et en dresse procès-verbal* » (L. 1er juin 1924, art. 196, al. 1er). Il est donné avis de cette ouverture à la Caisse des dépôts et consignations, si l'adjudicataire a consigné volontairement le prix d'adjudication (L. 1er juin 1924, art. 196, al. 3 – sur la consignation volontaire, v. s[s] n° 1353.122); curieusement un tel avis n'est pas prescrit en cas de consignation sur ordonnance du tribunal d'exécution ou sur décision du notaire conformément aux stipulations du cahier des charges (v. s[s] n° 1353.122).

Toute cette procédure est organisée autour de l'**état de collocation** qui est **établi** par le notaire avec le concours des intéressés et sous le contrôle du juge, et dont l'**exécution** permettra d'assurer le paiement des créanciers selon leur rang, dans la limite du prix d'adjudication, ainsi que la radiation de toutes les hypothèques déjà purgées.

SECTION 1
ÉTABLISSEMENT DE L'ÉTAT DE COLLOCATION

1354.10 **Étapes de la procédure.** L'état de collocation est **rédigé** par le notaire à partir de la **production** des créances, puis soumis à la **discussion** de tous les intéressés.

§ 1
Production des créances

1354.11 **Sommation de produire.** Dès l'ouverture de la procédure de distribution, le notaire doit faire sommation au **créancier poursuivant** et aux **créanciers inscrits** de produire et de justifier leurs créances en principal, intérêts, frais et accessoires (L. 1er juin 1924, art. 196, al. 1er). Cette sommation est, en principe, « ***signifiée d'office*** » (L. 1er juin 1924, art. 196, al. 1er) à chacun des destinataires. Mais il ne faut pas prendre cette expression dans le sens qui lui est donné par l'article 651 alinéa 2 C. pr. civ. comme « *la notification faite par acte d'huissier de justice* », car elle s'explique par l'ancienne signification par voie postale que connaissait le droit local jusqu'en 1975 [3]. C'est la raison pour laquelle les notaires procèdent par **pli recommandé avec demande d'avis de réception** et cette pratique a été consacrée par la Cour de cassation [4]. Du reste, cette forme est expressément prévue par l'article 196 alinéa 2 de la loi du 1er juin 1924 lorsque la sommation est destinée à un créancier domicilié en dehors des trois départements (Bas-Rhin, Haut-Rhin et Moselle) et il serait pour le moins contestable que ces créanciers puissent être sommés plus facilement que ceux qui demeurent dans l'un de ces départements. Mais si l'avis de réception revient non signé du destinataire, le notaire doit procéder par voie de signification (en ce sens, dans le cadre d'une procédure de partage judiciaire, à propos d'une convocation par lettre recommandée avec demande d'avis de réception qui est revenue non réclamée [5]; mais cette décision rendue notamment

1. Décr. n° 2012-783, 30 mai 2012, relatif à la partie réglementaire du Code des procédures civiles d'exécution, *JO* 31 mai, p. 9375.
2. EN CE SENS : SANDER, n° 1.
3. Sur ce point, v. SANDER, n° 13.
4. Civ. 2e, 28 juin 2006, n° 04-13.414, *Bull. civ.* II, n° 169.
5. Civ. 1re, 12 déc. 2006, n° 04-17.822, *Bull. civ.* I, n° 541; *Rec. jur. de l'Est* 2007. 1, obs. Schwob.

au visa de l'article 6 § 1 Conv. EDH est parfaitement transposable à la procédure de distribution par ordre). À cela s'ajoute que pour les créanciers qui demeurent à l'étranger, il faut faire application de l'article 22 de l'Annexe C. pr. civ. (déclaré applicable par l'article 44 de la même Annexe). Ceux-ci doivent donc désigner dans le département où le notaire est établi un fondé de pouvoir chargé de recevoir les notifications. À défaut, elles seront acheminées « *par la voie postale* », ce qui signifie par lettre recommandée avec demande d'avis de réception selon l'article 44 de l'Annexe. Autrement dit, la sommation est adressée aux créanciers demeurant à l'étranger, qui n'ont pas désigné de fondé de pouvoir, selon la même forme qu'à ceux qui demeurent en France. Mais l'identité n'est pas parfaite car il faut réserver les textes de droit international public qui prévalent toujours sur le droit interne. En particulier, si l'intéressé demeure dans un État de l'Union européenne, la notification devra se faire selon les prescriptions du règlement (CE) n° 1393/2007 du 13 novembre 2007 applicable depuis le 13 novembre 2008 [1]. Par ailleurs, si l'avis de réception revient non signé, le notaire devra procéder par voie de signification, comme pour les intéressés demeurant en France, mais celle-ci relève alors des articles 683 à 688 C. pr. civ.

La sommation ainsi notifiée aux créanciers, poursuivant et inscrits, doit également préciser que la production devra intervenir dans le mois à peine de forclusion (L. 1er juin 1924, art. 196, al. 1er *in fine*). Mais il a été jugé que cette information peut aussi figurer dans le procès-verbal d'ouverture de la procédure de distribution dès lors qu'il a été notifié par pli recommandé avec demande d'avis de réception [2].

1354.12 **Modalités de la production.** La production peut être **verbale** ou **écrite**. La production verbale se fait par déclaration prise en **procès-verbal** par le notaire (L. 1er juin 1924, art. 197), laquelle, faute de dispositions contraires, peut émaner directement du créancier. Ce procès-verbal doit indiquer de manière précise le jour de la production et le notaire doit en délivrer une attestation au créancier sur sa demande (L. 1er juin 1924, art. 198, al. 2). En revanche, la production écrite doit obligatoirement être signée par un **avocat** ou un **notaire** (L. 1er juin 1924, art. 197; elle ne saurait donc émaner d'une autre personne, comme une société chargée de la gestion d'une rente viagère [3]). Bien qu'aucune forme ne soit prescrite, il est de l'intérêt du créancier que cette production écrite soit expédiée par pli recommandé pour ménager la preuve de sa date et donc du respect du délai prescrit sous peine de forclusion.

En effet, la production doit obligatoirement intervenir dans le délai d'**un mois,** courant pour chaque créancier, soit à compter de la signification de la sommation, soit pour ceux domiciliés en dehors des trois départements de l'Est, à compter « *de la remise à la poste* » (L 1er juin 1924, art. 198, al. 1er). Mais dans la mesure où les formes locales de notification ont été abrogées, le point de départ doit être déterminé aujourd hui selon les règles fixées par le Code de procédure civile, en fonction du mode de notification utilisé [4].

Qu'elle soit écrite ou verbale, la production devra non seulement préciser le montant de la créance réclamée en principal, intérêts, frais et accessoires, mais également être accompagnée de pièces et explications justifiant de l'existence et du montant de la créance.

1354.13 **Sanction.** Faute de production dans ces formes et délai, le créancier est forclos (L. 1er juin 1924, art. 196, al. 1er *in fine*), c'est-à-dire qu'il est déchu de son rang et ne pourra prétendre à un paiement que s'il reste des fonds après désintéressement de tous les créanciers qui ont produit. Mais cette sanction n'est applicable qu'aux créanciers inscrits auxquels le notaire a fait délivrer une sommation de produire dans les conditions prévues à l'article 196 (v. ss nos 1354.11 et 1354.12).

C'est la raison pour laquelle l'article 199 alinéa 1er de la loi du 1er juin 1924 prévoit que si la sommation « *n'a pas eu lieu* », l'intéressé conserve le droit de produire sa créance, et donc de concourir dans la distribution du prix d'adjudication « *jusqu'à l'expiration du délai fixé à l'article 206, alinéa 2* ». Il s'agit du délai d'une semaine qui court après la clôture de l'état pour permettre à tout intéressé de se pourvoir contre la clôture devant le tribunal d'exécution (v. ss n° 1354.62). Faute de dispositions particulières, il faut admettre que la production tardive d'un créancier omis obéit aux mêmes règles de forme que toutes les autres, c'est-à-dire qu'elle est déclarée verbalement ou adressée par écrit au notaire chargé de la procédure (L. 1er juin 1924, art. 197 – v. ss n° 1354.12). Si une telle production survient dans ce délai, elle pourra remettre en cause l'état de collocation qui devra alors être modifié en conséquence (v. ss n° 1354.63). À défaut, l'état sera maintenu et la procédure se poursuivra normalement.

1. Règl. CE n° 1393/2007 du Parlement européen et du Conseil, 13 nov. 2007, relatif à la signification et à la notification dans les États membres des actes judiciaires et extrajudiciaires en matière civile ou commerciale (« signification ou notification des actes »), et abrogeant le règlement CE n° 1348/2000 du Conseil, *JOUE*, n° L 324, 10 déc., p. 79.
2. Civ. 2e, 28 juin 2006, n° 04-13.414, P (préc. ss prést n°).
3. Metz, 7 juill. 1994, RG n° A II 269/93, Caisse mutuelle de dépôts et de prêts c/Hartmann.
4. EN CE SENS : SANDER, n° 22.

Mais quelle est la sanction si la sommation de produire a eu lieu, mais qu'elle est **irrégulière ?** À défaut de dispositions locales particulières, il faut faire application des règles de droit général. Il a ainsi été jugé, sur le fondement de l'article 670-1 C. pr. civ., que le délai de production n'a pu commencer à courir faute de signification de la sommation lorsque l'avis de réception a été retourné par la poste avec la mention « *n'habite pas à l'adresse indiquée* »[1]. Quant aux sommations incomplètes, elles peuvent être annulées en vertu de l'article 114 C. pr. civ. si la mention omise constitue une formalité substantielle et a causé un grief (il devrait en être ainsi si la sommation n'a pas indiqué les modalités ou le délai de la production incombant au destinataire). Mais quelle que soit l'irrégularité, la limite posée par l'article 199 alinéa 1er en cas d'omission de la sommation devrait s'appliquer, *a fortiori*. La production devra donc intervenir avant l'expiration de délai de l'article 206 alinéa 2.

Mais dans tous les cas, le créancier qui n'a pas produit conserve toujours la faculté d'une action en restitution contre les créanciers colloqués à son préjudice, conformément à l'article 199 alinéa 2 qui prévoit, en effet, qu'une telle action « *n'est éteinte ni par le fait que la production n'a pas eu lieu, ni par la mise à exécution de l'état de collocation* ».

§ 2
Rédaction de l'état de collocation

1354.21 **Délai.** À partir des créances ainsi produites, il appartient au **notaire** de rédiger l'état de collocation. Il dispose pour ce faire d'un délai d'**un mois** courant à compter de l'expiration des délais de production (L. 1er juin 1924, art. 200, al. 1er). Ces délais, eux-mêmes d'un mois, courant séparément à l'encontre de chacun des créanciers inscrits (v. ss n° 1354.12), le délai laissé au notaire pour rédiger l'état de collocation expirera donc deux mois après la dernière des sommations de produire qu'il a fait délivrer.

1354.22 **Contenu.** Il est détaillé à l'article 200 alinéa 2 de la loi du 1er juin 1924 qui prévoit les mentions obligatoires suivantes :

– « *1° la déclaration que les créanciers qui n'ont pas produit à temps leurs prétentions demeurent forclos* »; cette déclaration ne vise évidemment pas les créanciers omis (v. ss n° 1354.13);

– « *2° l'état de la masse à distribuer avec l'indication du taux de l'intérêt et du jour à partir duquel courent les intérêts* »; il s'agit du prix d'adjudication et des intérêts stipulés au cahier des charges; mais à partir du jour où l'adjudicataire s'est valablement libéré en consignant le prix, les seuls intérêts qui pourront encore courir sont ceux servi par la Caisse des dépôts et consignations;

– « *3° l'état du passif comprenant :*

*a) les **frais** à la charge de la masse, sous réserve d'un arrêté de compte ultérieur* »; il s'agit donc d'une indication provisoire qui devra être corrigée à la fin de la procédure (sur la répartition des frais de la procédure d'adjudication entre l'adjudicataire et la masse, v. ss n° 1353.121 – sur les frais de la procédure de distribution, v. ss n° 1354.61);

« *b) les **créances admises d'après leur rang**, les intérêts, les frais et autres accessoires; pour les intérêts et les rentes, la désignation du taux et du jour à partir duquel ils courent, ainsi que la mention qu'ils seront colloqués jusqu'à la clôture de l'état* ».

Dans le cas particulier où plusieurs immeubles auraient été **vendus en bloc** pour un même prix d'adjudication, le notaire devra indiquer, en outre, dans l'état de collocation, « *la portion du prix total devant échoir, proportionnellement à sa valeur, à chaque immeuble en particulier* » (L. 1er juin 1924, art. 200, al. 3). Le notaire devra donc estimer la valeur respective de chacun des immeubles vendus en bloc. Pour ce faire, il pourra prendre « *l'avis d'un ou de trois experts* », cet avis devant alors être inséré également dans l'état de collocation (L. 1er juin 1924, art. 200, al. 3 *in fine* – il est vrai que ce texte prévoit l'insertion de l'avis « *au procès-verbal* »; mais il s'agit sans doute d'une erreur, cette disposition traitant exclusivement du contenu de l'état de collocation).

Mais l'état ainsi rédigé par le notaire n'est qu'un **projet** devant obligatoirement être soumis à la discussion de tous les intéressés, avant de pouvoir devenir définitif et faire l'objet d'une clôture qui seule permettra sa mise à exécution.

§ 3
Discussion obligatoire de l'état de collocation devant le notaire

1354.31 **Dénonciation.** La discussion de l'état de collocation suppose qu'il soit porté à la connaissance des intéressés pour leur permettre de faire valoir leurs observations et contestations. C'est la raison pour laquelle, le notaire doit, après l'établissement de l'état de collocation (L. 1er juin 1924, art. 201, al. 1er) :

– le tenir à la disposition des intéressés qui peuvent en prendre communication;

– fixer le jour d'une réunion à laquelle l'état sera discuté devant lui; cette réunion devra être éloignée

1. Metz, 7 juill. 1994, Caisse mutuelle de dépôts et de prêts c/ Hartmann (préc. ss n° 1354.12).

d'au moins deux semaines de la notification des sommations dont il va être question ci-après (L. 1er juin 1924, art. 201, al. 3 *in fine* - rappelons qu'un délai de deux semaines doit être assimilé pour sa computation à un délai de quatorze jours et que le *dies a quo* ne compte pas; v. ss no 1353.32).

En effet, le notaire doit ensuite adresser au créancier poursuivant, aux créanciers inscrits ainsi qu'au débiteur et au tiers détenteur, une sommation de :

- prendre communication de l'état de collocation; mais en fait, le notaire préférera souvent joindre immédiatement une copie de cet état à la sommation;
- comparaître à la réunion fixée devant lui pour faire valoir leurs observations sur l'état;
- faire valoir au plus tard à cette réunion leurs contestations sous peine d'être forclos (sur les contestations, v. ss no 1354.32).

Ces sommations sont notifiées dans les mêmes formes que les sommations de produire (L. 1er juin 1924, art. 201, al. 3, qui renvoie à l'article 196 - sur ce point, v. ss no 1354.11). Parallèlement, le notaire avise l'adjudicataire du jour de la réunion fixée devant lui (L. 1er juin 1924, art. 201, al. 2 *in fine*).

1354.32 Contestations. Elles peuvent être élevées contre l'état de collocation **jusqu'à la réunion** fixée devant le notaire pour en discuter, y compris à cette occasion pour la première fois. Lorsqu'elles le sont avant cette réunion, elles doivent être formées dans les mêmes conditions que les productions de créances (L. 1er juin 1924, art. 202). Elles peuvent donc être **verbales** et émaner directement des intéressés, auquel cas, elles sont prises en procès-verbal par le notaire, lequel indique avec précision leur date et une attestation en est délivrée au contestant à sa demande (L. 1er juin 1924, art. 198, al. 2, auquel renvoie l'article 202 *in fine;* ce texte cite le « *greffier* », mais il s'agit manifestement d'une erreur de plume, comme en témoigne le renvoi à l'article 198 alinéa 2, qui vise bien le notaire; mais du fait de cette erreur, il a été considéré qu'une contestation devrait pouvoir être déclarée verbalement tant au notaire qu'au greffier, celui-ci devant alors la transmettre sans délai au notaire[1]). Elles peuvent aussi être **écrites,** mais dans ce cas elles doivent obligatoirement être signées d'un avocat ou d'un notaire (sur ces points, v. ss no 1354.12). En conséquence, une contestation formée directement par pli postal du créancier est nulle, sauf pour le créancier à établir que la sommation qui lui a été adressée ne comportait pas les modalités requises pour élever des contestations contre l'état de collocation[2].

Toutes ces contestations seront débattues à la réunion fixée devant le notaire.

1354.33 Réunion devant le notaire. À cette réunion, le notaire doit lire et expliquer l'état de collocation (L. 1er juin 1924, art. 203, al. 1er). La discussion s'engage alors sur les contestations élevées antérieurement ou à cette occasion, chacun des intéressés devant fournir ses observations « *séance tenante* » (L. 1er juin 1924, art. 203, al. 2). À l'issue de la réunion, le notaire devra en dresser un **procès-verbal,** lequel est lu aux intéressés ou leur est présenté pour qu'ils en prennent connaissance; il comporte mention de ces formalités. En outre, le procès-verbal devra indiquer s'il a été adopté ou quelles contestations ont été élevées (L. 1er juin 1924, art. 203, al. 3).

C'est que cette réunion peut aboutir à deux situations distinctes :

- ou bien toutes les contestations sont vidées, c'est-à-dire qu'un accord général intervient entre tous les intéressés sur la distribution du prix d'adjudication, et dans ce cas, l'état de collocation devra être rectifié éventuellement (L. 1er juin 1924, art. 203, al. 2), avant d'être clôturé et mis à exécution (v. ss nos 1354.61 s.);
- ou bien il subsiste des contestations, et dans ce cas elles devront être soumises au juge pour être tranchées; dans cette attente, la clôture de l'état de collocation et sa mise à exécution seront différées, du moins pour les créances contestées (v. ss nos 1354.82 s.).

§ 4
Discussion éventuelle de l'état de collocation devant le juge

1354.41 Obligation d'engager la procédure. Lorsqu'une contestation n'a pas été vidée à la réunion devant le notaire, son auteur doit lui fournir, dans le **délai d'un mois,** « *la preuve qu'il a actionné les intéressés* » (L. 1er juin 1924, art. 209). Il faut entendre par « les intéressés », les créanciers contre lesquels la contestation est élevée (si plusieurs contestations ont été élevées contre des créanciers distincts, il n'est pas nécessaire de les actionner tous; mais dans ce cas, les contestations intéressant les créanciers non poursuivis devront être ignorées par le notaire, faute d'engagement de la procédure[3]). Pour actionner ces intéressés, l'auteur de la contestation devra engager une procédure judiciaire à leur encontre, non devant le tribunal d'exécution, mais, faute de dispositions dérogatoires, devant la juridiction compétente en application des règles de

1. EN CE SENS : SANDER, no 33 et la réf cit.
2. Colmar, 30 mars 2004, *Rec. jur. de l'Est* 2004. 108.
3. TGI Strasbourg, 20 sept. 1988, *Rec. jur. de l'Est* 1989. 99.

droit commun, à raison de la nature de la contestation et de la valeur en litige. Non seulement cette procédure devra être engagée dans le délai d'un mois courant à compter de la réunion qui s'est tenue devant le notaire, mais dans ce même délai, le contestant devra en fournir la preuve au notaire. Pour ce faire, il doit lui adresser une copie de l'acte de procédure choisi pour introduire l'instance. Il s'agit essentiellement, en pratique, de l'assignation, de la déclaration introductive d'instance devant le tribunal d'instance et de l'acte introductif d'instance ouvert en droit local pour saisir le tribunal de grande instance.

Mais dans ce dernier cas, la question se pose de savoir s'il suffit de communiquer une copie de l'acte déposé au greffe ou s'il faut aussi communiquer ultérieurement, et dans le même délai d'un mois, une copie de la signification au défendeur de l'acte introductif et de l'ordonnance fixant la date de la première conférence[1]. La copie de l'acte devrait suffire dès lors qu'il a été jugé que son dépôt au greffe emporte saisine du tribunal et interruption de la prescription et des délais pour agir[2]. De plus, exiger aussi la communication d'une copie de l'acte de signification ultérieur au défendeur dans le délai d'un mois relèverait souvent de la mission impossible car l'ordonnance fixant la première conférence relève de la seule initiative du président du tribunal.

À défaut, « *l'état est clos, sans égard à la contestation* » (L. 1er juin 1924, art. 209). C'est-à-dire que la contestation est ignorée et que l'état de collocation rédigé par le notaire est maintenu, au moins sur ce point, et pourra être mis à exécution[3]. Cependant l'opposant négligeant conserve toujours le « *droit de faire valoir par voie d'assignation sa priorité à l'égard du créancier colloqué à tort* » (L. 1er juin 1924, art. 209 *in fine*). Mais il s'agit alors d'une procédure en restitution de droit commun, menée indépendamment de la procédure de distribution qui se poursuit normalement sans avoir à tenir compte de la contestation en cause. Le notaire n'a donc pas à établir un procès-verbal de difficulté[4] (v. cep. une décision qui a ordonné, sur le fondement de l'article 209, une modification de l'état de collocation, alors qu'à défaut d'introduction de la procédure, et *a fortiori* de sa justification, dans le délai d'un mois, l'état devait être clôturé et exécuté sans égard à la contestation qui n'aurait pu aboutir qu'à un remboursement des fonds distribués à tort[5]).

1354.42 Conséquences de la procédure. Lorsque la procédure est engagée et qu'il en est justifié dans le délai d'un mois, « *la clôture de l'état est **ajournée** jusqu'à ce que le jugement statuant sur le payement de la portion litigieuse de la masse ait acquis l'autorité de chose jugée* » (L. 1er juin 1924, art. 210, al. 1er – il faut sans doute comprendre « *force de chose jugée* » au sens de l'article 500 C. pr. civ.). La contestation soumise à la juridiction compétente produit alors un **effet suspensif** sur la procédure de distribution, au moins à l'égard des créances contestées, et ce jusqu'à ce qu'une décision définitive intervienne. À l'issue de la procédure, deux situations sont alors envisageables :

– ou bien la contestation est définitivement écartée, et dans ce cas, l'état de collocation initial est maintenu, au moins sur ce point; il pourra alors être clôturé et mis à exécution (v. ss no 1354.82); mieux encore, le créancier non colloqué, tout comme le débiteur ou le tiers détenteur, qui auront subi un préjudice du fait de la procédure, notamment en raison des intérêts qui ont continué à courir au profit des créanciers mieux placés dont le paiement a été retardé, ont un recours en indemnisation contre l'opposant dont la contestation a ainsi été jugée non fondée (L. 1er juin 1924, art. 211);

– ou bien la contestation est définitivement accueillie, en tout ou partie, et dans ce cas, l'état de collocation sera modifié en conséquence avant d'être clôturé et mis à exécution (v. ss no 1354.82).

Dans tous les cas, et à la demande de la partie gagnante, les frais mis à la charge d'un créancier colloqué sont prélevés sur les fonds lui revenant dans la distribution (L. 1er juin 1924, art. 210, al. 2).

SECTION 2
EXÉCUTION DE L'ÉTAT DE COLLOCATION

1354.50 Division. L'exécution de l'état de collocation se traduit par le **paiement** des créanciers colloqués et la **radiation** des hypothèques déjà purgées par l'effet de l'adjudication.

§ 1
Paiement des créanciers colloqués

1354.51 Distinction. Le paiement des créanciers colloqués ne peut intervenir qu'en vertu de **bordereaux de collocation** qui eux-mêmes ne sont délivrés, par le notaire, qu'après **clôture** de l'état de col-

1. Sur ce point : Ch. Lapp, « Le notaire et l'article 209 de la loi civile d'introduction du 1er juin 1924 », *Rec. jur. de l'Est* 2007. 1.
2. V. S. Guinchard (dir.), Dalloz action *Droit et pratique de la procédure civile*, 2014/2015, par Hoonakker, no 722.82 et les réf. cit.
3. EN CE SENS : Colmar, 5 févr. 1993, RG no II W 5996/92, CIAL c/Heinisch, inéd.
4. Colmar, 18 janv. 1994, *Rec. jur. de l'Est* 1994. 53.
5. Metz, 22 févr. 2001, *Rec. jur. de l'Est* 2001. 121.

location. Il est ainsi aisé de comprendre que le paiement n'interviendra pas dans les mêmes conditions selon que l'on est ou que l'on n'est pas en présence de contestations.

A. En l'absence de contestation : clôture de l'état de collocation

1354.61 **Modalités.** L'absence de contestation suppose soit qu'aucune contestation n'ait été élevée contre l'état de collocation, soit que les contestations élevées aient été vidées à la réunion devant le notaire (L. 1er juin 1924, art. 204, al. 1er). Dans ces cas, l'état de collocation, éventuellement modifié à l'occasion des discussions (v. ss no 1354.33), est clôturé en toutes ses dispositions (L. 1er juin 1924, art. 204, al. 1er *in fine*), soit le jour même de la réunion, soit au plus tard dans la semaine qui suit (L. 1er juin 1924, art. 206, al. 1er).

Le procès-verbal de clôture est dressé dans ce délai par le notaire qui pour ce faire doit établir les calculs suivants (L. 1er juin 1924, art. 204, al. 2) :

- de la masse à distribuer, c'est-à-dire le prix d'adjudication augmenté des intérêts échus;

- des frais à la charge de la masse; outre les frais afférents à la procédure d'exécution forcée visés à l'article 156 de la loi du 1er juin 1924 (v. ss no 1353.121), sont à la charge de la masse, ceux de la procédure de distribution, y compris les frais de la radiation des créanciers non colloqués; ces frais à la charge de la masse sont toujours prioritaires dans la distribution, c'est dire qu'ils sont colloqués par préférence à toutes autres créances (L. 1er juin 1924, art. 204, al. 3); pour ces frais qui ont été avancés par le créancier poursuivant, ils sont colloqués au même rang (L. 1er juin 1924, art. 204, al. 3), mais augmentés d'intérêts au taux de 5 % (L. 1er juin 1924, art. 204, al. 4);

- du montant de la créance de chaque créancier colloqué; à ce montant, s'ajoutent, le cas échéant, pour chaque créancier colloqué, les sommes qu'il a payées à un mandataire dans la procédure de distribution ou pour la confection de l'acte de production de sa créance (L. 1er juin 1924, art. 197 – v. ss no 1354.12) ou de contestation de l'état de collocation (L. 1er juin 1924, art. 202 – v. ss no 1354.32); mais encore faut-il que ces sommes, qui portent essentiellement sur les frais et honoraires versés à un notaire ou un avocat mandaté par un créancier colloqué, soient « *estimées nécessaires* » (L. 1er juin 1924, art. 204, al. 5).

La clôture ainsi établie par le notaire n'est pas définitive, les intéressés conservant encore la possibilité de la contester par des pourvois.

1354.62 **Pourvois.** Pour permettre la contestation, encore faut-il que la clôture de l'état de collocation puisse être consultée. C'est la raison pour laquelle les intéressés peuvent en prendre connaissance en l'étude du notaire pendant une semaine. Ce délai commence à courir « *à partir du jour qui a été désigné lors de la discussion* » (L. 1er juin 1924, art. 206, al. 2). Pour fixer cette date, le notaire tiendra compte du jour d'établissement de la clôture qui n'intervient pas nécessairement à l'issue de la réunion, mais peut encore être établie dans la semaine qui suit (L. 1er juin 1924, art. 206, al. 1er – v. ss no 1354.61).

C'est dans ce délai d'une semaine, que tout intéressé pourra « *se pourvoir contre la clôture de l'état devant le tribunal d'exécution* » (L. 1er juin 1924, art. 206, al. 3). Mais aucune règle de forme particulière n'est prévue à ce titre. Aussi les parties procèdent-elles généralement comme pour les observations et objections de la procédure d'exécution forcée immobilière prévues à l'article 159 alinéa 1er de la loi du 1er juin 1924, c'est-à-dire par écrit ou par déclaration verbale prise en procès-verbal par le greffier (v. ss no 1353.32). Cependant, faute de dispositions particulières à la procédure de distribution, il paraît plus juste de se référer aux règles de droit commun gouvernant l'introduction de l'instance devant le tribunal d'instance en matière contentieuse (C. pr. civ., art. 36 Annexe)[1], dès lors qu'il s'agit de se pourvoir devant cette juridiction qui remplit la fonction de tribunal d'exécution (sur ce point, v. ss no 1351.05). En conséquence, ce premier pourvoi pourra être formé non seulement par déclaration écrite ou verbale, mais aussi par voie d'assignation. En tout cas, il serait inutile de se référer aux modalités prévues à l'article 7 de l'Annexe, car même s'il est enfermé dans un délai, il ne s'agit pas d'un recours contre la décision d'un tribunal, mais contre un acte du notaire, en l'occurrence, la clôture de l'état de collocation, et il ne peut donc être qualifié de pourvoi, et *a fortiori*, de pourvoi immédiat, au sens des articles 5 à 8 de l'Annexe.

En revanche, le recours ouvert contre la décision que rendra le tribunal d'exécution est bien un pourvoi immédiat au sens de ces textes car il s'agit cette fois de contester une décision juridictionnelle dans un certain délai (C. pr. civ., art. 8 Annexe). En effet, selon l'article 206, alinéa 2 de la loi du 1er juin 1924, cette décision du tribunal d'exécution est « *susceptible d'un nouveau pourvoi dans la semaine qui suit la signification* » (L. 1er juin 1924, art. 206, al. 2 – malgré l'usage du terme de « signification »,

1. V. NOT., S. Guinchard (dir.), Dalloz action *Droit et pratique de la procédure civile*, 2014/2015, par Hoonakker, nos 172.261 s.

la décision sera notifiée par pli recommandé conformément à C. pr. civ., art. 5 Annexe - sur ce point, v. s[s] n° 1351.15). Ce recours est également ouvert contre les décisions rendues par le tribunal d'exécution dans le cadre de la procédure d'exécution forcée immobilière (v. s[s] n° 1351.14), sauf que pour la procédure de distribution, il produit incontestablement un **effet suspensif,** l'état de collocation ne pouvant être mis à exécution que lorsque le pourvoi a fait l'objet d'une décision définitive (L. 1er juin 1924, art. 208, al. 1er - v. s[s] n° 1354.71).

Mais ces pourvois ne sauraient en aucun cas permettre aux intéressés de faire valoir des contestations qu'ils auraient dû élever auparavant contre l'état de collocation (v. s[s] n° 1354.32). Ils ne peuvent donc qu'invoquer des **circonstances nouvelles,** contemporaines ou postérieures à la réunion devant le notaire où a été discuté l'état de collocation qu'il a préparé. Il s'agira donc essentiellement d'**erreurs,** qui peuvent être purement matérielles, mais qui peuvent aussi résulter d'une mauvaise reprise des modifications qui ont été convenues à la réunion chez le notaire pour vider les contestations[1].

1354.63 Créanciers omis. Cette procédure de clôture de l'état de collocation peut encore se compliquer si des créanciers omis produisent leurs créances « *après coup* » (L. 1er juin 1924, art. 207, al. 1er). Rappelons qu'en effet, ces créanciers, auxquels le notaire a omis de faire délivrer une sommation de produire, peuvent encore produire leurs créances jusqu'à l'expiration du délai prévu à l'article 206 alinéa 2 pour se pourvoir contre la clôture de l'état de collocation (L. 1er juin 1924, art. 199 - v. s[s] n° 1354.13). En conséquence, si une telle production survient postérieurement à l'établissement de l'état de collocation, mais avant la fin de la semaine ouverte pour contester la clôture (sur ce délai, v. s[s] n° 1354.62), elle remettra en cause l'état existant et nécessitera un **supplément de procédure** pour l'y intégrer.

À cette fin, l'article 207 alinéa 1er prévoit que le notaire, auquel la production est déclarée ou adressée (L. 1er juin 1924, art. 197 - v. s[s] n°s 1354.12 et 1354.13), doit fixer une nouvelle réunion « *pour s'expliquer sur cette créance et pour rectifier, s'il y a lieu, l'état de collocation* ». Il en avise les intéressés, en particulier l'adjudicataire, et surtout fait sommation au créancier poursuivant, aux créanciers inscrits, au débiteur et, le cas échéant, au tiers détenteur, de comparaître pour (L. 1er juin 1924, art. 207, al. 3) :

- fournir leurs observations sur la créance tardivement produite;
- présenter, sous peine d'être forclos, les contestations qu'ils sont habilités à élever.

Quant aux **modalités,** toutes ces contestations sont nécessairement formées à la nouvelle réunion : d'une part, l'article 202 de la loi du 1er juin 1924, régissant les contestations élevées contre l'état de collocation avant la première réunion, ne paraît pas applicable ici (sur ces contestations, v. s[s] n° 1354.32); d'autre part, les contestations élevées postérieurement à la nouvelle réunion sont radicalement irrecevables, le contestant étant alors forclos (L. 1er juin 1924, art. 207, al. 2). Quant à l'objet des contestations, si le créancier produisant peut élever toutes les contestations « *sans restriction* » contre l'état de collocation, les autres intéressés, en revanche, ne le peuvent « *qu'autant qu'ils risquent de ne pas être satisfaits pour leurs créances par suite de la production tardive* ». Ils ne peuvent donc élever de contestations que contre la créance nouvellement produite et à condition qu'elle leur porte préjudice.

Curieusement l'article 207 ne règle pas le sort de ces contestations. Mais dans le silence de ce texte, il faut sans doute faire application, par analogie, des règles prévues dans le cadre du déroulement normal de la procédure aux articles 203, 209 et 210 de la loi du 1er juin 1924 (v. s[s] n°s 1354.32 s.). En conséquence, de deux choses l'une :

- ou bien, toutes ces contestations sont vidées à la seconde réunion où elles sont nécessairement élevées, et dans ce cas, l'état de collocation sera modifié, le cas échéant, en conséquence et la procédure de clôture pourra reprendre *ab initio* (v. s[s] n° 1354.61);
- ou bien, des contestations subsistent, et dans ce cas, leurs auteurs devront les faire trancher en engageant une procédure contre les intéressés devant le tribunal compétent dans le mois de la nouvelle réunion (v. s[s] n° 1354.41); quant à la clôture de l'état de collocation, elle ne pourra plus se faire selon les règles précédemment exposées puisque désormais l'on sera en présence de contestations non vidées; ce sont donc les règles applicables à cette hypothèse qu'il faudra suivre (v. s[s] n°s 1354.81 et 1354.82).

B.
En l'absence de contestation : bordereaux de collocation

1354.71 Délivrance et paiement. Il appartient au **notaire** de délivrer les bordereaux de collocation. Mais il ne pourra le faire que lorsque la clôture de l'état sera devenue **définitive,** c'est-à-dire s'il n'a pas été formé de pourvoi ou si le pourvoi formé a fait l'objet d'une décision définitive (L. 1er juin 1924, art. 208). Dans le cas particulier d'une pro-

1. EN CE SENS, HAEGEL, SCHWOB ET VALLENS, n° 348.

duction tardive par un créancier omis, c'est évidemment l'état de collocation issu de la nouvelle réunion dont la clôture devra être définitive pour permettre la délivrance des bordereaux de collocation.

Ces bordereaux constituent des **titres exécutoires** délivrés, soit contre l'adjudicataire qui ne s'est pas encore libéré, soit, en cas de consignation du prix d'adjudication, contre la Caisse des dépôts et consignations (L. 1er juin 1924, art. 208, al. 2; ce titre exécutoire est aussi cité désormais à l'article L. 111-5 C. pr. exéc. qui énumère les titres spécifiques du droit local, v. ss no 1350.06). C'est donc sur le fondement de ces bordereaux que les créanciers colloqués pourront enfin être payés, en recourant au besoin à la contrainte des voies d'exécution. Mais celles-ci ne présentent évidemment un intérêt qu'à l'égard de l'adjudicataire, étant rappelé que dans l'immense majorité des cas, celui-ci aura dû fournir une garantie sérieuse au moment de l'adjudication (v. ss no 1353.71).

C. En cas de contestation

1354.81 Clôture partielle. Lorsque des contestations subsistent après la réunion devant le notaire (v. ss no 1354.33), voire après la nouvelle réunion tenue suite à la production tardive d'un créancier omis (v. ss no 1354.63), le notaire procède à une clôture partielle de l'état de collocation portant sur (L. 1er juin 1924, art. 205) :

- les créances antérieures à celles qui restent contestées;

- les créances postérieures, à condition de réserver une somme suffisante pour couvrir les créances contestées.

Cette clôture partielle est soumise exactement aux mêmes règles que celles applicables en l'absence de contestation, qu'il s'agisse des **modalités** (v. ss no 1354.61) ou des **pourvois** (v. ss no 1354.62). De même, elle pourra se compliquer par la production tardive d'un **créancier omis,** auquel cas, il sera également fait application des dispositions prévues à l'article 207 de la loi du 1er juin 1924 (v. ss no 1354.63).

Lorsque la clôture partielle sera devenue définitive, c'est-à-dire qu'aucun pourvoi n'aura été formé ou que les pourvois formés auront fait l'objet d'une décision définitive, le notaire délivrera aux créanciers déjà colloqués, de rang antérieur ou éventuellement postérieur aux créances encore contestées, des **bordereaux de collocation** qui leur permettront d'être payés dans les mêmes conditions que précédemment (L. 1er juin 1924, art. 205 et 208 - v. ss no 1354.71).

1354.82 Clôture ajournée. Pour les contestations qui n'ont pas été vidées à la réunion initiale ou éventuellement à la nouvelle réunion, la clôture sera ajournée jusqu'à ce qu'elles soient réglées. Cet ajournement sera plus ou moins long selon que les contestations sont ou non suivies de l'engagement d'une procédure dans le délai d'un mois prévu à l'article 209 de la loi du 1er juin 1924 (v. ss nos 1354.41 et 1354.63).

En l'**absence de procédure,** la clôture intervient, relativement aux créances qui étaient contestées, dès l'expiration du délai d'un mois (L. 1er juin 1924, art. 209). Mais cette disposition ne prévoit pas les règles applicables à cette clôture et il ne peut être fait application pure et simple de l'article 206 de la loi du 1er juin 1924. En effet, le **délai d'établissement** de la clôture, prévu à l'alinéa 1er (v. ss no 1354.61), ne peut être tenu puisqu'il est au maximum d'une semaine à compter de la réunion, alors que dans cette hypothèse, la clôture ne peut intervenir avant un mois. Faute de disposition particulière sur ce point, il faut donc admettre que le notaire n'est tenu par aucun délai pour clôturer l'état dans ce cas. De même, le **délai d'une semaine** prévu à l'alinéa second pour contester la clôture est difficilement praticable car il court à compter du jour fixé à l'occasion de la réunion devant le notaire (v. ss no 1354.62). Mais il est ici impératif de fixer un délai. Deux solutions sont alors envisageables : ou bien le notaire prévoit, dès la réunion, ce cas particulier en fixant un point de départ spécifique; ou alors il faut faire application, par analogie, de l'article 210 alinéa 3 de la loi du 1er juin 1924, applicable à l'hypothèse où une procédure est engagée, et qui charge le notaire de fixer le point de départ du délai et d'en informer les intéressés par lettre recommandée (v. ci-après). Sous ces réserves, les règles précédemment exposées s'appliquent sans difficulté, qu'il s'agisse de la **clôture** elle-même (v. ss no 1354.61), éventuellement compliquée par la production tardive d'un **créancier omis** (v. ss no 1354.63), ou des **bordereaux de collocation** que le notaire établira dès que la clôture sera devenue définitive (v. ss no 1354.71).

Lorsque la **procédure est engagée** dans le délai, « *la clôture de l'état est ajournée jusqu'à ce que le jugement statuant sur le paiement de la portion litigieuse de la masse ait acquis l'autorité de la chose jugée* » (L. 1er juin 1924, art. 210, al. 1er). Toute décision de justice étant revêtue de l'autorité de la chose jugée, il faut sans doute comprendre ici « **force de chose jugée** », c'est-à-dire que le jugement ne doit plus être susceptible d'une voie de recours suspensive. C'est donc à ce moment-là que pourra intervenir la clôture relativement aux créances qui étaient contestées, le notaire devant alors mettre en œuvre la solution résultant du jugement définitif qui a été rendu. Pour établir cette clôture, aucun délai n'est prescrit. En revanche, l'article 210 alinéa 2 de la loi du 1er juin 1924 prévoit expressément l'application des alinéas 2 et 3 de l'article 206 concernant la contestation de la clôture (v. ss n° 1354.62), sous cette seule réserve : le délai d'une semaine pour se pourvoir court à compter du jour fixé, à cette occasion, par le notaire, et dont il informe les intéressés par pli recommandé. À l'appui du pourvoi ainsi ouvert, un intéressé pourra notamment faire valoir le fait que le notaire n'a pas transcrit scrupuleusement la solution donnée à la contestation antérieure par le jugement définitif qui a été rendu (plus généralement, sur les moyens ouverts, v. ss n° 1354.62). Pour le surplus, les règles précédemment exposées s'appliquent, qu'il s'agisse de la **clôture** (v. ss n° 1354.61), éventuellement compliquée par un **créancier omis** (v. ss n° 1354.63) ou des **bordereaux de collocation** (v. ss n° 1354.71).

§ 2
Radiation des hypothèques

1354.91 Distinction. Si l'adjudication emporte purge des hypothèques, leur radiation du Livre foncier n'intervient jamais immédiatement (v. ss n° 1353.101). Au contraire, toutes ces inscriptions sous reprises sur le feuillet ouvert au nom de l'adjudicataire après inscription de l'adjudication (v. ss n° 1353.101) et ne seront pas radiées avant, au plus tôt, la clôture de l'état de collocation. Mais là encore une distinction s'impose, car certaines inscriptions sont radiées dès la clôture, alors que d'autres ne le seront qu'après paiement du créancier.

1354.92 Après clôture de l'état de collocation. Lorsque la clôture de l'état de collocation est devenue **définitive**, le notaire transmet au préposé du Livre foncier un extrait de l'état renfermant les collocations et la requête en radiation (L. 1er juin 1924, art. 208, al. 1er et art. 204, al. 2 *in fine*). Le préposé doit alors procéder immédiatement à la radiation des inscriptions suivantes (L. 1er juin 1924, art. 208, al. 1er et art. 204, al. 2 *in fine*) :

- celles des créanciers non colloqués;
- celles des créanciers colloqués sur la Caisse des dépôts et consignations.

De plus l'adjudicataire qui a consigné le prix avec les intérêts échus peut même demander la radiation de toutes les inscriptions existantes dès la clôture de l'état (L. 1er juin 1924, art. 213), sans avoir à attendre qu'elle soit devenue définitive.

1354.93 Après paiement. Lorsque le prix d'adjudication n'a pas été consigné, les bordereaux de collocation sont délivrés contre l'adjudicataire qui doit alors payer directement chacun des créanciers colloqués. Dans ce cas, la radiation de chaque inscription ne peut intervenir qu'en vertu d'un acte de **mainlevée** auquel le créancier concerné est tenu de consentir dès qu'il a été payé (L. 1er juin 1924, art. 212; depuis l'ordonnance n° 2006-346 du 23 mars 2006 relative aux sûretés, dont l'article 52, III a modifié l'article 64 de la loi du 1er juin 1924, cette radiation peut être opérée par le dépôt au bureau foncier d'une copie authentique de l'acte notarié certifiant que le créancier a, à la demande du débiteur, donné son accord à la radiation). Chaque radiation est alors opérée à l'initiative de l'adjudicataire qui en supporte les frais (L. 1er juin 1924, art. 212).

Si malgré l'obligation qui est faite au créancier payé de consentir à la mainlevée de son hypothèque, celui-ci s'y refusait, l'adjudicataire devrait alors solliciter une **décision judiciaire** qui en tiendra lieu. Mais alors les frais de cette procédure devront être mis à la charge du créancier qui a refusé, sans motif légitime, de donner le consentement requis [1].

1354.94 Fin de la procédure. Lorsque la procédure est terminée, « *les pièces relatives à la procédure d'exécution forcée, de purge des hypothèques et de distribution sont remises au tribunal d'exécution, y compris une expédition sur papier libre du cahier des charges, du procès-verbal d'adjudication et de l'état de collocation* » (L. 1er juin 1924, art. 219).

1. TPI Thionville, 27 mai 1933, *Rev. jur. Alsace-Lorraine* 1934. 633.

CHAPITRE

1355. Administration forcée des immeubles

PHILIPPE HOONAKKER
PROFESSEUR À L'UNIVERSITÉ DE STRASBOURG
AVOCAT

SECTION 0 ORIENTEUR

1355.00 Plan du chapitre.

Divisions. Les règles applicables ne sont pas toujours de compréhension et d'interprétation faciles car elles sont souvent imprécises, notamment lorsqu'elles se contentent de renvoyer aux dispositions de la procédure d'exécution forcée immobilière ou de distribution, *a fortiori* lorsque ces dispositions sont déclarées applicables par analogie, et ceci qu'il s'agisse de l'ouverture de la procédure (sect. 1), de l'administration de l'immeuble (sect. 2) ou du paiement des créanciers (sect. 3).

1355.01 Textes applicables. Elle est régie par les articles 171 à 186 de la loi du 1er juin 1924 (chapitre II du titre V), auxquels s'ajoutent les articles suivants de l'Annexe du Code de procédure civile : 5 à 8 (C. pr. civ., art. 43 Annexe, qui vise indifféremment toutes les voies d'exécution) ainsi que 21 et 22 (C. pr. civ., art. 44 Annexe, qui vise tout le titre V de la loi du 1er juin 1924). Ce corps de règles doit, si nécessaire, être complété par les dispositions de droit général non contraires (L. 1er juin 1924, art. 88).

1355.03 Bibliographie indicative.
Actualisable. Sur l'ensemble de la question, *J.-Cl. Alsace-Moselle, v° Administration forcée des immeubles en Alsace-Moselle*, par E. Sander, fasc. 627.

1355.05 Généralités. L'administration forcée des immeubles correspond à la seconde forme de saisie immobilière du droit local, inconnue du droit général, qui tend seulement à priver provisoirement le débiteur de l'administration, et normalement de la jouissance, de l'immeuble, pour permettre au(x) créancier(s) de se payer **sur les revenus** qu'il produit.

Elle est peu utilisée en pratique : lorsque le créancier dispose d'une créance importante, il préfère souvent engager directement l'exécution forcée immobilière qui lui permettra d'aboutir à la vente de l'immeuble; à l'opposé, lorsque sa créance est plus modeste, il privilégiera généralement une saisie mobilière, et tout particulièrement aujourd'hui la saisie-attribution qui peut parfaitement porter sur les revenus d'un immeuble et le mettra, de plus, à l'abri d'un éventuel concours avec d'autres créanciers, et même d'une procédure collective ultérieurement ouverte contre le débiteur (sous réserve de la nullité facultative introduite par la loi de sauvegarde du 26 juillet 2005 à l'article L. 632-2 alinéa 2 du Code de commerce, applicable notamment à la saisie-attribution opérée en période suspecte alors que le créancier connaissait la cessation des paiements). Mais l'administration forcée présente néanmoins un intérêt certain face à un **débiteur négligent** ou de **mauvaise foi**, car elle permettra d'assurer une gestion utile de son immeuble et donc de garantir la production de revenus.

Il n'est donc pas possible d'ignorer cette procédure originale, mais elle sera présentée plus sommairement.

SECTION 1
OUVERTURE DE LA PROCÉDURE

1355.10 **Dualité de règles.** Selon l'article 171 de la loi du 1er juin 1924, « *l'administration forcée d'un immeuble est ordonnée par le tribunal d'exécution. L'ordonnance est soumise aux mêmes règles que celles ordonnant la vente aux enchères, sous réserve des dispositions ci-après* ».

Il en résulte que l'ouverture est soumise à deux séries de règles complémentaires : celles communes à la procédure d'exécution forcée immobilière et celles spécifiques à l'administration forcée.

§ 1
Règles communes à la procédure d'exécution forcée immobilière

1355.11 **Compétence – Procédure.** La compétence appartient au tribunal d'exécution qui non seulement ouvre la procédure, mais en assure également le contrôle tout au long de son déroulement. Aux termes de l'article L. 223-2 du COJ, substitué à l'ancien article L. 911-3 du COJ par l'ordonnance n° 2006-673 du 8 juin 2006[1], ayant procédé à la refonte de la partie législative de ce code, « *les fonctions du tribunal de l'exécution sont exercées par le tribunal d'instance* » et « *le tribunal de l'exécution connaît : 2° de l'administration forcée des immeubles* ».

Faute de dispositions particulières, il faut faire application des mêmes règles de compétence et de procédure que celles en vigueur en matière d'exécution forcée immobilière (v. s[s] n°s 1351.11 s.). En particulier, la procédure est de nature contentieuse, mais elle est introduite par requête, les décisions peuvent être rendues sans débat oral préalable (sur la question de la compatibilité avec Conv. EDH, art. 6 § 1, v. cep. s[s] n° 1351.13) et elles sont susceptibles de pourvoi immédiat, lequel ne devrait pas produire d'effet suspensif. En effet, la Cour de cassation a jugé, dans le cas de la procédure d'exécution forcée immobilière, que l'article 5 alinéa 3 Annexe, qui prescrit l'effet suspensif, n'est pas applicable en matière contentieuse, ce qui est le cas aussi de l'administration forcée[2] (sur l'ensemble de la question, v. s[s] n° 1351.16).

1. Ord. n° 2006-673, 8 juin 2006, portant refonte du Code de l'organisation judiciaire et modifiant le Code de commerce, le Code rural et le Code de procédure pénale (partie législative), *JO* 9 juin, p. 8710.
2. Civ. 2e, 15 avr. 1981, *Gaz. Pal.* 1981. Pan. 310 – Civ. 2e, 22 mars 2001, n° 98-21.951, NP; *Dr. et proc.* 2001. 241, obs. Hoonakker; *Rec. jur. de l'Est* 2001. 89.

1355.12 **Conditions préalables.** Le créancier ne peut solliciter l'ouverture d'une procédure d'administration forcée que s'il détient un **titre exécutoire** préalablement **signifié** au débiteur, en principe. Il suffit là aussi de se référer aux règles exposées pour l'exécution forcée immobilière (v. s[s] n°s 1352.05 et 1352.10 s.), sous une réserve. Ce titre peut être parfaitement **provisoire** car la restriction prévue à l'article L. 311-4 C. pr. exéc.[3] n'est pas applicable dès lors que la procédure d'administration forcée ne tend nullement à la vente de l'immeuble (sur cette restriction, v. s[s] n° 1352.11).

Quant aux **commandements préalables**, il faut distinguer. S'agissant du commandement de payer au **débiteur**, il était admis, avant la réforme de la saisie immobilière, qu'il n'est pas nécessaire car l'ancien article 2217 du Code civil, sur lequel il était fondé en matière d'exécution forcée immobilière (v. s[s] n° 1352.22), n'est pas applicable en la matière. Comme la Cour de cassation a jugé que cette disposition reste en vigueur pour la procédure d'exécution forcée immobilière, nonobstant son abrogation en droit général (v. s[s] n° 1352.23), il n'y pas de raison, *a fortiori*, de changer la solution pour l'administration forcée des immeubles. En revanche, pour le commandement de délaisser au **tiers détenteur**, la solution doit être calquée sur celle de l'exécution forcée immobilière. À supposer que l'administration forcée soit possible à la requête d'un créancier inscrit[4], l'exigence de ce commandement semble s'imposer pour les raisons suivantes : d'une part, elle résulte de l'article 142 de la loi du 1er juin 1924 (v. s[s] n°s 1352.21 et 1352.22), lequel s'applique par l'effet de l'article 171 de la même loi dès lors qu'il n'y est pas dérogé, avec toutes les incertitudes créées par la réforme de la saisie immobilière (v. s[s] n° 1352.31); d'autre part, elle présente un intérêt certain dans la mesure où l'ouverture de la procédure emporte privation de l'administration et de la jouissance de l'immeuble (v. s[s] n° 1355.31). Mais l'article 800 C. pr. civ. loc. ayant été abrogé, il ne fait plus de doute, à présent, que la **clause de soumission à l'exécution forcée** contenue dans l'acte notarié constitutif d'hypothèque n'a pas à être publiée au Livre foncier (sur ce point, v. s[s] n° 1352.34).

1355.13 **Requête.** Elle obéit exactement aux mêmes règles de **forme** que celle qui tend à l'exécution forcée immobilière (L. 1er juin 1924, art. 141, al. 1er – v. s[s] n° 1352.41). Elle peut être verbale ou écrite et présentée par tout mandataire.

3. Ord. n° 2011-1895, 19 déc. 2011, relative à la partie législative du Code des procédures civiles d'exécution, *JO* 20 déc., p. 21464.
4. EN CE SENS, SANDER, n° 13.

Quant au **contenu** (v. s[s] n° 1352.42), il faut évidemment l'adapter à l'objectif poursuivi qui est l'administration forcée et non la vente de l'immeuble. En conséquence, la requête pourra comporter des conclusions sur les modalités de l'administration forcée et proposer le nom d'un administrateur; en aucun cas, elle n'aura à indiquer une mise à prix.

1355.14 **Ordonnance.** Comme pour l'exécution forcée immobilière, le tribunal d'exécution peut **rejeter** la requête s'il l'estime mal fondée, en ordonner la **régularisation** si elle est incomplète ou **ordonner l'administration forcée** s'il la juge bien fondée (L. 1er juin 1924, art. 143 et 144 - v. s[s] n° 1352.51). Dans ce dernier cas, il faudra évidemment adapter le contenu de l'ordonnance prévu à l'article 144 alinéa 2 (v. s[s] n° 1352.51). En particulier, le tribunal ordonnera l'administration forcée de l'immeuble en cause et nommera un administrateur (v. s[s] n° 1355.41).

Reste la question de l'ordonnance d'**intervention** ou d'adhésion (termes synonymes, v. s[s] n° 1352.51). Bien qu'elle ne soit pas prévue expressément, rien ne permet de l'écarter, alors surtout que plusieurs textes particuliers font référence aux éventuels intervenants (L. 1er juin 1924, art. 179 et 182). En conséquence, si un créancier requiert l'administration forcée alors que celle-ci a déjà été ordonnée à la demande d'un autre créancier, le tribunal rendra une ordonnance d'intervention qui lui permettra de participer à la procédure ouverte et de percevoir des fonds dans la double limite de son rang et des revenus disponibles (v. s[s] n°s 1355.60 s.).

Lorsqu'une ordonnance d'administration est rendue, elle est notifiée et inscrite au Livre foncier avec tous les effets que la loi attache à ces formalités. Mais sur ces points, il existe des règles spécifiques.

§ 2
Règles spécifiques à la notification de l'ordonnance

1355.21 **Modalités et effet.** Alors que l'ordonnance d'exécution forcée immobilière est notifiée d'office par pli recommandé au débiteur et éventuellement au tiers détenteur (L. 1er juin 1924, art. 145, al. 1er - v. s[s] n° 1352.52), l'ordonnance d'administration forcée est notifiée d'office dans la même forme, mais « *à tous les **intéressés inscrits** au Livre foncier* » (L. 1er juin 1924, art. 171 *in fine*). Il s'agit évidemment du débiteur, du tiers détenteur, le cas échéant, et des créanciers hypothécaires ou privilégiés. Mais l'on doit sans doute y ajouter également les titulaires d'autres droits inscrits au Livre foncier dans la mesure où ils peuvent être concernés par la procédure, tels que : l'usufruitier, le titulaire d'un droit d'usage et d'habitation, d'un bail à construction, d'un bail emphytéotique, d'un bail de plus de douze ans, *etc.* [1]

Le seul effet de la notification est de faire courir le délai de quinze jours du **pourvoi immédiat** (sur cette voie de recours, v. s[s] n° 1351.14). Du coup, l'ordonnance doit aussi être notifiée au requérant bien qu'il ne soit pas expressément visé.

§ 3
Règles spécifiques à l'inscription au Livre foncier

1355.31 **Effets à l'égard du débiteur.** Faute de dispositions particulières, il faut admettre, comme pour l'ordonnance d'exécution forcée immobilière (L. 1er juin 1924, art. 145 - v. s[s] n° 1352.54), que l'ordonnance d'administration forcée est **inscrite d'office** au Livre foncier. En revanche, les effets de cette formalité sont spécifiquement prévus par les articles 172 et 173 de la loi du 1er juin 1924.

Selon l'article 172, l'inscription emporte **saisie** et contraint le débiteur **au-dessaisissement** de l'**administration** et de la **jouissance** de l'immeuble. Mais sur ce dernier point, le débiteur qui habite l'immeuble au moment de la saisie, donc de l'inscription de l'ordonnance au Livre foncier, doit être laissé « *dans les locaux **indispensables à son ménage*** » (L. 1er juin 1924, art. 173, al. 2). Cette protection profite au débiteur lui-même et aux membres de sa famille à condition qu'ils vivent avec lui au moment de la saisie. Mais elle est strictement limitée aux seuls locaux indispensables à la vie du débiteur et de sa famille, elle ne s'étend donc pas aux locaux commerciaux, agricoles ou professionnels. De plus, elle n'est pas absolue. En effet, « *si le débiteur ou une personne habitant avec lui, met l'immeuble en péril ou en entrave l'administration, le tribunal d'exécution ordonne, sur requête, l'évacuation de l'immeuble* » (L. 1er juin 1924, art. 173, al. 2).

Ces effets liés à l'inscription de l'ordonnance au Livre foncier se produisent désormais dès le dépôt de la requête en inscription et non ultérieurement au moment de son exécution matérielle, conformément à l'article 6-1 du décret du 18 novembre 1924, ajouté par l'article 3 du décret du 3 décembre 2002 (v. s[s] n° 1352.54).

1355.32 **Effets à l'égard des tiers débiteurs.** La saisie produite par l'inscription au Livre foncier ne devient effective à l'égard des tiers débiteurs qu'au moment de la notification d'une **défense de payer**

1. EN CE SENS, SANDER, n° 13.

au débiteur saisi (L. 1er juin 1924, art. 175). Cette notification se fait par pli recommandé à l'initiative du tribunal ou de l'administrateur. Elle fait interdiction aux tiers débiteurs, c'est-à-dire aux débiteurs du débiteur saisi, de se libérer entre les mains de ce dernier.

À compter de cette notification, ces tiers débiteurs ne pourront plus se libérer valablement qu'entre les mains de l'administrateur (v. ss no 1355.51). Mais il faut tenir compte d'une éventuelle saisie-attribution antérieurement pratiquée. En effet, une telle saisie emporte transfert au saisissant de la créance saisie, même lorsque celle-ci est à exécution successive et quelles que soient ses échéances postérieures (v. ss nos 831.73 et 831.91).

SECTION 2
ADMINISTRATION DE L'IMMEUBLE

1355.40 **Division.** Lorsque la procédure est ouverte, l'administration est confiée à l'administrateur dont la loi fixe le statut (§ 1) et détaille la fonction (§ 2).

§ 1
Statut de l'administrateur

1355.41 **Nomination.** L'administrateur est nommé par le tribunal d'exécution dans l'ordonnance ouvrant la procédure d'administration forcée (L. 1er juin 1924, art. 171 et 174). Faute de toute précision dans la loi, il peut s'agir de n'importe quel professionnel, pourvu qu'il soit compétent dans la gestion immobilière, tel que : un administrateur de biens, un gérant d'immeuble, un notaire, un avocat ou un huissier de justice. Bien que le texte ne le prévoie pas expressément, la personne désignée est évidemment libre de refuser sa nomination. Dans ce cas, le tribunal d'exécution devra pourvoir à son remplacement.

En principe, il est nommé pour toute la durée de l'administration forcée dont il est en charge. Mais il peut être mis fin à ses fonctions à tout moment, le tribunal d'exécution disposant du pouvoir de le congédier (L. 1er juin 1924, art. 177, al. 2 *in fine* – v. ss no 1355.52). L'administrateur de son côté pourrait aussi être amené à démissionner, mais il devra alors se montrer particulièrement prudent pour ne pas engager sa responsabilité (v. ss no 1355.43).

1355.42 **Rémunération.** Elle est fixée par le tribunal d'exécution après audition du débiteur et du créancier. Il ne peut donc pas la fixer d'office dès l'ordonnance d'administration forcée. Il devra d'abord convoquer les parties pour recueillir leur avis.

La rémunération de l'administrateur comme tous les autres frais et dépenses de l'administration sont prélevés par priorité sur les produits de l'immeuble (L. 1er juin 1924, art. 179 – v. ss no 1355.72). Il faut donc qu'ils soient suffisamment importants pour laisser un solde à distribuer aux créanciers, faute de quoi, l'administration forcée ne présenterait aucun intérêt. Il s'agit là d'un inconvénient majeur, mais incontournable, qui explique aussi que le recours à cette procédure soit si rare (v. ss no 1355.05).

1355.43 **Responsabilité.** Selon l'article 178 de la loi du 1er juin 1924, « *l'administrateur est responsable envers tous les intéressés* ». Faute de disposition particulière, il faut admettre que cette responsabilité est soumise aux règles de droit commun des articles 1382 et suivants du Code civil. Elle requiert donc la preuve par la victime d'une faute, d'un préjudice et d'un lien de causalité.

Quoi qu'il en soit, l'administrateur doit se montrer prudent en prenant soin de s'entourer de l'avis des intéressés avant de prendre une décision et, en tout cas, de suivre scrupuleusement les instructions que le tribunal d'exécution doit lui donner pour l'exercice de sa fonction.

§ 2
Fonction de l'administrateur

1355.51 **Gestion de l'immeuble.** Pour l'exercice de sa fonction, l'administrateur est d'abord **mis en possession** de l'immeuble. Pour ce faire, le tribunal d'exécution doit soit commettre un huissier chargé de remettre l'immeuble à l'administrateur, soit l'autoriser à se mettre lui-même en possession (L. 1er juin 1924, art. 174). Ces modalités, qui conditionnent l'entrée en fonction de l'administrateur, sont en principe fixées dans l'ordonnance d'administration, ce qui n'empêchera pas le tribunal de les modifier ultérieurement, à la requête de l'administrateur, notamment en cas de difficultés.

Il doit alors **gérer** l'immeuble pour le faire produire des revenus qui devront servir à payer les créanciers. Il dispose, à ce titre, de tous les pouvoirs pour « *effectuer toutes les opérations nécessaires au maintien de l'immeuble dans son état d'exploitation et sa gestion normale* » (L. 1er juin 1924, art. 176, al. 1er). Comme il tient ces pouvoirs directement de la loi, il n'a pas à recueillir le consentement du propriétaire, mais la prudence lui impose néanmoins de solliciter son avis et de le tenir informé.

Il peut ainsi conclure tous les **baux** nécessaires à une bonne gestion de l'immeuble. Mais encore faut-il que les locaux soient disponibles car tous les baux antérieurement conclus par le débiteur lui sont opposables (L. 1er juin 1924, art. 176, al. 2). Dans tous les cas, il veille au **recouvrement** des loyers entre ses mains, et plus généralement de toutes les créances relatives à l'immeuble qu'il administre. C'est à ce titre qu'il devra rapidement prendre l'initiative de notifier, à tous les tiers débiteurs, une défense de paiement au débiteur saisi si le tribunal ne l'a pas encore fait (L. 1er juin 1924, art. 175 – v. ss no 1355.32).

Il doit aussi veiller à la **conservation** et au bon entretien de l'immeuble, et plus généralement remplir toutes les obligations incombant au bailleur. De même, il lui appartient de régler « *sans délai, les contributions et autres* ***charges publiques*** *venant à échéance pendant l'administration* » (L. 1er juin 1924, art. 180, al. 1er).

1355.52 Rôle du tribunal. Mais dans l'exercice de sa fonction, l'administrateur n'est pas totalement livré à lui-même et ne dispose en aucun cas de pouvoirs discrétionnaires. Outre qu'il agit toujours sous le regard vigilant des intéressés qui peuvent à tout moment décider d'engager sa responsabilité (v. ss no 1355.43), la loi confère au tribunal d'exécution un rôle particulièrement actif.

Il lui appartient ainsi, après audition du débiteur et du créancier, de donner les **instructions nécessaires** à l'administrateur et de **surveiller sa gestion** (L. 1er juin 1924, art. 177, al. 1er). Il peut agir d'office ou à la demande des intéressés. L'administrateur peut donc solliciter lui-même des instructions du tribunal, surtout lorsqu'il se heurte aux objections du débiteur ou du créancier, ce qui le mettra à l'abri de toute contestation ultérieure, et en particulier d'une action en responsabilité sur ce point. Inversement, le débiteur ou le créancier peuvent aussi saisir le tribunal d'exécution, en cours d'administration, pour lui déférer, dans le cadre de sa mission de surveillance, les décisions prises par l'administrateur.

À l'appui de cette double mission d'instruction et de surveillance, le tribunal dispose de pouvoirs de coercition contre l'administrateur. Il peut ainsi exiger une caution de l'administrateur pour garantir la représentation des fonds qu'il encaisse et manie, lui infliger des amendes punies des peines d'amende prévues pour les contraventions de la première classe relevant du 1° de l'article 131-13 du Code pénal (actuellement 38 euros) ou encore le congédier ce qui correspond à la sanction la plus grave qui pourra être suivie d'une action en responsabilité (L. 1er juin 1924, art. 177, al. 2, réd. L. no 92-1336, 16 déc. 1992, applicable depuis le 1er mars 1994).

SECTION 3
PAIEMENT DES CRÉANCIERS

1355.60 Observations liminaires. C'est sur ce point que la loi est la plus imprécise. Elle prévoit quelques dispositions particulières (L. 1er juin 1924, art. 180 à 184), souvent elliptiques, et pour le surplus, se contente de renvoyer aux règles prescrites par le chapitre IV du titre V de la loi du 1er juin 1924 (relatif à la procédure de distribution consécutive à une procédure d'exécution forcée immobilière : L. 1er juin 1924, art. 194 à 214 – v. ss nos 1354.07 s.), déclarées « *applicables, par analogie, en tant qu'elles ne sont pas contraires à celles du présent chapitre* » (L. 1er juin 1924, art. 186).

Pour autant, des difficultés ne risquent de se poser qu'en cas de **concours** entre créanciers, étant précisé que les créanciers inscrits sont colloqués d'office sans qu'ils n'aient à intervenir à la procédure, ni même à produire leurs créances (L. 1er juin 1924, art. 181 – v. ss no 1355.61). Il n'y aura donc pas de concours en présence d'un seul créancier poursuivant et en l'absence de tout créancier inscrit ou lorsque le seul créancier poursuivant est aussi le seul créancier inscrit. Dans ces cas, l'administrateur versera directement au créancier, jusqu'à apurement de sa dette, les revenus disponibles, au fur et à mesure de leur encaissement, après déduction des frais et dépenses de l'administration (L. 1er juin 1924, art. 179).

Dans tous les autres cas, il y a lieu à **distribution**. Il en est ainsi à chaque fois qu'au moins deux créanciers sont dans la procédure, l'un poursuivant, l'autre intervenant, ou même en présence du seul créancier poursuivant, lorsqu'il existe, par ailleurs, au moins un autre créancier inscrit sur l'immeuble. La distribution ne pose aucune difficulté si tous les intéressés trouvent un **accord** et que la preuve en est rapportée par acte authentique (L. 1er juin 1924, art. 185). Dans cette hypothèse, aucune procédure de distribution n'est nécessaire, l'administrateur procédera alors à la distribution des revenus disponibles conformément à l'accord constaté dans l'acte authentique qu'il peut avoir reçu lui-même s'il est notaire.

À défaut d'accord entre tous les intéressés, la distribution sera décidée par le tribunal d'exécution qui doit établir un état de distribution (§ 1), puis en assurer l'exécution en ordonnant le paiement des créanciers (§ 2).

§ 1
Établissement de l'état de distribution

1355.61 Audience devant le tribunal. Lorsqu'il y a lieu à distribution judiciaire, le tribunal d'exécution fixe une audience à laquelle « *un état de distribution est établi* » (L. 1er juin 1924, art. 180, al. 2).

Mais le tribunal ne dresse pas un état chaque fois que des sommes disponibles sont à distribuer, il dresse **un seul état** « *pour toute la durée de l'administration* » (L. 1er juin 1924, art. 180, al. 2). Du coup, il ne pourra pas définir avec précision les sommes revenant à chaque créancier, alors surtout que les intérêts continuent à courir et que les revenus à encaisser sont à exécution successive et peuvent toujours évoluer dans leur *quantum*. L'état ne comportera donc que des directives de distribution, étant précisé que :

– sont admises d'office toutes les créances résultant du Livre foncier (L. 1er juin 1924, art. 181); c'est dire que le tribunal doit intégrer dans l'état, toutes les créances bénéficiant d'une inscription au Livre foncier, même si leurs titulaires ne sont pas parties à la procédure, et sans qu'ils n'aient à formaliser la moindre production;

– les créanciers hypothécaires et privilégiés sont désintéressés dans l'ordre de leur rang que l'état devra établir, l'un après l'autre, au fur et à mesure des encaissements, et les créanciers chirographaires seront réglés en dernier, les sommes disponibles étant réparties entre eux au marc-le-franc.

Pour établir cet état, le tribunal doit recueillir l'avis des intéressés, c'est-à-dire du débiteur, de tous les créanciers inscrits, parties ou non à la procédure, et des créanciers chirographaires, poursuivant ou intervenants. Dans cette perspective, il doit leur notifier la date de l'audience (L. 1er juin 1924, art. 180, al. 2); bien qu'aucune précision ne soit fournie sur ce point, il convient sans doute, pour éviter toute contestation ultérieure, de procéder par pli recommandé et de laisser aux destinataires un délai suffisant pour pouvoir comparaître s'ils le souhaitent. À l'audience, le tribunal devra auditionner tous les intéressés présents et pourra même se faire assister d'un expert (L. 1er juin 1924, art. 180, al. 3). L'état ainsi dressé ne sera pas définitif puisqu'il pourra faire l'objet de contestations des intéressés.

1355.62 Contestations. L'article 181 de la loi du 1er juin 1924 prévoit que :

– « *les débats, les pourvois et la mise à exécution de l'état sont réglés par les articles 876 à 882 du Code local de procédure civile* »; il s'agissait des dispositions qui régissaient la procédure de distribution en matière d'exécution forcée sur les meubles mais elles ont été abrogées par l'article 94, 4° de la loi n° 92-755 du 9 juillet 1991[1] (v. ss n° 1350.05);

– « *l'opposition du débiteur contre une créance exécutoire est soumise aux règles des articles 767, 769 et 770 du même code* »; ces textes organisaient l'action accordée au débiteur pour contester la créance résultant du titre pour des circonstances postérieures à sa naissance, tels que la nullité du titre lui-même, la compensation, le paiement, la prescription, *etc.*; mais ils ont aussi été abrogés par l'article 94, 4° de la loi du 9 juillet 1991 (v. ss n° 1350.05).

Dans ces conditions, ces dispositions de l'article 181 de la loi du 1er juin 1924 sont devenues **sans objet** et il faut pallier la carence ainsi créée. La seule solution semble être de revenir à la règle générale posée par l'article 186 de la loi du 1er juin 1924 qui rend applicables les dispositions relatives à la procédure de distribution en matière d'exécution forcée immobilière (v. ss nos 1354.07 s.), **par analogie** et dans la mesure où elles ne sont pas contraires aux règles du chapitre 2 (administration forcée des immeubles), ce qui ne risque plus d'être le cas sur ce point. S'agissant d'établir l'état de distribution, il faut faire application, par analogie, des dispositions régissant l'établissement de l'état de collocation à partir de la réunion qui se tient chez le notaire, agissant comme délégué du tribunal d'exécution (v. ss nos 1354.33 s.).

Sans revenir sur le détail de ces règles, la procédure à suivre devra désormais se dérouler de la manière suivante. À l'audience devant le tribunal d'exécution, tous les intéressés présents peuvent faire valoir leurs contestations sur l'état de distribution dressé par le tribunal. Si toutes les contestations peuvent être vidées d'un commun accord entre les parties présentes, le tribunal modifiera, si nécessaire, l'état en conséquence, et celui-ci pourra alors être définitivement dressé sur-le-champ. Dans le cas contraire, il appartiendra au contestant d'agir contre les intéressés devant la juridiction compétente, dans le délai d'un mois, pour faire trancher ses objections. S'il n'est pas justifié de l'introduction de la procédure dans ce délai, le tribunal passera outre et dressera définitivement l'état de distribution. Dans le cas contraire, l'état ne pourra définitivement être établi que lorsque les contestations subsistantes auront été définitivement tranchées, le tribunal devant alors y intégrer les solutions retenues.

1355.63 Modifications ultérieures. Même lorsque l'état de distribution est ainsi définitivement dressé, il pourra encore faire l'objet de modifications ultérieures dans les circonstances suivantes.

Il se peut d'abord qu'un nouveau créancier chirographaire **intervienne** en cours de procédure. Il faudra alors tenir compte de ses droits éventuels dans la distribution des revenus de l'immeuble.

1. L. n° 91-650, 9 juill. 1991, portant réforme des procédures civiles d'exécution, *JO* 14 juill., p. 9228.

Dans ce cas, le tribunal d'exécution devra, le cas échéant, modifier l'état en suivant la même procédure.

Mais de plus, l'article 184 de la loi du 1er juin 1924 prévoit que « *tout intéressé peut, par voie d'assignation, demander la modification de l'état* ». Il s'agit de la possibilité de contester l'état dressé par le tribunal d'exécution, par **voie principale,** devant la juridiction compétente. Mais compte tenu de l'autorité de chose jugée attachée à toute décision judiciaire, cette voie d'action ne permettra certainement pas à une partie de faire trancher, à nouveau, une contestation déjà vidée par l'accord de tous les intéressés à l'audience fixée pour dresser l'état ou qui a déjà été soumise au tribunal compétent suite à cette audience (v. ss no 1355.62). Cette voie n'est donc ouverte qu'aux intéressés qui par négligence (par exemple, intéressé absent à l'audience du tribunal), ou pour toute autre cause, n'ont pas fait valoir leurs objections dans le cadre de la procédure d'établissement de l'état de distribution. Mais du coup, si cette action devait aboutir à une modification de l'état, celle-ci ne donnera « *pas lieu à remboursement des paiements effectués conformément à l'état primitif* » (L. 1er juin 1924, art. 184).

§ 2
Exécution de l'état de distribution

1355.71 Paiement ordonné par le tribunal. Selon l'article 182 de la loi du 1er juin 1924, il appartient au tribunal d'exécution d'ordonner le paiement des différentes sommes aux intéressés conformément à l'état de distribution. Il n'y a donc pas lieu de faire application ici de la lourde procédure de clôture de l'état de collocation applicable pour la distribution du prix d'adjudication d'un immeuble (v. ss nos 1354.51 s.). Le tribunal doit faire application directement de l'état de collocation pour prescrire le paiement des créanciers. Mais cela suppose qu'il soit définitivement établi. S'il subsiste des contestations après l'audience, soumises dans le délai d'un mois au tribunal compétent pour être tranchées, il devra surseoir, sauf à ordonner, le cas échéant, le paiement des créances qui ne préjudicient pas aux contestations en cours.

Si postérieurement un nouveau créancier devait être admis, cette décision de paiement devra être complétée (L. 1er juin 1924, art. 182), conformément à l'état de distribution qui aura été modifié en conséquence (v. ss no 1355.63). De même, si l'état était modifié suite à une action par voie principale (v. ss no 1355.63), le tribunal devra rectifier sa décision de paiement.

1355.72 Paiement effectué par l'administrateur. Le paiement ainsi ordonné par le tribunal d'exécution est exécuté par l'administrateur qui, selon l'article 182 *in fine* de la loi du 1er juin 1924, fait « *les versements* [...] *à leur échéance, dans la mesure des disponibilités* ».

Il ne peut verser aux créanciers que les fonds **disponibles,** c'est-à-dire les revenus encaissés sous déduction des frais et dépenses de l'administration qu'il prélève toujours par priorité sur les produits de l'immeuble (L. 1er juin 1924, art. 179). Les dépenses sont celles nécessitées par la gestion de l'immeuble, et en particulier, celles relative à sa conservation et à son entretien ainsi que toutes les charges publiques engendrées par l'immeuble (v. ss no 1355.51).

Tous les paiements faits à un créancier s'imputent d'abord sur les **intérêts** de la dette. Lorsque l'administrateur en vient à régler le **principal** d'une hypothèque, le tribunal d'exécution devra fixer une date si l'administrateur le demande (L. 1er juin 1924, art. 183), ce qui permettra à tous les intéressés d'en discuter contradictoirement. En tout cas, dès qu'un créancier hypothécaire est désintéressé, il appartient au tribunal lui-même de requérir la **radiation de l'inscription** au Livre foncier (L. 1er juin 1924, art. 183). Mais l'application de cette disposition suppose que l'administrateur informe le tribunal du paiement de la créance hypothécaire.

D'ailleurs et de manière générale, l'administrateur « *doit rendre ses comptes au tribunal qui les communique au créancier et au débiteur* » (L. 1er juin 1924, art. 178 *in fine*). Le texte ne précise pas s'il s'agit d'une reddition de compte unique à la fin de l'administration ou de redditions régulières. Mais compte tenu de la complexité des opérations, l'administrateur, qui de surcroît engage sa responsabilité en cas de faute (v. ss no 1355.43), a sans doute intérêt à rendre ses comptes régulièrement. Du reste, le tribunal d'exécution, qui est chargé notamment de surveiller la gestion de l'administrateur, peut toujours, à ce titre, lui demander de rendre ses comptes.

TITRE

136. La procédure issue de la réforme de la saisie immobilière opérée par l'ordonnance du 21 avril 2006 (nouveau régime)

SECTION 0
ORIENTEUR

1360.00 Plan du titre.

1360.11 Objet de la saisie immobilière. En vertu de l'ordonnance n° 2006-461 du 21 avril 2006 réformant la saisie immobilière[1], cette mesure d'exécution est définie à l'article 2190 du Code civil (devenu C. pr. exéc., art. L. 311-1[2]) comme la pro-

1. Ord. n° 2006-461, 21 avr. 2006, réformant la saisie immobilière, *JO* 22 avr., p. 6072.
2. Ord. n° 2011-1895, 19 déc. 2011, relative à la partie législative du Code des procédures civiles d'exécution, *JO* 20 déc., p. 21464.

cédure qui « *tend à la vente forcée de l'immeuble du débiteur ou, le cas échéant, du tiers détenteur en vue de la distribution de son prix* ».

1360.12 Une procédure d'ordre public. Selon l'article 2201 alinéa 2 du Code civil (devenu C. pr. exéc., art. L. 311-3), « *est nulle toute convention portant qu'à défaut d'exécution des engagements pris envers lui, le créancier peut faire vendre les immeubles de son débiteur en dehors des formes prescrites pour la saisie immobilière* ».

Depuis le 1er juin 2012, ces formalités sont exposées au livre III de la partie réglementaire du Code des procédures civiles d'exécution qui a codifié le décret n° 2006-936 du 27 juillet 2006, relatif aux procédures de saisie immobilière et de distribution de prix[1], modifié par le décret n° 2009-160 du 12 février 2009, portant réforme du droit des entreprises en difficulté et modifiant les procédures de saisie immobilière et de distribution de prix d'un immeuble[2].

1360.13 Exceptions : attribution du bien en paiement et pacte commissoire. Selon l'article 2458 du Code civil, un créancier hypothécaire impayé peut toutefois demander que l'immeuble lui demeure en paiement. Cette faculté ne lui sera cependant pas offerte lorsque l'immeuble constituera la résidence principale du débiteur.

En outre, l'article 2459 du Code civil consacre la faculté pour le créancier hypothécaire de convenir dans la convention d'hypothèque qu'il deviendra propriétaire de l'immeuble hypothéqué. Cette clause est cependant sans effet sur l'immeuble qui constitue la résidence principale du constituant.

Dans ces deux hypothèses, le créancier fait choix de ne pas recourir à une mesure d'exécution. Il n'est pas certain qu'il y gagne car de nombreuses questions se posent quant aux droits des créanciers lors de la mise en œuvre, notamment sur le plan de l'effet de purge des inscriptions[3].

1360.14 Un droit spécial. La procédure de saisie immobilière est régie par les dispositions du décret n° 2006-936 du 27 juillet 2006, mais aussi par celles qui ne lui sont pas contraires du décret n° 92-755 du 31 juillet 1992 instituant des nouvelles règles relatives aux procédures civiles d'exécution pour l'application de la loi n° 91-650 du 9 juillet 1991 portant réforme des procédures civiles d'exécution[4], l'article 1er du décret du 31 juillet 1992 (devenu C. pr. exéc., art. R. 121-5[5]) précisant quant à lui que, sauf dispositions contraires, les dispositions communes du livre Ier du Code de procédure civile sont applicables devant le juge de l'exécution aux procédures civiles d'exécution, à l'exclusion des articles 484 à 492.

La procédure de saisie immobilière obéit donc d'abord à un droit spécial au sein du droit spécial des procédures civiles d'exécution et le décret du 27 juillet 2006 comporte notamment quelques articles exposant les règles purement procédurales applicables. La saisie immobilière est en effet une **mesure d'exécution judiciaire,** poursuivie devant le juge de l'exécution du tribunal de grande instance dans le ressort duquel est situé l'immeuble saisi ou, en cas de saisie simultanée de plusieurs immeubles d'un même débiteur situés dans des ressorts de plusieurs tribunaux de grande instance, devant le juge de l'exécution du tribunal dans le ressort duquel est situé l'immeuble saisi où demeure le débiteur et, à défaut, devant le juge dans le ressort duquel est situé l'un quelconque des immeubles (Décr. 27 juill. 2006, art. 2 [devenu C. pr. exéc., art. R. 311-2]).

C'est désormais aux articles R. 311-1 à R. 311-11 C. pr. exéc. que sont détaillées ces règles purement procédurales. Elles concernent le ministère d'avocat (C. pr. exéc., art. R. 311-4), le moment et la forme des contestations et demandes (C. pr. exéc., art. R. 311-5 et R. 311-6), l'appel (C. pr. exéc., art. R. 311-7 [Décr. 27 juill. 2006, art. 8]), les demandes en distraction et subrogation (C. pr. exéc., art. R. 311-8 et R. 311-9), les nullités (devenu C. pr. exéc., art. R. 311-10) et la sanction du défaut de respect des délais (C. pr. exéc., art. R. 311-11).

1360.15 Domaine d'application du décret du 27 juillet 2006 et dispositions transitoires. La date d'entrée en vigueur de la réforme de la procédure de saisie immobilière a été fixée au 1er janvier 2007 (Décr. 27 juill. 2006, art. 168, al. 1er). Les dispositions nouvelles ne sont pas applicable aux procédures de saisies immobilières ayant donné lieu,

1. Décr. n° 2006-936, 27 juill. 2006, relatif aux procédures de saisie immobilière et de distribution du prix d'un immeuble, *JO* 29 juill., p. 11316.
2. Décr. n° 2009-160, 12 févr. 2009, pris pour l'application de l'ordonnance n° 2008-1345 du 18 décembre 2008 portant réforme du droit des entreprises en difficulté et modifiant les procédures de saisie immobilière et de distribution du prix d'un immeuble, *JO* 13 févr., p. 2596 – V. C. Laporte, « Du nouveau en matière de ventes judiciaires », *Procédures*, actualité, mars 2009. 3, n° 221 – F. Pommier, « Saisie immobilière : l'achèvement de la réforme », *LPA* 6 avr. 2009, n° 68, p. 3 – J.-M. Hocquard et D. Talon, « La chandeleur du procédurier… », *Gaz. Pal.* 1er-2 avr. 2009, p. 9.
3. L. Aynès et P. Crocq, *Droit civil, Les sûretés, la publicité foncière*, 2e éd., *Defrénois*, 2006, nos 686 et 687 – A. Leborgne, « Voies d'exécution : ordonnance sur ordonnance vaut ! », *Bull. Aix-en-Povence* 2007. 1, p. 63.
4. Décr. n° 92-755, 31 juill. 1992, instituant des nouvelles règles relatives aux procédures civiles d'exécution pour l'application de la loi n° 91-650 du 9 juillet 1991 portant réforme des procédures civiles d'exécution, *JO* 5 août, p. 10530.
5. Décr. n° 2012-783, 30 mai 2012, relatif à la partie réglementaire du Code des procédures civiles d'exécution, *JO* 31 mai, p. 9375.

avant leur entrée en vigueur, au dépôt du cahier des charges prévu à l'article 688 ACPC (Décr. 27 juill. 2006, art. 168, al. 2). Elles ne sont pas non plus applicables aux procédures de distribution du prix de vente de l'immeuble lorsque, quelle que soit la date de l'adjudication, il a été requis l'ouverture de l'ordre, au sens de l'article 750 ACPC (Décr. 27 juill. 2006, art. 168, al. 3). En effet, dans ces deux hypothèses, les juges compétents, c'est-à-dire la **chambre des saisies immobilières** et le **juge aux ordres** ont déjà été saisis. Les procédures leur sont donc laissées et ils les règlent selon les dispositions applicables lors de l'ouverture de la procédure. Le dernier alinéa de l'article 168 précise que « *les actes régulièrement accomplis sous l'empire de la réglementation applicable avant l'entrée en vigueur du présent décret restent valables* ».

La juxtaposition de deux réglementations est toutefois source de difficultés. Ainsi, un commandement de saisie immobilière conforme aux exigences de l'article 673 ACPC ne comportera nécessairement pas d'information sur la faculté de vente amiable, pourtant offerte désormais au débiteur. Or, si le cahier des charges n'a pas encore été délivré au 1er janvier 2007, le créancier, pour poursuivre la procédure, doit respecter les dispositions nouvelles et donc prévoir une audience d'orientation. De même, si une procédure de distribution du prix de vente d'un immeuble, adjugé sous l'empire du décret-loi de 1938, n'est ouverte qu'après le 1er janvier 2007, elle sera soumise aux dispositions nouvelles, et notamment aux articles L. 331-2 C. pr. exéc. et R. 332-2 C. pr. exéc. La deuxième chambre civile a ainsi approuvé une cour d'appel d'avoir jugé que, lorsque l'ordre au sens de l'article 750 ACPC n'avait pas été requis avant le 1er janvier 2007, était déchu du bénéfice de sa sûreté le créancier qui n'avait pas déclaré sa créance dans le délai de quinze jours de la sommation qui lui avait été faite[1]. C'est une sanction très grave pour des créanciers qui, sous l'ancienne réglementation, n'avaient pas à déclarer leurs créances. Et la deuxième chambre civile a refusé de suivre l'argumentation du créancier qui prétendait que cette déchéance ne pouvait lui être opposée parce qu'il n'avait pas été invité régulièrement à produire sa créance dans le cadre de la phase initiale de la procédure de saisie immobilière[2].

Les questions de droit transitoire posent donc de délicats problèmes aux juges de l'exécution (JEX).

1360.16 Domaine d'application du décret du 12 février 2009 et dispositions transitoires. Le décret n° 2009-160 du 12 février 2009, pris pour l'application de l'ordonnance n° 2008-1345 du 18 décembre 2008 portant réforme du droit des entreprises en difficulté et modifiant les procédures de saisie immobilière et de distribution de prix d'un immeuble, a introduit un alinéa nouveau à l'article 168 du décret de 2006 qui dispose que « *les dispositions de la section 2 du chapitre VI du titre 1er du décret de 2006, relatives à la capacité d'enchérir et au déroulement et à la nullité des enchères, s'appliquent aux audiences d'adjudication postérieures au 1er mars 2009* ». De ce fait, **depuis le 1er mars 2009, toutes les adjudications,** y compris celles de biens saisis conformément aux dispositions du décret-loi de 1938 (v. ss nos 1325.11 s.), **ont été soumises aux dispositions du décret de 2006, modifié en 2009.**

Le décret du 12 février 2009 a également introduit des modifications notables à certaines dispositions du décret de 2006, notamment au stade de l'appel du jugement d'orientation (Décr. 12 févr. 2009, art. 123 à 153 - v. ss nos 1364.90 s.). Ces modifications sont entrées en vigueur le 1er mars 2009[3], et les nouvelles dispositions sont applicables aux procédures en cours, sous les réserves suivantes :

- les actes régulièrement accomplis avant cette date restent valables;
- la durée des délais en cours à cette date n'est pas modifiée;
- les appels formés contre les décisions notifiées avant cette date demeurent soumis aux règles de la procédure ordinaire devant la cour d'appel[4].

1360.17 Unicité de la procédure. La Cour de cassation l'avait indiqué dans un avis en 2008[5], qui a été suivi par la deuxième chambre civile en 2011[6] : « *Il résulte de l'article 2190 du Code civil que la saisie immobilière tend à la vente forcée de l'immeuble du débiteur en vue de la distribution de son prix de sorte que la saisie et la distribution constituent les deux phases d'une même procédure* ».

La première phase de la procédure de saisie immobilière, qui opère saisie et vente de l'immeuble, se décompose pour le créancier en plusieurs temps, le conduisant d'abord à accomplir les formalités tendant à la saisie de l'immeuble du débiteur (chap. 1361) ou d'un tiers détenteur (chap. 1362), puis à réaliser les actes préparatoires à la vente (chap. 1363).

La suite de la procédure, qui se déroule devant le JEX, commence par l'audience d'orientation

1. Civ. 2e, 17 févr. 2011, n° 10-15.100, *Bull. civ.* II, n° 48.
2. Civ. 2e, 11 juill. 2013, n° 12-18.055, NP.
3. Civ. 2e, 10 juin 2010, n° 09-66.395, NP : il a été jugé qu'une cour d'appel, qui rend son arrêt le 2 mars, n'avait pas à rouvrir les débats afin de faire application des dispositions nouvelles, le décret du 12 février 2009 ne pouvant s'appliquer à des actes de procédure réalisés avant son entrée en vigueur.
4. Civ. 2e, 8 juill. 2010, n° 09-15.051, *Bull. civ.* II, n° 139 : et le délai d'un mois prévu par le nouvel article 52 du décret de 2006 ne sera pas applicable.
5. Cass., avis, 16 mai 2008, n° 00-80.002, *Bull. avis,* n° 3; *Dr. et proc.* 2008. 285, obs. Leborgne; *Procédures* 2008, n° 112, note Laporte.
6. Civ. 2e, 5 mai 2011, n° 10-14.066, *Bull. civ.* II, n° 105.

(chap. 1364) qui sera l'occasion pour les parties à la procédure de saisie immobilière, de vérifier la régularité de la mesure et de faire valoir leurs droits (chap. 1365). Le JEX pourra autoriser le saisi à vendre amiablement le bien (chap. 1366), à défaut, la vente forcée s'imposera (chap. 1367 et 1368).

Enfin, *la deuxième phase* conduira à distribuer le prix d'adjudication. Une des nouveautés introduites par la réforme résulte de l'imbrication de la distribution du prix dans la procédure de saisie elle-même. Une autre, du transfert de la procédure devant le JEX.

Les développements suivront le déroulement de la procédure, acte après acte, jusqu'à l'audience d'adjudication définitive, qui emporte vente à la barre du tribunal puis distribution du prix d'adjudication.

1360.18 Parties en présence. Le créancier, qui remplit les conditions pour saisir et ne se heurte pas à un obstacle procédural ou de fond peut entreprendre de vendre le bien. Le saisi peut intervenir à la procédure, voire être autorisé à vendre amiablement son bien. Les droits des créanciers inscrits seront également pris en considération.

1360.19 Procédure contre le débiteur ou un tiers détenteur. Avant d'engager sa mesure d'exécution, le poursuivant doit lever un état hors formalité (Décr. 14 oct. 1955, art. 41) ou une fiche d'immeuble qui lui révélera une éventuelle cession du bien par le débiteur et induira la procédure à mettre en œuvre. Si le débiteur est toujours propriétaire de l'immeuble, la procédure sera évidemment dirigée contre lui (chap. 1361); lorsqu'en vertu du droit de suite, le créancier poursuivra un tiers détenteur, la procédure sera menée contre le débiteur et ce tiers, propriétaire du bien (chap. 1362).

1360.20 Esprit général de cette mesure d'exécution. La saisie immobilière reste une procédure essentiellement judiciaire mais elle offre désormais, sous le contrôle du juge, un double visage; l'esprit de déjudiciarisation de la loi n° 91-650 du 9 juillet 1991[1] n'a pas conduit les auteurs de la réforme à bouleverser en profondeur cette voie d'exécution, mais seulement, et cela est heureux, à aménager une faculté pour le saisi de vente amiable à certaines conditions; sans doute parce qu'en cette matière particulièrement sensible, économiquement, socialement et psychologiquement, la présence du juge s'avère indispensable pour arbitrer entre les intérêts contradictoires des saisis et des créanciers poursuivants.

Le tribunal de grande instance du lieu de situation de l'immeuble est compétent et plus précisément, en vertu de l'article 12 de l'ordonnance n° 2006-461 du 21 avril 2006[2] et de l'article R. 311-2 C. pr. exéc., le JEX devant lequel se trouve regroupé tout le contentieux de l'exécution forcée.

Le ministère d'avocat est obligatoire[3], sauf disposition contraire, pour qui veut intervenir à la procédure et les règles de procédure des articles R. 121-6 à R. 121-12, R. 442-2 à R. 442-4 et R. 121-13 à R. 121-22 C. pr. exéc., relatives à la procédure devant ce juge, seront appliquées sauf disposition contraire.

Cette mesure d'exécution se caractérise ensuite, toujours par sa complexité. Un certain nombre d'actes doivent être accomplis, respectant des conditions de forme strictes, et dans des délais précis. Cependant, la réforme a opéré une simplification sur le terrain des sanctions des irrégularités de forme, comme de délais.

1360.21 Avertissement. Certaines des solutions rendues sous l'empire de la réglementation antérieure sont transposables à cette nouvelle procédure et les développements qui leur étaient consacrés ont ainsi été reproduits.

1. L. n° 91-650, 9 juill. 1991, portant réforme des procédures civiles d'exécution, *JO* 14 juill., p. 9228.
2. Ord. n° 2006-461, 21 avr. 2006, réformant la saisie immobilière, *JO* 22 avr., p. 6072.
3. L'exception de multipostulation prévue à l'art. 1er, III, al. 2 de la loi n° 71-1130 du 31 déc. 1971, s'appliquant à la procédure de saisie immobilière, il s'agit d'un avocat inscrit au barreau du tribunal de grande instance devant lequel la vente est poursuivie – EN CE SENS, Cass., avis, 16 mai 2008, n° 00-80.002 (préc. s^s prés^t n°) – CONFIRMÉ par Civ. 2e, 5 mai 2011, n° 10-14.066 (préc. s^s n° 1360.17) – L'irrégularité affectant le commandement de payer valant saisie immobilière, résultant de la constitution d'un avocat au barreau de Niort qui n'avait pas le pouvoir de représenter le créancier dans une procédure de saisie-immobilière relevant de la compétence territoriale du TGI de Bressuire, constitue le défaut de pouvoir d'une personne assurant la représentation d'une partie en justice; conformément aux art. 117 et 121 C. pr. civ., cette irrégularité de fond peut être couverte si sa cause a disparu au moment où le juge statue : Civ. 2e, 18 oct. 2012, n° 11-18.730, NP.

CHAPITRE

1361. Formalités tendant à la saisie de l'immeuble du débiteur

ANNE LEBORGNE
PROFESSEUR À L'UNIVERSITÉ D'AIX-MARSEILLE

SECTION 0
ORIENTEUR

1361.00 **Plan du chapitre.**

1361.05 Un commandement qui engage la saisie. Sous l'empire du décret-loi du 17 juin 1938, le créancier délivrait un commandement valant procès-verbal de saisie au(x) débiteur(s) mais la saisie proprement dite n'était réalisée que par la publication de l'acte. Désormais, selon l'article R. 321-1 C. pr. exéc.[1], « *en application de l'article L. 321-1, la procédure d'exécution est engagée par la signification au débiteur ou au tiers détenteur d'un commandement de payer valant saisie à la requête du créancier poursuivant* ». Ce commandement ensuite devra être publié, ce qui produira des effets importants pour le débiteur, les créanciers et les tiers.

SECTION 1
DÉLIVRANCE DU COMMANDEMENT DE PAYER VALANT SAISIE

1361.10 Division. Un commandement de payer valant saisie est signifié au débiteur à la requête du créancier poursuivant. On précisera sa nature (§ 1), son contenu (§ 2), les formalités de signification (§ 3) et ses effets (§ 4).

§ 1
Nature du commandement de payer valant saisie

1361.11 Un acte de saisie. Selon l'article R. 321-1 alinéa 1er C. pr. exéc.[2], la procédure d'exécution est engagée par la **signification du commandement de payer** valant saisie au débiteur à la requête du créancier poursuivant. L'acte de saisie résulte donc de la seule signification de ce commandement de payer, à l'instar de la plupart des procédures civiles d'exécution mobilières. On notera toutefois, qu'en matière de saisie-vente des meubles corporels, procédure qui est tout de même la plus proche de la saisie immobilière, le commandement n'initie pas la saisie mais ouvre au contraire un délai de huit jours à l'intérieur duquel le procès-verbal de saisie ne peut être dressé (C. pr. exéc., art. L. 221-1[3] et R. 221-1). Selon l'article R. 321-3, 6° C. pr. exéc., le commandement comporte l'indication qu'il vaut saisie et que le bien est indisponible à l'égard du débiteur dès la signification de l'acte et à l'égard des tiers dès la publication.

1361.12 Un acte de disposition aux risques du créancier. L'article R. 321-1 alinéa 2 C. pr. exéc. le précise : il s'agit d'un acte de disposition effectué aux risques du créancier poursuivant. La procédure de saisie immobilière a pour effet, en cas de carences d'enchères, de rendre le créancier adjudicataire du bien; il faut donc qu'il ait la capacité d'accomplir des actes de disposition (v. ss n° 1311.20). L'allusion aux risques, au stade de la délivrance du commandement, invite le créancier à mesurer, d'une manière générale, l'opportunité d'entreprendre une telle mesure d'exécution. Ce terme renvoie également à l'alinéa 2 de l'article L. 111-10 C. pr. exéc. qui dispose que le créancier qui n'a qu'un titre provisoire poursuit l'exécution à ses risques. En matière de saisie immobilière toutefois, la vente forcée ne pourra intervenir qu'après que le créancier ait obtenu une décision définitive passée en force de chose jugée (C. pr. exéc., art. L. 311-4). Il n'y a donc pas transposition exacte de l'article L. 111-10 C. pr. exéc. Qu'il ait un titre provisoire ou déjà définitif, l'abus du droit d'agir en exécution forcée du créancier pourra être ainsi opposé par le

1. Décr. n° 2012-783, 30 mai 2012, relatif à la partie réglementaire du Code des procédures civiles d'exécution, *JO* 31 mai, p. 9375.

2. Décr. n° 2012-783, 30 mai 2012, relatif à la partie réglementaire du Code des procédures civiles d'exécution, *JO* 31 mai, p. 9375.
3. Ord. n° 2011-1895, 19 déc. 2011, relative à la partie législative du Code des procédures civiles d'exécution, *JO* 20 déc., p. 21464.

débiteur[1]. Cependant, parce qu'il résulte des articles L. 111-7 C. pr. exéc. et 1315 du Code civil que le créancier a le choix des mesures propres à assurer l'exécution de sa créance, il appartient au débiteur, qui en poursuit la mainlevée, d'établir qu'elles excèdent ce qui se révèle nécessaire pour obtenir le paiement de l'obligation[2].

1361.13 Un commandement de payer. Le commandement comporte le décompte des sommes réclamées (C. pr. exéc., art. R. 321-3, 3°) et avertit le débiteur qu'il doit payer lesdites sommes dans un délai de huit jours, à défaut, la procédure à fin de vente de l'immeuble se poursuivra (C. pr. exéc., art. R. 321-3, 4°). Est-ce à dire que l'effet de saisie ne se produira qu'à l'expiration de ce délai de huit jours ? Ce serait logique, mais est en réalité contredit par l'article R. 321-1 C. pr. exéc. qui dispose que la « *procédure est engagée par la signification du commandement* ». Dès lors, il faut comprendre que la saisie sera radiée si le paiement intervenait dans les huit jours.

En tout état de cause, ce commandement de payer vaut mise en demeure et produit les effets habituels de toute mise en demeure : interruption de la prescription[3] pour le poursuivant comme pour les créanciers inscrits[4], point de départ des intérêts moratoires.

1361.14 Recours devant le juge de l'exécution. Le débiteur est mis en demeure de payer et est averti qu'à défaut de paiement, il sera assigné à comparaître devant le juge de l'exécution (JEX) à une audience d'orientation (C. pr. exéc., art. R. 321-3, 4°). Il peut toutefois, sans attendre cette audience, former opposition au commandement pour contester la dette ou pour solliciter des délais. Rien ne le lui interdit en effet, dès lors que le commandement est aussi analysé comme un acte d'exécution[5]. La contestation, comme la demande de délais de paiement (C. civ., art. 1244-1; v. s[s] n° 1365.91), relèvera de la compétence du JEX (sur la faculté de saisir le JEX sans attendre l'audience d'orientation pour être autorisé à vendre amiablement, v. s[s] n° 1364.31).

1361.15 Un acte éventuellement signifié ou dénoncé au conjoint mais pas au concubin. Si le débiteur est un époux commun en biens, la procédure devra être menée contre les deux époux (v. s[s] n° 1361.192). Dans le cas où l'immeuble appartenant en propre à l'un des époux constitue la résidence de la famille, le commandement sera dénoncé au conjoint, au plus tard le premier jour ouvrable suivant la signification de l'acte (C. pr. exéc., art. R. 321-1, 3°). Cette disposition s'explique par la volonté des auteurs de la réforme de permettre au conjoint non propriétaire de prendre toute disposition pour protéger le logement familial : acquitter la dette sur ses propres deniers ou solliciter l'autorisation du juge compétent aux fins d'être habilité à prendre les décisions rendues nécessaires par la saisie, en application des articles 217, 219 et 1426 du Code civil. On remarquera que le législateur n'a étendu la protection ni aux couples de concubins ni aux partenaires pacsés, lesquels, il est vrai, ne disposent pas des règles des régimes matrimoniaux pour organiser les comptes entre eux. Et, saisie en 2009, la deuxième chambre de la Cour de cassation a jugé qu'aucune disposition législative ou réglementaire ne prévoit l'obligation pour le créancier poursuivant de signifier le commandement de payer valant saisie au concubin du débiteur[6].

C'est donc une recherche, et sur la situation matrimoniale de son débiteur et son régime matrimonial, et sur l'affectation de l'immeuble, que le créancier devra entreprendre avant de délivrer le commandement. On peut envisager de donner mission à l'huissier de justice qui signifiera le commandement de payer valant saisie, de recueillir ces informations en vue de réaliser la dénonce.

1361.16 Sanction. Quelle est la sanction de l'omission de cette dénonce ? La réponse différera selon la **date** à laquelle le commandement aura été délivré.

Le **décret du 27 juillet 2006** n'a pas prévu de sanction, ni à l'article 13 (devenu C. pr. exéc., art. R. 321-1) ni aux articles 11 et 12 (devenus C. pr. exéc., art. R. 311-10 et R. 311-11) qui règlent la sanction des irrégularités de forme et de fond des actes de procédure et celle du non-respect des délais.

1. Aix-en-Provence, 10e ch., 26 nov. 2008, *Juris-Data* n° 005145, qui condamne sur le fondement de l'art. 1382 C. civ., la banque qui, n'ignorant pourtant pas l'existence d'une difficulté juridique d'exécution de la saisie immobilière en l'état de la contestation portant sur le titre exécutoire, a poursuivi sans désemparer la saisie. Le commandement de saisie ayant été annulé ainsi que tous les actes de poursuite ultérieurs, la banque est condamnée à réparer les conséquences dommageables résultant de la poursuite de l'exécution.
2. Civ. 2e, 15 mai 2014, n° 13-16.016, *Bull. civ.* II, n° 113; *Dr. et proc.* mai 2014, p. 117, obs. Dorol.
3. Et cela, même si le commandement n'est pas suivi d'une procédure de saisie immobilière : Civ. 2e, 24 mars 2005, n°s 02-20.216 et 03-16.312, *Bull. civ.* II, n° 85; *D.* 2005. 1609, note Julien et Taormina – L'effet interruptif demeurera même si le commandement publié est ensuite frappé de péremption : Civ. 2e, 25 sept. 2014, n° 13-19.935, *Bull. civ.* II [à paraître].
4. Civ. 2e, 8 juill. 2010, n° 09-15.051, *Bull. civ.* II, n° 139.
5. EN CE SENS, Aix-en-Provence, 15e ch. A, 10 oct. 2007, RG n° 07/595, pour une contestation portant sur le titre exécutoire.
6. Civ. 2e, 30 avr. 2009, n° 08-12.105, *Bull. civ.* II, n° 111; *D.* 2009. 2255, obs. Leborgne.

Nullité et caducité étaient envisagées mais il n'était rien dit sur l'omission d'un acte en général et sur celui-ci en particulier. On pouvait en déduire l'inopposabilité du commandement au conjoint, ou encore la nullité pour l'inobservation d'une formalité substantielle, voire l'engagement de la responsabilité du créancier poursuivant en cas de démonstration de la faute, du préjudice et du lien de causalité.

Le **décret du 12 février 2009** a remédié à ce silence en ajoutant une référence à l'article 13 et à l'article 12 du décret de 2006 (devenus C. pr. exéc., art. R. 321-1 et R. 311-11) qui impose le respect de certains délais à peine de caducité du commandement de payer valant saisie. Si la dénonce au conjoint n'est pas effectuée au plus tard le premier jour ouvrable suivant la signification de l'acte, **le commandement est caduc**, sous réserve, pour le créancier poursuivant, de faire rapporter cette déclaration de caducité en justifiant d'un motif légitime (v. s^s^ n° 1361.212). Si une sanction était nécessaire, celle-ci paraît bien lourde.

1361.17 **Point de départ des délais.** Selon l'article R. 321-6 C. pr. exéc., une fois le commandement signifié, s'ouvre un délai de deux mois pour le publier. Selon les dispositions de l'article 641 C. pr. civ., le délai étant exprimé en mois, il expirera le dernier jour du dernier mois portant le même quantième que le jour de l'acte. À défaut d'un quantième identique, le délai expire le dernier jour du mois.

§ 2
Mentions du commandement de payer valant saisie

1361.20 **Plan.** Le commandement de payer valant saisie est un exploit d'huissier (A) qui obéit à un strict formalisme (B), puisqu'il engage la saisie immobilière et doit être publié pour être opposable aux tiers. On notera désormais la disparition de l'exigence d'un pouvoir spécial.

A.
Un exploit d'huissier

1361.21 **Dispositions applicables.** Le commandement de saisie immobilière est un exploit d'huissier; comme tel, il est d'abord soumis aux dispositions de l'article 648 C. pr. civ. : il doit donc être daté, contenir l'identification du requérant, l'identification de l'huissier et les nom et domicile (ou siège social) du destinataire puisqu'il sera signifié (sur les conséquences d'une signification à une adresse que le créancier savait erronée, v. s^s^ n° 1321.144) [1].

Aucun texte n'exige que le nom de la personne physique qui agit pour une personne morale faisant signifier un commandement de saisie immobilière soit mentionné sur l'acte (a ainsi été rejeté le pourvoi qui arguait d'un grief résultant de l'impossibilité de vérifier l'habilitation de la personne physique à agir pour la personne morale [2]). Cependant, il faut pouvoir justifier de ce pouvoir spécial de disposer; l'avocat lui-même devra donc s'assurer que son mandant en est bien titulaire.

Ensuite, s'ajoutent les dispositions de l'article R. 321-3 C. pr. exéc. qui énumèrent les mentions du commandement de payer valant saisie.

1361.22 **Signifié par un huissier et non un clerc assermenté.** La loi du 27 décembre 1923, relative à la création des clercs assermentés, dispose en son article 6 alinéa 1er que les actes judiciaires et extrajudiciaires à l'exception des procès-verbaux de constat et d'exécution et des ventes mobilières judiciaires ou volontaires devront à peine de nullité être signifiés par des huissiers ou des clercs assermentés; l'alinéa 2 précise que les procès-verbaux de constat et d'exécution resteront de la compétence exclusive des huissiers. Le commandement de payer valant saisie étant le premier acte d'exécution, il est indispensable qu'il soit signifié par l'huissier et non par un clerc assermenté [3]. À défaut le commandement sera nul [4].

Dans les actes établis par une société civile professionnelle d'huissiers, doivent figurer à peine de nullité, en vertu de l'article 648, 3° C. pr. civ., les nom, prénoms, la qualité d'associé et la signature de l'huissier de justice qui a instrumenté ainsi que la mention de la société dont il est membre et l'adresse du siège de cette société; la mention du nom de l'huissier permettant de s'assurer de sa qualité [5]. Toutefois, l'omission des nom et prénom de l'huissier ayant instrumenté au nom d'une société

1. V. aussi, Civ. 2e, 7 nov. 2002, n° 01-14.229, *Bull. civ.* II, n° 239; *JCP* 2002. IV. 3065.
2. Com. 29 mars 1994, n° 92-14.695, *Bull. civ.* IV, n° 136 – Civ. 2e, 8 juill. 2010, n° 09-15.973, NP : rejet également d'un pourvoi qui arguait de la nullité d'un commandement de payer valant saisie délivré par une société anonyme déclarant agir « *aux poursuites et diligences de ses directeurs et administrateurs* »; l'acte n'est affecté que d'une nullité de forme et les saisis n'avaient pas invoqué de grief.
3. Civ. 2e, 14 oct. 2010, n° 09-69.580, NP, qui rejette le pourvoi formé contre un arrêt ayant constaté que l'acte de signification du commandement valant saisie était signé par l'huissier de justice, en dessous de son nom, et que celui-ci confirmait dans une attestation sur l'honneur, dont le juge avait souverainement apprécié la force probante, avoir personnellement délivré l'acte.
4. Pour une saisie-attribution, v. Civ. 2e, 28 juin 2006, n° 04-17.514, *Bull. civ.* II, n° 178; *Dr. et proc.* nov. 2006, obs. Leborgne.
5. Paris, 23 mars 2001, *D.* 2001. IR 1436.

civile professionnelle ne constitue qu'une irrégularité de forme, sanctionnée par la nullité de l'acte que s'il en résulte un grief dont l'appréciation relève du pouvoir souverain des juges du fond[1].

1361.23 **Nullité.** Selon l'article 648 C. pr. civ., les mentions que doit contenir un exploit d'huissier sont prescrites à peine de nullité, et l'article 649 C. pr. civ. dispose que la nullité des actes d'huissier est régie par les dispositions qui gouvernent la nullité des actes de procédure qui distinguent entre les nullités de forme qui doivent causer grief et les nullités de fond.

B.
Un exploit qui opère une saisie

1361.30 **Présentation.** L'article R. 321-3 C. pr. exéc. fixe le contenu du commandement qui doit comporter, outre les mentions habituelles des actes d'huissier de justice, treize mentions qui peuvent être regroupées en fonction de leur objet. On distinguera les mentions d'ordre procédural (constitution d'avocat, indication du tribunal compétent, faculté de vendre à l'amiable, information sur le bénéfice d'une procédure de surendettement et sur l'aide juridictionnelle) (1°), de celles relatives à la poursuite en exécution proprement dite (titre, état de la dette, description des biens menacés, effets de la saisie sur le bien et les fruits) (2°) et de la sommation éventuelle (3°), lorsque le bien fait l'objet d'un bail, de l'obligation d'indiquer à l'huissier de justice l'identité du preneur. On envisagera ensuite la sanction des irrégularités affectant le commandement et la sommation (4°).

1°
Mentions d'ordre procédural

a)
Mention de la constitution d'avocat du créancier poursuivant et élection de domicile (C. pr. exéc., art. R. 321-3, 1°)

1361.31 **Un ministère maintenu.** Selon l'article R. 311-4 C. pr. exéc., « *les parties sont, sauf disposition contraire, tenues de constituer avocat* ». L'article R. 321-3, 1° C. pr. exéc. du même décret place la mention de la constitution de l'avocat du poursuivant en première place de l'énumération des mentions du commandement de payer valant saisie. Certes, la procédure de saisie immobilière relève désormais de la compétence du JEX, devant lequel, en principe, la constitution d'avocat n'est pas obligatoire. Toutefois, les auteurs de la réforme, et c'est heureux, n'ont pas envisagé de rendre facultative l'assistance de ce professionnel du droit. Sa constitution emportera élection de domicile de plein droit et c'est en son cabinet que pourront être notifiés les actes d'opposition au commandement, les offres réelles et toute signification relative à la saisie. En outre, cette constitution investit l'avocat d'un mandat général de représentation en justice dans les intérêts du créancier poursuivant; ainsi, s'il n'est pas établi que l'avocat a eu connaissance du décès du créancier poursuivant au moment où il a effectué des actes de procédure en son nom, la procédure de saisie immobilière n'est pas entachée de nullité[2].

1361.32 **Un avocat inscrit au barreau du tribunal de grande instance devant lequel la vente est poursuivie.** La question se posait, parce que le décret de 2006 ne le précisait pas à l'article 5 (devenu C. pr. exéc., art. R. 311-4) et semblait ne l'exiger, à l'article 73 (devenu C. pr. exéc., art. R. 322-40), que pour porter les enchères, de savoir si la procédure devait être menée par un avocat inscrit au barreau du tribunal de grande instance devant lequel la vente est poursuivie. Elle intéressait, notamment, les avocats parisiens qui bénéficient de la multipostulation en vertu de la loi n° 71-1130 du 31 décembre 1971[3]. La question a très vite été posée pour avis à la Cour de cassation qui a répondu que, l'exception prévue à l'article 1er, III, alinéa 2 s'appliquant à la procédure de saisie immobilière, tous les actes soumis à représentation obligatoire devaient être accomplis par un avocat inscrit au barreau du tribunal de grande instance devant lequel la vente est poursuivie[4]. Cette solution a ensuite été consacrée par la deuxième chambre civile[5]. L'irrégularité résultant de la constitution d'un avocat qui ne serait pas inscrit au barreau du TGI devant lequel la vente est poursuivie constitue un défaut de pouvoir d'une personne assurant la représentation d'une partie en justice; il s'agit d'une irrégularité de fond qui, certes, affecte la validité du commandement de saisie immobilière, mais peut être couverte, conformément aux articles 117 à 121 C. pr. civ., si sa cause a disparu au moment où le juge statue[6].

1. Civ. 2e, 7 nov. 2002, n° 01-00.379, *Bull. civ.* II, n° 245.
2. Civ. 2e, 26 juin 1991, n° 90-15.334, *Bull. civ.* II, n° 199; *JCP* 1991. IV. 347.
3. L. n° 71-1130, 31 déc. 1971, portant réforme de certaines professions judiciaires et juridiques, *JO* 5 janv. 1972, p. 131.
4. Cass., avis, 16 mai 2008, n° 00-80.002, *Bull. avis,* n° 3; *Dr. et proc.* 2008. 285, obs. Leborgne; *Procédures* 2008, n° 112, note Laporte.
5. Civ. 2e, 5 mai 2011, n° 10-14.066, *Bull. civ.* II, n° 105.
6. V. dans le cas de la constitution d'un avocat au barreau de Niort qui n'avait pas le pouvoir de représenter le créancier dans une procédure de saisie-immobilière relevant de la compétence territoriale du TGI de Bressuire : Civ. 2e, 18 oct. 2012, n° 11-18.730, NP.

b)

Mention de l'indication du juge de l'exécution territorialement compétent (C. pr. exéc., art. R. 321-3, 11°)

1361.41 **Principe.** Selon l'article R. 311-2 C. pr. exéc., la procédure de saisie immobilière est poursuivie devant le JEX du tribunal de grande instance (TGI) dans le ressort duquel est situé l'immeuble saisi; c'est lui qui connaîtra de la procédure de saisie et des contestations et demandes incidentes y afférant. S'il n'y a qu'un immeuble ou que tous les immeubles sont situés dans le ressort du même tribunal, il n'y a pas de difficulté.

1361.42 **Pluralité de biens saisis.** Sous l'empire du décret-loi de 1938, était envisagée l'hypothèse de la saisie de plusieurs immeubles consistant ou dépendant d'une seule exploitation située dans le ressort de TGI différents. Dans ce cas, le tribunal compétent était suivant les cas, celui dans le ressort duquel se trouvait, soit la principale exploitation, soit le chef-lieu d'exploitation ou à défaut la partie des biens représentant le plus de valeur (ACPC, art. 675, al. 2 et 677, al. 2 - C. civ., anc. art. 2210). En revanche, lorsque le créancier saisissait simultanément des immeubles situés dans des ressorts différents mais ne faisant pas partie de la même exploitation, l'article 678 ACPC édictait qu'il fallait poursuivre autant de procédures qu'il y avait d'immeubles situés dans des ressorts différents.

Les auteurs de la réforme n'ont pas raisonné par référence à une unité d'exploitation mais ont seulement envisagé la saisie simultanée de plusieurs immeubles d'un même débiteur situés dans des ressorts de plusieurs TGI. Dans ce cas, et afin d'assurer une protection accrue du logement de la famille, la procédure sera portée devant le JEX du tribunal du ressort dans lequel est situé l'immeuble saisi où demeure le débiteur, à défaut devant le juge du ressort dans lequel est situé l'un quelconque des immeubles (C. pr. exéc., art. R. 311-3).

Quant à l'hypothèse de la saisie d'immeubles situés dans le ressort de plusieurs bureaux des hypothèques, c'est à l'article R. 321-2 C. pr. exéc. qu'il est prévu que le créancier devra établir un commandement de payer par ressort. Pour chacun d'eux, sera indiquée la compétence du JEX dans le ressort duquel l'immeuble est situé.

1361.43 **Principe de proportionnalité.** L'article L. 311-5 C. pr. exéc. dispose que « *le créancier qui a procédé à la saisie d'un immeuble de son débiteur ne peut engager une nouvelle procédure de saisie sur un autre bien immobilier de celui-ci que dans le cas d'insuffisance du bien déjà saisi* ». Outre la formulation maladroite de cet article (par « *insuffisance du bien* » il faut sans doute entendre insuffisance du résultat des enchères ou de la valeur du bien au regard de la créance du poursuivant), on peut s'interroger sur le moment auquel sera appréciée l'insuffisance (v. s[s] n°s 1317.31 s.). Il ne faut pas confondre en outre, le domaine de l'article L. 311-5 C. pr. exéc. avec celui de l'article R. 311-3 C. pr. exéc. qui envisage la saisie simultanée de plusieurs immeubles situés dans des ressorts de plusieurs tribunaux de grande instance. En effet, ce qui est visé à l'article R. 311-3 C. pr. exéc. correspond à l'hypothèse d'immeubles consistant ou dépendant d'une seule exploitation. Dans ce cas, il n'y a pas pluralité de saisies mais pluralité de biens saisis, simultanément, par une même procédure. C'est ce qui semble résulter des articles R. 321-8 à R. 321-10 C. pr. exéc. qui distinguent ces deux cas de figure au stade de la publication du commandement.

c)

Mention de l'indication que la partie saisie a la faculté de rechercher un acquéreur (C. pr. exéc., art. R. 321-3, 8°)

1361.51 **Maintien du pouvoir de vendre amiablement, sous contrôle judiciaire.** Les articles L. 311-3 et L. 322-1 C. pr. exéc.[1] en pose le principe, les biens peuvent être vendus soit à l'amiable sur autorisation judiciaire, soit par adjudication. Sous l'empire du décret-loi du 17 juin 1938, le saisi ne se voyait reconnaître que la faculté de demander la conversion en vente volontaire, c'est-à-dire de mener lui-même la saisie. La réforme transpose à l'exécution immobilière la faculté organisée en 1991 en matière de vente de meubles corporels. Le saisi est ainsi informé dès la signification du commandement de ce qu'il garde la possibilité de rechercher un acquéreur pour l'immeuble saisi et de procéder à la vente amiable, ou encore de donner mandat à cet effet. En droit, le débiteur qui recevait un commandement de saisie immobilière pouvait déjà, sous l'empire du décret-loi de 1938, chercher un acquéreur et le proposer au poursuivant. Il le pouvait d'autant plus que la seule signification du commandement n'emportait pas saisie. Mais en pratique, le débiteur n'en était pas nécessairement informé et le créancier était seul juge du sérieux des propositions de paiement qui lui étaient faites. Désormais, non seulement le débiteur est, en quelque sorte, invité à rechercher cet acquéreur pour honorer sa dette, mais il est encore avisé, dans le commandement, de ce que cette vente ne pourra être conclue qu'après autorisation du JEX. Ainsi, si le saisi trouve un acquéreur, avant même que le poursuivant ne l'assigne à l'audience d'orientation, il pourra saisir le JEX d'une demande de vente

1. Issu de Ord. n° 2006-461, 21 avr. 2006, réformant la saisie immobilière, *JO* 22 avr., p. 6072.

amiable, sous réserve de mettre en cause les créanciers inscrits sur le bien (C. pr. exéc., art. R. 322-20 – v. s[s] n° 1365.31). Si le juge fait droit à sa demande la procédure de saisie immobilière sera suspendue.

d)

Mention que le débiteur peut bénéficier de l'aide juridictionnelle (C. pr. exéc., art. R. 321-3, 12°)

1361.61 Bénéficie de l'aide juridictionnelle pour les débiteurs. Cette disposition vise à renforcer l'information des débiteurs et attire leur attention sur le fait que la procédure de saisie est judiciaire. Cette mention, qui avait été ajoutée en 1998 aux mentions du commandement de saisie immobilière, intéresse tous les débiteurs qui pourront en faire la demande. La mention doit préciser que l'attribution de l'aide juridictionnelle s'opérera si le débiteur remplit les conditions de ressources prévues par la loi n° 91-647 du 10 juillet 1991 relative à l'aide juridique et le décret n° 91-1266 du 19 décembre 1991 portant application de ladite loi. Le bénéficiaire de l'aide juridictionnelle a droit à un avocat; il s'agit là d'un droit fondamental pour le saisi et la Cour de cassation veille à ce qu'il soit respecté[1].

1361.62 Extension aux tiers saisis. L'article R. 321-3, 12° C. pr. exéc. ne vise que les débiteurs. Toutefois, s'agissant du tiers détenteur, l'article R. 321-5 alinéa 2 C. pr. exéc. dispose que le commandement de payer valant saisie prévu à l'article R. 321-1 C. pr. exéc. qui est délivré au tiers détenteur comporte les mentions énumérées à l'article R. 321-3 C. pr. exéc. et que la mention du débiteur aux 6°, 7°, 8°, 12° et 13° s'entend de celle du tiers détenteur.

e)

Mention que le débiteur, personne physique, a la faculté de saisir la commission de surendettement

1361.71 Indication que le débiteur surendetté peut saisir la commission de surendettement des particuliers. Cette disposition vise à renforcer l'information des débiteurs en situation de surendettement qui ignoreraient leurs droits. Elle avait été ajoutée en 1998 aux mentions du commandement de saisie immobilière. La signification du commandement peut être l'occasion pour le débiteur en situation de surendettement de réagir et de saisir la commission de surendettement des particuliers instituée par l'article L. 331-1 du Code de la consommation. La pratique révélait que, bien souvent, c'est plus tard dans la procédure de saisie immobilière que le débiteur tentait de s'opposer à la vente de son immeuble, ce qui générait des conflits entre les règles propres à la saisie immobilière et le droit de la consommation. En l'avisant de ses droits, dès la signification du commandement, et donc avant que le JEX ne soit saisi, le législateur renforce donc bien la protection de ces débiteurs qui ne pourront ignorer cette faculté ou la découvrir plus tardivement.

1361.72 Extension aux tiers saisis. L'article R. 321-3, 13° C. pr. exéc. ne vise que les débiteurs. S'agissant du tiers détenteur, l'article R. 321-5 alinéa 2 C. pr. exéc. dispose que le commandement de payer valant saisie prévu à l'article R. 321-1 C. pr. exéc. qui est délivré au tiers détenteur comporte les mentions énumérées à l'article R. 321-3 C. pr. exéc. et que la mention du débiteur aux 6°, 7°, 8°, 12° et 13° s'entend de celle du tiers détenteur.

f)

Disparition de l'exigence de la copie d'un pouvoir spécial

1361.81 Raison d'être de ce pouvoir spécial sous l'empire du décret-loi de 1938. Le commandement devait comprendre la copie d'un pouvoir spécial de saisir, à moins qu'il ne contienne sur l'original et la copie, le bon pour pouvoir, signé du poursuivant. Cette exigence était requise afin d'habiliter l'huissier, mandataire du créancier, à procéder à la saisie immobilière, acte dont les conséquences sont si graves qu'il n'était pas admis de présumer le pouvoir. Ainsi, l'huissier de justice qui avait signifié un commandement de saisie immobilière sans pouvoir spécial du créancier poursuivant pouvait être désavoué par celui-ci. Il apparaissait donc que cette mention portée sur un acte destiné au débiteur, avait pour but de couvrir la responsabilité professionnelle de l'huissier de justice.

Certes, en l'absence de pouvoir spécial ou de bon pour pouvoir sur le commandement, le débiteur poursuivi pouvait soulever la nullité de l'acte, mais seulement en établissant en quoi cette irrégularité lui avait causé préjudice[2]; la nullité n'était pas d'ordre public.

Désormais, la question de la preuve du pouvoir de saisir donné par le créancier qui entend engager une procédure de saisie immobilière à un huissier

1. EN CE SENS, Civ. 2e, 24 juin 2010, n° 08-19.974, *Bull. civ.* II, n° 120, qui juge que commet un excès de pouvoir et viole l'art. 25 de la loi du 10 juill. 1991 relative à l'aide juridictionnelle et l'art. 6 Conv. EDH, le juge qui procède à la vente forcée d'un bien, sans s'assurer que le débiteur saisi, qui avait sollicité l'aide juridictionnelle, avait été informé de la décision rendue sur cette demande et du nom de l'avocat désigné à ce titre – V. AUSSI, Civ. 2e, 16 mai 2012, n° 11-14.449, *Bull. civ.* II, n° 86; *Dr. et proc.* sept. 2012.

2. Civ. 2e, 12 déc. 1990, n° 89-18.876, *Bull. civ.* II, n° 267; *JCP* 1991. IV. 57 – Civ. 2e, 8 avr. 1992, n° 90-20.854, *Bull. civ.* II, n° 120; *JCP* 1992. IV. 1746.

de justice se réglera directement entre eux, selon les règles du mandat.

2°
Mentions propres à la mesure d'exécution entreprise

a)
Mention de la date et de la nature du titre exécutoire (C. pr. exéc., art. R. 321-3, 2°)

1361.91 Identification du titre. Sous l'empire des dispositions du décret-loi de 1938, le commandement devait comprendre la mention du titre exécutoire, s'il s'agissait d'une obligation notariée contenant la date et la nature du titre et le montant de la dette dont le paiement est réclamé. Dans tous les autres cas, le titre devait être signifié en même temps que le commandement s'il ne l'avait été déjà. Cette distinction s'expliquait par la connaissance nécessaire que le débiteur avait du contenu de l'acte notarié; joindre le titre étant alors inutile, une simple mention suffisait à l'informer du fondement de la créance du poursuivant. Dans les autres cas, la signification du titre pouvait s'effectuer dans le commandement, sauf si la signification avait déjà été opérée, auquel cas l'acte contenait seulement la mention du titre. Le défaut de signification du titre exécutoire n'était toutefois sanctionné par la nullité que tout autant qu'un grief résultant de cette omission était démontré. Cette exigence de signification préalable n'a pas été reprise par les auteurs de la réforme.

L'article L. 311-2 C. pr. exéc. dispose que « *tout créancier muni d'un titre exécutoire constatant une créance liquide et exigible peut procéder à une saisie immobilière* », et le décret ne distingue pas selon la nature du titre mais impose seulement d'y faire référence. Toutefois, si le titre est un jugement, s'ajouteront les dispositions de l'article 503 C. pr. civ. qui imposent la notification préalable avant exécution.

1361.92 Cession de créance. Selon l'article R. 321-3 C. pr. exéc., si le créancier agit en vertu d'une transmission à quelque titre que ce soit, de la créance contenue dans le titre exécutoire servant de fondement aux poursuites, le commandement visera l'acte de transmission[1] à moins que le débiteur n'en ait été régulièrement avisé au préalable. Avant la réforme opérée par l'ordonnance du 21 avril 2006, l'article 2214 du Code civil envisageait la cession de la créance pour imposer au cessionnaire la signification du transport au débiteur. Faut-il comprendre qu'« *aviser régulièrement* » est synonyme de signification ? Il aurait été plus clair de le dire ainsi.

b)
Mention du décompte des sommes dues (C. pr. exéc., art. R. 321-3, 3°)

1361.101 Un décompte précis. L'article 673 ACPC exigeait seulement que le commandement indique « *le montant de la dette* ». Comme en matière d'exécution mobilière (pour la saisie-vente, C. pr. exéc., art. R. 221-1 – pour la saisie des valeurs mobilières, C. pr. exéc., art. R. 232-5), l'article R. 321-3, 3° C. pr. exéc. précise que les commandements de payer valant saisie devront préciser « *le décompte des sommes réclamées en principal, frais et intérêts échus ainsi que l'indication du taux des intérêts moratoires* ». En matière d'exécution mobilière, les manquements à cette exigence stricte d'information ont été sévèrement appréciés (est ainsi jugé nul le procès-verbal de saisie de valeurs mobilières ne contenant pas l'indication du taux des intérêts pratiqués, alors même qu'il comportait le décompte en principal, frais et intérêts échus[2]) Toutefois, s'agissant de la nullité des actes de procédure, l'article 11 du décret du 27 juillet 2006 renvoie à la section IV du chapitre II du titre V du livre 1er du Code de procédure civile, qui subordonne les nullités de forme à la démonstration d'un grief[3]. Il a ainsi été jugé que si un commandement qui vise simplement les rôles des impôts directs émis et rendus exécutoires et le montant de la somme due selon un bordereau de situation signifié en même temps, est affecté d'une irrégularité, celle-ci n'a causé aucun grief au saisi qui était en situation de connaître la ventilation des sommes qui lui étaient réclamées[4].

1361.102 Commandement délivré pour une somme supérieure à la créance. Le titre fonde le droit d'agir du créancier. Il est toutefois possible que depuis l'obtention de ce titre le créancier ait été en partie désintéressé. Le commandement délivré pour une somme supérieure à celle réellement due

1. À défaut la nullité pourra être constatée en cas de démonstration d'un grief : en ce sens, Civ. 2e, 10 janv. 2013, no 11-25.800, NP, qui approuve une cour d'appel d'avoir retenu que le défaut de la mention de la transmission de la créance à la société absorbante par suite d'une fusion absorption, avait empêché le saisi qui n'avait pas connaissance de cette transmission d'en vérifier la régularité.
2. Civ. 2e, 31 mai 2001, no 99-20.170, NP.
3. V. Paris, 8e ch., 3 juill. 2008, *Juris-Data* no 372368, qui juge nul un commandement de payer valant saisie dès lors que les tableaux d'amortissement des deux prêts produits aux débats ne mentionnaient aucune date précise d'exigibilité des échéances, si ce n'est la mention d'une périodicité mensuelle.
4. Civ. 2e, 30 avr. 2009, no 08-12.105, *Bull. civ.* II, no 111 – MÊME SOLUTION : Civ. 3e, 27 janv. 2010, nos 08-21.324 et 08-21.325, *Bull. civ.* III, no 25.

ne sera pas nul et conservera ses effets pour la partie non contestable. L'article R. 321-3 dernier alinéa *in fine* C. pr. exéc. reprend la règle jusque-là contenue à l'ancien article 2216 du Code civil[1], qui disposait qu'une poursuite ne pouvait être annulée sous prétexte que le créancier l'aurait commencée pour une somme plus forte que celle qui lui était due. La règle n'avait pas été reproduite par l'ordonnance du 21 avril 2006, au titre des dispositions modifiant le Code civil; elle se trouve donc exprimée dans cet article qui dispose que « *la nullité n'est pas encourue au motif que les sommes réclamées sont supérieures à celles qui sont dues au créancier* »[2], sous réserve que le créancier ne se voit pas reprocher un abus du droit d'agir en exécution (v. s^s n° 1317.13).

c)
Mention de l'avertissement de payer
(C. pr. exéc., art. R. 321-3, 4°)

1361.111 Avertissement. Le commandement doit contenir l'avertissement que faute de payer, la procédure à fin de vente de l'immeuble se poursuivra et qu'à cet effet, le débiteur sera assigné à comparaître à une audience du JEX pour voir statuer sur les modalités de la procédure. Cette mention a pour but de faire prendre conscience au débiteur de ce qui le menace s'il ne paie pas sa dette. Sous l'empire du décret-loi de 1938, on considérait que cet avertissement était une formalité substantielle; l'acte extrajudiciaire dans lequel l'ordre de payer n'était pas formulé sous peine d'une saisie ne pouvait pas valoir commandement, mais constituait seulement une mise en demeure. La même analyse devrait prévaloir, d'autant plus que désormais la signification du commandement vaut saisie.

1361.112 Délai pour payer. La mention de l'article R. 321-3, 4° C. pr. exéc. prévient le débiteur qu'il doit payer les sommes dues dans un délai de huit jours. Cela signifie-t-il que la saisie ne sera effective qu'à expiration de ce délai, le débiteur conservant la disponibilité du bien à l'intérieur de ces huit jours, et à défaut de paiement, la saisie et donc ses effets, rétroagiraient à la date de la signification du commandement ? On doit plutôt penser que la saisie est bien réalisée dès la signification du commandement, l'article 4 du décret qui dispose que la procédure est engagée par la signification du commandement allant dans ce sens (v. s^s n° 1361.13), mais qu'elle ne sera pas poursuivie si le paiement est réalisé.

1361.113 « Caution réelle ». Les auteurs de la réforme ont distingué l'hypothèse où le commandement de payer valant saisie sera délivré à l'encontre de celui qui a consenti une hypothèque sur son immeuble en garantie de la dette d'un tiers. Auparavant, la pratique utilisait la procédure à tiers détenteur contre ce garant, communément qualifié de « caution réelle ». Selon le décret, désormais, la saisie sera conduite directement à l'encontre du garant. La solution ne se comprend pas en l'état de l'arrêt de chambre mixte de la Cour de cassation du 2 décembre 2005, qui a jugé que cette garantie n'était pas un cautionnement[3] (v. s^s n° 1313.61). Quoi qu'il en soit, le délai pour acquitter la dette est porté à un mois, afin de permettre à ce garant de s'acquitter de la dette s'il le souhaite et le peut, et éviter ainsi la vente forcée. On imagine que cette faculté pourra l'intéresser tant que la dette sera inférieure à la valeur de l'immeuble mais que s'il estime avoir seulement affecté la valeur de ce bien en garantie, il ne sera pas enclin à régler une dette supérieure...

d)
Mention de la désignation des biens ou droits
(C. pr. exéc., art. R. 321-3, 5°)

1361.121 Étendue de la désignation. Le commandement doit désigner les biens ou droits sur lesquels porte la saisie immobilière. Si la référence aux droits saisis est heureuse, qui est plus exacte que la seule allusion aux immeubles, le décret n'impose pas de faire figurer des précisions relatives à l'assiette de la saisie : accessoires juridiques du droit saisi, immeubles incorporés, immeubles par destination (v. s^s n°s 1316.71 s.). Comme par le passé, la saisie devrait leur être étendue de plein droit sans qu'il soit besoin de les désigner dans le commandement. Il est toutefois toujours recommandé d'ajouter à la désignation de la parcelle, la référence à toutes aisances, constructions et dépendances pour prévenir des contestations ultérieures sur l'assiette de la propriété saisie.

1361.122 Besoins de la publicité foncière. L'article 673 alinéa 2, 4° ACPC imposait pour chacun des immeubles sur lequel portait la saisie, l'indication dans le commandement de leur nature, situation, contenance et leur désignation cadastrale précise (section, numéro du plan, lieu-dit). D'autres indications s'ajoutaient (indication du nom du fer-

1. Abr. par Ord. 21 avr. 2006.
2. Pour des ex. rendus au visa de l'anc. art. 2216 C. civ. (devenu C. pr. exéc., art. L. 334-1) : Civ. 1er juill. 1909, *DP* 1910. 1. 319 – TGI Toulouse, 11 janv. 1971, *JCP* 1971. II. 16647, note J. A. – Paris, 12 janv. 1983, *Journ. not. et av.* 1984. 112 – Civ. 2e, 3 juill. 1996, n° 94-22.177, NP – Et sous l'empire du décret de 2006 : Civ. 3e, 27 janv. 2010, n°s 08-21.324 et 08-21.325, *Bull. civ.* III, n° 25.
3. Cass., ch. mixte, 2 déc. 2005, n° 03-18.210, *Bull. ch. mixte*, n° 7; *JCP* 2005. II. 10183, note Simler; *JCP E* 2006. 1056, note Piedelièvre; *Banque et Droit* 2006. 55, obs. Jacob.

mier ou du colon s'il est connu du poursuivant) et selon qu'il s'agissait d'immeubles urbains ou ruraux, le poursuivant devait indiquer la rue et le numéro ou la partie de la commune; en pratique, il devait même préciser l'ancienne dénomination cadastrale, en cas de rénovation du cadastre postérieure à la date d'obtention de son titre ou de sa sûreté. Les exigences de l'article 673 renvoyaient en fait à celles de l'article 7 du décret du 4 janvier 1955. À défaut de désignation complète et précise, la publication du commandement était en effet rejetée (mais une régularisation est toujours possible, C. civ., anc. art. 2148[1] – Décr. 14 oct. 1955, art. 33, 34 § 3, 36, 37). Toutefois, une désignation imprécise au stade de la signification du commandement pouvait ne pas encourir la nullité s'il n'en résultait pas un grief pour le débiteur poursuivi qui pouvait, malgré tout, être en mesure d'identifier les biens visés. Et même si la nullité était prononcée faute de désignation suffisante d'un ou plusieurs des immeubles compris dans la saisie, elle n'entraînait pas nécessairement la nullité de la poursuite en ce qui concernait les autres immeubles (ACPC, art. 715, al. 2).

L'article R. 321-3, 5° C. pr. exéc. reprend cette exigence de désignation en disposant simplement que les biens ou droits doivent être désignés selon les règles de la publicité foncière, en vue de satisfaire aux exigences ultérieures de la publicité foncière. Si tel n'était pas le cas toutefois, et comme avant la réforme, la nullité du commandement ne serait encourue, selon les dispositions de l'article R. 311-10 C. pr. exéc., que tout autant que le saisi démonterait le grief causé par une désignation non conforme aux exigences du décret du 4 janvier 1955.

1361.123 Disparition de la mention de la copie de la matrice du rôle de la contribution foncière pour les biens à saisir. Ce document qui est délivré par le cadastre fait apparaître toutes les parcelles appartenant à une personne sur une même commune. Il révèle les autres biens éventuels, répertoriés comme appartenant au débiteur ainsi que l'existence de constructions ayant pu être édifiées sur la ou les parcelles saisies (le cadastre n'est cependant pas toujours à jour...). L'article 673, 5° ACPC en imposait la copie dans le commandement de saisie immobilière. Ce document est en réalité utile au saisissant pour désigner les biens, les mentions qui y figurent devant correspondre à la désignation du bien contenu à l'acte. Le créancier aura donc toujours intérêt à le solliciter pour en reproduire les mentions mais il n'est plus nécessaire que le commandement de payer valant saisie en reproduise une copie.

e)
Mention de l'indication que le commandement vaut saisie et que le bien est indisponible (C. pr. exéc., art. R. 321-3, 6°)

1361.131 Le commandement vaut saisie. Selon l'article R. 321-1 C. pr. exéc., la procédure de saisie immobilière est engagée par la signification du commandement de payer valant saisie. Le commandement doit donc en porter mention et attirer l'attention du destinataire de l'acte sur ses effets. Comme tout acte de saisie, il emporte indisponibilité du bien à l'égard du débiteur dès la signification et, à l'égard des tiers, à compter de la publication au bureau des hypothèques (sur le détail des effets du commandement, v. s[s] n°s 1361.241 s.).

1361.132 Extension au tiers détenteur. L'article R. 321-3 C. pr. exéc. ne vise que les débiteurs mais s'agissant du tiers détenteur, l'article R. 321-5 alinéa 2 C. pr. exéc., dispose que le commandement de payer valant saisie prévu à l'article R. 321-1 C. pr. exéc. qui est délivré au tiers détenteur comporte les mentions énumérées à l'article R. 321-3 C. pr. exéc. et que la mention du débiteur aux 6°, 7°, 8°, 12° et 13° s'entend de celle du tiers détenteur. La signification du commandement au tiers détenteur rendra donc l'immeuble indisponible et cet effet sera opposable aux tiers à compter à compter de la publication au bureau des hypothèques.

f)
Mention de l'indication que le commandement vaut saisie des fruits et que le débiteur en est séquestre (C. pr. exéc., art. R. 321-3, 7°)

1361.141 Tous les fruits. L'article L. 321-3 C. pr. exéc. (anc[t] C. civ., art. 2194, réd. Ord. 21 avr. 2006), dispose que « *l'acte de saisie d'un immeuble emporte saisie de ses fruits, sauf l'effet d'une saisie antérieure* » (v. s[s] n° 1316.120). Ici encore, les auteurs de la réforme ont souhaité que le destinataire de l'acte en soit clairement informé. Le commandement doit donc comprendre l'indication de la saisie de ces fruits et la précision que le débiteur les percevra pour le compte des créanciers, comme séquestre. De ce fait, le saisi sera soumis aux dispositions de l'article 1962 du Code civil.

Ni l'ordonnance, ne le décret n'introduisent de distinction entre les différents fruits, naturels, industriels comme civils; tous sont désormais engobés dans l'assiette de la saisie; les fruits civils ayant vocation à être distribués avec le prix de l'immeuble.

1361.142 Extension au tiers détenteur. L'article R. 321-3 C. pr. exéc. ne vise que les débiteurs

1. Désormais, C. civ., art. 2428 (mod. par Ord. n° 2006-346, 23 mars 2006).

mais s'agissant du tiers détenteur, l'article R. 321-5 alinéa 2 C. pr. exéc., dispose que le commandement de payer valant saisie prévu à l'article R. 321-1 C. pr. exéc. qui est délivré au tiers détenteur comporte les mentions énumérées à l'article R. 321-3 C. pr. exéc. et que la mention du débiteur aux 6°, 7°, 8°, 12° et 13° s'entend de celle du tiers détenteur. Le tiers détenteur sera donc également séquestre des fruits que son immeuble pourrait produire.

g) Mention de l'indication que l'huissier de justice pourra pénétrer dans les lieux (devenu C. pr. exéc., art. R. 321-3, 10°)

1361.151 **Justification.** Pour vendre le bien aux enchères, il faudra en faire la description la plus précise. Cette fonction sera confiée par le poursuivant à un huissier de justice qui, pour satisfaire à sa mission, devra pénétrer dans les lieux (sur les conditions de pénétration et de rédaction de ce procès-verbal de description, v. s^s n° 1363.10). L'information sur cette intrusion à venir est ainsi donnée au débiteur, dès la délivrance du commandement. Toutefois, si le débiteur n'occupe pas l'immeuble, il n'est pas certain qu'il la répercutera sur son locataire ou ayant droit. Le décret a toutefois envisagé le cas où le bien menacé de saisie est loué, en ajoutant au commandement lui-même, une sommation.

3° Sommation, lorsque le bien fait l'objet d'un bail, d'avoir à indiquer à l'huissier de justice les nom, prénom et adresse du preneur ou, s'il s'agit d'une personne morale, sa dénomination et son siège social (C. pr. exéc., art. R. 321-3, 9°)

1361.161 **Deux actes en un.** Selon l'article R. 321-3, 9° C. pr. exéc., c'est le commandement qui comportera sommation. Rien ne devrait interdire cependant à l'huissier qui aurait omis d'interroger le débiteur sur l'existence d'un bail de faire une sommation par acte distinct, ultérieurement.

1361.162 **Intérêts de la sommation.** Le fait que le bien menacé de saisie soit loué n'est indifférent ni pour le saisissant et les créanciers inscrits, ni pour le saisi, ni pour le locataire lui-même. Cette information intéresse encore l'adjudicataire. Le commandement de payer valant saisie doit être signifié au débiteur, propriétaire du bien qui a pu le donner à bail. C'est donc lui qui est le mieux placé pour renseigner l'huissier significateur. En pratique, le créancier qui donne mandat à un huissier de justice de signifier le commandement pourra être informé de l'existence d'un bail, voire de l'identité du locataire. Quoi qu'il en soit, lorsque l'adresse du débiteur n'est pas celle de l'immeuble, le poursuivant sait que l'immeuble n'est pas occupé par son propriétaire. Il appartiendra alors à l'huissier de faire sommation au débiteur pour recueillir les renseignements identifiant un éventuel preneur.

1361.163 **Objet de la sommation.** Le débiteur doit simplement indiquer les nom, prénom et adresse du preneur (laquelle sera, *a priori* celle de l'immeuble...) ou s'il s'agit d'une personne morale, sa dénomination et son siège social. Les auteurs de la réforme n'ont pas envisagé de mettre à la charge du bailleur une obligation d'information sur les conditions du bail (nature, date d'effet, durée, montant du loyer, incidents éventuels). Toute information que l'huissier pourrait recueillir sera toutefois utile, notamment parce que le commandement vaut saisie des fruits civils et que le bail sera opposable aux créanciers tout autant qu'il aura été conclu avant l'engagement de la saisie (v. s^s n° 1361.293).

1361.164 **Défaut de réponse.** Il peut être dû à la mauvaise volonté du débiteur, comme à l'impossibilité de lui remettre le commandement; ainsi, en cas de signification selon les dispositions de l'article 659 C. pr. civ. Cela ne voudra pas nécessairement dire que l'immeuble ne sera pas loué, et il appartiendra au créancier de rechercher cette information, utile pour lui, par d'autres voies (légales).

4° Sanctions

1361.171 **Mentions prescrites à peine de nullité.** Selon l'article R. 321-3 dernier alinéa C. pr. exéc., « *les mentions prévues au présent article sont prescrites à peine de nullité* »[1]. Et l'article 11 renvoie aux dispositions de la section IV du chapitre II du titre V du livre premier du Code de procédure civile. Ainsi, et conformément aux articles 112 à 114 C. pr. civ., la nullité ne pourra être prononcée qu'à charge pour celui qui l'invoque de prouver le grief que lui cause l'irrégularité. Le défaut d'une mention de l'article R. 321-3 C. pr. exéc. ne sera donc sanctionné par la nullité que tout autant que l'irrégularité causera un grief aux parties[2].

1361.172 **Sanction du défaut de sommation ?** Si le commandement ne contient pas la sommation, quelle sera la sanction de cette omission ? On ne devrait pas en déduire la nullité du commande-

1. En aucun cas, un acte nul ne pourra engager une procédure de saisie immobilière : EN CE SENS, Civ. 2e, 21 nov. 2002, n° 01-10.222, *Bull. civ.* II, n° 270.
2. V. toutefois, s^s n° 1361.111 pour l'hypothèse d'une formalité substantielle, et Civ. 2e, 30 avr. 2009, n° 08-12.105, *Bull. civ.* II, n° 111.

ment, car l'article R. 321-3 *in fine* C. pr. exéc. dispose que « *les mentions* » sont prévues à peine de nullité. Or, la sommation n'est pas une mention, c'est-à-dire une indication destinée au saisi, mais une interpellation qui lui est adressée dans les intérêts du créancier poursuivant. Par ailleurs, le régime de nullités des mentions reposant sur la démonstration d'un grief, on ne voit pas qui pourrait en invoquer un, découlant de l'absence de cette sommation. Le locataire dont l'identité ne serait pas connue du poursuivant ? Mais ce n'est pas de la connaissance de son identité que se déduira l'opposabilité de son bail au poursuivant, mais de la date de conclusion dudit contrat (v. s[s] n° 1361.293).

§ 3
Rédaction et signification du commandement de payer valant saisie

1361.180 Plan. Le commandement est rédigé et signifié sous la responsabilité de l'huissier de justice.

A.
Rédaction

1361.181 Compétence et responsabilité de l'huissier. L'huissier est officiellement rédacteur du commandement, même si souvent l'avocat du poursuivant lui envoie, aux seules fins de signification, le projet qu'il a établi à partir des documents dont il dispose. Toutefois, en droit, le commandement est un acte d'huissier, rédigé sous la responsabilité de l'officier ministériel qui se doit de vérifier sa régularité au regard des énonciations du décret du 27 juillet 2006. C'est donc lui qui engage sa responsabilité en cas d'irrégularité ou d'erreurs, cette responsabilité ayant pour contrepartie les pouvoirs qui sont reconnus à ce professionnel pour recueillir les informations et établir le commandement. L'huissier devra donc en contrôler toutes les mentions : la régularité du titre exécutoire, la désignation des biens, *etc.*, car l'acte signifié engagera sa responsabilité. Ainsi, lorsqu'il aura mentionné à tort que l'immeuble saisi était constructible, en s'en tenant aux seules indications contenues dans le titre exécutoire sans rechercher si le caractère constructible du terrain, élément essentiel de la nature du bien saisi, n'avait pas été ultérieurement modifié par la suite d'un changement des règles d'urbanisme, l'huissier aura commis une faute engageant sa responsabilité[1]. De même, ont commis une faute les huissiers rédacteurs, l'un du commandement de saisie, l'autre du procès-verbal descriptif qui, ayant relevé que le règlement du lotissement appelait l'attention sur les règles à respecter en raison du caractère inondable de la parcelle, se sont bornés au rappel d'un acte notarié antérieur, aux termes duquel cette parcelle était située dans un lotissement, sans mentionner son caractère inondable ni la constructibilité avec réserve qui figurait dans le règlement du lotissement, éléments essentiels des caractéristiques du bien saisi. Et le lien de causalité entre la faute et le dommage est caractérisé dès lors qu'il est établi les adjudicataires n'auraient pas acquis un terrain dont le caractère inondable compromettait la constructibilité[2].

B.
Signification

1361.191 Codébiteurs. Le créancier d'une obligation contractée solidairement devra adresser un commandement à chacun des codébiteurs originaires, dès lors qu'ils restent tenus de la dette[3].

1361.192 Époux communs en biens. Selon l'article L. 311-7 C. pr. exéc., lorsque des poursuites de saisie immobilière sont exercées sur un immeuble dépendant de la communauté de biens existant entre des époux, la procédure doit être poursuivie contre les deux époux[4]. Le commandement de payer valant saisie sera donc signifié à chacun d'eux. Quelle sanction sera appliquée lorsque le poursuivant aura omis un époux, ou lorsque la signification sera irrégulièrement effectuée à l'égard de l'un des deux époux seulement ? La procédure de saisie sera-t-elle nulle ou seulement inopposable au conjoint oublié ?

1361.193 Dénonce à l'époux séparé de biens lorsque l'immeuble constitue la résidence de la famille. Selon l'article R. 321-1 alinéa 3 C. pr. exéc., le commandement délivré à l'époux débiteur sera dénoncé à son conjoint[5] au plus tard le premier jour ouvrable suivant la signification de l'acte. Ici encore, on pouvait s'interroger sur la sanction de l'inexécution de cette obligation : inopposabilité, nullité, en l'état du silence de l'article 13 (devenu C. pr. exéc., art. R. 321-1) dans sa rédaction initiale (v. s[s] n° 1361.15). Le décret n° 2009-160 du 12 février 2009 a levé l'incertitude en modifiant

1. Pour un commandement établi trois ans après l'acte notarié, Civ. 1re, 11 oct. 1994, n° 92-14.402, *Bull. civ.* I, n° 284; *Gaz. Pal.* 1996. 1. Somm. 17, obs. Véron.
2. Civ. 1re, 25 mai 2005, n° 03-18.261, *Bull. civ.* I, n° 226; *Dr. et proc.* 2005. 360, obs. Leborgne.
3. Civ. 2e, 8 janv. 1997, n° 95-10.976, *Bull. civ.* II, n° 3.
4. Cette disposition ne s'applique pas aux concubins; EN CE SENS, Civ. 2e, 30 avr. 2009, n° 08-12.105 (préc. s[s] n°s 1361.15 et 1361.101).
5. Cette expression ne pouvant s'entendre que de l'époux du débiteur et non du concubin; EN CE SENS, Civ. 2e, 30 avr. 2009, n° 08-12.105 (préc. s[s] n° 1361.192).

l'article 12 du décret de 2006 (devenu C. pr. exéc., art. R. 311-11) ; il est désormais prévu que le délai de l'article R. 321-1 C. pr. exéc. est prescrit à peine de caducité du commandement de payer valant saisie.

1361.194 Délivrance. Le commandement doit être délivré à personne ou au domicile du débiteur selon les règles des articles 653 et suivants C. pr. civ. Le décret n° 2005-1678 du 28 décembre 2005[1] a modifié les dispositions applicables aux significations par acte d'huissier de justice dans le sens du renforcement de la prééminence de la signification à personne et du contrôle des diligences accomplies pour y parvenir (C. pr. civ., art. 655, 656, 657 et 658). Les autres articles sont inchangés.

Lorsque le saisi est une personne morale, il est alors indispensable de lever un extrait K *bis* auprès du greffe du tribunal de commerce. En effet, en vertu de l'article 654 alinéa 2 C. pr. civ., l'huissier doit remettre l'acte au représentant légal de la personne morale[2]. La jurisprudence décide que pour la trouver, l'huissier a seulement l'obligation de se présenter au siège social et n'a pas à rechercher le domicile du dirigeant social[3]. Ainsi, s'il ne se trouve au siège social personne représentant la personne morale ou habilité à cet effet, ni personne pour vouloir prendre copie de l'acte, l'huissier n'a pas d'autre obligation que de délivrer l'acte à l'adresse du siège social tel qu'indiqué sur le K *bis*[4]. Toutefois, si l'huissier a connaissance du lieu de résidence du gérant voire même du principal associé, le poursuivant pourra souhaiter que l'acte lui soit dénoncé pour information, compte tenu de son objet.

Aucun texte n'impose ou n'admet la signification à domicile élu des actes afférents à la procédure de saisie immobilière et destinés au débiteur saisi[5] ; et l'élection de domicile faite à seules fins fiscales, rend irrégulière la signification d'actes de procédure à ce domicile (ainsi, pour un débiteur personne morale ayant son siège social à l'étranger)[6].

1361.195 Changement de domicile. En cours d'instance, il ne sera opposable au créancier que s'il lui a été notifié. La partie saisie qui n'a pas procédé à cette notification n'est pas fondée à demander la nullité des actes de procédure qui lui ont été valablement signifiés au domicile qu'elle avait au début de l'instance[7]. Mais en procédant à la signification, l'huissier, s'il ne peut remettre l'acte à personne, doit effectuer des vérifications pour s'assurer que le destinataire demeure bien à l'adresse qui lui a été communiquée par le requérant (C. pr. civ., art. 656 et 663). La procédure de saisie immobilière diligentée à une adresse que le créancier savait erronée, peut en effet être annulée sur le fondement de la fraude[8].

1361.196 Signification (C. pr. civ., art. 659). Lorsque le débiteur n'a ni domicile, ni résidence, ni lieu de travail connu, le commandement sera malgré tout délivré, dans le respect des dispositions du Code de procédure civile. L'article 659 C. pr. civ. impose à l'huissier d'adresser l'acte en recommandé avec accusé de réception et lettre simple au dernier domicile connu. L'huissier devra toutefois être très précis dans l'indication des formalités et diligences accomplies en vertu de l'article 663, afin d'éviter tout risque d'annulation ultérieure du commandement, pour diligences insuffisantes. Toutefois, le débiteur ne peut se plaindre de ce que la signification ait été effectuée en vertu de l'article 659, alors que sa nouvelle adresse aurait été connue du poursuivant, s'il ne démontre pas que cette forme de signification lui a causé grief (ainsi pour une signification à parquet en 1975[9]).

SECTION 2
PUBLICATION DU COMMANDEMENT DE PAYER VALANT SAISIE

1361.200 Division. Elle a pour objet de rendre le commandement de payer et ses effets opposables aux tiers (§ 3) et résulte du dépôt au service de la publicité foncière de l'acte à publier, dans le délai de l'article 18 du décret du 27 juillet

1. Décr. n° 2005-1678, 28 déc. 2005, relatif à la procédure civile, à certaines procédures d'exécution et à la procédure de changement de nom, *JO* 29 déc. 2005, p. 20350.
2. L'irrégularité de fond affectant un commandement de payer et un acte introductif d'instance délivrés à une personne morale dont le représentant légal était décédé ne peut être couverte par l'intervention volontaire de l'administrateur provisoire qui avait été judiciairement désigné pour représenter la société, dès lors que cette intervention avait pour objet de faire constater la nullité de ces actes : Civ. 2e, 26 sept. 2013, n° 12-25.875, *Bull. civ.* II, n° 182.
3. Civ. 2e, 20 nov. 1991, n° 90-14.723, *Bull. civ.* II, n° 316 – Civ. 2e, 21 juin 1995, n° 93-16.761, *Bull. civ.* II, n° 192 ; *D.* 1995. IR 217.
4. Civ. 3e, 3 févr. 2010, n° 09-11.389, *Bull. civ.* III, n° 32· les juges ayant en outre relevé que l'extrait du Registre du commerce et des sociétés ne comportait, par ailleurs, aucune mention d'un établissement principal ou secondaire.
5. Civ. 2e, 16 nov. 1988, n° 87-16.307, *Bull. civ.* II, n° 224 ; *Gaz. Pal.* 1989. 1. Somm. 261 ; *JCP* 1989. II. 21377, note Prévault.
6. Civ. 2e, 26 janv. 1994, n° 92-17.300, *Bull. civ.* II, n° 40.
7. Soc. 23 oct. 1947, *D.* 1948. 43 – Soc. 24 mars 1949, *D.* 1949. 313 – Civ. 2e, 21 févr. 1990, n° 88-17.230, *Bull. civ.* II, n° 40 ; *Gaz. Pal.* 1990. 1. Pan. 108.
8. EN CE SENS, Civ. 2e, 7 nov. 2002, n° 01-14.229, *Bull. civ.* II, n° 239.
9. Civ. 2e, 9 oct. 1975, n° 74-12.785, *Bull. civ.* II, n° 249.

2006 (devenu C. pr. exéc., art. R. 321-6) (§ 1) et selon les exigences du décret de 1955 (§ 2). Une fois publié, cet acte servira de support aux actes publiés postérieurement.

1361.201 Immeubles situés dans plusieurs ressorts. Lorsque la saisie porte sur des immeubles situés dans le ressort de plusieurs bureaux des hypothèques, l'article R. 321-2 C. pr. exéc. impose d'établir un commandement de payer par ressort. Pour les besoins de la publicité foncière en effet, chaque commandement sera publié auprès du bureau concerné. Si les immeubles sont situés dans le même bureau, en revanche, un seul commandement suffit qui décrit tous les biens visés.

§ 1
Délai pour procéder à la publication : deux mois à compter de la signification

1361.211 Absence de délai minimal. Le décret du 27 juillet 2006 ne fixe qu'une date butoir à compter de laquelle le créancier devra réitérer sa démarche s'il souhaite publier le commandement. En théorie, le créancier peut donc déposer le commandement aux fins de publication sans délai, après avoir toutefois respecté le délai de huit jours offert au débiteur par le commandement pour régler sa dette. L'intérêt du créancier est de publier sans délai s'il souhaite rendre opposable la saisie (v. s[s] n°s 1361.230 s.).

Le délai de vingt jours imposé par l'article 674 alinéa 2 ACPC avant lequel l'état sur formalité ne pouvait être requis n'est pas reproduit au décret du 27 juillet 2006 qui se contente de renvoyer, pour les formalités de publication, aux décret[s] n° 55-22 du 4 janvier 1995 portant réforme de la publicité foncière[1] et n° 55-1350 du 14 octobre 1955 pris pour l'application de ce décret[2]. Il sera observé, qu'en pratique, certaines Conservations des hypothèques exigeaient que la publication du commandement ne soit effectuée que postérieurement à l'expiration du délai de vingt jours. Désormais il n'y a plus de disposition contraignante, toutefois, il faudra toujours faire avec les délais des services de la publicité foncière.

1361.212 Un délai à peine de caducité. Le respect du délai est prévu à peine de caducité du commandement par l'article R. 311-11 C. pr. exéc. Contrairement à la déchéance de l'article 715 ACPC, la caducité n'est déclarée par le juge qu'à la demande d'une partie intéressée mais il n'y sera pas fait droit si le créancier poursuivant justifie d'un motif légitime. Il a été jugé que les difficultés de transmission résultant de la grève des services de La Poste ne permettaient pas au créancier d'échapper à la caducité dès lors qu'il lui appartenait de prendre toute disposition permettant l'accomplissement des formalités de publicité dans les délais, ce dont il doit justifier par la preuve des diligences accomplies à cet effet[3]. Si le juge déclare le commandement caduc, il ordonnera, en tant que de besoin, qu'il en soit fait mention en marge de la copie du commandement publié au bureau des hypothèques. La déclaration de caducité pourra même être rapportée si le créancier poursuivant fait connaître au greffe du JEX, dans un délai de quinze jours à compter du prononcé de celle-ci, le motif légitime qu'il n'aurait pas été en mesure d'invoquer en temps utile.

Si le juge rapporte cette caducité, il devra, en tant que de besoin, convoquer les parties à une audience ultérieure pour poursuivre la procédure.

1361.213 Conséquences de la caducité du commandement. La caducité est l'état d'un acte juridique valablement formé mais privé d'effet du fait de la survenance d'un événement postérieur. Les auteurs du décret ont exclu la sanction de droit commun des délais de procédure qui est l'irrecevabilité de l'acte tardif, dans la mesure où cette sanction aurait laissé perdurer les effets du commandement de payer vis-à-vis du débiteur. En déclarant caduc le commandement, ses effets vis-à-vis du débiteur cessent. Quelles sont les conséquences de cette caducité ? Avant la réforme de la procédure de saisie immobilière, le commandement de saisie immobilière ayant, en son temps, interrompu la prescription de la créance, la deuxième chambre civile jugeait que l'absence de publication était sans incidence sur l'effet interruptif de prescription[4]. Désormais, parce que le défaut de publication est sanctionné par la caducité, celle-ci prive rétroactivement le commandement de tous ses effets et, notamment, de son effet interruptif de prescription[5]. Caduc, le commandement de payer valant saisie ne vaudra donc même pas comme mise en demeure.

1361.214 Reprise des poursuites obligatoires. L'inobservation du délai maximum de deux mois obligera le poursuivant à reprendre les poursuites en réitérant le commandement (pour un ex. de

1. Décr. n° 55-22, 4 janv. 1955, réforme de la publicité foncière, *JO* 7 janv., p. 346.
2. Décr. n° 55-1350, 14 oct. 1955, pris pour l'application du décret n° 55-22 du 4 janvier 1955 portant réforme de la publicité foncière, *JO* 15 oct., p. 10125.
3. Aix-en-Provence, 21 nov. 2008, *Dr. et proc.* 2009. 109, note Llahi ; *D.* 2008. 1174, obs. Leborgne.
4. Civ. 2e, 24 mars 2005, n° 02-20.216, *Bull. civ.* II, n° 85 ; *D.* 2005. 1609 note Julien et Taormina.
5. Civ. 2e, 4 sept. 2014, n° 13-11.887, *Bull. civ.* II [à paraître].

dépassement du délai de quatre-vingt-dix jours, sous l'empire du décret-loi de 1938[1]).

1361.215 Calcul : deux mois à compter de la signification du commandement. En vertu de l'article 642-1 C. pr. civ. (« *les dispositions des articles 640 à 642 sont également applicables aux délais dans lesquels les inscriptions et autres formalités de publicité doivent être opérées* »), le délai se calcule selon les dispositions des articles 641 et suivants C. pr. civ. Ainsi, le jour où il a été procédé à la signification n'est pas compté (C. pr. civ., art. 641, al. 1er), et le délai expire le dernier jour à vingt-quatre heures; il est prorogé jusqu'au premier jour ouvrable suivant s'il expire un samedi, un dimanche ou un jour férié ou chômé (C. pr. civ., art. 642).

1361.216 Délai augmenté. Le délai peut être augmenté lorsque la formalité de publication a été retardée en raison d'un rejet soulevé par le conservateur (Décr. 14 oct. 1955, art. 34-3). L'article R. 321-7 alinéa 2 C. pr. exéc. prévoit que le délai est alors augmenté du nombre de jours écoulés entre le dépôt du commandement et l'exécution de la formalité; la date du dépôt et celle de l'exécution de la formalité étant constatées par les conservateurs au registre prévu à l'article 2453 du Code civil (sur la tenue du registre des remises et la faculté ouverte, avec la loi n° 98-261 du 6 avril 1998, portant réforme de la réglementation comptable et adaptation du régime de publicité foncière[2], de tenir un registre informatique, v. C. civ., art. 2453 et 2454).

Il a été jugé, sous l'empire du décret-loi de 1938 qu'une opposition n'emportait pas suspension du délai[3]. La solution est transposable.

Les auteurs du décret n'ont pas reproduit les articles du décret de 1955 réglant l'hypothèse du refus de publier que peut opposer le Conservateur (v. ss n° 1361.222).

1361.217 Dépassement du délai. Le conservateur n'est pas juge de la régularité de la procédure de saisie mais seulement de la régularité des dépôts aux fins de publication, selon les dispositions des décrets du 4 janvier et 14 octobre 1955. En conséquence, il ne peut refuser de publier un commandement qui lui est présenté après l'expiration du délai. Il appartient à celui qui contestera la régularité de la publication de soulever l'argument devant le juge, avant l'audience d'orientation à peine d'irrecevabilité d'office (v. ss nos 1365.13 s.), pour que la nullité soit prononcée.

§ 2
Formalités de publication

1361.221 Règles de la publicité foncière. La publication du commandement de payer valant saisie obéit aux dispositions des décrets des 4 janvier et 14 octobre 1955 sur la publicité foncière. Elle s'opère conformément aux prescriptions des articles 34 et 35 du décret du 4 janvier 1955 et de celles de l'article 79 du décret du 14 octobre 1955 (mod. par Décr. 27 juill. 2006, art. 147). L'original est rendu au déposant revêtu de la mention de publication.

1361.222 Refus du dépôt et rejet de la formalité de publication. Selon les règles de la publicité foncière, le conservateur peut refuser de publier le commandement, en vertu de l'article 34, 1° du décret du 4 janvier 1955 (par ex., en cas d'absence de l'extrait cadastral). S'il accepte le dépôt, il en fait mention à sa date sur le registre des dépôts, mais peut encore ensuite, selon l'article 34, 3°, rejeter la formalité lorsqu'il constate que l'acte s'avère irrégulier (par ex., en cas de discordance entre les énonciations contenues dans le document à publier et les énonciations correspondantes contenues dans les titres déjà publiés).

Le refus de publier n'interrompt pas le délai de publication; le créancier doit représenter la formalité régulièrement remplie s'il est toujours dans le délai de l'article R. 321-6 C. pr. exéc.

En cas de rejet, le décret d'octobre 1955 ouvre un droit à régularisation au déposant pendant lequel le délai de l'article R. 321-6 C. pr. exéc. est prorogé. Dans ce cas, la formalité déposée aux fins de publication reste en attente de la régularisation qui peut intervenir dans le délai d'un mois (Décr. 14 oct. 1955, art. 34-3). Lorsque les erreurs ou omissions ont été réparées par le déposant dans le délai d'un mois à compter de la notification de rejet par le conservateur, la formalité prend rang rétroactivement à la date du dépôt[4].

Le refus comme le rejet peuvent faire l'objet d'un recours devant le TGI de la situation des immeubles, statuant comme en référé (Décr. 4 janv. 1955, art. 26, réd. L. n° 98-261, 6 avr. 1998).

1361.223 Empêchement de publier. L'article R. 321-7 C. pr. exéc. prévoit que si le conservateur ne peut procéder à la formalité de publicité à l'instant

1. Com. 15 juill. 1987, *Gaz. Pal.* 1988. Somm. 155, obs. Véron.
2. L. n° 98-261, 6 avr. 1998, portant réforme de la réglementation comptable et adaptation du régime de publicité foncière, *JO* 7 avr. 1998, p. 5384.
3. Civ. 2e, 15 mars 1976, n° 74-13.098, *Bull. civ.* II, n° 107; *D.* 1976. 444, note Santa-Croze; *JCP* 1976. IV. 6622; *RTD civ.* 1976. 838, obs. Perrot.
4. Pour une application à propos d'une ordonnance du juge-commissaire, v. Civ. 2e, 5 juin 2014, n° 12-29.280, *Bull. civ.* II, n° 131.

de la réquisition, il fait mention sur les copies qui lui sont déposées de la date du dépôt. La nature de l'empêchement n'est pas précisée, la disposition visant seulement à assurer l'antériorité du droit du premier déposant.

1361.224 Pluralité de commandements sur le même bien déposés le même jour. Si la publicité de plusieurs commandements valant saisie du même immeuble est requise simultanément, seul peut être publié le commandement qui mentionne le titre exécutoire portant la date la plus ancienne; si les titres portent la même date, seul le commandement le plus ancien est publié et si les commandements portent la même date, seul est publié celui dont la créance en principal est la plus élevée (C. pr. exéc., art. R. 321-8), solution plus moderne que celle qui consistait à donner priorité à l'avocat le plus ancien.

§ 3 Effets de la publication d'un commandement sur la (ou les) procédure(s) de saisie immobilière

1361.230 Opposabilité. Aux termes de l'article L. 321-5 C. pr. exéc., « *la saisie immobilière est opposable aux tiers à partir de sa publication au fichier immobilier* » (v. s[s] n°s 1361.253 s.).

Une fois publié, cet acte publié va servir de supports à ceux qui seront ensuite présentés au Conservateur des hypothèques aux fins de publication.

1361.231 Mentions en marge. Le commandement publié sert de support à la publication de documents postérieurs intéressant l'immeuble et la procédure de saisie; ils sont alors publiés en marge du commandement initial. C'est donc le cas des commandements postérieurs (v. s[s] n° 1361.233), mais encore de l'assignation du saisi et des dénonces aux créanciers inscrits ainsi que de tous les actes qui intéressent la poursuite (distraction, subrogation, *etc.*) et qui devront être mentionnés en marge du commandement.

Le fait pour un créancier chirographaire de publier le commandement ne lui ouvre pas une cause de préférence à l'égard des autres chirographaires du saisi[1] car le fait d'avoir publié le commandement ne le transforme pas en créancier inscrit. En revanche, il oppose le bénéfice de la publication aux créanciers inscrits postérieurement à la publication du commandement.

1361.232 Adaptation des règles de publicité foncière à la nouvelle procédure de saisie immobilière. En 2007, la Direction générale des impôts a publié une instruction afin de tirer les conséquences pratiques de la réforme. Il y est rappelé le principe de la publication des différents actes se rattachant à la procédure de saisie, conformément à l'article 80 du décret du 14 octobre 1955, modifié par l'article 149 du décret du 27 juillet 2006, et les modalités de cette publication qui s'opère sous forme de publication en marge de la copie du commandement publiée[2]. Ces mentions en marge sont destinées à l'information des tiers et elles renseignent en même temps le conservateur des hypothèques sur l'état d'avancement de la procédure de saisie immobilière.

1361.233 Commandements postérieurs sur le même bien. L'article R. 321-9 alinéa 1er C. pr. exéc. dispose que lorsqu'un commandement valant saisie a déjà été publié, il n'y aura pas lieu de publier un nouveau commandement relatif au même bien.

Selon l'article R. 321-10 alinéa 1er C. pr. exéc., les commandements postérieurs qui ne sont pas publiés (commandements de C. pr. exéc., art. R. 321-8 et R. 321-9, al. 1er) seront toutefois portés en marge de la copie du précédent commandement publié dans l'ordre de leur présentation, avec les nom, prénom et domicile du ou des nouveaux poursuivants ou, s'il s'agit d'une personne morale de sa dénomination et de son siège social ainsi que l'indication de l'avocat qui le ou les représente (C. pr. exéc., art. R. 321-10). Cette mention en marge préservera les droits des créanciers saisissants postérieurs, qui deviennent parties à la procédure de saisie. Comme avant la réforme, la radiation de la saisie ne pourra donc être opérée sans le consentement des créanciers saisissants postérieurs ainsi révélés (C. pr. exéc., art. R. 321-10, al. 3).

Le conservateur indiquera également en marge ou à la suite de la copie du commandement présenté son refus de le publier. Il y mentionnera en outre, chacun des commandements antérieurement publiés ou mentionnés, avec les indications énoncées à l'article R. 321-10 alinéa 1er C. pr. exéc. et celle du JEX compétent pour connaître de la saisie.

1361.234 Nouveau commandement comprenant plus d'immeubles. Selon l'article R. 321-9 alinéa 2 C. pr. exéc., si un nouveau commandement comprenant plus d'immeuble que le précédent est signifié, il sera publié pour les biens non

1. Civ. 3e, 26 mai 1992, n° 90-13.248, *Bull. civ.* III, n° 173; *D.* 1992. IR 185.

2. Ch. Laporte, « Saisie immobilière et publicité foncière », *Procédures* 2008. Prat. 6.

compris dans ce dernier. Le nouveau créancier poursuivant sera alors tenu de dénoncer le commandement publié au précédant créancier qui poursuivra les deux procédures si elles sont au même état; dans le cas contraire, ce dernier suspend sa propre poursuite et suit la nouvelle procédure jusqu'à ce qu'elle soit au même état. Faute pour le créancier de poursuivre la nouvelle saisie à lui dénoncée, le nouveau créancier pourra demander la subrogation dans les conditions fixées à l'article R. 311-9 C. pr. exéc.

1361.235 Jonction d'instances. Dans les cas de jonction d'instances, la procédure sera continuée par le créancier dont le commandement aura été publié le premier (C. pr. exéc., art. R. 321-11, al. 1er). Si les commandements ont été publiés le même jour, la procédure est poursuivie par le créancier dont le commandement est le premier en date et si les commandements sont du même jour, par celui dont la créance en principal est la plus élevée (C. pr. exéc., art. R. 321-11, al. 2).

SECTION 3
EFFETS DU COMMANDEMENT SIGNIFIÉ ET PUBLIÉ POUR LE DÉBITEUR ET LES TIERS

1361.241 Distinction entre le débiteur et les tiers. L'ordonnance du 21 avril 2006 en a posé le principe dans le C. civ., la saisie rend l'immeuble indisponible, restreint les droits de jouissance et d'administration du débiteur (C. pr. exéc., art. L. 321-2) (§ 1) et emporte saisie de ses fruits (C. pr. exéc., art. L. 321-3) (§ 2). Pour être efficaces, ces effets ne doivent pas uniquement concerner le débiteur saisi mais également tous les tiers qui pourraient se voir conférer un droit sur le bien. Aussi, la saisie immobilière sera-t-elle opposable aux tiers à compter de sa publication au fichier immobilier (C. pr. exéc., art. L. 321-5, al. 1er), ce qui s'entend de la publication du commandement (C. pr. exéc., art. R. 321-13, al. 2). La saisie n'affecte cependant pas la faculté pour les tiers d'inscrire des droits sur l'immeuble; le bien pourra donc toujours faire l'objet d'une servitude légale nouvelle ou d'une hypothèque judiciaire prise par un créancier. Les effets du commandement ont enfin une durée limitée dans le temps (§ 3).

§ 1
Indisponibilité du bien saisi et restrictions des droits

1361.250 Point de départ. Les droits du débiteur sur l'immeuble sont réduits à compter de la signification du commandement : le bien ne peut être ni aliéné ni grevé de droits réels (A) par le débiteur sous réserve des dispositions des articles L. 311-3 et L. 322-1 C. pr. exéc. et le Code civil envisage le sort des baux conclus avant la saisie (C). Si le débiteur reste propriétaire de l'immeuble, il en est, en principe, constitué séquestre (B), à moins que le bien ne soit loué ou que des circonstances justifient de son expulsion.

A.
Interdiction d'aliéner l'immeuble et de le grever de droits réels

1°
Principe

1361.251 Interdiction des aliénations et constitutions de droits réels. À compter de la signification du commandement, la partie saisie ne peut ni aliéner ni grever de droits réels les immeubles saisis. Le débiteur demeure propriétaire de son bien mais ne peut accomplir d'acte de disposition.

1361.252 Nullité de la convention conclue par le saisi antérieurement à la publication du commandement. L'article R. 321-13, alinéa 3 C. pr. exéc. précise la protection des tiers qui se seraient vu conférer des droits sur le bien par le débiteur avant sa publication, c'est-à-dire à un moment où seuls le créancier et le saisi savent qu'une procédure de saisie immobilière est engagée. Si malgré l'indication qui lui est donnée dans le commandement de ce que cet acte emporte indisponibilité du bien, le débiteur a conclu une convention en violation des effets attachés à la signification du commandement, la nullité sera déclarée par le juge à la demande du cocontractant.

1361.253 Opposabilité aux tiers à compter de la publication du commandement. Pour donner toute sa portée au principe d'indisponibilité du bien, l'article 2200 alinéa 1er du Code civil (devenu C. pr. exéc., art. L. 321-5, al. 1er) dispose que « *la saisie immobilière est opposable aux tiers à partir de sa publication au fichier immobilier* ».

1361.254 Inopposabilité des actes non publiés avant la publication du commandement. En matière immobilière, l'aliénation ou la constitution de droits réels ne peuvent être opposées que si elles ont fait l'objet d'une publication à la Conservation des hypothèques. Ainsi, selon l'alinéa 2 de l'article L. 321-5 C. pr. exéc., les aliénations et inscriptions non publiées ou publiées postérieurement à la saisie seront inopposables au créancier poursuivant comme à l'acquéreur (en cas de vente amiable); même réalisés avant la signification du commandement, ces actes d'aliénations ne seront pas opposables s'ils n'ont pas été publiés avant la date de publication du commandement[1]. De même, les droits réels régulièrement constitués avant la publication du commandement s'imposeront au créancier poursuivant. Ainsi, une clause d'inaliénabilité régulièrement publiée empêche la saisie tant qu'elle est en vigueur[2].

1361.255 **Inscriptions du chef du débiteur.** Pour l'essentiel des privilèges, la formalité de publication s'impose (exception pour le privilège du syndicat de copropriétaires, C. civ., art. 2374, 1° *bis* – et les créances énumérées par C. civ., art. 2375) et si elle est réalisée dans un certain délai, elle rétroagit à la date de l'acte à l'occasion duquel le privilège a pris naissance (inscription dans le délai de deux mois pour le vendeur et le prêteur de deniers, C. civ., art. 2379, 2380 – le cohéritier ou copartageant, C. civ., art. 2381 – les accédants à la propriété, C. civ., art. 2384 – inscription dans un délai de quatre mois pour créanciers et légataires d'une personne défunte, C. civ., art. 2383). L'article L. 321-5 alinéa 3 du C. pr. exéc. dispose donc que les inscriptions du chef du débiteur sont pareillement inopposables, si elles n'ont pas été prises antérieurement à la publication de la saisie sous réserve pour le vendeur, le prêteur de deniers pour l'acquisition et le copartageant d'inscrire, dans les délais, prévus par les articles 2379 à 2381, le privilège qui leur est conféré par l'article 2374 du Code civil.

2°
Consignation

1361.261 **Faculté de consigner.** L'assimilation de la saisie à une hypothèque conduit également à aligner la situation de celui qui acquiert des droits réels sur le bien saisi sur celle du tiers acquéreur d'un bien hypothéqué, à savoir notamment le droit de purger les inscriptions en payant les créances inscrites. C'est ainsi que l'article L. 321-5 C. pr. exéc. prévoit une exception à l'inopposabilité, lorsque l'acquéreur, le titulaire du droit réel ou le saisi consigne une somme suffisante pour acquitter en principal, intérêts et frais, ce qui est dû aux créanciers inscrits ainsi qu'au saisissant. Le texte précise bien évidemment que la somme ainsi consignée sera affectée au paiement des créanciers inscrits et du créancier poursuivant. L'article L. 321-5 alinéa 2 C. pr. exéc. reproduit ainsi la limite à l'interdiction d'aliéner et de constituer des droits réels qui existait déjà sous l'empire de la législation antérieure : pour rendre opposable au créancier poursuivant comme à l'acquéreur dans les conditions des articles L. 311-3 et L. 322-1 C. pr. exéc. (vente amiable) une aliénation non publiée ou publiée postérieurement à la publication du commandement de payer valant saisie, l'acquéreur devra avoir consigné une somme suffisante pour acquitter, en principal, intérêts et frais, ce qui est dû aux créanciers inscrits et au poursuivant. La somme ainsi consignée leur sera affectée spécialement.

Cette faculté de consignation doit être distinguée de l'hypothèse où le JEX autorise le débiteur à vendre amiablement son bien et mentionne le prix en deçà duquel le bien ne pourra être vendu (v. s[s] n°s 1366.61 s.). Lorsque le saisi use de la faculté de consignation offerte par l'article L. 321-5 C. pr. exéc., la somme consignée peut très bien être inférieure au montant fixé par le JEX qui a autorisé la vente amiable ; ce qui compte c'est qu'elle soit suffisante pour désintéresser les créanciers[3].

L'article R. 321-14 C. pr. exéc. du décret du 27 juillet 2006 précise que la consignation devra être signifiée au créancier poursuivant ainsi qu'aux créanciers inscrits avant l'audience d'adjudication sans qu'il puisse être accordé un délai pour y procéder.

1361.262 **Raison d'être.** Ce que le poursuivant et les créanciers inscrits recherchent c'est l'apurement de leur créance. Si le débiteur saisi arrive, avant l'adjudication à obtenir d'un tiers une somme d'argent suffisante, en contrepartie de la vente de son bien ou de la constitution de droits réels dessus, il pourra réaliser l'opération envisagée à condition de consigner cette somme. La faculté de consignation est applicable aux deux situations visées par l'article L. 321-5 C. pr. exéc. : des aliénations publiées postérieurement à la publication du commandement comme des actes réalisés antérieurement mais non publiés. Il avait ainsi été jugé qu'un acquéreur était donc fondé à opposer au créancier saisissant la vente à lui consentie, avant la transcription du commandement et transcrite après, dès lors qu'il consignait le prix[4].

1361.263 **• Montant.** Cette somme doit, bien évidemment être suffisante pour désintéresser les créanciers inscrits sur l'immeuble au moment de l'aliénation ainsi que le poursuivant[5]. Mais l'acqué-

1. De tels actes sont toutefois valables, mais inopposables au créancier poursuivant : Civ. 3e, 23 juill. 1986, n° 85-10.937, *Bull. civ.* III, n° 133.
2. Civ. 2e, 30 juin 1993, n° 91-14.775, *Bull. civ.* II, n° 241 ; *D.* 1993. IR 196 ; *JCP* 1993. IV. 2259.
3. EN CE SENS, Rép. min. n° 94727, *JOAN Q* 19 juill. 2011, p. 7869.
4. Angers, 6 janv. 1943, *DC* 1944. 125, note Cezar-Bru ; *RTD civ.* 1943. 141, obs. Raynaud.
5. Req. 23 avr. 1903, *DP* 1905. 1. 121, note de Loynes ; *S.* 1906. 1. 137, note Tissier.

reur n'a pas à désintéresser les créanciers inscrits après l'accomplissement de cette formalité.

1361.264 • **Moment.** Il a été jugé, sous l'empire de la législation antérieure, que la somme doit être consignée avant l'adjudication, à défaut aucun délai ne serait accordé. Mais elle peut être valablement faite jusqu'au jour de l'adjudication dès lors qu'elle est réalisée avant qu'il n'y soit procédé[1]. Si elle est réalisée, la consignation attribue les fonds spécialement aux créanciers inscrits et au saisissant (il n'y a donc pas de saisie-attribution possible).

Si la consignation intervient entre la déclaration de surenchère et l'audience de surenchère, le créancier hypothécaire auquel une hypothèque a été consentie par le saisi postérieurement à la déclaration de surenchère peut faire valider son hypothèque et demander que la saisie et la surenchère subséquente ne soient pas poursuivies[2].

B.
Maintien dans les lieux

1°
Le saisi est séquestre

1361.271 **Maintien en possession mais restrictions des droits.** L'article L. 321-2 alinéa 3 C. pr. exéc. prévoit qu'à moins que l'immeuble ne soit loué, le saisi en est constitué séquestre, sauf à ce que les circonstances justifient la désignation d'un tiers ou l'expulsion du débiteur pour cause grave[3], ce qui pourrait être le cas si le débiteur commettait des actes de dégradation sur le bien[4], car, selon l'article R. 321-15 C. pr. exéc., à moins que son expulsion soit ordonnée, le débiteur conserve l'usage de l'immeuble sous réserve de n'accomplir aucun acte matériel susceptible d'en amoindrir la valeur.

1. Com. 24 oct. 1949, *JCP A* 1949. IV. 1304; *S.* 1950. 1. 157; *Gaz. Pal.* 1949. 2. 400 – Pour une vente après publication du commandement dont la nullité est alors couverte par la consignation, Civ. 2e, 19 oct. 1962, *D.* 1963. Somm. 60; *RTD civ.* 1963. 170, obs. Raynaud.
2. T. civ. Bergerac, 6 mai 1960, *JCP N* 1960. II. 11842, note Mourgeon; *RTD civ.* 1961. 194, obs. Raynaud – TGI Évry-Corbeil, 11 juill. 1972, *JCP* 1973. IV. 6296, obs. J. A.
3. La collusion frauduleuse entre le saisi et les fols enchérisseurs pourrait-elle constituer une telle cause ? C'est ce qu'avait soutenu un liquidateur judiciaire pour obtenir l'expulsion des saisis mais l'arrêt a été cassé car la procédure de saisie immobilière n'était pas soumise aux dispositions de l'ordonnance du 21 avril 2006, de sorte que l'article 2198 C. civ. ne pouvait servir de fondement valable à la demande d'expulsion : Civ. 2e, 2 déc. 2010, no 09-14.180, NP. La question reste donc posée.
4. EN CE SENS, Rép. min. 22 janv. 2008, *JOAN Q*, p. 598; *Dr. et proc.* 2008. 115.

1361.272 **Exception : l'immeuble loué.** Si l'immeuble est loué, le locataire est détenteur du bien ce qui interdit d'en rendre le débiteur séquestre. Mais le locataire ne peut pas non plus être lui-même séquestre du bien saisi, dans la mesure où il dispose de droits opposables au créancier saisissant, qui sont inconciliables avec les règles du séquestre. Pour mémoire, l'obligation de conservation du locataire se distingue en effet de celle du séquestre et le locataire dispose de droits de jouissance qui ne sont pas conférés au séquestre. En tout état de cause, si le locataire ne respecte pas son obligation de conservation, telle qu'elle résulte des règles du bail, le débiteur saisi et, à son défaut, le créancier poursuivant sur le fondement de l'action oblique pourra en imposer le respect ou obtenir la résiliation du bail. En revanche, il n'est pas nécessaire de réserver le cas où l'immeuble est occupé par un tiers sur le fondement d'un droit réel, tel l'usufruit, dans la mesure où seul le droit réel du débiteur fait l'objet d'une saisie.

1361.273 • **Usage de l'immeuble.** Le saisi restera donc en possession de son bien jusqu'à la vente à moins que son expulsion soit ordonnée. La propriété lui appartient toujours et s'il avait la jouissance du bien avant la saisie il peut la conserver. Ainsi, il demeure dans les lieux sans contrepartie financière et peut y habiter ou les utiliser à sa convenance.

1361.274 • **Conservation de la valeur.** En vertu de ses obligations de séquestre, le saisi devra entretenir le bien et en assurer la conservation en bon père de famille (C. civ., art. 1962). La jurisprudence estime que les actes à entreprendre sont commandés par la nature du bien (par ex. pour un séquestre conventionnel[5], mais le raisonnement au regard de la nature du bien doit être transposable à tout séquestre).

L'article R. 321-15 C. pr. exéc. adopte une conception plus sévère à l'égard du débiteur saisi en visant désormais clairement la conservation de la valeur du bien : le débiteur conserve l'usage de son bien sous réserve de n'accomplir aucun acte matériel susceptible d'en amoindrir la valeur à peine de dommages et intérêts et sans préjudice s'il y a lieu des peines prévues par l'article 314-6 du Code pénal. Cette formulation est plus exigeante que celle autrefois contenue à l'article 683 ACPC, qui visait seulement l'interdiction des coupes de bois et des dégradations.

1361.275 • **Sanctions.** Sous l'ancien Code pénal, l'article 400 (crime et délit contre la propriété)

5. Civ. 1re, 21 févr. 1995, no 93-12.436, *Bull. civ.* I, no 101; *Defrénois* 1995. 1053, obs. Delebecque.

punissait d'une peine de six jours à six mois et de 500 à 15 000 francs d'amende le saisi qui avait détruit ou tenté de détruire des objets saisis sur lui et confiés à sa garde et l'article 434 (destructions dégradations, dommages) punissait de trois mois à deux ans et 2 500 à 50 000 francs d'amende, celui qui volontairement avait détruit ou détérioré des objets mobiliers ou immobiliers appartenant à autrui. Aujourd'hui, l'article 314-6 du Code pénal punit de trois ans et 375 000 euros d'amende (selon Ord. n° 2000-916, 19 sept. 2000) le fait pour le saisi de détruire un objet saisi entre ses mains en garantie des droits d'un créancier et confié à sa garde et l'article 322-1 punit de deux ans et 30 000 euros[1] la dégradation ou détérioration d'un bien appartenant à autrui.

1361.276 • Accomplissement de certains actes. Selon l'article R. 321-15 alinéa 2 C. pr. exéc., si les circonstances le justifient, le JEX peut, à la demande du créancier poursuivant ou du débiteur, autoriser l'accomplissement de certains actes sur le bien saisi. La formule est souple, qui ne se résume pas au seul entretien des biens, mais sans doute à leur valorisation (v. s^s n°s 1365.51 s.).

2°
Faculté d'expulsion du saisi

1361.281 Problématique. Laisser le saisi dans l'immeuble offre aux créanciers un séquestre gratuit, mais les créanciers peuvent craindre qu'il soit plus difficile de vendre le bien aux enchères si l'immeuble est occupé, ou que le saisi ne dégrade le bien, si des éléments de fait le laissent craindre.

1361.282 • Principe. L'article 681 ACPC opérait un équilibre entre les intérêts des créanciers et les besoins du débiteur saisi en décidant que ce dernier restait en possession à moins qu'un ou plusieurs créanciers ne demandent son expulsion. Cet article ne posait cependant pas de conditions pour fonder cette expulsion; elle pouvait être décidée par le juge en opportunité et en fonction des intérêts en présence et la jurisprudence jugeait que les dispositions de l'article 681 étaient spéciales et dérogeaient de ce fait aux articles 61 (devenu C. pr. exéc., art. L. 411-1 et R. 411-3) et 62 de la loi du 9 juillet 1991 (devenu C. pr. exéc., art. L. 412-1, L. 412-2 et R. 412-2) qui prévoient que l'expulsion ne peut avoir lieu qu'à l'expiration d'un délai de deux mois en suite du commandement[2].

L'article R. 321-15 C. pr. exéc. est encore plus elliptique qui ne se prononce ni sur les conditions ni sur la procédure et dispose simplement « *à moins que son expulsion soit ordonnée* ». Le fait que la faculté d'expulsion soit envisagée dans le même article que celui qui impose au débiteur séquestre de maintenir la valeur du bien, permet de penser que l'expulsion n'est envisagée que comme la sanction d'un comportement négligent voire délictuel. Il risque ainsi d'être difficile pour les créanciers de prétendre avoir un intérêt légitime à solliciter l'expulsion du saisi en dehors de tout reproche. Selon le rapport au Président de la République, « *ce texte permet de constituer un tiers séquestre, voire d'expulser le débiteur pour cause grave lorsque les circonstances le justifient; ces circonstances appréciées par le juge pourront résulter d'un irrespect par débiteur des obligations du séquestre* ».

1361.283 • Procédure. Sous l'empire du décret-loi de 1938, la procédure d'expulsion était menée devant le président du TGI du lieu de situation de l'immeuble qui examinait la demande, et rendait une décision dans la forme des ordonnances de référés. La décision était sans recours[3] et l'appel interjeté, déclaré irrecevable[4]. Mais il était possible de former un appel nullité, en cas de violation d'un principe juridique fondamental.

Désormais, la demande devrait être portée devant le JEX mais les règles des articles L. 411-1 et R. 411-3 C. pr. exéc. et L. 412-1, L. 412-2 et R. 412-2 C. pr. exéc., qui ne prévoient l'évacuation qu'après écoulement d'un délai de deux mois après la signification du commandement d'avoir à libérer les locaux et l'information du représentant de l'État dans le département en vue de la prise en compte de la demande de relogement de l'occupant, s'appliqueront-elles ? Ces dispositions sont protectrices du droit au logement du saisi mais semblent peu appropriées lorsque ce dernier ne respecte pas ses obligations de séquestre et qu'il y a urgence à lui faire quitter les lieux. Les articles L. 411-1 et R. 411-3 C. pr. exéc. réserve au demeurant l'hypothèse où l'expulsion serait soumise à des dispositions spéciales.

C.
Sort des baux

1361.291 Exposé du problème. Le fait de consentir un bail sur un immeuble peut en affecter la valeur vénale et détourner les acquéreurs potentiels. Pourtant il ne s'agit pas nécessairement d'un acte de disposition, certains baux relevant des actes

1. 200 000 francs auparavant.
2. TGI Versailles, 9 mai 1993, *Gaz. Pal.* 22 mai 1993, note Sillard.
3. Rennes, 5 déc. 1979, *Gaz. Pal.* 1980. 1. 92, note du Rusquec.
4. Civ. 2e, 14 janv. 1987, n° 85-12.025, *Bull. civ.* II, n° 16; *D.* 1987. 615, note Prévault.

d'administration. Par ailleurs, il peut être tentant pour le débiteur d'antidater le bail en s'entendant avec un complice.

1361.292 Sous l'empire du décret-loi de 1938. Une distinction était opérée selon que les baux avaient ou non acquis date certaine avant la signification du commandement. Les baux qui n'avaient pas acquis date certaine avant le commandement pouvaient être annulés, ceux conclus après la signification du commandement devaient être annulés à la demande des créanciers ou de l'adjudicataire. La date certaine en effet, assure le preneur de ses droits en rendant le contrat opposable aux créanciers, poursuivant et inscrits, et à l'adjudicataire. Ont date certaine, les baux passés par acte authentique (date de la conclusion du bail portée par le notaire) ou sous seing privé, aux conditions de l'article 1328 du Code civil (enregistrement, décès de celui ou de l'un de ceux qui les ont souscrits, constatation de leur substance dans un acte dressé par un officier public).

Par ailleurs, les baux de longue durée, baux de plus de douze ans, devant être publiés en vertu du décret du 4 janvier 1955 car le droit qu'ils font naître au profit du preneur s'apparente à un droit réel (Décr. 4 janv. 1955, art. 28-1°-b), la publication les rend ainsi opposables aux tiers qui ont acquis sur l'immeuble des droits concurrents soumis également à publicité[1].

1361.293 Réforme. Les auteurs de la réforme ont, en apparence, simplifié la règle. Désormais, il est seulement indiqué à l'article L. 321-4 alinéa 1er C. pr. exéc., que les baux consentis par le débiteur après la saisie (il faut donc comprendre après la signification du commandement de payer valant saisi au débiteur) sont, quelle que soit leur durée, inopposables au créancier poursuivant comme à l'acquéreur. Toutefois, les droits du preneur se prévalant d'un contrat antérieur à la saisie seront préservés car l'alinéa 2 de l'article L. 321-4 C. pr. exéc. prévoit la possibilité de prouver par tout moyen l'antériorité du bail[2].

Cependant, la troisième chambre civile estime que, même conclu postérieurement au commandement de saisie, le bail dont l'adjudicataire a eu connaissance lorsqu'il a poussé les enchères lui est opposable et elle refuse, dans ce cas, de faire droit à la demande de nullité du bail[3].

En outre, s'agissant des baux de plus de douze ans, les dispositions de l'article 28, 1°, b) du décret du 4 janvier 1955 qui imposent leur publication au bureau des hypothèques de la situation des immeubles sont toujours applicables. Ainsi, même conclu avant la signification du commandement de payer valant saisie, un bail à long terme non publié sera inopposable aux tiers pour la période excédant douze ans[4].

§ 2
Saisie des fruits

1361.301 Définition. Ni l'ordonnance ni le décret ne précisent ce qu'il faut entendre par fruits, ce qui permet de viser tout ce qui sera produit par l'immeuble périodiquement sans en affecter la substance. Toutefois, l'article R. 321-17 C. pr. exéc. envisage la vente amiable des fruits et l'article R. 321-18 C. pr. exéc. distingue le sort des loyers et fermages. On peut donc continuer à parler de fruits naturels (émanant directement de l'immeuble en dehors de tout travail), industriels (liés au travail de l'homme) et de fruits civils (revenus perçus par le propriétaire du bien mis à la disposition d'un tiers, soit des loyers et fermages).

1361.302 Immobilisation. L'article L. 321-3 C. pr. exéc. dispose que la saisie d'un immeuble emporte saisie de ses fruits. C'est donc à compter de la signification du commandement que cet effet se produit à l'égard du débiteur.

L'article R. 321-16 C. pr. exéc. précise en outre, que les fruits immobilisés à compter de la signification du commandement de payer valant saisie sont distribués avec le prix de l'immeuble. Cela revient à dire que la saisie opère un changement de la nature de ces fruits, de biens meubles, ils deviennent par l'effet de la saisie, immeubles et seront distribués en même temps que le prix de l'immeuble.

1361.303 Perception. Par ailleurs, parce que le saisi est institué séquestre, en vertu de l'article 1962 du Code civil, il percevra les fruits de l'immeuble pour le compte des créanciers.

1361.304 Vente des fruits. Parce qu'il est séquestre, le saisi devra les récolter et les conserver en nature. Mais l'intérêt des créanciers est de conserver leur valeur. Il peut donc être plus efficace de

1. Civ. 3e, 7 mars 2007, n° 05-10.794, *Bull. civ.* III, n° 33.
2. Civ. 2e, 6 juin 2013, n° 12-19.116, *Bull. civ.* II, n° 120; *Dr. et proc.* juill-août 2013, p. 174, obs. Leborgne : en application des art. L. 321-2 et L. 321-4 C. pr. exéc., est opposable au créancier saisissant et à l'acquéreur le bail consenti par un débiteur saisi dont la réalité et l'antériorité à la signification du commandement valant saisie immobilière sont établies et qui, étant d'une durée inférieure à douze ans, n'est pas soumis à publicité foncière pour son opposabilité.
3. Civ. 3e, 23 mars 2011, n° 10-10.804, *Bull. civ.* III, n° 43; *D.* 2011. 1596, note Juillet.
4. Civ. 3e, 3 févr. 2010, n° 09-11.389, *Bull. civ.* III, n° 32.

les vendre. L'article R. 321-17 C. pr. exéc. décide donc que le créancier poursuivant peut autoriser le saisi à vendre les fruits à l'amiable ou faire procéder lui-même, sur autorisation du JEX, à la coupe et à la vente des fruits qui seront vendus aux enchères, ou par tout autre moyen, dans un délai que le juge aura fixé.

Le prix sera déposé entre les mains d'un séquestre désigné par le créancier poursuivant ou à la Caisse des dépôts et consignation.

Sous l'empire de la législation antérieure, la doctrine estimait que cette faculté devait être reconnue à tous les créanciers et pas seulement aux inscrits; les créanciers chirographaires pratiquant une saisie ayant tout autant intérêt à provoquer la vente des fruits au moment opportun. Le décret du 27 juillet 2006 ne vise que le poursuivant, titulaire ou non d'une sûreté.

1361.305 Loyers et fermages. Même si l'immobilisation des fruits est de plein droit, en vertu de l'article R. 321-16 C. pr. exéc., pour les loyers et fermages, le créancier peut préférer s'opposer à ce que le locataire se libère des loyers et fermages entre les mains du débiteur. L'article R. 321-18 C. pr. exéc. lui permet de faire obligation au preneur « *de les verser entre les mains d'un séquestre qu'il désigne ou de les consigner à la Caisse des dépôts et consignations* ». Cette formulation signifie-t-elle que le locataire conserve le choix ? En tout état de cause, le créancier a d'ailleurs intérêt à profiter de cette faculté car à défaut d'une telle opposition, les paiements faits au débiteur seront valables et celui-ci sera séquestre des sommes reçues.

1361.306 Pluralité de commandements. L'immobilisation des fruits et les effets de l'acte d'opposition profitent au créancier, à compter de la signification commandement. C'est dire que si plusieurs commandements sont signifiés successivement, c'est le premier qui sert de point de départ à l'immobilisation des fruits au profit du requérant, mais encore des saisissants ultérieurs.

1361.307 Effet d'une saisie attribution pratiquée le même jour que la signification du commandement de saisie ? La question ne semble pas encore avoir fait l'objet d'une décision publiée (sur les effets d'une saisie attribution antérieure à la saisie immobilière, v. s[s] n° 1316.105) et on pouvait s'interroger avant la réforme. Désormais, l'article L. 321-3 C. pr. exéc. donne la réponse : « *L'acte de saisie immobilière emporte saisie des fruits, sauf l'effet d'une saisie antérieure* ». Si une saisie immobilière et une saisie-attribution entre les mains du locataire sont entreprises le même jour, la saisie immobilière s'étendra donc aux loyers.

§ 3
Délai de validité du commandement

1361.310 Principe : deux ans. Dans l'intérêt de tous, débiteurs et créanciers, il faut qu'un délai soit fixé pour que les saisies abandonnées ne continuent pas à produire effet indéfiniment. Les auteurs de la réforme ont raccourci le délai de validité du commandement qui était auparavant de trois ans (A). Selon l'article R. 321-20 C. pr. exéc., le commandement de payer valant saisie cesse de plein droit de produire effet si dans les deux ans de sa publication, il n'a pas été mentionné en marge de cette publication un jugement constatant la vente du bien saisi (C). Le créancier doit donc être diligent et noter, non seulement la date de publication du commandement pour calculer le calendrier des actes de procédure suivants mais encore la date d'expiration des effets du commandement pour penser à temps à en solliciter la prorogation (B).

A.
Calcul du délai de validité

1361.311 Importance de la publication. Le jugement d'adjudication doit être mentionné en marge de la publication du commandement de payer valant saisie. C'est donc toujours la publication du jugement d'adjudication qui doit intervenir dans le délai; le seul jugement d'adjudication ne suffit pas à interrompre le délai[1].

1361.312 Point de départ du délai. L'article R. 321-20 alinéa 2 C. pr. exéc. précise, qu'en cas de refus du dépôt du commandement ou de rejet de la formalité de publication, le délai de deux ans ne commencera à courir qu'à compter de la régularisation de la demande ou de la décision mentionnée à l'article 26 du décret du 4 janvier 1955.

En revanche, il avait été jugé que le délai n'était pas susceptible d'être suspendu ou interrompu par des actes de procédure accomplis depuis la publication du commandement[2]. Toutefois, la force majeure et la mauvaise foi du saisi avaient été admises comme causes suspensives. L'article R. 311-11 C. pr. exéc. qui prévoit la sanction du défaut de respect des délais et notamment du délai de publication du com-

1. EN CE SENS, sous l'empire du Décr.-L. de 1938, Civ. 2e, 3 mai 1990, n° 89-12.474, *Bull. civ.* II, n° 81; *D.* 1990. IR 137 – Il avait encore été jugé que si le commandement avait été prorogé, la prorogation prenait effet à compter de la publication du jugement qui l'avait ordonnée et non de l'expiration du premier délai de trois ans, Civ. 2e, 27 janv. 1993, n° 91-17.724, *Bull. civ.* II, n° 39; *D.* 1993. Somm. 282, obs. Julien.
2. Montpellier, 30 janv. 1880, *DP* 1891. 2. 308 – Civ. 1re, 29 juin 1961, *Bull. civ.* I, n° 358; *D.* 1962. Somm. 16.

mandement (C. pr. exéc., art. R. 321-6), envisage toutefois qu'il ne sera pas fait droit à la demande de caducité si le créancier poursuivant justifie d'un motif légitime, hypothèse, nous semble-t-il, qu'il faut distinguer de celle d'un refus du dépôt ou d'un rejet de la formalité car ces deux cas de figure sont déjà pris en compte à l'article R. 321-7 C. pr. exéc. pour augmenter le délai de deux mois (v. s[s] n° 1361.222).

B. Suspension et prorogation

1361.320 Allongement du délai. L'article R. 321-22 C. pr. exéc. dispose que « *ce délai est suspendu ou prorogé, selon le cas, par la mention en marge du commandement publié d'une décision de justice ordonnant la suspension des procédures d'exécution, le report de la vente, la prorogation des effets du commandement ou la décision ordonnant la réitération des enchères* ».

1° Diversité des hypothèses

1361.321 Suspension ou prorogation. Le délai est soit suspendu, soit prorogé.

En cas de prorogation, la validité du commandement de payer est prorogée de deux ans.

Lorsque le délai est suspendu, cela résultera de la survenance d'un événement. La durée de la suspension ne peut être prévue à l'avance.

1361.322 Prorogation des effets du commandement. Le créancier peut saisir le JEX d'une demande de prorogation de la validité du commandement publié. Le décret n'indique cependant pas à quelles conditions sera soumise la décision de prorogation. Avant la réforme, le tribunal y faisait droit s'il estimait que les circonstances le justifiaient[1].

1361.323 Suspension des procédures d'exécution. À la suite de l'ouverture d'une procédure collective, d'une procédure de surendettement ou de rétablissement personnel, la saisie ne peut momentanément se poursuivre car les voies d'exécution sont suspendues. Il est donc impossible que le créancier obtienne et publie un jugement d'adjudication à l'intérieur du délai de validité du commandement. Il aura donc intérêt à faire mentionner le jugement ordonnant la suspension des mesures d'exécution en marge du commandement publié pour ne pas se voir opposer la péremption du commandement.

1361.324 Décisions ordonnant le report de la vente. On peut tout d'abord songer à une demande de délais sur le fondement de l'article 1244-1 du Code civil formée par le saisi. Le délai sera alors suspendu pendant le temps du report (v. s[s] n° 1365.91).

On peut encore penser au jugement qui autorise la vente amiable avant même l'audience d'orientation. L'article R. 322-20 C. pr. exéc. qui l'envisage dispose à l'alinéa 2 que la décision qui fait droit à la demande suspend la procédure (v. s[s] n° 1366.51).

1361.325 Décision ordonnant la réitération des enchères. Il s'agit de l'ancienne folle enchère. La décision sera portée en marge du commandement publié et emportera suspension des effets du commandement.

2° Procédure

1361.331 Devant le juge de l'exécution. Avant la réforme, le créancier devait saisir le tribunal en chambre des criées dans les formes et règles applicables à la procédure devant le TGI. L'article R. 321-22 C. pr. exéc. envisage seulement une décision de justice, sans préciser la juridiction compétente mais il s'agira désormais du JEX.

Au contradictoire de qui demander cette prorogation ? Le décret ne le dit pas. Bien évidemment, du saisi mais sans doute aussi des créanciers inscrits non subrogés qui ont intérêt à être tenus informés. Sous l'empire de la législation antérieure, il avait encore été précisé que le tribunal devait statuer dans le délai de validité de trois ans : en cas d'absence d'adjudication dans ce délai, le tribunal saisi postérieurement à l'expiration du délai ne pouvait faire droit à la requête en prorogation du poursuivant[2]. La solution est transposable, à l'intérieur désormais, du délai de deux ans.

La demande de prorogation de délai de validité du commandement de payer, qui est nécessairement liée au risque d'expiration du délai de validité du commandement de payer valant saisie, ne peut s'analyser en une demande incidente au sens de l'article R. 311-5 C. pr. exéc. Il en résulte qu'elle peut être valablement formée après l'audience d'orientation[3].

1. Civ. 2e, 1er mars 1995, n° 93-13.342, *Bull. civ.* II, n° 69; *Gaz. Pal.* 1996. 1. Somm. 241, obs. Véron, qui indique que le juge devait alors s'expliquer dans sa décision sur les circonstances autorisant la prorogation – CONTRA : Civ. 2e, 1er avr. 2004, n° 02.12.597, *Bull. civ.* II, n° 151, qui a jugé que dès lors qu'il s'est assuré que le délai prévu par l'art. 694, al. 3 C. pr. civ. n'est pas expiré, le juge, qui n'est pas tenu de préciser les circonstances justifiant la prorogation des effets d'un commandement, ne fait, en accueillant cette mesure, qu'exercer le pouvoir qu'il tient de ce texte.

2. Civ. 2e, 25 févr. 1987, n° 85-16.437, *Bull. civ.* II, n° 57; *JCP* 1987. IV. 153; *Gaz. Pal.* 1987. Somm. 342, obs. Véron – Civ. 2e, 25 mai 1987, n° 86-10.796, *Bull. civ.* II, n° 120; *JCP* 1987. IV. 265.

3. Civ. 2e, 9 juin 2011, n° 10-30.310, *Bull. civ.* II, n° 131; *D.* 2011. 1696.

A priori, cette demande devra être formée par dépôt au greffe de conclusions signées par l'avocat du poursuivant[1].

1361.332 Mention du jugement en marge du commandement. Le jugement sera mentionné en marge du commandement. Avant la réforme, il avait été jugé que la prorogation prenant effet à compter de la publication du jugement qui l'a ordonnée, le tribunal ne pouvait pas fixer les effets de la prorogation du commandement à une date déterminée[2]. La solution devrait être la même.

1361.333 Titulaires du droit. Seul le créancier poursuivant ou le subrogé devrait pouvoir demander la prorogation[3].

1361.334 Procédures collectives, surendettement et rétablissement personnel. Lorsque le saisi est en liquidation judiciaire, la prorogation sera demandée par le liquidateur ou le créancier (v. ss nos 1411.20 s.). Il a été jugé que lorsqu'un commandement a été publié antérieurement au jugement d'ouverture d'une procédure de redressement judiciaire, la prorogation de sa validité peut être demandée, par un créancier, en cours de procédure collective car cette demande est un acte conservatoire, non atteint par la suspension des poursuites individuelles[4] (v. ss nos 1411.61 s.).

Avec la loi no 2003-710 du 1er août 2003, d'orientation et de programmation pour la ville et la rénovation urbaine, instaurant la procédure de rétablissement personnel, il appartiendra au liquidateur de veiller à la prorogation du commandement de saisie immobilière. Le même raisonnement doit être tenu dans le cas du surendettement du débiteur, c'est-à-dire que c'est au créancier poursuivant, nonobstant l'ouverture d'une procédure de surendettement, qu'il appartient de solliciter la prorogation du commandement; à défaut de prorogation dans les délais, on lui opposera la péremption[5].

1. V. TOUTEFOIS, Bordeaux, 5e ch., 1er avr. 2009, *Juris-Data* no 377418, qui admet une saisine du JEX par assignation, en jugeant que la violation de la règle de l'art. 7 du décret ne constitue pas une irrégularité de fond et qu'en l'espèce, s'agissant d'une simple irrégularité de forme, aucun grief n'avait été démontré.
2. Civ. 2e, 25 oct. 1995, no 94-11.719, *Bull. civ.* II, no 263.
3. EN CE SENS, avant la réforme, Civ. 2e, 5 juin 1996, no 94-15.956, *Bull. civ.* II, no 141.
4. Civ. 2e, 23 oct. 1991, no 90-12.457, *Bull. civ.* II, no 283; *Gaz. Pal.* 1992. 1. Pan. 29; *D.* 1992. Somm. 184, obs. Honorat; *D.* 1993. Somm. 282, obs. Julien.
5. Civ. 2e, 25 juin 1997, no 95-12.503, *Bull. civ.* II, no 208; *Procédures* 1997, no 233.

C. Péremption

1361.341 Défaut de publication du jugement dans le délai : péremption. L'article R. 321-20 C. pr. exéc. le précise : la péremption produit ses effets de plein droit. Si le jugement d'adjudication n'est pas publié à temps ni la prorogation accordée et publiée dans le même délai, le commandement est périmé et le débiteur ne devrait pas, en théorie, avoir besoin de le faire constater par le tribunal. Toutefois, la situation sera plus claire si elle est constatée et portée à la connaissance de tous par publication au bureau des hypothèques. C'est pourquoi, l'article R. 321-21 C. pr. exéc. prévoit qu'à l'expiration du délai de deux ans, et *jusqu'à publication du titre de vente*, toute partie intéressée pourra demander au juge de constater la péremption du commandement et ordonner la mention de celle-ci en marge de la copie du commandement publié au bureau des hypothèques. Cette précision sur le délai pour agir confirme une jurisprudence qui avait jugé que la publication du jugement d'adjudication, même tardive, purgeant tous les vices, la péremption ne pouvait plus être invoquée ensuite[6].

1361.342 Effets de la péremption. Le créancier poursuivant doit tirer les conséquences de la péremption et engager une nouvelle poursuite; on ne peut lui opposer les errements de la première[7] mais il perd les effets du premier commandement, ainsi, l'immobilisation des fruits et tant qu'un autre commandement n'est pas signifié, le débiteur retrouve l'entière disponibilité de son bien. Toutefois, l'effet interruptif de prescription produit par le commandement demeure, peu important que ledit commandement soit ensuite frappé de péremption[8].

Lorsqu'une deuxième procédure est engagée, il est possible que la deuxième adjudication se réalise à un prix inférieur au premier prix d'adjudication obtenu. Le saisi ou un créancier peuvent-ils se plaindre de ce manque à gagner et agir en responsabilité civile contre le poursuivant négligent ? Le principe semble admissible. La deuxième chambre de la Cour de cassation a toutefois rejeté une demande en ce sens émanant de créanciers inscrits qui réclamaient, à titre de dommages et intérêts, le montant de la différence entre ces deux prix. Il faut cependant préciser que dans cette affaire, les demandeurs s'étaient abstenus, pendant plus de trois ans, de poursuivre l'adjudicataire par la voie de la folle enchère[9].

6. Civ. 2e, 24 sept. 1997, no 95-19.776, *Bull. civ.* II, no 232 – Civ. 2e, 10 févr. 2005, no 03-12.794, *Bull. civ.* II, no 25.
7. Civ. 2e, 20 juill. 1987, no 86-14.092, *Bull. civ.* II, no 179; *Gaz. Pal.* 1988. Somm. 43, obs. Véron.
8. Civ. 2e, 25 sept. 2014, no 13-19.935, *Bull. civ.* II [à paraître].
9. Civ. 2e, 30 mai 2002, no 01-02.076, *Bull. civ.* II, no 109; *D.* 2002. IR 1959.

CHAPITRE

1362. Formalités en cas de poursuite contre un tiers détenteur

ANNE LEBORGNE
PROFESSEUR À L'UNIVERSITÉ D'AIX-MARSEILLE

SECTION 0 ORIENTEUR

1362.00 Plan du chapitre.

1362.05 Une procédure menée contre les tiers détenteurs. L'ancien Code de procédure civile ne contenait aucune disposition particulière lorsque la procédure devait être menée contre le tiers détenteur; seul le Code civil envisageait cette circonstance aux anciens articles 2166 à 2179, comme un effet du droit de suite pour les créanciers privilégiés. Désormais, selon l'article L. 311-1 C. pr. exéc.[1], « *la saisie immobilière tend à la vente forcée de l'immeuble du débiteur ou, le cas échéant, du tiers détenteur en vue de la distribution de son prix.* »

1362.06 Domaine d'application : tiers à la dette, à qui la propriété du bien a été transmise. On entend par cette formule, le tiers qui a acquis le bien, ou l'a reçu en donation, ou encore au titre d'un apport en société[2]. Sous l'empire du décret-loi de 1938, la pratique utilisait aussi cette procédure à l'encontre du tiers ayant donné un immeuble en garantie de la dette d'autrui, hypothèse communément appelée « *cautionnement réel* ». Mais depuis la réforme opérée par l'ordonnance et le décret de 2006, il faut distinguer tiers acquéreur et tiers garant.

En effet, le tiers garant est désormais assimilé à un débiteur; il est visé à l'article R. 321-3 C. pr. exéc.[3] et désigné sous la périphrase de « *la personne qui a consenti une hypothèque sur l'un de ses biens pour garantir la dette d'un tiers* » (v. s[s] n°s 1313.61 s.).

Alors qu'à l'article R. 321-4 C. pr. exéc., le décret envisage la procédure que doivent utiliser les « *créanciers titulaires d'un droit de suite* ». Il s'agit des créanciers qui ont constitué une hypothèque sur l'immeuble du chef de leur débiteur et dont le droit de suite n'a pas été purgé lors de l'acquisition par le tiers détenteur[4].

Ainsi, lorsque le créancier agira en vertu d'un droit de suite, il devra respecter la procédure à tiers détenteur; lorsqu'il agira en exécution forcée sur un

1. Ord. n° 2011-1895, 19 déc. 2011, relative à la partie législative du Code des procédures civiles d'exécution, *JO* 20 déc., p. 21464.
2. Civ. 3e, 27 janv. 2010, n°s 08-21.324 et 08-21.325, *Bull. civ.* III, n° 25, dans une affaire où la validité de la procédure à tiers détenteur était contestée car l'opposabilité de l'inscription hypothécaire était discutée parce que le bordereau de renouvellement de l'inscription hypothécaire ne comportait pas la mention en marge relative à la modification intervenue dans la personne du créancier. Ce moyen est rejeté, cette omission n'emportait pas la nullité de ce renouvellement dès lors qu'elle n'avait pas pour effet d'aggraver la situation du débiteur principal ou du tiers détenteur.
3. Décr. n° 2012-783, 30 mai 2012, relatif à la partie réglementaire du Code des procédures civiles d'exécution, *JO* 31 mai, p. 9375.
4. Sur la procédure de purge et la pratique notariale, v. L. Aynès et P. Crocq, *Droit civil, Les sûretés, la publicité foncière,* 7e éd., LGDJ/Lextenso, 2013.

immeuble donné en garantie par un tiers, il poursuivra une procédure de saisie immobilière contre ce tiers (v. s[s] n° 1361.113). Cela signifie que le tiers garant ne pourra bénéficier de la faculté de délaisser prévue à l'article 2463 du Code civil (v. s[s] n° 1362.62).

1362.07 **Annonce.** Le créancier devra délivrer deux actes, l'un au débiteur principal, l'autre au tiers détenteur. L'article 17 du décret n'a pas été codifié à droit constant, ce qui ne peut poser problème.

SECTION 1
RÉDACTION ET DÉLIVRANCE DES ACTES

1362.10 **Plan.** Deux actes sont délivrés, dont les effets diffèrent.

§ 1
Deux actes

1362.11 **Deux actes.** Le décret de 2006 prévoyait que le créancier devait délivrer un commandement de payer au débiteur principal et un commandement de payer valant saisie au tiers détenteur. À l'issue de la codification du Code des procédures civiles d'exécution, l'article R. 321-5 alinéa 1er dispose que « *le créancier poursuivant fait signifier un commandement de payer valant saisie au débiteur principal* » et l'alinéa 2, que « *le commandement de payer valant saisie est signifié à la diligence du créancier poursuivant au tiers détenteur.* »

A.
Commandement délivré au débiteur

1362.21 **Objet.** Mettant fin aux incertitudes antérieures, l'article 17 alinéa 1er du décret du 27 juillet 2006 disposait que le créancier poursuivant faisait délivrer un commandement de payer au débiteur principal. Il s'agissait donc d'un simple commandement de payer. La mesure d'exécution envisagée en effet, portant sur un bien qui n'est plus dans le patrimoine du débiteur, il ne servirait à rien de lui délivrer un commandement de payer valant saisie. On peut rappeler cependant que, comme sous l'empire du décret-loi de 1938, le créancier pourrait avoir ignoré l'aliénation de son bien faite par le débiteur et ne l'apprendre qu'à réception des états sur formalité requis du Conservateur des hypothèques. Dans ce cas, le commandement dressé en vue d'une saisie contre le débiteur était inopérant en tant que premier acte d'exécution mais valait tout de même commandement de payer pour ce débiteur et le créancier n'avait plus qu'à délivrer un commandement de payer valant saisie au tiers détenteur.

Rompant avec une codification à droit constant, l'article R. 321-5 alinéa 1er C. pr. exéc. dispose que le créancier poursuivant fait signifier un « *commandement de payer valant saisie* » au débiteur principal. La modification est maladroite, car elle fait naître une incertitude quant aux mentions que doit comporter l'acte et crée une confusion sur la place que le créancier doit faire au débiteur au sein de la procédure de saisie immobilière (v. s[s] n° 1362.22) et sur la nature de cet acte.

1362.22 **Mentions.** Comme avant la codification, le commandement doit mettre le débiteur en demeure de payer et porter mention de ce que le commandement valant saisie est délivré au tiers détenteur. Le débiteur principal est ainsi tenu informé de ce qu'une procédure d'exécution est entreprise sur le bien d'autrui. Mais en visant un « *commandement de payer valant saisie* », et en indiquant que « *ce commandement est délivré au tiers détenteur* », les auteurs de la codification ont utilisé un terme précis, qui renvoie au commandement décrit à l'article R. 321-3 C. pr. exéc. Contre toute logique, il semblait donc que pour respecter la lettre de l'article R. 321-5, le poursuivant devait faire figurer dans ce commandement toutes les mentions de l'article R. 321-3, dont la majorité d'entre elles paraissaient inappropriées. Pour ajouter à la confusion, ni l'article 17 alinéa 1er du décret de 2006 ni l'article R. 321-5 alinéa 1er ne précisent si ces mentions sont, comme c'est le cas à l'article R. 321-3, prévues à peine de nullité. On pouvait alors conseiller au poursuivant de faire figurer ces mentions à toutes fins utiles tout en exprimant des réserves sur leur utilité[1]. Toutefois, si on s'intéresse à la suite de la procédure (v. s[s] n°s 1362.61 s.), on peut constater que l'article R. 321-10 C. pr. exéc. énonce que la signification du commandement de payer valant saisie au tiers détenteur produit à l'égard de celui-ci les effets attachés à la signification du commandement de payer valant saisie au débiteur et que, à défaut pour le tiers détenteur de satisfaire à la sommation qui lui est faite, la saisie immobilière et la vente sont poursuivies à l'encontre de ce dernier, et non à l'encontre du débiteur. Ainsi, la deuxième chambre civile de la Cour de cassation, après avoir relevé qu'aucune disposition légale n'exigeait que le débiteur soit assigné à l'audience d'orientation quand la saisie immobi-

1. V. A. Leborgne, *Procédures* 2013. Chron. 1, n° 2 – C. Laporte, « Dérèglement de la procédure de saisie immobilière poursuivie contre le tiers détenteur », *Procédures* 2012. Alerte 41.

lière était poursuivie contre le tiers détenteur, a approuvé des juges du fond d'avoir refusé de prononcer la nullité d'une procédure de saisie à tiers détenteur dans laquelle seul le tiers détenteur avait été assigné à l'audience d'orientation[1]. Ce raisonnement qui ne peut qu'être approuvé, semble confirmer, implicitement, que le créancier n'a pas à délivrer un commandement de payer valant saisie au débiteur, mais un simple commandement de payer.

1362.23 Sanction de l'omission du commandement. Avant la réforme, l'omission du commandement préalable au débiteur emportait nullité de la procédure[2]. Il semble logique, au regard des articles 16 et 17 du décret du 27 juillet 2006 (devenus C. pr. exéc., art. R. 321-4 et R. 321-5, sous la réserve exposée ci-dessus) consacrés à la procédure menée contre un tiers détenteur, de considérer que le commandement délivré au débiteur est le premier des deux actes nécessaires à la validité de la procédure à tiers détenteur. L'omission de ce commandement emporterait nullité du commandement de payer valant saisie délivré directement au tiers détenteur.

1362.24 Pluralité de débiteurs. Comme par le passé, le créancier d'une obligation contractée solidairement ne pourra se contenter de s'adresser à celui des débiteurs qu'il veut choisir mais devra, préalablement au commandement de payer valant saisie au tiers détenteur, adresser un commandement à chacun des codébiteurs originaires, dès lors qu'ils restent tenus de la dette[3].

B. Commandement délivré au tiers détenteur

1362.31 Mentions. Selon l'article R. 321-5 C. pr. exéc., c'est le commandement de payer valant saisie prévu à l'article R. 321-1 C. pr. exéc. qui est signifié au tiers détenteur. Il comportera ainsi les mentions énumérées à l'article R. 321-3 C. pr. exéc. (v. s[s] n° 1361.30), à l'exception de l'avertissement de payer (C. pr. exéc., art. R. 321-3, 4°) qui sera adapté à la situation du tiers acquéreur.

1362.32 Sommation de payer ou délaisser. Le tiers détenteur n'est pas débiteur. Aussi, l'avertissement d'avoir à payer (prévue à C. pr. exéc., art R. 321-3, 4°) est remplacé par la sommation d'avoir à satisfaire à l'une des obligations énoncées à l'article 2463 du Code civil[4] dans un délai d'un mois[5], à savoir, payer tous les intérêts et capitaux exigibles, à quelque somme qu'ils puissent monter ou délaisser l'immeuble hypothéqué sans aucune réserve.

1362.33 Extension de certaines informations du commandement. L'article R. 321-5 C. pr. exéc. précise encore qu'à l'article R. 321-3 C. pr. exéc., les mentions du commandement qui font référence au débiteur sont étendues au tiers détenteur. Il s'agit de l'indication que le commandement vaut saisie de l'immeuble et que le bien est indisponible (C. pr. exéc., art. R. 321-3, 6°), de celle que le saisi devient séquestre (C. pr. exéc., art. R. 321-3, 7°), qu'il garde la possibilité de rechercher un acquéreur pour procéder à la vente amiable (C. pr. exéc., art. R. 321-3, 8°), qu'il peut bénéficier de l'aide juridictionnelle (C. pr. exéc., art. R. 321-3, 12°) et qu'il a la faculté de saisir la commission de surendettement (C. pr. exéc., art. R. 321-3, 13°).

1362.34 Rappel des règles du droit de suite. Le commandement de payer valant saisie rappelle enfin les dispositions de l'article 2464 du Code civil[6] qui dispose que faute pour le tiers de satisfaire à l'une de ces obligations, chaque créancier titulaire d'un droit de suite sur l'immeuble a le droit de poursuivre la saisie et la vente de l'immeuble dans les conditions du titre XIX du livre III.

1362.35 Droit de pénétrer ? Pour répondre aux exigences de désignation précise du bien, l'huissier peut-il pénétrer chez le tiers détenteur ? On peut en douter car le créancier n'a pas de titre exécutoire contre lui, le créancier ne met pas à proprement parler en œuvre une voie d'exécution mais il exerce son droit de suite. La nuance est subtile, or l'intérêt du créancier comme des tiers commande une désignation précise du bien qui justifie, en opportunité, que l'huissier pénètre dans les lieux comme dans l'hypothèse de la saisie des biens de son débiteur. Les auteurs de la réforme de 2006 n'avaient pas pris prendre en compte cette situation particulière et si lors de la codification, un article L. 322-2 a été créé, qui dispose, dans son premier alinéa, que « *l'huissier de justice instrumentaire peut pénétrer dans les*

1. Civ. 2e, 26 juin 2014, n° 13-18.428, *Bull. civ.* II, n° 164.
2. Civ. 2e, 3 déc. 1980, n° 79-12.431, *Bull. civ.* II, n° 254, qui juge que le commandement préalable ne constitue pas une formalité de procédure dont l'inobservation ne serait susceptible d'entraîner la nullité de la saisie immobilière que dans les conditrions de l'art. 114 C. pr.civ., c'est-à-dire en démontrant un grief.
3. Civ. 2e, 8 janv. 1997, n° 95-10.976, *Bull. civ.* II, n° 3.
4. C. civ., anc. art. 2168 (transf. par Ord. n° 2006-346, 23 mars 2006).
5. Sous l'empire des anc. art. 2169 et 2183 C. civ., il a été jugé qu'aucun de ces textes n'exigeait que la sommation faite au tiers détenteur indique le délai de trente jours pour payer ou délaisser : Civ. 2e, 5 avr. 2007, n° 06-11.084, *Bull. civ.* II, n° 89; *AJDI* 2007. 764, note Coher-Cordey. Désormais l'indication de ce délai est prévue à l'art. 17 du décret de 2006 mais pas celle de la sanction de son omission…
6. C. civ., anc. art. 2169 (transf. par Ord. n° 2006-346, 23 mars 2006, art. 6).

lieux et le cas échéant faire procéder à l'ouverture des portes et des meubles afin de décrire l'immeuble saisi », l'hypothèse particulière de l'entrée de l'huissier dans l'immeuble du tiers détenteur n'a pas été règlementée. Toutefois, l'alinéa 2 ajoute que « *lorsque les lieux sont occupés par un tiers en vertu d'un droit opposable au débiteur, l'huissier de justice ne peut y pénétrer que sur autorisation préalable du juge de l'exécution, à défaut d'accord de l'occupant* ».

À la lecture de ce texte on songe d'abord au locataire du bien menacé de saisie mais la lettre du texte n'interdit pas d'inclure le tiers acquéreur dans cette catégorie et, par prudence, de recourir à une autorisation en cas de défaut d'accord du tiers détenteur. La *ratio legis* cependant ne paraît pas aller dans le même sens.

L'article 35 du décret du 27 juillet 2006 (devenu C. pr. exéc., art. R. 322-1) qui réglemente le procès-verbal descriptif donne au demeurant à l'huissier le droit de pénétrer dans les lieux.

Toutefois, selon l'article R. 322-1 C. pr. exéc., c'est à l'expiration d'un délai de huit jours que l'huissier de justice peut pénétrer dans les lieux désignés dans le commandement. Or, le tiers détenteur bénéficie d'un délai d'un mois pour satisfaire aux obligations de l'article 2463 du Code civil, ce qui pose un problème… Le décret du 12 février 2009 [1], qui a apporté diverses améliorations au décret du 27 juillet 2006, est malheureusement resté muet sur ce point.

1362.36 Délai de délivrance. Avant la réforme, le créancier poursuivant devait laisser s'écouler un délai de trente jours après avoir signifié le commandement de payer au débiteur originaire. Le Code des procédures civiles d'exécution dispose seulement que le commandement de payer valant saisie sera délivré au tiers détenteur, à la diligence du créancier (C. pr. exéc., art. R. 321-5, al. 2).

1362.37 Sanction de l'omission d'une mention. À la différence de l'article R. 321-3 C. pr. exéc., l'article R. 321-5 alinéa 2 du même code ne précise pas si les mentions sont prévues à peine de nullité. Dans le silence du texte, il semblerait alors conforme à la *ratio legis* de cet article d'y voir des mentions substantielles au sens de l'article 114 C. pr. civ., dont l'omission emportera nullité automatique du commandement de payer valant saisie. Il appartiendra toutefois à la jurisprudence de se prononcer. On signalera, en outre, que s'agissant de la sommation d'avoir à satisfaire à l'une des obligations énoncées à l'article 2463 du Code civil, avant la réforme, la jurisprudence y voyait une formalité substantielle, dont l'omission emportait nullité de la procédure [2].

1362.38 Rapports avec le commandement délivré au débiteur. Les deux actes se complétant l'un par l'autre, avant la réforme, la jurisprudence admettait que la nullité du commandement délivré au débiteur principal pouvait être invoquée par le tiers détenteur [3]. Toutefois, il a été depuis rappelé que si l'acte de signification du commandement de payer au débiteur est affecté d'un vice de forme, la nullité de l'acte, et donc de la procédure de saisie, est subordonnée à la preuve d'un grief [4].

1362.39 Procédure collective, rétablissement personnel et surendettement du débiteur (v. s[s] n°s 1312.31 s., 1318.50 et 1318.63 s.). Avant la codification, on pouvait affirmer que si le débiteur faisait l'objet d'une suspension des poursuites, le commandement pouvait tout de même lui être délivré puisqu'il ne s'agissait pas d'un acte d'exécution [5]. Dans ce cas, le créancier devait veiller à délivrer l'acte à la personne capable de le recevoir. Ainsi, la deuxième chambre avait-t-elle jugé que le commandement délivré au mandataire judiciaire du débiteur originaire en liquidation judiciaire était nul, si était survenue la clôture des opérations de liquidation pour insuffisance d'actif, car elle privait ledit mandataire du droit de représenter le débiteur (il s'agissait toutefois d'une caution réelle et on aurait pu considérer que les dispositions de l'ancien article 2169 du Code civil ne s'appliquaient pas, mais la deuxième chambre a occulté le débat sur la nature de cette sûreté [6]).

La lettre de l'article R. 321-5 C. pr. exéc., qui impose la délivrance d'un commandement de payer valant saisie, devrait l'interdire, mais pas son esprit (v. s[s] n° 1362.23).

1362.41 Procédure collective du tiers acquéreur. Selon une jurisprudence antérieure à la réforme mais qui demeure applicable, le créancier

1. Décr. n° 2009-160, 12 févr. 2009, pris pour l'application de l'ordonnance n° 2008-1345 du 18 décembre 2008 portant réforme du droit des entreprises en difficulté et modifiant les procédures de saisie immobilière et de distribution du prix d'un immeuble, *JO* 13 févr., p. 2596.

2. Civ. 2e, 5 juill. 1982, n° 81-12.931, *Bull. civ.* II, n° 103; *D.* 1982. IR 429.
3. EN CE SENS, avant la réforme, Civ. 17 mars 1886, *DP* 1886. 1. 340 – Civ. 2e, 31 janv. 1990, n° 88-14.506, *Bull. civ.* II, n° 19; *D.* 1990. Somm. 348.
4. Civ. 2e, 26 juin 2014, n° 13-18.428, *Bull. civ.* II n° 164, 1er moyen : en l'espèce, le vice de forme tenait à l'insuffisance des diligences de l'huissier de justice pour délivrer l'acte au débiteur. Les juges du fond ont estimé que cette irrégularité affectant la signification du commandement de saisie au débiteur n'avait pas causé un grief au tiers détenteur contre lequel la procédure de saisie immobilière était poursuivie.
5. Civ. 1re, 14 nov. 1984, n° 83-13.333, *Bull. civ.* I, n° 304.
6. Civ. 2e, 17 oct. 2002, n° 01-13.553, *Bull. civ.* II, n° 232; *RTD civ.* 2003. 325, obs. Crocq.

hypothécaire exerçant son droit de suite n'a pas à déclarer sa créance à la procédure collective du tiers acquéreur[1]. En effet, le détenteur hypothécaire n'est pas débiteur personnel du créancier inscrit[2].

§ 2
Effets pour le débiteur

1362.51 **Mise en demeure.** Avant la codification, on considérait que l'acte délivré au débiteur était un commandement de payer simple : dès lors, le débiteur qui le reçoit peut payer, ce qui évitera la saisie immobilière du bien du tiers détenteur dont il est informé de la menace, solliciter des délais devant le JEX, saisir la commission de surendettement, voire ne rien faire du tout. Des mesures d'exécution mobilières peuvent être entreprises à son encontre.

Malgré la lettre de l'article R. 321-5 C. pr. exéc., qui impose la délivrance d'un commandement de payer valant saisie, c'est bien l'effet de mise en demeure qui est recherché.

1362.52 **Procédure collective, rétablissement personnel et surendettement du débiteur** (v. s[s] n°s 1312.31, 1318.21 s., 1318.50 et 1318.63 s.). Parce que cet acte est désormais qualifié d'acte de saisie, donc d'acte d'exécution, il ne devrait plus pouvoir être délivré au débiteur faisant l'objet d'une suspension des poursuites (v. toutefois s[s] n° 1362.22).

§ 3
Effets pour le tiers détenteur

1362.61 **Effets d'une saisie.** Selon l'article R. 321-19 C. pr. exéc., la signification du commandement de payer valant saisie au tiers détenteur produit à l'égard de celui-ci les effets attachés à la signification du commandement de payer valant saisie au débiteur. À défaut pour le tiers détenteur de satisfaire à la sommation qui lui est faite, la saisie immobilière et la vente sont poursuivies à l'encontre de ce dernier selon les modalités prévues au livre III du Code des procédures civiles d'exécution. Se référant à cet article, la deuxième chambre civile de la Cour de cassation, après avoir relevé qu'aucune disposition légale n'exigeait que le débiteur soit assigné à l'audience d'orientation quand la saisie immobilière était poursuivie contre le tiers détenteur, a approuvé des juges du fond d'avoir refusé de prononcer la nullité d'une procédure de saisie à tiers détenteur dans laquelle seul le tiers détenteur avait été assigné à l'audience d'orientation[3].

La procédure emporte indisponibilité du bien et restrictions des droits du tiers détenteur. Le tiers détenteur est également institué séquestre et les fruits sont immobilisés dès la signification du commandement, dans les conditions du décret du 27 juillet 2006. Se pose ici, la même question qu'à l'occasion d'une saisie diligentée contre le débiteur : le conflit de droits né de la signification d'une saisie attribution, le même jour que la délivrance du commandement de payer valant saisie est aujourd'hui réglé par l'article L. 321-3 C. pr. exéc.

1362.62 **Option pour le tiers détenteur.** Selon l'article R. 321-5 alinéa 2 C. pr. exéc., la sommation ouvre une option au tiers détenteur dans le délai d'un mois pour payer, délaisser, ou subir la saisie (v. s[s] n°s 1313.41 s.). À défaut pour le tiers détenteur de satisfaire à la sommation qui lui est faite, la saisie immobilière et la vente sont poursuivies à l'encontre de celui-ci selon les modalités prescrites par le décret du 27 juillet 2006, codifié au livre III de la partie réglementaire du Code des procédures civiles d'exécution.

1362.63 **Responsabilité du tiers détenteur.** L'article 2470 du Code civil rend le tiers détenteur responsable vis-à-vis des créanciers hypothécaires ou privilégiés des détériorations qui procèdent de son fait ou de sa négligence; il leur doit indemnisation dans ce cas.

1362.64 **Impenses et améliorations.** Également, selon l'article 2470 du Code civil, le tiers détenteur peut répéter ses impenses et améliorations mais seulement jusqu'à concurrence de la plus-value résultant de l'amélioration de l'immeuble. Cet article ne distingue pas selon la nature des impenses. Il semble que le tiers puisse se faire rembourser ses dépenses d'entretien[4], la question se discutant de savoir s'il peut obtenir réparation intégrale des impenses nécessaires à la conservation de l'immeuble. La plus-value sera appréciée à la date de l'adjudication définitive[5]; mais le tiers détenteur ne dis-

1. Com. 11 juin 2002, n° 00-20.981, *Bull. civ.* IV, n° 103 – Com. 15 oct. 2002, n° 99-17.526, NP; *D.* 2002. 2470; *JCP* 2002. II. n° 10116, note Rémery; *JCP* 2003. I. 113, n° 6, obs. Cabrillac; *RTD civ.* 2003. 328, obs. Crocq; *Defrénois* 2003, art. 37691, n° 24, p. 417, obs. Théry – Com. 10 mars 2004, n° 02-16.474, *Bull. civ.* IV, n° 47; *D.* 2004. AJ 1021; *D.* 2004. Somm. 2710, obs. Aynès; *D.* 2004. Somm. 2146, obs. Le Corre – Com. 24 janv. 2006, n° 02-15.295, NP.
2. Pour plus de précisions, v. P.-M. Le Corre, Dalloz action *Droit et pratique des procédures collectives*, 2015/2016, chap. 711, et spéc. n° 711.21.
3. Civ. 2e, 26 juin 2014, n° 13-18.428 (préc. s[s] n° 1362.38), 2e moyen.
4. Req. 2 avr. 1886, *DP* 1887. 1. 293.
5. Civ. 8 déc. 1897, *DP* 1898. 1. 161 – Civ. 27 janv. 1914, *DP* 1916. 1. 97.

posera d'aucun privilège sur le prix d'adjudication pour se faire payer sa créance d'impenses ou d'améliorations et il ne pourra exercer de droit de rétention sur l'immeuble[1]. Peut-il faire insérer une clause en ce sens dans le cahier des conditions de vente ? Il n'est pas certain que cette clause soit aujourd'hui jugée licite (v. s[s] n° 1363.193).

SECTION 2

PUBLICATION DU COMMANDEMENT VALANT SAISIE ET EFFETS VIS-À-VIS DES TIERS

1362.71 **Principe.** Avant la réforme, on s'interrogeait sur la nécessité de publier non seulement la sommation délivrée au tiers détenteur mais encore le commandement délivré au débiteur. La Cour de cassation avait finalement été saisie de la question et avait exclu la publication du commandement de payer au débiteur. Les auteurs de la réforme ayant distingué clairement, en 2006, entre les deux actes, seul le commandement de payer valant saisie était publié à la Conservation des hypothèques dans le délai de l'article 18 du décret du 27 juillet 2006 (devenu C. pr. exéc., art. R. 321-6), soit dans le délai de deux mois à compter de sa signification. La modification rédactionnelle opérée lors de la codification réintroduit une incertitude. Littéralement, l'article R. 321-6 C. pr. exéc. impose la publication du commandement de payer valant saisie, sans distinguer selon qu'il s'agit de l'acte délivré au débiteur ou au tiers saisi. En toute logique, seul le commandement de payer valant saisie destiné au tiers détenteur devrait être publié car c'est lui qui est propriétaire du bien. En attendant une clarification, la prudence impose de publier les deux ensemble.

1362.72 **Effets vis-à-vis des tiers.** C'est à compter de la publication que la saisie sera opposable aux tiers. On renverra pour le détail le lecteur au chapitre 1361 (v. spéc[t] s[s] n°s 1361.200 s.).

1362.73 **Péremption.** Les dispositions des articles R. 321-20 à R 321-22 C. pr. exéc. étant applicables à tous les commandements de payer valant saisie, le tiers détenteur pourra se prévaloir de la péremption du commandement au même titre que le débiteur, si dans les deux ans de sa publication il n'a pas été mentionné en marge de cette publication un jugement constatant la vente du bien saisi, sous réserve d'une éventuelle suspension ou prorogation.

1. Civ. 14 nov. 1881, *DP* 1882. 1. 168; *S.* 1882. 1. 257.

CHAPITRE

1363. Actes préparatoires à la vente

ANNE LEBORGNE
PROFESSEUR À L'UNIVERSITÉ D'AIX-MARSEILLE

SECTION 0
ORIENTEUR

1363.00 Plan du chapitre.

Division – Précision. La procédure à tiers détenteur se poursuivant dans les mêmes conditions et délais que la saisie contre le débiteur, il ne sera plus nécessaire, à partir de maintenant, de distinguer ces procédures. Les développements relatifs au débiteur doivent être entendus comme s'appliquant au tiers détenteur lorsque le créancier poursuit la procédure en vertu de son droit de suite. Ainsi, les formalités destinées à préparer la vente seront identiques : élaboration d'un procès-verbal de description des lieux (sect. 1), assignation à comparaître à une audience d'orientation (sect. 2), rédaction et dépôt du cahier des conditions de la vente et d'un état hypothécaire (sect. 3), et déclaration des créances (sect. 4).

Plan. Au moment de la délivrance du commandement, la menace de saisie demeure encore relativement confidentielle : seuls, le créancier poursuivant, le débiteur ou le tiers détenteur, en ont connaissance. La phase suivante consiste à préparer la vente. Toutefois, elle ne conduira pas nécessairement à une vente aux enchères. Désormais, le saisi pourra, sous le contrôle du juge, être autorisé à procéder à la vente amiable de son bien et, outre le dépôt du cahier des conditions de la vente, le créancier poursuivant devra, afin d'accélérer la procédure de distribution, établir un projet de distribution, ce qui conduira à imposer aux créanciers inscrits de déclarer leurs créances. Sont donc ménagés à la fois les intérêts du saisi, ceux des créanciers inscrits et ceux du poursuivant.

SECTION 1
PROCÈS-VERBAL DESCRIPTIF

1363.10 **Raison d'être.** Pour procéder à la mise en vente du bien saisi dans de bonnes conditions, encore faut-il que le créancier dispose d'éléments d'information précis, qu'il ait une idée de la consistance du bien et de sa valeur. Les constatations *de visu* s'avèrent donc souvent très utiles pour recueillir les renseignements nécessaires à la rédaction du commandement. C'est l'objet du procès-verbal descriptif, prévu et organisé aux articles R. 322-1 à R. 322-3 C. pr. exéc. [1].

Division. Ce constat est réalisé par un huissier de justice (§ 2) qui à cette fin sera autorisé à pénétrer dans les lieux (§ 1).

§ 1
Droit de pénétrer dans les lieux

1363.11 **Fondement. Avant la réforme**, dans le cas où le débiteur s'opposait à l'entrée de l'huissier, la question se posait, en pratique, de savoir si l'huissier pouvait obtenir le **concours de la force publique en vertu de la formule exécutoire** portée sur le titre du saisissant ou si, rencontrant une difficulté, il devait **saisir le juge des référés d'une requête en ouverture de porte.** La réponse différait selon les tribunaux même si, sur question écrite, le ministère de la Justice avait estimé que l'huissier pouvait obtenir le concours de la force publique sans formalité supplémentaire [2].

Les auteurs de la réforme ont réglé cette difficulté. L'article R. 322-1 C. pr. exéc. autorise l'huissier de justice instrumentaire à pénétrer dans les lieux désignés dans le commandement afin de dresser ce procès-verbal descriptif dans les conditions des articles L. 142-3 C. pr. exéc. et L. 142-1 C. pr. exéc. L'huissier devra donc justifier du titre exécutoire et en cas d'absence du saisi ou de l'occupant de l'immeuble, l'huissier de justice ne pourra y pénétrer qu'en présence du maire de la commune, d'un conseiller municipal ou d'un fonctionnaire municipal délégué par le maire à cette fin, d'une autorité de police ou de gendarmerie requis pour assister au déroulement des opérations, ou à défaut de deux témoins majeurs qui ne sont ni au service du créancier, ni de l'huissier de justice.

1363.12 **Délai.** Le créancier doit attendre **huit jours** avant de faire dresser le procès-verbal [3]. Il s'agit de respecter l'expiration du délai de sommation contenu dans le commandement valant saisie afin d'éviter l'engagement de frais qui se révéleraient inutiles en cas de paiement de la créance dans le délai imparti. Cette logique est prise en défaut s'agissant du tiers détenteur et de la caution réelle.

1363.13 **Protection du tiers occupant de l'immeuble.** La protection organisée par la loi du 9 juillet 1991 est apparue insuffisante lorsque l'occupant du local n'est pas le débiteur saisi mais un **tiers disposant d'un droit opposable au débiteur;** en pratique, un locataire mais encore un usufruitier ou tout bénéficiaire d'un contrat d'occupation. En application de la garantie d'éviction que leur doit le propriétaire, les occupants ne doivent pas être troublés dans leur jouissance pour une cause imputable au propriétaire.

S'inspirant de la procédure de saisie-vente d'un bien mobilier détenu par un tiers, l'ordonnance du 21 avril 2006 a ainsi prévu une **procédure particulière pour pénétrer dans les lieux** en ajoutant un alinéa à l'article 21 de la loi du 9 juillet 1991 (devenu C. pr. exéc., art. L. 142-1). Dans ce cas en

1. Décr. n° 2012-783, 30 mai 2012, relatif à la partie réglementaire du Code des procédures civiles d'exécution, *JO* 31 mai, p. 9375.

2. Rép. min., *JOAN Q* 22 janv. 1996, p. 395.

3. Ne peut être assimilé au procès-verbal prévu à l'art. R. 322-1 et R. 322-2 C. pr. exéc. un procès-verbal de description des lieux établi avant la délivrance du commandement de payer valant saisie immobilière : Civ. 2e, 21 févr. 2013, n° 12-15.643, *Bull. civ.* II, n° 42; *Dr. et proc.* mai 2013, p. 117, obs. Leborgne.

effet, l'huissier n'est pas porteur d'un titre à l'encontre de l'occupant. Pour pénétrer dans les lieux occupés par un tiers, en vertu d'un droit opposable au débiteur, il devra donc solliciter une **autorisation préalable du juge de l'exécution (JEX) à défaut d'accord dudit occupant.** Faut-il pour cela qu'il soit représenté par un avocat ?

La question a été posée à la cour d'appel de Lyon, au visa de l'article 5 du décret du 27 juillet 2006 qui impose aux parties de constituer avocat, sauf disposition contraire. La cour d'appel de Lyon a jugé que cette disposition ne s'appliquait pas à l'huissier de justice qui n'est pas une partie à la procédure mais le mandataire du créancier poursuivant. La demande d'autorisation au JEX s'intègre à la mission de l'officier ministériel en charge de l'exécution [1].

1363.14 Tiers détenteur. L'article R. 322-19 alinéa 2 C. pr. exéc. dispose qu'à défaut pour le tiers détenteur de satisfaire à la sommation qui lui est faite (payer ou délaisser), la saisie immobilière et la vente sont poursuivies à l'encontre de celui-ci selon les modalités prévues par le décret. Aucune disposition particulière n'a donc distingué ce cas de figure au stade de la rédaction du procès-verbal descriptif. Or, sa rédaction engendre au moins deux difficultés.

D'abord, pour répondre aux exigences de désignation précise du bien, l'huissier instrumentaire devra pénétrer chez le tiers détenteur. Toutefois, dans ce cas, le créancier n'a pas de titre exécutoire contre lui, il ne met pas à proprement parler en œuvre une voie d'exécution mais exerce son droit de suite. La nuance est importante. L'intérêt du créancier comme des tiers, commande une désignation précise du bien qui justifie, en opportunité, que l'huissier pénètre dans les lieux comme dans l'hypothèse de la saisie des biens de son débiteur.

Or, l'article R. 322-1 C. pr. exéc. ne semble pas prendre en considération cette hypothèse et on se demande si le tiers saisi peut être classé dans la catégorie des tiers occupant les lieux en vertu d'un droit opposable au débiteur, visés par l'article L. 322-2, et qui peuvent s'opposer à l'entrée de l'huissier de justice dans les lieux ? (v. ss n° 1362.35). La lettre du texte permet de le soutenir même si la *ratio legis* du texte n'est pas en ce sens. Le poursuivant devra alors saisir le JEX pour être autorisé à violer l'intimité du tiers détenteur qui refuserait de laisser l'huissier pénétrer chez lui.

Ensuite, selon l'article R. 322-1 C. pr. exéc., c'est à l'expiration d'un délai de huit jours que l'huissier de justice peut pénétrer dans les lieux désignés dans le commandement. Or, le tiers détenteur bénéficie, pour sa part, d'un délai d'un mois à compter de la signification du commandement pour satisfaire aux obligations de l'article 2463 du Code civil (C. pr. exéc., art. R. 322-5, al. 2). L'intrusion de l'huissier au bout de huit jours apparaîtra prématurée et irrespectueuse de l'intimité du tiers détenteur.

1363.15 Caution réelle. Le garant de la dette d'autrui bénéficie d'un délai d'un mois pour payer et éviter la saisie (C. pr. exéc., art. R. 321-3). Ici encore, l'article R. 322-1 C. pr. exéc. n'opère pas de distinction. Cependant dans ce cas, l'huissier est porteur d'un titre contre la caution; il a donc, *a priori*, le droit de pénétrer dans les lieux dès l'expiration du délai de huit jours. Toutefois, cette intrusion, avant l'expiration du délai de sommation d'un mois, n'a pas de raison d'être et pourrait également être qualifiée de prématurée.

§ 2
Rédaction du procès-verbal descriptif

1363.21 Nature et auteur du procès-verbal descriptif. L'article 673 ACPC, avant-dernier alinéa, distinguait l'hypothèse où les immeubles se trouvaient en dehors de l'arrondissement où le commandement devait être signifié. Dans ce cas, le créancier poursuivant s'adressait à deux huissiers, l'un territorialement compétent pour faire les constatations sur les lieux, voire y pénétrer, l'autre pour signifier le commandement au débiteur. L'huissier qui exerçait dans le ressort de la situation du bien rédigeait donc un procès-verbal de description qui avait valeur de simple constat et qui n'était pas signifié; l'huissier chargé de signifier le commandement pouvait joindre ce procès-verbal au commandement, ou en reproduire des extraits pour répondre aux exigences de l'article 673 ACPC, et le dénoncer en tête du commandement de saisie immobilière.

Le décret du 27 juillet 2006 n'apporte aucune précision sur les compétences respectives des huissiers, rédacteur et significateur, l'article 35 (devenu C. pr. exéc., art. R. 322-1) visant simplement l'huissier « instrumentaire ». La pratique développée sous l'empire du décret-loi de 1938 devrait donc être reproduite.

1363.22 Mentions. L'article R. 322-2 C. pr. exéc. détaille les mentions qui devront figurer dans le procès-verbal; ces informations sont d'ordre matériel, voire technique mais aussi juridique :

– la description des lieux, leur composition et leur superficie;

– l'indication des conditions d'occupation et l'identité des occupants ainsi que la mention des droits dont ils se prévalent;

1. Lyon, 6e ch., 31 janv. 2008, RG n° 07/07387, SCP Pierre A. Fradin, *Dr. et proc.* 2008, n° 3, p. 147, obs. Leborgne.

– le cas échéant, le nom et l'adresse du syndic de copropriété;

– tous autres renseignements sur l'immeuble fournis par l'occupant.

Le décret n'indique pas que ces mentions soient prévues à peine de nullité du procès-verbal. En effet, en cas d'inexactitude ou d'omission, c'est par la mise en œuvre de la responsabilité du rédacteur que la difficulté sera réglée (v. s^{s} n° 1363.24)[1].

1363.23 **Moyens.** L'article R. 322-3 C. pr. exéc. dispose que l'huissier pourra utiliser tout moyen approprié pour décrire les lieux et se faire assister par tout professionnel qualifié en cas de nécessité. Ainsi, l'huissier de justice pourra-t-il joindre un plan, des photographies et faire intervenir à ses côtés un architecte, un géomètre expert, un métreur, *etc.*

1363.24 **Responsabilité.** L'assistance de ces professionnels est d'autant plus utile à requérir que si les mentions du procès-verbal ne sont pas prévues à peine de nullité, en cas d'inexactitude ou d'omission, elles engageront la responsabilité de l'huissier de justice à l'égard de son mandant, voire ensuite, à l'égard de l'adjudicataire. Il a ainsi été jugé, qu'ont commis une faute les huissiers rédacteurs, l'un du commandement de saisie, l'autre du procès-verbal descriptif qui, ayant relevé que le règlement du lotissement appelait l'attention sur les règles à respecter en raison du caractère inondable de la parcelle, se sont bornés au rappel d'un acte notarié antérieur, aux termes duquel cette parcelle était située dans un lotissement, sans mentionner son caractère inondable ni la constructibilité avec réserve qui figurait dans le règlement du lotissement, éléments essentiels des caractéristiques du bien saisi. Le lien de causalité entre la faute et le dommage a été jugé caractérisé dès lors qu'il était établi que les adjudicataires n'auraient pas acquis un terrain dont le caractère inondable compromettait la constructibilité[2].

En revanche, l'avocat du créancier poursuivant qui a, sur la foi d'un acte notarié instituant une hypothèque conventionnelle et d'un procès-verbal de description établi par huissier de justice, rédigé un cahier des charges inexact dans la désignation du bien saisi comme comprenant des constructions qui, pour des raisons inconnues, ont été édifiées, non sur le terrain donné en garantie comme prévu, mais sur une parcelle voisine, n'engagera sa responsabilité que s'il disposait d'éléments de nature à éveiller ses soupçons quant à cette discordance[3]. Rendue à propos d'un cahier des charges, ancienne procédure de saisie immobilière, la cassation prononcée au visa de l'article 1382 du Code civil est transposable à la nouvelle procédure.

SECTION 2
Assignation à comparaître à une audience d'orientation

1363.31 **Objet. La création de cette audience est une innovation de la réforme de 2006.** Auparavant, le créancier prévoyait une audience éventuelle qui servait, si besoin était, à régler le sort des nullités; le saisi, sauf s'il développait un moyen de fond touchant au droit à agir du créancier, ne pouvait espérer s'opposer à la vente forcée. Désormais, lors de cette audience, le saisi pourra, sous certaines conditions, être autorisé à vendre à l'amiable son bien.

Plan. Cette audience intéresse donc le débiteur[4] (§ 1) mais aussi les créanciers inscrits (§ 2) auxquels le commandement de payer valant saisie sera dénoncé ce qui vaudra pour eux assignation. Mention de la délivrance de l'assignation devra ensuite être opérée au service de la publicité foncière (§ 3).

§ 1
Assignation du débiteur

1363.40 **Plan.** On précisera les conditions à respecter pour délivrer l'assignation (A), puis les mentions qu'elle doit comporter (B).

A.
Conditions de délivrance de l'assignation

1363.41 **Un délai prescrit à peine de caducité.** L'article R. 322-4 C. pr. exéc. ouvre au créancier poursuivant un délai de deux mois à compter de la publication du commandement de payer valant saisie au bureau des hypothèques, pour assigner le débiteur ou le tiers détenteur devant le JEX à une audience d'orientation. À défaut, et selon l'article R. 311-11 C. pr. exéc. le commandement de payer valant saisie sera caduc. Cette caducité doit être

1. V. TOUTEFOIS, Civ. 2e, 1er oct. 2009, n° 08-19.104, *Bull. civ.* II, n° 235, dont le pourvoi posait la question de l'éventuelle nullité du cahier des conditions de vente du fait du caractère incomplet du procès-verbal descriptif. L'argument n'a pas été examiné car, formée après les défenses au fond, la demande en nullité a été jugée irrecevable.
2. Civ. 1re, 25 mai 2005, n° 03-18.261, *Bull. civ.* I, n° 226; *Dr. et proc.* 2005. 360, obs. Leborgne.
3. Civ. 1re, 25 nov. 2010, n° 09-70.767, *Bull. civ.* I, n° 243.
4. Ou le tiers détenteur lorsque le créancier agit en vertu de son droit de suite. Dans cette hypothèse, seul le tiers détenteur est assigné, aucune disposition légale n'exigeant que le débiteur soit assigné à l'audience d'orientation dans ce cas : Civ. 2e, 26 juin 2014, n° 13-18.428, *Bull. civ.* II, n° 164.

demandée au JEX; il n'y est pas fait droit si le créancier poursuivant justifie d'un motif légitime et la déclaration de caducité peut encore être rapportée selon les conditions de l'article R. 311-11 alinéa 4 C. pr. exéc.

1363.42 **Fixation de la date de l'audience.** L'assignation sera délivrée dans un délai compris entre un et trois mois avant la date de l'audience (C. pr. exéc., art. R. 322-4, al. 2). Quelles seront les sanctions si l'audience n'est pas fixée dans ce délai ?

– *Un délai minimum :* le débiteur doit pouvoir disposer d'un délai d'au moins un mois pour préparer l'audience. Le décret ne prévoit pas de sanction spécifique en cas d'audience prématurée. Conformément au droit commun, le non-respect de ce délai peut être sanctionné par une irrecevabilité (C. pr. civ., art. 122 s.) [1] mais cette fin de non-recevoir sera susceptible d'être écartée par un renvoi de l'affaire (C. pr. civ., art. 126).

– *Un délai maximum :* les dispositions de l'article R. 311-11 C. pr. exéc. s'appliquent, à savoir que la caducité du commandement de payer valant saisie pourra être déclarée, sauf motif légitime invoqué par le créancier poursuivant et la déclaration de caducité pourra être rapportée. La jurisprudence a précisé qu'en cas de renvoi de l'audience d'orientation, l'article R. 322-4 C. pr. exéc. n'imposait pas que l'audience se tienne dans ce délai de trois mois mais seulement que l'assignation ait été délivrée dans le délai de trois mois [2].

1363.43 **Signification.** La signification doit être faite à personne ou à domicile mais cette formule n'exclut pas que l'huissier procède selon les dispositions de l'article 659 C. pr. civ. s'il ne peut trouver l'adresse ni le lieu de travail du saisi.

1363.44 **Compétence du juge de l'exécution.** La procédure de saisie immobilière est désormais menée devant le JEX, saisi par la remise au greffe de l'assignation. Aux termes de l'article L. 213-6 alinéa 3 du COJ, dans sa rédaction issue de la loi n° 2010-1609 du 22 décembre 2010 [3], le JEX connaît de la procédure de saisie immobilière, des contestations qui s'élèvent à l'occasion de celle-ci et des demandes nées de cette procédure ou s'y rapportant directement, même si elles portent sur le fond du droit ainsi que de la procédure de distribution qui en découle. On rappellera qu'il s'agit du **JEX du tribunal de grande instance (TGI)** dans le ressort duquel est situé l'immeuble saisi (C. pr. exéc., art. R. 311-2). Aux termes de l'article L. 213-7 du COJ, le JEX peut renvoyer à la formation collégiale du TGI qui statue comme JEX. La formation collégiale comprend alors le juge qui a ordonné le renvoi.

Si les auteurs de la réforme ont souhaité **regrouper le contentieux de l'exécution devant un seul juge**, il n'est cependant pas apparu opportun, compte tenu de la technicité de la procédure de saisie immobilière, de se contenter des règles procédurales applicables devant ce juge. Ainsi, il sera, sauf dispositions contraires, dérogé aux règles d'oralité et de représentation devant le JEX (v. s^s n°s 1364.17 et 1364.18). Par ailleurs, les dispositions dérogatoires au droit commun en matière d'appel seront applicables : absence d'effet suspensif du délai d'appel comme de l'appel (C. pr. exéc., art. R. 321-18) et en cas d'appel, sursis à l'exécution ordonnée par le premier président (C. pr. exéc., art. R. 321-19).

B.
Mentions de l'assignation

1363.50 **Plan.** L'assignation comportera les mentions communes à toute assignation et prescrites à l'article 56 C. pr. civ. [4]; en revanche, la reproduction des mentions spécialement exigées devant le JEX par le second alinéa de l'article R. 121-11 C. pr. exéc. (reproduction de C. pr. exéc., art. R. 121-6 à R. 121-10) n'aura pas à être opérée car ces mentions concernent des règles de procédure qui ne sont pas applicables en matière de saisie immobilière. Le Code des procédures civiles d'exécution prévoit en revanche, à peine de nullité des mentions d'ordre procédural (1°) ainsi que des mentions relatives au projet de vente aux enchères (2°) et des mentions tenant aux droits dont dispose le débiteur (3°).

1°
Mentions d'ordre procédural

1363.51 **Lieu, jour et heure de l'audience d'orientation.** L'article R. 322-5, 1° C. pr. exéc. envisage d'abord la mention de l'indication des lieu, jour et heure [5] de l'audience d'orientation du JEX.

1. EN CE SENS, Aix-en-Provence, 15e ch. A, 25 févr. 2011, RG n° 10/20888, *D.* 2011. Pan. 1518, obs. Leborgne.
2. Civ. 2e, 24 juin 2010, n° 09-67.887, NP; *Procédures* 2011. Chron. 1, n° 9, obs. Leborgne.
3. L. n° 2010-1609, 22 déc. 2010, relative à l'exécution des décisions de justice, aux conditions d'exercice de certaines professions réglementées et aux experts judiciaires, *JO* 23 déc., p. 22552.
4. C'est-à-dire l'objet de la demande avec un exposé des moyens en fait et en droit. La deuxième chambre civile juge que satisfait à cette obligation, l'assignation qui rappelle le commandement de payer et l'objet de la saisie : Civ. 2e, 30 avr. 2009, n° 08-12.105, *Bull. civ.* II, n° 111; *D.* 2009. 2255, obs. Leborgne.
5. Pour une erreur sur l'heure de l'audience, v. Civ. 2e, 20 oct. 2011, n° 10-24.109, *Bull. civ.* II, n° 194; *D.* 2012. Pan. 1516, obs. Leborgne; *Procédures* 2011, n° 367, obs. Perrot; *ibid.* 2013. Chron. 1, n° 13, obs. Leborgne.

1363.52 Objet de l'audience. Selon l'article R. 322-5, 2° C. pr. exéc., l'assignation comportera ensuite l'indication que l'audience d'orientation a pour objet d'examiner la validité de la saisie, de statuer sur les contestations et demandes incidentes liées à celle-ci et de déterminer les modalités selon lesquelles la procédure sera poursuivie. Comme par le passé, la première audience permettra ainsi de vérifier la régularité de la procédure jusqu'à ce stade. Qu'il s'agisse de la régularité formelle du commandement, de l'accomplissement des formalités de publicité, mais aussi du respect des délais impartis au créancier. Ce sera ainsi le moment de solliciter la déclaration de caducité ou de faire constater la nullité du commandement. Le débiteur pourra soulever des contestations portant sur le fond du droit et former une demande de vente amiable.

1363.53 Comparution. L'article R. 322-5, 3° C. pr. exéc. impose l'information de ce que, si le débiteur n'est pas présent ou représenté par un avocat à l'audience[1], la procédure sera poursuivie en vente forcée, sur les seules indications fournies par le créancier. La comparution du débiteur n'est toutefois pas une condition de validité de la procédure; à défaut, celle-ci se déroulera selon les indications fournies par le créancier et donc nécessairement, aux enchères publiques.

1363.54 Information sur la manière de former une contestation ou demande incidente. L'article R. 322-5, 7° C. pr. exéc. dispose que l'assignation doit contenir l'indication, en caractères très apparents[2], qu'à peine d'irrecevabilité, toute contestation ou demande incidente doit être déposée au greffe du JEX par conclusions d'avocat au plus tard le jour de l'audience. Les règles procédurales sont ici profondément modifiées par rapport à celles de la procédure du décret-loi de 1938. Il n'est plus question de dire mais de conclusions d'avocat et surtout, c'est jusqu'au jour de l'audience que cette contestation ou demande pourra être formée. À supprimer le système antérieur des délais à rebours, on a sans doute gagné en simplicité, mais le principe du contradictoire est malmené. Toutefois, selon l'article R. 311-6 C. pr. exéc., le juge peut convoquer les parties à une autre audience « *lorsque la contestation ou la demande incidente ne peut être examinée à l'audience d'orientation* ». Cette nouvelle convocation pourrait alors permettre de faire respecter le contradictoire.

1. Cet article n'impose pas la mention du barreau d'appartenance de l'avocat; il appartient donc à l'avocat choisi par le saisi de prendre toutes les dispositions s'il ne peut assurer lui-même la représentation devant la juridiction devant laquelle est attrait son client : Lyon, 21 juin 2012, *Dr. et proc.* 2012. 271, note Desmarthon.
2. La mention qui apparaît une première fois au début de l'assignation en lettres majuscules et en exergue et qui est rappelée une seconde fois dans l'acte, remplit manifestement l'exigence de mention « *caractères très apparents* », prévue par le décret : Chambéry, 3 juin 2008, *D.* 2009. Pan. 1177, obs. Leborgne.

2°
Informations relatives au projet de vente forcée

1363.61 Sommation de prendre connaissance des conditions de la vente. Le créancier va fixer les conditions de la vente forcée. À cette fin, il dresse le cahier des conditions de la vente, et doit le déposer au greffe du JEX, au plus tard le cinquième jour ouvrable après l'assignation (C. pr. exéc., art. R. 322-5, 4°). L'assignation fait donc sommation au débiteur de consulter ce document et lui indiquera le délai dans lequel le créancier devra accomplir cette formalité. Initialement, il était seulement prévu la consultation du cahier des conditions de vente au greffe du JEX. Le décret du 12 février 2009 a ajouté aux articles 39, 4° et 45 du décret (devenus C. pr. exéc., art. R. 322-5, 4° et R. 322-11) une faculté de consultation au cabinet de l'avocat du créancier poursuivant[3].

1363.62 Indication de la mise à prix. L'article R. 322-5, 5° C. pr. exéc. concerne l'indication de la mise à prix telle que fixée dans le cahier des conditions de la vente et la possibilité d'en contester le montant pour insuffisance manifeste. Cela signifie que le créancier devra en pratique avoir, concomitamment, préparé le cahier des conditions de la vente lorsqu'il fera délivrer l'assignation au débiteur. Pour le déposer en revanche, il devra attendre que l'huissier l'informe de la signification en lui adressant une copie de son acte de signification.

3°
Indication sur ses droits

1363.71 Indication de la faculté de contester la mise à prix pour insuffisance manifeste. La loi du 23 janvier 1998 avait ajouté cette mention au commandement de l'article 673 ACPC, mais seulement dans le cas où le bien saisi était le logement principal du débiteur et dans les conditions de l'article 690. Cette faculté est désormais offerte au saisi, débiteur ou tiers détenteur, quelle que soit l'affectation de l'immeuble (sur ce qu'il faut entendre par insuffisance v. s[s] n° 1365.144).

3. Décr. n° 2009-160, 12 févr. 2009, pris pour l'application de l'ordonnance n° 2008-1345 du 18 décembre 2008 portant réforme du droit des entreprises en difficulté et modifiant les procédures de saisie immobilière et de distribution du prix d'un immeuble, *JO* 13 févr., p. 2596.

1363.72 Avertissement (C. pr. exéc., art. R. 322-5, 6°). Le débiteur est averti de ce qu'il pourra demander au JEX à être autorisé à vendre le bien saisi à l'amiable s'il justifie qu'une vente non judiciaire peut être conclue dans des conditions satisfaisantes.

1363.73 Rappel des dispositions de l'article R. 322-17 C. pr. exéc. (C. pr. exéc., art. R. 322-5, 8°). Il s'agit d'informer le saisi sur deux points importants. Tout d'abord, de ce qu'il pourra former une demande tendant à la suspension de la procédure de saisie immobilière en raison de sa situation de surendettement, dans les conditions de l'article R. 311-11-1 du Code de la consommation. Selon cet article, dans le cas où lui est délivrée l'assignation aux fins de comparaître à l'audience d'orientation du JEX, le débiteur en informe la commission sans délai. Si celle-ci estime opportun de faire application du deuxième alinéa de l'article L. 331-5, elle saisit le JEX qui connaît de la saisie immobilière d'une demande de remise de la vente adressée par lettre recommandée avec demande d'avis de réception (LRAR) ou remise contre émargement au greffe, quinze jours au moins avant la date prévue pour la vente. Cette demande comporte les indications prévues au second alinéa du I ci-dessus et précise en outre les causes graves et dûment justifiées invoquées à l'appui de la demande. Le greffe porte cette demande à la connaissance du débiteur et du créancier poursuivant par lettre recommandée avec demande d'avis de réception.

Ensuite, selon l'article R. 322-17 C. pr. exéc., l'assignation informe le saisi de ce que la demande aux fins d'autorisation de vente amiable ainsi que les actes consécutifs à cette vente sont dispensés du ministère d'avocat; cette demande pouvant être formée verbalement à l'audience d'orientation.

1363.74 Aide juridictionnelle (C. pr. exéc., art. R. 322-5, 9°). L'assignation doit encore comporter l'indication que le débiteur qui en fait préalablement la demande peut bénéficier de l'aide juridictionnelle pour la procédure de saisie s'il bénéficie des conditions de ressources prévues par la loi du 10 juillet 1991 et le décret du 19 décembre 1991. Cette information est d'autant plus importante que la Cour de cassation juge que commet un excès de pouvoir et viole l'article 25 de la loi du 10 juillet 1991 et l'article 6 § 1 de la Convention européenne des droits de l'homme, le juge qui procède à la vente forcée d'un bien saisi, sans s'assurer que le débiteur saisi, qui avait sollicité l'aide juridictionnelle, avait été informé de la décision rendue sur cette demande et du nom de l'avocat désigné à ce titre [1].

1363.75 Sanctions. L'article R. 322-5 C. pr. exéc. prescrivant toutes ces mentions à peine de nullité, renvoie à l'article R. 311-10 C. pr. exéc. qui dispose que la nullité des actes de la procédure de saisie immobilière est régie par la section IV du chapitre II du titre V du livre premier du Code des procédures civiles d'exécution. La nullité sera donc ici conditionnée à la démonstration d'un grief [2].

§ 2
Assignation aux créanciers inscrits : dénonce du commandement valant saisie

1363.80 Plan. C'est la dénonce du commandement de payer qui vaudra assignation à comparaître à l'audience d'orientation.

A.
Un acte qui vaut assignation

1363.81 Dénonce valant assignation. Les créanciers doivent être avisés de la procédure puisque le jugement d'adjudication purgera leurs inscriptions. La réforme en fait des parties à la procédure. Ils devront donc être présents à l'audience d'orientation, il incombera au poursuivant de les informer de la mesure d'exécution engagée. Avant la réforme, le créancier leur faisait sommation de prendre connaissance du cahier des charges et leur indiquait les dates de l'audience éventuelle et de l'audience d'adjudication. Désormais, le commandement de payer valant saisie leur sera dénoncé. L'article R. 322-6 C. pr. exéc. dispose que c'est cette dénonce qui vaudra assignation à comparaître à l'audience du JEX, ce qui signifie en pratique que l'acte de dénonce comprendra un certain nombre de mentions à peine de nullité.

1363.82 Délai. Selon l'article R. 322-6 C. pr. exéc., au plus tard le cinquième jour ouvrable sui-

1. Civ. 2e, 24 juin 2010, n° 08-19.974, *Bull. civ.* II, n° 120; *D.* 2010. Actu. 1800; *D.* 2011. 265, obs. Fricero; *ibid.* Pan. 1509, obs. Leborgne; *Dr. et proc.* 2010. 323, note. Leborgne – De même, viole l'art. 25 de la loi de 1991 et l'art. 6 § 1 Conv. EDH, la cour d'appel qui confirme le jugement d'orientation ordonnant la vente forcée du bien, alors qu'elle constatait qu'au jour où le juge avait examiné l'affaire, en l'absence du débiteur saisi, qui avait sollicité un renvoi dans l'attente de l'issue du recours qu'il avait formé contre la décision ayant rejeté sa demande d'aide juridictionnelle, il n'avait pas encore été statué sur ce recours : Civ. 2e, 16 mai 2012, n° 11-14.449, *Bull. civ.*, n° 86; *D.* 2013. Pan. 1581, obs. Leborgne; *RD banc. fin.* 2012, n° 190, note Piedelièvre; *Dr. et proc.* 2012. 213, note Leborgne.
2. Pour un exemple, à l'occasion d'une erreur sur l'heure de l'audience, v. Civ. 2e, 20 oct. 2011, n° 10-24.109, *Bull. civ.* II, n° 194; *D.* 2012. Pan. 1516, obs. Leborgne; *Procédures* 2011, n° 367, obs. Perrot; *ibid.* 2013. Chron. 1, n° 13, obs. Leborgne.

vant la délivrance de l'assignation au débiteur, le commandement de payer valant saisie est dénoncé aux créanciers inscrits au jour de la publication du commandement. Le respect de ce délai est prévu à peine de caducité du commandement de payer valant saisie par l'article R. 311-11 C. pr. exéc.

1363.83 **Destinataires.** Ce sont d'abord les créanciers qui ont inscrit un privilège ou une hypothèque avant la publication du commandement qui sont visés, c'est-à-dire ceux dont le poursuivant aura appris l'existence à la lecture de l'état sur formalité requis lors de la publication du commandement de payer valant saisie. La dénonce sera faite à tous les créanciers inscrits, même à ceux qui n'ont qu'une hypothèque provisoire [1]. Mais ne sera pas considéré comme inscrit le créancier bénéficiaire d'une sûreté judiciaire provisoire qui ne figure que sur le certificat, délivré par le conservateur des hypothèques, relatif aux formalités seulement acceptées en dépôt et en instance d'enregistrement au fichier immobilier [2].

L'article R. 322-8 alinéa 2 C. pr. exéc. précise ensuite que la dénonciation peut être faite aux héritiers collectivement, sans désignation des noms et qualités respectifs, à domicile élu ou à défaut, au domicile du défunt.

Le créancier poursuivant, même titulaire d'une sûreté inscrite sur le bien qu'il saisit, n'a pas à se dénoncer à lui-même le commandement de payer valant saisie, ni à déclarer sa créance selon la procédure applicable aux créanciers ayant inscrit une sûreté sur le bien saisi [3].

1363.84 **Réquisitions.** Le créancier doit requérir du service chargé de la publicité foncière [4] l'état des créanciers inscrits à la date de publication du commandement. C'est ce service qui certifie la réalité des informations à la date de la publication du commandement de payer valant saisie. Le créancier n'a donc pas d'autre obligation que de s'en tenir aux informations portées sur les états. Cette réquisition s'effectue conformément aux dispositions des articles 40-2 et suivants du décret du 14 octobre 1955, modifié par le décret nº 2012-1462 du 26 décembre 2012 [5]. Les informations portées sur les états engagent désormais la responsabilité de l'État et déchargent d'autant celle du poursuivant. Si des créanciers sont omis, le créancier poursuivant n'est pas tenu de leur dénoncer l'assignation. Toutefois, il prendra soin, s'il a connaissance d'autres créanciers, notamment au vu d'une fiche d'immeuble qu'il aurait précédemment requise, de leur dénoncer l'assignation également, à seule fin de prévenir des contestations inutiles.

Sous l'empire de la législation antérieure, il avait été jugé que le poursuivant ne commettait aucune faute en ne sommant pas les créanciers qui ne lui étaient révélés ni par l'état que lui avait délivré le conservateur, ni par l'extrait de la matrice du rôle de la contribution foncière, ni par son titre [6]. Et les créanciers que le conservateur avait omis de porter sur l'état délivré par ses soins ne possédaient de recours que contre lui [7]; la saisie n'était pas nulle, seule la responsabilité du conservateur était engagée sur le fondement de l'article 2451 du Code civil. En tout état de cause il ne pouvait être reproché au créancier poursuivant d'avoir sommé des créanciers portés sur l'état délivré par le conservateur mais dont les inscriptions s'étaient révélées nulles; le poursuivant n'étant pas juge de la validité de ces inscriptions [8].

Ces solutions continueront à recevoir application.

1363.85 **Difficultés.** En pratique, la difficulté est malheureusement souvent d'obtenir les états dans des délais compatibles avec ceux prescrits pour la procédure. Le dépôt du cahier des conditions de la vente devant s'effectuer dans les trois jours ouvrables de l'assignation délivrée au débiteur (la dénonce pouvant être délivrée dans les cinq jours) il faut donc requérir l état au plus tôt et l'obtenir à l'intérieur du délai de deux mois maximum qui court à partir de la délivrance du commandement de payer valant saisie. Certes, souvent, l'avocat a pu obtenir des renseignements « verbaux », mais cette pratique semble quasi révolue; elle laissait, au demeurant, supporter à l'avocat poursuivant une responsabilité anormale.

1363.86 **Le vendeur et le coéchangiste.** Parmi les créanciers, le décret-loi de 1938 en distinguait certains. L'article 692 ACPC visait ainsi le vendeur de l'immeuble saisi ou un coéchangiste et ceux qui ont le droit d'exercer la folle enchère. La sommation devait porter qu'à défaut de former et de faire mentionner à la suite du cahier des charges la

1. Pour l'ancienne sommation : Civ. 15 févr. 1968, *JCP A* 1968. I. 5284, obs. J. A.; *RTD civ.* 1968. 782, obs. Raynaud.
2. Civ. 2e, 10 avr. 2014, nº 13-13.770.
3. Rép.min.nº 15649, *JOAN Q* 30 sept. 2008.
4. L'ordonnance nº 2010-638 du 10 juin 2010 a supprimé le régime des conservateurs des hypothèques chargés de la publicité foncière. Elle est entrée en vigueur au 1er janvier 2013; la mission est aujourd'hui assurée par à la Direction générale des finances publiques.
5. Décr. nº 2012-1462, 26 déc. 2012, pris pour l'application de l'ordonnance nº 2010-638 du 10 juin 2010 portant suppression du régime des conservateurs des hypothèques et pour l'adaptation de la publicité foncière, *JO* 28 déc., p. 20582.
6. Civ. 25 mai 1897, *S.* 1898. 1. 321, note Tissier.
7. Poitiers, 26 févr. 1846, *DP* 1847. 2. 54.
8. Civ. 6 mars 1895, *DP* 1895. 1. 385, note Glasson.

demande en résolution de vente ou la poursuite de folle enchère ils seraient déchus de leur droit d'exercer ces actions à l'égard de l'adjudicataire. La même sanction était prévue pour ceux qui ayant droit d'exercer la folle enchère ne la poursuivaient pas et ne la faisaient pas mentionner au cahier des charges. Poursuivre la résolution de la vente est en effet une mesure très grave puisqu'elle peut aboutir à faire sortir le bien du patrimoine du saisi. Les autres créanciers et l'adjudicataire devaient donc savoir à quoi s'en tenir lors de l'audience éventuelle à l'occasion de laquelle cette action était envisagée. La sommation devait donc contenir un avertissement pour ces créanciers particuliers, outre les indications habituelles de prendre connaissance du cahier des charges. On ne retrouve rien de tel dans le décret du 27 juillet 2006, ce qui conduit à se demander si cela signifie que le droit de demander la résolution de la vente sera refusé à ces créanciers à l'avenir ou si simplement, ils ne bénéficieront plus d'une information particulière.

1363.87 **Signification.** La dénonce sera formée et signifiée par acte d'huissier de justice.

Avant la réforme, elle devait être faite à domicile élu. Toutefois, même dans le cas d'une notification à domicile élu, la jurisprudence estimait que l'huissier de justice devait, en application de l'article 648 C. pr. civ., mentionner sur l'acte le domicile ou le siège social réel du destinataire[1].

Désormais, l'article R. 322-8 C. pr. exéc. dispose qu'elle peut être faite à domicile élu sur les bordereaux d'inscriptions. Cette faculté risque d'être source d'insécurité juridique.

En outre, et toujours en cas de signification à domicile élu ou lorsque la signification est faite à une personne morale, l'huissier doit respecter les formalités édictées par l'article 658 C. pr. civ., à savoir l'envoi d'une lettre simple le jour même ou au plus tard le premier jour ouvrable, à l'adresse réelle du destinataire, comportant les mêmes mentions que l'avis de passage et rappelant, si la copie de l'acte a été déposée en son étude, les dispositions du dernier alinéa de l'article 656 C. pr. civ.; la lettre contient en outre une copie de l'acte de signification. Ces formalités garantissent la parfaite information du créancier, qui pourra invoquer la nullité de la signification si leur omission lui a causé un grief.

1363.88 **Élection de domicile des créanciers inscrits.** Les créanciers inscrits ont obligatoirement fait élection de domicile sur les bordereaux d'inscription de leur sûreté. Si la dénonce à domicile élu reste possible, l'article R. 322-8 alinéa 1er C. pr. exéc. n'en fait plus une obligation.

Si le créancier connaît le domicile réel ou si l'huissier peut délivrer à personne, la signification sera valable, conformément aux dispositions de l'article 689 C. pr. civ. Dans le cas où la signification est faite à domicile élu il a été jugé, qu'il appartenait au professionnel chez qui élection de domicile était faite de la transmettre à l'intéressé; un notaire n'ayant pas transmis une sommation, a ainsi engagé sa responsabilité toutefois les poursuites sont demeurées valables[2].

1363.89 **Décès du destinataire.** En cas de décès du destinataire, l'article R. 322-8 alinéa 2 C. pr. exéc. autorise la délivrance de la dénonce aux héritiers collectivement, sans désignation des noms et qualités respectifs, à domicile élu ou à défaut au domicile du défunt (v. ss no 1363.83).

B. Mentions de la dénonce

1363.90 **Plan.** Outre les mentions prescrites par l'article 56 C. pr. civ., la dénonciation comprend à peine de nullité des mentions d'ordre procédural (1°), d'autres relatives au projet de vente judiciaire (2°), et enfin des mentions détaillent les obligations des créanciers inscrits (3°).

1° Informations d'ordre procédural

1363.91 **Indication des lieu, jour et heure de l'audience d'orientation (C. pr. exéc., art. R. 322-7, 1°).** C'est une audience du JEX, et les créanciers comme le saisi devront constituer avocat[3]. Cette obligation se déduit de l'article R. 322-10, 6°C. pr. exéc.

1363.92 **Modalités de présentation d'une contestation ou d'une demande incidente (C. pr. exéc., art. R. 322-7, 6°).** La dénonce devra reproduire les dispositions de l'article R. 311-6°C. pr. exéc., qui

1. EN CE SENS, Civ. 2e, 17 janv. 1996, no 94-12.139, *Bull. civ.* II, no 5.

2. TGI Pontoise, 18 juin 1975, *JCP* 1975. IV. 6539 – Paris, 15 oct. 1976, *JCP* 1977. II. 18565, note J. A. – Civ. 3e, 27 juin 1978, no 77-10.815, *Bull. civ.* III, no 269; *JCP* 1979. II. 19253 – Civ. 2e, 16 nov. 1988, no 87-16.307, *Bull. civ.* II, no 224; *JCP* 1989. II. 21377, note Prévault.
3. Parce qu'il doit s'agir d'un avocat inscrit au barreau du tribunal devant lequel la procédure est menée (Cass., avis, 16 mai 2008, no 08-00.002, *Bull. avis*, no 3, et Civ. 2e, 5 mai 2011, no 10-14.066, *Bull. civ.* II, no 105), il appartient à l'avocat choisi par le saisi de prendre toutes les dispositions s'il ne peut assurer lui-même la représentation devant la juridiction devant laquelle est attrait son client : Lyon, 21 juin 2012, *Dr. et proc.* 2012. 271, note Desmarthon.

précise qu'« *à moins qu'il en soit disposé autrement, toute contestation ou demande incidente est formée par le dépôt au greffe de conclusions signées d'un avocat.* [...] *Lorsque la contestation ou la demande incidente ne peut être examinée à l'audience d'orientation, le greffe convoque les parties à une audience par lettre recommandée avec demande d'avis de réception dans un délai de quinze jours à compter du dépôt de la contestation ou de la demande. L'examen des contestations ou des demandes incidentes ne suspend pas le cours de la procédure* ».

L'article R. 322-7, 6° C. pr. exéc. ne précise cependant pas dans quel délai ces contestations et demandes incidentes doivent être déposées, mais la solution est donnée par l'article R. 311-5 C. pr. exéc. qui interdit de les déposer après l'audience d'orientation à peine d'irrecevabilité.

2°
Informations relatives au projet de vente aux enchères

1363.101 Consultation du cahier des conditions de vente (C. pr. exéc., art. R. 322-7, 2°). L'acte de dénonce doit faire sommation aux créanciers inscrits de prendre connaissance du cahier des conditions de la vente. Initialement, il était seulement prévu la consultation du cahier des conditions de vente au greffe du JEX. Le décret du 12 février 2009 a ajouté, à l'article 41, 2° du décret, devenu l'article R. 322-7, 2° C. pr. exéc., une faculté de consultation au cabinet de l'avocat du créancier poursuivant.

Ce document doit être déposé par le créancier poursuivant le cinquième jour ouvrable au plus tard après la date de l'assignation du débiteur à l'audience d'orientation. Réalisant que les créanciers doivent être assignés au plus tard le cinquième jour ouvrable suivant la délivrance de cette assignation au débiteur, les auteurs de la réforme ont modifié les dispositions originaires du décret du 27 juillet 2006 afin de faire coïncider les délais de dénonce (art. 40 [devenu C. pr. exéc., art. R. 322-6]) de dépôt du cahier des conditions de vente (art. 41, al. 2, mod. par Décr. n° 2006-1805, 23 déc. 2006 [devenu C. pr. exéc., art. R. 322-7]). C'est uniquement l'information sur les obligations du poursuivant que la dénonce doit contenir et l'indication que ce cahier des conditions de la vente sera consultable au greffe du JEX et au cabinet de l'avocat du créancier poursuivant.

1363.102 Montant de la mise à prix (C. pr. exéc., art. R. 322-7, 3°). Comme pour le saisi, les créanciers inscrits sont informés du montant fixé par le poursuivant pour la mise à prix dans le cahier des conditions de vente. Cependant, à la différence du saisi, il n'est pas offert aux créanciers inscrits la faculté de contester ce montant car cela n'est d'aucun intérêt pour eux.

3°
Informations relatives aux obligations des créanciers

1363.111 Sommation d'avoir à déclarer les créances inscrites sur le bien saisi et à dénoncer cette déclaration (C. pr. exéc., art. R. 322-7, 4°). Les créanciers inscrits sont sommés dès le début de la procédure de saisie immobilière de déclarer leurs créances, en principal, fruits et intérêts échus au jour de la déclaration, avec l'indication du taux des intérêts moratoires par acte d'avocat déposé au greffe du JEX et accompagné d'une copie du titre de créance et du bordereau d'inscription. L'information sur cette obligation est primordiale car selon l'article L. 331-2 C. pr. exéc., les créanciers sommés de déclarer leur créance et qui auront omis de le faire seront déchus du bénéfice de leur sûreté pour la distribution du prix de vente de l'immeuble. L'objet de la sommation a été étendu par le décret du 12 février 2009 qui a ajouté à l'article 41, 4° (devenu C. pr. exéc., art. R. 322-7, 4°) la sommation d'avoir à dénoncer, le même jour ou le premier jour ouvrable suivant cette déclaration, au créancier poursuivant et au débiteur, dans les mêmes formes ou par signification.

1363.112 Reproduction en caractères très apparents de l'article L. 331-2 C. pr. exéc. et de l'article R. 322-12 C. pr. exéc. (C. pr. exéc., art. R. 322-7, 5°). Le Code des procédures civiles d'exécution prévoit à l'article R. 322-12 alinéa 1er le délai à l'intérieur duquel le créancier inscrit à qui le commandement de payer valant saisie a été dénoncé, doit déclarer sa créance. Il est fixé à **deux mois** à compter de la dénonciation. L'alinéa 2 autorise toutefois le créancier qui justifie que sa défaillance n'est pas de son fait à déclarer sa créance au-delà du délai imparti. L'article R. 322-12 C. pr. exéc. précise encore la procédure à suivre dans ce cas.

Il est apparu nécessaire d'attirer l'attention des créanciers sur cette obligation. Pour cela, l'article R. 322-7, 5° C. pr. exéc. dans sa rédaction issue du décret du 27 juillet 2006 prévoyait que le créancier devait reproduire, en caractères très apparents[1] les dispositions de l'article 46 dans l'acte de dénonciation du commandement. Le décret du 12 février 2009 a ajouté à l'article 41, 5° (devenu C. pr. exéc., art. R. 322-7, 5°) l'obligation de reproduction des dispositions de l'article L. 331-2 C. pr. exéc. qui prévoient la sanction du défaut de déclaration, à savoir la déchéance des sûretés.

1. V. ss n° 1363.54 et la jurisprudence citée sur ce qu'il faut entendre par caractères « très apparents ».

1363.113 Sanction : nullité. Les mentions de l'article R. 322-7 C. pr. exéc. sont prescrites à peine de nullité. L'article R. 311-10 C. pr. exéc. renvoie à la section IV du chapitre II du titre V du livre premier du C. pr. civ. qui impose la démonstration d'un grief pour les irrégularités de forme.

§ 3
Mentions à la Conservation des hypothèques

1363.121 Modalités. Selon l'article R. 322-9 C. pr. exéc., mention de la délivrance de l'assignation et des dénonciations doit être faite, dans les huit jours de la dernière signification en date, en marge de la copie du commandement publiée au Bureau des hypothèques. Une seule mention en marge peut être requise[1].

1363.122 Finalité de cette mention. Les mentions en marge sont destinées à l'information des tiers. Toute personne est ainsi informée par la lecture d'une fiche d'immeuble de l'état d'avancement de la procédure et tous les créanciers inscrits auxquels le commandement a été dénoncé sont associés à la procédure. Du jour de cette mention, la saisie ne peut plus être rayée que du consentement de tous les créanciers inscrits ou en vertu d'un jugement qui leur soit opposable. Le créancier ne pourra plus décider seul d'abandonner la poursuite même si le débiteur le désintéresse; il devra obtenir l'accord des autres créanciers[2] et s'il ne l'obtient pas, le jour de l'adjudication, tout créancier inscrit pourra requérir la vente (v. s^s^ n° 1368.31). À compter de cette mention, les créanciers inscrits sont parties à la procédure.

1363.123 Absence de sanction. Le délai de huit jours pour faire mention des sommations en marge n'est pas prescrit à peine de caducité. L'article R. 311-11 C. pr. exéc. qui énumère les délais prescrits à peine de caducité ne vise pas l'article R. 322-9 C. pr. exéc.

SECTION 3
RÉDACTION ET DÉPÔT DU CAHIER DES CONDITIONS DE VENTE

1363.131 Déroulement. Une fois le commandement régulièrement publié, les droits des créanciers inscrits et du poursuivant sont préservés pour deux ans (v. s^s^ n° 1361.310). Il est donc possible de passer à la réalisation du gage. C'est le poursuivant qui rédige le cahier des conditions de vente comportant l'état descriptif de l'immeuble et les modalités de la vente (§ 1). Il y joint la copie de l'assignation délivrée au débiteur et un état hypothécaire certifié à la date de la publication du commandement de payer valant saisie et dépose le tout au greffe (§ 2) où les créanciers inscrits et le saisi pourront en prendre connaissance.

§ 1
Élaboration du cahier des conditions de vente

1363.140 Importance de ce document. C'est l'avocat poursuivant (A) qui en établit le projet pour que soient fixées les conditions de la vente forcée, selon les dispositions de l'article R. 322-10 C. pr. exéc.; il ne liera les parties et les tiers à la procédure qu'une fois passée l'audience d'orientation au cours de laquelle le saisi, les créanciers inscrits, et même le poursuivant pourront y apporter des modifications et y faire des ajouts. Ce faisant, il présente une nature juridique très particulière (B) et son contenu doit être examiné en détail (C).

A.
Rédaction du cahier des conditions de vente

1363.141 Auteur et responsabilité : créancier poursuivant. L'article R. 322-11 C. pr. exéc. indique qu'il est élaboré sous la responsabilité du créancier poursuivant. Sera-t-il alors encore signé par l'avocat de ce créancier qui, en pratique, est celui qui rédige le document ? Avant la réforme on estimait que c'était l'avocat du poursuivant qui fixait les conditions de la vente aux enchères, sans qu'il lui soit besoin de justifier d'un pouvoir spécial (pour les ventes sur faillite et le pouvoir du juge-commissaire, v. s^s^ n°s 1412.32 s.) et qu'il était porté officiellement à la connaissance des tiers, sous sa responsabilité professionnelle[3]. L'avocat du créancier poursuivant pouvait encore voir sa responsabilité engagée dans ses rapports avec son mandant (pour mise à prix trop élevée, v. s^s^ n° 1325.142). Le décret de 2006 n'envisage que la responsabilité du créancier poursuivant, mais si un recours devait être dirigé contre lui, il pourra, comme c'était souvent le cas auparavant, appeler en garantie son avocat, ou attendre d'avoir été condamné pour

1. Ch. Laporte, « Saisie immobilière et publicité foncière », *Procédures* 2008. Prat. 6.
2. Civ. 2e, 7 janv. 1965, *JCP* 1966. IV. 23.
3. Pour une omission d'informations sur la TVA à acquitter, Lyon, 10 mars 1989, *Gaz. Pal.* 1989. 1. 116, note Renard.

actionner la responsabilité professionnelle de son mandataire.

1363.142 **Cahier type.** Avant la réforme, certains conseils de l'ordre faisaient établir des cahiers des charges types que les avocats du ressort devaient respecter. La Cour de cassation admettait cette pratique, sous certaines conditions[1] (v. aussi s[s] n° 1323.22). Depuis 2009[2], le Règlement intérieur national (RIN) de la profession d'avocat, élaboré par le Conseil national des barreaux, impose le respect de clauses types lors de l'élaboration des cahiers à déposer dans les ventes judiciaires. Les avocats sont donc tenus, déontologiquement, d'utiliser ces clauses, de caractère général; pour le reste, ils rédigent les conditions particulières des cahiers des conditions de vente en fonction de la situation particulière de chaque affaire.

1363.143 **Forme.** Avant la réforme, l'article 688 ACPC disposait que ce document était sous forme de minute, non grossoyée. Le décret du 27 juillet 2006 ne contient pas cette précision.

B.
Nature juridique du cahier des conditions de vente

1363.151 **D'un projet à une convention.** Le cahier des conditions de la vente est le document qui va fixer les conditions juridiques de la vente aux enchères. L'avocat du poursuivant le rédige et le dépose au greffe du JEX; on pourrait penser qu'il s'impose dès lors au saisi, aux créanciers et aux enchérisseurs. En réalité, jusqu'à l'audience d'orientation, il peut être contesté et complété (v. s[s] n°s 1364.41 s.). Il est donc plus exact de considérer qu'il n'a, dans l'attente de cette audience, pas encore force obligatoire, qu'il n'est qu'à l'état de projet. Il ne devient la loi des parties qu'après l'audience d'orientation en vue de laquelle tout intéressé peut en contester les stipulations (C. pr. exéc., art. R. 322-11, al. 3).

Traditionnellement, la jurisprudence enseignait, s'agissant du cahier des charges, qu'il « *constitue une convention ayant force obligatoire entre le saisissant, les créanciers du saisi, le saisi lui-même et l'adjudicataire* »[3].

Mais par ailleurs, les dispositions de l'article 1147 du Code civil n'étaient pas appliquées dans les rapports du poursuivant et de l'adjudicataire; en cas d'erreur ou d'omission au cahier des charges, la responsabilité du créancier poursuivant était établie sur le fondement de l'article 1382 du Code civil[4]. Et parce qu'il n'existe pas non plus de contrat entre l'avocat rédacteur du cahier des charges et l'adjudicataire[5], la Cour de cassation jugeait qu'aucune clause du cahier des charges ne pouvait exonérer par avance le rédacteur de sa responsabilité (stipulant par exemple que tous les renseignements relatifs à la propriété de l'immeuble étaient donnés sans aucune garantie et sans que l'avocat rédacteur puisse en aucune façon être recherché à ce sujet); si elle figurait au cahier des charges, cette clause ne pouvait être valablement opposée à l'adjudicataire; le rédacteur du cahier des charges y demeurait tiers et sa responsabilité professionnelle pouvait être recherchée sur le fondement de l'article 1382 du Code civil.

Cette jurisprudence devrait continuer à s'appliquer, l'article R. 322-11 alinéa 1er C. pr. exéc. disposant que le cahier des conditions de vente est élaboré sous la responsabilité du créancier poursuivant, sans apporter de précision sur la nature de cette responsabilité.

1363.152 **Contestation.** L'article R. 322-11 alinéa 3 C. pr. exéc. dispose que tout intéressé peut contester les stipulations du cahier des conditions de la vente, sous réserve des dispositions de l'article L. 322-6 C. pr exéc. qui intéressent le montant de la mise à prix et qui ne peut être contestée que par le saisi, dans certaines conditions. Les contestations seront examinées à l'audience d'orientation par le JEX.

1363.153 **Force obligatoire.** Une fois l'audience d'orientation passée, tout ce qui est dans le cahier des conditions de la vente devrait, comme auparavant le cahier des charges, s'imposer aux parties et aux tiers[6].

C.
Contenu du cahier des conditions de vente

1363.160 **Un document complet à peine de nullité.** L'article R. 322-10 C. pr. exéc. énumère les mentions que doit contenir ce document à peine de nullité (1°). Toutefois, le rédacteur est libre d'appor-

1. Civ. 1re, 15 févr. 1983, n° 82-11.888, *Bull. civ.* I, n° 59; *D.* 1984. IR 117, obs. Brunois; *Gaz. Pal.* 1983. 1. 271.
2. À la suite de la décision normative du CNB du 24 avril 2009, *JO* 12 mai 2009, p. 7875; Ch. Laporte, « Ventes judiciaires et Conseil national des barreaux », *Procédures* 2009. Focus 42.
3. Civ. 2e, 1er déc. 1976, n° 74-14.584, *Bull. civ.* II, n° 323; *JCP* 1981. II. 19561 – Civ. 2e, 14 janv. 1981, n° 80-10.693, *Bull. civ.* II, n° 3 – Civ. 3e, 6 nov. 1984, n° 83-13.749, *Bull. civ.* III, n° 184; *D.* 1985. 547, note Souleau; *Gaz. Pal.* 1985. 1. Pan. 61 – Civ. 2e, 2 juill. 1986, n° 85-12.884, *Bull. civ.* II, n° 102; *D.* 1987. 110, note Prévault; *JCP* 1986. IV. 267; *Gaz. Pal.* 1987. Somm. 57, obs. Véron.
4. Civ. 2e, 14 juin 1984, n° 83-11.837, *Bull. civ.* II, n° 109; *Gaz. Pal.* 1984. 1. Pan. 317, obs. Véron.
5. Civ. 2e, 15 juin 1994, n° 92-18.048, *Bull. civ.* II, n° 155.
6. Civ. 2e, 2 juill. 1986, n° 85-12.884, *Bull. civ.* II, n° 102.

ter en outre toutes les précisions qui lui paraissent utiles pour fixer les droits concernés, comme pour régler les suites de l'adjudication (2°). À ce cahier des conditions de la vente doit être annexé le procès-verbal descriptif.

1°
Mentions visées par l'article R. 322-10 C. pr. exéc.

1363.161 **Énonciation du titre exécutoire en vertu duquel les poursuites sont exercées (C. pr. exéc., art. R. 322-10, 1°).** Il n'est pas demandé au poursuivant de le joindre, ni même d'en fournir une copie, mais seulement de l'énoncer. Le saisi en effet, en a nécessairement eu connaissance, soit préalablement à la délivrance du commandement, soit lors de la signification de celui-ci (v. s[s] n° 1361.91).

1363.162 **Décompte des sommes dues au créancier poursuivant (C. pr. exéc., art. R. 322-10, 2°).** Il s'agit d'un décompte détaillé, en principal, frais et intérêts échus ainsi que de l'indication du taux des intérêts moratoires[1].

1363.163 **Énonciation du commandement avec la mention de sa publication et des autres actes intervenus postérieurement (C. pr. exéc., art. R. 322-10, 3°).** Le créancier doit justifier avoir respecté les prescriptions antérieures; la vérification que le commandement a bien été publié dans les délais peut ainsi être opérée par le saisi et les créanciers inscrits qui viendront consulter le cahier des conditions de vente.

1363.164 **Désignation juridique de l'immeuble saisi et procès-verbal descriptif (C. pr. exéc., art. R. 322-10, 4°).** Le cahier des conditions de la vente doit comprendre tout d'abord la désignation du bien, c'est-à-dire une description minutieuse qui réponde aux exigences du décret de 1955 en matière de publicité foncière : nature, situation, contenance, désignation cadastrale. Une jurisprudence ancienne décide qu'une erreur de peu d'importance n'est pas une cause de nullité si elle n'est pas de nature à porter préjudice aux parties[2].

Il convient ensuite d'indiquer l'origine de propriété, les servitudes grevant l'immeuble et les baux consentis sur celui-ci.

Outre ces informations juridiques, le cahier des conditions de la vente reproduira le procès-verbal descriptif[3]. Pour satisfaire aux exigences de l'article R. 322-10 C. pr. exéc., le procès-verbal de description des lieux doit avoir été établi conformément aux dispositions des articles R. 322-1 et R. 322-2[4] (v. s[s] n° 1363.10).

1363.165 **Conditions de la vente judiciaire (C. pr. exéc., art. R. 322-10, 5°).** L'ACPC ne donne aucune indication sur celles-ci, et le décret du 27 juillet 2006 n'est pas plus précis. Or ce sont là des dispositions très importantes puisqu'elles vont déterminer les droits du futur adjudicataire. Le poursuivant va fournir des informations sur l'état du bien quand bien même l'action en vice caché n'est pas ouverte à l'adjudicataire (v. s[s] n° 1371.225), sur sa situation juridique et sur tout élément qui lui paraît devoir être porté à la connaissance des candidats à l'adjudication. Avant la réforme, on conseillait de se conforter au modèle du cahier des charges type, pour les clauses générales; pour les clauses « particulières », par définition exclues d'un cahier des charges type, toute information qui paraissait utile au créancier pouvait être portée. Les mêmes conseils peuvent être donnés au créancier. Ce dernier a en effet intérêt à être le plus précis possible dans sa description du bien, puisqu'il vend sous sa responsabilité.

On rencontre généralement des clauses réglant la transmission de propriété, l'adjudicataire prenant les biens en l'état; des indications sur les servitudes éventuelles; une clause fixant les conditions de l'entrée en jouissance : ici sont précisées

1. Chambéry, 25 mai 2008, *Juris-Data* n° 374996 : le débiteur soulevait la nullité du cahier des conditions de vente pour défaut d'indication du taux des intérêts moratoires. Il est débouté, la Cour estimant que la contestation portant sur le mode de calcul du taux variable des intérêts qui était énoncé dans l'acte de prêt et dont le saisi avait parfaitement connaissance, l'omission de la mention ne lui faisait pas grief au sens de C. pr. civ., art. 114.
2. Bordeaux, 8 déc. 1831, *Jur. gén.*, *V° Vente publique d'immeubles*, n° 769.
3. La nullité des actes de procédure devant être invoquée, à peine d'irrecevabilité, simultanément avant toute défense au fond ou fin de non-recevoir, est irrecevable la demande de nullité du cahier des conditions de vente pour caractère incomplet du procès-verbal descriptif, présenté après les défenses au fond : Civ. 2e, 1er oct. 2009, n° 08-19.104, *Bull. civ.* II, n° 235; *D.* 2010. 2973, note Leborgne.
4. La deuxième chambre civile a été jugé qu'un procès-verbal descriptif établi avant la délivrance du commandement de payer valant saisie ne pouvait être assimilé au procès-verbal prévu par les art. R. 322-1 et R. 322-2 C. pr. exéc. et elle en a déduit que, dès lors que le procès-verbal de description annexé au cahier des conditions de vente n'avait pas été dressé conformément aux articles susmentionnés, le commandement se trouvait caduc, à défaut de dépôt au greffe, dans le délai de l'art. R. 322-10 du même code, d'un cahier des conditions de vente comportant l'état descriptif de l'immeuble : Civ. 2e, 21 févr. 2013, n° 12-15.643, *Bull. civ.* II, n° 42; *Dalloz actualité*, 21 mars 2013, obs. Avena-Robardet; *Gaz. Pal.* 2013. 1623, note Laporte; *Dr. et proc.* 2013. 117, note Leborgne; *RD. banc. fin.* 2013, n° 105, note Piedelièvre. La solution est cependant discutable car si le procès-verbal non conforme équivaut à une absence de procès-verbal, entachant le cahier des conditions de vente d'une nullité, encore fallait-il établir en quoi cette irrégularité de forme causait grief.

les conditions d'occupation éventuelle du bien, les baux consentis, les charges existantes, les modalités de paiement du prix, les garanties que devra fournir l'adjudicataire, les frais à payer, *etc.* Toutes précisions destinées à prévenir d'éventuels contentieux.

1363.166 Mise à prix initiale fixée par le poursuivant. C'est toujours le poursuivant qui la fixe. Pourra-t-il, comme avant la réforme la modifier, dès lors qu'il invoquera un motif légitime et sérieux ?[1] Rien ne devrait l'interdire, toutefois, en opportunité, la jurisprudence était plutôt sévère (pour un ex., v. le cas où un poursuivant avait été débouté de sa demande de baisse de mise à prix initialement fixée à 20 000 000 francs; le créancier souhaitait la diminuer à 12 500 000 francs craignant de se voir déclaré adjudicataire sur une mise à prix trop élevée[2]). Cela confirme l'extrême prudence dont doit faire preuve le poursuivant lorsqu'il fixe la mise à prix.

Sur la faculté du saisi de contester la mise à prix en cas d'insuffisance manifeste (v. s^s n° 1365.144).

1363.167 Montant. À combien doit-elle être fixée ? Le décret-loi de 1938 ne prévoyait qu'une limite à la baisse, aujourd'hui dérisoire : le total ne pouvait être inférieur à 500 (anciens) francs (c'est-à-dire 5 francs, soit 0,75 euros). Le décret du 27 juillet 2006 ne donne plus aucune indication. En matière d'exécution forcée ce qui est recherché c'est l'apurement d'une dette. Il ne s'agit pas d'une vente amiable avec une offre de vente. La difficulté pour le créancier poursuivant tient au fait qu'il faut que la mise à prix soit attractive (sur la responsabilité de l'auxiliaire de justice dans la fixation de la mise à prix en cas de carence d'enchères v. s^s n°s 1325.141 s.); elle ne correspond en aucune façon à la valeur de l'immeuble, ce que les saisis ne comprennent pas toujours. C'est donc généralement au regard du marché et du montant de sa créance que le poursuivant la fixera, sachant qu'à défaut d'enchères il sera déclaré adjudicataire en vertu de l'article L. 322-6 alinéa 1er C. pr. exéc. Cette circonstance explique que ni les autres créanciers ni le saisi ne peuvent être autorisés à fixer la mise à prix à sa place.

1363.168 Aspects fiscaux du prix. Le décret étant muet sur ces questions, la pratique et la jurisprudence développées sous l'empire du décret-loi de 1938 devraient pouvoir continuer à recevoir application.

• **Régime fiscal.** Le rédacteur du cahier des conditions de vente doit informer les tiers intéressés du régime fiscal applicable à la vente : soit celle-ci est soumise à la TVA immobilière, soit la vente donne lieu au paiement de droits d'enregistrement. Lorsque des droits d'enregistrement doivent être réglés, la charge définitive en incombe à l'acquéreur, qui les réglera en sus du prix (CGI, art. 1712). Lorsque la vente est soumise à TVA immobilière, il faudra en outre rechercher sur qui pèse la charge de la TVA.

• **Prix hors taxe ou TVA.** À défaut de stipulation contraire dans le cahier des conditions de vente, un prix stipulé sans mention de TVA doit être réputé inclure la taxe, qui sera supportée par celui qui en est redevable en vertu des dispositions du Code général des impôts.

La clause du cahier des conditions de vente selon laquelle l'acquéreur supportera la TVA, à la décharge du vendeur, ne signifie pas que l'acquéreur doit régler la taxe pour le compte de celui-ci, mais au lieu et place du vendeur[3]. Il doit être à cet égard précisé que la formulation de la clause relative à la charge de TVA permettra ou non à l'adjudicataire d'invoquer les éventuels droits à déduction du vendeur. Ainsi, le fait de devoir contractuellement payer la TVA pour le compte du vendeur, ne permettra pas pour autant à l'adjudicataire de prétendre déduire du montant de l'impôt la TVA déjà payée par le vendeur lors de l'acquisition du bien ou de la réalisation des constructions. Avant la réforme, il a été jugé que l'avocat qui n'avait pas fait mention de la TVA due par l'adjudicataire engageait sa responsabilité[4].

1363.169 • Influence du débiteur sur la modification de la mise à prix. Avant la réforme, et à la suite de la loi n° 98-46 du 23 janvier 1998[5], les débiteurs dont le logement principal était saisi s'étaient vu reconnaître la faculté de saisir le tribunal pour contester la mise à prix fixée, en cas d'insuffisance manifeste. Cette faculté a été reprise et étendue par l'ordonnance du 21 avril 2006 à tous les saisis, quelle que soit l'affectation de l'immeuble. Le juge, dans ce cas, fixait une nouvelle mise à prix en rapport avec la valeur vénale du bien et les conditions du marché et l'article 690 ACPC qui réglementait cette faculté prévoyait l'éventualité d'une consultation ou d'une expertise, sans pour autant dire à la charge de qui elle serait mise, saisi ou poursuivant. Au final, prévoir le recours à une expertise était risqué car cela pouvait aboutir à

1. EN CE SENS, TGI Limoges, 3 nov. 1988, *JCP* 1989. II. 21346, note Prévault – Civ. 2e, 1er juin 1988, n° 87-13.044, *Bull. civ.* II, n° 130; *D.* 1988. IR 184.
2. Civ. 2e, 22 mai 1995, n° 93-17.109, *Bull. civ.* II, n° 147.
3. TGI Bourgoin-Jallieu, 9 mars 1983, *JCP* 1984. IV. 329.
4. Lyon, 10 mars 1988, *JCP* 1988. II. 21155, note Prévault.
5. L. n° 98-46, 23 janv. 1998, renforçant la protection des personnes surendettées en cas de saisie immobilière, *JO* 24 janv., p. 1127.

majorer les frais préalables et ainsi, à diminuer d'autant le prix d'adjudication.

L'article L. 322-6 C. pr. exéc. reproduit cette faculté sans distinction d'affectation. Tous les saisis pourront donc contester la mise à prix devant le JEX en établissant son insuffisance manifeste. Le juge se déterminera selon la valeur vénale du bien et les conditions du marché mais il n'est plus fait référence à une expertise ou consultation. La charge de la preuve pèsera toutefois toujours sur le saisi demandeur à qui il incombera de fournir aux débats des éléments permettant d'accorder crédit à son allégation selon laquelle la mise à prix serait manifestement insuffisante[1].

Comme auparavant, le saisi ne pourra contester un prix qui lui paraîtrait simplement trop élevé et dissuasif pour les acquéreurs; il est vrai que cela ne sera jamais son intérêt car l'adjudication purgeant les inscriptions (v. s[s] n° 1371.201) le débiteur sera toujours gagnant si le prix est élevé (même s'il y a carence d'enchères puisque le poursuivant sera adjudicataire).

1363.170 • Carence d'enchères suite à une mise à prix modifiée. Dans l'hypothèse d'une mise à prix majorée à la demande du saisi, le poursuivant ne doit pas risquer d'être déclaré adjudicataire en cas de carence d'enchères. L'article L. 322-6 C. pr. exéc. dispose que dans ce cas, le poursuivant ne pourra être déclaré adjudicataire que pour la mise à prix initiale, ce qui est conforme à la jurisprudence du Conseil constitutionnel[2]. En tout état de cause, l'article R. 322-47 C. pr. exéc. prévoit qu'en cas de carence d'enchères sur la mise à prix réévaluée par le juge, le bien est immédiatement remis en vente sur baisses successives, jusqu'au plancher constitué par le montant de la mise à prix initiale proposée par le poursuivant (v. s[s] n° 1368.133).

1363.171 Désignation d'un séquestre (C. pr. exéc., art. R. 322-10, 7°). Dernière information visée à l'article R. 322-10 C. pr. exéc. et que doit contenir le cahier des conditions de la vente, celle relative à la désignation d'un séquestre des fonds provenant de la vente (bâtonnier de l'ordre ou président de la Carpa, selon ce qui aura été prévu par le règlement intérieur de chaque ordre[3]), ou de la caisse des dépôts et consignations, consignataire des fonds.

L'article R. 322-57 C. pr. exéc. dispose en outre que lorsque les fonds sont séquestrés, ils produisent intérêt à un taux fixé par le cahier des conditions de la vente et qui ne peut être inférieur au taux d'intérêt servi par la caisse des dépôts et consignations. La mention de ce taux d'intérêt devra donc figurer dans le cahier des conditions de la vente.

2°

Clauses relatives à l'état de l'immeuble

1363.180 Les risques parasitaires ou sanitaires et les exigences de sécurité. Depuis quelques années, le législateur a cherché à améliorer la protection des acquéreurs de bien immobilier et à organiser l'assainissement de l'habitat. Il en est résulté successivement des obligations d'information spécifiques sur l'état de l'immeuble à la charge des propriétaires désireux de vendre leur bien : présence (ou absence) d'amiante, de plomb, et de termites; état des risques naturels et technologiques, dispositif de protection des piscines, état de l'installation intérieure de gaz, diagnostic de performance énergétique, état de l'installation électrique et document établi à l'issue du contrôle des installations d'assainissement non collectif. En vertu de l'article L. 271-4 du Code de la construction et de l'habitation, en cas de vente publique, le dossier de diagnostic technique doit être annexé au cahier des conditions de vente. L'accomplissement de cette obligation repose sur le professionnel qu'est l'avocat, rédacteur du cahier des conditions de vente.

1363.181 • Dispositif amiante (CSP, art. L. 1334-13). Le décret n° 96-97 du 7 février 1996[4], applicable à tous les immeubles bâtis à la seule exception des immeubles à usage d'habitation comportant un seul logement, avait imposé aux propriétaires de rechercher la présence de calorifugeages et de flocages contenant de l'amiante, afin d'en informer les éventuels acquéreurs et, le cas échéant, de faire procéder à des travaux d'isolation ou d'enlèvement de ce produit. Puis, la loi n° 2000-1208 du 13 décembre 2000, dite « loi SRU »[5,6] avait institué l'obligation d'annexer à tout contrat de promesse de vente ou d'achat et à toute vente d'immeuble un état mentionnant la présence ou l'absence de matériaux ou produits de la construction contenant de l'amiante. En l'absence d'un tel état, aucune clause d'exonération de la garantie des vices cachés ne pouvait être invoquée. Par la suite,

1. Pour un ex. rendu sous l'empire de l'ancienne législation, Civ. 2e, 7 déc. 2000, n° 98-22.072, *Bull. civ.* II, n° 166.
2. Cons. const. 29 juill. 1998, n° 98-403 DC, *JO* 31 juill. 1998, p. 11710 – V. AUSSI, Cons. const. 16 déc. 2011, n° 2011-206 QPC, *Dr. et proc.* 2012. 80, obs. Leborgne, qui juge conforme à la Constitution les dispositions de l'ancien article 2206 du Code civil.
3. Art. 13 du cahier type des conditions de vente en matière de saisie immobilière, annexé au RIN.
4. Mod. par Décr. n° 97-8555, 12 sept. 1997.
5. L. n° 2000-1208, 13 déc. 2000, relative à la solidarité et au renouvellement urbains, *JO* 14 déc., p. 19777.
6. CSP, art. L. 1334-13, (transf. par L. n° 2004-806, 9 août 2004, *JO* 11 août, p. 14277).

un décret du 13 septembre 2001[1] a procédé à une réforme générale du décret du 7 février 1996, sur le plan technique et juridique, en précisant le déroulement des opérations menant du dépistage de l'amiante à sa mise hors d'état de nuire[2], suivi d'un décret du 3 mai 2002[3], et de deux arrêtés des 2 janvier et 22 août 2002[4]. Au-delà des précisions techniques sur les modalités de repérage de l'amiante, l'analyse des produits ou la démolition de l'immeuble, il faut s'arrêter à l'obligation qui pèse aujourd'hui sur le vendeur, en vertu de l'article L. 1334-13 du Code de la santé publique, dans sa rédaction issue de l'ordonnance n° 2010-177 du 23 février 2010[5], de produire « *un état mentionnant la présence ou, le cas échéant, l'absence de matériaux ou produits de la construction contenant de l'amiante, lors de la vente d'un immeuble bâti, dans les conditions et selon les modalités prévues aux articles L. 271-4 à L. 271-6 du Code de la construction et de l'habitation* ».

1363.182 • **Lutte contre le saturnisme (CSP, art. L. 1334-5)**[6]. Depuis 1998, il est prévu l'établissement d'un constat des risques d'exposition au plomb qui, selon l'actuel article L. 1334-6 du Code de la santé publique, doit être produit lors de la vente de tout ou partie d'un immeuble à usage d'habitation construit avant le 1er janvier 1949.

1363.183 • **Protection des acquéreurs et propriétaires d'immeubles contre les termites et autres insectes xylophages (CCH, art. L. 133-6).** L'arsenal de textes destinés à protéger les acquéreurs de bien immeuble s'est encore enrichi d'une loi visant à lutter contre le danger que représente pour un immeuble la présence de termites. L'article 8 de la loi n° 99-471du 8 juin 1999[7] dispose que, en cas de vente d'un immeuble bâti situé dans une zone délimitée en application de l'article 3 de la loi (qui renvoie à un arrêté préfectoral délimitant les zones contaminées), la clause d'exonération de garantie pour vice caché prévue à l'article 1643 du Code civil, si le vice caché est constitué par la présence de termites, ne peut être stipulée qu'à la condition qu'un état parasitaire du bâtiment soit annexé à l'acte authentique constatant la réalisation de la vente. En vertu de l'article L. 271-4 du Code de la construction et de l'habitation, cette exigence s'applique également aux ventes publiques.

1363.184 **Diagnostic de performance énergétique.** En vertu de l'article L. 134-1 du Code de la construction et de l'habitation, le diagnostic de performance énergétique d'un bâtiment ou d'une partie de bâtiment est un document qui comprend la **quantité d'énergie effectivement consommée ou estimée** pour une utilisation standardisée du bâtiment ou de la partie de bâtiment et une **classification en fonction de valeurs de référence**, afin que les consommateurs puissent comparer et évaluer sa performance énergétique. Il est accompagné de **recommandations** destinées à améliorer cette performance. Ce diagnostic fait partie du dossier de diagnostic technique qui doit être annexé au cahier des conditions de vente, conformément aux dispositions de l'article L. 271-4 du Code de la construction et de l'habitation.

La loi n° 2010-788 du 12 juillet 2010 portant engagement national pour l'environnement[8] a ajouté au Code de la construction et de l'habitation un article L. 134-4-3 qui dispose qu'à compter du 1er janvier 2011, en cas de vente ou de location d'un bien immobilier, le classement du bien au regard de sa performance énergétique est mentionné dans les annonces relatives à la vente ou à la location du bien. Et l'article R. 134-5-1 précise que « *toute annonce relative à la mise en vente ou en location d'un bien immobilier devant faire l'objet d'un diagnostic de performance énergétique insérée dans la presse écrite à compter du 1er janvier 2011 mentionne la lettre correspondant à l'échelle de référence du classement énergétique prévu par le e de l'article R. 134-2. Cette mention précédée des mots "classe énergie" doit être en majuscules et d'une taille au moins égale à celle des caractères du texte de l'annonce* ». En cas de vente publique, il sera prudent de faire figurer cette information dans les publicités légales (v. ss nos 1367.05 s.).

1363.185 **État des risques naturels ou technologiques.** La loi n° 2003-699 du 30 juillet 2003[9], met à la charge de tout vendeur ou bailleur d'un

1. Décr. n° 2001-840, 13 sept. 2001, modifiant le décret n° 96-97 du 7 février 1996 relatif à la protection de la population contre les risques sanitaires liés à une exposition à l'amiante dans les immeubles bâtis et le décret n° 96-98 du 7 février 1996 relatif à la protection des travailleurs contre les risques liés à l'inhalation de poussières d'amiante, *JO* 18 sept., p. 14799.
2. B. Wertenschlag, « Le nouveau dispositif amiante », *AJDI* 2001. 855.
3. Décr. n° 2002-839, 3 mai 2002, *JO* 5 mai, p. 8832.
4. Arr. 2 janv. 2002, *JO* 2 févr., p. 2220 – Et Arr. 22 août 2002, 19 sept. p. 15425 – B. Wertenschlag, « Mise en œuvre du dispositif amiante », *AJDI* déc. 2002. 840.
5. Ord. n° 2010-177, 23 févr. 2010, de coordination avec la loi n° 2009-879 du 21 juillet 2009 portant réforme de l'hôpital et relative aux patients, à la santé et aux territoires, *JO* 25 févr., p. 3585.
6. CSP, art. L. 1334-5 (réd. Ord. n° 2005-655, 8 juin 2005).
7. L. n° 99-471, 8 juin 1999, tendant à protéger les acquéreurs et propriétaires d'immeubles contre les termites et autres insectes xylophages, *JO* 9 juin, p. 8438.
8. L. n° 2010-788, du 12 juill. 2010, portant engagement national pour l'environnement, *JO* 13 juill., p. 12905.
9. L. n° 2003-699, 30 juill. 2003, relative à la prévention des risques technologiques et à la réparation des dommages, *JO* 31 juill., p. 13021.

bien immobilier, depuis le 1er juin 2006, l'obligation d'informer les acquéreurs et les locataires des risques naturels ou technologiques liés à l'implantation de ce bien. Sont visés tous les biens immobiliers bâtis ou non bâtis (appartement, maison, terrain), situés à l'intérieur du périmètre d'un plan de prévention des risques naturels ou technologiques ou en zone sismique réglementée et l'obligation se traduit par l'annexion au contrat de vente ou de location d'un état des risques, ainsi que, le cas échéant, d'une déclaration des sinistres pour lesquels le propriétaire ou bailleur a été indemnisé. Cette obligation s'applique également à tout bien qui a fait l'objet depuis 1982 d'une ou plusieurs indemnisations après un événement reconnu comme catastrophe naturelle. Le non-respect de cette obligation par le vendeur ou le bailleur peut entraîner la résolution du contrat ou une diminution du prix de vente du bien. La liste des communes concernées et celle des arrêtés de reconnaissance de l'état de catastrophe naturelle ou technologique sont consultables en mairie, à la préfecture ou la sous-préfecture. Un imprimé spécifique « *État des risques* » doit être rempli par le bailleur ou le vendeur. L'état des risques naturels et technologiques fait partie du **dossier de diagnostic technique** règlementé par l'article L. 271-4 du Code de la construction et de l'habitation.

1363.186 **Gaz.** Le décret n° 2006-1147 du 14 septembre 2006, relatif au diagnostic de performance énergétique et à l'état de l'installation intérieure de gaz[1] ajoute dans la partie réglementaire du Code de la construction et de l'habitation, au titre III du livre I, un chapitre IV intitulé « *Diagnostics techniques* ». Le diagnostic de performance énergétique est exigé pour tous les bâtiments en construction en cas de vente d'un immeuble ou d'une partie de bâtiment, hormis certaines exceptions prévues par l'article R. 134-1 du Code de la construction et de l'habitation. Le diagnostic doit être fourni pour les ventes de bâtiments ou parties de bâtiments existants depuis le 1er novembre 2006; pour les ventes de bâtiments neufs, le diagnostic ne sera exigible que pour ceux dont le permis de construire est postérieur au 30 juin 2007. Quant à l'état d'installation du gaz, selon l'article L. 134-6 du Code de la construction et de l'habitation, « *en cas de vente de tout ou partie d'un immeuble à usage d'habitation comportant une installation intérieure de gaz réalisée depuis plus de quinze ans, un état de cette installation en vue d'évaluer les risques pouvant compromettre la sécurité des personnes est produit dans les conditions et selon les modalités prévues aux articles L. 271-4 à L. 271-6* ». Selon l'article R. 134-7, l'état d'installation comprend par exemple « *au regard des exigences de sécurité, l'état des tuyauteries fixes d'alimentation en gaz et leurs accessoires* ». L'entrée en vigueur de ces dispositions a été fixée au 1er novembre 2007. Cet état fait partie du **dossier de diagnostic technique** qui doit être annexé au cahier des conditions de vente, conformément aux dispositions de l'article L. 271-4 du Code de la construction et de l'habitation.

Un décret n° 2006-1114 du 5 septembre 2006 est consacré au dossier de diagnostic technique immobilier et à la compétence des professionnels réalisant les diagnostics[2]. Ce décret est entré en application le 1er novembre 2007.

1363.187 **Électricité.** En vertu de l'article L. 134-7 du Code de la construction et de l'habitation, en cas de vente de tout ou partie d'un immeuble à usage d'habitation, un état de l'installation intérieure d'électricité, lorsque cette installation a été réalisée depuis plus de quinze ans, est produit en vue d'évaluer les risques pouvant porter atteinte à la sécurité des personnes, dans les conditions et selon les modalités prévues aux articles L. 271-4 à L. 271-6. Cet état fait partie du **dossier de diagnostic technique** qui doit être annexé au cahier des conditions de vente, conformément aux dispositions de l'article L. 271-4 du Code de la construction et de l'habitation.

1363.188 **Document établi à l'issue du contrôle des installations d'assainissement non collectif (CSP, art. L. 1331-1-1).** En vertu de l'article L. 1331-1-1 du Code de la santé publique, les immeubles non raccordés au réseau public de collecte des eaux usées sont équipés d'une installation d'assainissement non collectif dont le propriétaire fait régulièrement assurer l'entretien et la vidange par une personne agréée par le représentant de l'État dans le département, afin d'en garantir le bon fonctionnement. La commune délivre au propriétaire de l'installation d'assainissement non collectif un document attestant de la conformité de son installation d'assainissement non collectif à la réglementation en vigueur. Ce document fait partie du **dossier de diagnostic technique** qui doit être annexé au cahier des conditions de vente conformément à l'article L. 271-4 du Code de la construction et de l'habitation.

1363.189 **Piscines.** La loi n° 2003-9 du 3 janvier 2003 relative à la sécurité des piscines[3] a mis à la charge des propriétaires de piscines enterrées non closes privatives, à usage individuel ou collectif, installées avant le 1er janvier 2004, l'obligation d'équi-

1. Décr. n° 2006-1147, 14 sept. 2006, *JO* 15 sept.

2. Décr. n° 2006-1114, 5 sept. 2006, *JO* 6 sept.
3. L. n° 2003-9, 3 janv. 2003, relative à la sécurité des piscines, *JO* 4 janv., p. 278.

per au 1er janvier 2006 leur piscine d'un dispositif de sécurité normalisé, sous réserve qu'existe à cette date un tel dispositif adaptable à leur équipement. Cette obligation est codifiée à l'article L. 128-2 du Code de la construction et de l'habitation et son irrespect est puni de 45 000 euros d'amende (CCH, art. L. 152-12).

Le rédacteur du cahier des conditions de vente pourra envisager de préciser par une clause la situation du bien au regard de cette obligation et notamment, si nécessaire, attirer l'attention des adjudicataires sur l'éventuelle absence de dispositif de protection.

3°
Autres mentions

1363.191 Diversité. Le créancier poursuivant inclut encore dans le cahier des conditions de vente des clauses destinées à préciser la situation juridique du bien et à régler les suites de l'adjudication : situation locative, interdiction pour le saisi de détériorer le bien; paiement des frais et droits d'enregistrement, attribution de juridiction, élection de domicile, obligation d'effectuer une consignation d'un montant précisé à peine de nullité des enchères, paiement provisionnel au profit du créancier premier inscrit, surenchère, réitération des enchères.

1363.192 Situation locative :

- indication de l'existence d'un bail : lors de la signification du commandement l'huissier aura interrogé le saisi pour obtenir cette information. Toutefois, l'absence d'indication de l'existence d'un bail dans le cahier des conditions de vente n'emporte pas nécessairement inopposabilité du contrat de louage à l'adjudicataire; la question se règle en fonction de la date de conclusion dudit contrat[1] (sur la question de savoir si cette mention emporte exercice d'un droit de préemption, même hors des hypothèses légales où un tel droit est ouvert, v. ss n° 1367.92);
- indication, s'agissant de la vente d'un entier immeuble d'habitation (L. n° 2006-685, 13 juin 2006, dite « loi Aurillac »[2]) de l'obligation de proroger les baux à défaut d'exercice de leurs droits de préemption par les locataires (v. ss n° 1367.115);
- indemnité d'éviction;
- présence de squatters;
- procès en cours.

1363.193 Clauses illicites. Avant la réforme, pour s'assurer du paiement de leurs créances, des créanciers avaient songé à faire insérer au cahier des charges des clauses de solidarité entre le saisi et l'adjudicataire. Les syndicats de copropriétaires notamment, qui subissent fréquemment de lourds impayés de la part de copropriétaires en difficulté, ceux-là même, bien souvent, qui feront l'objet de mesures d'exécution forcée sur leurs biens, avaient eu recours à ces clauses. Avant la loi n° 94-624 du 21 juillet 1994[3], qui leur a accordé un privilège spécial immobilier primant le vendeur et le prêteur de deniers (C. civ., anc. art. 2103, 1° *bis*[4]), des syndicats avaient tenté d'imposer au poursuivant l'insertion dans le cahier des charges de clauses de solidarité, destinées à obliger l'adjudicataire à régler les impayés du copropriétaire saisi. À la suite d'une évolution, la Cour de cassation avait fini par déclarer ces clauses non écrites, sur le fondement des anciens articles 2093 et 2094 du Code civil[5] au motif qu'elles avaient pour effet de créer un privilège non prevu par la loi, puisque les syndicats de copropriété étaient sûrs d'être payés alors qu'ils n'étaient pas privilégiés[6]. La situation du syndicat de copropriétaires s'est aujourd'hui améliorée (v. ss n° 1363.211), mais la question de la validité de ce type de clauses se pose toujours. Les solutions dégagées avant la réforme de la procédure de saisie immobilière devraient donc encore trouver à s'appliquer.

Le principe est établi, depuis 1991, qu'il n'est pas permis aux parties de déroger aux règles impératives de la saisie immobilière par les clauses d'un cahier des charges de nature contractuelle; le cahier des charges ne peut modifier directement ou indirectement l'ordre dans lequel le prix des biens du débiteur, qui constitue le gage commun des créanciers, doit être réparti entre eux. La Cour de cassation l'a réaffirmé à propos d'une facture d'eau impayée par le saisi[7], d'un arriéré de cotisations dues à une association foncière ayant pris en charge des travaux de rénovation de lots de copropriété[8] et encore d'une dation en paiement inexécutée du prix de

1. V. Civ. 2e, 6 juin 2013, n° 12-19.116, *Bull. civ.* II, n° 120, qui juge que la réalité d'un bail, qui, inférieur à une durée de douze ans n'avait pas à être publié, ainsi que son antériorité au commandement de payer valant saisie, étant établies, il sera opposable alors même qu'il n'aura pas été porté à la connaissance des parties intéressées, ni dans le procès-verbal des lieux, ni lors de l'audience d'orientation, ni même lors de l'audience d'adjudication.
2. L. n° 2006-685, 13 juin 2006, relative au droit de préemption et à la protection des locataires en cas de vente d'un immeuble, *JO* 14 juin, p. 8944.
3. L. n° 94-624, du 21 juill. 1994, relative à l'habitat, *JO* 24 juill., p. 10685.
4. C. civ., art. 2374 (Ord. n° 2006-346, 23 mars 2006).
5. C. civ., art. 2285 et 2323 (transf. par Ord. n° 2006-346, 23 mars 2006).
6. Civ. 3e, 6 mars 1991, n° 88-17.828, *Bull. civ.* III, n° 76; *D.* 1992. 113, note Souleau.
7. Civ. 2e, 2 déc. 1992, n° 91-16.582, *Bull. civ.* II, n° 296; *D.* 1994. 116, note Verschave.
8. Civ. 2e, 13 mars 1996, n° 93-11.755, *Bull. civ.* II, n° 61; *Gaz. Pal.* 1996. 2. Pan. 282.

vente du bien saisi[1]. En l'état de ces jurisprudences, il semblait donc qu'étaient illicites non seulement les clauses qui conféraient à un créancier un privilège non prévu par la loi, mais encore les clauses qui imposaient à l'adjudicataire une obligation de nature personnelle, prise par le débiteur au profit d'un créancier.

Parmi les clauses renvoyant à des obligations personnelles du saisi, on peut citer la clause mettant à la charge de l'adjudicataire le paiement de l'indemnité d'éviction due par le bailleur-saisi à son locataire et qui ne l'aurait pas encore réglée. La jurisprudence estime, en effet, que l'obligation demeurant personnelle au bailleur-saisi, ne se transmet pas avec la propriété du bien[2]. Et le locataire, créancier d'une telle indemnité en vertu du décret de 1953, ne pouvant être obligé de quitter les lieux avant de l'avoir reçue, son droit au maintien dans les lieux est opposable à l'acquéreur, même non tenu au paiement de l'indemnité d'éviction[3].

Mais si ces clauses dérogent directement ou indirectement à l'égalité entre créanciers, la nullité devait-elle pour autant être qualifiée d'ordre public ? La deuxième chambre de la Cour de cassation a, depuis, affiné sa réflexion, à propos des arriérés de charges de copropriété. Elle estime qu'un adjudicataire est irrecevable à invoquer l'illicéité d'une clause de nature à modifier, directement ou indirectement, l'ordre dans lequel le prix de vente sera réparti entre les créanciers[4]. L'adjudicataire n'aurait donc pas qualité pour arguer de l'illicéité de la clause (sa demande ayant été jugée irrecevable, il faut en déduire qu'il n'a pas d'intérêt pour agir ?), ce qui n'interdirait pas au saisi et aux créanciers inscrits de soulever la nullité lors de l'audience éventuelle. La solution a surpris, mais elle rejoint l'analyse de la chambre commerciale qui considère que, s'agissant des créanciers inscrits et du saisi, la nullité des clauses illicites devrait être soulevée, à peine d'irrecevabilité, avant l'audience éventuelle[5]. Ainsi, seuls les créanciers inscrits et le saisi auraient qualité pour contester la validité de ces clauses dérogeant à l'égalité des créanciers, mais ne pourraient le faire que jusqu'à l'audience éventuelle qui fixe le contenu du cahier des charges. L'adjudicataire, n'étant pas lésé par la clause et ayant été informé de son existence par la lecture du cahier des charges ne pourrait faire modifier, après l'adjudication, le montant de ses obligations. Cette solution a été réaffirmée depuis[6].

1363.194 Clause fixant le point de départ des contributions. Le cahier des conditions de la vente peut en revanche dire que l'adjudicataire payera les contributions et charges de toute nature dont les biens sont grevés à compter du jour fixé pour son entrée en jouissance; dans ce cas, on ne peut lui réclamer l'arriéré sans dénaturer la clause[7].

D. Spécificités de la saisie d'un immeuble en copropriété

1° Règlement

1363.201 Règlement de copropriété. Il n'est pas nécessaire de joindre le règlement de copropriété mais les références de publication à la Conservation des hypothèques figurent dans la désignation du bien faite dans le commandement et reprise au cahier des charges. En matière de bail d'habitation, alors même que le locataire n'est en principe titulaire que d'un droit personnel contre son bailleur, le législateur impose de communiquer au locataire des extraits du règlement de copropriété concernant la destination de l'immeuble, la jouissance et l'usage des parties communes et de préciser la quote-part afférente au lot loué dans chacune des catégories de charges (L. 6 juill. 1989, art. 3). La situation est ici différente puisque l'adjudicataire deviendra titulaire de droits réels.

2° Arriéré de charges : privilège occulte du syndicat de copropriétaires

1363.211 Principe. Le syndicat dresse l'état de la dette éventuelle du copropriétaire saisi. Depuis le 1er janvier 1995 date d'entrée en vigueur de la loi du 21 juillet 1994, les syndicats de copropriété jouissent d'un privilège occulte pour le paiement des charges et travaux des articles 10 et 30 de la loi du 10 juillet 1965[8] : ils sont préférés aux vendeur et

1. Civ. 2e, 9 juill. 1997, no 95-19.232, *Bull. civ.* II, no 217; *JCP* 1998. I. 103, obs. Delebecque; *RTD civ.* 1998. 128, obs. Gautier.
2. Civ. 3e, 27 oct. 1993, no 91-18.859, NP; *Rev. huiss.* 1994. 318; *Rev. loyers* 1994. 105; *JCP* 1995. II. 22390, note Boccara.
3. Civ. 3e, 18 févr. 1998, no 96-15.030, *Bull. civ.* III, no 37.
4. Civ. 2e, 18 févr. 1999, no 97-12.323, *Bull. civ.* II, no 30 – V. obs. crit. Julien, *D.* 1999. Somm. 218; M. Bosquet, *Gaz. Pal.* 5-6 nov. 1999, p. 21 – Comp. Junillon, *Procédures* 1999, no 157, qui s'en réjouit.
5. Com. 3 févr. 1998, no 94-18.991, NP; *Procédures* juill. 1998, no 176.
6. Civ. 2e, 21 déc. 2000, no 99-11.333, NP; *Loyers et copr.* 2001, no 98; A. Cermolacce, « Validité des clauses de paiement des charges de copropriété insérées dans un cahier des charges », *JCP N* 2002, no 1616 – Civ. 2e, 7 juill. 2011, no 10-13.913, NP.
7. Civ. 2e, 8 janv. 1992, no 90-18.508, *Bull. civ.* II, no 6.
8. L. no 65-557, du 10 juill. 1965, fixant le statut de la copropriété des immeubles bâtis, *JO* 11 juill., p. 5950.

prêteur de deniers pour les créances afférentes aux charges et travaux de l'année courante et des deux dernières années échues, et viennent conjointement avec le vendeur et le prêteur de deniers pour les charges et travaux relatifs à l'année courante et aux quatre dernières années échues. Depuis la réforme des sûretés, la règle est désormais contenue à l'article 2374, 1 *bis* du Code civil.

1363.212 **• Conditions.** Lors de la mutation à titre onéreux d'un lot et si le vendeur n'a pas présenté au notaire un certificat du syndic ayant moins d'un mois de date attestant qu'il est libre de toute obligation à l'égard du syndicat, avis de la mutation doit être donné au syndic de l'immeuble par lettre recommandée avec avis de réception, ce qui permet au syndic de former opposition au versement des fonds et ainsi de mettre en œuvre le privilège (L. 10 juill. 1965, art. 20, mod. par L. 21 juill. 1994). Le décret n° 95-162 du 15 février 1995 pris pour l'application de l'article 20 de la loi du 10 juillet 1965 modifiée [1], précise que si le lot fait l'objet d'une vente sur licitation ou saisie immobilière l'avis de mutation est donné au syndic selon le cas, soit par le notaire, soit par l'avocat du demandeur ou du créancier poursuivant.

1363.213 **• Délai. Jusqu'à la loi SRU, aucun délai n'était prévu pour délivrer l'avis de mutation au syndicat.** L'article 81-3 de la loi du 13 décembre 2000 a remédié à ce silence en ajoutant à l'article 20 de la loi du 10 juillet 1965, pour imposer la notification de l'avis dans un délai de quinze jours à compter de la date du transfert de propriété (pour un ex. d'inconvénient de l'absence de délai où il a été jugé que le délai pour former opposition n'avait pas couru, le poursuivant, en l'occurrence le syndicat de copropriétaires, ne s'étant pas envoyé à lui-même, l'avis de mutation ! [2]). Mais quelle date devra être retenue lorsque la vente se déroulera aux enchères ? La date de l'adjudication qui produit des effets entre le saisi et l'adjudicataire, la date de la publication du jugement d'adjudication à la Conservation des hypothèques ? Avant l'entrée en vigueur de cette loi, les praticiens considéraient que l'avocat poursuivant devait donner avis de mutation avant de déposer le cahier des charges pour solliciter l'attestation du syndic et la joindre au cahier des charges. L'article 5-1 du décret du 17 mars 1967 n'a pas été modifié par la loi SRU et les pratiques, commandées par la logique, semblent être demeurées.

1. Décr. n° 95-162, 15 févr. 1995, modifiant le décret n° 67-223 du 17 mars 1967 pris pour l'application de la loi n° 65-557 du 10 juillet 1965 fixant le statut de la copropriété des immeubles bâtis, *JO* 17 févr., p. 2615.
2. Civ. 3e, 18 juill. 2001, n° 00-13.404, *Bull. civ.* III, n° 99.

1363.214 **Difficultés.** Pour que les syndicats puissent faire jouer ce privilège, encore faut-il que l'opposition formée soit régulière. Sur ce point la jurisprudence apporte peu à peu des précisions utiles.

Tout d'abord, sur la personne auprès de qui former opposition. L'article 20 de la loi du 10 juillet 1965 peut en effet apparaître imprécis qui dispose simplement que « *le syndic peut former au domicile élu, par acte extrajudiciaire opposition au versement des fonds* ». Dans le cas d'une vente sur saisie, la Cour de cassation a approuvé une cour d'appel d'avoir refusé de considérer comme valable une opposition formée au domicile du bâtonnier séquestre du prix d'adjudication. Le séquestre a été regardé comme « *tiers étranger à la procédure de mise en œuvre du privilège spécial du syndicat* ». Le syndicat soutenait que le domicile élu devait nécessairement s'entendre du domicile de la personne auprès de laquelle les fonds ont été séquestrés; la Cour de cassation, sans se prononcer plus précisément sur le destinataire de l'opposition, a rejeté cette analyse [3]. C'est manifestement auprès de l'avocat du créancier poursuivant que l'opposition doit être formée, à charge pour lui, s'il n'ouvre pas l'ordre, de transmettre à l'avocat du créancier le plus diligent, à la partie ou à l'adjudicataire qui y procédera. Ensuite, quant aux éléments que doit contenir l'opposition : la cour d'appel de Paris a ainsi refusé le bénéfice du privilège à un syndicat de copropriétaires parce que l'opposition formée par le syndic n'énonçait pas de manière précise les causes et le montant des créances de l'année courante, des deux dernières années échues et des deux années antérieures [4].

1363.215 **Clauses relatives aux charges.** La pratique s'était interrogée sur l'opportunité de faire insérer aux cahiers des charges des clauses mettant à la charge de l'adjudicataire, en sus du prix, le règlement des dernières années de charges de copropriété impayées (v. s^s n° 1363.193). Une telle obligation en effet, présente l'avantage, pour le syndicat d'être payé sans avoir à concourir à la procédure de distribution. Compte tenu de l'évolution de la jurisprudence de la deuxième chambre de la Cour de cassation sur ces clauses, cette faculté semble envisageable, il faut cependant se souvenir que la troisième chambre n'a pas rendu, à ce jour, de décision dans le même sens. Seuls les créanciers inscrits et le saisi pourraient s'y opposer en démontrant une atteinte à l'égalité des créanciers et à condition

3. Civ. 3e, 28 févr. 2001, n° 99-15.330, *Bull. civ.* III, n° 24.
4. Paris, 4 mars 2003, *Gaz. Pal.* 6-7 juin 2003, p. 27, note Pansier.

d'avoir déposé un dire en nullité avant l'audience éventuelle.

1363.216 • **Distribution.** Le décret n° 2010-1304 du 29 octobre 2010, relatif aux procédures de traitement des situations de surendettement des particuliers [1], a modifié les dispositions des articles 113 et 115 du décret du 27 juillet 2006 (devenus C. pr. exéc., art. R. 332-2 et R. 332-4). Désormais, au stade de la distribution du prix, la partie poursuivante est dispensée d'adresser une demande d'actualisation de créance aux créanciers énumérés au 1° *bis* de l'article 2374 du Code civil (dont fait partie le syndicat de copropriétaires sur le lot vendu, pour le paiement des charges et travaux mentionnés aux articles 10 et 30 de la loi du 10 juillet 1965, relatifs à l'année courante et aux quatre dernières années échues); mais le créancier poursuivant devra notifier, par lettre recommandée avec demande d'avis de réception (LRAR), le projet de distribution au syndic qui a formé l'opposition prévue par l'article 20 de la loi du 10 juillet 1965.

E. Garantie de contenance

1363.221 • **Objet.** La loi n° 96-1107 du 18 décembre 1996, améliorant la protection des acquéreurs des lots de copropriété, dite « **loi Carrez** » [2], a rétabli un article 46 dans la loi du 10 juillet 1965 (fixant le statut de la copropriété) qui dispose que tout contrat réalisant ou constatant la vente d'un lot ou d'une fraction de lot de copropriété doit mentionner la superficie de la partie privative de ce lot ou fraction de lot. À défaut, la nullité de l'acte peut être invoquée. Si la superficie est supérieure à celle indiquée dans l'acte, l'excès de mesure ne donne lieu à aucun supplément de prix mais si la superficie est inférieure de plus d'un vingtième à celle exprimée dans l'acte, le vendeur, à la demande de l'acquéreur, supporte une diminution de prix proportionnelle à la moindre mesure. L'article 46 s'applique quelle que soit l'affectation de l'immeuble mais la loi prévoit deux séries d'exceptions (L. 10 juill. 1965, art. 46, al. 3) tenant compte de la nature du lot (exclusion des caves, garages et emplacements de stationnement) et de la superficie; si elle est inférieure à 8 m^2, l'article n'est plus applicable (Décr. n° 97-532, 23 mai 1997).

1363.222 • **Domaine.** La question s'est posée de savoir si cette garantie de contenance était due en cas de **vente forcée** et comment la diminution de prix pouvait être appliquée.

La doctrine majoritaire avait opté pour une réponse positive estimant que la référence à un acte, sans plus de précision, permettait d'envisager aussi bien les ventes amiables que les ventes aux enchères, forcées ou volontaires [3]. Les décisions de première instance publiées étaient en ce sens [4]. La même solution semblait pouvoir être appliquée pour la licitation-partage et les ventes sur faillite [5]. Un arrêt de la cour d'appel de Paris avait relancé le débat en écartant l'application de la loi du 18 décembre 1996 [6], et c'est cette solution qui a également été adoptée par la Cour de cassation. Pour exclure les dispositions de la loi Carrez des ventes sur saisie immobilière, la deuxième chambre a raisonné sur la nature du jugement d'adjudication. Celui-ci ne « *constituant pas un jugement constatant ou réalisant une vente* », les dispositions de la loi du 18 décembre 1996 sont **sans application** aux ventes sur poursuites de saisie immobilière [7]. On peut regretter cette solution qui revient à traiter différemment deux acquéreurs, sans raison logique [8], mais elle a le mérite de la clarté.

En revanche, lorsque la vente sera réalisée amiablement sous contrôle du JEX, ne pourrait-on considérer qu'il s'agit d'un jugement constatant une vente, conformément à l'article R. 322-25 C. pr. exéc., ce qui rendrait les dispositions de la loi Carrez applicables ?

§ 2 Dépôts au greffe du juge de l'exécution

1363.230 **Plan.** Plusieurs documents seront déposés au greffe du JEX : le cahier des conditions de vente comportant le procès-verbal descriptif (A), mais aussi une copie de l'assignation délivrée au saisi et un état hypothécaire certifié à la date de la publication du commandement de payer valant saisie (B).

1. Décr. n° 2010-1304, 29 oct., relatif aux procédures de traitement des situations de surendettement des particuliers, *JO* 31 oct., p. 19604.
2. L. n° 96-1107, 18 déc. 1996, améliorant la protection des acquéreurs des lots de copropriété, *JO* 19 déc., p. 18688.
3. Giverdon, *RDI* 1997. 32; M. Dagot, « Garantie de contenance du lot de copropriété vendu », *JCP* 1997. I. 4034 – En sens inverse, Hocquard, « De la nature du jugement d'adjudication », *Gaz. Pal.* 1997. 2. Doctr. p. 1479.
4. TGI Dijon, 9 nov. 1999, *RDI* 2000. 228, obs. Théry – TGI Paris, 2e ch., 17 févr. 2000, *Gaz. Pal.* 17-18 mars 2000, p. 22 – TGI Paris, 29 févr. 2000, *Gaz. Pal.* 31 mars-1er avr. 2000, p. 32 – TGI Limoges, 16 déc. 1999, *Procédures* 2000, n° 200.
5. Rép. min. n° 48586, *JOAN Q* 31 mars 1997, p. 1683.
6. Paris, 17 janv. 2002, *AJDI* avr. 2002. 307.
7. Civ. 2e, 3 oct. 2002, n° 00-18.395, *Bull. civ.* II, n° 199; *Dr. et proc.* 2003. 122, note Leborgne.
8. EN CE SENS, Ch. Laporte, « Saisie immobilière : réflexions en matière de rédaction du cahier des charges », *Procédures* févr. 2003, n° 3.

A.
Cahier des conditions de vente comportant le procès-verbal descriptif

1363.231 Raison d'être. Selon l'article R. 322-11 C. pr. exéc., le cahier des conditions de vente pourra, une fois déposé, être consulté au greffe du JEX ainsi qu'au cabinet de l'avocat du créancier poursuivant. Ce document est essentiel pour la suite de la procédure et sa consultation intéresse le saisi et les créanciers inscrits. Les auteurs de la réforme ont conservé l'esprit du décret-loi de 1938 : le poursuivant n'est pas tenu de notifier ce cahier des conditions de la vente. Il appartient aux intéressés d'aller le consulter au greffe ou, à compter du 1er mars 2009, au cabinet de l'avocat du créancier poursuivant.

1363.232 Lieu et formalités. Le poursuivant dépose le cahier des conditions de vente au greffe du tribunal, c'est-à-dire au TGI du lieu de situation de l'immeuble, auprès du greffe du JEX. Le décret ne le précisant pas, la justification du dépôt varie selon les tribunaux : acte de dépôt, visa apposé sur un double, *etc.*

1363.233 Délai. Initialement, l'article 44 du décret du 27 juillet 2006 (devenu C. pr. exéc., art. R. 322-10) avait fixé à trois jours le délai pour déposer le cahier des conditions de vente, après que le créancier ait délivré l'assignation au débiteur saisi. Toutefois, dans le même temps, les auteurs du décret avaient laissé un délai de cinq jours ouvrables au poursuivant pour assigner les créanciers inscrits. La discordance entre ces deux délais ne pouvait qu'être source de difficultés. Le décret n° 2006-1805 du 23 décembre 2006 a modifié l'article 44 (devenu C. pr. exéc., art. R. 322-10) avant son entrée en vigueur. C'est au plus tard le cinquième jour ouvrable, suivant l'assignation délivrée au débiteur saisi, que le créancier poursuivant devra déposer le cahier des conditions de la vente au greffe du JEX.

1363.234 À peine de caducité. L'article R. 322-10 C. pr. exéc. fait partie de ces articles visés à l'article R. 311-11 C. pr. exéc., et pour lesquels le défaut de respect du délai prescrit emportera caducité du commandement de payer valant saisie. Comme pour les autres formalités prescrites à peine de caducité du commandement, le créancier qui n'aura pas respecté ce délai pourra toutefois justifier d'un motif légitime pour éviter que la caducité ne soit déclarée; il pourra encore en obtenir le report.

1363.235 Procès-verbal descriptif. L'article R. 322-10 C. pr. exéc. précise que le cahier des conditions de vente doit comporter, à peine de nullité, l'état descriptif de l'immeuble. Le procès-verbal descriptif sera donc joint au cahier des conditions de vente. Un procès-verbal incomplet ou erroné pourrait-il entacher de nullité le cahier des conditions de vente ? On pouvait hésiter dans la mesure où ce document n'est pas un acte de la procédure mais un élément d'information qui engage la responsabilité de son rédacteur (v. ss n° 1363.24). Toutefois, ce procès-verbal doit figurer dans le cahier des conditions de vente à peine de nullité. Et la deuxième chambre civile a jugé qu'en l'absence de dépôt d'un cahier des conditions de vente comportant un procès-verbal de description dressé selon les modalités des articles R. 322-1 (qui prévoit le délai qui doit être respecté entre la signification du commandement de payer valant saisie et l'établissement du procès-verbal) et R. 322-2 (qui décrit le contenu de ce procès-verbal) dans le délai prévu par l'article R. 322-10 C. pr. exéc., le commandement de payer était caduc, conformément aux dispositions de l'article R. 311-11 du même code[1].

B.
Copie de l'assignation et état sur formalité

1363.241 Raison d'être. Déposer au greffe une copie de l'assignation ne présente pas de difficulté puisque nécessairement cette assignation précède le dépôt du cahier des conditions de la vente. L'état sur formalité est le document qui permet au créancier poursuivant de connaître les créanciers inscrits auxquels il devra dénoncer l'assignation. Le fait de déposer ces documents au greffe où ils pourront être consultés par le saisi comme par les créanciers inscrits organise ainsi le contradictoire entre toutes les parties et leur permet de vérifier la régularité de ces actes et formalités.

1363.242 État hypothécaire. Le créancier doit requérir du service de la publicité foncière l'état des créanciers inscrits à la date de publication du commandement. Cette réquisition s'effectue conformément aux dispositions des articles 40-2 et suivants du décret du 14 octobre 1955. Les informations portées sur les états engagent la responsabilité du conservateur et déchargent d'autant celle de l'avocat. C'est le bureau des hypothèques qui certifie la réalité des informations à la date de la publication du commandement de payer valant saisie.

1363.243 Suppression du délai de vingt jours. Selon l'article 674 alinéa 2 ACPC, les états ne pouvaient être requis à peine de déchéance avant vingt jours écoulés depuis la date du commande-

1. Civ. 2e, 21 févr. 2013, n° 12-15.643, *Bull. civ.* II, n° 42 : en réalité, un cahier des conditions de vente, mais entaché d'une irrégularité de forme, avait bien été déposé dans le délai.

ment sous peine de déchéance des poursuites. Cette exigence, très sévèrement sanctionnée, ne s'expliquait sans doute que par la volonté de neutraliser le délai de mise à jour du fichier immobilier car le commandement pouvait parfaitement être publié dès sa signification si le créancier le souhaitait, mais les états ne pouvaient être requis avant l'expiration du délai. La sanction de l'inobservation du délai était la déchéance dans la poursuite, alors même que le débiteur ne subissait aucun préjudice mais la Cour de cassation appliquait très strictement le texte[1]. Et il ne servait à rien de réitérer la réquisition dans le délai si une première réquisition avait été formée prématurément[2]. En cas de contestation par le débiteur, la preuve que le délai pour la réquisition de l'état sur formalité avait été respecté pesait sur le créancier saisissant[3].

Cette règle a disparu du décret du 27 juillet 2006.

1363.244 **Récapitulatif : conseils pratiques.** Une fois le commandement délivré, le créancier a deux mois pour le publier. À compter de la publication, s'ouvre un nouveau délai de deux mois pour assigner, puis trois jours pour le dépôt du cahier des conditions de vente, et cinq jours pour les dénonces. Autant dire que lorsque le créancier assigne il doit avoir ses états sur formalités et son cahier des ventes prêt.

SECTION 4
DÉCLARATION DE CRÉANCES

1363.251 **Raison d'être.** Il s'agit de l'une des innovations phare de la réforme. Elle est destinée à accélérer le processus de distribution. Sous l'empire du décret-loi de 1938, la production des titres de créance n'a lieu qu'après la publication du jugement d'adjudication. Le créancier le plus diligent requiert l'ouverture de l'ordre en présentant un état des inscriptions hypothécaires au jour de cette publication. Les auteurs de la réforme ont souhaité que cette procédure de distribution soit préparée dès le stade de la saisie immobilière, la durée de la procédure de saisie étant ainsi mise à profit pour accélérer la procédure de distribution. Le non-respect des obligations imposées aux créanciers inscrits est sanctionné très sévèrement.

Plan. À la suite de la dénonce du commandement de payer valant saisie par le poursuivant, les créanciers hypothécaires devront déclarer leurs créances dans les deux mois, à peine de déchéance de leur sûreté (§ 1). Initialement, le créancier poursuivant devait produire un état ordonné des créances selon le rang de leur inscription avant la vente du bien, obligation qui a été supprimée par le décret du 12 février 2009 (§ 2). Ce sont les articles R. 322-12 à R. 322-14 C. pr. exéc. qui réglementent la déclaration de créances.

§ 1
Déclaration de créances

1363.260 **Plan.** Le décret distingue entre les créanciers inscrits sur l'immeuble au jour de la publication du commandement de payer valant saisie, qui sont les créanciers sommés, et ceux qui auraient inscrit leur sûreté après cette publication mais avant la publication du jugement d'adjudication.

Saisie pour avis le 16 mai 2008 par le JEX de Nanterre, la Cour de cassation a estimé que les déclarations de créances mentionnées aux articles 46 et 47 du décret du 27 juillet 2006 (devenus C. pr. exéc., art. R. 322-12 et R. 322-13), devaient être faites par un avocat inscrit au barreau du TGI devant lequel la vente est poursuivie, les dispositions de la loi n° 71-1130 du 31 décembre 1971[4] demeurant en vigueur[5]. En outre, dans ce même avis la Cour de cassation a précisé que le JEX est tenu de trancher les contestations relatives à la validité des déclarations de créances soulevées au cours de l'audience d'orientation.

A.
Créanciers sommés

1363.261 **Obligation de déclarer et de dénoncer cette déclaration.** Il s'agit pour les créanciers inscrits de déclarer la créance inscrite sur le bien en principal, frais et intérêts échus avec l'indication du taux des intérêts moratoires. À cette déclaration sera jointe une copie du titre de créance et du bordereau d'inscription. Le décret du 12 février 2009 a ajouté, à compter du 1er mars 2009, l'obligation de dénoncer cette déclaration au créancier poursuivant et au débiteur.

1363.262 **Un avocat inscrit au barreau du tribunal de grande instance devant lequel la vente est poursuivie.** Le décret du 27 juillet 2006 ne précisait pas si le déclarant devait impérativement être inscrit au barreau du TGI devant lequel la vente

1. Civ. 2e, 10 oct. 1990, n° 89-17.676, *Bull. civ.* II, n° 194.
2. Civ. 2e, 12 mars 1997, n° 95-13.480, *Bull. civ.* II, n° 76; *RDI* 1999. 296, obs. Théry.
3. Civ. 2e, 22 mars 2001, n° 99-18.303, *Bull. civ.* II, n° 62.
4. L. n° 71-1130, 31 déc. 1971, portant réforme de certaines professions judiciaires et juridiques, *JO* 5 janv. 1972, p. 131.
5. Cass., avis, 16 mai 2008, n° 08-00.002, *Bull. avis*, n° 3; *Procédures* 2008, n° 212, obs. Laporte.

était poursuivie; aussi, la Cour de cassation a-t-elle été saisie pour avis par le JEX de Nanterre confronté à une déclaration de créance effectuée par un avocat parisien. Elle a répondu que les déclarations de créances mentionnées aux articles 46 et 47 (devenus C. pr. exéc., art. R. 322-12 et R. 322-13) devaient être faites par acte d'avocat inscrit au barreau du TGI devant lequel la vente était poursuivie, l'exception à la multipostulation prévue à l'article 1er, III, alinéa 2 de la loi n° 71-1130 du 31 décembre 1971 modifiée[1], s'appliquant à tous les actes de la procédure de saisie immobilière soumis à la représentation obligatoire[2]. La deuxième chambre civile a, par la suite, fait application de cette solution[3].

1°
Obligation de déclarer

1363.271 Forme et modalités de dépôt. C'est par acte d'avocat déposé au greffe du JEX que la déclaration sera opérée. Cette déclaration n'avait pas à être signifiée, mais déposée, ce qui conduisait le poursuivant à aller au greffe, une fois écoulé le délai ouvert au dernier créancier déclarant. L'article R. 322-12 C. pr. exéc. ne prévoit pas de sanction en cas de non-respect du formalisme alors que l'article R. 322-13 C. pr. exéc., pour les créanciers inscrits après (v. ss n° 1363.294), envisage une irrecevabilité.

1363.272 Une obligation qui conditionnait celle du poursuivant. Initialement, le créancier poursuivant devait établir l'état ordonné des créances à partir des informations recueillies par le greffe lors des déclarations effectuées par les créanciers inscrits et des documents remis (copie du titre de créance et du bordereau d'inscription). Ces informations lui étaient donc indispensables pour préparer la distribution. L'état ordonné des créances a été supprimé par le décret du 12 février 2009 qui est entré en application au 1er mars 2009 et est applicable aux procédures en cours (v. ss n° 1363.301).

1363.273 Une obligation sanctionnée par une déchéance. L'article L. 331-2 C. pr. exéc. impose cette déclaration aux créanciers inscrits, sommés, à peine de déchéance du bénéfice de leur sûreté pour la distribution du prix de vente de l'immeuble. Les créanciers inscrits perdent ainsi la situation avantageuse qui est la leur au stade de la distribution, mais leur droit de créance n'est pas atteint.

1363.274 Délai pour déclarer sa créance. Selon l'article R. 322-12 alinéa 1er C. pr. exéc., le délai pendant lequel le créancier inscrit à qui a été dénoncé le commandement de payer valant saisie doit déclarer sa créance est de deux mois à compter de la dénonciation.

1363.275 Relevé de forclusion. La gravité de la sanction encourue par les créanciers inscrits qui ne déclareraient pas leur créance dans le délai a conduit les auteurs du décret à ouvrir au créancier qui justifie que sa défaillance n'est pas de son fait, la faculté de demander à être autorisé à déclarer sa créance postérieurement au délai imparti. Conformément à l'article R. 311-6 alinéa 3 C. pr. exéc., ni la demande, ni l'éventuel recours contre l'ordonnance du JEX ne devraient suspendre le cours de la procédure.

1363.276 Procédure et délai pour agir en relevé de forclusion. Le créancier saisira le juge par requête, à peine d'irrecevabilité quinze jours au plus tard avant la date fixée pour l'audience d'adjudication ou de constatation de vente amiable. On notera d'abord, qu'il s'agit d'un délai à rebours, dont la Cour de cassation a jugé en 2005 qu'ils se calculaient en remontant le temps[4].

On notera ensuite, que ce délai paraît inapproprié, quand on sait que le créancier poursuivant a l'obligation, à peine de caducité du commandement de remettre au greffe l'état ordonné des créances quinze jours au moins avant la date fixée pour l'audience d'adjudication ou de constatation de vente amiable... Il n'aura ainsi pas la possibilité de savoir à temps qu'une autre créance doit être prise en compte.

1363.277 Ordonnance sur requête. Le JEX statuera par ordonnance sur requête qui devra être déposée, à peine d'irrecevabilité, quinze jours au plus tard avant la date fixée pour l'audience d'adjudication ou de constatation de la vente amiable.

Si on se réfère aux dispositions des articles 495 et suivants C. pr. civ., l'ordonnance sur requête sera exécutoire sur sa seule minute et copie en sera laissée à la personne à laquelle elle est opposée; c'est-à-dire ici sans doute, au poursuivant, à la diligence du créancier retardataire. Toutefois par prudence, le retardataire pourrait envisager aussi de notifier au saisi et aux autres créanciers inscrits.

1. L. n° 71-1130, 31 déc. 1971, mod. par L. n° 2011-331, 28 mars 2011, de modernisation des professions judiciaires ou juridiques et certaines professions réglementées, *JO* 29 mars, p. 5447.
2. Cass., avis, 16 mai 2008, *BICC* 15 sept. 2008, p. 9, rapp. Sommer, p. 10, concl. Maynial, p. 30; *D.* 2008. AJ 1631; *D.* 2009. Pan. 1168, obs. Leborgne; *JCP* 2008. II. 10134; *Procédures* 2008, n° 212, obs. Laporte; *Gaz. Pal.* 15-17 juin 2008, p. 15, obs. Talon.
3. Civ. 2e, 5 mai 2011, n° 10-14.066, *Bull. civ.* II, n° 105.
4. Civ. 2e, 20 oct. 2005, n° 04-10.138, *Bull. civ.* II, n° 259; *JCP* 2006. II. 10005, obs. Leborgne.

1363.278 Rétractation de l'ordonnance. Le décret n'en règlemente pas les modalités. L'ordonnance sur requête ayant fait droit à une demande de relevé de forclusion, sur le fondement de l'article R. 322-12 alinéa 2 C. pr. exéc. relatif aux procédures de saisie immobilière et de distribution du prix d'un immeuble, doit cependant pouvoir être contestée par tout intéressé devant le juge qui l'a rendue. Mais dans le silence du décret on pouvait se demander s'il fallait saisir le JEX conformément aux dispositions de droit commun (C. pr. civ., art. 496 et 497), c'est-à-dire par voie d'assignation en référé, ou par voie de dépôt de conclusions au greffe conformément aux dispositions de l'article 7 du décret de 2006 (devenu C. pr. exéc., art. R. 311-6) ? La deuxième chambre civile a jugé que, en matière de saisie immobilière, la demande de rétractation de l'ordonnance statuant sur la requête en relevé de la forclusion d'un créancier inscrit, qui tend à faire trancher contradictoirement par le JEX ayant rendu l'ordonnance la contestation de la validité de la déclaration de créance, était introduite selon les modalités prévues à l'article 7 du décret du 27 juillet 2006[1] (devenu C. pr. exéc., art. R. 311-6). À cette occasion, la Cour de cassation a également précisé que l'appréciation des causes de la défaillance du créancier qui demandait à être relevé de la forclusion relevait du pouvoir souverain des juges du fond.

2°

Obligation de dénoncer la déclaration

1363.281 Dénonce de la déclaration. Le décret du 12 février 2009 a précisé que le poursuivant devait sommer les créanciers inscrits, non seulement de déclarer leurs créances mais encore de dénoncer, le même jour ou le premier jour ouvrable suivant, cette déclaration au créancier poursuivant et au débiteur. Ainsi, l'information du poursuivant et du débiteur procédera-t-elle de l'initiative des créanciers inscrits, qui dénonceront leur déclaration par acte d'avocat ou par signification (C. pr. exéc., art. R. 322-7, 4°). Cette exigence nouvelle (qui est entrée en vigueur à compter du 1er mars 2009), si elle a alourdi la charge pesant sur les créanciers inscrits, est plus protectrice des intérêts du débiteur et plus pratique pour le créancier poursuivant qui n'a pas à se rendre au greffe pour savoir si les créanciers ont déclaré leurs créances.

1363.282 Sanctions ? La dénonce de la déclaration est désormais imposée aux créanciers inscrits. Mais en cas de défaut d'exécution de cette obligation, quelle sera la sanction ? Le décret de 2009 est silencieux sur ce point. De même, en cas de non-respect du délai pour dénoncer cette déclaration. L'article R. 322-7 C. pr. exéc. n'est pas visé par l'article R. 311-11 C. pr. exéc. qui sanctionne le non-respect de certains délais par la caducité du commandement de payer valant saisie; ce qui, au demeurant, est heureux, compte tenu de la gravité d'une telle sanction.

B.

Créanciers postérieurs

1363.291 Créanciers ayant inscrit leur sûreté après la publication du commandement, mais avant la publication de la vente. Ces créanciers n'ont pu être sommés par le poursuivant puisqu'ils n'apparaissaient évidemment pas sur l'état hypothécaire requis. Cependant, conformément au droit commun des sûretés immobilières, ils disposent d'un droit réel opposable au débiteur et aux tiers au jour de sa publication. Il était donc nécessaire de prévoir leur participation à la procédure de saisie et de distribution, ce que fait l'article 47 du décret du 27 juillet 2006 (devenu C. pr. exéc., art. R. 322-13), qui a été partiellement modifié par le décret du 12 février 2009.

1363.292 Intervention. Ces créanciers vont intervenir à la procédure pour déclarer leur créance. Selon l'article 66 C. pr. civ., l'intervention a pour objet de rendre un tiers partie à un procès engagé entre les parties originaires. Les modalités d'une intervention sont exposées aux articles 325 à 330 C. pr. civ.

1363.293 Déclaration : forme et délai. La déclaration vise la créance arrêtée en principal, frais et intérêts échus au jour de la déclaration. Comme pour les créanciers sommés, elle sera accompagnée d'une copie du titre de créance et du bordereau d'inscription. La déclaration est faite par acte d'avocat déposé au greffe du JEX.

1. Civ. 2e, 9 sept. 2010, n° 09-15.728, *Bull. civ.* II, n° 153; *D.* 2011. Pan. 1509, obs. Leborgne; *Procédures* 2010, n° 374, obs. Perrot : en l'espèce, les juges du fond ont estimé que la banque qui avait adressé tardivement à son avocat les éléments nécessaires à formaliser la déclaration de créance dans le délai légal et qui n'avait pas pris le soin de s'assurer de la disponibilité de son avocat n'établissait pas que sa défaillance n'était pas due à son fait.

Initialement, l'article 47 imposait aux créanciers postérieurs d'effectuer leur déclaration dans un délai de quinze jours suivant l'inscription de leur sûreté. Ce qui était pratiquement impossible en pratique. Le décret du 12 février 2009 a allongé le délai à un mois à compter de l'inscription (l'article 47 dans sa nouvelle rédaction est devenu C. pr. exéc., art. R. 322-13).

1363.294 **Délai à peine d'irrecevabilité.** L'article R. 322-13 C. pr. exéc. dispose qu'« *à peine d'irrecevabilité, la déclaration sera effectuée par acte d'avocat déposé au greffe du juge de l'exécution dans un délai d'un mois suivant l'inscription* ». Sans doute, l'irrecevabilité sera la sanction du défaut de respect du délai, mais la rédaction de la phrase n'interdit pas d'envisager qu'une déclaration formée autrement que par acte d'avocat serait irrecevable. Il faudra donc respecter les deux conditions, de délai et de forme.

1363.295 **Dénonce.** Selon l'article 47 du décret du 27 juillet 2006, dans sa rédaction initiale, cette « *déclaration est dénoncée, dans les mêmes formes, le même jour ou le premier jour ouvrable suivant, au créancier poursuivant et au débiteur* ». Ici encore la rédaction du texte n'était pas fameuse. Pour la forme du dépôt de la déclaration, il était fait par acte d'avocat déposé au greffe, ce qui excluait le recours à un huissier de justice. Comment alors réaliser la dénonce au contradictoire du débiteur non représenté ? Le décret de 2009 a amélioré la réglementation en indiquant que la déclaration est dénoncée « *dans les mêmes formes ou par signification, le même jour ou le premier jour ouvrable suivant, au créancier poursuivant et au débiteur* » (C. pr. exéc., art. R. 322-13, *in fine*).

1363.296 **Effet.** Ces créanciers ont vocation à participer à la distribution mais leur sûreté ne sera pas opposable au créancier poursuivant. Les créances prendront donc rang après celle du poursuivant.

§ 2
Remise d'une copie des créances (disparition de l'état ordonné)

1363.301 **Évolution de la réglementation.** Initialement, le décret du 27 juillet 2006 (art. 48) avait mis à la charge du poursuivant l'établissement d'un état ordonné des créances selon leur rang. Le décret du 12 février 2009 l'a supprimé. L'établissement de cet état posait en effet plusieurs difficultés, notamment pour tenir compte des déclarations effectuées postérieurement par des créanciers inscrits, mais aussi parce qu'on s'interrogeait sur la valeur du classement des créances réalisé à ce stade par le poursuivant et encore parce que le JEX ne pouvait constater la vente amiable que tout autant que l'état ordonné lui était présenté.

Cette modification est effective depuis le 1er mars 2009, conformément à l'article 155 du décret du 12 février 2009, qui précise que les modifications sont applicables aux procédures en cours.

Les développements consacrés à l'élaboration de l'état ordonné des créances ont toutefois été maintenus afin de pouvoir vérifier la régularité d'une procédure achevée avant l'entrée en vigueur du décret de 2009, et pour laquelle le poursuivant aurait été soumis aux dispositions initiales de l'article 48.

1363.302 **Article R. 322-14 C. pr. exéc. : remise d'une copie des créances.** L'article R. 322-14 C. pr. exéc. dispose que « *le créancier poursuivant se fait remettre par le greffe copie des créances produites en vue d établir le projet de distribution prévu à l'article R. 332-3* ». Selon qu'il est lui-même titulaire d'une sûreté ou chirographaire, le poursuivant a ainsi une idée de ses chances d'être payé. Les créances garanties par des sûretés inscrites après la publication du commandement passeront après celle du poursuivant.

CHAPITRE

1364. Audience d'orientation

ANNE LEBORGNE
PROFESSEUR À L'UNIVERSITÉ D'AIX-MARSEILLE

SECTION 0
ORIENTEUR

1364.00 **Plan du chapitre.**

Division. Le juge va apprécier la suite à donner à la mesure d'exécution engagée par le créancier. L'audience d'orientation permet ainsi au saisi de démontrer que le bien peut se vendre amiablement dans de bonnes conditions et de suspendre la saisie (sect. 1). Cette audience est encore l'occasion pour le juge de trancher l'ensemble des questions relatives à la saisie immobilière, comme auparavant, lors de l'audience éventuelle. L'audience d'orientation s'achève part un jugement (sect. 2).

SECTION 1
L'AUDIENCE

1364.10 **Enjeux.** L'audience d'orientation, qui obéit à des règles propres, est destinée à vérifier la régularité de la procédure d'exécution, à statuer sur les éventuelles contestations et demandes incidentes et à déterminer les modalités de poursuite de la procédure en autorisant la vente amiable à la demande du débiteur ou en ordonnant la vente forcée.

§ 1
Règles procédurales

1364.11 **Une audience obligatoire.** Sous l'empire du décret-loi de 1938, l'audience éventuelle se révélait inutile si aucune partie n'avait rien à demander au tribunal. Il n'y avait donc d'audience que si des dires, recevables ou non, avaient été formés. Désormais, cette audience est obligatoire, le juge de l'exécution (JEX) qui devra contrôler et orienter la procédure de saisie immobilière aura ainsi obligatoirement connaissance de la mesure d'exécution avant l'audience d'adjudication et pourra la suspendre.

1364.12 **Date à laquelle elle se tient.** Sous l'empire du décret-loi de 1938, l'audience éventuelle ne se renvoyait pas. Le décret de 2006 n'a ni interdit ni explicitement admis le renvoi de l'audience d'orientation et l'article 7 (devenu C. pr. exéc., art. R. 311-6[1]) précise que l'examen des contestations et

1. Décr. n° 2012-783, 30 mai 2012, relatif à la partie réglementaire du Code des procédures civiles d'exécution, *JO* 31 mai, p. 9375.

demandes incidentes ne suspend pas le cours de la procédure. Certains juges du fond en avaient déduit l'impossibilité de renvoyer l'audience d'orientation. Toutefois, en 2008, la deuxième chambre civile de la Cour de cassation a implicitement admis la faculté de renvoi de l'audience et en a déduit la recevabilité des contestations et demandes présentées lors de l'audience de renvoi[1]. Il est en effet apparu aux magistrats qu'il était « *difficile, faute d'un texte clair et impératif, de limiter les droits des parties avant même que l'audience n'ait eu lieu* »[2]. Le renvoi peut au demeurant, permettre au saisi de constituer avocat, voire d'attendre la désignation d'un avocat au titre de l'aide juridictionnelle[3]. Comment alors déterminer la **date de l'audience d'orientation ?** Ce qui compte n'est pas la date pour laquelle les parties ont été assignées mais celle à laquelle le juge va réellement examiner les contestations et les demandes. Ainsi, soit l'audience d'orientation s'est tenue, et peu importe alors que le tribunal n'ait pas totalement vidé son délibéré ou qu'il ait ordonné un sursis à statuer[4], soit l'affaire n'a pas été examinée lorsqu'elle a été appelée et elle le sera à la date à laquelle elle a été renvoyée. Il est encore possible que l'audience se soit tenue mais que le juge ordonne une réouverture totale des débats; dans ce cas, l'audience d'orientation se tiendra à l'audience à laquelle l'affaire est rappelée[5]. En revanche, une fois l'audience tenue, il ne sera pas possible de développer des arguments au moyen d'une note en délibéré[6].

1364.13 Une audience qui couvre les nullités de forme et de fond. Selon l'article 6 du décret du 27 juillet 2006[7] (devenu C. pr. exéc., art. R. 311-5), à peine d'irrecevabilité, aucune contestation ni aucune demande incidente ne peuvent, sauf disposition contraire, être formées après l'audience d'orientation, à moins qu'elles portent sur des actes de procédure postérieurs à celle-ci. Cette disposition a donné lieu à de vifs débats. Devait-on en déduire qu'une fois l'audience d'orientation passée, il serait trop tard pour former une demande ou élever une contestation alors que par ailleurs, le jugement d'orientation était susceptible d'appel ? Les juges du fond étaient partagés et la Cour de cassation a tranché en faveur d'une interprétation stricte des dispositions de l'article 6 du décret : formées pour la première fois en cause d'appel par le débiteur saisi qui n'avait pas comparu lors de l'audience d'orientation, les demandes d'annulation du commandement valant saisie, de dommages et intérêts et de compensation, devaient être d'office déclarées irrecevables, au visa de l'article 6 du décret de 2006[8] (devenu C. pr. exéc., art. R. 311-5). Ainsi, que le débiteur n'ait pas comparu, qu'il ait comparu seul sans avocat – ce qui exclut que le juge statue sur les contestations ainsi formées (v. s[s] n° 1365.32) – ou que régulièrement représenté il ait omis de soulever certaines contestations, la solution sera identique : formées pour la première fois en cause d'appel, les contestations et demandes doivent être regardées comme présentées après l'audience d'orientation de sorte que leur irrecevabilité doit être prononcée d'office au visa de l'article 6 du décret de 2006 (devenu C. pr. exéc., art. R. 311-5). Il s'agit d'une fin de non-recevoir d'ordre public[9].

Quels peuvent être alors, dans ce cas, l'objet et l'intérêt de l'appel du jugement d'orientation si le débiteur ne peut former ni demandes ni contestations ? Pour répondre à cette question, il faut rappeler qu'en 2008[10], la Cour de cassation a jugé que l'appel du jugement d'orientation était un appel dont l'effet dévolutif était limité à l'incident en cause. Dès lors qu'aucune contestation n'a été formée devant le JEX lors de l'audience d'orientation, il n'y aura rien à examiner au second degré. Toute-

1. Civ. 2e, 23 oct. 2008, n° 08-13.404, *Bull. civ.* II, n° 226; *D.* 2008. 3120, note Leborgne.
2. V. les obs. de M. le conseiller référendaire J.-M. Sommer, *D.* 2009. Chron. 768.
3. EN CE SENS, Paris, 8e ch., 30 oct. 2008, *Juris-Data* n° 375000 – Civ. 2e, 24 juin 2010, n° 08-19.974, *Bull. civ.* II, n° 120; *D.* 2011. 1509, obs. Leborgne : la Cour de cassation juge que « *commet un excès de pouvoir et viole l'article 25 de la loi du 10 juillet 1991 relative à l'aide juridictionnelle et l'article 6 de la Convention de sauvegarde des droits de l'homme et des libertés fondamentales, le juge qui procède à la vente forcée d'un bien, sans s'assurer que le débiteur saisi, qui avait sollicité l'aide juridictionnelle, avait été informé de la décision rendue sur cette demande et du nom de l'avocat désigné à ce titre* » – Civ. 2e, 16 mai 2012, n° 11-14.449, *Bull. civ.* II, n° 86; *Dr. et proc.* sept. 2012, obs. Leborgne : la deuxième chambre civile le rappelle, au visa des art. 25 de la loi n° 91-647 du 10 juillet 1991 relative à l'aide juridique et 6 § 1 Conv. EDH, « *le bénéficiaire de l'aide juridictionnelle a droit à l'assistance d'un avocat* ». Aussi, le JEX doit-il attendre, pour tenir l'audience, que le recours formé contre la décision de rejet de la demande d'aide juridictionnelle ait été jugé.
4. Civ. 2e, 17 nov. 2011, n° 10-25.439, *Bull. civ.* II, n° 216.
5. Civ. 2e, 5 déc. 2013, n° 12-26.980, *Bull. civ.* II [à paraître].
6. Civ. 2e, 31 janv. 2013, n° 12-12.670, *Bull. civ.* II, n° 21.
7. Décr. n° 2006-936, 27 juill. 2006, relatif aux procédures de saisie immobilière et de distribution du prix d'un immeuble. *JO* 29 juill., p. 11316.
8. Civ. 2e, 11 mars 2010, n° 09-13.312, *Bull. civ.* II, n° 55; *D.* 2010. AJ 771, obs. Avena-Robardet; *D.* 2011. Pan. 1509, obs. Leborgne; *Dr. et proc.* 2010. 189, obs. Leborgne; *JCP* 2010. 345, note Laporte.
9. Une cour d'appel doit donc prononcer d'office l'irrecevabilité des contestations formées par le débiteur dès lors qu'il a été régulièrement assigné à l'audience d'orientation, que les contestations ne sont pas antérieures à cette audience et qu'elles ne portent pas sur des actes qui lui sont postérieurs : Civ. 2e, 10 févr. 2011, n° 10-11.944, *Bull. civ.* II, n° 39.
10. Civ. 2e, 23 oct. 2008, n° 08-13.404 (préc. s[s] n° 1364.12).

fois, l'appel demeure ouvert car, d'une part, pourront toujours être soulevés des moyens révélés par le jugement lui-même, voire des fins de non-recevoir et, d'autre part, le débiteur qui n'aurait pas été régulièrement assigné pour l'audience d'orientation pourra toujours faire valoir en appel ses demandes et contestations[1] (v. s^s n° 1364.96).

Reste que l'on a pu se demander si cette rigueur ne fermait pas un accès au juge et, ainsi, si cette jurisprudence n'était pas contraire aux dispositions de l'article 6 § 1er de la Convention européenne de sauvegarde des droits de l'homme et des libertés fondamentales[2] ? Toutefois, les dispositions de l'article 6 du décret de 2006 n'interdisent pas de relever appel mais restreignent seulement l'objet de celui-ci.

Ainsi, la cour d'appel de Bordeaux[3] a-t-elle écarté le moyen tiré de la violation de l'article 6 § 1er Conv. EDH en jugeant d'une part que « *le droit à un tribunal se prête à des limitations et n'impose ni la nécessité de créer un double degré de juridiction ni* a fortiori *d'interdire une limitation au droit de saisir la juridiction d'appel* » et d'autre part que « *la restriction imposée n'atteint pas le droit d'accès dans sa substance même et qu'elle a un but légitime* [...]*; le but poursuivi par cet article est d'éviter des recours dilatoires afin de bloquer le déroulement de la procédure alors que le créancier bénéficie d'un titre exécutoire* [...]*; il existe donc bien un rapport raisonnable entre les moyens employés pour permettre l'exécution du titre exécutoire et la nécessité d'éviter les recours limitant le déroulement de la procédure* ».

La deuxième chambre civile a par la suite affirmé qu'« *en matière de saisie immobilière, la règle selon laquelle à peine d'irrecevabilité aucune contestation ni aucune demande incidente ne peut, sauf disposition contraire, être formée après l'audience d'orientation à moins qu'elle ne porte sur des actes de procédure postérieurs à celle-ci, ne méconnaît pas les exigences de l'article 6 § 1 de la Convention de sauvegarde des droits de l'homme et des libertés fondamentales* »[4].

Il est vrai que le saisi pourra toujours, en appel, soulever une fin de non-recevoir concernant, selon l'article 122 C. pr. civ., le défaut de qualité, le défaut de droit d'agir, le défaut d'intérêt, la prescription, le délai préfix et la chose jugée, et ainsi invoquer une violation de ses droits fondamentaux.

1. Ainsi, statuant en appel d'un jugement d'orientation, la cour d'appel est tenue d'examiner le moyen présenté par le débiteur saisi qui n'avait pas comparu à l'audience d'orientation, tendant à la nullité de l'assignation qui lui avait été délivrée pour cette audience : Civ. 2e, 10 févr. 2011, n° 10-11.944, *Bull. civ.* II, n° 39.
2. EN CE SENS, Montpellier 5 févr. 2009, *Gaz. Pal.* 25 juin 2009, p. 16, obs. Hugon.
3. Bordeaux, 5e ch. civ., 4 oct. 2010, RG n°s 10/4291 et 10/5370.
4. Civ. 2e, 17 nov. 2011, n° 10-26.784, *Bull. civ.* II, n° 214.

1364.14 **Date.** Le créancier doit assigner dans les deux mois de la publication du commandement et l'assignation doit être délivrée dans un délai compris entre un et trois mois avant la date d'audience (C. pr. exéc., art. R. 322-4).

1364.15 **Saisine du JEX par le saisi.** Le commandement de payer valant saisie ayant informé le saisi de ce qu'il pourrait vendre amiablement s'il y était autorisé par le juge, celui-ci est en droit de saisir le juge afin de faire examiner sa demande, sans attendre d'être assigné par le poursuivant, mais dans ce cas le ministère d'avocat sera obligatoire conformément aux dispositions de l'article R. 311-4 C. pr. exéc. (v. s^s n° 1364.17). Le saisi fera délivrer une assignation au poursuivant et il devra également faire venir à l'audience les créanciers révélés par un état hypothécaire. Il devra donc lever un état hors formalité à cette fin.

1364.16 **Parties à la procédure.** Le saisi a été assigné mais peut être défaillant. Les créanciers inscrits ont été également invités à se présenter à la suite de la dénonce du commandement de payer valant saisie qui vaut assignation à comparaître.

1364.17 **Ministère d'avocat.** Le principe en est posé à l'article R. 311-4 C. pr. exéc., qui admet toutefois d'y déroger par dispositions contraires.

Les auteurs de la réforme ont jugé que le ministère d'avocat n'était pas nécessaire au saisi qui souhaitait vendre son bien amiablement; l'article R. 322-17 C. pr. exéc. l'en dispense donc pour former cette demande et pour celle tendant à la suspension de la procédure pour cause de surendettement pour lesquelles ce ministère est expressément écarté. Toutefois, s'agissant d'autres demandes, contestation ou demande incidente, le principe retrouve sa force. Le saisi en est au demeurant avisé dans l'assignation conformément à la septième mention de l'article R. 322-5 C. pr. exéc.

Le poursuivant comme les créanciers inscrits devront donc toujours être représentés. Pour le saisi, tout dépendra de l'objet de sa demande[5].

1364.18 **Procédure orale ou écrite ?** Selon l'article R. 322-15 alinéa 1er C. pr. exéc., le juge commence par entendre les parties présentes ou représentées. Parce que le saisi peut se dispenser du ministère d'avocat pour former une demande de vente amiable, l'article R. 322-17 C. pr. exéc. indique expressément que la demande peut être formée verbalement. Toutefois, selon l'article R. 311-6 C. pr. exéc., les contestations ou demandes incidentes

5. Si le saisi conteste la procédure de saisie, la contestation devra être formée par avocat; à défaut, elle sera irrecevable : Paris, 8e ch., 11 sept. 2008, *Juris-Data* n° 004377.

devront être déposées par conclusions signées d'un avocat, ce qui n'exclut pas que les avocats développent oralement les demandes contenues dans leurs conclusions. Les règles procédurales de la saisie immobilière dérogent aux principes posés par le décret du 31 juillet 1992, qui demeurent applicables aux procédures d'exécution mobilières.

1364.19 Une audience qui fixe le cahier des conditions de vente ? Comme sous l'empire du décret-loi de 1938, on doit pouvoir déduire qu'à l'issue de cette audience, le cahier des conditions de vente ne pourra être modifié.

Il a été jugé que l'adjudicataire n'était pas recevable à invoquer l'illicéité d'une clause de nature à modifier directement ou indirectement l'ordre dans lequel le prix de vente sera réparti entre les créanciers[1].

§ 2 Vérifications d'office du juge

1364.20 Plan. Selon l'article R. 322-15 C. pr. exéc., le JEX va vérifier d'office si les conditions posées dans les articles L. 311-2, L. 311-4 et L. 311-6 C. pr. exéc.[2] sont réunies. Il s'agit de savoir si le créancier est titré et si le bien objet de la saisie immobilière est saisissable. Il déterminera ensuite les modalités de la vente, amiable ou forcée.

En revanche, ni le Code civil ni le décret du 27 juillet 2006 ne mettent à la charge du JEX le contrôle d'office du montant de la créance du poursuivant[3] qui doit seulement la mentionner dans son jugement. Le JEX n'est pas non plus tenu de vérifier la régularité de sa saisine[4].

Il est curieux que le décret n'ait pas mis également à la charge du juge la vérification du bien-fondé de la saisie, c'est-à-dire l'absence d'abus (C. pr. exéc., art. L. 111-7 et art. L. 121-2) ou la proportionnalité de l'action du créancier, en visant l'article L. 311-5 C. pr. exéc. Il appartiendra donc au saisi de soulever cette contestation, s'il le souhaite (sur les restrictions au droit du créancier en matière immobilière, v. s^s n°s 1317.05 s.).

A. Vérification du titre exécutoire

1364.21 Principe. L'analyse des conditions de l'action du créancier et des articles L. 311-2 et L. 311-4 C. pr. exéc. ayant été opérée en détail au titre du chapitre 1311, consacré au créancier, il y sera renvoyé le lecteur. On rappellera simplement que tout créancier qui veut entreprendre une procédure d'exécution doit être porteur d'un titre exécutoire constatant une créance liquide et exigible. Le principe, déjà posé à l'article L. 111-2 C. pr. exéc., est affirmé également dans le Code civil.

1364.22 Distinction entre poursuite et vente. En matière d'exécution immobilière, et par dérogation à l'article L. 111-10 C. pr. exéc., si la poursuite est engagée avec une décision de justice exécutoire par provision, la vente forcée ne pourra intervenir qu'après une décision définitive passée en force de chose jugée. Pendant le délai d'opposition, aucune poursuite ne peut être engagée en vertu d'un jugement rendu par défaut (C. pr. exéc., art. L. 311-4).

B. Vérification de l'objet de la saisie et orientation de la mesure d'exécution

1364.31 Principe. Selon l'article L. 311-6 C. pr. exéc., sauf dispositions législatives particulières, la saisie immobilière peut porter sur tous les droits réels afférents aux immeubles, y compris leurs accessoires réputés immeubles susceptibles de faire l'objet d'une cession. Ici encore, on renverra le lecteur aux développements complets tenus aux chapitres 1315 (consacré à l'objet de la saisie) et 1316 (consacré à l'assiette de la saisie immobilière).

1364.32 Insaisissabilités. Les droits d'un créancier peuvent toutefois se heurter à une insaisissabilité légale, auxquelles fait allusion, d'une manière générale, le articles L. 111-2 et L. 112-3 C. pr. exéc. Les insaisissabilités relatives aux immeubles ont été envisagées au chapitre 1319, auquel sera renvoyé le lecteur[5].

1. Civ. 2e, 18 févr. 1999, n° 97-12.323, *Bull. civ.* II, n° 30.
2. Ord. n° 2011-1895, 19 déc. 2011, relative à la partie législative du Code des procédures civiles d'exécution, *JO* 20 déc., p. 21464.
3. Ainsi, en l'absence de contestation sur ce point, le juge ne peut d'office réduire la créance du poursuivant et le montant de celle-ci doit être retenu à la somme figurant au commandement depayer valant saisie : Paris, 14 févr. 2008, *D.* 2009. Pan. 1168, obs. Leborgne; *Gaz. Pal.* 27-28 févr. 2008, p. 20, obs. Sillard; *Dr. et patr.* nov. 2008. 100, obs. Crocq; *RD banc. fin.* 2008. Comm. 58, obs. Pièdelièvre.
4. ET, PAR EX., de relever d'office le dépassement du délai pour assigner : Civ. 2e, 31 janv. 2013, n° 12-12.670, *Bull. civ.* II, n° 21; *Dr. et proc.* avr. 2013, p. 96, obs. Leborgne.
5. L'affectation irrévocable d'un bien immeuble à une fondation ne fait pas naître une insaisissabilité mais signifie simplement que le donateur ne peut remettre en cause son acte. Le fait de soutenir que l'immeuble saisi a été donné « *à titre de fonds de réserve n'est donc pas une contestation susceptible d'interrompre la procédure de saisie immobilière* » : Paris, 8e ch., 10 déc. 2008, *Juris-Data* n° 005818 – Pas plus que le fait que sur le bien saisi se trouve une sépulture; l'existence de celle-ci n'a pas pour effet de rendre inaliénable et incessible la propriété dans laquelle elle est située et la vente amiable ou judiciaire reste possible sous réserve qu'il en soit fait mention dans le cahier des charges et qu'un accès soit réservé à la famille : Civ. 2e, 17 oct. 2013, n° 12-23.375, *Bull. civ.* II, n° 206.

1364.33 Orientation de la mesure. C'est lors de cette audience que le JEX décidera des modalités de la vente de l'immeuble, soit en autorisant la vente amiable (v. s[s] n° 1364.64), soit en ordonnant la vente forcée (v. s[s] n° 1364.63). Lorsque le saisi ne se présente pas à l'audience ou n'en fait pas la demande, le juge ordonnera nécessairement que le bien soit vendu aux enchères publiques. Lorsque le saisi demandera à être autorisé à vendre son bien amiablement, le JEX appréciera souverainement le respect des dispositions de l'article R. 322-15 C. pr. exéc., c'est-à-dire si la vente peut être conclue dans des conditions satisfaisantes compte tenu de la situation du bien, des conditions économiques du marché et des diligences éventuelles du saisi[1].

§ 3
Contestations et demandes incidentes

1364.41 Objet. La terminologie employée fait penser aux anciens incidents de saisie immobilière tout en étant plus large puisqu'il est question à la fois de demandes et de contestations. Aux termes de l'article L. 213-6 alinéa 3 du COJ, dans sa rédaction issue de la loi n° 2010-1609 du 22 décembre 2010[2], le JEX connaît « *de la procédure de saisie immobilière, des contestations qui s'élèvent à l'occasion de celle-ci et des demandes nées de cette procédure ou s'y rapportent directement même si elles portent sur le fond du droit* [...] ».

Au titre des demandes accessoires, on trouvera la demande en distraction d'un tiers, la demande de subrogation d'un créancier dans les droits du poursuivant ou encore celle du saisi d'être autorisé à vendre amiablement et encore la demande de suspension des voies d'exécution de la commission de surendettement (v. s[s] n°s 1365.11 s.).

Les contestations, quant à elles, pourront porter sur le droit d'agir du créancier (titre, créance, saisissabilité, abus éventuel), sur les conditions de la vente (C. pr. exéc., art. R. 322-11, al. 3), mais aussi sur la régularité de la procédure (nullités, caducité). Le but poursuivi pourra donc être, soit d'ajouter ou de modifier quelque chose au cahier des conditions de la vente, soit d'anéantir la mesure d'exécution.

1364.42 Forme et contradictoire. Aux termes de l'article 7 alinéa 1er du décret du 27 juillet 2006 (devenu C. pr. exéc., art. R. 311-6, al. 1er), les demandes ou contestations sont formées, sauf disposition contraire, par conclusions signées d'un avocat et déposées au greffe[3]. Afin d'assurer le contradictoire, le décret du 12 février 2009[4] a ajouté un alinéa 2 à l'article 7 (devenu C. pr. exéc., art. R. 311-6, al. 2) qui dispose désormais que « *la communication des conclusions et des pièces entre avocats est faite dans les conditions prévues par l'article 815 du Code de procédure civile. La communication des conclusions est faite par signification au débiteur qui n'a pas constitué avocat* ».

L'article R. 311-6 alinéa 3 C. pr. exéc. réserve l'hypothèse où la contestation ou la demande incidente n'aura pu être examinée à l'audience d'orientation. Dans ce cas, le greffe convoquera les parties à une audience, par lettre recommandée avec demande d'avis de réception dans un délai de quinze jours à compter du dépôt de la contestation ou de la demande incidente.

1364.43 Irrecevabilité des contestations et demandes formées après l'audience d'orientation. Selon l'article R. 311-5 C. pr. exéc., aucune contestation et demande incidente ne peut être formée après l'audience d'orientation. Parce que cette audience est au cœur de la procédure, le juge doit pouvoir trancher l'ensemble des questions relatives à la saisie immobilière. Mais aucun délai à rebours par référence à cette audience n'est prévu, ce qui semble permettre de les déposer jusqu'au jour de l'audience et n'est pas très conforme aux règles du contradictoire et à la confraternité.

1364.44 Dérogations. Les contestations portant sur les actes de procédure postérieurs à l'audience seront recevables à condition d'être formées dans les quinze jours de leur notification[5], à moins qu'il n'en soit disposé autrement (ainsi, les contestations relatives à la validité des enchères devront être formées immédiatement en application de l'article R. 322-59 C. pr. exéc.).

1. Civ. 2e, 10 sept. 2009, n° 08-70.204, *Bull. civ.* II, n° 212; *D.* 2010. Chron. C. cass. 534, Sommer et Leroy-Gissinger; *RD banc. fin.* 2009. 207, obs. Piedelièvre.
2. L. n° 2010-1609, 22 déc. 2010, relative à l'exécution des décisions de justice, aux conditions d'exercice de certaines professions réglementées et aux experts judiciaires, *JO* 23 déc., p. 22552.
3. Seules en sont dispensées les demandes de vente amiable formées par le saisi. Si ce dernier ne forme pas de demande EN CE SENS mais conteste la procédure de saisie, cette contestation formée sans avocat est irrecevable : Paris, 8e ch., 11 sept. 2008, *Juris-Data* n° 004377.
4. Décr. n° 2009-160, 12 févr. 2009, pris pour l'application de l'ordonnance n° 2008-1345 du 18 décembre 2008 portant réforme du droit des entreprises en difficulté et modifiant les procédures de saisie immobilière et de distribution du prix d'un immeuble, *JO* 13 févr., p. 2596.
5. Conformément aux dispositions de l'art. R. 311-5 C. pr. exéc., qui dispose que les contestations et demandes incidentes portant sur des actes postérieurs à l'audience d'orientation doivent être formées dans les quinze jours à compter de la notification de l'acte. Celui qui veut contester la validité des opérations de publicité de la vente forcée doit former sa contestation dans les quinze jours à compter de leur accomplissement : Civ. 2e, 26 juin 2014, n° 13-20.193, *Bull. civ.* II, n° 162.

La demande en distraction (v. s[s] n°s 1365.271 s.) et la demande de subrogation (v. s[s] n°s 1365.200 s.) échappent également à ce délai. Elles pourront être formées à tout moment.

Il en est de même de la demande de prorogation de la validité du commandement de payer valant saisie; nécessairement liée au risque d'expiration du délai de validité du commandement valant saisie, cette demande peut être formée après l'audience d'orientation[1].

1364.45 Sanction : irrecevabilité prononcée d'office. L'article R. 311-5 C. pr. exéc. l'indique clairement, aucune contestation ni aucune demande incidente ne peut, sauf disposition contraire, être formée après l'audience d'orientation, à peine d'irrecevabilité prononcée d'office. La Cour de cassation a adopté une interprétation stricte de ces dispositions[2]. Si l'audience d'orientation peut être renvoyée (v. s[s] n° 1364.12), elle ne « *revit* » pas en appel (v. s[s] n° 1364.13). Dès lors que l'audience à laquelle les contestations ont été examinées s'est tenue, peu importe que le jugement rendu ait ordonné un sursis à statuer sur certains points ou que le tribunal n'ait pas totalement vidé son délibéré[3]. Il est toutefois possible que l'audience se soit tenue mais que le juge ordonne une réouverture totale des débats; dans ce cas, l'audience d'orientation se tiendra à l'audience à laquelle l'affaire est rappelée[4]. En revanche, une fois l'audience tenue, il ne sera pas possible de développer des arguments au moyen d'une note en délibéré[5].

1364.46 Règles procédurales propres à l'examen des contestations et demandes. C'est une véritable instance au cœur de la mesure d'exécution[6]. Depuis le décret du 12 février 2009, ce caractère est accentué. L'article R. 311-6 C. pr. exéc. opère désormais un renvoi aux dispositions de l'article 815 C. pr. civ. pour la communication des conclusions et des pièces entre avocats. Lorsque le saisi n'a pas constitué avocat, la communication des conclusions doit lui être faite par voie de signification. Cette instance ne suspend toutefois pas le cours de la saisie (C. pr. exéc., art. R. 311-6, dern. al.).

1. Civ. 2e, 9 juin 2011, n° 10-30.310, *Bull. civ.* II, n° 131.
2. Civ. 2e, 11 mars 2011, n° 09-13.312, *Bull. civ.* II, n° 55 – Civ. 2e, 6 janv. 2011, n° 09-16.641, NP – Civ. 2e, 31 mars 2011, n° 10-13.929, NP – Com. 3 nov. 2011, n° 09-70.312, *Bull. civ.* IV, n° 165.
3. Civ. 2e, 17 nov. 2011, n° 10-25.439, *Bull. civ.* II, n° 216.
4. Civ. 2e, 5 déc. 2013, n° 12-26.980, *Bull. civ.* II [à paraître].
5. Civ. 2e, 31 janv. 2013, n° 12-12.670, *Bull. civ.* II, n° 21.
6. Ainsi, la décision rendue sera susceptible d'appel. Mais une fois la contestation ou la demande réexaminée par les juges du second degré, la procédure reviendra devant le JEX, v. s[s] n° 1364.96.

1364.47 Auteurs. Ces demandes sont déposées dans les intérêts du saisi, des créanciers inscrits, du poursuivant qui peut souhaiter ajouter ou modifier quelque chose au cahier des conditions de la vente et demander au juge de fixer les modalités de visite de l'immeuble (C. pr. exéc., art. R. 322-26, dern. al.).

Sous l'empire du décret-loi de 1938, la jurisprudence admettait encore que les créanciers chirographaires déposent des dires[7], comme les locataires[8], ou le syndicat de copropriété ou encore les titulaires de droits réels principaux sur l'immeuble (usufruitier, titulaire d'un bail à construction, d'un bail emphytéotique, *etc.*), les cessionnaires de revenus à échoir[9]. En fait, toute personne y ayant intérêt. Il n'y a pas de raison d'exclure ces hypothèses aujourd'hui.

1364.48 Sursis obligatoire de la procédure. L'audience d'orientation pourra être l'occasion d'informer le juge de la survenance de certains événements rendant le sursis de la procédure obligatoire. Le juge doit cependant être saisi de cette demande et ne peut donc ordonner d'office le sursis. Le plus souvent la durée en sera indéterminée. Ce sera le cas :

– *à la suite du décès du débiteur*, puisqu'il faut signifier préalablement le titre exécutoire aux héritiers (v. s[s] n° 1313.104);

– *en l'état d'une procédure collective et d'un surendettement* (v. s[s] n°s 1318.50 et 1318.21);

– *en l'état d'une plainte pour faux :* la règle « *le criminel tient le civil en état* » implique-t-elle sursis obligatoire de la saisie immobilière ? En vertu de l'article 1319 du Code civil, à la suite d'une plainte en faux principal, l'exécution de l'acte argué de faux sera suspendue par la mise en accusation; si l'argument de faux est soulevé incidemment, les tribunaux peuvent, suivant les circonstances, suspendre provisoirement l'exécution de l'acte. Et selon l'article 312 C. pr. civ., si des poursuites pénales sont engagées contre les auteurs ou complices du faux, il est sursis au jugement civil jusqu'à ce qu'il ait été statué au pénal, à moins que le principal puisse être jugé sans tenir compte de la pièce arguée de faux ou qu'il y ait eu, sur le faux, renonciation ou transaction. Dès lors, si le titre qui sert de fondement à la poursuite, ou tout autre acte, est argué de faux, le JEX doit-il alors obligatoirement suspendre la saisie le temps que l'affaire soit instruite ? La réponse est à trouver dans la nature de la saisie immobilière : la règle « *le criminel tient le civil en l'état* » ne concernant que l'action civile et non la

7. Toulouse, 24 janv. 1851, *DP* 1852. 2. 102 – Pau, 16 mars 1892, *S.* 1892. 2. 136.
8. Angers, 14 juin 1866, *DP* 1866. 2. 145.
9. Douai, 27 avr. 1850, *DP* 1855. 2. 191.

poursuite d'une voie d'exécution, le JEX n'est pas lié par la demande de sursis qu'il peut rejeter dans l'exercice de son pouvoir souverain d'appréciation[1];

– la Cour de cassation juge que l'article 312 n'était pas applicable devant le JEX et que l'article 4 du Code de procédure pénale ne concernait que l'action civile et non l'exercice d'une voie d'exécution[2]. Selon les circonstances, le JEX pourra donc décider ou non de suspendre la saisie immobilière;

– *en cas de décès ou de cessation de fonction de l'avocat poursuivant* : la représentation étant obligatoire, les poursuites ne peuvent plus être menées; le tribunal doit donc surseoir jusqu'à ce qu'un nouvel avocat ait été constitué.

1364.49 Issue. Soit la contestation emporte main levée de la saisie, soit elle est rejetée. Dans ce dernier cas, le juge déterminera les modalités de poursuites de la procédure, vente forcée ou amiable sur autorisation judiciaire. Il en est de même, lorsqu'il a simplement statué sur une demande visant à modifier ou compléter le cahier des conditions de la vente. Sauf dispositions contraires (pour le rejet de la demande de subrogation, v. s[s] n° 1365.216), un recours est ouvert contre le jugement, sans que le délai d'appel ni l'appel lui-même n'aient d'effet suspensif (v. s[s] n° 1364.96).

1364.50 L'audience purge la procédure antérieure et valide le cahier des conditions de vente. Si personne n'a souhaité ajouter quelque chose au cahier des conditions de vente, ni contester la procédure, une fois passée cette audience, il ne devrait plus être possible de soulever une nullité portant sur les actes de procédure (C. pr. exéc., art. R. 311-5, dern. al.). Des contestations relatives aux actes de procédure postérieurs seront en revanche recevables par la suite.

SECTION 2
LE JUGEMENT

1364.51 Plan. Le juge rend une décision qui sera susceptible de recours.

À la différence du jugement rendu lors de l'ancienne audience éventuelle qui statuait nécessairement et uniquement sur les incidents, le jugement d'orientation est plus complexe qui oriente obligatoirement la suite de la procédure et ne statue qu'éventuellement sur des contestations ou demandes incidentes.

§ 1
Teneur de la décision

1364.60 Plan. À l'audience d'orientation, après avoir opéré ses vérifications, le juge est amené à déterminer les modalités de poursuite de la procédure et éventuellement à statuer sur les demandes incidentes et à trancher les contestations. Ainsi, selon la décision prise, il pourra ordonner la main levée de la saisie, sa suspension, autoriser une vente amiable ou ordonner la vente forcée La teneur de la décision sera donc différente selon que le saisi aura formé une demande de vente amiable et que des contestations et/ou des demandes incidentes auront, ou non, été soulevées. Qu'il statue seulement sur l'orientation de la procédure ou qu'il tranche également des contestations ou examine des demandes incidentes, le juge ne rendra cependant qu'un seul jugement, susceptible de recours.

A.
En l'absence de toute contestation et demande incidente

1364.61 Validité de la saisie et mention du montant de la créance. Le juge procédant à un examen d'office de la régularité de l'action du créancier, au visa des articles L. 311-2 et L. 311-4 C. pr. exéc. (v. s[s] n°s 1364.20 s.), pourrait être amené à déclarer nulle une procédure alors même que personne ne soulèverait d'argument portant sur le titre et sur le bien. Si tel n'est pas le cas, le JEX validera la saisie et aux termes de l'article R. 322-18 C. pr. exéc., le jugement d'orientation mentionnera le montant retenu pour la créance du poursuivant en frais, intérêts et autres accessoires.

1364.62 Pas de pouvoir d'office. Mis à part ce qui lui est imposé aux articles L. 311-2 et L. 311-4 C. pr. exéc., le JEX n'est pas chargé de procéder à d'autres vérifications concernant la procédure engagée devant lui. Ainsi, en l'absence de contestation, le JEX ne peut d'office réduire la créance du poursuivant et le montant de celle-ci doit être retenu à la somme figurant au commandement de payer valant saisie immobilière[3]. De même, le JEX

1. Civ. 2e, 28 sept. 2000, n° 98-22.071, NP; *Procédures* 2001, n° 11.
2. Civ. 2e, 18 févr. 1999, n° 96-21.045, *Bull. civ.* II, n° 35; *JCP* 1999. 10139, obs. du Rusquec – Civ. 2e, 28 sept. 2000, n° 98-20.049, NP; *Procédures* 2001, n° 11 – Civ. 1re, 28 mars 2008, n° 06-19.988, NP.
3. Ainsi, en l'absence de contestation sur ce point, le juge ne peut d'office réduire la créance du poursuivant et le montant de celle-ci doit être retenu à la somme figurant au commandement de payer valant saisie : Paris, 14 févr. 2008, *D.* 2009. 1168, obs. Leborgne; *Gaz. Pal.* 27-28 févr. 2008, p. 20, obs. Sillard; *Dr. et patr.* nov. 2008. 100, obs. Crocq; *RD banc. fin.* 2008. Comm. 58, obs. Pièdelièvre – Montpellier 9 mars 2009, *Juris-Data* n° 003517, qui juge qu'en ne sollicitant pas l'avis du créancier sur la diminution ▶

n'est pas tenu de relever d'office le dépassement du délai pour assigner[1].

1364.63 **Vente forcée.** Si le saisi ne forme pas de demande de vente amiable, si elle est rejetée, ou simplement s'il est absent, le juge ordonnera la vente forcée. Dans ce cas, selon l'article R. 322-26 C. pr. exéc., le juge fixera la date de l'audience à laquelle il y sera procédé dans un délai compris entre deux et quatre mois à compter du prononcé de sa décision. Il déterminera encore les modalités de visite de l'immeuble à la demande du poursuivant (v. s[s] n° 1367.151). La mise à prix sera celle fixée par le poursuivant, sauf demande contraire du saisi, satisfaite par le juge (v. s[s] n° 1365.141).

1364.64 **Autorisation de vente amiable.** Selon l'article R. 322-15 alinéa 2 C. pr. exéc., le juge qui autorise la vente amiable doit s'assurer, par une appréciation souveraine[2], qu'elle peut être conclue dans des conditions satisfaisantes, compte tenu de la situation du bien, des conditions économiques du marché et des diligences éventuelles du débiteur[3].

B.
En cas de contestations et de demandes incidentes

1364.71 **Enjeux.** Le juge peut faire droit à une contestation et anéantir la saisie. Il peut aussi faire droit à une demande comme débouter le demandeur. L'examen de ces demandes et contestations doit donc s'effectuer avant que ne soit décidée la suite de la procédure d'exécution. Et la Cour de cassation a jugé, en application des dispositions de l'article 112 C. pr. civ., que les nullités des actes de procédure devaient être invoquées, à peine d'irrecevabilité, simultanément et avant toute défense au fond ou de fin de non-recevoir[4].

1364.72 **Un seul jugement.** Quelle que soit l'issue, le dispositif du jugement d'orientation tranchera la demande ou contestation, et se prononcera ensuite sur les modalités de la poursuite et sur le montant de la créance du poursuivant. Ainsi, lorsqu'il statue à la fois sur une contestation ou une demande puis sur l'orientation de la procédure, le JEX ne rendra qu'un seul jugement, ce qui complique l'objet et les effets de l'appel ouvert à l'encontre de ce jugement.

§ 2
Notification et recours

1364.80 **Plan.** Le jugement sera notifié et des recours pourront être formés.

A.
Notification

1364.81 **Évolution.** Initialement, l'article 52 du décret du 27 juillet 2006 prévoyait une notification effectuée par le greffe du JEX, quelle que soit la teneur du jugement. L'article 125 du décret du 12 février 2009 a remplacé le texte de l'article 52 (devenu C. pr. exéc., art. R. 322-19) par des dispositions réglementant l'appel formé contre le jugement d'orientation (v. s[s] n°s 1364.90 s.) et c'est désormais à l'article 8 (devenu C. pr. exéc., art. R. 311-7) que se trouvent les dispositions relatives à la notification de toutes les décisions du JEX.

1364.82 **Principe d'une signification.** Aux termes de l'article R. 311-7 C. pr. exéc., la notification des décisions est, en principe, faite par voie de signification. Toutefois, en cas de « *notification du jugement d'orientation vers une vente amiable lorsque le débiteur n'a pas constitué avocat* », la décision sera notifiée simultanément aux parties et à leurs avocats par le greffe.

1364.83 **Retranscription des jugements.** Avant la réforme, les demandes étaient tranchées par le juge dans des jugements qui étaient retranscrits en minute par le greffier à la suite du cahier des

▶ de la pénalité contractuelle avant d'y procéder, le JEX a outrepassé ses pouvoirs – Rouen, 4 juin 2009, *Juris-Data* n° 378271, de même, en l'absence de contestation du débiteur de la créance, le juge ne peut réduire d'office la clause pénale en application de l'article 1152 C. civ.

1. Civ. 2e, 31 janv. 2013, n° 12-12.670, *Bull. civ.* II, n° 21; *Dr. et proc.* avr. 2013, p. 96, obs. Leborgne.
2. Civ. 2e, 10 sept. 2009, n° 08-70.204, *Bull. civ.* II, n° 212; *D.* 2010, Chron. C. cass. 534, Sommer et Leroy-Gissinger; *RD banc. fin.* 2009. 207, obs. Piedelièvre.
3. Ainsi, il y a lieu d'autoriser la vente amiable et de fixer le prix minimum de vente lorsque les débiteurs produisent une estimation du bien et justifient avoir donné plusieurs mandats non exclusifs de vente et les créanciers étant par ailleurs assurés d'être intégralement remboursés compte tenu du montant de la créance et de la valeur du bien : Paris 19 juin 2008, *Procédures* 2009. Chron. 1, obs. Leborgne – MAIS est rejetée la demande de vente amiable dès lors que le saisi ne produit aucune estimation du bien mettant les juges dans l'impossibilité de s'assurer que la vente est conclue dans les conditions satisfaisantes de l'art. 51 : Paris, 12 juin 2009, *Procédures* 2009. Chron. 1, obs. Leborgne – DE MÊME, lorsque le saisi se borne à produire une offre d'achat d'un tiers et un compromis de vente non signé et qu'en outre, le débiteur n'occupe pas le bien qu'il a acquis dans le cadre d'une opération d'investissement : Bordeaux, 25 sept. 2007, *Procédures* 2009. Chron. 1, obs. Leborgne.
4. Civ. 2e, 1er oct. 2009, n° 08-19.104, *Bull. civ.* II, n° 235; *D.* 2009. 2973, note Leborgne.

charges, devenant ainsi partie de ce document. Ainsi, le jugement qui modifiait la mise à prix, qui prenait note de l'existence d'une servitude, d'un procès en cours, *etc.* Toute information qui allait s'imposer à l'adjudicataire. Les jugements en revanche qui avaient statué sur des contestations sujettes à appel étaient levés et signifiés (v. s[s] n° 1333.20). Selon l'article R. 322-59 C. pr. exéc., le jugement d'adjudication doit « viser » le jugement d'orientation et les jugements tranchant les contestations.

B.
Recours

1364.90 Plan. Le fait que le jugement d'orientation constitue à la fois une étape de la procédure d'exécution forcée et qu'il puisse avoir préalablement tranché un incident n'avait pas été approfondi par les rédacteurs du décret de 2006. À l'article 8 du décret (devenu C. pr. exéc., art. R. 311-7), il était indiqué que les jugements statuant sur les contestations ou les demandes incidentes étaient, sauf disposition contraire, susceptibles d'appel et l'article 52 (devenu C. pr. exéc., art. R. 322-19) indiquait simplement que le jugement d'orientation était susceptible d'appel.

Le principe général de l'appel à l'encontre de tous les jugements, affirmé à l'article 8 du décret de 2006, a été modifié par le décret du 12 février 2009 et les rédacteurs du décret de 2009 ont tenu à distinguer le cas de l'**appel du jugement d'orientation ayant ordonné la vente forcée.**

Pour examiner le régime de l'appel du jugement d'orientation il faut donc combiner la lecture des dispositions de l'article R. 311-7 C. pr. exéc. (devenu C. pr. exéc., art. R. 311-7) et celles de l'article R. 322-19 C. pr. exéc.

L'appel n'étant pas suspensif, un sursis à exécution de la décision du JEX semble aujourd'hui envisageable lorsque la vente forcée a été ordonnée par le JEX.

Par ailleurs, ni l'opposition ni le contredit ne sont ouverts à l'encontre du jugement d'orientation.

1°
Appel du jugement d'orientation : dispositions générales

1364.91 Principe. L'article R. 311-7 alinéa 1er C. pr. exéc., dispose que « *les jugements sont, sauf dispositions contraires, susceptibles d'appel* ». La voie de l'appel est ainsi ouverte à l'encontre de tous les jugements, à l'exception des hypothèses où une disposition spéciale prévoit le contraire (v. s[s] n° 1364.111)[1]. Tel n'est pas le cas du jugement d'orientation, qui est donc susceptible d'appel.

1364.92 Objet de l'appel du jugement d'orientation. Les créanciers pourront contester l'autorisation de vendre amiablement[2], ou simplement les conditions accordées pour cette vente, et le saisi pourra former un recours en cas de refus du juge de l'y autoriser. Toute contestation portant sur les vérifications opérées d'office par le JEX pourra encore être déférée à la cour d'appel.

Parce que le JEX ne rend qu'un seul jugement lors de l'audience d'orientation (v. s[s] n° 1364.72), l'appel pourra également être dirigé contre l'appréciation faite par le JEX de la contestation soulevée ou de la demande incidente formée lors de cette audience.

1364.93 Délai. Aux termes de l'article 8 du décret, l'appel est formé dans un délai de quinze jours, à compter de la notification qui en est faite.

1364.94 Notification. Comme pour les autres jugements, et conformément aux dispositions de l'article R. 311-7 C. pr. exéc., le délai court à compter de la notification, qui est faite par voie de signification, sauf lorsque le jugement d'orientation a autorisé la vente amiable et que le débiteur n'avait pas constitué avocat. Dans ce cas, le jugement est désormais notifié par le greffe simultanément aux parties et à leurs avocats.

1364.95 Procédure d'appel à jour fixe. Initialement, l'article 8 alinéa 1er du décret du 27 juillet 2006, disposait que l'appel était jugé selon la procédure prévue au second alinéa de l'article 910 C. pr. civ. (devenu C. pr. civ., art. 905 à la suite du Décr. n° 2009-1524, 9 déc. 2009[3]) qui dispose que, « *lorsque l'affaire semble présenter un caractère d'urgence ou*

1. Il existe par ailleurs d'autres hypothèses où il est fait exception au double degré de juridiction; il s'agit de la décision rejetant la demande de subrogation, à moins qu'elle mette fin à la procédure (Décr. 27 juill. 2006, art. 10, al. 3 [devenu C. pr. exéc., art. R. 311-9, al. 3]), de la décision constatant l'extinction de l'instance en cas de vente amiable (Décr. 27 juill. 2006, art. 58, al. 2 [devenu C. pr. exéc., art. R. 322-25, al. 2]), de celle constatant la carence du débiteur en cas d'autorisation préalable de vente amiable (Décr. 27 juill. 2006, art. 55 [devenu C. pr. exéc., art. R. 322-22]).
2. POUR UN EXEMPLE : Rouen, 4 juin 2009, *Juris-Data* n° 378271, où l'autorisation de vente amiable visait un prix plancher inférieur au montant de la créance du poursuivant et ne répondait pas aux exigences de l'article 49 du décret; en effet, le débiteur avait donné des mandats de vente dans quinze agences immobilières, sans qu'un acheteur ne se soit présenté. Le jugement est infirmé et la vente aux enchères publiques ordonnée.
3. Décr. n° 2009-1524, 9 déc. 2009, relatif à la procédure d'appel avec représentation obligatoire en matière civile, *JO* 11 déc., p. 21386.

être en état d'être jugée, [...] le président de la chambre saisie, d'office ou à la demande d'une partie, fixe à bref délai l'audience à laquelle elle sera appelée; au jour indiqué, il est procédé selon les modalités prévues aux articles 760 à 762 ». Cette procédure n'est pas apparue suffisamment protectrice des intérêts des parties en présence lors de l'appel du jugement d'orientation.

C'est pourquoi les auteurs du décret du 12 février 2009 ont modifié l'article 8 (devenu C. pr. exéc., art. R. 311-7) qui distingue désormais le cas de l'appel du jugement d'orientation. L'article R. 322-19 C. pr. exéc. prévoit ainsi que l'appel contre le jugement d'orientation est formé, instruit et jugé selon la procédure à jour fixe[1] sans que l'appelant ait à se prévaloir dans sa requête d'un péril. Mais les autres conditions de la procédure à jour fixe doivent être respectées et notamment les dispositions des articles 917 à 920 et 922 C. pr. civ.[2]

1364.96 **Effets de l'appel.** Ni le décret de 2006 ni celui de 2009 ne comportent de dispositions précisant les effets de l'appel. Selon les dispositions du livre 1er du Code de procédure civile, l'appel emporte un **effet suspensif** (C. pr. civ., art. 539) et un effet dévolutif (C. pr. civ., art. 561). Toutefois, s'agissant de l'appel du jugement d'orientation, il faut faire application de l'article R. 121-21 C. pr. exéc. qui déroge aux dispositions du livre 1er du Code de procédure civile, en prévoyant que le délai d'appel et l'appel lui-même n'ont pas d'effet suspensif. En effet, dans le silence du décret de 2006, l'article 1er dudit décret, l'article R. 311-1 fait renvoi, à défaut de dispositions spéciales, aux dispositions du décret du 31 juillet 1992, désormais codifiées aux articles R. 121-1 à R. 121-24 du C. pr. exéc.

Quant à l'**effet dévolutif,** la jurisprudence a eu l'occasion de préciser qu'il était **limité**. Les juges du second degré sont en effet seulement saisis du réexamen des questions débattues devant le premier juge. L'effet dévolutif de l'appel n'aura pas pour conséquence de permettre de formuler pour la première fois, au stade de la cour, des contestations ou des demandes qui ne l'auraient pas été au plus tard le jour de l'audience dès lors qu'elles ne portent pas sur des actes postérieurs à celle-ci[3]. La règle posée à l'article R. 311-5 C. pr. exéc. l'interdit en effet (v. ss n° 1364.13). Ainsi, même une demande de délais sur le fondement de l'article 1244-1 du Code civil, présentée pour la première fois en appel, sera irrecevable[4].

Lorsque des contestations ou des demandes auront été formées, l'effet dévolutif sera limité à l'incident tranché par le JEX. La deuxième chambre a jugé que cette solution ne méconnaissait pas les exigences de l'article 6 § 1 de la Conv. EDH[5]. Une fois l'appel jugé, la mesure d'exécution reprendra son cours devant le JEX[6]. Toutefois la cour, lorsqu'elle renverra l'affaire devant le JEX, conserve le pouvoir de fixer la date de la vente forcée sans porter atteinte aux dispositions de l'article R. 322-23 C. pr. exéc. car le JEX aura toujours le pouvoir de modifier cette date en cas de besoin[7].

2°
Dispositions particulières applicables au jugement d'orientation ayant ordonné la vente forcée

1364.101 **L'appel du jugement ayant ordonné la vente forcée.** Dès l'entrée en vigueur de la réforme de la procédure de saisie immobilière, la pratique avait immédiatement dénoncé la difficulté résultant de l'ouverture d'un recours à l'encontre du jugement d'orientation ordonnant la vente forcée, qui ne serait pas encore jugé au jour de l'audience d'adjudication. Le poursuivant se trouvait en effet confronté à un dilemme dans ce cas, requérir la vente en prenant le risque que le jugement d'orientation soit réformé, ou s'abstenir par prudence mais encourir la caducité du commandement de payer valant saisie[8].

Les auteurs du décret du 12 février 2009 ont distingué, à l'article 52 alinéa 2 du décret de 2006 (devenu C. pr. exéc., art. R. 322-19, al. 2), l'hypothèse qui posait problème : lorsque l'appel est formé contre un jugement ordonnant la vente par adjudi-

1. Et ce même si le juge dans son jugement n'a pas fixé les modalités de la vente mais s'est contenté de trancher des contestations et de fixer le montant de la créance : Civ. 2e, 25 sept. 2014, n° 13-19.000, *Bull. civ.* II [à paraître]. Ainsi, dès lors qu'ils sont rendus à l'audience d'orientation par le JEX, l'appel de ces jugements relève de la procédure à jour fixe.
2. Sera nulle l'assignation qui n'aura pas été précédée d'une requête visant les pièces ainsi que l'ordonnance autorisant la procédure à jour fixe, laquelle doit être visée dans la déclaration d'appel, peu important que la date d'audience ait déjà été fixée. En conséquence la caducité de l'appel devra être prononcée : Lyon, 5 nov. 2009, *Procédures* 2010. Prat. 1, obs. Laporte.
3. Civ. 2e, 11 mars 2010, n° 09-13.312, *Bull. civ.* II, n° 55; *D.* 2010. 2102, Chron. C. cass., Sommer et Leroy-Gissinger; *Dr. et proc.* 2010. 189, obs. Leborgne – Civ. 2e, 10 févr. 2011, n° 10-11.944, *Bull. civ.* II, n° 39.
4. Civ. 2e, 20 oct. 2011, n° 10-25.787, NP – Civ. 2e, 26 juin 2014, n° 13-20.560, *Bull. civ.* II, n° 163.
5. Civ. 2e, 17 nov. 2011, n° 10-26.784, *Bull. civ.* II, n° 214.
6. Civ. 2e, 23 oct. 2008, n° 08-13.404, *Bull. civ.* II, n° 226; *D.* 2008. 3120, note Leborgne, *D.* 2009. 757, chron. Sommer et Nicoletis.
7. Civ. 2e, 11 mars 2010, n° 09-13.312 (préc. ss prést n°).
8. Bordeaux, 1re ch. civ., sect. A, 25 sept. 2007, RG n° 07/02044, qui pour éviter cette sanction faisait de l'appel un motif légitime permettant au juge de ne pas constater la caducité.

cation, la cour devra statuer au plus tard un mois avant la date prévue pour l'adjudication[1]. À défaut, le JEX pourra, à la demande du créancier poursuivant, reporter la date de l'audience de vente forcée.

Par dérogation au principe général du droit d'appel à l'encontre des jugements, posé à l'article R. 311-7 C. pr. exéc., la décision du JEX de reporter la date de l'audience de vente forcée lorsque la cour d'appel n'a pas statué au plus tard un mois avant la date prévue pour l'adjudication ne sera pas susceptible d'appel (C. pr. exéc., art. R. 322-19, al. 2).

3°
Sursis à exécution : article R. 121-22 C. pr. exéc.

1364.111 Article R. 121-22 C. pr. exéc. Le sursis à exécution d'une décision du JEX peut-il être demandé au premier président s'il existe des moyens sérieux d'annulation ou de réformation de la décision, conformément à l'article R. 121-22 C. pr. exéc. ? Rien ne permettait de l'exclure à la lecture du décret de 2006, qu'il s'agisse des jugements statuant sur une contestation ou d'une demande incidente ou du jugement d'orientation. Des juges du fond l'avaient cependant exclu, en s'appuyant sur la jurisprudence de la Cour de cassation[2] rendue en application de l'article R. 121-22 C. pr. exéc., avant la réforme de la saisie immobilière[3] et sur les dispositions de l'article R. 311-6 C. pr. exéc. qui dispose que l'examen des contestations et demandes incidentes ne suspend pas le cours de la procédure.

(Sur la procédure et les conditions d'application de cet article, v. s^s^ n°s 222.11 s.)

1364.112 Hypothèse envisagée par le décret du 12 février 2009. Le recours aux dispositions de l'article R. 121-22 C. pr. exéc. semble avoir été admis implicitement par les auteurs du décret de 2009. Le nouvel article R. 322-19 C. pr. exéc. dispose en effet, que « *lorsqu'une suspension des poursuites résultant de l'application de l'article R. 121-22 interdit de tenir l'audience d'adjudication à la date qui était prévue et que le jugement qui ordonnait l'adjudication a été confirmé en appel, la date de l'adjudication est fixée sur requête par ordonnance du juge de l'exécution* ».

L'action relative à l'arrêt de l'exécution provisoire doit désormais être jugée recevable et le premier président devra apprécier, au cas par cas, s'il existe des moyens sérieux d'annulation ou de réformation du jugement frappé d'appel[4].

1364.113 Sursis ordonné et suites procédurales. Si le premier président fait droit à la demande de sursis, l'effet suspensif de l'appel est rétabli le temps que la Cour se prononce sur l'appel du jugement d'orientation ordonnant la vente forcée, mais, si la décision est confirmée, le JEX devra fixer la date de l'adjudication.

La décision par laquelle le JEX fixe la date de l'adjudication ne sera pas susceptible d'appel (C. pr. exéc., art. R. 322-19, al. 2).

4°
Ni opposition ni contredit

1364.121 Absence d'opposition. Dans sa rédaction initiale, l'article 8 du décret du 27 juillet 2006 ne concernait que les jugements statuant sur les contestations ou demandes incidentes. Il affirmait le droit d'appel à l'encontre de ces décisions, sauf dispositions contraires, et excluait l'opposition en son dernier alinéa. Cette disposition demeure après la réécriture de l'article 8 par le décret du 12 février 2009 (devenu C. pr. exéc., art. R. 311-7), mais sa formulation est maladroite qui ne vise que les jugements statuant sur les contestations ou demandes incidentes. Toutefois, en vertu des dispositions de l'article 473 C. pr. civ., dès lors que l'appel est possible, la voie de l'opposition est fermée.

1364.122 Absence de contredit. Le décret de 2006, comme celui de 2009, étant silencieux sur ce point, il faut se référer aux dispositions du Code des procédures civiles d'exécution dont l'article R. 121-3 prévoit que « *les décisions du juge de l'exécution statuant sur la compétence ne sont pas susceptibles de contredit* »[5].

1. Conformément à l'art. 155-II du décret du 12 février 2009, ces nouvelles dispositions ne sont pas applicables aux appels formés avant le 1er mars 2009 qui restent soumis au droit antérieur et notamment à la procédure ordinaire devant la cour d'appel. Il en résulte que le délai d'un mois prévu par l'article 52 dans sa rédaction nouvelle ne leur est pas applicable : Civ. 2e, 8 juill. 2010, n° 09-15.051, *Bull. civ.* II, n° 139.
2. Civ. 2e, 18 déc. 1996, n° 95-12.602, *Bull. civ.* II, n° 305, qui juge que le premier président peut ordonner le sursis à exécution de toutes les décisions du JEX à l'exception de celles qui, entre créanciers et débiteurs, statuent sur des demandes dépourvues d'effet suspensif à moins qu'elles n'ordonnent la main levée d'une mesure.
3. Aix-en-Provence, ord. réf., 13 déc. 2007, RG n° 07/00682 – Aix-en-Provence, ord. réf., 6 févr. 2008, RG n° 08/00062 – *En sens inverse*, Lyon, ord. réf., 1er oct. 2007, RG n° 07/00188, qui en a admis le principe.
4. Aix-en-Provence, ord. 1er prés. réf., 12 mai 2011, RG n° 11/00205, qui, après avoir admis la recevabilité de la demande, juge qu'une contestation portant sur le montant de la créance n'est pas de nature à remettre en cause la vente forcée de sorte que la demande de sursis à exécution n'est pas fondée.
5. TOUTEFOIS, la deuxième chambre civile a jugé que lorsqu'elle était saisie à tort par la voie du contredit contre une décision du JEX, la cour d'appel n'en demeurait pas moins saisie : Civ. 2e, 10 févr. 2005, *Bull. civ.* II, n° 26; *Procédures* 2005. Comm. 131.

CHAPITRE

1365. Droits des parties et des tiers

Anne LEBORGNE
Professeur à l'Université d'Aix-Marseille

SECTION 0
ORIENTEUR

1365.00 **Plan du chapitre.**

Division. Le débiteur peut former des contestations, solliciter un sursis, mais encore proposer de vendre lui-même en obtenant l'autorisation du juge de l'exécution (sect. 1). Les créanciers inscrits ainsi que le créancier poursuivant peuvent aussi avoir intérêt à déposer des conclusions avant l'audience d'orientation (sect. 2). Enfin des tiers concernés par la saisie et la vente de l'immeuble peuvent avoir intérêt à intervenir (sect. 3).

SECTION 1
CONTESTATIONS ET DEMANDES DU SAISI

1365.11 **Participer ou s'opposer ?** Sous l'empire du décret-loi de 1938, la procédure de saisie immobilière menée par le créancier laissait le saisi en partie à l'écart de la vente de son bien mais toute initiative n'était pas exclue; il pouvait solliciter la conversion en vente volontaire, obtenir un sursis aux poursuites, intervenir seulement ponctuellement pour soulever des nullités de forme comme de fond, voire ne rien faire du tout et subir totalement la procédure. Les auteurs de la réforme le responsabilisent en lui offrant la faculté de demander l'autorisation de vendre amiablement. Pour le reste, on retrouve les mêmes possibilités que celles qui s'offraient à lui avant la réforme.

1365.12 **Forme.** Aux termes de l'article R. 311-6 C. pr. exéc.[1], à moins qu'il n'en soit disposé autrement, toute contestation ou demande doit être formée par le dépôt au greffe de conclusions signées d'un avocat. Toutefois, le saisi pourra former la demande d'autorisation en vente amiable oralement et sans être représenté (C. pr. exéc., art. R. 322-17) et, parce qu'aucun texte n'empêche par ailleurs le débiteur de saisir le juge de l'exécution (JEX) avant le dépôt au greffe de l'assignation à l'audience d'orientation pour contester le commandement de payer valant saisie[2] ou pour former toute autre demande, se pose la question de la forme de cette saisine.

1365.13 **Délais.** En principe, les demandes incidentes et contestations portant sur la régularité de la procédure doivent être formées au plus tard à l'audience d'orientation, à peine d'irrecevabilité à moins bien sûr qu'il ne s'agisse de contestations portant sur des actes postérieurs à l'audience (C. pr. exéc., art. R. 311-5).

§ 1
Demandes incidentes

1365.21 **Plan.** L'innovation vient de la faculté, offerte au saisi, de demander à être autorisé à vendre amiablement. Le décret lui permet encore de demander à être autorisé à accomplir certains actes. Comme avant la réforme, il peut encore former des demandes de sursis aux poursuites.

A.
Demande de vente amiable

1365.30 **Plan.** La demande obéit à un formalisme simplifié et, si elle est satisfaite, suspendra le cours de la procédure de saisie.

1°
Conditions

1365.31 **Moment pour la former.** La demande tendant à la vente amiable peut être présentée et jugée avant la signification de l'assignation à comparaître à l'audience d'orientation, en vertu de l'article 53 du décret de 2006 (devenu C. pr. exéc., art. R. 333-20), sous réserve pour le débiteur de mettre en cause les créanciers inscrits sur le bien.

Plus probablement, la demande sera formée le jour même de l'audience d'orientation, verbalement, conformément à l'article 50 alinéa 2.

1365.32 **Ministère d'avocat.** Aux termes de l'article 5 du décret du 27 juillet 2006 (devenu C. pr. exéc., art. R. 311-4), les parties étant, sauf disposition contraire, tenues de constituer avocat, il faut en déduire que si la demande est formée avant l'audience d'orientation, le saisi devra être représenté. En revanche, lors de l'audience d'orientation, et conformément aux dispositions de l'article 50 alinéa 2 (devenu C. pr. exéc., art. R. 322-17), la demande du débiteur aux fins d'autorisation de vente amiable et les actes consécutifs à cette vente sont dispensés du ministère d'avocat.

1365.33 **Forme de la demande.** Il faut distinguer selon le moment où la demande est formée.

À l'audience d'orientation, la demande peut être formée verbalement si le saisi n'a pas constitué avocat, puisque pour former cette demande[3] il en est dispensé (C. pr. exéc., art. R. 322-17). Mais rien ne devrait interdire de prendre un conseil et de former alors la demande par conclusions. Le saisi doit en effet convaincre le juge que la vente amiable pourra être conclue dans des conditions satisfaisantes compte tenu de la situation du bien, des conditions économiques du marché et des diligences du saisi (C. pr. exéc., art. R. 322-15) et il sera bien avisé de constituer avocat à cette fin.

Si la **demande de vente amiable** est **formée avant la signification de l'assignation à comparaître à l'audience d'orientation**, conformément à l'article 53 du décret (devenu C. pr. exéc., art. R. 322-20), doit-elle l'être **par assignation** ? L'article 53 (devenu C. pr. exéc., art. R. 322-20) ne le précise pas, mais impose pourtant au saisi de « *mettre en cause les créanciers inscrits sur le bien* », ce qui semble justifier le recours à une **assignation**. Par ailleurs, l'article R. 311-6 C. pr. exéc. indique qu'« *à moins qu'il en soit disposé autrement, toute contestation ou demande incidente est formée par dépôt au greffe de conclusions signées d'un avocat* », ce qui semble imposer, également dans ce cas, la **saisine du greffe par conclusions** alors même qu'il ne sera encore saisi par aucune assignation. Le ministère d'avocat étant toutefois obligatoire lorsque la demande du saisi est formée conformément à l'article 53

1. Décr. n° 2012-783, 30 mai 2012, relatif à la partie réglementaire du Code des procédures civiles d'exécution, *JO* 31 mai, p. 9375.
2. EN CE SENS, Aix-en-Provence, 15e ch. sect. A, 10 oct. 2007, RG n° 07/05459.
3. Mais cette demande seulement. Lorsque le saisi ne sollicite pas la vente amiable mais conteste globalement la procédure de saisie, sa contestation doit être présentée par un avocat, à défaut, elle est irrecevable : Paris, 8e ch., sect. B, 11 sept. 2008, *Juris-Data* n° 004377.

(devenu C. pr. exéc., art. R. 322-20), la **communication des conclusions et des pièces du saisi au créancier poursuivant**, s'effectuera entre avocats. Le décret du 12 février 2009 a précisé que cette communication devait désormais être faite dans les formes prévues par l'article 815 C. pr. civ.[1]. En revanche, avant l'audience d'orientation, les avocats des créanciers inscrits ne seront pas connus... L'assignation paraît donc le meilleur mode de saisine du JEX. Au demeurant, même si l'article R. 311-6 C. pr. exéc. dispose que toute demande doit être formée par dépôt au greffe de conclusions, cet article ne comporte aucune sanction, or, en vertu des dispositions de l'article 114 C. pr. civ., ce vice de forme ne peut entraîner la nullité de l'acte qu'à la condition de démontrer l'existence d'un grief[2].

1365.34 Objet de la demande. Il s'agit pour le saisi d'être autorisé à vendre amiablement par le JEX, ce qui suspendra la procédure de saisie. La demande est adressée au juge, les créanciers n'ayant pas à donner leur accord; ils peuvent cependant chercher à s'y opposer.

1365.35 Examen de la demande. Il paraîtrait conforme aux principes de procédure civile que les justifications du bien fondé de sa demande par le saisi soient produites au contradictoire du poursuivant et des créanciers inscrits, même si c'est le juge qui décidera des modalités de la vente. Toutefois, comment leur remettre ces documents ? Par signification ? Par remise à l'audience à leurs avocats ? Le décret de 2006 n'imposait aucune forme particulière. L'article R. 311-6 C. pr. exéc. (anc[t] Décr. 27 juill. 2006, art. 7, mod. Décr. 12 févr. 2009) prévoit que « *la communication des conclusions et des pièces entre avocats est faite dans les conditions prévues par l'article 815 du Code de procédure civile* » et que « *la communication des conclusions est faite par signification au débiteur qui n'a pas constitué avocat* », mais rien n'est précisé lorsque le saisi n'est pas représenté, et qu'il forme une demande d'autorisation de vente amiable; il faudra pourtant, s'il en a, qu'il communique ses pièces au poursuivant et aux créanciers inscrits, afin que le contradictoire soit respecté.

2°
Effets de l'autorisation de vente amiable

1365.41 Procédure suspendue. Selon l'article R. 322-20 alinéa 2 C. pr. exéc., la décision qui fait droit à la demande suspend le cours de la procédure d'exécution[3]. Le créancier poursuivant devra attendre le résultat des diligences du saisi pour savoir si la procédure reprendra son cours ou provoquer la vente forcée en faisant constater par le juge la carence du débiteur (C. pr. exéc., art. R. 322-22).

1365.42 Précision apportée par le décret de 2009. Si le cours de la procédure d'exécution est suspendu, le décret du 12 février 2009 a précisé que c'est **à l'exception du délai imparti aux créanciers inscrits pour déclarer leur créance**, ce qui allait de soi, mais est encore plus évident une fois précisé par le décret.

1365.43 Effets de la saisie maintenus. Pendant un temps, le saisi est **autorisé à chercher un acheteur mais pas à vendre directement.** Il ne retrouve donc pas la disponibilité de son bien. L'autorisation de vendre amiablement laisse subsister les effets de la saisie issus de la délivrance et de la publication du commandement, tout autant que la publication aura été réalisée. Si tel n'était pas encore le cas, le poursuivant publiera le commandement pour préserver ses droits.

B.
Demande d'autorisation d'accomplir certains actes sur l'immeuble (C. pr. exéc., art. R. 321-15, al. 2)

1365.51 Fondement. La saisie de l'immeuble restreint les droits du propriétaire (v. s[s] n°s 1361.250 s.). S'il en conserve l'usage, il est tenu, en qualité de séquestre, de conserver la valeur du bien. L'autorisation du JEX sera ainsi nécessaire pour accomplir certains actes sur le bien. L'article R. 321-15 alinéa 2 C. pr. exéc. a réglementé cette hypothèse en permettant au débiteur, comme au créancier poursuivant, de demander au JEX cette autorisation.

1365.52 Objet. L'article R. 321-15 alinéa 2 C. pr. exéc. n'apporte aucune précision. Il ne peut s'agir que d'actes destinés à valoriser l'immeuble, car la

1. Décr. n° 2009-160, 12 févr. 2009, pris pour l'application de l'ordonnance n° 2008-1345 du 18 décembre 2008 portant réforme du droit des entreprises en difficulté et modifiant les procédures de saisie immobilière et de distribution du prix d'un immeuble, *JO* 13 févr., p. 2596.
2. EN CE SENS, Aix-en-Provence, 10 oct. 2007, RG n° 07/05459.
3. Cette précision figure à l'art. 53 (devenu C. pr. exéc., art. R. 322-20), dont l'al. 1er est relatif à la faculté offerte au saisi de former sa demande de vente amiable sans attendre l'audience d'orientation. Fallait-il en déduire que l'al. 2 de l'art. 53 ne s'appliquait que dans cette hypothèse ? C'est ce qui avait été soutenu, entre autres, devant la Cour de cassation en octobre 2008. Cette analyse n'a pas été retenue par les magistrats de la deuxième chambre civile. La décision qui fait droit à la demande de vente amiable qu'elle soit présentée avant ou à l'audience d'orientation suspend le cours de la procédure d'exécution : Civ. 2e, 23 oct. 2008, n° 08-13.404, *Bull. civ.* II, n° 226; *D.* 2008. 3120, obs. Leborgne.

conservation du bien relèvera de la mission de séquestre et ne nécessitera pas d'autorisation.

1365.53 Saisine du juge de l'exécution. La demande est formée par conclusions signées d'un avocat et déposées au greffe; il s'agit d'une demande incidente au sens de l'article R. 311-6 C. pr. exéc.

1365.54 Respect du contradictoire. Le décret du 12 février 2009 a précisé que la communication des conclusions et des pièces entre avocats est faite dans les conditions prévues par l'article 815 C. pr. civ.

1365.55 Moment. Au plus tard le jour de l'audience d'orientation, toujours selon l'article R. 311-5 C. pr. exéc., qui interdit de former une demande incidente après l'audience d'orientation à peine d'irrecevabilité (la seule exception concernant la contestation des actes de procédure postérieurs).

Pourrait-on toutefois admettre que, compte tenu des circonstances et dans l'intérêt de la procédure, le JEX puisse être saisi à tout moment, comme on saisirait un juge des référés, en parallèle de la procédure d'exécution ? Si une telle faculté semble conforme à l'esprit de l'article R. 321-15 alinéa 2 C. pr. exéc., elle paraît se heurter à la lettre de l'article R. 311-5 C. pr. exéc. qui interdit, sous peine d'irrecevabilité, de saisir le JEX après l'audience d'orientation. Toutefois, rien ne permet d'affirmer qu'il ne pourrait pas être saisi avant la signification de l'assignation à comparaître à l'audience d'orientation.

C.
Demandes de sursis aux poursuites

1365.61 Diversité des causes. Le saisi peut obtenir un sursis aux poursuites portant sur plusieurs immeubles, ce qui ne signifie pas qu'il évitera la vente mais seulement qu'il interrompra la procédure momentanément. Pour cela, il peut opposer au créancier poursuivant le fait que les biens saisis ont une valeur supérieure à la créance; il peut lui offrir de cantonner la saisie, voire de radier la saisie sur les immeubles initialement saisis pour inscrire une hypothèque judiciaire. Le sursis aux poursuites s'impose encore en cas de surendettement et de procédures collectives du débiteur. Enfin, le saisi peut tenter d'obtenir un délai de grâce, suspendant les poursuites, sur le fondement de l'article 1244-1 du Code civil.

1°
Sursis résultant d'offres faites par le saisi

1365.71 • Raison d'être. Ce que recherche le créancier c'est le paiement de sa créance. Dès avant la réforme de 1991 des procédures civiles d'exécution mobilières, l'ancien Code de procédure civile assurait l'équilibre entre les droits du créancier poursuivant et ceux du saisi. Ainsi, ce dernier pouvait obtenir le sursis aux poursuites dès lors qu'il ne cherche pas à diminuer les droits de son créancier. En considération de la nature immobilière du bien menacé de saisie, qui suppose une certaine valeur marchande, le saisi s'était vu reconnaître la faculté d'obtenir des sursis sur le fondement de l'article 676 ACPC. On retrouve cette idée aujourd'hui, à l'article L. 321-6 C. pr. exéc.[1], lorsque la saisie portera sur plusieurs immeubles, qui permet au saisi de solliciter le cantonnement ou une conversion partielle des saisies en hypothèques, ce qui conduira à radier la saisie pour ces immeubles.

1365.72 • Conditions communes aux deux cas. La saisie doit être poursuivie sur plusieurs immeubles simultanément. Le saisi doit, à l'appui de sa demande, justifier que la valeur des biens sur lesquels les poursuites seront continuées est suffisante pour désintéresser le créancier saisissant et tous les créanciers inscrits (C. pr. exéc., art. R. 321-12). Sous l'empire du décret-loi de 1938, il avait été jugé que si le débiteur se contentait de solliciter une expertise sans justifier que la valeur était suffisante, la mesure d'instruction pouvait être refusée, le tribunal n'ayant pas à suppléer la carence du saisi[2].

1365.73 • Forme. Le décret n'impose pas de forme particulière, ce qui devrait conduire le saisi à procéder conformément à l'article R. 311-6 C. pr. exéc., c'est-à-dire par conclusions signées par un avocat et déposées au greffe.

1365.74 Cantonnement. Si le juge y fait droit (v. s^{s} n° 1317.52), il indique dans sa décision les immeubles sur lesquels les poursuites seront suspendues; ce faisant, le jugement suspend, provisoirement seulement, les poursuites sur les biens auxquels elles s'appliquent. Après la vente définitive, le créancier qui n'est pas totalement désintéressé, qu'il soit poursuivant ou seulement inscrit, peut reprendre les poursuites sur les biens provisoirement exceptés.

1365.75 Conversion en hypothèque. Lorsque le juge ordonne la radiation de la saisie sur les immeubles initialement saisis qu'il désigne et l'inscription d'une hypothèque judiciaire, le créancier poursuivant, qui entend voir l'inscription prendre rang à la date de publication du commandement de payer valant saisie, fait procéder à la publication du

1. Ord. n° 2011-1895, 19 déc. 2011, relative à la partie législative du Code des procédures civiles d'exécution, *JO* 20 déc., p. 21464.
2. Civ. 2e, 10 févr. 1977, n° 75-13.844, *Bull. civ.* II, n° 32; *JCP* 1977. IV. 88.

jugement en marge de la copie du commandement et à l'inscription de la sûreté, dans le mois de la notification de la décision (C. pr. exéc., art. L. 321-6, al. 2).

1365.76 Offres réelles, suivies de consignation (C. civ., art. 1257 à 1264). Est-ce encore possible ? Rien ne semble l'interdire. Le sursis serait alors obligatoire jusqu'à ce que le juge ait statué sur leur validité (v. s[s] n° 1331.93).

2°
Bénéfice de discussion opposé par le tiers détenteur

1365.81 Fondement. Le tiers détenteur peut opposer le bénéfice de discussion en vertu de l'article 2465 du Code civil, s'il y a d'autres immeubles hypothéqués à la même dette.

3°
Délais de grâce

1365.91 Domaine résiduel de l'article 1244-1 du Code civil ? En dehors de tout surendettement, le débiteur peut tenter de solliciter des délais au regard de sa situation personnelle. Les délais de grâce qui seraient accordés interrompraient alors la poursuite le temps de leur exécution. Avant la réforme, un problème se posait qui était dû à la répartition des compétences entre le JEX et le juge de la saisie immobilière. La Cour de cassation décidait que le JEX pouvait être encore saisi d'une telle demande tant que le commandement de saisie n'était pas publié; et s'il était saisi avant la publication mais statuait une fois la publication effectuée, il ne pouvait accorder des délais que tout autant que les sommations de prendre connaissance du cahier des charges contenant les dates des audiences n'avaient pas été délivrées[1]. C'est-à-dire que des délais de paiement pouvaient être accordés tant que la saisie n'était pas encore engagée, et même si le commandement avait été publié, tant que le calendrier de la procédure de saisie n'était pas fixé et porté à la connaissance des créanciers et du saisi; en définitive, tant que le créancier poursuivant n'avait pas mis les créanciers dans la cause et déclenché la phase judiciaire.

Aujourd'hui, le JEX est toujours le juge compétent pour accorder des délais de paiement en vertu des dispositions de l'article R. 121-1 C. pr. exéc. et il est devenu également, le juge de la saisie immobilière.

Le décret du 27 juillet 2006 ne fait pas référence aux délais de grâce. Que décider alors si, sans former de demande d'autorisation de vente amiable lors de l'audience d'orientation, le débiteur sollicite simplement des délais de paiement lors de cette audience, voire avant l'audience d'orientation, en saisissant le JEX à réception du commandement de payer valant saisie ? La seule délivrance du commandement vaut saisie, mais cette situation juridique n'interdit pas au débiteur de solliciter des délais de paiement sur le fondement de l'article 1244-1 du Code civil En effet, selon l'article 510 alinéa 3 C. pr. civ., « *après signification d'un commandement ou d'un acte de saisie, selon le cas, le juge de l'exécution a compétence pour accorder un délai de grâce* ». La seule limite est posée à l'article 512 qui dispose que les délais ne peuvent toutefois être accordés au débiteur dont les biens sont saisis par d'autres créanciers, ni à celui qui est en état de redressement judiciaire ou de liquidation des biens; le débiteur perdant même dans ce cas les délais qu'il avait précédemment obtenus. Sous cette réserve, cette faculté est donc ouverte au saisi et le JEX disposera d'un pouvoir souverain pour apprécier si des délais peuvent être accordés ou refusés[2].

Pour admettre la recevabilité d'une demande de délais, on peut noter qu'il s'agit d'une demande née de la procédure de saisie ou qui s'y rapporte directement au sens de l'article L. 213-6 du COJ parce qu'elle est consécutive à la délivrance du commandement de payer valant saisie et a pour objet de suspendre le cours de la procédure; et également que l'article 1er du décret du 27 juillet 2006 (devenu C. pr. exéc., art. R. 311-1) opère renvoi aux dispositions non contraires du décret n° 92-755 du 31 juillet 1992[3], et donc à l'article 8 du décret de 1992 (devenu C. pr. exéc., art. R. 121-1) qui permet au JEX d'accorder un délai de grâce[4].

La demande de délais peut-elle cependant être présentée en tout état de cause ? En principe, c'est ce qui est admis par la jurisprudence[5], cependant, en matière de saisie immobilière et parce que

1. Civ. 2e, 14 mai 1997, n° 95-12.946, *Bull. civ.* II, n° 145 – Civ. 2e, 21 janv. 1999, n° 97-10.304, NP; *Procédures* 1999, n° 190.

2. Pour des ex. de refus de délais, v. Nancy, 2e ch., 1er déc. 2008, *Juris-Data* n° 004728 – Rouen, 4 juin 2009, *Juris-Data* n° 378270.
3. Décr. n° 92-755, 31 juill. 1992, instituant des nouvelles règles relatives aux procédures civiles d'exécution pour l'application de la loi n° 91-650 du 9 juillet 1991 portant réforme des procédures civiles d'exécution, *JO* 5 août, p. 10530.
4. Ainsi, après avoir jugé le contraire, la cour d'appel d'Aix-en-Provence admet désormais le recours à l'art. 1244-1 C. civ. : Aix-en-Provence, 15e ch., 24 sept. 2008, *Juris-Data* n° 004978; *Bull. Aix-en-provence* 2008-4, obs. Leborgne; *JCP* 2009. IV. 1463 – Paris, 8e ch., 9 avr. 2009, *Juris-Data* n° 004617.
5. EN CE SENS, Civ. 1re, 29 juin 2004, n° 02-12.598, *Bull. civ.* I, n° 187.

l'appel du jugement d'orientation ne fait pas revivre une nouvelle audience mais permet seulement un second degré d'examen des contestations formées devant le JEX (v. s[s] n° 1364.96), la deuxième chambre civile juge que, présentée pour la première fois en cause d'appel, la demande de délais est irrecevable[1], nonobstant le fait que le saisi n'ait pas été assisté par un avocat en première instance[2].

4°
Sursis obligatoires

1365.100 **Hypothèses.** Ils peuvent résulter de l'existence d'une procédure de surendettement, d'une procédure de rétablissement personnel, comme de l'ouverture d'une procédure collective et encore du bénéfice de la protection accordée aux rapatriés.

a)
Surendettement

1365.101 **Procédure.** La procédure est engagée devant la commission à la demande du débiteur et la commission dispose d'un délai de trois mois, à compter du dépôt du dossier pour examiner la recevabilité de la demande (C. consom., art. L. 331-3). À la demande du débiteur, la commission peut, avant la décision de recevabilité, saisir le juge d'instance aux fins de suspension des procédures d'exécution (C. consom., art. L. 331-5, al. 1er et R. 331-11-1) ; lorsqu'en cas de saisie immobilière la vente forcée a été ordonnée, le report de la date d'adjudication ne peut résulter que d'une décision du juge chargé de la saisie immobilière, saisi à cette fin par la commission pour causes graves et dûment justifiées (C. consom., art. L. 331-5, al. 2). La seule saisine de la commission n'assure donc pas au débiteur la suspension des procédures d'exécution.

Mais une fois la demande jugée recevable, la décision de recevabilité emportera suspension et interdiction de plein droit des procédures d'exécution diligentées à l'encontre des biens du débiteur pour une durée de deux années maximum (C. consom., art. L. 331-3-1, mod. par L. n° 2013-672, 26 juill. 2013[3]). Toutefois, ici encore, lorsqu'en cas de saisie immobilière la vente forcée aura été ordonnée, le report de la date d'adjudication ne pourra résulter que d'une décision du juge chargé de la saisie immobilière, saisi à cette fin par la commission pour causes graves et dûment justifiées (C. consom., art. L. 331-3-1).

Ainsi, ou l'audience d'orientation n'a pas encore eu lieu, et il faudra au jour où elle se tiendra informer le juge de la saisie immobilière de l'existence d'une procédure de surendettement en cours et solliciter la suspension de la mesure d'exécution, ou l'audience d'orientation est passée et la vente forcée a été ordonnée, auquel cas il faudra solliciter le report de la date d'adjudication. Nécessairement, cette demande s'effectuera après l'audience d'orientation (v. s[s] n° 1368.182).

1365.102 • **Devoir du débiteur.** Le débiteur qui, ayant reçu un commandement de payer valant saisie, puis une assignation pour l'audience d'orientation du JEX et qui souhaite bénéficier d'une procédure de surendettement devra, à réception de cette assignation aux fins de comparaître à l'audience d'orientation du JEX, en informer la commission sans délai afin qu'elle saisisse le JEX. En effet, si l'article R. 322-16 C. pr. exéc. permet au débiteur, lors de l'audience d'orientation, de former une demande de suspension de la procédure de saisie immobilière en raison de sa situation de surendettement, il doit le faire conformément aux dispositions de l'article R. 331-11-1 du Code de la consommation, c'est-à-dire que concrètement, c'est la commission de surendettement qui saisira le JEX.

1365.103 • **Pouvoirs de la commission.** En application des articles L. 331-5 et R. 331-11-2 du Code de la consommation, dans le cas où la vente forcée d'un bien immobilier du débiteur a été ordonnée, la commission pourra saisir le juge chargé de la saisie immobilière afin de lui demander la suspension des voies d'exécution diligentées contre le débiteur avant toute décision de recevabilité, par lettre recommandée avec demande d'avis de réception (LRAR) ou remise contre émargement au greffe du JEX. La lettre de saisine du juge indique les nom, prénoms, profession et adresse du débiteur et ceux des créanciers poursuivants ou, pour les personnes morales, leur dénomination et leur siège social. Elle précise les causes graves et dûment justifiées invoquées à l'appui de la demande. Y sont annexés un état des revenus du débiteur, un relevé des éléments actifs et passifs de son patrimoine, l'état de son endettement et la liste des procédures d'exécution à l'encontre de ses biens. Y est également jointe la copie de l'acte de poursuite fondant la demande.

Lorsqu'en cas de saisie immobilière la date d'adjudication a été fixée, la commission pourra, pour causes graves et dûment justifiées, saisir le juge aux fins de remise de l'adjudication (C. pr. exéc., art. R. 322-28). Dans ce cas, l'article R. 331-11-2 du Code de la consommation prévoit que la commission transmet la demande par lettre recommandée avec demande d'avis de réception ou remise contre émargement au greffe, quinze jours au moins avant la date prévue pour la vente (v. s[s] n° 1368.182).

1. Civ. 2e, 26 juin 2014, n° 13-20.560, *Bull. civ.* II, n° 163.
2. Civ. 2e, 20 oct. 2011, n° 10-25.787, NP.
3. L. n° 2013-672, 26 juill. 2013, de séparation et de régulation des activités bancaires, *JO* 27 juill., p. 12530.

b)
Rétablissement personnel, rétablissement professionnel et procédures collectives

1365.111 **Rétablissement personnel.** Depuis la loi du 1er août 2003, d'orientation et de programmation pour la ville et la rénovation urbaine, le Code la consommation a été modifié afin de prendre en compte la situation « *irrémédiablement compromise* » des débiteurs, personnes physiques, pour lesquels il apparaît tout de suite qu'il n'est pas possible de mettre en œuvre les mesures de traitement habituelles. À la suite de la loi n° 2010-737 du 1er juillet 2010, portant réforme du crédit [1], il est distingué désormais entre rétablissement avec ou sans liquidation judiciaire. Lorsque la commission recommande le rétablissement sans liquidation et que le juge d'instance confère force exécutoire à cette recommandation, cela entraîne l'effacement de toutes les dettes. Lorsque la commission recommande un rétablissement personnel avec liquidation, aux termes de l'article L. 332-6 du Code de la consommation, le juge d'instance, après avoir entendu le débiteur s'il se présente et apprécié le caractère irrémédiablement compromis de sa situation ainsi que sa bonne foi, rend un jugement prononçant l'ouverture de la procédure. Le jugement entraîne la suspension des procédures d'exécution diligentées à l'encontre des biens du débiteur et portant sur les dettes autres qu'alimentaires. La suspension est acquise jusqu'au jugement de clôture (v. ss nos 1312.11 s.).

1365.112 **Rétablissement professionnel.** L'ordonnance n° 2014-326 du 12 mars 2014 [2] et le décret n° 2014-736 du 30 juin 2014 [3], réformant le droit des entreprises en difficulté à compter du 1er juillet 2014, ont institué une procédure de rétablissement professionnel, ouverte à tout débiteur personne physique mentionné à l'article L. 640-2 du Code de commerce. Il ne s'agit pas d'une procédure collective de paiement car les créanciers ne sont pas assujettis à une discipline collective et la règle de l'interdiction des poursuites ne les concerne pas. Toutefois, l'article L. 645-6 du Code de commerce prévoit que si le débiteur est mis en demeure ou poursuivi par un créancier au cours de la procédure, le juge commis pourra, à la demande du débiteur, reporter le paiement des sommes dues dans la limite de quatre mois et ordonner, pour cette même durée, la suspension des procédures d'exécution qui auraient été engagées par le créancier. La clôture de la procédure de rétablissement professionnel emportera effacement des dettes, professionnelles comme non professionnelles, à l'exception des dettes alimentaires et des dettes salariales.

1365.113 **Procédures collectives.** Le principe de l'arrêt et de l'interdiction des actions et voies d'exécution de la part des créanciers antérieurs au jugement d'ouverture est applicable à la procédure de sauvegarde de redressement et de liquidation. L'article L. 622-21, I du Code de commerce interrompt ou interdit toute action en justice de la part des créanciers ne bénéficiant pas du privilège des créances postérieures, tendant à la condamnation du débiteur au paiement d'une somme d'argent. L'article L. 622-21, II ajoute que ledit jugement arrête ou interdit également toute procédure d'exécution de la part de ces créanciers, tant sur les meubles que sur les immeubles, ainsi que toute procédure de distribution n'ayant pas produit un effet attributif avant le jugement d'ouverture. Le sursis joue de plein droit, mais il est bon que le débiteur en avise le poursuivant qui pourrait ignorer le jugement et poursuivre la procédure en toute bonne foi. Le débiteur n'en a cependant pas l'obligation et le jugement d'adjudication qui interviendrait en méconnaissance de la procédure collective serait nul de plein droit (v. ss n° 1318.52).

§ 2
Contestation du saisi

1365.120 **Objectifs.** Le saisi peut chercher à éviter la vente aux enchères de son bien. Il pourra ainsi opposer des arguments de fond, contester la régularité de la procédure jusque-là menée par le poursuivant, ou simplement chercher à modifier ou ajouter au cahier des conditions de la vente et notamment contester la mise à prix fixée par le poursuivant.

A.
Contestation de fond

1365.121 **Rappel.** Le saisi peut contester le droit du créancier de le poursuivre et invoquer des arguments touchant au fond du droit, exigibilité de la créance, compensation, *etc.* Ces moyens de défense seront formulés par conclusions. Il n'est pas nécessaire d'attendre l'audience d'orientation pour soulever une contestation [4].

1. L. n° 2010-737, 1er juillet 2010, portant réforme du crédit à la consommation, *JO* 2 juill., p. 12001.
2. Ord. n° 2014-326, 12 mars 2014, portant réforme de la prévention des difficultés des entreprises et des procédures collectives, *JO* 14 mars, p. 5249.
3. Décr. n° 2014-736, 30 juin 2014, pris pour l'application de l'ordonnance n° 2014-326 du 12 mars 2014 portant réforme de la prévention des difficultés des entreprises et des procédures collectives, *JO* 1er juill., p. 10834.
4. EN CE SENS, Aix-en-Provence, 15e ch., sect. A, 10 oct. 2007, RG n° 07/05459, pour une contestation portant sur le commandement de payer valant saisie.

B.
Nullités de forme et caducités

1365.131 Distinction. La procédure de saisie immobilière est très formaliste et les différents actes préparatoires à la vente, on l'a vu, doivent être accomplis dans le strict respect des délais légaux. Le saisi pourra donc soulever des nullités de forme et arguer de la caducité du commandement de payer en cas de non-respect des délais visés à l'article R. 311-11 C. pr. exéc. Mais pour être recevables les nullités et demandes de caducité doivent être proposées au plus tard à l'audience d'orientation, conformément aux dispositions de l'article R. 311-5 C. pr. exéc.

En outre, en application des dispositions de l'article 112 C. pr. civ., les nullités des actes de procédure doivent être invoquées, à peine d'irrecevabilité, simultanément et avant toute défense au fond ou fin de non-recevoir[1].

C.
Contestation de la mise à prix

1365.141 Dire du saisi en contestation du montant de la mise à prix. Le montant de la mise à prix de l'immeuble du débiteur, fixée par le poursuivant, peut faire l'objet d'une contestation. Avant la réforme, et à la suite d'une loi du 23 janvier 1998, les débiteurs dont le logement principal était saisi s'étaient vu reconnaître la faculté de saisir le tribunal pour contester la mise à prix fixée, en cas d'insuffisance manifeste. L'article L. 322-6 C. pr. exéc. reproduit cette faculté de contestation de la mise à prix pour tous les saisis, sans distinction d'affectation de l'immeuble.

1365.142 Forme. Conclusions signées par un avocat et déposées au greffe.

1365.143 Délai. Selon l'article R. 311-5 C. pr. exéc., à peine d'irrecevabilité prononcée d'office, aucune contestation ni aucune demande incidente ne peut, sauf disposition contraire, être formée après l'audience d'orientation à moins de porter sur les actes de procédure postérieurs à celle-ci. C'est donc au plus tard le jour de l'audience d'orientation que ces contestations et demandes devront être formées (pour la détermination de la date de l'audience d'orientation, v. s^{s} n° 1364.12).

1365.144 Insuffisance manifeste. Dans ce cas, le juge fixait une nouvelle mise à prix en rapport avec la valeur vénale du bien et les conditions du marché. Avant la réforme, l'article 690 ACPC qui réglementait cette faculté prévoyait l'éventualité d'une consultation ou d'une expertise, sans pour autant dire à la charge de qui elle serait mise, saisi ou poursuivant. Finalement, prévoir le recours à une expertise était risqué car cela pouvait aboutir à majorer les frais préalables et ainsi, à diminuer d'autant le prix d'adjudication.

Désormais, le juge se déterminera toujours selon la valeur vénale du bien et les conditions du marché, mais le décret du 27 juillet 2006 ne fait plus référence à une expertise ou consultation. La charge de la preuve pèsera toutefois toujours sur le saisi demandeur à qui il incombera de fournir aux débats des éléments permettant d'accorder crédit à son allégation selon laquelle la mise à prix serait manifestement insuffisante[2]. Or, le montant d'une mise à prix ne préjuge pas du montant auquel le bien trouvera preneur à la barre et une mise à prix trop élevée peut être de nature à dissuader les éventuels acquéreurs[3].

Comme auparavant, le saisi ne pourra contester un prix qui lui paraîtrait simplement trop élevé et dissuasif pour les acquéreurs; il est vrai que cela ne sera jamais son intérêt car l'adjudication purgeant les inscriptions (v. s^{s} n° 1371.201) le débiteur sera toujours gagnant si le prix est élevé (même s'il y a carence d'enchères puisque le poursuivant sera adjudicataire).

SECTION 2
DEMANDES DES CRÉANCIERS

1365.151 Plan. Ils ne mènent pas la procédure mais elle les intéresse au premier chef, notamment pour les créanciers inscrits, parce que la vente purge leurs sûretés. Le poursuivant, quant à lui, peut encore avoir des demandes incidentes à formuler.

§ 1
Créanciers inscrits

1365.160 Créanciers auxquels le commandement a été dénoncé. Ayant été informés de la saisie par la dénonce, ils vont pouvoir faire valoir leurs droits en exerçant certaines actions avant la vente :

1. Civ. 2e, 1er oct. 2009, n° 08-19.104, *Bull. civ.* II, n° 235; *D.* 2009. 2973, obs. Leborgne – Est une exception de procédure une contestation portant sur la validité du commandement de payer valant saisie, Civ. 2e, 25 mars 2010, n° 08-17.196, *Bull. civ.* II, n° 72; *D.* 2010. Actu. 969, obs. Avena-Robardet; *D.* 2010. 2102, chron. Sommer et Leroy-Gissinger.

2. Pour un ex. rendu sous l'empire de l'ancienne législation : Civ. 2e, 7 déc. 2000, n° 98-22.072, *Bull. civ.* II, n° 166.
3. EN CE SENS, pour refuser de faire droit à la demande d'augmentation de la mise à prix de 45 000 euros à 130 000 euros : V. TGI Bourges, JEX, 17 déc. 2008, Banque populaire Val de France c/Ép^{x} Tunzuni.

agir en résolution de la vente, solliciter la jonction de plusieurs saisies et encore la subrogation. Peuvent-ils aussi demander l'expulsion du saisi ?

A.
Résolution

1365.161 Bénéficiaires. Il s'agit des vendeurs de l'immeuble impayé. Ils disposent de deux garanties propres : un privilège (C. civ., art. 2374, 1° : « *S'il y a plusieurs ventes successives dont le prix soit dû en tout ou en partie, le premier vendeur est préféré au second, le deuxième au troisième et ainsi de suite* ») et l'action résolutoire de l'article 1654 du Code civil.

1365.162 Exercice. L'action ne peut déjà être exercée que si le privilège n'est pas éteint et qu'il a été inscrit dans le délai utile (C. civ., art. 2379, al. 1er). Dans ce cas, les autres créanciers sont menacés de voir l'objet de leur gage sortir du patrimoine de leur débiteur et leurs droits seront anéantis. Avant la réforme, pour éviter cet inconvénient, l'article 692 ACPC prévoyait que le poursuivant devait leur faire la sommation de l'article 689 en les informant en outre, qu'à défaut de former et de faire mentionner à la suite du cahier des charges la demande en résolution de vente ou la poursuite de folle enchère, trois jours avant l'audience éventuelle, ils seraient déchus de leurs droits d'exercer ces actions à l'égard de l'adjudicataire. La déchéance toutefois ne pouvait être opposée que par l'adjudicataire[1]. En tout état de cause, l'adjudication sur saisie n'entraîne pas la disparition du privilège du vendeur régulièrement inscrit, qui est reporté sur le prix[2].

Or, ni l'ordonnance ni le décret n'ont envisagé le sort particulier de ces créanciers, ce qui conduit à s'interroger sur la survivance de la faculté de demander la résolution lors de l'audience d'orientation. La question est importante car s'il est formé une demande en résolution de la vente du bien saisi, il faudrait, comme le prévoyait l'article 695 ACPC, qu'il soit sursis aux poursuites en ce qui concerne les immeubles frappés par l'action résolutoire. La demande en résolution devrait être jugée comme une demande en distraction (v. ss nos 1324.231 s). Elle intéresse en effet le fond du droit, s'agissant d'une question touchant à la propriété et est désormais de la compétence du JEX.

B.
Concours de saisies

1365.170 Diversité. Lorsque plusieurs saisies d'immeubles différents sont poursuivies contre un même débiteur, il y aura en principe autant de procédures que de saisies. Toutefois, ces procédures peuvent être jointes dans un souci de bonne administration de la justice. Pourront encore être jointes des saisies, soit parce qu'est pratiquée une saisie plus ample, soit parce qu'il convient de réunir des saisies ayant la même assiette. Le concours entre ces différents créanciers peut se régler relativement aisément en matière immobilière puisque la publicité foncière permet de les connaître et que leurs droits régulièrement inscrits avant la saisie sont opposables au premier poursuivant. On peut cependant rencontrer un concours de saisie mettant en présence un poursuivant titulaire de sûretés immobilières et un autre, simple chirographaire. En tout état de cause les créanciers saisissants postérieurs seront rassemblés en une seule procédure, menée par le premier saisissant. Les autres créanciers inscrits profiteront ainsi de la procédure unique.

1°
Jonction de saisies d'immeubles différents

1365.171 Hypothèse. Deux ou plusieurs saisissants ont fait publier, du chef de la même partie saisie, des commandements sur des immeubles différents dont la saisie est poursuivie devant le même tribunal car situés dans le même arrondissement. Les poursuites peuvent être réunies et continuées par le premier saisissant. Mais s'il s'agit d'immeubles situés dans des ressorts différents, les procédures de saisie demeureront distinctes.

1365.172 Procédure. Selon les dispositions du Code de procédure civile, la jonction peut être ordonnée d'office ou à la demande des parties. Il ne semble pas que le juge puisse la refuser, mais il ne s'agit que d'une mesure d'administration judiciaire.

Le décret ne dit pas non plus à quel moment former la demande, mais on devrait déduire de l'article R. 311-5 C. pr. exéc. qu'elle ne pourra plus l'être après l'audience d'orientation.

1365.173 Effet. En cas de jonction d'instances, la procédure est continuée par le créancier dont le commandement a été publié en premier. Si les commandements ont été publiés le même jour, la procédure est poursuivie par le créancier dont le commandement est le premier en date et si les commandements sont du même jour, par celui dont la créance en principal est la plus élevée (C. pr. exéc., art. R. 321-11).

2°
Saisie plus ample

1365.181 Hypothèse. Un deuxième commandement publié comprend plus d'immeubles que le

1. Civ. 2e, 17 mai 2001, no 98-23.077, *Bull. civ.* II, no 100.
2. Civ. 2e, 23 avr. 1980, no 78-15.056, *Bull. civ.* II, no 84.

premier. Si tous les immeubles sont situés dans le même ressort, ou font partie de la même exploitation le conservateur doit alors le publier pour les biens jusque-là non compris dans la saisie (C. pr. exéc., art. R. 321-9, al. 2).

1365.182 **Procédure et effet.** Le nouveau créancier poursuivant doit dénoncer le commandement publié au précédent créancier qui poursuivra les deux procédures si elles sont au même état; dans le cas contraire, il suspend sa propre procédure et suit la nouvelle jusqu'à ce qu'elle soit au même état. Faute pour le premier créancier de poursuivre la nouvelle saisie à lui dénoncée, le nouveau créancier pourra demander la subrogation dans les conditions de l'article R. 311-9 C. pr. exéc.

3°
Saisies ayant la même assiette

1365.191 **Unité de procédure.** Lorsque la publication de plusieurs commandements valant saisie du même immeuble est requise simultanément, un seul commandement sera publié. L'article R. 321-8 C. pr. exéc. fait choix du commandement mentionnant le titre exécutoire le plus ancien, et en cas d'identité de date, le commandement le plus ancien sera publié. Si les commandements ont la même date, seul sera publié celui dont la créance en principal est la plus élevée. Les autres commandements ne sont pas publiés mais portés en marge de la publication du premier (v. s[s] n° 1361.233). C'est le créancier dont le commandement est publié qui dirige la procédure.

1365.192 **Avantages.** Même lorsqu'existe déjà un commandement publié, il est utile pour les autres créanciers de faire délivrer un commandement et de le présenter à la Conservation des hypothèques; ce faisant, ils apparaîtront dans la procédure comme créanciers poursuivants postérieurs s'ils n'étaient que chirographaires et la radiation de la saisie ne pourra plus être opérée sans leur consentement (C. pr. exéc., art. R. 321-10).

C.
Subrogation

1365.200 **Raison d'être.** Permettre aux créanciers, qu'il s'agisse des inscrits ou des saisissants postérieurs d'exercer leurs droits d'action en se substituant, dans certaines hypothèses, au poursuivant. Si elle est accordée par le juge, le créancier subrogé se retrouvera maître de la direction de la procédure.

1°
Hypothèses où la subrogation peut être demandée

1365.201 **Article R. 311-9 C. pr. exéc.** Avant la réforme, on considérait que tout créancier avait intérêt à demander la subrogation dès lors que le poursuivant initial ne poursuivait pas. Cela pouvait être le cas d'un créancier inscrit antérieurement[1] ou postérieurement[2] et même d'un chirographaire[3], même si la subrogation d'un chirographaire à un hypothécaire n'avait aucun effet sur la nature de la créance qui reste chirographaire[4].

Les créanciers personnels d'un créancier du saisi pouvaient encore agir sur le fondement de l'action oblique. La personne qui désintéresse le créancier poursuivant pouvait être également subrogée par le tribunal et autorisée à reprendre les poursuites à partir du dernier acte utile[5].

Le décret du 27 juillet 2006 restreint les titulaires de l'action. Seuls les créanciers inscrits et les créanciers énumérés au 1 *bis* de l'article 2374 et à l'article 2375 du Code civil pourront demander au JEX leur subrogation dans les droits du poursuivant. On ne comprend pas pourquoi la demande n'est pas simplement subordonnée à la démonstration d'un intérêt à agir.

1365.202 **Causes.** La subrogation pourra tout d'abord être demandée en cas de désistement du poursuivant par un des créanciers inscrits sur le bien et même, par le créancier poursuivant qui, désintéressé du montant de la créance à l'origine de la procédure de saisie immobilière, s'est désisté de ses poursuites en qualité de poursuivant mais bénéficie, en sa qualité de créancier inscrit au titre d'une créance différente de celle visée au commandement de payer, d'un titre exécutoire l'autorisant à être subrogé dans les poursuites pour le recouvrement de cette autre créance[6]. La subrogation peut encore être envisagée s'il y a négligence, collusion, fraude ou toute autre cause de retard imputable au poursuivant. Par collusion on entendra une entente entre le poursuivant et le saisi en vue de retarder le développement de la procédure, voire de réaliser volontairement des actes irrégulièrement ou tardivement au regard des exigences de forme et de délais de la procédure de saisie. La négligence, sans collusion frauduleuse sera également envisagée (retard, formalités omises) ainsi que tout retard même non

1. Req. 14 janv. 1874, *DP* 1874. 1. 57.
2. Req. 21 févr. 1906, *DP* 1908. 1. 157 – Civ. 15 et 16 avr. 1913, *DP* 1914. 1. 49.
3. TGI Évry, 2 déc. 1986, *Gaz. Pal.* 1987. 1. 284.
4. Pau, 12 juill. 1962, *Gaz. Pal.* 1962. 2. 332.
5. Civ. 2e, 17 oct. 1973, n° 72-12.234, *Bull. civ.* II, n° 257; *JCP* 1973. IV. 6375.
6. Civ. 2e, 10 mars 2011, n° 10-14.111, NP.

sanctionné par une déchéance et même s'il n'est dû ni à la fraude ni à la négligence[1]. Il n'y aura évidemment pas lieu à subrogation si le débiteur a bénéficié d'un délai de grâce[2], puisque l'interruption de la poursuite n'est pas due au fait du poursuivant. Plus généralement, il faudra distinguer les hypothèses où les retards dans la procédure dépendent de la volonté du saisissant des autres cas de figure (délais de grâce, suspension des poursuites, sursis à la procédure de vente).

1365.203 Article R. 321-9 C. pr. exéc. Faute par le premier saisissant d'avoir poursuivi sur la seconde saisie à lui dénoncée conformément à l'article R. 321-9 alinéa 2 C. pr. exéc., le second saisissant pourra demander la subrogation dans les conditions fixées à l'article R. 311-9 C. pr. exéc. Ici, les raisons de la négligence ne seront pas recherchées; le simple constat de l'absence de poursuite de la procédure de la seconde saisie, interrompue par le jugement de jonction, suffira à fonder la demande.

1365.204 Cas particulier de l'article R. 322-22 C. pr. exéc. Lorsque le débiteur a été autorisé à vendre amiablement son bien, le créancier poursuivant peut, à tout moment, assigner le débiteur devant le JEX aux fins de voir constater sa carence et ordonner la reprise de la procédure sur vente forcée. S'agit-il d'une subrogation ? Avant la réforme, lorsque le saisi avait obtenu la conversion en vente volontaire, le poursuivant pouvait avoir fait figurer dans le cahier des charges une clause assurant la subrogation en cas de carence du saisi[3]. À défaut, il pouvait faire constater la subrogation et faire fixer l'adjudication par le tribunal[4]. Toutefois, l'autorisation de vendre amiablement diffère de la conversion en vente volontaire, qui permettait simplement au débiteur de diriger la procédure d'exécution forcée. L'autorisation de vente amiable en revanche, suspend la saisie. Le créancier qui établit la carence du saisi (v. s[s] n° 1366.141) reprend donc la procédure qui avait été suspendue. Il n'est donc pas subrogé mais retrouve son pouvoir d'action.

1365.205 Procédure collective. Lorsqu'une saisie immobilière a été suspendue du fait de l'ouverture d'une procédure collective, le liquidateur est subrogé dans les droits du créancier saisissant pour les actes que celui-ci a accomplis (v. s[s] n° 1411.61).

2°
Conditions

1365.211 Forme. Selon l'article R. 311-9 alinéa 1er C. pr. exéc., la demande sera formée par voie de demande incidente (et donc selon les modalités de l'article R. 311-6 C. pr. exéc., c'est-à-dire par dépôt au greffe de conclusions signées d'un avocat et communication des conclusions et pièces entre avocats conformément aux dispositions de l'article 815 C. pr. civ.) ou verbalement, à l'audience d'adjudication[5].

1365.212 Moment pour former la demande. La demande peut être formée à compter de la publication du commandement valant saisie et à tout moment de la procédure, jusqu'à l'audience d'adjudication (C. pr. exéc., art. R. 311-9, al. 1er C. pr. exéc.)[6].

1365.213 Examen du bien-fondé de la recevabilité de la demande. Avant la réforme, la demande de subrogation devait être précédée d'une sommation de continuer les poursuites, faite par acte d'avocat à avocat, aux créanciers poursuivants ou aux créanciers dont les commandements ont été antérieurement mentionnés au Bureau des hypothèques. La sommation préalable était impérative; en cas d'omission, la demande était irrecevable. Ce n'était que huit jours après la sommation que la demande pouvait être présentée; il fallait en effet laisser le temps aux créanciers sommés de réagir et de justifier de leurs diligences, ce qui pouvait rendre la demande sans fondement.

Désormais, il n'est plus prévu de sommation préalable, mais rien ne devrait empêcher les praticiens de continuer à y recourir pour se constituer la preuve de la négligence du poursuivant.

La jurisprudence admettait, avant la réforme, que lorsque la subrogation était demandée parce que le créancier avait été désintéressé, celui-ci pouvait s'y opposer et requérir la vente pour le paiement de ses frais[7].

1365.214 Notification du jugement. Initialement, selon l'article 8 du décret du 27 juillet 2006, la notification des jugements sur demande incidente était faite par le greffe. Le décret du 12 février 2009 a modifié l'article 8 (devenu C. pr. exéc., art. R. 311-7) pour poser le principe de la **notifica-**

1. Civ. 2e, 29 oct. 1980, n° 79-10.735, *Bull. civ.* II, n° 221; *D.* 1981. IR 150, obs. Julien.
2. Civ. 2e, 22 nov. 1978, n° 77-10.256, *Bull. civ.* II, n° 248; *JCP* 1978. IV. 41.
3. Civ. 2e, 28 avr. 1986, *Gaz. Pal.* 1987. Somm. 59, obs. Véron – Civ. 2e, 27 juin 1990, n° 89-12.540, *Bull. civ.* II, n° 155; *Gaz. Pal.* 1991. Somm. 161, obs. Véron.
4. Civ. 2e, 10 nov. 1998, n° 96-12.894, *Bull. civ.* II, n° 272.
5. V. toutefois, les critiques de G.-A. Sillard, « La subrogation dans la saisie immobilière », *D.* 2011. 404, sur la forme prévue pour la demande de subrogation.
6. Sur les risques de caducité pour non-respect des délais de publicité et sur le fait que la vente forcée ne peut être reportée, v. G.-A. Sillard, art. préc.
7. Civ. 2e, 24 oct. 1973, n° 72-11.801, *Bull. civ.* II, n° 271; *JCP* 1974. IV. 6390.

tion des décisions par voie de signification. Toutefois, lorsqu'en vertu d'une disposition particulière, le JEX statue par ordonnance rendue en dernier ressort, sa décision est notifiée par le greffe simultanément aux parties et à leurs avocats. Or, l'article R. 311-9 alinéa 3 C. pr. exéc. dispose que la décision qui rejette la demande de subrogation n'est pas susceptible de recours à moins qu'elle mette fin à la procédure.

1365.215 Publication du jugement. Selon l'article 80 du décret du 14 octobre 1955, le jugement de subrogation sera mentionné en marge de la publication du commandement.

1365.216 Recours. Si la demande de subrogation est rejetée, il n'y aura pas de recours à moins que la décision mette fin à la procédure (C. pr. exéc., art. R. 311-9, al. 3). Tel n'est pas le cas lorsque la demande de subrogation a été jugée irrecevable par le JEX; dans cette hypothèse, distincte de celle du rejet, l'appel sera possible[1].

Si le JEX fait droit à la demande de subrogation, l'appel sera ouvert conformément aux dispositions de l'article R. 311-7 C. pr. exéc., en matière de jugement sur demande incidente. L'opposition est exclue dans ce cas.

3°
Effets

1365.221 Le demandeur est substitué au saisissant initial. La subrogation emporte substitution dans les poursuites et dans les droits et obligations fixées au cahier des conditions de la vente (C. pr. exéc., art. R. 311-9, al. 4). La poursuite est désormais menée par le subrogé qui la reprend au stade où elle s'était interrompue. Il avait ainsi été jugé que le subrogé n'avait donc pas à remettre le saisi en cause ni à lui signifier un nouveau commandement[2], ni à lui notifier le jugement de subrogation[3]. Ces jurisprudences semblent confirmées par le décret du 27 juillet 2006 qui n'impose aucune obligation au subrogé, sinon d'exécuter celles du cahier des conditions de la vente[4].

1. Civ. 2e, 12 avr. 2012, n° 10-26.564, NP.
2. Pau, 12 juill. 1962, *JCP A* 1963. IV. 4166, obs. J. A.; *Gaz. Pal.* 1962. 332, obs. Raynaud – Civ. 2e, 4 mars 1982, n° 81-10.981, *Bull. civ.* II, n° 36; *JCP* 1982. IV. 181 – Civ. 2e, 16 juill. 1992, n° 91-13.624, *Bull. civ.* II, n° 216; *D.* 1993. Somm. 281, obs. Julien.
3. Civ. 2e, 18 nov. 1992, n° 91-15.367, *Bull. civ.* II, n° 270; *D.* 1993. Somm. 281, obs. Julien.
4. V. toutefois, les observations de G.-A. Sillard, *D.* 2011. 404, art. préc. ss n° 1365.211.

1365.222 Mise à prix initialement fixée. Avant la réforme, l'article 724 ACPC accordait au subrogé la faculté de modifier par un dire annexé à l'enchère la mise à prix fixée par le poursuivant. Cette faculté d'intervention du subrogé sur les conditions de la vente ne concernait que la mise à prix; le nombre de lots, par exemple, ne pouvait être modifié. On ne retrouve pas pareille disposition dans le décret du 27 juillet 2006. Or, c'est le nouveau poursuivant qui serait adjudicataire en cas de carence d'enchères et il le deviendra donc pour un prix qu'il n'aura pas lui-même fixée. Certes, il en sera informé lorsqu'il demandera la subrogation, mais il n'est pas certain que cette situation soit conforme à la jurisprudence du Conseil constitutionnel.

1365.223 Remise des pièces de la poursuite. Selon l'article R. 311-9 alinéa 5 C. pr. exéc., le poursuivant contre lequel la subrogation aura été prononcée sera tenu de remettre les pièces de la poursuite au subrogé qui en accusera réception. Le subrogé poursuivra ainsi la procédure à ses risques et périls, le poursuivant se trouvant déchargé de ses obligations par la seule remise des pièces. Tant que cette remise n'aura pas eu lieu, le poursuivant ne sera pas déchargé de ses obligations.

1365.224 Défaillance du subrogé. On devrait admettre, comme avant la réforme, que si le subrogé fait ensuite lui-même preuve de négligence, un autre créancier, y compris le poursuivant initial, pourra demander à être subrogé.

1365.225 Frais et dépens. Avant la réforme, en vertu de l'article 723 alinéa 1er ACPC, la partie qui succombait sur la contestation relative à la subrogation était condamnée aux dépens. En revanche, le poursuivant qui abandonnait volontairement la procédure parce qu'il était payé ne s'opposait pas à la demande de subrogation et donc ne « succombait » pas; le tribunal pouvait alors déclarer les dépens frais privilégiés de vente, puisque la subrogation avait nécessairement été obtenue judiciairement, mais sans négligence ni opposition de la part du poursuivant.

En l'absence de dispositions particulières, ce seront les règles de droit commun qui s'appliqueront, à savoir les dispositions du titre XVIII du livre I du C. pr. civ. et notamment l'article 696 qui met, en principe, les dépens à la charge de la partie « perdante ».

Le poursuivant contre lequel la subrogation sera prononcée ne sera payé de ses frais qu'après l'adjudication, soit sur le prix, soit par l'adjudicataire. En pratique, souvent, il est désintéressé de sa créance et de ses frais en même temps par le débiteur.

D.
Expulsion du saisi

1365.231 **Principe.** L'article R. 321-15 C. pr. exéc. envisage la possibilité pour le saisi d'être expulsé mais sans indiquer à la demande de qui, ni pour quel motif. L'article L. 321-2 alinéa 3 C. pr. exéc. indique toutefois que la saisie rend l'immeuble indisponible mais que le débiteur en est constitué séquestre sauf à ce que les circonstances justifient de son expulsion pour cause grave. Peut-on alors reconnaître un intérêt à agir en expulsion au profit des créanciers inscrits, en cas d'abstention du poursuivant, voire contre la volonté du poursuivant ? On peut imaginer en effet que le poursuivant s'il est créancier de premier rang soit assuré d'être désintéressé par la vente du bien, même occupé par le saisi et que les créanciers postérieurs souhaitent plutôt que le bien soit vendu libre de toute occupation. Toutefois, il n'est pas certain que cette motivation soit recevable. L'atteinte au droit de jouissance du saisi, et partant à son droit au logement, risque d'être interprétée strictement et sans doute plutôt à la lumière du comportement du saisi qu'à celle des intérêts de créanciers (v. s[s] n°s 1361.274 s.). Reste l'hypothèse de dégradations commises par le saisi et dont les créanciers inscrits auraient eu vent, dégradations qui pourraient constituer la cause grave envisagée à l'article L. 321-2 alinéa 3 C. pr. exéc.

1365.232 **Forme et délai.** On peut considérer qu'il s'agit d'une demande incidente, soumise aux articles R. 321-6 et R. 321-7 C. pr. exéc.; cependant, si la demande est causée par des dégradations, celles-ci peuvent être commises à tout moment de la procédure et il faudra bien alors admettre que la demande soit formée en dehors de l'audience d'orientation.

§ 2
Poursuivant

1365.240 **Plan.** Sans prétendre être exhaustif, on peut déjà penser que le poursuivant aura toujours intérêt à demander au juge de fixer les conditions de visite du bien ainsi que la taxation de ses frais de poursuite. Plus ponctuellement, il pourra former diverses demandes, en fonction des circonstances particulières à la saisie, et notamment, depuis le décret du 12 février 2009, une demande de report de l'audience de vente forcée, en cas d'appel du jugement d'orientation, mais à certaines conditions seulement, et également une demande de prorogation des effets du commandement de payer valant saisie.

A.
Demande en fixation des conditions de visite des lieux

1365.241 **Justification.** On conçoit rarement, en pratique, de se porter acquéreur d'un bien sans l'avoir préalablement visité. Aussi, le poursuivant a-t-il intérêt à organiser des visites de l'immeuble. Cette mesure s'explique par la nécessité d'informer efficacement les éventuels acheteurs.

1365.242 **Modalités.** Avant la réforme, en pratique, quand il ne rencontrait pas d'opposition, l'avocat du poursuivant chargeait l'huissier d'organiser les visites, à la convenance du saisi. En cas de difficulté, le poursuivant devait se faire autoriser en référé à faire procéder à des visites, l'ordonnance fixant en outre, les jours et heures.

L'article R. 322-26 alinéa 2 C. pr. exéc. prévoit désormais que lorsqu'il ordonne la vente forcée, le JEX fixe les jours et heures de visite à la demande du créancier poursuivant. Et l'article 64 alinéa 2, 2° prévoit que l'avis destiné à être apposé au tribunal, mentionne « *le cas échéant, les dates et heures de visite* » (v. s[s] n° 1367.32). On peut encore imaginer que cette information soit fournie par publicité complémentaire en vertu des dispositions de l'article R. 322-37 C. pr. exéc. (v. s[s] n° 1367.51).

B.
Taxation des frais de poursuite

1365.251 **Intérêt.** Lors de l'audience d'orientation, le juge peut autoriser le saisi à vendre son bien amiablement. Dans ce cas, selon l'article R. 322-23 C. pr. exéc., le prix payé par l'acquéreur sera consigné en vue de sa distribution mais les frais du poursuivant qu'il aura fait taxer lui seront réglés directement par l'acheteur. L'article R. 322-21 alinéa 2 C. pr. exéc. prévoit que le JEX qui autorise la vente amiable taxe les frais de poursuite à la demande du créancier poursuivant. Ce n'est donc pas automatique et le poursuivant ne devra pas omettre d'en faire la demande, d'autant plus que l'acte notarié de vente ne pourra être établi par le notaire que sur justification du paiement des frais taxés (v. s[s] n° 1366.181).

1365.252 **Modalités.** Comment procéder sachant qu'avant l'audience, le poursuivant ne saura pas nécessairement que le saisi va former cette demande, ce qu'il peut faire verbalement, ni si elle sera acceptée ? Il paraît donc plus prudent de solliciter systématiquement la taxe à ce stade de la procédure, à toutes fins utiles. Dans ce cas, la demande devrait être formée par conclusions, à moins de l'inclure directement dans l'assignation, comme pour la demande en fixation des visites.

C.
Autres demandes

1365.261 Autorisation d'effectuer certains actes. Selon l'article R. 321-15 alinéa 2 C. pr. exéc., si les circonstances le justifient, le poursuivant peut être autorisé à accomplir certains actes sur le bien saisi; les auteurs du décret n'ont pas donné plus de précision sur la nature de ces actes, et ont laissé au JEX le pouvoir d'apprécier l'opportunité de la demande.

1365.262 Coupe et vente des fruits. L'article R. 321-17 C. pr. exéc. prévoit que le poursuivant pourra être autorisé par le JEX à procéder lui-même à la coupe et vente des fruits immobilisés avec le bien saisi. Le prix en sera ensuite séquestré à la Caisse des dépôts et consignations.

1365.263 Expulsion du saisi. Les articles L. 321-2 alinéa 3 C. pr. exéc. et R. 321-15 C. pr. exéc. prévoient l'éventuelle expulsion du saisi auquel le commandement de payer valant saisie a été délivré pour cause grave. Il semble que ce qui soit recherché est d'éviter que le débiteur amoindrisse la valeur du bien saisi (v. s[s] n° 1361.274). Le poursuivant est donc le premier intéressé par la conservation de cette valeur et l'éventuelle expulsion du saisi.

1365.264 Clause du cahier des conditions de la vente. Rien ne paraît interdire au poursuivant de modifier ou compléter le cahier des conditions de la vente en en formant la demande au JEX lors de l'audience d'orientation[1].

1365.265 Report de l'audience de vente forcée. En vertu de l'article R. 322-28 C. pr. exéc., la vente forcée ne peut être remise que pour un cas de force majeure ou sur la demande de la commission de surendettement sur le fondement des articles L. 331-3-1 ou L. 331-5 du Code de la consommation. Le décret du 12 février 2009 permet désormais au poursuivant de demander au JEX le report de la date de l'audience de vente forcée, dans le cas où un appel a été formé contre le jugement d'orientation ordonnant la vente par adjudication mais, qu'un mois avant la date prévue pour l'adjudication, la cour n'a pas statué (C. pr. exéc., art. R. 322-19).

Cette demande interviendra donc nécessairement après l'audience d'orientation. Il aurait été souhaitable que la demande de report puisse être formée avant l'accomplissement des publicités. Or, cela sera quasiment impossible en pratique car la vente forcée doit être annoncée, à l'initiative du poursuivant, dans un délai compris entre un et deux mois avant l'audience d'adjudication.

Ce renvoi ne sera pas automatique, l'article R. 322-19 C. pr. exéc. disposant que le JEX « *peut, à la demande du créancier poursuivant, reporter* [...] ».

1365.266 Prorogation des effets du commandement de payer valant saisie. Aux termes de l'article R. 321-20 alinéa 1er C. pr. exéc., le commandement de payer valant saisie cesse de plein droit de produire effet si, dans les deux ans de sa publication, il n'a pas été mentionné en marge de cette publication un jugement constatant la vente du bien saisi. Toutefois, en vertu de l'article R. 321-22 C. pr. exéc., ce délai peut être prorogé par la mention en marge du commandement publié d'une copie d'une décision de justice ordonnant la prorogation des effets du commandement. Le créancier poursuivant pourra former cette demande en déposant au greffe des conclusions signées par son avocat, conformément aux dispositions de l'article R. 311-6 C. pr. exéc.[2]. La demande de prorogation, qui est nécessairement liée au risque d'expiration du délai de validité du commandement valant saisie, peut être formée après l'audience d'orientation[3].

SECTION 3
LES TIERS

1365.270 Principe. Sans être créanciers, ils peuvent souhaiter intervenir à la procédure pour faire reconnaître ou préserver leurs droits. C'est le cas du tiers qui demande la distraction de certains biens, comme de tout tiers concerné par la procédure.

§ 1
Demande en distraction

1365.271 Objet. Il s'agit pour le tiers de faire échapper tout ou partie des biens à la procédure en démontrant son droit réel sur l'immeuble saisi.

1. Peut-il encore le faire après cette audience ? C'est ce que la cour d'appel de Bordeaux a semblé admettre dans une affaire où le poursuivant avait assigné à une audience du JEX aux fins de prorogation des effets du commandement de payer et de modification de la mise à prix : Bordeaux, 5e ch., 1er avr. 2009, *Juris-Data* n° 377418.

2. Toutefois, si le poursuivant a procédé par voie d'assignation, il a été jugé que la violation des dispositions de l'art. 7 du décret ne constituait pas une irrégularité de fond affectant la régularité de l'acte. Ainsi, en l'absence de preuve d'un grief, le JEX a pu examiner la demande : Bordeaux, 5e ch., 1er avr. 2009, *Juris-Data* n° 377418.
3. Civ. 2e, 9 juin 2011, n° 10-30.310, *Bull. civ.* II, n° 131.

L'action en distraction qui est une forme d'action en revendication est envisagée à l'article R. 311-8 C. pr. exéc.

1365.272 **Bénéficiaires.** Elle est exercée par ceux qui se prétendent titulaires sur l'immeuble saisi d'un droit identique à celui du saisi; le plus souvent un droit de propriété mais la saisie peut porter sur des droits réels démembrés (v. s^{s} n°s 1316.141 s.). Cette procédure n'est ouverte qu'aux tiers à la procédure de saisie. Cela exclut le saisi lui-même qui invoquerait l'insaisissabilité du bien (ainsi d'une épouse qui invoquait la dotalité du bien saisi[1]), ou qui prétendrait avoir vendu à un tiers certains des immeubles saisis[2]; est encore exclu, le tiers qui contesterait l'affectation hypothécaire de son bien au profit du créancier pour la dette du débiteur[3], et le créancier partie à la saisie qui prétendrait par ailleurs qu'un immeuble lui appartenant a été englobé dans la saisie[4].

1365.273 **Délai pour agir.** La demande peut être formée en tout état de cause et donc jusqu'au jour de l'adjudication car faute d'être informé de la procédure, il doit pouvoir revendiquer le bien en tout état de cause.

Après la vente, une telle demande pourrait-elle encore prospérer ? Avant la réforme, il avait été jugé que le tiers devait engager une action en revendication devant une autre juridiction que celle du juge des criées, contre l'adjudicataire[5], avec les problèmes de responsabilité qu'elle suppose.

La jurisprudence contemporaine, en matière d'exécution mobilière, a toutefois admis la compétence du JEX pour une action en répétition de l'indu, alors même que la mesure d'exécution était achevée[6], ce qui peut sembler contraire aux dispositions de l'ancien article L. 311-12-1 du Code de l'organisation judiciaire[7].

1365.274 **Procédure.** La demande en distraction est une demande incidente, soumise au formalisme de l'article R. 311-6 C. pr. exéc. (conclusions déposées au greffe, notification entre avocats conformément aux dispositions de l'article 815 C. pr. civ. et signification au débiteur saisi qui n'aurait pas constitué avocat).

Si la demande est rejetée, la procédure de saisie est reprise; en revanche, si le tribunal fait droit à une demande de distraction portant sur l'intégralité des immeubles saisis, la procédure de saisie n'a plus de fondement. Il en est autrement en cas de distraction partielle.

1365.275 **Distraction partielle.** Le tiers peut ne demander qu'une distraction partielle des biens saisis ou n'être reçu que partiellement; dans ce cas, nonobstant cette demande, les poursuites seront continuées pour le reste des biens saisis à moins que le juge n'accorde le sursis pour le tout. Si la distraction partielle est ordonnée, le poursuivant devrait alors être admis à modifier la mise à prix portée au cahier des charges. Le décret du 27 juillet 2006 ne semble pas avoir prévu cette hypothèse mais le bon sens conduit à l'admettre. Le poursuivant déposerait alors une demande incidente en ce sens et le saisi devrait retrouver la faculté de contester cette nouvelle mise à prix.

§ 2
Autres tiers

1365.281 **Diversité.** Tout tiers peut prétendre avoir une demande incidente à former.

Par exemple, un locataire qui voudrait faire reconnaître son bail comme opposable[8] (v. s^{s} n° 1361.293). Ce sera souvent le cas en matière de bail verbal : le preneur demandera que l'existence de son bail soit mentionnée au cahier des conditions de vente. Ce pourra être encore un créancier saisissant par voie d'exécution mobilière certains biens menacés d'être englobés dans la saisie immobilière et qui contesterait la qualification d'immeubles par destination.

1. Civ. 20 août 1861, *DP* 1861. 1. 380.
2. Civ. 2e, 10 déc. 1986, *Gaz. Pal.* 1987. Somm. 178, obs. Véron.
3. Lyon, 30 août 1850, *DP* 1851. 2. 175.
4. Civ. 29 août 1855, *DP* 1855. 2. 406 – Req. 24 mai 1894, *DP* 1894. 1. 304 – Civ. 2e, 10 janv. 1974, n° 72-13.843, *Bull. civ.* II, n° 20; *JCP* 1974. IV. 68.
5. Civ. 22 oct. 1906, *DP* 1913. 1. 142 – T. civ. Seine, 15 janv. 1942, *Gaz. Pal.* 1942. 1. 172.
6. Civ. 2e, 19 déc. 2002, n° 00-20.774, *Bull. civ.* II, n° 293; *Dr. et proc.* 2003. 179, obs. Hoonakker.
7. COJ, anc. art. L. 311-12-1, abr. par Ord. n° 2006-673, 8 juin 2006 – Comp. COJ, art. L. 213-6.
8. Sur le risque d'expulsion du locataire, y compris commerçant, dont le bail ne sera pas opposable à l'adjudicataire, v. sous l'empire du décret-loi de 1938 : Civ. 2e, 16 sept. 2008, n°s 07-19.675 et 07-19.963, NP; *Dr. et proc.* 2009. 40, obs. Leborgne.

CHAPITRE

1366. Vente amiable sur autorisation judiciaire

ANNE LEBORGNE
PROFESSEUR À L'UNIVERSITÉ D'AIX-MARSEILLE

SECTION 0
ORIENTEUR

1366.00 **Plan du chapitre.**

Division. C'est l'une des innovations majeures de la réforme, inspirée de la réforme des procédures d'exécution mobilières opérées en 1991. Le débiteur peut être autorisé par le juge de l'exécution à vendre amiablement son immeuble (sect. 1) lors de l'audience d'orientation ou même avant (v. s[s] n° 1365.31). C'est le juge qui fixe les conditions de la vente amiable (sect. 2), ce qui n'exclut pas que la procédure d'exécution forcée reprenne en cas de carence du saisi. Si les conditions sont respectées, la vente amiable sera constatée par décision du juge de l'exécution. Elle est assimilée à une vente volontaire (sect. 3) et le jugement sera publié et purgera les inscriptions.

SECTION 1
LES POUVOIRS DU JUGE DE L'EXÉCUTION

1366.11 **Plan.** Le juge de l'exécution (JEX) ne se contente pas d'autoriser le saisi à vendre amiablement son bien, il fixe également le prix minimum et le délai pour y procéder.

§ 1
Autorisation de la vente

1366.20 Plan. On rappellera comment le juge peut être saisi ainsi que les conditions de l'examen de la demande.

Distinction. En principe la demande du débiteur est examinée à l'audience d'orientation, cependant elle peut aussi intervenir plus tôt.

A.
Saisine du juge

1°
Avant l'audience

1366.21 Article 53. Selon l'article R. 322-20 C. pr. exéc.[1], la demande tendant à la vente amiable peut être présentée et jugée avant la signification de l'assignation à comparaître à l'audience d'orientation[2]. Le saisi en effet, a été informé par le commandement de payer valant saisie (C. pr. exéc., art. R. 321-3, 8° - v. s[s] n° 1361.51) de ce qu'il gardait la possibilité de rechercher un acquéreur pour procéder à la vente amiable du bien et la mention que cette vente ne pourrait néanmoins être conclue qu'après autorisation du JEX.

1366.22 Raison d'être. Le créancier qui engage une procédure de saisie immobilière a en effet deux mois pour publier son commandement et encore deux mois, à compter de la publication, pour assigner le débiteur; l'assignation devant être délivrée dans un délai compris entre un et trois mois avant l'audience. Cette audience d'orientation peut donc intervenir plusieurs mois après la signification du commandement valant saisie. Le débiteur aura-t-il réellement intérêt à accélérer le déroulement des événements en étant autorisé à vendre son bien dès avant l'audience d'orientation ? Il a été avancé qu'il aurait d'autant plus intérêt à le faire que, s'il peut trouver un acquéreur, il éviterait ainsi des frais de la procédure, notamment ceux liés à l'élaboration du cahier des conditions de vente. Mais cette économie sera-t-elle à la hauteur de l'avantage qu'il retirera à profiter des délais de la procédure ?

1366.23 Procédure. Le saisi assignera le poursuivant et les créanciers inscrits à une audience du JEX. L'article R. 322-20 C. pr. exéc. impose en effet au saisi de mettre lui-même en cause les créanciers inscrits sur le bien (sur la forme de la saisine, par assignation plutôt que par conclusions, v. s[s] n° 1365.33). Un débat avec les créanciers inscrits s'impose en effet puisque la vente amiable sur autorisation judiciaire prive ces derniers du droit de surenchérir qu'ils tiennent, pour les ventes amiables de droit commun, de l'article 2480 du Code civil.

On mesure encore mieux ici le caractère peu attractif de cette faculté offerte au débiteur, qui préférera le plus souvent attendre et laisser le poursuivant faire les frais de l'assignation des créanciers à comparaître à l'audience d'orientation.

Le saisi qui souhaiterait toutefois prendre l'initiative de la procédure devra faire signifier une assignation motivée et justifier de ce qu'une vente peut être conclue dans des conditions satisfaisantes.

La **demande de vente amiable présentée en dehors de l'audience d'orientation** ne sera **pas dispensée du ministère d'avocat.** Cette conclusion semble s'imposer de la lecture parallèle de l'article R. 311-4 C. pr. exéc. - ministère obligatoire sauf disposition contraire - et des articles R. 322-16 et R. 322-17 C pr. exéc. - qui excluent le ministère d'avocat pour formuler la demande à l'audience d'orientation.

Lorsqu'il est ainsi saisi, **le juge statue sans attendre l'audience d'orientation.** Initialement, se présentait ici une difficulté lorsque le juge, saisi avant l'audience d'orientation, donnait l'autorisation de vendre amiablement, en l'état des dispositions de l'article 53 alinéa 2 du décret du 27 juillet 2006 qui précisait que la décision du juge suspendait la procédure. Comment alors le créancier pouvait-il dresser l'état ordonné des créances, sachant que c'est lorsqu'il assigne les créances inscrites pour l'audience d'orientation qu'il les somme de produire leurs créances ? Or, cet état ordonné des créances était indispensable au juge pour constater judiciairement la vente amiable, si elle se réalisait (v. s[s] n° 1366.202). La difficulté a disparu depuis le 1er mars 2009 puisque le décret de 2009 a supprimé l'état ordonné des créances.

2°
À l'audience

1366.31 Demande à l'audience d'orientation. Le saisi peut former cette demande dans les conditions de l'article R. 322-17 C. pr. exéc., c'est-à-dire sans ministère d'avocat et verbalement (v. s[s] n° 1365.33). La simplicité procédurale ne doit cependant pas induire en erreur. Il ne s'agira pas de se contenter d'affirmer devant le juge que l'on est d'accord pour vendre. Le débiteur devra convaincre le JEX, et faire état de diligences éventuelles déjà réalisées. Le saisi assisté d'un conseil sera donc bien

1. Décr. n° 2012-783, 30 mai 2012, relatif à la partie réglementaire du Code des procédures civiles d'exécution, *JO* 31 mai, p. 9375.
2. Décr. n° 2006-936, 27 juill. 2006, *JO* 29 juill., p. 11316.

mieux armé pour préparer cette audience et rassembler les éléments justifiants du sérieux de son projet.

1366.32 Justifications du saisi. Comme l'assignation à comparaître à l'audience d'orientation le précise (Décr. 27 juill. 2006, art. 39, 6° [devenu C. pr. exéc., art. R. 322-5, 6°]), pour obtenir l'autorisation de vendre amiablement, « *le débiteur doit justifier de ce qu'une vente non judiciaire peut être conclue dans des conditions satisfaisantes compte tenu de la situation du bien* ». Cette exigence vaudra aussi lorsque le saisi aura pris l'initiative d'assigner lui-même les créanciers devant le JEX.

B.
Examen de la demande

1366.41 Appréciation souveraine du magistrat. Selon l'article R. 322-15 alinéa 2 C. pr. exéc., pour autoriser la vente, « *le juge s'assure qu'elle peut être conclue dans des conditions satisfaisantes compte tenu de la situation du bien, des conditions économiques du marché et des diligences éventuelles du débiteur* ». Il ne s'agira donc pas d'une simple impression ou d'une autorisation à toutes fins utiles.

Le JEX dispose d'un pouvoir souverain pour apprécier la demande[1].

1366.42 Situation du bien et conditions économiques. Pour satisfaire aux conditions du décret, le JEX devra donc avoir une bonne connaissance du marché immobilier ou être en possession de documents émanant de professionnels de l'immobilier. En outre, il appréciera d'autant mieux le bien, son état et donc sa valeur, qu'il aura entre les mains le procès-verbal descriptif du bien.

Est ainsi rejetée la demande de vente amiable dès lorsqu'il n'est produit aucune estimation du bien mettant les juges dans l'impossibilité de s'assurer que la vente est conclue dans les conditions satisfaisantes de l'article 49 alinéa 2 (devenu C. pr. exéc., art. R. 322-15, al. 2), que l'acte ne comporte que le nom et l'adresse de l'acquéreur ainsi que le prix de vente mais qu'aucune indication n'est donnée sur les organismes financiers auxquels va s'adresser l'acquéreur qui ne dispose d'aucun fonds propre[2].

1366.43 Diligences éventuelles du débiteur. L'article R. 322-15 C. pr. exéc. impose sans doute au débiteur de chercher à démontrer que son bien peut se vendre rapidement. Les preuves à rapporter ici sont celles susceptibles d'établir l'existence d'une proposition d'achat à un prix sérieux. Le simple fait d'indiquer avoir déjà mis l'immeuble en vente, par l'intermédiaire d'agents immobiliers et/ou d'annonces, répond-il à la lettre de l'article R. 322-15 C. pr. exéc. ? En théorie oui, si on s'en tient à la lettre de l'article R. 322-15 C. pr. exéc. qui n'envisage que des diligences « *éventuelles* » du débiteur - ce qui confirme que ce dernier aura intérêt à attendre cette audience pour former sa demande. Toutefois, les juges du fond semblent plus exigeants que la lettre des textes.

Ainsi, la vente amiable a été autorisée dans une espèce où les débiteurs produisaient une estimation du bien et justifiaient avoir donné plusieurs mandats non exclusifs de vente, les juges ayant en outre constaté que les créanciers étaient assurés d'être intégralement remboursés compte tenu du montant de la créance et de la valeur du bien[3]. En revanche, la demande a été rejetée dès lors que le débiteur ne justifiait pas d'un compromis de vente et se bornait à produire une offre d'achat d'un tiers, une attestation d'un notaire chargé d'établir l'acte et un projet de compromis de vente non signé et qu'enfin le débiteur n'occupait manifestement pas le bien à titre de résidence principale, l'acquisition de l'immeuble apparaissant comme un investissement locatif[4].

C.
Effets de l'autorisation

1366.51 Effet suspensif. Selon l'article R. 322-20 alinéa 2 C. pr. exéc., la décision qui fait droit à la demande suspend le cours de la procédure, ce qui signifie que même si le saisi obtient l'autorisation de vendre amiablement, cela n'entraîne pas main levée de la procédure d'exécution. Simplement, si cette autorisation débouche sur une vente amiable, elle rend inutile la réalisation des actes de procédure subséquents. L'article R. 311-6 C. pr. exéc. qui dispose que l'examen des demandes incidentes ne suspend pas le cours de la procédure est ici exclu.

Cet effet suspensif joue également lorsque le juge est saisi avant l'audience d'orientation[5].

1366.52 Limites. Si la demande était formée et jugée avant l'expiration du délai de deux mois à compter de la signification du commandement, le créancier doit tout de même publier son commandement pour préserver ses droits en cas de carence ultérieure du saisi. Au demeurant, l'article R. 322-25 alinéa 3 C. pr. exéc. prévoit que le jugement sur vente amiable sera non seulement publié pour opé-

1. Civ. 2e, 10 sept. 2009, n° 08-70.204, *Bull. civ.* II, n° 212 ; *D.* 2010, Chron. C. cass. 534, Sommer et Leroy-Gissinger ; *D.* 2010. 0307, obs. Leborgne.
2. Paris, 12 juin 2008, *Procédures* 2009. Chron. 1, obs. Leborgne.
3. Paris, 19 juin 2008, *Procédures* 2009. Chron. 1, obs. Leborgne.
4. Bordeaux, 25 sept. 2007, *Procédures* 2009. Chron. 1, obs. Leborgne.
5. EN CE SENS, Civ. 2e, 23 oct. 2008, n° 08-13.404, *Bull. civ.* II, n° 226 ; *D.* 2008. 3120 et spéc. 3122.

rer le transfert de propriété mais mentionné en marge du commandement. On doit donc considérer que l'effet suspensif ne concerne, au sens strict, que les actes de procédure, pas les formalités de publicité destinées à la Conservation des hypothèques et qui sont inhérentes à la mesure d'exécution immobilière.

Le décret du 12 février 2009 a précisé que la décision faisant droit à la demande de vente amiable suspendait le cours de la procédure d'exécution « *à l'exception du délai imparti aux créanciers inscrits pour déclarer leurs créances* ».

§ 2
Fixation des conditions de la vente

1366.60 **Plan.** Le jugement qui fait droit à la demande du débiteur doit comporter certaines mentions nécessaires à la poursuite de la procédure. Le juge va autoriser la vente amiable à certaines conditions et à l'intérieur d'un délai.

Jugement (renvoi). Sur la motivation, les conditions de notification et de recours à l'encontre du jugement rendu lors de l'audience d'orientation, v. s[s] n°s 1364.64 et 1364.81 s.

A.
Conditions de la vente

1366.61 **Un prix minimum.** En vertu de l'article R. 322-21 C. pr. exéc., le juge fixe le montant du prix en deçà duquel l'immeuble ne peut être vendu; eu égard aux conditions économiques du marché. *A priori* le système paraît parfait. Le poursuivant ne peut espérer légitimement mieux que le prix du marché.

La fragilité du système vient de ce qu'il implique que les juges aient une exacte connaissance du marché. Il n'est pas prévu d'expertise, ce qui n'exclut pas qu'il en soit produit une, mais pose la question de la charge des frais.

Les créanciers pourront contester l'évaluation du juge. L'article R. 322-21 C. pr. exéc. ne leur ouvre pas de droit particulier mais le jugement qui autorise la vente amiable étant susceptible d'appel, les créanciers devraient pouvoir tout aussi bien contester le principe de l'autorisation de vendre amiablement, que le prix minimum fixé par le juge.

1366.62 **Conditions particulières.** On peut par exemple penser que le juge pourra prévoir le maintien d'un droit d'usage pour un occupant, comme mettre à la charge de l'acquéreur l'obligation de faire son affaire personnelle de l'obtention du certificat d'achèvement des travaux.

B.
Délai pour réaliser la vente

1366.70 **Sept mois maximum.** L'article R. 322-21 C. pr. exéc. précise que le juge fixe d'abord l'affaire à une audience qui doit se tenir au plus tard à quatre mois. Ensuite, lorsque l'affaire revient, il pourra encore, à certaines conditions, accorder un nouveau délai de trois mois. Ces délais sont impératifs, de sorte que le juge ne peut y contrevenir en ordonnant un sursis à statuer[1].

1°
Audience de renvoi à quatre mois maximum

1366.71 **Renvoi à une nouvelle audience.** Dans le jugement autorisant la vente amiable, le juge va fixer une nouvelle audience, à laquelle l'affaire sera rappelée. Il s'agit en effet de laisser au saisi du temps pour réaliser la vente. Lorsque l'affaire sera rappelée, le juge vérifiera les diligences accomplies.

1366.72 **Délai : quatre mois maximum.** Le délai de renvoi ne doit pas excéder quatre mois. Il appartiendra au juge d'apprécier, en fonction de la situation qui lui est soumise, la durée devant être accordée au débiteur pour procéder à cette vente amiable, sans pouvoir dépasser quatre mois. Ce sera donc, à la fois un délai à respecter pour le saisi, mais encore pour le greffe du JEX qui devra organiser ses audiences en conséquence.

1366.73 **Carence du débiteur et vente forcée.** L'article R. 322-22 C. pr. exéc. dispose que le créancier peut à tout moment assigner le débiteur aux fins de voir constater sa carence et ordonner la reprise de la procédure en vente forcée. Mais le poursuivant peut aussi attendre l'audience de renvoi et former une demande de reprise de la procédure et de la vente forcée (v. s[s] n°s 1366.130 s.).

La deuxième chambre civile a admis que cette demande soit formée oralement[2] par le créancier. Elle a également jugé que lorsque l'affaire revenait à l'audience de renvoi, la reprise des poursuites n'était pas subordonnée à la preuve de la carence du débiteur saisi et le JEX n'est pas tenu d'accorder un délai supplémentaire à celui-ci[3].

1. Civ. 2e, 13 janv. 2012, n° 11-13.495, *Bull. civ.* II, n° 12; *D.* 2012. Pan. 1518, obs. Leborgne; *Procédures* 2012, n° 71, obs. Perrot; *Dr. et proc.* avr. 2012, p. 105, obs. Leborgne; *RD banc. fin.* 2012, n° 97, obs. Piedelièvre; *Gaz. Pal.* 13-15 mai 2012, p. 18, obs. Brenner.
2. Civ. 2e, 6 janv. 2011, n° 09-71.146, *Bull. civ.* II, n° 7.
3. Civ. 2e, 13 janv. 2012, n° 11-13.495 (préc. s[s] n° 1366.70).

2°
Deuxième renvoi facultatif à trois mois maximum

1366.81 Audience d'examen des diligences. Le juge va vérifier que le débiteur a bien mis à profit le délai alloué pour rechercher un acquéreur. Si tel est le cas, il pourra accorder un nouveau délai pour permettre l'établissement de l'acte de vente.

1366.82 Un délai soumis à conditions. Selon l'article R. 322-21 alinéa 4 C. pr. exéc., à cette audience, le juge ne peut accorder un délai supplémentaire que si le demandeur justifie d'un engagement écrit d'acquisition et qu'à fin de permettre la rédaction et la conclusion de l'acte authentique de vente. Ce sont donc seulement les formalités préalables à l'établissement de l'acte notarié de vente qui fonderont ce nouveau délai[1]. Le juge n'est pas tenu d'accorder ce délai supplémentaire[2].

1366.83 Trois mois maximum. Le délai supplémentaire ne pourra cette fois, excéder trois mois. Que se passera-t-il toutefois, si ce délai ne peut être respecté à cause de la longueur de certaines formalités ? Ou du retard pris par le notaire, qui pourrait alors engager sa responsabilité à l'égard du saisi si finalement la vente forcée était reprise du fait de la carence de ce professionnel... On pouvait penser qu'une certaine souplesse serait possible, mais la deuxième chambre civile a jugé que les délais fixés à l'article 54 (devenu C. pr. exéc., art. R. 322-21) étaient impératifs, de sorte que le juge ne pouvait y contrevenir en ordonnant un sursis à statuer[3].

1366.84 Vente forcée. L'article R. 322-25 alinéa 4 C. pr. exéc. envisage l'hypothèse où le juge ne pourra pas constater la vente amiable quelle qu'en soit la cause. Dans ce cas, il ordonnera la vente forcée dans les conditions prévues aux troisième et quatrième alinéas de l'article R. 322-22 C. pr. exéc.

SECTION 2
OBLIGATIONS DU SAISI ET DROITS DU POURSUIVANT

1366.91 Plan. Des obligations pèsent sur le débiteur autorisé à vendre amiablement. En cas de carence, le créancier pourra reprendre ses poursuites.

§ 1
Obligations du saisi

1366.100 Plan. Pendant le temps qui lui est accordé, le saisi va devoir réaliser des diligences pour conclure la vente aux conditions fixées par le juge[4] et il devra en rendre compte au poursuivant.

A.
Accomplir des diligences nécessaires à la conclusion de la vente

1366.101 Objet. Pour obtenir l'autorisation de vendre amiablement, le débiteur n'est, en théorie, pas astreint à accomplir des diligences particulières (v. s[s] n° 1366.43, l'article R. 322-15 C. pr. exéc. n'envisageant que les « *diligences éventuelles* » du débiteur). Une fois autorisé à vendre amiablement en revanche, l'article R. 322-22 C. pr. exéc. dispose que le débiteur doit accomplir les diligences « *nécessaires à la conclusion de la vente amiable* ».

1366.102 Illustrations. Il va donc lui falloir, non seulement rechercher mais trouver un acquéreur. Pour espérer parvenir à réaliser la vente dans le délai qui lui est offert, il faudrait, en réalité, que le jour de l'audience d'orientation le débiteur ait déjà accompli certaines démarches en ce sens; ainsi, qu'il ait déjà donné mandat à des agents immobiliers, passé des annonces dans la presse et éventuellement sur des sites internet. Les diligences à accomplir après avoir été autorisé à vendre ont en effet pour objet la conclusion de la vente, ce qui suppose déjà un ou plusieurs acquéreurs potentiels.

B.
Rendre compte

1366.111 Objet de l'obligation. Selon l'article R. 322-22 alinéa 1er C. pr. exéc., le débiteur doit rendre compte au créancier poursuivant, sur sa demande, des démarches accomplies à cette fin. L'emploi du terme « *démarches* » confirme qu'il s'agit dans ce laps de temps de matérialiser l'accord, ce qui est assez irréaliste. C'est en vue de ces formalités préalables à l'établissement d'un acte notarié de vente que se justifient les dispositions de l'article R. 322-21 alinéa 4 C. pr. exéc. permettant d'accorder au débiteur un délai supplémentaire de trois mois.

1. Pour une application, v. Paris, 22 mai 2008, *Procédures* 2009. Chron. 1, obs. Leborgne.
2. EN CE SENS, Civ. 2e, 13 janv. 2012, n° 11-13.495 (préc. s[s] n° 1366.70).
3. EN CE SENS, Civ. 2e, 13 janv. 2012, n° 11-13.495 (préc. s[s] n° 1366.70).
4. Ce qui ne lui interdit cependant pas d'user de la faculté, offerte à l'art. 2200 C. civ. (devenu C. pr. exéc., art. L. 321-5) de vendre le bien saisi en consignant le prix dès lors qu'il permet de désintéresser les créanciers (Rép. min. n° 94727, *JOAN Q* 19 juill. 2011, p. 7869), v. s[s] n° 1361.261.

1366.112 **Initiative du poursuivant.** C'est donc à la demande du poursuivant que le débiteur s'exécutera. Il n'est pas tenu à rendre compte spontanément de ses diligences.

§ 2
Droits du poursuivant

1366.120 **Plan.** Le poursuivant pourra exiger des comptes et éventuellement reprendre la procédure en cas de carence du débiteur.

A.
Exiger des comptes

1366.121 **Initiative personnelle du poursuivant.** L'article R. 322-22 C. pr. exéc. ne vise que le poursuivant et pas les créanciers inscrits. Ces derniers au demeurant, pourraient-ils demander à être subrogés en cas d'inaction du poursuivant ? Cela n'est même pas certain, car selon l'article R. 322-20 alinéa 2 C. pr. exéc., la décision qui fait droit à la demande de vente amiable suspend la procédure (v. s^s^ n° 1366.51).

1366.122 **Modalités.** Le débiteur disposant d'un certain délai, au maximum quatre mois, à l'issue duquel il devra apporter la preuve que la vente est parfaite, même si l'acte authentique n'est pas encore signé voire rédigé, à quel moment, s'il a des craintes, le poursuivant peut-il interroger son débiteur ? À tout moment certainement, sous réserve d'abus.

Et sous quelle forme ? Le ministère d'avocat n'étant pas obligatoire pour le saisi, le poursuivant pourra recourir à une sommation interpellative ou simplement à des courriers recommandés avec avis de réception, s'il veut une réponse utile à l'intérieur du délai.

1366.123 **Inaction du poursuivant.** Si le poursuivant ne demande rien, cela peut être parce qu'il fait confiance au débiteur, comme par négligence. Toutefois, le délai octroyé au débiteur est relativement bref, au maximum quatre mois, et le créancier peut simplement attendre l'audience de renvoi pour faire constater l'état des diligences du saisi, ce qui lui évitera des frais d'assignation (v. s^s^ n° 1366.132). Les autres créanciers pourraient-ils le lui reprocher ? *A priori*, non, le poursuivant n'est pas tenu de les informer de la procédure, il en est le maître.

B.
Reprendre les poursuites

1366.130 **Plan.** Le créancier poursuivant peut assigner le débiteur afin d'obtenir une décision ordonnant la reprise des poursuites.

1°
Assignation

1366.131 **À tout moment.** Selon l'article R. 322-22 alinéa 2 C. pr. exéc., c'est à tout moment que le créancier peut agir, à l'intérieur du délai octroyé au saisi.

1366.132 **Formalisme.** Aux termes de l'article R. 322-22 alinéa 2 C. pr. exéc., c'est par voie d'assignation que le poursuivant fait venir le débiteur devant le JEX. Les dispositions du décret du 31 juillet 1992 trouveront donc à s'appliquer. Mais si le poursuivant attend l'audience de renvoi pour former sa demande de reprise de la procédure et de vente forcée, la deuxième chambre civile a jugé qu'il pouvait le faire oralement[1], ce qui est une bonne chose.

1366.133 **Objet.** Faire constater la carence et ordonner la reprise sans attendre l'expiration du délai accordé. C'est l'inaction du débiteur que le juge constate et qui permet de reprendre la procédure de saisie momentanément suspendue.

2°
Jugement

1366.141 **Constat de la carence.** Selon l'article R. 322-22 alinéa 2 C. pr. exéc., à l'initiative du poursuivant ou à l'audience de renvoi, le JEX peut constater la carence du débiteur, laquelle peut être le fait de son acquéreur. C'est donc un constat objectif. Sur le plan des principes, on pourrait peut-être envisager de demander des dommages et intérêts au saisi s'il a abusé de cette faculté de manière dilatoire, mais il y a peu d'espoir qu'il soit solvable.

1366.142 **Reprise.** Le plus souvent l'audience d'orientation se sera déjà tenue. Dans ce cas, en plus d'ordonner la reprise de la procédure, le juge fixera encore la date d'adjudication qui devra se tenir dans un délai entre deux et quatre mois.

Mais si la demande d'autorisation du saisi avait été formée et satisfaite avant (v. s^s^ n° 1366.21), la procédure reprendra au stade où elle avait été suspendue et le poursuivant devra tout de même assigner à une audience d'orientation pour statuer sur les éventuelles contestations et demandes et sommer les créanciers inscrits de déclarer leurs créances.

1366.143 **Notification de la décision.** Selon l'article R. 322-22 alinéa 3 C. pr. exéc., la décision du juge est notifiée non seulement au débiteur saisi et au créancier poursuivant, mais également aux créanciers inscrits, qui connaîtront ainsi la date de l'audience de vente.

1. Civ. 2e, 6 janv. 2011, n° 09-71.146, *Bull. civ.* II, n° 7.

1366.144 Ni appel, ni pourvoi. L'article R. 322-22 alinéa 4 C. pr. exéc. dispose que la décision qui ordonne la reprise de la procédure n'est pas susceptible d'appel. Ce jugement, qui a ordonné la poursuite de la procédure d'exécution, n'a pas tranché une partie du principal ni mis fin à l'instance; en conséquence, il n'est pas susceptible de pourvoi [1].

SECTION 3
UNE VENTE JUDICIAIRE MAIS VOLONTAIRE

1366.151 Plan. La vente amiable est réalisée à l'occasion de la procédure de saisie immobilière, selon des modalités particulières ayant permis au saisi de retrouver un certain pouvoir d'initiative. Elle est assimilée dans ses effets, à une vente volontaire. Les articles L. 322-3 et L. 322-4 C. pr. exéc. [2] (anc^t C. civ., art. 2202 et 2203) et R. 322-23 à R. 322-25 C. pr. exéc. exposent les dispositions spécifiques à cette vente. La codification des articles 2203 du Code civil et 56 du décret de 2006 n'ayant pas été entièrement opérée à droit constant, les difficultés seront signalées au fur et à mesure des développements qui suivent.

§ 1
Une vente

1366.160 Plan. La vente amiable fait intervenir un notaire et est consentie pour un certain prix qui sera consigné. Il s'ensuit un effet de purge.

A.
Un acte notarié

1366.161 Condition préalable. Selon l'ancien article 2203 du Code civil, c'est un acte notarié de vente qui doit être établi au vu de la consignation du prix et des frais de la vente et justification du paiement des frais taxés. L'article L. 322-4 C. pr. exéc. reproduit cette exigence mais en y ajoutant la précision que la consignation du prix et des frais de vente s'opère à la Caisse des dépôts et consignations.

1366.162 Information des bénéficiaires d'un droit de préemption. Les titulaires d'un droit de préemption devront être informés de la vente, dans le respect des délais légaux (v. s^s n°s 1367.90 s.), ce qui imposera aux notaires des calendriers très stricts pour ne pas dépasser le délai de quatre mois.

1366.163 Documents recueillis. L'article R. 322-24 alinéa 1er C. pr. exéc. prévoit, pour éviter une réitération des diligences, que « *le notaire chargé d'établir l'acte de vente peut obtenir, contre récépissé, la remise par le créancier poursuivant des documents recueillis pour l'élaboration du cahier des conditions de vente* ». Il pourrait s'agir, par exemple, des certificats d'urbanisme, des états hypothécaires, du procès-verbal descriptif.

1366.164 Conditions de la vente. La vente présente cette particularité que les parties ne sont pas libres de faire figurer les conditions qu'elles veulent dans l'acte. Le JEX ayant fixé les conditions de la vente lorsqu'il a autorisé le saisi à vendre amiablement, l'acte de vente doit s'y conformer.

B.
Paiement et consignation

1366.170 Plan. L'article 56 du décret du 27 juillet 2006 (devenu C. pr. exéc., art. R. 322-23), comme l'article 2203 du Code civil (devenu C. pr. exéc., art. L. 322-4), envisageait le sort des sommes versées ainsi que des frais taxés sans préciser auprès de quel organisme opérer la consignation. La codification n'a pas été opérée à droit constant, qui a également ajouté au texte de cet article, pour imposer la consignation à la Caisse des dépôts et consignations.

1°
Le prix

1366.171 Les sommes. Concrètement, l'acquéreur peut être amené à régler différentes sommes; outre le prix de vente lui-même, il pourra verser une indemnité d'immobilisation en cas de promesse unilatérale, un acompte en cas de compromis ou encore des arrhes ou une somme à titre de dédit en cas de vente sous condition. Le prix de vente devra en outre, correspondre à ce qui a été fixé au minimum par le juge lorsqu'il a fait droit à la demande de vente amiable du saisi (v. s^s n° 1366.61).

1366.172 Consignation. Ces sommes doivent être consignées et elles sont acquises aux créanciers participants à la distribution, ainsi que le cas échéant au saisi. L'article 56 du décret du 27 juillet 2006 (devenu C. pr. exéc., art. R. 322-23) ne précisait pas auprès de quel organisme elles devaient être

1. Civ. 2e, 6 déc. 2012, n° 11-26.683, *Bull. civ.* II, n° 199; *Dalloz actualité,* 19 déc. 2012, obs. Avena-Robardet; *D.* 2013. Pan. 1582, obs. Leborgne; *Procédures* 2013, n° 42, obs. Perrot; *Dr. et proc.* 2013. 43, note Leborgne; *Procédures* 2013. Chron. 1, n° 21, obs. Leborgne.
2. Ord. n° 2011-1895, 19 déc. 2011, relative à la partie législative du Code des procédures civiles d'exécution, *JO* 20 déc., p. 21464.

consignées, ni à quel moment. Les notaires et les avocats s'opposaient sur cette question, les premiers souhaitant consigner à la Caisse de dépôts et consignations (CDC), alors que les cahiers des conditions de vente élaborés par les seconds prévoyaient une consignation auprès des Caisses des règlements pécuniaires des avocats (Carpa). Lors de la codification, il a été ajouté aux articles 2203 du Code civil et 56 du décret pour prévoir, explicitement, que la consignation doit s'effectuer auprès de l'organisme habituel des notaires. Le Conseil national des barreaux avait saisi le Conseil d'État en référé, sur le fondement de l'article L. 521-1 du Code de justice administrative, le 31 mai 2012, afin d'obtenir la suspension de l'entrée en vigueur de l'ordonnance n° 2011-1895 du 19 décembre 2011, relative à la partie législative du Code des procédures civiles d'exécution, en ce que l'article 1er de cette ordonnance a adopté l'article L. 322-4 C. pr. exéc. La requête avait été rejetée, la condition d'urgence n'étant pas apparue remplie[1], mais le débat demeurait sur le fond. Cependant, la deuxième chambre civile de la Cour de cassation ayant jugé en décembre 2012 et sous l'empire des anciens articles que, quand la loi ordonne une consignation sans en indiquer le lieu, les juridictions ne peuvent autoriser de consignation auprès des organismes autres que la CDC, les Carpa ne peuvent recevoir le prix de vente amiable d'un immeuble à titre de séquestre[2].

1366.173 Sort des sommes versées en cas de défaut de conclusion de la vente. Il est possible que l'acquéreur fasse finalement échec à la vente alors même qu'il a déjà effectué des versements. Le second alinéa de l'article R. 322-23 C. pr. exéc. précise donc que ces sommes resteront consignées et acquises aux créanciers si la vente n'est pas réalisée du fait de l'acquéreur. Ces sommes s'ajouteront alors au prix d'adjudication.

Dans le droit commun de la vente, la non-réalisation de l'opération conduirait à remettre ces sommes au vendeur sous réserve du pouvoir du juge. Du fait de la saisie, les sommes seront affectées aux créanciers sans que le juge n'ait de pouvoir d'appréciation, semble-t-il.

Toutefois, le second alinéa de l'article R. 322-23 C. pr. exéc. rappelle que cette attribution des sommes versées par l'acquéreur ne saurait faire échec au droit de rétractation (CCH, art. L. 271-2), qui impose le remboursement de toute somme versée par l'acquéreur qui exerce cette faculté dans le délai imparti par ce texte. En effet, cette faculté de rétractation doit rester gratuite.

2°
Les frais et émoluments

1366.181 Taxe. L'article R. 322-24 alinéa 2 C. pr. exéc. dispose que les frais taxés sont versés directement par l'acquéreur en sus du prix de vente. En outre, le notaire ne peut établir l'acte de vente que sur justification du paiement de ces frais taxés (C. pr. exéc., art. L. 322-4). Il faut donc attirer l'attention du poursuivant, en cas d'autorisation de vente amiable, sur la nécessité de faire taxer les frais engagés, à toutes fins utiles lors de l'audience d'orientation. Mais aucun texte n'interdit que ces frais soient taxés postérieurement à cette audience[3].

1366.182 Émoluments. Aux termes de l'article 44 du décret n° 60-323 du 2 avril 1960 fixant le tarif des avoués[4], lorsque la procédure de vente est arrêtée après le dépôt du « cahier des charges », il est alloué aux différents avocats en cause, à répartir entre eux conformément aux dispositions de l'article 39, un émolument égal à la moitié de celui calculé, comme il est dit à l'article 30, sur le montant de la mise à prix. Cet article, qui vise l'hypothèse d'une procédure de saisie immobilière n'arrivant pas à son terme, est applicable lorsqu'une vente amiable d'un immeuble a été passée par acte notarié sous la condition suspensive de l'obtention d'une décision définitive constatant la caducité du commandement de saisie et qu'une telle décision est intervenue postérieurement[5].

C.
Purge

1366.191 Purge des inscriptions. Lorsqu'une vente immobilière se réalise selon le droit commun, il appartient à l'acquéreur d'un bien hypothéqué (à

1. CE, réf., 31 mai 2012, req. n° 359300, NP; *D.* 2013. Pan. 1581, obs. Leborgne. Le Conseil national des barreaux (CNB) faisait notamment valoir que la consignation à la Caisse de dépôts et consignations aurait pour effet de priver les barreaux et les Carpa de fonds qui étaient jusqu'alors susceptibles d'y être consignés avec pour conséquence la perte des intérêts résultant du placement de ces fonds, ainsi que de l'intérêt public qui s'attache au bon fonctionnement de la justice.
2. Civ. 2e, 6 déc. 2012, n° 11-24.443, *Bull. civ.* II, n° 203; *Dalloz actualité*, 19 déc. 2012, obs. Avena-Robardet; *D.* 2012. 2976, obs. Avena-Robardet; *ibid.* 2013. Pan. 610, obs. Leroy-Gissenger et Renault-Malignac; *JCP N* 2012. Actu. 1098, obs. Hébert; *D. avocats* 2013. 67, obs. Dargent; *Dr. et proc.* 2013. 43, note Leborgne; *Procédures* 2013. Chron. 1, n° 21, obs. Leborgne.
3. Caen, 27 sept. 2012, *Gaz. Pal.* 30 oct. 2012, p. 21, note Sillard.
4. Décr. n° 60-323, 2 avr. 1960, portant RAP et fixant le tarif des avoués, *JO* 7 avr., p. 3194.
5. Civ. 2e, 12 déc. 2013, n° 12-29.276, *Bull. civ.* II [à paraître].

son notaire) de procéder aux formalités de purge, à défaut de quoi, les créanciers inscrits du chef du vendeur pourraient exercer leur droit de suite sur le bien (C. civ., art. 2461 à 2474). Avant la réforme de la saisie immobilière, lorsqu'un immeuble était vendu sur saisie immobilière, c'était la publication du jugement d'adjudication qui emportait purge des inscriptions.

En vertu de l'article L. 322-14 C. pr. exéc., en cas de vente sur saisie immobilière, et quelles qu'en soient les modalités (vente amiable, comme sur adjudication), c'est la consignation du prix et le paiement des frais de la vente qui purgent de plein droit l'immeuble de toute hypothèque et de tout privilège du chef du débiteur. Cet effet se produira dès que l'acquéreur aura rempli ses obligations financières. L'innovation est très importante et sans doute pas exempte de dangers.

Comment en effet, rendre cet effet de purge opposable, sinon par la publication du jugement constatant la vente ? Que se passera-t-il alors si personne ne réalise la publication ?

La loi n° 2010-1609 du 22 décembre 2010[1], dite « loi Béteille », a modifié l'article 2213 (devenu C. pr. exéc., art. L. 322-14) afin de conditionner l'effet de purge à la publication du titre de vente, ce qui est une bonne chose.

1366.192 Radiations à la Conservation. En tout état de cause, la radiation ne sera opérée par le conservateur que lors de la publication (v. s[s] n° 1366.223).

1366.193 Obligation du créancier poursuivant. Lorsque le saisi a attendu l'audience d'orientation pour solliciter l'autorisation de vendre amiablement son bien, le créancier poursuivant a dû, en vue de cette audience, déposer au greffe un état hypothécaire certifié à la date de la publication du commandement de payer valant saisie (v. s[s] n° 1363.242). Les créanciers inscrits, ont été sommés de déclarer leur créance. Selon l'article 48 dans sa rédaction initiale, quinze jours au moins avant l'audience de constatation de vente amiable, le créancier poursuivant devait remettre au greffe l'état ordonné des créances, dressé à partir des déclarations des créanciers inscrits, ce qui posait, notamment des difficultés lorsque le saisi avait été autorisé à vendre amiablement son bien avant l'audience d'orientation.

Cette obligation a disparu à compter du 1er mars 2009, à la suite de l'entrée en vigueur du décret du 12 février 2009.

§ 2
Une vente judiciaire

1366.200 Plan. À l'audience de renvoi, le juge constate la vente et rend un jugement. C'est donc à l'occasion de la procédure de saisie immobilière que se réalise la vente.

A.
Audience de constatation de vente

1366.201 Objet. C'est l'audience à laquelle le juge a renvoyé l'affaire lorsqu'il a autorisé la vente amiable, au plus tard quatre mois après l'audience d'orientation à moins qu'un nouveau délai de trois mois maximum n'ait été alloué pour permettre la rédaction et la conclusion de l'acte authentique (v. s[s] n°s 1366.70 s.).

Cette audience est destinée à vérifier que la vente se réalise conformément aux conditions fixées par le juge.

À défaut de pouvoir constater la vente amiable, l'article R. 322-25 alinéa 4 C. pr. exéc. dispose que le juge ordonne la vente forcée aux conditions prévues au 3° et 4° de l'article R. 322-22 C. pr. exéc.

Il n'appartient qu'au JEX de suivre la procédure postérieure à l'autorisation de la vente amiable[2].

1366.202 Vérifications. L'article R. 322-25 C. pr. exéc. dispose qu'à l'audience à laquelle l'affaire est rappelée, le juge, sur présentation de l'acte de vente conforme aux conditions qu'il a fixées et de la justification de la consignation du prix, constate la vente et ordonne la radiation des inscriptions prises du chef du débiteur. Ces vérifications conditionnent le constat de la vente.

1366.203 Inexécution ou exécution partielle. Que se passera-t-il si lors de cette audience, l'acte est dressé, mais le prix pas encore consigné ? L'article R. 322-25 C. pr. exéc. est clair : le juge ne constate la vente que lorsque les deux conditions sont remplies : un acte et un prix consigné. La pratique admettra-t-elle toutefois un renvoi à bref délai de cette audience, au-delà du délai maximum de sept mois ? Cela pourrait être de l'intérêt de tous.

B.
Jugement constatant la vente

1366.210 Plan. Le JEX doit rendre un jugement constatant que la vente est réalisée. Il devra être

1. L. n° 2010-1609, 22 déc. 2010, relative à l'exécution des décisions de justice, aux conditions d'exercice de certaines professions réglementées et aux experts judiciaires, *JO* 23 déc., p. 22552.

2. Ainsi, si cette autorisation n'a été obtenue qu'en appel, les juges du second degré ne conserveront pas le dossier après avoir fait droit à la demande et la mesure d'exécution reprendra son cours devant le JEX : Civ. 2e, 23 oct. 2008, n° 08-13.404, *Bull. civ.* II, n° 226; *D.* 2008. 3120, note Leborgne.

publié et porté en marge du commandement de saisie immobilière.

1°
Jugement

1366.211 Nature. Le jugement n'ordonne pas la vente. Il ne fait que constater la vente qui a été dressée par le notaire. C'est donc un jugement d'une nature particulière, seulement rendu entre les parties à la procédure de saisie, poursuivant, créanciers inscrits et débiteur; l'acquéreur n'y est pas partie.

1366.212 Contenu. Le jugement devra reproduire les vérifications du juge et constater ensuite la vente du bien saisi. L'acte du notaire y sera annexé en vue de la publication de ce jugement (v. s[s] n° 1366.221).

Le jugement ordonnera en outre, la radiation des inscriptions prises du chef du débiteur (C. pr. exéc., art. R. 322-25, al. 1er).

1366.213 Cas particulier du jugement qui, à défaut de constater la vente amiable, ordonne la vente forcée. Le juge après avoir constaté le défaut d'une ou de plusieurs des conditions, ordonnera la reprise de la procédure et fixera la date de l'audience d'adjudication. La décision sera notifiée au saisi, au poursuivant et aux créanciers inscrits (C. pr. exéc., art. R. 322-22, al. 3). Cette décision ne sera pas susceptible d'appel (C. pr. exéc., art. R. 322-22, al. 2). Parce que le jugement qui a ordonné la poursuite de la procédure d'exécution n'a pas tranché une partie du principal ni mis fin à l'instance, il ne sera pas susceptible non plus de pourvoi en cassation[1].

1366.214 Recours. Compte tenu de sa nature particulière, le jugement qui constate la vente n'est pas susceptible d'appel (C. pr. exéc., art. R. 322-25, al. 2). Mais parce qu'il s'agit d'une décision juridictionnelle, ce jugement sera susceptible de tierce opposition[2] et de pourvoi en cassation[3].

1. Civ. 2e, 6 déc. 2012, n° 11-26.683, *Bull. civ.* II, n° 199; *Dalloz actualité*, 19 déc. 2012, obs. Avena-Robardet; *D.* 2013. Pan. 1582, obs. Leborgne; *Procédures* 2013, n° 42, obs. Perrot; *Dr. et proc.* 2013. 43, note Leborgne; *Procédures* 2013. Chron. 1, n° 21, obs. Leborgne.
2. Civ. 2e, 6 déc. 2012, n° 11-24.443, *Bull. civ.* II, n° 203; *D.* 2013. Pan. 610, obs. Leroy-Gissenger et Renault-Malignac.
3. Toutefois, le créancier qui aura été désintéressé sera sans intérêt à critiquer le jugement qui constate la vente amiable : Civ. 2e, 18 oct. 2012, n° 11-20.450, *Bull. civ.* II, n° 173; *D.* 2012. Actu. 2539; *AJDI* 2013. 58, note Porcheron; *Dr. et proc.* 2013. 43, note Leborgne; *RD banc. fin.* 2013, n° 95, obs. Piedelièvre; *Procédures* 2013. Chron. 1, n° 21, obs. Leborgne.

2°
Publication du jugement

1366.221 Publication du jugement. Selon l'article R. 322-25 alinéa 3 C. pr. exéc., c'est le jugement constatant la vente qui est publié, à la Conservation des hypothèques. Rien n'est précisé s'agissant de l'acte authentique. Toutefois, c'est cet acte notarié qui comportera toutes les informations nécessaires à la rédaction des bordereaux de publication. Il apparaît ainsi évident qu'il devra également être publié et annexé au jugement. La publication rend opposable le transfert de propriété (v. s[s] n° 1366.191).

1366.222 À la diligence de qui ? Du notaire, responsable de l'efficacité de ses actes ? De l'acheteur intéressé par l'officialisation de sa propriété ? Du poursuivant ou de tout créancier inscrits, intéressés par la distribution du prix ? Le décret de 2006 n'apporte aucune réponse pas plus que celui de 2009.

1366.223 Mention en marge du commandement et radiations. Le conservateur en fait ensuite mention en marge de la publication du commandement et procède aux radiations correspondantes. Ainsi les tiers sont informés de la situation du bien et de l'état de la procédure.

§ 3
Une vente qui produit les effets d'une vente volontaire

1366.231 Principe. Selon l'article 2202 du Code civil dans sa rédaction issue de l'ordonnance du 21 avril 2006, la vente amiable sur autorisation judiciaire produisait tous les effets d'une vente volontaire.

1366.232 Vente volontaire. Cette formule a suscité des questions lors de l'entrée en vigueur de la réforme. Une vente amiable se distingue d'une vente forcée. Mais à part cela ? Selon le rapport au Président de la République, le fait que la vente amiable soit assimilée à une vente volontaire dans ses effets rendrait applicable le droit commun de la vente. Une telle affirmation ne pouvait manquer de surprendre. Ainsi, le vendeur serait tenu de la garantie de contenance et de celle des vices cachés, sauf stipulation contraire ? La rescision pour lésion pourrait être invoquée ?

Mais cette vente est réalisée dans le cadre d'une saisie immobilière et en cette matière, certaines dispositions du droit commun de la vente sont habituellement écartées.

La loi n° 2010-1609 du 22 décembre 2010, en modifiant les dispositions de l'article 2202 du Code civil (devenu C. pr. exéc., art. L. 322-3), a levé une ambiguïté s'agissant de la rescision pour lésion, mais les autres interrogations demeurent.

1366.233 Contenance et loi Carrez. Selon l'article 46 de la loi du 10 juillet 1965, fixant le statut de la copropriété, tout contrat constatant ou réalisant la vente d'un lot ou d'une fraction de lot de copropriété doit mentionner la superficie de la partie privative de ce lot ou fraction de lot. À défaut, la nullité de l'acte peut être invoquée. La Cour de cassation a exclu l'application de ces dispositions aux ventes sur saisies immobilières, considérant que le jugement d'adjudication ne constituait pas un contrat constatant ou réalisant une vente[1]. Que pensera-t-elle du jugement constatant la vente amiable ?

1366.234 Vices cachés. Selon l'article 1649 du Code civil, la garantie de vices cachés n'a pas lieu pour « *les ventes faites par autorité de justice* ». Cet article concerne-t-il la vente amiable ? Même qualifiée de vente volontaire, elle demeure une vente judiciaire, réalisée à l'occasion de la saisie immobilière. En ce sens, l'article L. 322-14 C. pr. exéc., selon l'intitulé de la section 4 du chapitre consacré à la vente, énonce des dispositions communes aux ventes sur saisie immobilière. Elle n'est toutefois pas réalisée « par » mais « sous » autorité de justice. Le saisi serait donc tenu à garantir l'acquéreur. Mais *quid* si une action est introduite ? L'acheteur a le choix dans ce cas de rendre la chose et de se faire restituer le prix ou de garder la chose et se faire rendre une partie du prix (C. civ., art. 1644). Comment appliquer ces dispositions avec l'effet de purge et la phase de distribution du prix ?

1366.235 Rescision pour lésion. « *Elle n'a pas lieu en toutes ventes qui, d'après la loi, ne peuvent être faites que d'autorité de justice* » (C. civ., art. 1684). Se posait ici le même problème, qui est celui de la conciliation de cette action avec le particularisme d'une saisie...

La loi n° 2010-1609 du 22 décembre 2010 a modifié la rédaction de l'article 2202 du Code civil (devenu C. pr. exéc., art. L. 322-3) afin d'exclure la rescision pour lésion, ce qui ne peut qu'être approuvé mais laisse entier le problème de la **garantie des vices cachés** et de **la garantie de contenance** lorsque la loi Carrez est applicable.

1. Civ. 2e, 3 oct. 2002, n° 00-18.395, *Bull. civ.* II, n° 199; *Dr. et proc.* 2003. 122, note Leborgne.

CHAPITRE

1367. Information avant la vente forcée

ANNE LEBORGNE
PROFESSEUR À L'UNIVERSITÉ D'AIX-MARSEILLE

SECTION 0 ORIENTEUR

1367.00 Plan du chapitre.

Division. Les articles R. 322-30 à R. 322-38 C. pr. exéc.[1] organisent la publicité destinée à tous (sect. 1). À ces dispositions s'ajoutent des textes spéciaux concernant les personnes intéressées par la vente et qui devront en être informées (sect. 2). En effet, outre la réalisation d'une publicité préalable pour annoncer la vente, le poursuivant devra aviser les bénéficiaires d'un droit de préemption. Une meilleure information sur le bien passe enfin par la faculté de visiter les lieux qui vont être vendus aux enchères (sect. 3).

1367.05 Avertissement. Les dispositions relatives à la vente forcée se trouvent aux articles L. 322-5 à L. 322-14 C. pr. exéc. à la section IV du chapitre II du titre II du livre III de la partie réglementaire du Code des procédures civiles d'exécution qui reprennent les grandes lignes du dispositif antérieur en l'amélioration par endroits, en modernisant la vente et en en sécurisant l'issue[2].

Seront seulement envisagées ici les dispositions relatives à l'information préalable que doit réaliser le créancier. Le déroulement de l'audience, le jugement d'adjudication et ses effets seront examinés dans un chapitre suivant.

SECTION 1 OPÉRATIONS DE PUBLICITÉ

1367.10 Des formalités, pour l'essentiel, reprises des dispositions du décret du 11 janvier 2002. L'organisation des publicités avait été modernisée par un décret du 11 janvier 2002 pris pour l'application de la loi de juillet 1998. Les auteurs de la réforme n'ont opéré que quelques aménagements.

1. Décr. n° 2012-783, 30 mai 2012, relatif à la partie réglementaire du Code des procédures civiles d'exécution, *JO* 31 mai, p. 9375.
2. Décr. n° 2006-936, 27 juill. 2006, relatif aux procédures de saisie immobilière et de distribution du prix d'un immeuble, *JO* 29 juill., p. 11316.

Selon l'article R. 322-30 C. pr. exéc., la vente forcée est poursuivie après une publicité réalisée par le poursuivant et visant à permettre l'information du plus grand nombre d'enchérisseurs possible. En cas de surenchère, le décret prévoit aussi une publicité relative à la faculté de surenchère en distinguant l'annonce de l'adjudication, de son compte rendu, une fois celle-ci tenue.

§ 1
Publicité en vue de l'adjudication

1367.11 **Deux modalités.** Le droit commun de la publicité est règlementé aux articles R. 322-31 à R. 322-35 C. pr. exéc. et un aménagement éventuel de celle-ci par le juge qui peut restreindre ou compléter les mesures est prévu aux articles R. 322-38 et R. 322-39 C. pr. exéc.

A.
Droit commun de la publicité

1367.20 **Innovation.** Si pour l'essentiel, les dispositions rappellent celles introduites avant la réforme de la procédure de saisie immobilière par le décret n° 2002-77 du 11 janvier 2002[1], une innovation a toutefois été introduite à l'article R. 322-36 C. pr. exéc. au bénéfice du poursuivant et des créanciers inscrits.

1°
Articles R. 322-31 à 322-35 C. pr. exéc. et devoirs du poursuivant

1367.21 **Délai (C. pr. exéc., art. R. 322-31, al. 1er).** L'annonce de l'adjudication est réalisée à l'initiative de l'avocat poursuivant la vente, dans un délai compris entre un et deux mois avant l'audience d'adjudication (au lieu de quarante jours au plus tôt et vingt jours au plus tard avant l'audience d'adjudication, selon le dispositif antérieur). Le poursuivant, en opportunité, peut faire choix d'une publicité au plus près de la date butoir du délai.

1367.22 **Deux avis.** L'annonce s'effectue au moyen de deux avis, l'un qui sera déposé au greffe, l'autre, dit « avis simplifié », qui sera apposé à l'entrée ou à défaut, en limite de l'immeuble saisi.

1367.23 **Contestations portant sur les publicités.** Conformément aux dispositions de l'article R. 311-5 C. pr. exéc., les contestations et demandes incidentes portant sur des actes postérieurs à l'audience d'orientation doivent être formées dans les quinze jours à compter de la notification de l'acte. Celui qui veut contester la validité des opérations de publicité de la vente forcée doit former sa contestation dans les quinze jours à compter de leur accomplissement[2].

a)
Avis déposé au greffe

1367.31 **Présentation. (C. pr. exéc., art. R. 322-31).** Le décret réglemente son contenu et les conditions de son dépôt. Cet avis doit ensuite être publié dans un des journaux d'annonces légales de l'arrondissement de la situation de l'immeuble saisi. La réglementation est contraignante qui va jusqu'à imposer la forme et les caractères d'imprimerie de l'avis.

1367.32 **• Contenu.** L'avis mentionne :

- les nom, prénom et domicile du créancier poursuivant et de son avocat;

- la désignation de l'immeuble saisi et la description sommaire indiquant sa nature, son occupation éventuelle et tous éléments connus relatifs à sa superficie, ainsi que le cas échéant les dates et heures de visite. En visant la superficie, le décret ne fait toutefois pas peser sur le poursuivant l'obligation de faire établir la contenance de l'immeuble puisqu'il est simplement question d'éléments « *connus* » (pour les immeubles en copropriété, v. le débat sur l'application éventuelle de la loi Carrez aux ventes aux enchères et la réponse de la Cour de cassation, s[s] n°s 1363.221 et 1363.222);

- le montant de la mise à prix;

- les jour, heure et lieu de la vente;

- l'indication que les enchères ne peuvent être portées que par un avocat inscrit au barreau du TGI du lieu de la vente;

- l'indication que le cahier des conditions de la vente peut être consulté au greffe du JEX.

L'article R. 322-31 C. pr. exéc. dispose dans son avant-dernier alinéa que l'avis publié dans le journal d'annonces légales ne doit contenir aucune autre mention. Ainsi, l'avis ne contiendra aucune indication relative à l'identité du saisi (ni nom ni adresse, laquelle peut être différente de celle de l'immeuble saisi).

1367.33 **• Formes et caractères.** L'avis affiché doit être rédigé en caractères dont la hauteur ne peut être inférieure à celle du corps 30, sur format A3 (40 × 29,7 cm).

1. Décr. n° 2002-77, 11 janv. 2002, pris pour l'application de l'article 697 du Code de procédure civile (ancien) et réformant les modalités de la publicité en matière de saisie immobilière, *JO* 18 févr., p. 1089.

2. Civ. 2e, 26 juin 2014, n° 13-20.193, *Bull. civ.* II, n° 162.

1367.34 **• Dépôt au greffe.** Selon l'article R. 322-31 C. pr. exéc., le créancier poursuivant (son avocat) assure le dépôt de cet avis au greffe du JEX, pour qu'il soit affiché sans délai mais c'est le greffier qui fait procéder à l'affichage dans les locaux de la juridiction, « *à un emplacement aisément accessible au public* ».

1367.35 **• Publication de l'avis.** L'avis doit être publié dans un des journaux d'annonces légales de l'arrondissement de la situation de l'immeuble saisi, toujours dans un délai compris entre un et deux mois avant l'audience d'adjudication. Il est justifié de l'insertion de l'avis par un exemplaire du journal (C. pr. exéc., art. R. 322-33).

1367.36 **• Sanctions.** Le décret ne comporte pas de sanctions particulières en cas d'inobservation des dispositions des articles R. 322-30 à R. 322-38 C. pr. exéc. Les articles R. 311-10 à R. 311-11 C. pr. exéc. seront alors applicables lorsque les formalités et délais prescrits par certains articles n'auront pas été respectés à savoir, pour le non-respect des formalités, la nullité en cas de grief et, pour le non-respect du délai de l'article R. 322-31 C. pr. exéc., la caducité[1].

Pour des exemples rendus sous l'empire du décret du 11 janvier 2002 : est nulle la procédure de saisie immobilière, la publicité au siège du tribunal n'ayant pas été effectuée, ce défaut portant préjudice aux débiteurs en ce sens que les enchérisseurs potentiels ne pouvaient être valablement informés et que le prix obtenu lors de l'audience de vente risquait d'être moins élevé que si les règles particulières de publicité prévues par le décret du 11 janvier 2002 avaient bien été respectées[2]. De même, doit être prononcée la déchéance des poursuites et la nullité de la procédure de saisie immobilière, lorsque l'avis a été déposé dix-huit jours avant l'audience[3].

1367.37 **• Diagnostic de performance énergétique : articles L. 134-4-3 et R. 134-5-1 du Code de la construction et de l'habitation.** La loi n° 2010-788 du 12 juillet 2010, portant engagement national pour l'environnement, dite « Grenelle II »[4], a notamment, cherché à renforcer l'information des acquéreurs d'immeuble concernant le diagnostic de performance énergétique et ainsi, le nouvel article L. 134-4-3 du Code de la construction et de l'habitation dispose qu'à compter du 1er janvier 2011, « *en cas de vente ou de location d'un bien immobilier, le classement du bien au regard de sa performance énergétique est mentionné dans les annonces relatives à la vente ou à la location* ». Cette information devrait donc figurer sur les avis annonçant la vente forcée.

En outre, le décret n° 2010-1662 du 28 décembre 2010, qui règlemente la mention du classement énergétique des bâtiments dans les annonces immobilières, impose que « *toute annonce relative à la mise en vente ou en location d'un bien immobilier devant faire l'objet d'un diagnostic de performance énergétique insérée dans la presse écrite à compter du 1er janvier 2011 mentionne la lettre correspondant à l'échelle de référence du classement énergétique prévu par le e de l'article R. 134-2* ».

b)

Avis simplifié

1367.41 **Présentation. (C. pr. exéc., art. R. 322-32).** Le créancier poursuivant doit encore, à sa diligence et dans le même délai de l'article R. 322-31 C. pr. exéc., faire apposer un avis à l'entrée, ou à défaut en limite de l'immeuble saisi et cet avis est publié dans ces journaux.

1367.42 **• Contenu.** Selon l'article R. 322-32 C. pr. exéc., il indique :

– la mise en vente aux enchères publiques de l'immeuble;

– la nature de l'immeuble et son adresse;

– le montant de la mise à prix;

– les jour, heure et lieu de la vente;

– l'indication que le cahier des conditions de la vente peut être consulté au greffe du JEX.

L'article R. 322-32 C. pr. exéc. exclut que l'avis fasse état du caractère forcé de la vente et de l'identité du saisi.

1367.43 **Diagnostic de performance énergétique : articles L. 134-4-3 et R. 134-5-1 du Code de la construction et de l'habitation.** Conformément à ces articles, l'avis simplifié devrait contenir l'information relative au classement énergétique (v. ss n° 1367.37).

1367.44 **• Formes et caractères.** Comme pour l'avis à déposer au greffe, cet avis simplifié doit être rédigé en caractères dont la hauteur ne peut être inférieure à celle du corps 30, sur format A3 (40 × 29,7 cm). La discrétion n'est pas de mise. Mais il s'agit d'attirer le plus de personnes intéressées par le bien et dès lors que l'identité du saisi ne figure pas sur l'avis, on peut considérer que son intimité sera préservée.

1367.45 **• Apposition.** L'avis va être apposé sur l'immeuble, à l'entrée ou à défaut en limite de l'immeuble saisi. Dès lors, les observations faites ci-dessus sur le respect de la vie privée du saisi sont à relativiser. Selon l'immeuble, appartement ou mai-

1. Aix-en-Provence, 21 nov. 2008, 15e ch., sect. A, *Dr. et proc.* 2009. 109, obs. Llahi, qui refuse de voir dans la grève des services de La Poste un motif légitime permettant le report de la caducité du commandement.
2. TGI Béthune, 13 juin 2002, *D.* 2002. IR 2383.
3. TGI Aix-en-Provence, 22 juill. 2002, n° 01/00092, inéd.
4. L. n° 2010-788, du 12 juill. 2010, portant engagement national pour l'environnement, *JO* 13 juill., p. 12905.

son individuelle, l'avis désignera clairement son propriétaire par son seul emplacement, ou l'indication de son étage. Initialement, l'article 66 du décret du 27 juillet 2006 avait prévu qu'il serait justifié de l'opposition de l'avis par une attestation de l'avocat du créancier poursuivant et non plus par constat d'huissier de justice. Le retrait de cet acte aux huissiers de justice ne se justifiait aucunement, les avocats ne l'ayant, au demeurant, nullement souhaité. Le décret n° 2006-1805, du 23 décembre 2006, rétablit la justification de l'opposition par procès-verbal d'huissier de justice (Décr. 27 juill. 2006, art. 66 mod. [devenu C. pr. exéc., art. R. 322-33]).

1367.46 • **Publication.** L'avis simplifié sera inséré par l'avocat poursuivant, dans le délai de l'article R. 322-31 C. pr. exéc., dans deux éditions périodiques de journaux à diffusion locale ou régionale, au tarif des annonces ordinaires. La production d'un exemplaire des journaux permet au poursuivant de justifier de l'accomplissement de cette formalité.

1367.47 • **Sanctions.** Les articles R. 311-10 à R. 311-11 C. pr. exéc. sont applicables lorsque les formalités et délais prescrits n'ont pas été respectés; à savoir, pour le non-respect des formalités, la nullité en cas de grief. S'agissant du non-respect des délais toutefois, seul l'article R. 322-31 C. pr. exéc. est visé par l'article R. 311-11 C. pr. exéc., pas l'article R. 322-32 C. pr. exéc., ce qui exclurait toute sanction.

2°

Article R. 322-36 C. pr. exéc. et droit des créanciers, poursuivants et inscrits

1367.51 **Publicité complémentaire : une innovation de la réforme.** Le créancier poursuivant ou les créanciers inscrits peuvent, sans avoir à recueillir l'autorisation du juge, recourir à tous moyens complémentaires d'information à l'effet d'annoncer la vente. Ces moyens ne doivent ni entraîner des frais pour le débiteur, ni faire apparaître le caractère forcé de la vente ou le nom du débiteur. Cet article permet ainsi de donner un cadre légal aux nombreuses initiatives prises au plan local, notamment par les barreaux, pour assurer une information conforme aux canons des annonces publicitaires de ventes d'immeubles. Elle permet également de préfigurer une diffusion par les nouvelles techniques de l'information et de la communication. Cet article autorise les créanciers inscrits à réaliser cette publicité complémentaire dans la mesure où ils peuvent y avoir intérêt. Lorsque le créancier sera un organisme institutionnel, il aura sans doute des facilités pour systématiser des méthodes de diffusion de ces informations.

Manifestement, cette nouvelle faculté n'est pas apparue comme entrant en contradiction avec les règles des articles R. 322-37 et R. 322-38 C. pr. exéc. qui réglementent l'aménagement judiciaire de la publicité. La différence semble provenir de ce que ces moyens complémentaires resteront toujours à la charge de ceux qui y recourent (v. s[s] n° 1367.67).

B.

Aménagement judiciaire de la publicité

1367.61 **Principe.** L'aménagement de la publicité, à défaut d'être gratuit, devra être autorisé par le JEX.

1367.62 **Titulaires du droit (C. pr. exéc., art. R. 322-37, al. 1er).** Le JEX peut être saisi de la demande de restriction ou de complément des publicités par le créancier poursuivant, l'un des créanciers inscrits ou la partie saisie. Le ministère d'avocat sera donc nécessaire. Avant 2002, la faculté d'obtenir du juge l'autorisation d'organiser une publicité complémentaire n'appartenait qu'au créancier poursuivant.

1367.63 **Moment pour former la demande.** Lors de l'audience d'orientation, mais encore deux mois au plus tard avant l'audience d'adjudication (C. pr. exéc., art. R. 322-37).

1367.64 **Modalités.** Le juge est saisi par requête et il statuera par ordonnance.

1367.65 **Ordonnance d'aménagement (C. pr. exéc., art. R. 322-37, 1°, 2° et 3°).** Le juge peut aménager, restreindre ou compléter les mesures de publicité mentionnées aux articles R. 322-31 à R. 322-35 C. pr. exéc., en tenant compte de la nature, de la valeur, de la situation de l'immeuble et de toutes autres circonstances particulières. En pratique, c'est à la fois pour réduire la publicité et son coût que le juge peut être saisi, si la vente du bien ne permet pas d'espérer un prix d'adjudication élevé, et pour l'augmenter, lorsque l'immeuble est susceptible d'atteindre un bon prix aux enchères et d'intéresser une clientèle nationale, voire internationale.

Le magistrat peut ainsi, notamment, ordonner que soit adjoint aux mentions prévues aux articles R. 322-31 et R. 322-32 C. pr. exéc. toute autre indication ou document relatif à l'immeuble. Il peut ordonner que les mesures de publicité soient accomplies par d'autres modes de communication qu'il indique. Il peut encore ordonner que l'avis mentionné à l'article 65 (avis apposé sur l'immeuble) soit affiché aux lieux qu'il désigne dans les communes de la situation des biens.

1367.66 Absence de recours. L'ordonnance d'aménagement n'est pas susceptible de recours.

1367.67 Coût de cette publicité complémentaire. En application de l'article R. 322-38 C. pr. exéc., les publicités complémentaires sont réalisées à la diligence et aux frais avancés de la partie requérante, ce qui dissuade les demandes injustifiées. Ils seront considérés comme frais préalables de vente quand ils seront réalisés par le poursuivant.

1367.68 Sanctions. Le non-respect du délai de l'article R. 322-378 C. pr. exéc., pour saisir le juge de cette requête ne paraît assorti d'aucune sanction. Le juge saisi tardivement déclarera-t-il alors la requête irrecevable ?

§ 2 Publicité après l'adjudication

1367.70 Raison d'être de cette innovation. Parce que les ventes aux enchères publiques peuvent faire l'objet d'une surenchère, le décret du 11 janvier 2002 avait organisé, à cette fin, l'information des tiers une fois le bien adjugé. Ainsi, le saisi pouvait-il espérer que le meilleur prix serait retiré de son immeuble sur remise en vente. Le décret du 27 juillet 2006 a repris ces dispositions aux articles 67 et 68 (devenus C. pr. exéc., art. R. 322-34 et R. 322-35). Une information sur l'adjudication doit être donnée et la nouvelle audience peut elle-même faire l'objet d'une publicité.

A. Information sur l'adjudication

1367.71 Avis après adjudication : un extrait du procès-verbal d'audience. Selon l'article R. 322-34 C. pr. exéc., un extrait du procès-verbal d'audience est affiché par le greffe à la porte de la salle d'audience pendant le délai au cours duquel la surenchère peut être exercée (c'est-à-dire dix jours, conformément à C. pr. exéc., art. R. 322-34).

1367.72 Objet : information sur le prix et faculté d'enchérir. Cet avis mentionne la désignation et la description sommaire de l'immeuble telle qu'elle figurait dans l'avis initial, le prix de la vente, les frais taxés ainsi que l'indication du greffe compétent pour recevoir les offres de surenchère et du délai de dix jours suivant la vente pour les former.

1367.73 Délai. C'est au premier jour ouvrable suivant l'adjudication que l'extrait du procès-verbal d'audience sera affiché.

1367.74 Rôle du greffe. En mettant la rédaction et l'affichage à la charge du greffe, le législateur a fait choix d'une personne extérieure à la procédure : ni l'adjudicataire (qui n'a pas intérêt à ce que le bien soit revendu sur surenchère), ni le poursuivant, qui pourrait être négligent. Mais le décret ne prévoit pas de sanction en cas d'inexécution ou de mauvaise exécution de cette nouvelle publication.

B. Publicité pour l'audience de surenchère

1367.81 Publicité de la nouvelle audience en cas de surenchère (C. pr. exéc., art. R. 322-35 [anc[t] Décr. 27 juill. 2006, art. 68]). La nouvelle audience sera précédée de la publicité de droit commun et pourra faire l'objet d'une publicité complémentaire (C. pr. exéc., art. R. 322-37) à la requête du poursuivant ou des créanciers inscrits.

1367.82 Délai. La requête devra être adressée au JEX, dans le délai de deux jours ouvrables après l'adjudication. Toutefois, aucune sanction n'est prévue en cas d'irrespect de ce délai.

1367.83 Frais. En cas de publicités après surenchère, les frais résultant des mesures complémentaires sont taxés et inclus dans les frais de vente.

1367.84 Suite de l'adjudication sur surenchère. Cette nouvelle adjudication ne donnera ensuite pas lieu à affichage de l'extrait du procès-verbal, après l'adjudication (C. pr. exéc., art. R. 322-34, al. 1er).

SECTION 2 INFORMATION DES BÉNÉFICIAIRES D'UN DROIT DE PRÉEMPTION

1367.90 Principe. La vente aux enchères publiques va emporter transfert de propriété; or certaines personnes peuvent bénéficier d'un droit de préemption, en vertu de la loi leur ouvrant une vocation prioritaire à acquérir le bien. Pour préserver les droits de ces bénéficiaires, il faut les informer de l'adjudication. C'est le cas pour le preneur à bail rural et les sociétés d'aménagement foncier et d'établissement rural (Safer), ainsi que pour les communes, départements et régions. En vertu de la loi du 29 juillet 1998, relative à la lutte contre les exclusions, un nouveau droit de préemption a été ouvert aux communes. La situation du preneur à bail d'habitation, plus originale, est inchangée, les modifications rédactionnelles apportées par le décret du 27 juillet 2006 ayant seulement eu pour objectif de coordonner le nouveau dispositif avec les dispositions concernant l'occupant d'un local saisi.

§ 1
Preneur à bail rural

1367.91 Information du bénéficiaire. Selon l'article L. 412-11 du Code rural et de la pêche maritime, « *dans le cas d'une vente faite par adjudication volontaire ou forcée, le preneur bénéficiaire du droit de préemption* [sur les conditions d'ouverture de ce droit, C. rur., art. L. 412-5] *doit, à peine de nullité de la vente, y être convoqué par lettre recommandée avec demande d'avis de réception* (LRAR) *ou par acte d'huissier de justice, vingt jours au moins avant la date de l'adjudication, soit par le notaire chargé de la vente, soit en cas de vente poursuivie devant le tribunal, par le secrétaire-greffier en chef dudit tribunal* ». Si la convocation émane du greffe, c'est l'avocat du poursuivant qui portera à la connaissance du greffier l'existence d'un preneur à bail et qui lui communiquera son identité et son adresse.

1367.92 Force obligatoire du cahier des conditions de vente. Le fait que, dans le cahier des conditions de la vente, figure une clause mentionnant l'existence d'un locataire emporte-t-il acquisition d'un droit de préemption à son profit, alors même que l'exercice de ce droit pourrait être contesté, en l'état des conditions légales posées pour en bénéficier ? La jurisprudence, après l'avoir refusé dans le passé pour un locataire suivant bail verbal, jugeant que ni la convocation à l'audience, ni la mention du droit de préemption ne peuvent faire la preuve du droit du preneur à bail s'il ne remplit pas les conditions légales [1], avait décidé, pour le cahier des charges, que pour les preneurs à bail rural, la clause conventionnelle, extensive du droit de préemption, prévu par le Code rural et de la pêche maritime, s'imposait à l'adjudicataire [2]. De même, avait-il été jugé, qu'en vertu d'un cahier des charges englobant dans un lot unique un bien rural loué seulement pour partie, le droit de préemption pouvait être étendu à la totalité du lot, par le saisissant, avec l'accord des parties; l'extension fut jugée licite et imposée à l'adjudicataire [3] (encore fallait-il dans ce cas que le preneur réglât le prix intégral de l'adjudication, v. s[s] n° 1343.22).

1367.93 Exercice du droit. Le preneur à bail disposera d'un délai de vingt jours encore pour faire connaître au secrétaire-greffier sa décision de faire valoir son droit de préemption (C. rur., art. L. 412-11, al. 2). Ce délai doit-il être soumis aux dispositions des articles 641 et 642 C. pr. civ., et ainsi peut-il être prorogé s'il expire un samedi, dimanche, ou un jour férié ? La question se pose car il ne s'agit pas d'un délai de procédure à proprement parler. Il a cependant été jugé que l'article 641 C. pr. civ. n'était que l'expression, en matière procédurale, d'une règle de portée générale, valable pour tout acte de procédure [4]. À la suite de cette jurisprudence, les dispositions des articles 641 et 642 ont été jugées applicables au délai d'exercice d'une action en rescision de vente d'immeuble [5] ou au calcul du délai de l'article 27 du décret du 30 septembre 1953 [6]. On pourrait donc envisager de raisonner par analogie pour l'exercice du droit de préemption. Cette extension du domaine d'application des articles 641 s. C. pr. civ. est cependant critiquée par la doctrine [7].

La déclaration de préemption comporte l'indication de la personne exerçant le droit, faite par acte authentique ou par acte d'huissier de justice, annexée au procès-verbal ou au jugement d'adjudication et publiée en même temps; cette déclaration emporte substitution pure et simple à l'adjudicataire. Dans le cas où une surenchère serait formée, elle est dénoncée au preneur dans les mêmes formes et délais qu'à l'adjudicataire et le preneur peut encore intervenir dans l'instance en validité de surenchère. La sanction du défaut de règlement des frais de l'adjudication par le fermier qui a préempté n'est donc pas la déchéance du droit de préemption mais la poursuite sur folle enchère [8].

Selon l'article L. 412-11 du Code rural et de la pêche maritime, la déclaration peut être faite au nom d'un descendant dans les conditions de l'article L. 412-5 alinéa 3. Cet alinéa visant également le conjoint peut-on alors lui étendre le bénéfice du droit ? La doctrine ne se prononce pas [9] et il n'y a pas eu à notre connaissance de jurisprudence publiée sur cette question avant la réforme.

1367.94 Sanction du défaut de convocation. Le Code rural et de la pêche maritime impose la convocation par le greffe à peine de nullité. L'omission de la convocation ou l'inobservation du délai

1. Civ. 3e, 8 févr. 1968, *Bull. civ.* III, n° 47.
2. Civ. 3e, 19 févr. 1980, n° 78-13.969, *Bull. civ.* III, n° 40.
3. Civ. 3e, 26 juin 1973, n° 72-11.919, *Bull. civ.* III, n° 434.
4. Civ. 3e, 21 déc. 1987, n°s 85-10.794 et 85-17.293, *Bull. civ.* III, n°s 215 et 216; *JCP* 1988. II. 21012, note crit. Prévault.
5. Civ. 3e, 8 déc. 1993, n° 90-22.070, *Bull. civ.* III, n° 165; *D.* 1994. Somm. 235, obs. Paisant.
6. Pour une demande en révision du loyer commercial : Civ. 3e, 23 févr. 1994, n° 91-20.075, *Bull. civ.* III, n° 31; *JCP* 1994. II. 22328, note crit. Boccara.
7. Notes s[s] Civ. 3e, 21 déc. 1987, n°s 85-10.794 et 85-17.293, *Bull. civ.* III, n°s 215 et 216 – Et Civ. 3e, 23 févr. 1994, n° 91-20.075, *Bull. civ.* III, n° 31.
8. Civ. 3e, 27 juin 1990, n° 89-14.057, *Bull. civ.* III, n° 158; *D.* 1990. 582, note Prévault.
9. Lachaud, « Ventes aux enchères et droit de préemption en matière rurale », *Gaz. Pal.* 1998. 1. Doctr. p. 562.

entraîne donc la nullité de la vente[1], sauf si le bénéficiaire du droit de préemption avait eu, en fait, connaissance de la vente en temps opportun, mais a renoncé de façon caractéristique à son droit après avoir assisté à la vente et porté des enchères[2]. Il a encore été jugé que la nullité n'est pas encourue quand il ressort des circonstances la volonté tacite du bénéficiaire de renoncer à se prévaloir de l'irrégularité commise (ainsi pour la participation sans réserve à l'adjudication qui vaut renonciation à se prévaloir de la nullité résultant de l'inobservation de la formalité elle-même[3]).

§ 2 Sociétés d'aménagement foncier et d'établissement rural

1367.101 Principe. Les Safer, sont, dans les conditions de l'article L. 143-7 du Code rural et de la pêche maritime, titulaires d'un droit de préemption en cas d'aliénation à titre onéreux de biens immobiliers à utilisation agricole et de biens mobiliers qui leur sont attachés ou de terrains à vocation agricole (C. rur., art. L. 143-1, al. 1er, réd. L. n° 2006-11, 5 janv. 2006). Ce droit leur a été attribué par le législateur afin de leur permettre de s'opposer à la réalisation d'opérations contraires aux orientations définies dans le cadre de la politique agricole; il peut également être exercé en cas d'aliénation à titre onéreux de bâtiments d'habitation faisant partie d'une exploitation agricole ou de bâtiments d'exploitation ayant conservé leur utilisation agricole. Dans les communes et parties de communes de montagne telles que définies par les articles 3 et 4 de la loi n° 85-30 du 9 janvier 1985 relative au développement et à la protection de la montagne, ce droit de préemption peut également être exercé en cas d'aliénation à titre onéreux de bâtiments qui ont été utilisés pour l'exercice d'une activité agricole au cours des cinq dernières années qui ont précédé cette aliénation, pour leur rendre un usage agricole (C. rur., art. L. 143-1, al. 3).

Seule la Safer, dont les intérêts auraient été méconnus par l'inobservation des formalités prévues par le Code rural et de la pêche maritime, a qualité pour s'en prévaloir[4].

1367.102 Conditions. Lorsque le bien fait l'objet d'une saisie immobilière, l'article L. 143-8 dispose que le droit de préemption s'exerce dans les conditions de l'article L. 412-11 du Code rural et de la pêche maritime : la Safer doit être avisée, dans le délai d'un mois, avant la date de l'adjudication et convoquée vingt jours au moins avant l'audience (C. rur., art. R. 143-11) dans les mêmes formes, par le greffe. Toutefois, pour permettre au preneur en place d'exercer en priorité son droit de préemption, elle disposera, en vue de se substituer à l'adjudicataire, d'un délai d'un mois à compter de l'adjudication (C. rur., art. L. 143-11)[5]. Son droit de préemption en effet, ne peut s'exercer contre le preneur en place que s'il exploite le bien concerné depuis moins de trois ans (C. rur., art. L. 143-6).

La qualité de frère du propriétaire mis en liquidation judiciaire, dont l'actif est réalisé au moyen d'une vente aux enchères publiques par le liquidateur judiciaire sur autorisation du juge-commissaire, n'ouvre pas droit à l'adjudicataire des parcelles ainsi vendues de se prévaloir des dispositions de l'article L. 143-4, 3° du Code rural et de la pêche maritime pour faire obstacle au droit de préemption d'une Safer[6].

La troisième chambre civile a jugé au visa des articles L. 143-3 et R. 143-6 du Code rural et de la pêche maritime que lorsque la Safer notifie au greffe sa décision de préempter, elle doit également, à peine de nullité, notifier aux adjudicataires évincés sa décision motivée de préemption par lettre recommandée avec avis de réception dans les quinze jours de la notification faite à la personne chargée de dresser l'acte d'aliénation[7].

§ 3 Locataire d'habitation

1367.111 Deux droits. La loi n° 75-1351 du 31 décembre 1975, relative à la protection des occupants de locaux à usage d'habitation ou à usage mixte d'habitation et professionnel, et la loi n° 2006-685 du 13 juin 2006[8] organisent la protection des locataires d'habitation, respectivement lorsqu'est envisagée la vente du local consécutivement à une division par lots de l'immeuble, et

1. En matière rurale, Civ. 3e, 13 janv. 1981, n° 79-13.008, *Bull. civ.* III, n° 9 – Civ. 3e, 11 juill. 1990, n° 88-19.346, *Bull. civ.* III, n° 176.
2. Soc. 17 juin 1964, *Bull. civ.* IV, n° 513.
3. Soc. 16 févr. 1951, *D.* 1951. 433, note Savatier.
4. Civ. 2e, 1er févr. 2006, n° 05-15.047, NP.
5. V. Civ. 3e, 5 juin 2013, nos 11-26.088 et 11-26.153, *Bull. civ.* III, n° 77, qui juge que même en cas de surenchère, la Safer doit respecter le délai d'un mois à compter de l'adjudication pour notifier l'exercice de la préemption au greffe du tribunal. Cette solution n'est pas logique car l'exercice de la faculté de surenchère remet en cause l'adjudication initiale et le prix auquel le bien sera adjugé sur surenchère ne peut être connu par avance par le bénéficiaire du droit de préemption.
6. Civ. 3e, 10 juin 2009, n° 08-13.166, *Bull. civ.* III, n° 141.
7. Civ. 3e, 29 juin 2011, n° 10-30.272, *Bull. civ.* III, n° 116.
8. L. n° 2006-685, 13 juin 2006, relative au droit de préemption et à la protection des locataires en cas de vente d'un immeuble, *JO* 14 juin, p. 8944.

lorsqu'est envisagée la vente d'un immeuble entier. Si l'on sait que les dispositions de la loi du 31 décembre 1975 s'appliquent aux ventes sur saisie immobilière, la question de pose pour les ventes envisagées par la loi du 13 juin 2006.

1367.112 Le droit original de la loi n° 75-1351 du 31 décembre 1975. La loi du 31 décembre 1975 relative à la protection des occupants de locaux à usage d'habitation ou à usage mixte d'habitation et professionnel, n'instaure pas à proprement parler un droit de préemption, lorsque la vente d'un local, consécutive à la division initiale ou subdivision de tout ou partie d'un immeuble par lots, a lieu par adjudication volontaire ou forcée[1]. Le législateur ouvre, au profit du locataire ou de l'occupant de bonne foi, le droit d'être convoqué à l'adjudication, un mois au moins avant la date de l'audience, pour monter les enchères s'il désire acquérir l'appartement. Si le bien est adjugé à un tiers, et que le locataire a été régulièrement convoqué, aucun droit de substitution ne lui sera ouvert[2].

Cette convocation est faite à la diligence, soit du vendeur ou du poursuivant, soit de leur mandataire, par LRAR (Décr. n° 77-742, 30 juin 1977, art. 7). La convocation indique la mise à prix et les jour, lieu et heure de l'audience, ainsi que le tribunal, ou le notaire devant lequel elle se déroulera; elle indique en outre que les enchères sont portées devant le tribunal par ministère d'avocat et reproduit les termes du paragraphe II de la loi du 31 décembre 1975.

1367.113 Notification de l'adjudication. L'article 7, II du décret du 20 juillet 1977 dispose ensuite que tout jugement ou procès-verbal d'adjudication doit lui être notifié, à la diligence du greffier du tribunal, ou du notaire devant lequel l'adjudication a été prononcée, entre le dixième et le quinzième jour suivant cette dernière. La notification doit préciser le montant de la dernière enchère, le nom et l'adresse de l'adjudicataire ou éventuellement de l'adjudicataire commandé. Le greffier ou le notaire reproduisent le texte du paragraphe II de l'article 10 de la loi du 31 décembre 1975 et indiquent, s'il y a lieu, que la convocation n'a pas été faite.

1367.114 Préemption en cas de défaut de convocation. Dans ce cas, le paragraphe IV de l'article 7 du décret du 20 juillet 1977, dispose que dans le délai d'un mois à réception de la notification du greffe, le locataire ou l'occupant de bonne foi peut déclarer se substituer à l'adjudicataire, aux prix et conditions de l'adjudication. La déclaration sera faite par lettre recommandée, avec demande d'avis de réception, adressée au greffier du tribunal ou au notaire. La substitution ne s'effectue donc qu'en cas de défaut de convocation, à titre de sanction, en quelque sorte.

La jurisprudence a étendu la solution prévue en cas d'absence de convocation à l'hypothèse d'une convocation irrégulière (pour une convocation libellée de manière imprécise et ambiguë, en des termes ne faisant pas apparaître la nécessité d'avoir à se présenter à l'audience[3]).

Lorsque les biens saisis sont pour partie loués, une difficulté peut se présenter lorsque la vente est poursuivie en un seul lot. Le locataire, non convoqué, peut-il faire usage de son droit de préférence sur la partie louée, sans porter préjudice à l'adjudicataire ? En matière rurale, il a été jugé, il y a quelques années, que le droit de préférence pouvait être étendu à la totalité des biens adjugés, dès lors que le preneur à bail en payait le prix (v. s[s] n° 1367.92). Mais que décider lorsque le locataire n'entend exercer son droit que sur la partie à lui louée ? La cour d'appel de Pau avait envisagé de remédier au manque à gagner de l'adjudicataire en estimant que l'absence de prix de l'immeuble, objet du droit de préférence, pouvait être réparée par une évaluation à dire d'expert. La deuxième chambre a cassé l'arrêt sur le fondement de l'article 1134 du Code civil, jugeant que les juges du fond avaient modifié l'économie du contrat[4].

1367.115 Loi n° 2006-685 du 13 juin 2006 – Vente d'un immeuble entier. Selon la loi n° 2006-685 du 13 juin 2006, dite « loi Aurillac », lors de la vente d'un immeuble entier d'habitation, le vendeur doit, préalablement à la vente, offrir à chaque locataire d'acquérir son logement, à moins que l'acquéreur de l'entier immeuble ne s'engage à proroger les baux en cours. C'est à l'occasion de la vente projetée que naît le droit du locataire à une protection particulière. Préalablement à la vente, le locataire se voit offrir au choix du vendeur, soit la

1. Lorsque le bail litigieux porte, sans distinction, sur l'ensemble immobilier, lequel est vendu non divisé, les preneurs ne peuvent invoquer le droit de substitution institué par l'art. 10, I de L. 1975 : Com. 31 mai 2011, n° 10-18.311, NP.
2. Ce droit de substitution n'est ouvert au locataire qu'en cas de vente sur adjudication. En dehors du cas où la vente se réalise selon cette modalité, la sanction du défaut du droit de préemption du locataire est la nullité de la vente : Civ. 3e, 15 nov. 2006, n° 04-15.679, *Bull. civ.* III, n° 226, *Loyers et copr.* 2007. Comm. 21, obs. Vial-Pedroletti – Civ. 3e, 7 juill. 2009, n° 08-13.195, *Loyers et copr.* 2009. Comm. 230, obs. Vial-Pedroletti.
3. Versailles, 22 nov. 1988, *D.* 1990. 14, note Prévault.
4. Civ. 2e, 16 mai 2002, n° 00-22.104, *Bull. civ.* II, n° 97 – V. AUSSI, Civ. 3e, 5 mars 1986, n° 84-16.525, *Bull. civ.* III, n° 26.

prorogation de son bail, soit la préemption du logement.

Se pose donc la question de savoir si les ventes par adjudication judiciaire ou amiable sont concernées au même titre que les ventes de gré à gré et comment exercer éventuellement ce nouveau droit de préemption. Le saisi est un vendeur contraint qui ne va rien pouvoir proposer à ses locataires si la vente est ordonnée par voie d'adjudication. Dans le silence de la loi nouvelle, on pourrait déduire que la protection du locataire doit jouer que la vente soit volontaire ou forcée. En l'absence de disposition particulière, il faudrait alors que le poursuivant prévoie, en rédigeant le cahier des conditions de vente, une clause mettant à la charge de l'adjudicataire l'obligation de proroger les baux en cours en cas de non-exercice du droit de préemption.

§ 4
Droits de préemption des établissements publics

1367.120 Diversité. En zone urbaine (C. urb., art. L. 211-1), dans les zones d'aménagement différé et périmètres provisoires (C. urb., art. L. 212-1) et dans des espaces naturels et sensibles (C. urb., art. L. 142-3), un droit de préemption est ouvert par le législateur au profit de certaines personnes publiques pour des raisons de politiques urbaines. Il existe également un droit de préemption au bénéfice des communes, destiné à assurer le maintien dans les lieux de personnes saisies (C. urb., art. L. 210-2 et CCH, art. L. 616). Enfin, la loi n° 2008-776 du 4 août 2008 de modernisation de l'économie[1] a introduit dans le Code de l'urbanisme un droit de préemption « commerciale » au profit des communes (C. urb., art. L. 214-1 s).

A.
Présentation

1367.121 Droits de préemption du Code de l'urbanisme. Ces droits de préemption sont réglementés au titre 1er du livre II du Code de l'urbanisme.

L'article L. 210-1 indique tout d'abord, de manière introductive, que ces droits sont exercés en vue de la réalisation, dans l'intérêt général, des actions ou opérations répondant aux objets définis à l'article L. 300-1, à l'exception de ceux visant à sauvegarder ou à mettre en valeur les espaces naturels, ou pour constituer des réserves foncières en vue de permettre la réalisation desdites actions ou opérations d'aménagement. Aux termes de l'article L. 300-1, ces actions ou opérations d'aménagement ont pour objet de mettre en œuvre un projet urbain, une politique locale de l'habitat, d'organiser le maintien, l'extension ou l'accueil des activités économiques, de favoriser le développement des loisirs et du tourisme, de réaliser des équipements collectifs ou des locaux de recherche ou d'enseignement supérieur, de lutter contre l'insalubrité, de permettre le renouvellement urbain, de sauvegarder ou de mettre en valeur le patrimoine bâti ou non bâti et les espaces naturels[2].

Parce qu'ils peuvent être exercés à l'occasion d'une vente sur adjudication, seront ainsi examinés, le droit de préemption urbain, ouvert au profit de communes dotées d'un plan d'occupation des sols rendu public ou d'un plan local d'urbanisme approuvé (C urb., art. L. 211-1 s.) et, depuis la loi n° 2008-776 du 4 août 2008 de modernisation de l'économie, le droit de préemption des communes sur les fonds artisanaux, les commerces, les baux commerciaux et les terrains faisant l'objet de projets d'aménagement commercial (C. urb., art. L. 214-1 s.). Enfin, depuis la loi n° 2006-685 du 13 juin 2006, relative au droit de préemption et à la protection des locataires, dite « loi Aurillac », en cas de vente d'un immeuble à usage d'habitation, les communes peuvent faire usage de leur droit de préemption pour assurer le maintien dans les lieux des locataires (C. urb., art. L. 210-2).

Par ailleurs, on signalera qu'afin de préserver la qualité des sites, des paysages, des milieux naturels et des champs naturels d'expansion des crues et d'assurer la sauvegarde des habitats naturels selon les principes posés à l'article L. 110, le département est compétent pour élaborer et mettre en œuvre une politique de protection, de gestion et d'ouverture au public des espaces naturels sensibles, boisés ou non. Pour la mise en œuvre de la politique prévue à l'article L. 142-1, le conseil général peut créer des zones de préemption. Selon l'article L. 142-3, en cas d'adjudication, lorsque cette procédure est rendue obligatoire par une disposition législative ou réglementaire, l'acquisition par le titulaire du droit de préemption a lieu au prix de la dernière enchère, par substitution à l'adjudicataire. Cette disposition n'est toutefois pas applicable à la vente mettant fin à une indivision créée volontairement, à moins que celle-ci ne résulte d'une donation-partage.

1367.122 Application du droit de préemption urbain aux ventes forcées : fin d'une incertitude.

1. L. n° 2008-776, 4 août 2008, de modernisation de l'économie, *JO* 5 août, p. 12471.

2. Mais une opération ponctuelle de résorption de l'habitat insalubre ne peut justifier le recours au droit de préemption : CE 6 mai 2009, Cne du Plessis-Trévise, req. n° 311167, *RDI* 2009. 438, obs. P. S-C.

La loi n° 2000-1208 du 13 décembre 2000, relative à la solidarité et au renouvellement urbains, dite « loi SRU »[1], qui a, notamment, accru les possibilités d'interventionnisme foncier a également mis un terme à un délicat débat jurisprudentiel : avant l'entrée en vigueur de cette loi, l'alinéa premier de l'article L. 213-1 du Code de l'urbanisme, ouvrait le droit de préemption urbain lorsque l'immeuble était « *aliéné(s) volontairement à titre onéreux, sous quelque forme que ce soit* ». La stricte lecture de cet alinéa aurait donc dû conduire les praticiens à exclure les ventes sur saisies immobilières du champ d'application du droit de préemption urbain. Toutefois, l'alinéa 3 du même article envisageait l'hypothèse où la vente est réalisée obligatoirement aux enchères publiques en vertu d'une disposition législative ou réglementaire. La pratique en avait déduit le droit pour les communes d'exercer leur droit de préemption et la jurisprudence semblait l'admettre[2]. Un arrêt de la cour administrative de Paris s'était toutefois inscrit en sens inverse, estimant que, bien qu'il s'agisse d'une adjudication prévue par la loi, la vente sur saisie immobilière n'étant pas volontaire, les dispositions de l'article L. 213-1 ne pouvaient s'appliquer. Pour les juges du fond, l'alinéa 3 de l'article L. 213-1 devait être seulement regardé comme prévoyant une modalité particulière pour l'exercice du droit de préemption (par substitution), et non comme une extension du champ d'application de l'article[3]. La solution avait été approuvée par le Conseil d'État[4]. La loi du 13 décembre 2000 a supprimé le mot « *volontairement* » dans le premier alinéa de l'article L. 213-1 du Code de l'urbanisme; désormais les collectivités peuvent exercer leur droit de préemption sur les biens aliénés dans le cadre de toute vente aux enchères, que ce type de vente soit forcée ou volontaire[5] (à propos de la vente des biens d'un débiteur en liquidation, v. aussi s^s n° 1412.135).

1367.123 Nouveau droit de préemption destiné à assurer le maintien dans les lieux du saisi. La loi du 29 juillet 1998 a complété le titre Ier du livre VI du Code de la construction et de l'habitation par un chapitre VI (« *Dispositions applicables en matière de saisie immobilière du logement principal* ») qui se réduit à un seul article (CCH, art. L. 616), ouvrant un nouveau droit de préemption au bénéfice des communes, en cas de vente sur saisie immobilière d'un immeuble ou d'une partie d'immeuble constituant la résidence principale d'une personne qui remplit des conditions de ressources pour l'attribution d'un logement à loyer modéré. Ce nouveau droit de préemption est destiné à « *assurer le maintien dans les lieux du saisi* ». Il sera exercé suivant les modalités prévues par le Code de l'urbanisme en matière de droit de préemption urbain (v. s^s n° 1367.131). La commune se voit encore reconnaître la faculté de déléguer ce droit de préemption à un office public d'habitations à loyer modéré ou office public d'aménagement et de construction, selon les conditions définies à l'article L. 213-3 du Code de l'urbanisme.

On retrouve ce droit de préemption dans le Code de l'urbanisme qui, depuis la loi n° 2006-685 du 13 juin 2006 relative au droit de préemption et à la protection des locataires en cas de vente d'un immeuble à usage d'habitation, prévoit aussi qu'« *en cas de vente d'un immeuble à usage d'habitation, la commune peut faire usage de son droit de préemption pour assurer le maintien dans les lieux des locataires* » (C. urb., art. L. 210-2).

B.
Mise en œuvre du droit de préemption urbain

1367.131 Déclaration d'intention d'aliéner. Lors d'une vente sur adjudication d'un bien situé dans une des zones sensibles, et désormais également d'un bien « *constituant la résidence principale d'une personne qui remplit les conditions pour l'attribution d'un logement à loyer modéré* », une déclaration préalable doit être adressée au titulaire du droit de préemption pour lui permettre d'exercer sa prérogative (C. urb., art. R. 213-15, al. 1er). En cas d'adjudication, cette déclaration comporte l'estimation du bien ou sa mise à prix (C. urb., art. L. 213-2, al. 1er). La validité de l'adjudication est subordonnée à la mise en œuvre du droit de préemption de la commune; si le titulaire du droit n'a pas été mis en mesure de préempter, l'adjudication peut faire l'objet d'une action en nullité qui se prescrit par cinq ans à compter de la publication de l'acte emportant transfert de propriété (C. urb., art. L. 213-2, al. 4).

Le greffier de la juridiction, ou le notaire chargé de procéder à la vente, doit adresser au maire une déclaration lui faisant connaître la date fixée pour la vente et les modalités, trente jours au moins avant la date fixée pour l'adjudication; la déclaration est adressée par LRAR; elle fait ensuite l'objet de communications et transmissions aux personnes visées à l'article R. 213-6 du Code de l'urbanisme (C. urb., art. R. 213-15, al. 2). Le seul acte porté

1. L. n° 2000-1208, 13 déc. 2000, relative à la solidarité et au renouvellement urbains, *JO* 14 déc., p. 19777.
2. V. crit. S. Pérignon, « Le domaine du droit de préemption urbain », AJPI 1998. 5.
3. CAA Paris, 29 avr. 1997, *RJDA* 1997. 1088; *Dr. adm.* 1997. Comm. 263.
4. CE 27 oct. 1999, C^ne de Houdan, req. n° 188685, *Lebon* 326.
5. S. Pérignon, « L'interventionnisme foncier public après la loi SRU », *Constr.-Urb.* mai 2001, p. 23.

directement à la connaissance du titulaire du droit de préemption est la déclaration d'intention d'aliéner; aucune notification de l'adjudication et de ses conditions n'est ensuite envoyée. Il appartient donc au titulaire du droit de préemption de se renseigner sur le résultat de l'adjudication, s'il n'y assiste pas.

1367.132 Difficultés de mise en œuvre du droit de préemption prévu au Code de la construction et de l'habitation et au Code de l'urbanisme. Tant qu'il n'était question au profit des communes que de droits de préemption résultant de la situation du bien saisi dans une zone « sensible », la lecture des documents cadastraux permettait de déceler les hypothèses où ces droits pouvaient s'exercer. Mais comment le greffier ou le notaire évalueront-ils désormais les ressources du saisi pour mettre en œuvre le nouveau droit de préemption de l'article L. 616 du Code de la construction et de l'habitation ? Faudra-t-il que le créancier fasse préalablement sommation au saisi de lui communiquer sa déclaration d'impôts ? On peut imaginer que lors de la signification du commandement ou plutôt de l'établissement du procès-verbal descriptif (v. s^{s} n° 1363.10), le créancier donne mission à l'huissier de recueillir pour lui ces renseignements. Mais que se passera-t-il lorsque l'huissier ne recevra pas de réponse ou ne parviendra pas à rencontrer le débiteur ? Certes, ce nouveau droit de préemption est ouvert aux communes dans l'intérêt des saisis, mais il s'agit d'un droit de préemption légal; le renvoi qui est opéré au Code de l'urbanisme doit conduire à considérer que ce droit doit être mis en œuvre sous peine de nullité du transfert de propriété (C. urb., art. L. 213-1) et la commune peut estimer avoir intérêt, dans l'absolu, à préempter. Faudra-t-il alors, à toutes fins utiles, adresser la déclaration à la commune, à charge pour celle-ci de vérifier les conditions de ressources du saisi ? Mais le créancier court alors le risque d'ouvrir au profit de la commune un droit de préemption qui n'existait pas en l'espèce (v. s^{s} n° 1367.92, l'évolution de la jurisprudence relative au droit de préemption du preneur à bail rural). En tout état de cause, la mauvaise volonté du saisi pourrait ouvrir droit à indemnisation au profit du créancier mais certainement pas l'exonérer de son obligation de mettre la commune en mesure de préempter.

Par ailleurs, l'objectif affiché du texte étant de permettre le maintien du saisi dans les lieux, ce dernier peut-il reprocher au poursuivant de ne pas avoir fait en sorte que la commune exerce son droit ? Et quelles sanctions appliquer, lorsque le créancier n'aura pas mis la commune en situation d'exercer son droit de préemption ? Le contentieux publié est encore rare mais la Cour de cassation a déjà été saisie : des débiteurs avaient soulevé la nullité de la procédure de saisie, par dire, avant l'audience d'adjudication, pour violation de la loi, faute pour le créancier d'avoir mis la commune en situation d'exercer son droit de préemption; à titre subsidiaire, ils sollicitaient la remise de l'adjudication sur le fondement de l'article 703 ACPC. Le tribunal a rejeté le moyen de nullité et dit n'y avoir lieu à remise et la troisième chambre de la Cour de cassation, l'a approuvé, notant que le non-respect des dispositions de l'article L. 616 du Code de la construction et de l'habitation n'est pas sanctionné par la nullité de la procédure de saisie immobilière et que s'agissant de la demande de remise, l'appréciation du juge des criées est souveraine[1]. Plus récemment, la troisième chambre a rejeté le pourvoi formé par des saisis qui avaient assigné le créancier poursuivant en annulation d'un jugement d'adjudication d'un immeuble constituant leur résidence principale, faute par le greffier de la juridiction d'avoir fait connaître à la commune, titulaire du droit de préemption, la date et les modalités de la vente. Les juges du fond avaient estimé que cette obligation constituait non pas une irrégularité de fond, mais une nullité pour vice de forme exigeant la preuve d'un grief et qu'en l'espèce il n'y avait pas de grief faute d'établir que la commune, dûment avertie, aurait préempté. En outre, les juges avaient estimé que la notification de la vente à la commune pour qu'elle exerce son droit de préemption étant une obligation du greffe du TGI du lieu de situation du bien immeuble, objet du commandement aux fins de saisie immobilière, il appartenait aux débiteurs saisis, d'interpeller la commune quant à l'exercice de son droit de préemption. La Cour de cassation pour rejeter le pourvoi, se contente de noter que les époux X n'étant pas titulaires du droit de préemption et n'invoquant l'existence d'aucune fraude, n'avaient pas qualité pour demander la nullité du jugement d'adjudication[2].

1367.133 Délai. Le titulaire du droit de préemption dispose alors d'un délai de trente jours à compter de l'adjudication pour informer le greffier ou le notaire de sa décision de se substituer à l'adjudicataire (C. urb., art. R. 213-15, al. 3). Le Conseil d'État a jugé que les dispositions de l'article 668 C. pr. civ. ne sauraient s'appliquer aux décisions de préemption intervenant dans le cadre d'une procédure d'adjudication rendue obligatoire par la loi, qui sont des décisions administratives régies par le Code de l'urbanisme et pour lesquelles les dispositions de l'article R. 213-15 sont seules applicables. Ces dispositions sont une garantie pour l'adjudicataire qui doit pouvoir savoir de façon certaine, au terme du délai imparti au titulaire du droit de

1. Civ. 3e, 28 févr. 2001, n° 99-14.872, *Bull. civ.* III, n° 26.
2. Civ. 3e, 26 oct. 2005, n° 04-12.430, *Bull. civ.* III, n° 206.

préemption, s'il est devenu propriétaire du bien dont il s'est porté acquéreur. En conséquence, le respect par l'Administration du délai imparti pour notifier sa décision de préemption doit s'apprécier à la date de sa réception par le notaire ou le greffier du tribunal et non à celle de son envoi par l'expéditeur[1].

Et le délai pour préempter ne sera pas prolongé par le délai de surenchère; toutefois l'exercice effectif d'une surenchère interrompt le délai de trente jours qui commence alors à courir de nouveau lors de la nouvelle adjudication[2]. Le silence, dans le délai imparti, équivaut à une renonciation à l'exercice du droit.

1367.134 **Modalités d'exercice du droit.** La décision de se substituer à l'adjudicataire est notifiée au greffier ou au notaire par lettre recommandée avec demande d'avis de réception[3] (C. urb., art. R. 213-15, al. 5). La substitution s'effectue au prix de la dernière enchère ou surenchère par substitution à l'adjudicataire (C. urb., L. 213-1, al. 3 et R. 213-15, al. 4). La copie de la décision de substitution est ensuite annexée au jugement d'adjudication et publiée au Bureau des hypothèques en même temps que celui-ci (C. urb., art. R. 213-15, al. 6).

1367.135 **Substitution aux conditions du cahier des conditions de la vente.** Le bénéficiaire du droit de préemption est convoqué à l'adjudication pour qu'il puisse ensuite exercer son droit et se substituer à l'adjudicataire. S'il décide de préempter, il devra le faire aux conditions du cahier des conditions de la vente, notamment quant aux délais de paiement (toutefois, une rép. min.[4] estime qu'il ne devrait pas être fait grief à la collectivité publique de ne pas respecter les délais du cahier des charges si elle ne dépasse pas ceux prévus par la loi, C. urb., art. L. 213-14). Mais, le titulaire du droit de préemption qui dispose, en vertu de l'article L. 213-14 du Code de l'urbanisme, d'un délai de six mois à compter de la date du jugement d'adjudication pour se libérer du prix, ne peut être tenu au paiement d'intérêts avant l'expiration de ce délai[5].

C.
Mise en œuvre du droit de préemption commercial

1367.141 **Raison d'être.** Depuis peu, le législateur a attribué au droit de l'urbanisme une dimension commerciale en intégrant l'aménagement commercial dans le droit de l'urbanisme proprement dit. Le droit de préemption des communes, à l'origine outil d'intervention dans des périmètres sensibles, a été étendu aux terrains à vocation commerciale afin de tenter de préserver l'équilibre commercial des villes. Il a été fait choix d'instaurer un régime de préemption spécifique plutôt que de l'intégrer dans le droit de la préemption urbaine. Ce nouveau droit fait l'objet d'un chapitre IV au titre Ier du livre II du Code de l'urbanisme (C. urb., art. L. 214-1 à L. 214-3). Le décret n° 2009-753 du 22 juin 2009[6] réglemente les modalités concrètes d'exercice de ce droit de préemption nouveau, aux articles R. 214-3 à R. 214-10 du Code de l'urbanisme.

1367.142 **Objet.** Le conseil municipal peut, par délibération motivée, délimiter un périmètre de sauvegarde du commerce et de l'artisanat de proximité, à l'intérieur duquel sont soumises au droit de préemption institué par le présent chapitre les cessions de fonds artisanaux, de fonds de commerce ou de baux commerciaux. À l'intérieur de ce périmètre, sont également soumises au droit de préemption les cessions de terrains portant ou destinés à porter des commerces d'une surface de vente comprise entre 300 et 1 000 mètres carrés. (C. urb., art. L. 214-1, al. 1er et 2).

1367.143 **Déclaration d'intention d'aliéner.** Le droit de préemption s'exerce à l'occasion de l'aliénation à titre onéreux de fonds artisanaux, fonds de commerce, baux commerciaux, et terrains portant des commerces ou destinés à porter des commerces dans un délai de cinq ans à compter de leur aliénation, dès lors que ces commerces sont des magasins de vente au détail ou des centres commerciaux au sens de l'article L. 752-3 du Code de commerce, ayant une surface de vente comprise entre 300 et 1 000 mètres carrés.

Chaque cession est subordonnée, à peine de nullité, à une déclaration préalable faite par le cédant à la commune (C. urb., art. L. 214-1, al. 3 et R. 214-4).

Aux termes de l'article R. 214-7 alinéa 1er, en cas de cession, par voie d'adjudication, d'un fonds artisanal, d'un fonds de commerce, d'un bail commercial ou d'un terrain portant ou destiné à porter des commerces d'une surface de vente comprise entre 300 et 1 000 mètres carrés, c'est le commissaire-priseur judiciaire, le greffier de la juridiction ou le notaire chargé de procéder à la vente, selon la

1. CE 17 déc. 2008, Office d'Habitation du Gers, req. n° 304840, *RDI* 2009. 439.
2. CE 29 déc. 1993, Lebouc, req. n° 112421.
3. Sur l'appréciation de la date, v. CE 17 déc. 2008, req. n° 304840 (préc. s^s^ n° 1367.133).
4. Rép. min. *JOAN Q* 15 oct. 1990, p. 4857.
5. Civ. 3e, 14 nov. 1991, n° 90-10.314, *Bull. civ.* III, n° 277.
6. Décr. n° 2009-753, 22 juin 2009, relatif au droit de préemption sur les terrains portant ou destinés à porter des commerces d'une surface de vente comprise entre 300 et 1 000 mètres carrés, *JO* 24 juin, p. 10279.

nature de l'adjudication, qui procède à la déclaration préalable prévue à l'article L. 214-1. Cette déclaration est établie dans les formes prescrites à l'article R. 214-4 et indique la date et les modalités de la vente. Elle est adressée au maire trente jours au moins avant la date fixée pour la vente par lettre recommandée avec demande d'avis de réception.

1367.144 Délai et modalités pour exercer le droit. Le titulaire du droit de préemption dispose d'un délai de trente jours à compter de l'adjudication pour notifier, par lettre recommandée avec demande d'avis de réception[1], au greffier ou au notaire sa décision de se substituer à l'adjudicataire. Copie de cette décision est annexée au jugement ou à l'acte de l'adjudication et publiée au bureau des hypothèques en même temps que celui-ci. (C. urb., art. R. 214-7, al. 2).

1367.145 Substitution. La substitution ne peut intervenir qu'au prix et aux conditions de la dernière enchère ou de la surenchère. (C. urb., art. R. 214-7, al. 3).

Le greffier, le notaire ou le rédacteur de l'acte, selon les cas, informe l'adjudicataire évincé de l'acquisition réalisée par voie de préemption (C. urb., art. R. 214-7, al. 4).

1367.146 Information. Lorsqu'un terrain situé dans un périmètre délimité en application de l'article R. 214-1 fait l'objet d'une aliénation sans que celle-ci ait été précédée de la déclaration, le vendeur en informe l'acquéreur par une mention spécifique figurant dans l'acte de vente ou, en cas de vente par adjudication, par une mention spécifique portée dans le cahier des charges (C. urb., art. R. 214-4-3).

SECTION 3

VISITE DES LIEUX

1367.151 Justification. On conçoit rarement, en pratique, de se porter acquéreur d'un bien sans l'avoir préalablement visité. Aussi, le poursuivant a-t-il intérêt à organiser des visites de l'immeuble. Cette mesure s'explique par la nécessité d'informer efficacement les éventuels acheteurs.

1367.152 Modalités. Avant la réforme, en pratique, quand il ne rencontrait pas d'opposition, l'avocat du poursuivant chargeait l'huissier d'organiser les visites, à la convenance du saisi. En cas de difficulté, le poursuivant devait se faire autoriser en référé à faire procéder à des visites, l'ordonnance fixant en outre, les jours et heures.

L'article 59 alinéa 2 du décret du 27 juillet 2006 (devenu C. pr. exéc., art. R. 322-26, al. 2) prévoit désormais que lorsqu'il ordonne la vente forcée, le JEX fixe les jours et heures de visite à la demande du créancier poursuivant.

L'article 64 alinéa 2, 2° du même décret (devenu C. pr. exéc., art. R. 322-31) prévoit que l'avis destiné à être apposé au tribunal, mentionne « *le cas échéant, les dates et heures de visite* » (v. s[s] n° 1367.32).

On peut encore imaginer que cette information soit fournie par publicité complémentaire, en vertu des dispositions de l'article 70 du décret (devenu C. pr. exéc., art. R. 322-37) (v. s[s] n° 1367.51).

1. V. s[s]. n° 1367.133, la jurisprudence du Conseil d'État qui juge que la date à prendre en compte est celle de la réception de la lettre par le greffier ou le notaire.

CHAPITRE

1368. Audience d'adjudication

SECTION 0 ORIENTEUR

1368.00 Plan du chapitre.

Division – Déroulement. Selon l'article L. 322-5 C. pr. exéc.[1], l'adjudication a lieu aux enchères publiques à l'audience du juge (sect. 1). Le bien sera attribué au plus offrant. Un certain nombre de difficultés peuvent cependant encore se présenter, que le juge devra trancher avant que le poursuivant ne puisse requérir la vente et que ne s'ouvrent les enchères (sect. 2).

SECTION 1 PROCÉDURE DE L'AUDIENCE D'ADJUDICATION

1368.11 Division. La vente doit être requise au jour de l'audience. Elle se déroulera ensuite selon la procédure des enchères, à la barre du tribunal. L'adjudication emportera des obligations pour l'avocat de l'adjudicataire.

§ 1 Réquisition de vente

1368.20 Particularité. La vente aux enchères doit être requise, elle n'a pas lieu d'office. Toutefois, même si le poursuivant renonce à la requérir, le

1. Ord. nº 2011-1895, 19 déc. 2011, relative à la partie législative du Code des procédures civiles d'exécution, *JO* 20 déc., p. 21464.

saisi n'évitera pas nécessairement la vente car un créancier inscrit peut encore décider de le faire à sa place.

A. Exigence d'une réquisition

1368.21 Caractère obligatoire. Selon l'article R. 322-27 C. pr. exéc.[1], au jour fixé pour l'adjudication, il y est procédé sur la demande du poursuivant ou à défaut, sur celle de l'un des créanciers inscrits, subrogé dans les poursuites. Il faut donc que la vente soit requise pour que s'ouvrent les enchères. La vente, audiencée, n'est pas ordonnée d'office par le juge. Il est vrai que celui-ci ne déclare pas la vente mais la constate seulement (sur la nature du jugement d'adjudication, v. s^s^ n° 1341.31) et que le juge ne vend pas lui-même comme le fait le commissaire-priseur dans le cas de la saisie-vente (C. pr. exéc., art. L. 221-4 - et C. pr. exéc., art. R. 221-37).

La réquisition se fait sans forme, elle peut n'être que verbale[2], et c'est en pratique toujours ainsi qu'elle est formulée.

1368.22 Disparition de la condition préalable. Initialement, pour que le juge ouvre les enchères, le créancier qui sollicitait la vente, devait, à peine d'irrecevabilité constatée d'office, justifier du dépôt de l'état ordonné des créances dans les conditions prévues à l'article R. 322-14 C. pr. exéc. (C. pr. exéc., art. R. 322-27, al. 2). Cette condition a disparu avec l'entrée en vigueur du décret du 12 février 2009 puisque l'état ordonné des créances a été supprimé[3].

1368.23 Conséquence d'une absence de réquisition. Si aucun créancier ne sollicite la vente, le juge constatera la caducité du commandement de payer valant saisie[4]. Selon les règles de droit commun de la procédure civile, l'abandon des poursuites emporte en principe, soumission de payer les frais de l'instance. L'article R. 322-27 alinéa 3 C. pr. exéc. dispose que dans ce cas, le créancier poursuivant défaillant conservera à sa charge l'ensemble des frais de la saisie engagés sauf décision contraire du juge spécialement motivée.

B. Auteur de la réquisition

1368.31 Le poursuivant ou les créanciers inscrits. En principe, c'est le poursuivant qui requiert la vente. Cependant, si le créancier poursuivant accepte, le jour même de l'adjudication, des offres tardives faites par le débiteur saisi, il n'aura plus d'intérêt pour faire vendre le bien aux enchères. Pour préserver les droits des autres créanciers inscrits, et comme le prévoyait déjà le décret-loi de 1938, l'article R. 322-27 C. pr. exéc. dispose qu'au *jour indiqué, le créancier poursuivant ou à défaut tout créancier inscrit, alors subrogé dans les poursuites, sollicite la vente* ». Le créancier poursuivant qui, désintéressé du montant de la créance à l'origine de la procédure de saisie immobilière s'est désisté de ses poursuites en qualité de poursuivant mais bénéficie, en sa qualité de créancier inscrit au titre d'une créance différente de celle visée au commandement de payer, d'un titre exécutoire l'autorisant à être subrogé dans les poursuites pour le recouvrement de cette autre créance, peut également demander à être subrogé afin de requérir la vente[5].

L'article R. 311-9 C. pr. exéc. permet par ailleurs aux créanciers inscrits demander au juge de l'exécution (JEX) leur subrogation dans les droits du poursuivant, verbalement le jour de l'adjudication. De la combinaison de ces deux articles on peut déduire que le créancier inscrit qui requiert la vente est subrogé dans les droits du poursuivant.

1368.32 Ministère d'avocat. De la lecture de l'article R. 322-27 C. pr. exéc., peut-on déduire que le poursuivant peut requérir seul, sans ministère d'avocat ? Il faut répondre par la négative s'agissant d'une procédure avec représentation obligatoire. Pour les créanciers inscrits, la référence à une constitution implique-t-elle un acte d'avocat à avocat préalable ? Suivant la pratique, la réquisition étant verbale, l intervention orale d'un avocat postulant semble suffire. Il n'existe toutefois pas de jurisprudence publiée sur cette question.

1368.33 Autres personnes ? Sont exclues toutes les autres personnes qui pourraient cependant prétendre à un intérêt : ainsi, les créanciers chirographaires, mais encore les créanciers privilégiés en vertu d'un privilège occulte (syndicat de copropriété) qui auraient eu connaissance de la procédure et auraient été informés de la date de

1. Décr. n° 2012-783, 30 mai 2012, relatif à la partie réglementaire du Code des procédures civiles d'exécution, *JO* 31 mai, p. 9375.
2. Req. 16 nov. 1926, *S.* 1926. 1. 380.
3. Décr. n° 2009-160, 12 févr. 2009, pris pour l'application de l'ordonnance n° 2008-1345 du 18 décembre 2008 portant réforme du droit des entreprises en difficulté et modifiant les procédures de saisie immobilière et de distribution du prix d'un immeuble, *JO* 13 févr., p. 2596.
4. Et la caducité qui atteint une mesure d'exécution la prive rétroactivement de tous ses effets : Civ. 2e, 4 sept. 2014, n° 13-11.887, *Bull. civ.* II [à paraître].
5. Civ. 2e, 10 mars 2011, n° 10-14.111, NP.

l'audience (grâce aux affiches et placards ou, pour le syndicat, par le poursuivant sollicitant le certificat de charges) et encore les créanciers saisissants postérieurs. Tous ces créanciers n'étant pas visés par l'article R. 322-27 C. pr. exéc., ils ne pourront requérir la vente en cas de désintéressement du poursuivant. Pourtant, ils pourraient avoir intérêt à le faire.

Le droit accordé aux créanciers inscrits s'explique parce qu'ils étaient parties à la procédure; le poursuivant leur avait dénoncé le commandement de saisie et ainsi assignés à l'audience d'orientation. Mais l'exclusion d'autres créanciers, et spécialement des poursuivants postérieurs, pour lesquels l'article R. 321-10 alinéa 3 C. pr. exéc. prévoit que la radiation de la saisie ne peut plus être opérée sans leur consentement, ne s'explique pas.

§ 2
Caractères de la vente

1368.40 **Plan.** La vente se réalise à la barre du tribunal. Certaines personnes sont interdites d'enchères, les autres doivent justifier de garanties de paiement.

A.
Une vente à la barre

1°
Déroulement

1368.41 **Des professionnels du droit.** La vente sur saisie immobilière se déroule devant et en présence des professionnels du droit que sont les magistrats et les avocats.

1368.42 **Le tribunal.** L'adjudication de l'immeuble a lieu aux enchères publiques, à l'audience du juge (C. pr. exéc., art. L. 322-5). Il s'agit du JEX du tribunal de grande instance (TGI) dans le ressort duquel est situé l'immeuble (C. pr. exéc., art. R. 311-2). Les différentes chambres d'un TGI ne sont que des formations particulières de celui-ci et non des juridictions distinctes; le JEX est donc compétent pour connaître de la procédure de vente et des contestations portant sur des actes postérieurs à l'audience d'orientation.

1368.43 **Magistrats.** Il s'agit de magistrats du siège, mais également du Ministère public qui peut intervenir volontairement si l'ordre public le nécessite (C. pr. civ., art. 431).

Les membres de la juridiction devant laquelle la vente est poursuivie sont interdits d'enchères pour des raisons de morale publique (v. s^{s} n° 1368.72).

1368.44 **Constitution d'avocat obligatoire.** Lors des enchères, le décret impose la représentation à toute personne voulant se porter adjudicataire. Selon l'article R. 322-40 C. pr. exéc., les enchères doivent être portées par le ministère d'un avocat inscrit au barreau du TGI devant lequel la vente est poursuivie. Le poursuivant a nécessairement constitué avocat lorsqu'il a fait signifier le commandement de payer valant saisie et les autres parties, et toute partie qui souhaitait former une demande incidente ou une contestation, ont également dû constituer avocat.

1368.45 **Monopole pour pousser les enchères.** La même exigence est formulée pour pousser les enchères (C. pr. exéc., art. R. 322-40). Elle est de bon sens compte tenu de la complexité de la procédure et des incidents qui peuvent l'émailler; pour aborder le « monde » des ventes aux enchères il faut en connaître les règles. Cette exigence figure désormais sur les publicités qui annoncent la vente (C. pr. exéc., art. R. 322-31, 5°). Ainsi, l'enchère portée par une personne non représentée sera non pas nulle mais inexistante[1]. La différence est importante car une enchère inexistante ne couvre pas l'enchère précédente (v. s^{s} n° 1368.123).

2°
Pluralité de pouvoirs

1368.51 **• Position du problème.** Avant la réforme, la question se posait de savoir si un même avocat peut représenter plusieurs clients, voire, être à la fois avocat du poursuivant et requérir à ce titre la vente et, en même temps, accepter des mandats pour pousser les enchères. Ces dernières années, certains conseils de l'ordre avaient interdit cette pratique pour des raisons déontologiques. En 1987, la Cour de cassation avait jugé qu'une telle délibération était illégale car de nature à porter atteinte à la liberté des enchères; la délibération avait ainsi été annulée[2] (sur la liberté des enchères, v. s^{s} n° 1325.80). Depuis, le Conseil national des barreaux (CNB), a adopté un règlement intérieur national (RIN), qui comporte des dispositions relatives à la déontologie et la pratique de l'avocat en matière de ventes judiciaires. L'article 12.2 notamment, interdit aux avocats de porter des enchères pour des personnes qui sont en conflit d'intérêts et également, interdit de porter des enchères pour un même bien pour le compte de plusieurs mandants. En outre, lorsqu'un avocat s'est rendu adjudicataire pour le compte d'une personne, il ne peut accepter de for-

1. Req. 30 déc. 1902, *DP* 1093. 1. 137; *S.* 1903. 1. 257.
2. Civ. 1re, 16 juill. 1987, n° 85-15.092, *Bull. civ.* I, n° 222; *D.* 1988. Somm. 237, obs. Brunois; *Gaz. Pal.* 1988. Somm. 35, obs. Guinchard et Moussa.

mer surenchère au nom d'une autre personne, à défaut d'accord écrit de l'adjudicataire initial.

1368.52 • Interdiction d'être porteur de plusieurs mandats d'enchérir. Désormais, l'article R. 322-40 alinéa 3 C. pr. exéc. dispose que l'avocat ne pourra être porteur que d'un seul mandat. Cette règle a été présentée comme destinée à assurer la transparence des enchères et la pleine concurrence entre enchérisseurs. La pluralité de mandats génère un conflit d'intérêts. L'insertion de cette interdiction dans le décret sur la saisie immobilière, outre qu'elle pérennise la disposition prise par le CNB, permet d'en sanctionner l'inexécution par la nullité des enchères, là où auparavant, l'avocat ne pouvait encourir que des sanctions disciplinaires.

L'article R. 322-40 C. pr. exéc. ne régit que les enchères[1], rien ne semble donc interdire à l'avocat du poursuivant d'être porteur d'un mandat, c'est-à-dire de requérir la vente et ensuite de pousser les enchères pour un mandant à moins que le créancier poursuivant ne lui ait déjà donné mandat de monter les enchères. Le critère d'appréciation ici devrait être celui d'un éventuel conflit d'intérêts, conformément aux dispositions du RIN.

1368.53 • Insuffisance d'avocats. Si le nombre d'avocats se révèle insuffisant pour représenter l'ensemble des enchérisseurs – ce qui peut être le cas des enchères conduites dans des tribunaux dotés de barreaux de petite taille –, il conviendra de faire application du mécanisme correctif de l'article 5 de la loi du 31 décembre 1971 portant réforme de certaines professions judiciaires et juridiques : un avocat établi auprès d'un autre tribunal de la cour d'appel pourra être autorisé par la cour à diligenter des actes de procédure, soit, en l'occurrence à représenter un enchérisseur.

B. Enchérisseurs

1368.60 Liberté sous conditions. La liberté des enchères est d'ordre public. Elle est pénalement protégée par l'article 313-6 du Code pénal qui prohibe « *le fait, dans une adjudication publique, par dons, promesses, ententes ou tout autre moyen frauduleux, d'écarter un enchérisseur ou de limiter les enchères ou les soumissions* », ou « *d'entraver ou de troubler la liberté des enchères ou des soumissions, par violences, voies de fait ou menaces* ». Toute stipulation susceptible d'entraver cette liberté, par exemple dans le cahier des conditions de vente, est ainsi réputée non écrite. Cependant, cette liberté ne signifie pas que l'on ne doive pas écarter les enchérisseurs inconséquents ou ceux qui pourraient être suspectés de collusion ou de conflits d'intérêt. Ainsi, toute personne peut envisager d'acquérir un bien aux enchères sous condition de capacité et éventuellement de pouvoir, d'absence d'interdictions et de garanties de paiement.

1° Capacité et pouvoir

1368.61 Capacité de s'engager. L'adjudication emporte transfert de propriété au profit de l'adjudicataire. Pour donner mandat de pousser les enchères il faut donc être capable de s'engager au sens du droit commun des contrats (C. civ., art. 1123), c'est-à-dire de jouir de la capacité de disposer. Ainsi, un majeur en tutelle ne pourra se porter acquéreur que représenté par son tuteur, lui-même autorisé par le conseil de famille ou le juge des tutelles. En effet le majeur protégé n'est en principe pas atteint d'une incapacité de jouissance mais d'une incapacité d'exercice.

Mais d'autres difficultés peuvent se présenter qui mettent principalement en jeu le droit des sociétés, ainsi on peut s'interroger sur la capacité des sociétés en formation.

Avant la réforme, il fallait distinguer entre la capacité le jour de l'audience d'adjudication et celle le jour de la déclaration d'adjudicataire. La Cour de cassation jugeait ainsi de la validité d'une déclaration de command en fonction de l'existence légale d'une société, au jour de cette déclaration[2]. Il semblait en résulter que la capacité de l'enchérisseur devait exister plutôt au jour de la déclaration d'adjudicataire, ce qui évitait en pratique, la création d'une personne morale en vue d'une adjudication hypothétique. En revanche, une société en formation, non encore immatriculée, n'avait pas la capacité de former une surenchère[3], la déclaration de surenchère ne pouvant être validée rétroactivement[4] et la capacité du surenchérisseur s'appréciait au plus tard à la date d'expiration du délai pour former surenchère[5].

Avec la réforme, l'avocat dernier enchérisseur sera tenu de déclarer avant l'issue de l'audience l'identité

1. L'art. 73 du décret, devenu l'art. R. 322-40 C. pr. exéc., qui interdit à l'avocat d'être porteur de plusieurs mandats pour enchérir, ne régit que les enchères, de sorte qu'il n'interdit pas à l'avocat représentant le colicitant ayant exercé un droit de substitution de former une déclaration de surenchère pour le compte d'une autre personne : Civ. 2e, 5 déc. 2013, no 10-22.901, *Bull. civ.* II [à paraître].

2. Civ. 2e, 6 oct. 1993, no 91-20.612, NP.
3. Civ. 2e, 18 mai 1989, no 88-12.849, *Bull. civ.* II, no 109.
4. Civ. 2e, 30 mars 2000, no 98-16.648, NP; *Procédures* 2000, no 171.
5. Civ. 2e, 21 sept. 2000, no 98-21.096, NP; *Procédures* 2001, no 64.

de son mandant (C. pr. exéc., art. R. 322-46 - v. s[s] n° 1368.152). La capacité du denier enchérisseur devra donc être acquise au jour de l'audience d'adjudication. Pour admettre la validité d'une enchère portée pour le compte d'une société en formation, on pouvait essayer de raisonner par référence aux ventes amiables où des acquisitions s'effectuent par les associés, pour le compte de la société en formation, et sous réserve de l'immatriculation au Registre du commerce, qui peut intervenir postérieurement; l'extrait du registre du commerce faisant ensuite l'objet d'un dépôt aux rangs des minutes d'un notaire et d'une publication à la Conservation des hypothèques, qui emporte rétroactivement propriété au profit de la personne morale. Dans cet esprit, des pouvoirs peuvent être établis au nom des associés eux-mêmes, à condition qu'ils aient la capacité d'enchérir, déclarant agir pour le compte de la société en formation. Ce raisonnement pouvait être étendu aux ventes aux enchères publiques : la déclaration d'adjudicataire étant prononcée à leur profit, avec la faculté ultérieure du dépôt de l'extrait d'immatriculation aux minutes d'un notaire et de sa publication à la Conservation des hypothèques[1].

Et finalement, la deuxième chambre civile a jugé valable une enchère portée pour le compte d'une SCI en formation, ladite SCI ayant repris les actes accomplis pour son compte pendant sa formation; les engagements souscrits ont été, en raison de leur reprise, réputés avoir été contractés dès l'origine par la société[2].

1368.62 **Pouvoir.** Le représentant de la personne morale qui se portera adjudicataire doit en outre justifier d'un pouvoir à cette fin. Doit-il en justifier lors de l'audience d'adjudication ? Cela semble plus prudent pour éviter toute contestation ultérieure. En matière de surenchère, il a en outre été jugé que la constatation par le jugement d'adjudication de l'existence d'un pouvoir faisait foi jusqu'à inscription de faux, même si ledit pouvoir n'était pas demeuré annexé à la minute de la déclaration de surenchère faite par l'avocat, comme le tribunal l'avait ordonné[3]. Et le défaut de pouvoir de celui qui déclare surenchérir en qualité de représentant d'une personne morale ne peut être couvert après l'expiration du délai imparti pour former surenchère (ainsi pour le maire d'une commune qui avait agi sans autorisation du conseil municipal, la surenchère ayant été approuvée ensuite[4]).

2°
Interdictions d'enchérir

1368.70 **Fondements.** Le droit de monter les enchères est refusé à certaines personnes, et par le Code civil, et par le Code des procédures civiles d'exécution. Ces interdictions concernent le saisi, les auxiliaires de justice et les magistrats, mais encore les tuteurs et les mandataires de justice. Ils ne peuvent se porter enchérisseurs, ni par eux-mêmes, ni par personne interposée. Le fondement de ces interdictions est toutefois, différent pour le saisi et pour les professionnels.

a)
Interdiction en raison des fonctions

1368.71 **Code civil.** L'article L. 322-7 C. pr. exéc. dispose que toute personne peut se porter enchérisseur sous réserve des incapacités tenant aux fonctions qu'elle exerce. Or, l'article 1596 du Code civil écarte des enchères certaines personnes en raison de leurs fonctions. Ainsi, ne peuvent se rendre adjudicataires, ni par eux-mêmes ni par personnes interposées, les tuteurs, les mandataires, les administrateurs et officiers publics, relativement aux biens qui leur sont confiés (C. civ., art. 1596).

1368.72 **Magistrats (C. pr. exéc., art. R. 322-39, 3°).** Les membres de la juridiction devant laquelle la vente est poursuivie sont interdits d'enchères pour des raisons de morale publique.

1368.73 **Auxiliaires de justice (C. pr. exéc., art. R. 322-39, 2°).** Les auxiliaires de justice qui sont intervenus à un titre quelconque dans la procédure[5], ne peuvent également enchérir. Il s'agit là d'éviter les conflits d'intérêts. Sont certes visés les avocats, mais aussi les huissiers de justice.

1. EN CE SENS, v. Civ. 2e, 18 mai 1989, n° 88-12.849, *Bull. civ.* II, n° 109, qui semblait semble insister sur le fait que la déclaration avait été faite au nom de la société en formation.
2. Civ. 2e, 19 déc. 2002, n° 00-20.250, *Bull. civ.* II, n° 290; *JCP* IV, 1295 – Civ. 2e, 10 sept. 2009, n° 08-15.882, *Bull. civ.* II, n° 207; *D.* 2009. AJ 2280; *Dr. et proc.* 2010. 49, obs. Leborgne; *Gaz. Pal.* 21-22 avr. 2010, p. 16, obs. Zattara-Gros; *RD banc. fin.* 2009, n° 206, obs. Pièdelièvre; *Dr. sociétés* 2009, n° 217, note Coquelet; *RLDA* nov. 2009. 10, note Cerati-Gauthier.
3. Civ. 2e, 20 févr. 1975, n° 73-10.033, *Bull. civ.* II, n° 60; *JCP* 1975. IV. 121.
4. Civ. 2e, 17 oct. 2002, n° 00-21.106, *Bull. civ.* II, n° 224; *D.* 2002. IR 2988.
5. Est ainsi nulle la surenchère portée par une SCI dont le gérant et unique associé, avocat, était intervenu en tant qu'auxiliaire de justice dans la procédure de saisie immobilière en se présentant, lors de la visite préalable à l'adjudication, comme le conseil de l'un des associés de la société, débitrice saisie : Civ. 2e, 18 oct. 2012, n° 11-23.646, *Bull. civ.* II, n° 178; *Dalloz actualité,* 5 nov. 2012, obs. Avena-Robardet; *D.* 2013. Pan. 1582, obs. Leborgne; *Gaz. Pal.* 20 nov. 2012, p. 10, note Lauvergnat; *RD banc. fin.* 2013, n° 3, obs. Piedelièvre; *Procédures* 2013. Chron. 1, n° 22, obs. Leborgne.

1368.74 **Nature de ces interdictions.** Les interdictions d'enchérir édictées par ces textes constituent des mesures de police des enchères. Elles sont prescrites à peine de nullité de l'enchère soulevée d'office (C. pr. exéc., art. R. 322-48, al. 1er – et v. ss no 1368.51).

b)

Exclusion du saisi

1368.81 **Principe et réalité.** En théorie, le saisi ne peut racheter son bien aux enchères; l'article R. 322-39, 1° C. pr. exéc. le lui interdit, par lui-même ou par personne interposée. En pratique, il essaie souvent de le faire par l'intermédiaire de membres de sa famille interposés.

1368.82 • **Fondement.** L'interdiction est de bon sens. Si le bien du saisi est vendu aux enchères c'est qu'il n'a pas payé sa dette et il ne saurait être possible de purger les inscriptions dudit bien au moyen d'une adjudication à son profit, pour une somme éventuellement inférieure au montant des inscriptions; en outre, le fait de monter les enchères révélerait la mauvaise foi du saisi qui, disposant de fonds, a malgré tout obligé son créancier à le poursuivre en exécution forcée. L'interdiction d'enchérir qui frappe le saisi ne sera donc pas subordonnée à la preuve de son insolvabilité notoire[1].

1368.83 • **Étendue de l'interdiction.** L'interdiction concerne le débiteur mais encore son héritier acceptant pur et simple[2]; elle ne s'applique pas en revanche au tiers détenteur qui n'est pas tenu à la dette, ni à l'héritier bénéficiaire[3]. Toute personne tenue à la dette à la suite de laquelle la saisie est pratiquée ne peut enchérir[4].

1368.84 • **Personnes interposées.** C'est un moyen de tourner l'interdiction. La difficulté est celle de la preuve de l'interposition. Celle-ci se réalise souvent au moyen de sociétés familiales; dans ce cas, les présomptions légales des articles 911 et 1099 du Code civil sont inapplicables (père, mère, enfant, descendants et époux) et il faut apporter la démonstration de l'interposition en fonction des éléments de la cause[5]. L'appréciation de l'interposition est du pouvoir souverain des juges du fond[6].

3°

Garanties de paiement

1368.91 **Fondement.** L'article 711 ACPC, posait l'interdiction d'enchérir pour toute personne notoirement insolvable. Il s'agissait d'éviter, autant que faire ce peut, le risque d'une revente sur folle enchère pour défaut de paiement du prix d'adjudication Si le critère était pertinent dans son principe, sa mise en œuvre était sujette à interprétation et pouvait conduire à limiter ou à étendre de façon excessive la faculté d'enchérir. L'article R. 322-41 C. pr. exéc., lui préfère un critère objectif : avant de porter les enchères, l'avocat doit se fait remettre par son mandant et contre récépissé, une caution bancaire irrévocable ou un chèque de banque rédigé à l'ordre du sequestre ou du consignataire, représentant 10 % du montant de la mise à prix, sans que le montant de cette garantie puisse être inférieur à 3 000 euros. Avant la réforme, en cas d'insolvabilité notoire, les avocats étaient tenus d'indemniser les parties (ACPC, art. 711, al. 2) et ils s'exposaient à des sanctions disciplinaires. Cette nouvelle pratique est donc protectrice des intérêts de tous, y compris du professionnel.

1368.92 **Garanties : une caution bancaire ou un chèque de banque.** Certains règlements intérieurs en faisaient déjà une obligation pour les avocats de leur barreau avant la réforme. Si cette garantie est versée par chèque, celui-ci est encaissé par le séquestre ou le consignataire, qui le restitue immédiatement à l'issue de l'audience de vente forcée à l'enchérisseur qui n'a pas été déclaré acquéreur. Autre intérêt d'une telle garantie, en cas de défaillance de l'adjudicataire, la somme en cause est acquise aux créanciers poursuivants pour leur être distribuée avec le prix de l'immeuble. Le mécanisme est ainsi identique à celui prévu en cas de défaillance de l'acquéreur en cas d'autorisation de vente amiable.

L'article R. 322-41 C. pr. exéc. impose la remise d'une caution bancaire irrévocable ou d'un chèque de banque. Aucune autre garantie ne devrait donc être acceptée[7].

Compte tenu de la rédaction très générale de l'article R. 322-41 C. pr. exéc., faut-il en déduire

1. EN CE SENS, avant la réforme : Civ. 2e, 20 mars 1989, no 88-11.717, *Bull. civ.* II, no 77; *Gaz. Pal.* 1989. Somm. 463, obs. Véron; *RTD civ.* 1990. 151, obs. Perrot.
2. Civ. 28 mars 1904, *DP* 1904. 1. 315.
3. Limoges, 5 déc. 1833, *DP* 1838. 2. 208 – *CONTRA :* Pau, 2 août 1844, *DP* 1846. 1. 134.
4. Civ. 2e, 26 févr. 1975, no 73-11.671, *Bull. civ.* II, no 67; *JCP* 1975. IV. 134.
5. Paris, 10 juin 1850, *DP* 1852. 2. 116 – Req. 29 juill. 1890, *DP* 1891. 1. 200 – Paris, 2e ch., 3 mars 1978, *Juris-Data* no 0097.
6. V. Civ. 2e, 15 nov. 2012, no 11-24.599, NP : dans cette affaire, la société, surenchérisseur, et la société, débitrice saisie, avaient le même gérant, qui était l'unique associé de la société débitrice dont il détenait 99 % des parts sociales. Les juges du fond en ont conclu qu'il s'agissait d'un cas où une même personne se trouvait, sous le couvert de deux sociétés dont elle possédait quasiment toutes les parts, à la fois débiteur saisi et surenchérisseur.
7. Civ. 2e, 10 mars 2011, no 10-15.486, *Bull. civ.* I, no 66, qui juge irrecevable une surenchère à défaut de remise par le surenchérisseur d'une garantie valable : en l'espèce celui-ci avait, notamment, fourni un nantissement.

que cette garantie sera également demandée au créancier de premier rang et encore aux établissements financiers ? On n'en comprendrait pas l'intérêt dans ces deux hypothèses.

1368.93 **Montant.** Cependant, 10 % de la mise à prix paraissait une somme bien minime, ne permettant pas d'être assuré de la solvabilité de l'enchérisseur face à l'enchère finale. Les auteurs du décret du 12 février 2009 ont ajouté à l'ancien article 74 du décret du 27 juillet 2006 (devenu C. pr. exéc., art. R. 322-41) l'indication que le montant de cette garantie ne pouvait être inférieur à 3 000 euros, ce qui devrait permettre de couvrir les frais de poursuite.

1368.94 **Récépissé.** Selon l'article R. 322-41 alinéa 2 C. pr. exéc., l'avocat remet à l'enchérisseur un récépissé contenant ces informations, afin que ce dernier soit pleinement informé de ses droits et surtout de ses obligations.

1368.95 **Origine des fonds.** Depuis la loi n° 90-614 du 12 juillet 1990, relative à la lutte contre le blanchiment des capitaux provenant du trafic de stupéfiants[1], les professionnels ne peuvent plus négliger, au regard des règles qui régissent leurs maniements de fonds, l'origine des sommes qui leur sont remises (les articles 2 et 3 de la loi du 12 juillet 1990 imposent à toutes personnes, qui dans l'exercice de leur profession réalisent, contrôlent ou conseillent des opérations entraînant des mouvements de capitaux, de déclarer au procureur de la République les opérations dont elles ont connaissance et qui portent sur des sommes qu'elles savent provenir du trafic de stupéfiants).

Le blanchiment est défini comme le fait « *de faciliter par tout moyen, la justification mensongère de l'origine des biens ou des revenus de l'auteur d'un crime ou d'un délit ayant procuré à celui-ci un profit direct ou indirect* », ainsi que « *le fait d'apporter un concours à une opération de placement, dissimulation ou de conversion du produit direct ou indirect d'un crime ou d'un délit* » (C. pén., art. 324-1). Lorsqu'il est commis de façon habituelle ou en utilisant les facilités que procure l'exercice d'une activité professionnelle, il est puni d'une peine de dix ans d'emprisonnement et de 750 000 euros d'amende (C. pén., art. 324-2).

Les avocats étaient-ils, d'une manière générale, concernés par ces dispositions ? La question était discutée et elle s'était reposée à l'occasion de la discussion de la loi n° 2001-420 du 15 mai 2001, loi relative aux nouvelles régulations économiques[2]. Un amendement au projet de loi avait été déposé, afin de contraindre les avocats à déclarer leurs soupçons en matière de blanchiment; la liste établie par la loi de 1990, précitée *supra*, aurait ainsi été complétée afin d'obliger ces professionnels, dès qu'ils seraient intervenus en qualité de conseil, de déclarer au procureur de la République les opérations dont ils auraient eu connaissance et portant sur des sommes qui seraient susceptibles de provenir du trafic de stupéfiants. Mais cette déclaration de soupçon remettant en cause le secret professionnel, les avocats en avaient finalement obtenu le retrait. Le débat n'en est pas resté là car la lutte contre le blanchiment est une préoccupation européenne et l'approche du secret professionnel peut être différente au niveau communautaire[3].

Ainsi, la directive européenne n° 2001/97/CE du Parlement européen et du Conseil du 4 décembre 2001, relative à la prévention de l'utilisation du système financier aux fins de blanchiment de capitaux, modifiant la directive n° 91/308 CEE du Conseil sur le même thème, constate dans son préambule que les blanchisseurs de capitaux ont de plus en plus tendance à « *utiliser* » les professions non financières et désigne, à ce titre, les notaires et les « *membres des professions juridiques indépendantes* », ce qui conduisait à reposer la question de l'assujettissement des avocats à la déclaration de soupçons. La directive semblait certes, distinguer deux catégories d'activités professionnelles pour les avocats : l'activité judiciaire, qui serait dispensée de l'obligation de déclaration de soupçons, et l'activité de conseil juridique et fiscal, qui y serait astreinte. Mais le préambule prévoit encore que les avocats devraient être soumis aux dispositions de la directive « *lorsqu'ils participent à des transactions de nature financière ou pour le compte de sociétés, y compris lorsqu'ils fournissent des conseils fiscaux* », et la notion de « transaction financière » et de « participation » sont définies à l'article 2 *bis*-5 nouveau de la directive de la façon suivante : « *En assistant leur client dans la préparation ou la réalisation de transactions concernant l'achat et la vente de biens immeubles* [...], *la constitution* [...] *de fiducies, de sociétés ou de structures similaires, ou en agissant au nom de leur client et pour le compte de celui-ci dans toute transaction financière ou immobilière* »[4]. La France a intégré cette directive dans la loi n° 2004-130 du 1er février 2004,

1. L. n° 90-614, 12 juill. 1990, relative à la participation des organismes financiers à la lutte contre le blanchiment des capitaux provenant du trafic des stupéfiants, *JO* 14 juill., p. 8329.

2. L. n° 2001-420, 15 mai 2001, relative aux nouvelles régulations économiques, *JO* 16 mai, p. 7776.
3. Sur cette question, v. *D.* 2001, Cah. dr. aff. n° 19, p. 1399.
4. V. Y. Repiquet, « Les avocats français et la directive européenne relative à la prévention de l'utilisation du système financier aux fins de blanchiment de capitaux », *Gaz. Pal.* 6-8 juill. 2003, Libres propos, p. 11 – Et *JCP E* 2003, n° 4, suppl. au n° 37, *Le blanchiment des capitaux,* spéc. A. Larue et P. Mousseron, « Les professionnels du droit face au blanchiment des capitaux », p. 3.

réformant le statut de certaines professions judiciaires et juridiques, experts judiciaires, conseils en propriété industrielle et des experts en vente aux enchères publiques[1]. Les avocats ont ainsi été inclus dans la liste des personnes obligées à une déclaration de soupçons[2]. Ils sont désormais tenus aux mêmes obligations que celles qui incombent aux banques et toute omission de déclaration est susceptible de sanctions disciplinaires mais aussi pénales (C. pén., art. 324-2).

En 2005, une troisième directive a ensuite été adoptée[3]. La directive n° 2005/60/CE du Parlement européen et du Conseil du 26 octobre 2005, relative à la prévention de l'utilisation du système financier aux fins de blanchiment de capitaux et du financement du terrorisme, est applicable au secteur financier ainsi qu'aux avocats, notaires, comptables, agents immobiliers, casinos, fiducies et prestataires de services pour les sociétés. Son champ d'application recouvre aussi tous les fournisseurs de marchandises, lorsque les paiements en espèces dépassent 15 000 euros. Les personnes relevant de la directive devront établir et vérifier l'identité de leur client et de son ayant droit, et soumettre la relation d'affaires avec le client à une surveillance; faire état des soupçons de blanchiment d'argent ou de financement du terrorisme aux pouvoirs publics - généralement la Cellule nationale de renseignements financiers; et prendre des mesures adéquates, comme assurer une bonne formation du personnel et instaurer des politiques et procédures internes de prévention appropriées. Par souci de clarté, la directive existante de 1991, modifiée en 2001, ne devait être abrogée et remplacée par la présente directive, que lors de son entrée en vigueur effective. Les États membres étaient convenus de mettre la directive en œuvre dans un délai de deux années à compter de sa publication au *Journal officiel de l'Union européenne*. La transposition a été réalisée, avec retard, par la France par l'ordonnance n° 2009-104 du 31 janvier 2009[4], ensuite modifiée par la loi n° 2013-672 du 26 juillet 2013 de séparation et de régulation des activités bancaires[5].

1. L. n° 2004-130, 11 févr. 2004, réformant le statut de certaines professions judiciaires et juridiques des experts judiciaires, des conseils en propriété industrielle et des experts en ventes aux enchères publiques, *JO* 12 févr., p. 2847.
2. L. 1er févr. 2004, art. 70, mod. C. mon. fin.
3. *Dr. et patr.* juill.-août 2005. Actu. 6 – Et F. Baillet, « Blanchiment : l'état de législation », *Gaz. Pal.* 2005, n° 285, p. 2 – C. Juncu, *LPA* 14 juin 2005, n° 117, p. 4.
4. Ord. n° 2009-104, 31 janv. 2009, relative à la prévention de l'utilisation du système financier aux fins de blanchiment de capitaux et de financement du terrorisme, *JO* 31 janv., p. 1819.
5. L. n° 2013-672, 26 juill. 2013, de séparation et de régulation des activités bancaires, *JO* 27 juill., p. 12530.

Le titre VI du livre V du Code monétaire et financier a été refondu en 2009 dans le but de lui donner une cohérence globale. La pratique a immédiatement dénoncé l'insécurité du dispositif applicable aux avocats, ainsi que l'insécurité juridique résultant du périmètre de la déclaration de soupçons[6]. En pratique, les professionnels sont tenus d'une **obligation de vigilance** à l'égard de leur clientèle (C. mon. fin., art. L. 561-5 à L. 561-14-2) et d'une **obligation de déclaration** conformément aux dispositions des articles L. 561-15 et L. 561-16 du Code monétaire et financier. En vertu de l'article L. 561-2, 13° du Code monétaire et financier, sont assujettis aux obligations de lutte contre le blanchiment, les avocats au Conseil d'État et à la Cour de cassation, les avocats, les notaires, les huissiers de justice, les administrateurs judiciaires, les mandataires judiciaires et les commissaires-priseurs judiciaires, dans les conditions prévues à l'article L. 561-3. Ainsi, les avocats pourront être concernés par la lutte contre le blanchiment dès lors qu'ils participeront « *au nom et pour le compte de leur client à toute transaction financière ou immobilière* » et également lorsqu'ils assistent leur client dans la préparation ou la réalisation de transactions concernant l'achat et la vente de biens immeubles (C. mon. fin., art. L. 561-3, I). Toutefois, en vertu de l'article L. 561-3, II du Code monétaire et financier, « *les avocats au Conseil d'État et à la Cour de cassation, les avocats dans l'exercice d'une activité relative aux transactions mentionnées au I, ne sont pas soumis aux dispositions du présent chapitre lorsque l'activité se rattache à une procédure juridictionnelle, que les informations dont ils disposent soient reçues ou obtenues avant, pendant ou après cette procédure, y compris dans le cadre de conseils relatifs à la manière d'engager ou d'éviter une telle procédure, non plus que lorsqu'ils donnent des consultations juridiques, à moins qu'elles n'aient été fournies à des fins de blanchiment de capitaux ou de financement du terrorisme ou en sachant que le client les demande aux fins de blanchiment de capitaux ou de financement du terrorisme* ». Si on admet que le fait pour un avocat de permettre à un client de devenir acquéreur d'un immeuble faisant l'objet d'une procédure de saisie immobilière est une activité se rattachant à une procédure juridictionnelle, il n'y aurait pas matière à déclaration de soupçons. L'incertitude peut toutefois demeurer car une saisie immobilière n'est pas une instance mais une mesure d'exécution et le fait de pousser les enchères

6. Pour une analyse du dispositif : v. C. Cutajar, « Droit du blanchiment : une ordonnance nécessaire mais à parfaire », *D.* 2009. Chron. 821 – C. Charrière-Bournazel, « Ordonnance du 30 janvier 2009 transposant la troisième directive anti-blanchiment », *Gaz. Pal.* 15-17 févr. 2009, p. 34.

pourrait être regardé comme constitutif d'une assistance pour réaliser un achat de bien immobilier.

§ 3
Déroulement des enchères

1368.101 **Plan.** Une fois les enchères requises (v. ss n° 1368.21), le poursuivant doit annoncer les frais. Puis les enchères s'ouvrent et les enchérisseurs font des offres par l'intermédiaire de leurs mandataires. Avant le début des enchères à proprement parler, le juge diffuse également aux enchérisseurs certaines informations destinées à les éclairer.

1368.102 **Liberté des enchères.** Les enchères sont libres, hors les interdictions d'enchérir (v. ss nos 1368.70 s.), ce qui signifie que toute personne doit pouvoir acheter aux enchères sans que le jeu de celles-ci ne soit faussé. Le respect de cette liberté est sanctionné pénalement. L'ancien Code pénal connaissait un délit d'entrave à la liberté des enchères (C. pén., anc. art. 412). Le « nouveau » Code pénal a supprimé le délit propre pour traiter plus globalement des « *infractions voisines de l'escroquerie* ». Le principe de la répression demeure le même, il s'agit de lutter contre le fait, par dons, promesses, ententes ou tout autre moyen frauduleux, d'écarter un enchérisseur ou de limiter les enchères et soumissions (C. pén., art. 313-6); les sanctions ont été alourdies : six mois d'emprisonnement et 22 500 euros d'amende.

A.
Annonce des frais

1368.111 **Montant taxé.** En vertu de l'article R. 322-42 C. pr. exéc., le montant de la taxe est publiquement annoncé avant l'ouverture des enchères et reproduit dans le jugement. Cela signifie que, désormais, le poursuivant devra faire taxer les frais de poursuites, dûment justifiés, par le juge préalablement, ce qui n'était pas le cas jusqu'alors devant toutes les chambres des criées.

1368.112 **Contestations.** La matière est strictement tarifée; il ne pourra rien être exigé au final de plus que le montant de la taxe. Toute stipulation contraire quelle qu'en soit la forme est réputée non écrite (C. pr. exéc., art. R. 322-42).

Toutes les parties qui ont un intérêt peuvent donc contester la taxe en formant opposition : le poursuivant[1] comme l'adjudicataire[2]. À notre sens le même droit doit être ouvert au saisi puisque l'importance des frais est de nature à réduire le montant de l'adjudication.

Le juge de la taxe est, en l'espèce, le JEX. Sa décision est susceptible d'appel, conformément aux dispositions des articles R. 311-7 et R. 121-19 C. pr. exéc.

B.
Enchères

1°
Modalités

1368.121 **Auteur.** Les enchères sont portées, sous le contrôle du juge qui assure en effet la police de l'audience, par les avocats postulants près le TGI (sur le monopole, v. ss nos 1368.44 et 1368.45), qui ne peuvent avoir plusieurs pouvoirs (v. ss n° 1368.52).

1368.122 **Annonce de la mise à prix.** La mise à prix fixée au cahier des conditions de la vente sert de point de départ. Selon l'article R. 322-43 C. pr. exéc., le juge doit rappeler que les enchères partiront du montant de la mise à prix fixé, selon le cas, dans le cahier des conditions de la vente ou par décision judiciaire prévue au second alinéa de l'article L. 322-6 C. pr. exéc.

1368.123 **Enchères.** Selon l'article R. 322-44 C. pr. exéc., les enchères sont pures et simples. Le mécanisme même de l'adjudication interdit en effet, de porter des enchères sous une condition de quelque nature que ce soit.

Chaque enchère doit couvrir l'enchère qui la précède. Il s'agit d'un système d'enchères montantes.

Cependant, le montant de chacune des enchères (offres d'acheter à tel prix) varie selon les pratiques locales et les cahiers des conditions de la vente. Le poursuivant a pu en effet fixer des enchères minimums que les enchérisseurs devront respecter puisqu'ils auront été informés de cette modalité de la vente. En revanche, il a été jugé qu'il n'appartenait pas au tribunal de le faire, sauf si tous les intéressés le demandaient[3]; et leur accord ne se présumerait pas de leur silence lors de l'audience[4]. Mais en pratique, on savait, avant la réforme, que devant tel TGI il était d'usage de monter sans minimum ou avec, les tribunaux déterminant avant l'ouverture des enchères, et souvent en fonction de l'immeuble,

1. Aix-en-Provence, 15e ch. A, 27 mai 2011, RG n° 10/02656, qui infirme une ordonnance de taxe ayant exclu le coût de courriers recommandés adressés au débiteur par le Trésor public conformément aux dispositions des art. L. 255, L. 258 et L. 277 du LPF, ainsi que les émoluments sur remise au greffe de déclarations complémentaires au dépôt du cahier des conditions de vente. Ces débours et émoluments sont réintégrés dans le compte des frais taxés de saisie immobilière présenté par le poursuivant au JEX.
2. Civ. 10 janv. 1939, *DH* 1939. 145.
3. Civ. 6 avr. 1857, *DP* 1857. 1. 157.
4. Civ. 6 avr. 1857.

le montant minimal auquel les enchères devaient être portées.

Les enchères sont formulées à voix haute, par les avocats, dans les intérêts de leurs mandants.

1368.124 Modalités techniques. Initialement, aux termes de l'article 78 du décret du 27 juillet 2006, les opérations devaient être arrêtées lorsque trois minutes se seraient écoulées depuis la dernière enchère. Le décret n° 2006-1805 du 23 décembre 2006 a modifié l'article 78 (devenu C. pr. exéc., art. R. 322-45) afin de raccourcir le temps entre chaque enchère : selon la nouvelle rédaction de l'article 78 (devenu C. pr. exéc., art. R. 322-45), les enchères seront arrêtées lorsque quatre-vingt-dix secondes se seront écoulées depuis la dernière enchère. Ce temps est décompté par tout moyen visuel ou sonore qui signale au public chaque seconde écoulée. Ce nouveau décompte remplace ainsi le mécanisme des trois bougies qui duraient approximativement une minute chacune. Le système désuet en apparence, du décret-loi de 1938 avait cependant été adapté; l'article 705 alinéa 3 permettant en effet que les « bougies » soient remplacées par un autre moyen, comme des feux électriques de la durée légale. Et le volume du rôle devant certains tribunaux avait même conduit ces derniers à ne faire allumer en pratique que le troisième feu, les deux premiers étant seulement annoncés verbalement par l'huissier. Rien ne semble, au demeurant, interdire de maintenir ce système.

Dès que ce temps est écoulé, le juge constate sur le champ le montant de la dernière enchère laquelle emporte adjudication (C. pr. exéc., art. R. 322-45, al. 2). Ce dernier terme est maintenu et préféré à celui de vente, qui suppose en effet un accord de volonté entre le vendeur et l'acquéreur.

2°
Carence d'enchères

1368.131 Définition. Il y a carence d'enchères lorsqu'aucune offre, supérieure à la mise à prix, n'a été formulée; le fait de déclarer acquiescer à la mise à prix ne constitue pas une enchère[1].

1368.132 • Effet. En cas de carence d'enchères, le poursuivant est déclaré adjudicataire pour la mise à prix (C. pr. exéc., art. L. 322-6)[2]. Il a été jugé que l'auxiliaire de justice qui a fixé la mise à prix pour le compte du poursuivant peut être déclaré responsable du préjudice subi par ce dernier en l'absence d'enchères[3]; la décision pourrait toutefois être différente si le mandant avait eu une compétence en matière de vente sur saisie immobilière (dans l'espèce précitée, le poursuivant était une caisse d'épargne; les juges du fond, tout en reconnaissant que cet établissement était un professionnel du prêt immobilier, ont admis son incompétence dans le domaine de la vente sur saisie immobilière).

1368.133 • Remise en vente sur baisse de mise à prix. Lorsque la mise à prix, jugée manifestement insuffisante par le saisi, aura été modifiée par le juge, à l'audience d'orientation (v. s^{s} n°s 1365.141 s.), le poursuivant n'en est plus responsable; il est dès lors inéquitable qu'il demeure adjudicataire pour le prix réévalué. Ainsi, selon l'article R. 322-47 C. pr. exéc., à défaut d'enchères et lorsque le montant de la mise à prix a été modifié par le juge, le bien est immédiatement remis en vente sur baisses successives, le cas échéant jusqu'au montant de la mise à prix initiale. L'article R. 322-47 C. pr. exéc. complète ainsi les dispositions de l'article L. 322-6 C. pr. exéc. qui ne visait pas la baisse de mise à prix.

C.
Nullité des enchères

1368.141 Sanction des irrégularités. Selon l'article R. 322-48 alinéa 1er C. pr. exéc., les dispositions de la section consacrée aux enchères (C. pr. exéc., art. R. 322-39 à R. 322-47) sont prescrites à peine de nullité de l'enchère soulevée d'office. Ainsi, sera nulle toute enchère portée en violation de ces règles, sans démonstration de grief.

« *Toute nouvelle enchère régulièrement portée couvre la nullité des enchères précédentes* » (C. pr. exéc., art. R. 322-48, al. 2). Cette règle évite ainsi de réitérer les enchères et favorise l'augmentation du prix d'adjudication.

« *La nullité de la dernière enchère entraîne de plein droit la nullité de l'adjudication* » (C. pr. exéc., art. R. 322-48, al. 3). Si l'enchère nulle est la dernière qui ait été portée, elle entraîne la nullité de la vente et impose de remettre le bien en vente. Afin de lever toute interrogation sur la nature et le régime de cette sanction (nullité de procédure pour vice de forme ou vice de fond; nullité contractuelle; voire irrecevabilité), le texte précise que cette nullité est prononcée de plein droit. Tout pouvoir d'appréciation du juge – notamment sur l'existence d'un grief – est donc écarté.

1368.142 Contestations. Pour éviter une remise en cause tardive des enchères, qui imposerait la

1. Civ. 2e, 27 mai 1983, n° 82-10.761, *Bull. civ.* II, n° 114.
2. Ce dispositif a été jugé conforme aux droits et libertés que garantit la Constitution : Cons. const. 16 déc. 2011, n° 2011-206 QPC, *Dr. et proc.* 2012. 80, obs. Leborgne.
3. Civ. 1re, 20 oct. 1998, n° 96-10.408, NP; *Procédures* 1999, n° 25.

réorganisation d'une audience coûteuse, l'article R. 322-49 C. pr. exéc. impose que les contestations relatives à la validité des enchères soient formées verbalement à l'audience, par ministère d'avocat. Le juge statue sur le champ et, le cas échéant, reprend immédiatement les enchères dans les conditions prévues à l'article R. 322-43 C. pr. exéc.

§ 4
Adjudication

1368.151 Automaticité. Même en cas de carence d'enchères, le tribunal prononcera une adjudication au profit du poursuivant. Lorsqu'il n'est plus intervenu de nouvelle enchère pendant quatre-vingt-dix secondes à l'issue de la dernière enchère, le dernier enchérisseur est déclaré adjudicataire. Cette règle connaît cependant une exception en cas de vente sur licitation-partage (v. s[s] n° 1422.184).

1368.152 Déclaration. L'avocat n'est qu'un mandataire; au moment de l'adjudication nul ne peut savoir pour qui il a poussé les enchères. Avant la réforme, l'avocat du dernier enchérisseur demandait au tribunal de le déclarer adjudicataire, sous réserve de déclarer son nom dans les trois jours et de fournir son acceptation ou son pouvoir. L'article 707 ACPC ouvrait un délai de trois jours pour en faire la déclaration, ce qui permettait notamment de vérifier si l'enchérisseur était en droit de se porter adjudicataire. L'article R. 322-46 C. pr. exéc. dispose que l'avocat dernier enchérisseur est désormais tenu de déclarer au greffier, avant l'issue de l'audience, l'identité de son mandant.

Le décret n° 2006-1805 du 23 décembre 2006 a ajouté un alinéa à l'article 89 du décret du 27 juillet 2006[1] (devenu C. pr. exéc., art. R. 322-61). Si les renseignements d'identité fournis par l'adjudicataire sont incomplets au regard des exigences de la publicité foncière, l'avocat de l'adjudicataire les complétera par une déclaration écrite remise au greffe au plus tard le troisième jour ouvrable suivant l'audience d'adjudication. Cette déclaration complémentaire sera annexée au titre de vente. En cas de difficulté, le greffe en référera au juge, qui statuera par une ordonnance non susceptible d'appel.

1368.153 Suppression de la faculté de déclarer command. L'article 707 alinéa 2 ACPC offrait une facilité fiscale : la faculté offerte à l'adjudicataire, dans les vingt-quatre heures de la déclaration de l'avocat, de déclarer command à l'Administration de l'enregistrement, c'est-à-dire de substituer un autre bénéficiaire en évitant un double droit de mutation.

En cas de déclaration de command, l'administration fiscale ne perçoit qu'un droit forfaitaire en sus des droits de mutation, sans pouvoir prétendre à une double mutation (saisi/adjudicataire, puis adjudicataire/bénéficiaire du command). Toutefois, l'Administration de l'enregistrement est toujours en mesure de démontrer l'existence de mutations secrètes et de faire payer deux fois les droits de mutation[2].

Cette faculté a été supprimée par les auteurs de la réforme (C. pr. exéc., art. L. 322-8). Cette disposition est inspirée par un souci de transparence des enchères bien mal compris. La déclaration de command permet simplement de substituer à l'adjudicataire déclaré une autre personne. Cette faculté existe et est utilisée en droit commun de la vente (CGI, art. 686) et on ne comprend pas pourquoi il en serait différemment en matière de saisie immobilière.

1368.154 Exercice du droit de préemption. Dans les conditions et délais légaux propres à chaque type de droit de préemption ouverts par la loi (v. s[s] n°s 1367.90 s.), le bénéficiaire doit faire connaître sa décision. Il peut ainsi se substituer à l'adjudicataire dans les conditions de l'adjudication. À défaut d'avoir fait connaître sa décision, il est déchu de son droit.

SECTION 2
ÉVÉNEMENTS POUVANT AFFECTER LA VENTE

1368.160 Pluralité d'obstacles. Les cas de report obligatoire qui ont été envisagés lors de l'audience d'orientation peuvent encore se présenter à l'occasion de l'audience d'adjudication. L'article R. 322-28 C. pr. exéc. envisage en outre, les cas où, exceptionnellement, la vente pourra être remise. Tenant compte des difficultés résultant de l'existence d'un appel formé à l'encontre du jugement d'orientation ordonnant la vente aux enchères et non encore jugé, les auteurs du décret du 12 février 2009 ont permis au poursuivant de demander au JEX le report de la date d'audience de vente forcée. Enfin, la mesure d'exécution peut faire l'objet d'une mainlevée. Également, avant d'ordonner la vente, le tribunal doit trancher les contestations soulevées par le saisi ou les créanciers.

1. Décr. n° 2006-1805, 23 déc. 2006, relatif à la procédure en matière successorale et modifiant certaines dispositions de procédure civile, *JO* 31 déc., p. 20370.

2. Civ. 2e, 27 oct. 1969, *JCP* 1970. II. 16233.

Si la vente est renvoyée à une audience ultérieure, il est procédé à de nouvelles publicités.

§ 1
Report de l'audience

1368.161 Diversité des cas de figure. Initialement, les auteurs du décret de 2006 n'avaient admis un report de la vente que pour un cas de **force majeure** ou sur la **demande de la commission de surendettement.** Cette remise ne peut, en effet, être ordonnée qu'exceptionnellement, compte tenu des effets qu'elle emporte. Le décret du 12 février 2009 a complété ce dispositif en prenant en considération l'hypothèse où l'appel à l'encontre du jugement d'orientation est encore en cours et celle où une suspension des poursuites a été ordonnée sur le fondement de l'article R. 121-22 C. pr. exéc. Quelle que soit la cause, c'est le JEX qui appréciera donc le bien-fondé de la demande et s'il y fait droit, il fixera le nouveau jour de l'adjudication.

A.
Conditions

1368.170 Plan. Il faut distinguer les dispositions de l'article R. 322-28 C. pr. exéc. de celles de l'article 52, complétées par le décret de 2009 (devenu C. pr. exéc., art. R. 322-19).

1°
Fondements

1368.171 Report pour force majeure : article R. 322-28 C. pr. exéc. Avant la réforme, selon l'article 703 alinéa 1er, de l'Ancien Code de procédure civile, la remise de la vente n'était possible que pour causes graves et dûment justifiées (circonstances extérieures à la procédure, grève, catastrophe naturelle, événements monétaires nationaux ou encore circonstances internes, comme une erreur dans les publicités) c'est-à-dire des causes qui pouvaient avoir une influence sérieuse sur le résultat de la vente et qui permettaient d'espérer que le saisi se trouve rapidement en état de désintéresser les créanciers et de payer les frais de poursuite. De nouveaux délais pouvaient encore être accordés ultérieurement en cas de force majeure (ACPC, art. 703, al. 3). Les applications étaient rares. Une nouvelle cause de même gravité que la première fois ne suffisait donc pas.

Désormais, c'est la démonstration des éléments caractérisant la force majeure qui devra être apportée[1]. Le domaine de l'article R. 322-28 C. pr. exéc. est donc plus restreint que celui de l'ancien article 703. On a avancé l'exemple de la destruction partielle de l'immeuble saisi, qui imposerait de modifier le cahier des conditions de la vente... Par analogie avec la jurisprudence développée sur le fondement de l'article 703 alinéa 3, on pouvait déjà penser que le fait qu'une instance soit pendante devant une cour d'appel ne pouvait caractériser la force majeure[2]. C'est ce qui a conduit à une modification du dispositif initial (v. ss no 1368.173).

1368.172 Surendettement. Les auteurs du décret de 2006 ont distingué le cas où le débiteur a déposé un dossier auprès de la commission de surendettement. Dans cette situation, et lorsque la vente forcée a été ordonnée, c'est la commission qui a qualité pour demander le report de la date d'adjudication au juge chargé de la saisie immobilière. Le report ne peut résulter que d'une décision du juge chargé de la saisie immobilière, saisi à cette fin par la commission, pour causes graves et dûment justifiées. Est-ce que le juge de la saisie immobilière sera alors lié par la demande de la commission ? La question se posait déjà avant la réforme. L'article L. 331-5 du Code de la consommation semblait laisser tout pouvoir d'appréciation au juge de la saisie pour décider si la demande de la commission était justifiée. Cependant, si un délai a été préalablement octroyé par le JEX, la décision de ce magistrat s'imposait au juge des criées[3]. Et la Cour de cassation avait jugé au double visa des articles 703 ACPC et 480 C. pr. civ. que la décision du JEX ordonnant la suspension des voies d'exécution, décision dont les demandeurs avaient fait état devant le juge des criées, s'imposait au tribunal sans que l'article 703 fût applicable[4]. Mais désormais, c'est le juge d'instance qui est juge du surendettement et lorsque la vente forcée a été ordonnée, c'est au juge chargé de la saisie immobilière que le pouvoir de reporter la vente est donné. Ainsi, le juge de la saisie immobilière doit pouvoir apprécier, en opportunité, la demande de report formulée par la commission et, éventuellement, la déclarer infondée.

1368.173 Appel du jugement d'orientation en cours : demande de remise émanant du créancier poursuivant. Afin de sécuriser la vente aux enchères et d'éviter que le poursuivant soit confronté au

1. Sur l'exigence du cumul des caractères d'imprévisibilité et d'irrésistibilité, v. Cass., ass. plén., 14 avr. 2006, nos 02-11.168 et 04-18.902, *Bull. ass. plén.*, nos 5 et 6; *D.* 2006. 1577, note Jourdain.
2. EN CE SENS, sous l'empire du Décr.-L. de 1938, Civ. 2e, 27 juin 2002, no 00-22.642, *Bull. civ.* II, no 144 – De même, Paris, 7 janv. 2009, *Dr. et proc.* 2009. 176.
3. Civ. 1re, 14 nov. 2001, no 99-18.163, *Bull. civ.* I, no 281; *Dr. et proc.* 2002. 183, obs. Bourdillat.
4. Civ. 2e, 22 mars 2006, no 04-10.776, *Bull. civ.* II, no 80; *D.* 2006. IR 1252; *Dr. et proc.* 2006, no 5, obs. Leborgne.

dilemme, soit de vendre en l'état d'un appel du jugement d'orientation, soit de ne pas requérir la vente et d'encourir la caducité du commandement de payer valant saisie, les auteurs du décret du 12 février 2009 ont non seulement décidé que **l'appel du jugement d'orientation serait jugé selon la procédure à jour fixe**[1], mais encore que **la cour devrait statuer au plus tard un mois avant la date prévue pour l'adjudication.** Par prudence, l'article R. 322-19 C. pr. exéc. dispose encore qu'« *à défaut, le juge de l'exécution peut, à la demande du créancier poursuivant, reporter la date de l'audience de vente forcée* ».

1368.174 Suspension des poursuites ordonnée et report de plein droit. Une autre hypothèse de report a encore été envisagée. C'est, selon l'article R. 322-19 C. pr. exéc., celle où une suspension des poursuites a été ordonnée, en application de l'article R. 121-22 C. pr. exéc. Dans ce cas, la décision du premier président interdit de tenir l'audience à la date prévue et le report est de plein droit (v. s[s] n° 1368.253).

2°
Titulaires du droit de demander la remise

a)
Report de l'article R. 322-28 C. pr. exéc.

1368.181 Toute personne intéressée. Il est fréquent que le saisi tente de s'opposer à la vente de son bien en déposant une demande aux fins de remise. L'ancien Code de procédure civile l'y autorisait aux conditions de l'article 703. Le décret du 27 juillet 2006 ne comporte aucune indication, donc aucune restriction sur les titulaires du droit. Aussi bien donc, le saisi, que les créanciers inscrits, le poursuivant, voire des tiers ayant des droits sur l'immeuble, devraient pouvoir la demander.

1368.182 Commission de surendettement. La loi du 23 janvier 1998, renforçant la protection des personnes surendettées, avait autorisé la commission de surendettement, avisée par le débiteur de la délivrance de la sommation de l'article 689 ACPC à saisir le juge aux fins de remise de l'adjudication. La loi de janvier 1998 conditionnait la demande de la commission au respect, à la fois, des conditions et de la procédure de l'article 703; puis, l'article 91, III de la loi du 29 juillet 1998 avait supprimé l'obligation de respecter la procédure (à savoir un dire par ministère d'avocat).

L'article 61 du décret du 27 juillet 2006 (devenu C. pr. exéc., art. R. 322-28), dans sa rédaction issue du décret n° 2010-1304 du 29 octobre 2010, relatif aux procédures de traitement des situations de surendettement des particuliers[2], dispose que la vente forcée peut être reportée sur la demande de la commission de surendettement formée en application des articles L. 331-3-1 (lorsque la commission a déclaré la demande du débiteur recevable car, en ce cas, la suspension des procédures d'exécution est de droit) ou L. 331-5 du Code de la consommation (avant toute décision de recevabilité).

Lorsque la vente forcée a été ordonnée, l'article R. 331-11-2, modifié par le décret n° 2014-190 du 21 février 2014, relatif aux procédures de traitement des situations de surendettement des particuliers[3], réglemente les modalités de la saisine du juge chargé de la saisie immobilière : la commission saisit le JEX qui connaît de la saisie immobilière d'une demande de remise de la vente adressée par lettre recommandée avec demande d'avis de réception (LRAR) ou remise contre émargement au greffe, quinze jours au moins avant la date prévue pour la vente[4]. Cette demande indique les nom et adresse du débiteur ainsi que ceux des créanciers poursuivants et précise en outre les causes graves et dûment justifiées invoquées à l'appui de la demande. Le jugement statuant sur le report de la date d'adjudication est notifié par le greffe du juge chargé de la saisie immobilière, par lettre simple à la commission, et par lettre recommandée avec demande d'avis de réception au débiteur, au créancier poursuivant et aux créanciers inscrits par LRAR. La notification indique que ce jugement n'est susceptible ni d'appel ni d'opposition.

b)
Remise de l'article R. 322-19 C. pr. exéc.

1368.191 Le créancier poursuivant. Si l'appel formé par le saisi à l'encontre du jugement ordonnant la vente forcée n'est pas encore jugé, un mois avant la date prévue pour l'audience d'adjudication, c'est lui en effet qui a intérêt à obtenir le report de l'audience. On peut toutefois penser que s'il ne le

1. Il résulte de l'art. 155 du décret n° 2009-160 du 12 févr. 2009 que les appels contre les décisions notifiées avant le 1er mars 2009 sont soumis à la procédure ordinaire devant la cour d'appel, de sorte que le délai d'un mois prévu par l'art. 52 du décret du 27 juill. 2006 (devenu C. pr. exéc., art. R. 322-19) *ne leur est pas applicable* : Civ. 2e, 8 juill. 2010, n° 09-15.051, *Bull. civ.* II, n° 139; *D.* 2011. Pan. 1509, obs. Leborgne.
2. Décr. n° 2010-1304, 29 oct., relatif aux procédures de traitement des situations de surendettement des particuliers, *JO* 31 oct., p. 19604.
3. Décr. n° 2014-190, 21 févr. 2014, relatif aux procédures de traitement des situations de surendettement des particuliers, *JO* 23 févr., p. 3214.
4. Si la saisine du juge est irrégulière, la demande de remise sera irrecevable : Civ. 2e, 29 sept. 2011, n° 10-31.062, NP.

faisait pas, les créanciers inscrits pourraient agir par voie de subrogation.

3°
Procédure

1368.201 **Forme de la demande.** Qu'il s'agisse d'une **demande de report pour force majeure** ou d'une **demande de report en l'état d'un appel pendant**, en l'absence de dispositions spéciales, il faudra, conformément à l'article R. 311-6 C. pr. exéc., former la demande sous forme de conclusions signées par un avocat et déposées au greffe, sauf pour la demande émanant de la commission de surendettement, qui est formée par LRAR ou lettre remise contre émargement au greffe (C. consom., art. R. 331-11-2). En effet, la demande de report de l'audience d'adjudication est une demande incidente[1].

1368.202 **Délais.** Les demandes formées selon les dispositions de l'article R. 311-6 C. pr. exéc. ne sont pas soumises à un délai de dépôt préalable. En revanche, la demande formée par la commission doit être formée quinze jours au moins avant la date prévue pour la vente (C. consom., art. R. 331-11-2).

1368.203 **Contradictoire.** Initialement, le décret de 2006 n'avait rien prévu lorsque la demande de remise émane d'une partie à la procédure. Le juge est saisi de cette demande par le dépôt au greffe mais ne fallait-il pas, au moins pour des raisons confraternelles, la dénoncer aux autres parties ? Le décret du 12 février 2009 a ajouté à l'article 7 (devenu C. pr. exéc., art. R. 311-6) l'**obligation de communiquer les conclusions et pièces entre avocats** conformément aux dispositions de l'article 815 C. pr. civ.; et de **signifier les conclusions** au débiteur qui n'aurait pas constitué avocat.

1368.204 **Jugement accordant le report.** La décision de reporter la vente va faire l'objet d'un jugement[2]. Avant la réforme, on enseignait que si le tribunal faisait droit à la demande de remise, il devait dans sa décision fixer le nouveau jour de l'adjudication, qui ne pouvait être éloignée de plus de quatre mois; la remise ne pouvant, en tout état de cause, être effectuée à une date indéterminée. L'article R. 322-29 C. pr. exéc. dispose seulement que « *lorsque la vente forcée est renvoyée à une audience ultérieure, il sera procédé à une nouvelle publicité dans les formes et délais de la première vente* ». Ce qui suppose donc que le jugement de remise fixe une nouvelle date d'audience. Mais dans quel délai ?

1368.205 **Délai de report.** Initialement fixé à soixante jours par le décret-loi de 1938, Le délai de report avait été repoussé à quatre mois par la loi du 29 juillet 1998. Ce que l'article 703 ACPC prévoyait ne pouvait être un renvoi *sine die*, mais une remise fondée sur un motif précis. Le domaine de l'article 703 supposait une situation susceptible de trouver une solution dans ce délai. Cette hypothèse était donc à distinguer de celle où le juge devra ordonner le sursis à la vente dans l'attente d'un événement plus lointain (discontinuation des poursuites, décès du débiteur, instance risquant de remettre en cause la procédure, cassation contre un jugement d'incident).

Le décret du 27 juillet 2006 ne donne pas d'indication sur le délai du report. Il faut sans doute en conclure qu'en fonction de l'événement, le report pourra être *sine die*.

1368.206 **Radiation du rôle.** En pratique, il arrive que le débiteur verse des **acomptes**. Avant la réforme, la pratique admettait que le créancier poursuivant renvoie la vente de huit jours en huit jours jusqu'à parfait paiement. Dans ce cas, le juge radiait l'affaire administrativement, laissant au poursuivant la faculté de reprendre la procédure si finalement la créance n'était pas éteinte; cette faculté appartenait encore aux créanciers inscrits si le poursuivant renonçait à la procédure. Il est possible que des pratiques similaires se développent devant certains JEX, dans l'intérêt de toutes les parties.

1368.207 **Recours en cas de report fondé sur l'article R. 322-28 C. pr. exéc. ?** Selon l'article 703 alinéa 3 ACPC, le jugement n'était susceptible d'aucun recours. La règle posée était générale et absolue, excluant tous les recours, que la décision ait fait droit à la demande de remise ou qu'elle s'y soit opposée. Elle s'expliquait par le fait que remettre en cause la décision revenait à largement dépas-

1. Civ. 2e, 22 févr. 2012, n° 11-11.914, *Bull. civ.* II, n° 38; *Dalloz actualité*, 7 mars 2012, obs. Avena-Robardet; *Procédures* 2012, n° 147, obs. Perrot; *ibid.* 2013. Chron. 1, n° 9, obs. Leborgne; *Dr. et proc.* 2012. 184, obs. Salati; *Gaz. Pal.* 13-15 mai 2012, p. 19, obs. Brenner; *RD banc. fin.* 2012, n° 95, obs. Piedelièvre : l'avocat du poursuivant doit donc impérativement déposer des conclusions pour éviter la caducité du commandement et ne pas se contenter des mentions portées par le greffier sur la note d'audience.

2. Ayant constaté que le dispositif du jugement reportant la vente forcée omettait de mentionner la totalité des biens immobiliers concernés par la procédure de saisie immobilière visés dans le commandement de payer et rappelés par ce jugement dans l'objet de l'incident, un JEX décide, sans modifier les droits et obligations reconnus aux parties par cette décision et excéder ses pouvoirs, que l'omission dans la désignation des biens procédait d'une erreur purement matérielle rectifiable : Civ. 2e, 22 sept. 2011, n° 11-10.119, *Bull. civ.* II, n° 172; *D.* 2012. Chron. C. cass. 644, obs. Leroy-Gissenger; *ibid.*, Pan. 1517, obs. Leborgne; *RD banc. fin.* 2012, n° 24, obs. Piedelièvre.

ser le strict délai légal au-delà duquel la vente ne pouvait être reportée.

On ne trouve pas pareille restriction formulée dans le code s'agissant de la remise de l'article R. 322-28 C. pr. exéc. *A priori*, et selon l'article R. 311-7 C. pr. exéc., le jugement statuant sur cette demande devrait être susceptible d'appel, formé dans les quinze jours à compter de sa notification par le greffe.

Cela est d'autant plus curieux que lorsque la vente est remise à la demande de la commission de surendettement, l'article R. 331-11-2, alinéa 4 du Code de la consommation dispose que la notification du jugement statuant sur le report de la date d'adjudication indique que ce jugement n'est susceptible ni d'appel ni d'opposition[1].

1368.208 Exclusion d'un recours en cas de remise fondée sur l'article R. 322-19 C. pr. exéc. L'article R. 322-19 C. pr. exéc. dispose que les décisions du JEX rendues en application de l'alinéa 2 ne sont pas susceptibles d'appel. La Cour de cassation a jugé en outre, que le jugement par lequel le juge, après avoir reporté la date d'audience de l'adjudication dans l'attente de l'arrêt de la cour, se borne à fixer la date de l'audience à laquelle il sera procédé à la vente forcée du bien confirmée en appel, ne met pas fin à l'instance et ne tranche aucune partie du principal; en conséquence il n'est pas susceptible de pourvoi[2].

B.
Effets du report de la vente

1368.211 Avertir les intéressés. Avant la réforme, la jurisprudence jugeait que n'étant susceptible d'aucun recours le jugement n'avait pas à être signifié[3]. Mais, lorsque la date de l'adjudication a été repoussée il fallait bien avertir les intéressés, le saisi (lorsque la demande n'émanait pas de lui) et les créanciers inscrits.

S'agissant d'une **demande de report fondée sur l'article** R. 322-28 C. pr. exéc., qui paraît susceptible d'appel, la notification sera effectuée soit, conformément aux dispositions de l'article 8 du décret (C. pr. exéc., art. R. 311-7), c'est-à-dire désormais par voie de signification et les intéressés seront ainsi informés de la nouvelle date d'audience, soit, s'il s'agit d'une remise suite à une demande formée par la commission de surendettement, par lettre simple à la commission, et par lettre recommandée avec avis de réception adressée par le greffe du juge chargé de la saisie immobilière au débiteur, au créancier poursuivant et aux créanciers inscrits par LRAR. La notification indique que ce jugement n'est susceptible ni d'appel ni d'opposition.

Si le **report résulte de l'application des dispositions de l'article** R. 322-19 alinéa 2 C. pr. exéc., la décision sera notifiée par le greffe simultanément aux parties et à leurs avocats (C. pr. exéc., art. R. 311-7, al. 2).

1368.212 État complémentaire des inscriptions ? Lorsque la vente n'aura pu être réalisée à la date initialement prévue, faudra-t-il lever un état complémentaire des inscriptions survenues depuis la délivrance du premier état ? Avant la réforme on le faisait si la vente ne survenait pas dans le délai de six mois et les créanciers révélés par ce nouvel état étaient sommés d'assister, si bon leur semblait à l'adjudication, et ce, sans préjudice des dispositions de l'article 686 ACPC. La même démarche devrait continuer à s'imposer.

1368.213 Publicité. La remise de l'adjudication a pour conséquence nécessaire d'entraîner de nouvelles publicités L'article R. 322-29 C. pr. exéc. prévoit que l'adjudication remise sera annoncée dans les formes et délais de la première vente, c'est-à-dire dans un délai compris entre un et deux mois avant l'adjudication.

§ 2
Contestations et demandes incidentes soulevées avant l'audience

1368.220 Objet. Le JEX peut, à nouveau, être saisi de contestations et de demandes incidentes portant sur les actes postérieurs à l'audience d'orientation (C. pr. exéc., art. R. 311-5). Selon la nature de contestations ou demandes et l'appréciation que le juge fera de leur bien-fondé, la suite de la procédure peut en être affectée.

A.
Domaine

1368.221 Diversité. L'audience d'orientation a déjà pu être l'occasion de contestations ou de demandes incidentes; lors de l'audience d'adjudication, des nullités de forme, concernant les actes dressés après l'audience d'orientation puisque celle-ci a couvert les nullités de forme des actes antérieurs, ainsi que des contestations portant sur le respect des délais, peuvent encore être soulevées. Il existe en revanche, une incertitude quant à la

1. En cas d'appel, l'irrecevabilité de ce recours doit être relevée d'office : Civ. 2e, 29 sept. 2011, n° 10-27.658, *Bull. civ.* II, n° 179.
2. Civ. 2e, 8 janv. 2015, n° 14-10-205, *Bull. civ.* II, [à paraître].
3. Paris, 27 juin 1872, *DP* 1873. 5. 413; *S.* 1872. 2. 240.

faculté de faire valoir des moyens portant sur le fond du droit.

1368.222 Contestations portant sur la régularité des actes de procédure postérieurs à l'audience d'orientation. Selon l'article R. 311-10 C. pr. exéc., la nullité des actes de la procédure de saisie immobilière est régie par la section IV du chapitre II du titre V du livre premier du Code de procédure civile; le prononcé de la nullité est conditionné à la démonstration d'un grief.

1368.223 Dires de caducité. Le délai prévu à l'article R. 322-31 C. pr. exéc. est prescrit à peine de caducité du commandement de payer valant saisie. Selon l'article R. 311-11 C. pr. exéc., il n'y a pas lieu à déclarer la caducité si le poursuivant justifie d'un motif légitime et la déclaration de caducité peut encore être rapportée si le créancier fait connaître au greffe, dans un délai de quinze jours à compter du prononcé de celle-ci le motif légitime.

1368.224 Exclusion des défenses au fond ? Avant la réforme, on jugeait que le saisi pouvait opposer à tout moment une contestation tenant au droit de saisir, à la créance, et aux moyens de fond (v. s[s] n°s 1331.140 s.). La rédaction de l'article R. 311-5 C. pr. exéc. est embarrassante qui dispose qu'« *à peine d'irrecevabilité prononcée d'office, aucune contestation ni demande incidente ne peut, sauf disposition contraire, être formée après l'audience d'orientation prévue à l'article R. 322-15 à moins qu'elle porte sur des actes de procédure postérieurs à celle-ci* ». Ainsi une contestation portant sur le fond du droit non soulevée à l'audience d'orientation serait irrecevable ? C'est surprenant. Toutefois, lors de l'audience d'orientation, le juge aura opéré des vérifications, portant sur le titre et la saisissabilité du bien (v. s[s] n°s 1364.20 à 1364.33), donc toute irrégularité tenant à ces questions serait bien couverte. Mais que fera le JEX lorsqu'une demande de compensation sera formulée ? Selon l'ancien article L. 311-12-1 alinéa 3 du COJ[1], il aurait le pouvoir de statuer, mais il ne semble pas qu'il puisse le faire encore lors de l'audience d'adjudication, compte tenu de la rédaction de l'article 6, ce qui risque de poser problème.

1368.225 Exceptions pour certaines demandes :

– selon l'article R. 311-9 C. pr. exéc., la subrogation peut être demandée jusqu'à l'audience d'adjudication (v. s[s] n° 1365.212);

– selon l'article R. 311-8 C. pr. exéc., la demande en distraction peut être formée en tout état de cause (v. s[s] n° 1365.273).

B. Procédure

1368.231 Délai. Selon l'article R. 311-5 C. pr. exéc., lorsque la contestation ou la demande incidente porte sur un acte postérieur à l'audience d'orientation, elle devra être formée dans un délai de quinze jours à compter de la notification de l'acte. Formée au-delà de ce délai, une contestation ne sera plus recevable[2].

1368.232 Forme. Aux termes de l'article R. 311-6 C. pr. exéc., toute contestation ou demande incidente est formée par dépôt au greffe de conclusions signées par avocat.

1368.233 Audience. Le juge attendra-t-il l'audience d'adjudication ou faudra-t-il tenir une audience spéciale ? Selon l'article R. 311-6 alinéa 3 C. pr. exéc., le greffe convoquera les parties par LRAR dans un délai de quinze jours à compter du dépôt de la contestation ou de la demande. Ici, le contradictoire serait donc respecté, toutefois le texte n'indique pas dans quel délai se tiendra l'audience.

C. Effets

1368.241 Annulation ou poursuite de la procédure. Si les moyens prospèrent, la suite de la procédure en est affectée.

• S'agissant des **nullités de forme**, si le tribunal annule les actes postérieurs à l'audience d'orientation que deviendra la procédure ? En principe, et selon l'article R. 322-27 alinéa 3 C. pr. exéc., le magistrat devrait constater la caducité du commandement car personne ne pourra requérir la vente. Une telle solution a-t-elle été voulue par les rédacteurs du décret ?

On pourrait plutôt imaginer que la procédure soit reprise à ce stade, le juge fixant une nouvelle date d'audience d'adjudication.

• S'agissant du **non-respect des délais**, la poursuite sera caduque (C. pr. exéc., art. R. 311-11).

• S'agissant des **moyens de fond**, ils ne paraissent plus pouvoir être soulevés (v. s[s] n° 1368.224).

1. Al. introduit par Ord. n° 2006-461, 21 avr. 2006, et applicable à compter de l'entrée en vigueur du décret portant refonte de la partie réglementaire du COJ, au plus tard le 1er janv. 2007 – Mais art. abr. par Ord. n° 2006-673, 8 juin 2006 (comp. COJ, art. L. 216-3).

2. Et cela, sans méconnaître le principe du droit à un recours effectif au juge : Civ. 2e, 26 juin 2014, n° 13-20.193, *Bull. civ.* II, n° 162, pour une contestation tardive portant sur la validité des publicités annonçant la vente.

Si le tribunal rejette la contestation, il ordonnera la vente. Même si l'objet de la demande ou contestation rend le jugement appelable, ce qui sera le plus souvent le cas désormais en vertu de l'article R. 311-7 C. pr. exéc., le juge pourra immédiatement ouvrir les enchères, car ni le délai d'appel ni l'appel n'ont d'effet suspensif.

§ 3
Demandes de sursis obligatoire

1368.251 **Rappel.** Les cas de figure où le juge doit obligatoirement suspendre la procédure, lorsqu'il en est requis, ont été envisagés à propos de l'audience d'orientation à laquelle il sera renvoyé, les mêmes événements pouvant être invoqués lors de l'audience d'adjudication (v. s[s] n° 1365.61).

1368.252 **Suspension des poursuites : article R. 121-22 C. pr. exéc.** L'article R. 322-19 C. pr. exéc. admet implicitement qu'une suspension des poursuites ait été ordonnée, en application de l'article R. 121-22 C. pr. exéc. Dans ce cas, la décision du premier président interdit de tenir l'audience à la date prévue et le report est de plein droit.

1368.253 **Effet : suspension de la procédure et renvoi de la vente.** Le Code des procédures civiles d'exécution n'apporte aucune précision. Par référence aux pratiques antérieures, on peut conclure que la procédure sera reprise, à l'initiative de tout intéressé, lorsque la cause de la suspension aura pris fin ou à expiration du délai de report. Le juge fixera le jour de la nouvelle adjudication et il faudra procéder à de nouvelles publicités.

Toutefois, dans l'hypothèse de l'article R. 322-19 C. pr. exéc., il est précisé que si le jugement ordonnant l'adjudication est confirmé en appel, le JEX fixera ensuite la nouvelle date d'adjudication, par ordonnance sur requête. La décision du JEX ne sera pas susceptible d'appel.

§ 4
Mainlevée de la saisie

1368.261 **Hypothèses.** La mesure d'exécution peut faire l'objet d'une mainlevée : ce sera le cas lorsque les créanciers, saisissant, inscrits et poursuivants postérieurs, accepteront la radiation ou que le juge l'ordonnera, mais encore, lorsque par l'effet de la péremption du commandement la radiation sera acquise de plein droit.

1368.262 **Radiation de la saisie.** Elle s'opère par mention en marge du commandement publié; il s'agit de la radiation de la mesure d'exécution, qui s'analyse en une mainlevée, à distinguer de la simple radiation administrative (C. pr. civ., art. 381) qui peut être opérée à la suite d'une décision de suspension de la procédure.

La radiation de la saisie peut intervenir sur accord de tous les créanciers : poursuivant, saisissants postérieurs (C. pr. exéc., art. R. 321-10) et créanciers inscrits liés à la procédure, à compter de la mention en marge de la publication de la saisie des dénonciations aux créanciers inscrits (C. pr. exéc., art. R. 322-9).

La radiation peut encore être le résultat d'un jugement ordonnant la mainlevée de la saisie.

1368.263 **Péremption.** La radiation s'opère de plein droit par suite de la péremption. Selon l'article R. 321-20 C. pr. exéc., le jugement d'adjudication doit être publié dans les deux ans de la publication du commandement de saisie immobilière sauf prorogation du délai (v. s[s] n° 1361.321); à défaut, le commandement cessera de « *plein droit de produire effet* ». Bien que l'article R. 321-20 C. pr. exéc. ne dispose pas explicitement que c'est la saisie qui cesse de plein droit lorsque la péremption est acquise, c'est la solution admise[1].

Conformément à l'article R. 321-21 C. pr. exéc., toute partie intéressée, peut à l'expiration du délai de deux ans, et jusqu'à publication du titre de vente, demander au JEX de constater la préemption du commandement et d'ordonner la mention de celle-ci en marge de la copie du commandement publié au bureau des hypothèques.

1368.264 **Abus de saisie.** Le Code des procédures civiles d'exécution envisage spécialement l'abus de saisie aux articles L. 111-7 et L. 121-2 C. pr. exéc. et l'article L. 121-2 donne pouvoir au JEX d'ordonner la mainlevée de toute mesure inutile ou abusive. La jurisprudence avait admis, dès avant la réforme des procédures d'exécution mobilières, que le juge des criées pouvait apprécier l'éventuel abus du créancier poursuivant (v. s[s] n° 1317.13). Dans le cas où la procédure de saisie immobilière sera déclarée abusive, le juge en ordonnera donc la mainlevée.

Toutefois, une telle demande peut-elle encore être formée au moment de l'audience d'adjudication ? *A priori*, lors de l'audience d'orientation, le juge doit examiner d'office le respect des articles L. 311-2, L. 311-4 et L. 311-6 C. pr. exéc. L'article L. 311-5 du même code qui pose un principe de proportionnalité

1. Sur la nature juridique de la péremption du commandement, Civ. 2e, 8 janv. 1992, n° 90-17.545, NP; *JCP* 1992. II. 21967, note Prévault.

n'étant pas visé, ce ne sera que si le saisi invoque l'abus que le juge se prononcera sur ce grief.

Cette contestation ne devrait donc plus pouvoir être soulevée à moins de considérer qu'elle porte sur « *les actes de la procédure postérieurs à l'audience d'orientation* », ce qui reviendrait à adopter une interprétation large de la formule « *actes de procédure* ».

TITRE

137. Les effets de la vente sur saisie immobilière selon l'ordonnance du 21 avril 2006 (nouveau régime)

SECTION 0
ORIENTEUR

1370.00 Plan du titre.

Division. L'audience d'adjudication s'achève avec la demande de l'avocat du dernier enchérisseur d'être déclaré adjudicataire, demande à laquelle le tribunal répond dans le sens demandé par un jugement (chap. 1371). Une fois l'audience levée, les formalités ne sont pas achevées. L'avocat devra former la déclaration d'adjudicataire à l'audience et le tribunal rendra un jugement qui, publié au service de la publicité foncière, emportera transfert de propriété. Toutefois, la déclaration d'adjudicataire ne met pas nécessairement un terme à la procédure. La loi admet une faculté de surenchère qui conduira à reprendre les enchères avec une mise à prix d'un dixième supérieure au prix d'adjudication obtenu (chap. 1372). En outre, le défaut de paiement du prix d'adjudication peut emporter remise en vente du bien et réitération des enchères; il peut en résulter des sanctions pour l'adjudicataire qui ne s'est pas acquitté de son obligation de payer le prix et les frais (chap. 1373). Le décret n° 2009-160 du 12 février 2009[1] n'ayant apporté que quelques modifications mineures aux articles d'origine, le dispositif demeure identique à celui issu du décret n° 2006-936 du 27 juillet 2006[2], codifié depuis le 1er juin 2012, au livre III de la partie réglementaire du Code des procédures civiles d'exécution[3].

1. Décr. n° 2009-160, 12 févr. 2009, pris pour l'application de l'ordonnance n° 2008-1345 du 18 décembre 2008 portant réforme du droit des entreprises en difficulté et modifiant les procédures de saisie immobilière et de distribution du prix d'un immeuble, *JO* 13 févr., p. 2596.
2. Décr. n° 2006-936, 27 juill. 2006, relatif aux procédures de saisie immobilière et de distribution du prix d'un immeuble, *JO* 29 juill., p. 11316.
3. Décr. n° 2012-783, 30 mai 2012, relatif à la partie réglementaire du Code des procédures civiles d'exécution, *JO* 31 mai, p. 9375.

CHAPITRE

1371. Vente judiciaire

ANNE LEBORGNE
PROFESSEUR À L'UNIVERSITÉ D'AIX-MARSEILLE

SECTION 0 ORIENTEUR

1371.00 **Plan du chapitre.**

Division. Selon l'article L. 322-10 C. pr. exéc. [1], « *l'adjudication emporte vente forcée du bien saisi et en transmet la propriété à l'adjudicataire* ». Un jugement d'adjudication est rédigé (sect. 1) qui permet d'élaborer le titre de vente qui sera publié, à la condition que le prix d'adjudication soit régulièrement consigné conformément aux clauses et conditions du cahier des conditions de vente (sect. 2). L'adjudication emporte des effets originaux (sect. 3).

1. Ord. nº 2011-1895, 19 déc. 2011, relative à la partie législative du Code des procédures civiles d'exécution, *JO* 20 déc., p. 21464.

SECTION 1
JUGEMENT D'ADJUDICATION

1371.11 Principe. Le transfert de propriété ne résulte pas d'un accord de volonté mais du jugement d'adjudication. C'est toutefois un jugement original qui, parce qu'il emporte vente forcée du bien saisi, emprunte aussi au droit de la vente.

§ 1
Un jugement original

1371.20 Originalité. Ce jugement, qui s'ajoute en minute au cahier des conditions de la vente, a toujours présenté une nature originale, à tel point qu'avant la réforme on parlait de contrat judiciaire. Désormais, toutefois, sa nature juridictionnelle est accentuée et il constitue un titre d'expulsion à l'encontre du saisi.

A.
Forme et contenu

1371.21 Forme. Selon l'article L. 322-5 C. pr. exéc., « *l'adjudication de l'immeuble a lieu aux enchères publiques à l'audience du juge* ». Le juge de l'exécution (JEX) rend ainsi une décision, à la suite d'une audience, décision intitulée jugement et revêtue de la formule exécutoire. Elle devra en outre être signifiée pour permettre à l'adjudicataire d'entrer en possession. L'article R. 322-59 C. pr. exéc. [1] le confirme, qui dispose d'abord que, « *outre les mentions prescrites pour tout jugement, le jugement d'adjudication vise le jugement d'orientation, les jugements tranchant les contestations et le cahier des conditions de vente* ».

1371.22 Contenu. L'article 712 ACPC ne fournissait pas d'indications sur le contenu de ce jugement, qui se présentait le plus souvent comme le récit de l'audience d'adjudication et s'achevait par le constat que tel bien avait été adjugé à tel avocat à telle date pour telle somme; le nom de l'adjudicataire n'y figurait pas, sauf l'hypothèse, rare en pratique, où l'avocat avait déclaré l'identité de l'adjudicataire lors de la réquisition.

Les auteurs de la réforme ont été plus exigeants. L'article R. 322-59 C. pr. exéc. précise que ce jugement désigne le créancier poursuivant et le cas échéant le créancier subrogé dans ses droits. Comme antérieurement, il mentionnera les formalités de publicité et leur date, la désignation de l'immeuble adjugé, les date et lieux de la vente forcée, mais aussi désormais, l'identité de l'adjudicataire. Il indiquera le prix de l'adjudication et le montant des frais taxés.

Le cas échéant, il comportera les contestations qu'il aura tranchées.

Le jugement est daté et signé par le juge et le greffier et revêtu de la formule exécutoire.

B.
Nature

1371.31 Caractère juridictionnel. Quelle est sa nature exacte ? La question présente un intérêt sous l'angle de ses effets; s'il s'agit d'un jugement il doit être signifié et est susceptible de voies de recours; si c'est un contrat, un certain nombre de dispositions relatives aux conventions peuvent alors trouver application.

Traditionnellement, la doctrine et la jurisprudence s'accordaient pour parler de **contrat judiciaire** en déniant à la décision d'adjudication le caractère de jugement, ou de sentence. En effet, il ne pouvait s'agir d'une décision contentieuse, à tout le moins lorsqu'elle ne statuait sur aucun incident. En outre, ni le nom du saisi, du poursuivant et de l'adjudicataire n'y figuraient. La procédure en outre n'exigeant pas de comparution, le jugement n'était jamais rendu par défaut. Dans le même temps, l'adjudication n'est pas un contrat passé amiablement entre l'adjudicataire et le poursuivant à la suite d'enchères publiques; d'où le recours à la formule du contrat judiciaire qui voulait mettre en évidence l'absence de caractère contentieux et le rôle du tribunal : une décision gracieuse rendue par le juge saisi d'une demande dont la loi exige, en raison de la nature de l'affaire, qu'elle soit soumise à son contrôle (C. pr. civ., art. 25). Toutefois, à l'occasion du contentieux de la loi Carrez (v. s^{s} n°s 1363.221 s.), la doctrine s'était interrogée sur l'application de la loi n° 96-1107 du 18 décembre 1996 [2] aux ventes sur saisies immobilières et la Cour de cassation avait exclu les ventes aux enchères du domaine de la loi, au motif qu'elles n'étaient pas des « *contrats constatant ou réalisant une vente* », mais sans pour autant préciser leur objet exact, voire leur nature juridique [3].

Les auteurs de la réforme n'ont pas indiqué quelle était la nature de ce jugement. Mais en précisant qu'il devait contenir toutes les mentions pres-

1. Décr. n° 2012-783, *30 mai 2012*, relatif à la partie réglementaire du Code des procédures civiles d'exécution, *JO* 31 mai, p. 9375.

2. L. n° 96-1107, 18 déc. 1996, améliorant la protection des acquéreurs de lots de copropriété, *JO* 19 déc., p. 18688.

3. V. A. Leborgne, note s^{s} Civ. 2e, 3 oct. 2002, n° 00-18.395, *Bull. civ.* II, n° 199; *Dr. et proc.* 2003. 122.

crites pour les jugements et qu'il devait désigner le créancier poursuivant et indiquer l'identité de l'adjudicataire, ils ont insisté sur son aspect juridictionnel.

1371.32 Originalité. Ce n'est toutefois pas un jugement comme les autres car en l'absence de contestations, il ne tranchera aucun différend et comme par le passé se contentera de constater l'adjudication. Est-ce pour autant une décision gracieuse ? On pourrait le penser au vu de l'article 25 C. pr. civ., plus difficilement au regard de l'article 451 C. pr. civ. qui dispose que les décisions gracieuses sont rendues hors la présence du public. En outre, une vente aux enchères publiques s'accommoderait mal du fait qu'une décision gracieuse, n'ayant pas l'autorité de chose jugée, serait susceptible d'être rapportée ou modifiée si les circonstances dans lesquelles elle a été rendue ont elles-mêmes changé.

Par ailleurs, lorsqu'il ne tranche aucun incident, ce « jugement » ne sera pas revêtu de l'autorité de chose jugée[1].

1371.33 Le jugement constitue le titre d'expulsion. Avant la réforme, le jugement d'adjudication ne permettait pas d'expulser le saisi. L'adjudicataire devait obtenir une décision ordonnant ou autorisant l'expulsion et tel n'était pas le cas du jugement d'adjudication. Pour expulser le saisi demeuré dans les lieux, désormais sans droit ni titre, on faisait généralement un référé. Parce que cette obligation d'introduire une procédure d'expulsion se révélait longue et coûteuse et ainsi susceptible de dissuader les particuliers à participer à des ventes aux enchères, l'ordonnance du 21 avril 2006[2] a posé, à l'ancien article 2210 du Code civil (devenu C. pr. exéc., art. L. 322-13), que « *le jugement d'adjudication constitue un titre d'expulsion à l'encontre du saisi* ». Il ne semble pas nécessaire toutefois, que l'expulsion soit ordonnée dans ledit jugement. Rien n'est prévu en ce sens à l'article R. 322-59 C. pr. exéc. (v. s^{s} n° 1371.22) et l'article L. 322-13 C. pr. exéc. énonce simplement que ce jugement « *constitue* » un titre.

§ 2
Effets

1371.40 Des effets contrastés. Parce qu'il s'agit d'un jugement, il faudra le notifier; mais lorsqu'il ne tranchera aucune contestation, il sera insusceptible d'appel. Comme il emporte vente forcée, l'influence du droit des contrats ne peut être niée.

1. Civ. 2e, 11 juill. 2013, n° 12-13.737, *Bull. civ.* II, n° 157.
2. Ord. n° 2006-461, 21 avr. 2006, réformant la saisie immobilière, *JO* 22 avr., p. 6072.

A.
Caractère juridictionnel

1371.41 Notification. Le caractère juridictionnel du jugement d'adjudication impose de le notifier pour pouvoir l'exécuter. Avant la réforme, la Cour de cassation faisait en cette matière une simple application des dispositions de droit commun de l'article 503 C. pr. civ. selon lequel : « *Les jugements ne peuvent être exécutés contre ceux auxquels ils sont opposés qu'après leur avoir été notifiés* »[3]. En pratique, la notification était opérée par signification d'huissier. Mais la signification du jugement d'adjudication pouvait intervenir tardivement (ainsi lorsque l'adjudicataire n'avait régularisé qu'en cours de procédure d'expulsion[4]).

1371.42 • Destinataires. Selon l'article 716 ACPC, il devait seulement être signifié au saisi.

Initialement, l'article 88 du décret du 27 juillet 2006 disposait que le jugement d'adjudication était notifié par le greffe du JEX. L'article 88 (devenu C. pr. exéc., art. R. 322-60[5]) a été modifié par le décret du 12 février 2009[6]. Désormais, afin d'alléger la charge du greffe, c'est le créancier poursuivant qui notifie le jugement au débiteur, au créancier inscrit et à l'adjudicataire ainsi qu'à toute personne ayant élevé une contestation tranchée par la décision.

Il a été jugé que lorsque le saisi est en liquidation judiciaire le jugement doit encore lui être signifié, bien qu'il soit dessaisi par le jugement prononçant la liquidation[7].

1371.43 • Formalisme. Initialement, dans le silence du décret de 2006, on avait déduit que le greffe devait procéder à la notification selon les règles du décret n° 92-755 du 31 juillet 1992[8]. Aux

3. Civ. 2e, 6 janv. 1988, n° 86-16.806, *Bull. civ.* II, n° 1 – Civ. 2e, 10 oct. 1990, n° 89-15.945, *Bull. civ.* II, n° 195 – Civ. 2e, 1er mars 1995, n° 93-16.007, *Bull. civ.* II, n° 62; *Gaz. Pal.* 1995. 2. Pan. 204 – Civ. 2e, 5 juin 1996, n° 94-15.060, *Bull. civ.* II, n° 127.
4. Civ. 2e, 13 juill. 2005, n° 03-18.490, *Bull. civ.* II, n° 207.
5. Décr. n° 2012-783, 30 mai 2012, relatif à la partie réglementaire du Code des procédures civiles d'exécution, *JO* 31 mai, p. 9375.
6. Décr. n° 2009-160, 12 févr. 2009, pris pour l'application de l'ordonnance n° 2008-1345 du 18 décembre 2008 portant réforme du droit des entreprises en difficulté et modifiant les procédures de saisie immobilière et de distribution du prix d'un immeuble, *JO* 13 févr., p. 2596.
7. Civ. 2e, 5 juin 1996, n° 94-15.060, *Bull. civ.* II, n° 127; *D.* 1996. IR 175.
8. Décr. n° 92-755, 31 juill. 1992, instituant des nouvelles règles relatives aux procédures civiles d'exécution pour l'application de la loi n° 91-650 du 9 juillet 1991 portant réforme des procédures civiles d'exécution, *JO* 5 août, p. 10530.

termes de la nouvelle rédaction de l'article 88 du décret de 2006 issue du décret de 2009 (devenu C. pr. exéc., art. R. 322-60) la notification du jugement d'adjudication sera faite par voie de signification.

B. Influence du droit des contrats

1371.50 Principe. Selon l'article R. 322-60 alinéa 2 C. pr. exéc., seul le jugement d'adjudication qui statue sur une contestation est susceptible d'appel de ce chef. Par ailleurs, il ne faut pas confondre le jugement d'adjudication avec le jugement qui statue sur une demande de nullité de l'adjudication.

1° Jugement d'adjudication simple

1371.51 • Absence d'appel. *A contrario* de l'article R. 322-60 C. pr. exéc., le jugement d'adjudication simple, celui qui ne tranche pas de contestation et se contente de constater la vente, sera donc insusceptible d'appel.

1371.52 • Absence de toute voie de recours ? L'article R. 322-60 C. pr. exéc. ne dit rien sur l'exercice d'autres voies de recours.

Avant la réforme, la jurisprudence écartait aussi bien l'appel[1], que le pourvoi en cassation[2], la tierce opposition[3] et le recours en révision[4], jugeant que le jugement d'adjudication qui ne fait que constater un contrat judiciaire n'a pas le caractère de jugement.

Bien que la rédaction de l'article R. 322-59 C. pr. exéc. semble mettre en avant le caractère juridictionnel du jugement d'adjudication, le même raisonnement devrait pouvoir être tenu.

À ce jour, la deuxième chambre civile a exclu le pourvoi en cassation à l'encontre d'un jugement d'adjudication qui ne statue sur aucun incident, au visa des articles 605 C. pr. civ. et 88 du décret de 2006[5]. Mais a admis que ce jugement toutefois, pouvait faire exceptionnellement l'objet d'un pourvoi pour excès de pouvoir, ce qui exclut par voie de conséquence que le jugement d'adjudication fasse l'objet d'un appel pour excès de pouvoir[6]. S'il a été jugé que n'excédait pas ses pouvoirs, le juge qui prononce l'adjudication de l'immeuble désigné au cahier des conditions de vente[7]; en revanche, commet un excès de pouvoir le JEX qui procède à la vente forcée sans s'assurer que le débiteur qui avait sollicité l'aide juridictionnelle avait été informé de la décision rendue sur cette demande et du nom de l'avocat désigné à ce titre[8].

1371.53 Action en nullité. Le jugement d'adjudication qui ne tranche aucun incident n'est pas revêtu de l'autorité de chose jugée[9].

Il peut toujours faire l'objet d'une annulation par voie d'action et d'exception pour des motifs autres que ceux tenant à la procédure de saisie, comme la jurisprudence l'admettait avant la réforme[10]. C'était le cas lorsque l'adjudicataire invoquait un vice du consentement mais encore lorsque le droit de saisir, ayant en théorie fondé l'action du créancier, était contesté ainsi qu'en cas de fraude du créancier.

1371.54 • Vices du consentement. L'adjudicataire devrait toujours pouvoir invoquer une cause de nullité tirée du droit des contrats[11]. Selon l'arti-

1. Civ. 2e, 5 déc. 1973, n° 72-13.149, *Bull. civ.* II, n° 317; *JCP* 1974. IV. 28 – Civ. 2e, 24 avr. 1976, n° 74-15.068, *Bull. civ.* II, n° 123; *JCP* 1976. IV. 194 – Civ. 2e, 11 janv. 1979, n° 77-11.069, *Bull. civ.* II, n° 16; *JCP* 1979. IV. 91 – Civ. 2e, 20 oct. 1993, n° 92-13.236, *Bull. civ.* II, n° 289; *D.* 1994. Somm. 349, obs. Julien.
2. Civ. 2e, 19 nov. 1986, n° 85-14.580, *Bull. civ.* II, n° 167 – Civ. 2e, 9 juin 1982, n° 81-11.339, *Bull. civ.* II, n° 87.
3. Civ. 2e, 10 mai 1984, n° 83-13.285, *Bull. civ.* II, n° 80; *JCP* 1984. IV. 228 – Civ. 2e, 8 avr. 2004, n° 02-15.356, *Bull. civ.* II, n° 160; *D.* 2004. IR 1354; *AJDI* 2004. 909 – Civ. 2e, 19 nov. 2009, *Bull. civ.* II, n° 266; *Dalloz actualité,* 8 déc. 2009, obs. Dargent; *D.* 2010. Pan. 532, obs. Sommer et Leroy-Gissenger; *ibid.* 1307, obs. Leborgne – Civ. 2e, 6 janv. 2011, n° 09-70.437, *Bull. civ.* II, n° 1; *D.* 2011. Actu. 249.
4. Civ. 2e, 20 mai 1985, n° 83-16.680, *Bull. civ.* II, n° 99; *Gaz. Pal.* 1985. Pan. 270, obs. Guinchard et Moussa; *RTD civ.* 1986. 431, obs. Perrot – Civ. 2e, 16 juill. 1987, n° 86-11.367, *Bull. civ.* II, n° 154; *JCP* 1987. IV. 342; *Rev. huiss.* 1988. 1619, note Talon.
5. Civ. 2e, 19 nov. 2009, n° 08-20.798, *Bull. civ.* II, n° 266; *D.* 2009. AJ 2938, *Procédures* 2010. Prat. 1, Laporte; *Dr. et proc.* 2010. 97, obs. Leborgne; *RD banc. fin.* 2010, n° 22, Pièdelièvre – La solution a été réaffirmée depuis : Civ. 2e, 24 juin 2010, n° 09-15.596, NP; *Procédures* 2011. Chron. 1, n° 15, obs. Leborgne – Civ. 2e, 8 juill. 2010, n° 09-16.200, NP; *Procédures* 2011. Chron. 1, n° 15, obs. Leborgne – Civ. 2e, 14 oct. 2010, n° 09-12.979, NP.
6. Civ. 2e, 6 déc. 2012, n° 11-24.028, *Bull. civ.* II, n° 198; *Dalloz actualité,* 18 déc. 2012, obs. Avena-Robardet.
7. Civ. 2e, 19 nov. 2009, n° 08-70.024, *Bull. civ.* II, n° 266; *D.* 2009. AJ 2938; *Procédures* 2010. Prat. 1, obs. Laporte; *Dr. et proc.* 2010. 97, obs. Leborgne; *RD banc. fin.* 2010, n° 22, obs. Pièdelièvre.
8. Civ. 2e, 24 juin 2010, n° 08-19.974, *Bull. civ.* II, n° 120; *Dr. et proc.* 2010. 333, obs. Leborgne.
9. Civ. 2e, 11 juill. 2013, n° 12-13.737, *Bull. civ.* II, n° 157.
10. Civ. 2e, 19 janv. 1977, n° 75-12.351, *Bull. civ.* II, n° 12; *Gaz. Pal.* 1977. 455, note Viatte; *AJPI* 1978. 131, note Talon – Civ. 2e, 19 nov. 1986, n° 85-14.580, *Bull. civ.* II, n° 167; *JCP* 1987. IV. 31 – Civ. 2e, 13 juill. 1999, n° 97-19.226, NP; *Procédures* 2000, n° 67, *a contrario* – Civ. 2e, 27 mai 2004, n° 02-20.467, *Bull. civ.* II, n° 240.
11. Civ. 2e, 9 févr. 1977, n° 75-10.834, *Bull. civ.* II, n° 28; *Gaz. Pal.* 1977. 2. 453, note Viatte – Civ. 2e, 8 oct. 1997, n° 95-15.269, *Bull. civ.* II, n° 245.

cle L. 322-10 C. pr. exéc. en effet, l'adjudication emporte vente forcée du bien (v. s[s] n°s 1371.181 s.).

1371.55 • **Moyens touchant au fond du droit ?** Avant la réforme, la jurisprudence admettait que le jugement d'adjudication soit annulé lorsque le titre servant de fondement aux poursuites était annulé[1]. De même, en cas de fraude du créancier, on permettait au saisi de faire annuler la procédure. La difficulté résidait bien sûr dans l'établissement de la preuve de l'intention frauduleuse. Il avait été jugé que tel était le cas lorsque le créancier poursuivant avait diligenté la saisie à une adresse qu'il savait erronée et avait manifesté la volonté de procéder à la vente forcée à l'insu des débiteurs saisis[2]. Mais désormais, à l'audience d'orientation, le juge aura procédé à des vérifications touchant au titre et à la saisie. Certains griefs risquent alors d'être irrecevables ensuite, et notamment les moyens touchant au fond du droit que l'on ne devrait plus pouvoir soulever après l'audience d'orientation.

En revanche, si l'immeuble a été saisi à l'encontre d'une personne qui n'en était pas le véritable propriétaire, ce dernier n'ayant pas agi en distraction en cours de procédure de saisie, on devrait admettre une action[3].

1371.56 • **Moyens inopérants : contestations portant sur les actes de procédure.** En revanche, les saisis ne pourront agir en nullité du jugement d'adjudication en arguant d'une éventuelle irrégularité de la signification du commandement[4] ou des dénonces aux créanciers inscrits (ainsi, avant la réforme pour les sommations de l'article 689 ACPC[5]) puisqu'elles auront été couvertes par l'audience d'orientation.

1371.57 **Prescription de l'action.** L'action en nullité est-elle soumise à la prescription quinquennale de l'article 1304 du Code civil ? C'est ce que la Cour de cassation jugeait dans les années soixante[6]. Plus récemment, la Haute juridiction a semblé nuancer son analyse en énonçant que la prescription quinquennale édictée par l'article 1304 ne concernait « *que les actions introduites par les parties contractantes* »; elle est donc inopposable au donateur du bien saisi[7]. L'exclusion paraît cependant avoir été généralisée par une décision du 3 octobre 2002 qui affirme, que « *la prescription quinquennale édictée par l'article 1304 du Code civil ne concerne que les actions en nullité d'une convention et n'est donc pas applicable aux ventes sur saisie immobilière* »[8]. Or, autant il paraît logique d'exclure les dispositions restrictives de l'article 1304 lorsque la demande d'annulation du jugement d'adjudication est la conséquence de l'annulation des actes de procédure[9], autant cette solution paraît inopportune hors ce cas, par exemple lorsque la demande d'annulation reposera sur un vice du consentement[10].

2°

Jugement qui tranche une contestation ou fait droit à une demande

1371.61 **Un jugement pour partie contentieux.** Lorsque le juge, saisi d'une contestation ou d'une demande l'a examinée, le jugement d'adjudication présente un aspect contentieux, par la contestation qu'il a tranchée ou la demande sur laquelle il a statué, et un aspect non contentieux, de constat de la vente aux enchères.

1371.62 **Appel.** Selon l'article R. 322-60 C. pr. exéc., le jugement d'adjudication qui a statué sur une contestation est susceptible d'appel de ce chef, dans un délai de quinze jours à compter de sa notification. *Stricto sensu* cet article ne semblait ouvrir l'appel que dans le cas où le jugement d'adjudication avait statué sur une contestation. La deuxième chambre civile, au visa de l'article R. 322-60 C. pr. exéc., a jugé qu'un jugement d'adjudication qui a accueilli la demande du syndicat des copropriétaires tendant à être subrogé dans les poursuites était susceptible d'appel[11].

3°

Jugement qui statue sur une demande de nullité de l'adjudication

1371.71 **Recours.** Le jugement d'adjudication simple est insusceptible d'appel mais la décision rendue par le TGI qui examine l'éventuelle nullité du jugement d'adjudication est un jugement contentieux (v. s[s] n° 1371.53). Il doit donc être suscep-

1. Civ. 2e, 13 janv. 2000, n° 98-10.619, *Bull. civ.* II, n° 9 – Civ. 2e, 3 mai 2001, n° 98-18.162, *Bull. civ.* II, n° 91.
2. Civ. 2e, 7 nov. 2002, n° 01-14.229, *Bull. civ.* II, n° 239; *JCP* 2002. IV. n° 3065.
3. Civ. 2e, 23 oct. 1996, n° 94-12.173, NP; *D.* 1997. 159, note Prévault.
4. Civ. 2e, 13 juill. 1999, n° 97-19.226, NP; *Procédures* 2000, n° 67.
5. Civ. 2e, 27 mai 2004, n° 02-20.467, *Bull. civ.* II, n° 240.
6. Civ. 2e, 20 oct. 1961, *Bull. civ.* II, n° 682; *RTD civ.* 1961. 192, obs. Raynaud.
7. Civ. 2e, 8 oct. 1997, n° 95-15.269, *Bull. civ.* II, n° 245; *Gaz. Pal.* 11-12 févr. 1998. Somm. 15.
8. Civ. 2e, 3 oct. 2002, n° 01-01.481, *Bull. civ.* II, n° 206; *D.* 2003. 1596, note Lehot; *Gaz. Pal.* 14-15 mars 2003, p. 19, obs. crit. Brenner.
9. EN CE SENS, Civ. 2e, 18 nov. 1987, n° 86-14.232, *Bull. civ.* II, n° 232 – Civ. 2e, 5 oct. 1988, n° 87-16.290, NP; *Gaz. Pal.* 1989. Somm. 168, note Veron.
10. EN CE SENS, v. aussi obs. Brenner s[s] Civ. 2[e], 3 oct. 2002, n° 01-01.481, *Bull. civ.* II, n° 206.
11. Civ. 2e, 16 mai 2013, n°s 12-18.938 et 12-18.939, *Bull. civ.* II, n° 97; *D.* 2014. Pan. 1472, obs. Leborgne.

tible d'appel et de pourvoi dans les termes du droit commun. C'est en ce sens que se prononçait la Cour de cassation, que la nullité invoquée repose sur un argument touchant au fond du droit, ou que le grief formulé à l'encontre du jugement d'adjudication concerne la régularité de la procédure (ainsi pour un vice de forme[1]; pour un jugement de surenchère[2]). Dans ce cas, l'appel devra être formé dans le mois de la signification et sera suspensif.

SECTION 2
SUITES DE L'ADJUDICATION

1371.80 Plan. Une fois l'adjudication devenue définitive, l'adjudicataire doit payer le prix et les frais dans les intérêts des créanciers et du saisi. Le titre de vente doit encore être délivré par le greffe et publié.

§ 1
Consignation du prix et paiement des frais

1371.81 Plan. Selon l'article L. 322-9 C. pr. exéc., une fois l'adjudication devenue définitive, l'adjudicataire doit consigner le prix sur un compte séquestre ou à la Caisse des dépôts et consignations et il doit payer les frais. Ces deux obligations sont complémentaires mais elles n'obéissent pas exactement à la même logique.

A.
Modalités et délai

1371.90 Chronologie. L'adjudicataire ne peut être immédiatement assuré d'être devenu propriétaire. Deux événements, qui parfois peuvent se cumuler, sont susceptibles de remettre en cause son acquisition : l'existence d'une surenchère, mais aussi l'exercice d'un droit de préemption. L'adjudicataire devra donc attendre avant de consigner le prix et de payer les frais.

1°
Écoulement des délais d'attente

1371.91 Écoulement du délai d'exercice du droit de préemption. Lorsque le bénéficiaire d'un droit de préemption a été informé de la procédure de saisie immobilière et des délais pour exercer son droit, l'adjudicataire doit attendre l'expiration de ce délai, variable selon le titulaire du droit (v. s[s] n° 1367.93, pour le preneur à bail rural; n° 1367.102, pour la Safer; n° 1367.114, pour le locataire à usage d'habitation; n° 1367.133, pour les établissements publics), pour prétendre à la propriété du bien. Si le droit est exercé dans le délai, le bénéficiaire se substitue à l'adjudicataire dans les mêmes conditions et obligations; à défaut, le bénéficiaire est déchu de son droit de préemption et l'adjudicataire conserve l'adjudication. La troisième chambre civile de la Cour de cassation a jugé que même dans l'hypothèse où une surenchère a été formée, le droit de préemption devait malgré tout être exercé dans le délai légal, alors qu'il semblait plus logique d'attendre l'issue de la vente sur surenchère pour mettre en œuvre le droit de préemption[3].

1371.92 Écoulement du délai de surenchère. L'article R. 322-51 C. pr. exéc. réglemente la faculté de surenchère (v. s[s] n°s 1372.11 s.) et le délai pour la former : toute personne peut, dans les dix jours suivant l'adjudication faire une surenchère du dixième au moins du prix principal de la vente (sur l'information des tiers quant à la faculté de surenchère, organisée au moyen d'une publicité au tribunal après l'adjudication, v. s[s] n°s 1367.70 s.). Ainsi, à compter du jour de l'audience d'adjudication s'ouvre un délai de dix jours. Est-ce un délai franc ? Cela pourrait l'être puisqu'il est calculé à compter d'une date précise; il suffirait d'ajouter dix jours et de reporter au premier jour ouvrable si le délai expire un samedi, dimanche ou jour férié. L'article R. 322-51 C. pr. exéc. déroge cependant aux dispositions des articles 640 s. C. pr. civ. D'une part il ne s'agit pas de former la surenchère avant l'expiration d'un délai de dix jours mais dans les dix jours; le jour de l'adjudication ne compte pas. D'autre part, l'article R. 322-51 C. pr. exéc. prévoit simplement que la déclaration de surenchère est formée par acte d'avocat déposé au greffe du JEX. Avant la réforme, l'article 708 ACPC indiquait clairement que la déclaration de surenchère ne serait pas reçue après l'heure fixée par le tribunal pour la fermeture du greffe. L'article R. 322-51 C. pr. exéc. ne reproduisant pas cette restriction, il faudra certes, tenir compte des horaires de fermeture du greffe, mais on devrait pouvoir considérer, en vertu des dispositions de l'article 642 C. pr. civ., que le délai pour former déclaration de surenchère expire à minuit, ce qui permettrait de reporter la déclaration au lendemain ?

1. Civ. 2e, 14 déc. 1988, n° 87-17.985, *Bull. civ.* II, n° 249.
2. Civ. 2e, 13 déc. 1993, n° 92-12.820, *Bull. civ.* II, n° 363 – V. AUSSI, Civ. 2e, 20 juin 1996, n° 94-16.607, *Bull. civ.* II, n° 165; *Gaz. Pal.* 5-6 mars 1997. Somm. 25, obs. du Rusquec.
3. Pour le droit de préemption de la Safer : Civ. 3e, 5 juin 2013, n°s 11-26.088 et 11-26.153, *Bull. civ.* III, n° 77. Pourtant, la surenchère a remis en cause l'adjudication et fait renaître les droits du saisi sur l'immeuble. Il apparaît en outre difficile de préempter sans connaître le prix auquel l'immeuble sera finalement adjugé sur surenchère...

2°
Modalités

1371.101 Prix. Selon l'article L. 322-9 C. pr. exéc., le prix doit être consigné sur un compte séquestre ou à la Caisse des dépôts et consignations. Il sera conservé en vue de la distribution. En pratique, les praticiens prévoient généralement que la consignation sera effectuée soit, entre les mains de la Caisse locale des règlements pécuniaires des avocats (Carpa), soit sur un compte séquestre particulier souvent dénommé « *compte du Bâtonnier* », le Conseil National des Barreaux ayant réservé cette option dans le Règlement national intérieur (RIN, art. 13). Pour être libératoire, la consignation devra être conforme aux conditions du cahier des conditions de la vente.

1371.102 Frais et droits de mutation. Selon l'article R. 322-58 C. pr. exéc., les frais de poursuite taxés sont payés par l'adjudicataire par priorité (ce qui ne semble pas vouloir dire par privilège, comme le disait l'article 714 ACPC) en sus du prix. À la différence du paiement du prix qui va être consigné pour être distribué (v. s[s] n° 1371.132), les frais avancés par les acteurs de la procédure leur sont ainsi remboursés sans attendre. L'adjudicataire en fournit justificatif au greffe en vue de la délivrance du titre.

Sur incitation des praticiens, les auteurs du décret du 12 février 2009 ont complété l'ancien article 86 du décret du 27 juillet 2006 (devenu C. pr. exéc., art. R. 322-58) afin d'ajouter à la charge de l'adjudicataire le paiement des droits de mutation.

3°
Délai de deux mois

1371.111 Prix. L'article R. 322-56 C. pr. exéc. impose la consignation de prix dans le délai de deux mois à compter de la date d'adjudication définitive, à peine de réitération des enchères. Passé ce délai, en outre, le prix de vente sera augmenté de plein droit des intérêts au taux légal jusqu'à la consignation complète du prix. Ce délai a été jugé suffisant pour permettre à l'adjudicataire de réunir les fonds nécessaires, y compris pour souscrire un emprunt.

1371.112 Frais et droits de mutation. Le code n'impose pas directement un délai de paiement pour les frais et, désormais, les droits de mutation, mais pour s'assurer que le paiement a bien été effectué, l'article R. 322-58 C. pr. exéc. prévoit que le justificatif du paiement de ces frais et des droits de mutation devra être fourni au greffe avant l'expiration du délai de deux mois à compter de la date d'adjudication définitive à peine de réitération des enchères. Toute stipulation contraire sera réputée non écrite.

L'adjudicataire doit donc payer ces frais et les droits de mutation dans le délai de deux mois et en justifier dans ce même délai.

B.
Effets et sanction du défaut d'exécution

1371.120 Plan. Les deux obligations sont liées; elles produisent donc des effets communs et sont soumises à la même sanction. S'ajoutent en outre, des effets propres et des sanctions spécifiques à chaque obligation.

1°
Effets du défaut d'exécution

1371.121 Effets communs.

• **Interdiction d'accomplir des actes de disposition.** En vertu de l'article L. 322-9 alinéa 2 C. pr. exéc., tant qu'il n'a pas consigné le prix et payé les frais, l'adjudicataire ne pourra pas accomplir d'acte de disposition sur le bien à l'exception de la constitution d'une hypothèque accessoire à un contrat de prêt destiné à financer l'acquisition du bien.

• **Effet de purge.** Selon l'article L. 322-14 C. pr. exéc. (anc[t] C. civ., art. 2213, réd. L. n° 2010-1609, 22 déc. 2010[1]), c'est à compter de la publication du titre de vente que la consignation du prix et le paiement des frais purgeront de plein droit l'immeuble de toute hypothèque et de tout privilège du chef du débiteur (v. s[s] n° 1371.201).

• **Expulsion du saisi.** L'article R. 322-64 C. pr. exéc. dispose que, sauf si le cahier des conditions de vente prévoit le maintien dans les lieux du débiteur saisi, l'adjudicataire peut mettre à exécution le titre d'expulsion dont il dispose à l'encontre du saisi et de tout occupant de son chef n'ayant aucun droit qui lui soit opposable, à compter de la consignation du prix et du paiement des frais taxés.

1371.122 Effets de la consignation pour les créanciers. Lorsque des fonds sont consignés à la Caisse des dépôts et consignations, ils produisent des intérêts de plein droit. Dans le cahier des conditions de la vente, le poursuivant a pu toutefois préférer désigner un séquestre. Dans un souci d'harmonisation, les auteurs de la réforme ont étendu cette règle au cas où un séquestre aura été désigné. L'article R. 322-57 C. pr. exéc. dispose qu'une fois

1. L. n° 2010-1609, 22 déc. 2010, relative à l'exécution des décisions de justice, aux conditions d'exercice de certaines professions réglementées et aux experts judiciaires, *JO* 23 déc., p. 22552.

séquestrés, les fonds vont produire intérêt à un taux fixé par le cahier des conditions de la vente et qui ne peut être inférieur au taux d'intérêt servi par la caisse des dépôts et consignations. Les intérêts sont ainsi acquis aux créanciers, et le cas échéant, au débiteur, pour être distribué avec le prix de l'immeuble.

Lorsque le titre sera publié (v. s^s^ n° 1371.150), le créancier de premier rang pourra demander au séquestre, d'être payé à titre provisionnel pour le principal de sa créance, sans attendre la distribution. Ce créancier devra tout de même participer à la procédure de distribution pour le règlement des accessoires de sa créance (v. les procédures de distribution, s^s^ n°s 1500.00 s.).

1371.123 Effets de la consignation pour le saisi. Désormais, en vertu de l'article L. 334-1 C. pr. exéc., si la distribution du prix n'est pas intervenue dans le délai prévu par le décret, la consignation produit à l'égard du débiteur tous les effets d'un paiement à hauteur de la part du prix de vente qui sera remise aux créanciers après la distribution.

2°
Sanctions du défaut d'exécution

1371.131 Sanction commune. Selon l'article L. 322-12 alinéa 1er C. pr. exéc., à défaut de consignation du prix et du paiement des frais, la vente sera résolue de plein droit[1].

1371.132 Sanction du défaut de consignation. L'article R. 322-56 C. pr. exéc. prévoit que si la consignation n'est pas effectuée dans le délai, les enchères pourront être réitérées. Dans ce cas, et selon l'article L. 322-12 alinéa 2 C. pr. exéc., l'adjudicataire défaillant sera tenu au paiement de la différence entre son enchère et le prix de la revente, si celui-ci est moindre, sans prétendre à la répétition des sommes qu'il aurait acquittées (v. s^s^ n° 1373.191).

1371.133 Sanction du défaut de paiement des frais. Selon l'article L. 322-11 C. pr. exéc., le titre de vente ne sera délivré à l'adjudicataire que sur justification de paiement des frais taxés. Et si le paiement des frais et, désormais, des droits de mutation, n'est pas justifié dans le délai, les enchères pourront être réitérées (C. pr. exéc., art. R. 322-58).

§ 2
Délivrance et publication du titre

1371.140 Titre de vente = jugement + cahier des conditions de la vente + quittance du paiement des frais. Selon l'article R. 322-61 C. pr. exéc., le titre de vente consiste dans l'expédition du cahier des conditions de la vente revêtue de la formule exécutoire, à la suite de laquelle est transcrit le jugement d'adjudication. Le décret n° 2006-1805 du 23 décembre 2006[2] a ajouté un deuxième alinéa à l'ancien article 89 du décret du 27 juillet 2006 (devenu C. pr. exéc., art. R. 322-61) : « *Si les renseignements d'identité fournis par l'adjudicataire sont incomplets au regard des exigences de la publicité foncière, l'avocat de l'adjudicataire les complète par une déclaration écrite remise au greffe au plus tard le troisième jour ouvrable suivant l'audience d'adjudication. Cette déclaration complémentaire est annexée au titre de vente. En cas de difficulté, le greffe en réfère au juge, qui statue par une ordonnance non susceptible d'appel* ».

C'est donc à partir d'une copie du cahier des conditions de la vente élaboré par le poursuivant, à la suite de laquelle est retranscrit le jugement d'adjudication qu'est réalisé le titre de cette vente aux enchères publiques. Une fois les frais payés par l'adjudicataire, la quittance du paiement des frais est annexée.

A.
Conditions de délivrance du titre

1371.141 Destinataires. L'article R. 322-62 alinéa 1er C. pr. exéc. (anc^t^ Décr. 27 juill. 2006, art. 90, al. 1er) prévoit que le titre est délivré par le greffier à l'adjudicataire. Il l'est également, à sa demande au créancier poursuivant pour procéder aux formalités de publication du titre à défaut de diligence à cet effet par l'adjudicataire. Ce créancier a en effet intérêt à la publication du titre pour pouvoir poursuivre les opérations de distribution.

Initialement, l'ancien article 90 alinéa 2 du décret du 27 juillet 2006 prévoyait également qu'en tout état de cause, une copie du titre devait être adressée au débiteur et au créancier poursuivant. Cet alinéa a été supprimé par le décret du 12 février 2009.

1371.142 Condition nécessaire : paiement des frais. Selon l'article L. 322-11 C. pr. exéc., le titre n'est délivré à l'adjudicataire que sur justification du paiement des frais de vente taxés et, selon l'article 90 alinéa 4 du décret du 27 juillet 2006, la quittance du paiement des frais est annexée au titre de vente.

Cette exigence apporte une sécurité à ce type de vente. Si l'adjudicataire ne consigne pas le prix, le paiement des frais restera acquis au créancier qui les a exposés et qui pourra dès lors poursuivre la réi-

1. Pour une application : TGI Pontoise, JEX, 6 août 2009, *D.* 2009. AJ 2169.

2. Décr. n° 2006-1805, 23 déc. 2006, relatif à la procédure en matière successorale et modifiant certaines dispositions de procédure civile, *JO* 31 déc., p. 20370.

tération des enchères sans accroître le montant de ses avances. Par ailleurs, le paiement des frais permet de supposer la solvabilité de l'acquéreur.

Bien que le décret du 12 février 2009 ait ajouté à la charge de l'adjudicataire l'obligation de payer les droits de mutation (v. s[s] n° 1371.102), il n'a pas été prévu de quittancement de ce paiement (sur le détail de ces droits, v. s[s] n° 1371.144).

1371.143 Condition suffisante. La délivrance du titre n'est pas subordonnée au paiement intégral du prix. L'adjudicataire peut avoir besoin d'obtenir un prêt pour s'acquitter du prix d'adjudication. Il l'obtiendra d'autant plus aisément qu'il accordera une garantie hypothécaire au prêteur. Il faut donc que son titre soit publié. L'article L. 322-9 alinéa 2 C. pr. exéc., vise expressément cette constitution d'hypothèque accessoire au contrat de prêt destiné à financer l'acquisition de l'immeuble.

1371.144 Paiement des droits de mutation. Dès réception de la quittance des frais, le greffier adresse le dossier d'adjudication au bureau de l'enregistrement qui invitera directement l'avocat de l'adjudicataire au paiement des droits de mutation applicables en fonction, d'une part de la qualité de l'adjudicataire, d'autre part, du régime fiscal applicable à l'immeuble.

Si la déclaration d'adjudicataire a été faite en qualité de marchand de biens, l'adjudicataire marchand de biens pourra prétendre bénéficier du régime spécial d'imposition de l'article 1115 du Code général des impôts. L'absence de mention et d'engagement dans la déclaration d'adjudicataire le lui interdira.

Suivant l'immeuble, l'avocat de l'adjudicataire devra, le cas échéant, convenir avec l'administration de l'assiette des différents droits applicables[1]. Les droits de mutation des ventes sur adjudication suivent le même régime que les ventes amiables. Si la vente entre dans le champ d'application de la TVA, l'adjudicataire tenu par les dispositions du cahier des conditions de vente d'en assurer le paiement, pourra prétendre bénéficier des droits à déduction du vendeur, si cette faculté lui a été expressément réservée dans le cahier des conditions de vente. En revanche, si le cahier des conditions de vente est muet sur l'hypothèse de l'application de la TVA, le prix d'adjudication est réputé TTC et la TVA, dont le redevable légal est le vendeur, viendra alors en déduction du prix à distribuer entre les différents créanciers.

Pour la TVA, due pour les immeubles en l'état futur d'achèvement, un arrêt a décidé que le vendeur d'immeubles, tenu d'acquitter la TVA pouvait la répercuter ensuite sur l'adjudicataire[2]. Mais le cahier des conditions de vente peut en décider autrement.

Les droits doivent être payés dans un délai de trente jours, sous peine des pénalités applicables à la matière.

Ce n'est qu'après acquittement des droits que le dossier est retourné au greffe pour l'établissement de la grosse d'adjudication.

1371.145 Vente en plusieurs lots. L'article R. 322-61 C. pr. exéc. dispose que le titre d'adjudication, délivré par le greffe, consiste dans l'expédition du cahier des conditions de la vente et du jugement d'adjudication. En principe, une seule expédition est délivrée. Mais si l'adjudication a été poursuivie en plusieurs lots, les différents adjudicataires sont chacun concernés par la délivrance de l'expédition. Selon l'article R. 322-62 alinéa 3 C. pr. exéc., une expédition devra être délivrée à chacun des adjudicataires.

1371.146 Copropriété. Si le bien vendu est un lot dépendant d'un immeuble en copropriété, le transfert de propriété doit être porté à la connaissance du syndicat de copropriétaires. L'article 6 du décret n° 67-223[3] prévoit donc que le transfert de propriété d'un lot ou d'une fraction de lot doit être notifié sans délai soit par les parties, soit par l'avocat qui a obtenu la décision judiciaire au syndic de la copropriété (Décr. 17 mars 1967, art. 6[4]). L'exécution de cette diligence est également imposée déontologiquement par l'article 12.2 du Règlement intérieur national des barreaux (RIN) qui met à la charge de l'avocat poursuivant la notification de l'adjudication au syndic de copropriétaires.

Cette notification comporte la désignation du lot ou de la fraction de lot et l'indication des nom, prénoms, domicile réel ou élu de l'acquéreur; elle doit être faite indépendamment de l'avis de mutation prévu à l'article 20 de la loi du 10 juillet 1965 modifiée.

L'avocat du créancier poursuivant doit également informer les créanciers de l'opposition qu'aura formée le syndic et sur leur demande leur en adressera copie (Décr. 17 mars 1967, art. 6-1).

1. M. Marteau-Lamarche, « Réforme de la TVA immobilière : l'adaptation des droits d'enregistrement », *Defrénois* 2011. 1233.

2. Grenoble, 5 mars 1975, *D.* 1975. Somm. 63; *Gaz. Pal.* 1975. 1. 432.

3. Décr. n° 67-223, 17 mars 1967, portant rap pour l'application de la loi n° 65-557 du 10 juillet 1965 fixant le statut de la copropriété des immeubles bâtis, *JO* 22 mars, p. 2742.

4. Mod. par Décr. 15 févr. 1995.

B.
Publication du titre

1371.150 Principe. Selon l'article R. 322-63 alinéa 1er C. pr. exéc., le titre est publié au bureau des hypothèques selon les règles prévues pour les ventes judiciaires, à la requête de l'acquéreur ou à défaut, du créancier poursuivant la distribution.

1°
Réalisation de la publication dans les deux mois

1371.151 Auteur de la formalité. Le jugement d'adjudication est translatif de propriété; il doit donc être publié pour être opposable. Mention de la publication est opérée d'office en marge de la copie du commandement par le conservateur. C'est donc l'adjudicataire qui est le premier intéressé par l'accomplissement de cette formalité.

Avant la réforme, il était toutefois apparu que le fait que la charge de cette publication fut dévolue à l'adjudicataire était source de problèmes. C'est l'avocat poursuivant qui détient déjà les éléments permettant une publication aisée; de même, c'est lui qui doit veiller à ne pas laisser se périmer sa procédure de saisie avant que le jugement ne soit valablement publié. C'est la raison pour laquelle, dans divers barreaux, il était d'usage que ce soit l'avocat poursuivant qui publie lui-même le jugement d'adjudication, puis adresse la grosse publiée à l'avocat de l'adjudicataire après le retour de la Conservation des hypothèques. C'est ce que confirme l'article R. 322-62 C. pr. exéc. qui permet au poursuivant de demander le titre afin de procéder lui-même aux formalités de publicité.

1371.152 Délai, sanction ? Ni l'ordonnance ni le décret de 2006 ne visent un délai, à l'inverse du décret-loi de 1938 qui prévoyait que le titre devait être publié dans les deux mois sous peine de revente sur folle enchère (ACPC, art. 716, al. 2). Le décret du 27 juillet 2006 renvoie seulement aux règles prévues en matière de publicité foncière qui imposent la publication dans un délai de deux mois. Il n'y aurait donc plus de sanction en cas de défaut de publication, sinon, indirectement pour le poursuivant, la péremption du commandement de payer valant saisie à expiration du délai de deux ans.

La responsabilité de l'avocat qui n'accomplirait pas les formalités indispensables à l'exécution du jugement pourrait, notamment, être engagée sur le fondement de l'article 32 du décret du 4 janvier 1955[1].

La loi n° 2010-1609 du 22 décembre 2010 a modifié l'article 2213 du Code civil (devenu C. pr. exéc., art. L. 322-14), qui disposait que la consignation du prix et le paiement des frais purgent de plein droit l'immeuble de toute inscription et de tout privilège du chef du débiteur, afin de conditionner cet effet de purge à la publication du titre de vente, ce qui ne peut qu'inciter à publier ce titre sans tarder.

2°
Effet de la publication du jugement d'adjudication sur la validité du commandement

1371.161 Délai de deux ans et prorogation. En vertu de l'article R. 321-20 C. pr. exéc., le commandement publié ne produit effet que pendant deux ans; dans ce délai, une adjudication doit donc être intervenue, sinon, le commandement étant périmé, c'est toute la procédure qui sera caduque[2]. L'adjudication, ou un jugement prorogeant le délai de l'adjudication, seront donc mentionnés en marge de la publication du commandement avant l'expiration du délai de deux ans.

C'est la publication du jugement d'adjudication qui interrompra le délai et non le jugement d'adjudication lui-même[3] car le jugement d'adjudication ne peut produire ses effets qu'à la date de la mention.

SECTION 3
EFFETS DE L'ADJUDICATION

1371.170 Plan. La survenance de l'adjudication emporte modification des droits du saisi. Le bien sort de son patrimoine et entre dans celui de l'adjudicataire, qui doit exécuter les obligations du cahier des conditions de la vente. Mais la procédure de saisie immobilière ne sera achevée que lorsque le prix sera distribué (sur la procédure de distribution du prix, v. ss nos 1511.11 à 1513.101) et, si les créanciers ont déclaré leurs créances, leurs sûretés seront reportées sur le prix, à la condition qu'il soit consigné. Pour les tiers enfin, la publication de l'adjudication officialise le transfert de propriété.

1371.171 Précision. On raisonnera sur un jugement définitif, c'est-à-dire sans surenchère ou après surenchère et sans action en nullité du jugement d'adjudication.

1. EN CE SENS, avant la réforme, Paris, 4 mars 1993, *D.* 1994. 497, note Prévault.

2. EN CE SENS, avant la réforme, pour le délai de trois ans : Civ. 2e, 7 janv. 1965, *JCP* 1966. IV. 23.

3. EN CE SENS, avant la réforme : Civ. 2e, 3 mai 1990, n° 89-12.474, *Bull. civ.* II, n° 81 ; *D.* 1990. Somm. 347, obs. Julien – Civ. 2e, 27 janv. 1993, n° 91-17.724, *Bull. civ.* II, n° 39; *D.* 1993. Somm. 282.

§ 1
Une vente d'une nature particulière

1371.180 **Nature particulière.** Elle se réalise entre le saisi et l'adjudicataire mais emporte purge des inscriptions et n'est pas totalement soumise au droit commun de la vente; elle emporte transfert de propriété et des risques mais dans les limites des droits appartenant au saisi.

A.
Transfert de propriété et des risques

1371.181 **Principe.** S'agissant d'un immeuble, la publication du titre de vente s'impose, qui emporte opposabilité du transfert de propriété aux tiers. Entre les parties, l'effet translatif est acquis du jour de l'adjudication (C. pr. exéc., art. L. 322-10).

1371.182 **Effet entre les parties.** L'immeuble est aux risques de l'adjudicataire à compter du jour de l'adjudication; l'adjudicataire en devra donc le prix même si l'immeuble périt avant sa mise en possession (C. civ., art. 1138).

1371.183 **Restriction.** Le droit d'accomplir des actes de disposition est conditionné à la consignation du prix et au paiement des frais, à l'exception de la constitution d'une hypothèque accessoire à un contrat de prêt destiné à financer l'acquisition de l'immeuble (C. pr. exéc., art. L. 322-9, al. 2).

1371.184 **Pour les tiers.** La publication doit s'effectuer dans les deux mois du jugement d'adjudication (v. s^{s} n°s 1371.151 et 1371.152). Mais le transfert de propriété n'est opposable aux tiers qu'à compter de la publication effective (Décr. 4 janv. 1955, art. 30-1). Jusqu'à cette date, ils peuvent opposer à l'adjudicataire les droits qu'ils détiennent contre le saisi; ainsi des hypothèques inscrites après l'adjudication. Cependant, dans le même temps, les tiers peuvent se prévaloir du jugement d'adjudication, dès lors qu'ils en ont connaissance dans leurs rapports avec l'adjudicataire : ainsi, éventuellement réclamer des impôts à l'adjudicataire à compter de l'adjudication.

1371.185 **Exclusion de certaines garanties.** Selon le Code civil, pour les ventes faites par autorité de justice, il n'y a lieu ni à garantie des vices rédhibitoires (C. civ., art. 1649 – v. s^{s} n° 1371.225), ni à rescision pour lésion (C. civ., art. 1684), les dispositions des articles R. 322-50 à R. 322-55 C. pr. exéc. réglant la faculté de surenchère (v. s^{s} n°s 1372.05 s.).

1371.186 **Assiette du bien.** L'adjudicataire n'acquiert que la propriété des immeubles désignés dans le commandement[1] et celle des immeubles qui peuvent être englobés dans la saisie à titre accessoire (v. s^{s} n°s 1316.05 s.).

B.
Vente par le saisi

1371.191 **Qualité de vendeur du saisi.** C'est le saisi qui est tenu des obligations d'un vendeur, ce qui n'exclut pas que la responsabilité du poursuivant puisse être également recherchée sur le terrain quasi délictuel mais le créancier n'étant pas considéré comme vendeur, ne sera pas tenu des garanties d'un vendeur. Le saisi est donc tenu à délivrance et à garantie d'éviction (C. pr. exéc., art. L. 322-10).

1371.192 **Transfert des droits du saisi.** Si en vertu de l'article L. 322-10 alinéa 1er C. pr. exéc., la vente sur adjudication emporte vente forcée du bien saisi et en transmet la propriété à l'adjudicataire (sous réserve qu'une surenchère ne soit pas formée, v. s^{s} n°s 1372.05 s.), l'alinéa 2 précise que cette vente ne confère pas à l'adjudicataire d'autres droits que ceux appartenant au saisi. C'est du saisi que l'adjudicataire tient son droit, bien que le prix ne soit pas versé au saisi mais consigné en vue d'être distribué. Toutefois, il a été jugé que si le démembrement du droit de propriété (en l'espèce la constitution d'un droit d'usage et d'habitation et d'un droit de passage au travers de l'immeuble, par le saisi, au profit de ses parents) opéré par le saisi, était déclaré inopposable à son créancier sur le fondement de l'article 1167 du Code civil, l'inopposabilité des droits portant sur l'immeuble une fois prononcée conférait au créancier le droit de poursuivre la vente forcée de l'immeuble libre de tous droits; il en résultait que l'adjudicataire recevait à son tour l'immeuble libre de ces droits[2]. On en vient alors à douter que l'adjudicataire soit toujours l'ayant cause du saisi car dans cette situation, il recueille plus de droits sur l'immeuble que le propriétaire n'en détenait[3].

1371.193 **Limites.** L'adjudicataire acquiert les droits du saisi avec toutes leurs faiblesses (procès) et leurs restrictions (démembrements et contrats).

1371.194 **Le saisi devait être propriétaire.** La vente peut être annulée si le saisi n'était pas le véritable propriétaire et l'adjudicataire ne pourra s'y opposer.

Si le droit saisi n'était qu'un droit de nue-propriété l'adjudicataire ne pourra réclamer l'usufruit[4], pas plus qu'il n'obtiendra la jouissance du bien si un précédent propriétaire se l'était réservée[5].

1. Bordeaux, 13 juin 1912, *DP* 1913. 2. 357 – Civ. 15 avr. 1913, *DP* 1914. 1. 131.
2. Civ. 1re, 29 janv. 2002, n° 98-20.155, *Bull. civ.* II, n° 27.
3. EN CE SENS, v. *Defrénois* 2002, art. 37591, n° 59.
4. Civ. 15 avr. 1913, *DP* 1914. 1. 131 – Civ. 1re, 11 juin 1954, *JCP* 1954. II. 8288, note Becqué.
5. Civ. 2e, 27 oct. 1975, n° 73-14.956, *Bull. civ.* II, n° 276.

De même, les procès engagés avant la délivrance du commandement et qui produisent des effets après l'adjudication s'imposeront au nouveau propriétaire (rescision, révocation, réduction en cas d'atteinte à la réserve).

Avant la réforme, on jugeait aussi que nul ne pouvant céder de droits dont il ne dispose pas, le véritable propriétaire était toujours en droit de revendiquer l'immeuble à l'encontre de l'adjudicataire, qu'il ait ou non fait publier son privilège (ainsi pour un immeuble vendu à terme [1]).

1371.195 **Lorsque des charges grevaient l'immeuble.** Conformément à la jurisprudence antérieure à la réforme, l'adjudicataire sera tenu de respecter les contrats conclus avant l'adjudication s'ils lui sont opposables : ainsi, les baux consentis avant la saisie (v. s[s] n°s 1321.151 s.) [2]. Pour un bail rural, les droits acquis par le preneur doivent être non précaires [3]. De même, en cas d'exploitation d'un fonds de commerce dans l'immeuble saisi [4]. Toutefois, les droits nés avant l'adjudication ne seront pas toujours opposables à l'adjudicataire. Ainsi, celui-ci ne pourra se prévaloir des loyers impayés avant l'adjudication pour faire jouer une clause résolutoire dont le jeu n'aurait pas encore été acquis. À l'inverse, l'indemnité d'éviction, en cours de fixation au moment de l'adjudication ne pourra être réclamée à l'adjudicataire, s'agissant d'un droit personnel et non patrimonial de l'ancien bailleur. Il a encore été jugé que des droits portant sur l'immeuble, jugés inopposables au créancier poursuivant, en vertu de l'article 1167 du Code civil, ne seront par voie de conséquence pas opposables à l'adjudicataire (il en avait été jugé ainsi à propos de la constitution d'un droit d'usage et d'habitation et d'un droit de passage au travers de l'immeuble par le saisi au profit de ses parents [5]).

1371.196 **Étendue des droits.** Le cahier des conditions de la vente détermine l'assiette du bien et les droits saisis. En cas d'omissions, d'erreurs ou d'irrégularités, le poursuivant peut voir sa responsabilité engagée, à charge pour lui de se retourner contre son mandataire.

Avant la réforme, le procès en responsabilité était parfois dirigé à titre principal contre le rédacteur du cahier des charges; parce qu'il n'existe pas non plus de lien contractuel entre le rédacteur de ce document et l'adjudicataire, l'avocat rédacteur ne peut s'exonérer de ses fautes par une clause de non-responsabilité au cahier des conditions de la vente (ainsi pour le cahier des charges [6]). L'adjudicataire peut encore agir contre l'huissier qui en commettant une erreur dans le commandement sur le caractère constructible du bien a engagé sa responsabilité professionnelle [7]; de même à propos du caractère inondable du terrain [8].

1371.197 **Exclusion.** Certains droits, dont pouvait bénéficier le saisi, ne seront pas automatiquement transmis à l'adjudicataire. Ainsi, avant la réforme, la troisième chambre civile de la Cour de cassation avait jugé que la garantie financière d'achèvement de l'article R. 261-21 du Code de la construction et de l'habitation ne pouvant être mise en jeu qu'à l'occasion d'une vente en l'état futur d'achèvement, et tel n'étant pas le cas d'une vente sur adjudication, l'adjudicataire de l'immeuble prenait celui-ci en l'état où il se trouvait [9]. La solution peut s'expliquer encore par le fait que l'adjudication ayant été réalisée à un prix tenant compte de l'état inachevé de la construction et sans que soit évoqué le droit de créance relatif à la garantie, l'adjudicataire achetant à un faible prix cet immeuble ne pouvait espérer ultérieurement le faire achever en faisant jouer la garantie. La solution aurait sans doute pu être différente si le bénéfice de cette garantie avait été visé au cahier des conditions de la vente, car le promoteur saisi l'avait tout de même souscrite !

C.
Vente « rénovée »

1371.200 **Double purge.** La consignation du prix et le paiement des frais emportent, à compter de la publication du titre de vente, transfert d'une propriété rénovée, c'est-à-dire purge des inscriptions. La jurisprudence y ajoute la purge des éventuels vices de la procédure de saisie.

1°
Purge des inscriptions

1371.201 **Purge de plein droit.** Avant la réforme, et selon l'ancien Code de procédure civile,

1. Civ. 2e, 23 oct. 1996, n° 94-12.173, NP; *D.* 1997. 159, note Prévault.
2. Ainsi, un bail antérieure au commandement sera opposable à l'adjudicataire, même si son existence n'a a pas été signalée lors des visites du bien, ni indiqué dans le procès-verbal descriptif : Civ. 2e, 6 juin 2013, n° 12-19.116, *Bull. civ.* II, n° 120; *D.* 2014. Pan. 1472, obs. Leborgne.
3. Civ. 3e, 22 juin 1977, n° 76-11.812, *Bull. civ.* III, n° 282; AJPI 1978. 395, note Talon.
4. *Limoges*, 26 nov. 1990, *D.* 1992. 452, note Prévault.
5. Civ. 1re, 29 janv. 2002, n° 98-20.155, *Bull. civ.* II, n° 27.
6. Civ. 2e, 15 juin 1994, n° 92-18.048, *Bull. civ.* II, n° 155; *D.* 1994. IR 183.
7. Civ. 1re, 11 oct. 1994, n° 92-14.402, *Bull. civ.* I, n° 284; *Gaz. Pal.* 1995. 1. Pan. 42.
8. Civ. 1re, 25 mai 2005, n° 03-18.261, *Bull. civ.* I, n° 226; *Dr. et proc.* 2005. 360, obs. Leborgne.
9. Civ. 3e, 20 nov. 2002, n° 01-12.518, *Bull. civ.* III, n° 229; *Procédures* févr. 2003, n° 42, obs. J. J.

c'était la publication du jugement qui emportait la purge. La doctrine et la jurisprudence estimaient toutefois que l'effet de purge ne se produisait que si le prix était consigné.

Dans sa rédaction initiale issue de l'ordonnance du 21 avril 2006, l'ancien article 2213 du Code civil (devenu C. pr. exéc., art. L. 322-14) disposait seulement que la consignation du prix et le paiement des frais purgeaient de plein droit toutes les hypothèques, mêmes celles qui ont été inscrites postérieurement à la délivrance des états d'inscriptions et les créanciers n'ont plus d'action que sur le prix. C'était une purge automatique qui emportait report des sûretés sur le prix à distribuer, à condition qu'il ait été consigné préalablement.

Pour être libératoire, la consignation doit toutefois être conforme aux conditions du cahier des conditions de la vente.

La loi n° 2010-1609 du 22 décembre 2010 a complété l'article 2213 du Code civil (devenu C. pr. exéc., art. L. 322-14) afin de conditionner l'effet de purge à compter de la publication du titre de vente.

1371.202 **Condition de propriété.** La purge ne se produit que tout autant que le saisi était le véritable propriétaire du bien (pour des parcelles englobées dans une saisie mais qui n'étaient pas la propriété du saisi[1]). Constituées par le véritable propriétaire ou inscrites du chef du véritable propriétaire, les inscriptions subsisteront malgré l'adjudication dès lors que la saisie aura été dirigée contre un débiteur non-propriétaire.

1371.203 **Radiation.** Même si l'effet de purge se produit de plein droit, il faut matériellement radier les inscriptions. À cette fin, l'article R. 322-65 C. pr. exéc. prévoit que l'adjudicataire saisira le JEX par requête afin qu'ayant constaté la purge, il ordonne la radiation des inscriptions correspondantes au bureau des hypothèques. L'adjudicataire établira ainsi sa consignation, le paiement des frais et des droits de mutation dont le justificatif aura été déposé au greffe conformément à l'article R. 322-65 C. pr. exéc. (v. s[s] n° 1371.102). L'ordonnance n'est pas susceptible d'appel.

1371.204 **Titulaire de l'action résolutoire et coéchangiste.** En vertu de l'article 717 alinéa 2 ACPC, le titulaire d'une action résolutoire qui n'avait pas agi dans les délais en résolution était déchu de son droit à l'égard de l'adjudicataire, afin d'assurer la sécurité de celui-ci, et ne pouvait que faire valoir sa créance sur le prix. Dans ce cas, la publication du jugement purgeait à la fois son privilège et son action résolutoire à l'égard de l'adjudicataire; mais si la vente venait à être annulée, le créancier pourra encore exercer son droit dans ses rapports avec le saisi et les autres créanciers. Ni l'ordonnance ni le décret du 27 juillet 2006 n'envisagent le sort de ces créanciers particuliers, ce qui est regrettable.

2°
Purge de la procédure antérieure

1371.211 **Solution jurisprudentielle.** Aucun texte ne le prévoyait, mais avant la réforme, la jurisprudence affirmait que la publication de l'adjudication purgeait les irrégularités procédurales de la procédure antérieure, en l'absence de fraude (ainsi pour un cahier des charges déposé après le délai de quarante jours, dont la déchéance n'avait pas été soulevée à l'audience éventuelle[2] – de même dans un cas où les débiteurs invoquaient la caducité du commandement, faute d'adjudication dans les trois ans[3]). Et même, dans le cas où la publication du jugement d'adjudication était intervenue tardivement[4] ! Ainsi, même postérieurement à l'expiration du délai de trois ans, la publication du jugement opérait un effet de purge, sauf hypothèse d'une fraude.

La solution devrait être maintenue car elle est source de sécurité.

Il faut en déduire que c'est une propriété exempte de vices qui est transmise à l'adjudicataire. La fraude du créancier toutefois, justifierait l'annulation du jugement d'adjudication (il en est jugé ainsi à propos du créancier ayant diligenté la procédure à une adresse qu'il savait erronée, manifestant la volonté de mener la saisie à l'insu des débiteurs[5]).

Cependant, le fait que l'adjudication soit intervenue n'empêchera pas le saisi et des tiers à la procédure (par ex., un propriétaire qui revendique) d'agir en annulation contre le jugement d'adjudication (v. s[s] n° 1371.242) mais les parties, régulièrement sommées d'assister à la procédure, ne pourront plus en invoquer les vices, postérieurement à la publication du jugement. Ainsi, comme avant la réforme, en suite de la publication du jugement, l'annulation de la procédure ne pourra plus être entreprise pour irrégularités.

Toutefois, si des moyens de nullité ont été soulevés à l'audience d'orientation et rejetés par le JEX, des recours auront pu être formés. Une difficulté se

1. Req. 2 déc. 1878, *DP* 1879. 1. 259.

2. Civ. 2e, 7 mars 1985, n° 83-14.589, *Bull. civ.* II, n° 58.
3. Civ. 2e, 24 sept. 1997, n° 95-19.776, *Bull. civ.* II, n° 232; *Gaz. Pal.* 11-12 févr. 1998, *v° Procédures civiles d'exécution*, p. 14; *JCP* 1998. II. 10029, obs. du Rusquec : « *La publication du jugement emporte, en l'absence de fraude, purge de tous les vices de la procédure antérieure* ».
4. Civ. 2e, 10 févr. 2005, n° 03-12.794, *Bull. civ.* II, n° 25.
5. Civ. 2e, 7 nov. 2002, n° 01-14.229, *Bull. civ.* II, n° 239; *JCP* 2002. IV. 3065.

présentera dans l'hypothèse où le jugement rejetant ces moyens sera infirmé voire, l'arrêt confirmatif cassé, des mois après que l'adjudication ait été publiée. L'existence de ces éventuelles instances parallèles n'autorise pas pour autant l'adjudicataire à ne pas publier le jugement d'adjudication. On peut même considérer qu'il y a plutôt intérêt : à défaut de publication dans les deux mois, il risque la réitération des enchères; si le commandement n'est pas prorogé, il risque de perdre son droit de propriété; enfin, la publication de son titre valorise le préjudice qu'il sera en droit d'invoquer contre le professionnel responsable si l'adjudication vient à être annulée.

§ 2
Suites de l'adjudication pour le saisi

1371.220 **Plan.** L'adjudication emporte expropriation de son bien; durant la procédure de saisie, il était encore propriétaire, généralement resté en possession de l'immeuble et souvent séquestre pour le compte des créanciers (v. s^s^ n°s 1361.271 s.). Désormais il n'a plus aucun droit. Cela implique en pratique qu'il doit quitter les lieux s'il les occupait, que ses obligations de propriétaire cessent (charges de copropriété, impôts et dettes afférents à la propriété) et que ses relations avec ses créanciers dépendront du prix de l'adjudication et de la distribution.

A.
Relations avec l'adjudicataire

1371.221 **Obligations.** Le saisi doit délivrance et garantie d'éviction (C. pr. exéc., art. L. 322-10, al. 2); en revanche, le Code civil exclut la garantie des vices cachés. À compter de l'adjudication il est encore tenu de restituer les fruits qu'il aurait perçus.

1371.222 **Délivrance.** Le saisi est tenu à délivrance à l'encontre de l'adjudicataire; cela concerne l'immeuble mais s'étend encore aux accessoires et immeubles par destination (v. s^s^ n°s 1316.11 s.). Le saisi doit donc quitter les lieux, à compter de la notification du jugement d'adjudication puisqu'il doit délivrance du bien. S'il ne libère pas les lieux, il peut être condamné à payer une indemnité d'occupation et l'adjudicataire peut recourir à la force publique en vertu de son titre[1]. Il peut encore être condamné à des dommages et intérêts s'il est démontré un préjudice distinct (ainsi pour des dégradations commises dans les lieux par les saisis après l'adjudication[2]).

Le saisi expulsé qui se réinstallerait dans les lieux commettrait une voie de fait (C. pr. exéc., art. R. 441-1). Le JEX est alors compétent pour y mettre fin et ordonner son expulsion dès lors que l'occupation s'est faite sans titre dans les mêmes locaux, à la suite du jugement d'adjudication valant obligation de délaisser l'immeuble[3]. Par ailleurs, dans un tel cas, le commandement initial n'a pas à être renouvelé et, s'agissant d'un local affecté à l'habitation principale, le juge peut supprimer, par application des dispositions de l'article L. 412-1 C. pr. exéc., le délai de deux mois devant suivre le commandement d'avoir à quitter les lieux[4].

L'éviction peut être dirigée contre des occupants autres que le saisi, par exemple un usufruitier; mais depuis le décret du 4 janvier 1955 sur la publicité foncière, le recours contre l'usufruitier échouera si le droit d'usufruit a été régulièrement publié et est opposable à l'adjudicataire[5].

1371.223 **Titre et expulsion.** Avant la réforme, le jugement d'adjudication ne constituait pas la décision de justice requise par l'ancien article 61 de la loi du 9 juillet 1991 (devenu C. pr. exéc., art. L. 411-1 et R. 411-3) pour que le créancier puisse faire procéder à l'expulsion du débiteur saisi; il fallait une décision qui ordonne ou autorise l'expulsion et tel n'était pas le cas du jugement d'adjudication. Désormais, l'article L. 322-13 C. pr. exéc. dispose que le jugement d'adjudication constitue un titre d'expulsion contre le saisi. Et l'article R. 322-64 C. pr. exéc. prévoit que, sauf si le cahier des conditions de vente prévoit le maintien dans les lieux du débiteur saisi, l'adjudicataire peut mettre à exécution le titre d'expulsion dont il dispose à l'encontre du saisi et de tout occupant de son chef n'ayant aucun droit qui lui soit opposable, à compter de la consignation du prix et du paiement des frais taxés. Si le saisi qui se maintient dans les lieux après l'adjudication ne peut se voir appliquer le régime de l'astreinte, prévu par les articles L. 421-1 et L. 421-2 C. pr. exéc. pour obliger l'occupant à quitter les lieux, et qui n'a été conçu que pour les personnes entrées dans les lieux en vertu d'un bail[6], l'adjudicataire pourra toutefois saisir le juge pour assortir d'une astreinte provisoire une condamna-

1. Civ. 2e, 1er mars 1995, n° 93-16.007, *Bull. civ.* II, n° 62.

2. Civ. 3e, 25 mai 2005, n° 03-17.917, *Bull. civ.* III, n° 115.
3. Civ. 2e, 6 mai 1999, n° 96-21.081, NP; *Procédures* 1999, n° 199, obs. Junillon.
4. Civ. 2e, 6 mai 1999, n° 96-21.081, NP.
5. Comp. avant 1955, Civ. 1re, 11 juin 1954, *JCP* 1954. II. 8288, note Becqué.
6. ANC^T^ L. 9 juill. 1991, art. 33 – Civ. 2e, 24 mars 1993, n° 91-18.205, *Bull. civ.* II, n° 121 – Civ. 2e, 16 déc. 1999, n° 98-12.549, NP; *RDI* 2000. 229, obs. Théry.

tion à quitter les lieux, conformément aux dispositions de l'article L. 131-1 C. pr. exéc.

Comme le jugement est notifié par le créancier poursuivant (v. s^s n° 1371.42), l'huissier n'aurait pas besoin de le signifier avant d'expulser mais il devra toujours signifier un commandement d'avoir à libérer les lieux (C. pr. exéc., art. L. 411-1). Les dispositions de la loi du 9 juillet 1991 et du décret du 31 juillet 1992 seront applicables à la procédure d'expulsion. Il a été jugé, avant la réforme, qu'ayant constaté que le commandement d'avoir à libérer les lieux ne comportait pas les mentions prescrites à peine de nullité par les articles 194, 2° et 195 du décret du 31 juillet 1992 (devenus C. pr. exéc., art. R. 411-1 et R. 412-1), mais ayant relevé que les saisis avaient formé, dix jours après la délivrance du commandement, une contestation devant le juge compétent et sollicité des délais, des juges du fond avaient pu décider que les appelants ne prouvant pas le grief que leur causaient ces irrégularités, leur demande de nullité devait être rejetée [1].

1371.224 Éviction. C'est le saisi seul qui est tenu de la garantie vis-à-vis de l'adjudicataire [2]. Le créancier poursuivant ne peut être assimilé à un vendeur et ne peut donc être tenu envers l'adjudicataire à la garantie édictée par l'article 1626 du Code civil au profit de l'acquéreur contre le vendeur (il en est avait été jugé ainsi dans un cas où le Trésor public avait délivré un avis à tiers détenteurs aux locataires pour avoir paiement de taxes foncières : l'adjudicataire estimait que cette situation occasionnait un trouble obligeant le vendeur à garantie [3]).

1371.225 Exclusion de la garantie des vices cachés. En vertu de l'article 1649 du Code civil, la garantie des vices cachés n'a pas lieu dans les ventes faites par autorité de justice qui dérogent partiellement au droit commun de la vente (pour la rescision pour lésion, v. s^s n° 1371.185). Il appartient donc à l'adjudicataire de chercher à se renseigner sur l'état du bien, et de s'en faire une idée précise lorsqu'il le visite. Toutefois, une adjudication peut être annulée en raison d'une erreur de l'adjudicataire sur les qualités substantielles du bien, présenté à tort comme constructible [4].

1371.226 Restitution des fruits. À compter du jour de l'adjudication le saisi qui était séquestre ne perçoit plus les fruits pour le compte des créanciers et doit donc les restituer à l'adjudicataire. L'adjudication définitive met fin à la mission du séquestre.

1371.227 Charges. Les obligations qui pesaient encore sur le saisi en qualité de propriétaire s'éteignent pour l'avenir : les charges de copropriété doivent être arrêtées, ainsi que les dettes diverses relatives à l'immeuble. L'adjudicataire en devient débiteur.

B. Relations avec ses créanciers

1371.231 Libération partielle ou totale. La vente ne le libère de ses dettes que tout autant que le prix principal couvre les créances. Pour le savoir, il faudra attendre la phase de distribution du prix où les productions des créanciers sont examinées dans leur *quantum* et où il sera tenu compte de leur rang. Un solde débiteur peut demeurer et le saisi en restera tenu.

1371.232 Reprise des poursuites sur des biens provisoirement distraits. Le créancier pourra reprendre les poursuites sur des biens provisoirement distraits si le prix des biens adjugés n'a pas suffi pour le désintéresser [5].

§ 3 Effets de l'adjudication pour l'adjudicataire

1371.240 Acquisition de la propriété. L'adjudication le rend propriétaire. Il acquiert le bien sans avoir plus de droits sur celui-ci que le saisi n'en avait (v. s^s n°s 1371.193 s.); mais c'est une propriété rénovée (v. s^s n° 1371.200).

A. Règlement de l'acquisition

1371.241 Obligation de payer le prix. On l'a vu (v. s^s n°s 1371.81 s.), l'adjudicataire doit payer le prix de son acquisition. S'il ne consigne pas, l'effet de purge ne se produira pas et il risquera la réitération des enchères. Il a donc tout intérêt à le faire.

1371.242 Difficulté en cas d'action en nullité ouverte à l'encontre du jugement d'adjudication. Si une action en nullité de l'adjudication est engagée, l'adjudicataire a alors intérêt à s'opposer à la distribution du prix et à solliciter du JEX, devant lequel il doit être convoqué, un sursis, dans l'attente du résultat de l'instance susceptible de remettre en cause l'adjudication. S'il ne le faisait pas, pourrait-il agir en répétition de l'indu une fois

1. Civ. 2e, 13 juill. 2006, n° 04-13.248, *Bull. civ.* II, n° 212.
2. Civ. 5 déc. 1952, *JCP A* 1953. IV. 2039; *RTD civ.* 1953. 593, obs. Raynaud.
3. Civ. 2e, 22 nov. 2001, n° 99-16.356, *Bull. civ.* II, n° 174; *Dr. et proc.* 2002. 185, obs. Leborgne.
4. Civ. 3e, 9 févr. 2000, n° 98-14.426, NP.
5. Civ. 2e, 19 déc. 2002, n° 01-13.286, *Bull. civ.* II, n° 237.

les créanciers payés ? On pourrait l'imaginer. Est-ce toutefois aussi simple ? Si les créanciers ont été payés, ils vont opposer le caractère définitif de la distribution. Dans un tel cas, si l'adjudication est ensuite annulée, on se trouve en présence d'une contrariété de décisions. Le jugement d'annulation emporte remise des parties en état, c'est-à-dire restitution du bien au saisi et restitution du prix à l'adjudicataire. Mais à qui l'adjudicataire va-t-il réclamer cette restitution, la distribution ayant parallèlement éteint les dettes du saisi vis-à-vis de ses créanciers ? Admettre une action contre les créanciers du saisi non parties à l'adjudication présente l'avantage d'offrir à l'adjudicataire un recours contre des personnes solvables. Mais est-ce juridiquement acceptable ?

1371.243 Modalités et montant. C'est le cahier des conditions de vente qui prévoit le mode de paiement du prix et les taxes (v. s[s] n° 1363.168) et les modalités de la consignation (v. s[s] n° 1363.171). En pratique, avant la réforme, les cahiers des charges fixaient souvent les délais et conditions financières de la consignation. L'adjudicataire disposait ainsi d'un délai pour payer le prix sans intérêt. Au-delà de ce délai, des intérêts étaient stipulés, opposables à l'adjudicataire et qui pouvaient être calculés de manière rétroactive au jour de l'adjudication définitive (après expiration du délai de surenchère) ou de l'entrée en jouissance. L'article R. 322-49 C. pr. exéc. semble interdire tout aménagement conventionnel.

1371.244 Bénéficiaire d'un droit de préemption. En cas de substitution à l'adjudicataire, le bénéficiaire d'un droit de préemption qui ne réglerait pas le prix encourra la réitération des enchères, comme n'importe quel autre adjudicataire[1].

B.
Autres charges

1371.251 Date d'effet. Le cahier des conditions de vente peut prévoir que les obligations afférentes à la propriété résulteront de l'entrée en jouissance de l'adjudicataire ou du transfert de propriété. Il faut distinguer entre ce qui est dû du fait de la qualité de propriétaire (impôts, taxes, charges de copropriété dans des résidences troisième âge) et ce qui est dû au titre de l'occupation.

1371.252 Charges réelles. Elles sont supportées par l'adjudicataire qui recueille la propriété du saisi.

1371.253 Charges d'un immeuble en copropriété. Une difficulté particulière peut se présenter lorsque le bien vendu dépend d'un immeuble en copropriété. Le syndicat de copropriété, créancier des charges impayées par le copropriétaire saisi cherchera à faire payer à l'adjudicataire, personne solvable, les dettes du copropriétaire. À cette fin, des clauses ont pu être insérées au cahier des conditions de vente mettant certaines dettes à la charge de l'adjudicataire. La jurisprudence les a jugées nulles (v. s[s] n° 1363.193) comme portant atteinte à l'ordre dans lequel le prix des biens doit être réparti entre les créanciers[2]. Mais récemment, la deuxième chambre de la Cour de cassation a jugé que l'adjudicataire n'avait pas qualité pour se prévaloir de cette illicéité[3] (v. s[s] n° 1363.193).

1371.254 Obligations personnelles contractées par le saisi. Le cahier des conditions de vente peut prévoir que l'adjudicataire reprendra à sa charge les contrats d'assurance ou d'abonnement en cours. La clause s'imposera alors à l'adjudicataire. En revanche, la jurisprudence décide aujourd'hui que des obligations personnelles qui auront pour effet de modifier l'ordre des paiements seront illicites (à titre de comparaison, pour une dation en paiement, la Cour de cassation a jugé qu'en l'absence d'une clause du cahier des charges prévoyant que l'adjudicataire reprendrait à son compte un engagement personnel contracté par le saisi, telle une obligation de faire, cette obligation n'était pas passivement transmissible à l'adjudicataire[4]).

1371.255 Obligation personnelle de l'avocat du créancier poursuivant. Avant la réforme opérée par la loi n° 94-624 du 21 juillet 1994[5] et le décret n° 95-162 du 15 février 1995[6], l'avis de mutation devait être donné au syndic par l'adjudicataire; désormais, il est donné par l'avocat du créancier poursuivant (Décr. 17 mars 1967, mod., art. 5-1). En cas d'opposition du syndicat, l'avocat du poursuivant en informe les autres créanciers inscrits et sur leur demande leur en adresse une copie (Décr. 17 mars 1967, art. 6-1). Si cette information n'est pas donnée au syndicat il ne pourra former son opposition qui met en œuvre son nouveau privilège

1. Civ. 3e, 27 juin 1990, n° 89-14.057 *Bull. civ.* II, n° 158; *D.* 1990. II. 582, note Prévault.

2. Civ. 3e, 6 mars 1991, n° 88-17.828, *Bull. civ.* III, n° 76 – Civ. 3e, 17 juin 1992, n° 89-19.328, *Bull. civ.* III, n° 209 – Civ. 2e, 2 déc. 1992, n° 91-16.582, *Bull. civ.* II, n° 296.
3. Civ. 2e, 18 févr. 1999, n° 97-12.323, *Bull. civ.* II, n° 30.
4. Civ. 2e, 9 janv. 1991, n° 89-16.367, *Bull. civ.* II, n° 2 – Civ. 2e, 9 juill. 1997, n° 95-19.232, *Bull. civ.* II, n° 217.
5. L. n° 94-624, du 21 juill. 1994, relative à l'habitat, *JO* 24 juill., p. 10685.
6. Décr. n° 95-162, 15 févr. 1995, modifiant le décret n° 67-223 du 17 mars 1967 pris pour l'application de la loi n° 65-557 du 10 juillet 1965 fixant le statut de la copropriété des immeubles bâtis, *JO* 17 févr., p. 2615.

(L. nº 65-557, 10 juill. 1965[1], art. 20, al. 3)[2]. Certes, la jurisprudence antérieure à la réforme devrait se maintenir, à savoir que la négligence de l'avocat ne sera constitutive de dommages et intérêts pour le syndicat que tout autant qu'elle lui aura causé un préjudice[3]; mais la grande différence aujourd'hui est, qu'en l'état de la réforme de 1994 instaurant un privilège occulte pour le syndicat (C. civ., anc. art. 2103, 1 *bis*[4]), ce créancier privilégié aura désormais toutes les chances d'être payé (au lieu d'être primé par les créanciers inscrits) et son ignorance de la mutation par négligence du professionnel sera presque toujours constitutive d'un préjudice !

§ 4
Effets de la vente sur les créanciers

1371.260 Purge des inscriptions et productions. L'adjudication emporte obligation de produire à la procédure de distribution (v. ss nos 1513.51 s.) et permet, lorsque le prix a été régulièrement consigné, le report des sûretés sur le prix, tout autant que les créanciers auront déclaré leur créance (v. ss nº 1363.273).

1371.261 Faculté de paiement provisionnel pour le premier inscrit. Selon l'article 85 du décret du 27 juillet 2006, dans sa rédaction initiale, après la publication du titre et au vu d'un état hypothécaire, le créancier premier inscrit pouvait demander au séquestre ou au consignataire de lui payer, à titre provisionnel, le principal de sa créance. Le décret du 12 février 2009 avait modifié l'article 85 afin de donner au JEX le pouvoir de statuer sur la requête du créancier de premier rang et d'ordonner qu'il soit payé par le séquestre ou le consignataire. La codification n'a pas été totalement opérée à droit constant car, dans la logique de la modification rédactionnelle opérée à l'article L. 322-4 C. pr. exéc. (v. ss nos 1366.161 et 1366.172) soit le prix est séquestré, soit il est consigné à la Caisse des dépôts et consignations. Ainsi, l'article R. 334-1 dispose-t-il désormais que le juge a le pouvoir d'ordonner que le créancier de premier rang soit payé par le séquestre ou la Caisse des dépôts et consignations. La décision du JEX est notifiée par le créancier de premier rang au débiteur et aux créanciers inscrits lesquels disposent d'un délai de quinze jours pour faire opposition à cette décision. Les intérêts, frais et accessoires de cette créance sont payés une fois le projet de distribution devenu définitif; toute stipulation contraire est réputée non écrite.

1371.262 Frais ordinaires. Les frais ordinaires sont ceux afférents à la procédure normale de saisie immobilière, exposés jusqu'à l'adjudication. Ces frais de poursuite, taxés par le juge et annoncés au début de l'audience d'adjudication par le poursuivant (v. ss nº 1368.111) doivent être payés, en priorité et en sus du prix, par l'adjudicataire qui sollicite la délivrance du titre (C. pr. exéc., art. L. 322-11 – et C. pr. exéc., art. R. 322-58).

1371.263 Frais extraordinaires. Ce sont les frais relatifs aux contestations et demandes incidentes. Ils sont également payés, par priorité en sus du prix par l'adjudicataire. En pratique, l'adjudicataire fixe le montant de son enchère en fonction du prix et des accessoires de sorte que l'augmentation des frais préalables de vente diminue d'autant le montant des enchères.

Il a été jugé que lorsque le saisi est mis en redressement judiciaire, le poursuivant qui a exposé des frais antérieurement au jugement d'ouverture, est en droit d'en réclamer le paiement à l'adjudicataire et cette créance, dont le montant ne s'impute pas sur le prix, échappe aux dispositions de la loi du 25 janvier 1985[5].

1. L. nº 65-557, du 10 juill. 1965, fixant le statut de la copropriété des immeubles bâtis, *JO* 11 juill., p. 5950.
2. Mod. par L. 21 juill. 1994.
3. Civ. 3e, 25 oct. 1989, nº 88-12.820, NP; *D.* 1990. II. 581, note Souleau.
4. C. civ., art. 2374 (transf. par Ord. nº 2006-346, 23 mars 2006).
5. Civ. 2e, 13 déc. 1993, nº 92-10.660, *Bull. civ.* II, nº 369; *D.* 1994. IR 43; *JCP* 1994. IV. 489.

CHAPITRE

1372. Surenchère

ANNE LEBORGNE
PROFESSEUR À L'UNIVERSITÉ D'AIX-MARSEILLE

SECTION 0
ORIENTEUR

1372.00 **Plan du chapitre.**

Division. La surenchère est ouverte à toute personne qui remplit les conditions pour enchérir (sect. 1); elle se déroule selon une procédure fixée par les articles R. 322-50 à R. 322-55[1] C. pr. exéc., et se termine par un deuxième jugement d'adjudication (sect. 2). Elle revient à reprendre les enchères là où elles s'étaient arrêtées lors de l'audience d'adjudication.

1372.05 **Fondement.** Afin de permettre au poursuivant d'obtenir le meilleur prix du bien saisi, l'immeuble peut être remis en vente à la suite d'une surenchère d'un dixième. Toute personne intéressée par le bien et qui est prête à payer un dixième au moins de plus que l'enchère finale peut donc provoquer une nouvelle adjudication. Avant la réforme, on constatait en pratique que la surenchère pouvait aussi émaner, non d'un acheteur potentiel, mais d'un créancier qui estimait que le bien n'avait pas atteint sa valeur et espérait, en le remettant en vente, susciter des enchères plus élevées, au risque de rester adjudicataire. Cette faculté demeure mais les obligations imposées désormais au surenchérisseur décourageront peut-être les créanciers.

1372.06 **Information sur la faculté de surenchère : article R. 322-34 C. pr. exéc.** Au premier jour ouvrable suivant la vente, un extrait du procès-verbal d'audience est affiché par le greffe à la porte de la salle d'audience pendant le délai, au cours duquel la surenchère peut être exercée. Le bien est sommairement décrit et le prix de l'adjudication

1. Décr. n° 2012-783, 30 mai 2012, relatif à la partie réglementaire du Code des procédures civiles d'exécution, *JO* 31 mai, p. 9375.

ainsi que les frais sont communiqués. L'avis indique enfin la faculté de surenchère dans les dix jours suivants la vente (v. s^s^ n°s 1367.81 s.).

Toutefois, le décret ne prévoit pas de sanction en cas d'inexécution, ou d'exécution incorrecte, de cette obligation par le greffe. L'omission de cet avis ne devrait donc avoir aucune conséquence ni sur la validité de l'adjudication ni sur celle de la procédure de revente, s'il est formé une surenchère.

On peut cependant s'interroger sur les conséquences d'une éventuelle erreur du greffe portant sur l'un des éléments visés à l'article R. 322-34 C. pr. exéc. : mauvaise description du bien, erreur sur le prix ou les frais, voire, erreur dans l'indication du délai. Une personne trompée pourra-t-elle se plaindre ? Sans doute, même si cet avis ne fournit qu'une information, mais de là à établir l'existence d'un préjudice, cela sera peut-être plus difficile. Pour former surenchère, il faut en effet passer par l'intermédiaire d'un avocat, lequel rectifiera alors l'erreur portant sur la désignation comme sur le prix ou les frais, et la personne intéressée renoncera éventuellement à son projet. La seule difficulté réelle peut venir d'une erreur sur le délai pour former surenchère. S'il était indiqué, à tort, un délai plus long que le délai légal, on peut imaginer que la personne qui se manifesterait trop tard invoque un préjudice, causé par un dysfonctionnement des services de la justice.

SECTION 1
CONDITIONS

1372.11 Principe. Comme auparavant, c'est une faculté réservée à toute personne qui avait la qualité pour se porter enchérisseur, dès lors qu'elle offre un dixième de plus que le montant de l'adjudication et en fait la déclaration, dans les dix jours de l'audience d'adjudication. Les auteurs de la réforme ont ajouté l'obligation de remise d'une caution bancaire ou d'un chèque de banque, remise dont l'avocat doit attester.

§ 1
Liberté de former surenchère

1372.20 Interdiction des ententes et faculté de remettre en vente. Le principe de liberté des enchères interdit toutes ententes pour éviter la surenchère et offre aux tiers ainsi qu'à tous les participants à la première audience d'adjudication, sauf au saisi, la faculté de remettre le bien en vente.

A.
Liberté des enchères

1372.21 Fondement de la règle. Lors d'une vente aux enchères publiques, rien ni personne ne doit faire obstacle aux projets des candidats acquéreurs, sinon leurs disponibilités, de manière à ce que le bien ainsi mis en vente atteigne le meilleur prix. Aucune entente, aucune manœuvre ne doit fausser le jeu des offres publiques. Le législateur a donc érigé en délit les comportements susceptibles de fausser les enchères.

L'ancien délit d'entrave à la liberté des enchères, devenu un cas particulier d'escroquerie, réprime le fait d'avoir, dans une adjudication publique, par dons, promesses, ententes ou tout autre moyen, écarté un enchérisseur. Le délit est puni d'une peine de six mois d'emprisonnement et de 22 500 euros d'amende (C. pén., art. 313-6). Lorsqu'un bien a été adjugé à un prix intéressant au regard de sa valeur vénale sur le marché, l'adjudicataire va craindre la surenchère qui lui fera perdre le bénéfice de l'adjudication. La tentation est alors grande d'essayer de s'entendre, moyennant indemnisation, avec celui qui menace de surenchérir pour éviter la remise en vente.

L'intention frauduleuse peut être des deux côtés : l'adjudicataire peut chercher à décourager les candidats à la surenchère qu'il pressent, en les indemnisant, et un *quidam* peut aussi brandir la menace d'une surenchère pour obtenir de l'argent de l'adjudicataire contre renonciation à son projet.

Or, le fait de monnayer, par une entente, la renonciation à un projet de surenchère écarte par là même des enchérisseurs éventuels et porte dès lors atteinte aux intérêts que la loi a entendu protéger [1]. Commet le délit d'escroquerie, celui qui se présente chez l'adjudicataire d'un immeuble et se fait remettre des fonds sous menace de former surenchère [2]. Mais l'existence d'une menace s'apprécie restrictivement : ainsi, n'a pas porté atteinte à la liberté des enchères, le maire qui a fait publier, le matin même de la vente aux enchères d'une propriété, un article dans lequel, rappelant les décisions du conseil municipal et les actes administratifs intervenus jusque-là, il laissait entrevoir à ses lecteurs l'hypothèse d'une future expropriation, n'ayant fait état d'aucun élément autre que les prérogatives appartenant à l'autorité publique [3].

1. Crim. 12 mai 1975, n° 74-90.582, *Bull. crim.* n° 123; *JCP* 1975. IV. 212.
2. Crim. 6 mars 1952, *Gaz. Pal.* 1952. 1. 331 – Crim. 25 nov. 1953, *JCP* 1954. II. 7955, note G. M.
3. Crim. 22 nov. 1988, n° 87-90.740, *Bull. crim.* n° 396; *Gaz. Pal.* 1989. Somm. 279, obs. Doucet.

Avant la réforme, afin d'éviter de telles pratiques, certains cahiers des charges conditionnaient la validité d'une surenchère à la consignation d'une somme importante, qui pouvait être égale au tiers de la nouvelle mise à prix, voire plus, de manière à décourager des surenchérisseurs non véritablement intéressés par l'acquisition du bien. Incontestablement le risque d'une surenchère frauduleuse était limité. Rien n'interdit de maintenir cette pratique, qui doit être distinguée de la garantie désormais imposée au surenchérisseur (v. s[s] n° 1372.35).

B.
Toute personne peut former surenchère

1372.31 Principe. Selon l'article R. 322-50 C. pr. exéc., toute personne peut faire une surenchère.

1372.32 Surenchérisseurs. Toute personne peut surenchérir, à condition toutefois de remplir les conditions de capacité et de ne pas être interdite (v. s[s] n°s 1368.61 s.).

1372.33 Capacité. Avant la réforme, la Cour de cassation avait jugé qu'une société en formation, non encore immatriculée, n'avait pas la capacité de former une surenchère[1], la déclaration de surenchère ne pouvant être validée rétroactivement[2] et la capacité du surenchérisseur s'appréciant au plus tard à la date d'expiration du délai pour former surenchère[3]. À cette époque, la Cour de cassation jugeait également que les enchères ne pouvaient être poussées par une société en formation (v. s[s] n° 1368.61). Cependant, depuis, la deuxième chambre civile a admis que des enchères soient portées pour le compte d'une SCI en formation, en relevant que ladite SCI ayant repris les actes accomplis pour son compte pendant sa formation, les engagements souscrits avaient été, en raison de leur reprise, réputés avoir été contractés dès l'origine[4]. Cette jurisprudence ne devrait-elle pas être transposée à la déclaration de surenchère ? Ou doit-on continuer à apprécier la capacité du surenchérisseur à la date d'expiration du délai pour former surenchère et donc ne valider la surenchère que tout autant que la société aura été immatriculée avant l'expiration du délai pour former surenchère, comme semble l'exiger la jurisprudence[5] ? Mais alors comment justifier la différence de régime entre pousser des enchères et former une déclaration de surenchère ?

Se pose encore la question du pouvoir dont doit justifier le représentant de la personne morale qui a formé surenchère; la jurisprudence juge que le défaut de pouvoir ne peut être couvert après l'expiration du délai imparti pour faire la surenchère[6] et, parallèlement, la constatation par le jugement d'adjudication de l'existence d'un pouvoir fait foi jusqu'à inscription de faux, même si ledit pouvoir n'est pas demeuré annexé à la minute de la déclaration de surenchère faite par l'avocat comme le tribunal l'avait ordonné[7]. La jurisprudence analyse, en effet, la déclaration de surenchère comme un acte de disposition et en déduit que le défaut de pouvoir de celui qui déclare surenchérir en qualité de représentant d'une personne morale ne peut être couvert après l'expiration du délai imparti pour former surenchère (ainsi pour le maire d'une commune qui avait agi sans autorisation du conseil municipal, la surenchère ayant été approuvée ensuite[8]).

1372.34 Exclusion du saisi. Ce n'est pas tant son insolvabilité qui lui interdit de pousser les enchères que sa qualité de débiteur qui ne s'est pas exécuté. Le tiers détenteur, qui n'est pas débiteur, peut donc former surenchère. La question pouvait se poser de l'intérêt, dans l'absolu, pour le saisi de remettre le bien en vente lorsque celui-ci avait atteint un prix dérisoire. La vente aux enchères purge les inscriptions mais n'efface pas les dettes du saisi; plus le prix d'adjudication est élevé, plus le saisi sera désengagé. La faculté de surenchère ne lui a pourtant pas été reconnue car elle suppose la capacité financière de payer le prix d'adjudication, augmenté au moins d'un dixième, plus les frais, dans l'hypothèse où aucune enchère ne couvrait la nouvelle mise à prix. Toute surenchère formée par le saisi est donc nulle[9]. Mais si le débiteur saisi est une personne morale, les associés de celle-ci peuvent se porter adjudicataire sur surenchère, le fait qu'ils puissent être poursuivis pour les dettes

1. Civ. 2e, 18 mai 1989, n° 88-12.849, *Bull. civ.* II, n° 109.
2. Civ. 2e, 30 mars 2000, n° 98-16.648, NP; *Procédures* 2000, n° 171.
3. Civ. 2e, 25 juin 1997, n° 95-14.546, *Bull. civ.* II, n° 200 – Civ. 2e, 21 sept. 2000, n° 98-21.096, NP; *Procédures* 2001, n° 64.
4. Civ. 2e, 19 déc. 2002, n° 00-20.250, *Bull. civ.* II, n° 290; *JCP* 2002. IV. 1295 – Civ. 2e, 10 sept. 2009, n° 08-15.882, *Bull. civ.* II, n° 207; *D.* 2009. AJ 2280; *Dr. et proc.* 2010. 49, obs. Leborgne; *Gaz. Pal.* 21-22 avr. 2010, p. 16, obs. Zattara-Gros, *RD banc. fin.* 2009, n° 206, obs. Piédelièvre; *Dr. sociétés* 2009, n° 217, note Coquelet; *RLDA* nov. 2009. 10, note Cerati-Gauthier.
5. EN CE SENS, Civ. 2e, 20 déc. 2007, n° 07-10.212, NP.
6. Civ. 2e, 17 oct. 2002, n° 00-21.106, *Bull. civ.* II, n° 224; *D.* 2002. IR 2988.
7. Civ. 2e, 20 févr. 1975, n° 73-10.033, *Bull. civ.* II, n° 60; *JCP* 1975. IV. 121.
8. Civ. 2e, 17 oct. 2002, n° 00-21.106, *Bull. civ.* II, n° 224; *D.* 2002. IR 2988 – Civ. 2e, 21 mars 2013, n° 12-10.091, NP; *Procédures* 2013, n° 146, obs. Perrot.
9. Civ. 2e, 20 mars 1989, n° 88-11.717, *Bull. civ.* II, n° 77.

sociales, dès lors que la personne morale ne s'est pas exécutée, étant sans incidence[1].

En pratique, pour tourner l'interdiction, il est encore loisible de constituer une société familiale (v. s[s] n° 1368.84) dans laquelle le saisi n'apparaîtra pas[2] ou de faire surenchère par un prête-nom, qui poussera aussi les enchères si cela se révèle nécessaire, mais cela implique double mutation et doubles frais. Certes, l'article R. 322-39 C. pr. exéc. interdit aujourd'hui clairement d'agir par personne interposée, mais la preuve du défaut de respect de cette interdiction sera parfois difficile à apporter[3].

1372.35 Condition de garantie et recevabilité de la surenchère. Les auteurs de la réforme ont imposé la remise d'une caution bancaire irrévocable[4] ou d'un chèque de banque du dixième du prix principal de la vente (C. pr. exéc., art. R. 322-51, al. 2). Aucune autre exigence ne conditionne la validité de la surenchère[5]. Cette obligation est calquée, dans son principe, sur celle des enchérisseurs en général, qui représente 10 % du montant de la mise à prix (v. s[s] n° 1368.93). La garantie remise par le surenchérisseur sera donc bien plus élevée.

C'est à l'avocat du surenchérisseur qu'il appartient d'attester qu'il s'est fait remettre cette garantie. L'article 95 devenu l'article R. 322-51 C. pr. exéc., n'indiquait pas clairement quelle était la sanction en cas de défaut d'exécution de cette obligation. Irrégularité des enchères, responsabilité de l'avocat, ou plutôt irrecevabilité de la surenchère conformément à l'alinéa 1er de cet article ? La deuxième chambre civile a jugé qu'à défaut de remise d'une garantie de paiement valable, la surenchère était irrecevable[6]; de même, si la déclaration de surenchère n'est pas accompagnée de l'attestation de la remise à l'avocat du surenchérisseur des garanties exigées, la surenchère sera irrecevable[7]. En revanche, aucun texte n'impose, à peine d'irrecevabilité de la surenchère, l'encaissement par l'avocat du surenchérisseur du chèque de banque remis en garantie par ce dernier[8].

1372.36 Créanciers. Inscrits ou non, ils peuvent former surenchère ainsi que le poursuivant. L'objectif n'est pas l'acquisition du bien mais l'espoir d'obtenir sur revente un meilleur prix à distribuer. La remise d'une garantie les en dissuadera-t-elle désormais ?

En pratique plusieurs situations peuvent se présenter : le créancier de premier rang, qui n'a d'autre espoir de récupérer sa créance que sur le prix de vente de l'immeuble peut trouver intérêt à soutenir les enchères jusqu'à concurrence de sa créance; s'il est adjudicataire, il ne payera pas le prix mais en opérera la compensation avec le montant de sa créance et à due concurrence.

Un créancier de second rang peut également trouver intérêt, si l'estimation du bien le permet, de pousser également les enchères de manière à ce que le prix soit supérieur à la créance du créancier de premier rang, pour pouvoir percevoir une partie de ce prix. Bien évidemment, il ne soutiendra l'enchère que jusqu'à concurrence de l'estimation de la valeur du bien car il prend le risque de devenir adjudicataire. Dans cette hypothèse, il devra certes payer le créancier de premier rang mais obtiendra en compensation la propriété d'un bien dont la valeur serait supérieure.

1372.37 Adjudicataire. Il peut souhaiter former surenchère lorsque son droit a été résolu, du fait de l'exercice d'un droit de préemption. Malgré le caractère d'ordre public de ce droit, la jurisprudence a toujours considéré que la faculté de surenchère devait être maintenue et qu'elle pouvait être exercée par tous, y compris l'adjudicataire[9]. En pratique, l'hypothèse est rare notamment parce que les délais

1. Civ. 2e, 8 juill. 2004, n° 03-10.560, *Bull. civ.* II, n° 347; *Dr. et proc.* 2005. 47, note Leborgne.
2. Mais encore faut-il que cette SCI ait des capacités financière suffisantes, à défaut, la responsabilité civile de l'avocat qui a formé la surenchère pourra être recherchée pour manquement à son obligation de conseil et d'information : Civ. 1re, 7 déc. 2004, n° 03-11.728, NP.
3. TOUTEFOIS, v. pour une affaire dans laquelle l'interposition ayant été établie, la surenchère a été annulée : Bordeaux, 5e ch., 27 juin 2011, RG n° 10/438 – V. AUSSI, Com. 19 déc. 2006, n° 05-13.826, NP.
4. Une garantie constituée, pour partie de chèques de banque et pour partie d'un nantissement délivré par une banque ne constitue pas la caution bancaire irrévocable exigée par l'art. 95 du Décr. 27 juill. 2006 : Civ. 2e, 10 mars 2011, n° 10-15.486, *Bull. civ.* II, n° 66; *D.* 2011. Actu. 891; *D.* 2011. Pan. 1518, obs. Leborgne; *Procédures* 2011. Comm. 200, obs. Perrot; *ibid.* 2013. Chron. 1, n° 23, obs. Leborgne; *RD banc. fin.* 2011, n° 105, obs. Piedelièvre; *Dr. et patr.* nov. 2011, p. 81, obs. Crocq.
5. Est cassé l'arrêt qui, pour annuler la déclaration de surenchère, retient, après avoir examiné la situation patrimoniale du surenchérisseur, en l'espèce surendetté, que celui-ci ne justifie pas d'une garantie sérieuse de paiement, nonobstant la consignation à la Carpa de la somme de 6 900 euros, correspondant à 10 % du prix d'adjudication : Civ. 2e, 16 déc. 2010, n° 09-71.807, NP.
6. Civ. 2e, 10 mars 2011, n° 10-15.486 (préc. s[s] prés[t] n°), ce qui n'exclut pas une action en responsabilité à l'encontre de l'avocat qui a accepté de former surenchère avec une garantie non-conforme aux exigences du décret du 27 juill. 2006.
7. Civ. 2e, 11 avril 2013, n°s 12-10.053 et 12-24.715, *Bull. civ.* II, n° 81; *Dr. et proc.* juin 2013, p. 145, obs. Leborgne.
8. Civ. 2e, 28 juin 2012, n° 11-18.121, NP; *Procédures* 2012, n° 279, obs. Perrot; *ibid.* 2013. Chron. 1, n° 23, obs. Leborgne; *RD banc. fin.* 2012, n° 161, obs. Piedelièvre.
9. Soc. 5 janv. 1951, *JCP* 1951. II. 6047, note Lacoste – Rennes, 27 juill. 1948, *D.* 1950. II. 44, note Savatier – Lyon, 23 déc. 1965, *D.* 1967. 112, note Rouiller.

pour préempter sont supérieurs au délai pour former surenchère et que les bénéficiaires du droit de préemption attendaient généralement l'expiration du délai de surenchère avant d'exercer leur droit[1].

§ 2
Taux et délai

1372.40 **Principe.** L'article R. 322-50 C. pr. exéc. impose une surenchère du dixième du prix d'adjudication. Selon l'article R. 322-51 C. pr. exéc., elle doit être formée par acte d'avocat déposé au greffe dans un délai de dix jours.

A.
Taux

1372.41 **Un dixième minimum du prix d'adjudication.** Le seuil a été maintenu à 10 %, comme avant la réforme. De cette manière, la remise en vente ne se réalise pas pour une somme symbolique, mais reste attractive. Le calcul doit s'effectuer sur le prix principal, sans les frais. La jurisprudence a décidé que le surenchérisseur n'est pas tenu de chiffrer la somme qu'il offre, dès lors qu'il indique qu'il porte l'enchère à un dixième plus haut que le prix principal[2]. Mais il est encore possible de faire surenchère pour un montant supérieur à 10 %.

B.
Délai

1372.51 **Dans les dix jours qui suivent l'adjudication.** Le délai, qui était de dix jours avant la réforme, avait été porté à quinze jours par les auteurs du décret du 27 juillet 2006. Il a été ramené à dix jours avant l'entrée en vigueur des nouvelles dispositions par le décret n° 2006-1805 du 23 décembre 2006[3] qui a modifié la rédaction de l'article 95 (devenu C. pr. exéc., art. R. 322-51).

Pour le calcul du délai, il faut exclure le jour de l'événement (C. pr. civ., art. 641) et ajouter dix jours, outre les prorogations de délai quand le dernier jour tombe un samedi, dimanche ou jour férié[4].

Parce que la déclaration est formée par acte d'avocat déposé au greffe, l'avocat sera donc soumis aux heures d'ouverture et de fermeture du greffe. Ce qui peut poser problème le dernier jour.

Avant la réforme, l'article 708 ACPC indiquait clairement que la déclaration ne serait pas reçue après l'heure fixée par le tribunal pour la fermeture du greffe; le délai n'expirait donc pas à minuit (dérogeant ainsi à C. pr. civ., art. 642) ce qui excluait la possibilité de former la surenchère le lendemain du dernier jour. L'avocat qui se présentait tardivement se voyait refuser par le greffe l'enregistrement de sa déclaration. Et il n'était pas possible de contourner ce refus en signifiant une surenchère, l'acte ne pouvant avoir d'existence[5]. Cette disposition n'a pas été reproduite. Dans le silence de l'article R. 322-51 C. pr. exéc., le délai doit donc se calculer selon les règles de l'article 642 C. pr. civ. Il pourra cependant être utile de faire constater la fermeture du greffe avant l'expiration du délai (en ce sens, pour une déclaration d'appel, la Cour de cassation a jugé que lorsqu'un constat d'huissier établit que les portes du greffe étaient fermées à dix-neuf heures, l'appelant est recevable à la régulariser le lendemain[6]).

Il avait aussi été jugé, que la déchéance ne serait pas encourue si la surenchère n'avait pu être formée dans le délai légal du fait de la fermeture de tous les cabinets d'avocats, prescrite par le Conseil de l'ordre, qui s'apparentait à un cas de force majeure[7].

1372.52 **Irrecevabilité de la déclaration tardive.** Selon l'article 715 ACPC, le délai prévu à l'article 708 l'était à peine de déchéance. Si la déclaration avait malgré tout été enregistrée par le greffe, la déchéance pouvait être soulevée à tout moment; aucun grief n'était exigé. L'article R. 322-51 C. pr. exéc. impose désormais de former la surenchère dans les dix jours à peine d'irrecevabilité.

§ 3
Formalisme et procédure

1372.61 **Une déclaration dénoncée.** La déclaration de surenchère doit être formée par acte d'avocat puis, dénoncée dans un acte qui prévoit une audience éventuelle et une audience d'adjudication.

1. Mais, selon la troisième chambre civile, la notification du droit de préemption devra être effectuée dans le délai ouvert au bénéficiaire du droit de préemption, même si une surenchère a été formée : Civ. 3e, 5 juin 2013, nos 11-26.088 et 11-26.153, *Bull. civ.* III, n° 77, pour le droit de préemption de la Safer.
2. Req. 6 déc. 1853, *DP* 1855. 1. 16 – Colmar, 10 mai 1870, *DP* 1871. 2. 38.
3. Décr. n° 2006-1805, 23 déc. 2006, relatif à la procédure en matière successorale et modifiant certaines dispositions de procédure civile, *JO* 31 déc., p. 20370.
4. TGI Seine, 24 déc. 1964, *JCP* 1965. 4603.
5. Aix, 15 mars 1952, *JCP A* 1952. 1095, obs. Madray – TGI Paris, 12 janv. 1978, *Gaz. Pal.* 1978. 2. 486.
6. Civ. 2e, 4 oct. 2001, n° 00-14.705, *Bull. civ.* II, n° 149; *Procédures* 2002, n° 208, obs. Perrot.
7. TGI Montauban, 28 juin 1984, *Gaz. Pal.* 1985. 24, note Damien.

A.
Déclaration de surenchère

1372.70 Déclaration. Elle est faite au greffe du tribunal qui a ordonné la vente, par un avocat constitué pour le surenchérisseur et emporte résolution de l'adjudication.

1°
Formalisme

a)
Modalités

1372.71 Un acte d'avocat déposé au greffe. Selon l'article R. 322-51 C. pr. exéc., à peine d'irrecevabilité, la déclaration est formée par acte d'avocat, déposé au greffe du juge de l'exécution (JEX) dans les dix jours suivant l'adjudication.

C'est cette déclaration qui vaut demande de fixation d'une audience de surenchère.

1372.72 Sanction. La rédaction de l'article R. 322-51 C. pr. exéc. invite à se poser la question de la sanction d'une déclaration qui ne serait pas formée par acte d'avocat. Cette déclaration sera-t-elle irrecevable conformément à l'alinéa 1er de cet article, ou nulle mais subordonnée à la démonstration d'un grief, conformément aux dispositions de l'article 11 ? À moins qu'en vertu de l'article R. 311-4 C. pr. exéc., qui impose le ministère d'avocat, une déclaration non formée par l'intermédiaire de ce conseil soit de toute façon irrecevable ? Selon l'article R. 322-34 C. pr. exéc., le procès-verbal affiché à la porte du greffe qui indique l'adjudication et la faculté de surenchère ne semble pas contenir l'indication de la nécessité du ministère d'avocat pour former cette surenchère...

b)
Avocat auteur de la surenchère

1372.81 • Difficulté. La surenchère est formée par ministère d'avocat. Le conseil de l'adjudicataire qui a fait la déclaration d'adjudicataire peut-il accepter de former une surenchère pour un autre client ? La question n'est gênante que sur le terrain déontologique; rien dans le Code de procédure civile ne paraissait l'interdire; mais des Conseils de l'ordre s'étaient émus de cette situation, qui peut conduire l'adjudicataire à craindre que le surenchérisseur n'apprenne par leur avocat commun le taux maximum de ses offres. Les intérêts de l'adjudicataire et du surenchérisseur sont en effet opposés et occuper pour les deux met l'avocat dans une situation délicate. Les juges du fond étaient partagés sur cette possibilité (la cour d'appel de Paris l'admettait[1] – mais la cour d'appel de Montpellier approuvait une délibération du Conseil de l'ordre qui avait interdit cette pratique[2]).

La première chambre de la Cour de cassation avait décidé en 1983 qu'un conseil de l'ordre n'excédait pas ses attributions réglementaires lorsque pour des motifs déontologiques il se bornait à interdire ou à imposer aux avocats certaines pratiques professionnelles, relatives à l'accomplissement d'actes de procédure qui n'affectaient ni la portée ni la validité de ces actes; en l'espèce la délibération disposait que « *l'avocat de l'adjudicataire ne peut accepter de former surenchère au nom d'une autre personne sur cette adjudication* »[3].

À la suite de la réforme, la question est un peu différente dans les faits, mais pas dans l'esprit, puisque l'interdiction de cumul des mandats désormais contenue à l'article R. 322-40 C. pr. exéc. n'envisage pas cette hypothèse explicitement. Légalement, rien n'interdit au conseil de l'adjudicataire de former surenchère mais l'article 12.2 du Règlement intérieur national dispose que « *lorsqu'un avocat s'est rendu adjudicataire pour le compte d'une personne, il ne peut accepter de former une surenchère au nom d'une autre personne sur cette adjudication, à défaut d'accord écrit de l'adjudicataire initial* ».

1372.82 • Contenu de la déclaration. La surenchère ne sera pas valable si elle n'est pas faite au nom de la personne qui avait donné pouvoir à l'avance de surenchérir pour son compte (ainsi pour une surenchère portée par erreur au nom d'une société alors que l'avocat avait reçu pouvoir de surenchérir au nom du gérant[4]). Elle doit donc mentionner les éléments permettant d'identifier le surenchérisseur, notamment son adresse et sa profession[5]; l'appréciation de ces éléments identifiant relève du pouvoir souverain des juges[6].

1372.83 • Sanction. L'indication dans l'acte de surenchère d'une adresse erronée du surenchérisseur constituera un vice de forme. On peut dans ce cas envisager que la sanction soit une nullité à charge pour celui qui l'invoque de prouver le grief que lui cause l'irrégularité, conformément aux dispositions de l'article R. 311-10 C. pr. exéc.

1. Paris, 31 mars 1954, *JCP* 1954. II. 8275; *Gaz. Pal.* 1954. 1. 254, note Lindon.
2. Montpellier, 16 avr. 1985, *Gaz. Pal.* 1985. 452, note A. D.
3. Civ. 1re, 15 févr. 1983, nº 82-11.888, *Bull. civ.* I, nº 59.
4. Civ. 2e, 2 déc. 1992, nº 91-16.604, *Bull. civ.* II, nº 287.
5. Civ. 2e, 29 janv. 1992, nº 90-18.650, *Bull. civ.* II, nº 29; *D.* 1992. IR 93; *Gaz. Pal.* 1992. Somm. 455, obs. Véron; *JCP* 1992. IV. 950.
6. Civ. 2e, 7 nov. 1994, nº 93-12.272, NP.

2°
Effets

1372.91 Impossibilité de se rétracter. Comme auparavant l'article 708 ACPC, l'article R. 322-51 C. pr. exéc. l'indique : la déclaration de surenchère ne peut être rétractée. Un surenchérisseur ne peut se soustraire à la procédure qu'il a engagée en invoquant une possible extinction de la créance, objet de la saisie[1].

1372.92 Résolution rétroactive de l'adjudication. Les droits de l'adjudicataire (v. s^s n°s 1371.240 s.) se trouvent résolus par l'effet de la surenchère. Entre la déclaration de surenchère et l'adjudication définitive, l'immeuble redevient donc la propriété du saisi, qui est provisoirement rétabli dans son droit vis-à-vis de l'adjudicataire et vis-à-vis des tiers jusqu'à la publication du jugement d'adjudication définitive[2]. En cas de procédure collective ouverte dans cet intervalle à l'encontre du saisi, les poursuites individuelles sont suspendues[3].

Les droits de l'adjudicataire sont résolus au jour de la déclaration de surenchère et non au jour du jugement d'adjudication sur surenchère[4]. Mais en l'état d'une adjudication suivie d'une surenchère frappée de déchéance, l'adjudication n'acquiert un caractère définitif à l'égard de l'adjudicataire qu'à la date à laquelle la contestation sur la surenchère a été définitivement tranchée[5].

Le saisi peut profiter de ce délai pour acquitter sa dette sans que ce paiement ne soit constitutif d'une entrave à la liberté des enchères; le saisi conservant toujours la possibilité de s'exécuter en cours de procédure, le surenchérisseur comme l'adjudicataire initial ne peuvent se plaindre de cette situation, même si elle aboutit à les priver de l'acquisition d'un immeuble qui les intéressait[6].

1372.93 Rôle du surenchérisseur. Le décret du 27 juillet 2006 se prononce sur la charge des nouvelles publicités (v. s^s n°s 1367.81 s.), qui incombent désormais clairement au surenchérisseur. Avant la réforme, on ne savait pas qui devait réaliser les formalités de publicité. Selon les barreaux, c'était, *a priori*, l'avocat du surenchérisseur et ce n'était que s'il n'y procédait pas que l'avocat du poursuivant le faisait à sa place sans qu'il soit besoin de subrogation; dans d'autres barreaux, c'était le poursuivant qui conservait la maîtrise de la procédure. Désormais, l'article R. 322-54 C. pr. exéc. prévoit que c'est le surenchérisseur qui accomplira les formalités de publicité. Par ailleurs, et comme auparavant, la déclaration de surenchère emportera remise en vente sur nouvelle mise à prix et à la suite de nouvelles audiences; en cas de carence d'enchères, c'est le surenchérisseur qui sera déclaré adjudicataire et non le poursuivant.

1. Civ. 2e, 10 juill. 1991, n° 90-13.410, NP.
2. Civ. 7 déc. 1868, *DP* 1869. 1. 31 – Civ. 15 janv. 1873, *DP* 1873. 1. 249 – TGI Bergerac, 6 mai 1960, *JCP* 1960. II. 11842, note Mourgeon; *RTD civ.* 1961. 194, obs. Raynaud.
3. Civ. 2e, 24 mars 1993, n° 90-18.599, *Bull. civ.* II, n° 128 – Com. 4 mars 2014, n° 13-10.534, *Bull. civ.* IV, n° 43; *D.* 2014. 717; *ibid.* Pan. 1473, obs. Leborgne.
4. Civ. 7 déc. 1868 (préc. s^s prés^t n°) – Civ. 18 nov. 1924, *DP* 1925. 1. 25, note Matter; *S.* 1925. 1. 193, note Tissier.
5. Civ. 2e, 12 juill. 2001, n° 98-10.444, *Bull. civ.* II, n° 137.
6. Crim. 22 juin 1994, n° 92-86.292, *Bull. crim.* n° 250; *D.* 1994. IR 230.

B.
Dénonciation

1372.100 Objet. Il s'agit à la fois de porter officiellement cette surenchère à la connaissance de l'adjudicataire, du poursuivant et du saisi, dans les trois jours de la déclaration et de leur communiquer les dates d'audience car la dénonciation vaut assignation; la dénonciation doit ensuite être mentionnée à la suite de la surenchère.

1°
Formalisme et destinataires

a)
Principe

1372.101 Un acte d'huissier ou une notification entre avocats. La rédaction initiale de l'article 96 du décret du 27 juillet 2006 était fort différente de celle de l'ancien article 709 ACPC qui visait uniquement les conseils des parties. En 2006, en effet, il avait été prévu que la dénonce s'effectuerait systématiquement par acte d'huissier de justice et non plus par acte d'avocat à avocat. Or, les destinataires étant le créancier poursuivant, l'adjudicataire et le débiteur saisi, seul le saisi pouvait ne pas avoir constitué avocat. Le décret du 12 février 2009 a modifié la rédaction de l'article 96 (devenu C. pr. exéc., art. R. 322-52) afin de permettre la notification entre avocats au créancier poursuivant, à l'adjudicataire[7] et au débiteur saisi, lorsqu'elle est possible.

1372.102 Destinataires. Il s'agit d'informer toutes les parties intéressées : créancier poursuivant, adjudicataire et saisi. L'ancien article 709 ACPC dispensait l'avocat du surenchérisseur de dénoncer la surenchère au saisi si celui-ci n'avait

7. La dénonciation faite au notaire, et non à l'adjudicataire au domicile élu chez le notaire, est irrecevable : Civ. 2e, 28 juin 2012, n° 11-18.121, NP.

pas constitué avocat. L'article R. 322-52 C. pr. exéc. vise désormais le saisi, sans restriction; si ce dernier n'est pas représenté, le surenchérisseur devra lui signifier la dénonce par acte d'huissier. En cas de pluralité d'adjudicataires, la surenchère devra, à peine d'irrecevabilité, être dénoncée à chacun d'eux, fussent-ils représentés par le même avocat[1]. En revanche, l'article R. 322-52 C. pr. exéc. n'exige pas une double dénonciation de la déclaration de surenchère à la personne ayant à la fois la qualité de coïndivisaire poursuivant et d'adjudicataire par substitution[2].

b)

Cas particulier d'un bénéficiaire d'un droit de préemption

1372.111 • **Preneur à bail rural.** En vertu de l'article L. 412-11 du Code rural et de la pêche maritime, le preneur bénéficiaire du droit de préemption doit être informé de la surenchère. Il sera ensuite à nouveau convoqué dans les formes et délais applicables à la première audience (v. s[s] n°s 1367.91 s.). Il disposera, à nouveau, d'un délai à compter de l'adjudication sur surenchère pour préempter. Le surenchérisseur, n'ayant pas la faculté de former une nouvelle enchère le jour de la vente si aucun autre enchérisseur ne se manifeste, le preneur pourra exercer son droit de préemption pour le prix résultant de la surenchère[3].

1372.112 • **Société d'aménagement foncier et d'établissement rural.** L'article L. 143-8 du Code rural et de la pêche maritime, par renvoi aux dispositions de l'article L. 412-11 du Code rural et de la pêche maritime, prévoit qu'en cas de surenchère, la déclaration doit être dénoncée à la société d'aménagement foncier et d'établissement rural (Safer) dans les mêmes formes et délais qu'à l'adjudicataire[4]. La Cour de cassation a jugé que seule la Safer, dont les intérêts auraient été méconnus, avait qualité pour se prévaloir de l'inobservation des formalités prévues par les articles L. 143-8 et L. 412-11 du Code rural et de la pêche maritime[5].

1372.113 • **Locataire.** En vertu de l'article 7, II du décret du 20 juillet 1977, en cas de surenchère, il ne sera procédé à la notification (v. s[s] n° 1367.113) qu'après le jugement appréciant la validité de la surenchère. Si celle-ci est invalidée, la notification sera renvoyée dans un délai de deux jours après le prononcé du jugement pour ouvrir le délai du paragraphe IV. Si en revanche la surenchère n'est ni contestée ou est validée, il sera procédé à une nouvelle convocation comme il est prescrit au paragraphe I. Après l'adjudication la notification est effectuée et à défaut de convocation, le preneur pourra préempter (v. s[s] n° 1367.114).

1372.114 • **Titulaire d'un droit de préemption urbain.** En vertu de l'article R. 213-15 du Code de l'urbanisme, le droit du titulaire s'exercera dans les mêmes conditions que lors de la première audience ayant donné lieu à surenchère : le greffier adressera la déclaration faisant connaître la date et les modalités de la vente sur surenchère au maire, trente jours au moins avant la date fixée pour la vente, par lettre recommandée avec demande d'avis de réception (LRAR). Le délai de trente jours, ouvert au titulaire du droit de préemption, court à nouveau à compter de l'adjudication sur surenchère[6].

La substitution ne pourra intervenir qu'au prix de la surenchère (C. urb., art. R. 213-15, al. 4). La décision de se substituer à l'adjudicataire sera notifiée au greffe par LRAR.

1372.115 **Sanction.** L'irrespect des formalités de l'article R. 322-52 C. pr. exéc. sera sanctionné par l'irrecevabilité de la surenchère.

2°

Contenu

1372.121 **Informations.** Le décret n'apporte que très peu d'indications sur les mentions de cet acte. Simplement, compte tenu de l'objet de la dénonce, l'article R. 322-52 C. pr. exéc. dispose que l'acte de dénonciation devra indiquer que la validité de la surenchère pourra être contestée dans les quinze jours de sa dénonciation, et rappeler les dispositions de l'article R. 311-6 C. pr. exéc. exposant les conditions pour former cette contestation.

Le bon sens conduit à penser que l'huissier devra d'abord porter à la connaissance des personnes concernées l'existence d'un acte de surenchère sur l'adjudication prononcée à telle date par le juge, pour tel immeuble et à tel prix.

Cette dénonce ne contient toutefois pas d'information sur la date de l'audience de surenchère, qui

1. Civ. 2e, 21 oct. 2011, n° 10-25.377, *Bull. civ.* II, n° 197.
2. Civ. 2e, 5 déc. 2013, n° 10-22.901, *Bull. civ.* II [à paraître]; *Dalloz actualité,* 10 janv. 2014, obs. Avena-Robardet.
3. Civ. 3e, 8 nov. 1978, n° 77-12.524, *Bull. civ.* II, n° 338; *Defrénois* 1979, art. 32038, p. 939, note Aubert.
4. V. Civ. 3e, 5 juin 2013, n°s 11-26.088 et 11-26.153, *Bull. civ.* III n° 77, qui juge que la Safer, dispose, même en cas de surenchère, d'un délai d'un mois à compter de l'adjudication pour notifier l'exercice du droit de préemption au greffe du tribunal. Cette solution n'est pas logique, qui distingue la situation de la Safer de celle du titulaire d'un droit de préemption urbain (v. s[s] n° 1367.114).
5. Civ. 2e, 1er févr. 2006, n° 05-15.047, NP; *Dr. et proc.* 2006. 232, obs. Leborgne.
6. CE 29 déc. 1993, req. n° 112421, Lebouc.

sera communiquée directement par le greffe (v. s[s] n° 1372.154).

1372.122 **Copie de l'attestation de garantie.** Le document par lequel l'avocat atteste s'être fait remettre par son mandant une caution bancaire irrévocable ou un chèque de banque du dixième du prix principal de la vente, doit être joint en copie à la dénonce. La déclaration de surenchère non accompagnée de l'attestation de remise à l'avocat du surenchérisseur des garanties exigées sera irrecevable[1].

3° Délai

1372.131 **Calcul.** Au plus tard le troisième jour ouvrable suivant la déclaration de surenchère : on appliquera ici les dispositions des articles 641 et 642 C. pr. civ.

1372.132 **Sanction.** La déclaration doit être dénoncée dans les trois jours, à peine d'irrecevabilité selon l'article R. 322-52 C. pr. exéc. L'irrecevabilité envisagée est celle de la surenchère. L'inobservation du délai pour dénoncer la surenchère étant sanctionnée par l'irrecevabilité de la déclaration et non par la nullité, aucun grief n'est à établir[2].

4° Disparition de la mention de la dénonciation à la suite de la surenchère

1372.141 **Avant la réforme.** La surenchère une fois enregistrée par le greffe, l'avocat du surenchérisseur devait, dans un délai de cinq jours encore, se rendre au greffe avec copie des dénonciations et le greffier en faisait mention datée. Cette formalité était sanctionnée par une déchéance.

1372.142 **Décret du 27 juillet 2006.** Le surenchérisseur doit effectuer les dénonces, mais il n'a plus à en justifier auprès du greffe. Comment le juge vérifiera-t-il alors que ces dénonces ont été correctement opérées et dans le respect des délais ? Implicitement, est-ce que l'obligation de dénoncer de l'article R. 322-52 C. pr. exéc. (anc[t] Décr. 27 juill. 2006, art. 96) et la sanction de l'irrecevabilité, conduiront le juge à effectuer ces vérifications lors de l'audience ? Ou ce sont les parties, de toute façon avisées par le greffe, qui pourraient se plaindre de ne pas avoir reçu la dénonce ?

C. Audiences

1372.150 **Délais.** Avant la réforme, et en vertu de l'article 709 alinéa 6 ACPC, l'acte de dénonciation contenait avenir pour la première audience utile qui suivait l'expiration d'un délai de vingt jours; il fixait en même temps la date de la nouvelle adjudication. Désormais, l'audience de surenchère est fixée par le juge à une date comprise dans un délai de deux à quatre mois suivant la déclaration de surenchère (C. pr. exéc., art. R. 322-53). En cas de contestation de la déclaration de surenchère, le délai court à compter de la date de la décision de rejet. Il appartiendra donc au greffe, selon qu'une contestation aura ou non été formée, selon les dispositions de l'article R. 311-6 C. pr. exéc., de convoquer d'abord à une audience pour examiner la contestation, puis, si celle-ci est rejetée, de convoquer les intéressés à l'audience d'adjudication. Or, pour savoir si une contestation va être formée, le greffe doit attendre l'expiration d'un délai de quinze jours qui court à compter de la dénonciation dont le greffe n'est pas informé... On comprend de ce fait que la date d'audience ne puisse pas être fixée avant deux mois.

1° Audience d'examen des contestations

1372.151 **Objet.** Elle sert à vider les contestations relatives à la surenchère et à faire valider celles-ci, une fois les contestations écartées.

1372.152 **Forme des contestations.** Selon l'article R. 311-6 C. pr. exéc., la contestation de la surenchère se fait par dépôt au greffe de conclusions signées par un avocat[3].

S'il s'agit d'une contestation portant sur la forme, la nullité ne sera encourue qu'en cas de grief (C. pr. exéc., art. R. 311-10); s'il s'agit de soulever une irrecevabilité, aucun grief ne devrait être exigé; la contestation pourra encore porter sur la justification de la garantie (v. s[s] n° 1372.122).

1372.153 **Délai pour former des contestations.** Selon l'article R. 322-52 alinéa 2 C. pr. exéc., la validité de la surenchère peut être contestée dans les quinze jours de la dénonciation. D'où le pro-

1. Civ. 2e, 11 avr. 2013, n°s 12-10.053 et 12-24.715, *Bull. civ.* II, n° 81; *Dr. et proc.* 2013. 145, note Leborgne.
2. Civ. 2e, 8 sept. 2011, n° 10-18.429, NP; *D.* 2012. Pan. 1518, obs. Leborgne, *AJDI* 2011, n° 811, obs. Porcheron; *Procédures* 2011, n° 336, obs. Perrot; *ibid.* 2013. Chron. 1, n° 23, obs. Perrot.
3. L'art. R. 322-52 C. pr. exéc. n'exige pas que les conclusions déposées au greffe dans les quinze jours de la dénonciation de la surenchère contiennent à peine d'irrecevabilité tous les moyens pouvant être invoqués au soutien de sa contestation de sa validité : Civ. 2e, 11 avr. 2013, n°s 12-10.053 et 12-24.715, *Bull. civ.* II, n° 81; *Dr. et proc.* 2013. 145, note Leborgne.

blème du contrôle de la date à laquelle la dénonciation a été effectuée.

1372.154 **Convocation.** L'article R. 311-6 C. pr. exéc. dispose que le greffe convoquera les parties à une audience par LRAR dans un délai de quinze jours à compter du dépôt de la contestation.

1372.155 **Récapitulatif.** Le surenchérisseur a trois jours pour dénoncer au saisi, au poursuivant et à l'adjudicataire. Ces personnes ont quinze jours pour contester la validité de la surenchère, en déposant des conclusions au greffe. Et dès dépôt des conclusions, le greffe a quinze jours pour convoquer les parties à une audience. Puis, la contestation sera examinée et la décision notifiée aux parties par le greffe selon les dispositions de l'article R. 311-7 C. pr. exéc.

1372.156 **Recours contre les jugements.** Les jugements rendus à cette audience sont soumis aux dispositions de l'article R. 311-7 C. pr. exéc., c'est-à-dire qu'ils sont appelables. Certes, devant le JEX, l'appel n'est pas suspensif, mais cela ne simplifiera pas la suite de la procédure pour autant.

2°
Audience de surenchère

1372.161 **Convocation.** Si la contestation est rejetée ou s'il n'y en avait pas, le greffe convoquera pour l'audience de surenchère le débiteur saisi, le créancier poursuivant, les créanciers inscrits, l'adjudicataire et le surenchérisseur par LRAR.

1372.162 **Date : rappel.** Selon l'article R. 322-53 C. pr. exéc., la date devra être comprise dans un délai de deux à quatre mois suivant la déclaration de surenchère.

1372.163 **Publicité.** Si la surenchère n'est pas contestée ou si elle est validée, et une fois l'audience de surenchère fixée, il faudra annoncer la vente sur la mise à prix modifiée par la surenchère. Dans ce cas, l'article R. 322-35 C. pr. exéc. prévoit que la nouvelle vente est précédée de la publicité de droit commun (v. s[s] n°s 1367.81 s.). Selon l'article R. 322-54 C. pr. exéc. les formalités de publicité annonçant la vente sur surenchère sont réalisées à la diligence du surenchérisseur. Dans l'hypothèse du défaut d'accomplissement de la publicité par le surenchérisseur, l'article R. 322-54 prévoit la faculté, pour le créancier poursuivant, de procéder aux formalités de publicité.

Ces formalités sont identiques à celles qui avaient été effectuées en vue de l'audience d'adjudication, à l'exception de la mise à prix nécessairement modifiée par la surenchère.

En revanche, le surenchérisseur n'aura aucun intérêt à prendre l'initiative de publicités complémentaires, mais celles-ci pourront être sollicitées par le poursuivant, un créancier inscrit ou même le saisi, conformément à l'article R. 322-37 C. pr. exéc.

1372.164 **Déroulement de l'audience.** Au jour indiqué les enchères sont reprises, sur la mise à prix modifiée, enchères auxquelles toute personne peut concourir (sous les réserves de l'article R. 322-39 C. pr. exéc., v. s[s] n° 1368.60) et qui se déroulent selon les articles R. 322-40 à R. 322-49 C. pr. exéc. Si la mise à prix n'est pas couverte, le surenchérisseur est déclaré adjudicataire sur le montant de sa surenchère (C. pr. exéc., art. R. 322-55).

La vente est poursuivie aux clauses et conditions de la première adjudication c'est-à-dire conformément aux clauses et conditions du cahier des conditions de vente. Ainsi, les clauses de ce document déposé par le poursuivant, modifié ou complété par les demandes incidentes examinées à l'audience d'orientation, s'appliqueront à tous les enchérisseurs, sans qu'il soit nécessaire aux adjudicataires surenchéris de saisir le juge pour rendre le contenu du cahier des conditions de vente opposable au surenchérisseur (ainsi, avant la réforme, pour une clause imposant aux enchérisseurs intéressés de fournir à leur avocat un cautionnement bancaire ou une consignation sur le compte Carpa s'élevant au minimum au montant de la mise à prix[1]).

1372.165 **Faculté de remise pour force majeure.** Avant la réforme, la jurisprudence excluait l'application des dispositions de l'article 703 à la revente sur surenchère, aucun article ACPC ne faisant allusion ou ne renvoyant, pour la surenchère, aux dispositions applicables à l'adjudication initiale. Seul un raisonnement par analogie pouvait être envisagé, que la Cour de cassation avait clairement écarté.

Dans le décret du 27 juillet 2006, on ne trouvait pas non plus de disposition en ce sens dans la section consacrée à la surenchère; toutefois le chapitre VI, relatif à la vente forcée, comportait des articles préalables aux 7 sections qui le composaient, et notamment l'article 61 (devenu C. pr. exéc., art. R. 322-28) qui prévoyait le cas de remise pour force majeure. Avec la codification, « *la vente par adjudication* » se trouve réglementée à la section IV du chapitre II du titre II du livre III du Code des procédures civiles d'exécution, chapitre consacré à « *la vente de l'immeuble saisi* » et qui se sous-divise en huit sous-sections. La section IV débute par une sous-section 1, intitulée « *dispositions générales* », comportant quatre articles (R. 322-26 à R. 322-29), dont on peut raisonnablement penser qu'ils sont applicables, non seulement à l'audience initiale

1. Civ. 2e, 6 oct. 1993, n° 91-17.897, *Bull. civ.* II, n° 276.

mais aussi à la surenchère (pour la réitération des enchères, v. s[s] n° 1373.113), réglementée à la sous-section 4. Ainsi, les dispositions de l'article R. 322-28 qui permettent le report de la vente forcée en cas de force majeure et à la demande de la commission de surendettement devraient pouvoir être invoquées lors de l'audience de surenchère.

1372.166 Absence d'avis après l'adjudication. Selon l'article R. 322-34 C. pr. exéc., l'affichage de l'extrait du procès-verbal d'audience n'aura pas lieu en cas de surenchère. Il est vrai que cet article a essentiellement pour objectif d'encourager la surenchère puisque le texte prévoit l'obligation pour le greffe d'apposer au tribunal un avis mentionnant la désignation et la description sommaire de l'immeuble telle qu'elle figurait dans l'avis initial, le prix de la vente, les frais taxés et l'indication qu'une surenchère est possible. Il s'agit donc clairement d'une disposition destinée à faire réagir d'éventuels acheteurs afin que le bien se vende au meilleur prix pour le saisi et ses créanciers (v. s[s] n° 1367.70). Toutefois, on aurait pu envisager la réalisation d'une publicité après la vente dans le but d'assurer la transparence de celle-ci et de son prix.

SECTION 2
EFFETS DE L'ADJUDICATION SUR SURENCHÈRE

1372.171 Principe. L'adjudication sur surenchère devient adjudication définitive, tout autant que le prix est payé, sinon le bien pourra être revendu sur réitération des enchères (v. s[s] n°s 1373.05 s.). Elle va emporter les mêmes effets, transfert de propriété, obligations à la charge du saisi, obligations de payer et de publier à la charge du nouvel adjudicataire. Quelques précisions doivent cependant être apportées.

§ 1
Transfert de propriété et des risques

1372.181 Transfert de propriété. En pratique, à l'issue de la première adjudication, le saisi avait perdu la propriété du bien et devait quitter les lieux au bénéfice de l'adjudicataire; l'éventualité de la surenchère fige la situation et laisse les parties dans l'attente pendant dix jours d'abord, puis, si une surenchère est formée, pendant le temps de la procédure de revente. Ainsi, dans les rapports du saisi avec l'adjudicataire, le jugement d'adjudication emporte transfert de propriété au profit de l'adjudicataire pendant dix jours, sous condition résolutoire. La déclaration de surenchère fait renaître le droit du saisi sur son bien puisqu'elle remet en question l'adjudication, jusqu'au jour de l'adjudication sur surenchère; le saisi est donc rétroactivement réputé conserver la propriété, sans aucune interruption, lorsqu'une déclaration de surenchère est faite[1]. Il a été jugé sous l'empire du décret-loi de 1938 qu'en l'état d'une adjudication suivie d'une surenchère frappée de déchéance, l'adjudication n'acquiert un caractère définitif à l'égard de l'adjudicataire qu'à la date à laquelle la contestation sur la surenchère a été définitivement tranchée[2].

1372.182 • Cas où l'adjudication sur surenchère est dévolue à l'adjudicataire initial. Si l'adjudication sur surenchère a lieu au profit de l'adjudicataire initial, la propriété est confirmée à son profit à l'issue d'une procédure qui peut prendre plusieurs mois. Mais peut-on envisager que la propriété rétroagisse à la date de l'adjudication initiale ? Sans doute pas, dans la mesure où l'on admet que la première adjudication s'est faite sous condition résolutoire d'une surenchère et que la condition s'étant accomplie, la première adjudication est réputée ne jamais être intervenue. D'ailleurs, il s'agit d'une vente et donc d'un accord sur le prix, certes par l'effet des enchères; or, l'accord sur le prix est différent lors de la première adjudication et de la vente sur surenchère. Raisonner autrement reviendrait à faire peser sur l'adjudicataire initial le risque de la perte de la chose alors qu'il n'aurait aucune certitude sur ses chances d'être déclaré adjudicataire sur surenchère. On doit donc en déduire que le saisi redevient propriétaire jusqu'au jour de la revente sur surenchère, que celle-ci intervienne au profit de l'adjudicataire surenchéri ou de tout autre enchérisseur.

1372.183 • Cas où l'adjudication sur surenchère est dévolue au surenchérisseur. Aucun problème ne se pose si des enchères sont portées lors de l'audience de surenchère. Mais quelle solution dégager si la surenchère n'est pas couverte, c'est-à-dire en cas de carences d'enchères ? Selon l'article R. 322-55 C. pr. exéc., le surenchérisseur est alors déclaré adjudicataire pour le montant de sa surenchère. Dans ce cas, sa propriété rétroagit-elle au jour de la déclaration de surenchère ? Sans doute pas car cette déclaration de surenchère ne peut s'analyser comme une déclaration d'adjudicataire. Avant la réforme, l'article 710 alinéa 3 ACPC prévoyait que si la surenchère n'était pas couverte, le surenchérisseur était déclaré adjudicataire lors de l'audience d'adjudication, formulation qui était plus claire que celle de l'article 99.

1. Civ. 7 déc. 1869, *DP* 1869. 1. 31 – Civ. 15 janv. 1873, *DP* 1873. 1. 249.
2. Civ. 2e, 12 juill. 2001, n° 98-10.444, *Bull. civ.* II, n° 137.

1372.184 **Absence de surenchère sur surenchère.** Comme avant la réforme, et désormais selon l'article R. 322-55 alinéa 3 C. pr. exéc., aucune surenchère ne pourra être reçue sur la seconde adjudication. Cette restriction est justifiée par la volonté d'éviter un allongement excessif de la procédure.

§ 2
Droits et obligations des parties en présence

1372.191 **Le saisi.** Le saisi n'a pas à quitter les lieux tant que l'adjudication n'est pas définitive. Il va percevoir les fruits de l'immeuble, supporter les charges afférentes à la propriété et passer valablement des actes juridiques relatifs à l'immeuble.

Il peut déjà profiter de cette trêve pour payer ses dettes et ayant désintéressé ses créanciers éviter la revente sur surenchère, ce qui lésera principalement le surenchérisseur[1].

1372.192 **Adjudicataire sur surenchère.** Il ne devient propriétaire, dans ses rapports avec le saisi que du jour de l'adjudication sur surenchère, et dans ses rapports avec les tiers que du jour de la publication du jugement d'adjudication.

1. Il peut également être mis en redressement judiciaire et dans ce cas, les poursuites individuelles seront suspendues, et l'immeuble sera pris en compte au titre de l'actif du débiteur : Com. 4 mars 2014, n° 13-10.534, *Bull. civ.* IV, n° 43; *D.* 2014. Pan. 1473, obs. Leborgne.

CHAPITRE

1373. Réitération des enchères

ANNE LEBORGNE
PROFESSEUR À L'UNIVERSITÉ D'AIX-MARSEILLE

SECTION 0
ORIENTEUR

1373.00 **Plan du chapitre.**

Division. Le décret limite les causes de réitération (sect. 1). C'est le créancier poursuivant, mais encore un créancier inscrit ou le débiteur, qui pourront poursuivre la réitération des enchères selon une procédure simple et rapide (sect. 2), génératrice d'effets (sect. 3).

1373.05 **Objet.** La saisie immobilière n'est entreprise que pour réaliser la valeur du bien, gage des créanciers, lorsque le débiteur ne s'est pas exécuté spontanément. En vertu de l'article L. 322-9 C. pr. exéc.[1], l'adjudicataire doit donc consigner le prix et payer les frais. À défaut, l'article L. 322-12 C. pr. exéc. dispose que la vente est résolue de plein droit. Le défaut de paiement du prix ou des frais de vente impose donc de remettre le bien en vente pour trouver un nouvel acquéreur. Le mécanisme diffère donc de la surenchère car il ne s'agit pas d'une reprise des enchères mais d'une réitération à l'identique de la mise en vente aux enchères. Les auteurs de la réforme ont substitué l'expression « *réitération des enchères* » à « *folle enchère* », utilisée par le décret-loi de 1938, sous prétexte de son caractère désuet. La formule disait pourtant bien quelle était la cause de la difficulté...

SECTION 1
CAUSES DE LA RÉITÉRATION

1373.10 **Plan.** Avant la réforme, était menacé de folle enchère, l'adjudicataire qui ne justifiait pas avoir payé les frais dans les vingt jours et celui qui ne publiait pas son titre dans les deux mois. La

1. Ord. n° 2011-1895, 19 déc. 2011, relative à la partie législative du Code des procédures civiles d'exécution, *JO* 20 déc., p. 21464.

sanction menaçait également celui qui n'exécutait pas les clauses de l'adjudication, fixées dans le cahier des charges. En application de l'article 100 du décret n° 2006-936 du 27 juillet 2006[1] (devenu C. pr. exéc., art. R. 322-66[2]), deux obligations légales seulement étaient prescrites à peine de réitération des enchères : le paiement du prix et des frais de la vente dans les délais prescrits. Le décret du 12 février 2009 a ajouté le paiement des droits de mutation.[3]

§ 1
Défaut de paiement des frais et des droits de mutation

1373.11 **Explication.** L'article L. 322-9 C. pr. exéc. impose le paiement des frais et l'article L. 322-11 C. pr. exéc. dispose que le titre ne peut être délivré que sur justification du paiement des frais. L'adjudicataire a donc tout intérêt à payer ces frais s'il veut publier son titre.

Avant la réforme, l'article 716 ACPC imposait à l'adjudicataire de faire publier son titre au bureau des hypothèques dans les deux mois de sa date, sous peine de revente sur folle enchère. Mais en pratique, ce texte était rarement appliqué. En effet, et tout d'abord, les formalités préalables rendaient généralement difficiles le respect du délai (paiement et quittances des frais, formalités de l'enregistrement, avec les va-et-vient que cela suppose pour le dossier d'adjudication). L'intérêt d'enfermer la publication du jugement d'adjudication dans le délai de deux mois était de pouvoir garantir le paiement du prix par l'inscription d'un privilège, qui, comme celui du vendeur et du prêteur de deniers, rétroagit dans le délai de deux mois. Ce privilège ne pouvant être inscrit à la Conservation des hypothèques antérieurement à la publication des titres, le législateur de 1938 avait donc naturellement envisagé une sanction grave à l'encontre de l'adjudicataire qui léserait ainsi le droit des créanciers du saisi. Dans la mesure où il était difficilement envisageable de respecter le délai de deux mois et par suite, d'inscrire efficacement le privilège, il n'était guère concevable d'engager la procédure de folle enchère, pour ce seul motif, à l'expiration du délai de deux mois. De surcroît, et ensuite, l'intérêt des créanciers, poursuivants et inscrits, consiste dans le paiement du prix. Or, la délivrance de la grosse d'adjudication est uniquement liée au paiement des frais préalables et des droits de mutation et non à la condition du paiement du prix. Par suite, la publication du jugement d'adjudication ne présente d'intérêt valable pour les créanciers qu'au regard des effets qu'il induit : interruption du délai de péremption de la validité du commandement, effet légal de l'hypothèque et purge des vices de la procédure. Il en résulte que la sanction de l'article 716 ACPC n'était généralement pas mise en œuvre à la différence des autres cas d'ouverture de la folle enchère. Cette hypothèse a été écartée par les auteurs de la réforme qui s'en sont tenus à l'obligation de payer les frais sous peine de réitération des enchères.

1373.12 **Délai.** Pour obtenir le titre d'adjudication, l'adjudicataire doit payer les frais annoncés par le poursuivant avant la vente et fournir une quittance justificative. L'article 713 ACPC ouvrait un délai de vingt jours, à compter de l'adjudication qu'il était difficile de respecter. Les auteurs de la réforme n'ont pas reproduit de délai. L'article L. 322-11 C. pr. exéc. dispose seulement que le titre de vente n'est délivré à l'adjudicataire que sur justification du paiement des frais taxés. Et l'article L. 322-9 C. pr. exéc. met à sa charge le paiement des frais sans autre précision de délai. C'est en réalité de la lecture de l'article R. 322-58 C. pr. exéc. qu'il faut déduire que le paiement des frais et des droits de mutation devra intervenir au plus tard dans le délai de deux mois de l'adjudication.

1373.13 **Sanctions du défaut de paiement des frais et des droits de mutation.** Les sommes peuvent être relativement modestes par rapport au prix d'adjudication, elles sont donc généralement acquittées. Mais si l'adjudicataire ne paie pas, l'article R. 322-66 C. pr. exéc. prévoit que le bien pourra être remis en vente.

1373.14 **Résolution de vente.** Le saisi étant considéré comme vendeur dans ses rapports avec l'adjudicataire, avant la réforme, la jurisprudence admettait qu'il puisse aussi agir en résolution de vente[4]. Sans doute, la folle enchère était-elle une procédure de résolution de la vente aux torts de l'acheteur, plus rapide et simple à mettre en œuvre, mais la Cour de cassation avait réaffirmé la validité d'une action en résolution fondée sur l'article 1654 du Code civil[5]. Cette action peut en effet présenter

1. Décr. n° 2006-936, 27 juill. 2006, relatif aux procédures de saisie immobilière et de distribution du prix d'un immeuble, *JO* 29 juill., p. 11316.
2. Décr. n° 2012-783, 30 mai 2012, relatif à la partie réglementaire du Code des procédures civiles d'exécution, *JO* 31 mai, p. 9375.
3. Décr. n° 2009-160, 12 févr. 2009, pris pour l'application de l'ordonnance n° 2008-1345 du 18 décembre 2008 portant réforme du droit des entreprises en difficulté et modifiant les procédures de saisie immobilière et de distribution du prix d'un immeuble, *JO* 13 févr., p. 2596.
4. Civ. 2e, 5 déc. 1952, *JCP A* 1953. IV. 2039, obs. Madray; *RTD civ.* 1953. 393, obs. Raynaud.
5. Civ. 2e, 19 mai 1998, n° 95-22.053, *Bull. civ.* II, n° 153.

un intérêt propre[1]. Cela ne se justifiera sans doute plus aujourd'hui dans la mesure où l'article L. 322-12 C. pr. exéc. affirme que la vente est résolue de plein droit et où le JEX peut donc le constater[2].

§ 2 Défaut d'exécution des obligations d'adjudicataire

1373.20 **Évolution.** L'ancien Code de procédure civile ne prescrivait pas les conditions de forme et de délais auxquelles l'adjudicataire était assujetti pour le paiement du prix; les cahiers des charges en fixaient donc librement les modalités. Ils prescrivaient les délais, les assortissaient le cas échéant d'intérêts et désignaient entre les mains de qui la consignation devait être effectuée pour être libératoire. En outre, l'article 733 ACPC punissait de la folle enchère le défaut d'exécution par l'adjudicataire des clauses et conditions de l'adjudication.

On ne trouve dans le décret du 27 juillet 2006 qu'une menace de réitération des enchères en cas de défaut de consignation du prix. L'inexécution d'une clause particulière du cahier des conditions de la vente n'exposerait pas l'adjudicataire à une telle sanction, ce qui n'est pas compréhensible.

A. Défaut de consignation du prix

1373.21 **Modalités.** Les auteurs de la réforme ont prévu, à l'article L. 322-9 C. pr. exéc., que l'adjudicataire doit consigner le prix sur un compte séquestre ou à la caisse des dépôts et consignations.

1373.22 **Délai.** L'article R. 322-56 C. pr. exéc. précise que la consignation doit s'effectuer dans un délai de deux mois à compter de la date d'adjudication définitive.

1373.23 **Intérêts au taux légal et majoration.** Passé ce délai, le prix de vente est augmenté de plein droit des intérêts au taux légal jusqu'à la consignation complète du prix. Selon l'article L. 313-3 du Code monétaire et financier, en cas de condamnation pécuniaire par décision de justice, le taux de l'intérêt légal est majoré de cinq points à l'expiration d'un délai de deux mois à compter du jour où la décision de justice est devenue exécutoire, fût-ce par provision. L'ordonnance du 21 avril 2006 a complété cet article afin que cet effet soit attaché de plein droit au jugement d'adjudication sur saisie immobilière, quatre mois après son prononcé[3].

Toutefois, selon l'article L. 313-3 alinéa 2, le juge de l'exécution (JEX) peut, à la demande du débiteur ou du créancier, et en considération de la situation du débiteur, exonérer celui-ci de cette majoration ou en réduire le montant.

1373.24 **Paiement complet.** L'adjudicataire doit consigner l'intégralité du prix. Tant que cela ne sera pas fait, il sera menacé de réitération des enchères quand bien même une partie du prix et des intérêts aurait été payée.

1373.25 **Justification du défaut de paiement.** Selon le droit commun de la vente (C. civ., art. 1653), l'acheteur qui est troublé ou a juste sujet de craindre d'être troublé par une action, soit hypothécaire soit en revendication, peut suspendre le paiement du prix jusqu'à ce que le vendeur ait fait cesser le trouble. Ainsi, la rétention du prix se justifie déjà pendant le temps pour former surenchère, et même ensuite, si aucune surenchère n'a été formée dès lors que l'adjudicataire peut craindre l'issue de recours formés contre le jugement d'adjudication qui aurait tranché une contestation. Il a été jugé en revanche, qu'elle ne se justifie pas si l'adjudicataire n'est l'objet que d'actions en renouvellement de la part de titulaires de sous-location, non mentionnées au cahier des charges, car de telles demandes ne constituent pas un danger d'éviction[4].

1373.26 **• Créancier de premier rang.** Lorsque le bien a été adjugé au profit d'un créancier de premier rang, l'obligation de payer ne lui incombe pas; il peut, à ses risques et périls, souhaiter opposer la compensation à due concurrence à hauteur du montant de sa créance.

1373.27 **• Droit de préemption.** Avant la réforme, la jurisprudence jugeait que pour le titulaire du droit de préemption, le fait de ne pas s'exécuter n'entraînait pas déchéance de son droit, mais poursuite sur folle enchère[5]. Et si la vente avait été poursuivie globalement sur une propriété alors que seule une partie était louée, le preneur qui enten-

1. Civ. 2e, 11 juill. 2013, no 12-13.737, *Bull. civ.* II, no 157; *Dr. et proc.* 2013. 226, note Leborgne. Dans cette espèce, l'adjudicataire avait publié le jugement d'adjudication mais n'avait pas payé le prix. Une procédure de folle enchère avait été engagée, puis radiée car le saisi avait désintéressé le poursuivant. Des années après, les héritiers du saisi décédé ont assigné l'adjudicataire en résolution de vente afin d'obtenir la radiation de la mention de publication de l'adjudication.
2. Pour une première application publiée : TGI Pontoise, JEX, 6 août 2009, *D.* 2009. AJ 2169.
3. Ord. no 2006-461, 21 avr. 2006, réformant la saisie immobilière, *JO* 22 avr., p. 6072.
4. Civ. 3e, 30 janv. 1970, no 67-13.707, *Bull. civ.* III, no 84; *D.* 1970. Somm. 116.
5. Civ. 3e, 23 avr. 1969, *Bull. civ.* III, no 312.

dait préempter devait payer le prix intégral de l'adjudication : il ne peut envisager de ne régler que la part du prix correspondant à la partie du bien louée; à défaut il était poursuivi sur folle enchère (ainsi pour un fermier[1]). Le même raisonnement devrait pouvoir être tenu.

B.
Défaut de respect des clauses et conditions du cahier des conditions de la vente

1373.31 Absence de fondement désormais. L'article 733 ACPC punissait de la folle enchère le défaut d'exécution par l'adjudicataire des clauses et conditions de l'adjudication. Cet article visait les différentes obligations que le cahier des charges pouvait avoir prévues, celles relatives au paiement du prix comme celles imposant d'autres charges à l'adjudicataire. L'ordonnance et le décret n'ont pas prévu cette hypothèse, ce qui semble exclure la menace de la réitération des enchères.

1373.32 Sanction. Dans le silence des textes, la sanction ne pourrait être qu'une exécution forcée assortie éventuellement de dommages et intérêts ou une action en résolution de vente (v. s[s] n° 1373.14).

SECTION 2
PROCÉDURE

1373.41 Déroulement. En vertu de l'article R. 322-66 C. pr. exéc., le bien pourra être remis en vente à la demande du créancier poursuivant, d'un créancier inscrit ou du débiteur saisi, aux conditions de la première vente forcée.

§ 1
Titulaires de l'action

1373.50 Pluralité. Ce sont d'abord les créanciers, poursuivant et inscrits mais aussi le saisi qui a intérêt à voir ses dettes réglées.

A.
Créanciers

1373.51 • Créanciers inscrits sur le bien saisi. Les créanciers inscrits sont assurés de se partager le prix selon leur rang d'inscription. Ces créanciers ont intérêt à agir; à défaut ils ne pourront reprocher à l'adjudicataire défaillant une faute leur ouvrant droit à indemnisation (en ce sens, a été rejetée la demande d'un créancier inscrit se plaignant de la négligence de l'adjudicataire, en l'espèce le poursuivant sur défaut d'enchères, la Cour notant que si la revente sur folle enchère n'a eu lieu que trois ans après, le préjudice subi par le créancier inscrit résultait de sa propre inertie procédurale, à savoir son abstention à poursuivre l'adjudication sur folle enchère lui-même[2]).

On peut également inclure les créanciers subrogés dans les droits d'un créancier inscrit[3], et les créanciers des créanciers exerçant l'action oblique.

En revanche, les créanciers non inscrits, qui peuvent espérer un reliquat sur lequel ils exerceraient une voie d'exécution, ne peuvent prendre l'initiative de la réitération des enchères : leur intérêt à agir n'est ni certain, ni né et actuel (ils ne sont pas assurés qu'il y aura un reliquat) et ils ne peuvent se substituer au poursuivant et aux créanciers inscrits en l'absence de diligences de ces derniers pour requérir la vente.

1373.52 • Créancier poursuivant non privilégié. Le créancier poursuivant n'est pas nécessairement privilégié ou hypothécaire. En vertu de l'article R. 322-66 C. pr. exéc., il est toutefois titulaire du droit de poursuivre la réitération des enchères. L'avocat du poursuivant est en effet créancier de ses frais de poursuite; or, ceux-ci sont à la charge de l'adjudicataire. Selon l'article R. 322-58 C. pr. exéc., ces frais doivent être payés par priorité en sus du prix dans les deux mois à compter de la date de l'adjudication définitive, à peine de réitération des enchères.

B.
Saisi

1373.61 Intérêt propre. Lui aussi peut craindre que le prix ne soit pas payé et vouloir remettre le bien en vente afin que ses créanciers soient finalement désintéressés[4]. Avant la réforme, on lui reconnaissait encore le droit d'agir en résolution de la vente suivant la procédure de droit commun. Aujourd'hui, l'article L. 322-12 C. pr. exéc. dispose qu'à défaut de consignation du prix et de paiement des frais la vente est résolue de plein droit.

1. Civ. 3e, 27 juin 1990, n° 89-14.057, *Bull. civ.* III, n° 158; *D.* 1990. 582, note Prévault.
2. Civ. 2e, 30 mai 2002, n° 01-02.076, *Bull. civ.* II, n° 109.
3. Civ. 2e, 17 oct. 1973, n° 72-12.234, *Bull. civ.* II, n° 257; *JCP* 1974. IV. 6375.
4. Civ. 2e, 5 déc. 1952, *JCP A* 1953. IV. 2039, obs. Madray; *RTD civ.* 1953. 393, obs. Raynaud.

§ 2
Déroulement de la procédure

1373.70 Plan. La personne qui agit doit obtenir du greffe un certificat attestant de l'inexécution de l'adjudicataire pour poursuivre la réitération. Ensuite, elle le fera signifier et sommera le défaillant de s'exécuter, faute de quoi l'immeuble sera remis en vente par la voie d'une nouvelle adjudication. La procédure se distingue de celle organisée par le décret-loi de 1938, dans la chronologie des actes, mais pas dans son esprit. En effet, avant la réforme, il était en pratique habituel de faire préalablement délivrer une sommation à l'adjudicataire par acte d'avocat à avocat avant de requérir le certificat. Désormais, les actes sont inversés : le poursuivant obtient du greffe la justification du défaut d'exécution des obligations légales par l'adjudicataire, puis lui signifie le certificat.

A.
Réquisition du certificat auprès du greffe

1373.71 Hypothèses. Si l'adjudicataire n'a même pas payé les frais, il n'a pu obtenir son titre de vente (C. pr. exéc., art. L. 322-11); il en sera d'ailleurs de même s'il n'a pas acquitté les droits de mutation. Mais même si le titre a été délivré mais que le prix reste malgré tout impayé, il sera encore possible de poursuivre la réitération des enchères. Dans les deux cas, le certificat est délivré par le greffe à la personne qui entend poursuivre la réitération.

1373.72 Défaut de paiement des frais et des droits de mutation. Selon l'article R. 322-67 C. pr. exéc., la personne qui poursuit la réitération des enchères se fait délivrer par le greffe un certificat constatant l'inexécution de l'adjudicataire.

1373.73 Titre obtenu mais prix non consigné. Avant la réforme, la situation pouvait même encore se présenter une fois la procédure d'ordre ouverte, puisque celle-ci était indépendante de la satisfaction par l'adjudicataire de l'obligation de payer le prix; en effet, la procédure d'ordre avait notamment, pour objet de conférer un titre exécutoire sur le prix aux créanciers dont la créance avait été vérifiée et arrêtée par le juge aux ordres. Une fois les bordereaux de collocation délivrés contre l'adjudicataire qui n'avait pas payé le prix, les créanciers pouvaient encore opter pour la poursuite de droit commun en exécution ou pour la folle enchère. Dans cette hypothèse, celle-ci était poursuivie en vertu, non du jugement d'adjudication mais du bordereau de collocation[1]. Il semblerait que les dispositions du décret relatives à la distribution (le titre II du décret du 27 juillet 2006, soit les articles 107 à 125 [devenus C. pr. exéc., art. R. 331-1 à R. 334-2]) n'envisagent plus que la distribution entre les différents créanciers et non la rédaction de bordereaux de collocation à l'encontre de l'adjudicataire défaillant.

1373.74 Délai. C'est nécessairement une fois expiré le délai de deux mois à compter de l'adjudication définitive (C. pr. exéc., art. R. 322-56 à R. 322-58).

B.
Signification

1373.81 Principe. En vertu de l'article R. 322-67 C. pr. exéc., le certificat est signifié au saisi, à l'adjudicataire et le cas échéant au créancier ayant sollicité la vente par exploit d'huissier. Toutefois, selon le destinataire le contenu de l'acte différera et il sera ou non ouvert un recours.

1373.82 Destinataires. On aurait pu songer à ne signifier qu'à l'adjudicataire défaillant. Les auteurs du décret ont également imposé une signification au saisi et le cas échéant (c'est-à-dire sans doute si ce n'est pas lui qui poursuit la réitération), au créancier ayant sollicité la vente (C. pr. exéc., art. R. 322-67, al. 2). Cette signification peut s'expliquer pour des motifs d'information de l'avancement de la procédure. Toutefois, elle n'est pas prévue pour les créanciers inscrits.

1373.83 Acte d'huissier. C'est un exploit d'huissier qui doit donc contenir les mentions prescrites pour ces actes (C. pr. civ., art. 653 s.) et porter à la connaissance du destinataire le certificat en copie.

1373.84 Signification à l'acquéreur défaillant. En fait, celui qui est directement concerné est l'acquéreur défaillant. Aussi, la signification qui lui sera adressée comprendra à peine de nullité une sommation et le rappel d'un certain nombre de dispositions. Il pourra ensuite élever une contestation.

1°
Sommation de payer

1373.91 Objet. La signification contient sommation d'avoir à payer le prix, les frais de la vente et les droits de mutation dans un délai de huit jours. Il n'est pas fait mention des intérêts au taux légal alors que selon l'article R. 322-56 C. pr. exéc., une fois le délai de deux mois dépassé, le prix de vente

1. Mais le bordereau de collocation ne constitue pas un titre exécutoire contre le saisi permettant de le poursuivre en paiement du reliquat qui n'a pu être colloqué : Civ. 2e, 27 sept. 2012, n° 11-20.649, *Bull. civ.* II, n° 159; *Dr. et proc.* 2012. 301, note Leborgne.

est augmenté de plein droit de ces intérêts jusqu'à consignation complète du prix (v. s^s n°s 1371.111 s.).

1373.92 Mentions. L'acte de signification va contenir le rappel des dispositions du second alinéa de l'article L. 322-12 C. pr. exéc. et des articles R. 311-6, R. 322-56, R. 322-58, R. 322-69, R. 322-72 C. pr. exéc.

2°
Contestation

1373.101 Principe. Selon l'article R. 322-68 C. pr. exéc., seul l'adjudicataire peut contester le certificat. Il n'y a évidemment que lui qui est intéressé par cette contestation.

1373.102 Délai. La contestation devra être formée dans le délai de quinze jours à compter de la signification. La contestation du certificat n'étant ouverte qu'au seul adjudicataire, la deuxième chambre civile a jugé que le délai de quinze jours prévu par l'article R. 322-68 C. pr. exéc. courait nécessairement à compter de la signification de ce certificat à l'adjudicataire et non à compter de l'ultime notification ou signification effectuée [1].

1373.103 Modalités. L'adjudicataire défaillant devra respecter les dispositions de l'article R. 311-6 C. pr. exéc., à savoir une contestation formée par dépôt au greffe de conclusions signées par un avocat. Le greffe convoquera alors les parties à une audience par LRAR dans un délai de quinze jours à compter du dépôt de la contestation. En principe, selon l'article R. 311-6 alinéa 3 C. pr. exéc., l'examen de la contestation ne suspendra pas le cours de la procédure. Toutefois, l'article R. 322-69 alinéa 3 C. pr. exéc. prévoit qu'en cas de contestation, le délai pour fixer la nouvelle audience ne court qu'à compter du rejet de la contestation.

1373.104 Absence de recours. Selon l'article R. 322-68 C. pr. exéc., la décision du JEX statuant sur cette contestation n'est pas susceptible d'appel. La raison en est sans doute la volonté d'éviter un allongement excessif de la procédure. De fait, la décision ne présentera pas un trop grand niveau de difficulté s'agissant seulement de vérifier le bien fondé de la délivrance du certificat. Toutefois, si le jugement ne s'est pas borné à statuer, en dernier ressort, sur la contestation du certificat de non-paiement des frais et du prix mais a également condamné l'adjudicataire défaillant au paiement d'une indemnité d'occupation, il sera susceptible d'appel de ce seul chef [2].

1373.105 Effet. Soit, l'adjudicataire paie et l'issue de la vente aux enchères aura seulement été retardée, soit il ne paie pas et l'immeuble est remis en vente par la voie d'une nouvelle adjudication (C. pr. exéc., art. R. 322-69).

C.
Remise en vente

1373.110 Une nouvelle adjudication. C'est une nouvelle adjudication qui se déroulera selon les clauses du cahier des conditions de la vente, à la suite de nouvelles publicités.

1°
Fixation

1373.111 Requête en fixation de l'audience. Désormais, la partie qui poursuit la réitération saisira le juge d'une requête en fixation de la date de la nouvelle audience. Le saisissant portera à la connaissance du juge la date à laquelle il a signifié le certificat à l'adjudicataire.

1373.112 Délai. Avant la réforme, le poursuivant en choisissait la date librement, sans que le Code de procédure civile ne fixe de délai. La folle enchère devait toutefois, intervenir pendant le cours de la validité du commandement, laquelle devait le cas échéant, être prorogée. Désormais, le juge doit fixer l'audience de réitération à une date comprise dans un délai de deux à quatre mois suivant la date de signification du certificat du greffe à l'acquéreur.

1373.113 Remise pour force majeure. Comme en matière de surenchère, on ne trouve pas de disposition explicite dans le sens d'une remise pour force majeure aux articles consacrés à la réitération des enchères.

Toutefois, à la suite de la codification, « *la vente par adjudication* » se trouve réglementée à la section IV du chapitre II du titre II du livre III du Code des procédures civiles d'exécution, chapitre consacré à « *la vente de l'immeuble saisi* » et qui se sous-divise en huit sous-sections. La section IV débute par une sous-section 1, intitulée « *dispositions générales* », comportant quatre articles (R. 322-26 à R. 322-29), dont on peut raisonnablement penser qu'ils sont applicables, non seulement à l'audience initiale (et à l'audience de surenchère, v. s^s n° 1372.165) mais aussi à l'audience de réitération, réglementée à la sous-section 8. Ainsi, les dispositions de l'article

1. Civ. 2e, 16 déc. 2010, n° 09-71.327, *Bull. civ.* II, n° 214; *D.* 2011. Actu. 172; *D.* 2011. Pan. 1509, obs. Leborgne, *RTD civ.* 2011. 176, obs. Perrot, *RD banc. fin.* 2011, n° 62, obs. Piedelièvre.

2. Civ. 2e, 30 janv. 2014, n° 12-29.687, NP.

R. 322-28 qui permettent le report de la vente forcée en cas de force majeure et à la demande de la commission de surendettement devraient pouvoir être invoquées lors de l'audience de surenchère.

Sous l'empire du décret-loi de 1938, l'article 737 ACPC permettait d'ailleurs que l'adjudication soit remise pour causes graves dûment justifiées et exprimées dans le jugement statuant sur la demande de remise, conformément à l'article 703 ACPC.

1373.114 **Notification par le greffe.** L'article R. 322-69 C. pr. exéc. prévoit que le débiteur saisi, le créancier poursuivant, les créanciers inscrits et l'adjudicataire défaillant seront avisés par le greffe de la date de l'audience par LRAR. La notification obéit aux dispositions de l'article R. 121-15 C. pr. exéc. qui concerne la notification des décisions du JEX. En cas de non-respect de ces dispositions, la nullité des opérations de réitération des enchères pourrait-elle être encourue ? La question pouvait se poser car l'article R. 322-71 C. pr. exéc. dispose que les enchères sont réitérées dans les conditions des articles R. 322-39 à R. 322-49 C. pr. exéc. et que l'article R. 322-48 C. pr. exéc. prévoit que les dispositions de cette section sont prescrites à peine de nullité des enchères. La deuxième chambre civile a toutefois jugé que la sanction prévue par l'article 81 (devenu C. pr. exéc., art. R. 322-48) ne s'appliquait pas à la notification par le greffe de la date de la nouvelle audience sur réitération des enchères, cette notification obéissant aux dispositions de l'article 22 du décret du 31 juillet 1992[1] (devenu C. pr. exéc., art. R. 121-15).

2°
Conditions

1373.121 **Mêmes conditions.** Selon l'article R. 322-66 C. pr. exéc., le bien est remis en vente aux conditions de la première vente forcée. Elle doit toutefois pouvoir être suspendue ou contestée sous les mêmes réserves (v. s[s] n°s 1368.160 s.).

1373.122 **Clauses et conditions du cahier des conditions de vente.** La revente sera donc poursuivie selon le cahier des conditions de vente utilisé pour l'adjudication.

Comme par le passé, l'exigence que la nouvelle adjudication soit faite sur l'ancien cahier des conditions de vente, ne devrait pas priver le poursuivant d'ajouter des clauses si elles ont été rendues nécessaires par le cours de la procédure et l'inexécution des obligations du premier adjudicataire[2]. On l'avait admis notamment pour l'insertion d'une clause imposant aux enchérisseurs éventuels une consignation préalable conséquente, pour éviter le risque d'une nouvelle folle enchère. Ces clauses complémentaires devraient être formalisées par voie de demandes incidentes, conformément à l'article R. 311-6 C. pr. exéc.

1373.123 **• Mise à prix.** Selon la rédaction de l'article 735 ACPC, antérieure à l'entrée en vigueur du décret n° 2000-77 du 11 janvier 2002[3], la mise à prix de la revente sur folle enchère était fixée par le poursuivant. Le nouvel article 735 était silencieux sur ce point mais les dispositions du décret du 11 janvier 2002 étant applicables à la revente sur folle enchère (Décr. 11 janv. 2002, art. 6), on en avait logiquement déduit que le poursuivant qui rédigeait l'avis, lequel devait contenir la mise à prix, était libre de la fixer. En pratique, elle était généralement celle de la première adjudication. L'article R. 322-66 C. pr. exéc. renvoyant aux « *conditions de la première vente forcée* », il faut donc entendre, selon la mise à prix initiale.

1373.124 **• Titulaires de droits de préemption.** Ni le Code rural et de la pêche maritime ni le Code de l'urbanisme n'envisagent expressément l'incidence d'une procédure de réitération des enchères. Faut-il en déduire que puisque les titulaires du droit de préemption n'ont pas exercé leur droit lors de l'audience d'adjudication initiale, voire lors de l'audience de surenchère, il n'y a pas lieu de les aviser de la remise en vente sur réitération ou que le législateur a seulement oublié de viser cette hypothèse ? En l'absence, à notre connaissance, de jurisprudence publiée, la question demeure posée.

Il faut en revanche noter que la loi n° 75-1351 du 31 décembre 1975[4] prévoit, dans l'hypothèse d'une première division par lots, la convocation du locataire. Celui-ci n'est pas à proprement parler titulaire d'un droit de préemption (v. s[s] n°s 1323.401 s.) mais sa convocation à l'audience de vente est obligatoire afin de lui permettre, de monter les enchères s'il le souhaite. L'article 7.V du décret n° 77-742 du 30 juin 1977[5], modifié par l'article 150 du décret du 27 juillet 2006, prévoit que la convocation pour l'audience de réitération est adressée dans les formes du paragraphe I de l'article 7 du décret du 30 juin 1977, c'est-à-dire par LRAR, un mois au

1. Civ. 2e, 31 mars 2011, n° 10-14.146, *Bull. civ.* II, n° 81; *D.* 2011. Actu. 1090; *D.* 2012. Pan. 1518, obs. Leborgne; *Procédures* 2011, n° 265, obs. Perrot; *ibid.* 2013. Chron. 1, n° 24, obs. Leborgne.
2. Civ. 3e, 30 janv. 1970, n° 67-13.707, *Bull. civ.* III, n° 84.
3. Décr. n° 2002-77, 11 janv. 2002, pris pour l'application de l'article 697 du Code de procédure civile (ancien) et réformant les modalités de la publicité en matière de saisie immobilière, *JO* 18 févr., p. 1089.
4. L. n° 75-1351, 31 déc. 1975, modification de la loi du 1er septembre 1948, *JO* 4 janv., p. 191.
5. Décr. n° 77-742, 30 juin 1977, modification de la loi du 1er septembre 1948, *JO* 9 juill., p. 3620.

moins avant la date de l'audience. Après adjudication, sont mises en œuvre les dispositions des paragraphes II et IV qui lui permettront, s'il n'a pas été convoqué de se substituer à l'adjudicataire sur folle enchère.

1373.125 Publicité. En vertu de l'article R. 322-35 C. pr. exéc., en cas de réitération la nouvelle vente est précédée de la publicité de droit commun. Selon l'article R. 322-70 C. pr. exéc., les formalités de publicité doivent être réitérées dans les formes et conditions prévues par les articles R. 322-31 à R. 322-36 C. pr. exéc. En outre, elles comporteront le montant de l'adjudication initiale. On ne sait pas très bien à quoi sert cette indication. Avant la réforme de la publicité opérée par le décret de janvier 2002, l'indication du montant de l'adjudication initiale ainsi que les nom et demeure du fol enchérisseur figuraient dans les publicités. Ces informations avaient ensuite été supprimées. Si on ne retrouve pas de référence à l'identité de l'adjudicataire défaillant, est réapparue l'indication du montant de l'enchère initiale...

1373.126 Enchères. Selon l'article R. 322-71 C. pr. exéc., le jour de l'adjudication, les enchères sont réitérées dans les conditions prévues par les articles R. 322-39 à R. 3221-49 C. pr. exéc. La sanction prévue par l'article R. 322-48 C. pr. exéc. ne s'applique pas à la notification par le greffe de la date de la nouvelle audience sur réitération des enchères, cette notification obéissant aux dispositions de l'article R. 121-15 C. pr. exéc.[1].

La question se pose de la sanction d'une carence d'enchères. *A priori*, les dispositions de l'article L. 322-6 alinéa 1er C. pr. exéc., qui prévoit qu'à défaut d'enchères le poursuivant est déclaré adjudicataire d'office sur la mise à prix, trouvent à s'appliquer à l'audience de réitération.

1373.127 Avis après adjudication. L'article R. 322-34 C. pr. exéc. n'exclut pas que l'adjudication sur réitération donne lieu aux formalités de cet article, c'est-à-dire à avis rédigé par le greffe et apposé au tribunal (v. s^s^ n°s 1367.71 s.). Avant la réforme, cette publicité était exclue sans qu'on en comprenne la raison. Or, l'hypothèse d'une surenchère sur folle enchère n'est pas exclue par le décret. Il nous semble que la rédaction de l'avis s'imposera.

1373.128 Faculté de surenchère ? Avant la réforme, l'article 741-b ACPC, prévoyait que la surenchère du dixième prévue par l'article 708 était admise après adjudication sur folle enchère sauf si la folle enchère n'avait elle-même été précédée d'une surenchère, ce que l'on résumait par la formule « *surenchère sur surenchère ne vaut* ». On ne trouvait rien de semblable dans le décret du 27 juillet 2006 (désormais codifié au C. pr. exéc.). L'absence d'interdiction semblait permettre d'admettre la faculté de surenchère sur réitération, malgré le risque d'allongement de l'issue de la procédure de saisie immobilière. Avec la codification toutefois, la question se repose car la réglementation de la surenchère débute à l'article R. 322-50 C. pr. exéc.; or, l'article R. 322-71 dispose que « *le jour de l'audience les enchères sont réitérées dans les conditions des articles R. 322-39 à R. 322-49* ». Ce qui semble exclure explicitement la faculté de surenchère.

3°
Obstacles à la revente sur réitération des enchères

1373.131 Suspension des poursuites. (V. s^s^ n°s 1365.61 et 1368.251).

1373.132 Faillite de l'adjudicataire. Il a été jugé, sous l'empire du décret-loi de 1938 que, puisque l'adjudicataire est devenu propriétaire du seul fait de l'adjudication et que la procédure de folle enchère tend à la résolution de l'adjudication, si l'adjudicataire est mis en redressement judiciaire avant d'avoir payé le prix, les dispositions (de l'article 47 de la loi du 25 janvier 1985) qui ordonnent la suspension des poursuites individuelles, interdisent la revente du bien sur folle enchère[2].

La même solution devrait s'appliquer.

1373.133 Nullités. La nullité des actes accomplis au cours de la procédure de réitération devrait pouvoir être soulevée à l'audience, conformément à l'article R. 311-5 C. pr. exéc.

SECTION 3
EFFETS

1373.141 Principe. L'adjudication sur réitération emporte transfert de propriété entre le saisi et l'adjudicataire. Les obligations légales de tout adjudicataire pèsent sur le nouvel adjudicataire, ainsi le paiement des frais et la consignation du prix. L'adjudicataire défaillant est tenu à titre de sanction au paiement de certaines sommes. Enfin, lors-

1. ANC^T^ Décr. 31 juill. 1992, art. 22 – Civ. 2e, 31 mars 2011, n° 10-14.146, *Bull. civ.* II, n° 81; *D.* 2011. Actu. 1090; *D.* 2012. Pan. 1518, obs. Leborgne; *Procédures* 2011, n° 265, obs. Perrot; *ibid.* 2013. Chron. 1, n° 24, obs. Leborgne.

2. Civ. 2e, 19 mai 1998, n° 96-10.198, *Bull. civ.* II, n° 154; *FDI* 1999. 140, obs. Théry.

que le titre avait été publié, une régularisation doit être effectuée à la Conservation des hypothèques.

§ 1
Entre les parties en présence

A.
Transfert de propriété

1373.151 • **Résolution de l'adjudication.** À la différence de la surenchère (v. s[s] n° 1372.92), où la déclaration de surenchère redonnait au saisi la propriété du bien jusqu'à l'adjudication sur surenchère, la réquisition du certificat est sans effet sur les droits que l'adjudicataire tient du jugement d'adjudication. Celui qui a été déclaré adjudicataire est, dans ses rapports avec le saisi, et éventuellement avec les tiers s'il a publié son titre, devenu propriétaire et le reste tant que ce droit n'est pas remis en cause par un jugement postérieur. Seul le jugement d'adjudication sur réitération anéantira son droit. La jurisprudence antérieure à la réforme décidait que la vente sur folle enchère produisait les effets d'une résolution quant à la précédente adjudication[1]; le premier adjudicataire était censé n'avoir jamais été propriétaire; tout se passait comme si la propriété était directement transférée dû saisi à l'adjudicataire sur folle enchère, qu'il y ait eu ou non entre-temps surenchère.

Désormais, c'est l'article L. 322-12 C. pr. exéc. qui dispose que le défaut d'exécution des obligations de l'article L. 322-C. pr. exéc. produit de plein droit résolution.

1373.152 • **Moment du transfert de propriété.** Le saisi, qui avait cru perdre la propriété lors de la première adjudication, se retrouve par l'effet de la résolution, rétroactivement réinvesti dans ses droits jusqu'au jour de l'adjudication. En pratique, le saisi est tenu des obligations d'un vendeur vis-à-vis du premier adjudicataire (v. s[s] n° 1371.220); il a dû quitter les lieux et délivrer le bien. Le jugement d'adjudication sur réitération lui rend ses droits pour la période allant de l'adjudication initiale à l'adjudication sur réitération : il apprend qu'il était encore propriétaire au moment où il ne l'est plus...

L'opposabilité aux tiers, quant à elle, résultera toujours de la publication du jugement d'adjudication.

1. Req. 5 févr. 1856, *DP* 1856. 1. 344 – Com. 4 juin 1951, *JCP A* 1951. IV. 1748, obs. Madray; *Gaz. Pal.* 1951. 2. 145; *D.* 1951. 508 – Com. 19 juill. 1982, n° 81-13.625, *Bull. civ.* IV, n° 277; *JCP* 1982. IV. 347 – Civ. 2e, 30 avr. 2002, n° 00-18.560, *Bull. civ.* II, n° 81; *D.* 2002. IR 1598.

B.
Remise en état

1373.161 • **Pour l'adjudicataire initial.** L'adjudicataire défaillant s'est cru propriétaire. S'il avait publié le jugement, sans payer le prix, il est tout de même apparu aux yeux des tiers comme propriétaire. Toutefois désormais, et afin de sécuriser la vente, l'article L. 322-9 alinéa 2 C. pr. exéc. lui interdit, avant la consignation du prix, d'accomplir des actes de disposition sur le bien à l'exception de la constitution d'une hypothèque accessoire à un contrat de prêt destiné à financer l'acquisition de ce bien.

1373.162 • **Pour le saisi.** S'il a quitté les lieux à la suite de l'adjudication, il doit pouvoir prétendre que le défaut de paiement du prix d'adjudication est constitutif d'une faute de l'adjudicataire défaillant, qui lui a occasionné un préjudice dont il doit être indemnisé. Et cela d'autant plus que l'article L. 322-13 C. pr. exéc. permet à l'adjudicataire d'expulser le saisi avec le seul jugement d'adjudication dès lors qu'il aura payé les frais et consigné le prix.

L'adjudicataire pourrait dans ce cas avoir perçu les fruits. Il ne s'agit en effet pas d'un acte de disposition mais plutôt d'administration. Le saisi pourrait-il alors les revendiquer ? Sans doute pas si on considère que l'adjudicataire défaillant les a perçus en qualité de possesseur de bonne foi.

§ 2
Obligations nées de la vente sur réitération des enchères

1373.170 **Parties concernées.** Le saisi est logiquement tenu envers le nouveau propriétaire, et l'adjudicataire doit exécuter les obligations découlant de l'adjudication; l'originalité résulte des obligations légales qui pèsent sur l'adjudicataire défaillant.

A.
Saisi

1373.171 **Délivrance et garantie d'éviction.** L'adjudicataire final a droit à délivrance. Cela peut le conduire éventuellement à agir en expulsion contre l'occupant de l'immeuble. S'il s'agit du saisi resté dans les lieux, désormais en vertu de l'article L. 322-13 C. pr. exéc., le jugement d'adjudication constituera un titre contre ce saisi; mais si l'occupant est l'adjudicataire défaillant, l'article L. 322-13 C. pr. exéc., qui n'envisage que le saisi, ne permettra pas que le jugement d'adjudication fonde l'expulsion de cet occupant désormais sans droit ni titre. Et il faudra alors que l'adjudicataire final ait recours à une procédure d'expulsion devant le président du tribunal de grande instance en référé.

B.
Adjudicataire final

1373.181 Paiement du prix. L'adjudicataire est tenu du montant de la dernière enchère, éventuellement lancée après baisse de mise à prix. S'il ne paie pas, tout intéressé pourra encore revendre sur deuxième réitération. Le système est théoriquement sans fin et le système de garantie représentant 10 % du montant de la mise à prix n'exclut pas ce risque, même porté à 3 000 euros, conformément à l'article R. 322-41 C. pr. exéc.

1373.182 Frais. Comme tout adjudicataire, il doit payer les frais de la procédure sur réitération. C'est ce que prévoit désormais clairement l'article R. 322-72 alinéa 2 C. pr. exéc. – pour le sort des frais de l'adjudication initiale, v. s[s] n° 1373.192).

1373.183 Publication. Le titre ne sera délivré qu'après justification du paiement des frais et des droits de mutation. Il devra être publié dans le délai de validité du commandement, éventuellement prorogé. Sa publication emportera aux yeux des tiers, résolution du titre de l'adjudicataire défaillant si celui-ci avait été préalablement publié.

C.
Adjudicataire défaillant

1373.191 Paiement du complément de prix. L'article L. 322-12 alinéa 2 C. pr. exéc. dispose que l'adjudicataire défaillant de la vente initiale est tenu au paiement de la différence entre son enchère et le prix de la revente, si celui-ci est moindre. La vente à la folle enchère de l'adjudicataire emportait déjà cette conséquence[1].

La jurisprudence estimait que cette différence était due à titre de complément de prix et non d'indemnisation reposant sur la responsabilité civile; il ne s'agirait pas d'une sanction[2].

La somme s'ajoutera donc à celles produites par l'adjudication. Avant la réforme, la jurisprudence jugeait que cette somme devait être distribuée par voie d'ordre entre les créanciers inscrits et non au marc-le-franc entre tous les créanciers du saisi[3].

Si le montant de l'adjudication sur réitération des enchères est supérieur à celui de l'adjudicataire défaillant, il sera libéré et seulement tenu des frais. Mais, il a été jugé avant la réforme qu'il ne sera d'ailleurs pas libéré, par cela seul, qu'il se sera présenté sur la revente un adjudicataire qui aura émis une enchère supérieure à la sienne, si cet adjudicataire ne tient pas ses engagements[4]. Ce qui libère, c'est le paiement de l'enchère.

1373.192 Frais. Il conservera à sa charge les frais taxés lors de la vente initiale (C. pr. exéc., art. R. 322-72, al. 2). L'adjudicataire défaillant est en effet responsable de la résolution de l'adjudication initiale dans ses rapports avec le saisi et le poursuivant. En pratique, cet adjudicataire sera débiteur de frais dont il n'aura pas fait l'avance. Il faudra donc que le poursuivant agisse en exécution forcée contre lui pour les récupérer, si, comme cela est à craindre, l'adjudicataire défaillant ne les règle pas volontairement. Et il ne sera même pas envisageable d'utiliser pour apurer cette dette, le chèque de garantie déposé avant les enchères car l'article R. 322-41 alinéa 4 C. pr. exéc. dispose que « *lorsque l'adjudicataire est défaillant, la somme versée ou la caution apportée est acquise aux créanciers participant à la distribution et, le cas échéant, au débiteur pour leur être distribuée avec le prix de l'immeuble !* »

1373.193 Intérêts. Passé un délai de deux mois suivant l'adjudication initiale, il devra aussi les intérêts au taux légal sur son enchère jusqu'à la nouvelle vente. Selon l'article L. 313-3 du Code monétaire et financier, en cas de condamnation pécuniaire par décision de justice, le taux de l'intérêt légal est majoré de cinq points à l'expiration d'un délai de deux mois à compter du jour où la décision de justice est devenue exécutoire, fût-ce par provision. L'ordonnance du 21 avril 2006 a complété cet article afin que cet effet soit attaché de plein droit au jugement d'adjudication sur saisie immobilière, quatre mois après son prononcé.

Toutefois, le JEX pourra toujours, à la demande du débiteur ou du créancier, et en considération de la situation du débiteur, exonérer celui-ci de cette majoration ou en réduire le montant[5].

1373.194 Garantie. L'article R. 322-41 alinéa 4 C. pr. exéc. prévoit que lorsque l'adjudicataire est défaillant, la somme versée ou la caution apportée

1. Civ. 2e, 12 juin 2003, n° 01-13.069, *Bull. civ.* II, n° 193; *Dr. et proc.* 2003. 228.
2. Req. 12 août 1862, *DP* 1863. 1. 25; *S.* 1862. 1. 1028 – Nîmes, 30 janv. 1861, *DP* 1861. 2. 239 – Paris, 17 juill. 1872, *D.* 1872. 2. 133.
3. Req. 12 août 1862, *DP* 1863. 1. 25 – Paris, 13 nov. 1985, *D.* 1986. 36, note Prévault.
4. Civ. 17 juill. 1947, *D.* 1947. 474.
5. L'art. L. 313-3, al. 2 du Code monétaire et financier permet au JEX d'exonérer ou de réduire le montant de la majoration du taux de l'intérêt légal à laquelle le débiteur est tenu en vertu du premier alinéa de cet article, sans distinguer selon que les intérêts sont dus pour la période antérieure ou postérieure à la décision de ce juge : Civ. 2e, 6 juin 2013, n° 12-20.129, *Bull. civ.* II, n° 112.

est acquise aux créanciers participants à la distribution, et le cas échéant, au débiteur pour leur être distribuée avec le prix de l'immeuble. L'avocat qui a attesté de la constitution de cette garantie aura donc réellement dû veiller à ce qu'elle soit fournie et conservée.

1373.195 **Responsabilité civile.** Outre la revente sur réitération, la responsabilité civile de l'adjudicataire défaillant peut-elle aussi être recherchée ? N'est-il pas en effet responsable de la résolution de l'adjudication initiale vis-à-vis du poursuivant, du saisi et des créanciers inscrits ? Le fait de porter une enchère sans être en état de faire face aux obligations qui en résultent pourrait constituer une faute, distincte, le créancier poursuivant se trouvant dans l'obligation d'avancer les frais d'une vente sur réitération [1], le saisi ayant été contraint de quitter les lieux prématurément, et les créanciers inscrits voyant le moment où ils seront payés, reporté. Si le principe d'une telle action semble envisageable, les applications sont rares (a été rejetée la demande d'un créancier inscrit se plaignant de la négligence de l'adjudicataire, en l'espèce le poursuivant sur défaut d'enchères, la Cour notant que si la revente sur folle enchère n'a eu lieu que trois ans après, le préjudice subi par le créancier inscrit résultait de sa propre inertie procédurale, à savoir son abstention à poursuivre l'adjudication sur folle enchère lui-même [2]).

1. Civ. 2e, 16 juill. 1992, no 90-16.098, NP.
2. Civ. 2e, 30 mai 2002, no 01-02.076, *Bull. civ.* II, no 109.

LIVRE

14. L'EXÉCUTION IMMOBILIÈRE EN LA FORME DES SAISIES

SECTION 0
ORIENTEUR

1400.00 **Plan du livre.**

1400.04 **Distinction traditionnelle : ventes volontaires/ventes nécessaires.** Traditionnellement, on opposait les ventes volontaires aux ventes nécessaires, c'est-à-dire aux ventes auxquelles le propriétaire était obligé de consentir par suite de nécessité juridique. Lorsqu'un créancier poursuivait la vente des biens de son débiteur par voie de saisie immobilière, la vente, nécessaire, prenait plus particulièrement le nom d'expropriation forcée ou vente forcée. Par ailleurs, la loi pouvait prescrire, dans le but de faire porter la chose à sa valeur réelle, que certaines ventes se réaliseraient par la voie d'adjudication aux enchères, dans l'intérêt du propriétaire ou des créanciers. C'est le cas des ventes sur saisie immobilière mais aussi de certaines ventes, volontaires, qui sont alors dénommées ventes faites d'autorité de justice.

L'intérêt de la distinction réside dans la différence de régime qui en résulte : toutes les ventes qui ne peuvent être faites que par autorité de justice ne donnent lieu ni à garanties des vices rédhibitoires, ni à rescision pour lésion; en revanche, seules les ventes sur adjudication purgent les inscriptions.

1400.05 **Vente des biens d'un débiteur en liquidation judiciaire et licitation-partage.** Un créancier qui veut agir en exécution sur les biens immeubles de son débiteur ne pourra pas toujours recourir à la procédure de saisie immobilière de droit commun.

Ainsi, lorsque le débiteur est en liquidation judiciaire la réalisation de l'actif est confiée à un organe de la procédure, le liquidateur, lequel a le choix entre vendre les biens aux enchères publiques ou devant notaire ou encore réaliser la vente de gré à gré. Dans l'hypothèse de la carence du liquidateur toutefois, certains créanciers retrouveront un pouvoir individuel de poursuite et pourront alors entreprendre, ou reprendre, une procédure conduisant à vendre un bien immeuble aux enchères. Mais même lorsque le créancier retrouvera son droit de poursuites individuelles, il n'engagera pas une saisie immobilière mais une procédure propre, même si le bien est vendu à la barre du tribunal de grande instance (TGI), en apparence comme à la suite de n'importe quelle saisie immobilière.

Quant au créancier d'un indivisaire, il ne saisira pas la quote-part indivise de son débiteur, mais mettra en œuvre une procédure spéciale, la licitation-partage, ce qui nécessitera tout d'abord d'obtenir l'autorisation du TGI de liciter, c'est-à-dire de faire vendre le bien indivis aux enchères, avant de procéder à la vente elle-même, selon des dispositions proches de celles de la saisie immobilière.

Les ventes sur licitation et les ventes réalisées dans le cadre d'une procédure de faillite ne sont donc pas, *stricto sensu*, des ventes sur saisies, mais seulement des ventes qui renvoient, pour partie, à la procédure applicable à la saisie immobilière et s'effectuent aux enchères publiques. D'où leur rattachement initial à la catégorie des ventes dites volontaires, faites sous autorité de justice.

1400.06 Distinction avec la « faillite civile ». Lorsqu'une procédure de rétablissement personnel avec liquidation judiciaire est ouverte au bénéfice d'un débiteur qui se trouve dans une situation irrémédiablement compromise du fait de ses dettes non professionnelles (C. consom., art. L. 330-1 s. – v. s^s n°s 1312.11 s.), l'article L. 332-8 du Code de la consommation, modifié par la loi n° 2007-290 du 5 mars 2007[1], dispose que le liquidateur « *dispose d'un délai de douze mois pour vendre les biens à l'amiable ou, à défaut, organiser une vente forcée dans les conditions relatives aux procédures civiles d'exécution* ». L'article L. 332-8 du Code de la consommation précise encore qu'« *en cas de vente forcée, lorsqu'une procédure de saisie immobilière engagée avant le jugement d'ouverture a été suspendue par l'effet de ce dernier, les actes effectués par le créancier saisissant sont réputés accomplis pour le compte du liquidateur qui procède à la vente des immeubles. La saisie immobilière peut reprendre son cours au stade où le jugement d'ouverture l'avait suspendue* ». Ainsi, seul le liquidateur réalise l'actif, et les créanciers personnels du débiteur ne retrouvent pas de droit de poursuite individuelle.

1400.07 Une terminologie aujourd'hui inadaptée ? La distinction des saisies immobilières avec les licitations et les ventes des biens d'un débiteur en liquidation selon le clivage ventes forcées/ventes volontaires ne se justifie peut-être plus aujourd'hui. En effet, s'agissant de la vente des biens d'un débiteur en liquidation judiciaire, la réalisation de l'actif s'impose lorsque le débiteur est dans l'impossibilité de redresser l'entreprise et de payer ses dettes; de même, lorsqu'une licitation-partage est entreprise à l'initiative d'un créancier, c'est bien encore parce que l'indivisaire débiteur n'a pas honoré ses dettes. Dans les deux cas, le caractère volontaire de la réalisation des biens est artificiel : le créancier met en œuvre des procédures spéciales pour être désintéressé et il est donc question d'exécution forcée. En outre, le législateur de 1985 a tiré les conséquences du caractère d'exécution forcée de la vente en décidant que les adjudications des biens immeubles purgeaient les hypothèques.

La loi n° 2005-845 du 26 juillet 2005 n'a pas modifié la règle[2].

Toutefois, les ventes sur licitation à la requête d'un créancier ou d'un coïndivisaire conservent une spécificité car elles ne purgent pas les inscriptions.

1400.08 Des ventes en la forme des saisies. Il est sans doute plus exact aujourd'hui, pour continuer à distinguer les ventes de biens d'un débiteur en liquidation et les ventes sur licitation des saisies immobilières, de parler d'exécution immobilière en la forme des saisies. Ce mode de réalisation d'un bien immobilier va emprunter aux dispositions de procédure de la saisie immobilière et s'en détacher dans le même temps. Les solutions traditionnelles de jurisprudence pourront, éventuellement, être remises en cause selon que le caractère forcé sera reconnu par les tribunaux ou que le législateur fera explicitement référence au caractère nécessaire de la vente.

1400.09 Un renvoi partiel au droit commun de la saisie immobilière. Ventes forcées ou volontaires, les ventes de biens indivis à la requête d'un créancier, comme les ventes de biens d'un débiteur en liquidation judiciaire, entreprises par un créancier selon les formes prescrites en matière de saisie immobilière sont donc pour partie seulement soumises au droit commun de la saisie immobilière. Un renvoi sera ainsi opéré aux développements tenus dans le livre 13 (v. s^s n°s 1300.00 s.) à chaque fois que cela sera possible, afin de mettre en évidence les spécificités de ces procédures d'exécution.

1. L. n° 2007-290, 5 mars 2007, instituant le droit au logement opposable et portant diverses mesures en faveur de la cohésion sociale, *JO* 6 mars, p. 4190.

2. L. n° 2005-845, 26 juill. 2005, de sauvegarde des entreprises, *JO* 27 juill., p. 12187.

TITRE

141. Les ventes d'immeubles d'un débiteur en liquidation judiciaire

SECTION 0
ORIENTEUR

1410.00 Plan du titre.

1410.01 Textes applicables. La réalisation des actifs d'un débiteur en liquidation judiciaire est régie par la loi d'ouverture de la procédure collective, or, depuis quelques années, le droit des procédures collectives a fait l'objet d'interventions législatives successives, ce qui le rend extrêmement difficile à lire[1]. Selon la date à laquelle une procédure a été ouverte, le régime de réalisation de l'actif, et notamment de l'actif immobilier, différera donc[2]. On pouvait penser que la **loi dite de sauvegarde des entreprises du 26 juillet 2005** traduisait une réflexion achevée du législateur[3]; or, elle a été modifiée par **l'ordonnance n° 2008-1345 du 18 décembre 2008**[4]. Quant à la réalisation des actifs immobiliers, elle avait, en 2006 lors de la réforme de la procédure de saisie immobilière, été soumise au régime nouveau, réglementé au

1. Pour approfondir le droit des procédures collectives, v. P.-M. Le Corre, Dalloz action *Droit et pratique des procédures collectives*, 2015/2016, et spéc. nos 562.21 à 562.29 [vente sur saisie immobilière].
2. Pour ne pas alourdir ces développements, les dispositions légales et réglementaires concernant la réalisation des actifs immobiliers sous l'empire de la loi n° 67-563 du 13 juill. 1967 ne sont pas reproduites. Il demeure pourtant des ventes soumises à ce régime, voire à un régime plus ancien encore, v. Ch. Laporte, « Les ventes sur liquidation judiciaire à l'épreuve du temps », *Procédures* juin 2010. Étude 4, et spéc. le tableau récapitulatif, p. 9.
3. L. n° 2005-845, 26 juill. 2005, de sauvegarde des entreprises, *JO* 27 juill., p. 12187.
4. Ord. n° 2008-1345, 18 déc. 2008, portant réforme du droit des entreprises en difficulté, *JO* 19 déc., p. 19462.

titre 1er du **décret du 27 juillet 2006**[1]. Mais cette procédure de droit commun était largement inadaptée à la situation d'un débiteur en procédure collective. Le régime de la vente des immeubles a donc été repensé par le **décret n° 2009-160 du 12 février 2009**[2]. La codification des procédures civiles d'exécution, opérée par **l'ordonnance n° 2011-1895 du 19 décembre 2011**[3] **et le décret n° 2012-783 du 30 mai 2012**[4], et entrée en vigueur le 1er juin 2012, a entraîné l'abrogation du décret du 27 juillet 2006 modifié en février 2009. Certaines dispositions du Code de commerce ont à cette occasion été modifiées afin d'harmoniser les renvois de textes. Ce travail d'harmonisation a manifestement été réalisé dans l'urgence car il s'avère incomplet, certains articles du Code de commerce continuant à faire renvoi à des articles du décret de 2006 aujourd'hui abrogés. On signalera au fur et à mesure ces modifications ainsi que ces lacunes.

1410.02 Procédures collectives soumises à la loi n° 85-98 du 25 janvier 1985[5]**.** La loi du 25 janvier 1985 réglemente la réalisation de l'actif du débiteur en liquidation pour les procédures ouvertes avant le 1er janvier 2006, date d'entrée en vigueur de la loi n° 2005-845 du 26 juillet 2005, de sauvegarde des entreprises[6]. Les ventes ont lieu suivant les formes prescrites en matière de saisie immobilière, à moins que le juge-commissaire n'estime préférable d'autoriser la vente par adjudication amiable ou de gré à gré, ce qui retire tout pouvoir d'initiative au créancier. En 1994 (L. n° 94-475, 10 juin 1994[7] – et Décr. n° 94-910, 21 oct. 1994, modifiant Décr. 27 déc. 1985[8]), le législateur a modifié les règles de réalisation de l'actif en admettant qu'une procédure, engagée avant l'ouverture du redressement ou de la liquidation, et qui avait été suspendue de ce fait, puisse être reprise là où elle avait été interrompue. L'exécution entreprise ou reprise par un créancier s'effectue donc selon les règles de la procédure collective, en collaboration avec les organes de cette procédure, mais en la forme des saisies immobilières, selon les dispositions du décret-loi de 1938.

Avec le « nouveau » Code de commerce, issu de l'ordonnance n° 2000-912 du 18 septembre 2000[9], les articles de la loi du 25 janvier 1985 ont été codifiés au livre VI (C. com., anc. art. L. 622-16 s.) ; les décrets d'application des textes « anciens » sont demeurés inchangés dans leur présentation et numérotation. Lorsqu'ils seront applicables, on citera donc les articles nouveaux du Code suivis des anciens articles de la loi du 25 janvier 1985, par commodité de réflexe, et les articles 125 à 138 du décret n° 85-1388 du 27 décembre 1985[10], comme par le passé.

1410.03 Procédures collectives ouvertes à compter du 1er janvier 2006, et ventes intervenant avant le 1er janvier 2007. À la suite de l'entrée en vigueur de la loi du 26 juillet 2005 de sauvegarde des entreprises, la plupart des articles du livre VI du Code de commerce ont été modifiés, remplacés ou abrogés. Le livre VI a connu une nouvelle numérotation, abrogeant celle issue de l'ordonnance de 2000. C'est aux articles L. 642-18 et L. 642-19 du Code de commerce qu'ont été posées les règles concernant la vente des immeubles par le liquidateur. Le décret n° 2005-1677 du 28 décembre 2005 pris pour l'application de la loi de sauvegarde des entreprises[11] avait organisé les conditions de la vente judiciaire aux articles 268 à 275, se référant aux formes prescrites en matière de saisie immobilière par le décret-loi de 1938. Ces dispositions sont demeurées applicables aux ventes d'immeubles et aux procédures subséquentes de distribution de prix ordonnées avant le 1er janvier 2007, date d'entrée en vigueur de la réforme de la procédure de saisie immobilière.

1410.04 Ventes ordonnées à compter du 1er janvier 2007 : incidence de la réforme de la saisie immobilière. Pour tenir compte de la réforme de la procédure de saisie immobilière, entrée en vigueur le 1er janvier 2007, les dispositions du décret du 28 décembre 2005 relatives à la vente des immeu-

1. Décr. n° 2006-936, 27 juill. 2006, relatif aux procédures de saisie immobilière et de distribution du prix d'un immeuble, *JO* 29 juill., p. 11316.
2. Décr. n° 2009-160, 12 févr. 2009, pris pour l'application de l'ordonnance n° 2008-1345 du 18 décembre 2008 portant réforme du droit des entreprises en difficulté et modifiant les procédures de saisie immobilière et de distribution du prix d'un immeuble, *JO* 13 févr., p. 2596 – C. Laporte, « Du nouveau en matière de ventes d'immeubles sur liquidation judiciaire », *Procédures* 2009. Focus 2, n° 5 – J.-M. Hocquard et D. Talon, « La chandeleur du procédurier… », *Gaz. Pal.* 1er et 2 avr. 2009, p. 9.
3. Ord. n° 2011-1895, 19 déc. 2011, relative à la partie législative du Code des procédures civiles d'exécution, *JO* 20 déc., p. 21464.
4. Décr. n° 2012-783, 30 mai 2012, relatif à la partie réglementaire du Code des procédures civiles d'exécution, *JO* 31 mai, p. 9375.
5. L. n° 85-98, 25 janv. 1985, relative au redressement et à la liquidation judiciaire des entreprises, *JO* 26 janv., p. 1097.
6. L. n° 2005-845, 26 juill. 2005, de sauvegarde des entreprises, *JO* 27 juill., p. 12187.
7. L. n° 94-475, 10 juin 1994, relative à la prévention et au traitement des difficultés des entreprises, *JO* 11 juin, p. 8440.
8. Décr. n° 94-910, 21 oct. 1994, pris pour l'application de la loi n° 94-475 du 10 juin 1994 relative à la prévention et au traitement des difficultés des entreprises, *JO* 22 oct., p. 15018.
9. Ord. n° 2000-912, 18 sept. 2000, relative à la partie législative du Code de commerce, *JO* 21 sept., p. 14783.
10. Décr. n° 85-1388, 27 déc. 1985, relatif au redressement et à la liquidation judiciaire des entreprises, *JO* 29 déc., p. 15281.
11. Décr. n° 2005-1677, 28 déc. 2005, pris en application de la loi n° 2005-845 du 26 juillet 2005 de sauvegarde des entreprises, *JO* 29 déc., p. 20324.

bles en la forme des saisies avaient été modifiées. C'était l'objet des articles 154 à 165 du décret du 27 juillet 2006[1] qui avait réécrit pour partie les articles 268 à 275 du décret du 28 décembre 2005. La procédure de saisie immobilière, telle qu'organisée par le décret du 27 juillet 2006 était applicable aux procédures collectives ouvertes à compter du 1er janvier 2007. À la suite de la codification de la partie réglementaire du Code de commerce, réalisée par le décret n° 2007-431 du 25 mars 2007[2], les dispositions réglementant la cession des actifs du débiteur se retrouvaient aux articles R. 642-22 à R. 642-41 du Code de commerce.

1410.05 Procédures ouvertes à compter du 15 février 2009. L'ordonnance n° 2008-1345 du 18 décembre 2008, portant réforme du droit des procédures collectives, a modifié la rédaction de l'article L. 642-18 du Code de commerce, afin de disposer désormais que « *les ventes d'immeubles ont lieu conformément aux articles 2204 à 2212 du Code civil* (devenus C. pr. exéc., art. L. 322-5 à L. 322-12), *à l'exception des articles 2206 et 2211 civil* (devenus C. pr. exéc., art. L. 322-6 et L. 322-9), *sous réserve que ces dispositions ne soient pas contraires à celles du présent code* ». C'est ainsi que le renvoi général aux formes prescrites en matière de saisie immobilière disparaît au profit d'un renvoi spécial, limité aux articles du Code civil relatifs à l'adjudication, à l'exclusion de l'ancien article 2206 (devenu C. pr. exéc., art. L. 322-6) qui concerne la fixation de la mise à prix par le créancier poursuivant et la faculté du débiteur de saisir le juge en cas d'insuffisance manifeste, et de l'ancien article 2211 (devenu C. pr. exéc., art. L. 322-9) qui réglemente, en droit commun de la saisie immobilière, la consignation et ses effets. Le décret n° 2009-160 du 12 février 2009, pris pour l'application de l'ordonnance n° 2008-1345 du 18 décembre 2008 portant réforme du droit des entreprises en difficulté, a réécrit la procédure à suivre pour réaliser la vente des immeubles d'un débiteur en liquidation judiciaire aux articles R. 642-27 à R. 642-29-2 du Code de commerce.

1410.06 Incidence de la codification des procédures civiles d'exécution. L'article L. 642-18 du Code commerce, qui soumettait les ventes d'immeubles aux articles 2204 à 2212 du Code civil, aurait dû être modifié par l'ordonnance du 19 décembre 2011 afin de renvoyer aux dispositions correspondantes du livre III du Code des procédures civiles d'exécution (C. pr. exéc., art. L. 322-5 à L. 322-12) à compter du 1er juin 2012. Il n'en a rien été. L'ordonnance n° 2014-326 du 12 mars 2014[3], qui a réformé le droit des entreprises en difficulté au 1er juillet 2014, aurait pu être l'occasion de mettre les textes en harmonie. Tel n'est pas non plus été le cas et l'actuel article L. 642-18 du Code commerce vise donc toujours des articles du Code civil abrogés. En revanche, le décret n° 2012-783 du 30 mai 2012 a modifié l'article R. 642-27 du Code de commerce qui soumettait la vente par voie d'adjudication judiciaire aux dispositions du titre Ier du décret n° 2006-936 du 27 juillet 2006 relatif à la procédure de saisie immobilière afin de faire renvoi aux dispositions des titres Ier et II du livre III du Code des procédures civiles d'exécution.

1410.07 Récapitulatif. Plusieurs régimes applicables à la vente des immeubles du débiteur en liquidation judiciaire coexistent donc, compte tenu de la date à laquelle la procédure collective a été ouverte ou de la date à laquelle la vente a été ordonnée (sans compter, et il en reste, les procédures ouvertes sous l'empire de la loi de 1967 et non encore achevées à ce jour – V. ss n° 1410.01).

En pratique, pour les ventes d'immeubles d'un débiteur en liquidation, ordonnées avant le 1er janvier 2007, la procédure applicable sera celle du décret-loi du 17 juin 1938 (et donc la procédure sera menée devant le juge des criées et non devant le juge de l'exécution[4]).

Pour les ventes ordonnées à compter du 1er janvier 2007, la procédure suit les dispositions du titre I du décret du 27 juillet 2006.

Depuis le 15 février 2009, des dispositions particulières à la vente par voie d'adjudication judiciaire sont prévues aux articles R. 642-27 à R. 642-29-2 du Code de commerce, qui font pour partie renvoi au titre Ier du décret n° 2006-936 du 27 juillet 2006, dans la mesure où il n'y est pas dérogé.

Depuis le 1er juin 2012, date d'entrée en application du Code des procédures civiles d'exécution, le renvoi s'opère en faveur des titres Ier et II du Livre III du Code des procédures civiles d'exécution, dans la mesure où il n'y est pas dérogé.

On distinguera donc, dans les chapitres ci-après, les ventes immobilières sur adjudication judiciaire, ancien régime (Décr.-L. 17 juin 1938) et nouveau régime (Ord. n° 2006-461, 21 avr. 2006[5] et Décr. 27 juill. 2006, avant et après les modifications apportées par le Décr. 12 févr. 2009, en signalant

1. Décr. n° 2006-936, 27 juill. 2006, relatif aux procédures de saisie immobilière et de distribution du prix d'un immeuble, *JO* 29 juill., p. 11316.
2. Décr. n° 2007-431, 25 mars 2007, relatif à la partie réglementaire du Code de commerce, *JO* 27 mars, p. 5648.
3. Ord. n° 2014-326, 12 mars 2014, portant réforme de la prévention des difficultés des entreprises et des procédures collectives, *JO* 14 mars, p. 5249.
4. Civ. 2e, 9 sept. 2009, n° 08-20.245, NP.
5. Ord. n° 2006-461, 21 avr. 2006, réformant la saisie immobilière, *JO* 22 avr., p. 6072.

les modifications consécutives à la codification des procédures civiles d'exécution).

D'une manière générale cependant, quel que soit le régime applicable à la procédure de saisie immobilière en cours, lorsqu'un jugement de liquidation judiciaire suspend le cours d'une procédure engagée antérieurement, cette procédure peut être reprise par le liquidateur ou par le créancier poursuivant, sur autorisation du juge-commissaire, dans l'état où elle se trouvait au jour du jugement d'ouverture de la procédure collective, de sorte que les actes et formalités antérieurement effectués bénéficient au liquidateur judiciaire comme au créancier poursuivant dispensés de les accomplir, la vente forcée du bien étant, alors, ordonnée par le juge-commissaire qui en fixe la mise à prix et les conditions essentielles[1].

1410.08 Droit résiduel d'agir pour certains créanciers. Quelle que soit la loi applicable, le principe est cependant le même, l'ouverture d'une procédure collective est une cause de suspension obligatoire des voies d'exécution; celles qui auraient été entamées sont interrompues. La sauvegarde de l'entreprise aujourd'hui, comme le redressement judiciaire du débiteur sont à ce prix. Mais lorsque la liquidation ne peut plus être évitée, le créancier ne retrouve pas la liberté d'agir individuellement en exécution. En principe, cette exécution est réalisée par un organe de la procédure collective, le liquidateur. Ni représentant du saisi, ni représentant des créanciers, il doit agir dans les intérêts des deux parties en présence[2].

Lorsque le débiteur est propriétaire d'immeubles ou titulaire de droits indivis sur un immeuble, le liquidateur pourra entreprendre l'exécution selon une procédure qui peut conduire à vendre le bien à la barre, selon les règles de la saisie immobilière.

Ce n'est que si le liquidateur est inactif que les créanciers, titulaires de sûretés pourront agir à sa place. Ce droit de poursuite individuelle n'appartient donc qu'à certains créanciers et dans l'hypothèse particulière de la carence d'action du liquidateur.

1. Civ. 2e, 7 juin 2012, no 11-18.426, *Bull. civ.* II, no 104.

2. Le liquidateur ne peut donc pas agir uniquement au nom de certains créanciers : EN CE SENS, Com. 13 mars 2012, no 11-15.438, *Bull. civ.* IV, no 53, dans une espèce où le liquidateur avait tenté de s'opposer à une déclaration d'inaliénabilité de sa résidence principale effectuée par le débiteur avant sa mise en liquidation judiciaire.

CHAPITRE

1411. Domaine de l'exécution immobilière (ancien et nouveau régimes)

Anne LEBORGNE
Professeur à l'Université d'Aix-Marseille

SECTION 0 ORIENTEUR

1411.00 Plan du chapitre.

Division. Il faut distinguer les hypothèses dans lesquelles les créanciers pourront agir (sect. 1) et préciser les immeubles qui pourront faire l'objet d'une mesure d'exécution (sect. 2). On distinguera les dispositions applicables avant la réforme des procédures collectives opérée par la loi du 26 juillet 2005, de celles entrées en vigueur en janvier 2006.

1411.05 Suspension des voies d'exécution. Les créanciers d'un débiteur en procédure collective ont des pouvoirs limités. En vertu de l'article L. 622-21 du Code de commerce[1], dans sa rédaction modifiée par l'ordonnance n° 2008-1345 du 18 décembre 2008[2], le jugement d'ouverture arrête ou interdit toute procédure d'exécution de la part des créanciers dont la créance n'est pas mentionnée au I de l'article L. 622-17, tant sur les meubles que sur les immeubles, ainsi que toute procédure de distribution n'ayant pas produit un effet attributif avant le jugement d'ouverture. La nouvelle formule est plus précise que celle contenue dans la loi de 1985 qui visait la créance ayant son origine antérieurement. Les procédures qui auraient été engagées avant le jugement de redressement judiciaire, ainsi une saisie immobilière en cours, doivent donc être momentanément interrompues (v. s^s n°s 1318.52 et 1324.102). Si elles ne l'étaient pas (ignorance de la survenance du jugement par le créancier et le tribunal) l'adjudication ultérieurement prononcée serait nulle.

1411.06 Organes de la procédure. La démarche des organes de la procédure collective consiste dans un premier temps à tenter d'organiser la sauvegarde ou le redressement de l'entreprise, ce qui peut conduire à décider de la réalisation de tout ou partie de l'actif immobilier du débiteur.

Pendant cette phase de sauvegarde ou de redressement, les créanciers ont perdu tout droit de poursuite individuelle. Ils ne le retrouveront que si la sauvegarde ou le redressement échouent et que le tribunal prononce la liquidation judiciaire. Et encore, à ce stade, le tribunal nomme un liquidateur avec pour mission de réaliser les opérations de liquidation de l'entreprise. C'est donc normalement, le liquidateur qui procédera à la vente des

1. Pour les procédures ouvertes avant le 1er janv. 2006, l'interdiction est posée à l'anc. art. L. 621-40 C. com.
2. Ord. n° 2008-1345, 18 déc. 2008, portant réforme du droit des entreprises en difficulté, *JO* 19 déc., p. 19462.

biens et notamment des immeubles du débiteur. Toutefois, la loi du 25 janvier 1985[1], comme celle du 26 juillet 2005[2], admet que les créanciers titulaires d'un privilège spécial, d'un nantissement ou d'une hypothèque, et le Trésor public pour ses créances privilégiées, retrouvent un droit de poursuites individuelles dans certaines conditions. Le droit individuel d'agir en exécution forcée contre un débiteur en liquidation judiciaire est donc strictement réglementé, compte tenu de la volonté du législateur de consacrer le caractère de saisie collective des biens de l'entreprise, plutôt que les actions individuelles.

1411.07 Réalisation de l'actif. Pour les procédures ouvertes avant le 1er janvier 2006, en vertu de l'ancien article L. 622-16 du Code de commerce[3], le juge-commissaire peut choisir de vendre les immeubles du débiteur soit dans les formes de la saisie immobilière, soit en recourant à une adjudication amiable devant notaire, soit encore de gré à gré; mais il ne lui est pas permis de combiner plusieurs de ces modes ni d'en inventer d'autres (ainsi dans une espèce où le juge-commissaire avait eu recours à une remise d'offres sous pli cacheté[4]).

Pour les procédures ouvertes à compter du 1er janvier 2006, l'article L. 642-18 du Code de commerce, dans sa rédaction issue de la loi du 26 juillet 2005, faisait renvoi, pour les ventes d'immeubles, aux **formes prescrites en matière de saisie immobilière**, tout en réservant la faculté pour le juge-commissaire, si la consistance des biens, leur emplacement ou les offres reçues sont de nature à permettre une cession amiable dans de meilleures conditions, d'ordonner la **vente par adjudication amiable** sur la mise à prix qu'il fixe ou d'autoriser la vente de gré à gré aux prix et conditions qu'il détermine.

Puis est entrée en vigueur l'ordonnance n° 2008-1345 du 18 décembre 2008, portant réforme du droit des procédures collectives, qui a modifié la rédaction de l'article L. 642-18 du Code de commerce, afin de disposer désormais que « *les ventes d'immeubles ont lieu conformément aux articles 2204 à 2212 du Code civil, à l'exception des articles 2206 et 2211, sous réserve que ces dispositions ne soient pas contraires à celles du présent code* ». C'est ainsi que le renvoi général aux formes prescrites en matière de saisie immobilière a disparu au profit d'un **renvoi spécial, limité aux articles du Code civil relatifs à l'adjudication**, à l'exclusion de l'ancien article 2206 (devenu C. pr. exéc., art. L. 322-6[5]) qui concerne la fixation de la mise à prix par le créancier poursuivant et la faculté du débiteur de saisir le juge en cas d'insuffisance manifeste, et de l'ancien article 2211 (devenu C. pr. exéc., art. L. 322-9) qui réglemente, en droit commun de la saisie immobilière, la consignation et ses effets.

Enfin, le décret n° 2009-160 du 12 février 2009[6] a introduit dans le Code de commerce, au chapitre 2 (consacré à la réalisation de l'actif) du titre IV du livre IV de la partie réglementaire, des dispositions spécifiques à la vente de biens immeubles par voie d'adjudication judiciaire.

Malgré la codification des procédures civiles d'exécution, l'article L. 642-18 du Code de commerce vise toujours les anciens articles du Code civil et l'ordonnance n° 2014-326 du 12 mars 2014[7], qui a réformé le droit des entreprises en difficulté au 1er juillet 2014, n'a pas été l'occasion de mettre les textes en harmonie. En revanche, à la suite du décret n° 2012-783 du 30 mai 2012[8], la partie réglementaire du Code de commerce consacrée à la réalisation de l'actif du débiteur en liquidation judiciaire a été modifiée afin d'opérer un renvoi aux articles utiles du Code des procédures civiles d'exécution.

SECTION 1
HYPOTHÈSES D'ACTION DES CRÉANCIERS

1411.11 Initiative des créanciers. Même en phase de liquidation judiciaire, c'est en principe au liquidateur qu'il appartient de réaliser l'actif. Toutefois, l'ancien article L. 622-23 du Code de commerce[9] pour les procédures ouvertes avant le 1er janvier 2006, et l'article L. 643-2 pour celles ouvertes depuis cette date, réglementent l'hypothèse où certains créanciers retrouveront un droit de poursuite individuelle (§ 1). Dans ce cas, il leur appartiendra soit de prendre l'initiative de la vente des immeubles, soit de reprendre le cours d'une saisie immobilière interrompue par le jugement d'ouverture du redressement judiciaire (§ 2).

1. L. n° 85-98, 25 janv. 1985, relative au redressement et à la liquidation judiciaire des entreprises, *JO* 26 janv., p. 1097.
2. L. n° 2005-845, 26 juill. 2005, de sauvegarde des entreprises, *JO* 27 juill., p. 12187.
3. L. 25 janv. 1985, anc. art. 154.
4. Orléans, 8 nov. 2001, *JCP* 2002. I. 144, p. 1130, obs. Pétel.
5. Ord. n° 2011-1895, 19 déc. 2011, relative à la partie législative du Code des procédures civiles d'exécution, *JO* 20 déc., p. 21464.
6. Décr. n° 2009-160, 12 févr. 2009, pris pour l'application de l'ordonnance n° 2008-1345 du 18 décembre 2008 portant réforme du droit des entreprises en difficulté et modifiant les procédures de saisie immobilière et de distribution du prix d'un immeuble, *JO* 13 févr., p. 2596.
7. Ord. n° 2014-326, 12 mars 2014, portant réforme de la prévention des difficultés des entreprises et des procédures collectives, *JO* 14 mars, p. 5249.
8. Décr. n° 2012-783, 30 mai 2012, relatif à la partie réglementaire du Code des procédures civiles d'exécution, *JO* 31 mai, p. 9375.
9. L. 25 janv. 1985, anc. art. 161, réd. L. 10 juin 1994.

malités effectués avant ce jugement. La Cour de cassation a jugé, à l'occasion d'une procédure engagée sous l'empire du décret-loi de 1938, mais d'une manière générale, que, quel que soit le régime applicable à la procédure de saisie immobilière en cours, lorsqu'un jugement de liquidation judiciaire suspend le cours d'une procédure engagée antérieurement, cette procédure peut être reprise par le liquidateur ou par le créancier poursuivant, sur autorisation du juge-commissaire, dans l'état où elle se trouvait au jour du jugement d'ouverture de la procédure collective, de sorte que les actes et formalités antérieurement effectués bénéficient au liquidateur judiciaire comme au créancier poursuivant dispensés de les accomplir, la vente forcée du bien étant, alors, ordonnée par le juge-commissaire qui en fixe la mise à prix et les conditions essentielles[1].

1411.62 Mise à prix, publicités et modalités de visite.

A) **Procédures soumises à la loi du 25 janvier 1985.** L'article L. 622-23 du Code de commerce prévoyait qu'en cas de vente d'immeubles « *les dispositions des 1er et 4e alinéas de l'article L. 622-16* [désormais al. 1er, 3 et 5] » étaient applicables; il en résultait que le juge-commissaire devait fixer la mise à prix[2] et les conditions de la vente et déterminer les modalités de la publicité. Lorsqu'une procédure de saisie immobilière avait été engagée avant le jugement d'ouverture, le créancier titulaire d'une hypothèque était dispensé, lors de la reprise des poursuites individuelles des actes et formalités effectuées avant ce jugement et la saisie immobilière reprenait son cours au stade où le jugement d'ouverture l'avait suspendue. Dès lors, si le cahier des charges avait été déposé, la mise à prix était déjà fixée. Toutefois, si l'audience éventuelle ne s'était pas encore tenue, on pouvait se demander si le créancier ne devait pas faire avaliser par le juge-commissaire le montant de la mise à prix antérieurement fixée; et si l'audience éventuelle s'était tenue avant le jugement d'ouverture, la rédaction du 2e alinéa de l'article L. 622-23 instituait-elle la possibilité de modifier néanmoins la mise à prix, si tel était le souhait du juge-commissaire ? La Cour de cassation n'avait pas eu l'occasion de se prononcer sur ce problème, seule une décision du tribunal de grande instance de Monbrison avait jugé que lorsque la mise à prix était déjà fixée, le créancier n'avait pas l'obligation de s'adresser au juge-commissaire[3].

B) **Procédure ouvertes depuis le 1er janvier 2006.** La loi du 26 juillet 2005 a reproduit le même mécanisme : en cas de ventes d'immeubles, « *le créancier titulaire d'une hypothèque est dispensé, lors de la reprise des poursuites individuelles, des actes et formalités effectués avant ce jugement* » (C. com., art. L. 643-2) et « *la saisie immobilière reprend son cours au stade où le jugement d'ouverture l'avait suspendue* » (C. com., art. L. 642-18, al. 2).

Dans le cas prévu au deuxième alinéa de l'article L. 642-18 du Code de commerce, le juge-commissaire qui autorise le liquidateur ou le créancier poursuivant, le débiteur entendu ou dûment appelé, à reprendre la procédure de saisie immobilière suspendue par le jugement d'ouverture de la procédure de liquidation judiciaire, fixe la mise à prix et les conditions essentielles de la vente.

L'article R. 642-24 du Code de commerce, offre en outre au juge-commissaire la faculté de fixer également les modalités de la publicité et les modalités de visite du bien. En outre, il statue dans les conditions de l'article R. 642-36-1, c'est-à-dire, après avoir entendu les observations des contrôleurs et entendu ou dûment appelé le débiteur et son conjoint s'il s'agit d'immeubles dépendant de la communauté (v. ss nos 1414.41 s. et 1414.43).

B. Engagement d'une procédure d'exécution immobilière

1411.71 Droit de poursuite des créanciers et rôle du juge-commissaire. La situation est plus simple lorsqu'aucune mesure d'exécution immobilière n'avait été entreprise avant le jugement d'ouverture de la procédure collective.

A) **Procédures soumises à la loi du 25 janvier 1985.** Les dispositions combinées des anciens articles L. 622-23 et L. 622-16 du Code de commerce[4] réglementent le droit de poursuite des créanciers en cas d'inaction du liquidateur : les créanciers agissent sous contrôle du juge-commissaire.

Cela signifie tout d'abord que c'est la procédure même de la vente qui est déterminée par le juge-commissaire. En vertu de l'ancien article L. 622-16 alinéa 3 du Code de commerce[5] en effet, le juge-commissaire peut, si la consistance des biens, leur emplacement, ou les offres reçues sont de nature à permettre une cession amiable dans de meilleures conditions, autoriser la vente soit par adjudication amiable sur la mise à prix qu'il fixe, soit de gré à gré aux prix et conditions qu'il détermine. C'est dire que les ventes d'immeubles pourront avoir lieu sui-

1. Civ. 2e, 7 juin 2012, no 11-18.426, *Bull. civ.* II, no 104.
2. Éventuellement, en accord avec le créancier poursuivant : Com. 6 janv. 1998, no 95-12.258, *Bull. civ.* IV, no 2.
3. TGI Montbrison, 21 nov. 2000, *JCP* 2001. 10487, note Laporte.
4. L. 25 janv. 1985, anc. art. 161 et 154.
5. L. 25 janv. 1985, anc. art. 154, al. 3.

vant les formes prescrites en matière de saisie immobilière mais encore par adjudications amiables ou de gré à gré. Dans tous les cas, il ne s'agit pas à proprement parler de ventes amiables, laissées à l'initiative du débiteur, puisque ce dernier est dessaisi et subit la réalisation des éléments d'actif qui composent encore son patrimoine. Le créancier n'a donc pas le choix de la procédure, même s'il retrouve un droit de poursuites individuelles; le juge-commissaire décidera de la forme de la vente en opportunité. Ainsi, c'est seulement lorsque la vente est réalisée dans les formes prescrites en matière de saisie immobilière qu'on retrouve, pour partie, les dispositions de l'ancien Code de procédure civile; le décret du 27 décembre 1985, modifié par le décret du 21 octobre 1994, règle aux articles 132 à 137 les modalités de la vente par voie d'adjudication amiable, c'est-à-dire par l'intermédiaire d'un notaire; lorsque le juge-commissaire autorise la vente de gré à gré, c'est le liquidateur qui passe les actes nécessaires à la réalisation de la vente. En définitive, c'est seulement lorsque la vente est réalisée à la barre du tribunal que les créanciers conservent un rôle actif. Dans ce cas, le juge-commissaire fixera les modalités et les conditions de la vente, là où, dans la procédure de droit commun, le créancier poursuivant dispose d'une grande liberté sous réserve des dires modificatifs du cahier des charges que peuvent présenter le saisi et les créanciers inscrits (v. s^s^ n° 1412.31).

B) Procédures ouvertes depuis le 1er janvier 2006 et incidence de la réforme de la procédure de saisie immobilière. Les dispositions combinées des articles L. 642-18 et L. 643-2 du Code de commerce réglementent le droit de poursuite des créanciers en cas d'inaction du liquidateur.

Il faut d'abord distinguer les ventes d'immeubles ordonnées avant le 1er janvier 2007, au cours d'une procédure collective ouverte après le 1er janvier 2006. Dans ce cas, la vente sur saisie immobilière est restée soumise aux dispositions du titre XII du livre V de l'ancien Code de procédure civile, à l'exception de l'article 692 du même code et dans la mesure où il n'y est pas dérogé par les dispositions du décret de 2005.

Puis, à compter du 1er janvier 2007, et avant le décret du 12 février 2009, il était opéré un renvoi au titre I du décret du 27 juillet 2006, portant réforme de la procédure de saisie immobilière, c'est-à-dire que les ventes d'immeubles d'un débiteur en liquidation judiciaire devaient être réalisées selon la procédure réformée de saisie immobilière, une fois la vente ordonnée par le juge-commissaire, ce qui posait quelques difficultés.

Enfin, pour les procédures ouvertes à compter du 15 février 2009, l'article L. 642-18 du Code de commerce fait renvoi aux anciens articles 2204 à 2212 du Code civil (devenus C. pr. exéc., art. L. 322-5 à L. 322-13) à l'exception des anciens articles 2206 (devenu C. pr. exéc., art. L. 322-6) et 2211 (devenu C. pr. exéc., art. L. 322-9) et des dispositions particulières à la vente par voie d'adjudication judiciaire, sont désormais codifiées aux articles R. 642-27 à R. 642-29-2 du Code de commerce (v. s^s^ n°s 1414.02 s.).

1411.72 Domaine résiduel de l'adjudication par voie judiciaire. Lorsque le débiteur fait l'objet d'une procédure de liquidation judiciaire, la situation pour les créanciers se présente donc ainsi, que la procédure ait été engagée avant comme après le 1er janvier 2006 : le liquidateur est chargé de la réalisation de l'actif dans l'intérêt de tous les créanciers. S'agissant des immeubles, il pourra y procéder, soit par vente de gré à gré, soit par adjudication amiable, soit par voie d'adjudication judiciaire, selon l'autorisation que lui délivrera le juge-commissaire. À défaut d'action du liquidateur, les créanciers titulaires de sûretés et qui ont produit peuvent se substituer à lui; leur initiative est nécessairement limitée à l'introduction ou à la reprise d'une vente judiciaire. La réalisation des biens immobiliers devant la Chambre des notaires ou de gré à gré leur échappe.

SECTION 2
IMMEUBLES CONCERNÉS

1411.80 Diversité des situations juridiques. Seuls peuvent être vendus, de gré à gré ou à la suite d'une adjudication judiciaire, les biens personnels du débiteur. Mais bien souvent, on trouve dans l'actif du débiteur en liquidation judiciaire soit un immeuble commun, soit un immeuble dont la propriété est détenue en indivision avec un conjoint *in bonis* ou, un, voire des tiers. La procédure à entreprendre différera alors (§ 2). Le fait que cet immeuble puisse être affecté au logement familial du débiteur et de son conjoint *in bonis,* en outre, pose des problèmes spécifiques (§ 1).

§ 1
Incidence de l'affectation du bien

1411.81 Logement principal et fixation de la mise à prix : exclusion de la loi du 23 janvier 1998.

A) Procédures soumises à la loi du 25 janvier 1985. La vente sur saisie immobilière est soumise aux dispositions du titre XII du livre V de l'ancien Code de procédure civile, dans la mesure où il n'y est pas dérogé (depuis la réforme de 1994, les dispositions de l'article 692 ACPC sont ainsi exclues –

v. s[s] n° 1412.122). C'est le juge-commissaire qui détermine la mise à prix de chacun des biens à vendre et les conditions essentielles de la vente (C. com., anc. art. L. 622-16).

La loi n° 98-46 du 23 janvier 1998[1], qui a modifié l'article 673 ACPC, impose au créancier poursuivant de faire figurer dans le commandement l'indication que le saisi, dont le logement principal est menacé de vente aux enchères, peut solliciter la conversion en vente volontaire, et également qu'il peut contester la mise à prix en cas d'insuffisance manifeste. Cet article cependant ne s'applique pas aux ventes réalisées sous contrôle du juge-commissaire. La décision de ce dernier quant à la fixation de la mise à prix n'est pas contestable devant le juge des criées mais peut faire l'objet d'un recours devant le tribunal de commerce par les créanciers et par le saisi. De même, lorsque la vente est poursuivie par un créancier, en application de l'ancien article L. 622-23 du Code de commerce[2], la mise à prix est déterminée par le juge-commissaire, en accord avec le créancier poursuivant. Si un accord n'est pas trouvé, le juge-commissaire tranchera mais le tribunal de commerce pourra encore être saisi d'un recours contre l'ordonnance (v. s[s] n° 1412.44).

B) Procédures ouvertes après le 1er janvier 2006 et avant le 1er janvier 2007. L'article 268 du décret du 28 décembre 2005 dispose que le juge-commissaire qui ordonne ou autorise, en application de l'article L. 642-18 du Code de commerce, la vente des immeubles par voie de saisie immobilière ou d'adjudication amiable détermine d'une part la mise à prix de chacun des biens à vendre et les conditions essentielles de la vente; et d'autre part, les modalités de la publicité compte tenu de la valeur, de la nature et de la situation des biens. Lorsque la vente est poursuivie par un créancier, en application de l'article L. 643-2 du même code, la mise à prix est déterminée en accord avec le créancier poursuivant. Le juge-commissaire peut encore préciser qu'à défaut d'enchères atteignant cette mise à prix, la vente pourra se faire sur une mise à prix inférieure qu'il fixe. On ne trouve donc pas de faculté de contestation de la mise à prix au profit du saisi.

C) Ventes d'immeubles ordonnées après le 1er janvier 2007. Les articles 268, 269, 271, 273, 274, 276, 277, 279, 280, 281, 295 et 298 du décret du 28 décembre 2005, concernant la procédure de saisie immobilière, ont été modifiés lors de la réforme de la procédure de saisie immobilière réalisée en 2006. Les modifications apportées à l'article 268 toutefois, ne concernaient pas le pouvoir du juge-commissaire de déterminer la mise à prix. L'absence de faculté de contestation de la mise à prix au profit du saisi était donc confirmée. Depuis la codification du Code de commerce, les dispositions concernant la vente des immeubles du débiteur en liquidation se trouvent aux articles R. 642-22 à R. 642-36 du Code de commerce et c'est l'article R. 642-22 qui expose les pouvoirs du juge-commissaire. Le décret n° 2009-160 du 12 février 2009 n'a pas apporté de modification sur ce point à cet article : c'est le juge-commissaire qui fixe la mise à prix en accord avec le créancier poursuivant et c'est le juge-commissaire qui précise si, à défaut d'enchères atteignant cette mise à prix, la vente pourra se faire sur une mise à prix inférieure qu'il fixe. Le fait que l'immeuble soit le logement principal du débiteur en liquidation ne lui ouvre pas le droit de contester la mise à prix fixée par le juge-commissaire.

1411.82 Logement familial et régime matrimonial.

A) Procédures soumises à la loi du 25 janvier 1985. L'affectation du bien au logement familial pouvait-elle permettre au conjoint *in bonis* de s'opposer à la réalisation forcée de l'immeuble, quel que soit le régime matrimonial choisi par le couple ? En vertu de l'article 215 alinéa 3 du Code civil, les époux ne peuvent l'un sans l'autre disposer des droits par lesquels est assuré le logement familial. Mais la jurisprudence a toujours jugé que cette disposition n'était pas opposable au créancier d'un des époux sous peine de frapper le bien d'une insaisissabilité non prévue par la loi (ainsi pour un créancier agissant en vertu d'une hypothèque judiciaire[3]); la même solution a été étendue dans l'hypothèse d'une vente forcée poursuivie, en vertu de la loi du 25 janvier 1985, par le liquidateur judiciaire représentant des créanciers[4]. En conséquence, la procédure n'a pas à être menée contre les deux époux, et l'ordonnance du juge-commissaire autorisant la vente ne doit pas être notifiée au conjoint[5], bien que l'article 20-1 du décret du 27 décembre 1985 impose au juge-commissaire d'entendre ou de convoquer le conjoint avant toute décision ordonnant ou autorisant la vente des biens communs dans l'hypothèse où la dissolution de la communauté existant entre le débiteur et son conjoint devenait opposable aux tiers en cours de liquidation judiciaire. Lorsque les époux sont propriétaires indivis de leur logement familial et que l'un d'eux a été mis en liquidation judiciaire, le

1. L. n° 98-46, 23 janv. 1998, renforçant la protection des personnes surendettées en cas de saisie immobilière, *JO* 24 janv., p. 1127.
2. L. 25 janv. 1985, anc. art. 161.
3. Civ. 1re, 8 janv. 1985, n° 83-15.647, *Bull. civ.* I, n° 7.
4. Paris, 9 mars 1992, *D.* 1992. 149 – Colmar, 7 sept. 1993, *Rev. proc. coll.* 1994. 28, obs. Dureuil – Grenoble, 23 nov. 1999, *JCP E* 2000. 14. 588.
5. Civ. 1re, 21 mai 1997, n° 95-14.102, *Bull. civ.* II, n° 163.

liquidateur qui a été autorisé à procéder à la vente judiciaire du logement peut provoquer, par la voie de l'action oblique le partage de l'indivision conventionnelle des époux portant sur ce logement et solliciter la licitation dès lors que le partage ne peut être réalisé en nature[1] (v. aussi s[s] n°s 1421.91 et 1421.92).

B) **Procédures ouvertes après le 1er janvier 2006.** Selon l'article 241 du **décret du 28 décembre 2005**, devenu l'article R. 641-30 du Code de commerce, le conjoint du débiteur doit être entendu ou dûment convoqué avant toute décision ordonnant ou autorisant la vente des biens de la communauté. Lorsque, au cours de la procédure, la dissolution de la communauté existant entre le débiteur et son conjoint devient opposable aux tiers, ce conjoint doit être entendu ou dûment convoqué avant toute décision ordonnant ou autorisant la vente des biens de l'indivision. Ce n'est donc pas l'affectation du bien qui a été prise en considération mais la nature de bien commun de l'immeuble, afin d'attraire le conjoint à la procédure sans pour autant en faire une partie.

Le **décret du 27 juillet 2006** n'avait pas modifié l'article R. 641-30, à la suite de l'entrée en vigueur de la réforme de la saisie immobilière. Se posait donc la question de la conciliation des dispositions de l'ancien article 2195 du Code civil (devenu C. pr. exéc., art. L. 311-7), qui disposent que la saisie des immeubles communs doit être poursuivie contre les deux époux, et celles de l'article R. 641-30 du Code de commerce qui se contente d'une audition ou d'une convocation ? Dans le silence des textes, il paraissait prudent de tenir compte des dispositions de l'ancien article 2195 du Code civil (devenu C. pr. exéc., art. L. 311-7) et donc, pour répondre à l'esprit de ce texte qui impose que la procédure soit « *poursuivie contre les époux* », de signifier tous les actes aux deux époux.

L'ordonnance n° 2008-1345 du 18 décembre 2008 a modifié l'article L. 642-18 du Code de commerce afin d'indiquer que les ventes d'immeubles ont lieu conformément aux anciens articles 2204 à 2212 du Code civil (devenus C. pr. exéc., art. L. 322-5 à L. 322-13), à l'exception des anciens articles 2206 (devenu C. pr. exéc., art. L. 322-6) et 2211 (devenu C. pr. exéc., art. L. 322-9) et sous réserve que ces dispositions ne soient pas contraires à celle du Code de commerce. En excluant désormais explicitement les dispositions de l'article 2195 du Code civil (devenu C. pr. exéc., art. L. 311-7), l'ordonnance du 18 décembre 2008 fait clairement prévaloir les dispositions spéciales du Code de commerce, ce qui semble exclure que la procédure soit menée contre les deux époux.

L'article L. 642-18 du Code de commerce aurait dû être modifié au 1er juin 2012, date de l'entrée en vigueur de la codification des procédures civiles d'exécution afin de viser les articles L. 322-5 à L. 322-12 C. pr. exéc. Ce travail d'harmonisation n'a pas été effectué à ce jour.

1411.83 **Maison d'habitation principale.** Jusqu'en 2014, le seul cas où le fait que l'immeuble serve de logement familial au débiteur importait, était celui de la liquidation judiciaire d'un agriculteur. L'article L. 642-18 alinéa 6 du Code de commerce, pour les procédures ouvertes depuis le 1er janvier 2006 et, antérieurement, l'ancien article L. 622-16 du Code de commerce[2] en effet, prévoyaient en effet que le tribunal pouvait, en considération de la situation personnelle et familiale du débiteur, lui accorder des délais de grâce dont il déterminait la durée pour quitter sa maison d'habitation principale. Dans cette hypothèse, c'était la double considération, et de l'activité professionnelle du débiteur et de l'affectation du bien qui conduisait à une situation privilégiée, mais au demeurant, seulement à l'issue de la réalisation forcée du bien. L'ordonnance du 18 décembre 2008 n'avait pas modifié l'article L. 642-18 sur ce point et c'est l'ordonnance n° 2014-326 du 12 mars 2014 qui a étendu cette faveur à tout débiteur personne physique. Depuis le 1er juillet 2014, le nouvel article L. 642-18 du Code de commerce dispose qu'en cas de liquidation judiciaire d'un débiteur, personne physique, le tribunal peut, en considération de sa situation personnelle et familiale, lui accorder des délais de grâce dont il détermine la durée pour quitter sa maison d'habitation principale.

§ 2
Situation juridique du bien

1411.91 **Distinction.** L'hypothèse envisagée ici est celle où les créanciers agissent à l'encontre du débiteur en procédure collective. Le cas des créanciers agissant à l'encontre du conjoint *in bonis* d'un débiteur en procédure collective a déjà été examiné (v. s[s] n°s 1318.91 s.) : lorsque le créancier d'un débiteur *in bonis* entend agir sur un immeuble commun, il est soumis, comme les créanciers du débiteur en procédure collective, à l'obligation de déclarer sa créance et à la suspension des poursuites individuelles.

1. Paris, 2 déc. 1995, *RJDA* 1996, n° 706 – Paris, 22 févr. 2000, *D.* 2000. 107.

2. L. 25 janv. 1985, anc. art. 154.

1411.92 L'immeuble est un bien propre.

A) Procédures soumises à la loi du 25 janvier 1985. Les créanciers agissant en vertu de l'article L. 622-23 du Code de commerce[1] sont également dépendants du régime matrimonial de leur débiteur. Il n'y aura pas de difficulté si l'immeuble est un bien propre du débiteur.

B) Procédures ouvertes après le 1er janvier 2006 et ventes ordonnées avant le 1er janvier 2007. Les créanciers agissant en vertu de l'article L. 643-2 du Code de commerce, sont dans la même situation qu'avant la réforme des procédures collectives. Ils agissent sur le bien propre.

C) Ventes ordonnées après le 1er janvier 2007. Les créanciers agissant en vertu de l'article L. 643-2 du Code de commerce, devaient-ils, respecter l'obligation de l'article 13, 3° du décret du 27 juillet 2006 (devenu C. pr. exéc., art. R. 321-1[2]) qui impose en effet au créancier de dénoncer le commandement de payer valant saisie au conjoint du débiteur lorsque le bien propre sert de résidence à la famille ? Fallait-il transposer cette obligation et dénoncer l'ordonnance du juge-commissaire qui produit les effets du commandement (v. ss no 1412.10) ?

Sur cette question qui était demeurée sans réponse, le décret du 12 février 2009, applicable aux procédures ouvertes à compter du 15 février 2009, n'est pas plus explicite. L'article R. 642-27 du Code de commerce (dans sa rédaction issue du décret du 30 mai 2012, relatif à la partie réglementaire du Code des procédures civiles d'exécution) dispose que la vente par voie d'adjudication judiciaire est soumise aux dispositions des titres Ier et II du livre III du Code des procédures civiles d'exécution et, dans la mesure où il n'y est pas dérogé, par les dispositions du livre VI du Code de commerce, ce qui peut rendre applicable les dispositions de l'article R. 321-1 C. pr. exéc., sauf à considérer que l'article R. 642-23 du Code de commerce qui dispose que l'ordonnance du juge-commissaire est notifiée au débiteur et aux créanciers inscrits exclut la notification au conjoint. L'incertitude demeure donc sur ce point.

1411.93 L'immeuble est en indivision. Comment combiner les règles de l'indivision et celles des procédures collectives ? Quel sort réserver aux biens indivis et plus spécialement à l'immeuble indivis ? Peut-il être appréhendé par un créancier du débiteur ?

Il faut tout d'abord rappeler les dispositions de l'article 815-17 du Code civil, qui distinguent deux hypothèses : les créanciers qui auraient pu agir sur les biens avant l'indivision ainsi que ceux dont la créance résulte de la conservation ou de la gestion des biens indivis, qui peuvent poursuivre la saisie et la vente des biens indivis (C. civ., art. 815-17, al. 1er) ; et, les créanciers personnels d'un indivisaire qui ne peuvent saisir sa part dans les biens indivis mais seulement provoquer le partage (C. civ., art. 815-17, al. 2 et 3). Ensuite, il convient de distinguer selon l'époque à laquelle la procédure collective a été ouverte[3].

• **Indivision préexistante à la procédure collective.** Lorsque l'indivision préexiste, les règles de l'indivision ne seront pas affectées par l'ouverture d'une procédure collective à l'encontre d'un indivisaire[4]. Ainsi, les créanciers de l'alinéa 1er peuvent, malgré l'ouverture de la procédure collective, poursuivre la saisie et la vente des biens dépendant de l'indivision pour être payés avant le partage par prélèvement sur l'actif[5]. Ce droit subsiste même si le créancier n'a pas déclaré sa créance au passif de l'indivisaire soumis à la procédure collective; l'extinction de la créance a été jugée sans incidence sur le droit du créancier de saisir le bien[6]. Quant au créancier personnel d'un indivisaire, il ne peut que provoquer le partage. Dans ce cas, ni le liquidateur ni le juge-commissaire n'ont le pouvoir d'obliger les coïndivisaires, étrangers à la procédure collective, à subir la réalisation du bien selon les conditions, de l'ancien article L. 622-16 du Code de commerce[7] jusqu'au 1er janvier 2006, et depuis cette date, selon les dispositions de l'article L. 642-18 du Code de commerce. L indivision excluant le droit des procédures collectives, le créancier d'un indivisaire doit recourir à la procédure de droit commun (v. ss nos 1422.01 s.) pour provoquer le partage[8]. Les règles de l'indivision assurent donc efficacement la protection des créanciers antérieurs à l'indivision comme celle des créanciers de l'indivision qui vont en quelque sorte « ignorer » la procédure collective.

La jurisprudence juge donc que la procédure collective ouverte contre l'un des indivisaires ne faisait pas obstacle à l'exercice d'une licitation-partage;

1. L. 25 janv. 1985, anc. art. 161.
2. Décr. no 2012-783, 30 mai 2012, relatif à la partie réglementaire du Code des procédures civiles d'exécution, *JO* 31 mai, p. 9375.
3. V. ÉGAL., P.-M. Le Corre, Dalloz action *Droit et pratique des procédures collectives*, 2015/2016, nos 561.31 s.
4. Com. 18 févr. 2003, no 00-11.008, *Bull. civ.* IV, no 21; *D.* 2003. Somm. 1620, obs. Le Corre; *Procédures* 2003, no 149, obs. Laporte.
5. Civ. 2e, 16 mai 2013, no 12-16.216, *Bull. civ.* II, no 96; *D.* 2013. 1268, pour une indivision post communautaire.
6. Civ. 1re, 13 déc. 2005, no 02-17.778, *Bull. civ.* I, no 494; *D.* 2006. AJ 302, obs. Lienhard, pour le créancier de l'indivision – Com. 7 févr. 2012, nos 11-12.787 et 11-13.213, *Bull. civ.* IV, no 31, pour une indivision successorale.
7. L. 25 janv 1985, anc. art. 154.
8. EN CE SENS : Com. 28 nov. 2000, no 98-10.145, NP; *RJPF* 2001-3/18, obs. Vauvillé – Paris, 29 mai 2001, *D.* 2001. 2891.

mais l'existence d'une procédure de liquidation judiciaire rend-elle nécessaire l'immixtion du juge-commissaire dans la procédure d'exécution forcée ? Comment conjuguer les pouvoirs du juge-commissaire qui fixe les conditions de la vente et la mise à prix avec le rôle du tribunal de grande instance (TGI) en matière de licitation-partage ? L'action en licitation obéit aux règles de droit commun et relève de la compétence du TGI; selon une doctrine autorisée, l'autorisation du juge-commissaire ne serait pas requise, même si elle est le plus souvent sollicitée en pratique[1] (v. aussi s^s n° 1421.60 s.).

La situation peut être différente lorsque le créancier du débiteur en liquidation judiciaire est également créancier d'un coïndivisaire *in bonis*. Ceci devrait lui permettre de poursuivre la saisie et la vente du bien sans avoir besoin de provoquer la licitation. En 1997, la chambre commerciale de la Cour de cassation a précisé que le créancier hypothécaire qui exerce des poursuites de saisie immobilière sur un bien indivis, sur lequel une personne soumise à une procédure collective a des droits, est tenu, sans préjudice de la délivrance d'un commandement aux indivisaires maîtres de leurs droits, fût-il titulaire d'une hypothèque consentie par tous les indivisaires et lui permettant dès lors de poursuivre la saisie et la vente de ce bien avant le partage de l'indivision, de présenter requête au juge-commissaire dont l'ordonnance se substitue au commandement de droit commun. Dans ce cas, le créancier hypothécaire devrait à la fois délivrer commandement au conjoint *in bonis* et présenter requête au juge-commissaire pour saisir les droits du débiteur en procédure collective[2]. La chambre commerciale a toutefois ajouté en 1999, que pour agir en saisie immobilière, le créancier hypothécaire du coïndivisaire *in bonis* devait établir la carence du liquidateur dans les trois mois[3]. Par la suite, première chambre civile et chambre commerciale de la Cour de cassation ont jugé que le créancier bénéficiant d'une hypothèque consentie par tous les indivisaires pouvait faire vendre sur saisie le bien indivis et obtenir un paiement intégral sur le prix avant le partage[4]. Comment le créancier devra-t-il procéder sur le plan procédural ? *A priori* en faisant délivrer un commandement de payer sur les parts indivises du ou des débiteur(s) *in bonis*, et en obtenant une ordonnance du juge-commissaire sur les parts du débiteur en faillite.

• **Indivision postérieure à la procédure collective.** Lorsque l'indivision est postérieure à l'ouverture de la procédure de liquidation judiciaire, par exemple suite au décès du débiteur en procédure collective, le liquidateur conserve le droit de poursuivre la saisie et la vente de l'immeuble puisqu'il représente les créanciers des indivisaires qui auraient pu agir sur les biens indivis avant qu'il y eût indivision[5]. Le juge-commissaire sera donc compétent pour autoriser la vente de l'immeuble dépendant de la succession[6]. En revanche, il n'y aura pas lieu à licitation-partage car le débiteur n'avait pas la qualité de coïndivisaire au jour de l'ouverture de la procédure collective; l'indivision est alors inopposable à la procédure collective.

1411.94 L'immeuble est un bien commun.

A) Procédures soumises à la loi du 25 janvier 1985. Il fait partie du gage des créanciers du débiteur en procédure collective au même titre que les biens propres de ce débiteur. Si le liquidateur ou les créanciers du débiteur souhaitent agir en exécution forcée, la saisie sera dirigée contre le seul débiteur en procédure collective, en vertu d'une ordonnance du juge-commissaire, et le liquidateur n'a pas à signifier un commandement de saisie à l'époux *in bonis*[7] (Décr. 27 déc. 1985, art. 126). La question se posait de savoir si le poursuivant ne devait pas notifier l'ordonnance du juge-commissaire également au conjoint et le sommer de prendre connaissance du cahier des charges; en 1997, la Cour de cassation avait jugé que la notification au seul époux en liquidation était suffisante[8].

B) Procédures ouvertes après le 1er janvier 2006, et ventes ordonnées avant le 1er janvier 2007. L'article 241 du décret du 28 décembre 2005, devenu l'article R. 641-30 du Code de commerce, dispose que : « *Le conjoint du débiteur doit être entendu ou dûment convoqué avant toute décision ordonnant ou autorisant la vente des biens de la communauté. Lorsque, au cours de la procédure, la dissolution de la communauté existant entre le débiteur et son conjoint devient opposable aux tiers, ce conjoint doit être entendu ou dûment convoqué avant toute décision ordonnant ou autorisant la vente des biens de l'indivision* ».

1. B. Soinne, *Traité des procédures collectives*, 2e éd., Litec, 1995, n° 2408.
2. Com. 22 avr. 1997, n° 94-19.420, *Bull. civ.* IV, n° 99; *D.* 1998. 106, obs. Piedelièvre; *D. Affaires* 1997. 704.
3. Com. 6 juill. 1999, n° 97-14.096, *Bull. civ.* IV, n° 152; *D.* 2000. 395, obs. Piedelièvre; *RTD com.* 2001. 230, obs. Martin-Serf; *Dr. et patr.* 1999, n° 76, chron. 2441, obs. Monsérié-Bon.
4. Civ. 1re, 14 juin 2000, n° 98-10.577, *Bull. civ.* I, n° 182; *D.* 2000. 318, obs. Lienhard; *D.* 2001. 696, obs. Aynès; *JCP N* 2000. 38. 1357, obs. Vauvillé; *Dr. et patr.* 2001, n° 89, chron. 2749, obs. Monsérié-Bon – Com. 19 déc. 2000, n° 97-17.728, *Bull. civ.* IV, n° 202; *D.* 2001. 379.
5. Com. 18 févr. 2003, n° 00-13.100, *Bull. civ.* IV, n° 22; *D.* 2003. 766, obs. Lienhard; *D.* 2003. 1620, obs. Le Corre; *Gaz. Pal.* 30 avr.-3 mai 2003. Pan. 28.
6. Com. 19 févr. 2013, n° 11-23.033, NP.
7. Com. 16 janv. 2007, n° 05-13.581, NP.
8. Civ. 1re, 21 mai 1997, n° 95-14.102, *Bull. civ.* I, n° 163.

C) Procédures ouvertes après le 1er janvier 2007 ou ventes ordonnées après le 1er janvier 2007 dans des procédures ouvertes à compter de janvier 2006. Incidence de la réforme de la procédure de saisie immobilière. Selon l'article 2195 du Code civil (devenu C. pr. exéc., art. L. 311-7), la procédure doit être menée contre les deux époux. Pour respecter et les dispositions du Code de commerce et celles du Code civil, on conseillait à la fois d'entendre ou de convoquer le conjoint et de mener la procédure contre lui (v. s^{s} n° 1411.82).

D) Procédures ouvertes à compter du 15 février 2009. L'ordonnance n° 2008-1345 du 18 décembre 2008 a modifié l'article L. 642-18 du Code de commerce afin d'indiquer que les ventes d'immeubles ont lieu conformément aux anciens articles 2204 à 2212 (devenus C. pr. exéc., art. L. 322-5 à L. 322-13) du Code civil à l'exception des anciens articles 2206 (devenu C. pr. exéc., art. L. 322-6) et 2211 (devenu C. pr. exéc., art. L. 322-9) et sous réserve que ces dispositions ne soient pas contraires à celle du Code de commerce. En excluant désormais explicitement les dispositions de l'ancien article 2195 du Code civil (devenu C. pr. exéc., art. L. 311-7), l'ordonnance du 18 décembre 2008 fait clairement prévaloir les dispositions spéciales du Code de commerce, ce qui semble exclure que la procédure soit menée contre les deux époux.

Ainsi, comme sous l'empire de la législation antérieure à la loi de sauvegarde, l'ordonnance devrait se substituer au commandement aux fins de saisie immobilière non seulement pour le débiteur en liquidation judiciaire mais aussi pour son conjoint commun en biens.

1411.95 Récapitulatif. Lorsque le débiteur est en liquidation judiciaire, un créancier ne peut exercer un droit de poursuites individuelles que tout autant qu'il est titulaire d'une sûreté, qu'il a déclaré sa créance, et que le liquidateur est inactif. Les créanciers pourront agir sur les biens propres de leur débiteur mais également sur les biens communs. Depuis 2006, il faut entendre le conjoint du débiteur en liquidation judiciaire avant toute décision ordonnant ou autorisant la vente des biens dépendant de la communauté mais, depuis l'entrée en application du décret du 12 février 2009, et conformément au nouvel article L. 642-18 issu de l'ordonnance du 18 décembre 2008, les dispositions de l'ancien article 2195 du Code civil (devenu C. pr. exéc., art. L. 311-7) imposant de mener la procédure contre les deux époux ne sont pas applicables. En revanche, la question se pose toujours de la dénonce de l'ordonnance du juge-commissaire au conjoint du débiteur, lorsque l'immeuble sera un propre affecté au logement familial.

Si l'immeuble est en indivision, en revanche, les dispositions du Code de commerce ne peuvent être imposées au coïndivisaire étranger à la procédure collective, lorsque celle-ci a été ouverte postérieurement à l'indivision.

CHAPITRE

1412. Procédure de vente renvoyant aux dispositions du titre XII du livre V de l'ancien Code de procédure civile (ancien régime)

Anne LEBORGNE
Professeur à l'Université d'Aix-Marseille

SECTION 0
ORIENTEUR

1412.00 **Plan du chapitre.**

1412.04 **Avertissement. La vente des immeubles d'un débiteur en liquidation judiciaire, ordonnée avant le 1er janvier 2007**, est demeurée soumise aux dispositions du décret-loi de 1938, codifiées dans l'ancien Code de procédure civile.

> **Ordonnée avant le 1er janvier 2006,** date d'entrée en vigueur de la loi de sauvegarde du 26 juillet 2005 [1], la vente est réglementée par les articles 125 à 131 du décret n° 85-1388 du 27 décembre 1985 [2] et les articles 673 et suivants ACPC.

> **Ordonnée entre le 1er janvier 2006 et le 1er janvier 2007** (date d'entrée en vigueur de la réforme de la saisie immobilière), la réglementation de la vente des immeubles procède des articles 268 à 280 du décret du 28 décembre 2005, pris pour l'application de la loi de sauvegarde – articles devenus avec la publication du décret n° 2007-431 du 25 mars 2007 [3], codifiant la partie réglementaire du Code de commerce, les articles R. 642-22 à R. 642-34 dudit code – et les article 673 et suivants ACPC. Toutefois, les dispositions de la section 2 du chapitre VI du titre Ier du décret du 27 juillet 2006, relatives à la capacité d'enchérir, au déroulement et à la nullité des enchères s'appliquent aux audiences d'adjudication postérieures au 1er mars 2009 (Décr. n° 2009-160, 12 févr. 2009, art. 153 [4]).

La pratique révèle qu'il demeure encore des dossiers ouverts sous l'empire des dispositions de la loi n° 85-98 du 25 janvier 1985 [5], c'est pourquoi ont été maintenues les références aux dispositions de cette loi et de son décret qui concernent la réalisation des actifs du débiteur en liquidation judiciaire et plus particulièrement la vente des immeubles dans les formes prescrites en matière de saisie immobilière.

Est exposée dans un chapitre distinct (v. ss nos 1414.01 s.), la procédure applicable aux ventes d'immeubles d'un débiteur en liquidation depuis l'entrée en vigueur de la réforme de la saisie immobilière; procédure qui a elle-même été modifiée par le décret du 12 février 2009 [6].

1412.05 Une vente sur saisie adaptée aux procédures collectives. Que l'actif soit réalisé par le liquidateur ou par un créancier se substituant à lui, la procédure doit être précédée d'une ordonnance du juge-commissaire qui remplace le commandement. Lorsque ce dernier autorise la vente des immeubles par voie de saisie immobilière [7], il en déterminera la forme et les modalités de celle-ci. Selon le décret du 27 décembre 1985 et celui du 28 décembre 2005 [8] dans sa rédaction initiale, qui n'a pas modifié en profondeur les dispositions organisant la vente des immeubles du débiteur en liquidation, telles qu'elles avaient été posées par le décret de 1985, la vente sur saisie immobilière sera soumise aux dispositions du livre V titre XII de l'ancien Code de procédure civile à l'exception des dispositions de l'article 692, sous la réserve exposée ci-dessus (v. ss n° 1412.04) des audiences d'adjudication postérieures au 1er mars 2009.

C'est en cela que l'on peut dire que la procédure de saisie immobilière a été adaptée aux procédures collectives : toutes les dispositions du titre XII ne seront pas applicables et préalablement à l'engagement de la procédure, le poursuivant devra accomplir certains actes, l'autorisant à agir en exécution.

SECTION 1
ACTES PRÉALABLES

Division. Pour vendre les immeubles, il faut une ordonnance du juge-commissaire (§ 1) qui sera notifiée et publiée (§ 2). Les dispositions du décret du 28 décembre 2005 qui réglementent ces actes (Décr. 28 déc. 2005, art. 268 à 272, devenus C. com., art. R. 642-22 à R. 642-26) sont très proches de celles du décret du 27 décembre 1985 (Décr. 27 déc. 1985, art. 125 à 128) sans être toutefois identiques.

§ 1
Ordonnance

1412.10 Ordonnance tenant lieu de commandement (Décr. 27 déc. 1985, art. 125 – C. com., art. R. 642-22). Le juge-commissaire doit autoriser la vente par une ordonnance qui sera notifiée et publiée, tenant lieu de commandement de saisie immobilière Le créancier poursuivant sollicite l'autorisation du juge-commissaire de vendre; lorsqu'il est fait droit à sa demande, l'ordonnance fixe également les conditions et modalités de cette vente.

1. L. n° 2005-845, 26 juill. 2005, de sauvegarde des entreprises, *JO* 27 juill., p. 12187.
2. Décr. n° 85-1388, 27 déc. 1985, relatif au redressement et à la liquidation judiciaire des entreprises, *JO* 29 déc., p. 15281.
3. Décr. n° 2007-431, 25 mars 2007, relatif à la partie réglementaire du Code de commerce, *JO* 27 mars, p. 5648.
4. Décr. n° 2009-160, 12 févr. 2009, pris pour l'application de l'ordonnance n° 2008-1345 du 18 décembre 2008 portant réforme du droit des entreprises en difficulté et modifiant les procédures de saisie immobilière et de distribution du prix d'un immeuble, *JO* 13 févr., p. 2596.
5. L. n° 85-98, 25 janv. 1985, relative au redressement et à la liquidation judiciaire des entreprises, *JO* 26 janv., p. 1097.
6. Décr. n° 2009-160, 12 févr. 2009, pris pour l'application de l'ordonnance n° 2008-1345 du 18 décembre 2008 portant réforme du droit des entreprises en difficulté et modifiant les procédures de saisie immobilière et de distribution du prix d'un immeuble, *JO* 13 févr., p. 2596.
7. Si le juge-commissaire a autorisé le liquidateur à vendre l'immeuble par voie de saisie immobilière, il ne peut être demandé au TGI de convertir cette vente en vente volontaire sur le fondement des art. 744 et 745 ACPC : Com. 11 avr. 1995, n° 92-12.254, *Bull. civ.* IV, n° 122; *D.* 1995. 333, rapp. Remery, note Honorat.
8. Décr. n° 2005-1677, 28 déc. 2005, pris en application de la loi n° 2005-845 du 26 juillet 2005 de sauvegarde des entreprises, *JO* 29 déc., p. 20324.

A.
Saisine

1412.11 Requête ou assignation. Le créancier doit impérativement requérir l'autorisation du juge-commissaire. Faite sans autorisation de cet organe de la procédure collective, la vente serait nulle. Ni la loi ni le décret ne prévoient cependant les modalités de la saisine et la pratique agit principalement par voie de requête mais une assignation peut être délivrée à cette fin.

S'agissant d'une procédure devant le tribunal de commerce, le ministère d'avocat n'est pas obligatoire. Il en résulte que le créancier peut présenter la requête lui-même. Il y expose généralement le rappel de la procédure collective, l'absence de diligences du liquidateur ainsi que les caractères de sa créance, de manière à fonder la demande au regard des dispositions de l'ancien article L. 622-23 du Code de commerce[1], pour les procédures engagées avant janvier 2006 et de l'article L. 643-2, pour celles engagées après. La requête décrit encore le ou les biens dont la vente est poursuivie mais le régime de propriété ou la désignation cadastrale sont souvent précisés seulement dans le projet d'ordonnance qui est soumis à l'accord du juge-commissaire.

1412.12 L'audience. Le juge-commissaire recueillera préalablement les observations des contrôleurs, du débiteur et du liquidateur, entendus ou dûment appelés à l'audience.

Une audience doit donc être tenue préalablement à la signature de l'ordonnance. Les parties visées à l'ancien article L. 622-16 du Code de commerce[2], et depuis le 1er janvier 2006, à l'article L. 642-18, sont convoquées à la diligence du greffier; bien que le texte ne le prévoie pas, le créancier requérant est également appelé pour soutenir sa requête. Ni la loi ni le décret d'application n'imposent l'organisation d'un débat contradictoire; toutefois, en présence d'intérêts contradictoires, le juge-commissaire devrait toujours entendre les parties en présence avant de statuer, conformément à l'article 16 C. pr. civ., applicable devant toutes les juridictions[3].

B.
Forme et contenu de l'ordonnance

1412.20 Originalité. C'est l'acte qui remplace le commandement dans la procédure de droit commun, c'est dire que si la forme est classique, son contenu va lier les parties pour la suite de la procédure.

1°
Forme de l'ordonnance

1412.21 Une ordonnance conforme aux dispositions du Code de procédure civile. L'ordonnance du juge-commissaire est évidemment écrite. Elle doit être datée et signée et doit mentionner le nom et la fonction du juge-commissaire[4].

1412.22 Motivation. Aucune disposition dans le décret du 27 décembre 1985 ne venant préciser la nature de l'ordonnance, la question s'est posée de savoir si elle devait être motivée. Le décret du 28 décembre 2005 n'a pas apporté plus de précisions. La jurisprudence ci-après rappelée trouvera donc encore à s'appliquer.

Une cour d'appel avait cru devoir poser le principe suivant lequel aucune motivation ne s'imposerait au juge-commissaire, puisque celui-ci se contenterait de fixer les modalités d'une vente[5], malgré les dispositions de l'article 495 C. pr. civ. qui impose que les ordonnances soient motivées. Mais la Cour de cassation a eu l'occasion de rappeler, à propos d'un recours formé contre une ordonnance d'un juge-commissaire, que l'exigence de motivation était un principe essentiel de la procédure[6]. La motivation peut être sommaire[7] mais ne peut être limitée à un simple visa des pièces jointes à l'appui de la requête[8] ou à un motif « passe-partout »[9].

2°
Contenu de l'ordonnance

1412.31 Combinaison des décrets d'application et de l'ancien Code de procédure civile. En vertu de l'ancien article L. 622-16 du Code de commerce[10] et de l'article 125 du décret du 27 décembre 1985, le juge-commissaire doit fixer la mise à prix, les conditions essentielles de la vente et déterminer les modalités de la publicité. On trouve les

1. L. 25 janv. 1985, anc. art. 161.
2. L. 25 janv. 1985, anc. art. 154.
3. EN CE SENS : Com. 14 févr. 1995, n° 92-20.941, *Bull. civ.* IV, n° 45.
4. Douai, 18 janv. 1990, *Rev. proc. coll.* 1990. 373, obs. Dureuil.
5. Aix-en-Provence, 6 janv. 1994, *Juris-Data* n° 006419.
6. Com. 30 mars 1993, n° 90-21.980, *Bull. civ.* IV, n° 132 – Com. 25 févr. 1997, nos 95-16.695, 95-16.696 et 95-16.697, NP; *D. Affaires* 1997. Chron. 418.
7. Et même viser des motifs préétablis sur un formulaire. EN CE SENS : Civ. 2e, 31 janv. 1985, n° 84-12.769, *Bull. civ.* II, n° 26; *Gaz. Pal.* 1985. 1. Pan. 124, OBS. CRIT. Guinchard.
8. Civ. 2e, 6 déc. 1989, n° 88-15.514, *Bull. civ.* II, n° 216 – Com. 25 juin 1991, n° 89-20.945, *Bull. civ.* IV, n° 231.
9. Com. 17 juin 1986, n° 84-16.887, *Bull. civ.* IV, n° 124; *Gaz. Pal.* 1987. 1. Pan. 54, obs. Guinchard et Moussa.
10. L. 25 janv. 1985, anc. art. 154.

mêmes obligations aux articles L. 642-18 et R. 642-22 du Code de commerce.

Dans le silence des textes, il semble donc que les autres conditions de la vente puissent être fixées selon le droit commun de l'ancien Code de procédure civile.

1412.32 Mise à prix. Le juge-commissaire doit déterminer la mise à prix de chacun des biens à vendre en accord avec le créancier poursuivant.

Le juge-commissaire peut préciser qu'à défaut d'enchères atteignant cette mise à prix, la vente pourra se faire sur une mise à prix inférieure qu'il fixe.

L'article 125 du décret du 27 décembre 1985 ajoute que si la valeur et la consistance des biens le justifient, le juge-commissaire peut encore faire procéder à leur estimation totale ou partielle. Une expertise pourra ainsi être confiée à un professionnel, expert immobilier, notaire. Le juge-commissaire pourrait d'ailleurs refuser, après les résultats de cette expertise, une vente aux enchères pour lui préférer une vente de gré à gré ou par adjudication amiable, conformément à l'ancien article L. 622-16 alinéa 3 du Code de commerce[1], auquel fait référence l'article L. 622-23.

L'article 268 du décret du 28 décembre 2005, devenu l'article R. 642-22 du Code de commerce n'a pas reproduit cette faculté.

Le principe selon lequel en cas de vente sur saisie à la requête d'un créancier, la mise à prix est fixée en accord avec ce dernier, amène à s'interroger sur les motivations de l'un et de l'autre qui sont nécessairement différentes. Le créancier poursuivant dans une procédure de droit commun cherche principalement à recouvrer sa créance; le juge-commissaire est censé défendre les intérêts de tous les créanciers. Par suite, le créancier souhaitera une mise à prix éventuellement basse alors que le juge-commissaire sera tenté par une mise à prix proche de la valeur vénale. C'est pourquoi, souvent, les ordonnances en cette matière prévoient des facultés de baisse de mise à prix en cas de carence d'enchères, généralement du quart, voire de la moitié. En pratique, cette solution ne se révèle guère utile. En effet, la faculté de baisse est connue des oblateurs éventuels le jour de l'audience, de sorte que ces derniers attendent la dernière baisse de mise à prix avant de commencer à porter des enchères et en définitive, le prix atteint excède souvent la mise à prix initiale. Il n'en demeure pas moins que cette manière de procéder, sur le plan psychologique, est préférable pour le débiteur qui a moins l'impression que son bien est bradé. À défaut d'accord entre le créancier et le juge-commissaire, ce dernier l'emporte bien évidemment, sous réserve de l'appréciation du tribunal de commerce en cas de recours. Le fait que la loi donne pouvoir au juge-commissaire pour fixer la mise à prix, peut présenter un inconvénient en cas de carence d'enchères. La chambre commerciale juge que les dispositions de l'article 706 ACPC sont applicables à cette vente, rendant ainsi le poursuivant adjudicataire; la mise à prix n'étant pas déterminée par le juge-commissaire seul, mais par celui-ci en accord avec le créancier poursuivant, peu importe que le juge-commissaire ait ou non utilisé la faculté qui lui appartient de fixer dans l'ordonnance autorisant la vente une mise à prix inférieure à la mise à prix initiale[2]. Lorsque le jugement d'ouverture de la procédure collective a été prononcé après l'audience éventuelle, c'est-à-dire à un moment où le cahier des charges est définitif, il a été jugé que le créancier n'avait pas l'obligation de s'adresser au juge-commissaire (v. s^{s} n° 1411.62)[3]. La Cour de cassation n'a toutefois pas encore eu l'occasion de confirmer ou d'infirmer cette solution.

1412.33 Conditions de la vente. Il s'agit bien évidemment d'une vente aux enchères publiques. Par condition essentielle, il a été jugé qu'il fallait entendre les modalités de ventilation du prix d'adjudication : ainsi lorsqu'un ensemble immobilier est vendu aux enchères, le juge-commissaire réglera la ventilation du prix d'adjudication entre les différents biens immobiliers individualisables qui le composent; il décidera notamment de vendre en un seul ou plusieurs lots ou d'insérer une clause d'allotissement. Ces questions échappent à la compétence du tribunal de grande instance (TGI)[4]. Le juge-commissaire a donc une compétence exclusive de celle du TGI. Dans la mesure où la loi lui confère de décider les modalités de la vente, il semble que le juge-commissaire puisse, seul, fixer les clauses relatives aux enchères : enchère minimale et/ou consignation préalable pour enchérir.

Pour les autres modalités, l'ordonnance se contente généralement de désigner l'avocat postulant qui sera chargé de procéder aux formalités de la vente et notamment de rédiger le cahier des charges et d'indiquer devant quel tribunal la vente sera tenue.

1412.34 Les modalités de publicité. Le juge-commissaire n'est pas lié par les dispositions de l'ancien Code de procédure civile. Il peut en principe librement fixer la publicité, le cas échéant dans des conditions moindres que celles posées à

1. L. 25 janv. 1985, anc. art. 154.

2. Com. 6 janv. 1998, n° 95-12.258, *Bull. civ.* IV, n° 2.
3. TGI Montbrison, 21 nov. 2000, *JCP* 2001. 10487, note Laporte
4. TGI Limoges, 21 avr. 1988, *BICC* 1988, n° 778.

l'article 697 ACPC, et complétées par le décret du 11 janvier 2002[1] (v. s[s] n°s 1323.320 s.). Le décret du 27 décembre 1985 précise en effet, simplement (Décr. 27 déc. 1985, art. 125, 2°), que les modalités de la publicité sont fixées en tenant compte de la valeur, de la nature et de la situation des biens. La même formule a été reprise à l'article 268, 2°, devenu l'article R. 642-22, 2° du Code de commerce.

La réforme de la publicité issue de la loi du 29 juillet 1998 et destinée à assurer une « large diffusion » (v. s[s] n°s 1323.251 s.) n'a donc pas eu d'incidence sur les ventes d'immeubles d'un débiteur en liquidation judiciaire, même si, en pratique, le juge-commissaire ordonne une publicité au moins égale à celle prévue par le Code de procédure civile.

1412.35 Indications sur le bien. L'article 130 du décret du 27 décembre 1985 précise que l'ordonnance qui autorise la vente par voie de saisie immobilière rendue à la demande du liquidateur ou d'un créancier poursuivant comporte donc, outre les indications mentionnées à l'article 125, les énonciations exigées au 4°, 5°, 6° et 7° du deuxième alinéa de l'article 673 ACPC (v. s[s] n°s 1321.61 s.). L'article 274 du décret du 28 décembre 2005, devenu l'article R. 642-28 du Code de commerce, dans sa rédaction initiale, reproduit les mêmes exigences.

Il s'agit donc de l'indication pour chacun des immeubles de la nature, de la situation, de la contenance et de la désignation cadastrale; de la copie de la matrice du rôle de la contribution foncière; de l'indication du tribunal où l'expropriation sera suivie; et de la constitution de l'avocat chez lequel le domicile du créancier poursuivant est élu de droit et en l'étude duquel pourront être notifiés les actes d'opposition au commandement et offres réelles et toute signification relative à la saisie.

Le créancier qui entend exercer son droit de poursuite individuelle et qui doit préparer les éléments de l'ordonnance qu'il sollicitera du juge-commissaire, devra au préalable requérir une fiche d'immeubles et un extrait cadastral, de manière à obtenir tous les renseignements relatifs à la désignation du bien et à l'origine de propriété. Cette fiche révélera de surcroît le nom et le domicile des créanciers inscrits, lesquels devront être indiqués au juge-commissaire, car l'ordonnance doit leur être notifiée. En pratique, l'ordonnance précise d'ailleurs ceux à qui elle sera notifiée.

1. Décr. n° 2002-77, 11 janv. 2002, pris pour l'application de l'article 697 du Code de procédure civile (ancien) et réformant les modalités de la publicité en matière de saisie immobilière, *JO* 18 janv., p. 1089.

1412.36 Loi du 23 janvier 1998. Les ajouts apportés à l'article 673 ACPC par la loi du 23 janvier 1998 sont-ils transposables en cette matière ? Aucune disposition de la loi du 23 janvier 1998 ne prévoit que le texte est applicable en matière de vente de biens d'un débiteur en liquidation judiciaire et il n'y a pas eu de jurisprudence publiée sur cette difficulté. On peut toutefois relever que le débiteur étant dessaisi, il ne participera pas à la procédure de vente. Il ne pourra solliciter ni la conversion en vente volontaire, ni la modification de la mise à prix et n'ayant pas à constituer avocat, il n'y aura pas lieu pour lui de solliciter le bénéfice de l'aide juridique.

1412.37 Lieu de la vente. En principe, le tribunal est celui du lieu de situation de l'immeuble conformément aux règles de procédure civile.

1412.38 Cas particulier : poursuite simultanée de deux ou plusieurs immeubles. En vertu de l'article 131 du décret du 27 décembre 1985, et de l'article 275 du décret du 28 décembre 2005, devenu l'article R. 642-29 du Code de commerce, le juge-commissaire peut autoriser le liquidateur ou le créancier à poursuivre simultanément la vente de plusieurs immeubles, même s'ils sont situés dans des ressorts de tribunaux de grande instance différents. Il décide alors si la vente sera poursuivie devant le TGI dans le ressort duquel chaque immeuble se trouve ou devant celui dans le ressort duquel est situé le domicile du débiteur ou le siège de l'entreprise. Parce que l'ordonnance autorisant la vente sur saisie se substitue au commandement, il faut en déduire que le juge-commissaire doit rendre autant d'ordonnances qu'il y a d'immeubles à vendre, de la même façon que doivent être délivrés autant de commandements qu'il y a d'immeubles à saisir puisque ces commandements et ordonnances doivent être ensuite publiés aux Bureaux des hypothèques du lieu de situation des biens.

Quant à la compétence du tribunal, l'article 131 alinéa 2 du décret du 27 décembre 1985, reproduit à l'identique à l'article R. 642-29 du Code de commerce, permet de réaliser l'adjudication devant le TGI dans le ressort duquel chacun des immeubles se trouve ou devant celui dans le ressort duquel est situé le domicile du débiteur ou encore le siège de l'entreprise. Cette formulation semble signifier que les poursuites simultanées pourront toutes être regroupées devant le TGI du domicile du débiteur ou le TGI du siège de l'entreprise, mais encore que les poursuites pourront donner lieu à des procédures distinctes, pour chaque immeuble, devant le TGI de son lieu de situation.

Il apparaît ainsi que la réglementation applicable à la vente d'un bien appartenant à un débiteur en procédure collective est à la fois plus souple et plus précise que la procédure de droit commun de la saisie immobilière. En effet, en matière de saisie de droit commun, lorsque des immeubles sont situés dans des ressorts de tribunaux différents, s'il est possible de provoquer la vente simultanée de ces immeubles (ACPC, art. 675), l'ancien Code de procédure civile ne précise pas devant quel TGI la vente se réalisera, sauf dans l'hypothèse où il s'agit d'immeubles dépendant d'une même exploitation; dans ce cas, la vente se poursuivra devant le tribunal de la principale exploitation (ACPC, art. 675, al. 2).

§ 2
Notification et publication de l'ordonnance

1412.40 **L'ordonnance se substitue au commandement de saisie immobilière.** Elle doit donc être notifiée et publiée à la Conservation des hypothèques.

A.
Notification de l'ordonnance

1412.41 **Principe.** L'ordonnance du juge-commissaire qui autorise la vente doit être portée à la connaissance du débiteur et des créanciers inscrits.

1412.42 **Modalités.** En vertu de l'article 126 du décret du 27 décembre 1985, l'ordonnance est notifiée à la diligence du greffier en la forme déterminée par le juge-commissaire. L'article 269 du décret du 28 décembre 2005, devenu l'article R. 642-23 du Code de commerce, a précisé que l'ordonnance est notifiée à la diligence du greffier par lettre recommandée avec demande d'avis de réception.

Le décret du 27 décembre 1985 prescrivait la notification au débiteur et aux créanciers inscrits à domicile élu dont les noms étaient indiqués dans l'ordonnance. Plus généralement la jurisprudence avait considéré que l'ordonnance devait être notifiée à tous ceux dont elle concernait directement les droits et obligations[1]; à défaut d'être notifiée aux parties concernées, l'ordonnance restait toujours susceptible de recours[2]. La réforme de 1994 a prescrit la notification des ordonnances aux « parties » (Décr. 27 déc. 1985, art. 25, al. 3 mod.).

L'article R. 642-23 du Code de commerce dans sa rédaction d'origine, ajoute au débiteur et créanciers inscrits à domicile élu dont les noms étaient indiqués dans l'ordonnance, les créanciers bénéficiaires du privilège général immobilier.

1412.43 **Conjoint.** La question de la signification de l'ordonnance se pose pour le conjoint *in bonis*, que la menace de vente vise un bien commun et/ou un bien qui sert à assurer le logement familial. Le conjoint en effet, est nécessairement concerné par la procédure qui peut aboutir à son expropriation et/ou à son expulsion. En 1997, la Cour de cassation avait jugé que la notification au seul mari, conformément à l'article 126 du décret, était suffisante[3]; on trouve encore dans certaines décisions l'indication que l'autorisation de vente par le juge-commissaire, puis le jugement rendu sur opposition, se substituent pour la personne en liquidation, comme pour son conjoint, au commandement prévu par l'article 674 ACPC[4]. La doctrine s'interrogeait cependant sur l'opportunité de la présence du conjoint à la procédure afin que soient préservés ses droits sur l'immeuble; certains auteurs estimaient nécessaire de lui signifier l'ordonnance[5], d'autres préconisant seulement de l'attraire à la procédure[6], ce qui était plus orthodoxe car il n'y aucune raison de signifier un commandement à quelqu'un qui n'est pas débiteur (pour la sommation de prendre communication du cahier des charges, v. ss n° 1412.83).

Au demeurant, l'article 241 du décret du 28 décembre 2005, devenu l'article R. 641-30 du Code de commerce, envisage les droits du conjoint du débiteur en imposant son audition ou sa convocation avant toute décision ordonnant ou autorisant la vente de biens de la communauté. Lorsqu'au cours de la procédure la dissolution de la communauté devient opposable aux tiers, ce conjoint doit être entendu ou dûment convoqué avant toute décision ordonnant ou autorisant la vente des biens de l'indivision.

1412.44 **Recours contre l'ordonnance devant le tribunal de commerce.** L'article 25 du décret du 27 décembre 1985 prévoit un recours propre à l'encontre des ordonnances rendues par le juge-commissaire et en précise les délais et modalités.

Le recours est formé par déclaration au greffe ou lettre recommandée accusé de réception, dans le délai de huit jours à compter de la notification qui en est faite aux parties, débiteur, liquidateur et créanciers inscrits (parties dont les droits et obligations sont concernés) et dans le délai de huit jours

1. Com. 17 mai 1994, n° 91-21.627, *Bull. civ.* IV, n° 182; *D.* 1994. 510, note Derrida.
2. Com. 15 déc. 1992, n° 89-20.750, *Bull. civ.* IV, n° 416; *D.* 1993. 192, obs. Honorat; *Rev. proc. coll.* 1993, n° 283, obs. Dureuil.
3. Civ. 2e, 21 mai 1997, n° 95-14.102, *Bull. civ.* II, n° 163.
4. AINSI : Com. 16 juin 2004, n° 02-19.138, NP.
5. EN CE SENS : chron. F. Vauvillé, *JCP N* 1995. Prat. 3521, p. 1492 – Et J.-P. Sénéchal, *Defrénois* 2002, art. 37522, obs. ss Civ. 2e, 8 juin 2000, n° 98-14.110, *Bull. civ.* II, n° 99; *D.* 2000. 199, et obs.
6. EN CE SENS : Ph. Pétel, *JCP E* 1997. I. 681, n° 14.

à compter de son dépôt au greffe par toute autre personne intéressée. Le conjoint a ainsi qualité pour contester l'ordonnance.

Le délai de huit jours est augmenté des délais de distance de l'article 643 C. pr. civ.; la solution vaut au demeurant pour tous les autres délais, dès lors qu'aucune disposition de la loi du 25 janvier 1985 n'exclut l'application des règles générales de l'article 643 C. pr. civ. [1]

Le débiteur en liquidation judiciaire peut exercer, en vertu de son droit propre, les voies de recours à l'encontre des décisions du juge-commissaire[2]. Si le débiteur est une personne morale cependant, il faudra désigner un représentant *ad hoc* pour exercer ces recours, dans la mesure où les pouvoirs du mandataire social auront nécessairement pris fin avec la liquidation de la société.

La doctrine s'accorde pour considérer que les ordonnances du juge-commissaire ne sont susceptibles d'aucun autre recours et notamment de la tierce opposition.

C'est le tribunal de commerce qui examinera le recours.

L'article 67 du décret du 28 décembre 2005, devenu l'article R. 621-21 du Code de commerce, prévoit le même recours à l'encontre des décisions du juge-commissaire, mais allonge le délai qui passe à dix jours. Les modalités sont identiques.

1412.45 Recours contre la décision du tribunal de commerce : créanciers et débiteur saisi. En principe, ni les créanciers, ni le débiteur ne peuvent exercer de voie de recours à l'encontre des jugements statuant sur les recours formés contre les ordonnances du juge-commissaire rendues en application des articles L. 642-18 et L. 642-19. La règle est posée à l'article L. 661-5 du Code de commerce[3]. Si un tel recours est malgré tout formé il sera irrecevable[4].

Toutefois, si l'ordonnance originaire du juge-commissaire est affectée d'un vice particulièrement grave, excès de pouvoir ou violation d'un principe fondamental de procédure, un appel nullité peut toujours être formé[5]; ainsi lorsque l'ordonnance n'était pas motivée (le jugement rendu sur opposition à une ordonnance non motivée est susceptible d'appel-nullité car une telle ordonnance est assimilée à une ordonnance rendue hors la limite des attributions du juge-commissaire[6]) ou lorsque des conclusions avaient été déposées par l'opposant devant le tribunal sous la constitution d'un avocat, et que celui-ci a indiqué qu'il n'était ni présent, ni représenté[7].

L'acte de notification du jugement par lequel le tribunal statue sur le recours formé contre une ordonnance du juge-commissaire n'a cependant pas à indiquer qu'un appel nullité est exceptionnellement ouvert en cas d'excès de pouvoir ou de violation d'un principe fondamental de procédure, ni à préciser le délai et les modalités d'exercice de cette voie de recours[8].

En outre, il avait été jugé que lorsque l'ordonnance avait été rendue « *hors des limites des attributions du juge-commissaire* » il s'induisait, *a contrario*, des dispositions de l'article 173 alinéa 2 de la loi du 25 janvier 1985[9], que l'appel était recevable. Dans ce cas, l'effet dévolutif de l'appel s'opérait pour le tout et la cour d'appel avait l'obligation, après avoir annulé la décision entreprise, de statuer au fond[10]. L'article L. 661-5 du Code de commerce, dans sa rédaction issue de la réforme opérée par la loi de sauvegarde de juillet 2005, ne fait plus référence à une décision prise dans les limites des attributions du juge-commissaire.

1412.46 Ministère public. Seul le ministère public peut former appel, puis pourvoi, à l'encontre des jugements statuant sur des recours formés contre les ordonnances du juge-commissaire (C. com., art. L. 661-5). La solution était déjà la même sous l'empire de la loi de 1985, modifiée en 1994[11]. Il a été jugé que quel que soit le motif de la contestation, l'appel étant recevable, il opérera dévolution de l'entier litige en droit et en fait[12].

1412.47 Conjoint *in bonis*. Peut-il formaliser une tierce opposition contre l'ordonnance du juge-commissaire ? À notre connaissance cette question n'a pas fait l'objet de jurisprudence publiée, mais la doctrine l'exclut. En revanche, ce conjoint pourrait lui-même saisir le tribunal mais à la condition d'effectuer ce recours par déclaration au greffe ou lettre

1. Civ. 2e, 26 févr. 1997, no 94-19.233, *Bull. civ.* II, no 60.
2. Com. 15 févr. 2000, no 97-21.102, *Bull. civ.* IV, no 31.
3. POUR DES EX. rendus ss la législation antérieure : Com. 27 nov. 1984, no 83-10.590, *Bull. civ.* IV, no 320 – Com. 15 févr. 1971, no 69-10.865, *Bull. civ.* IV, no 46.
4. Civ. 2e, 10 mars 2004, no 02-12.606, *Bull. civ.* II, no 98; *D.* 2005. 1609, obs. Taormina.
5. Paris, 22 mars 1989, *JCP E* 1989. 15591, no 15, obs. M. C.; *Rev. proc. coll.* 1989. 490, obs. Dureuil – Com. 26 juin 2001, no 98-14.247, NP; *JCP* 2002. II. 10096, note Perdriau – Com. 13 nov. 2002, no 99-18.219, NP.
6. Com. 30 mars 1993, no 90-21.980, *Bull. civ.* IV, no 132.
7. Com. 24 sept. 2003, no 01-00.790, NP.
8. Com. 28 sept. 2004, no 02-17.943, NP.
9. C. com., anc. art. L. 623-4.
10. Com. 28 mai 1996, no 94-14.232, *Bull. civ.* IV, no 150; *D.* 1997. 538, note Bolard; *RTD civ.* 1996. 985, obs. Perrot; *RJDA* 1996, no 1402 – Com. 1er oct. 1997, no 94-15.084, *Bull. civ.* IV, no 232; *RDI* 1997. 634, chron. Foyer; *RJDA* 1998, no 84; *JCP* 1997. II. 22941 – Com. 14 oct. 1997, no 95-12.405, NP; *Procédures* 1997, no 286.
11. C. com., anc. art. L. 622-16.
12. Com. 11 mars 1997, no 96-19.588, *Bull. civ.* IV, no 73.

recommandée avec accusé de réception, dans les huit jours (dix jours depuis le décret du 28 décembre 2005) du dépôt de l'ordonnance au greffe.

B.
Publication de l'ordonnance

1412.51 Substitution au commandement. Selon l'article 126 alinéa 2 du décret du 27 décembre 1985, l'ordonnance se substitue au commandement prévu à l'ancien article 2217 du Code civil et à l'article 673 ACPC; elle est publiée à la diligence du liquidateur ou du créancier poursuivant au Bureau des hypothèques de la situation des biens, dans les conditions prévues pour le commandement à l'article 674 ACPC (v. s[s] n°s 1321.160 s.). L'article 269 alinéa 2 du décret du 28 décembre 2005, devenu l'article R. 642-23, est rédigé à l'identique.

Le conservateur des hypothèques doit procéder à la formalité de publicité de l'ordonnance, même, précisent les articles 126 alinéa 3 du décret du 27 décembre 1985 et R. 642-23 du Code de commerce, si des commandements ont été antérieurement publiés. Ces commandements cessent en effet de produire effet à compter de la publication de l'ordonnance.

1412.52 Délai de quatre-vingt-dix jours. En visant les conditions prévues pour la publication du commandement de l'article 674 ACPC, le décret renvoie donc au délai de quatre-vingt-dix jours entre le commandement, ici l'ordonnance, et la publication au bureau des hypothèques. La question se posait de savoir à partir de quelle date décompter le délai de quatre-vingt-dix jours. La Cour de cassation a répondu que le délai de publication courrait à compter de la date à laquelle l'ordonnance était passée en force de chose jugée à l'égard du débiteur et des créanciers inscrits; c'est-à-dire, à compter de la notification qui doit leur être adressée, l'ordonnance bénéficiant de plein droit de l'exécution provisoire en vertu de l'article 155 du décret du 27 décembre 1985[1]. En conséquence, le défaut de publication dans les délais emporte déchéances des poursuites et le liquidateur ou en l'espèce, le créancier agissant en suite de l'inaction du liquidateur, doit présenter une nouvelle requête au juge-commissaire pour réitérer la procédure, conformément aux dispositions de l'article 674 ACPC[2].

1412.53 Effets de la publication. L'originalité vient de ce qu'à compter de la publication de l'ordonnance, les commandements publiés antérieurement cessent de produire effet. Or, la publication du commandement emporte immobilisation des fruits au profit des créanciers inscrits et restriction du droit de disposer pour le débiteur (v. s[s] n°s 1321.191 s.). Toutefois, l'article 126 du décret du 27 décembre 1985, comme l'article 269 du décret du 28 décembre 2005, devenu l'article R. 642-23 du Code de commerce, ordonnent la substitution de l'ordonnance au commandement; il faut sans doute en déduire que les mêmes effets, quant aux fruits, et quant au pouvoir de disposer du débiteur, se produisent à l'issue de cette publication mais que les créanciers inscrits ne peuvent plus, lorsque l'ordonnance du juge-commissaire a été publiée, poursuivre la réalisation du bien, à l'exception du créancier poursuivant qui retrouve un droit de poursuite individuelle. Dans l'hypothèse toutefois où aucune saisie immobilière n'avait été commencée avant l'ouverture de la procédure collective, l'ordonnance du juge-commissaire sera publiée dans les mêmes conditions de l'article 674 ACPC et produira les mêmes effets, à savoir essentiellement l'immobilisation des fruits, car s'agissant des restrictions au droit de disposer, l'ouverture de la liquidation judiciaire avait emporté dessaisissement du débiteur.

L'article 126-1 du décret du 27 décembre 1985, dans sa rédaction issue du décret n° 94-910 du 21 octobre 1994, pris en application de la loi du 10 juin 1994[3], prévoit que lorsqu'une saisie immobilière avait été engagée avant l'ouverture de la procédure collective et que le liquidateur ou le créancier en cas d'inaction du liquidateur est autorisé à reprendre la procédure suspendue, l'ordonnance est mentionnée en marge de la copie du commandement publié à la Conservation des hypothèques et les créanciers qui avaient précédemment engagé la procédure de saisie remettent au poursuivant, contre récépissé, les pièces de la poursuite. Les frais de procédure déjà engagés par le créancier poursuivant initial lui seront restitués dans le cadre de l'ordre à venir.

La règle est reproduite à l'article 270 du décret du 28 décembre 2005, devenu l'article R. 642-24 du Code de commerce.

SECTION 2
PROCÉDURE PRÉPARATOIRE À LA VENTE, DÉGAGÉE DES INCIDENTS

1412.60 Une vente en la forme des saisies. On retrouve les dispositions du droit commun de la sai-

1. Civ. 2e, 30 mars 2000, n° 96-21.478, *Bull. civ.* II, n° 59; *Procédures* 2000, n° 149.
2. Com. 25 nov. 1997, n° 94-15.670, NP; *Procédures* févr. 1998, n° 43.
3. Décr. n° 94-910, 21 oct. 1994, pris pour l'application de la loi n° 94-475 du 10 juin 1994 relative à la prévention et au traitement des difficultés des entreprises, *JO* 22 oct., p. 15018.

sie immobilière : rédaction et dépôt du cahier des charges, sommation d'en prendre connaissance et mentions de ces sommations, audience éventuelle et publicité. Toutefois, pendant le déroulement de cette phase préparatoire, les droits du saisi et des créanciers inscrits se révèlent réduits par comparaison avec ceux qui leur sont offerts dans le cadre d'une procédure de droit commun; ceux de l'éventuel conjoint *in bonis* le sont plus encore.

§ 1
Actes et audience préparatoire

1412.61 Déroulement identique à la saisie de droit commun. La vente va être poursuivie selon les conditions du cahier des charges dont le débiteur et les créanciers inscrits devront prendre connaissance. Une audience éventuelle sera également prévue afin de trancher les dires et de fixer définitivement les conditions de la vente.

A.
Cahier des charges et sommations

1412.70 Conjugaison de l'ancien Code de procédure civile et des décrets du 27 décembre 1985 et 28 décembre 2005. L'article 127 du décret du 27 décembre 1985, et l'article 271 du décret du 28 décembre 2005, devenu l'article R. 642-25 du Code de commerce, prévoient la rédaction d'un cahier des charges par le poursuivant et les articles 129 du décret du 27 décembre 1985 et 273 du décret du 28 décembre 2005, devenu l'article R. 642-27 du Code de commerce, renvoient aux dispositions de l'ancien Code de procédure civile pour les formalités relatives au dépôt et à la connaissance du cahier des charges.

1°
Cahier des charges

1412.71 Contenu. Le poursuivant va donc établir un cahier des charges.

Ce document doit faire référence à l'ordonnance qui a autorisé la vente, désigner les biens à vendre, mentionner la mise à prix, les conditions de la vente et les modalités de paiement du prix selon les règles de la procédure d'ordre.

Il n'y a pas là de différence avec la procédure de droit commun sinon que le titre en vertu duquel les poursuites sont exercées est l'ordonnance du juge-commissaire, publiée à la Conservation des hypothèques.

1412.72 Dépôt du cahier des charges au greffe. La vente sur saisie immobilière étant soumise aux dispositions de l'ancien Code de procédure civile dans la mesure où il n'y est pas dérogé, le dépôt du cahier des charges se fera conformément aux dispositions de l'article 688 ACPC, soit dans les quarante jours au plus tard après la publication de l'ordonnance du juge-commissaire.

2°
Sommations de prendre connaissance du cahier des charges

1412.81 Particularité pour le saisi. Le décret du 27 décembre 1985, comme celui du 28 décembre 2005, ne contenant aucune disposition relative aux sommations, il faut en déduire que le poursuivant doit respecter les dispositions de l'article 689 ACPC, c'est-à-dire sommer dans les huit jours du dépôt du cahier des charges le saisi et les créanciers inscrits portés sur l'état délivré après la publication de l'ordonnance du juge-commissaire.

S'agissant du saisi toutefois, la chambre commerciale de la Cour de cassation avait considéré qu'il n'y avait pas lieu de le sommer d'avoir à prendre connaissance du cahier des charges, puisqu'il était dessaisi de ses droits et actions par le jugement de liquidation judiciaire[1]. La chambre mixte réunissant les deux premières chambres civiles et la chambre commerciale a confirmé cette solution[2], en rappelant que le débiteur dispose d'un recours contre l'ordonnance du juge-commissaire devant le tribunal de commerce (v. s^{s} n° 1412.44). C'est donc le liquidateur seul qui sera sommé par le créancier poursuivant, lorsque ce dernier agit en vertu des dispositions de l'article 161 de la loi du 25 janvier 1985. Pour les mêmes raisons, le débiteur mis en liquidation judiciaire ne sera pas recevable à déposer un dire au cahier des charges de l'adjudication de l'un de ses immeubles[3]. S'il souhaite exercer un recours, il ne le peut qu'à l'encontre de la décision du juge-commissaire ayant autorisé la vente, fixé la mise à prix, les conditions essentielles de l'adjudication et les modalités de publicité (v. s^{s} n° 1412.44).

1412.82 Créanciers. Selon l'article 689 ACPC, les sommations informeront les créanciers du dépôt du cahier des charges et de l'obligation qu'ils devront respecter un délai de trois jours au plus tard avant l'audience éventuelle afin de faire insérer leurs dires et observations; la sommation indiquera

1. Com. 11 avr. 1995, n° 91-21.534, *Bull. civ.* IV, n° 123; *JCP N* 1995. II. 1439; *D.* 1995. 152 – Com. 21 nov. 1995, n° 93-11.922, NP.
2. Cass., ch. mixte, 5 déc. 1997, n° 94-17.189, *Bull. ch. mixte*, n° 2; *Procédures* févr. 1998, n° 42.
3. Com. 7 déc. 1999, n° 97-11.426, NP; *Procédures* 2000, n° 64 – Com. 28 janv. 2004, n° 01-13.422, NP.

également, conformément à l'article 690, les jour et heure de l'audience éventuelle où il sera statué sur les dires et observations qui auraient été formulés et les jour et heure de l'audience d'adjudication, pour le cas où il n'y aurait ni dire ni observation sur le cahier des charges. Les sommations seront faites au domicile élu.

Selon l'article 694 alinéa 1er ACPC, mention de la notification des sommations sera faite en marge de l'ordonnance du juge-commissaire, dans les huit jours de la date du dernier exploit de notification.

1412.83 **Conjoint.** Si la sommation de prendre connaissance du cahier des charges n'a pas besoin d'être délivrée au débiteur, le poursuivant ne doit pas omettre de délivrer la sommation au conjoint éventuel du débiteur lorsqu'il poursuit la réalisation d'un immeuble commun[1]. En effet, en application des dispositions de l'article 690 C. pr. civ., le conjoint pourra ainsi formuler toutes observations sur la régularité de la procédure précédant l'audience[2].

B. Audience éventuelle

1412.91 **Objet.** Cette audience ne diffère pas de celle prévue dans le cadre de la procédure de droit commun. Elle aura lieu seulement si des dires ont été déposés dans les conditions de forme et de délai de l'article 689 ACPC (v. ss nos 1323.180 s.).

Les dires peuvent être l'occasion de saisir le tribunal d'un incident, tiré d'un moyen de fond, ou d'une irrégularité de procédure ou toute autre contestation (v. ss no 1323.201) mais également de faire insérer des dires au cahier des charges (sur les droits des créanciers inscrits, v. ss nos 1324.150 s. – sur ceux du saisi, v. ss no 1412.81). La chambre commerciale de la Cour de cassation décide que les dires émanant du liquidateur, régulièrement sommé, doivent être déposés avant l'audience éventuelle; à défaut, ils seront irrecevables, peu important que la contestation porte sur la licéité d'une clause du cahier des charges[3].

C. Publicités

1412.101 **Délai et modalités.** L'article 129 du décret du 27 décembre 1985, comme l'article 273 du décret du 28 décembre 2005, devenu l'article R. 642-27 du Code de commerce, soumettent la vente au titre XII de l'ancien Code de procédure civile lorsqu'il n'y est pas dérogé. Ainsi, depuis l'entrée en vigueur du décret du 11 janvier 2002 (v. ss nos 1323.320 s.) c'est désormais quarante jours au plus tôt et vingt jours au plus tard avant l'adjudication que l'avocat poursuivant fera insérer dans un des journaux d'annonces légales de l'arrondissement où les biens sont situés ou, s'il n'y en a pas, de l'arrondissement le plus voisin, un extrait signé de lui et contenant l'identification des parties, la désignation des immeubles, la mise à prix, l'indication des jour, lieu et heure de l'adjudication et du tribunal devant lequel elle se fera. Les modalités de la publicité, en revanche, ne sont pas nécessairement calquées sur celles de la saisie immobilière, les décrets du 27 décembre 1985 et du 28 décembre 2005 laissant le juge-commissaire libre de les fixer en tenant compte de la valeur, de la nature et de la situation des biens (v. ss no 1412.34).

1412.102 **Cas particulier de ventes simultanées.** En vertu de l'article 131 du décret du 27 décembre 1985 et 275 du décret du 28 décembre 2005, devenu l'article R. 642-29 du Code de commerce, le juge-commissaire peut autoriser le créancier à poursuivre simultanément la vente de plusieurs immeubles, même s'ils sont situés dans des ressorts de tribunaux de grande instance différents. C'est le juge-commissaire qui décide si la vente de ces biens sera poursuivie devant le TGI dans le ressort duquel chaque immeuble se trouve ou devant celui dans le ressort duquel est situé le domicile du débiteur ou le siège de l'entreprise. L'article 2 du décret du 11 janvier 2002 dispose que la publicité doit se faire dans un journal d'annonces légales de l'arrondissement du lieu de la situation de l'immeuble saisi; dans l'hypothèse où le juge-commissaire a estimé que la vente se ferait dans un ressort différent, il paraît souhaitable, même si aucun texte ne le prévoit expressément, d'effectuer une double publicité, au lieu de situation de l'immeuble et à celui du tribunal désigné, sauf à faire paraître la publicité dans un journal qui couvrirait les deux ressorts.

1412.103 **Nouvelles publicités.** En vertu de l'article 126-1 issu du décret d'application de la loi du 10 juillet 1994 (Décr. no 94-910, 21 oct. 1994), on rappellera que lorsque la procédure de saisie immobilière avait été engagée avant l'ouverture de la procédure collective et qu'elle est reprise une fois la liquidation des biens prononcée, de nouvelles publicités sont à effectuer, les précédentes ayant annoncé une audience d'adjudication qui n'a pas pu se tenir, compte tenu de la suspension des poursuites. La règle a été reproduite à l'article 270 alinéa 1er du décret du 28 décembre 2005, devenu l'article R. 642-24 alinéa 1er du Code de commerce.

1. Com. 11 avr. 1995, no 91-21.534, *Bull. civ.* IV, no 123.
2. Com. 16 juin 2004, no 02-19.138, NP.
3. Com. 3 févr. 1998, no 94-18.991, NP; *Procédures* juill. 1998, no 176.

§ 2
Droits du débiteur saisi, des créanciers inscrits et des tiers

1412.110 Des droits réduits. C'est ici que se manifeste le plus nettement le particularisme de la vente des immeubles d'un débiteur en liquidation judiciaire. Les droits du saisi sont considérablement réduits, ceux des créanciers peuvent également l'être, ainsi que ceux de titulaires de droits de préemption légaux. Les droits de l'éventuel conjoint du débiteur en liquidation judiciaire sont également restreints.

A.
Droits du débiteur

1412.111 Le débiteur est dessaisi. En vertu de l'ancien article L. 622-9 du Code de commerce[1], applicable aux procédures ouvertes avant le 1er janvier 2006, et L. 641-9 du Code de commerce pour celles ouvertes depuis, le jugement qui ouvre ou prononce la liquidation judiciaire emporte dessaisissement pour le débiteur de l'administration et de la disposition de ses biens et les droits et actions de ce débiteur concernant son patrimoine sont exercés, pendant toute la durée de la liquidation judiciaire, par le liquidateur. Ainsi, le débiteur ne peut-il intervenir dans une procédure, dès lors qu'il est représenté par le liquidateur qui dirige la réalisation de l'actif (v. not. ss no 1412.81).

1412.112 Conversion en vente volontaire. Dans la procédure de droit commun, la demande de conversion en vente volontaire est possible tout au long de la procédure, jusqu'à l'audience d'adjudication (v. ss no 1324.31); le tribunal conservant en opportunité le pouvoir de refuser une demande tardive. S'agissant de la réalisation du bien immeuble d'un débiteur en liquidation judiciaire, il a été jugé, en revanche, que l'autorisation de vendre un immeuble autrement que par la voie de saisie immobilière ne peut être donnée que par le juge-commissaire dans les conditions de l'ancien article L. 622-16 du Code de commerce[2]; ainsi, lorsque le juge-commissaire a autorisé le liquidateur ou le créancier substitué à vendre l'immeuble par voie de saisie immobilière, il ne peut être demandé au TGI de convertir cette vente en vente volontaire sur le fondement des articles 744 et 745-*a* ACPC[3].

Au demeurant, l'article 129 du décret du 27 décembre 1985 qui dispose que la vente sur saisie est soumise aux dispositions du titre XII du livre V de l'ancien Code de procédure civile, circonscrit le domaine d'application des dispositions de droit commun : la conversion en vente volontaire est régie par les articles 744 et suivants ACPC, au titre XIII du livre V consacré aux incidents de saisie immobilière. Reste cependant irrésolue la question de savoir si le juge-commissaire pourrait lui-même revenir sur sa décision et accorder en cours de procédure de saisie une autorisation de vente à l'amiable, dès lors qu'aurait été formée une proposition d'achat intéressante (en ce sens v. Rémery[4] – comp. obs. professeur Honorat qui estime, pour éviter des tractations plus ou moins conformes à l'intérêt de l'ensemble des créanciers, que le choix du juge-commissaire une fois opéré doit être considéré comme définitif dans le silence des textes).

L'article 273 du décret du 28 décembre 2005, devenu l'article R. 642-27 du Code de commerce, renvoie également aux dispositions du titre XII du livre V. Les mêmes conclusions s'imposent donc.

1412.113 Remise de la vente. Le débiteur peut-il invoquer le bénéfice des dispositions de l'article 703 ACPC, permettant de solliciter la remise de la vente pour causes graves et dûment justifiées ? Ici le dessaisissement du débiteur et le fait qu'il soit représenté par le liquidateur exclut toute demande émanant du saisi lui-même[5]. Par une décision du 21 janvier 1998, la deuxième chambre civile de la Cour de cassation[6] a précisé que le débiteur disposait d'un recours contre l'ordonnance du juge-commissaire et qu'une fois celle-ci devenue définitive seul le liquidateur était investi du droit de représenter le débiteur et d'exercer seul les droits et actions concernant le patrimoine de celui-ci; ce faisant, elle a censuré le tribunal de première instance qui avait partiellement fait droit à une demande fondée sur les dispositions de l'article 703 ACPC. Il en a été jugé de même à propos d'un dire en sursis déposé par le débiteur en liquidation judiciaire[7].

Le liquidateur qui représente le saisi peut-il former une demande de remise lorsque la procédure est menée à l'initiative du créancier ? (sur le fondement de C. com., art. L. 622-23[8], avant l'entrée en vigueur de la loi de sauvegarde, et C. com., art. L. 643-2, depuis le 1er janvier 2006) ? *A priori,* rien ne paraît l'interdire.

1. L. 25 janv. 1985, anc. art. 152.
2. Devenu C. com., art. L. 642-18, à la suite de l'entrée en vigueur de la loi du 26 juillet 2005.
3. Com. 11 avr. 1995, no 92-12.254, *Bull. civ.* II, no 122; *D.* 1995. 333, note Honorat.
4. EN CE SENS : v. rapp. conseiller Rémery, ss Com. 11 avr. 1995, no 92-12.254 (préc. ss prést no).
5. EN CE SENS : Dijon, 14 avr. 1992, *Juris-Data* no 045680.
6. Civ. 2e, 21 janv. 1998, no 93-20.238, NP.
7. Com. 7 déc. 1999, no 97-11.426, NP; *Procédures* 2000, no 64.
8. L. 25 janv. 1985, anc. art. 161.

B.
Droits des créanciers

1412.121 Poursuivant et inscrits. On a déjà constaté (v. s[s] n° 1412.31) que même lorsque le créancier agit sur le fondement de son droit de poursuite individuelle, les conditions et la publicité de la vente sont fixées par l'ordonnance du juge-commissaire et la mise à prix d'un commun accord avec ce dernier. Le droit d'action du créancier poursuivant est donc contrôlé par le juge-commissaire. Les autres créanciers vont également voir leurs droits réduits lorsque le bien vendu appartient à un débiteur en liquidation judiciaire.

1412.122 Action résolutoire. En vertu des dispositions de l'article 692 ACPC, si parmi les créanciers se trouve le vendeur de l'immeuble saisi ou un coéchangiste, la sommation doit porter qu'à défaut de former et faire mentionner à la suite du cahier des charges la demande en résolution de vente ou la poursuite de folle enchère, ils seront déchus à l'égard de l'adjudicataire de leur droit d'exercer ces actions.

Toutefois, l'article 98 du décret du 21 octobre 1994 a modifié l'article 129 du décret de 1985 afin d'écarter l'application de l'article 692 en cas de vente d'un bien immeuble à la suite d'une liquidation judiciaire. La même exclusion se retrouve à l'article 273 du décret de 2005, dans sa rédaction d'origine.

1412.123 Autres droits. Les dispositions de l'article 703 ACPC, demande de remise pour causes graves et dûment justifiées, doivent pouvoir être invoquées par les créanciers. Mais la jonction de saisie n'est pas envisageable pas plus que la subrogation. Les dispositions applicables à ces demandes sont en effet contenues au titre XIII du livre V.

C.
Droits des tiers

1°
Droits des tiers bénéficiaires d'un droit de préemption

1412.131 Les bénéficiaires. Lorsque l'immeuble est réalisé par la voie d'une adjudication suivant les formes de la saisie immobilière de droit commun, certaines personnes bénéficient, en vertu de la loi, d'un droit de préemption qui pourra s'exercer au prix de la dernière enchère (v. s[s] n°s 1323.380 s.).

Lorsque le bien est vendu à la barre du tribunal, à la suite d'un jugement de liquidation judiciaire, le preneur à bail rural, la Safer et le locataire à usage d'habitation et professionnel lors d'une première division par lots, peuvent-ils exercer leur droit de préemption dans les mêmes conditions ?

1412.132 Preneur à bail rural et locataire à usage d'habitation. Les articles L. 412-11 du Code rural et de la pêche maritime et 10, II de la loi du 31 décembre 1975, se réfèrent à des ventes par adjudication, volontaire ou forcée. Les droits de préemption des preneurs à bail, rural et à usage d'habitation, doivent donc être respectés.

1412.133 Société d'aménagement foncier et d'établissement rural (Safer). Lorsque le liquidateur réalise l'actif, la Safer a-t-elle un droit de préemption ou ce droit est-il remis en cause par l'existence d'une procédure collective ? Et, encore, ce droit peut-il s'exercer quelle que soit la forme retenue pour ladite réalisation, à savoir, vente de gré à gré ou vente en la forme des saisies immobilières ? Dans ce dernier cas, les poursuites exercées par les créanciers retrouvant leur droit d'agir individuel en cas de carence de l'administrateur seraient ou non concernées. En vertu de l'article L. 143-4, 7° du Code rural, il n'est pas interdit aux Safer de préempter des biens cédés lors de la liquidation judiciaire d'une entreprise. La jurisprudence ne s'est pas prononcée sur l'hypothèse de l'exercice d'un droit de préemption, en cas de réalisation de l'actif par un créancier. En revanche, la question du droit de préemption de la Safer en cas de vente de gré à gré s'est posée récemment et la solution apportée par la Cour de cassation invite à reposer le débat. Jusqu'à présent, on savait que si la cession de l'immeuble était comprise dans une unité de production, l'exercice du droit de préemption de la Safer était clairement exclu par l'article L. 143-4, 7° du Code rural. Certaines cours d'appel en déduisaient que l'exclusion s'étendait, par analogie aux ventes de gré à gré[1]. D'autres, faisaient une application stricte de cette prohibition (seulement dans le cas d'une cession lors du redressement judiciaire[2]). La cour d'appel de Riom avait, quant à elle, raisonné sur la nature de la vente de gré à gré, estimant que s'agissant d'une vente non volontaire, elle n'était pas soumise au droit de préemption. Sur pourvoi, la Cour de cassation a cassé (soulignant l'inconvénient de la solution lorsque le prix envisagé de gré à gré est supérieur à celui que la Safer offrira suite à la préemption, en vertu de C. rur., art. L. 143-10)[3], sans répondre au raisonnement tenu sur le caractère non volontaire de la vente, mais

1. Dijon, *RD rur.* 2000. 513.
2. Pau, 14 oct. 1999, Pau, 18 nov. 1999, et Reims, 11 oct. 2000, *RD rur.* 2000. 513.
3. Com. 15 oct. 2002, n° 99-17.765, *Bull. civ.* IV, n° 143; *D.* 2002. 3012, obs. Lienhard; *Gaz. Pal.* 20-21 juin 2003. Somm. 17, obs. Lachaud.

en se référant à l'article L. 143-4, 7° qui « *n'interdit pas aux Safer de préempter des biens cédés lors de la liquidation judiciaire d'une entreprise* ». Le même jour elle s'est également prononcée sur une vente intervenant dans le cadre d'une liquidation judiciaire[1]. La réponse semble donc claire. Les Safer, hors les cas où le Code rural l'interdit expressément, peuvent exercer leur droit de préemption lorsque le propriétaire est en liquidation judiciaire.

1412.134 Cas particulier des collectivités locales. Le droit de préemption ne semblait pas ouvert aux collectivités locales en cas de vente d'un bien appartenant à un débiteur en liquidation judiciaire. En effet, avant l'entrée en vigueur de la loi n° 2000-1208 sur la solidarité et le renouvellement urbains, du 13 décembre 2000[2], l'alinéa 1er de l'article L. 213-1 du Code de l'urbanisme, visait seulement les ventes volontaires et l'alinéa 3 n'envisageait l'hypothèse d'une adjudication que « *lorsque cette procédure est rendue obligatoire par une disposition législative ou réglementaire* ». Or, la qualité de vente volontaire d'un immeuble d'un débiteur en situation de liquidation judiciaire se discute (v. ss n° 1400.07), et dans le même temps, la vente pouvant être ordonnée en la forme des saisies, de gré à gré ou sur adjudication amiable, l'adjudication n'était pas rendue obligatoire par une disposition législative ou réglementaire. En conséquence, le droit de préemption de l'Administration était écarté dans ce cas[3]. La Cour de cassation avait tenu le même raisonnement à propos d'une vente à forfait réalisée par un syndic[4]. L'article 19 de la loi « SRU » ayant supprimé le mot « volontairement » dans le premier alinéa de l'article L. 213-1 du Code de l'urbanisme, on peut discuter du droit pour les collectivités d'exercer leur droit de préemption urbain (dès lors que celui-ci a été institué par voie de délibération) sur les biens aliénés à la suite de toute vente aux enchères, qu'elle soit forcée ou volontaire.

1412.135 Droit de préemption des communes – Article L. 616 du Code de la construction et de l'habitation. La loi du 29 juillet 1998, relative à la lutte contre les exclusions, a institué un nouveau droit de préemption, au profit des communes à l'article L. 616 du Code de la construction et de l'habitation. Cet article envisage l'hypothèse d'une vente sur saisie immobilière d'un immeuble ou partie d'immeuble, constituant la résidence principale d'une personne qui remplit les conditions d'attribution d'un logement à loyer modéré (v. ss n° 1323.413); cette rédaction semble donc exclure l'extension de ce droit de préemption à d'autres ventes aux enchères publiques.

2°
Droits du conjoint

1412.141 Il n'est pas partie. Le liquidateur ou le créancier n'ont pas à notifier l'ordonnance du juge-commissaire à l'époux *in bonis*; il en résulte que si celui-ci veut s'opposer à la vente telle qu'ordonnée par le juge-commissaire, il n'a d'autre possibilité que de saisir le tribunal de commerce dans les **huit jours** (Décr. 27 déc. 1985, art. 25) ou **dix jours** (Décr. 28 déc. 2005, art. 67) du dépôt de l'ordonnance du juge-commissaire autorisant la vente (v. ss n° 1412.45). En revanche, le conjoint doit être sommé de prendre communication du cahier des charges (v. ss n° 1412.83).

1412.142 Exclusion de la loi du 23 janvier 1998. Lorsque le bien à vendre est un bien commun à deux époux dont l'un seul est en liquidation judiciaire, l'époux *in bonis* pourrait-il exercer les droits nés de la réforme de janvier 1998, spécialement lorsqu'il s'agit de la vente du logement principal ? La question se pose compte tenu de la nature de bien commun qui permet au créancier d'agir en exécution, uniquement contre le débiteur en procédure collective.

Il est clair tout d'abord que le conjoint *in bonis* n'est pas considéré comme débiteur, or la loi du 23 janvier 1998 ne vise (L. 23 janv. 1998, art. 1, II) que le débiteur (v. ss n° 1321.111). Comme pour le tiers détenteur, le bénéfice de la loi semble exclu pour le conjoint *in bonis*. En conséquence, celui-ci ne peut prétendre solliciter l'aide juridique, ni même contester le montant de la mise à prix s'il s'agit du logement principal. D'ailleurs le pouvoir de fixer la mise à prix incombant en cette matière au juge-commissaire, le TGI ne devrait pas pouvoir intervenir. Il est toutefois envisageable qu'il saisisse la commission de surendettement. Mais pourrait-il opposer au liquidateur poursuivant la réalisation de l'immeuble commun, l'ordonnance du juge de l'exécution qui l'a admis au bénéfice du surendettement ? La cour d'appel de Limoges l'a exclu relevant qu'aucune disposition des articles L. 332-1 et suivants du Code de la consommation n'autorise le juge de l'exécution à suspendre l'exécution d'une

1. Com. 15 oct. 2002, nos 99-17.765 et 98-21.669, *Bull. civ.* IV, nos 143 et 144; *D.* 2002. 3012, obs. Lienhard; *JCP* 2003. I. 113, p. 346, obs. Pétel.
2. L. n° 2000-1208, relative à la solidarité et au renouvellement urbains, *JO* 14 déc., p. 19777.
3. EN CE SENS : sous l'empire de la loi de 1967, CE, sect., 6 oct. 1995, req. n° 112083, *Lebon*; *JCP N* 1996. II. 238; *Defrénois* 1996. 604, art. 36318, n° 5, obs. Pérignon – Et pour la loi du 25 janv. 1985, Paris, 20 sept. 1994, *Rev. proc. coll.* 1995/2, n° 39, obs. Soinne – Rép. min., *JOAN* 3 janv. 1994, p. 59 – CE, sect., 27 oct. 1999, Cne de Houdan, req. n° 188685, *Lebon 326*.
4. Civ. 3e, 10 nov. 1998, n° 97-10.269, *Bull. civ.* III, n° 214; *Constr.-Urb.* févr. 1999, n° 61.

décision du juge-commissaire portant sur la réalisation de l'actif d'un débiteur justiciable de la loi du 25 janvier 1985[1].

1412.143 Exclusion de la conversion en vente volontaire. On peut encore se demander si l'époux *in bonis* ne pourrait pas demander la conversion en vente volontaire. Cette demande de conversion a été qualifiée par la Cour de cassation d'acte d'administration et non de disposition, qui pouvait valablement être formée par un seul époux sans l'accord de l'autre[2]. Toutefois, cette faculté semble devoir être écartée : en 1995, la chambre commerciale de la Cour de cassation a jugé que l'autorisation de vendre un immeuble d'un débiteur en liquidation judiciaire, autrement que par voie de saisie immobilière était donnée par le juge-commissaire dans les conditions prévues à l'article 154 alinéa 2 de la loi du 25 janvier 1985 (devenu C. com., anc. art. L. 622-16) et qu'il en résultait qu'il ne pouvait en conséquence être demandé ultérieurement au TGI de convertir cette vente en vente volontaire sur le fondement des articles 744 et 745 de l'ancien Code de procédure civile[3]. Certes, cette décision a été rendue dans le cadre d'une autorisation donnée au liquidateur, mais la jurisprudence est à l'évidence transposable à l'ordonnance rendue au visa de l'ancien article L. 622-23 du Code de commerce[4]. C'est donc le juge-commissaire et non le TGI qui est compétent pour décider si la vente doit s'effectuer en la forme des saisies ou autrement.

1412.144 Exclusion de l'article 215 alinéa 3 du Code civil. Sous peine de frapper les biens d'une insaisissabilité contraire à la loi, le conjoint ne peut opposer le fait que le bien est affecté au logement familial (v. s[s] n° 1411.82).

§ 3
Audience d'adjudication

A.
Audience tenue avant le 1er mars 2009

1412.151 Juge des criées. Le bien va être vendu à l'audience des criées du tribunal désigné à cet effet par le juge-commissaire. Le décret de 1985 apporte quelques précisions et modifications par rapport au droit commun, mais la procédure de l'adjudication demeure identique.

1412.152 Réquisition de la vente. Elle est requise selon les dispositions de droit commun (v. s[s] n°s 1325.20 s.).

1412.153 Carence d'enchères. Sur un point cependant, la vente des immeubles d'un débiteur en liquidation judiciaire se distingue de la procédure de droit commun : en effet, lorsque le liquidateur poursuit la vente, il ne peut être déclaré adjudicataire ni en son nom personnel ni en qualité de représentant des créanciers des immeubles du débiteur. La loi de 1967 l'admettait pour le syndic de la faillite (ce dernier pouvait faire surenchère en tant que représentant de la masse des créanciers[5]). L'article 128 du décret du 27 décembre 1985 exclut expressément la possibilité pour le liquidateur d'être déclaré adjudicataire des immeubles du débiteur. C'est notamment pour cette raison que le juge-commissaire peut préciser qu'à défaut d'enchère atteignant la mise à prix la vente pourra se faire sur une mise à prix inférieure.

On retrouve la même règle à l'article 272 du décret du 28 décembre 2005, devenu l'article R. 642-26 du Code de commerce.

En revanche, lorsque la saisie est poursuivie par un créancier en vertu de son droit de poursuite individuelle ce créancier peut-il être déclaré adjudicataire en cas de défaut d'enchère ? La question se pose car le créancier n'a pas déterminé lui-même la mise à prix, qui est fixée par le juge-commissaire, en accord avec le créancier poursuivant; en cas de désaccord, c'est donc le tribunal qui tranchera (v. s[s] n° 1412.32). Dans ces conditions, le prix pourra être imposé au créancier et une faculté de baisse de mise à prix refusée par le tribunal.

Dans une telle hypothèse, qu'il faut espérer rare en pratique, le créancier n'a d'autre choix que de prendre le risque d'être déclaré adjudicataire à défaut d'enchères ou de renoncer aux poursuites. C'est sans doute la raison pour laquelle certains auteurs considéraient que lorsque la mise à prix avait été fixée par le juge-commissaire, le créancier ne devait pas pouvoir être déclaré adjudicataire à défaut d'enchères[6]. La chambre commerciale a tranché la question en sens contraire[7] : elle a estimé que, aux termes de l'article 129 du décret du 27 décembre 1985, la vente sur saisie immobilière était soumise au titre XII du livre V de l'ancien Code de procédure civile, et donc à l'article 706 alinéa 2 dudit code, figurant sous ce titre. Cet arti-

1. Limoges, 28 juin 1994, *D.* 1999. Somm. 204, obs. Chatain et Ferrière.
2. Civ. 1re, 31 mai 1989, n° 87-10.647, *Bull. civ.* I, n° 220.
3. Com. 11 avr. 1995, n° 92-12.254, *Bull. civ.* IV, n° 122; *D.* 1995. 333, note Honorat.
4. L. 25 janv. 1985, anc. art. 161.
5. Com. 19 juill. 1988, n° 86-14.220, *Bull. civ.* IV, n° 256; *D.* 1989. Somm. 76, obs. Honorat; *Rev. proc. coll.* 1989. 144, n° 4, obs. Le Cannu.
6. EN CE SENS : P. Le Cannu, J.-M. Lucheux, M. Pitron, J.-P. Sénéchal, *Entreprises en difficulté,* « Pratique des affaires », Éd. Joly, 1994, n° 834.
7. Com. 6 janv. 1998, n° 95-12.258, *Bull. civ.* IV, n° 2.

cle s'appliquait donc en cas de carence d'enchères, que le juge-commissaire ait ou non visé la faculté qui lui appartient de fixer, dans l'ordonnance autorisant la vente, une mise à prix inférieure à la mise à prix initiale. La chambre commerciale a insisté encore sur le fait que, lorsque la vente est poursuivie en application de l'article 161 de la loi du 25 janvier 1985 (devenu C. com., anc. art. L. 622-23), la mise à prix n'est pas déterminée par le juge-commissaire seul, mais par celui-ci en accord avec le créancier poursuivant. C'est dire que, en cas de désaccord persistant sur la mise à prix, les créanciers devront envisager d'exercer un recours devant le tribunal et à tout le moins essayer de convaincre le juge-commissaire, puis le tribunal, de prévoir une faculté de baisse de mise à prix (v. s[s] n° 1412.32). La solution demeure applicable aux procédures soumises au décret du 28 décembre 2005.

1412.154 Interdictions d'acquérir. L'ancien article L. 622-17 du Code de commerce[1] prévoit que toutes personnes intéressées par l'acquisition des unités de production composées de tout ou partie de l'actif immobilier du débiteur peuvent faire des offres au liquidateur à l'exception du débiteur, des dirigeants de droit ou de fait de la personne morale en liquidation judiciaire, des parents et alliés de ceux-ci jusqu'au deuxième degré inclusivement. Curieusement, cette restriction au droit d'acquérir n'est pas stipulée à l'ancien article L. 622-16 du Code de commerce relatif aux ventes immobilières ni au demeurant à l'ancien article L. 622-18 qui prévoit la vente des autres biens de l'entreprise. Doit-on considérer que la prohibition contenue à l'article L. 622-17 ne concerne que la vente d'unités de production et non la vente de biens isolés ? La doctrine est partagée. Pour certains auteurs, la prohibition contenue à l'article L. 622-17 serait justifiée par la crainte du législateur que sous le couvert des membres de la famille ou d'une société de façade, le dirigeant puisse se porter acquéreur des « forces vives » de l'entreprise moyennant un prix réduit et en avançant l'argument de la sauvegarde de l'emploi. S'agissant en revanche de la vente de biens isolés, une telle attitude ne serait pas à craindre, l'objectif étant seulement d'obtenir le meilleur prix lors de la réalisation du bien. Il n'y aurait donc aucune raison, *a priori*, de refuser au dirigeant lui-même ou aux membres de sa famille la faculté de racheter ces biens, tout autant qu'un prix réel et sérieux serait proposé. Pour d'autres auteurs, une telle interprétation est à exclure : le débiteur en liquidation judiciaire ne peut prétendre, sans avoir dissimulé des fonds à la liquidation, avoir les moyens de racheter ses propres biens[2].

La même question peut être reposée à la lecture des articles L. 642-3 et L. 642-18 issus de la loi du 26 juillet 2005 : des interdictions sont formulées à l'occasion des dispositions relatives à la cession de l'entreprise (C. com., art. L. 642-3), que l'on ne retrouve pas à la section consacrée à la cession des actifs (C. com., art. L. 642-18).

B.
Audience tenue après le 1er mars 2009

1412.161 Application des dispositions de la section 2 du chapitre VI du livre Ier du décret du 27 juillet 2006. L'article 153 du décret du 12 février 2009 soumet les audiences d'adjudication postérieures au 1er mars 2009 aux dispositions de la section 2 du chapitre VI du livre Ier du décret du 27 juillet 2006, relatives à la capacité d'enchérir, au déroulement et à la nullité des enchères (devenue C. pr. exéc., art. R. 322-39 à R. 322-49[3]) (v. s[s] n°s 1368.11 s.).

SECTION 3
INCIDENTS ET CONTESTATIONS

1412.170 Particularité. La réalisation du bien d'un débiteur en liquidation judiciaire peut donner lieu à des incidents de procédure et à des incidents tirés du fond du droit, comme en matière de saisie de droit commun (v. s[s] n°s 1330.05 s.). Mais la rencontre de la technique de la procédure de saisie immobilière et des règles relatives au redressement et à la liquidation judiciaires des entreprises est encore l'occasion de contestations propres; selon le moment où elles seront soulevées et leur objet, elles constitueront des incidents de saisie, au sens strict, soumis au juge des criées, ou exprimeront des oppositions préalables à la réalisation de la vente et qui seront tranchées par le tribunal de commerce.

Seront étudiées les contestations préalables (§ 1) et les contestations relatives à la vente (§ 2).

§ 1
Contestations préalables

1412.171 Compétence du tribunal de commerce. Avant que la procédure de saisie immobilière ne soit engagée, des recours peuvent être exer-

1. L. 25 janv. 1985, anc. art. 155.

2. V. B. Soinne, *Traité des procédures collectives,* 2e éd., Litec, 1995, n° 2403.
3. Décr. n° 2012-783, 30 mai 2012, relatif à la partie réglementaire du Code des procédures civiles d'exécution, *JO* 31 mai, p. 9375.

cés par le débiteur, les créanciers inscrits et toute personne qui y a intérêt, contre l'ordonnance du juge-commissaire autorisant la vente et fixant les conditions de celle-ci (v. s^s n° 1412.44). Il ne s'agit cependant pas encore d'incidents, à proprement parler, ces contestations étant portées devant le tribunal de commerce.

1412.172 Opposition à l'ordonnance du juge-commissaire et délai de quatre-vingt-dix jours. Lorsque le juge-commissaire a autorisé la vente aux enchères publiques et que le débiteur a formé un recours contre l'ordonnance, celle-ci doit-elle, malgré tout, être publiée ? Dans le silence du droit des procédures collectives sur cette question, peut-on raisonner par analogie avec la saisie de droit commun ? Dans ce cas, la jurisprudence décide que l'opposition au commandement de saisie immobilière ne suspend pas le délai de quatre-vingt-dix jours (v. s^s n° 1321.164).

S'agissant de la vente d'un bien appartenant à un débiteur en liquidation judiciaire, l'ordonnance, non publiée dans le délai de l'article 674 ACPC, doit être renouvelée (v. s^s n° 1412.52). La solution est fondée sur les dispositions de l'article 674 du code, qui disposent que le créancier qui laisse écouler plus de quatre-vingt-dix jours entre le commandement et sa publication au Bureau des hypothèques ne peut reprendre les poursuites qu'en réitérant ledit commandement dans les mêmes formes et délais. Dès lors, pour reprendre les poursuites, le liquidateur doit solliciter une nouvelle ordonnance et la faire publier dans le délai.

En 1997, la Cour de cassation a précisé que le juge-commissaire était compétent pour autoriser la vente par une nouvelle ordonnance, nonobstant la première ordonnance rendue[1]. La chambre commerciale n'a cependant pas eu à se prononcer sur l'absence d'effet interruptif du recours, la question posée dans le pourvoi étant circonscrite aux attributions du juge-commissaire. Il faut sans doute admettre que, comme pour l'opposition à commandement dans la procédure de droit commun, l'opposition à l'ordonnance du juge-commissaire n'est pas suspensive du délai de publication de quatre-vingt-dix jours. Mais peut-être n'est-ce pas aussi évident : dans la procédure de droit commun, la Cour de cassation a admis que l'opposition n'emportait pas suspension du délai à partir du moment où, dans le même temps, elle a considéré que l'opposition à commandement de saisie immobilière devenait un incident de saisie, rétroactivement, à compter de la publication du commandement (v. s^s n° 1331.62). Or, l'opposition à ordonnance du juge-commissaire ne sera pas tranchée par le TGI mais par le tribunal de commerce; il ne s'agira donc pas à proprement parler d'un incident de saisie immobilière, au sens de la procédure de droit commun.

§ 2
Contestations relatives à la vente

1412.181 Avertissement. Comme dans la procédure de droit commun, la vente peut donner lieu à des contestations portant sur la régularité de la procédure et à des incidents portant sur le fond du droit. Seront seulement exposées ici les questions particulières, posées par l'incidence de la faillite sur la vente sur saisie immobilière; le lecteur est renvoyé pour le droit commun des incidents et contestations aux développements s^s n°s 1330.05 s.

A.
Contestations tenant à la régularité de la procédure

1412.190 Particularités. Compte tenu de la liquidation judiciaire du débiteur, la procédure présente quelques particularités, notamment quand ce dernier est marié. Des incidents de procédure peuvent par ailleurs être soulevés, portant sur la forme et les délais des actes à accomplir pour parvenir à la vente du bien. Il faut ici distinguer entre le débiteur, dessaisi, et son éventuel conjoint qui subira la vente du bien commun et/ou qui sert à assurer le logement familial.

1°
Le débiteur et son conjoint

1412.191 Le débiteur est dispensé de sommation. La chambre mixte de la Cour de cassation[2] décide que le liquidateur est dispensé de délivrer au débiteur la sommation prévue à l'article 689 ACPC lorsque l'ordonnance du juge-commissaire précisant les conditions de la vente et les modalités de publicité est passée en force de chose jugée à l'égard du débiteur. En effet, le liquidateur est investi du droit de représenter le débiteur et exerce seul les droits et actions concernant le patrimoine de celui-ci. À partir du moment où l'ordonnance du juge-commissaire fixant les conditions de la vente lui a été signifiée, ouvrant ainsi au débiteur la possibilité de former un recours à l'encontre de cette ordonnance devant le tribunal de commerce, il n'y a pas

1. Com. 25 nov. 1997, n° 94-15.670, NP; *Procédures* 1998, n° 43.

2. Cass., ch. mixte, 5 déc. 1997, n° 94-17.189, *Bull. ch. mixte*, n° 2; *Gaz. Pal.* 11-12 févr. 1998, v° *Procédures civiles d'exécution*, p. 15.

lieu de sommer le débiteur. Les griefs ou observations que celui-ci pourrait souhaiter formuler doivent l'être sur recours contre l'ordonnance du juge-commissaire. C'est donc finalement par le jeu des voies de recours que le débiteur contestera les éléments déterminés par le juge-commissaire.

1412.192 Exercice individuel des voies de recours. Il faut en outre constater que l'exercice individuel de voies de recours par le débiteur, malgré son dessaisissement, est admis, considéré comme un tempérament utile aux effets de la règle du dessaisissement. Mais son champ d'application apparaît incertain puisque la doctrine comme la jurisprudence n'admettent que le débiteur ne recouvre l'exercice individuel des voies de recours que lorsqu'il est partie nécessaire à la décision concernée (sur cette question, v. obs. F. Derrida[1]).

1412.193 Le conjoint *in bonis* doit être sommé de prendre connaissance du cahier des charges. Avant l'entrée en vigueur de la loi de sauvegarde, la jurisprudence s'intéressait déjà au sort du conjoint du débiteur lorsque le bien menacé de vente servait au logement familial. Qu'il soit commun en biens ou marié en séparation, lorsque le bien assure le logement familial, la jurisprudence décide que, les dispositions de l'article 215 alinéa 3 du Code civil étant inapplicables en cas de vente forcée, l'ordonnance du juge-commissaire autorisant la vente ne devra pas lui être notifiée[2].

En outre, la jurisprudence décidait que le poursuivant ne devait pas omettre de délivrer la sommation de prendre connaissance du cahier des charges au conjoint éventuel du débiteur lorsqu'il poursuivait la réalisation d'un immeuble commun[3]. Ce faisant, le créancier permettait au conjoint d'intervenir par dire à la procédure s'il le souhaitait.

L'article 241 du décret du 28 décembre 2005, pris pour l'application de la loi du 26 juillet 2005 (devenu C. com., art. R. 641-30), a prévu que le conjoint *in bonis* devait être entendu ou dûment convoqué avant toute décision ordonnant ou autorisant la vente des biens de communauté. La jurisprudence imposant de lui dénoncer la sommation de prendre connaissance du cahier des charges s'ajoute alors à l'obligation de le convoquer ou de l'entendre.

2°
Incidents de procédure

1412.201 Renvoi à l'ancien Code de procédure civile. Lorsque le juge-commissaire décide que la vente se fera sur saisie immobilière, l'article 129 du décret du 27 décembre 1985, comme l'article 273 du décret du 28 décembre 2005, disposent que la vente sera soumise aux dispositions du titre XII du livre V de l'ancien Code de procédure civile, à l'exception de l'article 692, et dans la mesure où il n'y sera pas dérogé par le décret.

1412.202 Forme et délais. La question se pose tout d'abord, compte tenu de ce renvoi limité, de savoir comment seront formées et tranchées les contestations portant sur la régularité de la procédure de vente et sur le fond du droit; en renvoyant seulement au titre XII du livre V de l'ancien Code de procédure civile et pas au titre XIII, consacré aux incidents, le décret a-t-il entendu exclure le régime strict des incidents de saisie ?

L'article 715 ACPC, qui impose à peine de nullité un certain nombre de formalités et prévoit l'accomplissement de certains actes de procédure à peine de déchéance, est applicable aux ventes sur faillite, car il se trouve dans le titre XII. La difficulté vient de ce que les articles 727 et 728 qui fixent le régime de la forme et du délai des incidents de procédure (dire déposé cinq jours avant l'audience éventuelle et cinq jours avant l'audience d'adjudication) sont contenus au titre XIII. *A priori* cependant, le formalisme imposé pour la procédure de droit commun se retrouvant consacré par le décret du 27 décembre 1985, les mêmes sanctions (nullité assujettie à la démonstration d'un grief, et déchéance) devraient être transposées. La logique et la prudence voudraient que les incidents soient soulevés à peine de forclusion cinq jours avant l'audience éventuelle et l'audience d'adjudication, s'agissant d'incidents de nullité de procédure (v. s[s] n°s 1332.51 s.); les déchéances en revanche, peuvent être soulevées à tout moment, la solution d'origine jurisprudentielle étant fondée sur le silence des textes (v. s[s] n° 1332.81). À notre connaissance, il n'existe pas de jurisprudence publiée.

1412.203 Folle enchère. Les dispositions relatives à la folle enchère sont contenues au titre XIII de l'ancien Code de procédure civile. Toutefois, il ne paraît pourtant pas envisageable que le décret ait exclu de s'y référer lorsque le bien devra être remis en vente (v. s[s] n° 1413.41).

B.
Incidents touchant au fond du droit

1412.211 Principe. Les contestations portant sur le fond du droit et qualifiées par la jurisprudence d'incidents de saisie sont relatives à l'existence de la créance, à son exigibilité et à sa liquidité, ou encore au titre sur lequel la poursuite est basée (v. s[s] n°s 1331.140 s.).

1. Obs. Derrida s[s] TGI Valence, 13 mai 1987, *D.* 1989. Somm. 10.
2. Civ. 1re, 21 mai 1997, n° 95-14.102, *Bull. civ.* I, n° 163 (v. s[s] n° 1412.43).
3. Com. 11 avr. 1995, n° 91-21.534, *Bull. civ.* IV, n° 123.

1412.212 **Assiette de la saisie.** Lorsque le bien à vendre appartient à un débiteur marié, des contestations peuvent encore être formées sur l'assiette de la saisie : on sait que peuvent être vendus pour désintéresser les créanciers d'un débiteur en liquidation judiciaire, les biens propres de ce dernier mais aussi les biens communs et le conjoint *in bonis* ne pourra s'y opposer (v. s[s] n°s 1318.91 s.).

Lorsque les époux sont propriétaires indivis d'un bien, le liquidateur ne pourra que provoquer le partage, par la voie de l'action oblique, et solliciter la licitation, si le partage ne peut être réalisé en nature[1] (sur la procédure v. s[s] n°s 1421.91 s.). La jurisprudence a précisé que le créancier hypothécaire qui poursuit la saisie immobilière d'un bien indivis, sur lequel une personne soumise à une procédure collective avait des droits, était tenu de présenter requête au juge-commissaire, sans préjudice de la délivrance d'un commandement aux indivisaires maîtres de leur droit, et fut-il titulaire (le créancier) d'une hypothèque consentie par tous les indivisaires, lui permettant dès lors de poursuivre la saisie et la vente du bien avant le partage de l'indivision[2] (v. s[s] n° 1411.93).

1412.213 **Incidence de l'annulation du jugement d'ouverture de la procédure collective.** Lorsqu'un actif immobilier d'un débiteur en liquidation judiciaire est vendu aux enchères, mais qu'ultérieurement le jugement ayant ouvert la procédure collective est annulé, le débiteur redevenu *in bonis* va poursuivre l'annulation du jugement d'adjudication. Dans une telle situation la question des restitutions se révèle très délicate car à l'époque de l'adjudication, le prix a été payé au liquidateur, pour le compte de la liquidation. Est-ce pour autant à lui à le restituer ? Saisie de la question, la chambre commerciale de la Cour de cassation décide, au visa des articles 1304 du Code civil, et L. 622-9 du Code de commerce (réd. antérieure à L. 26 juill. 2005), que la remise des parties dans leur état antérieur à la suite de l'annulation du jugement d'adjudication commande que soit mise à la charge du propriétaire qui, dans la procédure de saisie immobilière, avait été représenté par le liquidateur pour le temps de son dessaisissement et qui a été remis à la tête de ses biens, la restitution du prix en contrepartie de celle du bien[3].

1412.214 **Droit d'agir du créancier et vérification des créances.** En cas de contestation de la validité d'une procédure de saisie immobilière portant sur le droit à agir du créancier, le juge de la saisie immobilière doit trancher cette contestation (v. s[s] n° 1331.81) La difficulté peut venir de ce que, pour cela, il peut être amené à chercher la réponse dans des branches spéciales du droit, et notamment dans le droit des procédures collectives. Ainsi, statuant sur une procédure diligentée par un créancier contre des garants qui avaient consenti une hypothèque sur un immeuble leur appartenant pour garantir l'encours de créances commerciales accordé à une société, le juge de la saisie immobilière devra, en l'absence de vérification et d'admission des créances déclarées à titre chirographaire au passif de la société débitrice, se prononcer sur le droit d'agir du créancier poursuivant. Est cassé, l'arrêt qui relève que la société créancière ne disposait à l'encontre de la société débitrice que d'une créance chirographaire qui n'a pas été vérifiée et que, l'obligation principale n'étant pas fixée, il lui appartenait de faire les diligences nécessaires afin de voir sa créance définitivement établie, sans que la mise en œuvre de la garantie hypothécaire puisse être recherchée valablement[4].

1. Paris, 2 déc. 1995, *RJDA* 1996, n° 706 – Com. 28 nov. 2000, n° 98-10.145, NP; *RJPF* 2001-3/18, obs. Vauvillé.
2. Com. 22 avr. 1997, n° 94-19.420, *Bull. civ.* IV, n° 99; *D.* 1998. 106, obs. Piedelièvre; *Gaz. Pal.* 11-12 févr. 1998, *v° Procédures civiles d'exécution*, p. 15.
3. Com. 7 févr. 2006, n° 05-13.467, *Bull. civ.* IV, n° 28; *D.* 2006. 578, obs. Lienhard; *JCP* 2006. IV. Pan. 462, n° 1488.
4. Com. 21 mars 2006, n° 05-10.451, NP.

CHAPITRE

1413. Effets de la vente (ancien régime)

ANNE LEBORGNE
PROFESSEUR À L'UNIVERSITÉ D'AIX-MARSEILLE

SECTION 0
ORIENTEUR

1413.00 **Plan du chapitre.**

Division. L'adjudication réalise une vente : le jugement emporte transfert de propriété et devra être publié par l'adjudicataire.

1413.04 **Un principe identique.** L'adjudication se déroule comme en matière de saisie immobilière; le bien est adjugé sur la dernière enchère et à l'expiration des délais de surenchère, le transfert de propriété sera acquis et l'adjudicataire devra publier le jugement d'adjudication. Lorsque l'adjudicataire ne règle pas le prix d'adjudication, le bien est revendu sur folle enchère.

SECTION 1
EFFETS DU JUGEMENT D'ADJUDICATION

1413.11 **Transfert de propriété.** Comme dans la procédure de droit commun, l'adjudication emporte transfert de propriété entre les parties (v. s[s] n° 1341.151).

1413.12 **Rescision pour lésion.** La rescision pour lésion « *n'a pas lieu en toutes ventes qui, d'après la loi, ne peuvent être faites que d'autorité de justice* » (C. civ., art. 1684). La vente d'un bien d'un débiteur en liquidation judiciaire à la requête d'un créancier est-elle une vente qui ne peut être faite que d'autorité de justice ? La jurisprudence avait répondu par la négative pour la vente des biens d'un débiteur en règlement judiciaire[1] : il s'agissait certes d'une vente après autorisation de justice, mais qui pouvait être effectuée autrement qu'en justice. Le raisonnement semble transposable à la vente des biens d'un débiteur en liquidation judiciaire : la vente peut être effectuée autrement qu'en justice puisque le juge-commissaire peut ordonner la vente de gré à gré ou par adjudication amiable (v. s[s] n° 1411.71). Cependant, la vente est consécutive à une décision de justice et pourrait ainsi être qualifiée de vente « faite d'autorité de justice ». Selon l'analyse retenue, la rescision pour lésion ne serait donc pas exclue.

1413.13 **Vices cachés.** La question semble plus simple pour la garantie des vices cachés. Selon l'article 1649 du Code civil, elle est exclue pour les ventes « *faites par autorité de justice* », ce qui laissera de côté les ventes de gré à gré ordonnées par le juge-commissaire et celles faites devant notaire, tout autant qu'on n'analysera pas la formule « *faites par autorité de justice* » comme signifiant « *faite après autorisation en justice* »[2]. La garantie des vices cachés semblerait donc nécessairement exclue lorsque la vente a lieu à la barre du tribunal : cela permettrait d'éviter l'action rédhibitoire, qui devrait conduire à choisir entre rendre la chose ou se faire restituer une partie du prix, hypothèses difficilement compatibles avec une vente forcée.

1413.14 **Paiement du prix.** En vertu de l'article 140 du décret n° 85-1388 du 27 décembre 1985[3], l'adjudicataire doit verser au compte de dépôt

1. Com. 8 juill. 1980, n° 77-13.164, *Bull. civ.* IV, n° 290.
2. *CONTRA :* et pour le refus de cette interprétation : Com. 8 juill. 1980, n° 77-13.164, *Bull. civ.* IV, n° 290, à propos toutefois, d'un règlement judiciaire.
3. Décr. n° 85-1388, 27 déc. 1985, relatif au redressement et à la liquidation judiciaire des entreprises, *JO* 29 déc., p. 15281.

ouvert par le liquidateur à la Caisse des dépôts et consignations la totalité du prix de l'adjudication dans les trois mois de l'adjudication, y compris les intérêts au taux légal à compter du jour où la vente est devenue définitive jusqu'au jour du paiement. Passé ce délai, le liquidateur lui enjoint par lettre recommandée avec demande d'avis de réception de faire le versement sous peine de revente sur folle enchère (v. s^s n° 1413.41).

L'article 140 prévoit également l'obligation à la charge de l'adjudicataire de publier le jugement d'adjudication dans les deux mois de sa date. L'article 140 toutefois ajoute que la publication doit être effectuée dans les deux mois du jugement d'adjudication et « *en cas d'appel dans les deux mois de l'arrêt confirmatif* ». Comment peut-on envisager un arrêt d'appel à l'encontre du jugement d'adjudication dont on sait par ailleurs qu'il n'est pas à proprement parler un jugement susceptible de recours mais un contrat judiciaire (v. s^s n°s 1341.20 s.) ? Est-ce une incongruité due à l'ignorance de la nature du jugement d'adjudication ?

Les mêmes obligations sont exposées à l'article 290 du décret du 28 décembre 2005 [1], devenu l'article R. 643-3 du Code de commerce, qu'il s'agisse de la consignation du prix comme de la publication du jugement.

1413.15 Effets du jugement d'adjudication pour le débiteur. Celui-ci doit libérer les lieux, l'adjudicataire pouvant exiger la délivrance du bien par le saisi (v. s^s n° 1341.201). Pour les procédures ouvertes avant le 1er janvier 2006, l'ancien article L. 622-16 alinéa 6 du Code de commerce [2], prévoit cependant que lorsque le débiteur est un agriculteur, le tribunal peut en considération de sa situation personnelle et familiale lui accorder des délais de grâce dont il détermine la durée pour quitter sa maison d'habitation principale. La durée de ces délais n'est pas fixée. L'article 124-1 du décret du 27 décembre 1985 (mod. par Décr. n° 89-339, 29 mai 1989) dispose que la décision qui accorde des délais fixe l'indemnité d'occupation due par le débiteur.

Pour les procédures ouvertes depuis le 1er janvier 2006, on se reportera à l'article L. 642-18 alinéa 6 du Code de commerce pour les délais accordés à un agriculteur, et à l'article 283 du décret du 28 décembre 2005, devenu l'article R. 642-37 du Code de commerce, pour la fixation de l'indemnité.

SECTION 2

PUBLICATION DU JUGEMENT D'ADJUDICATION

1413.21 Effets. Ce sont les mêmes effets que dans la procédure de droit commun (v. s^s n° 1341.170) : opposabilité du transfert de propriété aux tiers; purge des hypothèques. Pour les procédures ouvertes avant le 1er janvier 2006, l'ancien article L. 622-23 alinéa 2 du Code de commerce [3] ne renvoie pas à l'alinéa 4 de l'article L. 622-16 [4], selon lequel les adjudications emportent purge des hypothèques. La doctrine a admis toutefois que la solution devait être maintenue, que l'adjudication ait été poursuivie par le liquidateur ou par un créancier. En effet, à partir du moment où les créanciers inscrits ont été sommés de prendre connaissance du cahier des charges et ont été convoqués à la vente, et n'ont pas exercé la faculté de surenchère, le prix leur sera opposable.

L'article L. 643-2 du Code de commerce applicable aux procédures ouvertes à partir du 1er janvier 2006 ne renvoie pas plus à l'alinéa 4 de l'article L. 642-18 qui prévoit l'effet de purge. Le même raisonnement doctrinal devrait prévaloir.

Selon la jurisprudence développée en matière de saisie immobilière, la publication du jugement d'adjudication emporte également purge de tous les vices antérieurs de la procédure (v. s^s n° 1341.181) et report des sûretés sur le prix effectivement consigné.

SECTION 3

SURENCHÈRE

1413.31 Surenchère du dixième. Le bien peut être remis en vente sur surenchère du dixième, conformément aux articles 708 et suivants ACPC, ces articles se trouvant au titre XII du livre V du Code de procédure civile (v. s^s n°s 1342.11 s.).

SECTION 4

FOLLE ENCHÈRE

1413.41 Silence du législateur. En droit commun, la folle enchère est réglementée par les articles 733 et suivants ACPC, qui se trouvent au titre XII du livre V. Or, le décret du 27 décembre 1985 n'y renvoie pas; pas plus celui du 28 décembre 2005. Le silence du législateur sur cette question paraît toutefois procéder d'une omission;

1. Décr. n° 2005-1677, 28 déc. 2005, pris en application de la loi n° 2005-845 du 26 juillet 2005 de sauvegarde des entreprises, *JO* 29 déc., p. 20324.
2. L. 25 janv. 1985, anc. art. 154.
3. L. 25 janv. 1985, anc. art. 161, al. 2.
4. L. 25 janv. 1985, anc. art. 154, al. 4.

d'autant que l'article 140 du décret de 1985 prévoit que l'adjudicataire est tenu de faire publier au bureau des hypothèques le jugement d'adjudication dans les deux mois de sa date, sous peine de revente sur folle enchère, à la diligence du liquidateur (Décr. 27 déc. 1985, art. 140, al. 1er) et que l'article 290 du décret du 28 décembre 2005 a repris la même sanction.

De même, ces articles précisent également que, dans les trois mois de l'adjudication, l'adjudicataire verse au compte de dépôt ouvert par le liquidateur à la Caisse des dépôts et consignations la totalité du prix d'adjudication et des intérêts, sous peine de revente sur folle enchère. Dans cette deuxième hypothèse, la revente sur folle enchère n'est encourue qu'ensuite d'une lettre recommandée du liquidateur.

Les termes des décrets, qui font référence à la diligence du liquidateur et non à celle du créancier, semblent en conséquence exclure que la revente sur folle enchère puisse émaner d'un créancier poursuivant exerçant son droit de poursuite individuelle. La solution est toutefois insatisfaisante et semble procéder d'une omission des rédacteurs des décrets.

CHAPITRE

1414. Procédure de vente des immeubles d'un débiteur en liquidation selon le décret du 27 juillet 2006 (nouveau régime)

ANNE LEBORGNE
PROFESSEUR À L'UNIVERSITÉ D'AIX-MARSEILLE

SECTION 0
ORIENTEUR

1414.00 **Plan du chapitre.**

Division. Pour vendre les immeubles, il faudra toujours une ordonnance du juge-commissaire (sect. 1) qui sera notifiée et publiée (sect. 2), puis sera déposé le cahier des conditions de vente (sect. 3), les parties pourront sous certaines conditions faire valoir leurs droits (sect. 4) et l'audience d'adjudication se tiendra (sect. 4).

1414.01 Textes initialement applicables. Le **décret du 27 juillet 2006**[1], pris pour l'application de l'ordonnance du 21 avril 2006 réformant la saisie immobilière[2], et qui est entré en vigueur le 1er janvier 2007, avait modifié certaines dispositions du décret du 28 décembre 2005, relatives à la procédure de vente des immeubles d'un débiteur en liquidation[3]. Il s'agissait des articles 94, 268, 269, 273, 274, 276, 278, 279, 295 et 298 du décret du 28 décembre 2005. La nouvelle procédure n'était pas applicable aux procédures collectives ouvertes avant le 1er janvier 2006, ni aux ventes d'immeubles et aux procédures subséquentes de distribution de prix, lorsque ces ventes avaient été ordonnées avant l'entrée en vigueur du décret au cours d'une procédure collective ouverte après le 1er janvier 2006. Cependant, conformément aux dispositions transitoires, « *les actes régulièrement accomplis sous l'empire de la réglementation applicable avant l'entrée en vigueur du présent décret restaient valables* (art. 168, al. 4) ».

Pour l'essentiel, l'article 273 du décret du 28 décembre 2005, qui opérait renvoi au titre XII du livre V de l'ancien Code de procédure civile avait été modifié afin de renvoyer au titre premier du décret du 27 juillet 2006. Les ventes d'immeubles d'un débiteur en liquidation judiciaire devaient donc être réalisées selon **la procédure réformée de saisie immobilière**, une fois la vente ordonnée par le juge-commissaire.

La tenue d'une audience d'orientation par le juge de l'exécution semblait ainsi s'imposer alors même que le débiteur était dessaisi et que le juge-commissaire avait opté pour une réalisation des biens aux enchères publiques. Comment le comprendre et surtout comment concilier les règles de la nouvelle procédure de saisie immobilière autorisant le débiteur à vendre amiablement son bien avec la *ratio legis* du droit des procédures collectives, qui repose, notamment, sur le dessaisissement du débiteur en phase de liquidation ? Non réfléchi, ce renvoi global heurtait la logique et les praticiens comme les magistrats avaient tenté, tant bien que mal, de composer avec l'absurdité du dispositif.

1414.02 Réforme du droit des procédures collectives. L'ordonnance **n° 2008-1345 du 18 décembre 2008**, portant réforme du droit des procédures collectives[4], a modifié la rédaction de l'article L. 642-18 du Code de commerce, afin de disposer désormais que « *les ventes d'immeubles ont lieu conformément aux articles 2204 à 2212 du code civil* (devenus C. pr. exéc., art. L. 322-5 à L. 322-12[5]), *à l'exception des articles 2206 et 2211* (devenus C. pr. exéc., art. L. 322-6 et L. 322-9), *sous réserve que ces dispositions ne soient pas contraires à celles du présent code* ». C'est ainsi que le renvoi général aux formes prescrites en matière de saisie immobilière disparaît au profit d'un **renvoi spécial, limité aux articles du Code civil relatifs à l'adjudication**, à l'exclusion de l'ancien article 2206 (devenu C. pr. exéc., art. L. 322-6) qui concerne la fixation de la mise à prix par le créancier poursuivant et la faculté du débiteur de saisir le juge en cas d'insuffisance manifeste, et de l'ancien article 2211 (devenu C. pr. exéc., art. L. 322-9) qui réglemente, en droit commun de la saisie immobilière, la consignation et ses effets. Quant au détail de la procédure à suivre pour réaliser la vente des immeubles d'un débiteur en liquidation judiciaire, elle a été réécrite au titre 1er du **décret n° 2009-160 du 12 février 2009**[6]. Aux termes de l'article 155 du décret du 12 février 2009, le titre 1er est entré en vigueur au 15 février 2009 et ses dispositions sont applicables aux seules procédures ouvertes à compter du 15 février 2009.

Ainsi, la **régularité des ventes ordonnées avant le 15 février 2009** doit être examinée à la lumière de l'article L. 642-18 du Code de commerce, (qui opère renvoi aux formes prescrites en matière de saisie immobilière) et des dispositions du décret du 28 décembre 2005, modifiées par le décret du 27 juillet 2006. Suite à la codification de la partie réglementaire du Code de commerce intervenue en mars 2007, il s'agit des articles R. 642-22 et suivants du Code de commerce.

Pour les **procédures ouvertes à compter du 15 février 2009**, il faut se référer à l'article L. 642-18 dans sa rédaction issue de l'ordonnance du 18 décembre 2008, et plus spécialement aux articles R. 642-22 à R. 642-25 issus du décret du 12 février 2009. Le décret a restructuré le chapitre consacré à la réalisation de l'actif. La section 2, relative à la cession des actifs, comportait une sous-section 2 consacrée à la vente des immeubles. Cette dernière est désormais divisée en paragraphes qui distinguent les *ventes des immeubles par voie d'adju-*

1. Décr. n° 2006-936, 27 juill. 2006, relatif aux procédures de saisie immobilière et de distribution du prix d'un immeuble, *JO* 29 juill., p. 11316.
2. Ord. n° 2006-461, 21 avr. 2006, réformant la saisie immobilière, *JO* 22 avr., p. 6072.
3. Décr. n° 2005-1677, 28 déc. 2005, pris en application de la loi n° 2005-845 du 26 juillet 2005 de sauvegarde des entreprises, *JO* 29 déc., p. 20324.
4. Ord. n° 2008-1345, 18 déc. 2008, portant réforme du droit des entreprises en difficulté, *JO* 19 déc., p. 19462.
5. Ord. n° 2011-1895, 19 déc. 2011, relative à la partie législative du Code des procédures civiles d'exécution, *JO* 20 déc., p. 21464.
6. Décr. n° 2009-160, 12 févr. 2009, pris pour l'application de l'ordonnance n° 2008-1345 du 18 décembre 2008 portant réforme du droit des entreprises en difficulté et modifiant les procédures de saisie immobilière et de distribution du prix d'un immeuble, *JO* 13 févr., p. 2596.

dication judiciaire, des *ventes par voie d'adjudication amiable*, de la *vente de gré à gré*. Des précisions ont été apportées aux dispositions relatives aux *ventes par voie d'adjudication judiciaire* et aux *ventes par voie d'adjudication amiable*, aux articles R. 642-22 à R. 642-25, et des dispositions communes à toutes les ventes ont été ajoutées aux articles R. 642-36-1 à R. 642-37-1. Les dispositions particulières à la vente par voie d'adjudication judiciaire se trouvent aux articles R. 642-27 à R. 642-29-2 du Code de commerce.

1414.03 Codification des procédures civiles d'exécution. Le décret n° 2012-783 du 30 mai 2012 relatif à la partie réglementaire du Code des procédures civiles d'exécution[1] a abrogé le décret du 27 juillet 2006; il a, par voie de conséquence, modifié l'article R. 642-27 du Code de commerce qui dispose désormais que « *la vente par voie d'adjudication judiciaire est soumise aux dispositions des titres Ier et II du livre III du Code des procédures civiles d'exécution, dans la mesure où il n'y est pas dérogé par les dispositions du présent livre* ».

Afin de permettre au lecteur de distinguer aisément les deux régimes, on présentera :

– les dispositions de la *loi du 26 juillet 2005* et du *décret du 27 juillet 2006* sous l'intitulé « **régime 2006** »,

– puis la réglementation issue de l'*ordonnance du 18 décembre 2008* et du *décret du 12 février 2009*, sous l'intitulé « **régime 2009** », en signalant les articles applicables depuis le 1er juin 2012.

1414.04 Cas particulier de la reprise d'une procédure déjà engagée avant le jugement d'ouverture[2]. Aux termes de l'article L. 642-18 du Code de commerce, lorsqu'une procédure de saisie immobilière engagée avant l'ouverture de la procédure de sauvegarde, de redressement ou de liquidation judiciaires a été suspendue par l'effet de cette dernière, le liquidateur peut être subrogé dans les droits du créancier saisissant pour les actes que celui-ci a effectués, lesquels sont réputés accomplis pour le compte du liquidateur qui procède à la vente des immeubles. La saisie immobilière peut alors reprendre son cours au stade où le jugement d'ouverture l'avait suspendue.

Ce texte n'édicte toutefois pas une obligation à la charge du liquidateur et le créancier poursuivant, voire un autre créancier inscrit, pourra continuer lui-même l'action engagée.

En effet, en vertu des dispositions de l'article L. 643-2 alinéa 1er du Code de commerce, les créanciers titulaires d'un privilège spécial, d'un gage, d'un nantissement ou d'une hypothèque et le Trésor public pour ses créances privilégiées peuvent, dès lors qu'ils ont déclaré leurs créances même s'ils ne sont pas encore admis, exercer leur **droit de poursuite individuelle** si le liquidateur n'a pas entrepris la liquidation des biens grevés dans le délai de trois mois à compter du jugement qui ouvre ou prononce la liquidation judiciaire. L'alinéa 3 de ce même article dispose que lorsqu'une procédure de saisie immobilière a été engagée avant le jugement d'ouverture, le créancier titulaire d'une hypothèque est dispensé, lors de la reprise des poursuites individuelles, des actes et formalités effectués avant ce jugement.

Le créancier devra se faire autoriser par une ordonnance du juge-commissaire (C. com., art. R. 642-24).

L'article 89 du décret du 12 février 2009 prévoit désormais que le juge-commissaire statue après avoir recueilli les observations des contrôleurs, le débiteur et le liquidateur dûment appelés (C. com., art. R. 642-36-1); le conjoint devra également être entendu ou appelé lorsqu'il se trouve dans les conditions de l'article R. 641-30 du Code de commerce.

La saisie immobilière reprenant son cours au stade où le jugement d'ouverture l'avait suspendue, et ce quel que soit le régime applicable à la procédure de saisie immobilière en cours[3], l'ordonnance du juge-commissaire sera mentionnée en marge de la copie du commandement de payer valant saisie. Selon l'état d'avancement de cette procédure, le juge-commissaire pourra fixer les conditions de la vente si le cahier des conditions de vente n'avait pas été déposé, ou simplement modifier la mise à prix si le cahier des conditions de vente était devenu définitif; si les publicités avaient été réalisées avant le jugement d'ouverture, de nouvelles publicités devront être effectuées.

SECTION 1

ORDONNANCE PRÉALABLE DU JUGE-COMMISSAIRE

1414.10 Ordonnance tenant lieu de commandement. En cas d'inaction du liquidateur, le créancier poursuivant sollicite l'autorisation du juge-commissaire de vendre; lorsqu'il est fait droit à sa

1. Décr. n° 2012-783, 30 mai 2012, relatif à la partie réglementaire du Code des procédures civiles d'exécution, *JO* 31 mai, p. 9375 (applicable au 1er juin 2012).
2. V. ÉGAL., P.-M. Le Corre, Dalloz action *Droit et pratique des procédures collectives*, 2015/2016, n° 562.29.
3. Civ. 2e, 7 juin 2012, n° 11-18.426, *Bull. civ.* II, n° 104; *D.* 2012. Actu. 1542; *Act. proc. coll.* 2012, n° 186, obs. Hoonakker; *RD banc. fin.* 2012, n° 162, obs. Piedelièvre.

demande, l'ordonnance fixe également les conditions et modalités de cette vente.

Régime 2006. Selon les articles 268 et 269 du décret du 28 décembre 2005 modifié par le décret du 27 juillet 2006, devenus les articles R. 642-22 et R. 642-23 du Code de commerce, le juge-commissaire ordonne la vente des immeubles par voie d'adjudication judiciaire ou amiable. L'ordonnance est notifiée à la diligence du greffier par lettre recommandée avec demande d'avis de réception au débiteur et aux créanciers inscrits à domicile élu dont les noms sont indiqués dans l'ordonnance ainsi qu'aux créanciers bénéficiant du privilège général immobilier. L'ordonnance produit les effets du commandement prévu à l'article 13 du décret du 27 juillet 2006; elle est publiée à la diligence du liquidateur ou du créancier poursuivant au fichier immobilier de la situation des biens, dans les conditions prévues pour ledit commandement. Le service de la publicité foncière procède à la formalité de publicité de l'ordonnance même si des commandements ont été antérieurement publiés. Ces commandements cessent de produire effet à compter de la publication de l'ordonnance.

Régime 2009. Les principes demeurent identiques malgré quelques modifications rédactionnelles des articles R. 642-22 et R. 642-23 du Code de commerce : le juge-commissaire ordonne la vente des immeubles par voie d'adjudication judiciaire ou amiable et l'ordonnance, qui est notifiée, produit les effets du commandement de l'article R. 321-1 C. pr. exéc.

§ 1
Saisine du juge-commissaire

1414.11 Requête ou assignation. Le créancier doit impérativement requérir l'autorisation du juge-commissaire. Faite sans autorisation de cet organe de la procédure collective, la vente risque d'être jugée nulle[1]. Ni la loi ni le décret ne prévoient cependant les modalités de la saisine et la pratique agit principalement par voie de requête mais une assignation pourrait être délivrée à cette fin.

S'agissant d'une procédure devant le tribunal de commerce, le ministère d'avocat n'est pas obligatoire. Il en résulte que le créancier peut présenter la requête lui-même. Il y exposera généralement le rappel de la procédure collective, l'absence de diligences du liquidateur ainsi que les caractères de sa créance, de manière à fonder la demande au regard des dispositions de l'article L. 643-2 du Code de commerce, inchangé en 2008. La requête décrit encore le ou les biens dont la vente est poursuivie mais le régime de propriété ou la désignation cadastrale sont souvent précisés seulement dans le projet d'ordonnance qui est soumis à l'accord du juge-commissaire.

1414.12 Audience.

Régime 2006. Selon l'article L. 642-18 du Code de commerce, le juge-commissaire recueillera préalablement les observations des contrôleurs, du débiteur et du liquidateur, entendus ou dûment appelés à l'audience.

Une audience doit donc être tenue préalablement à la signature de l'ordonnance. Les parties sont convoquées à la diligence du greffier; bien que le texte ne le prévoie pas, le créancier requérant est également appelé pour soutenir sa requête. Ni la loi ni le décret d'application n'imposent l'organisation d'un débat contradictoire; toutefois, en présence d'intérêts contradictoires, le juge-commissaire devrait toujours entendre les parties en présence avant de statuer, conformément à l'article 16 C. pr. civ., applicable devant toutes les juridictions[2].

Régime 2009. Le premier alinéa de l'article L. 642-18 du Code de commerce ne fait plus référence aux observations des contrôleurs ni à l'audition ou l'appel du débiteur et du liquidateur. Le principe n'est cependant pas abandonné mais amélioré : c'est l'article R. 642-36-1 du Code de commerce qui dispose que le **juge-commissaire statue sur la vente après avoir recueilli les observations des contrôleurs, et entendu ou dûment appelé le débiteur et son conjoint** lorsque celui-ci se trouve dans une des situations prévues à l'article R. 641-30, ainsi que le liquidateur. La nécessité d'entendre, ou à tout le moins d'appeler, le conjoint à l'audience, lorsque le bien menacé de vente relève de la communauté, aurait dû permettre de répondre aux interrogations qui avaient été soulevées, sous l'empire du régime de 2006, au stade de la notification de l'ordonnance. Il semble cependant qu'il n'en est rien (v. s^s^ n° 1414.43).

§ 2
Forme et contenu de l'ordonnance

1414.20 Originalité. C'est l'acte qui remplace le commandement dans la procédure de droit commun, c'est dire que si la forme est classique (A),

1. Com. 4 janv. 2000, n° 96-20.805, NP – V. TOUTEFOIS : TGI Montbrison, aud. criées, 21 nov. 2000, *Gaz. Pal.* 18-19 janv. 2002, p. 38, qui admet, dans une affaire où les poursuites étaient reprises par un créancier, que ce dernier ait agi sans se faire autoriser par le juge-commissaire dès lors que le liquidateur ne s'y était pas opposé.

2. EN CE SENS : Com. 14 févr. 1995, n° 92-20.941, *Bull. civ.* IV, n° 45.

son contenu va lier les parties pour la suite de la procédure (B).

A. Forme de l'ordonnance

1414.21 Une ordonnance conforme aux dispositions du Code de procédure civile. L'ordonnance du juge-commissaire est évidemment écrite. Elle doit être datée et signée et doit mentionner le nom et la fonction du juge-commissaire[1].

1414.22 Motivation. Pas plus que le décret n° 85-1388 du 27 décembre 1985[2], celui du 28 décembre 2005 ne précisait si l'ordonnance devait être motivée. Le décret du 27 juillet 2006 n'a rien ajouté et celui du 12 février 2009 n'est pas plus explicite. Les solutions jurisprudentielles antérieures devraient continuer à recevoir application. Ainsi, la Cour de cassation a jugé, à propos d'un recours formé contre une ordonnance d'un juge-commissaire, que l'exigence de motivation était un principe essentiel de la procédure[3]. La motivation peut être sommaire[4] mais ne peut être limitée à un simple visa des pièces jointes à l'appui de la requête[5] ou à un motif « passe-partout »[6].

B. Contenu de l'ordonnance

1414.31 Article 268 du décret du 28 décembre 2005, devenu l'article R. 642-22 du Code de commerce.

Régime 2006. Aux termes de l'article 268 du décret du 28 décembre 2005 (devenu C. com., art. R. 642-22), non modifié sur ces points par le décret du 27 juillet 2006, le juge-commissaire détermine la mise à prix de chacun des biens et les conditions essentielles de la vente, les modalités de la publicité compte tenu de la valeur, de la nature et de la situation des biens. Dans le silence des textes, il semble donc que les autres conditions de la vente puissent être fixées selon le droit commun de la saisie immobilière.

L'article 274 du décret de 2005, modifié en 2006 et devenu l'article R. 642-28 du Code de commerce, précise que l'ordonnance qui ordonne la vente par voie d'adjudication judiciaire rendue à la demande du liquidateur ou d'un créancier poursuivant comporte, outre les indications mentionnées à l'article R. 642-22 les énonciations exigées aux 1°, 5°, et 10° de l'article 15 du décret de 2006, c'est-à-dire **l'indication de la constitution d'avocat du créancier poursuivant** (laquelle comporte élection de domicile), **la désignation de chacun des biens ou droits sur lesquels porte la saisie immobilière telle qu'exigée par les règles de la publicité foncière** et **l'indication qu'un huissier de justice pourra pénétrer dans les lieux afin de dresser un procès-verbal de description de l'immeuble.**

Régime 2009. Le décret du 12 février 2009 ajoute un 3° à l'article R. 642-22 du Code de commerce, afin de prévoir que le juge-commissaire fixe également les **modalités de visite des biens.** L'article R. 642-28 du même code est inchangé. Aux termes de l'article 2 du décret n° 2012-783 du 30 mai 2012, « *les références contenues dans les dispositions de nature réglementaire à des dispositions abrogées par l'article 9 du présent décret (abrogeant le décret du 27 juillet 2006) sont remplacées par les références aux dispositions correspondantes du code des procédures d'exécution* ». Ainsi, on lira désormais l'article R. 642-28 comme faisant renvoi aux 1°, 5°, et 10° de l'article R. 321-3 C. pr. exéc.

1414.32 Mise à prix. Lorsque la vente est poursuivie par un créancier en application de l'article L. 642-2 du Code de commerce, le juge-commissaire doit déterminer la mise à prix de chacun des biens à vendre en accord avec le créancier poursuivant. L'article R. 642-22 ajoute que le juge-commissaire peut préciser qu'à défaut d'enchères atteignant cette mise à prix, la vente pourra se faire sur une mise à prix inférieure qu'il fixe.

Le principe posé à l'article R. 642-22 est, qu'en cas de vente sur saisie à la requête d'un créancier, la mise à prix est fixée en accord avec ce dernier, mais les motivations de l'un et de l'autre sont nécessairement différentes. Le créancier poursuivant dans une procédure de droit commun cherche principalement à recouvrer sa créance; le juge-commissaire est censé défendre les intérêts de tous les créanciers. Par suite, le créancier souhaitera une mise à prix éventuellement basse alors que le juge-commissaire sera tenté par une mise à prix proche de la valeur vénale. C'est pourquoi, souvent, les ordonnances en cette matière prévoient des facultés de baisse de mise à prix en cas de carence d'enchères, générale-

1. Douai, 18 janv. 1990, *Rev. proc. coll.* 1990. 373, obs. Dureuil.
2. Décr. n° 85-1388, 27 déc. 1985, relatif au redressement et à la liquidation judiciaire des entreprises, *JO* 29 déc., p. 15281.
3. Com. 30 mars 1993, n° 90-21.980, *Bull. civ.* IV, n° 132 – Com. 25 févr. 1997, n°s 95-16.695, 95-16.696 et 95-16.697, NP; *D. Affaires* 1997. Chron. 418.
4. Civ. 2e, 31 janv. 1985, n° 84-12.769, *Bull. civ.* II, n° 26; *Gaz. Pal.* 1985. 1. Pan. 124, obs. crit. Guinchard.
5. Civ. 2e, 6 déc. 1989, n° 88-15.514, *Bull. civ.* II, n° 216 – Com. 25 juin 1991, n° 89-20.945, *Bull. civ.* IV, n° 231.
6. Com. 17 juin 1986, n° 84-16.887, *Bull. civ.* IV, n° 124; *Gaz. Pal.* 1987. 1. Pan. 54, obs. Guinchard et Moussa.

ment du quart, voire de la moitié[1]. En pratique, cette solution ne se révèle guère utile. En effet, la faculté de baisse est connue des oblateurs éventuels le jour de l'audience, de sorte que ces derniers attendent la dernière baisse de mise à prix avant de commencer à porter des enchères et en définitive, le prix atteint excède souvent la mise à prix initiale. Il n'en demeure pas moins que cette manière de procéder, sur le plan psychologique, est préférable pour le débiteur qui a moins l'impression que son bien est bradé.

À défaut d'accord entre le créancier et le juge-commissaire, ce dernier l'emporte bien évidemment, sous réserve de l'appréciation du tribunal de commerce en cas de recours.

Le fait que la loi donne pouvoir au juge-commissaire pour fixer la mise à prix, peut présenter un inconvénient en cas de carence d'enchères. L'article R. 642-26 du Code de commerce dispose donc que le liquidateur ne peut, en qualité de mandataire, être déclaré adjudicataire des immeubles du débiteur.

Lorsque le jugement d'ouverture de la procédure collective sera prononcé après l'audience d'orientation, c'est-à-dire à un moment où le cahier des conditions de vente est définitif, le créancier devra-t-il s'adresser au juge-commissaire ? Sous l'empire du droit antérieur, il a été jugé que le créancier n'en avait pas l'obligation[2] (mais la Cour de cassation n'a toutefois pas eu à se prononcer pour confirmer ou infirmer cette analyse). La solution devrait être transposable à la procédure issue du décret du 27 juillet 2006, désormais codifiée aux titres Ier et II du livre III du Code des procédures civiles d'exécution, c'est-à-dire qu'une fois l'audience d'orientation passée, la mise à prix serait fixée définitivement.

1414.33 Conditions de la vente. Il s'agit bien évidemment d'une vente aux enchères publiques. Par condition essentielle, il a été jugé qu'il fallait entendre les modalités de ventilation du prix d'adjudication : ainsi lorsqu'un ensemble immobilier est vendu aux enchères, le juge-commissaire réglera la ventilation du prix d'adjudication entre les différents biens immobiliers individualisables qui le composent; il décidera notamment de vendre en un seul ou plusieurs lots ou d'insérer une clause d'allotissement. Ces questions échappent à la compétence du tribunal de grande instance (TGI)[3]. Le juge-commissaire a donc une compétence exclusive de celle du TGI. Dans la mesure où la loi lui confère de décider les modalités de la vente, il semble que le juge-commissaire puisse, seul, fixer les clauses relatives aux enchères : enchère minimale et/ou consignation préalable pour enchérir.

Pour les autres modalités, l'ordonnance se limitera généralement à désigner l'avocat postulant qui sera chargé de procéder aux formalités de la vente et notamment de rédiger le cahier des conditions de vente et d'indiquer devant quel juge la vente sera tenue.

1414.34 Modalités de publicité. Le juge-commissaire n'est pas lié par les dispositions applicables à la saisie immobilière de droit commun.

Régime 2006. L'article 268 du décret du 28 décembre 2005, devenu l'article R. 642-22 du Code de commerce, comme auparavant le décret du 27 décembre 1985, précise en effet, simplement que les modalités de la publicité sont fixées en tenant compte de la valeur, de la nature et de la situation des biens. Lors de la rédaction du décret du 28 décembre 2005, il n'avait pas été fait de références aux dispositions de l'article 697 ACPC, complétées par le décret du 11 janvier 2002. Et le décret du 27 juillet 2006 n'avait pas modifié l'article 268; le juge-commissaire ne semblait donc pas tenu de respecter les dispositions des articles 63 à 71 du décret du 27 juillet 2006 relatives aux formalités de publicité.

La doctrine enseigne qu'il est possible de solliciter qu'il soit procédé à une publicité plus large que la publicité légale[4].

Régime 2009. Cette analyse est confirmée par l'article R. 642-29-2 du Code de commerce qui précise quelles sont les dispositions de la réforme de la saisie immobilière de 2006 (désormais codifiées dans la partie réglementaire du Code des procédures civiles d'exécution) applicables à la vente des actifs par voie d'adjudication judiciaire. **Depuis le 1er juin 2012,** l'article R. 642-29-2 fait renvoi aux dispositions de la section 4 du chapitre II du titre II du livre III du Code des procédures civiles d'exécution. Or, les articles R. 322-30 à R. 322-38 C. pr. exéc., relatifs à la publicité, ne sont pas visés.

En pratique, le juge-commissaire ordonnera sans doute une publicité au moins égale à celle prévue pour les ventes sur saisie de droit commun, comme il le faisait jusqu'alors, voire plus large s'il est sollicité en ce sens, comme il semblait pouvoir le faire avant 2009.

Lorsqu'une procédure d'exécution avait été engagée avant le jugement d'ouverture de la procédure

1. Dès lors que l'ordonnance contient cette faculté, il a été jugé que l'insertion publicitaire relative à la vente n'avait pas à la reproduire à peine de nullité : Civ. 2e, 9 déc. 1997, no 95-21.200, *Bull. civ.* II, no 300.
2. TGI Montbrison, 21 nov. 2000, *JCP* 2001. 10487, note Laporte.
3. TGI Limoges, 21 avr. 1988, *BICC* 1988, no 778.
4. P.-M. Le Corre, Dalloz action *Droit et pratique des procédures collectives*, 2015/2016, no 562.23.

collective[1], elle aura été suspendue, mais elle pourra être reprise, une fois la liquidation judiciaire ouverte, par le liquidateur ou un créancier poursuivant. Dans ce cas, les actes accomplis antérieurement restent valables mais les publicités devront être effectuées à nouveau[2].

Régime 2006. Lorsqu'une procédure de saisie avait déjà été commencée et avait été suspendue après les publicités, l'article R. 642-24 du Code de commerce, précise que l'ordonnance du juge-commissaire fixera de nouvelles publicités (Décr. 28 déc. 2005, art. 270, non modifié par Décr. 27 juill. 2006); la procédure de saisie immobilière ayant pu être suspendue jusqu'au jour de l'audience d'adjudication.

Régime 2009. L'article R. 642-24 du Code de commerce ne fait plus référence à de nouvelles publicités, mais il dispose que le juge-commissaire fixe la mise à prix, les modalités de la publicité et les modalités de visite du bien.

1414.35 Désignation des biens ou droits. L'article 274 du décret du 28 décembre 2005 modifié par le décret du 27 juillet 2006, et devenu l'article R. 642-28 du Code de commerce, précise que l'ordonnance qui autorise la vente par voie d'adjudication judiciaire rendue à la demande du liquidateur ou d'un créancier poursuivant comporte, outre les indications mentionnées à l'article R. 642-22 du Code de commerce, les énonciations exigées au 5° de l'article R. 321-3 C. pr. exéc., c'est-à-dire, la désignation de chacun des biens ou droits sur lesquels porte la saisie immobilière telle qu'exigée par les règles de la publicité foncière (v. s^s n°s 1361.30 s.). L'article R. 642-28 n'a pas été modifié par le décret du 12 février 2009.

Le créancier qui entend se prévaloir des dispositions de l'article L. 643-2 du Code de commerce et qui doit préparer les éléments de l'ordonnance qu'il sollicitera du juge-commissaire, devra donc au préalable requérir une fiche d'immeubles et un extrait cadastral, de manière à obtenir tous les renseignements relatifs à la désignation du bien et à l'origine de propriété. Cette fiche révélera de surcroît le nom et le domicile des créanciers inscrits, lesquels devront être indiqués au juge-commissaire, car l'ordonnance doit leur être notifiée. En pratique, l'ordonnance précise d'ailleurs ceux à qui elle sera notifiée.

1414.36 Lieu de la vente. En principe, le tribunal est celui du lieu de situation de l'immeuble conformément aux règles de procédure civile.

1. C'est-à-dire dès lors que le commandement de payer valant saisie aura été délivré avant le jugement d'ouverture.
2. P.-M. Le Corre, Dalloz action *Droit et pratique des procédures collectives*, 2015/2016, n° 562.29.

1414.37 Cas particulier : poursuite simultanée de deux ou plusieurs immeubles.

Régime 2006. Selon l'article 275 du décret du 28 décembre 2005 non modifié par le décret du 27 juillet 2006, et devenu l'article R. 642-29 du Code de commerce, le juge-commissaire peut autoriser le liquidateur ou le créancier à poursuivre simultanément la vente de plusieurs immeubles, même s'ils sont situés dans des ressorts de tribunaux de grande instance différents.

L'alinéa 2 précise que le juge-commissaire décide si la vente de ces biens sera poursuivie devant le TGI dans le ressort duquel chaque immeuble se trouve ou devant celui dans le ressort duquel est situé l'adresse de l'entreprise ou de l'activité déclarée par le débiteur personne physique ou le siège du débiteur personne morale. Parce que l'ordonnance ordonnant la vente sur saisie produit les effets du commandement, il faut en déduire que le juge-commissaire doit rendre autant d'ordonnances qu'il y a d'immeubles à vendre, de la même façon que doivent être délivrés autant de commandements qu'il y a d'immeubles à saisir puisque ces commandements et ordonnances doivent être ensuite publiés au fichier immobilier du lieu de situation des biens.

Quant à la compétence du tribunal, l'adjudication peut donc être réalisée devant le TGI dans le ressort duquel chacun des immeubles se trouve ou devant celui dans le ressort duquel est situé le domicile du débiteur ou encore le siège de l'entreprise. Cette formulation semble signifier que les poursuites simultanées pourront toutes être regroupées devant le TGI du domicile du débiteur ou le TGI du siège de l'entreprise, mais encore que les poursuites pourront donner lieu à des procédures distinctes, pour chaque immeuble, devant le TGI de son lieu de situation.

Régime 2009. Le décret du 12 février 2009 améliore la rédaction de l'article R. 642-29 alinéa 2 du Code de commerce en disposant désormais que le juge-commissaire décide si la vente sera poursuivie devant le juge de l'exécution du TGI dans le ressort duquel est situé l'adresse de l'entreprise ou de l'activité déclarée par le débiteur personne physique ou le siège du débiteur personne morale.

SECTION 2
NOTIFICATION ET PUBLICATION DE L'ORDONNANCE

1414.40 Effets de l'ordonnance. Selon l'article R. 642-23 alinéa 2 du Code de commerce (inchangé), l'ordonnance produit les effets du commandement de l'article R. 321-1 C. pr. exéc. et doit donc être notifiée (§ 1) et publiée au service de la publicité foncière (§ 2).

§ 1
Notification de l'ordonnance

1414.41 Destinataires.

Régime 2006. Aux termes de l'article 269 alinéa 1er du décret de 2005 devenu l'article R. 642-23 alinéa 1er du Code de commerce, l'ordonnance du juge-commissaire qui ordonne la vente doit être portée à la connaissance du débiteur, des créanciers inscrits et des créanciers bénéficiant du privilège général immobilier.

Régime 2009. Dans la nouvelle rédaction de l'article R. 642-23 du Code de commerce, issue du décret de 2009, la notification à ces créanciers bénéficiant du privilège général immobilier a été abandonnée; en revanche, il est précisé que le greffier avise les contrôleurs.

1414.42 Modalités. L'ordonnance est notifiée à la diligence du greffier par lettre recommandée avec demande d'avis de réception (LRAR) au débiteur et aux créanciers inscrits. Le mode d'avis des contrôleurs n'est pas précisé, il est donc informel.

1414.43 Conjoint. La question de la signification de l'ordonnance se pose pour le **conjoint** ***in bonis***, que la menace de vente vise un bien commun et/ou un bien qui constitue la résidence de la famille. Le conjoint en effet, est nécessairement concerné par la procédure qui peut aboutir à son expropriation et/ou à son expulsion.

Régime 2006. Pour les biens communs, en 1997, la Cour de cassation avait jugé que la notification au seul mari, conformément à l'article 126 du décret du 27 décembre 1985, était suffisante[1]; on trouvait encore dans certaines décisions l'indication que l'autorisation de vente par le juge-commissaire, puis le jugement rendu sur opposition, se substituaient pour la personne en liquidation, comme pour son conjoint, au commandement prévu par l'article 674 ACPC[2]. La doctrine s'interrogeait cependant sur l'opportunité de la présence du conjoint à la procédure afin que soient préservés ses droits sur l'immeuble; certains auteurs estimant nécessaire de lui signifier l'ordonnance[3], d'autres préconisant seulement de l'attraire à la procédure[4], ce qui nous semblait plus orthodoxe car il n'y aucune raison de signifier un commandement à quelqu'un qui n'est pas débiteur.

Les auteurs de la réforme de la saisie immobilière ont mis à la charge du créancier poursuivant l'obligation de poursuivre la saisie d'un immeuble commun contre les deux époux (C. civ., anc. art. 2195 [devenu C. pr. exéc., art. L. 311-7]). Mais les auteurs du décret du 27 juillet 2006 n'avaient pas modifié l'alinéa 1er de l'article 269 du décret du 28 décembre 2005 et n'avaient donc pas ajouté le conjoint à la liste des personnes destinataires de la signification. On pouvait toutefois se demander si l'ancien article 2195 du Code civil (devenu C. pr. exéc., art. L. 311-7) n'était pas applicable à la vente des immeubles d'un débiteur en liquidation, bien qu'il ne s'agisse pas à proprement parler d'une saisie immobilière, et s'il ne fallait pas, pour poursuivre la vente contre les deux époux, que le créancier notifie également l'ordonnance au conjoint *in bonis*. Par ailleurs toutefois, l'existence d'un conjoint commun en biens n'avait pas été ignoré par les auteurs de la réforme de 2005 car l'article 241 du décret de 2005, devenu l'article R. 641-30, prévoit que le conjoint du débiteur doit être entendu ou dûment convoqué avant toute décision concernant ou autorisant la vente des biens de la communauté.

La réforme de la procédure de saisie immobilière a compliqué encore un peu les choses lorsque **l'immeuble saisi est un propre qui constitue la résidence de la famille.** Dans ce cas, l'article R. 321-1 alinéa 3 C. pr. exéc. impose de dénoncer le commandement de payer valant saisie au conjoint au plus tard le premier jour ouvrable suivant la signification de l'acte. Cette obligation sera-t-elle transposable à l'ordonnance du juge-commissaire ?

L'article 273 du décret de 2005, devenu l'article R. 642-27 du Code de commerce, qui dispose que « *la vente par voie d'adjudication judiciaire est soumise aux dispositions du titre premier du décret du 27 juillet 2006 dans la mesure où il n'y est pas dérogé* » semble exclure cette application extensive de la protection du conjoint puisque l'article 269 ne le vise pas dans la liste des destinataires de la notification de l'ordonnance; en opportunité, on peut cependant le regretter.

Régime 2009. Pour les biens communs, le renvoi à l'ancien article 2195 du Code civil (devenu C. pr. exéc., art. L. 311-7) est désormais clairement exclu par le nouvel article L. 642-18 du Code de commerce, et le conjoint n'a pas été ajouté à la liste des destinataires de la notification de l'article R. 642-23 du Code de commerce. L'ordonnance n'aurait donc pas à lui être dénoncée mais l'article R. 642-36-1 du même code impose au juge-commissaire de ne statuer sur une vente qu'après avoir entendu ou dûment appelé le conjoint du débiteur qui se trouve

1. Civ. 2e, 21 mai 1997, no 95-14.102, *Bull. civ.* II, no 163.
2. AINSI : Com. 16 juin 2004, no 02-19.138, NP.
3. EN CE SENS : chron. F. Vauvillé, *JCP N* 1995. Prat. 3521, p. 1492 – Et J.-P. Sénéchal, *Defrénois* 2002, art. 37522, obs. ss Civ. 2e, 8 juin 2000, no 98-14.110, *Bull. civ.* II, no 99.
4. EN CE SENS : Ph. Pétel, *JCP E* 1997. I. 681, no 14.

dans la situation de l'article R. 641-30 du Code de commerce.

Pour les biens propres constituant la résidence de la famille, l'article R. 642-27 du Code de commerce n'ayant pas fait l'objet de modification, la notification ne semble pas nécessaire puisque le conjoint n'est pas visé à l'article R. 642-23. En droit commun, on signalera cependant que le décret de 2009 a soumis le non-respect du délai de la dénonce à une sanction très sévère puisque l'article R. 311-11 C. pr. exéc., qui énumère tous les articles imposant des délais prescrits à peine de caducité du commandement, inclut désormais l'article R. 321-1 C. pr. exéc.

1414.44 Recours dans le régime de 2006.

A) Recours contre l'ordonnance du juge-commissaire devant le tribunal de commerce. L'article 67 du décret du 28 décembre 2005, devenu l'article R. 621-21 du Code de commerce, prévoit un recours propre à l'encontre des ordonnances rendues par le juge-commissaire sur les demandes, contestations et revendications relevant de sa compétence et en précisent le délai et les modalités.

Ces ordonnances peuvent faire l'objet d'un recours devant le tribunal dans les dix jours (sous l'empire du décret du 27 décembre 1985, le délai était de huit jours) de la notification, par déclaration faite contre récépissé ou adressée par lettre recommandée avec demande d'avis de réception au greffe.

Avant l'entrée en vigueur du décret du 28 décembre 2005, il avait été jugé que le délai de huit jours était augmenté des délais de distance de l'article 643 C. pr. civ.; la solution vaut au demeurant pour tous les autres délais, dès lors qu'aucune disposition de la loi du 25 janvier 1985 [1] n'excluait l'application des règles générales de l'article 643 C. pr. civ. [2] La même solution prévaudra puisque le décret du 28 décembre 2005 n'exclut pas non plus l'application des dispositions du Code de procédure civile.

Le débiteur en liquidation judiciaire peut exercer, en vertu de son droit propre, les voies de recours à l'encontre des décisions du juge-commissaire [3]. La doctrine s'accorde pour considérer que les ordonnances du juge-commissaire ne sont susceptibles d'aucun autre recours et notamment de la tierce opposition.

C'est le tribunal de commerce qui examinera le recours. L'article 68, devenu l'article R. 621-22 du Code de commerce, prévoit que le juge-commissaire ne pourra siéger, à peine de nullité du jugement, lorsque le tribunal statuera sur un recours formé contre une de ses ordonnances.

B) Recours contre la décision du tribunal de commerce. L'article L. 661-5 du Code de commerce n'ouvre la voie de l'appel et du pourvoi en cassation qu'au ministère public. Il n'y a donc ni opposition, tierce opposition, appel ou pourvoi en cassation de la part des créanciers [4].

Si un tel recours est malgré tout formé il sera irrecevable [5]. Toutefois, si l'ordonnance originaire du juge-commissaire est affectée d'un vice particulièrement grave, excès de pouvoir ou violation d'un principe fondamental de procédure, un appel nullité peut toujours être formé [6]; ainsi lorsque l'ordonnance n'était pas motivée (le jugement rendu sur opposition à une ordonnance non motivée est susceptible d'appel-nullité car une telle ordonnance est assimilée à une ordonnance rendue hors la limite des attributions du juge-commissaire [7]) ou lorsque des conclusions avaient été déposées par l'opposant devant le tribunal sous la constitution d'un avocat, et que celui-ci a indiqué qu'il n'était ni présent, ni représenté [8].

Toutefois, l'acte de notification du jugement par lequel le tribunal statue sur le recours formé contre une ordonnance du juge-commissaire n'aura pas à indiquer qu'un appel nullité est exceptionnellement ouvert en cas d'excès de pouvoir ou de violation d'un principe fondamental de procédure, ni à préciser le délai et les modalités d'exercice de cette voie de recours [9].

1414.45 Recours contre l'ordonnance dans le régime de 2009 : recours devant la cour d'appel. L'article L. 661-5 du Code de commerce a été abrogé par l'ordonnance du 18 décembre 2008. Aux titres des dispositions communes à toutes les ventes, l'article R. 642-37-1 du Code de commerce prévoit désormais un recours spécial à l'encontre des ordonnances du juge-commissaire rendues en application de l'article L. 642-18; ce recours est formé devant la cour d'appel.

1414.46 Conjoint *in bonis* : peut-il formaliser une tierce opposition contre l'ordonnance du juge-commissaire ? À notre connaissance cette

1. L. n° 85-98, 25 janv. 1985, relative au redressement et à la liquidation judiciaire des entreprises, *JO* 26 janv., p. 1097.
2. Civ. 2e, 26 févr. 1997, n° 94-19.233, *Bull. civ.* II, n° 60.
3. Com. 15 févr. 2000, n° 97-21.102, *Bull. civ.* IV, n° 31.
4. POUR DES EXEMPLES rendus sous la législation antérieure : Com. 27 nov. 1984, n° 83-10.590, *Bull. civ.* IV, n° 320 – Com. 15 févr. 1971, n° 69-10.865, *Bull. civ.* IV, n° 46.
5. Civ. 2e, 10 mars 2004, n° 02-12.606, *Bull. civ.* II, n° 98; *D.* 2005. Pan. 1609, obs. Taormina.
6. Paris, 22 mars 1989, *JCP E* 1989. 15591, n° 15, obs. M. C.; *Rev. proc. coll.* 1989. 490, obs. Dureuil – Com. 26 juin 2001, n° 98-14.247, NP; *JCP* 2002. II. 10096, note Perdriau – Com. 13 nov. 2002, n° 99-18.219, NP.
7. Com. 30 mars 1993, n° 90-21.980, *Bull. civ.* IV, n° 132.
8. Com. 24 sept. 2003, n° 01-00.790, NP.
9. Com. 28 sept. 2004, n° 02-17.943, NP.

question n'avait pas fait l'objet de jurisprudence publiée, avant la réforme des procédures collectives par la loi du 26 juillet 2005 de sauvegarde des entreprises, mais la doctrine l'excluait. Le fait qu'il soit désormais obligatoirement convoqué ou dûment appelé lorsque doit être prise une décision ordonnant au autorisant la vente d'un bien commun suffit-il à préserver ses droits ? Cela peut sans doute se discuter; toutefois, la tierce opposition est une voie de recours extraordinaire ouverte à tout tiers quand il est lésé ou simplement menacé d'un préjudice par l'effet d'un jugement auquel il reste étranger. Peut-on considérer que le conjoint convoqué ou appelé est demeuré étranger à l'ordonnance ?

§ 2
Publication de l'ordonnance

1414.51 Rapports avec le commandement : régimes 2006 et 2009. Selon l'article 269 alinéas 2 et 3 du décret du 28 décembre 2005, devenu l'article R. 642-23 alinéas 2 et 3 du Code de commerce, « *l'ordonnance produit les effets du commandement prévu à l'article 13 du décret du 27 juillet 2006. Elle est publiée à la diligence du liquidateur ou du créancier poursuivant au fichier immobilier de la situation des biens, dans les conditions prévues pour ledit commandement. Le service de la publicité foncière doit procéder à la formalité de publicité de l'ordonnance même si des commandements ont été antérieurement publiés. Ces commandements cessent de produire effet à compter de la publication de l'ordonnance* ». Le décret du 12 février 2009 n'a pas apporté de modifications aux alinéas 2 et 3 de l'article R. 642-23 du Code de commerce. **Depuis le 1er juin 2012,** il faut considérer que l'ordonnance produit les effets du commandement prévu à l'article R. 321-1 C. pr. exéc.

1414.52 Délai de publication. En visant les conditions prévues pour la publication du commandement de l'article 674 ACPC, le décret du 28 décembre 2005 dans sa rédaction initiale renvoyait donc au délai de quatre-vingt-dix jours entre le commandement, ici l'ordonnance, et la publication au bureau des hypothèques. La question s'était posée de savoir à partir de quelle date décompter de délai de quatre-vingt-dix jours. La Cour de cassation avait répondu que le délai de publication courrait à compter de la date à laquelle l'ordonnance était passée en force de chose jugée à l'égard du débiteur et des créanciers inscrits; c'est-à-dire, à compter de la notification qui devait leur être adressée, l'ordonnance bénéficiant de plein droit de l'exécution provisoire en vertu de l'article 155 du décret du 27 décembre 1985 [1]. En conséquence, le défaut de publication dans les délais emportait déchéances des poursuites et le liquidateur ou en l'espèce, le créancier agissant en suite de l'inaction du liquidateur, devait présenter une nouvelle requête au juge-commissaire pour réitérer la procédure, conformément aux dispositions de l'article 674 ACPC [2].

Dans sa rédaction modifiée, l'article 269, devenu l'article R. 642-23 du Code de commerce, renvoie aux conditions prévues dans le décret du 27 juillet 2006 pour publier le commandement, c'est-à-dire deux mois à compter de la signification du commandement (C. pr. exéc., art. R. 321-6). Le respect de ce délai est prévu à peine de caducité du commandement. Toutefois, l'article R. 321-7 C. pr. exéc. prévoit un allongement du délai en cas de rejet soulevé par le conservateur [3] (v. ss nos 1361.222 s.) et surtout, l'article R. 311-11 C. pr. exéc. permet au créancier de justifier d'un motif légitime pour éviter le prononcé de la caducité ou son rapport.

1414.53 Effets de la publication. L'originalité vient de ce qu'à compter de la publication de l'ordonnance, les commandements publiés antérieurement cessent de produire effet.

Avant la réforme de la saisie immobilière, la publication du commandement emportait immobilisation des fruits au profit des créanciers inscrits et restriction du droit de disposer pour le débiteur (v. ss nos 1321.191 s.). L'article R. 321-13 C. pr. exéc. fait désormais partir ces effets, à l'égard du débiteur, du jour de la signification du commandement de payer valant saisie. L'ordonnance notifiée produit donc les effets du commandement signifié.

Lorsque l'ordonnance est publiée les créanciers inscrits ne peuvent plus poursuivre la réalisation du bien, à l'exception du créancier poursuivant en vertu de l'article L. 643-2 du Code de commerce, non modifié par l'ordonnance du 18 décembre 2008.

Dans l'hypothèse où aucune saisie immobilière n'avait été commencée avant l'ouverture de la procédure collective, l'ordonnance du juge-commissaire une fois publiée sera inopposable aux tiers; s'agissant des restrictions au droit de disposer, l'ouverture de la liquidation judiciaire a déjà emporté dessaisissement du débiteur.

Dans le cas de l'article L. 643-2 du Code de commerce, si une procédure de saisie immobilière avait été engagée avant le jugement d'ouverture, le créancier titulaire d'une hypothèque est dispensé, lors de la reprise des poursuites individuelles des actes et formalités effectués avant ce jugement.

1. Civ. 2e, 30 mars 2000, no 96-21.478, *Bull. civ.* II, no 59; *Procédures* 2000, no 149.
2. Com. 25 nov. 1997, no 95-17.443, *Bull. civ.* IV, no 303; *RTD civ.* 1998. 425, obs. Crocq; *Procédures* 1998, no 43.
3. Pour une application, v. Civ. 2e, 5 juin 2014, no 12-29.280, *Bull. civ.* II [à paraître].

SECTION 3
PROCÉDURE PRÉPARATOIRE À LA VENTE

1414.61 Régime 2006 : du 1er janvier 2007 au 15 février 2009. La réforme de la procédure de saisie immobilière en 2006, avait été l'occasion de modifier les dispositions du décret du 28 décembre 2005, relatives à la vente des immeubles d'un débiteur en liquidation judiciaire par voie d'adjudication judiciaire. C'est ainsi que l'article 273 du décret du 28 décembre 2005, modifié par le décret du 27 juillet 2006, disposait que la vente par voie d'adjudication judiciaire était soumise aux dispositions du titre premier du décret du 27 juillet 2006, dans la mesure où il n'y était pas dérogé par les dispositions du présent décret. L'article 273 avait ensuite été codifié à l'article R. 642-27 du Code de commerce.

L'article L. 642-18 du Code de commerce, en opérant un renvoi général au droit commun de la saisie immobilière dans la mesure où il n'y était pas dérogé, semblait imposer la tenue d'une audience d'orientation, ce qui avait plongé dans l'embarras doctrine et praticiens. L'expression « *dans la mesure où il n'y est pas dérogé* » avait ainsi donné lieu à des interprétations contradictoires par des juges de l'exécution, certains se reconnaissant, lors de l'audience d'orientation, le pouvoir d'ordonner une vente amiable[1], d'autres, en l'état d'une ordonnance du juge-commissaire, se contentaient de fixer l'adjudication et de déterminer les modalités de visite de l'immeuble[2].

1414.62 Décret du 12 février 2009 : régime applicable à compter du 15 février 2009. L'article L. 642-18 du Code de commerce, dans sa rédaction issue de l'ordonnance du 18 décembre 2008, dispose désormais que les ventes d'immeubles ont lieu conformément aux anciens articles 2204 à 2212 du Code civil (devenus C. pr. exéc., art. L. 322-5 à L. 322-12) à l'exception des anciens articles 2206 (devenu C. pr. exéc., art. L. 322-6) et 2211 (devenu C. pr. exéc., art. L. 322-9), sous réserve que ces dispositions ne soient pas contraires à celles du Code de commerce. Puis, les auteurs du décret du 12 février 2009 ont règlementé spécialement la **vente des immeubles par voie d'adjudication judiciaire**, dérogeant explicitement à certaines dispositions de la nouvelle procédure de saisie immobilière. Si l'article R. 642-27 du Code de commerce dispose que la vente est soumise aux dispositions du titre Ier du décret du 27 juillet 2006 dans la mesure où il n'y est pas dérogé, l'article R. 642-29-1 alinéa 2 du Code de commerce exclut l'application des sections 2 et 4 du chapitre III ainsi que les chapitres IV et V du titre Ier du décret de 2006. Ainsi, s'agissant des actes préparatoires, l'assignation du débiteur à comparaître ainsi que les déclarations de créances et état ordonné des créances n'ont pas lieu d'être, pas plus que l'audience d'orientation et la vente amiable sur autorisation judiciaire.

À la suite de la codification des procédures d'exécution, l'article R. 642-27 du Code de commerce a été modifié au 1er juin 2012, afin de viser désormais les dispositions des titres Ier et II du livre III du Code des procédures civiles d'exécution, dans la mesure où il n'y est pas dérogé. L'article R. 642-29-1 du Code de commerce a également été modifié; est ainsi exclue l'application des sous-sections 2 et 4 de la section 1 et les sections 2 et 3 du chapitre II du titre II du livre III du Code des procédures d'exécution.

§ 1
Disparition de l'audience d'orientation

1414.71 Régime 2006 : tenue de l'audience d'orientation ? La création de l'audience d'orientation est une innovation de la réforme de 2006. Auparavant, le créancier prévoyait une audience éventuelle qui servait, si besoin était, à régler le sort des nullités; le saisi, sauf s'il développait un moyen de fond touchant au droit à agir du créancier, ne pouvait espérer s'opposer à la vente forcée. L'audience d'orientation, en dehors d'une procédure collective, permet au saisi de solliciter l'autorisation de vendre à l'amiable son bien. Mais cette faculté ne peut lui être ouverte lorsqu'il est en liquidation judiciaire. En revanche, l'audience d'orientation a également pour objet de trancher les contestations et de statuer sur les demandes incidentes. Elle intéresse donc les créanciers inscrits auxquels l'ordonnance du juge-commissaire a été notifiée. Enfin, cette audience est l'occasion pour le juge de déterminer les modalités de visite du bien. Tout en notant la difficile transposition des dispositions du décret de 2006 à la vente des biens d'un débiteur en liquidation judiciaire, il apparaissait toutefois, que l'on pouvait trouver un intérêt résiduel à la tenue de cette audience, ne serait-ce que pour déterminer les modalités de visite du bien et fixer la date de l'audience d'adjudication; toutefois, les modalités de la vente restaient de la compétence du juge-commissaire.

1414.72 Régime 2009 : disparition de l'audience d'orientation. Le décret du 12 février 2009 exclut la tenue d'une audience d'orientation. En consé-

1. TGI Brest, JEX, 20 sept. 2007, n° 07/00016, Selarl MB Associés-Mandataires judiciaires c/Épx Le Got.
2. TGI Aix-en-Provence, JEX, 17 sept. 2007, n° 07/03401, M. Verrecchia c/SCI Chessa Frères.

quence, il n'est plus nécessaire de délivrer une assignation au débiteur[1] et aux créanciers inscrits selon les dispositions des articles R. 322-4 à R. 322-10 C. pr. exéc. et les créanciers ne seront plus tenus de déclarer leurs créances, ni le poursuivant de dresser un état ordonné conformément aux dispositions initiales du décret de 2006. Le poursuivant devra toutefois établir un cahier des conditions de vente et le déposer au greffe du juge de l'exécution du TGI.

1414.73 Régime 2009 : modalités de visite. Les modalités de visite du bien sont désormais fixées par le juge-commissaire, conformément aux dispositions de l'article R. 642-22, 3° du Code de commerce lorsqu'il ordonne la vente par voie d'adjudication amiable, ou conformément aux dispositions de l'article R. 642-24 alinéa 1er, lorsqu'il a autorisé le liquidateur à reprendre une procédure de saisie immobilière suspendue par le jugement d'ouverture de la procédure de liquidation.

1414.74 Régime 2009 : contestations. Seuls les actes de procédure postérieurs à l'ordonnance pourront être contestés par le débiteur. Ainsi, l'ordonnance définitive d'un juge-commissaire à la liquidation judiciaire fixant la vente sur adjudication d'un bien immobilier ne peut être remise en cause à l'audience d'orientation devant le JEX, compétent pour statuer sur les seules contestations postérieures à l'ordonnance du juge-commissaire et fixer la date de l'adjudication[2]. L'article R. 642-29-1 du Code de commerce, prévoit que les parties seront convoquées à une audience par le greffe du juge de l'exécution, conformément aux dispositions du troisième alinéa de l'article R. 311-6 C. pr. exéc.

§ 2
Rédaction et dépôt du cahier des conditions de la vente

1414.80 Textes applicables. Avant l'entrée en vigueur du décret du 12 février 2009, un renvoi général était opéré aux dispositions du titre Ier du décret de 2006, ce qui conduisait à s'interroger sur la comptabilité des dispositions du décret de 2006 avec le droit des procédures collectives.

S'agissant des actes préparatoires à la vente, le décret du 12 février 2009 n'a expressément exclu que les dispositions des sections 2 et 4 du chapitre II du titre 1er du décret de 2006 (devenues les sections 2 et 4 du chapitre II du titre II du livre III du Code des procédures civiles d'exécution). Ainsi, sont applicables les articles R. 322-1 à R. 322-3 C. pr. exéc. et les articles R. 322-10 et R. 322-11 C. pr. exéc. relatifs au dépôt du cahier des conditions de vente, sous réserve des précisions apportées par l'article R. 642-29-1 du Code de commerce s'agissant du dépôt de ce document.

1414.81 Déroulement. Une fois l'ordonnance régulièrement publiée, les droits des créanciers inscrits et du poursuivant sont préservés pour deux ans (v. ss nos 1361.310 s). Il est donc possible de passer à la réalisation du gage. Il faudra rédiger le cahier des conditions de la vente comportant l'état descriptif de l'immeuble et les modalités de la vente. Le poursuivant y joint la copie de l'assignation délivrée au liquidateur et un état hypothécaire certifié à la date de la publication de l'ordonnance et dépose le tout au greffe où les créanciers inscrits et le liquidateur pourront en prendre connaissance.

1414.82 Procès-verbal descriptif. Pour procéder à la mise en vente du bien saisi dans de bonnes conditions, encore faut-il que le créancier dispose d'éléments d'information précis, qu'il ait une idée de la consistance du bien et de sa valeur. Les constatations *de visu* s'avèrent donc souvent très utiles pour recueillir les renseignements nécessaires à la rédaction du commandement. C'est l'objet du procès-verbal descriptif, prévu et organisé aux articles R. 322-1 à R. 322-3 C. pr. exéc. (v. ss nos 1363.10 s.). L'ancien article 35 du décret du 27 juillet 2006 prévoyait qu'« *à l'expiration d'un délai de huit jours, à compter de la délivrance du commandement de payer valant saisie et à défaut de paiement l'huissier de justice peut pénétrer dans les lieux désignés dans le commandement, afin de dresser un procès-verbal de description* » (sans que l'on comprenne pourquoi, la rédaction de l'article 35 n'a pas été reprise à droit constant à l'article R. 322-1 C. pr. exéc., qui ne précise plus que c'est dans les lieux désignés dans le commandement que l'huissier de justice peut pénétrer afin de dresser le procès-verbal de description). Par définition, en phase de liquidation judiciaire, le débiteur ne peut pas payer sa dette. Il ne devrait donc pas être nécessaire d'attendre huit jours après notification de l'ordonnance pour pénétrer dans les lieux. Toutefois, on peut aussi analyser ce délai comme une marque de décence, un délai destiné à ménager le débiteur.

1414.83 Contenu. Le poursuivant va donc établir un cahier des conditions de vente.

Ce document doit faire référence à l'ordonnance qui a autorisé la vente, désigner les biens à vendre, mentionner la mise à prix, les conditions de la vente et les modalités de paiement du prix.

1. Ni à son conjoint commun en biens. Ce dernier pourra faire valoir son désaccord en amont, à l'occasion de la décision du juge-commissaire ordonnant la vente : Com. 26 janv. 2010, n° 09-10.773, NP.
2. Civ. 2e, 6 juin 2013, n° 12-18.481, *Bull. civ.* II, n° 121.

Depuis l'entrée en vigueur du décret de 2009, les modalités de paiement du prix doivent être déterminées selon les règles prévues à l'article R. 643-3 alinéa 2 du Code de commerce.

À part cela, il n'y a pas là de différence avec la procédure de droit commun sinon que le titre en vertu duquel les poursuites sont exercées est l'ordonnance du juge-commissaire, publiée à la Conservation des hypothèques.

1414.84 Dépôt du cahier des conditions de vente au greffe et délai.

Régime 2006. La vente sur saisie immobilière étant soumise aux dispositions du titre 1er du décret de juillet 2006 dans la mesure où il n'y est pas dérogé, le dépôt du cahier des conditions de vente se fait conformément aux dispositions des articles 44 et 45 du décret du 27 juillet 2006 (devenus C. pr. exéc., art. R. 322-10 et R. 322-11), soit dans les cinq jours ouvrables suivant l'assignation délivrée au liquidateur. En fait, plusieurs documents seront déposés au greffe du juge de l'exécution : le cahier des conditions de la vente comportant le procès-verbal descriptif, mais aussi une copie de l'assignation délivrée au liquidateur et un état hypothécaire certifié à la date de la publication du commandement de payer valant saisie.

Régime 2009. L'article R. 642-29-1 du Code de commerce dispose que le cahier des conditions de vente est déposé par le poursuivant au greffe du juge de l'exécution du TGI compétent dans un délai de deux mois à compter de la publication de l'ordonnance du juge-commissaire.

In fine, l'article R. 642-29-1 précise qu'en cas de défaut de respect de ce délai, le juge de l'exécution devra déclarer l'ordonnance du juge-commissaire non avenue, à moins qu'il ne soit justifié d'un motif légitime.

§ 3
Suites du dépôt du cahier des conditions de vente

A.
Régime 2006

1414.90 Difficulté. Le renvoi général aux dispositions du titre 1er du décret de 2006, en l'absence de dispositions contraires explicites dans le décret de 2005, a posé de réelles difficultés aux praticiens. Des procédures ont toutefois été engagées et peuvent être encore en cours. Les dispositions nouvelles, issues du décret du 12 février 2009 n'étant applicables qu'aux procédures ouvertes à compter du 15 février 2009, les développements suivants ont été maintenus afin de permettre de résoudre les éventuels litiges survenus conformément au droit applicable à l'époque où ils ont pris naissance. Sans doute, le fait que le pouvoir réglementaire ait affirmé, certes tardivement, la **spécificité de la vente des biens d'un débiteur en liquidation**, devrait conduire les magistrats saisis de ces dossiers *à exclure le droit commun de la saisie immobilière à chaque fois qu'il apparaîtra inconciliable avec les effets produits par le jugement d'ouverture de la liquidation judiciaire*. Les points litigieux ont ainsi été listés ci-après.

1414.91 Déclaration des créances. À s'en tenir aux dispositions du décret de 2006, à la suite du dépôt par le poursuivant de l'état hypothécaire au greffe du juge de l'exécution (v. ss n° 1363.241), les créanciers hypothécaires doivent déclarer leurs créances pendant le cours de la procédure de saisie, à peine de déchéance de leur sûreté. Ensuite, le créancier poursuivant produit un état des créances ordonnées selon le rang de leur inscription avant la vente du bien, conformément aux articles 46 à 48 du décret de 2006. Est-ce conciliable avec les règles de la procédure collective ? Manifestement non, car c'est auprès du mandataire liquidateur que les créanciers doivent effectuer leurs déclarations.

1414.92 Tenue d'une audience d'orientation ? L'audience d'orientation, est d'abord destinée à vérifier la régularité de la procédure et déterminer les modalités de poursuite de la procédure en ordonnant la vente forcée.

Elle est aussi l'occasion de statuer sur des contestations et des demandes incidentes.

Avant la réforme, la chambre commerciale de la Cour de cassation décidait que les dires émanant du liquidateur, régulièrement sommé, devaient être déposés avant l'audience éventuelle; à défaut, ils étaient irrecevables, peu important que la contestation portât sur la licéité d'une clause du cahier des charges[1].

La combinaison des deux réformes pouvait-elle conduire à reconnaître au juge de l'exécution le pouvoir de vérifier si les conditions de la saisie sont remplies, conformément à l'article 59 du décret du 27 juillet 2006, alors qu'une ordonnance du juge-commissaire passée en force de chose jugée l'aura déjà ordonnée ? Cela ne paraissait pas possible. La Cour de cassation a ainsi jugé que l'ordonnance définitive d'un juge-commissaire à la liquidation judiciaire fixant la vente sur adjudication d'un bien immobilier ne pouvait être remise en cause à l'audience d'orientation par le JEX[2].

1. Com. 3 févr. 1998, n° 94-18.991, NP; *Procédures* 1998, n° 176.
2. Civ. 2e, 5 juin 2013, n° 12-18.481, *Bull. civ.* II, n° 121.

1414.93 Droits du débiteur saisi. Peut-on admettre que le débiteur saisi sollicite la vente amiable alors qu'en vertu de l'article L. 641-9 du Code de commerce, le jugement qui ouvre ou prononce la liquidation judiciaire emporte dessaisissement pour le débiteur de l'administration et de la disposition de ses biens et les droits et actions de ce débiteur concernant son patrimoine sont exercés, pendant toute la durée de la liquidation judiciaire, par le liquidateur ?

Sous l'empire du décret-loi du 17 juin 1938, la demande du saisi en conversion en vente volontaire était possible tout au long de la procédure, jusqu'à l'audience d'adjudication; le tribunal conservant en opportunité le pouvoir de refuser une demande tardive. S'agissant de la réalisation du bien immeuble d'un débiteur en liquidation judiciaire, il a été jugé, sous l'empire du décret-loi du 17 juin 1938, que l'autorisation de vendre un immeuble autrement que par la voie de saisie immobilière ne pouvait être donnée que par le juge-commissaire dans les conditions de l'ancien article L. 622-16 du Code de commerce; ainsi, lorsque le juge-commissaire avait autorisé le liquidateur ou le créancier substitué, à vendre l'immeuble par voie de saisie immobilière, il ne pouvait être demandé au TGI de convertir cette vente en vente volontaire sur le fondement des articles 744 et 745-*a* ACPC[1]. La même solution aurait du prévaloir, interdisant au juge de l'exécution d'autoriser le débiteur à vendre amiablement[2].

Restait cependant irrésolue la question de savoir si le juge-commissaire pourrait lui-même revenir sur sa décision et accorder en cours de procédure de saisie une autorisation de vente à l'amiable, dès lors qu'aurait été formée une proposition d'achat intéressante (en ce sens v. Rémery[3] et comp. obs. professeur Honorat qui estime, au contraire, pour éviter des tractations plus ou moins conformes à l'intérêt de l'ensemble des créanciers, que le choix du juge-commissaire une fois opéré doit être considéré comme définitif dans le silence des textes).

1414.94 Remise de la vente pour force majeure. Le débiteur peut-il invoquer le bénéfice des dispositions de l'article 61 du décret du 27 juillet 2006, permettant de solliciter la remise de la vente pour force majeure ? Ici le dessaisissement du débiteur et le fait qu'il soit représenté par le liquidateur paraît exclure toute demande émanant du saisi lui-même.

C'est en ce sens que se prononçait la jurisprudence avant la réforme sur le fondement de l'article 703 ACPC. La deuxième chambre civile de la Cour de cassation avait précisé que le débiteur disposait d'un recours contre l'ordonnance du juge-commissaire et qu'une fois celle-ci devenue définitive seul le liquidateur était investi du droit de représenter le débiteur et d'exercer seul les droits et actions concernant le patrimoine de celui-ci; ce faisant, elle avait censuré le tribunal de première instance qui avait partiellement fait droit à une demande fondée sur les dispositions de l'article 703 ACPC[4]. Il en avait été jugé de même à propos d'un dire en sursis déposé par le débiteur en liquidation judiciaire[5].

Mais le liquidateur qui représente le saisi peut-il former une demande de remise lorsque la procédure est menée à l'initiative du créancier sur le fondement de l'article L. 643-2 du Code de commerce ? *A priori*, rien ne paraît l'interdire.

1414.95 Droits du poursuivant et des créanciers inscrits. On a déjà constaté (v. s^{s} n°s 1412.31 s.) que même lorsque le créancier agit sur le fondement de son droit de poursuite individuelle, les conditions et la publicité de la vente sont fixées par l'ordonnance du juge-commissaire et la mise à prix d'un commun accord avec ce dernier. Le droit d'action du créancier poursuivant est donc contrôlé par le juge-commissaire. Les autres créanciers vont également voir leurs droits réduits lorsque le bien vendu appartient à un débiteur en liquidation judiciaire.

Les dispositions de l'article 61 du décret, demande de remise pour force majeure doivent pouvoir être invoquées par les créanciers. La jonction de saisie est encore envisageable ainsi que la subrogation. Les dispositions applicables à ces demandes sont en effet contenues au titre premier du décret du 27 juillet 2006.

1414.96 Pouvoirs du juge de l'exécution. Selon l'article 59 du décret du 27 juillet 2006, le juge fixe la date de l'audience à laquelle il y sera procédé dans un délai compris entre deux et quatre mois à compter du prononcé de sa décision (v. s^{s} n° 1366.84). Il détermine encore les modalités de visite de l'immeuble à la demande du poursuivant (v. s^{s} n° 1365.241). La mise à prix sera celle fixée par le juge-commissaire. Le juge de l'exécution semble également compétent pour statuer sur les incidents de procédure mais seulement ceux qui ne relèvent pas du juge-commissaire.

1. Com. 11 avr. 1995, n° 92-12.254, *Bull. civ.* II, n° 122; *D.* 1995. 333, note Honorat.
2. V. TOUTEFOIS : TGI Brest, JEX, 20 sept. 2007, n° 07/00016, Selarl MB Associés-Mandataires judiciaires c/Ép^{x} Le Got.
3. Rapp. conseiller Rémery, s^{s} Com. 11 avr. 1995, n° 92-12.254, *Bull. civ.* II, n° 122.
4. Civ. 2e, 21 janv. 1998, n° 93-20.238, NP.
5. Com. 7 déc. 1999, n° 97-11.426, NP; *Procédures* 2000, n° 64.

1414.97 **Montant de la créance.** L'article 51 du décret du 27 juillet 2006 ajoute que le jugement mentionne le montant retenu pour la créance du poursuivant en principal, frais, intérêts et autres accessoires (Décr. 27 juill. 2006, art. 51 [devenu C. pr. exéc., art. R. 322-18]).

B.
Régime 2009

1414.111 **Avis de l'audience d'adjudication et destinataires.** Aux termes de l'article R. 642-29-1 du Code de commerce, une fois le cahier des conditions de vente déposé, au plus tard, le cinquième jour ouvrable suivant, le poursuivant avise par acte d'huissier de justice, les **créanciers inscrits à domicile élu** et, si la vente porte sur **un bien de la communauté**, le **conjoint du débiteur**, de la date de l'audience d'adjudication.

La **dénonciation** au conjoint du débiteur en liquidation permet de concilier les droits de ce dernier, qui doit, d'une manière générale, être entendu ou dûment convoqué conformément aux dispositions de l'article R. 641-30 du Code de commerce.

Il est toutefois regrettable que l'hypothèse où l'immeuble, bien propre du débiteur saisi, constitue la résidence de la famille, n'ait pas été prise en compte à l'occasion de la réforme de 2009. La dénonce au conjoint ne se justifierait-elle pas également dans ce cas ?

1414.112 **Notification du cahier des conditions de vente.** L'article R. 642-29-1 alinéa 4 du Code de commerce précise que l'avis vaut notification du cahier des conditions de vente.

1414.113 **Mentions de l'avis.** À peine de nullité, cet avis contient, outre les mentions prévues pour les actes d'huissier de justice :

1° L'indication des lieu, jour et heure de l'audience d'adjudication su juge de l'exécution;

2° La sommation de prendre connaissance du cahier des conditions de vente et l'indication du greffe du juge de l'exécution ainsi que du cabinet de l'avocat poursuivant où celui-ci peut être consulté;

3° L'indication en caractères très apparents, qu'à peine d'irrecevabilité, seules les contestations relatives à un acte de procédure postérieure à l'ordonnance du juge-commissaire peuvent être soulevées, dans les quinze jours de l'acte, ou, le cas échéant, de sa notification, par conclusions d'avocat déposées au greffe du juge de l'exécution.

1414.114 **Délais.** L'avis doit être signifié au plus tard le cinquième jour ouvrable suivant le dépôt du cahier des conditions de vente.

La date de l'audience d'adjudication est fixée, à la diligence du poursuivant, dans un délai compris entre deux et quatre mois suivant celle de l'avis.

Aux termes de l'article R. 642-29-1 du Code de commerce, *in fine*, lorsque ces délais sont dépassés, le juge de l'exécution déclare l'ordonnance du juge-commissaire non avenue à moins qu'il ne soit justifié d'un motif légitime.

1414.115 **Récapitulatif.** Il est donc clair aujourd'hui qu'il ne peut être question de vente amiable dans les ventes sur liquidation judiciaire et que les créanciers inscrits n'ont pas à déclarer leurs créances dans la procédure de saisie immobilière puisqu'ils sont déjà soumis aux règles des procédures collectives en ce domaine.

SECTION 4
DROITS DES PARTIES ET DES TIERS

§ 1
Demandes incidentes et contestations

A.
Régime 2006

1414.120 **Particularité.** La réalisation du bien d'un débiteur en liquidation judiciaire peut donner lieu à des contestations portant sur la procédure comme le fond du droit, comme en matière de saisie de droit commun (v. s^{s} n°s 1365.00 s.). Mais la juxtaposition de la réforme de la procédure de saisie immobilière aux règles relatives au redressement et à la liquidation judiciaires des entreprises est encore l'occasion de difficultés et d'incertitudes car rien n'a manifestement été pensé pour harmoniser ces deux corps de règles. Selon le moment où elles seront soulevées et leur objet, en outre, ces demandes et contestations constitueront des contestations de saisie, au sens strict, soumises au juge de l'exécution, ou exprimeront des oppositions préalables à la réalisation de la vente, tranchées par le tribunal de commerce.

1°
Contestations préalables

1414.121 **Compétence du tribunal de commerce.** Avant que la procédure de saisie immobilière ne soit engagée, des recours peuvent être exercés par le débiteur, les créanciers inscrits et toute personne qui y a intérêt, contre l'ordonnance du juge-commissaire autorisant la vente et fixant les conditions de celle-ci (v. s^{s} n° 1414.44). Ces contestations qui ne portent pas encore sur la procédure de saisie sont portées devant le tribunal de commerce.

1414.122 Opposition à l'ordonnance du juge-commissaire et délai de deux mois. Lorsque le juge-commissaire a autorisé la vente aux enchères publiques et que le débiteur a formé un recours contre l'ordonnance, celle-ci doit-elle, malgré tout, être publiée ? Dans le silence du droit des procédures collectives sur cette question, peut-on raisonner par analogie avec la saisie de droit commun ? Dans ce cas, et avant la réforme de la saisie immobilière, la jurisprudence décidait que l'opposition au commandement de saisie immobilière ne suspendait pas le délai de quatre-vingt-dix jours de l'article 674 ACPC; dans ce cas, l'ordonnance, non publiée dans le délai de l'article 674 ACPC, devait être renouvelée (v. s[s] n° 1414.52). La solution était fondée sur les dispositions de l'article 674 du code, qui disposent que le créancier qui laisse écouler plus de quatre-vingt-dix jours entre le commandement et sa publication au Bureau des hypothèques ne peut reprendre les poursuites qu'en réitérant ledit commandement dans les mêmes formes et délais. Dès lors, pour reprendre les poursuites, le liquidateur devait solliciter une nouvelle ordonnance et la faire publier dans le délai.

En 1997, la Cour de cassation avait précisé que le juge-commissaire était compétent pour autoriser la vente par une nouvelle ordonnance, nonobstant la première ordonnance rendue[1]. La chambre commerciale n'avait cependant pas eu à se prononcer sur l'absence d'effet interruptif du recours, la question posée dans le pourvoi étant circonscrite aux attributions du juge-commissaire. Il fallait sans doute admettre que, comme pour l'opposition à commandement dans la procédure de droit commun, l'opposition à l'ordonnance du juge-commissaire n'est pas suspensive du délai de publication de quatre-vingt-dix jours. Mais dans la procédure de droit commun, la Cour de cassation considérait aussi que l'opposition à commandement de saisie immobilière devenait un incident de saisie, rétroactivement, à compter de la publication du commandement. Or, l'opposition à ordonnance du juge-commissaire n'est pas tranchée par le TGI mais par le tribunal de commerce; il ne s'agissait donc pas à proprement parler d'un incident de saisie immobilière, au sens de la procédure de droit commun.

Avec la réforme de la saisie immobilière, le commandement de payer valant saisie doit être publié dans les deux mois de sa signification. Mais le créancier, en vertu de l'article 12 du décret, pourra invoquer un motif légitime pour éviter la sanction de la caducité. Le recours formé contre l'ordonnance qui produira les effets de ce commandement pourrait en être une illustration.

1. Com. 25 nov. 1997, n° 94-15.670, NP; *Procédures* 1998, n° 43.

2°
Contestations relatives à la vente

1414.131 Avertissement. Comme dans la procédure de droit commun, la vente peut donner lieu à des contestations portant sur la régularité de la procédure et sur le fond du droit. C'est, semble-t-il, à l'audience d'orientation que ces contestations pouvaient être soulevées.

1414.132 Particularités. Compte tenu de la liquidation judiciaire du débiteur, la procédure présente quelques particularités, notamment quand ce dernier est marié. Des contestations peuvent par ailleurs être soulevées, portant sur la forme et les délais des actes à accomplir pour parvenir à la vente du bien. Il ne paraît en revanche pas possible de soulever des contestations portant sur le fond du droit.

a)
Contestations portant sur la procédure

1414.141 Forme et délais. La question se pose tout d'abord, de savoir comment seront formées et tranchées les contestations portant sur la régularité de la procédure de vente.

Les dispositions du décret du 27 juillet 2006 qui imposent à peine de nullité un certain nombre de formalités et prévoient l'accomplissement de certains actes de procédure à peine de caducité sont applicables aux ventes sur faillite, car elles se trouvent dans le titre premier dudit décret aux articles 11 et 12.

b)
Contestations touchant au fond du droit

1414.151 Difficulté. Les contestations portant sur le fond du droit sont relatives à l'existence de la créance, à son exigibilité et à sa liquidité, ou encore au titre sur lequel la poursuite est basée. Ces questions, cependant, relèvent de la compétence du juge-commissaire. On ne voit pas comment elles pourraient à nouveau être débattues devant le juge de l'exécution.

1414.152 Assiette de la saisie. Lorsque le bien à vendre appartient à un débiteur marié, des contestations peuvent être formées sur l'assiette de la saisie : on sait que peuvent être vendus pour désintéresser les créanciers d'un débiteur en liquidation judiciaire, les biens propres de ce dernier mais aussi les biens communs et le conjoint *in bonis* ne pourra s'y opposer (v. s[s] n°s 1318.91 s.).

Lorsque les époux sont propriétaires indivis d'un bien, le liquidateur ne pourra que provoquer le partage, par la voie de l'action oblique, et solliciter la licitation, si le partage ne peut être réalisé en nature[1] (sur la procédure, v. s[s] n°s 1421.91 et 1421.92). La jurisprudence a précisé que le créancier hypothécaire qui poursuit la saisie immobilière d'un bien indivis, sur lequel une personne soumise à une procédure collective avait des droits, était tenu de présenter requête au juge-commissaire, sans préjudice de la délivrance d'un commandement aux indivisaires maîtres de leur droit, et fut-il titulaire (le créancier) d'une hypothèque consentie par tous les indivisaires, lui permettant dès lors de poursuivre la saisie et la vente du bien avant le partage de l'indivision[2] (v. s[s] n° 1411.93).

1414.153 Incidence de l'annulation du jugement d'ouverture de la procédure collective. Lorsqu'un actif immobilier d'un débiteur en liquidation judiciaire est vendu aux enchères, mais qu'ultérieurement le jugement ayant ouvert la procédure collective est annulé, le débiteur redevenu *in bonis* va poursuivre l'annulation du jugement d'adjudication. Dans une telle situation la question des restitutions se révèle très délicate car à l'époque de l'adjudication, le prix a été payé au liquidateur, pour le compte de la liquidation. Est-ce pour autant à lui à le restituer ? Saisie de la question, la chambre commerciale de la Cour de cassation décide, au visa des articles 1304 du Code civil, et L. 622-9 du Code de commerce (dans sa rédaction antérieure à la loi du 26 juillet 2005), que la remise des parties dans leur état antérieur à la suite de l'annulation du jugement d'adjudication commande que soit mise à la charge du propriétaire qui, dans la procédure de saisie immobilière, avait été représenté par le liquidateur pour le temps de son dessaisissement et qui a été remis à la tête de ses biens, la restitution du prix en contrepartie de celle du bien[3]. La solution devrait être la même à la suite de l'entrée en vigueur de la loi du 26 juillet 2005.

1414.154 Droit d'agir du créancier et vérification des créances. En cas de contestation de la validité d'une procédure de saisie immobilière portant sur le droit à agir du créancier, le juge de la saisie immobilière doit trancher cette contestation. La difficulté peut venir de ce que, pour cela, il peut être amené à chercher la réponse dans des branches spéciales du droit, et notamment dans le droit des procédures collectives. Ainsi, statuant sur une procédure diligentée par un créancier contre des garants qui avaient consenti une hypothèque sur un immeuble leur appartenant pour garantir l'encours de créances commerciales accordé à une société, il a été jugé, avant la réforme de la saisie immobilière, que le juge de la saisie immobilière devait, en l'absence de vérification et d'admission des créances déclarées à titre chirographaire au passif de la société débitrice, se prononcer sur le droit d'agir du créancier poursuivant. Est cassé, l'arrêt qui relève que la société créancière ne disposait à l'encontre de la société débitrice que d'une créance chirographaire qui n'avait pas été vérifiée et que, l'obligation principale n'étant pas fixée, il lui appartenait de faire les diligences nécessaires afin de voir sa créance définitivement établie, sans que la mise en œuvre de la garantie hypothécaire puisse être recherchée valablement[4].

La solution est transposable au droit des procédures collectives issu de la loi du 26 juillet 2005.

B.
Régime 2009

1414.161 Droit de former des contestations et modalités. Aux termes de l'article R. 642-29-1 du Code de commerce, à peine d'irrecevabilité, seules les contestations relatives à un acte de procédure postérieur à l'ordonnance du juge-commissaire[5] peuvent être soulevées, dans les quinze jours de l'acte, ou, le cas échéant, de sa notification, par conclusions d'avocat déposées au greffe du juge de l'exécution.

Dès lors que l'avis est notifié aux créanciers inscrits et éventuellement au conjoint lorsque l'immeuble est un bien commun, il faut en déduire que ce sont à la fois les créanciers et le conjoint qui sont titulaires du droit de former des contestations.

1414.162 Une audience propre. L'article R. 642-29-1 du Code de commerce, le précise, dans le cas où une contestation relative à un acte de procédure postérieure à l'ordonnance du juge-commissaire est soulevée, les parties sont convoquées à une audience par le greffe du juge de l'exécution.

1414.163 Convocation. Pour les modalités de la convocation, l'article R. 642-29-1 du Code de com-

1. Paris, 2 déc. 1995, *RJDA* 1996, n° 706 – Com. 28 nov. 2000, n° 98-10.145, NP; *RJPF* 2001-3/18, obs. Vauvillé.
2. Com. 22 avr. 1997, n° 94-19.420, *Bull. civ.* IV, n° 99; *D.* 1997. 127; *D.* 1998. 106, obs. Piedelièvre.
3. Com. 7 févr. 2006, n° 05-13.467, *Bull. civ.* IV, n° 28; *D.* 2006. 578, obs. Lienhard; *JCP* 2006. IV. Pan. 462, n° 1488.
4. Com. 21 mars 2006, n° 05-10.451, NP.
5. Civ. 2e, 6 juin 2013, n° 12-18.481, *Bull. civ.* II, n° 121 : l'ordonnance définitive d'un juge-commissaire à la liquidation judiciaire fixant la vente sur adjudication d'un bien immobilier ne peut être remise en cause à l'audience d'orientation devant le JEX, compétent pour statuer sur les seules contestations postérieures à l'ordonnance du juge commissaire.

merce fait renvoi au troisième alinéa de l'article 7 du décret du 27 juillet 2006 (dans sa rédaction modifiée issue du décret du 12 février 2009), qui dispose que le greffe convoque les parties par lettre recommandée avec demande d'avis de réception, dans un délai de quinze jours à compter du dépôt de la contestation ou de la demande. **Depuis le 1er juin 2012**, il faut comprendre que la convocation s'effectuera conformément aux dispositions de l'article R. 311-5 C. pr. exéc.

§ 2
Droits des tiers bénéficiaires d'un droit de préemption

1414.170 **Avertissement.** Les dispositions ci-après exposées sont applicables **quelle que soit la date d'ouverture de la procédure collective**, le décret de 2009 ne contenant aucune disposition relative aux droits de préemption des tiers.

1414.171 **Bénéficiaires.** Lorsque l'immeuble est réalisé par la voie d'une adjudication suivant les formes de la saisie immobilière de droit commun, certaines personnes bénéficient, en vertu de la loi, d'un droit de préemption qui pourra s'exercer au prix de la dernière enchère (v. ss no 1323.380).

Lorsque le bien est vendu à la barre du tribunal, à la suite d'un jugement de liquidation judiciaire, le preneur à bail rural, la Safer, la commune ou le département, le locataire à usage d'habitation et professionnel lors d'une première division par lots et le locataire en cas de vente d'un immeuble entier peuvent-ils exercer leur droit de préemption dans les mêmes conditions ? Si l'ordonnance no 2008-1345 du 18 décembre 2008 a exclu très clairement l'exercice des droits de préemption institués par le Code rural et de la pêche maritime et le Code de l'urbanisme en cas de plan de cession de l'entreprise (C. com., art. L. 642-5) [1], on ne trouve pas de disposition similaire dans la section consacrée à la cession des actifs du débiteur en liquidation judiciaire, l'article L. 642-18 disposant seulement que les ventes d'immeubles ont lieu conformément aux anciens articles 2204 à 2212 du Code civil (devenus C. pr. exéc., art. L. 322-5 à L. 3222-13), à l'exception des anciens articles 2206 (devenu C. pr. exéc., art. L. 322-6) et 2211 (devenu C. pr. exéc., art. L. 322-9). Rien, *a priori*, n'interdit donc aux titulaires d'un droit de préemption de chercher à l'exercer à l'occasion de la vente aux enchères publiques de l'immeuble [2].

1414.172 **Preneur à bail rural et locataire à usage d'habitation.** Les articles L. 412-11 du Code rural et 10, II de la loi du 31 décembre 1975, se réfèrent à des ventes par adjudication, volontaire ou forcée. Les droits de préemption des preneurs à bail, rural et à usage d'habitation, doivent donc être respectés [3].

1414.173 **Société d'aménagement foncier et d'établissement rural (Safer).** Lorsque le liquidateur réalise l'actif, la Safer peut exercer son droit de préemption. Cette situation est à distinguer de celle où les biens sont compris dans un plan de cession totale ou partielle de l'entreprise, hypothèse où l'article L. 143-4, 7o du Code rural et de la pêche maritime exclut l'exercice du droit de préemption de la Safer. L'exercice du droit de préemption de la Safer ne peut toutefois avoir pour effet de modifier les conditions de la vente autorisée par le juge-commissaire [4].

La jurisprudence ne s'est pas prononcée sur l'hypothèse de l'exercice d'un droit de préemption, en cas de réalisation de l'actif par un créancier mais seulement dans des cas où la vente est poursuivie à la diligence du liquidateur.

Ainsi, en 2002, la chambre commerciale de la Cour de cassation a jugé que les dispositions de l'article L. 143-4, 7o n'interdisaient pas aux sociétés d'aménagement foncier et d'établissement rural de préempter des biens d'un débiteur en liquidation judiciaire dont le juge-commissaire avait autorisé la vente de gré à gré [5]. Le même jour la chambre commerciale a également jugé que l'article L. 143-4, 7o n'interdisait pas aux Safer de préempter des biens d'un débiteur en liquidation judiciaire, composant une unité de production dont le juge-commissaire avait ordonné la cession globale [6].

En 2003, la troisième chambre civile a jugé dans le même sens, précisant que l'article L. 143-4, 7o du

1. V. Civ. 3e, 19 mai 2010, no 09-14.167, *Bull. civ.* III, no 102; *D.* 2010. 1342, obs. Lienhard; *AJDI* 2010. 899, obs. Prigent : qui juge qu'il résulte des articles L. 143-4, 7o C. rur., 165-IV de L. 26 juill. 2005 et L. 642-5 C. com., qu'une Safer ne peut se prévaloir d'un droit de préemption sur les biens compris dans le plan de cession totale ou partielle d'une entreprise ordonnée par le tribunal, que celle-ci soit en redressement ou en liquidation judiciaire.

2. Ne sont exclus de l'exercice du droit de préemption que les immeubles compris dans un plan de cession : CE 17 déc. 2008, req. no 316411, *D.* 2009. AJ 102, obs. Vincent; *JCP N* 2009. 1232, note Lebel.
3. Civ. 2e, 5 févr. 2003, no 01-17.145, *Bull. civ.* IV, no 28; *D.* 2003. AJ 696.
4. Civ. 3e, 19 sept. 2012, no 10-21.858, *Bull. civ.* III, no 129; *D.* 2012. Actu; *D.* 2012. 2164, obs. Lienhard; *JCP E* 2012. 1757, no 10, obs. Pétel.
5. Com. 15 oct. 2002, no 98-21.669, *Bull. civ.* IV, no 144; *D.* 2002. 3012, obs. Lienhard; *JCP* 2003. I. 113, p. 346, obs. Pétel – La solution a été réaffirmée : Com. 18 mars 2003, no 99-20.122, NP.
6. Com. 15 oct. 2002, no 99-17.765, *Bull. civ.* IV, no 143; *D.* 2002. 3012, obs. Lienhard; *Gaz. Pal.* 20-21 juin 2003. Somm. 17, obs. Lachaud.

Code rural constitue une exception visant une situation particulière qui ne peut être étendue à une situation différente qui a d'ailleurs un tout autre objet, la liquidation de l'entreprise et non sa poursuite d'activité[1].

Par ailleurs, la qualité de frère du propriétaire mis **en liquidation judiciaire**, dont l'actif est réalisé au moyen d'une vente aux enchères publiques par le liquidateur judiciaire sur autorisation du juge-commissaire, n'ouvre pas droit à l'adjudicataire des parcelles ainsi vendues de se prévaloir des dispositions de l'article L. 143-4, 3° du Code rural (qui exclut l'exercice du droit de préemption de la Safer à l'occasion d'acquisitions effectuées par des cohéritiers sur licitation amiable ou judiciaire et de cessions consenties à des parents ou alliés jusqu'au quatrième degré inclus) pour faire obstacle au droit de préemption[2].

1414.174 Cas particulier des collectivités locales. Le droit de préemption ne semblait pas ouvert aux collectivités locales en cas de vente d'un bien appartenant à un débiteur en liquidation judiciaire. En effet, avant l'entrée en vigueur de la loi n° 2000-1208 sur la solidarité et le renouvellement urbains, du 13 décembre 2000[3], l'alinéa 1er de l'article L. 213-1 du Code de l'urbanisme, visait seulement les ventes volontaires et l'alinéa 3 n'envisageait l'hypothèse d'une adjudication que « *lorsque cette procédure est rendue obligatoire par une disposition législative ou réglementaire* ». Or, la qualité de vente volontaire d'un immeuble d'un débiteur en situation de liquidation judiciaire se discute (v. ss n° 1400.07), et dans le même temps, la vente pouvant être ordonnée en la forme des saisies, de gré à gré ou sur adjudication amiable, l'adjudication n'était pas rendue obligatoire par une disposition législative ou réglementaire. En conséquence, le droit de préemption de l'Administration était écarté dans ce cas[4]. La Cour de cassation avait tenu le même raisonnement à propos d'une vente à forfait réalisée par un syndic[5]. L'article 19 de la loi « SRU » a supprimé le mot « volontairement » dans le premier alinéa de l'article 213-1 du Code de l'urbanisme. Toutefois, l'alinéa 3 du même article envisage toujours l'hypothèse d'une adjudication « *rendue obligatoire par une disposition législative ou réglementaire* ». La difficulté demeure donc.

1414.175 Droits de préemption des communes. La loi du 29 juillet 1998, relative à la lutte contre les exclusions, a institué un nouveau droit de préemption, au profit des communes à l'article L. 616 du Code de la construction et de l'habitation. Cet article envisage l'hypothèse d'une vente sur saisie immobilière d'un immeuble ou partie d'immeuble, constituant la résidence principale d'une personne qui remplit les conditions d'attribution d'un logement à loyer modéré (v. ss n° 1367.123); cette rédaction semble donc exclure l'extension de ce droit de préemption à d'autres ventes aux enchères publiques.

Par ailleurs, depuis l'entrée en vigueur de la loi n° 2006-685 du 13 juin 2006 relative au droit de préemption et à la protection des locataires[6], dite Loi Aurillac, le Code de l'urbanisme prévoit aussi qu'« *en cas de vente d'un immeuble à usage d'habitation, la commune peut faire usage de son droit de préemption pour assurer le maintien dans les lieux des locataires* » (C. urb., art. L. 210-2) mais aucune précision n'est apportée sur les modalités de la vente, volontaire ou forcée.

1414.176 Droit de préemption du locataire en cas de vente d'un immeuble entier. Selon la loi n° 2006-685 du 13 juin 2006, dite loi Aurillac, lors de la vente d'un immeuble entier d'habitation, le vendeur doit, préalablement à la vente, offrir à chaque locataire d'acquérir son logement, à moins que l'acquéreur de l'entier immeuble ne s'engage à proroger les baux en cours. C'est à l'occasion de la vente projetée que naît le droit du locataire à une protection particulière. Préalablement à la vente, le locataire se voit offrir au choix du vendeur, soit la prorogation de son bail soit la préemption du logement.

Se pose déjà la question de savoir si les ventes par adjudication judiciaire ou amiable sont concernées au même titre que les ventes de gré à gré et comment exercer éventuellement ce nouveau droit de préemption. Dans le silence de la loi nouvelle, on pourrait déduire que la protection du locataire doit jouer que la vente soit volontaire ou forcée. L'incidence d'une liquidation judiciaire n'apporterait alors rien de plus et comme pour le droit de préemption de l'article 10 de la loi n° 75-1351 du 31 décembre 1975[7], on peut admettre l'existence

1. Civ. 3e, 30 avr. 2003, n° 02-10.368, *Bull. civ.* III, n° 94; *D.* 2003. 1365.
2. Civ. 3e, 10 juin 2009, n° 08-13.166, *Bull. civ.* III, n° 141; *AJDI* 2009. 884, obs. Prigent.
3. L. n° 2000-1208, relative à la solidarité et au renouvellement urbains, *JO* 14 déc., p. 19777.
4. EN CE SENS : sous l'empire de la loi de 1967, CE, sect., 6 oct. 1995, req. n° 112083, *Lebon; JCP N* 1996. II. 238; *Defrénois* 1996, art. 36318, p. 604, n° 5, obs. Pérignon – Et pour la loi du 25 janv. 1985 : Paris, 20 sept. 1994, *Rev. proc. coll.* 1995-2, n° 39, obs. Soinne – Rép. min., *JOAN* 3 janv. 1994, p. 59 – CE, sect., 27 oct. 1999, Cne de Houdan, req. n° 188685, *Lebon* 326.
5. Civ. 3e, 10 nov. 1998, n° 97-10.269, *Bull. civ.* III, n° 214; *Constr.-Urb.* févr. 1999, n° 61.
6. L. n° 2006-685, 13 juin 2006, relative au droit de préemption et à la protection des locataires, *JO* 14 juin, p. 8944.
7. L. n° 75-1351, 31 déc. 1975, modification de la loi du 1er septembre 1948, *JO* 4 janv., p. 191.

de ce droit en cas de vente sur liquidation judiciaire (v. s^s n° 1367.115).

SECTION 5
AUDIENCE D'ADJUDICATION

1414.181 **Principes.** Le bien va être vendu à l'audience du juge de l'exécution désigné à cet effet par le juge-commissaire, après que la vente ait été annoncée par des publicités. L'article 273 du décret du 28 décembre 2005, modifié par le décret du 27 juillet 2006, faisait un renvoi général aux dispositions du titre 1er de ce décret, sauf dispositions contraires. L'article R. 642-29-2 du Code de commerce, issu du décret du 12 février 2009, prévoit désormais, pour les procédures ouvertes à compter du 15 février 2009, de manière plus explicite, que seules certaines dispositions du titre 1er du décret de 2006 seront applicables à l'adjudication judiciaire de l'immeuble d'un débiteur en liquidation judiciaire.

Depuis le 1er juin 2012, l'article R. 642-29-2 du Code de commerce vise désormais les dispositions de la section 4 du chapitre II du titre II du livre III du Code des procédures civiles d'exécution.

§ 1
Publicités

A.
Régime 2006

1414.191 **Délai et modalités.** L'article 273 du décret du 28 décembre 2005, devenu l'article R. 642-27 du Code de commerce, soumet la vente au titre premier du décret du 27 juillet 2006 lorsqu'il n'y est pas dérogé. Ainsi, l'avocat poursuivant annonce la vente dans un délai compris entre un et deux mois avant l'audience d'adjudication, conformément à l'article 64 du décret du 27 juillet 2006. Les modalités de la publicité, en revanche, ne sont pas nécessairement calquées sur celles de la saisie immobilière, l'article 268 du décret du 28 décembre 2005, devenu l'article R. 642-22, laissant le juge-commissaire libre de les fixer en tenant compte de la valeur, de la nature et de la situation des biens (v. s^s n°s 1414.34 s.).

1414.192 **Cas particulier de ventes simultanées.** En vertu de l'article 275 du décret du 28 décembre 2005, devenu l'article R. 642-29 du Code de commerce, le juge-commissaire peut autoriser le créancier à poursuivre simultanément la vente de plusieurs immeubles, même s'ils sont situés dans des ressorts de tribunaux de grande instance différents. C'est le juge-commissaire qui décide si la vente de ces biens sera poursuivie devant le TGI dans le ressort duquel chaque immeuble se trouve ou devant celui dans le ressort duquel est situé le domicile du débiteur ou le siège de l'entreprise. Dans l'hypothèse où le juge-commissaire a estimé que la vente se ferait dans un ressort différent, il paraît souhaitable, même si aucun texte ne le prévoit expressément, d'effectuer une double publicité, au lieu de situation de l'immeuble et à celui du tribunal désigné, sauf à faire paraître la publicité dans un journal qui couvrirait les deux ressorts.

1414.193 **Nouvelles publicités.** En vertu de l'article 270 alinéa 1er issu du décret du 28 décembre 2005, devenu l'article R. 642-24 du Code de commerce, on rappellera que lorsque la procédure de saisie immobilière avait été engagée avant l'ouverture de la procédure collective et qu'elle est reprise une fois la liquidation des biens prononcée, de nouvelles publicités sont à effectuer, les précédentes ayant annoncé une audience d'adjudication qui n'a pas pu se tenir, compte tenu de la suspension des poursuites.

B.
Régime 2009

1414.201 **Dispositions applicables.** Aux termes de l'article R. 642-29-2 du Code de commerce, seules sont applicables à la **cession des actifs du débiteur par voie d'adjudication judiciaire** celles des **dispositions de la section 4 du chapitre II du titre II du livre III du Code des procédures civiles d'exécution** *expressément visées* (en l'occurrence, il s'agit des dispositions relatives à la capacité d'enchérir, au déroulement et à la nullité des enchères – v. s^s n°s 1414.221 s.). *A contrario*, les dispositions qui ne sont pas citées ne pourront trouver application; ainsi les dispositions relatives aux publicités, à savoir les articles R. 322-30 à R. 322-38 C. pr. exéc., ne s'appliqueront pas car, en vertu de l'article R. 642-22, 2° du Code de commerce, le juge-commissaire est libre de fixer les modalités de la publicité en tenant compte de la valeur, de la nature et de la situation des biens.

§ 2
Vente

A.
Régime 2006

1414.210 **Réquisition de la vente.** En l'absence de disposition particulière, elle est requise selon les dispositions de droit commun (v. s^s n°s 1368.21 s.).

1414.211 **Renvoi de la vente.** En théorie, elle est possible aux conditions de l'article 61 du décret du 27 juillet 2006. Mais la jurisprudence rendue sous l'empire de la loi de 1985 juge que le débiteur ne peut solliciter le renvoi de cette vente du fait du dessaisissement qui le frappe[1]. Cette analyse doit continuer à s'appliquer aux ventes réalisées sous l'empire des textes récents.

1414.212 **Carence d'enchères.** Sur un point cependant, la vente des immeubles d'un débiteur en liquidation judiciaire se distingue de la procédure de droit commun : en effet, lorsque le liquidateur poursuit la vente, il ne peut être déclaré adjudicataire ni en son nom personnel ni en qualité de représentant des créanciers des immeubles du débiteur. L'article 272 du décret du 28 décembre 2005, devenu l'article R. 642-26 du Code de commerce, exclut expressément cette possibilité pour le liquidateur d'être déclaré adjudicataire des immeubles du débiteur. C'est notamment pour cette raison que le juge-commissaire peut préciser qu'à défaut d'enchère atteignant la mise à prix la vente pourra se faire sur une mise à prix inférieure.

En revanche, lorsque la saisie est poursuivie par un créancier en vertu de son droit de poursuite individuelle ce créancier peut-il être déclaré adjudicataire en cas de défaut d'enchère ? La question se pose car le créancier n'a pas déterminé lui-même la mise à prix, qui est fixée par le juge-commissaire, en accord avec le créancier poursuivant; en cas de désaccord, c'est donc le tribunal qui tranchera (v. s[s] n° 1414.44). Dans ces conditions, le prix pourra être imposé au créancier et une faculté de baisse de mise à prix refusée par le tribunal.

Dans une telle hypothèse, qu'il faut espérer rare en pratique, le créancier n'aurait d'autre choix que de prendre le risque d'être déclaré adjudicataire à défaut d'enchères ou de renoncer aux poursuites. C'est sans doute la raison pour laquelle, avant la réforme, certains auteurs considéraient que lorsque la mise à prix avait été fixée par le juge-commissaire, le créancier ne devait pas pouvoir être déclaré adjudicataire à défaut d'enchères[2]. La chambre commerciale a tranché la question en sens contraire[3] : elle a estimé que, aux termes de l'article 129 du décret du 27 décembre 1985, la vente sur saisie immobilière était soumise au titre XII du livre V de l'ancien Code de procédure civile, et donc à l'article 706 alinéa 2 dudit code, figurant sous ce titre. Cet article s'appliquait donc en cas de carence d'enchères, que le juge-commissaire ait ou non visé la faculté qui lui appartient de fixer, dans l'ordonnance autorisant la vente, une mise à prix inférieure à la mise à prix initiale. La chambre commerciale a insisté encore sur le fait que, lorsque la vente est poursuivie en application de l'article 161 de la loi du 25 janvier 1985 (devenu C. com., anc. art. L. 622-23) la mise à prix n'est pas déterminée par le juge-commissaire seul, mais par celui-ci en accord avec le créancier poursuivant.

La solution demeure applicable aux procédures soumises au décret du 27 juillet 2006, l'article 2206 du Code civil (devenu C. pr. exéc., art. L. 322-6) imposant la même sanction à l'adjudicataire en cas de carences d'enchères.

C'est dire que, en cas de désaccord persistant sur la mise à prix, les créanciers devront envisager d'exercer un recours devant le tribunal et à tout le moins essayer de convaincre le juge-commissaire, puis le tribunal, de prévoir une faculté de baisse de mise à prix (v. s[s] n° 1414.44).

1414.213 **Interdictions d'acquérir.** L'article L. 642-3 du Code de commerce prévoit que toutes personnes intéressées par l'acquisition des unités de production composées de tout ou partie de l'actif immobilier du débiteur peuvent faire des offres au liquidateur à l'exception du débiteur, des dirigeants de droit ou de fait de la personne morale en liquidation judiciaire, des parents et alliés de ceux-ci jusqu'au deuxième degré inclusivement. Curieusement, avant la loi de sauvegarde des entreprises, cette restriction au droit d'acquérir n'était pas prévue pour les cessions d'actifs réalisées en application de l'article L. 642-18 du Code de commerce relatif aux ventes immobilières. Pouvait-on alors considérer que la prohibition contenue à l'article L. 642-3 ne concernait que la vente d'unités de production et non la vente de biens isolés ? La doctrine était partagée. Pour certains auteurs, la prohibition contenue à l'article L. 642-3 était justifiée par la crainte du législateur que sous le couvert des membres de la famille ou d'une société de façade, le dirigeant puisse se porter acquéreur des « forces vives » de l'entreprise moyennant un prix réduit et en avançant l'argument de la sauvegarde de l'emploi. S'agissant en revanche de la vente de biens isolés, une telle attitude ne serait pas à craindre, l'objectif étant seulement d'obtenir le meilleur prix lors de la réalisation du bien. Il n'y aurait donc eu aucune raison, *a priori*, de refuser au dirigeant lui-même ou aux membres de sa famille la faculté de racheter ces biens, tout autant qu'un prix réel et sérieux serait proposé. Pour d'autres auteurs, une telle interprétation était à exclure : le débiteur en liquidation judiciaire ne pouvant prétendre, sans avoir dissimulé des fonds à la liquidation, avoir les moyens de

1. Dijon, 1re ch. 1re sect., 14 avr. 1992, *Juris-Data* n° 045680.
2. EN CE SENS : P. Le Cannu, J.-M. Lucheux, M. Pitron et J.-P. Sénéchal, *Entreprises en difficulté*, « Pratique des affaires », Éd. Joly, 1994, n° 834.
3. Com. 6 janv. 1998, n° 95-12.258, *Bull. civ.* IV, n° 2.

racheter ses propres biens[1]. La loi de sauvegarde des entreprises a éclairci le débat sans l'avoir totalement supprimé : aux termes des dispositions de l'article L. 642-20 du Code de commerce, en effet, « *les dispositions de l'article L. 642-3 sont applicables aux cessions d'actifs réalisées en application des articles L. 642-18 et L. 642-19. Dans ce cas, les pouvoirs sont exercés par le juge-commissaire.* » Cependant, ces dispositions, qui interdisent aux parents et alliés du débiteur d'acquérir, entrent en conflit avec le droit commun des ventes aux enchères, tel que réglementé par le Code des procédures civiles d'exécution. Certains auteurs considèrent donc que si l'interdiction d'acquérir est justifiée à l'égard du débiteur, en cas de vente aux enchères, elle doit être tenue pour inexistante s'agissant de ses proches[2].

B.
Régime 2009

1414.221 **Textes applicables.** Aux termes de l'article R. 642-29-2 du Code de commerce, « *à l'audience d'adjudication, il est procédé comme il est dit à la sous-section 3 de la section 4* [du Code des procédures civiles d'exécution] ». Ainsi, les articles R. 322-39 à R. 322-49 C. pr. exéc. relatifs à la capacité d'enchérir, au déroulement des enchères et à la nullité des enchères seront applicables. En revanche, les articles R. 322-26 à R. 322-29 C. pr. exéc. qui réglementent la vente forcée dans la procédure de droit commun sont désormais explicitement écartés lors de l'adjudication judiciaire de l'immeuble d'un débiteur en liquidation judiciaire.

1414.222 **Réquisition de la vente.** Elle est requise selon les dispositions de droit commun (v. s[s] n°s 1368.21 s.).

1414.223 **Renvoi de la vente.** Les articles R. 322-26 à R. 322-29 C. pr. exéc. sont désormais écartés lors de l'adjudication judiciaire de l'immeuble d'un débiteur en liquidation judiciaire. Ainsi, la faculté de reporter la vente pour force majeure ou sur demande de la commission de surendettement est-elle clairement exclue.

1414.224 **Carence d'enchères.** Les développements ci-dessus (v. s[s] n° 1414.212) sont applicables à une vente réalisée après le 15 février 2009, l'article R. 642-26 du Code de commerce n'ayant pas été modifié par le décret du 12 février 2009.

1414.225 **Interdiction d'acquérir.** Les développements ci-dessus (v. s[s] n° 1414.213) sont applicables à une vente réalisée après le 15 février 2009, l'article L. 642-3 du Code de commerce n'ayant pas été modifié par l'ordonnance du 18 décembre 2008.

1. V. B. Soinne, *Traité des procédures collectives,* 2e éd., Litec, 1995, n° 2403.
2. P.-M. Le Corre, Dalloz action *Droit et pratique des procédures collectives*, 2015/2016, n° 561.14.

CHAPITRE

1415. Effets de la vente selon la procédure du décret du 27 juillet 2006 (nouveau régime)

Anne LEBORGNE
Professeur à l'Université d'Aix-Marseille

SECTION 0 ORIENTEUR

1415.00 Plan du chapitre.

Division. L'adjudication réalise une vente : le jugement emporte transfert de propriété et devra être publié par l'adjudicataire.

1415.05 Un principe identique. L'adjudication se déroule comme en matière de saisie immobilière; le bien est adjugé sur la dernière enchère et à l'expiration des délais de surenchère, le transfert de propriété sera acquis et l'adjudicataire devra publier le jugement d'adjudication. Lorsque l'adjudicataire ne consigne pas le prix d'adjudication et les frais, le bien est revendu sur réitération des enchères.

SECTION 1 PAIEMENT DU PRIX

1415.11 Régime 2006. La spécificité de la vente des immeubles d'un débiteur en liquidation judiciaire n'avait pas été prise en considération à l'époque de la réforme de la procédure de saisie immobilière, à tel point que les changements terminologiques n'avaient même pas été intégrés. Ainsi, l'article R. 643-3 du Code de commerce disposait seulement que « *dans les trois mois de l'adjudication, l'adjudicataire doit verser au compte de dépôt ouvert par le liquidateur à la Caisse des dépôts et consignations la totalité du prix de l'adjudication, y compris les intérêts au taux légal à compter du jour où la vente est devenue définitive jusqu'au jour du paiement. Passé ce délai, le liquidateur lui enjoint par lettre recommandée avec demande d'avis de réception de faire le versement sous peine de revente sur folle enchère* ».

1415.12 Régime 2009. C'est le décret du 12 février 2009 [1] qui a rectifié l'article R. 643-3 du Code de commerce afin de menacer de « *réitération des enchères* » l'adjudicataire qui ne verserait pas le prix dans le délai, et qui a précisé, à l'article R. 642-29-2 du même code, quelles étaient les dispositions du chapitre VI du titre 1er du décret de 2006 (devenues la section 4 du chapitre II du titre II livre III du Code des procédures civiles d'exécution) applicables à la cession des actifs d'un débiteur en liquidation judiciaire. S'agissant du paiement du

1. Décr. n° 2012-783, 30 mai 2012, relatif à la partie réglementaire du Code des procédures civiles d'exécution, *JO* 31 mai, p. 9375.

prix, seul l'article 86 du décret du 27 juillet 2006, devenu l'article R. 322-58 C. pr. exéc, qui dispose que les frais de poursuite taxés sont payés par l'adjudicataire par priorité en sus du prix, est applicable. La rédaction de l'article 86 a en outre été complétée par le décret du 12 février 2009[1] afin d'ajouter les droits de mutation au titre des sommes dues par l'adjudicataire.

SECTION 2
JUGEMENT D'ADJUDICATION ET TITRE DE VENTE

§ 1
Contenu du jugement, notification et recours

A.
Régime 2006

1415.21 Absence de dispositions spéciales. Le renvoi général au titre 1er du décret du 27 juillet 2006 semblait rendre applicable toutes les dispositions du chapitre VI et notamment les articles 87 à 93 du décret. Or, en droit commun, l'article 87 prévoit que le jugement d'adjudication vise le jugement d'orientation. Aucune disposition spéciale ne figurait au décret du 28 décembre 2005, permettant d'exclure l'application de cet article. Rien non plus ne précisait le régime de la notification, pas plus que celui des recours.

B.
Régime 2009

1415.31 Une réglementation spéciale. L'article R. 642-29-2 du Code de commerce, issu du décret du 12 février 2009, énonce les seules dispositions de la section 4 du chapitre II du titre II du livre III du Code des procédures civiles d'exécution applicables. Un renvoi partiel est opéré aux articles R. 322-59 et R. 322-60 C. pr. exéc. Les dispositions des articles R. 322-61 à R. 322-63 C. pr. exéc.

1415.32 Mentions du jugement. S'agissant du jugement d'adjudication, un renvoi partiel est opéré à l'article R. 322-59 C. pr. exéc. : « *Outre les mentions prescrites pour tout jugement, le jugement d'adjudication vise l'ordonnance du juge-commissaire ayant ordonné la vente, les jugements tranchant les contestations et le cahier des conditions de vente. Il désigne le poursuivant. Il mentionne les éléments énumérés aux troisième et quatrième phrases de l'article R. 322-59 du même code* »; il s'agit des formalités de publicité et leur date, la désignation de l'immeuble adjugé, les date et lieu de la vente forcée, l'identité de l'adjudicataire; le prix d'adjudication et le montant des frais taxés. Il comporte le cas échéant les contestations qu'il tranche.

1415.33 Notification. L'article R. 642-29-2 du Code de commerce ajoute que le jugement est notifié par le poursuivant au débiteur, aux créanciers inscrits, à l'adjudicataire ainsi qu'à toute personne ayant élevé une contestation tranchée par la décision. La notification par le poursuivant est désormais la règle dans le droit commun, conformément à l'article R. 322-60 C. pr. exéc. Cette notification est effectuée selon les dispositions de l'article R. 121-15 C. pr. exéc.[2]

1415.34 Recours. Les modalités de recours à l'encontre de ce jugement sont fixées par les dispositions du deuxième alinéa de l'article R. 322-60 C. pr. exéc. qui dispose que « *seul le jugement d'adjudication qui statue sur une contestation est susceptible d'appel de ce chef dans un délai de quinze jours à compter de sa notification* ».

§ 2
Publication et effets du titre de vente

A.
Publication

1415.41 Régime 2006. Un renvoi général semblait s'opérer aux articles 89 à 91 du décret du 27 juillet 2006. Cependant, l'article 290 du décret de 2008, devenu l'article R. 643-3 alinéa 1er du Code de commerce, précisait que l'adjudicataire a l'obligation de publier le jugement d'adjudication dans les deux mois de sa date. Cet article toutefois ajoutait que la publication devait être effectuée dans les **deux mois** du jugement d'adjudication et « *en cas d'appel dans les deux mois de l'arrêt confirmatif* ». Comment pouvait-on envisager un arrêt d'appel à l'encontre du jugement d'adjudication dont on sait par ailleurs qu'il n'est pas à proprement parler un jugement susceptible de recours mais un contrat

1. Décr. n° 2009-160, 12 févr. 2009, pris pour l'application de l'ordonnance n° 2008-1345 du 18 décembre 2008 portant réforme du droit des entreprises en difficulté et modifiant les procédures de saisie immobilière et de distribution du prix d'un immeuble, *JO* 13 févr., p. 2596.

2. Ainsi, la sanction prévue à l'art. R. 322-48 C. pr. exéc. n'est pas applicable : Civ. 2e, 31 mars 2011, nos 09-70.920 et 10-14.146, *Bull. civ.* II, n° 81 ; *D.* 2011. Actu. 1090 ; *D.* 2012. Pan. 1518, obs. Leborgne; *Procédures* 2011, n° 265, obs. Perrot; *ibid.* 2013. Chron. 1, n° 24, obs. Leborgne.

judiciaire (v. s[s] n°s 1341.20 s.) ? Était-ce une incongruité due à l'ignorance de la nature du jugement d'adjudication ? La question se posait déjà dans le décret du 27 décembre 1985 dont l'article 140 posait la règle qu'a reproduite l'article 290...

Compte tenu du renvoi général opéré au titre 1er du décret du 27 juillet 2006, sauf s'il y est dérogé, il semblait que les dispositions de la section 3 du chapitre VI, relatif à la vente forcée de l'immeuble, ne pouvaient trouver à s'appliquer lorsque le débiteur était en liquidation judiciaire et notamment la consignation et le paiement provisionnel du créancier de premier rang qui paraissaient contraires aux règles du droit des procédures collectives en matière d'apurement du passif et de règlement des créanciers.

1415.42 **Régime 2009.** Aux termes de l'article R. 642-29-2 du Code de commerce, les dispositions des articles R. 322-61 à R. 322-63 C. pr. exéc. L'article R. 322-61 C. pr. exéc. décrit le titre de vente comme consistant en l'expédition du cahier des conditions de vente revêtu de la formule exécutoire à la suite de laquelle est transcrit le jugement d'adjudication. L'article R. 322-62 C. pr. exéc. dispose que le titre de vente est délivré par le greffier à l'adjudicataire et à sa demande au créancier poursuivant pour procéder aux formalités de publicité du titre à défaut de diligence à cet effet par l'adjudicataire; le deuxième alinéa de l'article 90 du décret de 2006, qui prévoyait qu'en tout état de cause, une copie du titre de vente est adressée au débiteur et au créancier poursuivant a été abrogé par le décret du 12 février 2009.

L'article R. 322-63 C. pr. exéc. prévoit enfin que « *le titre de vente est publié au fichier immobilier selon les règles prévues pour les ventes judiciaires, à la requête de l'acquéreur ou, à son défaut, du créancier poursuivant* ».

B.
Effets

1415.51 **Effets.** Ce sont les mêmes effets que dans la procédure de droit commun (v. s[s] n° 1371.161). La publication rend tout d'abord le **transfert de propriété opposable aux tiers.** Emporte-t-elle purge des inscriptions ?

1415.52 **Régime 2006.** Lorsque l'adjudication est réalisée, conformément à l'article L. 643-2 du Code de commerce, par un créancier, emporte-t-elle purge des hypothèques ? La question pouvait se poser après l'entrée en application de la loi de sauvegarde du 26 juillet 2005, car l'article L. 643-2 du Code de commerce ne renvoie pas à l'alinéa 4 de l'article L. 642-18, selon lequel les adjudications emportent purge des hypothèques. Toutefois, la doctrine avait admis, avant la réforme, que la solution devait être identique, que l'adjudication ait été poursuivie par le liquidateur ou par un créancier. En effet, à partir du moment où les créanciers inscrits ont été sommés de prendre connaissance du cahier des conditions de vente, ont été convoqués à la vente, et n'ont pas exercé la faculté de surenchère, le prix leur sera opposable. Depuis la loi n° 2010-1609 du 22 décembre 2010[1], qui a modifié l'article 2213 du Code civil (devenu C. pr. exéc., art. L. 322-14[2]), l'effet de purge est conditionné à la publication du jugement d'adjudication (v. s[s] n° 1371.201).

Selon la jurisprudence développée en matière de saisie immobilière, la publication du jugement d'adjudication emporte également purge de tous les vices antérieurs de la procédure (v. s[s] n° 1371.211) et report des sûretés sur le prix effectivement consigné, tout autant que les créanciers inscrits auront déclaré leur créance au greffe du juge de l'exécution en temps utile (v. s[s] n°s 1363.111 s.).

1415.53 **Régime 2009.** On retrouve la même ambiguïté. Le nouvel article L. 642-18 alinéa 4 du Code de commerce, dispose désormais que « *pour les adjudications réalisées en application des alinéas qui précèdent, le paiement du prix au liquidateur et des frais de vente emportent purge des hypothèques et de tout privilège du chef du débiteur. L'adjudicataire ne peut, avant d'avoir procédé à ces paiements, accomplir un acte de disposition sur le bien à l'exception de la constitution d'une hypothèque accessoire à un contrat de prêt destiné à l'acquisition de ce bien* », ce qui est la reproduction des dispositions de l'article L. 322-9 alinéa 2 C. pr. exéc. Mais l'article L. 643-2 du Code de commerce n'a pas été complété et son alinéa 3 n'opère toujours renvoi qu'aux premier, troisième et cinquième alinéas de l'article L. 642-18 !

SECTION 3
EFFETS DE LA VENTE FORCÉE

§ 1
Effets de toute vente sur adjudication

1415.61 **Transfert de propriété.** Comme dans la procédure de droit commun, l'adjudication emporte

1. L. n° 2010-1609, 22 déc. 2010, relative à l'exécution des décisions de justice, aux conditions d'exercice de certaines professions réglementées et aux experts judiciaires, *JO* 23 déc., p. 22552.
2. Ord. n° 2011-1895, 19 déc. 2011, relative à la partie législative du Code des procédures civiles d'exécution, *JO* 20 déc., p. 21464.

transfert de propriété entre les parties (v. s^{s} n° 1341.151).

1415.62 Rescision pour lésion. La rescision pour lésion « *n'a pas lieu en toutes ventes qui d'après la loi ne peuvent être faites que d'autorité de justice* » (C. civ., art. 1684). La vente d'un bien d'un débiteur en liquidation judiciaire à la requête d'un créancier est-elle une vente qui ne peut être faite que d'autorité de justice ? La jurisprudence a répondu par la négative pour la vente des biens d'un débiteur en règlement judiciaire[1] : il s'agissait certes d'une vente après autorisation de justice, mais qui pouvait être effectuée autrement qu'en justice. Le raisonnement semble transposable à la vente des biens d'un débiteur en liquidation judiciaire : la vente peut être effectuée autrement qu'en justice puisque le juge-commissaire peut ordonner la vente de gré à gré ou par adjudication amiable (v. s^{s} n° 1411.71). La rescision pour lésion ne serait donc pas exclue.

1415.63 Vices cachés. La question semble plus simple pour la garantie des vices cachés. Selon l'article 1649 du Code civil, elle est exclue pour les ventes « *faites par autorité de justice* », ce qui laissera de côté les ventes de gré à gré ordonnées par le juge-commissaire et celles faites devant notaire, tout autant qu'on n'analysera pas la formule « *faites par autorité de justice* » comme signifiant « *faite après autorisation en justice* »[2]. La garantie des vices cachés semblerait donc nécessairement exclue lorsque la vente a lieu à la barre du tribunal : cela permettrait d'éviter l'action rédhibitoire, qui devrait conduire à choisir entre rendre la chose ou se faire restituer une partie du prix, hypothèses difficilement compatibles avec une vente forcée.

§ 2
Effets prévus par les textes spéciaux

1415.71 Effets du jugement d'adjudication pour le débiteur en liquidation judiciaire. Celui-ci doit libérer les lieux, l'adjudicataire pouvant exiger la délivrance du bien par le saisi[3]. Depuis la réforme de la procédure de saisie immobilière et aux termes de l'article L. 322-13 C. pr. exéc., le jugement d'adjudication constitue un titre d'expulsion contre le saisi (v. s^{s} n° 1371.223). Le renvoi aux « *formes prescrites en matière de saisie immobilière* », contenu à l'article L. 642-18 du Code de commerce, dans sa rédaction issue de la loi de sauvegarde du 26 juillet 2005, pouvait faire hésiter sur l'application des dispositions de l'article 2210 du Code civil (devenu C. pr. exéc., art. L. 322-13) aux suites de la vente de l'immeuble d'un débiteur en liquidation judiciaire. Le nouvel article L. 642-48 du Code de commerce, issu du décret du 12 février 2009, dispose que les ventes d'immeuble ont lieu conformément aux anciens articles 2204 à 2212 (devenus C. pr. exéc., art. L. 322-5 à L. 322-13), à l'exception des anciens articles 2206 (devenu C. pr. exéc., art. L. 322-6) et 2211 (devenu C. pr. exéc., art. L. 322-9) du Code civil. Il n'y a donc plus d'ambiguïté.

En outre, l'article R. 642-29-2 du Code de commerce précise que la vente par adjudication produit les effets prévus par l'article R. 322-64 C. pr. exéc. Cet article prévoit que l'adjudicataire, sauf si le cahier des conditions de vente prévoit le maintien dans les lieux du débiteur saisi, peut mettre à exécution le titre d'expulsion dont il dispose à l'encontre du saisi et de tout occupant de son chef n'ayant aucun droit qui lui soit opposable à compter de la consignation du prix et du paiement des frais taxés.

1415.72 Délais de grâce. Depuis le 1er juillet 2014, date d'entrée en vigueur de l'ordonnance n° 2014-326 du 12 mars 2014[4], en cas de liquidation judiciaire d'un débiteur, personne physique, le tribunal peut, en considération de sa situation personnelle et familiale, lui accorder des délais de grâce dont il détermine la durée pour quitter sa maison d'habitation principale. Cette faveur, énoncée à l'article L. 642-18 alinéa 6 du Code de commerce, n'était jusqu'alors réservée qu'aux agriculteurs. La durée de ces délais n'est pas fixée. L'article 283 du décret du 28 décembre 2005, devenu l'article R. 642-37 du Code de commerce, dispose que la décision qui accorde des délais fixe l'indemnité d'occupation due par le débiteur. Cet article n'a pas été modifié par le décret du 12 février 2009.

SECTION 4
SURENCHÈRE

1415.81 Surenchère du dixième. Selon l'article R. 642-29-2 du Code de commerce, le bien peut être remis en vente sur surenchère du dixième,

1. Com. 8 juill. 1980, n° 77-13.164, *Bull. civ.* IV, n° 290.
2. *CONTRA :* et pour le refus de cette interprétation, Com. 8 juill. 1980, n° 77-13.164 (préc. s^{s} n° 1415.62).
3. Le saisi ne pourra arguer du non-paiement par l'adjudicataire pour refuser de quitter les lieux : Orléans, ch. éco. et fin., 3 mai 2001, *RJDA* 7/2001, n° 792.
4. Ord. n° 2014-326, 12 mars 2014, portant réforme de la prévention des difficultés des entreprises et des procédures collectives, *JO* 14 mars, p. 5249.

conformément aux articles R. 322-50 à R. 322-55 C. pr. exéc. (v. s^{s} n°s 1372.05 s.).

SECTION 5
RÉITÉRATION DES ENCHÈRES

1415.91 État du droit avant la réforme de 2006 : folle enchère. Avant la réforme de la saisie immobilière, la folle enchère était réglementée par les articles 733 et suivants de l'ancien Code de procédure civile, qui se trouvaient au titre XIII du livre V. Or, le décret du 27 décembre 1985 ne renvoyait qu'au titre XII. Et de même, le décret du 28 décembre 2005 dans sa rédaction initiale. Le silence du législateur sur cette question paraissait toutefois procéder d'une omission; d'autant que l'article 140 du décret du 27 décembre 1985, puis 290 du décret du 28 décembre 2005 prévoyaient que l'adjudicataire était tenu de faire publier au bureau des hypothèques le jugement d'adjudication dans les deux mois de sa date, sous peine de revente sur folle enchère, à la diligence du liquidateur.

Par ailleurs, ces articles précisaient également que, dans les trois mois de l'adjudication, l'adjudicataire versait au compte de dépôt ouvert par le liquidateur à la Caisse des dépôts et consignations la totalité du prix d'adjudication et des intérêts, sous peine de revente sur folle enchère. Dans cette deuxième hypothèse, la revente sur folle enchère n'était encourue qu'ensuite d'une lettre recommandée du liquidateur.

Enfin, les termes des décrets, qui faisaient référence à la diligence du liquidateur et non à celle du créancier, semblaient en conséquence exclure que la revente sur folle enchère puisse émaner d'un créancier poursuivant exerçant son droit de poursuite individuelle. La solution n'était toutefois pas satisfaisante mais semblait procéder d'une omission des rédacteurs des décrets.

1415.92 Régime 2006. La situation était encore plus obscure à la lecture du décret du 27 juillet 2006, qui ne comportait aucune modification, ni disposition d'harmonisation de l'article 290 du décret de 2008, devenu l'article R. 643-3 du Code de commerce, avec la réforme de la saisie immobilière. Cela signifiait que cet article, qui prévoyait les sanctions du défaut de paiement du prix, renvoyait à la folle enchère, qui n'existait plus. Pire encore, cela signifiait que le défaut de publication du jugement d'adjudication d'une vente d'immeuble d'un débiteur en faillite pouvait être sanctionné par la folle enchère alors que le décret du 27 juillet 2006 ne prévoit plus cette sanction. En revanche, le décret de 2005 ne sanctionnait pas le défaut de paiement des frais. Là toutefois, on pouvait considérer que l'article 100 du décret qui visait la réitération des enchères aller s'appliquer.

Une rectification s'imposait donc.

1415.93 Régime 2009. L'article R. 643-3 du Code de commerce a été modifié par le décret du 12 février 2009, mais seulement afin de remplacer l'expression « *folle enchère* » par « *réitération des enchères* ».

Le nouvel article R. 643-3 du Code de commerce n'envisage que l'hypothèse d'une revente sur réitération des enchères à la diligence du liquidateur, et non d'un créancier poursuivant. L'alinéa 2 précise que l'adjudicataire doit verser, dans les trois mois de l'adjudication la totalité du prix d'adjudication et des intérêts au taux légal, sur le compte de dépôt ouvert par le liquidateur à la Caisse des dépôts et consignation, à compter du jour où la vente est devenue définitive jusqu'à complet paiement.

Quant au régime de la réitération des enchères, l'article R. 642-29-2 du Code de commerce indique qu'elle est régie par les dispositions des articles R. 322-66 à R. 322-72 C. pr. exéc. Ce qui permet de déduire que, malgré le silence de l'article R. 643-3 du Code de commerce, sur ce point, le défaut de paiement des frais taxés emporte également réitération des enchères et encore, le défaut de paiement des droits de mutation puisque l'article 100 du décret de 2006 (devenu C. pr. exéc., art. R. 322-66) a été complété en ce sens par le décret du 12 févier 2009.

Demeure toutefois une difficulté car, outre le défaut de paiement du prix d'adjudication, l'article R. 643-3 dispose que le défaut de publication du jugement d'adjudication emporte réitération des enchères alors que l'article R. 322-66 C. pr. exéc. n'envisage la réitération que dans le cas du défaut de paiement du prix, des frais taxés et désormais des droits de mutation.

TITRE

142. L'exécution immobilière contre le titulaire de droits indivis

1420.05 **Indivision et droits des créanciers.** L'existence d'une indivision, sur la propriété d'un immeuble ou d'un ensemble de biens comprenant un immeuble, peut rendre plus délicate la démarche du créancier qui veut agir en exécution forcée, le bien appartenant à l'ensemble des propriétaires indivis. Aux termes de l'article 815-17 alinéa 1er du Code civil, les créanciers qui auraient pu agir sur les biens avant qu'il y eût indivision[1], et ceux dont la créance résulte de la conservation ou de la gestion des biens indivis, peuvent poursuivre la saisie et la vente des biens indivis[2]. La jurisprudence applique la même solution pour le créancier qui a tous les coïndivisaires comme codébiteurs solidaires : en vertu des articles 815-17, 1200, 2284 et 2285 du Code civil, il n'est pas tenu de provoquer le partage et peut poursuivre la saisie immobilière[3].

En revanche, le créancier d'un indivisaire ne trouve dans le patrimoine de son débiteur qu'une quote-part abstraite de la chose. Cette quote-part, son titulaire peut certes l'aliéner et la grever de droits réels conditionnels, mais, aux termes de l'article 815-17 alinéa 2 du Code civil, le créancier ne peut la saisir. Il ne peut, en exerçant l'action oblique, que provoquer la sortie de l'indivision, et, lorsque le partage en nature est impossible, la licitation, qui consiste à procéder à la vente aux enchères publiques des biens indivis[4].

1420.06 **Licitation-partage.** La licitation du bien permet en effet, de faire apparaître un prix sur lequel les indivisaires et leurs créanciers pourront exercer leurs droits, ce qui suppose que préalablement les comptes de l'indivision aient été faits.

Le créancier d'un indivisaire n'a donc que des droits conditionnés au résultat des opérations de liquidation, à moins que, lors de la vente aux enchères, son débiteur ne devienne adjudicataire.

Mais avant que le bien ne soit vendu à la barre du tribunal, le créancier doit avoir obtenu l'autori-

1. AINSI : les créanciers dont la créance est née antérieurement à la dissolution de la communauté. Ils peuvent poursuivre la saisie et la vente des biens dépendant de l'indivision post-communautaire : Civ. 1re, 13 déc. 2005, no 02-17.778, *Bull. civ.* I, no 494; *D.* 2006. 302, obs. Lienhard – De même, Civ. 2e, 16 mai 2013, no 12-16.216, *Bull. civ.* II, no 96.

2. Et l'indivisaire titulaire d'une créance résultant de la conservation des biens indivis peut poursuivre la saisie de certains de ces biens sans être tenu d'attendre l'issue des opérations de partage : Civ. 1re, 20 févr. 2001, no 98-13.006, *Bull. civ.* I, no 41; *D.* 2001. 906; *RTD civ.* 2001. 642, obs. Patarin; 916, obs. Revet.

3. Civ. 1re, 6 nov. 2001, no 98-20.518, *Bull. civ.* I, no 271; *JCP* 2002. I. 176, no 8, obs. Périnet-Marquet; *RTD civ.* 2002. 150, obs. Perrot; *JCP N* 2002. 1583, étude Brémond; *Dr. fam.* 2002, no 12, obs. Beignier.

4. Civ. 1re, 23 mai 2006, no 05-18.065, *Bull. civ.* I, no 263.

sation de vendre sur licitation. Il établira ensuite le cahier des charges et pourra vendre le bien, à moins que le tribunal ne préfère renvoyer la vente devant notaire.

1420.07 **Textes applicables.** Le décret du 27 juillet 2006[1], pris pour l'application de l'ordonnance du 21 avril 2006 réformant la saisie immobilière[2], a emporté modifications de certains articles du Code civil, de l'ancien Code de procédure civile et du [Nouveau] Code de procédure civile qui intéressent la procédure de vente d'un bien immeuble sur licitation-partage. Ces modifications sont entrées en vigueur au 1er janvier 2007.

Parallèlement, la réforme des successions, opérée par la **loi n° 2006-728 du 23 juin 2006**[3] **et le décret n° 2006-1805 du 23 décembre 2006**[4], également entrée en vigueur le 1er janvier 2007, a eu des répercussions sur les dispositions procédurales applicables au partage. Les articles 941 à 1022 de l'ancien Code de procédure civile (ACPC) ont été abrogés et le chapitre II du titre III du livre III du [Nouveau] Code de procédure civile (C. pr. civ.), relatif aux successions et libéralités, comprend désormais des dispositions spéciales concernant le partage et notamment les articles 1377 et 1378 consacrés à la licitation.

1420.08 **Droit transitoire.** Au titre des dispositions transitoires, l'article 168 du décret du 23 juin 2006 n'a pas indiqué quel devait être le sort des procédures de licitation en cours, à la différence des ventes d'immeubles d'un débiteur en procédure collective; seules les saisies immobilières, au sens large ont été évoquées, l'article 168 excluant son application aux procédures ayant donné lieu avant le 1er janvier 2007 au dépôt du cahier des charges de l'article 688 ACPC. Il semble donc légitime de penser que les procédures de licitation-partage pour lesquelles le cahier des charges a été déposé avant le 1er janvier 2007 demeurent soumises aux dispositions antérieures à la réforme (v. toutefois s^s n° 1422.02).

1. Décr. n° 2006-936, 27 juill. 2006, relatif aux procédures de saisie immobilière et de distribution du prix d'un immeuble, *JO* 29 juill., p. 11316.
2. Ord. n° 2006-461, 21 avr. 2006, réformant la saisie immobilière, *JO* 22 avr., p. 6072.
3. L. n° 2006-728, 23 juin 2006, portant réforme des successions et des libéralités, *JO* 24 juin, p. 9513.
4. Décr. n° 2006-1805, 23 déc. 2006, relatif à la procédure en matière successorale et modifiant certaines dispositions de procédure civile, *JO* 31 déc., p. 20370.

CHAPITRE

1421. Domaine d'application (ancien et nouveau régimes)

ANNE LEBORGNE
PROFESSEUR À L'UNIVERSITÉ D'AIX-MARSEILLE

SECTION 0
ORIENTEUR

1421.00 **Plan du chapitre.**

1421.05 **Principe.** Lorsqu'il cherche à agir en exécution forcée, le créancier doit examiner le patrimoine de son débiteur pour choisir la voie d'exécution appropriée. Si le débiteur n'est pas titulaire d'un droit sur un immeuble mais seulement d'une quote-part abstraite sur un bien immeuble, le créancier ne pourra entreprendre, en principe, une saisie immobilière. La procédure de licitation-partage sera donc choisie, non seulement par le créancier individuel de l'indivisaire mais encore par le liquidateur lorsque l'indivisaire fera l'objet d'une procédure collective.

Il convient donc de préciser à la fois ce qu'il faut entendre par droits indivis ou quote-part indivise (sect. 1), pour déterminer les créanciers qui agiront en exécution forcée (sect. 2).

SECTION 1
DROITS INDIVIS

1421.10 **Plan.** L'indivision peut être d'origine légale ou conventionnelle (§ 1) mais les droits en indivision seront nécessairement de même nature (§ 2).

§ 1
Origine de l'indivision

A.
Indivisions légales

1421.11 **Divorce – Ouverture d'une succession.** Le décès d'un individu qui a plusieurs héritiers emporte ouverture d'une indivision successorale; jusqu'au partage, les biens sont la propriété indivise des héritiers. De même, le divorce d'époux mariés en communauté est à l'origine d'une situation nouvelle, l'indivision post-communautaire, jusqu'aux opérations de liquidation et de partage entre les deux ex-époux.

B.
Indivision conventionnelle et convention d'indivision

1421.21 **Indivision conventionnelle.** L'indivision peut naître de la volonté des parties qui achètent à plusieurs la même chose; ainsi des époux séparés de biens, des concubins ou toutes autres personnes. Dans ce cas, les dispositions des articles 815 et suivants du Code civil réglementent l'exercice des droits sur des biens indivis.

1421.22 Convention d'indivision. Il faut aussi signaler une particularité lorsqu'est conclue une convention d'indivision, c'est-à-dire lorsque l'accord est formalisé et défini par un contrat; ce sont alors les articles 1873-1 et suivants du Code civil qui trouveront à s'appliquer.

Si la convention est prévue pour une durée déterminée (qui ne saurait être supérieure à cinq ans, mais qui peut être renouvelée par une décision expresse des parties : C. civ., art. 1873-3), le partage ne peut être provoqué avant le terme convenu à moins d'invoquer de justes motifs; l'article 1873-15 du Code civil dispose alors que les créanciers personnels de l'indivisaire peuvent poursuivre la saisie et la vente de la quote-part de leur débiteur dans l'indivision, en suivant les formes prévues par le Code de procédure civile. Ils agiront alors par voie de saisie mobilière.

En revanche, la convention peut également être conclue pour une durée indéterminée et le partage pourra dans ce cas être provoqué à tout moment, pourvu que ce ne soit pas « de *mauvaise foi ou à contretemps* » (C. civ., art. 1873-3, al. 2).

C. Situation juridique n'ouvrant pas droit à licitation-partage

1° Diversité des hypothèses

1421.31 Bien commun. Les époux mariés en communauté ne sont pas soumis aux dispositions des articles 815 et suivants du Code civil.

L'application des règles de la communauté matrimoniale exclut celles des dispositions sur l'indivision; le créancier personnel d'un époux ne peut provoquer le partage d'un immeuble commun par application de l'article 815-17 alinéa 3[1] du Code civil. Il pourra toujours poursuivre le recouvrement de sa créance sur des biens communs (C. civ., art. 1413), qu'il soit créancier des deux époux ou seulement de l'un. Lorsque le créancier disposera d'un titre à l'encontre des deux époux, il pourra saisir et faire vendre l'immeuble commun sans passer préalablement par les opérations de partage. Lorsque le créancier n'aura qu'un seul débiteur, il pourra agir à l'encontre des biens propres mais également des biens communs en procédant à une saisie immobilière (v. s[s] n°s 1313.160 s.), sous la réserve des dispositions de l'article 1415 du Code civil.

1421.32 Immeuble en copropriété. Lorsque l'immeuble est soumis au régime de la copropriété, le titulaire du droit de propriété sur un lot dispose d'un droit divis sur les parties privatives et d'une quote-part indivise sur les parties communes. Avant la réforme, l'article 2217 du Code civil disposait que le commandement de saisie immobilière portant sur un lot de copropriété était réputé ne pas porter sur la quote-part des parties communes comprises dans ce lot. L'ordonnance du 21 avril 2006[2] a modifié le titre XIX du livre III du Code civil et on ne retrouve pas, dans le titre nouveau, l'équivalent de l'article 2217 alinéas 2 et 3, du Code civil. Toutefois, même si le cas particulier de la saisie de droits portant sur un lot de copropriété n'est plus envisagé distinctement, on peut penser que le rédacteur du commandement, pour les besoins de la publicité foncière, devra toujours définir les droits divis et indivis attachés aux parties privatives (v. s[s] n° 1315.22).

Les créanciers peuvent donc agir par voie de saisie immobilière et exercer leur droit sur ladite quote-part prise dans sa consistance au moment de la mutation; le commandement devant toutefois définir les droits indivis attachés aux parties privatives saisies.

1421.33 Indivision forcée. Le créancier d'un débiteur qui saisit une propriété divise dont l'accès est desservi par une parcelle appartenant en indivision à l'ensemble des propriétaires qui l'utilisent, pourra saisir en même temps les droits divis et la quote-part indivise du chemin. En effet, la jurisprudence décide que, toutes les fois où une dépendance de plusieurs propriétés a été créée ou conservée pour être utilisée en commun en vue de l'exploitation de ces propriétés, il n'y a pas lieu à partage de la dépendance et l'indivision constitue un état normal et perpétuel auquel il ne peut être mis fin que du consentement unanime de tous les propriétaires des biens dont la dépendance constitue l'accessoire[3].

1421.34 Achat d'un immeuble en tontine. L'immeuble acheté par deux personnes peut être grevé d'une clause d'accroissement, dite clause de tontine, qui stipule que le survivant sera réputé rétroactivement seul propriétaire de la totalité, depuis la date de l'acquisition. La jurisprudence avait décidé en 1986 que la clause n'emportait pas création d'une indivision entre les propriétaires[4]. Un

1. Civ. 1re, 9 nov. 1993, n° 91-20.290, *Bull. civ.* I, n° 314; *RTD civ.* 1995. 173, obs. Vareille; *Defrénois* 1994. 435, obs. Aynès.

2. Ord. n° 2006-461, 21 avr. 2006, réformant la saisie immobilière, *JO* 22 avr., p. 6072.

3. Civ. 3e, 12 mars 1969, *D.* 1969. 587 – Civ. 1re, 12 févr. 1985, n° 84-10.301, *Bull. civ.* I, n° 58.

4. Civ. 1re, 27 mai 1986, n° 85-10.031, *Bull. civ.* I, n° 140; D. 1987. 139, note Morin; *JCP* 1987. II. 20763, note Dagot; *RTD civ.* 1987. 382, obs. Patarin.

arrêt de 1997 a également exclu d'agir par voie de saisie immobilière : le créancier ne pouvant agir que sur un droit de propriété privatif, le commandement de saisie portant sur l'immeuble grevé d'une clause de tontine a été annulé, la condition suspensive de survie n'étant pas réalisée à la date de délivrance du commandement[1]. Le débiteur ne dispose ni d'un droit de propriété privative sur le bien saisi, ni d'un droit indivis et toute voie d'exécution est donc exclue. Les bénéficiaires n'ont que des droits conditionnels, susceptibles d'hypothèque, mais insaisissables (la jurisprudence parle parfois de droits concurrents et d'indivision en « *jouissance* »[2]).

2°
Hypothèque consentie par tous les coïndivisaires

1421.41 Coïndivisaires *in bonis*. Si une constitution d'hypothèque a été consentie par tous les coïndivisaires (C. civ., anc. art. 2125, al. 2[3]), le créancier pourra pratiquer une saisie immobilière sur le bien[4]. Avant la réforme de la saisie immobilière, si tous n'étaient pas débiteurs ou engagés solidairement à l'égard de ce créancier, celui-ci devait signifier aux coïndivisaires débiteurs un commandement de saisie immobilière portant sur leurs droits indivis et, parallèlement, il devait agir suivant la procédure à tiers détenteur contre les autres; la validité de ces deux saisies parallèles de droits indivis était réalisée par le dépôt d'un seul cahier des charges tendant à la vente de la pleine propriété du bien en indivision. Le raisonnement sera transposable à la nouvelle procédure de saisie immobilière issue de l'ordonnance du 21 avril 2006[5] et du décret du 27 juillet 2006[6]; toutefois, le créancier devra signifier un commandement de payer valant saisie au débiteur ainsi qu'aux coïndivisaires garants, et non utiliser la procédure à tiers détenteur qui n'est ouverte qu'au créancier qui agit en vertu d'un droit de suite (v. s^{s} n°s 1362.05 s.).

1421.42 Procédure collective ouverte à l'encontre de l'un des coïndivisaires. Lorsqu'une hypothèque sur des biens indivis a été constituée par les indivisaires (codébiteurs, voire débiteur et caution réelle, propriétaires indivis), quelle est l'incidence de l'ouverture postérieure du redressement judiciaire de l'un des indivisaires ? La première chambre civile, comme la chambre commerciale, décide que le créancier hypothécaire peut saisir et vendre le bien, l'interdiction des voies d'exécution étant sans effet à l'encontre des indivisaires *in bonis*[7] (v. aussi s^{s} n° 1411.93 - pour le liquidateur, v. s^{s} n° 1421.91).

1421.43 Créanciers antérieurs. En vertu de l'article 815-17 alinéa 1er du Code civil, les créanciers qui auraient pu agir sur les biens indivis avant qu'il y ait eu indivision et ceux dont la créance résulte de la conservation de la gestion des biens indivis sont payés par prélèvement sur l'actif avant partage; ils peuvent en outre poursuivre la saisie et la vente de biens indivis. Ainsi, le bien commun, devenant indivis à la suite d'un divorce ou d'un décès, continuera à servir de gage aux créanciers dont la créance avait pris naissance avant l'indivision post-communautaire ou successorale[8]. La même solution est appliquée lorsque la procédure collective est antérieure à l'événement qui rend l'indivision opposable aux tiers (ouverture de la succession ou retranscription du jugement de divorce), peu importe la date à laquelle la vente forcée est entreprise. Le liquidateur qui représente les créanciers peut agir sur l'immeuble litigieux en application de l'article 815-17 alinéa 1er[9] du Code civil (v. s^{s} n° 1421.92).

1421.44 Partage réalisé. Il n'y a plus d'indivision si un partage, même amiable, a déjà été réalisé[10].

§ 2
Nature des droits

1421.51 Des droits de même nature. Il n'existe d'indivision qu'entre les titulaires de droits de même nature. L'indivision instaure le concours de

1. Civ. 1re, 18 nov. 1997, n° 95-20.842, *Bull. civ.* I, n° 315; *JCP* 1998. II. 10051, p. 605.
2. Civ. 1re, 9 févr. 1994, n° 92-11.111, *Bull. civ.* I, n° 60; *D.* 1994. 417; *D.* 1995. Somm. 51, obs. Grimaldi; *JCP* 1995. I. 3876, obs. Le Guidec; *RTD civ.* 1994. 151, obs. Zénati; *RTD civ.* 1995. 159 et 165, obs. Patarin.
3. C. civ., art. 2414 (mod. par Ord. n° 2006-346, 23 mars 2006).
4. Civ. 1re, 20 nov. 1990, n° 89-13.876, *Bull. civ.* I, n° 259; *RTD civ.* 1992. 147, obs. Zenati; *Gaz. Pal.* 1991. 2. Somm. 256, obs. Véron – Civ. 1re, 14 juin 2000, n° 98-10.577, *Bull. civ.* I, n° 182; *D.* 2000. 318, obs. Lienhard; *D.* 2001. 696, obs. Aynès – Civ. 1re, 28 juin 2005, n° 02-20.452, *Bull. civ.* I, n° 283; *JCP* 2005. I. 185, n° 14, obs. Delebecque; *JCP N* 2006. 1025, note Brémond.
5. Ord. n° 2006-461, 21 avr. 2006, réformant la saisie immobilière, *JO* 22 avr., p. 6072.
6. Décr. n° 2006-936, 27 juill. 2006, relatif aux procédures de saisie immobilière et de distribution du prix d'un immeuble, *JO* 29 juill., p. 11316.
7. Civ. 1re, 14 juin 2000, n° 98-10.577, *Bull. civ.* I, n° 182; *D.* 2000. 318, obs. Lienhard; *D.* 2001. 696, obs. Aynès – Com. 19 déc. 2000, n° 97-17.728, *Bull. civ.* IV, n° 202.
8. Civ. 1re, 29 nov. 1994, n° 93-11.317, *Bull. civ.* I, n° 350 – Civ. 1re, 13 déc. 2005, n° 02-17.778, *Bull. civ.* I, n° 494; *D.* 2006. 302, obs. Lienhard.
9. Civ. 1re, 21 mai 1997, n° 95-14.102, *Bull. civ.* I, n° 163; *JCP* 1997. I. 4054, n° 14, obs. Pétel – Com. 18 févr. 2003, n° 00-13.100, *Bull. civ.* I, n° 22; *D.* 2003. 766, obs. Lienhard; 1620, obs. Le Corre.
10. Civ. 1re, 25 févr. 1986, n° 84-13.738, *Bull. civ.* I, n° 35.

plusieurs droits de même nature sur le même objet. Pluralité de titulaires de mêmes droits, l'indivision exclut un concours de droits de nature différente, ainsi entre un nu-propriétaire et un usufruitier. Depuis la loi n° 87-498 du 6 juillet 1987[1], destinée à améliorer la situation des conjoints survivants, lorsque ceux-ci sont bénéficiaires de droits en usufruit dans la succession de leur époux prédécédé et que la nue-propriété du bien grevé fait l'objet d'une indivision entre les héritiers, l'article 815-5 alinéa 2 du Code civil (inchangé à la suite de l'entrée en vigueur de L. n° 2006-728, 23 juin 2006, portant réforme des successions et des libéralités[2]) interdit désormais au juge d'ordonner la vente de la pleine propriété d'un bien grevé d'usufruit contre la volonté de l'usufruitier. Auparavant, il était admis de provoquer la licitation, non parce qu'existait une indivision entre des droits de même nature mais parce que la licitation paraissait le seul moyen de déterminer l'assiette de l'usufruit et de protéger les deux parties. La licitation globale était une extension de la licitation des seuls droits indivis qui n'apparaissait pas satisfaisante pécuniairement. Depuis 1987, malgré l'intérêt économique réduit qu'il y a à liciter des droits de nue-propriété en présence d'un usufruitier, c'est la seule voie qui sera ouverte au créancier d'un indivisaire nu-propriétaire s'il entend agir en exécution contre son débiteur.

1421.52 **Des droits réels.** Une personne peut être usufruitière et nue-propriétaire en indivision avec d'autres; dans ce cas, il existera une indivision entre les intéressés quant à la nue-propriété et la licitation de la seule nue-propriété pourra être demandée en justice[3]. Cette situation est fréquente à l'issue du décès d'un époux marié en communauté lorsque le conjoint survivant a opté pour une part en nue-propriété et le reste en usufruit.

SECTION 2
CRÉANCIERS

1421.60 **Droit à agir des créanciers.** Le droit de provoquer le partage pour faire cesser l'indivision appartient non seulement aux indivisaires mais également à leurs créanciers qui exerceront l'action oblique. Le droit pourra être mis en œuvre par un créancier isolé comme par le liquidateur lorsque l'indivisaire est soumis à une procédure collective.

§ 1
Exercice de l'action oblique

1421.61 **Le créancier exerce un droit appartenant à son débiteur.** Le droit pour les créanciers d'un indivisaire de provoquer le partage résulte des dispositions de l'article 815-17 du Code civil issu de la loi n° 76-1286 du 31 décembre 1976[4] (inchangé à la suite de l'entrée en vigueur de L. n° 2006-728, 23 juin 2006, portant réforme des successions et des libéralités) et de l'article 1873-15 du Code civil. L'existence de textes propres fondant ce droit à agir ne doit pas faire perdre de vue le fait que les créanciers exercent un droit appartenant à leur débiteur.

A.
Textes

1421.71 **Indivisions légale et conventionnelle.** L'article 815-17 alinéa 2 du Code civil dispose que « *les créanciers personnels d'un indivisaire ne peuvent saisir sa part dans les biens indivis meubles ou immeubles* »[5], ni prendre aucune mesure ayant pour effet de rendre cette part indisponible[6]. Ils ont toutefois la faculté de provoquer le partage[7] ou d'intervenir dans le partage provoqué par leur débiteur. De même, l'article 1873-15 alinéa 1er du Code civil, applicable dans l'hypothèse d'une convention d'indivision, indique que : « *L'article 815-17 est applicable aux créanciers de l'indivision, ainsi qu'aux créanciers personnels des indivisaires* ». L'alinéa 2 ajoute que les créanciers personnels des indivisaires « *ne peuvent provoquer le partage que dans les cas où leur débiteur pourrait lui-même le provoquer* ».

Ainsi, qu'il s'agisse d'une indivision légale ou conventionnelle, les créanciers ont le droit de demander le partage.

B.
Limites du droit à agir

1421.81 **Les créanciers n'ont pas plus de droits que leur débiteur.** Avant la loi du 31 décembre

1. L. n° 87-498, 6 juill. 1987, modifiant le deuxième alinéa de l'article 815-5 du Code civil relatif à la vente d'un bien grevé d'usufruit, *JO* 7 juill., p. 7391.
2. L. n° 2006-728, 23 juin 2006, portant réforme des successions et des libéralités, *JO* 24 juin, p. 9513.
3. Civ. 1re, 6 févr. 1996, n° 94-12.085, *Bull. civ.* I, n° 64; *RTD civ.* 1996. 683, obs. Patarin; 1997. 172, obs. Zenati; *RDI* 1997. 205, obs. Bergel.
4. L. n° 76-1286, 31 déc. 1976, relative à l'organisation de l'indivision, *JO* 1er janv. 1977, p. 19.
5. Civ. 1re, 20 oct. 1982, n° 81-15.560, *Bull. civ.* I, n° 297 – Civ. 1re, 1er déc. 1999, n° 97-20.965, *Bull. civ.* I, n° 331; *JCP* 2000. I. 278, n° 6, obs. Le Guidec, 2e esp.
6. Civ. 1re, 15 juill. 1999, n° 97-14.361, *Bull. civ.* I, n° 243; *JCP* 2000. I. 278, n° 6, obs. Le Guidec, 1re esp. – Civ. 2e, 4 oct. 2001, n° 00-11.126, NP; *RTD civ.* 2002. 150, obs. Perrot.
7. Paris, 20 nov. 1984, *JCP* 1986. II. 20584, note Dagot.

1976, l'article 2205 du Code civil (devenu C. pr. exéc., art. L. 322-7[1]) autorisait les créanciers à provoquer le partage s'ils le jugeaient convenable. La doctrine comme la jurisprudence considéraient déjà que cette disposition ne concédait pas aux créanciers personnels des indivisaires un droit propre mais constituait une simple application de l'article 1166 du Code civil, lequel autorise les créanciers à exercer tous les droits et actions de leur débiteur. La loi de 1976 confirme cette analyse, qui n'a pas été remise en cause par la loi n° 2006-728 du 23 juin 2006, portant réforme des successions et des libéralités : l'article 815-17 alinéa 3 du Code civil dispose que les créanciers d'un indivisaire provoquent le partage « *au nom de leur débiteur* ». L'article 1873-15 du même code, applicable aux indivisions conventionnelles, indique que les créanciers ne peuvent « *provoquer le partage que dans les cas où leur débiteur pourrait lui-même le provoquer* ». Le droit des créanciers personnels d'un indivisaire, quelle que soit l'origine de l'indivision, n'est donc qu'une application de l'action oblique. Il en résulte que les créanciers ne peuvent avoir plus de droits que leur débiteur.

Ainsi, ils ne pourront provoquer la licitation que si les biens ne sont pas commodément partageables en nature[2]. Le sursis au partage, qui aura été ordonné par le tribunal sur le fondement de l'article 820 du Code civil, leur sera opposable[3]. De même, lorsqu'un héritier est débiteur envers la succession de sommes supérieures à sa part héréditaire, il ne peut lui être fait dans le partage aucune attribution; en conséquence ses créanciers personnels, agissant par l'action oblique, ne pourront agir en licitation-partage[4].

§ 2
Liquidateur

1421.91 Position du problème. Il est fréquent qu'un débiteur en redressement ou en liquidation judiciaire soit propriétaire indivis, soit en cas d'acquisition d'un bien par des associés de fait, soit parce que le débiteur, marié sous le régime de la séparation de bien, a acquis des biens en indivision avec son conjoint, soit encore, parce que marié en communauté, il a divorcé et que le partage n'est pas encore réalisé. Dans de tels cas, se pose le problème de l'application harmonieuse de deux corps de règles, celles relatives aux procédures collectives et celles régissant l'indivision. S'agissant des immeubles, quel sort réserver à ces biens ? Que peut faire le liquidateur ?

1421.92 Solutions. Le Code de commerce ne contient pas de dispositions spécifiques et, faute de règles particulières, doctrine et jurisprudence en ont déduit l'application du droit commun de l'indivision[5]. Mais encore faut-il distinguer le moment où a pris naissance l'indivision.

Si celle-ci est antérieure à la procédure collective, le liquidateur ne pourra qu'entreprendre la licitation-partage[6]. Les dispositions de l'article 215 du Code civil concernant le logement familial étant inopposables aux créanciers sous peine de frapper les biens d'une insaisissabilité contraire à la loi, lorsque des époux sont propriétaires indivis de leur logement familial et que l'un d'eux a été mis en liquidation judiciaire, le liquidateur, qui a été autorisé par le juge-commissaire à procéder à la vente du logement, peut provoquer par la voie de l'action oblique le partage de l'indivision conventionnelle des époux portant sur ce logement et solliciter la licitation dès lors que le partage ne peut être réalisé en nature[7].

Si l'indivision apparaît après l'ouverture de la procédure collective, le liquidateur conserve le droit de poursuivre la saisie et la vente de l'immeuble puisqu'il représente des créanciers qui « *auraient pu agir sur les biens indivis avant qu'il y eût indivision* », en vertu de l'article 815-17 du Code civil[8]. Dans ce cas, c'est le juge-commissaire qui autorise la vente. Tout se passe comme si l'indivision était inopposable, comme si elle n'existait pas.

1. Ord. n° 2011-1895, 19 déc. 2011, relative à la partie législative du Code des procédures civiles d'exécution, *JO* 20 déc., p. 21464.
2. Paris, 16 oct. 1987, *D.* 1988. 302, note Breton – Paris, 20 nov. 1984, *JCP* 1986. II. 20584, note Dagot.
3. Civ. 1re, 6 févr. 1996, n° 93-21.320, NP.
4. Civ. 1re, 14 déc. 1983, n° 82-14.725, *Bull. civ.* I, n° 300; *D.* 1984. 310, note Breton; *RTD civ.* 1985. 191, obs. Patarin.
5. V. Navarre-Laroche, « Le sort de l'immeuble indivis hypothéqué dans la liquidation judiciaire (ou les droits du créancier hypothécaire du débiteur *in bonis*) », *Gaz. Pal.* 19-20 avr. 2000. Doctr. 19.
6. Civ. 1re, 20 déc. 1993, n° 92-11.189, *Bull. civ.* I, n° 378; *D.* 1994. 358, note Derrida et Honorat; *D.* 1995. 339, obs. Lucet; *RTD civ.* 1994. 393, obs. Patarin; 895, obs. Zenati; *JCP* 1994. I. 3799 (v. ss nos 1411.93 s.) – COMP. : Com. 28 nov. 2000, n° 98-10.145, NP; *RJPF* 2001, n° 3, p. 18, obs. Vauvillé – Paris, 29 mai 2001, *D.* 2001. AJ 2891 – Orléans, 18 oct. 2001, *Juris-Data* n° 166565 – Paris, 12 févr. 2002, *Juris-Data* n° 175539 – Com. 3 oct. 2006, n° 05-16.463, *Bull. civ.* IV, n° 194; *D.* 2006. 2602, obs. Lienhard; *JCP* 2007. I. 142, n° 29, obs. Tisserand-Martin.
7. Paris, 2e ch., sect. A, 9 mars 1992, *D.* 1992. 149 – Paris, 2 déc. 1995, *RJDA* 1996, n° 706.
8. Civ. 1re, 21 mai 1997, n° 95-14.102, *Bull. civ.* I, n° 163; *JCP* 1997. I. 4054, n° 15, obs. Pétel – Com. 18 févr. 2003, n° 00-13.100, *Bull. civ.* IV, n° 22; *D.* 2003. Somm. 1620, obs. Le Corre; *D.* 2003. 766, obs. Lienhard.

Toutefois, si un créancier du débiteur en liquidation judiciaire est également créancier de son conjoint *in bonis*, ou des autres coïndivisaires également *in bonis*, ce créancier serait en droit d'agir par voie de saisie immobilière à l'encontre des coïndivisaires, sur le fondement de l'article 815-17 alinéa 1er du Code civil (sur cette question, v. ss nos 1421.41 s.).

CHAPITRE

1422. Procédure de licitation-partage (ancien et nouveau régimes)

ANNE LEBORGNE
PROFESSEUR À L'UNIVERSITÉ D'AIX-MARSEILLE

SECTION 0
ORIENTEUR

1422.00 **Plan du chapitre.**

1422.01 **Textes applicables.** Avant 2007, les textes applicables se trouvaient dans l'ancien Code de procédure civile (ACPC, livre II, titre VII, art. 966 à 985) qui opérait des renvois aux articles 1271 à 1281 du [Nouveau] Code de procédure civile (C. pr. civ.), relatifs à la vente des immeubles appartenant à des mineurs et majeurs en tutelle (C. pr. civ., livre III, titre II, chap. IV).

La réforme de la procédure de saisie immobilière, opérée par l'**ordonnance du 21 avril 2006**[1], et celle du droit des successions, opérée par la loi du 23 juin 2006[2], ont eu des conséquences sur les dispositions réglementant la procédure de licitation-partage.

L'article 39 de la loi du 23 juin 2006 a abrogé les articles 941 à 1002 ACPC, **à compter du 1er janvier 2007**, et donc, notamment, les articles 966 à 985 qui concernaient la vente des immeubles sur licitation.

Par ailleurs, le **décret du 23 décembre 2006**[3] **a complété le chapitre II du titre III du livre III du [Nouveau] Code de procédure civile, renommé Code de procédure civile**

1. Ord. n° 2006-461, 21 avr. 2006, réformant la saisie immobilière, *JO* 22 avr., p. 6072.
2. L. n° 2006-728, 23 juin 2006, portant réforme des successions et des libéralités, *JO* 24 juin, p. 9513.
3. Décr. n° 2006-1805, 23 déc. 2006, relatif à la procédure en matière successorale et modifiant certaines dispositions de procédure civile, *JO* 31 déc., p. 20370.

(**C. pr. civ.**) par la loi n° 2007-1787 du 20 décembre 2007[1], en introduisant des dispositions intéressant le partage judiciaire et la licitation; il s'agit des articles 1359 à 1378 et spécialement, pour la licitation, des articles 1377 et 1378 C. pr. civ. Selon l'article 1377, « *le tribunal ordonne, dans les conditions qu'il détermine, la vente par adjudication des biens qui ne peuvent être facilement partagés ou attribués. La vente est faite, pour les immeubles, selon les règles prévues aux articles 1271 à 1281 [...]* ».

Antérieurement, les articles 1278 et 1279 C. pr. civ. avaient été modifiés par le décret n° 2006-936 du 27 juillet 2006[2].

En outre, par application de la loi n° 2009-526 du 12 mai 2009 et du décret n° 2009-1591 du 17 décembre 2009, le juge aux affaires familiales est désormais compétent en matière de liquidation et partage des intérêts patrimoniaux des époux ainsi que du partage des indivisions entre concubins et entre partenaires liés par un pacte civil de solidarité. Les nouvelles dispositions sont applicables aux demandes en justice formées depuis le 1er janvier 2010[3].

1422.02 **Application de la loi dans le temps : combinaison des articles 47, II de la loi du 23 juin 2006 et 168 du décret du 27 juillet 2006.** Selon l'article 47, II de la loi n° 2006-728 du 23 juin 2006[4], lorsque l'instance a été introduite avant l'entrée en vigueur de la présente loi, l'action est poursuivie et jugée conformément à la loi ancienne. Cette loi s'applique également en appel et en cassation. Ainsi, dès lors que l'assignation-partage aura été délivrée avant le 1er janvier 2007, toute la procédure de licitation devrait être menée conformément à la loi ancienne, la licitation n'étant que la phase finale d'une action en partage.

Par ailleurs, selon l'article 168 du décret n° 2006-936 du 27 juillet 2006, la réforme de la saisie immobilière n'est pas applicable « *aux procédures de saisies immobilières ayant donné lieu, avant le 1er janvier 2007, au dépôt du cahier des charges prévu à l'article 688 de l'ancien Code de procédure civile* ». En 2012, la Cour de cassation a jugé que la réforme de la saisie immobilière n'était pas applicable aux procédures de licitation « *ayant donné lieu, avant le 1er janvier 2007, au dépôt du cahier des charges de l'article 688, peu important que la procédure de partage en cours demeure soumise aux dispositions du Code civil antérieures à la loi du 23 juin 2006* »[5].

1422.05 **Définition et juridiction compétente.** C'est une procédure qui met fin à l'indivision du bien par la vente aux enchères publiques lorsque le partage en nature s'avère mal aisé. Pour pouvoir l'entreprendre, le créancier va tout d'abord assigner devant le tribunal de grande instance (TGI) en licitation-partage et, s'il est fait droit à sa demande, le bien sera vendu selon une procédure qui emprunte à celle de la saisie immobilière de droit commun. Plus particulièrement, lorsque l'indivision concerne des époux, des partenaires liés par un pacte civil de solidarité ou des concubins, c'est le juge aux affaires familiales (JAF) qui est compétent en matière de partage des intérêts patrimoniaux.

En revanche, le juge de l'exécution (JEX) n'est donc pas compétent en matière de licitation-partage.

SECTION 1
ACTION EN PARTAGE

1422.11 **Une action en justice.** Les créanciers, agissant en application de l'article 815-17 alinéa 3 du Code civil, vont provoquer le partage au nom de leur débiteur. Dans un tel cas, le partage sera ordonné en justice. Il appartient donc aux créanciers de saisir le tribunal d'une assignation en partage. Lorsque le partage en nature est malaisé, le jugement ordonnera la licitation, qui pourra avoir lieu soit devant notaire soit devant le tribunal à l'audience des criées conformément aux dispositions des articles 1271 et suivants C. pr. civ.

1422.12 **Règles de compétence territoriale.** Si l'indivision est d'origine **conventionnelle**, le TGI compétent sera, au choix du demandeur, le tribunal du lieu où demeure l'un d'eux, conformément aux dispositions de l'article 42 alinéa 2 C. pr. civ. La jurisprudence analyse toutefois l'action en partage comme une **action mixte** (car une telle demande tend à la détermination du droit privatif du coïndivisaire sur le bien qui sera mis dans son lot[6]) – c'est-à-dire une action qui porte à la fois sur un droit personnel et sur un droit réel –, de telle sorte que la décision qu'elle a pour objet de provoquer en ce qui concerne l'existence du droit personnel a pour effet virtuel de résoudre la question de l'existence du droit réel[7]; ce qui permet également au demandeur d'assigner devant le TGI du lieu de situation de l'immeuble (C. pr. civ., art. 46).

Si l'indivision est d'origine **successorale**, le TGI compétent sera celui du lieu d'ouverture de la succession (C. pr. civ., art. 45, et C. civ., art. 841).

Si l'indivision fait suite à un **divorce entre époux communs en biens**, le juge compétent sera celui du prononcé du jugement. Pour les indivisions entre concubins ou partenaires pacsés, le juge compétent est celui du lieu où réside celui qui n'a pas pris l'initiative de la procédure (C. pr. civ., art. 1070) et les

1. L. n° 2007-1787, 20 déc. 2007, relative à la simplification du droit, *JO* 21 déc., p. 20639.
2. Décr. n° 2006-936, 27 juill. 2006, relatif aux procédures de saisie immobilière et de distribution du prix d'un immeuble, *JO* 29 juill., p. 11316.
3. V. Circ. n° CIV/10/10, 16 juin 2010, *D.* 2011. Pan. 1107, obs. Douchy-Oudot.
4. L. n° 2006-728, 23 juin 2006, portant réforme des successions et des libéralités, *JO* 24 juin, p. 9513.
5. Civ. 2e, 12 avr. 2012, n° 11-12.480, NP.
6. Civ. 1re, 18 mai 1976, n° 74-13.892, *Bull. civ.* I, n° 171.
7. Civ. 6 juill. 1952, *DP* 1926. 1. 25, note Crémieu.

demandes obéissent aux règles de la procédure en matière contentieuse applicables devant le TGI (C. pr. civ., art. 1136-1)[1].

Division. Seront étudiés l'assignation en partage (§ 1) et le jugement de partage (§ 2).

§ 1
Assignation en partage

1422.20 **Particularités.** Le créancier délivre la requête à tous les coïndivisaires, selon la procédure ordinaire du TGI, ce qui signifie que le ministère d'avocat est obligatoire. Cette assignation n'a pas à être publiée. Le contenu de cet acte introductif d'instance est en outre particulier.

A.
Procédure et formalités

1422.21 **Destinataires.** L'action est nécessairement formée contre tous les coïndivisaires. Le partage auquel un copartageant n'aurait pas participé sera nul, la présence de tous les coïndivisaires étant une condition substantielle de la validité du partage[2].

1422.22 **A) Procédures de partage engagées avant le 1er janvier 2007 et soumises aux dispositions de l'ancien Code de procédure civile : un exploit revêtu du visa du greffe.** En vertu des articles 966 et 967 ACPC, lorsque le partage devait être fait en justice, la partie la plus diligente se pourvoyait (ACPC, art. 966), et entre deux demandeurs, la poursuite appartenait à celui qui avait fait viser le premier l'original de son exploit par le greffier du tribunal; ce visa est daté du jour et de l'heure (ACPC, art. 967). La situation peut notamment se présenter lorsque des époux séparés de biens ou des concubins ont acheté un immeuble en indivision et que l'un d'entre eux est en liquidation judiciaire. Le liquidateur comme le créancier de l'époux *in bonis* pouvaient donc saisir le tribunal d'une assignation en partage; le tribunal retenait l'assignation visée en premier. Le visa du greffe ne doit pas être confondu avec le placet d'enrôlement, c'est-à-dire aujourd'hui le document qui précise, avec l'indication du numéro de la chambre et du rôle de l'affaire, la date à laquelle l'enrôlement a été enregistré au greffe. Le praticien devait veiller, dans l'hypothèse d'une assignation en licitation-partage, à effectuer une démarche spéciale pour obtenir un visa précisant le jour et l'heure de sa diligence, sauf à encourir l'inefficacité de son action pour le cas où un autre créancier ou un indivisaire engagerait postérieurement une instance aux mêmes fins.

B) Procédures de partage soumises aux dispositions du Code de procédure civile : combinaison de la réforme de la saisie immobilière et de la réforme du droit des successions : une assignation enrôlée. Les articles 966 et 967 ACPC ont été abrogés (v. ss n° 1422.01) par l'article 39 de la loi n° 2006-728 du 23 juin 2006. Les dispositions applicables désormais sont issues du décret n° 2006-1805 du 23 décembre 2006[3] qui a ajouté dans le Code de procédure civile, au chapitre relatif aux successions et aux libéralités, une section VI consacrée au partage (C. pr. civ., art. 1358 à 1378).

Selon l'article 1359 C. pr. civ., « *en cas de pluralité d'assignations, le demandeur au partage est celui qui a fait en premier enrôler son assignation au greffe du tribunal de grande instance* ».

1422.23 **Absence de publication de l'assignation.** La question est parfois posée de savoir si cette assignation doit être publiée à la Conservation des hypothèques et encore si cette publication produirait des effets. À notre sens, il s'agit d'un faux débat. En effet, l'assignation en licitation-partage ne fait pas partie des actes soumis à publicité au titre des dispositions de l'article 28 du décret du 4 janvier 1955; la publication n'est donc pas obligatoire.

Quels effets pourraient cependant emporter une publication volontaire ? On pourrait penser qu'en rendant opposable aux tiers la procédure de licitation-partage, toutes autres actions tendant à la mutation du bien concerné seraient paralysées. Mais la vente sur licitation-partage n'emporte pas purge des hypothèques (v. ss n° 1423.21) et ne saurait en conséquence interdire l'exercice d'une saisie immobilière. Il paraît donc inutile de publier une assignation en licitation-partage, sauf à informer d'éventuels autres créanciers de la situation, afin d'éviter une seconde procédure.

B.
Contenu de l'assignation

1422.31 **Mentions relatives à l'immeuble.** N'ayant pas à être publiée aux hypothèques l'assignation n'a pas à comporter les mentions nécessaires à cette formalité : ni l'indication du numéro de section ou de plan cadastral, ni la contenance, ni l'origine de propriété ne seraient prescrites à peine de nullité ou d'irrecevabilité. Il est bien évidemment préférable, le créancier devant antérieurement requé-

1. V. Circ. n° CIV/10/10, 16 juin 2010.
2. Req. 21 mars 1922, *DP* 1923. 1. 60 – Pau, 16 nov. 1988, *Gaz. Pal.* 1986. 1. 379.
3. Décr. n° 2006-1805, 23 déc. 2006, relatif à la procédure en matière successorale et modifiant certaines dispositions de procédure civile, *JO* 31 déc., p. 20370.

rir ces précisions des services compétents, d'en faire d'ores et déjà état dans le corps ou à tout le moins le dispositif de l'assignation.

L'indication de l'immeuble concerné devra, en tout état de cause, être suffisamment précise pour qu'aucun des indivisaires concernés ne puisse se méprendre sur l'objet du procès.

1422.32 **Exposé de la situation.**

A) Procédures de partage engagées avant le 1er janvier 2007 et soumises aux dispositions de l'ancien Code de procédure civile. L'assignation devait, au visa des articles 1166 et 815 ou 1873-15 du Code civil, exposer la qualité de créancier et l'existence d'une indivision pour tendre au partage et, préalablement, l'immeuble n'étant pas aisément partageable en nature, à la licitation du bien, sur une proposition de mise à prix qui était soumise à l'appréciation du tribunal.

B) Procédures de partage soumises aux dispositions du Code de procédure civile : combinaison de la réforme de la saisie immobilière et de la réforme du droit des successions. L'assignation va contenir la proposition de mise à prix et les conditions essentielles de la vente, et le demandeur aura intérêt à préciser les modalités de la publicité souhaitées. En outre, selon l'article 1360 C. pr. civ., l'assignation en partage doit contenir, à peine d'irrecevabilité[1], un descriptif sommaire du patrimoine à partager et précise les intentions du demandeur quant à la répartition des biens ainsi que les diligences entreprises en vue de parvenir à un partage amiable. La cour d'appel de Paris a cependant jugé que, dès lors que le créancier agit en vertu de l'article 815-17 alinéa 3 du Code civil, il ne dispose que de la faculté de provoquer le partage au nom du débiteur; en conséquence, ce créancier n'est tenu à aucune diligence en vue de parvenir à un partage amiable[2].

§ 2
Jugement de partage

1422.40 **Déroulement.** Le tribunal va tout d'abord apprécier le bien-fondé de la demande avant de déterminer les modalités du partage en nature ou sur licitation (ACPC, art. 970, pour les procédures engagées avant le 1er janvier 2007 – C. pr. civ., art. 1361, pour celles engagées depuis le 1er janvier 2007).

A.
Examen du bien-fondé de la demande

1°
Conditions pour agir

1422.41 **Droit à agir.** Le partage ne pourra être ordonné que tout autant que le bien sera en indivision (v. ss nos 1421.10 s. et spéc. no 1421.44). Le tribunal devra encore préalablement vérifier et purger toute contestation relative à l'existence et à l'exigibilité de la créance.

Exerçant une action oblique, le créancier ne sera par ailleurs recevable à agir en partage que tout autant que le coïndivisaire au nom duquel il agit le serait (v. ss nos 1421.61 s.).

1422.42 **Absence d'abus.** Le tribunal pourra encore apprécier si la demande formée par le créancier n'est pas abusive. Avant 1976, le droit de demander le partage était analysé comme un droit discrétionnaire, insusceptible d'abus[3]. L'article 1873-3 du Code civil contient aujourd'hui une référence explicite à l'éventuel abus du demandeur au partage : lorsque la convention est conclue pour une durée déterminée, « *le partage ne peut être provoqué avant le terme convenu qu'autant qu'il y en a de justes motifs* » et lorsque la convention est conclue pour une durée indéterminée. Ce texte interdit de provoquer le partage « *de mauvaise foi ou à contretemps* ». Certes, cette disposition ne s'applique pas au créancier, qui ne pourra provoquer le partage lorsqu'existe une convention d'indivision mais, exceptionnellement, saisir et vendre la quote-part indivise; toutefois on peut imaginer, sous l'inspiration de la loi du 9 juillet 1991, reprocher à un créancier un abus du droit d'agir en licitation-partage (v. ss nos 1317.13 s.).

2°
Restrictions

1422.51 **Inaction du débiteur.** Pour agir en vertu de l'action oblique, le créancier doit d'abord prouver l'inaction de son débiteur et le fait que celle-ci mette en péril le recouvrement de sa créance[4].

1. Le moyen qui tend à faire déclarer irrecevable une assignation en partage, faute de comporter un descriptif sommaire du patrimoine à partager, de préciser les intentions du demandeur quant à la répartition des biens et d'indiquer les diligences entreprises en vue de parvenir à un partage amiable, constitue une fin de non-recevoir. Sauf dispositions spécifiques, le juge de la mise en état n'est pas compétent pour statuer sur une fin de non-recevoir : Cass., avis, 13 févr. 2012, no 11-00.008, *Bull. avis*, no 1; *BICC* 15 mars 2012, p. 5, rapp. Leroy-Gissenger, obs. Lathoud; *Dr. et proc.* 2012. 130, note Poisson.
2. Paris, pôle 3, ch. 1, 8 févr. 2012, RG no 11/00283.
3. Civ. 26 déc. 1866, *DP* 1867. 1. 27 – Nancy, 16 nov. 1961, *JCP* 1964. II. 13477, note Voirin.
4. Civ. 1re, 17 mai 1982, no 81-12.312, *Bull. civ.* I, no 176.

1422.52 **Logement familial.** La licitation-partage est-elle ensuite envisageable lorsque le bien en indivision assure le logement familial ? L'affectation du bien ne peut pas être opposée au créancier qui agit par voie de saisie (v. s[s] n° 1319.72); en revanche, le créancier qui exerce l'action oblique ne se verra-t-il pas opposer les arguments qui seraient opposés au coïndivisaire ? La jurisprudence écarte cet argument, quelle que soit l'origine de l'indivision, dès lors qu'il s'agit d'une vente forcée et parce que sinon le bien serait frappé d'une insaisissabilité non prévue par la loi[1] (pour un ex. d'indivision post-communautaire, mais inopposable au liquidateur, le jugement de divorce ayant été publié après l'ouverture de la procédure collective[2]).

1422.53 **Paiement par les indivisaires.** En vertu de l'article 815-17 du Code civil, lorsque le partage est demandé par le créancier de l'un des indivisaires, les coïndivisaires peuvent arrêter le cours de l'action en acquittant l'obligation au nom et en l'acquit du débiteur. Ceux qui exerceraient cette faculté seront remboursés par prélèvement sur le bien indivis. Les dispositions de l'article 815-17 du Code civil ne permettent cependant pas au coïndivisaire qui désire arrêter le cours de l'action en partage exercée par un créancier d'un autre indivisaire, de contester le montant de la créance en vertu de laquelle le créancier poursuit le partage; le coïndivisaire est seulement autorisé à en acquitter le montant tel qu'il résulte des titres produits[3]. Cependant, dans l'hypothèse où le coïndivisaire est en liquidation judiciaire, le montant de la dette à acquitter ne pourra être connu qu'après admission définitive des créances au passif. Jusqu'à ce moment, les coïndivisaires ne sont pas en mesure de connaître le montant de la dette qu'ils devraient acquitter pour arrêter l'action en partage du liquidateur et, dès lors, il a été jugé que cette proposition devait être rejetée[4]. Il faut donc constater que l'exception de vérification des créances risque de paralyser momentanément l'exécution de la mission du liquidateur. Le fait que la vérification des créances ne soit pas achevée dans le délai légal devrait alors être un argument opposable aux créanciers prétendant agir sur le fondement de la carence du liquidateur; dans cette hypothèse, il n'y aura pas carence fautive mais impossibilité momentanée d'agir (v. s[s] n° 1411.51).

1. Paris, 9 mars 1992, *D.* 1992. 149 – Paris, 2 déc. 1995, *RJDA* 1996, n° 706 – Civ. 1re, 3 déc. 1991, n° 90-13.311, NP; *Defrénois* 1992. 396.
2. Civ. 1re, 21 mai 1997, n° 95-14.102, *Bull. civ.* I, n° 163.
3. Paris, 27 mai 1987, *D.* 1988. 216, note Breton.
4. Civ. 1re, 20 déc. 1993, n° 92-11.189, *Bull. civ.* I, n° 378; *D.* 1994. 358, note Derrida et Honorat; *RTD civ.* 1994. 393, obs. Patarin; 895, obs. Zénati.

3°
Clauses destinées à être insérées au cahier des charges

1422.61 **Clauses d'attribution et de substitution.** Dès cette étape de la procédure, les indivisaires pouvant invoquer un droit d'attribution préférentielle[5] (C. civ., art. 831 s.) pourront s'en prévaloir et mettre ainsi fin à la demande de vente sur licitation du créancier. De même, les indivisaires pouvant se substituer au tiers adjudicataire, cette faculté doit être prévue par le cahier des charges (C. civ., art. 815-5) (v. s[s] n°s 1422.143 et 1422.144).

B.
Modalités du partage

1422.70 **Plusieurs questions se posent.** Le tribunal va tout d'abord apprécier si le partage peut être fait en nature ou si la licitation s'impose (ACPC, art. 970, pour les procédures engagées avant le 1er janvier 2007 – C. pr. civ., art. 1361 et 1377, pour celles engagées depuis le 1er janvier 2007). La vente pourra ensuite être ordonnée à la barre du tribunal ou devant notaire. Enfin, le jugement doit contenir la mise à prix, qui sera le cas échéant ordonnée après expertise.

1°
Partage en nature ou licitation

1422.71 **Partage en nature : pouvoir souverain d'appréciation.** Le tribunal pourra estimer que le partage en nature est possible, ou préalablement nommer un expert à l'effet de déterminer si ce partage peut être envisagé et selon quelles modalités (ACPC, art. 971 pour les procédures engagées avant le 1er janvier 2007 – C. pr. civ., art. 1362, pour celles engagées depuis le 1er janvier 2007). D'une manière générale, le partage en nature est toujours présenté comme devant être préféré à la licitation. Sur cette question, les juges du fond disposent d'un pouvoir souverain d'appréciation, et il est fréquent en matière d'immeubles que la licitation soit préférée, le partage en nature se révélant mal commode. La Cour de cassation exige toutefois que le juge ne se prononce en faveur de la licitation qu'après s'être

5. Il a ainsi été jugé, lorsque la licitation était demandée par le liquidateur, que l'attribution préférentielle de droit de l'immeuble constituant le logement de la famille ne bénéficiait pas à un époux, propriétaire indivis avec l'autre de ce bien, lorsque le partage de cette indivision était poursuivi au cours du mariage sur le fondement de l'art. 815 C. civ., faute pour cet époux d'avoir la qualité de conjoint survivant : Civ. 1re, 26 sept. 2012, n° 11-16.246, *Bull. civ.* I, n° 279.

assuré lui-même du caractère mal aisé du partage en nature[1] ou en recourant à une expertise[2]. Le partage en nature peut encore être écarté, alors même qu'il était matériellement possible, lorsque la valeur allotie du bien serait nécessairement inférieure à la licitation dans son intégralité; ainsi pour une demeure historique[3].

1422.72 Dispositions applicables à la licitation. Si le partage ne peut avoir lieu, le tribunal ordonne la vente par licitation. L'article 972 ACPC, comme l'article 1377 C. pr. civ., prévoient que la vente sera faite, selon les règles prévues en matière de vente de biens de mineurs ou de majeurs en tutelle, par les articles 1271 à 1281 C. pr. civ. Le régime applicable à la vente sur licitation avant et après le 1er janvier 2007 n'a donc pas été profondément bouleversé; toutefois, les articles 1278 et 1279 C. pr. civ. ont été modifiés par le décret du 27 juillet 2006.

2°
Vente à la barre ou devant notaire

1422.81 Pouvoir souverain encore. Aux termes de l'article 1272 C. pr. civ., lorsque le tribunal opte pour la licitation, la décision devra indiquer si les enchères seront reçues soit à l'audience des criées par un juge désigné par le TGI, soit par un notaire commis par le TGI. Sur cette question, le tribunal jouit encore d'un pouvoir discrétionnaire qui s'étend jusqu'au choix du notaire[4].

1422.82 Vente à la barre. Lorsque le tribunal opte pour une vente devant le juge des criées, le jugement désignera le tribunal compétent. Le plus souvent il s'agira du tribunal qui aura ordonné le partage, mais, dans l'intérêt de la vente, le tribunal du lieu de situation de l'immeuble pourra être préféré, s'il n'avait pas été saisi de l'assignation en partage.

1422.83 Vente devant notaire. Lorsque le tribunal opte pour une vente devant notaire, il peut désigner le notaire. Sous l'empire des dispositions de l'ancien Code de procédure civile (ACPC, art. 969 s.), il a été jugé que le tribunal peut désigner le même notaire que celui qui est choisi pour réaliser les opérations de liquidation et de partage ou tout autre notaire de son choix. Un associé du notaire commis par le jugement ordonnant le partage n'aura aucune qualité pour procéder à celui-ci[5]; et un notaire commis ne pourra être récusé que par une demande présentée dans les formes du droit[6]. L'existence de liens d'amitié entre le notaire et l'un des coïndivisaires ne constitue pas un empêchement au sens de l'article 969 ACPC[7].

Il a encore été jugé que le tribunal dispose d'un pouvoir souverain d'appréciation qui lui permet de choisir le notaire[8], comme de désigner deux notaires, lesquels devront alors agir ensemble et notamment pour établir le cahier des charges[9], ou établir une hiérarchie entre les deux notaires et se réserver le droit d'intervenir par la suite pour intervertir les rôles du premier et second notaire[10]. Généralement le choix du tribunal s'opère au regard des circonstances de fait : lorsque l'étude du notaire se rapproche du lieu de situation de l'immeuble, le choix de l'officier ministériel l'emportera, cette proximité apparaissant susceptible de rendre la vente plus attractive[11].

3°
Mise à prix et conditions essentielles de la vente

1422.91 Détermination. Selon les dispositions de l'article 1273 C. pr. civ. : « *Le tribunal détermine la mise à prix de chacun des biens à vendre et les conditions essentielles de la vente. Il peut préciser qu'à défaut d'enchères atteignant cette mise à prix, la vente pourra se faire sur une mise à prix inférieure qu'il fixe. Le tribunal peut, si la valeur ou la consistance des biens le justifie, faire procéder à une estimation totale ou partielle* ».

Toutefois, s'agissant de ventes aux enchères publiques, la mise à prix ne doit pas correspondre à la valeur vénale pour être attractive. Il n'est donc généralement pas nécessaire de recourir à une expertise pour déterminer cette mise à prix, peu important une erreur d'estimation dès lors que ladite mise à prix sera attractive. Certains jugements fixent une mise à prix élevée avec faculté de baisse de mise à prix au moment des enchères s'il n'y a pas d'amateur. En pratique, on constate alors que les oblateurs attendent souvent la baisse de mise à prix pour pousser les enchères.

En tout état de cause pour fixer le montant de la mise à prix, le juge dispose d'un pouvoir souverain d'appréciation, ainsi que pour décider si le recours à un expert est nécessaire à cette fin[12]. Le tribunal

1. Civ. 1re, 12 mai 1987, no 85-18.160, *Bull. civ.* I, no 152; *D.* 1987. 589, note Breton.
2. Paris, 16 oct. 1987, *D.* 1988. 302, note Breton.
3. Civ. 1re, 13 oct. 1998, no 96-15.256, *Bull. civ.* I, no 303; *RTD civ.* 1999. 446, obs. Patarin.
4. Civ. 1re, 19 févr. 1958, *Bull. civ.* I, no 106.
5. Civ. 1re, 6 juin 1990, no 88-19.657, *Bull. civ.* I, no 148.
6. Civ. 1re, 5 mai 1986, no 84-14.405, *Bull. civ.* I, no 117.
7. Civ. 2e, 28 oct. 1999, no 96-22.278, NP; *Procédures* 2000, no 40, obs. Thouret.
8. Civ. 1re, 19 févr. 1958, *Bull. civ.* I, no 106.
9. Amiens, 28 juin 1960, *D.* 1961. 228.
10. Civ. 1re, 9 janv. 1979, no 76-10.880, *Bull. civ.* I, no 9; *Gaz. Pal.* 1979. 1. Somm. 234.
11. Bourges, 25 juill. 1923, *S.* 1924. 2. 31.
12. Civ. 1re, 9 oct. 1967, *Bull. civ.* I, no 282.

n'est donc jamais tenu d'ordonner une expertise pour évaluer la mise à prix[1] et n'est pas lié par le rapport de l'expert[2]; il peut donc préférer une mise à prix modérée qui attirera de plus nombreux acquéreurs[3]. Le demandeur pourra toujours fournir au tribunal des éléments d'évaluation.

4°
Estimation des biens

1422.101 **Expertise.** L'article 971 ACPC le prévoyait. L'article 1362 C. pr. civ. en reproduit le principe : « *Sans préjudice des dispositions de l'article 145* [C. pr. civ.], *un expert peut être désigné en cours d'instance pour procéder à l'estimation des biens* [...] ». L'article 1273 alinéa 2 C. pr. civ. précise également que « *le tribunal peut, si la valeur ou la consistance des biens le justifie, faire procéder à leur estimation totale ou partielle* ».

L'expertise n'est toutefois que facultative et s'imposera au juge lorsqu'il ne sera pas en mesure d'apprécier si le partage en nature peut ou non être aisément réalisé[4]. Ici encore le tribunal a toute latitude pour désigner un ou plusieurs experts dont la mission devra être déterminée par le tribunal. Lorsque l'expertise a été ordonnée, le tribunal devra donc attendre l'achèvement des opérations expertales avant de se prononcer sur la faculté de procéder à un partage en nature ou de se résoudre à une licitation. Une fois le rapport déposé, le poursuivant fera revenir l'affaire devant le tribunal par un simple acte d'avocat à avocat. Le rapport de l'expert sera soumis aux débats contradictoires des parties; le tribunal ne sera pas lié par le rapport.

C.
Notification du jugement et recours

1422.111 **La décision au fond est susceptible d'appel.** Il s'agit d'une décision contentieuse qui devra être notifiée aux avocats et aux parties. La décision est susceptible d'appel dans les délais ordinaires avant de pouvoir réaliser la licitation. Que la vente soit renvoyée devant le tribunal ou devant notaire, le poursuivant devra donc attendre l'expiration du délai d'appel et obtenir un certificat de non-appel. Il a été autrefois jugé que, si un recours était formé, la cour d'appel, même dans l'hypothèse où elle infirmerait la décision des premiers juges et ordonnerait le partage et la licitation qui auraient été refusés en première instance, n'aurait pas qualité pour connaître de l'exécution de ces décisions; elle ne pourrait donc pas commettre le notaire qui procéderait au partage[5] ni fixer le montant des mises à prix, l'affaire devant alors être renvoyée devant le tribunal de grande instance à ces fins, lorsque le principe du partage aurait été ordonné par la cour. Toutefois, en vertu de l'article 561 C. pr. civ., l'appel produit un effet dévolutif : cette disposition paraît donc contredire cette jurisprudence ancienne.

Lorsque le tribunal aura préalablement commis les experts, la décision avant dire droit sera insusceptible de recours, sauf autorisation préalable du premier président de la cour d'appel, conformément à l'article 272 C. pr. civ.; sinon, l'appel ne pourra être formé qu'avec le jugement statuant au fond.

Si le tribunal a ordonné le partage et la licitation devant notaire, la grosse du jugement, les significations, le certificat de non-appel et les états de frais seront adressés au notaire afin qu'il procède au partage.

Lorsque le jugement aura, préalablement au partage, ordonné la vente sur licitation des biens à la barre du tribunal, le poursuivant conservera les pièces pour procéder à la vente aux enchères publiques.

D.
Absence de publication obligatoire

1422.121 **Motifs.** Pour les raisons exposées ci-dessus (v. s^s^ n° 1422.23), le jugement ordonnant la vente sur licitation, tout comme l'assignation introductive d'instance, n'a pas à être publié à la Conservation des hypothèques.

SECTION 2
RÉALISATION DE LA VENTE

1422.130 **Division.** Il convient d'étudier les formalités préparatoires à la vente (§ 1), les incidents préalables à l'adjudication (§ 2) et l'adjudication (§ 3).

1422.131 **Textes applicables.** Le jugement de partage détermine si la vente se réalisera devant le tribunal ou devant notaire.

Ancien comme nouveau régimes, ce sont les dispositions des articles 1273 et suivants C. pr. civ. qui apportent des précisions sur les conditions de la vente. On remarquera qu'à l'article 1275, il est toujours question de « cahier des charges » et « d'audience des criées ». La procédure de licitation-partage a

1. Civ. 1re, 23 juill. 1979, n° 78-10.067, *Bull. civ.* I, n° 226.
2. Civ. 1re, 2 mars 1966, *Bull. civ.* I, n° 157.
3. Civ. 1re, 22 janv. 1959, *Bull. civ.* I, n° 47.
4. Civ. 10 janv. 1927, *Gaz. Pal.* 1927. 1. 485 – Civ. 1re, 7 janv. 1953, *D.* 1953. 223 – Caen, 6 nov. 1951, *D.* 1952. Somm. 24.
5. Civ. 4 nov. 1913, *S.* 1917. 1. 92.

donc conservé sa spécificité, l'ensemble des dispositions du titre I du décret du 27 juillet 2006 n'étant pas applicables à cette vente aux enchères. L'article 1278 C. pr. civ., en effet, n'opère renvoi qu'aux articles R. 322-39 à R. 322-49 C. pr. exéc. [1], R. 322-59 C. pr. exéc., R. 322-61 C. pr. exéc., R. 322-62 C. pr. exéc., R. 322-66 à R. 322-72 C. pr. exéc., c'est-à-dire aux dispositions réglementant les enchères, le jugement d'adjudication, le titre de vente et la réitération des enchères.

1422.132 Procédure. Selon l'article 1275 C. pr. civ., l'avocat ou le notaire doivent rédiger un cahier des charges qui sera ensuite déposé au secrétariat-greffe du tribunal ou en l'étude du notaire.

L'article 973 ACPC prévoyait qu'une sommation devait être ensuite faite aux colicitants d'en prendre communication, puis le bien pouvait être vendu aux enchères après publicité dont les modalités étaient fixées par le tribunal; si des difficultés s'élevaient sur le cahier des charges ou sur le droit à agir, elles étaient tranchées par le juge des criées. Cet article a été abrogé par la loi du 23 juin 2006 et on ne retrouve pas de dispositions prévoyant une sommation dans le Code de procédure civile. On ne comprend toutefois pas comment on pourra se passer de sommer les colicitants de prendre communication du cahier des charges.

§ 1
Actes préparatoires à la vente

1422.140 Mêmes principes que pour une saisie de droit commun. Le poursuivant ou le notaire devront établir un cahier des charges sur la base de la mise à prix fixée par le jugement. Ce document sera déposé au greffe du tribunal ou en l'étude du notaire lorsque la vente sera réalisée en son étude. La vente sera précédée d'une publicité ordonnée par le tribunal en application de l'article 1274 C. pr. civ.

A.
Cahier des charges

1422.141 Nature et contenu. Avant la réforme, et conformément à l'article 972 ACPC, le cahier des charges devait contenir les nom, demeure et profession du poursuivant ainsi que les nom et demeure de son avocat et les nom, demeure et profession des colicitants et de leurs avocats. On ne trouve pas pareilles exigences aux articles 1271 à 1281 C. pr. civ. auxquels l'article 1377 C. pr. civ., issu du décret du 23 décembre 2006, fait renvoi. En revanche, le décret du 27 juillet 2006 a modifié l'article 1278 C. pr. civ., qui rend applicables à la licitation-partage les seuls articles 72 à 82 (devenus C. pr. exéc., art. R. 322-39 à R. 322-49), 87 (devenu C. pr. exéc., art. R. 322-59), 89 (devenu C. pr. exéc., art. R. 322-61), 90 (devenu C. pr. exéc., art. R. 322-62), 100 à 106 du décret du 27 juillet 2006 (devenus C. pr. exéc., art. R. 322-66 à R. 322-72). À ces dispositions peuvent être ajoutées celles du règlement intérieur des barreaux (RIN), ainsi que toute clause utile. Avant la réforme, ce document pouvait ainsi contenir une clause autorisant la substitution d'un indivisaire au tiers adjudicataire et encore une clause d'attribution au profit d'un indivisaire; le cahier des charges pouvait préciser encore l'existence d'une faculté de surenchère et admettre de recourir à la procédure de folle enchère lorsque le bien avait été adjugé au profit d'un coïndivisaire. Le renvoi explicite opéré par l'article 1278 C. pr. civ. à certains articles limitativement énumérés du décret de 2006 invite à examiner le sort de ces éventuelles clauses, à compter du 1er janvier 2007.

1422.142 Dispositions générales. L'article 1275 C. pr. civ. dispose tout d'abord, que « *le cahier des charges indique le jugement qui a ordonné la vente, désigne les biens à vendre et mentionne la mise à prix et les conditions de la vente* »[2]. Le décret du 27 juillet 2006 n'a pas apporté de modification à cet article. On peut également penser que le tribunal peut prévoir une faculté de baisse de mise à prix en cas de carences d'enchères sur la mise à prix initiale.

1422.143 Clauses du cahier des charges type. À ces dispositions doivent encore être ajoutés l'article 12.1 du règlement intérieur des barreaux (RIN), relatif aux dispositions instituant le bâtonnier séquestre ou bien la Carpa, des dispositions de l'article 13 du RIN qui prévoient les modalités de versement du prix par l'acquéreur et celles de l'article 14 relatives au paiement des frais de poursuite. Le RIN envisage également la faculté de substitution (art. 27) et la celle d'attribution (art. 26).

1422.144 Clause de substitution d'un indivisaire au tiers adjudicataire. Le cahier des charges peut prévoir la faculté pour un indivisaire de se substituer au tiers adjudicataire. La question a été discutée en l'état de l'article 815-15 alinéa 2 du Code civil (inchangé par L. n° 2006-728, 23 juin 2006, portant réforme des successions et libéralités) qui prévoit cette faculté de substitution lorsque sont adjugés tout ou partie des droits d'un indivi-

1. Décr. n° 2012-783, 30 mai 2012, relatif à la partie réglementaire du Code des procédures civiles d'exécution, *JO* 31 mai, p. 9375.

2 Civ. 1re, 15 févr. 1983, n° 82-11.888, *Bull. civ.* I, n° 59; *Gaz. Pal.* 1983. 2. Pan. 182.

saire dans le bien indivis. Dans ce cas, chaque indivisaire peut se substituer à l'acquéreur dans un délai d'un mois à compter de l'adjudication par déclaration au secrétariat-greffe ou auprès du notaire. Le premier indivisaire qui fait la déclaration de substitution se trouve seul substitué comme acquéreur à l'adjudicataire [1]. Cette faculté de substitution est d'origine légale; il n'est donc pas nécessaire, dans cette hypothèse de vente particulière, qu'une clause le prévoie expressément. La jurisprudence estime que les dispositions de cet article ne peuvent être appliquées qu'en cas d'adjudication portant sur les droits d'un indivisaire dans les biens indivis et non sur les biens indivis eux-mêmes [2]. Mais un arrêt de la troisième chambre civile de la Cour de cassation du 3 mai 1989 a posé qu'aucune loi ou règle d'ordre public n'interdisait qu'un droit de substitution soit prévu par les indivisaires au profit de chacun d'eux par une clause du cahier des charges établi en vue de la licitation d'un bien indivis [3] lorsque le bien est vendu sur licitation à la demande du créancier d'un indivisaire. Cette clause pourra éventuellement être insérée par dire à la demande d'un indivisaire; elle s'imposera alors au poursuivant et à l'adjudicataire [4] si le tribunal y fait droit (v. s^s nº 1412.82, sur les délais et modalités d'insertion des dires au cahier des charges).

Une clause peut également mettre à la charge des indivisaires désireux de se substituer à l'adjudicataire, l'obligation de déposer le montant de l'adjudication; à défaut, la déclaration de substitution pourra être annulée [5].

De telles clauses doivent pouvoir être insérées dans les cahiers des charges établis depuis le 1er janvier 2007.

En l'absence de clause spécifique, le droit de substitution ne pourra pas être invoqué.

1422.145 **Clause d'attribution.** Il s'agit d'une clause qui prévoit qu'au cas où la dernière enchère serait portée par un colicitant, l'adjudication ne sera pas prononcée et l'enchère vaudra promesse d'attribuer l'immeuble au plus fort enchérisseur dans le partage définitif, pour le prix atteint après l'extinction des feux [6].

Le colicitant attributaire ne paiera d'ailleurs ni le prix, ni même la portion correspondant à son pourcentage de droits dans l'indivision; il paiera seulement, au terme du partage aux autres indivisaires, une soulte que celui-ci déterminera. La Cour de cassation rappelle que ces soultes qui compensent l'inégalité des lots, ne sont dues qu'au moment du partage; aucun paiement provisionnel n'est exigible tant que le partage n'est pas intervenu [7]. L'objet de cette clause est essentiellement fiscal; n'engendrant qu'une obligation de faire entrer le bien dans le lot du colicitant lors du partage définitif, elle suspend le transfert de propriété. Tour à tour admise [8], puis déclarée nulle vis-à-vis des tiers comme des colicitants [9], sa validité a finalement été reconnue par la jurisprudence [10]. Toutefois, le paiement du prix étant reculé jusqu'à la fin des opérations de partage au détriment des créanciers, cette clause ne sera sans doute pas introduite par le créancier poursuivant rédacteur du cahier des charges mais appréciée par le tribunal à la demande d'un coïndivisaire [11].

Cette clause soulève deux sortes de problème : tout d'abord celui de la dépréciation monétaire. Entre le moment de l'audience d'adjudication et celui du partage définitif l'appréciation de la valeur de l'immeuble peut avoir considérablement changé; en période de hausse des prix, la clause d'attribution risque d'entraîner une action en rescision pour lésion [12], qui est, dans cette hypothèse, effectivement envisageable et recevable.

La seconde difficulté tient au défaut de paiement du prix immédiat. La clause d'attribution interdit, *a priori*, aux indivisaires autres que l'attributaire de déclencher une procédure de folle enchère (sur la folle enchère et la réitération des enchères, v. s^s n°s 1422.221 s.).

En revanche, dans la mesure où des tiers participeront aux enchères, il a été jugé que la clause d'attribution figurant au cahier des charges n'interdisait pas aux tiers, qui n'avaient pris aucun enga-

1. Civ. 1re, 7 oct. 1997, nº 95-17.071, *Bull. civ.* I, nº 266; *D.* 1998. 145, concl. Sainte-Rose; *JCP* 1998. I. 117, nº 7, obs. Périnet-Marquet; *JCP* 1999. I. 132, nº 1, obs. Le Guidec; *RTD civ.* 1998. 168, obs. Patarin.
2. Civ. 1re, 14 févr. 1989, nº 87-14.392, *Bull. civ.* I, nº 80; *D.* 1989. 278, note Morin; *RTD civ.* 1989. 588, obs. Zénati; 1989. 792, obs. Patarin – Civ. 1re, 30 juin 1992, nº 90-19.052, *Bull. civ.* I, nº 208.
3. Civ. 3e, 3 mai 1989, nº 87-17.094, *Bull. civ.* III, nº 99; *RTD civ.* 1990. 683, obs. Zénati; *RDI* 1990. 65, obs. Bergel.
4. Mais cette clause ne permettra pas l'exercice du droit de substitution lorsque l'adjudicataire sera lui-même coïndivisaire : Civ. 1re, 17 nov. 2010, nº 09-68.013, *Bull. civ.* I, nº 237; *D.* 2010. 2847.
5. Civ. 2e, 6 oct. 1993, nº 90-18.590, *Bull. civ.* II, nº 275.
6. Civ. 1re, 27 févr. 1963, *JCP* 1963. IV. 47.
7. Civ. 1re, 5 juill. 1989, nº 87-11.390, *Bull. civ.* I, nº 280 – Civ. 1re, 13 oct. 1998, nº 96-18.140, *Bull. civ.* I, nº 302.
8. Civ. 12 juill. 1870, *DP* 1871. 1. 17.
9. Civ. 18 oct. 1903, *DP* 1906. 1. 273 – Civ. 27 juin 1928, *DH* 1928. 160.
10. Civ. 15 juill. 1931, *DP* 1931. 1. 161, note Savatier – Civ. 26 avr. 1932, *DH* 1932. 315.
11. V. Paris, 24 mars 1926, *DH* 1926. 307 – Paris, 31 déc. 1953, *DP* 1936. 2. 49, note Chéron.
12. *J.-Cl. Civ.*, *v^{is} Vente*, art. 1686 à 1688; *Licitation*, n°s 126 s., par Veaux.

gement concernant le partage futur, de former surenchère[1].

Toutefois il semble que, s'agissant de la vente sur licitation par un créancier, ce dernier s'opposera à l'insertion d'une clause d'attribution à la demande d'un coïndivisaire. Il appartiendra alors au tribunal de trancher le conflit d'intérêts. Il semble que la jurisprudence soit plutôt hostile à cette clause dans l'hypothèse de l'opposition d'une des parties; il a été jugé qu'une clause de nature contractuelle ne pouvait être insérée au cahier des charges qu'avec l'accord de tous[2]. La Cour de cassation rappelle que ces soultes qui compensent l'inégalité des lots ne sont dues qu'au moment du partage; aucun paiement provisionnel n'est exigible tant que le partage n'est pas intervenu[3].

1422.146 Clause relative à la faculté de surenchère. **Avant la réforme,** lorsque la vente sur licitation était ouverte aux tiers, ce qui est nécessairement le cas lorsque le créancier est à l'origine de la poursuite, la surenchère était réservée et le cahier des charges y faisait référence. Dans le cas où une clause d'attribution figurait au cahier des charges, elle s'opposait *a priori* à ce qu'un copartageant puisse faire une surenchère, lorsque l'un des colicitants était le dernier enchérisseur. Ce principe pouvait néanmoins être écarté par une stipulation spéciale des parties, majeures et maîtresses de leurs droits[4].

Aux termes de l'article 1279 C. pr. civ., la faculté de surenchère est ouverte, conformément aux formalités et délais prévus par les dispositions des articles R. 322-50 à R. 322-55 C. pr. exéc.

1422.147 Folle enchère ou réitération des enchères et adjudications réalisée au profit d'un des colicitants. La jurisprudence excluait la folle enchère dans l'hypothèse d'une adjudication réalisée au profit d'un des colicitants, sauf clause contraire du cahier des charges[5]. Il avait été également jugé que le cahier des charges pouvait encore contenir une clause prévoyant que dans l'hypothèse où l'adjudicataire ne paierait pas dans un certain délai une certaine fraction du prix, l'adjudication prononcée à son profit serait nulle et le précédent enchérisseur deviendrait adjudicataire définitif[6].

L'article 1278 C. pr. civ. fait désormais application des dispositions des articles R. 322-66 à R. 322-72 C. pr. exéc. à la procédure de licitation-partage, ce qui conduit à parler de réitération des enchères.

1422.148 Clause prévoyant une adjudication à l'unanimité des indivisaires. L'article 1378 C. pr. civ. prévoit que « *Si tous les indivisaires sont capables et présents ou représentés, ils peuvent décider à l'unanimité que l'adjudication se déroulera entre eux. À défaut, les tiers à l'indivision y seront toujours admis* ». On peut donc déduire que pour limiter l'adjudication aux indivisaires, le cahier des charges devra contenir une clause spéciale.

B.

Dépôt du cahier des charges, sommations et convocation des bénéficiaires d'un droit de préemption

1422.151 Dépôt. Si la vente doit être réalisée devant le tribunal, le cahier des charges sera déposé par l'avocat au greffe (C. pr. civ., art. 1275, al. 1er, non modifié par Décr. 27 juill. 2006); le cahier des charges rédigées par le notaire sera conservé par ce dernier en son étude. Ni les dispositions de l'ancien Code de procédure civile ni les articles 1273 et suivants C. pr. civ., relatifs à la vente des biens d'un immeuble ne visent un délai pour déposer le cahier des charges. On peut donc, comme auparavant, en conclure que celui-ci sera donc déposé à la diligence du poursuivant ou du notaire.

1422.152 Fixation de la date d'audience. Celle-ci sera déterminée par le poursuivant ou le notaire au moment du dépôt du cahier des charges. L'article 1276 C. pr. civ. dispose qu'en application des dispositions de l'alinéa 1er de l'article 459 du Code civil, le subrogé-tuteur est appelé à la vente un mois au moins à l'avance, à la diligence du rédacteur du cahier des charges et informé qu'il sera procédé à la vente même en son absence. Transposant cette disposition, il faut conclure que lorsqu'il dépose le cahier des charges, le rédacteur fixe une date d'audience obligatoirement à plus de trente jours. Lorsque la vente se réalisera à la barre du tribunal, l'avocat conviendra de la date avec le greffier, en tenant en outre compte des délais nécessaires pour accomplir les formalités de publicité.

1422.153 Sommations de prendre connaissance du cahier des charges. L'article 973 ACPC prévoyait que dans la huitaine du dépôt du cahier

1. Req. 15 juill. 1931, *DP* 1931. 1. 161, note Savatier – T. civ. Saint-Nazaire, 21 janv. 1949, *Gaz. Pal.* 1949. 1. 207; *RTD civ.* 1949. 283, obs. Savatier.
2. Civ. 1re, 20 avr. 1983, no 82-11.717, *Bull. civ.* I, no 128; *Gaz. Pal.* 25 sept. 1983. Pan. 251.
3. Civ. 1re, 5 juill. 1989, no 87-11.390, *Bull. civ.* I, no 280 – Civ. 1re, 13 oct. 1998, no 96-18.140, *Bull. civ.* I, no 302; *RTD civ.* 1999. 447, obs. Patarin.
4. Civ. 1re, 15 oct. 1963, *D.* 1964. 141.
5. Req. 13 avr. 1891, *DP* 1892. 1. 203 – Req. 5 août 1902, *DP* 1902. 1. 436.
6. T. civ. Baume-les-Dames, 27 juin 1953, *D.* 1954. 304, note Weill.

des charges, sommation était faite par un simple acte aux colicitants en l'étude de leurs avocats, d'en prendre communication. À défaut de constitution d'avocat et d'élection de domicile dans le jugement ayant ordonné la vente sur licitation, la sommation était délivrée au domicile réel des colicitants. Le respect du délai de huit jours n'était pas prescrit à peine de sanction et un dépôt plus tardif paraissait donc sans conséquence sur la régularité de la procédure.

Il avait été jugé que les dispositions de l'article 715 ACPC n'étaient pas applicables[1] de sorte que les déchéances pour non-respect des délais n'étaient pas encourues; seule la nullité pouvait être invoquée pour inobservation des formalités, suivant les règles de droit commun.

L'article 973 a été abrogé par la loi du 23 juin 2006 et les articles 1271 à 1281 C. pr. civ., auxquels renvoie l'article 1377 C. pr. civ. issu du décret du 23 décembre 2006, ne prévoient pas de sommation. Il s'agit sans doute d'une inadvertance, car on ne peut envisager de procéder à la licitation en laissant les indivisaires dans l'ignorance de la date de l'audience d'adjudication sans risquer de porter atteinte aux droits de la défense et au droit de propriété.

Pour les procédures engagées à compter du 1er janvier 2007, il paraît donc nécessaire, en pratique, de maintenir cet acte pour que les colicitants soient avisés du dépôt du cahier des charges. En outre, il est prudent, bien que cela ne soit imposé par aucun texte, de sommer les créanciers inscrits à domicile élu ou réel[2].

Ainsi, une cour d'appel juge fautif le fait pour le notaire de ne pas avoir fait toutes les diligences pour informer le créancier hypothécaire, qui avait fait élection de domicile en son étude, de la sommation de prendre communication du cahier des charges relatif à la vente aux enchères de l'immeuble dont est propriétaire le débiteur. Toutefois, l'existence d'un lien de causalité entre la faute et le préjudice résultant du non-recouvrement de la créance après la licitation n'a pas été établie car le créancier n'a pu démontrer qu'il était en mesure de faire vendre le bien à un prix supérieur à celui intervenu. Le prêteur, créancier de second rang n'ayant aucune chance d'être désintéressé puisque le créancier de premier rang avait absorbé la totalité du prix disponible, la responsabilité du notaire n'a pas été retenue.

1422.154 Convocation des bénéficiaires du droit de préemption. S'agissant du locataire ou de l'occupant de bonne foi d'un immeuble à usage d'habitation ou mixte d'habitation et professionnel lors de la première vente d'un local consécutive à la division d'un immeuble par appartements, les dispositions de l'article 10, II de la loi du 31 décembre 1975 (L. n° 75-1351, relative à la protection des occupants de locaux à usage d'habitation[3]) sont applicables aux ventes sur licitation. L'article 10 II dispose en effet que le locataire ou l'occupant doit être convoqué par lettre recommandée avec demande d'avis de réception un mois avant la date de l'adjudication lorsque la vente a lieu par adjudication volontaire ou forcée (v. ss nos 1367.112 s.). La question se pose en revanche de savoir si le nouveau droit de préemption en cas de vente d'un immeuble entier peut être mis en œuvre à l'occasion d'une vente par adjudication (v. ss n° 1367.115).

S'agissant de l'exercice du droit de préemption urbain et du droit de préemption dans les zones d'aménagement différé et périmètres provisoires, l'alinéa 3 de l'article L. 213-1 du Code de l'urbanisme exclut l'exercice du droit de préemption pour les ventes mettant fin à une indivision créée volontairement, à moins que celle-ci ne résulte d'une donation-partage. Le droit de préemption pourrait donc être exercé dans l'hypothèse d'une indivision post-communautaire ou successorale mais serait exclu pour les indivisions conventionnelles. La loi SRU du 13 décembre 2000[4] n'a pas apporté de modification dans ce cas[5].

Quant au **droit de préemption au profit des communes** (CCH, art. L. 616), issu de la loi du 29 juillet 1998 relative à la lutte contre les exclusions, il ne semble pas applicable aux ventes sur licitation. En effet, le texte de cet article ne vise que l'hypothèse d'une vente sur saisie immobilière d'un immeuble ou partie d'immeuble, constituant la résidence principale d'une personne qui remplit les conditions d'attribution d'un logement à loyer modéré et non l'ensemble des ventes sur adjudication. Plus imprécis encore est le nouvel article 210-2 du Code de l'urbanisme, issu de la loi n° 2006-685 du 13 juin 2006 relative au droit de préemption et à la protection des locataires, dite loi Aurillac[6], qui prévoit qu'« *en cas de vente d'un immeuble à usage d'habitation, la commune peut faire usage de son droit de préemption pour assurer le maintien dans les lieux des locataires* ». Il est bien difficile actuellement de savoir si le terme de « *vente* » renvoie à toutes les ventes, amiable comme par adjudication (v. ss n° 1367.123).

S'agissant du preneur à bail rural, l'article L. 412-11 du Code rural prévoit l'exercice de ce

1. Civ. 2e, 5 oct. 1988, n° 87-13.336, *Bull. civ.* II, n° 187.
2. Toulouse, 16 sept. 1996, *Juris-Data* n° 045573.
3. L. n° 75-1351, 31 déc. 1975, modification de la loi du 1er septembre 1948, *JO* 4 janv., p. 191.
4. L. n° 2000-1208, relative à la solidarité et au renouvellement urbains, *JO* 14 déc., p. 19777.
5. S. Pérignon, « L'interventionnisme foncier public après la loi SRU », *Constr.-Urb.* 2001. 23.
6. L. n° 2006-685, 13 juin 2006, relative au droit de préemption et à la protection des locataires, *JO* 14 juin, p. 8944.

droit pour les ventes faites par adjudication volontaire ou forcée (v. ss no 1367.102). Quant à la Safer, l'article L. 143-4, 3° du même code exclut l'exercice de son droit de préemption dans le cas d'acquisitions effectuées par des cohéritiers sur licitation amiable ou judiciaire.

Comment se règle le conflit entre l'éventuel droit de substitution ou d'attribution du coïndivisaire et les droits de préemption des preneurs et des titulaires du droit de préemption ?

Une distinction doit être opérée suivant la faculté exercée par le colicitant. S'il se substitue à l'adjudicataire, il n'acquiert pas plus de droits que ce dernier et se retrouve naturellement primé par les bénéficiaires de droits de préemption. Si, en revanche, il est déclaré attributaire sur la plus forte enchère, l'adjudication ne constate plus une vente mais un engagement d'être, lors du partage définitif, attributaire du lot. Dans ce cas, les droits de préemption applicables en cas de vente volontaire ou forcée ne semblent donc pas avoir vocation à s'exercer. La deuxième chambre civile a ainsi jugé que l'acquisition par un cohéritier des parts de ses indivisaires ne constitue pas en raison de l'effet déclaratif du partage, une aliénation à titre onéreux donnant au preneur en place le bénéfice du droit de préemption prévu à l'article L. 412-1 du Code rural et de la pêche maritime [1].

C. Publicités préalables à l'adjudication et frais de poursuite

1422.161 Publicités. Selon l'article 1274 C. pr. civ., c'est « *le tribunal* [qui] *fixe les modalités de la publicité compte tenu de la valeur, de la nature et de la situation des biens* ». Les dispositions applicables à la saisie immobilière de droit commun sont donc exclues et le juge doit simplement veiller à ce que la licitation soit précédée d'une publicité propre à attirer les enchérisseurs [2]. Le décret du 12 mai 1981 a abrogé les dispositions anciennes concernant la vente aux enchères d'immeubles appartenant à des mineurs, qui renvoyaient aux articles 696 à 700 ACPC applicables à la saisie immobilière de droit commun. En pratique, les jugements sont généralement muets sur les publicités et se bornent à désigner l'avocat chargé d'effectuer les formalités en vue de la vente et, en général, la publicité sera identique à celle pratiquée pour les saisies immobilières.

La réforme de la procédure de saisie immobilière, opérée par l'ordonnance du 21 avril 2006 et le décret du 27 juillet 2006, n'a pas été l'occasion de modifier le mécanisme de fixation des modalités de la publicité, l'article 1274 étant inchangé.

1422.162 Frais de poursuite.

A) Procédures engagées avant le 1er janvier 2007. Les dispositions de l'article 701 ACPC, qui prévoient que les frais de poursuite doivent être taxés par le juge et que le montant de la taxe est publiquement annoncé avant l'ouverture des enchères et reproduit dans le jugement, sont applicables à la vente sur licitation (ACPC, art. 972 qui renvoie à C. pr. civ., art. 1278 déclarant communs certains articles de la saisie immobilière de droit commun, dont ACPC, art. 701).

B) Réforme de la procédure de saisie immobilière. L'article 701 étant abrogé par l'ordonnance du 21 avril 2006, au même titre que tous les autres articles du titre XII du livre V de l'ancien Code de procédure civile, l'article 1278 C. pr. civ. fait désormais renvoi à l'article 75 du décret du 27 juillet 2006 (devenu C. pr. exéc., art. R. 322-42), dont la teneur est identique à l'ancien article 701.

§ 2 Contestations

1422.171 Imprécisions. Il faut tout d'abord remarquer que, en matière de vente sur licitation, il n'y avait pas d'audience éventuelle.

L'article 973 ACPC envisageait toutefois l'éventualité de contestations mais ne fixait pas de délai pour le dépôt des conclusions. L'alinéa 2 disposait seulement que « *s'il s'élève des difficultés sur le cahier des charges, elles seront vidées à l'audience, sans aucune requête, et sur un simple acte d'avoué à avoué* ». Les dispositions de l'article 973 ACPC ne soumettant pas le respect de ces formalités à une sanction, la jurisprudence avait admis que la nullité de droit commun était applicable [3].

L'article 1278 C. pr. civ. a été modifié par le décret du 27 juillet 2006 afin qu'il soit désormais renvoyé à certains articles de ce décret et non plus aux articles du Code de procédure civile. Notamment, l'article 87 du décret du 27 juillet 2006 (devenu C. pr. exéc., art. R. 322-59) est applicable aux ventes sur licitations. Or, cet article dispose que « *outre les mentions prescrites pour tout jugement, le jugement d'adjudication vise le jugement d'orientation, les jugements tranchant les contestations et le cahier des conditions de vente* [...] », ce qui semble dire que la vente des immeubles sur licitation pourrait également donner lieu à une audience d'orientation, alors qu'aucun autre article ne le prévoit. Mais ce

1. Civ. 2e, 14 nov. 2013, no 12-13.064, NP.
2. Civ. 1re, 4 mai 1970, no 68-10.707, *Bull. civ.* I, no 154; *D.* 1970. Somm. 220.
3. Civ. 2e, 5 oct. 1988, no 87-13.336, *Bull. civ.* II, no 187.

seul argument de texte n'est pas très convaincant et paraît plutôt résulter d'une inattention des rédacteurs du décret.

1422.172 **Mise à prix.** Si au jour indiqué pour l'adjudication, les enchères ne couvrent pas la mise à prix, il est procédé selon les dispositions de l'article 1277 C. pr. civ. C'est-à-dire que « [...] *le juge ou le notaire, selon le cas, peut constater l'offre la plus élevée et adjuger le bien à titre provisoire pour le montant de cette offre. Sauf renonciation du vendeur, le tribunal qui a fixé la mise à prix, saisi à la requête du notaire, de l'avocat ou de tout intéressé, peut, soit déclarer l'adjudication définitive et la vente réalisée, soit ordonner qu'une nouvelle vente aura lieu; en ce dernier cas, il fixe le délai de la nouvelle vente sans que celui-ci puisse être inférieur à quinze jours, la mise à prix ainsi que les modalités de la publicité* ».

1422.173 **Recours.**

A) Procédures engagées avant le 1er janvier 2007. Le jugement qui sera rendu sur dire pourra, conformément à l'alinéa 3 de l'article 973 ACPC, être attaqué par la voie de l'appel dans les formes et délais prescrits par les articles 731 et 732 ACPC[1]. En revanche, tout autre jugement sur les difficultés relatives aux formalités postérieures à la sommation de prendre connaissance du cahier des charges ne pourra être attaqué ni par opposition ni par appel.

L'article 973 ACPC ne visant que les conditions de forme et de délai des articles 731 et 732 ACPC, les conditions de fond posées en matière d'incident de saisie immobilière sont donc inapplicables en matière de licitation; aucune distinction ne doit donc être opérée selon la nature du dire et l'objet de l'incident[2]. Le jugement sur dire ne pourra être frappé de pourvoi[3] et tout jugement sur incident serait ainsi susceptible d'appel.

En revanche, lorsqu'un locataire ou tout autre tiers entend faire insérer un dire pour porter à la connaissance des enchérisseurs la situation juridique du bien vendu, il a été jugé que la décision statuant sur ce dire équivalait à un donné acte et ne constituait pas une décision sur le fond du droit, dès lors qu'aucun débat ne s'était instauré sur les prétentions de son auteur[4] (l'hypothèse était toutefois particulière car les prétentions contenues dans le dire étaient elles-mêmes contredites par un autre dire, également validé).

1. Civ. 1re, 6 juill. 1999, no 97-20.289, *Bull. civ.* I, no 228.
2. Com. 13 févr. 1950, *S.* 1950. 1. 160; *Gaz. Pal.* 1950. 1. 278 – Civ. 2e, 21 mai 1954, *S.* 1954. 1. 201.
3. Civ. 1re, 19 févr. 1974, no 72-14.574, *Bull. civ.* I, no 55 – Civ. 2e, 16 janv. 1985, no 83-15.459, *Bull. civ.* II, no 12.
4. Civ. 3e, 10 oct. 1968, *Bull. civ.* III, no 367.

Ainsi, la vente sur licitation-partage dérogerait non seulement aux dispositions de l'article 689 ACPC relatives aux délais pour déposer des dires sur le cahier des charges mais également aux dispositions de l'article 715 ACPC en matière de dire de nullité et d'une manière générale aux articles 718 et suivants ACPC relatifs aux incidents de saisie immobilière.

Plus récemment toutefois, alors que la demande d'un locataire, tendant à ce que soit insérée dans le cahier des charges une clause portant à la connaissance des éventuels adjudicataires qu'il était titulaire d'un bail rural, avait été rejetée, la Cour de cassation a rejeté le pourvoi formé par le preneur à bail qui déniait au juge de la saisie immobilière le pouvoir de statuer sur la contestation. Pour la troisième chambre, il s'agissait d'un incident de saisie immobilière soumis comme tel aux articles 718 et suivants ACPC, et relevant de ce fait, de la compétence du juge des criées[5].

B) Procédures engagées après le 1er janvier 2007. L'article 973, dans sa rédaction issue du décret du 27 juillet 2006, disposait que le jugement ne pourrait être attaqué que par la voie de l'appel dans les formes et délais prescrits par l'article 8 du décret du 27 juillet 2006. Cet article prévoyait que les jugements statuant sur les contestations ou les demandes incidentes seraient, sauf disposition contraire, susceptibles d'appel. Cet appel devait être jugé selon la procédure prévue au second alinéa de l'article 910 C. pr. civ. et l'article 973 ACPC modifié précisait encore que les jugements sur contestations ou demandes incidentes ne seraient pas susceptibles d'opposition.

Cependant, les auteurs du décret de 2006 ne s'étaient pas aperçus que l'article 973 ACPC avait été abrogé par l'article 39 de la loi du 23 juin 2006.

Il n'y a donc plus de disposition spéciale qui prévoit un recours contre le jugement qui statuera sur une contestation, car cet article de l'ancien Code de procédure civile n'avait pas d'équivalent au chapitre IV du titre II du livre III du [Nouveau] Code de procédure civile.

§ 3
Adjudication

1422.180 **Présentation.** L'adjudication se déroule en audience publique devant le tribunal de grande instance et devant le juge de l'exécution. Le bien pourra être adjugé au jour indiqué dans les sommations, sauf si les enchères ne couvrent pas le montant de la mise à prix, auquel cas une nouvelle vente

5. Civ. 3e, 2 févr. 2005, no 03-18.347, *Bull. civ.* III, no 27.

pourra être organisée. En tout état de cause, une surenchère pourra être formée dans les dix jours qui suivent l'audience d'adjudication et le bien pourra encore être revendu sur réitération des enchères.

A. Audience d'adjudication

1422.181 Renvoi au droit commun de la saisie immobilière.

A) Procédures engagées avant le 1er janvier 2007. L'article 1278 C. pr. civ., dans sa rédaction d'origine, renvoie à certains des articles applicables à la procédure de saisie immobilière issue du décret-loi de 1938. Le déroulement des enchères est ainsi réalisé selon les dispositions des articles 701, 705 à 707 ACPC et certaines personnes sont interdites d'enchères conformément aux dispositions de l'article 711 de ce même code.

B) Procédures engagées après le 1er janvier 2007. L'article 1278 C. pr. civ., dans sa rédaction issue de l'article 128 du décret du 27 juillet 2006, dispose que « *sont déclarés communs au présent chapitre, les dispositions des articles 72 à 82, 87, 89, 90, 100 à 106* » dudit décret. Les articles 72 à 82 réglementent le déroulement des enchères (devenus C. pr. exéc., art. R. 322-39 à R. 322-49); l'article 87 (devenu C. pr. exéc., art. R. 322-59) est relatif au jugement d'adjudication; les articles 89 et 90 (devenus C. pr. exéc., art. R. 322-61 et R. 322-62) concernent le titre de vente; les articles 100 à 106 (devenus C. pr. exéc., art. R. 322-66 à R. 322-72), la réitération des enchères.

1422.182 Interdictions d'enchérir.

A) Procédures engagées avant le 1er janvier 2007. Pour les interdictions visées à l'article 711 ACPC, il sera renvoyé aux développements relatifs à la procédure de droit commun (v. ss nos 1325.91 s.). Ainsi les membres du tribunal, les personnes notoirement insolvables et l'avocat poursuivant ne pourront pas monter les enchères.

B) Procédures engagées après le 1er janvier 2007. L'article 72 du décret du 27 juillet 2006 (devenu C. pr. exéc., art. R. 322-39), interdit d'enchères le débiteur saisi, les auxiliaires de justice qui sont intervenus à un titre quelconque dans la procédure, les magistrats de la juridiction devant laquelle la vente est poursuivie; le décret ne vise plus les personnes notoirement insolvables mais l'article 74 du décret du 27 juillet 2006 (devenu C. pr. exéc., art. R. 322-41) impose à l'avocat de se faire remettre par son mandant et contre récépissé, une caution bancaire irrévocable ou un chèque de banque rédigé à l'ordre du séquestre ou du consignataire désigné dans le cahier des conditions de la vente représentant 10 % du montant de la mise à prix. Le décret n° 2009-160 du 12 février 2009[1] a complété la rédaction de l'article 74 afin de préciser que le montant de cette garantie ne pourrait pas être inférieur à 3 000 euros (v. ss nos 1368.70 s.).

Il faut en outre rajouter les personnes citées à l'article 1596 du Code civil, à savoir les tuteurs pour les biens de ceux dont ils ont la tutelle, les mandataires pour les biens qu'ils sont chargés de vendre et les administrateurs pour les biens des communes ou des établissements publics confiés à leurs soins.

Enfin, ne peuvent enchérir en cas de vente renvoyée devant notaire, les parents ou alliés en ligne directe à tous les degrés et, en ligne collatérale jusqu'au degré d'oncle à neveu inclusivement, du notaire chargé de procéder à l'adjudication et ce, en application des dispositions de la loi du 25 ventôse an XI.

1422.183 Déroulement de l'audience d'adjudication. Au jour requis pour l'adjudication, il est procédé sur la demande du colicitant sous la constitution d'un avocat.

A) Procédures engagées avant le 1er janvier 2007. Néanmoins lorsque la vente est réalisée par devant notaire, les enchères peuvent être faites sans ministère d'avocat et ce n'est que dans l'hypothèse d'une folle enchère que la procédure sera renvoyée devant le tribunal (C. pr. civ., art. 1278). Aucun report ne semble pouvoir être sollicité sur le fondement de l'article 703 ACPC, qui n'est pas visé par l'article 1278 C. pr. civ.

B) Procédures engagées après le 1er janvier 2007. L'article 61 du décret du 27 juillet 2006 (devenu C. pr. exéc., art. R. 322-28) qui autorise le renvoi de l'audience en cas de force majeure ne fait pas partie des articles auxquels renvoie l'article 1278 C. pr. civ. Aucun report pour force majeure ne devrait donc pouvoir être sollicité.

1422.184 Enchères.

A) Procédures engagées avant le 1er janvier 2007. Elles se déroulent selon les articles 705, 706 et 707 ACPC (v. ss nos 1325.131 s.). Selon l'article 973 alinéa 5 ACPC, si au jour indiqué pour l'adjudication les enchères ne couvrent pas la mise à prix, il est procédé selon les dispositions de l'article 1277 C. pr. civ. : ce texte dispose que le juge ou le notaire, selon le cas, peut constater l'offre la plus élevée et adjuger le bien à titre provisoire pour le montant de cette offre. Mais le vendeur peut encore renoncer et le tribunal qui aura fixé la mise à prix,

1. Décr. n° 2009-160, 12 févr. 2009, pris pour l'application de l'ordonnance n° 2008-1345 du 18 décembre 2008, portant réforme du droit des entreprises en difficulté et modifiant les procédures de saisie immobilière et de distribution du prix d'un immeuble, *JO* 13 févr., p. 2596.

saisi à la requête du notaire, de l'avocat ou de tout intéressé, pourra, soit déclarer l'adjudication définitive et la vente réalisée, soit ordonner qu'une nouvelle vente ait lieu. En pratique, cette disposition n'est jamais usitée lors d'une vente à la barre. La chambre des criées constate la carence d'enchères et une baisse de mise à prix est sollicitée auprès du tribunal qui avait fixé la mise à prix initiale, sur requête conjointe ou sur celle de la partie la plus diligente. Le poursuivant reprend ensuite la procédure de vente, modifie le cahier des charges en insérant le jugement modificatif, procède à une nouvelle publicité et délivre sommation à l'ensemble des colicitants d'assister à l'adjudication.

Aux termes de l'article 1277 *in fine* C. pr. civ., le tribunal qui fixe la nouvelle mise à prix doit également préciser le délai de la nouvelle vente, lequel ne peut être inférieur à quinze jours. Cette précision est cependant rare en pratique, et le poursuivant fixe généralement librement la date de la nouvelle adjudication.

La carence d'enchères a donc pratiquement pour conséquence d'entraîner une reprise de la procédure à son stade primitif. Le jugement ordonnant le partage aura toutefois pu prévoir cette hypothèse et ordonner qu'à défaut d'enchères la vente ait lieu sur une nouvelle mise à prix décidée d'avance, sans jugement nouveau et sans nouvelle publicité[1]. L'avocat veillera donc à prévoir dans le dispositif de son assignation la faculté de baisse de mise à prix en cas de carence d'enchères.

B) Procédures engagées après le 1er janvier 2007. Conformément à l'article 1377 C. pr. civ., qui opère renvoi à l'article 1278 C. pr. civ., les enchères se dérouleront selon les dispositions des articles 72 à 82 du décret du 27 juillet 2006 (devenus C. pr. exéc., art. R. 322-39 à R. 322-49) (v. ss nos 1368.11 s.), auxquelles il faut ajouter les dispositions du règlement intérieur national des barreaux (v. ss nos 1368.51 à 1368.53). Aucune disposition ne prévoit la possibilité pour l'adjudicataire de faire une déclaration de commande[2].

En outre, conformément à l'article 1378 C. pr. civ., si tous les indivisaires sont capables et présents ou représentés, ils auront pu décider à l'unanimité que l'adjudication se déroulera uniquement entre eux (v. ss n° 1422.148).

B. Surenchère

1422.190 Principe.

A) Procédures engagées avant le 1er janvier 2007. En vertu de l'article 973 ACPC, dans les dix jours de l'adjudication, toute personne peut surenchérir d'un dixième du prix principal en se conformant aux conditions et formalités prescrites par les articles 708, 709 et 710 ACPC, applicables à la saisie immobilière de droit commun. Il est indiqué que cette surenchère produit le même effet que dans les ventes de biens de mineurs, ce qui renvoie à l'article 1279 C. pr. civ. qui prévoit, dans une formulation quasiment similaire, la faculté de surenchère du dixième dans les dix jours selon les articles applicables à la procédure de saisie immobilière de droit commun.

Il est encore précisé que, lorsque l'adjudication a lieu devant notaire, le tribunal peut, par le jugement qui validera la surenchère, renvoyer la nouvelle adjudication devant le même notaire; l'article 1279 précisant que le notaire procède alors selon le cahier des charges précédemment dressé.

B) Procédures engagées depuis le 1er janvier 2007 ou n'ayant pas encore donné lieu à cette date au dépôt du cahier des charges. Selon les dispositions de l'article 1279 C. pr. civ., dans sa rédaction issue du décret du 23 juillet 2006, modifié par le décret du 23 décembre 2006, « *dans les dix jours qui suivent l'adjudication définitive, toute personne peut faire une surenchère du dixième en se conformant aux formalités et délais prévus par les articles 94 à 99 du décret* n° 2006-936 *du 27 juillet 2006* » (devenus C. pr. exéc., art. R. 322-50 à R. 322-55).

Quelques précisions peuvent être apportées sur les personnes susceptibles d'enchérir, les formes, délais et effets de la surenchère.

1° Personnes pouvant former surenchère

1422.191 Restrictions habituelles. Avant comme après la réforme de la procédure de saisie immobilière, toute personne peut former surenchère (C. pr. civ., art. 1279, inchangé sur ce point par Décr. 27 juill. 2006).

Le particularisme de la vente sur licitation impose toutefois d'apporter certaines précisions : la faculté de surenchérir du dixième appartient en principe aussi bien aux colicitants qu'aux tiers, mais il faut également tenir compte de l'incidence d'une clause d'attribution contenue au cahier des charges.

1422.192 La faculté de surenchère appartient aux tiers et aux colicitants. Dès lors que les tiers ont été admis à participer à la licitation, la faculté de surenchère ne peut leur être refusée. En revanche, elle pourra être écartée par une clause du cahier des conditions de vente pour les indivi-

1. Req. 28 mars 1928, *DH* 1928. 287.
2. Civ. 2e, 14 nov. 2013, n° 12-13.064, NP.

saires[1]. En l'absence d'une telle clause toutefois, la Cour de cassation décidait, avant la réforme, que la procédure de surenchère était ouverte aux colicitants comme aux tiers[2].

A) Procédures engagées avant le 1er janvier 2007. Le délai pour former surenchère (dix jours) étant plus court que les délais ouverts aux divers titulaires de droits de préemption, ces derniers attendront généralement expiration du délai de surenchère avant de faire connaître leur intention de préempter. Si tel n'était pas le cas toutefois, la surenchère priverait d'effet les préemptions exercées.

B) Procédures engagées depuis le 1er janvier 2007. Le délai de surenchère avait été porté à quinze jours (Décr. 27 juill. 2006, art. 95), mais il a été ramené à dix jours par le décret n° 2006-1805 du 23 décembre 2006 (art. 9, 8°). Quoi qu'il en soit, les délais de préemption restent toujours plus longs (v. ss nos 1367.90 s.), et les titulaires de droits de préemption attendront toujours de savoir si une surenchère a été formée avant d'exercer leur droit.

1422.193 Effet d'une clause d'attribution. Cette clause vaut promesse d'attribuer l'immeuble au plus fort enchérisseur dans le partage définitif pour le montant de la dernière enchère (v. ss n° 1422.172). La question se pose de savoir si la faculté de former surenchère est maintenue. En effet, cette clause consacre l'engagement des coïndivisaires d'attribuer le bien licité à celui d'entre eux qui portera la plus forte enchère; cet engagement serait nécessairement remis en cause si le bien était vendu sur surenchère. On peut en déduire que la faculté de surenchère ne pourrait, dans ce cas, être exercée par les autres colicitants[3]; il a été, en tout état de cause, jugé que lorsque les tiers participent aux enchères, la clause d'attribution ne leur est pas opposable et ils conservent la faculté de surenchérir[4].

2°
Règles procédurales

1422.201 Avocat auteur de la surenchère. L'avocat qui a été adjudicataire pourra éventuellement former une surenchère au nom d'une autre personne. Les textes ne l'interdisent pas mais le règlement intérieur des barreaux (RIN) ne l'admet que dans l'hypothèse où le client initial de l'avocat lui donnera son accord (v. ss n° 1372.81).

1. Civ. 1re, 15 oct. 1963, *Bull. civ.* I, n° 432; *D.* 1964. 141.
2. Civ. 15 juin 1846, *DP* 1846. 1. 333.
3. EN CE SENS : *J.-Cl. Civ.*, *vis Vente*, art. 1686 à 1688; *Licitation*, n° 134, par Veaux.
4. Req. 15 juill. 1931, *DP* 1931. 1. 161, note Savatier – T. civ., Saint-Nazaire, 21 janv. 1949, *Gaz. Pal.* 1949. 1. 207; *RTD civ.* 1949, obs. Savatier.

1422.202 Formes et délais.

A) Procédures engagées avant le 1er janvier 2007. Il est renvoyé aux développements contenus au chapitre relatif à la procédure de saisie immobilière de droit commun, ancien régime (v. ss nos 1342.50 s.), en précisant toutefois que la déclaration de surenchère devra être dénoncée dans le délai de cinq jours aux avocats de l'adjudicataire et du poursuivant. Lorsque la licitation est réalisée devant notaire, le ministère d'avocat n'étant pas obligatoire, la déclaration sera dénoncée aux adjudicataires en personne[5].

B) Procédures engagées depuis le 1er janvier 2007 ou n'ayant pas encore donné lieu à cette date au dépôt du cahier des charges. Il est renvoyé aux développements contenus au chapitre relatif à la procédure de saisie immobilière de droit commun, nouveau régime (v. ss nos 1372.61 s.). La surenchère doit désormais être dénoncée au plus tard le troisième jour ouvrable suivant la déclaration de surenchère. Initialement, l'article 96 du décret de 2006 imposait une dénonce au poursuivant et à l'adjudicataire par acte d'huissier; le décret du 12 février 2009 a ajouté la faculté de dénoncer la surenchère par **acte d'avocat à avocat** au poursuivant, à l'adjudicataire et au débiteur saisi. Ce décret est d'application immédiate aux procédures en cours mais n'ayant pas d'effet rétroactif, il ne peut régulariser un acte de procédure déjà accompli avant son entrée en vigueur (ainsi, est irrecevable la surenchère signifiée en décembre 2007 au poursuivant et à l'adjudicataire, d'avocat à avocat par acte du palais[6]).

1422.203 Sanctions.

A) Procédures engagées avant le 1er janvier 2007. Le défaut de respect des formalités ou du délai prévu à l'article 973 ACPC peut-il entacher la déclaration de surenchère de nullité ou de déchéance ? L'article 715 ACPC, qui prévoit la sanction du défaut de respect des formalités et des délais, est inapplicable à la vente sur licitation. Si on se réfère à la jurisprudence développée en matière de saisie immobilière de droit commun à propos de l'irrespect des délais, la déchéance est encourue en l'absence de tout grief (v. ss n° 1331.173). En revanche, s'agissant des nullités, la démonstration d'un grief s'impose. En tout état de cause, le même raisonnement peut être tenu s'agissant des nullités de forme en application des dispositions des articles 114 et suivants C. pr. civ.[7] Mais la jurisprudence refuse d'appliquer la déchéance pour inobservation des

5. Req. 29 mars 1911, *DP* 1913. 1. 431.
6. Civ. 2e, 10 mars 2011, n° 09-71.695, NP.
7. Civ. 2e, 5 oct. 1988, n° 87-13.336, *Bull. civ.* II, n° 187; *D.* 1989. 255, note Prévault; *JCP N* 1989. Prat. 856; *Gaz. Pal.* 1989. 1. Somm. 161, note Véron.

délais en matière de partage judiciaire[1]; déchéance qui, dans le cadre de la procédure de saisie immobilière de droit commun, est constatée sans qu'il soit nécessaire de rapporter la preuve d'un grief.

B) Procédures engagées depuis le 1er janvier 2007. L'article 1279 C. pr. civ. renvoie aux dispositions des articles 94 à 99 du décret du 27 juillet 2006. La sanction du défaut de respect du délai de dix jours est donc l'irrecevabilité de la surenchère.

1422.204 Recours contre le jugement statuant sur la validité de la surenchère.

A) Procédures engagées avant le 1er janvier 2007. Ni l'article 973 ACPC ni l'article 1279 C. pr. civ. ne renvoyant aux dispositions de l'article 731 ACPC, il faut en déduire que, en matière de licitation, l'appel contre un jugement statuant sur la validité de la surenchère sera recevable[2].

B) Procédures engagées depuis le 1er janvier 2007. Les articles 94 à 99 du décret du 27 juillet 2006 (devenus C. pr. exéc., art. R. 322-50 à R. 322-55) sont silencieux sur les recours ouverts contre le jugement statuant sur la validité de la surenchère.

1422.205 Adjudication devant notaire. Lorsque l'adjudication a lieu devant notaire, le tribunal peut toujours, par jugement qui valide la surenchère, renvoyer la nouvelle adjudication devant le même notaire conformément aux dispositions de l'article 1279 C. pr. civ. (inchangées sur ce point par Décr. 27 juill. 2006). Et au jour indiqué pour l'adjudication, s'il ne se présente pas d'enchérisseur, le notaire pourra, à la réquisition du poursuivant, remettre la vente à un jour ultérieur[3].

3°
Effets de la surenchère

1422.211 Effets identiques à la procédure de saisie de droit commun (v. ss nos 1372.171 s.).

1422.212 « Surenchère sur enchère ne vaut ». L'article 1279 alinéa 3 C. pr. civ., dans sa rédaction d'origine, l'indiquait déjà : « *Lorsqu'une seconde adjudication a lieu après surenchère, aucune autre surenchère des mêmes biens ne peut avoir lieu* ». Cet alinéa est demeuré à l'identique, suite à la modification de l'article 1279 par le décret du 27 juillet 2006; il est désormais superfétatoire compte tenu du renvoi opéré par l'article 1279 C. pr. civ. aux articles 94 à 99 du décret du 27 juillet 2006 (devenus C. pr. exéc., art. R. 322-50 à R. 322-55). L'article 99 alinéa 3 du décret du 27 juillet 2006 (devenu C. pr. exéc., art. R. 322-55), en effet, dispose qu'« *aucune surenchère ne peut être reçue sur la seconde adjudication* ».

1. Civ. 2e, 5 oct. 1988, no 87-13.336 (préc. ss prést no) – Civ. 2e, 19 mai 2005, no 03-16.113, *Bull. civ.* II, no 129; *D.* 2005. 1451, à propos d'une contestation de validité de la surenchère non formée dans le délai de cinq jours de l'art. 710.
2. Paris, 31 mars 1954, *JCP* 1954. II. 8275.
3. Req. 19 juill. 1858, *DP* 1859. 1. 13.

C.
Réitération des enchères

1422.221 Application du droit commun de la saisie immobilière.

A) Procédures engagées avant le 1er janvier 2007. L'article 1278 C. pr. civ. déclare communes à la vente des biens des mineurs, à laquelle renvoie l'article 972 ACPC, les dispositions des articles 733 à 741-*b* et 742 ACPC. Ainsi, faute par l'adjudicataire d'exécuter les clauses de l'adjudication, l'immeuble sera revendu à sa folle enchère (v. ss nos 1343.05 s.).

B) Procédures engagées depuis le 1er janvier 2007. L'article 1278 C. pr. civ., dans sa rédaction issue de l'article 128 du décret du 27 juillet 2006, déclare communs au présent chapitre les articles 100 à 106 du décret du 27 juillet 2006 (devenus C. pr. exéc., art. R. 322-66 à R. 322-72). Ainsi, faute par l'adjudicataire de payer dans le délai prescrit le prix ou les frais, l'immeuble sera remis en vente aux conditions de la première vente forcée (v. ss nos 1373.00 s.).

1422.222 En présence d'une clause d'attribution. Avant la réforme, cette dernière semblait interdire de déclencher une procédure de folle enchère à l'encontre de l'attributaire puisque, en vertu de la clause, le paiement du prix est différé. Toutefois, la Cour de cassation avait admis que la procédure de folle enchère pouvait être engagée lorsque le cahier des charges en prévoyait expressément l'hypothèse, dans le cas où l'attributaire du bien ne respecterait pas les délais de paiement fixés par le cahier des charges ou se révélerait incapable de payer la soulte qui lui incombait[4]. La clause, prévoyant la remise en vente sur folle enchère dans ce cas, n'était jugée opposable qu'à la condition d'avoir été acceptée par tous les indivisaires[5].

Le même raisonnement devrait pouvoir être tenu pour les procédures ouvertes à compter du 1er janvier 2007.

4. Civ. 1re, 7 oct. 1981, no 80-12.799, *Bull. civ.* I, no 281; *RTD civ.* 1982. 778, obs. Patarin.
5. Civ. 1re, 15 oct. 1963, *Bull. civ.* I, no 432; *JCP* 1963. II. 13420, note J. A.; *D.* 1964. 141, note Ancel; *RTD civ.* 1964. 150, obs. Savatier.

CHAPITRE

1423. Effets de l'adjudication (ancien et nouveau régimes)

ANNE LEBORGNE
PROFESSEUR À L'UNIVERSITÉ D'AIX-MARSEILLE

SECTION 0 ORIENTEUR

1423.00 **Plan du chapitre.**

Division. On exposera les effets pour les parties (sect. 1) avant de préciser les suites de l'audience, à savoir la publication et les droits d'enregistrement (sect. 2).

SECTION 1 EFFETS POUR LES PARTIES

1423.10 **Division – Des ressemblances et des différences.** Que le bien soit adjugé lors de la première audience, sur surenchère ou revendu sur folle enchère, les effets sont, pour l'adjudicataire, identiques à ceux produits dans le cadre de la procédure de saisie immobilière de droit commun. Pour le créancier et les colicitants, en revanche, certaines différences sont à noter.

§ 1 Effets pour l'adjudicataire

1423.11 **Transfert de propriété.** Pour l'adjudicataire, l'adjudication emporte paiement du prix et des accessoires et libération des lieux par l'occupant. La situation n'est toutefois peut-être pas la même que lorsque la procédure est dirigée contre le débiteur puisqu'il s'agit d'un immeuble en indivision qui peut être habité par un des indivisaires ou un tiers; doit-on considérer tout indivisaire comme un vendeur tenu à l'obligation d'éviction et contre lequel ne pourrait pas être prononcée une astreinte s'il se maintenait dans les lieux ou le traiter comme un tiers ? La question ne semble pas avoir donné lieu à jurisprudence publiée.

1423.12 **Rescision pour lésion.** « *Elle n'a pas lieu en toutes ventes qui, d'après la loi, ne peuvent être faites que d'autorité de justice* » (C. civ., art. 1684).

La formule se révèle ici imprécise : est-ce qu'une licitation-partage à la requête d'un créancier est bien une vente qui ne peut être faite « *que d'autorité de justice* » ?

Il avait été jugé que la vente d'un bien d'un débiteur en règlement judiciaire à la requête d'un créancier n'était pas une vente qui ne pouvait être faite que d'autorité de justice car s'il s'agissait bien d'une vente après autorisation de justice : elle pouvait être effectuée autrement qu'en justice[1]. N'est-ce pas la même situation en matière de licitation-partage ? Lorsque le créancier assigne en licitation, les juges ont le choix de faire liciter par notaire ou à la barre du tribunal. Cette faculté ne signifie-t-elle pas alors qu'il ne s'agirait pas d'une vente qui ne peut être faite « *que d'autorité de justice* » ? Sans doute pas, car lorsque la licitation est réalisée par devant notaire à la demande du tribunal, il faut considérer que l'officier ministériel agit comme délégué du tribunal (à propos de la conversion en vente volontaire, v. s[s] n° 1324.36).

La question est en outre compliquée parce que la jurisprudence opère une distinction selon que la vente sur licitation est imposée par le désaccord persistant des colicitants ou que les parties choisissent de vendre volontairement selon cette procédure; dans le premier cas seulement, les dispositions de

1. Com. 8 juill. 1980, n° 77-13.164, *Bull. civ.* IV, n° 290.

l'article 1684 seraient applicables[1]. La raison en étant qu'il ne pourrait y avoir de lésion dans une licitation faite sous contrôle du juge lorsque les enchères sont ouvertes aux tiers; le juste prix est garanti par les modalités de la vente[2].

L'action en rescision serait en revanche applicable aux ventes volontairement faites en justice, c'est-à-dire aux enchères par la voie d'une adjudication amiable[3].

1423.13 Vices cachés. La question se présente encore différemment, en apparence, pour la garantie des vices cachés. Elle est en effet exclue pour les ventes « *faites par autorité de justice* » (C. civ., art. 1649). Il n'est plus ici fait allusion à une vente qui ne serait faite « *d'après la loi que d'autorité de justice* », comme à l'article 1684 du Code civil; cette garantie semblerait donc nécessairement exclue lorsque la licitation a lieu à la barre du tribunal et devant notaire, agissant comme délégué du tribunal (v. toutefois un arrêt par lequel un promoteur fut condamné à délivrer une chose exempte de vices, dans le cadre d'une vente qualifiée de forcée par les magistrats[4]).

Cette disposition permet d'éviter l'action rédhibitoire, qui devrait conduire à choisir entre rendre la chose ou se faire restituer une partie du prix, hypothèses difficilement compatibles avec une vente forcée.

§ 2
Effets de l'adjudication pour le créancier

1423.21 Absence de purge. La vente sur licitation ne purge pas les hypothèques et la distribution, de fait en application de l'article R. 331-3 C. pr. exéc.[5]. Il faut cependant distinguer le créancier d'un indivisaire et les créanciers de l'indivision.

1423.22 Créancier d'un indivisaire. Ici, il faut encore distinguer selon que le bien est attribué ou non à son débiteur.

Dans la négative, l'adjudication résout le droit hypothécaire; l'hypothèque n'étant que conditionnelle, la question s'était posée de savoir si le créancier bénéficiait alors d'un droit de préférence sur la quote-part du prix ou la soulte pouvant échoir à cet indivisaire. Depuis 1888, il est établi que l'anéantissement dû à l'effet déclaratif du partage vaut non seulement à l'égard des copartageants mais aussi de leurs créanciers; de sorte que, si le bien hypothéqué par un indivisaire fait l'objet d'une licitation à un coïndivisaire et que le constituant a droit à une partie du prix, ses créanciers hypothécaires ne pourront se prévaloir de la moindre préférence sur cette portion; ils seront en concours avec les créanciers chirographaires[6].

Si le débiteur est attributaire seul du bien, l'inscription d'hypothèque est consolidée et son assiette va porter sur l'intégralité du bien. La vente sur licitation ne purgeant pas les hypothèques et l'éventuelle soulte payée par l'attributaire aux autres colicitants n'intéressant pas son créancier personnel, celui-ci devra procéder suivant les dispositions du droit commun et, le cas échéant, engager une saisie immobilière à l'encontre de son débiteur.

1423.23 Créanciers de l'indivision. L'adjudicataire, qu'il s'agisse d'un colicitant ou d'un tiers, devra procéder à la purge de l'immeuble, à moins que le prix ne suffise à désintéresser les créanciers inscrits. À défaut, ces derniers pourraient utilement provoquer la revente du bien suivant la procédure à tiers détenteur ou de saisie immobilière si le bien a été adjugé à l'un des colicitants débiteur solidaire.

§ 3
Effets pour les colicitants

1423.31 Vente ou partage. Ici, il faut distinguer selon que la personne qui est déclarée adjudicataire est un tiers ou un colicitant. La licitation n'aura pas les mêmes effets, valant partage au profit de l'indivisaire et vente au profit du tiers dans les rapports entre indivisaire/vendeur et adjudicataire/acheteur[7]. La solution est étendue à l'hypothèse où l'adjudication a été prononcée au profit conjoint d'un indivisaire et d'un tiers : la licitation vaut vente à l'égard du tiers adjudicataire et est considérée comme une opération préliminaire de partage dans les rapports entre l'indivisaire/adjudicataire et les autres indivisaires[8].

1423.32 Lorsque l'adjudicataire est un coïndivisaire. L'adjudication produit l'effet d'un partage entre les parties à l'indivision et s'il avait été prévu une clause d'attribution, le partage définitif étant différé, une action en rescision pour lésion de plus du quart pourrait être introduite à l'issue du par-

1. Civ. 1re, 25 avr. 1984, n° 82-16.052, *Bull. civ.* I, n° 135; *Defrénois* 1985, art. 33600, p. 1150.
2. Civ. 1re, 17 déc. 1956, *Bull. civ.* I, n° 465; *D.* 1957. 281, note Lenoan; *JCP* 1957. II. 9890, note Ponsard; *RTD civ.* 1957. 370, obs. Savatier.
3. Paris, 23 mai 1979, *Juris-Data* n° 000260.
4. Civ. 3e, 21 nov. 1990, n° 89-13.775, *Bull. civ.* III, n° 242.
5. Décr. n° 2012-783, 30 mai 2012, relatif à la partie réglementaire du Code des procédures civiles d'exécution, *JO* 31 mai, p. 9375.
6. Req. 16 avr. 1888, *DP* 1888. 1. 249.
7. Ch. réunies 5 déc. 1907, *DP* 1908. 1. 113.
8. Civ. 23 juill. 1912, *DP* 1914. 1. 30.

tage[1]. Dans les rapports du coïndivisaire avec les tiers, l'adjudication emporte également des effets différents pour le créancier qui était à l'origine de la licitation-partage : si son débiteur devient adjudicataire, les sûretés qui lui auraient été consenties sur les biens sont consolidées; en revanche, les droits constitués sur le bien par un indivisaire qui n'en devient pas adjudicataire lors de la licitation sont rétroactivement anéantis[2].

1423.33 **Adjudication à un tiers.** Lorsque le bien est adjugé à un tiers étranger à l'indivision, elle constitue donc une vente des indivisaires à l'égard de l'adjudicataire. Le coïndivisaire dont le créancier a assigné en licitation-partage est donc susceptible de recueillir à l'issue de l'homologation de l'état liquidatif sa part dans le partage. La jurisprudence décide que, le prix de l'adjudication remplaçant l'immeuble au sein de la masse partageable, par subrogation réelle, c'est la distribution du prix entre les indivisaires qui réalisera le partage[3] et le droit de préférence se reporte sur la quote-part du prix d'adjudication.

Doit-on, pour déterminer le taux du ressort, ajouter au montant de la contestation principale, celui de la demande reconventionnelle ? Il semble que non (arrêts anciens[4]); la recevabilité dépend uniquement du montant contesté dans le contredit.

Le taux du dernier ressort, étant celui du tribunal de grande instance (l'article L. 311-12 du COJ [ancien][5] énonce en effet que les saisies immobilières sont de sa compétence exclusive), est passé de 13 000 francs (montant antérieur) à 25 000 francs puis à 3 800 euros et 4 000 euros (COJ [ancien], art. R. 311-2[6]).

SECTION 2

PUBLICATION ET DROITS D'ENREGISTREMENT

1423.41 **Publication du titre de vente.** La licitation emporte transfert de propriété. Elle est donc soumise au même régime que les ventes ordinaires. Lorsque la licitation s'effectue à l'audience, elle donne lieu à un jugement qui doit être présenté à l'enregistrement et à la publicité foncière.

1423.42 **Droits d'enregistrement et taxe de publicité foncière.** L'article 750 du Code général des impôts expose le régime fiscal des licitations. Ainsi, les parts et portions indivises de biens immeubles acquises par licitation sont assujetties à l'impôt aux taux prévus pour les ventes des mêmes biens. Toutefois, les licitations de biens immobiliers dépendant d'une succession ou d'une communauté conjugale sont assujettis à un droit d'enregistrement ou à une taxe foncière de 2,50 % lorsqu'elles interviennent au profit de membres originaires de l'indivision, de leur conjoint, de leurs ascendants ou descendants ou des ayants droit à titre universel de l'un ou de plusieurs d'entre eux. Il en est de même des licitations portant sur des biens indivis issus d'une donation-partage et des licitations portant sur des biens indivis acquis par des partenaires ayant conclu un pacte civil de solidarité ou par des époux avant ou pendant le pacte ou le mariage[7].

1. Civ. 1re, 4 janv. 1979, n° 78-10.481, *Bull. civ.* I, n° 7 – Civ. 1re, 21 févr. 1978, n° 76-10.096, *Bull. civ.* I, n° 70 – Sur la prescription de l'action en rescision pour lésion de l'art. 1304 C. civ., v. Aix-en-Provence, 8 avr. 1987, *JCP* 1988. 21022, note Henderycksen – Sur pourvoi, Civ. 1re, 21 févr. 1989, n° 87-16.287, *Bull. civ.* I, n° 89; *JCP* 1989. II. 21340, note Simler.
2. Civ. 1re, 26 avr. 1955, *Bull. civ.* I, n° 171 – Civ. 3e, 7 mai 1986, n° 84-16.950, *Bull. civ.* III, n° 66; *JCP* 1987. II. 20737, note Dagot.
3. Req. 22 févr. 1881, *DP* 1881. 1. 409 – Civ. 18 juin 1900, *DP* 1906. 1. 41, note Colin.
4. NOT. : Civ. 30 juin 1863, *DP* 1863. 1. 217.
5. Art. abr. par Ord. n° 2006-673, 8 juin 2006 – COMP. : COJ [nouveau], art. L. 213-5.
6. Mod. par Décr. n° 98-1231, 28 déc. 1998 et Décr. n° 2001-373, 27 avr. 2001.
7. V. S. Bérard, « La fiscalité des licitations et des reventes après la licitation », *JCP N* 2012. 1378.

LIVRE

15. LES PROCÉDURES DE DISTRIBUTION DES DENIERS

SECTION 0

ORIENTEUR

1500.00 **Plan du livre.**

1500.03 **Bibliographie indicative.**

Actualisables. Rép. pr. civ., *v^is Distribution des deniers (meubles, aéronefs, bateaux, navires)*, par R. Martin et M. Douchy-Oudot, juin 2010; *Ordre entre créanciers*, par J.-J. Bourdillat, mars 2003 [màj janv. 2012]; *Saisie immobilière*, par S. Piedelièvre et F. Guerchoun, déc. 2013 – *J.-Cl. Pr. civ., v° Distribution des deniers,* fasc. 2480, par N. Fricero.

Ouvrages. G. Couchez, *Voies d'exécution*, 9e éd., Sirey, 2007 – C. Croze et H. Laporte, *Guide pratique de la saisie immobilière*, 2e éd., Litec, 2010 – M. Donnier, *Voies d'exécution et procédures de distribution*, 8e éd., « Manuel », LexisNexis/Litec, 2009 – P. Hoonakker, *Procédures civiles d'exécution*, 3e éd., « Paradigme », Larcier, 2014 – P. Julien et G. Taormina, *Voies d'exécution et procédures de distribution*, 2e éd., « Manuel », LGDJ, 2010 – A. Leborgne, *Droit de l'exécution*, 2e éd., « Précis », Dalloz, 2014, nos 2553 s. – R. Lauba, *Le contentieux de l'exécution*, LexisNexis/ENM, 2014 – P.-M. Le Corre, Dalloz action *Droit et pratique des procédures collectives*, 2015/2016 – R. Perrot et P. Théry, *Procédures civiles d'exécution*, 3e éd., Dalloz, 2013, p. 644-648, nos 751-763 – J. Vincent et J. Prévault, *Voies d'exécution et procédures de distribution*, 19e éd., « Précis », Dalloz, 1999.

Traité. Glasson, Tissier et Morel, *Traité théorique et pratique de procédure civile.*

TITRE

151. La distribution des deniers provenant d'une saisie immobilière

SECTION 0 ORIENTEUR

1510.00 Plan du titre.

Division. Après avoir présenté à grands traits la procédure de distribution faisant suite à une saisie immobilière (chap. 1511), la procédure de distribution du prix sera examinée en détail (chap. 1512 et 1513).

CHAPITRE

1511. Présentation de la procédure de distribution de prix

LISE LEROY-GISSINGER
CONSEILLER À LA COUR D'APPEL
D'AIX-EN-PROVENCE

SECTION 0
ORIENTEUR

1511.00 Plan du chapitre.

1511.01 Textes applicables.
C. pr. exéc., art. L. 331-1 à L. 334-1 et R. 331-1 à R. 334-3.
ACPC, art. 749 à 779, abrogé par Ord. n° 2006-461, 21 avr. 2006, réformant la saisie immobilière, *JO* 22 avr., p. 6072.

1511.03 Bibliographie indicative.
Actualisables. *J.-Cl. Voies d'ex.*, *v° Distribution du prix de vente d'un immeuble*, fasc. 1417, par L. Llahi – *J-Cl. Pr. civ.*, *v° Distribution du prix de vente des immeubles*, fasc. 2485, par L. Llahi – *Lamy Droit de l'exécution forcée*, mars 2011, études 525 et 526, par P.-A. Mérand.
* V. aussi bibliographie indicative s^s n° 1500.03.

SECTION 1
RAPPEL HISTORIQUE : DE L'ORDRE À LA DISTRIBUTION DE PRIX

1511.11 Notion d'ordre. Le terme *ordo*, venu du latin au XIIe siècle, francisé en *ordre*, signifiant organisation, structure, a pris par extension, le sens d'arrangement raisonné, de classement, de hiérarchie, de subordination. La procédure d'ordre avait pour finalité de répartir le prix de vente de l'immeuble vendu aux enchères publiques, en assignant à chaque créance le rang découlant des droits de préférence reconnus par la loi aux privilèges et hypothèques.

1511.12 Domaine de l'ordre. Jusqu'à l'ordonnance n° 2006-461 du 21 avril 2006, **la procédure** d'ordre était régie par des dispositions non abrogées de l'ancien Code de procédure civile (titre XIV : ACPC, art. 749 s.) et concernait la distribution du prix d'adjudication, en cas de vente forcée sur saisie immobilière, portant aussi bien sur des immeubles que sur des droits réels principaux à caractère immobilier (usufruit, nue-propriété, emphytéose, bail à construction, droit de superficie). En matière de meubles ou de droits à caractère mobilier, la procédure de répartition était appelée « *distribution par contribution* ». L'ouverture de l'ordre n'était pas réservée aux saisies; elle pouvait avoir lieu sur l'initiative du propriétaire (vente amiable), ou en exécution d'une décision de justice (c'est-à-dire licitation dans le cadre d'un partage de succession), ou à la suite d'une décision prononçant la liquidation judiciaire (réalisation de l'actif, sur l'initiative du liquidateur). La réforme la plus importante avait été apportée par une loi du 4 mars 1941, validée par l'ordonnance n° 45-2280 du 9 octobre 1945[1], qui avait institué, dans chaque juridiction, « *un ou plusieurs juges aux ordres, spécialement chargés du règlement des ordres* », désignés par ordonnance du premier président « *pour une durée d'un an au moins et trois ans au plus* ». Il existait donc un service permanent au sein des tribunaux de grande instance, composé de juges et de greffiers.

1511.13 Réforme des autres procédures de distribution. Les procédures de distribution de deniers ont été « *déjuridictionnalisées* » et adaptées à notre

1. Ord. n° 45-2280, 9 oct. 1945, portant validation de textes de l'autorité de fait, émanant du ministère de la Justice, *JO* 10 oct., p. 6375.

époque, en ce qui concerne les fonds provenant des ventes forcées mobilières, par la loi n° 91-650 du 9 juillet 1991 [1] et le décret d'application n° 92-755 du 31 juillet 1992 [2], modifié par le décret n° 96-1130 du 18 décembre 1996 [3], et, en dehors de toute procédure d'exécution, par le décret n° 96-740 du 14 août 1996 [4] (C. pr. civ., art. 1281-1 à 1281-12).

Ces réformes ont limité l'intervention du juge au seul cas où le projet de répartition est contesté.

1511.14 Réforme de l'ordre. Il existait un consensus général en faveur d'une réforme de la procédure d'ordre, mais le caractère immobilier de l'ordre imposait de coordonner la refonte de cette procédure avec la mise à jour de la publicité foncière et la modernisation de la saisie immobilière, ce qui a donné lieu à des difficultés, ou tout du moins à des discussions.

SECTION 2
RÉFORME DU 21 AVRIL 2006

1511.21 Ordonnance du 21 avril 2006. La procédure de saisie immobilière a finalement été réformée par l'ordonnance n° 2006-461 du 21 avril 2006 et le décret n° 2006-936 du 27 juillet 2006 [5], complété par le décret n° 2009-160 du 12 février 2009 [6].

Cette réforme d'ensemble inclut la refonte de la procédure de distribution du prix de la vente du bien saisi. Ces textes qui avaient été codifiés au Code civil, pour ceux de nature législative (titre XIX du livre III intitulé « De la saisie et de la distribution du prix de vente d'un immeuble » comprenant trois articles consacrés à la distribution : articles 2214, 2215 et 2216 du Code civil) sont désormais codifiés au Code des procédures civiles d'exécution, depuis l'entrée en vigueur le 1er juin 2012 de ce code, résultant de l'ordonnance n° 2011-1895 du 19 décembre 2011 : articles L. 311-1 et suivants et R. 311-1 et suivants, les règles relatives à la distribution se trouvant aux articles L. 331-1 et suivants et R. 331-1 et suivants (v. ss nos 1360.11 à 1373.195). Cette réforme a supprimé la notion d'« ordre » pour n'utiliser que les termes de distribution et de répartition. De même le « juge aux ordres » a disparu au profit du juge de l'exécution, celui-ci devenant le seul juge ayant compétence pour connaître des procédures civiles d'exécution (sous réserve d'exceptions résiduelles), la saisie immobilière rentrant ainsi, sous cet aspect, dans le droit commun des procédures civiles d'exécution.

Le décret n° 2009-160 du 12 février 2009 a apporté quelques retouches à la réforme, y compris en ce qui concerne la procédure de distribution des deniers, notamment en supprimant « l'état ordonné des créances » que le créancier poursuivant était tenu d'élaborer en cours de procédure de saisie [7].

1511.22 Application de la loi dans le temps. L'article 168 du décret n° 2006-936 du 27 juillet 2006 prévoit les dispositions de droit transitoire.

Le décret est entré en vigueur le 1er janvier 2007. Toutefois cette entrée en vigueur n'est pas immédiate et trois réserves sont posées par le texte :

– il n'est pas applicable aux procédures de saisies immobilières ayant donné lieu, avant son entrée en vigueur, au dépôt du cahier des charges prévu à l'article 688 ACPC;

– il n'est pas applicable aux procédures de distribution du prix de vente de l'immeuble lorsque, quelle que soit la date de l'adjudication, il a été requis l'ouverture de l'ordre, au sens de l'article 750 ACPC, avant le 1er janvier 2007;

– il n'est pas applicable aux procédures collectives ouvertes avant le 1er janvier 2006, ni aux ventes d'immeubles et aux procédures subséquentes de distribution de prix, lorsque ces ventes ont été ordonnées avant l'entrée en vigueur du décret du 27 juillet 2006 au cours d'une procédure collective ouverte après le 1er janvier 2006.

En toute hypothèse, les actes régulièrement accomplis sous l'empire de la réglementation applicable avant l'entrée en vigueur du décret restent valables. Il n'est pas nécessaire pour les parties de recommencer une procédure de saisie immobilière

1. L. n° 91-650, 9 juill. 1991, portant réforme des procédures civiles d'exécution, *JO* 14 juill., p. 9228.
2. Décr. n° 92-755, 31 juill. 1992, instituant des nouvelles règles relatives aux procédures civiles d'exécution pour l'application de la loi n° 91-650 du 9 juillet 1991 portant réforme des procédures civiles d'exécution, *JO* 5 août, p. 10530.
3. Décr. n° 96-1130, 18 déc. 1996, instituant de nouvelles règles relatives aux procédures civiles d'exécution pour l'application de la loi n° 91-650 du 9 juillet 1991 portant réforme des procédures civiles d'exécution, *JO* 26 déc., p. 19120.
4. Décr. n° 96-740, 14 août 1996, instituant une procédure de distribution des deniers en dehors de toute procédure d'exécution et modifiant le Code de l'organisation judiciaire et le Nouveau Code de procédure civile, *JO* 23 août, p. 12679.
5. Décr. n° 2006-936, 27 juill. 2006, relatif aux procédures de saisie immobilière et de distribution du prix d'un immeuble, *JO* 29 juill., p. 11316.
6. Décr. n° 2009-160, 12 fév. 2009, pris pour l'application de l'ordonnance n° 2008-1345 du 18 décembre 2008 portant réforme du droit des entreprises en difficulté et modifiant les procédures de saisie immobilière et de distribution du prix d'un immeuble, *JO* 13 févr., p. 2596.
7. Pour une présentation de ce décret, v. A. Leborgne, *Dr. et proc.* 2009, n° 3, p. 128 – C. Laporte, *Procédures* 2009. Alerte 17.

ou de distribution par ordre accomplie en conformité avec les anciens textes.

Le décret du 12 février 2009, selon son article 155, est entré en vigueur le 1er mars 2009 et est applicable « *aux procédures en cours sous les réserves suivantes :*

1° Les actes régulièrement accomplis avant cette date restent valables;

2° La durée des délais en cours à cette date n'est pas modifiée;

3° Les appels formés contre les décisions notifiées avant cette date demeurent soumis aux règles de la procédure ordinaire devant la cour d'appel ».

1511.23 Coexistence de deux régimes. Sachant qu'une procédure d'ordre dure en moyenne dix-huit à vingt mois, les dernières procédures ouvertes sous l'ancien régime sont désormais parvenues à leur terme. C'est pourquoi nous avons choisi de ne présenter que le nouveau régime (chap. 1512 et 1513).

CHAPITRE

1512. Distribution du prix : généralités

Lise LEROY-GISSINGER
Conseiller à la cour d'appel d'Aix-en-Provence

SECTION 0
Orienteur

1512.00 **Plan du chapitre.**

1512.01 **Textes applicables.**

C. civ., art. 2374 et 2375.

C. pr. civ., art. 121.

C. pr. exéc., art. L. 251-1, L. 311-1, L. 321-6, L. 322-4, L. 322-11, L. 322-12, L. 331-1, L. 331-2, R. 121-21, R. 311-4 s., R. 321-3, R. 322-7, R. 322-13, R. 322-18, R. 322-21 à R. 322-24, R. 322-41, R. 322-56 à R. 322-58, R. 331-1 à R. 331-3, R. 332-1 s. et R. 334-1 s.

1512.03 **Bibliographie indicative.** V. bibliographie indicative s^s n° 1500.03.

SECTION 1
Introduction

§ 1
Définition

1512.11 **Distribution dans le cadre d'une procédure d'exécution.** Depuis la réforme issue de l'ordonnance n° *2006-461* du *21* avril *2006* réformant la saisie immobilière[1], la procédure de saisie immobilière est définie comme tendant à « *la vente forcée de l'immeuble du débiteur ou, le cas échéant, du tiers détenteur en vue de la distribution de son prix* » (C. pr. exéc., art. L. 311-1). Ni le Code civil ni le Code des procédures civiles d'exécution ne contient de définition de la notion de distribution. En termes simples, il peut être dit qu'elle consiste, après vente forcée du bien ou des droits immobiliers aux enchères ou à l'amiable, à répartir le produit de la vente entre les créanciers pouvant prétendre à cette répartition, qu'il y en ait un ou plusieurs.

1512.12 **Distribution hors procédure d'exécution.** La procédure prévue par le Code des procédures civiles d'exécution s'applique également, sauf dispositions contraires, à la répartition entre créanciers du prix d'un immeuble vendu en dehors de toute procédure d'exécution, après purge des inscriptions. Mais dans ce cas, la procédure, qui sort du champ de ce titre, se déroule devant le tribunal de grande instance (C. pr. exéc., art. R. 331-3).

Selon ses rédacteurs, le décret du 27 juillet 2006, a eu pour objet de réorganiser en profondeur la distribution à l'effet d'en accélérer et d'en simplifier le processus en favorisant le règlement amiable[2].

§ 2
Nature et caractéristiques de la procédure de distribution

1512.21 **Une phase de la procédure de saisie immobilière.** Les auteurs de la réforme de la saisie immobilière qui ont cherché, notamment, à moderniser et accélérer cette procédure, ont conçu la distribution du prix de la vente comme une phase de la

1. Ord. n° 2006-461, 21 avr. 2006, réformant la saisie immobilière, *JO* 22 avr., p. 6072.
2. Circ. min. Justice n° CIV/17/06, 14 nov. 2006, relative à la réforme de la saisie immobilière, JUS C 06 20 848 C.

procédure de vente sur saisie, celle-ci étant un *continuum* s'étendant de la délivrance du commandement de payer valant saisie à la répartition du produit de la vente entre les créanciers. Ce point a été le premier à être clarifié par la Cour de cassation après l'entrée en vigueur de la réforme, puisqu'elle a été saisie d'une demande d'avis le 10 janvier 2008, émanant du juge de l'exécution (JEX) du tribunal de grande instance de Nanterre lui demandant, notamment, si la procédure de distribution se concevait comme une phase de la procédure de saisie immobilière. Par son avis de du 16 mai 2008, la Haute juridiction a répondu clairement que « *la saisie immobilière et la distribution du prix constituent les deux phases d'une même procédure* »[1].

Cette conception de la distribution comme n'étant pas une procédure autonome, mais comme faisant partie de la procédure de saisie, présente le très grand mérite de la clarté et de la simplicité. Elle emporte des conséquences de fond et de procédure.

1512.22 **Conséquences de fond.** Ainsi, alors que la phase de distribution ne débutait, selon l'ancienne législation, qu'après l'adjudication, elle commence dorénavant dès la phase préparatoire de la vente et est imbriquée dans la procédure de saisie immobilière avant adjudication. En effet, les créanciers qui sont inscrits au moment de la publication du commandement valant saisie doivent déclarer leur créance dans les deux mois de la dénonciation de ce commandement qui comporte sommation de déclarer. Faute de le faire, ils sont déchus de leur sûreté pour la distribution du prix de vente de l'immeuble (C. pr. exéc., art. L. 331-2). S'agissant des créanciers inscrits après la publication du commandement mais avant celle de la vente, seuls ceux qui seront intervenus à la procédure en déclarant leur créance au greffe du JEX dans le mois de l'inscription pourront participer à la distribution (C. pr. exéc., art. L. 331-1). La participation à la distribution dépend donc d'initiatives prises par les créanciers dès la phase antérieure à la vente du bien (sous réserve de la possibilité ouverte par l'article R. 332-2 *in fine* C. pr. exéc. qui sera examinée plus loin). Cette conception de la procédure d'exécution immobilière est de nature à accélérer son dénouement et la rend plus efficiente (sur la déclaration de créance, v. s^s^ n°s 1363.251 s.).

1512.23 **Conséquences procédurales.** Le rattachement de la phase de distribution à la procédure de saisie elle-même a, par ailleurs, l'avantage de la simplicité au regard de la procédure applicable. Ainsi, diverses questions de procédure se trouvent réglées, par application des dispositions énoncées à la section II du livre III du Code des procédures civiles d'exécution régissant la procédure de saisie immobilière (C. pr. exéc., art. R. 311-4 s.).

• **La représentation des parties :** la représentation par un avocat constitué au barreau devant lequel se déroule la vente est obligatoire pour tous les actes afférents à la distribution, à la déclaration de créance, à la contestation de la validité des créances déclarées[2]. La phase de distribution, comme celle antérieure à la vente, échappe donc à l'exception de multipostulation qui permet aux avocats des barreaux de Paris, Bobigny, Nanterre et Créteil de postuler dans n'importe lequel de ces barreaux.

• **Les sanctions des vices affectant la phase de distribution :** les règles régissant la nullité des actes de la procédure de saisie immobilière s'appliquent aux actes de la procédure de distribution (C. pr. exéc., art. R. 311-10). Ainsi, la nullité n'est encourue, s'agissant des vices de forme, qu'au cas où l'irrégularité a causé un grief et est régularisable dans les conditions de l'article 121 C. pr. civ.[3].

• **Les contestations et demandes incidentes :** lorsqu'elles ont trait à des actes antérieurs à l'audience d'orientation, les contestations doivent être soulevées à l'occasion de celle-ci, à peine d'irrecevabilité (C. pr. exéc., art. R. 311-5). La Cour de cassation a précisé dans l'avis du 16 mai 2008, précité, que « *le juge de l'exécution est tenu de trancher les contestations relatives à la validité des déclarations de créance soulevées au cours de l'audience d'orientation* ». Toute contestation qui aurait dû être faite avant l'audience d'orientation ou dans les quinze jours de la notification de l'acte sera donc irrecevable au stade de la distribution.

• **Forme des contestations :** l'article R. 311-6 C. pr. exéc. qui prévoit que les contestations ou demandes incidentes doivent être formées par le dépôt au greffe de conclusions signées d'un avocat s'applique en ce qui concerne la phase de déclaration de créance et de distribution, sauf disposition contraire[4].

• **Voies de recours :** sauf disposition contraire, les jugements rendus en la matière sont susceptibles d'appel dans les quinze jours de leur notification (application de C. pr. exéc., art. R. 311-7). Cepen-

1. Cass. avis, 16 mai 2008, n° 08-00.002, *Bull. avis*, n° 3 (le rapport et l'avis de l'avocat général sont accessibles sur le site Internet de la Cour de cassation); A. Leborgne, « Deux ans de saisie immobilière », *Procédures* 2009. Chron. 1.

2. Cass. avis, 16 mai 2008, n° 08-00.002, préc. s^s^ n° 1512.21 – Confirmé par Civ. 2e, 5 mai 2011, n° 10-14.066, *Bull. civ.* II, n° 105; *D.* 2011. 1357; A. Leborgne, « Panorama du droit de l'exécution », *D.* 2012. 1509; *Procédures* 2011. Comm. 223, obs. Perrot; *RTD civ.* 2011. 585, obs. Théry.

3. Civ 2e, 5 mai 2011, n° 10-14.066, préc. s^s^ prés^t^ n°; *RTD civ.* 2011. 585, obs. Théry.

4. Il existe des dispositions contraires en matière de distribution amiable à l'art. R. 332-9 C. pr. exéc.

dant, nous verrons que, contrairement à la règle selon laquelle l'appel des décisions du JEX n'est pas suspensif (C. pr. exéc., art. R. 121-21), l'appel du jugement rendu par le JEX en matière de distribution judiciaire est suspensif (C. pr. exéc., art. R. 333-3) et qu'au stade de la distribution le JEX peut être amené à rendre non seulement des jugements, mais aussi des ordonnances (v. ss nos 1513.63 s.).

1512.24 **Une procédure déjudiciarisée.** Davantage que sous l'empire des anciens textes régissant la procédure d'ordre, la procédure de distribution est avant tout entre les mains, non d'un juge, mais du créancier poursuivant qui a en charge la distribution des deniers. Ce faisant, la procédure de distribution en matière de saisie immobilière se rapproche de la procédure de distribution de deniers résultant du décret n° 92-755 du 31 juillet 1992[1] (codifié au C. pr. exéc., art. L. 251-1 et R. 251-1 à R. 251-11; v. ss nos 152.00 s.), qui a réformé la distribution de deniers résultant d'une procédure de saisie mobilière et du décret n° 96-740 du 14 août 1996 relatif à la distribution de deniers en dehors de toute procédure d'exécution[2] (C. pr. civ., art. 1281-1 s.; v. ss nos 154.00 s.)

En premier lieu, il faut noter que lorsque le créancier poursuivant est le seul créancier, la procédure de distribution est totalement déjudiciarisée. En second lieu, alors que dans l'ancienne procédure d'ordre, le juge aux ordres procédait à l'élaboration du projet de répartition (« ordre amiable ») contre lequel il pouvait être formé une contestation (appelée « contredit »), c'est aujourd'hui le créancier poursuivant qui élabore un projet de répartition. Ce n'est que pour donner force exécutoire au projet de répartition dressé par celui-ci que le JEX intervient, avec des pouvoirs limités. Le juge ne joue un rôle véritablement actif que dans le cas où le poursuivant n'aura pu recueillir l'accord de tous les créanciers sur le projet qu'il a élaboré, ou en cas de défaillance de la partie poursuivante.

Afin de poursuivre l'objectif de célérité de la procédure de saisie immobilière, la phase de distribution, comme celle de vente, est marquée par l'existence de délais souvent sanctionnés, ce qui marque la limite de la déjudiciarisation, la réforme ayant donné aux personnes intéressées à la distribution les moyens de s'assurer qu'elle ne s'éternisait pas. Le texte réglementaire initial, qui avait prévu à plusieurs occasions des délais qui se sont révélés trop brefs, a d'ailleurs dû être modifié par le décret du 12 février 2009, dans le sens d'un allongement de nombre d'entre eux afin de tenir compte de certaines contraintes incontournables (not. les délais prévus aux articles R. 332-2 et R. 332-6 C. pr. exéc.).

La volonté de célérité des réformateurs de la saisie se retrouve également dans le fait que, six mois après le versement du prix de vente ou sa consignation, le débiteur saisi est considéré comme ayant payé sa dette, de sorte que les créances des créanciers inscrits cessent de produire intérêts. En effet, selon les articles L. 334-1 et R. 334-3 C. pr. exéc., si la distribution du prix n'est pas intervenue dans un délai de six mois, son versement ou sa consignation auprès de la Caisse des dépôts et consignations par l'acquéreur produit à l'égard du débiteur tous les effets d'un paiement à hauteur de la part du prix de vente qui sera remise aux créanciers après la distribution. Il s'agit là d'une incitation forte à parvenir, dans ce délai, à la distribution des deniers.

Ce souci de célérité se trouve enfin dans la possibilité ouverte à « la partie la plus diligente » ou « toute partie au projet de distribution » ou à « toute partie intéressée » de saisir le JEX lorsque la partie poursuivant la distribution ne fait pas diligence (v. C. pr. exéc., art. R. 332-6, R. 332-8 et R. 332-1, al. 2).

SECTION 2
DISPOSITIONS GÉNÉRALES

1512.30 **Présentation.** Ainsi qu'il a été précisé, la distribution consiste à répartir les deniers issus de la vente entre des créanciers, selon des modalités définies. L'examen de cette procédure conduit à définir ce qui sera réparti, entre qui et comment.

§ 1
Qui peut participer à la distribution ?

1512.31 **Créanciers admis à la distribution.** Selon l'article L. 331-1 C. pr. exéc., « *seuls sont admis à faire valoir leurs droits sur le prix de la vente le créancier poursuivant, les créanciers inscrits sur l'immeuble saisi à la date de la publication du commandement de payer valant saisie, les créanciers inscrits sur l'immeuble avant la publication du titre de vente et qui sont intervenus dans la procédure ainsi que les créanciers énumérés au 1° bis de l'article 2374 et à l'article 2375 du Code civil* ».

Il convient de distinguer le droit de participer à la distribution du rang auquel viendra la créance du

1. Décr. n° 92-755, 31 juill. 1992, instituant des nouvelles règles relatives aux procédures civiles d'exécution pour l'application de la loi n° 91-650 du 9 juillet 1991 portant réforme des procédures civiles d'exécution, *JO* 5 août, p. 10530.
2. Décr. n° 96-740, 14 août 1996, instituant une procédure de distribution des deniers en dehors de toute procédure d'exécution et modifiant le Code de l'organisation judiciaire et le Nouveau Code de procédure civile, *JO* 23 août, p. 12679.

créancier admis à la distribution, question qui relève du droit des sûretés[1].

Les créanciers admis à la répartition sont :

- le créancier poursuivant;

- les créanciers ayant inscrit une hypothèque ou un privilège sur l'immeuble avant la délivrance du commandement valant saisie et ceux qui l'ont inscrit après la publication de ce commandement et avant la publicité de la vente, pourvu qu'ils soient intervenus à la procédure;

- les créanciers privilégiés dispensés de toute inscription, c'est-à-dire le syndicat des copropriétaires pour le paiement de certaines créances (C. civ., art. 2374, 1° *bis*) et les créanciers titulaires d'un privilège général sur les immeubles (C. civ., art. 2375).

Cette énumération mérite certaines précisions.

1512.32 **Le créancier poursuivant.** Le créancier poursuivant n'a pas à déclarer sa créance. Le montant de sa créance (en principal, frais et intérêts échus, ainsi que le taux des intérêts moratoires) figurera dans le commandement de payer valant saisie (C. pr. exéc., art. R. 321-3) et il fait l'objet d'une « mention » dans le jugement d'orientation, en principal, frais, intérêts et autres accessoires (C. pr. exéc., art. R. 322-18). Le JEX aura dû vérifier d'office, à l'audience d'orientation, que la poursuite était diligentée sur la base d'un titre exécutoire constatant une créance liquide et exigible. De cette façon, le titre de créance aura fait l'objet d'un contrôle judiciaire, même si le montant de la créance n'aura pas été vérifié (sur l'office du juge à cet égard, v. s^s^ n°s 1364.20 s. et 1364.62). Comme toute autre créance, elle peut faire l'objet d'une contestation de la part du débiteur à l'audience d'orientation ou d'un autre créancier inscrit, contestation que le JEX aura dû trancher[2].

1512.33 **Créanciers inscrits.** Ces créanciers sont de deux types. Ceux qui étaient inscrits sur l'état hypothécaire levé par le poursuivant au moment de la publication du commandement, et ceux qui prendront une inscription après cette date mais avant la publication du titre de vente.

Les premiers, qui sont connus du poursuivant au moment où il délivre le commandement, se seront vu dénoncer le commandement par lui, ce qui vaut assignation à comparaître à l'audience d'orientation et les rend parties à la procédure de saisie. La dénonciation du commandement doit notamment prévenir ces créanciers de leur obligation de déclarer leur créance en principal, frais et intérêts échus avec indication du taux d'intérêt moratoire, par acte d'avocat déposé au greffe du JEX et accompagnée d'une copie du titre de créance et du bordereau d'inscription. Ils sont également informés de leur obligation de dénoncer cette déclaration le même jour ou le premier jour ouvrable suivant au créancier poursuivant et au débiteur dans les mêmes formes ou par signification (C. pr. exéc., art. R. 322-7).

Il faut noter, dès ce stade, que ceux de ces créanciers qui omettraient de déclarer leur créance ne seraient pas exclus de la distribution, mais ils perdraient le rang que leur conférait leur sûreté (C. pr. exéc., art. L. 331-2). La notification du commandement valant saisie comporte l'indication de cette déchéance.

Les seconds, les créanciers inscrits après la publication du commandement mais avant celle de la vente, ne peuvent prendre part à la distribution qu'autant qu'ils seront intervenus à la procédure de saisie. Cette intervention prend la forme d'une déclaration de leur créance, dans le mois de son inscription, au greffe du JEX (C. pr. exéc., art. R. 322-13). Cette intervention doit être dénoncée le même jour ou le premier jour ouvrable suivant la déclaration, au créancier poursuivant et au débiteur, par notification entre avocats ou par signification au cas où le débiteur n'a pas constitué avocat. Le texte précise que la déclaration de créance qui matérialise l'intervention à la procédure de ces créanciers est irrecevable si elle n'est pas faite dans le délai d'un mois de l'inscription (délai initialement fixé à quinze jours et allongé par le décret du 12 février 2009). La rédaction du texte laisse penser que l'irrecevabilité est également encourue au cas où elle n'aurait pas été faite par acte d'avocat (v. s^s^ n° 1363.294). Faute d'avoir procédé à la déclaration, selon ces modalités, ces créanciers ne seront pas admis à participer à la distribution.

Qu'en est-il du créancier qui aurait correctement effectué la déclaration au greffe mais aurait omis de la dénoncer soit au créancier poursuivant soit au débiteur saisi, soit aux deux ? Serait-il valablement intervenu à la procédure et pourrait-il prétendre à participer à la distribution ? Aucun arrêt ne paraît avoir été rendu sur ce point. La lettre de l'article R. 322-13 C. pr. exéc. qui énonce que les créanciers « *interviennent à la procédure en déclarant leur créance* [...] », permet de considérer que l'intervention est réalisée par la simple déclaration des créances, la dénonciation constituant une formalité autonome. Dès lors qu'aucun texte ne sanctionne le défaut de dénonciation, il pourrait être considéré que l'intervention reste valable, même en l'absence de dénonciation[3].

1. *J.-Cl. Civ. Code*, App. 2092 à 2113, *v° Privilèges,* fasc. unique, par Delebecque.
2. Cass. avis, 16 mai 2008, n° 08-00.002, *Bull. avis*, n° 3 – QE n° 15649, *JOAN* 30 sept. 2008, p. 8430.
3. *Dr. et proc.* 2009, n° 3, chron. 128, avis Leborgne.

1512.34 Syndicat des copropriétaires. Le syndicat tient son droit de participer à la distribution de la référence faite par l'article L. 331-1 au 1° *bis* de l'article 2374 du Code civil. Ce droit est donc limité aux sommes visées par cette disposition, qui a été modifiée en dernier lieu par la loi n° 2014-366 du 24 mars 2014 pour l'accès au logement et un urbanisme rénové[1] (dite loi Alur ou loi Duflot), qui a étendu les sommes pour lesquelles le syndicat dispose d'un privilège spécial sur l'immeuble. Au regard de la dernière rédaction de l'article 2374, 1° *bis*, le syndicat est admis à la distribution du produit de la vente d'un lot dépendant de la copropriété pour le paiement des charges et travaux mentionnés à l'article 10, au c du II de l'article 24 et à l'article 30 de la loi n° 65-557 du 10 juillet 1965[2], modifiée par la loi susmentionnée du 24 mars 2014, fixant le statut des immeubles bâtis, et pour le paiement des cotisations au fonds de travaux mentionné à l'article 14-2 de la même loi, relatifs à l'année courante et aux quatre dernières années échues ainsi que pour les dommages et intérêts alloués par les juridictions et les dépens.

1512.35 Opposition du syndicat des propriétaires. Le syndicat n'est admis à participer à la distribution que pour autant qu'il aura mis en œuvre la procédure d'opposition prévue à l'article 20 de la loi de 1965. En effet, le privilège du syndicat étant « occulte », en ce qu'il ne donne lieu à aucune inscription (C. civ., art. 2178), l'opposition se substitue à l'inscription. Pour mettre en œuvre son privilège spécial, le syndicat doit donc avoir fait une opposition valable au regard de l'article 20 de ladite loi[3]. L'opposition devra mentionner, notamment le montant et les causes de la créance, ainsi que le lot auquel cette créance est afférente[4].

On peut supposer que l'arrêt rendu le 4 juin 2008 par la troisième chambre civile de la Cour de cassation[5], qui a jugé que « *l'opposition au versement des fonds, formée régulièrement par le syndic, vaut au profit du syndicat mise en œuvre du privilège mentionné à l'article 19-1 de la loi du 10 juillet 1965, de sorte que le destinataire de cette opposition devait en informer le juge chargé des ordres pour faire convoquer le syndicat à la procédure d'ordre et qu'en l'absence du respect de cette formalité, le syndicat était irrecevable à faire opposition au procès-verbal de règlement de l'ordre amiable* », serait maintenue sous l'empire de la nouvelle procédure de distribution.

1512.36 Créanciers titulaires d'un privilège général sur les immeubles. Bien que l'article L. 331-1 C. pr. exéc. mentionne les créanciers énumérés à l'article 2375 du Code civil, cet article ne vise pas des créanciers mais des créances. Il faut donc comprendre ce renvoi comme permettant à tout créancier titulaire d'une créance visée à l'article 2375 du Code civil de participer à la distribution.

Au sein de cette énumération, le 1° qui vise les frais de justice nous intéresse particulièrement.

Les frais de justice visés par le privilège de l'article 2375 du Code civil sont ceux qui ont servi à la conservation ou à la réalisation du ou des biens et qui ont été engagés dans l'intérêt commun des créanciers auxquels ils sont opposés[6]. Ces frais comprennent en matière de saisie immobilière, les frais taxés par le juge, frais de poursuite et frais de distribution.

Aux termes de l'article R. 322-58 C. pr. exéc., en cas de vente forcée, les frais de poursuite, de surenchère taxés et les droits de mutation sont payés par l'adjudicataire par priorité en sus du prix. Les frais de poursuite comprennent les frais de tous les actes d'huissier de justice délivrés (commandement valant saisie notamment), les frais de diagnostics obligatoires relativement au bien vendu, etc. Les frais de poursuite seront exposés par la partie poursuivant la vente, créancier poursuivant ou subrogé. Dans les deux cas, il s'agit d'un créancier admis à la distribution. En matière de vente amiable, le créancier poursuivant doit solliciter la taxation des frais de poursuite à l'audience d'orientation (C. pr. exéc., art. R. 322-21, al. 2) et les frais taxés sont versés directement par l'acquéreur en sus du prix de vente.

S'agissant des frais de distribution, l'article R. 331-2 C. pr. exéc. dispose qu'ils sont avancés par la partie sollicitant la distribution et prélevés par priorité à tous les autres. Il s'agira du créancier saisissant, ou d'un créancier inscrit, puisque selon l'article R. 331-1 C. pr. exéc., la distribution est poursuivie à la diligence du créancier saisissant ou, à son défaut, du créancier le plus diligent ou du débiteur. Ces frais comprennent notamment les émoluments et débours de l'avocat ayant dressé le projet de distribution, prévus par les décret[s] n° 72-784 du 25 août 1972[7] et n° 60-323 du 2 avril 1960[8]. Ces frais sont

1. L. n° 2014-366, 24 mars 2014, pour l'accès au logement et un urbanisme rénové, *JO* 26 mars, p. 5809.
2. L. n° 65-557, du 10 juill. 1965, fixant le statut de la copropriété des immeubles bâtis, *JO* 11 juill., p. 5950.
3. Sur les conditions de l'opposition, v. P. Capoulade, C. Giverdon et F. Givord, Dalloz action *La copropriété*, 2012/2013, n°s 326 s.
4. Civ. 2e, 20 oct. 2005, n° 03-17.550, *Bull. civ.* II, n° 264 – Civ. 3e, 3 nov. 2011, n° 10-20.182, *Bull. civ.* III, n° 179.
5. Civ. 3e, 4 juin 2008, n° 07-10.051, *Bull. civ.* III, n° 99.
6. *J.-Cl. Civ. Code*, App. 2092 à 2113, *v° Privilèges*, fasc. unique, par Delebecque.
7. Décr. n° 72-784, 25 août 1972, relatif au régime transitoire de rémunération des avocats à raison des actes de postulation et à la taxe, *JO* 29 août, p. 9282.
8. Décr. n° 60-323, 2 avr. 1960, portant rap et fixant le tarif des avoués, *JO* 7 avr., p. 3194.

inclus dans le projet de distribution élaboré par le créancier poursuivant celle-ci ou par le JEX lorsqu'il procède à la distribution judiciaire.

1512.37 Honoraires de l'avocat poursuivant la distribution. La question s'est posée de savoir si les frais de distribution pouvaient comprendre les honoraires de cet avocat, perçus pour l'élaboration du projet de distribution, dont le montant est librement fixé entre lui et son client. La Cour de cassation a été saisie de cette question et par un avis du 18 octobre 2010, elle a répondu que « *dans une procédure de distribution amiable du prix de vente d'un immeuble ayant fait l'objet d'une procédure de saisie immobilière, les honoraires de l'avocat du créancier poursuivant ayant élaboré le projet de distribution du prix ne sont pas des frais de justice* »[1]. Ils ne peuvent donc être compris dans les créances venant à la distribution, malgré ce qu'avait préconisé le Conseil national des barreaux qui avait élaboré un cahier des conditions de vente-type prévoyant qu'en cas de vente forcée la rétribution de l'avocat chargé de la distribution serait prélevée sur les fonds à répartir[2].

Cet avis a considéré que ces frais, non réglementés, ne constituaient pas des frais de justice au sens de l'article 2375 du Code civil. Il faut rappeler que les honoraires des avocats sont des frais irrépétibles, qui, dans les instances judiciaires, restent en principe à la charge du mandataire de l'avocat, sauf application de l'article 700 C. pr. civ.; que leur montant est librement fixé entre le client et l'avocat (L. n° 71-1130, 31 déc. 1971, art. 10) et que leur contestation suit une procédure particulière dans laquelle le bâtonnier dispose d'une compétence exclusive pour statuer en première instance (Décr. n° 91-1197, 27 nov. 1991, art. 174 s.).

La Cour de cassation a confirmé, par un arrêt du 25 septembre 2014, relatif à une distribution effectuée par le juge, que ces honoraires ne ressortent pas des frais visés à l'article R. 331-2 C. pr. exéc., c'est-à-dire des frais de distribution[3].

1. Cass. avis, 18 oct. 2010, n° 10-00.006, *Bull. avis*, n° 6; *D.* 2011. 860, comm. Leborgne; *Gaz. Pal.* 9-11 janv. 2011, p. 19, obs. Hocquard.
2. Le Conseil national des barreaux (CNB) est chargé d'unifier, par voie de dispositions générales mais dans le respect des dispositions législatives et réglementaires en vigueur, les règles et usages de la profession (L. n° 71-1130, 31 déc. 1971, portant réforme de certaines professions judiciaires et juridiques, *JO* 5 janv., p. 131, art. 21-1), ces règles devant être notifiées au garde des Sceaux et publiées au *Journal officiel* (Décr. n° 91-1197, 27 nov. 1991, organisant la profession d'avocat, *JO* 28 nov., p. 15502, art. 38-1). Le 24 avril 2009, le CNB avait pris une décision modifiant l'article 12 du règlement intérieur national de la profession d'avocat, notamment pour prévoir l'utilisation d'un cahier des conditions de vente-type en matière de saisie immobilière. Ce cahier des conditions de vente-type n'avait cependant pas été publié au *Journal officiel*.

1512.38 Créanciers exclus de la répartition. La rédaction de l'article L. 331-1 C. pr. exéc. conduit à considérer, bien qu'aucun arrêt de la Cour de cassation n'ait eu à l'affirmer, que l'énumération de l'article L. 331-1 C. pr. exéc. est limitative.

Il en résulte que les créanciers chirographaires sont exclus de la distribution, même en cas de reliquat après paiement des créanciers énumérés. Au demeurant, il se déduit de l'article R. 334-2 C. pr. exéc. que ce reliquat est versé au débiteur saisi et non au chirographaire, puisqu'il prévoit que le séquestre ou la Caisse des dépôts et consignation procède au paiement des créanciers « *et le cas échéant du débiteur* ». Cette solution diffère de celle résultant du droit antérieur, qui conférait certains droits aux créanciers chirographaires (droit de s'opposer à l'ordre consensuel).

1512.39 Adjudicataire. L'adjudicataire, qui a engagé des frais de radiation des inscriptions, peut-il être admis à la distribution au titre de ces frais ? Engage-t-il des frais de distribution au sens de l'article R. 331-2 C. pr. exéc. ? En cas de réponse positive, ces frais constituent-ils des frais de justice au sens de l'article 2375 du Code civil, permettant à l'adjudicataire, bien que ne figurant pas parmi les créanciers autorisés à participer à la distribution, à y prendre part ? La Cour de cassation ne semble pas avoir été appelée à statuer sur cette question et les avis divergent. Cependant, il est permis de penser que la réponse à la question devrait être négative. En effet, il ne paraît pas possible de considérer que les frais de radiation exposés par l'adjudicataire constituent des frais de justice visés à l'article 2375 du Code civil, *n'étant ni engagés dans l'intérêt de tous les créanciers*, ni nécessaires à la réalisation ou la conservation de l'immeuble. Il semble donc qu'ils doivent rester à la charge de l'adjudicataire et non à celle du débiteur saisi[4].

§ 2
Quelles sommes sont à distribuer ?

1512.41 Produit de la vente. Les sommes à distribuer comprennent, en premier lieu, le prix d'adjudication ou le montant auquel le bien a été vendu amiablement.

1512.42 Vente par adjudication. Ce prix pourra être augmenté d'intérêts au taux légal si l'adjudicataire ne paie pas le prix dans les deux mois de l'adjudication (C. pr. exéc., art. R. 322-56). L'arti-

3. Civ. 2e, 25 sept. 2014, n° 13-15.597, *Bull. civ.* II [à paraître].
4. Pour un avis différent, v. *J.-Cl. Pr. civ.*, fasc. 2485, « La distribution du prix de vente des immeubles », § 12 et 98, par Llahi.

cle L. 313-3 du Code monétaire et financier dispose que ce taux est augmenté de cinq points quatre mois après le prononcé du jugement d'adjudication, le juge disposant néanmoins d'un pouvoir de modération ou d'exonération de cette majoration, à la demande du débiteur ou du créancier en considération de la situation du débiteur, ce terme désignant ici non le débiteur saisi mais l'adjudicataire, débiteur du paiement. Si les fonds versés par l'adjudicataire sont séquestrés, ils produisent intérêt au taux stipulé au cahier des conditions de vente, lequel ne peut être inférieur à celui servi par la Caisse des dépôts et consignations. Ces intérêts sont acquis aux créanciers pour être distribués (C. pr. exéc., art. R. 322-57).

L'article L. 322-11 C. pr. exéc. conditionne la délivrance du titre de vente à la justification du paiement des frais taxés (dont le montant est annoncé par le juge à l'audience avant l'ouverture des enchères). L'adjudicataire doit, en sus du prix d'adjudication, payer les frais taxés, incluant le cas échéant les frais de surenchère, et les droits de mutation (C. pr. exéc., art. R. 322-58). Par ailleurs, l'article L. 322-12 C. pr. exéc. prévoit la résolution de plein droit de la vente à défaut de versement ou de consignation du prix et des frais. Ainsi, les frais taxés payés par l'adjudicataire entrent dans les sommes à distribuer.

1512.43 **Adjudicataire défaillant.** Avant de porter les enchères, l'avocat de l'adjudicataire aura fourni une caution bancaire irrévocable ou un chèque de banque représentant 10 % du montant de la mise à prix et, en tout cas au moins 3 000 euros. Lorsque l'adjudicataire est défaillant, la somme versée ou la caution reste acquise aux créanciers participant à la distribution (C. pr. exéc., art. R. 322-41). Cette somme entrera donc dans le montant à distribuer.

1512.44 **Fruits du bien vendu.** Selon l'article L. 321-16 C. pr. exéc., les fruits de l'immeuble immobilisés à compter de la signification du commandement de payer valant saisie sont distribués avec le prix de l'immeuble selon le même ordre que la distribution de celui-ci.

1512.45 **Vente amiable.** En matière de vente amiable, l'article R. 322-23 C. pr. exéc. dispose que le prix de vente et toute somme acquittée par l'acquéreur, *à quelque titre que ce soit*, est acquise aux créanciers participant à la distribution ainsi que, le cas échéant, au débiteur pour leur être distribuée. L'acquéreur après vente amiable doit verser non seulement le prix de vente mais aussi les frais que le juge aura taxés au moment de l'autorisation de vente amiable à la demande du poursuivant, c'est-à-dire lors de l'audience d'orientation (C. pr. exéc., art. R. 322-21 et R. 322-24). Par ailleurs, selon l'article L. 322-4 C. pr. exéc., « *l'acte notarié de vente n'est établi que sur consignation du prix et des frais de la vente et justification du paiement des frais taxés* ». Les droits de mutation paraissent inclus dans la notion de « *frais de la vente* » utilisée à cet article, ce qui pose une difficulté puisque, selon l'article R. 322-23 du même code, tout somme payée par l'acquéreur est acquise aux créanciers, alors même que les droits de mutation ne sont pas destinés à être répartis entre les créanciers.[1]

Enfin, en cas de défaut de conclusion de la vente du fait de l'acquéreur (sous réserve des dispositions relatives au droit de rétractation), les versements qu'il aura effectués restent consignés pour être ajoutés au prix de vente dans la distribution (C. pr. exéc., art. R. 322-23, al. 2).

§ 3
Comment se déroule la procédure de distribution ?

1512.51 **Présentation.** L'intention des auteurs de la réforme ayant été de déjudiciariser la procédure de distribution et de l'accélérer, le déroulement de la procédure se caractérise par le retrait du juge et l'imposition de délais, souvent sanctionnés.

1512.52 **Rôle du créancier poursuivant.** L'initiative de la distribution appartient au premier chef au créancier poursuivant. Mais l'article R. 331-1 C. pr. exéc. prévoit qu'à son défaut, l'initiative peut être prise par le créancier le plus diligent ou le débiteur. Il n'est donc pas exclu que la procédure de distribution soit menée par un autre créancier que le poursuivant, même si cela sera probablement rare. S'agissant du débiteur, il est peu probable qu'il puisse diligenter la procédure de distribution, dès lors qu'il devrait faire l'avance des frais de celle-ci.

L'article R. 333-1 C. pr. exéc. prévoit également qu'à défaut de diligence de la partie poursuivante, toute partie intéressée peut saisir le JEX d'une requête aux fins de distribution judiciaire. Ainsi, en cours de procédure de distribution, si le poursuivant qui a pris l'initiative de la distribution se montre négligent, la procédure pourra être soumise au JEX, qui procédera à une distribution purement judiciaire.

C'est au créancier qui prend l'initiative de la distribution que revient la tâche d'élaborer un projet de distribution, de tenter de régler amiablement les contestations soulevées à l'encontre de celui-ci, et de saisir le JEX soit d'une demande d'homologation du projet recueillant l'accord des créanciers soit

1. Sur cette question, v. *J.-Cl. Not. form.*, fasc. 430, « Vente d'immeuble saisi », § 88.

d'une demande de distribution judiciaire. Une partie des tâches autrefois dévolues au « juge aux ordres » relève donc maintenant du créancier saisissant, le JEX n'intervenant qu'en cas d'impossibilité de parvenir à un règlement amiable de la distribution et n'ayant donc qu'un rôle résiduel.

1512.53 **Juge compétent.** Contrairement à l'ancienne procédure, dans laquelle une formation du tribunal de grande instance intervenait en cas de contestation de l'ordre établi par le « juge aux ordres », la compétence en matière de distribution du prix de vente résultant d'une saisie immobilière relève dorénavant d'un seul juge, le JEX devant lequel aura eu lieu la vente par adjudication ou qui aura constaté la vente amiable. Ainsi, le juge qui sera appelé, le cas échéant, à dresser un état de répartition sera le même que celui qui aura pu statuer sur les contestations des créances déclarées avant l'audience d'orientation ou en cours de procédure.

Lorsque plusieurs immeubles appartenant au même débiteur auront été saisis, il s'agira du JEX du tribunal dans le ressort duquel est situé l'immeuble où demeure le débiteur, à défaut devant le juge du ressort dans lequel est situé l'un quelconque des immeubles.

1512.54 **Procédure.** Comme indiqué précédemment (v. s^s n°s 1512.21 et 1512.23), la procédure est régie, sauf disposition contraire, par les mêmes règles que celles applicables à la phase de saisie, qui est elle-même soumise, sauf disposition contraire, aux règles du Code de procédure civile.

Il est rappelé à cet égard que toute contestation relative à une créance sera irrecevable durant la phase de distribution puisqu'elle aurait dû être portée devant le JEX au plus tard à l'audience d'orientation, si la créance avait été déclarée avant celle-ci, en application de l'article R. 311-5 C. pr. exéc.[1] Pour les déclarations de créance faites postérieurement, les contestations auront dû être formées dans les quinze jours de leur notification.

Cependant, il convient de noter que, durant la phase se déroulant devant le créancier poursuivant, les notifications et convocations faites par celui-ci et les autres créanciers se font conformément aux règles des notifications entre avocats, sauf à l'égard du débiteur saisi non représenté par avocat, pour lequel la voie de la signification devra être empruntée (C. pr. exéc., art. R. 332-9). Lorsqu'une partie est représentée par avocat, la notification entre avocats suffira, sans qu'il soit besoin d'adresser, en sus, l'acte à la partie elle-même, puisqu'il est expressément renvoyé à l'article 652 C. pr. civ.[2].

1512.55 **Acte constatant la répartition.** La nature de cet acte varie selon que le juge homologuera un projet établi amiablement ou qu'il procédera à une distribution judiciaire. Il rendra une ordonnance non susceptible d'appel dans le premier cas et un jugement susceptible d'appel suspensif dans le second.

1512.56 **Subrogation.** Bien que l'article R. 311-9 C. pr. exéc. prévoie que la subrogation peut être demandée à tout moment de la procédure, les caractéristiques de la phase de distribution laissent penser que cet incident n'y aura généralement pas sa place. En effet, si la distribution est au premier chef poursuivie à la diligence du créancier poursuivant, l'article R. 311-3 C. pr. exéc. dispose qu'à son défaut, elle est poursuivie à celle du créancier le plus diligent.

1. Cass. avis, 16 mai 2008, n° 08-00.002, *Bull. avis*, n° 3.
2. C. pr. civ., art. 652 : « *Lorsqu'une partie a chargé une personne de la représenter en justice, les actes qui lui sont destinés sont notifiés à son représentant sous réserve des règles particulières à la notification des jugements* ».

CHAPITRE

1513. Déroulement de la distribution

LISE LEROY-GISSINGER
CONSEILLER À LA COUR D'APPEL
D'AIX-EN-PROVENCE

SECTION 0
ORIENTEUR

1513.00 **Plan du chapitre.**

1513.01 **Textes applicables.**

C. pr. exéc., art. L. 331-1, L. 331-2, L. 334-1, R. 331-1 et R. 331-2, R. 332-1 à R. 332-10 et R. 334-1.

Issus des textes suivants :

• **Décr. n° 2006-936, 27 juill. 2006,** relatif aux procédures de saisie immobilière et de distribution du prix d'un immeuble, art. 112 à 121, *JO* 29 juill., p. 11316.

– mod. par **Décr. n° 2009-160, 12 févr. 2009,** pris pour l'application de l'ordonnance n° 2008-1345 du 18 décembre 2008 portant réforme du droit des entreprises en difficulté et modifiant les procédures de saisie immobilière et de distribution du prix d'un immeuble, *JO* 13 févr., p. 2596.

1513.03 **Bibliographie indicative.** V. bibliographie indicative s[s] n° 1500.03.

SECTION 1
RÈGLES COMMUNES

1513.11 **Schéma procédural.** La distribution se fait à l'initiative du créancier saisissant ou, à son défaut, du créancier le plus diligent ou du débiteur (C. pr. exéc., art. R. 331-1). L'engagement de la distribution se fait en dehors du juge, et ne requiert aucune demande en justice.

La procédure s'ouvre par une période de deux mois, suivant la publication du titre de vente, au cours de laquelle, s'il n'y a qu'un créancier apte à participer à la distribution, celui-ci peut demander au séquestre le paiement de sa créance, ou, s'il y a plusieurs créanciers, la « *partie poursuivante* » (C. pr. exéc., art. R. 332-2) effectuera la première démarche vers la distribution, qui consiste dans l'envoi d'une demande de déclaration de créance actualisée.

Bien que l'article R. 332-2 C. pr. exéc. ne l'indique pas précisément, il résulte de sa combinaison avec l'article R. 331-1 du même code que, durant le délai de deux mois, tout créancier et même le débiteur, pourraient prendre l'initiative d'engager la distribution amiable. C'est pourquoi, l'article R. 332-2 utilise le terme de « *partie poursuivante* » plutôt que le terme de créancier saisissant ou poursuivant.

Ce n'est qu'après l'expiration de ce délai de deux mois que les autres créanciers pourront saisir le juge de l'exécution (JEX) d'une demande de distribution judiciaire sur la base du second alinéa de l'article R. 333-1 C. pr. exéc.

Exposé de façon synthétique, le schéma procédural d'une distribution est le suivant.

1. Cas particulier : créancier unique :

– demande de paiement direct, dans un délai de deux mois suivant la publication du titre de vente, par lettre recommandée avec demande d'avis de réception;

– paiement dans le mois de la demande;

2. Créanciers multiples :

2.1. Créanciers multiples sans contestation :

– la partie poursuivante notifie, dans les deux mois suivant la publication du titre de vente, une demande de déclaration actualisée des créances aux créanciers inscrits;

– les avocats produisent un décompte actualisé par conclusions d'avocat, dans les quinze jours suivant la demande d'actualisation;

– le projet de distribution est établi et notifié aux créanciers et au débiteur, dans un délai d'un mois suivant l'expiration du délai imparti aux créanciers pour actualiser leur créance;

– dans les quinze jours suivant la réception de la notification, si aucune partie n'a contesté le projet de distribution, le JEX doit être saisi d'une requête en homologation dans un délai d'un mois à compter de l'expiration du délai précédent.

2.2. Créanciers multiples avec contestation réglée à l'amiable :

– si dans les quinze jours suivant la notification du projet de distribution, une partie a formé une contestation ou une réclamation à l'encontre du projet de distribution, convocation des créanciers parties à la procédure et du débiteur pour une réunion devant avoir lieu dans un délai compris entre quinze jours et un mois suivant la première contestation;

– si les créanciers parties à la procédure et le débiteur parviennent à un accord sur la distribution du prix, homologation par le JEX.

3. En cas d'échec de la concertation, le JEX sera saisi aux fins de distribution judiciaire.

1513.12 Représentation obligatoire. Ainsi qu'il a été vu précédemment, la phase de distribution est soumise aux mêmes règles que la phase de vente elle-même, au regard de l'obligation de constituer avocat, de sorte que toute personne « partie » à la distribution, même amiable, devra être représentée par avocat, sous réserve du débiteur saisi (v. s^s^ n° 1512.23).

L'avocat devra être un avocat inscrit au barreau devant lequel se déroule la vente, sans que les règles de la multipostulation existant, permise en toute autre matière en région parisienne, puissent être revendiquées[1].

L'irrégularité prise de ce que l'avocat ayant déclaré une créance n'était pas inscrit au barreau devant lequel se déroulait la vente constitue un vice de fond, entraînant la nullité de l'acte (la déclaration de créance), sans qu'il soit besoin de prouver l'existence d'un grief. Il faut souligner, cependant, que cette irrégularité, comme toute irrégularité de fond, est susceptible d'être régularisée, si la cause de la nullité a disparu au moment où le juge statue (C. pr. civ., art. 121, applicable en matière de saisie immobilière et de distribution par l'effet de l'art. R. 331-1 C. pr. exéc.). C'est ce qu'a rappelé un arrêt de la deuxième chambre civile du 5 mai 2011[2].

1513.13 Anticipation de la procédure de distribution. L'anticipation de la distribution résulte principalement de la déclaration des créances dès avant la vente : **la déclaration** que doivent faire les créanciers inscrits au jour de la publication du commandement de payer et celle des créanciers ayant inscrit une hypothèque ou un privilège postérieurement, mais avant la publication de la vente.

Il faut noter que **l'état ordonné des créances initialement prévu par le décret n° 2006-936 du 27 juillet 2006[3] (art. 48)**, que le créancier poursuivant devait remettre au greffe quinze jours au moins avant la date d'adjudication ou de constatation de la vente amiable, a été supprimé par le décret n° 2009-160 du 12 février 2009[4].

SECTION 2
CRÉANCIER UNIQUE

1513.21 Créancier unique. Les textes ont prévu une procédure simplifiée pour le cas où il n'existe qu'un seul créancier pouvant participer à la distribution.

Le siège de la matière est l'article R. 332-1 C. pr. exéc. (anc^t^ Décr. 27 juill. 2006, art. 112, mod. par Décr. n° 2009-160, 12 févr. 2009). Il dispose que « *lorsqu'il n'existe qu'un créancier répondant aux conditions de l'article L. 331-1, celui-ci adresse au séquestre ou au consignataire une demande de paiement de sa créance par lettre recommandée avec demande d'avis de réception dans un délai de deux mois suivant la publication du titre de vente* ».

Les situations dans lesquelles un seul créancier est en position de réclamer les sommes à distribuer sont rares. Il faut en effet prêter attention au fait que le texte fait référence à l'absence d'autres « *créanciers répondant aux conditions de l'article L. 331-1* ». Il faut donc qu'il n'existe, en sus de celui qui sollicite l'application de l'article R. 332-1 C. pr. exéc., aucun créancier titulaire d'un privilège

1. Cass. avis, 16 mai 2008, n° 08-00.002, *Bull. avis*, n° 3.

2. Civ. 2e, 5 mai 2011, n° 10-14.066, *Bull. civ.* II, n° 105.
3. Décr. n° 2006-936, 27 juill. 2006, relatif aux procédures de saisie immobilière et de distribution du prix d'un immeuble, *JO* 29 juill., p. 11316.
4. Décr. n° 2009-160, 12 févr. 2009, pris pour l'application de l'ordonnance n° 2008-1345 du 18 décembre 2008 portant réforme du droit des entreprises en difficulté et modifiant les procédures de saisie immobilière et de distribution du prix d'un immeuble, *JO* 13 févr., p. 2596.

dispensé d'inscription (syndicat des copropriétaires notamment).

Il faut que le créancier qui se prétend unique soit lui-même l'un de ceux admis à la distribution[1], mais ceci ne fera normalement pas difficulté puisqu'il s'agira la plupart des cas, du poursuivant.

Comme après la réforme, le créancier ayant pris plusieurs inscriptions sur un immeuble, peu importe tant qu'elles concernent des prêts distincts, ne compte que pour un seul[2]. Lorsque le syndicat des copropriétaires, par prudence, publie tous les deux ou trois ans une hypothèque légale, il est compté comme un seul créancier.

1513.22 Demande de paiement direct. Lorsqu'il n'existe qu'un créancier répondant aux conditions de l'article L. 331-1 C. pr. exéc., celui-ci adresse au séquestre ou au consignataire une demande de paiement de sa créance par lettre recommandée avec demande d'avis de réception, dans un délai de deux mois suivant la publication du titre de vente.

L'article R. 332-1 C. pr. exéc. prévoit que « *la demande de paiement est motivée* ». Cette obligation vise à donner au détenteur des fonds un résumé de la situation lui permettant d'apprécier si le créancier est bien l'un de ceux mentionnés à l'article L. 631-1 du C. pr. exéc. et est bien seul en mesure de prétendre à la remise des sommes[3].

1513.23 Pièces nécessaires. Lorsque la distribution fait suite à une saisie immobilière, la demande doit être accompagnée d'un certain nombre de pièces :

– un état hypothécaire certifié à la date de la publication du commandement de payer valant saisie;

– une copie revêtue de la formule exécutoire du jugement d'orientation et, selon le cas, du jugement d'adjudication ou du jugement constatant la fin de l'instance à laquelle est annexée une copie du contrat de vente amiable, ainsi que d'un certificat du greffe du JEX attestant qu'aucun créancier inscrit après la date de la publication du commandement n'est intervenu dans la procédure. Le certificat du greffe ne peut être délivré avant l'expiration d'un délai de quinze jours suivant la publication du titre de vente.

L'état hypothécaire et le certificat du greffe permettent au séquestre ou consignataire de vérifier que le créancier, demandeur au paiement, est le seul créancier inscrit.

Il convient d'insister sur le fait que l'état hypothécaire doit être celui établi à la date de publication du commandement de payer valant saisie. C'est en effet cette formalité qui établit de manière définitive la liste des créanciers. Parfois, les avocats fournissent un état hypothécaire antérieur au commandement et le risque est grand de voir des créanciers inscrits à la dernière minute, ce qui ne permet plus au créancier demandeur, qui n'est plus le seul créancier inscrit, de suivre cette procédure simplifiée. Quant aux états hypothécaires postérieurs à la publication de la vente, des créanciers du nouvel acquéreur de l'immeuble peuvent apparaître.

Ce n'est pas au séquestre ou au consignataire de faire le tri entre les créanciers admissibles et les autres. C'est la raison pour laquelle, malgré le silence de l'article R. 332-1 C. pr. exéc., la fourniture de l'état hypothécaire au jour du commandement valant saisie doit être considérée comme une condition de recevabilité de la demande de paiement.

1513.24 Paiement. Le principal objectif de la réforme était d'accélérer les procédures. Aussi, l'article R. 332-1 C. pr. exéc. prévoit que le séquestre ou le consignataire procède au paiement dans le mois de la demande et qu'à l'expiration de ce délai, les sommes dues portent intérêt au taux légal.

Il arrive parfois que des fonds restent une fois le créancier inscrit satisfait. L'article R. 332-1 C. pr. exéc., précité, prévoit que le séquestre ou le consignataire informe le débiteur du montant versé au créancier et, le cas échéant, lui remet le solde.

1513.25 Difficultés. Les séquestres ou consignataires sont, à juste titre, prudents. S'il leur arrive de « mal payer », leur responsabilité est encourue et ils devront payer à nouveau les créanciers légitimes.

Afin que cette prudence naturelle ne se transforme en motif de litige ou de refus de paiement systématique, le décret prévoit que le séquestre ou le consignataire ne peut refuser le paiement que si les documents produits démontrent l'existence d'un autre créancier répondant aux conditions de l'article L. 331-1 C. pr. exéc.

Le texte prévoit qu'en cas de contestation, le JEX est saisi par le créancier poursuivant ou le débiteur. Aucune précision n'est donnée sur le mode de saisine du JEX et l'on peut donc penser que l'article R. 311-6 C. pr. exéc. s'applique et qu'il conviendra de procéder par dépôt au greffe de conclusions signées par avocat.

Il faut souligner que l'ensemble de cette « procédure » se déroule en l'absence du débiteur qui n'est

1. C. pr. exéc., art. L. 631-1 (anc[t] C. civ., art. 2214) : « *Seuls sont admis à faire valoir leurs droits sur le prix de la vente le créancier poursuivant, les créanciers inscrits sur l'immeuble saisi à la date de la publication du commandement de payer valant saisie, les créanciers inscrits sur l'immeuble avant la publication du titre de vente et qui sont intervenus dans la procédure ainsi que les créanciers énumérés au 1 bis de l'article 2374 et à l'article 2375 du Code civil* ».
2. Req. 25 nov. 1874, *DP* 1875. 1. 358.
3. Rép. pr. civ., *v° Saisie immobilière*, par S. Piedelièvre et F. Guerchoun, déc. 2013, n° 297.

informé qu'à l'issue de celle-ci du montant versé au créancier.

SECTION 3

PLURALITÉ DE CRÉANCIERS : TENTATIVE DE DISTRIBUTION AMIABLE

1513.31 Pluralité de créanciers. Cette procédure, traitée aux articles R. 332-2 et suivants C. pr. exéc., doit être respectée lorsqu'il existe plusieurs créanciers répondant aux conditions de l'article L. 331-1 C. pr. exéc. (v. s[s] n° 1521.21). Elle ne concerne bien sûr que les créanciers pouvant participer à la distribution au sens de cet article L. 331-1 C. pr. exéc. (v. s[s] n° 1512.31). Elle comporte une phase préalable qui est totalement à la diligence et entre les mains de la partie poursuivant la distribution et qui débute par une demande tendant à l'actualisation des créances adressée aux créanciers.

Le décret du 12 février 2009 a modifié les termes qualifiant l'initiative de la procédure : la distribution du prix de l'immeuble est désormais non plus poursuivie à la « *requête* » mais à la « ***diligence*** » du créancier. Cette modification est une rectification utile. Au départ, le créancier ne dépose pas de requête devant une juridiction, puisque la procédure débute soit par la demande de paiement motivée du créancier unique soit, en cas de pluralité de créanciers, par la demande d'actualisation des créances.

1513.32 Règles de convocation ou de notification. Selon l'article R. 332-9 C. pr. exéc. (anc[t] Décr. 27 juill. 2006, art. 120), « *les notifications et les convocations auxquelles donne lieu le présent chapitre sont faites conformément aux règles des notifications entre avocats. L'article 652 du Code de procédure civile est applicable* ».

S'agissant d'une distribution amiable, la procédure doit être simplifiée. C'est pourquoi cet article prévoit que les notifications et convocations se feront par acte d'avocat à avocat sans qu'il soit besoin de procéder, en sus, à une notification à la partie elle-même [1].

Cependant, l'article R. 332-9 ne nous paraît viser que les notifications réalisées par les créanciers, à l'exclusion des décisions que le juge est appelé à rendre. En effet, l'article 652 C. pr. civ., qui permet de ne notifier les actes qu'à l'avocat de la partie, réserve le cas de la notification des jugements. Par ailleurs, l'article R. 311-7 C. pr. exéc. mentionne que les ordonnances rendues en dernier ressort par le JEX sont notifiées par le greffe simultanément aux parties et à leur avocat. De leur côté, les jugements doivent être notifiés par voie de signification (même article).

§ 1

Cas particulier du créancier de premier rang

1513.41 Paiement provisionnel du créancier de premier rang. Un sort particulier a été réservé au créancier de premier rang. L'article R. 334-1 C. pr. exéc. dispose : « *Après la publication du titre de vente et au vu de l'état hypothécaire, le créancier de premier rang peut demander, par requête au juge de l'exécution, à être payé à titre provisionnel pour le principal de sa créance par le séquestre ou la Caisse des dépôts et consignations* ».

La demande pouvant être faite dès la publication du titre de vente, elle pourra être présentée avant même que le créancier poursuivant n'ait pris aucune initiative pour commencer la phase de distribution.

Cette possibilité de paiement provisionnel, à laquelle il n'est pas possible de déroger (le texte indique *in fine* que « *toute stipulation contraire est réputée non écrite* »), a pour but de faciliter et d'accélérer la distribution pour le créancier dont le paiement ne paraît pas pouvoir être contesté.

L'article R. 334-1 C. pr. exéc. réserve néanmoins la possibilité de contestation, en prévoyant que les créanciers inscrits et le débiteur disposent d'un délai de quinze jours pour faire opposition à cette décision. Pour permettre cette contestation, le texte impose au créancier de premier rang de notifier la décision du juge autorisant le paiement provisionnel au débiteur et aux créanciers inscrits. Notons ici que les créanciers disposant d'un privilège « occulte » ne sont pas destinataires de cette notification et ne pourront faire opposition à la décision judiciaire.

Ni la nature de la décision rendue par le juge ni la forme de sa notification ne sont précisées par le texte.

Le juge étant saisi par requête, il peut être supposé qu'il statuera par ordonnance, sans avoir à organiser d'audience, le seul recours ouvert contre celle-ci étant « l'opposition » prévue par le texte.

S'agissant des modalités de la notification, il faut noter que l'article R. 334-9 C. pr. exéc. ne s'appliquant qu'au chapitre relatif à la distribution amiable, il ne peut recevoir application à la décision du juge, l'article R. 334-1 ne figurant pas dans ce chapitre. S'agissant d'une décision judiciaire notifiée par une partie, il pourrait être considéré que l'article R. 311-7 C. pr. exéc. impose de procéder

1. C. pr. civ., art. 652 : « *Lorsqu'une partie a chargé une personne de la représenter en justice, les actes qui lui sont destinés sont notifiés à son représentant sous réserve des règles particulières à la notification des jugements* ».

par voie de signification[1]. Aucune décision ne paraît avoir été rendue sur cette question[2].

Quel sens donner au terme « opposition » ici utilisé ? Quant à la forme de l'opposition, bien qu'aucune contrainte ne soit posée par le texte, mais en raison du caractère obligatoire de la représentation par avocat, il conviendra, nous semble-t-il, de respecter les conditions de forme prévues à l'article R. 311-6 C. pr. exéc., c'est-à-dire le dépôt au greffe de conclusions signées d'un avocat.

Faut-il déduire de l'existence d'une opposition qu'il s'agit d'une instance en rétractation, comme en matière d'ordonnance sur requête de droit commun (C. pr. civ., art. 497) ? L'opposition ouvrant un débat contradictoire, le juge doit-il procéder ainsi qu'il est dit au troisième alinéa de l'article R. 311-6, convoquer les parties à une audience, et rendre une décision motivée ? Si tel est le cas, ce qui paraît devoir être retenu en l'absence de disposition spécifique, il faut en déduire que le juge, statuant sur l'opposition, rend un jugement qui, par application de l'article R. 311-7 C. pr. exéc., est susceptible d'appel, dans un délai de quinze jours[3].

§ 2
Déclaration de créance actualisée

1513.51 Demande de déclaration actualisée de créances. L'article R. 332-2 C. pr. exéc. prévoit que la partie poursuivante notifie, dans les deux mois suivant la publication du titre de vente, une demande de déclaration actualisée des créances aux créanciers inscrits, ainsi que, si elle en a connaissance, aux créanciers énumérés au 1° *bis* de l'article 2374[4] et à l'article 2375[5] du Code civil.

Le décret du 12 février 2009 a remplacé le terme « *actualisation* » de la déclaration de créance par celui de « *déclaration actualisée de créance* » afin d'englober les situations dans lesquelles le créancier n'avait pas eu à faire de déclaration de créance à un stade antérieur de la procédure, notamment lorsque celle-ci s'était déroulée selon la procédure du décret-loi de 1938 ou lorsque le créancier dispose d'une sûreté dispensée de publication et qui n'a donc pas été sommé de déclarer sa créance, mais aussi les cas dans lesquels, malgré cette sommation, le créancier a omis de faire sa déclaration.

Conformément à l'article R. 332-9 C. pr. exéc., la notification sera faite selon les règles des notifications entre avocats.

Elle a pour objet de demander aux créanciers inscrits le montant actualisé de leurs créances. Elle doit être adressée :

- aux créanciers inscrits au jour de la publication du commandement, qu'ils aient ou non déclaré leur créance;
- aux créanciers inscrits intervenus à la procédure de saisie;
- aux créanciers qui étaient dispensés de publier leur privilège si la partie poursuivante en a connaissance.

Lorsque la distribution fait suite à une procédure de saisie dans laquelle les créanciers n'avaient pas à déclarer leur créance, il convient d'adresser la demande à tous les créanciers inscrits, sans exception.

Le texte n'assortit d'aucune sanction le dépassement par le créancier poursuivant la distribution du délai de deux mois pour adresser la demande de déclaration actualisée de créance. La Cour de cassation l'a rappelé dans un arrêt du 21 mars 2013[6], observant que tout intéressé peut saisir le JEX d'une demande de distribution judiciaire en cas de carence du créancier poursuivant la distribution. Elle en a déduit que la responsabilité de ce créancier ne pouvait être engagée sur le fondement de l'article 1382 du Code civil pour ne pas avoir respecté ce délai.

La nature de ce délai peut d'ailleurs être discutée : s'agit-il d'un délai dans lequel la diligence doit être faite, ou bien s'agit-il d'un délai d'attente, pendant lequel aucune distribution judiciaire ne peut être sollicitée ?

1513.52 Production par conclusions d'avocat. Le décompte actualisé est produit par conclusions d'avocat, dans les quinze jours suivant la demande qui en est faite.

Ce délai est de rigueur et est sanctionné différemment selon les créanciers.

1. C. pr. exéc., art. R. 311-7, al. 2 « *La notification des décisions est faite par voie de signification. Toutefois, lorsqu'en vertu d'une disposition particulière le juge de l'exécution statue par ordonnance rendue en dernier ressort, sa décision est notifiée par le greffe simultanément aux parties et à leurs avocats* [...] ».
2. Pour un avis différent, considérant que la notification est faite par acte d'avocat à avocat, v. *J.-Cl. Pr. civ.*, fasc. 2485, n° 92, par Llahi.
3. Pour un parallèle avec l'ordonnance sur requête rendue par le JEX sur une demande de relevé de forclusion (C. pr. exéc., art. R. 322-12), v. Civ. 2e, 9 sept. 2010, n° 09-15.728, *Bull. civ.* II, n° 153.
4. ANC^T C. civ., art. 2103 (Ord. n° 2006-346, 23 mars 2006).
5. ANC^T C. civ., art. 2104 (Ord. n° 2006-346, 23 mars 2006).
6. Civ. 2e, 21 mars 2013, n° 12-13.813, *Bull. civ.* II, n° 60, dont le sommaire est le suivant : « *En matière de saisie immobilière, le délai suivant la publication du titre de vente dans lequel la partie poursuivant la distribution notifie une demande de déclaration actualisée de créance n'est assorti d'aucune sanction et le débiteur saisi peut lui-même poursuivre la distribution judiciaire. Il s'ensuit que le dépassement de ce délai ne peut être sanctionné par l'engagement de la responsabilité civile du créancier saisissant* ».

S'agissant des **créanciers inscrits au moment de la délivrance du commandement** valant saisie, qui devaient déclarer leur créance sur sommation du créancier saisissant (C. pr. exéc., art. R. 322-7) et des créanciers intervenus à la procédure postérieurement (C. pr. exéc., art. R. 322-13), l'article R. 332-2 C. pr. exéc. prévoit que, s'ils ne produisent pas le décompte actualisé dans le délai de quinze jours, ils sont déchus des intérêts postérieurs à la déclaration.

En ce qui concerne les **créanciers sommés de déclarer leur créance,** rappelons que l'article L. 331-2 C. pr. exéc. prévoit que, s'ils ont omis de le faire, ils sont déchus du bénéfice de leur sûreté pour la distribution du prix de vente de l'immeuble. À leur égard, le dernier alinéa de l'article R. 332-2 C. pr. exéc. dispose que nonobstant cette déchéance ils peuvent déclarer à ce stade dans les formes prévues par conclusions d'avocat aux fins de se voir répartir le solde éventuel.

S'agissant des **créanciers qui n'avaient pas eu à déclarer de créance antérieurement** (par exemple dans les cas d'une procédure de saisie immobilière diligentée selon l'ACPC et dont l'ouverture de l'ordre n'avait pas été requise avant le 1er janvier 2007), s'est posée la question de la sanction à leur appliquer en cas de défaut d'envoi du décompte actualisé dans le délai. En effet, l'article R. 332-2 C. pr. exéc. ne les visait pas. La deuxième chambre civile de la Cour de cassation y a répondu par deux arrêts, des 17 février 2011 et 11 juillet 2013[1], en jugeant que « *le créancier qui ne déclare pas sa créance dans le délai de quinze jours de la sommation qui lui a été faite se trouve déchu du bénéfice de la sûreté* ». La Cour de cassation a ainsi considéré que, pour ces créanciers, la demande de déclaration actualisée de créance valait sommation de déclarer. Ces décisions, ont pu paraître sévères pour ces créanciers, dès lors que l'article R. 332-2 C. pr. exéc. n'impose pas, comme pour la sommation de l'article R. 322-7, que le créancier soit informé de la déchéance qu'il encourt en cas de dépassement du délai de déclaration.

Depuis l'entrée en vigueur du décret du 12 février 2009, le 1er mars 2009, la situation a été clarifiée puisque le deuxième alinéa de l'article R. 332-2, *in fine*, C. pr. exéc. précise que la demande de déclaration actualisée de créance vaut sommation au sens de l'article L. 331-2 C. pr. exéc. (anct C. civ., art. 2215), en ce qui concerne les créances qui n'avaient pas à être déclarées en application des articles R. 322-7 et R. 322-13 C. pr. exéc. Le texte place donc ces créanciers dans la même situation que ceux qui ont été sommés de déclarer au moment de la notification du commandement valant saisie et la circulaire d'application du décret du 12 février 2009 précise bien que le défaut de déclaration est alors sanctionné par la déchéance de la sûreté[2].

§ 3
Distribution amiable sans contestation

1513.61 Établissement du projet de distribution. Selon l'article R. 332-3 C. pr. exéc. : « *La partie poursuivante élabore un projet de distribution. À cette fin, elle peut convoquer les créanciers* ».

C'est à la partie poursuivante d'établir le projet de répartition des fonds entre les créanciers.

Le meilleur moyen d'y procéder est sans doute de convoquer les créanciers, comme jadis le juge aux ordres, afin de parvenir à un accord ou d'entendre les revendications des uns et des autres. Le texte, prudemment, dispose que la partie poursuivante *peut* convoquer les créanciers. Ce qui signifie que ce n'est nullement obligatoire, mais conseillé afin d'éviter de futurs litiges.

1513.62 Notification du projet de distribution. Selon l'article R. 332-4 C. pr. exéc. (anct Décr. 27 juill. 2006, art. 115) : « *Le projet de distribution est établi et notifié aux créanciers mentionnés à l'article R. 332-2 et au débiteur* [...], *dans un délai d'un mois suivant l'expiration du délai imparti aux créanciers pour actualiser leur créance* ».

La partie poursuivante doit avoir établi le projet de distribution et le notifier dans le délai d'un mois suivant l'expiration du délai de quinze jours laissé aux créanciers pour faire la déclaration actualisée de créance dont la demande doit leur être faite au plus tard dans les deux mois de la publication du titre de vente. Ce qui signifie que trois mois et demi après la vente, le projet de distribution est établi et notifié.

Selon l'article R. 332-5 C. pr. exéc. (anct Décr. 27 juill. 2006, art. 116), à peine de nullité, la notification mentionne :

1° qu'une contestation motivée peut être formée par acte d'avocat à avocat, auprès de la partie poursuivante, accompagnée des pièces justificatives nécessaires ;

2° qu'à défaut de contestation dans le délai de quinze jours suivant la réception de la notification, le projet est réputé accepté et qu'il sera soumis au JEX aux fins d'homologation.

La notification, par application de l'article R. 332-9 C. pr. exéc , sera faite selon les règles des notifications entre avocats, sauf à procéder par voie de

1. Civ. 2e, 17 févr. 2011, no 10-15.100, *Bull. civ.* II, no 48 – Civ. 2e, 11 juill. 2013, nos 12-18.069 et 12-23.983, NP.

2. Circ. DACS no 03-09 C3, 20 mars 2009, JusC0906659C, *BOMJ* 30 avr., texte 15, no 1.4.3.2.

signification à l'égard du débiteur n'ayant pas constitué avocat. S'agissant du syndicat des copropriétaires, la notification se fera par lettre recommandée avec demande d'avis de réception (C. pr. exéc., art. R. 332-4).

Les notifications pouvant avoir été faites à des dates différentes, sous réserve du respect du délai, chacune des parties considérées dispose d'un délai de quinze jours à compter de sa propre notification pour contester.

1513.63 Homologation du projet de distribution. Dans l'hypothèse où, dans les quinze jours suivant la réception de la notification, aucune partie n'a contesté ou réclamé[1] à l'encontre du projet de distribution, celui-ci est réputé accepté. Nous verrons que la Cour de cassation en a tiré la conséquence que les créanciers concernés n'étaient plus recevables à en contester le contenu par la suite[2].

Toutefois, le législateur a souhaité que le JEX opère un contrôle sur la régularité de la procédure.

C'est pourquoi l'article R. 332-6 C. pr. exéc. (anc[t] Décr. 27 juill. 2006, art. 117) prévoit que « *la partie poursuivante, ou, à défaut, toute partie au projet de distribution, sollicite son homologation par le juge. À peine d'irrecevabilité, la requête doit être formée dans un délai de un mois à compter de l'expiration du délai précédent* ». Antérieurement au décret du 12 février 2009, ce délai était de quinze jours, ce qui était fort court, compte tenu de la sanction qui s'attachait au non-respect du délai, à savoir l'irrecevabilité de la requête.

La question de savoir si le juge pourrait ou devrait relever d'office l'irrecevabilité de la requête pour dépassement du délai de saisine n'a pas été tranchée par la jurisprudence à notre connaissance[3]. Dans le cas où le délai de saisine du juge serait dépassé, il semble que la voie de la distribution judiciaire devrait être empruntée, à la demande de tout intéressé[4].

L'article R. 332-10 C. pr. exéc. (anc[t] Décr. 27 juill. 2006, art. 121) dresse la liste des documents qui doivent accompagner la requête en homologation :

1° un état hypothécaire postérieur à la publication de la vente;

2° les justificatifs de réception du projet de distribution;

3° le projet de distribution ou le procès-verbal d'accord contenant, le cas échéant, autorisation de mainlevée des inscriptions et radiation du commandement de payer valant saisie.

Lorsque le prix de vente provient d'une saisie immobilière, il est joint en outre :

1° le cahier des conditions de vente;

2° le jugement d'orientation;

3° selon le cas, le jugement constatant la vente auquel est annexée la copie du contrat de vente amiable ou le jugement d'adjudication.

1513.64 Pouvoirs du juge de l'exécution. L'article R. 332-6 dispose que « *le juge de l'exécution confère force exécutoire au projet de distribution, après avoir vérifié que tous les créanciers parties à la procédure et le débiteur ont été en mesure de faire valoir leurs contestations ou réclamations dans le délai prévu à l'article R. 332-2* ».

Cet article assimile totalement l'homologation, concept juridique multiforme, à une décision conférant force exécutoire au document soumis au juge puisque le juge saisi d'une requête en homologation (al. 1er) rendra une décision conférant force exécutoire (al. 2)[5].

Le texte prévoit expressément les vérifications auxquelles doit procéder le juge : il doit s'assurer que les parties ont eu le loisir de contester l'état de distribution dans les conditions prévues par la réglementation. Il en est généralement déduit que le rôle du juge se limite à un contrôle procédural, de pure forme, sans qu'il lui appartienne de soulever d'office la non-conformité du projet aux règles d'ordre public.[6] En faveur de cette conception minimaliste du rôle du JEX, doit être relevé, outre la lettre du texte, le fait qu'aucune pièce de fond ne doit être produite avec la demande d'homologation.

Cependant, des débats demeurent sur l'étendue de ce contrôle, dès lors qu'il paraît difficile à nombreux praticiens de voir le juge conférer force exécutoire à un projet de distribution qui comporterait des illégalités manifestes ou des violations de l'ordre public[7]. Ainsi, le juge pourrait-il conférer

1. Le sens de la distinction opérée par le texte entre la contestation et la réclamation n'apparaît pas clairement, ces notions ne paraissant pas recouvrir des réalités différentes.
2. Civ. 2e, 18 oct. 2012, n° 11-20.314, *Bull. civ.* II, n° 172; *D.* 2012. 2529, obs. Sillard; *RD banc. fin.* 2013. Comm. 24, obs. Piedelièvre.
3. P. Hoonakker estime que le juge ne semble pas tenu de relever d'office cette fin de non-recevoir (P. Hoonakker, *Procédures civiles d'exécution*, Larcier, 2014, n° 735). En effet, il ne s'agit pas d'un des cas visés par l'article 125 C. pr. civ., sauf à considérer qu'il s'agit d'une fin de non-recevoir d'ordre public.
4. Circ. DACS n° 03-09 C3, 20 mars 2009, préc. s[s] n° 1513.52, p. 14.
5. C. Hugon, « Existe-t-il un droit commun de l'homologation judiciaire ? » *LPA* 11 déc. 2003, n° 247.
6. *J.-Cl. Pr. civ.*, fasc. 1417, § 77, par Llahi – G. A. Sillard, « La distribution du prix », colloque AAPPE du 23 mai 2008 consultable sur le site de cette association; « L'homologation dans la distribution amiable du prix de vente d'un immeuble saisi », *D.* 2008. 1783 – P. Julien et G. Taormina, *Voies d'exécution*, 2e éd., « Manuel », LGDJ, 2010, n° 789 – A. Leborgne, *Voies d'exécution et procédures de distribution*, 1re éd., « Précis », Dalloz, 2011, p. 860 – J.-F. Pansier, *D.* 2007. 256.
7. G. A. Sillard, *D.* 2008. 1783.

force exécutoire à un projet de distribution dans lequel serait mentionné qu'une créance a été déclarée et actualisée à certains montants, mais admise pour un montant supérieur ? Hors le cas de l'erreur matérielle, le juge ne devrait-il pas s'assurer que, par ce biais, il n'est pas tenté de prélever sur les fonds à distribuer une créance de nature chirographaire ? Ne faudrait-il pas faire un parallèle avec le rôle du président chargé de conférer force exécutoire à une transaction, pour lequel il a été jugé qu'il devait contrôler la conformité de celle-ci à l'ordre public et aux bonnes mœurs[1] ?

L'avis rendu par la Cour de cassation le 18 octobre 2010[2], relatif aux honoraires de l'avocat poursuivant la distribution, a pu laisser penser que la Cour retenait cette conception extensive des pouvoirs du JEX. En effet, le fait que la formation pour avis de la Cour ait répondu à la question d'un JEX saisi d'une demande d'homologation d'un projet de distribution non contesté ne présupposait-il pas que la Cour de cassation avait admis qu'il entrait dans les pouvoirs de ce juge de modifier, le cas échéant, la répartition contenue dans le projet qui lui était soumis ? Il n'est pas certain qu'il faille donner une telle portée à cet avis. En effet, la Cour de cassation n'était pas interrogée directement sur l'étendue des pouvoirs du JEX au stade de l'homologation et elle a uniquement répondu à la question principale portant sur la possibilité d'inclure dans le projet de distribution les honoraires de l'avocat du créancier poursuivant la distribution.

En l'absence d'arrêt de la Cour de cassation statuant clairement sur l'étendue des pouvoirs du JEX dans ce cadre, le débat n'est pas clos.

L'obligation de motivation du juge qui homologue est réduite au minimum et il a été jugé, par un arrêt publié du 21 février 2013[3] que « *l'ordonnance conférant force exécutoire au projet de distribution, en application de l'article R. 332-6 du Code des procédures civiles d'exécution, qui vise la requête comportant l'indication de la date de notification du projet de distribution aux créanciers concernés et au débiteur, ainsi que les pièces qui y sont annexées, est réputée en avoir adopté les motifs* ». Cet arrêt a rejeté l'argument du pourvoi selon lequel le juge devait analyser, ne fût-ce que sommairement, les documents produits.

En cas de refus d'homologation, les parties, sauf à former un pourvoi contre cette décision, devront recourir à une demande de distribution judiciaire.

Le dernier alinéa de l'article R. 332-10 C. pr. exéc. prévoyant que le juge statue sur la requête en homologation par une ordonnance non susceptible d'appel, il doit être déduit que celle-ci doit être notifiée par le greffe du JEX simultanément aux parties et à leurs avocats (C. pr. exéc., art. R. 311-7).

1513.65 Recours. L'ordonnance statuant sur la requête n'est pas susceptible d'appel (C. pr. exéc., art. R. 332-10, dern. al.). La question s'est posée de savoir si la fermeture de l'appel interdisait tout recours contre cette ordonnance. La Cour de cassation a jugé, le 18 octobre 2012, qu'aucune disposition ne fermant le pourvoi et la décision mettant fin à la procédure de saisie immobilière, cette ordonnance, rendue en dernier ressort, était une décision juridictionnelle, susceptible de recours, et que le pourvoi était recevable[4]. Cette ordonnance n'est donc pas une mesure d'administration judiciaire, mais il ne s'agit pas non plus d'une ordonnance sur requête au sens des articles 493 et suivants C. pr. civ., bien que le JEX soit saisi par requête.

La Cour de cassation, par le même arrêt du 18 octobre 2012, a précisé que les parties, qui n'ont pas contesté le projet de distribution dans le délai de quinze jours de sa notification, sont réputées l'avoir accepté, de sorte qu'elles ne sont pas recevables à le critiquer devant la Cour de cassation. Il s'agissait en l'espèce d'une contestation du montant retenu pour la créance du poursuivant, en ce qu'il comprenait des intérêts qui n'avaient pas été mentionnés dans le jugement d'orientation. Il est permis de penser que la décision de la Cour de cassation n'aurait pas été la même, si les auteurs du pourvoi avaient soutenu qu'ils n'avaient pas été destinataires du projet de distribution et n'avaient pas été à même de faire valoir leurs observations. En effet, dans ce cas, le juge aurait manqué à son obligation d'effectuer ces vérifications lui incombant, avant de conférer force exécutoire au projet.

L'ordonnance qui rejette la demande d'homologation pourrait-elle donner lieu à un pourvoi ? Cela n'est pas certain dès lors que cette décision pourrait être considérée comme ne satisfaisant pas aux conditions de recevabilité du pourvoi posées aux articles 606 et 607 C pr. civ., en ce qu'elle ne mettrait pas fin à la procédure de distribution. En effet, l'esprit de la procédure veut que l'échec de la procédure de distribution amiable conduise à l'ouverture d'une distribution judiciaire[5].

1. Civ. 2e, 26 mai 2011, no 06-19.527, *Bull. civ.* II, no 120.
2. Cass. avis, 18 oct. 2010, no 01-00.006, *Bull. avis*, no 5.
3. Civ. 2e, 21 févr. 2013, no 12-13.738, *Bull. civ.* II, no 41.
4. Civ. 2e, 18 oct. 2012, no 11-20.314, *Bull. civ.* II, no 172; *D.* 2012. 2529; *Dr. et proc.* 2013, no 15; *Gaz. Pal.* 3-5 mars 2013, no 21.
5. C'est ce qu'indique : Circ. min. Justice no CIV/17/06, 14 nov. 2006, relative à la réforme de la saisie immobilière, JUS C 06 20 848, § 5.3.2.3 – V. AUSSI, G. A. Sillard, *D.* 2008. 1785, qui explore la possibilité d'un appel nullité en cas de rejet de la requête en homologation pour des motifs de fond, en soutenant qu'il pourrait être considéré que le juge aurait excédé ses pouvoirs.

§ 4
Distribution amiable après contestation

1513.71 Contestation du projet de distribution. Nous sommes dans l'hypothèse où le projet de distribution a été contesté dans le délai de quinze jours de sa notification par un créancier.

L'article R. 332-7 C. pr. exéc. (anc[t] Décr. 27 juill. 2006, art. 118) impose au « *requérant* » de convoquer les créanciers parties à la procédure et le débiteur[1]. Les intéressés doivent être réunis dans un délai compris entre quinze jours et un mois suivant la première contestation. Cette convocation doit se faire selon les règles de notification entre avocats, sauf à assigner le débiteur qui n'a pas constitué avocat (C. pr. exéc., art. R. 332-9).

1513.72 Tentative de résolution amiable de la contestation. À l'issue de la réunion, selon l'article R. 332-8 C. pr. exéc. (anc[t] Décr. 27 juill. 2006, art. 119) « *si les créanciers parties à la procédure et le débiteur parviennent à un accord sur la distribution du prix et, lorsqu'il est fait application de l'article R. 331-3 C. pr. exéc., sur la mainlevée des inscriptions et publications, il en est dressé un procès-verbal signé des créanciers et du débiteur* ».

Le libellé de ce texte suppose que toutes les parties convoquées soient présentes à la réunion. Toutes les parties doivent consentir à la distribution, y compris le débiteur. C'est une disposition innovante car le débiteur n'avait pas à consentir à l'ordre amiable.

Dans la mesure où toutes les parties intéressées sont présentes, la diffusion de cet accord est faite : une copie en est remise ou adressée au débiteur et aux créanciers. Il pourra y avoir en effet un décalage entre l'accord verbal intervenu au cours d'une réunion, éventuellement manifesté par un procès-verbal d'accord, et la rédaction de l'état de distribution qui peut être rédigé par la suite.

Il semble devoir être déduit du texte que le procès-verbal doit porter sur la distribution complète et comprendre toutes les créances admissibles et non se borner à constater un accord sur la contestation qui avait été soulevée par un créancier.

1513.73 Homologation judiciaire par le juge de l'exécution. « *À la requête de la partie la plus diligente, le juge de l'exécution confère force exécutoire au procès-verbal d'accord sur production de celui-ci, après en avoir vérifié la régularité* » (C. pr. exéc., art. R. 332-8).

L'homologation a lieu sur requête de la partie la plus diligente, sans qu'un délai ne soit imposé pour son dépôt. Les pièces à produire sont les mêmes que lorsque le projet de distribution n'a pas fait l'objet de contestation, l'article R. 332-10 C. pr. exéc. s'appliquant dans les deux hypothèses.

1513.74 Pouvoirs du juge de l'exécution. L'article R. 332-8 C. pr. exéc. indique que le juge confère force exécutoire au procès-verbal « *après en avoir vérifié la régularité* », formule différente de celle utilisée au second alinéa de l'article R. 332-6 applicable à l'homologation en l'absence de contestation. L'explication de cette différence textuelle n'est pas évidente.

Est-ce à dire que le rôle du JEX est ici différent de celui qui lui est conféré en l'absence de toute contestation et qu'il pourrait soulever d'office des irrégularités autres que procédurales ? Faut-il interpréter la référence à la régularité du projet comme renvoyant uniquement à la vérification que la procédure prévue par l'article R. 332-7 C. pr. exéc. a bien été suivie, notamment que tous les créanciers et le débiteur ont bien été convoqués à la réunion au cours de laquelle l'accord a été tenté et trouvé ? Ou faut-il l'interpréter comme renvoyant à l'application des règles d'ordre public régissant les privilèges, les intérêts, etc. ? Aucune raison ne nous paraît justifier que le juge opère ici un contrôle différent de celui auquel il procède lorsqu'il intervient pour homologuer un projet qui n'a pas donné lieu à contestation. La notion de « régularité », ici utilisée, pourrait ainsi militer en faveur d'une interprétation extensive du rôle du juge, dans les deux situations.

Là encore, le débat reste ouvert, en l'absence de décision de la Cour de cassation.

1513.75 Recours. L'ordonnance rendue par le JEX qui homologue un projet de distribution résultant d'un procès-verbal d'accord est de la même nature que celle rendue en l'absence de contestation du projet de distribution puisque l'article L. 332-10 C. pr. exéc. est commun aux deux hypothèses. Ainsi, l'ordonnance n'est pas susceptible d'appel et un pourvoi en cassation est ouvert[2].

1513.76 Paiement par le séquestre. Le séquestre ou le consignataire procède au paiement des créanciers et le cas échéant du débiteur, dans le mois de la notification qui lui est faite, du projet de distribution homologué ou du procès-verbal d'accord revêtu de la formule exécutoire (C. pr. exéc., art. R. 334-2).

1. Sous le terme de « requérant », il faut comprendre, nous semble-t-il, le créancier poursuivant la distribution.

2. Civ. 2e, 18 oct. 2012, n° 11-20.314, *Bull civ.* II, n° 172.

SECTION 4
DISTRIBUTION JUDICIAIRE

§ 1
Saisine du juge

1513.81 Saisine du juge de l'exécution. La distribution judiciaire devant être l'exception, seuls trois articles du Code des procédures civiles d'exécution lui sont consacrés.

Selon l'article R. 333-1 C. pr. exéc., la distribution judiciaire peut être sollicitée dans deux situations :

1°) lorsqu'une contestation du projet de distribution amiable a eu lieu et que les parties n'ont pu se mettre d'accord lors de la tentative de conciliation amiable à la diligence de la partie poursuivante;

2°) lorsque le créancier poursuivant la distribution ne fait pas diligence[1].

Dans le premier cas, « [...] *la partie poursuivante saisit le juge de l'exécution en lui transmettant le projet de distribution, un procès-verbal exposant les difficultés rencontrées ainsi que tous documents utiles* » (C. pr. exéc., art. R. 333-1). Le texte ne précise pas la forme que doit prendre cette saisine du juge. On peut supposer que l'avocat devra déposer des conclusions au greffe en ce sens (C. pr. exéc., art. R. 311-6)[2]. Dans le second cas, si la partie poursuivante ne veut pas initier la procédure de contestation ou ne respecte pas les délais imposés par la procédure, toute partie intéressée peut saisir le JEX d'une requête aux fins de distribution judiciaire (C. pr. exéc., art. R. 311-1, al. 2).

Lorsque la distribution porte sur des sommes provenant d'une saisie immobilière, la demande est formée conformément à l'article R. 311-6 C. pr. exéc., soit par le dépôt au greffe de conclusions signées d'un avocat.

§ 2
Décision du juge

1513.91 Rôle du juge de l'exécution : cas général. Le JEX doit remplir deux missions, décrites à l'article R. 333-3 C. pr. exéc. :

1. Il doit être considéré que le second alinéa de l'article R. 333-1 C. pr. exéc. a une portée générale et s'applique à tout défaut de diligence de la partie poursuivante. Cette interprétation du texte se trouve confortée par Civ. 2e, 21 mars 2013, n° 12-13.813, *Bull civ.* II, n° 60.
2. Pour une saisine par « requête », v. Rép. pr. civ., *v° Saisie immobilière*, par S. Piedelièvre et F. Guerchoun, déc. 2013, n° 309.

– le juge établit l'état des répartitions et statue sur les frais de distribution;

– le cas échéant, le juge ordonne la radiation des inscriptions des hypothèques et privilèges sur l'immeuble, prises du chef du débiteur.

Le texte est muet sur les modalités de sa prise de décision. Doit-il convoquer les parties à une audience ? Statue-t-il sur pièces ? En l'absence de disposition spécifique, il faut considérer que l'article R. 311-6 C. pr. exéc., qui s'applique à l'ensemble de la procédure de saisie immobilière et donc à la phase de distribution, impose au JEX de convoquer toutes les parties à une audience, par lettre recommandée avec demande d'avis de réception, dans les quinze jours de sa saisine.

Cette convocation se fera en considération des créanciers inscrits sur l'état hypothécaire levé sur la publication du titre de vente, en ne retenant que les créanciers admis aux termes de l'article L. 331-1 C. pr. exéc. Le greffe devra convoquer tous les créanciers inscrits avant la publication du commandement valant saisie, car même s'ils n'ont pas déclaré leur créance, ou l'ont fait hors délai, ils peuvent participer à la distribution, n'étant privés que de leur rang. S'agissant des créanciers inscrits postérieurement à la publication du commandement de payer, seuls ceux qui sont intervenus à la procédure doivent être convoqués. En tant que de besoin, le syndicat des copropriétaires devra également être convoqué.

1513.92 Pouvoirs du juge de l'exécution. Lorsqu'il est saisi d'une demande de distribution judiciaire, le JEX doit procéder lui-même à l'établissement de la répartition des sommes à distribuer selon les règles régissant les privilèges et déterminer l'ordre selon lequel les créanciers viendront à distribution. Cela résulte clairement des termes de l'article R. 333-3 C. pr. exéc. qui prévoit que le juge « *établit l'état des répartitions* ». À cet égard, il doit être considéré qu'il n'est aucunement lié par ce qui avait été prévu et, le cas échéant accepté, lors de la tentative d'établissement d'une distribution amiable.

Cependant, se pose la question de l'étendue du contrôle que le juge peut opérer sur les créances déclarées. Il est acquis que les parties ne peuvent, à ce stade, former de contestation concernant les créances elles-mêmes (par opposition à l'ordre de distribution), puisqu'en application de l'article R. 311-5 C. pr. exéc., à peine d'irrecevabilité relevée d'office, aucune contestation ni aucune demande incidente ne peut, sauf disposition contraire, être formée après l'audience d'orientation, à moins qu'elle porte sur un acte de procédure postérieur à celle-ci, auquel cas la contestation doit être formée dans un délai de quinze jours à compter de la notification de l'acte. Mais, le juge pourrait-il d'office, procéder à un contrôle du montant de la créance, par exemple en ce qu'elle comporte des intérêts qui seraient indus ?

Un arrêt rendu le 25 septembre 2014[1] conduit à considérer qu'à l'occasion de la distribution judiciaire, le JEX doit exercer la plénitude de ses pouvoirs et veiller au respect des règles d'ordre public régissant la matière. Dans cette affaire, il a été jugé que le JEX, qui doit selon l'article R. 333-3 C. pr. exéc. statuer sur les frais de la distribution, pouvait procéder d'office aux redressements nécessaires afin de rendre l'établissement des frais conforme aux règles régissant la matière. En l'occurrence, la Cour de cassation approuve le juge d'avoir, d'office, exclu des frais de distribution le montant de l'honoraire de l'avocat ayant élaboré un projet de distribution amiable qui n'avait pas permis d'aboutir à un accord.

1513.93 Cas où la vente porte sur plusieurs immeubles : recours à l'expertise. La « ventilation », qui était définie par l'article 757 ACPC, est nécessaire lorsque, d'une part, les deniers à distribuer proviennent d'une vente globale, collective, de plusieurs immeubles, moyennant un prix unique, d'autre part, lorsque les états hypothécaires révèlent que les créanciers inscrits sont différents, chaque immeuble devant donc faire l'objet d'un ordre distinct.

L'article R. 333-2 C. pr. exéc. (anc^t Décr. 27 juill. 2006, art. 123) donne au JEX les mêmes pouvoirs qu'avait le juge aux ordres. Il procède à la ventilation du prix, sur la réquisition des parties ou d'office. Il apprécie souverainement s'il est nécessaire, ou non, de recourir à une mesure d'instruction (celui qui poursuit l'ordre fait l'avance de la provision qu'il pourra récupérer au titre du privilège des frais de justice), et, dans l'affirmative, de choisir celle qui lui paraît la plus appropriée. Il statue par ordonnance.

Le prix global sera ventilé, c'est-à-dire que chaque immeuble sera estimé à une valeur, constituant la somme à distribuer aux créanciers titulaires d'inscriptions portant sur cet immeuble.

Si certaines créances sont communes à plusieurs immeubles, il sera nécessaire de ventiler leurs collocations en la calquant sur celle du prix.

L'article R. 333-2 C. pr. exéc. précité permet donc au juge de nommer un expert pour permettre la ventilation du prix : « *Lorsqu'il y a lieu à ventilation du prix de plusieurs immeubles vendus collectivement, le juge, à la demande des parties ou d'office, peut désigner un expert par ordonnance. Le juge fixe le délai dans lequel l'expert devra déposer son rapport au vu duquel la ventilation sera prononcée* ». La seule innovation par rapport au droit antérieur est que le juge doit impartir un délai à l'expert : l'impératif de rapidité qui préside à la réforme a conduit le législateur à prévoir cette disposition. Malgré tout, la ventilation par la technique de la surface comparée, pour les lots de copropriété sis dans un même immeuble, sera le moyen le plus rapide.

1513.94 Voies de recours. L'article R. 333-3 C. pr. exéc. prévoit que le juge statue par un jugement susceptible d'appel. Le délai d'appel est de quinze jours, à compter de sa notification par voie de signification (C. pr. exéc., art. R. 311-7). Cet appel est suspensif, contrairement à la règle de droit commun en matière d'appel des jugements du JEX. Il est jugé selon la procédure de l'article 905 C. pr. civ., laquelle n'est pas soumise aux articles 908 à 911 du même code, c'est-à-dire aux règles résultant du décret n° 2009-1524 du 9 décembre 2009[2], dit « décret Magendie » relatif à la procédure d'appel[3].

§ 3
Paiement par le séquestre

1513.101 Paiement. Le séquestre ou le consignataire procède au paiement des créanciers et le cas échéant du débiteur, dans le mois de la notification qui lui est faite, d'une copie revêtue de la formule exécutoire de la décision arrêtant l'état de répartition. Le but de ces exigences est de vérifier que la décision de répartition est définitive.

L'appel étant suspensif, le séquestre ou le consignataire ne pourra payer que sur production d'un acte d'acquiescement de toutes les parties, ou de l'acte de signification du jugement assorti d'un certificat de non-appel établi par le greffe.

1. Civ. 2e, 25 sept. 2014, n° 13-15.597, *Bull. civ.* II [à paraître].

2. Décr. n° 2009-1524, 9 déc. 2009, relatif à la procédure d'appel avec représentation obligatoire en matière civile, *JO* 11 déc., p. 21386.
3. Civ. 2e, 16 mai 2013, n° 12-19.119, *Bull. civ.* II, n° 90 – Cass., avis, 3 juin 2013, n° 13-70.004, *Bull. avis*, n° 8.

TITRE

152. La distribution des deniers provenant d'une saisie mobilière

SECTION 0
ORIENTEUR

1520.00 **Plan du titre.**

CHAPITRE

1521. Présentation de la procédure de distribution de deniers

Lise LEROY-GISSINGER
Conseiller à la cour d'appel d'Aix-en-Provence

SECTION 0
ORIENTEUR

1521.00 Plan du chapitre.

1521.01 Textes applicables.

C. civ., art. 2285 et 2323.

C. pr. exéc., art. L. 111-8, L. 122-1, L. 124-1, L. 221-5, L. 221-6, L. 251-1; R. 223-1 à R. 223-12, R. 251-1 à R. 251-11.

• **Décr. n° 96-740, 14 août 1996,** instituant une procédure de distribution des deniers en dehors de toute procédure d'exécution et modifiant le code de l'organisation judiciaire et le nouveau C. pr. civ., *JO* 23 août, p. 12679.

• **Décr. n° 96-1130, 10 déc. 1996,** modifiant le décret n° 92-755 du 31 juillet 1992, instituant de nouvelles règles relatives aux procédures civiles d'exécution pour l'application de la loi n° 91-650 du 9 juillet 1991, portant réforme des procédures civiles d'exécution, *JO* 26 déc., p. 19120.

• **Décr. n° 98-965, 30 oct. 1998,** pris pour l'application de l'article 118 de la loi n° 98-657 du 29 juillet 1998 d'orientation relative à la lutte contre les exclusions et relatif à la saisine du juge de l'exécution en matière d'exécution des décisions d'expulsion, *JO* 31 oct., p. 16442.

1521.03 Bibliographie indicative.

Actualisable. *J. Cl. Pr. civ.,* fasc. 2480, par N. Fricero et L. Llahi.

Ouvrages. G. Couchez, *Voies d'exécution*, 7e éd., Armand Colin, 2003, n° 546 – P. Hoonakker, *Procédures civiles d'exécution*, 3e éd., « Paradigme », Larcier, 2014, nos 597 s. – P. Julien et G. Taormina, *Voies d'exécution et procédures de distribution*, 2e éd., « Manuel », LGDJ, 2010, nos 936 s. – A. Leborgne, *Voies d'exécution et procédures de distribution*, 2e éd., « Précis », Dalloz, 2014, n° 2553 – R. Perrot et P. Théry, *Procédures civiles d'exécution*, 3e éd., Dalloz, 2013, nos 751 s.

* V. aussi bibliographie indicative ss n° 1500.03.

SECTION 1
RAPPEL HISTORIQUE

1521.11 Principe : égalité des créanciers du même débiteur. La distribution des deniers d'un débiteur entre ses créanciers est régie par le principe selon lequel le patrimoine d'une personne est le gage général de ses créanciers, principe posé par l'article 2285 [1] du Code civil qui dispose que « *les biens du débiteur sont le gage commun de ses créanciers* ». *Cet article énonce également le principe de l'égalité des créanciers entre eux :* « *Le prix s'en distribue entre eux par contribution, à moins qu'il n'y ait entre les créanciers des causes légitimes de préférence* », qui, selon l'article 2323 [2] du même code, sont les privilèges et hypothèques (celles-ci ne visant que les immeubles).

Le principe de l'égalité des créanciers chirographaires d'un même débiteur a été maintes fois rappelé par la jurisprudence [3].

1521.12 Distinctions. Notre législation distingue deux procédures de distribution de deniers « *issus d'une vente mobilière* ».

1. ancT C. civ., art. 2093 (Ord. n° 2006-346, 23 mars 2006, relative aux sûretés, *JO* 24 mars, p. 4475).
2. ancT C. civ., art. 2094 (Ord. n° 2006-346, 23 mars 2006).
3. En dernier lieu, Soc. 19 sept. 1991, n° 89-13.842, *Bull. civ.* V, n° 374 – Civ. 3e, 26 mai 1992, n° 90-13.248, *Bull. civ.* III, n° 173; *D.* 1993. Somm. 280, obs. Julien – Soc. 23 nov. 1995, n° 91-14.890, NP – Com. 10 déc. 2002, n° 99-21.411, *Bull. civ.* IV, n° 192.

En premier lieu, se trouve la procédure qui fait l'objet de la présente rubrique, qui concerne les deniers provenant de ventes sur saisies; elle est notamment prévue par les articles L. 221-5 et L. 221-6 C. pr. exéc., qui, à l'occasion du régime des saisies-ventes, énonce un résumé des principes retenus, c'est-à-dire une répartition amiable des fonds entre les créanciers, proposée par l'agent chargé de la vente, et, en cas de rejet de ce projet, saisine du juge de l'exécution (JEX), qui effectue la répartition.

Cette procédure s'applique aux deniers issus de la saisie-vente de biens mobiliers corporels ou de biens incorporels (droits d'associés, valeurs mobilières...) ou la saisie-vente de biens placés dans un coffre fort. Est également concernée la répartition de sommes provenant d'une conversion en saisie-vente d'une saisie conservatoire de meubles corporels. Il pourra s'agir de ventes forcées ou de ventes amiables sur saisie.

En second lieu, pour les deniers distribués « *en dehors de toute procédure d'exécution* », le décret n° 96-740 du 14 août 1996, a institué une procédure distincte, intégrée dans les articles 1281-1 à 1281-12 C. pr. civ., qui fait l'objet d'un autre titre (v. s^s n°s 1541.11 à 1543.41).

Rappelons que les distributions de deniers provenant de ventes sur saisies immobilières, ou de licitations, relèvent de la procédure spécifique qui a été examinée plus haut (v. s^s n°s 1511.11 s.).

1521.13 Abrogation de la distribution par contribution. Les articles 656 à 672 ACPC qui régissaient la répartition des deniers provenant d'une vente mobilière entre les créanciers selon la procédure dite de « distribution par contribution », ont été abrogés par la loi du 9 juillet 1991 [1] et le décret n° 92-755 du 31 juillet 1992 [2]. Ces dispositions ont été remplacées par les articles 283 à 293 de ce décret aujourd'hui codifiés aux articles R. 251-1 à R. 251-11 C. pr. exéc.

L'ancien régime de la distribution par contribution, jugé à juste titre obsolète, lent, complexe et onéreux, a été abandonné au profit d'une procédure « *déjuridictionnalisée* », *dans laquelle* le juge (désormais il s'agit du JEX) n'intervient plus qu'en cas de contestation du projet de répartition établi par « *l'agent chargé de la vente* »; la répartition des fonds, si les parties tombent d'accord, sera effectuée rapidement et à moindre frais. Cette procédure a cependant un champ d'application plus limité que celle qui résultait de l'Ancien Code de procédure civile, puisqu'elle ne concerne que la répartition des deniers provenant d'une mesure d'exécution.

En raison de l'abrogation, par la loi du 9 juillet 1991 et son décret d'application du 31 juillet 1992, des articles 656 à 672 ACPC, les procédures de distribution par contribution ne relèvent plus, depuis le 1er janvier 1993, des juges chargés des ordres et des distributions par contribution, qui ont toutefois conservé compétence pour se prononcer sur les demandes dont ils avaient été saisis, dès lors qu'avant cette date, ils avaient dressé l'état de distribution provisoire mentionné à l'article 663 ACPC.

Cependant, les articles 283 à 293 du décret précité du 31 juillet 1992, devenus les articles. R. 251-1 à R. 251-11 C. pr. exéc., n'ont fixé les modalités de la distribution qu'en ce qui concerne les deniers provenant d'une mesure d'exécution. L'abrogation des articles 656 à 672 ACPC avait ainsi créé une lacune en ce qui concernait la distribution des deniers ne résultant pas d'une saisie. Cette lacune a été comblée depuis, par l'adoption du décret n° 96-740 du 14 août 1996 [3], qui a institué la procédure figurant aux articles 1281-1 à 1281-12 C. pr. civ., qui s'inspire de celle mise en place par la loi du 9 juillet 1991 et son décret d'application, aujourd'hui codifiés au Code des procédures civiles d'exécution. Cependant, la compétence reste au tribunal de grande instance, celle du JEX devant être limitée aux cas où une mesure d'exécution a été engagée (cette procédure fait l'objet du titre 154).

SECTION 2
TEXTES APPLICABLES

1521.21 Le Code des procédures civiles d'exécution, dans sa partie législative (issue de la codification de la loi du 9 juillet 1991). La loi de 1991 n'a pas organisé la nouvelle procédure de distribution, renvoyant pour cela aux dispositions d'un décret d'application. Cependant, elle indique, en matière de saisie-vente quels sont les créanciers admis à participer à la distribution : « *Seuls sont admis à faire valoir leurs droits sur le prix de la vente les créanciers* » : 1° saisissants (c'est-à-dire ceux qui ont provoqué la vente forcée); 2° les créanciers « opposants », qui se sont manifestés « *avant la vérification des biens saisis* »; 3° et tous ceux qui, « *avant la saisie* » avaient procédé à des mesures

1. L. n° 91-650, 9 juill. 1991, portant réforme des procédures civiles d'exécution, *JO* 14 juill., p. 9228.
2. Décr. n° 92-755, 31 juill. 1992, instituant de nouvelles règles relatives aux procédures civiles d'exécution, *JO* 5 août, p. 10530.
3. Décr. n° 96-740, 14 août 1996, instituant une procédure de distribution des deniers en dehors de toute procédure d'exécution et modifiant le Code de l'organisation judiciaire et le Nouveau Code de procédure civile, *JO* 23 août, p. 12679.

conservatoires sur les mêmes biens. Une règle de même nature existe en matière de saisie de droits incorporels (C. pr. exéc., art. L. 233-1).

En ce qui concerne les véhicules terrestres à moteur, un régime spécial est prévu par les articles R. 223-1 à R. 223-12 C. pr. exéc.

Quant aux navires, bateaux et aéronefs, se reporter à la rubrique qui leur est consacrée (v. ss nos 724.04 s. à 726.04 s.); leur régime est en effet très particulier.

La loi du 9 juillet 1991, désormais codifiée au Code des procédures civiles d'exécution, a créé, dans chaque tribunal de grande instance, un JEX, dont les fonctions sont exercées par le président de la juridiction, lequel peut les déléguer à un ou plusieurs juges de son tribunal (COJ, art. L. 213-5, anct art. L. 311-12[1]). La compétence du JEX a un caractère d'ordre public, tout autre juge, s'il vient à être saisi, doit se déclarer d'office incompétent (COJ, art. L. 213-6, anct art. L. 311-12-1, et C. pr. exéc., art. R. 121-1). Le JEX siège à juge unique, mais peut renvoyer l'affaire à la formation collégiale du tribunal de grande instance (COJ, art. L. 213-7, anct art. L. 311-12-2).

1521.22 Le Code des procédures civiles d'exécution, dans sa partie réglementaire (issue de la codification du décret du 31 juillet 1992). Le titre V du livre II de la partie réglementaire du Code des procédures civiles d'exécution comporte un chapitre unique intitulé « *La distribution des deniers* », comprenant les articles R. 251-1 à R. 251-11, qui renferment l'essentiel de la réglementation de la répartition des deniers provenant d'une saisie mobilière.

Le greffe du JEX est assuré par celui du tribunal de grande instance.

1521.23 Champ d'application et philosophie des textes. La nouvelle procédure ne concerne que la répartition de deniers issus de la vente forcée ou amiable résultant d'une mesure d'exécution. Son application est donc conditionnée par l'existence d'une vente, ce qui exclut le cas des saisies-attributions ou la saisie des rémunérations, ces situations étant assujetties à des règles qui leur sont propres.

Les textes régissent aussi bien les cas où il n'existe qu'un créancier que ceux dans lesquels il en existe plusieurs. Cependant, s'il n'existe qu'un seul créancier, il n'y a évidemment pas lieu à répartition (C. pr. exéc, art. R. 251-1), mais à une simple remise des fonds à celui-ci. En présence de plusieurs créanciers, la procédure sera plus complète. L'article L. 221-6 C. pr. exéc. prévoit que, « *en cas de concours entre les créanciers, l'agent chargé de la vente propose une répartition amiable entre eux* ». L'article R. 251-2 C. pr. exéc. énonce que lorsque « *plusieurs créanciers se sont manifestés dans les délais impartis, l'agent chargé de la vente élabore un projet de répartition du prix entre les créanciers* ». Il s'agira pour l'agent chargé de la vente de tenter de parvenir à une répartition amiable, par l'établissement d'un projet de répartition, qui sera soumis aux créanciers, lesquels pourront faire valoir leurs contestations éventuelles.

La réforme a visé à répondre aux critiques, qui reprochaient au système antérieur des complications et incidents inutiles, occasionnant une trop longue immobilisation des capitaux, des frais de procédure non justifiés et un manque regrettable d'efficacité. La solution a été recherchée, d'une part, dans la réduction au minimum des recours juridictionnels, la distribution étant conduite à l'initiative des parties et de leurs mandataires et devant résulter le plus souvent possible de leur accord, le recours au juge n'étant que résiduel, d'autre part, à l'adoption d'une procédure simplifiée en ce qui concerne les interventions du JEX. Cette philosophie est commune à la procédure de répartition des deniers ne provenant pas d'une saisie (v. ss nos 1541.11 s.)

SECTION 3
CARACTÈRES DE LA PROCÉDURE

1521.31 Caractère non contradictoire. La procédure de distribution repose sur l'initiative de l'agent chargé de la vente qui doit, en cas de concours entre créanciers, proposer une répartition amiable entre eux. Dans un premier temps, il ne tient pas de réunion contradictoire mettant en présence le créancier poursuivant, le débiteur et les créanciers opposants. Il agit seul, au vu des pièces dont il dispose (généralement commandement de payer et actes d'opposition), en tenant compte des « *frais encourus* » et des intérêts échus depuis les actes en cause. Cette absence de réunion permet d'accélérer la procédure lorsque la distribution ne pose pas de difficulté particulière.

1521.32 Caractère non juridictionnel. La distribution des deniers après vente forcée a été « *déjuridictionnalisée* ». Il n'y a intervention du JEX, qu'en cas de désaccord et de contestation. L'accord des parties écarte toute saisine d'une juridiction. La représentation par avocat n'est pas obligatoire, même en cas de distribution effectuée par le JEX.

1. COJ réformé par Ord. n° 2006-673, 8 juin 2006.

CHAPITRE

1522. Établissement du projet de répartition

LISE LEROY-GISSINGER
CONSEILLER À LA COUR D'APPEL
D'AIX-EN-PROVENCE

SECTION 0
ORIENTEUR

1522.00 **Plan du chapitre.**

1522.01 **Textes applicables.**
C. pr. exéc., art. L. 121-2, L. 121-3, L. 122-1, L. 122-2, L. 122-3, L. 123-1, L. 161-1 et R. 121-5 s. et, principalement, art. R. 251-1 à R. 251-11, R. 522-7 et R. 522-11 s.

1522.03 **Bibliographie indicative.** V. bibliographie indicative s^s n° 1521.03.

SECTION 1
PROCÉDURE : PERSONNES EN PRÉSENCE

1522.11 **Parties à la saisie.** Les deniers à distribuer peuvent émaner de différents types de saisies mobilières. Aucun texte général n'indiquant quels sont les créanciers admis à la distribution, il faut se reporter à chaque type particulier de saisie.

D'une manière générale, on peut considérer qu'interviennent à la répartition des fonds, les parties à la saisie :

1° le créancier poursuivant;

2° les autres créanciers, qui se sont manifestés par des oppositions au paiement du prix de vente ou que révèlent les actes;

3° le débiteur saisi.

En matière de saisie-vente, l'article L. 221-5 C. pr. exéc. dispose que « *seuls sont admis à faire valoir leurs droits sur le prix de vente les créanciers saisissants ou opposants qui se sont manifestés avant la vérification des biens saisis et ceux qui, avant la saisie, ont procédé à une mesure conservatoire sur les mêmes biens* » (v. s^s n° 622.93).

En matière de saisie de droits d'associés et de valeurs mobilières, la procédure de vente est soumise aux mêmes règles que la saisie-vente (C. pr. exéc., art. R. 321-30). L'article R. 233-2 du même code dispose qu'en cas de pluralités de saisies, le produit de la vente est réparti entre les créanciers qui ont procédé à une saisie avant la vente. Cet article réserve également les droits du créancier ayant pratiqué une saisie conservatoire.

1522.12 **Agents de l'exécution.** L'article L. 221-6 C. pr. exéc. prévoit que « *en cas de concours entre les créanciers, l'agent chargé de la vente propose une répartition amiable entre eux* ». Les articles R. 251-1 s du C. pr. exéc font également référence à « *l'agent chargé de la vente* ».

Lorsqu'il s'agit d'une vente forcée, sur saisie, l'agent sera un huissier de justice qui bénéficie, à cet égard, d'un monopole que lui concèdent les articles L. 122-1 et. L. 122-2 C. pr. exéc. Ces textes législatifs lui confient la responsabilité de la conduite des opérations d'exécution et lui donnent la possibilité de saisir, en cas de difficultés, le juge de l'exécution (JEX).

Cependant, l'article L. 122-3 C. pr. exéc. (anc[t] L. 9 juill. 1991, art. 81) dispose que la loi détermine les autres personnes habilitées à procéder à l'exécution forcée et aux mesures conservatoires. Échappent, notamment, au monopole de l'huissier de justice les distributions portant sur les deniers provenant d'une vente amiable.

En matière de saisie de droits d'associés et de valeurs mobilières, aucun texte ne précise quel professionnel est habilité à procéder à la vente forcée. S'il est certain que les huissiers de justice sont compétents, il n'est pas exclu que les notaires puissent également opérer.

L'agent chargé de la vente est aux termes de l'article L. 221-4 C. pr. exéc. « *responsable de la représentation du prix de l'adjudication* ».

Les honoraires et émoluments de l'agent d'exécution doivent être réclamés lors de l'établissement du projet de répartition, par la production d'un décompte détaillé, lequel doit mentionner « *en caractères très apparents* » que « *tout intéressé peut faire procéder à leur vérification par le greffe du JEX* » (lequel appliquera s'il y a lieu le tarif légal).

1522.13 **Le tiers propriétaire.** Si un tiers a été reconnu être le propriétaire d'un bien vendu à la suite d'une saisie-vente, il est recevable, en application de l'article R. 221-52 C. pr. exéc., à en distraire le prix, non diminué des frais, jusqu'à la distribution des sommes produites par la vente. La Cour de cassation a jugé qu'il était recevable à le faire, même s'il n'avait engagé son action qu'après l'expiration du délai d'un mois prévu à l'article R. 251-1 C. pr. exéc. pour procéder à la remise des fonds au créancier saisissant, dans le cas où il n'existe pas d'autre créancier[1].

SECTION 2
ÉTABLISSEMENT DU PROJET DE RÉPARTITION

§ 1
Créancier unique

1522.21 **Remise des sommes.** S'il n'existe qu'un seul créancier, il n'y a pas lieu à répartition, mais à une simple remise des fonds à celui-ci (C. pr. exéc., art. R. 251-1). L'agent chargé de la vente – généralement un officier ministériel, désigné conformément aux règles propres à chaque forme de saisie – réglera le créancier (le plus souvent, c'est le créancier saisissant) du principal de la créance, des intérêts, et des frais, un mois au plus tard, à compter :

1° dans l'hypothèse d'une vente forcée, de l'adjudication si la vente a eu lieu aux enchères, et aussi à partir du paiement du prix (ou de sa consignation) qui seul rend la vente définitive;

2° dans le cas où il y a eu vente amiable, à compter du jour où le prix a été consigné. Dans ce même délai, indique ce texte, le solde est restitué au débiteur.

« *À l'expiration de ce délai, les sommes qui sont dues portent intérêt au taux légal* » (C. pr. exéc., art. R. 251-1).

Il convient de souligner que l'article R. 251-9 C. pr. exéc. prévoit que le délai d'un mois peut être prorogé d'un commun accord entre les créanciers ou par ordonnance du JEX saisi sur requête. Le texte ne précise pas quel est le JEX compétent pour connaître de cette requête. Il peut être considéré, pour les mêmes raisons que celles qui seront exposées s'agissant du juge qui procédera à la répartition en cas de besoin (v. s[s] n° 1523.12), qu'il s'agit de celui du lieu de l'exécution. La décision rendue paraît être une mesure d'administration judiciaire non susceptible de recours, bien que le texte ne le précise pas, dès lors qu'elle n'a pour objet que de proroger un délai de procédure[2].

§ 2
Pluralité de créanciers

1522.31 **Répartition amiable.** L'article L. 221-6 C. pr. exéc. prévoit que « *en cas de concours entre les créanciers, l'agent chargé de la vente propose une répartition amiable entre eux* ». L'article R. 251-2 C. pr. exéc. énonce que lorsque « *plusieurs créanciers se sont manifestés dans les délais impartis, l'agent chargé de la vente élabore un projet de répartition du prix entre les créanciers* ».

1522.32 **Rôle de l'agent chargé de la vente.** Aux termes de l'article R. 251-2 C. pr. exéc., l'agent chargé de la vente – dont la tâche est généralement facilitée par le fait qu'il s'agit de l'huissier de justice qui a diligenté la saisie et la vente forcée :

1° déterminera la liste des créanciers au vu des énonciations du commandement de payer, des actes d'opposition opérés par des créanciers s'étant joints à la mesure d'exécution forcée et des autres actes qui lui sont adressés par les créanciers et par les moyens de publicité offerts par la réglementation (registre du commerce et des sociétés, nantissements, *etc.*);

2° indiquera le montant des créances du créancier saisissant et des créanciers opposants au regard des énonciations du commandement de payer et

1. Civ. 2e, 8 avr. 2004, n° 02-16.842, *Bull. civ.* II, n° 188.

2. EN CE SENS, v. *Lamy Droit de l'exécution*, 1999, n° 705-18.

des actes d'opposition, ces actes devant comporter obligatoirement le montant des créances en principal, frais et intérêts échus ainsi que le taux des intérêts (C. pr. exéc., art. R. 222-1 et R. 221-42) ;

3° fixera le rang de chacun des créanciers selon son ordre de préférence établi par la loi, et déterminera l'éventuel reliquat, revenant au débiteur (les privilèges mobiliers sont prévus aux articles 2330 et suivants du Code civil).

Pour dresser l'état de répartition, l'agent chargé de la vente ne doit prendre en compte, outre le saisissant, que les créanciers qui « *se sont manifestés dans les délais impartis* » (C. pr. exéc., art. R. 351-2, al. 1er). En matière de saisie-vente, seuls les créanciers ayant fait opposition avant la vérification des biens pourront participer à la distribution (C. pr. exéc., art. R. 221-41).

Si après paiement des créanciers disposant d'un privilège, il existe un reliquat, celui-ci est versé aux créanciers chirographaires. S'il est insuffisant pour permettre le paiement intégral des créances, la somme restant à distribuer sera répartie entre les créanciers, au marc le franc, au prorata des montants de leurs créances admises.

L'agent chargé de la vente indiquera ensuite, si c'est le cas, que le solde disponible sera restitué au débiteur.

Le projet d'état de répartition doit être soigneusement établi, puisqu'en l'absence de contestation, il constituera l'état définitif; il importe qu'il renferme une répartition claire et précise, qui ne pourra soulever aucune difficulté, notamment si les sommes doivent être réglées par la Caisse des dépôts et consignations.

Le montant des créances figurant dans le projet de répartition doit, aux termes de l'article. R. 251-2, *in fine*, C. pr. exéc., être majoré des intérêts échus depuis l'établissement des actes mentionnant le montant des créances.

1522.33 **Frais de recouvrement.** L'article R. 251-11 C. pr. exéc. dispose que tout paiement ou projet de répartition est accompagné d'un décompte détaillé des frais de recouvrement avec l'indication en caractères très apparents que tout intéressé peut faire procéder à leur vérification par le greffe du JEX du lieu de la vente.

En cas de contestation ou même par mesure de précaution, afin d'éviter de futurs litiges, l'officier ministériel fera taxer son mémoire, après vérification au greffe, par le président du tribunal.

1522.34 **Délai.** Le délai imparti à l'agent chargé de la vente pour établir le projet de répartition est d'un mois (C. pr. exéc.art. R. 251-3), courant, en cas de vente forcée, de la date de celle-ci (dans la mesure où l'adjudicataire a versé le prix) et, lorsque la vente forcée a été convertie en vente amiable, du jour du paiement du prix. Ce délai peut être prorogé par « *accord commun des intéressés* » ou par ordonnance du JEX « *saisi sur requête* » (C. pr. exéc., art. R. 251-9). Les observations faites s'agissant de la distribution en présence d'un créancier unique valent ici (v. ss no 1522.21).

Le non-respect de ce délai permet à tout intéressé de saisir le JEX afin qu'il procède à la distribution lui-même (C. pr. exéc., art. R. 251-10). Bien que le texte ne le précise pas, on peut supposer que, dans ce cas, l'agent chargé de la vente se trouve dessaisi, comme en cas de saisine du juge à la suite d'un désaccord sur le projet de répartition, et doit consigner les sommes à distribuer à la Caisse des dépôts et consignations, conformément aux exigences de l'article R. 251-8 C. pr. exéc.

§ 3
Conversion de saisie conservatoire

1522.41 **Saisie conservatoire – Conversion en saisie-vente.** Les articles R. 522-7 et suivants C. pr. exéc permettent au créancier, bénéficiaire d'un titre exécutoire, qui a pratiqué une saisie conservatoire, de notifier un acte de conversion en saisie-vente.

Cette procédure peut aboutir à une vente forcée, et à la distribution du prix de l'adjudication. Elle ne change rien aux règles relatives à la distribution des deniers.

SECTION 3
CAS PARTICULIER : PLURALITÉ DE SAISIES

1522.51 **Pluralité de saisies.** L'hypothèse ici visée est celle où les biens contre lesquels la saisie-vente est poursuivie avaient fait l'objet, antérieurement, d'une ou plusieurs saisies conservatoires (v. ss nos 622.93 et 622.94). Dans ce cas, afin que l'auteur de la saisie conservatoire ne se voie pas privé de la garantie qu'il avait prise sur le bien, une procédure prévoyant son information est prévue, afin que sa garantie soit reportée, le cas échéant, sur le prix de vente : à certaines conditions, il pourra prétendre après obtention d'un titre exécutoire et conversion de sa saisie, à une partie du prix de vente qui aura été consigné à la Caisse des dépôts et consignations.

En effet, l'article L. 221-5 C. pr. exéc. prévoit que sont admis à faire valoir leurs droits sur le prix de vente « [... les créanciers] *qui, avant la saisie, ont procédé à une mesure conservatoire* ». Par ailleurs, l'article R. 251-5 C. pr. exéc. dispose qu'à défaut de contestation du projet de répartition élaboré par l'agent chargé de la vente, celui-ci procède au paiement des créanciers et « *consigne à la Caisse des dépôts et consignations les sommes revenant aux créanciers ayant pratiqué une saisie conservatoire; ces sommes leurs sont payées après signification d'un acte de conversion* ».

La procédure prévue en cas de saisie-vente en présence d'une précédente saisie conservatoire, qui figure aux articles R. 522-12 à R. 522-14 C. pr. exéc., impose donc dans tous les cas à l'huissier de justice de signifier le procès-verbal de saisie ou l'acte de conversion aux créanciers ayant pratiqué une saisie conservatoire antérieure (C. pr. exéc., art. R. 522-12).

1522.52 **Vente amiable.** Au cas où une vente amiable est envisagée, le créancier poursuivant adresse aux créanciers qui ont saisi les mêmes biens à titre conservatoire une lettre recommandée avec demande d'avis de réception (LRAR) les informant des propositions de vente amiable faites par le débiteur. Cette lettre doit reproduire, à peine de nullité, les trois derniers paragraphes de l'article R. 522-13 C. pr. exéc. Ces créanciers disposent d'un délai de quinze jours à compter de la réception de la lettre d'information, pour prendre parti sur les propositions de vente amiable et faire connaître la nature et le montant de leur créance. À défaut de réponse dans le délai, les créanciers sont réputés avoir accepté les propositions. Par ailleurs, à défaut de donner les informations requises concernant la nature et le montant de leur créance dans le délai, ils perdent le droit de concourir à la distribution des deniers provenant de la vente, sauf sur un solde éventuel après répartition (C. pr. exéc., art. R. 522-13, auquel fait référence l'art. R. 251-2).

1522.53 **Vente judiciaire.** En cas de vente judiciaire, le créancier saisissant doit avertir les créanciers ayant pratiqué une saisie conservatoire de l'enlèvement des meubles. Ces derniers disposent alors du même délai de quinze jours, pour faire connaître la nature et le montant de leur créance. Faute de le faire dans le délai, ils sont pareillement déchus du droit de concourir à la distribution sous réserve de la possibilité de faire valoir leurs droits sur le solde éventuel après répartition (C. pr. exéc., art. R. 522-14).

1522.54 **Vente de biens incorporels.** En l'absence de procédure spécifique prévue en cas de saisie de biens incorporels ayant précédemment fait l'objet d'une saisie conservatoire, il est considéré que la procédure ci-dessus décrite s'applique en tant que de besoin. Cependant, au stade de la distribution, les règles sont un peu différentes. En effet, l'article L. 233-2 C. pr. exéc. énonce, en son premier alinéa, un principe général selon lequel : « *En cas de pluralité de saisies, le produit de la vente est réparti entre les créanciers qui ont procédé à une saisie avant la vente* ». Il prévoit, en son second alinéa, une modalité spécifique en cas de saisie conservatoire antérieure puisqu'il indique : « *Toutefois, si une saisie conservatoire a été pratiquée avant la saisie qui a conduit à la vente, le créancier prend part à la distribution du prix mais les sommes qui lui reviennent sont consignées auprès de la Caisse des dépôts et consignations jusqu'à ce qu'il ait obtenu un titre exécutoire* » (v. s[s] n°s 628.53 et 628.54).

En cette matière donc, les créanciers ayant converti une saisie conservatoire précédemment pratiquée, prennent part à la distribution dans tous les cas, alors que ce n'est pas le cas en matière de vente de meubles corporels.

SECTION 4
NOTIFICATION DU PROJET DE RÉPARTITION

1522.61 **Formalité substantielle.** Cette notification est essentielle. En effet, ou bien les intéressés, au reçu du projet de répartition, le contestent, déclenchant ainsi une instance judiciaire; ou bien ils resteront taisants et à l'expiration du délai qui leur est imparti, le projet de répartition se transformera en un état de répartition définitif.

1522.62 **Délai.** La notification doit être faite dans un délai d'un mois. L'article R. 251-4 C. pr. exéc. renvoie à l'article R. 251-3 du même code et au délai d'un mois à compter de la date de la vente forcée, ou, en cas de vente amiable, du jour du paiement du prix. Ce délai peut être prorogé, en vertu de l'article R. 251-9 C. pr. exéc., à raison d'un accord commun entre les intéressés ou par ordonnance du JEX saisi sur requête.

L'agent chargé de la vente dispose donc d'un délai d'un mois pour établir et notifier le projet de répartition.

1522.63 **Forme et destinataires.** La notification est opérée par lettre recommandée avec demande d'avis de réception, à l'endroit : 1° du débiteur; 2° des créanciers figurant dans l'état de répartition; 3° et même de ceux qui ne sont pas compris dans la répartition faute de s'être manifestés dans les délais prescrits (C. pr. exéc., art. R. 251-4). Ces derniers disposent ainsi de la faculté de contester le projet, étant rappelé qu'ils peuvent faire valoir leurs droits sur le solde éventuel (C. pr. exéc., art. R. 522-13 et R. 522-14).

1522.64 **Mentions prescrites à peine de nullité.** L'article R. 251-4 C. pr. exéc. en énumère deux.

En premier lieu, avis doit être donné au destinataire, « *qu'il dispose d'un délai de quinze jours, à compter de la réception de la lettre, pour élever une contestation motivée, accompagnée des pièces justifica-*

tives nécessaires, auprès de l'huissier de justice qui a établi le projet de répartition ». Cette contestation, pour être recevable, devra avoir date certaine; il est dès lors préférable de l'adresser par lettre recommandée avec demande d'avis de réception, ou par voie de signification, de manière à écarter toute difficulté ultérieure.

En second lieu, doivent être indiquées les conséquences du défaut de contestation dans le délai imparti, à savoir que le silence vaudra consentement; le projet de répartition sera réputé accepté en l'absence de réponse et sera définitif si aucune contestation n'est élevée.

L'article R. 251-11 C. pr. exéc. ajoute que tout projet de répartition, afin que le destinataire soit exactement informé, « *doit être accompagné d'un décompte détaillé des frais de recouvrement, avec l'indication en caractères très apparents que tout intéressé peut faire procéder à une vérification par le greffe du JEX du lieu de vente* », et donc recourir à la procédure de taxe relative aux frais et dépens. Cette contestation est distincte de celle concernant l'état de répartition; elle est cantonnée au seul chef des frais de recouvrement.

SECTION 5
EFFETS DE LA NOTIFICATION DU PROJET DE RÉPARTITION (À DÉFAUT DE CONTESTATION)

1522.71 Caractère définitif de l'état de répartition. À l'expiration des délais légaux et en l'absence de contestation, le paiement des créances figurant dans l'état de répartition est effectué.

Bien que l'article R. 251-5 C. pr. exéc. ne prévoit pas le délai dans lequel le paiement doit intervenir, il pourrait être considéré que l'article R. 251-10 qui dispose que le paiement doit être fait « *huit jours au plus tard après que la répartition est devenue définitive* », *s'applique également dans l'hypothèse où aucune contestation n'a été élevée.* En effet, les termes de ce texte sont très généraux et ne se réfèrent pas expressément à la répartition établie après contestation ou à la répartition judiciaire. Par ailleurs, cet article est placé en fin de chapitre après et avant des dispositions communes à l'ensemble de la procédure[1].

Selon cette interprétation, passé le délai de huit jours, les sommes portent intérêt au taux légal. De toute manière, si les fonds ont été consignés à la Caisse des dépôts et consignations (CDC) leur montant est augmenté des intérêts que verse automatiquement la Caisse, au taux fixé pour les consignations.

L'agent répartiteur procédera au paiement des créanciers ayant mis en œuvre une mesure d'exécution forcée. Il consignera à la CDC les sommes revenant aux créanciers ayant pratiqué une saisie conservatoire, qui obtiendront paiement par la signification de l'acte de conversion qu'ils feront ultérieurement établir à leur profit, sous réserve qu'ils aient respecté les exigences des articles R. 522-13 et R. 522-14 C. pr. exéc. en ce qui concerne les saisies-ventes de biens meubles (v. s^s n°s 1522.52 et 1522.53). Le reliquat sera (en l'absence d'opposition) restitué au débiteur.

Rappelons que l'article R. 251-11 C. pr. exéc. impose que tout paiement soit accompagné d'un décompte détaillé des frais de recouvrement avec l'indication en caractères très apparents que tout intéressé peut faire procéder à leur vérification par le greffe du JEX du lieu de la vente.

SECTION 6
EFFETS DE LA NOTIFICATION DU PROJET DE RÉPARTITION (EN CAS DE CONTESTATION)

1522.81 Les contestations. Chaque destinataire du projet de répartition dispose d'un délai de quinze jours à compter de la réception de la lettre pour élever une contestation (C. pr. exéc., art. R. 251-4). La rédaction du texte conduit à considérer que le délai de quinze jours s'apprécie pour chaque créancier en considération de la date à laquelle il a reçu la lettre, indépendamment de celle à laquelle les autres créanciers l'auront reçue[2]. S'agissant d'un envoi avec demande d'avis de réception cette date sera matérialisée par l'apposition de la date et de la signature du destinataire sur cet avis. En cas de discussion sur la recevabilité de la contestation à raison de sa tardiveté, les règles de droit commun conduisent à considérer qu'il appartiendra à l'agent chargé de la vente ou à tout autre créancier qui élèverait une contestation de justifier, par la production de cet avis de réception, que la contestation a été élevée hors délai.

Le texte ne précise pas la forme selon laquelle la contestation doit être exprimée, mais la computation du délai nécessite que le contestant se ménage la possibilité de rapporter la preuve de la date à laquelle il a émis cette contestation.

Il ne mentionne, par ailleurs, aucune possibilité, pour le créancier destinataire d'être relevé de la forclusion résultant de l'expiration du délai, précisant au contraire que le projet est réputé accepté et défi-

1. Pour un avis contraire, *J. Cl. Pr. civ.*, fasc. 2480, , n° 29, par Fricero et Llahi.

2. Pour une discussion de cette question, v. *J. Cl. Pr. civ.*, fasc. 2480, « Distribution des deniers », § 27, par Fricero et Llahi.

nitif. Toute demande formée auprès du JEX pour contester le projet, en arguant de motifs ayant empêché le créancier de former une contestation dans le délai, serait donc *a priori* vouée à l'échec, sous réserve, le cas échéant, de la force majeure.

Quid de l'hypothèse où un créancier aurait laissé le délai de quinze jours expirer et qui élèverait une contestation par la suite, profitant de ce qu'une contestation recevable a été formulée par un autre créancier dont le délai expirait postérieurement au sien ? S'il ne fait aucun doute qu'il pourrait présenter des arguments en réponse à la contestation élevée par cet autre créancier, il est permis de penser qu'il ne serait pas recevable à formuler une contestation nouvelle qu'il n'aurait pas présentée dans le délai qui lui était ouvert.

Le texte indique que la contestation doit être faite auprès de « *l'huissier de justice* ». Toutefois, il ne peut être ignoré que l'agent chargé de la vente ne sera pas toujours un huissier de justice et l'on peut raisonnablement penser que le texte doit être compris, malgré sa lettre, comme requérant que la contestation soit faite auprès de l'agent chargé de la vente [1].

La contestation doit être motivée. La question de savoir si l'absence de motivation constitue une fin de non-recevoir rendant la contestation irrecevable ou un simple vice de forme, n'est pas évidente. En effet, par analogie avec la jurisprudence relative à d'autres cas dans lesquels la motivation d'un recours est obligatoire, notamment en matière de contredit, dans lesquels l'absence de motivation constitue une cause d'irrecevabilité du recours, il pourrait être considéré qu'il s'agit d'une cause d'irrecevabilité de la contestation [2]. Cependant, la procédure étant ici extrajudiciaire, sans représentation obligatoire par avocat et une réunion étant organisée pour examiner les contestations, l'on pourrait estimer que l'absence de motivation ne rend pas la contestation irrecevable, l'explicitation des motifs du recours pouvant se faire au cours de la réunion.

La même interrogation existe s'agissant des pièces justificatives qui doivent être jointes à la contestation, étant observé que seule l'absence de réponse dans le délai rend le projet définitif. Aucune jurisprudence ne paraît avoir été rendue sur ces questions.

1522.82 Tentative de conciliation. Si une contestation est élevée, dans le délai de quinze jours par l'un des créanciers auxquels le projet a été notifié, l'agent chargé de la vente est tenu de tenter de la résoudre amiablement. L'article R. 251-6 C. pr. exéc. dispose en effet que, dans ce cas, il « *convoque le débiteur et tous les créanciers en vue d'une tentative de conciliation* », à une réunion qui doit avoir lieu dans le mois qui suit la première contestation. L'article R. 251-6 n'étant pas visé à l'article R. 251-9, aucune prorogation du délai d'un mois ne paraît possible. Cependant, aucune sanction spécifique n'est prévue en cas de méconnaissance de ce délai. Ainsi, la seule conséquence de son dépassement par l'agent chargé de la répartition paraît être que tout intéressé pourrait, en application de l'article R. 251-10, saisir le JEX afin qu'il procède à la répartition.

Les modalités de convocation à la réunion ne sont pas précisées, mais l'on peut supposer qu'il devrait être procédé par voie de lettre recommandée avec demande d'avis de réception, par symétrie avec l'envoi du projet de répartition.

1522.83 Accord après tentative de conciliation. Si un accord est trouvé pour une répartition au cours de la réunion « *il en est dressé acte* » (C. pr. exéc., art. R. 251-7). La copie de cet accord est remise ou adressée par lettre simple au débiteur et à tous les créanciers.

Il est alors procédé au paiement. Le texte indique qu'il y est procédé « *comme il est dit à l'article R. 251-1* », article qui concerne la remise des fonds en présence d'un seul créancier. Ce renvoi est un peu étonnant et une référence à l'article R. 251-10 aurait paru plus logique. En effet, il en résulte que le paiement doit avoir lieu dans un délai d'un mois, alors que dans les autres cas, il doit être fait dans les huit jours, sans que cette différence s'explique d'évidence [3].

Initialement, le texte prévoyait que tout créancier qui ne se présenterait pas à la réunion de conciliation serait réputé avoir accepté l'accord trouvé. Ce texte a été abrogé par le décret n° 2006-936 du 27 juillet 2006 relatif à la procédure de saisie immobilière [4]. Dorénavant, il ne pourra être considéré que la réunion a abouti à un accord que si tous les créanciers auxquels le projet avait été notifié ont été présents à celle-ci et ont participé à l'accord [5].

1. EN CE SENS, P. Hoonakker, *Procédures civiles d'exécution*, 3e éd., « Paradigme », Larcier, 2014, note ss § 601 – *J. Cl. Pr. civ.*, fasc. 2480, « Distribution des deniers », § 36, par Fricero et Llahi – V. COUCHEZ, *Voies d'exécution*, 7e éd., § 553, note 1.
2. *J. Cl. Pr. civ.*, fasc. 2480, « Distribution des deniers », § 37, par Fricero et Llahi.
3. *Lamy Droit de l'exécution forcée*, 1999, indique qu'il s'agit très certainement d'une erreur matérielle. Cependant, malgré plusieurs occasions de rectifier cette éventuelle erreur – au moment de la codification notamment – le pouvoir réglementaire ne l'a pas fait.
4. Décr. n° 2006-936, 27 juill. 2006, relatif aux procédures de saisie immobilière et de distribution du prix d'un immeuble, *JO* 29 juill., p. 11316.
5. Circ. min. Justice n° CIV/17/06, 14 nov. 2006, relative à la réforme de la saisie immobilière, JUS C 06 20 848 C.

Aucun texte ne prévoit de possibilité de contestation ultérieure contre l'acte de répartition amiable et sa nature juridique n'est pas clairement déterminée. Notamment, on peut se demander s'il pourrait faire l'objet d'une action en nullité.

1522.84 Désaccord après tentative de conciliation. L'absence d'accord trouvé au cours de la réunion entraîne le « dessaisissement » de l'agent chargé de la vente, la répartition n'étant plus de son ressort mais de celui-ci du JEX.

En effet, à partir du constat de l'échec de la tentative de conciliation, l'agent chargé de la vente doit, selon l'article R. 251-8 C. pr. exéc. :

1°) établir un procès-verbal exposant les difficultés rencontrées auquel sont jointes les pièces nécessaires à la solution du litige;

2°) saisir « *immédiatement* » le JEX du lieu de la vente en lui transmettant le dossier;

3°) consigner « *immédiatement* » les sommes auprès de la Caisse des dépôts et consignations.

La répartition sera alors effectuée par le juge selon la procédure qui sera exposée au chapitre suivant.

La saisine du JEX est obligatoire pour l'agent chargé de la vente. À défaut pour lui d'y procéder, il y a lieu de considérer que tout autre créancier pourrait le faire, par application de l'article R. 251-10 C. pr. exéc., qui permet à toute personne de saisir le JEX en cas de dépassement des délais impartis par l'agent chargé de la vente. En effet, la nécessité de saisir le JEX « *immédiatement* » peut être considérée comme un délai s'imposant à celui-ci.

CHAPITRE

1523. Intervention du juge de l'exécution

LISE LEROY-GISSINGER
CONSEILLER À LA COUR D'APPEL
D'AIX-EN-PROVENCE

SECTION 0
ORIENTEUR

1523.00 **Plan du chapitre.**

1523.01 **Textes applicables.**
C. pr. exéc., art. L. 121-3, L. 123-1, R. 121-5 s., R. 121-11 à R. 121-22, et spéc^t art. R. 251-8, R. 251-10 et R. 251-11.

• Décr. n° 92-965, 30 oct. 1998.

• Décr. n° 96-1130, 18 déc. 1996.

1523.03 **Bibliographie indicative.** V. bibliographie indicative s^s n° 1521.03.

1523.05 **Généralités.** Le juge de l'exécution (JEX) peut être ou doit être saisi à l'occasion de la distribution de deniers issus d'une mesure d'exécution dans deux situations :

1°) En cas de carence de l'agent chargé de la vente, c'est-à-dire lorsqu'il ne respecte pas les délais qui lui sont impartis par les textes régissant son intervention (v. s^s n° 1522.34). La saisine du juge est alors une simple faculté ouverte aux créanciers et au débiteur (C. pr. exéc., art. R. 251-10);

2°) Au cas où, alors que le projet de répartition établi par l'agent chargé de la vente a donné lieu à une ou plusieurs contestations, aucun accord n'a pu être trouvé lors de la réunion de conciliation (v. s^s n° 1522.84). Dans ce cas, la saisine du juge est obligatoire pour l'agent chargé de la vente (C. pr. exéc., art. R. 251-8).

La procédure applicable devant le JEX, sous réserve de dispositions spécifiques qui seraient contenues aux articles R. 251 et suivants C. pr. exéc., est soumise à la procédure de droit commun devant ce juge (v. s^s n°s 214.11 s.). Notamment, la représentation par avocat n'est pas obligatoire.

SECTION 1
CARENCE DE L'AGENT CHARGÉ DE LA DISTRIBUTION

1523.11 **Carence de l'agent répartiteur.** Lorsque l'agent chargé de la vente, et donc d'établir le projet de répartition, ne procède pas aux diligences et actes dont il a la charge, s'agissant en général d'un officier ministériel, le plus souvent d'un huissier de justice, il est possible de se plaindre de sa négligence à l'autorité chargée de la discipline, c'est-à-dire en s'adressant soit à l'organisation professionnelle, soit au procureur de la République. Mais l'action disciplinaire n'aboutira pas à la distribution des deniers; c'est pourquoi le premier alinéa de l'article R. 251-10 C. pr. exéc. permet à « *tout intéressé* » de saisir le JEX aux fins de répartition, à partir du moment où les délais légaux sont épuisés.

1523.12 **Compétence territoriale.** L'article R. 251-10 C. pr. exéc. ne précise pas quel JEX est territorialement compétent pour connaître de la demande et la Cour de cassation ne paraît pas avoir statué sur cette question.

En l'absence de disposition spécifique, il pourrait être considéré que le droit commun de la procédure devant le JEX s'applique, qui prévoit une option entre le lieu du domicile du débiteur et le lieu de l'exécution de la mesure (en l'occurrence, le lieu de la vente, C. pr. exéc., art. R. 121-2). Cependant, il peut être raisonnablement déduit de l'article R. 251-8 que la compétence appartient au juge du lieu de la vente. En effet, selon ce texte, c'est le juge du lieu de la vente qui doit être saisi à la suite d'un désaccord sur le projet établi par l'agent chargé de la vente et l'on comprendrait mal pourquoi la même règle ne s'appliquerait pas lorsque la saisine du JEX est motivée par la carence de celui-ci. En outre, l'article R. 251-11 C. pr. exéc. prévoit, dans tous les cas, la compétence du greffe de ce juge pour opérer la vérification des frais de recouvrement.

Lorsque le débiteur demeure à l'étranger la compétence du juge du lieu de la vente est, en tout état de cause, d'ordre public[1].

1523.13 **Modalités de saisine du juge.** Le texte ne donne aucune précision sur les modalités de saisine du juge. Dès lors, les dispositions de la procédure ordinaire devant ce juge, figurant aux articles R. 121-11 à R. 121-22 C. pr. exéc., paraissent devoir s'appliquer. Ainsi, il y a lieu de considérer que le juge doit être saisi par assignation (C. pr. exéc., art. R. 121-11), qu'il tient une audience, que la procédure est orale et que le juge peut organiser les échanges entre les parties selon les modalités prévues aux articles R. 212-9 et R. 121-10 C. pr. exéc.

1523.14 **Élaboration de l'état de répartition.** Aucun texte légal, ou réglementaire, ne donne de précision sur l'élaboration de cet état. Le juge procédera comme l'agent répartiteur, au vu des justificatifs produits par les créanciers pouvant y participer, commandement de payer, acte d'opposition etc... et pourra se faire remettre toute autre pièce justificative utile.

Le juge procédera à la vérification des créances et rejettera celles qui ne sont pas certaines, liquides ou exigibles et dressera leur liste dans l'ordre de leur rang éventuel.

SECTION 2
NON-CONCILIATION

1523.21 **Saisine du juge en cas de contestation.** L'article R. 251-8 C. pr. exéc. (anc^t Décr. 31 juill. 1992, art. 290) régit la situation de non-conciliation, c'est-à-dire le cas où l'agent chargé de la vente, ayant réuni les créanciers pour soumettre à leur examen le projet de répartition qu'il a établi, ne peut obtenir un accord unanime.

Il devra alors établir un procès-verbal exposant les difficultés rencontrées.

De 1992 à 2006, l'article 290 du décret précité indiquait : « *L'agent chargé de la vente dresse acte des points de désaccord* ». La réforme opérée par le décret n° 2006-936 du 27 juillet 2006[2], entrée en vigueur le 1er janvier 2007, a modifié la formulation du texte, devenu l'article R. 251-8 C. pr. exéc. : « *L'agent chargé de la vente établit un procès-verbal exposant les difficultés rencontrées* ». Cette modification a substitué au mot « *acte* » le mot « *procès-verbal* ». Le second terme est plus juste, car la qualification d'acte doit être réservée à un document créateur de la volonté des parties et non à un constat de points de désaccord.

C'est l'agent chargé de la répartition qui saisit le JEX, en lui transmettant le constat de désaccord, ainsi que les pièces nécessaires à la solution du litige.

Aucune forme n'est exigée pour la saisine du JEX. Faut-il dès lors se référer aux formes selon lesquelles ce juge doit être saisi en droit commun (C. pr. exéc., art. R. 121-11 : assignation) ou peut-on considérer qu'il est saisi sans forme, par simple transmission du dossier, le greffe convoquant les parties à une audience[3] ? Cette dernières solution semble se justifier au regard du libellé du texte, qui mentionne une « transmission » par l'agent chargé de la vente.

1523.22 **Consignation des sommes.** L'officier ministériel doit, s'il détient les fonds à distribuer, les déposer immédiatement à la Caisse des dépôts et consignations. Dans le cas contraire, il invite le détenteur à les consigner.

1523.23 **Compétence territoriale.** L'article R. 251-8 C. pr. exéc. l'attribue expressément au JEX du lieu de la vente.

1523.24 **Établissement de l'état de répartition.** Le juge est donc saisi, d'une part, d'un projet de répartition, qui, sur certains points, a été contesté, et, d'autre part, d'un procès-verbal de difficultés. Celles-ci portent sur les déchéances frappant les productions irrégulières et tardives, la validité, l'exigibilité, et le montant de telle ou telle créance, le droit de préférence revendiqué par les créanciers prétendant être privilégiés, *etc.*

Le juge est-il lié par les points qui n'ont donné lieu à aucune contestation de la part des créanciers ou a-t-il la faculté, voire l'obligation, de réexaminer l'ensemble des créances réparties ? Les textes sont silencieux sur ce point, la pratique des juges de l'exécution est variable et il ne semble pas que la Cour de cassation ait statué sur cette question.

Cependant, dans ce cas, il nous semble que le juge doit exercer la plénitude de ses pouvoirs : l'agent chargé de la vente étant dessaisi, le juge établit lui-même l'ensemble de la répartition des

1. Civ. 2e, 9 nov. 2006, n° 04-19.138, *Bull. civ.* II, n° 310.
2. Décr. n° 2006-936, 27 juill. 2006, relatif aux procédures de saisie immobilière et de distribution du prix d'un immeuble, *JO* 29 juill., p. 11316.
3. Dans le sens d'une saisine par simple transmission du dossier au juge : PERROT et THÉRY, n° 762.

fonds, conformément au droit, même sur les points ayant fait l'objet d'un accord[1].

Le JEX dispose de la faculté de sanctionner les contestations abusives en décidant que les frais occasionnés par la contestation seront provisoirement prélevés sur les fonds ainsi consignés (C. pr. exéc., art. R. 251-8, *in fine*).

SECTION 3
JUGEMENT DE RÉPARTITION ET PAIEMENT DES CRÉANCIERS

1523.31 Jugement de répartition. Bien que le texte ne donne aucune précision sur la forme que prend l'état de répartition, il s'agit d'un jugement, dans les deux cas où le juge procède à la répartition lui-même.

1523.32 Notification. Selon le droit commun de la procédure devant le JEX, la décision sera notifiée par le greffe par lettre recommandée avec demande d'avis de réception (C. pr. exéc., art. R. 121-15), Si la lettre recommandée n'a pu être remise au destinataire, le greffier en informe les parties, qui font alors signifier la décision par exploit d'huissier. La décision est réputée notifiée lorsque la partie intéressée a fait connaître au greffe qu'elle renonçait à ce que la décision lui soit notifiée.

Le greffe apposera sur le jugement, qui statue au principal, et non en référé ou sur incident et met fin à la procédure (C. pr. exéc., art. R. 121-14), la formule exécutoire, au vu des notifications effectuées et d'un certificat de non-appel.

Le JEX, tranchant le principal peut statuer sur les dépens et, le cas échéant, sur les demandes formulées au titre de l'article 700 C. pr. civ.

1523.33 Voies de recours. Aucune disposition n'excluant l'existence d'une voie de recours contre cette décision, il y a lieu de considérer qu'elle est soumise au régime de droit commun des recours ouverts contre les décisions du JEX (C. pr. exéc., art. R. 121-19 à R. 121-21). Le jugement peut donc, toujours, être frappé d'un appel non suspensif, dans un délai de quinze jours, lequel court à compter de la notification, sauf si les parties y ont renoncé.

Ni le délai d'appel ni l'appel interjeté n'ont d'effet suspensif. Ce régime diffère donc des règles en matière de saisie immobilière. En effet, dans ce dernier cas, il est expressément prévu que le jugement établissant la répartition entre les créanciers est susceptible d'un appel suspensif, de sorte que les paiements ne peuvent intervenir qu'après expiration des délais de recours et remise au consignataire ou au séquestre, soit d'un acte d'acquiescement, soit d'un acte de signification du jugement accompagné d'un certificat de non appel (C. pr. exéc., art. R. 333-3). On peut s'interroger sur les raisons qui ont conduit à ne pas prévoir une disposition identique en matière de distribution, hors saisie immobilière, même s'il est vrai que les sommes en jeu sont généralement d'un montant beaucoup plus limité dans la matière mobilière.

Rappelons qu'en droit commun, les décisions du JEX peuvent donner lieu, en cas d'appel, à une demande de sursis à exécution devant la juridiction du premier président (C. pr. exéc., art. R. 121-22 – v. s[s] n° 222.11). Aucune disposition ne paraît exclure le recours à cette disposition concernant le jugement de répartition.

L'appel est jugé par la cour d'appel « *selon les règles applicables à la procédure avec représentation obligatoire* », *la cour d'appel statuant* « *à bref délai* » (C. pr. exéc., *art. R. 121-20).*

Le jugement étant toujours susceptible d'appel, l'opposition ne paraît pas ouverte, en cas de défaillance du défendeur, malgré l'abrogation de l'article 27 du décret du 31 juillet 1992 par le décret du 19 décembre 1996 (v. s[s] n° 214.101).

1523.34 Paiement des créanciers. Dans tous les cas, les créanciers doivent recevoir paiement huit jours au plus tard « *après que la répartition est devenue définitive* ». À partir de l'expiration de ce délai, les sommes dues portent intérêt au taux légal (C. pr. exéc., art. R. 251-10, al. 2).

L'appel du jugement de répartition n'ayant pas d'effet suspensif, on pourrait penser que le paiement doit être fait dans les huit jours de sa notification, puisqu'il a dès ce moment force de chose jugée. Cependant, l'usage du terme « définitif » s'agissant d'un jugement civil, pourrait être compris comme visant un jugement irrévocable, ce qui conduit un auteur à considérer que le paiement ne peut intervenir qu'à l'expiration du délai d'appel ou de l'arrêt d'appel[2]. Dans ce cas, ne faudrait-il pas également attendre l'expiration du délai de pourvoi ?

Lorsque l'état de répartition a été dressé par le juge à la suite d'une contestation, les fonds ont été consignés à la Caisse des dépôts et consignations, qui paiera les créanciers, en exécution de l'état de répartition.

1. C'est le sens de la solution retenue par la Cour de cassation en matière de distribution judiciaire de deniers issus d'une saisie immobilière : Civ. 2e, 25 sept. 2014, n° 13-15.597, *Bull. civ.* II [à paraître].

2. P. Hoonakker, *Procédures civiles d'exécution*, 3 éd., « Paradigme », Larcier, 2014, note s[s] § 580.

Lorsque les fonds consignés s'avèrent insuffisants pour régler l'intégralité des créances et ont été répartis au marc le franc entre les créanciers chirographaires, il est en principe fait mention dans le jugement que leur est réservé le droit de poursuivre le recouvrement du restant de leurs créances sur les autres biens de leur débiteur.

Il faut rappeler que dans tous les cas, le jugement portant répartition devra mentionner le décompte détaillé des frais de recouvrement avec l'indication en caractères très apparents que tout intéressé peut faire procéder à leur vérification par le greffe du JEX du lieu de la vente (C. pr. exéc., art. R. 251-11).

TITRE

153. La distribution des deniers en cas de procédure collective

SECTION 0
ORIENTEUR

1530.00 **Plan du titre.**

CHAPITRE

1531. Présentation générale

LISE LEROY-GISSINGER
CONSEILLER À LA COUR D'APPEL
D'AIX-EN-PROVENCE

SECTION 0
ORIENTEUR

1531.00 Plan du chapitre.

1531.01 Textes applicables.

C. com., art. L. 642-18, R. 643-3 à R. 643-15.

C. pr. exéc., art. L. 322-5, L. 322-6, L. 322-9, L. 322-12, R. 321-1, R. 322-10, R. 322-30 à R. 322-48, R. 322-59 à R. 322-72.

• **L. nº 2005-845, 26 juill. 2005,** dite de sauvegarde des entreprises, *JO* 27 juill., p. 12187.

• **Décr. nº 2005-1677, 28 déc. 2005,** pris en application de la loi nº 2005-845 du 26 juillet 2005 de sauvegarde des entreprises, *JO* 29 déc., p. 20324.

• **Ord. nº 2006-461, 21 avr. 2006,** réformant la saisie immobilière, *JO* 22 avr., p. 6072.

• **Décr. nº 2006-936, 27 juill. 2006,** relatif aux procédures de saisie immobilière et de distribution du prix d'un immeuble, *JO* 29 juill., p. 11316.

– mod. par **Décr. nº 2009-160, 12 févr. 2009,** pris pour l'application de l'ordonnance nº 2008-1345 du 18 décembre 2008, portant réforme du droit des entreprises en difficulté et modifiant les procédures de saisie immobilière et de distribution du prix d'un immeuble, *JO* 13 févr., p. 2596.

– et codifié au Code des procédures civiles d'exécution par **Décr. nº 2012-783, 30 mai 2012,** relatif à la partie réglementaire du Code des procédures civiles d'exécution, *JO* 31 mai, p. 9375 (*applicable au 1er juin 2012).*

• **Ord. nº 2008-1345, 18 déc. 2008,** portant réforme du droit des entreprises en difficulté, *JO* 19 déc., p. 19462.

• **Décr. nº 2009-160, 12 févr. 2009,** pris pour l'application de l'ordonnance nº 2008-1345 du 18 décembre 2008 portant réforme du droit des entreprises en difficulté et modifiant les procédures de saisie immobilière et de distribution du prix d'un immeuble, *JO* 13 févr., p. 2596.

1531.03 Bibliographie indicative.

Actualisables. *Dict. perm. diff. entr.*, sept. 2013, nos 60 s. – *J.-Cl. Pr. coll.*, fasc. 2707, « Liquidation judiciaire – réalisation de l'actif – réalisations immobilières en liquidation judiciaire », oct. 2013, par P.-M. Le Corre – *Lamy droit de l'exécution forcée*, 2010, étude 332, par P. Roussel-Galle.

Ouvrage. P.-M. Le Corre, Dalloz action *Droit et pratique des procédures collectives*, 2015/2016, nos 562.00 s. et 591.00 s.

* V. aussi bibliographie indicative ss nº 1500.03.

1531.05 Généralités. Le jugement constatant la cessation des paiements ou ouvrant une procédure de sauvegarde, qu'il soit rendu par le tribunal de commerce ou par le tribunal de grande instance (TGI), et qu'il intervienne sur la requête du débiteur, d'un créancier ou à l'initiative du procureur de la République, va modifier profondément la situation des créanciers de l'entreprise, qui vont désormais se trouver en présence d'un juge-commissaire et des organes de la procédure collective : administrateur, représentant des créanciers, représentant des salariés.

Lorsque la procédure collective aboutit à une liquidation judiciaire, et à la désignation d'un liquidateur, celui-ci a pour mission de réaliser l'actif de l'entreprise et de procéder à l'apurement du passif, ce qui implique la vente des immeubles et la distribution des deniers provenant de cette vente.

C'est alors que s'applique une procédure spécifique, distincte de celle de la distribution de droit commun.

Pour sa majeure part, à la suite de la codification du Code de commerce, décidée par la loi nº 99-1071 du 16 décembre 1999[1] et réalisée par l'ordon-

1. L. nº 99-1071, 16 déc. 1999, portant habilitation du gouvernement à procéder, par ordonnances, à l'adoption de la partie législative de certains codes, *JO* 22 déc., p. 19040.

nance n° 2000-912 du 18 septembre 2000[1], la législation relative aux difficultés des entreprises a été intégrée au livre VI du « nouveau » Code de commerce, soit aux articles L. 610-1 et suivants[2], dont le titre IV a plus spécialement trait à la liquidation judiciaire (C. com., art. L. 640-1 s.).

SECTION 1
VENTE DE L'IMMEUBLE EN CAS DE PROCÉDURE COLLECTIVE

1531.11 **Vente de l'immeuble.** La question de la vente de l'immeuble d'un débiteur à l'égard duquel une procédure collective est ouverte, ou sera ouverte alors que le bien fait l'objet d'une saisie, emporte des conséquences spécifiques au regard de la distribution des sommes issues de cette vente, notamment, en raison de la règle de l'arrêt des poursuites posée à l'article L. 622-21 du Code de commerce[3]. En effet, il faut alors articuler les règles propres aux procédures collectives et celles régissant les procédures de distribution et trancher des questions de compétence entre les organes de la procédure collective et ceux de la vente judiciaire.

Ces questions se sont trouvées compliquées, ces dernières années, par le fait que plusieurs réformes importantes se sont succédé dans ces deux domaines :

- loi n° 2005-845 du 26 juillet 2005 dite de sauvegarde des entreprises;

- décret n° 2005-1677 du 28 décembre 2005 pris pour son application[4];

- ordonnance n° 2006-461 du 21 avril 2006 relative à la procédure de saisie immobilière[5];

- décret n° 2006-936 du 27 juillet 2006, pris pour son application[6];

- ordonnance n° 2008-1345 du 18 décembre 2008 portant réforme du droit des entreprises en difficulté[7];

- décret n° 2009-160 du 12 février 2009 pris pour son application.

1531.12 **Réforme de la saisie immobilière.** L'ordonnance du 21 avril 2006 a totalement refondu la procédure de saisie immobilière, qui était jusqu'alors régie par les dispositions de l'Ancien Code de procédure civile, issues d'un décret-loi de 1938. La procédure de répartition des deniers, dite « *procédure d'ordre* », était de la compétence du TGI et d'un juge particulier dénommé « *juge aux ordres* ». La procédure telle que réformée en 2006 est placée sous l'égide du juge de l'exécution (JEX), comme la quasi-totalité des procédures civiles d'exécution, et ses règles ont été codifiées au Code des procédures civiles d'exécution, partie législative (art. L. 311-1 s.) et réglementaire (art. R. 311-1 s.).

L'ordonnance de 2006 a rénové la procédure de répartition des deniers, en supprimant la notion d'ordre pour la remplacer par celle de « distribution des deniers ». Elle l'a intégrée à la procédure de saisie elle-même, celle-ci étant définie par l'article L. 311-1 C. pr. exéc. comme une procédure qui « *tend à la vente forcée de l'immeuble du débiteur ou, le cas échéant, du tiers détenteur, en vue de la distribution de son prix* »[8]. Par un avis du 16 mai 2008, la Cour de cassation a indiqué que « *la saisie immobilière et la distribution du prix constituent les deux phases d'une même procédure* ». Cet avis a été confirmé par un arrêt de la deuxième chambre civile du 5 mai 2011[9].

La procédure de distribution instituée par la réforme est essentiellement extrajudiciaire, et repose sur le créancier poursuivant, qui assume la tâche de dresser un état de répartition des deniers et est chargé de parvenir à un accord en cas de contestation. Ce n'est qu'en cas d'échec de ces démarches extrajudicaires, ou en cas de défaillance du créancier poursuivant, que le JEX pourra être saisi pour qu'il effectue lui-même la répartition. La procédure devant ce magistrat sera alors soumise aux mêmes règles de forme que celles applicables à la phase de saisie, notamment, la représentation par avocat y est obligatoire.

1531.13 **Loi applicable.** En raison de la succession de réformes mentionnées précédemment, la détermination de la loi applicable à la procédure de vente de l'actif des entreprises faisant l'objet d'une

1. Ord. n° 2000-912, 18 sept. 2000, relative à la partie législative du code de commerce, *JO* 21 sept., p. 14783.
2. L. n° 2005-845, 26 juill. 2005, de sauvegarde des entreprises, *JO* 27 juill., p. 12187.
3. Les règles de la liquidation judiciaire ont un caractère d'ordre public et doivent être appliquées d'office : tel est le cas pour le dessaisissement de plein droit de ses biens pour le débiteur : Com. 28 juin 1994, n° 92-14.960, *Bull. civ.* IV, n° 239 – Com. 30 janv. 2007, n° 04-19.208, *Bull. civ.* IV, n° 14 – Com. 14 déc. 2010, n° 10-10.792, *Bull. civ.* IV, n° 201 – Com. 13 nov. 2013, n° 12-28.572, *Bull. civ.* IV, n° 165 – Com. 1er avr. 2014, n° 13-15.457, NP – Sur l'arrêt des poursuites : Com. 4 mars 2014, nos 13-17.216 et 13-10.534, *Bull. civ.* IV, n° 43.
4. Décr. n° 2005-1677, 28 déc. 2005, pris en application de la loi n° 2005-845 du 26 juillet 2005 de sauvegarde des entreprises, *JO* 29 déc., p. 20324.
5. Ord. n° 2006-461, 21 avr. 2006, réformant la saisie immobilière, *JO* 22 avr., p. 6072.
6. Décr. n° 2006-936, 27 juill. 2006, relatif aux procédures de saisie immobilière et de distribution du prix d'un immeuble, *JO* 29 juill., p. 11316.
7. Ord. n° 2008-1345, 18 déc. 2008, portant réforme du droit des entreprises en difficulté, *JO* 19 déc., p. 19462.
8. Cass., avis, 16 mai 2008, n° 08-00.002, *Bull. avis*, n° 3.
9. Civ. 2e, 5 mai 2011, n° 10-14.066, *Bull. civ.* II, n° 105.

procédure collective n'est pas toujours aisée (v. s[s] n° 1411.71).

Il peut être retenu que, pour les **procédures collectives ouvertes après le 1er janvier 2006**[1] dans lesquelles la vente a été ordonnée avant le 1er janvier 2007 et une distribution ouverte avant le 1er janvier 2007, la procédure de saisie immobilière ainsi que la procédure de distribution subséquente restent soumises à l'ancien régime du décret de 1938 (ACPC, art. 749 s.).

Pour les **ventes ordonnées après le 1er janvier 2007**, dans les procédures ouvertes après le 1er janvier 2006 et donc soumises à la loi de sauvegarde du 26 juillet 2005, la vente sera régie par le décret du 28 décembre 2005 d'application de cette loi, tel que modifié par les articles 154 à 165 du décret du 27 juillet 2006 relatif à la saisie immobilière.

Pour les **procédures collectives ouvertes postérieurement au 15 février 2009**, soumises à l'ordonnance n° 2008-1345 du 18 décembre 2008, « *les ventes d'immeubles ont lieu conformément aux articles 2204 à 2212 du Code civil*[2], *à l'exception des articles 2206 et 2211*[3], *sous réserve que ces dispositions ne soient pas contraires à celles du présent code* » (C. com., art. L. 642-18, issu de cette ordonnance). Le décret n° 2009-160 du 12 février 2009, pris pour l'application de cette ordonnance[4], a tenté d'harmoniser au mieux procédure collective et règles de vente sur saisie immobilière.

Ce sont désormais les articles R. 642-27 à R. 642-29-2 du Code de commerce, tels que modifiés par le décret n° 2012-783 du 30 mai 2012[5], pour tenir compte de l'entrée en vigueur du Code des procédures civiles d'exécution, qui régissent les ventes par voie d'adjudication judiciaire. Ces dispositions renvoient à la procédure ordinaire de vente sur saisie immobilière sous réserve des dispositions figurant aux articles R. 642-29-2 du Code de commerce.

Le règlement des créanciers est régi par les articles R. 643-3 à R. 643-15 du Code de commerce.

1531.14 Droit international privé. En matière internationale, il a été jugé que « *la répartition entre les créanciers hypothécaires et privilégiés du produit de la vente judiciaire forcée d'un immeuble relève, en droit international privé commun, de la compétence des juridictions de l'État sur le territoire duquel s'est déroulée l'adjudication, y compris lorsque celle-ci porte sur les actifs immobiliers dépendant d'une procédure collective ouverte à l'étranger* »[6]. En conséquence, même lorsque la loi du pays qui régit la faillite détermine les règles d'admission des créances, c'est la loi du lieu de l'adjudication (c'est-à-dire la loi du lieu de situation de l'immeuble) qui gouverne le rang entre les créanciers.

1531.15 Procédure de vente du bien en cas de procédure collective. Pour tout ce qui concerne les manières de procéder à la vente de biens appartenant à un débiteur en liquidation judiciaire, il convient de se reporter au chapitre qui y est consacré, v. s[s] n°s 1414.00 s.

Il sera simplement rappelé que les biens immobiliers du débiteur en liquidation judiciaire sont vendus, après autorisation du juge-commissaire, par voie d'adjudication judiciaire, à une audience du JEX. Cependant, si la consistance des biens, leur emplacement ou les offres reçues sont de nature à permettre une cession amiable dans de meilleures conditions, ils peuvent l'être par adjudication amiable ou sur vente de gré à gré, sur autorisation du juge-commissaire (C. com., art. L. 642-18). Les articles R. 642-22 à R. 642-29-2 et R. 642-36-1 à R. 642-37-1 du Code de commerce régissent ces ventes.

Le poursuivant sera généralement le liquidateur, même lorsque la saisie immobilière avait été engagée avant le jugement d'ouverture. L'article L. 642-18 du Code de commerce prévoit en effet, que lorsque la saisie avait été suspendue par l'effet de l'ouverture de la procédure de sauvegarde, de redressement judiciaire ou de liquidation judiciaire, le liquidateur peut être subrogé dans les droits du créancier saisissant. Mais la procédure peut également être diligentée par certains créanciers. En effet, l'article L. 643-2 du Code de commerce prévoit un droit de poursuite individuel réservé à certains créanciers titulaires d'un privilège spécial, dès lors qu'ils ont déclaré leur créance, si le liquidateur n'a pas entrepris la liquidation des biens grevés dans le délai de trois mois à compter du jugement qui ouvre ou prononce la liquidation.

1. Lorsque les ventes ont été ordonnées avant le 1er janvier 2006, elles sont soumises aux articles 125 à 131 du décret n° 85-1388 du 27 décembre 1985 (relatif au redressement et à la liquidation judiciaire des entreprises, *JO* 29 déc., p. 15281) et aux articles de l'Ancien Code de procédure civile (art. 673 s.)
2. Codifiés à C. pr. exéc., art. L. 322-5 à L. 322-13, depuis l'entrée en vigueur de Ord. n° 2011-1895, 19 déc. 2011, relative à la partie législative du Code des procédures civiles d'exécution, *JO* 20 déc., p. 21464, le 1er juill. 2012.
3. Devenus C. pr. exéc., art. L. 322-6 et L. 322-9.
4. Décr. n° 2009-160, 12 févr. 2009, pris pour l'application de l'ordonnance n° 2008-1345 du 18 décembre 2008, portant réforme du droit des entreprises en difficulté et modifiant les procédures de saisie immobilière et de distribution du prix d'un immeuble, *JO* 13 févr., p. 2596.
5. Décr. n° 2012-783, 30 mai 2012, relatif à la partie réglementaire du Code des procédures civiles d'exécution, *JO* 31 mai, p. 9375.
6. Com. 12 mars 2013, n° 11-27.748, *Bull. civ.* IV, n° 37.

1531.16 Principe. L'article L. 642-18 du Code de commerce pose le principe que les **ventes d'immeubles** ont lieu suivant les formes prescrites en matière de saisie immobilière. Depuis l'ordonnance du 18 décembre 2008, la rédaction de ce texte est plus précise. Il dispose que l'ordonnance du 18 décembre 2008 a modifié le contenu de cet article : les ventes d'immeubles doivent avoir lieu conformément aux articles 2204 et 2212 du Code civil (devenus C. pr. exéc., art. L. 322-5 et L. 322-13) « *à l'exception des articles 2206 à 2011* ». Les articles 2206 et 2211 du Code civil (devenus C. pr. exéc., art. L. 322-6 et L. 322-9) sont écartés, parce qu'ils donnent pouvoir au « *créancier poursuivant* » de fixer la mise à prix; alors qu'en matière de procédure collective, c'est le liquidateur, qui n'a pas cette qualité, qui fixe la mise à prix. L'article R. 642-27 du Code de commerce dispose : « *La vente par voie d'adjudication judiciaire est soumise aux dispositions des titres Ier et II du livre III du Code des procédures civiles d'exécution et dans la mesure où il n'y est pas dérogé par les dispositions du présent livre* ».

Cette règle est d'ordre public.

L'assemblée plénière de la Cour de cassation a censuré la cour d'appel qui, pour déclarer irrecevable la demande en nullité présentée par un adjudicataire, avait énoncé que l'adjudicataire d'un immeuble est irrecevable à critiquer, quels qu'en soient les vices, les opérations préalables à l'adjudication dans laquelle il a enchéri ou surenchéri, alors que la nullité absolue résultant de la violation des formes prescrites par la loi pouvait être invoquée par tout intéressé, sans qu'il fût tenu de justifier d'un grief. La cour d'appel ne pouvait décider que les ordonnances du juge-commissaire, autorisant à la requête du syndic la vente des immeubles aux enchères publiques en l'étude d'un notaire, ont acquis, faute d'opposition ou de tierce opposition, l'autorité de la chose jugée[1].

SECTION 2

PROCÉDURE DE DISTRIBUTION EN CAS DE PROCÉDURE COLLECTIVE

1531.21 Répartition du produit de la vente. Selon l'article L. 642-18 du Code de commerce, dans son alinéa 5, « *le liquidateur répartit le produit des ventes et règle l'ordre entre les créanciers, sous réserve des contestations qui sont portées devant le juge de l'exécution* »[2].

Le liquidateur a donc une **compétence de principe** pour procéder à la distribution des sommes issues de la vente de l'immeuble du débiteur en procédure collective. En revanche, les litiges concernant la répartition du produit des ventes et l'ordre entre les créances sont de la compétence exclusive du JEX. Avant l'entrée en vigueur de l'ordonnance du 21 avril 2006, ce texte était identique, sous réserve de ce qu'il était prévu que les contestations étaient portées devant le TGI.

La compétence du liquidateur connaît toutefois des **limites** : après l'arrêté du plan de continuation et sauf disposition contraire de celui-ci, le débiteur, redevenu maître de ses biens, peut disposer de ceux-ci ainsi que de leur prix, sans avoir à solliciter l'autorisation du tribunal ou du juge-commissaire, ses créanciers étant réglés selon les modalités du plan.

Il a ainsi été jugé qu'une cour d'appel ayant constaté que la cession de l'immeuble appartenant aux époux X... n'était pas prévue par le plan de continuation, elle en a exactement déduit que le prix de la vente, intervenue après l'arrêté de ce plan, n'avait pas à être versé au commissaire à l'exécution du plan et devait revenir à la Caisse, créancière de Mme X... et bénéficiant d'une hypothèque de premier rang sur cet immeuble[3].

Par ailleurs, des questions de frontière se posent entre la compétence du liquidateur et celle des organes de la distribution dans les cas où la procédure de saisie immobilière avait été engagée avant le jugement d'ouverture de la procédure collective et où une procédure de distribution, ou d'ordre, selon la procédure applicable, avait été ouverte avant la date de ce jugement.

1531.22 Compétence. Conflit de compétence dans le temps entre juge-commissaire et juge des ordres (ancien régime) ou juge de l'exécution (nouveau régime). Il n'y a aucun conflit de compétence lorsqu'une procédure de saisie immobilière a été engagée avant l'ouverture du redressement ou de la liquidation judiciaire mais que le bien n'a pas été vendu avant ce jugement d'ouverture : le débiteur est dessaisi de ses biens et les poursuites sont arrêtées. Celles-ci peuvent être reprises par le liquidateur judiciaire, qui est subrogé dans les droits du créancier saisissant pour les actes que celui-ci a réalisés, lesquels sont réputés effectués pour le compte du liquidateur. Ce dernier peut continuer la procédure de vente immobilière au stade où elle est parvenue au jour de son intervention et la conduira à son terme.

1. Cass., ass. plén., 11 mai 1990, n° 89-12.144, *Bull. ass. plén.*, n° 8; *Gaz. Pal.* 1990. Pan. 121; *D.* 1990. 533, note Prévault.
2. ANCT C. com., art. L. 622-16 (mod. par L. n° 2005-845, 26 juill. 2005, et Ord. n° 2006-461, 21 avr. 2006).
3. Com. 21 févr. 2006, n° 04-10.187, *Bull. civ.* IV, n° 46.

– La difficulté, et donc le conflit éventuel entre juge de la saisie et liquidateur, intervient si l'adjudication a eu lieu ou a été publiée. En l'état des anciens textes, l'arrêt des poursuites ne visant que les « voies d'exécution », quel sort devait-il être réservé à la procédure d'ordre ?

Deux thèses étaient en conflit : la première considérait que, dans la mesure où le bien vendu appartenait à la personne soumise à la procédure collective, le mandataire liquidateur pouvait obtenir l'appréhension du prix versé par l'adjudicataire. La seconde thèse affirmait que le juge des ordres conservait ses pouvoirs lorsque le bien appartenait à une personne en redressement ou en liquidation : l'immeuble avait cessé d'appartenir au débiteur en liquidation judiciaire et était sorti de la procédure collective. Seul le juge de la saisie pouvait donc distribuer le prix.

– La doctrine a généralement adopté la seconde opinion. Restait alors une seconde difficulté : à partir de quelle date l'immeuble cesse-t-il d'appartenir au débiteur ? Faut-il retenir la date d'adjudication ou la date de publication du jugement d'adjudication ? Autrement dit le juge de la saisie conserve-t-il compétence si le jugement d'ouverture intervient après l'adjudication mais avant la publication du jugement ?

– Deux décisions de la Cour de cassation retenant la même solution, relativement à la procédure applicable avant la loi de 2005, doivent être mentionnées :

« *Si le liquidateur de la procédure collective reçoit des articles 148 alinéa 3 et 154 alinéa 4 de la loi du 25 janvier 1985, le pouvoir de régler, sous réserve des contestations, l'ordre entre les créanciers selon les modalités prévues aux articles 140 à 151 du décret du 27 décembre 1985, c'est à la condition que cette procédure soit ouverte pour distribuer le prix de vente d'un immeuble du débiteur réalisé au cours des opérations de la liquidation judiciaire et tel n'est pas le cas si l'ordre a été requis à la suite d'un jugement d'adjudication sur saisie publié avant la mise en redressement judiciaire du débiteur* »[1].

Deux solutions doivent être déduites de cet arrêt :

– le juge des ordres, malgré la règle de l'arrêt des poursuites individuelles, demeure compétent soit pour achever le règlement de l'ordre en cours au moment de l'ouverture du redressement judiciaire, soit même pour procéder à ce règlement en vertu d'une réquisition qui lui serait adressée postérieurement, si le jugement d'adjudication sur saisie a été publié avant la mise en redressement judiciaire du débiteur; le jugement d'adjudication publié avant la mise en redressement judiciaire est donc opposable à la procédure collective;

– si les bordereaux de collocation n'ont pas été payés à la date d'ouverture de la procédure collective, le juge des ordres doit colloquer les seules créances inscrites qui ont été admises ainsi que celles visées à l'article L. 622-17 du Code de commerce[2].

Le second arrêt de la Cour de cassation va dans le même sens : « *Si l'adjudication avant le jugement d'ouverture de la procédure collective fait sortir l'immeuble du patrimoine du débiteur, la créance résultant du prix de vente demeure dans son patrimoine même après le règlement du prix par l'adjudicataire, et si les bordereaux de collocation n'ont pas été payés à la date d'ouverture de la procédure collective, il appartient au liquidateur judiciaire, en l'absence de publication du jugement d'adjudication avant l'ouverture de la procédure collective,* ***ou au juge des ordres dans le cas contraire,*** *de colloquer les créances inscrites qui ont été admises, ainsi que celles visées à l'article 40 de la loi du 25 janvier 1985* » (c'est nous qui « soulignons »). La chambre commerciale censure, au visa des articles 46, 47, 152 et 154 de la loi du 25 janvier 1985[3] et 142 du décret du 27 décembre 1985[4], la cour d'appel qui, pour dire que le liquidateur judiciaire n'était pas compétent pour procéder à la distribution du prix de vente de l'immeuble, a énoncé que, du fait de la saisie immobilière et de la vente intervenues avant l'ouverture de la procédure de redressement judiciaire du débiteur saisi, l'immeuble qui appartenait à celui-ci avait quitté son patrimoine, de même que la créance résultant du prix de vente[5].

Cette jurisprudence ancienne a été récemment réaffirmée, mais pour un litige encore soumis à la loi de 1985, dans sa rédaction issue de la loi du 10 juin 1994. Il a été jugé : « *À défaut d'avoir été publié avant le jugement d'ouverture, le jugement d'adjudication est inopposable à la procédure collective*

1. Com. 12 juill. 1994, n° 92-14.090, *Bull. civ.* IV, n° 262; *Gaz. Pal.* 1995. Pan. 13; *D.* 1994, 569, rapp. Rémery, note Honorat; *Defrénois* 1995, 269, note Sénéchal.

2. ANC^T C. com., art. L. 621-32 (mod. par L. n° 2005-845, 26 juil. 2005) – ANC^T L. n° 85-98, 25 janv. 1985, relative au redressement et à la liquidation judiciaire des entreprises, art. 40, *JO* 26 janv., p. 1097.
3. Devenus C. com., anc. art. L. 621-39, L. 621-40, L. 622-9 et L. 622-16; puis après la loi de sauvegarde des entreprises : C. com., art. L. 622-20, L. 622-21, L. 641-9 et L. 642-18.
4. Décr. n° 85-1388, 27 déc. 1985, relatif au redressement et à la liquidation judiciaire des entreprises, *JO* 29 déc., p. 15281.
5. Com. 23 janv. 1996, n° 92-21.642, *Bull. civ.* IV, n° 25; *D.* 1996. 425, note Prévault; *D.* 1996. Somm. 282, note Honorat; *Defrénois* 1996, 940, note Sénéchal.

et la répartition du prix de vente de la créance relève de la compétence du liquidateur judiciaire »[1].

Simplifiant cet état du droit, le décret n° 94-910 du 21 octobre 1994[2] avait prévu que les procédures d'ordre en cours au jour du jugement d'ouverture étaient interrompues par l'effet de jugement.

Ces solutions sont encore modifiées sous l'empire de l'ordonnance n° 2006-461 du 21 avril 2006, réformant la saisie immobilière, qui conçoit la distribution comme une phase de la saisie, et de l'ordonnance n° 2008-1345 du 18 décembre 2008, portant réforme du droit des entreprises en difficulté, entrée en vigueur le 12 février 2009. Ainsi, le nouvel article L. 622-21, II du Code de commerce dispose : « [le jugement d'ouverture] *arrête ou interdit également toute procédure d'exécution de la part de ces créanciers* [il s'agit des créanciers dont la créance est née antérieurement au jugement d'ouverture] *tant sur les meubles que sur les immeubles* ***ainsi que toute procédure de distribution n'ayant pas produit un effet attributif avant le jugement d'ouverture*** ».

L'article R. 622-19 alinéa 1er du Code de commerce (issu de Décr. 28 déc. 2005) prévoit que les procédures de distribution du prix de vente d'un immeuble, en cours au jour du jugement d'ouverture, sont « *caduques* ».

Cette solution vaut à la fois pour le redressement judiciaire (C. com., art. R. 631-20) et la liquidation judiciaire (C. com., art. R. 641-23).

L'article R. 622-19 prévoit que les fonds doivent être remis au mandataire judiciaire ou au liquidateur, le cas échéant par le séquestre qui par cette remise est libéré à l'égard des parties. La procédure doit donc être reprise par le mandataire ou le liquidateur, dès lors que le paiement résultant de l'état de répartition ne sera pas définitif ou irrévocable (en cas de répartition judiciaire). Sous l'ancienne procédure d'ordre, il était jugé que « *les versements effectués à un créancier saisissant* [...] *ne deviennent définitifs que par collocation de ce créancier dans l'ordre ouvert sur le prix* », c'est-à-dire par la délivrance par le juge chargé des ordres d'un bordereau attribuant un caractère définitif au paiement ou par le jugement statuant sur opposition au règlement amiable[3].

1531.23 Indivision – Communauté. La situation à laquelle le juge des ordres ou le mandataire liquidateur est confronté est souvent celle des époux communs en bien en raison du régime matrimonial choisi ou d'un bien indivis par décision des époux. Les conditions dans lesquelles pourra se faire la vente d'un bien appartenant à un débiteur faisant l'objet d'une procédure collective, lorsque ce bien est un bien indivis ou de communauté ou lorsque ce bien constitue le logement familial, sont exposées aux nos 1411.80 s.

SECTION 3
DISPOSITIONS PARTICULIÈRES

1531.31 Textes et régime spécial (Bas-Rhin, Haut-Rhin, Moselle, Outre-mer). La procédure d'ordre est régie par les articles 293 et suivants du décret n° 2005-1677 du 28 décembre 2005 (devenus C. com., art. R. 643-6 s.), portant application de la loi du 26 juillet 2005 réformant les procédures collectives.

La situation particulière des départements du Bas-Rhin, Haut-Rhin, et de la Moselle, fait l'objet des articles L. 670-1 s. du Code de commerce[4], qui ont notamment modifié les articles 22, 23 et 24 de la loi du 1er juin 1924, introduisant dans ces départements les lois commerciales françaises, afin de donner compétence, en l'absence de tribunaux de commerce, au TGI, ou, le cas échéant, à la chambre commerciale du TGI.

De même, dans les collectivités territoriales d'outre-mer, soumises à un régime judiciaire particulier, des mesures d'adaptation ont été nécessaires; certaines ont été fixées par des délibérations de l'assemblée territoriale concernée.

1531.32 Textes et régime spécial des départements du Bas-Rhin, Haut-Rhin, et Moselle. Le titre VII du livre VI du Code de commerce est relatif au redressement et à la liquidation judiciaire des entreprises « Dispositions dérogatoires particulières aux départements du Haut-Rhin, du Bas-Rhin et de la Moselle » (C. com., art. L. 670-1 à L. 670-8[5]). Un régime particulier est prévu pour les personnes physiques qui, domiciliées dans ces trois départements, n'étaient ni des commerçants, ni des artisans, ni des agriculteurs, sont dans un état d'insolvabilité notoire[6]. À la suite de l'annexion à l'Allemagne de l'Alsace-Lorraine, lors du retour de cette province à la France à la fin de la Première guerre mondiale, un régime transitoire avait été adopté qui maintenait partiellement la législation

1. Com. 11 févr. 2014, n° 12-19.722, *Bull. civ.* IV, n° 34.
2. Décr. n° 94-910, 21 oct. 1994, pris pour l'application de la loi n° 94-475 du 10 juin 1994 relative à la prévention et au traitement des difficultés des entreprises, *JO* 22 oct., p. 15019.
3. Civ. 2e, 6 juin 2013, n° 12-21.402, NP.
4. ANCT C. com., art. L. 628-1 s. (L. n° 2005-845, 26 juill. 2005).
5. ANCT C. com., art. L. 628-1 à L. 628-8 (L. n° 2005-845, 26 juill. 2005).
6. Colmar, 14 mai 1996, *JCP* 1997. IV. 1107 – Colmar, 17 févr. 1998, *JCP E* 2000. Pan. 157.

allemande, alors jugée supérieure en qualité au droit français. L'appartenance de la France à l'Union européenne, qui implique l'harmonisation et même l'uniformisation des statuts juridiques, commandait l'unification de la réglementation du redressement et de la liquidation judiciaires sur le plan national. En conséquence, l'ancien article 240 de la loi n° 85-98 du 25 janvier 1985 (non repris au Code de commerce) avait fixé le retour au droit commun au 1er janvier 1986; l'article 670-8 du Code de commerce dispose : « *Les dispositions de l'article 1er de la loi n° 75-1256 du 27 décembre 1975 relative à certaines ventes de biens immeubles dans les départements du Haut-Rhin, du Bas-Rhin et de la Moselle cessent d'être applicables aux ventes forcées d'immeubles compris dans le patrimoine d'un débiteur ayant fait l'objet d'une procédure de redressement judiciaire ouverte postérieurement au 1er janvier 1986* ».

1531.33 **Régime spécial de l'outre-mer.** Les territoires et collectivités d'outre-mer font l'objet dans le « nouveau » Code de commerce du livre neuvième intitulé « Dispositions relatives à l'outre-mer », qui, d'une part, renferment des dispositions d'ordre général, tendant à mettre en concordance le statut du redressement et de la liquidation judiciaire avec les institutions nouvelles concédant aux collectivités territoriales d'outre-mer une certaine autonomie et créant une organisation spécifique sur les plans politique, administratif et judiciaire, et, d'autre part, confiant le soin d'adapter les réglementations métropolitaines aux aspirations des autochtones.

En ce qui concerne plus spécialement le livre VI, titre II relatif au « *redressement et à la liquidation judiciaires des entreprises* », les références des textes concernant les « *difficultés d'adaptation* » sont les suivantes :

– Saint-Pierre-et-Miquelon : « *Le 4° du III de l'article L. 643-11 ne s'applique pas à Saint-Pierre-et-Miquelon* » (C. com., art. L. 916-1);

– Mayotte (C. com., art. L. 920-1, L. 926-1 à L. 926-7);

– Nouvelle Calédonie (C. com., art. L. 930-1, L. 936-1 à L. 936-12);

– Polynésie Française (C. com., art. L. 940-1, L. 946-1 à L. 946-13);

– Îles Wallis et Futuna (C. com., art. L. 950-1, L. 956-1 à L. 956-9).

CHAPITRE

1532. Procédure de répartition du produit de la vente

Lise LEROY-GISSINGER
Conseiller à la cour d'appel d'Aix-en-Provence

SECTION 0 ORIENTEUR

1532.00 **Plan du chapitre.**

1532.01 **Textes applicables.**
C. com., art. L. 642-18, L. 643-1 s., R. 600-1 s. et R. 643-3 s.

1532.03 **Bibliographie indicative.** V. bibliographie indicative s[s] n° 1531.03.

SECTION 1 PRÉSENTATION SYNTHÉTIQUE

1532.11 **Principes.** L'article L. 642-18 alinéa 5 du Code de commerce[1] pose le principe que « *le liquidateur répartit le produit des ventes et règle l'ordre, sous réserve des contestations qui sont portées devant le juge de l'exécution* ».

Rappelons à cet égard :

1° que tous les créanciers participent à l'ordre, du fait que le jugement, qui a ouvert ou prononcé la liquidation judiciaire, a rendu exigible les créances non échues (C. com., art. L. 643-1[2]);

2° que les créances exprimées en monnaie étrangère sont converties en euros, suivant les cours du change à la date du jugement;

3° que le passif est connu, en ce qui concerne les privilèges immobiliers et les hypothèques, par l'état des inscriptions délivré par le service de la publicité foncière; celui-ci mentionne en effet les références utiles : noms des créanciers, titre de créance, montants dus, intérêts, *etc.*, et permet d'établir, par la collocation, l'ordre de préférence, et le rang respectif des créanciers inscrits (les créanciers chirographaires étant réglés au marc le franc).

Les règles spécifiques de la procédure de répartition sont énoncées en ce qui concerne la liquidation judiciaire aux articles R. 643-3 à R. 643-15 du Code de commerce. Elles sont rendues applicables, par renvoi d'article, à la procédure de sauvegarde, par l'article R. 626-36 alinéa 2, et au redressement judiciaire par l'article R. 631-35 (qui renvoie à C. com., art. R. 626-36).

1532.12 **Fonds à distribuer – Intérêts.** Le mandataire-liquidateur détiendra donc des fonds provenant de la réalisation de l'actif, soit qu'il reprenne la procédure de distribution devenue caduque par l'effet du jugement d'ouverture, soit que cette procédure fasse suite à la vente du bien immobilier au cours de la procédure collective. En principe, ces fonds sont versés au compte de dépôt que le liquidateur a dû ouvrir à la Caisse des dépôts et consi-

1. ANC[T] C. com., art. L. 622-16 (mod. par L. n° 2005-845, 26 juill. 2005, dite de sauvegarde des entreprises, *JO* 27 juill., p. 12187, et Ord. n° 2006-461, 21 avr. 2006, réformant la saisie immobilière, *JO* 22 avr., p. 6072) – ANC[T] L. n° 85-98, 25 janv. 1985, relative au redressement et à la liquidation judiciaire des entreprises, art. 154, *JO* 26 janv., p. 1097.

2. Mod. par Ord. n° 2008-1345, 18 déc. 2008, portant réforme du droit des entreprises en difficulté, *JO* 19 déc., p. 19462 – ANC[T] C. com., art. L. 622-22 (L. 26 juill. 2005) – ANC[T] L. 25 janv. 1985, art. 160.

gnations (CDC), représentée, dans chaque département par la Trésorerie générale, sur laquelle seront délivrés les mandats de paiement émis au profit des créanciers.

La CDC verse un intérêt, déterminé annuellement par le gouvernement, qui s'ajoute donc au capital, et qui augmente d'autant la somme à distribuer.

En ce qui concerne les créances, l'article L. 622-28 du Code de commerce[1], dispose que « *le jugement d'ouverture arrête le cours des intérêts légaux et conventionnels, ainsi que de tous intérêts de retard et majorations* », à moins qu'il ne s'agisse « des *intérêts résultant de contrats de prêt conclus pour une durée égale ou supérieure à un an ou de contrats assortis d'un paiement différé d'un an ou plus* ». Depuis la loi du 10 juin 1994, les personnes physiques coobligées, ou ayant consenti une sûreté personnelle, ou ayant affecté ou cédé un bien en garantie, peuvent invoquer les dispositions de cet article. L'ordonnance n° 2014-326 du 12 mars 2014[2], entrée en vigueur le 1er juillet 2014, a ajouté que « *nonobstant l'article 1154 du Code civil, les intérêts échus de ces créances ne peuvent produire des intérêts* ».

La Cour de cassation a estimé que la règle édictée par l'ancien article 140 du décret du 27 décembre 1985[3] aux termes duquel, dans les trois mois de l'adjudication, l'adjudicataire verse au compte de dépôt ouvert par le liquidateur à la CDC la totalité du prix d'adjudication s'applique à l'exclusion de toute autre règle; par conséquent, doit être écarté le privilège prévu par l'article L. 443-6 du Code de la construction et de l'habitation et de l'article 38 du décret-loi du 28 février 1852 concernant l'affectation du prix d'adjudication de l'immeuble au créancier ayant financé un projet immobilier[4].

1532.13 Formalités préalables à l'établissement des collocations. Dès la publication de la vente, le liquidateur requiert du service de la publicité foncière[5] l'état des inscriptions, conformément à l'article 2449 du Code civil, en vue de régler l'ordre entre les créanciers et procéder à la distribution du prix (C. com., art. R. 643-4, al. 1er).

En cas de vente de gré à gré, le liquidateur agit soit d'office, soit est requis par l'acquéreur ou par tout intéressé. Avant de procéder à l'ouverture de l'ordre, il doit vérifier l'accomplissement, par l'acquéreur, du versement du prix à la CDC et des formalités de purge prescrites par les articles 2476 et suivants du Code civil (C. com., art. R. 643-4, al. 2).

L'état hypothécaire sur publication de la vente peut réserver des surprises au liquidateur et notamment la présence de créanciers inscrits du chef d'un précédent propriétaire et titulaires d'un droit de suite.

1532.14 Créanciers titulaires d'un droit de suite. Ceux-ci sont avertis par le liquidateur par lettre recommandée avec demande d'avis de réception qu'ils ont l'obligation de produire leur créance à la procédure d'ordre dans le délai de deux mois à compter de l'avertissement. Cet avis reproduit les deuxième et troisième alinéas de l'article R. 643-5 du Code de commerce, soit la mention des documents à fournir à l'appui de la production et la mention du délai de deux mois pour produire.

La production de ces créanciers, qui doit mentionner la sûreté inscrite sur le bien, doit être accompagnée :

– d'un décompte des sommes dues en principal, intérêts et accessoires;

– de tous documents justificatifs.

À défaut de production dans le délai mentionné au premier alinéa, la sanction est sévère puisque le créancier est déchu du droit de participer à la distribution (C. com., art. R. 643-5, al. 3).

1532.15 Établissement des collocations. Le liquidateur judiciaire établira un état de collocation, qui sera déposé au greffe et dont toute personne pourra prendre connaissance (C. com., art. R. 643-6). En l'absence de contestation, le liquidateur dressera un procès-verbal de clôture, qui constatera que l'état de collocation est devenu irrévocable, et qui sera déposé au greffe du tribunal de commerce devant lequel s'est poursuivie la procédure collective.

À la différence de la procédure de droit commun, celle qui est conduite par le liquidateur ne devrait en principe motiver aucune contestation, en ce qui concerne le règlement du passif, du fait que normalement il a déjà été procédé, conformément aux articles L. 624-1 et L. 624-2 du Code de commerce[6], à la vérification et à l'admission des créances, diligentées sous le contrôle du juge-com-

1. ANCT C. com., art. L. 621-48 (L. n° 2005-845, 26 juill. 2005) – ANCT L. 25 janv. 1985, art. 55.
2. Ord. n° 2014-326, 12 mars 2014, portant réforme de la prévention des difficultés des entreprises et des procédures collectives, *JO* 14 mars, p. 5249.
3. Décr. n° 85-1388, 27 déc. 1985, relatif au redressement et à la liquidation judiciaire des entreprises, *JO* 29 déc., p. 15281.
4. Com. 23 nov. 1999, n° 97-11.578, NP – DÉJÀ EN CE SENS : Com. 3 mai 1994, n° 92-13.099, NP.
5. Depuis l'entrée en vigueur, le 1er janvier 2013, de Ord. n° 2010-638, 10 juin 2010, portant suppression du régime des conservateurs des hypothèques, *JO* 11 juin, p. 10757, les conservateurs des hypothèques ont été remplacés par les services de la publicité foncière.
6. ANCT C. com., art. L. 621-103 et L. 621-104 (L. n° 2005-845, 26 juill. 2005) – ANCT L. 25 janv. 1985, art. 99 s.

missaire, au vu de la liste des créances déclarées établie par le représentant des créanciers. Un état des créances vérifiées et admises est en définitive établi, au vu tant des décisions d'admissions ou de rejet prises par le juge-commissaire, que de celles rendues sur les recours exercés contre ces décisions (C. com., art. R. 643-6, al. 1er).

Cet état, déposé au greffe, sera donc la base du règlement de l'ordre. Il devra cependant, éventuellement être complété, par la prise en compte :

1° des sommes dues pour frais de justice (frais de poursuite, frais de libération et frais de production), qui bénéficient d'un privilège (C. com., art. R. 643-10 et L. 641-13 al. 3);

2° éventuellement, des créances des salariés, assorties, pour partie de leur montant, d'un superprivilège (C. com., art. L. 641-13, al. 3);

3° des distributions de deniers, qui ont pu avoir lieu antérieurement, et auxquelles certains créanciers ont pu participer (les sommes perçues par eux seront déduites de leurs collocations).

Il convient de remarquer que la créance due à l'adjudicataire d'un immeuble, née de l'occupation sans droit ni titre de cet immeuble par le débiteur en liquidation judiciaire postérieurement à la signification du jugement d'adjudication, entre dans les prévisions de l'(ancien) article L. 621-32 du Code de commerce[1], sans que la clause du cahier des conditions de vente mentionnant la présence du débiteur saisi dans les lieux puisse exonérer le vendeur de l'immeuble de son obligation de délivrance et dispenser en conséquence le liquidateur de prendre, de sa propre initiative, les mesures nécessaires à la libération des lieux[2].

SECTION 2
MESURES PRÉALABLES

1532.21 **Législation.** La législation spécifique se trouve aux articles R. 643-3 et suivants du Code de commerce.

Le liquidateur, avant d'établir l'état de collocation, doit prendre ou provoquer certaines mesures préalables, sans lesquelles la distribution des deniers ne pourrait avoir lieu.

1532.22 **Publication de la vente.** La répartition du prix de vente implique que cette vente ait acquis un caractère définitif et irrévocable et soit opposable aux tiers, c'est-à-dire que le jugement d'adjudication ou l'acte de vente aient été publiés au service de la publicité foncière. Cette publication, effectuée par l'adjudicataire, ou l'acquéreur, doit intervenir dans les **deux mois** de leur date; en cas d'appel, le délai court de l'arrêt confirmatif (C. com., art. R. 643-3). Passé ce délai, l'adjudicataire, ou l'acquéreur, seront considérés comme refusant de payer, et le liquidateur se trouvera alors admis à remettre le bien en vente, selon la procédure de réitération des enchères (ancienne procédure de « *folle enchère* »).

1532.23 **Consignation du prix dans les trois mois.** Le liquidateur est tenu d'ouvrir, à son nom, pour le compte de l'ordre, un compte de dépôt à la Caisse des dépôts et consignations (en province, la Trésorerie générale).

L'adjudicataire doit, dans les **trois mois** de l'adjudication, verser à ce compte « *la totalité du prix de l'adjudication, y compris les intérêts au taux légal, à compter du jour où la vente est devenue définitive, jusqu'au jour du paiement* » (C. com., art. R. 643-3).

Si le règlement n'est pas effectué dans le délai, le liquidateur adresse, par lettre recommandée avec avis de réception, à l'adjudicataire, une mise en demeure, indiquant qu'à défaut de paiement, il sera procédé à une revente de l'immeuble sur réitération des enchères.

Cette procédure était applicable aux débiteurs du Crédit foncier de France, qui ne pouvait en ce cas se prévaloir du paiement personnel institué par l'ancien article 38 du décret du 28 février 1852 : en cas de liquidation judiciaire, s'applique, à l'exclusion de toute autre, la règle édictée par l'article 140 du décret du 27 décembre 1985 aux termes duquel, dans les trois mois de l'adjudication, l'adjudicataire verse au compte de dépôt ouvert par le liquidateur à la CDC la totalité du prix de l'adjudication, y compris les intérêts au taux légal à compter du jour où la vente est devenue définitive et il n'y avait donc pas lieu d'appliquer l'ancien article 38 du décret du 28 février 1852 prévoyant le versement d'une provision sur les fonds dans les huit jours de la vente[3]. De même, un créancier hypothécaire inscrit ne pouvait obtenir du juge que soit porté au cahier des conditions de vente que l'adjudicataire serait tenu, par application des dispositions du décret abrogé du 28 février 1852 et de l'ancien article 7 de la loi du 10 juin 1853, de lui verser ce qui lui était dû par le débiteur en liquidation judiciaire, ce qui est appelé communément le versement provisionnel en faveur du premier créancier inscrit[4]. Ces solutions continuent de s'appliquer *mutatis mutandis*...

1. Désormais, C. com., art. L. 622-17 (L. n° 2005-845, 26 juill. 2005).
2. Com. 30 avr. 2005, n° 01-11.620, *Bull. civ.* IV, n° 73.
3. Com. 9 juin 1992, n° 88-15.063, *Bull. civ.* IV, n° 229; *Gaz. Pal.* 1992. Pan. 317; *D.* 1992. 388, note Honorat.
4. Com. 19 oct. 1993, n° 91-11.385, *Bull. civ.* IV, n° 342; *Gaz. Pal.* 1994. Pan. 93.

Lorsque la vente a eu lieu de gré à gré, le notaire rédacteur de l'acte de vente, à moins qu'il n'en soit dispensé par l'accord des créanciers inscrits, doit accomplir les formalités de la purge des hypothèques, et ensuite remettre le prix au liquidateur. Si le versement a bien lieu, les fonds seront consignés à la CDC, au compte de l'ordre; dans la négative, sera prise une ordonnance, rendue par le juge-commissaire, exécutoire contre l'acquéreur, qui sera contraint au paiement. Ces ordonnances d'injonction rendues par le juge-commissaire aux fins de consignation du prix à la CDC interviennent dans le cadre normal de ses attributions et, en conséquence, ne sont pas susceptibles d'appel[1].

1532.24 État des inscriptions hypothécaires. Le mandataire liquidateur devra lever un état hypothécaire, qui lui permettra de vérifier la situation exacte des inscriptions (C. com., art. R. 643-4); celle-ci peut en effet varier en cours de procédure, notamment à la suite de la radiation de créances payées, ou éteintes, par l'effet des inscriptions complémentaires, ou par le non-renouvellement de certaines sûretés.

SECTION 3
ÉTAT DE COLLOCATION

1532.31 État de collocation. Le liquidateur, chargé de l'ordre, va dresser un état de collocation, qui constituera un projet de règlement (« *un règlement provisoire* »), qui deviendra le règlement définitif s'il n'est pas contesté par les créanciers auxquels il sera communiqué.

L'article R. 643-6 du Code de commerce précise que « *le liquidateur dresse l'état de collocation au vu des inscriptions, des créances admises et des créances mentionnées à l'article L. 641-13* »[2].

L'état de collocation sera ainsi établi au vu de :

– l'état des inscriptions obtenu du service de la publicité foncière. Il se peut que l'état des créances ne soit pas conforme aux inscriptions, par exemple lorsque l'admission aura été faite à titre privilégié mais que, au jour de l'établissement de l'état de collocation, le créancier aura vu sa sûreté se périmer;

– l'état des créances déclarées et admises, conformément aux dispositions de l'article L. 624-2 du Code de commerce[3], sauf à fixer simplement le mode de calcul des intérêts restant à courir du jour du jugement d'ouverture jusqu'au paiement effectif, en vue de la fixation ultérieure du montant de la créance d'intérêts. Cette décision vaut admission[4]. Il est de principe en droit des entreprises en difficulté que les décisions d'admission sont irrévocables[5] et ont autorité de la chose jugée[6]. Les créanciers qui n'ont pas déclaré dans le délai de l'article L. 622-24 du Code de commerce ne sont pas admis à la répartition, sauf relevé de forclusion (C. com., art. L. 622-26 [anc^{t} art. L. 621-46, qui prévoyait en outre l'extinction des créances non déclarées]);

– la liste des créances postérieures impayées, visées à l'article L. 641-13.

Ces dernières créances bénéficient d'un rang privilégié. Cependant, il faut pour cela qu'elles aient été portées à la connaissance du mandataire judiciaire, de l'administrateur, ou du liquidateur au plus tard dans le délai de six mois à compter de la publication du jugement ouvrant ou prononçant la liquidation judiciaire ou, à défaut, dans le délai d'un an à compter de celle du jugement arrêtant le plan de cession (C. com., art. L. 641-13, IV).

Parmi ces créances se trouvent les frais de radiation des inscriptions et poursuite de l'ordre (C. com., art. R. 641-13).

Il a été jugé qu'il résulte de l'article L. 641-13, II et III, du Code de commerce, dans sa rédaction antérieure à l'ordonnance n° 2008-1345 du 18 décembre 2008[7], que les créances hypothécaires priment les frais de justice postérieurs au jugement d'ouverture de la procédure collective, malgré les termes de l'article L. 643-8 qui dispose que les frais et dépens de la liquidation judiciaire sont distraits du montant de l'actif à distribuer[8].

Le même arrêt a décidé que les créances de l'Association pour la gestion du régime de garantie des créances de salaire (AGS) sont légalement réputées être des créances antérieures, sans distinction

1. Com. 28 juin 1994, n° 90-14.828, *Bull. civ.* IV, n° 238; *D.* 1994. 477, note Honorat; *Defrénois* 1995. 172, note Honorat; *Defrénois* 1996. 273, note Sénéchal.
2. Sous l'empire du décret du 27 décembre 1985, il était mentionné qu'il devait tenir compte de la liste des créances mentionnées à l'article 40 (anc^{t} C. com., art. 621-32).
3. ANC^{T} C. com., art. L. 622-17 – ANC^{T} L. 25 janv. 1985, art. 101.
4. Com. 26 oct. 1999, n° 96-12.958, *Bull. civ.* IV, n° 189; *Gaz. Pal.* 1999. Somm. 703; *Gaz. Pal.* 4 déc. 1999, p. 44; *Gaz. Pal.* 6 janv. 2000, p. 15; *D.* 2000. AJ 5, obs. V. A.-R.; *LPA* 7 juin 2000, p. 24, note Courtier; *RJDA* 2000/1, n° 58.
5. Com. 14 oct. 1997, n° 95-15.544, *Bull. civ.* IV, n° 256; *Gaz. Pal.* 1998. Somm. 376; *Gaz. Pal.* 27 juin 1998, p. 10, note Massoni; *D.* 1998. Somm. 96, note Honorat – Com. 11 sept. 2013, n° 11-17.201, *Bull. civ.* IV, n° 161; *D.* 2013. 2182; *JCP* 2013. 1730, note Courdier-Cuisinier; *RLDA* 2013, n° 86, p. 24, note Farache.
6. Com. 12 nov. 1991, n° 89-19.454, *Bull. civ.* IV, n° 342; *Gaz. Pal.* 1992. Pan. 93; *D.* 1992. Somm. 183, note Honorat.
7. Ord. n° 2008-1345, 18 déc. 2008, portant réforme du droit des entreprises en difficulté, *JO* 19 déc., p. 19462.
8. Com. 11 juin 2014, n° 13-17.997, *Bull. civ.* IV, n° 103; *Dict. perm. diff. entr.*, juill. 2014, p. 12, comm. Henry.

de date de naissance, et lorsqu'elles bénéficient du privilège général des salaires, priment les créances hypothécaires, lorsqu'elles viennent sur la distribution du prix d'un immeuble.

Il a également été jugé, sous l'empire du droit antérieur à la loi de sauvegarde, que si une créance fait l'objet d'une instance judiciaire devant un juge du fond, le liquidateur ne peut l'inclure dans l'état de collocation tant qu'il n'a pas été statué définitivement sur ce litige, même à titre provisionnel, si le rang de cette créance est susceptible d'affecter l'ordre d'autres créances[1].

Le liquidateur arrêtera l'ordre lorsque les fonds à distribuer seront épuisés. Le dernier créancier pouvant être colloqué ne percevra éventuellement qu'un paiement partiel; d'autres seront écartés de la collocation, comme ne venant pas en rang utile.

L'état de collocation en fera mention et réservera leurs droits à recouvrer leurs créances sur tous autres éléments du patrimoine de leur débiteur, comme ils aviseront.

Bien entendu, si au contraire il reste un reliquat non distribué, l'état de collocation prévoira sa restitution au débiteur.

Le liquidateur peut tenir une réunion et convoquer les créanciers inscrits, l'adjudicataire ou l'acquéreur : il s'agit d'une audience de conciliation semblable à celle naguère pratiquée en droit commun par le juge des ordres (C. com., art. R. 643-6). L'article R. 643-15 prévoit qu'en cas de retour au liquidateur d'une lettre de notification qui n'a pu être remise à son destinataire, il doit procéder par voie de signification. Bien que ce texte ne vise que la « notification », il peut être considéré qu'il s'applique également à la convocation à laquelle le liquidateur procédera, le cas échéant pour tenir cette réunion, en vue de l'établissement de l'état de collocation[2].

1532.32 Créanciers chirographaires. Après la collocation des créanciers privilégiés et hypothécaires inscrits sur l'état deniers à distribuer reviendra aux créanciers chirographaires, qui ont régulièrement produit et dont la créance a été vérifiée et admise. Comme il n'existe aucun droit de préférence entre eux, la répartition s'effectuera au « *marc le franc de leurs créances* » (proportionnellement aux montants des créances), sous le couvert d'une collocation globale du solde disponible.

Le juge-commissaire n'est pas tenu de vérifier les créances chirographaires, lorsqu'il apparaît que les sommes à distribuer seront entièrement absorbées par les frais de justice et les créances privilégiées ou hypothécaires. Cette décision n'empêchait pas l'ordre de produire effet quant à l'extinction des créances non déclarées[3], étant rappelé que le jugement d'ouverture rend exigibles toutes les créances du débiteur, même celles non échues, quelle que soit l'origine du terme, légale ou conventionnelle (C. com., art. L. 643-1[4]).

Il est parfois difficile de distinguer entre créancier chirographaire et titulaire d'un droit de suite : des époux se sont portés cautions hypothécaires du remboursement d'un prêt consenti à une société et ont affecté à cette garantie un immeuble qui a été ultérieurement vendu à la société, elle-même absorbée par une autre société. Cette dernière ayant été mise en redressement judiciaire puis en liquidation judiciaire, la banque a déclaré sa créance à titre chirographaire. Le juge-commissaire ayant ordonné la vente de l'immeuble, l'état de collocation établi par le liquidateur a écarté la banque de la distribution. La banque a contesté l'état de collocation devant le tribunal de grande instance (TGI) en faisant valoir qu'elle bénéficiait d'un droit de suite sur l'immeuble faute d'accomplissement des formalités de purge lors de la première vente intervenue et a demandé à être colloquée au premier rang hypothécaire sur le prix de la distribution.

La Cour de cassation a censuré l'arrêt qui, pour rejeter la contestation de la banque de l'état de collocation, retient qu'en application de l'(ancien) article 2167 du Code civil[5], les deux sociétés sont devenues débiteurs hypothécaires de la banque, que l'ancien article L. 621-44 du Code de commerce[6] impose au créancier de préciser, dans sa déclaration de créance, la nature du privilège ou de la sûreté dont sa créance est assortie et que le droit de suite conféré par l'(ancien) article 2166 du Code civil[7] au titulaire d'une hypothèque ne saurait faire échec aux dispositions d'ordre public de l'article L. 621-44 du Code de commerce. En statuant ainsi, alors, d'un côté, que la banque était devenue créancier chirographaire de la société, tiers détenteur, du fait de la fusion absorption et, de l'autre, qu'elle exerçait son droit de suite et de préférence sur l'immeuble hypothéqué dont la société tiers détenteur n'était devenue propriétaire que postérieurement à la constitution de l'hypothèque, ce dont il résultait qu'elle devait être colloquée, la cour d'appel a violé les textes susvisés[8].

1. Com. 7 févr. 2012, n° 10-25.930, *Bull. civ.* IV, n° 25.
2. EN CE SENS, P.-M. Le Corre, Dalloz action *Droit et pratique des procédures collectives*, 2015/2016, n° 591.32.
3. Com. 23 nov. 1999, n° 97-16.870, *Bull. civ.* IV, n° 208; *JCP E* 2000. IV. 63; *D.* 2000. 13, note A. L.
4. ANCᵀ C. com., art. L. 622-22 (L. n° 2005-845, 26 juill. 2005).
5. Devenu C. civ., art. 2462 (Ord. n° 2006-346, 23 mars 2006).
6. Devenu C. com., art. L. 622-25 (L. n° 2005-845, 26 juill. 2005).
7. Devenu C. civ., art. 2461 (Ord. n° 2006-461, 21 avr. 2006).
8. Com. 10 mars 2004, n° 02-16.474, *Bull. civ.* IV, n° 47; *Gaz. Pal.* 2004. 1. Somm. 1401; *D.* 2004. AJ 1021; *D.* 2004. Somm. 2146, obs. Le Corre; *D.* 2004. Somm. 2710, obs. Aynès.

1532.33 Dépôt et notification. Le liquidateur doit déposer l'état de collocation au greffe du tribunal devant lequel s'est déroulée la procédure collective (C. com., art. R. 643, al. 1er). Le greffier est dépositaire de l'ordre, dont toute personne peut obtenir communication et avoir connaissance.

Il doit procéder à deux formalités :

1° Il doit publier l'état des collocations par des inscriptions faites au *Bulletin officiel des annonces civiles et commerciales (Bodacc)* et dans les journaux d'annonces légales : le greffier avertit les créanciers et l'adjudicataire ou l'acquéreur du dépôt de l'état de collocation par une insertion dans un ou plusieurs journaux d'annonces légales et par une insertion au *Bodacc* contenant l'indication du journal d'annonces légales dans lequel a été faite la première insertion. Cette publication doit porter mention du délai de recours (C. com., art. R. 643-6, al. 2).

L'exigence de la mention du délai pour former la contestation implique que soit aussi mentionné le point de départ de ce délai; à défaut de contenir une telle mention, l'avis ne fait pas courir le délai de contestation[1].

2° Sauf dispense donnée par le juge-commissaire, le greffier adresse en outre à chaque créancier colloqué et à chaque créancier inscrit sur l'immeuble, à domicile élu, une copie de l'état de collocation. Cette transmission doit mentionner les modalités du recours ouvert pour le contester (C. com., art. R. 643-6, al. 3). La référence faite par le texte aux **modalités** du recours est plus générale que celle figurant à l'alinéa 2 du même article, susmentionné, relative au **délai** de recours. Il aurait pu en être déduit que, faute de mentionner la forme du recours, le délai ne pouvait courir. Cependant la jurisprudence semble orientée différemment puisque la Cour de cassation a jugé que le délai de contestation à l'encontre de l'état de collocation est unique et qu'il court à compter de l'insertion au *Bodacc* avisant du dépôt de l'état et ne peut varier en fonction des notifications lesquelles ne sont pas obligatoires puisque le juge-commissaire peut en dispenser le greffier. Cet arrêt précise par ailleurs, que la décision du juge-commissaire est ici discrétionnaire[2].

Le délai de recours est de trente jours à compter de l'insertion au *Bodacc* avisant du dépôt de l'état de collocation (C. com., art. R. 643-11, al. 1er).

3° L'état de collocation est adressé aux institutions mentionnées à l'article L. 143-11-4 du Code du travail, devenu article L. 3253-14 (c'est-à-dire aux AGS), lorsqu'elles en auront fait la demande préalable (C. com., art. R. 643-6 *in fine*).

1532.34 Absence de contestation – clôture de l'ordre. En l'absence de contestation, dans le délai de trente jours, le liquidateur établit le règlement définitif (C. com., art. R. 643-7, al. 1er). Il dispose pour ce faire d'un délai de quinze jours courant de l'expiration du délai pour former contestation.

Il doit déposer le procès-verbal de clôture de l'ordre au greffe du tribunal devant lequel s'est déroulée la procédure de liquidation judiciaire. À compter de ce dépôt, la collocation des créanciers est définitivement arrêtée en capital et intérêts. Toutefois, les intérêts de la somme ainsi liquidée continuent de courir au bénéfice des créanciers au taux servi par la CDC (C. com., art. R. 643-7, al. 2).

La procédure est ensuite soumise aux articles R. 643-7 à R. 643-10 du Code de commerce, qui sera décrite plus loin (v. ss nos 1532.51 s.), le règlement définitif de l'ordre étant soumis à la même procédure qu'il intervienne après jugement de contestation ou en l'absence de contestation.

SECTION 4
CONTESTATIONS

1532.41 Principe. La possibilité de former des contestations à l'état de répartition effectué par le liquidateur est prévue à l'article L. 642-18 du Code de commerce, qui dispose, depuis l'entrée en vigueur de la réforme de la procédure de saisie immobilière, que celles-ci sont portées devant le juge de l'exécution (JEX).

Le régime de ces contestations est fixé par l'article R. 643-11 du Code de commerce.

1532.42 Conditions de recevabilité. Aux termes de l'article R. 643-11 du Code de commerce, les contestations doivent être formées dans le délai de trente jours à compter de la publication au *Bodacc* de l'avis de dépôt de l'état de collocation (v. ss no 1532.33).

Les conditions de forme sont :

1° Une déclaration au greffe du JEX du TGI dans le ressort duquel s'est déroulée la procédure collective. Ce juge est le juge de droit commun des difficultés de distribution des deniers, faisant suite à une mesure d'exécution. Il s'agit d'une compétence exclusive. Il avait été jugé, sous l'empire de la législation antérieure à l'ordonnance du 21 avril 2006 réformant la procédure de saisie immobilière, que le juge-commissaire ne commettait aucun excès de pouvoir en jugeant que les contestations relatives à

1. Com. 4 oct. 2005, no 04-12.491, *Bull. civ.* IV, no 202.
2. Com. 13 févr. 2007, no 05-17.794, *Bull. civ.* IV, no 35.

la répartition du prix de cession ressortissaient à la compétence exclusive du juge des ordres [1].

2° Une dénonciation de la contestation, dans les dix jours qui suivent, par acte d'huissier de justice, « *aux créanciers en cause* » et au liquidateur judiciaire. Cette dénonciation est prévue à peine d'irrecevabilité de la contestation.

Les « *créanciers en cause* », visés par le texte, sont bien évidemment le créancier dont la créance est contestée, mais aussi, selon un arrêt de la Cour de cassation du 16 septembre 2008, les créanciers qui lui sont postérieurs [2].

La dénonciation doit mentionner qu'un délai de quinze jours leur est imparti pour constituer avocat (C. com., art. R. 643-11, al. 2).

1532.43 **Qui peut contester ?** Le texte ne l'indique pas et l'on peut supposer que toute personne justifiant d'un intérêt pourra le faire. Il s'agira bien sur des créanciers colloqués, mais aussi ceux qui ne l'auraient pas été.

S'agissant du débiteur lui-même, il a été jugé que la règle du dessaisissement lui interdisait de faire appel seul du jugement portant attribution des sommes issues de la vente d'un bien immobilier. La Cour de cassation a retenu « *qu'aucun droit propre faisant échec au dessaisissement n'autorise le débiteur en liquidation à contester seul l'attribution à un créancier du prix de l'adjudication d'un immeuble* » [3]. Il peut en être déduit, nous semble-t-il, que le débiteur ne pourrait pas davantage contester l'état de collocation dressé par le liquidateur [4].

1532.44 **Paiement et ordre partiels.** Malgré l'existence d'une contestation, l'article R. 643-12 du Code de commerce permet au liquidateur de régler l'ordre et de délivrer les titres de paiement. Ce pouvoir paraît discrétionnaire. On doit considérer que le liquidateur n'y procédera qu'au cas où la contestation ne remet pas en cause les créances admises qui sont antérieures à celles qui font l'objet du litige et dont le paiement est en conséquence possible, leur admission étant irrévocable.

Le texte permet même le règlement des créances postérieures, pour autant que soit réservée une somme suffisante pour les créances contestées.

1532.45 **Jugement des contestations.** L'article R. 643-11 alinéa 3 du Code de commerce, dans sa rédaction issue du décret n° 2012-783 du 30 mai 2012, qui tient compte de l'entrée en vigueur du Code des procédures civiles d'exécution dispose : « *Il est statué sur les contestations selon la procédure applicable devant le juge de l'exécution. Les articles R. 311-4, R. 311-6 premier alinéa et R. 311-7 du Code des procédures civiles d'exécution sont applicables* ».

Avant l'entrée en vigueur de la réforme de la saisie immobilière, la procédure se déroulait, à peu de choses près, comme en matière d'ordre judiciaire, référence étant faite aux articles 761 à 764 et 768 ACPC. Le jugement des contestations est maintenant soumis aux règles régissant la procédure devant le JEX.

Le visa des articles du Code des procédures civiles d'exécution entraîne :

1°) Que la représentation par avocat est obligatoire.

Sur ce point, la référence à l'article R. 311-4 C. pr. exéc. faite au dernier alinéa de l'article R. 643-11 paraît redondante, dès lors que cet article mentionne à l'alinéa précédent que la dénonciation de la contestation doit avertir leur destinataire de ce qu'ils doivent constituer avocat dans le délai de quinze jours à compter de celle-ci. Sans doute cette référence est-elle apparue nécessaire pour imposer que la contestation elle-même soit faite par avocat, bien que ce qui suit puisse en faire douter,

2°) Que la contestation et les demandes incidentes soient faites par le dépôt de conclusions signées d'un avocat (C. pr. exéc., art. R. 311-6, al. 1er),

3°) Que le jugement est susceptible d'appel dans le délai de quinze jours suivant la notification qui en est faite, l'appel étant jugé selon la procédure de l'article 905 C. pr. civ. (procédure sans mise en état). La notification est faite par voie de signification. L'opposition est exclue (C. pr. exéc., art. R. 311-7).

De même qu'avant la réforme, l'application des règles de l'ancien Code de procédure civile était impérative [5], celles du Code des procédures civiles d'exécution le sont [6].

1. Com. 11 déc. 2007, n° 06-12.921, NP.
2. Com. 16 sept. 2008, n° 07-13.135, *Bull. civ.* IV, n° 153. Cette décision rendue sous l'empire de la législation antérieure à la loi de sauvegarde devrait être maintenue avec l'application des réformes ultérieures, celles-ci n'ayant pas fondamentalement modifié le régime de cette dénonciation.
3. Com. 13 nov. 2013, n° 13-11.921 et 12-28.572, *Bull. civ.* IV, n° 165; *D.* 2013. 2692; *RJDA* 2014. 52; *JCP E* 2014. 1001, p. 35, obs. Lebel; *Procédures* 2014, n° 14, p. 19, obs. Rolland; *Gaz. Pal.* 2014, n° 12-14, p. 25, obs. Voinot; *RLDA* 2014, n° 89, actu. 4917, p. 24, obs. Farache.
4. Pour un avis contraire, *J.-Cl. Pr. coll.*, fasc. 2707, « Liquidation judiciaire – réalisation de l'actif – réalisations immobilières en liquidation judiciaire », n° 81, par P.-M. Le Corre.
5. Civ. 2e, 1er oct. 2009, n° 08-20.075, NP.
6. Pour un contentieux relatif à l'application des dispositions propres à la Polynésie française : Com. 31 mars 1998, n° 95-18.008, *Bull. civ.* IV, n° 120; *Gaz. Pal.* 1998. Pan. 155; *D.* 1998. Somm. 327, note Honorat; *D.* 1998. Somm. 382, note Piedelièvre; *JCP* 1998. 10105, rapp. Rémery.

Si, sous le régime antérieur à la réforme de la procédure de saisie immobilière, la communication de la procédure au ministère public était d'ordre public[1] (ACPC, art. 762), cette obligation n'existe plus, depuis l'entrée en vigueur de l'ordonnance du 21 avril 2006, le 1er janvier 2007.

1532.46 Nature des litiges. En théorie, les contestations formées contre l'état de collocation dressé par le liquidateur de la procédure collective ne peuvent porter que sur le montant de la somme à distribuer, l'ordre de préférence entre créanciers et le montant des collocations.

En pratique, la plupart des litiges concernent le montant des émoluments du liquidateur. Il arrive en effet que ces honoraires ne soient pas encore taxés lors de l'établissement de l'état de collocation. D'où un contentieux, qui se résout habituellement par la production par le liquidateur, en cours de procédure, de la taxe. L'enjeu est d'importance puisque la créance du liquidateur au titre de ses honoraires et émoluments bénéficie d'un rang privilégié (v. s^s n° 1532.55).

Plus rares sont les conflits en matière de classement des privilèges mais des difficultés spécifiques demeurent.

Le contentieux sur les sommes allouées aux différents créanciers dans l'état de collocation est plus rare encore; en effet, ainsi que nous l'avons précédemment indiqué, le liquidateur doit attribuer à chaque créancier la somme retenue par le juge-commissaire dans l'état des créances qu'il dresse. Quant au *quantum*, les jeux sont faits, ou presque, et les seules querelles qui demeurent concernent les intérêts.

Le classement des créanciers est donc l'essentiel, surtout en matière de procédure collective. Un percepteur avait contesté l'état de collocation dressé dans l'ordre ouvert pour distribuer le prix d'un immeuble donné à bail à construction par un syndicat intercommunal à vocation multiple à une personne mise, le 4 mars 1987, en redressement puis en liquidation judiciaire. La cour d'appel avait rejeté la contestation du percepteur qui prétendait bénéficier de la priorité de paiement pour ses créances relatives à la taxe foncière établie pour l'année 1988 sur l'immeuble, aux loyers restés dus pour la période écoulée du 1er août 1987 au 1er janvier 1988 et au droit au bail y afférent, avait énoncé que l'avantage offert par l'article 40 de la loi du 25 janvier 1985 aux créances nées postérieurement au jugement d'ouverture ne concerne que les créances relatives à la poursuite de l'activité ou à la liquidation elle-même, et avait retenu que l'activité ne s'était pas, en l'espèce, poursuivie et que la créance d'impôts du Trésor, quelle que soit la situation du propriétaire de l'immeuble, était indépendante de la liquidation. La Cour de cassation a censuré cet arrêt au motif « *que le preneur était tenu du paiement des loyers, le bail s'étant continué après le jugement d'ouverture de la procédure collective, ainsi que de toutes les charges, taxes et impôts relatifs tant aux constructions qu'aux terrains, de sorte que la créance du percepteur, née régulièrement au cours des opérations de liquidation, entrait dans les prévisions de l'article 40* »[2]

La rareté du contentieux et le caractère relativement récent de la réforme expliquent qu'il y ait encore peu de jurisprudence à ce jour[3].

SECTION 5
RÈGLEMENT DÉFINITIF – CLÔTURE

1532.51 Introduction. Après le jugement des contestations, le liquidateur procède comme il l'aurait fait en l'absence de contestation : il dresse un procès-verbal de clôture de l'ordre, portant répartition des sommes à distribuer; il paie les créanciers colloqués selon l'ordre y figurant et fait radier les inscriptions prises sur le bien.

1532.52 Le procès-verbal de clôture. Lorsque le jugement qui a tranché les contestations n'est pas frappé d'appel, le liquidateur règle définitivement l'ordre des créances contestées et des créances postérieures dans le délai de huit jours de l'expiration du délai d'appel, en dressant le procès-verbal de clôture. Si un appel a été interjeté, il doit le faire dans les huit jours de la signification de l'arrêt statuant sur ce recours. Bien entendu, le liquidateur doit tenir compte des décisions prononcées sur les contestations. Ces délais ne sont pas assortis de sanctions (C. com., art. R. 643-13).

Le liquidateur dépose ce procès-verbal au greffe du tribunal devant lequel se déroule la procédure de liquidation judiciaire.

À compter de ce dépôt, la collocation des créanciers est définitivement arrêtée en capital et intérêts. Toutefois, les intérêts de la somme ainsi liquidée continuent de courir au bénéfice des créanciers au taux servi par la CDC (C. com., art. R. 643-7, al. 2).

En cas d'adjudication sur réitération des enchères intervenant dans le cours de l'ordre et

1. Com. 30 mars 2005, n° 03-19.029, *Bull. civ.* IV, n° 74.

2. Com. 17 janv. 1995, n° 92-16.941, *Bull. civ.* IV, n° 16; *Gaz. Pal.* 1995. Pan. 251; *D.* 1995. Somm. 216, note Honorat.

3. V. égal. Com. 11 juin 2014, n° 13-17.997, P, préc. s^s n° 1532.31 – Com. 18 juin 2013, n° 12-14.493, *Bull. civ.* IV, n° 106.

même après le règlement définitif, le liquidateur doit également modifier l'état de collocation, le montant des sommes dues aux créanciers inscrits au procès-verbal de l'ordre suivant les résultats de l'adjudication et effectuer les paiements correspondants (C. com., art. R. 643-14).

1532.53 **Nature du procès-verbal.** Il s'agit d'un procès-verbal de clôture, qui ne tranche aucun litige, et qui, en conséquence, n'a pas un caractère juridictionnel, et n'est pas susceptible de voies de recours.

Son contenu, outre les indications habituelles, l'identification des parties, et le résumé de la procédure, comprend essentiellement :

1° l'état de collocation, tel qu'il a été communiqué aux créanciers;

2° la mention que la publicité requise a bien été effectuée, que les avis ont effectivement été adressés aux créanciers, et qu'aucune contestation n'a été formulée ou bien que les contestations ont été jugées par un jugement dont les références et la teneur est rappelée;

3° la clôture de l'ordre.

Le procès-verbal de clôture de l'ordre portant règlement définitif de la distribution du prix d'adjudication ou du prix de vente ne doit pas être confondu avec la clôture de la liquidation judiciaire, dont il ne constitue qu'un élément.

1532.54 **Paiement.** Le liquidateur paie les créanciers pour le montant fixé à l'état de collocation, par chèque tiré sur le compte de la CDC où sont consignés les fonds; il a soin de se faire remettre une quittance, qui établira le paiement; elle est nécessaire pour obtenir la radiation des inscriptions au service de la publicité foncière.

Que se passe-t-il si le liquidateur règle un créancier par erreur, lui attribuant un rang de préférence indu, au détriment d'un autre, qui le prime (par ex., le bénéficiaire du prêteur de deniers) ? Dans une espèce tranchée par les tribunaux, le liquidateur avait pensé qu'il pouvait obtenir la restitution de ce qu'il avait payé à tort, en exerçant l'action en répétition de l'indu. Il a été débouté, au motif que le créancier n'avait rien reçu de plus que ce que lui devait son débiteur[1].

Cette solution était la reprise d'un arrêt plus ancien : le paiement fait par erreur par une personne qui n'est pas la débitrice n'ouvre pas droit à répétition lorsque *l'accipiens* n'a reçu que ce que lui devait son débiteur et que le *solvens* a à se reprocher d'avoir payé sans prendre les précautions commandées par la prudence, ce qui est le cas lorsque le syndic a versé des fonds provenant de la vente d'un immeuble d'un débiteur en liquidation des biens à un créancier, sans prendre la précaution de respecter l'ordre des privilèges fixé par la loi[2]. Il convient de noter en revanche que la jurisprudence considère que le principe de l'égalité des créanciers chirographaires permet l'action en répétition de l'indu contre le chirographaire qui a reçu plus que sa part, même s'il n'a pas reçu plus que le montant de sa créance admise[3].

Cependant, depuis l'ordonnance n° 2014-326 du 12 mars 2014 relative à la prévention des difficultés des entreprises, qui s'applique aux procédures ouvertes à compter du 1er juillet 2014, l'article L. 643-7-1 du Code de commerce dispose : « *Le créancier qui a reçu un paiement en violation de la règle de l'égalité des créanciers chirographaires ou par suite d'une erreur sur l'ordre des privilèges doit restituer les sommes ainsi versées* ».

En cas d'erreur dans l'établissement de l'ordre, la responsabilité du liquidateur peut être recherchée, mais comme pour toute action en responsabilité, la preuve d'un préjudice en lien avec le fait dommageable doit être établie[4].

1532.55 **Frais.** Les frais de radiation et de poursuite sont fixés par le liquidateur auquel ils sont versés et qui les insère dans l'ordre selon les règles prévues à l'article L. 641-13 du Code de commerce (C. com., art. R. 643-10).

Il règle, à chaque créancier colloqué, en même temps que le principal et les intérêts, les frais de productions et de justice, qu'il liquide, et dont la distraction est le cas échéant admise au profit de l'avocat constitué (C. com., art. R. 643-10).

Le rang des frais de justice dans la collocation a évolué au fil des réformes.

Il avait été jugé que la créance d'émolument du mandataire liquidateur primait les créances hypothécaires antérieures, non en vertu du privilège dont bénéficient les frais de justice, mais en vertu de l'article L. 622-17 du Code de commerce[5], comme née postérieurement au jugement d'ouverture[6] (le texte mentionnait alors que les frais de justice venaient en deuxième rang).

1. Com. 30 oct. 2000, n° 98-10.688, *Bull. civ.* IV, n° 169; *D.* 2000. AJ 430, obs. Pisoni; *D.* 2001. 1527, note Pierre; *D.* 2001. Somm. 620, obs. Honorat; *D.* 2001. 1612, obs. Brémond; *JCP* 2001. I. 298, n° 7, obs. Cabrillac; *JCP* 2001. 315, n° 20, obs. Delebecque; *Defrénois* 2001. 364, obs. Sénéchal; *RTD civ.* 2001. 142, obs. Mestre et Fages.
2. Com. 26 nov. 1985, n° 84-16.893, *Bull. civ.* IV, n° 281; *D.* 1986. IR 240, note Honorat.
3. Com. 11 févr. 2004, n° 02-17.520, *Bull. civ.* IV, n° 27; *RTD com.* 2005. 165, note Martin-Serf.
4. Com. 30 oct. 2007, n° 06-17.595, NP.
5. ANCT C. com., art. L. 631-32 (L. n° 2005-845, 26 juill. 2005).
6. Com. 31 mars 1998, n° 95-18.008, *Bull. civ.* IV, n° 120; *Gaz. Pal.* 1998. Pan. 155; *D.* 1998. Somm. 327, note Honorat; *D.* 1998. Somm. 382, note Piedelièvre; *JCP* 1998. 10105, rapp. Rémery.

Cependant, il a ensuite été jugé qu'en cas de liquidation judiciaire, il résultait de l'article L. 621-32, II et III, du Code de commerce dans sa rédaction antérieure à la loi de 2005, que les créances de frais de justice postérieurs au jugement d'ouverture étaient primées par les créances hypothécaires antérieures [1].

Avant l'entrée en vigueur de l'ordonnance de décembre 2008, la Cour de cassation a jugé qu'il résulte de l'article L. 641-13, II et III, du Code de commerce [2], dans sa rédaction antérieure à l'ordonnance du 18 décembre 2008, que les créances hypothécaires priment les frais de justice postérieurs au jugement d'ouverture de la procédure collective, malgré les termes de l'article L. 643-8 qui dispose que les frais et dépens de la liquidation judiciaire sont du montant de l'actif à distribuer [3].

À la suite des modifications rédactionnelles apportées à l'article L. 641-13 du Code de commerce par l'ordonnance de décembre 2008, il paraît devoir être considéré que ces frais de justice nés postérieurement au jugement d'ouverture viennent juste après le super privilège mais avant les créances hypothécaires [4].

1532.56 Procédure de radiation des inscriptions. Le liquidateur doit déposer le procès-verbal de clôture au service de la publicité foncière pour obtenir la radiation des inscriptions.

Normalement, en payant les créanciers inscrits, il doit se faire remettre par eux des quittances donnant mainlevée de leurs inscriptions et faire procéder à la radiation de celles-ci sans autre formalité.

L'article R. 643-8 du Code de commerce prévoit que, dans le cas où les mainlevées n'ont pas été délivrées, le JEX doit être saisi. En réalité, il est deux hypothèses qui contraignent à saisir le JEX :

– pour le liquidateur, lorsque le prix de vente a été payé selon les règles mais que des créanciers n'ont pas donné mainlevée de leurs inscriptions;

– pour l'acquéreur, après l'accomplissement des formalités de purge et le versement du prix de vente.

Que le redressement judiciaire ait été prononcé par le TGI ou le tribunal de commerce, le contentieux des radiations relève toujours du JEX. C'est le JEX du TGI devant lequel a lieu la procédure de liquidation judiciaire ou dans le ressort duquel cette procédure d'adjudication s'est déroulée qui est compétent (le juge aux ordres a été remplacé depuis le 1er janvier 2007 par le JEX).

Lorsque le liquidateur saisit le juge, il joint à sa demande **1°** l'état des inscriptions hypothécaires, **2°** l'état de collocation, **3°** le procès-verbal de clôture lorsqu'il a été établi, **4°** la justification du paiement par l'adjudicataire des frais taxés de la vente.

Lorsque l'adjudicataire saisit le JEX, il joint à sa demande un état des inscriptions, la justification de l'accomplissement des formalités de purge ou l'obtention de l'accord des créanciers inscrits pour l'en dispenser et la justification du paiement des frais préalable de vente.

La forme selon laquelle le JEX est saisi n'est pas précisée par le texte. On peut supposer, s'agissant de la saisine par l'adjudicataire qu'il devra saisir le juge par requête, comme cela est prévu en cas de saisie immobilière (C. pr. exéc., art. R. 322-65). S'agissant du liquidateur, en l'absence de précision contraire, la même forme paraît applicable. Avant de statuer, au cours de l'une de ses audiences, le JEX doit informer de sa saisine les créanciers inscrits qui n'ont pas donné mainlevée. En pratique, le greffier leur donne avis de la date d'audience par lettre recommandée avec demande d'avis de réception, leur faisant connaître qu'ils disposent d'un délai de trente jours, pour faire opposition, soit par déclaration au greffe, soit par lettre recommandée avec demande d'avis de réception (C. com., art. R. 643-8, al. 3).

Le jour de l'audience, le juge tranche les éventuelles contestations et ordonne s'il y a lieu la radiation des inscriptions. S'il n'y a pas d'opposition, le demandeur réitère sa demande de radiation à l'audience du JEX et le juge prononce immédiatement celle-ci.

Cette saisine n'est obligatoire qu'en raison de l'exigence d'un acte authentique nécessaire pour les opérations à effectuer au service de la publicité foncière. La radiation pourra donc être effectuée sans formalité, si le liquidateur détient une quittance, ou autre acte authentique ayant valeur libératoire.

La décision du juge, saisi aux fins de radiation, comporte :

1° la constatation que la somme à distribuer a été consignée par l'adjudicataire, ou pour son compte, le libérant ainsi de son obligation de paiement du prix;

2° en ce qui concerne les créanciers inscrits qui n'ont pas produit dans les délais impartis à la procédure collective de vérification et d'admission des créances, la mention qu'étant déchus de leurs droits, il sont écartés de la distribution et qu'en conséquence leurs inscriptions sont radiées;

3° en ce qui concerne les créanciers colloqués qui ont été payés, intégralement, la constatation de

1. Com. 21 sept. 2010, n° 09-68.604, *Bull. civ.* IV, n° 139.
2. ANC^T C. com., art. L. 621-32.
3. V. égal., Com. 11 juin 2014, n° 13-17.997, P, préc. s^s n° 1532.31.
4. Pour un examen approfondi de la question, v. P.-M. Le Corre, Dalloz action *Droit et pratique des procédures collectives*, 2015/2016, n° 456.58.

l'extinction de leurs créances et la radiation des inscriptions, désormais sans objet;

4° en ce qui concerne les créanciers qui n'ont été que partiellement payés, en raison de l'insuffisance des fonds disponibles, due au paiement de créanciers prioritaires dans l'ordre de préférence, la constatation du paiement partiel, avec réserve des droits du créancier à recouvrer le solde de sa créance sur les autres éléments du patrimoine du débiteur, à ses risques et périls, et la radiation de l'inscription;

5° en ce qui concerne les créanciers privilégiés ou hypothécaires, qui n'ont pu être ni colloqués ni payés, en raison de l'épuisement des sommes à distribuer, le juge prononcera la radiation de leurs inscriptions, en leur réservant la faculté de recouvrer leurs créances sur les autres biens de leur débiteur, s'il en existe, comme ils aviseront; en effet, la disparition de la garantie de paiement constituée par l'hypothèque n'entraîne pas la disparition de la créance; mais le créancier sera désormais en concours avec les chirographaires, dans le cadre d'une répartition au marc le franc d'une éventuelle distribution de deniers par le liquidateur.

Une fois la décision rendue, le liquidateur (à défaut l'adjudicataire ou l'acquéreur) fera radier les inscriptions en transmettant au service de la publicité foncière une expédition de procès-verbal de clôture, en y annexant les pièces justificatives (l'ordonnance du JEX prononçant la radiation ou l'acte par lequel les créanciers inscrits donnent mainlevée, v. C. com., art. R. 643-9).

TITRE

154. La distribution des deniers ne provenant pas d'une procédure d'exécution

SECTION 0

ORIENTEUR

1540.00 Plan du titre.

CHAPITRE

1541. Présentation de la procédure de distribution de deniers

LISE LEROY-GISSINGER
CONSEILLER À LA COUR D'APPEL
D'AIX-EN-PROVENCE

SECTION 0
ORIENTEUR

1541.00 Plan du chapitre.

1541.01 Textes applicables.

C. pr. civ., art. 1281-1 à 1281-12.

C. pr. exéc., art. R. 331-3.

• **Décr. n° 96-740, 14 août 1996,** instituant une procédure des deniers en dehors de tout procédure d'exécution et modifiant le Code de l'organisation judiciaire et le Nouveau Code de procédure civile, *JO* 23 août 1996, p. 12679.

• **Décr. n° 2006-936, 27 juill. 2006,** relatif aux procédures de saisie immobilière et de distribution du prix d'un immeuble, art. 111, *JO* 29 juill., p. 11316.

– mod. par **Décr. n° 2009-160, 12 févr. 2009,** pris pour l'application de l'ordonnance n° 2008-1345 du 18 décembre 2008, portant réforme du droit des entreprises en difficulté et modifiant les procédures de saisie immobilière et de distribution du prix d'un immeuble, *JO* 13 févr., p. 2596;

– et codifié au Code des procédures civiles d'exécution par **Décr. n° 2012-783, 30 mai 2012,** relatif à la partie réglementaire du Code des procédures civiles d'exécution, *JO* 31 mai, p. 9375 *(applicable au 1er juin 2012)*.

1541.03 Bibliographie indicative.

Actualisable. *J.-Cl. Pr. civ.*, fasc. 2480, par N. Fricero et L. Llahi.

Ouvrages. P. Julien et G. Taormina, *Voies d'exécution et procédures de distribution*, 2e éd., « Manuel », LGDJ, 2010, nos 742 s. – R. PERROT et P. THÉRY, *Procédures civiles d'exécution*, 3e éd., Dalloz, 2013, nos 751 s.

* V. aussi bibliographie indicative ss n° 1500.03.

SECTION 1
RAPPEL HISTORIQUE

1541.11 Texte applicable. La Cour de cassation a posé le principe général que tout détenteur de fonds, quelle que soit leur origine (en l'espèce, prix de cession d'un office de notaire), entre les mains duquel il était fait opposition, devait ouvrir une procédure de distribution, afin de régler les créances ainsi produites[1]. Cette procédure était régie, antérieurement à la loi n° 91-650 du 9 juillet 1991 portant réforme des procédures civiles d'exécution[2], par les articles 656 et suivants ACPC, relatifs à la procédure de distribution par contribution.

La réforme opérée par la loi du 9 juillet 1991 et le décret n° 92-755 du 31 juillet 1992[3] ayant abrogé les articles 656 à 672 ACPC, relatifs à la procédure de distribution par contribution, cette procédure n'était plus l'objet d'aucune réglementation. La Cour de cassation, consultée, avait émis, le 29 novembre 1993, un avis indiquant qu'« *il doit, dès lors, être considéré qu'en l'état des textes, les demandes de distribution par contribution qui, compte tenu des observations qui précèdent, ne relèvent plus des magistrats chargés des ordres et des distributions par contribution et ne relèvent pas des juges de l'exécution, ressortissent à la compétence du tribunal de grande instance, juridiction de droit commun* »[4].

1. Civ. 2e, 25 mars 1987, n° 85-10.504, *Bull. civ.* II, n° 72.
2. L. n° 91-650, 9 juill. 1991, portant réforme des procédures civiles d'exécution, *JO* 14 juill., p. 9228.
3. Décr. n° 92-755, 31 juill. 1992, instituant des nouvelles règles relatives aux procédures civiles d'exécution pour l'application de la loi n° 91-650 du 9 juillet 1991 portant réforme des procédures civiles d'exécution, *JO* 5 août, p. 10530.
4. Cass. avis, 29 nov. 1993, n° 09-30.014, *Bull. avis*, n° 17.

Pour remédier à cette difficulté, un décret n° 96-740, du 14 août 1996[1], a créé dans le Code de procédure civile, un titre II, « Les biens », un chapitre V intitulé « La distribution des deniers en dehors de toute procédure d'exécution » (C. pr. civ., art. 1281-1 à 1281-12). En fait, ce dernier s'inspire des dispositions du décret du 31 juillet 1992, relatives à la distribution des deniers provenant de mesures d'exécution forcée mobilières (C. pr. exéc., art. R. 251-1 à R. 251-5).

Le décret n° 2006-936 du 27 juillet 2006[2] (art. 111) a modifié l'article 1281-1 C. pr. civ. afin de rappeler que cette procédure n'est pas applicable à la distribution du prix des immeubles. Dans ce dernier cas, seule la procédure de distribution de prix devant le tribunal de grande instance est possible et elle est soumise au même régime que la distribution du prix résultant d'une saisie immobilière, sous réserve de quelques aménagements (C. pr. exéc., art. R. 331-3). (Sur la procédure prévue pour la distribution du prix des immeubles saisis, v. s^s^ n°s 1511.00 s. à 1513.101 s.).

SECTION 2
CARACTÈRES DE LA PROCÉDURE

1541.21 Caractère non juridictionnel. La nouvelle procédure de distribution des deniers procède du mouvement de « *déjuridictionnalisation* » qui sous-tend depuis les années 1980 la réforme des procédures d'exécution, et qui tend à limiter l'intervention du juge au cas où l'échec du mode amiable et consensuel oblige à le saisir d'un recours. Ce n'est que le désaccord des parties qui justifie l'immixtion du juge dans la récupération des fonds.

La responsabilité de la distribution repose sur une « *personne chargée de la distribution* » désignée séquestre des fonds par le président du tribunal de grande instance ou du tribunal de commerce en début de procédure.

1541.22 Caractère non obligatoire. L'article 1281-1 C. pr. civ. n'interdit pas de procéder à la répartition des deniers sans recourir à la procédure qu'il institue, les parties intéressées s'abstenant de saisir le juge. Il indique en effet que cette saisine intervient « *s'il y a lieu* », c'est-à-dire, si la distribution amiable n'est pas possible, ce qui est le cas, bien entendu, lorsqu'un accord n'a pu avoir lieu, mais aussi dans la mesure où il est impossible de l'utiliser, en raison de la présence de mineurs, d'incapables majeurs, de commerçants en liquidation judiciaire, ou d'indivisions, de successions non partagées, *etc.*

SECTION 3
DOMAINE D'APPLICATION

1541.31 En l'absence de procédure d'exécution. La procédure est subsidiaire. Elle n'est ouverte qu'en dehors de toute procédure d'exécution. Elle ne saurait donc s'appliquer en matière de saisie mobilière ou immobilière et vente forcée.

Elle n'a donc pas vocation à recevoir application si une décision de saisie conservatoire est intervenue avant la demande de distribution[3].

Elle s'applique, en revanche, en cas de vente volontaire de meubles corporels ou incorporels, par exemple en cas de vente d'un office notarial, d'une pharmacie de parts sociales...

Cette procédure ne s'applique pas à la distribution des deniers provenant d'une vente volontaire d'immeuble. Le décret du 27 juillet 2006 (art. 111) a modifié l'article 1281-1 C. pr. civ. pour le préciser. Dans ce cas, la procédure de distribution de prix a lieu devant le tribunal de grande instance mais suivant le même régime que la distribution du prix résultant d'une saisie immobilière, sous réserve de quelques aménagements (C. pr. exéc., art. R. 331-3).

Elle ne peut porter que sur des deniers, c'est-à-dire une somme d'argent, peu important la provenance de ces deniers, et même si ceux-ci ne proviennent pas d'une vente.

Elle est cantonnée à une répartition effectuée entre les créanciers du propriétaire des fonds; les bénéficiaires de la distribution doivent en conséquence « *produire* » les justificatifs utiles, quant à la certitude, l'exigibilité et la liquidité de leurs créances (au besoin, il est exigé de verser à la procédure leur titre exécutoire).

1541.32 Initiative de la procédure. Le recours à la procédure est facultatif. Aucune condition particulière n'est exigée de la personne qui l'engage. L'article 1281-1 C. pr. civ. énonce que son initiative repose sur « *la partie la plus diligente* », qui peut être soit l'un des créanciers, soit le propriétaire ou détenteur des fonds à distribuer, c'est-à-dire le débiteur lui-même. Il pourrait même s'agir de l'acheteur, désireux par exemple d'obtenir au plus

1. Décr. n° 96-740, 14 août 1996, instituant une procédure de distribution des deniers en dehors de toute procédure d'exécution et modifiant le Code de l'organisation judiciaire et le Nouveau Code de procédure civile, *JO* 23 août, p. 12679.
2. Décr. n° 2006-936, 27 juill. 2006, relatif aux procédures de saisie immobilière et de distribution du prix d'un immeuble, *JO* 29 juill., p. 11316.
3. T. com. Béziers, ord. prés., 8 oct. 2001, *Procédures* 2002. Comm. 30, note crit. Laporte.

vite la mainlevée d'un nantissement grevant les biens vendus.

1541.33 Cas particulier de la vente d'un fonds de commerce. Selon l'article L. 143-21 du Code de commerce :

« *Tout tiers détenteur du prix d'acquisition d'un fonds de commerce chez lequel domicile a été élu doit en faire la répartition dans les cinq mois de la date de l'acte de vente.*

À l'expiration de ce délai, la partie la plus diligente peut se pourvoir en référé devant la juridiction compétente du lieu de l'élection du domicile, qui ordonne soit le dépôt à la Caisse des dépôts et consignations, soit la nomination d'un séquestre répartiteur ».

L'article R. 143-23 du Code de commerce[1] dispose que pour l'application de l'article L. 143-21, il est procédé conformément aux articles 1281-2 et suivants C. pr. civ.

1. C'est le décret n° 2004-836 du 20 août 2004 portant modification de la procédure civile (*JO* 22 août, p. 15032) qui dans son article 58 a introduit cette disposition dans le décret du 14 août 1996. Depuis le décret n° 2007-431 du 25 mars 2007, relatif à la partie réglementaire du Code de commerce (*JO* 27 mars, p. 5648), qui a abrogé le décret de 1996, cette disposition est codifiée à l'article R. 143-23.

CHAPITRE

1542. Déroulement de la distribution

LISE LEROY-GISSINGER
CONSEILLER À LA COUR D'APPEL
D'AIX-EN-PROVENCE

SECTION 0
ORIENTEUR

1542.00 **Plan du chapitre.**

1542.01 **Textes applicables.**
C. pr. civ., art. 1281-1 à 1281-12.

1542.03 **Bibliographie indicative.** V. bibliographie indicative s^s n° 1541.03.

SECTION 1
DÉSIGNATION D'UNE PERSONNE CHARGÉE DE LA DISTRIBUTION

§ 1
Désignation par le tribunal

1542.11 **Saisine du président du tribunal en référé.** L'article 1281-1 C. pr. civ. dispose que « *la partie la plus diligente peut se pourvoir en référé devant le président du tribunal de grande instance* » *aux fins de désignation d'une personne chargée de la distribution, qui* « *est séquestre des fonds, à moins que la consignation n'en soit ordonnée* ».

Cet article indique qu'il est statué par le président en référé. Il faut donc en déduire que la partie la plus diligente doit assigner les parties intéressées, c'est-à-dire à tout le moins la personne dont les fonds doivent être distribués par le séquestre répartiteur et le cas échéant les créanciers déjà connus. En l'absence de précision sur la procédure à suivre, il y a lieu de procéder selon le droit commun de la procédure de référé prévue aux articles 484 et suivants C. pr. civ. Il faut souligner que le président est saisi « en référé » et non « en la forme des référés »[1].

1542.12 **Compétence d'attribution.** L'article 1281-1 C. pr. civ. attribue une compétence générale au président du tribunal de grande instance. Cependant, l'article 1281-12 C. pr. civ. précise que : « *En matière commerciale, les compétences* [...] *sont exercées par le tribunal de commerce et par son président* ».

La compétence attribuée au tribunal de commerce et à son président sera déterminée selon les règles du Code de commerce déterminant la matière commerciale. Traditionnellement, il s'agit des litiges entre commerçants, ou concernant des actes de commerce, des sociétés de commerce, opérateurs de banque et de change, opérations concernant la marine et la navigation, banque, change, etc.

1542.13 **Compétence territoriale.** Compétence est donnée au tribunal « *dans le ressort duquel demeure le débiteur* », sans tenir compte du lieu où se trouve le bien dont la valeur est distribuée (C. pr. civ., art. 1281-1).

1542.14 **Choix du séquestre.** L'article 1281-1 C. pr. civ. ne soumet cette nomination à aucune

1. Sur la distinction avec cette autre procédure, v. M. Foulon et Y. Strickler, *Les référés en la forme*, Dalloz, 2013.

condition. Toutefois, l'article suivant précise que le séquestre doit offrir des garanties de représentation de la somme mise en distribution. Les arrêts rendus par la Cour de cassation mentionnent qu'il s'agit, non d'un simple dépositaire de fonds, mais d'un auxiliaire de justice occasionnel jouant un rôle essentiel dans la procédure de distribution et de répartition des fonds. Il appartient au juge des référés, même si un candidat lui est proposé par les parties, de s'assurer qu'il est majeur et doté de la capacité civile utile à sa mission.

Par ailleurs, selon l'article 1281-2 C. pr. civ., le juge doit dans tous les cas, vérifier que le séquestre qu'il désigne « *offre des garanties de représentation de la somme mise en distribution* ». En effet, il peut arriver que le séquestre proposé par le demandeur, s'agissant du prix de vente d'un fonds de commerce par exemple, se révèle indélicat et détourne les fonds [1] ou encore, peut survenir la mise en redressement judiciaire de la banque choisie par les parties [2].

Afin d'éviter tout risque de non-représentation des sommes, le juge peut ordonner la consignation à la Caisse des dépôts et consignation.

Dans le silence de la loi, rien n'interdit la désignation d'une personne morale (société professionnelle d'officiers ministériels, agents d'affaires, juristes d'entreprise, établissement financier, *etc.*), dans la mesure où le statut légal ou réglementaire qui la régit n'empêche pas de le charger d'une telle mission.

1542.15 Notification de la décision. Le président du tribunal statuant en référé, il rendra une ordonnance. Une fois celle-ci rendue, le président du tribunal de grande instance ou du tribunal de commerce n'a plus à intervenir.

Le greffe notifie une copie de l'ordonnance par lettre simple au séquestre répartiteur et, s'il y a lieu, à la Caisse des dépôts et consignations.

Le texte ne précise pas si l'ordonnance ainsi rendue est susceptible de recours et le mode de sa signification pourrait laisser penser qu'il s'agit d'une décision non susceptible de recours. Cependant, la procédure ordinaire de référé étant applicable, en l'absence d'indication contraire, il y a lieu de considérer que l'appel est ouvert et que l'ordonnance est assortie de plein droit de l'exécution provisoire.

§ 2 Séquestre

1542.21 Caractère spécifique. Le Code civil, qui traite du séquestre aux articles 1955 et suivants, distingue le séquestre conventionnel du séquestre judiciaire et précise que ce dernier est soumis à toutes les obligations qu'entraîne le séquestre conventionnel (C. civ., art. 1963), c'est-à-dire conserver et administrer le bien séquestré dans le cadre de la mission qui lui est confiée [3].

1542.22 Rôle de répartition et honoraires. L'article 1957 du Code civil énonce que « *le séquestre peut n'être pas gratuit* ». Le problème de sa rétribution se pose plus particulièrement lorsqu'il ne s'agit pas de conserver simplement les fonds en dépôt, mais lorsque le séquestre est chargé, comme c'est le cas ici, de faire produire les créances, d'établir un projet de répartition, de procéder en cas de contestation à des tentatives de conciliation, d'effectuer les paiements en fonction de la répartition, *etc.* Aux termes de l'article 1281-11 C. pr. civ., la rétribution du séquestre « *est prélevée sur les fonds à répartir et supportée par les créanciers au prorata de la somme qui revient à chacun d'eux* », ce qui montre bien qu'il ne dépend pas des parties en cause. Si la note d'honoraires qu'il présente est contestée dans son *quantum*, on peut penser que sa rétribution est fixée par le président du tribunal qui l'a commis dans le cadre classique d'une contestation sur taxation (C. pr. civ., art. 710 s.).

1542.23 Statut du séquestre. Le séquestre reste normalement en fonction jusqu'à la réalisation de la répartition des fonds entre les créanciers ayant déclaré leurs titres, mais les parties en cause ne sauraient tolérer ni un comportement non conforme aux articles 1281 et suivants du C. pr. civ., ni le détournement, ou la perte de tout ou partie des fonds à distribuer, ni des agissements partiaux ou incorrects. Il doit être considéré que dans de telles hypothèses, ils ont la faculté de demander au juge des référés la révocation du séquestre ou son remplacement.

Le séquestre est responsable du dommage causé par ses erreurs ou par ses fautes. Il est ainsi personnellement responsable d'une erreur de fait ou de droit dans la libération erronée des fonds ou dans leur répartition.

1542.24 Durée du séquestre. La personne – officier ministériel, agent d'affaires ou autre – qui a accepté la mission de séquestre-répartiteur ne peut en être déchargée que lorsque la répartition des fonds a été effectuée, ou si elle s'avère impossible. Par exemple, la créance qui sert de base à la distribution, sur contestation du débiteur, est déclarée inexistante ou nulle, comme dans l'hypothèse de la

1. Com. 11 janv. 1971, n° 69-12.440, *Bull. civ.* IV, n° 7.
2. Com. 4 mars 1997, n° 94-13.170, *Bull. civ.* IV, n° 64; *D.* 1997. IR 120; *Gaz. Pal.* 1997. 2. Pan. cass. 219.
3. Civ. 1re, 21 févr. 1995, n° 93-12.436, *Bull. civ.* I, n° 101; *Gaz. Pal.* 1995. 1. Pan. 223; *Defrénois* 1995. 1053, note Delebecque.

mainlevée du fait que le litige, qui justifiait le séquestre, a disparu[1]. L'article 1960 du Code civil, s'agissant d'un dépôt de fonds, subordonne la mainlevée du séquestre au consentement de toutes les parties intéressées, ou à une cause légitime.

SECTION 2
PROCÉDURE DE RÉPARTITION

1542.30 **Principe.** La procédure de répartition s'inspire de la procédure de distribution des deniers issus d'une mesure d'exécution mobilière, mais avec des assouplissements et des simplifications.

Le premier stade consiste dans la déclaration de leurs créances par les créanciers, dans un délai déterminé – le défaut de déclaration étant sanctionné par une forclusion –, qui permet d'écarter les créanciers renonçants ou négligents.

Le deuxième stade comporte la rédaction du projet de répartition, lequel est notifié et deviendra définitif s'il n'est pas contesté.

Ce n'est que s'il n'est pas accepté que l'affaire revient devant le tribunal.

§ 1
Déclaration des créances

1542.31 **Avis aux créanciers.** Le séquestre envoie, à chaque créancier par lettre recommandée avec demande d'avis de réception (LRAR), un avis l'invitant à lui adresser, dans un délai d'un mois, une déclaration, indiquant notamment, outre la nature de la créance et, s'il y a lieu, le titre exécutoire, d'une part, « *un décompte des sommes réclamées en principal, intérêts et autres accessoires* », d'autre part, s'il y a lieu, « *les privilèges et sûretés attachés à la créance* », en joignant à la déclaration les documents justificatifs. La constitution d'un avocat n'est pas exigée.

1542.32 **Déchéance.** Le délai de déclaration d'un mois est individuel, et non collectif, et court de la réception de la lettre recommandée. Aucune forme n'est imposée à la déclaration de la créance.

Le défaut de déclaration de la créance dans le délai est sanctionné par la déchéance du droit de participer à la distribution (C. pr. civ., art. 1281-3, dern. al.).

Antérieurement à la réforme, en l'état de la rédaction de l'article 660 ACPC[2], la déchéance sanctionnait la non-production des documents justificatifs de la créance[3]. Désormais, l'article 1281-3 C. pr. civ. mentionne simplement : « *À défaut de production dans le délai* [...] »; on en conclut que seule l'absence de déclaration dans le délai entraîne la déchéance, les justifications pouvant être fournies ultérieurement.

Ce même texte précise que la déchéance ne porte que sur le « *droit de participer à la distribution* », ce dont il se déduit que la créance n'est pas éteinte et peut être recouvrée par d'autres moyens.

1542.33 **Créancier non avisé.** Quel sort faut-il réserver au créancier qui n'aurait pas été avisé, faute pour le débiteur d'avoir informé le séquestre de son existence ou auquel la lettre aurait été adressée à une adresse erronée ? Il est permis de penser que ce créancier serait en droit de déclarer sa créance au cours de la procédure. Son intervention auprès du séquestre avant la notification de l'état de répartition et même au cours de la réunion de conciliation ne paraît pas poser de problème. En revanche, qu'en serait-il d'une intervention après que l'état de répartition est devenu définitif ? Si cette intervention a lieu avant paiement, le séquestre ne doit-il pas rouvrir la procédure ? En tout état de cause, une fois les paiements effectués, il semble que la seule possibilité pour le créancier omis soit d'agir en responsabilité contre le séquestre ou le débiteur, selon le cas[4].

§ 2
État de répartition

1542.41 **État de répartition.** Il est dressé par le séquestre seul, sans l'intervention de l'autorité judiciaire. Il tient compte des privilèges et droits de préférence.

Il doit être établi dans un délai de deux mois, qui court de la date du dernier avis aux créanciers (C. pr. civ., art. 1281-4). L'inobservation de ce délai n'est pas sanctionnée par la nullité de la procédure. Pour éviter tout incident, le séquestre peut demander, en référé, la prorogation du délai au président du tribunal, en ayant soin d'indiquer les raisons de son retard (v. C. pr. civ., art. 1281-4 *in fine*). La saisine du président du tribunal de grande instance ou du tribunal de commerce se fait par simple requête, c'est-à-dire en l'espèce sans forme (rien ne permet en effet de considérer que le terme de requête est ici utilisé pour renvoyer au régime des ordonnances sur requêtes des articles 493 et suivants C. pr. civ.). La décision qui sera rendue sur

1. Civ. 1re, 31 mars 1971, no 70-11.134, *Bull. civ.* I, no 118 – Com. 13 nov. 1990, no 88-13.291, *Bull. civ.* IV, no 274.
2. Abrogé par L. no 91-650, 9 juill. 1991.
3. Civ. 2e, 16 avr. 1986, no 84-15.035, *Bull. civ.* II, no 54.
4. Pour une discussion de cette situation, v. *J.-Cl. Pr. civ.*, fasc. 2480, § 37, par Fricero et Llahi.

la demande de délai pourrait s'analyser en une mesure d'administration judiciaire, non susceptible de recours (C. pr. civ., art. 537).

En cas de carence du séquestre (v. s[s] n° 1543.13), le tribunal, et pas son président, peut être saisi directement (C. pr. civ., art. 1281-9).

1542.42 Notification de l'état de répartition – Destinataires. C'est une formalité essentielle, puisque la notification fait courir un délai de contestation à l'expiration duquel, si aucun recours n'a été intenté, la répartition proposée devient définitive et s'impose aux créanciers.

L'état de répartition est notifié au débiteur, dont les fonds sont distribués, et à chacun des créanciers, sans autre précision (C. pr. civ., art. 1281-4). Néanmoins, il faut admettre que la notification, pour plus de prudence, soit adressée même aux créanciers qui n'auraient pas déclaré leur créance, afin que ceux-ci soient informés du sort de leur créance, et, en cas d'erreur, puissent exercer un recours.

1542.43 Forme de la notification. Le séquestre procède par LRAR, qui, à peine de nullité, doit renfermer les mentions suivantes (C. pr. civ., art. 1281-4) :

1° l'indication du délai de quinze jours, imparti « *à compter de la réception de la lettre, pour soulever, par lettre recommandée avec demande d'avis de réception une contestation motivée, accompagnée des pièces justificatives nécessaires, auprès de la personne chargée de la distribution* »;

2° « *à défaut de réponse dans le délai imparti, il est réputé avoir accepté le projet* », qui deviendra définitif si aucune contestation n'est soulevée.

Il y a lieu de considérer, compte tenu de la jurisprudence de la Cour de cassation relative aux nullités de procédure, que l'omission d'une de ces mentions constitue un vice de forme ne pouvant entraîner la nullité de la notification qu'en cas de grief[1]. Cependant, l'omission de la mention du délai de recours conduirait vraisemblablement à considérer que le délai de contestation n'a pas couru, par analogie avec ce qui est décidé en matière de notification de décisions judiciaires, sur la base de l'article 680 C. pr. civ.[2].

1. Cass., ch. mixte, 7 juill. 2006, n° 03-20.026, *Bull. ch. mixte*, n° 6, ayant affirmé le caractère limitatif de l'énumération des nullités de fond prévues à l'article 117 C. pr. civ.
2. V. not. : Civ. 2e, 12 févr. 2004, n° 02-13.332, *Bull. civ.* II, n° 57 – Civ. 2e, 10 sept. 2009, n° 07-13.015, *Bull. civ.* II, n° 210 – Soc. 29 mai 2013, n° 12-13.357, *Bull. civ.* V, n° 140 – Civ. 2e, 15 avr. 2010, n° 09-148.72, NP – Civ. 2e, 14 nov. 2013, n° 12-25.454, *Bull. civ.* II, n° 220.

§ 3
Absence de contestation : exécution de l'état de répartition

1542.51 Caractère définitif. L'état de répartition devient donc définitif si aucune contestation n'est soulevée auprès du séquestre, dans le délai de quinze jours suivant la dernière des notifications du projet de répartition. Il s'agit d'un délai individuel, et non collectif. Si la lettre recommandée ne parvient pas au destinataire, qui n'habite pas à l'adresse indiquée, ou dont la résidence est inconnue, il sera utile de procéder par ministère d'huissier. La prochaine opération est, en effet, le paiement des créanciers; il est absolument nécessaire d'avoir la certitude que l'état est irrévocable. C'est la « *personne chargée de la distribution* » qui, ayant reçu l'accord unanime des créanciers déclarants, exécute elle-même l'état de répartition qu'elle a établi, sous sa responsabilité. Elle prélèvera le montant de sa rétribution, qui figurera au premier rang sur l'état de répartition.

1542.52 Paiement. Trois cas sont envisageables (C. pr. civ., art. 1281-5) :

1542.53 1° Le séquestre répartiteur détient les fonds à répartir. Il doit alors effectuer les paiements aux créanciers dans les quinze jours de la date à laquelle l'état est devenu définitif. Doit-il payer des intérêts, qui alors s'ajoutent à la somme à distribuer ? Non, en principe, puisque le séquestre n'a pu en disposer, ni les consacrer à des placements et donc n'a pas été en état de tirer de ces capitaux un quelconque profit. C'est ainsi qu'une banque, qui détient en qualité de séquestre judiciaire, une somme revenant à une cliente à la suite d'une instance engagée par celle-ci, n'est pas tenue à verser des intérêts à compter de la date de mise sous séquestre[3]. Rappelons qu'en ce qui concerne le débiteur, à partir du versement des fonds au séquestre désigné par le tribunal, il est lui-même libéré du paiement des intérêts, étant privé de la jouissance du capital[4].

1542.54 2° Les fonds sont consignés à la Caisse des dépôts et consignations. Les fonds sont à la disposition du répartiteur. Celui-ci notifie l'état de répartition à la Caisse, qui procède au paiement dans les quinze jours et qui verse des intérêts au taux fixé par son statut pour les consignations.

1542.55 3° Les fonds se trouvent entre les mains d'un tiers détenteur. Cette situation existe à

3. Com. 29 avr. 1997, *Bull. civ.* IV, n° 107; *Gaz. Pal.* 1997. Pan. cass. 333; *LPA* 14 janv. 1998, p. 20, note Hesbert.
4. Civ. 1re, 17 févr. 1998, n° 95-19.305, *Bull. civ.* I, n° 64; *RTD civ.* 1998. 700, obs. Gautier.

la suite de circonstances particulières : prix de vente d'un fonds de commerce, opposition au paiement d'un chèque, débiteur décédé laissant des héritiers qui ne se sont pas manifestés ou dont le domicile est inconnu, *etc.* La solution la plus pratique, pour le séquestre répartiteur, est de faire ordonner la consignation à la Caisse des dépôts et consignations par le juge saisi en référé.

§ 4
Contestations : tentative de conciliation

1542.61 **Forme des contestations.** Les contestations doivent être faites par lettre recommandée avec demande d'avis de réception dans un délai de quinze jours à compter de la réception de la lettre de notification du projet de répartition (C. pr. civ., art. 1281-4).

En outre, le texte prévoit que la contestation doit être motivée et accompagnée des pièces justificatives nécessaires.

L'incidence d'un défaut de motivation reste sujette à discussion, de même que l'absence de production simultanée des pièces justificatives. Cependant, la rédaction de l'article pourrait conduire à considérer que seul le défaut de réponse dans le délai est susceptible d'être assimilé à une absence de contestation.

1542.62 **Caractère contradictoire.** Jusqu'à la notification du projet d'état de répartition, la procédure suivie par le séquestre n'avait aucun caractère contradictoire. Le séquestre répartiteur examine les déclarations de créance, les faisant compléter le cas échéant, puis, dans le projet, indique sa décision : irrecevabilité pour cause de déchéance, rejet total ou partiel, admission, fixation du montant. La contestation de cette décision va provoquer un débat contradictoire, auquel seront convoqués le débiteur et les créanciers opposants.

1542.63 **Tentative de conciliation.** La tentative de conciliation évitera de saisir directement le tribunal; elle consistera dans une réunion, présidée par le séquestre, au cours de laquelle les contestations seront présentées, discutées, afin d'obtenir, soit un accord, qui permettra la mise sur pied d'un état de répartition définitif, soit de dresser un constat des questions litigieuses à faire trancher par le tribunal.

1542.64 **Convocation.** Après avoir fixé la date, l'heure et le lieu de la réunion, le séquestre répartiteur convoque les parties par lettre recommandée avec demande d'avis de réception (C. pr. civ., art. 1281-6).

La tentative de conciliation doit avoir lieu « *dans le mois suivant la première contestation* ».

Ce délai n'est pas assorti de sanction propre, mais on peut supposer qu'en cas d'inobservation, tout intéressé pourrait saisir le tribunal afin qu'il procède lui-même à la répartition, en application de l'article 1281-9 C. pr. civ., qui prévoit que « *à défaut de projet de répartition dans les délais impartis, il est procédé comme il est dit aux deuxième et troisième alinéa de l'article 1281-8* », c'est-à-dire consignation immédiate des sommes, si elles ne sont pas déjà consignées et possibilité de saisine du tribunal par la partie la plus diligente.

La convocation reproduit les termes du second alinéa de l'article 1281-7 C. pr. civ., qui énonce que « *la personne, régulièrement convoquée, qui ne se présente pas est réputée avoir accepté l'accord* ».

1542.65 **Présomption d'acceptation.** Ainsi, la non-comparution de la partie régulièrement convoquée (au besoin par exploit d'huissier, si la lettre recommandée n'a pu être remise) vaut présomption d'acceptation de l'accord qui interviendra. Elle ne pourra donc contester le procès-verbal de conciliation. Il peut être noté qu'une disposition similaire a été abrogée par le décret n° 2006-936 du 27 juillet 2006 relatif à la procédure de saisie immobilière[1] (art. 151), en ce qui concerne la distribution des sommes provenant d'une saisie mobilière.

§ 5
Accord

1542.71 **Constatation de l'accord.** Si les parties parviennent à un accord à l'issue de la réunion, celui-ci est constaté par un acte écrit (C. pr. civ., art. 1281-7), qui contiendra : l'énoncé des parties présentes ou représentées, ainsi que des absents, régulièrement convoqués, les termes de l'accord, et, s'il y a lieu, les rectifications à opérer sur le projet d'état de répartition. Le procès-verbal de conciliation sera signé par le séquestre, le débiteur, et les créanciers présents; il y sera joint les accusés de réception des convocations, signées par les absents.

Copie de l'accord est remise aux parties présentes à la réunion de conciliation et est adressée à toutes les parties par lettre simple.

Il sera ensuite procédé au paiement des créances ainsi qu'il est exposé, dans les quinze jours de l'accord (v. s[s] n°s 1542.52 à 1542.55).

1. Décr. n° 2006-936, 27 juill. 2006, relatif aux procédures de saisie immobilière et de distribution du prix d'un immeuble, *JO* 29 juill., p. 11316.

CHAPITRE

1543. Distribution effectuée par le tribunal

LISE LEROY-GISSINGER
CONSEILLER À LA COUR D'APPEL
D'AIX-EN-PROVENCE

SECTION 0
ORIENTEUR

1543.00 Plan du chapitre.

1543.01 Textes applicables.
C. pr. civ., art. 1281-1 à 1281-12.

1543.03 Bibliographie indicative. V. bibliographie indicative s[s] n° 1541.03.

SECTION 1
SAISINE DU TRIBUNAL

1543.11 Présentation. Le tribunal peut être amené à procéder lui-même à la distribution des deniers dans deux situations : en cas de carence du séquestre à procéder dans les délais aux diligences qui lui incombent, d'une part, en cas d'incapacité à trouver un accord après la tentative de conciliation menée par le séquestre, d'autre part.

1543.12 Absence de conciliation. À défaut de conciliation, l'article 1281-8 C. pr. civ. indique que le séquestre dresse « *acte des points de désaccord* ». Par cette formulation un peu vague, il est prévu que le séquestre établisse une sorte de procès-verbal de non-conciliation, contenant les points à trancher et, par voie de conséquence, ce sur quoi les parties sont d'accord et qui n'est plus litigieux, ni contesté. Cet acte clôture la mission du séquestre. Il n'entre pas en effet dans la mission du séquestre de saisir du litige le tribunal de grande instance : le soin d'y procéder est laissé aux créanciers. La procédure est en ceci différente de celle instituée en cas de distribution après saisie mobilière, dans laquelle la personne chargée de la vente doit saisir elle-même le juge de l'exécution. La différence s'explique notamment par l'absence de caractère contraignant de la procédure de distribution hors toute mesure d'exécution, dans laquelle les créanciers restent maîtres des diligences de nature à mettre en œuvre leurs droits.

1543.13 Carence du séquestre. La saisine directe du tribunal est également possible (C. pr. civ., art. 1281-9), lorsque le séquestre désigné fait preuve de négligence ou de carence, c'est-à-dire n'établit pas le projet d'état de répartition dans les délais impartis. Le pluriel utilisé par cet article, en ce qui concerne les délais, permet de considérer que tout délai imparti au séquestre pour effectuer une diligence autorise les personnes intéressées à saisir le tribunal.

SECTION 2
PROCÉDURE

1543.21 Procédure – Consignation des fonds. L'article 1281-8 C. pr. civ. prévoit que lorsque le séquestre dresse un acte des points de désaccord, il consigne immédiatement les fonds s'ils ne l'ont pas encore été. Cette obligation matérialise une forme de dessaisissement du séquestre. Par application de l'article 1281-9 C. pr. civ., cette obligation s'impose également lorsqu'en raison de la carence de ce dernier, la juridiction est saisie aux fins de répartition par le juge.

Pour le reste, les articles 1281-1 et suivants C. pr. civ. ne fixant aucune règle de procédure particulière, on doit en conclure que la saisine du tribunal, la comparution des parties, l'instruction de l'affaire et le jugement, sont soumis aux règles de droit commun.

Il faut cependant noter :

1° que n'importe quelle partie est recevable à assigner (le texte dit : « *la partie la plus diligente* ») ;

2° que devront être appelés en cause, outre le débiteur, toutes les parties intéressées, notamment celles présentes à la tentative de conciliation.

3° que le tribunal compétent doit être considéré comme étant celui qui avait désigné la personne chargée de la distribution.

On peut se demander si le séquestre pourrait saisir lui-même le tribunal. Il nous semble que cette solution serait contraire à l'esprit du texte, qui laisse entre les mains des intéressés la responsabilité de la poursuite de la procédure. En outre, ainsi que le relèvent deux auteurs[1], en l'absence de texte, de quel intérêt à agir pourrait se prévaloir le séquestre ?

La procédure ordinaire devant le tribunal de grande instance étant suivie, il s'agira d'une procédure écrite avec représentation obligatoire par avocat, pour laquelle un simple renvoi à l'audience (circuit court) pourra être décidé. L'instruction de l'affaire s'effectue de manière contradictoire par communication à toutes les parties des mémoires et conclusions échangées (C. pr. civ., art. 760). La clôture et la fixation de la date de l'audience sont décidées par le président du tribunal, qui statue par une ordonnance non motivée, délivrée aux avocats et qui ne peut être frappée d'aucun recours (C. pr. civ., art. 782).

En matière commerciale, la procédure sera orale et suivra les règles de droit commun propres à cette juridiction.

Le tribunal statuera dans tous les cas par jugement, ce que confirme l'article 1281-10 C. pr. civ., qui fait référence au « *jugement de répartition* ».

1543.22 Mission du tribunal – Paiement. L'article 1281-5 C. pr. civ. le charge de « *procéder à la répartition* ». Le tribunal procédera selon les règles en matière de droit de préférence et de privilège.

Lorsqu'il est saisi à la suite d'un procès-verbal de désaccord, la question se pose de savoir si sa saisine est limitée aux points litigieux ou s'il doit procéder à la répartition dans sa globalité. Aucun texte ne limitant sa saisine, il y a lieu, nous semble-t-il, de considérer que le juge est saisi de l'entière distribution et n'est pas lié par les points qui n'auraient pas été contestés par les intéressés.

Aucun texte n'interdit d'assortir le jugement de l'exécution provisoire, qui sera donc laissée à l'appréciation du tribunal, étant observé cependant, qu'il y aura lieu de tenir compte en cette matière, comme habituellement, des risques de non-représentation des sommes en cas d'infirmation de la décision si celle-ci est susceptible d'appel.

Le jugement devra être signifié, par la partie la plus diligente, à l'ensemble des parties afin qu'il puisse acquérir force de chose jugée (C. pr. civ., art. 500).

Le paiement des créanciers sera effectué par la Caisse des dépôts de consignations dans un délai de quinzaine courant de la « *notification du jugement passé en force de chose jugée* » (C. pr. exéc., art. 1281-10). Cette dernière précision a pour conséquence que le jugement, lorsqu'il sera susceptible d'appel, ne pourra être notifié à la Caisse des dépôts de consignations, en vue du paiement, qu'après expiration du délai d'appel ou après que la cour d'appel aura statué en cas d'appel exercé.

Le texte ne précise pas qui doit procéder à la notification à la Caisse des dépôts et consignations et sous quelle forme. Il peut être considéré que cette notification pourra être faite à l'initiative de toute partie et qu'une lettre recommandée avec demande d'avis de réception suffira.

SECTION 3
VOIES DE RECOURS

1543.31 Voies de recours. Aucune disposition particulière n'étant édictée par les articles 1281-1 et suivants C. pr. civ., le droit commun s'appliquera purement et simplement en matière de voie de recours, de sorte que l'appel ne sera ouvert que si le montant du litige excède le taux de dernier ressort. Les paiements, en application de l'article 539 C. pr. civ., ne pourront avoir lieu avant la décision de la cour d'appel, du fait de l'effet suspensif du délai d'appel et de l'appel, une fois celui-ci interjeté.

Aucun texte ne fermant le pourvoi, il y a lieu de considérer que le pourvoi est ouvert selon les règles de droit commun d'ouverture de cette voie de recours extraordinaire.

SECTION 4
FRAIS

1543.41 Rémunération du séquestre. Les frais de justice seront soumis aux règles de droit commun.

Le séquestre (C. pr. civ., art. 1281-11) établit un mémoire d'honoraires; il est payé par privilège et préférence, sa rémunération étant prélevée sur les fonds à distribuer, et donc supportée par les créan-

1. *J.-Cl. Pr. civ.*, fasc. 2480, par Fricero et Llahi.

ciers « *au prorata de la somme qui revient à chacun d'eux* ».

Les honoraires du séquestre figureront donc en tête sur le projet d'état de répartition, et, ensuite, sur l'état devenu définitif, ou sur la répartition effectuée par le jugement. Ils sont taxés, le cas échéant, par le président du tribunal de grande instance, selon le droit commun (C. pr. civ., art. 710 s.).

LIVRE

16. LES MESURES D'EXÉCUTION CONTRE L'ÉTAT ET LES AUTRES PERSONNES MORALES DE DROIT PUBLIC

SECTION 0 ORIENTEUR

1600.00 Plan du livre.

Division. Le principe général d'obligation du débiteur sur tous ses biens mobiliers ou immobiliers, présents ou à venir, posé par l'article 2092 du Code civil et qui fonde la possibilité d'exercer à son encontre des voies d'exécution forcée, est limité par l'article L. 111-1 alinéa 3 C. pr. exéc., qui dispose que : « *L'exécution forcée et les mesures conservatoires ne sont pas applicables aux personnes qui bénéficient d'une immunité d'exécution* ». Cette immunité d'exécution bénéficie, traditionnellement, aux personnes publiques, en vertu, pour les personnes morales de droit français, des règles du droit administratif et, pour les personnes publiques étrangères, de celles du droit international privé. Les mécanismes sont différents, les logiques qui prévalent relativement imperméables entre elles et les solutions impossibles à comparer. D'où la nécessité d'étudier séparément les mesures d'exécution contre les personnes publiques françaises (titres 161 à 165) et les mesures d'exécution contre les personnes publiques étrangères (titre 166).

1600.05 Introduction. Généralités. Si l'immunité d'exécution dont bénéficient les personnes publiques a pour effet de les faire échapper aux procédures d'exécution forcée de droit commun (v. titre 164), le créancier d'une obligation incombant à une personne morale de droit public n'est pas pour autant livré au bon vouloir de cette dernière. Un certain nombre de procédures, plus ou moins contraignantes, sont en effet à sa disposition pour que son droit ne demeure pas théorique. Ces procédures ont toutes pour objet d'assurer l'exécution des décisions de justice, de sorte que les mesures d'exécution contre les personnes publiques sont en réalité celles qui permettent d'obtenir l'exécution de la chose jugée contre ces dernières.

La parfaite exécution des décisions de justice conditionne l'effectivité du droit au juge et, partant, de l'État de droit dont la justice est à la fois un élément constitutif et une garantie. Rattachant cette obligation à la règle du procès équitable garantie par l'article 6 § 1 de la Convention européenne de sauvegarde des droits de l'homme et des libertés fondamentales (Conv. EDH), la Cour européenne des droits de l'homme a rappelé que : « *Le droit à un tribunal serait illusoire si l'ordre juridique interne d'un État contractant permettait qu'une décision judiciaire définitive et obligatoire reste inopérante au détriment d'une partie* » [1] et imposé aux États parties à la convention « *de se doter d'un arsenal juridique adéquat et suffisant pour assurer le respect des obligations* » afférentes à ce droit.

Lorsqu'une décision de justice met une obligation à la charge d'une partie, son exécution représente non seulement le respect du droit du créancier de cette obligation, mais plus généralement le respect de l'autorité de la chose jugée. C'est pourquoi il ne s'agit jamais d'une question purement privée et que l'État doit prêter son concours pour assurer cette exécution, comme l'indique la formule exécutoire apposée sur toutes les décisions de justice (C. pr. civ., art. 502 - CJA, art. R. 751-1). La non-exécution des décisions de justice condamnant les personnes publiques apparaît d'autant plus inadmissible qu'elles doivent, en quelque sorte par nature, agir dans un intérêt général qui implique la soumission au droit et, par conséquent, à l'autorité chargée d'en assurer le respect.

Dès le début du XXe siècle, le Conseil d'État a imaginé des **sanctions juridiques** pour réprimer le plus efficacement possible le non-respect par les personnes publiques des décisions de justice.

La première en date fut l'assimilation de la violation de la chose jugée à la violation de la loi, dans le **recours pour excès de pouvoir** [2].

Vint ensuite l'affirmation que des mesures prises uniquement pour faire échec à l'autorité de la chose jugée sont constitutives d'un **détournement de pouvoir** [3]; le principe affirmé à propos d'actes édictés pour priver de toute portée pratique une décision du Conseil d'État vaut également lorsque la « *décision ignorée ou méprisée* » émane d'un tribunal administratif ou d'une juridiction judiciaire. Peu importe l'origine de la décision. Il faut mais il suffit qu'il s'agisse d'une décision juridictionnelle exécutoire. Pour mémoire, on rappellera, cependant, que si la décision refusant de tirer toutes les conséquences de la chose jugée est susceptible d'un recours pour excès de pouvoir, il n'en va pas de même d'un document adressé à un tiers, par exemple, le préfet, dans lequel la personne publique tente de justifier sa position [4].

Mais l'annulation pour excès de pouvoir des actes par lesquels l'autorité administrative refuse d'exécuter ou ignore les décisions des juridictions est une sanction insuffisante en cas de mauvaise volonté persistante (par ex., faisant partie, selon le mot du professeur P. Weil, de la « *petite histoire du droit administratif* », une espèce où il n'a pas fallu moins de trois arrêts successifs du Conseil d'État s'échelonnant sur quatre années, pour briser la résistance d'un maire [5] - v. aussi, l'épopée du garde-champêtre Fabrègues, à l'origine « *d'une bien petite affaire qui pose un bien gros problème* » pour Maurice Hauriou [6]). Dans ce cas, en effet, et même s'il peut y avoir autant d'excès de pouvoir que de refus d'exécuter, l'annulation, sans conséquence pratique, ne procure qu'une satisfaction platonique.

Par ailleurs, les raisons qui, dès l'arrêt *Blanco* [7], ont justifié l'application de règles spéciales aux personnes publiques en raison des spécificités de leurs missions, expliquent que les voies d'exécution applicables aux personnes privées ne le soient pas aux personnes publiques, dans la mesure où l'exécution d'une décision de justice ne saurait

1. CEDH 19 mars 1997, Hornsby c/Grèce, req. n° 18357/91, *Rec. CEDH*-II; *JCP* 1997. II. 22949, note Dugrip et Sudre; *D.* 1998. 74 s., note Fricero; *AJDA* 1997. 986 et 987, obs. Flauss – POUR UNE SYNTHÈSE : N. Fricero, « Le droit européen à l'exécution des jugements », *Dr. et proc.* janv. 2001. 6 s. – V. AUSSI : CEDH, gr. ch., 28 juill. 1999, Immobiliare Saffi c/ Italie, req. n° 22774/93, *Rec. CEDH*-V; *D.* 1998. 74 – CEDH 31 mars 2005, Matheus c/France, req. n° 62740/00.
2. CE 8 juill. 1904, Botta, *DP* 1906. 3. 33, concl. Romieu; *S.* 1905. 3. 83, note Hauriou.
3. CE, ass., 13 juill. 1962, Sieur Bréart de Boisanger, *Lebon* 484; *D.* 1962. 664, concl. Henry; *AJDA* 1962. 549 s., chron. Galabert et Gentot – J.-F. Lachaume, *Droit administratif. Les grandes décisions de la jurisprudence*, PUF, 1997, n° 8, p. 155 s.
4. CE 31 juill. 1996, Dpt de Paris c/Mme Frenais et Préfet de Paris, req. n° 101954, NP.
5. CE 24 janv. 1902, Noualhier, *S.* 1904. 3. 141.
6. CE 23 juill. 1909, et CE 22 juill. 1910, Fabrègues, *S.* 1911. 3. 121.
7. T. confl. 8 févr. 1873, *Lebon*; *GAJA*, 18e éd., Dalloz, 2011, n° 1.

compromettre les autres intérêts généraux que la personne publique doit satisfaire, et notamment pas la priver des moyens d'assurer la continuité du service public.

Le souci croissant d'assurer une réelle effectivité aux décisions de justice condamnant des personnes publiques sans compromettre leurs missions essentielles a conduit le législateur et le juge à développer, dans la seconde moitié du XXe siècle, différents moyens de pression et de contrainte. Précisons tout d'abord que si l'essentiel des décisions de justice condamnant les personnes publiques émane des juridictions administratives, qui connaissent donc également des difficultés relatives à leur exécution, les personnes publiques peuvent également être justiciables des tribunaux judiciaires, pour la part de leur activité qui, pour résumer très grossièrement des critères de compétence beaucoup plus subtils, ne concerne pas directement les missions de service public qui sont les leurs. Les dispositifs existants auxquels peut recourir le bénéficiaire d'une décision de justice condamnant une personne morale de droit public et rencontrant des difficultés de la part de celle-ci à exécuter la décision sont de natures différentes, exerçant une pression croissante sur la personne publique débitrice : certains offrent au justiciable le secours d'autorités susceptibles d'exercer sur l'Administration réticente une autorité « morale », telles que le Conseil d'État ou le Défenseur des droits (titre 162); d'autres permettent au juge de faire usage de moyens de contrainte de nature à inciter, par la sanction pécuniaire qu'ils comportent, l'Administration à exécuter la décision (titre 163); les voies d'exécution forcée contre les personnes publiques permettent enfin d'obtenir l'exécution de la décision contre la volonté du débiteur (titre 164).

La résistance à l'exécution d'une décision de justice est susceptible de causer un préjudice au créancier qui peut en demander réparation aux personnes responsables, le débiteur au premier chef, mais également, sous certaines conditions, l'État lorsqu'il a manqué à son obligation d'assurer l'exécution de la chose jugée (titre 165). Les mesures d'exécution contre les personnes publiques étrangères correspondent à des problématiques très particulières qui justifient un traitement distinct (titre 166). Mais, avant d'examiner ces différentes voies permettant d'assurer l'exécution des décisions de justice à l'encontre des personnes morales de droit public, il convient de définir les caractéristiques générales de l'obligation d exécuter (titre 161).

TITRE

161. Les caractères essentiels de l'obligation d'exécuter la chose jugée

SECTION 0
ORIENTEUR

1610.00 Plan du titre.

1610.03 Bibliographie indicative. Pour avoir une vue synthétique des règles relatives à l'exécution des décisions de justice par les personnes publiques, on privilégiera, parmi une littérature abondante :

Actualisables. Rép. contentieux administratif, *v° Exécution des décisions de la juridiction administrative*, par J. Gourdou et A. Garcia, janv. 2009 [màj mars 2014] – *J.-Cl. Justice adm.*, *vis Exécution des décisions – Dispositions applicables aux tribunaux administratifs et aux cours administratives d'appel; Exécution des décisions – Dispositions applicables au Conseil d'État*, 2005, fasc. 91 et 92, par O. Gohin – *J.-Cl. Justice adm.*, *v° Exécution des décisions*, 2009, fasc. 90, par F. Lichère – *J.-Cl. Adm.*, *v° Exécution des jugements*, 2010, fasc. 1112, par C. Guettier et A. Béal.

Ouvrages. D. Chabanol, *Code de justice administrative commenté*, 4e éd., Le Moniteur, 2010 – R. Chapus, *Droit du contentieux administratif*, 12e éd., Montchrestien, 2006 – L. Erstein et O. Simon, *L'exécution des décisions de la juridiction administrative*, Berger-Levrault, 2000 – H. Oberdorff, *L'exécution par l'Administration des décisions du juge administratif*, th. Paris II, 1981 – R. Odent, *Contentieux administratif*, « Les cours de droit », vol. 3, 1976-1981, p. 1300 à 1308 – B. Pacteau, *Contentieux administratif*, 5e éd., PUF, nos 316 s., p. 344 s. – P. Planchet, *L'exécution des décisions de justice par les collectivités territoriales et leurs établissements publics*, th. Lyon, 1993, 450 p.

Articles. Agence judiciaire du Trésor, « Les décisions de justice rendues au profit de l'État ou contre l'État et leur exécution », *Les dossiers juridiques de l'Agence judiciaire du Trésor*, n° 29, min. chargé de l'Économie et des Finances, 1997 – J.-P. Costa, « L'exécution des décisions de justice », *AJDA*, n° spéc. 20 juin 1995, p. 227 s. – P. Delvolvé, « L'exécution des décisions de justice contre l'Administration », *EDCE* 1983-1984. 111 s.; « L'exécution contre l'Administration », *La réforme des procédures civiles d'exécution*, *RTD civ.*, n° spéc., 1993. 151 s. – C. Guettier, « L'Administration et l'exécution des décisions de justice », *AJDA* 1999. 66 s. – J.-P. Lay, « L'exécution contre les collectivités locales des condamnations prononcées par le juge judiciaire », *Administrer* 1991. 5 s. – « Rapport du Conseil d'État sur l'exécution des décisions des juridictions administratives », *RFDA* 1990. 480 s.

Chaque année, enfin, le rapport annuel du Conseil d'État (*EDCE*), publié à La Documentation française, reproduit le rapport sur l'exécution des décisions de la juridiction administrative établi par la section du rapport et des études.

CHAPITRE

1611. Contenu de l'obligation

GILLES PELLISSIER
MAÎTRE DES REQUÊTES
AU CONSEIL D'ÉTAT

SECTION 0
ORIENTEUR

1611.00 **Plan du chapitre.**

Division. Le contenu de l'obligation dépend de la portée de la chose jugée. Elle résulte du dispositif mais aussi des motifs qui en sont le soutien nécessaire. Elle est parfois explicitée par le juge dans sa décision (v. s[s] n°s 1631.00 s.).

Les obligations résultant pour les personnes publiques des décisions de justice les concernant sont différentes selon qu'une décision administrative a été annulée en totalité ou en partie (sect. 1), que la personne publique a été condamnée à payer une somme d'argent (sect. 2) ou à faire ou ne pas faire quelque chose. Dans ce dernier cas, l'obligation ressort de la décision elle-même et n'appelle pas de commentaires particuliers. Enfin, les décisions de rejet ou de réformation n'appellent aucune mesure d'exécution.

La présente partie étant consacrée aux procédures permettant d'obtenir la parfaite exécution par les personnes publiques de la chose jugée à leur encontre, il n'entre pas dans son objet de décrire la portée de la chose jugée par les juridictions administratives. Nous nous limiterons par conséquent à une esquisse des traits généraux du contenu de l'obligation résultant d'une décision de justice en droit public, sans entrer dans les spécificités, nombreuses et parfois complexes, des différents contentieux qui en relèvent.

1611.03 **Bibliographie indicative.**

V. bibliographie citée s[s] n° 1610.03.

SECTION 1
DÉCISIONS D'ANNULATION

1611.10 **Division.** Les obligations qui résultent pour l'autorité qui a pris la décision de l'annulation de cette dernière découlent du principe selon lequel une décision annulée est censée n'avoir jamais existée et de l'application qu'en fait la jurisprudence pour en concilier la mise en œuvre avec le respect de la sécurité juridique (§ 1). Cette recherche d'un équilibre entre légalité et sécurité juridique est également au cœur de l'exercice par le juge de son pouvoir, relativement récent, de déroger à ce principe de rétroactivité (§ 2).

§ 1
Principe du caractère rétroactif de l'annulation contentieuse et ses conséquences

1611.11 **Principe général.** Les actes annulés sont réputés n'être jamais intervenus. L'annulation opère donc de façon rétroactive : non seulement l'acte n'existe plus mais encore il doit être considéré comme n'ayant jamais existé[1]. La mise en œuvre de ce principe pose de redoutables difficultés lorsque l'acte, bien que regardé comme nul en droit, n'en a pas moins produit des effets que sa disparition rétroactive implique en théorie d'effacer.

Parfois, l'annulation se suffit à elle-même et ne suppose aucune mesure d'exécution. Tel est le cas lorsque le remplacement de la décision annulée n'est pas nécessaire, l'annulation par le juge de la

1. CE 26 déc. 1925, Rodière, req. n° 88369, *Lebon* 1065; *RD publ.* 1926. 32 s., concl. Cahen-Salvador; *S.* 1925. 3. 49, note Hauriou – CE, ass., 10 déc. 1954, Cru et a., *Lebon* 659; *D.* 1955. 198 s., concl. Jacomet et note Weil.

décision attaquée suffisant à rétablir l'ordonnancement juridique dans l'état qui doit être le sien. Il en va ainsi, par exemple, dans le cas où sont annulées l'interdiction d'une réunion, la dissolution d'une association ou une réglementation que l'autorité administrative n'était pas tenue d'édicter.

Mais il est des hypothèses beaucoup plus complexes où, de façon schématique (car il n'est pas question ici de faire le tour des subtilités de la jurisprudence), l'annulation oblige la personne publique intéressée :

- à remplacer la décision annulée;
- mais aussi à reconstituer le passé en effaçant les effets qu'elle a pu produire avant son annulation;
- voire à apprécier les conséquences à en tirer sur la situation de tiers, extérieurs au procès.

1611.12 **Remplacement de la décision annulée.** L'annulation d'une décision refusant de faire droit à une demande dont l'Administration était saisie a pour effet d'obliger l'Administration à statuer de nouveau sur la demande, dont elle est toujours saisie, sans que le demandeur ait à renouveler sa demande.

Deux règles générales régissent l'exercice par l'autorité administrative de sa compétence dans ce cas :

- d'abord la nouvelle décision doit tenir compte des circonstances de droit et de fait existant à la date à laquelle elle intervient (ne sont évoqués ici que les principes généraux, à l'exclusion des règles particulières relatives à certains contentieux, tel que le contentieux de l'urbanisme...) même si ces circonstances ont évolué et conduisent la personne publique à prendre une décision dans le même sens que celle qui a été annulée[1];
- ensuite la nouvelle décision doit respecter l'autorité absolue s'attachant aux annulations pour excès de pouvoir et aux motifs qui en constituent le fondement nécessaire (pour une ILLUSTRATION de la règle selon laquelle l'autorité absolue de la chose jugée s'attache au motif qui constitue le support nécessaire du dispositif d'un jugement d'annulation[2]). Pour déterminer dans quelle mesure le contenu de la décision est dicté par l'annulation contentieuse, il faut donc examiner les motifs du jugement ou de l'arrêt, étant précisé que le juge administratif n'hésite pas aujourd'hui, pour prévenir toute équivoque, à préciser dans le dispositif même de sa décision que l'Administration doit se conformer aux « obligations énoncées » dans les motifs et à expliciter de façon circonstanciée les conséquences de l'annulation[3].

Trois conséquences en découlent :

- une annulation motivée par un vice de compétence, de forme ou de procédure ne fait pas obstacle à ce que la personne publique prenne une décision au contenu identique à celle qui a été annulée;
- une annulation découlant de la censure du motif sur lequel l'Administration avait fondé sa décision interdit l'intervention d'une décision fondée sur le même motif. Mais il peut exister d'autres motifs qui permettront à la personne publique de statuer dans le même sens que la décision annulée;
- dans certains cas, enfin, l'annulation découlant de la constatation d'une illégalité interne interdira radicalement à la personne publique, sauf circonstance nouvelle, de prendre une décision identique. Tel est le cas, par exemple, lorsque l'octroi d'un avantage est subordonné à une seule condition que le juge a estimé remplie.

Enfin, il faut préciser que l'annulation du refus d'autorisation ne fait pas naître une autorisation implicite d'acceptation dans les cas où le régime juridique de l'autorisation le prévoit[4].

1611.13 **Reconstitution du passé.** L'effet rétroactif attaché à l'annulation de l'acte pris par la personne publique suppose parfois l'effacement des conséquences que la décision a emportées avant son annulation. Il en va ainsi, par exemple, lorsque la décision annulée a arrêté ou modifié le déroulement d'une situation administrative, la carrière d'un agent notamment. Dans ce type d'hypothèse, la situation affectée par la décision doit, pour que la chose jugée reçoive toute l'exécution qu'elle emporte, être reconstituée telle qu'elle serait si cette décision n'était jamais intervenue[5]. La règle, si elle est facile à énoncer, est, on ne peut plus délicate à

1. POUR UN EXEMPLE de prise en compte par le JEX des circonstances de fait et de droit existantes à la date à laquelle il statue : CE 7 oct. 2013, Min. de l'Intérieur, req. n° 360972 : l'annulation d'un refus de visa de long séjour pour un motif tiré de la méconnaissance de la Convention de New York relative aux droits de l'enfant n'implique pas la délivrance de ce visa à l'étranger devenu majeur.
2. CE 19 nov. 1997, M. Sarroub, req. n° 187595, *Lebon; Procédures* 1998, n° 71; *D.* 1998. 22; *Rev. crit. DIP* 1998. 51, note Lagarde.
3. V. PAR EX. : CE, ass., 29 juin 2001, M. Vassilikiotis, req. n° 213229, *Lebon* 303; *AJDA* 2001. 1051; *AJDA* 2001. 1046, chron. Guyomar et Collin; *GACA*, 3e éd., Dalloz, 2011, n° 67 – CE 3 déc. 2010, Sté SMP technologie et association de tireurs et a., req. n° 332540, *Lebon* T.; *AJDA* 2010. 2345.
4. EN MATIÈRE D'URBANISME : CE, sect., 7 déc. 1973, Entreprise Fayolle et fils, req. n° 88252, et Min. Agriculture et Développement Rural c/SCA des Nigritelles, req. n° 88106, *Lebon*.
5. ARRÊT DE PRINCIPE : CE 26 déc. 1925, Rodière, *Lebon* 1065; *DH* 1926. 70; *RD publ.* 1926. 32 s., concl. Cahen-Salvador – APPLICATION RÉCENTE : CE, sect., 8 avr. 2009, Chambre des métiers et de l'artisanat de la Moselle, req. n° 289314, *Lebon* : « *Lorsque le juge administratif annule une décision ayant évincé un fonctionnaire d'un emploi unique, l'intéressé bénéficie, en exécution de cette annulation, d'un droit à réintégration dans l'emploi unique dont il a été* ►

respecter (v. not. le contentieux, particulièrement abondant sur ce point, en matière de fonction publique lorsque, par exemple, il faut reconstituer, en termes financiers mais aussi sur le plan de l'avancement, la carrière d'un fonctionnaire illégalement évincé[1]).

1611.14 Répercussions de l'annulation sur d'autres décisions que celle qui a été annulée. Par le jeu naturel de sa rétroactivité, l'annulation peut imposer à la personne publique l'obligation de procéder à la révision de certaines situations et, en conséquence, au retrait et au remplacement de décisions autres que celle qui a été censurée. La difficulté est ici de concilier les exigences de la légalité avec l'impératif de sécurité juridique qui empêche que les droits acquis par les tiers soient remis en cause. Aussi bien le juge a-t-il consacré une jurisprudence nuancée faisant dépendre les solutions de la nature – réglementaire ou non – de l'acte annulé :

– l'annulation d'un règlement n'entraîne pas l'obligation de retirer les actes individuels pris en application de cet acte[2] et non attaqués eux-mêmes dans le délai du recours contentieux[3];

– quand l'annulation concerne un acte non réglementaire (acte individuel ou « d'espèce »), les décisions subséquentes ayant créé des droits ne peuvent être retirées que dans les conditions de droit commun du retrait des décisions créatrices de droit[4] (délai de quatre mois de la jurisprudence *Ternon*[5] pour les décisions explicites, si elles n'ont pas été contestées dans le délai de recours contentieux ou article 23 de la loi n° 2000-321 du 12 avril 2000 pour les décisions implicites[6]);

– l'annulation de l'acte détachable du contrat n'implique pas nécessairement que le contrat soit annulé. Comme l'a récemment rappelé le Conseil d'État[7] : « *L'annulation d'un acte détachable d'un contrat n'implique pas nécessairement la nullité dudit contrat; il appartient au juge de l'exécution, après avoir pris en considération la nature de l'illégalité commise, soit de décider que la poursuite de l'exécution du contrat est possible, éventuellement sous réserve de mesures de régularisation prises par la personne publique ou convenues entre les parties, soit, après avoir vérifié que sa décision ne portera pas une atteinte excessive à l'intérêt général, d'enjoindre à la personne publique de résilier le contrat, le cas échéant avec un effet différé, soit, eu égard à une illégalité d'une particulière gravité, d'inviter les parties à résoudre leurs relations contractuelles ou, à défaut d'entente sur cette résolution, à saisir le juge du contrat afin qu'il en règle les modalités s'il estime que la résolution peut être une solution appropriée* ». Le juge, saisi de conclusions tendant à ce que soient prescrites les mesures d'exécution qu'impliquent nécessairement l'annulation

► *écarté, sans que l'employeur puisse lui opposer la nomination de son successeur à ce poste. Dans le cas d'espèce, les déci-sions de révocation de l'intéressé et de nomination de son successeur sont divisibles. Il en résulte que, s'il était loisible à l'intéressé de présenter, à l'occasion de sa demande tendant à l'annulation de la décision de révocation, des conclusions tendant à ce qu'il soit enjoint à son administration de le réintégrer dans son poste, il n'a cependant pas d'intérêt à agir pour demander l'annulation de la décision de nomination de son successeur sur ce même poste* », *Lebon* T. – POUR UNE SYNTHÈSE PRATIQUE : E. Gibert, « L'exécution des jugements d'annulation », *Gaz. cnes* 29 avr. 1993. 31 s.

1. J. Pavin, « Fonctionnaires irrégulièrement évincés, la jurisprudence *Deberles* en question », *AJDA* 2003. 2023.
2. Sur les principes de la détermination des actes pouvant être annulés, à condition qu'ils soient contestés dans les délais, par voie de conséquence de l'annulation d'un autre acte, v. CE sect., 30 déc. 2013, Mme Okosun, req. n° 367615.
3. CE 3 déc. 1954, Caussidery, *Lebon* 640; *D.* 1955. 204 s., note Weil – CE 1er avr. 1960, Quériaud, *Lebon* 245, concl. Henry.
4. CE, sect., 10 oct. 1997, Lugan, req. n° 170341, *Lebon*; *AJDA* 1997. 952, chron. Girardot; *RFDA* 1998. 21, concl. Pécresse – CE. sect., 10 oct. 1997, S^té^ Strasbourg FM, req. n° 134766, *AJDA* 1997. 952 s., chron. Girardot et Raynaud, concl. Pécresse; *RFDA* 1998. 21 s., note Pellissier; *LPA* 20 févr. 1998 – CE 10 mars 2004, Fabre, req. n° 235686, *Lebon* T. 732 : « *L'annulation de la liste d'aptitude aux fonctions de président de chambre régionale et territoriale des comptes n'entraîne pas par elle-même l'annulation des nominations prononcées au vu de cette liste et devenues définitives* » – CE 10 janv. 2007, Grass et a., req. n° 297864, *Lebon*; *RFDA* 2007. 1071, concl. Verot : « *Dès lors qu'est devenue définitive l'affectation par le ministre chargé de la fonction publique des agents issus d'une promotion de l'École nationale d'Administration dans les différents corps qu'ils ont choisis, qui a créé des droits à leur profit, l'annulation du classement de fin de scolarité de la promotion concernée est sans influence sur la situation individuelle de ces agents* » – CE 24 juill. 2009, Orfeu I, req. n° 303870 : « *L'annulation d'un arrêté établissant un tableau d'avancement pour une année donnée n'a pas d'effet sur les nominations prononcées sur son fondement dès lors qu'elles sont devenues définitives, faute d'avoir été contestées dans le délai du recours contentieux* » – En revanche, s'agissant de l'attribution de fréquence de radiodiffusion, si non seulement le rejet d'une candidature mais également l'attribution d'une fréquence ont été annulés, le Conseil supérieur de l'audiovisuel doit réattribuer la fréquence en cause en réexaminant les candidatures initialement déposées et non retenues, après avoir demandé aux candidats de les confirmer et le cas échéant de compléter leurs dossiers : CE 2 juin 2010, Assoc. Radio Horizon, req. n°s 335075 et 335073, NP.
5. CE 26 oct. 2001, Ternon, req. n° 197018, *Lebon*; *GAJA*, 18e éd., Dalloz, 2011, n° 107; *AJDA* 2001. 1034, chron. Guyomar et Collin; 2002. 738, étude Gaudemet; *RFDA* 2002. 77, concl. Séners; 88, note P. Delvolvé.
6. L. n° 2000-321, 12 avr. 2000, relative aux droits des citoyens dans leurs relations avec les administrations, art. 23, *JO* 13 avr., p. 5646.
7. CE 21 févr. 2011, S^té^ Ophrys et C^té^ d'agglomération Clermont-Communauté, req. n° 337349, *Lebon*; *AJDA* 2011. 356; *RDI* 2011. 277, obs. Noguellou; *AJCT* 2011. 419, obs. Scanvic.

d'un acte détachable d'un contrat, est tenu d'assurer l'exécution de la chose jugée (par la décision ayant prononcé l'annulation de l'acte détachable) s'attachant tant au dispositif qu'aux motifs qui en sont le support nécessaire, sans pouvoir retenir un autre motif que celui retenu comme fondement de cette annulation[1];

- l'annulation ou la suspension du contrat de recrutement d'un agent public, qui a créé des droits pour son bénéficiaire, oblige l'Administration, sauf si le contrat présente un caractère fictif ou frauduleux, à rechercher les moyens de le régulariser ou, si cette régularisation n'est pas possible, de proposer à l'agent un emploi équivalent[2].

§ 2
Modulation dans le temps des effets de l'annulation contentieuse

1611.21 **Principe.** Le juge peut déroger au principe de l'effet rétroactif des annulations contentieuses et prévoir que tout ou partie des effets de l'acte annulé antérieurs à son annulation devront être regardés comme définitifs ou que l'annulation ne prendra effet qu'à une date ultérieure qu'il détermine « *s'il apparaît que cet effet rétroactif de l'annulation est de nature à emporter des conséquences manifestement excessives en raison tant des effets que cet acte a produits et des situations qui ont pu se constituer lorsqu'il était en vigueur que de l'intérêt général pouvant s'attacher à un maintien temporaire de ses effets* ». Cette décision est le résultat d'une mise en balance entre « *d'une part les conséquences de la rétroactivité de l'annulation pour les divers intérêts publics ou privés en présence et, d'autre part, les inconvénients que présenterait, au regard du principe de légalité et de droit des justiciables à un recours effectif, une limitation dans le temps des effets de l'annulation* »[3].

1611.22 **Applications.** Le Conseil d'État n'hésite pas à faire usage de ce pouvoir lorsque les circonstances le justifient[4]. Bien que, dans la plupart des cas, il soit appliqué à la détermination des effets dans le temps de l'annulation d'actes réglementaires[5], il peut aussi en être fait usage en ce qui concerne l'annulation d'actes individuels[6]. Enfin, bien que l'hypothèse soit très rare et tienne à des circonstances particulières, il n'est pas exclu que le

1. CE 21 févr. 2011, S^té^ Véolia-propreté et a., req. n° 335306, *Lebon T.; AJDA* 2011. 1739, note Vincent-Legoux.
2. ANNULATION : CE, sect., 31 déc. 2008, Cavallo, req. n° 283256, *Lebon* 481; *AJDA* 2009. 142, chron. Liéber et Botteghi; *AJFP* 2009. 153, note Calley; *RFDA* 2009. 89, concl. Glaser – SUSPENSION : CE 27 oct. 2010, Georges, req. n° 321469, *Lebon*; *AJFP* 2011. 126; *AJCT* 2011. 38, obs. Aubin.
3. CE, ass., 11 mai 2004, Assoc. AC ! et a., req. n° 255886, *Lebon* 197, concl. Devys; *RFDA* 2004. 438 note Stahl et Courrèges; *RFDA* 2004. 454, concl. Devys; *AJDA* 2004. 1183, chron. Landais et Lénica; *Dr. adm.* 2004. 8, note Dubos et Melleray.
4. SUR L'APPLICATION DE CETTE JURISPRUDENCE : J.-H. Stahl, « An I ap. AC ! : les suites de la modulation dans le temps des effets des annulations contentieuses, un an après l'arrêt *Association AC !* », *RJEP* oct. 2005. 355 – G. Pellissier, « Quatre ans d'application de la jurisprudence Association AC ! Un premier bilan à l'occasion de deux décisions du CE 5 mars 2008, *Sté TFI et Sté TMC et a., Sté NRJ 12 et Sté TFI* », *RJEP* août-sept 2008. 656 (req. n°s 286273, 281451 et 284783).
5. Pour des décisions de 2008 à 2010 faisant usage de ce pouvoir de modulation, v. CE 21 nov. 2008, Assoc. des hôpitaux privés sans but lucratif et a., req. n° 305292, *Lebon* : annulation d'arrêtés du ministre de la Santé fixant les tarifs d'établissements privés de santé pour un motif de fond : la disparition immédiate et rétroactive « *porterait une atteinte manifestement excessive au fonctionnement du service public hospitalier et à la détermination du remboursement dont bénéficient les assurés sociaux* » : report au 1er mars 2009 et effets produits définitifs. – CE 19 déc. 2008, M. M..., req. n° 312553, *Lebon* : annulation de la disposition d'un décret créant auprès de certains tribunaux un pôle d'instruction, pour un vice de procédure : l'annulation risquant d'entraîner la nullité des mesures prises par les juges d'instruction : reporte les effets de l'annulation à quatre mois après. – CE 10 févr. 2010, M. Pérez, req. n° 329100, *Lebon; AJDA* 2010. 561, note Dreyfus; *AJDA* 2010. 596, chron. Nicinski, Jeanneney et Glaser; *D.* 2010. 506, et les obs.; *Cah. Cons. const.* 2011. 187, note Vidal-Naquet; *Constitutions* 2010. 410, obs. de Baecke; *RTD eur.* 2010. 975, chron. Ritleng, Kovar et Bouveresse : annulation du décret du 19 décembre 2008 relatif au relèvement de certains seuils du Code des marchés publics en tant qu'il relève le seuil applicable aux marchés passés selon la procédure adaptée fixée à l'article 28 du même code : annulation à compter du 1er mai 2010, sous réserve des actions contentieuses engagées à la date de la présente décision contre les actes pris sur son fondement (afin de ne pas porter, eu égard au grand nombre de contrats concernés, une atteinte excessive à la sécurité juridique).
6. CE 12 déc. 2007, M. Sire, req. n° 296072, *Lebon* 471; *AJDA* 2008. 638, concl. Guyomar; *D.* 2008. 1457, note Caille; *AJFP* 2008. 172, note Gueguen : report à l'avenir des effets de l'annulation d'une décision de nomination d'un magistrat, qui est de nature à entraîner la nullité des jugements et procédures auxquels il a concouru : « *En l'espèce, compte tenu de la nature du motif d'annulation retenu et alors qu'aucun autre moyen n'est de nature à justifier l'annulation, la rétroactivité de cette dernière porterait, eu égard à la nature et à la durée des fonctions exercées par l'intéressé en qualité de procureur de la République près le tribunal de grande instance de Narbonne, une atteinte manifestement excessive au fonctionnement du service public de la justice* » – CE, sect., 30 déc 2010, M. Robert, req. n° 329513, *Lebon; Constitutions* 2011. 385, obs. Le Bot : la nomination d'un magistrat en qualité d'avocat général près la Cour de cassation est annulée faute de consultation du Conseil supérieur de la magistrature (CSM), ainsi que, par voie de conséquence, celle du successeur de ce magistrat dans les fonctions qu'il occupait. Eu égard à l'intérêt général qui s'attache à l'autorité des décisions de justice auxquelles les intéressés ont concouru et à la nature du motif d'annulation retenu, et alors qu'aucun autre moyen n'est de nature à justifier ces annulations, l'effet rétroactif de ces dernières porterait une atteinte manifestement excessive au fonctionnement du service public de la justice.

juge fixe à une date postérieure à la lecture de sa décision l'effet d'une décision de rejet[1].

SECTION 2
DÉCISIONS PORTANT CONDAMNATION À PAYER UNE SOMME D'ARGENT

1611.31 Conformité aux mentions du dispositif. Il est assez aisé de déterminer les conséquences d'un jugement prononçant une condamnation. Par hypothèse, en effet, la décision définit explicitement l'obligation dont la personne publique condamnée doit s'acquitter. Pour être considérées comme ayant exécuté la décision de justice, les personnes publiques doivent donc se conformer strictement aux mentions du dispositif de la décision les ayant condamnés. Aussi bien, et alors même qu'elles ne peuvent pas payer ce qu'elles ne doivent pas, il ne leur appartient pas de rectifier de leur propre initiative, en leur faveur ou en leur défaveur les contradictions entre le dispositif et les motifs de la décision ou les éventuelles erreurs de calcul dont serait entaché le dispositif (pour une ILLUSTRATION de cette logique dans un contentieux de l'astreinte[2]; autre illustration : sur le fait que l'erreur liée à la circonstance que le dispositif d'une décision ne reprenne pas une condamnation à des intérêts moratoires pourtant alloués au demandeur dans les motifs ne peut être réparée que par la voie de l'appel ou du recours en rectification d'erreur matérielle[3]). L'on rappellera à cet égard que :

– en contentieux administratif, la contradiction entre les motifs d'une décision de justice et le dispositif, doit être contestée devant le juge d'appel, le plus souvent, aujourd'hui, la cour administrative territorialement compétente;

– en revanche, les erreurs de calcul dont pourrait être entachée la décision de condamnation sont justiciables d'un recours en rectification d'erreur matérielle[4] (pour une synthèse d'une jurisprudence nuancée, v. D. Pouyaud[5]).

1611.32 Intérêts moratoires[6]. L'obligation de payer qui pèse sur l'Administration englobe les intérêts dits « moratoires ». Les sommes qu'une personne publique est condamnée à payer sont en effet productrices d'intérêts légaux dans les conditions établies par la loi du 11 juillet 1975 que la condamnation ait été prononcée par une juridiction administrative ou par une juridiction judiciaire, y compris si le juge ne s'est pas prononcé explicitement sur ce point[7] (C. civ., art. 1153-1[8]). Sauf si le juge en a décidé autrement, ces intérêts sont dus à compter du jour où la décision a été prononcée (même article), « *jusqu'à l'exécution de la décision, c'est-à-dire, en principe et sous réserve d'un délai anormalement long entre la liquidation et le paiement effectif, jusqu'à la date à laquelle la dette est liquidée* »[9].

Seules les condamnations à payer une somme d'argent à titre d'indemnité, ce qui englobe les frais non compris dans les dépens[10], peuvent donner lieu au versement d'intérêts moratoires. Tel n'est donc pas le cas d'une décision d'annulation pour excès de pouvoir d'une décision refusant de verser une aide ou une prime qui, si elle a des conséquences pécuniaires, n'a pas pour objet de condamner l'Administration à verser une somme d'argent.

1611.33 Majoration de cinq points. Le premier alinéa de l'article L. 313-3 du Code monétaire et financier, issu de l'article 3 de la loi du 11 juillet 1975, attache de plein droit un taux majoré de cinq points par rapport au taux de l'intérêt légal aux condamnations pécuniaires non exécutées dans

1. CE, sect., 27 oct. 2006, S^té^ Techna SA, req. n° 260767, *Lebon; AJDA* 2006. 2385, chron. Landais et Lenica; *D.* 2007. 621, note Cassia; *RFDA* 2007. 265, concl. Séners; *RFDA* 2007. 596, chron. Rambaud et Roblot-Troizier; *RTD civ.* 2007. 72, obs. Deumier. Il s'agissait en l'occurrence, après le rejet au fond du recours contre un décret dont l'exécution avait été suspendue par le juge des référés, de différer l'entrée en vigueur du décret afin de ne pas priver les fabricants du régime transitoire qu'il prévoyait.
2. CE 30 mars 1994, Mme Loubet, req. n° 142026, *Lebon* 172.
3. CE 9 mai 2005, S^té^ Nouvelle de travaux, req. n° 256912, *Lebon*.
4. PAR EX., CE 3 mars 1978, S^té^ HLM de Paris, req. n° 98896, NP; *RD publ.* 1979. 313 – CE 23 sept. 1961, Giacobbi, *Lebon* 529.
5. D. Pouyaud « Le recours en rectification d'erreur matérielle devant les juridictions administratives », *RFDA* 1993. 721 s.
6. POUR AVOIR UNE VUE D'ENSEMBLE DE LA QUESTION, on consultera : « Intérêts moratoires relatifs aux dettes et créances des collectivités publiques », *Les dossiers juridiques de l'AJT*, 1996, n° 3, min. Économie et Finances – S'AGISSANT DES DÉCISIONS JUDICIAIRES, M. Lombard, « Les intérêts des condamnations prononcées en matière civile », *Gaz. Pal.* 1995. 1. Doctr. 562 s. – Et pour les DÉCISIONS DU JUGE ADMINISTRATIF, l'arrêt de principe sur cette question : CE, sect., 16 janv. 1987, Ribot, req. n° 66309, *Lebon* 9, concl. Roux; concl. publiées égal^t^ *RFDA* 1987. 441 s.
7. Ce qui ne saurait cependant le dispenser de le faire s'il est saisi de conclusions EN CE SENS : CE 27 oct. 2010, S^té^ Pradeau et Morin, req. n° 318023, *Lebon*; *AJDA* 2010. 2080, obs. Grand.
8. CE 30 mars 1994, Mme Loubet, req. n° 142026, *Lebon* 172 – CE 4 nov. 1996, Melle Kerbache, req. n° 173691, *Lebon* 437; *RFDA* 1997. 199 – CE 18 juill. 2008, Mme Giffard, req. n° 307311, NP.
9. CE 8 juin 2011, S^té^ SEG Fayat, req. n° 344394, *Lebon* T. – Un écart de quelques jours seulement entre ces deux dates ne constitue pas un délai anormalement long : CE 26 janv. 2011, Mme Huet, req. n° 332423.
10. CE 30 mars 1994, req. n° 142026 (préc. s^s^ prés^t^ n°) – LA JURISPRUDENCE JUDICIAIRE EST DANS LE MÊME SENS : Soc. 2 mai 1989, n° 86-40.895, *Bull. civ.* V, n° 319; *RTD civ.* 1991. 350, obs Jourdain.

un délai de deux mois, qui court à compter du jour où cette exécution est obligatoire, c'est-à-dire, en ce qui concerne les décisions de la juridiction administrative, à compter du jour où elles sont notifiées (v. s[s] n° 1612.11)[1].

Le second alinéa de l'article L. 313-3 du Code monétaire et financier donne au juge de l'exécution (JEX) le pouvoir, « *à la demande du débiteur ou du créancier, et en considération de la situation du débiteur,* [d']*exonérer celui-ci de cette majoration ou* [d']*en réduire le montant* ». Le Conseil d'État a récemment fait application de cette disposition, peu invoquée et jugé que « *la demande d'exonération ou de réduction de l'augmentation forfaitaire prévue à cet article est examinée par le juge de l'exécution au regard de la situation du débiteur à la date à laquelle il statue, c'est-à-dire de sa capacité financière à régler les sommes qu'il doit en exécution d'une décision de justice. Le juge peut aussi prendre en considération le comportement du créancier lorsqu'il est susceptible d'avoir rendu plus difficile le règlement de la condamnation pécuniaire* »[2].

Il s'agissait en l'espèce d'une commune qui était en situation de régler intégralement les sommes dues en exécution d'une décision du Conseil d'État, qui n'apportait aucun élément justifiant qu'elle ne serait plus à même de régler ces sommes à la date de la décision du JEX, compte tenu des aides publiques reçues afin de lui permettre de régler le montant de sa condamnation et de sa capacité d'endettement, et qui avait déposé sur un compte à la Caisse des dépôts et consignations les aides publiques reçues, au lieu de les utiliser conformément à leur destination, laissant ainsi s'accroître le coût de la majoration des intérêts dont elle demande au JEX de l'exonérer. Malgré cela, le JEX a pris en compte le fait que l'emprunt requis pour payer le solde des sommes dues pèserait lourdement et pour de longues années sur les finances de la commune, qui a moins de 1 200 habitants, pour accorder une réduction de la somme due au titre des intérêts majorés.

La majoration prévue à l'article L. 313-3 du Code monétaire et financier ne s'applique qu'au taux de l'intérêt légal, et non au taux des intérêts moratoires contractuels[3].

1611.34 Capitalisation. La capitalisation des intérêts moratoires (intérêts des intérêts) est possible sur le fondement de l'article 1154 du Code civil, à condition qu'elle ait été expressément demandée et qu'elle porte sur au moins une année d'intérêts. Une fois demandée, elle n'a plus à l'être à chaque échéance annuelle ultérieure[4].

1. POUR DES APPLICATIONS DE CES DISPOSITIONS PAR LE JUGE ADMINISTRATIF, V. : CE, ass., 23 mars 1984, Min. Commerce extérieur c/S[té] Alivar, req. n° 24832, *Lebon*; *RTD eur.* 1984. 341 s., concl. Denoix de Saint-Marc – CE 8 juin 2011, req. n° 344394 (préc. s[s] n° 1611.32) – ET PAR LE JUGE JUDICIAIRE : Civ. 3e, 3 juin 1992, n° 90-16.792, *Bull. civ.* III, n° 189; *JCP* 1992. II. 3678, n° 14; *JCP* 1994. II. 22221, note Enama; *RTD civ.* 1992. 645, obs. Perrot.
2. CE 16 déc. 2009, C[ne] de Saint-Paul-en-Pareds, req. n° 309774, *Lebon* T.; *AJDA* 2009. 2435, obs. Brondel.
3. CE 23 mai 2012, S[té] SPIE SCGPM, req. n° 346352.
4. CE, sect., 13 déc. 2002, Cie d'assurances les Lloyd's de Londres et a. c/Min. Intérieur, req. n° 203429, *Lebon* 460.

CHAPITRE

1612. Caractéristiques générales de l'obligation d'exécuter la chose jugée

GILLES PELLISSIER
MAÎTRE DES REQUÊTES
AU CONSEIL D'ÉTAT

SECTION 0
ORIENTEUR

1612.00 **Plan du chapitre.**

Division. Il convient de distinguer le moment à partir duquel l'autorité concernée est dans l'obligation d'exécuter la décision de justice, date qui ne doit pas être confondue avec celle fixée par le juge pour marque le point de départ des effets de l'annulation, qui est relative au contenu de l'obligation et non à son opposabilité (sect. 1) de la portée de l'obligation (sect. 2).

1612.03 **Bibliographie indicative.**

V. bibliographie citée s^s n° 1610.03.

SECTION 1
POINT DE DÉPART DE L'OBLIGATION D'EXÉCUTER

1612.10 **Division.** L'obligation d'exécuter naît à compter de la date à laquelle la décision de justice est opposable aux parties (§ 1), sans qu'il soit en principe besoin d'en faire la demande à l'Administration condamnée (§ 2).

§ 1
Opposabilité de la décision de justice

A.
Notification de la décision de justice

1612.11 **Décisions du juge administratif.** Si les décisions de la juridiction administrative acquièrent – pour celles qui en sont revêtues – autorité de la chose jugée dès leur lecture[1], elles ne s'imposent aux parties qu'à compter de leur notification, qui les rend exécutoires[2]. L'obligation d'exécuter la

1. CE, sect., 8 juill. 1998, Min. Budget, req. n° 142444, *Lebon*; *RD publ.* 1998. 1239, concl. Girardot – CE 18 janv. 1967, Élections municipales de Santa-Maria-di-Lota (Corse), req. n° 65719, *Lebon* 20 – CE, sect., 4 mars 1998, req. n° 193527, *Lebon*, concl. Bachelier.
2. CE 9 févr. 1955, C^{ne} de Joinville-le-Pont, *Lebon* 79 – CE 26 oct. 1966, D^{elle} Fourtet, *Lebon* 1094 – CE 13 mars 1968, Élections du maire et de l'adjoint de la commune de Talasani, req. n° 72329, *Lebon* 180 – CE 17 mai 1974, Élections municipales de Camelas, req. n° 93122, *Lebon* 292 – CE 16 oct. 1985, C^{ne} de la Garenne-Colombes, req. n° 43192, *Lebon* 679 – POUR UNE AFFIRMATION RÉCENTE : CE 8 juin 2011, req. n° 344394 (préc. s^s n° 1611.32).

décision s'impose donc à compter de cette notification. La possibilité de mettre en œuvre utilement une procédure « d'exécution forcée » contre une personne publique implique donc que la décision lui ait bien été préalablement notifiée. Cette précision est importante en pratique car la notification des décisions du juge administratif est le fait du greffe de la juridiction. Pour éviter les déconvenues, celui qui a fait condamner une personne publique doit donc s'assurer auprès de la juridiction de la date à laquelle la notification a été faite. En outre, lorsque les enjeux le justifient, notamment parce que la personne publique a été condamnée à payer d'importantes sommes d'argent, il ne faut pas hésiter à recourir à une signification par voie d'huissier, le Conseil d'État admettant qu'elle emporte les mêmes effets que la notification par le greffe[1].

1612.12 Décisions du juge judiciaire. Aux termes de l'article 503 C. pr. civ. : « *Les jugements ne peuvent être exécutés contre ceux auxquels ils sont opposés qu'après leur avoir été notifiés, à moins que l'exécution n'en soit volontaire. En cas d'exécution au seul vu de la minute, la présentation de celle-ci vaut notification* ». Qu'il s'agisse d'agir contre une personne morale de droit privé ou contre une personne morale de droit public, aucune mesure d'exécution forcée ne peut donc être régulièrement entreprise avant signification par voie d'huissier ou (le cas est plus rare ici) notification par lettre recommandée avec demande d'avis de réception. Il en va ainsi même lorsque la décision à exécuter est assortie de l'exécution provisoire et a force de chose jugée[2] (ainsi, nullité d'une saisie attribution faite le jour de la signification de la décision dont l'exécution était poursuivie, les mentions des actes délivrés par l'huissier ne permettant pas de vérifier que la saisie avait été pratiquée après la signification[3]).

B. Incidence des voies de recours sur l'obligation d'exécuter

1° Décisions des juridictions administratives

1612.21 Principe de l'effet non suspensif des voies de recours. En principe, les voies de recours formées contre les jugements rendus par les tribunaux administratifs et les arrêts des cours administratives d'appel, appels et pourvois en cassation, sont dépourvues d'effet suspensif (CJA, art. L. 4). Il n'est que très rarement dérogé à ce principe de l'effet non suspensif des recours en matière administrative (sur le principe et les dérogations, v. R. Chapus[4]). La juridiction saisie du recours peut néanmoins ordonner le sursis à l'exécution du jugement ou de l'arrêt, si les moyens invoqués à son encontre apparaissent, en l'état de l'instruction, sérieux et de nature à justifier, outre l'annulation ou la réformation du jugement attaqué, le rejet des conclusions à fin d'annulation accueillies par ce jugement (CJA, art. R. 811-15, R. 821-5 : formulation adaptée au contrôle de cassation). Dans la plupart des cas, donc, même si le délai de la voie de recours n'est pas expiré, et même si cette dernière est exercée, la personne publique peut et doit exécuter la décision de justice l'ayant condamnée. Le Conseil d'État a ainsi encore récemment rappelé « *qu'à la suite d'une éviction illégale d'un agent titulaire, annulée par le juge de l'excès de pouvoir, il incombe à l'Administration de prendre les mesures de réintégration que l'exécution de la décision du juge appelle nécessairement, même dans le cas où elle en a demandé la cassation* »[5].

1612.22 Conséquences sur le comportement de la personne publique. L'exécution de la décision de justice est donc parfaitement indépendante de l'exercice des voies de recours, précisément du fait du principe de l'effet non suspensif de ces dernières. Autrement dit, la personne publique doit exécuter les décisions qu'elle conteste par ailleurs. Il est notamment acquis en jurisprudence que ni l'exécution des jugements avant l'exercice de la voie de recours ouverte contre eux, ni *a fortiori* la manifestation de l'intention de les exécuter, ne valent acquiescement[6]. Selon la même logique, l'exécution du jugement postérieurement à l'exercice de la voie de recours ne saurait rendre cette dernière sans objet et provoquer un non-lieu à statuer[7] (le contentieux des refus de communication de documents administratifs, en application des dispositions de la loi du 17 juillet 1978, en offre une bonne illustration, puisqu'il a été jugé que si la communication spontanée du document fait logiquement perdre au recours son objet[8], il n'en va

1. CE, ass., 23 mars 1984, Min. Commerce extérieur, req. n° 24832, *Lebon* 128.
2. Civ. 2e, 25 févr. 1998, n° 96-12.438, Lorrain c/Sté générale, *Bull. civ.* II, n° 60; *D. Affaires* 1998. 535 – S. Guinchard (dir.), Dalloz action *Droit et pratique de la procédure civile*, 2014/2015, par N. Fricero, nos 423.41 s.
3. TGI Pontoise, JEX, 26 juill. 2001, RG n° 2001/04620, Francilia c/Ets Dennery.
4. R. Chapus, *Droit du contentieux administratif,* 12e éd., Montchrestien, 2006, nos 1320 s., p. 1155 s.
5. CE 10 juin 2011, Min. Affaires étrangères c/Mme P, req. n° 342600, *Lebon* T.; *AJDA* 2011. 1901, concl. Botteghi.
6. CE, sect., 15 oct. 1982, Épx Rode, req. n° 37626, *Lebon* 341 – CE, sect., 15 déc. 1961, Sté Schneider, *Lebon* 712.
7. CE 22 mai 1992, Mlle Zin Le Khalma, req. n° 106985, *Lebon*; *JCP* 1992. IV. 229.
8. CE 27 avr. 2001, Zembout, req. n° 183391, NP.

pas de même lorsqu'elle n'a été faite qu'en exécution d'une décision de justice[1]).

Cette obligation n'exclut cependant pas toute tentation de l'Administration de faire le pari de l'inexécution, en cas de recours contre une décision les condamnant. Ainsi, dans son rapport sur l'exécution des décisions des juridictions administratives[2], le Conseil d'État a relevé que : « *La durée moyenne d'exécution des décisions de justice par l'Administration est sensiblement affectée par l'existence d'un recours en appel : le jugement de première instance est exécuté dans un délai de vingt et un mois en moyenne lorsqu'il n'est pas contesté et dans un délai de cinquante et un mois dans le cas inverse* ». Ces chiffres ne sont guère satisfaisants. Il faut dire que bon nombre de règles sont de nature à inciter les personnes publiques à ignorer la chose jugée en première instance voire à « faire le pari de l'inexécution ». Sans prétendre à l'exhaustivité, on peut citer à cet égard :

– s'agissant des condamnations à payer une somme d'argent, la règle selon laquelle la partie qui s'acquitte de l'indemnité à laquelle elle a été condamnée ne saurait réclamer les intérêts des sommes correspondantes au cas où en appel elle en a été partiellement ou totalement déchargée. Sans doute, une action en répétition de l'indu est-elle possible pour le remboursement du principal[3]. Mais la partie concernée n'est pas fondée à demander à son adversaire la condamnation à la réparation sous la forme d'intérêts au taux légal du préjudice subi par elle du fait du versement de la somme auquel elle était tenue en raison du caractère exécutoire du jugement (la solution est commune aux juridictions administratives[4] – et aux juridictions judiciaires[5]). Il en va toutefois différemment en matière fiscale (LPF, art. L. 208) ;

– la jurisprudence selon laquelle lorsqu'une personne publique n'a pas exécuté la décision des premiers juges infirmée en appel, sa responsabilité ne saurait être engagée. Pour le Conseil d'État, en effet, si une faute a bien été commise, elle n'a pu causer un préjudice réparable car « *elle n'a pas pu porter atteinte à un droit définitivement acquis* » précise la Haute assemblée[6].

Enfin, on ne peut ignorer que l'obligation mise à la charge des personnes publiques d'exécuter immédiatement les jugements exécutoires, sans attendre l'issue de la contestation qu'elles ont introduites n'est pas sans inconvénient pratique. Ainsi, si l'Administration exécute, comme elle le doit, le jugement ayant annulé l'éviction du service d'un fonctionnaire, il lui faudra revenir, si le recours aboutit, sur toutes les mesures qu'elle a prises[7].

Lorsque le juge d'appel infirme une condamnation prononcée en première instance, sa décision, dont l'expédition notifiée aux parties est revêtue de la formule exécutoire prévue à l'article R. 751-1 du Code de justice administrative, permet par ellemême d'obtenir, au besoin d'office, le remboursement de sommes déjà versées en vertu de cette condamnation[8].

2°
Décisions de la juridiction judiciaire

1612.31 Voies de recours ordinaires. Aux termes de l'article 539 C. pr. civ. : « *Le délai de recours par une voie ordinaire suspend l'exécution du jugement. Le recours exercé dans le délai est également suspensif* ». Aussi bien, sous réserve que la décision ne bénéficie pas de l'exécution provisoire de droit ou que celle-ci n'ait pas été accordée par le premier juge, une personne publique n'est pas obligée de s'exécuter lorsqu'elle a fait appel ou lorsqu'elle a formé opposition[9]. Il ne faut toutefois pas se méprendre sur la portée de l'effet suspensif des voies de recours ordinaires. Le principe ne prive pas le bénéficiaire de la chose jugée en première instance des droits qu'il tire de la décision. Ainsi, par exemple, en cas de confirmation pure et simple du jugement querellé, les condamnations devront être exécutées avec les intérêts. De même, si la personne publique est condamnée sous astreinte, la confirmation pure et simple du jugement – qui par hypothèse n'aura pas été exécuté – pourra conduire la personne publique à payer rétroactivement une somme importante. La Cour de cassation considère en effet que l'astreinte est due à compter du jour

1. CE 30 oct 1996, Centre de gestion de la fonction publique territoriale du Nord, req. n° 121127, *Lebon*.
2. *RFDA* 1990. 480 s., spéc. 489.
3. CE 5 avr. 1993, C^ne de Jouques, req. n° 119265, *Lebon* T. 950.
4. CE, sect., 4 mai 1984, Maternité régionale A. Pinard, req. n° 26283, *Lebon* 165, concl. Dutheillet de Lamothe et chron. Lasserre et Hubac; *AJDA* 1984. 430 s., note Pacteau; *Rev. adm.* 1984. 376 s. – CE 3 juin 1987, SA Entreprise Charpinto, req. n° 44909, *Lebon* 947.
5. Cass., ass. plén., 3 mars 1995, n° 91-19.497, *Bull. ass. plén.*, n° 1; *D.* 1995. 249 s., concl. Jeol; *JCP* 1995. II. 22482, note Delebecque; *RTD civ.* 1995. 687, obs. Perrot.
6. CE 23 sept. 1983, Min. Intérieur c/Dridi, req. n° 16032, *Lebon* T 829; *Rev. adm.* 1984. 48 s., note Pacteau; *D.* 1984. IR 206, obs. Moderne et Bon.
7. B. Pacteau, « Paradoxes et périls du principe de l'effet non suspensif de l'appel en contentieux administratif », *Mél. Chapus*, Montchrestien, 1992, p. 493 s.
8. CE 23 janv. 2012, Dpt des Bouches-du-Rhône, req. n° 348725.
9. SUR L'EFFET SUSPENSIF : – DE L'APPEL : S. Guinchard (dir.), Dalloz action *Droit et pratique de la procédure civile, 2014/2015*, n°s 543.11 à 543.15, par J. Pellerin – ET DE L'OPPOSITION : n°s 545.51 à 545.53, par D. d'Ambra.

fixé par le jugement de première instance et non à compter de la date de l'arrêt d'appel confirmatif[1]. Il n'en va autrement que lorsque le jugement de première instance n'est pas exécutoire[2]. Ces règles sont connues et ne présentent aucune spécificité lorsqu'une personne publique est en cause. Tout au plus, faut-il signaler ici qu'elles ont conduit le Premier ministre à prendre une circulaire relative aux respects des décisions du juge judiciaire par l'État et ses établissements publics dont il ressort que : « *Le respect des décisions de justice par l'Administration est une garantie essentielle d'un État de droit qui doit les conduire à n'en interjeter appel qu'à bon escient* »[3].

1612.32 Voies de recours extraordinaires. En application des dispositions de l'article 579 C. pr. civ., le recours par une voie extraordinaire (le pourvoi en cassation, le recours en révision et la tierce-opposition) et le délai ouvert pour l'exercer ne sont pas suspensifs d'exécution, sauf si la loi en dispose autrement[4]. Aussi bien, le fait pour une personne publique de ne pas exécuter une décision du juge judiciaire en attendant l'issue d'une voie de recours extraordinaire est-elle une faute. S'agissant du pourvoi en cassation, on ajoutera que la personne publique demanderesse, qui n'a pas exécuté la décision querellée, s'expose à ce que son pourvoi soit retiré du rôle sur le fondement des dispositions de l'article 1009-1 C. pr. civ. Une telle mesure, certes coercitive, n'est en effet pas une procédure d'exécution forcée (ainsi, pour une affirmation explicite concernant il est vrai l'immunité d'exécution des États étrangers[5]).

§ 2
Nécessité d'une demande ?

1612.41 Condamnation à payer. Lorsque l'État ou une autre personne morale de droit public est condamné par une décision de justice à payer une somme d'argent, il doit s'exécuter sans même qu'une demande soit formulée en ce sens par le bénéficiaire de la condamnation. Le paiement doit être spontané. Au reste, les intérêts moratoires courent dès que le jugement est exécutoire et « *même en l'absence de demande* »[6] (C. civ., art. 1153-1, réd. L. 5 juill. 1985 – v. s[s] n° 1611.32). Le bénéficiaire de la chose jugée peut donc se contenter d'attendre le versement des sommes qui lui sont dues. En pratique, il a malgré tout intérêt à prendre l'initiative pour ne pas laisser accréditer l'idée qu'il s'est désintéressé des suites que comportait la décision de justice rendue à son profit. C'est en effet la demande qui va placer la personne publique en face de ses obligations et qui permettra le jour venu, si nécessaire, de caractériser sa faute tout en préservant les droits à indemnité du justiciable. C'est la logique qui a prévalu dans une espèce où, en ne prenant pas l'initiative de mettre l'intéressé en demeure de faire connaître s'il entendait obtenir le bénéfice immédiat du jugement rendu à son profit, l'Administration a commis une faute engageant sa responsabilité[7]. Mais les conséquences préjudiciables de cette faute peuvent être atténuées par l'attitude de l'intéressé qui s'est délibérément abstenu de demander l'exécution du jugement lui donnant gain de cause[8]. Une action du bénéficiaire de la chose jugée est d'autant plus opportune qu'aucun formalisme n'est imposé à cet égard. En pratique, cependant, pour des raisons de preuve, il vaut mieux privilégier la lettre recommandée avec demande d'avis de réception, voire le commandement de payer délivré par acte extrajudiciaire (sur la possibilité et les conséquences de la délivrance par voie d'huissier d'un commandement de payer à une personne publique).

Dans un cas, enfin, une demande expresse est non seulement opportune mais indispensable : lorsque le justiciable veut obtenir, après réformation en appel ou après cassation, la restitution d'une somme qu'il a payée à la personne publique sur le fondement d'une décision de justice exécutoire. L'on sait en effet que la diminution ou l'annulation d'une condamnation indemnitaire, prononcée en première instance ou en appel et exécutée, n'implique pour le demandeur l'obligation de payer les intérêts de droit sur les sommes à restituer qu'à compter de la demande de remboursement adressée

1. PAR EX., Civ. 2e, 20 juin 1996, n° 94-14.012, *Bull. civ.* II, n° 168; *D.* 1996. IR 179; *RTD civ.* 1997. 509, obs. Perrot.
2. Civ. 2e, 11 juin 1997, n° 95-13.961, *Bull. civ.* II, n° 170; *Procédures* 1997, n° 173; *D.* 1997. 536, note Julien; *RTD civ.* 1997. 743, obs. Perrot; *RTD civ.* 1998. 733, obs. Normand.
3. Circ. Prem. Min., 9 févr. 1995, relative au respect des décisions du juge judiciaire, *JO* 15 févr., p. 2522; *D.* 1995. 199.
4. SUR LE CARACTÈRE NON SUSPENSIF : – DU POURVOI EN CASSATION, v. S. Guinchard (dir.), Dalloz action *Droit et pratique de la procédure civile, 2014/2015*, n°s 553.261 s., par C. Fattaccini – DE LA TIERCE-OPPOSITION, v. S. Guinchard (dir.), Dalloz action *Droit et pratique de la procédure civile,* 2014/2015, n°s 551.251 s., par D. d'Ambra – DU RECOURS EN RÉVISION, v. S. Guinchard (dir.), Dalloz action *Droit et pratique de la procédure civile, 2014/2015*, n°s 552.161 s., par D. d'Ambra.
5. Civ., ord. 1er prés., 14 mars 1995, n° 94-14.924, *Bull. ord.*, n° 11.
6. CE sect., 16 janv. 1987, Ribot, req. n° 66309, *Lebon* 9, concl. Roux; *AJDA* 1987. 97 s., chron. Azibert et de Boisdeffre; *Rev. adm.* 1987. 145 s., note Terneyre; *GACA*, 3e éd., Dalloz, 2011, n° 73.
7. CE 26 oct. 1966, D[lle] Fourtet, *Lebon* 1094.
8. V. AUSSI, CE 21 nov. 1952, Min. Travaux publics c/Rullier, *Lebon* 528.

par la partie adverse postérieurement à la notification de la décision par le greffe. La règle est commune :

- aux juridictions administratives [1];
- et aux juridictions judiciaires [2].

1612.42 **Annulation d'un acte.** Lorsque la décision de justice a annulé un acte pris par une personne publique, plusieurs cas se présentent :

- parfois l'annulation de la décision attaquée suffit à rétablir l'ordonnancement juridique dans l'état qui doit être le sien. Il en va ainsi, par exemple, lorsque sont annulées l'interdiction d'une réunion, la dissolution d'une association ou une réglementation que l'autorité administrative n'était pas tenue d'édicter. Dans ce cas, il n'est pas utile de demander à la personne publique de tirer les conséquences de la chose jugée;
- lorsque le remplacement de la décision annulée se réalise automatiquement, le bénéficiaire de la chose jugée peut également se dispenser d'agir. Ainsi, lorsque l'acte censuré avait modifié, abrogé ou retiré des normes antérieures, son annulation a pour conséquence mécanique la remise en vigueur de celles-ci (ainsi, l'annulation du retrait d'une autorisation en restitue le bénéfice à son titulaire, alors même qu'il s'agissait d'une autorisation tacite [3]);
- enfin, lorsque l'annulation de l'acte attaqué crée une obligation de redécider à la charge de la personne publique compétente, l'obligation de remplacer la décision annulée est généralement indépendante de toute demande. Ainsi, lorsque l'acte censuré avait été pris en conséquence d'une demande adressée à l'autorité administrative, cette dernière « *se trouve à nouveau saisie de plein droit* » sans que la demande doive être renouvelée [4] (il en va autrement si la décision annulée a été prise, non en conséquence de la demande, mais sur recours gracieux ou hiérarchique [5]).

Dans deux cas, toutefois, une **demande explicite** doit être faite :

- l'administré qui a obtenu d'un tribunal l'annulation du rejet d'une demande, d'un refus d'autorisation (d'un refus de délivrer un permis de construire par exemple) veut faire courir à l'encontre de la personne publique compétente les délais de décision implicite;
- en application de l'article L. 600-2 du Code de l'urbanisme, « *lorsqu'un refus opposé à une demande d'autorisation d'occuper ou d'utiliser le sol ou l'opposition à une déclaration de travaux régies par le présent Code a fait l'objet d'une annulation juridictionnelle, la demande d'autorisation ou la déclaration confirmée par l'intéressé ne peut faire l'objet d'un nouveau refus ou être assortie de prescriptions spéciales sur le fondement de dispositions d'urbanisme intervenues postérieurement à la date d'intervention de la décision annulée sous réserve que l'annulation soit devenue définitive et que la confirmation de la demande ou de la déclaration soit effectuée dans les six mois suivant la notification de l'annulation au pétitionnaire* ».

SECTION 2

PORTÉE DE L'OBLIGATION D'EXÉCUTER LA CHOSE JUGÉE

1612.50 **Division.** La portée de l'obligation d'exécuter la chose jugée est générale et absolue (§ 1). Le législateur peut néanmoins, sous certaines conditions, intervenir pour limiter certaines conséquences de la décision de justice (§ 2).

§ 1

Obligation générale et absolue

1612.51 **Généralités.** Dans la mesure où il y a obligation d'exécuter la chose jugée, qu'il s'agisse d'exécuter un jugement de condamnation notamment à des dommages et intérêts, ou de se conformer à un jugement annulant un acte administratif, cette obligation est absolue. Selon les termes du Professeur Chapus : « *La personne publique* [...] *condamnée doit absolument verser, par exemple, les sommes dont elle est déclarée débitrice. L'autorité administrative à qui il appartient de prendre les mesures dont une annulation pour excès de pouvoir impose l'édiction est absolument tenue de prendre ces mesures. En l'absence même d'injonction* [...], *l'obligation d'exécuter s'impose* ». L'Administration est donc tenue

1. CAA Lyon, 30 janv. 1997, Mutuelles des architectes français, req. n° 96LY01056, *Lebon*; *Procédures* 1997, n° 223 – CE, sect., 4 mai 1984, Maternité régionale A. Pinard, req. n° 26283, *Lebon* 165, concl. Dutheillet de Lamothe; *AJDA* 1984. 430 s., chron. Lasserre et Hubac; *Rev. adm.* 1984. 376 s., note Pacteau.
2. ARRÊT DE PRINCIPE : Cass., ass. plén., 3 mars 1995, n° 91-19.497, *Bull. ass. plén.*, n° 1; *D.* 1995. 249, concl. Jeol; *RTD civ.* 1995. 687, obs. Perrot; *RJDA* 1995, n° 544 – ET POUR DES ILLUSTRATIONS : Civ. 1re, 3 févr. 1998, n° 96-10.264, *Bull. civ.* I, n° 38; *RJDA* 1998, n° 839; *RDI* 1998. 280, obs. Tomasin – Civ. 1re, 18 oct. 2000, n° 98-10.680, *Bull. civ.* I, n° 252.
3. CE 15 déc. 1995, Assoc. centre antillo-guyanais pour la promotion de l'enfant, req. n° 133281, NP; *Dr. adm.* avr. 1985, n° 209.
4. CE, sect., 7 déc. 1973, Sté des Nigritelles, req. nos 88252 et 91237, *Lebon* 699 – CE 7 déc. 1973, Entreprise Fayolle, req. n° 88106, *Lebon* 703; *AJDA* 1974. 80 s, chron. Fourré et Boyon; 85 s., note G.
5. CE 16 févr. 1994, Polyclinique Saint Pierre, req. n° 119544, *Lebon* 1133; *D.* 1995. 237, obs. Thiriez; *RDSS* 1994. 447, obs. de Forges; *RD publ.* 1994. 1151 s., concl. Abraham.

d'exécuter la chose jugée à son encontre comme elle est tenue d'assurer, au besoin par la force, l'exécution de toutes les décisions de justice, qu'elle y ait été ou non partie. Dans un État de droit, en effet, la puissance publique doit assurer le respect du droit, à la fois en rendant la justice par ses organes juridictionnels et en la réalisant matériellement par ses organes exécutifs. On ne comprendrait pas dès lors qu'elle puisse ne pas respecter ce qu'elle impose aux autres...

1612.52 Toutes les décisions de justice. Toutes les décisions juridictionnelles, quelle que soit la juridiction dont elles émanent, qu'elles aient ou non l'autorité de la chose jugée (ordonnances de référé ou ordonnances sur requête, rendues sur le fondement des dispositions de C. pr. civ., art. 145), qu'elles tranchent l'intégralité du litige ou soient rendues avant dire droit, s'imposent aux personnes publiques (v. à propos des décisions du juge des référés[1]). Il en va de même des décisions rendues par les juridictions étrangères à condition, bien sûr, qu'elles soient pourvues de l'*exequatur*[2], ou par les juridictions européennes (Cour européenne des droits de l'homme [CEDH], Cour de justice de l'Union européenne [CJUE]). Aujourd'hui, il n'y a plus guère que les décisions rendues par le Conseil d'État (saisi par le ministre intéressé) ou par la Cour de cassation (sur saisine de son procureur général), suite à un recours dans l'intérêt de la loi, qui soient susceptibles de n'avoir qu'une portée doctrinale à l'égard des personnes publiques. Mais l'hypothèse est marginale et vaut dans les mêmes termes à l'égard des personnes privées (sur ce recours mentionné ici simplement pour mémoire, devant les juridictions administratives, v. R. Chapus[3] – devant les juridictions judiciaires, v. L. Cadiet[4]).

1612.53 Circonstances indifférentes. Rien ne peut tempérer l'obligation qu'ont les personnes publiques d'exécuter pleinement les décisions de justice qui les frappent. Aucune considération, aucune excuse ne peut l'emporter sur l'obligation de se conformer à la chose jugée. Sont aussi souvent écartés par le juge qu'ils sont invoqués par l'Administration, les arguments tirés :

– **de la difficulté d'exécuter**, alors même que cette difficulté serait réelle, d'un point de vue matériel, intellectuel ou financier. Ainsi, lorsque l'exécution matérielle d'une décision de justice est impossible en raison des circonstances de fait (par ex. l'annulation du refus de la communication d'un document disparu le jour du prononcé de la décision juridictionnelle ne peut donner lieu à exécution), l'Administration engage sa responsabilité (ce qui prouve bien qu'elle n'est pas libérée de son obligation d'exécuter la chose jugée). De telles circonstances peuvent en revanche influer sur la détermination du « délai raisonnable » d'exécution évoqué ci-dessus. La Cour européenne des droits de l'homme a d'ailleurs jugé que les personnes publiques ne peuvent se soustraire à une condamnation pécuniaire en invoquant l'insuffisance de leurs crédits[5]. Le Conseil d'État est, sur ce point, du même avis[6];

– **des mérites de la décision de justice**, du fait, par exemple, qu'elle émane d'une juridiction manifestement incompétente (en doctrine, v. R. Odent[7]). Il n'est pas rare que l'Administration se fasse juge de la décision de justice et considère que les imperfections de celle-ci lui permettent de l'éluder purement et simplement, parfois ouvertement et brutalement (notamment lorsqu'elle émane des juridictions de l'ordre judiciaire réputées trop étrangères, à tout le moins trop indifférentes aux choses de l'Administration et à la logique du service public). Pourtant, la chose mal jugée reste la chose jugée. Et son autorité s'attache même aux décisions erronées, quels que soient les vices dont elles sont affectées (ainsi, pour des ILLUSTRATIONS devant le juge judiciaire[8]), la règle violée serait-elle d'ordre public[9]. En dehors des voies de recours, et une fois qu'elles ont été exercées ou que les délais d'exercice sont expirés, il est de principe, en effet, que la chose irrévocablement jugée couvre les erreurs – et toutes les erreurs – du jugement;

1. CE, sect., 5 nov. 2003, Assoc. Convention vie et nature pour une écologie radicale, Assoc. pour la protection des animaux sauvages, req. n°s 259339, 259706 et 259751, *Lebon* 444, note Donnat et Casas; *GACA*, 3e éd., Dalloz, 2011, n° 66; *AJDA* 2003. 2253, chron. Donnat et Casas; 2225, Cassia; *RFDA* 2004. 601, concl. Lamy; *RTD eur.* 2004. 333, chron. Ritleng et 363, chron. Dutheil de La Rochère, Grief et Saulnier.
2. R. Odent, *Contentieux administratif*, Les cours de droit, 1976-1981, fasc. V, p. 1762, citant : CE 17 nov. 1972, Dame Vve Benabed, req. n° 86388, *Lebon* 731 – CE 9 févr. 1973, Dame Vve DTaleb Laid Ould Ali, req. n° 83236, *Lebon* 124 – CE, ass., 23 juill. 1974, Dame Vve Naoui Ben Abdallah, req. n° 81086, *Lebon* 428, concl. Morisot.
3. R. Chapus, *Droit du contentieux administratif,* 12e éd., Montchrestien, n°s 1500 s., p. 1316 s.
4. L. Cadiet, *Droit judiciaire privé,* 2e éd., Litec, n° 1673, p. 714.
5. CEDH 23 oct. 2003, *Timofeyev c/Russie*, req. n° 58263/00, *JCP* 2004. II. 204, n° 8, obs. Sudre.
6. CE, sect., 25 sept. 1970, C^ne de Batz-sur-Mer, *Lebon* 540; *AJDA* 1971. 60 et 37, chron Labetoulle et Cabannes, jugeant que la modicité des ressources d'une commune n'est pas de nature à lui faire échapper à sa responsabilité.
7. R. Odent, *Contentieux administratif,* Les cours de droit, 1976-1981, fasc. V, p. 1768.
8. Civ. 2e, 7 janv. 1981, n° 79-14.839, *Bull. civ.* II, n° 1; *RTD civ.* 1981. 436 s., obs. Normand – Com. 14 nov. 1989, n° 88-17.188, *Bull. civ.* IV, n° 289; *JCP* 1990. IV. 14; *RTD com.* 1990. 588, obs. Champaud.
9. Com. 30 mai 1985, n° 84-11.526, *Bull. civ.* IV, n° 174.

– **de l'intervention d'un texte de loi** qui autoriserait, d'une façon générale, l'Administration à réviser les situations comparables à celle de celui qui bénéficie d'une décision juridictionnelle définitive[1] ou ouvrirait au justiciable de nouveaux droits[2] ou même modifierait les règles qui lui étaient applicables[3]. Autrement dit, et selon la formule du Président Odent[4] : « *L'autorité qui s'attache à la chose jugée est intangible* » ;

– **de l'opportunité qui pourrait exister à ne pas exécuter**[5] ;

– **des droits acquis par les tiers** entre la prise de la décision par la personne publique et son annulation par le juge[6] ;

– **de considérations à « coloration juridique »** tendant, par exemple, à faire prévaloir le principe de légalité sur l'autorité de la chose jugée (ainsi, agent à réintégrer du fait d'une décision de justice définitive, exerçant une activité privée incompatible avec un emploi public – ou encore, agent à réintégrer suite à l'annulation de la décision l'évinçant du service, refusant le poste auquel il sera affecté[7]). L'exécution d'une décision qui s'impose à une personne publique ne constitue en effet jamais une illégalité (en doctrine, v. R. Odent[8]) ;

– **des exigences de la comptabilité publique ou du droit budgétaire** (indisponibilité des fonds, nécessité d'un mandatement global, insuffisance des crédits votés au budget, *etc.*). Dans la pratique, cette circonstance est souvent mise en avant par l'Administration. Mais il est admis depuis fort longtemps que la « légalité budgétaire » est inopposable aux administrés (rappr. de la logique qui a prévalu au stade, non de l'exécution de la condamnation, mais de la détermination de l'obligation à la dette, et entraîné la condamnation d'une commune à verser aux ayants droit d'un collaborateur bénévole du service public une somme approchant le montant de son budget annuel – autre cas où le ministre invoquait l'absence de crédits pour échapper à une condamnation[9]...). Elle ne crée aucun droit et n'est susceptible d'être la source d'aucune charge dans leur patrimoine (v. à ce sujet G. Vedel et F. Rolin[10]). Ainsi que l'a parfaitement résumé J. Magnet[11] : « *Au contraire* [des règles du droit administratif...], *les règles de la comptabilité publique ne s'appliquent immédiatement qu'aux agents publics chargés de l'exécution des opérations financières et n'ont d'effet à l'égard d'autres personnes que par l'intermédiaire de ces agents* [...]. *Les droits et obligations de l'État et les autres organismes publics envers les organismes privés ou les particuliers n'ont pas pour fondement le budget : leurs créances résultent principalement des lois fiscales, leurs dettes des contrats passés par eux, des services faits pour eux ou des jugements rendus contre eux* » ;

– **de l'existence d'une saisie conservatoire autorisée par le juge judiciaire** au préjudice du créancier de la personne publique pour un montant inférieur à la condamnation prononcée par le juge administratif[12].

1612.54 Renonciation à la chose jugée contre les personnes publiques. Lorsqu'une décision de justice condamne une personne publique à payer une somme d'argent, le Conseil d'État admet que le bénéficiaire de la condamnation puisse y renoncer, et que la personne publique soit en droit d'opposer cette renonciation à son auteur[13]. Il faut y prendre garde même si bien sûr le justiciable ne peut être considéré comme ayant renoncé au bénéfice de la chose jugée que s'il en a manifesté la volonté, de manière si ce n'est expresse, au moins non équivoque. Ainsi, le fait pour une partie qui a eu partiellement gain de cause de demander à son adversaire l'exécution de ce qui a été jugé par une juridiction administrative n'emporte pas acquiescement à la décision[14]. De même, l'exécution d'un jugement de tribunal administratif avant sa contestation ne vaut pas renonciation à en interjeter appel[15]. S'agissant des décisions annulant des décisions prises par les personnes publiques, ce risque n'existe pas. La renonciation du justiciable qui a obtenu gain de cause est impossible « *eu égard aux effets qui s'attachent à l'annulation* [...] *d'un acte administra-*

1. CE, sect., 29 nov. 1963, Min. Anciens combattants c/Disset, *Lebon* 102.
2. CE, sect., 8 oct. 1965, Richard, *Lebon* 500.
3. CE, sect., 21 mai 1965, Joulia, *Lebon* 294.
4. R. Odent, *Contentieux administratif,* Les cours de droit, 1976-1981, fasc. I, p. 457.
5. CE 8 févr. 1961, Rousset, *Lebon* 85, concl. Braibant.
6. CE, ass., 10 déc. 1954, Cru et a., *Lebon* 659; *D.* 1955. 198 s., concl. Jacomet, note Weil.
7. CE 15 juill. 1955, Renteux, *Lebon* 446.
8. R. Odent, *Contentieux administratif,* Les cours de droit, 1976-1981, fasc. V, p. 1768.
9. CE 20 oct. 1961, Min. Travaux publics c/Muffat, *Lebon* 577; *AJDA* 1962. II. 304, obs. Drago.
10. G. Vedel, « La Cour des comptes et le juge administratif de droit commun », *Pages de doctrine,* LGDJ, 1980, vol. 2, p. 335 s. – CAA Paris, 27 sept. 1994, Sté Paris Globe Communication, req. n° 94PA00380, *Lebon* T.; *D.* 1995. 397 s., note Rolin.
11. J. Magnet, *Éléments de comptabilité publique,* 2e éd., LGDJ, p. 27 s.
12. CE 6 nov. 1998, M. Sicret, req. n° 190470, NP.
13. CE 22 juin 1963, Min. Intérieur c/Darcel, *Lebon* 394 – CE 12 juin 1981, Mme Martin-Bouyer, req. n° 16369, NP; *RD publ.* 1982. 239 – C. Blumann, *La renonciation en droit administratif français,* LGDJ, 1974, n° 461, p. 187.
14. CE 9 janv. 1981, Office HLM de la Mayenne, req. n° 11225, NP; *RD publ.* 1981. 845.
15. CE, sect., 15 oct. 1982, Épx Rode, req. n° 37626, *Lebon* 341.

tif »[1]. Le contentieux de l'excès de pouvoir est, en effet, par nature, un contentieux d'ordre public. L'autorité absolue des arrêts d'annulation, qui n'est pas à la disposition des parties, s'oppose à ce que la personne publique puisse se prévaloir d'une quelconque renonciation à bénéficier de la chose jugée de la part de celui qui est parvenu à faire censurer un de ses actes qu'il soit réglementaire ou non.

1612.55 Inapplicabilité de la prescription quadriennale aux condamnations à payer une somme d'argent. La prescription au terme d'un délai de quatre ans des créances sur l'État, les départements, les communes et les établissements publics, instituée par l'article 1er de la loi n° 68-1250 du 31 décembre 1968 relative à la prescription des créances sur l'État, les départements, les communes et les établissements publics - aux termes duquel : « *Sont prescrites, au profit de l'État, des départements et des communes, sans préjudice des déchéances particulières édictées par la loi et sous réserve des dispositions de la présente loi toutes créances qui n'ont pas été payées dans un délai de quatre ans à partir du 1er jour de l'année suivant celle au cours de laquelle les droits ont été acquis. Sont prescrites dans le même délai et sous la même réserve, les créances sur les établissements publics dotés d'un comptable public* » - ne s'applique pas aux dettes nées d'une obligation de payer une somme d'argent en exécution d'une décision de justice. Aux termes de l'article 7 alinéa 2 de la loi n° 68-1250 du 31 décembre 1968, en effet : « *En aucun cas, la prescription ne peut être invoquée par l'Administration pour s'opposer à l'exécution d'une décision passée en force de chose jugée* ». Cette réserve appelle trois précisions :

- **la notion de « décision passée en force de chose jugée »** est délicate à manier alors qu'on la retrouve dans la plupart des textes relatifs à l'exécution des décisions de justice par les personnes publiques. Lorsque la décision émane d'une juridiction de l'ordre judiciaire, les choses sont simples puisqu'il suffit de se reporter à l'article 500 C. pr. civ. selon lequel : « *A force de chose jugée le jugement qui n'est susceptible d'aucun recours suspensif d'exécution* » et à l'article 501 C. pr. civ. dont il ressort que le jugement est « exécutoire » à partir du moment où il est passé en force de chose jugée. Aussi bien, par exemple, un arrêt rendu par une cour d'appel, la décision d'un tribunal de grande instance, assortie de l'exécution provisoire[2], un jugement rendu en premier et dernier ressort par un tribunal d'instance ou une ordonnance de référé est une « décision passée en force de chose jugée » au sens de l'article 7 alinéa 2 de la loi n° 68-1250 du 31 décembre 1968. Lorsque la décision émane d'une juridiction de l'ordre administratif, les dispositions du Nouveau Code de procédure civile ne sont « d'aucun secours ». Surtout, dans la mesure où, en principe, les voies de recours n'ont ici pas d'effet suspensif, la logique est radicalement différente de celle qui prévaut devant les juridictions judiciaires : une décision « exécutoire » n'a pas nécessairement « force de chose jugée ». De la jurisprudence, il se déduit que les jugements rendus en premier ressort (la plupart du temps ils émanent des tribunaux administratifs) sont « passés en force de chose jugée » lorsqu'ils sont « devenus définitifs », le délai d'appel (ou d'opposition) étant expiré sans qu'il ait été mis à profit ou l'appel (ou l'opposition) ayant été rejeté. De façon toute aussi certaine doivent être considérées comme « passées en force de chose jugée » les décisions susceptibles seulement d'un recours en cassation, soient qu'elles aient été rendues en premier et dernier ressort (par ex., les ordonnances de l'article L. 551-1 du Code de justice administrative soient qu'elles émanent des cours administratives d'appel[3]);

- la règle prévue à l'alinéa 2 de l'article 7 de la loi n° 68-1250 du 31 décembre 1968 ne concerne que la créance née de la décision de justice elle-même et non de circonstances postérieures (telles que le refus ou le retard à exécuter). S'agissant des préjudices liés à ces circonstances, la prescription quadriennale exige qu'une action soit entreprise dans un délai de quatre ans;

- enfin, la décision visée à l'article 7 alinéa 2 de la loi n° 68-1250 du 31 décembre 1968 est une décision dont il doit résulter une condamnation à payer à l'encontre de la personne publique. Si en effet l'action en paiement ou en réparation a été portée devant une juridiction incompétente ou a été déclarée irrecevable, le cours de la prescription (qui a été interrompu par l'introduction du recours) reprendra « *à partir du premier jour de l'année sui-*

1. CE, sect., 13 juill. 1967, Min. Éducation nationale c/École privée des filles de la Pradelle, *Lebon* 339; *RD publ.* 1966. 187 s., concl. Bernard; *RD publ.* 1967. 1205 s., chron. Waline – CE 19 déc. 1986, Min. Agriculture c/Binard, req. n° 66006, NP; *Dr. adm.* 1987, n° 123 – C. Blumann, n° 474, p. 192 (préc. s^s prés^t n°).

2. EN CE SENS : CE, ass. avis, gén. sect. int., 3 juin 1999, req. n° 363548, « Rapport public du Conseil d'État pour l'année 1999 », *EDCE* 1999. 210 et 211.

3. CE, ass., 27 oct. 1995, Mattio, req. n° 150703, *Lebon* 359; *AJDA* 1996. 57 s., concl. Arrighi de Casanova; *RF décentr.* 1996. 256 s., obs. Pacteau; *RDI* 1996. 99, obs. Heugas-Darraspen et Schaufelberger – CE, sect., 5 nov. 2003, Assoc. Convention vie et nature pour une écologie radicale, Assoc. pour la protection des animaux sauvages, req. n°s 259339, 259706 et 259751, *Lebon* 444; *GACA*, 3e éd., Dalloz, 2011, n° 66; *AJDA* 2003. 2253, note Donnat et Casas [en matière de référé]; 2003. 2225, tribune Cassia; *RFDA* 2004. 601, concl. Lamy; *RTD eur.* 2004. 333, chron. Ritleng et 363, chron. Dutheil de La Rochère, Grief et Saulnier.

vant celle au cours de laquelle la décision est passée en force de chose jugée » (L. 31 déc. 1968, art. 2, al. dern.).

Même si les précédents sont rares pour l'illustrer, on peut donc avancer la proposition suivante : **la chose jugée se prescrit par trente ans contre les personnes publiques** comme contre les personnes privées.

1612.56 Absence de prescription. Décision annulant un acte. Lorsque la décision de justice oblige la personne publique non pas à payer une somme d'argent mais à revenir sur certains de ses actes ou à reprendre une décision, la logique est la même, alors qu'il n'existe pas de texte en ce sens (v. à titre d'ILLUSTRATION les motifs d'un arrêt du Conseil d'État : « *la circonstance que cinq années se soient écoulées entre le jugement dont l'exécution est demandée et la décision de refus est sans influence sur l'obligation qui pesait sur l'Administration de prendre les mesures nécessaires* [...] »[1]). Que la personne publique se soit vu imposer une obligation de faire, de ne pas faire ou de payer, le principe est donc clair : l'inexécution de la chose jugée ne se prescrit pas.

1612.57 Délai pour contester les décisions de refus d'exécuter la chose jugée. Demander à l'Administration, c'est toujours la conduire à décider (de façon explicite, si elle répond à la sollicitation qui lui est adressée, ou implicitement, si elle garde le silence pendant quatre mois). Aussi, le justiciable patient qui par démarches progressives et successives tente d'obtenir directement satisfaction de la personne publique, s'expose-t-il à ce que des décisions naissent qui pourront lui être opposées s'il ne les conteste pas dans le délai du recours contentieux. Pour limiter autant que faire ce peut le piège que constitue alors la demande d'exécution et éviter que « l'autorité de la chose décidée » par la personne publique prévale sur « l'autorité de la chose jugée » par le tribunal, le pouvoir réglementaire a édicté des règles de forclusion particulièrement favorables à l'administré. Aujourd'hui :

– le délai du recours contentieux contre le refus administratif d'exécuter la chose jugée ne court que si la décision est explicite (CJA, art. R. 421-3, R. 921-2). La personne publique ne peut donc opposer à son vainqueur d'un jour aucune tardiveté si elle n'a pas expressément refusé de se conformer à la décision de justice;

– la demande d'exécution présentée sur le fondement de l'article R. 921-1 du Code de justice administrative, alors que le délai de recours contre le refus d'exécution n'est pas expiré suspend l'écoulement de ce délai (CJA, art. R. 921-3). Elle empêche donc le refus d'exécution, fût-il explicite, de devenir définitif, même s'il n'est pas directement contesté;

– enfin et en tout état de cause, l'inexécution étant un comportement continu, l'expiration du délai de recours contentieux contre une décision expresse refusant d'exécuter une décision ne fait pas obstacle à ce que l'intéressé ressaisisse l'Administration d'une demande d'exécution et conteste le nouveau refus qu'elle lui opposerait.

§ 2
Intervention du législateur et l'exécution de la chose jugée

1612.61 Portée des lois de validation sur les décisions passées en force de chose jugée. Si le législateur peut intervenir pour mettre un acte administratif à l'abri d'un risque d'annulation contentieuse, en en reprenant le contenu dans une loi ou en neutralisant expressément un moyen pouvant conduire à son annulation, ce qui méconnaît déjà le principe de séparation des pouvoirs, il ne peut en aucun cas porter atteinte à l'indépendance des juridictions en privant d'effet des décisions passées en force de chose jugée[2]. Rappelons, ainsi qu'il a été dit ci-dessus (v. s^s n° 1612.55), que, pour le juge administratif, une décision passée en force de chose jugée est une décision qui n'est pas ou plus susceptible d'appel (un arrêt de cour administrative d'appel est ainsi une décision passée en force de chose jugée, alors même qu'il ferait l'objet d'un pourvoi en cassation[3]). Devant les juridictions judiciaires doit être considérée comme une décision passée en force de chose jugée : « *Toute décision judiciaire qui a statué en dernier ressort et qui n'est plus susceptible d'un recours ordinaire, même si elle peut faire l'objet ou fait effectivement l'objet d'un pourvoi en cassation* » (selon les motifs d'un arrêt de la chambre sociale de la Cour de cassation[4] – V. aussi, C. pr. civ., art. 500). Lorsque la loi de validation intervient en cours de procédure, la régularité d'une décision « passée en force de chose jugée » ne peut donc être appréciée au regard de la nouvelle réglementation.

1612.62 Contrôle de la conventionalité de la loi de validation. Par un avis et une décision rendus tous deux le 5 décembre 1997, le Conseil d'État siégeant dans sa formation la plus solennelle, l'Assemblée, a jugé qu'il appartenait au juge administratif de contrôler la compatibilité d'une loi de

1. CE 8 mars 1996, Vincent, req. n° 090085, NP.

2. Cons. const. 22 juill. 1980, n° 80-119 DC, *Rec. Cons. const.* 46, loi portant validation d'actes administratifs, *JO* 24 juill., p. 1868; *GDCC*, 15e éd., Dalloz, 2009, n° 21.
3. CE, ass., 27 oct. 1995, Mattio, req. n° 150703, *Lebon* 359; *AJDA* 1996. 56 s., concl. Arrighi de Casanova.
4. Soc. 19 juin 1963, Chantelouze, *Bull. civ.* IV, n° 515.

validation avec les stipulations de l'article 6 § 1 de la Convention européenne de sauvegarde des droits de l'homme et des libertés fondamentales relatives au droit à un procès équitable[1]. Il a ensuite réaffirmé ce contrôle et les conditions de compatibilité de la loi de validation avec la Conv. EDH en précisant que seuls d'impérieux motifs d'intérêt général pouvaient justifier l'intervention rétroactive du législateur en vue de modifier au profit de l'État les règles applicables à des procès en cours[2]. Le contrôle s'exerce également au regard des stipulations de l'article 1er du premier protocole additionnel à la Conv. EDH lorsque l'application de la loi aurait pour effet de porter atteinte à des biens au sens de cet article[3].

Les juridictions de l'ordre judiciaire ont également admis la possibilité d'écarter une loi de validation incompatible avec les exigences du procès équitable[4] (pour une application positive, la première à notre connaissance[5] – et surtout, reconnaissant l'inconventionalité de l'article 29 de la loi du 19 janvier 2000 dite « loi Aubry II », validant la rémunération d'éducateurs sur la base d'heures d'équivalences prévues par une convention simplement agréée[6]).

1. CE, ass., 5 déc. 1997, Mme Lambert, req. n° 140032, *Lebon*; *AJDA* 1998. 149 s., concl. Bergeal; *AJDA* 1998. 97, chron. Girardot et Raynaud – CE, ass., 5 déc. 1997, Min. Éducation nationale, Recherche et Technologie c/Organisme de gestion du collège privé de l'abbaye de Saint-Sauveur le Vicomte, req. n° 188530, *Lebon*; *RFDA* 1998. 160 s. concl. Touvet; *AJDA* 1998. 97 s., chron. Girardot et Raynaud – J. Le Gars, *LPA* 15 juin 1998. 10 s.; *RD publ.* 1998. 11 s., chron. Prétot – ET POUR UNE APPLICATION POSITIVE : CE 28 juill. 2000, M. Tête et Assoc. du collectif pour la garantie contre le racket, req. nos 202798 et 202872, *Lebon*; *AJDA* 2000. 854, chron. Guyomar et 796 s., chron. Collin; *RFDA* 2001. 121, concl. Savoie.
2. CE, ass., avis, 27 mai 2005, Provin, req. n° 277975, *Lebon* 212, concl. Devys; *AJDA* 2005. 1455, chron. Landais et Lenica; *AJFP* 2005. 205, note Berguin; *RFDA* 2005. 1003, concl. Devys – CE 25 avr. 2007, Min. des Transports, de l'Équipement, du Tourisme et de la Mer c/Guy, req. n° 296661, *Lebon*; *RFDA* 2007. 1019, concl. Keller.
3. CE, ass., 11 juill. 2001, Min. Défense c/M. Préaud, req. n° 219312, *Lebon* 345, concl. Bergeal; *AJDA* 2001. 841, chron. Guyomar et Collin.
4. Soc. 15 févr. 1995, n° 94-12.310, *Bull. civ.* V, n° 58 : moyen opérant mais, en l'espèce, non fondé – Civ. 1re, 20 juin 2000, nos 98-19.319, 97-22.394, *Bull. civ.* I, n° 191; *RFDA* 2000. 1189, concl. Sainte-Rose; *D.* 2000. 341, obs. Rondey; *RTD civ.* 2000. 670, obs. Molfessis; 676, obs. Libchaber – B. Mathieu, note crit., « Une jurisprudence qui pêche par excès de timidité », *RFDA* 2000. 1201 s.
5. TGI Saintes, 21 févr. 1997, Crédit lyonnais c/Marquet et Leray, *Gaz. Pal.* 18-19 juill. 1997. 10 s.
6. Soc. 24 avr. 2001, n° 00-44.148, *Bull. civ.* V, n° 130; *BICC* 31 mai 2001, n° 536, concl. Kehrig; *D.* 2001. 2445, note Adom; *D.* 2001. 3012, obs. Fadeuilhe; *RFDA* 2001. 1055, obs. Frouin et Mathieu.

Concrètement, donc, tout justiciable à qui une personne publique oppose une loi de validation est, aujourd'hui, en mesure de solliciter du juge qu'elle soit écartée notamment parce qu'elle n'est pas justifiée par une considération d'intérêt général « suffisante » ou « impérieuse », étant précisé à cet égard :

- que la pérennité du service public relève d'un « impérieux motif d'intérêt général » de nature à justifier l'intervention d'une loi de validation (ainsi, à propos du service public de la santé et de la protection sociale[7]);

- qu'en revanche un intérêt exclusivement financier ne relève pas de l'intérêt général[8];

- que sous l'influence de la Cour européenne des droits de l'homme (CEDH) qui a jugé incompatible avec l'article 6 § 1 de la Convention européenne de sauvegarde des droits de l'homme et des libertés fondamentales une disposition législative qu'en 1994 le Conseil constitutionnel avait jugé conforme à la Constitution[9] (de façon générale, sur les nuances de la jurisprudence de la CEDH, v. J.-F. Flauss[10]), les juridictions de l'ordre interne font preuve d'une rigueur croissante qui ne peut que bénéficier aux justiciables qui poursuivent l'exécution de la chose jugée.

1612.63 Responsabilité sans faute de l'État pour rupture de l'égalité devant les charges publiques. Sauf si le texte l'exclut ou peut être interprété comme l'excluant, toutes les personnes qui auraient eu une chance sérieuse de bénéficier de la chose jugée peuvent engager la responsabilité sans faute de l'État du fait de la loi de validation[11]. La solution n'allait pas de soi mais n'a depuis jamais été remise en cause. Le préjudice doit non seulement être certain mais aussi, conformément aux conditions particulières de réparation sur le fondement de la responsabilité sans faute, anormal et spécial.

7. Cass., ass. plén., 24 janv. 2003, nos 01-40.967 et 01-41.757, NP; *GAJC*, 12e éd., Dalloz, 2007, n° 8; *AJDA* 2003. 209; *D.* 2003. 1648, note Paricard-Pioux; *RDSS* 2003. 306, note Boulmier; *RFDA* 2003. 470, note Mathieu.
8. Cons. const. 13 janv. 1994, n° 93-332 DC, loi relative à la santé publique et à la protection sociale, *Rec. Cons. const.* 21; *AJDA* 1996. 369 s., obs. Schrameck; *D.* 1995. 289, obs. Gaïa; 293, obs. Oliva; *RFDA* 1995. 780, étude Mathieu.
9. CEDH 28 oct. 1999, Zielinski et a. c/France, req. nos 24846/94, 34165/96 à 34173/96, *AJDA* 2000. 533 s., obs. Flauss; *D.* 2000. Somm. 184, obs. Fricero; *JCP* 2000. II, n° 203, obs. Sudre; *RD publ.* 2000. 716 s., note Gonzales; *RFDA* 1999. 1254 s., note Bolle; *RTD civ.* 2000. 436 s., obs. Marguénaud; 629, obs. Perrot.
10. J.-F. Flauss, *Procédures* 1998. 241 s.
11. CE, ass., 1er déc. 1961, Sieur Lacombe, *Lebon* 674; *D.* 1962. 89 s., concl. Dutheillet de Lamothe; *AJDA* 1962. 24 s., chron. Galabert et Gentot – CE 5 oct. 1977, Michel, req. n° 00285, *RD publ.* 1978. 919.

TITRE

162. L'aide à l'exécution

SECTION 0 ORIENTEUR

1620.00 Plan du titre.

Division. Le justiciable qui se heurte à une difficulté d'exécution peut, avant de recourir à des moyens plus contraignants, choisir d'essayer d'obtenir cette exécution par la voie amiable, en faisant appel à des services chargés de faciliter cette exécution. Le premier et le principal relève de la juridiction administrative elle-même (chap. 1621); le second est le Défenseur des droits, au titre de sa mission plus générale de veiller aux bonnes relations entre les Administrations et les administrés (chap. 1622).

CHAPITRE

1621. Demande d'aide à l'exécution

GILLES PELLISSIER
MAÎTRE DES REQUÊTES
AU CONSEIL D'ÉTAT

SECTION 0 ORIENTEUR

1621.00 **Plan du chapitre.**

Division. Les causes de la mauvaise exécution ou de l'inexécution des décisions du juge par l'Administration sont multiples. Parfois, la personne publique condamnée, animée par la meilleure volonté qui soit, est confrontée à des situations d'une redoutable complexité. Le bénéficiaire de la décision ne doit pas hésiter, alors, à aider la personne publique. Deux cas peuvent se présenter :

– la personne publique a été condamnée par une juridiction de l'ordre administratif autre qu'un tribunal administratif ou une cour administrative d'appel;

– la décision de justice qui fait difficulté émane d'un tribunal administratif ou d'une cour administrative d'appel.

Dans le premier cas, il faut saisir la section du rapport et des études du Conseil d'État (sect. 1). Dans la deuxième hypothèse, c'est vers la juridiction dont émane la décision à exécuter (tribunal administratif ou cour administrative d'appel) qu'il faut se tourner (sect. 2). En aucun cas, toutefois, ces procédures ne peuvent être mises en œuvre lorsque la personne publique a été condamnée par une juridiction de l'ordre judiciaire.

Ces procédures constituent des phases administratives de l'exécution des décisions de la juridiction administrative qui, en cas d'échec, sont susceptibles de déboucher sur les phases juridictionnelles qui sont décrites s^s^ n°s 1632.05 à 1632.141.

SECTION 1 DEMANDES D'AIDE À L'EXÉCUTION ADRESSÉES À LA SECTION DU RAPPORT ET DES ÉTUDES DU CONSEIL D'ÉTAT

1621.10 **Division.** En vertu des textes qui lui sont applicables, la section du rapport et des études du Conseil d'État (une des six sections administratives du Conseil) peut intervenir sur réclamation d'une « partie intéressée » (§ 1). Elle peut aussi être saisie de demandes d'éclaircissements de la part des ministres (§ 2).

§ 1 Saisine par des « parties intéressées »

1621.11 **Dispositions applicables.** Aux termes de l'article R. 931-2 du Code de justice administrative : « *Les parties intéressées peuvent signaler à la section du rapport et des études du Conseil d'État les difficultés qu'elles rencontrent pour obtenir l'exécution d'une décision rendue par le Conseil d'État ou par une juridiction administrative spéciale. Ces demandes d'aide à l'exécution ne peuvent être présentées, sauf décision explicite de refus d'exécution opposée par l'autorité administrative, qu'après l'expiration d'un délai de trois* *mois à compter de la notification des décisions juridictionnelles. Dans le cas des décisions ordonnant une mesure d'urgence, et notamment un sursis à exécution, les demandes peuvent être présentées sans délai* [...] ». Il s'agit d'une procédure administrative, qui vise à assurer l'exécution pleine et entière de la décision de justice en offrant à son ou ses bénéficiaires le soutien de la section du rapport et des études du Conseil d'État. Si des difficultés d'exécution apparaissent au cours de cette phase qui n'ont pu être dépassées, elle peut déboucher sur une phase juridictionnelle permettant le prononcé d'astreinte (CJA, art. R. 931-7 – v. s^{s} n° 1621.53).

1621.12 Généralités. Le justiciable ne doit jamais négliger de se tourner vers la section du rapport et des études (à sa création, en 1963, Commission du rapport, puis, de 1975 à 1985, Commission du rapport et des études), au centre d'un système « d'aide à l'exécution » à l'efficacité éprouvée. Au reste, il y est incité puisque, depuis 1976, les expéditions des décisions du Conseil d'État font expressément mention des dispositions de l'article R. 931-2 du Code de justice administrative. Ces dernières années, la section du rapport et des études du Conseil d'État reçoit environ une centaine de demandes d'aides à l'exécution, y compris les demandes d'éclaircissements (116 en 2009; 122 en 2010, 79 en 2011, 93 en 2012, 83 en 2013) [1].

A. Conditions mises à la saisine de la section du rapport et des études

1° Compétence de la section du rapport et des études

1621.21 Exécution d'une décision juridictionnelle. La section du rapport et des études du Conseil d'État ne peut connaître que de l'inexécution ou de la mauvaise exécution des décisions juridictionnelles. Sa compétence s'étend ainsi à toutes les décisions juridictionnelles, y compris celles qui sont dépourvues de l'autorité de la chose jugée comme, par exemple, les ordonnances de référé ou les décisions prononçant le sursis à exécution d'un acte administratif. Mais elle ne peut connaître du non-respect d'un procès-verbal de conciliation, d'une transaction ou d'une promesse de l'Administration. De la même façon, elle ne peut être utilement saisie de demandes de médiation avec une personne publique alors qu'aucune décision de justice n'a été rendue à son encontre.

1621.22 Exécution d'une décision d'une juridiction administrative. La section du rapport et des études du Conseil d'État ne peut être saisie que lorsque la décision inexécutée ou mal exécutée émane d'une juridiction de l'ordre administratif, quelle qu'elle soit, à l'exception des tribunaux administratifs et des cours administratives d'appel (qui assurent eux-mêmes l'exécution de leurs décisions). Relèvent donc de la section du rapport et des études les difficultés d'exécution des décisions du Conseil d'État lui-même et des juridictions à compétence spéciale relevant du Conseil d'État par la voie de l'appel (commissions d'arrondissement des dommages de guerre, commissions du contentieux de l'indemnisation des rapatriés) ou de la cassation (commission de recours des réfugiés politiques, commissions interrégionales ou commission centrale d'aide sociale, conseils nationaux des différents ordres professionnels...).

Lorsqu'elle est sollicitée alors qu'elle n'est pas compétente, la section du rapport et des études se contente de l'indiquer et, lorsque la demande relève d'un tribunal administratif ou d'une cour administrative d'appel, de lui transmettre la demande. Celui qui a mis en œuvre, en vain, cette procédure ne court aucun risque, même si sa réclamation est manifestement irrecevable ou non fondée. Au contraire : fidèle à une pratique déjà ancienne, la section, tout en déclinant sa compétence, s'efforce en effet de conseiller dans leurs démarches tous ceux qui s'adressent à elle.

1621.23 Influence d'un recours juridictionnel exercé parallèlement par le réclamant. En principe, la compétence de la section du rapport et des études n'est pas affectée par l'exercice parallèle d'un recours contentieux, le réclamant ayant à nouveau saisi le juge administratif pour lui demander, précisément, de trancher la difficulté d'exécution de sa précédente décision en prononçant par exemple une injonction, assortie, au besoin, d'une astreinte. La procédure de l'article R. 931-2 du Code de justice administrative ayant un caractère administratif, il n'y a pas matière à litispendance. Il n'en a pas toujours été ainsi. Mais aujourd'hui, la solution est acquise même si, dans la pratique, la section du rapport et des études observe une grande prudence lorsque la question soumise au JEX comporte une difficulté réelle.

1621.24 Influence de l'exercice d'une voie de recours par la personne publique condamnée. Lorsque la personne condamnée fait appel ou forme un pourvoi en cassation contre la décision juridictionnelle qu'elle doit exécuter, la section du rapport et des études reste compétente. Si la personne

1. *Rapport public 2014. Activité juridictionnelle et consultative des juridictions administratives*, Doc. fr., p. 149.

publique condamnée assortit sa contestation d'une demande tendant à ce qu'il soit sursis à l'exécution de la condamnation, la section du rapport et des études, sans décliner sa compétence, estime devoir surseoir à l'examen de la réclamation qui lui a été présentée. En général, malgré tout, elle attire l'attention de la Cour administrative d'appel ou de la section du contentieux du Conseil d'État sur la nécessité d'un jugement rapide de la demande de sursis, afin d'empêcher que celle-ci soit utilisée à des fins dilatoires. En outre, si la demande de sursis lui paraît manifestement infondée, la section intervient auprès de la personne publique demanderesse pour qu'elle la retire. Bien entendu, une fois la demande de sursis jugée, la section en tire toutes les conséquences. En cas de sursis, il n'y a plus lieu à exécution immédiate et la réclamation qui l'a saisie n'a plus lieu d'être. En cas de rejet, elle retrouve la plénitude de ses pouvoirs.

2°
Recevabilité de la demande

1621.31 **Notion de « partie intéressée ».** La section du rapport et des études fait sienne la conception de cette notion dégagée par le Conseil d'État statuant au contentieux sur les demandes d'astreinte et l'étend aux « *personnes directement concernées* » (v. s[s] n° 1632.31), ce qui recouvre les parties, les intervenants et certains tiers. Dans tous les cas, il faut bien entendu que le demandeur soit susceptible de tirer parti de la décision, c'est-à-dire, pour les parties, qu'elle leur accorde partiellement ou totalement satisfaction.

1621.32 **Délai.** En principe, les demandes d'aide à l'exécution ne peuvent être présentées qu'après l'expiration d'un délai de trois mois à compter de la date de notification des décisions juridictionnelles (CJA, art. R. 931-2). Il n'est dérogé à cette règle que dans trois cas :

- l'autorité administrative a refusé explicitement, avant l'expiration de ce délai, d'exécuter la chose jugée;

- la décision à exécuter ordonne une mesure d'urgence, un sursis à exécution ou une mesure de suspension, par exemple. Dans cette hypothèse, la demande d'aide à l'exécution peut être présentée sans délai;

- lorsque la décision dont l'exécution est poursuivie a elle-même déterminé un délai dans lequel l'Administration doit prendre les mesures d'exécution prescrites, la demande ne peut être présentée qu'à l'expiration de ce délai.

Il ne faut toutefois pas se méprendre sur l'importance de ces règles de délai. En cas de réclamation anticipée, la section en informe l'intéressé et l'invite à renouveler sa saisine une fois que le délai fixé par les textes sera expiré.

1621.33 **Formes.** Tant en raison du silence des textes sur ce point que de la nature administrative de la réclamation fondée sur l'article R. 931-2, la saisine de la section du rapport et des études n'est soumise à aucun formalisme particulier. Une lettre simple suffit (à condition qu'elle contienne l'ensemble des informations utiles : décision inexécutée, date de la notification). Bien évidemment le réclamant n'est pas contraint de respecter les règles qui régissent la recevabilité des requêtes contentieuses (recours aux services d'un avocat, exposé sommaire des faits et des critiques, *etc.*). Comme toute demande adressée à l'Administration, la réclamation doit toutefois être écrite en français.

B.
Déroulement de la procédure devant la section du rapport et des études

1621.41 **Absence d'effet suspensif de la saisine de la section du rapport et des études.** Dès que la section du rapport et des études est saisie d'une réclamation, le secrétariat en accuse réception en indiquant au requérant que sa démarche n'a pas d'effet suspensif. Il doit donc former tous les recours contentieux qu'il croit nécessaire si la personne publique condamnée vient à prendre de nouvelles décisions qui lui paraîtraient contraires à la chose jugée. L'information est utile : il en va de la préservation des droits de l'intéressé.

1621.42 **Instruction de la demande.** Conformément aux dispositions de l'article R. 931-2, le président de la section du rapport et des études désigne un rapporteur. Sauf si la réclamation est manifestement mal fondée, des démarches sont alors entreprises auprès de l'Administration concernée afin d'obtenir l'exécution de la décision. Toute une gamme de procédés d'incitation, voire d'intimidation, peuvent être utilisées (sur ce point, v. J. Massot et J. Marimbert[1]) : correspondances, avec le cas échéant relances, appels téléphoniques aux responsables administratifs, convocations des intéressés au Palais-Royal, envoi d'un rapporteur sur place, recommandations aux personnes publiques, menaces d'inscription de l'affaire au rapport annuel du Conseil d'État...

1. J. Massot et J. Marimbert, *Le Conseil d'État. Notes et documents,* Doc. fr., 1988, n° 4869, p. 279 s.

C.
Effets de l'intervention de la section du rapport et des études

1621.51 **Exécution de la décision.** Lorsque les démarches de la section du rapport et des études sont parvenues à vaincre l'inaction de l'Administration, ce qui est le cas dans l'immense majorité des affaires dont elle est saisie, la section prend une décision de classement, qui est insusceptible de recours contentieux[1]. Cette décision peut intervenir dès qu'elle considère que l'exécution est en bonne voie, alors même qu'elle ne serait pas encore parfaite. Elle ne la prive pas de la possibilité de rouvrir le dossier s'il apparaît que l'Administration cesse d'exécuter.

En cas d'inexécution persistante de l'Administration, deux voies s'ouvrent à la section du rapport et des études :

1621.52 **1) Mention de l'affaire au rapport annuel du Conseil d'État.** Dans la plupart des cas, l'autorité de la section du rapport et des études du Conseil d'État (et de ses membres) suffit à persuader la personne publique de se conformer à la chose jugée. Mais en cas de mauvaise volonté manifeste et persistante, la section peut, comme le prévoit expressément l'alinéa 6 de l'article R. 931-2, décider de mentionner l'affaire au rapport annuel du Conseil d'État.

1621.53 **2) Saisine du président de la section du contentieux pour qu'il ouvre « d'office » une procédure d'astreinte.** Aux termes de l'article R. 931-7, lorsque des difficultés d'exécution ont été signalées à la section du rapport et des études par un requérant, et lorsque les interventions informelles de la section n'ont pas réussi à obtenir de la personne publique qu'elle exécute la décision, le président de la section du rapport et des études peut saisir le président de la section du contentieux du Conseil d'État aux fins d'ouverture d'une procédure d'astreinte d'office. Dans ce cas, le président de la section du contentieux prononce par ordonnance l'ouverture de la procédure. Cette ordonnance est enregistrée au secrétariat de la section du contentieux et notifiée aux parties. On passe alors d'une phase « administrative » à une phase contentieuse qui obéit à des règles identiques à celles qui régissent les demandes d'astreinte que peut déclencher directement le requérant en saisissant la section du contentieux du Conseil d'État (v. s[s] n°s 1632.10 s.). L'article R. 931-2, dernier alinéa, prévoit que dans ce cas « *l'affaire est instruite et jugée d'urgence* », le président de la section du contentieux pouvant lui-même prononcer une astreinte. Il faut dire qu'alors, beaucoup de temps a passé depuis la notification de la décision...

1. CE 29 déc. 2000, Colombeau, req. n° 222276, *Lebon* T.; *AJDA* 2001. 895, concl. Mignon.

§ 2
Demande d'éclaircissements d'une autorité intéressée

1621.61 **Texte applicable.** Aux termes de l'article R. 931-1, al. 1er CJA : « *Lorsqu'une juridiction administrative a annulé pour excès de pouvoir un acte administratif ou, dans un litige de pleine juridiction, a rejeté tout ou partie des conclusions présentées en défense par une collectivité publique, l'autorité intéressée a la faculté de demander au Conseil d'État d'éclairer l'Administration sur les modalités d'exécution de la décision de justice* ».

Cette procédure concerne en moyenne moins d'une dizaine d'affaires par an.

1621.62 **Objet de la demande.** La section du rapport et des études est compétente pour éclairer les ministres lorsque leur Administration rencontre des difficultés d'exécution à l'occasion d'un jugement ou d'un arrêt dont la portée peut sembler ambiguë, a été rendue dans une matière complexe ou a fait application d'une réglementation nouvelle. La demande d'éclaircissement fondée sur l'article R. 931-1 du Code de justice administrative ne doit pas être confondue avec la demande d'avis telle qu'elle est prévue par l'article R. 112-1 du même code, ni avec le recours en interprétation que peut toujours former un ministre, au moins lorsque la décision concerne son Administration. Aussi bien, lorsqu'une demande d'éclaircissement formulée par un ministre se révèle être une demande d'avis dans la mesure où elle concerne par exemple un problème général d'exécution et non l'exécution d'une décision particulière, la section du rapport et des études requalifie-t-elle la demande dont elle se trouve saisie et la transmet-elle à la section administrative compétente. De la même façon, la section du rapport et des études veille à ce que la procédure instituée par l'article R. 931-1 ne soit pas utilisée aux fins de faire trancher les oppositions soulevées par l'exécution de la décision de justice entre différentes Administrations.

1621.63 **Qualité pour déclencher la procédure.** Si cette procédure est principalement utilisée par les ministres, la saisine de la section des rapports et des études ne leur est pas réservée par le texte qui renvoie à la notion « d'autorité intéressée ». Ainsi, par exemple, en 1997, puis en 2005, la section a admis la recevabilité d'une demande formée par le président d'une autorité administrative indépendante (en l'occurrence, le Conseil supérieur de l'audiovisuel).

1621.64 Procédure suivie pour l'instruction de la demande. La demande d'éclaircissement n'est soumise à aucune condition de délai. Une fois la section saisie, un rapporteur, membre du Conseil d'État, est désigné dont la mission consiste, sous l'autorité du président de la section, à fournir les éclaircissements demandés. Il peut arriver, lorsque cela s'avère nécessaire, notamment lorsque la demande soulève en droit ou en fait une question délicate, que la section administrative compétente au sein du Conseil d'État pour connaître de la question soit saisie pour avis. Le rapporteur désigné a pour rôle d'expliciter la décision de la juridiction administrative en cause, mais aussi et surtout de conseiller et d'orienter la personne publique aux fins de parvenir à une exécution effective et satisfaisante de la décision. Son rôle est donc essentiellement d'inciter et de convaincre. Dans les faits, le rapporteur général de la section du rapport et des études traite lui-même les affaires les plus simples en recourant à l'assistance d'un attaché principal d'Administration. Lorsque la décision, objet de la demande, émane du Conseil d'État ou présente de réelles difficultés d'exécution, le président de la section fait fréquemment appel au conseiller sur le rapport duquel la décision a été rendue (v. J. Massot et J. Marimbert[1]).

1621.65 Réponse. Après s'être mis en relation avec l'Administration concernée et avoir engagé avec elle un « dialogue constructif », le rapporteur établit un projet de réponse qui, en général, indique de façon très précise, les mesures d'exécution devant être mises en œuvre. Pour la commission d'accès aux documents administratifs, la réponse donnée au ministre par la section du rapport et des études est assimilée aux avis rendus par les sections administratives du Conseil d'État. Son contenu appartient donc au ministre concerné, lequel peut toutefois en autoriser la publication dans la partie consacrée à l'exécution des décisions de justice du rapport public annuel du Conseil d'État. La connaissance de ces réponses peut d'ailleurs s'avérer très utile, la section du rapport et des études étant parfois amenée à trancher des questions d'une grande importance, en tout cas parmi les plus complexes de celles que posent les conséquences des décisions des juridictions administratives (à titre d'ILLUSTRATION, v. une réponse rendue publique dans des conditions peu orthodoxes concernant les conséquences de l'annulation d'un acte détachable à un contrat administratif[2]).

1. J. Massot et J. Marimbert, *Le Conseil d'État. Notes et documents,* Doc. fr., n° 4869, 1988 (préc. s^s^ n° 1621.42).

SECTION 2
DEMANDE D'AIDE À L'EXÉCUTION ADRESSÉE À UN TRIBUNAL ADMINISTRATIF OU À UNE COUR ADMINISTRATIVE D'APPEL

1621.71 Textes applicables.
CJA, art. L. 911-4, R. 921-5 et R. 921-6.

1621.72 Juridictions compétentes. Aux termes de l'article L. 911-4 du Code de justice administrative, en cas d'inexécution d'un jugement ou d'un arrêt, il appartient au tribunal administratif ou à la cour administrative d'appel qui a rendu la décision d'en assurer l'exécution, sauf si, le jugement est frappé d'appel. L'exécution en revient alors à la cour administrative d'appel compétente (pour plus de détails sur l'application de cette disposition, v. s^s^ n°s 1632.23 s.).

Le dernier alinéa de cet article dispose que : « *Le tribunal administratif ou la cour administrative d'appel peut renvoyer la demande d'exécution au Conseil d'État* ». Cette faculté n'existe que tant que la phase juridictionnelle de la procédure d'exécution n'est pas ouverte[3]. Elle n'est, en pratique, que très rarement utilisée.

En 2013, 1 695 demandes d'aide à l'exécution ont été adressées aux tribunaux administratifs et 520 aux cours administratives d'appel[4]. Dans 60 à 80 % des cas, selon les juridictions, les litiges relatifs à l'exécution sont réglés en phase non juridictionnelle[5].

1621.73 Délai. La demande d'exécution ne peut être formée que trois mois après la notification du jugement ou de l'arrêt.

1621.74 Formalisme de la demande. La demande d'exécution formée au titre de l'article L. 911-4 du Code de justice administrative n'est soumise à aucun formalisme. Elle est prise en compte qu'elle intervienne par simple lettre, même si celle-ci est confuse, ou par une requête détaillée et argumentée. Elle peut même résulter d'une simple incidente dans un mémoire en défense produit devant la juridiction d'appel.

1621.75 Instruction de la demande. Le président de la cour administrative d'appel ou du tribunal administratif saisi, ou le rapporteur désigné à cette fin, peut utiliser les procédés les plus divers pour obtenir l'exécution par la personne publique

2. CE 3 déc. 1997, conséquences à tirer de l'arrêt CE 1er oct. 1997, Avrillier, *AJDA* 1998. 169 s., obs. Richer.
3. CE 19 juin 2009, M. Coatleven, req. n° 318341, *Lebon* T.
4. *Rapport public 2014*, p. 150 (préc. s^s^ n° 1621.12).
5. *Rapport public 2014*, ce taux concerne l'ensemble de la juridiction administrative (préc. s^s^ n° 1621.12).

de la décision de justice. Aux termes des articles R. 921-5 et R. 921-6 du Code de justice administrative, en effet, ils « *accomplissent toutes diligences qu'ils jugent utiles pour assurer l'exécution de la décision juridictionnelle qui fait l'objet de la demande* ». Généralement, le magistrat fait œuvre de « pédagogie » sans jamais perdre de vue que l'aide à l'exécution n'a ni pour objet, ni même pour effet, de trancher un litige distinct de celui qui a été jugé. Cette procédure doit en effet être rigoureusement distinguée du recours pour excès de pouvoir dirigé contre une décision nouvelle méconnaissant la chose jugée et de demande indemnitaire du fait de l'inexécution du jugement.

1621.76 Influence de l'exercice d'autres procédures d'exécution. Le requérant peut mettre en œuvre toutes les procédures de nature à concourir à l'exécution de la décision de justice dont il bénéficie successivement ou simultanément. Si, en pratique, elles peuvent compliquer la tâche du président du tribunal administratif ou de la cour administrative, les « initiatives tous azimuts » ne sont pas des obstacles juridiques au déroulement de la procédure de l'article L. 911-4 du Code de justice administrative.

1621.77 Conséquences de la demande d'aide à l'exécution. Lorsque le président de la juridiction compétente estime que la personne publique a procédé à l'exécution de la décision qui l'a condamnée ou que la demande qui lui a été adressée n'est pas fondée (comme étant de nature, par exemple, à le conduire à trancher un litige distinct), il en informe le demandeur et procède au classement administratif de la demande. Dans trois cas, et c'est là, sans doute, la particularité la plus marquante du dispositif, la demande administrative d'aide à l'exécution se transforme automatiquement en demande juridictionnelle d'astreinte. Il en va ainsi :

– lorsque le président de la juridiction compétente estime nécessaire de prescrire des mesures d'exécution par voie juridictionnelle;

– lorsque le demandeur le sollicite dans le mois qui suit la notification du « classement sans suite »;

– et, en tout état de cause, et de façon automatique, à l'expiration d'un délai de six mois à compter de la saisine du tribunal ou de la cour administrative d'appel par le requérant.

Dans toutes ces hypothèses, le président de la cour ou du tribunal ouvre par une ordonnance non susceptible de recours une procédure juridictionnelle, conduite, comme devant le Conseil d'État, « en urgence ». Il ne s'agit alors plus d'aider mais de sanctionner (v. s[s] n°s 1632.71 s.).

CHAPITRE

1622. Saisine du Défenseur des droits

GILLES PELLISSIER
MAÎTRE DES REQUÊTES
AU CONSEIL D'ÉTAT

SECTION 0
ORIENTEUR

1622.00 Plan du chapitre.

Division. Le Défenseur des droits est une « autorité constitutionnelle indépendante » récente[1], créée par la loi organique n° 2011-333 du 29 mars 2011. Elle est le produit de la fusion de plusieurs autorités administratives existantes, dont le Médiateur de la République, institué par la loi n° 73-6 du 3 janvier 1973. La loi n° 2011-334 du 29 mars 2011, relative au Défenseur des droits, abroge les dispositions de la loi du 3 janvier 1973 et transfère à cette nouvelle autorité l'ensemble des droits et obligations du Médiateur de la République. Ces lois ont été complétées par un décret n° 2011-904 du 29 juillet 2011 relatif à la procédure applicable devant le Défenseur des droits. La fonction est occupée par M. Baudis (Décr. 23 juin 2011), actuellement assisté de trois adjointes (Décr. 22 juillet 2011).

Le Défenseur des droits a hérité, entre autres, des compétences du Médiateur de la République et de ses pouvoirs (sect. 1). Ses modalités de saisine ont cependant été simplifiées (sect. 2). Cette autorité commençant tout juste à exercer ses fonctions, il n'est pas possible de connaître l'usage qu'il fera de ses pouvoirs ni, par conséquent, de savoir s'il se distinguera sur ce point de son prédécesseur.

1. Pour une analyse générale de cette nouvelle autorité et de ses pouvoirs : E. Matutano, « Une autorité constitutionnelle indépendante, le Défenseur des droits », *Dr. adm.* 2011, n° 8-9, p. 18.

1622.01 Textes applicables.

• **L. org. n° 2011-333, 29 mars 2011,** relative au Défenseur des droits, *JO* 30 mars, p. 5497.

• **L. n° 2011-334, 29 mars 2011,** relative au Défenseur des droits, *JO* 30 mars, p. 5504.

• **Décr. n° 2011-904, 29 juill. 2011,** relatif à la procédure applicable devant le Défenseur des droits, *JO* 30 juill., p. 13020.

SECTION 1
COMPÉTENCE ET POUVOIRS DU DÉFENSEUR DES DROITS

§ 1
Compétence du Défenseur des droits

1622.11 Compétence du Défenseur des droits en matière d'exécution des décisions de justice. Pas davantage que la loi du 3 janvier 1973 instituant un Médiateur de la République, la loi organique du 29 mars 2011 ne comporte de dispositions spécifiques à l'exécution des décisions de justice. Le Médiateur pouvait être saisi des difficultés que rencontraient les citoyens pour obtenir des personnes publiques l'exécution de décisions de justice les condamnant au titre de l'article 1er de la loi de 1973 qui prévoyait qu'il recevait « *les réclamations concernant, dans leurs relations avec les administrés, le fonctionnement des administrations de l'État, des collectivités publiques territoriales, des établissements publics et de tout autre organisme investi d'une mission de service public* ». L'article 4 de la loi organique du 29 mars 2011 dispose que : « *Le Défenseur des droits est chargé : 1° De défendre les droits et libertés dans le cadre des relations avec les Administrations de l'État, les collectivités territoriales, les établissements publics et les organismes investis d'une mission de service public* ». Le droit d'obtenir la parfaite exécution des décisions de justice étant une composante du droit à un recours effectif et constituant, par suite, une liberté fondamentale[1], il ne fait guère de doutes qu'il entre dans la mission du Défenseur des droits comme il entrait dans celle du Médiateur de la République d'obtenir des personnes publiques la bonne exécution des décisions de justice les condamnant.

1622.12 Toutes les décisions de justice. Le Défenseur des droits peut être saisi d'un cas d'inexécution d'une décision juridictionnelle quel que soit l'ordre de juridiction dont émane la décision en cause. Il y a là une différence fondamentale avec le dispositif « d'aide à l'exécution » de la section du rapport et des études du Conseil d'État (v. s[s] n°s 1621.10 s.) qui, d'après les textes qui l'organisent, n'est possible que pour permettre l'exécution des décisions rendues par la juridiction administrative. La décision doit, naturellement, être exécutoire.

1622.13 Personnes publiques concernées. Comme son prédécesseur, l'intervention du Défenseur des droits est subordonnée à la condition que la décision de justice concerne directement l'une des personnes énumérées à l'article 4 de la loi organique du 29 mars 2011 : État, collectivités publiques territoriales, établissements publics, ainsi que « [...] *tout autre organisme investi d'une mission de service public* », ce qui étend sa compétence au-delà de la seule sphère des personnes publiques.

1622.14 Exclusion de certains différents. L'article 10 de la loi organique exclut tout d'abord de manière générale de la compétence du Défenseur des droits les « *différends susceptibles de s'élever entre les personnes publiques et organismes mentionnés au 1° de l'article 4* ». Une personne publique ou chargée d'un service public ne peut donc recourir au Défenseur des droits pour obtenir l'exécution d'une décision de justice condamnant une autre personne publique ou chargée d'un service public. Le Défenseur des droits agissant au titre du 1° de l'article 4 est essentiellement, comme l'était le Médiateur, le protecteur des administrés dans leurs relations avec les Administrations et non l'arbitre des conflits entre ces dernières.

Cet article dispose également qu'il « *ne peut être saisi ni ne peut se saisir, sauf au titre de ses compétences mentionnées au 3° du même article 4, des différends susceptibles de s'élever entre, d'une part, ces personnes publiques et organismes et, d'autre part, leurs agents, à raison de l'exercice de leurs fonctions* ». L'article 8 de la loi du 3 janvier 1973 comportait la même règle pour le Médiateur de la République, qui avait néanmoins considéré que ces dispositions ne faisaient pas obstacle à ce qu'il mette en œuvre ses pouvoirs pour assurer l'exécution d'une décision de justice, puisque le litige ayant été résolu par le juge, l'inexécution de la décision rendue au profit d'un agent d'un service public pose une question dont l'objet est distinct de celui qui avait provoqué la saisine du juge[2]. L'avenir dira si le Défenseur des droits fera la même interprétation de ces dispositions.

§ 2

Pouvoirs du Défenseur des droits pour assurer l'exécution d'une décision de justice

1622.21 Recommandations et publication d'un rapport. Comme le Médiateur de la République, le Défenseur des droits exerce ici essentiellement une autorité morale qui lui permet de faire entendre auprès des personnes publiques une voix plus forte, plus ferme et donc plus persuasive que celle du justiciable isolé. Ses pouvoirs sont identiques. Ils sont définis à l'article 25 de la loi organique : « *Le Défenseur des droits peut faire toute recommandation qui lui apparaît de nature à garantir le respect des droits et libertés de la personne lésée et à régler les difficultés soulevées devant lui ou à en prévenir le renouvellement.*

Il peut recommander de régler en équité la situation de la personne dont il est saisi.

Les autorités ou personnes intéressées informent le Défenseur des droits, dans le délai qu'il fixe, des suites données à ses recommandations.

À défaut d'information dans ce délai ou s'il estime, au vu des informations reçues, qu'une recommandation n'a pas été suivie d'effet, le Défenseur des droits peut enjoindre à la personne mise en cause de prendre, dans un délai déterminé, les mesures nécessaires. Lorsqu'il n'a pas été donné suite à son injonction, le Défenseur des droits établit un rapport spécial, qui est communiqué à la personne mise en cause. Le Défenseur des droits rend publics ce rapport et, le cas échéant, la réponse de la personne mise en cause, selon des modalités qu'il détermine ». Si ces pouvoirs ne sont pas aussi importants que ceux du juge ou du préfet en cas de condamnation à payer une somme d'argent, ils intègrent une dimension de traitement en équité, absente des procédures plus contraignantes. Le Défenseur des droits ne peut, bien entendu, « *remettre en cause une décision juridictionnelle* » (L. org., art. 33).

1. Au sens de l'article L. 521-2 du Code de l'administration judiciaire : CE, réf., 4 mars 2010, req. n° 336700, *Lebon* T.; *AJDA* 2010. 1206, note Le Bot; *D.* 2010. 2868, obs. Boskovic, Corneloup, Jault-Seseke, Joubert et Parrot.

2. V. *Rapp. annuel du Médiateur pour l'année 1994*, p. 143.

La pratique du Médiateur de la République montre qu'il n'a que rarement eu besoin de recourir aux mesures d'injonction (une à cinq injonctions par an en moyenne) et encore moins de publication d'un rapport[1].

Notons également que « *le Défenseur des droits peut saisir l'autorité investie du pouvoir d'engager les poursuites disciplinaires des faits dont il a connaissance et qui lui paraissent de nature à justifier une sanction* » (L. org., art. 29), ce qui peut constituer une menace au cas où la difficulté d'exécuter tiendrait à la mauvaise volonté d'un agent.

1622.22 Pouvoirs d'instruction. Pour mener à bien ses missions, le Défenseur des droits dispose d'importants pouvoirs d'instruction et d'investigation. Si la plupart ne sont pas nécessaires pour obtenir l'exécution de la chose jugée, il est possible de signaler la possibilité de « *demander des explications à toute personne physique ou morale mise en cause devant lui. À cet effet, il peut entendre toute personne dont le concours lui paraît utile. Les personnes physiques ou morales mises en cause doivent faciliter l'accomplissement de sa mission. Elles sont tenues d'autoriser leurs agents et préposés à répondre à ses demandes. Ceux-ci sont tenus de répondre aux demandes d'explications qu'il leur adresse et de déférer à ses convocations. Les convocations doivent mentionner l'objet de l'audition* ». (L. org., art. 18).

1622.23 Opportunité de son action. « *Le Défenseur des droits apprécie si les faits qui font l'objet d'une réclamation ou qui lui sont signalés appellent une intervention de sa part. Il indique les motifs pour lesquels il décide de ne pas donner suite à une saisine* ». (L. org., art. 24). Sa décision de ne pas donner suite à une demande n'est susceptible d'aucun recours[2].

SECTION 2
MODALITÉS DE SAISINE DU DÉFENSEUR DES DROITS

1622.31 Moment de la saisine. Le Défenseur des droits ne doit être saisi qu'en cas de difficultés rencontrées avec une Administration (au sens large). L'article 6 de la loi organique précise ainsi que la saisine intervenant sur le fondement du 1° de l'article 4 « *est précédée de démarches préalables auprès des personnes publiques ou des organismes mis en cause* ».

1622.32 Saisine directe. « *Le Défenseur des droits peut être saisi : 1° Par toute personne physique ou morale qui s'estime lésée dans ses droits et libertés par le fonctionnement d'une Administration de l'État, d'une collectivité territoriale, d'un établissement public ou d'un organisme investi d'une mission de service public* » (L. org., art. 5). Contrairement au Médiateur de la République, qui ne pouvait être saisi que par un parlementaire, les citoyens ont désormais un accès direct au Défenseur des droits. La personne doit bien entendu avoir un intérêt à l'exécution de la décision de justice.

1622.33 Autres modes de saisine. Le Défenseur des droits peut, comme son prédécesseur être saisi par un parlementaire, y compris par un représentant français au Parlement européen (L. org., art. 7). En revanche, à la différence du Médiateur, il peut s'autosaisir (L. org., art. 8).

1622.34 Présentation de la demande. La demande doit être formulée par écrit, « *en apportant toutes précisions utiles, les faits qu'elle invoque au soutien de sa réclamation* » et en produisant « *tous éléments de nature à justifier des démarches qu'il a préalablement accomplies auprès des personnes publiques ou des organismes mis en cause* » (Décr. n° 2011-904, art. 1er).

La demande n'est soumise à aucune autre formalité; elle est gratuite (L. org., art. 6).

1622.35 Absence de caractère suspensif. La saisine du Défenseur des droits n'est, pas plus que ne l'était celle du Médiateur, ni un recours administratif ni un recours contentieux dont l'exercice interromprait les délais de recours. L'article 6 de la loi organique l'indique très clairement : « *La saisine du Défenseur des droits n'interrompt ni ne suspend par elle-même les délais de prescription des actions en matière civile, administrative ou pénale, non plus que ceux relatifs à l'exercice de recours administratifs ou contentieux* ». S'agissant de l'exécution des décisions de justice, le risque de forclusion que pourrait comporter la méconnaissance de cette règle est faible puisqu'elle ne pourrait conduire qu'à faire obstacle à l'exercice d'un recours contentieux contre une décision expresse de refus d'exécuter qui serait devenue définitive, mais qui n'empêche de former une nouvelle demande d'exécution et de contester en temps utile le nouveau refus (v. ss n° 1612.57).

1. Le Médiateur a eu recours une fois, en 1994, à la présentation au Chef de l'État et au Parlement et à la publication au *Journal officiel,* d'un rapport spécial (affaire opposant M. Claude Niox, directeur de la Caisse de crédit municipal de Nîmes, à la commune de Mennecy, dans l'Essonne, où il avait été détaché pour cinq ans) : *JO* 14 oct. 1994, p. 14588 s.
2. S'agissant du Médiateur de la République, v. CE 18 oct. 2006, M. et Mme Miller, req. n° 277597, *Lebon* 430; *D.* 2007. 2418, obs. Le Bars et Thomasset-Pierre. La solution est parfaitement transposable au Défenseur des droits.

TITRE

163. Les moyens de contrainte à l'exécution (injonctions et astreintes)

SECTION 0
ORIENTEUR

1630.00 **Plan du titre.**

Division. Le présent titre est consacré à l'étude des mesures dont dispose la juridiction pour inciter, voire contraindre, la personne publique à exécuter la chose jugée. Ces mesures ne permettent pas au justiciable d'obtenir directement ce que la personne publique a été condamnée à donner ou à faire, passant outre sa mauvaise volonté. Elles consistent à expliciter la portée de la décision de justice et à menacer de condamnations pécuniaires la personne qui refuse d'exécuter la décision. Elles peuvent désormais figurer dans la décision elle-même (chap. 1631) ou être prononcées après la décision, lorsqu'apparaît une difficulté d'exécution (chap. 1632).

CHAPITRE

1631. Détermination des mesures d'exécution dans la décision

GILLES PELLISSIER
MAÎTRE DES REQUÊTES
AU CONSEIL D'ÉTAT

SECTION 0
ORIENTEUR

1631.00 **Plan du chapitre.**

1631.03 **Bibliographie indicative.**

L'abondante bibliographie relative à l'analyse de la loi du 8 février 1995 n'est plus d'actualité; v., parmi beaucoup d'autres :

Actualisables. *J.-Cl. Civ.*, *v° Astreintes envers les personnes morales de droit public*, fasc. 2145 (genèse) et fasc. 2147 (régime), par B. Pacteau.

Pour des études plus récentes sur l'exercice par le juge administratif de ce pouvoir, on se reportera aux études générales sur l'exécution des décisions de justice citées s^s n° 1610.03, ainsi qu'au *J.-Cl. Adm.*, *v° Astreintes*, 2011, fasc. 1114, par A. Béal.

Articles. D. Chabanol, « Un printemps procédural pour la juridiction administrative ? », *AJDA* 1995. 388 s. – R. Debbasch, « Le juge administratif et l'injonction : la fin d'un tabou », *JCP* 1996. I. 3924 – J. Gourdou, « Les nouveaux pouvoirs du juge en matière d'injonction et d'astreinte (premières applications) », *RFDA* 1996. 333 s. – F. Moderne, « Sur le nouveau pouvoir d'injonction du juge administratif », *RFDA* 1996. 43 s. – J.-H. Stahl et D. Chauvaux, « Exécution des jugements : pouvoir d'injonction conféré au juge administratif », *AJDA* 1996. Chron. 115 s.

SECTION 1
INJONCTIONS ET ASTREINTES PRONONCÉES PAR LE JUGE ADMINISTRATIF

1631.10 **Division.** À condition d'être saisie d'une demande en ce sens, la juridiction peut, dans la décision qu'elle rend, préciser les mesures que la personne publique doit prendre pour l'exécuter et assortir ces mesures d'une astreinte afin de garantir son exécution.

Toutes les décisions rendues par le juge administratif n'appellent pas de mesures d'exécution. Un jugement qui rejette une requête n'en implique normalement aucune[1]. De même, dans certains cas, un jugement qui prononce l'annulation d'une décision positive peut se suffire à lui-même : l'acte

1. V. PAR EX. : CE 13 juin 2001, Verdure, req. n° 211403, *Lebon* 261 ; *RFDA* 2002. 594, concl. Chauvaux – CE 27 mars 1995, Heulin, req. n° 104274, *Lebon* – CE 7 avr. 1995, Surry, req. n° 154129, *Lebon*.

contesté disparaît de l'ordonnancement juridique et ne peut plus produire d'effet.

En revanche, lorsque l'exécution implique une action particulière, il peut être utile de la décrire et d'ordonner explicitement à l'Administration de faire ce qu'elle doit faire (§ 1) ainsi que de prévoir les moyens de faire pression sur elle pour qu'elle s'exécute (§ 2). Le (§ 3) sera consacré aux voies de recours contre ces décisions.

Enfin, il convient de relever qu'à côté de ses pouvoirs d'injonction, le juge administratif – plus précisément le Conseil d'État – précise parfois de manière extrêmement détaillée ce qu'il attend que l'Administration fasse en exécution de la décision [1], afin notamment d'éviter une annulation contentieuse qui pourrait porter une atteinte excessive aux intérêts généraux [2].

§ 1 Injonctions

1631.11 Textes applicables.

CJA, art. L. 911-1.

Lorsque sa décision implique nécessairement qu'une personne morale de droit public ou un organisme de droit privé chargé de la gestion d'un service public prenne une mesure d'exécution dans un sens déterminé, la juridiction, saisie de conclusions en ce sens, prescrit, par la même décision, cette mesure assortie, le cas échéant, d'un délai d'exécution.

CJA, art. L. 911-2.

Lorsque sa décision implique nécessairement qu'une personne morale de droit public ou un organisme de droit privé chargé de la gestion d'un service public prenne à nouveau une décision après une nouvelle instruction, la juridiction, saisie de conclusions en ce sens, prescrit par la même décision juridictionnelle que cette nouvelle décision doit intervenir dans un délai déterminé.

A. Compétence juridictionnelle

1° Procédures ordinaires

1631.21 Juridictions administratives concernées. Les textes ouvrant au juge la possibilité de prononcer une injonction à l'encontre d'une personne publique ne concernent que les tribunaux administratifs, les cours administratives d'appel et le Conseil d'État. Les juridictions administratives spéciales ne bénéficient donc pas de ce pouvoir.

1631.22 Juge unique. Le magistrat statuant seul, en application de l'article R. 223-13 du Code de justice administrative, est « *compétent pour connaître des conclusions dont est également saisi ce tribunal administratif à l'occasion des mêmes litiges, et qui tendent au prononcé d'une injonction* [...], *ou d'une astreinte* [...], *et pour liquider ultérieurement l'astreinte le cas échéant prononcée* » [3]. Ce pouvoir appartient désormais également au juge de la reconduite à la frontière [4].

2° Procédures d'urgence

1631.31 Généralités. La loi du 30 juin 2000 [5] (codifiée aux articles L. 521-1 et suivants du Code de justice administrative) a introduit dans le droit processuel administratif de véritables procédures d'urgence qui permettent au juge administratif de prendre de brefs délais, et sous certaines conditions, des mesures de suspension de l'exécution d'une décision administrative (CJA, art. L. 521-1), des mesures nécessaires à faire cesser une atteinte à une liberté fondamentale (CJA, art. L. 521-2), voire d'autres mesures utiles (CJA, art. L. 521-3). À ces référés de droit commun s'ajoutent des référés spécifiques à certaines procédures contentieuses. Dans tous les cas, les mesures d'injonction font partie des mesures que peut ordonner le juge des référés. Elles peuvent parfois tendre à assurer l'exécution de la chose jugée.

1631.32 Référé-suspension. Le juge du « référé-suspension » saisi sur le fondement des dispositions de l'article L. 521-1 du Code de justice administrative peut adresser des injonctions, y compris lorsqu'il est saisi d'une demande de suspension d'une décision de rejet d'une demande [6], tout en

1. CE 25 mars 2002, Caisse d'assurance-accidents agricole du Bas Rhin, req. n° 224055, *Lebon* 110.
2. CE, sect., 25 juin 2001, Sté Toulouse Football club, req. n° 234363, *Lebon* 281; *AJDA* 2001. 887, note Simon; *RFDA* 2003. 47, étude Duval – CE, ass., 29 juin 2001, Vassilikiotis, req. n° 213229, *Lebon* 303; *GACA*, 3e éd., Dalloz, 2011, n° 67; *AJDA* 2001. 1046, chron. Guyomar et Collin – CE 27 juill. 2001, Titran, req. n° 222509, *Lebon* 411; *AJDA* 2001. 1046, chron. Guyomar et Collin – CE 5 mars 2003, Titran, req. n° 241325, *Lebon* 113; *AJDA* 2003. 1008, note Damarey.
3. CE 29 déc. 2000, M. Clouzeau, req. n° 225741, *Lebon*; *RFDA* 2001. 250.
4. CE 22 févr. 2002, M. Dieng, req. n° 224496, *Lebon*; *GACA*, 3e éd., Dalloz, 2011, n° 71; revenant sur la solution inverse posée par la décision; *AJDA* 2002. 415, chron. Guyomar et Collin; *RFDA* 2002. 1080, concl. Chauvaux – CE 3 nov. 1997, Préfet de police c/Mme Ben Guertouh, req. n° 175768, *Lebon* T; *RDSS* 1998. 398, obs. Monéger; *Quot. jur.* 5 mars 1998, n° 19.
5. L. n° 2000-597, 30 juin 2000, relative au référé devant les juridictions administratives, *JO* 1er juill., p. 9948.
6. CE, sect., 20 déc. 2000, Ouatah, req. n° 206745, *Lebon* 643; *AJDA* 2001. 146, chron. Guyomar et Collin; *RFDA* 2001. 371, concl. Lamy – CE, sect., 18 janv. 2001, Cne de Venelle, req. n° 229247, *Lebon* 18; *GAJA*, 18e éd., Dalloz, 2011, n° 105; *GADD*, 2e éd., Dalloz, 2001, n° 40; *AJDA* 2001. 153, chron. Guyomar et Collin; *D.* 2002. 2227, obs. Vandermeeren; *RFDA* 2001. 378, concl. Touvet; *RFDA* 2001. 681, note Verpeaux.

prenant garde à ne pas créer de « *situation irréversible qui fasse ainsi perdre aux défendeurs le bénéfice d'un succès éventuel au fond* »[1].

1631.33 Référé-liberté. L'article L. 521-2 du Code de justice administrative permet au juge des référés d'ordonner, lorsque l'urgence le justifie, toutes mesures nécessaires à la sauvegarde d'une liberté fondamentale à laquelle une personne morale de droit public ou un organisme de droit privé chargé de la gestion d'un service public aurait porté, dans l'exercice d'un de ses pouvoirs, une atteinte grave et manifestement illégale. L'injonction fait partie des « mesures nécessaires à la sauvegarde d'une liberté fondamentale » que le juge des référés peut ordonner sur le fondement de ces dispositions[2].

Cette procédure d'urgence peut être utilisée, dans certains cas et si les conditions de sa mise en œuvre sont remplies, pour obtenir l'exécution de la chose jugée.

Le juge des référés du Conseil d'État a ainsi ordonné, sur le fondement de cet article, la restitution de son titre de séjour en cours de validité à un étranger faisant l'objet d'une expulsion dont l'exécution avait été suspendue en application de l'article L. 521-1 du Code de justice administrative[3].

Il a également été jugé que la saisine d'un tribunal administratif selon la procédure prévue par l'article L. 911-4 du Code de justice administrative pour obtenir l'exécution d'un jugement ne fait pas par elle-même obstacle à ce que l'intéressé présente au juge des référés de la juridiction d'appel une demande tendant à ce qu'il ordonne une mesure d'urgence susceptible d'avoir le même effet sur le fondement de l'article L. 521-2 du Code de justice administrative.

La carence persistante de l'Administration à exécuter complètement un jugement annulant une mesure de reconduite à la frontière prise à l'encontre d'un étranger en droit d'obtenir une carte de séjour portant la mention « vie privée et familiale » crée, compte tenu des motifs de cette annulation, une situation d'urgence au sens de l'article L. 521-2 du Code de justice administrative. Si, depuis l'intervention de ce jugement, l'intéressé a été muni d'une autorisation provisoire de séjour plusieurs fois renouvelée, ce document ne l'autorise ni à exercer une activité professionnelle ni à quitter le territoire français et y revenir ensuite. Le défaut prolongé d'exécution de la chose jugée porte ainsi à l'exercice par l'intéressé des libertés reconnues aux étrangers en situation régulière une atteinte grave et manifestement illégale[4].

1. CE, sect., 28 févr. 2001, Philippart. et Lesage, req. n° 230112, concl. Chauvaux, *Lebon*; *D.* 2002. 2225, obs. Vandermeeren; *RFDA* 2001. 390, concl. Chauvaux.
2. CE, ord., 19 févr. 2009, Syndicat autonome de la fonction publique territoriale de la Réunion (SAFPTR), req. n° 324864, *Lebon* T.
3. CE, réf., 8 nov. 2001, Yilmaz Kaigisiz, req. n° 239734, *Lebon* 545.
4. CE, réf., 11 juin 2002, Ait Oubba, req. n° 247649, *Lebon* T.; *AJDA* 2002. 764, note Tavernier.

1631.34 Référé « mesures utiles ». L'article L. 521-3 du Code de justice administrative donne au juge des référés la possibilité, « *en cas d'urgence et sur simple requête qui sera recevable même en l'absence de décision administrative préalable* [d'] *ordonner toutes autres mesures utiles sans faire obstacle à l'exécution d'aucune décision administrative* ».

Il a pu être ordonné, au titre de ces mesures, à un maire de prendre, dans les vingt-quatre heures, les mesures que l'article L. 480-2 du Code de l'urbanisme lui impose de prendre en cas de travaux de construction non autorisés (faire dresser un procès-verbal d'infraction, édicter un arrêté interruptif de travaux et en transmettre copie au procureur de la République), cette injonction permettant en l'occurrence d'assurer le respect d'une ordonnance du juge des référés suspendant l'exécution du permis de construire[5]. Il est vrai que, comme le soulignait le rapporteur public dans ses conclusions, cette procédure n'avait pu être utilisée ici que parce que le maire était en situation de compétence liée pour prendre ces mesures.

1631.35 Référés spéciaux. Les différents juges des référés intervenant dans des contentieux particuliers – référés précontractuels et contractuels (CJA, art. L. 551-1 s.); référé en matière fiscale (CJA, art. L. 552-1 et 552-2)[6]; *etc.* – disposent également de ce pouvoir d'injonction.

B.
Conditions de recevabilité

1631.41 Conclusions accessoires. Les conclusions aux fins d'injonction sont des conclusions accessoires, tendant à ce que la juridiction explicite les conséquences de ce qu'elle a jugé à titre principal. Par conséquent, des conclusions tendant directement à ce que de telles mesures soient édictées, indépendamment de toute exécution d'une décision de justice, demeurent irrecevables devant la juridiction administrative[7].

5. CE, sect., 6 févr. 2004, Masier, req. n° 256719, *Lebon* 45; *BJDU* 2004. 138, concl. Stahl; *D.* 2004. 678, et les obs.; *RDI* 2004. 221, obs. Soler-Couteaux; *RFDA* 2004. 1170, concl. Stahl.
6. CE, sect., 25 avr. 2001, Min. Économie, Finances et Industrie c/SARL Janfin, req. n° 230166, *Lebon*; *AJDA* 2001. 465, chron. Guyomar et Collin; *GAJF*, 5e éd., 2009, n° 63; *RFDA* 2001. 837, concl. Bachelier; *RFDA* 2002. 991, note Clerckx; *LPA* 27 juill. 2001. 6 s., note Février – V. AUSSI, du même jour, CE, sect., 25 avr. 2001, Sté Parfival, req. n° 213460, *Lebon*.
7. Comme l'a confirmé le Conseil d'État dans de nombreuses décisions : « [...] *hormis dans les cas prévus par la loi du 8 févr. 1995* [...] *il n'appartient pas au juge administratif d'adresser des injonctions à l'Administration* » (V. NOT. : CE 24 mai 1995, M. Gille, req. n° 124512, NP – CE 15 sept. 1995, Cts Morel, req. n° 148795, NP).

De même, si le juge prononce un non-lieu à statuer sur les conclusions principales aux fins d'annulation ou de suspension, du fait du retrait de la décision attaquée, il ne peut enjoindre à l'autorité administrative de procéder au réexamen de la demande (ce qu'elle doit en tout état de cause faire puisqu'elle en reste saisie) [1].

1631.42 Demande en appel et devant le Conseil d'État s'il juge au fond. Les conclusions aux fins d'injonction peuvent être présentées pour la première fois en appel [2] ou au Conseil d'État lorsqu'il décide de régler l'affaire au fond après cassation (en application des dispositions de CJA, art. L. 821-2), puisqu'il se substitue ce faisant au juge de renvoi.

1631.43 Nécessité d'une demande du requérant. Les injonctions « préventives » des articles L. 911-1 et L. 911-2 du Code de justice administrative ne peuvent être prononcées d'office par le juge. Elles doivent donc résulter de conclusions expresses des requérants, qui doivent notamment préciser s'ils entendent obtenir une décision dans un sens déterminé ou la fixation d'un délai pour statuer de nouveau sur leur demande. En effet, lorsque la demande d'injonction sous astreinte tend à ce que soit prescrite une mesure dans un sens déterminé, alors que l'exécution de la décision n'induit pas nécessairement une telle action, la demande est irrecevable [3].

Le juge fait cependant preuve d'une certaine mansuétude dans la lecture de ces conclusions et pourra enjoindre à l'Administration de prendre une décision dans un certain délai alors même qu'il n'a été saisi que de conclusions tendant à ce qu'il lui soit enjoint de prendre une décision dans un sens déterminé (l'inverse n'est en revanche *a priori* pas possible).

Il en va différemment du **juge des référés prononçant la suspension d'une décision administrative de rejet,** sur le fondement de l'article L. 521-1 du Code de justice administrative ou dans le cadre de la procédure dite du « référé-liberté » de l'article L. 521-2 du Code de justice administrative (à propos d'un refus d'asile [4]), qui peut toujours, même en l'absence de conclusions expresses en ce sens [5], indiquer les obligations qui en découleront pour l'Administration (la jurisprudence antérieure à l'entrée en vigueur de la loi du 30 juin 2000 qui a substitué le référé-suspension au sursis à exécution était également en ce sens [6]). Il n'est en revanche pas tenu de le faire [7].

1631.44 Mesures susceptibles d'être demandées au juge. Le requérant ne peut demander au juge que d'ordonner les **mesures qu'implique l'exécution effective et complète de la chose jugée par lui.** Dès lors :

– l'injonction n'a en aucun cas vocation à « réparer » les préjudices que le requérant estime avoir subi.

Aussi bien, par exemple, l'annulation de la délibération par laquelle le jury d'un concours d'agrégation a fixé la liste des candidats admis à ce concours n'implique-t-elle ni la correction de la copie du requérant, ni son inscription sur la liste des candidats admissibles au titre de la session suivante d'examen, ni l'attribution d'un congé de formation pour préparer le nouveau concours [8]. De la même façon, l'annulation de l'ajournement d'un étudiant à un examen ne peut pas conduire le juge à enjoindre que cet étudiant soit admis dans l'année supérieure [9]. Enfin, mais on pourrait multiplier à loisir les exemples, l'annulation du licenciement d'un agent en fin de stage n'implique pas sa titularisation [10].

– Le juge ne peut en aucun cas, en prononçant une injonction, trancher un « litige distinct » de celui dont il a été saisi à titre principal.

Ainsi, par exemple, si même il appartient à l'autorité administrative de tirer toutes les conséquences d'un jugement annulant un acte réglementaire, l'exécution de ce jugement n'implique pas que le juge, saisi sur le fondement des dispositions des articles L. 911-1 et L. 911-2 du Code de justice administrative et de l'article L. 911-3 du même code, enjoigne à l'Administration de revenir sur les mesures individuelles prises en application de cet acte [11]. De même, lorsqu'il enjoint au Premier ministre de prendre un décret, le Conseil d'État n'a pas à préciser

1. CE 30 mars 2009, Min. Immigration, Intégration, Identité nationale et Développement solidaire c/Mme Jeannin, req. n° 322405, *Lebon* T.
2. CE 25 mars 1996, Cne Saint-François, req. n° 163909, NP.
3. CE 7 avr. 1995, Grekos, req. n° 95153, *Lebon* – CE 9 févr. 1996, Ricard et Université d'Aix-Marseille II, req. nos 123709 et 124613, *Lebon* 682.
4. CE 15 févr. 2002, Hadda, req. n° 238547, *Lebon*; *RFDA* 2002. 436.
5. CE, sect., 28 févr. 2001, Philippart. et Lesage, req. nos 230112 et 230520, *Lebon* T.; *RFDA* 2001. 390, concl. Chauvaux; *D.* 2002. 2225, obs. Vandermeeren; *RFDA* 2001. 390, concl. Chauvaux – CE 19 juin 2002, Barège, req. n° 234360, *Lebon* – CE 15 avr. 2005, Sté Socrate, req. n° 271600, *Lebon* T.; *Contrats Marchés publ.* juin 2005, n° 39, obs. Pietri.
6. CE, sect., 20 déc. 2000, Ouatah, req. n° 206745, *Lebon*; *AJDA* 2001. 146, chron. Guyomar et Collin; *RJF* 2001, n° 550; *LPA* mars 2001, n° 55, note Mallol; *RFDA* 2001. 371, concl. Lamy – CE 27 juill. 2001, Min. Emploi et Solidarité c/Vedel, req. n° 232603, *Lebon*; *RFDA* 2001. 1140.
7. CE 14 oct. 2002, Cne du Lavandou, req. n° 244714, *Lebon* T.; *AJDA* 2003. 40, note Markus; *RDI* 2003. 106, obs. Soler-Couteaux.
8. CE 30 déc. 1996, Barrière, req. n° 158142, *Lebon* T.
9. TA Rennes, 29 janv. 1996, Luquet de Saint-Germain, req. n° 953278, *Lebon*; *RFDA* 1996. 350.
10. CAA Lyon, 4 mars 1997, Cne d'Allauch c/Mme Catino, req. nos 96LY01746 et 96LY02341, NP; *RFDA* 1998. 471.
11. TA Marseille, 7 avr. 1998, Préfet des Bouches du Rhône c/ Cne de Vitrolles, req. nos 98-1359 et a., *Lebon*; *D.* 1998. 571, note Moutouh.

ce que doit être le contenu de celui-ci (v. les motifs d'une décision du Conseil d'État)[1]. Autre exemple : la remise en cause de la revente d'un bien illégalement préempté est un litige distinct de celui de l'annulation de la décision de préemption[2].

Précisons enfin qu'il ne peut être demandé au juge des référés, qui ne peut ordonner que des **mesures provisoires**, de mettre à la charge de l'Administration une obligation de faire qui aurait des effets en tous points identiques à ceux qui résulteraient de l'exécution par l'autorité administrative de la décision par laquelle le juge de l'excès de pouvoir viendrait, le cas échéant, à prononcer l'annulation de la décision[3].

1631.45 Exclusivité de la procédure d'ordonnancement de l'article 1er de la loi du 16 juillet 1980 pour obtenir l'exécution d'une condamnation à payer une somme d'argent. Le Conseil d'État juge avec constance que dès lors que le II de l'article 1er de la loi du 16 juillet 1980, reproduit à l'article L. 911-9 du Code de justice administrative, permet au bénéficiaire d'une condamnation, en cas d'inexécution de la décision dans le délai prescrit, d'obtenir le mandatement d'office de la somme que la personne publique a été condamnée à lui verser par cette même décision, il n'y a pas lieu de faire droit à ses conclusions tendant à ce qu'il soit enjoint à cette personne de payer cette somme[4].

1631.46 Injonction et séparation des ordres de juridiction. Dans un avis du 13 mars 1998[5], le Conseil d'État a précisé que : « *Le pouvoir conféré par la loi au juge administratif, de prononcer à l'égard des personnes morales de droit public ou des organismes de droit privé chargé de la gestion d'un service public des injonctions, éventuellement assorties d'astreintes, aux fins d'assurer l'exécution de ses décisions, ne l'autorise pas à s'affranchir des règles de répartition des compétences entre les deux ordres de juridiction* ».

Ainsi, par exemple (il s'agit du cas sur lequel le Conseil d'État s'est prononcé dans son avis du 13 mars 1998), s'il appartient au juge administratif de connaître des recours pour excès de pouvoir dirigés contre les délibérations par lesquelles les collectivités ou les établissements publics qui exploitent ou concèdent le service public de l'assainissement (ou tout autre service public industriel et commercial) instituent la redevance et en fixent le tarif, il n'est pas compétent pour enjoindre la restitution d'une somme mise à la charge d'un usager et qui constitue la rémunération d'un service rendu. Une telle demande ressortit en effet à la compétence du tribunal de grande instance territorialement compétent.

De même, le juge administratif ne saurait enjoindre la réintégration d'un salarié protégé après l'annulation de l'autorisation de licenciement donnée à l'employeur par l'inspection du travail. Un tel contentieux relève en effet du conseil des prud'hommes.

Toujours pour cette raison, le juge administratif qui annule la décision de préemption d'un terrain ne peut ordonner sa restitution, car la vente correspondante ne peut être contestée que devant le juge judiciaire[6].

C. Conditions de fond

1631.51 Circonstances de fait et de droit existant à la date à laquelle le juge se prononce. Quelle que soit la nature du contentieux principal, le juge de l'exécution statue en fonction des circonstances de droit et de fait qui existent à la date à laquelle il se prononce sur les modalités d'exécution de la décision. Il lui appartient donc de tenir compte, le cas échéant après une mesure d'instruction, d'un changement dans ces circonstances de nature à affecter les conditions d'obtention du droit dont se prévaut le demandeur[7]. Ainsi, une décision, par exemple de refus, peut avoir été annulée pour excès de pouvoir au motif qu'à la date à laquelle elle a été prise, l'intéressé avait droit à l'obtention de ce qu'il demandait, sans donner lieu au prononcé d'une injonction de prendre la décision demandée car, à la date à laquelle le juge se prononce sur ce point, l'une des conditions constitutive du droit n'est plus remplie. En voici quelques exemples :

– absence de changement dans la situation de droit ou de fait de l'intéressé (ce dont la sous-section d'instruction s'est assurée en provoquant les observations des parties); par suite, et compte tenu des motifs de l'annulation, pour cause d'illégalité

1. CE 21 mai 1997, Dobler, req. n° 173069, *Lebon* T.
2. CE, sect., 26 févr. 2003, M. et Mme Bour, req. n° 231558, *Lebon*; *AJDA* 2003. 729, note Donnat et Casas; *AJDI* 2004. 211, obs. Lévy; *RDI* 2003. 377, obs. Soler-Couteaux; 379, obs. Soler-Couteaux.
3. CE 9 juill. 2001, Min. Intérieur c/M. le Berre, req. n° 232818, *Lebon* T.; *AJFP* 2002. 54 – CE 13 févr. 2006, Cne de Fontenay-le-Comte, req. n° 285184, *Lebon* T. 1015 – CE 20 mai 2009, Min. Défense, req. n° 317098, *Lebon*; *AJDA* 2009. 1623, note Runavot.
4. CE 6 mai 1998, Lother, req. n° 141236, *Lebon* T. 1115 – CE 24 nov. 2003, Sté Le Cadoret, req. n° 250436, *Lebon* 945 – CE, sect., 27 oct. 2006, Dpt du Morbihan, req. n° 246931, *Lebon* 437; *AJDA* 2006. 2389, chron. Landais et Lenica – CE 6 avr. 2007, CHU de Nice, req. n° 276689, NP – CE 19 juill. 2010, Sté Audacieuse Gardiennage, req. n° 313770, NP.
5. CE, 13 mars 1998, Mme Vindevogel, req. n° 197151, NP; *Procédures* 1998, n° 158.
6. CAA Bordeaux, 20 avr. 2000, District de Bayonne-Anglet-Biarritz c/Sarl Aran, req. n° 97BX00140, NP.
7. CE, sect., 30 nov. 1998, M. Berrad, req. n° 188350, *Lebon*; *RFDA* 1999. 511 s., concl. Lamy et note Guettier; *RFDA* 1999. 520, note Guettier; *Rev. crit. DIP* 1999. 504, note Guimezanes.

interne, injonction d'attribuer le visa dans le délai d'un mois[1];

– l'annulation du refus de mettre un local communal à la disposition d'un conseiller municipal minoritaire n'implique plus nécessairement que le maire revienne sur son refus, l'intéressé appartenant désormais, en conséquence de nouvelles élections, à la majorité du conseil municipal[2];

– lorsqu'un agent contractuel a été illégalement licencié, le juge ne peut pas ordonner sa réintégration si le contrat est expiré, n'y enjoindre de l'employer à nouveau pour la durée qui restait contractuellement à courir lorsqu'il a été licencié[3];

– en revanche, même si les dispositions ayant fondé l'annulation d'un refus de délivrer à un médecin une autorisation d'exercer ont été abrogées à la date à laquelle le juge doit statuer sur une demande d'injonction d'exécuter la décision d'annulation, l'obligation d'exécuter la chose jugée demeure dès lors que la délivrance de l'autorisation n'est pas impossible sous le nouveau régime[4].

1°
Jugement ou arrêt impliquant nécessairement une mesure d'exécution dans un sens déterminé (CJA, art. L. 911-1)

1631.61 Notion. Un jugement ou un arrêt implique « nécessairement » qu'une mesure d'exécution soit prise lorsque l'Administration se trouve, après l'intervention du juge, dans une situation de compétence totalement liée et n'a aucune liberté de choix quant à la décision que le respect de la chose jugée lui impose de prendre. Ainsi, particulièrement dans le contentieux de l'excès de pouvoir, la question de savoir si le jugement implique nécessairement une mesure d'exécution dans un sens déterminé dépend des motifs adoptés par le juge, qui doivent être fondés sur l'existence d'un droit pour le demandeur à obtenir la mesure sollicitée (droit qui, ainsi qu'il vient d'être dit, doit au surplus être toujours actuel). Plus précisément, l'annulation d'un acte administratif pour un vice de légalité externe (incompétence, procédure irrégulière, défaut de motivation, *etc.*) n'implique jamais que l'Administration soit tenue du prendre une décision dans un sens contraire. Et l'annulation pour un vice de légalité interne ne l'implique pas toujours.

1631.62 Exemples de jugement ou d'arrêt impliquant nécessairement une mesure d'exécution dans un sens déterminé. Dans les faits, la loi est pleinement mise en œuvre et les injonctions sont devenues choses courantes. Les juridictions administratives ne font preuve d'aucune réserve dans l'exercice de leurs pouvoirs de commandement. Si, le plus souvent, l'injonction tend à ordonner à l'Administration de prendre une décision, elle peut aussi se traduire par une obligation de faire ou de ne pas faire. Ainsi, par exemple, il a été jugé que :

– en cas d'annulation d'une sanction d'exclusion du service, l'agent public doit nécessairement être réintégré de plein droit dans ses fonctions à la date de son éviction et sa carrière doit en conséquence être reconstituée[5];

– l'annulation d'un refus implicite de réaliser des travaux permettant de mettre fin à un dommage de travaux publics peut conduire le juge à enjoindre à la personne publique (en l'espèce une commune) de les réaliser à bref délai[6];

– la condamnation à payer à un agent public des heures supplémentaires implique nécessairement le mandatement des sommes dues[7];

– l'annulation d'un blâme suppose obligatoirement qu'il n'en soit laissé aucune trace dans le dossier de l'agent[8];

– l'annulation d'une autorisation d'occupation du domaine public oblige l'Administration à mettre fin à l'occupation devenue illicite[9];

– l'annulation du refus d'inscrire à l'Université un étudiant implique nécessairement son inscription[10];

– l'annulation de l'ajournement d'un étudiant à un examen implique nécessairement que de nouvelles épreuves soient organisées à son usage[11];

– l'annulation, pour un motif tiré de la violation du principe d'égalité entre hommes et femmes, de la décision arrêtant la liste des personnes reçues à un concours administratif implique nécessairement que la requé-

1. CE 4 juill. 1997, Ép^x Bourezak, req. nº 156298, *Lebon* 278; *AJDA* 1997. 584 s., chron. Chauvaux et Girardot; *RFDA* 1997. 815 s., concl. Abraham et Wachsmann; *RD publ.* 1998. 271 s.
2. CE 4 juill. 1997, Leveau, req. nº 156298, *Lebon* 278; *AJDA* 1997. 584 s., chron. Chavaux et Girardot, concl. Stahl; *RFDA* 1997. 819 s.
3. CAA Nantes, 7 mai 1997, OPHLM de Saumur, req. nº 95NT00898, *Lebon* T.; *Dr. adm.* 1997, nº 354.
4. CE 4 oct. 2010, Min. Santé et Sports c/Haidar, req. nº 329772, *Lebon* T.
5. CE 29 déc. 1995, Kavvadias, req. nº 129659, *Lebon* 477; *Procédures* 1996, nº 98; *AJDA* 1996. 115 s., chron. Stahl et Chauvaux – CAA Paris, 20 févr. 1996, Rémy, req. nº 94PA02029, *Lebon* T. 998; *Dr. adm.* 1996, nº 226 – CE 25 mars 1996, C^{ne} de Saint François, req. nº 136910, *Lebon* 101; *Dr. adm.* 1996, nº 327.
6. TA Lyon, 4 févr. 1998, M.-J. Guillot; *LPA* 5 août 1999. 24 s., concl. Kolbert.
7. TA Châlons-sur-Marne, 13 févr. 1996, Chonier, req. nº 92-693, *Lebon*; *Dr. adm.* 1996, nº 283; *JCP* 1997. IV. 90.
8. CE 1er oct. 1997, Devron, req. nº 180495, *Lebon* T.
9. CE 24 mai 1995, C^{ne} de Sanary-sur-Mer, req. nº 139227, NP.
10. TA Rennes, 28 sept. 1995, Melle Jehan et a., req. nº 951662, *Lebon* 584; *LPA* 3 avr. 1996, nº 48, concl. Gualeni.
11. TA Rennes, 29 janv. 1996, Luquet de Saint Germain, req. nº 953278, *Lebon*; *RFDA* 1996. 350; *LPA* 31 juill. 1996, note G.

rante, compte tenu de son rang de classement déterminé par le jury, soit inscrite sur la liste définitive des candidats admis [1];

– l'annulation de la délibération d'un conseil municipal décidant de la création d'une allocation municipale et de la décision de publier une information y afférent sur le mobilier urbain de la commune implique nécessairement le retrait desdites affiches des panneaux municipaux (injonction faite au Maire de procéder à l'enlèvement complet des affiches dans un délai de quinze jours à compter de la notification du jugement sous astreinte de 300 francs par jour de retard à l'expiration de ce délai [2]);

– l'annulation de la décision préfectorale retirant la décision acceptant la démission d'un maire autorise le juge à prescrire (conformément à la législation) le remplacement provisoire du maire démissionnaire par un adjoint [3];

– en matière de police des étrangers, l'annulation, pour méconnaissance des stipulations de l'article 8 de la Convention européenne de sauvegarde des droits de l'homme et des libertés fondamentales, d'un refus de visa, d'un refus de titre de séjour ou d'un refus d'abrogation d'une décision d'expulsion, implique, selon les cas, la délivrance de l'autorisation [4] ou l'abrogation de la décision d'expulsion. Comme l'a rappelé le Conseil d'État dans un avis rendu par sa section du contentieux : « *Il résulte* [...] *de la combinaison des stipulations de l'article 8 de la Convention européenne de sauvegarde des droits de l'homme et des libertés fondamentales et de l'article 12 bis de l'ordonnance du 2 novembre 1945 modifiée que, l'exécution du jugement ayant annulé un refus de titre de séjour, au motif que ce refus porte une atteinte excessive au droit du demandeur au respect de sa vie privée et familiale, implique au moins – sous réserve d'un changement dans les circonstances de droit ou de fait – la délivrance de la carte de séjour temporaire portant la mention* "vie privée et familiale" *prévue à l'article 12 bis de l'ordonnance du 2 novembre 1945, dans sa version issue de la loi du 11 mai 1998* » [5];

– le jugement annulant un refus de communication d'un document administratif en méconnaissance des dispositions de la loi du 17 juillet 1978 implique nécessairement que l'Administration communique ce document [6], sauf, bien sûr, s'il est avéré que le document n'existe plus au jour où le juge rend sa décision [7];

– l'annulation de la décision du Premier ministre refusant de prendre les mesures réglementaires indispensables à l'application de la loi implique l'édiction de telles mesures [8] (injonction assortie d'une astreinte de 1 000 francs par jour de retard [9]);

– l'annulation du refus d'abroger des dispositions réglementaires illégales oblige l'Administration à prononcer cette abrogation [10];

– l'annulation pour erreur manifeste d'appréciation d'un refus d'habiliter une association implique normalement la délivrance de l'habilitation demandée [11];

– injonction de cesser l'exploitation de documents en violation des droits d'auteur, en exécution de motifs constatant cette violation [12].

1631.63 Jugement ou arrêt n'impliquant pas nécessairement une mesure d'exécution dans un sens déterminé. Principalement en matière d'excès de pouvoir, le juge est parfois conduit à rejeter les conclusions aux fins d'injonction alors même qu'il fait droit au recours en annulation dont il est saisi. C'est le cas lorsque l'annulation n'interdit pas radicalement à l'Administration, même en l'absence de circonstances nouvelles, de prendre une décision identique de celle qui a été annulée. Concrètement, cela recouvre deux hypothèses :

– **l'annulation est motivée par une illégalité externe** (incompétence, vice de forme, ou irrégularité de procédure). Dans ce cas, l'annulation ne fait pas obstacle à ce que l'Administration prenne une décision identique à celle qui a été censurée – à condition bien sûr de respecter les règles de compétence ainsi que les formes et la procédure requises.

1. CE 11 mai 1998, Melle Aldige, req. n° 185049, *Lebon* T.; *D.* 1998. IR 156; *RFDA* 1998. 1011, concl. Savoie.
2. TA Marseille, 7 avr. 1998, Préfet des Bouches du Rhône c/ C^ne^ de Vitrolles, req. n° 98-1359 et a., *Lebon*; *D.* 1998. 571, note Moutouh.
3. CE, ass., 26 mai 1995, Etna et Min. Dom-Tom, req. n°s 167914 et 168932, *Lebon* 213; *AJDA* 1995. 505, chron. Stahl et Chauvaux; *D.* 1995. 497, note Artus; *RFDA* 1996. 66, concl. Scanvic.
4. CE 4 juill. 1997, M. et Mme Bourezak, req. n° 156298, *Lebon* 278; *AJDA* 1997. 584 s., chron. Chauvaux et Girardot; *RFDA* 1998. 815 s., concl. Abraham – Pour une synthèse des solutions dégagées dans le CONTENTIEUX DE L'ENTRÉE DU SÉJOUR ET DE LA SORTIE DU TERRITOIRE DES ÉTRANGERS : v. Y. Durmarque, « L'injonction de la loi du 8 février 1995 et le droit des étrangers », *LPA* juin 1998, n° 74.
5. CE, sect., avis, 30 nov. 1998, M. Berrad, req. n° 188350, *Lebon*; *RDFA* 1999. 519 s., concl. Lamy et 520, note Guettier; *Rev. crit. DIP* 1999. 504, note Guimezanes.
6. CE 12 juill. 1995, Domarchi, req. n° 161803, *Lebon* 988; *AJDA* 1996. 115 s., chron. Stahl et Chauvaux.
7. CE 27 nov. 2000, Assoc. Comité tous frères, req. n° 188431, *Lebon* 559; *AJDA* 2001. 94 – CE 26 nov. 1986, Le Fellic c/C^ne^ de Grigny, req. n° 73559, NP.
8. CE, sect., 26 juill. 1996, Assoc. lyonnaise de protection des locataires, req. n° 160515, *Lebon* 293; *RFDA* 1996. 768, concl. Maugüé – CE, ass., 28 mars 1997, Féd. des familles de France, req. n° 180490, NP; *RFDA* 1998. 1165 s., concl. Maugüé; *RDSS* 1997. 633, obs. Monéger.
9. CE, sect., 28 juill. 2000, Assoc. France nature environnement, req. n° 204024, *Lebon*; *LPA* 17 nov. 2000. 15 s., note Laquièze; *RFDA* 2003. 116, note Deffigier.
10. CE 21 févr. 1997, Calbo, req. n°s 172634 et 178388, *Lebon*; *Dr. adm.* 1997, n° 218; *JCP* 1997. II. 22866, note Lascombes – CE 30 juill. 1997, Patureau, req. n° 170287, *Lebon* T.
11. CE 6 nov. 2000, Mouvement contre le racisme et pour l'amitié entre les peuples, req. n° 214512, *Lebon*; *LPA* 1er févr. 2001. 19 s., concl. de Silva.
12. CE 27 avr. 2011, M. Fédida, req. n° 314577, *Lebon*; *D.* 2011. 1945, obs. de Montecler, note Lécuyer; *AJCT* 2011. 520, obs. Chéron.

Ainsi, par exemple, l'annulation d'un arrêté de reconduite, à la frontière, au motif que le refus de titre de séjour qui lui sert de fondement est entaché d'incompétence n'implique pas la délivrance de ce titre de séjour[1]. De la même façon, l'annulation, fondée sur un motif de forme, du refus du Conseil supérieur de l'audiovisuel de délivrer une fréquence dans le cadre de la loi du 30 septembre 1986 modifiée n'oblige pas celui-ci à l'attribuer à la société hors appel aux candidatures[2] (étant précisé que dans cette matière, la solution est la même lorsque l'annulation est prononcée pour un motif de fond[3]);

– l'annulation, dictée par des considérations de fond, n'empêche pas l'Administration de prendre une **décision dans le même sens que la décision annulée** car il existe d'autres motifs qui lui permettent de le faire. Tel est le cas, notamment, lorsqu'un texte subordonne l'obtention d'un avantage à plusieurs conditions qui sont exigibles cumulativement.

Ainsi, par exemple, le fait qu'un refus de permis de construire fondé sur le non-respect des règles de hauteur des constructions a été annulé au motif que le projet du pétitionnaire ne dépassait pas la hauteur maximale autorisée n'interdit pas au maire d'opposer un nouveau refus fondé sur la méconnaissance des dispositions relatives au coefficient d'occupation des sols. C'est la raison pour laquelle, dans ce cas, les conclusions aux fins d'injonction sont rejetées[4] (solution identique suite à l'annulation du refus d'une autorisation de boisement[5]).

Selon la même logique, l'annulation d'un refus de renouvellement d'un professeur associé n'implique pas nécessairement que son renouvellement soit prononcé, la décision du juge ayant seulement pour effet de saisir de nouveau l'autorité compétente pour qu'elle statue[6].

1631.64 Injonction et intangibilité des ouvrages publics. « *Lorsque le juge administratif est saisi d'une demande d'exécution d'une décision juridictionnelle dont il résulte qu'un ouvrage public a été implanté de façon irrégulière, il lui appartient, pour déterminer, en fonction de la situation de droit et de fait existant à la date à laquelle il statue, si l'exécution de cette décision implique qu'il ordonne la démolition de cet ouvrage de rechercher, d'abord, si, eu égard notamment aux motifs de la décision, une régularisation appropriée est possible; que, dans la négative, il lui revient ensuite, de prendre en considération, d'une part, les inconvénients que la présence de l'ouvrage entraîne pour les divers intérêts publics ou privés en présence et notamment, le cas échéant, pour le propriétaire du terrain d'assiette de l'ouvrage, d'autre part, les conséquences de la démolition pour l'intérêt général, et d'apprécier, en rapprochant ces éléments, si la démolition n'entraîne pas une atteinte excessive à l'intérêt général* ».[7] Le juge administratif a récemment fait application de ces principes en ordonnant à une personne publique la suppression d'un ouvrage public mal planté dans un espace remarquable[8].

1631.65 Influence de la chose jugée par le juge judiciaire. Saisie de la contestation de la légalité d'un arrêté de reconduite à la frontière, pris sur le fondement de l'article 22 de l'ordonnance du 2 novembre 1945, à l'encontre d'un étranger ayant fait l'objet d'une mesure d'interdiction du territoire français prononcée par le juge pénal, la section du contentieux du Conseil d'État a précisé que le juge de l'excès de pouvoir doit « *au cas où il annule la décision préfectorale alors que l'étranger est toujours sous le coup de l'interdiction judiciaire, s'abstenir de prescrire toute mesure d'exécution de son jugement qui serait en contradiction avec cette interdiction judiciaire* »[9].

1631.66 Obligation de prononcer l'injonction si les conditions sont remplies. Lorsque les conditions sont remplies pour que le juge prescrive à l'autorité compétente la mesure demandée, il est tenu de le faire[10].

1631.67 Délai d'exécution. Lorsque les conditions légales sont réunies pour que le juge prononce une injonction, il dispose d'une marge de manœuvre s'agissant de la fixation du délai dans lequel la personne publique devra s'être exécutée (le régime est le même devant les tribunaux administratifs, les cours administratives d'appel et le Conseil d'État malgré la différence de rédaction du texte). La plupart du temps le juge accorde à la personne publique un délai qui court à compter de la notification par le greffe de sa décision. Dans les faits, rares sont les jugements ou arrêts qui enjoignent à la per-

1. CE 6 juin 1997, Mitrovic, req. nº 176270, NP.
2. CE 29 juill. 1998, S[té] Radio Pholie, req. nº 125291, *Lebon* T. 1113.
3. CE, sect., 13 déc. 2002, S[té] Radio Monte-Carlo, req. nº 221827, *Lebon; AJDA* 2003. 135, concl. Chauvaux.
4. TA Lyon, 29 mars 1996, SCI Begaz, *Lebon* 989.
5. TA Limoges, 25 janv. 1996, Ép[x] Dechaise Martin, *RFDA* 1996. 349.
6. CE 7 avr. 1995, Grekos, req. nº 095153, *Lebon* 159; *AJDA* 1996. 115, chron. Stahl et Chauvaux.
7. CE 29 janv. 2003, Synd. interdépartemental de l'électricité et du gaz des Alpes Maritimes et commune de Clans c/ Mme Gasiglia, req. nº 245239, *Lebon* 21; *AJDA* 2003. 784, note Sablière; *RFDA* 2003. 477, concl. Maugüé et 484, note Lavialle.
8. CE 20 mai 2011, C[té] d'agglomération du lac du Bourget, req. nº 325552, *Lebon; AJDA* 2011. 1891, note Eveillard; *AJCT* 2011. 473, obs. Coronat.
9. CE, sect., 28 juill. 2000, Préfet de police c/M. Diagola, req. nº 210367, *Lebon* 340-342; *AJDA* 2000. 859, chron. Guyomar et 787 s., chron. Collin; *RFDA* 2001. 1021, concl. Fombeur.
10. CE 30 nov. 1998, Berrad, req. nº 188350, *Lebon* 451; *RFDA* 1999. 511, concl. Lamy et 520, note Guettier; *Rev. crit. DIP* 1999. 504, note Guimezanes.

sonne publique de s'exécuter immédiatement. Quant à la longueur du délai octroyé à la personne publique, elle varie selon les espèces, deux considérations semblant toujours guider le juge :

- la volonté d'exercer sur la personne publique condamnée une plus ou moins grande pression;

- le temps raisonnable qu'il faut à la personne publique pour être en mesure d'exécuter complètement la décision de justice. On retrouve là l'idée du « délai raisonnable » pour exécuter; idée répondant à une considération de bon sens selon laquelle il ne peut être ordonné à une personne publique de faire ce qu'elle serait dans l'impossibilité objective de pouvoir faire.

2°
Jugement ou arrêt impliquant nécessairement que la personne publique prenne à nouveau une décision après instruction (CJA, art. L. 911-2)

1631.71 **Notion.** Lorsque l'exécution de la décision n'implique pas nécessairement l'adoption de mesures déterminées (il en est ainsi lorsque les conditions de l'article L. 911-1 ne sont pas remplies), l'Administration est ressaisie de plein droit de la demande initiale et doit statuer dans un « délai raisonnable »[1]. Les dispositions de l'article L. 911-2 permettent seulement au juge de rappeler à l'Administration cette obligation et de fixer ce délai raisonnable.

Le juge peut prononcer une injonction à effet différé lorsque l'annulation laisse à l'Administration la possibilité de prendre une nouvelle décision régulière, tout en précisant que si elle ne le fait pas, elle sera tenue d'exécuter dans le sens qu'il détermine : le Conseil d'État a ainsi jugé que « *l'annulation par une décision juridictionnelle d'un titre exécutoire pour un motif de régularité en la forme n'implique pas nécessairement, compte tenu de la possibilité d'une régularisation éventuelle par l'Administration, que les sommes perçues par l'Administration sur le fondement du titre ainsi dépourvu de base légale soient immédiatement restituées à l'intéressé* ». Ainsi, « *lorsqu'une juridiction est saisie de conclusions tendant à ce qu'il soit enjoint à l'Administration de restituer des sommes perçues sur le fondement d'un titre de perception ainsi annulé, il lui appartient de prescrire la mesure demandée en fixant le délai au terme duquel l'Administration devra restituer ces sommes, si elle n'a pas émis, avant l'expiration de ce délai, un nouveau titre de perception dans des conditions régulières* »[2].

§ 2
Astreintes

1631.81 **Définition.** L'astreinte est « une condamnation pécuniaire prononcée par le juge et destinée à vaincre la résistance d'un débiteur récalcitrant et à l'amener à exécuter une décision de justice »[3].

Il s'agit d'un procédé de nature coercitive, qui n'a pas pour fonction de réparer le préjudice subi par les requérants du fait d'un retard dans l'exécution, préjudice qui peut être réparé par des intérêts moratoires et/ou par une indemnité. L'astreinte fait pression sur la personne tenue d'exécuter en la menaçant d'avoir à payer une somme d'argent proportionnelle au nombre de jours de retard si elle ne s'exécute pas.

1631.82 **Pouvoir d'assortir la mesure d'injonction d'une astreinte.** L'efficacité de l'injonction que peut prononcer, de manière préventive, le juge administratif, est renforcée par la faculté qui lui est ouverte de décider également d'une astreinte (qui n'est rien d'autre que la sanction pécuniaire du non-respect de l'injonction). Le Conseil d'État avait reconnu dans une décision d'Assemblée du 10 mai 1974 que « *la faculté reconnue aux juges de prononcer une astreinte, en vue de l'exécution tant de leurs décisions que des mesures d'instruction qui en sont le préalable, a le caractère d'un principe général du droit* »[4]. Aujourd'hui, ce pouvoir est prévu par l'article L. 911-3 qui dispose que « *saisie de conclusions en ce sens, la juridiction peut assortir, dans la même décision, l'injonction prescrite en application des articles L. 911-1 et L. 911-2 d'une astreinte qu'elle prononce dans les conditions prévues au présent livre et dont elle fixe la date d'effet* ». Comme la mesure d'injonction et ainsi qu'il ressort du texte même de ces dispositions, l'astreinte ne peut résulter que de conclusions présentées en ce sens par le requérant.

1631.83 **Pouvoir d'appréciation de la juridiction.** La décision de prononcer ou non l'astreinte sollicitée relève de l'appréciation de la juridiction saisie, appréciation que le juge de cassation ne contrôle d'ailleurs pas[5]. À la lumière de l'ensemble des circonstances de l'affaire, le juge appréciera si l'Administration s'inclinera sans faire de difficulté, ou bien s'il importe d'exercer sur elle une pression en fixant une astreinte au cas où l'injonction ne serait pas suivie d'effets au terme du délai d'exécution qui lui aura été imparti (sur cette logique,

1. TA Lyon, 29 mars 1995, SCI Pegaz, *Lebon T.* 989; *Dr. adm.* 1995. 454.
2. CE 11 déc. 2006, Mme Mas, req. n° 280696, *Lebon* 526; *AJDA* 2007. 433, note Blanco; *AJDA* 2006. 2423.
3. Rép. civ., *V° Astreintes,* par F. Chabas et S. Deis-Beauquesne, avr. 2005 [màj juin 2010], n° 1.
4. CE ass., 10 mai 1974, Barre et Honnet, *Lebon* 276; *AJDA* 1974. 525, chron. Franc et Boyon.
5. CE 7 juill. 1999, Dame Phinoson, req. n° 191555, *Lebon* T.

v. C. Maugüé[1]). Au reste, en pratique, si les injonctions sont monnaie courante, les astreintes préventives restent, elles, relativement rares.

La date d'effet de l'astreinte est le plus souvent le jour où expire le délai assortissant l'injonction.

Le montant de l'astreinte dépendra de la volonté du juge d'exercer une pression plus ou moins forte sur la personne publique qu'il condamne (l'astreinte étant en tout état de cause indépendante des dommages et intérêts pouvant être alloués par ailleurs au requérant).

En principe, l'astreinte est provisoire. Il n'en va différemment que si le juge a expressément précisé son caractère définitif.

1631.84 **Liquidation de l'astreinte.** L'astreinte est liquidée en cas d'inexécution totale, partielle ou tardive. Elle est liquidée par la juridiction qui l'a prononcée, même si la décision est frappée d'appel[2]. Sur la liquidation, voir ci-dessous.

§ 3
Voies de recours

1631.91 **Recours contre le prononcé d'une injonction et/ou d'une astreinte.** Il a été jugé que, dès lors qu'une injonction faisait l'objet d'un article spécifique dans le dispositif du jugement de première instance, l'appel dirigé contre ce seul chef du dispositif, divisible du reste, était recevable[3]. Il en va de même du pourvoi en cassation[4].

1631.92 **Voies de recours et respect de l'injonction et de l'astreinte prononcées par le juge.** Dans la mesure où en matière administrative, les voies de recours n'ont pas d'effet suspensif, la personne publique doit, même si elle conteste la décision l'ayant condamnée, respecter l'injonction et/ou l'astreinte prononcée à son encontre.

Le jugement qui prononce une injonction d'exécution peut éventuellement faire l'objet, en appel, d'un sursis à exécution.

Par un arrêt du 13 décembre 2002, la cour administrative d'appel de Rennes[5] a jugé que les conclusions tendant au sursis à exécution de la partie du jugement prononçant une injonction et une astreinte étaient soumises au régime de l'article R. 811-17 du Code de justice administrative qui s'applique lorsque la demande n'entre pas dans le champ des dispositions des articles R. 811-15 (sursis d'un jugement prononçant l'annulation d'une décision administrative) et R. 811-16 du Code de justice administrative (sursis d'un jugement dont l'exécution expose le défendeur de première instance au risque de perte définitive de la somme d'argent qu'il a été condamné à payer).

Le sursis est alors subordonné à deux conditions tenant à ce que l'exécution de la décision de première instance attaquée risque d'entraîner des conséquences difficilement réparables et que les moyens énoncés dans la requête paraissent sérieux en l'état de l'instruction.

SECTION 2
INJONCTIONS ET ASTREINTES PRONONCÉES PAR LE JUGE JUDICIAIRE

1631.110 **Division.** Seront successivement étudiées la possibilité pour le juge judiciaire de prononcer, dans le dispositif de sa condamnation, une injonction voire une astreinte à l'encontre de la personne publique ayant succombé (§ 1), puis les règles auxquelles ces mesures de commandement obéissent (§ 2).

1631.113 **Bibliographie indicative.**

Ouvrages. D. Cohen, *La Cour de cassation et la séparation des autorités administratives et judiciaires*, « Droit civil », Economica, 1999 – J. Tercinet, *Les tribunaux de l'ordre judiciaire, juges de l'action administrative*, th. Grenoble, p. 163 s.

Articles. P. Delvolvé, « L'exécution des décisions de justice contre l'Administration », *EDCE* 1983-1984. 111 s. – M.-C. Gauthier, « Les pouvoirs d'injonction et d'astreinte du juge judiciaire à l'encontre de l'Administration », *Courrier jur. fin.*, déc. 1995, n° 60, p. 1 s. – F. Moderne, « Étrangère au pouvoir du juge, l'injonction, pourquoi le serait-elle ? », *RFDA* 1990. 798 s.

1631.114 **Généralités.** L'autorité judiciaire est tenue par un certain nombre de textes, certes anciens, mais toujours de droit positif, qui lui interdisent de « *troubler les opérations des corps administratifs* » (L. 16-24 août 1790) et « *d'entreprendre sur les fonctions administratives* » (L. 16 fructidor, an III). Ces dispositions n'ont jamais été interprétées comme privant le juge judiciaire de la possibilité d'adresser aux personnes publiques des injonctions en les assortissant, au besoin, d'astreintes. Après tout « *Donner l'ordre d'agir au titulaire d'une compétence administrative n'est pas agir à sa place* » (F. Moderne[6]). Et l'injonction est consubstantielle

1. CE, sect., 26 juill. 1996, Assoc. lyonnaise de protection des locataires, req. n° 160515, *Lebon*, *RFDA* 1996. 768 s., spéc. 774 et 775, concl. Maugüé.
2. CE, sect. avis, 30 avr. 1997, *Lebon* T.; *JO* 21 août, req. n° 185322, p. 12394; *AJDA* janv. 1998. 5.
3. CE 10 mai 1999, M. Laroze, req. n° 191752, NP.
4. CE 2 juill. 1999, M. Hirrsch-Marrie, req. n° 190474, *Lebon* T.
5. CAA Nantes, 13 déc. 2002, Ville de Rennes, Communauté d'agglomération de Rennes Métropole, req. n°s 02NT01384 et 02NT01590, *Lebon*.
6. F. Moderne, « Étrangère au pouvoir du juge, l'injonction, pourquoi le serait-elle ? », *RFDA* 1990. 798 s.

de l'activité juridictionnelle. Elle est une composante de l'*imperium* du juge, un complément indispensable de sa fonction de dire le droit. Quant à la faculté reconnue au juge judiciaire qui dispose du pouvoir d'injonction, de prononcer une astreinte en vue de l'exécution de sa décision, elle procède d'un principe général du droit et existe donc même sans texte[1].

§ 1
Possibilité pour le juge judiciaire de prononcer des injonctions et des astreintes à l'encontre des personnes publiques

1631.121 Compétence et pouvoirs du juge judiciaire. Lorsqu'il est compétent pour connaître des actes ou des activités d'une personne publique, le juge judiciaire peut toujours (sauf une exception à la portée de plus en plus incertaine, v. s[s] n° 1631.127) assortir sa condamnation d'une injonction voire d'une astreinte.

1631.122 Injonction et contrôle des activités privées des personnes publiques. Dès lors que la personne publique est attraite devant le juge judiciaire ou condamnée par lui en sa qualité de gestionnaire de son domaine privé, de gestionnaire d'un service public industriel et commercial ou de signataire d'une convention régie par le droit commun, elle peut faire l'objet d'une injonction, assortie, le cas échéant, d'une astreinte[2]. On trouve en jurisprudence des ILLUSTRATIONS variées de ce principe. Ainsi, par exemple, le juge judiciaire a utilisé son pouvoir de commandement à l'encontre des personnes publiques aux fins d'assurer :

- la production de documents, à titre d'éléments de preuve, chacun étant tenu, conformément à l'article 10 du Code civil d'apporter son concours à la justice en vue de la manifestation de la vérité[3];

- la communication de données à un opérateur privé permettant de mettre fin à des pratiques anticoncurrentielles prohibées par l'ordonnance n° 86-1243 du 1er décembre 1986 relative à la liberté des prix et de la concurrence[4];

- la remise de bulletins de salaires à deux salariés[5];

- l'exécution de travaux sur le domaine privé afin de mettre fin à des dommages subis par une propriété privée[6];

- la prévention de la commission d'une voie de fait[7];

- la cessation de comportements constitutifs de voie de fait, le juge saisi ordonnant, par exemple, l'évacuation de locaux occupés, l'enlèvement de baraquements installés sur un terrain, la restitution d'objets mobiliers saisis, la libération de personnes arrêtées ou détenues[8];

- le paiement d'une indemnité d'expropriation non acquittée malgré la prise de possession du bien par la collectivité expropriante[9];

- le rétablissement d'un branchement d'eau exploité par un syndicat de communes, s'agissant d'une activité industrielle et commerciale[10].

1631.123 Disposition législative particulière. En matière contractuelle, le législateur a reconnu explicitement au juge judiciaire la possibilité de prononcer à l'encontre des personnes publiques une injonction voire une astreinte. Aux termes de l'article 11-1 de la loi n° 91-3 du 3 janvier 1991 relative à la transparence et à la régularité des procédures de marchés et soumettant la passation de certains contrats à des règles de publicité et de mise en concurrence, dans sa rédaction issue de la loi n° 92-10 du 4 janvier 1992, en effet : « *En cas de manquement aux obligations de publicité et de mise en concurrence auxquelles est soumise la passation des contrats définis aux articles 9, 10 et 11* [conventions qualifiées de marchés publics par les directives communautaires] *et relevant du droit privé, toute personne ayant intérêt à conclure le contrat et susceptible d'être lésée par ce manquement peut demander au juge* [le président du tribunal de commerce ou du tribunal de grande instance] *de prendre, avant la conclusion du contrat, des mesures provisoires tendant à ce qu'il soit ordonné à la personne morale responsable du*

1. CE, ass., 10 mai 1974, Sieurs Barre et Honnet, *Lebon* 276; *AJDA* 1974. 545, chron. Franc et Boyon, p. 525 s.; *RTD civ.* 1974. 353 s., note Normand.
2. Soc. 5 nov. 1953, *Bull. civ.* V, n° 692 – Civ. 1re, 19 mars 1958, *Bull. civ.* I, n°s 158 et 159 – Civ. 1[re], 3 oct. 1962, *Bull. civ.* I, n° 326 – Civ. 1[re], 16 juill. 1986, n° 84-17.154, *Bull. civ.* I, n° 211.
3. Civ. 1[re], 21 juill. 1987, n° 85-16.436, *Bull. civ.* I, n° 248 – Civ. 1[re], 21 juin 1988, n° 86-19.658, *Bull. civ.* I, n° 201.
4. Paris, 18 mars 1993, *BICC* 26 mars 2003, n° 6; *AJDA* 1993. 652 s., note Bazex; *RFDA* 1994. 81 s., note Drago.
5. Soc. 5 juill. 1984, n°s 82-41.551 et 82-41.552, *Bull. civ.* V, n° 296.
6. Civ. 2e, 29 avr. 1998, n° 94-14.139, *Bull. civ.* II, n° 140; *Procédures* juin 1998, n° 140; *JCP* 1998. IV. 2319.
7. T. confl. 28 févr. 1948, Vve Puget, *Lebon* 507 – T. confl. 25 mai 1950, S[té] nationale des entreprises de presse, *Lebon* 660 – T. confl. 17 déc. 1962, S[té] civile du domaine de Comteville, *Lebon* 830.
8. T. confl. 17 juin 1948, Manufacture de velours et peluches, *Lebon* 513; *D.* 1948. 377, note L. J.; *RD publ.* 1948. 581, note Waline; *S.* 1950. 3. 1, note Mathiot – T. confl. 17 mars 1949, S[té] Hôtel du Vieux Beffroi, *Lebon* 592; *D.* 1949. 209, concl. Delvolvé, note L. J; *JCP* 1949, n° 4997, note Georges; S. 1950. 3. 1, note Mathiot – Civ. 1re, 4 nov. 1986, n° 85-10.826, *Bull. civ.* I, n° 251; *JCP* 1987. IV. 19.
9. Com. 17 avr. 1956, *JCP* 1956. II. 9330, note Vellieux.
10. Civ. 1re, 16 juill. 1986, n° 84-17.154, *Bull. civ.* I, n° 211.

manquement de se conformer à ses obligations et, le cas échéant, à ce que soit suspendue la procédure de passation du contrat ou l'exécution de toute décision qui s'y rapporte. Elle peut également demander que soient annulées de telles décisions et que soient supprimées les clauses ou prescriptions destinées à figurer dans le contrat et qui méconnaissent lesdites obligations » (L. 3 janv. 1991, art. 11-1, al. 1 et 2, réd. L. 4 janv. 1992 – sur le régime procédural de ce « référé précontractuel », v. C. pr. civ., art. 1441-1 – sur ces textes, v. comm. L. Cadiet[1] et aussi une application [elles sont rares] par le TGI de Paris[2]). Il ne faut pas se méprendre sur la portée de cette « consécration législative » de la possibilité pour le juge judiciaire de prononcer des injonctions avant la formation de conventions de droit privé auxquelles peuvent être parties des personnes publiques. Il ne s'agit que d'un rappel (explicable par l'adoption d'une rédaction parallèle à celle du texte applicable devant les juridictions administratives, CJA, art. L. 551-2) non d'une exception à une interdiction de principe qui serait en sens contraire.

1631.124 Injonction et contrôle par le juge judiciaire des activités administratives des personnes publiques. Les juridictions de l'ordre judiciaire connaissent parfois des activités des personnes publiques qui, en vertu du principe de séparation des autorités administratives et judiciaires, devraient être jugées par la juridiction administrative. Les fondements et les raisons de ces situations sont diverses : lois créant un « bloc de compétence » au profit de la juridiction judiciaire (Ord. n° 86-1243, 1er déc. 1986, sur la liberté des prix et de la concurrence – L. 31 déc. 1957, relative aux accidents causés par des véhicules, *etc.*), « théories » jurisprudentielles inspirées par le principe constitutionnel selon lequel l'autorité judiciaire est gardienne de la propriété et des libertés fondamentales (voie de fait, emprise irrégulière, *etc.*) ou, plus simplement encore, « hasards » de la procédure : on sait en effet que si le juge administratif vérifie d'office sa compétence, le droit judiciaire privé, au contraire, soumet l'exception d'incompétence fondée sur la séparation des pouvoirs au droit commun des exceptions d'incompétence et exige que celle-ci soit invoquée *in limine litis* et avant toute défense au fond (C. pr. civ., art. 74 et 75). Quant à la possibilité pour le juge judiciaire de relever d'office son incompétence, comme l'y autorise l'article 92 C. pr. civ., il s'agit d'une simple faculté laissée à sa discrétion (à ce sujet, v. A. Lanza[3]).

1. L. Cadiet, « Les marchés publics devant le juge civil », *RFDA* 1993. 184 s.
2. TGI Paris, 5 nov. 1998, Médéric Prévoyance c/Commission des marchés de la caisse nationale Organic, *BJCP* 2000, n° 12, p. 317 s., obs. Bergeal.

Dans toutes ces hypothèses, le juge judiciaire dispose du pouvoir de prononcer une injonction, voire une astreinte, à l'encontre de la personne publique qu'il condamne.

Voir, par exemple, s'agissant d'une injonction prononcée à la suite d'une voie de fait, la condamnation de l'Administration des douanes à payer sous astreinte une provision allouée par une décision antérieure, justifiée par le fait que « *s'agissant de l'astreinte fixée, aucun texte n'interdit au juge judiciaire de la prononcer contre une Administration publique dont il a estimé que le comportement était constitutif d'une voie de fait* »[4].

1631.125 Étendue de la compétence dont dispose le juge judiciaire. Elle est fonction de la compétence dont il dispose sur le litige principal. Ainsi, en matière d'emprise irrégulière, par exemple, le juge judiciaire ne peut connaître que des questions relatives à la réparation des préjudices causés, sans pouvoir se prononcer, s'il y a difficulté sérieuse, sur la régularité ou non de l'emprise. Aussi bien, ne peut-il enjoindre à la personne publique de mettre un terme à son emprise[5]. De même, l'article 136 alinéas 3 et 4 du Code de procédure pénale dont il résulte que les tribunaux judiciaires sont toujours exclusivement compétents pour statuer sur les actions en dommages et intérêts exercées contre les fonctionnaires personnellement ou contre les collectivités publiques dont ils relèvent en raison d'une atteinte « arbitraire » à la liberté individuelle ne permet pas aux tribunaux judiciaires d'apprécier si les décisions administratives à l'origine de l'atteinte à la liberté sont ou non légales[6]. Aussi bien, le juge judiciaire ne peut-il enjoindre à la personne publique à l'origine de l'atteinte arbitraire à la liberté individuelle de mettre un terme à cette atteinte : « *Le pouvoir d'adresser des injonctions à l'Administration, qui permet de priver les décisions de celles-ci de leur caractère exécutoire, est [...] (en effet) de même nature que celui consistant à annuler ou à réformer les décisions prises par elles dans l'exercice de ses prérogatives de puissance publique, pouvoir dont l'exercice relève de la seule compétence de la juridiction administrative, à l'exception des matières réservées par nature à l'autorité judiciaire* »[7].

3. A. Lanza, « Le principe de séparation des autorités administratives et la réforme du Code de procédure civile », *AJDA* 1976. 179 s.
4. Com. 25 févr. 1992, n° 90-12.528, *Bull. civ.* IV, n° 91; *D.* 1992. 266, concl. Jeol.
5. T. confl. 29 mai 1967, Dame Vve Barsi et a. c/État, *Lebon* 653.
6. T. confl. 16 nov. 1964, *Clément, Lebon* 796; *AJDA* 1965. 22[illegible] s., chron. Puybasset et Puissochet.
7. T. confl. 12 mai 1997, Préfet de Police de Paris c/TGI Paris, req. n° 03056, *Lebon*; *RFDA* 1997. 523, concl. Arrighi de Casanova; *RFDA* 1997. 514 s., rapp. Sargos; *JCP* 1997. II. 22861; *AJDA* 1997. 575 s, note Prétot, Chauvaux et Girardot; *RD publ.* 1997. 667 s.; *D.* 1997. 567, note Legrand; *RTD civ.* 1998. 181, obs. Normand.

En revanche, après avoir évalué les réparations dues en conséquence de l'illégalité commise par l'Administration, le juge judiciaire peut, pour garantir l'effectivité de sa décision, enjoindre à la personne publique, au besoin sous astreinte, de mandater sans délai les sommes auxquelles elle a été condamnée. Enfin, bien sûr, lorsque rien ne justifie que le juge judiciaire connaisse d'un acte ou du comportement de la personne publique, il ne suffit pas que le justiciable se contente de lui demander une injonction, voire une astreinte, pour que celui-ci soit compétent (pour une ILLUSTRATION de cette logique[1]). Tout cela est parfaitement cohérent : lorsqu'il est compétent, le juge judiciaire peut toujours adresser une injonction et/ou une astreinte à la personne publique qu'il condamne. Mais la demande d'injonction et/ou d'astreinte, qui se rattache à l'exercice des pouvoirs de la juridiction, est insusceptible, à elle seule, de justifier sa compétence.

1631.126 Injonction et application effective du droit communautaire. Pour la Cour de justice des Communautés européennes, le juge national, lorsqu'il est saisi de litiges où le droit communautaire est en cause, doit « écarter l'application » de toutes règles internes qui seraient « le seul obstacle » à ce qu'il prononce des mesures provisoires propres à assurer le respect du droit communautaire. Cela signifie, notamment, qu'il peut en toute occasion prononcer à l'encontre des personnes publiques (y compris dans le cadre du contrôle de leur « gestion publique ») des injonctions de faire; et ce même si le droit national ne lui en reconnaît pas le pouvoir[2]. On ne peut manquer de le souligner d'autant que la Cour de cassation a déjà admis que le principe de l'application effective du droit communautaire permettait de neutraliser les exigences du principe de la séparation des pouvoirs en permettant au juge civil d'apprécier la légalité des actes réglementaires[3].

1631.127 Exception liée à la présence d'un ouvrage public. Après avoir longtemps jugé, comme d'ailleurs le Conseil d'État et le Tribunal des conflits, qu'un « *ouvrage public mal planté ne se détruit pas* » et par conséquent que les juridictions judiciaires ne pouvaient, alors même que l'implantation de l'ouvrage sur une propriété privée était constitutive d'une voie de fait, ordonner sa démolition, ni prescrire « *aucune mesure de nature à porter atteinte, sous quelle que forme que ce soit, à son intégrité ou à son fonctionnement* » (**en jurisprudence** par ex., v. les motifs de plusieurs arrêts : la Cour de cassation[4] a fait sienne une jurisprudence qu'avait adoptée avant elle le Conseil d'État et le Tribunal des conflits[5]). Aujourd'hui la Cour de cassation juge que « *si les juridictions de l'ordre judiciaire ne peuvent prescrire aucune mesure de nature à porter atteinte, sous quelque forme que ce soit, à l'intégrité ou au fonctionnement d'un ouvrage public, il en va autrement dans l'hypothèse où la réalisation de l'ouvrage procède d'un acte qui est manifestement insusceptible de se rattacher à un pouvoir dont dispose l'autorité administrative et qu'aucune procédure de régularisation appropriée n'a été engagée* »[6].

§ 2
Régime des injonctions et des astreintes prononcées par le juge judiciaire à l'encontre des personnes publiques

1631.131 Renvoi. Les injonctions et astreintes prononcées par le juge judiciaire obéissent aux mêmes règles, que la personne condamnée soit une personne publique ou une personne privée. Pour éviter d'inutiles redites, il est renvoyé ici aux développements consacrés par le présent ouvrage au régime des astreintes prononcées par le juge judiciaire (v. s[s] n°s 411.11 s. et 412.05 s.). Pour l'anecdote, on relèvera que c'est la liquidation d'une astreinte prononcée contre une commune qui a donné l'occasion à la Cour de cassation d'affirmer de façon catégorique le **caractère accessoire de l'astreinte,** laquelle n'a de sens que si elle accompagne une décision de condamnation dont elle accroît la force contraignante[7].

1. T. confl. 15 avr. 1991, Couach, req. n° 02649, *Lebon* 462; *RDI* 2000. 51, obs. Boubli; 56, obs. Malinvaud.
2. CJCE 19 juin 1990, Factortame, aff. 213/89, *Rec. CJCE* II-2433; *AJDA* 1990. 832 s., obs. Le Mire; *RFDA* 1990. 912 s., note Bonichot; *RMCUE* 1990. 591 s., note Simon et Barav.
3. Com. 6 mai 1996, n° 94-13.347, *Bull. civ.* IV, n° 125, *RFDA* 1996. 1161 s., note Seiller; *AJDA* 1996. 1033, note Bazex.
4. Civ. 1re, 19 mars 1958, *Bull. civ.* I, nos 158 et 159 – Civ. 1re, 3 oct. 1962, *Bull. civ.* I, n° 326 – Civ. 1re, 16 juill. 1997, n° 95-20.744, *Bull. civ.* I, n° 167; CJEG 1997. 466 s., obs. Renard-Payen.
5. Civ. 3e, 30 avr. 2003, n° 01-14.148, *Bull. civ.* III, n° 92; *D.* 2003. 1932, note Petit; *AJDI* 2003. 613, obs. Abram; *RDI* 2003. 571, obs. Bruschi; *RFDA* 2003. 484, note Lavialle – T. confl. 6 mai 2002, M. et Mme Binet c/EDF, req. n° C3287, *Lebon* 544; *AJDA* 2002. 1229, note Sablière; *JCP* II. 10170, concl. Duplat – CE 29 janv. 2003, Synd. départemental de l'électricité et du gaz des Alpes-Maritimes, req. n° 245239, *AJDA* 2003. 784, note Sablière – S. Brondel, « Le principe d'intangibilité des ouvrages publics : réflexions sur une évolution jurisprudentielle », *AJDA* 2003. 761.
6. Civ. 3e, 30 avr. 2003, n° 01-14.148, *Bull. civ.* III, n° 92; *D.* 2003. 1932, note Petit; *AJDI* 2003. 613, obs. Abram; *RDI* 2003. 571, obs. Bruschi; *RFDA* 2003. 484, note Lavialle.
7. Civ. 2e, 28 sept. 2000, n° 98-16.175, *Bull. civ.* II, n° 134; *D.* 2000. IR 254, obs. Perrot; *RTD civ.* 2000. 599; 899, obs. Perrot.

CHAPITRE

1632. Mesures d'exécution définies postérieurement à la décision

GILLES PELLISSIER
MAÎTRE DES REQUÊTES
AU CONSEIL D'ÉTAT

SECTION 0 ORIENTEUR

1632.00 **Plan du chapitre.**

Division. Le juge administratif comme le juge judiciaire disposent de pouvoirs pour contraindre la personne publique condamnée à exécuter leurs décisions. Ces pouvoirs et les modalités de leur saisine sont cependant différents, de sorte qu'il convient de distinguer les pouvoirs et modalités de saisine du juge administratif de l'exécution (sect. 1) de ceux du juge judiciaire de l'exécution (sect. 2).

1632.05 **Juge judiciaire ou juge administratif.** En principe, le juge de l'exécution (JEX) d'une décision émanant d'une juridiction administrative sera un juge administratif et le JEX d'une décision émanant d'une juridiction de l'ordre judiciaire sera un juge judiciaire. En tant que telle, la méconnaissance par une personne publique de la chose jugée n'est pas constitutive d'une voie de fait, de nature à justifier dans tous les cas la compétence du juge judiciaire[1] (ainsi un exemple où la poursuite de travaux après l'annulation d'une déclaration d'utilité publique ne constitue pas une voie de fait[2] et un autre où la poursuite de travaux par l'autorité expro-

1. CE 22 déc. 1948, Bouladou, *Lebon* 491 – Civ. 1re, 20 nov. 1963, *Bull. civ.* I, n° 504; *D.* 1964. 446, note Ruzié; *JCP* 1964. II. 13771, note Escande.
2. RAPPR. LOGIQUE DE : T. confl. 25 janv. 1988, Fondation Cousteau et a. c/Sté Bouygues et Fondation Cousteau et a. c/Président du conseil général et Préfet de la Charente maritime, req. n° 02518, 2 esp., *Lebon; RFDA* 1990. 191 s., concl. Laroque.

priante après la cassation de l'ordonnance d'expropriation n'est pas une voie de fait[1]). En revanche, il y a voie de fait à exécuter d'office un acte administratif dont une décision juridictionnelle a interdit l'exécution[2] ou à procéder à l'exécution forcée d'un acte méconnaissant une décision juridictionnelle[3].

Le juge compétent pour connaître des difficultés d'exécution d'une décision de justice est donc celui de l'ordre de juridiction ayant rendu la décision qui doit être exécutée. L'article L. 213-6 du COJ dispose d'ailleurs que le JEX (près le tribunal de grande instance) connaît des difficultés relatives aux titres exécutoires et des contestations qui s'élèvent à l'occasion de l'exécution forcée, même si elles portent sur le fond du droit « *à moins qu'elles n'échappent à la compétence des juridictions de l'ordre judiciaire* ». On peut concevoir, dans ces conditions, que le JEX soit confronté à une question préjudicielle dont la résolution ressortira à la compétence exclusive d'un juge relevant d'un autre ordre de juridiction que celui dont il dépend.

En ce qui concerne le juge administratif, le Conseil d'État[4] a récemment rappelé que « *ni les dispositions de l'article L. 911-4 du Code de justice administrative, qui prévoient seulement que la juridiction administrative peut être saisie d'une demande d'exécution de ses propres décisions, ni aucune autre disposition ne permettent à une personne, partie à une instance devant l'autorité judiciaire, de saisir le tribunal administratif d'une demande tendant à l'exécution de la décision rendue par cette autorité* ». Une demande tendant à ce que le juge administratif ordonne à l'Administration d'exécuter une décision d'une juridiction judiciaire est donc irrecevable.

Les difficultés dont peuvent connaître les JEX concernent exclusivement l'application concrète de ce qui a été précédemment jugé. La notion n'englobe donc pas l'ensemble des litiges qui peuvent survenir pour que soient tirées toutes les conséquences de la chose jugée. En ce qui concerne ces litiges, les règles de compétence retrouvent à s'appliquer normalement, la question ne relevant pas de l'exécution de la chose jugée mais du point de savoir si la décision du juge judiciaire peut avoir autorité sur celle du juge administratif (et réciproquement).

Ainsi, par exemple, lorsque le juge administratif annule un acte détachable d'une convention de droit privé, c'est évidemment devant le juge judiciaire que la question des effets de l'annulation sur l'existence ou l'exécution du contrat se posera (ainsi d'un arrêt de la cour d'appel de Riom[5], cassé par un arrêt de la première chambre civile de la Cour de cassation[6] qui censure l'application de la théorie du mandat apparent, mais seulement eu égard aux faits de l'espèce). De même, la réintégration d'un salarié protégé suite à l'annulation par le juge administratif de l'autorisation de le licencier est une question relevant du Conseil de prud'hommes. En revanche, l'appréciation de la légalité du refus d'une personne publique d'exécuter la chose jugée par une juridiction judiciaire ressortit à la compétence du juge administratif, celui-ci n'ayant bien sûr pas le pouvoir de remettre en cause le bien-fondé de la condamnation.

Au sein de chaque ordre de juridiction, le juge compétent pour trancher la difficulté liée à l'exécution d'une décision de justice précédemment rendue à l'encontre d'une personne publique peut ne pas être celui qui a rendu cette décision. Lorsque la question relève des juridictions judiciaires, il faut (sauf rares exceptions) se tourner vers un juge bénéficiant en cette matière d'une compétence d'attribution : le JEX. Et devant les juridictions administratives, en cas d'appel, la difficulté liée à l'exécution d'un jugement relève de la juridiction d'appel et non du tribunal qui a rendu la décision.

SECTION 1
MESURES D'EXÉCUTION FIXÉES PAR LE JUGE ADMINISTRATIF

1632.10 Division. Dans l'ordre logique dans lequel elles se posent, les questions que toute personne qui n'a pas pu obtenir spontanément d'une personne publique l'exécution d'une décision de justice doit résoudre, avant de saisir le « juge administratif de l'exécution » (certains auteurs, dont F. Melleray[7], préférant parler, à ce stade de la procédure où le juge n'intervient plus à titre préventif mais curatif, de « juge de l'inexécution »), sont les suivantes :

- pourquoi agir ?
- quelle qualité pour agir ?
- devant qui agir ?
- quand agir ?
- comment agir ?

D'où l'étude :

- des conditions mises à la saisine du « juge administratif de l'exécution » (§ 1);
- des pouvoirs du « juge administratif de l'exécution » (§ 2);

1. Civ. 1re, 9 juin 1970, n° 68-10.840, *Bull. civ.* I, n° 194; *D.* 1971. 203, note Homont.
2. T. confl. 10 déc. 1956, Guyard, *Lebon* 590 – T. confl. 28 mai 1962, Héritiers Gueriel, *Lebon* 820.
3. T. confl. 12 mai 1949, Sté Actual Élysées, *Lebon* 595.
4. CE 27 juill. 2009, Mme Giard, req. n° 302110, *Lebon; AJDA* 2009. 1525, obs. Royer.
5. Riom, 28 mars 1996, Mme Henriquès c/Cne de Moulins, et CE 27 nov. 1996, Cne de Moulins c/Mme Henriquès, req. n° 124244, *Lebon* 465; *AJDA* 1998. 161 s., note Fatôme et Leveneur; *RFDA* 1997. 354, concl. Schwartz.
6. Civ. 1re, 12 nov. 1998, n° 96-16.407, NP; *RFDA* 1999. 148, obs. Pouyaud.
7. F. Melleray, *LPA* 25 avr. 2006. 8.

– et des suites de la décision du « juge administratif de l'exécution » (§ 3).

1632.11 **Textes applicables.**

> En ce qui concerne les tribunaux administratifs et les cours administratives d'appel.
• **L. n° 80-539, 16 juill. 1980,** relative aux astreintes prononcées en matière administrative et à l'exécution des jugements par les personnes morales de droit public, art. 3 à 5, *JO* 17 juill., p. 1799.

CJA, art. L. 911-4.

CJA, art. R. 921-2 à R. 921-8.

> En ce qui concerne le Conseil d'État.
CJA, art. L. 911-6 à L. 911-8;

CJA, art. L. 911-5 (L. 16 juill. 1980, art. 2).

CJA, art. R. 931-3 à R. 931-9.

1632.13 **Bibliographie indicative.** Tous les ouvrages consacrés en partie ou entièrement aux « voies d'exécution contre les personnes publiques » comportent des développements sur la possibilité ouverte au justiciable qui n'obtient pas l'exécution d'une décision rendue par la juridiction administrative de retourner devant le juge pour obtenir que des mesures de contrainte soient prises. On pourra s'y reporter utilement. Sur cette question essentielle, on privilégiera, malgré tout, les écrits portant sur la loi du 16 juillet 1980, et notamment :

> Loi du 16 juillet 1980 : premières analyses.
Actualisable. *J.-Cl. Civ., v° Astreintes envers les personnes morales de droit public (genèse)*, fasc. 2145, par B. Pacteau.

Articles. E. Baraduc-Benabent, « L'astreinte en matière administrative », *D.* 1981. Chron. 95 s. – P. Bon, « Un progrès de l'État de droit : la loi du 16 juillet 1980 », *RD publ.* 1981. 5 s.

> Loi du 16 juillet 1980 : mise en œuvre du texte.
Actualisables. *J.-Cl. Adm., v° Astreinte*, fasc. 1114, par A. Béal – *J.-Cl. Civ., v° Astreintes envers les personnes morales de droit public (régime)*, fasc. 2147, par B. Pacteau.

Articles. M. Azibert et M. De Boisdeffre, *AJDA* 1986. Chron. 686 s. – M. Dreiffus et A. Bombard, « Du pouvoir comminatoire au pouvoir de sanction : la liquidation de l'astreinte », *AJDA* 1998. 3 s. – J.-M. Galabert, « L'application par le Conseil d'État des dispositions de la loi du 16 juillet 1980 relatives aux astreintes », *Mél. Peiser*, PUG, 1995, 241 s. – B. Pacteau « La "chose décidée" contre la "chose jugée" dans le droit des astreintes administratives », *LPA* 13 juin 1990. 14 s. – L. Touvet et J.-H. Stahl, *AJDA* 1995. Chron. 104 s.

§ 1
Saisine du juge administratif de l'exécution

A.
Répartition des compétences au sein de la juridiction administrative

1632.21 **Règle générale.** La loi du 16 juillet 1980 avait conféré le pouvoir de prononcer des astreintes au seul Conseil d'État. Dans un souci d'efficacité, la loi du 8 février 1995 a mis fin à ce monopole et a réalisé au sein de la juridiction administrative une véritable « déconcentration » de la compétence d'exécution. Désormais, en vertu des dispositions des articles L. 911-4 et L. 911-5 du Code de justice administrative, la juridiction normalement compétente pour se prononcer sur l'exécution est celle qui a rendu la décision. Une distinction doit donc être faite selon que la condamnation de la personne publique est le fait d'un tribunal administratif, d'une cour administrative d'appel ou d'une autre juridiction administrative.

1632.22 **Régimes d'astreinte spécifiques.** En définissant, à l'article L. 441-2-3-1 du Code de la construction et de l'habitation (CCH), un régime d'astreinte spécifique, applicable à la procédure de mise en œuvre du droit au logement opposable, le législateur a nécessairement exclu que le juge puisse prononcer, dans le cadre de cette procédure, une astreinte sur le fondement des dispositions générales de l'article L. 911-4 du Code de justice administrative[1].

1632.23 **Jugements des tribunaux administratifs.** Les deux cas qui peuvent se présenter sont réglés par les dispositions de l'article L. 911-4 du Code de justice administrative, aux termes desquelles : « *En cas d'inexécution d'un jugement ou d'un arrêt, la partie intéressée peut demander au tribunal administratif ou à la cour administrative d'appel qui a rendu la décision d'en assurer l'exécution. Toutefois, en cas d'inexécution d'un jugement frappé d'appel, la demande d'exécution est adressée à la juridiction d'appel.* [...] *Le tribunal administratif ou la cour administrative d'appel peut renvoyer la demande d'exécution au Conseil d'État* ».

Il en résulte que :

– les difficultés d'exécution d'un **jugement non frappé d'appel** relèvent du tribunal qui a rendu le jugement, y compris lorsqu'il est contesté par la voie d'un recours en opposition ou en tierce-opposition;

– les difficultés d'exécution de tout **jugement frappé d'appel** relèvent de la juridiction d'appel, y compris lorsque l'appel est irrecevable ou rejeté[2] ou que l'appelant s'en est désisté[3];

– enfin, alors même qu'il est compétent, le tribunal administratif peut toujours renvoyer la demande d'exécution au Conseil d'État (en pratique, l'hypothèse est rare). Ce renvoi ne peut plus avoir lieu

1. CE, 10 février 2014, Ministre de l'égalité et des territoires, n° 361426.
2. CE, sect., 13 mars 1998, Mme Vindevogel, req. n° 190751, *Lebon* 78; *AJDA* 1998. 408, chron. Raynaud et Fombeur.
3. CE 30 janv. 2002, M. Houas, req. n° 199854, *Lebon*.

après que le président du tribunal administratif a ouvert la phase juridictionnelle[1].

Lorsqu'il est saisi à tort, le tribunal administratif a l'obligation de transmettre la requête à la juridiction compétente (à propos d'une demande d'astreinte de la compétence exclusive du Conseil d'État[2]).

1632.24 **Arrêts des cours administratives d'appel.** Il ressort des dispositions de l'article L. 911-4 du Code de justice administrative qu'en cas d'inexécution d'un arrêt « définitif » la partie intéressée peut demander à la cour administrative d'appel qui a rendu la décision d'en assurer l'exécution. La circonstance qu'un arrêt de cour administrative d'appel – ou qu'un jugement de tribunal administratif – soit frappé d'un pourvoi en cassation est sans incidence sur la procédure d'aide à l'exécution qui reste de la compétence de ces derniers[3]. Ce n'est que dans le cas où le Conseil d'État, après cassation, utilise le pouvoir de juger l'affaire au fond, qu'il tient de l'article L. 821-2 du Code de justice administrative, qu'il devient compétent pour se prononcer sur une éventuelle demande d'exécution. Pour le reste, les règles sont identiques à celles qui s'appliquent devant les tribunaux administratifs.

1632.25 **Modification de la compétence *ratione loci* de la juridiction ayant rendu la décision à exécuter.** Entre le moment où un tribunal administratif (ou une cour administrative d'appel) rend une décision et le moment où le justiciable doit se tourner vers le JEX, la compétence territoriale de la juridiction s'étant prononcée peut avoir été modifiée. Cette circonstance est indifférente : le tribunal administratif (ou la cour administrative d'appel) compétent est celui qui a rendu le jugement (ou l'arrêt), la formation de jugement pouvant comprendre un ou plusieurs des « magistrats » qui avaient contribué à l'arrêt à exécuter, sans méconnaître le principe d'impartialité[4].

1632.26 **Décisions des autres juridictions administratives : compétence du Conseil d'État.** Lorsque le justiciable est confronté à une difficulté d'exécution d'un arrêt du Conseil d'État ou d'une décision d'une juridiction administrative spécialisée, il doit se tourner vers la section du contentieux du Conseil d'État. Après la loi du 8 février 1995, comme du temps de la loi du 16 juillet 1980, c'est à elle, en effet, qu'il revient de prononcer une astreinte contre la personne publique récalcitrante (par ex., à propos du contentieux des commissions départementales d'aide sociale[5]; ou encore, en cas d'astreinte prononcée par le Conseil d'État – seul compétent pour ce faire – à l'encontre d'une agence régionale d'hospitalisation n'ayant pas exécuté un jugement de la commission interrégionale du contentieux de la tarification sanitaire et sociale[6]; de même, sur le rôle subsidiaire des tribunaux administratifs lorsque se pose une difficulté d'exécution d'une décision d'une juridiction administrative spéciale[7]).

B.
Parties au contentieux de l'exécution

1632.31 **Partie intéressée.** L'article L. 911-4 permet à « *la partie intéressée* » par l'exécution d'un jugement ou d'un arrêt de saisir le tribunal administratif ou la cour administrative d'appel qui l'a rendu pour en assurer l'exécution. Peuvent donc saisir le JEX toutes les parties à l'instance, y compris les intervenants, à condition d'y avoir un intérêt, ce qui n'est par exemple pas le cas d'une partie perdante.

Le Conseil d'État[8] a cependant admis que des « *personnes directement concernées* » par l'exécution de la décision pouvaient agir, alors même qu'elles n'étaient pas parties. La question peut en effet se poser pour des tiers ayant intérêt à l'exécution de décisions ayant annulé des actes réglementaires ou de portée générale les concernant.

Après avoir fait une application stricte de cette notion dans la décision par laquelle il l'a dégagée, en rejetant la demande de contribuables tendant à l'exécution d'un jugement annulant une délibération du conseil général accordant une subvention, au motif qu'ils n'avaient pas été à l'origine de l'annulation, il a assoupli sa position en admettant la recevabilité d'une demande d'astreinte émanant d'un requérant qui n'était pas partie au litige tranché par une décision juridictionnelle qui annulait des refus implicites de prendre les décrets d'application

1. CE 19 juin 2009, Coatleven, req. n° 318341, *Lebon*.
2. CE 26 févr. 1993, n° 127447, Cohen, *Lebon* 971.
3. CE 27 oct. 1995, Mattio, req. n° 150703, *Lebon*; *AJDA* 1996. 57, concl. Arrighi de Casanova; *RDI* 1996. 99, obs. Heugas-Darraspen et Schaufelberger.
4. CAA Paris, 23 nov. 2000, S[té] MARC c/C[ne] de Morne-à-l'eau, req. n° 99PA03944, *Lebon; LPA* 10 avr. 2001. 12 s. [sol. implicite dans l'arrêt, mais explicite dans les conclusions du commissaire du gouvernement V. Haremam].
5. CE, sect., 5 mai 1995, Berthaux, req. n° 162283, *Lebon* 200; *AJDA* 1995. 653, note Muller; *RDSS* 1995. 571, obs. Ligneau – CE 2 févr. 1996, Mme Bienne, req. n° 170154 – CE 17 mars 1997, Mme Esnauld, req. n° 170154 – CE 28 avr. 2004, Foyer-logement résidence Maurice Vialatte, req. n° 255932, *Lebon; AJDA* 26 juill. 2004. 1541, note Markus; *RDSS* 2004. 672, concl. Devys.
6. CE 14 janv. 2000, CHU de Bapeaumes, req. n° 203964.
7. TA Nantes, 9 oct. 1997, Assoc. pour l'insertion sociale et professionnelle Trajet c/Préfet de Loire-Atlantique, concl. Millet; *RDSS* 1998. 581 s.
8. CE, sect., 13 nov. 1987, Mme Tusques et Marcaillou, req. n° 75473, *Lebon* 360, concl. Roux; *AJDA* 1987. 715 s., chron. Azibert et de Boisdeffre; *LPA* 12 déc. 1988. 7 s., note Brovelli.

prévus à l'article 79 de la loi du 11 janvier 1984 et nécessaires à la titularisation des contractuels du ministère de l'Agriculture ayant vocation à être nommés dans un corps de titulaires de catégorie A, au motif qu'il avait lui-même vocation à être titularisé dans un emploi correspondant à un corps de catégorie A et était donc directement concerné par les décisions annulées[1].

De même, il a été jugé qu'une partie à la vente initialement projetée était recevable à demander l'exécution d'une décision annulant une préemption illégale, alors même qu'elle n'est pas à l'origine de cette annulation[2].

Il résulte de ces différentes décisions que sont considérées comme « directement concernées » les personnes pour lesquelles l'exécution de la décision constitue un profit immédiat et direct.

1632.32 Risques encourus par le demandeur. Si le juge administratif de l'exécution sait tenir compte du courroux légitime de celui qui se heurte à une résistance injustifiée de la part de la personne publique condamnée, il n'admet pas la chicane inspirée par un sentiment de vengeance. Celui qui sollicite une mesure d'exécution (dont l'astreinte) ne doit donc pas oublier l'éventualité, et le risque, d'une amende pour recours abusif. Conformément à la pratique qui prévaut devant la juridiction administrative, ces amendes ne sont toutefois prononcées que dans les cas extrêmes (rejet d'un second recours en rectification d'erreur matérielle après qu'un premier a échoué[3]; amende de 5 000 francs pour une demande d'astreinte suite à l'annulation d'un refus d'inscription scolaire, la requête elle-même n'ayant été introduite que postérieurement à l'année scolaire concernée ![4]). Il faut rappeler à cet égard que le requérant peut toujours se désister de sa demande[5].

1632.33 Saisine « d'office » de la section du contentieux du Conseil d'État. L'article L. 911-5 du Code de justice administrative confère au Conseil d'État le pouvoir de prononcer une « astreinte d'office », la section du rapport et des études informée de l'existence de difficultés et n'ayant pu, elle-même, les résoudre, transmettant, sans que le bénéficiaire de la décision de justice restée inexécutée l'ait demandé, le dossier à la section du contentieux (CJA, art. R. 931-7). L'affaire doit alors être jugée en urgence[6].

Cette procédure ne peut être mise en œuvre pour les jugements des tribunaux administratifs et des cours administratives d'appel, le Conseil d'État ne pouvant se saisir « d'office » qu'en cas d'inexécution de ses propres décisions ou de celles des juridictions à l'égard desquelles il demeure, en cette matière, compétent (essentiellement les juridictions administratives spécialisées). Il ne le peut pas non plus lorsqu'il a déjà fait usage des pouvoirs d'injonction des articles L. 911-1 et L. 911-2, qui comportent celui de fixer des astreintes.

1632.34 Personnes à l'encontre desquelles une mesure d'exécution peut être prononcée. En matière d'excès de pouvoir, la mesure d'exécution peut être demandée et accordée contre une personne autre que celle dont émane l'acte annulé (implicitement[7]). Dans ce cas, la demande doit tout de même être correctement dirigée (par ex., refusant une astreinte envers l'État en vue de la communication de documents détenus par une Université contre laquelle le procès initial avait été intenté[8]). En plein contentieux indemnitaire, le débiteur de l'obligation est celui qui a été condamné par la décision à verser une somme d'argent, ou celui qui est subrogé dans ses droits et obligations.

Des astreintes peuvent être prononcées à l'encontre de personnes de droit privé à condition que l'Administration ne dispose pas des pouvoirs lui permettant d'atteindre le même résultat[9]. Tel est notamment le cas de demandes tendant à l'évacuation du domaine public[10] ou à la cessation de travaux.

C. Décisions dont peut connaître le juge administratif de l'exécution

1632.41 Décisions des juridictions administratives. Tous les jugements, arrêts et décisions des

1. CE, sect., 27 janv. 1995, Melot, req. n° 155647, *Lebon* 52; *AJDA* 1995. 104 s., chron. Touvet et Stahl; *RD publ.* 1995. 535 s., concl. Scanvic – DANS LE MÊME SENS : V. CE 13 mars 2002, M. Benadhira, req. n° 233157 [annulation des délibérations d'un jury de concours] – ou : CE 16 juin 1997, M. Boerlen, req. n° 167410, *Lebon* T. 1021 [s'agissant de l'intégration dans le salaire d'agents contractuels d'une indemnité de résidence].
2. CE 28 avr. 2004, Union européenne pour la création des mosquées, req. n° 249430, *Lebon* T. 840 – Le vendeur initial ne peut cependant demander qu'à récupérer le bien, non à ce qu'il soit enjoint à la commune de le proposer à l'acquéreur évincé : CE 6 sept. 2006, France Télécom, req. n° 289822, *Lebon* T.; *AJDA* 2007. 155, note Pérignon; *RDI* 2006. 518, obs. Soler-Couteaux.
3. CE 17 mai 1993, Mascaro, req. n° 134547.
4. CE 25 avr. 1994, Di Lello, req. n° 110937.
5. CE 25 avr. 1990, Camara, req. n° 104750, *Lebon* 928; *Dr. adm.* 1990, n° 356.
6. POUR UNE APPLICATION, V. : CE 28 mai 2001, Bandesapt, req. n° 230537, *Lebon* T.; *GACA*, 3e éd., Dalloz, 2011, n° 72.
7. CE, sect., 7 janv. 1994, Épx Ledou, req. n° 120263, *Lebon* 11; *AJDA* 1994. 255 s.; *D.* 1995. 238, obs. Thiriez.
8. CE 27 nov. 1996, Dubois, req. n° 162668.
9. CE, sect., 13 juill. 1956, OPHLM du département de la Seine, req. n° 37656, *Lebon* 343.
10. CE 4 févr. 2008, M. Peretti, req. n° 292956, *Lebon* T.; *RDI* 2008. 342, obs. Févrot – CE 17 mars 2008, M. Najjar, req. n° 306461, *Lebon* T.

juridictions administratives (Conseil d'État, cours administratives d'appel, tribunaux administratifs, juridictions administratives spécialisées) sont susceptibles de faire l'objet de « mesures d'exécution ». Bien que l'article L. 911-4 évoque les « jugements et les arrêts », il est permis de penser que ces dispositions valent également pour assurer l'exécution des autres décisions de nature juridictionnelle émanant de la juridiction administrative, telles que les ordonnances (le Conseil d'État a déjà eu l'occasion de statuer sur son application à l'exécution d'une ordonnance de référé liberté[1]).

En revanche, le juge administratif ne peut assurer l'exécution d'une décision émanant d'une juridiction judiciaire[2].

1632.42 **Mesures administratives prises par un magistrat.** La saisine du juge administratif de l'exécution ne peut avoir pour objet que de surmonter les difficultés rencontrées pour obtenir l'application effective d'une décision juridictionnelle. Aussi bien, l'inexécution d'une mesure administrative n'est-elle pas susceptible de donner lieu à une demande d'injonction et/ou d'astreinte alors même qu'elle émane d'un magistrat. Il en a déjà été jugé pour l'ordonnance de taxation des honoraires d'un expert judiciaire[3].

1632.43 **Transaction conclue par une personne publique.** Eu égard à la lettre des textes, une demande d'astreinte ne peut être formée contre une personne publique pour la contraindre à exécuter une transaction ayant pour objet de prévenir un litige (ainsi, à propos de l'État[4]). Il serait normal que, sur ce point, la législation soit modifiée, les transactions régulièrement conclues ayant, conformément aux dispositions de l'article 2052 du Code civil, autorité de la chose jugée à l'égard des parties signataires (en ce sens et de manière explicite, v. R. Chapus[5]), d'autant que le Conseil d'État a admis que les parties ayant conclu une transaction, peuvent, alors même qu'elles n'ont engagé aucune procédure juridictionnelle pour trancher un litige, saisir le juge administratif d'une demande tendant à homologuer cette transaction[6].

1. CE 29 oct. 2003, Mme Van Bentum Plasse c/M. Plasse, req. n° 259440, *Lebon* T. 718-721-943-956.
2. CE 23 févr. 1990, Mme Martinat, req. n° 109748, *Lebon* 933 – CE 16 oct. 1996, Bergerioux, req. n° 162479, *Lebon* T.
3. CE 10 avr. 1996, Le Nestour, req. n° 161057, NP; *Dr. adm.* 1996, n° 233, obs. G. G.
4. CE 1er févr. 1984, Sté de promotions et de réalisations hospitalières, req. n° 49583, *Lebon* 32; *Dr. adm.* 1984, n° 127.
5. R. Chapus, *Droit du contentieux administratif,* 12e éd., Montchrestien, n° 1293-2, p. 1135.

D.
Autres règles de recevabilité de la demande

1632.51 **Délais.** Le délai de présentation d'une demande tendant à ce qu'un tribunal administratif ou une cour administrative d'appel prescrive les mesures nécessaires à l'exécution d'une décision définitive de cette juridiction est de trois mois à compter de la notification de cette décision, sauf décision explicite de refus d'exécution opposée par l'autorité administrative (CJA, art. R. 921-1). Ce délai de trois mois ne court qu'à compter de l'expiration du délai d'exécution lorsque la décision en mentionne un (même article).

Devant le Conseil d'État, ce délai, qui comporte les mêmes modalités d'application, est de six mois (CJA, art. R. 931-3). Cette différence s'explique par le fait que devant le Conseil d'État la demande ne peut tendre qu'au prononcé d'une astreinte, alors que devant les tribunaux et cours, elle tend plus largement à obtenir l'exécution, ouvrant une phase amiable comparable à celle qui peut se dérouler devant la section du rapport et des études saisie d'une demande d'aide à l'exécution (v. ss nos 162.00 s.) au terme du délai de trois mois en application de l'article R. 931-2 du Code de justice administrative.

Dans les deux cas, les demandes d'exécution des décisions ordonnant une mesure d'urgence peuvent être « présentées sans délai ».

En l'état actuel de la jurisprudence, le « délai d'attente » imposé aux justiciables n'est pas réellement contraignant dans la mesure où les demandes prématurées se trouvent régularisées par l'arrivée du délai à son terme. Dans une décision de section du 5 mai 1995[7], le Conseil d'État a en effet fait droit à une demande d'astreinte présentée devant lui moins de six mois après la notification du jugement mais sur laquelle il statuait après l'expiration de ce délai. La solution est heureuse et d'application générale. Si même l'arrêt *Berthaux* a été rendu à propos du délai de six mois applicable devant le Conseil d'État, la solution retenue vaut également, nous semble-t-il, pour le délai de trois mois concer-

6. CE, ass., 6 déc. 2002, Synd. intercommunal des établissements du second cycle du second degré de l'Haÿ-les-Roses, req. n° 249153, *Lebon; GACA*, 3e éd., Dalloz, 2011, n° 74; *AJDA* 2003. 280 s., obs. Donnat et Casas; *RFDA* 2003. 291, concl. Le Chatelier; *RFDA* 2003. 302, note Pacteau.
7. CE, sect., 5 mai 1995, Mme Berthaux, req. n° 162283, *Lebon* 200, *AJDA* 1995. 653 s., note Muller; *Dr. adm.* 1995, n° 457, obs. C. M.; *JCP* 1995. II. 22543, note Breton; *RDSS* 1995. 571, obs. Ligneau.

nant les tribunaux administratifs et les cours administratives d'appel[1].

1632.52 Exclusivité de la procédure d'ordonnancement de l'article 1er de la loi du 16 juillet 1980 pour obtenir l'exécution d'une condamnation à payer une somme d'argent ? La jurisprudence selon laquelle dès lors que le II de l'article 1er de la loi du 16 juillet 1980, reproduit à l'article L. 911-9 du Code de justice administrative, permet au bénéficiaire d'une condamnation, en cas d'inexécution de la décision dans le délai prescrit, d'obtenir le mandatement d'office de la somme que la personne publique a été condamnée à lui verser par cette même décision, il n'y a pas lieu de faire droit à ses conclusions, présentées sur le fondement des articles L. 911-1 et/ou L. 911-3 tendant à ce qu'il soit enjoint à cette personne de payer cette somme, éventuellement sous astreinte[2] (v. ss nº 1631.45), devrait logiquement être étendue aux demandes tendant à ce que soient prononcées de telles mesures d'exécution postérieurement à la décision, sur le fondement des articles L. 911-4 et L. 911-5, car la justification de l'irrecevabilité de ces demandes d'exécution, fondée sur l'existence d'une procédure spéciale d'exécution directe et plus efficace, puisqu'elle permet le paiement et non une mesure tendant à faire pression pour l'obtenir, est la même. La question n'a toutefois jamais été tranchée au contentieux, mais telle est bien l'analyse de la section du rapport et des études qui a tendance à proposer aux formations de jugement du Conseil d'État de juger ces demandes irrecevables. Il est donc recommandé aux bénéficiaires de condamnation de l'Administration à payer une somme d'argent de suivre de préférence la procédure de l'article 1er de la loi du 16 juillet 1980.

1632.53 Décision explicite de refus d'exécution. Si la demande d'exécution adressée à l'Administration a fait l'objet de la part de celle-ci d'une décision explicite de refus, cette décision doit être contestée dans le délai de deux mois à compter de sa notification, conformément au droit commun [ce qui implique que la notification mentionne les voies et délais de recours (CJA, art. R. 421-5). Le bénéficiaire de la décision doit en conséquence, soit contester ce refus devant le tribunal administratif, soit présenter une demande d'astreinte dans les deux mois suivant le refus, cette demande interrompant le délai de recours[3]. En revanche, en cas de silence gardé par l'autorité administrative sur cette demande, aucun délai n'est opposable au demandeur (CJA, art. R. 421-3, 3° et R. 921-2).

La forclusion évoquée ci-dessus ne fait cependant pas obstacle à ce qu'une nouvelle réclamation soit adressée à l'Administration et éventuellement contestée devant la juridiction compétente, dès lors que, s'agissant d'un comportement continu, le rejet d'une première demande d'exécution n'entraîne pas l'irrecevabilité de la deuxième demande.

1632.54 Sort des demandes en cas d'exécution avant que le juge statue. La saisine du « juge administratif de l'exécution » n'ayant pour objet que d'obtenir de la personne publique concernée l'exécution de la décision de justice (et non de la punir ou d'obtenir réparation des préjudices subis), les demandes d'injonctions et/ou d'astreintes sont naturellement rejetées lorsque :

– l'exécution était effective avant même l'introduction de la demande. Dans ce cas, la demande d'astreinte, sans objet dès son introduction, est rejetée comme irrecevable[4];

– l'exécution est postérieure à la demande mais antérieure à la date à laquelle le juge statue. Dans ce cas, l'exécution de la décision par la personne publique rend sans objet les conclusions de la requête, le juge prononçant alors un non-lieu[5].

Dans les deux cas, le résultat est le même puisqu'il n'est pas fait droit à la demande de mesure d'exécution formée par le justiciable. Mais l'essentiel, c'est-à-dire l'exécution de la décision de justice, est acquis. En pratique, cependant, la différence n'est pas négligeable. La personne publique qui a provoqué le non-lieu en accédant aux prétentions du requérant – c'est-à-dire dans l'hypothèse qui nous occupe, a exécuté le jugement – révèle qu'elle en admet le bien-fondé. Elle est donc une « partie perdante » au sens des dispositions de l'article L. 761-1 du Code de justice administrative et peut être condamnée au paiement des frais de l'instance[6].

1632.55 Formes de la requête. Les règles générales de présentation des recours juridictionnels devant les juridictions administratives s'appliquent à la saisine du « juge administratif de l'exécution ». Le justiciable doit prendre grand soin dans la formulation de ses demandes. Sans doute, le juge n'hésite-t-il pas à requalifier les requêtes dont il est saisi (ainsi d'une requête tendant à la délivrance d'un permis de construire après l'annulation du

1. CE, sect., 5 mai 1995, Mme Berthaux, req. nº 162283, *Lebon*; *AJDA* 1995. 653, note Muller; *RDSS* 1995. 571, obs. Ligneau.
2. CE 6 mai 1998, Lother, req. nº 141236, *Lebon* T. 1115.
3. CE 7 juill. 1999, Moullet, req. nº 179042, *Lebon*.
4. CE 2 juill. 1982, Narboni, req. nº 36744, *Lebon* 264.
5. CE 2 juill. 1982, Rouzaud, req. nº 35367, *Lebon* 264 – CE 15 juin 1994, M. Bergeret, req. nº 134299, NP – CE 8 déc. 2000, Assoc. Promouvoir, req. nº 222665, *RFDA* 2001. 280.
6. CE 15 juin 1994, M. Bergeret, req. nº 134299, NP – CE 20 mai 1994, Mme Martel, req. nº 138070, *Lebon* 1128 – CE 27 mars 1996, Boulogne, req. nº 171745, *Lebon* T.

refus par le tribunal administratif interprétée comme une demande d'exécution[1] au sens de l'article L. 911-4 du Code de justice administrative). Mais si l'on excepte l'hypothèse du prononcé d'office d'une astreinte par le Conseil d'État, le juge administratif de l'exécution ne peut, comme il est normal, aller au-delà de ce que le requérant lui a demandé. Devant les tribunaux administratifs et les cours administratives d'appel, la « demande d'exécution » formée sur le fondement des dispositions de l'article L. 911-4 du Code de justice administrative passe, avant de connaître un tour strictement contentieux, par une phase « amiable » où le président de la cour administrative d'appel ou du tribunal administratif saisi (ou le rapporteur désigné à cette fin) accomplit « *toute diligence qu'il juge utile pour assurer l'exécution de la décision juridictionnelle qui fait l'objet de la demande* ». Respectueux de l'esprit des textes, les tribunaux administratifs et les cours administratives d'appel prennent en compte toutes les demandes, qu'elles interviennent par simple lettre, même lorsque celles-ci sont confuses, ou par une requête détaillée et argumentée voire par une simple incidente dans un mémoire en défense produit devant la juridiction d'appel. L'intention est louable. Mais lorsqu'il s'agit de passer à la phase « contentieuse » (v. s[s] n°s 1632.71 s.), des difficultés peuvent survenir. Ainsi, par exemple, lorsqu'il doit prononcer une astreinte, le juge est-il tenu par les limites de la demande sommairement présentée à l'origine par le justiciable ? À notre connaissance, le Conseil d'État ne s'est pas encore prononcé. Dans le doute, il faut conseiller aux plaideurs (et à leurs mandataires) la plus grande rigueur dans l'énoncé et la formulation des demandes d'exécution.

1632.56 **Dispense du ministère d'avocat.** La demande présentée devant le juge administratif de l'exécution pour obtenir le prononcé d'une injonction et/ou d'une astreinte *a posteriori* peut être formée sans recourir aux services d'un avocat – avocat à la Cour ou avocat aux Conseils (devant le Conseil d'État, CJA, art. R. 931-5 – devant les tribunaux administratifs et les cours administratives d'appel, CJA, art. R. 431-3 et R. 811-7).

§ 2
Pouvoirs du juge administratif de l'exécution

1632.60 **Division.** Le « juge administratif de l'exécution » peut expliquer, convaincre ou menacer. C'est la « phase amiable » de la procédure d'exécution, phase administrative qui fait l'objet du chapitre 1621 et dont, par conséquent, seuls seront rappelés ici les grands traits (A). Il peut ensuite, dans la « phase contentieuse » de la procédure, enjoindre, et, surtout, astreindre (B).

A.
Phase amiable de la procédure

1632.61 **Renvoi.** (V. s[s] n°s 1621.10 s.).

1632.62 **Tribunaux administratifs et cours administratives d'appel.** La demande d'exécution faite, auprès du président du tribunal administratif ou de la cour administrative d'appel qui a rendu la décision à exécuter, a été étudiée (v. s[s] n°s 1621.71 s.). Les articles R. 921-5 et R. 921-6 du Code de justice administrative prévoient en effet que le président de la juridiction saisie (ou le rapporteur désigné) accomplit toutes diligences pour assurer l'exécution et procède au classement lorsque la décision a été exécutée. La procédure est plus « administrative » que juridictionnelle (les qualificatifs ont été utilisés par le Conseil d'État lui-même[2]) et les pouvoirs dont le juge peut user ne sont pas réglementés par les textes. Généralement, le magistrat fait œuvre de « pédagogie » en utilisant les moyens les plus divers (lettre, entretien téléphonique, organisation de rendez-vous, *etc.*). En tout cas, à ce stade de la procédure, il ne s'agit ni de punir ni de commander, mais simplement d'aider, de convaincre ou de menacer selon les formes les plus appropriées.

1632.63 **Conseil d'État.** Devant le Conseil d'État, les textes ne distinguent pas formellement la « phase administrative » de la « phase juridictionnelle ». Mais, aux termes de l'article R. 931-6 du Code de justice administrative, la demande d'astreinte adressée au Conseil d'État est transmise, pour instruction, à la section du rapport et des études. Ce « passage obligé » est important car la section interviendra auprès de la personne publique en cause, afin de l'inciter et de l'aider à exécuter sans contrainte, de la même manière que lorsqu'elle est saisie directement par le justiciable dans les trois mois de la notification de la décision (CJA, art. R. 931-2 – sur cette saisine, v. s[s] n°s 1621.11 s.). À l'issue de cette phase, si l'exécution n'a pu être obtenue, le président de la section du rapport et des études transmet le dossier à la sous-section de la section du contentieux chargée de la requête qui, pour surmonter la résistance de la personne publique, peut prononcer

1. CAA Lyon, 1re ch., 8 oct. 1996, Min. Équipement, Logement et Tourisme c/Laffont, req. n°s 95LY01106 et 96LY01778, *Lebon; RFDA* 1997. 445.

2. *Rapport public 1997, EDCE*, n° 48, p. 234.

à son encontre une injonction qu'il assortit, le plus souvent (à ce stade de la procédure, les choses ont déjà beaucoup duré...) d'une astreinte.

B.
Phase contentieuse de la procédure

1°
Ouverture de la phase contentieuse

1632.71 **Conseil d'État.** Devant le Conseil d'État, le passage en phase juridictionnelle s'effectue sans formalisme particulier, par le simple retour de la section du rapport et des études à la sous-section à laquelle a été affectée l'affaire du dossier.

1632.72 **Tribunaux administratifs et cours administratives d'appel.** La procédure devant les tribunaux administratifs et cours administratives d'appel est plus formalisée. En application de l'article R. 921-6 du Code de justice administrative, la phase contentieuse est ouverte, par ordonnance du chef de juridiction insusceptible de recours[1], de trois manières :

– à **l'initiative du requérant**, par la contestation dans le délai d'un mois de la décision de classement prise par le président de la juridiction;

– à **l'initiative du président** s'il estime nécessaire de prescrire des mesures d'exécution par voie juridictionnelle, et notamment de prononcer une astreinte;

– « *en tout état de cause à l'expiration d'un délai de six mois* » à compter de l'enregistrement de la demande d'exécution. Ce délai ne peut être prorogé par le président de la juridiction. Si, à son expiration, la décision est en cours d'exécution, il appartient à la juridiction d'en tirer les conséquences sur la demande.

Le Conseil d'État[2] a précisé que le président du tribunal administratif ou de la cour administrative d'appel était tenu de faire droit à la demande tendant à l'ouverture d'une procédure juridictionnelle présentée, sur le fondement de l'article R. 921-6 du Code de justice administrative, par un justiciable dont la demande d'exécution formulée en application de l'article L. 911-4 du même code a fait l'objet d'un classement administratif, dès lors que cette demande a été présentée dans le mois qui suit la notification à l'intéressé de la décision de classement administratif. En revanche, si la demande d'ouverture de la procédure juridictionnelle est tardive, le président du tribunal administratif ou de la cour administrative d'appel doit la rejeter par une décision qui, dès lors qu'elle rejette définitivement la demande d'exécution, a le caractère d'une décision juridictionnelle contre laquelle sont ouvertes les voies de recours de droit commun identiques à celles prévues à l'encontre des décisions dont l'exécution est demandée. L'intéressé peut toutefois, s'il s'y croit fondé, présenter une nouvelle demande sur le fondement de l'article L. 911-4.

L'article R. 921-6 précise que l'affaire est instruite et jugée en urgence.

2°
Détermination des mesures d'exécution

1632.81 **Décisions n'exigeant pas de mesures d'exécution particulières.** Le bon sens conduit le juge administratif de l'exécution à rejeter les demandes dont il est saisi alors que la décision rendue précédemment n'appelle pas de mesures d'exécution :

– soit qu'elle ait prononcé une annulation qui se suffit à elle-même[3];

– soit qu'elle ait rejeté le recours[4];

– soit que le jugement accordant satisfaction au requérant ait été infirmé au fond en appel. En raison de l'effet rétroactif de l'annulation prononcée, le requérant sera en effet réputé n'avoir jamais obtenu satisfaction et sa demande ne pourra être que rejetée[5]. En revanche, lorsque le juge d'appel annule un jugement pour cause d'irrégularité externe, tout en le confirmant sur le fond, après évocation, le justiciable sera en droit de demander l'exécution de la chose jugée en sa faveur[6] (ex. à propos d'une annulation et d'une évocation par la Commission centrale d'aide sociale[7]).

1632.82 **Décisions ne pouvant plus faire l'objet de mesures d'exécution.** Comme nous l'avons vu plus haut, le JEX statue en fonction des circonstances de fait et de droit existantes à la date à laquelle il se prononce. Il peut donc arriver qu'un changement des circonstances postérieur à la décision fasse obstacle à son exécution : disparition des documents dont la communication avait été ordon-

1. Cela résulte des termes mêmes du texte : CE 29 déc. 2000, Colombeau, req. n° 222276, *AJDA* 2001. 895, concl. Mignon.
2. CE, 25 avr. 2007, Guerirem, req. n° 299850, *Lebon*; *AJDA* 2007. 1199, concl. Struillou.
3. CE 12 avr. 1995, Bartolo, req. n° 156027, *Lebon* 990; *AJDA* 1995. 505 s., chron. Stahl et Chauvaux.
4. CE, sect., 6 janv. 1995, Lacroix, req. n° 141237, *Lebon* 990; *Dr. adm.* 1995, n° 290.
5. CE, sect., 27 nov. 1985, Gindre, req. n° 65904, *Lebon* 738; *D.* 1986. IR 149, obs. Llorens.
6. CE, sect., 5 mai 1995, Mme Berthaux, req. n° 162283, *Lebon* 200; *AJDA* 1995. 653 s., note Muller; *JCP* 1995. II. 22543, note Breton.
7. CE 4 sept. 1995, Mme Perrin-Croquin, req. n° 163310, NP; *RFD* 1996, n° 3, p. 119.

née par le juge[1]; changement de législation[2], voire validation législative[3]; disparition de l'emploi sur lequel devait être réintégré un agent[4]; agent ayant atteint l'âge de la retraite et ne pouvant donc plus être réintégré[5]; sursis à exécution de travaux d'ores et déjà réalisés[6].

1632.83 **Litige distinct.** Si la demande déborde les limites de ce qui résulte nécessairement ou directement de la chose précédemment jugée, elle sera rejetée partiellement ou totalement. Le juge administratif de l'exécution ne doit en effet pas trancher un « litige distinct » de celui sur lequel il a déjà été statué. À titre d'exemple :

- l'Administration a pris « les mesures nécessaires » dictées par l'exécution de la chose jugée en réintégrant le fonctionnaire irrégulièrement évincé et en reconstituant sa carrière, la demande de contrainte relative à l'indemnisation du préjudice causé se rapporte à un « litige distinct »[7];

- le calcul des intérêts moratoires alloués à un contribuable suite à un dégrèvement prononcé par un directeur départemental des services fiscaux pour exécuter la chose jugée fait naître une décision distincte de l'imposition sur laquelle le juge s'est prononcé. Elle ne relève pas de l'exécution de la décision de justice et requiert que le contribuable engage un nouveau contentieux[8];

- il n'appartient pas au juge chargé de définir les mesures d'exécution d'un jugement d'annulation de se prononcer sur la légalité de la décision prise par la personne publique pour tirer les conséquences de ladite annulation, le requérant devant contester cette décision par la voie du recours pour excès de pouvoir[9];

- le JEX ne peut enjoindre à l'Administration de revenir sur des mesures individuelles prises en application d'un acte réglementaire annulé. Il n'a, par exemple, pas à ordonner le remboursement d'une somme perçue sur le fondement d'une délibération à caractère réglementaire annulée pour excès de pouvoir[10].

Malgré sa rigueur, le juge administratif de l'exécution n'est pas formaliste. Quand il le faut, pour déterminer les obligations de la personne publique, le juge s'appuiera sur les motifs du jugement à exécuter et qui en constituent le soutien nécessaire[11]. Il admet également que les conséquences nécessaires ou directes de la chose jugée puissent être implicites (le fait que le jugement à exécuter n'a pas explicitement prévu le droit aux intérêts au taux légal de la somme allouée n'exclut pas le prononcé d'une astreinte[12]).

Il reste que le justiciable sera mieux avisé, de ne compter que sur lui-même. Au tout début de la procédure, il devra donc s'interroger sur l'ensemble des conséquences induites par son action. Sinon, si la décision ne se prononce pas formellement faute qu'on l'ait demandé au juge, le requérant devra retourner devant le juge pour obtenir l'intégralité de ce qui lui est dû (si, bien sûr, la personne publique n'y met pas un peu de bonne volonté).

1632.84 **Mesures pouvant être ordonnées.** Lorsque la difficulté d'exécution doit être tranchée par un tribunal administratif ou une cour administrative d'appel, la « demande d'exécution », qu'elle soit le fait du bénéficiaire de la chose jugée ou du magistrat qui a accompli en vain « toutes les démarches utiles », peut avoir pour objet d'obtenir le prononcé d'une **injonction** (et seulement d'une injonction). Aux termes de l'article L. 911-4 du Code de justice administrative[13], en effet : « *Si le jugement ou l'arrêt dont l'exécution est demandée n'a pas défini les mesures d'exécution, la juridiction saisie procède à cette définition. Elle peut fixer un délai d'exécution et prononcer une astreinte* ».

En revanche, le Conseil d'État ne peut formellement être saisi que d'une demande d'**astreinte**. La différence mérite d'être relevée même s'il ne faut pas en exagérer la portée pratique. D'une part, en effet, l'astreinte n'est rien d'autre que la sanction pécuniaire d'une injonction qui lui préexiste implicitement, parfois, mais nécessairement. D'autre part, à ce stade de la procédure, le justiciable se contente

1. CE 25 nov. 1988, Coz, req. n° 91409, NP – CE 26 avr. 1993, Zamphiroff, req. n° 133267, NP – CE 22 mai 1996, Assoc. Erromardi, req. n° 157985, NP – CE 6 avr. 1998, M. Hani et école d'architecture de Strasbourg, req. n° 172610, NP : disparition de documents administratifs. Dans la dernière décision citée, l'Administration concernée avait pourtant l'obligation de les conserver, ce qui peut ouvrir droit à une action en responsabilité.
2. CE 22 janv. 2003, Féd. fçaise des masseurs kinésithérapeutes rééducateurs, Aupetit et a., req. n° 205476, *Lebon* T.; *RDSS* 2000. 731, obs. Dubouis.
3. CE 21 juin 1995, Rosello, req. n° 163605, NP – V. AUSSI, dans le contentieux de la fonction publique : TA Strasbourg, 25 nov. 1997, Balard c/Université de Haute Alsace, req. n° 963048, inéd; *LPA* 25 mars 1998. 15 s., obs. Malvasio.
4. CE 28 févr. 1996, Mme Cartier, req. n° 152976, NP.
5. CE 6 mai 1988, Bellot, req. nos 76779 et 83720, *Lebon* 884.
6. CE 4 nov. 1996, Bernado, req. n° 163617, NP.
7. CE 22 avr. 1992, Melle Iban, req. n° 108058, *Lebon* 1094. Il en va autrement si la décision dont l'exécution est demandée porte condamnation au versement de dommages et intérêts : CE 4 nov. 1996, Melle Kerbache, req. n° 173691, *Lebon*; *RFDA* 1997. 199.
8. CAA Lyon, 9 avr. 1997, Vienot de Vaublanc, req. n° 96LY02427, *Lebon* T.; *Procédures* janv. 1998, n° 29.
9. CE 27 juin 2008, M. Benanoune, req. n° 311610, NP.
10. CE, sect., 13 mars 1998, Mme Vindevogel, req. n° 190751, *Lebon* 78; *AJDA* 1998. 408, chron. Raynaud et Fombeur.
11. PAR EX., CE 14 mai 1997, Chougny, req. n° 176427, *Lebon* T.
12. CE 30 mars 1994, Mme Loubet, req. n° 142026, *Lebon* 172.
13. ANCT C. trib. adm., art. L. 8-4, al. 3.

rarement de demander une injonction sans l'assortir de la moindre sanction.

1632.85 Pouvoirs du juge dans la définition des mesures nécessaires à l'exécution. Lorsque la demande d'injonction est recevable, le juge doit encore apprécier ce que l'exécution de la chose jugée comporte exactement. Si l'on se réfère aux formulations adoptées par la jurisprudence, seules les mesures qui sont une conséquence « nécessaire »[1] ou « directe »[2] du jugement peuvent être enjointes. La jurisprudence rejoint ici celle qui s'est développée pour le prononcé des « *injonctions et astreintes préventives* » par le juge de l'action principale, une distinction étant faite entre les jugements susceptibles de donner droit à des décisions déterminées et ceux qui obligent seulement à un nouvel examen de la situation de l'intéressé (v. s[s] n°s 1631.51 s.).

La définition des mesures d'exécution peut conduire la juridiction à interpréter la décision dont l'exécution est sollicitée : le Conseil d'État a jugé « *qu'il n'appartient pas en principe au juge, saisi sur le fondement des dispositions de l'article L. 911-4 du Code de justice administrative, d'une demande tendant à l'exécution d'une décision juridictionnelle d'interpréter cette décision; que, toutefois, si cette décision est entachée d'une obscurité ou d'une ambiguïté qui, en rendant impossible la détermination de l'étendue des obligations qui incombent aux parties du fait de cette décision, font obstacle à son exécution, il lui revient alors de l'interpréter dans la mesure nécessaire pour en définir les mesures d'exécution* »[3].

En revanche, le JEX ne peut remettre en cause, sans méconnaître l'autorité de la chose jugée, les mesures d'exécution définies par la décision dont l'exécution est demandée : « *Si le juge de l'exécution saisi, sur le fondement des dispositions de l'article L. 911-4 du Code de justice administrative, d'une demande d'exécution d'une décision juridictionnelle comportant déjà des mesures d'exécution édictées sur le fondement de l'article L. 911-1 peut préciser la portée de ces mesures dans l'hypothèse où elles seraient entachées d'une obscurité ou d'une ambiguïté, éventuellement les compléter, notamment en fixant un délai d'exécution et en assortissant ces mesures d'une astreinte, il ne saurait en revanche les remettre en cause* »[4].

1632.86 Pouvoir du juge dans la détermination des bénéficiaires de l'exécution. Si les créanciers de la dette à laquelle la personne publique a été condamnée sont en général ceux désignés par la décision de justice, il peut en aller différemment dans le cas de subrogations légales de plein droit, que le JEX doit faire jouer, alors même que la décision dont il assure l'exécution ne l'aurait pas mentionnée[5].

1632.87 Influence de l'exercice d'une voie de recours. Pour concilier tant le caractère exécutoire des jugements que le droit de faire appel reconnu à la personne publique condamnée, le Conseil d'État, dans l'application qu'il fait de l'article L. 911-5 du Code de justice administrative :

– accepte d'être saisi d'une demande d'exécution d'un jugement frappé d'appel;

– attend pour se prononcer sur cette demande, d'avoir lui-même statué[6];

– rejette la demande d'exécution si le jugement est infirmé[7];

– prononce une astreinte dans le délai qu'il fixe si le jugement est confirmé et si son inexécution est constatée[8];

– prononce également l'exécution, au moins en ce qui concerne la partie confirmée, lorsque le jugement est partiellement confirmé en appel[9].

1632.88 Délai d'exécution. Lorsque les conditions légales sont réunies pour que le juge prononce une injonction, il dispose d'une grande marge de liberté pour fixer le délai dans lequel la personne publique devra s'être exécutée (CJA, art. L. 911-4). En pratique, les délais impartis par le juge administratif de l'exécution semblent plus courts que ceux qui sont habituellement décidés par le juge saisi de l'action principale (v. s[s] n° 1631.67), ce qui n'a rien d'illogique dès lors que, lorsqu'elle est déterminée *a posteriori*, l'inexécution est déjà constatée.

3°
Astreinte

1632.91 Possibilité de prononcer une astreinte d'office. Le Code de justice administrative ne donne qu'au Conseil d'État (CJA, art. L. 911-5) le pouvoir de prononcer d'office une astreinte. Les

1. CE 22 avr. 1992, Melle Iban, req. n° 108058, *Lebon* 1094 – CE 7 janv. 1994, Ép[x] Ledoux, *Lebon* 11.
2. CE 20 avr. 1984, Ribot, req. n° 49177, *Lebon* 156.
3. CE 23 nov. 2005, S[té] Eiffage, req. n° 271329, *Lebon; Contrats Marchés publ.* janv. 2006, p. 23, obs. Pietri.
4. CE 29 juin 2011, SCI La Lauzière et a., req. n° 327080, *Lebon*; *AJDA* 2011. 2147, note Revert.

5. V., PAR EX., s'agissant de la subrogation du fonds de garantie des victimes des actes de terrorisme et d'autres infractions dans les droits des victimes (C. pr. pén., art. 706-11) : CE 4 oct. 2010, M. et Mme L., req. n° 316310, *Lebon*.
6. CE 27 nov. 1985, Gindre, req. n° 65904, *Lebon* T. 738.
7. CE 27 nov. 1985, req. n° 65904 (préc. s[s] prés[t] n°).
8. CE 14 janv. 1987, Mll[e] Laucoin, req. n° 49371, *Lebon* 5 – CE, sect., 5 mai 1995, Mme Berthaux, req. n° 162283, *Lebon* 200; *AJDA* 1995. 653, note Muller; *RDSS* 1995. 571, obs. Ligneau.
9. CE 4 nov. 1994, Chayvialle, req. n° 141824 – CAA Paris, 12 févr. 1998, C[ne] de Plaisir, C[ts] Le Métayer, req. n°s 97PA00578 et 97PA01881, *Lebon*; *RFDA* 1998. 1175 s., note Corouge, spéc. 1180.

autres juridictions ne le pourraient donc formellement que si elles ont été saisies d'une demande en ce sens. La pratique diverge sur ce point et le Conseil d'État, qui n'a encore jamais été saisi d'une contestation d'une astreinte prononcée d'office, n'a pas tranché la question.

1632.92 Juge ayant le pouvoir de prononcer une astreinte. Devant les tribunaux administratifs et les cours administratives d'appel, l'astreinte ne peut être décidée que par une formation collégiale de jugement. Devant le Conseil d'État, elle peut l'être également par le président de la section du contentieux (CJA, art. L. 911-5).

1632.93 Pouvoirs d'appréciation du juge. Même lorsque les conditions mises au prononcé de l'astreinte sont réunies, le « juge administratif de l'exécution » s'est toujours reconnu un pouvoir d'appréciation quant au sens de sa décision. Ainsi, alors même que la décision de justice n'a pas été correctement ou complètement exécutée, la demande tendant au prononcé de l'astreinte est généralement rejetée lorsque, en considération des « *circonstances de l'espèce* », cette mesure apparaît « *inutile, impossible ou inopportune* ».

Le Conseil d'État a plusieurs fois refusé de prononcer une astreinte lorsque l'exécution de la chose jugée semblait entamée ou de la prononcer au service d'une exécution qui, si elle « *n'est pas achevée* », est « *en cours* » et dont il « *ne ressort d'aucune pièce du dossier qu'elle ne puisse être menée à bonne fin* »[1]. De la même façon, le juge administratif de l'exécution est traditionnellement réticent à prononcer une astreinte lorsque le bénéficiaire de la chose jugée a lui-même manifesté peu d'empressement à coopérer à l'exécution de la décision dont il bénéficie (une requérante n'ayant pas répondu à l'invitation qui lui avait été faite de « *se présenter à la mairie en vue de sa réintégration* » est déboutée[2]), voire demande l'exécution sous astreinte dans le seul but de nuire à la partie perdante[3]. On peut également admettre que le juge répugne à prononcer une astreinte lorsque le tribunal administratif dont le jugement n'est pas exécuté s'était, comme l'a jugé par ailleurs le Conseil d'État, déclaré à tort compétent[4].

Conséquence logique de ce pouvoir d'appréciation, le juge de cassation ne contrôle pas sa mise en œuvre par les juges du fond[5].

1632.94 Montant de l'astreinte. Les textes n'ont fixé aucun taux ni minimal ni maximal de l'astreinte. Son montant est donc laissé à la seule **appréciation de la juridiction,** qui n'est pas liée par la demande. En pratique, le juge tient grand compte des circonstances de l'espèce, et a le souci que l'astreinte soit suffisamment lourde pour être dissuasive sans toutefois atteindre un montant tellement déraisonnable qu'elle en perdrait toute efficacité, et sans aucun doute également, toute crédibilité.

Ainsi, on a vu le Conseil d'État se contenter d'une astreinte très faible de 50 francs par jour (le litige portant sur le versement d'intérêts sur trois ans pour une somme principale de 2 000 francs[6]). Mais il faut également relever des condamnations beaucoup plus lourdes (le Conseil d'État est récemment allé jusqu'à fixer à 10 000 euros par jour de retard une astreinte à l'encontre de l'État, manifestement réticent à exécuter une décision de justice[7]).

En toute hypothèse, bien sûr, le juge ne peut aller au-delà de ce que le requérant lui demande (astreinte fixée à 620 francs par jour, sans raison autre que les conclusions des demandeurs[8]).

1632.95 Point de départ de l'astreinte. Alors même que les décisions prononçant des astreintes interviennent, en pratique, au bout d'un délai assez long, alors que la personne publique a largement excédé le délai raisonnable dont elle dispose, en toute hypothèse, le juge administratif de l'exécution fait généralement bénéficier la personne publique récalcitrante d'un nouveau délai. Il est parfois très bref (quinze jours alors que le commissaire du gouvernement, C. Maugüé, avait proposé que l'astreinte prenne effet dès la notification du jugement la prononçant[9]). Dans d'autres cas, en considération des difficultés particulières de l'exécution, il est relativement long (six mois pour prendre un décret aux implications financières et administratives non négligeables[10] – quatre mois pour assurer le précompte de cotisation sociale en procédant à une retenue sur le traitement des agents – ils sont nom-

1. CE 15 nov. 1985, Proust, req. n° 60393, *Lebon* 738 – PLUS RÉCEMMENT, CE 24 avr. 1992, Mme Tusques et M. Marcaillou, req. n°s 102486 et 113049, NP – CE, sect., 4 nov. 1994, El Abed El Alaoui, req. n° 149391, *Lebon* 493; *AJDA* 1995. 231 s., concl. Abraham; *LPA* 19 juill. 1995. 35 s., note Priet; *D.* 1995. 174, obs. Julien-Laferrière – CE 15 nov. 1996, *Fata*, req. n° 163526, NP.
2. CE 8 avr. 1994, Mme Céliane Balazi, req. n° 146287, NP.
3. CE 27 janv. 2011, C^ne^ d'Issy-les-Moulineaux, req. n° 338839, NP, infligeant même au requérant une amende pour recours abusif.
4. CE 8 avr. 1994, Mme Latchoumaninchetty, req. n°s 146183, 146187, 146203 et 146209, *Lebon* T. 1134; *Dr. adm.* 1994, n° 360, obs. S. D.
5. CE 7 juill. 1999, Mme Phinoson, req. n° 191555, *Lebon* T.
6. CE 30 mars 1994, Mme Loubet, req. n° 142026, *Lebon* 172; *LPA* 23 déc. 1994, note Gros.
7. CE 30 avr. 2014, S^té^ Hess Oil France, req. n° 372770.
8. CE 13 sept. 1996, C^ts^ Lechene, req. n° 162115.
9. CE, sect., 5 mai 1995, Mme Berthaux, req. n° 162283, *Lebon*; *AJDA* 1995. 653, note Muller; *RDSS* 1995. 571, obs. Ligneau.
10. CE 11 mars 1994, Soulat et Boivin, req. n° 144575, *Lebon* 115; *AJDA* 1994. 387 s., concl. Denis-Linton.

breux - du ministère de l'Éducation nationale[1]). On peut toutefois estimer qu'en général le délai accordé est d'un ou deux mois; tant les tribunaux administratifs, les cours administratives d'appel que le Conseil d'État tiennent à respecter la nature de l'astreinte, qui n'est ni une amende ni une pénalité ni une indemnité mais un moyen de pression en vue d'obtenir l'exécution. Une dernière chance doit donc être laissée à la personne publique.

1632.96 Astreinte provisoire ou définitive. L'astreinte prononcée par le juge administratif de l'exécution est provisoire ou définitive, étant précisé qu'elle doit être considérée comme provisoire si la juridiction n'a pas précisé qu'elle avait un caractère définitif (CJA, art. L. 911-6). À notre connaissance, jamais aucune astreinte n'a été prononcée à titre « définitif ». Cette solution présente un avantage puisque, lorsqu'elle est provisoire, le juge à toute latitude pour modérer l'astreinte, voire la supprimer lors de sa liquidation, alors que, lorsqu'elle est définitive, l'astreinte ne peut être modifiée ou supprimée que s'il est établi que l'inexécution de la décision « provient d'un cas fortuit ou de force majeure ».

§ 3
Suites de la décision prise par le juge administratif de l'exécution

1632.110 Division. Une fois que le « juge administratif de l'exécution » est intervenu et qu'il a prononcé à l'encontre de la personne publique récalcitrante une injonction et/ou une astreinte, le bénéficiaire de la chose jugée a toutes les raisons d'espérer que la décision de justice qui lui est favorable trouvera enfin une traduction effective. Si tel n'est pas le cas, on peut concevoir que :

- l'astreinte soit liquidée (A);
- la Cour de discipline budgétaire et financière soit saisie (B).

A.
Liquidation de l'astreinte

1632.113 Bibliographie indicative.

Article. M. Dreiffus et A. Bombard, « Du pouvoir comminatoire au pouvoir de sanction : la liquidation de l'astreinte », *AJDA* 1998. 3 s.

1°
Compétence et recevabilité

1632.121 Compétence exclusive du juge. La liquidation de l'astreinte relève de la compétence exclusive du juge. L'Administration ne peut donc décider elle-même de liquider une astreinte. À notre connaissance le Conseil d'État n'en a expressément jugé qu'à propos d'une mesure prononcée à l'encontre d'une personne privée[2]. Mais la solution vaut également, et pour les mêmes raisons, en cas de liquidation de l'astreinte prononcée à l'encontre des personnes publiques.

1632.122 Juridiction compétente pour liquider l'astreinte. L'article R. 921-7 du Code de justice administrative dispose que c'est la juridiction qui a prononcé l'astreinte qui la liquide. Le **principe** a une portée générale et trouve à s'appliquer :

- même lorsque le jugement ou l'arrêt ayant décidé de l'astreinte est contesté. La demande de liquidation n'est en effet que le prolongement procédural de la demande tendant au prononcé même de l'astreinte. Aussi bien un tribunal administratif reste-t-il compétent pour statuer sur les conclusions tendant à ce que l'astreinte qu'il a prononcée soit liquidée, alors même que son jugement est frappé d'appel[3];

- y compris lorsque l'astreinte a été prononcée par le juge des référés, la question de la liquidation de celle-ci ne « *préjudiciant pas au principal* »[4]. La liquidation de l'astreinte par le juge des référés qui l'a prononcée ne nécessite pas l'ouverture d'une nouvelle procédure juridictionnelle (même décision).

Juge compétent au sein de la juridiction : la liquidation de l'astreinte doit être décidée par une formation collégiale, mais le président du tribunal administratif, statuant comme juge de l'exécution, peut constater par ordonnance prise sur le fondement du 3° de l'article R. 222-1 du Code de justice administrative (qui donne aux présidents compétence pour constater par ordonnance un non-lieu à statuer) que la mesure prescrite a été entièrement executée et qu'il n'y a pas lieu de procéder à la liquidation de l'astreinte[5].

1. CE 24 juin 1998, Mutuelle autonome générale de l'éducation, req. n° 104605, *Lebon*; *RFDA* 1998. 893.

2. CE 24 juill. 1987, Brolin, req. n° 44897, *Lebon* 280; *AJDA* 1987. 666 s., concl. Marimbert; *Rev. adm.* 1987. 455 s., note Terneyre.
3. CE, 30 avr. 1997, Mme Marchal, req. n° 185322, *Lebon* T. 1022 – CE 28 mai 2001, Bandepast, req. n° 230537, *Lebon*; *GACA*, 3e éd., Dalloz, 2011, n° 72.
4. CE 14 nov. 1997, Communauté urbaine de Lyon, req. n° 165540, *Lebon*; *AJDA* 1998. 60 s., concl. Arrighi de Casanova – CE 3 juin 2009, M. Huet, req. n° 313198.
5. CE 16 juill. 2014, Mme T., req. n° 362230.

1632.123 Saisine du juge. La plupart du temps, la liquidation de l'astreinte intervient sur la sollicitation expresse du bénéficiaire de la chose jugée, qui n'a alors pas besoin de recourir aux services d'un avocat. Mais le juge peut aussi procéder d'office à la liquidation de l'astreinte qu'il a prononcée, fût-ce pour conclure à son inutilité[1]. Dès lors, lorsque le requérant déclare renoncer à la liquidation de l'astreinte, cette déclaration est analysée comme une renonciation à obtenir le versement des sommes devant résulter de cette liquidation et ne fait pas obstacle à ce que le juge prononce cette dernière[2].

L'instruction des liquidations se fait selon la même procédure que la demande d'astreinte. Au Conseil d'État, elle est faite par la section du rapport et des études.

1632.124 Procédure contentieuse. La liquidation de l'astreinte intervient au terme d'une procédure juridictionnelle qui donne lieu à une audience. La juridiction doit prendre en compte, avant de liquider l'astreinte, tous les mémoires apportant des éléments nouveaux[3]. En l'absence de toute pièce nouvelle versée au dossier, elle n'est pas tenue de solliciter les observations de l'une ou l'autre des parties autrement qu'en les convoquant régulièrement à l'audience qui doit précéder la décision de liquidation de l'astreinte[4].

1632.125 Exécution dans les délais : non-lieu à liquider l'astreinte. Il n'y a bien entendu pas lieu à liquidation de l'astreinte si l'exécution est intervenue dans le délai imparti. Toutefois, ce non-lieu est toujours prononcé en l'état et une liquidation effective peut être ordonnée postérieurement s'il apparaît qu'en réalité, la décision n'a pas été exécutée[5].

1632.126 Impossibilité de liquider une astreinte dont le point de départ ne peut être déterminé. Il résulte des dispositions de l'article R. 921-6 du Code de justice administrative que, lorsque la formation de jugement prononce une astreinte sans en fixer dans sa décision la date d'effet, le juge appelé à se prononcer sur sa liquidation n'est pas en mesure d'y procéder en l'absence de point de départ fixé par la décision juridictionnelle et permettant de déterminer la période sur laquelle l'astreinte doit être liquidée. Ainsi, une demande de liquidation d'une astreinte assortissant une injonction de procéder sans délai à l'enlèvement d'un bateau mais qui ne précise pas la date d'effet de l'astreinte ne peut qu'être rejetée[6].

2°
Décision de liquider l'astreinte

1632.131 Pouvoir d'appréciation du juge. On ne peut manquer de relever le très large pouvoir d'appréciation dont dispose le juge au stade de la liquidation de l'astreinte. Ainsi, PAR EXEMPLE :

– il n'y a pas lieu de liquider l'astreinte si l'action qu'il fallait entreprendre « *n'a pas abouti* » mais si la personne publique « *a justifié des diligences qui lui étaient demandées* »[7] ;

– l'astreinte ne sera pas forcément liquidée alors même que l'exécution n'a pas eu lieu dans le délai fixé qui devait la déclencher pourvu que l'exécution, même tardive, ait eu lieu entièrement[8] (cependant une hypothèse dans laquelle la liquidation a été normalement opérée alors que le dépassement du délai d'exécution n'avait été que de trois jours[9]). Étant libre du moment auquel il doit être procédé à la liquidation, le juge se reconnaît en effet le droit de tolérer des dépassements des délais d'exécution qu'il a lui-même imposés. La tendance la plus récente de la jurisprudence fait apparaître une rigueur croissante vis-à-vis de l'Administration qui n'apporte pas de justifications objectives de son retard ou de son inexécution[10] ;

– quand bien même l'exécution n'a pas eu lieu du tout, ou n'a pas eu lieu aussi complètement qu'il convenait, **le taux de l'astreinte peut toujours être atténué.** Il en va ainsi :

– lorsque le juge qui a prononcé l'astreinte a décidé qu'elle était définitive (le cas est rarissime) s'il est établi

1. CE 27 nov. 1996, C^ne de Moulins c/Mme Henriquès, req. n° 124244, *Lebon*; *AJDA* 1998. 161, note Fatôme et Leveneur; *RFDA* 1997. 353, concl. Schwartz; *RFDA* 1997. 352 s., concl. Schwartz; *RFDA* 1997. 355, note Pouyaud – V. AUSSI, pour une réaffirmation de ce pouvoir de procéder d'office à la liquidation de l'astreinte en ce qui concerne le juge des référés : CE 3 juin 2009, M. Huet (préc. s^s n° 1632.122).
2. CE 16 févr. 2000, Viscontini, req. n° 147650, *Lebon* T.
3. CE 3 juin 2009, M. Huet, req. n° 313198 (préc. s^s n° 1632.122).
4. CE 11 janv. 2006, Dpt de la Haute-Corse, req. n° 262621, *Lebon* T.
5. CE 30 avr. 1997, M. Janky, req. n° 163040, NP.
6. CE 3 juin 2009, M. Huet, req. n° 313198 (préc. s^s n° 1632.122).
7. CE 27 nov. 1996, C^ne de Moulins c/Mme Henriquès, req. n° 124244, *RFDA* 1997. 352 s., concl. Schwartz, note Pouyaud; *Dr. adm.* 1997, n° 28, note S. – FAISANT SUITE À L'ARRÊT : CE 7 oct. 1994, Ép^x Lopez, req. n° 124244, *Lebon* 430, concl. Schwartz; *RFDA* 1994. 1090, concl. et note Pouyaud; *AJDA* 1994. 914 s., chron. Touvet et Stahl.
8. CE 31 juill. 1996, Mme Appert, req. n° 162732, NP.
9. CE 15 déc. 1993, Mme Bastien, req. n° 119714, *Lebon* 972 – FAISANT SUITE À : CE 28 mai 1993, Mme Bastien, req. n° 119714, *Lebon* 972; *RFDA* 1994. 57 s., concl. Kessler.
10. V., PAR EX. : CE 27 sept. 2002, SCI Stephaur, req. n° 243338, *Lebon*; *AJDA* 2003. 345, note Grosieux; *D.* 2003. 1115, note Martin; *RFDA* 2003. 370, étude Pez; 386, note Lequette – CE 17 déc. 2008, Synd. nat. des pharmaciens praticiens hospitaliers et praticiens hospitaliers universitaires, Féd. nat. des synd. de biologistes praticiens hospitaliers, req. n° 270327, *Lebon* – CE 10 avr. 2009, M. Bayrou, req. n° 299549, NP.

que l'inexécution provient d'un cas fortuit ou de force majeure;

– lorsque l'astreinte est provisoire (comme c'est toujours le cas en fait), l'article L. 911-7 du Code de justice administrative permet au juge de la modérer ou même de la « supprimer » et cela même en cas d'inexécution constatée (pour une ILLUSTRATION : le taux de l'astreinte ayant été réduit de moitié eu égard aux « circonstances de l'espèce » alors que le commissaire du gouvernement avait relevé que l'Administration s'était « moquée du monde »[1]).

1632.132 Influence d'un accord entre le bénéficiaire de la chose jugée et la personne publique. Il a été jugé que la production par les parties d'un accord par lequel le requérant – en l'espèce il s'agissait d'un stagiaire illégalement évincé – renonçait à la réintégration à laquelle il avait droit en exécution du jugement, la commune lui allouant en contrepartie une indemnité, devait entraîner une décision de non-lieu s'agissant de la liquidation de l'astreinte (jurisprudence citée par J.-M. Galabert[2]).

1632.133 Liquidation provisoire. S'il constate que la décision n'a pas été exécutée, le juge prononcera une liquidation provisoire de l'astreinte calculée à compter de la date de notification de la décision d'astreinte et jusqu'au jour du délibéré. Cette liquidation ne clôt pas la procédure d'astreinte et la condamnation journalière continue à courir. Une nouvelle liquidation pourra intervenir ultérieurement et ce, jusqu'à exécution complète de la chose jugée[3]. Le juge peut même augmenter le taux de l'astreinte, après avoir procédé à une première liquidation provisoire, compte tenu de l'opposition persistante à l'exécution d'un jugement[4].

En cas d'exécution partielle, la liquidation est fréquemment provisoire, avec éventuellement un taux modéré si l'Administration a fait preuve d'une volonté d'exécuter[5]. Mais elle peut être aussi définitive, accompagnée d'une nouvelle astreinte pour la partie de l'exécution manquante, assortie d'un nouveau délai[6].

Dans les deux cas, la liquidation provisoire ne peut être remise en cause à l'occasion de la liquidation définitive de l'astreinte ou de la décision en prononçant une nouvelle[7].

1632.134 Bénéficiaire de l'astreinte liquidée. En matière civile, l'astreinte liquidée ne peut pas être partagée entre le créancier et le Trésor public. L'astreinte liquidée par le juge administratif, dont la fonction n'est pas de réparer un préjudice et qui ne saurait être confondue avec l'indemnité allouée, le cas échéant, à la victime d'une inexécution de la chose jugée, peut ne pas bénéficier au requérant lui-même. En général, d'ailleurs, le juge décide qu'une part substantielle du montant de l'astreinte liquidée sera versée à l'État (fond de compensation pour la taxe sur la valeur ajoutée qui s'est substitué au fond d'équipement des collectivités locales).

(Pour une ILLUSTRATION dans un cas d'inexécution par un conseil régional : montant de l'astreinte liquidée, 702 000 francs partagés à raison de 10 % pour le requérant et de 90 % pour le fond de compensation pour la taxe sur la valeur ajoutée[8] ou par une commune : astreinte liquidée pour la somme de 165 750 euros, les 9/10e étant alloués à l'État[9]).

1632.135 Obligation de motivation de la décision liquidant l'astreinte. Il résulte des dispositions des articles L. 9, L. 911-7 et L. 911-8 du Code de justice administrative que la décision par laquelle la juridiction ayant prononcé une astreinte provisoire statue sur sa liquidation présente un caractère juridictionnel et doit par suite être motivée. En particulier, il appartient à la juridiction d'énoncer les motifs qui la conduisent, soit à ne pas faire droit aux moyens dont elle est saisie en vue d'une modulation de l'astreinte, soit à procéder d'office à une telle modulation[10].

1632.136 Voies de recours. Les voies de recours ouvertes contre les décisions prononçant la liquidation d'une astreinte sont celles ouvertes contre les décisions prononçant l'astreinte[11].

Le juge de cassation ne contrôle pas, sous réserve d'une dénaturation des faits qui ne peut être que très exceptionnelle, l'appréciation portée par les juges du fond sur l'opportunité de liquider l'astreinte et dans l'exercice de leur pouvoir de modération de l'astreinte[12].

1. CE 16 oct. 1995, Mme Leportier, req. n° 137693, NP; *JCP* 1995. II. 22588, concl. Schwartz – CE 5 sept. 2011, Min. Intérieur, req. n° 351710. Cette dernière décision rappelle qu'il ne peut en revanche remettre en cause les mesures décidées par le dispositif de la décision juridictionnelle dont l'exécution est demandée.
2. J.-M. Galabert, « L'application par le Conseil d'État des dispositions de la loi du 16 juillet 1980 relatives aux astreintes », spéc. p. 259, *Mél. Peiser*, Pug, 1995, p. 241 s.
3. V. PAR EX., en matière d'éviction illégale d'un agent public : CE 11 oct. 1999, Geronimi, req. n° 201765, NP.
4. CE 22 nov. 1999, Lother, req. n° 141236, *Lebon* T.
5. CE 21 avr. 2000, Jouanneaud, req. n° 190966, NP.
6. CE 25 nov. 1998, Mme Cantarel, req. n° 185095, NP.
7. CE 23 oct. 2009, Bodier, req. n° 310379, *Lebon* T. 907; *AJDA* 2009. 1978, obs. Biget.
8. CE 6 mai 1998, Lother, req. n° 148236, NP; *Procédures* 1998, n° 255.
9. CE 6 oct. 2010, Cne du Castellet, req. n° 307683, *Lebon*.
10. CE 6 oct. 2010, Cne du Castellet (préc. ss n° 1632.134).
11. CE 21 mai 2003, M. Petit, req. n° 252872, *Lebon*, en ce qui concerne une astreinte prononcée puis liquidée par le juge des référés.
12. CE 15 mars 2004, Sté Dauphin Adshel, req. n° 259803, *Lebon*.

1632.137 Recouvrement de l'astreinte liquidée. La condamnation à payer une astreinte liquidée ne peut pas faire l'objet d'une injonction du juge administratif dès lors que le bénéficiaire de la condamnation peut obtenir le mandatement d'office de la somme sur le fondement des dispositions de la loi du 16 juillet 1980[1] (sur le régime de la « contrainte au paiement » créée par la loi du 16 juillet 1980, v. s[s] n°s 1642.05 s.).

B.
Saisine de la Cour de discipline budgétaire et financière

1632.141 Renvoi. Lorsqu'il est procédé à la liquidation d'une astreinte prononcée par un tribunal administratif ou une cour administrative d'appel, copies du jugement ou de l'arrêt prononçant cette astreinte et de la décision qui la liquide sont adressées au ministère public près la Cour de discipline budgétaire et financière (CDBF - CJA, art. R. 921-7). Il en va de même lorsque l'astreinte et sa liquidation sont décidées par le Conseil d'État (CJA, art. R. 931-8 - sur la nature, le régime et les conséquences de la saisine de la CDBF, v. s[s] n°s 1652.20 s.).

SECTION 2
SAISINE DU JUGE JUDICIAIRE DE L'EXÉCUTION

1632.151 Bibliographie indicative - Renvoi. (V. s[s] n° 1610.03). La question des pouvoirs d'injonction et d'astreinte du juge judiciaire à l'encontre des personnes publiques se présente en effet de la même façon qu'elle se pose devant le juge saisi de l'action principale ou devant le JEX, après la condamnation. Les références utiles sont donc les mêmes.

1632.152 Quel juge judiciaire de l'exécution ? Soucieux de mettre fin à la dispersion du contentieux des voies d'exécution entre le tribunal de grande instance, le tribunal d'instance, le tribunal de commerce et les présidents de ces juridictions statuant en référé, le législateur (L. 9 juill. 1991[2], codifiée au Code des procédures civiles d'exécution[3] [C. pr. exéc., art. L. 213-4 s.]) a institué un juge unique - le JEX - qui dispose d'une compétence exclusive pour connaître des « *difficultés relatives aux titres exécutoires et des contestations liées à l'exécution forcée* » (sur la compétence du JEX, v. COJ, art. L. 213-5 et L. 213-6). Le JEX sera cependant moins couramment saisi lorsqu'est en cause une personne publique que lorsque l'inexécution est le fait d'une personne privée, notamment parce que la délivrance à une collectivité publique d'un commandement d'avoir à payer ou d'avoir à faire - à la supposer possible - n'est pas chose habituelle.

1632.153 Pouvoirs du juge de l'exécution à l'égard des personnes publiques. En principe, le juge judiciaire de l'exécution dispose à l'égard des personnes publiques des mêmes pouvoirs qu'à l'égard des personnes privées (sur les mesures d'exécution contre les personnes privées, v. s[s] livre 2 du présent ouvrage, s[s] n°s 200.00 s.).

1. CE 6 mai 1998, Lother, req. n° 141236, *Lebon*; *Dr. adm.* 1998, n° 255.

2. L. n° 91-650, 9 juill. 1991, portant réforme des procédures civiles d'exécution, *JO* 14 juill., p. 9228.
3. Ord. n° 2011-1895, 19 déc. 2011, relative à la partie législative du Code des procédures civiles d'exécution, *JO* 20 déc., p. 21464.

TITRE

164. Les voies d'exécution forcée contre les personnes publiques

SECTION 0
ORIENTEUR

Division. Contrairement aux procédures étudiées jusqu'à présent, qui ont pour objet d'inciter, plus ou moins fortement, la personne publique à exécuter la décision, le présent titre est consacré aux mesures destinées à obtenir l'exécution même de la décision malgré le refus ou l'inaction du débiteur. Le principe général de l'impossibilité d'utiliser les voies d'exécution de droit commun contre les personnes publiques (chap. 1641) a conduit au développement de voies d'exécution forcée administratives (chap. 1642).

1640.03 **Bibliographie indicative – Renvoi.** On se reportera, là encore, aux ouvrages et articles relatifs à l'exécution des décisions de justice, cités s[s] n° 1610.03.

CHAPITRE

1641. Impossibilité d'utiliser les voies d'exécution de droit commun

GILLES PELLISSIER
MAÎTRE DES REQUÊTES
AU CONSEIL D'ÉTAT

SECTION 0
ORIENTEUR

1641.00 **Plan du chapitre.**

Division. L'affirmation est ancienne, constante et ne doit pas surprendre (sect. 1). Il faut surtout préciser sa portée en déterminant les hypothèses qu'elle recouvre (sect. 2).

SECTION 1
PRINCIPE

1641.11 **Existence d'une règle non écrite.** De tout temps, la doctrine a affirmé l'existence d'une règle générale déduite des textes édictés dans des secteurs particuliers (pour un inventaire raisonné de ces textes, v. L. Jacquignon[1]) ou des jurisprudences rendues ponctuellement au bénéfice, par exemple, de l'État, des communes, des départements ou des établissements publics. Pour tous, celles-ci et ceux-là semblaient n'être que des illustrations particulières d'un principe non écrit de portée générale[2].

D'ailleurs, le juge a fini par rattacher l'impossibilité d'utiliser les voies d'exécution du droit commun au principe général du droit suivant lequel « les biens des personnes publiques sont insaisissables ». Principe non écrit :

– solennellement « révélé » par la Cour de cassation[3];

1. L. Jacquignon, « L'exécution forcée sur les biens des autorités et services publics », *AJDA* 1958. 71 s.

2. R. Bonnard, *Précis de droit administratif*, 3e éd., p. 683 et 684 – M. Hauriou, *Précis de droit administratif et de droit public*, 11e éd., p. 900 à 904 – H. Berthelemy, *Traité élémentaire de droit administratif*, 12e éd., p. 605 et 606 – M. Waline, *Manuel élémentaire de droit administratif*, 4e éd., p. 469 et 470 – De façon plus récente, P. Amselek, « Les établissements publics sans comptable public et le principe de l'insaisissabilité des biens des personnes publiques », *JCP* 1986. II. 3236 – Paris, 11 juill. 1984, SNCF c/Gard, *D.* 1995. 174; *AJDA* 1984. 625, note Bazex et Denoix de Saint-Marc – R. Ducos-Ader, « Le principe de l'insaisissabilité : un principe autonome et général du droit applicable à tous les établissements publics industriels et commerciaux », *Gaz. Pal.* 1986. II. Doctr. 474 s. – R. Odent, *Contentieux administratif*, 1976-1980, fasc. V, p. 1711 – P. Yolka, *La propriété publique, éléments pour une théorie*, LGDJ, 1997, p. 592 s.

3. Civ. 1re, 21 déc. 1987, n° 86-14.167, *Bull. civ.* I, n° 348; *RFDA* 1988. 771 s., concl. Charbonnier, note Pacteau; *JCP* 1989. II. 21183, note Nicod; *CJEG* 1988. 107 s., note Richer; *RTD civ.* 1989. 145 s., obs. Perrot – *GAJA*, 15e éd., Dalloz, 2005, n° 94 – *R.* 1987, Doc. fr., p. 123 s., comm. Sargos – V. AUPARAVANT, qualifiant l'insaisissabilité de « *principe absolu de droit* » : Civ. 5 mai 1885, *S.* 1886. 1. 353, note Chavegrin; *DP* 1885. 256.

– et utilisé à maintes reprises par le Conseil d'État, notamment dans ses formations consultatives[1].

1641.12 Affirmation législative. L'impossibilité de recourir aux voies d'exécution du droit privé contre les personnes publiques condamnées par une décision de justice a finalement été consacrée par le législateur. L'article L. 111-1 alinéa 3 C. pr. exéc.[2] dispose en effet que : « *L'exécution forcée et les mesures conservatoires ne sont pas applicables aux personnes qui bénéficient d'une immunité d'exécution* ». Sans doute, le texte ne précise-t-il pas qui sont ces personnes. Mais il est évident « *que ce sont celles-là même qu'avait désignées la jurisprudence antérieure, c'est-à-dire les personnes publiques* », pour reprendre l'heureuse formule du Professeur Delvolvé[3]. D'ailleurs les décisions rendues par les juges de l'exécution – elles sont rares sur ce point, au moins à être publiées – confirment cette interprétation de la loi[4]. Au surplus, l'article L. 2311-1 du très récent Code général de la propriété des personnes publiques dispose : « *Les biens des personnes publiques mentionnés à l'article L. 1* [sont ici visés les biens et les droits, à caractère mobilier ou immobilier, appartenant à l'État, aux collectivités territoriales et à leurs groupements ainsi qu'aux établissements publics] *sont insaisissables* ».

1641.13 Sanction juridictionnelle. La règle selon laquelle les personnes publiques ne peuvent faire l'objet d'une procédure d'exécution forcée, selon les règles de droit commun, peut être sanctionnée devant toutes les juridictions. Mettant en cause le principe de la séparation des pouvoirs, sa méconnaissance est susceptible de donner lieu à un pourvoi en cassation pour excès de pouvoir, voie de recours très particulière qui permet de faire censurer tous les actes du juge, y compris les actes d'Administration judiciaire, voire simplement les motifs d'un jugement (sur ce pourvoi, v. L. Cadiet[5]).

1641.14 Formule exécutoire. Il n'y a sans doute pas de meilleure illustration de l'impossibilité d'utiliser les voies d'exécution du droit commun à l'encontre des personnes publiques que le libellé de la formule exécutoire dont sont assorties les décisions rendues par les juridictions administratives. Le recours aux voies d'exécution de droit commun y est en effet expressément réservé aux personnes physiques ou morales de droit privé : « *La République mande et ordonne au(x)* [indiquer soit le ou les ministres, soit le ou les préfets désignés par le jugement] *en ce qui le* (les) *concerne ou à tous huissiers de justice à ce requis en ce qui concerne les voies de droit commun, contre les parties privées, de pourvoir à l'exécution de la présente décision* » (CJA, art. R. 751-1). Les dispositions du décret n° 47-1047 du 12 juin 1947, relatif à la formule exécutoire dont sont revêtues les expéditions des arrêts et jugements rendus par les juridictions civiles, n'ont pas la même vertu pédagogique. Aucune distinction n'est faite, en effet, entre les mesures qui peuvent être pratiquées à l'encontre des personnes privées et celles qui peuvent être utilisées pour contraindre les personnes publiques.

1641.15 Autres illustrations. Deux autres « privilèges de protection » dont bénéficient les personnes publiques sont généralement présentés comme découlant de l'insaisissabilité de leurs biens (ainsi, R. Chapus[6]). Il s'agit :

– d'une part de la règle selon laquelle les débiteurs des personnes publiques ne peuvent compenser leurs dettes par les créances qu'ils ont sur elles[7], la compensation s'analysant comme une voie d'exécution, puisque celui qui la pratique se paie lui-même ;

– d'autre part de la règle selon laquelle les personnes publiques ne peuvent faire l'objet d'une procédure de redressement ou de liquidation judiciaire (sur le fait que les personnes publiques ne peuvent se voir appliquer les procédures organisées par la loi du 25 janvier 1985[8] – au reste, l'article 2 de la loi n° 85-98 du 25 janvier 1985 relative au redressement et à la liquidation judiciaire des entreprises, dans sa rédaction issue de la loi n° 94-475 du 10 juin 1994 dispose que : « *Le redressement et la liquidation judiciaires sont applicables à tout commerçant, à tout artisan, à tout agriculteur et à toute personne morale de droit privé* »[9] – pour un ex. de responsabilité de l'État ne s'étant pas opposé à la mise

1. CE, sect. fin., 30 janv. 1992, req. n° 350083, *EDCE* 1992. 401 ; *GACE*, 3e éd., Dalloz, 2008, n° 19, comm. Claisse – CE, sect. TP avis, 6 févr. 1979, req. n° 323971, *EDCE* 1979-1980. 216 : « *Les voies d'exécution du droit privé ne sauraient être utilisées à l'encontre tant des OPHLM que des OPAC* ».
2. Ord. n° 2011-1895, 19 déc. 2011, relative à la partie législative du Code des procédures civiles d'exécution, *JO* 20 déc., p. 21464 (*applicable au 1er juin 2012*).
3. P. Delvolvé, « L'exécution contre l'Administration », *RTD civ.* 1993, n° spéc. 152 s., spéc. 153.
4. TGI Bobigny, 8e ch., 21 sept. 1993, AFPA c/Sté financière Haussmann, *Gaz. Pal.* 1994. Somm. 84.
5. L. Cadiet, *Droit judiciaire privé,* 2e éd., Litec, n° 1674, p. 714 et 715.
6. R. Chapus, *Droit administratif général,* t. I, 13e éd., Montchrestien, n° 199, p. 159.
7. PAR EX., CE 8 mars 1961, Sté R. Couzynet-Transocéanique, *Lebon* 162 – P. Amselek, « La compensation entre les dettes et les créances des personnes publiques », *RD publ.* 1968. 1485 s.
8. Paris, 15 févr. 1991, Centre national des bureaux régionaux de fret, *AJDA* 1991. 568 s., note Broussole ; *Bull. Joly* 1991. 427 s., note Auby ; *Gaz. Pal.* 1991. 1. 365, note Marchi.
9. L. 25 janv. 1985, art. 2, devenu C. com., art. L. 620-2.

en redressement judiciaire d'un établissement public[1]).

1641.16 Hiérarchie des normes. Le pouvoir réglementaire ne saurait déroger à la règle selon laquelle les voies d'exécution du droit privé ne peuvent être utilisées pour contraindre une personne publique à exécuter une décision de justice. D'une part, conformément à la jurisprudence du Conseil d'État et du Conseil constitutionnel, seul le législateur peut apporter des dérogations ou des limitations aux principes généraux du droit (du moins à ceux qui n'ont pas valeur constitutionnelle). D'autre part, et en tout état de cause, aux termes de l'article 34 de la Constitution, c'est à la loi qu'il revient de déterminer « *les principes fondamentaux* [...] *du régime de la propriété, des droits réels et des obligations civiles et commerciales* », principes dont relève sans doute l'insaisissabilité des biens (en ce sens, et de manière explicite, v. P. Amselek et concl. H. Savoie[2]).

1641.17 Une loi pourrait-elle apporter, dans un domaine particulier, une exception à l'immunité d'exécution rappelée à l'article L. 111-1 alinéa 3 C. pr. exéc. ? À notre connaissance le Conseil constitutionnel n'a pas encore eu l'occasion de se pencher sur la question de la valeur – constitutionnelle ou simplement législative – du principe de l'insaisissabilité des biens des personnes publiques. On peut malgré tout estimer qu'une disposition législative qui soumettrait les personnes publiques aux voies d'exécution du droit privé :

– ne serait pas, en elle-même et dans son principe, inconstitutionnelle (sur le fait que le principe d'insaisissabilité des biens des personnes publiques ne paraît pas être un principe de valeur constitutionnelle, v. P. Yolka[3]) ;

– à condition qu'elle réserve les hypothèses où la mesure d'exécution serait de nature à compromettre les relations internationales de la France avec un État étranger ou une organisation internationale et, surtout, la régularité et la continuité du fonctionnement du service public dont la personne publique saisie aurait la charge. La continuité du service public est en effet un principe de valeur constitutionnelle[4]. Et une loi est inconstitutionnelle lorsqu'elle a pour objet, à tout le moins pour effet, de porter atteinte ou de priver d'une garantie une exigence constitutionnelle (par ex., à propos de la loi relative à la constitution de droits réels sur le domaine public : « *Les mesures conservatoires ou d'exécution forcée* [...] *non plus que toute mesure de réalisation de sûreté ne sauraient avoir pour effet d'interrompre le fonctionnement du service public* »[5]).

SECTION 2
PORTÉE

1641.20 Division. La mise en œuvre du principe de l'impossibilité de recourir aux voies d'exécution du droit privé pour obtenir l'exécution par une personne publique d'une décision de justice peut en effet s'avérer délicate si l'on n'a pas clairement à l'esprit les personnes qui peuvent, utilement, s'en prévaloir, les biens qu'il protège et les mesures qu'il prohibe. Le droit positif tient en trois affirmations :

– toutes les personnes publiques mais uniquement les personnes publiques (§ 1) ;

– tous les biens des personnes publiques mais uniquement les biens des personnes publiques (§ 2) ;

– toutes les mesures d'exécution forcée mais uniquement les mesures d'exécution forcée (§ 3).

§ 1
Toutes les personnes publiques mais uniquement les personnes publiques

1641.21 État, collectivités locales, établissements publics et personnes publiques innomées. Toute puissance divisée contre elle-même est conduite à sa perte. Il est inconcevable, pour reprendre la formule imagée du Professeur Rivero, que le juge brandisse : « *la hache de guerre contre l'autorité qui la porte à la ceinture...* »[6]. Aussi bien, la prohibition des voies d'exécution du droit commun contre les biens de l'État a-t-elle très vite été affirmée par le

1. TA Paris, 8 juill. 1997, Gpt Assedic de la région parisienne, *Dr. adm.* juin 1998, n° 220.
2. P. Amselek, « Les établissements publics sans comptable public et le principe de l'insaisissabilité des biens des personnes publiques », *JCP* 1986. II. 3236 – CE 9 févr. 2000, Me Perrin (es qualité) c/Trésorier payeur du Coteau-Catillon, req. n° 192271, *Lebon; LPA* 30 août 2000. 4 s., concl. Savoie; *D.* 2000. 136, obs. Lienhard; *RTD com.* 2000. 724, obs. Martin-Serf.
3. P. Yolka, *La propriété publique,* LGDJ, 1997, p. 589 s.
4. Cons. const. 25 juill. 1979, n° 79-105 DC, *Rec. Cons. const.* 33, considérant n° 1; *GDCC*, 15e éd., Dalloz, 2009, n° 19; *GDELCC*, 2014, 2e éd., n° 24; *GADT*, 4e éd., Dalloz, 2008, nos 182-184 – P. Espuglas, *Conseil constitutionnel et service public*, LGDJ, 1994.
5. Cons. const. 21 juill. 1994, n° 94-346 DC, loi modifiant les dispositions de la loi n° 74-696 du 7 août 1974, relatives à la continuité du service public de la radio et de la télévision en cas de cessation concertée du travail, *Rec. Cons. const.* 96, considérant n° 9; *AJDA* 1994. 786, note Gondouin; *D.* 1995. 347, obs. Pini; *RDI* 1994. 427, obs. J.-B. Auby et C. Maugüé; *RFDA* 1994. 1106, étude Lavialle; *RTD civ.* 1995. 656, obs. Zenati.
6. J. Rivero, « Le Huron au Palais Royal ou réflexions naïves sur le recours pour excès de pouvoir », *D.* 1962. Chron. 37 s.

juge judiciaire[1] et par le Conseil d'État, au moins dans ses formations consultatives[2]. Elle a été étendue, sans que cela suscite de réserve et de discussion :

- aux collectivités locales[3];
- et aux établissements publics[4].

Et même si, à notre connaissance, la solution n'a jamais été consacrée au contentieux, on admettra sans hésitation que l'insaisissabilité bénéficie également aux biens des personnes publiques innomées, telles que, par exemple, les groupements d'intérêt public (v. rapport du Conseil d'État, et pour une affirmation en doctrine, P. Yolka[5]).

1641.22 Cas des établissements publics industriels et commerciaux (EPIC). La question de l'impossibilité d'utiliser les voies d'exécution du droit privé à l'encontre des personnes publiques a été renouvelée par la création d'EPIC, dont non seulement l'activité, mais aussi le statut, sont profondément marqués par le droit commun.

À la suite des nationalisations de la Libération, c'est à propos de la société nationale des entreprises de presse (SNEP) que la controverse s'est formée. Après que des juridictions du fond aient rendu des décisions en sens contradictoires (pour un inventaire exhaustif des décisions émanant des juridictions de premier degré, v. P. Yolka[6]), la Cour de cassation a considéré que le statut d'établissement public de la SNEP impliquait l'insaisissabilité de ses deniers[7]. Mais dans les motifs de ses arrêts, la Cour de cassation retenait les spécificités de l'entreprise en insistant d'une part sur le fait que la SNEP était investie de prérogatives de puissance publique et, d'autre part, sur le fait qu'elle assurait la gestion d'un service public sans aucun but lucratif. Une partie de la doctrine a donc soutenu que cette solution était réservée à la SNEP, à tout le moins aux établissements publics industriels ou commerciaux présentant un « *haut degré d'administrativité* » et ne concernait pas les autres « *commerçants publics* »[8]. De son côté, en revanche, et même s'il n'avait pas eu à connaître de la question dans ses formations contentieuses, le Conseil d'État, considérait que les voies d'exécution du droit commun étaient impossibles à pratiquer contre tous les établissements publics, y compris les EPIC[9]. La Cour de cassation a confirmé cette solution en 1987 : « *Attendu qu'il résulte du premier de ces textes que les biens n'appartenant pas à des personnes privées sont administrés et aliénés dans les formes et suivant les règles qui leur sont particulières; que, s'agissant des biens appartenant à des personnes publiques, même exerçant une activité industrielle et commerciale, le principe de l'insaisissabilité de ces biens ne permet pas de recourir aux voies d'exécution de droit privé; qu'il appartient seulement au créancier bénéficiaire d'une décision juridictionnelle passée en force de chose jugée et condamnant une personne publique au paiement, même à titre de provision, d'une somme d'argent, de mettre en œuvre les règles particulières issues de la loi du 16 juillet 1980* »[10]. L'impossibilité d'utiliser les voies d'exécution du droit privé pour contraindre au respect d'une décision de justice concerne donc toutes les personnes publiques. La prohibition vaut pour tous les établissements publics, sans distinction selon leur nature, leur vocation ou leur organisation. Il importe toutefois de souligner que certains auteurs – et parmi les plus autorisés – continuent de critiquer la pertinence de la jurisprudence actuelle sur l'insaisissabilité des biens des entreprises publiques ayant pris la forme dEPIC (à ce sujet v. Y. Gaudemet[11], B. Pacteau[12], D. Truchet [l'auteur se prononçant en faveur d'une intervention du législateur pour nuancer le principe de l'insaisissabilité des biens des personnes publiques

1. T. civ. 16 thermidor, an X, *Metz*, *S.* 1791-an XII. 677 – Civ. 31 mars 1819, *Enregistrement contre Jousselin*, *S.* 1819. 1821. 51.
2. CE 12 août 1807 – CE 26 mai 1813, cités par R. Odent, *Contentieux administratif*, 1976-1981, fasc. V, p. 1711.
3. Req. 15 févr. 1938, *D.* 1938. 1. 126 – Civ. 1re, 5 janv. 1965, *Bull. civ.* I, n° 14; *JCP* 1965. II. 14038, concl. Lindon – Civ. 2e, 16 déc. 1965, *Bull. civ.* II, n° 1038; *JCP* 1966. IV. 14.
4. T. confl. 9 déc. 1899, *Assoc. synd. du Canal de Gignac*, *Lebon* 731, note Hauriou; *S.* 1900. 3. 49 s.; *GAJA*, 18e éd., Dalloz, 2011, n° 7 – T. civ. Seine, 18 oct. 1933, *DP* 1934. 2. p. 65 s., note Waline.
5. V., *Les groupements d'intérêt public*, « Conseil d'État, section du rapport et des études », Doc. fr., 1996, p. 47. Étude adoptée par l'Assemblée générale du Conseil d'État le 27 juin 1996. – P. Yolka, *La propriété publique, éléments pour une théorie*, LGDJ, 1997, p. 592 s.
6. P. Yolka, *La propriété publique, éléments pour une théorie*, LGDJ, 1997, p. 586.
7. Civ. 9 juill. 1951, *Bull. civ.*, n° 225; *D.* 1952. 141 s., note Blaevoët; *S.* 1952. 1. 125 s., note Drago.
8. F. Marle, « À propos de quelques décisions de jurisprudence relatives à l'insaisissabilité des biens d'un établissement à caractère industriel et commercial », *Cah. doc. Jur.* 1950. Doctr. 550 s. – L. Jacquignon « L'exécution forcée sur les biens des autorités et services publics », *AJDA* 1958. 71 s. – DANS LE MÊME SENS et plus tard, v. Y. Gaudemet, *Gaz. Pal.* 1984. 2. Doctr. 565 s. – F.-C. Jeantet, « Emprunts français à l'étranger : domaines réservés à la loi française », *JCP* 1975. II. 2704 – R. Perrot, *Voies d'exécution*, Les cours de droit, 1978, p. 26.
9. CE, sect. TP avis, 6 févr. 1979, req. n° 323971, *EDCE* 1979-1980. 216 : à propos des OPHLM et des OPAC – « Étude relative aux établissements publics nationaux », *EDCE* 1984-1985. 32.
10. Civ. 1re, 21 déc. 1987, n° 86-14.167, *Bull. civ.* I, n° 348.
11. Y. Gaudemet, « L'entreprise publique à l'épreuve du droit public (domanialité publique, insaisissabilité, inarbitrabilité) », *Mél. Drago*, Economica, 1996, p. 259 s.
12. Civ. 1re, 21 déc. 1987, n° 86-14.167, *Bull. civ.* I, n° 348; *RFDA* 1988. 779 s.

ayant une activité industrielle et commerciale[1]] – v. aussi, S. Clamens[2], et en sens contraire, H. Moysan[3]).

1641.23 Le débat vient d'ailleurs d'être relancé sur un terrain autre que purement doctrinal. Par une communication interprétative en date du 24 novembre 1999[4], la Commission européenne a précisé son approche en ce qui concerne les aides d'État accordées sous la forme de garantie. Elle y indique notamment, en des termes très généraux, que constitue une telle aide « *les conditions de crédit plus favorables obtenues par les entreprises dont le statut légal exclut la possibilité d'une procédure de faillite ou d'insolvabilité ou prévoit explicitement une garantie de l'État ou une couverture des pertes par l'État* ». Sous cet angle, les établissements publics industriels et commerciaux devraient être considérés comme bénéficiant nécessairement d'une aide d'État. Or une telle aide, dans la mesure où elle serait susceptible d'affecter les relations communautaires, pourrait être considérée comme illégale ou abusive (sur ce texte et en ce sens, v. D. Préat[5]). À la fin de l'année 2003, d'ailleurs, la Commission européenne a considéré que l'insaisissabilité des biens d'EDF (qui, en droit français, est un EPIC) était une aide d'État contraire aux dispositions de l'article 87 du Traité CE. Plus précisément, par lettre du 16 octobre 2002, la Commission européenne, agissant sous la signature de Mario Monti, a informé l'État français qu'elle considérait que le fait que les actifs d'EDF ne puissent pas être saisis selon les procédures de droit commun (procédures d'exécution, d'insolvabilité et de faillite) constituait une aide d'État au sens de l'article 87 du traité des Communautés européennes. Agissant sur le fondement de l'article 18 du règlement de procédure n° 659/99, elle a indiqué que cette « *garantie illimitée dont bénéficie EDF sur tous ses engagements* » devait être supprimée, avec effet immédiat. Si le Gouvernement français a confirmé sa volonté de transformer EDF en société anonyme, aucun engagement valant acceptation inconditionnelle de cette « mesure utile », au sens de l'article 88, 1°, du Traité n'a été pris et aucune précision n'a été donnée quant au calendrier de la réforme. Le 2 avril 2003 (la décision ayant été notifiée à la République française le 4 avril), la Commission européenne a donc décidé d'entamer une procédure formelle d'investigation sur le cas d'EDF (Traité CE, art. 88, § 2) qui a abouti à la fin de l'année à une demande de remboursement de 888 millions d'euros[6].

On se doit enfin de souligner que de plus en plus d'entreprises publiques constituées sous la forme d'EPIC se voient reconnaître la possibilité de « gérer et d'aliéner » leurs biens (y compris les biens affectés au service public géré par cette personne) « dans les conditions du droit commun », formule que la doctrine interprète comme ayant si ce n'est pour objet, à tout le moins pour effet, d'écarter le principe d'insaisissabilité (en ce sens, s'interrogeant sur la portée de l'art. 23 de la loi modifiée du 2 juillet 1990 relative à l'organisation du service public de La Poste, v. E. Fatôme[7]).

1641.24 Personnes privées chargées d'une mission de service public. Puisque l'impossibilité d'utiliser les voies d'exécution du droit commun pour contraindre une personne publique à exécuter une décision de justice relève de la catégorie des « *privilèges à caractère personnel* », attachés à la qualité même de personne publique, il est logique que le juge judiciaire ait considéré que les biens des personnes privées gérant un service public sont saisissables. Il en a été ainsi jugé pour :

- une société d'économie mixte (SEM)[8];
- une caisse régionale d'assurance vieillesse[9];
- une association régie par la loi de 1901 et chargée de la formation professionnelle pour adultes[10].

La solution est la même lorsque la personne privée, sans agir au nom et pour le compte d'une personne publique, est chargée, sur le fondement d'un texte législatif, de recouvrer, au lieu et place de l'État, des sommes et de les redistribuer, dans un but d'intérêt général, conformément aux directives de la puissance publique. Notre droit répugne en effet à admettre, sauf dans des cas très particuliers, l'idée d'un « patrimoine d'affectation » susceptible

1. D. Truchet, « Les personnes publiques disposent-elles, en droit français, de la liberté d'entreprendre ? », *D. Affaires* 1996. 734.
2. S. Clamens, « Vers la remise en cause du principe d'insaisissabilité des biens des personnes publiques », *AJDA* 2000. 767 s.
3. H. Moysan, *Le droit de propriété des personnes publiques*, LGDJ, 2001, p. 224 à 227.
4. « Communication de la Commission sur l'application des articles 87 et 88 du traité Conseil d'État aux aides d'État sous forme de garanties », 2000/C 71/07, *JOCE* 11 mars 2000, C 71/14 à C 71/18.
5. D. Préat, « La garantie de l'État à ses établissements publics : une aide incompatible avec le Marché commun ? », *LPA* 26 janv. 2000. 4 s.
6. *Les Échos* 28 nov. 2003.
7. E. Fatôme, « À propos de l'apport en garantie des équipements publics », *AJDA* 2003. 21 s., s'interrogeant sur la portée de l'article 23 de la loi modifiée du 2 juillet 1990, relative à l'organisation du service public de La Poste.
8. Versailles, 2 juin 1986, Ricard c/Semava, *D.* 1987. 86, note Prévault – TGI Bourges, 20 avr. 1989, SCTB c/SEMIC, *Juris-Data* n° 048714.
9. Civ. 2e, 15 nov. 1995, n° 93-13.262, *Bull. civ.* II, n° 284; *Dr. adm.* 1996. 1 s., obs. Moysan.
10. TGI Bobigny, 8e ch., 21 sept. 1993, AFPA c/Sté financière Haussmann, *Gaz. Pal.* 1994. Somm. 84.

de bénéficier d'une protection particulière (en ce sens, et de manière particulièrement topique : saisissabilité des sommes collectées et détenues par les collecteurs, associations de la loi 1901, au titre de la contribution obligatoire des employeurs à l'effort de construction – dispositif dit du 1 % patronal –, alors même que ces collecteurs en assurent la gestion et la redistribution sous le contrôle de l'autorité publique et ne sont autorisés à prélever sur les sommes collectées que des frais de gestion déterminés par la puissance publique elle-même[1]).

Tout cela est logique et conduit donc les personnes privées chargées d'une mission de service public qui tenteraient de se soustraire à l'exécution d'une décision de justice à être justiciables à la fois des procédures civiles d'exécution (comme toutes personnes physiques ou morales de droit privé) et de certaines « voies d'exécution administratives » telles que, par exemple, l'intervention du Défenseur des droits ou le prononcé par le juge administratif d'une injonction assortie, si nécessaire, d'une astreinte.

1641.25 Personnes privées à « actionnariat public ». Même si ici les illustrations jurisprudentielles sont plus rares (voir toutefois les solutions dégagées pour les SEM locales et rappelées ci-dessus), il ne fait pas de doute que les structures de droit privé dont des personnes publiques sont membres ou adhérentes (sociétés commerciales, associations régies par les dispositions de la loi du 1er juillet 1901...) sont soumises aux voies d'exécution du droit commun. Le critère organique au regard duquel doit être appréciée la portée du principe de l'insaisissabilité des biens des personnes publiques n'est pas en leur faveur. Sans doute, cette solution oblige-t-elle à faire une distinction entre les entreprises publiques constituées sous la forme d'ÉPIC et celles qui ont adopté le statut de personnes morales de droit privé; différence de traitement que rien ne justifie ici (à ce sujet, v. Y. Gaudemet[2]) et qui, ainsi que l'avait souligné le Doyen Vedel dès les années 1950[3], se retourne « *contre les intérêts de leur exploitation* ». Le caractère insaisissable des biens des ÉPIC les prive en effet de la possibilité de les donner volontairement en garantie à des tiers qui, par exemple, leur octroieraient des prêts. Le privilège laisse la place à une sujétion dont ils n'ont sans doute pas fini de subir les conséquences préjudiciables. Mais c'est la conséquence obligée de l'application du critère organique qui dicte aujourd'hui toutes les solutions jurisprudentielles en matière de procédure d'exécution.

§ 2
Tous les biens des personnes publiques mais uniquement les biens des personnes publiques

1641.31 Nécessité de distinguer insaisissabilité des biens et domanialité publique. L'insaisissabilité des biens des personnes publiques concerne sans distinction tous les biens appartenant aux personnes publiques, qu'il s'agisse de biens matériels, mobiliers ou immobiliers, de dépendances du domaine public ou du domaine privé, de deniers, de droits incorporels, de valeurs ou de créances. Elle n'est donc pas une composante du régime de l'inaliénabilité du domaine public. La doctrine n'a de cesse de le rappeler : « *Il n'est pas davantage possible de saisir un immeuble qu'une collectivité publique exploite à titre purement lucratif, comme ferait un particulier propriétaire, en le donnant en location dans les conditions du droit privé qu'il n'est possible de saisir un jardin public ou un tribunal* » (v. P. Amselek[4] – v. aussi H. Moysan[5], selon lequel la règle « *de l'insaisissabilité ne protège concrètement que les biens et valeurs composant le domaine privé alors même qu'elle concerne théoriquement l'ensemble des biens publics, en raison de son fondement organique* », l'auteur estimant que l'impossibilité de recourir aux voies d'exécution contre les dépendances du domaine public trouve son « fondement fonctionnel » dans la règle de l'inaliénabilité). Et le juge a déjà eu l'occasion d'affirmer que l'insaisissabilité n'est pas le corollaire de la domanialité publique : « *Attendu que les deniers publics sont insaisissables... que les deniers d'une commune sont publics, sans distinction d'origine et sans départ entre domaine public et domaine privé* »[6].

1641.32 Biens appartenant à une personne publique mais mis à la disposition d'une personne morale de droit privé. Les personnes publiques peuvent être conduites à mettre à la disposition d'une personne morale de droit privé un certain nombre de biens ou d'ouvrages nécessaires à l'exploitation d'un service public, dans le cadre d'un contrat d'affermage, par exemple, ou à une activité d'intérêt général, sur le fondement notamment d'une convention d'occupation du domaine public.

1. Civ. 3e, 15 févr. 1983, no 81-15.794, *Bull. civ.* III, no 46; *RTD civ.* 1983. 601, obs. Perrot.
2. Y. Gaudemet, « L'entreprise publique à l'épreuve du droit public (domanialité publique, insaisissabilité, inarbitrabilité) », *Mél. Drago,* Economica, 1996, p. 259 s.
3. G. Vedel, « Le régime des biens des entreprises nationalisées », *CJEG* 1956, no 25, p. 29 s.
4. P. Amselek, « Les établissements publics sans comptable public et le principe de l'insaisissabilité des biens des personnes publiques », *JCP* 1986. II. 3286.
5. H. Moysan, *Le droit de propriété des personnes publiques,* LGDJ, 2001.
6. Civ. 2e, 16 déc. 1965, *Bull. civ.* II, no 1038.

L'hypothèse se rencontre de plus en plus fréquemment, les personnes publiques ayant aujourd'hui le souci de valoriser leur patrimoine. Il n'est pas douteux que ces biens sont insusceptibles d'être l'objet d'une mesure d'exécution forcée selon le droit commun. D'où la nécessité que la mise à disposition des biens d'une personne publique à une personne privée fasse toujours l'objet d'un inventaire précis et formel. En cas de difficulté, en effet, il ne nous semble pas faire de doute que ce sera à la personne saisie de prouver que le bien ne lui appartient pas et qu'il est insaisissable comme étant un élément du patrimoine d'une ou de plusieurs personnes publiques.

1641.33 Biens acquis ou construits par une personne privée « pour le compte » d'une personne publique. Les contraintes budgétaires et opérationnelles amènent parfois les personnes publiques à recourir à des personnes morales de droit privé pour la conduite de projets d'intérêt général (ainsi, dans le cadre des opérations d'aménagement, il est fréquent que la collectivité maître d'ouvrage recoure à une société d'économie mixte) ou pour la réalisation d'un ouvrage ou de travaux publics. S'agissant du point de savoir si et dans quelle mesure la personne privée liée par contrat à une personne publique peut utilement se prévaloir du principe d'insaisissabilité des biens de cette dernière, une distinction nous semble devoir être faite entre deux situations juridiquement différentes :

- la personne privée est en mesure de se prévaloir d'un mandat au sens des dispositions des articles 1984 et suivants du Code civil;
- la personne privée agit « pour le compte de la personne publique », sans toutefois pouvoir se prévaloir d'une convention de mandat. En droit administratif, la référence faite dans certains textes, dans certaines conventions ou dans certaines jurisprudences à la formule « pour le compte » est courante (par ex., la jurisprudence relative à la question de savoir si un contrat, conclu entre deux personnes privées, est un contrat administratif ou dans la loi du 12 juillet 1985 sur la maîtrise d'ouvrage public). Mais elle ne renvoie pas à la conception civiliste du mandat (sur cette question, on ne peut plus complexe, v. Y. Brard[1], A. Coudevylle[2], et surtout, T. Dal Farra[3] - v. aussi, M. Canedo[4]).

Dans le premier cas, le principe de l'insaisissabilité des biens des personnes publiques est susceptible de jouer. Il est de règle en effet que les actes accomplis par le mandataire produisent leurs effets exclusivement et directement dans le patrimoine du mandant (v. P. Malaurie et L. Aynès; J. Huet[5]).

Il en va différemment dans la seconde hypothèse où l'utilisation de la formule « pour le compte » signifie seulement que les biens acquis ou les actes accomplis par la personne privée répondent à un intérêt général et produiront à terme des effets dans le patrimoine d'une personne publique.

Toute la difficulté est donc de déterminer si, au-delà des appellations adoptées par les parties et qui sont souvent trompeuses, la personne privée peut se prévaloir d'un mandat, au sens du Code civil, de la part d'une personne publique. Et, dans la négative, il faut apprécier à quelle date l'ouvrage ou le bien a intégré le patrimoine de la personne publique. Les questions, on le pressent, sont délicates.

1641.34 Biens construits par un concessionnaire de service public. La question de l'insaisissabilité des biens d'un concessionnaire se pose différemment selon que le contrat les qualifie de « biens de retour » ou de « biens de reprise ». Les **biens de retour** ne peuvent certainement pas être saisis dans la mesure où une jurisprudence constante les considère comme étant, dès l'origine, la propriété de la personne publique concédante (opposition d'une commune à une saisie exécution sur les biens d'une société concessionnaire ayant fait l'objet d'une déchéance[6]). La question est plus délicate en ce qui concerne les **biens de reprise** (sur cette question, v. H. Moysan[7]). Ceux-ci restent en effet la propriété du concessionnaire jusqu'au terme de la concession et ce n'est qu'à ce moment qu'ils peuvent devenir la propriété de la personne publique concédante, si cette dernière le souhaite. Propriété d'une personne privée, ces biens sont en principe saisissables à s'en tenir à la jurisprudence de la Cour de cassation qui, en tout domaine et en toute matière, invite à ne retenir qu'un critère organique. Mais même en l'absence de précédent jurisprudentiel en ce sens, il nous semble toutefois prudent de réserver l'atteinte au fonctionnement régulier et continu du service public dont le concessionnaire - par hypothèse saisi - aurait la charge.

1641.35 Biens appartenant à une personne privée mais détenus par une personne publique. On ne conçoit pas qu'une saisie puisse être pratiquée à l'encontre d'une personne étrangère à la dette.

1. Y. Brard, « Le mandat comme fondement des contrats administratifs entre personne privée », *JCP* 1981. II. 3022.
2. A. Coudevylle, « La notion de mandat en droit administratif », *AJDA* 1979. 7 s.
3. CE, ass., 14 avr. 1983, req. n° 333160, *GACE,* Dalloz, 1997, p. 201 s., obs. Dal Farra, avec les références citées.
4. M. Canedo, *Le mandat administratif,* LGDJ, 2001, p. 870.
5. P. Malaurie et L. Aynès, *Droit civil, les contrats spéciaux,* Cujas, 1992, n° 532, p. 279 – J. Huet, *Les principaux contrats spéciaux. Traité de droit civil,* LGDJ, 1996, n° 31202, p. 1021.
6. Civ. 26 mai 1965, *CJEG* 1966. 277.
7. H. Moysan, « Les biens des personnes privées gérant un service public sont saisissables », *Dr. adm.* 1996. 1 s., spéc. 3.

Mais si l'on ne peut saisir la chose d'autrui, on peut tout de même saisir autrui, soit qu'il détienne un bien meuble ou immeuble du débiteur, soit qu'il lui doive une somme d'argent. C'est là tout simplement la traduction de l'idée inscrite dans les articles 2284 et 2285 du Code civil[1] selon laquelle l'ensemble du patrimoine de celui qui s'est obligé répond de ses dettes. Il serait inconcevable qu'une personne privée bénéficie d'un privilège attaché à la personnalité publique pour la seule raison qu'un élément de son patrimoine, qu'il s'agisse d'un bien corporel ou d'un bien incorporel, est dans les mains d'une personne morale de droit public. Aussi bien, admet-on qu'une personne publique peut être mise en cause dans le cadre d'une procédure d'exécution forcée d'une décision de justice, en qualité de tiers saisi (à ce sujet, v. F. Flores[2]) sauf bien sûr lorsque le débiteur saisi est lui-même une personne publique (ainsi une espèce où le Trésor public, tiers saisi, détenait les fonds au nom d'une commune[3]) ou lorsqu'un texte existe en sens contraire (par ex., l'article 173 du décret du 27 décembre 1985 prohibant « *toute opposition* » sur les sommes versées à la Caisse des dépôts et consignations – sur les difficultés d'interprétation et d'application de ce texte, v. F. Derrida[4]). L'article 173 du décret du 27 décembre 1985 été déclaré illégal par le Conseil d'État comme contraire à l'article 34 de la Constitution et à l'article 40 de la loi du 25 janvier 1985 modifiée par la loi du 10 juin 1994 et devenu l'article L. 621-32 du Code de commerce[5], ce qui a fait couler beaucoup d'encre (v. H. Croze et T. Moussa[6], B. Lagarde[7] et A. Lienhard[8]) après que la Cour de cassation ait donné plein effet à cet arrêt[9] (v. M.-A. Frison-Roche[10], A. Lienhard[11], A. Martin-Serf[12] et B. Rolland[13]). Finalement, le législateur a « refait » ce que le pouvoir réglementaire n'aurait pas dû faire : l'article L. 627-1 du Code de commerce[14] interdit toute procédure d'exécution portant sur des sommes versées à la Caisse des dépôts et consignation (pour des critiques – virulentes – de la méthode, v. D. Bureau et N. Molfessis; A. Lienhard)[15].

Il reste que si les personnes publiques peuvent être tiers saisis, elles ne sont pas des tiers saisis comme les autres. Aussi bien, lorsque le tiers saisi se trouve être l'État ou toute autre personne morale de droit public, des règles particulières trouvent-elles à s'appliquer :

– en matière de procédure, surtout lorsque la personne publique tiers saisi est dotée d'un comptable public (v. M. Dymant[16]);

– et sur le fond. Consulté par le gouvernement, le Conseil d'État a en effet réservé les hypothèses où la mesure d'exécution pratiquée dans les mains de la personne publique serait de nature à compromettre la régularité ou la continuité du service public dont celle-ci est chargée ou compromettrait les relations internationales de la France avec les États éventuellement concernés[17].

1641.36 Biens corporels construits par une personne privée sur le domaine public. Contrairement à une idée reçue, l'occupant du domaine public est propriétaire des ouvrages qu'il a pu être autorisé à construire ou à installer sur le domaine. On a tort en effet de considérer que la propriété des personnes publiques s'étend mécaniquement aux immeubles que l'occupant a été autorisé à édifier sur le domaine pour la durée de son titre. La jurisprudence sur ce point est claire[18]. Et la doctrine n'a

1. ANC[T] C. civ., art. 2092 et 2093 (ord. n° 2006-346, 23 mars 2006).
2. F. Flores, « La personne publique tiers saisi », *Courrier jur. fin.* 1993. 1 s.
3. Req. 15 févr. 1938, Grenouiller, *DH* 1938. 1. 128, note Montarret.
4. Com. 22 avr. 1997, n° 94-21.412, *Bull. civ.* IV, n° 104; *LPA* 4 juill. 1997, note Derrida – Paris, 13 janv. 1998, *LPA* 16 mars 1998. 16 s., note Derrida.
5. CE 9 févr. 2000, Me Perrin (ès qualités) c/Trésorier payeur du Coteau-Catillon, req. n° 192271, *Lebon*; *D.* 2000. 136, obs. A. Lienhard; *RTD com.* 2000. 724, obs. Martin-Serf; *LPA* 30 août 2000. 4 s., concl. Savoie – Désormais C. com., art. L. 622-17 (L. n° 2005-845, 26 juill. 2005, sauvegarde des entreprises).
6. *JCP* 2000. II. 10314, note Croze et Moussa.
7. B. Lagarde, *LPA* 15 mars 2000. 19 s.
8. A. Lienhard, *D.* 2000. AJ 136.
9. Com. 26 avr. 2000, n° 97-16.953, *Bull. civ.* IV, n° 85; *BICC* 15 sept. 2000, n° 520 – ET PAR LA SUITE, Com. 20 févr. 2001, n° 98-13.049, *Bull. civ.* IV, n° 43.
10. M.-A. Frison-Roche, « Les juges mettent en cause "*la réalité de la chose jugée*" », *Le Monde* 6 juin 2000. 22.
11. A. Lienhard, *D.* 2000. AJ 247.
12. *RTD com.* 2000. 724 s.
13. B. Rolland, « La lenteur de la faillite rattrapée par la rapidité de la Cour : réflexions sur l'annulation de l'article 173 du décret du 27 décembre 1985 », *LPA* 3 oct. 2000. 9 s.
14. Désormais C. com., art. L. 662-1 (L. n° 2005-845, 26 juill. 2005, sauvegarde des entreprises).
15. D. Bureau et N. Molfessis, « Le nouveau Code de commerce. une mystification », *D.* 2000. Chron. 361 s., spéc. 367 – A. Lienhard, « La légalité retrouvée de l'article 173 du décret du 27 décembre 1985 (ou les surprises de la codification à droit constant) », *D.* 2000. 34. Point de vue 3.
16. M. Dymant, « La saisie attribution au comptable public des centres de cheques postaux ou de la caisse nationale d'épargne : le décret du 31 juill. 1993 ou l'été du service public », *Rev. huiss.* 1993. 1208 s.
17. CE, ass., sect. fin. avis, 30 janv. 1992, req. n° 350083, *EDCE* 1992. 401; *GACE*, 1re éd., Dalloz, n° 36, p. 339 s., comm. Claisse.
18. CE 8 janv. 1930, Cie générale des eaux, *Lebon* 16 – CE 4 mars 1991, Mme Palanque, req. n° 79528, *Lebon* T.; *D.* 1992. Somm. 377, obs. Bon – CE 4 nov. 1994, S[té] Héliantal, req. n° 107010, NP; *CJEG* 1995. 513 s., note Sablière; *RDI* 1995. 88, obs. Auby et Maugüé – CE 27 févr. 1995, Secrétaire d'État à la Mer c/Torre, req. n° 139718, *Lebon*; *RDI* 1995. 731, obs. Auby et Maugüé; *RFDA* 1996. 1127, concl. Bachelier; *Dr. adm.* 1995, n° 262.

de cesse de le rappeler[1]. Force est donc bien d'admettre que ces biens peuvent faire l'objet d'une procédure civile d'exécution entreprise à l'encontre de l'occupant privatif du domaine public. On doit en convenir même si ce dernier n'exerce pas sur les ouvrages, constructions et installations immobilières qu'il a réalisés la plénitude des attributs de la propriété. S'il en a la maîtrise, c'est, en effet, seulement pendant la durée du titre domanial. Et il ne peut céder son autorisation – et les biens qu'il a édifiés sur son fondement – à un tiers sans obtenir l'agrément préalable du cessionnaire par la personne publique propriétaire du domaine. Tel est le principe. Au-delà deux observations doivent être faites :

– la loi n° 94-631 du 25 juillet 1994 complétant le Code du domaine de l'État et relative à la constitution de droits réels sur le domaine public admet le recours à l'hypothèque pour garantir les emprunts contractés par l'occupant pour le financement de la réalisation des immeubles situés sur le domaine. Admettre l'hypothèque, c'est accepter la possibilité d'une cession forcée des ouvrages de l'occupant domanial à la demande du créancier hypothécaire. Ce dernier ne doit pas perdre de vue que, dans cette hypothèse, l'exécution du titre exécutoire dont il pourrait se prévaloir à l'encontre de l'occupant du domaine public répond à des règles particulières. Les textes confient en effet la conduite de la procédure à la personne publique propriétaire du domaine et qui a délivré le titre constitutif du « droit réel » (C. dom. Ét., art. R. 57-7, réd. Décr. 6 mai 1995);

– le créancier poursuivant ne peut jamais ignorer que le Conseil constitutionnel, lorsqu'il a dû se prononcer sur la constitutionnalité de la loi relative à la constitution de droits réels sur le domaine public, a expressément indiqué que : « *Les mesures conservatoires ou d'exécution forcée* [...] *non plus que toute mesure de réalisation de sûreté (entreprise à l'encontre d'un occupant du domaine public) ne sauraient avoir pour effet d'interrompre le fonctionnement du service public* [...] »[2]. Le principe, formulé à propos des mesures d'exécution susceptibles d'être entreprises sur les biens des occupants du domaine public de l'État s'applique également, nous semble-t-il, aux procédures initiées contre les occupants du domaine public d'une collectivité territoriale ou d'un établissement public local.

1641.37 Biens financés par crédit-bail. Le bien financé par crédit-bail appartient, jusqu'au terme de la convention, à l'organisme de financement et à lui seul. Les termes de la loi n° 66-455 du 2 juillet 1966 relative aux entreprises pratiquant le crédit-bail l'indiquent. Et la logique du système l'implique : le bien financé par crédit-bail constitue en effet le gage du créancier. Deux cas de figure peuvent se présenter :

– lorsque la personne publique elle-même est crédit-bailleresse (le cas se présente, par exemple, lorsqu'une commune, sur le fondement de la législation sur l'interventionnisme économique, finance la construction de bâtiments adaptés au besoin d'une entreprise qu'elle souhaite accueillir sur son territoire – pour se convaincre de l'importance et des difficultés posées par cette pratique, v. P. Terneyre, C. Deves[3]), les biens financés par crédit-bail sont insusceptibles d'être saisis ou appréhendés conformément au droit commun, alors même qu'à l'issue de la convention la personne privée locataire possédera une option d'achat qui lui permettra d'en devenir propriétaire pour une valeur symbolique;

– lorsque le crédit-bailleur est une personne morale de droit privé, par exemple, une Sofergie agréée pour financer par crédit-bail les investissements des collectivités locales de leurs établissements publics ou de leurs concessionnaires (sur le fondement des dispositions de l'article 87, II de la loi n° 86-1317 du 30 décembre 1986 portant loi de finances pour 1987), les biens sont assurément saisissables. Il importe toutefois de réserver les hypothèses dans lesquelles les mesures d'exécution forcée entreprises contre le crédit-bailleur porteront atteinte au fonctionnement régulier et continu du service public (rappr. la logique qui a prévalu à propos de la constitution de droits réels sur le domaine public de l'État[4] – v. aussi, dans le même sens, une autre décision du Conseil constitutionnel[5]).

1. Y. Gaudemet, « L'occupant privatif du domaine public à l'épreuve de la loi », *Mél. Braibant,* Dalloz, p. 309 s. – J. Dufau, *Le domaine public,* 5ᵉ éd., t. II, Le Moniteur, 2001, n° 636 – E. Fatôme et P. Terneyre, « La loi du 25 juillet 1994 : observations complémentaires », *AJDA* 1994. 780 s – E. Fatôme, « À propos de l'apport en garantie des équipements publics », *AJDA* 2003. 21 s.
2. Cons. const. 21 juill. 1994, n° 94-346 DC, *Rec. Cons. const.* 96, 9ᵉ considérant; *JO* 23 juill., p. 10635; *AJDA* 1994. 786, note Gondouin; *D.* 1995. 347, obs. Pini; *RDI* 1994. 427, obs. Auby et Maugüé; *RFDA* 1994. 1106, étude Lavialle; *RTD civ.* 1995. 656, obs. Zenati.
3. P. Terneyre, « Les collectivités publiques peuvent-elles être crédit-bailleurs ? », *Dr. et patr.* juin 1997. 24 s. – C. Deves, « Les aides à l'immobilier d'entreprise », *JCP E* 29 janv. 1998, *Cah. dr. entr.*, p. 24 s.
4. Cons. const. 21 juill. 1994, n° 94-346 DC (préc. sˢ n° 1641.36).
5. Cons. const. 22 août 2002, n° 2002-460 DC, loi d'orientation et de programmation pour la sécurité intérieure, *Rec. Cons. const.* 198; *D.* 2003. 1125, obs. Ribes; *AJDA* 2002. 1059, note Chérot et Trémeau; *D.* 2003. 1125, obs. Ribes; *LPA* 2002, n° 182, p. 12, note Schœttl.

§ 3
Toutes les mesures d'exécution forcée mais uniquement les mesures d'exécution forcée

1641.41 **Principe.** La règle de l'insaisissabilité des biens des personnes publiques trouve à s'appliquer quelle que soit la mesure d'exécution en cause, saisie-attribution (C. pr. exéc., art. L. 211-1]), saisie-vente (C. pr. exéc., art. L. 221-1), saisie conservatoire (C. pr. exéc., art. L. 521-1), saisie-appréhension ou saisie-revendication de biens meubles corporels (C. pr. exéc., art. R. 222-1 à R. 222-25 [1]), et saisie immobilière (ACPC, art. 673 s. [2]). C'est là une évidence sur laquelle il n'est guère besoin d'insister.

1641.42 **Inscription d'une hypothèque judiciaire sur les biens immobiliers.** C'est un principe constant qu'un droit réel ne peut être constitué sur le domaine public. Sans doute, le principe est-il généralement énoncé pour asseoir la règle suivant laquelle il ne peut y avoir création conventionnelle d'un droit réel sur le domaine public, sauf texte législatif le permettant [3]. Mais il ne fait pas de doute que l'exclusion s'applique également aux hypothèques d'origine judiciaire, y compris lorsqu'elles sont simplement conservatoires (v. Y. Gaudemet, C. de Lajarte [4]). Deux raisons militent en faveur de cette solution.

En premier lieu, quelle que soit l'origine de l'hypothèque, elle confère un droit réel à son titulaire et le droit réel peut faire l'objet d'une cession. Or, précisément, si l'on exclut la possibilité de constituer des droits réels sur le domaine public, c'est pour éviter que le domaine public ne soit démembré et qu'ayant fait l'objet d'un éclatement, il ne soit plus en mesure de rendre les services qu'on attend de son affectation.

En second lieu, et en toute hypothèse, il y a un conflit entre les intérêts du créancier, qui peut légitimement revendiquer le droit d'assortir sa créance de garanties, et les intérêts du domaine public, qui militent en faveur du maintien de son intégrité. Or le maintien de l'intégrité du domaine public, à raison de son affectation, est une considération trop puissante, de prime abord, pour qu'on puisse le faire céder devant les intérêts privés aussi légitimes soient ils, qui s'attachent aux paiements des créanciers. En aucune manière, donc, les biens relevant du domaine public ne peuvent faire l'objet d'une prise d'hypothèque, fût-ce en vertu d'une décision de justice ou à titre conservatoire.

1641.43 ***Quid* des dépendances du domaine privé ?** À la fin du XIXe siècle, la Cour de cassation a admis que les biens communaux relevant du domaine privé pouvaient faire l'objet d'une hypothèque judiciaire [5]. À notre connaissance, cette solution ne paraît pas avoir été remise en cause au moins par la Cour de cassation. Au reste, elle est présentée comme étant toujours d'actualité par une partie de la doctrine (E. Baraduc-Bénabent, J.-P. Lay [6]). Tout au plus, la doctrine insiste-t-elle sur la portée du droit conféré au bénéficiaire de l'hypothèque. Si le créancier dispose certainement du droit d'être payé, par préférence aux autres créanciers, lors de la vente du bien, en revanche, il ne saurait, quand bien même sa situation serait privilégiée par rapport aux autres créanciers de la collectivité, soumettre la commune à une vente forcée. L'on ne saurait ignorer toutefois, que la question de savoir si un créancier peut prendre une hypothèque sur un bien appartenant à une personne publique n'est pas totalement tranchée. D'autres auteurs estiment en effet que la jurisprudence de la Cour de cassation telle qu'elle a été dégagée à la fin du XIXe siècle est aujourd'hui obsolète, notamment parce que l'article L. 311-9 du Code des communes aux termes duquel « *la vente des biens mobiliers ou immobiliers des communes, autres que ceux servant à l'usage public, peut être autorisée, sur la demande de tout créancier porteur d'un titre exécutoire, par arrêté du Préfet qui détermine les formes de la vente* » a été abrogé par l'article 21-I de la loi du 2 mars 1982 (v. à ce propos, P. Yolka [7]; A. de Laubadère, J.-C. Venezia, Y. Gaudemet [8]; Y. Gaudemet [9]). Dans une large mesure, donc, le débat reste ouvert (v. E. Fatôme [10]).

1. Décr. n° 2012-783, 30 mai 2012, relatif à la partie réglementaire du Code des procédures civiles d'exécution, *JO* 31 mai, p. 9375.
2. Art. abrog. depuis le 1er janv. 2007, par Ord. 21 avr. 2006 et Décr. 27 juill. 2006.
3. CE 6 mai 1985, Assoc. Eurolat, req. nos 41589 et 41699, *Lebon* 141; *RFDA* 1986. 21, concl. Genevois.
4. Y. Gaudemet, « Hypothèque et domaines des personnes publiques », *D. Affaires* 1996. 33 s. – C. de Lajarte, « Du recours à l'hypothèque par un occupant privatif du domaine public », *Dr. et proc.* 2003. 145.
5. Req. 18 déc. 1893, *DP* 1894. II. 97, rapp. Marignan – Agen, 18 juill. 1892, *S* 1894. 2. 1. note Michoud.
6. E. Baraduc-Bénabent, *L'exécution en nature des contrats des personnes publiques,* th. Paris II, 1979, p. 270 s. – J.-P. Lay, « L'exécution entre les collectivités locales des condamnations prononcées par le juge judiciaire », *Administrer* 1991. 15 s.
7. P. Yolka, *La propriété publique, éléments pour une théorie,* LGDJ, 1997, p. 583 s.
8. A. de Laubadère, J.-C. Venezia, Y. Gaudemet, *Traité de droit administratif,* t. I 14e éd., LGDJ, 1996, n° 417, p. 293 et 294.
9. Y. Gaudemet, « Hypothèque et domaines des personnes publiques », *D. Affaires* 1996. 33 s. – « L'occupant privatif du domaine public à l'épreuve de la loi », *Mél. Braibant,* Dalloz, 1996, p. 309 s., spéc. p. 319 et 320.
10. E. Fatôme, « À propos de l'apport en garantie des équipements publics », *AJDA* 2003. 21 s.

1641.44 Commandement d'avoir à payer ou d'avoir à faire. Si le principe de l'insaisissabilité des biens des personnes publiques permet de s'opposer à toute procédure d'exécution forcée, encore faut-il que la mesure en cause comporte en elle-même une possibilité d'exécution forcée. Aussi bien, sans nier, ni restreindre le principe, le juge judiciaire a-t-il déjà admis qu'un simple commandement - mesure préliminaire à des actes de poursuite - peut être délivré à l'encontre d'une personne publique[1]. L'on trouve toutefois des précédents en sens contraire[2]. Surtout, récemment amenée à préciser les cas dans lesquels le JEX qui ne peut être saisi de difficultés relatives à un titre exécutoire qu'à l'occasion des contestations portant sur les mesures d'exécution forcée engagées ou opérées sur le fondement de ce titre, la Cour de cassation a estimé que la signification d'un commandement était un « acte d'exécution » au sens de la loi du 9 juillet 1991 et caractérisait le début des hostilités[3]. L'on peut douter, dès lors, qu'un commandement d'avoir à payer ou d'avoir à faire puisse être régulièrement délivré à une personne publique sur le fondement d'un jugement la condamnant. Il ne faut toutefois pas exagérer l'importance de cette incertitude. Intéressant sur le plan théorique, le débat n'a que peu de conséquences pratiques. Dans les faits, la délivrance par voie d'huissier d'un commandement à une personne publique pose moins une question de légalité que d'utilité. À quoi bon, en effet, recourir à cette formalité qui ne saurait avoir les effets que lui attache le droit des procédures civiles d'exécution et qui n'est prévue dans aucune des « voies d'exécution administrative », seules susceptibles de contraindre les personnes publiques condamnées par une décision de justice ?

1641.45 Saisies contrefaçon et saisies reproduction. Les textes protégeant la propriété littéraire, artistique et industrielle (CPI, art. L. 332-1 à L. 332-4) mettent à la disposition de ceux qui estiment être victimes d'actes de contrefaçon, la faculté de recourir à un certain nombre de « saisies » dont l'objet est simplement de se ménager un mode de preuve des agissements incriminés. Dans la mesure où l'objet de ces « saisies » (puisque tel est leur nom) n'est que de parvenir à une description de la contrefaçon, les biens litigieux étant laissés entre les mains du possesseur, rien ne s'oppose, nous semble-t-il, à ce qu'elles soient pratiquées à l'encontre de personnes publiques. Ces mesures ne portent, en effet, atteinte ni aux deniers, ni aux biens publics (pour une affirmation en doctrine, v. E. Bénabent[4] - pour une ILLUSTRATION en jurisprudence, au moins sur la question de la compétence pour connaître d'une « saisie-contrefaçon » pratiquée à l'encontre d'un établissement public, et non sur la licéité de la mesure[5]).

1. T. civ. 18 oct. 1933, *D.* 1934. 2. 65 s., note Waline.
2. Nancy, 30 juin 1927, *Delegrange et Messager, JCP* 1927. II. 596.
3. Cass., avis, 16 juin 1995, n° 09-50.008, *Bull. avis,* n° 9; *RTD civ.* 1995. 691 s., obs. Perrot.
4. E. Bénabent, *L'exécution en nature des contrats des personnes publiques,* th. Paris II, 1979, p. 271.
5. T. confl. 6 janv. 1975, Ofrateme c/Jahan et a., req. n° 01995, *Lebon*; *D.* 1975. 702 s., note Plouvin.

CHAPITRE

1642. Voies d'exécution forcée administratives

Gilles PELLISSIER
Maître des requêtes
au Conseil d'État

SECTION 0
Orienteur

1642.00 **Plan du chapitre.**

Division. La principale voie d'exécution administrative est issue de l'article 1er de la loi du 16 juillet 1980. Ce dispositif n'est cependant applicable qu'à l'exécution des décisions de justice portant condamnation à payer une somme d'argent, fixant le montant de la condamnation et devenues définitives ou passées en force de chose jugée (sect. 1). Pour les autres décisions de justice qui, tout en étant exécutoires, ne remplissent pas ces conditions, il convient d'envisager d'autres voies d'exécution (sect. 2).

1642.05 **Voie d'exécution spécifique.** L'existence de voies d'exécution administratives est la contrepartie du principe de l'insaisissabilité des biens (v. Teissier et Hauriou[1]), dès lors que la parfaite exécution des décisions de justice, quelle que soit la partie condamnée, constitue l'un des postulats de l'État de droit. L'article 1er de la loi n° 80-539 du 16 juillet 1980, relative aux astreintes prononcées en matière administrative et à l'exécution des jugements par les personnes morales de droit public[2] (repris par CJA, art. L. 911-9), a institué une procédure de paiement forcé spécifique à l'exécution des décisions de justice contre les personnes publiques, tendant à permettre au justiciable d'obtenir directement le paiement des sommes qui lui sont dues, sans engager de procédure juridictionnelle. Il a été modifié à plusieurs reprises et en dernier lieu par l'article 17 de la loi n° 2000-321 du 12 avril 2000 relative aux droits des citoyens dans leurs relations avec les administrations. Son décret d'application a été pris le 20 mai 2008[3].

1. CE 17 juin 1904, Commission administrative de l'hospice du Saint-Esprit, *S.* 1906. 3. 119 s., concl. Teissier – CE 20 nov. 1908, Chambre de commerce de Rennes, *Lebon* 941; *S.* 1910. 3. 17 s., note Hauriou.
2. L. n° 80-539, 16 juill. 1980, relative aux astreintes prononcées en matière administrative et à l'exécution des jugements par les personnes morales de droit public, *JO* 17 juill., p. 1799 s.
3. Décr. n° 2008-479, 20 mai 2008, relatif à l'exécution des condamnations pécuniaires prononcées à l'encontre des collectivités publiques, *JO* 23 mai, p. 8380.

SECTION 1
DÉCISIONS DE JUSTICE FIXANT LE MONTANT DE LA CONDAMNATION ET DEVENUES DÉFINITIVES OU PASSÉES EN FORCE DE CHOSE JUGÉE

§ 1
Conditions générales

1642.11 Champ d'application. Aux termes de l'article 1er de la loi du 16 juillet 1980, citée par l'article L. 911-9 du Code de justice administrative : « *Lorsqu'une décision juridictionnelle passée en force de chose jugée a condamné l'État au paiement d'une somme d'argent dont le montant est fixé par la décision elle-même, cette somme doit être ordonnancée dans un délai de deux mois à compter de la notification de la décision de justice.* »

1642.12 Décisions émanant des deux ordres de juridiction. La procédure de paiement forcé instituée par la loi du 16 juillet 1980 concerne l'exécution de toutes les décisions juridictionnelles, qu'elles émanent de l'ordre juridictionnel administratif ou judiciaire. La décision du juge de l'expropriation fixant, en application des articles L. 13-1 et suivants du Code de l'expropriation pour cause d'utilité publique, les indemnités destinées à réparer le préjudice résultant de l'expropriation, constitue une décision juridictionnelle condamnant une collectivité locale au paiement d'une somme d'argent au sens des dispositions du premier alinéa du II de l'article 1er de la loi n° 80-539 du 16 juillet 1980 relatives au mandatement d'office[1].

1642.13 Décisions passées en force de chose jugée – Renvoi. Sur la notion de décision passée en force de chose jugée, v. ss n° 1612.55.

1642.14 Décisions accordant une provision. Les dispositions de l'article 1er de la loi du 16 juillet 1980 sont applicables aux décisions du juge des référés accordant une provision[2].

1642.15 Décisions fixant le montant de la condamnation. La décision doit fixer le montant de la somme à payer. Le plus souvent, la décision qui condamne une personne à payer une somme d'argent détermine elle-même le montant de la somme à payer. Dans ce cas, il n'y a aucune difficulté : la contrainte est susceptible de jouer pour le paiement de la condamnation principale mais aussi des intérêts, des frais de l'instance... Mais les choses ne sont pas toujours aussi simples. Parfois il y a condamnation mais le créancier ne pourra pas recourir à la procédure régie par l'article I de la loi du 16 juillet 1980. Il en va ainsi lorsque la décision mentionne les sommes dues dans ses attendus ou ses considérants et non dans son dispositif, renvoie la liquidation de la dette à d'autres décisions juridictionnelles ou non (par ex., chez le juge administratif le renvoi du justiciable devant la personne publique liquider l'indemnité selon les bases fixées dans les motifs[3]) ou comporte des dispositions alternatives (condamnation « *si mieux n'aime* » par la juridiction administrative ou « *conditionnelles* » comme en matière de fixation par le juge judiciaire des indemnités d'expropriation dues par les collectivités expropriantes).

1642.16 Condamnation au paiement d'une somme d'argent[4]. Cette procédure permet d'obtenir l'exécution de toutes les décisions de justice portant condamnation au paiement d'une somme d'argent, mais seulement de celles-là. Il a ainsi été jugé qu'elle ne s'appliquait pas à une autorisation donnée par le juge judiciaire, dans le cadre d'une procédure de redressement et la liquidation judiciaires des entreprises, de revendiquer une somme entre les mains d'une personne publique[5].

En revanche, elle s'applique à l'ensemble des condamnations prononcées, notamment « *au paiement des intérêts dont la décision de justice a fixé le point de départ et le taux, sans préjudice de l'obligation pour la collectivité publique de verser les intérêts dus en application de l'article 1153-1 du Code civil* »[6].

1642.17 Partie condamnée. Le dispositif issu de la loi du 16 juillet 1980 ne s'applique qu'à l'État, les collectivités territoriales, les établissements publics, à l'exclusion des personnes publiques *sui generis* telles que la Banque de France ou les groupements d'intérêt public.

1. CE 5 juill. 2010, Cne d'Angerville, req. n° 309355, *Lebon*; *AJDA* 2011. 168, note Caille; *AJDI* 2011. 111, chron. Gilbert; *RDI* 2010. 489, obs. Hostiou; *AJCT* 2010. 88, obs. Struillou.
2. L'article 17 de la loi n° 2000-321 du 12 avril 2000, relative aux droits des citoyens dans leurs relations avec les Administrations, a modifié l'article 1er-I de la loi du 16 juillet 1980, pour étendre son champ d'application à ces décisions – POUR UNE APPLICATION RÉCENTE, v. CE 29 oct. 2010, Min. Alimentation c/Sté Sofunag Environnement, req. n° 338001, *Lebon*.
3. EX. : CE 27 sept. 1993, Mme Kerbache, req. n° 116587, *Lebon* T. 855 : requérante renvoyée devant l'Administration pour qu'il soit procédé à la liquidation de l'indemnité à laquelle elle a droit sur les bases définies dans les motifs de la décision de justice.
4. SUR LA NOTION DE CONDAMNATION PÉCUNIAIRE, v. S. Niquège, « La notion de condamnation dans la jurisprudence administrative », *AJDA* 2008. 1528.
5. CE 12 déc. 2007, Min. Économie, Finances et Emploi, c/ UGAP, req. n° 296345, *Lebon*; *AJDA* 2005. 2410.
6. Décr. n° 2008-479, 20 mai 2008, reprenant une solution dégagée par CE, 3 sept. 2007, M. Déchelotte, req. n° 293283, *Lebon*; *AJDA* 2007. 1679.

§ 2
Décisions de justice condamnant l'État

1642.20 Division. On examinera successivement le délai dans lequel l'ordonnancement de la somme à laquelle l'État a été condamné doit intervenir (A) avant d'examiner le recours dont dispose le créancier auprès du comptable en cas de non-respect de ce délai (B).

1642.21 Textes applicables.

CJA, art. L. 911-9, I (*réd. L. n° 80-539, 16 juill. 1980, art. 1er-I*).

• **Décr. n° 2008-479, 20 mai 2008,** relatif à l'exécution des condamnations pécuniaires prononcées à l'encontre des collectivités publiques, chap. I, *JO* 23 mai, p. 8380.

• **Circ. prem. min., 20 mai 2008,** relative à l'exécution des condamnations pécuniaires prononcées contre l'État, NOR : PRMX0812416C, *JO* 23 mai, p. 7.

• **Circ. min. Intérieur, 16 oct. 1989,** sur l'exécution des décisions de justice par les collectivités territoriales et leurs établissements, *JO* 20 févr. 1990, p. 2143.

A.
Délai dans lequel les sommes doivent être ordonnancées

1642.31 Principe général. La somme à laquelle l'État a été condamné par une décision juridictionnelle passée en force de chose jugée et dont le montant a été fixé par la décision elle-même doit être ordonnancée dans un délai de deux mois à compter de la notification de la décision de justice. Une précision s'impose à cet égard. La procédure générale d'exécution des dépenses publiques comprend quatre opérations successives : l'engagement, la liquidation, l'ordonnancement et le paiement[1]. Pour éviter les déconvenues, le créancier doit donc bien distinguer l'ordonnancement du paiement. L'ordonnancement est, selon l'article 31 du décret du 29 décembre 1962, « *l'acte administratif donnant, conformément aux résultats de la liquidation, l'ordre de payer la dette de l'organisme public. Il est prescrit soit directement par les ordonnateurs principaux (pour l'État il s'agit des ministres) ou par les ordonnateurs secondaires* » (sur les autorités compétentes, les formes et les délais de l'ordonnancement, v. J. Magnet[2]). L'ordonnancement n'est donc pas la dernière étape de la procédure. Intervient en effet après l'ordonnateur, le comptable qui, avant de procéder au paiement, s'assure, sous sa seule responsabilité, que les conditions nécessaires à l'exécution régulière de la dépense publique sont réalisées. En pratique, donc, si même le législateur a prévu que l'ordonnancement de la dépense devait intervenir dans les quatre mois de la notification de la décision, le créancier ne recevra pas effectivement les sommes qui lui sont dues dans ce délai. En moyenne, il devra patienter, selon les cas, entre deux et six semaines après le jour où l'ordonnance ou le mandat émis par l'ordonnateur aura été transmis au comptable.

1642.32 Insuffisance de crédits. Le 2e alinéa du I de l'article 1er de la loi du 16 juillet 1980 dispose que : « *Si la dépense est imputable sur des crédits limitatifs*[3]

1. Décr. n° 62-1587, 29 déc. 1962, portant règlement général sur la comptabilité publique, art. 28.
2. J. Magnet, *Éléments de comptabilité publique*, 2e éd., LGDJ, p. 79 et 80.
3. En vertu du règlement général sur la comptabilité publique : « *Les dépenses des organismes publics (au premier rang desquels l'État) doivent être prévues par leur budget et être conformes aux lois et règlements (Décr. 29 déc. 1962, art. 27, al. 1). Aucune dépense de quelque nature que ce soit ne peut donc être payée si elle n'est pas conforme à l'autorisation annuelle que constitue, pour l'État, la loi de finances* ». L'autorisation est doublement limitée :
– dans son objet d'abord. Pour l'État, en effet, les crédits ouverts aux ministres par la loi de finances sont spécialisés par chapitre budgétaire (Ord. 2 janv. 1959, art. 7, al. 2);
– dans son montant ensuite. Parmi les crédits ouverts, on distingue en effet entre :
• les **crédits limitatifs** qui sont de droit commun : les dépenses imputables sur ces crédits doivent se conformer au montant ouvert, qui ne peut être augmenté que par une nouvelle autorisation budgétaire. Néanmoins, en cas d'urgence, ils peuvent être complétés par prélèvement sur un crédit ouvert à cet effet au ministre des Finances ou, si ce crédit est insuffisant, par décret d'avance, sauf ratification par la plus prochaine loi de finances (Ord. 2 janv. 1959, art. 11);
• les **crédits provisionnels** qui sont ouverts pour des dépenses dont le montant ne peut être exactement déterminé. Les dépenses imputables sur ces crédits doivent se renfermer dans leur montant, mais celui-ci peut être réajusté en cours d'année (et sans qu'il soit nécessaire d'une urgence) par prélèvement sur un crédit ouvert à cet effet au ministre des Finances ou, en cas d'urgence, par décret d'avance, sauf ratification par la plus prochaine loi de finances (Ord. 2 janv. 1959, art. 10);
• les **crédits évaluatifs,** enfin, qui sont ouverts pour des dépenses qui résultent de dispositions législatives permanentes ou de conventions approuvées par la loi. Les dépenses imputables sur ces crédits peuvent les dépasser si nécessaire, sauf ratification par la loi qui réglera le budget (Ord. 2 janv. 1959, art. 9). L'**imputation budgétaire** des sommes devant être acquittées suite à un contentieux obéit à des règles complexes (rappr. à propos de l'imputation budgétaire des sommes versées au terme d'une procédure transactionnelle). D'une façon schématique :
– si le **litige est de nature contractuelle,** c'est-à-dire si la responsabilité de l'État est fondée par exemple sur les stipulations d'un marché ou d'une convention de délégation de service public, les sommes versées à la suite de la décision et les frais annexes éventuels, doivent être imputées sur les crédits limitatifs servant au financement des dépenses afférentes au contrat considéré. Toute dérogation à cette règle ne peut intervenir qu'avec l'accord préalable du ministre chargé du Budget; – en revanche, si le **litige est de nature extra-contractuelle,** c'est-à-dire si la responsabilité de l'État n'a pu être définie à l'avance, les sommes versées à la suite de la décision sont imputées sur des crédits évaluatifs (Ord. 2 janv. 1959, art. 9, classant dans cette catégorie « *les frais de justice* [... et les...] *réparations civiles* »).

qui se révèlent insuffisants, l'ordonnancement est fait dans la limite des crédits disponibles. Les ressources nécessaires pour les compléter sont dégagées dans les conditions prévues par l'ordonnance n° 59-2 du 2 janvier 1959 portant loi organique relative aux lois de finances [c'est-à-dire par un prélèvement sur un crédit ouvert à cet effet au ministre des Finances ou, si ce crédit est lui-même insuffisant, par décret d'avance, ratification en étant faite par la plus prochaine loi de finances]. *Dans ce cas, l'ordonnancement complémentaire doit être fait dans un délai de quatre mois à compter de la notification. À défaut d'ordonnancement dans les délais mentionnés aux alinéas ci-dessus, le comptable assignataire de la dépense doit, à la demande du créancier et sur présentation de la décision de justice, procéder au paiement* ».

1642.33 **Formes de l'ordonnancement.** Les textes ne contiennent aucune règle particulière sur l'autorité compétente pour ordonnancer la dépense. Les règles habituelles s'appliquent donc. Pour éviter toute méprise de la part du créancier poursuivant (qu'une lecture rapide des textes pourrait déconcerter), on rappellera que :

– les ministres, ordonnateurs principaux de l'État, émettent des « ordonnances de paiement », qui sont soumises au visa des contrôleurs financiers;

– les ordonnateurs secondaires de l'État (tout comme d'ailleurs les ordonnateurs des autres organismes publics) émettent, eux, des « mandats de paiement ».

1642.34 **Informations du créancier sur la date de l'ordonnancement ou du mandatement.** La date de l'ordonnancement ou de mandatement est portée à la connaissance du créancier par lettre recommandée avec demande d'avis de réception le jour de l'émission du titre. La même lettre comporte la désignation du comptable assignataire de la dépense (sur cette notion, v. s[s] n° 1642.43). En cas d'insuffisance des crédits limitatifs sur lesquels la dépense est imputable, l'information est double :

– l'ordonnateur de la dépense doit aviser le créancier, par lettre recommandée avec demande d'avis de réception (LRAR), avant l'expiration du délai de quatre mois à compter de la notification de la décision à l'État, du montant de la somme due qui fera l'objet d'une ordonnance ou d'un mandat de paiement ultérieur;

– la date de l'ordonnancement ou du mandatement du solde des sommes dues (qui doit être émis dans un délai de six mois à compter de la notification de la décision de justice à l'État) est portée à la connaissance du créancier par LRAR le jour de l'émission du titre. Cette lettre désigne le comptable assignataire de la dépense.

Dans tous les cas, et afin d'éviter que les demandes de paiement direct soient formulées à tort et pour prévenir les risques de double paiement, l'article 2 du décret n° 88-336 du 11 avril 1988 prévoit que le comptable assignataire est informé, de la même façon que le créancier, de la date à laquelle les sommes ont pu ou peuvent avoir été mandatées par l'ordonnateur.

B. Saisine du comptable en cas de non-respect du délai dans lequel les sommes doivent être ordonnancées

1642.41 **Principe.** L'article 1-I de la loi n° 80-539 du 16 juillet 1980 (CJA, art. L. 911-9 I, al. 3) dispose : « *À défaut d'ordonnancement, dans les délais mentionnés aux alinéas ci-dessus* [deux mois en principe ou quatre mois en cas d'insuffisance des crédits disponibles], *le comptable assignataire de la dépense doit, à la demande du créancier et sur présentation de la décision de justice, procéder au paiement* ». Au nom de la protection des créanciers de l'État, le législateur a donc dérogé à un principe fondamental du droit de la comptabilité publique : la séparation des ordonnateurs et des comptables. En principe, en effet, le comptable public ne peut jamais payer une dépense sans qu'un administrateur lui en ait donné l'ordre. C'est dire l'importance de la dérogation existant en matière d'exécution des décisions de justice.

1642.42 **Saisine du comptable.** Le créancier de l'État qui n'a pas reçu dans les deux (ou quatre mois en cas d'insuffisance des crédits) la lettre l'informant de la date de l'ordonnancement ou du mandatement de sa créance ainsi que de la désignation du comptable assignataire de la dépense peut saisir le comptable d'une demande de paiement sans ordonnancement ou mandatement préalable.

1642.43 **Identification du comptable à saisir.** Le créancier doit saisir le « *comptable assignataire de la dépense* ». La notion peut déconcerter, d'autant que le réseau des comptables publics est passablement complexe. Les « comptables assignataires » se distinguent des « comptables correspondants », suivant la part qu'ils prennent à l'exécution des opérations financières. Pour J. Magnet[1] : « *Les comptables assignataires sont ceux qui sont désignés pour exécuter les opérations et en assument corrélativement la responsabilité. Ils sont tenus d'en exercer eux-mêmes le contrôle, dans les conditions posées par le règlement général sur la comptabilité publique, mais l'exécution matérielle (encaissement et décaissement) peut en être faite par d'autres comptables, leurs correspondants,*

1. J. Magnet, *Les comptables publics,* « Systèmes », LGDJ, 1995, p. 12.

qui opèrent pour leur compte et sous leur responsabilité. Ainsi les impôts directs à la charge de contribuables qui ont quitté la circonscription où ils étaient imposés peuvent être versés par eux à la caisse du comptable subordonné du Trésor de leur nouvelle résidence; les dépenses payables en numéraire peuvent être réglées, sur visa des comptables assignataires, par les comptables des lieux où résident les bénéficiaires ». De toute façon, même s'il est peu au fait des choses de l'Administration, le créancier n'a pas à craindre les conséquences de la règle selon laquelle il lui faut saisir le « comptable assignataire de la dépense ». En effet, le comptable saisi, s'il n'est pas « assignataire de la dépense » doit en aviser le créancier en même temps qu'il doit transmettre le dossier au comptable compétent (Décr. n° 2008-479, art. 1er).

1642.44 Absence de formalisme. La loi du 16 juillet 1980 pose le principe du paiement direct des condamnations par le comptable assignataire, sur demande du bénéficiaire de la décision de justice. Mais elle n'apporte aucune précision quant à la nature et à la forme de cette demande, pas plus que d'ailleurs que les décrets pris pour son application. La circulaire du 7 juin 1989 relative à l'exécution des décisions de justice condamnant l'État au paiement d'une somme d'argent[1] précise à cet égard « *qu'il suffit d'une simple lettre du créancier, ou même, que ce dernier se présente, en personne, au guichet du comptable muni de l'expédition rendue en sa faveur, revêtue de la formule exécutoire* ».

1642.45 Pièces justificatives à joindre à la demande. L'article du décret n° 2008-479 du 20 mai 2008 dispose que la saisine du comptable par le créancier s'opère sur simple présentation d'une expédition de la décision à exécuter revêtue de la formule exécutoire. En pratique, dans la mesure où le comptable assignataire de la dépense doit vérifier, à peine d'engager sa responsabilité personnelle, que toutes les conditions posées par la loi sont réunies, il ne lui suffit pas de connaître le contenu de la décision à exécuter. Il doit aussi pouvoir apprécier l'exercice éventuel d'une voie de recours, notamment pour s'assurer que le jugement et/ou l'arrêt est revêtu de la « *force de chose jugée* ».

1642.46 Conséquences pour le créancier. Le bénéficiaire de la condamnation répondant aux exigences fixées par la loi du 16 juillet 1980 a tout à gagner à saisir le comptable. S'il le fait, il est certain d'être payé à bref délai. Lorsque le comptable saisi par le créancier est « *le comptable assignataire* », le paiement doit en effet intervenir dans le délai d'un mois. Si le comptable saisi n'est pas assignataire de la dépense, le dossier est, on l'a vu, automatiquement transmis au comptable compétent qui dispose lui aussi d'un mois à compter de sa saisine pour procéder au versement effectif des sommes.

1642.47 Conséquences pour l'ordonnateur. Le dispositif mis en place ne permet pas seulement au créancier d'obtenir le paiement des sommes qui lui sont dues. Il comporte également un aspect répressif, l'ordonnateur se voyant infliger des sanctions. Dans tous les cas, lorsque le comptable a procédé au paiement après y avoir été requis par le créancier, l'ordonnateur des crédits correspondants doit procéder à un ordonnancement de régularisation (Décr. n° 2008-479, art. 5). Concrètement, le comptable assignataire qui a effectué le paiement invite l'ordonnateur à lui produire, sans délai, l'ordonnance ou le mandat de régularisation accompagné de l'expédition de la décision de justice exécutée revêtue de la formule exécutoire. Le paiement ayant donné lieu à l'émission par le comptable d'un ordre de paiement, l'opération a en effet, été comptabilisée sur un compte d'attente. L'ordonnance ou le mandat doit être produit avant la clôture de l'exercice. Aussi bien, dans l'hypothèse où le mandat ou l'ordonnance de régularisation ne serait pas produit dans le délai d'un mois qui suit le paiement direct, le comptable doit-il informer sans délai les services centraux du ministère du Budget afin que des solutions soient recherchées au niveau des Administrations centrales et, le cas échéant, qu'une imputation budgétaire soit donnée à la dépense en tout état de cause avant l'expiration de la période complémentaire (c'est-à-dire avant le 20 janvier de l'année *n* + 1). Tant que l'ordonnancement de régularisation n'a pas eu lieu, il est fait interdiction à l'ordonnateur intéressé d'engager de nouvelles dépenses sur le chapitre devant supporter le paiement de la condamnation. Le contrôleur financier près le ministère intéressé est informé de la mise en œuvre de cette sanction. En outre, lorsque l'ordonnateur est un ordonnateur secondaire, tous les engagements de dépenses portant sur les crédits concernés sont soumis au contrôle financier préalable (et ce jusqu'à la fin de l'exercice budgétaire).

§ 3 Décisions de justice condamnant une collectivité territoriale ou un établissement public

1642.51 Textes applicables.

• **Décr. n° 2008-479, 20 mai 2008,** relatif à l'exécution des condamnations pécuniaires prononcées à l'encontre des collectivités publiques, chap. II, *JO* 23 mai, p. 8380.

1. Circ. 7 juin 1989, relative à l'exécution des décisions de justice condamnant l'État au paiement d'une somme d'argent, *JO* 16 sept., p. 11717; *D.* 1989. 321; *JCP* 1989. III. 63142.

CGCT, art. L. 1612-17.

CJA, art. L. 911-9, II (L. n° 80-539, 16 juill. 1980, art. 1er-II).

1642.52 Généralités. Longtemps le juge administratif a refusé d'imposer à l'autorité de tutelle l'obligation d'inscrire au budget des collectivités locales les sommes correspondant à l'exécution des décisions de justice[1]. Parce que, selon M. Waline : « *Il serait peut-être imprudent de leur faire toujours entière confiance pour acquitter spontanément leurs dettes* »[2], le juge a hésité[3], puis évolué[4]. Aujourd'hui, la question est réglée par le législateur : la loi du 16 juillet 1980 a confié au représentant de l'État une double compétence d'inscription budgétaire d'une part, de mandatement d'office d'autre part. Globalement le dispositif mis en place est le même que pour l'État (v. ss nos 1642.20 s.). Les obligations mises à la charge des ordonnateurs des collectivités locales sont les mêmes que celles qui pèsent sur les ordonnateurs principaux et secondaires de l'État. Tout au plus faut-il relever que :

- si l'ordonnateur manque à ses obligations (non-respect des délais d'ordonnancement ou défaut d'information du créancier), l'autorité à saisir n'est pas le comptable mais le préfet;

- lorsque les crédits existent et sont disponibles, le Préfet peut procéder au mandatement d'office sans même avoir à mettre en demeure la collectivité et sans intervention des chambres régionales des comptes[5];

- en cas d'absence ou d'insuffisance de crédits inscrits au budget, le préfet dispose d'un délai d'un mois à compter de la saisine du créancier pour mettre en demeure la collectivité locale de créer les ressources nécessaires;

- une fois mise en demeure, la collectivité dispose d'un mois pour s'y conformer (ce délai est porté à deux mois lorsque la dette est égale ou supérieure à 5 % du montant de la section de fonctionnement du budget de la collectivité locale intéressée - Décr. n° 2008-479, art. 10);

- si sa mise en demeure reste sans effet, le préfet procède à l'inscription d'office de la somme due en dégageant les ressources nécessaires. Pour ce faire, il peut réduire les crédits affectés à d'autres dépenses et encore libres d'emploi, augmenter les recettes, ou même utiliser ces deux possibilités en même temps. Le Conseil d'État a admis que le préfet procède à la vente de biens immobiliers de la collectivité territoriale, sous réserve que le bien ne soit pas indispensable au bon fonctionnement des services publics dont la collectivité a la charge[6]. Il peut arriver ici que la somme en cause soit si importante que l'équilibre réel du budget soit mis en péril. Dans cette hypothèse (heureusement encore très rare), le préfet doit saisir la chambre régionale des comptes au titre de l'article L. 1612-5 du Code général des collectivités territoriales. La chambre élaborera un plan sur plusieurs années afin que la collectivité locale en cause honore la dette résultant de la décision de justice, éventuellement à l'aide de subventions exceptionnelles de l'État (CGCT, art. L. 2335-2);

- la décision du préfet modifiant le budget de la collectivité est notifiée à cette dernière qui peut la déférer à la censure de la juridiction administrative (sans que ce recours soit suspensif);

- en toute hypothèse, si dans le délai de huit jours après cette notification l'ordonnateur n'a pas procédé au mandatement, le préfet y procède dans le délai d'un mois;

- le paiement, stade ultime de la procédure, est le fait du comptable de la collectivité. Si la trésorerie est insuffisante, le comptable ne pourra pas payer. En général, sauf dans de rares cas de communes « en cessation de paiement », cette situation ne se prolonge pas indéfiniment et le blocage n'est que temporaire. Si les choses durent, le créancier devra se tourner, une nouvelle fois, vers le préfet qui pourra donner un ordre de priorité à son mandatement d'office (il n'existe pas de règle précise relative à l'ordre de priorité des créances qu'il incombe à l'ordonnateur de définir, sous sa responsabilité, en cas d'insuffisance de trésorerie. Par exemple, en cas de mandatement d'office, une circulaire interministérielle du 20 octobre 1988 prescrit aux préfets de veiller à ce que soient payées en premier lieu les dépenses de personnel et les annuités des emprunts[7]. Rien n'est dit donc des décisions de justice). Rappelons également que le comptable suspendra le paiement s'il ne possède pas comme pièce justificative la décision de justice revêtue de la formule exécutoire et qu'il s'assurera, dans tous les cas, du caractère libératoire du paiement dont il est chargé, c'est-à-dire qu'il paie à la bonne personne (ce qui peut le conduire à des vérifications passablement longues lorsque, par ex., une saisie a été prati-

1. CE 28 mars 1853, Giraud, *Lebon* 353 – CE 4 août 1876, Ville de Besançon, *Lebon* 743.
2. M. Waline, *Manuel élémentaire de droit administratif*, 4e éd., Sirey, 1946, p. 470.
3. CE 26 juin 1908, Daraux, *S.* 1909. 3. 129, note Hauriou.
4. CE, ass., 24 mai 1943, Cne de Joinville-le-Pont, *D.* 1943. 74 – CE 31 mai 1950, Cts Roux, *Lebon* 321.
5. CE 23 déc. 1988, Ville de Romans sur Isère, req. n° 90014, *Lebon* 471 ; *AJDA* 1989. 267 s., obs. Moreau.
6. CE, sect., 18 nov. 2005, Sté fermière de Campoloro et a., req. n° 271898, *Lebon*; *AJDA* 2006. 137, chron. Landais et Lenica; *AJDA* 2007. 1218, étude Cassia; *RFDA* 2000. 1096, note Bon; *RFDA* 2006. 341, note Bon.
7. J.-L. Chartier et A. Doyelle, « Les chambres régionales des comptes et les collectivités en grave difficulté financière », *AJDA* 1992. 717 s.

quée entre ses mains contre le bénéficiaire de la chose jugée, v. s[s] n° 1641.35).

Il faut ajouter que la responsabilité de l'État est susceptible d'être engagée, à l'égard de la collectivité locale mise en cause, si le préfet fait un usage abusif de ses prérogatives, ou (l'hypothèse est plus probable) à l'égard du créancier, si, au contraire, il refuse de les utiliser ou les utilise avec retard (v. s[s] n°s 1652.21 s.).

1642.53 Établissements publics. Les dispositions applicables aux établissements publics, qu'ils soient nationaux ou locaux, sont identiques à celles applicables aux collectivités territoriales, à ceci près que l'autorité vers laquelle le créancier doit se tourner n'est pas le préfet mais l'autorité de tutelle. On rappellera également que l'autorité de tutelle est susceptible d'engager sa responsabilité si elle n'utilise pas les prérogatives qui lui sont reconnues par la loi pour contraindre l'établissement public à s'acquitter promptement des sommes mises à sa charge par une décision de justice répondant aux conditions fixées par la loi du 16 juillet 1980 (v. s[s] n°s 1652.21 s.).

SECTION 2
AUTRES DÉCISIONS DE JUSTICE EXÉCUTOIRES

§ 1
Décisions de justice condamnant l'État ou un établissement public national

1642.61 État. En l'état de notre droit, il n'existe aucune procédure permettant de contraindre l'État à payer une somme qu'une juridiction a mis à sa charge, lorsque la décision, fut-elle exécutoire, n'est pas définitive, passée en force de chose jugée ou ne détermine pas précisément le montant de la condamnation. Dans ces hypothèses, le paiement est spontané ou il n'est pas...

1642.62 Établissement public de l'État. Si l'on s'en tient aux textes, la solution est la même que pour l'État. Faute qu'une procédure ait été prévue, le créancier est démuni. Il n'est pas certain, malgré tout, qu'il faille en rester là. Bien au contraire : le créancier nous paraît pouvoir utilement se tourner vers l'autorité de tutelle de l'établissement concerné par l'exécution de la décision de justice. En effet, et même si en principe, l'autorité de tutelle ne détient (contrairement au supérieur hiérarchique) que les pouvoirs dont elle a été expressément investie par les lois et règlements[1], le Conseil d'État a admis, dans ses formations consultatives, que dans la mesure où les voies d'exécution du droit privé ne peuvent être utilisées à l'encontre des établissements publics, leurs créanciers doivent bénéficier, même en l'absence de texte, de la garantie de l'inscription et de l'ordonnancement d'office des dettes exigibles par l'autorité de tutelle[2] (la solution affirmée pour les OPAC et les OPHLM, établissements publics locaux, avant les lois de décentralisation nous semble avoir, de par sa motivation, une portée générale).

§ 2
Décisions de justice condamnant une collectivité territoriale ou un établissement public local

1642.71 Textes applicables.

> Sur les aspects procéduraux de la saisine par le créancier.
• **Décr. n° 95-945, 23 août 1995**, relatif aux chambres régionales des comptes, art. 94 à 100, *JO* 27 août, p. 12717.

> Inscription au budget.
CGCT, art. L. 1612-15.

> Mandatement.
CGCT, art. L. 1612-16.

1642.73 Bibliographie indicative.
Ouvrages. H.-M. Crucis, *Droit des contrôles financiers des collectivités territoriales*, *AJDA*/Le Moniteur, Paris, 1998, chap. 4.12, 5.41 et 5.75.

Articles. J.-Y. Bertucci et A. Doyelle, « Les questions de compétence et de recevabilité soulevées par le contrôle des actes budgétaires », *AJDA* 1995. 894 s. – J.-L. Chartier et A. Doyelle, « La notion de crédits disponibles pour le mandatement d'une dépense obligatoire », *AJDA* 1989. 684 s.; « Dépenses obligatoires », *AJDA* 1991. 196 s. – A. Doyelle, « Les difficultés budgétaires et comptables de l'application des décisions de justice », *Gaz. cnes.* 9 nov. 1992. 72 s. – J.-C. Vignot, « L'inscription et le mandatement d'une dépense obligatoire devant les chambres régionales des comptes : procédure d'urgence ou requête au fond ? », *Gaz. cnes.* 6 janv. 1997. 28 s.

1642.74 Application de la procédure générale d'inscription et de mandatement des dépenses obligatoires des collectivités territoriales. Dans un avis rendu par sa section de l'intérieur le 5 janvier 1989, le Conseil d'État a estimé que lorsque la décision juridictionnelle ayant condamné une collectivité territoriale à payer une somme d'argent ne remplissait pas les conditions fixées par la loi du 16 juillet 1980 (décision non passée en force de chose jugée ou n'ayant pas fixé le montant de la condamnation), elle n'en constituait pas moins une dépense obligatoire. Le préfet peut donc

1. CE 17 janv. 1913, Congrégation des sœurs de Saint-Régis, *Lebon* 72, concl. Corneille.
2. CE, sect. TP avis, 23 janv. 1979, req. n° 324152, NP; *EDCE*, n° 31, p. 217.

mettre en œuvre la procédure organisée par les articles L. 1612-15 et L. 1612-16 du Code général des collectivités territoriales.

1642.75 Notion de dépenses obligatoires. Aux termes de l'article L. 1612-15 du Code général des collectivités territoriales : « *Ne sont obligatoires pour les collectivités territoriales que les dépenses nécessaires à l'acquittement des dettes exigibles et les dépenses pour lesquelles la loi l'a expressément décidé* » (v. pour les communes, CGCT, art. L. 2321-1 et L. 2321-2 - pour les départements, CGCT, art. L. 3321-1 - pour les régions, CGCT, art. L. 4321-1). Une dépense ne peut être regardée comme obligatoire et faire l'objet d'un mandatement d'office que si elle correspond à une dette échue, certaine, liquide, non sérieusement contestée dans son principe et dans son montant et découlant de la loi, d'un contrat, d'un délit, d'un quasi-délit ou de toute autre source d'obligations, ce qui inclut les condamnations pécuniaires résultant de décisions juridictionnelles[1]. S'agissant des décisions de justice exécutoires et condamnant une collectivité territoriale à payer une somme d'argent, la condition tirée de ce que la dépense doit être obligatoire dans son principe ne fait pas difficulté. Par « liquide », il faut entendre la dépense dont le mode de calcul n'est pas de nature à soulever d'interrogations sérieuses. La plupart du temps, ce n'est pas sur ce point non plus que le créancier connaîtra des difficultés. En pratique, s'agissant de l'hypothèse qui nous occupe, les discussions les plus délicates portent sur la contestation de la dette. Lorsqu'un recours a été introduit à l'encontre du jugement ou de l'arrêt à exécuter, cette condition laisse en effet place à une appréciation très subjective. On peut considérer qu'une dépense n'est pas sérieusement contestée, du simple fait que le jugement fait l'objet d'un appel (appel contre un jugement de tribunal de grande instance bénéficiant de l'exécution provisoire[2] - appel contre un jugement de tribunal administratif[3]) ou d'un recours en cassation (recours en cassation devant le Conseil d'État contre un arrêt de cour administrative d'appel[4]). En pratique, on observe que les motifs de la contestation doivent être suffisamment (et apparemment) sérieux pour que la chambre régionale des comptes et/ou le préfet estime préférable d'attendre qu'elle ait été tranchée pour mettre en œuvre la procédure d'inscription et de mandatement d'office.

1642.76 Mandatement d'office des dépenses obligatoires. Lorsque les crédits disponibles sont suffisants pour que la dette soit honorée, seul le préfet est compétent pour intervenir. De façon schématique, l'article L. 1612-16 du Code général des collectivités territoriales dispose que :

- à défaut de mandatement de la dépense obligatoire (que constitue la décision de justice exécutoire ayant condamné la collectivité territoriale à payer une somme d'argent) par le maire, le président du conseil général ou le président du conseil régional, dans le mois suivant la mise en demeure qu'il en a été faite par le représentant de l'État dans le département, celui-ci y procède d'office;
- le délai d'un mois est cependant de deux mois lorsque la dépense est égale ou supérieure à 5 % de la section de fonctionnement du budget primitif.

Si la collectivité connaît des difficultés de trésorerie, le représentant de l'État pourra fixer un ordre de priorité des paiements dans lequel, en général, la somme correspondant à l'exécution d'une décision de justice exécutoire prend un bon rang (sur ce point, v. s[s] n° 1642.52).

En revanche, dans l'hypothèse où la dépense est impossible par suite de la **non-inscription au budget des crédits correspondants**, le représentant de l'État n'a d'autre solution que de mettre en œuvre la procédure d'inscription budgétaire des crédits selon la procédure prévue à l'article L. 1612-15.

1642.77 Inscription d'office au budget en cas d'insuffisance des crédits disponibles. Lorsque les crédits disponibles sur le chapitre sur lequel la somme mise à la charge de la collectivité par la décision de justice sont insuffisants, la procédure est plus lourde que lorsqu'il s'agit simplement de surmonter l'absence de mandatement par l'ordonnateur. Les choses se passent ainsi :

- La chambre régionale des comptes territorialement compétente, est saisie soit par le représentant de l'État dans le département, soit par le comptable public concerné, soit par toute personne y ayant intérêt (l'hypothèse qui nous occupe est en effet le seul cas dans lequel les chambres régionales des comptes peuvent être saisies directement par des particuliers). La saisine de la chambre doit être « *motivée, chiffrée et appuyée de toutes les justifications utiles (pour apprécier l'exigibilité et le caractère obligatoire de la dépense), et notamment du budget*

1. CE, sect., avis, 5 janv. 1989, *RFDA* 1990. 513 – CE 12 mars 1982, S[té] pour le développement touristique de Pralognan-la-Vanoise, req. n° 17179, *Lebon* T. 553 – CE 11 déc. 1987, C[ne] de Pointe-à-Pitre, req. n° 26246, *Lebon* T. 626 – J. Verot, « Les dépenses obligatoires des collectivités territoriales décentralisées et de leurs établissements publics », *Rev. Trésor* 1987. 39 s.
2. CRC Île-de-France, avis, 24 mai 1994, *Rec. C. comptes* 224 – CRC Provence-Alpes-Côte-d'Azur, avis, 5 mai 1995, *Rec. C. comptes* 223.
3. CRC Réunion, avis, 24 nov. 1994, *Rec. C. comptes* 283.
4. CRC Provence-Alpes-Côte-d'Azur, avis, 1er janv. 1991, *Rec. C. comptes* 163 – CRC Auvergne, avis, 11 juill. 1991, *Rec. C. comptes* 230 – CRC Ile-de-France, avis, 18 mars 1993, *Rec. C. comptes* 179.

voté et, le cas échéant, des décisions qui l'ont modifié » (Décr. 23 août 1993, art. 94). Cette dernière exigence n'est pas posée à peine d'irrecevabilité. Au contraire même : l'article 95 du décret du 23 août 1993 prévoit que : « *Lorsque l'auteur de la demande n'a pu obtenir les documents budgétaires, le président de la chambre régionale des comptes se les fait communiquer par le représentant de l'État* ».

– Le président de la chambre saisie communique la demande au ministère public. Il en informe le représentant (il faut comprendre le pouvoir exécutif, le maire, le président du conseil général ou le président du conseil régional, selon les cas) de la collectivité mise en cause.

– Dans un premier temps, la chambre se prononce sur la recevabilité de la demande, notamment en contrôlant la qualité du demandeur et, lorsqu'elle est saisie par un particulier qui s'estime lésé, son intérêt à agir (qui doit être personnel, direct et certain).

– Par la suite, à supposer la demande recevable, la chambre régionale des comptes se prononce sur le caractère obligatoire ou non de la dépense et apprécie si les crédits inscrits sont suffisants pour sa couverture. Les textes prévoient qu'elle doit le faire dans le délai d'un mois à compter de sa saisine. Juridiquement, ce délai n'a qu'un caractère indicatif et n'est pas imparti à peine de dessaisissement ou d'irrégularité de la procédure. Au reste, dans les faits, les chambres dépassent souvent le délai d'un mois, soucieuses qu'elles sont de recueillir les observations de la collectivité et de la convaincre sans avoir à poursuivre la procédure. En tout cas, la chambre ne peut décider de surseoir à statuer, par exemple jusqu'à ce que l'appel ou le pourvoi en cassation qu'aurait introduit la collectivité ait été jugé[1].

– Si la chambre régionale des comptes constate que la dépense n'est pas obligatoire, elle notifie sa décision, qui est motivée, précise le décret du 23 août 1995 (et ne peut donc être implicite), à l'auteur de la demande, à la collectivité concernée et, s'il n'est pas l'auteur de la demande, au représentant de l'État. Celui qui cherche à recouvrer son du n'a d'autre solution, alors, que de retourner devant le juge, l'acte par lequel la chambre régionale des comptes rejette la demande de constat de dépenses obligatoires étant une décision soumise au contrôle du juge administratif[2].

– Si la chambre régionale des comptes estime que les crédits inscrits sont suffisants pour couvrir la dépense jugée obligatoire, elle notifie sa décision dans les mêmes conditions que lorsqu'elle estime que la dépense n'est pas obligatoire. Mais dans ce cas, il suffit au demandeur de saisir le préfet pour obtenir le mandatement d'office de la somme (v. s^s n° 1642.75).

– Si la dépense est obligatoire et si la chambre constate l'absence ou l'insuffisance des crédits nécessaires à sa couverture, elle adresse une mise en demeure à la collectivité territoriale concernée.

Si dans un délai d'un mois, la collectivité a ouvert les crédits nécessaires (c'est-à-dire si l'organe collégial de la collectivité a délibéré pour modifier le budget), sa décision est transmise à la chambre régionale des comptes et au requérant dans les huit jours de son adoption.

Si au contraire la mise en demeure de la chambre n'est pas suivie d'effet, cette dernière demande au représentant de l'État d'inscrire la dépense au budget et propose, s'il y a lieu, la création de ressources ou la diminution de dépenses facultatives pour qu'elle puisse être acquittée sans affecter l'équilibre réel du budget. Le représentant de l'État dans le département règle et rend exécutoire le budget **rectifié en conséquence.** S'il s'écarte des propositions formulées par la chambre régionale des comptes, il assortit sa décision d'une motivation explicite. Le préfet n'est pas lié par l'appréciation du caractère obligatoire de la dépense faite **par la chambre régionale des comptes**[3]. À l'inverse, lorsque cette dernière estime que la dépense n'est pas obligatoire, le représentant de l'État est tenu de refuser l'inscription d'office au budget[4].

1642.78 Recours contentieux. La jurisprudence du Conseil d'État est venue préciser, au fil des contentieux, les **possibilités de recours dont disposent les différents intervenants** (préfet, chambre régionale des comptes et, bien sûr, créancier) si les décisions prises ne sont pas conformes à leurs intérêts, leurs attentes ou leur appréciation :

L'acte par lequel la chambre régionale des comptes rejette la demande de constat de dépenses obligatoires est une décision susceptible de recours devant le juge administratif[5].

En revanche, les mises en demeure adressées par la chambre régionale des comptes aux collectivités

1. CRC Languedoc-Roussillon, 13 juill. 1989 – CRC Limousin, 20 sept. 1990.
2. CE 23 mars 1984, OGEC de Couëron, req. n° 56053, *Lebon*; *AJDA* 1984. 353 s.; *JCP* 1985. II. 20339, note Balat; *GADD*, 2e éd., Dalloz, 2001, n° 46; *GAJFin.*, 5e éd., Dalloz, 2007, n° 5.
3. CE 10 févr. 1988, C^ne de Brives Charensac, req. n°s 78230, 78805 et 78806, *Lebon*; *AJDA* 1988. 279 s., concl. Roux; *GADD*, 2e éd., Dalloz, 2001, n° 43.
4. CE 4 nov. 1988, Synd. mixte du collège de Val-de-Sarre, req. n° 69847, *Lebon* 395.
5. CE 23 mars 1984, OGEC de Couëron, req. n° 56053, *GADD*, 2e éd., Dalloz, 2001, n° 46; *GAJFin.*, 5e éd., Dalloz, 2007, n° 5; *AJDA* 1984. 353 s.; *JCP* 1985. II. 20339, note Balat.

locales ne constituent pas des décisions faisant griefs[1] même si elles sont susceptibles de retrait[2].

Enfin, pour mémoire, on rappellera qu'une chambre régionale des comptes n'est pas recevable à interjeter appel d'un jugement annulant un avis relatif à l'inscription d'office d'une dépense[3].

1642.79 Établissements publics locaux. Les règles applicables aux collectivités territoriales le sont également :

- aux établissements publics communaux et intercommunaux;

- aux établissements publics départementaux et interdépartementaux;

- aux établissements publics communs aux communes et aux départements;

- aux établissements publics communs à des collectivités locales ou groupements de ces collectivités ou à des établissements publics;

- aux établissements publics régionaux et interrégionaux.

On prendra garde toutefois que certains établissements publics locaux (les associations syndicales autorisées, par ex.), à l'égard desquels les chambres régionales des comptes n'ont pas une compétence pleine et entière (pour une synthèse sur cette question délicate v. J.-Y. Bertucci et A. Doyelle[4]) ne sont pas concernés par la procédure d'inscription d'office. À leur égard le préfet intervient directement, sans intervention de la chambre régionale des comptes, que les crédits disponibles soient suffisants ou non.

1. CE 30 janv. 1987, Dpt de la Moselle, req. n° 70236, *Lebon*; *AJDA* 1987. 217, concl. Hubac.
2. CE 2 oct. 1992, Min. Budget c/SA Crédit immobilier de la Somme, req. n°s 100933 et 101039, *Lebon* 351.
3. CE 10 janv. 1986, CRC d'Ile-de-France, req. n° 70253, *Lebon*; *AJDA* 1986. 187 s., note Moreau.
4. J.-Y. Bertucci et A. Doyelle, « Les questions de compétence et de recevabilité soulevées par le contrôle des actes budgétaires », *AJDA* 1995. 894 s.

TITRE

165. Les responsabilités pour inexécution

SECTION 0
ORIENTEUR

1650.00 Plan du titre.

Chap. 1651 Mise en cause de la responsabilité de la personne publique condamnée

Sect. 1 Compétence et droit applicable

Sect. 2 Faute et préjudice indemnisable

Sect. 3 Atténuation ou exonération de responsabilité et voie de recours

Sect. 4 Procédure et prescription

Chap. 1652 Mise en cause de la responsabilité personnelle des agents publics

Sect. 1 Saisine de la juridiction judiciaire

Sect. 2 Saisine de la Cour de discipline budgétaire et financière

Chap. 1653 Mise en cause de la responsabilité de l'État

Sect. 1 Responsabilité pour faute

Sect. 2 Responsabilité sans faute

Division. Lorsque l'inexécution d'une décision de justice lui cause un préjudice, le bénéficiaire de la décision de justice peut rechercher la responsabilité de la personne publique condamnée (chap. 1651). Il peut également se tourner – à tout le moins tenter de le faire – vers l'agent public fautif (chap. 1652), ou vers l'État, celui-ci étant responsable à la mesure des prérogatives dont il dispose pour contraindre les autres personnes publiques (établissements publics et collectivités territoriales) à respecter la chose jugée (chap. 1653).

CHAPITRE

1651. Mise en cause de la responsabilité de la personne publique condamnée

GILLES PELLISSIER
MAÎTRE DES REQUÊTES
AU CONSEIL D'ÉTAT

SECTION 0 ORIENTEUR

1651.00 Plan du chapitre.

1651.03 Bibliographie indicative.

Ouvrage. P. Chauvin, *La responsabilité des personnes publiques du fait de l'inexécution des décisions de justice*, th. dactyl., Paris II, 1999, 572 p.

Articles. P.-L. Josse, « L'exécution forcée des décisions du juge administratif par la mise en jeu de la responsabilité pécuniaire du service public », *EDCE* 1953. 50 – A. Lefas, « Exécution tardive ou inexécution des décisions de justice par l'Administration », *EDCE* 1958. 84 s.

SECTION 1 COMPÉTENCE ET DROIT APPLICABLE

1651.11 Compétence de la juridiction administrative et application du droit administratif. On l'a déjà dit, la méconnaissance de la chose jugée n'est pas, en tant que telle, constitutive d'une voie de fait[1]. Aussi bien, la responsabilité de la personne publique qui refuse, retarde ou tente de se soustraire à l'exécution d'une décision de justice ne peut-elle être engagée que devant le juge administratif et selon les règles du droit administratif. La solution est la même que la décision émane d'une juridiction de l'ordre judiciaire ou d'une juridiction de l'ordre administratif.

SECTION 2 FAUTE ET PRÉJUDICE INDEMNISABLE

1651.21 Faute. Constituent des fautes de service engageant la responsabilité de la personne publique :

- l'inexécution de la chose jugée[2];
- l'exécution incomplète[3];
- ou l'exécution tardive[4].

Bien évidemment, cette liste n'est pas limitative. Ainsi, par exemple, on qualifiera volontiers de fautif le fait pour la personne publique condamnée d'exiger de son créancier des garanties supplémentaires ou différentes de celles que le juge a lui-même décidées.

1651.22 Délai raisonnable. Même si l'obligation d'exécuter la chose jugée existe dès que la décision de justice a été notifiée, cette exécution, de la part d'une personne publique dont l'action est soumise à des procédures administratives, prend nécessairement un certain temps. Comme nous l'avons vu, les procédures susceptibles d'être mises en œuvre pour assurer l'exécution de la décision de justice (saisine de la section du rapport et des études, demande d'astreinte *a posteriori*, ordonnancement des sommes auxquelles la personne a été condam-

1. CE 22 déc. 1948, Bouladou, *Lebon* 491 – Civ. 1re, 20 nov. 1963, *Bull. civ.* I, n° 504; *D.* 1964. 446, note Ruzié; *JCP* 1964. II. 13771, note Escande.

2. CE 18 juill. 1947, Sté des Éts Rey Frères, *Lebon* 330 – CE 27 févr. 1948, Peyriguey, *Lebon* 97.
3. CE 22 mai 1939, Puybonnieux, *Lebon* 349.
4. CE 31 janv. 1936, Sté Lustria, Chapal et Cie, *Lebon* 148.

née...) prévoient toujours un délai d'exécution compris entre deux et quatre mois. L'appréciation par le juge administratif du caractère fautif de l'inexécution comporte également cette idée que l'inexécution n'est fautive que si elle s'est poursuivie au-delà d'un « délai raisonnable », dont la durée dépend des circonstances de chaque espèce [1].

Ainsi, par exemple, un délai de deux ans pour l'exécution d'un jugement d'une juridiction judiciaire a été jugé fautif par le Conseil d'État [2]. En revanche, le mandatement intervenu les 30 novembre 1974 et 28 avril 1975 pour une condamnation à verser une indemnité en date du 14 octobre 1974 n'a pas été jugé anormal pour l'État. Le retard n'a donc pas ouvert à l'intéressé la possibilité d'obtenir des dommages et intérêts compensatoires [3].

Le « délai raisonnable » varie selon la nature des affaires et la complexité des espèces. Et le bon sens est pour beaucoup dans les solutions retenues. Ainsi, en général, le versement d'une somme d'argent par une personne publique exige moins de temps que la reconstitution de la carrière d'un agent irrégulièrement évincé. Mais, en tout état de cause, le justiciable doit savoir qu'aucune mesure ne peut être mise en œuvre, aucune procédure n'est envisageable avant l'expiration d'un délai avoisinant les trois ou quatre mois.

1651.23 Préjudice indemnisable. L'inexécution ou l'exécution tardive des décisions juridictionnelles annulant un acte d'une personne publique est une faute susceptible de conduire à la condamnation de cette dernière au paiement de dommages et intérêts à hauteur des préjudices dont le requérant peut justifier. Ces préjudices doivent être **actuels** et **certains**. En cette matière, toutefois, le juge n'hésite pas à anticiper sur l'avenir et à exercer un effet de pression sur l'Administration en assortissant sa condamnation de la réserve explicite des droits de l'intéressé à une nouvelle indemnité si la chose jugée n'est pas promptement et correctement exécutée (ainsi pour des décisions rendues en matière de refus de réintégration d'un fonctionnaire évincé [4]). S'agissant du refus d'une personne publique d'exécuter une condamnation pécuniaire, le préjudice sera réparé par l'allocation des **intérêts moratoires**, d'abord au taux légal, puis au taux légal majoré de cinq points (v. s^s n° 1611.33). Mais les intérêts moratoires ne « réparent » que le retard normal mis par un débiteur à s'acquitter de sa dette. Si le retard présente un caractère anormal, le bénéficiaire de la chose jugée peut obtenir la condamnation de la personne publique à des dommages et intérêts distincts des intérêts moratoires, on parle alors de **dommages-intérêts « compensatoires »**, l'article 1153 dernier alinéa du Code civil étant applicable devant les juridictions administratives (v. R. Odent, P. Terneyre [5]). Encore faut-il, pour que ces dommages et intérêts soient accordés que :

– d'une part, le retard de la personne publique à s'acquitter de sa dette présente un caractère anormal, procédant de son mauvais vouloir ou de graves négligences [6];

– d'autre part, le débiteur lésé puisse établir un préjudice indépendant du préjudice couvert par les intérêts moratoires, c'est-à-dire distinct de celui lié au fait de n'avoir pas disposé des sommes au moment prévu (par exemple, des difficultés de trésorerie qui l'auraient obligé à contracter des emprunts ou l'auraient mis en délicatesse avec des tiers, des fournisseurs notamment).

Lorsque ces conditions sont réunies (elles sont cumulatives), le juge administratif n'hésite pas à condamner lourdement la personne publique (v. ayant valeur de symbole, une décision allouant, sur le fondement du dernier alinéa de l'article 1153 du Code civil, une somme six fois plus élevée que les dommages et intérêts dus à titre principal. Il est vrai que dix-huit années avaient passé depuis le jour où ces dommages et intérêts auraient du être versés [7]).

Bien évidemment, dans toutes ces hypothèses, le montant des dommages et intérêts est lié aux préjudices effectivement subis par le bénéficiaire de la chose jugée et n'est pas nécessairement équivalent à la dette mise à la charge de la personne publique par la décision de justice inexécutée.

SECTION 3

ATTÉNUATION OU EXONÉRATION DE RESPONSABILITÉ ET VOIE DE RECOURS

1651.31 Cause atténuatrice ou exonératrice de responsabilité. La responsabilité de l'Administration qui s'est abstenue d'exécuter une décision de justice peut être atténuée par l'attitude du bénéficiaire de la condamnation qui s'est délibérément

1. PAR EX., CE 16 nov. 1960, Peyrat, *Lebon* 625 – CE 3 juin 1964, Curdel, *Lebon* 978 – CE 21 déc. 1977, Brinon-Cherbuliez, req. n° 94258, *Lebon* 532.
2. CE 3 mars 1976, Ép^x Renaudin, req. n° 95652, *Lebon* 131.
3. CE 4 févr. 1981, Medjebeur, req. n° 10732, *Lebon* T. 902.
4. CE 29 juill. 1953, Soubirou-Bouey, *Lebon* 717 – CE 22 déc. 1955, Soubirou-Bouey, *Lebon* 707 – V. AUSSI, CE 8 févr. 1961, Rousset, *Lebon* 85, concl. Braibant.
5. R. Odent, *Contentieux administratif*, Les cours de droit, 1976-1980, p. 1599 s. – P. Terneyre, *La responsabilité contractuelle des personnes publiques en droit administratif*, Economica, 1989, p. 90 s.
6. CE, sect., 13 nov. 1959, D^elle Blanpied, *Lebon* 599.
7. CE 2 mai 1962, Caucheteux et Desmonts, *Lebon* 291; *AJDA* 1962. 421 s., chron. Galabert et Gentot; *RD publ.* 1963. 279 s., note Waline – ET, POUR UNE APPLICATION RÉCENTE : CE 17 nov. 2008, Entreprise Aubelec, req. n° 294215, *Lebon*.

abstenu de demander l'exécution du jugement[1]. Sans doute, les illustrations de cette « incompréhensible mansuétude » sont-elles rares. Mais le précédent oblige le bénéficiaire de la chose jugée à prendre l'initiative de demander expressément (par lettre recommandée avec demande d'avis de réception) à la personne publique condamnée de prendre les mesures qui s'imposent ou d'effectuer les paiements auxquels il a droit.

1651.32 **Influence de l'exercice d'une voie de recours.** En matière administrative, du fait de l'effet non suspensif des voies de recours, il est traditionnel d'affirmer que le report de l'exécution de la décision de justice jusqu'à ce que la juridiction d'appel se soit prononcée est une violation de la chose jugée. La personne publique commet donc une faute à ne pas exécuter la décision rendue en premier ressort. Dès lors, de deux choses l'une :

- **le jugement est confirmé en appel.** Alors le préjudice constitutif à l'inexécution sera calculé à compter du prononcé de la décision rendue par le premier juge[2];

- **le jugement dont l'exécution a été différée est infirmé en appel.** Dans ce cas, le Conseil d'État décide que la faute commise par la personne publique n'a pas causé un préjudice réparable car « *elle n'a pu porter atteinte à un droit définitivement acquis* » (à propos de jugements de tribunaux administratifs infirmés en appel par le Conseil d'État[3]). Cette solution risque d'inciter les personnes publiques à faire « le pari de l'inexécution » (v. s^s n°s 1612.22 s.).

SECTION 4
PROCÉDURE ET PRESCRIPTION

1651.41 **Règles de procédure.** Il n'existe pas de règles de procédure spécifiques aux actions introduites devant les juridictions administratives par les plaideurs qui veulent obtenir l'indemnisation des préjudices qu'ils ont subis ou continuent de subir du fait de l'inexécution, de l'exécution tardive ou de l'exécution incomplète d'une décision de justice rendue à l'encontre d'une personne publique. Elles suivent le régime général des recours en responsabilité pour faute. La requête doit donc être précédée, à peine d'irrecevabilité, d'une demande de décision préalable pour lier le contentieux. Enfin (et sans bien sûr que ces rappels épuisent la question de la procédure à suivre et des formes à respecter), la requête, qui, par hypothèse, tend à la condamnation d'une personne publique au paiement d'une somme d'argent doit être présentée par un avocat ou un avocat au Conseil d'État et à la Cour de cassation (CJA, art. R. 431-2), à moins que le défendeur soit une collectivité territoriale ou un établissement public en relevant (CJA art, R. 431-3, 5°). En revanche, le 6° de l'article R. 431-3 du même code, qui dispose que les dispositions de l'article R. 431-2 ne sont pas applicables « aux demandes d'exécution d'un jugement définitif » ne saurait être utilement invoqué dans l'hypothèse qui nous occupe. La dérogation ne concerne en effet que les demandes tendant au prononcé d'une injonction et/ou d'une astreinte par le « juge administratif de l'exécution » (v. s^s n° 1632.10).

1651.42 **Prescription quadriennale.** Si l'action en exécution n'est pas soumise à la prescription quadriennale (v. s^s n° 1612.55), l'action en responsabilité tendant à la condamnation d'une personne publique à réparer les conséquences dommageables de l'inexécution de la chose jugée est soumise, comme toute action tendant à obtenir la mise en œuvre d'une créance contre une personne publique, à cette prescription.

1. CE 26 oct. 1966, D^elle Fourtet, *Lebon* 1094 – CE 21 nov. 1952, Min. Travaux publics c/Rullier, *Lebon* 528.
2. CE 13 juill. 1966, Préfet de police c/Dame Ximay, *Lebon* 1094 – CE 23 oct. 1968, Dame Février, *Lebon* 512.
3. CE 23 sept. 1983, Min. Intérieur c/Dridi, req. n° 16032, *Lebon* T. 829; *Rev. adm.* 1984. 48, note Pacteau; *D.* 1984. IR 206, obs. Moderne et Bon – CE 27 janv. 1970, Min. Reconstruction c/Lannoy, *Lebon* 63 – CE 27 nov. 1970, Ville de Toulouse c/Anisset, req. n°s 67688 et 71869, *Lebon* 716.

CHAPITRE

1652. Mise en cause de la responsabilité personnelle des agents publics

Gilles PELLISSIER
Maître des requêtes
au Conseil d'État

SECTION 0
ORIENTEUR

1652.00 **Plan du chapitre.**

Division. Dans la grande majorité des cas, les personnes publiques respectent les sentences prononcées par les juridictions. Le grand nombre de recours intentés par les particuliers devant la juridiction administrative – « juge naturel » des personnes publiques – prouve, s'il fallait en douter, que les justiciables ont confiance dans le fait que la décision sera exécutée. Il n'en est pas moins vrai que, parfois, des résistances « inadmissibles » se produisent. Or dans les faits, les résistances les plus durables sont généralement le fait d'élus ou d'administrateurs, pris en tant qu'individus, qui, usant et abusant de l'indépendance de l'Administration et de l'insaisissabilité des biens des personnes publiques, semblent prendre un malin plaisir à défier plus ou moins ouvertement les juridictions. D'où l'intérêt de la mise en cause de leur responsabilité personnelle qui peut être engagée cumulativement, alternativement ou successivement :

– devant les juridictions judiciaires (sect. 1);

– ou devant la Cour de discipline budgétaire et financière (sect. 2).

SECTION 1
SAISINE DE LA JURIDICTION JUDICIAIRE

1652.11 **Faute de service et faute personnelle.** Pour que la responsabilité des personnes physiques qui exercent les activités de l'Administration puisse être engagée aux lieu et place ou en même temps que la responsabilité des personnes morales qui constituent l'Administration, il faut qu'une « faute personnelle » puisse être prouvée. Rappelons à cet égard que selon la définition donnée par le commissaire du gouvernement Lafferière[1], et qui peut être considérée comme étant toujours valable[2] :

– il y a faute de service si « *l'acte dommageable est impersonnel, s'il révèle un administrateur plus ou moins sujet à erreur* »;

– il y a faute personnelle « *si l'acte dommageable révèle l'homme avec ses faiblesses, ses passions, ses imprudences* ».

La « faute du service » est insusceptible d'engager la responsabilité personnelle de l'agent. Il en va différemment :

– pour « la faute purement personnelle », qui ne peut engager que la responsabilité de l'auteur du dommage;

1. T. confl. 5 mai 1877, Laumonnier-Carriel, concl. Lafferière.
2. G. Braibant et B. Stirn, *Le droit administratif français*, 4e éd., Presses de Sciences Politiques et Dalloz, 1997.

– ou pour « la faute personnelle » qui peut engager la responsabilité de l'agent mais aussi de son Administration, soit parce qu'elle coexiste avec une faute de service (théorie du cumul de fautes[1]), soit parce qu'elle constitue en elle-même une faute personnelle et une faute de service (théorie du cumul de responsabilité[2]).

1652.12 Faute personnelle et refus d'exécuter une décision de justice. La question se pose de savoir si la mauvaise volonté délibérée de ne pas exécuter ponctuellement une décision de justice (peu important qu'il s'agisse d'une décision de l'ordre judiciaire ou d'une décision rendue par une juridiction administrative) peut être qualifiée de « faute personnelle », au sens des jurisprudences précitées, et être de nature à engager la responsabilité de la personne publique elle-même mais également de l'agent à l'origine de la faute. Il n'appartient pas aux juridictions administratives d'en décider, car elles ne sont jamais juge de la responsabilité personnelle des fonctionnaires. Seuls les tribunaux judiciaires pourraient prononcer de telles condamnations. À notre connaissance, ils ne l'ont jamais fait. En revanche, la plupart des auteurs familiers des questions de l'Administration en admettent volontiers l'augure[3]. Et, en pratique, une telle action peut s'avérer être un utile moyen de pression, même si la solvabilité d'une personne physique est moins assurée que celle d'une personne morale. Dans sa note sous l'arrêt *Fabrègues*[4], Maurice Hauriou soulignait déjà que « *l'administrateur a sur l'Administration cette supériorité qu'il peut être livré au bras séculier* ».

1652.13 Absence d'incrimination pénale. Contrairement à ce qui existe dans de nombreux pays occidentaux (not. en Grande-Bretagne où le non-respect des décisions de justice est passible des rigueurs de l'action de « *contempt of court* »[5] ou en Espagne[6], où le refus constant et délibéré, de la part des autorités et des agents publics, d'exécuter les décisions de justice, constitue une infraction pénale [C. pén. *espagnol*, art. 410]), en France, aucun texte n'est susceptible d'être invoqué au soutien d'une action pénale qui serait introduite contre un agent ou un élu responsable de l'inexécution, de l'exécution tardive ou de l'exécution incomplète d'une décision de justice. Certaines juridictions du fond ont été tentées de solliciter les textes existants pour permettre aux juridictions répressives de connaître de ces comportements. Mais la Cour de cassation a toujours refusé de donner le moindre crédit à ces tentatives[7]. Le justiciable ne peut agir contre l'agent ou l'élu personnellement responsable du refus ou du retard à exécuter une décision de justice condamnant une personne publique que devant les juridictions civiles, sur le fondement de l'article 1382 du Code civil. Dans les faits, bien sûr, la difficulté sera d'identifier le responsable.

1652.14 Cas particulier du comptable public. Dans un arrêt rendu par sa section du contentieux, le Conseil d'État a décidé que lorsque l'acte sur le fondement duquel est effectuée une dépense a été annulé par le juge de l'excès de pouvoir, le comptable public (en l'espèce, il s'agissait du comptable d'une commune) est tenu de cesser tout paiement. Aussi bien, le comptable ayant continué de payer des indemnités après l'annulation du texte qui les a instituées doit-il être mis en débet même s'il n'a pas été informé de l'annulation[8]. La solution est rigoureuse mais logique.

SECTION 2
SAISINE DE LA COUR DE DISCIPLINE BUDGÉTAIRE ET FINANCIÈRE

1652.20 Division. S'agissant de la question qui nous occupe, la Cour de discipline budgétaire et financière (CDBF) peut être saisie dans deux hypothèses :

– une astreinte a été prononcée en raison de l'inexécution totale ou partielle ou de l'exécution tardive de la décision de justice (§ 1);

– l'ordonnateur de la personne publique condamnée n'a pas fait inscrire au budget les crédits ou n'a pas mandaté dans le délai imparti la somme à

1. CE 3 févr. 1911, Anguet, req. n° 34922, *GAJA*, 18e éd., Dalloz, 2011, n° 22.
2. CE 26 juill. 1918, Épx Lemonnier, req. nos 49595 et 55240, *Lebon* 761; *GAJA*, 18e éd., Dalloz, 2011, n° 32.
3. *S.* 1911. 3. 121, note Hauriou; *S.* 1913. 3. 121 – L. Duguit, *Les transformations du droit public,* Armand Colin, 1913, p. 218 – *RD publ.* 1913. 437 s, note Jeze – M. Waline, *Manuel élémentaire de droit administratif,* 4e éd., Sirey, 1946, p. 143 – V. AUSSI, les motifs de CE 31 janv. 1902, req. n° 01919, *Lebon* – T. confl. 8 nov. 1902, Gosson, cités par M. Gjidarra, *La fonction administrative contentieuse,* « Bibliothèque de science administrative », LGDJ, 1972, p. 324 – PLUS RÉCEMMENT, R. Chapus, *Droit du contentieux administratif,* 7e éd., Montchrestien, n° 1291, p. 944.
4. CE 23 juill. 1909, et CE 22 juill. 1910, *S.* 1911. 3. 121 – sur ce même arrêt, v. ss n° 1600.05.
5. V. les ILLUSTRATIONS données dans *L'effectivité des décisions de justice, Travaux assoc. H. Capitant,* 1985, Economica, 1987.
6. G. Pellissier, « Aperçus sur le contentieux administratif espagnol », *RFDA* 2008. 825.
7. V. LES MOTIFS DE : Civ. 1re, 20 nov. 1963, *Bull. civ.* I, n° 504; *D.* 1964. 445, note Ruzié.
8. CE, sect., 8 juill. 1998, Min. Budget, req. n° 142444, *Lebon; RD publ.* 1998. 1239 s., concl. et obs. Girardot.

laquelle la personne publique a été condamnée (§ 2).

1652.21 **Textes applicables.** D'une façon générale, pour connaître l'organisation de la CDBF, les personnes justiciables de la Cour, les infractions et sanctions, la procédure et les voies de recours dont sont susceptibles les arrêts de la Cour, on se reportera au livre III, titre 1 du Code des juridictions financières (CJF).

1652.23 **Bibliographie indicative.** Outre le *Rapport annuel de la Cour de discipline budgétaire et financière*, publié en annexe du *Rapport annuel de la Cour des comptes*, on consultera utilement, pour aller plus loin, sur la question des prérogatives de la Cour en matière d'inexécution des décisions de justice :

Actualisables. Rép. contentieux administratif, *v° Cour de discipline budgétaire et financière*, par J. Charrier, sept. 2005 [màj janv. 2014] – *J.-Cl. Adm.*, *v° Cour de discipline budgétaire et financière*, fasc. 1270, 1996, par J.-P. Gastinel, sur la question de l'inapplication des décisions de justice, n°s 85 à 89, p. 13.

Ouvrage. H.-M. Crucis, *Droit des contrôles financiers des collectivités territoriales*, Le Moniteur, 1998, n°s 63 à 65, p. 545 à 547.

Articles. J. Boudine, « La responsabilité directe des élus locaux devant la CDBF : article 78 de la loi du 29 janvier 1993 », *LPA* 1993. 7 s., spéc. 9 à 11 – H.-M. Crucis, « Gestion locale, exécutifs locaux, juridictions financières dans la loi du 29 janvier 1993 : les contrôles financiers entre prévention et répression », *RFDA* 1993. 1091 s., spéc. 1104 s. – C. Descheemaeker, « Les procédures d'exécution des décisions de justice : la menace de déféré en Cour de discipline budgétaire et financière », *Courrier jur. fin.* 1992, n°s 25 et 26; « La responsabilité personnelle des ordonnateurs des collectivités locales », *RFFP* 1993. 49 s.

§ 1
Agissements ayant entraîné la condamnation d'une personne morale de droit public à l'astreinte instituée par la loi du 16 juillet 1980 (CJF, art. L. 313-7)

1652.31 **Textes applicables.**

CJF, art. L. 313-7.

Toute personne mentionnée à l'article L. 312-1 dont les agissements auront entraîné la condamnation d'une personne morale de droit public ou d'un organisme de droit privé chargé de la gestion d'un service public à une astreinte en raison de l'inexécution totale ou partielle ou de l'exécution tardive d'une décision de justice sera passible d'une amende dont le minimum ne pourra être inférieur à 300 euros et dont le maximum pourra atteindre le montant du traitement ou salaire brut annuel qui lui était alloué à la date où la décision de justice aurait dû recevoir exécution.

1652.32 **Compétence *ratione personae* de la Cour de discipline budgétaire et financière.** D'une façon générale, en application des dispositions de l'article L. 312-1 du Code des juridictions financières, est justiciable de la CDBF :

– toute personne appartenant au cabinet d'un membre du Gouvernement;

– tout fonctionnaire ou agent civil ou militaire de l'État, des collectivités territoriales, de leurs établissements publics ainsi que des groupements des collectivités territoriales;

– tout représentant, administrateur ou agent des autres organismes qui sont soumis soit au contrôle de la Cour des comptes, soit au contrôle d'une chambre régionale des comptes;

– ainsi que tous ceux qui exercent, en fait, les fonctions des personnes désignées ci-dessus.

S'agissant de l'infraction qui nous occupe (agissements ayant entraîné la condamnation d'une personne morale de droit public à l'astreinte instituée par la loi du 16 juillet 1980[1]), sont également justiciables de la Cour, à raison des actes accomplis dans l'exercice de leurs fonctions (et ce depuis la réforme opérée par la loi n° 93-122 du 29 janvier 1993, relative notamment à la prévention de la corruption[2]) :

– les présidents de conseil régional et, quand ils agissent dans le cadre des dispositions des articles L. 4132-3 à L. 4132-10, L. 4132-13, L. 4132-15, L. 4132-21, L. 4132-22, L. 4132-25, L. 4133-1, L. 4133-2, L. 4133-4 à L. 4133-8, L. 4231-1 à L. 4231-5 du Code général des collectivités territoriales, les vice-présidents et autres membres du conseil régional;

– le président du conseil exécutif de Corse et, quand ils agissent dans le cadre des dispositions du dernier alinéa de l'article L. 4424-4 du Code général des collectivités territoriales, les conseillers exécutifs;

– les présidents de conseil général et, quand ils agissent dans le cadre des dispositions des articles L. 3221-3 et L. 3221-7 du Code général des collectivités territoriales, les vice-présidents et autres membres du conseil général;

– les maires et, quand ils agissent dans le cadre des dispositions des articles L. 2122-17 à L. 2122-20 et L. 2122-25 du Code général des collectivités territoriales, les adjoints et autres membres du conseil municipal;

– les présidents élus de groupements de collectivités territoriales et, quand ils agissent par déléga-

1. L. n° 80-539 16 juill. 1980, relative aux astreintes prononcées en matière administrative et à l'exécution des jugements par les personnes morales de droit public, *JO* 17 juill., p. 1799 s.
2. L. n° 93-122 29 janv. 1993, relative à à la prévention de la corruption et à la transparence de la vie économique et des procédures publiques, *JO* 30 janv., p. 1588.

tion du président, les vice-présidents et autres membres de l'organe délibérant du groupement.

1652.33 Saisine de la Cour de discipline budgétaire et financière. La CDBF, qui siège à la Cour des comptes, ne peut être saisie que par le procureur général près la Cour des comptes qui exerce le ministère public auprès d'elle. En principe, le procureur général agit sur la dénonciation du président de l'Assemblée nationale, du président du Sénat, du Premier ministre, du ministre des Finances, des autres ministres intéressés, de la Cour des comptes, des chambres régionales des comptes ou même d'office. S'agissant de l'infraction qui nous occupe, il faut relever que :

– le bénéficiaire d'une décision de justice lésé par le refus, l'abstention ou le retard d'exécution peut se porter plaignant par l'intermédiaire du procureur général (sans qu'un formalisme particulier soit exigé ici) ;

– lorsqu'il est procédé à la liquidation d'une astreinte prononcée par un tribunal administratif ou une cour administrative d'appel, copie du jugement ou de l'arrêt prononçant cette astreinte et de la décision qui la liquide est adressée au ministère public près la CDBF (CJA, art. R. 921-7). Il en va de même lorsque l'astreinte et sa liquidation sont décidées par le Conseil d'État[1].

1652.34 Prescription de l'action. La CDBF doit être saisie dans le délai de cinq ans à compter du jour où les infractions ont été commises, à défaut de quoi l'action est prescrite. Il faut toutefois noter que lorsque l'infraction affecte l'exécution du budget général de l'État, ce délai est prorogé jusqu'à promulgation de la loi du règlement de l'exercice, si elle a lieu après l'expiration du délai de cinq ans.

1652.35 Procédure suivie devant la Cour de discipline budgétaire et financière. Le déféré en CDBF ayant exclusivement un objet répressif, le bénéficiaire de la chose jugée n'est pas partie à la procédure, même si c'est lui qui, en saisissant le ministère public, a déclenché la procédure. De façon schématique, les choses se passent ainsi :

« *Le président désigne un rapporteur chargé de l'instruction, qui peut requérir tous renseignements de toutes les Administrations, se faire communiquer tous documents, même secrets, ou entendre tous témoins ou toutes personnes dont la responsabilité paraît engagée.*

Les personnes contre lesquelles des charges résultent de dénonciations, du réquisitoire ou de l'instruction en sont averties, à la diligence du procureur général, par lettre recommandée avec avis de réception. Elles peuvent se faire assister par un avocat, un avoué ou un autre conseil de leur choix.

L'instruction terminée, le rapporteur rédige un rapport écrit qu'il remet avec les procès-verbaux et autres pièces au procureur général, lequel décide s'il y a lieu de poursuivre.

Si l'instance est poursuivie, le dossier de l'affaire est communiqué au ministre ou au supérieur dont dépend ou dépendait l'inculpé, au ministre des Finances et, si l'affaire concerne un organisme autre que l'État, au ministre chargé de la tutelle de cet organisme, lesquels sont tenus de faire connaître leur avis dans le délai fixé par le président, qui ne peut être inférieur à un mois. Le dossier est ensuite remis au procureur général qui, dans le délai de quinze jours, décide le classement sans suite de l'affaire ou le renvoi devant la Cour.

Si l'affaire est renvoyée devant la Cour, le dossier, complété par les conclusions du procureur général, est communiqué à la commission administrative paritaire dont relève ou relevait l'inculpé ou à l'institution qui en fait fonction, qui est tenue de faire connaître son avis dans le délai d'un mois.

L'inculpé est ensuite averti, par lettre recommandée avec avis de réception, qu'il peut, dans le délai de quinze jours, prendre connaissance au greffe du dossier de l'affaire, soit par lui-même, soit par son conseil. Dans le délai d'un mois à compter de cette communication, il peut produire ou faire produire par son conseil un mémoire écrit, qui est communiqué au procureur général.

Des témoins peuvent être cités à l'audience soit à la réquisition du procureur général, soit sur la demande des parties, après permis de citer délivré, le procureur général entendu, par le président, soit même sur l'ordre d'office du président. Les témoins non comparants sont passibles d'amende, à moins que le président n'ait admis leur excuse et les ait autorisés à déposer par écrit.

Au cours de l'audience, le rapporteur résume oralement son rapport. Les témoins, s'il en a été cité, déposent sous serment. Le procureur général prend des réquisitions. L'inculpé ou son conseil ont la parole en dernier.

Les débats terminés, la Cour délibère à quatre membres au moins, et ce non compris le rapporteur qui, ayant fait connaître son opinion par le rapport et le résumé oral qu'il en a fait, n'a que voix consultative. L'arrêt est rendu à la majorité, le président ayant voix prépondérante en cas de partage.

L'arrêt est notifié à l'inculpé, à l'autorité qui avait dénoncé les faits, au ministre des Finances et au ministre intéressé et communiqué au président de l'Assemblée nationale et au président du Sénat »[2].

1652.36 Exonération de responsabilité. La responsabilité de l'auteur de l'infraction est dégagée s'il peut exciper d'ordres écrits préalables donnés par le ministre ou l'élu local dont il relève ou par le

1. Décr. n° 63-766, 30 juill. 1963, art. 59-6.

2. J. Magnet, « Cour de discipline budgétaire et financière », dans L. Philip (dir.), *Dictionnaire encyclopédique de finances publiques*, Economica, 1991.

fonctionnaire supérieur, le représentant ou l'administrateur auquel il était subordonné. Dans ce cas, les donneurs d'ordres sont responsables à condition qu'ils soient eux-mêmes justiciables de la CDBF.

1652.37 Influence d'une transaction. Parfois, alors que la procédure devant la CDBF est en cours, une transaction est conclue entre la personne publique condamnée et le bénéficiaire de la chose jugée. Le protocole transactionnel n'empêche pas la poursuite de la procédure. La Cour demeure en effet saisie par le réquisitoire du ministère public.

1652.38 Amendes. D'une façon générale, la CDBF peut prononcer des amendes qui ont un caractère exclusivement pénal et ne visent nullement à réparer un préjudice causé à l'État ou à la personne publique à l'encontre de laquelle une astreinte a été prononcée par le juge administratif. Ces amendes n'ont pas davantage le caractère d'une sanction disciplinaire. S'agissant de l'infraction qui nous occupe, le montant de l'amende est (CJF, art. L. 313-7) :

– au minimum de 300 euros;

– au maximum équivalent au montant du traitement ou du salaire brut annuel du coupable arrêté à la date à laquelle la décision de justice aurait dû recevoir exécution. Et « *lorsque les personnes ne perçoivent pas de traitement, le maximum de l'amende pourra atteindre le montant du traitement brut annuel correspondant à l'échelon le plus élevé afférent à l'emploi de directeur d'Administration centrale* » (CJF, art. L. 313-8).

Les décisions infligeant une amende sont rares : la CDBF a par exemple condamné, par une décision du 20 décembre 2001 publiée au *Journal officiel*, la présidente du conseil général de la Guadeloupe à une amende de 30 000 francs (4 573,47 euros) à la suite des décisions par lesquelles le Conseil d'État avait prononcé à l'encontre de la région de la Guadeloupe et liquidé à la somme de 799 500 francs une astreinte motivée par la non-exécution d'un jugement du tribunal administratif de Basse-Terre annulant la décision de licenciement du directeur des services financiers de la région [1].

§ 2
Manquements à l'obligation d'exécuter un jugement condamnant au paiement d'une somme d'argent (CJF, art. L. 313-12)

1652.41 Textes applicables.
L'article L. 313-12 du Code des juridictions financières, reproduit par l'article L. 911-10 du Code de justice administrative, dispose qu'« *en cas de manquement aux dispositions de l'article 1er, 1 et 2, de la loi n° 80-539 du 16 juillet 1980 relative aux astreintes prononcées en matière administrative et à l'exécution des jugements par les personnes morales de droit public, les personnes visées à l'article L. 312-1 sont passibles de l'amende prévue à l'article L. 313-1* ».

1652.42 Compétence *ratione personae* de la Cour de discipline budgétaire et financière. Elle est identique à celle évoquée au n° 1652.32.

1652.43 Conditions de fond permettant la saisine de la Cour de discipline budgétaire et financière. Les conditions pour que la CDBF puisse être saisie sont les mêmes que celles qui sont exigées du créancier qui met en œuvre la procédure de « contrainte au paiement » organisée par la loi du 16 juillet 1980 (v. s^s n°s 1642.11 s.). Contentons-nous ici d'un rappel et d'une appréciation sur la jurisprudence de la CDBF.

1652.44 Rappel. Pour que le bénéficiaire de la chose jugée puisse obtenir à bref délai (et au besoin en s'adressant directement au comptable public), le paiement des sommes qui lui sont dues, la décision de justice doit :

– fixer le montant de la condamnation;

– et être définitive ou « passée en force de chose jugée ».

1652.45 Appréciation de la jurisprudence de la Cour de discipline budgétaire et financière. Autant qu'on puisse en juger (car les décisions publiées à cet égard sont rares), la jurisprudence de la CDBF témoigne du souci de cette dernière de donner leur plein effet aux dispositions de l'article 1er de la loi du 16 juillet 1980 (CJA, art. L. 911-9). Sans doute, le parquet de la CDBF estime-t-il irrecevable les dossiers dans lesquels la décision de justice :

– relève du contentieux de l'annulation (cela ne fait aucune difficulté);

– mentionne les sommes dues dans ses attendus ou considérants mais non dans son dispositif (cela est plus contestable);

– renvoie la liquidation de la dette à d'autres décisions, juridictionnelles ou non (pratique du renvoi par le juge administratif devant la personne publique « *pour faire ce que de droit* », v. s^s n° 1642.15);

– ou comporte des dispositions alternatives (condamnation « *si mieux n'aime* », par ex., v. s^s n° 1642.15)

Mais, pour le reste, l'interprétation qui prévaut habituellement est compréhensive et conforme au « génie » du texte. Ainsi :

– peu importe la nature de la somme d'argent que la personne publique n'a pas payée : il peut s'agir d'une indemnité, d'intérêts capitalisés, de frais (dus, par ex., en application des dispositions

1. CDBF 20 déc. 2001, n° 201201, M. Janky c/Région Guadeloupe et Mme Michaux-Chevry, *JO* 29 janv. 2002; *Lebon* 775; *GAJF*, 5e éd., 2007, n° 52; *AJDA* 2003. 1223, note Groper.

de l'article 700 C. pr. civ.), pourvu que leur montant soit fixé par la décision de justice elle-même;

- alors même que le décret du 12 mai 1981 précise dans son article 1er que l'ordonnancement, ou le paiement direct par le comptable, ne s'applique aux intérêts que si la décision de justice en a fixé le point de départ et le taux, le parquet de la CDBF considère que les intérêts moratoires, calculés selon les règles posées par le Code civil et selon le taux déterminé par la loi du 11 juillet 1975 sont soumis à la procédure de la loi du 16 juillet 1980;

- il a été jugé qu'une décision fixant le montant d'une indemnité d'expropriation est une « décision juridictionnelle » au sens de l'article 1er de la loi du 16 juillet 1980 [1]. La solution n'allait pas de soi dans la mesure où il est traditionnellement enseigné que les décisions rendues par le juge judiciaire en matière d'expropriation n'emportent pas condamnation de la personne publique de l'expropriant au paiement d'une indemnité mais fixent seulement le montant de cette dernière. C'est d'ailleurs pour cette raison que la majoration de 5 points du taux légal prévu à l'article 3 de la loi du 11 juillet 1975 en cas de non-paiement dans le délai de deux mois de la décision définitive ne s'applique en cette matière [2].

1652.46 Renvois.

> Prescription de l'action, v. ss no 1652.34.

> Saisine et procédure suivie devant la Cour de discipline budgétaire et financière, v. ss nos 1652.33 et 1652.35.

> Exonération de responsabilité, v. ss no 1652.36.

> Influence d'une transaction, v. ss no 1652.37.

1652.47 Amende. Le montant des amendes susceptibles d'être prononcées par la CDBF est ici (CJF, art. L. 313-1) :

- au minimum de 150 euros;

- au maximum équivalent au montant du traitement ou du salaire brut annuel alloué à la personne sanctionnée à la date à laquelle le fait a été commis. « *Lorsque les personnes ne perçoivent pas de traitement, le maximum de l'amende pourra atteindre le montant du traitement brut annuel correspondant à l'échelon le plus élevé afférent à l'emploi de directeur d'Administration centrale* » (CJF, art. L. 313-8).

1652.48 Intérêt pratique. La saisine de la CDBF présente un caractère exceptionnel. À l'évidence, le ministère public près la Cour entend qu'il en soit toujours ainsi. Rares sont donc les affaires dont a à connaître la Cour elle-même. Il ne faudrait pas en déduire que saisir la CDBF ne sert à rien. Pour l'essentiel, en effet, les affaires sont réglées par le ministère public qui, utilisant la menace d'une procédure devant la Cour, obtient en général (il est vrai dans des délais très variables) des autorités compétentes le règlement des sommes dues. En définitive, saisir le parquet de la CDBF est une démarche gratuite et relativement simple, ouverte aux personnes physiques comme aux personnes morales, avec ou sans ministère d'avocat. Il suffit que le créancier écrive à Monsieur le procureur général près la Cour des comptes, Ministère public près la Cour de discipline budgétaire et financière (13, rue Cambon, 75100 Paris RP) en exposant succinctement les circonstances de l'affaire, et notamment les démarches qu'il a faites en vue d'obtenir l'ordonnancement, le paiement direct ou le mandatement d'office de la somme qui lui est due, et en joignant une copie du jugement emportant condamnation de la collectivité publique au paiement de la somme en cause. On ajoutera que la démarche est peu risquée.

1. CDBF 11 févr. 1998, inédit.
2. *J.-Cl. Adm., v° Expropriation pour cause d'utilité publique – Indemnisation – Règles de fond – Indemnisation en nature – Paiement – Prise de possession,* fasc. 402-50, no 159, p. 16, par F. Bouyssou.

CHAPITRE

1653. Mise en cause de la responsabilité de l'État

Gilles PELLISSIER
Maître des requêtes
au Conseil d'État

SECTION 0
Orienteur

1653.00 **Plan du chapitre.**

Division. Les développements qui suivent portent sur la responsabilité de l'État du fait de la non-exécution ou de la mauvaise exécution d'une décision de justice condamnant une autre personne publique que l'État. Elle est fondée non sur l'obligation d'exécuter que la décision met à la charge d'une ou de plusieurs parties au litige, mais sur l'exercice des pouvoirs qu'il détient pour assurer la bonne exécution des décisions de justice. Il peut donner lieu à une responsabilité pour faute (sect. 1) ou sans faute (sect. 2).

SECTION 1
Responsabilité pour faute

§ 1
Responsabilité pour faute dans l'exercice des pouvoirs de contrainte

1653.11 **Principe.** Lorsqu'une décision de justice a condamné une collectivité territoriale, un établissement public national ou un établissement public local à payer une somme d'argent, qu'il s'agisse de dommages-intérêts ou d'une astreinte liée au refus de se conformer à une obligation de faire ou de ne pas faire, l'État (selon les cas, le Préfet, les chambres régionales des comptes ou l'autorité ministérielle de tutelle) dispose de prérogatives importantes lui permettant de surmonter la non-inscription au budget des crédits adéquats ou, pire encore, l'absence de mandatement (v. ss nos 1642.52 s.).

Tout comme l'État est responsable en cas de faute lourde dans la mise en œuvre des contrôles administratifs[1], financiers[2] ou de légalité[3] de sa compétence, l'État commet une faute en ne prenant aucune mesure réelle pour permettre l'exécution des décisions de justice rendues à l'encontre des autres personnes publiques.

Le Conseil d'État a jugé par la décision de section du 18 novembre 2005, *Sté de gestion du port de Campoloro et a. c/Préfet de la Haute Corse*, que par les dispositions du II de l'article 1er de la loi du 16 juillet 1980 relative aux astreintes prononcées en matière administrative et à l'exécution des jugements par les personnes morales de droit public, le législateur a entendu donner au représentant de l'État, en cas de carence d'une collectivité territoriale à assurer l'exécution d'une décision juridictionnelle passée en force de chose jugée, et après mise en demeure à cet effet, le pouvoir de se substituer aux organes de cette collectivité afin de dégager ou de créer les ressources permettant la pleine exécution de cette décision

1. Retard dans la dissolution par le préfet d'un syndicat n'exerçant plus aucune activité : CE, sect., 6 oct. 2000, Min. Intérieur c/Cne de Saint-Florent et a., req. no 205959, *Lebon* 395; *AJDA* 2001. 201, note Cliquennois; *D.* 2002. 526, obs. de Béchillon; *RFDA* 2001. 152, obs. Bon.
2. CONTRÔLE BANCAIRE : CE, ass., 30 nov. 2001, Min. Économie, Finances et Industrie c/Kéchichian et a., req. no 219562, *Lebon* 587; *RFDA* 2002. 742, concl. Seban; *JCP* 2002 II. 10042, note Ménuret; *AJDA* 2002. 133, chron. Guyomar et Collin; *D.* 2003. 338, obs. Synvet; *RTD com.* 2002. 353, obs. Cabrillac.
3. CE 21 juin 2000, Min. Équipement, Transport et Logement, c/Cne de Roquebrune-Cap-Martin, req. no 202058, *Lebon* 236; *GADD*, 2e éd., Dalloz, 2001, no 41; *RD publ.* 2000. 1257, concl. Touvet; *D.* 2002. Somm. 526, obs. de Béchillon; *RFDA* 2000. 888; *RDI* 2000. 553, obs. Morand-Deviller; *RFDA* 2000. 1096, note Bon.

de justice. À cette fin, il lui appartient, sous le contrôle du juge, de prendre, compte tenu de la situation de la collectivité et des impératifs d'intérêt général, les mesures nécessaires. Au nombre de ces mesures figure la possibilité de procéder à la vente de biens appartenant à la collectivité dès lors que ceux-ci ne sont pas indispensables au bon fonctionnement des services publics dont elle a la charge. Si le préfet s'abstient ou néglige de faire usage des prérogatives qui lui sont ainsi conférées par la loi, le créancier de la collectivité territoriale est en droit de se retourner contre l'État en cas de faute lourde commise dans l'exercice du pouvoir de tutelle [1].

1653.12 Faute lourde. Ainsi qu'il ressort très clairement de la décision précitée *Société fermière de Campoloro et a.*, la responsabilité de l'État n'est engagée, ici comme pour les autres cas d'ouverture de la responsabilité de l'État fondée sur l'exercice de ses pouvoirs de contrôle administratif, qu'en cas de faute lourde. La limitation de la responsabilité à une faute lourde permet d'éviter que la responsabilité des erreurs de la personne contrôlée soit mise à la charge du contrôleur.

1653.13 Lien de causalité et préjudices indemnisables. Le préjudice indemnisable est celui qui résulte de l'inaction fautive de l'État. Le dispositif de contrainte au paiement créé par la loi du 16 juillet 1980 (v. s[s] n°s 1642.05 s.) n'a ni pour objet ni pour effet de transférer à l'État la charge de la dette d'une personne publique née d'une décision de justice non exécutée. Cela dit, il est souvent difficile de faire la part, s'agissant du non paiement d'une somme, entre ce qui relève de la faute du débiteur et ce qui relève de la faute de la personne qui n'a pas mis en œuvre les pouvoirs qui étaient les siens pour contraindre le débiteur à payer. La détermination de la responsabilité de l'État dépendra de l'évaluation des chances de succès de la mise en œuvre de ses pouvoirs.

Si le juge considère que l'exercice normal par l'État de ses pouvoirs aurait permis l'exécution de la décision de justice, il pourra le condamner à payer la somme fixée par la décision de justice [2]. De même, le préjudice imputable au retard du préfet dans l'inscription au budget d'un syndicat intercommunal des sommes nécessaires au paiement de la condamnation inscription dans un délai très supérieur à celui de quatre mois imparti par l'article 1er de la loi n° 80-539 du 16 juillet 1980 (CJA, art. L. 911-9) est égal au montant des intérêts moratoires dus sur les sommes que le syndicat avait été condamné à payer, calculés à partir de la date à laquelle le préfet aurait dû les mandater aux lieu et place de l'autorité locale défaillante. Le taux de ces intérêts est celui de l'intérêt légal, majoré de cinq points deux mois après la notification de la décision [3].

Il s'agit donc bien, comme le montrent ces décisions, d'une appréciation du lien de causalité entre le préjudice résultant de la non-exécution de la décision de justice et la carence de l'État à exercer les compétences qui sont les siennes pour assurer l'exécution des décisions de justice, appréciation qui est bien entendu fonction des circonstances de chaque espèce.

1653.14 Action récursoire. L'État dont la responsabilité a été reconnue pour n'avoir pas assuré l'exécution d'une décision de justice peut, après avoir indemnisé le bénéficiaire de cette décision, exercer contre la personne publique rendue débitrice par la décision de justice, exercer une action récursoire pour obtenir le remboursement de ce qu'il a versé [4].

§ 2
Responsabilité pour faute du fait du fonctionnement du service public de la justice

1653.21 Délai excessif de jugement. Depuis la décision d'Assemblée du 28 juin 2002, *garde des Sceaux, min. Justice c/M. Magiera* [5], les délais excessifs de jugement sont susceptibles d'engager la responsabilité de l'État pour faute. Si le caractère excessif de la durée d'une procédure juridictionnelle s'apprécie de manière globale, jusqu'à l'exécution complète de la décision de justice, la responsabilité de l'État à raison du délai excessif de procédure n'ouvre droit à la réparation que des préjudices qui résultent du mauvais fonctionnement du service public de la justice, et non de ceux qui trouvent leur origine directe dans le comportement de l'Administration dans l'exécution de la décision juridictionnelle [6].

La répartition des responsabilités entre la personne à qui incombe en principe l'exécution de la décision de justice et l'État du fait du fonctionnement de la Justice a été rappelé par le Conseil d'État

1. CE, sect., 18 nov. 2005, S[té] de gestion du port de Campoloro et a. c/Préfet de la Haute Corse, req. n° 271898, *Lebon* 515; *AJDA* 2006. 137, chron. Landais et Lenica; *AJDA* 2007. 1218, étude Cassia; *RFDA* 2006. 341, note Bon.
2. CE 29 oct. 2010, Min. Alimentation, Agriculture et Pêche c/S[té] Sofunag Environnement, req. n° 338001, *Lebon* T.
3. TA Grenoble, 30 sept. 1996, Lafay et a., req. n°s 952630 et 962137, *Lebon*; *JCP* 1997. IV. 2190.
4. CE 29 oct. 2010, req. n° 338001 (préc. s[s] n° 1653.13).
5. CE 28 juin 2002, garde des Sceaux, min. Justice c/ M. Magiera, req. n° 239575, *Lebon*; *GACA*, 3e éd., Dalloz, 2011, n° 5; *D.* 2003. 23, note Holderbach-Martin; *AJDA* 2002. 596, chron. Donnat et Casas; *RFDA* 2002. 756, concl. Lamy; *RFDA* 2003. 85, étude Andriantsimbazovina.
6. CE 26 mai 2010, Mafille, req. n° 316292, *Lebon* T.; *AJDA* 2010. 1784, note Théron.

dans une décision récente dont il ressort que si la responsabilité de l'État est susceptible d'être engagée en raison du fonctionnement défectueux du service public de la Justice, un délai excessif dans l'exécution d'une décision juridictionnelle engage, en principe, la responsabilité de la personne à qui incombait cette exécution. Lorsque la carence de cette personne donne lieu à une procédure juridictionnelle d'exécution, celle-ci doit être jugée dans un délai raisonnable et une durée de jugement excessive engage également la responsabilité de l'État en raison du fonctionnement défectueux du service public de la Justice[1].

SECTION 2

RESPONSABILITÉ SANS FAUTE

1653.31 Responsabilité pour rupture de l'égalité devant les charges publiques. De même que le refus légitime de l'État de prêter son concours à l'exécution d'une décision de justice ou de tout autre titre exécutoire lorsqu'un intérêt général le justifie ouvre droit à une responsabilité sans faute de l'État sur le fondement de la rupture d'égalité devant les charges publiques[2], la refus justifié et par conséquent non fautif du préfet de mettre en œuvre les pouvoirs qu'il détient afin d'assurer la pleine exécution, par une collectivité territoriale, d'une décision de justice la condamnant ouvre droit, au profit du créancier, à une indemnisation du préjudice anormal et spécial qu'il subit du fait de cette rupture d'égalité devant les charges publiques.

Le Conseil d'État a ainsi précisé, par la décision précitée *Société fermière de Campoloro*, qu'en cas de refus régulier du préfet, « *eu égard à la situation de la collectivité, notamment à l'insuffisance de ses actifs, ou en raison d'impératifs d'intérêt général, le préjudice qui résulte de la non-exécution de la décision de justice pour le créancier de la collectivité territoriale est susceptible d'engager la responsabilité de la puissance publique s'il revêt un caractère anormal et spécial* ». Cette responsabilité suit le régime juridique de droit commun de la responsabilité sans faute.

1653.32 Jurisprudence de la Cour européenne des droits de l'homme. La jurisprudence précitée du Conseil d'État, qui fait en quelque sorte de l'État le garant final de la bonne exécution des décisions de justice condamnant une personne publique, quelle qu'elle soit, rejoint la jurisprudence de la Cour européenne qui a condamné la France, au nom du **droit à un procès équitable**, à verser aux créanciers l'intégralité de la somme mise à la charge des collectivités territoriales en cause dans l'affaire dite du *port de Campoloro* par le tribunal administratif[3].

1. CE 23 juin 2014, M. W. et a., req. n° 369946.
2. CE, ass., 30 nov. 1923, Couitéas, req. n°s 38284 et 48688, *Lebon* 789; *GAJA*, 18e éd., Dalloz, 2011, n° 40.
3. CEDH 26 sept. 2006, S^{té} de gestion du port de Campoloro et S^{té} fermière de Campoloro c/France, req. n° 57516/00, *D.* 2007. 545, note Hugon.

TITRE

166. Les mesures d'exécution contre les personnes publiques étrangères

SECTION 0 ORIENTEUR

1660.00 Plan du titre.

Avertissement. Les développements à venir ne sont qu'une brève synthèse de la question des immunités d'exécution des personnes publiques étrangères, des jurisprudences et des controverses doctrinales qu'elle a suscitées. Pour de plus amples développements, on se reportera aux références bibliographiques citées s^s n° 1660.03.

Division. Jusqu'à il y a peu, il n'était nul besoin d'invoquer l'immunité d'exécution puisque les personnes publiques étrangères étaient couvertes en amont par leur immunité de juridiction. Mais le recul de cette dernière (en tout cas l'affirmation de son caractère relatif) ainsi que l'essor de l'arbitrage dans le commerce international ont progressivement entraîné une modification du problème. L'immunité d'exécution, hier parent pauvre de la discipline, est aujourd'hui le rempart le plus sûr des personnes publiques étrangères contre leurs créanciers.

En pratique, le problème de l'immunité d'exécution se présente dans deux séries de situation :

– la première est celle où une partie privée ou une autre personne publique d'ailleurs, cherche à faire exécuter par la contrainte une décision rendue en sa faveur contre un État étranger ou l'une de ses émanations. La décision peut avoir été prise par une juridiction de l'État où l'exécution est demandée. Elle peut également être celle d'un juge étranger, ou d'un arbitre, après *exequatur*, étant précisé à cet égard que :

– en France, l'*exequatur* est une condition du caractère exécutoire de la sentence arbitrale ou du jugement étranger qui, sans elle, ne peut produire aucun effet sur le territoire national (pour une affirmation de ce principe [1]);

– qu'une personne publique étrangère soit en cause ou non, le contrôle exercé par le juge français au stade de l'*exequatur* est celui qu'impose habituellement la jurisprudence *Munzer* [2] ou l'article 1502 C. pr. civ.

La question de l'immunité d'exécution se pose également lorsque la mesure d'exécution est opérée contre une personne publique étrangère avant toute condamnation. Dans ce cas, les mobiles qui inspirent le créancier sont de deux sortes :

1. Civ. 1re, 24 mars 1998, n° 96-10.171, *Bull. civ.* I, n° 122; *JCP* 1998. II. 10155, obs. Kerckhove.
2. Civ. 1re, 7 janv. 1964, n° 62-12.438, Munzer, *JCP* 1964. II. 13590, note Ancel; *Rev. crit. DIP* 1964. 344, note Batiffol; *JDI* 1964. 302, note Goldman; *GADIP*, 5e éd., Dalloz, 2006, n° 41.

– prendre une mesure conservatoire, en attendant l'issue d'un contentieux en cours ou à venir;

– déclencher le jeu d'une règle de compétence juridictionnelle permettant de saisir, pour régler le fond du litige, les tribunaux du pays où la mesure d'exécution forcée a été pratiquée.

Quels que soient les mobiles qui inspirent le créancier saisissant, deux cas peuvent se présenter : la personne publique étrangère bénéficie (chap. 1661) ou non (chap. 1662) d'une immunité d'exécution.

1660.03 **Bibliographie indicative.** Indépendamment des notes, souvent très complètes, publiées dans les chroniques de jurisprudence de la *Revue critique de droit international privé* et du *Journal de droit international (Clunet)*, et des développements consacrés à ce sujet dans les ouvrages et études générales consacrés aux voies d'exécution cités en bibliographie générale (v. ss n° 1610.03), on consultera avec profit :

Actualisables. Rép. internat., *v° Immunités*, par C. Kessedjian, 2011, màj juin 2014 – *J.-Cl. Int.*, *v° Immunités de juridiction et d'exécution*, 1993, fasc. 581-50, par P. Bourel.

Ouvrages. M. Cosnard, *La soumission des États aux tribunaux internes (face à la théorie des immunités des États)*, Pedone, 1996 – J. Duffar, *Contribution à l'étude des privilèges et immunités des organisations internationales*, « Bibliothèque de droit international », LGDJ, 1982, p. 252 s. – P. Mayer, *Droit international privé*, 3e éd., Montchrestien, 2011, nos 330 s., p. 201 s.

Articles. « L'immunité d'exécution de l'État étranger », *Actes du colloque du 22 avril 1988, Cahiers du CEDIN,* Montchrestien, 1990 – P. Bourel, « Aspects récents de l'immunité d'exécution des États et services publics étrangers », *Trav. Com. fr. DIP*, séance 30 nov. 1983, p. 133 s.; « Arbitrage international et immunités des États étrangers : à propos d'une jurisprudence récente », *Rev. arb.* 1982. 119 s. – D. Foussard, « Entre *exequatur* et exécution forcée (de quelques difficultés théoriques et pratiques relatives à l'exécution des jugements étrangers) », *Communication au Comité de droit international privé en date du 26 mars 1997*, Pedone, Paris, 1999, p. 175 s. – C. Freyria, « Les limites de l'immunité de juridiction et d'exécution des États étrangers », *Rev. crit. DIP* 1951. 207 s. – D. Nedjar, « Tendances actuelles du droit international des immunités des États », *JDI* 1997. 59 s. – I. Pingel-Lenuzza, « Les immunités des États en droit français », *Dr. et prat. com. int.* 1996. 5 s. – H. Synvet, « Quelques réflexions sur l'immunité d'exécution de l'État étranger », *JDI* 1985. 865 s.

1660.05 **Généralités.** L'immunité des États est issue du principe de droit international selon lequel un État ne peut être soumis à la juridiction d'un autre État (« *par in parem non habet imperium* »). Ce principe vise à garantir le respect de la souveraineté et de l'indépendance des États, ainsi que le bon déroulement des relations diplomatiques.

Comme dans la plupart des pays occidentaux, les États étrangers et les autres personnes publiques peuvent bénéficier en France d'une double immunité :

– une **immunité de juridiction** d'abord, qui a pour effet de soustraire la résolution des litiges les concernant à la compétence des tribunaux français;

– une **immunité d'exécution**, ensuite, qui fait échec à la réalisation forcée sur leurs biens des décisions de justice qui auraient été prononcées à leur encontre, peu important que ces décisions émanent d'une juridiction étrangère ou d'une juridiction française d'ailleurs. Le sujet du présent ouvrage étant les voies d'exécution, nous ne traiterons que cette seconde immunité.

CHAPITRE

1661. La personne publique bénéficie d'une immunité d'exécution

GILLES PELLISSIER
MAÎTRE DES REQUÊTES
AU CONSEIL D'ÉTAT

SECTION 0
ORIENTEUR

1661.00 **Plan du chapitre.**

Division. Celui qui bénéficie d'une condamnation juridictionnelle prononcée à l'encontre d'une personne publique étrangère et qui veut la faire exécuter sur le territoire français, peut être confronté à deux types de situation :

– la personne publique en cause lui oppose un texte de droit interne (sect. 1);

– la personne publique est susceptible de bénéficier de la théorie jurisprudentielle de « l'immunité d'exécution de l'État étranger » (sect. 2).

SECTION 1
EXISTENCE D'UN TEXTE

1661.11 **Principe.** Contrairement à ce qui existe dans d'autres pays occidentaux où les règles relatives à l'immunité d'exécution des personnes publiques étrangères ont été édictées par le pouvoir exécutif ou le pouvoir législatif, en France, tout est dans la jurisprudence (sur ce point, v. les développements substantiels de H. Synvet[1] – L. 9 juill. 1991, art. 1, al. 3[2] [devenu C. pr. exéc., art. L. 111-1, al. 3[3]]). Le Conseil d'État a ainsi rattaché l'immunité d'exécution dont bénéficient les États étrangers aux règles coutumières du droit international[4]. Jusqu'à récemment (v. s^s^ n° 1661.12), ces règles étaient ponctuellement complétées de conventions internationales bilatérales ou de dispositions législatives de nature à faire échec aux procédures d'exécution diligentées contre les personnes publiques étrangères. Généralement de portée limitée, ces textes garantissent à la personne publique étrangère une immunité indépendante des évolutions et des nuances de la jurisprudence relative à « l'immunité d'exécution de l'État étranger » (v. s^s^ n°s 1661.30 s.). D'une certaine façon, dans le domaine qu'ils ont vocation à régir, ils restaurent des zones « d'immunité absolue ». On peut citer, à cet égard :

– l'article 22 de la **convention de Vienne du 18 avril 1961,** qui soustrait à toute mesure d'exécution forcée les locaux et les moyens de transport de la mission diplomatique[5];

1. H. Synvet, « Quelques réflexions sur l'immunité d'exécution de l'État étranger », *JDI* 1985. 865 s.
2. L. n° 91-650, 9 juill. 1991, portant réforme des procédures civiles d'exécution, *JO* 14 juill., p. 9228.
3. Ord. n° 2011-1895, 19 déc. 2011, relative à la partie législative du Code des procédures civiles d'exécution, *JO* 20 déc., p. 21464 (*applicable au 1er juin 2012*).
4. CE, sect., 14 oct. 2011, Mme Saheh et a., req. n° 329788, *Lebon*.
5. Conv. Vienne, 18 avr. 1961, *JO* 17 avr. 1971, p. 3695.

– **l'accord conclu entre la France et le Sénégal le 16 février 1974**[1] dont l'article 1er prévoit que : « *Sans préjudice des immunités d'exécution applicables, la décision d'exequatur d'une décision judiciaire en matière civile, sociale et commerciale ne permet aucune mesure d'exécution sur le territoire de la République française ou sur le territoire de la République du Sénégal lorsque, dans l'État où la décision d'origine a été rendue, cette dernière n'est susceptible d'aucune exécution forcée contre cet État, les collectivités locales, les établissements publics et les sociétés nationales ou contre les sociétés d'économie mixte dont l'objet exclusif est l'exploitation d'une concession de service public* »;

– l'article 61 de la **loi n° 94-679 du 8 août 1994 portant diverses dispositions d'ordre économique et financier** d'où il ressort que : « *Les biens culturels prêtés par une puissance étrangère, une collectivité publique ou une institution culturelle étrangères, destinés à être exposés au public en France, sont insaisissables pour la période de leur prêt à l'État français ou à toute personne morale désignée par lui. Un arrêté conjoint du ministre de la Culture et du ministre des Affaires étrangères fixe, pour chaque exposition, la liste des biens culturels, détermine la durée du prêt et désigne les organisateurs de l'exposition* » (pour un ex. d'arrêté interministériel pris sur le fondement de ce texte, arr. 28 sept. 1994, relatif à l'insaisissabilité des biens culturels prêtés par la fédération de Russie pour l'exposition « André Derain »[2]).

En revanche, une personne publique étrangère ne peut, pour échapper à une saisie ou à une autre mesure d'exécution forcée, se prévaloir des règles protectrices des personnes publiques françaises[3].

1661.12 Convention des Nations unies sur les immunités juridictionnelles des États et de leurs biens. Le 2 décembre 2004, l'Assemblée générale des Nations unies a adopté, au terme de très longs travaux menés depuis 1977 au sein de la Commission du droit international des Nations unies (CDI)[4], une convention sur les immunités juridictionnelles des États et de leurs biens, qui a pour objet de codifier les règles de droit international relatives aux immunités des États. La France a signé cette convention le 17 janvier 2007 après avoir activement participé à son élaboration, sans y apporter aucune réserve ou déclaration interprétative, ce qui montre son adhésion à son contenu. Le Parlement a autorisé sa ratification par la loi n° 2011-734 du 28 juin 2011[5].

Comme le souligne M. Del Picchia dans son rapport précité fait au nom de la commission des affaires étrangères sur le projet de loi autorisant la ratification de cette convention du Sénat : « *La convention sur les immunités juridictionnelles des États et de leurs biens correspond à la pratique suivie par la France en la matière. En particulier, elle repose sur la théorie de l'immunité de juridiction restreinte de l'État, fondée sur la distinction entre les actes d'autorité et les actes de gestion, consacrée par la Cour de cassation. De même, les dispositions relatives à l'immunité d'exécution des États sont en harmonie avec la jurisprudence française. Les dispositions législatives peu nombreuses qui présentent un rapport direct avec la Convention des Nations unies sur les immunités juridictionnelles des États et de leurs biens n'auront a priori pas besoin d'être amendées*[6], *si*

1. Publié par Décr. n° 94-142, 18 févr. 1994 *(entré en vigueur le 16 févr. 1994)*, *Rev. crit. DIP* 1994. 413 s.
2. *JO* 1er oct. 1994, p. 13909.
3. Civ. 1re, 7 déc. 1977, n° 76-13.591, *Bull. civ.* I, n° 466; *Rev. crit. DIP* 1978. 532, note Bourel.
4. Par une résolution n° 32/151 du 19 décembre 1977, l'Assemblée générale des Nations unies a, en effet, invité la Commission du droit international, organe subsidiaire de l'Assemblée générale composé d'experts élus par elle, à travailler sur le sujet des immunités juridictionnelles des États et de leurs biens, en vue de la codification et du développement progressif du droit international en la matière. La Commission de droit international (CDI) a adopté un projet en 1991, soumis par l'Assemblée générale à un groupe de travail. Par une résolution n° 55/150 du 12 décembre 2000, l'Assemblée générale a établi un comité spécial sur les immunités juridictionnelles des États et de leurs biens, ouvert à tous les États membres des Nations unies et aux États membres des institutions spécialisées, aux fins de poursuivre le travail effectué par les groupes de travail de la CDI, de consolider les points de convergence et de régler les questions en suspens. Ce groupe de travail a remis un rapport en mars 2004. La Convention adoptée par l'Assemblée générale le 2 décembre 2004 est donc le fruit d'une longue élaboration parvenue à un large consensus.
5. Pour une analyse de l'élaboration de cette convention et de son contenu, nous renvoyons au Rapport n° 73 (2010-2011) de M. Robert del Picchia, fait au nom de la commission des affaires étrangères du Sénat, déposé le 27 octobre 2010, et au Rapport fait au nom de la commission des affaires étrangères par Mme E. Guigou, auxquels nous empruntons la plus grande partie des développements qui suivent.
6. Notamment pas l'article 1er alinéa 3 de la loi n° 91-650 du 9 juillet 1991 [devenu C. pr. exéc., art. L. 111-1, al. 3] (« [l]*'exécution forcée et les mesures conservatoires ne sont pas applicables aux personnes qui bénéficient d'une immunité d'exécution* »). La Convention vient en effet seulement compléter cette disposition législative en précisant les critères permettant de déterminer si un État étranger peut ou non bénéficier d'une immunité d'exécution dans une espèce donnée. Ni l'article 684 alinéa 2 du Code de procédure civile, tel que modifié par l'article 66 du décret n° 2005-1678 du 28 décembre 2005 relatif à la procédure civile, à certaines procédures d'exécution et à la procédure de changement de nom, aux termes duquel « *l'acte destiné à être notifié à un État étranger, à un agent diplomatique étranger en France ou à tout autre bénéficiaire de l'immunité de juridiction est remis au parquet et transmis par l'intermédiaire du ministre de la Justice aux fins de signification par voie diplomatique, à moins qu'en vertu d'un règlement communautaire ou d'un traité international la transmission puisse être faite par une autre voie* ». « *Cette disposition réglementaire est en effet* », toujours selon le même rapport, « *parfaitement compatible avec l'article 22 de la Convention relatif à la signification ou notification des actes introductifs d'instance, qui prévoit une* "communication adressée par les voies diplomatiques au Ministère des Affaires étrangères de l'État concerné" *en l'absence de convention internationale organisant un autre mode de transmission* ».

l'on excepte l'article L. 153-1 du Code monétaire et financier pour lequel la conclusion est plus réservée[1] ». Il relève que « *la signature par la France de la convention n'a d'ailleurs été accompagnée d'aucune réserve ou déclaration interprétative* » et conclut que « *la France a toujours plaidé pour l'adoption d'une convention parce que, une fois ratifiée et entrée en vigueur, elle pourrait être appliquée directement par les tribunaux français, dont le travail serait facilité, et ainsi contribuer à assurer une meilleure sécurité juridique pour les entreprises françaises contractant avec des États étrangers* ». Les développements qui suivent sur le régime juridique des immunités juridictionnelles des États étrangers demeureront donc valables, même si la ratification de cette convention conduira les tribunaux à se fonder directement sur ses stipulations ce qui, selon le rapporteur du projet de loi de ratification devant l'Assemblée nationale, les dispensera « *de s'interroger sur la portée de telle ou telle décision antérieure ou de tel ou tel principe coutumier* ».

1661.13 Compatibilité de l'immunité avec le droit au juge (Convention européenne de sauvegarde des droits de l'homme et des libertés fondamentales, art. 6 § 1). Par définition, les immunités de juridiction et d'exécution portent atteinte au droit d'accès à un tribunal. La Cour européenne des droits de l'homme admet leur compatibilité avec l'article 6 § 1 de la Conv. EDH en raison de leur caractère exceptionnel et de ce qu'elles découlent de principes du droit international selon lesquels la souveraineté des États fait obstacle à ce qu'un État puisse être soumis à la juridiction d'un autre État[2]. Elle exige toutefois que l'immunité soit instituée dans un but légitime – ce qui est le cas de la souveraineté des États et de l'indépendance des organisations internationales – et proportionnée à sa finalité, ce qui implique d'une part qu'elle ne couvre que les actes relatifs à la finalité de l'immunité et qu'elle n'ait pas pour effet de priver totalement l'intéressé de toute voie pour faire valoir ses droits[3].

– La jurisprudence la plus récente de la CEDH fait montre d'une sévérité accrue dans l'application des conditions de la conformité de ces immunités à l'article 6 § 1. Constatant « *que l'immunité absolue des États a subi depuis de nombreuses années une érosion certaine* » (§ 64), s'appuyant d'ailleurs sur la Convention sur les immunités juridictionnelles de 2004 des Nations unies, qui exclut les contrats de travail conclus entre un État et le personnel de ses missions diplomatiques à l'étranger, sauf exceptions limitativement énumérées, la Cour juge disproportionnée l'application de l'immunité dans des conflits du travail entre des États étrangers et leurs employés (personnel d'ambassade) qui n'exerçaient pas « *de fonctions particulières dans l'exercice de la puissance publique* » ou dont les fonctions ne faisaient pas naître « *un risque quelconque d'interférence avec les intérêts de l'État en matière de sécurité* » puisse assigner en justice son employeur[4].

– Ces arrêts ne remettent pas en cause le principe de la compatibilité de l'immunité des États avec l'article 6 § 1 de la Conv. EDH, mais ils rappellent que, comme toute dérogation à un droit fondamental, son application doit être strictement limitée aux finalités légitimes pour lesquelles elle a été insti-

1. Pour l'auteur du rapport : « *Cette disposition du Code monétaire et financier est compatible avec la Convention dans la mesure où elle respecte le principe d'insaisissabilité des biens de l'État étranger détenus ou gérés par une banque centrale ou une autorité monétaire, inscrit aux articles 19 alinéa c) et 21 de la Convention, tout en assortissant ce principe d'une exception, permettant la saisie des biens que la banque centrale étrangère gère pour son propre compte et qu'elle affecte à une activité économique ou commerciale* ». Il n'est en revanche pas certain que l'article L. 153-1 du Code monétaire et financier soit pleinement compatible avec l'exception consacrée aux articles 18, alinéa b), et 19, alinéa b), et relative au cas où « *l'État a réservé ou affecté des biens à la satisfaction de la demande qui fait l'objet de cette procédure* » judiciaire. En effet, l'article L. 153-1 ne prévoit pas une telle exception et les formulations retenues : « *Ne peuvent être saisis* [...] » et « *Par exception aux dispositions du premier alinéa* [...] » paraissent s'opposer à toute saisie dans les mains d'une banque centrale étrangère, y compris dans l'hypothèse où l'État concerné aurait « *réservé ou affecté des biens à la satisfaction de la demande qui fait l'objet de cette procédure* » judiciaire, au sens des articles 18 et 19, alinéas b), précités. « *L'article L. 153-1 du Code monétaire et financier ne réserve pas non plus le cas du consentement de l'État étranger à une saisie dans les mains d'une banque centrale ou d'une autre autorité monétaire. En conséquence, afin d'assurer une parfaite compatibilité du droit français avec les dispositions de la Convention relatives à l'immunité d'exécution des États, il serait sans doute préférable de modifier l'article L. 153-1 du Code monétaire et financier afin d'y faire figurer toutes les exceptions prévues par les articles 18 et 19 de la Convention des Nations unies sur les immunités juridictionnelles des États et de leurs biens* ».
2. « *L'octroi de l'immunité à un État dans une procédure civile poursuit le but légitime de respecter le droit international afin de favoriser la courtoisie et les bonnes relations entre États par le respect de la souveraineté d'un autre État* » (§ 52 – CEDH, gr. ch., 21 nov. 2001, Fogarty c/ Royaume-Uni, req. n° 37112/97).
3. CEDH, gr. ch., 18 févr. 1999, Waite et Kennedy c/Allemagne, req. n° 26083/94, *Rec. CEDH*-I; *RTDH* 2000. 77, obs. Tigroudja : immunité de juridiction de l'Agence spatiale européenne – CEDH, gr. ch., 21 nov. 2001, Al-Adsani c/Royaume-Uni, req. n° 35763/97, *Rec. CEDH*-XI; *AJDA* 2002. 500, chron. Flauss; *D.* 2003. 1246, chron. Flauss; *RSC* 2002. 149, obs. Massias : immunité de juridiction accordée au Koweit.
4. CEDH, gr. ch., 23 mars 2010, Cudak c/Lituanie, req. n° 15869/02, NP; *AJDA* 2010. 2362, chron. Flauss; *JCP* 2010. 395, obs. Picheral – CEDH, gr. ch., 29 juin 2011, Sabeh El Leil c/France, req. n° 34869/05, NP; *D.* 2011. 2434, obs. d'Avout et Bollée.

tuée. Les immunités étant fondées sur le respect de la souveraineté des États, elle ne doit s'appliquer qu'aux contentieux dont l'objet est relatif à l'exercice, par les États, de leur puissance publique. Ce critère est également, comme on le verra, celui de la Cour de cassation (v. s[s] n° 1661.65).

1661.14 Immunité et responsabilité sans faute. L'immunité d'exécution dont bénéficie en France un État étranger est susceptible d'engager la responsabilité sans faute de l'État français si, du fait de cette immunité, une décision de justice n'a pu être exécutée et qu'il en est résulté un préjudice anormal et spécial. Ont ainsi été indemnisés sur le fondement de la responsabilité sans faute de l'État des employés de l'ambassade du Koweït à Paris qui n'avaient pu obtenir de l'État les employant le versement des sommes dues en vertu de leur contrat de travail, alors même qu'elles pouvaient être obtenues des décisions de justice en leur faveur[1].

SECTION 2

JURISPRUDENCE RELATIVE À « L'IMMUNITÉ D'EXÉCUTION DE L'ÉTAT ÉTRANGER »

1661.20 Division. On examinera successivement l'étendue de l'immunité d'exécution reconnue par les tribunaux à « l'État étranger » (§ 1) avant de rappeler, brièvement, les règles qui régissent sa mise en œuvre (§ 2).

§ 1 Étendue de l'immunité

1661.30 Division. Lors de sa mise en œuvre par les tribunaux, l'immunité d'exécution soulève, la plupart du temps, trois séries de difficulté :

- quelles sont les personnes concernées par l'immunité d'exécution (A) ?
- à quelles mesures d'exécution s'étend le bénéfice de ce privilège (B) ?
- à quels biens cette immunité assure-t-elle une protection (C) ?

A. Personnes bénéficiant de l'immunité d'exécution

1661.31 États. Sur ce point, la jurisprudence est bien fixée. Peu importe la forme que l'État revêt ou le régime qu'il connaît. La seule condition requise pour que l'État puisse utilement invoquer l'immunité d'exécution est qu'il jouisse de la personnalité internationale[2]. Autrement dit, tout État ayant une souveraineté pleine et entière dans l'ordre international peut prétendre au bénéfice de ce privilège. Voilà pourquoi, la reconnaissance de l'État étranger par la communauté internationale n'est pas une condition de l'immunité, si sa souveraineté et son indépendance sont clairement établies (ainsi d'un arrêt dans lequel la Cour de cassation a accordé le bénéfice de l'immunité à la République nord-vietnamienne qui n'était pourtant pas, au moment du prononcé de la décision, « officiellement reconnue »[3]).

1661.32 États disparus. Dans un arrêt du 12 octobre 1999, la Cour de cassation a, rejetant un pourvoi dirigé contre un arrêt rendu par la cour d'appel de Paris le 27 février 1997, estimé que : « *Le droit international ne prévoyant aucune procédure spécifique pour déterminer si un État a disparu et s'il a un continuateur, l'arrêt attaqué qui s'est, à bon droit, fondé sur la position adoptée par la communauté internationale pour constater que la République socialiste fédérative de Yougoslavie avait disparu pour donner naissance à des États qui n'étaient pas ses successeurs, n'avait pas à rechercher si la République fédérale de Yougoslavie était ou non le seul continuateur de l'État disparu et pouvait, à ce titre, invoquer les immunités de juridiction et d'exécution. En conséquence, la cour d'appel a pu décider que les avoirs de l'État dissous et de sa banque centrale n'étaient pas susceptibles d'être couverts par lesdites immunités* »[4].

1661.33 Souverains, chefs d'État étrangers, agents diplomatiques et consulaires. Les représentants des États étrangers bénéficient eux aussi – et l'on comprend pourquoi – d'une immunité d'exécution. Mais celle-ci trouve sa source dans des conventions internationales multilatérales : la convention de Vienne de 1961 sur les relations diplomatiques et, accessoirement, la convention de Vienne de 1963, sur les relations consulaires. Les règles applicables sont différentes de celles qui concernent les États.

1661.34 Organisations internationales. L'immunité d'exécution que les organisations internationales peuvent opposer à leurs créanciers n'est pas non plus de même nature et n'obéit pas au même régime que celle qui protège les États étrangers. En général, elle trouve son fondement dans les disposi-

1. CE, sect., 14 oct. 2011, Mme Saheh et a., req. n° 329788, *Lebon*.

2. Civ. 24 oct. 1932, *JDI* 1933. 644; *DP* 1933. 1. 196, note Gros.
3. Civ. 2 nov. 1971, n° 69-14.100, *Bull. civ.* I, n° 278; *Rev. crit. DIP* 1972. 310, note Bourel; *JDI* 1972. 267, note Pinto; *JCP* 1972. II. 16969, note Ruzié.
4. Civ. 1re, 12 oct. 1999, n° 97-14.827, *Bull. civ.* I, n° 262; *D.* 1999. IR 246.

tions des actes institutifs qui énoncent les principes de base en la matière, d'une convention conclue entre les États membres de l'organisation (protocole du 8 avril 1965, sur l'immunité des Communautés européennes) ou dans les accords bilatéraux dits de siège conclu entre l'organisation et l'État hôte de l'organisation (ex., accord Suisse-ONU, 15 avr. 1946 - accord France-UNESCO, 25 juin 1954), ou dans l'accord de siège (sur cette question v. C. Dominice, J. Duffar[1] - pour les agents d'une organisation internationale : à propos de l'Unesco[2] - sur la distinction entre l'immunité découlant des principes non écrits du droit international et l'immunité d'exécution diplomatique prévue par la convention de Vienne du 18 avril 1961[3]).

1661.35 Collectivités locales et États fédérés. La jurisprudence française a très tôt et très clairement refusé aux villes, départements, régions, cantons et à tout démembrement territorial de l'État, le bénéfice de l'immunité d'exécution. La jurisprudence est abondante en matière d'immunité de juridiction[4]. Mais elle vaut assurément, dans les mêmes termes et pour les mêmes raisons, au stade de l'exécution forcée.

1661.36 Démembrements organiques des États étrangers. Alors que pour l'État étranger, le bénéfice de l'immunité d'exécution est de principe (sauf exception), pour les organismes qui en dépendent, le principe est inverse : ils ne bénéficient pas, en principe, de ce privilège (sauf exception). L'immunité d'exécution de l'État bénéficie ainsi aux organismes publics qui, tout en en étant juridiquement distincts, n'en sont que des émanations, dépourvus qu'ils sont d'autonomie et dont le patrimoine se confond avec celui de l'État[5]. Pour les autres, leurs biens sont en principe saisissables, sauf preuve contraire : « *À la différence des biens de l'État étranger, qui sont en principe insaisissables, sauf exception [...], les biens des organismes publics, personnalisés ou non, distincts de l'État étranger, lorsqu'ils font partis d'un patrimoine que celui-ci a affecté à une activité principale relevant du droit privé, peuvent être saisis par tous les créanciers, quels qu'ils soient, de cette organisme* »[6].

B.

Mesures d'exécution forcée couvertes par l'immunité

1661.41 Principe. L'immunité d'exécution permet à son bénéficiaire de s'opposer aux diverses mesures de contrainte qui pourraient être prises par les tribunaux à l'encontre de ses biens. Ces mesures sont d'abord et bien sûr les voies d'exécution forcée contre les décisions de justice. Sont aussi couvertes par l'immunité les mesures conservatoires[7]. On admet également que l'ouverture d'une procédure collective est une voie d'exécution à l'égard de la personne publique étrangère dès lors, du moins, qu'elle est débitrice de la cause de la saisie et qu'elle se trouve, du fait de l'ouverture de la procédure, dessaisie (sur cette question délicate, v. P. Bourel[8]).

1661.42 Illustrations négatives. La jurisprudence refuse de considérer comme des mesures d'exécution prohibées contre les personnes publiques étrangères :

- l'action en *exequatur* d'une sentence arbitrale ou d'un jugement rendu par une juridiction étrangère[9];

- le retrait du rôle décidé par le Premier président de la Cour de cassation sur le fondement des dispositions de l'article 1009-1 C. pr. civ.[10]

1. C. Dominice, « L'immunité de juridiction et d'exécution des organisations internationales », *Rec. cours Académie dr. internat. La Haye* 1984. IV. 187 – J. Duffar, *Contribution à l'étude des privilèges et immunités des organisations internationales*, LGDJ, 1982.
2. Cass., avis, 8 déc. 1995, n° 09-50.014, *Bull. avis*, n° 14; *BICC* 1er févr. 1995. 4 – Paris, 30 juin 1981, *Rev. crit. DIP* 1982. 129 – *J.-Cl. Int., v° Principes communs aux organisations internationales – Statut juridique*, fasc. 112-3.
3. Paris, 1re ch. A, 10 août 2000, Ambassade de la Fédération de Russie en France et a. c/Sté NOGA, *Gaz. Pal.* 10-12 juin 2001, p. 22 s., note de La Pradelle.
4. Civ. 24 oct. 1932, *JDI* 1933. 644; *DP* 1933. 1. 196, note Gros – CAA Paris, 5 nov. 1969, 2 arrêts, État de Hesse c/ Néger, *JCP* 1970. II. 1634, note Ruzié; *Gaz. Pal.* 1970. 1. 194, note Sarraude – Paris, 29 janv. 1957, Bauer Marchal, *JCP* 1957. II. 9779, concl. Lindon.
5. À propos de la société nationale des pétroles du Congo : Civ. 1re, 6 févr. 2007, n° 04-13.107, NP; et n° 04-13.108, *Bull. civ.* I, n° 52; *Rev. crit. DIP* 2008. 303, note Audit; *RTD com.* 2008. 207, obs. Delebecque.
6. Civ. 1re, 1er oct. 1985, n° 84-13.605, *Bull. civ.* I, n° 236; *GADIP*, 5e éd., Dalloz, 2006, nos 65-66.
7. TGI Paris, 2 mai 1983, Caisse centrale de coopération économique c/Sté Midland Interne Serv. et État du Sénégal, *RGDIP* 1984. 513, note Rousseau – V. IMPLICITEMENT : Civ. 1re, 14 mars 1984, n° 82-12.462, *Eurodif*, *Bull. civ.* I, n° 98; *Rev. crit. DIP* 1984. 644, note Bischoff; *JDI* 1984. 598, note Oppetit; *D.* 1984. 629, rapp. Fabre, note Robert; *JCP* 1984. II. 20205, concl. Gulphe, note Synvet.
8. *J.-Cl. Int., v° Conflits de juridictions – Immunités de juridiction et d'exécution*, fasc. 580-50, nos 217 s., p. 26 s., par P. Bourel.
9. Civ. 1re, 11 juin 1991, n° 90-11.282, *Bull. civ.* I, n° 193; *Rev. crit. DIP* 1992. 331, note L.; *JDI* 1991. 1005, note Gaillard; *Rev. arb.* 1991. 637, note Broches.
10. Civ., ord. 1er prés., 14 mars 1995, n° 94-14.924, *Bull. ord.*, n° 11 – Civ., ord. 1er prés., 21 mars 1995, n° 94-13.452, *Bull. ord.*, n° 12 – Civ., ord. 1er prés., 7 févr. 1995, n° 94-16.330, *Bull. ord.*, n° 3.

C.

Portée de l'immunité quant aux actes et aux biens de l'État étranger

1661.51 Caractère relatif de l'immunité d'exécution des États étrangers. Si le principe demeure l'immunité d'exécution attachée à la souveraineté de l'État étranger, la jurisprudence française admet désormais que les biens des États qui ne sont pas affectés à une fin de souveraineté peuvent faire l'objet d'une mesure de contrainte. Cette règle a été posée par la Cour de cassation dans un arrêt du 14 mars 1984 qui a souligné que l'immunité d'exécution de l'État étranger peut être écartée notamment « *lorsque le bien saisi a été affecté à l'activité économique ou commerciale relevant du droit privé qui donne lieu à la demande en justice* »[1].

Ainsi, par exemple, la Cour de cassation, rappelant que : « *Selon les principes de droit international relatifs aux immunités, les États étrangers bénéficient, par principe, de l'immunité d'exécution; qu'il en est autrement lorsque le bien saisi se rattache, non à l'exercice d'une activité de souveraineté, mais à une opération économique, commerciale ou civile relevant du droit privé qui donne lieu à la demande en justice* », a jugé « *que l'acquisition par l'État du Congo de biens immobiliers en France, fussent-ils affectés au logement de son personnel diplomatique, ne constitue pas une prérogative ou un acte de souveraineté mais seulement une opération habituelle de gestion relevant du droit privé; qu'ayant constaté que les biens en cause n'étaient pas affectés aux services de l'Ambassade ou de ses annexes et n'étaient pas la résidence de l'ambassadeur, puis retenu que cette acquisition impliquait pour l'État du Congo le paiement des charges de copropriété de sorte que la créance du syndicat se rattachait à cette opération, la cour d'appel a, à bon droit, décidé que la République démocratique du Congo ne pouvait pas opposer son immunité d'exécution* »[2]. Tel n'est en revanche pas le cas des fonds déposés sur les comptes bancaires d'une ambassade ou d'une mission diplomatique, qui permettent leur fonctionnement : « *Attendu que selon le droit international coutumier, les missions diplomatiques des États étrangers bénéficient, pour le fonctionnement de la représentation de l'État accréditaire et les besoins de sa mission de souveraineté, d'une immunité d'exécution autonome à laquelle il ne peut être renoncé que de façon expresse et spéciale; que cette immunité s'étend, notamment, aux fonds déposés sur les comptes bancaires de l'ambassade ou de la mission diplomatique* »[3].

Pour les organisations internationales, qui sont dépourvues de souveraineté, ce critère de l'acte de souveraineté ne peut s'appliquer[4]. Ce sont donc les conventions internationales et les accords de siège qui prévoient leur immunité d'exécution qui en déterminent les contours[5].

Cette immunité des États étrangers couvre non seulement les actes de puissance publique mais aussi ceux accomplis dans l'intérêt d'un service public[6].

C'est au créancier poursuivant de rapporter la preuve de ce que les biens saisis étaient affectés à une activité économique ou commerciale (pour une affirmation de ce principe[7]). Il existe en effet « une présomption d'affectation publique des biens » de l'État étranger (à l'inverse de la situation qui prévaut lorsque l'organisme public en cause est une émanation de cet État). L'arrêt précité de la Cour de cassation du 28 septembre 2011 en offre une illustration : « *l'arrêt retient exactement, d'abord, que les fonds affectés aux missions diplomatiques bénéficient d'une présomption d'utilité publique, puis, que les comptes bancaires d'une ambassade sont présumés être affectés à l'accomplissement des fonctions de la mission diplomatique de sorte qu'il appartient au créancier qui entend les saisir de rapporter la preuve que ces biens*

1. Civ. 1re, 14 mars 1984, n° 82-12.462, *Eurodif c/République islamique d'Iran, Bull. civ.* I, n° 98; *Rev. crit. DIP* 1984. 644, note Bischoff; *JDI* 1984. 598, note Oppetit; *D.* 1984. 629, rapp. Fabre, note Robert; *JCP* 1984. II. 20205, concl. Gulphe, note Synvet – CE, sect., 14 oct. 2011, Mme Saheh et a., req. n° 329788, *Lebon* : le Conseil d'État juge dans le même sens que l'immunité d'exécution dont bénéficient les États pour les actes qu'ils accomplissent à l'étranger « *fait obstacle à la saisie de leurs biens, à l'exception de ceux qui ne se rattachent pas à l'exercice d'une mission de souveraineté* ».
2. Civ. 1re, 25 janv. 2005, n° 03-18.176, *Bull. civ.* I, n° 39; *D.* 2005. 616, concl. Sainte-Rose; *Rev. crit. DIP* 2006. 123, note Muir Watt – V. AUSSI : Civ. 1re, 19 nov. 2008, n° 07-10.570, *Bull. civ.* II, n° 266; *D.* 2008. 3012, obs. Gallmeister; *D.* 2009. 1168, obs. Leborgne : acquisition d'un immeuble pour loger un officier supérieur.
3. Civ. 1re, 28 sept. 2011, n° 09-72.057, P.
4. Civ. 1re, 28 oct. 2003, n° 01-16.927, *Bull. civ.* I, n° 212; *JCP* 2004. II. 10102, note Mahinga; *Rev. crit. DIP* 2004. 773, note Clavel.
5. POUR UNE APPLICATION D'UNE TELLE IMMUNITÉ CONVENTIONNELLE : v. Civ. 1re, 14 oct. 2009, n° 08-14.978, *Bull. civ.* I, n° 206; *D.* 2009. 2557, obs. Avena-Robardet : une cour d'appel qui constate qu'un accord signé entre le gouvernement de la République française et une organisation internationale (en l'occurrence l'accord du 26 novembre 1997, signé entre la France et la Ligue des États arabes, publié par décret du 18 septembre 2000 et relatif à l'établissement, à Paris, d'un bureau de la Ligue des États arabes et à ses privilèges et immunités sur le territoire français) limite expressément les cas dans lesquels les biens de cette organisation peuvent être saisis aux conséquences des conventions passées pour l'activité de son bureau, a pu en déduire que les biens de l'organisation étaient protégés par une immunité d'exécution lorsque l'obligation de l'organisation avait une autre cause, telle une condamnation pécuniaire sanctionnant une obligation contractuelle étrangère à l'activité du bureau lui-même et dès lors que les créanciers de l'organisation, qui disposaient d'autres voies pour faire exécuter la condamnation, n'étaient pas privées d'un accès au juge.
6. Civ. 1re, 27 avr. 2004, n° 01-12.442, *Bull. civ.* I, n° 114; *Rev. crit. DIP* 2005. 75, note Muir Watt; *RTD civ.* 2004. 769, obs. Théry.
7. Paris, 8e ch., sect. B, 11 juin 1998, RG n° 97/07089.

seraient utilisés pour une activité privée ou commerciale ». En revanche, la preuve de l'affectation et de la destination des biens saisis peut se faire par tout moyen.

§ 2
Régime procédural de l'immunité

1661.61 Moyen susceptible d'être invoqué d'office par le juge. L'immunité d'exécution comme l'immunité de juridiction est une question dont le juge doit se saisir d'office, même si leurs bénéficiaires, non comparants, ne s'en prévalent pas[1]. La solution est logique : les intérêts en cause ne sont pas purement privés.

En 1999, pourtant, la Cour de cassation a décidé qu'en l'absence de traité international en la matière, les juges du fond n'ont pas à rechercher d'office si un État se prétendant successeur d'un autre bénéficie pour lui-même des immunités de juridiction et d'exécution. Ces immunités n'étant pas absolues, elles doivent être invoquées par l'État étranger qui s'y prétend fondé[2].

1661.62 Nature juridique du moyen permettant d'invoquer l'immunité d'exécution. Comme l'immunité de juridiction, l'immunité d'exécution s'analyse en un défaut de pouvoir du juge et non pas en une absence de compétence des tribunaux français[3]. Dans ces conditions, la personne publique étrangère qui, devant une juridiction française, prétend bénéficier de l'immunité doit opposer au juge une **fin de non-recevoir, éventuellement suivie d'un appel**, et non soulever une exception d'incompétence, puis former éventuellement un contredit[4].

1661.63 Renonciation à l'immunité. L'immunité d'exécution étant uniquement destinée à protéger ses bénéficiaires, il est admis que ceux-ci peuvent y renoncer[5]. Sur ce point, le parallélisme est parfait avec l'immunité de juridiction. En revanche, la différence est notable avec les règles de protection dont peuvent bénéficier les personnes publiques françaises qui sont, elles, d'ordre public et dont les intéressés ne peuvent disposer. S'agissant des personnes publiques étrangères, la renonciation peut être implicite, à condition toutefois qu'elle résulte d'actes manifestant de façon non équivoque et régulière la volonté de renoncer[6]. À cet égard, il était traditionnellement admis que ni l'acceptation d'une clause d'arbitrage, ni la renonciation à l'immunité de juridiction, n'emportaient par elles-mêmes renonciation à l'immunité d'exécution[7]. L'acceptation d'une clause d'arbitrage ne permettait même pas de faire présumer la renonciation à l'immunité d'exécution[8]. Dans un arrêt retentissant en date du 6 juillet 2000[9], la Cour de cassation a adopté la solution contraire (à propos d'un compromis d'arbitrage faisant référence au règlement d'arbitrage de la Chambre de commerce internationale). La question reste entière après cet arrêt de savoir sur quels biens une procédure d'exécution forcée peut être diligentée (tous les biens ou exclusion des biens affectés à des fins de souveraineté, comme dans l'affaire *Eurodif*, v. s[s] n° 1661.51).

1661.64 Influence de l'équité. De plus en plus souvent invoqué dans la mesure où l'immunité d'exécution sur le territoire français est de nature à priver définitivement le créancier de la possibilité de recouvrer son dû, le principe d'équité ne peut par lui-même remettre en cause l'immunité reconnue, par principe, aux États étrangers (pour une affirmation solennelle de ce principe[10]).

1661.65 Voies de recours. Indépendamment des voies de recours habituelles, la décision qui méconnaît l'immunité – d'exécution ou de juridiction – d'une personne publique étrangère est susceptible de faire l'objet d'un **recours pour excès de pouvoir**[11].

1. Req. 23 janv. 1933, *S.* 1933. 1. 249, note Rousseau; *JDI* 1934. 96; *Rev. crit. DIP* 1934. 935, note Niboyet.
2. Civ. 1re, 12 oct. 1999, n° 97-14.827, *Bull. civ.* I, n° 262; *D.* 1999. IR 246.
3. Civ. 1re, 4 févr. 1986, n° 84-16.453, *Bull. civ.* I, n° 7; *JDI* 1987. 112, note Jacquet.
4. Civ. 1re, 9 mars 2011, n° 10-10.044, P; *D.* 2011. 889, obs. Tahri; *Rev. crit. DIP* 2011. 716, note Gaudemet-Tallon; *RTD civ.* 2011. 382, obs. Thery.
5. V., PAR EX., en ce qui concerne les conséquences de la renonciation d'un État à son immunité sur la possibilité de saisir les avoirs d'une société qui n'était pas « *statutairement dans une indépendance fonctionnelle suffisante pour bénéficier d'une autonomie de droit et de fait à l'égard de l'État* » : Civ. 1re, 14 nov. 2007, n° 04-15.388, *Bull. civ.* I, n° 355; *Rev. crit. DIP* 2008. 303, note Audit; *RTD com.* 2008. 207, obs. Delebecque.
6. Paris, 21 avr. 1982, Eurodif, *Rev. crit. DIP* 1984. 101, note Mayer; *JDI* 1983. 145, note Oppetit; *Rev. arb.* 1982. 204 et 119, note Bourel.
7. P. Mayer, *Droit international privé,* Montchrestien, 1987, n° 339, p. 208.
8. Paris, 8e ch., sect. B, 11 juin 1998, RG n° 97/07089, S[té] Creighton c/Min. Finances et min. Affaires municipales et Agriculture, du Gouvernement de l'État du Qatar.
9. Civ. 1re, 6 juill. 2000, n° 98-19.068, *Bull. civ.* I, n° 207; *D.* 2001. 2139, chron. Moury; *RTD com.* 2001. 409, obs. Loquin; *JDI* 2000. 1054, note Pingel-Lenuzza; *JCP E* 2001. 223, note Kaplan et Cuniberti; *Gaz. Pal.* 31 janv.-1er févr. 2001. 6, note Piedelièvre – Gaillard, *Bull. assoc. suisse de l'arbitrage* 2000, Chron. 471 – P. Théry, « Feu l'immunité d'exécution », *Gaz. Pal.* 10-12 juin 2001. 18 s.
10. Paris, 8e ch., sect. B, 11 juin 1998, RG n° 97/07089, *S[té] Creighton c/Min. Finances et min. Affaires municipales et Agriculture, du Gouvernement de l'État du Qatar.*
11. Req. 5 févr. 1946, *S.* 1947. 1. 137, rapp. Castets – EN DOCTRINE, P. Mayer, *Droit international privé,* Montchrestien, 1987, n° 340, p. 209.

CHAPITRE

1662. La personne publique ne bénéficie pas d'une immunité d'exécution

GILLES PELLISSIER
MAÎTRE DES REQUÊTES
AU CONSEIL D'ÉTAT

SECTION 0
ORIENTEUR

1662.00 **Plan du chapitre.**

SECTION 1
RÈGLES DE FOND

1662.11 **Recours aux procédures civiles d'exécution.** Lorsqu'elles sont possibles, les procédures d'exécution forcée diligentées contre les personnes publiques étrangères, sont soumises aux dispositions de la loi du 9 juillet 1991[1] et du décret du 31 juillet 1992[2] (désormais codifiés aux parties législative et réglementaire du Code des procédures civiles d'exécution[3]). Qu'il s'agisse de l'exécution d'une sentence arbitrale, d'une décision rendue par une juridiction étrangère, après *exequatur*, ou d'un jugement rendu par une juridiction judiciaire ou administrative (le cas est plus rare car le juge administratif est très réticent à admettre sa compétence lorsqu'est en cause une personne publique étrangère – pour une synthèse, v. E. Picard[4]), le principe est le même. Le créancier peut (et même doit) recourir aux procédures civiles d'exécution. Aucune des mesures d'exécution forcée contre les personnes publiques françaises n'est donc susceptible d'être mise en œuvre à l'encontre des personnes publiques étrangères.

SECTION 2
COMPÉTENCE DES JURIDICTIONS FRANÇAISES

1662.21 **Mesures conservatoires et compétence des tribunaux français pour connaître du litige au fond.** Lorsque la mesure d'exécution est opérée contre une personne publique étrangère avant toute condamnation, les mobiles qui inspirent le créancier peuvent être étrangers à la volonté de se préserver, en recourant à une mesure conservatoire, des difficultés à venir une fois la décision rendue. En pratique, il peut poursuivre un autre objectif : déclencher le jeu d'une règle de compétence juridictionnelle permettant de saisir, pour régler le fond du litige, les tribunaux français.

Dans un arrêt *Nassibian*, la Cour de cassation avait jugé que les tribunaux français sont seuls compétents

1. L. n° 91-650, 9 juill. 1991, portant réforme des procédures civiles d'exécution, *JO* 14 juill., p. 9228.
2. Décr. n° 92-755, 31 juill. 1992, portant instituant de nouvelles règles relatives aux procédures civiles d'exécution pour l'application de la loi n° 91-650 du 9 juillet 1991 portant réforme des procédures civiles d'exécution, *JO* 5 août, p. 10530.
3. Ord. n° 2011-1895, 19 déc. 2011, relative à la partie législative du Code des procédures civiles d'exécution, *JO* 20 déc., p. 21464 – et Décr. n° 2012-783, 30 mai 2012, relatif à la partie réglementaire du Code des procédures civiles d'exécution, *JO* 31 mai, p. 9375.
4. Rép contentieux administratif, *v° Droit international et contentieux administratif (II – Compétence administrative)*, par E. Picard, févr. 2008 [màj oct. 2013], n°s 8 s.

pour statuer sur l'instance en validité d'une saisie-arrêt pratiquée en France, et peuvent éventuellement se prononcer, à cette occasion, sur l'existence de la créance invoquée par le saisissant[1]. Pratiquée, à titre conservatoire, une saisie contre une personne publique étrangère, était donc de nature à rendre les tribunaux français compétents pour connaître du litige au fond.

Par la suite, la Cour de cassation a été amenée à préciser sa jurisprudence en subordonnant la compétence des juridictions françaises à l'absence de compétence exclusive d'une autre juridiction (« *Les tribunaux français, seuls compétents pour statuer sur l'instance en validité d'une saisie conservatoire pratiquée en France, peuvent éventuellement statuer sur l'existence de la créance invoquée par le saisissant, question préalable qui ne relève pas de la compétence exclusive d'une autre juridiction* »[2]).

Enfin, à l'invitation d'une doctrine autorisée (H. Synvet[3]) la Cour de cassation a abandonné la règle dite du « *forum arresti* » en précisant que : « *Si les juridictions françaises sont seules compétentes pour statuer sur la validité d'une saisie pratiquée en France et apprécier, à cette occasion, le principe de la créance, elles ne peuvent se prononcer sur le fond de cette créance que si leur compétence est fondée sur une autre règle* »[4]. Aussi bien, aujourd'hui, alors même qu'il a pu régulièrement pratiquer sur le territoire français à l'encontre d'une personne publique étrangère une mesure conservatoire, le créancier pourra-t-il être contraint d'aller devant les juridictions étrangères pour voir reconnaître le droit qui fonde son action.

1. Civ. 1re, 6 nov. 1979, n° 77-15.856, *Nassibian*, *Bull. civ.* I, n° 269; *JDI* 1980. 95, rapp. Ponsard; *Rev. crit. DIP* 1980. 588, note Couchez; *GADIP*, 5e éd., Dalloz, 2006, nos 59-60.
2. Civ. 1re, 18 nov. 1986, n° 85-11.404, *Bull. civ.* I, n° 267, *Rev. crit. DIP* 1987. 773 s., note Muir-Watt.
3. H. Synvet, « Quelques réflexions sur l'immunité d'exécution de l'État étranger », *JDI* 1985. 865 s., spéc. 886.
4. Civ. 1re, 11 févr. 1997, n° 94-21.500, *Bull. civ.* I, n° 47; *GADIP*, 5e éd., Dalloz, 2006, nos 59-60.

LIVRE

17. LES PROCÉDURES CIVILES D'EXÉCUTION EN DROIT INTERNATIONAL PRIVÉ

SECTION 0

ORIENTEUR

1700.00 **Plan du livre.**

CHAPITRE

1711. Procédures individuelles d'exécution

EMMANUEL GUINCHARD
SENIOR LECTURER IN LAW
À L'UNIVERSITÉ DE NORTHUMBRIA
(NEWCASTLE – ROYAUME-UNI)

SECTION 0
ORIENTEUR

1711.00 **Plan du chapitre.**

1711.03 Bibliographie indicative.

Actualisables. *J.-Cl. Int.*, fasc. 581-21 et 582-30, par A. Huet – Rép. internat., *v° Voies d'exécution*, par Ph. Théry.

Ouvrages. B. Ancel et Y. Lequette, *Grands arrêts de la jurisprudence française de droit international privé*, 5e éd., Dalloz, 2006 – F. Berlingieri, *Arrest of ships. A commentary on the 1952 and 1999 Arrest Conventions*, 4e éd., Informa, 2006 – G. Cuniberti, C. Normand et F. Cornette, *Droit international de l'exécution. Recouvrement des créances civiles et commerciales*, LGDJ, 2011 – H. Gaudemet-Tallon, *Compétence et exécution des jugements en Europe. Règlement n° 44-2001. Conventions de Bruxelles (1968) et de Lugano (1988 et 2007)*, 4e éd., LGDJ, 2010 – E. Guinchard (dir.), *Le nouveau règlement Bruxelles I bis – Règlement n° 1215/2012 du 12 décembre 2012 concernant la compétence judiciaire, la reconnaissance et l'exécution des décisions en matière civile et commerciale*, Bruylant, 2014 – H. Peroz, *La réception des jugements étrangers dans l'ordre juridique français*, LGDJ, 2005 – R. Perrot et Ph. Théry, *Procédures civiles d'exécution*, 3e éd., Dalloz, 2013.

Articles. G. Couchez, « Les incidences de la réforme des voies d'exécution sur le droit international privé », *Trav. Comité fr. DIP* 1995-1998, Pédone, 2000 – D. Foussard, « Entre *exequatur* et exécution forcée [de quelques difficultés théoriques et pratiques relatives à l'exécution des jugements étrangers] », *Trav. Comité fr. DIP* 1995-1998, Pédone, 175, spéc. p. 179.

Mémoire. E. Guinchard, *La conception française de la territorialité de l'exécution en danger*, mémoire DEA de droit international privé, Madame le Professeur H. Gaudemet-Tallon (dir.), Paris II, sept. 1998.

1711.04 Principe directeur et construction européenne. Le principe directeur du droit international privé français des procédures individuelles d'exécution tient traditionnellement en un seul mot : la *territorialité*. Quelques signes de fragilité apparaissent toutefois aujourd'hui (v. ss nos 1711.131 s. et 1711.203), même si la Cour de cassation a clairement réaffirmé en 2002 le principe de territorialité de l'exécution (v. ss n° 1711.07). À vrai dire, dans le cadre européen du moins, un changement initié au seul niveau national ne modifierait probablement pas la donne profonde : une territorialité européenne (celle-ci étant une extraterritorialité au regard du droit français), associée à un droit européen de l'exécution, est en cours d'élaboration.

Plus précisément, la territorialité doit être progressivement interprétée en référence non au seul ordre juridique français mais à l'ordre juridique européen. En témoignent la possible extraterritorialité des mesures conservatoires prises par le juge compétent au fond en vertu du règlement Bruxelles I / I *bis* (v. ss n° 1711.72) et la progressive entrée en vigueur de règlements qui, en supprimant l'*exequatur*, introduisent une nouvelle source de titres exécutoires émanant directement d'un autre État européen (v. ss n° 1711.181). D'autres textes sont en préparation. L'objectif général de la Commission européenne est d'arriver à la suppression totale de l'*exequatur* en matière civile (v. not. le nouveau règlement Bruxelles I *bis* qui est entré en vigueur le 10 janvier 2015[1]), parallèlement à la création de procédures d'exécution transfrontières.

Significatifs à cet égard sont les propos de l'ancien commissaire européen en charge du domaine « Justice et affaires intérieures » : à la question de savoir si la Communauté (devenue l'Union) européenne avait atteint ses limites quant à la construction d'un espace judiciaire européen en matière civile, et après avoir considéré la proposition relative aux obligations alimentaires comme inaugurant un nouveau type d'instruments précisément par ses dispositions relatives à l'exécution (au sens du droit interne), F. Frattini répond catégoriquement par la négative (« *the answer to the question raised in the title of this article must be a categorical "By no means"* »[2]).

Une première manifestation concrète de cette volonté a été donnée le 24 octobre 2006 avec la publication par la Commission d'un « Livre vert sur l'amélioration de l'exécution des décisions de justice au sein de l'Union européenne : la saisie des avoirs bancaires »[3] et de son document de travail[4], classiques préludes à une intervention normative dans le processus européen inspiré sur ce point par le modèle anglo-saxon. En l'occurrence, il s'agissait de créer une saisie européenne des avoirs bancaires. La procédure législative a débuté le 25 juillet 2011 avec la présentation d'une proposition de règlement portant création d'une ordonnance européenne de saisie conservatoire des comptes bancaires[5]. Elle

1. Règl. (UE) n° 1215/2012 du Parlement européen et du Conseil, 12 déc. 2012, concernant la compétence judiciaire, la reconnaissance et l'exécution des décisions en matière civile et commerciale, *JOUE*, n° L. 351, 20 déc., p. 1 – L'*exequatur* disparaît à l'article 39 : « *Une décision rendue dans un État membre et qui est exécutoire dans cet État membre jouit de la force exécutoire dans les autres États membres sans qu'une déclaration constatant la force exécutoire soit nécessaire* ». Mais le refus d'exécution dans un autre État membre n'est pas pour autant exclu (v. not. art. 46).
2. F. Frattini, « *European Area of Civil Justice – Has the Community Reached the Limits ?* », *Zeitschrift für Europäisches Privatrecht*, 2006, p. 225, spéc. p. 235 *in fine*.
3. Livre vert *L'amélioration de l'exécution des décisions de justice au sein de l'Union européenne : la saisie des avoirs bancaires*, 24 oct. 2006, COM(2006) 618 final.
4. Doc. travail, SEC(2006) 1341.
5. Prop. Règl. du Parlement européen et du Conseil, 25 juill. 2011, COM(2011) 445 – Sur cette proposition, v. O. Fradin et C. Nourissat, « Recouvrement des créances en Europe. Une future ordonnance européenne de saisie conservatoire », *JCP* 2011. 1146 – E. Guinchard, « Le droit européen de l'exécution est né ! Présentation de la proposition de règlement portant création d'une ordonnance européenne de saisie conservatoire des comptes bancaires, destinée à faciliter le recouvrement transfrontière de créances en matière civile et commerciale », *RTD eur.* 2011. 871 – S. Piedelièvre, « Droit communautaire et saisie ▶

s'est achevée avec l'adoption le 15 mai 2014 du règlement (UE) n° 655/2014 du Parlement européen et du Conseil portant création d'une procédure d'ordonnance européenne de saisie conservatoire des comptes bancaires, destinée à faciliter le recouvrement transfrontière de créances en matière civile et commerciale[1]. Un second chantier a été ouvert avec le Livre vert du 6 mars 2008 sur la transparence du patrimoine[2], dont l'objet est plus général et traduit donc une volonté d'harmoniser l'ensemble des voies d'exécution[3]. Une proposition de règlement sur la transparence du patrimoine et des propositions ultérieures visant à faciliter l'exécution des jugements[4] sont donc attendues pour les années à venir. Les propositions de la Commission européenne peuvent bien entendu être contrées par le Conseil et le Parlement européens - et elles l'ont parfois été - mais on ne peut s'empêcher de penser que sur le long terme la Commission semble l'emporter comme en atteste la disparition de l'*exequatur*, initialement avancée par la Commission en 1997 et qui aujourd'hui s'installe dans le droit positif. Ces développements doivent être suivis de très près, et c'est en les gardant à l'esprit qu'on présentera le droit actuel.

1711.05 **Source.** La territorialité de l'exécution du droit français est généralement présentée comme ayant pour fondement la notion de souveraineté internationale[5].

En réalité, au regard du droit international public, la territorialité « *ne concerne de façon certaine que la contrainte matérielle* »[6]. On en a déduit, s'inspirant des droits étrangers et transformant l'absence de certitude sur la portée exacte de la territorialité en certitude sur ses limites, qu'il n'existait aucune raison valable de s'opposer à l'introduction de l'extraterritorialité des opérations intellectuelles (ordre, autorisation du juge) en droit français[7], la prémisse étant que « *la matière* [de l'exécution forcée] *dépend uniquement du droit international public* »[8]. Ce postulat peut être contesté, non seulement parce que le caractère impératif de la coutume internationale n'est point assuré mais aussi parce que si l'on accepte de ne raisonner que sur la seule certitude du droit international public (le contraire étant par définition peu rigoureux), soit la territorialité des opérations matérielles, on méconnaît l'inadaptation du droit international public aux procédures civiles d'exécution, caractérisées par une contrainte d'abord juridique et non matérielle[9]. De sorte qu'on préférera considérer que le fondement de la territorialité de l'exécution se situe en droit public interne (à l'instar de L. d'Avout qui, reprenant l'argument relatif au caractère d'abord juridique de la contrainte, n'exclut pas pour autant par la suite une extraterritorialité[10]), à notre sens constitutionnel. La

▶ de comptes bancaires », *RD banc. fin.* 2011, n° 172 – L. Sandrini, *Tutela cautelare in funzione di giudizi esteri*, Cedam, 2012, p. 417 ; M. Zwickel, « Vers un règlement sur la saisie bancaire européenne », *in* E. Guinchard et M. Douchy-Oudot, *La justice civile européenne en marche*, Dalloz, 2012, p. 233 – Sur l'ensemble de la question, v. G. Payan, *Droit européen de l'exécution en matière civile et commerciale*, Bruylant, 2012 – Sur l'état antérieur du débat, v. F. Georges, *La saisie de la monnaie scripturale*, Larcier, 2006, spéc. n°s 268 s.

1. Règl. (UE) n° 655/2014 du Parlement européen et du Conseil, 15 mai 2014, portant création d'une procédure d'ordonnance européenne de saisie conservatoire des comptes bancaires, *JOUE*, n° L. 189/59, 27 juin – Sur cet instrument, v. s^s n°s 1711.161 s.
2. Livre vert *Exécution effective des décisions judiciaires dans l'Union européenne : la transparence du patrimoine des débiteurs*, COM(2008) 128 final.
3. V. E. Guinchard, « Vers le droit européen de l'exécution », *Lamy Droit de l'exécution forcée, Lettre d'actualités* mai 2007. 1 – EN CE SENS : P. Safar, « La transparence du patrimoine : une exigence pour l'efficacité de l'exécution forcée en Europe », « Droit des procédures internationales » (suppl. au *Dr. et proc.* mars-avr. 2009, p. 2).
4. L'exécution (au sens du droit interne) des jugements constitue l'un des trois chantiers prioritaires de la construction d'une procédure civile uniforme lancée fin 2013 : v. les propos de la directrice en charge de la Justice civile à la DG Justice, Mme Paraskevi Michou, *Lettre d'informations de l'Institut européen du droit (European Law Institute Newsletter)*, oct. 2013, p. 1.
5. COUCHEZ, 123 – Rép. internat., *v° Voies d'exécution*, par Ph. Théry, 1998 [màj 2013], n° 13.
6. P. Mayer, « Le droit international privé et le droit international public sous l'angle de la notion de compétence », *Rev. crit. DIP* 1979. 55, note 64.
7. CUNIBERTI, n°s 16 s. – V. AUSSI, H. Muir-Watt, « Extraterritorialité des mesures conservatoires *in personam* ; à propos de l'arrêt de la Court of Appeal, Crédit suisse Fides Trust v/ Cuoghi », *Rev. crit. DIP* 1998. 27 s.
8. CUNIBERTI, n° 60. L'auteur est toutefois revenu, dix ans plus tard (huit ans pour la version publiée de sa thèse), sur une telle affirmation, admettant désormais une pluralité de conceptions de la territorialité de l'exécution : « *Le "droit commun" en la matière semble être* éminemment national » (« Le principe de territorialité des voies d'exécution », *JDI* 2008. 963, spéc. p. 982 (nous soulignons). L'auteur rejoint ainsi sur ce point notre position et on ne peut que remarquer qu'en outre certains de ses arguments sont identiques aux nôtres (v. nos obs. s^s Civ. 1re, 14 avr. 2010, BICI-CI, *Dr. et proc.* sept. 2010. 234).
9. E. Guinchard, « Réflexions autour de l'accueil de l'injonction *Mareva* par la Cour de cassation française », *Int'l Lis* 2005. 41.
10. L. d'Avout, *Sur les solutions du conflit de lois en droit des biens*, Economica, 2006, n° 164 – *Adde* M. L. de Tejada, « La disparition de l'*exequatur* dans la circulation des décisions étrangères », th. Paris-II, 8 avr. 2011, n° 96 : « *L'obligation faite au bénéficiaire d'un jugement étranger d'intenter une procédure d'exequatur dans l'État requis pour pouvoir en obtenir l'exécution forcée est traditionnellement présentée comme une conséquence du principe, solidement attesté en droit international public, de la territorialité de la contrainte. Pareille affirmation constitue, à la vérité, un raccourci qui ne doit pas occulter le véritable fondement de droit interne* ».

territorialité de l'exécution peut alors s'énoncer ainsi : « *La loi ou les organes (dont le juge français) sont seuls compétents, mais ne sont compétents que, pour les saisies conservatoires et exécutoires en France* »[1].

1711.06 Conséquences. Ainsi située à la première place dans notre hiérarchie des normes, sous réserve de la construction européenne, la territorialité de l'exécution inspire la résolution de toute question juridique relative à l'exécution en droit international. Par exemple, le privilège de juridiction conféré par l'article 14 du Code civil « *ne s'applique pas aux demandes relatives à des procédures conservatoires ou d'exécution* »[2], comme l'a rappelé la Cour de cassation à l'occasion d'une action en responsabilité engagée par un créancier français contre une banque étrangère relativement à une saisie-attribution pratiquée à l'étranger, action qui, selon la Cour, découle directement de la voie d'exécution étrangère et se trouve donc soumise au principe selon lequel « *l'article 14 du Code civil, qui permet au plaideur français d'attraire un étranger devant les juridictions françaises, doit être exclu pour des demandes relatives à des voies d'exécution pratiquées hors de France* »[3]. De même, la soumission expresse d'un contrat à la loi anglaise et l'existence d'une clause attributive de juridiction en faveur des tribunaux anglais ne font pas obstacle à ce que, « *pour tout ce qui concerne les saisies, seules trouvent application les dispositions législatives françaises dès lors que c'est sur le territoire national qu'elles ont été pratiquées* »[4].

1711.07 Jurisprudence de la Cour de cassation. La Cour de cassation ne s'y est d'ailleurs pas trompée[5].

Ce n'est que récemment qu'elle a pu, éventuellement, dans quelques arrêts (v. s^s^ n° 1711.205)[6], nier la conception française de la territorialité de l'exécution. Toutefois, il s'agit d'arrêts au plus minoritaires et elle a réaffirmé le principe de terri-

1. E. GUINCHARD, mémoire DEA DIP, Paris II, sept. 1998.
2. Paris, 18 déc. 1996, *Rev. crit. DIP* 1997. 527, note Santa-Croce – PAR EX. AUSSI : TGI Paris, 29 juin 1988, *Rev. crit. DIP* 1990. 339, note Ancel.
3. Civ. 1re, 14 avr. 2010, n° 09-11.909, *Bull. civ.* I, n° 91; *Dr. et proc.* sept. 2010. 234, obs. Guinchard (avec *erratum, Dr. et proc.* nov. 2010. 281); *Rev. crit. DIP* 2010. 510, note Marchadier. Ce dernier critique l'arrêt, estimant, sur le plan des principes, que « *l'étendue de la compétence internationale du juge français devrait normalement varier selon que l'action est dépendante de la validité et de la régularité de la saisie ou qu'elle en est au contraire indépendante* » et, au cas d'espèce, que « *le créancier recherchait la responsabilité de la banque sur le fondement du droit commun parce qu'elle avait fautivement participé à l'organisation de l'insolvabilité du débiteur saisi* » de telle sorte que « *l'appréciation de la faute ne s'effectue pas au déroulement de la saisie* » – *Adde*, G. Cuniberti, « Compétence internationale en matière de responsabilité du tiers-saisi. Interprétation extensive de la compétence exclusive du juge du lieu de l'exécution », *Lamy Droit de l'exécution forcée, Lettre d'actualités* juin 2010. 1.
4. Versailles, 13 mai 1986, *D.* 1987. Somm. 348, obs. Audit – V. AUSSI : *J.-Cl. Int.*, fasc. 581-21, par A. Huet, n° 40 et les références – DANS LE MÊME SENS : Rép. internat., v° *Voies d'exécution*, par Ph. Théry, n°s 18 et 19, qui estime en particulier que « *l'article R. 121-2* [C. pr. exéc.] *qui détermine la compétence territoriale du juge de l'exécution traduit cette particularité* », à savoir le fait que « *le principe d'extension des règles de compétence territoriale interne à* ▶ *la détermination de la compétence internationale des juridictions françaises* [...] *ne peut être appliqué aux voies d'exécution* » – CONTRA : Douai, 1er avr. 1999, Madoux, *JD* 2000. 1030, note Cuniberti, et crit. PERROT et THÉRY, p. 34, note 4; Rép. internat., v° *Voies d'exécution*, par Ph. Théry, n° 101 : « *M. Cuniberti approuve* [...] *cette décision car la saisie des rémunérations du droit français "n'est finalement qu'un préalable à l'exécution forcée". Pour l'auteur, "la notification par le greffier d'un acte de saisie* [qui] *est essentiellement comminatoire, l'employeur étant simplement enjoint (sic) de payer et l'acte n'étant pas susceptible d'exécution forcée propre"* [...]. *C'est raisonner comme si la mesure était dirigée contre l'employeur. La notification de l'acte de saisie à l'employeur n'est évidemment pas une mesure de contrainte à son égard mais à l'encontre du salarié qui va se trouver privé d'une partie de son salaire. En d'autres termes, la notification est seulement un élément d'une procédure d'exécution forcée contre le salarié. Le bien saisi – une créance de salaires versée par un employeur belge – étant localisé en Belgique, l'article 16 de la Convention* [art. 24 Bruxelles I *bis*] *alors applicable imposait de recourir à une procédure de saisie en Belgique* ».
5. Entre de nombreuses décisions, v. Civ. 10 mars 1863, *S.* 1863. 1. 623 – Req. 19 mars 1872, *S.* 1872. 1. 238 – Civ. 12 mai 1931, *S.* 1932. 1. 137, rapport Casteil, note Niboyet; *JDI* 1932. 387, note Perroud; *DP* 1933. 1. 60, note Silz – Civ. 7 mai 1952, *D.* 1952. 561, note Ripert; *DMF* 1952. 463 – Civ. 1re, 4 mai 1976, n° 75-11.741, *Bull. civ.* I, n° 152; *Rev. crit. DIP* 1977. 352, note Mayer – Civ. 1re, 6 nov. 1979, n° 77-15.856, *Bull. civ.* I, n° 269; *JDI* 1980. 95, rapp. Ponsard; *Rev. crit. DIP* 1980. 588, note Couchez – Civ. 2e, 29 févr. 1984, *Rev. crit. DIP* 1985. 545, note Sinay-Cytermann – Civ. 1re, 6 déc. 1989, *Rev. crit. DIP* 1990. 545, note Couchez – Civ. 1re, 11 févr. 1997, n° 94-21.500, *Bull. civ.* I, n° 47; *D.* 1997. IR 62 – Com. 5 janv. 1999, n° 93-19.688, *Bull. civ.* IV, n° 2; *Rev. crit. DIP* 1999. 137, rapp. Rémery.
6. *Adde*, dans une certaine interprétation : Civ. 1re, 22 juin 1999, n° 96-22.546, *Bull. civ.* I, n° 208; *Rev. crit. DIP* 2000. 42, note Cuniberti (CONTRA : A. Huet, fasc. 581-21, n° 40 *in fine*; Rép. internat., v° *Voies d'exécution*, par Ph. Théry, n° 17 : « *L'annotateur avait déduit de la référence à la nécessité "d'apprécier la validité de la saisie dont connaissait la juridiction de l'Île Maurice" que les juridictions françaises s'estimaient compétentes pour statuer sur cette question et que la solution consacrée dans l'arrêt* Cyprien Fabre *était abandonnée. Il est plus probable que cette précision tend seulement à justifier le dessaisissement des juridictions françaises précisément parce que la question de la validité de la saisie ne pouvait être examinée que par la juridiction mauricienne* » et l'auteur de voir une confirmation dans l'arrêt Civ. 1re, 14 avr. 2010, n° 09-11.909, préc. s^s^ n° 1711.06) – Sur l'évolution de la jurisprudence de la Cour de cassation, v. E. GUINCHARD, mémoire DEA DIP, Paris II, sept. 1998, n°s 99 s.

torialité de l'exécution (tout en l'estimant non violé en l'espèce)[1].

1711.08 **Division.** La territorialité de l'exécution étant la règle en droit français, on pourrait croire que la matière échappe au droit international privé pour ne relever que du droit interne.

Toutefois, la présence d'un élément d'extranéité complique l'interprétation et l'application des textes de droit interne. Ce sont ces difficultés qu'il convient d'examiner, en étudiant les questions communes aux mesures conservatoires et à l'exécution forcée (sect. 1), puis les mesures conservatoires (sect. 2) et, enfin, l'exécution forcée (sect. 3)[2].

SECTION 1
QUESTIONS COMMUNES AUX MESURES CONSERVATOIRES ET À L'EXÉCUTION FORCÉE

§ 1
Localisation des biens

1711.11 **Biens corporels.** La règle du droit international privé français des voies d'exécution étant la territorialité, la localisation du bien apparaît primordiale.

Lorsqu'il s'agit d'un bien corporel, cette localisation ne soulève aucune difficulté, étant seulement précisé qu'est retenu le lieu de sa situation *effective* et non, par exemple, le pavillon d'un navire.

Dans le cas particulier toutefois de la saisie des véhicules terrestres à moteur par déclaration à la préfecture prévue aux articles L. 223-1 et R. 223-1 et suivants C. pr. exéc., la saisie est possible pour les véhicules immatriculés en France même s'ils ne sont pas effectivement sur le territoire et, inversement, elle ne peut jouer pour les véhicules immatriculés à l'étranger même s'ils sont en réalité sur le sol français[3].

1711.12 **Biens incorporels. Créances.** En revanche, dans l'hypothèse d'un bien incorporel, la localisation peut s'avérer plus complexe. Il en va ainsi de celle des créances de somme d'argent (lorsque la créance a trait à la restitution d'un bien corporel, elle doit être localisée au lieu de situation effective de ce bien[4]), dont la pertinence a cependant pu être contestée[5].

Après discussion[6], la doctrine majoritaire localise ces créances au domicile du tiers saisi[7]. La théorie de l'unité de la personnalité juridique de la banque s'applique dans le cadre des succursales étrangères de banques françaises[8].

1711.13 **Autres biens incorporels.** S'agissant d'un fonds de commerce, l'élément de rattachement de la loi de la vente forcée est le siège de ce fonds, étant précisé « *qu'en cas de pluralité d'établissements se trouvant situés dans plusieurs pays, il y a lieu d'appliquer à chacun d'entre eux la loi de l'État sur le territoire duquel il se trouve situé* », ce qui aboutit à une pluralité de ventes forcées[9].

En ce qui concerne les valeurs mobilières étrangères, elles peuvent faire l'objet d'une saisie des droits incorporels en France auprès de l'intermédiaire habilité qui tient le compte-titre dans lequel elles sont, le cas échéant, inscrites[10].

§ 2
Détermination des biens saisissables

1711.21 **Principe.** En vertu de la territorialité de l'exécution, la détermination des biens saisissables est soumise à la loi française lorsque les biens sont situés en France : le créancier peut ainsi saisir un bien insaisissable selon une loi étrangère (celle applicable au fond par exemple) dès lors que cette

1. Civ. 2e, 30 janv. 2002, n° 99-21.278, NP; *JCP E* 2003. 587, note Cuniberti – V. AUSSI s[s] n°s 1711.203 et 1711.204.
2. Sur l'intérêt d'une distinction entre mesures conservatoires et exécution forcée en droit international privé, v. Rép. internat., *v° Voies d'exécution,* par Ph. Théry, n°s 5 et 6.
3. Rép. internat., *v° Voies d'exécution,* par Ph. Théry, n° 45, qui observe toutefois que « *les véhicules étrangers qui se trouvent en France pourraient faire l'objet d'une saisie par immobilisation* » – Sur la saisie des navires, en droit conventionnel et en droit commun, Rép. internat., *v° Saisie [droit maritime]*, par C. Navarre-Laroche.
4. *J.-Cl. Int.*, fasc. 582-30, par A. Huet, n° 45 – Anc. Rép. internat., *v° Saisie-arrêt*, par G. Mercier, n° 8.
5. G.-S. Hök, « Saisie de compte et de créance transfrontalière. Plaidoyer pour le rattachement au pouvoir de disposition du débiteur », *Rev. crit. DIP* 2006. 301, spéc. p. 319 s.
6. Anc. Rép. internat., *v° Saisie-arrêt*, par G. Mercier, n°s 5 s. et les références.
7. *J.-Cl. Int.*, fasc. 582-30, par A. Huet, n° 47 – Du même auteur, note s[s] TGI Nice, réf., 25 juill. 1980, *JDI* 1982. 163 – P. Lagarde, note s[s] Civ. 1re, 1er juill. 1981, *Rev. crit. DIP* 1982. 345 – Anc. Rép. internat., *v° Saisie,* par J. Patarin, n° 6 – J. Perroud, note préc., p. 391 – Rép. internat., *v° Voies d'exécution,* par Ph. Théry, n°s 51 et 52 – Sur la localisation des créances en général, v. L. Ruet, *Les créances en droit international privé,* th. Paris II, 1989, n°s 251 s.
8. Civ. 2e, 14 févr. 2008, n° 05-16.167, *Bull. civ.* II, n° 36 (sur lequel v. s[s] n° 1711.205) – Sur le problème spécifique de la localisation des comptes bancaires, v. Ph. Théry, Rép. internat., *v° Voies d'exécution*, n°s 54 s.
9. Anc. Rép. internat., *v° Saisie,* par J. Patarin, n° 28 – V. AUSSI : *J.-Cl. Int.,* fasc. 582-30, par A. Huet, n° 46 – Rép. internat., *v° Voies d'exécution,* par Ph. Théry, n° 47.
10. Sur ces intermédiaires, v. C. mon. fin., art. L. 542-1 – Sur la question, v. Rép. internat., *v° Voies d'exécution,* par Ph. Théry, n°s 49 s.

insaisissabilité ne se retrouve pas en droit français, et inversement[1].

1711.22 Cas particulier du régime matrimonial. La question de l'insaisissabilité ne doit pas être confondue avec celle de la poursuite du recouvrement d'une dette d'époux communs en biens sur ces derniers : la loi de la saisie s'applique à la première, la loi du régime matrimonial à la seconde[2].

§ 3
Immunités d'exécution

1711.31 Renvoi. Les États étrangers bénéficient traditionnellement d'une immunité d'exécution. Celle-ci n'est toutefois plus absolue et connaît aujourd'hui une exception *« lorsque le bien concerné se rattache, non à l'exercice d'une activité de souveraineté, mais à une opération économique, commerciale ou civile relevant du droit privé qui donne lieu à la demande en justice »*[3].

SECTION 2
MESURES CONSERVATOIRES

1711.40 Division. Seront envisagées successivement la question du titre nécessaire pour procéder à une saisie conservatoire, selon qu'elle se pose dans le cadre européen (§ 1) ou en droit commun (§ 2), puis les règles qui gouvernent le déroulement de la procédure (§ 3) et enfin les règles de conflit de lois et de juridictions applicables à l'action en responsabilité pour mesure conservatoire injustifiée (§ 4). Une place à part sera faite à l'ordonnance européenne de saisie conservatoire des comptes bancaires récemment adoptée mais non encore en vigueur (§ 5).

§ 1
Titre nécessaire pour procéder à une mesure conservatoire dans le cadre européen

1711.41 Textes applicables. Dans le cadre européen, sont principalement applicables le règlement (UE) n° 1215/2012 du Parlement européen et du Conseil du 12 décembre 2012 concernant la compétence judiciaire, la reconnaissance et l'exécution des décisions en matière civile et commerciale (dit Bruxelles I *bis*), le règlement (CE) n° 44-2001 du 22 décembre 2000, concernant la compétence judiciaire, la reconnaissance et l'exécution des décisions en matière civile et commerciale (ci-après règlement Bruxelles I), et la convention de Lugano du 30 octobre 2007, concernant la compétence judiciaire, la reconnaissance et l'exécution des décisions en matière civile et commerciale (dite Lugano II). Il existe un lien entre ces textes, puisque Bruxelles I *bis* remplace Bruxelles I, et Lugano II constitue l'extension de Bruxelles I aux pays de l'Association européenne de libre-échange (AELE), moyennant quelques modifications. Le couple Bruxelles I/ Lugano II s'est lui-même substitué au couple convention de Bruxelles du 27 septembre 1968/convention de Lugano du 16 septembre 1988.

Plus exactement, et d'abord, Bruxelles I *bis* est applicable dans toute l'Union européenne[4] depuis le 10 janvier 2015 (art. 81). Il convient cependant de noter qu'il *« n'est applicable qu'aux actions judiciaires intentées, aux actes authentiques dressés ou enregistrés formellement et aux transactions judiciaires approuvées ou conclues à compter du 10 janvier 2015 »* (art. 66.1). La date essentielle à considérer est donc celle de l'action en justice, suivant en cela la solution adoptée dans Bruxelles I. Toutefois, à la

1. Antérieurement à la loi n° 91-650, 9 juill. 1991, portant réforme des procédures civiles d'exécution, et EN JURISPRUDENCE : Com. 7 mai 1952, *D.* 1952. 561, note Ripert – Versailles, 31 mars 1987, *JCP* 1987. V. 336 – EN DOCTRINE : H. Batiffol et P. Lagarde, *Droit international privé*, t. II, 7e éd., LGDJ, 1983, n° 710, note 6 – *J.-Cl. Int.*, fasc. 532-30, par A. Huet, nos 52 s. – Anc. Rép. internat., *v° Saisie-arrêt*, par G. Mercier, n° 36 – Anc. Rép. internat., *v° Saisie*, par J. Patarin, nos 13 s. – *CONTRA :* L. Ruet, *Les créances en droit international privé*, th. Paris II, 1989, nos 770 s.
2. Civ. 1re, 16 juin 1992, n° 91-10.931, NP; *Rev. crit. DIP* 1993. 34, note Ameli.
3. Civ. 1re, 19 nov. 2008, n° 07-10.570, *Bull. civ.* I, n° 266; *JCP* 2009. II. 10002, note D'Avout et Perreau-Saussine.
4. Le Royaume Uni et l'Irlande ont notifié leur souhait de participer à l'adoption et à l'application de Bruxelles I *bis*. En vertu de son *opt-out*, le Danemark n'est pas lié par celui-ci ni soumis à son application. Toutefois, en vertu de l'accord du 19 octobre 2005 entre la Communauté européenne et le Royaume de Danemark sur la compétence judiciaire, la reconnaissance et l'exécution des décisions en matière civile et commerciale, le Danemark peut appliquer le contenu des modifications introduites par Bruxelles I *bis*, ce qu'il a déclaré faire par une lettre du 20 décembre 2012 à la Commission européenne (v. *JOUE*, n° L. 79, 21 mars 2013, p. 4). Bruxelles I *bis* s'applique donc dans toute l'Union européenne. Ceci s'entend de Bruxelles I *bis* dans sa version consolidée. En effet, ce règlement a d'ores et déjà été modifié par le règlement (UE) n° 542/2014 du Parlement européen et du Conseil du 15 mai 2014 portant modification du règlement (UE) n° 1215/2012 en ce qui concerne les règles à appliquer relatives à la juridiction unifiée du brevet et à la Cour de justice Benelux (*JOUE*, n° L. 163, 29 mai, p. 1-4). Le Royaume-Uni et l'Irlande ont notifié leur souhait de participer à l'adoption et à l'application de ce règlement. En vertu de son *opt-out*, le Danemark ne participe pas à l'adoption du règlement (UE) n° 542/2014 et n'est pas lié par celui-ci ni soumis à son application. Toutefois, en vertu de l'accord susmentionné de 2005, le Danemark peut appliquer le contenu des modifications introduites par le règlement (UE) n° 542/ 2014, ce qu'il a déclaré faire par une lettre du 2 juin 2014 à la Commission européenne (v. *JOUE*, n° L. 240, 13 août, p. 1).

différence de ce dernier, ce principe ne souffre aucune exception, puisque l'article 66.2 précise que « *le règlement (CE) n° 44/2001 continue à s'appliquer aux décisions rendues dans les actions judiciaires intentées, aux actes authentiques dressés ou enregistrés formellement et aux transactions judiciaires approuvées ou conclues avant le 10 janvier 2015 qui entrent dans le champ d'application dudit règlement* ». En d'autres termes, le nouveau régime d'exécution des jugements étrangers, caractérisé par l'abolition de la procédure d'*exequatur*, ne bénéficiera pas à une décision rendue après le 10 janvier 2015 dans une instance introduite antérieurement, et ce alors même que le chef de compétence utilisé serait identique dans Bruxelles I et Bruxelles I *bis*.

Bruxelles I est donc appelé à survivre pendant quelque temps. Ce règlement est entré en vigueur le 1er mars 2002. Si, initialement, Bruxelles I ne s'appliquait pas aux relations entre le Danemark et les autres États de la Communauté européenne (devenue l'Union européenne), ceci n'est plus le cas depuis le 1er juillet 2007, date d'entrée en vigueur de l'accord conclu entre l'ex-Communauté et le Danemark. Cet accord étend le règlement Bruxelles I à ce dernier État moyennant de légères modifications (dont aucune ne porte spécifiquement sur les mesures conservatoires) [1].

Ensuite, Lugano II est entrée en vigueur le 1er janvier 2010 entre l'Union européenne (y compris le Danemark qui a procédé à une ratification séparée) et la Norvège, le 1er janvier 2011 avec la Suisse, et le 1er mai 2011 avec l'Islande. L'adoption de Bruxelles I *bis* laisse envisager à terme à une convention dite Lugano III [2].

Enfin, à ces trois textes fondamentaux il faut ajouter des règlements à l'objet particulier. Ainsi, si les obligations alimentaires ont été régies jusqu'au 18 juin 2011 par Bruxelles I, celles découlant de relations de famille, de parenté, de mariage ou d'alliance le sont aujourd'hui par le règlement (CE) n° 4-2009 du Conseil, du 18 décembre 2008, relatif à la compétence, la loi applicable, la reconnaissance et l'exécution des décisions et la coopération en matière d'obligations alimentaires (ci-après règlement « Aliments »). Plusieurs précisions sur le champ d'application de ce règlement sont cependant nécessaires. En effet, diverses indications fournies par le règlement peuvent prêter à confusion. Ceci vaut pour son champ d'application tant spatial que temporel. Champ d'application spatial d'abord, puisque si le considérant 47 du règlement « Aliments » déclare que le Royaume-Uni ne participe pas à son application, il n'en va plus de même aujourd'hui [3]. Quant au Danemark, s'il ne participe pas à l'application du règlement, il en applique le contenu, dans la seule mesure toutefois où ce règlement modifie Bruxelles I (aujourd'hui Bruxelles I *bis*), ce qui écarte notamment les chapitres III et VII du règlement « Aliments » [4]. Champ d'application temporel ensuite, puisque si l'article 76 du règlement dispose qu'il « *s'applique* [...] *à compter du 18 juin 2011, sous réserve que le protocole de La Haye de 2007 soit applicable dans la Communauté à cette date* » [5], le règlement « Aliments » est en réalité applicable depuis le 18 juin 2011 alors même que ce Protocole n'est entré en vigueur que le 1er août 2013 (entre la Serbie et l'Union européenne, cette dernière ne s'entendant toutefois pas du Danemark et du Royaume-Uni, qui ne sont donc pas liés par ce Protocole) [6]. En effet, l'Union européenne a décidé d'appliquer « *les règles du protocole à titre provisoire à partir du 18 juin 2011* [...] *si le protocole n'est pas entré en vigueur à cette date* » [7]. Le règlement « Aliments », qui vise à rétablir le principe de faveur dont bénéficie traditionnellement le créancier d'aliments [8], est donc en vigueur depuis 2011.

1. Accord entre la Communauté européenne et le Royaume de Danemark sur la compétence judiciaire, la reconnaissance et l'exécution des décisions en matière civile et commerciale, *JOUE*, n° L. 299, 16 nov. 2005, p. 62 ; v. not. l'article 2.2 sur les quelques règles particulières aux relations avec le Danemark.
2. Sur ce sujet, v. S. Giroud, N. Meier et R. Rodriguez, « Le règlement Bruxelles I *bis*, un modèle pour une nouvelle convention de Lugano ? », *in* E. GUINCHARD (dir.), p. 419.
3. Décis. (CE) n° 2009/451 de la Commission, 8 juin 2009, sur l'intention du Royaume-Uni d'accepter le règlement (CE) n° 4/2009 du Conseil relatif à la compétence, la loi applicable, la reconnaissance et l'exécution des décisions et la coopération en matière d'obligations alimentaires, *JOUE*, n° L. 149, 12 juin, p. 73.
4. Lettre du Danemark à la Commission européenne, 14 janv. 2009, *JOUE*, n° L. 149, 12 juin, p. 80. Ajoutons que le Danemark, par lettre du 11 janv. 2012, a notifié à la Commission sa décision d'appliquer le contenu du règlement d'exécution (UE) n° 1142/2011 de la Commission établissant les annexes X et XI du règlement « Aliments » (*JOUE*, n° L. 195, 18 juill. 2013, p. 1).
5. Poursuivant : « *À défaut, le présent règlement s'applique à compter de la date d'application dudit protocole dans la Communauté* ».
6. Sur l'état du Protocole, v. le site de la Conférence de La Haye : http://www.hcch.net/index_fr.php?act=conventions.status2&cid=133, et sur la réserve concernant le Danemark et le Royaume-Uni, v. http://www.hcch.net/index_fr.php?act=status.comment&csid=1065&disp=resdn
7. Déclaration complète disponible sur le site de la Conférence de La Haye : http://www.hcch.net/index_fr.php?act=conventions.statusprint&cid=133#legend Cette déclaration a été faite en application de l'article 4 de la décision 2009/941/CE du Conseil du 30 novembre 2009, relative à la conclusion, par la Communauté européenne, du protocole de La Haye du 23 novembre 2007 sur la loi applicable aux obligations alimentaires.
8. E. Guinchard, « Le créancier d'aliments et le droit international privé de l'exécution », *AJ fam.* 2006. 92. Ce principe de faveur se traduit par la suppression de l'*exequatur* pour au moins une partie des décisions (v. ss n° 1711.181).

En droit patrimonial de la famille, il faut également signaler le règlement (UE) n° 650/2012 du Parlement européen et du Conseil, du 4 juillet 2012, relatif à la compétence, la loi applicable, la reconnaissance et l'exécution des décisions, et l'acceptation et l'exécution des actes authentiques en matière de successions et à la création d'un certificat successoral européen[1] (ci-après règlement « Successions »). Ce règlement est applicable à partir du 17 août 2015 (art. 84) dans tous les États membres de l'Union européenne, sauf le Danemark, l'Irlande et le Royaume-Uni.

L'étude sera centrée sur le règlement Bruxelles I *bis* – les divergences d'avec Bruxelles I, Lugano II et les règlements « Aliments » et « Successions » étant, le cas échéant, indiquées au fil des développements – et plus précisément sur ses dispositions spécifiques (Règl. (UE) n° 1215/2012, art. 35 et 40) ayant trait aux *mesures conservatoires.* La possibilité pour le juge compétent au fond de prendre des mesures conservatoires sera ainsi étudiée dans le cadre des relations de l'article 35 du règlement Bruxelles I *bis* avec les autres dispositions du chapitre II (v. s[s] n° 1711.95).

A.

Articles 35 du règlement Bruxelles I *bis*, 31 du règlement Bruxelles I et de la convention de Lugano II, 14 du règlement « Aliments », et 19 du règlement « Successions »

1711.50 Présentation générale de l'article 35 et loi applicable. L'article 35 du règlement Bruxelles I *bis* dispose : « *Les mesures provisoires ou conservatoires prévues par la loi d'un État membre peuvent être demandées aux juridictions de cet État, même si les juridictions d'un autre État membre sont compétentes pour connaître du fond* ». Il reprend donc pour l'essentiel l'article 31 du règlement Bruxelles I / Lugano II, qui a repris *mutatis mutandis* l'article 24 des conventions de Bruxelles et de Lugano, et qui a lui-même été repris à l'article 14 du règlement « Aliments », à l'article 19 du règlement « Successions » ainsi qu'à l'article 90 § 1 du règlement (CE) n° 6/2002 du Conseil du 12 décembre 2001 sur les dessins ou modèles communautaires[2] : « *Les mesures provisoires ou conservatoires prévues par la loi d'un État membre peuvent être demandées aux autorités judiciaires de cet État, même si, en vertu du présent règlement, une juridiction d'un autre État membre est compétente pour connaître du fond* ». L'article 35, qui ne résout clairement que la question de la loi applicable aux mesures conservatoires (*lex fori*), a donné lieu, dans ses versions antérieures, à un important contentieux, justifiant que l'on étudie tant son texte que son contexte.

1. Règl. (UE) n° 650/2012 du Parlement européen et du Conseil, 4 juill. 2012, relatif à la compétence, la loi applicable, la reconnaissance et l'exécution des décisions, et l'acceptation et l'exécution des actes authentiques en matière de successions et à la création d'un certificat successoral européen, *JOUE*, n° L. 201, 27 juill., p. 107.
2. Règl. (CE) n° 6/2002 du Conseil, 12 déc. 2001, sur les dessins ou modèles communautaires, *JOCE*, n° L. 3, 5 janv., p. 1.

1°

Texte

1711.51 Deux questions principales. Les deux principales questions qui se sont posées concernent la notion de « mesures provisoires et conservatoires », et la nature de la norme contenue dans l'article 35.

a)

Notion de mesures provisoires ou conservatoires

1711.61 La notion de « mesures provisoires ou conservatoires » visée par l'article 35 n'est éclaircie ni par ce texte ni par un autre article du règlement. Au mieux trouve-t-on aujourd'hui quelques précisions dans le considérant 25 du règlement Bruxelles I *bis*, qui insiste sur le caractère conservatoire de la mesure : « *La notion de mesures provisoires et conservatoires devrait englober, par exemple, les mesures conservatoires visant à obtenir des informations ou à conserver des éléments de preuve, visées aux articles 6 et 7 de la directive 2004/48/CE du Parlement européen et du Conseil du 29 avril 2004 relative au respect des droits de propriété intellectuelle. Elle ne devrait pas inclure de mesures ne revêtant pas un caractère conservatoire, telles que des mesures ordonnant l'audition d'un témoin. Ceci devrait s'entendre sans préjudice de l'application du règlement (CE) n° 1206/2001 du Conseil du 28 mai 2001 relatif à la coopération entre les juridictions des États membres dans le domaine de l'obtention des preuves en matière civile et commerciale* » (nous soulignons)[3]. Originellement

3. Le considérant 25 ne se réfère pas expressément à l'article 35. Compte tenu du fait que le préambule aborde tel ou tel thème dans l'ordre numérique des articles, du moins pour les questions de compétence directe (comparer, pour l'accueil des décisions d'un autre État membre, le considérant 28 qui fait référence à l'article 54, avant le considérant 29 qui a trait aux articles 45 s.), on peut penser que c'est bien à l'article 35 qu'il fait référence. Si cette interprétation s'avère exacte, elle signifie que, comme les arrêts de la Cour de justice apportant une première définition des mesures provisoires ou conservatoires (v. s[s] n° 1711.172), les restrictions apportées par le considérant 25 n'ont trait *qu'à* l'article 35, donc les seules mesures provisoires ou conservatoires prononcées par un juge incompétent au fond. Partageant cette conclusion, v. J.-F. Van Drooghenbroeck et C. De Boe, « Les mesures provisoires et conservatoires dans le règlement Bruxelles I *bis* », *in* E. Guinchard (dir.), p. 167, spéc. p. 173 et 175.

privées de tout éclaircissement, au demeurant aujourd'hui dans un simple considérant (et non par exemple dans le nouvel article 2 relatif aux définitions de plusieurs termes-clefs utilisés dans le règlement), la doctrine et la jurisprudence se sont demandées comment comprendre la notion de mesures provisoires ou conservatoires. Cette question en recouvre deux : une de méthode, une de fond.

1711.62 • **La première consiste** à se demander comment s'opère la qualification de *mesures provisoires ou conservatoires* : de manière autonome ou par renvoi aux droits nationaux ? La doctrine s'est très majoritairement, voire unanimement, prononcée en fonction d'une interprétation autonome[1], et la Cour de justice a ainsi procédé dans son arrêt dit *Reichert II* du 26 mars 1992, où elle a déclaré qu'il y a lieu « *d'entendre par "mesures provisoires ou conservatoires" au sens de l'article 24* [aujourd'hui art. 35], *les mesures qui, dans les matières relevant du champ d'application de la convention, sont destinées à maintenir une situation de fait ou de droit afin de sauvegarder des droits dont la reconnaissance est par ailleurs demandée au juge du fond* »[2] (point 34 de l'arrêt). Une qualification autonome a également été adoptée dans les arrêts *Van Uden*[3] et *Mietz*[4].

1711.63 • **La seconde est,** concernant notre sujet, la suivante : les saisies conservatoires, plus largement les mesures au sens de la loi française du 9 juillet 1991, aujourd'hui le Code des procédures civiles d'exécution (C. pr. exéc.), ainsi que les institutions étrangères équivalentes (*in rem* ou *in personam*, seule important ici la fonction, comme le montre le motif n° 34 de l'arrêt *Reichert II* précité) font-elles partie des *mesures provisoires ou conservatoires* au sens de l'article 35 ? La Cour de justice n'a pas, à notre connaissance, expressément répondu à cette question, mais la réponse semble positive comme le montrent, au cas par cas, les affaires *De Cavel*[5] et *Denilauler*[6] ainsi que la définition susmentionnée donnée dans l'arrêt *Reichert II*, et comme le pense d'ailleurs la quasi-totalité de la doctrine pour qui le véritable problème de l'article 35 concerne le référé-provision et les institutions étrangères analogues[7]. Cette dernière opinion trouve désormais un appui dans le considérant 25 Bruxelles I *bis* susmentionné qui insiste sur le caractère conservatoire que doit revêtir la mesure visée par l'article 35. Il serait surprenant que les saisies conservatoires notamment, au cœur des mesures conservatoires, en soient exclues. Un auteur a toutefois pu contester cette inclusion des mesures conservatoires au sens de la loi de 1991 dans les « *mesures provisoires ou conservatoires* » visées par l'article 35, dans la mesure où elles sont fortement liées aux saisies exécutoires, et proposé en conséquence de les rattacher à l'actuel article 24-5° qui accorde compétence exclusive en matière d'exécution à l'État membre du lieu d'exécution[8]. On invoque généralement à l'encontre de cette position l'interprétation stricte de l'article 24-5° et l'absence de distinction expresse dans la lettre de l'article 35.

b)

Norme de renvoi ou norme de compétence directe ?

1711.71 **En effet, « l'article 24 [aujourd'hui art. 35] est un texte étrange.** *Quoique figurant dans les dispositions de la convention relatives à la compétence directe, il ne contient aucun critère de compétence* »[9], du moins ne le formule-t-il pas expressément.

Il a dès lors pu être interprété de deux manières différentes : soit comme une norme de renvoi au droit national, soit comme une norme de compétence directe. La lecture de l'article 35 comme une norme de renvoi rassemble la grande majorité des auteurs[10], à tel point qu'on a pu estimer le débat tranché[11], du moins eu égard à l'option principale,

1. POUR UNE SYNTHÈSE DES ARGUMENTS : F. J. Garcimartin Alferez, *El regimen de las medidas cautelares en el comercio internacional,* McGraw-Hill, 1996, n° 58.
2. CJCE 26 mars 1992, Reichert II, aff. C-261/90, *Rec. CJCE* I-0294; *Rev. crit. DIP* 1992. 714, note Ancel – Pour une application, à propos d'une mesure d'expertise sur le fondement de l'article 145 C. pr. civ. : Civ. 1re, 4 mai 2011, n° 10-13.712, NP; *D.* 2012. 1228, obs. J.-S.
3. CJCE 17 nov. 1998, aff. C-391/95, *Rec. CJCE* I-07091; *D.* 1999. 378, note Cuniberti; *Rev. arb.* 1999. 143, note Gaudemet-Tallon; *JDI* 1999. 613, note Huet; *Rev. crit. DIP* 1999. 340, note Normand – *Adde,* A. Marmisse et M. Wilderspin, « Le régime jurisprudentiel des mesures provisoires à la lumière des arrêts *Van Uden* et *Mietz* », *Rev. crit. DIP* 1999. 669.
4. CJCE 27 avr. 1999, Mietz, aff. C-99/96, *Rec. CJCE* I-02277; *Rev. crit. DIP* 1999. 761 – Et chron. préc. de Marmisse et Wilderspin, *Rev. crit. DIP* 1999, spéc. 678 – *JDI* 2001. 682. obs. F. L.
5. CJCE 27 mars 1979, De Cavel, aff. 143/78, *Rec. CJCE* 1055; *Rev. crit. DIP* 1980. 621, note Droz.
6. CJCE 21 mai 1980, Denilauler, aff. 125/79, *Rev. crit. DIP* 1980. 801, note Mezger.
7. PAR EX. : B.-R. Heiss, *Einstweiliger Rechtsschutz im europäischen Zivilrechtsverkehr (art. 24 EuGVÜ),* Berlin, Duncker und Humblot, 1987, p. 92.
8. V. Delaporte, « Les mesures provisoires et conservatoires en droit international privé », *Trav. Comité fr.* DIP 1987. 157.
9. Ph. Théry, « *Judex Gladii* (des juges et de la contrainte en territoire français) », *Mél. R. Perrot,* Dalloz, 1996, 489.
10. PAR EX. : GAUDEMET-TALLON, n° 311 – P. Gothot et D. Holleaux, *La convention de Bruxelles du 27 septembre 1968,* Jupiter, 1985, n° 202 – P. de Vareilles-Sommières, « La compétence internationale des tribunaux français en matière de mesures provisoires », *Rev. crit. DIP* 1996. 397, spéc. n° 22.
11. K. Kerameus, « Provisional remedies *in* transnational litigation », dans *Transnational aspects of procedural law,* t. III, Giuffrè Editore, 1998, n° 21.

car le domaine du renvoi ainsi réalisé est loin de faire l'unanimité. Faut-il faire entrer dans le domaine du renvoi toutes les règles de compétence, ou n'accepter que les règles spécialement édictées pour les mesures conservatoires (si elles existent) ? Si l'on renvoie aux règles de fond, faut-il accepter les fors exorbitants, ceux-là mêmes que prohibe aujourd'hui l'article 5 Bruxelles I *bis* (anc. art. 3 Règl. Bruxelles I et Conv. Bruxelles 1968) ? Concernant cette dernière question, qui fut posée dans l'importante affaire *Van Uden* (préc.) et qui consiste à savoir si la prohibition de l'article 5 s'applique à l'article 35, la réponse n'est point certaine. *A priori*, elle est positive : l'article 5 n'est-il pas inclus dans une section 1 (du chapitre II, celui qui contient également l'article 35) intitulée « Dispositions générales » ? Mais le texte de l'article 5 § 1 est cependant clair : il ne vise que les sections 2 à 7, or l'article 35 constitue une section 10... Peut-être que la question ne se pose pas, tout simplement parce que l'article 35 ne constitue pas une norme de renvoi.

Pour une doctrine minoritaire en effet, l'article 35 contient implicitement un critère de compétence directe, à savoir le lieu d'exécution de la mesure conservatoire[1].

1711.72 **Débat non véritablement tranché par l'arrêt *Van Uden*.** La décision *Van Uden* ne clarifie toutefois pas complètement la difficulté relative à la question de la compétence directe. En effet, d'un côté, il est certain qu'elle n'interdit pas le jeu des fors exorbitants visés par l'article 5 Bruxelles I *bis* (point 42 des motifs) – ce qui incite à considérer l'article 35 comme une norme de renvoi au droit national; de l'autre la lecture de différents considérants (points 39, 40 et 47 des motifs; point 4 du dispositif, qui rappellent que le juge du lieu de situation des biens est le mieux placé pour apprécier les circonstances conduisant à l'octroi d'une mesure conservatoire, exigent un lien de rattachement réel entre l'objet de la mesure sollicitée et la compétence territoriale du juge saisi) plaide en faveur du juge du lieu d'exécution de la mesure, soit l'opinion opposée[2].

Le seul enseignement certain qu'on peut tirer de cet arrêt est que la compétence en matière de mesures conservatoires sur le fondement de l'article 35 est, contrairement à celle fondée sur les articles relatifs à la compétence au fond, purement locale (en ce sens également, l'article 17 de la résolution de l'Association de droit international sur les mesures provisoires et conservatoires[3]) : les biens objets de la mesure sont situés ou doivent être situés sur le territoire du for du conservatoire[4]. La question a été aussitôt posée du sort des mesures *in personam* qui, officiellement, ne concernent que les personnes, et pour lesquelles la limitation territoriale fondée sur les biens n'a dans cette optique aucun sens. Du moins dans leur droit, car, à ce jour, la Cour de justice n'a réservé aucun sort distinct à ces mesures et le motif précité n° 34 de l'arrêt *Reichert II* en témoigne, mettant l'accent seulement sur la fonction, non sur les moyens. Dès lors, en l'absence de précision contraire, les limites posées dans les arrêts *Van Uden* et *Mietz* les concernent et ce n'est peut-être pas au droit européen de s'adapter à elles mais l'inverse. D'ailleurs la substitution terminologique opérée par le droit anglais, les injonctions *Mareva* étant remplacées par les « *freezing orders* », montre, si besoin était, qu'en réalité ce sont les biens qui sont visés : on ne « gèle » pas les personnes, mais les avoirs[5].

2°
Contexte

a)
Relations de l'article 35 avec le chapitre I

1711.81 **Article 35 et chapitre I.** Le chapitre I commence avec l'article 1er, qui traite aujourd'hui exclusivement du champ d'application matériel du règlement (hier seulement dans ses deux premiers paragraphes). Parlant du règlement sans exclusion et situé dans un chapitre à part placé en liminaire, il ne fait guère de doute que cet article concerne en principe l'article 35 : l'étendue du champ d'application matériel de ce dernier est défini par l'article premier. Les difficultés en revanche ont porté sur les modalités, mais après quelques incertitudes, la Cour de justice, consacrant l'autonomie du for du provisoire, a déclaré que c'est l'objet de la demande de mesures provisoires, non celui de la demande au fond, qui doit être pris en considération dans l'appréciation du champ d'application *ratione materiae*. Ainsi énonce-t-elle dans l'arrêt *Van Uden*,

1. PAR EX. : M. Virgos Soriano et F.-J. Garcimartin Alferez, *Derecho processal civil internacional*, Madrid, Civitas, 2000, n°s 349 et 350 *in limine* – Compte rendu par H. Muir Watt, *Rev. crit. DIP* 2001. 263 s.
2. Soulignant l'ambiguïté, H. Gaudemet-Tallon, note s^s^ *Van Uden* préc., *Rev. arb.* 1999. spéc. 163 – Et, estimant qu'elle penche plus en faveur de la lecture comme norme de compétence directe, M. Virgos Soriano et F.-J. Garcimartin Alferez, *Derecho processal civil internacional*, préc., n° 351.
3. *JDI* 1997. 112.
4. POUR UN EX. : Civ. 1re, 11 déc. 2001, n° 00-18.547, *Bull. civ.* I, n° 313; *Rev. crit. DIP* 2002. 371, note Muir Watt; *Gaz. Pal.* 21-23 juill. 2002, p. 30, note Niboyet.
5. E. Guinchard, « Considérations générales sur les saisies spéciales dans les systèmes de *common law* : l'exemple du droit anglais », *in Les saisies spéciales*, EJT, 2009, p. 13, spéc. n°s 43-44 et note 33.

rendu sous l'empire de la convention de Bruxelles de 1968, que « *dans la mesure où l'objet d'une demande de mesures provisoires porte sur une question relevant du champ d'application matériel de la Convention du 27 septembre 1968, cette dernière s'applique et son article 24* [Règl. Bruxelles I *bis*, art. 35] *est susceptible de fonder la compétence du juge des référés* », étant précisé « *même si une procédure au fond a déjà été engagée ou peut l'être et même si cette procédure devait se dérouler devant des arbitres* » (point 3 du dispositif; v. aussi point 34 des motifs).

Le chapitre I comporte, avec le règlement Bruxelles I *bis*, deux autres articles ayant trait aux définitions de termes-clefs par ailleurs utilisés. Ces définitions ne présentent pas de particularité relative aux mesures provisoires et conservatoires, excepté l'important article 2, *a* sur la notion de décision au sens du chapitre III. Compte tenu de son domaine d'application, cet article sera étudié à l'occasion des relations entre l'article 35 et le chapitre III (v. s[s] n° 1711.101).

b)
Relations de l'article 35 avec les autres articles du chapitre II

1711.90 Article 35 et autres articles du chapitre II. Ces relations peuvent être ordonnées autour de **quatre questions principales**, sachant que l'étude des relations entre l'article 35 et l'article 5 est renvoyée à celle de la nature de la norme édictée par l'article 35 (v. s[s] n°s 1711.71 et 1711.72) et qu'en matière de litispendance un raisonnement axé sur la fonction (v. s[s] n° 1711.72) conduit à considérer comme équivalents une saisie conservatoire prononcée sur un bien et un « *freezing order* » aboutissant à geler ce même bien.

L'article 35 peut-il jouer lorsque la compétence au fond appartient à un tribunal désigné par le chapitre II ?

L'article 35 nécessite-t-il que la compétence au fond appartienne à un tribunal désigné par le chapitre II ?

L'article 35 empêche-t-il les fors compétents au fond de prononcer des mesures conservatoires ?

L'article 35 concurrence-t-il les fors compétents au fond (problème du *forum arresti*) ?

– L'article 35 peut-il jouer lorsque la compétence au fond appartient à un tribunal désigné par le chapitre II ?

1711.91 La réponse est *a priori* à l'évidence positive, l'affirmation contraire privant de tout effet l'existence de l'article 35. Ce fut même l'un des principaux avantages de son introduction, certains droits des six premiers États parties ne permettant pas, à l'époque au moins, à un juge incompétent au fond de prononcer des mesures conservatoires (ainsi le droit néerlandais[1]).

1711.92 Articles 35 et 24. La question a cependant pu se poser dans les relations de l'article 35 avec l'article 24 (Régl. Bruxelles I et Conv. Lugano II, art. 22) : l'article 35 peut-il jouer lorsque la demande principale relève de l'article 24 ? Il ne s'agit pas ici de savoir si l'article 24, 5° du règlement Bruxelles I *bis*, qui prévoit en matière d'exécution la compétence des tribunaux de l'État membre du lieu de l'exécution, inclut ou non dans sa notion d'exécution le prononcé de saisies conservatoires – il s'agit bien seulement du prononcé, et non de l'exécution, des saisies conservatoires, dans la mesure où l'article 35 ne vise que la *demande* de mesures provisoires ou conservatoires, et que l'article 24, 5° vise précisément l'exécution, sans distinction –, la première branche de l'alternative introduisant une distinction à laquelle ne procède pas le texte de l'article 35 et qui lui ôte corrélativement une partie de son intérêt : ceci concerne la qualification des notions visées par les articles 24, 5° et 35.

La question est de savoir si les compétences exclusives au fond énumérées par l'article 24 ne devraient pas également être exclusives quant aux mesures provisoires et conservatoires, autrement dit si l'article 35 peut jouer lorsque la demande principale relève de l'article 24. On pourrait en douter compte tenu du statut très particulier que revêt cet article dans le système aussi bien du règlement Bruxelles I *bis* que du règlement Bruxelles I et de la convention de Lugano II (et antérieurement des conventions de Bruxelles et de Lugano)[2]. En effet, il s'applique alors même que le règlement ne s'applique pas parce que le défendeur est domicilié hors l'Union européenne (Bruxelles I *bis*, art. 6; Règl. 22 déc. 2000 et conv. Lugano II, art. 4 § 1), n'est pas prorogeable (Bruxelles I *bis*, art. 25 § 4 et 26 § 1; Règl. 22 déc. 2000 et conv. Lugano II, art. 23 § 5 et art. 24), oblige le juge incompétent à se dessaisir d'office (Bruxelles I *bis*, art. 27; Règl. 22 déc. 2000 et conv. Lugano II, art. 25) et enfin, dans le cadre de l'accueil du jugement d'un autre État membre, son non-respect constitue un motif de refus de reconnaissance / d'exécution (Bruxelles I *bis*, art. 45, 1, *e*, ii, pour la reconnaissance et par renvoi de l'article 46 pour l'exécution; Règl. 22 déc. 2000 et conv. Lugano II, art. 35 § 1). Cette place, si importante, n'oblige-t-elle pas à considérer que l'article 24 emporte également compétence exclusive quant aux mesures conservatoires ? Il nous semble qu'une

1. G. Droz, *Compétence judiciaire et effets des jugements dans le marché commun (étude de la Convention de Bruxelles du 27 septembre 1968)*, Dalloz, 1972, n° 333.
2. EN CE SENS : L. Palsson, « Interim Relief under the Brussels and Lugano Conventions », *Liber Amicorum Kurt Siehr*, « Private Law *in* the International Arena », La Haye, TMC Asser Press, 2000, p. 621, spéc. p. 630.

réponse négative s'impose. En effet, si l'article 24 constituait une exception à l'article 35, le texte devrait le mentionner, comme il le fait dans les articles précités, or tel n'est pas le cas. En l'absence d'une telle mention, une interprétation littérale oblige à considérer qu'il n'est pas réservé par l'article 35 : celui-ci permet de demander des mesures conservatoires au juge local, même si un autre juge est compétent au fond en vertu du règlement, or l'article 24 assurément fait partie du règlement et rassemble des chefs de compétence au fond[1]. On peut d'ailleurs penser que le recours à l'article 35, bien loin de nuire aux compétences exclusives de l'article 24, peut assurer l'effectivité de la décision qui sera rendue au fond[2]. La Cour de justice a rendu un arrêt en ce sens en 2012, affirmant que « *l'article 22* [aujourd'hui Règl. Bruxelles I *bis*, art. 24, en l'espèce son point 4, mais on peut penser que la solution vaut pour l'article 24 en général], *qui concerne la compétence au fond, ne saurait, en principe, être interprété en ce sens qu'il puisse déroger audit article 31* [Règl. Bruxelles I *bis*, art. 35] *et, par conséquent, écarter son application* »[3]. La Cour vérifie toutefois ensuite que le jeu de l'article 35 préserve l'effet utile de l'article 24 point 4, ce qu'elle estime être le cas en l'espèce, notamment compte tenu de l'absence de risque de contrariétés de décisions, démarche qui s'inscrit dans la continuité de la jurisprudence *Van Uden* (point 46), où la Cour souhaitait éviter le contournement des règles de compétence au fond par l'article 35, et donc assurer leur effet utile.

1711.93 Articles 35 et 25. La question s'est également posée à l'égard de l'article 25. Mais il faut distinguer. S'il s'avère certain que l'article 35 peut parfaitement s'appliquer en l'absence de toute exclusion en ce sens par les parties, la solution inverse divise la doctrine. La lettre même du texte – les juridictions nationales ont compétence « *même si les juridictions d'un autre État membre sont compétentes pour connaître du fond* » – plaide en faveur de l'impossibilité pour les parties d'exclure la compétence du juge local, aucune distinction n'étant faite selon le fondement de la compétence au fond[4].

D'un autre côté, l'article 25 soustrait expressément à la volonté des parties par exemple le jeu des compétences exclusives de l'article 24, non la compétence en matière conservatoire de l'article 35. Par analogie avec les clauses compromissoires, où l'on admet qu'elles peuvent réserver à l'arbitrage la matière des mesures provisoires[5], la difficulté pourrait être tranchée en faveur de la validité de l'exclusion expresse par la clause attributive de juridiction de la possibilité de saisir le juge compétent en vertu de l'article 35. Il nous semble en toute hypothèse certain que sa résolution ne doit pas être laissée aux seuls droits nationaux (comme L. Palsson l'a préconisé[6]), la question des relations entre les articles 25 et 35 relevant par excellence de l'interprétation de la Cour de justice[7], dont la possibilité de saisine a été, il est vrai, un temps, fortement réduite (elle est aujourd'hui ouverte à toutes les juridictions nationales sur le fondement de l'article 267 TFUE suite à l'entrée en vigueur du traité de Lisbonne le 1er décembre 2009).

– L'article 35 nécessite-t-il que la compétence au fond appartienne à un tribunal désigné par le chapitre II ?

1711.94 Une réponse négative, contribuant à l'autonomie du for du provisoire par rapport aux autres dispositions du règlement (il peut jouer sans elles; rappr. les relations entre cet article et l'article 1er), a été apportée par la Cour de justice à cette délicate question dans l'affaire *Van Uden*, où la compétence au fond appartenait à un tribunal arbitral. Remarquons toutefois que si l'article 35 peut jouer même si la compétence au fond appartient à un tribunal arbitral, la clause compromissoire peut aussi exclure son application[8].

La question demeure en revanche entière lorsque c'est le tribunal d'un État tiers qui s'avère compétent au fond, mais on peut penser qu'elle serait résolue de la même manière, peut-être au nom des

1. EN CE SENS PAR EX. : B. Audit, obs. ss Versailles, 29 juin 2000, *D.* 2002. 1390, spéc. 1391, b), § 2, *in fine*.
2. F. J. Garcimartin Alferez, « *El regimen de las medidas cautelares en el comercio internacional* », McGraw-Hill, 1996, F n° 85 – V. cep., pour une approche plus nuancée, distinguant selon les compétences énumérées par l'article 16 de la convention de Bruxelles / Lugano (aujourd'hui art. 24 Bruxelles I *bis* et art. 22 Lugano II) : O. Merkt, *Les mesures provisoires en droit international privé*, Zürich, Schulthess Polygraphisher Verlag AG, 1993, n° 304 (*in fine*).
3. CJUE 12 juill. 2012, aff. C-616/10, point 40, *Rev. crit. DIP* 2013. 473, note Treppoz.
4. EN CE SENS : v. peut-être Paris, 19 mars 2003, Sidec, inéd., cité par A. Mourre et Y. Lahlou, « Chronique de droit international privé appliqué aux affaires », *RD aff. int.* 2003. 736.
5. Versailles, 29 juin 2000, *D.* 2002. 1390, obs. Audit; *JDI* 2003. 152, obs. Huet. Remarquons qu'en l'espèce l'article 35 n'était pas réservé. En outre, d'après B. Audit (obs. préc., p. 1391), le contrat comportait aussi une clause attributive de juridiction, mais on ne sait si elle excluait la compétence de toute autre juridiction en matière conservatoire.
6. L. Palsson, « *Interim Relief under the Brussels and Lugano Conventions* », *Liber Amicorum Kurt Siehr*, « *Private Law in the International Arena* », La Haye, TMC Asser Press, 2000, p. 621, spéc. p. 630.
7. A. Huet, obs. ss Paris, 17 nov. 1987, *JDI* 1989. 96, spéc. p. 99 *in fine*.
8. V. les motifs de : Versailles, 29 juin 2000, *D.* 2002. 1390, obs. Audit; *JDI* 2003. 152, obs. Huet.

exigences du procès équitable, au moins dans l'hypothèse où ce tribunal n'est pas encore saisi et qu'aucune juridiction d'un État membre n'est susceptible d'être compétente (au fond). Précisons qu'en dehors des cas réservés par l'article 6 lui-même (à savoir l'article 18 § 1, l'article 21 § 2, et les articles 24 et 25), on pourrait penser que si aucune juridiction d'un État membre n'est compétente, c'est parce que le défendeur n'est pas domicilié dans un État membre[1]. Dès lors, l'article 35 peut-il jouer ? Si l'article 6 est véritablement considéré comme une « disposition générale » (titre de la section où il est inséré), la réponse devrait être négative (renvoi au droit national). Mais l'article 5 est également inséré dans cette section et pourtant, selon l'arrêt *Van Uden*, il ne s'applique pas à l'article 35 (autrement dit, les fors exorbitants peuvent jouer dans le cadre de cet article). Pourquoi en irait-il différemment de l'article 6, alors que manifestement les articles 5 et 6 traitent d'abord (et exclusivement pour l'article 5 d'après *Van Uden*) de la compétence au fond, ce d'autant plus que l'article 6 ne mentionne pas en réalité l'ensemble des textes qu'il réserve pourtant inévitablement[2] ?

– L'article 35 empêche-t-il les fors compétents au fond de prononcer des mesures conservatoires ?

1711.95 **La réponse est assurément négative :** « *Il est constant qu'une juridiction compétente pour connaître du fond d'une affaire conformément aux articles 2 et 5 à 18 de la convention* [aujourd'hui Règl. Bruxelles I *bis*, art. 4 et 7 à 26] *reste compétente pour ordonner les mesures provisoires ou conservatoires qui s'avèrent nécessaires* » (point 19 de l'arrêt *Van Uden;* et v. point 1 du dispositif du même arrêt)[3].

Ceci est d'autant plus vrai que, et par contraste avec les mesures prises sur le seul fondement de l'article 35, la prise de mesures conservatoires par les juridictions compétentes au fond n'est soumise à aucune condition particulière, notamment quant à leur portée, qui peut être extraterritoriale (point 22 des motifs et point 1 du dispositif de *Van Uden*)[4]. Toutefois, sous l'empire de Bruxelles I, si la compétence s'avère extraterritoriale, il n'en faut pas moins demander l'*exequatur* et rencontrer dès lors la restriction de l'arrêt *Denilauler*, du moins en appel (v. s^s^ n°s 1711.101 et 1711.102 – pour une critique de la compétence extraterritoriale en matière de mesures conservatoires, au sens de la loi de 1991, aujourd'hui le Code des procédures civiles d'exécution [C. pr. exéc.], des juges compétents au fond, v. R. Perrot et Ph. Théry[5])[6]. Aujourd'hui, ces mesures conservatoires ordonnées par le juge compétent au fond bénéficient au contraire de la disparition de l'*exequatur* avec le règlement Bruxelles I *bis*, dont

1. Rappelons ici que le règlement « Aliments » s'avère d'application dite universelle.
2. Gaudemet-Tallon, n° 94.
3. Pour un ex. concernant l'article 23 du règlement (anc. art. 17 de la convention de Bruxelles de 1968) : Orléans, 7 nov. 2002, *Rev. crit. DIP* 2003. 326, note Ancel.
4. Cette distinction semble avoir inspiré la dernière codification de droit international privé réalisée dans le monde, à savoir l'article 2603 du nouveau Code civil et commercial argentin adopté en octobre 2014 et qui entrera en vigueur en 2016. En effet, cet article distingue bien les mesures provisoires et conservatoires susceptibles d'être ordonnées par les juridictions argentines lorsqu'elles ont compétence au fond de celles qu'elles peuvent ordonner lorsque la compétence au fond appartient à un juge étranger ou en cas d'urgence (les juridictions argentines ont également compétence pour prononcer des mesures provisoires et conservatoires lorsqu'une décision étrangère doit être reconnue ou exécutée en Argentine d'après l'article 2603 c mais aucune précision supplémentaire quant à la localisation de l'objet ou du sujet de la mesure n'est alors donnée). Dans la première hypothèse, les mesures peuvent porter sur les biens et les personnes où qu'ils se trouvent (art. 2603 a), formulé de manière négative : il importe peu que ces biens ou personnes ne se situent pas en Argentine. Dans la seconde hypothèse, les biens et personnes se trouvent, ou peuvent se trouver (ce qui ne sera pas sans rappeler l'arrêt *Van Uden* sur l'une des conditions que le paiement à titre de provision d'une contre-prestation contractuelle doit remplir pour constituer une mesure provisoire au sens du droit européen : « *La mesure sollicitée ne porte que sur des avoirs déterminés du défendeur se situant, ou devant se situer, dans la sphère de la compétence territoriale du juge saisi* »), en Argentine (art. 2603 b). Il est à noter que le droit argentin ne va pas nécessairement plus loin que le droit européen, tout dépendant de l'interprétation que l'on se fait de ce dernier. Par exemple, la Cour de justice faisant référence au point 19 de l'arrêt *Van Uden* aux « *mesures provisoires ou conservatoires qui s'avèrent nécessaires* » (aux yeux du juge du fond), ceci peut être interprété de manière extrêmement large, sans aucune restriction territoriale quant à l'objet de ces mesures (même si leur localisation dans un autre État membre de l'Union européenne ne peut que faciliter l'exécution de la mesure compte tenu du chapitre III de Bruxelles I *bis*), rejoignant le texte exprès de l'article 2603 a. De même, il n'est pas exclu que l'article 35 Bruxelles I *bis* puisse être utilisé au soutien d'une procédure au fond devant un juge étatique étranger, comme il peut assurément l'être au soutien d'une procédure arbitrale (*Van Uden*), et l'on peut d'ailleurs estimer qu'il s'agit là d'une composante du droit à un procès équitable lorsque le tribunal étranger n'est pas encore saisi (et donc à même d'ordonner les mesures provisoires et conservatoires qui s'avèrent nécessaires) et qu'aucun juge d'un État membre de l'UE n'a compétence au fond (v. les éditions antérieures de cette contribution, et la présente version s^s^ n° 1711.94). Le droit argentin a toutefois le mérite de répondre clairement à cette question, même s'il requiert une demande en ce sens du juge étranger (plutôt que des parties ou l'une d'entre elles).
5. Perrot et Théry, n°s 45 s., spéc. n° 46, p. 45, *in fine*.
6. Sur le conflit de décisions, v., concernant l'article 27-3 : CJCE 6 juin 2002, Italian Leather, aff. C-80/00, *Rev. crit. DIP* 2002. 713, note Muir Watt.

l'article 2 range expressément parmi les décisions bénéficiant du chapitre III « *les mesures provisoires ou les mesures conservatoires ordonnées par une juridiction qui, en vertu du présent règlement, est compétente au fond* », avec toutefois une importante exception (v. s[s] n° 1711.105).

– *L'article 35 concurrence-t-il les fors compétents au fond (problème du* forum arresti*) ?*

1711.96 Principe. L'article 35 du règlement ne permet pas au tribunal compétent pour prendre des mesures provisoires de statuer en outre au fond (il en va évidemment tout autrement lorsque le tribunal compétent en matière conservatoire l'est également au fond en vertu du règlement, mais il n'est alors plus question de *forum arresti*, sauf dans le cas particulier de l'article 7, 7° qui autorise le for de la saisie de la cargaison ou du fret en cas d'assistance maritime). En d'autres termes, il n'autorise pas le *forum arresti*. Ceci n'est pas posé explicitement par le règlement mais résulte du caractère limitatif des règles de compétence (sous-entendu : non expresses; Bruxelles I *bis*, art. 5 § 1; Règl. 22 déc. 2000, art. 3 § 1), conjugué à l'hostilité des textes européens envers ce chef de compétence considéré comme un for exorbitant (prohibition pour le Royaume-Uni indirectement au point c de l'alinéa concernant le Royaume-Uni dans l'annexe I du règlement Bruxelles I auquel renvoie son article 3[1]; et si l'arrêt *Van Uden* n'interdit pas le jeu des fors exorbitants visés par l'article 5 dans le cadre de l'article 35, cela signifie seulement que les tribunaux qui seraient compétents sur ces fondements peuvent prononcer des mesures conservatoires, non statuer au fond : le renvoi aux règles nationales se fait uniquement dans le cadre de l'article 35, donc seulement par rapport aux mesures conservatoires), et sans compter la pensée de la doctrine la plus autorisée[2].

1711.97 Dérogations. Cependant, bien que sortant du cadre strict de l'article 35, et sans qu'il soit question de l'éventuelle « réhabilitation » des fors exorbitants mentionnés par l'article 5 dans l'hypothèse limite de l'article 6 § 2 (défendeur domicilié dans un État tiers), il paraît important de préciser que le *forum arresti* n'est pas totalement banni par le règlement Bruxelles I *bis* en raison de la possible existence de conventions spéciales. En effet, l'article 71 § 1 du règlement Bruxelles I *bis* (Conv. Lugano II, art. 67, mais il n'est pas absolument identique : v. ce numéro *in fine*) énonce, comme son prédécesseur l'article 71 du règlement Bruxelles I : « *Le présent règlement n'affecte pas les conventions auxquelles les États membres sont parties et qui, dans des matières particulières, règlent la compétence judiciaire, la reconnaissance ou l'exécution des décisions* ».

Se trouve ainsi réservé l'article 7 de la convention de Bruxelles du 10 mai 1952 pour l'unification de certaines règles sur la saisie conservatoire des navires de mer, article qui lui-même réserve (en déclarant de ne pas s'appliquer) les « *cas visés par les dispositions de la convention révisée sur la navigation du Rhin du 17 octobre 1868* » (art. 7 § 5). Or cet article 7 autorise le *forum arresti* soit en renvoyant au droit interne (mais en France le *forum arresti* a été abandonné : v. s[s] n° 1711.142), soit en l'encadrant (art. 7 § 1, al. 3, cas a à f). Ce fut d'ailleurs une forte incitation, consacrée par une déclaration commune des États membres de la Communauté (devenue l'Union européenne) du 9 octobre 1978 et ayant donné lieu à un régime transitoire (Conv., art. 54 *bis*), pour certains États ayant adhéré à la convention de Bruxelles de 1968 (ou celle de Lugano) à ratifier la convention de 1952, ce qui était possible en raison de la formule très ouverte (« sont ou seront parties ») de l'article 57 des conventions : la convention de Bruxelles de 1968 contribua au succès de celle de 1952[3]. Aujourd'hui, ceci ne peut se renouveler en raison du seul présent de l'indicatif (« *sont* ») de l'article 71 § 1 du règlement Bruxelles I / Bruxelles I *bis*, ce qui pourrait désavantager les nouveaux entrants dans l'Union européenne qui ne seraient pas déjà parties à la convention de 1952[4]. Au contraire, la convention Lugano II précise à l'article 67.1 *in fine* qu'elle « *ne fait pas obstacle à ce que des parties contractantes puissent conclure de telles conventions* » (celles qui, dans des matières particulières, règlent la compétence judiciaire, la reconnaissance ou l'exécution des décisions).

1. La liste des fors exorbitants nationaux, qui figurait initialement dans le texte même de la convention de Bruxelles de 1968 (art. 3), a été déplacée vers une annexe de Bruxelles I, et finalement en dehors du règlement et de ses annexes par Bruxelles I *bis*, de sorte qu'il convient de se référer pour ce dernier à la communication visée par l'article 5 § 2 et 76 § 1.
2. GAUDEMET-TALLON, 4e éd., n° 306 *in fine*.
3. A. Philip, préface à la première édition de l'ouvrage de F. BERLINGIERI, *Arrest of ships. A commentary on the 1952 arrest convention,* Lloyd's of London Press Ltd, 1992 – V. AUSSI : P. Schlosser, « Rapport sur la convention d'adhésion de 1978 », *JOCE*, n° C. 59, 5 mars 1979, n°s 121 et 131.
4. Sur celle-ci et concernant le *forum arresti,* v. BERLINGIERI, 4e éd., Informa, 2006, p. 273 s. (étant précisé que p. 278 l'auteur ne cite que l'article 25 de la convention d'adhésion de 1978 bien que l'article 57 ait été modifié en dernier lieu par l'article 19 de la convention d'adhésion de 1989, *Rev. crit. DIP* 1990. 178) – Rép. internat., *V° Saisie (Droit maritime)*, par C. Navarre-Laroche – Et surtout : C. Navarre-Laroche, *La saisie conservatoire des navires en droit français,* Éd. Moreux, 2001, p. 151 s., spéc. p. 154 s.

1711.98 Trois observations finales doivent être faites. Précisons, d'abord, que le règlement Bruxelles I *bis* (comme le règlement Bruxelles I et la convention de Lugano II) permet l'application de la convention de 1952 « *même si le défendeur est domicilié sur le territoire d'un autre État membre non partie à* » cette convention (Bruxelles I *bis* et Règl. 22 déc. 2000, art. 71 § 2, point a - Conv. Lugano II, art. 67 § 2); et que les décisions rendues sur le fondement de l'article 7 de la convention de 1952 bénéficient de la disparition de l'*exequatur* entérinée par le règlement Bruxelles I *bis* (art. 71 § 2, point b) comme elles bénéficient de l'*exequatur* ultra simplifié du règlement Bruxelles I (Règl. 22 déc. 2000, art. 71 § 2, point b) et la convention de Lugano II (Conv., art. 67 § 3). L'*exequatur* ultra simplifié de Lugano II est toutefois écarté dans l'hypothèse où l'État requis n'est pas partie à la convention de 1952 et que le défendeur réside dans cet État. Autrement dit, cet *exequatur* ultra simplifié joue dans l'hypothèse où l'État d'accueil est lui-même partie à la convention de 1952 ou que le défendeur ne réside pas dans cet État (Conv., art. 67 § 4, qui constitue une spécificité de la convention de Lugano, et qui précise que la décision peut bénéficier du droit commun de l'État requis en matière d'accueil des jugements étrangers). Ce dernier article ajoute en outre que si la convention particulière est à conclure par l'Union européenne, cette dernière condition relative au domicile du défendeur dans l'État requis doit, dès lors que cet État est membre de l'UE, s'entendre comme le domicile du défendeur dans l'Union européenne quel que soit l'État membre.

1711.99 Portée de l'article 71 Bruxelles I *bis*. Ajoutons que la Cour de justice a déclaré, sachant qu'elle se reconnaît le droit d'interpréter la convention spéciale pour savoir si elle régit ou non telle question, que « *l'article 57* [Règl. Bruxelles I *bis*, art. 71] *doit être entendu comme écartant uniquement l'application des dispositions de la convention de Bruxelles* [Bruxelles I *bis*] *à des questions régies par une convention spéciale* », les autres questions, dans l'affaire celles de litispendance et de connexité, demeurant régies par la convention de Bruxelles[1] (aujourd'hui Bruxelles I *bis*). On remarquera qu'avec cet arrêt, le système de la convention de Bruxelles / des règlements Bruxelles I et Bruxelles I *bis* sert de cadre aux dispositions de la convention spéciale, et on est alors très proche de l'opinion de P. Schlosser selon lequel « *les règles de compétence instituées par des conventions spéciales sont à considérer comme des règles de compétence de la convention même* »[2]. Cette jurisprudence a été poussée à son extrême par la Cour de justice, qui donne l'impression que l'exception (la convention particulière) doit confirmer la règle (le régime de Bruxelles) : « *S'il ressort des considérations qui précèdent que l'article 71 du règlement n° 44/2001* [art. 71 Bruxelles I *bis*] *prévoit, dans les matières réglées par des conventions spéciales, l'application de ces dernières, il n'en demeure pas moins que cette application ne saurait porter atteinte aux principes qui sous-tendent la coopération judiciaire en matière civile et commerciale au sein de l'Union, tels que les principes, évoqués aux sixième, onzième, douzième et quinzième à dix-septième considérants du règlement n° 44/2001, de libre circulation des décisions en matière civile et commerciale, de prévisibilité des juridictions compétentes et, partant, de sécurité juridique pour les justiciables, de bonne administration de la justice, de réduction au maximum du risque de procédures concurrentes, ainsi que de confiance réciproque dans la justice au sein de l'Union* »[3].

1711.100 Future convention. Notons enfin que la convention de 1952 a été réformée par une convention de Genève du 12 mars 1999 sur la saisie conservatoire des navires[4], cependant non encore en vigueur en France[5]. On observera notamment que son article 7 élargit le recours au *forum arresti*, tout en l'accompagnant, renouant ainsi avec l'expérience historique de l'Écosse, du *forum non conveniens*[6] dans les conditions suivantes : « *Si le droit de* [l'État du for d'arrêt] *le permet et si le tribunal d'un autre État se reconnaît compétent* » (et v. l'art. 7, al. 3, sur la possibilité ou l'obligation faite au tribunal qui décline sa compétence de fixer au créancier un délai pour engager la procédure au fond). Est également nouvelle la disposition du paragraphe 5 qui porte sur l'effet des décisions juri-

1. CJCE 6 déc. 1994, Navire Maciej Rataj, aff. C-406/92, *Rec. CJCE* I-5439, points 22 s. (spéc. 25) et 1 du dispositif; *JDI* 1995. 469, obs. A. H.; *Rev. crit. DIP* 1995. 588, note Tichadou; *Cah. dr. eur.* 1997. 151, note Tagaras.
2. P. Schlosser, « Rapport sur la convention d'adhésion de 1978 », *JOCE*, n° C. 59, 5 mars 1979, n° 240.
3. CJUE, gr. ch., 4 mai 2010, TNT Express Nederland BV c/ AXA Versicherung AG, aff. C-533/08, *Rec. CJUE* I-4107, point 49; *RTD eur.* 2010. 428, obs. Guinchard.
4. V. F. Berlingieri, « Analyse de la convention du 12 mars 1999 sur la saisie conservatoire des navires », *DMF* 1999. 403; les travaux préparatoires sont reproduits dans Berlingieri, 4ᵉ éd., Informa, 2006, p. 481, spéc. p. 633.
5. La Convention est entrée en vigueur le 14 septembre 2011 et lie aujourd'hui onze États : l'Albanie, l'Algérie, le Bénin, le Congo, la Bulgarie, l'Équateur, l'Espagne, l'Estonie, la Lettonie, le Libéria et la République arabe syrienne. La liste des États contractants peut être trouvée sur http://treaties.un.org/pages/ViewDetails.aspx?src=TREATY&mtdsg_n°=XII-8&chapter=12&lang=fr
6. Sur lequel v. A. Nuyts, *L'exception de* forum non conveniens. *Étude de droit international privé comparé,* Bruylant/LGDJ, 2003 – *Adde :* Ch. Chalas, *L'exercice discrétionnaire de la compétence juridictionnelle,* PUAM, 2000.

dictionnelles (*adde*, § 6). Quant à la convention (modifiée) pour la navigation sur le Rhin de 1868, elle n'est plus réservée expressément par l'article 7 mais implicitement par l'article 10 alinéa 2.

Concernant l'article 71 Bruxelles I / Bruxelles I *bis*, la question est de savoir si la convention de 1999 constitue ou non une nouvelle convention, puisque l'on sait que cet article ne vaut que pour les conventions auxquelles les États membres sont déjà parties. Dans la mesure où la convention de 1999 vise à remplacer la convention de 1952, on peut soutenir qu'elle ne constitue pas véritablement une nouvelle convention au sens de l'article 71 (mais simplement la convention de 1952 refondue), du moins pour les États antérieurement parties à la convention de 1952, de la même manière que la Cour de justice a décidé que le règlement Bruxelles I remplaçait la convention de Bruxelles de 1968 pourtant seule visée dans le règlement « Insolvabilité » et alors même que les deux textes diffèrent considérablement sur la question de l'*exequatur* (v. s[s] n° 1712.56).

c)
Relations de l'article 35 avec le chapitre III

1711.101 **Convention de Bruxelles. *Exequatur*.** Sous l'empire de la convention de Bruxelles de 1968, il a été jugé qu'en principe les mesures conservatoires constituaient des décisions au sens de l'article 25 et étaient dès lors susceptibles de bénéficier de l'*exequatur* simplifié mis en place par le titre III. Toutefois, outre le respect des conditions de l'*exequatur*, deux restrictions importantes ont été posées. L'une, générale, l'a été par la Cour de justice dans son arrêt *Denilauler* du 21 mai 1980, qui refuse le bénéfice de la procédure simplifiée d'*exequatur* à une mesure prise dans le cadre d'une procédure *ex parte*, ce qui constitue l'hypothèse la plus fréquente[1]. L'autre, posée dans l'arrêt *Mietz* rendu par la Cour de justice le 27 avril 1999 (préc. s[s] n° 1711.62 *in fine*), concerne les mesures conservatoires prises sur le fondement de l'article 24 : dans le cas où l'*exequatur* d'une telle décision serait demandé, le juge requis doit vérifier que la mesure ordonnée est bien une mesure provisoire au sens de l'article 24, ce incluant les limites tenant à la compétence territoriale posées dans l'arrêt *Van Uden* (points 47 s. et, pour l'application à l'espèce, point 56), ce qui permet de comprendre rétroactivement l'insertion de dispositions ayant trait à la compétence territoriale dans la notion de mesure provisoire dans l'arrêt *Van Uden*[2], rendu quelques mois seulement avant l'arrêt *Mietz*, l'inclusion visant à éviter le reproche de violation du principe de non contrôle, sauf exceptions limitativement énumérées par la convention, de la compétence du juge d'origine, reproche que la Cour esquive dans l'arrêt *Mietz* en disant qu'il s'agit seulement de « *limites à la possibilité de demander l'exequatur d'une décision rendue dans l'exercice de la compétence reconnue par l'article 24* » (point 49). On ajoutera que la Cour (point 55) institue, afin d'éviter un contournement des règles de la convention, une présomption en faveur d'une compétence fondée sur le droit national lorsque le juge d'origine n'a pas spécifié s'il était également le juge au fond en vertu de la convention.

1711.102 **Focus sur l'injonction *Mareva* (*exequatur*).** Par un arrêt du 30 juin 2004, la Cour de cassation française accueille pour la première fois l'injonction *Mareva* (devenue *freezing order*)[3]. En l'espèce, l'ancien dirigeant et actionnaire fondateur d'une entreprise canadienne aujourd'hui disparue, faisait, suite à la reconnaissance de sa culpabilité pour escroquerie, l'objet d'une injonction *Mareva* destinée à geler ses avoirs, quelle que soit leur localisation et pour une limite de plus de 400 millions de dollars canadiens. Ce sont les arrêts confirmatifs de la cour d'appel de Paris, accueillant cette injonction *Mareva* dans l'ordre juridique français[4], qui sont attaqués. Répondant à plusieurs moyens, la Haute juridiction affirme notamment que « *l'interdiction faite à la personne du débiteur de disposer en tout lieu de ses biens, dans la mesure où il s'agit de préserver les droits légitimes du créancier, ne saurait porter atteinte à un droit fondamental du débiteur, ni même indirectement, à une prérogative de souveraineté étrangère et, notamment, n'affecte pas, à la différence des injonctions dites "anti-suit", la compétence juridictionnelle de l'État requis* ». Le résultat paraît plutôt heureux mais l'argumentation s'avère fragile à divers égards. Par exemple, la cour n'adopte pas le même raisonnement vis-à-vis des deux types d'injonction : l'injonction *Mareva* vise officiellement la personne

1. CJCE 21 mai 1980, Denilauler, aff. C-125/79, *Rec. CJCE* 1553; *Rev. crit. DIP* 1980. 787, note Mezger; *JDI* 1980. 939, obs. Huet – En application de la jurisprudence *Denilauler*, et PAR EX., Paris, 8 juin 1995, *JDI* 1996. 145, obs. Huet [saisie conservatoire].
2. V. spéc. H. Gaudemet-Tallon, *Rev. arb.* 1999. 162 *in fine*.
3. Civ. 1re, 30 juin 2004, n° 01-03.248, *Bull. civ.* I, n° 191; *D.* 2004. 2743, note Bouche; *Dr. et proc.* 2004. 346, obs. Cuniberti; *Rev. crit. DIP* 2004. 815, note Muir Watt; *RTD civ.* 2004. 549, obs. Théry; *D.* 2005. 1267, obs. Chanteloup; *JDI* 2005. 112, note Cuniberti; *Gaz. Pal.* 14-15 janv. 2005. 28, note Niboyet – *Adde* : d'une part, les conclusions de l'av. gén. Jerry Sainte-Rose, *JCP* 2004, n° 52-53, p. 2369; d'autre part, E. Guinchard, « Réflexions autour de l'accueil de l'injonction *Mareva* par la Cour de cassation française », *Int'l Lis* 2005. 41.
4. Paris, 5 oct. 2000 et 14 juin 2001, *Rev. crit. DIP* 2002. 704, note Muir-Watt; *Gaz. Pal.* 21-23 juill. 2002. 26, obs. Niboyet.

du débiteur et ne peut, par cela même, affecter qui que ce soit d'autre, alors qu'il n'en va pas de même pour l'injonction anti-suit (étant d'ailleurs précisé que l'incidente sur les injonctions anti-suit n'était pas commandée par les faits de l'espèce...) [1]. Surtout, l'accueil de la *Mareva* ne saurait s'arrêter à son principe. Or l'arrêt commenté ne comporte aucune indication sur les modalités. Certes, on a pu émettre diverses propositions [2] mais elles ne paraissent pas vraiment convaincantes [3]. Peut-être la véritable raison du silence de la Cour de cassation et des difficultés de la doctrine est-elle que l'accueil de la *Mareva* n'est point nécessaire : « *Pourquoi recherche-t-on l'exequatur en France d'une mesure dont ses partisans affirment qu'elle est efficace sans même circuler ?* » [4].

L'une des manières d'assurer néanmoins l'efficacité en France de l'injonction *Mareva* pourrait être l'astreinte, soit celle prononcée, lorsque cela est possible, par le juge français lorsque la décision étrangère en est dépourvue (v. s^s^ n°s 1711.172 à 1711.174), soit celle octroyée par le juge étranger. C'est dans ce dernier cadre que la Cour de cassation a décidé que « *la condamnation au paiement d'une somme d'argent à titre de sanction du non-respect d'une injonction du juge étranger constitu*[e] *une décision de nature civile* » [5], ce qui en permet l'accueil en droit français. Ceci ne saurait surprendre dès lors que la sanction en cause était une simple astreinte, même si elle était élevée *Les sanctions du contempt of court*, qui assurent l'efficacité de l'injonction *Mareva*, sont en effet variées, allant jusqu'à la prison, et la qualification ne peut que dépendre du cas d'espèce [6].

1711.103 Règlement Bruxelles I. *Exequatur*. Les restrictions à l'accueil de mesures conservatoires posées dans le cadre de la convention de Bruxelles de 1968 (v. s^s^ n° 1711.101) perdent de leur intérêt pratique avec le règlement Bruxelles I, dès lors qu'en première instance la juridiction de l'*exequatur* est devenue une chambre d'enregistrement. C'est seulement en appel qu'elles retrouvent leur empire. La Cour de justice veille toutefois, d'une manière générale, à interpréter strictement les motifs de refus de reconnaissance ou d'*exequatur*. Ainsi, elle n'hésite pas, dans un arrêt du 23 octobre 2014, à contrôler l'interprétation qui peut être donnée de la réserve de l'ordre public international. Elle estime notamment que « *la simple invocation de conséquences économiques graves ne* [constitue pas un motif] *établissant la violation de l'ordre public de l'État membre requis permettant de refuser la reconnaissance et l'exécution, dans cet État membre, d'une* [décision prononçant des mesures provisoires et conservatoires] *rendue dans un autre État membre* » (point 59 des motifs et point 3 du dispositif) [7]. En l'espèce, une mesure conservatoire avait été ordonnée en Lituanie pour un montant de 58 millions d'euros et son accueil était demandé en Lettonie.

1711.104 Règlement Bruxelles I. Reconnaissance (d'une décision refusant l'octroi d'une mesure conservatoire). La Cour de cassation a octroyé l'autorité de chose jugée en France à la décision d'un autre État membre rejetant une demande de saisie conservatoire sur un navire : « *Saisie d'une demande de mesure conservatoire préalablement rejetée par une décision rendue dans un autre État membre, qu'elle était tenue de reconnaître en vertu de l'article 33* [du règlement Bruxelles I], *c'est à bon droit que la cour d'appel, refusant de substituer son appréciation sur le bien-fondé de cette demande à celle déjà faite, a retenu* [en l'absence de fait nouveau invoqué devant elle] *qu'il ne pouvait être soutenu que la décision grecque n'aurait qu'une portée limitée au territoire grec* » [8].

1711.105 Règlement Bruxelles I *bis*. Disparition de l'*exequatur*. Il convient d'opérer ici une nette distinction entre les mesures conservatoires prononcées sur le fondement de l'article 35 (autrement dit, par un juge incompétent au fond) et celles ordonnées par le juge compétent au fond. En vertu de l'article 2, a) seules ces dernières bénéficient de la disparition de l'*exequatur*, en rentrant dans la définition des décisions bénéficiant du chapitre III : « *Aux fins du chapitre III, le terme "décision" englobe les mesures provisoires ou les mesures conservatoires ordonnées par une juridiction qui, en vertu du présent règlement, est compétente au fond* ». *A contrario*, les mesures conservatoires prononcées sur le fondement de l'article 35 ne bénéficient pas

1. La Cour a, depuis, mis fin à cette contradiction en autorisant, hors droit européen, les injonctions *anti-suit* : Civ. 1re, 14 oct. 2009, n°s 08-16.369 et 08.16-459, *Bull. civ.* I, n° 207; *JDI* 2010. 146, note Clavel.
2. Cuniberti, th. et notes préc. – *Adde* : sa contribution au *Lamy Droit de l'exécution forcée*, n° 730.75.
3. F. Georges, *La saisie de la monnaie scripturale*, Larcier, 2006, n° 227 – et E. Guinchard, « Réflexions autour de l'accueil de l'injonction *Mareva* par la Cour de cassation française », *Int'l Lis* 2005. 41, n°s 35 s.
4. Ph. Théry, *RTD civ.* 2004. 552, obs. préc.
5. Civ. 1re, 28 janv. 2009, n° 07-11.729, *Bull. civ.* I, n° 15; *JDI* 2009. 1237, note Marchadier.
6. Dans un arrêt de 2004 : Civ. 1re, 30 juin 2004, n° 01-03.248, préc. s^s^ prés^t^ n°, la Cour de cassation avait retenu une qualification pénale.
7. CJUE 23 oct. 2014, flyLAL-Lithuanian Airlines AS, en liquidation c/Starptautiskā lidosta Rīga VAS, Air Baltic Corporation AS, aff. C-302/13.
8. Com. 8 mars 2011, n° 09-13.830, NP; *Dr. et proc.* 2011. 179, obs. Cuniberti; *JDI* 2011. 631, note Cuniberti; *Rev. crit. DIP* 2012. 277, chron. Nioche.

de la libre circulation des décisions, ce que confirme le considérant 33 *in fine*.

Une importante exception à la disparition de l'*exequatur* pour les mesures conservatoires ordonnées par le juge compétent au fond est toutefois immédiatement prévue, puisque le terme de décision « *ne vise pas une mesure provisoire ou conservatoire ordonnée par une telle juridiction sans que le défendeur soit cité à comparaître, à moins que la décision contenant la mesure n'ait été signifiée ou notifiée au défendeur avant l'exécution* » (art. 2, a, *in fine*). En d'autres termes, la jurisprudence *Denilauler* est désormais codifiée. Ce régime restrictif, qui d'un point de vue formel est consacré à l'article 42.2 dans le dossier que le demandeur doit fournir à l'autorité de l'État requis, a été critiqué, et renforce l'intérêt de l'ordonnance européenne de saisie conservatoire qui cumule caractère unilatéral (préservant l'effet de surprise) et disparition de l'*exequatur* (même si elle n'est pas elle-même sans failles, v. s[s] n° 1711.161). Pure coïncidence[1] ?

B.

Articles 40 du règlement Bruxelles I *bis* et 18 du règlement « Aliments », articles 47 du règlement Bruxelles I et de la convention de Lugano II, 36 du règlement « Aliments » et 54 du règlement « Successions »

1711.111 Un recours aux mesures conservatoires admis et élargi. Bruxelles I, Lugano II, règlements « Aliments » et « Successions ». Sous l'empire de l'article 39 des conventions de Bruxelles et de Lugano, le demandeur pouvait automatiquement prendre des mesures conservatoires sur les biens de la partie contre laquelle l'exécution était demandée pendant le délai du recours contre l'ordonnance d'*exequatur* et, si ce recours était intenté, jusqu'à ce qu'il ait été statué sur lui[2]. L'octroi de l'*exequatur* en première instance était donc nécessaire (et on rappelle qu'aux termes des conventions de Bruxelles et de Lugano le contrôle opéré à cette occasion n'était pas purement formel).

Dans le cadre du règlement Bruxelles I et de la convention de Lugano II, le recours aux mesures conservatoires est élargi puisque « *rien n'empêche le requérant de demander qu'il soit procédé à des mesures provisoires, ou conservatoires, prévues par la loi de l'État membre requis, sans qu'il soit nécessaire que cette décision soit déclarée exécutoire* » (Règl. 22 déc. 2000, art. 47, al. 1er), ce qui signifie, entre autres, que des mesures conservatoires sont « *donc possibles aussi si le recours est intenté contre une décision ayant refusé l'exequatur* », ce qui a été approuvé, de telles mesures pouvant être nécessaires pour précisément garantir l'exécution dans l'hypothèse où ce recours serait accueilli[3] (même si le contrôle purement formel opéré en première instance laisse penser que de telles hypothèses sont rares).

En outre, l'article 47 a été interprété par les commentateurs, au nom de l'effet utile, comme valant dispense d'autorisation[4].

Une formulation quasi identique à celle de l'article 47 Bruxelles I et Lugano II se retrouve à l'article 36 du règlement « Aliments » (qui s'inscrit dans le cadre d'une section relative aux décisions rendues dans un État membre non lié par le protocole de La Haye de 2007, à l'égard desquelles l'*exequatur* est maintenu) et à l'article 54 du règlement « Successions », avec toutefois la clarification dans les deux dispositions que la déclaration constatant la force exécutoire emporte « *de plein droit* » l'autorisation de procéder à des mesures conservatoires (comp. art. 47, al. 2, Bruxelles I et Lugano II : « *La déclaration constatant la force exécutoire emporte l'autorisation de procéder à des mesures conservatoires* »).

1711.112 Un recours aux mesures conservatoires maintenu. Bruxelles I *bis* et règlement « Aliments ». Le nouveau règlement Bruxelles I *bis* maintient la possibilité de demander des mesures conservatoires bien qu'il fasse disparaître par ailleurs l'*exequatur* (art. 39) : « *Une décision exécutoire emporte de plein droit l'autorisation de procéder aux mesures conservatoires prévues par la loi de l'État membre requis* » (art. 40). On relève la formulation particulièrement claire, qui signifie qu'il « *faut présumer que le créancier qui a une décision rendue dans un autre État membre remplit toutes les conditions pour l'adoption de mesures conservatoires* »[5]. La prise

1. Si le créancier possède d'ores et déjà un titre exécutoire, il a tout intérêt à utiliser l'article 40 Bruxelles I *bis*, v. s[s] n° 1711.112.
2. Sur cet article : en doctrine, v. GAUDEMET-TALLON, n° 459 – C. Mamet-Rosenbaum, *Compétence judiciaire et exécution des jugements dans le grand espace juridique européen*, th. Paris II, 1994, n° 554 – En jurisprudence, CJCE 3 oct. 1985, Capelloni et Aquilini c/Pelkmans, aff. C-119/84, *Rec. CJCE* 3147; *Rev. crit. DIP* 1987. 130, note Gaudemet-Tallon; *JDI* 1986. 471, note Huet – *Adde :* Civ. 2e, 9 janv. 1991, n° 89-15.487, *Bull. civ.* II, n° 7; *JCP* 1991. II. 21681, note Rémery.
3. GAUDEMET-TALLON, n° 459.
4. Ainsi M.-L. Niboyet, « La révision de la convention de Bruxelles du 27 septembre 1968 par le règlement du 22 décembre 2000 », *Gaz. Pal.* 10-12 juin 2001. 15-16 – Pour une synthèse not. sur cette question, v. G. Cuniberti, « La mesure conservatoire pratiquée sur le fondement d'un jugement étranger : un nouveau défi de l'huissier de justice », *Dr. et proc.* 2004. 190.
5. F. Gascon Inchausti, « La reconnaissance et l'exécution des décisions dans le règlement Bruxelles I *bis* », *in* E. GUINCHARD (dir.), p. 205, n° 25.

de mesures conservatoires sur le fondement de l'article 40 n'exige pas la notification du certificat (délivré par la juridiction d'origine) au défendeur préalablement à la première mesure d'exécution (art. 43.3 *in fine*).

Le règlement « Aliments » comporte, au bénéfice des décisions rendues par un État membre lié par le protocole de La Haye de 2007 et qui y sont exécutoires (décisions à l'égard desquelles l'*exequatur* disparaît, art. 17), une disposition identique : « *Une décision exécutoire emporte de plein droit l'autorisation de procéder aux mesures conservatoires prévues par la loi de l'État membre d'exécution* » (art. 18).

§ 2
Titre nécessaire pour procéder à une mesure conservatoire en droit commun

1711.120 **Plan.** En dehors du champ d'application du règlement de Bruxelles I / I *bis*, de la convention de Lugano, et sous réserve bien entendu de textes, notamment conventionnels, particuliers, il convient de distinguer selon que le créancier dispose d'un jugement étranger (au fond) ou non.

A.
Absence d'autorisation du juge pour les biens situés en France lorsque le créancier dispose d'un jugement étranger

1711.121 **Existence d'un jugement étranger.** Lorsque le créancier dispose d'un jugement étranger (au fond) non revêtu de l'*exequatur*, c'est-à-dire d'une « *décision de justice qui n'a pas encore force exécutoire* » en France, il peut malgré tout procéder à une saisie conservatoire sans autorisation du juge en vertu de l'article L. 511-2 C. pr. exéc., qui offre également une telle dispense lorsque le créancier dispose d'un billet à ordre[1]... Observons, cependant une jurisprudence contraire de la cour d'appel de Paris : « *Considérant qu'une décision définitive rendue par une juridiction étrangère mais non exécutoire en France faute d'obtention de l'exequatur, ne permet pas en France son exécution forcée ni la prise d'une mesure conservatoire au visa de l'article 68 de la loi du 9 juillet 1991, mais pour autant, en tant que fait juridique, vaut preuve d'un principe certain de créance entre les parties; qu'il est donc possible pour son bénéficiaire de demander sur le fondement de ce titre et en vertu de l'article 67* [devenu C. pr. exéc., art. L. 511-1] *l'autorisation de pratiquer une mesure conservatoire contre le débiteur* »[2].

Il en va *a fortiori* ainsi lorsque ce jugement étranger a été exequaturé, c'est-à-dire que le créancier dispose d'un titre exécutoire[3].

Ces principes valent également en matière arbitrale : « *En application de l'article* [1484 alinéa 1er C. pr. civ., anc. art. 1476 du même code[4]], *la sentence arbitrale a, dès qu'elle est rendue, l'autorité de la chose jugée relativement à la contestation qu'elle tranche; qu'elle constitue une décision de justice au sens de* [l'article L. 511-2 C. pr. exéc.] *qui autorise une mesure purement conservatoire* »[5].

Cette jurisprudence a été confirmée par la Cour de cassation, qui a cassé la décision d'une cour d'appel ayant jugé qu'une sentence arbitrale ne constituait pas une décision de justice au sens de l'article L. 511-2 C. pr. exéc.[6].

1711.122 **Caractères du jugement étranger.** Le jugement étranger doit être précis en ce sens qu'il doit viser nommément, le cas échéant, l'entité publique dont les biens seront saisis. C'est du moins ce qui ressort d'une récente décision de la Haute juridiction - cependant non publiée au *Bulletin* - sur la notion d'État. Celle-ci ne recouvre pas ses sous-divisions territoriales, en l'espèce une Province de la République argentine, malgré la liberté reconnue à un État en droit international public de s'organiser en interne selon son bon vouloir d'où découle généralement le principe selon lequel la notion d'État dans l'ordre juridique international recouvre non seulement l'État en tant que personne de droit public interne, mais également l'ensemble des éventuelles personnes publiques qui le composent. Il en résulte qu'il s'avère impossible de pro-

1. EN JURISPRUDENCE : Caen, JEX, 1er oct. 2004, *Gaz. Pal.* 14-15 janv. 2005. 32, note Train (cette décision du JEX a été selon l'annotateur confirmée par la cour d'appel de Caen, mais cette confirmation n'en est pas vraiment une car entre-temps l'*exequatur* du jugement étranger avait été accordé) – EN DOCTRINE : COUCHEZ, p. 129 *in fine* – Rép. internat., *v° Voies d'exécution*, par Ph. Théry, n° 113 *in fine* et 115 *in limine*.

2. Paris, 7 oct. 1999, RG n° 1999/04420.
3. Sur le droit antérieur et l'attitude divergente de la Cour de cassation et des juges du fond à propos du prétendu « effet de titre » du jugement étranger, v. E. GUINCHARD, mémoire DEA DIP, Paris II, sept. 1998, nos 101 s.
4. L'article 1484 al. 1er C. pr. civ. s'applique en matière d'arbitrage interne et, par renvoi de l'article 1506 C. pr. civ., en matière d'arbitrage international. La nouvelle numérotation résulte du décret n° 2011-48 du 13 janvier 2011, portant réforme de l'arbitrage (*JO* 14 janv., p. 777).
5. Dijon, 23 avr. 2002, confirmant TGI Chaumont, JEX, 31 janv. 2001, *Rev. arb.* 2002. 743, note Rivier; *JDI* 2003. 459, note Cuniberti – *CONTRA*, antérieurement : TGI Lyon, JEX, 25 janv. 1994, *Rev. arb.* 1994. 525, note Rondeau-Rivier – POUR UNE SYNTHÈSE sur la sentence arbitrale au regard de l'article L. 511-2 C. pr. exéc. (anct L. 9 juill. 1991, art. 68) : v. M.-C. Rivier, « L'arbitrage et le droit des procédures civiles d'exécution », *Dr. et proc.* 2005. 198, spéc. nos 6 s.
6. Civ. 2e, 12 oct. 2006, n° 04-19.062, *Bull. civ.* II, n° 270.

céder, sur le fondement de l'article L. 511-2 C. pr. exéc., à la saisie conservatoire du compte bancaire de ladite Province lorsque le titre ne vise que l'État. La mainlevée de saisies ainsi pratiquées en 2009 fut en conséquence ordonnée[1]. Ce n'est pas à dire que la saisie conservatoire sur le fondement d'un tel jugement étranger non exécutoire devient interdite, mais elle requiert désormais l'autorisation préalable du juge (C. pr. exéc., art. L. 511-1) : « *Ayant relevé que la décision de justice, sur le fondement de laquelle les saisies avaient été pratiquées, avait été rendue à l'encontre de la République Argentine et non de la province du Chubut et retenu que, faute de disposer d'une décision de justice visant cette dernière, le créancier ne pouvait se dispenser de l'autorisation préalable du juge de l'exécution, c'est à bon droit que la cour d'appel a ordonné la mainlevée de la mesure* »[2]. Cette décision, qui trouve ses racines dans la jurisprudence sur les sociétés publiques (que les créanciers souhaitent voir considérer comme des) émanations d'État, pourrait s'expliquer par le caractère controversé des décisions américaines ayant condamné l'Argentine en la matière. Il reste qu'antérieurement la même Cour – il est vrai composée autrement puisqu'il s'agissait de la première chambre – rejeta le recours en cassation de la République argentine contre l'*exequatur* de (selon toute vraisemblance) la même décision américaine, de sorte que la société créancière s'avère aujourd'hui en mesure de procéder à des saisies exécutoires[3]. À moins bien entendu que la deuxième chambre n'applique sa doctrine à la saisie-attribution, restreignant ce faisant fortement les possibilités du créancier (puisqu'il devra s'assurer au préalable que les comptes saisis appartiennent à l'État central ou que son titre vise nommément telle ou telle province argentine ce qui implique sa modification en l'état actuel) et pouvant laisser l'impression que la Cour de cassation reprend d'une main (exécution) ce qu'elle donne de l'autre (*exequatur*).

B.

Nécessité d'une autorisation du juge français pour les biens situés en France en l'absence de jugement étranger

1711.131 Absence de jugement étranger. Effet territorial de l'autorisation. En vertu du principe de territorialité de l'exécution, le juge français est seul compétent mais n'est compétent que pour autoriser une saisie conservatoire sur des biens situés en France[4].

1711.132 Absence de jugement étranger. Appréciation du principe de la créance (arrêt Denney). Le juge du provisoire doit apprécier le principe de la créance, l'apparence de fondement de celle-ci, en vertu de l'article L. 511-1 C. pr. exéc. Mais comment cette apparence doit-elle être appréciée ?

Dans certains cas, cela peut être relativement aisé. Ainsi si la créance est contractuelle et que ce contrat a été constaté par écrit. Ou si elle résulte de l'application de la convention de Vienne du 11 avril 1980 sur la vente internationale de marchandises, seulement toutefois lorsque celle-ci s'applique au titre de son article 1 (a), c'est-à-dire dans la mesure où la convention est directement applicable dans l'ordre juridique français et n'a pas été désignée par la règle de conflit de lois[5].

Dans un arrêt *Denney* du 16 avril 1996, la Cour de cassation déclare : « *Le juge saisi d'une demande d'autorisation d'une mesure conservatoire portant sur des meubles dépendant d'une succession doit seulement apprécier l'apparence de fondement de la créance successorale invoquée, et l'existence de circonstances susceptibles d'en menacer le recouvrement; il n'est pas dans son pouvoir d'appliquer la règle de conflits de lois, qui concerne le fond du litige* »[6].

1711.133 Critique. Ce qui peut être critiqué : s'il est incontestable que le juge du provisoire n'a pas le pouvoir de statuer au fond, apparaît en revanche difficilement convainquant le cantonnement de la règle de conflit au fond.

En effet, comme l'écrit parfaitement M. de Vareilles-Sommières, « *L'apparence de fondement de la prétention du requérant devrait en bonne logique, s'apprécier en contemplation de la loi régissant cette prétention* [...]. *Et cette loi ne peut évidemment être identifiée que par la mise en œuvre de la règle de conflit. Dès lors, priver le juge requis du pouvoir d'appliquer la règle de conflit de lois, revient à l'empêcher*

1. Sur la mainlevée, en raison de l'absence de renonciation de la République argentine à son immunité d'exécution, d'autres saisies conservatoires pratiquées également en 2009 avant l'*exequatur* du jugement américain, v. Civ. 1re, 28 mars 2013, n° 10-25.938, *Bull. civ.* I, n° 62 ; *Rev. crit. DIP* 2013. 671, note Muir Watt.
2. Civ. 2e, 4 sept. 2014, n° 13-14.060, NP.
3. Civ. 1re, 28 mai 2014, n° 13-10.553, NP.
4. PAR EX. : TGI Lyon, JEX, 4 mai 1993, *D.* 1994. 55, note Rémery – *CONTRA* : TGI Nîmes, 9 juin 1998, *D.* 1999. 301, note Cuniberti : cette dernière décision résulte d'une interprétation très contestable de la loi de 1991 (v. *J.-Cl. Pr. civ.*, fasc. 2045, par J. Normand, n° 18 et les réf. – *Adde* A. Huet, fasc. 581-21, n° 33).
5. H. Muir-Watt, *Justices* 1997, n° 8, p. 179.
6. Civ. 1re, 16 avr. 1996, n° 94-15.531, *Bull. civ.* I, n° 183 ; *Justices* 1997, n° 8, p. 175, chron. Muir-Watt; *RTD civ.* 1996. 717, chron. Perrot; *Rev. crit. DIP* 1997. 715, note Vareilles-Sommieres – V. ÉGAL., B. Audit, *JDI* 1997. 823 – COUCHEZ, p. 129 – CUNIBERTI, n° 384 – E. GUINCHARD, mémoire DEA DIP, Paris II, sept. 1998, nos 140 s. – Rép. internat., *v°* *Voies d'exécution,* par Ph. Théry, n° 109.

d'identifier la loi au regard de laquelle sera appréciée l'apparence de fondement du droit à délivrance ou à restitution nécessaire au prononcé de l'autorisation »[1]. Par conséquent, la condition d'existence d'un principe de la créance ne pourra être vérifiée et, partant, le juge ne pourra que refuser la demande d'autorisation de mesure conservatoire.

1711.134 Portée de l'arrêt *Denney*. Telle est la conséquence concrète à laquelle risque de conduire cette jurisprudence qui, remarquons-le, n'est pas limitée à la seule saisie-revendication, en cause dans l'affaire, mais s'étend à toute mesure conservatoire, pourvu cependant qu'elle porte sur des meubles dépendant d'une succession.

Cette restriction montre peut-être que la Cour de cassation est consciente des conséquences très négatives de son arrêt pour les créanciers dans un procès international (ceux-ci ne pourraient-ils d'ailleurs pas invoquer l'arrêt *Hornsby* et son droit à l'exécution – v. s^s n° 1711.182 – pour sanctionner une telle jurisprudence ?). Mais pourquoi alors adopter une telle jurisprudence et même l'étendre à d'autres mesures conservatoires que celles en cause dans l'affaire qui lui était soumise ?

Probablement consciente de ces difficultés, la Cour semble avoir fait un premier pas vers un revirement de jurisprudence[2] (raisonnement par analogie de l'annotatrice entre le caractère non sérieusement contestable en matière de référé-provision, objet de l'arrêt commenté, et l'apparence de créance en matière de saisie-revendication, objet de *Denney* : si le conflit de lois ne fait pas obstacle au premier, pourquoi en irait-il différemment de la seconde ?).

§ 3
Déroulement de la procédure

1711.141 Renvois. Le déroulement de la procédure d'une saisie conservatoire de créances peut soulever une difficulté relative au contenu de la déclaration que doit faire le tiers saisi en vertu de l'article R. 523-4 C. pr. exéc. Ce dernier renvoie toutefois à l'article L. 211-3 C. pr. exéc., qui a trait à la déclaration du tiers saisi dans le cadre d'une saisie-attribution. Nous renvoyons par conséquent l'examen des difficultés soulevées par cette déclaration dans le cadre international à l'étude de la saisie-attribution (v. s^s n°s 1711.200 s.). On se permettra seulement d'attirer l'attention sur l'importance de cette déclaration en cas de conversion ultérieure de la saisie conservatoire en saisie-attribution, puisque la saisie conservatoire rend indisponible la créance saisie et la demande de paiement, après conversion en saisie-attribution, emporte, par l'effet de la loi, attribution immédiate de la créance saisie jusqu'à concurrence du montant de la condamnation et des sommes dont le tiers saisi s'est reconnu débiteur en euros (dans sa déclaration lors de la procédure de saisie conservatoire), nonobstant une variation ultérieure du cours du change par rapport à la monnaie étrangère dans laquelle est libellée la dette du tiers saisi envers le débiteur saisi[3].

On signalera en outre ici une décision relative à l'influence de l'achèvement d'une voie d'exécution étrangère sur un bien sur la saisie conservatoire du même bien en France. La Cour de cassation estime que la décision étrangère prononçant la saisie et la vente aux enchères publiques constitue, sous certaines conditions, un fait juridique produisant effet en France indépendamment de l'*exequatur*[4]. En l'espèce, il en résulte que le saisissant ne peut se prévaloir d'une créance privilégiée et ne peut dès lors saisir un navire n'appartenant plus à son débiteur.

1711.142 *Forum arresti*. En revanche, nous étudierons ici (en droit commun; pour le droit européen, et ses relations avec diverses conventions internationales, v. s^s n°s 1711.96 s.) une question redevenue d'actualité : celle du *forum arresti*. Comment se pose-t-elle ?

L'article R. 511-7 C. pr. exéc. dispose que le créancier ayant procédé à une saisie conservatoire mais ne disposant pas de titre exécutoire, doit, « *dans le mois qui suit l'exécution de la mesure, à peine de caducité, introdui*[re] *une procédure ou accompl*[ir] *les formalités nécessaires à l'obtention d'un titre exécutoire* ». Lorsqu'il est muni d'un jugement étranger, il lui suffit d'en demander l'*exequatur*. À défaut, il doit saisir les juridictions françaises, si elles sont internationalement compétentes d'après les règles

1. P. Vareilles-Sommières, *Rev. crit. DIP* 1997. 715, n° 11.
2. Civ. 1re, 8 janv. 2002, n° 00-13.453, *Bull. civ.* I, n° 6; *Rev. crit. DIP* 2002. 343, note Muir-Watt.

3. Civ. 2e, 31 mars 2011, n° 10-12.269, *Bull. civ.* II, n° 79; *Dr. et proc.* 2011. 182, obs. Putman; *Rev. crit. DIP* 2012. 344, note Kleiner – *Adde*, S. Lootgieter, « La saisie-attribution d'une créance en monnaie étrangère », *Lamy Droit de l'exécution forcée, Lettre d'actualités* mai 2011, n° 55, p. 1, spéc. p. 3 : « *Le créancier qui procède directement à la saisie-attribution d'une créance en monnaie étrangère supportera seul le risque de change. Au contraire, celui qui fait d'abord une saisie conservatoire puis une conversion en saisie-attribution reportera ce risque sur les épaules du tiers saisi* [...] *qui devient responsable du risque de dépréciation de valeur de la créance saisie* ».
4. Com. 4 oct. 2005, n° 02-18.201, *Bull. civ.* IV, n° 189; *JDI* 2005. 601, note Cuniberti; *Dr. et proc.* 2006. 103, obs. Cuniberti; *Gaz. Pal.* 24-25 févr. 2006. 26, note Niboyet.

normalement applicables. Dans le cas contraire, peut-on considérer que la seule mise en œuvre d'une saisie conservatoire en France constitue un élément de rattachement suffisant pour fonder la compétence internationale des tribunaux français pour trancher le litige au fond ? C'est la question du *forum arresti*.

1711.143 Jurisprudence antérieure. Le *forum arresti* fut consacré par l'arrêt *Nassibian* rendu par la Cour de cassation le 6 novembre 1979, qui affirmait « *que, par dérogation au principe qui étend à l'ordre international les règles internes de compétence territoriale, les tribunaux français sont seuls compétents pour statuer sur l'instance en validité d'une saisie-arrêt pratiquée en France, et qu'ils peuvent statuer éventuellement, à cette occasion, sur l'existence de la créance invoquée par le saisissant* »[1].

1711.144 Revirement. Cependant, par un arrêt *Strojexport* du 11 février 1997, la Haute juridiction revient sur la jurisprudence *Nassibian*[2].

Elle déclare en effet, à propos d'une saisie conservatoire, que « *si les juridictions françaises sont seules compétentes pour statuer sur la validité d'une saisie pratiquée en France et apprécier, à cette occasion, le principe de la créance, elles ne peuvent se prononcer sur le fond de cette créance que si leur compétence est fondée sur une autre règle* ».

Cet abandon du *forum arresti* par la Cour de cassation avait d'ailleurs été amorcé par l'affaire *Méridien Breckwoldt*[3], mais, comme le soulignait M. Lequette dans sa note, cet arrêt était à énigme en raison de l'ambiguïté de la solution consacrée[4]. La décision *Strojexport* met fin à toute hésitation.

Néanmoins, une conception extensive des actions qui ne concernent pas le fond a été adoptée, semblant ainsi limiter la portée de l'abandon du *forum arresti*[5].

1711.145 Critique. Cette nouvelle jurisprudence n'est pas à l'abri de la critique. Dès 1965, M. Bauer décrivait les graves inconvénients de l'absence de *forum arresti* : « *Lorsqu'une saisie-arrêt ou une saisie conservatoire a été ordonnée, [...] il faut accorder au demandeur la possibilité de demander une décision définitive, quant au fond, aux tribunaux du pays qui ont ordonné la mesure provisoire ou conservatoire, sinon il sera forcé de plaider dans un autre pays que celui où l'exécution forcée se produira nécessairement. De plus, si on l'envoie plaider quant au fond dans un autre pays, il n'est pas certain que la décision étrangère soit ultérieurement reconnue. Finalement, la solution proposée évitera les frais et pertes de temps causés par l'instance en exequatur* »[6] (on remarquera que pour M Bauer le *forum arresti* n'est pas opportun mais nécessaire : « *il faut* »).

1711.146 Justification du revirement par la réforme des voies d'exécution ? Défavorisant l'exécution, l'arrêt *Strojexport* ne peut être justifié. Certes, on a pu soutenir qu'il s'expliquait par la loi du 9 juillet 1991 portant réforme des procédures civiles d'exécution. L'arrêt rendu dans l'affaire *Strojexport* par la cour d'appel de Paris le 2 novembre 1994[7] a ainsi, approuvé en cela par la Haute juridiction qui parle de motifs « surabondants » dans son arrêt, déduit de la substitution, opérée par cette loi, de la saisie-arrêt par la saisie-attribution, la disparition de la compétence des tribunaux français pour trancher un litige relatif à l'existence de la créance invoquée par une personne procédant à une saisie conservatoire. En effet, l'instance en validité qui caractérisait l'ancienne procédure ayant été supprimée, seule demeure, pour le saisissant dépourvu de titre exécutoire, l'obligation d'introduire une procédure afin de l'obtenir. Or cette procédure n'est plus de la compétence du juge de l'exécution mais de celle du juge de droit commun. Autrement dit, la jurisprudence *Nassibian* était liée à la configuration particulière de la saisie-arrêt.

1711.147 Absence de justification. Comme des auteurs l'ont remarqué, ceci est pour le moins curieux dans la mesure où l'arrêt *Nassibian* lui-même étendait sa solution aux inscriptions provisoires d'hypothèques judiciaires sur des immeubles situés en France, alors que pour ces sûretés judiciaires « *il n'y avait aucune instance en validité comparable à celle qui, en matière de saisie-arrêt, créait un lien procédural particulier entre la mesure d'exécution et sa cause; la contestation relevait en toute hypothèse d'une instance distincte* »[8]. En outre, c'est se méprendre sur la transposition au plan international des règles internes de compétence : seules les

1. Civ. 1re, 6 nov. 1979, no 77-15.856, Nassibian, *Bull. civ.* I, no 269; *JDI* 1980. 95, rapp. Ponsard; *Rev. crit. DIP* 1980. 588, note Couchez – ANCEL et LEQUETTE, nos 59-60.
2. Civ. 1re, 11 févr. 1997, no 94-21.500, Strojexport, *Bull. civ.* I, no 47; *D.* 1997. IR 62; *JCP* 1997. IV. 740 – ANCEL et LEQUETTE, nos 59-60 – V. AUSSI, H. Muir-Watt, « Chronique de droit judiciaire international », *Justices* 1995-2, nos 5 s. – E. GUINCHARD, mémoire DEA DIP, Paris II, sept. 1998, nos 130 s.
3. Civ. 1re, 17 janv. 1995, no 92-10.165, Méridien Breckwoldt, *Bull. civ.* I, no 34; *JCP* 1995. II. 22430, note Muir-Watt; *Rev. crit. DIP* 1996. 133, note Lequette.
4. Y. Lequette, *Rev. crit. DIP* 1996. 134.
5. Civ. 1re, 11 févr. 1997, no 96-13.267, Sté Latvian Shipping, *Bull. civ.* I, no 48; *DMF* 1997. 616, note Bonassies.
6. M. Bauer, *Compétence judiciaire internationale des tribunaux civils français et allemands,* Dalloz, 1965, no 99.
7. Paris, 2 nov. 1994, resté inéd. selon ANCEL et LEQUETTE, p. 547, qui en donnent toutefois un aperçu.
8. H. Muir-Watt, note préc. ss Civ. 1re, 17 janv. 1995, no 92-10.165, Méridien Breckwoldt, no 6 (v. ss no 1711.144).

règles de compétence territoriale, non celles d'attribution, sont concernées. Par conséquent, la réforme des voies d'exécution ne semble pas pouvoir justifier un revirement sur la question du *forum arresti*.

1711.148 Justification du *forum arresti* par la réforme. M. Couchez a même affirmé que les nouveaux textes permettent davantage de justifier la jurisprudence *Nassibian* que de la condamner[1]. Il a ainsi remarqué que l'article 215 du décret d'application de la loi de 1991 (devenu. C. pr. exéc., art. R. 511-7) impose au créancier procédant à une saisie conservatoire sans pour autant être muni d'un titre exécutoire, d'engager une procédure afin d'obtenir ce dernier, et ce dans le délai d'un mois, à peine de caducité de la mesure : ce délai n'est-il pas trop bref pour saisir le tribunal étranger susceptible (ce qui signifie que cela ne peut être n'importe quel tribunal, auquel cas la règle du délai serait bien vite contournée) de connaître de l'instance au fond ?

§ 4
Action en responsabilité pour mesure conservatoire injustifiée

1711.151 Droit européen (règlement Bruxelles I / I *bis* et convention de Lugano II). Compétence directe. La responsabilité pour mesure conservatoire injustifiée revêtant une nature extra-contractuelle relève, quant à la compétence au fond, du juge du domicile du défendeur (Bruxelles I *bis*, art. 4; Bruxelles I et Lugano II, art. 2) ou de celui du lieu du fait dommageable (Bruxelles I *bis*, art. 7-2; Bruxelles I et Lugano II, art. 5-3). En effet, interprétant de manière autonome la notion de « *matière délictuelle ou quasi-délictuelle* » figurant à l'article 5-3° de la convention de Bruxelles de 1968 (aujourd'hui Bruxelles I *bis*, art. 7-2), la Cour de justice estime qu'elle comprend « *toute demande qui vise à mettre en cause la responsabilité d'un défendeur et qui ne se rattache pas à la "matière contractuelle" au sens de l'article 5, point 1* [Bruxelles I *bis*, art. 7-1] »[2], ce qui s'avère assurément le cas en l'espèce[3]. L'article 7-2 permet ainsi de saisir le juge du lieu où la mesure injustifiée a été rendue, étant entendu concernant la localisation du dommage résultant de ce type de mesures, que « *le dommage provoqué par une mesure provisoire injustifiée se produit là où celle-ci a produit ses effets directs* »[4].

1711.152 Droit commun. Compétence directe. La compétence territoriale du juge de l'exécution du lieu où sont situés les biens saisis est étendue à l'ordre international. En ce sens, *mutatis mutandis*, le célèbre arrêt *Cyprien Fabre*[5], qui a appliqué en droit international privé la règle de droit interne selon laquelle le juge compétent pour statuer sur la validité ou la nullité de la saisie a également compétence pour statuer sur une demande en dommages et intérêts en réparation du préjudice causé par cette saisie. Cette compétence, dictée par une volonté de proximité et de concentration du contentieux, avait toutefois été critiquée, dans un souci de rigueur du raisonnement internationaliste, par Niboyet dans sa note, au motif que « *les conflits dans l'espace conduisent à faire des différenciations que le droit interne ignore* [...]. *C'est ainsi que la compétence du tribunal étranger pour la saisie n'entraîne plus, selon nous, celle sur l'action en responsabilité du saisissant* »[6].

1711.153 Droit européen. Loi applicable. Le règlement (CE) n° 864-2007 du Parlement européen et du Conseil sur la loi applicable aux obligations non contractuelles (Rome II)[7], qui se substitue au droit international privé commun en raison de son application universelle, est entré en vigueur le 11 janvier 2009. Il régit la question de la loi applicable à une **action en responsabilité pour mesure conservatoire injustifiée.** En effet, son champ d'application couvre, à l'instar de Bruxelles I / I *bis*, la matière civile et commerciale. Il n'existe donc aucune raison pour exclure de Rome II l'action en responsabilité pour mesure conservatoire injustifiée prononcée dans le cadre de procédures individuelles d'exécution au motif que celles-ci relèvent de la puissance publique : elles ne peuvent être exclues de la matière civile et commerciale puisqu'elles rentrent déjà dans le champ d'application de Bruxelles I/ I *bis*, qui leur consacre même des dispositions spécifiques (v. s^s n°s 1711.41 s.). Il en va *a fortiori*

1. COUCHEZ, p. 133.
2. CJCE 27 oct. 1998, La Réunion européenne SA c/Spliethoff's Bevrachtingskantoor BV, aff. C-51/97, *Rec. CJCE* I-06511, point 22; *Rev. crit. DIP* 1999. 327, note Gaudemet-Tallon qui reprend le point 18 de son arrêt *Kalfelis* : CJCE 27 sept. 1988, Kalfelis, aff. C-189/87, *Rec. CJCE* 05565; *Rev. crit. DIP* 1989. 116, note Gaudemet-Tallon.
3. EN CE SENS, à propos de la convention de Lugano de 1988 – au contenu identique sur ce point –, v. O. Merkt, « Les mesures provisoires en droit international privé », *Études suisses de droit international,* vol. 86, Zürich, Schulthess Polygraphischer Verlag, 1993, n° 383 – Sur l'esquisse de définition de la matière contractuelle, CJCE 17 juin 1992, Jacob Handte, aff. C-26/91, *Rec. CJCE* 03967, spéc. point 15; *Rev. crit. DIP* 1992. 729, note Gaudemet-Tallon.
4. O. Merkt, « Les mesures provisoires en droit international privé », n° 384 (préc. s^s prés^t n°).
5. Civ. 12 mai 1931, Cyprien Fabre (préc. s^s n° 1711.07).
6. Niboyet, *S.* 1932. 1. 139.
7. Règl. (CE) n° 864-2007 du Parlement européen et du Conseil, 11 juin. 2007, sur la loi applicable aux obligations non contractuelles, *JOUE,* n° L. 199, 31 juill., p. 40.

ainsi de l'action en responsabilité, distincte de la mesure conservatoire. Devraient donc être rejetées les qualifications procédurales retenues par certains États membres.

En revanche, une difficulté a trait à l'identification de la disposition pertinente de Rome II. Si, selon la conception française, l'action en responsabilité pour mesure conservatoire injustifiée revêt généralement une nature quasi-délictuelle, il n'existe malheureusement pas dans Rome II de disposition spécifique désignant la loi applicable à un tel quasi-délit, de sorte que si la question rentre dans le champ d'application de Rome II, sa résolution aboutit à appliquer la règle générale figurant à l'article 4, disposition qui renvoie à titre principal à la loi du lieu du dommage direct (art. 4.1), mais pourrait donner lieu à débat, d'abord parce que le dommage n'est pas localisé, ensuite parce que la loi du dommage doit être écartée en cas de résidence habituelle commune des parties (art. 4.2) ou de liens (manifestement) plus étroits avec un autre pays (art. 4.3). En pratique, la loi du lieu où la saisie a été pratiquée devrait le plus souvent trouver à s'appliquer en tant que loi du dommage, et l'article 4.3 pourrait être utilisé pour écarter l'application automatique de l'article 4.2 en permettant de revenir à la loi du lieu de la saisie[1].

1711.154 **Droit commun. Loi applicable. Solution antérieure à Rome II.** S'agissant d'un cas de responsabilité extracontractuelle, s'applique la loi du lieu du (quasi) délit, soit la loi du lieu où la saisie a été pratiquée : l'action en dommages-intérêts introduite en France contre un Français à raison d'une saisie qu'il avait indûment pratiquée sans mauvaise foi, ni dol, sur un navire étranger dans un port étranger, doit être appréciée au point de vue de l'existence et de la responsabilité encourue d'après la loi du pays où l'acte incriminé a été commis[2].

Rappr. la convention de Bruxelles du 10 mai 1952 pour l'unification de certaines règles sur la saisie conservatoire des navires de mer, dont l'article 6 semble ouvrir une option en renvoyant à « *la loi de l'État contractant dans le ressort dans lequel la saisie a été pratiquée ou demandée* », mais en réalité ne désigne que la première loi dans la mesure où seul le juge du lieu de la saisie est compétent pour l'ordonner (art. 4).

J.-M. Reymond qui préconise la loi du lieu où la mesure conservatoire a été ordonnée (et non exercée, ce qui importe en pratique dans l'hypothèse d'une compétence extraterritoriale pour la saisie, comme dans le cadre du règlement Bruxelles I en ce qui concerne la compétence au fond : v. s[s] n° 1711.94) au motif que « *la responsabilité qu'elles font encourir au requérant – qui est censé l'avoir acceptée – peut influer sur la décision d'admettre ou de rejeter la requête de mesures provisionnelles* »[3].

Sur la monnaie de compte des dommages-intérêts pour procédure abusive, v. E. Putman[4] qui préconise la loi du for, approuvé en cela par G. Légier[5].

§ 5
Ordonnance européenne de saisie conservatoire des comptes bancaires

1711.161 **Champ d'application.** Après de nombreuses tractations, le règlement (UE) n° 655/2014 du Parlement européen et du Conseil portant création d'une procédure d'ordonnance européenne de saisie conservatoire des comptes bancaires (« OESC »)[6], destinée à faciliter le recouvrement transfrontière de créances en matière civile et commerciale, a été adopté le 15 mai 2014. Sous réserve des informations à fournir par les États membres

1. Pour combler cette lacune tenant à l'absence de disposition spécifique dans Rome II, l'article 13 du règlement « OESC » déclare que le droit applicable à la responsabilité du créancier est le droit de l'État membre d'exécution (v. s[s] n° 1711.161).
2. Civ. 16 mai 1888, Cie La Bâloise c/Wallemberg et Cie La Foncière, *JDI* 1889. 664 – Pour quelques autres références EN CE SENS, et leur approbation, v. P. Bourel, *Les conflits de lois en matière d'obligations extracontractuelles,* LGDJ, 1961, p. 209 – Qui cite T. civ. Strasbourg, 28 janv. 1929, Stross c/Meyer, *JDI* 1929. 1131, note M. Nast (précisons que ce jugement n'applique la loi du lieu du délit que « *si l'auteur de l'acte illicite et la victime sont de nationalité différente* », mais cette réserve est aujourd'hui, bien entendu, totalement archaïque) – et Paris, 1er juill. 1959, Patino, *Rev. crit. DIP* 1960. 192, note Bourel – V. AUSSI, *J.-Cl. Int., v° Sources extra-contractuelles des obligations. Domaine de la loi compétente*, fasc. 553-2, par G. Légier, n°s 20 et 28 – Rép. internat., *v° Responsabilité civile,* par P. Bourel, n° 70 *in fine.*
3. J.-M. Reymond, « Mesures provisionnelles injustifiées ou effet suspensif en cas de recours infondé : quelle responsabilité ? », *Le droit en action,* Faculté de droit de Lausanne, 1996, p 414 – Dans le même sens, O. Merkt, « Les mesures provisoires en droit international privé », n° 418 (préc. s[s] n° 1711.151).
4. E. Putman, note s[s] Civ. 1re, 4 déc. 1990, n° 88-11.949, *Rev. crit. DIP* 1992. 294, n° 3.
5. *J.-Cl. Int., v° Sources extra-contractuelles des obligations. Domaine de la loi compétente*, fasc. 553-2, par Légier, n° 107.
6. Règl. (UE) n° 655/2014 du Parlement européen et du Conseil, 15 mai 2014, portant création d'une procédure d'ordonnance européenne de saisie conservatoire des comptes bancaires, destinée à faciliter le recouvrement transfrontière de créances en matière civile et commerciale, *JOUE,* n° L. 189/59, 27 juin – Pour un premier commentaire, v. G. Payan, « La nouvelle procédure européenne de saisie conservatoire des comptes bancaires », *Lamy Droit de l'exécution forcée, Lettre d'actualités* sept. 2014, n° 85.

avant l'entrée en vigueur du règlement, celui-ci ne sera cependant applicable qu'à compter du 18 janvier 2017 (art. 54). Il constitue pourtant d'ores et déjà un évènement puisqu'il est le premier règlement européen dont l'objet porte sur le droit de l'exécution au sens du droit interne. Cette caractéristique explique probablement pour une grande partie le refus du Royaume-Uni, qui rejoint ce faisant le Danemark, de participer à l'adoption du règlement.

Celui-ci instaure, en matière civile et commerciale et dans les seuls litiges transfrontières (art. 2), une procédure facultative (art. 1.2) permettant à un créancier d'éviter que le recouvrement ultérieur de sa créance pécuniaire ne soit mis en péril par le transfert ou le retrait de fonds détenus par ou pour le compte du débiteur sur un compte bancaire tenu dans un État membre (art. 1.1).

La référence à la matière civile et commerciale est classique dans l'espace judiciaire civil européen. Elle vise à écarter expressément les matières fiscales, douanières, ou administratives ainsi que la responsabilité de l'État pour des actes ou des omissions commis dans l'exercice de la puissance publique (*acta jure imperii*). Elle n'est toutefois pas elle-même sans quelques exceptions, qui peuvent varier d'un règlement à l'autre et qui, pour le règlement « OESC », comprennent les régimes matrimoniaux (ou équivalents pour les relations réputées avoir des effets comparables au mariage), les testaments et les successions (y compris les obligations alimentaires résultant d'un décès), les procédures de faillite (au sens large du droit international privé), la sécurité sociale et l'arbitrage (art. 2). Des exceptions complémentaires, en rapport avec l'objet spécifique du règlement « OESC », sont également prévues, puisqu'il ne s'applique pas aux comptes bancaires qui, selon le droit de l'État membre dans lequel le compte est tenu, ne peuvent pas faire l'objet d'une saisie, ou aux comptes tenus en rapport avec le fonctionnement d'un système de paiement au sens du droit européen, ou encore aux comptes bancaires détenus par ou auprès des banques centrales agissant en leur qualité d'autorités monétaires.

La référence aux litiges transfrontières s'est imposée dès le départ compte tenu de l'échec de la Commission européenne dans sa volonté, lors de la négociation de règlements antérieurs, notamment le règlement instituant une procédure européenne d'injonction de payer (« IPE ») [1], de couvrir également les situations internes. Mais leur définition a considérablement évolué. Là où la Commission adoptait dans sa proposition une définition négative, le Conseil et le Parlement européen en sont revenus à une traditionnelle définition positive, et donc plus restrictive, du litige transfrontière. L'article 3 le définit ainsi : il s'agit d'un litige dans lequel, à la date à laquelle la demande de saisie conservatoire a été introduite auprès de la juridiction compétente pour délivrer l'OESC (il ne s'agit donc pas de n'importe quelle juridiction, la maîtrise des règles de compétence de l'article 6 étant requise), le compte bancaire visé est tenu dans un État membre autre que celui soit de la juridiction saisie de la demande d'OESC soit du domicile du créancier.

1711.162 **Procédure.** L'OESC est disponible aussi bien avant que le créancier n'engage une procédure au fond dans un État membre à l'encontre du prétendu débiteur (ou à tout moment au cours de cette procédure), qu'après que le créancier a obtenu, dans un État membre, une décision, une transaction judiciaire ou un acte authentique exigeant du débiteur le paiement de sa créance (art. 5). La distinction entre ces deux hypothèses s'avère toutefois décisive au niveau de la procédure d'obtention de l'OESC [2]. Ainsi, dans la première hypothèse, compétence appartient aux juridictions de l'État membre qui sont compétentes pour statuer au fond conformément aux règles de compétence pertinentes applicables (art. 6.1), soit à titre de principe celles figurant dans Bruxelles I *bis*. Toutefois, comme dans le règlement « IPE », une règle de compétence spécifique est édictée en faveur du défendeur consommateur qui a conclu un contrat, à des fins pouvant être considérées comme étrangères à son activité professionnelle, avec le créancier : ont seules compétence les juridictions de l'État membre de son domicile, dès lors bien entendu que l'OESC vise à garantir une créance concernant ce contrat (art. 6.2). Dans la seconde hypothèse, compétence appartient aux juridictions de l'État membre dans lequel la décision a été rendue ou la transaction judiciaire approuvée ou conclue (art. 6.3); ou, s'il s'agit d'un acte authentique, aux juridictions désignées à cet effet dans l'État membre dans lequel l'acte a été établi (art. 6.4). Pareille dichotomie continue sur d'autres plans. Ainsi, alors que dans les deux hypothèses, le créancier doit remplir

1. Règl. (CE) n° 1896/2006 du Parlement européen et du Conseil, 12 déc. 2006, instituant une procédure européenne d'injonction de payer, *JOUE*, n° L. 399, 30 déc., p. 1-32.
2. À tel point que la première hypothèse pourrait paraître plus théorique que réelle si le créancier ne dispose pas d'ores et déjà des coordonnées de la banque du défendeur : v. les renseignements à fournir dans le formulaire de demande de l'OESC (art. 8) et l'impossibilité de recourir, en l'absence de titre, à la procédure de l'article 14 pour obtenir des informations relatives aux comptes du prétendu débiteur.

cette condition traditionnelle qu'est le *periculum in mora* (art. 7.1), il ne doit prouver l'existence d'un *fumus boni juris* que dans la première (ce qui s'avère légitime puisqu'il ne dispose précisément pas de titre), et doit en outre alors introduire une procédure au fond dans les trente jours à compter de la date d'introduction de la demande d'OESC ou dans les quatorze jours de la date de délivrance de l'ordonnance si cette date est postérieure (art. 10). De même, dans la première hypothèse, le créancier doit *a priori* systématiquement fournir une garantie (ne pouvant en être dispensé qu'à titre exceptionnel par la juridiction), alors que dans la seconde le principe est plutôt inverse (art. 12). Un régime commun aux deux hypothèses figure toutefois à l'article 13 : celui de la responsabilité du créancier à l'égard du débiteur, le premier étant responsable de tout préjudice causé au second par l'OESC en raison de sa faute (présumée dans plusieurs hypothèses). De manière intéressante, l'article 13 ajoute que le droit applicable à la responsabilité du créancier est le droit de l'État membre d'exécution, une solution traditionnelle mais qui fait heureusement l'objet d'une disposition spécifique, le règlement « OESC » contrastant ici avec le règlement Rome II (qui, faute d'une règle spécifique à l'abus de saisie, renvoie nécessairement sur ce point à la règle générale de l'article 4, guère appropriée).

La demande d'OESC est introduite par voie de formulaire, selon une pratique courante dans l'espace judiciaire civil européen. Les indications usuelles sont requises (art. 8) : nom et coordonnées des parties (avec, si possible, pour les personnes physiques, le numéro du passeport ou de la carte d'identité); le nom et l'adresse de la banque du débiteur (ou autre élément permettant son identification, tel que le code IBAN), à défaut une déclaration du créancier indiquant qu'une demande est introduite pour obtenir des informations relatives aux comptes en vertu de l'article 14, et une motivation indiquant les raisons pour lesquelles le créancier pense que le débiteur détient un compte auprès d'une banque dans un État membre déterminé (en réalité, cet article 14 exige que le créancier soit déjà en possession d'un titre, ce qui limite sérieusement l'effectivité de l'OESC car c'est probablement avant toute procédure au fond que l'OESC apparaît la plus nécessaire[1]...); si possible le numéro exact du ou des comptes devant faire l'objet de la saisie conservatoire; le nom et l'adresse de la juridiction auprès de laquelle la demande est introduite; le montant pour lequel l'OESC est demandée. Parmi les autres informations requises, on note une description de toutes les circonstances pertinentes justifiant la compétence de la juridiction délivrant l'OESC ou sa délivrance, une déclaration de bonne foi du créancier ainsi qu'une « *liste des éléments de preuve fournis par le créancier* ». Cette dernière exigence pourrait rappeler le règlement « IPE », qui n'exige pas la production de preuves, seulement leur description. Toutefois, le législateur européen a semble-t-il entendu les critiques émises à cet égard et l'article 8.3 précise que la « *demande est accompagnée de toutes les pièces justificatives utiles* ». Confirmant ce point crucial, l'article 9 nous apprend que la juridiction statue « *en se fondant sur les informations et les éléments de preuve fournis par le créancier dans ou avec sa demande* », mais qu'elle peut demander au créancier de fournir des éléments de preuve documentaires supplémentaires, sous réserve toutefois que cette possibilité soit offerte en droit national.

1711.163 Ordonnance européenne de saisie conservatoire. La juridiction saisie de la demande d'OESC examine si les conditions et exigences énoncées dans le règlement sont réunies et rend sa décision dans les dix jours si le créancier ne possède pas encore de titre et dans les cinq jours lorsque c'est le cas (art. 17 et 18)[2]. Le créancier peut faire appel dans les trente jours (art. 21).

Concrètement, l'ordonnance de saisie conservatoire prend la forme d'un formulaire comprenant deux parties, la seconde plus complète que la première car elle est destinée aux seuls créancier et débiteur et non également à la banque (art. 19). La première partie vise, outre l'identification des intéressés (juridiction, parties et banque), celle du numéro de compte et la mention des obligations pesant sur la banque. La seconde partie tend à protéger le débiteur à travers, outre des informations sur les voies de recours dont il dispose, la description de l'objet du litige et du raisonnement qui a conduit la juridiction à délivrer l'ordonnance, l'indication du montant de la garantie éventuelle constituée par le créancier et le délai qui lui est éventuellement imparti pour engager une procédure au fond, et l'indication des éventuels documents qui doivent être traduits.

1. La nécessité d'obtenir des informations détaillées sur son co-contractant potentiel avant tout accord en sort renforcée, mais sa mise en œuvre peut être difficile, notamment pour un particulier.

2. L'article 17.4 déclare que l'OESC est délivrée pour le montant justifié par les éléments de preuve et déterminé selon le droit applicable à la créance sous-jacente. Ce recours à la règle de conflit de lois contraste avec l'arrêt *Denney* (Civ. 1re, 16 avr. 1996, n° 94-15.531, *Bull. civ.* I, n° 183), où la Cour de cassation déclare qu'il « *n'est pas dans son pouvoir* [au juge saisi d'une demande d'autorisation d'une mesure conservatoire] *d'appliquer la règle de conflits de lois, qui concerne le fond du litige* » (l'attendu avait cependant trait à une mesure conservatoire portant sur des meubles dépendant d'une succession, ce dernier domaine étant exclu du règlement (UE) n° 655/2014).

Une banque à laquelle une ordonnance de saisie conservatoire est adressée la met en œuvre sans tarder (art. 24) en respectant les prescriptions du règlement, ainsi de la hiérarchie à respecter lorsque l'OESC porte sur plusieurs comptes détenus par le débiteur auprès d'une même banque et que les fonds détenus sur ces comptes excèdent le montant précisé dans l'ordonnance. Elle doit en outre procéder à une déclaration (art. 25). Les fonds saisis le demeurent à titre conservatoire jusqu'à ce que l'ordonnance soit révoquée; ou que son exécution prenne fin; ou jusqu'à ce qu'une saisie exécutoire ait pris effet en ce qui concerne les fonds faisant l'objet de l'ordonnance (art. 20).

L'*exequatur* disparaît (art. 22). En dehors même des avantages qu'apporte l'existence en soi d'une procédure uniforme à celui qui franchit les frontières au quotidien, le créancier obtient ainsi avec le règlement ce qui lui manque aujourd'hui – et même demain puisque la célèbre jurisprudence *Denilauler*[1] a été codifiée dans le nouveau règlement Bruxelles I *bis*[2] –, à savoir le caractère unilatéral de la procédure d'obtention de la mesure conservatoire (art. 11) couplé à la disparition de l'*exequatur*. L'OESC présente ici un net intérêt comparatif.

Mais des recours sont prévus en faveur du débiteur, soit contre l'ordonnance de saisie conservatoire et la demande est alors portée devant la juridiction compétente de l'État membre d'origine (art. 33), soit contre l'exécution de l'ordonnance de saisie conservatoire et la demande est alors adressée à la juridiction compétente ou, lorsque le droit national le prévoit, à l'autorité d'exécution compétente de l'État membre d'exécution (art. 34).

1711.164 **Appréciation générale.** Il reste à voir si le règlement « OESC », d'une importance théorique indéniable, constituera un succès en pratique. En effet, il comporte de nombreux renvois au droit national. On ne vise point ici le nécessaire (à ce stade de la construction européenne) renvoi général de l'article 46.1 au droit de l'État membre dans lequel la procédure se déroule. On vise en revanche les multiples renvois spécifiques, *inter alia* en matière de responsabilité de la banque pour manquement aux obligations qui lui incombent en vertu du règlement (art. 26), de saisie conservatoire de comptes joints et de comptes de mandataire (art. 30), de montants exemptés de saisie conservatoire (art. 31), de rang de l'ordonnance de saisie conservatoire (art. 32), de possibilité pour la juridiction ayant délivré l'OESC de modifier ou révoquer de sa propre initiative l'ordonnance au motif que les circonstances ont changé (art. 35.1), de droit des tiers de contester l'OESC ou son exécution (art. 39) et de frais (art. 42 à 44). Ces renvois sont autant de lacunes, déjà présentes dans la proposition de 2011[3] et qui n'ont pas été comblées lors du processus législatif malgré un léger progrès (le droit d'interjeter appel en matière de voies de recours, qui relevait du droit national en vertu de l'article 37 de la proposition, est ainsi désormais garanti au même article du règlement). De sorte qu'on peut s'interroger et sur l'uniformité que le règlement « OESC » souhaite réaliser, minée par le nombre de renvois, et sur l'effectivité de la procédure instaurée, quelque peu compromise puisqu'un renvoi au droit national peut porter sur une question aussi essentielle que celle de la responsabilité de la banque pour manquement aux obligations qui lui incombent en vertu du règlement (art. 26). L'avantage que le nouveau règlement entend procurer en particulier au créancier s'en trouve d'autant diminué.

SECTION 3
EXÉCUTION FORCÉE

1711.171 **Plan.** Seront examinées ici les difficultés ayant trait au titre exécutoire (§ 1 et 2) et au déroulement de la procédure (§ 3 et 4). Les règles relatives à la distribution des deniers seront également présentées (§ 5). Au préalable toutefois, il convient d'aborder brièvement la question de l'astreinte.

1711.172 **Astreinte (droit européen). Notion.** En droit européen, l'astreinte fait l'objet d'une disposition spécifique : l'article 55 du règlement Bruxelles I *bis*, qui reprend l'article 49 du règlement Bruxelles I et de la convention Lugano II, qui reprenait lui-même l'article 43 des anciennes conventions de Bruxelles et de Lugano : « *Les décisions rendues dans un État membre condamnant à une astreinte ne sont exécutoires dans l'État membre requis que si le montant en a été définitivement fixé par la juridiction d'origine.* ». Cette disposition ne définit toutefois pas l'astreinte, ce qui soulève de nombreuses difficultés. Une partie de la doctrine francophone[4] sou-

1. CJCE 21 mai 1980, aff. 125/79.
2. V. art. 2, a) *in fine* du règlement. Sur de possibles exceptions, v. J.-F. van Drooghenbroeck et C. de Boe, « Les mesures provisoires et conservatoires dans le règlement Bruxelles I *bis* », *in* E. GUINCHARD (dir.), spéc. n° 26.
3. V. E. Guinchard, « Le droit européen de l'exécution est né ! Présentation de la proposition de règlement portant création d'une ordonnance européenne de saisie conservatoire des comptes bancaires, destinée à faciliter le recouvrement transfrontière de créances en matière civile et commerciale », *RTD eur.* 2011. 871.
4. PAR EX. : G. Cuniberti : « *My understanding was that "astreinte" is, in Europe, a remedy peculiar to France, Belgium and Luxembourg* », *in* « *ECJ rules on territorial scope of prohibitions to infringe community trade marks and coercive measures* », blog conflictoflaws.net, 1er sept. 2011. L'auteur oublie au demeurant les Pays-Bas, dont le droit a pourtant inspiré la convention Benelux sur l'astreinte introduisant celle-ci en Belgique et au Luxembourg.

haite, en effet, réserver la qualification d'astreinte aux seules astreintes du Benelux et de la France, excluant du bénéfice de l'article 55, et plus largement du champ d'application du règlement Bruxelles I *bis*, les astreintes notamment germaniques. Cette interprétation restrictive de l'article 55 se heurte à la version allemande du règlement, qui ne fait pas référence à l'astreinte mais bien à la *Zwangsgeld* (régie par le § 888 ZPO allemand). Au-delà de cet argument linguistique, cette thèse souffre d'un manque de considération pour la nature européenne du règlement, appelé à s'appliquer à travers une Europe marquée par sa diversité procédurale, ce qui nécessite, à titre de principe, une interprétation autonome des concepts employés même si ceux-ci ont un sens établi en droit national. La notion d'astreinte doit donc recevoir une interprétation autonome, centrée, comme pour les mesures conservatoires au sens de l'article 35 (où ne sont pas distinguées les mesures *in rem* et *in personam*), sur la « fonction » de l'institution en cause, à savoir : la condamnation, ou menace de condamnation, d'une partie au versement d'une somme d'argent en vue de faire respecter une décision de justice rendue en matière civile et commerciale. Une telle interprétation conduit à inclure dans la notion d'astreinte au sens de l'article 55, plus largement dans le champ d'application du règlement Bruxelles I *bis*, une institution comme l'*Ordnungsgeld* du § 890 ZPO allemand, qui assure une fonction équivalente à l'astreinte française (elle vise à assurer le respect de la décision rendue par un juge), même si les modalités en sont fort différentes puisque puisant leur source en droit pénal. Or, la Cour de justice a d'ores et déjà inclus l'*Ordnungsgeld* dans le champ d'application de Bruxelles I (aujourd'hui Bruxelles I *bis*, dont les légères variations quant au champ d'application ne sont pas de nature à affecter cette jurisprudence), même si elle ne s'est pas encore prononcée sur la notion d'astreinte au regard de l'article 55 en particulier (cela ne lui était pas demandé par la juridiction de renvoi)[1] : « *la notion de "matière civile et commerciale", figurant à l'article 1er du règlement no 44/2001, doit être interprétée en ce sens que ce règlement s'applique à la reconnaissance et à l'exécution d'une décision d'une juridiction qui comporte une condamnation au versement d'une amende, en vue de faire respecter une décision judiciaire rendue en matière civile et commerciale* ». Cette décision est d'autant plus remarquable que, d'une part, l'origine pénale de l'*Ordnungsgeld* se traduit par le recours à la contrainte par corps en cas de non-paiement de l'amende, ou même d'emblée afin de mieux garantir l'exécution de la décision, ce dont la Cour a connaissance puisque le contenu de l'article 890 est rappelé dans son arrêt; et, d'autre part, que la Cour rejette comme insuffisamment pertinent le fait que son recouvrement aura lieu d'office, par l'autorité publique, et qu'elle sera versée à l'État. Le critère essentiel est la condamnation, ou menace de condamnation plus exactement (puisque d'après l'article 890.2, dans la traduction donnée par la Cour, « *la condamnation doit être précédée d'un avertissement comminatoire fait, sur demande, par la juridiction de première instance s'il ne figure pas déjà dans le jugement qui a prononcé l'obligation* » en cause), au versement d'une somme d'argent en vue de faire respecter une décision judiciaire rendue en matière civile et commerciale. Le fait qu'il s'agisse d'une amende dans le vocabulaire juridique français (le terme d'amende a été utilisé par les traducteurs de la Cour) s'avère sans pertinence.

1711.173 Astreinte (droite européen). Régime. La Cour ne résout toutefois pas les difficultés concrètes nées d'une telle inclusion, comme la question du versement à l'État lorsque l'astreinte a vocation à être exécutée dans un État dont l'astreinte trouve son origine dans les dommages-intérêts (astreinte au sens français du terme notamment), de telle sorte qu'elle est versée à une partie privée. Certes, cela ne lui était pas demandé par la juridiction de renvoi, mais voilà bien un point crucial en pratique. En réalité, la difficulté s'avère beaucoup plus générale. En effet, en disposant que : « *Les décisions rendues dans un État membre condamnant à une astreinte ne sont exécutoires dans l'État membre requis que si le montant en a été définitivement fixé par la juridiction d'origine.* », l'article 55 signifie que c'est seulement « *après liquidation, et sous la forme d'une banale condamnation à paiement, que la décision du juge étranger peut circuler d'un État à l'autre* »[2]. Or la liquidation est une caractéristique du droit français, n'existant pas nécessairement dans les États voisins retenant pourtant une conception similaire de l'astreinte, ce qui conduit ces États soit à adapter en conséquence leur droit, ou leur pratique, soit à voir leurs astreintes rejetées (pour un ex., v. un arrêt de la cour d'appel de Versailles qui refuse « *de rendre exécutoire une décision belge ayant prononcé sous astreinte une interdiction d'utiliser certaines marques dès lors que les astreintes, même si elles étaient accessoires, n'étaient pas encore liquidées* »[3]). Cette faculté d'adaptation trouve cependant ses limites en cas d'exécution dans un État membre d'une astreinte

1. CJUE, gr. ch., 18 oct. 2011, Realchemie Nederland BV, aff. C-406/09, point 44 et dispositif.

2. FOUSSARD, p. 175, spéc. p. 179 – V. AUSSI, GAUDEMET-TALLON, n° 465 – Rép. internat., *v° Voies d'exécution*, par Ph. Théry, n° 27.

3. Versailles, 29 juin 2000, Dicophar c/Darley, A. Mourre, *RD aff. int.* 2001. 96.

relevant d'une conception opposée à celle retenue en droit local. Dans une telle hypothèse, la Cour impose à l'État d'accueil de procéder par équivalence : « *lorsque le droit national* [d'un État membre] *ne contient aucune mesure coercitive analogue à celle* [en l'espèce, une astreinte française] *prononcée par* [un tribunal des marques communautaires], *l'objectif auquel tend cette dernière devra être poursuivi par le tribunal compétent de cet État membre en recourant aux dispositions pertinentes du droit interne de ce dernier de nature à garantir de manière équivalente le respect de ladite interdiction* »[1]. On reste cependant quelque peu sur sa faim concernant la signification pratique de cette formulation au regard, par exemple, de l'exécution en France d'une astreinte germanique. Plusieurs propositions avaient été faites dans le cadre de la refonte du règlement Bruxelles I. Elles n'offraient malheureusement qu'une solution limitée au problème, qui ne peut être résolu que par la création d'une véritable astreinte européenne[2], et n'ont pas été reprises dans le nouveau règlement Bruxelles I *bis*[3]. Un article 54 a toutefois été inséré : « *Si une décision comporte une mesure ou une injonction qui est inconnue dans le droit de l'État membre requis, cette mesure ou injonction est adaptée autant que possible à une mesure ou une injonction connue dans le droit dudit État membre ayant des effets équivalents et poursuivant des objectifs et des intérêts similaires* ». L'article 54 ajoute que cette « *adaptation ne peut pas entraîner d'effets allant au-delà de ceux prévus dans le droit de l'État membre d'origine* » et que toute partie peut la contester devant une juridiction. L'article 54 et la jurisprudence de la Cour relèvent de la même philosophie classique de droit international privé, même si le premier va bien au-delà de la seule question de l'astreinte. Ils présentent le même défaut tenant à l'absence d'éclaircissement pratique.

Le nouveau règlement Bruxelles I *bis* met en revanche définitivement fin à un débat ancien. Il existe en effet une différence entre, d'un côté, les conventions de Bruxelles et de Lugano, et, de l'autre, le règlement Bruxelles I et la convention Lugano II. Ces derniers réputent l'*exequatur* déclaratif et non constitutif. Il en résulte que le point de départ de l'astreinte est le jour où le jugement étranger est devenu exécutoire dans son État d'origine et non le jour où il a obtenu l'*exequatur*[4]. *Il en va a fortiori* ainsi avec la disparation de l'*exequatur* dans le règlement Bruxelles I *bis*. Précisons enfin qu'il a été jugé qu'il était impossible, dans le cadre de la procédure unilatérale d'*exequatur* de la convention de Bruxelles, d'obtenir une astreinte[5]. Cette solution a logiquement survécu à la convention de Bruxelles dans le cadre de la convention de Lugano II et du règlement Bruxelles I. À ce dernier égard, la disparation de l'*exequatur* dans le règlement Bruxelles I *bis* rend cependant la question caduque.

1711.174 Astreinte (droit commun). En droit commun, en revanche, le juge français (de l'exécution[6]) peut certainement assortir d'une astreinte le jugement étranger revêtu de l'*exequatur*[7], de la même manière que le juge français (de l'*exequatur* cette fois) peut, en vertu de la loi française applicable en tant que *lex fori*, assortir d'intérêts moratoires une condamnation prononcée par une juridiction étrangère qui en est dépourvue et qu'il vient d'exequaturer (les intérêts ne courant alors qu'à compter de la décision d'*exequatur* elle-même)[8].

Mais il existe une vive controverse en doctrine sur l'effet territorial ou extraterritorial de l'astreinte, ce qui n'est qu'une conséquence du débat sur sa nature. Ce dernier a d'abord été engagé sur le terrain des pouvoirs de l'arbitre[9], où il a été tranché

1. CJUE, gr. ch., 12 avr. 2011, DHL Express, aff. C-235/09, point 56 et dispositif, *Procédures* 2011, n° 227, note Nourissat.
2. V. E. Guinchard, « Nécessité et possibilité d'une astreinte européenne dans l'espace judiciaire civil », « Droit des procédures internationales », *Dr. et proc.* janv. 2010, p. 2.
3. Sur l'ensemble de la question, v. G. Payan, « Les astreintes dans le règlement Bruxelles I *bis*, permanence et perspectives », *in E. Guinchard* (dir.), p. 249, qui, dans une démarche prospective bienvenue, propose une solution sous la forme d'une directive en matière d'astreintes, prévoyant notamment que « *la somme due au titre de l'astreinte* [doit] *être intégralement versée à l'État membre d'origine* » (dont l'effectivité en Europe serait assurée par l'instauration d'un « *mécanisme permettant à l'autorité liquidant l'astreinte, dans l'État membre requis, d'en transférer le fruit à l'État membre d'origine, le cas échéant via la juridiction qui l'a prononcée* »), et suggérant en outre dans ses considérants que le produit de l'astreinte serve à « *alimenter un fonds de garantie créé, dans chaque État membre, au bénéfice* [...] *des créanciers d'aliments* » ou « *à financer l'aide juridictionnelle* », ce qui paraît particulièrement opportun en temps de crise économique (p. 277-278).
4. EN CE SENS : G. de Leval, « L'évanescence de l'*exequatur* dans l'espace judiciaire européen », *Studi dir diritto processuale civile in onore di Giuseppe Tarzia*, Milan, A. Giuffrè, 2005, p. 431, spéc. p. 433.
5. TGI Paris, 26 févr. 1980, *Rev. crit. DIP* 1980. 782, 2e ord., note Gaudemet-Tallon.
6. C. pr. exéc., art. L 131-1 : « *Le juge de l'exécution peut assortir d'une astreinte une décision rendue par un autre juge si les circonstances en font apparaître la nécessité* » – V. Rép. internat., *v° Voies d'exécution*, par Ph. Théry, n° 105.
7. PAR EX. : *J.-Cl. Int.*, fasc. 582-30, par Huet, n° 39.
8. Civ. 1re, 6 mars 2007, n° 04-17.127, *Bull. civ.* I, n° 96; *Rev. crit. DIP* 2007. 784, note Libchaber.
9. Entre Ch. Jarrosson, « Réflexions sur l'*imperium* », *Études P. Bellet*, Litec, 1991, p. 245 s., et Ph. Théry, « *Judex Gladii* (des juges et de la contrainte en territoire français) », *Mél. R. Perrot*, Dalloz, 1996, p. 489, nos 13 s. – V. AUSSI : Ph. Fouchard, « L'arbitrage : les règles de procédure face aux problèmes économiques », *RID éco.* 1997. 251, nos 45 s.

dans un sens favorable à ce dernier comme en attestent, hier, une jurisprudence illustrée par un arrêt de la cour d'appel de Paris : « *Le prononcé d'astreintes* [...] *constitue un prolongement inhérent et nécessaire à la fonction de juger pour assurer une meilleure efficacité au pouvoir juridictionnel et ne caractérise ainsi aucun dépassement de la mission de l'arbitre* » [1]; et, aujourd'hui, suite au décret n° 2011-48 du 13 janvier 2011 portant réforme de l'arbitrage [2], l'article 1468 C. pr. civ., qui dispose en matière d'arbitrage interne que : « *Le tribunal arbitral peut ordonner aux parties,* [...] *au besoin à peine d'astreinte, toute mesure conservatoire ou provisoire qu'il juge opportune* ». L'article 1468 C. pr. civ. est applicable en matière d'arbitrage international, sous réserve de la volonté contraire des parties, en vertu de l'article 1506 C. pr. civ.

Le débat se prolonge aujourd'hui dans le domaine des jugements étrangers.

Ainsi, Dominique Foussard recommande de s'inspirer des solutions du droit conventionnel [3].

Pour notre part, nous inclinerions à penser qu'autant le principe de territorialité de l'exécution doit être scrupuleusement respecté en raison de sa source constitutionnelle, autant l'astreinte n'étant pas une mesure d'exécution *stricto sensu* même si elle contribue d'une manière importante à l'exécution, elle pourrait, *a priori*, bénéficier d'une certaine extraterritorialité. Il n'est cependant pas certain qu'une telle solution, à la supposer concevable, soit opportune : quel juge pourrait liquider ou modifier l'astreinte en fonction des circonstances ? Qu'adviendrait-il dans les États où cette institution est inconnue ou profite, non au créancier, mais à l'État ?...

§ 1
Difficultés tenant au titre exécutoire quant à l'exigence d'un exequatur du jugement étranger

1711.181 Nécessité de l'*exequatur* (et ses exceptions dans le cadre européen) et notion de décision pouvant recevoir *exequatur*.

Aucune exécution forcée de biens situés en France ne peut être entreprise sans un titre exécutoire (C. pr. exéc., art. L. 111-2). Par conséquent, une telle exécution ne peut être réalisée sur le fondement d'un jugement étranger : l'*exequatur* est toujours nécessaire et la décision l'octroyant doit avoir force de chose jugée. En effet, « *seuls constituent des titres exécutoires* [...] *les actes et les jugements étrangers ainsi que les sentences arbitrales déclarées exécutoires par une décision non susceptible d'un recours suspensif d'exécution* » (C. pr. exéc., art. L. 111-2, al. 2 [4]).

Cependant, d'importantes exceptions apparaissent progressivement en droit européen en raison du processus de fédéralisation. L'*exequatur* n'est ainsi point requis dans le cadre :

– du titre exécutoire européen (Règl. (CE) n° 805-2004 du Parlement européen et du Conseil, 21 avr. 2004, portant création d'un titre exécutoire européen pour les créances incontestées, art. 5 [5]). Plus de six ans après l'entrée en vigueur de ce règlement (21 octobre 2005), la Cour de cassation a rendu les premières décisions y relatives [6]. Ainsi, dans une décision *Extrucable* [7], elle tire les conséquences concrètes de la disparition de l'*exequatur* en rejetant le pourvoi contre un arrêt validant la saisie-attribution pratiquée sur le fondement d'une

1. Paris, 7 oct. 2004, Otor Participations, *Rev. arb.* 2005. 737, note Jeuland; *JDI* 2005. 341, note Mourre et Pédone – Pour une synthèse sur (entre autres) les POUVOIRS DE L'ARBITRE EN MATIÈRE D'ASTREINTE, v., antérieurement au décret n° 2011-48 du 13 janvier 2011 portant réforme de l'arbitrage : M.-C. Rivier, « L'arbitrage et le droit des procédures civiles d'exécution », *Dr. et proc.* 2005. 198, spéc. n°s 22 s.
2. POUR UN COMMENTAIRE AUTORISÉ : v. E. Gaillard et P. Laplasse, « Le nouveau droit de l'arbitrage français interne et international », *D.* 2011. 175.
3. FOUSSARD, p. 179; égal. ses réflexions, p. 184 – COMP., H. Muir-Watt, « Extraterritorialité », préc., *Rev. crit. DIP* 1998. 27 s., note 22.
4. ANC^T^ L. 9 juil. 1991, art. 3, al. 2 – POUR UNE APPLICATION : v. Civ. 2e, 9 oct. 2008, n° 07-15.328, NP; *Procédures* 2008, n° 329, note Perrot : « *Attendu qu'un jugement étranger déclaré exécutoire par une décision non susceptible d'un recours suspensif d'exécution constitue un titre exécutoire; Et attendu qu'ayant relevé que l'ordonnance d'exequatur dont la société Caterpillar poursuivait l'exécution forcée, avait fait l'objet d'un appel déclaré irrecevable par une ordonnance d'un conseiller de la mise en état, ce dont il résultait qu'elle n'était plus susceptible d'un recours suspensif d'exécution, la cour d'appel a exactement retenu* [...] *que la validité du titre ne pouvait être remise en cause* » – Inversement, « *la décision étrangère qui rejette une demande de nullité du contrat de mariage et refuse d'interdire au mari de disposer de divers biens, produit ses effets en France indépendamment de toute déclaration d'exequatur dès lors qu'elle ne doit pas donner lieu à des actes d'exécution forcée en France* », Civ. 1re, 14 mai 2014, n° 13-11.711, NP.
5. Règl. (CE) n° 805-2004 du Parlement européen et du Conseil, 21 avr. 2004, portant création d'un titre exécutoire européen pour les créances incontestées, art. 5, *JOUE*, n° L 143, 30 avr., p. 15.
6. Il en va de même de la Cour de justice. Cette jurisprudence a cependant trait à la formation du titre exécutoire, non son exécution, seule abordée dans ce chapitre, la Cour ayant notamment déclaré qu'un jugement par défaut prononcé à l'encontre d'un défendeur dont l'adresse est inconnue ne peut être certifiée en tant que titre exécutoire européen : CJUE 15 mars 2012, G...c/Cornelius de Visser, aff. C-292/10, points 67-68 et dispositif.
7. Civ. 2e, 22 févr. 2012, n° 10-28.379, *Bull. civ.* II, n° 36; *D.* 2012. 1464, note Maurin; *Rev. crit. DIP* 2012. 910, avec note de M. Lopez de Tejada p. 933.

ordonnance italienne portant injonction de payer certifiée titre exécutoire européen, au motif que la cour d'appel n'a pas à vérifier si le débiteur avait été dûment informé dans la décision italienne des exigences de procédure relatives au recours, la décision certifiée en tant que titre exécutoire européen dans l'État d'origine étant reconnue et exécutée dans les autres États membres sans qu'une déclaration constatant la force exécutoire soit nécessaire et sans qu'il soit possible de contester sa reconnaissance, rendant ainsi irrecevable les contestations du demandeur;

– de l'injonction de payer européenne non suivie d'opposition (Règl. (CE) n° 1896-2006 du Parlement européen et du Conseil, 12 déc. 2006, instituant une procédure européenne d'injonction de payer, art. 19[1]). La disparition de l'*exequatur* est toutefois subordonnée à la signification ou notification de l'injonction de payer européenne conformément aux normes dites minimales établies aux articles 13 à 15 du règlement[2];

– de la décision issue de la procédure européenne de règlement des petits litiges (Règl. (CE) n° 861-2007 du Parlement européen et du Conseil, 11 juill. 2007, instituant une procédure européenne de règlement des petits litiges, art. 20[3]);

– de la décision rendue dans un État membre lié par le protocole de La Haye de 2007 sur la loi applicable aux obligations alimentaires (Règl. (CE) n° 4-2009 du Conseil du 18 déc. 2008 relatif à la compétence, la loi applicable, la reconnaissance et l'exécution des décisions et la coopération en matière d'obligations alimentaires, art. 17[4]);

– de la décision d'un autre État membre rendue en matière civile et commerciale (Règl. (UE) n° 1215/2012 du Parlement européen et du Conseil, 12 déc. 2012, concernant la compétence judiciaire, la reconnaissance et l'exécution des décisions en matière civile et commerciale[5], art. 39);

– de la mesure de protection ordonnée dans un autre État membre (Règl. (UE) n° 606/2013 du Parlement européen et du Conseil, 12 juin 2013, relatif à la reconnaissance mutuelle des mesures de protection en matière civile[6], art. 4).

La Cour de cassation a précisé la notion de décision pouvant recevoir l'*exequatur* : « *Constitue une décision pouvant recevoir exequatur toute intervention du juge qui produit des effets à l'égard des personnes ou sur les biens, droits ou obligations* »[7].

1711.182 ***Exequatur* et droit à l'exécution. Jurisprudence *Hornsby*.** L'arrêt *Hornsby* rendu le 19 mars 1997 par la Cour européenne des droits de l'homme[8] affirme un « droit à l'exécution » : « *L'exécution d'un jugement ou arrêt, de quelque juridiction que ce soit, doit être considérée comme faisant partie intégrante du "procès" au sens de l'article 6* ». Tous les commentateurs ont relevé l'importance du droit à l'exécution ainsi accordé : « *Avec la décision du 19 mars 1997, l'exécution du jugement devient une exigence autonome de l'article 6 § 1* »[9]. La plupart ont également remarqué la richesse potentielle de ses implications[10]. Ceci est

1. Règl. (CE) n° 1896-2006 du Parlement européen et du Conseil, 12 déc. 2006, instituant une procédure européenne d'injonction de payer, art. 19, *JOUE,* n° L. 399, 30 déc., p. 1.
2. CJUE 4 sept. 2014, Eco cosmetics GmbH & Co. KG c/Virginie Laetitia Barbara Dupuy et Raiffeisenbank St. Georgen reg. Gen. mbH c/Tetyana Bonchyk, aff. jointes C-119/13 et C-120/13, dispositif – Sur cette affaire, v. concl. av. gén. Y. Bot, 9 avr. 2014 – Sur l'hypothèse où ce n'est qu'après la déclaration de force exécutoire d'une injonction de payer européenne que l'irrégularité tenant à l'absence de signification/notification conformément au règlement est révélée, v. s[s] n° 1711.198.
3. Règl. (CE) n° 861-2007 du Parlement européen et du Conseil, 11 juill. 2007, instituant une procédure européenne de règlement des petits litiges, art. 20, *JOUE,* n° L. 199, 31 juill., p. 1.
4. Règl. (CE) n° 4-2009 du Conseil, 18 déc. 2008, relatif à la compétence, la loi applicable, la reconnaissance et l'exécution des décisions et la coopération en matière d'obligations alimentaires, art. 17, *JOUE,* n° L. 7, 10 janv. 2009, p. 1.
5. Règl. (UE) n° 1215/2012 du Parlement européen et du Conseil, 12 déc. 2012, concernant la compétence judiciaire, la reconnaissance et l'exécution des décisions en matière civile et commerciale, *JOUE,* n° L. 351, 20 déc., p. 1 – Sur la notion de matière civile et commerciale, v. l'article 1er du règlement; et sur celle de décision, v. son article 2, a). Sur la disparition de l'*exequatur* dans Bruxelles I *bis*, v. F. Gascon Inchausti, « La reconnaissance et l'exécution des décisions dans le règlement Bruxelles I *bis* », *in* E. Guinchard (dir.), p. 205.
6. Règl. (UE) n° 606/2013 du Parlement européen et du Conseil, 12 juin 2013, relatif à la reconnaissance mutuelle des mesures de protection en matière civile, *JOUE,* n° L. 181, 29 juin, p. 4.
7. Civ. 1re, 17 oct. 2000, n° 98-19.913, CMC c/Soc. Barney's Inc., *Bull. civ.* I, n° 245; *Rev. crit. DIP* 2001. 121, note Remery et Muir-Watt; *JDI* 2001. 859, note Cuniberti; *Gaz. Pal.* 10-12 juin 2001. 50, note Niboyet – *Adde :* sur la notion d'acte authentique au sens de l'article 50 de la conv. de Bruxelles de 1968, Aix-en-Provence, 2 mars 2000, Frahuil, *Rev. crit. DIP* 2001. 163, note Légier.
8. CEDH 19 mars 1997, Hornsby c/Grèce, req. n° 18357/91, n° 147; *JDI* 1998. 185, obs. Ascensio; *JCP* 1997. II. 22949, note Dugrip et Sudre; *AJDA* 1997. 986, obs. Flauss; *RGDP* 1998. 230, obs. Flauss; *D.* 1998. 74, note Fricero; *RTD civ.* 1997. 1009, obs. Marguénaud et Raynard; *JCP* 1998. I. 107, chron. Sudre – v. aussi : S. Guinchard, « Le procès équitable : droit fondamental ? », *AJDA* 1998. 191 s., n° spécial.
9. CEDH 19 mars 1997, Hornsby c/Grèce, req. n° 18357/91, *D.* 1998. 74, note Fricero, n° 5.
10. CEDH 19 mars 1997, Hornsby c/Grèce, req. n° 18357/91, *JCP* 1997. II. 22949, note Dugrip et Sudre, n°s 12 s. – contra : S. Guinchard, *AJDA* 1998. 205, n° spécial, art. préc. : « *Le droit fondamental à l'exécution d'une décision de justice existe déjà en droit français, en conformité avec la jurisprudence européenne* ».

d'autant plus exact que la décision bénéficiant du nouveau droit peut émaner « *de quelque juridiction que ce soit* ». En l'occurrence, il s'agissait d'une juridiction administrative, mais ce pourrait être une juridiction civile, ce que n'ont effectivement pas manqué de relever les divers auteurs. Néanmoins, leurs études se limitent au droit interne[1]. « *Pourtant, cette restriction ne ressort pas de la formulation utilisée par la Cour. Pourquoi dès lors ne pas envisager un droit à l'exécution de la décision d'une juridiction étrangère [statuant sur des droits civils], un droit à l'exécution en droit international privé ?* »[2]. Malgré quelques résistances[3], c'est précisément aujourd'hui la position de la Cour européenne des droits de l'homme : l'article 6, qui garantit le droit au procès équitable, s'applique à l'exécution des jugements tant nationaux qu'étrangers. La Cour l'a rappelé par exemple dans l'affaire *Negrepontis-Giannisis*[4] : « *En matière de contestation dont l'issue est déterminante pour des droits de caractère civil, l'article 6 de la Convention s'applique aussi bien à l'exécution des jugements nationaux*[5] *qu'à l'exécution des jugements étrangers*[6] ».

Le débat porte plutôt sur la portée exacte de cette jurisprudence, qui souffre d'un manque de systématisation. En l'état actuel, à l'égard de la décision d'un État non partie à la Convention de sauvegarde des droits de l'homme et libertés fondamentales (Conv. EDH)[7], si le droit à l'exécution transfrontière d'un jugement conduit à un contrôle des conditions de l'*exequatur*[8], ce compris la condition primus *inter pares* qu'est le respect de l'ordre public international[9], il ne remet pas en cause l'institution même de l'*exequatur*. La Cour européenne des droits de l'homme considère certes que « *le refus d'accorder l'exequatur des jugements du tribunal* [étranger] *a représenté une ingérence dans le droit au procès équitable du requérant* », mais cette ingérence peut être justifiée[10]. La Conv. EDH impose au contraire l'*exequatur*, seul moyen pour les États de ne pas violer cette convention, engageant ainsi leur responsabilité, en donnant force exécutoire à un jugement qui lui est contraire[11]. C'est précisément la solution de principe qu'a adoptée, à l'encontre d'un État tiers à la Conv. EDH, la Cour européenne des droits de l'homme dans l'arrêt *Pelligrini c/Italie*[12], où les juridictions italiennes ont dû vérifier la régularité de la procédure suivie devant les juridictions étrangères (celles du Vatican) : « *Le Vatican n'a pas ratifié la Convention et, du reste, la requête est dirigée contre l'Italie : la tâche de la Cour consiste donc non pas à examiner si l'instance devant les juridictions ecclésiastiques était conforme à l'article 6 de la Convention, mais si les juridictions italiennes, avant de donner l'exequatur à ladite déclaration de nullité, ont dûment vérifié que la procédure y relative remplissait les garanties de l'article 6; un tel contrôle s'impose, en effet, lorsque la décision*

1. Il en va de même de l'arrêt de la Cour et des opinions qui suivent, qui n'envisagent pas, au moins expressément, la question sous un angle international.
2. E. Guinchard, mémoire DEA DIP, Paris II, sept. 1998, n°s 55 et 56.
3. L. d'Avout, note s^{s} CEDH 28 juin 2007, Wagner, req. n° 76240/01, *JDI* 2008. 183, qui n'admet l'intervention de la Conv. EDH dans les relations privées internationales au mieux qu'au cas par cas, et considère le droit à l'exécution en matière internationale comme un « *rêve* ». Il ne s'agit là que d'une application particulière d'une opposition plus générale à l'influence de la Convention sur le droit international privé. S'il convient de ne pas remettre en cause l'esprit de tolérance qui sous-tend, par hypothèse presque, le droit international privé, il nous semble cependant illusoire de croire que la Convention peut rester sans influence sur les relations privées internationales qui, dans notre monde actuel, s'accroissent sans cesse. L'évolution de la société est un facteur régulièrement pris en considération par la CEDH.
4. CEDH 3 mai 2011, Negrepontis-Giannisis, req. n° 56759/08, *Rev. crit. DIP* 2011. 817, obs. Kinsch, § 89.
5. CEDH 19 mars 1997, Hornsby c/Grèce, req. n° 18357/91, *Rec. CEDH*-II.
6. CEDH 20 juill. 2001, Pellegrini c/Italie, req. n° 30882/96, *Rec. CEDH*-VIII.
7. Sur cette question en général, v. E. D'Alessandro, « *The impact of Article 6 of the European convention of Human rights on the enforcement of foreign judgments rendered in a non contracting State* », *ZZPInt.* 2010, vol. 15, p. 171.
8. Dans l'arrêt CEDH 29 avr. 2008 [req. n° 18648/04, McDonald c/France, *Rev. crit. DIP* 2008. 830, note Kinsch], portant sur l'*exequatur* en France d'un jugement américain, la Cour affirme : « *L'article 6 implique un contrôle des règles de compétence en vigueur dans les États contractants aux fins de s'assurer que celles-ci ne portent pas atteinte à un droit protégé par la Convention* ». En l'espèce, il s'agissait des règles de compétence internationale indirecte de la France (jeu de l'article 15 du Code civil).
9. CEDH 3 mai 2011, Negrepontis-Giannisis, req. n° 56759/08, préc. La Cour considère notamment que « *l'interprétation par le juge* [national] *de la notion d'ordre public* [international, puisqu'il s'agit des conditions de l'*exequatur*] *ne doit pas être faite de manière arbitraire et disproportionnée* » (§ 90), ce qu'elle juge malheureusement être le cas en l'espèce, d'où une condamnation de l'État contractant. L'affaire avait trait à l'accueil d'une décision américaine en Grèce.
10. Comme ce fut le cas en l'espèce : CEDH 29 avr. 2008, McDonald c/France, req. n° 18648/04, *Rev. crit. DIP* 2008. 830, note Kinsch, spéc. p. 838-840.
11. E. Guinchard, mémoire DEA DIP, Paris II, sept. 1998, n°s 59 s.; « Procès équitable (Conv. EDH, art. 6) et droit international privé », A. Nuyts and N. Watté (dir.), *International civil litigation in Europe and relations with third States*, Bruylant, 2005, p. 199.
12. CEDH 20 juill. 2001, Pelligrini c/Italie, req. n° 30882/96, *RTD civ.* 2001. 986, obs. Marguénaud; *RTDH* 2002. 463, note Costa; *Rev. crit. DIP* 2004. 106, note Christians – V., entre autres, J.-F. Flauss, « L'*exequatur* des jugements étrangers et l'ordre public procédural : le point de vue de Strasbourg », *LPA* 18 avr. 2002, p. 11 – L. Sinopoli, « Droit au procès équitable et *exequatur* : Strasbourg sonne les cloches à Rome », *Gaz. Pal.* 21-23 juill. 2002, p. 2.

dont on demande l'exequatur émane des juridictions d'un pays qui n'applique pas la Convention. Pareil contrôle est d'autant plus nécessaire lorsque l'enjeu de l'exequatur est capital pour les parties ».

La question reste cependant ouverte pour les relations entre États parties à la Conv. EDH. Une affaire *Dinu* montre que l'*exequatur* n'est pas en soi condamné par la Conv. EDH, seulement et potentiellement ses modalités ce compris sa préparation, alors même qu'on pourrait penser que dans les relations entre États contractants (comme c'était le cas) les droits fondamentaux sont par hypothèse respectés par l'État d'origine (et s'ils ne le sont pas, la saisine de la Cour européenne des droits de l'homme peut avoir lieu dans les mêmes conditions qu'en matière purement interne), de sorte que l'*exequatur* apparaisse contraire au droit à l'exécution d'un jugement étranger[1]. La question revêt une importance particulière pour les États membres de l'Union européenne dans le cadre précisément de celle-ci : la disparition totale de l'*exequatur* est-elle compatible avec la Conv. EDH ? Dans l'affaire *Dinu*, étaient en cause deux États aujourd'hui membres de l'Union européenne (France et Roumanie), mais il s'agissait d'une convention internationale, non du droit européen, et à l'époque des faits la Roumanie n'était pas encore membre de la Communauté européenne (devenue l'Union européenne). *Quid* du droit européen et plus précisément des instruments précités (v. s[s] n° 1711.181) et ceux à venir qui suppriment l'*exequatur ?* La Cour (quatrième section) a récemment pris, à une très courte majorité (quatre voix contre trois), une décision favorable au droit de l'Union européenne assouplissant drastiquement le régime de l'*exequatur* et dont le raisonnement peut laisser présager une attitude également favorable aux règlements ayant supprimé l'*exequatur* : « *Eu égard à* [...], *en particulier l'intérêt qu'avaient les juridictions lettonnes* [*i.e.* de l'État requis] *d'assurer l'exécution des obligations juridiques découlant du statut de membre de l'Union européenne* [*i.e.* le règlement Bruxelles I et son *exequatur* ultra simplifié], *la Cour considère qu'en écartant les moyens du requérant par une simple référence au fait qu'il n'avait pas fait appel du jugement du tribunal de district de Limassol* [absence d'appel dans l'État d'origine], *le sénat de la Cour suprême de Lettonie a tenu suffisamment compte des droits de l'intéressé au titre de l'article 6 § 1 de la Convention* »[2]. L'affaire a cependant été renvoyée devant la Grande chambre à la demande du requérant par une décision du collège de la Grande chambre du 8 septembre 2014. La décision de la Grande chambre est évidemment attendue avec impatience. On se permettra simplement les quelques remarques suivantes. Si la suppression de l'*exequatur* peut être justifiée au regard de la Conv. EDH parce que les deux États parties sont membres de l'Union européenne, et donc parties à la Conv. EDH, pourquoi alors cette suppression est-elle limitée aux États membres de l'Union européenne ? Pourquoi l'Union ne supprime-t-elle pas, unilatéralement, l'*exequatur* au regard des autres États parties à la Conv. EDH[3] ? D'une manière plus générale, si on ne peut exclure, en soi, la compatibilité d'une disparition totale de l'*exequatur* avec la Conv. EDH, ce ne peut être qu'à condition que les exigences du procès équitable soient scrupuleusement respectées dans le cadre des instruments européens déjà adoptés (v. s[s] n° 1711.181)[4] et de ceux à venir, et que l'Union adhère elle-même à la Conv. EDH afin que les justiciables puissent saisir la Cour européenne des droits de l'homme en cas de manquement à ses obligations, adhésion aujourd'hui heureusement en cours suite à l'entrée en vigueur du traité de Lisbonne le 1er décembre 2009.

1711.183 Juge de l'*exequatur* et juge de l'exécution. L'*exequatur* est conféré par le juge de l'*exequatur*, ou autre entité chargée de conférer l'*exequatur*, et non par le juge de l'exécution (JEX)[5].

1. CEDH 4 nov. 2008, Dinu, req. n° 6152/02, « Droit des procédures internationales », suppl. au *Dr. et proc.* mars-avr. 2009, n° 16, obs. Fricero. La Cour, dans l'affaire *Dinu*, ne remet pas du tout en cause la procédure même d'*exequatur*. Ceci ne lui était, il est vrai, pas expressément demandé. Mais il lui aurait été possible de franchir ce pas, ne serait-ce que par une incidente, compte tenu de la lenteur (près de dix ans) avec laquelle les autorités françaises et roumaines – tenues de collaborer dans le cadre de la convention de New York de 1956 sur le recouvrement des aliments à l'étranger – ont sollicité l'*exequatur*, cette lenteur caractérisée érigeant la nécessité de l'*exequatur* en véritable obstacle au droit à l'exécution. Notons que le contexte alimentaire n'est pas étranger à la décision de la Cour, le paiement de la pension alimentaire étant nécessaire pour faire face aux besoins quotidiens d'un mineur (§ 55). Pour une autre affaire ayant trait à la même convention de New York et ayant également abouti à la condamnation de la France, v. CEDH 18 nov. 2010, Romańczyk c/ France, req. n° 7618/05, *Rev. crit. DIP* 2011. 675, note D'Avout, où il s'agissait d'exécuter un jugement polonais.
2. CEDH 25 fév. 2014, affaire Avotiņš c/Lettonie, req. n° 17502/07.
3. E. Guinchard, « Procès équitable (Conv. EDH, art. 6) et droit international privé », A. Nuyts and N. Watté (dir.), *International civil litigation in Europe and relations with third States*, Bruylant, 2005, 199, spéc. n° 48.
4. Ce qui ne semble pas évident : v. F. Ferrand, « Le titre exécutoire européen ou les possibles tensions entre jugement sans frontières et procès équitable », *Mél. Révillard, Defrénois* 2007. 107 – E. Guinchard, « L'Europe, la procédure civile et le créancier : l'injonction de payer européenne et la procédure européenne de règlement des petits litiges », *RTD com.* 2008. 465, spéc. n°s 25-26.
5. COUCHEZ, p. 125, interprétant a *contrario* l'article L. 311-11 COJ, abrogé, mais le principe demeure – Pour une application en matière arbitrale : v. Orléans, 5 oct. 2000, *Rev. crit. DIP* 2001. 354, note H.-M. W.

Sur la compétence respective entre le juge de l'*exequatur* et le JEX :

- compétence, hors droit européen (il s'agissait d'une décision gabonaise), du seul juge de l'*exequatur* pour statuer sur la demande tendant à obtenir l'exécution forcée en France d'un jugement étranger portant condamnation pécuniaire, dont le payement a certes déjà été réalisé mais sans être, selon le demandeur, pleinement satisfactoire, de telle sorte qu'il y a contestation sur l'exécution [1];

- compétence, en droit européen, du JEX pour révoquer l'*exequatur* d'une décision d'un autre État membre de l'Union européenne au motif que cette décision a déjà été exécutée dans l'État membre d'origine (par ex., par voie de compensation), et, plus généralement, pour un motif autre que ceux indiqués aux articles 34 et 35 du règlement Bruxelles I, cette compétence du JEX découlant de l'incompétence du juge de l'*exequatur* dans une telle hypothèse [2];

- compétence du juge de l'*exequatur* pour, en vertu de la loi française applicable en tant que *lex fori*, assortir d'intérêts moratoires une condamnation prononcée par une juridiction étrangère qui en est dépourvue et qu'il vient d'exequaturer (les intérêts ne courant alors qu'à compter de la décision d'*exequatur* elle-même) [3];

- compétence du seul JEX pour accorder un délai de grâce [4].

1711.184 Jugement exequaturé et jugement français. Exceptionnellement, deux titres exécutoires inconciliables peuvent être simultanément en vigueur en France : un jugement étranger exequaturé et un jugement français. La Cour de cassation a tranché un tel conflit entre deux jugements de divorce en prenant comme critère l'accession à l'autorité de chose jugée, il est vrai dans le cadre particulier que représente la convention franco-algérienne du 27 août 1964 [5].

§ 2 Difficultés tenant au titre exécutoire quant aux événements pouvant affecter le jugement étranger exequaturé ou dispensé d'*exequatur*

1711.191 Prescription. Le jugement exequaturé, le créancier dispose d'un titre exécutoire lui permettant de pratiquer une saisie-exécution, du moins tant que la condamnation revêtue de l'*exequatur* n'est pas prescrite [6].

1711.192 Caducité et loi étrangère. Toutefois, ce titre peut être remis en cause en cas de caducité de l'*exequatur* : l'exécution forcée est alors « paralysée » [7]. La caducité peut être l'effet de la loi étrangère, hypothèse exceptionnelle sur laquelle aucun arrêt de la Cour de cassation ne semble s'être prononcé, du moins après l'*exequatur* [8].

Surtout, elle peut résulter d'une autre décision étrangère.

1711.193 Caducité automatique du jugement d'*exequatur* en cas d'anéantissement, dans son pays d'origine, de la décision étrangère exequaturée. En effet, dans l'hypothèse où la décision étrangère revêtue de l'*exequatur*, est anéantie par une seconde décision émanant du même État, la Haute juridiction a rendu possible une caducité automatique du jugement d'*exequatur* : « *Une nouvelle décision prononcée dans l'État d'origine et anéantissant celle déclarée exécutoire en France rendrait caduque, faute d'objet, la décision d'*exequatur » [9].

1. Civ. 1re, 19 nov. 1996, no 94-19.552, *Bull. civ.* I, no 403; *Rev. crit. DIP* 1997. 94, note Ancel.
2. SUR CETTE INCOMPÉTENCE DU JUGE DE L'*EXEQUATUR* : CJUE, 4e ch., 13 oct. 2011, Prism Investments, aff. C-139/10, point 43 et dispositif, *JCP* 2012. 84, note Devers; *D.* 2012. 1228, obs. J.-S. La Cour entend expressément préserver la rapidité de l'*exequatur* en reportant toute discussion pour un motif non prévu au règlement, si bien fondé qu'il puisse apparaître (en l'espèce, la compensation était en réalité contestée), à cette phase ultérieure qu'est l'exécution proprement dite, avec compétence corrélative du juge de l'exécution local (point 40 *in limine*), soit, à titre de principe et en France, du JEX dans l'acceptation technique que revêt ce terme en droit français.
3. Civ. 1re, 6 mars 2007, no 04-17.127, *Bull. civ.* I, no 96; *Rev. crit. DIP* 2007. 784, note Libchaber.
4. Paris, 9 mars 1995, *Rev. crit. DIP* 1995. 735, note Muir-Watt.
5. Civ. 1re, 9 janv. 1996, no 93-19.098, *Bull. civ.* I, no 20; *Rev. crit. DIP* 1996. 719, note Muir-Watt – V. AUSSI, sur le conflit de décisions, EN JURISPRUDENCE : Civ. 1re, 24 nov. 1998, no 94-20.382, M. Mohamed A., NP; *Rev. crit. DIP* 1999. 527, note Cuniberti – ET, EN DOCTRINE : H. Muir Watt, « La rencontre dans l'espace de figures hybrides (variations autour du conflit international de décisions) », *RG proc.* 1998. 711; *RGDP* 1999. 291 – M.-L. Niboyet-Hoegy, note ss Civ. 1re, 11 févr. 1997, no 95-11.402, *Bull. civ.* I, no 51; *JDI* 1997. 1026, spéc. 1032-1033 – et, du même auteur, « Les conflits de procédures », *Trav. com. fr. DIP* 1995-1998, Pédone, 2000, p. 71 s.
6. Sur l'application de la loi française à cette question : Civ. 1re, 19 mars 1991, no 89-18.337, *Bull. civ.* I, no 94; *Rev. crit. DIP* 1992. 108, note Ancel – V. AUSSI : FOUSSARD, p. 189.
7. FOUSSARD, p. 183.
8. FOUSSARD, p. 183, note 32 et COMP. note 33, avant l'*exequatur.*
9. Civ. 1re, 31 janv. 1990, no 87-17.813, *Bull. civ.* I, no 28; *Rev. crit. DIP* 1990. 748, note Kessedjian – Antérieurement, Civ 1re, 12 nov. 1986, no 84-16.606, *Bull. civ.* I, no 261; *Rev. crit. DIP* 1987. 750, note Kessedjian – Civ. 2e, 27 avr. 1988, no 86-14.541, *Bull. civ.* II, no 98; *Rev. crit. DIP* 1989. 521, note Kessedjian – Sur la question, FOUSSARD, p. 183 – E. GUINCHARD, mémoire DEA DIP, Paris II, sept. 1998, nos 116 s. – PEROZ, nos 428 s.

1711.194 Critique. Cette solution peut cependant être vivement contestée. En effet, considérons quelque peu ce à quoi conduit l'affirmation d'une caducité automatique du jugement d'*exequatur :* à un jugement étranger qui, bien qu'obtenu par fraude et rendu en violation de notre ordre public, par exemple, pourra néanmoins rendre caduque une décision française postérieure... C'est dire « *qu'il n'est pas raisonnable que la normativité hypothétique et contestable du jugement étranger puisse entraîner la caducité d'un jugement français* »[1], ce qui rend nécessaire, pour Melle Peroz, l'*exequatur* du second jugement étranger, et ce dans tous les cas[2]. Et c'est cet *exequatur* qui entraînera la caducité de plein droit du premier jugement d'*exequatur*.

1711.195 Critique complémentaire. Nous approuvons pleinement la conclusion à laquelle aboutit Mlle Peroz. Cependant, il nous semble qu'une explication, quelque peu différente, soit également concevable.

En effet, par la décision du juge français se prononçant sur l'*exequatur*, les organes d'exécution français ont reçu un ordre : soit d'exécution (le créancier devant toutefois prendre l'initiative de la voie d'exécution), si l'*exequatur* est conféré au jugement étranger, soit de non-exécution (malgré la volonté contraire du créancier), dans l'hypothèse inverse. Dans les deux cas, l'ordre émane du juge français de l'*exequatur :* il est seul compétent pour autoriser ou interdire au créancier de pratiquer une saisie exécutoire fondée sur un jugement étranger dès lors qu'elle est destinée à être réalisée en France. Par conséquent, lorsque ce juge a donné l'ordre de procéder à une exécution forcée, comment peut-on concevoir qu'un juge étranger ordonne l'arrêt de la saisie, ce à quoi aboutit l'affirmation d'une caducité automatique du jugement d'*exequatur* dans les circonstances que l'on sait ? Pourquoi, d'ailleurs, alors que le créancier doit se plier aux contraintes de la territorialité de l'exécution, le débiteur, lui, peut y échapper ?

1711.196 Solution proposée. L'*exequatur* de la seconde décision étrangère est donc nécessaire. Mais, préventivement, il paraîtrait judicieux de suspendre l'octroi de l'*exequatur* au premier jugement étranger, ou d'exiger une garantie suffisante, dès lors qu'il existe un risque d'anéantissement de celui-ci dans son système d'origine à raison d'une procédure engagée avant l'achèvement de la procédure d'*exequatur* en France. La Cour de cassation pourrait s'engager dans cette voie[3]. Cette solution existe déjà, au stade de l'appel il est vrai, dans le cadre européen (pour le règlement Bruxelles I, v. l'art. 46)[4].

Cette tendance ne peut qu'être approuvée, compte tenu de la multiplication prévisible des difficultés liées à l'anéantissement du jugement étranger dans son État d'origine avec l'admission aujourd'hui de la possibilité de faire exécuter jusqu'à son terme un jugement étranger *provisoire*[5].

1711.197 Caducité automatique du titre exécutoire européen en cas d'anéantissement, dans son pays d'origine, de la décision étrangère certifiée titre exécutoire européen (TEE). Dans un arrêt du 6 janvier 2012[6], la Cour de cassation consacre, en matière de TEE, une solution similaire à celle connue en droit commun de l'effet des jugements étrangers. En effet, elle décide que l'annulation du titre exécutoire d'origine, certifié TEE par la juridiction d'origine, justifie la mainlevée de la saisie-attribution pratiquée sur le fondement du TEE, et ce malgré l'absence de retrait formel du certificat même de TEE. Elle approuve en outre la cour d'appel d'avoir condamné la demanderesse au pourvoi au paiement de dommages-intérêts pour abus de son droit d'agir en justice, en l'occurrence pour avoir maintenu son appel, alors qu'elle savait qu'elle ne disposait d'aucun titre exécutoire définitif justifiant la procédure de saisie attribution[7]. La disparition de l'*exequatur* profite donc autant au « créancier » (lorsque la décision d'origine est certifiée TEE par la juridiction d'origine) qu'au « débiteur » (lorsque la décision d'origine est annulée dans l'État d'origine), ce qui paraît plus juste (même si le « débiteur » est légèrement avantagé puisqu'il n'a pas à obtenir le retrait formel du certificat même de TEE) et contraste avec la situation prévalant en droit commun.

1711.198 Invalidité de la déclaration de force exécutoire d'une injonction de payer européenne (IPE) non notifiée conformément au règlement « IPE ». L'IPE non suivie d'opposition bénéficie de

1. PEROZ, n° 444.
2. PEROZ, n° 444.

3. Civ. 1re, 21 mai 1997, n° 95-17.200, NP; *Rev. crit. DIP* 1998. 306; et, surtout, la note de Mme Muir-Watt, *Rev. crit. DIP* 1998. 307, spéc. nos 6 s. – COMP. avec le régime des sentences arbitrales : E. Gaillard, « L'exécution des sentences annulées dans leur pays d'origine », *JDI* 1998. 645 s.
4. Pour un ex. [de refus] d'application : v. Paris, 6 déc. 2001, *Rev. crit. DIP* 2002. 362, note Pataut.
5. Sur cette admission, COUCHEZ, p. 134 – Sur la nécessaire application de la loi française à la question des restitutions et du droit éventuel à réparation en cas de caducité du jugement d'*exequatur*, expressément, FOUSSARD, p. 190.
6. Civ. 2e, 6 janv. 2012, n° 10-23.518, *Bull. civ.* II, n° 7; *Dr. et proc.* 2012. 137, obs. Cuniberti.
7. Et que son adversaire âgé de 80 ans avait dû subir ces inutiles tracas judiciaires. La requérante a été condamnée à payer 800 euros.

la disparition de l'*exequatur*. Toutefois, la Cour de justice, dans un arrêt du 4 septembre 2014, subordonne cette disparition à la signification ou notification de l'IPE conformément aux normes dites minimales établies aux articles 13 à 15 du règlement[1]. Lorsque ce n'est qu'après la déclaration de force exécutoire d'une IPE qu'une telle irrégularité tenant à l'absence de signification/notification conformément au règlement est révélée, la Cour décide que « *le défendeur doit avoir la possibilité de dénoncer cette irrégularité, laquelle doit, si elle est dûment démontrée, entraîner l'invalidité de cette déclaration de force exécutoire* » (point 49 et dispositif). La question se pose immédiatement de savoir selon quelle voie le défendeur pourra faire valoir ses droits. La Cour estime d'abord que la procédure de réexamen n'est pas disponible dans une telle hypothèse car elle n'intervient, ainsi que l'intitulé même de l'article 20 du règlement « IPE » l'indique, que « *dans des cas exceptionnels* » prévus de manière limitative à cet article. Or le défaut de signification ou de notification ne fait pas partie de ces situations exceptionnelles (point 44). La Cour observe ensuite, plus généralement, que le règlement « *reste muet quant aux éventuelles voies de recours qui s'offrent au défendeur* » dans l'hypothèse considérée (point 46). En application de l'article 26, elle en déduit que cette question ressort du droit national (point 47). Cet arrêt est important car il tente de rééquilibrer les droits des parties. Le règlement « IPE » penche en effet nettement en faveur de ceux du demandeur, créancier prétendu, puisque le législateur européen a brisé la cohérence interne du modèle non documentaire de l'injonction de payer qu'il a lui-même sélectionné sur l'autel de l'efficacité en ne garantissant pas l'information du défendeur. En renvoyant au législateur national, qui trouve ici une légitimité à agir, en palliant dans toute la mesure de sa compétence les défaillances du législateur européen, l'arrêt du 4 septembre 2014 est donc bienvenu. Il ne saurait cependant remplacer une révision du règlement IPE, ne serait-ce que parce que renvoyer au droit national sur un point aussi important ruine quelque peu l'intérêt même d'une procédure uniforme, et que, dans l'immédiat, le défendeur risque d'ignorer de quel recours exactement il dispose[2].

§ 3
Particularités quant au déroulement de la procédure et difficultés tenant à la déclaration du tiers saisi dans la saisie-attribution

1711.200 Caractère immédiat de la déclaration. Plan. Dans le cadre du déroulement de la saisie-attribution, « *le tiers saisi est tenu de déclarer au créancier l'étendue de ses obligations à l'égard du débiteur ainsi que les modalités qui pourraient les affecter et, s'il y a lieu, les cessions de créances, délégations ou saisies antérieures* » (C. pr. exéc., art. L. 211-3), et ce « sur-le-champ », sous peine de sanctions (C. pr. exéc., art. R. 211-4 et R. 211-5)[3].

En droit international, deux difficultés ont été relevées par la doctrine et la jurisprudence concernant la réalisation de cette obligation déclarative : l'une a trait à l'existence de succursales du tiers saisi à l'étranger, l'autre à l'hypothèse d'une cession de créance objet de la saisie.

A.
Difficultés tenant à l'existence de succursales à l'étranger

1711.201 Question. « *Lorsque la saisie est pratiquée entre les mains d'un établissement habilité par la loi à tenir des comptes de dépôt, l'établissement est tenu de déclarer le solde du ou des comptes du débiteur au jour de la saisie* » (C. pr. exéc., art. L. 162-1), étant précisé que « *l'acte de saisie rend indisponibles l'ensemble des comptes du débiteur qui représentent des créances de sommes d'argent* » (C. pr. exéc., art. R. 211-19).

Cette déclaration, doit-elle être étendue, lorsque le tiers saisi a son siège en France, mais également des succursales à l'étranger, aux comptes du débiteur situés dans ces dernières ?

1711.202 Jurisprudence sur la saisie-arrêt. Cette question s'était déjà posée à propos de l'ancienne saisie-arrêt et, par un arrêt *Cotunav* rendu le 30 mai 1985, la chambre commerciale de

1. CJUE 4 sept. 2014, Eco cosmetics GmbH & Co. KG c/Virginie Laetitia Barbara Dupuy et Raiffeisenbank St. Georgen reg. Gen. mbH c/Tetyana Bonchyk, aff. jointes C-119/13 et C-120/13 dispositif (signalé sur http://justicecivileeuropeenne.wordpress.com/2014/09/16/important-arret-de-la-cour-de-justice-sur-linjonction-de-payer-europeenne/) – Sur cet arrêt, v. G. Payan, « Notification d'une injonction de payer européenne : conséquences procédurales du non-respect des "normes minimales" établies dans le règlement CE n° 1896/2006 », *Lexbase hebdo, éd. privée*, 16 oct. 2014, n° 587.

2. Sur la rupture de la cohérence interne du modèle choisi, et la légitimité du législateur national à se substituer au législateur européen (et ses limites), v. E. Guinchard, « L'injonction de payer européenne à la recherche de son succès », *in* « L'effectivité du recouvrement en Europe », suppl. *Dr. et proc.* nov. 2010. 46, n°s 8 et 9 – La révision en cours du règlement « IPE » ne porte malheureusement que sur un point technique : v. E. Guinchard, « Vers une réforme faussement technique du règlement RPL et superficielle du règlement IPE ? », *RTD eur.* 2014. 479.

3. V. PAR EX. D. Mondolini, « L'obligation déclarative du tiers saisi dans la saisie-attribution », *JCP E* 1998. 1026, n°s 1 s.

la Cour de cassation avait déclaré que « *la saisie-arrêt s'exerce sur l'ensemble des sommes dont le tiers saisi est débiteur envers le saisi* », en déduisant que la déclaration affirmative de la saisie-arrêt pratiquée contre une banque, tiers saisi, en France, doit inclure les sommes déposées par le saisi dans une succursale étrangère de celle-ci.[1]

1711.203 Survie de l'ancienne jurisprudence. Mais cette jurisprudence est-elle transposable à la saisie-attribution ? En effet, l'arrêt *Cotunav* ayant été rendu sous l'empire de la saisie-arrêt, aujourd'hui remplacée, entre autres, par la saisie-attribution, on pourrait douter de la survie de la solution qu'il consacre. Toutefois, s'il existe de nettes différences entre l'ancienne et la nouvelle procédures, le principe d'une déclaration du tiers saisi, ses conséquences et sa sanction demeurent (même si, par ex., le fondement de la sanction n'est plus la responsabilité civile mais l'article R. 211-5 C. pr. exéc.). Or la loi n'a pas expressément réglé la question du contenu de cette déclaration en cas de succursale à l'étranger d'une banque tiers saisi : le problème demeure donc entier et la jurisprudence antérieure conserve toute sa valeur. C'est ainsi à juste titre qu'un JEX parisien a transposé la jurisprudence issue de l'arrêt *Cotunav* à la saisie-attribution[2]. Cette décision fut confirmée en appel[3] et finalement la Cour de cassation rejeta le pourvoi : « *C'est sans excéder ses pouvoirs ni violer le principe de la territorialité des procédures d'exécution que la cour d'appel a retenu que la banque, tiers saisi, devait déclarer l'ensemble des sommes dues au débiteur dès lors que celles-ci sont dues par la personne morale elle-même, peu important la localisation en France ou à l'étranger des succursales, elles-mêmes non constituées en sociétés distinctes, dans lesquelles les comptes sont tenus* »[4].

1711.204 Secret bancaire. Dans l'affaire *Cotunav*, la succursale en cause était en Suisse, pays, au moins à l'époque, d'un strict secret bancaire : le tiers saisi devait-il respecter la loi de police suisse ou l'ordre du juge français ? Pour M. Kinsch, il importe manifestement de prendre en considération la loi de police étrangère et d'écarter ainsi la sanction française[5]. La Cour de cassation, dans son arrêt précité du 30 janvier 2002, a toutefois rejeté un moyen similaire relatif au droit monégasque, décision critiquée sur ce point par ses commentateurs : notamment G. Cuniberti, selon lequel la prise en considération de la loi de police étrangère, dans la mesure où celle-ci constitue un obstacle avéré, devrait constituer un motif légitime autorisant le tiers saisi à ne pas fournir les renseignements demandés[6]; J.-M. Delleci, qui parle d'un « choix impossible » entre soit déclarer les avoirs à l'étranger et s'exposer dans le pays de la succursale en cause à des poursuites pénales et sanctions parfois très importantes, soit ne pas déclarer ces avoirs et encourir en France une condamnation aux causes de la saisie[7]. On a pu au contraire approuver la Haute juridiction : « *La créance étant localisée en France* [siège de la banque], *n'est-il pas naturel d'admettre que la banque française soit tenue de fournir les renseignements exigés par la loi française ? La lecture de textes "classiques" sur le secret bancaire (ex. art. 47 de la Loi fédérale suisse sur les banques et les caisses d'épargne ou art. 308 du Code pénal monégasque) ne permet d'ailleurs pas de conclure que la violation du secret soit flagrante* »[8]. Cette dernière n'est toutefois justement pas exclue. Doit-on alors considérer qu'il s'agit d'un risque inhérent à la création d'une succursale au contraire d'une filiale ?

1711.205 Au-delà de la déclaration : l'effet attributif. La jurisprudence susmentionnée de 1985/2002 n'avait trait qu'à la déclaration du tiers saisi, non à l'effet attributif de la saisie-attribution[9]. La Cour de cassation a toutefois pu estimer « *que la banque, qui a seule la personnalité morale, est dépositaire des fonds détenus dans une succursale située à l'étranger et que la circonstance que les fonds sont déposés dans une telle succursale est* [...] *sans incidence sur l'effet d'attribution au profit du créancier saisissant de la créance de somme d'argent à la restitution de laquelle est tenue la banque tiers-saisi en sa*

1. Com. 30 mai 1985, *Cotunav, Rev. crit. DIP* 1986. 329, note Batiffol – V. AUSSI, F. Ameli, *La saisie-arrêt en droit international privé*, thèse, Paris I, 1990, n°s 417 s. – Rép. internat., *v° Monnaie*, par D. Carreau (et J.-P. Eck), n° 110 *in fine* – COUCHEZ, p. 136 – CUNIBERTI, n° 299 – E. GUINCHARD, mémoire DEA DIP, Paris II, sept. 1998, n°s 123 s. – *J.-Cl. Int.*, fasc. 582-30, par A. Huet, n° 59 – P. Kinsch, *Le fait du Prince étranger*, LGDJ, 1994, n° 89, note 68 – Anc. Rép. internat., *v° Saisie-arrêt*, par G. Mercier, n° 63 – D. Mondolini, « L'obligation déclarative du tiers saisi dans la saisie-attribution », *JCP E* 1998. 1026, n° 4 – H. Muir-Watt, « Extraterritorialité », *Rev. crit. DIP* 1998. 27 s., n°s 10 et 17 – B. Nicod, note s[s] Civ. 1re, 18 nov. 1986, n° 85-11.404, *BCD*, *JCP* 1987. II. 20909.
2. TGI Paris, JEX, 28 sept. 1998, *Gaz. Pal.* 8 oct. 1998, p. 37, flash – EN CE SENS, expressément, COUCHEZ, p. 136 – Aussi, implicitement, D. Mondolini, « L'obligation déclarative du tiers saisi dans la saisie-attribution », *JCP E* 1998, 1026, n° 4.
3. Paris, 16 sept. 1999, RG n° 1998/25704.
4. Civ. 2e, 30 janv. 2002, n° 99-21.278, NP; *JCP E* 2003. 587, note Cuniberti.
5. P. Kinsch, *Le fait du Prince étranger*, LGDJ, 1994, n° 89, note 68.
6. CUNIBERTI, n°s 7 s.
7. J.-M. Delleci, « Secret bancaire et procédures civiles d'exécution », *Gaz. Pal.* 27-29 juin 2004, p. 21, spéc. p. 22.
8. Ph. Théry, Anc. Rép. internat., *v° Voies d'exécution*, n° 59.
9. TGI Paris, JEX, 24 juin 2004, *Dr. et proc.* 2005. 35, obs. Salati.

qualité de dépositaire »[1]. La portée exacte de cette jurisprudence reste toutefois à préciser, même si l'argumentation utilisée incline à penser qu'il s'agit d'une simple question de localisation des créances plutôt que d'un abandon du principe de territorialité de l'exécution[2]. Cette jurisprudence renforce en tout cas les préoccupations des établissements bancaires, ici encore susceptibles d'être pris entre deux feux dès lors du moins qu'on admet que « *malgré l'absence de personnalité morale, la succursale réponde de ses engagements propres, mais de ceux-là seulement* »[3], exposant le tiers saisi à un risque de double paiement. La solution proposée consiste alors à « *suspendre les effets de la saisie pratiquée en second lieu en attendant le dénouement de la première* »[4]. Ce principe ne peut toutefois être appliqué unilatéralement par les juridictions françaises que si c'est la seconde saisie qui est faite au siège en France, rien n'obligeant l'État étranger à accepter cette solution. En outre, celle-ci devrait être assortie de quelques limites, notamment temporelles.

B.

Difficultés tenant à la cession de la créance objet de la saisie

1711.211 Information du tiers saisi. Une seconde série de difficultés relatives au contenu de la déclaration du tiers saisi a trait à l'hypothèse d'une cession de la créance objet de la saisie. En effet, ce tiers est tenu, sous peine de sanction, de déclarer les cessions de créance intervenues (v. s^s n° 1711.200).

Or il peut se poser un problème d'information du tiers saisi lorsque la loi applicable à l'opposabilité de la cession de créance au débiteur cédé n'exige aucune notification de celle-ci (en droit français, c'est notamment le cas de la cession *Dailly*). Dans cette hypothèse, peut-on considérer que l'ignorance d'une cession de créance opposable aux tiers par le débiteur cédé constitue un « *motif légitime* » au sens de l'article R. 211-5 C. pr. exéc. ?

« *Une réponse positive ne semble faire aucun doute. Le contraire reviendrait à faire peser sur la tête du débiteur cédé le paiement de sa dette envers le cessionnaire et le paiement de la dette du cédant à l'égard du créancier saisissant* »[5].

1711.212 Relations cessionnaire-tiers saisissant. Les difficultés soulevées par l'hypothèse d'une cession de créance objet de la saisie ne sont toutefois pas épuisées par la résolution du problème de l'information du tiers saisi : il peut également exister un conflit entre le cessionnaire et le tiers saisissant (et la déclaration du tiers saisi vise précisément à ce « *que les choses soient claires dès l'exécution de la mesure* »[6]).

Il est résolu par le principe d'antériorité, comme en droit interne[7] (D. Pardoel propose toutefois de soumettre le principe d'antériorité à une application cumulative de la loi du for et de celle applicable à la publicité de la cession[8]).

En d'autres termes, si la cession de créance est devenue opposable aux tiers avant l'acte de saisie, elle ne figure plus dans le patrimoine du débiteur saisi, mais dans celui du cessionnaire qui pourra ainsi s'opposer à la revendication du tiers saisissant. Dans le cas inverse, la créance a été immédiatement attribuée au saisissant (C. pr. exéc., art. L. 211-2) et n'a pu, par conséquent, être cédée.

1711.213 Loi applicable à la publicité de la cession de créance. Cette application de la maxime « *prior tempore, potior jure* » suppose de savoir quand la transmission de la créance est devenue opposable aux tiers. À cet égard, la solution est fournie par la loi du domicile du tiers saisi, que la cession de créance relève du droit européen (Règl. (CE) n° 593-2008 du Parlement européen et du Conseil du 17 juin 2008 sur la loi applicable aux obligations contractuelles [Rome I][9]) ou du droit commun[10].

1. Civ. 2e, 14 févr. 2008, n° 05-16.167, *Bull. civ.* II, n° 36; *D.* 2008. 2567, obs. Bollée; *JDI* 2008. 1100, note Bollée; *Lamy Droit de l'exécution forcée, Lettre d'actualités* mai 2008, p. 1, éclairage par Cuniberti; *Procédures* 2008, n° 141, note Perrot; *RD banc. fin.* 2008, n° 78, note Piedelièvre – G. Cuniberti, « Le principe de territorialité des voies d'exécution », *JDI* 2008. 963.
2. Pour Ph. Théry, Anc. Rép. internat., *V° Voies d'exécution*, n° 56, il n'y aucun doute : « *Quoique l'on ait soutenu l'opinion contraire* (Cuniberti) [il est impossible] *d'interpréter les arrêts qui ont admis la saisie au siège de la banque lorsque le compte avait été ouvert dans une succursale étrangère comme un abandon du principe de territorialité des saisies. La créance saisie est localisée en France parce que la banque débitrice y a son siège* » – Dans le même sens, v. cet ouvrage, n° 921.26, *in fine* (par E. de Leiris).
3. Ph. Théry, Rép. internat., *V° Voies d'exécution*, n° 57.
4. Ph. Théry, Rép. internat., *V° Voies d'exécution*, n° 58.
5. D. Pardoel, *Les conflits de lois en matière de cession de créance*, LGDJ, 1997, n° 582, note 1050, p. 300.
6. Couchez, p. 137.
7. Couchez, p. 137 – Pardoel, n° 581.
8. Pardoel, n° 607.
9. Règl. (CE) n° 593-2008 du Parlement européen et du Conseil, 17 juin 2008, *JOUE*, n° L. 177/6, 4 juill., p. 6; remplaçant, à compter du 17 décembre 2009, conv. Rome, 19 juin 1980, sur la loi applicable aux obligations contractuelles.
10. Rép. internat., *V° Voies d'exécution*, par Ph. Théry, n° 63, et les références – Not. A. Sinay-Cytermann, « Les conflits concernant l'opposabilité des transferts de créance », *Rev. crit. DIP* 1992. 35, spéc. n°s 20 s.

1711.214 Portée d'une thèse. Un auteur[1] a pu contester, sur un plan plus général, l'appréhension par la doctrine de la question de la loi applicable aux relations entre le cessionnaire et les tiers sous le seul angle de la détermination de la loi applicable à l'opposabilité de la cession de créance. Cependant, il semble que cette doctrine n'entraîne aucune conséquence dans le cas particulier de la saisie (« *Le domicile du débiteur cédé est très certainement adapté au conflit opposant le cessionnaire au créancier saisissant* »[2]).

§ 4
Particularités quant au déroulement de la procédure et incidents

1711.221 Voie d'exécution. Il faut distinguer ici entre les incidents relatifs à la voie d'exécution elle-même et ceux relatifs au fond du droit qui se posent à l'occasion d'une voie d'exécution[3].

En effet, en ce qui concerne les premiers, en vertu du principe de territorialité de l'exécution, le juge et la loi français sont nécessairement compétents[4].

1711.222 Fond du droit. Solution européenne. En revanche, s'agissant des incidents ayant trait au fond du droit, on peut hésiter sur la compétence du juge français, dès lors du moins que la question ne relèverait pas, si elle faisait l'objet d'une action autonome, de la compétence des juridictions françaises.

En droit européen, la Cour de justice, dans son arrêt du 4 juillet 1985[5], rendu à propos de la convention de Bruxelles mais applicable selon toute vraisemblance au règlement Bruxelles I en raison de l'identité des règles en cause, a refusé toute prorogation de compétence, en énonçant « *qu'il résulte de la spécificité du lien exigé par l'article 16* [art. 22 Bruxelles I et art. 24 Bruxelles I *bis*] *qu'une partie ne saurait se prévaloir de la compétence que le n° 5 de cet article attribue aux tribunaux du lieu de l'exécution pour saisir ces tribunaux, par voie d'exception, d'un litige qui relève des tribunaux d'un autre État contractant en vertu de l'article 2. L'utilisation, à une telle fin, de l'action en opposition à exécution est contraire à la répartition des compétences entre le juge du domicile du défendeur et le juge du lieu de l'exécution, voulue par la convention* » (attendu 17).

1711.223 Critiques d'un annotateur. Cet arrêt a néanmoins été vivement critiqué par M. Huet, partisan d'une « *concentration des différends devant un même juge* »[6]. D'abord, M. Huet a invoqué « *l'objectif réel de l'article 16 :* [...] *si l'article 16-5° donne une compétence exclusive "en matière d'exécution des décisions aux tribunaux de l'État contractant du lieu d'exécution" c'est parce que le jugement à intervenir sera forcément exécuté en ce lieu; or c'est aussi en ce même lieu que doit nécessairement produire effet une décision statuant sur l'existence d'une créance lorsque cette créance constitue le fondement d'une action relevant de l'article 16-5°* »[7].

Ensuite, M. Huet a fait état du « *système de l'article 16* »[8] : l'article 16 et l'article 2 constituent deux systèmes autonomes, de sorte qu'un tribunal saisi à titre principal sur l'un de ces articles peut aussi statuer, à titre incident, sur une question qui normalement relève de l'autre article.

Enfin, l'annotateur a rappelé les affirmations de la Cour elle-même selon lesquelles les besoins de l'économie de procédure sont à la base de l'ensemble de la Convention.

1711.224 Critiques postérieures. À cette première critique, d'autres auteurs se sont joints.

Mme Gaudemet-Tallon[9] (l'auteur s'interroge toutefois[10] sur la conciliation entre l'interprétation de M. Huet et l'article 3 prohibant le *forum arresti* en tant que compétence exorbitante) et M. Théry[11] ont ainsi relevé que les faits de l'espèce avaient probablement été déterminants dans la décision de la Cour, ce qui contribue à relativiser celle-ci.

M. Théry[12] a également remarqué que puisque l'exécution forcée ne peut être entreprise qu'avec un titre exécutoire, auquel efficacité est reconnue *prima facie*, le créancier sera toujours défendeur à l'incident : il pourra dès lors invoquer le bénéfice de l'article 18 de la Convention de Bruxelles (devenu, depuis, l'article 24 du règlement Bruxelles I et,

1. PARDOEL, n° 600.
2. PARDOEL, n° 602 – Sur l'ambiguïté et la rareté de la jurisprudence en la matière, PARDOEL, n°s 591 s. – Comp., sur cette jurisprudence, A. Sinay-Cytermann, « Les conflits concernant l'opposabilité des transferts de créance », *Rev. crit. DIP* 1992. 35, spéc. n°s 20 s.
3. Sur ce qu'une contestation de la validité du titre exécutoire n'est pas comparable à un incident au fond, v. Rép. internat., *v° Voies d'exécution,* par Ph. Théry, n° 92.
4. PAR EX., dans le cadre européen : CJCE 4 juill. 1985, AS Autoteile c/Mahé, aff. C-220/84, *Rec. CJCE* I-2267 ; *Rev. crit. DIP* 1986. 147, note Mezger; *JDI* 1986. 449, note Huet – V. AUSSI, *J.-Cl. Int.,* fasc. 581-21, par Huet, n°s 36 s. ; et, du même auteur, fasc. 582-30, n° 59 – Rép. internat., *v° Voies d'exécution,* par Ph. Théry, n° 83.
5. CJCE 4 juill. 1985, aff. C-220/84, *Rec. CJCE* I-2267 (préc. s^s^ n° 1711.221).
6. A. Huet, *JDI* 1986. 453.
7. A. Huet, *JDI* 1986. 452.
8. A. Huet, *JDI* 1986. 452.
9. GAUDEMET-TALLON, n° 121.
10. GAUDEMET-TALLON, n° 121.
11. Rép. internat., *v° Voies d'exécution,* par Ph. Théry, n° 87.
12. Rép. internat., *v° Voies d'exécution,* par Ph. Théry, n° 88.

aujourd'hui, l'article 26 du règlement Bruxelles I *bis*), selon lequel, outre les cas où sa compétence résulte d'autres dispositions de cette convention, « *le juge d'un État contractant devant lequel le défendeur comparaît est compétent* » (dès lors que cette comparution n'a pas pour objet de contester la compétence de ce juge et que cette dernière ne porte pas atteinte à l'éventuelle compétence exclusive d'une autre juridiction au sens de l'article 22 du règlement Bruxelles I ou 24 du règlement Bruxelles I *bis*).

Il n'est donc pas sûr qu'en droit conventionnel, malgré l'arrêt de la Cour de justice, le juge français ne soit pas compétent au fond. On peut d'ailleurs ajouter aux divers arguments présentés la jurisprudence de la Cour européenne des droits de l'homme qui, avant même l'arrêt *Hornsby*[1] (v. s^s n° 1711.182) et son droit à l'exécution, incluait dans l'exigence du délai raisonnable du procès la phase d'exécution du jugement[2], ce qui peut s'avérer difficilement réalisable en cas de sursis à statuer du juge français.

1711.225 Droit commun. *A fortiori*, en droit commun, où une telle jurisprudence européenne n'existe pas, et à défaut également d'arrêt de la Cour de cassation (les arrêts, au demeurant contestables, ayant conduit à un revirement de jurisprudence sur la question du *forum arresti* – v. s^s n° 1711.147 – ont exclusivement trait aux mesures conservatoires et non à l'exécution forcée[3]), le juge français devrait pouvoir statuer sur le fond, soit par le biais d'une compréhension large de l'article 49 C. pr. civ.[4], soit par celui de l'opposition à l'exécution[5].

§ 5
Procédures de distribution des deniers

1711.231 Compétence des juridictions du lieu de l'adjudication. Les voies d'exécution forment un tout et, de la même manière qu'en début de procédure la détermination des biens saisissables relève de l'État de la saisie, les procédures de distribution du prix de vente des biens saisis en France relèvent de la compétence des tribunaux et de la loi français. La Cour de cassation a récemment rappelé ce principe, quant à la compétence juridictionnelle, en matière immobilière : « *La répartition entre créanciers hypothécaires et privilégiés du produit de la vente judiciaire forcée d'un immeuble relève, en droit international privé commun, de la compétence des juridictions de l'État sur le territoire duquel s'est déroulée l'adjudication, en raison des liens étroits qui unissent la procédure de distribution à celle de vente* »[6].

1. CEDH 19 mars 1997, Hornsby c/Grèce, req. n° 18357/91.
2. CEDH 26 oct. 1988, Martins Moreira, req. n° 11371/85 – Et CEDH 23 mars 1994, Silvia Pontes, req. n° 14940/89.
3. Rép. internat., v° *Voies d'exécution*, par Ph. Théry, n° 90.
4. Rép. internat., v° *Voies d'exécution*, par Ph. Théry, n° 91.
5. Foussard, p. 181-182.
6. Com. 12 mars 2013, n°s 11-27.748 et 11-27.749, *Bull. civ.* IV, n° 37 ; *Rev. crit. DIP* 2013. 649, rapport du conseiller Rémery et note D'Avout. La Cour ajoute immédiatement : « *Y compris lorsque celle-ci porte sur des actifs immobiliers dépendant d'une procédure collective ouverte à l'étranger* ». En l'espèce, l'*exequatur* en France d'un jugement italien de faillite avait permis la saisie de biens immobiliers à Nice et leur vente par les syndics italiens dans une affaire où le règlement « Insolvabilité » ne s'appliquait pas – Sur la saisie immobilière en droit international privé, v. F. Leclerc, « La saisie immobilière et le droit international privé », *in* C. Albiges (dir.), *La saisie immobilière. Approches transversales*, « Thèmes et commentaires », Dalloz, 2014 – Sur la nécessité de l'*exequatur* du jugement étranger de faillite pour procéder à une saisie, v. s^s n° 1712 31.

CHAPITRE

1712. Procédures collectives d'exécution

EMMANUEL GUINCHARD
SENIOR LECTURER IN LAW
À L'UNIVERSITÉ DE NORTHUMBRIA
(NEWCASTLE – ROYAUME-UNI)

SECTION 0
ORIENTEUR

1712.00 Plan du chapitre.

1712.03 Bibliographie indicative.

Actualisables. *J.-Cl. Int.*, fasc. 569-20, par J.-C. Coviaux – Rép. internat., *v° Faillite*, par H. Synvet – Rép. communautaire, *v° Faillite*, par J.-L. Vallens.

Ouvrages. A. LEANDRO, *Il ruolo della lex consursus nel regolamento comunitario delle procedure di insolvenza*, Cacucci, Bari, Italie, 2008 – J.-P. RÉMERY, *La faillite internationale*, Puf, 1996 – D. ROBINE et F. JAULT-SESEKE (dir.), *L'effet international de la faillite : une réalité ?*, Dalloz, 2004 – M. TROCHU, *Conflits de lois et de juridictions en matière de faillite*, Sirey, 1967.

Thèse. N. PIMBLIS, *La faillite dans les relations internationales*, th. Paris XI, 1992.

Articles et contributions. D. Bureau, « La fin d'un îlot de résistance. Le règlement du Conseil relatif aux procédures d'insolvabilité », *Rev. crit. DIP* 2002. 613 – G. Grasmann, « Effets nationaux d'une procédure d'exécution collective étrangère », *Rev. crit. DIP* 1990. 421 – N. Kayser, « *A study of the european convention on insolvency proceedings* », *Annales de droit luxembourgeois* 1997. 237 – G. Khairallah, « Les faillites concurrentes », *Trav. Comité fr. DIP* 1993-1995. 157 – J. Lemontey, « Actualités du droit international de la faillite », *Trav. Comité fr. DIP*, 1986-1988. 85 – A. Martin-Serf, « La faillite internationale : une réalité économique pressante, un enchevêtrement juridique croissant », *JDI* 1995. 31 – V. Marquette et C. Barbé, « Les procédures d'insolvabilité extracommunautaires. Articulation des dispositions du règlement n° 1346-2000 et du droit commun des États membres », *JDI* 2006. 511 – M.-E. Mathieu-Bouyssou, « Aperçu des règles de droit judiciaire privé relatives aux procédures d'insolvabilité européennes après le règlement communautaire n° 1346-2000 », *D.* 2002. 2245 – M. Menjucq, « Règlement (CE) n° 1346/ 2000 du 29 mai 2000 relatif aux procédures d'insolvabilité », *in* L. Cadiet, E. Jeuland et S. Amrani-Mekki (dir.), *Droit processuel civil de l'Union européenne*, LexisNexis, 2011, p. 125 – S. Poillot-Peruzzetto, « Le créancier et la "faillite européenne" : commentaire de la Convention des Communautés européennes relative aux procédures d'insolvabilité », *JDI* 1997. 757 – Ph. Roussel-Galle, « De quelques pistes d'interprétation du règlement (CE) n° 1346-2000 sur les procédures d'insolvabilité : la circulaire du 15 décembre 2006 », *JDI* 2008. 133 – J.-L. Vallens, « Questions procédurales de droit international privé et de droit européen », *Redressement et liquidation judiciaires : questions procédurales*, *LPA* 1998, n° 129, p. 4; « La mise en œuvre du règlement communautaire sur les procédures d'insolvabilité : questions de procédure », *D.* 2003, 1421 – P. Wautelet (en collab. avec C.-A. Leunen), « Règlement (CE) 1346/ 2000 du Conseil du 29 mai 2000 relatif aux procédures d'insolvabilité », *in Droit judiciaire européen et international* (dir. G. de Leval, coord. J.-F. van Drooghenbroeck), La Charte, 2012, p. 3.

Revues (numéros spéciaux). *LPA* 20 nov. 2001, n° spécial sur « Les entreprises en difficultés dans l'Union européenne »; *LPA* 19 oct. 2006, n° spécial sur « Le traitement des difficultés des entreprises dans le marché unique européen ».

Sur les conventions internationales, qui ne seront pas abordées ici – sous réserve de celle de l'Union européenne du 23 novembre 1995 relative aux procédures d'insolvabilité en ce qu'elle est devenue un règlement (v. s[s] n° 1712.06) – v. not., *J.-Cl. Int.*, fasc. 569-20, par J.-C. Coviaux, n°s 129 s. – Rép. internat., *v° Faillite*, par H. Synvet, n°s 108 s.

1712.05 Procédures collectives et théories en présence. Les procédures collectives longtemps exclusivement visées par le droit international privé concernent la faillite au sens traditionnel de ce terme en la matière (redressement et liquidation judiciaires des entreprises, sauvegarde des entreprises). Mais l'émergence progressive d'un contentieux international en matière de surendettement, sur la base de l'article L. 333-3-1 du Code de la consommation qui permet l'application de la procédure française de surendettement aux débiteurs de nationalité française domiciliés hors de France et qui ont contracté des dettes non professionnelles auprès de créanciers établis en France, amène à se demander si la notion de procédure collective ne pourrait pas désormais recouvrir également la procédure française relative au surendettement des particuliers. En ce sens pourrait être invoqué le premier arrêt (et ils sont encore rares) rendu par la Cour de cassation en matière de surendettement international des particuliers déclarant que ses « *effets sont du même ordre que ceux d'une procédure collective en cas d'insolvabilité* »[1]. Certains sont en outre favorables à une telle extension, dans son principe du moins (les modalités restant à préciser[2]).

Quelle que soit l'étendue de la notion, le droit international des procédures collectives se caractérise par l'opposition de deux grandes théories : celle de l'unité et de l'universalité et celle de la pluralité et de la territorialité des faillites.

Selon la première, le droit de prononcer la faillite appartient au seul tribunal du domicile du débiteur et la procédure, ainsi concentrée, déploie ses effets dans tous les pays où le débiteur possède des biens[3].

Dans le cadre de la seconde, une faillite ne peut entraîner des effets en dehors des frontières de l'État où elle est prononcée : il existe donc autant de faillites potentielles que d'États où le débiteur possède des biens[4].

1712.06 Droit international privé commun et droit international privé européen. Entre ces deux systèmes, tant la jurisprudence française, exprimant le droit international privé commun, que le droit européen – soit le règlement (CE) n° 1346-2000 du 29 mai 2000 relatif aux procédures d'insolvabilité[5], qui est entré en vigueur le 31 mai 2002 – adoptent une solution intermédiaire, mais qui penche cependant de plus en plus vers la théorie de l'universalité. Manifeste à cet égard est l'arrêt rendu par la première chambre civile de la Cour de cassation le 19 novembre 2002, qui reconnaît pour la première fois le principe d'universalité de la faillite (tout en ayant conscience que sa réalisation dépend de son acceptation par les ordres juridiques étrangers, condition qui en pratique semble loin d'être toujours remplie[6])[7].

Précisons que la convention de Lugano II comme le règlement Bruxelles I / I *bis* n'abordent point la faillite. Appliquant une jurisprudence *Gourdain c/Nadler* de la Cour de justice[8] selon laquelle l'exclusion en question vise les actions dérivant directement de la faillite et s'insérant étroitement dans le cadre d'une procédure collective, la Cour de cassation a jugé que l'exclusion ne s'appliquait point à l'action en recouvrement d'une créance d'une société en liquidation judiciaire[9], au

1. Civ. 1re, 10 juill. 2001, n° 00-04.104, *Bull. civ.* I, n° 210; *CCC* nov. 2001. 26, note Raymond; *RTD com.* 2001. 985, obs. Paisant; *Gaz. Pal.* 21-23 juill. 2002, p. 31, et chron. Jobard-Bachellier, p. 13 : « *Il résulte de l'article R. 333-2 du Code de la consommation* [aujourd'hui art. R. 331-8 du même code : *"Hormis le cas prévu à l'article L. 333-3-1, la commission compétente est celle du domicile du débiteur"*] *qu'en matière de surendettement, le juge français est compétent lorsque le débiteur demeure sur le territoire national, situation que l'article L. 333-3-1 du même code ne concerne pas;* [...] *la circonstance que la dette résulterait d'un contrat de crédit soumis à une loi étrangère ne saurait faire obstacle à l'application de la loi* [sur le] *surendettement des particuliers, dont les effets sont du même ordre que ceux d'une procédure collective en cas d'insolvabilité et qui s'imposent au même titre aux créanciers nationaux et aux créanciers étrangers* » – *Adde*, reprenant cette formulation, Civ. 1re, 20 déc. 2001, n° 01-04.024, NP, et Civ. 1re, 30 janv. 2002, n° 01-04.064, NP. Avec l'arrêt du 2 octobre 2002 cité à la note suivante, il s'agit, à l'automne 2014, semble-t-il, des seuls arrêts de la Cour de cassation sur l'article L. 333-3-1 du Code de la consommation.
2. V. NOT. : M.-N. Jobard-Bachellier, « L'élaboration d'un régime de surendettement international : emprunts au régime de la "faillite" internationale ? », *Gaz. Pal.* 26-27 févr. 2003. 27; « Les procédures de surendettement et de faillite internationales ouvertes dans la Communauté européenne », *Rev. crit. DIP* 2002. 491 – Sur l'ensemble de la question, et dans le MÊME SENS, v. M. Jude, *Le droit international privé des procédures de surendettement des particuliers,* PUAM, 2003 – et note ss Civ. 1re, 2 oct. 2002, n° 01-04.025, NP; *Rev. crit. DIP* 2003. 113.
3. TROCHU, p. 11 s.
4. TROCHU, p. 47 s.
5. Règl. (CE) n° 1346-2000, 29 mai 2000, *JOCE*, n° L. 160, 30 juin, p. 1. Ce règlement est actuellement en cours de révision.
6. Sur l'absence de reconnaissance par un tribunal suisse du jugement ayant prononcé en France une liquidation judiciaire et dès lors son inopposabilité au banquier suisse : Versailles 20 mars 2008, BNP Paribas Suisse, *Rev. crit. DIP* 2008. 649, note D'Avout.
7. Civ. 1re, 19 nov. 2002, n° 00-22.334, Banque Worms, *Bull. civ.* I, n° 275; *D.* 2003. 797, note Khairallah; *JDI* 2003. 132, note Roussel-Galle; *RTD com.* 2003. 169, note Vallens – Pour une invocation du principe d'universalité de la faillite en faveur de la compétence des tribunaux français : Com. 21 mars 2006, n° 04-17.869, *Bull. civ.* IV, n° 74; *Rev. crit. DIP* 2007. 105, note Khairallah.
8. CJCE 22 févr. 1979, Gourdain c/Nadler, aff. 133/78, *Rec. CJCE* 00733; *Rev. crit. DIP* 1979. 657, note Lemontey.
9. Com. 24 mai 2005, n° 03-14.099, *Bull. civ.* IV, n° 108; *Dr. et proc.* 2005. 341, obs. Cuniberti; *Rev. crit. DIP* 2005. 489, note Bureau; *D.* 2005. 2394, note Kessler; *D.* 2005. 1553, obs. Lienhard; *JDI* 2006. 191, note Roussel-Galle – V. Com. 18 déc. 2007, n° 06-17.610, *Bull. civ.* IV, n° 266; *Rev. crit. DIP* 2008. 339, note Bureau.

contraire de l'action en comblement du passif social[1].

SECTION 1
Droit international privé commun (jurisprudence française)

1712.10 Absence de codification et champ d'application. À une époque où les réformes législatives du droit interne de la faillite se succèdent rapidement[2], le droit international privé commun reste essentiellement jurisprudentiel, ce qui a été regretté dans la mesure où cela crée « *une incertitude juridique défavorable aux investissements étrangers* »[3]. L'intérêt d'une codification s'accroît au regard de la grande importance économique actuelle de plusieurs États non européens, importance qui redonne *a priori* un intérêt certain à un droit international privé commun qui avait perdu une bonne partie de son champ d'application avec l'entrée en vigueur du règlement européen. L'interprétation récente de ce dernier pourrait toutefois conduire à fortement nuancer cette affirmation, puisque la Cour de justice estime que « *les juridictions de l'État membre sur le territoire duquel s'est ouverte la procédure d'insolvabilité sont compétentes pour connaître d'une action révocatoire fondée sur l'insolvabilité contre un défendeur n'ayant pas son domicile sur le territoire d'un État membre* »[4]. Le dispositif de cette décision s'avère pour l'instant soigneusement limité aux actions révocatoires. Toutefois, le raisonnement de la Cour laisse présager l'extension d'une telle solution bien au-delà de la question qui lui était posée. Si effectivement ce devait être le cas, de sorte que le règlement Insolvabilité s'applique à toutes les relations avec un État tiers dès lors que le débiteur a le centre de ses intérêts principaux dans un État membre, le droit international privé commun français « *devrait désormais essentiellement s'appliquer aux procédures collectives dans lesquelles le débiteur dispose d'un établissement en France et de son siège hors de l'Union ou aux très rares cas dans lesquels un demandeur français se prévaudrait du privilège de juridiction fondé sur la nationalité française, énoncé par l'article 14 du Code civil, pour demander l'ouverture d'une procédure à l'égard d'un débiteur ne disposant pas du centre de ses intérêts principaux dans l'Union ni même d'un établissement en France* »[5].

§ 1
Ouverture en France d'une faillite : conflit de juridictions

1712.11 Siège ou établissement en France. Les tribunaux français se reconnaissent compétence pour ouvrir en France une faillite dans au moins trois situations (sous réserve qu'un jugement étranger de faillite n'ait pas été exequaturé, v. s[s] n° 1712.43).

Deux d'entre elles résultent de l'article R. 600-1 du Code de commerce, selon lequel : « *Le tribunal territorialement compétent pour connaître [de la faillite] est celui dans le ressort duquel le débiteur, personne morale, a son siège ou le débiteur, personne physique, a déclaré l'adresse de son entreprise ou de son activité. À défaut de siège en territoire français, le tribunal compétent est celui dans le ressort duquel le débiteur a le centre principal de ses intérêts en France* »[6].

Ainsi, les tribunaux français sont compétents lorsque l'entreprise du débiteur a son siège en France, étant précisé qu'il s'agit toujours du siège réel, et non statutaire[7], ou lorsque s'y trouve un établissement secondaire (en cas de pluralité d'établissements secondaires du débiteur en France, c'est le principal de ces établissements qui est retenu[8]).

Il faut préciser que lorsque la faillite a été ouverte par les tribunaux français au siège de l'entreprise, elle a normalement vocation à s'étendre à l'étranger, visant ainsi l'ensemble des biens du débiteur quelle que soit leur localisation géographique, ce qui est une application de la théorie de l'universalité. La réalisation de cette vocation est néanmoins subordonnée à la coopération des organes étrangers.

1. Com. 5 mai 2004, n° 01-02.041, *Bull. civ.* IV, n° 82; *D.* 2004. 1796, note Vallens; *Rev. crit. DIP* 2005. 104, note Bureau.
2. Pour un propos particulièrement critique à l'occasion des textes de 2014, v. Ph. Pétel; « Entreprises en difficulté : encore une réforme ! », *JCP* 2014. Doctr. 667, spéc. n° 1 : « *Que peut faire, face à la multiplication des défaillances d'entreprises, un Gouvernement dont la marge de manœuvre monétaire, douanière, financière, fiscale et politique est inexistante ou très réduite ? Des lois. Uniquement des lois. Au demeurant, l'ancienne majorité ne s'était pas privée d'avoir recours à ce levier résiduel et dérisoire* ».
3. J. L. Vallens, « Une réforme efficace et mesure du livre VI du Code de commerce », *Lamy Droit de l'exécution forcée Lettre d'actualités* avr. 2014, p. 1, spéc. p. 8.
4. CJUE 16 janv. 2014, R. Schmid c/L. Hertel, aff. C-328/12, *JCP* 24 févr. 2014. 253, note Mélin; L. D'Avout et S. Bollée, « Chronique de droit du commerce international (août 2013-juill. 2014) », *D.* 2014. 1967; *Rev. crit. DIP* 2014. 670, note Bureau – Sur le champ d'application du règlement « Insolvabilité », v. s[s] n° 1712.51.
5. F. Mélin, note préc. s[s] prés[t] n°.
6. Il est ajouté : « *Toutefois, en cas de changement de siège de la personne morale dans les six mois ayant précédé la saisine du tribunal, le tribunal dans le ressort duquel se trouvait le siège initial demeure seul compétent. Ce délai court à compter de l'inscription modificative au registre du commerce et des sociétés du siège initial* ».
7. Civ. 1re, 21 juill. 1987, n° 85-18.504, *Bull. civ.* I, n° 242; *D.* 1988. 169, note Rémery.
8. Outre le texte lui-même, v. Com. 11 avr. 1995, n° 92-20.032, *Bull. civ.* IV, n° 126; *D.* 1995. 640, note Vasseur; *Rev. crit. DIP* 1995. 742, note Oppetit.

1712.12 Articles 14 et 15 du Code civil. La dernière hypothèse dans laquelle un tribunal français est assurément compétent pour ouvrir une faillite en France résulte du jeu de l'article 14 du Code civil (créancier français) ou de son article 15 (débiteur français).

En effet, si on a pu critiquer ces textes, il reste, comme on l'a remarqué[1], qu'ils font toujours partie du droit positif - en application de l'article 14[2] - en application de l'article 15[3].

1712.13 Autres chefs de compétence ? Hormis les trois types de situation précédemment examinés, existe-t-il d'autres hypothèses de compétence internationale des tribunaux français ?

Une jurisprudence ancienne[4] admet la compétence du juge français pour ouvrir la faillite d'un débiteur qui, par exemple, conclut un marché en France. On peut cependant douter aujourd'hui de la validité de cette jurisprudence qui consacre des chefs de compétence internationale bien fragiles[5].

1712.14 Compétence dérivée. Lorsque les tribunaux français ont ouvert une faillite, notamment au siège de l'entreprise, ils peuvent « étendre » celle-ci à d'autres personnes, même affectées d'un élément d'extranéité (domicile ou siège à l'étranger par exemple), en vertu de la transposition au plan international des articles relatifs aux sanctions pécuniaires et personnelles, à l'instar de l'action en responsabilité pour insuffisance d'actif (C. com., art. L. 651-1[6]). Cette transposition était déjà connue antérieurement[7].

§ 2
Ouverture en France d'une faillite : conflit de lois

1712.21 Loi de la faillite. Domaine. La compétence internationale directe des tribunaux français emporte application de la loi française pour décider des conditions d'ouverture, de déroulement, et de clôture de la procédure de faillite (on remarquera que dans le cadre de cette procédure tous les créanciers, sans distinction de nationalité ou de réciprocité, sont admis à produire[8]).

De même, c'est la loi de la faillite qui régit les effets du jugement de faillite. Ainsi, c'est la loi de la faillite qui décide, si les poursuites individuelles sont suspendues (en France, il a été jugé, en matière arbitrale, que la suspension est « *d'ordre public international* »[9]), la mesure du dessaisissement[10]... La Cour de cassation a ainsi récemment décidé que « *l'annulation, la révocation ou l'inopposabilité, prononcées à la requête des organes d'une procédure collective, d'actes passés par le débiteur avant l'ouverture de celle-ci et estimés préjudiciables aux créanciers est une conséquence de la procédure et, à ce titre, relève, en droit international privé commun, du domaine de la loi qui la régit, y compris après exequatur en France du jugement d'ouverture* »[11] et « *y compris en ce qui concerne les délais pour agir* »[12]. Cette loi va également régir les éventuelles modalités de remboursement (dont le taux d'intérêt légal), ce qui en l'espèce conduisait à l'application de la loi allemande à l'obligation de rembourser la plus-value fictive[13].

La loi de la faillite se caractérise enfin par son pouvoir d'attraction, c'est-à-dire qu'elle est souvent étendue à des matières normalement soumises à une loi propre. Par exemple, « *les conditions auxquelles peuvent être revendiquées des marchandises vendues avec réserve de propriété sont, en cas de redressement judiciaire de l'acheteur, déterminées par la loi de la procédure collective quelle que soit la loi régissant la validité et l'opposabilité, en général, de la clause de propriété réservée* »[14].

Renvoi. Pour d'autres hypothèses de conflits de lois, v. spécialement, Rép. internat., *v° Faillite*, par H. Synvet, n°s 30 s.

1. Rép. internat., *v° Faillite*, par H. Synvet, n° 23 – V. AUSSI, la réaction similaire de P. Lagarde sur la question du champ d'application des articles 14 et 15 : *Trav. Comité fr. DIP* 1986-1988. 192.
2. Civ. 2ᵉ, 12 juin 1962, *JDI* 1963. 1056, note Goldman – Com. 19 mars 1979, n° 77-13.943, *Bull. civ.* IV, n° 104; *Rev. crit. DIP* 1981. 524, note Lagarde.
3. Civ. 2ᵉ, 7 juin 1962, *JDI* 1963. 106, note Ponsard.
4. TROCHU, p. 82, notes 3 à 5.
5. RÉMERY, p. 46 s. – Rép. internat., *v° Faillite,* par H. Synvet, n° 24.
6. ANC^{T} C. com., art. L. 624-2 (et V. AUSSI ANC^{T} C. com., art. L. 624-1, L. 624-4 et L. 624-5 [art. abrogés par L. n° 2005-845, 26 juill. 2005, de sauvegarde des entreprises] – ANC^{T} L. n° 85-98, 25 janv. 1985, art. 178, 181 et 182).
7. PAR EX. : Com. 16 juill. 1981, n° 80-12.722, *Bull. civ.* IV, n° 318; *Rev. crit. DIP* 1982. 124, note Lemontey, à propos de l'action en comblement de passif de L. n° 67-563, 13 juill. 1967, art. 99.
8. Com. 14 mai 1996, n° 94-16.186, *Bull. civ.* IV, n° 131; *D.* 1996. 585, note Vasseur; *Rev. crit. DIP* 1996. 475, rapp. Rémery – PAR EX., dans la même affaire : T. com. Paris, 23 juill. 1991, *D.* 1992. 232, note Rémery – Paris, 8 juill. 1992, *D.* 1992. 476, note Vasseur.
9. Civ. 1ʳᵉ, 8 mars 1988, n° 86-12.015, *Bull. civ.* I, n° 65; *Rev. arb.* 1989. 473, note Ancel – Civ. 1ʳᵉ, 5 févr. 1991, n° 89-14.382, *Bull. civ.* I, n° 44; *Rev. arb.* 1991. 625, note Idot.
10. Civ. 1ʳᵉ, 10 juill. 1990, n° 87-17.082, *Bull. civ.* I, n° 195.
11. Com. 2 oct. 2012, n° 11-14.406, *Bull. civ.* IV, n° 176, *Rev. crit. DIP* 2013. 201, note Bureau.
12. Com. 2 oct. 2012, n° 10-18.005, *Bull. civ.* IV, n° 175, *Rev. crit. DIP* 2013. 201, note Bureau.
13. Com. 2 oct. 2012, n° 11-14.406, préc. s^{s} prés^{t} n°.
14. Civ. 1ʳᵉ, 3 janv. 1991, n° 89-16.741, *Bull. civ.* I, n° 9; *JDI* 1991. 953, note Jacquemont; *D.* 1991. 276, note Rémery – COMP. Com. 8 janv. 2002, n° 98-20.181, NP; *Rev. crit. DIP* 2002. 328, note Bureau : recours, critiqué, à la notion de loi de police pour appliquer la loi française, loi de la faillite.

§ 3
Accueil en France d'un jugement étranger de faillite non exequaturé

1712.30 **Divisions.** Lorsqu'un jugement étranger ouvre une faillite à l'étranger, on peut s'interroger sur les effets d'une telle décision en France. Ceux-ci diffèrent selon que le jugement étranger en France n'a pas été ou a été exequaturé (sur la notion de décision pouvant recevoir *exequatur*, v. s^s n° 1711.181).

1712.31 **Absence de force exécutoire.** Le jugement étranger non exequaturé n'a pas de force exécutoire en France puisque c'est précisément l'*exequatur* qui la lui confère. En conséquence, le syndic étranger ne peut procéder à des actes d'exécution forcée [1].

1712.32 **Absence d'autorité de chose jugée.** Le jugement étranger de faillite non exequaturé n'a pas non plus autorité de chose jugée, contrairement à ce que l'on pourrait supposer compte tenu du droit commun de l'effet des jugements étrangers, selon lequel un jugement étranger constitutif, ce qu'est le jugement de faillite, possède *de plano* autorité de chose jugée.

En conséquence, et d'abord, la décision étrangère de faillite « *ne peut produire en France aucun effet de dessaisissement du débiteur, ni de suspension des poursuites individuelles* » [2].

Ensuite, les tribunaux français peuvent toujours prononcer en France le redressement judiciaire du débiteur, dès lors du moins qu'un chef de compétence le leur permet (sur ces chefs de compétence, v. s^s n°s 1712.11 s.) [3].

1712.33 **Pouvoirs du syndic étranger.** Finalement, le seul effet incontesté du jugement étranger de faillite non-exequaturé consiste à reconnaître au syndic étranger le pouvoir d'ester en justice et, en particulier, de demander l'*exequatur* [4].

Il a également été admis que le syndic étranger pouvait se voir remettre les fonds déposés par le failli en banque, mais cette solution a été prise dans le cadre conventionnel et on peut douter de sa généralisation [5].

En conséquence du nombre très limité des effets du jugement étranger de faillite n'ayant pas reçu l'*exequatur*, il paraît essentiel de solliciter l'*exequatur* au plus vite. On peut cependant remarquer que la jurisprudence de la Cour de cassation sur la portée de l'*exequatur* oblige à nuancer cette opinion (v. s^s n° 1712.44).

§ 4
Accueil en France d'un jugement étranger de faillite exequaturé

1712.41 **Conditions de l'*exequatur*.** Les conditions de l'*exequatur* sont celles du droit commun des jugements étrangers telles qu'elles résultent initialement de la jurisprudence *Munzer* [6], et aujourd'hui de l'arrêt *Cornelissen*, qui supprime le contrôle de la loi applicable : « *pour accorder l'exequatur hors de toute convention internationale, le juge français doit s'assurer que trois conditions sont remplies, à savoir la compétence indirecte du juge étranger, fondée sur le rattachement du litige au juge saisi, la conformité à l'ordre public international de fond et de procédure et l'absence de fraude à la loi; le juge de l'exequatur n'a donc pas à vérifier que la loi appliquée par le juge étranger est celle désignée par la règle de conflit de lois française* » [7]. Ainsi l'ordre public international français doit-il être respecté, ce qui s'avère être le cas de la décision étrangère qui a ouvert une procédure collective à l'égard d'un non-commerçant [8]; ou du jugement étranger ayant appliqué le droit espagnol permettant une période suspecte d'une durée supérieure à dix-huit mois (vingt-trois en l'espèce) ou frappant de nullité, à l'égard de toute personne même de bonne foi, tous les actes de disposition et d'administration postérieurs à la date à laquelle rétroagissent les effets de la faillite [9]. La Cour de cassation a considéré qu'était d'ordre public international le principe selon lequel tout créancier doit déclarer sa créance [10]. En revanche, elle a déclaré non contraire à la conception française de

1. Civ. 1re, 25 févr. 1986, n° 84-14.208, *Bull. civ.* I, n° 38; *JDI* 1988. 425, note Jacquemont; *JCP* 1987. II. 20776, note Rémery; *Rev. crit. DIP* 1987. 589, note Synvet.
2. Civ. 1re, 24 mars 1998, n° 96-10.171, *Bull. civ.* I, n° 122; *JCP* 1998. II. 10155, note Kerckhove.
3. Com. 11 avr. 1995, n° 92-20.032, *Bull. civ.* IV, n° 126; *Rev. crit. DIP* 1995. 742, note Oppetit; *D.* 1995. 640, note Vasseur.
4. Implicitement, Civ. 1re, 25 févr. 1986, n° 84-14.208, *Bull. civ.* I, n° 38 (préc. s^s n° 1712.31).
5. TGI Paris, 15 juin 1988, *JDI* 1990. 423, note Mattout – Rép. internat., *v° Faillite*, par H. Synvet, n° 78.
6. Civ. 1re, 7 janv. 1964, Munzer – Sur cet arrêt, Ancel et Lequette, n° 41 et les références.
7. Civ. 1re, 20 févr. 2007, n° 05-14.082, *Bull. civ.* I, n° 68; *Rev. crit. DIP* 2007. 420, note Ancel et Muir-Watt; *LPA* 22 mai 2007, p. 15, note Lecuyer-Thieffry.
8. Com. 18 janv. 2000, n° 97-11.906, Pehrsson c/Kinlan, *Bull. civ.* IV, n° 17; *Rev. crit. DIP* 2000. 442, note Bureau; *D. Affaires* 2000. 105, obs. Faddoul; *JDI* 2001. 539, note Poillot-Peruzetto.
9. Com. 5 févr. 2002, n° 98-22.683, *Bull. civ.* IV, n° 24 – Com. 5 févr. 2002, n° 98-22.682, *Bull. civ.* IV, n° 25; *JDI* 2003. 476, note Roussel-Galle; sur le premier, v. aussi *Gaz. Pal.* 19-20 févr. 2003, note Niboyet.
10. Civ. 1re, 29 sept. 2004, n° 02-16.754, *Bull. civ.* I, n° 215; *JDI* 2005. 378, obs. Mélin; *Rev. crit. DIP* 2005. 322, note Remery.

tiers[1] (point 23). Elle estime qu'il n'existe pas plus de restrictions implicites : en ce qui concerne « *les dispositions du règlement qui ne prévoient pas expressément un élément d'extranéité impliquant au moins deux États membres, force est de constater que les objectifs poursuivis par le règlement, tels qu'ils ressortent notamment de ses considérants, ne militent pas non plus en faveur d'une interprétation étroite du champ d'application du règlement, supposant la présence nécessaire d'un tel élément* » (point 24). La Cour vise en particulier le considérant 12, selon lequel « *les procédures d'insolvabilité principales dans l'État membre où se situe le centre des intérêts principaux du débiteur* [...] *ont une portée universelle et visent à inclure tous les actifs du débiteur* ». Elle conclut son raisonnement de principe (avant de passer à la question spécifique des actions révocatoires) en déclarant qu'une « *limitation du champ d'application du règlement à des situations impliquant nécessairement au moins deux États membres ne résulte pas non plus des objectifs spécifiques propres à l'article 3, paragraphe 1, du règlement* ». L'ensemble de ces éléments amène donc à penser que la portée de cette décision, qualifiée « *de grand principe* »[2], est destinée à être beaucoup plus étendue que ne le laisse supposer la lettre du dispositif. Si la Cour de justice devait effectivement généraliser sa nouvelle jurisprudence, de sorte que le règlement « Insolvabilité » s'applique « *dès lors que le débiteur dispose du centre de ses intérêts principaux dans un État de l'Union même si le seul élément d'extranéité se rapporte à un État tiers à l'Union, le* [droit international privé commun français] *devrait désormais essentiellement s'appliquer aux procédures collectives dans lesquelles le débiteur dispose d'un établissement en France et de son siège hors de l'Union ou aux très rares cas dans lesquels un demandeur français se prévaudrait du privilège de juridiction fondé sur la nationalité française, énoncé par l'article 14 du Code civil, pour demander l'ouverture d'une procédure à l'égard d'un débiteur ne disposant pas du centre de ses intérêts principaux dans l'Union ni même d'un établissement en France* »[3].

1712.52 Compétence directe. Principes. Le règlement (art. 3, al. 1er) donne compétence aux tribunaux de l'État membre où se trouve le centre des intérêts principaux du débiteur : c'est la procédure principale, qui a vocation à traiter de l'ensemble des actions qui dérivent directement de la faillite et s'y insèrent étroitement telles les actions révocatoires fondées sur l'insolvabilité[4]. Ce centre est présumé être le siège statutaire jusqu'à preuve du contraire. Le contrôle exercé par la société n'est pas déterminant : « *Lorsqu'une société exerce son activité sur le territoire de l'État membre où est situé son siège social, le fait que ses choix économiques soient ou puissent être contrôlés par une société mère établie dans un autre État membre ne suffit pas pour écarter la présomption* »[5]. La présomption serait en revanche renversée si une société n'exerçait aucune activité dans l'État membre de son siège statutaire. Ces considérations sont d'autant plus importantes que la procédure principale doit être reconnue par les autres États membres sans qu'un contrôle de la compétence soit possible.

Notons en outre que la détermination de ce centre n'est pas affectée par son déplacement sur le territoire d'un autre État membre après l'introduction de la demande mais avant l'intervention de la procédure[6].

La procédure principale concrétise la théorie de l'unité mais celle-ci n'est pas pour autant totalement retenue puisque si ce débiteur possède un établissement dans un autre État membre, les juridictions de cet État sont compétentes pour ouvrir une procédure dite secondaire, qui ne peut toutefois être qu'une procédure de liquidation et dont les effets sont limités aux biens locaux (Règl., art. 3, al. 2 et 3).

Il reste qu'une pluralité de procédures est concevable, dès lors qu'en vertu de l'article 16 § 2 l'accueil du jugement étranger ouvrant une faillite principale n'empêche pas l'ouverture d'une faillite secondaire. Celle-ci est même en un sens facilitée, sans être imposée, puisque selon l'article 27, il n'est nul besoin de prouver l'insolvabilité du débiteur à l'occasion de son ouverture. D'où certaines règles ayant trait à la coordination entre faillite principale et faillite(s) secondaire(s), notamment en matière de mesures conservatoires. À ce dernier égard se rat-

1. La Cour pense à « *l'article 44, paragraphe 3, sous a), du règlement* [qui] *dispose que celui-ci n'est pas applicable, dans tout État membre, dans la mesure où il est incompatible avec les obligations en matière de faillite résultant d'une convention conclue antérieurement à son entrée en vigueur par cet État membre avec un ou plusieurs États tiers. Or, cette disposition serait en principe superflue si le règlement en cause ne s'appliquait pas aux relations entre un État membre et un État tiers* » (point 23).
2. L. D'Avout, « Chronique de droit du commerce international (août 2013-juill. 2014) », *D.* 2014. 1967.
3. F. Mélin, note préc. s^s prés^t n^o.
4. CJCE 12 févr. 2009, aff. C-339/07, spéc. points 19 s., *Europe* 2009, n° 175, note Idot.
5. CJCE 2 mai 2006, Eurofood, aff. C-341/04 *Rec. CJCE* I-3813; *Europe* 2006, n° 230, note Idot; *JCP* 2006. II. 10089, note Menjucq – *Adde :* D. Dammann, « L'application du règlement (CE) n° 1346-2000 après les arrêts *Staubitz-Schreiber* et *Eurofood* de la CJCE », *D.* 2006. 1752.
6. CJCE 17 janv. 2006, Staubitz-Schreiber, aff. C-1/04, *Rec. CJCE* I-701; *JDI* 2006. 652, note Volders et Rétornaz – *Adde :* D. Dammann, « L'application du règlement CE n° 1346-2000 après les arrêts *Staubitz-Schreiber* et *Eurofood* de la CJCE », *D.* 2006. 1752.

tache l'article 38, selon lequel « *lorsque la juridiction d'un État membre compétente en vertu de l'article 3, paragraphe 1* [*i.e.* la juridiction ayant ouvert la procédure principale d'insolvabilité], *désigne un syndic provisoire en vue d'assurer la conservation des biens du débiteur, ce syndic provisoire est habilité à demander toute mesure de conservation ou de protection sur les biens du débiteur qui se trouvent dans un autre* [souligné par nous] *État membre prévue par la loi de cet État, pour la période séparant la demande d'ouverture d'une procédure d'insolvabilité de la décision d'ouverture* ».

1712.53 Compétence directe. Compétence dérivée (rejet). Le 15 décembre 2011[1], la Cour de justice condamna un chef de compétence dérivée découlant du droit national, en l'occurrence le droit français, en ces termes : « *Dans l'hypothèse où une société, dont le siège statutaire est situé sur le territoire d'un État membre, est visée par une action tendant à lui étendre les effets d'une procédure d'insolvabilité ouverte dans un autre État membre à l'encontre d'une autre société établie sur le territoire de ce dernier État, la seule constatation de la confusion des patrimoines de ces sociétés ne suffit pas à démontrer que le centre des intérêts principaux de la société visée par ladite action se trouve également dans ce dernier État. Il est nécessaire, pour renverser la présomption selon laquelle ce centre se trouve au lieu du siège statutaire, qu'une appréciation globale de l'ensemble des éléments pertinents permette d'établir que, de manière vérifiable par les tiers, le centre effectif de direction et de contrôle de la société visée par l'action aux fins d'extension se situe dans l'État membre où a été ouverte la procédure d'insolvabilité initiale* ». L'argumentation utilisée par la Cour de justice laisse à penser que la condamnation vaut pour l'ensemble des chefs de compétence dérivée.

1712.54 Compétence directe. Concurrence. Que décider dans l'hypothèse d'une saisine parallèle en ouverture d'une procédure principale d'insolvabilité de juridictions relevant de plusieurs États membres ? La question vient d'être tranchée par la Cour de cassation. Les faits étaient simples. Un débiteur demanda en 2007 à un tribunal français d'ouvrir à son égard une procédure de liquidation judiciaire, ce qui lui fut refusé au motif que, contrairement à sa prétention, le centre de ses intérêts principaux se trouvait en Allemagne et non en France. Le débiteur forma contredit, mais la cour d'appel rejeta son recours en 2013 au motif différent qu'une procédure d'insolvabilité avait déjà été ouverte à son égard en Allemagne en 2008. La Cour de cassation rejette le pourvoi, déclarant « *qu'en présence d'une décision ayant ouvert la procédure principale d'insolvabilité dans un État membre de l'Union européenne et d'une instance en cours devant une juridiction d'un autre État membre en vue de l'ouverture d'une procédure identique à l'égard du même débiteur, le conflit se résout en faveur de la décision d'ouverture déjà intervenue qui doit être internationalement reconnue, et non en fonction des dates respectives de saisine des juridictions ou par application de la loi désignée par l'article 15 du règlement* [« Insolvabilité »], *lequel, ne concernant que les instances relatives à un bien ou un droit dont le débiteur est dessaisi, ne vise pas l'instance en ouverture de la procédure* »[2].

1712.55 Loi applicable. En principe, « *la loi applicable à la procédure d'insolvabilité et à ses effets est celle de l'État membre sur le territoire duquel la procédure est ouverte* » (Règl. (CE) 29 mai 2000, art. 4, al. 1er - v. aussi art. 28). On mesure en conséquence l'importance des règles de compétence directe, d'autant que cette loi possède un large champ d'application, qui couvre notamment la question de la suspension des poursuites individuelles (Règl., art. 4, al. 2, point f). À cet égard existe cependant une exception concernant les instances en cours, précisée par l'article 15 : « *Les effets de la procédure d'insolvabilité sur une instance en cours concernant un bien ou un droit dont le débiteur est dessaisi sont régis exclusivement par la loi de l'État membre dans lequel cette instance est en cours* ». Sont toutefois réservés les droits réels des tiers (Règl., art. 5), la compensation (Règl., art. 6) et la réserve de propriété (Règl., art. 7). De même, les articles 8 à 11 énumèrent des lois particulières applicables aux effets de la procédure d'insolvabilité sur telle ou telle institution (systèmes de paiement et marchés financiers, contrat de travail, *etc.* - également, Règl., art. 13 à 15). Ici aussi, le système de l'unité doit donc céder la place à des considérations inspirées par le système de la pluralité.

1712.56 Effets des jugements. Le règlement réalise en matière d'effets des jugements étrangers un progrès majeur par rapport au droit international privé commun puisqu'en vertu de l'article 16 toute décision ouvrant une procédure d'insolvabilité, qu'elle soit principale ou secondaire, est reconnue de plein droit dans tous les autres États membres

1. CJUE 15 déc. 2011, Rastelli, aff. C-191/10, *Rev. crit. DIP* 2012. 435, note Khairallah – En conséquence de quoi, la Cour de cassation cassa l'arrêt de la cour d'appel d'Aix-en-Provence : Com. 10 mai 2012, n° 09-12.642, *Bull. civ.* IV, n° 97.

2. Com. 27 mai 2014, n° 13-14.956, *Bull. civ.* IV, n° 95; obs. M. Menjucq *in* G. Bourdeaux, M. Menjucq et C. Nourissat, « Chronique de droit du commerce international », *JCP* 2014. Doctr. 977, n° 11. La Haute juridiction ajoute que la cour d'appel n'était saisie d'aucun moyen de nature à faire obstacle, par application de l'article 26 du règlement, à la reconnaissance de plein droit de la décision allemande.

(même ceux où le débiteur du fait de sa qualité n'est pas susceptible de faire l'objet d'une procédure d'insolvabilité), dès lors qu'elle produit ses effets dans l'État d'ouverture. Cette faveur s'étend aux décisions relatives au déroulement et à la clôture de la procédure d'insolvabilité rendues par la juridiction de l'État d'ouverture, au concordat approuvé par cette juridiction (Règl., art. 25 § 1, al. 1er), aux décisions relatives aux mesures conservatoires prises après la demande d'ouverture (Règl., art. 25 § 1, al. 3), ainsi qu'à celles « *qui dérivent directement de la procédure d'insolvabilité et qui s'y insèrent étroitement, même si elles sont rendues par une autre juridiction* » (Règl., art. 25 § 1, al. 2).

Quant à l'*exequatur* de ces décisions, toujours en vertu de l'article 25, il relève de la procédure simplifiée de la convention de Bruxelles de 1968. D'après le texte, il s'agit bien de la convention, et non du règlement Bruxelles I qui l'a remplacé en 2002 (*a fortiori* du règlement Bruxelles I *bis* applicable depuis début 2015) : dans la mesure où Bruxelles I (*a fortiori* Bruxelles I *bis*) diffère fondamentalement de la convention en ce qui concerne précisément l'*exequatur*, il semble *a priori* que la lettre du texte doit être respectée, faute de quoi l'équilibre du règlement n° 1346-2000 serait remis en cause. C'est en ce sens qu'avait pris parti la circulaire du 17 mars 2003 relative à l'entrée en vigueur du règlement n° 1346-2000 du 29 mai 2000 relatif aux procédures d'insolvabilité. Mais ce texte avait été remplacé par une circulaire de 2006[1] qui ne reprenait précisément pas le point V de la circulaire de 2003, de sorte que le doute demeurait sur l'opinion du ministère de la Justice[2]. Quelle que fut cette opinion, elle ne liait d'ailleurs évidemment pas les tribunaux. Surtout, depuis 2007, la convention de Bruxelles de 1968 n'est plus du tout en vigueur dans son champ d'application initial (qui excluait la faillite) : faut-il maintenir en vigueur une convention qui n'est plus applicable dans son champ d'application initial ?[3] C'est une réponse négative que donne la Cour de justice dans l'affaire *German Graphics*[4], conduisant à l'époque à l'application de l'*exequatur* ultra simplifié de Bruxelles I dans le cadre du règlement Insolvabilité. Par analogie, la disparition de l'*exequatur* consacrée par le règlement Bruxelles I *bis* s'applique également au règlement « Insolvabilité », au moins pour les actions intentées après le 10 janvier 2015. En effet, la question de savoir si, en matière d'insolvabilité, on doit suivre les règles de Bruxelles I *bis* sur son propre champ d'application temporel (v. s[s] n° 1711.41) pour les actions introduites avant le 10 janvier 2015 mais ayant donné lieu à une décision ultérieure, reste ouverte. Son importance doit cependant être relativisée car les motifs de rejet, au contraire de la procédure proprement dite, relèvent du règlement n° 1346-2000 lui-même. Communs à l'*exequatur* et à la reconnaissance, ils ont trait principalement à l'ordre public (contrariété manifeste, Règl., art. 26 – égal., Règl., art. 25, al. 3 par exemple, mais ces motifs de rejet tenant à la protection des libertés individuelles et du secret postal auraient pu être rangés sous la bannière de l'ordre public). À ce dernier égard, la CJCE, transposant expressément sa jurisprudence *Krombach* relative à la convention de Bruxelles, considère qu'est d'ordre public international le droit fondamental de tout individu d'être entendu[5]. La Cour de cassation considère, similairement, que « *l'impossibilité pour un créancier domicilié dans un État membre autre que celui d'ouverture de la procédure principale d'insolvabilité de contester effectivement dans l'État d'ouverture, la compétence assumée par ses juridictions* » (la vérification de cette compétence par les juges de l'État d'accueil étant prohibée par le règlement) constitue une méconnaissance du droit d'accès au juge, sanctionnée par le rejet, au titre de l'article 26 (ordre public), de la décision d'ouverture dans l'État membre d'accueil[6]. Quant aux autres décisions, elles sont régies par la convention de Bruxelles de 1968, mais « *pour autant que cette convention soit applicable* » (Règl., art. 25 § 2). Il faut aujourd'hui comprendre le règlement Bruxelles I *bis*.

1. Circ. DACS n° 2006-19, 15 déc. 2006, relative au Règl. (CE) n° 1346-2000, 29 mai 2000, relatif aux procédures d'insolvabilité, *BOMJ* n° 2007-01, 28 févr.
2. Ph. Roussel-Galle, « De quelques pistes d'interprétation du règlement (CE) n° 1346-2000 sur les procédures d'insolvabilité : la circulaire du 15 décembre 2006 », *JDI* 2008. 133, spéc. n°s 21 et 22 – V. AUSSI : J.-L. Vallens, note s[s] Com. 27 juin 2006, n° 03-19.863, *Bull. civ.* IV, n° 149; *D.* 2006. 2257, spéc. p. 2264, qui relève la position isolée de la France et en appelle à la CJCE ou au Conseil de l'UE pour éclaircir de manière uniforme ce point aux importantes conséquences pratiques. La réponse a finalement été donnée par la CJUE.
3. DANS UN SENS NÉGATIF : v. M. Smith de Bruin, *Transnational Litigation. Jurisdiction and Procedure*, Thomson Round Hall, Irlande, 2008, n° 12-190 *in limine*.
4. CJCE 10 sept. 2009, German Graphics Graphische Maschinen, aff. C-292/08, *Europe* 2009, n° 390, note Idot; *Procédures* 2009, n° 360, note Nourissat; *D.* 2009. 2782, note Vallens.
5. CJCE 2 mai 2006, Eurofood, aff. C-341/04, *Rec. CJCE* I-3813; *Europe* 2006, n° 230, note Idot; *JCP* 2006. II. 10089, note Menjucq – *Adde :* D. Dammann, « L'application du règlement CE n° 1346-2000 après les arrêts *Staubitz-Schreiber* et *Eurofood* de la CJCE », *D.* 2006. 1752.
6. Com. 15 févr. 2011, n° 09-71.436, *Bull. civ.* IV, n° 27 : en l'espèce, la Cour rejette le pourvoi au motif que le droit italien offrait une telle possibilité.

Les conséquences pratiques de ces dispositions sont importantes[1] puisque, notamment, les créanciers qui auraient, grâce aux voies d'exécution et surtout après l'ouverture d'une procédure principale, reçu satisfaction, que ce soit totalement ou partiellement, doivent en principe restituer ce qu'ils ont obtenu au syndic (Règl., art. 20).

1. PAR EX. : CJUE 21 janv. 2010, Probud, aff. C-444/07 : l'ouverture d'une faillite en Pologne interdit à un créancier de pratiquer des voies d'exécution en Allemagne où n'avait pas été ouverte une procédure secondaire d'insolvabilité.

Table des matières

Principales abréviations utilisées

	signifie
A.	arrêté
abr.	abrogé
ACPC	ancien Code de procédure civile
Act.	Actualités, aussi partie « Actualités » (dans divers recueils et revues)
aff.	affaire
AJDA	*Actualité juridique de droit administratif*
AJDI	*Actualité juridique de droit immobilier*
AJPI	*Actualité juridique de la propriété immobilière*
AJ pénal	*Actualité juridique pénal*
al.	alinéa
AN	Assemblée nationale
anc.	ancien
anc^{t}	anciennement
Ann. Loyers	*Annales des loyers*
Ann. propr. ind.	*Annales de la propriété industrielle*
art.	article
ass.	assemblée
ass. plén.	assemblée plénière
assoc.	association
BICC	*Bulletin d'information de la Cour de cassation*
BRDA	*Bulletin rapide de droit des affaires* (Francis Lefebvre)
Bull. avoués	*Bulletin des avoués*
Bull. civ.	*Bulletin des arrêts de la Cour de cassation* (chambres civiles)
Bull. crim.	*Bulletin des arrêts de la Cour de cassation* (chambre criminelle)
Bull. Joly	*Bulletin Joly* (mensuel d'information des sociétés)
CASF	Code de l'action sociale et des familles
Cass., ass. plén.	Cour de cassation, assemblée plénière
Cass., ch. mixte	Cour de cassation, chambre mixte
Cass., ch. réunies	Cour de cassation, chambres réunies
C. assur.	Code des assurances
C. aviation	Code de l'aviation civile
CCAPEX	Commission de coordination des actions de prévention des expulsions locatives
C. caisses épargne	Code des caisses d'épargne
CCE	*Revue Communication commerce électronique*
C. civ.	Code civil
C. consom.	Code de la consommation
C. douanes	Code des douanes
C. expr.	Code de l'expropriation
COJ	Code de l'organisation judiciaire
C. pén.	Code pénal
C. pens. retr. marins	Code des pensions de retraite des marins français du commerce, de pêche ou de plaisance
C. pr. civ.	Code de procédure civile
C. pr. civ. loc.	Code de procédure civile local
C. pr. exéc.	Code des procédures civiles d'exécution
C. pr. pén.	Code de procédure pénale
CPI	Code de la propriété intellectuelle
C. rur.	Code rural
CSP	Code de la santé publique
C. trav.	Code du travail

C. trib. adm. (anc.) ancien Code des tribunaux administratifs et des cours administratives d'appel (devenu Code de justice administrative)
CA cour d'appel
Cah. jurisp. *Cahiers de jurisprudence* (ville ou région)
Civ. 1re Cour de cassation, première chambre civile
Civ. 2e Cour de cassation, deuxième chambre civile
Civ. 3e Cour de cassation, troisième chambre civile
Com. Cour de cassation, chambre commerciale
Crim. Cour de cassation, chambre criminelle
CCH Code de la construction et de l'habitation
CE Conseil d'État
CGCT Code général des collectivités territoriales
CGI Code général des impôts
CGPPP Code général de la propriété des personnes publiques
ch. chambre
chron. chronique, aussi partie « Chronique » (dans divers recueils et revues)
Circ. circulaire
CJA Code de justice administrative
CJCE Cour de justice des Communautés européennes
CJEG Cahiers juridiques de l'électricité et du gaz
Cne Commune
coll. collection
comp. comparer
Cons. const. Conseil constitutionnel
Cons. prudh' Conseil de prud'hommes
CONTRA solution contraire
CCC *Contrats, concurrence, consommation*
CSS Code de la sécurité sociale
Cts Consorts

D. *Dalloz-Sirey (Recueil)*
Décr. décret
D. Affaires *Dalloz Affaires*
DA *Dalloz analytique*
déc. décision
Defrénois (voir *Répertoire du notariat Defrénois*)
DH *Dalloz hebdomadaire*
Dic. perm. diff. entr. *Dictionnaire permanent des difficultés des entreprises*
Dir. directive
Doc. fr. La Documentation française
DMF Droit maritime français
doctr. doctrine, aussi partie « Doctrine » (dans divers recueils et revues)
DP *Dalloz périodique*
Dr. adm. Droit administratif
Dr. et patr. *Droit et patrimoine*
Dr. et proc. *Droit et procédures* (ancienne *Revue des huissiers*), depuis le 1er janv. 2001
Dr. fisc. *Revue Droit social*
Dr. pénal *Droit pénal*
Dr. soc. *Droit social*
Dr. sociétés *Droit des sociétés*

éd. édition
Épx époux(se)
esp. espèce

fasc. fascicule

GACE *Grands avis du Conseil d'État (Dalloz)*
GADIP *Grands arrêts de la jurisprudence française de droit international privé (Dalloz)*
GAJA *Grands arrêts de la jurisprudence administrative (Dalloz)*
GDCC *Grandes décisions du Conseil constitutionnel (Dalloz)*
Gaz. Pal. *Gazette du Palais*

ibid. *ibidem* (au même endroit)
imp. important(e)
impl. implicite(ment)
Inf. rap. copr. Informations rapides de la copropriété
IR partie « Informations rapides » (dans le *Recueil Dalloz*)

J.-Cl. Juris-Classeur
J.-Cl. (Civ., Pr. civ., etc.) *Juris-Classeur (Civil, Procédure civile, Pénal, etc.)*
JAF Juge aux affaires familiales
JCP E *Juris-Classeur Périodique, édition entreprise* (depuis 1984)
JCP *Juris-Classeur Périodique, édition générale*
JDI *Journal du droit international* (Clunet)
JEX Juge de l'exécution
JME Juge de la mise en état

JO	*Journal officiel* (Lois et décrets)
JOAN Q /*JO Sénat Q*	*Journal officiel* (réponses ministérielles à questions écrites)
jur.	jurisprudence
Jurinpi	*Jurinpi* (banque de données juridiques de l'Inpi)
Juris-Data	*Juris-Data* (banque de données juridiques)
Justices	*Justices*
L.	loi
Lamy	Lamy
Lebon	*Recueil des décisions du Conseil d'État*
loc. cit.	*loco citato*
Loyers et copr.	*Loyers et copropriété*
LPA	*Les Petites affiches*
LPF	Livre des procédures fiscales
min.	ministre (ministère)
mod. par	modifié par
n$^{o(s)}$	numéro(s)
NP	non publié (au *Bulletin civil*, pour les arrêts de la Cour de cassation ; au *Lebon* pour les arrêts du Conseil d'État)
obs.	observation
op. cit.	*opere citato*
Ord.	ordonnance
p.	page(s)
P	arrêt qui sera publié dans un recueil non encore paru (au *Bulletin civil*, pour les arrêts de la Cour de cassation ; au *Lebon* pour les arrêts du Conseil d'État)
pan.	panorama
Pandectes	*Pandectes françaises* (Recueil périodique de jurisprudence et législation)
PIBD	*Propriétés industrielles – Bulletin documentaire*
Procédures	*Procédures*
Propr. ind.	*Revue Propriété industrielle*
Propr. intell.	*Revue Propriétés intellectuelles*
Quot. jur.	*Quotidien juridique*
rapp.	Rapport
rappr.	Rapprocher de –
R.	*Rapport annuel de la Cour de cassation*
RD banc. et bourse	*Revue de droit bancaire et de la bourse* (devenue en 2000, *Revue de droit bancaire et financier*)
RD banc. fin.	*Revue de droit bancaire et financier*
RD rur.	*Revue de droit rural*
RDI	*Revue de droit immobilier*
RDIP	*Revue de droit international privé*
RDP	*Revue du droit public et de la science politique en France et à l'étranger*
RD prop.	*Revue du droit de la propriété industrielle*
RDSS	*Revue de droit sanitaire et social*
réd.	rédaction
réf.	référé
Règl.	règlement
Rép. civ.	*Répertoire civil* (Encyclopédie Dalloz)
Rép. communautaire	*Répertoire communautaire* (Encyclopédie Dalloz)
Rép. internat.	*Répertoire de droit international* (Encyclopédie Dalloz)
Rép. min.	réponse ministérielle (à question écrite)
RÉP. PR. CIV.	*Répertoire de procédure civile Dalloz*
Req.	Cour de cassation, chambre des requêtes
Rev. conc. consom.	*Revue de la concurrence et de la consommation*
Rev. crit. DIP	*Revue critique de droit international prive*
Rev. huissiers	*Revue des huissiers*
Rev. loyers	*Revue des loyers*
Rev. proc. coll.	*Revue des procédures collectives*
Rev. sociétés	*Revue des sociétés*
RF aff. soc.	*Revue française des affaires sociales*
RFD const.	*Revue française de droit constitutionnel*
RFDA	*Revue française de droit administratif*
RFN	*Revue fiscale notariale*
RG n°	numéro d'inscription au registre du greffe
RGAT	*Revue générale des assurances terrestres*
RGDI publ.	*Revue générale de droit international public*
RGDP	*Revue générale des procédures*
RID comp.	*Revue internationale de droit comparé*
RID éco.	*Revue internationale de droit économique*
RJ com.	*Revue de jurisprudence commerciale*
RJAL	*Revue juridique d'Alsace et de Lorraine*
RJDA	*Revue de jurisprudence de droit des affaires*

RJS *Revue de jurisprudence sociale*
RRJ *Revue de recherche juridique et de droit prospectif*
RSC *Revue de science criminelle et de droit pénal comparé*
RTD civ. *Revue trimestrielle de droit civil*
RTD com. *Revue trimestrielle de droit commercial*
RTDH *Revue trimestrielle des droits de l'Homme*

S. *Sirey (Recueil)*
s. suivant(s)
Soc. Cour de cassation, chambre sociale
somm. sommaire
s^{s} sous (v. sous –)
Sté société

t. tome
T. civ. tribunal civil
T. com. tribunal de commerce
T. confl. Tribunal des conflits
TPBR tribunal paritaire des baux ruraux
TA tribunal administratif
TGI tribunal de grande instance
TI tribunal d'instance

V. voir
v° (pluriel v^{is}) *Verbo* (pluriel *Verbis*)
vol. volume

Index alphabétique thématique

– Les nombres renvoient aux numéros des développements et non aux pages.

Les mots ou groupes de mots en caractères gras constituent les entrées « principales » de l'index thématique; les mots ou groupes de mots en caractères maigres et précédés d'un tiret, les entrées « secondaires »; les mots ou groupes de mots en caractères maigres et précédés d'un point, les entrées « tertiaires ».
Les mots ou groupes de mots en caractères italiques, commençant par une lettre capitale et précédés d'une flèche « ▶ » indiquent un renvoi à une entrée principale. Par exemple, la mention « ▶ V. *Revendication mobilière (action de droit commun)* » sous le mot « **Action en revendication** » indique que le lecteur est invité à se reporter à l'entrée principale **Revendication mobilière (action de droit commun)**.
Les mots ou groupes de mots en caractères italiques, commençant par une lettre minuscule et précédés d'une flèche « ▶ » indiquent un renvoi à une entrée secondaire située sous la même entrée principale sous laquelle on se trouve. Par exemple, la mention « ▶ V. *état de distribution* » sous l'entrée secondaire « – paiement des créanciers » située sous l'entrée principale « **Administration forcée des immeubles en Alsace-Moselle** » indique que le lecteur est invité à se reporter à l'entrée secondaire « – état de distribution » situé sous la même entrée principale « **Administration forcée des immeubles en Alsace-Moselle** ».
Parfois le tiret précédant une entrée secondaire est remplacé par une flèche de renvoi « ▶ ». Dans ce cas, le lecteur est invité à se reporter à l'entrée principale ou secondaire indiquée.
La mention « V. ce(s) mot(s) » renvoie le lecteur au mot ou groupe de mots qui précède la mention. Ainsi, « ▶ saisissant, V. ce mot » sous le mot « **Capacité** » renvoie à l'entrée principale **Saisissant**.

A

J

N

O

T

PHOTOCOMPOSITION
SCM • Toulouse

713238 (I) OSB-P 40 g SCM (CDR)
Achevé d'imprimer en mai 2015
Imprimé en Italie par L.E.G.O. S.p.A.
Dépôt légal : juin 2015